D1349276

GEIRIADUR
PRIFYSGOL CYMRU

GEIRIADUR PRIFYSGOL CYMRU

A DICTIONARY OF THE WELSH LANGUAGE

CYFROL III

M—RHYWYR²

Cyhoeddwyd ar ran
Bwrdd Gwybodau Celtaidd
Prifysgol Cymru

CAERDYDD
GWASG PRIFYSGOL CYMRU
1987–1998

Adargraffwyd 2004
Reprinted 2004

ISBN: 0-7083-1530-5 (Cyfrol III / *Volume III*)
ISBN: 0-7083-1806-1 (Set o bedair cyfrol / *Set of four volumes*)

CYSODWYD YN ABERYSTWYTH GAN STAFF Y GEIRIADUR
ADARGRAFFWYD GAN ANTONY ROWE CYF., CHIPPENHAM

TYPESET IN ABERYSTWYTH BY THE DICTIONARY STAFF
REPRINTED BY ANTONY ROWE LTD., CHIPPENHAM

GEIRIADUR PRIFYSGOL CYMRU

Llyfrgell Genedlaethol Cymru / National Library of Wales, Aberystwyth, Ceredigion, SY23 3HH

Ffôn/Tel: (01970) 627513 *Ffacs/Fax*: (01970) 627066 geiriadur@cymru.ac.uk www.cymru.ac.uk/geiriadur

BYRFODDAU TERMAU A GEIRIAU*

a.: ansoddair, ansoddeiriol
a.: *ante*
abl.: abladol
abs.: absoliwt
ac.: acen(iad, -nog)
Adar.: Adareg
adarg.: adargraffiad
adf.: adferf
adfl.: adferfol
adff.: adffurfiad
afr.: afreolaidd
aff.: affeithiad, affeithiol, affeithiedig
Alm.: Almaeneg
Amaeth.: Amaethyddiaeth
amh.: amheus
amhd.: amhendant
amhff.: amherffaith
amhrs.: amhersonol
amr.: amrywiad(au), amrywiol
ams.: amser
anarf.: anarferedig
anh.: anhysbys
anhr.: anhreigladwy, anhreigledig
annib.: annibynnol
annorm.: annormal
ans.: ansicr
ansathr.: ansathredig
ansill.: ansillafog
Ap.: Apocryffa
Arab.: Arabeg
Aram.: Aramaeg
Arch.: Archaeoleg
ardd.: arddodiad, arddodiaid
arddl.: arddodiadol
arf.: arfer(ol, -iadol)
arg.: argraffiad
Arg.: Argraffyddiaeth
At.: Atodiad
atbl.: atblygol
Athr.: Athroniaeth

b.: benywaidd (ac weithiau berf)
ba.: berf anghyflawn
bach.: bachigyn, bachigion, bachigol
ban.: bannod
be.: berfenw (-au, -ol)
Beibl.: Beiblaidd
bf.: berf(au)
bfl.: berfol
bg.: berf gyflawn
bg.a.: berf gyflawn ac anghyflawn
Biol.: Bioleg
bl.: blaen(orol)
bnth.: benthyg, benthyciad
Bot.: Botaneg(ol)
br.: brawddeg(au)
Brdd.: Barddoniaeth
brf.: byrfodd(au)
Brth.: Brythoneg, Brythonig
Brych.: Brycheiniog

c.: canrif, ceiniog
c.: *circa*
C: Celsius
C.: Canol
C.C.: cyn Crist
c.d.: Cerdd Dafod
Caerf.: Caerfyrddin
Caern.: Caernarfon
camdrdd.: camdarddiad
cdr.: cydradd
cdrn.: cadarnhaol
Cem.: Cemeg
cen.: cenedl
Cered.: Ceredigion
cf.: cymharer
cfdds.: cyfaddasiad
cfl.: cyflwr
cfln.: cyflwynol
cfn.: cyfuniad(au)
cfns.: cyfansawdd, cyfansoddair
cfr.: cyfeiriad, cyfeiriol
cfrch.: cyfarchol
cfrt.: cyfartal, (gradd) gyfartal
cfst.: cyfystyr
cft.: yn cyfateb, cyfatebol
cil.: cilyddol
cld.: calediad
Clt.: Celteg, Celtaidd
cm: centimetr
cmhl.: cymhleth
cmhr.: cymhariaeth, cymharol, (gradd) gymharol
cmth.: cymathiad
coegddysg.: coegddysgedig
col.: colofn
cpl.: cyplad
Crdd.: Cerddoriaeth
Crf.: Crefydd
Crn.: Cernyweg, Cernywaidd
cs.: cynnwys
csf.: cysefin
cst.: cystrawen, -nau
ctn.: cytundeb
ctr.: cytras(au)
cts.: cytsain, cytseiniaid, cytseiniol
cyd.: cydweddiad
cyf.: cyfieithiad
Cyfr.: Cyfraith
cyff.: cyffredin(ol)
cym.: cymal
Cym.: Cymraeg, Cymreig
Cyn.: Cynnar
cynr.: (yn) cynrychioli
cynt.: cyntefig
cys.: cysylltair, cysylltiad
cyw.: cywasgiad

Chwedl.: Chwedloniaeth
Chwef.: Chwefror

d.d.: dalen deitl
d.dd.: di-ddyddiad
d.g.: dan y gair
dadf.: dadfathiad
Daearydd.: Daearyddiaeth
dbl.: dyblyg
dchr.: dechrau, dechreuol
Derwydd.: Derwyddiaeth
deu.: deuol
deus.: deusill
dfn.: dyfynedig, dyfyniad
diar.: diarhebion
dib.: dibynnol
difr.: difrïol
diff.: diffiniad
digr.: digrif
dihar.: dihareb
dil.: dilynol
Dinb.: Dinbych
dir.: diriaeth(ol)
dirm.: dirmygus
disg.: disgynedig
disgr.: disgrifiadol
diw.: diwedd(ar)
Diwin.: Diwinyddiaeth
diwyg.: diwygier, diwygiedig
dll.: deilliad
dng.: dangosol
drb.: derbyniol
Drg.: Daeareg
drll.: darllener, darlleniad
dsn.: deusain, deuseiniaid, deuseiniol
dtb.: datblygiad
dych.: dychweliad
dyf.: dyfodol
dyl.: dylanwad
dysg.: dysgedig

e.: enw(au)
e.c.: enw cyffredin
e.e.: er enghraifft
e.ll.: enw lluosog
e.p.: enw priod
e.tf.: enw torfol
eb.: enw benywaidd
ebd.: ebychiad
eg.: enw gwrywaidd
Egl.: Eglwysig
engh.: enghraifft (ac weithiau enghreifftiau)
enghrau.: enghreifftiau
Eid.: Eidaleg
eidd.: eiddunol
eith.: (gradd) eithaf
elf.: elfen(nau)
enc.: enclitig
enw.: enwol, enwedig
ep.: epenthetig
er.: erthygl
esg.: esgynedig
est.: estyniad, estynedig
et al.: *et alii*

f.: ferf
F: Fahrenheit
fl.: *floruit*

ff.: ffurf, -iau
ffd.: ffurfiad
ffdro.: ffurfdro
ffig.: ffigurol
Ffis.: Ffiseg
Ffl.: Fflint
Ffr.: Ffrangeg
Ffren.: Ffrenoleg

g.: ganrif, geiniog, gwrywaidd
g.b.: geirfâu'r beirdd
Gael.: Gaeleg
Gal.: Galeg
Gardd.: Garddwriaeth
geir.: geiriadur (-on, -ol)
geird.: geirdarddiad, geirdarddol
gen.: genidol
Germ.: Germaneg
gl.: glos ar
gn.: geiryn(nol)
godd.: goddefol
goddr.: goddrych(ol)
Goed.: Goedeleg
gof.: gofynnol
gogl.: gogledd
gol.: golygydd, golygwyd gan
Gorff.: Gorffennaf
Gors.: Gorseddol
Goth.: Gotheg
gr.: gradd
Gr.: Groeg
Gram.: Gramadeg
grb.: gorberffaith
grch.: gorchmynnol
grff.: gorffennol
grm.: gormodiaith
gthg.: gwrthgyferbynier, gwrthgyferbyniol
gw.: gweler
Gwleid.: Gwleidyddiaeth
gwr.: gwreiddiol, gwreiddyn
gwrth.: gwrthrych(ol)
gwthr.: gweithredol, gweithredydd
Gwydd.: Gwyddeleg, Gwyddelig
Gwyddon.: Gwyddoniaeth
gwyr.: gwyriad

H.: Hen
h.y.: hynny yw
han.: haniaeth(ol)
HD: Hen Destament
Heb.: Hebraeg
Her.: Herodraeth
Hyd.: Hydref

i.e.: *id est*
ib.: *ibidem*
id.: *idem*
IE.: Indo-Ewropeg, Indo-Ewropaidd
Ieith.: Ieitheg, Ieithyddiaeth
IM.: gair a luniwyd neu a godwyd oddi ar lafar gan Iolo Morganwg
Ion.: Ionawr
Iseld.: Iseldireg
isr.: isradd(ol)

kg: cilogram
kHz: ciloherts
km: cilometr

l.c.: *loco citato*

ll.: lluosog, llinell(au)

Llad.: Lladin
llaf.: llafariad, llafariaid, llafarog
llgr.: llygriad, llygredig
Llong.: Llongwriaeth
llr.: llafar
lls.: llaes
llsgr.: llawysgrif llsgrau.: llawysgrifau
lluos.: lluosillafog
Llyd.: Llydaweg
llythr.: llythyren, llythrennol

m: metr
m.: mewn(ol)
Maesd.: Maesyfed
Math.: Mathemateg
medd.: meddiannol
Meddyg.: Meddygaeth
Meh.: Mehefin
Meir.: Meirionnydd
MHz: megaherts
Milfeddyg.: Milfeddygaeth
ml.: meddal
mm: milimetr
Moes.: Moeseg
Morg.: Morgannwg
Mwyn.: Mwynyddiaeth
myn.: mynegol
Myn.: Mynwy

n.: nodyn

nat.: naturiol
neg.: negydd(ol)
Nor.: Norwyeg, Norseg
norm.: normal

O.C.: o oed Crist
offer.: offerynnol
Og.: Ogam
oldd.: olddodiad, olddodiaid
olff.: ôl-ffurfiad
org.: orgraff

p.: priod
p.: *post*
Parch.: Parchedig
Peir.: Peirianneg
pen.: penodol
Penf.: Penfro
Pensaer.: Pensaernïaeth
Pers.: Perseg
pl.: plwyf
pr.: prosthetig
pres.: presennol
prff.: perffaith
prifl.: priflythyren
proc.: proclitig
prs.: person(ol)
prth.: perthynas
pth.: perthynol
Pysg.: Pysgyddiaeth

q.v.: *quod vide*

rh.: rhagenw(ol)
rhag.: rhagymadrodd
Rhag.: Rhagfyr
rhang.: rhangymeriad(ol)
rhed.: rhediad(ol), rhedadwy
rheol.: rheolaidd
Rhes.: Rhesymeg
Rhet.: Rhetoreg
rhgdd.: rhagddodiad, rhagddodiaid
rhgfl.: rhagflaenydd
Rhif.: Rhifyddeg
rhif.: rhifol(ion), rhifyn
rhydd.: rhyddiaith

s.: swllt
S.: Saesneg
Sacs.: Sacsoneg
Sans.: Sansgrit
sathr.: sathredig
Sb.: Sbaeneg
Seic.: Seicoleg
Sein.: Seineg
Ser.: Seryddiaeth
Serdd.: Sêr-ddewiniaeth
sfn.: safon(ol)
Sgand.: Sgandinafeg
sill.: sillaf(au), sillafiad, sillafog
Swol.: Swoleg

Tach.: Tachwedd
taf.: tafodiaith, tafodieithol

talf.: talfyriad, talfyredig
td.: tudalen
teb.: tebyg
techn.: technegol
tf.: torfol
Tiwt.: Tiwtoneg
TN: Testament Newydd
tr.: treiglad(wy)
traeth.: traethiad(ol), traethawd
trdd.: tarddiad
Trefn: Trefaldwyn
trf.: terfyniad(au)
tris.: trisill
tros.: trosiad(ol)
trsd.: trawsosodiad
trsl.: trawslythreniad
tt.: tudalennau
tyb.: tybiedig
tyw.: tywyll

UDA: Unol Daleithiau America
un.: unigol
uns.: unsill

yng.: ynganiad
ym.: ymyl
ymad.: ymadrodd(ion)
ysg.: ysgrifen(edig)
yst.: ystad

*Treiglir byrfoddau yn ôl yr angen; cyfeiria enwau'r siroedd at y ffiniau cyn 1974.

ARWYDDION A NODAU

> yn rhoi.

< yn tarddu o.

* yn dynodi ffurf dybiedig nad oes enghraifft ohoni, ond sy'n debygol yn ôl deddfau sain. Hefyd ar ôl person cyntaf presennol mynegol berfau diffygiol, e.e. *adanaf**: *adeni*, i ddynodi mai ffurf dybiedig ydyw.

= yn cyfateb i.

≡ i'w ynganu fel.

? i ddynodi ffurf, dyddiad, ystyr, neu darddiad amheus.

† i ddynodi bod ffurf yn amlwg yn ansathredig, e.e. o flaen rhai o'r glosau, e.e. †*amnawbod*, neu fod orgraff y dangosair yn hynafol, e.e. †*diguormechis*.

( ) i ddynodi blwyddyn cyhoeddi'r argraffiad a ddarllenwyd oni ddarllenwyd yr argraffiad cyntaf, e.e. 1659 (1751) *GIA*, sef *Galwad Ir Annychweledig*.

[ ] i gynnwys elfennau gair neu ymdriniaeth â'i darddiad; i ddynodi bod tudalen heb ei rifnodi; bod blwyddyn cyhoeddi'r llyfr heb ei nodi; i egluro'r cyd-destun; i ddynodi mai treigledig yw'r gytsain yn y gair; i lenwi bwlch mewn llawysgrif neu lyfr, ac i rai dibenion amlwg eraill.

WELSH ABBREVIATIONS*

a.: adjective, adjectival
a.: *ante*
abl.: ablative
abs.: absolute
ac.: accent, accentuation, accented
Adar.: Ornithology
adarg.: reprint
adf.: adverb
adff.: re-formation
adfl.: adverbial
aff.: vowel affection, affected
afr.: irregular
Alm.: German
Amaeth.: Agriculture
amh.: doubtful, dubious
amhd.: indefinite
amhff.: imperfect
amhrs.: impersonal
amr.: variant(s), various
ams.: tense
anarf.: obsolete
anh.: unknown
anhr.: not mutable, not mutated
annib.: independent
annorm.: abnormal
ans.: uncertain
ansathr.: obsolete
ansill.: non-syllabic
Ap.: Apocrypha
Arab.: Arabic
Aram.: Aramaic
Arch.: Archaeology
ardd.: preposition(s)
arddl.: prepositional
arf.: use, usage, usual, consuetudinal
arg.: edition
Arg.: Typography, Printing
At.: Supplement
atbl.: reflexive
Athr.: Philosophy

b.: feminine (sometimes verb)
ba.: transitive verb
bach.: diminutive(s)
ban.: article
be.: verb-noun
Beibl.: Biblical
bf.: verb(s)
bfl.: verbal
bg.: intransitive verb
bg.a.: intransitive and transitive verb
Biol.: Biology
bl.: prefixed, preceding
bnth.: borrowed, loanword
Bot.: Botany, Botanical
br.: sentence(s)
Brdd.: Poetry, Bardism
brf.: abbreviation(s)
Brth.: Brittonic, British
Brych.: Brecknock(shire)

c.: century, penny, pence
c.: *circa*
C: Celsius
C.: Medieval, Middle
C.C.: B.C.
c.d.: Bardic Prosody
Caerf.: Carmarthenshire
Caern.: Caernarvonshire
camdrdd.: false etymology
cdr.: coordinate
cdrn.: affirmative, positive, intensive
Cem.: Chemistry
cen.: gender
Cered.: Cardiganshire
cf.: compare
cfdds.: adaptation
cfl.: case
cfln.: introductory
cfn.: combination(s)
cfns.: compound(s)
cfr.: allusion, reference, allusive
cfrch.: vocative
cfrt.: equative (degree)
cfst.: synonym(ous)
cft.: corresponding
Chwedl.: Mythology
Chwef.: February
cil.: reciprocal
cld.: provection
Clt.: Celtic
cm: centimetre
cmhl.: complex
cmhr.: comparison, comparative (degree)
cmth.: assimilation
coegddysg.: pseudo-learned
col.: column
cpl.: copula
Crdd.: Music
Crf.: Religion
Crn.: Cornish
cs.: contents
csf.: positive, radical
cst.: syntax, construction
ctn.: agreement
ctr.: cognate(s)
cts.: consonant(s), consonantal
cyd.: analogy
cyf.: translation
Cyfr.: Law
cyff.: common, general
cym.: clause
Cym.: Welsh
Cyn.: Early
cynr.: representing
cynt.: primitive, original
cys.: conjunction
cyw.: contraction

d.d.: title-page
d.dd.: undated
d.g.: under the word, *s.v.*
dadf.: dissimilation
Daearydd.: Geography
dbl.: duplicate
dchr.: beginning, initial
Derwydd.: Druidism
deu.: dual
deus.: bisyllabic
dfn.: quoted, quotation, citation
diar.: proverbs
dib.: dependent, subjunctive
difr.: derogatory
diff.: definition
digr.: humorous, facetious
dihar.: proverb
dil.: following
Dinb.: Denbighshire
dir.: concrete
dirm.: contemptuous
disg.: grave, falling, unaccented
disgr.: descriptive
diw.: end, late, modern
Diwin.: Theology
diwyg.: emend(ed)
dll.: derivative
dng.: demonstrative
drb.: dative
Drg.: Geology
drll.: read(ing), version
dsn.: diphthong(s), diphthongal
dtb.: development
dych.: reversion
dyf.: future
dyl.: influence
dysg.: learned

e.: noun(s), name(s)
e.c.: common noun
e.e.: for example, *e.g.*
e.ll.: plural noun
e.p.: proper noun
e.tf.: collective noun
eb.: feminine noun
ebd.: interjection
eg.: masculine noun
Egl.: Ecclesiastical
Eid.: Italian
eidd.: optative
eith.: superlative (degree)
elf.: element(s)
enc.: enclitic
engh.: example (sometimes examples)
enghrau.: examples
enw.: nominal, special, especially
ep.: epenthetic
er.: article
esg.: acute, rising, accented
est.: extension, extended
et al.: *et alii*

f.: verb
F: Fahrenheit
ff.: form(s)
ffd.: formation
ffdro.: inflexion
ffig.: figurative
Ffis.: Physics
Ffl.: Flintshire
Ffr.: French
Ffren.: Phrenology
fl.: *floruit*

g.: century, penny, pence, masculine
g.b.: bardic vocabularies
Gael.: Gaelic
Gal.: Gaulish
Gardd.: Horticulture
geir.: dictionary, dictionaries, lexicographical
geird.: etymology, etymological
gen.: genitive
Germ.: Germanic
gl.: gloss on
gn.: particle
godd.: passive
goddr.: subject, nominative, subjective
Goed.: Goidelic
gof.: interrogative
gogl.: north
gol.: editor, edited by
Gorff.: July
Gors.: pertaining to bardic Gorsedd
Goth.: Gothic
gr.: degree
Gr.: Greek
Gram.: Grammar
grb.: pluperfect
grch.: imperative
grff.: past
grm.: hyperbole
gthg.: contrast(ing), antithesis, antithetical
gw.: see
Gwleid.: Politics
gwr.: original, root, base
gwrth.: object, accusative, objective
gwthr.: active, agent
Gwydd.: Irish
Gwyddon.: Science
gwyr.: vowel mutation

H.: Old
h.y.: that is, *i.e.*
han.: abstraction, abstract
HD: Old Testament
Heb.: Hebrew
Her.: Heraldry
Hyd.: October

i.e.: *id est*
ib.: *ibidem*
id.: *idem*
IE.: Indo-European
Ieith.: Philology, Linguistics
IM.: word formed or noted by Iolo Morganwg
Ion.: January
Iseld.: Dutch, Netherlandish
isr.: subordinate

kg: kilogram
kHz: kilohertz
km: kilometre

l.c.: *loco citato*
ll.: plural, line(s)
Llad.: Latin
llaf.: vowel(s), vocalic

llgr.: corrupt(ion)
Llong.: Seamanship
llr.: colloquial
lls.: spirant, aspirate
llsgr.: manuscript
llsgrau.: manuscripts
lluos.: polysyllabic
Llyd.: Breton
llythr.: letter, literal

m: metre
m.: infixed
Maesd.: Radnor(shire)
Math.: Mathematics
medd.: possessive
Meddyg.: Medicine
Meh.: June
Meir.: Merionethshire
MHz: megahertz
Milfeddyg.: Veterinary Science
ml.: (with) lenition, soft
mm: millimetre
Moes.: Ethics
Morg.: Glamorgan(shire)
Mwyn.: Mineralogy
myn.: indicative
Myn.: Monmouthshire

n.: note
nat.: natural
neg.: negative
Nor.: Norwegian, Norse
norm.: normal
O.C.: A.D.
offer.: instrumental
Og.: Ogham
oldd.: suffix(es)
olff.: back-formation
org.: orthography

p.: proper
p.: *post*
Parch.: Reverend
Peir.: Engineering
pen.: definite, specific
Penf.: Pembrokeshire
Pensaer.: Architecture
Pers.: Persian
pl.: parish
pr.: prosthetic
pres.: present
prff.: perfect
prifl.: capital letter
proc.: proclitic
prs.: person(al)
prth.: relation, affinity
pth.: relative
Pysg.: Ichthyology

q.v.: *quod vide*

rh.: pronoun, pronominal
rhag.: introduction
Rhag.: December
rhang.: participle, participial
rhed.: conjugation, conjugated
rheol.: governed by, regular
Rhes.: Logic
Rhet.: Rhetoric
rhgdd.: prefix(es)
rhgfl.: antecedent
Rhif.: Arithmetic
rhif.: numeral(s), number
rhydd.: prose

s.: shilling
S.: English
Sacs.: Saxon
Sans.: Sanskrit
sathr.: common, vulgar
Sb.: Spanish
Seic.: Psychology
Sein.: Phonetics
Ser.: Astronomy
Serdd.: Astrology
sfn.: standard
Sgand.: Scandinavian
sill.: syllable(s), syllabic, spelling
Swol.: Zoology

Tach.: November
taf.: dialect(al)
talf.: abbreviation, abbreviated
td.: page
teb.: similar, probable, likely
techn.: technical
tf.: collective, mass
Tiwt.: Teutonic
TN: New Testament
tr.: mutation, mutable
traeth.: predicate, predicative, treatise
trdd.: etymology
Trefn.: Montgomery(shire)
trf.: inflexion(s), termination(s)
tris.: trisyllabic
tros.: transferred (sense), metaphor(ical)
trsd.: metathesis
trsl.: transliteration
tt.: pages
tyb.: conjectural
tyw.: obscure

UDA: United States of America
un.: singular
uns.: monosyllabic

yng.: pronunciation
ym.: margin
ymad.: phrase(s)
ysg.: writing, written
yst.: state

*Abbreviations may be mutated; county names refer to the pre-1974 boundaries.

MARKS AND SYMBOLS

> giving.

< derived from.

* indicating an unattested hypothetical form. Also, following the first person present indicative of defective verbs, e.g. *adanaf**: *adeni*, to indicate that it is a hypothetical form.

= corresponding to.

≡ is to be pronounced as.

? to indicate a doubtful form, date, meaning, or etymology.

† to indicate that a form is evidently obsolete, e.g. before some of the glosses, e.g. †*amnawbod*, or that the orthography of the headword is archaic, e.g. †*diguormechis*.

( ) to indicate the year of publication of the edition read if the first edition has not been read. e.g. 1659 (1751) *GIA*, namely *Galwad Ir Annychweledig*.

[ ] enclosing the elements of a word or a discussion of its etymology; to indicate an unpaginated page; that the book bears no date of publication; to elucidate the context; to indicate that the consonant in a word is mutated; to supply a deficiency in a manuscript or book; and for some other self-evident purposes.

ENGLISH ABBREVIATIONS*

a.: *ante*
A.D.: Anno Domini
a.m.: before noon
abbr.: abbreviation, &c.
abbrs.: abbreviations
abl.: ablative
acc.: accusative
act.: active(ly)
adj.: adjective, &c.
adjs.: adjectives
adv.: adverb, &c.
advs.: adverbs
Agl.: Anglesey
anal.: analogy, &c.
Ap.: Apocrypha
app.: apparently
approx.: approximate(ly)
Arab.: Arabic
Aram.: Aramaic
archaeol.: archaeology, &c.
arith.: arithmetic, &c.
art.: article
assim.: assimilation, &c.
astrol.: astrology, &c.
astron.: astronomy, &c.

B.C.: Before Christ
back-form.: back-formation
Bel & Dr.: Bel and the Dragon (Ap.)
bibl.: biblical
biol.: biology, &c.
bot.: botany, &c.
Bre.: Brecknock(shire)
Bret.: Breton
Brit.: British

c. : century, *circa*
C: Celsius
Celt.: Celtic
cf.: compare
chem.: chemistry, &c.
Chr.: Chronicles (OT)
cm: centimetre
cogn.: cognate
Col.: Colossians (NT)
collect.: collective(ly)
colloq.: colloquial(ly)
com.: common(ly)
comb.: combination, combining
combs.: combinations
comp.: comparative
compd.: compound
confus.: confusion, &c.
conj.: conjunction
conjs.: conjunctions
cons.: consonant, &c.
conss.: consonants
contr.: contraction, &c.
Cor.: Corinthians (NT)
Corn.: Cornish
corresp.: corresponding, &c.
corrupt.: corruption
Crd.: Cardiganshire
Crm.: Carmarthenshire
Crn.: Caernarvonshire

d.: (old) penny, pence
Dan.: Daniel (OT)
dat.: dative
def.: definite
dem.: demonstrative
Den.: Denbighshire
derog.: derogatory, &c.
Deut.: Deuteronomy (OT)
dial.: dialect, &c.
dict.: dictionary
dim.: diminutive, &c.
dims.: diminutives
dissim.: dissimilation, &c.
Du.: Dutch

E.: English
e.g.: for example
eccl.: ecclesiastical, &c.
Eccles.: Ecclesiastes (OT)
Ecclus.: Ecclesiasticus (Ap.)
electr.: electricity, &c.
engin.: engineering, &c.
Engl.: England, English
Eph.: Ephesians (NT)
equat.: equative
erron.: erroneous(ly)
Esd.: Esdras (Ap.)
esp.: especial(ly)
et al.: *at alii*
etym.: etymology, &c.
ex.: example
excl.: exclamation, &c., exclusive, &c.
Exod.: Exodus (OT)
exx.: examples
Ezek.: Ezekiel (OT)

F: Fahrenheit
facet.: facetious, &c.
fem.: feminine
fig.: figurative(ly)
fl.: *floruit*
Fli.: Flintshire
Fr.: French
fut.: future

Gael.: (Scottish) Gaelic
Gal.: Galatians (NT)
Gaul.: Gaulish
gen.: general, &c.
Gen.: Genesis (OT)
genit.: genitive
geog.: geography, &c.
geol.: geology, &c.
Ger.: German
Gk: Greek
Gla.: Glamorgan
Goed.: Goedelic
Goth.: Gothic
gram.: grammar, &c.

Hab.: Habakkuk (OT)
Hag.: Haggai (OT)
Heb.: Hebrew, Hebrews (NT)
her.: heraldry, &c.
hist.: historical, history
hort.: horticulture, &c.
Hos.: Hosea (OT)

i.e.: *id est*
ib.: *ibidem*
id.: *idem*
IE.: Indo-European
imper.: imperative
imperf.: imperfect
impers.: impersonal
ind.: indirect
indef.: indefinite
indic.: indicative
infl.: influence, &c.
int.: interjection
interrog.: interrogative(ly)
intr.: intransitive
ints.: interjections
Ir.: Irish
irreg.: irregular(ly)
Isa.: Isaiah (OT)
It.: Italian

Jas.: James (NT)
Jer.: Jeremiah (OT)
Josh.: Joshua (OT)
Judg.: Judges (OT)

kg: kilogram
Kgs.: Kings (OT)
kHz: kilohertz
km: kilometre

L.: Late (to denote a period in the development of a language)
l.c.: *loco citato*
Lam.: Lamentations (OT)
Lat.: Latin
Lev.: Leviticus (OT)
lit.: literal(ly)

m: metre
M: Medieval, Middle (to denote a period in the development of a language)
Macc.: Maccabees (Ap.)
Mal.: Malachi (OT)
masc.: masculine
math.: mathematics, &c.
Matt.: Matthew (NT)
med.: medicine, &c.
Mer.: Merionethshire
MHz: megahertz
Mic.: Micah (OT)
min.: mineralogy, mining, &c.
mistransl.: mistranslation
mm: millimetre
mod.: modern
Mod.: Modern (to denote a period in the development of a language)
Mon.: Monmouthshire
Mtg.: Montgomery(shire)
mus.: music, &c.
mut.: mutation, mutable
myth.: mythology, &c.

n.: noun
neg.: negative
Neh.: Nehemiah (OT)
nom.: nominative
Nor.: Norwegian, Norse
ns.: nouns
NT: New Testament
Num.: Numbers (OT)
num.: numeral

O: Old (to denote a period in the development of a language)
Obad.: Obadiah (OT)
obj.: object, objective
obs.: obsolete
occas.: occasional(ly)
opp.: (as) opposed (to), opposite
orig.: origin, original(ly)
ornith.: ornithology, &c.
OT: Old Testament

p.: *post*
p.m.: after noon
part.: participle
pass.: passive(ly)
Pem.: Pembrokeshire
perh.: perhaps
pers.: person(al)
Pers.: Persian
Pet.: Peter (NT)
Phil.: Philippians (NT)
Philem.: Philemon (NT)
philol.: philology, &c.
philos.: philosophy, &c.
phonet.: phonetics, &c.
phr.: phrase
phrs.: phrases
pl.: plural
plup.: pluperfect
pos.: positive
poss.: possessive
Pr. of Man.: The Prayer of Manasseh (Ap.)
pred.: predicate, predicative(ly)
pref.: prefix
prep.: preposition
preps.: prepositions
pres.: present (tense)
print.: printing
prob.: probable, &c.
pron.: pronoun, &c.
prop.: proper(ly)
pros.: prosody, &c.
prov.: proverb, &c.
Prov.: Proverbs (OT)
prs.: person(al)
prt.: particle
Ps.: Psalms (OT)
psych.: psychology, &c.

q.v.: *quod vide*

Rad.: Radnor(shire)
ref.: reference
refl.: reflexive(ly)
rel.: relative
Rest of Esth.: Additions to Esther (Ap.)
Rev.: Revelation (NT)

Rom.: Romans (NT)

s.: shilling(s)
S. of III Ch.: The Song of the Three Young Men (Ap.)
S. of S.: Song of Solomon (OT)
Sam.: Samuel (OT)
Scand.: Scandinavia(n)
sent.: sentence
sing.: singular
Skr.: Sanskrit
Sp.: Spanish
spec.: special(ly)
St.: Saint [xii]
subj.: subjunctive
suf.: suffix
superl.: superlative
Sus.: Susanna (Ap.)
syl.: syllable, &c.
syn.: synonym, &c.

theol.: theology, &c.
Thess.: Thessalonians (NT)
Tim.: Timothy (NT)
tr.: transitive
transf.: in transferred sense
transl.: translation, &c.
translit.: transliteration, &c.
typogr.: typography, &c.

unkn.: unknown
USA: United States of America
usu.: usual(ly)

var.: variant
vars.: variants
vb.: verb
vbl: verbal
vbs.: verbs
vn.: verb-noun
voc.: vocative
W.: Welsh
Wisd.: The Wisdom of Solomon (Ap.)

Zech.: Zechariah (OT)
Zeph.: Zephaniah (OT)

*Abbreviations may be mutated; county names refer to the pre-1974 boundaries.

LLYFRYDDIAETH

A	*The Book of Aneirin*, ed. J. Gwenogvryn Evans, 1908.
A. ab D. Sion: CR	A. ab D. Sion: *Cyfreithlondeb Rhyfel*, 1799.
AABI	*Afalau Aur i Bobl Ifeingc*, 1732, 1782.
AADdG	*Agoriad i Athrawiaeth y Ddau Gyfammod*, 1767.
AAST	*Anglesey Antiquarian Society and Field Club Transactions*, 1913– .
AB	Edward Lhuyd: *Archæologia Britannica*, 1707.
M. ab Robert: CC	Morris ab Robert: *Cyngor i'r Cynmry*, 1793.
Aberth Cym	*Yr Aberth Cymmeradwy*, 1767.
Aberystwyth Studies	*Aberystwyth Studies*, 1912–36.
ACL	*Archiv für celtische Lexikographie*, 1898–1907.
Act	'Actau yr Apostolion' yn y Testament Newydd.
Addysg i Farw	*Dafydd Rowland. Addysg i Farw 1633. N.L.W. ADD. MSS. 731. B. Plas Power 16. Astudiaeth destunol, hanesyddol, a llenyddol.* Traethawd M.A. Prifysgol Cymru gan B. D. Williams, 1961.
ADLl Dinb	*Astudiaethau ar Draddodiad Llenyddol Sir Ddinbych a'r Canolbarth.* Traethawd M.A. Prifysgol Cymru gan Cledwyn Fychan, 1986.
Adr Addysg	*Adroddiadau Addysg yng Nghymru*, 1848.
AE	*Annogaethau Efangylaidd, i Sancteiddrwydd Bywyd*, 1792.
AF	*Am Feddwdod*, [1676]. Cyhoeddwyd gyda W. Jones: *GB*.
AFD	*Yr Arfaeth fawr dragwyddol*, 1797, 1803.
AGB	Glyn E. Jones ac Ann Jones: *Atlas Geirfaol Brycheiniog*, 1996.
AGF	*Annogaeth i Gymmuno yn fynych*, 1704.
AGM	*Astudiaeth o'r geiriau a genir ar alawon Gwent a Morgannwg.* Traethawd M.A. Prifysgol Cymru gan Allan James, 1968.
AGN	*Anghenrheidrwydd . . . o'n Genedigaeth Newydd yng Nghrist Jesu*, 1739.
AH	*Astudiaethau ar yr Hengerdd*, gol. Rachel Bromwich a R. Brinley Jones, 1978.
AKAS	*Annwyl Kate, Annwyl Saunders*, gol. Dafydd Ifans, 1992.
AL	*Ancient Laws and Institutes of Wales*, ed. Aneurin Owen, 1841 (arg. 2 gyf.).
ALB	*Atteb y Parch. Mr. Whitefield, i Lythyr Bugeiliaidd diweddaf Esgob Llundain*, 1740.
Almanac Rhisierdyn	*Almanac Rhisierdyn*, 1790.
ALW	*Royal Commission on Labour. The Agricultural Labourer. Vol. II. Wales*, 1893.
Am	'Llyfr Amos' yn yr Hen Destament.
AMA	*An Inventory of the Ancient Monuments in Anglesey*, 1937.
Yr Amserau	*Yr Amserau*, 1843–59.
An C	*Anrheg i'r Cymro*, 1749.
ANAGM	M. Jane Williams: *Ancient National Airs of Gwent and Morganwg*, 1844; adarg. 1988.
Ann Griffiths: Gw	*Gwaith Ann Griffiths* . . ., gol. Ab Owen (O. M. Edwards), [1905].
L. Anwyl: CA	Lewis Anwyl (Ysbyty Ifan): *Cyngor yr Athraw i Rieni, Ynghylch Dwyn eu Plant i Fynu*, [1740].
L. Anwyl: CC	Lewis Anwyl (Ysbyty Ifan): *Cristianogrwydd Cathòlic*, [1748].
L. Anwyl: MW	Lewis Anwyl (Ysbyty Ifan): *Myfyrdodau Wythnosawl*, [1740].
L. Anwyl: NG	L[ewis] A[nwyl] (Ysbyty Ifan): *Y Nefawl Ganllaw*, [1740].
AP	*Yr Areithiau Pros*, gol. D. Gwenallt Jones, 1934.
App DP	*An Appendix to Delaune's Plea . . . yn cynnwys Ymddiddanion Buddiol*, 1720.
APT	*Achos Pwysig yn cael ei ddadleu mewn tri o gyd-ymddiddanion*, ?1799.
Arch Camb	*Archaeologia Cambrensis*, 1846– .
Archaeologia	*Archaeologia . . . published by the Society of Antiquaries of London*, 1770– .
Arm P	*Armes Prydein o Lyfr Taliesin*, gyda rhagymadrodd a nodiadau gan Ifor Williams, 1955.
Arm P²	*Armes Prydein . . . from the Book of Taliesin*, edited and annotated by Ifor Williams, English Version by Rachel Bromwich, 1972.
Art	*Articlau o Ymweliad ag Ymorol ynghylch Achosion Eglwysig*, 1685.
Art DB	*Articles to be Enqvired of within the Diocesse of Bangor*, 1634.
Art E	*Articles of enquiry exhibited to the Ministers and Church-Wardens* . . ., [1638].
Art OA	*Articlau o Ofynniadau ac Attebion i'w Gwneuthur gan Wardeiniaid Eglwysi a Chappeli*, 1798.
AS	*Atcofiad o'r Scrythyr*, 1704.
Asser: LKA	*Asser's Life of King Alfred*, ed. W. H. Stevenson, 1904.
Astud Amr	*Astudiaethau Amrywiol*, gol. Thomas Jones, 1968.
ATNSF	*Arolwg ar y traddodiad nawdd yn Sir Fôn.* Traethawd M.A. Prifysgol Cymru gan Richard Ll. P. Jones, 1975.
AUA	*Adgof Uwch Anghof*, gol. Myrddin Fardd, 1883.
W. Augustus: EP	W. Augustus: *Erra Pater*, 1794.
G. Awbery: BM	Gwenllian Awbery: *Blodau'r Maes a'r Ardd ar Lafar Gwlad*, 1995.
AWLl	*Awdlau Wiliam Llŷn.* Traethawd M.A. Prifysgol Cymru gan Roy Stephens, 1979.
AWPVT	*Aspects of the Welsh prophetic verse tradition in the Middle Ages.* Traethawd Ph.D. Prifysgol Caer-grawnt gan Manon B. Jenkins, 1990.
AYBE	*Addysg ynghylch Bedydd-Esgob*, 1776.
B	*Bwletin y Bwrdd Gwybodau Celtaidd / The Bulletin of the Board of Celtic Studies*, 1921–93.
BAC	*Baner ac Amserau Cymru*, 1859–1977. Gw. hefyd *Y Faner*.
T. Baddy: CS	Thomas Baddy: *Caniad Salomon*, 1725.
T. Baddy: DDG	Thomas Baddy: *Dwy Daith i Gaersalem*, 1728.
T. Baddy: DDGH	Thomas Baddy: *Dwys Ddifrifol Gyngor i Hunan-Ymholiad*, 1713, [1740].
T. Baddy: PCh	Thomas Baddy: *Pasc y Christion*, 1703, 1739.
Bangor	Llawysgrif yng nghasgliad Prifysgol Cymru, Bangor.
Bar	'Baruch' yn yr Apocryffa.
Barddas	J. Williams (Ab Ithel): *Barddas*, i. 1862; ii. 1874.
Barn	'Llyfr y Barnwyr' yn yr Hen Destament.
E. Barnes: CGT	Edward Barnes: *Coron Gogoniant Tragwyddol*, 1791.

E. Barnes: HBF	Edward Barnes: *Hanes Byrr o Fasnach y Caethglud yn Africa*, c. 1793.
E. Barnes: MH	Iorwerth Barnes: *Myfyrdodau a Sylwiadau . . . Herfei*, 1785.
P. C. Bartrum: WG i	P. C. Bartrum: *Welsh Genealogies AD 300–1400*, 1974.
P. C. Bartrum: WG ii	P. C. Bartrum: *Welsh Genealogies AD 1400–1500*, 1983.
W. Baxter: Glossarium	William Baxter: *Glossarium Antiquitatum Britannicarum*, 1719.
BB	*Brut y Brenhinedd*, ed. J. J. Parry, 1937.
BBStD	*The Black Book of St. David's*, ed. J. W. Willis-Bund, 1902.
BC	*Blodeu-gerdd Cymry. sef Casgliad o [G]aniadau Cymreig . . . o Gynnulliad David Jones*, 1759.
B/CC	Llawysgrif yng nghasgliad Llys Consistori Bangor, yn Llyfrgell Genedlaethol Cymru.
BCh	*Baledi a Cherddi*. Casgliad Llyfrgell Genedlaethol Cymru o faledi a cherddi taflennol eraill o'r 19g., wedi eu rhwymo yn 25 cyfrol. [Nodir rhif y gyfrol, a rhif y daflen o'i mewn.]
BD	*Brut Dingestow*, gol. Henry Lewis, 1942.
BDe	*Buchedd Dewi*, gol. D. Simon Evans, 1959.
BDG	*Barddoniaeth Dafydd ab Gwilym, o grynhoad Owen Jones, a William Owen*, 1789.
BDGU	Hugh Jones a John Cadwaladr: *Y Brenin Dafydd a Gwraig Urias*, 1765.
W. A. Bebb: CT	W. A. Bebb: *Cyfnod y Tuduriaid*, 1939.
Bechbretha	*Bechbretha*, ed. Thomas Charles-Edwards and Fergus Kelly, 1983.
Bedo Aerddrem, &c.: Gw	*The poetical works of Bedo Aerddrem, Bedo Brwynllys and Bedo Phylip Bach.* Traethawd M.A. Prifysgol Cymru gan Robert Stephen, 1907.
Bedo Hafesb, &c.: Gw	*Gwaith Bedo Hafesb, Huw Cowrnwy, Huw Llŷn a Lewys Menai*. Casgliad teipiedig gan John Dyfrig Davies, 1966, yn Llyfrgell Genedlaethol Cymru.
Beirdd y Bala	*Beirdd y Bala*, 1911.
Beirdd y Berwyn	*Beirdd y Berwyn, 1700–1750*, 1903.
Beirn	*Y Beirniad*, gol. J. Morris Jones, 1911–20.
Bel a'r Ddraig	'Histori Dinistr Bel a'r Ddraig' yn yr Apocryffa.
BELl	*Barn ar Egwyddorion Llywodraeth, (gan Fardd adnabyddus o Wynedd)*, c. 1785.
J. G. Bevan: CH	Joseph Gurney Bevan: *Crynodeb o hanes, athrawiaethau, a rheolaeth y Cyfeillion*, 1801.
BG	*Byrr Grynhoad eglur o'r Grefydd Gristianogol*, 1747.
BIBC	Mary Wiliam: *Blas ar Iaith Blaenau'r Cymoedd*, 1990.
BIK	*Beiträge zur Indogermanistik und Keltologie Julius Pokorny . . . gewidmet*, hrsg. Wolfgang Meid, 1967.
BILlE	B. L. Jones: *Blas ar Iaith Llŷn ac Eifionydd*, 1987.
BK	*Baronia de Kemeys*, Supplement to *Arch Camb*, 1861.
BL Add	Llawysgrif ychwanegol yng nghasgliad y Llyfrgell Brydeinig.
Bl B XIV	*Blodeugerdd Barddas o'r Bedwaredd Ganrif ar Ddeg*, gol. Dafydd Johnston, 1989.
Bl B XVII	*Blodeugerdd Barddas o'r Ail Ganrif ar Bymtheg*, gol. Nesta Lloyd, i. 1993.
Bl BGC XVIII	*Blodeugerdd Barddas o Ganu Caeth y Ddeunawfed Ganrif*, gol. A. Cynfael Lake, 1993.
Bl D	*Blodau Dyfed*, 1824.
Bl Engl	*Blodeuglwm o Englynion*, gol. W. J. Gruffydd, 1920.
Bl G	*Y Flodeugerdd Gymraeg*, gol. W. J. Gruffydd, 1931.
Bl N	*Y Flodeugerdd Newydd*, gol. W. J. Gruffydd, 1909.
The Black Book of St. David's	Gw. *BBStD*.
BLl	*Y Brenin a'r Llywodraeth*, 1793.
Blodau Dyfed	Gw. *Bl D*.
BM	Llawysgrif yng nghasgliad y Llyfrgell Brydeinig; defnyddir rhifau J. Gwenogvryn Evans i ddynodi'r rhai a ddisgrifir yn *RWM*.
Bodewryd (LlGC)	Llawysgrif yng nghasgliad Bodewryd, yn Llyfrgell Genedlaethol Cymru.
Bodorgan	Llawysgrif Bodorgan.
Bodrhyddan (Bangor)	Dogfen yng nghasgliad Bodrhyddan (Rowley-Conwy Family, Barons Langford) yn Llyfrgell Prifysgol Cymru, Bangor.
A. Borde: FB	Andrew Borde: *The fyrst Boke of the Introduction of Knowledge*, ed. F. J. Furnivall, 1870.
W. Borlase: AC	William Borlase: *Antiquities Historical and Monumental of the County of Cornwall*, 1754, 1769.
(Bot)	*Botanologium*, yn *D*, *TJ*, &c.
BP	*Bedydd Plant yn cael ei ymddyffin*, 1732.
BPW	*Boreu[o]l a Phrydnawnol Weddiau*, 1711.
1 Br	'Llyfr Cyntaf y Brenhinoedd' yn yr Hen Destament.
2 Br	'Ail Lyfr y Brenhinoedd' yn yr Hen Destament.
Bren Saes	*Brenhinedd y Saesson*, gol. Thomas Jones, 1971.
BRh	*Breudwyt Ronabwy*, gol. Melville Richards, 1948.
Britannica	*Britannica—Max Förster zum sechzigsten Geburtstage*, 1929.
Brog	Llawysgrif yng nghasgliad Brogyntyn, yn Llyfrgell Genedlaethol Cymru. [Cyfeirir at y gyfres gyntaf.]
Bronwydd	Dogfen yng nghasgliad Bronwydd, yn Llyfrgell Genedlaethol Cymru.
Browne Willis: A Survey of the Cathedral Church of St. David's	Gw. B. Willis: *St. David's*.
Y Brud a Sylwydd	*Y Brud a Sylwydd*, 1828.
Brut B	*Astudiaeth destunol o'r tri chyfieithiad Cymraeg cynharaf o* Historia Regum Britanniae *Sieffre o Fynwy, ynghyd ag 'argraffiad' beirniadol o destun Peniarth 44*. Traethawd Ph.D. Prifysgol Cymru gan Brynley F. Roberts, 1969.
Y Brython	*Y Brython*, 1858–63.
BS	*Brenhinedd y Saesson*, gol. Thomas Jones (mewn llawysgrif).
BSK	*Vita Sancti Tathei and Buched Seint y Katrin*, ed. H. Idris Bell, 1909.
BSM	*Buchedd Sant Martin*, gol. E. J. Jones, 1945.
BSS	*An Elizabethan broadside in the Welsh language, being a brief granted in 1591 to Sion Salisburi*, adarg. 1904.
BT	*Brut y Tywysogyon, Peniarth MS. 20*, gol. Thomas Jones, 1941.
BT (1952)	*Brut y Tywysogion*, transl. Thomas Jones, 1952.
BT (R)	*Brut y Tywysogion*, ed. John Williams (Ab Ithel), 1860.
BT (RB)	*Brut y Tywysogyon . . . Red Book of Hergest Version*, ed. Thomas Jones, 1955.
Budd A	*Angeu a Nefoedd, (Buddugoliaeth ar Angeu)*, 1790.

Burchinshaw	Gweithred yng nghasgliad Burchinshaw yn Llyfrgell Genedlaethol Cymru.
Bute	Dogfen yng nghasgliad Bute, yn Llyfrgell Genedlaethol Cymru.
BY	*Y Bibyl Ynghymraec*, gol. Thomas Jones, 1940.
Bye-gones	*Bye-gones relating to Wales and the Border Counties*, 1871–1919, 1925–1939.
C	*The Black Book of Carmarthen*, ed. J. Gwenogvryn Evans, 1906.
CA	*Canu Aneirin*, gol. Ifor Williams, 1938.
Caerfallwch	*An English and Welsh Dictionary*, ed. Thomas Edwards, 1850.
Caerfallwch: BAWO	T. Edwards (Caerfallwch): *A Brief Analysis of Welsh Orthography*, 1847.
Caernarvon Court Rolls	*Caernarvon Court Rolls 1361–1402*, ed. G. P. Jones and Hugh Owen, 1951.
CAG	*Cynnygiad Amcan Gostyngedig tu ag at yr Adfywiad o Grefydd Ymarferedig*, 1741.
Cain Jones: Alm	John Cain Jones: *Almanaciau*, 1776–95.
Cal Inq P M	*Calendar of Inquisitions Post Mortem . . .*, 1904–95.
Cal Wynn Papers	*Calendar of Wynn (of Gwydir) Papers*, 1926.
Camb J	*The Cambrian Journal*, 1854–64.
Cambrian Register	*The Cambrian Register*, 1795–1818.
Cambro-Briton	*The Cambro-Briton*, 1819–22.
W. Camden: B	William Camden: *Britannia*, 1586, ed. Edmund Gibson, 1695.
Can	'Caniad Solomon' yn yr Hen Destament.
Cân o Senn	*Cân o Senn i'w hên Feistr Tobacco*, 1718.
Can Sol	Gw. *Can.*
Card	Llawysgrif yn Llyfrgell Ganol Caerdydd.
Card Recs	*Records of the County Borough of Cardiff*, vols. i-vi., ed. John Hobson Matthews, 1898–1911.
Carreg-lwyd (LlGC)	Llawysgrif yng nghasgliad Carreg-lwyd, yn Llyfrgell Genedlaethol Cymru.
Y Casglwr	*Y Casglwr*, 1977– .
Cat	*Catechism neu athrawiaeth Gristianogawl*, 1617.
Cat B	*Catechism Byrr*, 1693. Rhan olaf *DQM*.
Cat BB	*Catechism Byrr i Blant*, 1708.
Cat Bed	*Catechism y Bedyddwyr*, 1741.
Cat BSCC	*Catecism Byrr Sy'n Cynnwys sylfeini Crefydd Cristnogawl*, 1657.
Catec	*Catechism Mr. Perkins . . . gan ewyllysiwr da i Gymru*, 1672.
CAWA	*Cynnhwysiad neu Abstract o'r Weithred am Adgyweiriad . . . Prif Ffyrdd yn y fl. 1773*, d.dd.
CBB	*Catechism Byrr a Buddiol*, 1755.
CBC	*Crist Bywyd y Cristion*, 1765.
CBF	*Cynhwysiad Byr o Feddyliau'r Eglwys*, *c.* 1761.
CBGEL	*Cred a Buchedd Gwr o Eglwys Loegr*, 1710.
CBRY	*Casgliad Byrr o'r Rhedegwr Ysprydol*, 1776.
CBYP	Iolo Morganwg: *Cyfrinach Beirdd Ynys Prydein*, 1829.
CC	*Cefn Coch MSS.*, ed. J. Fisher, 1899.
CCC	*Cân . . . ynghylch Cydwybod a'i Chynheddfau*, 1718.
CCF	*Crist yn y Cymmylau yn dyfod i'r Farn*, 1766.
CD	*Cydymaith Diddan*, gol. Dafydd Jones, 1766.
CDD	*Carolau a Dyriau Duwiol*, gol. Thomas Jones, 1696.
CDG	*Cyngor Difrifol i un ar ol bod yn Glaf*, 1730.
CDGT	*Cyngor Difrifol i Geidwaid Tai, I Osod i fynu Addoliad Duw yn eu Teuluoedd*, 1704.
CDTN	*Cyd Gordiad neu Dremiad ar y Testament Newydd*, 1764.
CE	*Cyngor yr Eglwyswr*, 1703.
CEBM	*Cadwyn Euraidd o Bedair Modrwy*, 1707.
CEG	Cofnodion a chyfansoddiadau yr Eisteddfod Genedlaethol, 1861– .
Ceiriog: CG	Ceiriog: *Cant o Ganeuon*, 1863.
Ceiriog: OB	John Ceiriog Hughes: *Oriau'r Bore*, [1862].
Ceiriog: OE	John Ceiriog Hughes: *Oriau Eraill*, 1868.
Ceiriog: OO	John Ceiriog Hughes: *Yr Oriau Olaf*, 1888.
Celtic Folklore	John Rhŷs: *Celtic Folklore: Welsh and Manx*, 1901.
Celtica	*Celtica*, 1950– .
Cer RC	*Cerddi Rhydd Cynnar*, gol. D. Lloyd Jenkins, 1931.
Ceredigion	*Ceredigion: Cylchgrawn Cymdeithas Hynafiaethwyr Sir Aberteifi/Ceredigion / Journal of the Cardiganshire/Ceredigion Antiquarian Society*, 1950– .
Cewri	Chris Grooms: *The Giants of Wales / Cewri Cymru*, 1993.
CGC	*Cofrestr o Gymdeithas y Cymmrodorion yn Llundain, Gwyl Ddewi, 1762.*
CGGLl	*Cyfammodau a aed iddynt gan Gymdeithas o Grefftwyr . . . Llanarmon*, 1799.
CGWB	*Cyngor Gweinidog o'r Wlad i'w Blwyfolion*, 1769.
CH	*Astudiaeth o ganu'r beirdd i'r Herbertiaid hyd ddechrau'r unfed ganrif ar bymtheg.* Traethawd Ph.D. Prifysgol Cymru gan William Gwyn Lewis, 1982.
E. Charles: Cerdd	Edward Charles: *Cerdd Cylchwledd y Gwyneddigion*, 1799.
E. Charles: EC	Edward Charles (Siamas Wynedd): *Epistolau Cymraeg*, 1797.
T. Charles: Casgliad o Hymnau	Ann Griffiths: *Casgliad o Hymnau: gan mwyaf heb erioed eu hargraffu o'r blaen*, 1806.
T. Charles: Geir Ysg	Thomas Charles: *Geiriadur Ysgrythyrol . . .*, i. 1805, ii. 1808, iii. 1810, iv. 1811.
T. Charles: LlTJ	Thomas Charles: *Llythyr at Mr. T. Jones, o'r Wyddgrug*, 1798.
T. M. Charles-Edwards: EIWK	T. M. Charles-Edwards: *Early Irish and Welsh Kinship*, 1993.
CHDd	*Cyfreithiau Hywel Dda o lsgr. Coleg yr Iesu LVII*, gol. Melville Richards, 1957.
CHDd²	*Cyfreithiau Hywel Dda yn ôl llawysgrif Coleg yr Iesu LVII Rhydychen*, gol. Melville Richards, arg. diwyg. 1990.
Cheshire PR	*Cheshire in the Pipe Rolls 1158–1301*, ed. R. Stewart-Brown, 1938.
Chirk Castle	Llawysgrif yng nghasgliad Chirk Castle, yn Llyfrgell Genedlaethol Cymru.
ChO	*Chwedlau Odo*, gol. Ifor Williams, 1926.
CI	*Castell yr Iechyd gan Elis Gruffydd*, gol. S. Minwel Tibbott, 1969.
CIF	*Cyfarwyddiad i Fesur-wyr*, *c.* 1720.
CIL	*Contributions to Irish Lexicography* (*A–Dno*), ed. Kuno Meyer, 1906.
CL	*Celtic Linguistics: Ieithyddiaeth Geltaidd*, eds. Martin J. Ball, James Fife, et. al., 1990.
CLC	*Cydymaith i Lenyddiaeth Cymru*, gol. Meic Stephens, 1986.
CLl	*Cynfeirdd Lleyn: 1500–1800*, gol. J. Jones (Myrddin Fardd), 1905.
CLlC	Cyhoeddiadau Cymdeithas Llên Cymru, 1900–10.
CLlG	*Ceinion Llenyddiaeth Gymreig*, gol. O. Jones, 1876.
CLlH	*Canu Llywarch Hen*, gol. Ifor Williams, 1935.
CLlLl³	*Cyfranc Lludd a Llefelys*, ed. Brynley F.

	Roberts, 1975.
CM	Llawysgrif yng nghasgliad Cwrtmawr, yn Llyfrgell Genedlaethol Cymru.
CM Archives (LlGC)	Llawysgrif yn Archifau'r Methodistiaid Calfinaidd, yn Llyfrgell Genedlaethol Cymru.
CM Archives (LlGC), Bala Group	Casgliad o ddogfennau yn Archifau'r Methodistiaid Calfinaidd, yn Llyfrgell Genedlaethol Cymru.
CM Archives (LlGC), Trevecka Letters	Casgliad o'r Trevecka Letters, rhifau 1–2787, yn Archifau'r Methodistiaid Calfinaidd, yn Llyfrgell Genedlaethol Cymru.
CM Archives (NLW)	Gw. *CM Archives* (*LlGC*).
CM Deeds	Gweithred yng nghasgliad Cwrtmawr, yn Llyfrgell Genedlaethol Cymru.
CMC	*Crist ym Mreichiau'r Credadyn*, 1744.
CMCS	*Cambridge/Cambrian Medieval Celtic Studies*, 1981– .
CMNLW	John Humphreys Davies: *The National Library of Wales . . . Catalogue of Manuscripts*, 1921.
CMOC	*Canu Maswedd yr Oesoedd Canol*, gol. Dafydd Johnston, 1991.
CO	*Culhwch ac Olwen*, gol. Rachel Bromwich a D. Simon Evans, 1988.
CO²	*Culhwch and Olwen*, ed. Rachel Bromwich and D. Simon Evans, 1992.
CO³	*Culhwch ac Olwen*, gol. Rachel Bromwich a D. Simon Evans, 1997.
Coff HH	*Coffadwriaeth am Howel Harris*, 1778.
Col	'Epistol Paul . . . at y Colosiaid' yn y Testament Newydd.
Col Deeds	Casgliad o'r Coleman Deeds, yn Llyfrgell Genedlaethol Cymru.
1 Cor	'Epistol Cyntaf Paul . . . at y Corinthiaid' yn y Testament Newydd.
2 Cor	'Ail Epistol Paul . . . at y Corinthiaid' yn y Testament Newydd.
Cormac	*Anecdota from Irish Manuscripts*, vol. iv., ed. O. J. Bergin, et al., 1912.
Cott. Cleo. B.	Llawysgrif *Cotton Cleopatra B* yn y Llyfrgell Brydeinig.
CPNE	O. J. Padel: *Cornish Place-name Elements*, 1985.
(Cpt) B	'The Computus Fragment' yn *B*.
CR	Annalee C. Rejhon: *Cân Rolant*: *The Medieval Welsh Version of the Song of Roland*, 1984.
1 Cr	'Llyfr Cyntaf y Cronicl' yn yr Hen Destament.
2 Cr	'Ail lyfr y Cronicl' yn yr Hen Destament.
Cr N	*Y Creadur Newydd Yng nghrefydd Crist*, 1776.
CRC	*Canu Rhydd Cynnar*, gol. T. H. Parry-Williams, 1932.
CRIM	*Cerddi Rhydd Iolo Morganwg*, gol. P. J. Donovan, 1980.
Y Cronicl	*Cronicl y Cymdeithasau Crefyddol*, 1843–1910.
Cronicl yr Oes	*Cronicl yr Oes*, 1835–9.
CRR	*Cofiant a Phregethau R. Roberts, Clynnog*, gol. G. Parry, 1884.
R. Crusoe	*Bywyd Hynod . . . Robinson Crusoe*, 1795.
(CS)	*Campeu Siarlymaen*, yn *Pen* 5.
CSTB	*Cywyddau Serch y Tri Bedo*, gol. P. J. Donovan, 1982.
CT	*Canu Taliesin*, gol. Ifor Williams, 1960.
CTC	*Cerddi'r tai crefydd*. Traethawd M.A. Prifysgol Cymru gan Catrin Beynon Davies, 1973.
CTGC	*Cymdeithas Trysor-gyff Caerffili, ym Morganwg*, [1790].
CWE	*Y Catecism A o[s]odwyd allan yn Llyfr Gweddi Gyffredin, Wedi i eglvro*, 1682, c. 1683.
CWM	*Report of the Commissioners on Weights and Measures*. First Report 1819 (arg. 1823). Second Report 1820.
Cy	*Y Cymmrodor, the Magazine of the Honourable Society of Cymmrodorion*, 1877–1951.
CY	*Catecism yr Ymneillduwyr Protestanaidd*, 1775.
CyCC	*Cymraeg, Cymrâg, Cymrêg . . . Cyflwyno'r Tafodieithoedd*, gol. Beth Thomas a Peter Wynn Thomas, 1989.
Cyd A	*Cydymmaith i'r Allor*, 1721.
Cyf A	*Cyfarwydd-deb i'r Anghyfarwydd*, 1677.
Cyf A (Can C)	Canwyll Crist, yn *Cyf A*, 1677.
Cyf C	*Cyfaill i'r Cymro; o Gasgliad W. Hope*, 1765.
Cyf Cym	*Cyfoeth i'r Cymru. Neu Dryssor y Ffyddloniaid*, 1706.
Cyf W	*Cyfarwyddid i Weddio*, 1768.
Cyfaill y Cymry	Edward Williams (Iolo ap Iorwerth Gwilym): *Cyfaill y Cymry*, i. 1797, ii. 1799.
Cylchg	*Cylch-grawn Cynmraeg; neu Drysorfa Gwybodaeth*, 1793–4.
Cylchg CAGC	*Cylchgrawn Cymdeithas Alawon Gwerin Cymru*, 1909–1977.
Cylchg CHMC	*Cylchgrawn Cymdeithas Hanes y Methodistiaid Calfinaidd*, 1916–1976, 1977– .
Cylchg CHSFeir	*Cylchgrawn Cymdeithas Hanes a Chofnodion Sir Feirion(n)ydd*, 1949– .
Cylchg Cymru	*Cylchgrawn Cymru*, 1814–15.
Cylchg H	*Cylchgrawn Hanes* (Cymdeithas Hanes y Methodistiaid Calfinaidd), 1977– .
Cylchg HC	*Cylchgrawn Hanes Cymru / Welsh History Review*, 1960– .
Cylchg LlGC	*Cylchgrawn Llyfrgell Genedlaethol Cymru / The National Library of Wales Journal*, 1939– .
CYLl	*Cerddi Ysgol Llanycrwys . . . ynghyd a Hanes Plwyf Llanycrwys*, gol. Dan Jenkins, 1934.
Cym Cr	*Cymorth i'r Cristion a Chyfarwyddiad i'r Gwr Ieua[n]gc*, 1704.
Cymmunwr	*Y Cymmunwr Ystyriol*, 1716.
Y Cymro	*Y Cymro*, 1932– .
Cymru	*Cymru*, gol. O. M. Edwards, 1891–1927.
Cymru Fu	Isaac Foulkes: *Cymru Fu*, d.dd., (Wrecsam).
Cymru Fydd	*Cymru Fydd*, 1888–91.
Cynan: TN	Cynan (Albert Evans-Jones): *Telyn y Nos*, 1921.
Cyneirlyfr	*Cyneirlyfr: neu, Eiriadur Cymraeg*, gol. Edward Williams, 1826.
Cyng BB	*Cyngor y Bugail iw Braidd*, 1700.
Cyngor y Bugail iw Braidd	Gw. *Cyng BB*.
Cyw Cym	*Cywyddau Cymru*, gol. Arthur Hughes, 1908.
Cywyddau Brud	*Y daroganau Cymraeg hyd at amser y Tuduriaid, gan roi sylw arbennig i'r cywyddau brud*. Traethawd M.A. Prifysgol Cymru gan R. Wallis Evans, 1935.
D	*Dictionarium Duplex*, ed. John Davies, 1632.
D (Bot)	'Botanologium' yn *D*.
D Col	*Damweiniau Colan: Llyfr y Damweiniau yn ôl llawysgrif Peniarth 30*, gol. Dafydd Jenkins, 1973.
D (Diar)	'Y Diharebion Cymraeg' yn *D*.
D (PCH)	'Y pedair Camp ar hugain' yn *D*.
D (R)	John Davies: *Antiqvæ Lingvæ Britannicæ . . . Rvdimenta*, 1621.

Dafydd ap Llywelyn, &c.: Gw	*Gwaith Dafydd ap Llywelyn ap Madog, Huw ap Dafydd ap Llywelyn ap Madog, a Siôn ap Hywel ap Llywelyn Fychan.* Traethawd M.A. Prifysgol Cymru gan A. Cynfael Lake, 1979.
Dafydd Benfras: Gw	*Dafydd Benfras a'i waith.* Traethawd Ph.D. Prifysgol Cymru gan Nora G. Costigan, 1980.
Dafydd Benwyn: Gw	*The life and work of Dafydd Benwyn.* Traethawd D.Phil. Prifysgol Rhydychen gan Dafydd Huw Evans, 1981.
Dafydd Ddu: A	Dafydd Ddu Eryri (David Thomas): *Awdlau ar Destynau Cymdeithas y Gwyneddigion*, 1791.
Dafydd Ddu: CA	Dafydd Ddu Eryri (David Thomas): *Cywydd Atgyfodiad Awen*, 1801.
Dafydd Ddu: CG	Dafydd Ddu Eryri (David Thomas): *Corph y Gainc*, 1810.
Dafydd Ionawr: CD	Dafydd Ionawr (David Richards): *Cywydd y Drindod*, 1793.
Dafydd Ionawr: MB	Dafydd Ionawr (David Richards): *Y Mil-Blynyddau*, 1799.
Dafydd Llwyd: Gw	*Gwaith Dafydd Llwyd o Fathafarn.* Traethawd M.A. Prifysgol Cymru gan W. Leslie Richards, 1947.
Dafydd Trefor: Gw	*Syr Dafydd Trefor—ei oes a'i waith.* Traethawd M.A. Prifysgol Cymru gan Irene George, 1929.
DALl	*Dechreuad, Cynnydd, a Chyflwr Presenol, y Dadl rhwng Pobl America a[']r Llywodraeth*, 1776.
Dan	'Llyfr Daniel' yn yr Hen Destament.
Daniel Owen: Y Dreflan	Gw. D. Owen: *D.*
J. R. Daniel-Tyssen: RC	J. R. Daniel-Tyssen: *Royal Charters . . . Relating to . . . Carmarthen*, 1878.
Dat	'Datguddiad Sant Ioan' yn y Testament Newydd.
D. Davies: BDED	David Davies (Castellhywel): *Bywyd Duw yn Enaid Dyn*, 1779.
D. Davies: SEG	David Davies (Tre-lech): *Siampl o Eglur Gateceisio*, 1797.
D. J. Davies: Hanes . . . Llanarth	D. J. Davies: *Hanes, Hynafiaethau ac Achyddiaeth Llanarth Henfynyw, Llanllwchaiarn a Llandyssilio-Gogo*, ail arg. 1930.
D. Jacob Davies: HF	D. Jacob Davies: *Hwyl Fawr*, 1964.
D. Jacob Davies: PP	D. Jacob Davies: *Plwm Pwdin, a rhagor o storïau digrif*, 1950.
E. Davies: Alm	Evan Davies: *Almanaciau*, 1740–2.
J. Davies: Art	John Davies (Mallwyd): *Articulau neu Byngciau*, 1664.
J. Davies: Deddfau . . . Odyddion	John Davis (Brychan): *Deddfau Arlywyddawl yr Urdd Annibynnol o Odyddion*, 1842.
J. Davies: Gw	*Bywyd a gwaith Dr. John Davies, Mallwyd.* Traethawd M.A. Prifysgol Cymru gan Rhiannon Francis Roberts, 1950.
J. Davies: LlN	J. Davies: *Llwybrau Nefolaidd*, *c.* 1790.
J. Davies: LlR	John Davies (Mallwyd): *Llyfr y Resolusion*, 1632, 1684.
J. Glyn Davies	Llawysgrif yng nghasgliad J. Glyn Davies, yn Llyfrgell Genedlaethol Cymru.
L. Davies: CRE	Lewis Davies: *Cyfammod a Rheolau Eglwysig*, 1774.
R. Davies: B	Robert Davies (Bardd Nantglyn): *Barddoniaeth yn cynnwys cerddi, cywyddau, ac ynglynion, ar amryw destynau*, 1803.
R. Davies: Barddoniaeth	Gw. R. Davies: *B.*
R. Davies: CG	Robert Davies (Bardd Nantglyn): *Cnewyllyn mewn Gwisg*, 1798.
R. Davies: DB	Robert Davies (Bardd Nantglyn): *Diliau Barddas*, 1827.
R. Davies: GC	Robert Davies (Bardd Nantglyn): *Gramadeg Cymraeg*, 1808.
R. Davies: PY	Rondl Davies: *Profiad yr Ysprydion*, 1675.
W. Davies: Agric . . . N. Wales	Walter Davies: *General View of the Agriculture and Domestic Economy of North Wales*, 1810.
W. Davies: Agric . . . S. Wales	Walter Davies: *General View of the Agriculture and Domestic Economy of South Wales*, 1814.
W. Davies: CHL	William Davies: *Chwech ar Hugain o Lythyrau ar Destunau Crefyddol*, 1777.
W. Davies: RMB	William Davies: *Rhodd Meistr i'w Brentis*, 1812. Am arg. [1761], gw. *GGJ*.
W. J. Davies: HPLl	W. J. Davies: *Hanes Plwyf Llandyssul*, 1896.
DB	*Delw y Byd*, gol. Henry Lewis a P. Diverres, 1928.
DBW	*Dwy Bregeth . . . G. Witfield*, 1779.
DBY	*Dull y Briodas Ysbrydol rhwng Mab y Brenin Alpha, a Merch yr hen Amoriad*, 1770.
DC	*Derchafiad y Credadyn mewn Cyfiawnder Cyfrifol*, 1764.
DCR	Brinley Rees: *Dulliau'r Canu Rhydd 1500–1650*, 1952.
DDdA	*Duwiolder am Ddydd yr Arglwydd*, *c.* 1700.
DDF	*Diferyn Dewisol o Fel o'r Graig Crist*, 1740, 1763.
DE	*Gwaith Dafydd ab Edmwnd*, gol. Thomas Roberts, 1914.
Def Hen	*Astudiaeth o* Definiad i Hennadirion, *cyfieithiad Siôn Conwy o* A Summons for Sleepers *gan Leonard Wright gyda rhagymadrodd, nodiadau a geirfa.* Traethawd M.A. Prifysgol Cymru gan Gwendraeth Jones, 1963.
Deio ab Ieuan Du, &c.: Gw	*Gwaith Deio ab Ieuan Du a Gwilym ab Ieuan Du.* Traethawd M.A. Prifysgol Cymru gan Ann Eleri Davies, 1979.
Derwydd (LlGC)	Dogfen yng nghasgliad Derwydd, yn Llyfrgell Genedlaethol Cymru.
Deut	'Deuteronomium' yn yr Hen Destament.
Dewi Hefin: B	David Thomas (Dewi Hefin): *Blodau Hefin*, 1883.
Dewi Nantbrân: AN	Dewi Nantbrân (David Gregory Powell): *Allwydd y Nêf*, 1776.
Dewi Nantbrân: CB	Dewi Nantbrân: *Catechism byrr*, 1764.
Dewi Nantbrân: SAG	Dewi Nantbrân: *Sail yr Athrawiaeth Gatholic*, 1764.
Dewi Wyn: BA	Dewi Wyn: *Blodau Arfon*, 1842, 1869.
Dewi Wyn: BA (At.)	Dewi Wyn: *Attodiad i'r Blodau Arfon*, 1869.
DG	*Dewisol Ganiadau yr Oes hon*, gol. Hugh Jones, 1759.
DGA	*Selections from the Dafydd ap Gwilym Apocrypha*, ed. Helen Fulton, 1996.
DGG	*Cywyddau Dafydd ap Gwilym a'i Gyfoeswyr*, gol. Ifor Williams a T. Roberts, 1914.
DGG^2	*Cywyddau Dafydd ap Gwilym a'i Gyfoeswyr*, gol. Ifor Williams a T. Roberts, 1935.
DGVB	Léon Fleuriot: *Dictionnaire des gloses en vieux Breton*, 1964; gw. hefyd *DOB*.
Dialogous	*Dialogous, neu Ymddiddan rhwng Philalethes ac Euesebes*, 1791.
Diar	'Llyfr y Diarhebion' yn yr Hen Destament.
T. Dick: DH	T. Dick: *Y Dosbarth Heulawg*, 1831.
DK	*Y Drych Kristnogawl*, gol. Geraint Bowen, 1996.
DN	*The Poetical Works of Dafydd Nanmor*, ed. T. Roberts and Ifor Williams, 1923.
DOB	*A Dictionary of Old Breton*, ed. Claude

	Evans and Léon Fleuriot, 1985; gw. hefyd *DGVB*.
DOC	*Dydd Olaf y Credadyn ei Ddydd Goreu*, 1792.
Doeth Sol	'Doethineb Salomon' yn yr Apocryffa.
DOPG	Erwyd Howells: *Dim Ond Pen Gair*, 1990.
DPh	*Y fersiynau Cymraeg o* Dares Phrygius *(Ystorya Dared), eu tarddiad, eu nodweddion, a'u cydberthynas*. Traethawd M.A. Prifysgol Cymru gan B. G. Owens, 1951.
DPMB	*Dull Priodas Mab y Brenin Alpha*, 1758.
DQM	*Dattodiad y Qwestiwn Mawr*, 1693.
DRh	*Duwioldeb Rhydychen, gan Athraw'r Celfyddydau o Brif-ysgol Rhydychen*, 1769.
DrOC	*Drych yr Oesoedd Canol*, gol. Nesta Lloyd a Morfydd E. Owen, 1986.
Y Drysorfa	*Y Drysorfa*, 1831–1968.
DS	John Prys: *Dehonglydd y Sêr*, 1779; gw. hefyd J. Prys: *Alm*.
DT	*Diddanwch Teuluaidd*, gol. Huw Jones, 1763.
DWH	Michael Powell Siddons: *The Development of Welsh Heraldry*, 1991–3.
L. Dwnn: HV	Lewys Dwnn: *Heraldic Visitations of Wales and Part of the Marches*, 1846.
Dwyw T	*Dwywolder-Teuluaidd*, 1726.
Y Dysgedydd	*Y Dysgedydd*, 1821–1968.
EANC	R. J. Thomas: *Enwau Afonydd a Nentydd Cymru*, 1938.
Eben Fardd: Gw	Eben Fardd (Ebenezer Thomas): *Gweithiau Barddonol, &c. Eben Fardd*, [*c*. 1873].
Ecclus	'Ecclesiasticus' yn yr Apocryffa.
Ecclus (Prol)	Gw. *Ecclus* (Prolog).
Ecclus (Prolog)	Y 'Prolog' i *Ecclus*.
Ecs	'Ecsodus' yn yr Hen Destament.
EDP	*Esponiad ar y Deg Pennod Gyntaf* [sic] *o Genesis*, [1788].
EDPP	*Esponiad ar Ddammeg y Pharisead a'r Publican*, 1775.
Edward Dafydd, &c.: Gw	*Bywyd a gwaith Edward Dafydd o Fargam a Dafydd o'r Nant, a hanes dirywiad y gyfundrefn farddol ym Morgannwg*. Traethawd M.A. Prifysgol Cymru gan John Rhys, 1953.
Edward Urien, &c.: Gw	*Testun beirniadol o farddoniaeth Edward Urien a Gruffudd Hafren*. Traethawd M.A. Prifysgol Cymru gan Tegwyn Jones, 1966.
C. Edwards: DMD	Charles Edwards: *Dad Seiniad* [sic] *Meibion y Daran*, 1671.
C. Edwards: FfDd	Charles Edwards: *Y Ffydd Ddi-ffuant*, 1667, 1671, 1677 (adarg. 1936).
C. Edwards: GGG	Charles Edwards: *Gwyddorion y Grefydd Gristianogol*, 1679.
J. G. Edwards: LW	J. Goronwy Edwards: *Littere Wallie*, 1940.
Edwart ap Raff: Gw	*Gwaith Edwart ap Raff*. Casgliad teipiedig gan R. Alun Charles, 1970, yn Llyfrgell Genedlaethol Cymru.
Edwinsford	Dogfen yng nghasgliad Edwinsford, yn Llyfrgell Genedlaethol Cymru.
EEW	T. H. Parry-Williams: *The English Element in Welsh*, 1923.
R. Efan: ABW	R. Efan: *Act o Barliament . . . Wiliam*, 1767.
Eff	'Epistol Paul . . . at yr Effesiaid' yn y Testament Newydd.
Efr	*Yr Efrydydd*, 1920–55.
Efr Cath	*Efrydiau Catholig*, 1946– .
EGBG	*Eglurhaad o Gatechism Byrraf y Gymanfa*, 1719.
EGE	*Eglurhaad o Gatechism yr Eglwys*, 1708.
EGG	*Egwyddorion a Dyledswyddau y Grefydd Grist'nogawl*, 1752.
Egl Ph	Henri Perri: *Eglvryn Phraethineb*, 1595 (adarg. 1930).
Eifion Wyn: TMM	Eifion Wyn (Eliseus Williams): *Telynegion Maes a Mor*, [1908].
J. Einnon: HR	John Einnon: *Helaethrwydd o Ras i'r Gwaelaf o Bechaduriaid*, 1737.
Elfenau Amaeth.	James F. W. Johnston: *Elfenau Amaethyddiaeth a Daeardraith*, 1851.
Elis Gruffydd: Ll	*Astudiaeth destunol ac ieithyddol (gyda geirfa) o Lysieuwr Ellis Gruffydd (Llawysgrif Cwrtmawr, 1, tt. 165–321)*. Traethawd M.A. Prifysgol Cymru gan Delwyn Tibbott, 1957.
C. Ellis: CG	C. Ellis: *Cristionogrwydd yn Gynnwys*, 1703.
D. Ellis: FfG	Dafydd Ellis: *Ffurf Gweddi i'w Harfer mewn Teulu*, 1841.
D. Ellis: GYGG	David Ellis (Cricieth): *Gwybodaeth ac Ymarfer o'r Grefydd Grist'nogol*, 1774.
D. Ellis: HI	David Ellis (Cricieth): *Histori yr Iesu Sanctaidd*, 1776.
D. Ellis: LlW	David Ellis (Cricieth): *Llawlyfr o Weddiau ar Achosion Cyffredin*, 1774.
E. Ellis: CPLl	Ellis ab Ellis: *Cofiadur Prydlon Lloegr*, 1761.
E. Ellis: RP	Ellis ab Ellis: *Rhybydd Prydlon*, 1798.
ELlSG	J. Lloyd-Jones: *Enwau Lleoedd Sir Gaernarfon*, 1928.
Eluned: DA	Eluned [Morgan]: *Dringo'r Andes*, 1904.
EM	*Egwyddorion y Methodistiaid*, 1775.
Emrys ap Iwan: BPE	Emrys ap Iwan (Robert Ambrose Jones): *Breuddwyd Pabydd wrth ei Ewyllys* (Llyfrau'r Ford Gron 4, 5), d.dd.
Emrys ap Iwan: E	*Detholiad o erthyglau a llythyrau Emrys ap Iwan*, gol. D. Myrddin Lloyd, i. 1937; ii. 1939; iii. 1940.
Englynion Digri	*Casgliad o Englynion Digri*, gol. Bethan Llewelyn, 1966.
Ériu	*Ériu*, 1904– .
1 Esd	'Llyfr Cyntaf Esdras' yn yr Apocryffa.
2 Esd	'Ail Lyfr Esdras' yn yr Apocryffa.
Esec	'Llyfr y Proffwyd Eseciel' yn yr Hen Destament.
Eseia	'Llyfr y Proffwyd Eseia' yn yr Hen Destament.
ESGG	*Egwyddorion a Sylfeini'r Grefydd Gristionogol*, 1691, 1705.
Esr	'Llyfr Esra' yn yr Hen Destament.
Esth	'Llyfr Esther' yn yr Hen Destament.
Esth (Ap.)	Gw. Esth (Apocr.)
Esth (Apocr.)	'Y Rhan Arall o Benodau Llyfr Esther' yn yr Apocryffa.
Études	*Études Celtiques*, 1936– .
Eurgr	*Greal, neu Eurgrawn: sef Trysorfa-Gwybodaeth*, 1800.
Eurgr Wes	*Eurgrawn Wesleaidd*, 1809–1932, *Eurgrawn* 1933–83.
Eurgrawn Cymraeg	*Trysorfa Gwybodaeth. neu Eurgrawn Cymraeg*, 1807–8.
E. Evan: AA	Edward Evan: *Afalau'r Awen*, 1816.
E. Evan: GB	Edward Evan: *Gwersi i Blant a Dynjon Jeuaingc*, 1757.
B. Evans: AD	Benjamin Evans (Y Dre-wen): *Annerchiad Difrifol i'r Cymru*, 1791.
B. Evans: CG	Benjamin Evans (Y Dre-wen): *Crefydd Gymdeithasol*, 1797.
B. Evans: LlG	Benjamin Evans (Y Dre-wen): *Llythyrau at Gyfaill ar y Pwngc o Fedydd*, 1788, 1789.
C. Evans: At	Christmas Evans: *Attebiad, am y Gobaith a Osodwyd i'r Cristion yn Iawn Haeddiannol Crist*, 1810.

C. Evans: EJU	Christmas Evans: *Eglwys y Jerusalem Uchod*, 1800.
C. Evans: FfYI	Christmas Evans: *Ffurf yr Ymadroddion Iachus*, 1803.
C. Evans: GB	Christmas Evans: *Gair yn ei Bryd*, 1805.
D. J. Evans: HCS	D. J. Evans: *Hanes Capel Seion*, 1935.
E. Evans: LlGCG	Evan Evans: *Y Llyfr Gweddi Gyffredin y Cydymmaith Goreu*, 1693.
H. Evans: CE	Hugh Evans: *Cwm Eithin*, 1931.
H. Evans: CTF	Henry Evans: *Cynghorion Tad i'w Fab*, 1683.
H. Evans: Cwm Eithin	Gw. H. Evans: *CE*.
J. Evans: BHNO	John Evans: *Byrr Hanes am Fywyd a Marwolaeth Nathanael Othen*, 1761.
J. Evans: CG	John Evans (Plymouth): *Catecism y Gymmanfa*, 1741.
J. Evans: CPE	John Evans (Plymouth): *Cyssondeb y Pedair Efengyl*, 1765.
J. Evans: DC	John Evans (Plymouth): *Y Deddfau Cristianogol*, 1773.
J. Evans: PF	John Evans: *Y Prif Feddiginiaeth*, 1759.
J. Evans: YMS	John Evans (Plymouth): *Ymarferiadau a Myfyrdodau Sacramentaidd*, 1735.
J. Gwenogvryn Evans	Llawysgrif yng nghasgliad J. Gwenogvryn Evans, yn Llyfrgell Genedlaethol Cymru.
J. J. Evans: MJRhA	J. J. Evans: *Morgan John Rhys a'i Amserau*, 1935.
L. Evans: LlW	Lewis Evans: *Llythyr oddiwrth Weinidog o Eglwys Loeger at Ymneilltuwr*, 1711.
T. Evans: CCG	Theophilus Evans: *Cydwybod y Cyfaill Gorau a'r* [sic] *y Ddaear*, 1715.
T. Evans: CDW	Theophilus Evans: *Cydymddiddan Rhwng Dau Wr yn ammau Ynghylch Bedydd-Plant*, 1719.
T. Evans: DDM	Theophilus Evans: *Drych y Dyn Maleisus*, 1747.
T. Evans: DPO	Theophilus Evans: *Drych y Prif Oesoedd*, 1716 (adarg. 1961), 1740 (adarg. 1902).
T. Evans: E	Gw. Tomos Glyn Cothi: *E*.
T. Evans: GC	Theophilus Evans: *Galwedigaeth ddifrifol i'r Crynwyr*, 1715.
T. Evans: GI	Theophilus Evans: *Gwth i Iuddew*, c. 1728.
T. Evans: LlA	Theophilus Evans: *Llythyr-Addysc Esgob Llundain at y Bobl o'i Esgobaeth*, 1740.
T. Evans: LlH	Theophilus Evans: *Llwybr Hyffordd y Plentyn Bach*, 1750.
T. Evans: P	Theophilus Evans: *Pregeth yn dangos beth yw Natur ac Anian y Pechod yn erbyn yr Ysprydd Glân*, 1760.
T. Evans: PP	Theophilus Evans: *Pwyll y Pader; neu, Eglurhad ar Weddi'r Arglwydd*, 1733.
T. Evans: PS	Theophilus Evans: *Prydferthwch Sancteiddrwydd yn y Weddi Gyffredin*, 1722.
W. Evans: EGG	William Evans: *Egwyddorion y Grefydd Gristianogawl*, 1707.
EVW	Margaret Enid Griffiths: *Early Vaticination in Welsh*, 1937.
EWD	Daniel Silvan Evans: *An English and Welsh Dictionary*, i. 1852, ii. 1858.
EWGP	*Early Welsh Gnomic Poetry*, ed. Kenneth Jackson, 1935.
EWGT	*Early Welsh Genealogical Tracts*, ed. P. C. Bartrum, 1966.
EWSP	*Early Welsh Saga Poetry*, ed. Jenny Rowland, 1990.
Ewyllys	Ewyllys yng nghasgliad Llyfrgell Genedlaethol Cymru.
Ex P	*Exchequer Proceedings concerning Wales*, ed. E. Gwynne Jones, 1939.
Examen	*Examen quotidianum Ymholiad beunyddiol*, 1658.
The Extent of Chirkland	*The Extent of Chirkland (1391–1393)*, ed. G[wilym] P[eredur] Jones, 1933.
F	*Flores Poetarum Britannicorum ... O gasgliad J[ohn] D[avies]*, 1710.
Y Faner	*Y Faner*, 1977–92. Gw. hefyd *BAC*.
FBGB	*Y Fodrwy Briodasol, Gymmwys I'r Bys, &c.*, 1775.
R. Fenton: Tours	Richard Fenton: *Tours in Wales*, 1917.
FfA	*Y Ffigys-bren anffrwythlon*, 1766.
FfBO	*Ffordd y Brawd Odrig*, gol. S. J. Williams, 1929.
FfG	*Ffurf Gweddi I'w Harfer ar Ddydd Mercher y Pummed Dydd o fis Ebrill*, 1699.
Ffoulke Owen: Cerdd-lyfr	Ffoulke Owen: *Cerdd-lyfr*, 1686.
FfTh	*Fferm a Thyddyn*, 1988– .
Folk Life	*Folk Life*, 1963– .
H. E. Forrest: FNW	H. E. Forrest: *The Vertebrate Fauna of North Wales*, 1907.
W. Foulkes: EGE	William Foulkes: *Esponiad ar Gatechism yr Eglwys*, 1688.
B. Francis: A	Benjamin Francis (Horsley): *Aleluia: neu Hymnau Perthynol i Addoliad Cyhoeddus*, i. 1774; ii. 1786.
B. Francis: I	Benjamin Francis (Horsley): *Iechydwriaeth*, 1793.
B. Francis: MJT	Benjamin Francis (Horsley): Marwnad John Thomas, Gweinidog Maes-y-berllan, 1786.
G	*Geirfa Barddoniaeth Gynnar Gymraeg*, gol. J. Lloyd-Jones, 1931–1963.
GABC	*Gemwaith Awen Beirdd Collen*, gol. Jonathan Hughes, 1806.
GAGC	*Gosodedigaethau Anrhydeddus Gymdeithas y Cymmrodorion yn Llundain*, 1755.
Gal	'Epistol Paul . . . at y Galatiaid' yn y Testament Newydd.
Galarn	'Galarnad Jeremeia' yn yr Hen Destament.
W. Gambold: WG	William Gambold: *A Welsh Grammar*, 1727.
Gardd Aberdar	*Gardd Aberdar yn cynnwys y Cyfansoddiadau Buddugol yn Eisteddfod y Carw Coch, Aberdar, Awst 29, 1853*, 1854.
GB	*Galar y Beirdd*, gol. Dafydd Johnston, 1993.
GBC	*Gorchestion Beirdd Cymru*, gol. Rhys Jones, 1773, 1864.
GBDd	*Gwaith Bleddyn Ddu*, gol. R. Iestyn Daniel, 1994.
GBF	*Gwaith Bleddyn Fardd a Beirdd Eraill Ail Hanner y Drydedd Ganrif ar Ddeg*, gol. Rhian M. Andrews *et al.*, 1996.
GCBM	*Gwaith Cynddelw Brydydd Mawr*, gol. Nerys Ann Jones ac Ann Parry Owen, i. 1991; ii. 1995.
GCC	D. Simon Evans: *Gramadeg Cymraeg Canol*, 1951.
GCH	*Glamorgan County History*, i. 1936; ii. 1984; iii. 1971; iv. 1974; v. 1980.
GDB	*Gwaith Dafydd Benfras ac Eraill o Feirdd Hanner Cyntaf y Drydedd Ganrif ar Ddeg*, gol. N. G. Costigan (Bosco) *et al.*, 1995.
GDD	*A Glossary of the Demetian Dialect*, ed. W. Meredith Morris, 1910.
GDG	*Gwaith Dafydd ap Gwilym*, gol. Thomas Parry, 1952.
GDG[2]	*Gwaith Dafydd ap Gwilym*, gol. Thomas Parry, 1963.
GDG[3]	*Gwaith Dafydd ap Gwilym*, gol. Thomas Parry, 1979.
GDGor	*Gwaith Dafydd Gorlech*, gol. Erwain Haf Rheinallt, 1997.
GDID	*Gwaith Deio ab Ieuan Du a Gwilym ab*

	Ieuan Hen, gol. A. Eleri Davies, 1992.
GDLl	*Gwaith Dafydd Llwyd*, gol. Leslie Richards, 1964.
GDTD	*Gogoneddus Ddirgelwch Trugaredd Duw*, 1766, 1796.
GDTS	*Gogoniant y Deml. Teml Salomon wedi ei hysbrydoli*, 1810.
Geir Geg	S. Minwel Tibbott: *Geirfa'r Gegin*, 1983.
Geir Glo	Lynn Davies: *Geirfa'r Glöwr*, 1976.
Geir Mwyn	Steffan ab Owain: *Geirfa'r Mwynwyr*, 1988.
Geir Pob	*Geiriadur Poblogaidd*, 1828.
Geirgrawn	D. Davies: *Y Geirgrawn: neu Drysorfa Gwybodaeth*, 1796.
Gen	'Genesis' yn yr Hen Destament.
Y Genhinen	*Y Genhinen*, 1950–80.
Y Geninen	*Y Geninen*, 1883–1928.
Gentleman's Magazine	*The Gentleman's Magazine*, 1731–1868.
GEO	*Gwaith Einion Offeiriad a Dafydd Ddu o Hiraddug*, gol. R. Geraint Gruffydd a Rhiannon Ifans, 1997.
W. Evans George (LlGC)	Casgliad o ddogfennau W. Evans George yn Llyfrgell Genedlaethol Cymru.
GER	*Golwg eglur o'r Rhagoriaeth sydd rhwng Ffydd y Protestaniaid, a Ffydd y Papistiaid*, 1715.
J. Gerarde: Herball	John Gerarde: *The Herball or generall Historie of plantes*, 1633. Y rhestr o enwau Cymraeg ar ddiwedd y llyfr.
(Gesta Rom) LlGC 13076	*Gesta Romanorum*, yn *LlGC* 13076.
GFC	*Gwaedd-ddeffro i Fyd Cysgadlyd*, 1775.
GGDT	*Gwaith Gruffudd ap Dafydd ap Tudur, Gwilym Ddu o Arfon, Trahaearn Brydydd Mawr ac Iorwerth Beli*, gol. N. G. Costigan (Bosco) *et al.*, 1995.
GGH	*Gwaith Gruffudd Hiraethog*, gol D. J. Bowen, 1990.
GGJ	*Y Gowrain Gelfyddyd o Japannio neu Rodd meistr iw Brentis*, [1761]; gw. hefyd W. Davies: *RMB*.
GGl	*Gwaith Guto'r Glyn*, gol. J. Llywelyn Williams ac Ifor Williams, 1939.
GGl²	*Gwaith Guto'r Glyn*, gol. J. Llywelyn Williams ac Ifor Williams, 1961.
GGN	*Gwssanaeth y Gwŷr Newydd*, gol. Geraint Bowen, 1970.
GGrG	*Gwaith Gronw Gyriog, Iorwerth ab y Cyriog ac Eraill*, gol. Rhiannon Ifans *et al.*, 1997.
GGTY	*Goleuni Gwedi Torri allan Ynghymry*, 1696.
GGYC	*Gwael Gardod Ysprydol i'r Cymro*, 1752.
GHC	*Gwaith Hywel Cilan*, gol. Islwyn Jones, 1963.
GHCEM	*Gwaith Huw Ceiriog ac Edward Maelor*, gol. Huw Ceiriog Jones, 1990.
GHD	*Gwaith Huw ap Dafydd ap Llywelyn ap Madog*, gol. A. Cynfael Lake, 1995.
GHM	*Gronyn o Had Mwstard*, 1722.
GIA	*Galwad Ir Annychweledig*, 1659, 1751.
Giants in W. Folklore	*Giants in Welsh folklore and tradition.* Traethawd Ph.D. Prifysgol Cymru gan John Christian Grooms, 1988.
GIF	*Gwaith Iorwerth Fynglwyd*, gol. Howell Ll. Jones ac E. I. Rowlands, 1975.
GIG	*Gwaith Iolo Goch*, gol. D. R. Johnston, 1988.
GILlV	*Detholiad o waith Gruffudd ab Ieuan ab Llewelyn Vychan*, gol. J. C. Morrice, 1910.
Giraldus Cambrensis: DRG	Giraldus Cambrensis: *De Rebus a se Gestis*, 1861.
Giraldus Cambrensis: IK	*Giraldi Cambrensis Itinerarium Kambriæ et Descriptio Kambriæ*, ed. J. F. Dimock, 1868.
GJ: LlW	G. J.: *Llythyr oddiwrth Weinidog o Eglwys Loegr, At un o'i blwyfolion yn neilltuo*, 1711.
Glam Bards	*The works of some 15th century Glamorgan bards.* Traethawd M.A. Prifysgol Cymru gan J. Morgan Williams, 1923.
Glanffrwd: PLl	Glanffrwd (William Thomas): *Plwyf Llanwyno*, 1888; cyfeirir weithiau at arg. Henry Lewis, 1949.
GLD	*Gwaith Lewys Daron*, gol. A. Cynfael Lake, 1994.
GLGC	*Gwaith Lewys Glyn Cothi*, gol. Dafydd Johnston, 1995.
GLlBH	*Gwaith Llywelyn Brydydd Hoddnant, Dafydd ap Gwilym, Hillyn ac Eraill*, gol. Ann Parry Owen a Dylan Foster Evans, 1996.
GLlF	*Gwaith Llywelyn Fardd I ac Eraill o Feirdd y Ddeuddegfed Ganrif*, gol. Kathleen Anne Bramley *et al.*, 1994.
GLlG	*Gwaith Llywelyn Goch ap Meurig Hen*, gol. Dafydd Johnston, 1998.
GLlLl	*Gwaith Llywarch ap Llywelyn 'Prydydd y Moch'*, gol. Elin M. Jones, 1991.
GLM	*Gwaith Lewys Môn*, gol. Eurys I. Rowlands, 1975.
GM	*Gwassanaeth Meir*, gol. Brynley F. Roberts, 1961.
GMB	*Gwaith Meilyr Brydydd a'i Ddisgynyddion*, gol. J. E. Caerwyn Williams *et al.*, 1994.
GMJ	*Gwagedd Mebyd a Jeungctid*, 1728.
GMW	D. Simon Evans: *A Grammar of Middle Welsh*, 1964.
GO	*L'œuvre poétique de Gutun Owain*, ed. E. Bachellery, 1950–51.
GO: Gw	Gw. *GO*.
God An	John Thomas Koch: *The Gododdin of Aneirin*, 1997.
GOI	Rudolf Thurneysen: *A Grammar of Old Irish*, 1946.
Gol Gwynedd	*Goleuad Gwynedd, neu yn hytrach Goleuad Cymru*, 1818–20.
GOLlM	*Gwaith Owain ap Llywelyn ab y Moel*, gol. Eurys Rolant, 1984.
Golud yr Oes	*Golud yr Oes*, 1862–4.
(Gos) LlGG	Gw. *LlGG* (*Gos*).
GP	*Gramadegau'r Penceirddiaid*, gol. G. J. Williams ac E. J. Jones, 1934.
Gr. Hiraethog: Gw	*The works of Gruffydd Hiraethog*. Traethawd M.A. Prifysgol Cymru gan W. Richards, 1925.
Gr. Hiraethog: Gw (D. J. B.)	*Gwaith Gruffydd Hiraethog*, gol. D. J. Bowen (mewn teipysgrif). [Cyfeirir at rif y gerdd a'r llinell.]
GRB	*Gwaith Rhys Brydydd a Rhisiart ap Rhys*, gol. J. M. Williams ac Eurys I. Rowlands, 1976.
GRCG	*Robin Clidro a'i ganlynwyr*. Traethawd M.A. Prifysgol Cymru gan Cennard Davies, 1964.
Y Greal	*Y Greal; sev Cynnulliad o Orchestion ein Hynaviaid*, 1805–7.
GREE	W. P.: *Godidowgrwydd Rhinwedd, ac Effaith yr Efengyl*, 1707.
G. Griffith: GA	George Griffith: *Gueddi'r-Arglwydd Wedi ei Hegluro*, 1685.
J. Griffith: A	John Griffith (Pantsaeson): *Attebion i rai Achosion Cydwybod ar amryw Ystyriaethau Pwysfawr*, 1769.
J. Griffith: DCC	John Griffith (Caernarfon): *Dechreuad a Chynnydd Crefydd yn yr Enaid*, 1788.
O. Griffith: MP	O. Griffith: *Mynydd Parys*, 1897.

R. Griffith: LlCD — Robert Griffith: *Llyfr Cerdd Dannau*, [1913].
E. Griffiths: GF — E. Griffiths: *Golwg Ferr ar yr Hanes Ysgrythurol Oll*, 1775.
J. Griffiths: A — Gw. J. Griffith: *A*.
J. Griffiths: H — John Griffiths: *Hyfforddwr*, 1796.
M. Griffiths: ED — Morris Griffiths: *Egwyddorion Difinyddiaeth*, 1789.
Gron — *Gronoviana. Gwaith y Parch. Goronwy Owen*, gol. E. Jones ac O. Williams, 1860.
O. Gruffydd: Gw — *Gwaith Owen Gruffydd*, 1904.
GSC — *Gwaith Siôn Ceri*, gol. A. Cynfael Lake, 1996.
GSOG — *Testun beirniadol ac astudiaeth o gerddi Syr Owain ap Gwilym*. Traethawd M.A. Prifysgol Cymru gan D. G. Williams, 1962.
GSRh — *Gwaith Sefnyn, Rhisierdyn . . . a Llywarch Bentwrch*, gol. Nerys Ann Jones ac Erwain Haf Rheinallt, 1995.
GST — *Gwaith Siôn Tudur*, gol. Enid Roberts, 1980.
GTN — Ceinwen H. Thomas: *Tafodiaith Nantgarw*, llyfr iii., 1993.
GTP — *Gwaith Tudur Penllyn ac Ieuan ap Tudur Penllyn*, gol. Thomas Roberts, 1958.
Gutyn Peris: FfA — Guttyn Peris (Griffith Williams): *Ffrwyth Awen; neu Farddoniaeth Gymreig*, 1816.
Gw. ab Ierwerth: SB — Gwilim ab Jerwerth: *Saith o Bregethau*, [1710].
Gw Man — 'Gweddi Manasses' yn yr Apocryffa.
Gw. Mechain: D — Gwallter Mechain (Walter Davies): *Diwygiad neu Ddinystr*, 1798.
Gw. Mechain: Gw — *Gwaith Gwallter Mechain*, gol. D. Silvan Evans, 1866–8.
Gw. Mechain: Rh — Gwallter Mechain (Walter Davies): *Rhyddid*, 1791.
Gwaedd-Ddefro i Bechadur — *Gwaedd-Ddefro* [sic] *i Bechadur*, 1802.
Gwaseila — *Canu gwaseila yn y Gymraeg*. Traethawd Ph.D. Prifysgol Cymru gan Rhiannon Ifans, 1980.
Gwerin-Eiriau Maldwyn — *Gwerin-Eiriau Maldwyn*, gol. Bruce Griffiths, 1981.
Gwerin-eiriau Sir Gaernarfon — Gw. J. Jones: *Gwerin-eiriau*.
GWG — *Glossary of the Welsh of Glamorgan*, gol. Meurig (Thomas Jones, Trealaw). Traethawd buddugol Eisteddfod Genedlaethol Abertawe, 1907, yng nghasgliad Llyfrgell Genedlaethol Cymru.
Gwilym Tew: Gw — *Gwilym Tew: astudiaeth destunol a chymharol o'i lawysgrif, Peniarth 51, ynghyd ag ymdriniaeth â'i farddoniaeth*. Traethawd Ph.D. Prifysgol Cymru gan Anne Elizabeth Jones, 1981.
Y Gwladgarwr — *Y Gwladgarwr*, 1833–41.
Y Gwyddonydd — *Y Gwyddonydd*, 1963– .
Gwyddor Gwlad — *Gwyddor Gwlad*, 1952–63.
Y Gwyliedydd — *Y Gwyliedydd*, 1823–37.
Gwyn — Llawysgrif yng nghasgliad J. Gwyneddon Davies, yn Llyfrgell Prifysgol Cymru, Bangor.
Gwyn 3 — *Gwyneddon 3*, gol. Ifor Williams, 1931.
Gwys — Llawysgrif yng nghasgliad Gwysaney, yn Llyfrgell Genedlaethol Cymru.
GY — *Gweddiaf â'r Yspryd: neu, Draethawd ar Weddi*, 1790.
H — *Llawysgrif Hendregadredd*, gol. J. Morris-Jones a T. H. Parry-Williams, 1933. [Rhifir yn ôl daleniad y llawysgrif.]
Hab — 'Llyfr Habacuc' yn yr Hen Destament.
Haddan & Stubbs: Councils — A. W. Haddan and W. Stubbs: *Councils and Ecclesiastical Documents relating to Great Britain and Ireland*, 1869.
Haf — Llawysgrif yng nghasgliad Hafod, yn Llyfrgell Ganol Caerdydd.
Hag — 'Llyfr Haggai' yn yr Hen Destament.
HAG — *The Hymns of Ann Griffiths*, ed. John Ryan, 1980.
Hanes Bywyd yn Ardal Tyddewi tua 1850 — *Hanes Bywyd yn Ardal Tyddewi tua 1850*. Darlith gan Edward Perkins, 1908. Llawysgrif yng nghasgliad Llyfrgell Genedlaethol Cymru.
Harlech Studies — *Harlech Studies: essays presented to Dr. Thomas Jones, C.H.*, ed. B. B. Thomas, 1938.
I. Harri: RD — Joan Harri: *Rhai Datguddiadau o'r Nefoedd Newydd, a'r Ddaear Newydd*, 1725.
S. Harries: YAOC — Solomon Harries: *Ystyriaeth o Anchwiliadwy Olud Crist*, 1774.
H. Harris: CHH — *Cennadwri a Thystiolaeth ddiweddaf Howell Harris, Yswain*, 1774.
H. Harris: H — *Hanes Ferr o Fywyd Howell Harris Ysgwïer*, 1792.
H. Harris: SDS — Howell Harris: *Sail, Dibenion, a Rheolau'r Societies*, 1742.
J. Harris: Alm — John Harris: *Vox Stellarum et Planetarum, neu, Almanac*, 1790–1804.
Yr Haul — *Yr Haul*, 1835–1953; *Yr Haul a'r Gangell*, 1953–83.
HC — *Hyfforddwr Cyfarwydd I'r Nefoedd*, 1693.
HCLl — *Gwaith Huw Cae Llwyd ac Eraill*, gol. Leslie Harries, 1953.
HD — *Survey of the Honour of Denbigh, 1334*, ed. Paul Vinogradoff and Frank Morgan, 1914.
HDY — *Help i Ddarllen yr Ysgrythur Gyssegr Lan*, 1760.
Heb — 'Epistol Paul . . . at yr Hebreaid' yn y Testament Newydd.
Hedd Wyn: CB — [Hedd Wyn (E. H. Evans)]: *Cerddi'r Bugail*, gol. J. J. Williams, 1918.
HELlH — *The Heroic Elegies and Other Pieces of Llywarch Hen . . .*, William Owen [-Pughe], 1792.
Hen B — *Hen Benillion*, gol. T. H. Parry-Williams, 1940.
HFfS — *Hanes am Ddychrynllyd Gyflwr Ffransis Spira*, 1753.
HG — *Hen Gwndidau, Carolau a Chywyddau*, gol. L. J. Hopkin-James a T. C. Evans, 1910.
HG Cref — *Hen Gerddi Crefyddol*, gol. Henry Lewis, 1931.
HGC — *The History of Gruffydd ap Cynan*, ed. Arthur Jones, 1910.
HGD — *Hanes Gywir o Drial William Spiggot . . .*, 1770.
HGK — *Historia Gruffud vab Kenan*, gol. D. Simon Evans, 1977.
Hist Brit — Ferdinand Lot: *Nennius et l'Historia Brittonum*, 1934.
HMSS — *Hengwrt Manuscripts*, ed. R. Williams, i. 1876; ii. 1892.
HNDd — *Yr Happusrwydd o Nesau at Dduw; wedi ei egluro mewn Pregeth*, 1790.
R. Holland: AB — Robert Holland (Llanddowror): *Agoriad byrr ar Weddi'r Arglwydd*, 1677.
R. Holland: BD — Robert Holland (Llanddowror): *Basilikon Doron*, 1604 (adarg. 1931).
R. Holland: DG — Robert Holland (Llanddowror): *Dav Gymro yn taring, yn bell o'i gwlad*, 1681. Cyhoeddwyd gyda R. Prichard: *CC*.
Hop M — *Hopkiniaid Morganwg*, gol. L. J. Hopkin-James, 1909.
L. Hopkin: FG — Lewis Hopkin: *Y Fel Gafod*, 1813.
L. J. Hopkin-James: OC — L. J. Hopkin-James: *Old Cowbridge*, 1922.

M. Hopkins: CP	M. Hopkins: *Cyn, ac ar ôl Priodi*, 1881.
Hos	'Llyfr Hosea' yn yr Hen Destament.
G. Howel: Alm	Gwilim Howel: *Almanaciau*, 1767–75.
G. Howel: DB	Griffith Howel: *Deborah a Barac: neu Ganiadau o Waredigaeth*, 1764.
J. Howell: D	Y 'Diharebion Cymraeg' yn James Howell: *Lexicon Tetraglotton, an English-French-Italian-Spanish Dictionary*, 1660.
HP	*Astudiaeth feirniadol o Peniarth 168B (tt. 41a-126b)*. Traethawd M.A. Prifysgol Cymru gan Robert Isaac Denis Jones, 1954.
HRB	*The Historia Regum Britanniæ of Geoffrey of Monmouth*, ed. Acton Griscom, 1929.
HS	*Gwaith Barddonol Howel Swrdwal a'i fab Ieuan*, gol. J. C. Morrice, 1908.
T. Hudson-Williams: GG	T. Hudson-Williams: *Y Groegiaid Gynt*, 1932.
D. Hughes: TFf	Dafydd Hughes: *Tystiolaeth o Ffydd ac Ymarferiad Eglwys Crist*, 1782.
J. Hughes: AP	J[ohn] H[ughes]: *Allwydd neu Agoriad Paradwys i'r Cymry*, 1670 (*adarg. 1929).
J. Hughes: BB	Jonathan Hughes: *Bardd, a Byrddau Amryw, Seigiau neu Gasgliad o Gynghanedd*, 1778.
J. Hughes: CAG	John Hughes: *Cofiant Mrs. Ann Griffiths*, 1847.
J. Hughes: DBF	John Hughes: *Dirgelwch Babel Fawr, Mam-Buttain yr holl Ddaear*, 1769.
S. Hughes: AC	Stephen Hughes: *Adroddiad Cywir, o'r Pethau pennaf . . . yn Burgundy*, 1681.
S. Hughes: TP	Stephen Hughes: *Taith y Pererin*, 1771.
S. Hughes: TSP	Stephen Hughes: *Taith neu Siwrnai y Pererin*, 1688.
Humphrey Lhuyd: The Breuiary of Britayne	Gw. H. Lhuyd: *BB*
J. Humphreys: ABD	Joseph Humphreys: *Atteb i Bob Dyn*, 1781.
Huw ab Huw: DA	Huw ab Huw (Hugh Hughes, Y Bardd Coch): *Deial Ahaz, wedi ei Hysprydoli*, 1773.
Huw ab Huw: RBD	Huw ab Huw: *Rheolau Bywyd Dynol*, 1774.
Huw Arwystl: Gw	*Gweithiau barddonol Huw Arwystl*. Traethawd M.A. Prifysgol Cymru gan J. Afan Jones, 1926.
Huw Cae Llwyd, &c.: Gw	*Barddoniaeth Huw Cae Llwyd, Ieuan ap Huw Cae Llwyd, Ieuan Dyfi a Gwerful Mechain*. Traethawd M.A. Prifysgol Cymru gan Leslie Harries, 1933.
Huw Ceiriog, &c.: Gw	*Testun beirniadol o farddoniaeth Huw Ceiriog, Ieuan Llafar ac Edward Maelor*. Traethawd M.A. Prifysgol Cymru gan Huw Ceiriog Jones, 1984.
Huw Cornwy, &c.: Gw	*Gwaith Huw Cornwy a Morys Llwyd*. Traethawd M.Phil. Prifysgol Cymru gan W. G. Morris, 1989.
Huw Machno: Gw	*Bywyd a gwaith Huw Machno*. Traethawd M.A. Prifysgol Cymru gan Daniel Lynn James, 1960.
Huw Morus: EC	Huw Morus: *Eos Ceiriog, sef Casgliad o Bêr Ganiadau Huw Morus*, 1823.
Huw Morus: Gw	*Bywyd a gwaith Huw Morys (Pont y Meibion) 1622–1709*. Traethawd M.A. Prifysgol Cymru gan David Jenkins, 1948.
Huw Pennant: Gw	*Gwaith Huw Pennant*. Casgliad teipiedig gan R. L. Jones, 1976, yn Llyfrgell Genedlaethol Cymru.
HVN	D. Rhys Phillips: *The History of the Vale of Neath*, 1925.
HWS	*Hanes Troedigaeth y Wraig o Samaria*, 1792.
Hy D	*Hymnau Duwiol Buddjol i'w dysgu a'u canu gan bawb o ffyddlon blant Seion . . . o Gasgliad Gŵr Eglwysig*, 1745.
Hyfforddwr Meddygol	[R. Reece]: *Yr Hyfforddwr Meddygol*, 1816.
Hymnau D	*Hymnau Duwiol. Yw canu, mewn Cymdeithiasau* [sic] *Crefyddol. A Gyfansoddwyd gan mwyaf, Gan y Parchedig Mr Daniel Rowlands . . .*, 1744.
Hywel Cilan: Gw	*Testun beirniadol o waith Hywel Cilan*. Traethawd M.A. Prifysgol Cymru gan Islwyn Jones, 1955.
Hywel Rheinallt: Gw	*Testun beirniadol o waith Hywel Rheinallt ynghyd â rhagymadrodd, nodiadau a geirfa*. Traethawd M.A. Prifysgol Cymru gan Wendy Davies, 1967.
I. Brydydd Hir: Gw	*Gwaith y Parchedig Evan Evans*, gol. D. Silvan Evans, 1876.
I. Brydydd Hir: P	Evan Evans (Ieuan Brydydd Hir): *Casgliad o Bregethau . . . o waith yr Awduron gorau yn saesoneg*, 1776.
Iaco ab Dewi (1953)	Garfield H. Hughes: *Iaco ab Dewi (1648–1722)*, 1953.
Iaco ab Dewi: CB	Iaco ab Dewi (James Davies): *Cyfeillach Beunyddiol â Duw*, 1714.
Iaco ab Dewi: CS	Iaco ab Dewi (James Davies): *Catechism o'r Scrythur*, 1717.
Iaco ab Dewi: Gw	*Bywyd a Gwaith Iaco ab Dewi*. Traethawd M.A. Prifysgol Cymru gan Garfield H. Hughes, 1939.
Iaco ab Dewi: LlCB	Iaco ab Dewi (James Davies): *Llythyr at y Cyfryw o'r Byd*, 1716.
Iaco ab Dewi: LlEW	Iaco ab Dewi (James Davies): *Llythyr Edward Wells at Gyfaill*, 1714.
Iaco ab Dewi: MN	Iaco ab Dewi (James Davies): *Meddylieu Neillduol ar Grefydd*, 1717.
Iaco ab Dewi: PTE	Iaco ab Dewi (James Davies): *Pregeth a Br[e]gethwyd Ynghapel Ty-Ely, yn Holbourn*, 1716.
Iaco ab Dewi: TG	Iaco ab Dewi (James Davies): *Tyred a Groesaw at Jessu Grist*, 1719.
Iaco ab Dewi: YL	Iaco ab Dewi (James Davies): *Yr Ymarfer o Lonyddwch*, 1730.
Iago	'Epistol Cyffredinol Iago' yn y Testament Newydd.
IAW (LlGC)	Llawysgrif yng nghasgliad Iolo Aneurin Williams, yn Llyfrgell Genedlaethol Cymru.
IAW (NLW)	Gw. *IAW (LlGC)*.
ID	*Casgliad o Waith Ieuan Deulwyn*, gol. Ifor Williams, 1909.
Ieuan Glan Geirionydd: G	Ieuan Glan Geirionydd (Evan Evans): *Geirionydd*, 1862.
Ieuan Lleyn: C	Ieuan Lleyn (Evan Prichard): *Caniadau*, gol. Myrddin Fardd, [1878].
Ieuan Tew Ieuanc: Gw	*Testun beirniadol o farddoniaeth Ieuan Tew Ieuanc gyda rhagymadrodd, nodiadau a geirfa*. Traethawd M.A. Prifysgol Cymru gan W. Basil Davies, 1971.
Rh. Ifans: SR	Rhiannon Ifans: *Sêrs a Rybana*, 1983.
IG	*Gweithiau Iolo Goch*, gol. Charles Ashton, 1896.
IG: AF	I. G.: *Addysg Ferr yng Ngwasanaeth Duw*, 1774.
IG (Ashton)	Gw. *IG*.
IGE	*Cywyddau Iolo Goch ac Eraill 1350–1450*, gol. Henry Lewis, Thos. Roberts ac Ifor Williams, 1925.
IGE[2]	*Cywyddau Iolo Goch ac Eraill*, gol. Henry Lewis, Thomas Roberts ac Ifor Williams, 1937.
IICRC	*Iaith a ieithwedd y cerddi rhydd cynnar*. Traethawd M.A. Prifysgol Cymru gan

H. Meurig Evans, 1937.

IM — G. J. Williams: *Iolo Morganwg*, 1956.

IMCY — G. J. Williams: *Iolo Morganwg a Chywyddau'r Ychwanegiad*, 1926.

Io — 'Yr Efengyl yn ôl Sant Ioan' yn y Testament Newydd.

1 Io — 'Epistol Cyntaf Cyffredinol Ioan' yn y Testament Newydd.

2 Io — 'Ail Epistol Cyffredinol Ioan' yn y Testament Newydd.

3 Io — 'Trydydd Epistol Cyffredinol Ioan' yn y Testament Newydd.

Ioan Siencin: MTLl — Ioan Siencin (John Jenkins): *Marwnad yr Anrhydeddus Thomas Lloyd, Yscwier*, 1788.

Ioan Siencyn: Gw — *Bywyd a gwaith Ioan Siencyn (1716–1796)*. Traethawd M.A. Prifysgol Cymru gan E. G. Roberts, 1984.

Ioan Wallter: DB — Ioan Wallter (John Walters): *Dwy Bregeth ar Ezec. xxxiii. 11*, 1772.

Iolo Goch: Gw — *Gwaith Iolo Goch*. Traethawd Ph.D. Prifysgol Cymru gan David R. Johnston, 1984.

Iolo Morganwg: Salmau — Edward Williams (Iolo Morganwg): *Salmau yr Eglwys yn yr Anialwch*, i. 1812; ii. 1834.

Iolo MSS — *Iolo Manuscripts*, ed. Taliesin Williams, 1848.

Iorwerth Fynglwyd: Gw — *Bywyd a barddoniaeth Iorwerth Fynglwyd*. Traethawd M.A. Prifysgol Cymru gan H. Ll. Jones, 1970.

ISF — *Iaith Sir Fôn*, gol. Bedwyr Lewis Jones, 1983.

Islwyn: Gw — Islwyn (William Thomas): *Gwaith Barddonol*, 1897.

J — Llawysgrif yng nghasgliad Coleg yr Iesu, Rhydychen; defnyddir rhifau J. Gwenogvryn Evans i ddynodi'r rhai a ddisgrifir yn *RWM*.

Jac Glan-y-gors: Gw — *Gwaith Glan y Gors*, 1905.

Jac Glan-y-gors: SG — Jac Glan-y-gors (John Jones): *Seren tan Gwmmwl*, 1795 (adarg. 1923).

Jac Glan-y-gors: TD — Jac Glan-y-gors (John Jones): *Toriad y Dydd*, 1797 (adarg. 1923).

D. E. James: CU — D. Emrys James: *Y Cwm Unig*, 1930.

E. James: Hom — Edward James: *Pregethau a osodwyd allan trwy awdurdod*, 1606.

E. ac A. O. H. Jarman: SC — Eldra Jarman ac A. O. H. Jarman: *Y Sipsiwn Cymreig*, 1979.

JCS — *The Journal of Celtic Studies*, 1949– .

JE: AHS — J. E.: *Yr Ammodau ar Ba rai y mae'r Heddwch Presennol . . . yn cael ei sefydlu*, [1763].

Jechydwriaeth wrth y drws — *Jechydwriaeth wrth y Drws*, [1767].

J. Jenkin: P — *Pregeth ar Achos Chwythad dychrynllyd Powdr Gwnn yng Nghaerlleon*, 1773; cyfieithiad arall c. 1775.

D. Jenkins: ACSWW — David Jenkins: *The Agricultural Community in South-West Wales*, 1971.

J. G. Jenkins: NC — J. Geraint Jenkins: *Nets and Coracles*, 1974.

J. G. Jenkins: WWI — J. Geraint Jenkins: *The Welsh Woollen Industry*, 1969.

Ll. Jenkins: Hengoediana — Llewelyn Jenkins: Hengoediana; sef, Hanes *Eglwys y Bedyddwyr yn Hengoed, Celligaer, Morganwg* . . ., 1861.

W. Jenkins: GOZ — Walter Jenkins: *Y Gyfraith a roddwyd allan o Zion*, 1715.

Jer — 'Llyfr y Proffwyd Jeremeia' yn yr Hen Destament.

JHSCW — *Journal of the Historical Society of the Church in Wales*, 1946– .

JM: DDdC — J. M.: *Drych i Ddwfr Cleifion*, 1765.

JO: HS — J[ames] O[wen]: *Hymnau Scrythurol*, 1705.

Job — 'Llyfr Job' yn yr Hen Destament.

Joel — 'Llyfr Joel' yn yr Hen Destament.

J. John: HY — Joseph John: *Hymnau Ysgrythurawl*, 1765.

Jona — 'Llyfr Jona' yn yr Hen Destament.

B. Jones: AD — Benjamin Jones: *Athrawiaeth y Drindod mewn Tair Pregeth*, 1793.

D. Jones: AP — Daniel Jones: *Agoriad ar y Prophwydoliaethau hynod*, 1799.

D. Jones: CDB — Dafydd Jones (Caeo): *Caniadau Dwyfol . . . i Blant*, 1771.

D. Jones: DP — Dafydd Jones (Caeo): *Difyrrwch i'r Pererinjon o Fawl i'r Oen*, 1763, 1764, 1770.

D. Jones: E — Dafydd Jones (Llanwenog): *Eucharistia*, 1765.

D. Jones: ER — Dafydd Jones (Dewi Fardd): *Eglurun Rhyfedd*, 1750 (adarg. 1897).

D. Jones: HCY — Dafydd Jones (Caeo): *Hymnau a Chaniadau Ysprydol*, 1775.

D. Jones: HN — Dafydd Jones (Dewi Fardd): *History Nicodemus*, 1745.

D. Jones: LlDI — Dafydd Jones (Llan-gan): *Llythyr, oddi wrth Dafydd ab Ioan y Pererin, at Ioan ab Gwilim y Prydydd*, 1784.

D. Jones: SD — Dafydd Jones (Caeo): *Salmau Dafydd*, 1753.

D. E. Jones: HLlP — Daniel E. Jones: *Hanes Plwyfi Llangeler a Phenboyr*, 1899.

D. Gwenallt Jones: CC — D. Gwenallt Jones: *Cnoi Cil*, 1942.

D. Gwenallt Jones: E — D. Gwenallt Jones: *Eples*, 1951.

D. Gwenallt Jones: MS — D. Gwenallt Jones: *Y Mynach a'r Sant*, 1928.

D. Gwenallt Jones: YA — D. Gwenallt Jones: *Ysgubau'r Awen*, [1939].

D. J. Odwyn Jones: DR — D. J. Odwyn Jones: *Daniel Rowland, Llangeitho*, 1938.

E. Jones: Canrif y Chwarelwr — Emyr Jones: *Canrif y Chwarelwr*, 1963.

E. Jones: CE — Edward Jones (Llamerewig): *Cydymaith yr Eglwyswr, yn Ymweled a'r Claf*, [1738].

E. Jones: CP — Edward Jones: *Cyfreithiau Plwyf*, 1794.

E. Jones: DB — Edmund Jones (Y Transh): *Dwy Bregeth*, 1782.

E. Jones: DPB — Edmund Jones (Y Transh): *Dail Pren y Bywyd*, 1745.

E. Jones: GA — Edmund Jones (Y Transh): *A Geographical, Historical and Religious Account of the parish of Aberystruth*, 1779.

E. Jones: MPR — Edward Jones (Bardd y Brenin): *Musical and Poetical Relicks of the Welsh Bards*, 1784, 1794.

E. Jones: RAS — Edmund Jones (Y Transh): *A Relation of . . . Apparitions of Spirits*, 1780.

G. Jones: AS — [Griffith Jones (Llanddowror)]: *Athrawiaeth y Sgrythur Ynghylch Parhâd mewn Gras*, 1743.

G. Jones: CFfOG — [Griffith Jones (Llanddowror)]: *Cyfarwyddwr Ffyddlon at Orseddfaingc y Grâs*, 1762.

G. Jones: CRA — [Griffith Jones (Llanddowror)]: *Cyngor Rhad yr Anllythrennog*, 1737.

G. Jones: DFfW — [Griffith Jones (Llanddowror)]: *Dwy Ffurf o Weddi*, 1737.

G. Jones: EBS — [Griffith Jones (Llanddowror)]: *Esponiad Byr o'r Sacramentau*, ?1746, 1831.

G. Jones: GB — Gruffydd Jones (Bodffari): *Golwg Byrr o'r Ddadl Ynghylch Llywodraeth yr Esgobion*, 1721.

G. Jones: GOG — [Griffith Jones (Llanddowror)]: *Galwad at Orseddfaingc y Grâs*, 1738.

G. Jones: HOG — [Griffith Jones (Llanddowror)]: *Hyfforddwr at Orseddfaingc y Grâs*, 1740.

G. Jones: HWI	[Griffith Jones (Llanddowror)]: *Hyfforddiad i Wybodaeth iachusol*, 1741–9.
G. Jones: LlDdG	[Griffith Jones (Llanddowror)]: *Llythyr ynghylch y Ddyledswydd o Gateceisio*, 1749.
G. Jones: RYC	[Griffith Jones (Llanddowror)]: *Rheolau yr Ysgolion Cymraeg*, [1744–5].
G. P. Jones: NH	Glyn Penrhyn Jones: *Newyn a Haint yng Nghymru a Phynciau Meddygol Eraill*, 1962.
H. Jones: CH	Hugh Jones (Maesglasau): *Cydymmaith i'r Hwsmon*, 1774.
H. Jones: CWR	Hugh Jones: *Cofiant W. Roberts* (*Amlwch*), 1869.
H. Jones: EN	Hugh Jones (Maesglasau): *Enw yn y Nefoedd*, 1789.
H. Jones: FfH	Hugh Jones (Maesglasau): *Y Ffordd i fod yn Happus mewn Byd Truenus*, 1789.
H. Jones: GA	Hugh Jones (Maesglasau): *Gair yn ei Amser . . . i'r Cyffredin Gymry*, 1782.
H. Jones: GC	Hugh Jones (Maesglasau): *Gardd y Caniadau*, 1776.
H. Jones: HCF	Hugh Jones (Llangwm): *Hanes y Capt. Factor*, 1762.
H. Jones: HGS	Hugh Jones (Llangwm): *Histori'r Geiniogwerth Synnwyr*, d.dd.
H. Jones: HN	Hugh Jones (Maesglasau): *Hymnau Newyddion*, 1797 (adarg. 1907).
H. Jones: M	Hugh Jones (Maesglasau): *Myfyrdodau ar Ddamhegion a Gwrthiau ein Hiachawdwr Jesu Grist*, 1777.
H. Jones: MD	H. Jones: *Y Meddyginiaeth Deuluaidd*, 1831.
H. Jones: MPC	Hugh Jones (Maesglasau): *Marweiddiad Pechod mewn Credinwyr*, 1796.
H. Jones: PN	Hugh Jones (Llangwm): *Protestant a Neillduwr*, 1783.
H. Jones: T	Hugh Jones (Maesglasau): *Traethiadau o waith . . . John Bunyan*, 1790–1.
J. Jones: Alm	John Jones: *Almanaciau*, 1714–39.
J. Jones: C	Jencin Jones (Llwynrhydowen): *Llawlyfr plant sef, catecismau*, 1732.
J. Jones: DFF	Jencin Jones (Llwynrhydowen): *Dydd y Farn Fawr*, 1727.
J. Jones: Gwerin-eiriau	John Jones (Myrddin Fardd): *Gwerin-eiriau Sir Gaernarfon*, 1907.
J. Jones: Gwerin-eiriau[2]	John Jones (Myrddin Fardd): *Gwerin-eiriau Sir Gaernarfon*, adarg. 1979.
J. Jones: HC	Jencin Jones (Llwynrhydowen): *Hymnau cymmwys i Addoliad Duw*, 1768.
J. Jones: LlA	Jencin Jones (Llwynrhydowen): *Llun Agrippa*, 1723, 1781.
J. Jones: LlAW	John Jones (Llangynog): *Llythyr o Annerch . . . oddi wrth Weinidog yn y Wlad at ei Blwyfolion*, 1743.
J. Jones: Llên Gwerin	J. Jones (Myrddin Fardd): *Llên Gwerin Sir Gaernarfon*, 1908.
J. Jones: TG	John Jones: *Tystiolaeth o Gariad*, 1683.
J. T. Jones: DY	Josiah Thomas Jones: *Daearyddiaeth Ysgrythurol*, 1852.
J. T. Jones: HAC	Josiah Thomas Jones: *Hanes Rhyfedd Anturiaethau Cenhadol yn Ynysoedd Mor y Deau*, 1841.
J. T. Jones: HNDd	Josiah Thomas Jones: *Hanes y Nef a'r Ddaear*, 1848.
M. Jones: DG	Morgan Jones (Tre-lech): *Y Dydd yn Gwawrio*, 1798.
M. Jones: MDI	Morgan Jones (Cefnarthen): *Mer Difinyddiaeth Iachus*, 1754.
M. Jones: PAC	M. Jones: *Pregeth ar yr Adgyfodiad Cyffredinol*, [1798].
P. Jones: CH	Peter Jones: *Crynhoad o Hymnau*, 1830.
R. Jones: AB	Richard Jones (Dinbych): *Amdo i Babyddiaeth*, 1672.
R. Jones: BB	Richard Jones (Dinbych): *Bellach neu Byth*, 1677.
R. Jones: DA	Robert Jones (Rhos-lan): *Drych i'r Anllythyrennog*, 1788.
R. Jones: DYA	Robert Jones: *Drych yr Amseroedd*, 1820.
R. Jones: GP	Rhys Jones (Y Blaenau): *Gwaith Prydyddawl*, gol. R. Jones Owen, 1818.
R. Jones: HCh	Richard Jones (Dinbych): *Hyfforddiadau Christianogol*, 1675.
R. Jones: PC	Richard Jones (Dinbych): *Perl y Cymro*, 1655.
R. Jones: TTN	Richard Jones (Llanfair Caereinion): *Testun Testament Newydd . . . yn benhillion Cymraeg*, 1653.
R. Jones: YC	Robert Jones (Rhos-lan): *Ymddiffyn Crist-'nogol*, 1770.
R. E. Jones: LlIC	R. E. Jones: *Llyfr Idiomau Cymraeg*, 1975.
R. Wynne Jones: PLl	R. Wynne Jones: *Plwyf Llansannan*, 1911.
T. Jones: Alm	Thomas Jones (Amwythig): *Almanaciau*, 1680–1711.
T. Jones: Art	T. Jones: *Artemidorus. Gwir Ddeongliad Breuddwydion*, 1698.
T. Jones: Awdl	Thomas Jones (Y Bardd Cloff): *Awdl . . . [i'r Gwyneddigion]*, 1799.
T. Jones: CCA	Thomas Jones (Dinbych): *Y Cristion mewn Cyflawn Arfogaeth*, 1796.
T. Jones: DEW	Thomas Jones (Creaton): *Drws yr Eglwys Weledig . . .*, 1799.
T. Jones: DG	Thomas Jones (Caerfyrddin): *Duwiol Goffadwriaethau*, 1774.
T. Jones: GE	Thomas Jones (Creaton): *Gwledd i'r Eglwys*, 1792.
T. Jones: GG	Thomas Jones (Amwythig): *Y Gwir er Gwaethed yw*, 1684.
T. Jones: HB	Theophilus Jones: *A History of the County of Brecknock*, i. 1805; ii. 1809.
T. Jones: PS	Thomas Jones (Y Pennant): *Pregeth ar Salm cxix. 165*, 1779.
T. Jones: RAH	Thomas Jones (Y Pennant): *Rheol o Addoliad . . . ir Hwsmon*, 1763.
T. Jones: S	Thomas Jones: *Sylwadau ar Lyfr Mr. Owen Davies*, 1808.
T. Jones: SD	Thomas Jones (Dinbych): *Sylwiadau ar Draethawd a elwir Undeb Crefyddol*, 1793.
T. Jones: TGEL	Thomas Jones (Y Pennant): *Traethiadau ar Gatecism Eglwys Loegr*, 1778.
T. Jones: TOS	Thomas Jones (Creaton): *Tragywyddol Orphwysfa'r Saint*, 1790.
T. Jones: TP	Thomas Jones (Amwythig): *Taith y Pererin*, 1699.
T. Jones: YC	Thomas Jones (Dinbych): *Ymddyddanion crefyddol, (rhwng dau gymmydog) Ystyriol a Hyfforddi . . .*, 1807.
T. G. Jones: RG	*Rhieingerddi'r Gogynfeirdd, gol. T. Gwynn* Jones, 1915.
T. Gwynn Jones	Eitem yng nghasgliad T. Gwynn Jones, yn Llyfrgell Genedlaethol Cymru.
T. I. Jeffreys Jones: Ex Proc Temp James I	T. I. Jeffreys Jones: *Exchequer Proceedings Concerning Wales In Tempore James I*, 1955.
T. V. Jones: Chwaraeon	*Chwaraeon-gwerin plant yng Nghymru*, 1860–1980. Traethawd M.A. Prifysgol Cymru gan Tecwyn Vaughan Jones, 1986.
W. Jones: AC	William Jones (Asaph Gwent): *Angeu yn y Crochan*, 1878.
W. Jones: GB	W[illiam] Jones (Dinbych): *Gair i Bechaduriaid a Gair i'r Sainct*, 1676.
W. Jones: LlG	William Jones (Betws Gwerful Goch): *Llu o Ganiadau, neu Gasgliad o Garolau a Cherddi Dewisedig*, 1798.
W. Jones: MM	William Jones: *Marwnad ar ol Mari . . . Howel*, 1761.
W. Jones: PGG	William Jones (Dinbych): *Principlau neu*

Bennau y Grefydd Ghristianogol, 1676.

W. Jones: TPG — William Jones: *Y Trydydd ar Pedwaredd* [sic] *Gorchymynion*, 1656.

Jos — 'Llyfr Josua' yn yr Hen Destament.

Jud — 'Judith' yn yr Apocryffa

Judas — 'Epistol Cyffredinol Judas' yn y Testament Newydd.

(Juv) B — Englynion Llawysgrif y *Juvencus* yn *B.*

(Juv) VVB — Glosau Llawysgrif y *Juvencus* yn *VVB.*

JWBS — *Journal of the Welsh Bibliographical Society*, 1910– .

KAA — *Kymdeithas Amlyn ac Amic*, ed. J. Gwenogvryn Evans, 1909.

Ked AA — *Kedymdeithyas Amlyn ac Amic*, gol. Patricia Williams, 1982.

KM Misc — *Miscellany Presented to Kuno Meyer*, ed. Osborn Bergin and Carl Marstrander, 1912.

E. Kyffin: Ps — Edward Kyffin: *Rhann o Psalmae Dafydd Brophwyd*, 1603 (adarg. 1930).

M. Kyffin: DFf — Maurice Kyffin: *Deffynniad Ffydd Eglwys Loegr*, 1595 (adarg. 1908).

LAL — *Lawyers and Laymen*, ed. T. M. Charles-Edwards, Morfydd E. Owen and D. B. Walters, 1986.

J. Langford: HDdD — John Langford: *Holl Ddled-swydd Dyn*, 1672.

R. Lathrop: Rhybudd — Hysbyseb gan Richard Lathrop ar ddiwedd L. Anwyl: *NG.*

LBS — *The Lives of the British Saints*, ed. S. Baring-Gould and J. Fisher, 1907–13.

LCBS — *Lives of the Cambro British Saints*, ed. W. J. Rees, 1853.

W. D. Leathart: OGS — W. D. Leathart: *The Origin . . . of the Gwyneddigion Society*, 1831.

Lef — 'Lefiticus' yn yr Hen Destament.

Leg Wall — *Cyfreithjeu Hywel Dda . . . seu Leges Wallicae . . .*, ed. W. Wotton et M. Williams, 1730.

Leland — *The Itinerary In Wales of John Leland In Or About The Years 1536–1539*, ed. Lucy Toulmin Smith, 1906.

B. Lewis: TCC — Benjamin Lewis: *Tri Chyflwr y Cristion*, 1750.

D. Lewis: GB — D[avid] L[ewis] (Llangatwg): *Golwg ar y Byd*, 1725.

E. Lewis: Drex — Elis Lewis: *Ystyriaethau Drexelivs ar Dragywyddoldeb*, 1661.

G. Lewis: DY — George Lewis (Llanuwchllyn): *Drych Ysgrythurol, neu Gorph o Ddifinyddiaeth*, 1797.

G. Lewis: P — George Lewis: *Pregeth a Bregethwyd ar y dydd cyntaf o fis Mawrth, 1714–15*, 1715.

H. Lewis: DIG — Henry Lewis: *Datblygiad yr Iaith Gymraeg*, 1931.

I. Lewis: EG — I[oan] Lewis: *Egwyddorion o'r Gwirionedd*, 1773.

I. Lewis: FfB — I[oan] Lewis: *Ffordd y Bywyd*, 1773.

J. Lewis: CCPG — James Lewis (Pencader): *Y Cyfrif Cywiraf o'r Pechod-Gwreiddiol*, 1730.

J. Lewis: CE — John Lewis: *Catechism yr Eglwys wedi ei egluro trwy holion ac attebion*, 1713, 1739.

O. Lewis: ADC — Owen Lewis: *Agoriad yn agor y ffordd i bob Dealltwriaeth Cyffredin*, 1703.

S. Lewis: BB — Saunders Lewis: *Byd a Betws*, 1941.

S. Lewis: DW — Saunders Lewis: *Doctor er ei Waethaf*, 1924.

S. Lewis: S — Saunders Lewis: *Siwan a Cherddi Eraill*, [1956].

T. Lewis: CD — Thomas Lewis: *Caniadau Duwiol*, 1795.

T. Lewis: HPF — Titus Lewis: *Hanes . . . Prydain Fawr*, 1810.

Lewys Môn: Gw — *Bywyd a gwaith Lewys Môn.* Traethawd M.A. Prifysgol Cymru gan Eurys I. Rowlands, 1955.

Lewys Morgannwg: Gw — *Gweithiau Lewys Morgannwg.* Traethawd M.A. Prifysgol Cymru gan E. J. Saunders, 1922.

D. Lewys: CN — Dafydd Lewys: *Caniadau Nefol*, 1714.

H. Lewys: PA — Huw Lewys: *Perl mewn Adfyd*, 1595 (adarg. 1929).

R. Lewys: HDdC — Rees Lewys: *Holl Dd'ledswydd Christion*, 1714.

R. Lewys: HDdD — Gw. R. Lewys: *HDdC.*

T. Lewys: BMA — T[homas] Lewys: *Bywyd a Marwolaeth yr Annuwiol*, 1731.

LGC — *Gwaith Lewis Glyn Cothi*, gol. Tegid a Gwallter Mechain, 1837–9.

LGCD — *Lewys Glyn Cothi (Detholiad)*, gol. E. D. Jones, 1984.

LGW — Alan R. Thomas: *The Linguistic Geography of Wales*, 1973.

LHDd — *The Laws of Howel Dda*, ed. Timothy Lewis, 1912.

LHEB — Kenneth Jackson: *Language and History in Early Britain*, 1953.

E. Lhuyd: LL — *Life and Letters of Edward Lhwyd*, ed. R. T. Gunther, 1945.

E. Lhuyd: Par — Edward Lhuyd: *Parochialia*, Supplement to *Arch Camb*, 1909–11.

E. Lhuyd: SH — J. L. Campbell and D. Thomson: *Edward Lhuyd in the Scottish Highlands 1699–1700*, 1963.

H. Lhuyd: BB — Humphrey Lhuyd: *The Breuiary of Britayne*, (cyf. Thomas Twyne o H. Lhuyd: *CB*), 1573.

H. Lhuyd: CB — Humphrey Lhuyd: *Commentarioli Britannicae Descriptionis Fragmentvm*, 1572.

Ll — *Y Llenor*, gol. O. M. Edwards, 1895–8; gol. W. J. Gruffydd, 1922–51.

LL — *The Text of the Book of Llan Dâv*, ed. J. Gwenogvryn Evans and John Rhys, 1893.

Ll Cyn — *Llyfr Cynog*, ed. Aled Rhys Wiliam, 1990.

LlA — *The Elucidarium . . . from Llyvyr Agkyr Llandewivrevi*, ed. J. Morris Jones and John Rhŷs, 1894.

LlAB — *Llythyrau Anna Beynon*, gol. D. Elwyn Davies, 1976.

Llawdden, &c.: Gw — *Barddoniaeth Llawdden a Rhys Nanmor.* Traethawd M.A. Prifysgol Cymru gan M. G. Headley, 1938.

LlB — *Cyfreithiau Hywel Dda yn ôl Llyfr Blegywryd*, gol. S. J. Williams a J. E. Powell, 1942.

LlBH — *Llyfr bychan o Hymnau ar Amriw achosion a thestynau Duwiol*, 1745.

LlC — *Llyfr Colan*, gol. Dafydd Jenkins, 1963.

LlCA — *Llythyrau Cymanfa'r Annibynwyr.*

LlCB — *Llythyrau Cymanfa'r Bedyddwyr.*

LL/CC — Llawysgrif yng nghasgliad Llys Consistori Llandaf, yn Llyfrgell Genedlaethol Cymru.

LlCy — *Llên Cymru*, 1950– .

(LlDB) LlGC 7006 — *Llyfr Du Basing*, yn *LlGC* 7006.

LlDBC — *Llythyr Difrifol at Bechadur, ynghylch Cyflwr ei Enaid*, 1754.

LlDC — *Llyfr Du Caerfyrddin*, gol. A. O. H. Jarman, 1982.

LlDW — *Y Llyvyr Du or Weun, Facsimile of the Chirk Codex of the Welsh Laws*, ed. J. Gwenogvryn Evans, 1909.

(LlDW) ZCP — *Copy of the Black Book of Chirk* yn *ZCP* xx. [30]-96.

(LlEG) LlGC 5276 — Llawysgrif Elis Gruffydd, yn *LlGC* 5276.

(LlEG) Mos 158 — Llawysgrif Elis Gruffydd, yn *Mos* 158.

Llên a Llafar Môn	Gw. *LlLlM*.
Llên Gwerin Sir Gaernarfon	Gw. J. Jones: *Llên Gwerin*.
Y Llenor	Gw. *Ll*.
LlG	*Llafar Gwlad*, 1983– .
LlGC	Llawysgrif yng nghasgliad Llyfrgell Genedlaethol Cymru.
LlGD	*Llythyr o Gyngor difrifol . . . at wr mewn cyflwr Methiant Afiachus*, [1784].
LlGG	*Llyfr Gweddi Gyffredin*, 1567 (adarg. 1965), 1586, 1621, 1664, 1678, 1710, 1718.
LlGG (Art)	'Articlau', yn arg. 1710 o *LlGG*.
LlGG (Gos)	'Gosodedigaethau a Chanonau Eglwysig', yn arg. 1710 o *LlGG*.
LlGG (Sall)	'Y Sallwyr' yn *LlGG*.
LlGN	*Lladmerydd Gweledigaethau'r Nos*, d.dd.
LlHAA	*Llyfr o Hymnau o waith A[m]ryw Awdwyr*, 1740.
LlI	*Llyfr Iorwerth*, ed. Aled Rhys Wiliam, 1960.
LlLlM	*Llên a Llafar Môn*, gol. J. E. Caerwyn Williams, 1963.
LlM	*Llyfr Meddyginiaeth a Physygwriaeth ir Anafus ar Clwyfus*, c. 1740.
Y Llofruddiaeth Waedlyd	*Y Llofruddiaeth Waedlyd*, c. 1765.
E. Lloyd: MC	Edward Lloyd: *Meddyginiaeth, a Chyssur*, 1722.
H. Lloyd: H	Henry Lloyd (Rhydri): *Hymnau, ar amryw Ystyriaethau*, 1752.
H. Lloyd: PTNU	Henry Lloyd (Rhydri): *Profiad Tufewnol o Nefoedd ag Uffern*, 1750.
J. E. Lloyd: HW	J. E. Lloyd: *A History of Wales*, 1939.
R. Lloyd: LlGG	Robert Lloyd: *Llaw-Lyfr y Gwir Gristion*, 1716.
T. Lloyd: SH	Thomas Lloyd: *Siccrwydd Neu hysbysrwydd y gwr cyfiawn am y Nef*, 1718.
Thos. Lloyd D (LlGC)	Geiriadur Thomas Lloyd (Plas Power) ar sail copi o *D*, llawysgrif yng nghasgliad Llyfrgell Genedlaethol Cymru.
LlP	*Llyfer Plygain sef Christianvddiaeth*, 1612 (adarg. 1931), 1683.
Llr	Llawysgrif yng nghasgliad Llanover, yn Llyfrgell Genedlaethol Cymru.
LlS	*Llysieulyfr Salesbury*, gol. Iwan Rhys Edgar, 1997.
(LlSC) LL	'Book of St. Chad' yn *LL*.
Llsgr R. Morris	*Llawysgrif Richard Morris o Gerddi*, gol. T. H. Parry-Williams, 1931.
Llst	Llawysgrif yng nghasgliad Llanstephan, yn Llyfrgell Genedlaethol Cymru. Dyfynnir o adysgrif *Llst* 6 (1916).
LlWD	*Llyfr o Weddiau Duwiol . . . allan o waith yr Awdwyr goreu yn Saesnaeg*, 1707.
LlWS	*Llythyr oddiwrth y Parchedig Mr. George Whitefield, At Societies neu Gymdeithasau Crefyddol*, 1740.
D. Llwyd: GP	*Gwaith Prydyddawl y diweddar barchedig Dafydd Llwyd*, 1785.
D. Llwyd: YDD	Dafydd Llwyd: *Ymadrodd Ynghylch Dychymygion Dynion yn Addoliad Duw*, [1740].
E. Llwyd: EI	Edward Llwyd (Llangywair): *Egwyddor i Rai Ievaingc*, 1682.
R. Llwyd: LlH	Robert Llwyd (Y Waun): *Llwybr Hyffordd yn cyfarwydd[o] yr anghyfarwydd i'r nefoedd*, 1630, 1682.
R. Llwyd: P	Robert Llwyd (Y Waun): *Pregeth Dduwiol yn traethu am iawn ddull . . . edifeirwch*, 1629.
R. Llwyd: YG	Robert Llwyd (Llangedwyn): *Ymddygiad Gweddus yn yr Eglwys*, 1713.
Llywelyn Siôn, &c.: Gw	*Bywyd a gwaith Meurig Dafydd (Llanisien) a Llywelyn Siôn (Llangewydd)*. Traethawd M.A. Prifysgol Cymru gan T. O. Phillips, 1937.
Lochlann	*Lochlann*, 1958–74.
LP	Henry Lewis and Holger Pedersen: *A Concise Comparative Celtic Grammar*, 1937.
LTMW	Dafydd Jenkins: *The Law of Hywel Dda*, 1986.
LTWL	*The Latin Texts of the Welsh Laws*, ed. H. D. Emanuel, 1967.
Luc	'Yr Efengyl yn ôl Sant Luc' yn y Testament Newydd.
LW	Eiluned Rees: *Libri Walliae*, 1987.
MA	*The Myvyrian Archaiology of Wales*, i. 1801; ii. 1801; iii. 1807.
MA²	*The Myvyrian Archaiology of Wales, 1870*.
1 Mac	'Llyfr Cyntaf y Macabeaid' yn yr Apocryffa.
2 Mac	'Ail Lyfr y Macabeaid' yn yr Apocryffa.
J. Macgowan: OWY	J. Macgowan: *Offeiriadgrefft wedi Ymddiffin*, 1769.
Madd Ed	W. Lewis ac E. Pryce: *Maddeuant i'r Edifairiol*, 1725–6.
M. Mahler: Chirk Castle	M. Mahler: *A History of Chirk Castle and Chirkland*, 1912.
Mal	'Llyfr Malachi' yn yr Hen Destament.
Marc	'Yr Efengyl yn ôl Sant Marc' yn y Testament Newydd.
March C	*Y Marchog Crwydrad*, gol. D. Silvan Evans, 1864.
Math	'Yr Efengyl yn ôl Sant Mathew' yn y Testament Newydd.
E. Matthews: BTR	Edward Matthews: *Bywgraffiad y Parch. Thos. Richard, Abergwaun*, 1863.
D. Maurice: AC	Dafydd Maurice: *Arweiniwr Cartrefol i'r Iawn a'r Buddiol Dderbyniad o Swpper yr Arglwydd*, 1700.
D. Maurice: CGG	Dafydd Maurice: *Cwnffwrdd ir Gwan Gristion Neu'r Gorsen Ysyg Mewn Pregeth*, c. 1700.
M. Maurice: BH	Matthias Maurice (Llanddewi Efelffre): *Byr Hyfforddiad yn Addoliad Duw*, 1734.
M. Maurice: WE	Matthias Maurice (Llanddewi Efelffre): *Y Wir Eglwys yn cyrchu att y nod nefol*, 1727.
M. Maurice: YAD	Matthias Maurice (Llanddewi Efelffre): *Yr At[h]rawiaeth y sydd yn ol Duwioldeb*, 1711.
M. Maurice: YDG	Mathias Maurice (Llanddewi Efelffre): *Ymddiddan rhwng dau Gristion*, 1730.
Maybery Papers	Llawysgrif yng nghasgliad Maybery, yn Llyfrgell Genedlaethol Cymru.
MBC	[William Nicholls]: *Mynegair i'r Beibl Cyssegrlan*, 1717. Cyhoeddwyd ynghyd ag arg. 1717 o'r Beibl.
(MC) Arch Camb	Glosau ar y *Martianus Capella*, yn *Arch Camb*.
(MC) B	Glosau ar y *Martianus Capella*, yn *B*.
(MC) VVB	Glosau ar y *Martianus Capella*, yn *VVB*.
MDA	*Myfyrdodau Duwiol i'n Cymmhwyso Erbyn awr Angeu*, c. 1760.
Med H	*Medieval Heraldry*, ed. E. J. Jones, 1943.
Medel	*Medel*, 1985– .
B. Meredith: PJ	Benjamin Meredith: *Pechadur Jerusalem yn Gadwedig*, 1721.
R. Merrick: MA	Rice Merrick: *Morganiae Archaiographia*, ed. Brian James, 1983.
Mic	'Llyfr Micha' yn yr Hen Destament.
W. Midleton: B	Wiliam Midleton: *Barddoniaeth, neu brydyddiaeth*, 1593 (adarg. 1930).
W. Midleton: Ps	Wiliam Midleton: *Psalmae*, 1603.
Minsheu	John Minsheu: *Ductor in Linguas, The Gvide Into Tongves*, 1617.
ML	*The Letters of Lewis, Richard, William and*

	John Morris, 1728–65, ed. J. H. Davies, 1907–9.
ML (Add)	*Additional Letters of the Morrises of Anglesey (1735–86)*, ed. H. Owen, Cy xlix, 1947–9.
MLl	*Gweithiau Morgan Llwyd*, gol. T. E. Ellis a J. H. Davies, i. 1899; ii. 1908.
MM	*Meddygon Myddveu*, ed. P. Diverres, 1913.
MMf	*The Physicians of Myddvai; Meddygon Myddfai*, ed. John Williams Ab Ithel, 1861.
Môn	*Môn. Cylchgrawn Sir*, 1950– .
Mont Coll	*Collections Historical & Archaeological relating to Montgomeryshire, issued by the Powysland Club*, 1868– .
A. Morgan: CES	Abel Morgan: *Cyd-Gordiad Egwyddorawl o'r Scrythurau*, 1730.
E. Morgan: HRD	Einon Morgan: *Hysbys Ruwdd, a Di Honglad* [*sic*], 1693.
I. Morgan: HE	Ioan Morgan: *Haul yr Efengyl*, 1781.
J. Morgan: AL	John Morgan: *Yr Amoniad a'i Lwynog*, 1758.
J. Morgan: B	John Morgan (Aberconwy): *Bloedd-nad Ofnadwy*, 1704.
J. Morgan: EBG	John Morgan (Aberconwy): *Eglurhad Byrr ar Gatechism yr Eglwys*, 1699.
J. Morgan: LlT	John Morgan (Matchin): *Llythyr Tertulian at Scapula*, 1716.
J. Morgan: MB	John Morgan (Matchin): *Myfyrdodau Bucheddol ar y Pedwar Beth* [sic] *Diweddaf*, 1716.
J. Morgan: PJB	John Morgan: *Pregeth ddiweddaf Mr. John Bunyan*, 1744.
T. J. Morgan: AF	T. J. Morgan: *Amryw Flawd*, 1966.
W. Morgan: VH	William Morgan: *The Vaynor Handbook*, 1893.
Morgannwg	*Morgannwg*, 1957– .
J. Morgans: CN	John Morgans: *Can Newydd, o berthynas i'r Rhyfel a'r Terfysg*, 1794.
E. Morris: B	*Barddoniaeth Edward Morris, Perthi Llwydion*, gol. H. Hughes, 1902.
E. Morris: Gw	*Bywyd a gwaith Edward Morris, Perthi Llwydion*. Traethawd M.A. Prifysgol Cymru gan Gwenllian Jones, 1941.
E. Morris: Gw (1904)	Gw. E. Morus: *Gw*.
L. Morris: CR	Lewis Morris: *Celtic Remains*, ed. D. Silvan Evans, 1878.
L. Morris: LW	*The Life and Work of Lewis Morris (1701–1765)*, ed. H. Owen, 1951.
L. Morris: Plans of Harbours	Lewis Morris: *Plans of Harbours, Bars, Bays and Roads in St. George's-Channel . . .*, 1748, adarg. 1987.
L. Morris: T	Lewis Morris: *Tlysau yr Hen Oesoedd*, 1735.
T. Morris: LlB	Thomas Morris: *Llinell ir Byd, ac Alarwm ir Eglwys*, 1791.
J. Morris-Jones: CD	John Morris-Jones: *Cerdd Dafod*, 1925.
J. Morris-Jones: WS	John Morris-Jones: *Welsh Syntax*, 1931.
Morus Dwyfech: Gw	*Gweithiau barddonol Morus Dwyfech*. Traethawd M.A. Prifysgol Cymru gan Owen Owens, 1944.
E. Morus: Gw	*Gwaith Edward Morus o'r Perthi Llwydion*, 1904.
E. Morus: RC	Edward Morus: *Y Rhybuddiwr Christnogawl*, 1689.
Morys Clynnog: AG	Morys Clynoc: *Athravaeth Gristnogavl*, 1568 (adarg. 1880).
D. Morys: CPC	Dafydd Morys: *Can y Pererinion Cystuddiedig ar eu taith tu a Seion*, 1773.
Mos	Llawysgrif yng nghasgliad Mostyn, yn Llyfrgell Genedlaethol Cymru.
Mos (Bangor)	Llawysgrif neu ddogfen yng nghasgliad Mostyn, yn Llyfrgell Prifysgol Cymru, Bangor.
MP	*Myfyrdod Pererin, neu Ychydig o Hymnau Efangylaidd*, [1788].
MTA	*Gwaith rhai o farwnadwyr Tudur Aled*. Casgliad teipiedig gan D. Hywel E. Roberts, 1969, yn Llyfrgell Genedlaethol Cymru.
Musica	*Musica, B.M. Additional MS. 14905*, ed. Henry Lewis, 1936.
Nah	'Llyfr Nahum' yn yr Hen Destament.
Nat	*Y Naturiaethwr*, 1979– .
Nat Con	*Naturiaeth Conffirmasion: Wedi ei hegluro drwy Holi ac Atteb*, 1706.
NBCR	*Natur bwriad a cyffredin rheolau* [sic] *y Cymdeithasau Unedig*, 1761.
NBLl	*Noddwyr y Beirdd yn Llŷn*. Traethawd M.A. Prifysgol Cymru gan Elizabeth M. Phillips, 1973.
NBM	Glenys Davies: *Noddwyr Beirdd ym Meirion*, 1974.
NBMM	*Noddwyr y beirdd yn Siroedd Morgannwg a Mynwy*. Traethawd M.A. Prifysgol Cymru gan Eirian E. Edwards, 1970.
NBSA	*Noddwyr y beirdd yn Sir Aberteifi*. Traethawd M.A. Prifysgol Cymru gan D. Hywel E. Roberts, 1969.
NBSB	*Noddwyr y Beirdd yn Sir Benfro*. Traethawd M.A. Prifysgol Cymru gan Euros J. Evans, 1974.
NBSBM	*Noddwyr Beirdd yn Siroedd Brycheiniog a Maesyfed*. Traethawd M.A. Prifysgol Cymru gan Tegwen Llwyd, 1987.
NBSD	*Noddwyr y Beirdd yn Sir Drefaldwyn*. Traethawd M.A. Prifysgol Cymru gan R. L. Roberts, 1980.
NBSF	*Noddwyr y beirdd yn Sir Feirionnydd*. Traethawd M.A. Prifysgol Cymru gan Arwyn Lloyd Hughes, 1969.
NBSFf	*Noddwyr y beirdd yn Sir y Fflint*. Traethawd M.A. Prifysgol Cymru gan R. Alun Charles, 1967.
NBSG	*Noddwyr y beirdd yn Sir Gaernarfon*. Traethawd M.A. Prifysgol Cymru gan Iwan Llwyd Williams, 1986.
NBSGaerf	*Noddwyr y Beirdd yn Sir Gaerfyrddin*. Traethawd M.A. Prifysgol Cymru gan Eurig R. Ll. Davies, 1977.
NDE	*Y namynun-deugain Erthyglau Crefydd Eglwys Loegr*, 1688.
Neh	'Llyfr Nehemeia' yn yr Hen Destament.
NEN	*Nodau'r Enedigaeth Newydd sef Pregeth*, 1739.
Nennius: Hist Brit	Nennius: *Historia Brittonvm*, ed. Theodore Mommsen, yn y gyfres Monumenta Germaniae Historiae (Auctores Antiquissimi), xiii, 1892.
NLW	Gw. *LlGC*.
NTCB	*The Names of Towns and Cities in Britain*, ed. W. F. H. Nicolaisen, 1970.
NThDd	*Na Thwng Ddim*, 1703.
Nu	'Numeri' yn yr Hen Destament.
Ob	'Llyfr Obadeia' yn yr Hen Destament.
OBWV	*The Oxford Book of Welsh Verse*, ed. Thomas Parry, 1976.
OCV	*The Old Cornish Vocabulary*. Traethawd Ph.D. Prifysgol Columbia gan Eugene Van Tassel Graves, 1962.
OED²	*The Oxford English Dictionary*, 2nd. ed. 1989.
OIG	*Orgraff yr Iaith Gymraeg*, 1928.
OSP	Gw. W. Salesbury: *OSP*.
OU	[Samuel Wilson]: *Ocheneidiau o Uffern*, 1766.
Owain Gwynedd: Gw	*Testun beirniadol o waith Owain Gwynedd*,

	ynghyd â rhagymadrodd, nodiadau a geirfa. Traethawd M.A. Prifysgol Cymru gan D. Roy Saer, 1961.
Owain Lleyn: Gw	*Gwaith Barddonol Owain Lleyn*, gol. Myrddin Fardd, 1909.
A. Owen: TA	Aneurin Owen: *Traethawd . . . ar Amaethyddiaeth*, 1839.
D. Owen: B	David Owen (Brutus): *Brutusiana: sef Casgliad Detholedig o'i Gyfansoddiadau*, 1855.
D. Owen: CDH	David Owen (Brutus): *Cofiant Dai Hunan-dyb*, yn *Yr Haul* 1860.
D. Owen: CSB	David Owen (Brutus): *Cofiant Siencyn Bach y Llwywr*, yn *Yr Haul* 1860.
D. Owen: D	Daniel Owen: *Y Dreflan*, 1881.
D. Owen: EH	Daniel Owen: *Enoc Huws*, 1891.
D. Owen: GT	Daniel Owen: *Gwen Tomos*, 1894.
D. Owen: RL	Daniel Owen: *Hunangofiant Rhys Lewis*, 1885.
D. Owen: S	Daniel Owen: *Y Siswrn*, 1888.
D. Owen: SP	Daniel Owen: *Straeon y Pentan*, 1895.
D. Owen: WBC	David Owen (Brutus): *Wil Brydydd y Coed*, 1863–5 (adarg. 1949).
G. Owen: DP	George Owen: *The Description of Pembrokeshire*, 1892–1936.
G. Owen: L	*The Letters of Goronwy Owen (1723–69)*, ed. J. H. Davies, 1924.
H. Owen: DC	Huw Owen: *Dilyniad Christ*, 1684.
J. Owen: BP	James Owen (Aber-nant): *Bedydd Plant or Nefoedd*, 1693.
J. Owen: ESG	James Owen (Aber-nant): *Egwyddorion, A Sylfeini'r Grefydd Gristnogol*, 1701.
J. Owen: GAE	John Owen (Machynlleth): *Golygiadau ar Achosion ag Effeithiau'r Cyfnewidiad yn Ffrainc*, 1797.
J. Owen: GB	Jeremi Owen (Henllan Amgoed): *Golwg ar y Beiau*, 1732–3.
J. Owen: MP	John Owen: *Marweiddiad Pechod mewn Credinwyr*, 1796.
J. Owen: PG	John Owen (Maesadda): *Prif Gristionogaeth a Ymadfywiwyd*, 1749.
J. Owen: TA	John Owen (Machynlleth): *Troedigaeth Atheos*, 1788.
J. Owen: TB	J[ames] O[wen] (Aber-nant): *Trugaredd a Barn*, 1687, 1715.
J. Owen: TBG	Jeremi Owen (Henllan Amgoed): *Traethawd i brofi ac i gymmell ar yr hôll Eglwysi y Ddyledswydd Fawr Efangylaidd*, 1733.
J. Owen: YE	James Owen (Aber-nant): *Ychwaneg o Eglurhad am fedydd plant bychain*, 1701.
L. Owen: ADdE	L. Owen: *Yr Angenrheidrwydd o ddyfod i'r Eglwys*, 1753.
T. M. Owen: CTW	Trefor M. Owen: *The Customs and Traditions of Wales*, 1991.
T. M. Owen: WFC	Trefor M. Owen: *Welsh Folk Customs*, 1959.
T. M. Owen: WFC³	Trefor M. Owen: *Welsh Folk Customs*, 3ydd arg., 1974.
W. D. Owen: MW	W. D. Owen: *Madam Wen*, 1925.
W. Owen[-Pughe]: CG	William Owen[-Pughe]: *Coll Gwynfa*, 1819.
W. Owen[-Pughe]: CIG	William Owen[-Pughe]: *Cadwedigaeth yr Iaith Gymraeg*, 1808.
W. Owen[-Pughe]: CP	William Owen[-Pughe]: *Cynghorion Priodor o Garedigion* [*sic*], 1800.
Owen's Pemb	Gw. G. Owen: *DP*.
(Ox 1) B	Glosau yn *Oxoniensis Prior* yn Llyfrgell Bodley, Rhydychen, yn *B*.
(Ox 1) VVB	Glosau yn *Oxoniensis Prior* yn Llyfrgell Bodley, Rhydychen, yn *VVB*.
(Ox 2) B	Glosau yn *Oxoniensis Posterior* yn Llyfrgell Bodley, Rhydychen, yn *B*.
(Ox 2) VVB	Glosau yn *Oxoniensis Posterior* yn Llyfrgell Bodley, Rhydychen, yn *VVB*.
P	*A Welsh and English Dictionary*, ed. W.

	Owen[-Pughe], 1793–1803, 1832.
P (Addenda)	Yr 'Addenda' yn *P*.
P (At.)	Yr 'Addenda' yn *P*.
P (G)	William Owen[-Pughe]: *A Grammar of the Welsh Language*, 1803.
P Tal	*The Poems of Taliesin*, ed. I. Williams, English version by J. E. Caerwyn Williams, 1968.
Pant	Llawysgrif yng nghasgliad Panton, yn Llyfrgell Genedlaethol Cymru.
Papurau Penrhyn (Bangor)	Eitem yng nghasgliad Penrhyn, yn Llyfrgell Prifysgol Cymru, Bangor.
R. Parry: DA	Richard Parry: *Drych Angau*, 1714.
R. Williams Parry: CG	R. Williams Parry: *Cerddi'r Gaeaf*, 1952.
R. Williams Parry: H	R. Williams Parry: *Yr Haf a Cherddi Eraill*, 1924.
T. Parry: HLlG	Thomas Parry: *Hanes Llenyddiaeth Gymraeg*, 1944.
D. Parry-Jones: WCGP	D. Parry-Jones: *Welsh Children's Games and Pastimes*, 1964.
T. H. Parry-Williams: C	T. H. Parry-Williams: *Cerddi*, 1931.
T. H. Parry-Williams: EB	T. H. Parry-Williams: *Elfennau Barddoniaeth*, 1935.
T. H. Parry-Williams: Ll	T. H. Parry-Williams: *Lloffion*, 1942.
T. H. Parry-Williams: M	T. H. Parry-Williams: *Myfyrdodau*, 1957.
T. H. Parry-Williams: O	T. H. Parry-Williams: *Olion*, 1935.
T. H. Parry-Williams: OPG	T. H. Parry-Williams: *O'r Pedwar Gwynt*, 1944.
T. H. Parry-Williams: S	T. H. Parry-Williams: *Synfyfyrion*, 1937.
T. H. Parry-Williams: UG	T. H. Parry-Williams: *Ugain o Gerddi*, 1949.
T. H. Parry-Williams: Y	T. H. Parry-Williams: *Ysgrifau*, 1928.
Y Parthsyllydd	*Y Parthsyllydd*, 1870–5.
F. Payne: AG	F. G. Payne: *Yr Aradr Gymreig*, 1975.
PBA	*Proceedings of the British Academy*, 1903– .
PC	*Poems of the Cywyddwyr*, ed. E. I. Rowlands, 1976.
PCh	*Porth neu ddechreuad Christianogaeth*, 1735.
PCWG	*Pregethau Cymraeg William Griffith (?1566–1612) ac Evan Morgan (c. 1574–1643)*. Traethawd M.A. Prifysgol Cymru gan Glyn Morgan, 1969.
PDPh	*Pob Dyn ei Physygwr ei hun*, 1771.
I. C. Peate: DGC	Iorwerth C. Peate: *Diwylliant Gwerin Cymru*, 1942.
I. C. Peate: GWB	Iorwerth C. Peate: *Guide to the Collection of Welsh Bygones . . .*, 1929.
1 Pedr	'Epistol Cyntaf Cyffredinol Pedr' yn y Testament Newydd.
2 Pedr	'Ail Epistol Cyffredinol Pedr' yn y Testament Newydd.
Pen	Llawysgrif yng nghasgliad Peniarth, yn Llyfrgell Genedlaethol Cymru. Dyfynnir o adysgrifau'r llawysgrifau canlynol: *Pen* 49 (1949); *Pen* 53 (1927); *Pen* 57 (1921); *Pen* 67 (1918); *Pen* 76 (1927); *Pen* 109 (*Gwaith Lewis Glyn Cothi*, gol. E. D. Jones, 1953; rhifir yn ôl tudalen-iad y llawysgrif).
T. Pennant: BZ	Thomas Pennant: *British Zoology*, 1776–7.
T. Pennant: HWH	Thomas Pennant: *The History of the parishes of Whiteford and Holywell*, 1796.
T. Pennant: TW	Thomas Pennant: *A Tour in Wales*, arg. 1784.
Thos. Pennant: British Zoology	Gw. T. Pennant: *BZ*.
Penp Supp	Gweithred neu ddogfen ychwanegol yng

	nghasgliad Penpont, yn Llyfrgell Genedlaethol Cymru.
J. Peregrine: DB	James Peregrine: *Dwy Bregeth Genhadol*, 1818.
Perl	*Y Perl Gwerthfawr*, 1764.
PGAD	*Pedwar o Ganueu ar amryw Desdunion*, 1718.
PGICC	*Papurau Gwaith Ieithyddol Cymraeg Caerdydd / Cardiff Working Papers in Welsh Linguistics*, 1981– .
PGLl	*Pregeth Ynghylch Godidawgrwydd ... Llyfr y Gweddiau Cyffredin*, 1693.
PhA	*Phylipiaid Ardudwy*. Traethawd M.A. Prifysgol Cymru gan William Davies, 1912.
PHBA	*Pregeth ar Helynt Bresennol America*, 1775.
Phil	'Epistol Paul . . . at y Philipiaid' yn y Testament Newydd.
Philem	'Epistol Sant Paul at Philemon' yn y Testament Newydd.
S. Philipps: ET	Samuel Philipps: *Eglwys yn y Tŷ*, 1772.
PKM	*Pedeir Keinc y Mabinogi*, gol. Ifor Williams, 1930.
Plas Nantglyn	Llawysgrif yng nghasgliad Plas Nantglyn, yn Llyfrgell Genedlaethol Cymru.
PMP	*Pregeth ar Ddihenyddiad Moses Paul . . . gan Sampson Occom*, 1789.
PNDP	Gwynedd O. Pierce: *The Place-names of Dinas Powys Hundred*, 1968.
PNEF	Hywel Wyn Owen: *The Place-names of East Flintshire*, 1994.
PNP	B. G. Charles: *The Place-names of Pembrokeshire*, 1992.
J. Popkin: ABG	John Popkin: *Anghyfreithlondeb Bwyta Gwaed*, 1764.
J. Popkin: Ll	John Popkin: *Llythyrau rhwng Mr. Samuel Pike a Mr. Robert Sandeman*, 1765.
D. Powel: HB	*Pontici Virvnnii*, arg. David Powel o *Historia Britannica, Itinerarium Kambriae* a *Descriptio Kambriae*, 1585.
D. Powel: HC	David Powel: *The Historie of Cambria*, 1584 (adarg. 1969).
H. Powel: G	H[owel] Powel: *Y Gwrandawr*, 1709.
H. Powel: TY	H. Powel: *Traethawd Ymarferol am Gyflawn-Awdŷrdod Duw, a'i Gyfiawnder ef*, 1711.
T. Powel: CI	Thomas Powel (Y Cantref): *Cerbyd Iechydwriaeth*, 1657.
E. Powell: HEI	Evan Powell: *Hir Einioes ac Jechyd*, [1762].
R. Powell: ADV	Richard Powell: *Awdyl ar Dymhorau y Vlwyzyn*, 1793.
Powysion	*Powysion; sef, Odlau ac Ynglynion . . . Eisteddfod Gwrecsam*, 1821; *Powysion: sef, Awdlau, cywyddau . . . Eisteddfod Trallwng*, 1826.
(PP)	*Purdan Padrig*, yn *Pen* 5.
Pr	'Llyfr Ecclesiastes neu y Pregethwr' yn yr Hen Destament.
PRB	*Pum Rhyfeddod y Byd*, *c*. 1715–28.
T. Price: RT	Thomas Price (Caerfyrddin): *Rhesymmau Teg am Ymwrthod ag Egwyddorion yr Ail-Fedyddwyr*, 1800.
R. Prichard: CC	Rhys Prichard: *Canwyll y Cymru*, 1681; *Y Seren Foreu neu Ganwyll y Cymry*, 1770.
R. Prichard: CE	Rhys Prichard: *Cyngor Episcob y bob enaid*, 1617.
R. Prichard: Gw	*Y Drydedd Ran o Waith Mr. Rees Prichard*, ?1672; *Gwaith Mr. Rees Prichard*, 1672.
R. Prichard: LlP	*Lloffion Prydyddiaeth . . . Mr Rees Prichard*, 1766.
Prif Crist	*Prif Cristianogrwydd* [sic], 1790.
PRO	Dogfen yng nghasgliad yr Archifdy Gwladol, Llundain.
R. Prydderch: GD	Rhys Prydderch (Ystradwalter): *Gemmeu Doethineb*, 1714.
R. Prydderch: RT	Rhys Prydderch (Ystradwalter): *Rhybydd teg, mewn pryd da*, 1714, 1766.
E. Prys: Gw	*Edmwnd Prys: ei fywyd a chasgliad o'i weithiau. Traethawd M.A. Prifysgol Cymru* gan J. W. Roberts, 1938.
E. Prys: Ps	Edmwnd Prys: *Llyfr y Psalmau . . . ar fesur Cerdd*, 1621 (atodiad i arg. 1621 o *LlGG*), 1770 (atodiad i arg. 1770 o'r Beibl).
J. Prys: Alm	John Prys, Philomath: *Almanaciau*, 1739–79.
J. Prys: PY	John Prys: *Porthor Ysbrydol*, [1760].
J. P. Prys: DC	John Prichard Prŷs (Llangadwaladr): *Difyrrwch Crefyddol*, 1721.
T. Prys: Bardd	*Barddoniaeth Tomos Prys o Blas Iolyn*. Traethawd M.A. Prifysgol Cymru gan W. Rowlands, 1912.
PT	*Penillion Telyn*, gol. W. Jenkyn Thomas, 1894.
PTY	*Pelydr a thywyniad yr Yspryd, neu Bwysi o Fyrr*, 1740.
E. Pugh: AC	Ellis Pugh: *Annerch ir Cymru*, 1721.
P. Pugh: DGG	Phillip Pugh: *Darluniad o'r Gwir Gristion*, 1748.
P. Pugh: MDC	Phillip Pugh: *Myfyrdodau . . . ynghylch Dioddefaint Crist*, 1748.
PYAG	*Pererindod Ysbrydol o'r Aipht i Ganan*, 1759.
PYHFf	*Pregeth ynghylch yr hên Ffydd*, 1714.
PYRD	*Pregeth ynghylch rhodio gyda Duw*, 1752. Gw. hefyd N. Williams: *P*.
R	*The Poetry in the Red Book of Hergest*, ed. J. Gwenogvryn Evans, 1911. [Rhifir yn ôl y colofnau.]
RAGR	*Rhai agweddau ar ganu rhydd cynnar Cymru gyda sylw arbennig i'w gysylltiadau [â] chanu Saesneg*. Traethawd M.A. Prifysgol Cymru gan Brinley Rees, 1940.
RB	*The Text of the Bruts from the Red Book of Hergest*, ed. J. Rhŷs and J. Gwenogvryn Evans, 1890.
[RB] WM	Testun Llyfr Coch Hergest yn *WM*.
RBHM	*Rhan o Bregeth ein Harglwydd ar y Mynydd*, 1750.
RBM	*Rhyfeddol Brophwydoliaeth Myrddin*, 1768.
RC	*Revue Celtique*, 1870–1934.
RD: CFf	R[ees] D[avid]: *Cyffes Ffydd* [*y Bedyddwyr*], 1721.
RE	*Rhessymau Eglyr Pa Ham Nad Tannelliad Babanod* . . ., 1732.
RE: CDd	R. E.: *Y Cywyr Ddychwelwr*, 1657, 1727.
Rec C	*Registrum vulgariter nuncupatum 'The Record of Caernarvon'*, ed. H. Ellis, 1838.
Recs Court Augm	*Records of the Court of Augmentations relating to Wales and Monmouthshire*, ed. E. A. Lewis and J. Conway Davies, 1954.
E. Rees: TRH	Edward Rees: *T. Rowland Hughes, Cofiant*, 1968.
J. Rees: CSH	Josiah Rees (Gelli-gron): *Casgliad o Salmau a Hymnau*, 1797.
J. Rees: DFG	Josiah Rees (Gelli-gron): *Pregeth ynghylch y drwg o farnu yn galed*, 1800.
J. Rees: GD	Josiah Rees (Gelli-gron): *Gwerthfawr Dystiolaeth am Iesu Grist ym Mhrofiad Dau Blentyn*, 1785.
J. Rees: H-A	Josiah Rees (Gelli-gron): *Hunan-Adnabyddiaeth*, 1771.
J. Rees: PEE	Josiah Rees (Gelli-gron): *Pregeth yn erbyn Enllib*, 1776.

L. Rees: MB	Lewis Rees (Blaen-gwrach): *Y Mawr Bwys o fod ein Tybiau mewn Crefydd yn gysson â'r Ysgrythur*, 1793.
L. Rees: RCG	Lewis Rees: *Rhai Rheolau . . . er cynnyddu Cyfeillach Grefyddol*, 1771.
R. Rees: GGG	Richard Rees: *Gwirionedd y Grefydd Grist'nogol, a dull y Farn Fawr*, 1754.
W. Rees: AFR	William Rees (Gwilym Hiraethog): *Aelwyd F'Ewythr Robert*, 1853.
W. Rees: CA	William Rees (Gwilym Hiraethog): *Cyfrinach yr Aelwyd*, 1878.
W. Rees: CAP	William Rees: *Calendar of ancient petitions relating to Wales*, 1975.
W. Rees: HBHD	William Rees (Gwilym Hiraethog): *Helyntion Bywyd Hen Deiliwr*, 1877.
W. Rees: LlHFf	William Rees (Gwilym Hiraethog): *Llythyrau'r Hen Ffarmwr*, 1878.
W. Rees: SWM	William Rees: *South Wales and the March (1284–1415)*, 1924.
RGYC	*Rheol o Gyfarwyddyd iw harfer wrth ymweled ar Clâf*, 1629.
Rhed Y	*Y Rhedegwr Ysbrydol: Neu Bortreiad o'r Dyn ag sydd yn rhedeg i'r Nefoedd*, 1765.
RhELl	*Rhestr o Enwau Lleoedd*, gol. Elwyn Davies, 1975.
Rhisiart ap Robert: CB	Gw. Risiart ap Robert: *CB*.
Rhisiart Fynglwyd, &c.: Gw	*Gwaith Rhisiart Fynglwyd, Siôn Teg a Dafydd ap Siencyn Fynglwyd*. Traethawd M.A. Prifysgol Cymru gan M. E. Bassett, 1983.
RhRC	*Rhyddiaith Reciwsantiaid Cymru*. Traethawd Ph.D. Prifysgol Cymru gan Geraint Bowen, 1978.
RhRC (At.)	Atodiadau i *RhRC*.
RhSEG	*Rhaglen Swyddogol yr Eisteddfod Genedlaethol*.
Rhuf	'Epistol Paul . . . at y Rhufeiniaid' yn y Testament Newydd.
Y Rhwyd	*Y Rhwyd*, 1979– .
S. Rhydderch: Alm	John Rhydderch: *Almanaciau*, 1722–36.
S. Rhydderch: CEH	John Rhydderch: *Cilgwth neu ergyd at Halogedigaeth*, *c.* 1716.
S. Rhydderch: DG	John Rhydderch: *Dwyfolder Gymmunol neu Ddefosiwnau Sacramentaidd*, 1714.
S. Rhydderch: DP	John Rhydderch: *Datcuddiad o'r un peth mwya' angenrheidiol . . .*, 1724.
S. Rhydderch: GC	John Rhydderch: *Grammadeg Cymraeg*, 1728.
S. Rhydderch: LlCD	John Rhydderch: *Llyfr Carolau a Dyriau Duwiol*, *c.* 1729.
Rhyddiaith Gymraeg	*Rhyddiaith Gymraeg*, i. 1954; ii. 1956.
E. T. Rhys: DA	Evan Thomas Rhys: *Diliau'r Awen*, 1842.
J. Rhys: CN	John Rhys: *Caniadau Newyddion; sef carolau plygain, a cherddi, na buant yn argraffedig o'r blaen . . .*, 1775.
M. Rhys: CH	Morgan Rhys (Llanfynydd): *Casgliad o Hymnau*, 1760.
M. Rhys: G	Morgan Rhys (Llanfynydd): *Griddfannau'r Credadyn, am Berffeithrwydd*, 1773.
M. Rhys: GBN	Morgan Rhys (Llanfynydd): *Golwg o Ben Nebo, ar Wlad yr Addewid*, 1755, 1764, 1775 (adarg. 1910).
M. Rhys: GDdB	Morgan Rhys (Llanfynydd): *Golwg ar Ddull y Byd Hwn*, 1767.
M. J. Rhys: CA	Morgan John Rhys: *Cyfarwyddyd ac Annogaeth*, 1793.
M. J. Rhys: COF	Morgan John Rhys: *Coffadwriaeth o Farwolaeth y Parchedig Dafydd Jones*, ail arg. 1792.
M. J. Rhys: D	[Morgan John Rhys]: *Dioddefiadau miloedd lawer o Ddynion Duon*, [1792].
M. J. Rhys: DGC	Morgan John Rhys: *Y Drefn o Gynnal Crefydd yn Unol Daleithiau America*, 1794.
M. J. Rhys: SD	Morgan John Rhys: *Sylwiadau ar y Dirywiaeth mewn pregethu a chanu*, 1794.
M. J. Rhys: T	[Morgan John Rhys]: *Tabl . . . holl Wledydd ac Ynysoedd y Byd*, 1794.
S. D. Rhys: Inst	John David Rhys: *Cambrobrytannicæ Cymraecæve Lingvæ Institvtiones et Rvdimenta*, 1592.
G. Rhysiart: MACP	Gwilym Rhysiart: *Manteision ac Anfanteision y Cyflwr priodasol*, 1773.
E. Richard: B	Edward Richard (Ystradmeurig): *Bugeilgerdd*, 1776.
E. Richard: E	Edward Richard (Ystradmeurig): *Yr Eos; sef Gwaith Awenyddawl Mr. Edward Richards* [sic], 1803.
J. Richard: HB	John Richard: *Hymnau Byddiol*, 1747.
J. Richard: HF	John Richard: *Hymn Fuddjol ac Anghenredjol*, 1747.
M. Richards: CFG	Melville Richards: *Cystrawen y Frawddeg Gymraeg*, 1938.
N. Richards: CN	Nansi Richards: *Cwpwrdd Nansi*, 1972.
T. Richards: CER	Thomas Richards (Llangrallo): *Creulonderau ac Herlidigaethau Eglwys Rufain*, 1746.
W. Richards: ABD	William Richards (o Lynn): *Athrawiaeth Bedydd Dwfr yn cael ei Hamddiffyn*, 1789.
W. Richards: CC	William Richards (o Lynn): *Cwyn y Cystuddiedig*, 1798.
W. Richards: LlA	William Richards (o Lynn): *Llun Anghrist*, 1790.
W. Richards: PA	William Richards (o Lynn): *Papuryn Achlysurol*, ii. 1800; iii. 1800–2.
W. Richards: TDB	William Richards (o Lynn): *Traethawd difrifol ynghylch Bedydd*, 1791.
W. Richards: YDY	William Richards (o Lynn): *Ymborth ar Ddydd-Ympryd*, [1795].
Risiart ap Robert: CB	Risiart ap Robert: *Y Credadyn Bucheddol*, 1768.
D. Risiart: HFP	D. Risiart: *Hanes Bywyd a Marwolaeth . . . Fafasor Powel*, 1772.
RLl: LlCI	R[obert] Ll[oyd] (Llangedwyn): *Llyfrgell y Cristion Ifaingc*, 1713.
RLlD	*Rhwygiad Llen y Deml*, 1790.
RM	*The Text of the Mabinogion . . . from the Red Book of Hergest*, ed. J. Rhŷs and J. Gwenogvryn Evans, 1887.
G. Robert: DC	*Y Drych Cristianogawl*, *c.* 1585.
G. Robert: GC	Gruffydd Robert: *Gramadeg Cymraeg*, gol. G. J. Williams, 1939.
J. Robert: HW	John Robert: *Hanes am weledigaeth neu freuddwyd diweddar*, 1778.
A. Roberts: LlM	Absalom Roberts: *Lloches Mwyneidd-dra*, 1832.
E. Roberts: CD	Ellis Roberts (Elis y Cowper): *Cristion a Drygddyn*, 1788.
E. Roberts: CDAA	Edward Roberts (Cefnddwysarn): *Casgliad Defnyddiol o waith Amryw Awdwyr*, [1794].
E. Roberts: DG	Ellis Roberts (Elis y Cowper): *Y Ddau Gyfamod*, 1777.
E. Roberts: GN	Ellis Roberts (Elis y Cowper): *Gras a Natur*, 1769.
E. Roberts: IN	Iorwerth ap Robert (Edward Roberts, Glyn Ceiriog): *Interlude Newydd, neu wedd o Chwaryddiaeth, ynghylch tri pheth, sef, Balchder, Oferedd, a Chydwybod*, 1803.
E. Roberts: LlLC	Edward Roberts: *Llaw Lyfr yw Ddarllen ir Cleifion*, 1754.
E. Roberts: NLl	Ellis Roberts (Elis y Cowper): *Y Nawfed Llythyr*, d.dd.
E. Roberts: PCF	Ellis Roberts (Elis y Cowper): *Pedwar*

	Chwarter y Flwyddyn, 1787.
E. Roberts: SCG	E[van] R[oberts] (Llanbadarn Fawr): *Sail Crefydd Gristnogawl*, 1649.
E. P. Roberts: TUB	Enid P. Roberts: *Tai Uchelwyr y Beirdd 1350–1650*, 1986.
G. M. Roberts: HPLl	Gomer M. Roberts: *Hanes Plwyf Llandybïe*, 1939.
G. M. Roberts: PG	Gomer Morgan Roberts: *Y Per Ganiedydd*, 1949.
J. Roberts: AR	John Roberts (Siôn Rhobert Lewis): *Yr Athrofa Rad*, 1788.
J. Roberts: C	John Roberts (Siôn Rhobert Lewis): *Cyfaill Ufudd*, &c., 1771–99.
J. Roberts: DF	John Roberts (Siôn Rhobert Lewis): *Drych y Flwyddyn*, 1766.
J. Roberts: GY	John Roberts (Siôn Rhobert Lewis): *Geir-Lyfr Ysgrythurol*, 1773.
J. Roberts: H	John Roberts (Siôn Rhobert Lewis): *Hymnau; neu Ganiadau . . . i Dduw*, 1767.
J. Roberts: R	John Roberts (Siôn Rhobert Lewis): *Rhyfyddeg neu Arithmetic*, 1768, 1796.
K. Roberts: BSC	Kate Roberts: *Y Byw sy'n Cysgu*, 1956.
K. Roberts: LW	Kate Roberts: *Y Lôn Wen*, 1960.
K. Roberts: PD	Kate Roberts: *Prynu Dol*, 1969.
K. Roberts: RhB	Kate Roberts: *Rhigolau Bywyd*, 1929.
K. Roberts: TG	Kate Roberts: *Te yn y Grug*, 1959.
K. Roberts: TMC	Kate Roberts: *Traed mewn Cyffion*, 1936.
R. Roberts: Daearyddiaeth	Robert Roberts: *Daearyddiaeth, yn rhoddi hanes am yr amrywiol wledydd . . .*, 1816.
S. Roberts: Gw	Samuel Roberts: *Gweithiau*, 1856.
T. Roberts: CG	Thomas Roberts (Llwynrhudol): *Cwyn yn erbyn Gorthrymder*, 1798 (adarg. 1928).
T. R. Roberts: EP	T. R. Roberts (Asaph): *Edmwnd Prys*, 1899.
W. Roberts: FfM	William Roberts: *Ffrewyll y Methodistiaid*, [1745].
J. Rogers: Alm	John Rogers: *Almanac*, 1709.
H. E. Rollins: PB	H. E. Rollins: *The Pepys Ballads*, 1929–32.
D. Rowland: A	Daniel Rowland: *Aceldama neu Faes y Gwaed*, 1759.
D. Rowland: CG	Daniel Rowland: *Camni yn y Goelbren*, 1769.
D. Rowland: DP	Daniel Rowland: *Deuddeg Pregeth*, 1814.
D. Rowland: LlY	Daniel Rowland: *Y Llaeth Ysbrydol*, 1739.
D. Rowland: PA	Daniel Rowland: *Pumtheng Araith ar Amryw Destynau*, 1762.
D. Rowland: PP	Daniel Rowland: *Pum Pregeth*, 1772.
D. Rowland: RY	Daniel Rowland: *Y Rhyfel Ysprydawal* [sic], 1744.
D. Rowland: T	Daniel Rowland: *Traethawd am Farw i'r Ddeddf, a Byw i Dduw*, 1743.
D. Rowland: TP	Daniel Rowland: *Tair Pregeth*, 1775.
D. Rowland: TPEN	Daniel Rowland: *Tair Pregeth a bregethwyd Yn yr Eglwys Newydd*, 1772.
D. Rowland: Y	Daniel Rowland: *Ymddiddan rhwng Methodist Uniawn-gred ac un Camsyniol*, 1750.
H. Rowlands: MAR	Henry Rowlands: *Mona Antiqua Restaurata*, 1723.
J. Rowlands: PGW	John Rowlands: *Pregeth . . . Mr. G. Whithefield* [sic] *. . . ar ei ymadawiad i Georgia*, 1771.
W. Rowlands: HEC	William Rowlands: *Hynodeb Eglwysydd Cywir*, 1712.
W. Rowlands: LlC	William Rowlands (Gwilym Lleyn): *Llyfryddiaeth y Cymry*, 1869.
RP	*Rhesymmau Protestant, Pa ham na fyddai yn Babist*, 1756.
Ruth	'Llyfr Ruth' yn yr Hen Destament.
RW: CS	R. W.: *Catechism Sacramentaidd*, [1711].
RWM	*Report on Manuscripts in the Welsh Language*, ed. J. Gwenogvryn Evans, 1898–1910.
RY	*Rhesswmmau Yscrythurawl*, 1693.
Saga Englynion	*A study of the saga englynion with an edition of the major texts.* Traethawd Ph.D. Prifysgol Cymru gan C. J. Rowland, 1983.
H. Salesbury: GB	Henry Salesbury: *Grammatica Britannica . . .*, 1593 (adarg. 1969).
W. Salesbury: BPI	William Salesbury: *A briefe and a playne introduction, teaching how to pronounce the letters in the British tong*, 1550; ail arg., *A playne and a familiar introduction*, 1567.
W. Salesbury: BWD	William Salesbury: *Ban wedy i dynny air yngair allan o hen gyfreith Howel dda*, 1550 (adarg. 1902).
W. Salesbury: Gw	*Astudiaeth o weithgarwch llenyddol William Salesbury.* Traethawd M.A. Prifysgol Cymru gan W. A. Mathias, 1949.
W. Salesbury: KLl	William Salesbury: *Kynniver Llith a Ban*, 1551 (adarg. 1931).
W. Salesbury: Ll	*Llysieulyfr William Salesbury: Testun o lawysgrif Ll.G.C. 4581, ynghyd â rhagymadrodd ac astudiaeth o'r enwau llysiau Cymraeg a geir ynddo.* Traethawd Ph.D. Prifysgol Cymru gan Iwan Rhys Edgar, 1984.
W. Salesbury: LlM	William Salesbury: *Llysieulyfr Meddyginiaethol*, ed. E. S. Roberts, 1916.
W. Salesbury: OSP	William Salesbury: *Oll Synnwyr pen Kembero ygyd*, [1547] (adarg. 1902).
J. Salisbury: EH	John Salisbury: *Eglvrhad Helaethlawn o'r Athrawaeth Gristnogawl*, 1618 (adarg. 1972).
Salm	'Llyfr y Salmau' yn yr Hen Destament.
1 Sam	'Llyfr Cyntaf Samuel' yn yr Hen Destament.
2 Sam	'Ail Lyfr Samuel' yn yr Hen Destament.
E. Samuel: A	Edward Samuel: *Adgyfodiad ein Harglwydd Iesu Grist, wedi ei brofi*, 1766.
E. Samuel: AE	Edward Samuel: *Athrawiaeth yr Eglwys*, 1731.
E. Samuel: BA	Edward Samuel: *Bucheddau'r Apostolion a'r Efengylwyr*, 1704.
E. Samuel: GGG	Edward Samuel: *Gwirionedd y Grefydd Grist'nogol*, 1716.
E. Samuel: HDdD	Edward Samuel: *Holl Ddyledswydd Dyn*, 1718.
E. Samuel: P	Gw. E. Samuel: *PGB*.
E. Samuel: PDdC	Edward Samuel: *Prif Ddledswyddau Christion*, 1723.
E. Samuel: PGB	Edward Samuel: *Pregeth Ynghylch Gofalon Bydol*, 1731.
SBS	*Sylfaen Buchedd sanctaidd*, 1773.
SC	*Studia Celtica*, 1966– .
SCG	O[liver] T[homas] ac E[van] R[obert]: *Sail Crefydd Ghristnogol*, c. 1640, c. 1688.
SChC	*Swyddogaeth a chelfyddyd y crythor.* Traethawd M.A. Prifysgol Cymru gan Bethan Elin Miles, 1983.
SDR	*Chwedleu Seith Doethon Rufein*, gol. Henry Lewis, 1925.
SDR²	*Chwedleu Seith Doethon Rufein*, gol. Henry Lewis, ail arg. 1958–67.
SE	*A Dictionary of the Welsh Language*, ed. D. Silvan Evans, 1887–1906.
SE MS	Geiriadur D. Silvan Evans ar sail copi o *P*, llawysgrif yn Llyfrgell Genedlaethol Cymru.
Sech	'Llyfr Sechareia' yn yr Hen Destament.
F. Seebohm: TSW	Frederic Seebohm: *The Tribal System in Wales*, 1895.
F. Seebohm: TSW²	Frederic Seebohm: *The Tribal System in Wales*, 1904.

F. Seebohm: TSW² (App)	Appendices to Frederic Seebohm: *The Tribal System in Wales*, 1904.
Seff	'Llyfr Seffaneia' yn yr Hen Destament.
Seren Gomer	*Seren Gomer*, 1814–22.
(SG)	*Ystoryaeu Seint Greal*, yn *Pen* 11.
Siôn Brwynog: C	*Cywyddau Siôn Brwynog*. Traethawd M.A. Prifysgol Cymru gan Rosemarie Kerr, 1960.
Siôn Brwynog: Gw	*Casgliad o Weithiau Siôn Brwynog*. Traethawd buddugol Eisteddfod Genedlaethol Caergybi, 1927, gan Gwilym H. Jones, yn Llyfrgell Genedlaethol Cymru.
Siôn Llywelyn: DD	Siôn Llywelyn: *Difyrrwch diniwaid*, 1770, 1791.
Siôn Mawddwy: Gw	*Astudiaeth destunol o waith Siôn Mawddwy*. Traethawd M.A. Prifysgol Cymru gan Dyfrig Davies, 1965.
Siôn Treredyn: MDD	Siôn Treredyn (John Edwards): *Madruddyn y Difinyddiaeth Diweddaraf*, 1651.
H. Siôn: AH	Henri Sion: *Amryw Hymnau Dymunol a Phrofiadol*, 1773, 1798.
R. Smyth: CAC	Rhosier Smyth: *Crynnodeb o addysc Cristnogawl*, 1609.
R. Smyth: COL	Rhosier Smyth: *Coppi o Lythyr Crefydhvvr a Merthyr* . . ., 1612.
R. Smyth: GB	Rhosier Smyth: *Theater dv mond fef* [sic] *iw. Gorsedd y byd*, 1615 (*adarg. 1930).
R. Smyth: SG	Rhosier Smyth: *Opvs Catechisticvm D. Petri Canisii . . . Sef yw: Svm ne grynodebo adysc* [sic] *Gristionogawl*, 1611.
The Social Condition of the People of Anglesea	*A Minute Account of the Social Condition of the People of Anglesea, in the Reign of James the First* . . ., ed. J. O. Halliwell, 1860.
SR	*The English and Welch Dictionary*, ed. John Rhydderch, 1725.
SR (Bot)	Yr adran fotanegol yn *SR*.
SS	*Sinai a Seion*, 1745.
C. Stevens: AC	Catrin Stevens: *Arferion Caru*, 1977.
Studia Celtica	Gw. *SC*.
Survey of Denbigh	Gw. *HD*.
Sus	'Histori Susanna' yn yr Apocryffa.
T	*The Book of Taliesin*, ed. J. Gwenogvryn Evans, 1910.
T Ch	*Troelus a Chresyd*, gol. W. Beynon Davies, 1976.
TA	*Gwaith Tudur Aled*, gol. T. Gwynn Jones, 1926.
Tablau, &c.	Y rhestri neu'r tablau ar ddechrau argraffiadau cynnar o'r Beibl.
Taith C	*Siwrneu, Neu Daith Cristiana a'i phlant o Ddinas Destryw*, c. 1730.
Tal	*Taliesin, Cylchgrawn yr Academi Gymreig*, 1961– .
Talhaiarn: Gw	John Jones (Talhaiarn): Gwaith Talhaiarn, i. 1855; ii. 1862; iii. 1869.
Tax Nich	*Taxatio Ecclesiastica Angliae et Walliae auctoritate P. Nicolai IV*, 1802.
TBM	*Traddodiad barddol Môn yn yr XVII ganrif*. Traethawd Ph.D. Prifysgol Cymru gan Dafydd Wyn Wiliam, 1994.
TBPB	*Traethawd byrr, er ymddiffyn bedydd Plant bychain*, 1785, 1794.
TC	R. Llwyd, O. Thomas, ac R. Jones: *Tryssor i'r Cymru*, 1677.
TC: CC	T. C.: *Cyfiawnder Cyfrifol*, 1745.
TCHSDd	*Trafodion Cymdeithas Hanes Sir Ddinbych*, 1952– .
TDBD	*Traethawd Defnyddiol am Ben-Arglwyddiaeth Duw*, [1711], 1760.
TDP	*Testament y Dauddeg Padriarch, sef Meibion Jacob*, 1700, 1719.
TE	*An English-Welsh Dictionary*, ed. Thomas Evans, 1809.
TG	*Trysorfa Gwybodaeth, neu, Eurgrawn Cymraeg*, 1770.
TGG	*Transactions of the Guild of Graduates, University of Wales*, 1901–22.
1 Thes	'Epistol Cyntaf Paul . . . at y Thesaloniaid' yn y Testament Newydd.
2 Thes	'Ail Epistol Paul . . . at y Thesaloniaid' yn y Testament Newydd.
A. Thomas: ADG	Alban Thomas (Blaen-porth): *Annogaeth Difrifol Gweinidog iw Blwyfolion*, [1723].
A. Thomas: DR	Alban Thomas (Blaen-porth): *Dwysfawr Rym Buchedd Grefyddol*, 1722.
A. Thomas: LlB	Alban Thomas (Blaen-porth): *Llythyr Bugailiaidd*, 1729.
D. Thomas: ACW	David Thomas: *Animal Call-Words*, 1939.
D. Thomas: HTS	D. Thomas: *Hanes Tair Sir ar Ddeg Cymru*, c. 1720.
D. Thomas: TSC	Dafydd Thomas: *Taith neu Siwrneu Christiana*, 1713.
D. R. Thomas: DS	D. R. Thomas: *The Life and Work of Bishop Davies and William Salesbury*, 1902.
D. R. Thomas: HDStA	D. R. Thomas: *The History of the Diocese of St. Asaph* . . ., 1908–13.
E. Thomas: Alm	Evan Thomas: *Almanaciau*, 1782–5.
E. Thomas: BOD	Evan Thomas: *Barnedigaethau ofnadwy Duw*, 1766.
E. Thomas: CD	Edward Thomas (Rhyd-wen): *Cwymp Dyn*, 1767.
E. Thomas: HR	Evan Thomas: *Helaethrwydd o Ras, i'r Pennaf o Bechaduriaid*, 1767.
E. Thomas: MRD	Evan Thomas: *Marwnad Robert Davies . . . o Blwyf Machen*, 1765.
J. Thomas: A	Joshua Thomas (Llanllieni): *Atteb i Lyfr Mr. Edward Hitchin, a elwir, Achos Babanod*, 1767.
J. Thomas: AD	Joshua Thomas (Llanllieni): *Athrawiaeth y Drindod*, 1794.
J. Thomas: AIC	John Thomas: *Annerch Ieuengctyd Cymru*, 1795.
J. Thomas: AIG	Joshua Thomas: *Yr Angenrheidrwydd i'm Gredi* [sic] *fod Gwobrwyon a Chosbedigaethau yn y Byd nesaf*, 1750.
J. Thomas: AUR	Joshua Thomas: *Atteb i'r Ugain Rhesymmau*, [1751].
J. Thomas: CFf	Joshua Thomas (Llanllieni): *Cyffes Ffydd . . . amryw gynnulleidfaoedd o Grist'nogion*, 1791.
J. Thomas: CGGD	Joshua Thomas: *Cynnyg Tuag* [*at*] *wneuthur yr Wybodaeth o Grefydd yn hawdd i'r Dealltwriaeth*, 1733.
J. Thomas: CIC	John Thomas (Rhaeadr Gwy): *Crist yn Iachawdwr Cyflawn*, 1798.
J. Thomas: CS	John Thomas (Rhaeadr Gwy): *Caniadau Sion: neu Hymnau Ysgrythyrol*, 1788.
J. Thomas: DdS	John Thomas (Rhaeadr Gwy): *Y Ddinas Sanctaidd, neu'r Jerusalem Newydd*, 1789.
J. Thomas: DY	John Thomas: *Drych Ysprydol*, 1790.
J. Thomas: EG	J. Thomas (Pentrefoelas): *Eos Gwynedd*, 1845.
J. Thomas: FG	Joshua Thomas (Llanbister): *Y Fuchedd Gris'nogol*, 1752.
J. Thomas: GB	John Thomas (Rhaeadr Gwy): *Gwrthodedigaeth yn Brofedig*, [1791].
J. Thomas: GDN	Joshua Thomas: *Golwg ar Destament Newydd Ein Harglwydd*, 1728.
J. Thomas: GI	John Thomas (Rhaeadr Gwy): *Gwybodaeth o iechydwriaeth yn werthfawr yn awr Angeu*, 1759.
J. Thomas: HB	Joshua Thomas (Llanllieni): *Hanes y Bedyddwyr, Ymhlith y Cymry*, 1778.
J. Thomas: HYB	Joshua Thomas: *Yr Hunan-Ymholwr Beunyddiol*, 1733.

J. Thomas: LlA	John Thomas (Rhaeadr Gwy): *Llythyr o Annerch at Hen Bobl a Chanol Oedran*, *c.* 1777.
J. Thomas: LlDG	Joshua Thomas: *Llyfr Du y Gydwybod*, [1723].
J. Thomas: NBAF	Joshua Thomas (Llanllieni): *Nodiadau ar Bregeth Mr. Abel Francis*, 1775.
J. Thomas: NSGG	John Thomas: *Nodau 'Sgrythurol y Gwir Gristion*, 1768.
J. Thomas: T	Joshua Thomas: *Traethawd, Ynghylch Ysbyryd* [sic] *Duw yn y Ffyddloniaid*, *c.* 1750.
J. Thomas: TA	John Thomas (Manafon): *Trysorfa Auraidd i Blant Duw*, 1771.
J. Thomas: TC	Joshua Thomas (Llanllieni): *Tystiolaeth y Credadyn am ei hawl ir Nefoedd*, 1757.
J. Thomas: TFFf	Ioan Tomas: *Traethawd ar Fywyd Ffydd*, 1767.
J. Thomas: U	John Thomas: *Urania, neu Grefyddol Ddadleuon*, 1793.
J. Thomas: UG	Joshua Thomas: *Undeb mewn Gwlad*, 1753.
J. Thomas: UN	John (Ioan) Thomas: *Unum Necessarium . . . Ymarferol Athrawiaeth Gweddi*, 1680.
L. Thomas: MJT	Lewis Thomas: *Marwnad . . . y Parchedig Mr. John Thomas o Lwyn y Grawis*, [1712].
O. Thomas: CC	Oliver Thomas: *Car-wr y Cymru*, 1630, 1631 (*adarg. 1930).
O. Thomas: DDMB	Oliver Thomas: *Drych i dri mâth o Bobl*, 1677.
R. Thomas: HR	Rhys Thomas: *Helaethrwydd o Ras*, 1763.
R. Thomas: P	R. Thomas: *Pregeth ynghylch Dyledswydd Deiliaid iw Penllywydd*, 1793.
R. Thomas: PAD	R. Thomas: *Pregethau ar Amryw Destunau Buddiol*, 1790.
S. Thomas: AD	S[imon] T[homas]: *Athrawiaethau Difinyddawl*, 1734.
S. Thomas: DY	S[imon] T[homas]: *Deonglydd yr Ysgrythurau*, 1741.
S. Thomas: HB	S[imon] T[homas]: *Hanes y Byd a'r Amseroedd*, 1718, 1721.
S. Thomas: HP	S[imon] T[homas]: *Histori yr Heretic Pelagius*, 1735.
T. Thomas: AB	Timothy Thomas (Aberdyar): *Amlygiad Byr am Arddodiad dwylaw*, 1764.
T. Thomas: GW	Timothy Thomas (Aberdyar): *Y Garreg Wen*, 1759.
T. Thomas: M	Timothy Thomas (Aberdyar): *Moliant i Dduw*, 1764.
T. Thomas: RP	Timothy Thomas (Aberdyar): *Rhwymyn Perffeithrwydd: neu Frawdgarwch Parhaus*, 1766.
T. Thomas: WWDd	Timothy Thomas (Aberdyar): *Traethiad am y Wisg-Wen Ddisglair*, 1759.
W. Thomas: AGG	William Thomas (Y Bala): *Arfogaeth y Gwir Gristion*, 1794.
W. Thomas: CC	William Thomas (Y Bala): *Cyfaill i'r Cystuddiedig*, 1797.
W. Thomas: MRB	William Thomas (Y Bala): *Myfyrdodau Diweddaf Mr. Baxter ar Farwolaeth*, 1792.
W. Thomas: P	William Thomas (Y Bala): *Pregeth ar ddioddefaint Crist*, 1800.
THSC	*The Transactions of the Honourable Society of Cymmrodorion*, 1892/3– .
S. M. Tibbott: AB	S. Minwel Tibbott: *Amser Bwyd: Detholiad o Gyfarwyddiadau Cymreig*, 1974.
1 Tim	'Epistol Cyntaf Paul . . . at Timotheus' yn y Testament Newydd.
2 Tim	'Ail Epistol Paul . . . at Timotheus' yn y Testament Newydd.
Tit	'Epistol Paul at . . . Titus' yn y Testament Newydd.
Titus Lewis: Mawl i'r Oen	Titus Lewis: *Mawl i'r Oen a laddwyd: sef Pigion o Hymnau* . . ., [1802].
TJ	*Y Gymraeg yn ei Disgleirdeb*, gol. Thomas Jones (Amwythig), 1688 (adarg. 1977), 1760.
TJ (Bot)	Yr adran fotanegol yn *TJ*.
TJ (copi Moses Williams yn LlGC)	Copi Moses Williams o *TJ*, yng nghasgliad Llyfrgell Genedlaethol Cymru.
TJ (Dinbych)	*An English and Welsh Dictionary*, ed. Thomas Jones (Dinbych), 1800.
TLlM	G. J. Williams: *Traddodiad Llenyddol Morgannwg*, 1948.
TM	*Tribannau Morgannwg*, gol. T. T. Jones, 1976.
TN	*Testament Newydd ein Arglwydd Jesv Christ*, W. Salesbury, 1567.
TNG	Ceinwen H. Thomas: *Tafodiaith Nantgarw*, llyfr ii., 1993.
TNS	Ceinwen H. Thomas: *Tafodiaith Nantgarw*, llyfr i., 1993.
Tob	'Tobit' yn yr Apocryffa.
Tomos Glyn Cothi: A	Tomos Glyn Cothi (Thomas Evans): *Amddiffyniad o Bennadwriaeth y Tad*, 1792.
Tomos Glyn Cothi: Ap	Tomos Glyn Cothi: *Appel at Broffeswyr . . . Cristianogrwydd*, 1792.
Tomos Glyn Cothi: E	Tomos Glyn Cothi: *Yr Egwyddorwr neu Ymofyniad i Athrawiaeth Yr Ysgrythyrau*, 1796.
Tomos Glyn Cothi: GG	Tomos Glyn Cothi: *Gorfoledd y Gwirionedd*, 1793.
TP: CG	T. P.: *Cas gan Gythraul*, 1711.
TPR	*Traethawd a Bregethwyd . . . o flaen y Brif-Yscol yn Rhydychen*, 1751.
TPS	*Transactions of the Philological Society*, 1854– .
TR	*Antiquae Linguae Britannicae Thesaurus . . . Welsh-English Dictionary*, ed. Thomas Richards, 1753, 1815 (Dolgellau).
TR (Bot)	Yr adran fotanegol yn *TR*.
Tr C	*Trysor i'r Cymru*, 1768.
Traeth	*Y Traethodydd*, 1845– .
Traethawd Byrr yn erbyn meddwdod	Gw. *AF*.
Trans Liverpool WN Soc	*Transactions of the Liverpool Welsh National Society*, 1885–1912.
Tredegar	Dogfen yng nghasgliad Tredegar, yn Llyfrgell Genedlaethol Cymru.
Treigladau	T. J. Morgan: *Y Treigladau a'u Cystrawen*, 1952 (adarg. 1989).
Tri Llanc	'Cân y Tri Llanc Sanctaidd' yn yr Apocryffa.
Troelus a Chresyd	*Chwedl* Troelus a Chresyd *yn Gymraeg, fel y ceir hi yn Llawysgrif Peniarth 106*. Traethawd M.A. Prifysgol Cymru gan W. Beynon Davies, 1932.
TRP	*A Study of Three Welsh Religious Plays*, ed. Gwenan Jones, 1939.
Trys Gym	*Trysorfa Gymmysgedig*, 1795–6.
Trysorfa	*Trysorfa Ysprydol*; *Trysorfa*, 1799–1827.
TS	*Teml Solomon wedi ei hysprydoli*, [1725].
Tudur Penllyn, &c.: Gw	*The Works of Tudur Penllyn & Ieuan Brydydd Hir Hynaf*. Traethawd M.A. Prifysgol Cymru gan Abraham Jenkins, 1921.
TW (Brog 9)	Copi o *TW* (*Pen 228*) yn *Brog* 9.
TW (Pen 228)	Geiriadur Syr Thomas Wiliems, *Thesaurus Linguæ Latinæ et Cambrobritannicæ*, yn *Pen* 228.
Twm o'r Nant: BB	Twm o'r Nant (Thomas Edwards): *Bannau y Byd*, 1808.
Twm o'r Nant: CO	Twm o'r Nant: *Cybydd-dod ac Oferedd*, gol. I. Foulkes, 1870.
Twm o'r Nant: CTh	Twm o'r Nant: *Y Ddau Ben Ymdrechgar sef Cyfoeth a Thylodi* . . ., 1768, 1841.

Twm o'r Nant: FF	Twm o'r Nant: *Y Farddoneg Fabilonaidd; neu Weledigaeth Cwrs y Byd*, 1768, 1813.
Twm o'r Nant: GG	Twm o'r Nant: *Gardd o Gerddi*, 1790, 1826 (Rhuthun a Merthyr).
Twm o'r Nant: GH	Twm o'r Nant: *Gwaith; yng nghyd a Hanes ei Fywyd*, 1849.
Twm o'r Nant: Gw	*Bywyd a gwaith Twm o'r Nant a'i le yn hanes yr anterliwt*. Traethawd M.A. Prifysgol Cymru gan G. M. Ashton, 1944.
Twm o'r Nant: H	*Hunangofiant a Llythyrau Twm o'r Nant*, gol. G. Ashton, 1948.
Twm o'r Nant: PCG	Twm o'r Nant: *Pedair Colofn Gwladwriaeth*, 1786.
Twm o'r Nant: PG	Twm o'r Nant: *Pleser a Gofid*, 1787, 1812.
Twm o'r Nant: TChB	Twm o'r Nant: *Tri Chryfion Byd*, 1789.
Twm o'r Nant: TChD	Twm o'r Nant: *Tri Chydymaith Dyn*, 1769.
TY	*Trysorfa Ysprydol*, 1799–1801.
Y Tyddynnwr	*Y Tyddynnwr*, 1922–3.
TYGD	*Traethawd ynghylch Gweithredoedd Da ac Elusenau*, 1693.
TYP	*Trioedd Ynys Prydein*, ed. Rachel Bromwich, 1961.
TYP^{2}	*Trioedd Ynys Prydein*, ed. Rachel Bromwich, 1978.
Y Tyst	*Y Tyst*, 1867– .
Tyst Cym	*Y Tyst Cymreig*, 1868–70.
J. Vaughan: HDS	John Vaughan: *Y Rhan Gyntaf . . . o Hanes y Disgibl Sanctedd*, 1760.
R. Vaughan: E	Rowland Vaughan (Caer-gai): *Evchologia*: *Yr Athrawiaeth i arferol Weddio*, c. 1658.
R. Vaughan: GA	R[owland] V[aughan]: *Yr Arfer o Weddi yr Arglwydd*, 1658.
R. Vaughan: LlB	Rowland Vaughan: *Y Llwybraidd-fodd Byrr o Gristianogawl Grefydd*, 1658.
R. Vaughan: PC	Rowland Vaughan: *Prifannau Crefydd Gristnogawl*, 1658.
R. Vaughan: PES	Rowland Vaughan: *Pregeth yn erbyn Schism: neu, Wahaniadau yr Amseroedd hyn*, 1658.
R. Vaughan: PS	Rowland Vaughan: *Prifannav Sanctaidd neu Lawlyfr, O Weddiau*, 1658.
R. Vaughan: YDd	Rowland Vaughan: *Yr Ymarfer o Dduwiol-deb*, 1629, 1630 (adarg. 1930).
R. Vaughan: YPS	R[owland] V[aughan]: *Ymddiffyniad Rhag Pla o Schism*, 1658.
VSB	*Vitae Sanctorum Britanniae et Genealogiae*, ed. A. W. Wade-Evans, 1944.
VVB	*Vocabulaire vieux-breton*, ed. J. Loth, 1884.
W	*English-Welsh Dictionary*, ed. John Walters, 1770–94.
W Ballads	*A Bibliography of Welsh Ballads*, ed. J. H. Davies, 1911. [Dyfynnir o'r baledi yn ôl eu rhif, ac o faledi ychwanegol yn ôl rhif casgliad Llyfrgell Genedlaethol Cymru.]
W Best	*A Welsh Bestiary of Love being a translation into Welsh of Richart de Fornival's 'Bestiaire d'Amour'*, ed. Graham C. G. Thomas, 1988.
W Jew	*Y Wandering Jew*, c. 1761, 1780, c. 1800.
W Surnames	T. J. Morgan and Prys Morgan: *Welsh Surnames*, 1985.
WA	'Welsh Ædœology' gan Egerton Phillimore, yn *ΚΡΥΠΤ'ΑΔΙΑ*, Recueil de documents pour servir à l'étude des traditions populaires, ii. (Heilbronn, Henninger Frères, Éditeurs) 1884.
WB	Hugh Davies: *Welsh Botanology*, 1813.
WBD	*The Welch Battle-Door* yn George Fox, et al.: *A Battle-door for Teachers & Professors to Learn Singular & Plural*, 1660 (adarg. 1968).
WDS	R. F. Suggett: *An Analysis and Calendar of Early Modern Welsh Defamation Suits*. Ceir ffacsimile yn Llyfrgell Genedlaethol Cymru.
WE	*A New English-Welsh Dictionary*, ed. William Evans, 1771.
E. Wells: CC	Edward Wells: *Y Christion cyffredin*, 1724.
The Welshman	*The Welshman*, 1832–1983.
Wês wês	*Wês wês*, gol. John Phillips a Gwyn Griffiths, 1976.
WG	J. Morris Jones: *A Welsh Grammar*, 1913.
R. White: C	*Carolau Richard White*, gol. T. H. Parry-Williams, 1931.
Wil Ifan: PB	Wil Ifan (William Evans): *Plant y Babell*, 1922.
Wiliam Bodwrda: Gw	*Bywyd a gwaith Wiliam Bodwrda (1593–1660) o Aberdaron*. Traethawd M.A. Prifysgol Cymru gan Dafydd Ifans, 1974.
Wiliam Cynwal: Gw	*Testun beirniadol o gasgliad Llawysgrif Mostyn 111 o waith Wiliam Cynwal ynghyd â rhagymadrodd, nodiadau a geirfa*. Traethawd M.A. Prifysgol Cymru gan S. Rhiannon Williams, 1965.
Wiliam Cynwal: Gw (G. P. Jones)	*Astudiaeth destunol o ganu Wiliam Cynwal yn Llawysgrif (Bangor) Mostyn 4*. Traethawd M.A. Prifysgol Cymru gan G. P. Jones, 1969.
Wiliam Cynwal: Gw (R. L. Jones)	*Astudiaeth destunol o awdlau, cywyddau ac englynion gan Wiliam Cynwal*. Traethawd M.A. Prifysgol Cymru gan R. L. Jones, 1969.
Wiliam Llŷn: Gw	*Testun beirniadol ac astudiaeth o gerddi Wiliam Llŷn a geir yn llaw'r bardd ei hun*. Traethawd M.A. Prifysgol Cymru gan I. W. Williams, 1957.
Wiliam Llŷn: Gw (R. Stephens)	*Gwaith Wiliam Llŷn*. Traethawd Ph.D. Prifysgol Cymru gan Roy Stephens, 1983.
Wiliam Llŷn: Gw (R. Stephens) (At.)	'Geirfa Wiliam Llŷn' yn Wiliam Llŷn: *Gw* (R. Stephens).
E. Wiliam: TFB	Eurwyn Wiliam: *Traditional Farm Buildings in North-East Wales 1550–1900*, 1982.
M. Wiliam: DY	Mary Wiliam: *Dawn Ymadrodd*, 1978.
William Owen [-Pughe]: Heroic Elegies	Gw. *HEllH*.
D. William: DFfI	Dafydd William (Llandeilo Fach): *Diferion o Ffynnon Iechydwriaeth*, 1777, 1848.
D. William: GFf	Dafydd William (Llandeilo Fach): *Golwg y Ffyddloniaid ar Degwch a Gogoniant Iesu Grist*, 1760.
D. William: GMS	Dafydd William (Llandeilo Fach): *Gorfoledd ym Mhebyll Seion*, 1777, 1782, 1798.
L. William: Sherlyn Benchwiban	Lodwick William: *Sherlyn Benchwiban . . . Enterlute*, 1802.
T. William: OL	Thomas William (Llandeilo Fawr): *Oes Lyfr. Yn dair Rhan*, 1724.
D. J. Williams: ChHO	D. J. Williams: *Yn Chwech ar Hugain Oed*, 1959.
D. J. Williams: HDFf	D. J. Williams: *Hen Dŷ Ffarm*, 1953.
D. J. Williams: HW	D. J. Williams: *Hen Wynebau*, 1934.
D. J. Williams: STC	D. J. Williams: *Storïau'r Tir Coch*, 1941.
D. J. Williams: STD	D. J. Williams: *Storïau'r Tir Du*, 1949.
D. J. Williams: STG	D. J. Williams: *Storïau'r Tir Glas*, 1936.
E. Williams: BLl	Emlyn Williams: *Blagur o'r Llwch*, 1976.
E. Williams: HJI	Edward Williams: *Hanes o Fywyd a Marwolaeth Judas Iscariot*, c. 1750.
E. Williams: Poems	Edward Williams (Iolo Morganwg): *Poems, Lyric and Pastoral*, 1794.
E. Williams: RHD	Edmund Williams: *Rhai Hymnau Duwiol*, 1742.
E. Williams: Salmau yr Eglwys	Gw. Iolo Morganwg: *Salmau*.

E. Williams: UYB — Evan Williams: *Un ymadrodd ar bumtheg ynghylch Iesu Grist*, 1760.

H. Williams: CB — Huw Williams: *Canu'r Bobl*, 1978.

I. Williams: ELl — Ifor Williams: *Enwau Lleoedd*, 1945.

J. Williams: ACA — J. Williams (Glanmor): *Awstralia a'r Cloddfeydd Aur*, 1852.

J. Williams: AGDd — John Williams (Pantycelyn): *Yr Athrawiaeth Gatholig o Ddrindod* [sic], 1794.

J. Williams: BG — [John Williams]: *Blaenor i Ghristion*, 1701.

J. Williams: CLlGG — J. Williams: *Y Catechism A osodwyd allan yn Llyfr Gweddi Gyffredin, wedi ei egluro ar fyrr eiriau*, 1679, 1682.

M. Williams: BM — Mathew Williams (Llandeilo Fawr): *Britannus Merlinus Liberatus . . . neu Almanac*, 1777–1814.

M. Williams: CA — Moses Williams: *Y Catecism; Athrawiaeth i'w dysgu gan bob Dyn*, 1716.

M. Williams: Cofrestr — Moses Williams: *Cofrestr o'r Holl Lyfrau Printiedig*, 1717 (adarg. 1912).

M. Williams: DUJ — Mathew Williams (Llandeilo Fawr): *De Ultimo Judicio: neu, Gan am Y Farn Ddiweddaf*, [1794].

M. Williams: HHG — Mathew Williams (Llandeilo Fawr): *Hanes Holl Grefyddau'r Byd*, 1799.

M. Williams: LlLl — Moses Williams: *Llaw-Lyfr y Llafurwr*, 1711.

M. Williams: MC — Mathew Williams (Llandeilo Fawr): *Y Mesurwr Cyffredinol*, 1775.

M. Williams: P — Moses Williams: *Pregeth a Barablwyd yn Eglwys Grist . . . yn 1717*, 1718.

M. Williams: S — Mathew Williams (Llandeilo Fawr): *Speculum Terrarum & Cœlorum neu Ddrych y Ddaear a'r Ffurfafen*, 1784.

M. Williams: YEY — Moses Williams: *Ymarferol-waith i'r Elusen-Ysgolion*, 1711.

N. Williams: D — Nathaniel Williams (Llanwinio): *Dialogus, neu, Ymddiddan rhwng Tri o Wyr Dysgedig*, 1778.

N. Williams: HM — Nathaniel Williams: *Hyfforddiadau Meddygawl*, i. 1793; ii. 1796.

N. Williams: P — Nathaniel Williams: *Pregeth*, 1777. Gw. hefyd *PYRD*.

P. Williams: BB — Peter Williams (Caerfyrddin): *Blodau i Blant*, 1758.

P. Williams: BS — *Y Bibl Sanctaidd*, gol. Peter Williams (Caerfyrddin), 1770. Cyfeiria 'Tablau' at y tablau ar ddiwedd y gwaith.

P. Williams: BY — Peter Williams: *Y Briodas Ysbrydol*, 1784.

P. Williams: CC — Peter Williams: *Cydymaith mewn Cystudd*, 1782.

P. Williams: DD — Peter Williams: *Dirgelwch Duwioldeb*, 1792.

P. Williams: FfA — Peter Williams: *Ffordd Anffaeledig i Foddlonrwydd*, 1783.

P. Williams: GC — Peter Williams: *Goruchwiliaeth Crist: neu, Ragoriaeth yr Efengyl: sef, Pregeth y Dr. Playfere*, 1792.

P. Williams: GWM — Peter Williams: *Gweinidog wedi marw, yn llafaru etto*, 1771.

P. Williams: LlHG — Peter Williams: *Llythyr at Hen Gydymaith*, 1791.

P. Williams: MC — Peter Williams: *Myfyrdod y Claf*, 1759.

P. Williams: TG — Peter Williams: *Tafol Gywir i bwyso Sosiniaeth*, 1792.

P. Williams: YC — Peter Williams: *Ymddygiad Cristianogol*, 1784.

R. Williams: CB — Robert Williams (Robert ap Gwilym Ddu): *Cyflafan y Beirdd*, c. 1793.

R. Williams: GE — Robert Williams (Robert ap Gwilym Ddu): *Gardd Eifion*, gol. William Williams (Caledfryn), 1841, 1877.

R. Williams: HAA — Robert Williams: *The History and Antiquities of the Town of Aberconwy*, 1835.

R. Williams: LlA — Robert Williams (Robert ap Gwilym Ddu): *Lloffion yr Ardd*, gol. Robert Evans (Cybi), 1911.

R. E. Williams: CB — R. E. Williams: *Credoau'r Byd*, 1866.

R. E. Williams: HDd — R. E. Williams: *Hanes y Ddaear*, 1866.

S. Williams: ADA — Samuel Williams (Llandyfrïog): *Amser, a Diwedd Amser*, 1707, 1724.

S. Williams: EN — Siân Williams: *Ebra Nhw*, 1981.

S. Williams: UOY — Samuel Williams (Llandyfrïog): *Undeb yn Orchymynedig i Ymarfer*, 1710.

T. Williams: AD — Thomas Williams: *Agoriadau Datguddiad Creadigaeth y Nefoedd*, 1760.

T. Williams: AF — Thomas Williams (Dinbych): *Annogaeth Ferr i'r Cymmun Sanctaidd*, 1710.

T. Williams: CDdG — Thomas Williams (Dinbych): *Cydymaith i Ddyddiau Gwylion*, 1712.

T. Williams: HHO — Thomas Williams (Tal-y-bont, Bangor): *Hanesion o'r Hen Oesoedd*, 1762.

T. Williams: MHO — Thomas Williams (Tal-y-bont, Bangor): *Mynegiad yr Hen Oesoedd*, 1761.

T. Williams: PD — Thomas Williams (Dinbych): *Pregeth o achos y Dymmestl Ddinistriol*, 1705.

T. Williams: TCB — Taliesin Williams: *Traethawd ar Hynafiaeth ac Awdurdodaeth Coelbren y Beirdd*, 1840.

T. Williams: YB — Thomas Williams (Dinbych): *Ymadroddion Bucheddol ynghylch Marwolaeth*, 1691, 1777.

W. Williams: A — W. Williams (Pantycelyn): *Antinomiaeth, Bwbach y Rhan ffurfiol o'r Eglwys Grist'nogol*, 1774.

W. Williams: AB — William Williams (Pantycelyn): *Aurora Borealis*, 1774.

W. Williams: Aleluja — William Williams (Pantycelyn): *Aleluja, neu, Casgljad o Hymnau ar Amryw Ystyrjaethau*, i. 1744; ii. a iii. 1745; iv. 1746; v. a vi. 1747; 3ydd arg. sy'n cyfuno'r cyfrolau eraill, 1758.

W. Williams: APE — William Williams (Pantycelyn): *Atteb Philo-Evangelius i Martha Philopur*, 1763.

W. Williams: BH — William Williams (Pantycelyn): *Berr Hanes . . . Tywysog o Affrica*, 1779.

W. Williams: C — William Williams (Pantycelyn): *Caniadau, Y rhai sydd ar y Môr o Wydr*, 1762, 1763, 1764, 1773, 1795.

W. Williams: CAA — William Williams (Pantycelyn): *Crocodil Afon yr Aipht*, 1767.

W. Williams: DN — William Williams (Pantycelyn): *Ductor Nuptiarum*, 1777.

W. Williams: FfW — William Williams (Pantycelyn): *Ffarwel Weledig, Groesaw Anweledig Bethau*, i. 1763; ii. 1766; iii. 1769.

W. Williams: GDC — William Williams (Pantycelyn): *Golwg ar Deyrnas Crist*, 1756, 1764.

W. Williams: GIE — William Williams (Pantycelyn): *Gloria in Excelsis . . .*, i. 1771; ii. 1772.

W. Williams: GP — William Williams (Pantycelyn): *Gwaith Prydyddawl*, 1811[–13].

W. Williams: HFD — William Williams (Pantycelyn): *Hosanna i Fab Dafydd . . .*, i. 1751; ii. 1753; iii. 1754.

W. Williams: HT — William Williams (Pantycelyn): *Hanes Troedigaeth . . . Thomas Goodwin*, 1779.

W. Williams: HTS — William Williams (Pantycelyn): *Hanes . . . Tri Wyr o Sodom a'r Aipht*, 1768.

W. Williams: I — William Williams (Pantycelyn): *Immanuel*, 1786.

W. Williams: MA — William Williams (Pantycelyn): *Myfyrdodau ar Angau*, 1785.

W. Williams: MDR — William Williams (Pantycelyn): *Marwnad y Parchedig Mr. Daniel Rowlands*, 1791 (Caerfyrddin).

W. Williams: MHH	William Williams (Pantycelyn): *Marwnad er coffadwriaeth am Mr. Howel Harries . . .*, 1773.
W. Williams: P	William Williams (Pantycelyn): *Pantheologia, neu Hanes holl Grefyddau'r Byd*, c. 1762–79.
W. Williams: RhHN	W. Williams: *Rhai Hymnau Newyddion ar Fesurau Newyddion*, 1781, 1782, 1787.
W. Williams: SFf	William Williams (Pantycelyn): *Siccrwydd Ffydd*, 1759.
W. Williams: TC	William Williams (Llangynllo): *Tarian Crist'nogrwydd yw Ffydd*, 1733.
W. Williams: TDdN	W. Williams: *Traethodau . . . ar Ddyffryn Nedd*, 1856.
W. Williams: TEA	William Williams (Pantycelyn): *Templum Experientiae apertum; neu, Ddrws y Society Profiad*, 1777.
W. Williams: Th	William Williams (Pantycelyn): *Bywyd a Marwolaeth Theomemphus*, 1764.
W. Ll. Williams: GBB	W. Llewelyn Williams: *Gwilym a Benni Bach*, 1897.
B. Willis: Bangor	Browne Willis: *A Survey of the Cathedral Church of Bangor*, 1721.
B. Willis: St. David's	Browne Willis: *A Survey of the Cathedral Church of St. David's*, 1717.
WJ: TR	W. J.: *Teg Resymmeu Offeiriad Pabaidd*, 1686.
WL: DP	W. L.: *Defosiwneu Priod*, 1655.
WLB	*A Welsh Leech Book*, ed. Timothy Lewis, 1914.
WLl	*Barddoniaeth Wiliam Llŷn*, ed. J. C. Morrice, 1908.
WLl (Geir)	'Geirlyfr' yn *WLl*.
WLl: SAC	W. Ll.: *Y Sacrament a'r Aberth Cristianogol*, 1760.
WLW	*The Welsh Law of Women*, ed. Dafydd Jenkins and Morfydd E. Owen, 1980.
WM	*The White Book Mabinogion*, ed. J. Gwenogvryn Evans, 1907 (adarg. 1973). [Rhifir yn ôl y colofnau.]
WM: PGG	W. M.: *Pattrwm y Gwir Gristion*, 1723 (adarg. 1908).
WML	*Welsh Medieval Law*, ed. A. W. Wade-Evans, 1909.
WR	*Geiriadur Saesneg a Chymraeg*, gol. William Richards, 1798.
WS	*A Dictionary in Englyshe and Welshe*, ed. William Salesbury, 1547 (adarg. 1877, 1969).
WVBD	*The Welsh Vocabulary of the Bangor District*, ed. O. H. Fynes-Clinton, 1913.
Wy	Llawysgrif yng nghasgliad Wynnstay, yn Llyfrgell Genedlaethol Cymru.
E. Wynn: TY	Edward Wynn (Bodewryd): *Trefn Ymarweddiad Gwir Gristion*, 1662.
G. Wynn: YGD	Gr[iffith] Wynn: *Ystyriaethau o Gyflwr Dyn*, [1724].
E. Wynne: BC	Ellis Wynne: *Gweledigaetheu y Bardd Cwsc*, 1703 (adarg. 1898).
E. Wynne: PAC	Edward Wynne (Llanaber): *Prif Addysc y Cristion*, 1755.
E. Wynne: RBS	Ellis Wynne: *Rheol Buchedd Sanctaidd*, 1701 (adarg. 1928).
Y	*Ymryson Edmwnd Prys a Wiliam Cynwal*, gol. Gruffydd Aled Williams, 1986.
YABG	*Ystyriaethau ynghylch Angenrhaid a Mawrlles Buchedd Grefyddol*, 1745.
YB	*Ysgrifau Beirniadol*, gol. J. E. Caerwyn Williams, 1965– .
YBH	*Ystorya Bown de Hamtwn*, gol. Morgan Watkin, 1958.
YC	*Ymddiddanion Cyfeillgar rhwng Gŵr o Eglwys Loegr, ac Ymneilltuwr neu un o'r grefydd newydd a elwir Methodistiaid*, 1752.
YCM	*Ystorya de Carolo Magno*, gol. S. J. Williams, 1930; dyfynnir weithiau o arg. 1883, gol. T. Powell.
YCM²	*Ystorya de Carolo Magno*, gol. S. J. Williams, 1968.
YCTM	*Ymddiddan Cariadus rhwng Tad a Mab*, 1734.
YDd	Rowland Vaughan: *Yr Ymarfer o Dduwiol-deb*, 1630 (adarg. 1930).
YE	*Ymborth yr Eneit*. Traethawd Ph.D. Prifysgol Cymru gan R. I. Daniel, 1981.
YEPWC	*Astudiaeth destunol a beirniadol o ymryson barddol Edmwnd Prys a Wiliam Cynwal*. Traethawd Ph.D. Prifysgol Cymru gan Gruffydd Aled Williams, 1978.
YGDB	*Ymadrodd Gweddaidd Ynghŷlch Diwedd y Byd*, [1703].
YGM	*Ymddiddan . . . mewn Gwyl-mabsant yn y wlad*, c. 1800.
YHD	*Ymadroddion Hen Mr. Dod*, c. 1688.
YLlH	*Yny lhyvyr hwnn*, 1546 (adarg. 1902).
Ymborth	*Ymborth yr Enaid*, gol. R. Iestyn Daniel, 1995.
Ymdd	[H. Evans]: *Ymddiddan rhwng Hen Wr Dall a'r Angau*, [1703], 1764, 1768.
Ymddiddan Cariadus	Gw. *YCTM*.
Ymofynion	*Ymofynion iw Hatteb gan Brocatorion, Wardeinied, a Swyddogion eraill . . .*, 1690.
Ymofynion B	*Ymofynion i'w Hatteb gan Brocatorion, Wardeiniaid, a Swyddogion eraill . . .*, 1713.
YRW	*Ystori Richard Whittington*, 1812.
YSG	*Ystoryaeu Seint Greal*, gol. Thomas Jones, 1992.
Ysg Am	Llawysgrif yng nghasgliad Ysgol Amwythig.
Ysg Arm	*Yr Ysgerbwd Arminaidd; neu yr Arminiad wedi ei agor a'i fanwl-chwilio*, [1807].
Yst Addaf	*Ystorya Addaf a Val y cauas Elen y Grog*. Traethawd M.A. Prifysgol Cymru gan Thomas Gwynn Jones, 1936.
Yst Kym	*Astudiaeth destunol a beirniadol o 'Ystorie Kymru neu Cronigl Kymraeg' (Ifan Llwyd ap Dafydd)*. Traethawd M.A. Prifysgol Cymru gan Nia Lewis, 1967.
Ysten Sioned	Daniel Silvan Evans a John Jones: *Ysten Sioned; neu y gronfa gymmysg*, 1882, ail arg. 1894.
YT	*Ystoria Taliesin*, ed. Patrick K. Ford, 1992.
YTWN	*Ymbarottoad tu ac at Ddedwyddol, a Thragywyddol Wynfyd y Nefoedd*, 1760.
ZCP	*Zeitschrift für celtische Philologie*, 1896– .

M

m, cytsain, a'r unfed lythyren ar bymtheg yn yr wyddor Gymraeg; fe'i treiglir yn feddal gan ei throi yn *f*, e.e. *mam, ei fam ef*; hefyd weithiau ar lafar mewn rhai tafodieithoedd fe'i treiglir yn *mh*, e.e. *mam, ei mham hi*.

'm [Crn. C. *-m*, H. Lyd. a Llyd. Diw. *-m*, H. Wydd. *-m(m)(-)*, Gwydd. Diw. *-m*, sef rhagenwau sy'n tarddu o ff. cyw. a diacen ar gyflyrau traws y rh. prs. 1 un.; mewn Cym. Diw. ychwanegir *h-* yn rheol. o flaen llaf., gw. *Treigladau* 153] *rh. m.* Yn perthyn i mi, fy; fi; i mi: *my; me; to me*.

(*a*) (o flaen e.: *before a n.*)

9g. (*Juv*) *B* vi. 102, mi *am* franc dam ancalaur. **13g.** *C* 87. 2, Rydid *im*eneid. reid ryiole[i]s. *id.* 94. 4, *ym* ty ny doi. **14g.** *T* 80. 24–5, aweleisti vygkar *am* brawt. **14g.** *WM* 4. 17, byd di *im* rith yno. *c.* **1400** *ChO* 20, vy mam i, a'*m* tat. **1615** R. Smyth: *GB* 5, *ym* tyb i. **1701** E. Wynne: *RBS* 52, bid fy nghorph i yn weinidog i'*m* henaid. **1703** E. Wynne: *BC* 5–6, o hir drafaelio â'*m* Llygad, ac wedi â'*m* Meddwl. **1727** W. Gambold: *WG* 97, Duw yw'*m* ceidwad. **1759** T. Thomas: *WWDd* 185, Er cymmaint, ac er amled yw'*m* pechodau i.

(*b*) (o flaen be.: *before a vn.*)

13g. *C* 42. 10–11, *am* gadu y traethu traethaud. **14g.** *WM* 8. 2–3, ni wydwn achos it heuyt *ym* lladd i. **1588** *Math* iv. 9, hyn oll a roddaf i ti, os syrthi i lawr a'*m* haddoli i. **1588** 1 *Cor* xv. 9, nid wyf addas i'*m* galw yn Apostol. **1592** S. D. Rhys: *Inst* [xvii], ymgeisio yn ddyfal a mi . . . a'*m*'addyscu [*sic*] ynn y meint a 'wypech'. **1670** J. Hughes: *AP* 20, fy mod i wedi '*m* creu. **1703** E. Wynne: *BC* 6, daeth fy Meistr Cwsc yn lledradaidd i'*m* rhwymo. *ib.* na wnaent âs lai na'*m* lladd i iw swpper, a'*m* llyncu yn ddihalen.

(*c*) (o flaen bf., ac yn fewnol ar ôl rhgdd.: *before a vb. and infixed following a pref.*)

9g. (*Juv*) *B* vi. 102, na*m*ercit mi nep leguenid henoid. **13g.** *C* 24. 6–7, *Am* ssuinasseie douit *im* dodath ar deunit. *id.* 67. 10, Neu*m*duc. i. elffin y browi vy martrin. *id.* 79. 16, padivet aebet *am*bit. *id.* 81. 10–11, Bluytin llaun *im* rydoded. ym. bangor ar paul cored. *id.* 101. 16, Y gur ni*m* guelas beunit. *c.* **1300** *H* 10b. 28, car *am* oet ny*m* oes [marwnad Madog ap Maredudd gan Walchmai]. *id.* 13a. 39, dy*m*kyueirch pawb [Gwalchmai i Rodri ab Owain]. *id.* 108[1]a. 3, Duw ren dy*m* ryt kymwynas. *Dchr.* **14g.** *id.* 111a. 23, Neu*m* bu dyt ker eluyt elwy (Llywarch ap Llywelyn). **14g.** *T* 40. 15–16, ygwr *am* rodes y gwin ar cwrwf ar med. *id.* 52. 3–4, Ar sawl *am* clyw poet meu euhunet. **14g.** *GDG* 22, Mawr anrhydedd a'*m* deddyw. *c.* **1400** *R* 1038. 3–4, Pedwarmeib arhugeint a*m*bu eurdorchawc tywyssawc llu. *id.* 1047. 16, ry*m* goruc y uedw ued trenn. **1588** *Io* xviii. 37, er mwyn hyn i'*m* ganed. **1703** E. Wynne: *BC* 7, ac yno i'*m* gadawant i dalu iawn. *id.* 9, f' a'*m* cippiodd i.

Amr.: **am[6]**. *c.* **1300** *H* 20a. 11. *id.* 48a. 10. **ym[1]** [digwydd mewn Cym. Diw. ar ôl *pan* yn y ff. *y'm* (*i'm*)]. **13g.** *C* 23. 4, 79. 16. *c.* **1300** *H* 9a. 4, 14a. 6, 48a. 12. **14g.** *WM* 479. 6. **1730 (1755)** E. Wynne: *PAC* 16. **1759** T. Thomas: *WWDd* 26.

ma[1] [Llad. Prydain *Magis* (e. lle), H. Lyd. *ma* 'lle', H. Wydd. *mag* 'gwastadedd, maes'; cf. *-fa*] *eg.b.* ll. *-au*. Gwastadedd, maes; lle, man: *a plain, field; place, spot*.

14g. *T* 56. 10–11, py *va* diua py tir aplawd. *id.* 62. 22, Gweleis i lyw katraeth tra *maeu*. *id.* 80. 19–20, Pan del katwaladyr gogwna. ydoleu prydein pen *ma*. **1803** *P.* Digwydd yn elf. gyntaf mewn e. lleoedd megis *Machynlleth, Mathafarn, Machynys*.

Gw. hefyd -fa, gwa, mae[1], mai[2], mehyn.

ma[2] [gair yn dynwared bref dafad neu oen] *e?g*. Bref dafad neu oen, me: *bleat of sheep or lamb, baa*.

18–19g. *Llr* C 4, 265, Dafad—*Mâ*—Bâ. **1862** Eben Fardd: *Gw* 136, A'u 'me' mwyn, a'u '*ma*,' '*ma*,' '*ma* . . .'. Ar lafar, *GDD* 192.

Gw. hefyd me[1].

mab [H. Grn. *mab*, gl. *filius*, Crn. C. *mab*, H. Lyd. a Llyd. Diw. *mab*: < Brth. *mapo- < Clt. *maq^{u}o-; cf. Ogam *maqqi* (gen.), H. Wydd. *macc*, Gwydd. Diw. *mac*: < *maq^{u}q^{u}o-] *eg.* ll. *meib(i)on*, (prin) *mabion, meib*, ll. dwbl *meib(i)onain, meibonau* (bach. *meibionos*).

(*a*) Bachgen, gwryw yn ei berthynas â'i rieni, baban, plentyn (benyw neu wryw), person dan oed, llanc ifanc; disgynnydd; dyn, gwryw; hefyd yn *ffig.*: *boy, son, infant, child (of either sex), minor, youth; descendant; man, male; also fig.*

9–10g. (*Ox* 1) *VVB* 180, Hinn *map* diiob. *c.* **1100** *EWGT* 11, Gurci ha Peretur *mepion* Eleuther. **12g.** *LL* 32, tref *meibion* ourdeuein. **13g.** *C* 5. 8–9, seith *meib* eliffer. *id.* 60. 4–5, Anudon abrad gulad *veibon[e]in* (*B* iv. 128, *veibionein*). *id.* 67. 19–20, mekid *meibon* meigen. meirch mei. **13g.** *A* 4. 18–19, a *meibyon* godebawc gwerin enwir. *id.* 44. 17, Efrei etuyl ar *veib* israel uchel enuryt. *id.* 63. 22–3, kyn mynhwyf meirw *meib* gwyden. **13g.** *LlDW* 39. 15–16, O deruyt roy camaraes [*sic*] y alldut a bo[t] plant *meybyon* (*LlI* 30, plant) vthunt. **13g.** *LlI* 26, o achaus redeuot aruyd *mab* arney. *id.* 65, O'r pan anher y *mab* ene uo pedeyr bluyd ar dec e dele bot urth noe e tat. *c.* **1300** *H* 108[1]a. 11–15, Buost *mab* . . . / . . . / a gwedy hynny buost gwas. / . . . / Neud wytt wr [Llywarch ap Llywelyn i Lywelyn ap Iorwerth]. **14g.** *T* 33. 3–4, keint rac *meibon* llyr yn ebyr henuelen. **14g.** *WM* 456. 26, *mabyon* gwladoed ereill. **14g.** *GDG* 130, Y *mab* llwyd wyneb mursen / A gwallt ei chwaer ar ei ben. *id.* 252, Hiraeth *fab* cof, *fab* cyngyd, / *Fab* gwae fy meddwl, *fab* gwŷd. *c.* **1400** *YCM*[2] 54, a hyt yn oet y *meibon* a'r morynnyon ar y ol yn mynet. **15g.** *Cy* iv. 112, dagreu . . . hyd gruthyeu y gwyr ar gwrageth ar *meiboneu* disynwyryon. **15g.** Deio ab Ieuan Du, &c.: *Gw* 182, A phïau *mab* hoff Owain / Yr enw mawr ar onnwayw main. **1547** *WS*, Fwlc henw *map*, Fulke. **1567** *TN* 4a, ef a ddanvonawdd sawdwyr ac a laddodd yr oll *veibion* ar oeddynt ym-Beth-lehem. *id.* 156b, Ha blantynot [:– *veibionos*]. **1632** *D*, mab, filius, natus, gnatus. Antiquis Puer, paruulus . . . Dicitur atque de sexu, *Mâb* a merch. **17g.** Huw Morus: *EC* i. 64, Gwr dewr, a geiriau duraidd, / Gwr fu bur, i gwrw *fab* haidd. **1803** *P.* Yn sir Gaern. clywir *mab* mewn cyfarchiad, 'Sut mae hi, *mab*?', *Cymru* xlvii. 279.

(*b*) (Epil, llwdn) anifail, aderyn, &c.: (*the young of*) *an animal, bird, &c.*

14g. *Cy* vii. 143, Moch naw *mab* hwyat. *c.* **1400** *ChO* 6, yna y dywawt yr eryr, ' . . . ti a'm lledeist i, a gwedy hynny lladd vy *meibyon* adar'. **15–16g.** *TA* 447, *Mab* a wisg ym mhob ysgwydd / Myncïau cyrn mewn cig gŵydd [i ofyn gwalch]. **1632** *D*, mab . . . *Mâb* etiam britannis pro cuiusque animalis paruulo vel pullo vsurpatur. **1632–44** *Brog* II, 91, Gwaeth-waeth fal *mab* gafr. **17g.** E. Morus: *Gw* 52, *Mab* iâr, mawl claiar, mal cloch [i'r ceiliog]. **1725** *SR*, *mâb* câth d.g. *a chitt*. Cf. *mapgath*.

(*c*) Iesu Grist, Ail Berson y Drindod: *Jesus Christ, the Second Person of the Trinity*.

14g. *T* 52. 6–8, Teir person duw. un *mab* adwyn terwyn trinet. **14g.** *WML* 142, y tat ar *mab* ar yspryt glan Amen. **1346** *LlA* 3, Pa furyf ydyellir ydrindawt yn vnduw . . . drwy goleuni ydyellir y*mab*. *c.* **1400** *R* 1148. 14, ef ywr *mab* ef ywr pap pennaf. **1630** R. Vaughan: *YDd* 5, Yr ail Person, a elwir y *Mâb*, o herwydd ei genhedlu ef o sylwedd a naturiaeth ei dâd. Gw. hefyd *Duw—Duw Fab, Duw Fab Duw*.

(*d*) Y mab darogan: *a hero whose coming fulfils a prophecy or vaticination, son of prophecy, prophesied deliverer*.

15g. (*c.* **1625**) *Llst* 136, 88, Gofyn *mab* ac ofni Mon / Ir nordd o ran y Werddon. *ib.* Y *mab* ai awch am y byd / Wedi duro dy weryd (Dafydd Gorlech). **15g.** *GDLl* 61, Aros *mab* trwm ei aerwy. *c.* **1456** *Pen* 26, 37, *mab* a gyfyt a bryt wrthaw / awen gorawen gwyr ymanaw.

Cfn.: **meibion Addaf:** *the sons of Adam, the human race*. *c.* **1400** *R* 1196. 25. **1776** I. Brydydd Hir: *P* i. 21. **mab aflafar** [?bnth. dysg. H. Grn. *mab aflauar*, gl. *infans*]: *infant*. **1604–7** *TW* (*Pen* 228) d.g. *infans* (hefyd *D*). **m. aill(t)** [?cf. Gwydd. C. *mac ailte* 'mab maeth']: (i) *unfree landholder, villein; serf, slave, bondman; farmer; also fig.* **13g.** *LlC* 1. **14g.** *TYP* 179, Tri Brenhin a vuant o *Veibion Eillion*. **14g.** *GDG* 315. *c.* **1400** *RB* ii. 117, 235. **1632** *D.* (ii) ?*bastard*. **1567** *TN* 341b, meibion aill [:– o ordderch, llwyn a' pherth, bastardieit] ydych ac nid meibion o briod. (iii) [?ffrwyth cymysgu â *m. alltud*] *alien*. **1730** *Leg Wall* 577. **1753** *TR*. *Bot.* **m. alan mawr:** *butterbur, Petasites hybridus*. **1604–7** *TW* (*Pen* 228) d.g. *petasites*. Cf. *alan[2]—alan mawr*. **m. (i) alltud:** *alien*. **13g.** *LlI* 67. **14g.** *GDG* 163. *Cyfr.* **m. amau:** *doubted son*. **13g.** *D Col* 10. *Cyfr.* **m. ameuedig:** *a son whom the father neither legally owns nor disowns, reputed son*. **14g.** *WML* 122. **15g.** *LHDd* 79. **m. (yr) amheuaeth:** *sceptic*. [**1783**] *W* d.g. *sceptic*. *Cyfr.* **m. anwar:** *a son who rescinds his father's legal bequest*. **13g.** *LlI* 25. **15g.** *LHDd* 103. **1730** *Leg Wall* 577. **m. anweddog:** *bachelor*. **1852.** **m. anwes:** *pampered child*. **1848.** **m. bach:** *young child*. **1672** R. Prichard: *Gw* 480. **1754** *ML* i. 316. **m. bedydd:** *godson, also fig.* **14g.** *GDG* 67. *c.* **1400** *R* 1407. 16. *c.* **1400** *YCM*[2] 64. *Dchr.* **15g.** *B* viii. 136, [*m*]*eibyon bedyd*. **m. bron:** *suckling child*. **15g.** *Pen* 109, 100. **m. bychan** = **m. bach.** **14g.** *WML* 140, *meibon bychein*. **14g.** *WM* 32. 5. *c.* **1400** *MM* 62. **1567** *TN* 4a. **m. caeth:** *serf, slave, bondman*. **16g.** (*LlEG*) *Mos* 158, 50a. *Beibl.* **meibion y gaethglud:** *the children of the captivity, the Jewish captives in Babylon*. **1588** *Esr* vi. 19. **mab caru:** *lover, suitor*. **1776** *W* d.g. *a lover*. **m. cefn:** *babe in arms*. **14g.** *WML* 96. **m. y golledigaeth** = **m. y cyfrgoll.** **1620** *Io* xvii. 12. **m. corfforol:** *son begotten by his parents (as opposed to being adopted)*. **14g.** *BY* 25. **y m. coronog:** *a hero whose coming fulfils a prophecy or vaticination, son of prophecy, prophesied deliverer*. **16–17g.** *RAGR* 332. **m. y crinwas:** *great miser*. **15g.** *GGl* 217. **16g.** *TYP* 514. **1632** *D* d.g. *crinwas*. **1770** *W* d.g. *an avaricious wretch*. **m. (y) cu:** *beloved son; ?grandson*. *c.* **1400** *B* ii. 17, 18. *c.* **1700** E. Lhuyd: *Par* i. 128. **m. y cyfrgoll:** *the son of perdition*. **15g.** *FfBO* 35. **1567** *TN* 161b. **1632** *D* d.g. *cyfrgoll*. **m. cyn barf:** *a boy before the onset of puberty*. *Diw.* **18g.** *AL* ii. 486. **m. cynnwys:** *adopted son*. **1632** *D* d.g. *adoptivus*. **1679** C. Edwards: *GGG* 93. **1770** *W* d.g. *adopted son*. Cf. *cynhwysfab*. **m. cyswyn** = **m. ameuedig.** *Diw.* **18g.** *AL* ii. 528. Cf. *cyswynfab*. **(y) m. darogan** = **y m. coronog.** ?**15g.** *IGE* 153. **15g.** *LGCD* 9. **m. dewis** = **m. cynnwys.** **1632** *D* d.g. *adoptivus*. **1670** J. Hughes: *AP* 106. **m. diafol:** *son of Belial*. **1722** *Llst* 189. **m. dioddef:** (i) *a son attributed legally to a man by the mother and not denied for a year and a day, permitted son, son by sufferance*. **13g.** *LlI* 68. *c.* **1400** *CHDd* 123. *c.* **1401** *AL* ii. 98. **15g.** *LHDd* 80. **1730** *Leg Wall* 577. (ii) *condemned person*. **1604–7** *TW* (*Pen* 228) d.g. *condemnatus*. **1722** *Llst* 189 d.g. *dioddef*. **m. dioed:** *an infant, minor*. **1604–7** *TW* (*Pen* 228) d.g. *infans* (hefyd *D*). **1722** *Llst* 189. **m. dolef,** gw. *m. dyolef*. **m. drud** = **m. anwar.** ?*c.* **1325 (1730)** *Leg Wall* 577. **M. Duw:** *the Son of God, Jesus Christ*. **13g.** *C* 70. 5–6. *c.* **1300** *H* 21a. 39. **14g.** *T* 52. 9. *c.* **1400** *R* 1173. 39. **1567** *TN* 23b. **meibion Duw:** *the sons of God*. **1567** *TN* 231b. **1588** *Gen* vi. 2, *Job* i. 6, xxxviii. 7. **meibion (meib) y dwyrain:** *the men or people of the (Middle) East*. **1588** *Job* i. 3. **mab dymunedig (damunedig)** = **m. cynnwys.** **14g.** *BY* 29. **1604–7** *TW* (*Pen* 228), *mab damvnedic* d.g. *adoptivus, ui*. **m. (y) dyn, M. (y) Dyn** [H. Wydd. *mac duni*, Crn. C. *map den*, Llyd. C. *mab den*]: (i) *man, human being, living soul*. **13g.** *C* 70. 5, 8. *Dchr.* **14g.** *H* 87a. 49. *c.* **1400** *R* 1173. 40, 1192. 34. *id.* 1216. 4, wrth *ueibon dynyon*. **1588** *Jer* xlix. 33. (ii) *the Son of Man, title of Christ*. **14g.** *HMSS* ii. 251, 253. **1567** *TN* 26b. (iii) = **y m. coronog.** **15g.** *GDLl* 27, 31. **15g.** *GGl* 157. **15–16g.** *GIF* 44. *Cyfr.* **m. dyolef (dolef, &c.):** *a child imputed to a certain man as father but not legally attributed*. **13g.** *LlI* 68. *c.* **1400** *CHDd* 123. **1730** *Leg Wall* 577. **m. enaid dyn, m. enaid o ddyn** = **m. (y) dyn** (i). **16g.** (*LlEG*) *Mos* 158, 460a. **1551** W. Salesbury: *KLl* xiia. **1567** *TN* 218a. **1632** J. Davies: *LlR* 5. **m. gast:** *son of a bitch*. **1762** *ML* ii. 467. **m. (o) ordderch, m. gordderch:** *bastard, illegitimate son*. *c.* **1400** *RB* ii. 4, 304. **16g.** (*LlEG*) *Mos* 158, 25b. *a.* **1587** *Y* 166. **1632** *D* d.g. *nothus*. **1724** T. William: *OL* 111. **m. gweddw:** *bachelor*. **1874.** Ar lafar yng ngogledd-ddwyrain Morg. **m. y gŵr drwg:** (*son of the*) *devil*. Ar lafar yng Nghwmtawe, '*Mab y gŵr drwg* wyt ti', wrth fachgen direidus. **m. (y) gwyn:** (i) ?*beloved son*. *p.* **1638** *Llst* 125, 740, bod yn dad yn y gadair / ag yn *fab y gwynn* i Fair. (ii) *step-son*. **1820.** Cf. *mam—m. wen, merch[1]—m. wen, tad—t. gwyn*. **m. i gythraul** = **m. diafol.** **14g.** *RC* xxxiii. 225. **meib(ion) (yr) Israel:** *children of Israel, Jews*. **14g.** *T* 44. 17. **1567** *TN* 375b, 381a. **1588** *Ecs* xxix. 43, *Act* vii. 37. **meibion llafur:** *workers, sons of toil*. **1861.** **mab llên** [Crn. C. *map lyen*, Gwydd. C. *mac léginn*]: *man of letters, scholar; cleric, clergyman*. **14g.** *WML* 114, *meibon lleyn* yreglwys (*LlI* 23, er effeyreyt a'r clas). *c.* **1400** *R* 1030. 13–14. **15g.** *BB* 93. **15g.** *GGl* 106. **1604–7** *TW* (*Pen* 228) d.g. *clerus*. **1632** *D* d.g. *clericus*. **m. llwyn a pherth** = **m. (o) ordderch.** **14g.** *WML* 127. **1567** *TN* 341b. **1604–7** *TW* (*Pen* 228) d.g. *adulterinus*. **1730** *Leg Wall* 577. Cf. *LlB* 112, mab a gaffer yn llwyn ac ym perth. **m. maeth:** *foster son, foster child, also transf. and fig.* **13g.** *LlC* 34. **13g.** *HGK* 10. **14g.** *WM* 34. 33–4. **14g.** *GDG* 141, 280, 323. *c.* **1400** *DB* 21. **1632** *D.* **1803** *P.* **M. Mair:** *the*

Son of Mary, Jesus Christ. 9g. (*Juv*) *B* vi. 206. 13g. *C* 29. 4, 88. 13. 14g. *T* 2. 12, 47.2. 15g. *GDLl* 182. 1696 *CDD* 15. **m. y fall = m. diafol.** 1588 *Deut* xiii. 13, 1 *Sam* ii. 12. 1703 E. WYNNE: *BC* 34. 1722 *Llst* 189. **m. mam:** *mother's son, human being, living soul*. 13g. *A* 9. 12. *Dchr*. 14g. *H* 75b. 74, 116b. 46. 1696 *CDD* 311. **m. ei fam:** *mother's boy, pet; his mother's son, a true son of his mother*. Ar lafar. **m. y fam = m. (o) ordderch.** 1805. **m. y mans:** *son of the manse*. Ar lafar. **M. Mareia (Maria) = M. Mair.** 14–15g. *IGE*[2] 298. 1714 R. PARRY: *DA* [5]. **M. Mari = M. Mair.** 1819. **m. y felltith = m. diafol.** 1568 MORYS CLYNNOG: *AG* 6. **M. y Forwyn = M. Mair.** 15g. *GDLl* 77, 132. *c.* 1648 *Llst* 117, 86. **m. nai:** *great-nephew*. 1604–7 *TW* (*Pen* 228) d.g. *pronepos* (hefyd *D*). **m. naturiol = m. corfforol.** 1679 C. EDWARDS: *GGG* 93. **M. o Aberth:** *Jesus Christ* (*lit. son of sacrifice*). 15g. *IGE*[2] 236. **m. o gariadferch = m. (o) ordderch.** 1722 *Llst* 189. **m. o briod:** *legitimate son*. 1567 *TN* 341b. **m. y bendro:** *visionary* (*derog.*). 1794 *W* d.g. *a visionary, or visionist* [*one that pretends to visions*; &*c*.]. **meibion y proffwydi:** *prophets; disciples of the prophets*. 1588 1 *Br* xx. 35, 2 *Br* ii. 3. **(y) Mab Rhad:** *Jesus Christ*. *c.* 1300 *H* 99a. 26. 14g. *Cy* vii. 150. 14g. *GDG* 135. *c.* 1400 *R* 1151. 25. 1567 *TN* [xxxviii], Y trydydd ymadrodd cyffredinol y mysc y Cymru a dynnwyt or yscrythr'lan [*sic*] yw hwn, *Y mab rhad*. *c.* 1585 G. ROBERT: *DC* [iv]. 1630 R. VAUGHAN: *YDd* [xxix]. 1772 D. ROWLAND: *PP* 120. **M. Rhiain = M. Mair.** 15g. *GDLl* 182. **m. symud:** *changeling*. 16g. LEWYS MORGANNWG: *Gw* 122. **m. tad:** *father's son, human being, living soul*. 1244 *MA*[2] 221a. 54. *c.* 1400 *R* 1406. 26. **m. ei dad, m. i'w dad:** *his father's son, a true son of his father; father's boy*. 13g. *C* 72. 5. Ar lafar yn gyff. **mab (meibion) y daran:** *the son(s) of thunder*. 1567 *TN* 53b. 1671 C. EDWARDS: *DMD*, d.d., Dad Seiniad *Meibion y Daran*. 1791 W. WILLIAMS: *MDR* 4, Boanerges oedd ei enw, / *Mab y daran* danllyd gref. **m. y tŷ:** *the son of* (*the man or master of*) *the house*. 1722 *Llst* 189. Ar lafar. *Cyfr*. **m. uchelwr:** *gentleman or freeman who was a landed proprietor*. 13g. *LlC* 18, 39. 13g. *LTWL* 140. 13g. *Ll* 4. 1730 *Leg Wall* 577. 1753 *TR*. **m. yng nghyfraith, m. yn y gyfraith:** *son-in-law; stepson*. 15g. *LGCD* 47. 16–17g. *HG* 109. 1604–7 *TW* (*Pen* 228) d.g. *priuignus*. 1615 R. SMYTH: *GB* 138. 1620 1 *Mac* xvi. 12. 1722 *Llst* 189 d.g. *a step-son*. 1803 *P*.

Am *gŵyl y Fil Feibion, gŵyl Fil Feib, hen fab*, gw. gŵyl[1], hen.

Gw. hefyd ab, am[5], ap.

mabaeth [*mab* + *-aeth*] *eb*. Y cyflwr neu'r ystad o fod yn fab (i rywun); plentyndod: *sonship; childhood*.
1847.

mabaidd [*mab* + *-aidd*] *a*. Nodweddiadol o blentyn (yn enw. mab) yn ei berthynas â'i rieni, gweddus i'r cyfryw; plentynnaidd, bachgennaidd, tebyg i blentyn, diniwed; yn perthyn i blentyndod; ieuanc: *filial; childish, boyish, puerile, childlike, innocent; belonging to childhood; young*.

14g. *GDG* 43, Nid un bryn mebyn *mabaidd*—â hynaif, / Nid un gwenithgnaif â hyddaif haidd. 1547 *WS*, *mabaidd*, chyldysshe. 1604–7 *TW* (*Pen* 228) d.g. *puerilis*. 1651 SIÔN TREREDYN: *MDD* 216, ufydddod *mabaidd*. 1759 T. THOMAS: *WWDd* 199, Mae cyflwr pawb ar sydd wedi ei cyfiawnhâu [*sic*] trwy ffŷdd, yn gyflwr *mâbaidd*. *id*. 210, hyder *mabaidd*. 1769 J. GRIFFITH: *A* 216, dyfod mewn tymmer *fabaidd*, gan ddewis ffafr ein Tad nefol o flaen pob peth daearol. 1773 *W* d.g. *filial*. 1788 J. GRIFFITH: *DCC* 231, Cynnorthwya 'm calon i dywallt allan ei hun ger dy fron di, gyda *mabaidd* barch. 1803 *P*.

maban [*mab* + *-an*[1], cf. H. Wydd. *maccán*, Picteg *maphan*] *eg*. ll. *-od*, *-au*.

(*a*) Baban, babi, plentyn newydd ei eni, plentyn bychan, bachgen newydd ei eni, bachgennyn, mab ieuanc, hefyd yn *ffig*.: *a babe, baby, infant, young child, infant boy, little boy, young son, also fig*.

13g. *A* 3. 9, *maban* y gian o vaen gwynngwn. 14g. *RC* xxxiii. 212, hyt nat etrychei Veir ar y reeni mal y gnotaei *maban* jeuegtit. [1547] W. SALESBURY: *OSP*, Haws twyllo *maban* na thwyllo gwrachan. 1567 *TN* [84b], A'r *maban* [:– plentyn, bachcenyn, herlot] a dyfodd. *id*. [331b]-332a, pawb a ym arfero [*sic*] a llaeth, anghynefin yw a gair y cyfiownder: can ys *maban* yw. 1604–7 *TW* (*Pen* 228) *maban* d.g. *infans, infantulus*. 1632 *D*, *maban*, puerulus, pupus. *id*. d.g. *filiolus, pupulus*. 17g. HUW MORUS: *EC* ii. 317, Hen ddyn â phen *maban*. *id*. 346, Gorchymmynodd drwy'r ddinas, yn atgas ei nôd, / Ddifa pob *maban* hyd ddwyflwydd o oedran. 1675 R. DAVIES: *PY* 170, *mabanau*, a phlant bychain, a llangciau, gwyr jeuainc. *ib*. ac y gwnaethpwyd ef yn *faban* i *fabanod*, gan Sanct-eiddio *mabanau*. 1677 R. JONES: *BB* 120, a'r hyn y mae pôb *Maban* yn y ffydd yn ei wybod. 1792 H. HARRIS: *H* 71, megis *mabanod*, plant bychain, gwyr ieuaingc, tadau. 1803 *P*.

(*b*) Y mab darogan: *a hero whose coming fulfils a prophecy or vaticination, son of prophecy, prophesied deliverer*.

13g. *C* 48. 12–13, Dyrchafaud *maban* inadvan y deheu. *id*. 51. 12–13, Rac *maban* hvan heolit arweit. Saesson ardiwreit beirt ar kinit. *id*. 61. 5, *maban* dirchavaud mad. y Vrython. *c.* 1425 *Pen* 50, 69–70, yn oes *maban* mynawc kyfran kyfarwyddet. 18g. *MA*[2] 348a. 15–16, Pan ddel *maban* o hil Bryton brithvyd a wna. *ib*. 35–7, Y *maban* o gudd / Kyffreddiwr y budd / I'r blaid issa.

Am *cloch maban, coronog f*., gw. cloch, coronog (At.).

Gw. hefyd baban.

mabanaidd [*maban* + *-aidd*; dichon mai i'r gair *babanaidd* y perthyn yr engh. gyntaf] *a*. Babanaidd, babïaidd, plentynnaidd, mabaidd, bachgennaidd, tebyg i blentyn; yn perthyn i blentyndod (cynnar); ieuanc: *babyish, infantile, childish, boyish, puerile, childlike; of or belonging to childhood or infancy; young*.

14–15g. *IGE*[2] 309, Murmur drum uwch marmor draidd, / Fab Enog, bu *fabanaidd* (Rhys Goch Eryri). 1632 *D*, *mabanaidd* . . . puerilis, infantilis. 1672 J. LANGFORD: *HDdD* 299, Efe ai porthodd hwynt a llaeth; hynny yw, a'r cyfryw Athrawiaethau ac oedd gyfaddas i'r cyflwr *mabanaidd* hwnnw o Gristianogrwydd. 1677 R. JONES: *BB* 208, a'i fôd [difyrrwch] yn unig iw gael mewn pethau *mabanaidd*, di-fudd, darfodedig. 1711 M. WILLIAMS: *YEY* 6–7, Yn y brîf Eglwys gynt ei Ffrwytheu oedd Donieu rhagorol, a was'naethent oreu i Gyflwr *mabanaidd* yr Eglwys. 1719 T. EVANS: *CDW* 3, gan eu bod yn cyfrif fy Medydd *Mabanaidd* yn wîr ac uniawn fedydd. 1750 T. EVANS: *LlH* 7, Yr wyf yn ostyngedig yn erfyn arnat, Drugaroccaf Dâd . . . i roddi i'th was *mabanaidd* ryw arwydd. 1803 *P*.

Gw. hefyd babanaidd, mabanaidd, mebinaidd.

mabandod [*maban* + *-dod*] *eg*. Mebyd, babandod, plentyndod; cyfnod cynnar: *infancy, babyhood, childhood; early period*.

1764 T. THOMAS: *AB* 16, ystyried eu gwendid a'u *mabandod* hwy [yr Hebreaid]. 1770 *W*, *mabandod* d.g. *babyship, infancy*. 1789 W. RICHARDS: *ABD* 49, hawl [y plant] yn parhau tra y parhao eu *mabandod*. 1790 W. RICHARDS: *LlA* 65, [y] cyfryw ddynion mewn oedran, na chawsent eu taenellu yn eu *mabandod*. *id*. 89, ysbaid *mabandod* y plant. 1803 *P*.

Gw. hefyd babandod, mebindod.

mabaneiddrwydd [*mabanaidd* + *-rwydd*] *eg*. Plentyneiddrwydd, nwyf neu ymddygiad bachgennaidd: *childishness, boyishness*.

1770 *W* d.g. *boyishness*. 1803 *P*.

Gw. hefyd babaneiddrwydd.

mabaniaeth [*maban* + *-iaeth*] *eb.g*. Plentyndod, mebyd: *childhood*.

c. 1730 *Thos. Lloyd D* (LlGC) 166a, *mabaniaeth* . . . pueritia. 1798 *WR*, *mabaniaeth*, yr yspaid y mae plant dan oedran d.g. *nonage*.

Gw. hefyd babaniaeth.

mabaniaith [*maban* + *iaith*] *eb*. Iaith plant sy'n dysgu siarad, a ddefnyddir weithiau gan oedolion wrth siarad â hwy, mabiaith: *baby-talk*.
1907.

mabanladdiad [*maban* + *lladdiad*[1]] *eg*. Llofruddiad baban(od), babanladdiad: *infanticide*.
1851.

Amr.: **mabanleiddiad** [*maban* + *lleiddiad*[2]]. 1834.

Gw. hefyd babanladdiad.

mabanoed [*maban* + *oed*] *eg*. Babandod, mebyd, mabolaeth, plentyndod, ieuenctid: *infancy, boyhood, childhood, youth*.

1604–7 *TW* (*Pen* 228) d.g. *infantia, pueritia*. 1722 *Llst* 189, *mabanoed*, childhood, youth. 1771 *W* d.g. *child-hood*. 1803 *P*.

mabdall, gw. mabddall.

mabdyn, gw. mab—mab dyn.

mabddall [*mab* + *dall*] *eg*. ll. *-ddeillion*, *-ddeillod*, *-ddelli*, a hefyd fel *a*.

1. (ll. *-ddeillion*) Person a aned yn ddall, un sy'n ddall o'i enedigaeth, dall geni, dall cynhenid; dall o'i enedigaeth: (*a person who is*) *born blind*, (*one that is*) *blind from birth*.

1567 *TN* 147b, ef a ganvu ddyn dall o y 'enedigaeth [:– *vabd*[*d*]*all*, ddall kinenid]. *id*. 148a. 1632 *D*, *mabddall*, cæcus natus . . . WS. 1688 *TJ*, *mabddall*, un a aned yn ddall: one that is born blind. 1803 *P*.

2. (ll. *-ddeillod*, *-ddelli*) Neidr ddefaid, dallneidr, slorwm, *Anguis fragilis*; madfall, lysard, genau-goeg, budrchwilen, yn enw. *Lacerta vivipara*; creadur amffibus tebyg i'r fadfall o'r tylwyth *Triturus*: *blindworm, slow-worm; lizard; newt, eft*.

1722 *Llst* 189, *mabddall*, m.p. *mabddeillod*, a cutty-nevet. 1770 *W*, mad-fall (vulgò *mab-ddall*) d.g. *blind-worm*. Ar lafar yn y De, hefyd yn y ff. *mablath, maplath* (ll. *-lathod*, *-lethi*), *LGW* 255; hefyd yn ddifriol. Yn sir Gaerf. clywir yr ymad. 'Mae e fel *maplath*' am rywun aflonydd.

Gw. hefyd madfall.

mabddysg [*mab* + *dysg*] *eg*. Yr hyn a ddysgwyd yn blentyn, hyfforddiant bore oes, dysg elfennol, egwyddorion cyntaf unrhyw bwnc: *what is learnt as a child, early training, rudiments of learning, elementary education, first principles of any subject*.

12–13g. *MA*[2] 217b. 1–5, Mabolaeth fy rhwyf yw rhywoli cad . . . *Mab ddysg* yw i'm llyw llu rif ser i'w gylch (Llywarch ap Llywelyn). *c.* 1300 *H* 108[1]b. 23, *Mabddysc* ytt treulyaw treth enuyn y ueirt (Llywarch ap Llywelyn). *id*. 121a. 18, *mabdysc* oet idi roti yn rwyt (Hywel ab Owain Gwynedd). 15–16g. *TA* 70. [1547] W. SALESBURY: *OSP*, Ny chryn llaw ar *vapddysc*. 1632 *D*, *mabddysg*, quod quis à pueritia didicit, rudimenta a pueris ediscenda, βρεφοδιδασκαλία. 1770 *W* d.g. *accidence, beginning, the first beginning of an art, or science, childhood, what one hath learned from his child-hood, element* [*the first or constituent principle out of which any thing is made*]. 1803 *P*.

mabedd [*mab* + *-edd*] *eg*. Plentyndod, mebyd: *childhood*.

1725 *SR* d.g. *childhood*. *c.* 1730 *Thos. Lloyd D* (LlGC) 166a, *mabedd*, puerilitas, pueritia.

mabenaid, gw. mab—mab enaid.

mabferch [*mab* + *merch*[1]] *eb*. Un a fo'n wryw a benyw, person neu anifail sy'n meddu ar rai o organau'r ddau ryw, neu sy'n ymddangos felly, 'mihifyr mihafar', un deurywiog: *hermaphrodite, a bisexual*.

1604–7 *TW* (*Pen* 228) d.g. *hermaphroditus* (hefyd *D*). 1722 *Llst* 189, *mabferch*, f. an hermaphrodite. 1774 *W*, *mab-ferch* d.g. *hermaphrodite* [*an animal of both sexes*].

mabfrethynnau [*mab* + ff. l. *brethynnau*; ynglŷn â'r ail engh. gw. *B* i. 122] *e.ll*. Cadachau baban: *swaddling-clothes*.

9–10g. (*Ox* 1) *VVB* 180, *mapbrethinnou*, gl. *in cunis*. 10g. (*Juv*) *VVB* 181, c[u]nabula i. *mapbrith i. onnou* [*sic*].

mabgainc, mabgar, &c., gw. mapgainc, mapgar, &c.

mabgarwch [*mapgar* + *-wch*] *eg*. Cariad tuag at blant: *love of children*.

16–17g. *PCWG* 14, dyma *fapkarwch* Jesv grist am bechadvried. 1803 *P*, *mabgarwch*, love of children.

mabgymeriad [*mab* + *cymeriad*[1]] *eg*. Mabwysiad: *adoption*.

1604–7 *TW* (*Pen* 228), *mab gymeriad* d.g. *adoptatio*.

mabgynhwysaf: mabgynnwys, mabgynhwyso [*mab* + *cynhwysaf*: *cynnwys, cynhwyso*] *ba*. Mabwysiadu, cymryd yn fab: *to adopt*.

1604–7 *TW* (*Pen* 228), hwn a *vabgynnwyso* neû a vabwyso vn arall d.g. *adoptator*. 1617 *Minsheu* 7a, *mabgynnwys* d.g. *to adopt*. 1729 A. THOMAS: *LlB* 41, cael o honom ein *Mhab-gynhwyso* trwyddo ef, i fod yn blant i Dduw. 1803 *P*.

mabgynhwysiad [*mab* + *cynhwysiad* neu fôn y f. fl. + *-iad*[1]] *eg.* Mabwysiad: *adoption.*

1604–7 *TW* (*Pen* 228), *mabgynnwysiat* d.g. *adoptio.* **1803** *P.*

mabgynnwys [*mab* + *cynnwys*] *eg.* a hefyd fel *a.* Mabwysiad; wedi ei fabwysiadu: *adoption; adopted.*

1567 *LlGG* 70a, can edrych am *vab-gynnwys* ys ef prynedigaeth ein cyrph. **1567** *TN* 231b, Yspryt mabwysiad [:– tadogeth, *mab gynwys*]. **1604–7** *TW* (*Pen* 228) d.g. *adoptatus.* **1606** E. James: *Hom* iii. 31, fel y gwaredai ef y rhai oeddynt tan gaethiwed y gyfraith, a'u gwneuthur hwy yn blant i Dduw trwy *fabgynnwys.* **1632** *D*, mabwys, & mabwysiad, & *mabgynnwys*, adoptio, adoptatio, affiliatio. **1803** *P.*

Gw. hefyd mab—mab cynnwys.

mabiaeth [*mab* + *-iaeth*; dichon fod rhai enghrau. o'r ff. *mabieth* yn perthyn i'r gair *mabiaith*] *eg.* a hefyd fel *ba.* Ymddygiad plentynnaidd, ysmaldod, cellwair, gweniaith, maswedd, maldod, tolach, anwes; plentyndod; mabolaeth, y cyflwr o fod yn fab; coleddu, difetha, maldodi: *childishness, silliness, frivolity, flattery, wantonness, indulgence, coddling, fondling; childhood; sonship; to nurture, spoil, indulge.*

1547 *WS.* **16g.** Huw Arwystl: *Gw* 423, Gwna wenniaeth genav yno / gwna ag er hyn na fyn fo / *Mabiaeth* iddo ag yn llawen / mogel fynd i gornel gwen. **16g.** *Def Hen* 45, i maent yn gwneythyd rhydid yn simwr [diwyg.] o ollyngdod, a throi gras Duw i *fabieth*, ag Efengil Crist i ddrigioni. **16–17g.** *GST* i. 212, Pedwar peth o'r *mabieth* mau, / Grym moethus, a gâr Mathau. **1696** *CDD* 28, Wrth weled fy 'ngwendid, a 'meiau drwŷ 'mywŷd, / A ddarfu i mi o'm mebŷd eu *mabiaeth.* *id.* 306, Yn hoewedd mewn cwmnhiaeth, / Yn dilŷn cwrs carwriaeth: / *Mabiaeth* merch. **1723** WM: *PGG* 13, y sawl a ddisgwiliant gael gwîr Lonyddwch cydwybod, gochelant roddi na *Mabiaeth* na chynhwysdra iw Trachwantau. *c.* **1730** *Thos. Lloyd D* (LlGC) 166a, *mabiaeth.* CD. 26, foveo, blandior. **[1740]** L. Anwyl: *CA* vii, pan fo plant yn ystyfnig ac yn anufydd iw rhieni drwy ormod *mabiaeth* neu ddifffŷg ceryddiad. **1774** H. Jones: *CH* 48, Fe ddywedir am y Persiaid, mai'u harfer oedd danfon eu plant i riw ysgol bellennig . . . rhag iw *mabiaeth* hwy [rhieni] wneuthur gormod niweid iddynt. **1803** *P*, *mabiaeth*, childhood; filiality.

Gw. hefyd babïaeth, mabiaith.

mabiaethaf: mabiaethu [bf. o'r e. bl.] *ba.* Trin fel plentyn, magu, anwesu: *to treat as a child, nurse, fondle.*

1796 *Geirgrawn* 235, 'fo glywai'r Famaeth yn *mabiaethu*, yn canmol ac yn cusanu ei phlentyn. **1803** *P*, *mabiaethu*, to treat as a child.

mabiaith [*mab* + *iaith*] *eb.g.* Iaith plant bach, geiriau aneglur, prebliach; geiriau teg, gweniaith, maswedd, anwes, maldod, gwegi, cellwair; iaith lafar, tafodiaith; ?yr hyn a ddysgir i blentyn: *baby-talk, unintelligible words, prattle; fair words, flattery, wanton language, fondling, indulgence, vanity, jesting; spoken language, dialect; ?what is taught to a child.*

14g. *GDG* 70, Y fronfraith hoyw*fabiaith* haf. *c.* **1400** *J* 1, 974, *Mabieith* (*id.* 1083, Matweith) hengyrys o ial . . . ar hen wyrda a dywavt y diaerhebyon o doethineb. **15g.** *GDLl* 127, Marw f'anrhaith a'r *mabiaith* mau, / Marw f'annwyl, mawr wae finnau. **16g.** Wiliam Llŷn: *Gw* (R. Stephens) 523, Chwarae bu yn nechrau byd, / Ar *fabiaith* er ei febyd. **1604–7** *TW* (*Pen* 228) d.g. *balbe, blandiloquentia, indulgentia, lallo, ludo, proco.* **1632** *D*, *mabiaith*, blanditiæ, lallatio, dialectus infantium, aliorumue infantes imitantium aut alloquentium, blandiloquentia nutricum ad infantes. **1716** J. Morgan: *MB* 22, Gwneud iddo [bywyd] *Fabiaith* mawr ni wiw. **1755** *Gron* 29, Oedd euriaith *mabiaith* o'i min, / Eneth liw ser (ni thal son) [marwnad Elin, ferch fach y bardd]. **1803** *P.*

Am *mis y mabiaith*, gw. mis.

Gw. hefyd mabiaeth.

mabinaidd [**mabin* (cf. *mebin, mebyn, mabyn, mabinogi*) + *-aidd*] *a.* Plentynnaidd, llencynnaidd, ieuanc, bachgennaidd, babïaidd; yn perthyn i blentyndod neu lencyndod: *childish, juvenile, youthful, boyish, babyish; pertaining to childhood or youth.*

c. **1300** *H* 121a. 16–17, bychan y mae hyn no dyn degmlwyt. *mabineit* lunyeit lawn gweteitrwyt (Hywel ab Owain Gwynedd). *c.* **1400** *R* 1053. 20–1, mab ny mat anet. *mabineid* dynghet. **1632** *D*, mabanaidd, & *mabinaidd*, puerilis, infantilis. *id.* d.g. *puellaris.* **1688** *TJ*, mabanaidd, *Mabinaidd*, bachgenaidd: boyish, childish. **1770** *W* d.g. *babish.* **1803** *P.*

Gw. hefyd mebinaidd.

mabinog, mebinog, &c. [adff. o *mabinogi*, o bosibl gan Iolo Morganwg, oherwydd tybio mai *mabinog* + *-i*[1] yw elfennau'r gair hwnnw] *eg.* ll. *-ion*, a hefyd fel *a.* Prentis (bardd), disgybl (llenyddol); yr hyn a berthyn i ŵr ieuanc; llencynnaidd: *apprentice (poet), (literary) pupil; that which pertains to a young man; youthful.*

18–19g. *Iolo MSS* 211, Bardd gwarantedig . . . a ddylai gymmeryd *Mebinogion* attaw ar addysg Llen a llyfrau. *id.* 212, *Mebinog* Yspyddaid yw un nas gwypo celfyddyd cerdd dafawd . . . *Mebinog* Gorddyfnaid a fydd a wypo a ddoded ar yspyddaid . . . *Mebinog* Braint y gelwir a wypo'r holl ddosparthau. **18–19g.** *Llr* C 55, 101, *mebynog*, a disciple. **1803** *P*, *mabinawg*, having youth; juvenile.

Gw. hefyd mabinogi.

mabinogaidd, mebinogaidd [*mabinog, mebinog* + *-aidd*] *a.* Yn perthyn neu'n debyg i'r 'Mabinogion', neu'n fwy pen. i 'Bedair Cainc y Mabinogi'; arwrol, storïol; yn perthyn i ieuenctid, ieuanc, llencynnaidd: *pertaining to or similar to the 'Mabinogion', or more spec. to the 'Four Branches of the Mabinogi'; heroic, pertaining to story-telling; pertaining to youth, young, youthful.*

18–19g. *Llr* C 59, 387, Tribanau *mebinogaidd* Iolo Morganwg.

mabinogi, &c. [*mabin(i)ogi, mabynogi* (cf. y ff. *mamynogi, mabynnogyon*) < **mabin, mabyn* (cf. *mebin, mebyn, mabinaidd*) + *-(i)og* + *-i*[1]; efallai i'w gysylltu'n wr. â'r e.p. *Mabon* < **Maponos*, gw. *THSC* (1974–5) 243; tebyg mai gwall copïo yw'r ff. *mabynnogyon*, *WM* 38. 11, gw. *PKM* xlii] *eg.* ac yn ddiw. *eb.* ll. (diw.) *-on.* Mebyd, ieuenctid; digwyddiadau neu gampau ieuenctid, hanes mebyd (rhywun), stori, chwedl; (yn y ll.) yr enw a roddir ar gasgliad o chwedlau Cymraeg o'r Oesoedd Canol: *childhood, youth; events or feats of youth, story of (someone's) youth, story, legend; (in pl.) the name given to a collection of medieval Welsh tales.*

12–13g. *MA*[2] 217b. 9–10, *Mamynogi* [*sic*] draig drud yw ei gymmwyll / I gymmell y wendud [Llywarch ap Llywelyn i Lywelyn ap Iorwerth]. **14g.** *WM* 38. 9–11, Ac y uelly y teruyna y geing hon yma or *mabynnogyon.* *id.* 61. 9–10, A llyna ual y teruyna y geing honn or *mabinyogi* (*RM* 43, *mabinogi*). *id.* 81. 17–19, Ac y uell y [*sic*] y teruyna y geing honn yma or *mabinogy.* **14g.** *RC* xxxiii. 186, Llyma *vabinogi* Iessu Grist. *c.* **1400** *RM* 1, llyma dechreu *mabinogi.* **15g.** *LGCD* 69, Udo fyth yr ydwyf i / Am benáig *mabinogi* [marwnad Siôn, mab pum mlwydd y bardd]. **1695** W. Camden: *B* 677, Bêdd Petrual a wnaed i Vronwen verch Llyr . . . *Mabynogi.* **1707** *AB* 262b, *mabinogi* . . . Hoc vocabulum quid sibi velit, hodiè non constat[.] Libellus autèm sic inscriptus fabulosas quasdam Historiolas tradit de Optimatibus aliquot Britannis antiquioribus. Quod vidimus exemplar in quatuor partes distributum est, quas totidem *Mabinogii* sui Ramos appellat author vel exscriptor. **18–19g.** *B* xiv. 111, y Gyfarwyddyd fendigedig honn a *mabinogi* Iesu Grist a elwir Efengyl Nicodemws. **1803** *P*, *mabinogi*, s.m., pl. *-ion.*

Gw. hefyd mabinog.

mablan [*mab* + *llan*] *eb.* Bedd, beddrod, claddfa: *grave, tomb, burial place.*

c. **1300** *H* 14b. 24–6, Bytwn da bytwn diamheu. kyn *mablan* wythran weithredeu. kyd bwyf drwc byt drugar ditheu [Einion ap Gwalchmai i Dduw]. *id.* 69b. 17–18, Llywelyn llachar lluch uaran gyuet. ny gyuyd oe *uablan* [marwnad teulu Owain Gwynedd gan Gynddelw]. *c.* **1400** *R* 1046. 13–14, Eglwysseu bassa . . . tir *mab lan* kyndylan wynn. *id.* 1176. 33–5, gwr an gwnaeth ae gwnel am danan. trugared kynn meued *mablan.* **1803** *P.*

mablath, gw. mabddall.

mableiddiad [*mab* + *lleiddiad*[1]] *eg.* Un sy'n lladd ei blentyn ei hun: *filicide, one who kills his own child.*

1655 R. Jones: *PC* 4, Barn rhoed ar Isaac . . . ufudd dâd . . . / ai ffydd . . . *mâb-lleiddiad* [*sic*] rhwystro.

Mabli—ceisio bod yn Fabli cyn gallu bod yn Lleucu, gw. ceisiaf: ceisio (At.).

mabliw [*mab* + *lliw*[1]] *eg.* Lliw naturiol megis lliw gwlân neu frethyn heb ei liwio; lliw wedi ei adlewyrchu: *natural colour such as the colour of undyed wool or cloth; reflected colour.*

Dchr. **17g.** *J* 10, 27b, *mabliw*, naturall coloure, abaphus. mutinansis [*sic*] color. **1803** *P*, *mabliw*, a reflected hue, or colour.

mablyfr [*mab* + *llyfr*[1]] *eg.* Copi, adysgrif: *copy, transcript.*

1756 *ML* i. 400, Aie *mablyfr* yw'r gair goreu yn y byd am goppi? **1756** G. Owen: *L* 174, Mi wneuthym *Fablyfr* o Lyfryn y Penllywydd.

mablygad [*mab* + *llygad*; cf. Gr. κόρη, Llad. *pūpilla*, S. *baby (in eye)*, Llyd. C. *map an lagat*] *eg.* ll. *-aid.* Cannwyll llygad, byw llygad, afal llygad, hefyd yn *ffig.* trysor, anwylddyn: *pupil of the eye, eyeball, apple of the eye, also fig. cherished object or person.*

14g. *GDG* 198, Mwy blyg ni bydd *mablygad* / Ym mhen gwledig, unben gwlad. **14g.** *IGE*[2] 47, Bw i Loegr a'i *mablygad*, / Annwyl iawn wyd yn y wlad. **1567** *LlGG* (*Sall*) 8b, Cadw vi mal dy *vap lygat.* **1632** *D*, *mablygad*, pupilla oculi. **1688** *TJ*, *mâblygad*, Canwŷll y llygad: the Pupil or Apple of the Eye. **1770** *W* d.g. *the apple of the eye, ball of the eye, eye-ball.* **1803** *P.*

mabmaeth, gw. mab—mab maeth.

maboed [*mab* + *oed*] *eg.* Babandod, plentyndod, bachgendod, ieuenctid, llencyndod, mebyd, hefyd yn *ffig.*: *infancy, childhood, boyhood, youth, adolescence, minority, also fig.*

1346 *LlA* 95, meibon diargywed alas . . . kynn bot vn ohonunt yndwyvlwyd . . . yn kanu . . . Diolchwn yon ytt dy rodyon / yni veibon. *vaboet* dirym. **1604–7** *TW* (*Pen* 228) d.g. *aetatula, juventa, puerilitas* (hefyd *D*). **1632** *D*, mabolaeth . . . *Maboed*, pueritia, infantia, adolescentia. **1724** S. Williams: *ADA* 84, Felly y mae dyn yn myned o febyd i *faboed*, o *faboed* i [i]euengctid, o ieuengctid i ganoloedran, ac felly i henaint a'r bedd. **1725** *SR* d.g. *childhood, infancy.* **1770** *W* d.g. *adolescence, boyhood, minority, youth.* **1791** Dafydd Ddu: *A* 6, Yn dwyn hon dan anhunedd / Erioed o'i *faboed* i'w fedd. **1803** *P.*

mabol [*mab* + *-ol*] *a.* ll. *-ion.* Nodweddiadol o fab, gweddus i fab; tebyg i blentyn, plentynnaidd, bachgennaidd, ieuanc, llencynnaidd; yn perthyn i ieuenctid neu i lencyndod: *filial, son-like; childlike, childish, boyish, young, adolescent; pertaining to youth or adolescence.*

c. **1250** *B* ix. 145, o vyguth a *mabaul* ovyn. **14g.** *BT* (*RB*) 82, Gruffud vab Rys vab Tewdwr . . . a athoed yn y *vabawl* oetran . . . hyt yn Jwerdon; ac yno y trigyawd yny uu wr aeduet. *c.* **1400** *RB* ii. 389, hwnnw adirmygawd kynghoreu y henafgwyr. Athrwy y *uabolyon* gynghoreu ehun. ymrodi y odineb aoruc ef. *c.* **1401** *AL* ii. 348, *mabawl* ieuegtit y dysgu; eof i gadw dysc; synnwyr oet y datcanu. **1547** *WS*, *mabawl*, chyldysshe. **1632** *D*, *mabawl*, filialis, puerilis. **1711** M. Maurice: *YAD* 220, serch *Mabol* tiagat ei rieni. **1722** A. Thomas: *DR* 42, i gael y gallu i edrych ar Dduw gyd â *mabol* hyder. **1725–6** *Madd Ed* 250, Parch *mabol* ac ufudd-dod. **1770** *W* d.g. *boyish.* **1803** *P*, *mabawl*, like a child; filial, like a son.

mabolaeth, maboliaeth [*mabol* + *-(i)aeth*] *eb.g.* Babandod, plentyndod, llencyndod, ieuenctid, mebyd, hefyd yn *ffig.*; digwyddiadau neu gampau ieuenctid, hanes mebyd (rhywun); y cyflwr neu'r ystad o fod yn fab: *infancy, childhood, adolescence, youth, minority, also fig.; events or feats of youth, story of (someone's) youth; sonship.*

c. **1250** *B* ix. 145, [p]an wyl enteu veibeon e cristyonogyon ereill . . . dyuot a oruc enteu gyt ac wyntwy o *vabolaeth*. *c.* **1250** *RC* xxxiii. 238, Boned meir wyry ae ganedigaeth gyt a henne a *mabolaeth* yessu grist. *c.* **1300** *H* 71a. 11–12, *mabolaeth* uetuaeth uaccwy. mab o oed ae hoed yn hwy [marwnad Bleddyn Fardd gan Gynddelw]. **14g.** (**16g.**) *Études* v. 140, Nwy i'm gwnaeth *mabolaeth* bas, / neithwyr, mi ac anoethwas (Ithel Ddu). **14–15g.** *IGE*^{2} 189, Brig wydr belydr *mabolaeth*, / Bob un sydd uniawn fel saeth [Llywelyn ap y Moel i'r bedwlwyn]. *id.* 253, *Mabolaeth* mab a welir / Ei barhau fel bore hir (Siôn Cent). *c.* **1400** *R* 1028. 28–9, collyt hen y *uabolaeth*. *id.* 1296. 1–3, Iessu ior llu ar llawr yr israel . . . yno ygwnaeth *vabolaeth* vawr. **15g.** *LGCD* 14, Gwag tŷ heb wely a *mabolaeth*. **1545** *CM* 1, 11, yn y vi blynnedd yma [12 i 18 oed] I tyyf korf dynn o vewn oedran *mabolaeth* ynn gymhesur o nerth. **1547** *WS*, *mabolaeth*, chyldehode. *Diw.* **16g.** *CRC* 307, kar dy dduw n fwy no neb / paid ag Atteb *maboleth*. **1632** *D*, *mabolaeth* . . . pueritia, infantia, adolescentia. **1711** M. MAURICE: *YAD* 272, Nyd yw Tadoliaeth a *Maboliaeth* ond Perthynas. **1731** T. LEWYS: *BMA* 149, ie ym *maboliaeth* mewn plant bychain, balchder a ymddengys yn gyntaf. **1791** *Dialogous* 6, Person, *Maboliaeth*, ac aberth Crist. **1803** *P* d.g. *mabolaeth*, *maboliaeth*.

mabolaf: maboli [bf. o'r a. *mabol*] *bg.* Ymddwyn fel bachgen neu lanc; mynd yn debyg i blentyn neu fab: *to behave like a boy or youth; become like a child or son.*
1604–7 *TW* (*Pen* 228) d.g. *adolescenturio*. **1803** *P*.

mabolaidd [*mabol* + *-aidd*] *a.* Nodweddiadol o fab, gweddus i fab; bachgennaidd, ieuanc: *filial; boyish, youthful.*
1711 M. MAURICE: *YAD* [2]73, yr agwedd *fabolaidd* . . . trwy ba un y mae Plentyn Duw yn ymddwyn ei hun mewn dull dyledys tiagat Dduw megis ei Dad. **1757** E. EVAN: *GB* 93, Rhoddi heibio bethau *mabolaidd*. **1803** *P*.

maboldeb, mabolder [*mabol* + *-deb*, *-der*] *eg.* Y cyflwr neu'r ffaith o fod yn fab neu blentyn; bachgendod, plentyndod, ieuenctid: *filiation, sonship; boyhood, childhood, youth.*
18–19g. *Llr* C 37, 33, Tri chyfrwym Gwlad a Chenedl, Tadoldeb, *Maboldeb*, a Brawdoldeb . . . *maboldeb* yn ufuddhau ir Tadoldeb, er trefn a Dosparth. **18–19g.** *Llr* C 46, 4, Tri Chyfrwym Gwladoliaeth, Tadolder—Brawdolder, a *Mabolder*.

maboledd [*mabol* + *-edd*^{1}] *eg.* Y cyflwr o fod yn fab: *sonship.*
1764 DEWI NANTBRÂN: *CB* v–vi, Tyrfa wirion o Blant . . . a roddes Duw i chwi, ar ôl eu Bedydd . . . ac a gyfodes i'w *Faboledd* a'i Etifeddiaeth.

mabolgamp [*mabol* + *camp*^{1}] *eb.* ll. *-(i)au.* Camp, gorchest, neu gelfyddyd y disgwylid i ŵr ieuanc ei meistroli, un o'r campau a oedd yn rhan o addysg gŵr ieuanc; (fel arfer yn y ll.) gemau, chwaraeon, gymnasteg, athletau, cyfarfodydd cystadleuol o athletwyr, &c.: *feat, accomplishment, or art which young men were expected to master, one of the accomplishments which were part of the education of youths; (usually in pl.) games, sport(s), gymnastics, athletics, contests between athletes, &c.*
1604–7 *TW* (*Pen* 228), *mabolgamp* d.g. *institutio*. **1632** *D* (*PCH*), O'r dêg *mabolgamp*, tair helwriaeth sydd, 1 Hely â milgi . . . A saith gamp deuluaidd, 1 Barddoniaeth. 2 Canu telyn . . . 7 Herodraeth. *c.* **1730** *Thos. Lloyd D* (LlGC) 166b, *mabolgamp*, boy's exercise. [**1783**] *W*, *mabol-gamp* d.g. *sport* [*field-diversions; pursuit of game*] . . . *Youthful* [*juvenile*] *sport*. **1784** T. PENNANT: *TW* ii. 324, ten *Mabolgampau*, or Juvenile games. **1803** *P*.

mabolgampa, gw. mabolgampio.

mabolgampaidd [*mabolgamp* + *-aidd*] *a.* Athletaidd: *athletic.*
20g.

mabolgampio, mabolgampa [be. o'r e. bl.] *bg.* Cymryd rhan mewn mabolgampau, hefyd yn *ffig.*: *to take part in sports, also fig.*
20g.

mabolgampol [*mabolgamp* + *-ol*] *a.* Yn perthyn i athletau neu chwaraeon; athletaidd: *pertaining to athletics or sports; athletic.*
20g.

mabolgampus [*mabolgamp* + *-us*] *a.* Athletaidd, hefyd yn *ffig.*: *athletic, also fig.*
20g.

mabolgampwr [*mabolgamp* + *-wr*] *eg.* ll. *-wyr.* Un sy'n cymryd rhan mewn gemau a chwaraeon, chwaraewr, gymnastiwr, athletwr: *sportsman, gymnast, athlete.*
20g.

maboliaeth, gw. mabolaeth.

maboliaethaf: maboliaethu [bf. o'r e. bl.] *ba.* Gwneud (rhywun) yn fab, mabwysiadu: *to make (someone) a son, adopt.*
1810.

mabon [*mab* + *-on*^{1}, neu'r e. prs. *Mabon* (gw. *TYP* 433) fel e. cyff.] *eg.* ll. *-au.* Bachgen, llanc; arglwydd: *boy, youth; lord.*
14g. *T* 47. 8–10, Nudris nywidyn llarychwel gwelet *mabon* [Crist]. Dydugant thus ac eur dilus oethiopia. *c.* **1425** *B* ii. 229, *mabon*, arglwydd. **1803** *P*, *mabon*, a fine youth; a young hero.

Mabon—Llun M., gw. llun^{2}.

mabpais, gw. mapais.

mabryddaeth, mabryddiaeth [?*mab* + *rhydd*^{1} + *-(i)aeth*] *e?b.* Math o rent neu dreth a delid gynt i arglwydd y faenor gan bob tenant rhydd: *a kind of rent or tax which used to be paid by all free tenants to the lord of the manor.*
Dchr. **17g.** T. I. JEFFREYS JONES: *Ex Proc Temp James I* 34, [The toll of the town and borough of Buelth 'and of the bridge ends' in the counties of Brecknock and Rads . . . There are several rents . . . called] *Mabrithiaeth* [. . . Herwyre . . . These are paid for and in the name of chief rent and are payable to the crown receiver of rents and not to the farmer of the toll]. **1618** *Cylchg LlGC* vi. 389, one other rente called *Mabrythaeth* [:– A service wherein every tennant payeth a certain chief rent] . . . to be due upon all the free tenantes of this mannor [Uwch Mynydd, sir Faesd.]. *c.* **1630** *Maybery Papers* 5176, [1], Every householder dwelling within the said lordship [Colwyn, sir Faesd.] yearly ought to pay to the lord 4d which is called *Mabritheth* alias Amobers. **1809** T. JONES: *HB* ii. 263, *Mabryddiaeth* . . . was a payment upon the infant heir at law's attaining the age of manhood, and being admitted into possession of his estate; this is charged on lands south of the Irvon, in the district called Trevlys, formerly comprehending parts of the parishes of Llangammarch and Llanwrtyd, and upon Llysdinam, but the township called Brynrhydd, the tenements called Bryncarthog and Cefngast, and the hamlet of Clawddmadoc are by old presentments declared to be exempt from this charge.

mabsant^{1} [*mab* + *sant*] *eg.* ll. *-sannau*, *-santau*, *-saint.* Nawddsant, nawddsant plwyf, sant gwarcheidiol person neu le, &c., sant a ganoneiddiwyd, dyn sanctaidd, hefyd yn *ffig.*; duw gwarcheidiol; gwylmabsant: *patron saint, the patron saint of a parish, guardian saint of a person, place, &c., canonized saint, holy man, also fig.; tutelary god; parish-wake, patronal festival.*
?**14g.** *MA*^{2} 275b. 4, Fihangel fy *mabsant* (Madog ap Gwallter). **14g.** *IGE*^{2} 50, Nid oes *fabsant* o'r cantref, / Oen Duw, na phenrhaith ond ef [Ithel]. *id.* 85, Onid Duw Naf, ti yw'r nen, / A'n *mabsant* yma i'w absen [i Ieuan, Esgob Llanelwy]. **14–15g.** *id.* 198, Fy *mabsant*, a'm gwarant gwir, / Fy neuadddŷ, fy nodd-dir [Llywelyn ap y Moel i goed y Graig Lwyd]. *c.* **1400** *J* 1, 1069, Hy pawp ar y *vapsant*. *c.* **1400** *R* 1415. 6–7, Hyder rolant heird gler *uabsant* [i Hopcyn ap Thomas]. **15g.** *GHC* 27, Dau *fabsant* y moliant maith, / Dwy ganllaw clod i Gynllaith [i feibion Hywel ap Ieuan Fychan]. **15g.** *GM* 2, Mawr uolyant, *mabsant* seint orsed nefawl. **15g.** *GGl* 187, Caru nef a'r côr a wna, / A'i deml, a'i *fabsant* yma. **1604–7** *TW* (*Pen* 228), *mapsaint* d.g. *patroni*. *Dchr.* **17g.** *J* 10, 27b, *mabsant*, solenne. **1632** *D*, *mabsant*, sanctus parœciæ proprius, Sanctus in cujus parœcia quis natus est puer. *id.* d.g. *indiges*. **17g.** *LlGC* 10249, [8], fy siwr, ddiogelŵch, fy sant fy nghariad / fy nghowiraidd *fabsant* [i Dduw]. **1722** *Llst* 189, *mabsant*, the patron or guardiansaint of a parish, to whom the parish-church is dedicated. A canonized saint. pl. *mabsannau*. **1794** *W*, gŵyl mabsant, vulgo *mabsant* d.g. *wake* [*a yearly feast, kept in memory of the saint, to whom the church of the place is dedicated*]. **1803** *P*. Digwydd yn yr e. p. *Mabsant mab Kaw*, *WM* 462. 1.
Amr.: **mabsanct** [*mab* + *sanct*] (ll. *-sainct*). **1718** S. THOMAS: *HB* 102.
Am *gŵyl mabsant*, gw. gwylmabsant.

mabsant^{2} [?cf. *colsant*] *eg.* Coliad, colsail, neu golsant (pladur), sef darn haearn main tebyg i golyn sy'n cydio bôn y llafn yn sawdl y goes: *tang (of scythe), part of blade let into the handle.*
Ar lafar ym Morg.

mabsanta [bf. o'r e. *mabsant*^{1}] *bg.a.* Dathlu gwylmabsant, cadw gŵyl, gloddesta, cyfeddach; (geir.) canoneiddio: *to celebrate the patronal festival of a parish, keep a wake, revel, carouse; (dict.) canonize.*
Dchr. **17g.** *J* 10, 27b, *mabsanta*, festivo. **1803** *P*, *mabsanta*, to canonize.
Cf. gwylmabsanna.

mabsantwr [*mabsant*^{1} + *-wr*] *eg.* ll. *-wyr*, *meibsantwyr.* Dathlwr gwylmabsant, cyfeddachwr: *merry-maker in a parish-wake, reveller.*
1850.

mabsgrif, gw. mabysgrif.

mabwaith [*mab* + *gwaith*^{1}] *eg.* Gorchwyl disylw, chwarae plant: *trivial pursuit, child's play.*
13g. *C* 105. 5–6, Haul owin. gur ny minn *mabweith*.

mabwas, gw. mapgwas.

mabwr [*mab* + *gŵr*] *eg.* Bachgen, plentyn gwryw, mab, llanc, gŵr ieuanc: *boy, male infant, son, youth, young man.*
1552 *Pen* 403, 108, [b]od *mabwr* Jevangc vnwaith wedi i ddwyn ir llys Kyffredin yn rruvain ar vatter o ddiweirdeb. **1567** *TN* 386b, A' *mab wr* y aned yddi. *c.* **1730** *Thos. Lloyd D* (LlGC) 166b, *mabwr*, a male-child.

mabwraig [*mab* + *gwraig*] *eb.* Merch neu fenyw ieuanc: *young girl or woman.*
c. **1300** *H* 120b. 22, a gwladus wetus wyl uebin *uab wreic*. *id.* 121a. 22–3, *mabwreic* mwy yd feic fenedicrwyt ar wenn / no pharabyl oe phen agymhennrwyt (Hywel ab Owain Gwynedd).

mabwriaeth [*mab* + *-wriaeth* neu *mabwr* + *-iaeth*] *eb.* Mabwysiad; y safle neu'r cyflwr o fod yn fab: *adoption; sonship.*
1567 *TN* 281b, val y gallem dderbyn y braint *mabwrieth* [:– mab-wys, cyn-wys]. *id.* 285b, yr hwn a'n rac dervynawdd ni, i *vabwrieth* [:– vabwys, tadwys, tadogeth]. **16–17g.** *PCWG* 76, spiritum adoptionis ond ysbryd *mabwriaeth* trwy yr hwn y kriwn i Abba y tad. *c.* **1730** *Thos. Lloyd D* (LlGC) 166b, *mabwriaeth* . . . filiorum ius.

mabwsiad, mabwsiaf: mabwsio, gw. mabwysiad, mabwysiaf: mabwysio.

mabwynion [*mab* + ff. l. yr a. *gwyn*^{1}, ?o dan ddyl. enw'r cwmwd *Mabwynion*] *e.ll.* Brodyr Gwynion, Carmeliaid: *White Friars, Carmelites.*
1718 S. THOMAS: *HB* 104, Y mae hefyd Rywogaeth o ffreiers a elwir Carmelit's, yn ein jaith ni y *mabwnion*, o herwydd e'u gwiscoedd gwnnion. *c.* **1730** *Thos. Lloyd D* (LlGC) 166b, *mabwynion*, White fryers. Carmelites. *c.* **1762–79** W. WILLIAMS: *P* 426.

mabwys [ffd. o'r e. *mab*, ar ddelw *mamwys*, *tadwys*] *eg.* Mabwysiad; y safle neu'r cyflwr o fod yn fab; (geir.) plentyn mabwysiedig: *adoption; sonship; (dict.) adopted child.*
1551 W. SALESBURY: *KLl* lviia-b, chwi dderbynysoch yspryt mabwyseth [:– *mabwys*]. **1567** *TN* 285b, yr hwn a'n rac dervynawdd ni, i vabwrieth [:– *vab-wys*, tadwys, tadogeth]. **1604–7** *TW* (*Pen* 228), *mabŵys*, mab damvnedic d.g. *adoptivus, ui.* **1606** E. JAMES: *Hom* ii. 302, [nid] ydyw ef gyfodiad i neb ond i blant Duw trwy *mabwys* [*sic*] [:– ddewisiad]. **1632** *D*, *mabwys* . . . adoptio, adoptatio, affiliatio. **1688** *TJ*, *mabwŷs*, Mabwysiad, Mabgynwŷs, Cymerŷd estron yn fab: Adoption. **1722** *Llst* 189, *mabwys* . . . adoption; sonship. **1722** T. EVANS: *PS* 81, pwy un o Etifeddion *Mabwys*, nad yw hefyd . . . yn Etifedd Cystudd. **1733** T. EVANS:

PP 39, Ystyr y gair *Mabwys* yw hyn, sef pan fo gŵr yn cymmeryd Plentyn di-ymgeledd, ac yn ei feithrin megis Plentyn iddo'i hun. **1765** J. EVANS: *CPE* 78, mab Joseph trwy gyfraith a *mabwys*. **1803** *P*.

Cfn.: **trwy (o) fabwys a rhad (gras):** *by adoption and grace*. **1567** *LlGG* 17a. **1630** R. VAUGHAN: *YDd* 27, 313, 658. **1672** R. PRICHARD: *Gw* 35, 63, 334. **1701** E. WYNNE: *RBS* 44, 290. **1712** T. WILLIAMS: *CDdG* 72.

mabwysaeth, mabwysiaeth [*mabwys* + -(*i*)*aeth*] *e?b*. Mabwysiad: *adoption*.
1551 W. SALESBURY: *KLl* livb, can edrych am y *mabwyseth* prinedigaeth ewn corph. *id*. lviia-b, chwi dderbynysoch yspryt *mabwyseth* [:– mabwys]. **1604–7** *TW* (*Pen* 228), wedy ddewis drwy *vabwysiaeth* d.g. *adoptivus*.

mabwysaf: mabwyso, mabwysedig, gw. mabwysiaf: mabwysio, mabwysiedig.

mabwysiad [bôn y f. fl. + -*iad*[1]] *eg*. ll. -*au*. Y weithred o fabwysiadu plentyn, mabwys; y cyflwr neu'r ystad o fod yn fab, maboaeth; hefyd yn *ffig*.: *adoption*, *affiliation*; *sonship*; *also fig*.
1567 *TN* 231b, Yspryt *mabwysiad* [:– tadogaeth, mab gynwys], trwy'r hwn y llefwn Abba, Dat. *ib*. yn dysgwyl y *mab-wysiad*, nid amgen, prynedigaeth ein corph. **1595** H. LEWYS: *PA* 142, ac i nineu 'rhai ym i blant ef [Duw] (nid trwy natur, eythr trwy *fabwysiad* a dewisedigaeth . . .). **1620** *Gal* iv. 5, fel y prynei y rhai oedd tan y Ddeddf, fel y derbyniem y *mabwysiad* (**1588** *ib*. mabwriaeth). **1630** R. VAUGHAN: *YDd* 5, Y person cyntaf [o'r Drindod] a elwir y Tâd . . . o herwydd yr etholedigion ei blant o *fabwysiad*, sef y rhai nid ydynt ei blant ef o naturiaeth, eithr a wnaed yn blant iddo o râs. **1632** *D*, mabwys, & *Mabwysiad* . . . adoptio, adoptatio, affiliatio. **1657** *MLl* ii. 40, nid wyti yn y *mabwysiad*, ag er hynny mae Duw yn dy dynnu di atto. **1672** R. PRICHARD: *Gw* 400, Rwi'n ei gymryd megis arwydd, / O'm *mabwysiad* a'th gredigrwydd. **17g**. HUW MORUS: *EC* ii. 348, Nid allwn gael cennad i fyn'd at yr Hael-Dad, / Trwy rad, na *mabwysiad*, heb Iesu. **1714** D. LEWYS: *CN* 29, Diwyd a Gwresog, llawn o Zel, / Mae hyn yn Sêl *mabwysiad*. **1722** *Llst* 189, mabwys, [*ma*]*bwysiad*, adoption, sonship. **1790** T. JONES: *TOS* 37, [yr] etifeddiaeth a roddwyd ini drwy *fabwysiad*. **1803** *P*, *mabwysiad*, s.m. pl.t. *au*, the adopting a child; an affiliation. **1925** J. MORRIS-JONES: *CD* 21, mewn hen air fel *mabwysiad* y mae'r ystyr wreiddiol mor amlwg nes bod ei arfer am 'adoption' ynglŷn â chynllun neu'r cyffelyb yn rhywbeth rhy drwstan hyd yn oed mewn rhyddiaith.
Amr.: **mabwsiad. 1696** *GGTY* xvi, 196.

mabwysiadaeth [*mabwysiad* + -*aeth*] *eb*. *Diwin*. Yr athrawiaeth mai drwy fabwysiad yn unig yr oedd Iesu Grist yn Fab Duw: *adoptionism*.
20g.

mabwysiadaf: mabwysiadu [bf. o'r e. *mabwysiad*] *ba*. Cymryd (plentyn rhywun arall) fel plentyn iddo ef ei hun, mabwyso; cymryd (arfer, cynllun, syniad, &c.), a'i ddefnyddio fel petai'n eiddo iddo ef ei hun, dewis, coleddu: *to adopt*, *take as one's own child*; *adopt* (*a practice*, *plan*, *idea*, *&c*.), *choose*, *cherish*.
1719 *EGBG* 138, y mae dynion yn *mabwysiadu* plant, pan y maent yn cymeryd Dieithriaid, neu rai nid ŷnt eu plant hwy, i'w teuluoedd. *id*. 143, wedi eu cyfiawnhau *mabwysiado* [*sic*] ai sancteiddio. **1771** J. THOMAS: *TA* 349, A chwedi ei *fabwysiadu* . . . i Dduw, y mae yn barod . . . i gael ei lywodraethu a'i gyfarwyddo ganddo ef ym mhob peth fel plentyn. **1793** *Cylchg* 18, esponiadau anghyson yn cael eu *mabwysiadu*. **1796** T. JONES: *CCA* 245, addewid o'i *fabwysiadu*, a'i wneuthur yn etifedd i'w goron. **1797** D. DAVIES: *SEG* 135, yn unig o rad gariad a ffafr Duw, y mae ei fod ef yn *mabwysiadu* neb o bechaduriaid o ddynol-ryw i'w ei deulu.

mabwysiadai [*mabwysiad* + -*ai*[2]] *eg*. ll. *mabwysiadeion*. Person a fabwysiedir: *adoptee*.
1972.

mabwysiadol [*mabwysiad* + -*ol*] *a*. Wedi ei fabwysiadu, mabwysiedig, drwy fabwysiad, yn perthyn i fabwysiad, dewisol: *adopted*, *adoptive*, *pertaining to adoption*, *chosen*.
1719 *EGBG* 139, A ydyw holl blant dynion yn feibion *mabwysiadol* Duw? **1743** D. ROWLAND: *T* 152, A ydŷch mewn Stat *fabwysiadol*? I ba Ddiben? ond fel y byddai i Chwi fyw fel Plant Duw. **1757** J. THOMAS: *TC* 50, Fy mod yn blentyn *mabwysiadol* i Dduw. **1770** P. WILLIAMS: *BS*, *Nu* ii, plant *mabwysiadol* Jacob. *id*. *Luc* iii, yn ol y llinell *fabwysiadol*. **1771** J. THOMAS: *TA* 232, O's *mabwysiadol* ŷm trwy ffydd. **1799** M. WILLIAMS: *HHG* 11, trwy *fabwysiadol* serch a dyledswydd. **1803** *P*, *mabwysiadawl*, relating to the adoption of a child, adoptive.

mabwysiadwr [bôn y f. fl. a *mabwysiad* + -*wr*] *eg*. ll. -*wyr*.
(*a*) Un sy'n mabwysiadu rhywun neu rywbeth arall, mabwysiwr: *adopter*.
1810.
(*b*) *Diwin*. Aelod o sect a'i dechreuadau yn Sbaen yn yr wythfed ganrif a oedd yn dal mai drwy fabwysiad yn unig yr oedd Iesu Grist yn Fab Duw, un sy'n coleddu athrawiaeth mabwysiadaeth: *adoptionist*.
1866.

mabwysiaeth, gw. mabwysaeth.

mabwysiaf, mabwysaf: mabwys(i)o [bf. o'r e. *mabwys*] *ba*. Mabwysiadu (plentyn), dewis yn etifedd; cymryd (cynllun, arfer, syniad, &c.), a'i ddefnyddio fel petai'n eiddo iddo ef ei hun, dewis, coleddu, hefyd yn *ffig*.: *to adopt*, *take as one's own child*, *choose as heir*; *adopt* (*a practice*, *plan*, *idea*, *&c*.), *choose*, *cherish*, *also fig*.
1604–7 *TW* (*Pen* 228), mab vn a *vabwyser* d.g. *adoptatitius*. *id*. *mabwysio* d.g. *adopto*. **1696** *GGTY* 88, Pe buasei yn amcan anghyfnewidiol Duw i alw, *mabwysio*, cyfiawnhau ac achub yn dragywydd holl blant y credadwy. **1701** E. WYNNE: *RBS* 130, gorfu ar Augustus Caesar *fabwyso* Mâb ei wraig i etifeddu hôll fowredd Ymerodraeth Rufain. *id*. 183, Cariad Duw yn ein *mabwyso* ni. **1714** D. LEWYS: *CN* 18, Pob Gwaith y gwelwyf serch fy Nhad, / Sy wedi ei rhad *fabwysio*. **1722** *Llst* 189, *mabwysio*, to adopt, choose for his heir. **1722** T. EVANS: *PS* 34, y mae'n *mabwysio* y Psalmau a gyfansoddwyd at y Synagog i Wasanaeth yr Eglwys. **1741** J. EVANS: *CG* 18, *Mabwysio*. Derbyn un dieithr i fod yn Fâb. **1750** T. EVANS: *LlH* 7, y plentyn hwn (yr hwn oedd wedi ei *fabwysio* i'r nêf). *c*. **1761** *CBF* 8, ac felly y *mabwysir* hwynt i nifer Plant Duw. **1765** J. POPKIN: *Ll* 85, Llawer llai y gwelant achos i *fabwysio* rhesymmau. **1788** J. GRIFFITH: *DCC* 314, Onid oes gennyt ti achos i *fabwysio* geiriau Dafydd. **1792** H. HARRIS: *H* 181, fy *mabwysio* i'th deulu. **1803** *P*.
Amr.: **mabwsio. 1703** C. ELLIS: *CG* 34, nifer y plant a *fabwsiaist*.

mabwysiedig, mabwysedig [bôn y f. fl. + -(*i*)*edig*] *a*. a hefyd fel *e*. ll. -*ion*. Wedi ei fabwysiadu, mabwysiadol; rhywun a fabwysiadwyd: *adopted*, *adoptive*; *an adopted person*.
1758 *DPMB* 46, maent yn blant *Mabwysiedig* trwy ei Fâb Cenhedledig. **1770** *W*, *mabwysiedig* d.g. *adopted*. **1803** *P*, *mabwysiedig*, adopted as a child.

mabwysiol, mabwysol [*mabwys* + -(*i*)*ol*] *a*. Mabwysiedig, mabwysiadol, yn perthyn i fabwysiad, nodweddiadol o un a fabwysiadwyd; ?mabol: *adopted*, *adoptive*, *pertaining to adoption*, *characteristic of one who has been adopted*; ?*filial*.
16–17g. *PhA* 459, Dy un mab Iesu Dawn *mabwysol*. **1727** J. JONES: *DFF* 346, Plant *Mabwysiol* Duw ydych chwi. **1746** G. JONES: *HWI* iv. 16, O herwydd y dylem ni ymgais am fod yn blant *mabwysiol* i Dduw trwy Grist. **1760** E. WILLIAMS: *UYB* 81, attolygaf arnat gyda chalon isel a *mabwysol*. **1770** *W* d.g. *adoptive*. *c*. **1793** E. BARNES: *HBF* v, ni chaniatteir i gariad priodasol na *mabwysiol* dyfu yn y tir melltigedig hwn. **1803** *P*.

mabwysiwr, mabwyswr [bôn y f. fl. + -(*i*)*wr*] *eg*. ll. *mabwyswyr*. Un sy'n mabwysiadu rhywun neu rywbeth arall, mabwysiadwr: *adopter*.
1722 *Llst* 189, *mabwysiwr*, an adopter.

mabwysol, mabwyswr, gw. mabwysiol, mabwysiwr.

mab-yng-nghyfraith, gw. mab—m. yng nghyfraith.

mabyn, gw. mebyn.

mabys [gair geir.] *e?g*. Moes, boneddigeiddrwydd, ymddygiad (da): *courtesy*, *good manners*, (*good*) *behaviour*.
16g. WILIAM LLŶN: *Gw* (R. Stephens) (At.), *mabys*, moes. **1604–7** *TW* (*Pen* 228) d.g. *mos*. **1632** *D*. **1688** *TJ*, *mabŷs*, moes: Courtesie, good manners. **1770** *W* d.g. *behaviour*, *education* . . . *good education*.

mabysgrif [*mab* + *ysgrif*] *eb*. Copi, adysgrif: *copy*, *transcript*.
1756 G. OWEN: *L* 180, gadewch gael *mabsgrif* [*sic*] o honynt [cywyddau]. **1760** *ML* ii. 158, Gresyn na bu'sent wedi eu copiaw yn gowirach, chwi a'i cewch yn ol wedi imi gymeryd *mabysgrif* o naddynt.

mac[1] [bnth. S. *mack* 'mackintosh'] *eg.b*. Cot law: *raincoat*, *mackintosh*.
20g.
Gw. hefyd macintos.

mac[2], gw. màg.

maca [bôn y f. *magaf*: *magu* + elf. anh., ?cf. -*hai*] *eg*. Plentyn maeth: *fosterling*.
18–19g. *Llr* C 4, 141, *Macca*, a fosterling . . . *Macca* Diawl lliw'r mwcca dû, Lang Lewis i'r frân.

macabr [bnth. S. *macabre*] *a*. Erchyll, hyll, annaearol: *macabre*, *gruesome*.
20g.

macadam [bnth. S. *macadam*] *a*. a hefyd fel *eg*. Wedi ei facadameiddio; wyneb ffordd, &c., wedi ei facadameiddio: *macadamized*; (*tar*)*macadam*, *tarmac*.
1858.

macadamaidd [bôn y f. ddil., neu *macadam* + -*aidd*] *a*. Wedi ei facadameiddio, a nodweddir gan facadam neu ffyrdd macadam: *macadamized*, *characterized by macadam or macadamized roads*.
20g.

macadameiddiaf: macadameiddio [cfdds. o'r S. (*to*) *macadamize*] *ba*. Gorchuddio (wyneb ffordd, &c.) â chymysgedd o dorion cerrig a thar neu asffalt yn null John Loudon McAdam (1756-1836): *to macadamize*.
1848.

macadameiddiedig [bôn y f. fl. + -*edig*] *a*. Wedi ei facadameiddio: *macadamized*.
1833.

macadameiddiol [*macadamaidd* + -*iol*] *a*. Wedi ei facadameiddio, fel macadam, a nodweddir gan facadam: *macadamized*.
1851.

macadelgi, gw. macydelgi.

macai [bôn y f. *magaf*: *magu* + -*hai*, ?adff. o *magïen*, cf. *macaid*] *eg*. (bach. *maceiyn*) ll. *maceion*, *maceiod*. Trychfilyn wedi deor o'r wy a heb fagu aelodau, cynrhonyn, larfa, lindys: *maggot*, *grub*, *larva*.
1803 *P*, *macai* . . . a maggot, or grub; a caterpillar. *id*. d.g. *maceiod*.
Amr.: **mwcai. 1758** *ML* ii. 69, fe ddarfu i'r sychdwr er's dyddiau fagu *mwccaiod* y rhai a ddifasant fy afalau yn erchyll, ond dyma Ragluniaeth wedi anfon ini law graslon ai difa.
Gw. hefyd maceiad, magïen.

macaid, gw. magïen.

macal, ff. daf., gw. magl.

macamwn, gw. macymwn.

macamwndi, macymwndi [?llgr. o'r Llad. *Imago Mundi* neu efallai o'r Llad. *mappa mundi*] *eg*. ?'Imago Mundi', disgrifiad o'r byd y cyfieithwyd rhannau ohono i Gymraeg Canol dan y teitl 'Delw y Byd'; map o'r byd: '*Imago Mundi*'; *map of the world*.
15g. *Glam Bards* 284, a dry mewn deuair ne dri / gymendod *macca mwndi* [Ieuan Du'r Bilwg i Abad Glyn Nedd i ofyn y Greal]. **15g**. BEDO AERDDREM, &c.: *Gw* 112, mann teg y ymmwan wytti / ü meinder *mak ü mwndi*. **15g**. *HCLl* 104,

Cwfert tryfellog caufawr, / Copi *Macamundi* [*sic*] mawr [i erchi bwcler]. **15–16g**. *GIF* 78, Mae cymondeb *Macamwndi*, / mae hyn oll yn 'y mhen i. / Mi wn enwi mewn unawr / môr a thir mwy'r Merthyr Mawr.

Gw. hefyd mapamwndi, mwndi.

macaronaidd [cfdds. o'r S. *macaron*(*ic*) + -*aidd*] *a*. Yn perthyn i fath o farddoniaeth sydd mewn dwy neu ragor o ieithoedd: *macaronic*.
1885.

macaroni [bnth. S. *macaroni*] *eg*. Math o basta ar ffurf tiwbiau tenau: *macaroni*.
20g.

macaronig [bnth. S. *macaronic*] *a*. Macaronaidd, cymysgryw (am iaith, cerdd, &c.): *macaronic*.
20g.

macas, gw. bacas[2].

macáw [bnth. S. *macaw*] *eg*. Math o barrot lliwgar ei blu sy'n byw yng Nghanolbarth a De America: *macaw*.
1851.

Macedoniad [e. lle *Macedonia* + -*iad*[3]] *eg*. ll. -*iaid*. Un o drigolion Macedonia: *a Macedonian*.
1567 *TN* 204a, Gaius, ac Aristarchus, *Macedonieit*. **1588** *Esth* (Apocr.) xvi. 8, Aman mab Amadathus y *Macedoniad*. **1615** R. SMYTH: *GB* 25, Alecsander fawr yr Emerodr, a athrawodd y *macedoniaid* i yfed yn aruthrol. *c*. **1762–79** W. WILLIAMS: *P* 297, [rh]oddodd iddynt [Iddewon] yr un freintiau â'u [*sic*] *Facedoniaid* ei hun.

maceiad [*macai* + -*ad*[2]] *eg*. ll. *maceiaid*. Cynrhonyn, macai, lindys: *maggot*, *grub*, *caterpillar*.
1803 *P*, *maceiad*, a maggot of any kind; a grub; a caterpillar.

Gw. hefyd macai, magïen.

maceiol [*macai* + -*ol*] *a*. Yn perthyn i facai, nodweddiadol o facai, larfal: *larval*.
1851.

maceiyn, gw. macai.

macerel, gw. macrell.

macffast [?bnth. S. *make fast*] *eg*. Rhan o arfwisg (?i sicrhau neu i gydgysylltu amrywiol ddarnau ohoni): *part of suit of armour* (?*fastenings or couplings*).
15g. *LGC* 371, *Makfast* dur unmab Urien, / Mynwair am y min a'r ên.

maciad, gw. magïen.

Maciafelaidd [e. prs. *Machiavell*(*i*) + -*aidd*] *a*. Nodweddiadol o Niccolò Machiavelli (1469-1527) neu o Fachiafeliaeth, cyfrwys, diegwyddor: *Machiavellian*, *subtle*, *unscrupulous*.
1937.

Maciafeliaeth [e. prs. *Machiavell*(*i*) + -*iaeth*] *eb*. Polisi a argymhellid gan Niccolò Machiavelli (1469-1527), sef fod unrhyw foddion gwleidyddol, pa mor ddiegwyddor bynnag fyddont, i'w cyfiawnhau cyn belled â'u bod yn cadarnhau llywodraeth ganolog gwlad: *Machiavel*-*l*(*ian*)*ism*.
20g.

macintos, macintosh [bnth. S. *mackintosh*] *eg.b*. Cot law: *raincoat*, *mackintosh*.
1931.

Gw. hefyd mac.

macl [bnth. Ffr. *macle*] *eg*. *Her*. Dyfais ar lun diemwnt (ac ynddo agoriad ar yr un ffurf), masgl: *mascle*, (*voided*) *lozenge*.
16g. *Med H* 68, [y] manne nei y *makl* [drll.] y sydd weithie gyfan ac nid iw grwn. *ib*. Mae yn dwyn sabl, tri *makl* [drll.], nei dri man o arian yn varr ar draws y darian.

Macleanaidd [e.prs. *M*(*a*)*cLean* + -*aidd*] *a*. Yn perthyn i athrawiaeth Archibald McLean (1733-1812), gweinidog gyda'r Bedyddwyr Albanaidd a ddadleuai dros adfer holl ddulliau a defodau'r Eglwys Fore; yn arddel neu'n pleidio'r athrawiaeth honno: *pertaining to the teachings of Archibald McLean, the Scotch Baptist minister; following such teachings*.
1807.

macnábs, gw. meinábs.

macraeth, macredd, macreth [nid oes sicrwydd beth yw ff. gsf. cts. ddchr. yr engh. gyntaf nac ynglŷn â phrth. y ff. â'i gilydd] *e*. ?Malais, edliw, sarhad: *malice*, *reproach*, *insult*.
14g. *YBH* 11b, ac amws a royssosti imi kymer ef ny mynaf dy *uacrayth* yrdaw. *c*. **1456** *Pen* 26, 35, gyrir garhirion *macredd* (*Pen* 94, 186, *macreth*) pan ddelon. *c*. **1588** *B* ii. 229, *macrayth*, holiad neü edliw.

macrel[1], gw. macrell.

macrel[2] [?yr un â *macrel*[1] oherwydd tebygrwydd ymddangosiadol y marciau ar ddail y planhigyn i'r marciau ar gefn y pysgodyn] *eg*. (un. bach. -*yn*). *Bot*. Planhigyn tŷ ac iddo ddail trwchus o wyrdd tywyll yn meinhau tua'r blaen ac yn dwyn marciau melynwyn ar eu traws, *Aloe variegata*: *partridge-breasted aloe*.
Ar lafar yng Nghered. a sir Gaerf.

macrela [bf. o'r e. *macrel*[1]] *bg*. Pysgota am fecryll: *to fish for mackerel*.
Ar lafar yng nghanolbarth Cered.

macrelyn, gw. macrell.

macrell [bnth. S.C. *mak*(*e*)*rel*(*l*) neu H. Ffr. *maquerel*; am -*ell*, cf. *hocrell*] *eb.g*. (bach. -*yn*) ll. -*iaid*, -*od*, *mecryll*. Math o bysgodyn môr bwytadwy sy'n wyrddlas ac yn dwyn marciau tonnog tywyll ar ei draws, *Scomber scombrus*; glasgangen, penllwyd, math o bysgodyn dŵr croyw, *Thymallus thymallus*: *mackerel*; *grayling* (*fish*).
c. **1400** *R* 1340. 32–3, myn aghynell hael ahelyawd gan *mhackrell*. **15g**. *GGl* 98, Mae'n ei gawell *facrelliaid* / Mwy no llwyth ym min y llaid (Llywelyn ap Gutun). **1547** *WS*, *makrell*, a mackerell. **1620** *Mos* 204, Cyn dewed ar *vaccrell*. *c*. **1700** E. LHUYD: *Par* iii. 46–7, In most of y[e] rivers of this parish [Llangamarch] are Salmon, Pike Greyling, Chubbs . . . a small fish we call in Welsh *Macrell*—in Carmarddenshire tis call'd Molfrith . . . The *maccrell* some will have to be a salmon peal or pink; others a smale trout but . . . it is of a different shape, the colour of a trout, & spawns when not quite 6 inches long. It has blew spots . . . like a sea maccrel. **1722** *Llst* 189, *maccrell*, m.p. *crellod*, *mecryll*, a mackrel fish. **1751** *ML* (Add) 218, Lle mae'r . . . Pennog a'r *Faccrell* yn dyfod a miloedd o blant. **1760** *ML* ii. 242, river Gwy . . . a greyling they call in Welsh glasannen . . . by some *maccrell*, plural *maccrellod*. These have blue lines cross them not unlike sea *macrell*. **1776** *W* d.g. *mackarel*. Y mae *Maesyfacrell* ar Ben y Gogarth, sir Gaern., *ELlSG* 18, 41.
Amr.: **macrel[1], macerel** (bach. g. -*yn*; ll. -*s*, *mecryl*). **1687 (1715)** J. OWEN: *TB* 30, Yr oedd pyscodwr yn Suffolk yn gwerthu *Mackerel* ir bobl. Ar lafar yng Nghered. a'r De.

macreth, gw. macraeth.

macrocosm [bnth. S. *macrocosm*] *eg*. Y cyfanfyd neu'r bydysawd, y byd mawr; hefyd yn *dros*. am rywbeth sy'n atgynhyrchiad ar raddfa fawr o un o'i rannau cyfansoddol: *macrocosm*.
20g.

macrocosmig [bnth. S. *macrocosmic*] *a*. Yn perthyn i'r macrocosm neu'r bydysawd: *macrocosmic*.
20g.

macrosgopig, macrosgobig [bnth. a chfdds. o'r S. *macroscopic*] *a*. Digon mawr i'w ganfod â'r llygad noeth; yn ymwneud ag unedau mawr, eang, bras, cyffredinol, cynhwysfawr: *macroscopic*.
20g.

macsad [bôn y f. ddil. + -*ad*[2]] *eg*. Y weithred neu'r proses o facsu, bragu, neu ddarllaw; ffrwyth un proses o facsu: *brewing*; *a brew*.
1797 B. EVANS: *CG* 252, ar ol dau neu dri *macsad* . . . fe adawodd [y tafarnwr] y lle, ac ni chawsom un tŷ-cwrw yn agos attom mwy.

macsaf: macsu [bnth. S. (*to*) *mask* 'mash, brew', gyda thrsd.] *bg.a*. Paratoi (cwrw, &c.), bragu, darllaw, hefyd yn *ffig*. paratoi, hel, ymgrynhoi, ymgasglu (am law, storm, drygioni, &c.): *to brew*, *also fig*. *prepare*, *gather* (*of rain*, *storm*, *&c*.), *brew* (*of mischief*, *&c*).
17g. *J* 10, 27a, *magsu*, darllaw. **1707** *AB* 218c, *maksy*, to brew. Dimet. **1722** *Llst* 189, *macsu* . . . dïod, to brew beer, mash the kieve. **1725** *SR* d.g. *to brew*. Ar lafar yng ngodre Cered., sir Benf. a rhannau o'r De, *LlGC* 1171, 2, *TGG* (1906) 33, *B* iv. 299, *SC* vi. 121; sonnir, e.e., fod 'glaw (storm, helynt, cynnwrf, rhyw ddrwg, &c.) yn *macsu*'; clywir hefyd ymad. megis '*macsu* am law (at y glaw, i'r glaw)', '*macsu* iddi' (h.y. dod i'r glaw), '*macsu* am goten', '*macsu* cosfa', '*macsu*'r wialen', 'yn 'i *macsu* hi', &c.

Am *cwrw macsu*, gw. cwrw (At.).

macsimwm [bnth. S. *maximum*] *eg*. Uchafswm: *maximum*.
20g.

mactan [*mag* + *tân*] *eg.b*. ll. -*au*. Gosgymon, cynnud, tanwydd; matsen, blwch i gadw gosgymon, callestr, &c.: *tinder*, *kindling*, *fuel*; *match*, *tinderbox*.
16–17g. *BM* 40, 76a, yn *fagdan* olwyn fygdarth / danheddawg yn gorniawg arth [Edward Maelor i ddiawl]. **1604–7** *TW* (*Pen* 228) d.g. *fomes* . . . *fomes igniarius*, *igniarium*. **17g**. *J* 10, 27a, *magdan*, fomes, igniarium, tindre boxe. **1722** *Llst* 189, *magdan*, fuel, tinder. **1725** *SR* d.g. *fewell*, *a match to keep fire*. **1803** *P*. Cf. W. D. OWEN: *MW* 107, Aillanwyd [y fagnel], a chymerodd y capten y *magdan* yn ei law ei hun.

macul, maculu, gw. magl, maglaf: maglu.

macwy[1], macwyf [bnth. Gwydd. C. *maccoím* 'bachgen neu lanc (cyn oedran dwyn arfau)'] *eg*. ll. *macwyf*(*i*)*aid*, *macwyaid*. Ysgwïer, gwas ieuanc, llanc, bachgen, gŵr (ieuanc), ?marchog, ?arglwydd; *Cyfr*. gwas ieuanc yn llys y brenin; yn *dros*. am anifail: *esquire*, *squire*, *page*, *youth*, *boy*, (*young*) *man*, ?*knight*, ?*lord*; *youth of the king's retinue*; *transf*. *of animal*.
13g. *LTWL* 194, pueri, id est, *makwuieit*. *id*. 277, iuvenes, id est, *machuuieid*. **13g**. *LlI* 2, E lety [edling] ev e neuad, a'r *maccvyueyt* ygyt ac ef. *c*. **1300** *H* 49a. 19–20, Neum rydraeth hiraeth uetuaeth *uaccwy*. Am ary garafy kenym karwy (Cynddelw). **14g**. *WM* 5. 15–17, ef adoeth *makwyueit* a gueisson ieueinc y diarchenu. *id*. 15. 9–10, hynny awnaeth y *makwyf*. **14g**. *YBH* 38b, doethant y varchogyon ae *vaccwyeit*. **14g**. *GDG* 296, Annerch, nac annerch, gennad, / Ni wn pwy, gwraig *macwy* mad. **14g**. *IGE*[2] 48, Gwna fwysmant, bid trychant trwch, / *Macwy* mawr â Mac Morwch [i Syr Rosier Mortimer]. *c*. **1400** *R* 1176. 23–5, kann diffyrth trindawt tri *mackwy*. o dan trimeib glan glein ovwy. **15g**. *KAA* 31, y deu *vackwy* yn gwasgaru y gadoed. **15g**. *B* ii. 229, *makwy* . . . marchoc. **15g**. (**16g**.) *Gwyn* 3, 107, Bwyd y *macwy* meudwyaidd / berwr hallt, a bara o'r haidd [Lewis Glyn Cothi i Ioan Fedyddiwr]. **15–16g**. HYWEL RHEINALLT: *Gw* 107, *Macwy* coch yn mocio cŵn [i'r llwynog]. **15–16g**. *GLM* 264, pum *macwy* hael, pum cyw hawg [am feibion Siôn Pilstwn Hen]. **1632** *D*, *maccwy*, puer, armiger, masculus. **1758** *ML* ii. 86, Mi attebaf y *maccwy* deuruddlas yna gan Ioan Ywein. **1803** *P*, *macwy*, a youth. Arferir *macwy* weithiau (yn enw. mewn adroddiadau i'r wasg) yn yr ystyr 'page-boy' mewn priodas a hefyd am y ddau fachgen ieuanc a fydd yn hebrwng Cyflwynydd y Corn Hirlas yn rhai o seremonïau Gorsedd y Beirdd yn yr Eisteddfod Genedlaethol. Digwydd o bosibl hefyd (ac -*f* > -*dd*) yn yr e. lle *Waun Macwydd* ym mhlwyf Cellan, Cered. Rhwng 1910 a 1912 ymddangosodd llawer o gyfraniadau yn y wasg gan ohebwyr a'u galwai eu hunain *Y Macwyaid*, gw. *YB* ix. 249–54.
Amr.: **magwy[2]**. **15g**. *B* ii. 141.
Cfn.: **Y Macwy Dau Hanner:** *name given to a deliverer in Welsh vaticinatory poetry*. *c*. **1300** *B* iv. 115, Kyfniuerwch a rif ser. / kynhebigir y niuer. / ef yw y *makwy dev hanner*.

macwy², gw. bagwy.

macwyaeth [*macwy¹* + *-aeth*] *eb.* ll. *-au.* Cyflwr neu safle disgybl: *pupillage, discipleship.*
18–19g. *Iolo MSS* 211, [p]rydydd neu gymreigydd nas cawsai y naill a'i [*sic*] eni neu ynteu ei *faccwyaeth* ym mraint y Gadair honn [Cadair Tir Iarll]. **1826** *LlGC* 21286, llythyr 1005, mae'n rhaid inni sefydlu rhyw fath ar *Faccwyaeth* neu drwyddedogaeth yn ein mysg, gan ymegnïo rhoi'r addysg a fedrom y naill i'r lleill o hanom. **1862** *Barddas* i. 254, a chynn y dyccer yr awenydd dann rwymau . . . adduned nis gellir datrin ar y Cyfrinach iddo . . . sef y bydd hynny gwedy ydd elo ef . . . drwy holl gylch a cherdded ei *Faccwyaeth*. *ib.* cylch adduned *maccwyaeth*.

macwyaidd [*macwy* + *-aidd*] *a.* Yn perthyn i lanc, bachgennaidd: *youthful, puerile.*
15g. *HS* 37, llattai a gerddai a gwir / llwybraidd *makwyaidd* kowir (Llawdden). **1783** *B* vi. 246, Cymmered Guttun ei dybion a'i resymau *macwyaidd*, minnau a bwysaf yn hytrach ar ei farn wraidd.

macydelgi, macadelgi [?bnth. ff. Wydd. C. yn cynnwys *mac* 'mab' + e. lle *Deilge*] *e?g.* Un o bedwar mesur ar hugain Cerdd Dant: *the name of one of the twenty-four metres or measures of traditional Welsh string music.*
15–16g. *Pen* 54, i. 3, *makydel gi*. **16g.** *Pen* 60, 44, *Mak a delgi*. **16–17g.** *B* i. 145, Llyma bedwar mesûr ar hûgain Cerdd Dant . . . *Makydelgi*. *id.* 148, Difr *Macadelgi*. **17g.** *Musica* 107.

macymwn, macamwn, &c. [?bnth. ff. Wydd. C. yn cynnwys *mac* 'mab' + *Mum(h)an*, gen. e.'r dalaith *Mum(h)u* 'Munster' (cf. *Muen*, *HGK* 4)] *eg.?b.* Elfen yn enwau rhai o bedwar mesur ar hugain Cerdd Dant: *element in the names of some of the twenty-four metres or measures of traditional Welsh string music.*
15–16g. *Pen* 54, i. 3, *makym wn* [sic] hir. *id.* 4, [*m*]*akymwn* byr. **16g.** *Pen* 60, 39, *Mak a mwn* hir. **16–17g.** *B* i. 145, Llyma bedwar mesûr ar hûgain Cerdd Dant. *Makymwn* hir . . . *Makymwn* byrr. **17g.** *Musica* 3, Gosteg Jerem. yn dyfod allan o'r *macmwn* byr.
Amr.: **macymyn** [dichon mai ff. lgr. ar air arall yw hon; [ ] *kyn* [*sic*] *maen* yw'r ff. gft. yn *Pen* 54, i. 4]. **16g.** *Pen* 60, 40, *Mak y myn* mayn. **16–17g.** *B* i. 145, *Makymyn*fayn. **17g.** *Musica* 107, *mak y myn*faen.

macymwndi, gw. macamwndi.

macyn¹ [amr. ar *napgyn* gyda *-pg-* > *-(c)c-* drwy gmth.; am *n . . . p* > *m . . . p*, cf. *maip* < S.C. *nēp*] *eg.* ll. *-on, -au.* Hances, cadach poced, neisied: *handkerchief.*
1897. Ar lafar yn y De-orllewin a'r Canolbarth, '*macin* poced', *LGW* 305.
Amr.: **matgyn.** Ar lafar gynt, cf. *Hen B* 157.
Cfn.: **macyn inji:** *large handkerchief or neckerchief.* **1904.** **m. wrth gwt:** *name of a children's game.* Ar lafar, D. Parry-Jones: *WCGP* 89–90.
Gw. hefyd napgyn.

macyn² [amr. ar *bacwn*, *bacyn*; am gyfnewid *b-* ac *m-*, cf. *beiddio*, *meiddio*] *eg.* ll. *-au.* Bacwn: *bacon.*
1806.

mach [H. Lyd. *meic*, gl. *ratas*, Gwydd. C. *mac(c)* 'bond, surety': ?< Clt. **makkos*] *eg.* ll. *meich(i)au*, *meichion*, (ar ôl rhif.) *meich.* Meichiau, un sy'n mynd yn gyfrifol am sicrhau cyflawni contract, am ymddangosiad rhywun mewn llys, &c., gwarantwr dros dalu dyled, dros wirionedd honiad, &c.; rhywun sy'n ymrwymo dros blentyn a fedyddir, mam neu dad bedydd; gwystl, gwystlddyn; hefyd yn *dros.* ac yn *ffig.*: (*enforcing or paying*) *surety, one who accepts responsibility for the fulfilment of a contract, guarantor for debt, the truth of a statement, &c.; sponsor* (*at baptism*); *hostage; also transf. and fig.*
13g. *LlC* 5, O deruyd y dyn rody *mach* y arall ar peth, yaun eu ydau rydhau y *uach*, ay o talu, ay o wystlau, ay o wadu nat *mach*. *id.* 7, Ny dyly vn dyn bot yn *uach* kynnogyn canys deu dyn e delan uot; canys pan holo er haulur, reyt eu urth y *mach* y kymell, a pan gemello y *mach* nyt oes kynnogyn y kymeller arnau. *id.* 27, Sef *meychyeu* a dyly eu rody, gwystlon o dynyon byv. *c.* **1250** *B* iv. 2, A arbeto yn *vach* arbetet yn gynnogyn. *id.* 7, Dyly *mach* ny dyly dim. *c.* **1250** *id.* x. 28, Ami a rodaf yt en *vach* hep e cristyavn. y gyssygredic veir ae delw en wystyl. **13g.** *LlI* 35, Pa *uach* bennac enteu ny urthtygho ar e kynnogen, talet ehun er haul, cany wnaeth teythy *mach*. *id.* 36, O deruyd bot *mach* adeuedyc ar peth a bot negydyaeth gan e kennogen am talu, yaun yu e'r *mach* rody guestel keureythyaul. . . . O deruyd lludyas rody guestel, e *mach* byeu hebrug e guestel ygyt ac ef hyt en dyogel, ac a dele kemryt e fonnaut gentaf o byd emlad. *id.* 38, O deruyd e den kemryt *mach* ar da a guedy henne dyhol e kennogen . . . a mennu o'r haulur e da gan e *mach* . . . talu o'r *mach* e neyll hanner e'r haulur. *id.* 39, ny dele gureyc bot en *uach* . . . E kyureyth a dyweyt hagen bot en *uach* e *mach* a rodho gureyc. **14g.** *WM* 25. 9–22, [c]ymer gedernit y ganthaw na bo ammouyn na dial uyth amdanaw . . . keis *ueicheu* drossot. Ni a uydwn drostaw heb heueyd yny uo ryd y wyr y uynet drostaw. **14g.** *AL* ii. 452, o rodir twylluorvynn ywr . . . a *mach* arymorwyndawt. *c.* **1401** *id.* 334, Tri *meich* ny dylyir eu gwadu. **16g.** (*LlEG*) *Mos* 158, 42b, drwy addo y hrwymedigaethau ar *meichiau* kydarna ar a ellid I gwneuthud. **1547** *WS*, *mach*, a suertie. **1567** *LlGG* 117b, addaw trywo-chwi ys ydd yn *veichiae* [:- *veichion*], drostynt [plant] ymwrthod a diavol. **1588** 1 *Mac* viii. 7, rhoddi *meichiau* a gwystlon iddynt hwy hefyd (**1620** *ib.* rhoddi *meichiau* ar yr hyn a gyttunesid arno). **1630** R. Vaughan: *YDd* 649, gweinidogion . . . megis yn dystion, ac yn *feichiau* i sicrhau ein cydwybodau o faddeuant pechodau. **1632** *D*, *mâch*, vas, vadis, præs, fidejussor, sponsor, adpromissor. **1765** J. Evans: *CPE* 97, Jesu Grist yw y *mâch* a'r achubwr hwn. **1803** *P.*
Cfn.: **mach ar gyfraith:** *surety for appearance in court.* **13g.** *LlI* 41, 45. **1730** *Leg Wall* 577. **1776** *W* d.g. *mainpernor.* **1803** *P.* **m. bedydd:** *sponsor* (*at baptism*), *godparent.* **1722** *Llst* 189, *mâch fedydd* [*sic*], a god-father or mother. **1749** *An C* 20, Dyled . . . ar bob Rhieni a *Meichiau-Bedydd* a Perchenteuluoedd. **m. cynnogn:** (i) *one who is regarded as both debtor and surety for the debt.* **13g.** *LlC* 7. **13g.** *LlI* 37. **14g.** *LlB* 40, 41. **15g.** *LHDd* 61. **1632** *D* d.g. *mach* (hefyd *TR*). (ii) (*paying*) *surety, guarantor, also fig.* **1765** J. Evans: *CPE* 97, Rhyngodd bodd i Dduw . . . ragddarbod *mâch cynnogn* i bechaduriaid. **1770** *W* d.g. *a bonds-man, or security for money.* **1803** *P.* **m. diebredig (diebrydig):** *surety who does not fulfil his role.* **14g.** *WML* 86. **14g.** *LlB* 126. **1632** *D* d.g. *mach* (hefyd *TR*). *c.* **1730** *Leg Wall* 577. **1803** *P.* **m. gorfodog** = **m. ar gyfraith.** **14g.** *LlB* 41. **1730** *Leg Wall* 577. **1776** *W* d.g. *mainpernor.* **1803** *P.* **m. talu:** (*paying*) *surety, guarantor.* **14g.** *WML* 86. **1730** *Leg Wall* 577, mach cynnogn, Idem qui & *Mach talu*, Expromissor. **1770** *W* d.g. *a bonds-man, or security for money.* **1803** *P.* **ar feichiau:** *upon sureties, in exchange for sureties.* **14g.** *WML* 117. **14g.** *WM* 412. 11. **15g.** *DE* 43. **heb na mach na maenpris:** *without bail or mainprize.* **1710** *LlGG* [xi].
Am *Duw'n fach*, gw. duw¹ (At.).
Gw. hefyd meichiau².

machdaith [H. Grn. *mahtheid*, gl. *uirgo*, Crn. C. *maghteth*, *maghtyth*, Llyd. C. *matez*, Llyd. Diw. *matezh* 'morwyn'; cf. Gwydd. C. *ingen mac(c)dacht(a)* 'merch yn oedran priodi'] *eb.* Morwyn, merch: *maid(servant), girl.*
13g. *C* 106. 9–10, Boed emendiceid y *vachteith*. ae. golligaut guydi gueith. ?**14g.** (**1640**) *B* v. 132, kanu y *fachdaith*. *c.* **1400** *J* 1, 1066, Goruc y weith a uach y *uachteith*.

machdeyrn, gw. mechdeyrn.

machiafaeth, gw. meichiafaeth.

Machiafelaidd, Machiafeliaeth, gw. Maciafelaidd, Maciafeliaeth.

machiniaeth [?bnth. S. *machine* (neu'n uniongyrchol o ff. Lad. neu Ffr.) + *-iaeth*] *e?b.* ?Llun, delw, fframwaith: *shape, form, framework.*
1615 R. Smyth: *GB* 240, saernieth *machinieth* (*figures*) ag ansoddiad corph dyn.

machlad, machladiad, machliad, gw. machludiad.

machludaf: machlud(o) [cafwyd *machlud* < *ymachludd* trwy golli'r *y-* ddiacen a throi *-dd* > *-d*, cf. *gormod(d)*] *bg.* a'r be. *machlud* fel *eg.* ll. *-oedd.* Suddo o'r golwg (am yr haul, &c.), mynd i lawr; cael ei arguddio (am gorff nefol); yn *ffig.* treio, dod i ben, darfod: *to set* (*of the sun, &c.*), *go down; occult, be obscured; fig. wane, come to an end, cease.*
15g. *GO* 275, Heddyw *machlvdodd* rroddion / Haelder mawr haul o dir Môn. / Vn o'i hil â 'n wehelyth, / A'i chlod, ferch, ni *fachlvd* fyth [marwnad Alis, ferch Huw Lewys]. **1547** *WS*, gorllewin llei *machlut* haul, the west. **1551** W. Salesbury: *KLl* lxva, Na *vachlutet* haul ar ewch llit. **1567** *TN* [iv], Ianawr . . . Haul yn codi ar. viii. yn *machlut* ar. iiii. **1588** *Gen* xv. 12, [p]an oedd yr haul ar *fachludo*. **1588** *Jer* xv. 9, ei henaid hi a llysmeiriodd [*sic*], ei haul a *fachludodd*. **1588** *Doeth Sol* vii. 10, ni *fachluda* y llewyrch a ddaw o honi hi [doethineb]. **1595** H. Lewys: *PA* 161, Yr haul, ar lleuad . . . ni frysiasont i *fachludo*. **1604–7** *TW* (*Pen* 228), pan *vachluto* seren, am ei bot cyn nesset at yr haul d.g. *heliacus, heliacus occ*[*a*]*sus* (At.). **1658** R. Vaughan: *YPS* 33, Ei haul [yr Eglwys] a eill *fachludo* mewn vn genedlaeth, eithr a gyfyd mewn vn arall. **1773** *W*, *machludo* d.g. *to go down or set* [*as the sun, &c.*] **1791** W. Williams: *MDR* 7, Cyn *machludo* ei haul brydnhawn.
Fel *e.* Y weithred o fynd i lawr (am yr haul, &c.), machludiad, hefyd yn *ffig.*: *setting, going down* (*of the sun, &c.*), *sunset, also fig.*
1547 *WS*, *machlut* haul, the sonne sette. **1621** E. Prys: *Ps* 44a, Os pell yw'r dwyrain olau hin / oddiwrth orllewin *fachlud*. **1696** *CDD* 170, Fe aeth yr haul iw *fachlud*. **1722** E. Lloyd: *MC* 4, rhaid i ni oll . . . syrthio ir Gorllewin *fachlud* hynny ydyw i farfolaeth. **1803** *P*, *machlud*, a setting, or going down.
Amr.: **machludd** [< *ymachludd*]. **1722** *Llst* 189, *machludd*, decay, declension. **machluta** [?cf. *bwyta*, *cynuta*]. **1547** *WS*. **machlydu.** **1711** H. Powel: *TY* 101.
Cfn.: **machlud haul:** *sunset.* **1547** *WS*. **1620** 1 *Mac* x. 50. **1632** *D*. **1762** W. Williams: *C* 7. [**1783**] *W* d.g. *the setting of the sun.* **1803** *P*. Ar lafar, 'Mae hi jest yn *fachlud haul*', *WVBD* 361.
Gw. hefyd achludd, ymachluddaf: ymachludd.

machludiad [bôn y f. fl. + *-iad¹*] *eg.* ll. *-au.* Y weithred o fynd i lawr, machlud (haul, &c.), hefyd yn *ffig.*; arguddiad (planed, &c.): *a going down, setting* (*of the sun, &c.*), *also fig.*; *occultation, an obscuring.*
1588 *Salm* l. 1, o godiad haul hyd ei *fachludiad*. *c.* **1730** *Thos. Lloyd D* (LlGC) 166b, *machludiad*, occasus. G. 170. **1795** J. Thomas: *AIC* 318, [y] planedau a'r Sêr . . . eu . . . codiad *Machludiad* a'u Diffygiadau. **1803** *P*, *machludiad*, an occultation.
Amr.: **machlad, machliad.** **1618** J. Salisbury: *EH* 46, 47. Ar lafar yn Arfon, '*machliad* haul', *WVBD* 361. **machladiad.** **1658** R. Vaughan: *YPS* 33.
Cfn.: **machludiad,** &c., **(yr) haul:** *sunset.* **1588** *Deut* xvi. 6. **1618** J. Salisbury: *EH* 46, 47. **1658** R. Vaughan: *YPS* 33. **1687** (**1715**) J. Owen: *TB* 48. **1780** Cain Jones: *Alm* 3. [**1783**] *W* d.g. *the setting of the sun.*

machludol [*machlud* + *-ol*] *a.* Yn machlud (am yr haul), yn perthyn i fachlud yr haul, hefyd yn *ffig.*: *setting* (*of the sun*), *pertaining to the setting of the sun, also fig.*
1803 *P*, *machludawl*, setting as the sun.

machluta, machlydaf: machlydu, gw. machludaf: machlud(o).

machnad, machnân, machni, gw. mechnïad, mechnân, mechni.

machnïad [bôn y f. *machnïaf*: *machnïo* + *-iad²*] *eg.* Mach, meichiau: *surety.*
1667 C. Edwards: *FfDd* 82, anrhesumol yw'r anghrediniaeth ni chydnabyddo y gollwn echwynwr trugarog ddyledwr tlawd yn rhydd, wedi i *fachniad* galluog dalu drosto ef.

machnïaeth, machnïaf: machnïo, machnïol, machnïwr, machnïydd, machnydd, gw. mechnïaeth, mechnïaf: mechnïo, mechnïol, mechnïwr, mechnïydd.

machogyn [?*bachog* + *-yn*, a *b-* ac *m-* yn ymgyfnewid] *eg.* Y bwlch rhwng cortynnau rhwyd, llygad rhwyd: *the gap between the meshes of a net.*

Ar lafar yn Nyffryn Tywi, J. G. JENKINS: *NC* 132.

machudd, gw. muchudd.

machwy [?amr. ar yr e. *bachwy*, a *b-* ac *m-* yn ymgyfnewid] *eg*. ll. *-on*. Bae: *bay*.
1852.
Gw. hefyd bachwy.

machysgrifen [*mach* + *ysgrifen*] *eb*. Ymrwymiad ysgrifenedig, bond: *written agreement, bond*.
1770 *W* d.g. *bond* [*an obligation in writing*].

mad[1] [H.Grn. **mat* yn *bennenuat* [*sic*], gl. *matrona*, Crn.C. *mas*, H. Lyd. a Llyd. Diw. *mat*, H. Wydd. *maith, maid, mad-*, Gwydd. Diw. *maith*, Gal. *mat*(*u*): < Clt. **mati-*, **matu-*; ?cf. Llad. *mātūrus* 'amserol, aeddfed', *mānus* 'da', o'r gwr. IE. **mā-* '?da'] *a*. a hefyd fel *eg*. ll. *-ioedd*.

(*a*) Ffodus, ffortunus, lwcus, dedwydd; ?teilwng, addas, iawn: *fortunate, lucky, auspicious, happy*; ?*worthy, suitable, proper*.
13g. *C* 46. 15, *Mad* dodes y mortuit ar merchin march lluid. *id*. 65. 13–14, ny kiliei o caled. mab meigen. *mad* pan aned. *id*. 70. 8–10, Otreinc mab din heb imdiwin a duv . . . ny *mad* aeth eneid iny gnaud. **13g.** *A* 13. 15–16, Ny *mat* wanpwyt ysgwyt ar gynwal carnwyt. ny *mat* dodes y vordwyt ar vreichir men—llwyt. *id*. 16. 11–12, merin a madyein mat yth anet. **13g.** *TYP* 68, Try Wyr a wnaeth y Teir *Mat* Gyflauan. *c*. **1300** *H* 101a. 11, *mad* ganed mawr uam ae hymduc [Llywarch ap Llywelyn i Ddafydd ab Owain]. **14g.** *T* 15. 4–5, y aber perydon ny *mat* doethant. *id*. 61. 4–6, ymathreu ny *mat* vrwytrwyt. Ri ny *mat* geu ydymarmerth gwledic gwrth kymryeu. *c*. **1400** *R* 1044. 34–5, ny *mat* wisc baraf am y drwyn. gwr ny bo gwell no morwyn. *id*. 1053. 20–1, mab ny *mat* anet. mabineid dynghet. *c*. **1400** *J* 1, 1069, Heul yn ionawr ny *mat* welawr. mawrth a chwefrawr ae dialawr.

(*b*) Da, daionus, rhinweddol, sanctaidd, teg, hyfryd, hardd: *good, beneficial, virtuous, holy, fair, pleasant, beautiful*.
c. **1300** *H* 15a. 24, nyd perthyn yt tad *mad* uy madeu (Einion ap Gwalchmai). *Dchr*. **14g.** *id*. 29a. 45, lle mayr wn ar tri trwy anwylyt *mat* (Bleddyn Fardd). **14g.** *T* 52. 9–10, Mab duw dinas. mab gwen meir gwas. *mat* gwas gwelet. **14g.** *H* 90b. 24, Gweleis wled a med a *mat* wrhydri (Llywelyn Ddu ap y Pastard). **14g.** *GDG* 300, Moled pob *mad* greadur / Ei Greawdr, pefr lywiawdr pur. *id*. 353, Ceidw ynof serch y ferch *fad*. *id*. 378, Glew sidell, gloyw osodiad, / Rhyfel wyd, y metel *mad* [i'r cleddyf]. **15g.** *IGE*[2] 108, Mewn coedydd *mad* caeedig / Mae enw at rym i hwn trig. **1547** *WS*, *mad* da, good. **1567** *TN* 99b, tec [:– da, *mad*] yw i ni vod yman. **1568** MORYS CLYNNOG: *AG* 2, yn enw duw y tad, / a'r vnig fab *mad*. **16–17g.** *HG* 143, nyd mewn aür *mad* na chadas / plan lwyth ond mewn pilen las. **1632** *D*, *mâd*, bonus. **1714** D. LEWYS: *CN* 11, Chwychwi yr ysprydion *mad*, / Sy'n trigo yngwlad goleuni. **1798** R. DAVIES: *DB* 29, Goddefgar mwyngar a *mad* / Fydd y gwr a fedd gariad. **1803** *P*, mâd . . . *Mataf* gîl gwired [*sic*]. Adage.

Fel *e*. Person da; daioni, tegwch, lles, gweithred dda, caredigrwydd; ?cyfoeth, nwyddau: *good person*; *goodness, fairness, benefit, good deed, kindness*; ?*wealth, goods*.
c. **1300** *H* 13a. 15, madawc *madyoet* gotoli (Gwalchmai). *Dchr*. **14g.** *id*. 112b. 70, Llwydit *mad* a rat (Llywarch Llaety). **14g.** *Cy* vii. 139, A wnel *mat mat* a dyly. *c*. **1400** *R* 1228. 21–3, nat oes rat na *mat* eithyr gwat a gwyt. *c*. **1400** *B* iii. 14, A glyweisti a gant kyndrwy[n], / tangnefedwr a *mat* mwyn. **16g.** *WLl* 185, Na wypwyf eisiau llwythau penllad / Na thra fo kynnydd mynydd na *mad*. *Dchr*. **17g.** *Card* 12, 335, yniffyg kael mael och *mad* / hir oed gyrch rhaid yw gwarchad. *Dchr*. **17g.** *J* 10, 27b, *mâd*, equitie. **1632** *D*, *mâd* . . . Beneficium, bonum. **1753** *TR*, *mâd* . . . a benefit, a good turn, a kindness. **1793** DAFYDD IONAWR: *CD* 70, Oh Geli! ddifethi *fâd* / Yr unfodd a rhai anfad? **1803** *P*.

mad[2], gw. bad[1] (hefyd At.).

Madagasgaeg [e.'r ynys *Madagasg*(*ar*) + *aeg*] *eb*. Malagaseg: *Malagasy* (*language*).
1869.

Madagasiad [e.'r ynys *Madagas*(*gar*) + *-iad*[3]] *eg*. ll. *-iaid*. Malagasiad: *a Malagasy*.
1844.

madain, gw. madiain.

madalch, gw. madarch.

madam [bnth. S. *madam*] *eb*. Teitl cwrtais ar gyfer gwraig, yn enw. yn gfrch. (yn cyfateb i'r defnydd o 'syr' wrth gyfarch gŵr), meistres; teitl ffasiynol a roddir i gantores sy'n canu'n hannerproffesiynol mewn cyngherddau, &c., ac sydd weithiau'n dysgu elfennau canu i ddisgyblion preifat; hefyd yn ddifr. ac yn gellweirus am wraig neu ferch sy'n meddwl llawer ohoni ei hun, tipyn o ladi, meiledi, gwraig ffroenuchel: *madam*; *a fashionable title given to a semi-professional singer at concerts, &c., who sometimes also teaches the rudiments of singing to private pupils*; *also derog. and facet*.
1684 T. JONES: *Alm* [19], A galw pôb swlog, na thalo ddwy geiniog, / Anfoddog ynfydog yn *fadam*. **1703** E. WYNNE: *BC* 75, hi ni ddywedodd air, eisieu ei galw hi *Madam*. **1778** J. HUGHES: *BB* 29, Ni cheisiodd frenhines o'r bonedd fawr, / Baenes, na *madam* na meistres. **1787** E. ROBERTS: *PCF* 30, Cweîrio gwair oedd ddiflas geni, / Mi fum yn *fadam* hyll wrth fedi.

madar, gw. madr[1].

madarch, madalch, &c., *e.ll*. ac *e.tf*. (un b. *-en*, ?*-an*) ll. dwbl *medyrch, madeirch, medeilch, madarchau*, ?*mydylch*.

(*a*) Amryw fathau o ffwng (yn enw. rhai bwytadwy), caws llyffant, bwyd y boda, grawn unnos; corc, corcyn; ysbwng: *various kinds of fungus* (*esp. edible ones*), *mushrooms, toadstools*; *cork, a cork*; *sponge*.
14g. *WM* 85. 27–9, ar deudec taryan eureit . . . Yrei hynny a rithassei ef or *madalch*. *c*. **1400** *R* 1376. 11–12, Mi aglotuoraf veistyr llys mwyeilch hael gwnai helmeu yn *vedeilch*. **1547** *WS*, *madarch*, tode stooles. *id*. *madarchen*. **16g.** HUW ARWYSTL: *Gw* 381, maer graig byth morgrug yw bon / mud wal chwerw *mydylch* irion [dychan i'r fedwen heb na dail na rhisgl]. **16–17g.** *LlCy* ii. 92, di rym ydiw dŵr *madarch* / dwfr mawn ar nid yfai['r] march [am gwrw]. **1604–7** *TW* (*Pen* 228), rhyw *vadarch* ne *vadalch* a dyf ar y coet ynghylch Bosphorus d.g. *agaricum*. *id*. bwyt yr Ellyllon . . . Caws y llypheint . . . *madarchen* d.g. *boletus*. *id*. *madalchen, madarch* d.g. *fungus*. *Dchr*. **17g.** *J* 10, 27b, *madarch*, gwreiddyn yr alaw, fungus, spongia, radix Nymphææ. **1620** *Mos* 204, 101, Mi adwen gaws rhag *madarch*. **1632** *D*, *madarch*, fungus, boletus, tuber. *id*. *madarch* d.g. *spongia, suber*. **17g.** (**18g.**) *Card* 84, 417, A wertha 'r Cna dyma dyrch / I ni Wdyn a *medyrch* (Edward Morris). **1701** E. WYNNE: *RBS* 81, [p]êr-aroglau, gwîn a diodydd cedyrn . . . nid yw'r diniweitiaf o honynt ond megis *madarch* o'r iscell os tymherir hwy yn ofalus a'u profi yn anfynych, gallant fôd yn ddi-ddrwg, ond byth ni's gwnant ddim daioni. **1707** *AB* 281c, a mushroom, *mydarchen*. **1722** *Llst* 189, *madarch*, s. *darchen*. f., toad-stools; cork, spunges. **1753** *TR* (*Bot*), *madarch*, a mushroom or toadstool, in Glamorganshire. **1770** *W* d.g. *agaric, cork, morille* [*a sort of mushroom*], *sponge, toad-stool* [*a sort of fungus, so called*]. **1803** *P*, *madarch*, the toadstool. **1813** *WB* 215, *madarchen*, boletus;—porous toadstool. *Diw*. **19g.** *SE MS* 271b, *madalch*, a species of fungus or excrescence growing on trees, Jews'-ears. *id*. 272a, Clywais y gair *madalch* yno [= yn Abergwesyn], am yr hyn a dyf ar y coed. Y maent yn ei gynhauafu, ac yn cadw pinnau a nodwyddau ynddo. Clywid y ff. *mwdarch* gynt ym Mawddwy am fath o fadarch a ddefnyddid i roi min ar rasel henffasiwn, yn ôl pob tebyg *Piptoporus betulinus*, 'razor strop fungus or birch polypore'.

(*b*) (Yn *ffig*. mewn cyd-destun difr.: *fig. in a derog. context*.)
14g. *IGE*[2] 69, Anardd oedd, ni ŵyr ef ddim / Mwy no mwdwl, moel *madarch*. / Moeswch, mwy a ŷs no march [i'r brawd o Gaerlleon]! *c*. **1400** *R* 1343. 36, pwl penn mydwl pwnn *madarch*. **15g.** *GTP* 92, Pŵl fu y modd, palfau march, / Pandy mydr, pendew *madarch* [dychan i Dudur Penllyn gan Ieuan Brydydd Hir]. **16g.** MORUS DWYFECH: *Gw* 5, Moliant addoliant, i ddelwau—mudion / Fel *mydarch* neu brennau. **16–17g.** *GST* i. 672, Lili yw gwen, loywliw gwenno, / *Madalchen* felen yw fo [i ddifenwi gŵr]. **16–17g.** T. R. ROBERTS: *EP* 291, *Fadurchan* [*sic*] anfad oerchwant [i'r bêl droed]. [**1745**] W. ROBERTS: *FfM* 5, Ond cyn i'r *Medyrch* [:– Bwyd Ellyllon] gael ymado [am bregethwyr Methodistaidd].
Amr.: **madrach** [trwy drsd.] (ll. *medrych*). *Dchr*. **17g.** *GDG* 200.
Cfn.: **madarch y derw:** *agaric, tree fungus, Polyporus*. **1770** *W* d.g. *agaric, the agaric of the oak*. **m. hudol:** '*magic mushroom*(*s*)', *hallucinogenic mushroom*(*s*). **20g.**
Am *y dderwen fadarch, pren m*., gw. derw (At.), pren.

madarchaidd [*madarch* + *-aidd*] *a*. Tebyg i fadarch, nodweddiadol o fadarch, yn perthyn i fadarch, ffwngaidd, ysbwngaidd: *similar to, characteristic of, or pertaining to, mushrooms or toadstools, basidiomycetous, fungous, fungal, fungoid, spongy*.
1773 *W* d.g. *fungous* [*spongy, or full of holes like a mushroom*]. **1803** *P*, *madarchaidd*, like the toadstool.

madarn, gw. madr[1].

Madawgwys, gw. Madogwys.

mad-deyrn, mad-ddall, gw. mateyrn, madfall.

madedd [*mad*[1] + *-edd*] *eg*. Daioni, haelioni: *goodness, generosity, bounteousness*.
1773 *W* d.g. *goodness*. **1803** *P*.

maden, gw. madyn.

mader, gw. madr[1].

madfall [cf. *mabddall*] *eb.g*. ll. *-feill, -feillod, -fallod*. Unrhyw ymlusgiad o'r is-urdd *Lacertilia*, yn enw. *Lacerta vivipara*, genau-goeg, budrchwilen, gwedresi, lysard, ac *Anguis fragilis*, neidr ddefaid, dallneidr, slorwm; creadur amffibus tebyg o'r tylwyth *Triturus*: *lizard, slow-worm, blindworm*; *newt, eft*.
1707 *AB* 75a, lacerta . . . S.W. *madvall*. *c*. **1730** *Thos. Lloyd D* (LlGC) 166b, *madfall* . . . a lizzard, lacerta. **1753** *TR*, *madfall*, a lizard, a newt, an efft. **1770** *W*, *mad-fall* (vulgò mab ddall) d.g. *blind-worm*. **1798** *WR*, math hynod o *fad-fall* d.g. *camelion*. **1803** *P*. Ar lafar yng Nghered., sir Benf. a sir Gaerf., *LGW* 2557, weithiau'n ddiraddiol am wraig.
Amr.: **madlath** [cf. *mablath, maplath*]. Ar lafar yn sir Benf., *GDD* 192. **madfath** [cf. *mablath, maplath*]. **20g.** **mad-ddall** [*mad* + *dall*, cf. *mabddall*]. **1803** *P*. **maglath** [cf. *madlath*] (ll. *magleithod*). Ar lafar yn sir Benf. a godre Cered., *B* i. 42.
Cfn.: **madfall y coed:** *lizard, Lacerta vivipara*. **20g.** **m. gribog:** *crested or warty newt, Triturus cristatus*. **20g.** **m. y dŵr:** *smooth or common newt, Triturus vulgaris*. *Diw*. **19g.** *SE MS* 271b. **m. lefn** = **m. y dŵr.** **20g.** **m. balmwyddog:** *palmate newt, Triturus helveticus*. **20g.** **m. y tywod:** *sand lizard, Lacerta agilis*. **20g.**
Am *llygad madfall, troed m*., gw. llygad, troed.
Gw. hefyd mabddall.

madfallaidd [*madfall* + *-aidd*] *a*. Tebyg i fadfall, nodweddiadol o fadfall, yn perthyn i fadfall: *similar to, characteristic of, or pertaining to, lizards, lizard-like, saurian*.
1850.

madfallbysgodyn [*madfall* + *pysgodyn*] *eg*. Unrhyw ymlusgiad môr o'r urdd *Ichthyosauria*: *ichthyosaurus*.
1851.

madfallog [*madfall* + *-og*] *a*. Madfallaidd: *similar to, or pertaining to, lizards, lizard-like, saurian*.
1853.

madfath, gw. madfall.

madfelen[1] [cfdds. o'r S. *matfellon*] *eb*. *Bot*. Cramennog, y bengaled, dauwynebog, *Centaurea nigra*: *black knapweed, hardhead*.
1632 *D* (*Bot*), *madfelen*, iassa nigra. **1688** *TJ* (*Bot*), *madfelen*: Knapweed, Mate-fellon. **1770** *W*, *madfelen* d.g. *bull-weed*. **1801** *Llr* C 24, 215, iassa nigra, *madfelen*. **1803** *P*, *madvelen*, the knapweed, or the bull-weed; also called Dauwynebawg. **1813** *WB* 215, *madfelen*, edr. pengaled.

madfelen², gw. bad¹—y fad felen (At.).

madferth, gw. mad + berth.

madfil [elf. gyntaf dyb. *mad(fall)* + *mil²*] *eg.* ll. *-od.* Deinosor; madfall: *dinosaur; lizard.*
1866.

madfyw [amr. ar *amadfyw, ymadfyw* drwy golli'r llaf. ddchr. ddiacen] *a.* Lled-fyw, hanner marw, lled ymwybodol, anymwybodol, hefyd yn *ffig.*: *half alive, half dead, semiconscious, unconscious, also fig.*
18–19g. *Llr* C 30, 174, *madfyw*, [glam.] half dead. **18–19g.** *Llr* C 34, 343, celfyddyd farddoniaidd yn gorwedd yn *fadfyw*. **18–19g.** *Iolo MSS* 88, [c]awsant faban newydd geni [*sic*] yn *fadfyw* ar y Twmpath. Ar lafar yng Nghered. a'r De, 'bwrw (taro) rhywun nes 'i fod yn *fadfyw*'.

Gw. hefyd adfyw, amadfyw, dadfyw, ymadfyw.

madgorn, gw. mapgorn.

madiain, madien [fe'i ceir hefyd fel e. prs., *A* 16. 11, a dichon mai dyna ydyw yn rhai o'r enghrau. isod; cf. Gal. *Matugenia, Matugenus* (e. prs.), Gwydd. C. *Mathgen* (e. prs.); cf. ymhellach *mad ganed, H* 101a. 11, H. Lyd. *Madganoe, Matganet*, Gwydd. C. *mad-génair* 'a aned yn ffodus; ffodus, hapus'; ff. eir. yn unig yw *madien* hyd y 19g.] *a.*, weithiau gyda grym enwol, a hefyd fel *eg.*

(*a*) (Wedi ei eni'n) ffodus, dedwydd, da: (*born*) *fortunate, happy, good.*
c. **1300** *H* 14a. 15, Dragonawl ueidryawl *uadyein* yn eluyt (Gwalchmai i Rodri ab Owain). *id.* 32b. 21, yn eil awduryaeth metuaeth *madyein*. *id.* 40a. 22, lluoet gwawr mawr *madyein*. *id.* 70a. 20, wyr i ywein *madyein* mawr (Cynddelw). **14g.** *GDG* 13, Cyfyd yt hawdd fyd, *fadiain* bôr [i Ifor Hael]. *c.* **1400** *R* 1197. 12–13, creadur modur creawdyr *madyein*. *id.* 1201. 8–9, Argatholic dyd nadolic. eir mawrhydic awr wynvydic. yr wen *vadyein*. *id.* 1214. 16–17, gwediaf gwiw diagyr uerthed. ymot *ymatyein* drugared. *id.* 1314. 6–7, llas yn ryw vrwydyr grwydyr gryt vy myt *matyein*. *id.* 1325. 43–4, Arwyre/in *madyein* modur eur anaw. **15g.** *GM* 34, Dangos glot o'th vot, y'th *uadyein* gynnyd, / Yn haeluam dinam Duw nef dragywyd. **1632** *D, madien, & madiain* . . . bonus, beneficus. **1789** *BDG* 497, Mawr ganfod rhyfeddod fu, / 'Mun *fadiain*, i'm ynfydu. **1791** DAFYDD DDU: *A* 38, A'i henwi'n *fadiain* [:– A fo â thueddiad ynddo i ddaioni] hunan-hanfodol. **1803** *P.*

(*b*) (geir.) Urddas; anrhydeddus: (*dict.*) *honour; honoured.*
c. **1588** *B* ii. 229, *madiein*: vrddas. **1632** *D, madien, & madiain*, est vrddas, ait G.T. Honor. potius Honoratus. **1688** *TJ, madien, madiain*, urddas: honour, honoured. **1722** *Llst* 189. **1753** *TR.*
Amr.: **madian. 1773** *W* d.g. *good.* **madain. 18–19g.** IEUAN LLEYN: *C.*

Madianiad, madien, gw. Midianiad, madiain.

madlosg [elf. gyntaf dyb. *mad(fall)* + *llosg*] *eb.* ll. *-od.* Sarff danllyd: *fiery serpent, prester.*
1858.

madog¹ [?yr e. prs. *Madog* fel e. am lwynog ac fel e.c. (cf. S. *Reynard*, ?Cym. *cadno*), efallai dan ddyl. *madyn*] *eg.* ll. *-od.* Llwynog, cadno, hefyd yn *ffig.*: *fox, also fig.*
1510–40 *BM* 24, 83a, llwyd dy gloc vy llattai glan / *madoc* was bowioc bvan (John ap Rhys ap Morys). **16g.** WILIAM CYNWAL: *Gw* (R. L. Jones) 668, *Madog*, dyn oediog, dinwen,—wergest, / Marwargoch gau rumen [dychan i'r llwynog]. **16g.** OWAIN GWYNEDD: *Gw* 336, Hai! *fadog*, lwynog o Lŷn [dychan i Wiliam Llŷn]. **16–17g.** *RAGR* 305, o ble i daethost ti *madog* gochrudd—[ ]wn panog / sv ai siambre mewn tyllog ddeierydd. *c.* **1730** *Thos. Lloyd D* (LlGC) 166b, *madoc*, vulpis epitheton. **1803** *P, madawg* . . . s.m. pl. *madogod*, an epithet for a fox, equivalent to the word renard.

madog² [gair geir., sef *mad* + *-og*; ?ymgais i esbonio'r e.prs. *Madog*] *eg.* a hefyd fel *a.* Gŵr da; da, cyfiawn, uniawn: *good man; good, just, righteous.*
Dchr. **17g.** *J* 10, 27b, *madog*, vir equus. **1707** *AB* 218c, *madog*, good, just, righteous. S. In Salusburii tamen Dictionario Manuscripto scribitur Equus non Æquus. *c.* **1730** *Thos. Lloyd D* (LlGC) 166b, *madog*, bonus, æquus. **1753** *TR, madog*, good, just, righteous. **1803** *P.*

Madogwys, Madogion, Madogiaid [yr e.prs. *Madog* (sef Madog ab Owain Gwynedd, y dywedid iddo ef a'i ddilynwyr gyrraedd America yn y ddeuddegfed ganrif ac i'w disgynyddion ymsefydlu yno, cf. 1740 T. EVANS: *DPO* 19–21, *Cylchg LlGC* xiv. 122-4) + *-wys¹, -ion, -iaid*] *e.ll.* Yr Indiaid Cymreig chwedlonol y tybid eu bod yn byw yn America ac yn disgyn o Fadog ab Owain Gwynedd a'i ddilynwyr: *the mythical Welsh Indians who were believed to live in America and to be descended from Madog ab Owain Gwynedd and his followers.*
1791 DAFYDD DDU: *A* 42–3, Draw i *Fadawgwys*—drefedigion [:– Mae yn hysbys . . . yr Hanes am Fadawg ab Owain Gwynedd . . . mae yn llwyr ddilys . . . mai y rhai y grybwylled uchod, yn cyfanneddu yn America yw dylynwyr y gwr enwawg hwnw]. **1791** *Cylchg LlGC* ii. 63, Dydd Llun nesaf y cynhalier Dadl erchyll am y *Madogion*—Dafydd ddu . . . i haeru mai gwir y chwedl, Sion Ceiriog . . . i wrthddadlu. **1792** *ib.* [d]ydd Lyfr yr Enwog Wm Pen o Ben y Sylfaen ac ef yn fynych yn son am y *Madowgwys* ac iddo ddanfon Beiblau Cymraeg iddynt. **1800** *Eurgr* 49, aeth i'r America, i ymofyn am y *Madogwys* neu'r Indiaid Cymreig. *ib.* Yr oedd efe wedi cael ei siommi, yn ei ymdaith gyntaf, i ymofyn am y *Madogiaid.*

madol [*mad¹* + *-ol*] *a.* Teg, da, daionus: *fair, good, beneficial.*
17g. HUW MORUS: *EC* i. 77, Gwyn fyd âg awen *fadawl*, / Gwin da fydd, ganu dy fawl. **1803** *P, madawl* . . . benefiting.

mados, gw. madws.

madowydd, gw. madywydd.

madr¹ [bnth. S. C. *mader(e)*] *eg.* *Bot.* Un o'r planhigion o'r tylwyth *Rubia*, yn enw. *R. tinctorum*, a dyfid mewn gerddi gynt oherwydd bod ei wreiddiau'n werthfawr fel meddyginiaeth ac yn rhoddi lliw coch a ddefnyddid wrth liwio gwlanen, &c., cochwraidd, gwreiddrudd; esgorlys, llysiau'r galon, *Aristolochia clematitis*: *madder; birthwort.*
14g. *ACL* i. 44, Rubea maior. y *madyr*. *id.* 45, Sandix. *madyr*. *id.* War[an]cia. *madyr*. *c.* **1400** *Études* vii. 298–300, kymer bugyl . . . blodeu yr egroes . . . a dot gyt ac wynt o'r *madyr* gymeint a'r rei ereill oll o wreid y *madyr*. **1545** *CM* I, 177, Astroloedgia [*sic*] Longa Y Saeson ysydd yn hennwi y llyshiewyn yma *Madyr* ac orvn modd ynghymraeg dail yr hwn ysydd gyffelib i ddail y *madyr* kyffredin. **1547** *WS, madyr* i liwo, madder. *Diw.* **16g.** *WLB* 68, a chawl cochion a *madyr*. *id.* 78, Kymer ddyrnaid . . . or *madyr* or kywarch. **17g.** *Llst* 82, 166, astrologia *madr* koch. *c.* **1730** *Thos. Lloyd D* (LlGC) 166b, *madr* côch, Rubia sativa. **1771** *PDPh* 79, berwch had Ffenigric, had Anis, a chrawel Bay . . . dwy wns o *Madr*, mewn dau gwart o ddiod. *ib.* Rhaid pwno'r *Madr* a'r hadau yn dda. **1776** *W*, y wreidd-rudd, vulgo *madr* d.g. *madder* [*an herb so called, used in dying*]. **1801** *Llr* C 24, 151, a'r cochwraidd sef y *madr*. **1813** *WB* 215, *madyr, madr*, Rubia peregrina, wild madder.
Amr.: **madar. 18g.** *Llr* C 24, 337. **madarn.** *c.* **1740** *LlM* 32. **mader. 1828.**

madr² [bnth. S. *matter* 'pus'; dichon mai i *madr¹* y perthyn yr ail engh.] *eg.* Crawn, hefyd yn *ffig.*: *pus, also fig.*
1547 *WS, madyr* gor, mattre. *a.* **1587** *Y* 137, Da genyd i gyd a gwych, / *Madr* gwan, bob mvdr a genych; / Nid da genyd, noethfryd nwyf, / O'm genav ddim a ganwyf (Wiliam Cynwal). Ar lafar yn ardal Rhosllannerchrugog, 'gwasgu'r *madar* allan'.

Gw. hefyd madrodd¹.

madrach, gw. madarch.

madraf, madriaf: madru, madrio [bf. o'r e. *madr²* neu fnth. S. (*to*) *matter* 'to suppurate'] *bg.a.* Crawni, casglu, llygru, crynhoi (am glwyf); pydru, braenu, adfeilio; hefyd yn *ffig.*: *to fester, suppurate, become septic, gather* (*of a wound*); *putrefy, rot, decompose; also fig.*
1547 *WS, madryo* putry gori, mattyr. *Dchr.* **17g.** *J* 10, 27b, *madru*. **1632** *D, madru*, suppurare, putrefieri, putrescere. **1677** C. EDWARDS: *FfDd* 309, Halen y ddaiar yw gweision Christ i beri ir cnawd ofidio, mal ei cadwer rhag *madru*. *id.* 424, *madru*, llygru. **1688** *TJ, madru*, pydru, to putrifie. **1722** *Llst* 189, *madru*, to corrupt, rot; fester. *id.* d.g. *to beal.* **18g.** *W Ballads* 8, 4, nid oes mor gobeth iddo / ond fyth gael *madrio* mewn tan a mwg. **1753** *TR, madru*, to breed filth, as a sore doth, to matter, to wax rotten, to rot. **1759** *ML* ii. 121, Daccw'r mab . . . wedi cwmpo oddiar garraid o yd a chwedi torri ei fraich. Bu agos iddo a *madru* wrtho. **1759** J. EVANS: *PF* 74, wrth Bigiad neu doriad a fo'n *madru*. Ar lafar yn y Gogledd, yn enw. am gnawd, *WVBD* 359; ond hefyd, e.e., am ddillad 'yn *madru* wrth 'i gilydd'.

Gw. hefyd madreddaf: madreddu.

madraidd [*madr²* + *-aidd*] *a.* Crawnllyd, pwdr, hefyd yn *ffig.*: *festering, rotten, also fig.*
1803 *P, madraidd* . . . tending to fester. **1832** A. ROBERTS: *LlM* 115, Rhoes Robert im' hèr, trwy haeru—'n *fadraidd* / Na fedrwn ddim cânu.

madrchwilen, gw. modrychwilen.

madredig [bôn y f. fl. + *-edig*] *a.bfl.* Wedi crawni, pydredig, pwdr, llygredig: *festered, putrefied, rotten, corrupt.*
1796 *Geirgrawn* 275, a byw fyddo chwithau i feddyginiaethu ei *madredig* friwiau.

madredd [bôn y f. fl. + *-edd*] *eg.* Crawn, gôr, dolur crawnllyd; pydredd, llygredd, hefyd yn *ffig.*; cig marw; ?gwaed drwg, septisemia: *pus, gore, festering sore; putrefaction, decomposition, corruption, also fig.*; *gangrene; ?blood-poisoning, septicaemia.*
14–15g. (**16g.**) *Gwyn* 3, 170, cinnin noeth lipprin fo'th leipra *madredd* [Rhys Goch Eryri i'r llwynog]. **1604–7** *TW* (*Pen* 228), *madredd* yn rhedec allan or putredd llwgr ne waet butr d.g. *sanies.* **1632** *D, madredd*, suppuratio, putrefactio, pus, tabum, sanies. **1722** *Llst* 189, *madredd*, corruption, putrifaction; serosity of the blood. [**1740**] L. ANWYL: *CA* 98, i wahardd y cyfryw lygredigaethau [ymarferion pechadurus ac annuwiol] rhag troi yn *fadredd*. **1752** H. LLOYD: *H* 41, Fel ŷ ceidw'r halen gîg rhag *madredd* neu ddrewdod. **1803** *P.* **1813** *WB* 191, Y dail . . . ynghyd a gwin a iachâodd *fadredd*, neu fraenedd yn y cnawd.

madreddaf: madreddu [bf. o'r e. bl.] *bg.a.* Crawni, casglu, crynhoi (am glwyf); braenu, pydru; hefyd yn *ffig.*: *to fester, suppurate, become septic, gather* (*of a wound*); *rot, putrefy; also fig.*
1722 *Llst* 189, *madreddu*, to rankle, fester, matter. **1773** *W* d.g. *to fester.* **1803** *P, madreddu*, to generate pus, or matter; to fester; to putrefy, to rot.

Gw. hefyd madraf: madru.

madreddiad [bôn y f. fl. + *-iad¹*] *eg.* Crawniad, casgliad gôr, pydriad: *a festering, purulence, putrefaction.*
1780 *W* d.g. *purulence.* **1803** *P, madreddiad*, a putrifying.

madreddog [*madredd* + *-og*] *a.* Crawnllyd, gorllyd, braenol, pydrol, clwc (am ŵy); yn llawn cancr, wedi troi'n gig marw: *full of pus, septic, festering, mattery, putrid, addled* (*of an egg*); *cancerous, gangrenous.*
1722 *Llst* 189, *madreddog*, mattered, festered. *id.* wy *madreddog* d.g. *an addled egg.* **1773** *W* d.g. *egg . . . addle egg, festered, sanious.* **1796** N. WILLIAMS: *HM* ii. 43, rhyw beth gwydn, crawnllyd, *madroddog* [*sic*]. **1803** *P.*

madreddol [*madredd* + *-ol*] *a.* Yn achosi pydru, hefyd yn *ffig.*: *putrefactive, also fig.*
1803 *P.*

madriad [bôn y f. *madraf*: *madru* + *-iad¹*] *eg.* Crawniad, casgliad gôr mewn clwyf, braenedd, pydriad: *a festering, purulence, putrefaction.*
1780 *W* d.g. *purulence.* **1803** *P.*

madriaf: madrio, gw. madraf: madru.

madrigal [bnth. S. *madrigal*] *eb.g.* ll. *-au.* *Crdd.* Rhangan ddigyfeiliant, gan amlaf gyda dynwarediad gwrthbwyntiol cym-

hleth: *madrigal*.
1911.

madrodd[1] [?amr. ar *bed(d)rod*, *med(d)rod* dan ddyl. y f. *madraf*: *madru*, cf. *bedrog* 'esgyrndy' (mewn mynwent)] *eb.* Adeilad neu ystafell lle cedwir cyrff meirw dros dro, esgyrndy, marwdy; tomen (sbwriel): *mortuary*, *morgue*, *charnel-house*; (*spoil*) *heap*.
1803 *P*, *madrodd* . . . a charnel-house. Mal y *fadrodd*, like a charnel-house. **1897** O. GRIFFITH: *MP* 28, chwilio am garreg las . . . o'r waste. Y domen fawr . . . oedd y lle goreu am dano, gan mai yma yr oedd *madroedd* [*sic*] mwn y Boundary o'r cychwyn. Ar lafar yng Nghaergybi am 'gwt yn y fynwent at gadw cyrff', *ISF* 39.

madrodd[2], **madroddus**, gw. ymadrodd, ymadroddus.

madroddog, gw. madreddog.

madron, medron [?bôn y f. ddil.] *a.*, weithiau gyda grym enwol. Penysgafn, penfeddw, syfrdan, hurt: *dizzy*, *giddy*, *amazed*, *stupefied*.
1604–7 *TW* (*Pen* 228), *medron* d.g. *vertiginosus*. *Dchr.* **17g.** *J* 10, 27b, *madron*. **1632** *D*, *madron*, vertiginosus. **1688** *TJ*, *madron*, Pen-ysgafn, ynfŷd: giddy-brain'd. **1722** *Llst* 189, *madron*, dizzy, giddy: amazed. **1753** *TR*, *madron*, one that hath a giddiness or dizziness in the head, giddy, dizzy. **18–19g.** IEUAN LLEYN: *C* 23, Dygwyd y dysgedigion—i fy ngwydd / Efo 'ngweis y doethion; / Ni fedrent, fintai *fadron*, / Ddeongl y 'sgrif, hellgrif hon. *id.* 57, Aeth fy mhen, gan hufen haidd, / Yn *fadron* ac anfydraidd.

madronaf, medronaf: madroni, medroni [tebyg mai ffrwyth ei gysylltu â'r f. *madraf*: *madru* yw'r ystyr 'crawni'] *bg.a.* Gwneud neu fynd yn benysgafn neu'n benfeddw, hurtio, syfrdanu; ?crawni, pydru; hefyd yn *ffig.*: *to make or become dizzy or giddy*, *become stupid*, *stupefy*; ?*fester*, *rot*; *also fig.*
16g. SIÔN BRWYNOG: *C* 10, Ni bu long win, abl o waith, / Na phrynaist hwff ar unwaith. / Ni fydd trwch na feddwn tro / Ni feidr un na *fedrono*. **1552** *Pen* 403, 115, lle bo downsio . . . yn y lle i gwelir kimaint o gyrph gwyr ai meddyliav wedi *medroni*. **17g.** *LlGC* 3561, 1a, *medroni*, pendroni. **1803** *P*, *madroni* . . . to make dizzy, or giddy; to stupefy; to become dizzy.

madrondeb, mydrondeb [bôn y f.fl. + -*deb*] *e.?g.* Madrondod, pendro: *giddiness*, *dizziness*, *vertigo*.
1545 *CM* 1, 244, ynnerbyn gwywder a llesgedd ynn y korf A *mydrondeb*.

madrondod, madryndod, medrondod, &c. [bôn y f. fl. + -*dod*] *eg.* Y bendro, penysgafnder, y gysb, syndod, syfrdandod, hurtrwydd, penwendid, penbyledd, hefyd yn *ffig.*: *giddiness*, *dizziness*, *vertigo*, *astonishment*, *stupefaction*, *stupor*, *sottishness*, *daftness*, *also fig.*
1545 *CI* 194, *medryndod* (*swymmynges*) ynn y pen. **1547** *WS* [xviii], mase . . . *madrondot*. *id.* *madrondot*, astonysshednesse. *id.* *madrondot* o ben, swymynge in the hed. **1567** *LlGG* (*Sall*) 32b, gwnaeth y ni yved gwin *madrondod*. *Diw.* **16g.** *WLB* 41, Rhag *medrondod*, a thrymder, a gwewyr or pen. **1604–7** *TW* (*Pen* 228), pendro, pen[dd]ar, *medrondot*, *madryndot* penn d.g. *vertigo*. **1632** *D*, *madrondod*, & *medrondod*, & *medryndod*, & *mydrondod*, stupor, veternus, vertigo, scotoma. **1688** *TJ*, *madrondod*, *medrondod*, *mydrondod*, *madryndod*, hurtni, syndod: giddiness, astonishment. **1759** *BC* [521], *Madrondod* rhyw Eglwyswr . . . Fod ei benn yn mynd yn synn, / Wrth garu a dilyn, Doli. **1765** J. EVANS: *CPE* 480, gwîn myrhllyd i beri *madrondod* a syndod. **1770** P. WILLIAMS: *BS*, *Pr* xx, [d]arn o gogyddiaeth y cnawd, neu *medryndod* hunan. **1770** *W* d.g. *astonishment*, *benummedness*, *a damp upon the spirits* [*dejection*], *stupor*. **1803** *P*.

madronol [bôn y f.fl. + -*ol*] *a.* Meddwol; ?penysgafn, penwan; yn pydru: *intoxicating*; ?*giddy*, *dizzy*; *putrefying*.
1843.

madrudd, gw. madruddyn.

madruddog, mydruddog [*madrudd(yn)*, *mydrudd(yn)* + -*og*] *a.*
(*a*) Wedi ei wneud o fadruddyn, yn cynnwys neu'n llawn madruddyn, tebyg i fadruddyn, cartilagaidd; meraidd, llawn mêr: *gristly*, *cartilaginous*; *marrowy*, *medullary*.
1722 *Llst* 189, *madruddog*, gristly. **1774** *W*, *madruddog*, *mydryddog* d.g. *cartilaginous*, *gristly*. **1803** *P*, *madruddawg*, having marrow.
(*b*) Erchyll (ffrwyth cymysgu'r S. *grisly* a *gristly*): *grisly*.
1785 E. BARNES: *MH* 56, y rhai a ydych mewn caethiwed i'r Gormeswr *madruddog* (*grisly Tyrant*) [angau].

madruddol [*madrudd(yn)* + -*ol*] *a.* Meraidd, llawn mêr; madruddog, cartilagaidd: *marrowy*, *medullary*; *gristly*, *cartilaginous*.
1803 *P*, *madruddawl*, of the nature of marrow.

madruddyn, modruddyn, mydruddyn, &c., *eg.* ll. -*nau*.
(*a*) Meinwe wydn hydwyth sy'n ffurfio rhan o ysgerbwd fertebriaid (e.e. yn y glust a'r trwyn), cartilag, teisban, gïau, mwydyn y cefn; mêr; craidd, bywyn, calon; hefyd yn *ffig.*: *cartilage*, *gristle*, *tendon*, *spinal cord*; *marrow*; *pith*, *core*, *heart*; *also fig.*
c. **1400** *Études* viii. [66], kymer *verdrudyn* dinawet. *Diw.* **16g.** *B* ix. 121, a gleinieu y cefyn ar *modruddyn*. **1604–7** *TW* (*Pen* 228), or *madruddyn*, ne'n llawn *madrûddynæ* d.g. *cartilagineus*. *id.* *madruddyn*, ne'r mwydionyn, megys or trwyn ne'r glust d.g. *cartilago*. *Dchr.* **17g.** *J* 10, 28b, *mydruddyn*, cartilago, medulla. **1632** *D*, *modruddyn*, & *madruddyn*, nonnullis Cartilago. **1651** SIÔN TREREDYN: *MDD* [ix], rhwngodd bodd yr A[w]dwr o'r llyfr hwn ei alw yn *Madruddyn* o'r Difinyddaeth diwëddaraf . . . am iddo . . . crynoi . . . yr hufen neu'r mér y teccaf a'r goreuon . . . iw lyfr. **1658** R. VAUGHAN: *PS* 171, llygru iechyd, anrhydedd, ac estât dyn gan wanhychu a threulio *madruddyn* bywyd. **1722** *Llst* 189, *madruddyn*, m.p. *ddynnau*, a cartilage, gristle; cream of a jest; heart of a tree; core of anything. **1749** *ML* i. 147, Mae arnaf eisiau gyrru i chwi lyfr newydd . . . fal y galloch weled *madruddyn* yr iaith Gymraeg. **1753** *TR*, *madruddyn*, and *modruddyn*, a cartilage, a gristle or tendon, as of the ear or nose. **1803** *P*.
(b) Arennau, elwlod: *kidneys*.
1545 *CI* 50, ynnfflamashiwn . . . o'r meinngeuyn o'r *meerddruddun*. *id.* 132, chwydu a ymenda . . . yr affectis o'r *merdruddun* (*raynes*).
Amr.: **madrudd, mydrudd** [olff.] (ll. -*au*, -(*i*)*on*). *Dchr.* **17g.** *J* 10, 29a, *mydrudd*. **1771** *W*, *mydrudd* d.g. *cartilage*. **1803** *P*, *madrudd*, marrow. **meindruddyn** [?ff. wallus]. *Dchr.* **17g.** *J* 10, 29a. **merdruddyn, ?merddruddyn** [?trwy ei gysylltu â *mêr*]. *c.* **1400** *Études* viii. [66]. **1545** *CI* 50, 132.
Cfn.: **madruddyn (modruddyn, &c.) (y) cefn, m. asgwrn y cefn:** *spinal cord*, *spinal marrow*. **1545** *CM* 1, 179. **1604–7** *TW* (*Pen* 228) d.g. *medulla*, *medulla spinalis*, *notiæos*. **1632** *D*. **1688** *TJ*. [**1783**] *W* d.g. *the spinal marrow* (hefyd *WR*). **1803** *P*. **m. (llydan) y glust:** *pinna*, *broad upper part of external ear*. **1604–7** *TW* (*Pen* 228) d.g. *pinna* (hefyd *D*). **1707** *AB* 120c. **m. y (ddwy)ffroen:** *nasal cartilage*. **1816. m. pren:** *heart* (*of tree*). **1774** *W* d.g. *the heart of a tree*. **m. trwyn, m. ei drwyn (ei thrwyn,** &c.) = **m. y ffroen.** [**1762**] E. POWELL: *HEI* 48.

madruddynnog [*madruddyn* + -*og*] *a.* Madruddog, cartilagaidd: *made of gristle*, *full of gristle*, *gristly*, *cartilaginous*.
1604–7 *TW* (*Pen* 228), *madruddûnoc* d.g. *cartilaginosus*. **1722** *Llst* 189, *madruddynnog*, gristly. **1774** *W* d.g. *gristly*.

madrwy, medrwy, &c. [?cf. yr elf. gyntaf yn *madrchwilen*, *modrychwilen*, *madfall*, &c.] *eb.* (bach. -*en*) ll. -*od*. Genau-goeg, madfall; madfall y dŵr: *lizard*; *newt*.
c. **1585** *Llst* 178, 59a, ymysc amwyd *medrowod* (*March C* 26, *medrwyod*) ffrogaed llyffaint nadredd gwiberod a phryfaid gwenwynig. **18–19g.** *Llr C* 30, 187, *madrwyen*, an eft, plur *madrwyod* [Glam]. *id.* 55, 164, *madrwyen*, a Lizard, a newt. **1803** *P*, *madrwy*, s.f., a newt, or eft.
Amr.: **modrwyan, modrwyen**[1] [?dan ddyl. *modrwy*]. **1773** *W*, *modrwyen* d.g. *eft*, *or evet*. **18–19g.** *IAW* (LlGC) 101, 33, *modrwyan* d.g. *asher or efft*. **1803** *P*, *modrwyen* d.g. *modrwyvil*.
Cfn.: **madrwy felen** [cf. *modrychwilen*]: *lizard*, *newt*. **1801** *Llr C* 24, 13, Cais dair o'r *madrwyod melynion*, a elwir gan eraill genergoeg [*sic*].

Gw. hefyd modrwyfil, modrychwilen.

madrwyen, madrwyfil, madryn, madryndod, gw. madrwy, modrwyfil, madyn, madrondod.

madryw, gw. mad[1] + rhyw.

madsych, gw. matsych.

madwaith [*mad*[1] + *gwaith*[1]] *eg.* Gwaith da, daioni: *good work*, *goodness*.
c. **1400** *RWM* ii. 9, *Matweith* (*id.* 7, Mabieith) hengyrys o ial . . . Ar hen wyrda adywawt y diaerhebyon hynn odoethineb. **15–16g.** *GRB* 4, Gobaith *madwaith* ym ydwyd; / gobaith pob iaith a'n pab wyd [am Grist]. **1632** *D* (*Diar*), Y casgl cyntaf o'r Diharebion hyn a elwid gynt *Madwaith* hên Gyrys o Iâl. **1791** DAFYDD DDU: *A* 39, Doeth iawn yn ei *fad-waith* yw, / Neud, Awdur drwg nid ydyw [am Dduw].
Gthg. anfadwaith.

madwaledd, madwaredd, gw. mydwaledd.

madwr [*mad*[1] + -*wr*] *eg.* Cymwynaswr, lleswr, noddwr: *benefactor*, *patron*.
1764 DEWI NANTBRÂN: *CB* 86, Teilynga, O Arglwydd, roddi i'n *Madwyr* oll, er dy Enw di, 'r Bywyd tragwyddol. **1776** DEWI NANTBRÂN: *AN* 26, [ei]n *Mâdwŷr* neu 'n Cymmwynaswŷr. *id.* 314, yr wyf yn rhoddi diolch i ti, megis i'm dibaid *Fadwr*, a'm beunyddol Gymmwynaswr. **1803** *P*.

madws[1] [?est. ar y bôn a welir yn *mad*, ?cf. Llad. *mātūrus* 'amserol, aeddfed'] *eg.* a hefyd fel *a.* Amser, hen bryd, llawn bryd, llawn amser, amser cyfaddas, priodol, neu lesol, cyfle; amserol, cyfleus: *time*, *high time*, *right moment or time*, *suitable*, *opportune*, *or advantageous time*, *opportunity*; *timely*, *convenient*.
14g. *T* 8. 4–5, *Madws* mynet yr ymdiot acheluydeit am geluydyt. **14g.** *WM* 22. 18–20, *madws* oed ymi cael attep am aercheis. *id.* 227. 26–7, bot yn *vadws* ym kaffel a ymdidanei a mi. **14g.** *GDG* 166, Yn dyfod i gnocio'r drws: / 'Y mwdwl gwair, ai *madws*?' **15g.** *HS* 1, diwedd i fyd nid oedd *fadws* / och ir dref na chaue r drws [marwnad Watcyn Fychan]. **15g.** *ID* 25, maen *fadws* fom ynfydwyd / sorri gwen mor sarrug wyd. **16g.** RHISIART FYNGLWYD, &c.: *Gw* 158, 'Mudais i faes, *madws* fu. *Dchr.* **17g.** *CRC* 156, Mi fvm yn rhodio bythod / heb gael or pethe / onid oedd hi fwy na *madws* / im fyned adre. **1630** R. VAUGHAN: *YDd* [vi], y mae diofalwch yn ebrwydd yn sio ynglust y rhagrithiwr, (er bod yn *fadws* iddo feddwl am y pethau hyn) nad yw hi etto amser. **1632** *D*, *madŵys*, & *Madws*, maturè, tempestiuè, tempus completum. *Madws* yw, Tempus est. **1677** *TC* 7a, *madws*, mae'n amser. *Diw.* **17g.** F. PAYNE: *AG* 193, hi aeth yn *fadws* i franaru. **1688** *TJ*, *madwŷs*, *madws*: compleat time, fulness of time. **1803** *P*, *madws*, full time, fullness of time; season, or opportunity.
Amr.: **mados.** **1716–18** *Llsgr R. Morris* 108. *id.* 195, mi af i adre cin y nos / hi aeth yn *fados* imi. **madwys** [drwy dybio bod -*w*- < -*wy*-]. **1547** *WS*, *madwys*, conuenient. **1551** W. SALESBURY: *KLl* lxvb, can ennill amser [:– *madwys*]. **1604–7** *TW* (*Pen* 228) d.g. *conueniens*, *nubilis*, *tempestiuus*, *viripotens*. **1607** *Rhyddiaith Gymraeg* i. 138, mae'n oet ag yn gwbl *vadwys* i mi . . . gyfranu. **1632** *D*. **1688** *TJ*. **1793** DAFYDD IONAWR: *CD* 241. **1814** *Seren Gomer*, 9 Gorff., [3], A'r durtur bereiddlwys, pûr 'hedydd paradwys, / Gân *fadwys* tra cymmwys trwy'n cymydd (Iolo Fardd Glas). **1818** R. JONES: *GP* 159, Yn y maes, meddan' i mi, / Mwy *madwys*, y mae medi. **ymadws.** *c.* **1400** [*RB*] *WM* 507. 3. **1721** J. JONES: *Alm* [8]. **1736 (1812)** *YRW* 16.

madws[2] [bnth. S. *madhouse*] *eg.* Ysbyty neu gartref i rai sâl eu meddwl, seilam, gwallgofdy: *mental home or hospital*, *asylum*, *madhouse*.
1908. Ar lafar.

madws[3] [?yr e. prs. *Madws*, gw. *W Surnames* 158, fel e. am lwynog neu fel e.c. (cf. S. *Reynard*, Cym. *madog*, ?*madyn*, ?*cadno*)] *e.g.* Llwynog, cadno, yn *ffig.*: *fox*, *fig.*
c. **1400** *R* 1354. 7, Kyfuarthvws *vadws* uadawc uab howel.

madwydd, madwys, gw. madywydd, madws[1].

madwysg [?*mad*[1] + ?*gwysg*(*ion*)] *eg.b. Bot.* Planhigyn o'r tylwyth *Aquilegia*, fel rheol *A. vulgaris*, troed y golomen, blodau'r sipsi: *columbine*.
1801 *Llr* C 24, 115, hanner dyrnaid o'r *madwysc* (**18g.** *id.* 334, Cwlwmbein) a elwir yn lladin aquilegia. *id.* 207, aquilegia, *madwysc*. **1813** *WB* 215, *madwysg*; Aquilegia vulgaris; columbine.

madyn [?yr e. prs. *Madyn*, gw. *W Surnames* 157, fel e. am lwynog ac fel e.c. (cf. S. *Reynard*, Cym. *madog*, ?*cadno*); ond cf. Gwydd. C. *math* 'arth' ac o bosibl yr elf. *matu-* mewn e. prs. Gal., neu Wydd. C. *madrad* a *matad* 'ci' (cf. Gwydd. Diw. *mad*(*r*)*adh ruadh* 'cadno', yn llythr. 'ci coch'); dichon fod chwarae ar yr e. prs. yn engh. gyntaf (*b*)] *eg*?*b.* (b. *maden*).

(*a*) Llwynog, cadno: *fox*, *reynard*.
14g. *GDG* 64, Llidiais, nid arswydais hyn, / Arth ofidus, wrth *fadyn*. **14–15g.** (**16g.**) *Gwyn* 3, 167, *Madyn* lwynogyn agos i ledrad. *id.* 168, Dryg-waith *madyn* dorog wyllt (Rhys Goch Eryri). **15g.** *HVN* 475, med[r] gwiw yn ael riw yr hawg / *Madyn* waetha kymodawg (Ieuan Gethin). **15g.** *IGE*[2] 330, *Madyn* ronwyn ry enwir, / Meingi gwych, mynny gig ir. *id.* 331, O gwely'r paun, gwyliwr pwr, / Iddo, *fadyn* ddefeidiwr! **15g.** *Pen* 57, 39, Mvdei gic mevdw gogof / *Madyn* dew aeth am edn dof. [**1547**] W. SALESBURY: *OSP*, Ny chlyw *madyn* i ddrygsawr i hun. **1632** *D* (*Diar*), Hôff gan *fadyn* ei faw ei hun. **1753** *TR*, *madryn*, and *Madyn*, a fox. **1803** *P* d.g. *maden*, *madyn*.

(*b*) (Yn *ffig.*: *fig.*)
c. **1400** *R* 1365. 37–9, ny daw oe durllaw vadawc dyfyr/llyt. *Madyn* gi gelyn go galet wyncu yny del escob du o din dyfyrgi. **1761** *ML* ii. 417, Adrodd y modd y gwnaeth yr hen *fadyn* Iarll Badd ei droi allan o Lieutenancy Sir Amwythig. **1793** DAFYDD IONAWR: *CD* 243, Satan ddu ganfu y Gwr, / A goflin oedd ei gyflwr. / *Fadyn*, fe wnai ofidiaw / Mewn llidiog afriwiog fraw. **1818** R. JONES: *GP* 191, Cnafaidd Ddedwydd yn cneifio, / Cynffonwyn *fadyn* yw fo.
Amr.: **madryn.** **1707** *AB* 179a, N.W. Llwynog, madyn, *madrin* d.g. *vulpes*. **1753** *TR*. **1803** *P*.

madywydd [?*mad*[1] + *ywydd*] *e.ll.* neu *eg. Bot.* Helyg Mair, gwyrddling, *Myrica gale*: *bog myrtle*, *sweet gale*.
Dchr. **17g.** *J* 10, 27b, *madowydd*. **1632** *D* (*Bot*), *madowydd*. **1803** *P*, *madywydd*, the Dutch-myrtle, or sweetgale. **1813** *WB* 215, *madywydd*; Myrica Gale; Sweet Gale, Dutch Myrtle.
Amr.: **mordywydd.** **1707** *AB* 281c, The Dutch Myrtle or sweet Gale is called in Cardiganshire *Mordywydd* d.g. *myrtle*. **1773** *W* d.g. *Dutch-myrtle*. **1803** *P*. **1813** *WB* 221.
Gw. hefyd myrtwydd.

maddeg [amr. ar *byddag*] *eg.* ll. *-au.* Cwlwm dolen, cwlwm tagu: *a running bow or knot*.
1722 *Llst* 189, maddeg, m.p. *ddegau*, a running bow or knot as that of a springle.
Gw. hefyd byddag.

maddeuad [bôn y f. ddil. + *-ad*[1]] *eg.* ll. *-au.*

(*a*) Y weithred o faddau (yn ôl amrywiol ystyron y f.), gollyngiad neu fwriad ymaith, rhyddhad, dilead (dyled, cosb, pechod, &c.), maddeuant, pardwn: *a setting free*, *dismissing*, *remission* (*of debt*, *punishment*, *sin*, *&c.*), *forgiving or pardoning*.
1778 *W* d.g. *a pardoning*. **1803** *P*, *maddeuad*, a letting go, a setting at large, a loosening, a liberating; a dismissing; a quitting, or leaving; a forgiving, remitting, or pardoning.

(*b*) *Egl.* Indwlgens, maddeueb, maddeulen: (*papal*, *&c.*) *indulgence*.
1710 *CBGEL* 35, Am saith Sacrament . . . Am Draws-sylweddiad . . . Am *Faddeuadau*. **1799** M. WILLIAMS: *HHG* 83, [d]ull y *maddeuadau* pabaidd.

maddeuadwy [bôn y f. ddil. + *-adwy*] *a.* Maddeuol, y gellir ei faddau, heb fod yn ddifrifol iawn (am bechod neu drosedd), esgusodol: *forgivable*, *pardonable*, *venial*, *excusable*.
1719 IACO AB DEWI: *TG* 52, Cwympeu *maddeuadwy*. **1774** *W* d.g. *ignoscible*, *pardonable*. **1803** *P*.

maddeuaf: maddau [H. Lyd. *in madau*, gl. *pessum*, H. Wydd. *mad*(*a*)*e* 'ofer', ?o'r un gwr. **mad-* 'llaith, gwlyb' â'r H. Wydd. *maidid* 'tyr' a'r Llad. *madēre* 'bod yn wlyb'] *bg.a.*, a'r be. fel *eg.* ll. *-on.*

(*a*) Gollwng, ymadael â, bwrw ymaith, cael gwared o, ysgaru, rhyddhau; ffordd-io, sbario, hepgor (amser i ryw bwrpas, &c.), fforffedu, rhoddi'r gorau i (ryw-beth), ymwrthod â, peidio â, gadael heibio, colli, gadael heb ei dalu: *to let go*, *dismiss*, *forsake*, *leave*, *abandon*, *dispense with*, *part with*, *get rid of*, *divorce*, *set free*; *afford*, *spare* (*time for some purpose*, *&c.*), *forfeit*, *give up*, *be or do without*, *abstain from*, *cease*, *omit*, *lose*, *withhold*, *leave unpaid*.
13g. *A* 8. 9–10, men yth glawd e offer e bwyth *madeu*. **13g.** *MA*[2] 218a. 33, Dy *faddeu* nid teu teg y rhoddi [Dafydd Benfras i Lywelyn ap Iorwerth]. *id.* 220b. 48, Gwag yw byd bod yn ei *faddeu* [marwnad Gruffudd ap Llywelyn gan Ddafydd Benfras]. **13g.** *BD* 82, y weithyon y maent yn dewissav *madeu* (*amittere*) eu teyrnget ywch. **14g.** *WM* 69. 32–3, ny *madeuaf* i uygkwn. **14g.** *GDG* 105, Fy nghae bedw . . . / Fy mudd yw, nis *maddeuaf*. *c.* **1400** (*SG*) *HMSS* i. 213, mi a *vadeuaf* vy llit idi. *c.* **1400** *R* 1165. 6–7, Gwelet eu *madeu*. dros eu camwedeu. yn uffern boeneu. *id.* 1223. 22–3, Gwae bieu *madeu* med a gwinllat. *id.* 1332. 39–41, Colli pregetheu. ac efferenneu. *madeu* vy sulyeu yr medw salwed. **15g.** *BB* 133, Gwedy y*madeuho* ymrodi ycreulonder. **15–16g.** *GLM* 93, *maddau*'i hawl am ei dda'i hun. **16g.** *HG* 101, gorfod *maddaü* r golüd mawr, yn awr i bo n dyparto. **1567** *LlGG* [xvii], er nat yw cadw nei *vaddae* vn Ceremoni neu gynneddf . . . anyt peth bychan. *id.* 40a, yr Iesu . . . a *vaddeuawdd* yr (**1588** *Math* xxvii. 50, ymadawod[d] â'r) yspryt. **1567** *TN* 7b, Pwy pynac a *vaddeuo* [:– yrro ywrtho, wrthoto, yscaro] ei wraic. *id.* 23a, gellwng [:– *madde*, gad] y dyrva ymaith. *id.* 38a, yn *maddae* [:– gellwng heibio] pethae trymach o'r Ddeddyf. *id.* 291a, gan *vaddae* bygwthiaw (**1588** *Eff* vi. 9, gan roddi bygwth heibio). **1604** R. HOLLAND: *BD* 12, mor lawn-waith i swydd nas geill efe *faddeu* nemmor o amser i ddarllen. **1632** *D*, *maddeu*, linquere, relinquere; dimittere, omittere. **1730** (**1755**) E. WYNNE: *PAC* 38, Pam y dywedir y fawl-wers . . . weithie, ac y *maddeuir* hi waith arall? **1803** *P* d.g.*maddau*, *maddeu*. Ar lafar yn y Gogledd, gan amlaf ynglŷn â bwyd a fwynheir yn fawr, ''Ô'n i'n methu *madde* i'r pwdin 'na', 'I couldn't resist that pudding'.

(*b*) Cyfrif (pechod, trosedd, dyled, &c.) wedi ei d(d)ileu, ymwrthod â digofaint, bodloni heb hawlio dyled neu gosb am (bechod, trosedd, &c.) neu gan (berson), pardynu, difeio, esgusodi: *to forgive* (*sin*, *offence*, *debt*, *person*, *&c.*), *remit*, *let off*, *pardon*, *absolve*, *excuse*, *overlook*.
13g. *C* 81. 16–17, *matev* (*ib.* 8, kyrraw) im vy. gev. **14g.** *BT* 203, gan *vadeu* . . . hanner y dylyet. **14g.** *BY* 42, Ac ef a *vadeuawd* vdunt eu treth seith mlyned. **1346** *LlA* 15, Paham na *madeuei* duw idaw yntev ac ef yn drugarawc yr hynn ny allei ydalu. *id.* 42, O*madeuir* (*sunt remissa*) pechodeu yn anghev crist. **14g.** *GDG* 270, *Maddeuid* Mair, neddair nawdd, / I'm lleddf wylan a'm lladdawdd. / Diau, a mi a'i diaur, / Minnau a'i *maddau* i'm aur. **14–15g.** *IGE*[2] 298, *Maddau*'r balchder camweddus, / *Maddau*'r holl bechodau rhus. / *Maddau* im drin godineb, / Ennyd awr yn anad neb. / . . . / *Maddau*, Mab Mair ddiwair wen, / A fegais o genfigen. / *Maddau* a wneuthum, bûm bŵl, / A *maddau* fy ngham feddwl (Siôn Cent). *c.* **1400** *ChO* 18, 'Paham y nessey di attaf i?' heb y keilyawc. 'Tra dolur a wna y mi hynny,' heb y catno. '*Madeu* ym.' *c.* **1400** *RB* ii. 75, erchi idaw *madeu* y vrawt y llit ar bar aoed gantaw wrthaw. **1551** W. SALESBURY: *KLl* xxxva, Y tat *maddeu* yddynt, can na wyddant pa wnant. **1567** *TN* 9a, A' *maddae* i ni ein dledion. *c.* **1585** G. ROBERT: *DC* 30a-b, [d]yn a r oedd yn ei ddylyed, ag ynteu wedy *maddeu* yr ddylyed. **1588** *Job* vii. 21, *Salm* xxxii. 1. **1588** 1 *Mac* x. 29, yr ydwyfi yn *maddeu* i chwi y taledigaetheu o halen. **1609** R. SMYTH: *CAC* 39, oni *faddeuwch* i ddynion ni *feddy*'ch tad mo'ch pechodau chwithau. **1618** J. SALISBURY: *EH* 114, dymuno yr ydym, ar i Dduw bardynu a *madde* i ni'n camweddeu. **1632** *D*, *maddeu*, parcere, remittere, ignoscere, donare. **1675** R. JONES: *HCh* 114, *maddeu* dy frawd. **1722** *Llst* 189, *maddeu* ammharch d.g. *to affront* . . . *to put up an affront*. **1776** *W*, mi a wnaethum (a fûm) ar fai, *maddeuwch* i mi d.g. *mercy* . . . *I cry your mercy*. **1803** *P* d.g. *maddau*, *maddeu*.

Fel *e.* Maddeuant, pardwn; *Egl.* indwlgens, maddeueb; gollyngiad yn rhydd, gollyngdod, rhyddhad; gadawiad heibio, hepgoriad: *forgiveness*, *pardon*, *remission*; (*papal*, *&c.*) *indulgence*; *a setting free*, *dismissal*; *omission*, *a dispensing with*.
14g. *T* 12. 7–8, Iwch ny byd *madeu* vygwan abereu. *Dchr.* **17g.** *J* 10, 28a, *maddau*, ignoscentia. **1632** J. DAVIES: *LlR* 504, Dyna ei orchymmyn ef, ac nid oes *maddeu* dim o hono. **1722** *Llst* 189, nid oes *maddeu* dim o hono, it is indispensible in every part. **1769** W. WILLIAMS: *FfW* iii. 71, Dere dy hun i lawr i'r frwydr, / Cyhoedda *faddeu*, cyhoedda hedd. **1803** *P*, *maddau*, a setting at large, a liberating; a dismissal; a quittal; pardon. *id.* d.g. *maddeu*.
Amr.: **maddeuo.** **1617** *Minsheu* 5[1]b, i *faddêuo* yr yspryd d.g. *to Breath out the last or giue vp the Ghost*. **1803** *P*.
Am *diwyn faddau*, gw. diwyn[2].
Cfn.: **myned maddau** [cf. *eneidfaddau*; ?cf. H. Wydd. *téit* (*i m*)*mudu* 'â ar goll, collir (ef)']: *to be in vain*, *be lost*, *be forfeit*. *c.* **1300** *H* 81b. 41-82a. 2, Ellygwys gwraget eu gwrecysseu. Rei gweinyon nothon *aethan uateu*. **14g.** *AL* ii. 198, O gwystla mach gwystyl dros kynogyn ny dyly *mynet madeu* arnaw hyt ym pen vn dyd ablwydyn. *ib.* cany dylyir *mynet madeu* ar ulith.
Gw. hefyd difaddau, eneidfaddau, pendifaddau.

maddeuant, maddeuaint [bôn y f. fl. + *-ant*[2], *-aint*[1]] *eg.* ll. *-annau*, *-antau*.

(*a*) Pardwn, gollyngdod, rhyddhad, dilead (dyled, cosb am drosedd, &c.); *Egl.* datganiad ffurfiol gan offeiriad neu esgob fod pechodau rhywun wedi eu maddau: *forgiveness*, *pardon*, *remission* (*of debt*, *punishment for crime*, *&c.*); (*eccl.*) *absolution*.
13g. *B* ix. 147, ny allaf anobeithyav o *vadeueint*. **14g.** *id.* 333, A phwy vn bynnac yd archo ef yti *vadeueint* o'e bechodeu na omed ef. **14g.** *GDG* 269, I Fynyw dir . . . / I geisio, blodeuo'r blaid, / *Maddeuaint*, am a ddywaid, / Am ladd ei gwas dulas dig. *c.* **1400** *ZCP* xiii. 84, *madeuein* oth pechodeu [drll.]. *c.* **1400** *R* 1332. 44–5, Gochel *madeueint*. digyaw rac hirheint. sathru hawddir seint. *c.* **1400** *RB* ii. 189, Bit yr agheu honno yn benyt idaw ac yn *vadeueint* oe bechodeu. *c.* **1400** *YCM*[2] 2, y gymryt *madeueint* oc eu pechodeu. *id.* 62, archaf y Veir *uadeuant*. **15g.** *GHC* 46, Dêl i minnau *faddeuaint* / Am garu, hyn a'm gyr haint, / Chwaer faeth ywch. **15g.** *KAA* 27, *madeueint* a chymmot. **15g.** *FfBO* 37, gwybyd di y Vahumet genhatau kymeint o *vadeuant* y'r neb a ladei vn o'r Cristynogyon. **1551** W. SALESBURY: *KLl* xxxia, eb ellwng gwaed nyd oes ellyngdod [:– *vaddeueint*]. **1588** *Neh* ix. 17, ti Dduw y *maddeuaint* ydwyt râslawn. **1604–7** *TW* (*Pen* 228), aberthu, ofrymu, gofyn *maddeueint* gann dduw d.g. *sacrifico*. **1618** J. SALISBURY: *EH* 114, nawdd, pardwn, a *maddeuant* o'r camweddæ a wnaeth ef yn erbyn Duw. **1632** *D*, *maddeuant*, & *maddeuaint*, remissio. **1798** *WR*, *maddeuant* o ddyled d.g. *acceptilation*. **1803** *P*.

(*b*) *Egl.* Indwlgens: (*papal*, *&c.*) *indulgence*.
1618 J. SALISBURY: *EH* 261, [y] *Maddeuannæ*, neu'r Pardynæ y bydd Pabæ arferol o'u cyfrannu yn fynech. **1703** E. WYNNE: *BC* 68, Mae genni *faddeuant* o'm hôll bechodeu tan law'r Pâp ei hun . . . ynte roes i mi gynnwysiad i fynd yn union i Baradwys. **1764** DEWI NANTBRÂN: *SAG* 4, Yr wyf yn taeru hefyd, fod yr Awdurdod o *Faddeuannau* wedi ei adaw gan Ghrist yn yr Eglwys. *id.* 68, Pa beth a ystyriwch wrth *Faddeuannau*? . . . Rhyd[d]hâad . . . o Ddyled y Cospedigaeth amserol . . . ar ôl Rhyddhâad her Euogrwydd, ar ôl Rhyddhâad her Euogrwydd, ar ôl Rhyddhâad hed Euogrwydd, ar ôl Rhyddhâad hed Euogrwydd

(*c*) Ymadawiad, ymwahaniad: *a leaving or departing*, *departure*, *parting*.
c. **1400** *R* 1145. 28, Duw sadwrn ys aeth ys eithyt. ym med. *mad*[*e*]*ueint* anhyuryt.

maddeuantlythyr [*maddeuant* + *llythyr*] *eg.* ll. *-au.* *Egl.* (Tystysgrif) indwlgens, maddeueb: (*certificate of*) (*papal*, *&c.*) *indulgence*.
1807.

maddeueb [bôn y f. fl. + *-eb*] *eb.* ll. *-au*, *-ion.* *Egl.* Indwlgens, maddeuantlythyr, pardwn: (*papal*, *&c.*) *indulgence*, *pardon*.
1850.

maddeuedig [bôn y f. fl. + *-edig*] *a.bfl.* Wedi ei faddau, wedi ei bardynu: *forgiven*, *absolved*, *pardoned*.
13g. *LlDW* 76. 25–6, llw canhur . . . ar uot yn

uadeuedyc eu car. **1346** *LlA* 145, *madeuedic* vyd idaw yn hollawl y pechodev marwawl. **14g.** *WM* 404. 36–7, *madeuedic* yw ganthaw y godyant ef. *c.* **1400** *YCM²* 189, Ac yn y vedwl yd oed bot yn *vadeuedic* idi a dywedassai. **16g.** *THSC* (1923-4) (At.) 26, kans *maddavedic* gan dduw iddo y dressbas. *Diw.* **16g.** *WLB* 22, i holl eiriau gweigion a fydd *maddeuedic* iddo. **1700** D. MAURICE: *AC* 18, Gan fod y Pechodau a haeddasant Farwolaeth, yn *faddeuedig*. **18–19g.** *CLl* 247, O chyraedd ddau na châr ddig, / Ydd ydwyt *faddeuedig*. **1803** *P.*

maddeugar [bôn y f. fl. + *-gar*] *a.*

(*a*) Parod i faddau, hoff o faddau, yn maddau llawer: *forgiving, ready to forgive, pardoning much.*

1551 W. SALESBURY: *KLl* xvib, yn *vad*[*d*]*eugar* am ddrigioni. **1620** *Salm* lxxxvi. 5, ti ô Arglwydd ydwyt ddâ, a *maddeugar* (**1588** *ib.* thrugarog). **1632** *D*, *maddeugar* d.g. *comis, perindulgens.* **1677** R. JONES: *BB* 80–1, Ymgais at Grist, llefa yn grôch arno ef am ei râs *maddeugar* ith adnewyddu. **1730** A. MORGAN: *CES* [vi], [t]anu llen-gudd *faddeugar* a di-ragfarn dros gam-gymmeriadau ac amherffeith-rwydd y gwaith. **1739** D. ROWLAND: *LlY* 15, edryched yr Arglwydd yn *faddeugar* arno. **1759** *DG* 148, Y fi sydd yn *faddeugar* ddigon / Am bob camweddau eiriau oerion. **1762** D. ROWLAND: *PA* 82, y gwrthrych mwyaf, o'r *maddeu-gar* gariad, a'r neillduol drugaredd. **1773** *W* d.g. *to forgive, ready* [*apt*] *to forgive, or forgiving.* **1795** J. THOMAS: *AIC* 370, dymunaf i bob darllennydd . . . basio heibio iddynt [beiau] yn *faddeugar*. **1803** *P.*

(*b*) Maddeuadwy, maddeuol: *forgivable, pardonable.*

1768 RISIART AP ROBERT: *CB* 359, Pechodau gwirfodd yn *faddeugar* pan edifarhaom.

maddeugarwch [*maddeugar* + *-wch¹*] *eg.* Y briodoledd o fod yn faddeugar, parod-rwydd i faddau: *forgiveness, willingness to forgive.*

1712 T. WILLIAMS: *CDdG* 84, ammynedd a *Maddeugarwch* . . . yn attal digllonrwydd afreolus. **1718** E. SAMUEL: *HDdD* 328, [y] Grâs gwir-Gristianogol o Gariad a *maddeugarwch*. *c.* **1730** *Thos. Lloyd D* (LlGC) 166b, *maddeugarwch* . . . Ignoscentia. [**1738**] E. JONES: *CE* 32, od ydys . . . yn gorchymmyn ini ddangos y fath *Faddeu garwch* [*sic*] cyffredinol. **1803** *P*, *maddeugarwch*, forgiveness.

maddeulen [bôn y f. fl. + *llen*] *eb.* ll. *-nau, -ion. Egl.* (Tystysgrif) indwlgens, maddeuantlythyr: (*certificate of*) (*papal, &c.*) *indulgence.*

20g.

maddeuog [bôn y f. fl. + *-og*] *a.* Maddeugar, parod i faddau: *forgiving, ready to pardon.*

1567 *LlGG* (*Sall*) 48b, yn dda ac yn drugarawc, [:– dosturioc *vaddeuawc* arbedawc]. **1692** *BM* 49, 10a, ar dduw ddwi'n eiriog / fôd yn drugarog / ag yn *faddeuog*/ i'r gwann foddys (Siams ap Harri o Ewias).

maddeuol [bôn y f. fl. + *-ol*] *a.* Maddeuadwy, y gellir ei faddau; wedi ei faddau; maddeugar, parod i faddau: *venial, pardonable*; *forgiven, pardoned*; *forgiving, ready to pardon.*

Dchr. **15g.** *B* viii. 138, pechodeu *madeuawl*. *c.* **1514** *Pen* 182, 135, a *maddeuol* vyddant iddaw ef i bechodav. **16g.** HUW ARWYSTL: *Gw* 339, am hyn o wyllis dygyn diawl / bo imi ddvw byw *maddevawl*. *c.* **1600** *March C* 36, [b]od llawer o bechodau yn *faddeuol* (*Llst* 178, 91a, gwedy maddey) iddi, am iddi hi fy ngharu i yn fwy. **1604–7** *TW* (*Pen* 228) d.g. *venialis.* **1675** R. JONES: *HCh* 31, heb gyfrif un pechod mor fychan a *maddeuawl*, ac y gelli di gydâ diog[e]lwch ei groesawu ef. *c.* **1730** *Thos. Lloyd D* (LlGC) 166b, *maddeuol*, pardoned. AH. 11. **1732–3** J. OWEN: *GB* 17, Yn y dymmer Enaid *faddeuol* hon yr hunodd efe. **1753** D. JONES: *SD* xvii, Gras . . . *maddeuol*. **1778** *W* d.g. *pardonable.* **1792** H. HARRIS: *H* 129, [c]ariad *maddeuol*. **1798** *WR* d.g. *veniable, venial.* **1803** *P.*

Am *pechod maddeuol*, gw. pechod.

maddeuwr, maddeuydd [bôn y f. fl. + *-wr, ydd³*] *eg.* ll. *-wyr, -yddion.* Un sy'n maddau, pardynwr; un sy'n gollwng yn rhydd neu'n rhoddi ymaith: *one who forgives or pardons*; *one who sets free, forsakes, or dismisses.*

c. **1400** *YCM²* 159, ual yd wyt drugarockaf *madeuwr* pob pechawt. **1756** W. WILLIAMS: *GDC* 17, Ac yn *Faddeuwr* Pechod yn cael ei alw mae. **1773** *W* d.g. *forgiver, pardoner.* **1792** T. JONES: *GE* 156, gallaf fi ei garu ef am ei fod yn *faddeuwr* pechod. **1803** *P*, *maddeuwr*, one who sets at large; one who leaves; a pardoner. *id. maddeuydd*, a liberator; a dismisser; a forsaker; a forgiver.

maddeuydd, gw. maddeuwr.

mae¹ [?< **maʒe*(*h*)*es* < **mages-est*, sef cfl. lleol yr e. **magos* (> *ma¹*, *-fa*) + **est*, 3 un. pres. myn. y f. 'bod'; dtb. o'r defnydd hwn yw *mae²*, *y mae*, cf. Crn. C. *ma*, *ym*(*m*)*a*, Llyd. C. *ema*, Llyd. Diw. *emañ*] *gn. gof.* Ble (mae, &c.)?, beth yw?: *where* (*is, are, &c.*)?, *what is* (*are*)?

13g. *PKM* 308, *mae* hep hi dy gedymdeith dy ath gwn. **13g.** *LlI* 49, Ena e mae yaun e'r egnat gouen e'r haulur, '*Mae* breynt dy tystyon ty?' **14g.** *WM* 29. 7–8, a wraged heb hi *mae* y mab. *id.* 36. 20–23, *Mae* yr enu heb y pendaran dyuet. gwri wallt euryn a dodyssom ni arnaw ef. Pryderi heb pendaran dyuet uyd y enw ef. *id.* 52. 10–11, *Mae* dy gyngor am bont. *id.* 123. 36, manac imi *mae* arthur. **14g.** *GDG* 245, Amod â mi a wneddwyd; / Yma ydd wyf, a *mae* 'dd wyd? **14–15g.** *IGE²* 271, *Mae* Fasil fab? *Mae* Foesen? / *Mae* Brutus fab Sulus hen (Siôn Cent)? *c.* **1400** *SDR* 44, *Mae* blant yr amherawdyr? *c.* **1400** *YCM²* 99, *Mae* dydi Rolant? **1588** *Gen* iv. 9, *mae* Abel dy frawd ti? **1588** *Eseia* xix. 12, *Mae* hwynt, *mae* dy ddoethion? **1621** E. PRYS: *Ps* 10b, *Mae*, pa ryw wr yn ein mysg ni / sydd yn pur ofni'r Arglwydd? **1632** *D*, *mae* . . . Vsitatur & pro Pa le y mae? Ubi est? **1761** *ML* ii. 357, *Mae* Englynion y Bedeu? **1803** *P.*

Cfn.: **mae fel (fal), mae'l, ma'l:** *how, in what* (*possible*) *way, also used to introduce a request or command.* **1703** E. WYNNE: *BC* 79, *Mae'l* y gwnewch'i rhyngoch Rodd / A ryngo fodd i'r Angeu. **1713** J. LEWIS: *CE* 47, *Mael* (**1739** *id.* 51, Pa fodd) y profi fod Crist yn Aberth dros bechod? **1752** *ML* i. 200, *mae fal* y rhowch i senn iddo a llythyr i minneu gynta galloch, da chwitheu. **1754** G. OWEN: *L* 133, *Mae fel* y dywedwch pa'r un sydd orau, chwi a ddylai fod siccraf, being on the spot. **1755** *id.* 157, *Mae fal* y cawn wybod pa le mae Beda yn byw? *id.* 159, *Ma'l* y rhowch fy annerch at John Owen. Gw. *B* xvii. 177–8.

mae², 3 un. pres. myn. y f. *wyf*: *bod.*

mae³, *cys.*, gw. mai¹.

maeden [bnth. S. *maiden*, cf. Gwydd. C. *maighdean* 'morwyn, gwyry'] *eb.* ll. *-od.* Jaden, cenawes, merch neu wraig ddrwg ei thymer neu gyfrwysddrwg, bronten, slebog, slwt; ?morwyn, geneth; hefyd yn *ffig.* ac yn *dros.*: *jade, ill-tempered woman, cunning shrew, slut, slattern, hussy*; ?*maid, girl*; *also fig. and transf.*

16g. *IICRC* iii. 318–19, Myfi ywr tristid di gynfedd / Ahelaisti alldydedd / o *faydan* lle y bymi yn blain / ers mwy na thrigain mlynedd / ffei hwrsswn [diwyg.] ffwrdd or gwledydd / May *maydan* lwythay dedwydd / A llawer kyn son amsiob / yn llawn o bob llawenydd. **16g.** (**17g.**) *RC* xlviii. 52, Ont taer mor anytiriol / A fydd *maeden* â ffen ffol! **16–17g.** (**17–18g.**) *NBSF* 816, Ni thal *maeden* noeth ddulwyd / Aryth ei bâr werth ei bwyd [i ofyn caseg]. *c.* **1600** (**1681**) *Rhyddiaith Gymraeg* ii. 163, llangcesan iefangc . . . [y] *faeden* gymmen acw. **1604** *RWM* ii. 153, gogan adynan *maedenod* iw penav. **1688** S. HUGHES: *TSP* 137, myfi a gyfarfum ag vn a elwid Drythyll [:– Anllad, Wantan] . . . Chwi a ryfeddech . . . pa fath dafod gwenieithus oedd gan y *Faiden* [:– Y beth front]. **1694** *Cylchg LlGC* viii. 28, Eu [*sic*] *faeden* grach, foch-wridog, / lesg, cyn hau, sy'n llusco ei hôg [am y frech wen]. **1698** T. JONES: *Alm* [46], Ffarwel ffagen mameth cynnen, at y *faeden* nid a Fi. **1706** *id.* [37], Rhufain; Y *Faŷden* hono sydd mewn eisiau Cynorthwŷad. **1722** *Llst* 189, *maeden*, a jade of a woman. *c.* **1730** *Taith C* 167, *Meuden* hy, a digywilydd yw hi. *c.* **1730** *Thos. Lloyd D* (LlGC) 166b, y *Faeden* gymmen accw, that pert Huzzy. **1762** *ML* ii. 522, cadw'r hen globen gan y fygfa yn isaf . . . gan mor anrhugarog o'r hen *fayden*. **1774** *W* d.g. *hussy, jade* [*a woman of bad character*]. Ar lafar yn gyff., 'Hen *faeden* o hogen yw hi'.

Amr.: **baeden** [drwy ymgyfnewid *m-* a *b-*]. Ar lafar yng Nghwm Abergeirw, Meir., *B* xiv. 193.

maedens [?bnth. S. *maythe, maythen*] *e.?ll.* Bresych yr ŷd, cedw gwyllt, *Sinapis arvensis*: *wild mustard, charlock, runch.*

16–17g. *HG* 5, llef arythr ywr tir lle llavürier / na chwnnir or yd ywch yr hanner / ve gyvyd ny vysg ydig ac ever / a *maedens* [:– *maydnes*] a gwyg kyn i meder. Ar lafar gynt ym Morg., *id.* 232.

Gw. hefyd mathes.

maedd [bôn y f. *maeddaf*: *maeddu*] *eg.b.* ll. *-au.* Y weithred o guro, maeddiad, pwniad, trawiad, ergyd; trechiad: *a beating, striking, blow*; *defeat.*

Dchr. **17g.** *J* 10, 24a, *maedd*, planctus, plangor. *id. maedd* tarw, bulbetiæ, bulbaiting. **1707** *AB* 218c, *maedd*, a beating or knocking. [S]. **1722** *Llst* 189, *maedd*, f. . . . a banging; defeat. *c.* **1730** *Thos. Lloyd D* (LlGC) 166b, *maedd*, verberatio. S. pl. *-au.* Z 432. **1803** *P.*

maeddad, gw. maeddiad.

maeddaf: maeddu [?cf. Llyd. C. *mezaff* 'tylino, cymysgu', Llyd. Diw. *mezañ*; ?cf. H. Wydd. *maidid* 'tyr'; nid oes sicrwydd ai i'r f. hon ynteu i'r f. *baeddaf*: *baeddu* y perthyn yr enghrau. treigledig] *bg.a.*

(*a*) Curo, taro, pwnio, pwyo, mathru, tylino, cymysgu; cosbi, poenydio; *to beat, strike, smite, pound, crush, knead, mix*; *punish, plague.*

13g. *LlI* 3, a'r golouen uvch y pen ef a dely y gostecgvr y *maedu*. **14g.** *LlB* 61, Or *maed* gwr y wreic heb achaws, talet y sarhaet idi. **1346** *LlA* 31, yrei da yman a gercherir. ac a *veidir* (*verberibus tunduntur*). ac a boenir. *id.* 136, ef a *vaeddwyt* ac ysgyrsseu. **14g.** *WM* 109. 23–5, bot yn anyan udunt dy *uaedu*. ath amherchi. **14g.** *B* xxv. 266, *meydwch* hi . . . ar gwyr drwc hynny ae *maedawd* hi. *c.* **1400** *MM* 8, trayan or violet ac emenyn hallt; ac eu *maedu* y gyt. *c.* **1400** [*RB*] *WM* 240. 15–17, ryued oed na bei yssic penneu y byssed rac dyckynet y *maedei* y dwylaw y gyt. **15g.** *GDLl* 143, Diwydiach, felly dwedynt, / Fydd gwas wedi'i *faeddu* gynt. / Y cenau gyda'r cynydd, / Ei arfer, pan *faedder*, fydd / Caru y meistr a'i curo, / A'i ganlyn a fyn efô. **1547** *WS*, *maeddy*, kuro, beate. **1567** *LlGG* (*Sall*) 50b, a'ei gaseion a *vaiddaf* [:– ormeilaf, fustaf]. **1604–7** *TW* (*Pen* 228) d.g. *aduerbero, pavio, tudito.* **1632** *D*, *maeddu*, rectiùs Baeddu. **1707** *AB* 272b d.g. *to bray in a Morter.* **1722** *Llst* 189, *maeddu* . . . to work or knead together. **1770** *W* d.g. *to beat, to dash in pieces, to knead.* **1803** *P.* Yn nwyrain sir Gaerf. dywedir bod cath 'yn *middu*' pan fo'n codi a gostwng ei phawennau i wneud lle cysurus i orwedd arno.

(*b*) Gorchfygu, trechu: *to defeat, foil, vanquish.*

14–15g. *IGE²* 279, Pan agorer, poen girad, / Fedd y gŵr a *faeddai* gad (Siôn Cent). **15g.** (Diw. **16g.**) *Gwyn* 3, 144, Ni'th *faedda* tân, ni'th fawdd ton [Meredudd ap Rhys i'r gwynt]. *c.* **1510** *THSC* (1943-4) 58, weithiev i kaffei ef [Mitridates] y vuddegoliaeth, weithiev i *meiddit* yntev. **1688** S. HUGHES: *TSP* 257–8, na fydded i ni byth ddym[u]no cyfarfod â Gelyn, nac ymffrostio . . . pan glywom i eraill gael eu *maeddu* (*have been foiled*). **1775** M. RHYS: *GBN* 4, Amddiffynfa yn y frwydr, / *Maeddaist* droswyf ar y bryn. *id.* 23, Fel Caleb yn hy, wynebwn y llu, / Hwy *faeddwyd* gan Iesu ar Galfari fry. **1778** *W* d.g. *to out-stare.* **1792** *HWS* 20, i ynnill ei chalon â'i gariad, a'i *maeddu* â'i diriondeb. Ar lafar yng Nghered. a'r De, '*Feiddes* i e yn y steddfod'.

(*c*) Difwyno, halogi, llychwino, llygru: *to soil, pollute, mess, spoil.*

1842. Ar lafar yn y Gogledd, 'Mae'r plant yn *maeddu*'r llian', "Rodd o'n '*maeddu* fi hefo i glustia' [am gi], *WVBD* 373; 'Mae'r llawr wedi *maeddu*'; hefyd yn Arfon yn yr ystyr 'lladd ar, enllibio', 'Mae hi'n hen genawes—trio '*maeddu* fi y mae hi'.

Cfn.: **maeddu bara:** *to knead dough.* Ar lafar ym Morg. a Brych. **m. bols:** *to make balls of culm and clay.* Ar lafar yng nghanolbarth Cered., sir Benf., a sir Gaerf. **m. cwl(w)m = m. bols.** Ar lafar yng ngodre Cered. ac yn sir Benf., *GDD* 195. **m. ei ddwyfron (ei dwyfron, &c.):** *to beat one's breast* (*as a sign of sorrow*). **13g.** *B* ix. 147, 340. **14g.** *id.* xiv. 262. *c.* **1400** (*SG*) *HMSS* i. 182. **m. ewyn:** *to foam* (*at the mouth*). **16g.** OWAIN GWYNEDD: *Gw* 335, Meddw yw yn *maeddu ewyn*. *c.* **1730** *Thos. Lloyd D* (LlGC) 171a, *maeddu ewyn*, expumo. **m. morter:** *to mix mortar.* Ar lafar yn sir Benf., *GDD* 195. **m. poer:** *to foam* (*at the mouth*), *also fig.* **16g.** *GIllV* 27. **1803** *P*, maeddu . . . *maeddu poer* . . . to foam at the mouth. **m. toes = m. bara.** Ar lafar yng nghanolbarth Cered., Brych., a'r De. **m.'n dwll:** *to defeat completely, trounce.* Ar lafar yn y De, 'Di *faeddast* nhw i gyd *yn dwll*.

Gw. hefyd baeddaf: baeddu.

maeddedig [bôn y f. fl. + *-edig*] *a.bfl.* Wedi ei bwyo, wedi ei gymysgu: *pounded, crushed, mixed.*

1801 *Llr* C 24, 66, Cymmer bustl buwch, a bustl 'scyfarnog . . . a thymhera nhwy drwy win yn *faeddedig*. *id.* 81, [c]lymysg [hen gwrw] ynghyd ar llysiau yn *faeddedig*. **1803** *P*.

maeddedigaeth [*maeddedig* + *-aeth*] *eg.* Y weithred o guro, trawiad, ergyd; trechiad: *a striking, beating, blow; defeat.*
1803 *P*.

maeddgen, gw. maethgen.

maeddiad, maeddad [bôn y f. fl. + *-iad*[1], *-ad*] *eg.* Y weithred o guro, trawiad, ergyd; trechiad: *a striking, beating, blow; defeat.*
16g. (**17g.**) *Llr* B 1, 504a, dygoedd düw ef ir nevoedd / dygiad a *maeddiad* ym oedd. **1604–7** *TW* (*Pen* 228) d.g. *planctus, verberatio.* **1635–41** *GST* ii. 685, Mallt goch a ddychmygassai hynny arnunt . . . i ddial ei *maeddiad* arnunt hwy. **1722** *Llst* 189, *maeddad*, a banging; defeat. **1803** *P*, *maeddiad*, a beating, a thumping.
Gw. hefyd baeddiad.

maeddol [?bôn y f. fl. + *-ol*] *a.* a hefyd fel *eg.* Yn curo, yn pwyso; llanastr: *buffeting, beating; mess.*
1803 *P*. Ar lafar ym Môn yn yr ystyr 'llanastr'.

maeddwr [bôn y f. fl. + *-wr*; nid oes sicrwydd ai yma y perthyn yr enghrau. treigledig ynteu d.g. *baeddwr*] *eg.* ll. *-wyr*. Un sy'n curo neu'n taro, ergydiwr, curwr; gorchfygwr, trechwr; ?un sy'n llychwino neu'n difwyno: *striker, smiter, beater; defeater, subduer, conqueror; ?one who soils or mars.*
16–17g. Edward Urien, &c.: *Gw* 72, Ef wyddai'r byd, *faeddwr* beilch, / Y doud, ŵr, wedi dewrweilch. **1604–7** *TW* (*Pen* 228), *maeddwr* aur d.g. *bractearius*. *id.* d.g. *excusor, pinsor, tritor.* **17g.** E. Morus: *Gw* 75, Gwae ar deiau gwyr di-wall, / *Faeddwr* llesg a feddwo'r llall [cywydd meddwdod]. **1803** *P*, *maeddwr*, one who buffets about or bangs; a beater.
Gw. hefyd baeddwr.

maeestawd, gw. maestawd.

mael[1] [bnth. S. *vail* 'advantage, benefit, profit', gydag adff. o *f-* > *m-*; dichon mai *mael*[2] a welir yn yr engh. gyntaf] *eb.g.* ll. *-ion*. Elw, ennill, proffid, budd, lles, mantais, gwobr, tâl, llog, ocraeth: *profit, gain, lucre, benefit, advantage, reward, interest, usury.*
c. **1400** *R* 1361. 3, *mael* heb drugared na mach. **15g.** *GTP* 34, Oer ym aros, yn nydd, yn nos, / A *mael* da agos, am ail Degau. **15g.** *LGC* 128, Llyna ddwy winllan ddiwael, / A'u llyn a vydd oll yn *vael*. **15g.** *GGl* 79, Pand da'r *fael*, pen trafaeliwr, / Punt i'r gof er penty'r gŵr! **15–16g.** *TA* 382, Yn iach gael *mael* na moliant. **16g.** *Pen* 76, 42, boini heb *vayl* ond kael kas (Dafydd Gowper). **1547** *WS*, *mael*, auayle. **1588** *Luc* xix. 23, Paham . . . na roddaist ti fy arian i'r bwrdd cyfnewid, fel y gallaswn i eu cael hwynt . . . gŷd â *mael* (**1620** *ib.* llôg). **16–17g.** *GST* i. 204, Porth aml torth a *mael* teg. **16–17g.** Edward Urien, &c.: *Gw* 192, Hwnt yw ei moli,—ond da ei *maelion*? **1606** E. James: *Hom* iii. 140–1, aethant yn addolwyr y diawl er mwyn eu *mael* a'u hennill. **1630** R. Llwyd: *LlH* 220, O bydd ychydig *fael*, ac elw i'w gael oddiwrth dŷ. **1632** *D*, *mael*, lucrum, emolumentum, questus. **17g.** Huw Morus: *EC* ii. 97, Yn hoenus ddiboenus, heb ennill mo'r *fael*. **1725** *SR* d.g. *the Use of money*. **1763** *DT* 176, A lleied ydyw'r Budd, a'r *Mael*, / Y sydd iw gael oddiwrtho [henaint]. **1790** Gw. Mechain: *Gw* i. 218, Rhyddid fwyn, rhoddwyd y *fael* / I bob dyn byw yr unrhyw hawl. **1803** *P*. Yn Arfon clywir *maels* yn yr ystyr 'tips, gratuities', *WVBD* 367.
Cfn.: **er mael (er ei f.,** &c.**):** *for the benefit of*. **16–17g.** *Cer RC* 50, O nefol Dduw, o Iesu hael, / A ddioddefodd *er yn mael*. **1606** E. James: *Hom* iii. 163, gwneuthur y pethau hyn *er mael* neilltuol iddynt eu hunain.

mael[2] [e. prs. Brth. *Magli* (gen.), H. Lyd. *Ma(e)l-*, *-mael* mewn e. prs., H. Wydd. *mál* 'tywysog, pennaeth, pendefig', e. prs. Gal *Magalos*, a Gal. *Maglo-* mewn e. prs.: o'r gwr. IE. **meg-* 'mawr', cf. Goth. *mikils* 'mawr', Llad. *magnus*; digwydd fel e. prs. a dichon mai dyna ydyw yn rhai o'r enghrau. isod (neu efallai *mael*[1])] *eg.* Tywysog, pennaeth, arglwydd: *prince, chieftain, lord.*
14g. (**16g.**) *Cy* xxvi. 135, Lliaws rodd modd *mael* nid gwael nid gwir / Gwiraf haelaf a helaeth fudd (Einion Offeiriad). **14–15g.** *IGE*[2] 116, Ni myn gael, *mael* hael helmlas, / Dwyllwyr na phrocurwyr cas. *id.* 127, Owain, *mael* ni wn i mwy, / Iôr Glyn daeardor Dyfrdwy (Gruffudd Llwyd). *c.* **1400** *R* 1039. 17, ryuel godic budic *uael*. *id.* 1290. 15–16, Anyan eidawl gynt vn annwydeu *mael*. *id.* 1308. 26–7, a hael megys *mael* am arch.

mael[3], **maels**[2], **maelys** [bnth. H. Ffr. *maille*, efallai drwy'r S.C.; bnth. ff. ll. yw'r ff. yn *-s*; ffrwyth ei gysylltu â'r e. *malen*[1], *malaen*[1] yw'r ystyron 'dur, haearn'] *eg.b.* ac *e.tf.* Arfwisg wedi ei gwneud o ddolennau neu blatiau metel, arfogaeth, cotarmur; hefyd yn *ffig.* ac yn *dros.*; (geir.) dur, haearn: *mail, coat of mail, armour, coat of armour; also fig. and transf.*; (*dict.*) *steel, iron.*
14g. *GDG* 156, A *mael* dur a mul darian. **15g.** *LGC* 216, Dervel Is Coed ar *vaels* caith / A dreuliai y dur eilwaith. *id.* 371, Y mae ystondart o'r *mael* / Gaerawg, val gwe o urael; / Mân yw'r *mael* mewn aur melyn, / Mwnai a gwlith mwnwgl ynn. **15–16g.** *GLM* 154, Marchog ewinog o ŵr / mewn *maelys* mwy no milwr. **15–16g.** *TA* 182, *Maels* wyd in, mal asau dâr [i Syr Risiart Hanmer]. **15–16g.** Hywel Rheinallt: *Gw* 33, A'i lewys o'r *maelys* mân, / A'r *maelys* o ddur Melan. **1547** *WS*, *maelys*, mayles. **16g.** Huw Arwystl: *Gw* 120, *maels* lwyd Rac malissiol waith. *c.* **1562** *B* ii. 229, *maels*: arfau. **16–17g.** Ieuan Tew Ieuanc: *Gw* 236, Dur a *mael* oedd drwy 'mylau, / Wrth ddur o gledd Arthur glau [i ofyn hanger]. **16–17g.** T. Prys: *Bardd* 73, mae ar dy groen diboen dwys / Gemav a *maels* yn gymwys [i'r gleisiad]. **1632** *D*, *mael*, etiam videtur esse idem quod Melan, & Malen. **1688** *TJ*, *mael*, malen, dur, haiarn: Steel, Iron. **1722** *Llst* 189, *mael* . . . steel, iron.
Am *crys mael*, gw. crys.
Gw. hefyd malen[1].

mael[4], **mail**[3], **meil, mêl**[2] [bnth. S. *mail* 'post; mail-train'] *eg.* Llythyrau, &c., a ddosberthir, post; trên sy'n cludo llythyrau, &c.: *mail, post; mail-train.*
20g. Yn y De clywir yr ymad. 'mynd fel y *mael* (*mail, meil, mêl*)' am symud yn gyflym.

mael[5], gw. mail[1].

mael[6], gw. moel[1].

mael[7] [cf. Gwydd. C. *mael* 'eilliedig, moel; gwas', a *mael*[6]; ?ymgais i esbonio engh. o'r e. prs. *Mael* (gw. *mael*[2])] *eg.* Gwas, caethwas: *servant, slave.*
1707 *AB* 285a, *mael*. Hib. maol d.g. *a servant*.

mae'l, gw. mae[1]—mae fel.

maelad, gw. marlat.

maelaf[1]**: maela,** gw. maeliaf: maelio.

maelaf[2], gw. ymafaelaf: ymafael.

maelan [*mael*[1] + *-an*[1]] *e?g.* Siop: *shop.*
1850.

maelawr, gw. maelor.

maeldal [*mael*[1] + *tâl*[1]] *eg.* Tâl brocer: *brokerage.*
1830.

maelder [*mael*[1] + *-der*] *eg.* Budd, lles: *profit, benefit.*
17g. Huw Morus: *EC* i. 357, Am fwynder a haelder er *maelder* i mi, / Deallwch nad ellwn na charwn y chwi [i wraig weddw fonheddig].

maeldref [*mael*[1] + *tref*] *eb.* Tref farchnad: *market town.*
1803 *P*.

maeldy [*mael*[1] + *tŷ*] *eg.* ll. *maeldai*. Siop; ?trysordy: *shop; ?treasure house.*
16g. Huw Arwystl: *Gw* 125, I mae im gwlad yma ym glydwr / mawl da i gwedd *maeldai* [drll.] gwr / aed mael gair da mal I gwedd / att wyr vorys drwy vowredd. **1803** *P*, *maeldy*, a house of trade.

maeler[1], **maelier**[2] [*mael*[1] + ?elf. anh. *-(i)er*, cf. *maelier*[1]] *eb.* ll. *maelierion*. Budd, elw, gwobr; (yn y ll.) nwyddau a werthir er elw: *benefit, profit, reward; (pl.) goods sold for profit.*
1603 W. Midleton: *Ps* 11, Ir mevsydd ar gwydd e gaid / O anifeiliaid yn *faelier*. *Dchr.* **17g.** *TJ* 10, 24b, *maelierion*, promercalia. **17g.** Huw Morus: *EC* i. 334, Gwael y *faeler*, gweli filoedd, / Dan bwys caledi, / Wrth eu tori i werthu eu tiroedd. *id.* 336, A pheth a geir o anllywodraeth? / Gogan—prinder—isel *faeler*—sâl fywioliaeth. **1677** C. Edwards: *FfDd* 373, o mynni ynnill y gamp yn yr yrfa efangylol . . . fel y caffech afael ar y *faeler*, ac y derbyniech y goron anllygredig. **1693** *HC* 3, er eich gwneuthur chwi yn ddedwydd, dyma'r *faeler* yr wyf yn rhedeg am dani.

maeler[2], gw. maelier[1].

maeleraeth, gw. maeleriaeth.

maeleraf, maelieraf: maelera, maeleru, maeliera [bf. o'r e. *maeler*[2], *maelier*[1]] *bg.a.* Marchnata, masnachu, prynu a gwerthu, pedlera: *to trade (in), traffic (in), hawk, buy and sell, peddle.*
1776 *W*, *maeliera* d.g. *merchandize, to practice merchandize.* **1803** *P*, *maelera*, to traffick, to trade. *id.* d.g. *maeleru.*

maeleraidd [*maeler*[2] + *-aidd*] *a.* Tebyg i fân-werthwr neu i farsiandwr: *like a huckster or merchant.*
15g. *GTP* 92, Penllyn, flowrwyn *faeleraidd*, / Pab llwyd o fewn pebyll haidd.

maeleres, gw. maelier[1].

maeleriaeth, mael(i)eraeth, maelieriaeth [*maeler*[2], *maelier*[1] + *-(i)aeth*] *eb.* Masnach, marsiandïaeth, bargen, cyfnewid; nwyddau masnach; hefyd yn *ffig.*: *commerce, trade, bargain, bargaining, bartering; merchandise, wares; also fig.*
15g. *FfBO* 50, yndi [tref] y mae amylder o ymborth a *maeleryaeth* (*mercimoniorum*). **1547** *WS*, *maelerieth*. *Dchr.* **17g.** *TJ* 10, 24a, *maelieraeth*, mercatura. **1632** *D*, *maeleriaeth*, mercatura. **1672** J. Langford: *HDdD* 299–300, Nid oes . . . yr un farsiandiaeth mor werthfawr ac honno o'r Enaid . . . dymma ei [*sic*] *maeleriaeth* hwynt, achub Eneidiau gwerthfawr o golledigaeth. **1688** *TJ*, *maeleriaeth*, (Marsiandiaeth:) Merchandise. **1718** E. Samuel: *HDdD* 29, ni a roesom ein Heneidiau gwerthfawr amdanynt [rhyddid a golud] . . . [ll]eied ynnill a gawn wrth y fath *faeleriaeth*. **1722** *Llst* 189, *maeleriaeth*, a bartering, merchandizing. **1770** *TG* ii. 54, [t]aenu y wir grefydd mor belled ag yr hwyliodd llongau Lloegr am *faeleriaeth*. **1771** *W*, *maelieriaeth* d.g. *chapmanship.* **1803** *P*.

maeleriaethol [*maeleriaeth* + *-ol*] *a.* Masnachol: *commercial.*
1814.

maeleriwr, maelerlong, gw. maelerwr, maelierlong.

maelerwr, maeleriwr, maelierwr [*maeler*[2], *maelier*[1] + *-(i)wr*] *eg.* ll. *-wyr*. Marsiandwr, marchnatwr, masnachwr, siopwr, hwcster, mân werthwr: *merchant, dealer, trader, shopkeeper, huckster.*
Dchr. **17g.** *TJ* 10, 24a, *maelierwr*, mango. **1632** *D*, *maelerwr* d.g. *propola, quæstuarius.* **1798** *WR* d.g. *huckster*. **1800** W. Owen[-Pughe]: *CP* 122, [g]werthant eu llaeth i *faeleriwr*. **1803** *P*, *maeleriwr*, a trafficker, a trader.
Gw. hefyd maeliwr.

maeles, maelis[2], gw. smalaets.

maelfa[1] [*mael*[1] + *-fa, ma*] *eb.g.* ll. *-oedd, -on, -fâu, -feydd*. Siop, marchnad, marchnadle, basâr, adeiladau busnes, hefyd yn *dros.* ac yn *ffig.*: *shop, market, market-place, mart, bazaar, business premises, also transf. and fig.*
1803 *P*, *maelva*, a market, a mart.

maelfa[2] [?< **gafaelfa*] *e?g.* Ymyl, dibyn; cyffiniau tŷ neu dir: *edge, precipice; confines of house or land.*
Ar lafar yn nwyrain Morg., 'ar *faelfa*'r graig', 'dod i *faelfa* Tŷ-fry'.

maelfaol [*maelfa*[1] + *-ol*] *a.* Masnachol: *commercial.*
1848.

maelfawr [*mael*[1] + *mawr*] *a.* Drudfawr, costus: *costly.*
16–17g. HUW MACHNO: *Gw* 65, Sidan wisg drosod yn awr / Ar lled, a melfed *maelfawr.*

maelfäwr, maelfäydd [*maelfa*[1] + *-wr*, *-ydd*[3]] *eg.* Siopwr: *shopkeeper.*
1848.

maelford [*mael*[1] + *bord*] *eb.* Cownter (mewn siop, swyddfa, &c.): *counter (in a shop, office, &c.).*
1900.

maelfwrdd [*mael*[1] + *bwrdd*] *eg.* Cownter (mewn siop, swyddfa, &c.): *counter (in a shop, office, &c.).*
1852.

maelged [*mael*[2] + *ced*, ?ar ddelw *teyrnged*] *eb.* ll. *-ion.* Treth (flynyddol): *(annual) tribute.*
1723 H. ROWLANDS: *MAR* 175, [they] should pay to the Kings of Aberffraw, a rated yearly tribute, call'd *Maelged.* **1803** *P.*

maelgi [*mael*[3] + *ci*] *eg.* ll. *maelgwn.* Enw ar amrywiol fathau o forgi neu benci, yn enw. *Squatina squatina*: *name of various kinds of shark or dogfish, esp. monk-fish, angel-fish, angel shark.*
1604–7 *TW* (*Pen* 228) d.g. *canis* (hefyd *D*). **1722** *Llst* 189, *maelgi*, a Dog-fish, shark. **18g.** *Pant* 19, [88], *maelgi*, the angel fish. a fish partaking of the character of Rays & Sharks. **18g.** *LlGC* 604, 5, *Maelgi* . . . The Monk or Angel fish. **1803** *P.* Ar lafar yn Arfon yn y ff. *malgi* 'angel fish', *WVBD* 361.

Maelgyning [yr e.p. *Maelgwn* + *-ing*] *e.tf.* neu *e.ll.* Meibion neu ddisgynyddion Maelgwn, llinach Maelgwn: *sons or descendants of Maelgwn.*
c. **1300** *H* 38a. 34, hil maelgwn *maelgynig* ener. *id.* 58b. 25, o aruon o uon o *uaelgynyg.* *id.* 72a. 11–12, Ked bei teu wledic wlad run am maelgwn. *maelgynig* aborthun (Cynddelw). *id.* 73b. 40, ofyneic *maelgynig* (Gwilym Ryfel). *Dchr.* **14g.** *id.* 111a. 33, kalcheid y kaeroet kylchwy *maelgynig* (Llywarch ap Llywelyn). **14g.** *T* 30. 17–18, Ac owein mon *mael gynig* deuawt. **1632** *D*, *Maelgynig* [*sic*], ad Maelgunum pertinens.

maeliad [*mael*[1] + -?*iad*[2]] *eg.* ?Rhoddwr, noddwr: *donor, patron.*
16g. WILIAM CYNWAL: *Gw* (R. L. Jones) 721, Rhyw ywch, filwr, rhyw ach *faeliad*, / Rhylew brigog, rhuwlio bragad. **1603** *NBSA* 138, Malis tir Calis, tor coeliad,—gwyliwn, / Miliwn can aliwn, y cun *maeliad.*

maeliaeth [*mael*[1] + *-iaeth*] *eb.* Masnach, marsiandïaeth: *trade, commerce.*
1843.

maeliaf, maelaf[1]**: maelio, maela** [bf. o'r e. *mael*[1] ac efallai hefyd fnth. S. (*to*) *vail* 'avail', gydag adff. o *f-* > *m-*] *bg.a.* Elwa, ennill, gwneud elw, masnachu, marchnata; tycio, bod o les, budd, neu fantais: *to gain, profit, make a profit, trade (in), market; avail, be of use or benefit.*
1547 *WS*, *maelio*, auayle. **16g.** GR. HIRAETHOG: *Gw* (D. J. B.) 8. 113–14, Aml wŷr iddo, *maelio* yr oeddyn', / Aml dalu yr oedd mal dail ar ynn. *id.* 105. 49–50, Maenol wych, y mae'n ei law, / Melin, ac nid yw'n *maeliaw* [i ofyn meini melin]. *id.* 154. 1–2, Rhuthr ddugost o Hiraethog—i Faelor / I *faelio* fal costog (Hywel Bangor). **16g.** (**16–17g.**) *BL Add* 14984, 623, Oi foli serch ni *faeliais* i / Y tal y dyw tylodi. **16g.** *THSC* (1923-4) (At.) 34, er gwnaythyr o ddyn bob rin dda, oni bydd ef mewn kariad pryffaith ni *vaelia* dim iddo ty ac at vyned yr nef. **1559** *WLl* 10, O bu filoedd heb *faeliaw* / Ynn keissio dy dreissio draw. **1632** *D*, *maelio*, lucrari, quæstum facere. *id. maela* d.g. *lucrifacio.* **1701** E. WYNNE: *RBS* 151, er bôd peth rhŵysc i *faelio* wrth brynu a gwerthu, na chais di mo'r geiniog eithaf. **1760** E. WILLIAMS: *UYB* 129, [y] fath enaid druan, yr hon a flinodd ei hunan yn dost heb *faelio* dim yn y byd. **1770** P. WILLIAMS: *BS*, 1 *Thes* ii, ni roddodd [Duw] dalentau i neb, ond i *faelio.* **1773** *W*, *maelio* . . . cyflog d.g. *to earn wages.* **1798** R. DAVIES: *CG* 75, Nes yr aethon / I *faela* dynion, fel Eidionau, / Gwerthu'r cyfion er ariannau. **1803** *P.*
Amr.: **maelu. 1916.**
Gw. hefyd afaeliaf: afaelio.

maelier[1]**, maeler**[2] [*mael*[1] + ?trf. *-(i)er*] *eg.* (un. b. *-es*) ll. *maelieron.* Marsiandwr, masnachwr, marchnatwr, dyn canol, rhyngfasnachwr, pedler: *merchant, dealer, trader, middleman, pedlar.*
14g. *GDG* 89, *Maelier* y gerdd a'i molawd / Yw Ierwerth a werth ei wawd. *id.* 114, *Maelieres* (*Llst* 6, 19, *mayleres*) Mai oleurwydd [i Forfudd fel yr haul]. **14g.** *DGG*[2] 114, I borthmonaeth y'th wnaethpwyd, / Mal ar sud *maelieres* wyd [Gruffudd ab Adda i'r fedwen]. *c.* **1400** *R* 1364. 16–17, gwdyf omner *maelyer* wrth glun milast. **15g.** *LGC* 388, Llawer gwraig *Maeler* gwammalach wrth gâr, / Llawer cymmhar wâr anniweiriach. **16–17g.** IEUAN TEW IEUANC: *Gw* 117, Yn iach erchi llenwi'r llyn / Wedi'r *maelier* dewr melyn / . . . / Siopwr oedd yn sipio'i ran [marwnad Wiliam o'r Lôn]. *id.* 350, Y mae Wiliam fal *maelier* / Â nwyts a phwyts hyd ei ffêr. *Dchr.* **17g.** *J* 10, 24b, *maelier*, regrater, frivolarius, propola. **1632** *D*, *maelier*, mercator q.d. Lucrator. *id. maelieres*, mercatrix. **1771** *W*, *maelier* d.g. *chapman, dealer.* **1803** *P.*

maelier[2]**, maelieraeth, maelieraf: maeliera,** gw. maeler[1], maeleriaeth, maeleraf: maelera.

maeliereg[1] [?ff.f. ar yr a. **maelierig* (?cf. *meilyoric* [*sic*], *R* 1364. 42); dichon mai engh. o *maeliereg*[2] yn yr ystyr 'gwaith gŵr hur' a geir yma] ?*a.* ?Wedi ei hurio neu ei brynu: *hired, mercenary, bought.*
14g. *GDG* 36, och allel / Â chyllell *faeliereg*, / . . . lladd tëyrn teg.

maeliereg[2] [*maelier*[1] + *-eg*[1]] *eb.* Marsiandïaeth: *merchandise.*
Dchr. **17g.** *J* 10, 24b, *maeliereg*, marchandize.

maelieres, gw. maelier[1].

maelierfa [*maelier*[1] + *-fa*, *ma*] *eb.* ll. *-on.* Siop, marchnadle, hefyd yn *ffig.*: *shop, market-place, also fig.*
1803 *P.*

maelieriaeth, gw. maeleriaeth.

maelierlong, maelerlong [bôn y f. *mael (i)eraf*: *mael(i)era* + *llong*] *eb.* ll. *-au.* Llong fasnach: *merchant ship.*
1814.

maelierwr, gw. maelerwr.

maelierydd[1] [*maelier*[1] + *-ydd*[3]] *eg.* ll. *-ion.* Siopwr, masnachwr: *shopkeeper, trader.*
1803 *P.*

maelierydd[2]**,** gw. meilierydd.

maelis[1,2]**,** gw. mael[3], smalaets.

maeliwr, maelwr [*mael*[1] + *-(i)wr*; nid yw'r ystyron a gynigir isod yn ymddangos yn foddhaol ar gyfer yr engh. gyntaf a'r drydedd, ac felly dichon mai geiriau gwahanol ydynt, yn tarddu o *mael*[2] neu *mael*[3] + *-wr*, neu cf. *maelydd*[2]] *eg.* ll. *maelwyr, maeliwrs.* Masnachwr, marchnatwr, siopwr, dyn canol, rhyngfasnachwr, ?pedler; gorelwr, cribddeiliwr: *merchant, trader, shopkeeper, middleman, ?pedlar; profiteer, speculator.*
c. **1400** *R* 1305. 22, Gwawr *uaelwr.* gwir vilwr. *id.* 1362. 26, Ardinas *maelwr* lle mae molest son. **17g.** HUW MORUS: *EC* ii. 385, Milwr Crist, y *maelwr* cryf, / Y'mhlith rhagrith yn rhygryf. **1703** E. WYNNE: *BC* 121, y *Maelwyr*, a fydd yn attal neu 'n rhagbrynnu 'r ŷd, ac yn ei gymmyscu, yna gwerthu 'r ammur yn nwbl brîs y puryd. *c.* **1730** *Thos. Lloyd D* (LlGC) 169a, *maeliwr*, a badger. mercer. **1750** *W Ballads* 144, 6, A bod yn *faelwyr* ar y fargen, / Ac ynill trysor ini'n-hunen. **1769** TWM O'R NANT: *TChD* 18, Pob hên Ffeiriwr, *Maeliwr* milen. **1770** *TG* iv. 111, dau *faeliwr* o Henffordd ag sydd yn marchnatta'r fas[n]ach honno. **1793** DAFYDD IONAWR: *CD* 86, Y *maelwyr*, oll am olud. **1803** *P.* Ar lafar ym Môn ac Arfon yn yr ystyr 'middleman', *B* i. 98.

maeloenog, gw. molwynog.

Maeloging [yr e.p. *Maelog* + *-ing*] *e.tf.* neu *e.ll.* Disgynyddion Maelog, llinach Maelog: *descendants of Maelog.*
c. **1300** *H* 69b. 24–5, milwr mawr mal *maelogyg.* *Maelogyg* (*R* 1393. 16, *Maeloging*) mwynuawr mynw gyuoc y gad.

maelor, maelawr [ffrwyth camddeall yr e. lle *Maelor*, a'i gysylltu â *mael*[1]] *eb.* ll. *maelorau.* Marchnad; tir, gwlad, gwastadedd: *market; land, country, plain.*
1803 *P*, *maelawr* . . . a mart, or market. There are districts so called in the marches of Wales . . . where trade was carried on.

maels[1,2]**,** gw. mael[1,3].

maelstrom [bnth. S. *maelstrom*] *eg.* Trobwll, llynclyn, hefyd yn *ffig.*: *maelstrom, whirlpool, also fig.*
20g.

maelus, gw. mael[3].

maelwag [*mael*[1] + *gwag*] *a.* ll. *maelweigion.* Di-fudd: *profitless.*
1766 *CD* 135, Am ryw ymofynion, / *Mael-weigion.*

maelwas [*mael*[1] + *gwas*[1]] *eg.* ll. *-weision.* Un sy'n gweini mewn siop: *shop assistant.*
1858.

maelwr, gw. maeliwr.

maelwriaeth [*maelwr* + *-iaeth*] *eb.* Masnach, marsiandïaeth: *trade, commerce.*
1850.

maelwynog, gw. molwynog.

maelydd[1] [*mael*[1] + *-ydd*[3]] *eg.* ll. *-ion.* Marsiandwr, siopwr, pedler: *merchant, shopkeeper, pedler.*
18–19g. *Llr* C 16, 169, *meilydd*, a merchant. **1803** *P.*

maelydd[2]**,** gw. ymafaelydd.

maelyn [*mael*[1] + *-yn*] *eg.* Un sy'n gweini mewn siop: *shop assistant.*
1850.

maelys, gw. mael[3].

maen[1] [Crn. C. *men*, Crn. Diw. *mean*, H. Lyd. *main*, Llyd. C. *men*, Llyd. Diw. *maen*, e. lle Llad. Prydain *Magnis*: < Brth. **magno-*] *eg.*?*b.* (bach. b. *-an*) ll. *main, meini*, (prin) *maenau*, a hefyd fel *a.*

(*a*) Carreg, yn enw. un arbennig neu un ac iddi ddiben neilltuol (e.e. carreg drom i'w thaflu mewn mabolgampau, cylch fflat o dywodfaen caled yn troi ar echel i lifo neu hogi erfyn miniog (pladur, cyllell, &c.), un o'r pâr o gerrig sy'n malu'r ŷd mewn melin); gradell, planc, llechfaen; bloc, bar (e.e. o halen), calen; carreg o gryn faintioli fel a ddefnyddir, e.e. i adeiladu, craig; cerrig y bedd, gro, gweryd; (weithiau) carreg neu ddelw sy'n wrthrych addoliad, eilun; symbol o sefydlogrwydd, cadernid, awdurdod, grym, &c.: *stone, esp. one having some speciality or a particular use (e.g. heavy stone used in athletic sports, grindstone, millstone); bakestone, girdle, griddle; block or bar (e.g. of salt); large stone as used, e.g., in building, rock; the stones of the grave; (occasionally) stone or graven image which is an object of worship, idol; symbol of fixedness, firmness, authority, power, &c.:*
12g. *LL* 42, di *main* i bard. *id.* 213, or cruc dirguairet dir mein iniaun di Ocmur. **13g.** *C* 69. 3–4, Piev y bet pedrival. ae pedwar *mein* am y tal. **13g.** *A* 32. 2–3, Angor deor dain sarff saffwy graen anysgoget *vaen.* **13g.** *LlDW* 32. 9–10, Nybit mysoclauc *mayn* oyuynych kywyn. **13g.** *LlI* 19, a'r *maen* yssaf o'r ureuan. **14g.** *YBH* 42b, a chaffel *mayn* . . . a bwrw bown a hi. **14g.** *DGG*[2] 167, Pridd a *main* . . . / A gudd ei deurudd, a derw (Llywelyn Goch ap Meurig Hen). *c.* **1400** *R* 1206. 35, kynn *maen* kaen kaeat. *c.* **1400** *YCM*[2] 27, ymladyssant . . . ac eu dyrneu ac a *meini.* **15g.** *GGl* 257, *Main* gwiw i ymwan â gwynt, / . . . / *Main* teg a fo 'mhen y tŷ [i ofyn ysglâts]. **15g.** *GO* 323, Ag ar *faen* gorav a fv [marwnad Guto'r Glyn]. **1543** *B* viii. 298, Melinidd sy . . . yn addo wnebu y *main.* **1547** *WS*, *maen*, a stone. **16g.** *WLl* 126, Dwyn eryr mawr dann ro r *main.* **1567** *TN* 150b, a godesont *vain*, yw lapyddiaw ef. *a.* **1587** *Y* 68, Y *maen* a roi mîn ar arf. *Diw.* **16g.** *WLB* 12, Kymer *faên* o alym a briw ef yn fân.

1588 *Jer* iii. 8–9, Iuda . . . gyd a'r *maen*, a'r prenn y putteiniodd hi. **1632** *D*, *maen*, Saxum, lapis . . . pl. *Main*, & *Meini*. **1803** *P* d.g. *maen*, *maenan*. Ar lafar yn gyff. yn yr ystyr 'grindstone', ac yn y De yn yr ystyr 'bakestone'. Digwydd yn gyff. mewn enwau lleoedd, e.e. *Maenclochog* (sir Benf., gw. d.g. *clochog*), *Maentwrog* (Meir., gw. *PKM* 265), ac yn enw. yn elf. yn enwau hynafiaethau, &c., e.e. *Maen Achwyfan* (Chwitffordd, sir Ffl.), *Maen Addwyn* (Llanfihangel Tre'r Beirdd, Môn), *Maen Beuno* (Aberriw, sir Drefn.), *Maen Colman* (sir Benf.); cf. hefyd *Maen Dylan*, carreg fawr ar y traeth rhwng Aberdesach a Phontlyfni (sir Gaern., gw. *PKM* 271); *Maen Melyn Llŷn* (gw. *DN* 189).

(*b*) Carreg werthfawr, gem, glain, perl, weithiau'n *ffig*.; tynfaen, magned: *precious stone, gem, jewel, pearl, sometimes fig.; loadstone, magnet.*

14g. *DB* 89, adamas, *maen* ny ellyr y torri. **14g.** *GDG* 30, A rhuddaur a *main* a'm rhoddaint—bob awr. **14–15g.** *IGE*[2] 288, Hoywddyn aur heddiw'n arwain / Caeau, modrwyau, a *main* (Siôn Cent). *c.* **1400** [*RB*] *WM* 207. 23, y vodrwy ar *maen* yndi. **15g.** *GGl* 39, Rhannodd *main*, rhinweddau mawr. **18g.** I. Brydydd Hir: *Gw* 106, Eisieu rheol ser awyr, / A'r *maen* [:– Loadstone], wrth dramwyo'r mŷr. Gw. hefyd y *Cfn*.

(*c*) *Meddyg*. Crynhoad mwynau a halwynau yn sylwedd caregaidd mewn rhai organau (e.e. coden y bustl, aren, pledren, &c.): (*med.*) *stone, calculus.*

18g. *Llr* C 24, 273, Rhag Tostedd ar *Maen*. [**1783**] *W* d.g. *the stone* [*in the bladder or kidney*].

(*d*) Uned mesur pwysau, sef 14 pwys (6·35 kg.) fel rheol bellach, stôn: *stone* (*measure of weight*).

1722 *Llst* 189, *maen* . . . a stone weight. **1727** *LL/CC/G* 478, y Ladrones fawr, Mary Merch Hopkin y Gof . . . a ddwynws bymtheg *Maen* a gaws . . . Stole fifteen Stone of Cheese. **1794** *W*, *maen* o wl[â]n d.g. *stone* [*14 Lb. or in some places 21 Lb.*] *of wool*. *id.* *maen* o g[î]g d.g. *stone* [*in London, 8 Lb.*] *of meat*. **1814** W. Davies: *Agric . . . S. Wales* ii. 499, Wool seems to have been formerly sold in the north of Pembrokeshire, and in the adjoining tract of Cardiganshire, by the *maen* of 28 lb. . . . This *maen*, of late, is reduced to 26 lb. **1814** *Seren Gomer* i. [4], Pris y Cig . . . y *Maen* o 8 pwys. **1835** *Y Gwladgarwr* 225, y *maen* (stone) o bedwar pwys ar ddeg. Ar lafar ym Mrych., '*Maen*. Pwysau o ddeuddeg pwys. Stone', *Cymru* xxix. 96, ac yn ardal Aberafan, '*mæn* o gaws'.

(*e*) (Yn *ffig*. ac mewn cyd-destun *ffig*.: *fig. and in fig. context*.)

c. **1380** *AL* ii. 68, ar arglwyd a dyly bot yn *vaen* tros y gymhell y rannu. **15g.** *GGl* 39, *Maen* yw Gruffudd, Nudd i ni, / *Maen* a lŷn mewn haelioni. **15g.** *HCLl* 45, Y *maen*, a gerir mwy nog arian, / Ar gornel ydwyd i'r gron wladan [i Ieuan ap Llywelyn]. **15–16g.** *GLM* 102, Mawr fu'r clud am fab Tudur—/ marw fu'r *maen* mwyaf o'r mur. **1567** *LlGG* (*Sall*) 56b, may dy weision ac ewyllys-da yw *main* [:– cheric] hi [Seion]. **1588** 1 *Pedr* ii. 3–5, yr Arglwydd . . . At yr hwn yr ydych yn dyfod, megis at *faen* byw . . . A chwithau hefyd megis *main* bywiol, a adeiladwyd yn dŷ ysprydol. *id.* 7, i'r anufyddion y *maen* a wrthododd yr adeiladwŷr hwn a wnaed yn ben y gongl. **1672** R. Prichard: *Gw* 224, Dewis *fain* [:- *Feini*] o bobol rassol, / Gwedi scwario i gŷd wrth reol. *id.* 423, Rwyt ti'n ûn o *fain* y Demel. **1766** W. Williams: *FfW* ii. 68, Dyma'r *Maen* sydd yn y gongl, / . . . / Gloddiwyd allan yn y brynniau, / Brynniau tragwyddoldeb dir. **1774** B. Francis: *A* i. 38, Mae eglwys Dduw fel dinas wych, / . . . / A'i mur o ddawnus *feini*.

Fel *a*. neu gyda grym ansoddeiriol. (A wnaed) o faen neu garreg; yn *ffig*. caled, dideimlad (am galon): (*made*) *of stone*; *fig. hard* (*of heart*), *unfeeling*.

12g. *LL* 78, O dina hit irhebauc *mein*. *c.* **1300** *H* 22a. 30, a thrychyeid gwerin caer uyrtin *uein* (Einion ap Gwgon). **14g.** *YBH* 31b, mur *maen*. **14g.** *DGG*[2] 139, Fy hebrwng i deilwng dir, / Gar llys *faen* geirllaes feinir (Gruffudd Gryg). *id.* 167, A thy *main* rhof a thi mae (Llywelyn Goch ap Meurig Hen). *c.* **1400** *R* 1360. 36–7, Callon *vaen* kyff graen keiff grwm. **15g.** *BB* 123, y gist *vaen*. **15g.** *LGC* 21, Allawr *vaen* val y lloer vawr. **15g.** *GGl* 298, A'm bwcled a'm bywioccledd [*sic*], / Yn arfau *maen* ar fy medd. **15g.** *GO* 185, Kaer *vain* yn kav ar vynaich [i abaty Dinas Basing]. **1588** *Lef* xxvi. 1, [d]elw *faen* . . . i ymgrymmu iddi. *Dchr.* **17g.** (**1716–18**) *Llsgr R. Morris* lxvi, Agorwch chwi y ffenestr *faen*. *c.* **1648** *Llst* 124, 142, dwy radell *faen* drwydoll fawr [am feini melin]. **1778** J. Thomas: *HB* 411, Tai cedyrn . . . a thô *maen* arnynt.

Cfn.: **maen a bar:** *stone and bar for putting or lifting (in sport)*. **15–16g.** *TA* 732. Gw. hefyd *bar*[1]—*bar a maen*. **m. (main) a chalch:** (*made of*) *concrete* (*lit. stone and lime*). **13g.** *BD* 35, fyrd . . . o *uein a chalch* (*ex cemento & lapidibus*). Ar lafar yn sir Gaerf., 'llawr *mân a chalch*', D. E. Jones: *HLlP* [362], 376; *TGG* (1907-8) 80. **m. adamant:** *adamant*. **1604–7** *TW* (*Pen* 228) d.g. *ferrum vivum*. **m. addurn:** *tombstone*. **1887** *SE*, *maen addurn*, a tomb . . . Iolo Goss[aries] d.g. *addurn*. **m. aelwyd:** *hearthstone*. **16g.** *GRCG* 17. **18g.** *Llr* C 24, 279. Gw. hefyd *aelwyd-faen*, *carreg*—*c. aelwyd*. **m. agat (agath):** *agate*. **1604–7** *TW* (*Pen* 228), *maen agath* d.g. *gagates*. **m. alcan:** *calamine*. **1798** *WR* d.g. *calamine*. **m. Alecsander Mawr** = ?**m. cudd.** **15g.** *GGl* 127. Gw. *GLM* 507. **m. alm, m. alem (alym, elyf):** *rock alum*. *Diw*. **16g.** *WLB* 56, [p]owdr *maen alm*. **18g.** *Llr* C 24, 272, [*m*]*aen Alem*. **1801** *MMf* 112, [*m*]*aen*[*e*]*lyf*. Gw. hefyd *carreg*—*c. alm*. **m. allor:** *altar stone*. **15g.** (*Dchr.* **17g.**) *LBS* iv. 437. **15g.** *GGl* 300. **15–16g.** *TA* 335. **m. ar wydr,** gw. *m. dros iaen* (i). **m. arch** = **m. llog.** **1861** *Cylchg LlGC* xxiv. 371. **m. armerth** = **m. llog.** **18–19g.** *Iolo MSS* 61. **m. bara:** *bakestone, girdle, griddle*. **1770** *W* d.g. *a bake-stone*. **m. barbal,** gw. *m. marbl*. **m. bedydd:** *baptismal font*. **15g.** *LGC* 139. **15g.** *DE* 25. **16g.** (*LlEG*) *Mos* 158, 346b. **16–17g.** (*Gesta Rom*) *LlGC* 13076, 81a. Gw. hefyd *bedyddfaen*. **m. bedd:** *gravestone, tombstone*. **15–16g.** *TA* 475. **1632** *D* d.g. *monimentum*. Gw. hefyd *beddfaen*, *carreg*—*c. fedd*. **m. beirdd** = ?**m. cudd.** **1678** *Mos* 149, 352. **m. bendigaid:** *blessed stone* (*said of sapphire and selenite*). **1561–2** *Celtica* ii. 99, 108. **m. beryl (beril):** *beryl*. **15g.** (**16g.**) *B* xvii. 85. **15g.** *LGCD* 78. **15g.** *GGl* 263. **1588** *Tob* xiii. 17. **1632** *D* d.g. *beryllus*. **m. blif:** *stone for hurling from a catapult, bullet, ball, cannon-ball, also fig.; battering-ram*. **14g.** *GDG* 371. **15g.** *HS* 9. **15g.** *Pen* 67, 42. **1604–7** *TW* (*Pen* 228) d.g. *aries*. **1632** *D*, blif . . . *maen blif*, glans, globulus. **1688** *TJ*, *maen blîf*, (bŵlet, Bowl:) a Bullet, a Bowl. **1722** *Llst* 189, *maen-blif*, a stone or bullet cast out of a cross-bow: a battering-ram. **1771** *W* d.g. *bullet, cannon-ball*. **m. breuan:** *quernstone*. **14g.** *LlB* 98. *c.* **1400** [*RB*] *WM* 505. 4. **15g.** *LHDd* 42. **1803** *P*; cf. *DGG*[2] 35, Traean henfaen breuan brau. **m. breuanllif** = **m. llifo.** **1547** *WS*, llifo hogi ar *vaen breu anllif* [*sic*], grynde. **1604–7** *TW* (*Pen* 228), [*m*]*aen breuanllvn* [*sic*] d.g. *incusus*. *c.* **1730** *Thos. Lloyd D* (LlGC) 171a. **m. calch:** *limestone*. **15g.** *Pen* 109, 112. *Diw*. **16g.** *WLB* 7. Gw. hefyd *calchfaen*, *carreg*—*c. galch*. *Meddyg*. **m. caled** = **m. tostedd.** *c.* **1400** *MM* 30. *c.* **1400** *Études* viii. 76. **m. callestr:** *flint*. **1551** W. Salesbury: *KLl* xxixa. *Diw*. **16g.** *WLB* 65. **1604–7** *TW* (*Pen* 228) d.g. *chalix*, *silex* (hefyd *D*). Gw. hefyd *callestrfaen*, *carreg*—*c. gallestr*. **m. camp:** *stone for putting or lifting (in sport)*. **1884.** Cf. *THSC* (1953) 94. **m. carbwnculus (carbonc(u)lus, caerbonclus):** *carbuncle (stone)*. **14g.** *YBH* 14b, 28a. **14g.** *DGG*[2] 136. *c.* **1400** *B* v. 212. *c.* **1400** *YCM*[2] 39, 54–5, 130. **1604–7** *TW* (*Pen* 228) d.g. *carbunculus* (hefyd *D*). **m. cawod (cawad):** *precious stone believed to fall with showers; ball of lightning, thunderbolt; crystal supposed to bring rain; also transf.* **15g.** (**16g.**) *B* xvii. 86. **15g.** Bedo Aerddrem, &c.: *Gw* 116. **1632** *D*, *maen cawod*, ombria. **1688** *TJ*, *maen cawod*, pellen mellten: a Thunder-bolt. **1795** J. Thomas: *AIC* 119, Gwneuthurwyr *Meini Cawodydd* (Thunderbolts) dan Vulcan. **1803** *P*, maen . . . *maen cawad*, a shower stone . . . the crystal, which used to be rolled for procuring rain. Gw. hefyd *m. glaw*, *glain*[1]—*g. cawod*. **m. cellt** = **m. callestr.** **1794** *P* d.g. *cellt*. Gw. hefyd *celltfaen*. **m. cenllysg:** *hailstone*. **13g.** *DB* 61. Gw. hefyd *carreg*—*c. genllysg*. **m. clais** = **m. mynor.** **15g.** *GO* 65. **1604–7** *TW* (*Pen* 228) d.g. *marmor*. **1632** *D*, *maen clais*, marmor propter liuores. **1688** *TJ*, *maen Clais*, Maen mynor . . . a Marble-stone. **1728** T. Baddy: *DDG* 44. **1785** E. Barnes: *MH* 41. **1803** *P*. Ar lafar yn nwyrain sir Ddinb., *TGG* (1904) 46. Gw. hefyd *cleisfaen*. **m. clawr:** *table-stone, cap-stone* (*of cromlech, &c.*). **1858.** **m. clo:** *keystone, fig. central element, principle, or figure; coping-stone, fig. copestone, crown, finishing touch*. **1754** *ML* i. 315, rhaid a rhoddi *main clô* ar y gwaith . . . byddwch wych, a Duw ach noddo. **1760** *id.* ii. 184, clawdd neu wal gerrig newydd o bedair i bum troedfedd o uchder a *main clo* crych sydd iddo. **1803** *P*. **1842** Dewi Wyn: *BA* 270, *Maen clo* fydd mewn celfyddyd [i bont Menai]. Ar lafar ym Môn ac Arfon, *WVBD* 367. **m. cof:** *memorial stone, monument*. **1815.** Gw. hefyd *cof-faen*. **m. coffa** = **m. cof.** **1834.** Gw. hefyd *carreg*—*c. goffa*. **m. coffadwriaeth** = **m. cof.** **1588** *Ecs* xxviii. 12. **m. congl:** *corner-stone*. *a.* **1587** *Y* 100. **1588** *Jer* li. 26. Gw. hefyd *conglfaen*. **m. cop(in):** *coping-stone*. **1890.** **m. cornel:** *corner-stone, also fig.* **15g.** *LGC* 12. **15g.** *Pen* 67, 118. **m. corryn** = ?**m. neidr.** **16–17g.** *GST* i. 559. **main cowri:** *prehistoric stone circle, transf.* **15g.** *GGl* 257. Gw. hefyd *côr*—*Côr y Cewri*. **maen crair:** (i) *relic stone*. **15g.** *GGl* 247. (ii) = **m. gwyn.** **18–19g.** *Iolo MSS* 61. (iii) = **m. llog.** **1884.** Gw. hefyd *maengrair*. **m. crisial (crisialt):** (*rock-*)*crystal*. *c.* **1400** *RM* 231. **15g.** *Glam Bards* 133, mynnu crys val *maen* [*c*]*risial* (Gwilym Tew). **1632** *D* d.g. *zeros*. Gw. hefyd *m. grisial*. **m. crisiant (crisant)** = **m. crisial.** **14g.** *WM* 165. 6. **14g.** *Bren Saes* 30. **14g.** *DGG*[2] 40. Gw. hefyd *m. grisiant*. **m. cristal** = **m. crisial.** **1346** *LlA* 170. *c.* **1400** [*RB*] *WM* 219. 24–5. **m. cudd:** *philosophers' stone*. *a.* **1644** (**1678**) *Mos* 149, 352. *c.* **1730** *Thos. Lloyd D* (LlGC) 167b, y *Maen cudd*, lapis Philosophorum. P. 16. **m. cwrel:** *coral, also fig.* **15g.** *B* v. 9. **15g.** *DE* 29. **15g.** *Pen* 67, 133. **m. chwŷf:** *rocking-stone, logan-stone; central stone in the bardic Gorsedd circle*. **1814.** Mae'n enw arall ar Y Garreg Siglo ar y Comin ym Mhontypridd. Gw. hefyd *m. arch*, *m. llog*, *m. sigl*, *m. ysgwyd*. **m. deiol:** *compass*. **16–17g.** *GST* i. 724, Mae 'nhrem hwnt yn rhwym i'w hôl, / Myn Duw, fal y *maen deiol*. *Dchr.* **17g.** *Card* 12, 296, vn rhiwl yw nghalon yn rhol / myn dewi ar *maen deiol* / er troi r deiol ai roliaw / nid a idrwyn [*sic*] or deav draw. **m. diemwnt (daimawnt, deimwnd, &c.):** *diamond, also fig.* *c.* **1400** *YCM*[2] 53. **15g.** *GDLl* 86, Merched ieirll, a'u meirch a'u dawns, / Mewn damasg a'u *main diemawns*. **15g.** *LGCD* 43. **16g.** *WLl* 196. **1763** *DT* 209, Lewis Mon, a Goronwy, / Dau Fardd . . . / . . . / *Meini Dimwnd* mwyn dymmer. *Drg.* **m. dyfod, m. dod:** (*geol.*) *erratic block*. **20g.** **m. ehed:** *loadstone, magnet*. **1632** *D* d.g. *Heraclius lapis, magnes*. **1688** *TJ*. **1803** *P*. Ar lafar yn nwyrain sir Ddinb., *TGG* (1904) 46. Gw. hefyd *ehedfaen*. **m. elyf,** gw. *m. alm*. **m. eurbraw:** *touchstone*. **1604–7** *TW* (*Pen* 228) d.g. *lydius lapis*. Gw. hefyd *m. praw*. **m. ffin:** *boundary stone, also fig.* **14g.** *WML* 55. **15–16g.** *TA* 286. **1803** *P*. Gw. hefyd *carreg*—*c. ffin*, *ffinfaen*. **m. geni,** gw. *man*[2]—*man geni*. **m. geri:** *gallstone*. **20g.** **m. glain:** *adder-bead, adder-stone, also fig.* **15g.** *LGC* 179. **1753** *TR*. **1770** *W* d.g. *beads, adder-beads*. **1803** *P*. Gw. hefyd *m. magl*, *m. neidr*, *glain*[1]—*g. neidr*. **m. glaw (gwlaw):** *precious stone believed to fall with rain; stone or crystal supposed to bring rain*. **15g.** Bedo Aerddrem, &c.: *Gw* 229. *a.* **1765** L. Morris: *CR* 291, *Maen gwlaw*, the manalis or maenlau of the Romans, a stone which they rolled about when they wanted rain. **1803** *P*, maen . . . *maen gwlaw*, a rain stone . . . the crystal, which used to be rolled for procuring rain. Gw. hefyd *m. cawod*. **m. gobaith:** *large stone believed to mark a way*. **1796** *MA* iii. 236. **18–19g.** *Llr* C 69, 181. **m. gorchest:** *stone for putting or lifting (in sport), also fig.* **1782** P. Williams: *CC* 22. **18–19g.** *Llr* C 68, 302. Gw. hefyd *carreg*—*c. orchest*. **m. gorsedd** = **m. llog.** **1792** *Ll* iii. 100. **1792** *HELlH* xxvii. **18–19g.** *Iolo MSS* 61. **m. grisial:** (*rock-*)*crystal, porphyry, red marble, also fig.* **15g.** *GGl* 110. **15g.** *ID* 37. **16g.** *Pen* 76, 141. **1588** *Esth* i. 6. **16–17g.** *GST* i. 979. **1722** *Llst* 189, grisial, *maen grisial*, red marble. Gw. hefyd *m. crisial*. Gthg. *grisialfaen*. **m. grisiant:** (i) = *m. crisial*. **15g.** (*LlDB*) *LlGC* 7006, 209. (ii) = *m. ehed*. *a.* **1814.** Gw. hefyd *m. crisiant*. **m. grwndwal:** *foundation-stone, fig.* **15g.** *LGC* 460. **m. gwaddan** = **m. grwndwal.** **1657** T. Powel: *CI* 39. **m. gwaith:** (i) *carved stone*. **16g.** Lewys Morgannwg: *Gw* 425. (ii) *stone used in building*. **1768** J. Jones: *HC* 74. **m. gwal:** *stone used in building a wall, fig.* **15–16g.** *TA* 279. **m. gwefr:** *amber bead*. **15g.** Deio ab Ieuan Du, &c.: *Gw* 269. Gw. hefyd *glain*[1]—*g. gwefr*. **m. gwennol:** *swallow-stone, stone believed to be carried from the sea-shore by swallows to give sight to their young*. **15g.** *GO* 103. Cf. *llysiau*—*llysiau'r wennol*. **m. gwerthfawr (gwyrthfawr, gwerthfor):** *precious stone, gem, also fig. and transf.* **1346** *LlA* 168, 170. **14g.** *WM* 27. 18. **15g.** *GGl* 40, Pum eryr, pum wayw hirion, / Pum *maen gwerthfawr* gwlad fawr Fôn [i feibion Llywelyn ap Hwlcyn]. **15–16g.** *TA* 82, Wrth fur *main gwyrthfawr* Maenan / Y gweddai'r glog o dderw glân. **1547** *WS*, *maen gwyrthfawr*, a preciouse stone. **1567** *TN* 246a, 392a. **1604–7** *TW* (*Pen* 228) d.g. *gemma, lapis . . . Preciosus*. **17g.** Huw Morus: *EC* i. 154. **1803** *P*. Gw. hefyd *carreg*—*c. werthfawr*. **m. gwn:** *cannon-ball, bullet, also fig.* **15g.** *GGl* 9, Milwyr fu ei wŷr efô, / *Main gwns* tir Maen ac Ainsio. *id.* 12, Cydsaethu, iawngu angerdd, / Gwin coch â *main gynnau* cerdd. **15–16g.** *TA* 112. **15–16g.** *GLM* 131. **16–17g.** *GST* i. 572. **1632** *D*, *maen gwnn*, plumbata, globulus, glans. **1771** *W* d.g. *bullet, cannon-ball*. **1803** *P*. **m. gwyn (gorsedd):** *one of the stones forming the circle in the bardic Gorsedd*. **18–19g.** *Iolo MSS* 61. **1807** *MA* iii. 301. **m. gŵyr** = ?**m. hir.** **1695** W. Camden: *B* 628, 629, 630. *c.* **1700** E. Lhuyd: *Par* i. 116. **1723** H. Rowlands: *MAR* 342. **1796** T. Pennant: *HWH* 120. **m. gwyrth (gwrthiau):** *virtuous stone, precious stone, gem, also fig.* **15g.** *RWM* i. 402. **15g.** *DE* 91. **16g.** Huw Arwystl: *Gw* 124, 179. **1586 (1604)** *B* v. 314. **1658** R. Vaughan: *PS* 447, 448. *c.* **1730** *Thos. Lloyd D* (LlGC) 167b, *maen gwrthiau*, precious stone. Gw. hefyd *gwyrthfaen*. **m. gwyrthfawr,** gw. *m. gwerthfawr*. **m. haearn (harn)** = **m. hogi.** Ar lafar ym Morg., '*maen 'arn*'. **m. had,** gw. *maenhad*. **m. hir** [cf. Llyd. Diw. *m(a)en-hir*]: *long-stone, standing stone, monolith, menhir*. **1695** W. Camden: *B* 616. *id.* 647, *Meineu hirion*. **1784** T. Pennant: *TW* ii. 99, *maeni hirion*.

Cf. (*LlSC*) *LL* xlv, hirmain ȝuidauc. **m. hogi:** *whetstone, hone, grindstone.* **1543** *Pen* 163, ii. 5. **1547** *WS*, hocfaen ne *vaen hogi*, a gryndyng stone. *c.* **1587** *LlCy* v. 39. **1604–7** *TW* (*Pen* 228) d.g. *acone, cos, cotaria.* **1725** *SR* d.g. *a Whetstone* (hefyd *W*). Gw. hefyd *hogfaen, carreg—c. hogi.* **m. iacinct:** *jacinct, hyacinth (gem), black marble.* **1722** *Llst* 189 d.g. [*iacinct*]. Cf. **1588** *Esth* i. 6. **m. iasbar** = **m. iasbis.** **1567** *TN* 397b, 398a. **m. iasbis:** *jasper.* **1551** W. SALESBURY: *KLl* 1b. **1588** *Dat* xxi. 11. **1604–7** *TW* (*Pen* 228) d.g. *aerizusa, jaspideus.* **1632** *D* d.g. *iaspis.* **1753** *Gron* 31. **1775** *W* d.g. *jasper.* **m. inc:** *ink-stone.* **1858.** **m. llif** = **m. llifo.** **1774** *W* d.g. *a grind-stone.* Ar lafar yn sir Benf. a'r cyffiniau, *TGG* (1904) 63, (1907-8) 78. **m. llifianu (llifanu, llyfanu)** = **m. llifo.** **1774** *W* d.g. *a grindstone.* **1790** *Almanac Rhisierdyn* 12. **1803** *P* d.g. *llivianu.* **m. llifo (llifio):** *grindstone.* *c.* **1485** *J* 6, 130b. **16g.** *Llst* 6, 68. **1547** *WS*, hogi ar *vaen llifo*, grynde. **1604–7** *TW* (*Pen* 228) d.g. *allo, incusus, lapis . . . Molaris, gyratilis* (At.). **1693** *HC* 67. **1774** *W* d.g. *a grind-stone.* Ar lafar yn y Gogledd, *WVBD* 351. **m. llin:** *asbestos.* **1816.** Gw. hefyd *m. sidan.* **m. llithiant:** *a kind of stone which, powdered and mixed with milk, was considered an antidote for hydrophobia or rabies.* **1822.** Cf. *llaethfaen, llithfaen*[1]. **m. llog** [?a'r ail elf. yn fnth. Crn. *log(an)* 'yn siglo', gw. W. BORLASE: *AC* 179; ?cf. S. C. *lōk* 'sacrifice']: *central stone in the bardic Gorsedd, 'logan-stone'.* **1792** *HELlH* xxvii. **18–19g.** *Iolo MSS* 61. **1803** *P* d.g. *llog.* **m. (y) llongwyr** = **m. ehed.** **1604–7** *TW* (*Pen* 228) d.g. *ferrum . . . vivum.* *Diw.* **19g.** *SE MS* 275a. **m. llwyth:** *heavy stone used for putting in athletic contest (lit. load stone).* **15g.** *GGl* 265. **m. llyfnhau** = **m. llifo.** **1814.** **m. llythyrog:** *inscribed stone.* **1695** W. CAMDEN: *B* 617, Y *maen* [*Ll*]*ythyrog* [:– Y *maen llythyrog*on [*sic*] Mynydd Margam]. **m. magl:** *adder-bead, adder-stone, popularly believed to be a substance blown by snakes and worn as a cure for cataract (lit. cataract stone).* **1695** W. CAMDEN: *B* 683. **1723** H. ROWLANDS: *MAR* 342. *c.* **1730** *Thos. Lloyd D* (LlGC) 167b, *maen magl*, glain neidr. **1753** *TR*, glain . . . glain y nadroedd . . . adder-beads . . . are call'd also Maen glain, and *Maen magl*, because accounted good for a web in the eye. **1770** *W* d.g. *beads, adder-beads.* **1803** *P.* Ar lafar ym Morg., '*maen macal*'. Gw. hefyd *m. glain, m. neidr, glain*[1]—*g. neidr.* **m. mân:** *mica.* **1604–7** *TW* (*Pen* 228) d.g. *mica.* *Dchr.* **17g.** *J* 10, 26a, *maen man*, mica. **m. marbl (marbwl, barbal,** &c.) = **m. mynor.** **1545** *CM* 1, 146. *c.* **1585** *Llst* 178, 44b. **1586 (1604)** *B* v. 301. **1759** J. EVANS: *PF* 46. **1766** *CD* 183, [*m*]*eini Marbl.* **m. margarit:** *pearl.* **15g.** *FfBO* 51, 52. Cf. *m. mererid.* **m. marmor** = **m. mynor.** *c.* **1300** *H* 20a. 3. **14g.** *YBH* 21b, 14a, 46a. *c.* **1400** *YSG* i. 4, 111. *c.* **1400** *YCM*[2] 55, 156. *c.* **1514** *B* v. 12. **1588** *Esr* v. 8. **1687 (1715)** J. OWEN: *TB* 141. **m. mawr** = **m. camp.** **15g.** *GGl* 201. **m. melin:** *millstone, fig. encumbrance.* **14g.** *WML* 105, *Mein melin* pedeir arhugeint atalant. **15–16g.** *GLM* 68. **1547** *WS*, *maen melin*, a mylstone. **1551** W. SALESBURY: *KLl* lxxxiib. **1588** *Barn* ix. 53. **1588** *Jer* xxv. 10, sŵn y *meini melinau.* **1604–7** *TW* (*Pen* 228) d.g. *lapis . . . Molaris, pyrites.* **1672** R. PRICHARD: *Gw* 195. Yn Nantgarw gynt dywedid am rywun siaradus ei fod yn 'wilia fel *mæn melin*'. Cf. *melinfaen.* **m. mellt(en):** *thunderbolt, meteorite.* **1604–7** *TW* (*Pen* 228) d.g. *lapis . . . Ceraunius.* Digwydd hefyd fel enw ar graig yn y môr gerllaw Porthor yn Llŷn. **m. mererid (myrerid):** (i) *pearl, also fig.* *Dchr.* **14g.** *H* 123a. 32. **1346** *LlA* 93. **14g.** *WM* 181. 38. **14g.** *GDG* 182, Nid gwiw i ddyn o'i gyfair / Ymlid *maen mererid* Mair [i'r seren]. **15g. (16g.)** *B* xvii. 86. **1722** *Llst* 189 d.g. *a Margarite* (hefyd *W*). (ii) *murra (precious stone).* **1604–7** *TW* (*Pen* 228) d.g. *murrha, myrrhites.* **1632** *D* d.g. *mererid.* Cf. *m. margarit.* **m. morter:** *mortar quern.* **1896.** **m. muchudd:** (i) *jet, also fig.* *c.* **1400** *MM* 60. **15g.** *LGC* 179, 405, 435. **1604–7** *TW* (*Pen* 228) d.g. *gagates, lapis . . . Thracius.* **1722** *Llst* 189 d.g. *jet* (hefyd *W*). (ii) [drwy gymysgu'r Llad. *gagates* 'muchudd' â (*maen*) *agat(h)*] = **m. agat.** **1604–7** *TW* (*Pen* 228) d.g. *gagates* (hefyd *D*). **1770** *W* d.g. *an agate, or agat.* **1795** J. THOMAS: *AIC* 290. Gw. hefyd *muchuddfaen.* **m. mynor:** *marble.* *c.* **1400** *YCM*[2] 65. **15g.** *LGC* 432. **1563** *WLl* 112. **1567** *TN* 393b. **1604–7** *TW* (*Pen* 228) d.g. *abacus.* **1617** *Minsheu* 292a d.g. *a marble.* **1632** *D* d.g. *marmoreus.* **1760** *ML* ii. 251. **m. nadd:** *hewn stone.* *c.* **1400** *RC* xxxiii. 448. **15g.** *GTP* 26. **15g.** *LGC* 462. **16g. (1763)** W. SALESBURY: *LlM* 164. **1588** 1 *Br* v. 17. **1716** J. MORGAN: *MB* 23. Gw. hefyd *carreg—carreg nadd.* **m. neidr:** *adder-bead, adder-stone, worn as an amulet, fig.* **15–16g.** *TA* 245. Gw. hefyd *m. glain, m. magl, glain*[1]—*g. neidr.* **m. nodwydd** = ?**m. ehed.** **16g.** WILIAM LLŶN: *Gw* (R. Stephens) 669. **m. onics (onycs):** *onyx.* **1588** *Gen* ii. 12, *Ecs* xxv. 7. **1722** *Llst* 189 d.g. *an Onyx stone.* **1778** *W* d.g. *onyx.* **m. pennaf:** *chief stone, head stone.* **1588** *Sech* iv. 7. **1792** P. WILLIAMS: *DD* 17. **m. pobi:** *bakestone.* **1818.** **m. praw(f):** *touchstone; stone for putting or lifting (in sport); fig. criterion, standard, canon, test.* **1588** *Ecclus* vi. 22. *Dchr.* **17g.** *J* 10, 24a, *maen praw*, touchestone . . . parius lapis. **1675** R. DAVIES: *PY* 9. **1725–6** *Madd Ed* 67. *c.* **1762–79** W. WILLIAMS: *P* 328, 642. **1772** *W* d.g. *criterion, touch-stone.* Gw. hefyd *maenbrawf, maenprawf.* **m. profi** = **m. profiad.** **1725** *SR* d.g. *a touch-stone.* **m. profiad:** *touchstone, fig. criterion, standard, canon, test.* **1713** T. BADDY: *DDGH* 21, 51. **1752** H. LLOYD: *H* 43. **1771** J. THOMAS: *TA* 8. **m. rubi:** *ruby, also fig.* **15g.** *FfBO* 45. **15g.** *GGl* 39. **m. rhigal (rigal):** *regal, precious stone, also fig.* **15–16g.** (**16g.**) *Pen* 110, 62. **15–16g.** *GLM* 76, 310. **16g.** LEWYS MORGANNWG: *Gw* 353. **16g.** MORUS DWYFECH: *Gw* 86. **m. rhugl,** gw. *m. rhigal.* **m. rhwystr** = **m. tramgwydd.** **1632** *D* d.g. *scandalum.* Gw. hefyd *carreg—c. rwystr.* **m. saffir (saffyr):** *sapphire, also fig.* **15g.** *GDLl* 111, *Maen saffyr* yr henwyr hwnt, / Euraid owmal neu'r diemwnt [i'r Arglwydd Fferis]. **[1783]** *W* d.g. *sapphire* (hefyd *WR*). **m. sarn:** *stepping-stone.* **1605–18** *Mos* 131, 485. Gw. hefyd *carreg—c. sarn.* **m. sebon:** *soapstone, stentite.* **1852.** Gw. hefyd *carreg—c. sebon.* **m. sgrifen,** gw. *m. ysgrifen.* **m. sidan:** *asbestos (lit. silk stone, because of the silky fibrous texture of asbestos).* **1856.** Gw. hefyd *m. llin.* **m. sigl** = **m. chwŷf.** **1695** W. CAMDEN: *B* 638, Y *maen sigl*, or the Rocking-stone. **1758** *ML* ii. 94. **1761** *id.* 354, 366. **1803** *P.* Gw. hefyd *m. ysgwyd, carreg—c. siglo.* **m. sugn** = **m. ehed.** **14g.** *WM* 52. 1. **1772** D. RISIART: *HFP* 56. **m. tâl:** *?precious stone; (dict.) magnet.* **15g.** *GGl* 39. **1604–7** *TW* (*Pen* 228) d.g. *magnes.* **m. tân:** *pyrites, marcasite.* **1604–7** *TW* (*Pen* 228) d.g. *pyrites* (hefyd *D*). **1722** *Llst* 189, *maen tân*, a thunder-stone. **1776** *W* d.g. *marcasite, pyrites.* Gw. hefyd *carreg—c. dân.* **m. taran (y daran)** = **m. mellt.** **1604–7** *TW* (*Pen* 228) d.g. *lapis . . . Ceraunius.* **1725** *SR* d.g. *a thunder-bolt.* *c.* **1730** *Thos. Lloyd D* (LlGC) 166b, *maen y daran*, a thunderbolt, brontia. **1770** *W* d.g. *bolt, a thunder-bolt.* Gw. hefyd *carreg—c. daran.* **m. taro tân:** *flint in the firelock of a gun.* **16–17g.** E. PRYS: *Gw* 319. **m. teils:** *tile.* *Diw.* **16g.** *WLB* 45. **m. terfyn:** *boundary stone.* **13g.** *LlI* 63. **1604–7** *TW* (*Pen* 228) d.g. *lapis . . . Terminalis.* **1722** *Llst* 189, *maen terfyn*, a bounding stone. **1770** *W* d.g. *bound, bounds, or boundary, a bound-stone.* Gw. hefyd *carreg—c. derfyn.* **m. y Tiboeth:** *black precious stone, said by Thomas Wiliems to have been lying upon St. Beuno's Book, known as '(y) Tiboeth', in the church at Clynnog Fawr.* **14g.** *IGE*[2] 3. **1604–7** *TW* (*Pen* 228) d.g. *gagates.* Gw. hefyd *llyfr*[1]—*ll. Tiboeth.* **m. Tomas** = ?**m. cudd.** **15g.** *GGl* 39, 134. Gw. *GLM* 507. *Meddyg.* **m. (y) tostedd:** (*med.*) *stone, calculus.* *c.* **1400** *MM* 110, 120. *c.* **1400** *Études* viii. 86. **16g. (1763)** W. SALESBURY: *LlM* 22, 35. *Diw.* **16g.** *WLB* 81. **1604–7** *TW* (*Pen* 228) d.g. *calculus, valetudo calculorum.* **1722** *Llst* 189. Gw. hefyd *carreg—c. (y) tostedd, clefyd—c. y maen (tostedd)*, ac adran (*c*) uchod. **m. (y) tramgwydd (trancwydd):** *stumbling-block.* **1567** *TN* 233b, 234a, 351a, 353b. **1588** *Eseia* viii. 14. **1722** *Llst* 189. **1757** *ML* ii. 20. **1794** *W* d.g. *a stumbling-block . . . a stumbling-stone.* Ar lafar, '*maen tramgwydd*'. **m. troi** = **m. hogi.** Ar lafar ym Morg. **m. troell:** *grindstone worked by foot.* Ar lafar ym Morg., '*mæn troiall*'. **m. dros (tros) iaen, m. dros iâ:** (i) *stone over ice, also fig. of a lord.* **13g.** *LlDW* 134. 27–135. 2, Try chadarn byt argluyd adrut a dydym. sew achaus yu *maen dros yaen* yu argluyd. sew yu ydrut dyn ynvyt ac ynuyt ny ellyr kymell dym namyn y ewyllys. sew yu dyn dydym dyn heb da ydau. ac urth hynny ny ellyr kymell da yn lle ny bo. **13g.** *D Col* 30, argluyd a eyll bot en *uaen dros yaen* a pery ydau [dyn dall] e da os myn. *id.* 35. **15g.** *GGl* 126. **15g.** *GO* 299, Aer Tomas, o'r tu yma / i Vônn draw, sydd *vaen dros ia.* **15g.** *GOLlM* 43, Un *maen dros iaen* ar draws art, / Moes drosom y Mastr Rhisiart. **15–16g.** *GLM* 189, Ymwaredwr mawr ydoedd: / *maen dros iaen*, myn Duw, Rhys oedd. **16–17g.** *GST* i. 150. **16–17g.** IEUAN TEW IEUANC: *Gw* 34, Mewn cyfoeth, man y cofiwyd, / *Maen dros iaen*, min y drws wyd. **1632–44** *Brog* 11, 119, *Maen dros iaen.* Lapis trans glaciem. Citò labitur lapis trans glaciem. De ijs dicitur qui tam potentes sunt, vt quod libeat liceat. Et potest dici de eo cui omnia prospera sunt, & pro voto et voluntate succedunt. Cf. *TA* 157, Maen ar wydr maenor ydwyd, / Morys law gref Mars Loegr wyd. (ii) (*dict.*) *rich, wealthy.* **1604–7** *TW* (*Pen* 228) d.g. *locupleto, prædiues* (hefyd *D*). **1722** *Llst* 189, *maen dros iaen*, very rich. **m. dros faen** [?gwall am *maen dros iäen*, cf. *BM* 49, 13b, Arglwydd, yr hwn fydd faen dros ifaen [*sic*]]: *rich, wealthy.* **1615** R. SMYTH: *GB* 85. *c.* **1730** *Thos. Lloyd D* (LlGC) 166b. **m. trwm:** *heavy stone, esp. one for putting (in sport), also fig.* **15g.** *HCLl* 55. **15–16g.** *TA* 242, 258, 295, 470. **15–16g.** *GLM* 294, 321. **1588** *Sech* xii. 3. **m. twrcas:** *turqoise.* **15–16g.** *TA* 245. **m. tyn** = **m. ehed.** **1723** J. JONES: *LlA* 249. **1725** *SR* d.g. *a load stone.* **1759** W. WILLIAMS: *SFf* 131. **1775** D. ROWLAND: *TP* 31. **m. tynfa** = **m. tynnu.** **1864.** **m. tynnu:** *loadstone, magnet, also fig.* **1632** *D* d.g. *adamas, magnes.* **1716** T. EVANS: *DPO* 113. **1722** *Llst* 189. **1730** A. MORGAN: *CES* [iv]. **1770** P. WILLIAMS: *BS*, 1 *Pedr* ii. **1788** J. GRIFFITH: *DCC* 141. **m. ysgrifen, m. sgrifen:** *inscribed stone.* **1707** *AB* [xv]. Gw. hefyd *carreg—c. ysgrifen.* **m. ysgwyd:** *rocking-stone, logan-stone.* **1761** *ML* ii. 354. **1803** *P.* Gw. hefyd *m. chwŷf, m. sigl.* **cario'r (cael y, dwyn y, gyrru'r, mynd â'r, mynnu'r) m. i'r wal:** *to achieve a goal, carry out a project, succeed, prevail, carry one's point.* **16–17g.** *DCR* 236, Pwy garia r Maen ir wal. **1754** *ML* i. 284, mai fo a *eiff ar maen ir wal.* **1769** E. ROBERTS: *GN* 24. Ar lafar yn gyff.

Am *amerodron mein, bara maen, bwa m., bwrw m., carreg f., clefyd (y) m., clwyf y m., dal trwyn ar y m., mur m. (main), picau ar y m., saer m., taflu m. (a throsol), teisen ar y m., tostedd m.,* gw. amherawdr, bara[1] (At.), bwa[1], bwriaf: bwrw, carreg (At.), clefyd, clwyf, daliaf: dal, mur, pic, saer, taflaf: taflu, teisen, tostedd.

Gw. hefyd faen, maenen.

maen[2], gw. mân[1].

maen[3] [bnth. S. *main* 'a number called before the dice are thrown in a game of hazard; cockfight'] *eg.*

(*a*) Rhif a elwid gan daflwr cyn taflu'r dis mewn gêm o hasard: *main (in a game of hazard).*

16–17g. *CC* 40, hwn accw y *maen* a nicciodd (Thomas Prys). *c.* **1730** *Thos. Lloyd D* (LlGC) 170b, *mayn*, a main at dice.

(*b*) Ymladdfa geiliogod: *cockfight, main.*

1823.

Cfn.: **maen Cymreig:** *Welsh main, kind of knock-out cockfighting contest.* **1823.**

Maen—gwin M., gw. gwin.

maenad, gw. maeniad.

maenadeiladaeth, maenadeiladwaith, maenaddoliad, gw. maen[1] + adeiladaeth, adeiladwaith, addoliad.

maenaf: maenu [bf. o'r e. *maen*[1]] *bg.a.* Llabyddio, lluchio â cherrig; troi'n garreg, caregu, hefyd yn *ffig.*: *to stone, pelt with stones; turn to stone, petrify, also fig.*

1567 *TN* 150b, yr Iuddaeon drachefyn a godesont vain, yw lapyddiaw [:– *vainu*] ef. *c.* **1730** *Thos. Lloyd D* (LlGC) 166b, *maenu*, lapido. **18–19g.** *Llr C* 54, 270, *maener* ef hyd farw. **1803** *P.*

maenaidd [*maen*[1] + *-aidd*] *a.* Tebyg i faen, caregaidd; llawn cerrig, caregog: *stony, like stone; full of stones.*

1803 *P.*

maenan[1] [*maen*[1] + *-an*[1]] *eg.* Genau-goeg, madfall: *lizard.*

1604–7 *TW* (*Pen* 228) d.g. *lacertus.*

maenan[2], gw. maen[1].

maenarch [*maen*[1] + *arch*[2]] *eb.* ll. *maeneirch.* Arch wedi ei gwneud o faen; cistfaen, cromlech: *stone coffin, sarcophagus; cistvaen, cromlech.*

1850.

maenargraff [*maen*[1] + *argraff*] *eg.* ll. *-ion.* Print a gynhyrchir drwy lithograffeg, lithograff; arysgrif ar garreg: *lithograph; stone inscription.*

1823.

Gw. hefyd argraff-faen.

maenargraffaf: maenargraffu [bf. o'r e. bl.] *ba.* a'r be. fel *eg.* Cynhyrchu (llun, tudalen o brint, &c.) trwy lithograffeg; maenargraffiad, lithograffeg: *to lithograph; lithography.*

1850.

maenargraffiad [bôn y f. fl. + *-iad*[1]] *eg.* ll. *-au.* Proses argraffu sy'n defnyddio arwyneb gwastad wedi ei drin fel y bo'r hyn sydd i'w argraffu yn derbyn inc a'r gweddill yn ei wrthod, lithograffeg: *lithography.*

1850.

maenargraffol [bôn y f. fl. + *-ol*] *a.* Yn

ymwneud â lithograffeg, yn maenargraffu, lithograffig: *lithographic*.
1850.

maenargraffydd [bôn y f. fl. + *-ydd*[3]] *eg.* ll. *-ion*. Un sy'n maenargraffu, lithograffwr: *lithographer*.
1850.

maenbrawf, maen-brawf [*maen*[1] + *prawf*] *eg.* ll. *-brofion*. Safon neu egwyddor y bernir wrthi, ffon fesur, prawf derbyn neu wrthod: *criterion, standard, yardstick, touchstone*.
1725–6 *Madd Ed* 396, pan . . . ail ennillo Rheswm . . . ei hjawn ragoriaeth, a dyfod yn wir *faenbrawf* a barnydd o dda a drwg.
Gw. hefyd maen[1]—maen prawf, maenprawf.

maenbyg [*maen*[1] + *pyg*] *eg.* Pyg caled neu solet: *stone-pitch, hard pitch*.
1722 *Llst* 189, *maen-byg*, stone-pitch.
Gthg. pygfaen.

maenclo, maencof, gw. maen[1]—maen clo, m. cof.

maendo [*maen*[1] + *to*[1]] *eg.?b.* a hefyd fel *a.* (A) gorchudd carreg neu gerrig (arno), (mewn) bedd; to llechi; llechen, teilsen: (*under a*) *stone covering*, (*in a*) *grave*; *slate roof*; *slate, tile*.
c. **1400** *R* 1206. 15–16, To gro *maendo* mur. agud nud natur. *id.* 1318. 32–3, Gwisgawd llun kain main *maendo*. *id.* 1320. 7–9, Pall vrael ydoed kynn pell wryt gro. dan rudglo *maendo* meindwf kerdglyt. *id.* 1417. 25–6, Arglwyd neut *maendo* mandaw kymry. **15g.** *GGl* 258, Am bob carreg deg o'i do / Mae 'mendith am y *maendo* [i ofyn ysglâts]. **1604–7** *TW* (*Pen* 228), *maendo* gerric d.g. *ambrices*. *id.* d.g. *delicia*, *lamina*, *qualus*, *tectum*. *c.* **1730** *Thos. Lloyd D* (LlGC) 166b, *maendo*, imbrex. **1803** *P.*

maendöwr, maendoewr [*maen*[1] + *töwr*, *toewr*] *eg.* ll. *maendo*(*e*)*wyr*. Un sy'n toi â meini, llechi, neu deils, llechwr, slater, sglatiwr: *slater, tiler* (*of roofs*).
1604–7 *TW* (*Pen* 228) d.g. *scandularius* (hefyd *D*). *c.* **1720** *CIF* d.d., Slater neu *faendowr* a Pheithynwr. **1722** *Llst* 189, *maen-döwr*, a slater, tiler. **1766** *CD* 166, Y *maen Döwr* oedd daerach / Ei gariad nag Eurach. **1775** M. WILLIAMS: *MC* d.d., *Maen Douwyr*, Tylers. **1803** *P.*
Amr.: **meindöwr** [*main*[2] + *töwr*]. **1794** *W* d.g. *tiler*.

maendref, gw. maen[1] + tref.

maendrwch [*maen*[1] + *trwch*[2]] *eg.* *Meddyg.* Toriad llawfeddygol i gael y garreg neu'r maen tostedd allan o'r bledren: *lithotomy*.
1776 *W* d.g. *lithotomy* [*a cutting for the stone*]. **1803** *P.*

maendrychiad [*maen*[1] + *trychiad*[1]] *eg.* *Meddyg.* Maendrwch: *lithotomy*.
1776 *W* d.g. *lithotomy* [*a cutting for the stone*]. **1803** *P.*

maendrychwr, maendrychydd [*maen*[1] + *trychwr*, *trychydd*] *eg.* ll. *-wyr*. Un sy'n cyflawni maendrychiad: *lithotomist*.
1776 *W*, *maen-drychydd* d.g. *lithotomist*.

maendwr [*maen*[1] + *tŵr*] *eg.* a hefyd fel *a.* Tŵr wedi ei wneud o gerrig; ac iddo dŵr maen: (*having a*) *stone tower*.
14g. *IGE*[2] 38, Melin deg ar ddifreg ddŵr, / A'i glomendy gloyw *maendwr* [i lys Owain Glyndŵr]. *c.* **1400** *MA*[2] 337b. 35–6, Goror *maendwr* gwir benydiwr gwael fy 'nghyflwr (Gronw Ddu). **16g.** *CLl* 185, Minau vydd beunydd, byw enaid—mwynder, / Ym mrig *maendwr* cànaid (Morus Dwyfech). **18g.** *GDG* 195, Ba fendith na bu *faendwr* / Llew na hydd na gwŷdd na gwr. **1796** *MA* iii. 254, llais *maendwr* braen yn syrthio.

maendy [*maen*[1] + *tŷ*] *eg.* ll. *-dai*. Tŷ neu adeilad a wnaed o gerrig; ?tŷ crefydd; ?carchar; hefyd yn *ffig.*: *stone house or building*; ?*house of a religious order*; ?*prison*; *also fig.*
12g. *LL* 207, bet ir*mainti*. or *mainti* diguairet dirpant. **14g.** *GDG* 95, *Maendy* serch, unfam, undad / Yw fy mron, a wnâi fy mrad. **14–15g.** *IGE*[2] 110, E' wna Rys, iawn 'wyllys nêr, / I'w *faendai* y cyfiawnder. *c.* **1400** *R* 1209. 38, Diwreid y *vaendy* dor advwynder. *id.* 1350. 33–4, llogawt gyvundawt *vaendy*. *c.* **1400** [*RB*] *WM* 492. 34–5, padyn agwyn yny *maendy* hwnn. **15g.** *GGl* 139, Merch weddw yn ymorchuddiaw / Mewn du drud o'r *maendy* draw. **1563** *WLl* 33, Mae n dy lys *maendai* y wledd / Merch gain marchoc o Wynedd. **1567** *LlGG* (*Sall*) 38b, can ys ti yw vy *maendy* [:– vynghraic] a'm castell. **1594–6** *Études* ii. 330–2, Merch oedd gynt yn angcres mewn *maendŷy*. **1609** *B* xvi. 264, Yr oedd lleian gynt mewn kuddigyl o *vaendy*. *c.* **1730** *Thos. Lloyd D* (LlGC) 166b, *maendy*, a stone house. **1789** *BDG* 523, A *maendai*, lle mae mwynder. Digwydd fel e. lle, e.e. ar ardaloedd yng Nghaerdydd a Chasnewydd-ar-Wysg.

maenddewiniaeth [*maen*[1] + *dewiniaeth*] *eb.* Dewiniaeth drwy gyfrwng arwyddion oddi wrth gerrig: *lithomancy*.
1858.

maenedig [bôn y f. *maenaf*: *maenu* + *-edig*] *a.bfl.* Wedi troi'n garreg neu'n ffosil, wedi caregu, ffosiledig: *petrified, fossilized*.
1855.

maeneiddiad [bôn y f. ddil. + *-iad*[1]] *eg.* Y proses o droi (rhywbeth) yn garreg neu'n ffosil, caregiad; ffosil; hefyd yn *ffig.*: *petrifaction, lapidification, fossilization*; *fossil*; *also fig.*
1803 *P.*

maeneiddiaf: maeneiddio [bf. o'r a. *maenaidd*] *bg.a.* Mynd yn garreg, troi (rhywbeth) yn garreg, caregu, ffosileiddio: *to petrify, fossilize*.
1803 *P.*

maeneiddiol [bôn y f. fl. + *-ol*] *a.* Yn maeneiddio, yn caregu, yn ffosileiddio: *petrifactive, lapidescent, fossilizing*.
1803 *P.*

maenen [*maen*[1] + *-en*] *eb.* ll. *-ni*.
(*a*) Tir trwm cleiog: *heavy clayey soil*.
1814.
(*b*) Carreg ar wely afon: *rock on a river bed*.
Ar lafar yn sir Gaerf., J. G. JENKINS: *NC* 317.

maenfan [*maen*[1] + *man*[1]] *eb.* ll. *-nau*. Y rhic sy'n dal y garreg mewn modrwy: *bezel*.
1770 *W*, *maen-fann* modrwy d.g. *beasil of a ring*. **1803** *P.*

maenfedd [*maen*[1] + *bedd*] *eg.* ll. *-au*, *-i*. Bedd wedi ei wneud o gerrig, bedd mewn craig, beddrod neu feddgell (o garreg); cofeb neu gofadail beddrodol, beddadail: *grave of stone, sepulchre, tomb*, (*stone*) *burial vault*; *sepulchral monument*.
c. **1300** *H* 95a. 7, kyn *maenuet* y orchut [marwnad Rhys Ieuanc gan y Prydydd Bychan]. **14g.** *GDG* 48, Gorwedd mewn *maenfedd* y mae. *c.* **1400** *R* 1214. 8–9, Kynn gwis[c]aw mywn gwascawt *maenued*. *id.* 1334. 2–3, Yr dy gyuodi . . . crist keli vyri o rwym *maenved*. **1604–7** *TW* (*Pen* 228) d.g. *epitaphium*, *tumba*, *xerolīphus*. *c.* **1700** E. LHUYD: *Par* iii. 110–11, And affix^d in the eastern wall . . . is the monument of Evan Lloyd . . . Y *maenfedd* hwn ô barchus goffadwriaeth . . . a adail gyssegrodd i ffyddlon garedig wraig. **1728** T. BADDY: *DDG* 19, gwelais yno amryw *Faenfeddau* gwyr Sanctaidd. [**1783**] *W* d.g. *sepulchre*, *a walled sepulchre*. **1803** *P.*
Gw. hefyd beddfaen.

maenfur, maenfwa, gw. maen[1] + mur, bwa[1].

maengabolwr [*maen*[1] + *cabolwr*[1]] *eg.* ll. *-wyr*. Un sy'n naddu ac yn caboli meini gwerthfawr, gemydd, maenydd: *lapidary*.
1852.

maengaer [*maen*[1] + *caer*] *eb.* Caer wedi ei hadeiladu â meini, hefyd yn *ffig.*: *stone fortress, also fig.*
13g. *MA*[2] 222a. 4, O fynyw hyd *faen gaer* lleon [marwnad Llywelyn ap Iorwerth a'i feibion gan Ddafydd Benfras]. *Dchr.* **14g.** *H* 125b. 36, *maengaer* glot belldaer glut balldec mygyruan (Casnodyn). **14–15g.** *IGE*[2] 141, Na chwsg un noswaith, fy chwaer, / Dy hunan, feingan *faengaer* [Gruffudd Llwyd i wraig weddw]. *c.* **1400** *R* 1264. 8–9, Gwannllesc wyf . . . am vn geir o du *maengaer* amlwc. **1803** *P*, *maengaer*, a rampart of stone.

maengerfiwr, gw. maen[1] + cerfiwr.

maengist [*maen*[1] + *cist*] *eb.* ll. *-iau*. Arch wedi ei gwneud o faen: *stone coffin, sarcophagus*.
c. **1400** *R* 1206. 2–3, Trosses ym grym grist. oedeith ueith *uaengist*. *id.* 1319. 9–10, Echwng gwenlloer oed oer doe y*maengist* vawrdrist varwdrei. *id.* 1322. 17, chwerw trist y*maengist* ymae.
Gw. hefyd cistfaen.

maenglawdd [*maen*[1] + *clawdd*, cf. e. lle Crn. *Maengluthio*[*u*], Llyd. C. a Diw. *mengleuz*] *eg.* ll. *maengloddiau*. Cloddfa gerrig, chwarel, hefyd yn *ffig.*; gwal gerrig, pentwr o gerrig: (*stone*) *quarry, also fig.*; *stone wall, heap of stones*.
1632 *D*, *maenglawdd*, lapicidina. **1632** J. DAVIES: *LlR* 322, yn chwarel a *maen-glawdd* y byd hwn. **1688** *TJ*, *maenglawdd*, clod[d]fa gerrig: a Quarry of stones, a Stone-wall. **1750** D. JONES: *ER* 15, E weles Jagof Eilun, / . . . / Ar *faen Glawdd* pan gyrchawdd gynt, / I garu 'mysg ei Gerynt. **1780** *W* d.g. *quarry* [*a mine whence stones are dug*]. **1803** *P.*

maengloddfa [*maen*[1] + *cloddfa*] *eb.g.* Maenglawdd, chwarel: *quarry*.
1800 *TJ* (Dinbych).

maengolofn [*maen*[1] + *colofn*] *eb.* ll. *-au*. Maen hir, colofn o faen neu o feini: *monolith, standing stone, menhir, stone column*.
1823.

maengrair [*maen*[1] + *crair*] *eg.* Crair wedi ei wneud o faen, yn *dros.*; ?amddiffynfa o gerrig: *stone relic or treasure, transf.*; ?*stone fortification*
16g. GR. HIRAETHOG: *Gw* (D. J. B.) 107. 43–6, Naddu sy ym newydd sôn / . . . / I'r ddau *faengrair* o'r ddyfngraig / Ag a ry Gras, gorau gwraig [i ofyn meini melin]. **16–17g.** HUW MACHNO: *Gw* 78, A sad *faengrair* îs dyfngraig, / A seler gref sail o'r graig [i'r Tŷ Newydd yn y Gwigau].
Cf. maen[1]—maen crair.

maengudd [*maen*[1] + *cudd*[1]] *eg.* Y cyflwr o fod yn guddiedig gan faen, claddedigaeth: *state of concealment by stone, burial*.
Dchr. **14g.** *H* 30b. 34, gruffut y[m] *maengut* y mae (Bleddyn Fardd). *c.* **1400** *R* 1268. 35–6, Gruffud kynn *maen gud* o vywn mein gyr llann.

maengylch [*maen*[1] + *cylch*] *eg.* ll. *-gylchoedd*, *maingylchoedd*. Cylch o feini yn eu sefyll: *stone circle*.
1842.

maenhad [*maen*[1] + *had*] *e.tf.* *Bot.* Enw ar blanhigion o'r teulu *Lithospermum*, gromil; enw ar blanhigion o'r teulu *Saxifraga*, tormaen: *gromwell*; *saxifrage*.
1604–7 *TW* (*Pen* 228) d.g. *lithospermum*. **1632** *D* (*Bot*), torr maen . . . *maenhad* . . . Saxifragium, Oenanthe, lithospermum, lilium solis. **1688** *TJ* (*Bot*), *maen-hâd*, torrmaen: Saxifrage, Hemlock, Dropwort. **1725** *SR* (*Bot*) d.g. *saxifrage* (hefyd *W*). **1813** *WB* 215.
Cfn.: **maenhad yr âr:** *corn gromwell, bastard alkanet, Lithospermum arvense*. **1813** *WB* 19. **m. meddygol:** *common gromwell, Lithospermum officinale*. **1813** *WB* 215.

maen-hir, gw. maen[1]—maen hir.

maeniad, maenad [bôn y f. *maenaf*: *maenu* + *-iad*[1], *-ad*] *eg.* ll. *-au*. Y proses o droi (rhywbeth) yn faen, yn garreg, neu'n ffosil, caregiad; ffosil; y weithred o labyddio, llabyddiad: *petrifaction, fossilization*; *fossil*; *a stoning*.
1803 *P*, *maenad*, a stoning; petrifaction. *id.* *maeniad*, a stoning; a petrifying.
Amr.: **meiniad. 1803** *P.*

maenlestr, gw. maen[1] + llestr[1].

maenlinwydd, gw. maenllinwydd.

maenlo [*maen*[1] + *glo*] *eg.* Glo carreg: *anthracite, stone-coal*.
1722 *Llst* 189, *maen-lo*, stone-coal.

maenllestr, gw. maen[1] + llestr[2].

maenllif, maenllin, gw. maen[1]—m. llif, m. llin.

maenllinwydd[1], maenlinwydd [*maen[1] + llinwydd*] *e.tf.* Ffosilau llinwydd: *confervite*.
1852.

maenllyd [*maen[1] + llyd*] *a.* Wedi ei wneud o garreg neu gerrig: *(made of) stone*.
1762 T. Williams: *HHO* 161, Caer fonllest, cowyr fwa *faenllyd* [i bont ar afon Gaseg].

maenog [*maen[1] + -og*] *a.* Caregog, yn perthyn i faen, wedi ei wneud o garreg neu gerrig: *stony, pertaining to stone, made of stone*.
1803 *P*, *maenawg*, having stone; stony.

maenol[1], gw. maenor.

maenol[2] [*maen[1] + -ol*] *a.* Caregog, yn perthyn i faen, wedi ei wneud o garreg neu gerrig: *stony, pertaining to stone, made of stone*.
1803 *P*, *maenawl*, of stone, belonging to a stone.

maenoldir [*maenol[1] + tir*] *eg.* ll. *-oedd*. Tir sydd yn perthyn i faenol; dyffryndir, iseldir, bro: *land belonging to a manor, manor-land; vale, lowland*.
16–17g. *GST* i. 450, Mae'n aeldew, flwng, hardd-fwng hir, / Manylduth hyd *maenoldir* [i ofyn march]. **1726** S. Rhydderch: *Alm* [4], Gwalch lef dirion wlâd, Wastadfaes, *Faenoldir*. **18–19g.** *Iolo MSS* 16, *Maenoldir* y Bont faen.

maenoldref [*maenol + tref*] *eb.* ll. *-i, -ydd*. ?Maenol, trefgordd ar faenoldir: *manor, township on manor-land*.
18–19g. *Iolo MSS* 16, Maenoldir Tref Beferad a Llanilltud fawr . . . [y] ddwy *faenoldref* hynn.

maenolydd[1] [*maenol[1] + -ydd[3]*] *eg.* ll. *-ion*. Arglwydd maenor: *lord of the manor*.
1776 *W* d.g. *manor, or manour, the lord of a (the) manour*.

maenolydd[2], gw. maenor.

maenor, maenol[1] [*?maen[1] + -awr[2]* neu *-awr[4]* ac *-ol*; dichon fod tebygrwydd *maenor* a *maenol* i'r H. Ffr. *manoir, maner* a'r S. C. *maner, mano(i)r* 'manor' wedi dylanwadu ar ddtb. yr ystyr; *maenor* yw'r ff. yn llyfrau cyfraith y De, *maenol* yn llyfrau'r Gogledd] *eb.* (bach. *maenoryn*) ll. *-au, -ydd, ?-ion*. Uned diriogaethol a gweinyddol yng Nghymru gynt a gynhwysai nifer amrywiol o drefi yn ôl gwahanol fersiynau o'r Cyfreithiau, yn *dros*. ardal (gynhyrchiol), bro, gwlad; dyffryn, dôl; maenoriaeth, arglwyddiaeth, tiriogaeth, ystad diriog, treftadaeth, etifeddiaeth, fferm, darn o dir; maenordy, plas, plasty, tŷ mawr yn y wlad, gwlaty, ffermdy: *former Welsh territorial and administrative unit comprising a varying number of townships, also transf. (productive) district, region, country; vale, dale; manor, lordship, landed estate, demesne, inheritance, patrimony, farm, parcel of land; manor-house, mansion, country residence, villa, farmhouse*.
9g. (*LlSC*) *LL* xlvii, Ostendit ista consripsio nobilitatem *mainaur* med diminih. **13g.** *LlDW* 42. 18–19, obit amresson eruc duy *uaynawl* or nau *maynaul* essit en aruon. **13g.** *LTWL* 135, *Maynaur* vero plenarie est que septem particulas, id est, rantyr, continet. *id.* 248, due *maynaur* de terra. **13g.** *LlI* 60, pedeyr tref em pob *maenaul*; a deudec *maenaul* a due tref en e kymhut . . . pedeyr eru ar ugeynt a mil o erwy em pob *maenaul* . . . O'r deudec *maenaul* a dele bot en e kemut, pedeyr onadunt en ueybyon eyllyon . . . ac un e kyghelloryaeth ac un e uaerony, a'r chuech ereyll en ueybyon uchelwyr rydyon. Ac o'r uyth henne e dele e brenhyn guestua pob bluydyn. **14g.** *WML* 55, Teir tref ar dec adyly bot ym pop *maenawr* . . . Seith tref auyd yny *vaenawr* or tayawc trefyd. **14g.** *IGE[2]* 30, Trwy *faenol* tir Eifionydd. **14–15g.** *id.* 123, F'enaid uwch Dyfrdwy *faenawr* (Gruffudd Llwyd). *c.* **1400** *R* 1199. 23–6, Adaf ae blant. oe divwynyant. o dwy *vaenawl*. Dayar a nef. kynn poen odef. cun peunydyawl. *id.* 1280. 17–18, Yvynet o *vaenawl* dyvynder. y vyny y vynyd oliuer. **15g.** *GGl* 245, Tref Fangor, *maenor* y medd. *id.* 289, Llwyddo Duw efo Dafydd—o Drefawr, / Ei *faenawr* a'i fynydd. **15g.** *ID* 82, meinwyr kerdd *maenorav* r kyll [i ofyn bytheiaid]. **15g.** *Pen* 67, 72, a thommas . . . / heb ddim o eiriach a bryn *vaenorydd*. **15–16g.** *TA* 22, Croeso tra fynno trwy *faenol*—Prydain, / Paradwys daearol. **1547** *WS*, dol ne *vaynol*, a dale, vale. **1567** *LlGG* (*Sall*) 35a, y glynnoedd [:- dyffrynoedd broydd *maynolydd*] hefyt a ymdoant ac ŷd. **1567** *TN* 136a, yn gyfagos at y *vaenawr* [:- vro, cyvoeth] (**1588** *Io* iv. 5, y rhan-dîr) a roesei Iacov y'w vap Ioseph. **1604–7** *TW* (*Pen* 228) d.g. *ager, hæredium, prædium, suburbanum, villa*. *Dchr.* **17g.** *J* 10, 24a, *maenoryn*. **1632** *D*, *maenol*, & *Maenor*, hæredium, prædium. **1660** Huw Morus: *EC* ii. 232, Gwlad nefol, gartrefol, ddigonol dda i ni gyd, / Y *faenol* dragywyddol yn dangnefeddol fyd. **1707** *AB* 218c, *maenol*, a farm. Non prædium solùm sed locus fertilis, planus; nam *Maenolydd* & Mynyddoedd opponi solent. D. **1722** *Llst* 189, *maenol*, *Maenor*, a farm, messuage, mannour, countrey-seat, inheritance. p. *-olydd, -olion, -orion*. q. *id.* d.g. *a Demain left by ones ancestors*. **1772** *W* d.g. *demain, demean, or demesne, farm, grange* [*a farm-house at a distance from neighbours, &c.*], *land, or lands* [*an estate consisting in* [*l*]*and*], *manor, or manour*. **1803** *P*. Digwydd *maenor* yn gyff. fel elf. mewn e. lleoedd yn y De, e.e. *Maenorbŷr*, sir Benf., *Maenordeilo*, sir Gaerf., a cheir *maenol* mewn rhai e. lleoedd yn y Gogledd, e.e. *Y Faenol* ger Y Felinheli, sir Gaern.

Cfn.: **maenor fro:** *lowland 'maenor' (said to comprise seven townships); lowland, low-lying district*. **14g.** *LlB* 71. **1730** *Leg Wall* 574, gwrthdir: *Maenor fro*, Regio non montana. **1753** *TR*. **1803** *P*. **maenol (maenor) gaeth:** *bond 'maenol'*. **13g.** *LlI* 64, O'r *maenolyd caeth* e deleyr deu daun buyt pob bluyden. **1776** *W* d.g. *a manour held by tenants in villenage*. Yr oedd *Y Faenor Gaeth* yn enw ar ardal yng ngodre Cered. yn y 17g., *Ceredigion* iii. 280. **maenol orthir:** *upland 'maenol' (said to comprise thirteen townships)*. **16g.** *Pen* 259[B], 49b, Saith randir a vydd ymaynawl ymro gyvanedd a thair tref ar ddec y*maynawl orthir*. **1632** *D*, gorthir . . . [t]eirtref ar ddêg ym *maenol orthir*, K[yfraith].K[ynog]. **maenor (maenol) wriogaethol:** *fief*. **1773** *W* d.g. *fief* (hefyd *WR*). **maenor wrthdir:** *upland 'maenor' (said to comprise thirteen townships); uplands*. **14g.** *LlB* 71, teir tref ar dec, *maenawr wrthtir*. **1730** *Leg Wall* 574, gwrthdir . . . *Maenor wrthdir*, Regio montana. **1753** *TR*, gwrthdir, *Maenor wrthdir*, K.H. the hilly part of a country. **1803** *P*. **maenol rydd:** *free 'maenol'*. **13g.** *LlI* 61, Ny deleyr gossot ar e *maenolyd ryd* na maer na kyghellaur na kylch na doouereth na macuyeyt . . . eythyr kylch maur e teylu pob gayaf. *id.* 64, Messur guestua e brenhyn en amser gayaf o *uaenaul ryd* yu hen: pun march o'r blaut goreu . . . a llester emenyn.

Am *arglwydd maenor* (*maenol*), gw. arglwydd (At.).

maenoraeth, gw. maenoriaeth.

maenoraidd [*maenor + -aidd*] *a.* Yn perthyn i faenor(iaeth), maenorol: *manorial*.
1901.
Amr.: **manoraidd** [cfdds. o'r S. *manor(ial)* + *-aidd*]. **20g.**

Am *cyfundrefn faenoraidd*, gw. cyfundrefn (At.).

maenordy [*maenor + tŷ*] *eg.* ll. *-dai*. Tŷ arglwydd y faenor, plasty, tŷ mawr yn y wlad, gwlaty: *manor-house, mansion, country house, villa*.
1774 *W* d.g. *house, a country-house, manour-house, seat, a country-seat* [*a gentleman's house in the country*].

maenoriaeth, maenoraeth [*maenor + -(i)aeth*] *eb.* ll. *-au*. Uned ffiwdal diriogaethol a gweinyddol gynt, bellach ystad arglwydd a'r tiroedd y mae ganddo rai hawliau arnynt, maenor: *manor*.
1811.

maenorlys, gw. maenor + llys[1].

maenorog [*maenor + -og*] *a.* A maenor neu faenol ganddo: *having a 'maenor' or 'maenol'*.
13g. *LTWL* 122, Mabh eyllt *maynorauc* a uo bengebyr are tyr. *id.* 249, Mabeilt *mainorauc*, id est, qui mainaur habuerit in qua eclesia sit. **15g.** *id.* 498, Map eylt *maenorauc*, id est, qui maenaul habet.

maenorol [*maenor + -ol*] *a.* Yn perthyn i faenor(iaeth), maenoraidd: *manorial*.
1794 E. Jones: *CP* 116, y cwrt *maenorol*.

maenorydd[1] [*maenor + -ydd[3]*] *eg.* Beili (maenor, hwndrwd, &c.): *bailiff (of a manor, hundred, &c.)*.
1852.

Am *arglwydd faenorydd*, gw. arglwydd (At.).

maenorydd[2], gw. maenor.

maenprawf [*maen[1] + prawf*] *eg.* Safon y bernir wrthi, prawf: *touchstone, criterion, test*.
1675 R. Jones: *HCh* 131, Gosodwch eich profedigaeth i bechod fal hyn wrth *faenprawf* eich adduned. *c.* **1730** *Thos. Lloyd D* (LlGC) 166b, *maenprawf*, lapis Lydius.

Gw. hefyd maen[1]—m. prawf, maenbrawf.

maenpris, mainpris, maentbris [bnth. S. C. Diw. *mainpris, maynprice*; yn y ff. *maentbris* gwelir *-t-* wedi tyfu yng nghanol y gair] *eg.* Ymrwymiad i sicrhau y bydd carcharor a ryddhawyd yn ymddangos yn y llys ar adeg arbennig, mechnïaeth: *mainprize*
15–16g. *GLM* 169, dy *faent-bris* (amr. *faenpris*), trimis y trig, / ni bu nos na bai'n ysig. **1567** *LlGG* [viii], [d]yoddef carchar yspait vj. mis, eb bayl na *maynprys* (**1710** *id.* [vii], heb na meichiau na *mainpris*). **1722** *Llst* 189, *mainpris* d.g. *mainprize* (hefyd *W*).

maenres [*maen[1] + rhes*] *eb.* ll. *-i*. Rhes hir o feini yn perthyn i'r cyfnod neolithig: *avenue or alignment of standing stones*.
1842.

maenrwym [*maen[1] + rhwym*] *a.* ?Wedi ei ddiogelu neu ei amgylchu â meini neu â mur: *secured with stones, stone-encircled, fortified with a wall*.
14g. *H* 118a. 34, mwynrym dawn *maenrwym* dinas [Dafydd Llwyd ap Gwilym Gam i'r grog o Gaer].

maensaer [*maen[1] + saer*] *eg.* ll. *-seiri*. Un sy'n naddu a thorri meini ac yn adeiladu â hwy, saer maen, masiwn: *stone-mason*.
[**1547**] W. Salesbury: *OSP*, Waeth waeth *vaensaer*, well well brensaer. **1604–7** *TW* (*Pen* 228) d.g. *architectonicus, lapidarius, lithotomus* (hefyd *D*). **1722** *Llst* 189, *maensaer*, a mason. **1776** *W* d.g. *mason*. **18–19g.** *CRIM* 45, Y *maensaer* sydd yn rhodio'r wlad / Yn llawen ei galon a'i fron ddi-frad. **1803** *P*, *maensaer*, pl. *maenseiri*, a stone-mason.
Amr.: **meinsaer** [*main[2] + saer*]. **1776** *W* d.g. *mason*.

Gw. hefyd pen-maensaer, saer—s. maen.

maensaernïaeth [*maen[1] + saernïaeth*] *eg.b.* Crefft neu alwedigaeth saer maen; (y rhan o) adeilad a godwyd gan faensaer, maenwaith: *the craft or occupation of a stone-mason; masonry, stonework*.
1604–7 *TW* (*Pen* 228) d.g. *architectonice, mutulus*. **1776** *W* d.g. *masonry*.
Amr.: **meinsaernïaeth** [*main[2] + saernïaeth*]. **1722** *Llst* 189 d.g. *masonry* (hefyd *W*).

maensbring, maensier, gw. mênsbring, mansier.

maent, 3 prs. ll. pres. myn., gw. wyf: bod.

maentaenaf: maentaeno, gw. maentumiaf: maentumio.

maentais, maentbris, maenteiniaeth, maenteiniaf: maenteinio, gw. mantais, maenpris, maentumiaeth, maentumiaf: maentumio.

maentiolaeth, maentioli, gw. maintiolaeth, maintioli.

maentol, maentolaf: maentoli, gw. mantol, mantolaf: mantoli.

maentumiad, myntumiad, &c. [bôn y f. ddil. + *-iad[1]*] *eg.* Y weithred o faentumio, cynhaliaeth, cadwraeth, cefnogaeth, swcwr; haeriad, honiad: *maintenance, a maintaining, support, succour; assertion*.

1547 *WS*, *mayntumiad*, maintenaunce. **1583** *LlGC* 716, 25a, megis ac i derfasae i ddvw ddyscv ei Tadae ymhob peth aroedd yn pyrthynv, yn gystal ei ysprydol wysaneth, a hefyt i'r *myntimiat* y [G]ymdeithas hono yr hon sy ymysc popyl. *Diw.* **16g.** W. Midleton: *B* 81–2, o doedych frvtwych friwtwn / yn Roi *mentvmiad* i hwn / Rydd i felltith i chwithe (Edward Maelor). **1604–7** *TW* (*Pen* 228), *maentimiat* d.g. *auctoritas*. *c.* **1700** D. Maurice: *CGG* 23, a thi a elli gleimio *maentimiad* gan Grîst. **1701** E. Wynne: *RBS* 148, Rhaid i'r gŵr roi iw gwragedd gariad, *maentumiad*, dyledswydd a mwynder ymwareddiad [*sic*]. **1746** T. Richards: *CER* 49, dau Brebend . . . tuag at Gynhaliad a *Maentumiad* yr Orsedd sanctaidd. **1803** *P*, *myntumiad*, a leading on, or encouraging; a supporting, a maintaining.

maentumiaeth, maenteiniaeth, myntumiaeth, &c. [bôn y f. ddil. + *-iaeth*] *eb.g.* Y weithred o faentumio, cynhaliaeth, maentumiad; yr hyn sy'n maentumio neu'n cynnal, cefnogaeth; lluniaeth, ymborth: *maintenance, a maintaining; that which supports or maintains, support; sustenance.*

1606 E. James: *Hom* ii. 73, gwelwn pa fôr o flinderau ac aflwydd a ddug *maeinteiniaeth* delwau gydâ hi. **1611** R. Smyth: *SG* 177, o anobaith *mayntimiaeth* pechod, o *fantimiaeth* pechod phrost. **1630** R. Llwyd: *LlH* 84–5, pan ddelont hwy i gyfrannu tu ag at *faentumiaeth* duwioldeb, ac achosion crefyddol. **17g.** *LlGC* 719, 10b, kefaist ras Tomas *fentimi[ae]th* rhyfel / kwrs derfel ddigel fuddugoliaeth [Siôn Fychan (Caethle) i Domas Dolben]. **1656 (1745)** *MLl* ii. 181, yn pyscotta mewn Rhwŷdau i ddal *Mantumjaeth* iw Cnawd nid yn arfer ei Talentau er mwyn Duw . . . ond er mwyn eu boljau eu hunain. **1675** R. Davies: *PY* 138, eu *maentumiaeth* hwy [gweinidogion Crist], sef, y degwm. **1759** *BC* 131, Ni gawsom am heno, ormodedd o groeso, / I yfed a llunio llawenydd ystôr; / Pa fath daledigaeth, a holech wr helaeth, / Er rhoi i ni *faentumiaeth* un Tymor.

maentumiaf, myntumiaf, &c.: **maentumio, myntumio,** &c. [bnth. S.C. *maintenen* a S. Diw. (*to*) *maintain*, ac o bosibl fnth. uniongyrchol o'r H. Ffr. *maintenir*, gyda newid *-n-* yn *-m-* drwy ddadfathiad neu gymathiad â'r *m-* ddechreuol] *ba.* Cynnal, cadw, dal, dal i fyny, diogelu, gwarchod, amddiffyn, cefnogi; cynnal yn ariannol; haeru, honni, dal, taeru: *to maintain, keep, sustain, uphold, preserve, guard, defend, support; support financially, bear the expense of; assert, affirm, claim, contend.*

15g. *R* 1412. 33, tyrnas syr tomas *meinteimer* (*LGC* 43, *myntumier*). honno. **15g.** *DE* 85, llyweni a holl wynedd / tomas sy n i *myntvmio* [moliant i Domas Salbri Hen]. **1545** *CM* 1, 187, mae ymrauel o bobyl ynn *mentimio* vod y hrinwedde yma yn wir. **1547** *WS*, *mayntumio*, maynteyne. **16g.** *B* xv. 273, nad oeth gantheunt twy hanner digon o bobyl i *ventimio* kymaint a hynny o dreui. **1589–90** *Pen* 168, 68a, Iosias . . . a ddistrywiodd . . . ouergoelion ac idolieth ac a beris *vyntimio* a chadw kyfreith dduw. **1599 (1677)** R. Holland: *AB* 75, [c]oed ifaingc, iw adnewyddu a'i *myntimio* nhwy [perllanau]. **1604–7** *TW* (*Pen* 228) d.g. *defendo, patrocinor, perduellis, teneo, tribunus, vindico.* **1615** R. Smyth: *GB* 90, y bobl . . . ai cywaethagasont [dinasoedd a threfi] . . . gan i cryfhau ai *maintimo*. *a.* **1642 (1684)** H. Owen: *DC* 353, [y] naill trwy falchder yn cyfrif y Sanct ymma, a'r llall yn *maentumio* vnarall yn well ac yn fwy. **1653** *MLl* i. 167, ni bydde raid wrth filwyr, na threthi iw *mantumio*. **1703** E. Wynne: *BC* 98, i *faentumio*'r mawredd afradlon, rhaid gwascu'r Deiliaid. **1753** *TR*, *maentuwmio*, to help, succour, maintain. **1795** J. Thomas: *AIC* 136, hwy a osodasant gyfreithiau er *mantimnio*'r mympwy . . . gwyr-gam hwn. **1803** *P*, *myntumiaw*, to lead on, to encourage; to support, to maintain.

Amr.: **ma(e)nteinio, mantunio,** &c. **16g.** (*LlEG*) *Mos* 158, 12b, a hrydderch vab kriadawg ai *mennteiniodd* Ef Ir shiwrnnaiau. **16g.** *IICRC* iii. 295, Ac y *fanteynio* ychwi ych kyfoeth. **16g.** *THSC* (1923-4) (At.) 30, y neb a roddo y gardod . . . ai *mintaino* hwynt yn y pechod. **1567** *LlGG* [ix], procuro neu *maynteno* nep Person . . . y ganu ai dywedyt gweddi gyffredin . . . yn amgenach. **16–17g.** *HG* 28, maen hwyn [goludion lawer] elyn ir enaid, ony chaid ai gwasgare / i *ventuno* eglwysi, ag i beri fferenne. *a.* **1587** *Y* 77, Ceisio *mantunio* mewn tâl / Dy reswm, naddiad rysal. **1606** E. James: *Hom* i. 153, er *maenteinio* ac ymddiffyn y ffydd Gatholig. *id.* ii. 211, yr ydys yn *maentaeno* ac yn cynnal calonnau vchelfryd beilchion merched Prydain. *id.* 415, Cofia 'r Coledg a'th *fanteinîwys* [:– Gynhaliodd]. **1672** R. Prichard: *Gw* 210, Ac ymborth i'n *maintaenio* [:– Cynnal]. *id.* 268, Na *fynteinia* bobol ddrwg.

Gw. hefyd mintan[3], mintim.

maentumiant, &c. [bôn y f. fl. + *-iant*] *eg.* Y weithred o gynnal, cynhaliaeth, cefnogaeth: *maintenance, support.*

1604–7 *TW* (*Pen* 228) d.g. *patrocinium*. **1611** R. Smyth: *SG* 196, Pa fodd y bwrir arnomi bechod rhai erail[l] drwy *fentimiant*? A. Pen fythomi yn maentimio rhai yn gwneythyr drwg. **1682** J. Williams: *CLlGG* 22–3, Gan Blant tuag at eu Rhieni y gofynnir . . . *Maentumiant* ac ymgeledd. *c.* **1730** *Thos. Lloyd D* (LlGC) 166b, *maentumiant*, maintenance. YC. 22.

maentumiol, &c. [bôn y f. fl. + *-iol*] *a.* Yn maentumio neu'n cynnal, cynhaliol; ?i'w gael yn wastadol: *maintaining, sustaining, supporting; ?always provided, in constant supply.*

16–17g. *GST* i. 101, Lle mae cig brig bras / A gwin i bob gwas / Yn eich plas, Tomas, / Yn *faentumiol*. **1803** *P*, *myntumiawl* . . . encouraging; supporting.

maentumiwr, myntumiwr, &c. [bôn y f. fl. + *-iwr*] *eg.* ll. *-wyr*. Un sy'n maentumio neu'n dal i fyny, cynhaliwr, cynheiliad, cefnogwr, amddiffynnwr: *maintainer, upholder, supporter, defender.*

14–15g. *IGE*[2] 309, Fab Asaracus a fu, / Fab Troes, *fyntumiwr* Iesu (Rhys Goch Eryri). **15g.** *LGC* 22, Mastr Watcyn yw'r gwreiddyn gras, / *Myntumiwr* iemyn Tomas. **16g.** (*LlEG*) *Mos* 158, 31a, I ddau gaar owain a hri[ri]d ai *mentymwyr*. *id.* 529a, ynn daad ac yn *venttimiwr* Eresei. **16–17g.** *GST* i. 50, Urddas it Tomas, *fyntumiwr*—cenedl. **1604–7** *TW* (*Pen* 228), faurwyr a *maintimwyr* y gyfreith honno d.g. *agrarius* . . . *agrarij*. *id.* d.g. *nutricula, vitiligator*. **1760** *YTWN* 41, awdwyr a *maentymwyr* heresi . . . a phob camgrediniaeth. **1803** *P*, *myntumiwr*, an encourager; supporter.

maenwaith, meinwaith [*maen*[1] a *main*[2] + *gwaith*[1]] *eg.* Gwaith maen, adeiladwaith a wnaed o feini: *stonework, masonry.*

14g. *Cy* vii. 125, Torrit *meinweit[h]*. yn annoleith or gyfuergyr. **14g.** *IGE*[2] 8, Tarw gwych, ceffi'r tir a'r gŵyr, / Tor *faenwaith* tai Rhufeinwyr [i Edward III]. *c.* **1400** *R* 1350. 29–30, roi meinwar mywn rwym *maenweith*. **15g.** *GO* 143, Kaer â *maenwaith* kôr Myniw [am abaty Glyn Egwestl]. *id.* 167, 'Oes rryw *vaenwaith*, is Rryvonioc, / A'i wenllys hoyw win llysievoc [am abaty Glyn Egwestl]? **17g.** E. Morus: *Gw* 41, Ar ddwy lech, arwydd o'i law, / A roddes Duw i'r eiddaw, / Gorchmynion goruwch *maenwaith*. **1722** *Llst* 189, *meinwaith*, m. masonry. **1776** *W*, *mein-waith* d.g. *masonry, or Masonwork*.

maenwnnau, gw. manwynnau.

maenwr [*maen*[1] a bôn y f. *maenaf*: *maenu* + *-wr*] *eg.* ll. *-wyr*. Triniwr gemau, maenydd, gemydd; llabyddiwr: *lapidary; stoner.*

1604–7 *TW* (*Pen* 228) d.g. *lapidarius*. **1803** *P*, *maenwr*, pl. *maenwyr*, a stoner; a lapidary.

maenwydd, gw. manwydd.

maenwyn [*maen*[1] + *gwyn*[1]] *a.* ll. *-ion*. A'i furiau o feini gwynion neu wyngalchog (am dŷ): *having walls of white(washed) stones (of a house).*

17g. *Pen* 49, 128, dy ferch gwn nas gordderchai / veinwen doed o'th *faenwyn* dai (*GDG* 121, Feinwen deg o feinin dai). **18–19g.** *Iolo MSS* 222–3, [t]ai teg *maenwynion* calchaid.

maenwynnaidd, maenwynnau, gw. manwynnaidd, manwynnau.

maenydd [*maen*[1] + *-ydd*[3]] *eg.* ll. *-ion*. Triniwr neu werthwr meini gwerthfawr, maenwr, gemydd: *lapidary, jeweller.*

1632 *D* d.g. *gemmarius*. **1722** *Llst* 189, *maenydd*, m.p. *nyddion*, a jeweller. **1725** *SR* d.g. *a jeweller, a lapidary* (hefyd *W*). *c.* **1730** *Thos. Lloyd D* (LlGC) 166b, *maenydd*, lapidarius, gemmarius. **1803** *P*, *maenydd*, pl. t. *ion*, a lapidary.

Amr.: **meinydd** [*main*[2] + *-ydd*[3]]. **1604–7** *TW* (*Pen* 228) d.g. *gemmarius mango*.

maenyddiaeth [*maen*[1] + *-yddiaeth*] *eb.g.* Gwyddor cerrig a chreigiau: *lithology, petrology.*

1851.

maeon, gw. maon.

maer [bnth. Llad. **maiior* < *māior*, H. Grn. *mair*, gl. *praepositus*, H. Lyd. *mair*, ll. *meir*, Llyd. Diw. *maer*, Gwydd. C. *maer*, Gwydd. Diw. *maor*] *eg.* ll. *meiri*, *-iau*, *-ion*, *-ydd*, *-iaid*, ll. dwbl *meiryddion*.

(*a*) Un o swyddogion gweinyddol y llys (yn y Cyfreithiau), a oedd yn gyfrifol am oruchwylio tiroedd a chasglu trethi; goruchwyliwr, stiward, swyddog; amaethwr; hefyd yn *ffig.* ac yn *dros.*: *one of the administrative officers of the court (in the Welsh Laws), responsible for land supervision and the collection of dues; steward, agent, officer, official; husbandman; also fig. and transf.*

10g. (*Juv*) *VVB* 185, Actores *merion*. **10g.** (*Ox* 2) *VVB* 180, *mair*, gl. *præpositus*. **12g.** *LL* 120, ryd o pop guasanaith breenin bydaul. heb *mair*. heb cyghellaur (cf. *id.* 118, sine consule. sine proconsule). **13g.** *C* 12. 3, *Maer* claer kywid. *id.* 54. 13–4, *Meiri* mangaled am pen keinhauc. *id.* 60. 4, Ban gunelhont *meiriev* datlev bichein. **13g.** *A* 35. 12, Ni forthint *ueiri* molut. **13g.** *LlC* 40, Ny dyly na *maer* na kyghellaur bot en penkenedyl namyn uchellur. **13g.** *LlI* 61, *Meyrydyon* a chyghelloryon a deleant keweyryau e wlat a guneythur e dadleu. **14g.** *T* 13. 18, *meiryon* eu tretheu dychynnullyn. **14g.** *Pen* 5, 11b, ac y gunaeth [Iesu] [Judas] yn *vaer* idaw. **14g.** *GDG* 19, Myfi yw, ffraethlyw ffrwythlawn, / *Maer* dy dda, mawr yw dy ddawn [i Ifor Hael]. **14g.** *IGE*[2] 17, Ei fenestr fyddaf yno, / A'i *faer* fyth—fy aur yw fo [i Rys ap Tudur o Fôn]. **15g.** *B* ii. 11, bit y *meiri* yn edrych ac yn dala llaw hyt yndiwed y dyd kyntaf. **1603** *NBSA* 138, Myn bleidiau heidiau mewn dy hediad, / Myn geyrydd *meyrydd* yn 'y mwriad.

(*b*) Pennaeth cyngor dinas neu fwrdeistref, &c., weithiau am benaethiaid cyffelyb mewn gwledydd eraill a hefyd yn gellweirus: *mayor, head of city or borough council, &c., sometimes of similar positions in other countries and also facet.*

15g. *LGC* 386, Archav i drev Gaer, a'i *Maer*, a'i mâch, / Oerchwedl i'r dinas mewn dwr bas bach. *id.* 387, Ni bu *Vaer* yng Nghaer anghywirach, / Ni bu sersiant waeth na neb gaethach. **15–16g.** *TA* 462, *Maer* y dref a'i 'merodr wyt, / Mor sad â'r merys ydwyt. **1547** *WS*, *mayre*, a mayre. **1591** *Rhyddiaith Gymraeg* ii. 129, *Meiri*, Siryfon, Bailiaid. **1672** R. Prichard: *Gw* 590, Doed *Mayr* Llundain a'i gwmpeini. **1687 (1715)** J. Owen: *TB* 33, y *Maer* neu swyddog y dref. **1747–51** *B* xiv. 110, y roedd Joseph ac Annas yn Arglwyddi vwchlaw holl Ustussiaid Heddwch *Maeriaid* nag Iddewon. **1753** *TR*, *maer*, a mayor, a provost. **1770** *W* d.g. *bailiff* [*magistrate in a corporation*], *mayor*. **1778** J. Hughes: *BB* 318, arferid gwneud *maer* o ryw ddyn meddw yn Llangollen ar ol y gwylmabsant. **1803** *P*.

Amr.: **maior,** ll. *-au*. **1567** *LlGG* [xi], bot i *Vaior* Llundain, ac y *Uaiore* erait [*sic*].

Cfn.: **maer (y) biswail:** *bailiff, reeve, or land steward responsible for the 'maerdref' (in the Welsh Laws); dairyman, husbandman.* **13g.** *LlC* 36,40. **13g.** *LlI* 10–11. **14g.** *LlB* 27. *c.* **1400** *R* 1343. 24. **1632** *D*, *maer y biswail*, colonus, villicus, lactarius. Cui rei rusticæ cura commissa est. Idem quod hafodwr. **1725** *SR* d.g. *a dairy man*. **1770** *W* d.g. *bailiff* [*a kind of under-steward*]. **m. cynghellor:** *one of the administrative officers of the court (in the Welsh Laws), ?combining the offices of 'maer' and 'cynghellor'.* **13g.** *LlDW* 125. 12. **13g.** *LlI* 29. Gw. *WLW* 211. **m. (y) castell** = **m. y biswail.** **13g.** *LTWL* 122. **m. y palas:** *mayor of the palace, title borne by the prime ministers of the Frankish kingdoms.* **1848.**

Am *arglwydd faer, prif f.*, *uchel f.*, gw. arglwydd, prif, uchel.

maerdref [*maer* + *tref*] *eb.* ll. *-i*.

(*a*) Tir gerllaw llys y cwmwd, lle codai'r taeogion fwyd, &c., i'r llys dan ofal y maer biswail (yn y Cyfreithiau); fferm, fferm laeth: *land adjacent to the court worked by unfree tenants supervised by the 'maer biswail' to provide food, &c. for the court (in the Welsh laws), demesne, home farm; farm, dairy farm.*

13g. *LlDW* 65. 15, y duydrew a dyly bot yn reyt brenhyn. vn onadunt a dyly bot yn tyr *maertrew*. **13g.** *LlC* 36, Maer y bysweyl a dyly rannu e rug guyr y *uaerdref*. **13g.** *LlI* 63, Guyr e *uaertref* a deleant guneythur odyn ac yscubaur e'r brenhyn. *id.* 43, 44. *c.* **1400** *CHDd* 19, merchet y bilaeneit a vont mywn *maertrefi* y llys. **1567** *TN* 112a, ef y danvonawdd ef y'w *vaerdref* y bescy moch. *Dchr.*

17g. *J* 10, 24a, *maerdrev*, colonia. **1632** *D*, *maerdref*, villa, prædium. **1722** *Llst* 189, *maerdref*, f. a mayor-town; a dairy-house. **1730** *Leg Wall* 577, *maerdref*, dominicum regium, quod τῷ Maer y biswail subjacet, i.e. Villico Dominici. **1770** *W* d.g. *bailiff, the province . . . of a bailiff, farm, grange, ham* [*a villa or country-seat: a village*], *land, or lands* [*an estate consisting in* [*l*]*and*]. **1803** *P*. Digwydd yn gyff. fel e. lle, a hefyd fel elf. mewn enwau lleoedd, e.e. *Llanilltud Faerdref*.

(*b*) (gair geir.) Prif dref, dinas bwysig: *an important town or city*.
1725 *SR* d.g. *citty . . . a chief city or metr*[*o*]*polis*.

maerdy [*maer* + *tŷ*] *eg*. ll. *-au*, *maerdai*.

(*a*) Hafoty, llaethdy, fferm laeth; tŷ fferm; ?maerdref, tir dan ofal maer neu stiward; hefyd yn *ffig*: *summer dwelling for the tending of cattle, dairy, dairy farm; farm-house*; ?'*maerdref*', *demesne, home farm, land supervised by a reeve or steward; also fig*.
14g. *WML* 33, Maer bisweil . . . bieu crwyn ygwarthec . . . a vo teir nos ar warthec y*maerty*. *id*. 123, Teirrwyt breyr ynt. yre. agwarthec y *vaerty*. ae voch. *c*. **1400** *R* 1194. 4, Croc caluaria *vaerdy* gracia. *id*. 1290. 30, Mordwyawd yneiryf *maerdyeu* gwinllat. *id*. 1345. 2, Tarw *maerdei* kylch crei. **15–16g.** LLAWDDEN, &c.: *Gw* 171, *Maerdy* ar ael mordir oedd / Mae'n weddw hyd y mynyddoedd. **15–16g.** *GIF* 94, Rhoddaist i'r cantref hefyd / er Duw gaws y *maerdy* i gyd. **16g.** WILIAM LLŶN: *Gw* (R. Stephens) (At.), *maerdy*, havodty. **16–17g.** IEUAN TEW IEUANC: *Gw* 114, Mae'r da mewn *maerdai* mynydd. **1604–7** *TW* (*Pen* 228) d.g. *diuersorium, villa*. *id*. *maerdŷ* Arglwydd d.g. *villa vrbana*. *Dchr*. 17g. *J* 10, 24a, *maerdy*, farme house, villa. **1632** *D*, *maerdy*, est hafodty, colonia, lactarium. *c*. **1730** *Thos. Lloyd D* (LIGC) 166b, cadw *Maerdy*, villicor. **1774** *W* d.g. *grange, ham* [*a villa or country-seat, a village*]. **1800** W. OWEN[-PUGHE]: *CP* 78, *maerdy* [:– neu y Llaethdy . . .]. **1803** *P*. Digwydd *Y Maerdy* fel enw lle mewn sawl man yng Nghymru.

(*b*) Neuadd y dref; trigfan swyddogol y maer: *town hall; mansion-house, official residence of the mayor*.
1848.
Amr.: **amaerdy.** 17g. *Efr Cath* vi. 11, E[nglyn] ir priordy a droespwyd yn *amaerdy* pan dynwyd i lawr y tai krefydd yn amser hari: 8:

maeres [*maer* + *-es*[1]] *eb*. ll. *-au*.

(*a*) Gwraig ffermwr neu stiward; llaethwraig, hafodwraig: *farmer's wife, steward's wife; dairy-woman*.
1604–7 *TW* (*Pen* 228) *maeres* d.g. *colona*. **1632** *D*, maerwraig, & *maeres* . . . colona, villica, lactaria. **1688** *TJ*, *maeres*, maerones, maerwraig, hafodwraig, llaeth-wraig, a dairy-woman. **1714** D. LEWYS: *CN* 22, Y wraig sy wedi ei gwisco a'r haul, / Mae'n fawr ei thraul a'i chynnyrch, / . . . / Fy *maeres* syber sy ar bob ôd / Fel Colomennod Dyffryn. **1722** *Llst* 189, *maeres* . . . [*mae*]*resau* . . . a dairy-woman. **1770** *W* d.g. *a bailiff's wife, a farmer's wife*. **1803** *P*.

(*b*) Gwraig maer; gwraig sydd yn faer: *mayor's wife; mayoress*.
1722 *Llst* 189, *maeres* . . . a mayoress. **1776** *W* d.g. *mayoress*.

maergor, gw. maer + côr[1].

maeriaeth [*maer* + *-iaeth*] *eb*.

(*a*) Hwsmonaeth, amaethyddiaeth: *husbandry, agriculture*.
1604–7 *TW* (*Pen* 228) *maeriaeth*, rheolaeth amaethat a thriniaeth d.g. *villicatio*.

(*b*) Swydd maer, tymor gwasanaeth maer: *mayoralty*.
1855.

maerionaeth, maeriones, maerioni, gw. maeronaeth, meiriones, maeroni.

maerol [*maer* + *-ol*] *a*. Yn perthyn i faer: *mayoral*.
1780 *W* d.g. *pretorian*.

maeroliaeth [*maerol* + *-iaeth*] *eb*. Swydd maer, tymor gwasanaeth maer: *mayoralty*.
1869.

maeron [olff. o *maeron*(*i*)] *eg*. ll. *-ydd*, *-iaid*. Beili; ffermwr llaeth: *bailiff; dairy farmer*.
1803 *P*.

maeronaeth, maeroniaeth, maerionaeth [*maer*(*i*)*on*(*i*) + -(*i*)*aeth*; dichon mai *maeroniaeth* yw ff. yr enghrau. cynharaf; nid yw union ff. yr enghrau. yn (*b*) isod yn eglur] *eb*.

(*a*) Swydd neu waith maer neu stiward (yn y Cyfreithiau), stiwardiaeth; gwaith ffermwr (llaeth), ffermio (llaeth): *the office or work of a steward* (*in the Welsh Laws*), *stewardship; the work of a* (*dairy*) *farmer*, (*dairy*) *farming*.
13g. *LlI* 62, ef a dele rody pedeyr ar ugeynt e'r gostecuur pan estenher *maeronyaeth* ydau. **14g.** *WML* 27, Punt ahanher adaw yr brenhin pan wystler *maeroniaeth* neu gyghelloryaeth. **1632** *D*, *maeronaeth*, & maeroni, præfectura, prælatio. *id*. d.g. *præpositura, villicatio*. **1722** *Llst* 189, *maeronaeth*, a dairy man or farmers place or duty. **1770** *W* d.g. *bailiff, the office of a bailiff* [- *hind*]. **1803** *P*. **1807** *MA* iii. 298, Tair celvyddyd deuluaidd . . . llavuriaeth . . . *maeronaeth*, a gwëyddiaeth.

(*b*) Rhent a delid mewn cynnyrch fferm: *rent paid in the form of farm produce*.
1294 F. SEEBOHM: *TSW*[2] (App) 6, 7.

(*c*) Swydd maer, tymor maer: *mayoralty*.
1688 *TJ*, *maeronaeth*, Maeroni, amser maer: Mayoralty. **1725** *SR*, *maerionaeth* d.g. *majorality*. **1776** *W* d.g. *mayoralty* (hefyd *WR*).

maerones, gw. meiriones.

maeroni, maerioni [*maer* + -(*i*)*oni*] *eb*.

(*a*) Swydd neu waith y maer neu'r stiward (yn y Cyfreithiau); stiwardiaeth; y tir neu'r ardal dan ofal y maer: *the office or work of the steward* (*in the Welsh Laws*); *stewardship; the land or district under a steward's care*.
13g. *LTWL* 120, Mayr numquam debet fieri pen kenedyl dum sit in *mayroni*. *id*. 253, dignitatem *mayroni*. **13g.** *LlI* 50, ny deleyr enteu talu tyr ambreynnyaul en lle tyr a breynt ohonau, megys kyghelloryaeth. neu *uaerony* neu redyt. *id*. 60, O'r deudec maenaul a dele bot en e kemut, pedeyr onadunt en ueybyon eyllyon . . . ac un e kyghelloryaeth ac un e *uaerony*. *id*. 62, ef a dele rody pedeyr ar ugeynt e'r gostecuur pan estenher maeronyaeth (amr. *mayronÿ*) ydau. **14g.** *WML* 56, O tref *maeroni* neu gyghelloryaeth. med atelir. **14g.** *LlB* 48, Maer a dyly peri y'r brenhin pob peth o'r a dylyo y gaffel o gyfreith yn y *vaeroni* ef. *c*. **1400** *B* iii. 15, nyt menechtit *maeryoni*. **1632** *D*, maeronaeth, & *maeroni*, præfectura, prælatio. **1803** *P*.

(*b*) Swydd maer, tymor gwasanaeth maer: *mayoralty*.
1688 *TJ*, maeronaeth, *Maeroni*, amser maer: Mayoralty. **1803** *P*.

maeroniaeth, gw. maeronaeth.

maeronwr, maeronydd[1] [*maeron* + *-wr*, *-ydd*[3]] *eg*. ll. *-wyr*, *-yddion*. Llaethwr, un sy'n edrych ar ôl gwartheg godro; goruchwyliwr; beili: *dairyman; supervisor; bailiff*.
1796 *MA* iii. 230, Tri anfawd *maeronydd*: gwâs twyllodrus, morwyn dew, a gwraig valch. **18–19g.** *CRIM* 74, Hardda swydd dan awyr gron / Yw galwad llon *maeronydd*. **1803** *P*, *maeronwr*, a man who tends, or is stationed to look after; a dairyman. Cell *maeronwr* ei vuarth. *id*. d.g. *maeronydd*.

maeronydd[2]**,** gw. maeron.

maeronyddiaeth [*maeronydd*[1] + *-iaeth*] *eb*. Gwaith llaethwr: *the work of a dairyman*.
18–19g. *Llr* C 37, 254, Tair cangen Llafuriaeth aryddiaeth, *Maeronyddiaeth*, a Gwehyddiaeth. **1874** *Barddas* ii. 82.

maersiand, gw. marsiant.

maerwr [*maer* + *gŵr* neu *-wr*] *eg*. ll. *-wyr*. Hwsmon, amaethwr, ffermwr, llaethwr; stiward; hefyd yn ddifr.: *husbandman, farmer, dairyman; steward; also derog*.
c. **1400** *R* 1343. 30, voel *vaerwr* berwr bwri. *ib*. 34, Groessaw *uaerwr* twr taeruarch. *id*. 1345. 5, Mywn kae ymaer *maerwr*. **1632** *D* d.g. *colonus, epistates, villanus, villico*. **1722** *Llst* 189, *maerwr*, a dairy-man. **1725** *SR*, *maerwr* d.g. *a dairy man, a farmer*. **1728** S. RHYDDERCH: *GC* 130, Mae'n rhy daer Gwraig y *Maerwr*. **1770** *W* d.g. *bailiff* [*a kind of under-steward*], *farmer*. **1796** *MA* iii. 240, Tri pheth ni [*sic*] hawdd eu digoni: bol gwraig *maerwr*. **1803** *P*.

maerwraig [*maer* + *gwraig*] *eb*. Gwraig ffermwr neu stiward; gwraig sydd â gofal fferm, llaethwraig: *farmer's wife, steward's wife; woman in charge of a farm, dairy-woman*.
15g. *Glam Bards* 27, i bryd oedd ar y bradwr / dial i gwydd ar dal y gwr / taer i kerddoedd y *vaerwraig* / ond tra vy yn krymü mewn kraig [Ieuan Gethin i'r cadno]. **15g.** *Pen* 57, 32, *Maerwreic* kywir amorwyn / Ameistres y vynwes vwyn. **16g.** *Llst* 6, 142, parod er nas dir perwyf / y roi gwad yr *vayr wraic* wyf (Hywel Dafi). **1604–7** *TW* (*Pen* 228) d.g. *epistata villatica, villica*. **1632** *D* d.g. *colona*. **1688** *TJ*, maeres, Maerones, *Maerwraig*, hafodwraig, llaeth-wraig: a Dairy-Woman. **1770** *W* d.g. *a bailiff's wife*. **1803** *P*.

maerwri [*maerwr* + *-i*] *eg*. Fferm laeth: *dairy farm*.
1803 *P*.

maerwriaeth [*maerwr* + *-iaeth*] *eb.g*.

(*a*) Stiwardiaeth; gwaith llaethwr: *stewardship; the work of a dairyman*.
14g. *GDG* 19, Ifor, aur o *faerwriaeth* / Deg yw'r fau, diagr o faeth. **1803** *P*.

(*b*) Yr arfer o hurio gwartheg i denantiaid: *the custom of letting out cattle to tenants*.
1893 *ALW* 64, the term '*maerwriaeth*' is used . . . in other parts of Carmarthenshire. The custom is that the cattle are hired at so much per head, the aggregate sum raised thereby being accepted as the rent of the land. The tenant is obliged to return the cattle and other things in the original state, due allowance being made for the wear and tear and natural depreciation.

maerwys, gw. merwys.

maeryddiaeth [*maer* + *-yddiaeth*] *eb*. Swydd maer, tymor maer: *mayoralty*.
1855.

maes[1] [< *mäes* (gw. *PKM* xviii-xx), Crn. C. (*yn*) *mes* 'i maes, allan', H. Lyd. *maes*, Llyd. Diw. *maez*: < Brth. **mages-tu-*, o'r un gwr. ag a geir yn yr e. *ma*[1]] *eg*. (bach. *maesan*) ll. *meysydd*, ?(diw. a phrin) *meys*, a hefyd fel *adf*.

(*a*) Tir agored o'i gyferbynnu â thir coediog, ehangder o dir agored, tir gwastad, gwastadedd; y wlad o'i chyferbynnu â'r dref, man ar wahân i'r pencadlys, swyddfa, labordy, &c., lle y gwneir gwaith (ymarferol) neu y cesglir defnydd ymchwil; tiriogaeth yn perthyn i ddinas; darn o dir wedi ei neilltuo i ryw bwrpas neilltuol ac fel rheol wedi ei amgáu gan gloddiau, gwrychoedd, &c., cae, parc; rhanbarth y gweithia cenhadwr, &c., ynddo; rhanbarth neu ardal sydd â chynnyrch neu nodwedd naturiol arbennig (e.e. glo, olew, eira); hefyd yn *ffig*.: *open country as opposed to woodland, expanse of open land, level land, plain; the country as opposed to the town, place away from the headquarters, office, laboratory, &c., where* (*practical*) *work is done or research material collected; territory belonging to a city; field, piece of land set aside for a particular purpose, usually enclosed by fences, hedges, &c.; field of* (*missionary, &c.*) *activity; tract of land with specified natural product or feature* (*e.g. coal, oil, snow*)*; also fig*.
10–11g. *DGVB* 250, *maessid*, gl. *plana*. **12g.** *LL* 160, trui icoit bet*imais*. **13g.** *C* 69. 20–1, Pieu yr bed yny *maes* mawr. *c*. **1300** *H* 120a. 17, Caraf y *meyssyt* ae man ueillyon anaw [diwyg.] (Hywel ab Owain Gwynedd). **14g.** *T* 40. 26–41. 1, Ac ef digones. bud coet a*maes*. **14g.** *WM* 108. 7–9, Dar adyf yn ard *uaes* . . . naw ugein angerd aborthes. *id*. 120. 16, ef a welei llanerch o *vaes* (*RM* 195, lannerch dec wastat). **14g.** *GDG* 331, Dan wŷdd, rhwng mynydd a *maes*. *c*. **1400** *RB* ii. 147, ae llwyneu a symut yn *vaes*. *id*. 272, gwastadyon *veyssyd*. **15g.** *GGl* 127, Rhagor aur rhag yr arian, / Rhagor *maes* rhag erwi mân. **1547** *WS*, kamp *maes*, campe, a felde. **1588** *Ruth* ii. cs., Ruth yn lloffa ym *maes* Booz. **1588** *Mic* iii. 12, o'ch achos chwi'r erddir Sion yn *faes*. **1604–7** *TW* (*Pen* 228), *maesan*

d.g. *agellus*. *id*. y wlad, ne vangre allan or ddinas . . . y *maes* d.g. *rus*. **1620** *Luc* ii. 8, [b]ugeiliaid yn aros yn y *maes* (**1588** *ib*. yn gorwedd allan). *a*. **1642 (1684)** H. Owen: *DC* 323, Myfi a ledaf o'th flaen di dêg a hyfryd *feisydd* y Scrythurau Glân. **1803** *P*, *maes* . . . an open region; a plain, an open field. Yn rhai o drefi'r Gogledd '*Y Maes*' y gelwir sgwâr y dref, e.e. yng Nghaernarfon a Phwllheli.

(*b*) Cylch astudiaeth (ymchwil, diddordeb, gweithgarwch, &c.); *Ffis*. y gofod o gwmpas corff lle y gall roddi grym (magnetaidd, trydanol, disgyrchol, &c.) ar gorff arall tebyg; set o lythrennau, &c., sy'n ffurfio uned o wybodaeth (mewn cyfrifiaduraeth): *field or area of study* (*research, interest, activity, &c.*); *field of force* (*in physics*); *field of characters forming a unit of information*.

1873. Ar lafar yn gyff., 'Hanes yw 'i *faes* e'.

(*c*) Man yr ymleddir brwydr, cadle; brwydr, ymladdfa, ymdrech, ymryson; buddugoliaeth, goruchafiaeth, y llaw uchaf, y trechaf; hefyd yn *ffig*.: *scene or locality of battle, battle-field*; *battle*; *victory, supremacy, upper hand*; *also fig*.

12g. *MA²* 154b. 47–8, Ym *maes* bryn actun canhun neu rifais / Am rhudlafn ar fy nghlun (Cynddelw). *c*. **1300** *H* 2b. 7, llenwyd dwyreawr y uawr *uaessyt* (Meilyr Brydydd). **14g**. *T* 25. 13–14, Per goreu gormes ym plymlwyt *maes*. **14g**. *YBH* 42b, os ymlad a vynhy di dabre yr *maes*. *c*. **1400** *YCM²* 98, 'Ni bieu y *maes*', heb hwy, 'ni a orfydwn arnunt yn hawd'. **15g**. *LGCD* 18, Achub y *meysydd* oddi ar wychion. **15g**. *LGC* 16, Y *maes* grymusa' o Gred. **15g**. *Pen* 67, 86, o gwnewch *vaes* rroch ar saessonn (Hywel Dafi). **16g**. (*LlEG*) *LlGC* 5276, 240b, ynny man Ir ymladdasantt twy *vaes* kreulon. **1618** J. Salisbury: *EH* 116, na bydd y *maes* a'r orchest yn eiddom-mî [*sic*]. **1632** *D*, *maes* . . . Proelium, pugna, quod in agro fiat. **1632** J. Davies: *LlR* 5, mi a gynghorwn iddo . . . geisio'r *maes* ar ei feddwl ei hun. *id*. 437, wedi iddynt hwy trwy archiad Duw ymladd dau *faes* â llwyth Beniamin. **1693** *Camb J* (1859) 211–12, [b]wlch (lle bŷ *faes* rhynthu hi a rhiw un) a elwir er hynnu Bwlch y Battel. **1770** *W*, bu rhyngthynt *faes* gwaedlyd arall d.g. *battle* . . . *there was another bloody battle between them*.

(*d*) *Her*. Cefndir tarian neu un rhan o darian chwarterog, ?tarian: *field, ?shield or escutcheon* (*in heraldry*).

15g. *DN* 35, A chwpwl du ymlaen lluoedd, / A *maes* o ros, amser oedd. **15g**. *LGCD* 78, *Maes* glas fal cledd Pandrasus, / A llew lir a'r lliw o lus. **15g**. *LGC* 144, *Maes* arian sy'th deirbran di. **16g**. (*LlEG*) *Mos* 158, 17b, [t]ri fflowwr [*sic*] dylis a Thri llew auraid yn chwartterog mewn *maes* o assur. **1575 (1587)** W. Midleton: *B* 55. *c*. **1600** L. Dwnn: *HV* i. 229, angel yn dal *ymaes*.

(*e*) (Man cyfarfod) llys (barn), &c.: (*meeting-place of a*) *court* (*of law*), *&c*.

13g. *LlI* 45, er egnat arall a uo en e *maes*. *ib*. gostec ar e *maes*. *id*. 47, O dywedant eu bot [gwybyddiaid] en e *maes*, muynhaer vynt. *id*. 53, o godef e uraut en e *maes* arnau . . . Os adau e *maes* a wna en agkeureythyaul. **13g**. *BD* 195, llidyav a wnaeth Edwin ac adav y *maes* a'r dadleu (*dimisso colloquio recessit*). **14g**. *LlB* 16, or byd y brenhin ynn y *maes* (cf. *LTWL* 325, si rex presens affuerit), talet yn deudyblyc. **1730** *Leg Wall* 577, *maes* . . . In Legg. saepissime pro Curia accipitur. Caussae enim reales vel hereditariae in agris ipsis, de quibus controversia erat, dijudicari solebant.

(*f*) Cachiad, ymgarthiad: *defecation, motion* (*of bowels*).

1794 *W* d.g. *stool* [*a voiding of excrements*]. *id*. cael *maes* d.g. *to have a stool*.

Fel *adf*. (*a*) Allan, o'i le, i ffwrdd, heb fod y tu mewn, y tu allan, yn yr awyr agored: *out, away, off, outside, out of doors*.

1346 *LlA* 49, nac cladv *maes* (*in campo*). nac ygkoet. nac ygwernn. **14g**. *YBH* 38a, yd aethant a hi *maes* or dinas. *id*. 57b, dygwydawd yn varw *maes* oe gyfrwy. **1592** S. D. Rhys: *Inst* 106, Aduerbiorum . . . mywn, allan, *maes*. **1618** J. Salisbury: *EH* 72, bod allan, a *maes* o gymmun, neu gyffredinrwydd y Saint. **1672** R. Prichard: *Gw* 69, Mae 'n rhaid i Ghrist ein tynnu, o bob trueni *mâs*. *c*. **1730** *Thos. Lloyd D* (LlGC) 166b, *maes* o'r dref, extra oppidum. *ib*. *maes* o ddaioni y diangodd. I. **1753** *TR*, *maes*, I maes, out, without. **1774** B. Francis: *A* i. 8, A'th gariad mawr sy'n tarddu '*ma's* / Yn iechydwriaeth enaid dyn! **1803** *P*. Ar lafar yn y De a Chered. yn y ff. *mas*, hefyd mewn br. megis "Ôn' nhw *mas* i gyd', h.y. 'ar streic', 'Ma'r rhosys *mas*', h.y. 'yn eu blodau', 'pan odd y lectric *mas*', h.y. 'yn ddiffygiol'. Digwydd yn gyff. mewn cfn. â berfau. Cf. y cfn. *i maes* (i).

(*b*) (O hyn(ny)) ymlaen neu allan: ((*t*)*hence*)*forth*, (*from that time*) *forward or on*.

Ar lafar. Cf. y cfn. *i maes* (ii).

(*c*) Yn bod, hysbys, gwybyddus, oll, i gyd: *in existence, known, 'out', of all*.

1771 W. Williams: *GIE* 57, Ni's gall holi hyfrydwch nattur, / A'i melysdra penna *maes*, / Fyth gydmaru â lleferydd / Hyfryd pur maddeuol ras. Ar lafar yn y De a Chered., 'y peth gora *mas*', 'y dyn neisa' *mas*'. Cf. y cfn. *i maes* (iii).

Cfn.: **(y) maes agored:** *open field, open space; open-field* (*of medieval agricultural system*). **1852. m. antur:** *adventure playground*. **20g**. *Her*. **m. arfau:** *field* (*in heraldry*). **16g**. *Mos* 113, 43. **1773** *W* d.g. *field* [*in Heraldry* . . .]. Gw. hefyd *arfaes*. **m. awyr:** *airfield, airport*. **20g. m. brwydr, m. y frwydr:** *battle-field, also fig*. **1863**. Ar lafar. Gw. hefyd *brwydrfaes*. **m. y gad = m. brwydr. 1843**. Ar lafar. Gw. hefyd *cadfaes*. **m. (meysydd) castell:** *castellany, land belonging to a castle*. **1722** *Llst* 189, *maes castell*, castellany. *id*. *meusydd castell*, a castellany. **1771** *W* d.g. *castellany*. **m. cenhadol:** *missionary field*. **1865. m. cyd:** *a common*. **1773** *W* d.g. *field, a common field*. **m. cyffredin = m. cyd. 1772** *W* d.g. *common* [*a common pasture*]. **m. chwarae:** *playing-field*. **1687 (1715)** J. Owen: *TB* 50. *Her*. **m. chwarterog (cwarterog):** *quartered field* (*in heraldry*). **16g**. *Mos* 113, 42, 58. **m. disgyrchedd:** *gravitational field*. **20g. m. draw:** (i) *right over there*. Ar lafar yn y De, 'Sefa *mas draw*'. (ii) *exceedingly*. Ar lafar yn y De, 'joio *mas draw*'. **m. eira:** *snow-field*. **20g. y Meysydd Elysiaidd:** *the Elysian fields*. **1848. maes glanio:** *airfield*. **20g. m. glo:** *coalfield*. Ar lafar. Gw. hefyd *glofaes*. **m. golff(io):** *golf-course, golf-links*. **20g. m. y gwaed = m. brwydr. 1814. m. gweddi:** *cause or matter which calls for prayer*. Ar lafar. **M. Gwenhidwy:** *the field of Gwenhidwy, poetical name for the sea*. **1863**. Cf. *dafad—defaid Gwenhidwy, march—meirch Gwenhidwy*. **m. hela:** *hunting field*. **20g**. Gw. hefyd *helfaes*. **m. (o) iâ:** *ice-field*. **1852. m. llafur:** (i) *field of activity; remit, terms of reference*. **1873**. (ii) *syllabus, field of study, esp. of Sunday School*. **1886**. Gw. hefyd *llafurfaes*. **m. magnedol = m. magnetig. 20g. m. magnetig:** *magnetic field*. **20g. M. Mars:** *the Campus Martius* (*in Rome*). **1595** M. Kyffin: *DFf* [140]. *Ser*. **y M. Mawr:** *Great Plain, name of an unknown constellation*. **1862** *Barddas* i. 404. **M. Mawrth = M. Mars. 1834. m. o:** *out of, without*. Ar lafar, '*mas o* betrol', '*mas o* bwff (anal)'. **m. o'i gof,** gw. *cof*. **m. o'i grys:** *in a very bad temper, angry*. Ar lafar yn sir Benf. a sir Gaerf. **m. o'r cyffredin:** *out of the ordinary, extraordinary, unusual*. **20g. m. o waith:** *out of work*. Ar lafar yn y De. **m. o hwyl, m. o law,** gw. *i m. o hwyl, i m. o law*. **m. o drefn:** *unruly, disorderly; out of order*. Ar lafar. **m. o dro (m. o'i dro, &c.):** *out of turn, also fig*. Ar lafar, 'wilia *mas o'i dro*'. **m. parcio:** *car park*. Ar lafar yn gyff. **m. pentrefol:** *village pasture land, suburb*. **1588** *Nu* xxxv. 2, *Jos* xxi, *passim*. **1722** *Llst* 189, *maes pentrefol*, a grange, village, suburbs. **m. rhyfel = m. brwydr. 1740** T. Evans: *DPO* 231. **1773** *W* d.g. *field-piece*. **m. tref (y dref):** (i) *the land lying round a city or town and under its jurisdiction*. **1604–7** *TW* (*Pen* 228), *maes y dref* d.g. *ager, pomœrium, territorium*. **1632** *D*, *maes tref* d.g. *ager*. **1722** *Llst* 189, *maes tref*, a territory. Cf. *H* 72a. 6–7, Am uaes tref galw lys twryf emys a glyw a glywir yn hysbys (Cynddelw). (ii) *square in the centre of a town*. **20g**. Gw. hefyd *maestref*. **m. trydanol:** *electric field*. **20g. m. y riwl:** ?*unruly*. **1758** *ML* ii. 62, meddwi a chware *mas y riwl*. **m. ymbleseru:** *pleasure garden*. **1874. m. ymchwil:** *field of research*. **20g. m. ymwan:** *tilting ground or lists*. **16g**. Lewys Morgannwg: *Gw* 648. **allan o f. merion (medion) ei gof:** *mad* (*with rage*), *furious*. **1755** G. Owen: *L* 144, fe fydd Ellis *allan o faes merion ei gôf*. Cf. *Beirn* xv. (1874) 166. **ar f. â:** *opposed to, at loggerheads with*. **1810. (ni wn i ddim, ni fedraf, &c.) ar f. medion (y ddaear):** *I have no earthly idea, 'I haven't the faintest', I am completely at a loss* (*to*). **1860**. ?Cf. *medd²*. **i f.:** *out, away, off*. **15–16g**. Llawdden, &c.: *Gw* 180, *I faes* yr â ef, Syr Rhys. **1551** W. Salesbury: *KLl* xxxviib, hwn a dorysei Petr e glust *i vaes*. *id*. [xlb], Wy a ddycsont yr Arglrdd [*sic*] *y vaes* or vonwent. **1618** J. Salisbury: *EH* 12, wrth fyned *i faes* allan o'r ty. *id*. 73, am vddynt ffoi ymeith *i faes*, a myned allan. *c*. **1730** *Thos. Lloyd D* (LlGC) 166b, *i faes*, away. **i m.,** &c. [cf. Crn. C. *yn mes, the ves* 'allan', H. Lyd. *i maes* 'y tu allan', Llyd. Diw. *er-maez*, H. Wydd. *im-maig* 'y tu allan', *immach* 'allan']: (i) *out, away, off, outside, out of doors*. **14g**. *LlB* 3, pan el ef *y maes* o'e tir ehunan. *id*. 66, [y] neill troet y mywn y gwely a'r llall *y maes*. *id*. 104, ny dyly y brenhin atteb dros a wnel *y maes* o'e wassanaeth dylyedus. *c*. **1400** *MM* 40, sugnaw y gwenwyn *y maes*. **1547** *WS*, ymaith neu *y maes*, away, forthe. **1551** W. Salesbury: *KLl* xxiiia, [t]ores i glust *i maes*. **1632** *D*, *ymaes*, extra. **1724** S. Williams: *ADA* 117, Y mae dynion . . . yn rhyfeddu am bethau sy *ym maes* o hŷd cyrraedd iddynt. **1764** W. Williams: *Th* 7, I ddodi'r celwydd goleu yn loyw wir *i ma's*. Digwydd yn gyff. mewn cfn. â berfau. Cf. yr adran fel *adf*. (*a*). (ii) (*t*)*henceforth*, (*from that time*) *forward*, (*from that time*) *on*. **14g**. *WM* 106. 5–6, ny chahat ywelet ef odyna *y maes*. Cf. yr adran fel *adf*. (*b*). Gw. hefyd *o¹—o hyn(ny) i maes*. (iii) *in existence, known, 'out', of all*. *c*. **1730** *Thos. Lloyd D* (LlGC) 166b, y dynion trawsa *y Maes*. CW. 268. **1773** W. Williams: *C* [155], I roi trysorau penna 'r nef / I'r tlotta un *i maes*. Cf. yr adran fel *adf*. (*c*). **i m. o'i gof,** gw. *cof*. **i m. o hwyl, m. o hwyl:** *in a bad mood; indisposed*. **1722** *Llst* 189, hwyl, allan (*ymaes*) *o Hwyl*, indisposed. *c*. **1762–79** W. Williams: *P* 551. Ar lafar yn y De. Cf. *allan—a. o hwyl*. **i m. o law, m. o law:** *soon, presently, forthwith, in due course, before long, in future*. **1672** R. Prichard: *Gw* 486, Oni wellhau '*maes o law*. **1707** S. Williams: *ADA* 146, marwolaeth yn *maes o law* yn bygwth ymaflyd ynddynt. **1709** H. Powel: *G* 32, y maent *ymaes o law* yn trymhau. *c*. **1730** *Thos. Lloyd D* (LlGC) 166b, *maes o law*, out of hand. **1739** D. Rowland: *LlY* 11, yn chwennych gair *maes o law*, heb oedi. **1773** *W*, allan (*y maes*) *o law* d.g. *forth-with*. Ar lafar yn y De, hefyd yn y ff. *mas law*, *GDD* 194, hefyd '*mas law* bach (fach)'. Cf. *allan—a. o law*. **i'r m.:** *out, away*. *c*. **1400** *RB* ii. 94, taraw y ben *yr maes* achledyf. *c*. **1400** *YCM²* 153, [t]araw penn y pagan y arnaw *y'r maes*. **1615** R. Smyth: *GB* 131, ef a eiph *i'r maes* i rodio. **1798** *WR* d.g. *afield*. **yn llawr f.,** gw. *llawrfaes* (hefyd At.).

Am *anifeiliaid y maes, blodeuyn y m., bwystfil y m., cad ar f., cael* (*y*) *m., cario'r m., cnwd y m., coed a m., coed y m., colli'r m., cwympo* (*i*) *m., diwad* (*dywad*) *coed a m., dwyn y m., ennill* (*ynnill*) *y m., golwg m., gosteg ar y m., gwadu coed a maes, gŵr m., yn glir f., llygoden f.* (*y m.*), *mynd â'r m., mynd i'r maes, o f., o m., o hyn*(*ny*) *i maes, odyn f., oddi f., rhoi m.* (*i, ar*), *rhoi'r m.* (*i fyny*), *torri m.*, (*o'r*) *tu f.* (*m.*), &c., gw. dan yr elf. flaenaf (weithiau At.).

maes², W. Jones: *AC* 18, amhrs. pres. y f. *wyf*: *bod* (ar ddelw *ydys*).

maesaf: maesa, maesu [bf. o'r e. *maes¹*; i ystyr (*d*) y perthyn y be. *maesu*] *bg*. a'r be. weithiau gyda grym enwol.

(*a*) Cachu, ymgarthu, ysgothi, dioddef gan y dolur rhydd: *to defecate, void excrement from the bowels, suffer from diarrhoea*.

c. **1400** *MM* 34, Sud eu gwreid y torri *maessa*. *id*. 88, Rac attal *maessa*. *c*. **1400** *Études* vii. 278, Rac tra gormod *mayssa*. **1545** *CI* 44, Eirin y perllanne . . . o bwyteir wynnt ynn bur adduued a anog j ddyn vynned j *vaesa* ynn ebrwydd. **1604–7** *TW* (*Pen* 228), a wthir yn eisteddle gwr yw gymmell y *vaesa* d.g. *balanus*. **1632** *D*, *maesa* . . . Ventrem exonerare. *id*. (*Diar*), Tra fo'r ci yn *maesa* (W. Salesbury: *OSP*, cachy), ydd â yr ysgyfarnog i'r coed. **1722** *Llst* 189, *maesa* . . . to go to or have a stool. *id*. d.g. *to avoid excrements*. *c*. **1730** *Thos. Lloyd D* (LlGC) 171a, rhag y *Maesa* gwaed, Bloudy stool. **1789** Twm o'r Nant: *TChB* [56].

(*b*) Ymladd, mynd ar ymgyrch filwrol, rhyfela, lluydda, hefyd yn *ffig*.: *to fight, go on a military expedition, campaign, wage war, also fig*.

16g. (**17g**.) *LlGC* 5269, 146b, Gwedi hir ddiddan annerch / pan gaid yn rhodd fodd y ferch / fo fydde r fam ddrwg amwyll / yn *maesa* a ffawb maes oi ffwyll (Dafydd Llwyd Ysgolhaig). *a*. **1587** *Y* 93, *Maesa*'n ffest a mi sy'n ffôl. *id*. 220. **1604–7** *TW* (*Pen* 228) d.g. *bello*. **1632** *D*, *maesa*, præliari. **1759** *BC* 377, Dinerth fesur Dyn wrth *faesa*, / A gwêdd gethin a gâdd y gwaetha.

(*c*) Aredig, troi neu drin tir, arddu; ?mynd i'r caeau: *to plough, till, cultivate*; ?*go into the fields*.

1547 *WS*, *maesa*, to walke un to [*sic*] the feldes. Ar lafar, e.e. 'Mae pobl y lle hwn yn *maesa* . . . bob dydd er mwyn hau gwenith' (Brych.), *SE MS* 267a; 'mae hi'n rhy lyb i *faesa*' (sir Ddinb.), *Cymru* xlvi. 83.

(*d*) Atal, dal, neu ddychwelyd pêl (wrth chwarae criced, &c.), chwarae fel un o'r tîm nad yw'n batio: *to field* (*in cricket*).

20g.
Am *llestr maesa*, gw. llestr[1].

maesan, gw. maes[1].

maesanifail, maesardd, gw. maes[1] + anifail, gardd.

maesawd, gw. maestawd.

maesawyr, gw. gwasawyr.

maesddryll [*maes*[1] + *dryll*] *eg.* Canon neu fagnel ysgafn a ddefnyddir ar faes y gad: *field-piece.*
1773 *W* d.g. *field-piece.*

maeser [?bnth. S. *masher*] *eg.* ?Pwywr, duliwr, curwr: *masher, beater.*
14–15g. *IGE*[2] 210, Misericors *maeser* cig [Llywelyn ap y Moel i'r tafod]. **16–17g.** *B* ii. 229, *maeser* .i. meshe upon flesh.

maeserdy [*maeser* neu o bosibl fnth. S. *mazer* + *tŷ*] *eg.* Tafarn, gwindy: *tavern, inn.*
15–16g. LLAWDDEN, &c.: *Gw* 92, Swrdwal ymhob *maeserdy* / Synnwyr twrch yn seinio'r tŷ.

maesfa [*maes*[1] + *-fa, ma*] *eg.b.* Geudy; dolur rhydd: *privy; diarrhoea.*
1604–7 *TW* (*Pen* 228) d.g. *fluxus ventris, forica.*

maesfangnel [*maes*[1] + *mangnel*] *eg.* ll. *-au.* Maesddryll: *field-piece.*
1814.

maesfetys [*maes*[1] + *betys*] *e.ll.* (un. b. *-en*) Manglod: *mangels, mangolds.*
1858.

maesfil, gw. maes[1] + mil[2].

maesforiaf: maesforio [*maes*[1] + *morio*] *bg.a.* Allforio: *to export.*
Ar lafar gynt yn nwyrain Morg. yn y ff. *mæsforo.*

maesgadr [*maes*[1] + *cadr*] *a.* Teg ei feysydd: *of beautiful fields.*
c. **1400** *R* 1341. 8, balch eluyd meysgyn a *maesgadyr* seinghenyd.

maesgoed, gw. maes[1] + coed.

maesgrisfaen [*maes*[1] + *crisfaen*] *eg.* *Drg.* Ffelsbar: *feldspar.*
1852.
Cf. maeswydrfaen.

maesing, gw. mysangaf: mysengi.

maeslygoden [*maes*[1] + *llygoden*] *eb.* ll. *maeslygod.* Llygoden y maes: *field-mouse.*
1773 *W* d.g. *field-mouse* (hefyd *WR*).

maeslywiaeth, gw. maes[1] + llywiaeth.

maeslywydd [*maes*[1] + *llywydd*] *eg.* ll. *-ion.* Swyddog o'r radd uchaf yn y fyddin: *field marshal.*
1773 *W* d.g. *field-marshal* (hefyd *WR*).

maesol [*maes*[1] + *-ol*] *a.* Yn perthyn i'r wlad neu i'r meysydd, gwledig, amaethol: *rural, agrarian.*
1773 *W* d.g. *field, of, or belonging to, a field, rural.* **1803** *P, maesawl,* belonging to the field.

maesrin [*maes*[1] + *rhin,* dan ddyl. y S. *mushroom*] *e.tf.* Madarch, caws llyffant, bwyd y boda: *mushrooms.*
1850 *Caerfallwch* d.g. *mushroom.*

maes-swyddog [*maes*[1] + *swyddog*] *eg.* ll. *-ion.* Swyddog o radd uwch na chapten ac is na chadfridog: *field officer.*
1773 *W* d.g. *field-officer.*

maestawd, maeystawd [bnth. dysg. ff. draws *māiestāt-* ar yr e. Llad. *māiestās*; dichon mai *maeestawd* neu *maëstawd* a gynrychiolir gan y ff. *maestawd*] *eg.* Mawredd, mawrhydi, ardderchowgrwydd, gogoniant: *majesty, glory.*
13g. *C* 43. 5–6, Ymas *maeistaud* y mae moli duv. *c.* **1300** *H* 42b. 30, kedwis kyghaws maws *mae ystawd* deheu (Cynddelw). *id.* 80b. 9, y maes *maestawd* dytbrawd dybyt (Gwynfardd Brycheiniog). **14g.** *T* 11. 8–9, Pan dyffo trindawt ymaes *maestawt.*

maestir [*maes*[1] + *tir*] *eg.* ll. *-oedd, -edd.* Gwlad agored, darn gwastad o wlad, gwastadedd: *open country, level open land, plain.*
13g. *HGK* 9, A Gruffud . . . ae hemlynvs enteu trwy *vaestired* a mynyded. **14g.** *LlB* 98, [y] tri phren yssyd ryd y pob adeilwr *maestir.* **14g.** *WM* 14. 12–13, y *maestir* guastat agauas. *id.* 180. 25–6, gwlat a oed kyhyt y *maestir* ae mor. *id.* 424. 38–40, adaw y coet a orugant a dyuot y *uaes dir* goamnoeth. **14g.** *BT* (*R*) 134, hyt y*maestir* Caerlleon. *c.* **1400** *RB* ii. 40, kyflawn yw or *maes tired* llydan amyl. **1567** *TN* 91a, ac y safawdd mewn *maestir* [:– ar wastat tir, ystrad]. **1604–7** *TW* (*Pen* 228) d.g. *terrenum.* **1632** *D* d.g. *campus.* **18g.** *W Ballads* 191, 8, Yn rhywle ar *faistir* [*sic*] heol fostyn. *c.* **1785–90 (1829)** *CBYP* 149, *Maesdir,* coettir, gweirdir gwych. **1803** *P, maesdir,* champaign land. Mae fferm o'r enw gerllaw Llanbedr Pont Steffan.

maestr, gw. meistr.

maestref [*maes*[1] + *tref*] *eb.* ll. *-i, -ydd.* Rhan o dref neu ddinas sy'n gorwedd ar y cyrion, casgliad o dai annedd oddi allan i ffin y dref; tref wledig, pentref: *suburb; country town, village, hamlet.*
1588 *Nu* xxxiv. 4, aiff allan i *faes-dref* Adar. **1588** 1 *Sam* xxvii. 5, rhodder i mi le yn vn o'r *maes drefi* fel y trigwyf yno. **1588** *Esec* xxxviii. 11, mi a âf i fynu i wlâd *maes-drefydd.* **1588** *Sech* ii. 4, Ierusalem a gyfanneddir fel *maes drefi.* *Dchr.* **17g.** *J* 10, 24a, *maesdrev,* village. **1710** *LlGG* (*Gos*) 12, [C]apel mewn *Maes-drefi* (*in oppidis ruralibus sitam*). **1722** *Llst* 189, *maesdref,* a village, suburbs. **1770** *TG* iv. 9, [y] rhaccaerau, neu'r *maesdrefi,* (Suburbs). **1774** *W* d.g. *hamlet* [*a little village; a division of a town, parish, etc.*], *suburbs, town, a country town, village.* **1794** W. RICHARDS: *YDY* 15, Praga, *maes-dref* boblog o'r ddinas honno [Warsaw].
Gw. hefyd maes[1]—m. tref.

maestrefol [*maestref* + *-ol*] *a.* Yn perthyn i faestref, yn byw neu wedi ei leoli ar ffiniau tref neu ddinas: *suburban.*
1850.

maestres, gw. meistres.

maestro [bnth. S. *maestro*] *eg.* Gŵr galluog mewn rhyw gelfyddyd, yn enw. mewn cerddoriaeth: *maestro.*
1946.

maesty [*maes*[1] + *tŷ*] *eg.* Tŷ yn y wlad, gwlaty; tŷ porthor, &c.: *lodge, villa, country house; porter's, &c., lodge.*
1800 *TJ* (Dinbych) d.g. *lodge.*

maeswehyn [*maes*[1] + *gwehyn*] *a.* Yn traflyncu'r tir, yn *ffig.* am geffyl: *ground-devouring, fig. of a horse.*
14g. *WM* 390. 2–3, march ucheldew froynuoll *maswehyn* [*sic*]. *id.* td. 211. 37, katueirch kadarntew escyrnbraff *maeswehyn* (*id.* 422. 41, *meswehyn* [*sic*]).

maeswellt [*maes*[1] + *gwellt*] *e.tf.* *Bot.* Enw ar fathau o laswellt brwynaidd, yn enw. o'r tylwyth *Agrostis*: *bent grass.*
1813 *WB* 215.
Cfn.: **maeswellt addfain:** *fine or common bent grass, Agrostis capillaris* (*A. tenuis*). **1813** *WB* 8. **m. y cŵn:** *brown bent grass, Agrostis canina.* **20g.** **m. du = m. mawr,** *?also of other grasses.* **1839. m. gwrychog:** *bristle bent grass, Agrostis curtisii.* **20g. m. gwyn = ?m. rhedegog. 1839. m. gwyn y maes = m. rhedegog. 20g. m. mawr:** *black bent grass, Agrostis gigantea.* **20g. m. rhedegog:** *creeping bent grass, fiorin, Agrostis stolonifera.* **20g. m. sidanaidd = m. addfain. 1830.**

maeswn, gw. masiwn.

maeswr [bôn y f. fl. a *maes*[1] + *-wr*] *eg.* ll. *-wyr.*
(*a*) Un sy'n dioddef gan y dolur rhydd: *person suffering from diarrhoea.*
Dchr. **17g.** *J* 10, 24a, *maeswr,* foriolus.
(*b*) Un sy'n aredig neu'n trin y tir: *one who ploughs or cultivates land.*
18–19g. *IAW* (LlGC) 101, 26, hen *faeswr* dirynwr mewn sen. **1803** *P, maeswr,* a fieldman.
(*c*) Hanerwr mewn tîm rygbi sy'n ffurfio dolen rhwng y mewnwr a'r trichwarterwyr: *outside half* (*in Rugby Football*).
20g. Ar lafar yn y ff. *maswr.*
(*d*) Un sy'n maesu: *fielder* (*in cricket, &c.*).
20g.

maeswydrfaen [*maes*[1] + *gwydrfaen*] *eg.* *Drg.* Ffelsbar: *feldspar.*
1851.
Cf. maesgrisfaen.

maesydd [*maes*[1] + *-ydd*[3]] *eg.* *Adar.* Gwennol y maes: *martin.*
1814.

maesyng, gw. mysangaf: mysengi.

maetiaf: maetio [?bnth. S. (*to*) *bait* 'to stop (briefly)' (cf. *baetiaf: baetio*), gyda *b-* ac *m-* yn ymgyfnewid, neu o bosibl fnth. S. (*to*) *wait*] *bg.* ?Aros, disgwyl. *to wait.*
Dchr. **17g.** *Card* 12, 339, *Maetio* yma mae tomas am weled / y wylan goweithas. *c.* **1730** *Thos. Lloyd D* (LlGC) 167b, *maetio,* to wait.

maets, gw. mats[2].

maetsiaf: maetsio, gw. matsiaf: matsio.

maeth[1] [< Brth. **mak-to-*, gw. *magaf: magu*] *eg.* ll. *-au,* a hefyd gyda grym ansoddeiriol. Cynhaliaeth, lluniaeth, porthiant, ymborth, bwyd; meithriniad plentyn gan un (rai) sydd heb fod yn rhiant (rhieni) iddo, magwraeth, magiad, ymgeleddiad; hefyd yn *ffig.*: *sustenance, nourishment, nutriment, nutrition, food; fosterage, rearing, nurture, care; also fig.*
13g. *HGK* 10, Gruffud eu car ac eu mab *maeth.* *Dchr.* **14g.** *H* 30a. 64, oe wreiscweirch *maeth* fraeth frwythlawn (Bleddyn Fardd). **14g.** *GDG* 19, Ifor, aur o faerwriaeth / Deg yw'r fau, diagr o *faeth.* *id.* 204, O frodyr ffydd a rhai *maeth.* *c.* **1400** *R* 1147. 22, cristonogaeth *uaeth* am digaetho. *id.* 1282. 20–1, Coeth y gwnaeth eu *maeth* a med. **15g.** *DN* 61, Dynion i fam dan vn *faeth,* / O bob vn y bv bennaeth. **15g.** *GGl* 233, Pennaeth byrddau, *maeth* beirdd Môn. **1545** *CM* 1, 463, Orhwn i maag ac I dilin *maethae* yn y knawd. **16g.** *B* x. 291, Neithyr Jr kletted vu'r *maeth,* Erkules a dyuodd yn vab teeg. **1595** *Egl Ph* 9, Aeth eyn *maeth,* o waith Duw mawr, / Hyd ar waelawd yr elawr. Wrth y gair *Maeth* y mae i chwi ddeall y neb oedd yn peri *maeth.* **1606** E. JAMES: *Hom* iii. 94, Ymborth ysbrydol ydyw, *maeth* ein eneidiau. **1630** R. VAUGHAN: *YDd* 283, Bydded cwsc sydd gyssur *maeth* / Yn ail marwolaeth cennyd. **1632** *D, maeth,* nutrimentum. **17g.** HUW MORUS: *EC* i. 17, Tyner ei mwynder, a'i *maeth,* / Oedd y wraig dda rywogaeth. *id.* ii. 382, Tan f' ais, ni yfais yn *faeth,* / Fawr o ddawn y Farddoniaeth. **1725** D. LEWIS: *GB* 60, y mae'r Ffrwyth a'r *Maeth* yn cael eu neillduo, i'r Gwythieneu Llaethog. **1766** *CD* 79, A phan ddaeth mewn *maeth* yn y man, / Y mab mewn grym ac oedran. *c.* **1785–90 (1829)** *CBYP* 2, fy Llyfr *maeth* . . . nad yw o'm cenhedlad fy hun. **1803** *P.*
Cfn.: **ar faeth:** *in(to) fosterage, also fig.*; *in(to) a flourishing condition.* **13g.** *LlI* 63. *c.* **1400** *R* 1031. 3, gnawt yvab *ar uaeth* uoetheu. **15g.** *DN* 32, Pan ta y perchen tyayth / Ar i fwrdd lle'r wyf *ar fayth*? **15–16g.** *GIF* 14, Aeth anwir *ar faeth* ennyd: / aeth y gwir ar feth i gyd. *c.* **1730** *Thos. Lloyd D* (LlGC) 166b, Ffynnon o Fôn sydd *ar Faeth* . . . in a flourishing condition.
Am *brawd maeth, cartref m., creadur m., cymryd ar f., cymryd ei f., chwaer f., diffyg m., mab m., mam f., merch f., plant m., rhieni m., rhoddi ar f., tad m.,* gw. brawd[1], cartref, creadur (At.), cymeraf: cymryd (At.), chwaer, diffyg (At.), mab, mamaeth, merch[1], plant, rhieni, rhoddaf: rhoddi, tad.
Gw. hefyd brawdfaeth, maethen, maethyn.

maeth[2], 3 un. grff., gw. magaf: magu.

maeth[3], gw. math.

maethâd [*maeth* + *-had*] *eg.* Y weithred o roddi maeth, cynhaliaeth, meithriniad, ymborthiad: *a sustaining, nurturing, nourishing.*
1685 G. GRIFFITH: *GA* 93, Fe ai cymmerir [bara] yn lle pob math a'r [*sic*] gynhaliaeth . . . pob help i'n cadw ni yn fyw . . . A *maethâd,* meddyginiaeth, &c.

maethaf: maethu [bf. o'r e. *maeth*[1]] *bg.a.* Cynnal (â bwyd, &c.), rhoi lluniaeth (i), porthi, bod yn faethlon (i); magu, bod yn rhiant maeth i, meithrin, dwyn i fyny, coleddu; hefyd yn *ffig.*: *to sustain, feed, nourish, be nutritious (to); nurture, foster, breed, raise, rear, bring up, cherish; also fig.*
1567 *LlGG* 72b, *maetha* nyni a phob daioni. **1567** *TN* 191a, erchy heddwch a'orugant can ys bot maethddrin [:– *maethy*, magy] y gwlat hwy gan dir y Brenhin. **1588** *Salm* lv. 22, Bwrw dy ofal ar yr Arglwydd, ac efe a'th *faetha* di. **1588** *Esec* xix. 2, yng-hanol y llewod ieuaingc y *maethodd* hi ei chenawon. **1588** *Doeth Sol* xvi. 25, dy râs di . . . sydd yn *maethu* pôb peth. **1599 (1677)** R. HOLLAND: *AB* 87, nis *maethe* y bara . . . mo honom ni . . . oni bae i Dduw roddi ei fendith arno. **1630** R. VAUGHAN: *YDd* 128, os hwynt hwy au *maethant* ac a'i methrinant yn ofn Duw. **1632** *D*, *maethu*, nutrire. **1661** E. LEWIS: *Drex* 300, difrifol fyfyrdod . . . dyna'r hyn sydd yn porthi ag yn *maethu*'r enaid. **1672** J. LANGFORD: *HDdD* [xiii], cylla glwyfus . . . yn hiraethu am y cyfryw bethau gwael ac a *faetha*'r dolur. *id.* 435, na bo i mi ûn amser *faethu* ûn tŷb uchel o honof fy hun. **1710** *CBGEL* 103, nad ŷw yn *maethu* fel cig. **1714** D. LEWYS: *CN* 40, Caersalem ferch yw'n cydfam ni; / Ar ei Broneu hi i'n *maethwyd*. **1763** *DT* 193, *Maethu* Hiraeth i'm pruddhau, / Y mae plethiadau 'r Delyn. **1773** *W* d.g. *to foster*. **1795** J. THOMAS: *AIC* 354, I *faethu*'r hôll Fefus, gorchguddia hwynt ar hîn galed a Gwêllt. *id.* 358, rhag iddynt [dail cwympiedig] lochi a *maethu* pryfed. **1803** *P*.

maethdad [*maeth*[1] + *tad*] *eg.* ll. *-au.* Tad maeth: *foster-father.*
1803 *P*.
Gw. hefyd tad—t. maeth, tadmaeth.

maethdriniaf: maethdrin, gw. meithrinaf: meithrin.

maethdy [*maeth*[1] + *tŷ*] *eg.* ll. *-dai.* Lle (ffafriol) i dyfiant neu gynnydd, magwrfa, meithrinfa; ystafell blant; gan amlaf yn *ffig.*: *breeding-ground, nursery; childern's nursery; usually fig.*
1738 G. JONES: *GOG* 60, *Maethdy* Uffern yw hwn, a Phaganjaid sydd yn byw ynddo. **1740** G. JONES: *HOG* 124, fel y byddo'r rhai'n yn *faethdai* crefydd, a rhinweddau da. **1749** G. JONES: *LlDdG* 37, Onid synagog Satan, a *maeth-dŷ* uffern yw? **1762** G. JONES: *CFfOG* 55. **1778** *W* d.g. *nursery* [*an apartment for nursing children*]. **1803** *P*.

maethddriniaf: maethddrin, gw. meithrinaf: meithrin.

maethedig [bôn y f. *maethaf*: *maethu* + *-edig*] *a.bfl.* Wedi ei faethu, ei feithrin, neu ei fagu, hefyd yn *ffig.*: *nourished, nurtured, reared, fostered, also fig.*
1722 *Llst* 189, *maethedig*, nursed. **1773** *W* d.g. *fostered*. **1803** *P*.

maethedydd, maethiedydd [*maeth*[1] + *-(i)edydd*] *eg.* ll. *-ion.* Tad maeth: *foster-father.*
17g. *LlGC* 13215, 347, *maethedydd*, pater nutritus. **1707** *AB* 218c, *maethedydd*, a foster-father [D]. **1722** *Llst* 189, *maethedydd, dyddion*, a foster-father. **1773** *W*, *maethedydd* d.g. *foster-father*. **1803** *P* d.g. *maethiedydd*.

maethedd [*maeth*[1] + *-edd*[1]] *eg.* Y reddf sy'n gyrru anifail i chwilio am borthiant: *alimentiveness.*
1854.

maethell [*maeth*[1] + *-ell*] *eb.* Pibell faeth: *alimentary canal.*
1852.

maethen [*maeth*[1] + *-en*] *eb.* Merch sydd wedi ei gorfwytho neu ei maldodi, hefyd yn *ffig.*: *pampered girl, also fig.*
16–17g. *HG* 173, ymith yng, mamath angay / *maythen* fr[o]nt, ymith yn fray. **1803** *P*.

maethes [*maeth*[1] + *-es*[1]] *eb.* Nyrs, mamaeth, hefyd yn *ffig.*: *nurse, wet-nurse, also fig.*
1848.

maethfa [*maeth*[1] + *-fa, ma*] *eb.* ll. *-oedd.* Lle (ffafriol) i dyfiant neu gynnydd, magwrfa, meithrinfa; ystafell blant; maeth, bwyd: *breeding-ground, nursery; children's nursery; nutriment, food.*
1778 *W* d.g. *nursery* [*an apartment for nursing children*] (hefyd *WR*). **1800** W. OWEN[-PUGHE]: *CP* 40, Arddiad á helaetha *faethfa* (*food*) llysiau. **1803** *P*.

maethfab [*maeth*[1] + *mab*] *eg.* ll. *-feibion.* Mab maeth; plentyn dan ofal nyrs: *fosterson; nursling.*
1632 *D* d.g. *alumnus*. **1722** *Llst* 189, *maethfab*, a foster-son. **1773** *W* d.g. *nursling*. **1803** *P*.
Gw. hefyd mab—mab maeth.

maethfam [*maeth*[1] + *mam*] *eb.* ll. *-au.* Mam faeth; nyrs; hefyd yn *ffig.*: *fostermother; nurse; also fig.*
1803 *P*.
Gw. hefyd mamaeth.

maethferch [*maeth*[1] + *merch*[1]] *eb.* ll. *-ed.* Merch faeth: *foster-daughter.*
1722 *Llst* 189, *maethferch*, a foster-daughter. **1773** *W* d.g. *foster-child*. **1803** *P*.
Gw. hefyd merch[1]—m. faeth.

maethfrawd [*maeth*[1] + *brawd*[1]] *eg.* ll. *-frodyr.* Brawd maeth: *foster-brother.*
20g.
Gw. hefyd brawd—b. maeth, brawdfaeth.

maethfwyd, gw. maeth[1] + bwyd.

maethgar [*maeth*[1] + *-gar*] *a.* Meithrinaidd, maethlon; yn meithrin neu'n magu: *nutritious, nourishing; fostering.*
1803 *P*.

maethgeirch [*maeth*[1] + *ceirch*] *a.* Wedi ei fagu ar geirch (am geffyl): *nourished on oats (of a horse).*
1928 D. GWENALLT JONES: *MS* 40, *Maethgeirch* feirch yn ymosod ar ferched.

maethgen [bôn y f. *maeddaf*: *maeddu* + elf. anh.] *eb.* ll. *-nau, -non, -ion.* Ergyd, dyrnod, curiad, curfa; helbul, trafferth, anhawster, poen, cystudd, gofid, trymder: *blow, buffet, a beating, thrashing; trouble, bother, difficulty, pain, affliction, grief, sorrow.*
13g. *B* x. 29, gurthladws deu bap o ruvein. silver oe alldudav. a virgil o *vaethgennev*. *c.* **1400** *id.* xiv. 189, Meddawt yssyd mam y *maethgenneu*. **15–16g.** *GIF* 81, Mae'n rhoi gair ym yn rhy gryf: / *maethgenion*, mae wyth gennyf. **16g.** *Llst* 6, 94, *vaethgen* vawr vyth genyfi. **1567** *TN* 107b, [g]wnaeth bethae teilwng o wialenodae [:– *vaethcenon*]. **16–17g.** LLYWELYN SIÔN, &c.: *Gw* 596, Cenfigen dy *faethgen* fydd. **16–17g.** EDWARD URIEN, &c.: *Gw* 142, F'aeth o gŵyn hon, *faethgen* hir, / I Lanfrêd, lawen frodir. **1604–7** *TW* (*Pen* 228) d.g. *verber*. **1630** R. LLWYD: *LlH* 285, Ac yn y dyddiau hyn, y mae rhai o blant Duw, yn cael llawer *maethgen* drom. **1632** *D*, *maethgen*, verberamen, verberatio. **1672** R. PRICHARD: *Gw* 418, Gŵr ŵyf yn dioddef *maethgen*: / Rhyw bendro dôst sy'm talcen. **17–18g.** *ZCP* xx. 419, fe gas adfyd yn ei fowyd / fe fy fodlon y *faethgenon*. **1704** J. MORGAN: *B* 70, dyrnod tragwyddol neu *faethgen*. **1760** *ML* ii. 282–3, Mi fyddaf fi yn cael aml *faethgen* gan y cwsmer afreolus [peswch]. **1803** *P* d.g. *maeddgen*. Ar lafar yng Nghered. a'r De.
Amr.: **baetgen** [cf. *maetgen*]. **16–17g.** T. PRYS: *Bardd* 29. **1688** *TJ* d.g. *maethgen*. **maetgen, matgen.** **1604–7** *TW* (*Pen* 228) d.g. *verber*. **17g.** *Llst* 133, 70b. **1716–18** *Llsgr R. Morris* 50, hi roe ir tylwuth anfad sen / do wisgi *fatcan* greulon. **1766** *CD* 155.
Cfn.: **maethgen cadno:** *a good beating.* **1780** *W*, efe a roddodd iddo *faethgen cadnaw* d.g. *to purpose, or to some purpose . . . He beat him to some purpose.*
Am *rhoi maethgen*, gw. rhoddaf: rhoddi.

maethgennwr [*maethgen* + *-wr*] *eg.* ll. *maethgenwyr.* Curwr: *beater, flogger.*
1604–7 *TW* (*Pen* 228) d.g. *verberator*.

maethiad [bôn y f. *maethaf*: *maethu* + *-iad*[1]] *eg.* ll. *-au.* Meithriniad, magiad, dygiad i fyny; lluniaeth, maeth, maethyn: *a nurturing, fostering, rearing; nourishment, nutrition, a nutrient.*
1672 J. LANGFORD: *HDdD* 312, A yw Mam yn rhwym i roddi i'w Phlentyn ei *faethiad* cyntaf, trwy roddi bron iddo ef ei hún. **1696** *CDD* 33, Cês *faethiad*, câs fwŷthol, a 'r [*sic*] bechod ebychiol. **1803** *P*.

maethiadol [*maethiad* + *-ol*] *a.* Maethyddol; llawn maeth, maethlon: *nutritional; nutritious, nourishing.*
1803 *P*, *maethiadawl*, of a nourishing tendency.

maethiannol [*maethiant* + *-ol*] *a.* Llawn maeth, maethlon: *nutritious, nourishing.*
1803 *P*.

maethiant [*maeth*[1] + *-iant*] *eg.* ll. *-iannau.* Lluniaeth, maeth, maethyn: *nutrition, nourishment, a nutrient.*
17–18g. O. GRUFFYDD: *Gw* 99, I drin manylwaith lanwaith lwydd, / Er *maethiant* rhwydd rwy'n methu eu troi [dwylo henwr]. **1800** W. OWEN[-PUGHE]: *CP* 28, mae yn dyborthi yn fwy etto at eu *maethiant* pan yw yn dwyn iddynt briddlyd a halus ddefnyddion. **1803** *P*.

maethiedydd, gw. maethedydd.

maethineb [*maeth*[1] + *-ineb*] *eg.* Lluniaeth, maeth: *nutrition, nourishment.*
1803 *P*.

maethiol, gw. maethol.

maethle [*maeth*[1] + *lle*[1]] *eg.* ll. *-oedd.* Lle (ffafriol) i dyfiant neu gynnydd, magwrfa, meithrinfa, hefyd yn *ffig.*: *breeding-ground, nursery, also fig.*
p. **1584** G. ROBERT: *GC* [328], Y methlem iraidd, *maethle* mowrion. **1793** T. JONES: *SD* 37, lle cryn enwog . . . fel *maethle* dysgeidiaeth. **1803** *P*.

maethles, gw. maeth[1] + lles.

maethlon [*maeth*[1] + *-lon*] *a.* Llawn maeth (yn enw. am fwyd), meithriniol, magwriaethol, iachus, ffrwythlon; llesol, cynhaliol, ymgeleddol: *nourishing, nutritious, wholesome, fruitful; beneficial, supporting, supportive, cherishing.*
1718 (1721) S. THOMAS: *HB* 51, Gwlad *feuthlon* feillionog ydyw. **1722** E. LLOYD: *MC* 85, efe trwy ei addewid ai maga hwynt [dynion] yn *faethlon* ac yn ddiamau. **1769** TWM O'R NANT: *TChD* 8, A'r ail iw'r Byd a'i Euddo llawn, / Sy'n gosod *maethlawn* Gysur. Mae *Cwm Maethlon* yn ardal Pennal, Meir.

maethlonaf: maethloni [bf. o'r a. bl.] *ba.* Rhoddi maeth i, meithrin, gwneud yn ffrwythlon (am dir neu bridd): *to nourish, nurture, make fertile.*
1805.

maethlondeb [*maethlon* + *-deb*] *eg.* Cynhaliaeth, lluniaeth, porthiant; maethlonrwydd: *sustenance, nourishment; nutritiousness.*
1848.

maethlonder [*maethlon* + *-der*] *eg.* Cynhaliaeth, lluniaeth, porthiant: *sustenance, nourishment.*
20g.

maethlonol [*maethlon* + *-ol*] *a.* Llawn maeth, meithriniol, llesol; maethyddol: *nourishing, nutritious, beneficial; nutritional.*
1832.

maethlonrwydd [*maethlon* + *-rwydd*] *eg.* Rhinwedd gynhaliol bwyd, &c., ansawdd ymborth maethlon: *nutritiousness.*
1808.

maethlwys, gw. maeth[1] + glwys.

maethol, maethiol [*maeth*[1] + *-(i)ol*] *a.* a hefyd fel *eg.* ll. *-ion.* Maethlon, meithriniol, iachus, ffrwythlon; llesol, cynhaliol, ymgeleddol; yn perthyn i faeth, maethyddol; maethyn, nwtrient: *nourishing, nutritious, nutrient, nutritive, wholesome, fruitful; beneficial, supporting, supportive, cherishing; nutritional, alimentary; a nutrient.*
1622 *NBSA* 194, A thlodion *maethol* ydoedd, / A beirddion waeth brau ddawn oedd [marwnad Syr Siôn Prys]. **1639** *LlGC* 5269, 451a, *Maethol* yw math Elias [James Dwnn i'r Doctor Dafis]. **1721** *W Ballads* 46, [1], A ninneu'n byw mor hapus i'n dyddiau 'n anrhydeddus / Heddychol *faethol* foeth-

us wiw glodus yn ein Gwlâd. **1731** E. SAMUEL: *AE* 28, i arfer pethau Eraill Mor flasus ir Genau ac Mor *faethol* ir Corph ag ynteu [cig]. **1778** *W* d.g. *nourishing, nutritious.* **1803** *P.*

maethrin, gw. meithrinaf: meithrin.

maethsudd [*maeth*[1] + *sudd*] *eg.* Mater lled hylif a ffurfir o fwyd wedi ei dreulio'n rhannol gan y suddion gastrig yn y stumog: *chyme.*
1851.

maethus [*maeth*[1] + *-us*] *a.* Maethlon, meithriniol, llesol; maethyddol: *nourishing, nutritious, wholesome; nutritional.*
1770 *W* d.g. *alimentary.* **1798** *WR* d.g. *alible.* **1803** *P.*

maethwr [bôn y f. *maethaf*: *maethu* + *-wr*, cf. H. Grn. *maidor*, gl. *caupo*] *eg.* ll. *-wyr.* Meithrinwr, un sy'n magu, cynheiliad: *nurturer, fosterer, sustainer.*
c. **1730** *Thos. Lloyd D* (LlGC) 166b, *maethwr*, CW 129. [almanac] 1716. 25. **1744** D. ROWLAND: *RY* 322, yn Dderbyniwr, yn *Faethwr*, yn Gefnnogwr . . . o Ddiaboloniaid. **1778** CAIN JONES: *Alm* 10, Bu hwn, gwn, er goganair, / *Faethwr* gwych o foethau 'r gair.

maethwraig [bôn y f. *maethaf*: *maethu* + *gwraig*] *eg.* ll. *-wragedd.* Nyrs: *(sick-)nurse.*
1796 *Geirgrawn* 30, gosododd ei *faethwrai[g]* ef [dyn] i eistedd ar y gadair. *id.* 151, yr anhwyl oedd . . . mor angheuol, fal nad oedd *maeth-wraig* i'w chael agos am un prîs.

maethydd [bôn y f. *maethaf*: *maethu* + *-ydd*[3]] *eg.* ll. *-ion.* Un sy'n cynnal â bwyd, &c., cynheiliad, meithrinwr, magwr, hefyd yn *ffig.*; tad maeth; person sy'n arbenigo mewn maethiad a gwerth maethol bwydydd; maethyn, nwtrient: *sustainer, nourisher, fosterer, breeder, also fig.; foster-father; nutritionist; a nutrient.*
1588 *Ecclus* xix. 18, y mae efe yn digio ei *faethudd.* *Dchr.* **17g.** *J* 10, 24a, *maethydd*, foster father. **1632** *D* d.g. *altor, alumnus, nutritor.* **1688** *TJ*, esborthiaid, *maethyddion.* Nourishers or bringers up. **17–18g.** O. GRUFFYDD: *Gw* 111, Heb goffa mewn mwytha fy *Maethydd.* **1722** *Llst* 189, *maethydd*, m.p. [*mae*]*thyddion*, a foster-father, nourisher, rearer. **1724** E. WELLS: *CC* 48, Seguryd, *Maethudd* mawr pob Drygioni. **1800** W. D. LEATHART: *OGS* 35, Mwyfwy 'r wyl; Myfyr eilwaith, / *Maethydd* yr 'wenydd a'r iaith.

maethyddol [*maethydd* + *-ol* neu *maeth*[1] + *-yddol*] *a.* Yn perthyn i faeth: *nutritional.*
20g.

maethyn [*maeth*[1] + *-yn*] *eg.* ll. *-nau.*

(*a*) Elfen faethlon, nwtrient: *a nutrient.*
20g.

(*b*) Anifail ieuanc sy'n sugno'r fron: *nursling, suckling.*
1851.

maeystawd, gw. maestawd.

mafalog, mafolog, *eg.* ll. *-ion.* Molwsg: *mollusc.*
1850.

mafod, gw. anafod.

mafolog, gw. mafalog.

mafon, *e.ll.* (un. b. *-en*). (Planhigion *Rubus idæus* sy'n dwyn) aeron coch bwytadwy wedi eu ffurfio o nifer o fân ronynnau llawn sudd, afan: *(plants bearing) raspberries.*
1604–7 *TW* (*Pen* 228) d.g. *rubus* . . . *Rubus Idæus* (hefyd *D*). *Dchr.* **17g.** *J* 10, 27b, *mavon*, crispina. Morum rubi Idæi. **1632** *D* (*Bot*), *mafon*, vid. Afan. **1688** *TJ* (*Bot*), *mafon*, Afan: the hand-berry [*sic*], Brambles, Framboyes, Raspis, great Brambles. **1722** *Llst* 189, *mafon*, s. *fonen*, f. rasp-berries. **1761** *ML* ii. 302, i fynd i Ogerddan i geisio rhai [coed] *mafon* i'w plannu. **1803** *P.* Ar lafar, weithiau mewn ystyr letach, yn enw. am fwyar duon.
Amr.: **meifon, meiwon**[1] [?ffrwyth cymysgu *mafon* â *meiwon*[2] (cf. *dail—dail meiwon*)] (un b. *meiwonen*). **18–19g.** *Llr* C 17, 160, *meiwon* sing. *en.* Berries Silur. **1803** *P*, *meifon*, berries that grow in cluster; raspberries.
Cfn.: **mafon coch(ion):** *raspberries.* **1761** *ML* ii. 329–30. **18–19g.** *Llr* C 4, 69. Ar lafar yn y Gogledd yn y ff. *mafon cochion*, *WVBD* 281, *TGG* (1904) 46. **m. duon:** *blackberries.* **18–19g.** *Llr* C 4, 69. Ar lafar mewn rhai mannau yn y Gogledd, *TGG* (1904) 46, *B* xiii. 140. **m. Ffrengaidd:** *mulberries.* **18–19g.** *Llr* C 4, 69. **m. gwylltion:** *wild raspberries.* Ar lafar, *WVBD* 191. **m. gwynion:** *?white raspberries.* **1761** *ML* ii. 329–30. **m. logan:** *loganberries.* **20g.** **m. y llawr:** *dewberries.* **18–19g.** *Llr* C 4, 69.

mafonllwyn [*mafon* + *llwyn*[1]] *eg.* Llwyn mafon: *raspberry bush.*
[**1783**] *W* d.g. *rasp-berry* . . . *Rasp-berry bush.* **1803** *P.*

mafonwydd [*mafon* + *gwŷdd*[1]] *ell.* (un. b. *-en*). Coed mafon: *raspberry canes.*
1803 *P.*

Maffia [bnth. S. *Mafia*] *eg.* Cymdeithas gudd a sefydlwyd yn Sicilia ac a ddatblygodd yn gyfundrefn o droseddwyr gyda changhennau mewn llawer gwlad, hefyd yn *ffig.* am unrhyw gorff o bobl sy'n defnyddio eu dylanwad er eu lles eu hunain: *Mafia (lit. and fig.)*
Ar lafar.

mag [bôn y f. ddil.] *eg.b.*

(*a*) Maeth, cynhaliaeth; magiad, meithriniad; cynnyrch: *sustenance, support; a rearing, nurture; produce.*
15g. *GO* 159, A gwin a medd gwyn a *mac.* **1603** W. MIDLETON: *Ps* 187, Mawr yw 'r Arglwydd mowrlwydd *mâg* / Yn Seion yn dirion deg. *id.* 270, Di am gwelaist *mâg* eulun: / Yn achles heb les heb lûn. **17g.** *Pen* 104, 240, ni cheiff hwsmon dwyfronsyth / onest oi *fag* nos da fyth. **1803** *P*, *mâg*, the act of rearing, bringing up, or educating; rearing, education; nurture.

(*b*) Pysgod ieuainc, manbysg, silod: *(fish) fry.*
1899. Ar lafar yn Arfon, *WVBD* 360. Yn ardal Conwy golyga'r cregyn mân y bydd pysgotwyr cregyn yn eu symud bob mis Ebrill i lawr o'r glannau i fwy o ddŵr, lle tyfant yn gyflymach, *B* xxv. 52.

(*c*) (Yr) ieuanc, (y) rhai ar eu tyfiant: *(the) young, youth.*
Ar lafar yn Arfon, 'Maen' nhw'n gafal yn y *mag*', 'They're getting hold of the young'.
Gw. hefyd mactan.

màg, mac[2] [bnth. S. sathr. *mag* 'half-penny'] *e.?b.* ll. *-s.* (un. bach. *-en*). Dimai; (yn y ll.) arian: *halfpenny; (pl.) money.*
Ar lafar yn Arfon, *WVBD* 360, *B* xvii. 272.

magabon [bnth. S. *vagabond*; cf. *micar* < S. *vicar*] *eg.* ll. *-s.* Crwydryn: *vagabond.*
1741 *Cylchg CHMC* iv. 13, i Sir Gaernarfon. Lle ni byon ond yngilch tair withnos cin yn dal an danfon fel *magabons* . . . adre.
Gw. hefyd bagabŵn, fagabond.

magad [gair geir.; ffrwyth deall engh. o *magadoedd* (amhrs. grb. y f. *magaf*: *magu*), o bosibl *H* 72a. 34, fel amr. ar *bagad*] *eg.* Bagad, torf: *large number, multitude.*
1632 *D*, *magad*, interdum apud antiquos pro Bagad. C[ynddelw]. **1722** *Llst* 189, *magad*, as Bagad. Many. **1753** *TR.* **1803** *P.*

magaf: magu [Crn. C. *maga*, Llyd. C. *maguaff*, Llyd. Diw. *magañ*: < Brth. **mak-*; cf. *meithrin*] *bg.a.*

1. (fel *ba.*) (*a*) Hyrwyddo twf (person neu anifail), bridio, rhoddi genedigaeth a magwraeth i, codi, meithrin, dwyn (un) i fyny, gofalu am, ymgeleddu, maethu; cario (baban, &c.) yn y breichiau; hefyd yn *ffig.*: *to rear, breed, engender, raise, bring up, foster, nurture, care for, nourish; nurse (baby, &c.); also fig.*
1170 *MA*[2] 193a. 41, Ny *maeth* mam mab y heuelyt [marwnad Owain Gwynedd gan Ddaniel ap Llosgwrn Mew]. **12–13g.** *id.* 241a. 47–8, Or a *fag* daear hi ai dwg ai phlant / Ai phlaoedd am gorllwg (Elidir Sais). **13g.** *C* 67. 19–20, *mekid* meibon meigen. meirch mei. **13g.** *A* 23. 1–2, ny *magwyt* yn neuad a vei lewach noc ef. **13g.** *BD* 153, ac yn llys Cadvr yarll Kernyv y *magadoed.* *c.* **1300** *H* 97a. 20, mygyrueirt *magwyd* oe voli (Y Prydydd Bychan). **14g.** *WM* 36. 33–4, y wreic ae *magwys* ef. *id.* 254. 37–255. 1, y llew . . . yn gware yny gylch ual milgi *auackei* ehun. **14g.** *GDG* 316, Lle tew lletyau mwyeilch, / Lle mygr gwŷdd, lle y *megir* gweilch. *c.* **1400** *R* 1048. 2, ny *uagas* y uam uab llyth. *c.* **1400** *RB* ii. 239, y deu uab a *uagwyt* yny mod y dylyit meithryn eu kyfryw. **15g.** *LGC* 208, Davydd vu'n *magu* â medd / Yr ynys yn yr annedd. **1567** *TN* 290a-b, Can na chasaodd neb[un] erioed ei gnawt yhun, anyd ei *vagu* a'i gynnesu. **1588** *Ecs* xvi. 20, efe [manna] a *fagodd* bryfed ac a ddrewodd. **1588** 1 *Tim* iv. 6, [g]weinidog da i Iesu Grist, yr hwn i'th *fagwyd* mewn geiriau'r ffydd. **1615** R. SMYTH: *GB* 189, yn cynal ag yn *magu* yr holl dylawdion anghenys. **1661** E. LEWIS: *Drex* 13, Llê llaith . . . sydd yn chwannog jawn i *fagu* seirph. **1703** E. WYNNE: *BC* 146, yn ei monwes hoewal hi [Hawddfyd] y *megir* chwi oll. **1803** *P.* Ar lafar, e.e. 'Y deryn (cyw) *fegir* (*fagir*) yn uffarn, yn uffarn y myn fod'; '*magu* ieir', *WVBD* 360; '*macu* cŵn bach idd 'u gwerthu' (dwyrain Morg.).

(*b*) Hyrwyddo tyfiant (peth), peri i (rywbeth) dyfu, gynyddu, neu ffynnu; peri, cynhyrchu, ffurfio, tyfu: *to promote the growth of (something), cause (something) to grow, increase, or flourish, cause, produce, form, grow.*
1346 *LlA* 170, Yn yn [*sic*] neuad honno nyt ennynnyr goleuat y nos namyn a *vacco* yr ireit gwerthuawr aelwir balsamwm. **14g.** *IGE*[2] 37, A simnai ni *fagai* fwg. *c.* **1400** *DB* 53, Gwregys y mor a *uac* llanw a threi. *c.* **1400** *MM* 154, hynny a *uac* gwynnedd yn y kylla. **15g.** *FfBO* 47, ieir gwynnyon . . . *megir* gwlan yn lle pluf arnunt. **1632** *D*, *magu* dannedd d.g. *dentio.* *id.* a *fago* fetteloedd d.g. *metallifer.* *id.* *magu* crawn d.g. *suppuro.* **1639** *LlGC* 5269, 451a, Mae gwr iawn, yn *magu* r iaith / mal Aron a milwriaith [i'r Doctor John Davies]. **1725** D. LEWIS: *GB* 149, Yn y mynyddoedd, y mae pob mâth o Fwyn yn cael ei *fagu* a'i gadw. **1759** J. EVANS: *PF* 84, Wedi gwaredu un Garreg, fe ragflaena hyn *fagu* un arall. Sonnir yn gyff. am '*fagu* llwydni, cen, &c.', ac am heffer yn '*magu* cadair (pwrs, piw)'.

(*c*) Achosi (teimlad, emosiwn, clefyd, ansawdd, &c.), rhoi bod i, cynhyrchu, ennyn, dyfeisio, meithrin; ennill, cynyddu mewn (hyder, profiad, &c.): *to cause (sensation, emotion, illness, quality, &c.), give rise to, produce, devise, nurture; gain (confidence, experience, &c.).*
13g. *C* 86. 14–15, Nid porthi ryuic ry*uegeis* im bron. *id.* 90. 3–4, *meccid* llvwyr llauer kyghor. **14g.** *BT* (*RB*) 111, Yn y ulwydyn honno y *magwyt* teruysc y rwg Morgan a Meredud. *c.* **1400** *R* 1047. 2, [g]wyr ny *uegynt* vygylyaeth. *id.* 1215. 8, dyn gorwac *auac* ualchder. *id.* 1327. 12, *megeis* gwaew dan eis. *c.* **1400** *MM* 64, na chymer gyuot kanys oeruel a *uac.* *id.* 156, ac o hynny y *megir* chwant bwyt. **15–16g.** *TA* 268, Rhyfel a *fag* rhyw afar. **1595** H. LEWYS: *PA* 64, Gwialen a chosbedigaeth a *fagant* ddoethineb. **1599 (1677)** R. HOLLAND: *AB* 17, Gad . . . ir ystyriaeth hyn *fagu* ynot gydwybod am y ddyledswydd hon. **1604** R. HOLLAND: *BD* 5, yn *magu* cenfigen yn fym-meddwl. **1632** J. DAVIES: *LlR* 301, cyn iddo *fagu* y dryganian yma a'r clefydau. **1703** E. WYNNE: *BC* 11, [g]wenwyn marwol, yn *magu* ynddynt glefydon anescorol. **1793** DAFYDD IONAWR: *CD* 182, Du fâr *fâg* edifeirwch. Sonnir yn gyff. ar lafar am '*fagu* syched, chwant bwyd, hyder, &c.', ac yn Arfon dywedir wrth blentyn anufudd, ''Wt ti'n 'i *magu* hi?', *WVBD* 360.

2. (fel *bg*). Epilio, bridio, cynyddu, lluosogi, esgor, ymddŵyn; tyfu, ymffurfio, codi, cael ei achosi; gweithio, eplesu (am win, &c.); rhoddi maeth, bod yn faethlon; hefyd yn *ffig.*: *to reproduce, breed, multiply, bear, give birth; grow, form, arise, be caused; ferment (of wine, &c.); provide nourishment, be nutritious; also fig.*
12–13g. *MA*[2] 241a. 46, Gwers y mal arall y *mag* (Elidir Sais). *c.* **1400** *YSG* i. 121, Yn dolur ac yn tristit y *megy* di. *c.* **1400** *MM* 122, wedy *macko* crawn yn vn or rei hynny. *c.* **1400** *Études* vii. 60, Kic hwch . . . gwell y *mac* . . . no chic arall. *c.* **1400** *DB* 29, yn y dryded vlwydyn y *magant* (*pariunt*), a'r wythuet yd henhaant. **15g.** *DGG*[2] 63, Mal tarth uffernbarth ffwrnbell, / Mwg y byd yn *magu* o bell [i'r niwl]. **15g.** *LGCD* 34, Llyma y coed lle *mag* gweilch, / Lle mae celliau mwyeilch. **16g. (1763)** W. SALESBURY: *LlM* 112, clwy y brenin yr hyn a *vacco* o rhwystur [*sic*] yr afy. *c.* **1585** G. ROBERT: *DC* [iii], mae dolur a chlefyd yn *magu* yn fy nghallon. **1606** E. JAMES: *Hom* ii. 50, yno y mae gwyniau enbaid amryfysedd yn *magu.* **1615** R.

SMYTH: *GB* 160, [m]alwod a phryfed eraill 'n magu 'n y ddaear. **1632** *D*, cael plant, planta, *magu*, ymddwyn d.g. *gigno*. *id.* maen gwyrthfawr a *fâg* o drwngc y Lynx d.g. *lyncurium*. **1693** *HC* 48, hel pricciau a phridd i adeiladu nythod, ac i *fagu*. **1725** D. LEWIS: *GB* 178, yr Amser cymhwysaf i Genhedlu, ac i *fagu*. **1759** T. THOMAS: *WWDd* 48, mae hefyd . . . elyniaeth wedi *magu* rhwng y Creaduriaid diresswm a'u gilydd. Ar lafar, e.e. "Odd gàs wedi *magu* yn yr hen waith'; hefyd yn y De yn yr ystyr 'crawni, casglu', 'Ma cornwd yn dechra *macu* ar 'i war a'.

Cfn.: **magu bloneg:** *to become fat, run to fat*. Ar lafar. **m. bol:** *to grow a protruding stomach, acquire a pot belly, become portly*. Ar lafar yn gyff., *WVBD* 49, 360. Cf. '*magu bol* capten', *THSC* (1945) 213. **m. ei freichiau (ei breichiau,** &c.**):** *to fold one's arms*. Ar lafar yng Ngwent. **m. calon:** *to inspire courage in oneself, be heartened*. Ar lafar. **m. cath(od):** *to become covered with a film of mould* (*with ref. to milk*). Ar lafar yn y Gogledd, *ISF* 54. **m. cefn:** *to become strong of body, also fig*. Ar lafar yn nwyrain sir Gaerf. **m. croen:** (i) *to acquire a covering of grass* (*of poor land*). **1895.** (ii) *to become covered with a skin* (*with ref. to milk*). Ar lafar. **m. dwylo:** *to fold one's arms and do nothing, be lazy*. Ar lafar yn nwyrain Morg. **m. eiddigedd:** *to become jealous*. Ar lafar ym Morg., '*macu'r ddicadd*'. **m. eira:** *to threaten snow*. Ar lafar yn Arfon, *WVBD* 120. **m. esgyrn bach:** *to be pregnant*. Ar lafar ym Morg. **m. gwaed:** *to stimulate the production of blood, also fig*. Ar lafar, 'Dydi fan hyn ddim yn lle i *fagu gwaed*' (am le anghysurus o oer). **m. gwar:** (i) *to* (*acquire a*) *stoop*. Ar lafar, *WVBD* 173, 360. (ii) *to fill out*. Ar lafar yn y Canolbarth. **m. llechau:** *to be on tenterhooks*. Ar lafar yn Rhosllannerchrugog. **m. mân esgyrn** = **m. esgyrn bach. 1722** *Llst* 189. **1752** *ML* i. 209. **1771** *W* d.g. *to breed* [*engender, produce, or bring forth*]. **m. storm:** *to gather* (*of a storm*). Ar lafar. **m. stumog:** *to work up an appetite*. Ar lafar. **m. tewder** = **m. bloneg.** Ar lafar yn y De. **m. traed:** (i) *to bestir oneself, shift oneself*. Ar lafar yn nhref Caernarfon dywedir wrth rywun diog, '*Maga draed!*'. (ii) *to 'grow feet', used facet. of inanimate objects which go missing*. Ar lafar, 'Mae'r llyfr 'na wedi *magu traed*'.

Am *cadair fagu, caseg f.*, *gardd f.*, *hwch f.*, *moch m.*, *siôl f.*, gw. cadair, caseg, gardd, hwch, moch¹, siôl.

magai [bôn y f. fl. + -*ai*², ?ffrwyth camddeall engh. o 3 un. amhff. myn. y f. *magaf*: *magu*] *eb.g.* ll. -*eion*. Un sy'n magu, maethu, neu feithrin (fel arfer am fenyw), mam faeth, tad maeth, nyrs, mamaeth; iâr ori: *one who rears, fosters, or nurtures* (*usually of a woman*), *foster-mother, foster-father, nurse, wet-nurse; brood hen*.

1604–7 *TW* (*Pen* 228) d.g. *educatrix, nutrix*. *id. magei*, iar yn eistedd d.g. *gallina . . . Matrix uel incubans*. *Dchr.* **17g.** *J* 10, 27a, *maggai*, altrix. **1632** *D*, *magai*, nutritius, nutrix. *id.* d.g. *altor, altrix, nutritor*. **1722** *Llst* 189, *magai*, c.p. geion, a foster-father, breeder; nurse. **1771** *W* d.g. *breeder . . . a female breeder, a bringer up*. **1803** *P*.

Am *gardd fagai*, gw. gardd.

magamwndi, gw. macamwndi.

magasîn [bnth. S. *magazine*] *eg.* ll. *magasinau*.

(*a*) Stordy lle cedwir arfau rhyfel neu ddefnydd ffrwydrol, &c., hefyd yn *ffig.*: *magazine* (*store for arms*), *also fig*.

c. **1658** R. VAUGHAN: *E* 252–3, mae llyffr [*sic*] Gweddiau yr Ecclwys . . . yn *fagazin* neu Stafell-arfau yn yr hon y mae yr arfogaeth honno gan Dduw iw chael, i wrth-sefyll yn erbyn Twysogaethau . . . y byd hwn.

(*b*) Cylchgrawn, cyfnodolyn: *magazine, periodical*.

1770 *JWBS* v. 48a, Trysorfa Gwybodaeth; neu, *Magazin* Cymraeg. *id.* 54, *Magazin*: an abominable word . . . ought by no means to be admitted (Richard Morris). **1770** *TG* iii. 95, Y *Magasinau* Saes'neg.

magawd, magod [bôn y f. fl. + -*awd*²] *a.bfl.* Wedi ei faethu, magedig, pasgedig; wedi ei lawfaethu, dof, anwes: *nourished, bred, fattened; fed and reared by hand, tame, petted*.

13g. *C* 108. 6, nidoet *vagaud* meirch mechit. *c.* **1300** *H* 69a. 16, ny bu *uagawd* meirch morgant (Cynddelw). **15–16g.** *TA* 428, Am hydd glân, mae heddyw glod, / Am un megis mynn *magod* [i ofyn march]. **1547** *WS*, *magod* magedic, norysshed, bredde. **1604–7** *TW* (*Pen* 228) d.g. *alitus, nutritus*. **1632** *D*, *magod*, altilis. Mynn *magod*, Hœdus altilis. **1688** *TJ*, *magod*, pesgedig: fattened, crammed. **1722** *Llst* 189, mynn *magod*, a sucky-kid.

magdalen [yr e.prs. (*Mair*) *Magdalen* fel e.c.] *eb.* ll. -*iaid*. Putain: *prostitute*.

1762 D. ROWLAND: *PA* 22, nid y Godinebwyr, a thorwyr y Sabothau, nid y *Magdaleniaid*, a phechaduriaid Tref, mae 'rhei'ni yn dangos yn blaen beth ydynt.

Magdalenaidd, Magdaleniaidd [cfdds. o'r S. *Magdalen(ian)* + -(*i*)*aidd*] *a. Arch.* Yn perthyn i'r cyfnod palaeolithig diweddaraf yn Ewrop: *Magdalenian*.

20g.

magdan, gw. mactan.

Magdebwrgensiad [bnth. Llad. dysg. *Magdeburgens-* + -*iad*³] *eg.* ll. -*iaid*. Un o awduron y *Centuriæ Magdeburgenses*: *one of the Centuriators of Magdeburg*.

1696 *GGTY* 365, Y *Magdebwrgensiaid* a ddywedant; Y mae gennym ni brawf digonol ynghylch bedyddio.

magddu, gw. fagddu.

magdduol [*magddu* + -*ol*] *a.* Pygddu, tywyll iawn, hefyd yn *ffig.*: *pitch-black, also fig*.

1817.

magedig [bôn y f. fl. + -*edig*] *a.bfl.* Wedi ei fagu neu ei feithrin, maethedig; wedi ei gynhyrchu: *brought up, bred, nurtured, nourished; produced*.

1547 *WS*, magod *magedic*, norysshed, bredde. **1604–7** *TW* (*Pen* 228) d.g. *alitus, nutritus*. **1778** *W* d.g. *nursed*. **1801** *MMf* 295, Pedwar prif achos clefyd a dolur, a fyddant *fagedig* ynghorph dyn. **1803** *P*.

magedigaeth [*magedig* + -*aeth*] *eg.* (Peth sy'n rhoddi) maeth: (*source of*) *nourishment*.

c. **1400** *Études* vii. 60, Pob kic gwressawc yw a gwlyb y *vagedigaeth*. *id.* viii. 86, Llysseu gwydelic . . . *magedigaeth* mawr ynt.

mageien, gw. magïen.

magen, gw. màg.

magfa [bôn y f. fl. + -*fa*, *ma*] *eb.* ll. -*fâu*, -*feydd*. Meithrinfa, meithrinle, hefyd yn *ffig.*; ?cynyddiad, gorgynhyrchiad; coleg, yn enw. coleg hyfforddi offeiriaid: *nursery, breeding-ground, also fig.*; ?*increase, over-production; college, seminary*.

18g. *Llr* C 24, 269, Rhag *Magffa* [*sic*] gwaed. [**1783**] *W*, *magfa*, gardd fagu . . . *magfa* ysgolheigion d.g. *seminary*. *id.* offeiriad o'r *Fagfa* babaidd d.g. *a seminary priest*. **1803** *P*.

magi, gw. magïen.

magiad¹ [bôn y f. fl. + -*iad*¹] *eg.* Y weithred o fagu, magwraeth, dygiad i fyny, meithriniad; cynhyrchiad; maeth, cynhaliaeth: *upbringing, a breeding, rearing, nurture; production; nourishment, sustenance*.

13g. *HGK* 6, [m]ab da y deuodeu a drythyll y *vagyat*. *Dchr.* **14g.** *H* 123b. 46, gwynllat wat *wagyat* weddyd pobloed (Iorwerth Fychan). **14g.** *Pen* 14, 162, a magu ydeu uap awnaethbwyt yn un *uagyat*. *c.* **1400** *YSG* i. 52, yd oed y gyt ac wynt eu Santeid Lestyr, o achaws yr hwnn nyt oed arnadunt vn ovyn na cheffynt digawn o *vagyat* eu kyrff. **15g.** *Pen* 67, 105, e gair hwnt ar gwr honn / *vagyad* y wyr arvogyonn. **15–16g.** *TA* 520, Megais gariad fal adyn, / *Magiad* yw yn mygu dyn. **16–17g.** E. PRYS: *Gw* 275, Prelad iawn *fagiad* un fodd. **1604–7** *TW* (*Pen* 228) d.g. *altus, us*. **1632** *D*, *magiad* crawn d.g. *suppurantia*. *id.* d.g. *educatio, nutricatio, nutritus, porculatio, pullatio*. **1696** *CDD* 52, Gwrandewch ar ddatcuddiad, dau Efell ûn *fagiad*. **1721** *W Ballads* 46, [2], fe gâdd Cenfigen *fagiad*. **1773** *W* d.g. *education*. **1803** *P*.

magiad² [?bôn y f. fl. + -*iad*³; dichon mai defnydd ffig. o *magiad*¹ a geir yma] *eg.* Meithrinwr, magwr, porthwr, hefyd yn *ffig.*: *nourisher, feeder, also fig*.

c. **1400** *R* 1293. 42–3, teuluoed dinac *uagyat*. *id.* 1341. 33, llyw lleidyat gwlat *magyat* myc.

magiad³ [?bnth. S. *mag*(*us*) + -*iad*³] *eg.* ll. *magiaid*. Aelod o offeiriadaeth hynafol ym Mhersia gynt, gŵr doeth, dewin; un o'r Doethion o'r Dwyrain: *magus, Zoroastrian priest; one of the Magi*.

c. **1762–79** W. WILLIAMS: *P* 221, 'madel ag addoliad y gwir Dduw a myned trosodd i grefydd y *Magiaid*. *id.* 225, daeth y doethion neu y *Magiaid* hyn o'r Dwyrain i Bethlehem.

magïad, gw. magïen.

Magïaeth [?bnth. S. *magi* + -*aeth*] *eb.* Crefydd y magiaid: *Magianism, Zoroastrianism*.

1835.

Magïaidd [?bnth. S. *magi* + -*aidd*] *a.* Yn perthyn i Fagïaeth: *Magian, Zoroastrian*.

1890.

magiawdr [bôn y f. fl. + -*iawdr*] *eg.* Un sy'n magu neu'n meithrin: *one who rears or nurtures*.

c. **1400** *ChO* 21, Anyan y gethlyd yw dotwi a wna mywn nyth y bwrnet, ac eisted a wna yr ederyn hwnnw ar wy y gethlyd . . . a chreu ederyn ohonaw . . . A phan vo aeduet ef a chryf, llyngcu y *vagyawdyr* a wna.

magïen, mageien [?cf. S. *maggot*] *eb.* ll. *magïaid, magïod, mageiod*, &c. Chwilen sy'n perthyn i'r teulu *Lampyridæ*, yn enw. *Lampyris noctiluca*, a nodweddir gan y golau gwyrdd a gynhyrchir gan y fenyw, pry'r tân, 'tân bach diniwed', hefyd am bryfed eraill; lindys, cynrhonyn; gwrach y lludw, mochyn y coed; hefyd yn *ffig.* mympwy, ac yn *dros.* llygedyn o olau, tân, &c.: *glow-worm, also of other insects; caterpillar, maggot, grub; wood-louse; also fig. whim, and transf. glimmer of light, fire, &c.*

1604–7 *TW* (*Pen* 228), *magien, magiot, magieit*, deauperthic d.g. *millepeda*. **1632** *D*, *macciaid*, aliàs *Magiod*, millipedæ. **1688** *TJ*, *magiaid* . . . prŷfed a elwir mîldroed: a Palmer-worm. **1722** *Llst* 189, *magien*, f.p. *giennod*, a wood-louse. **1753** *TR*, *macciaid* . . . They call a glow-worm, *Magien*, pl. *Magiod*, in Caermarthenshire. **1764** *DC* 11, ac nid ydynt [cyfiawnderau dyn] ond fel *Mageiod* i'w cystadlu â'r Haul. **1773** *W*, y gyfarwydd, prŷf a oleua'r nôs, *magïen* (pl. *magïod, magïaid*) d.g. *glow-worm*. **1803** *P* d.g. *magïen, magïod*. Ar lafar yn y De a Chered., "Odd ryw *fageien* o ole 'dag e'; 'Ma ryw *fageien* fach arno fe' (am berson ffôl).

Amr.: **bacïen.** Ar lafar ym Mhont-rhyd-y-groes, Cered., 'gole *bacïen*'. **bugeien. 1727** J. JONES: *DFF* 268. **macaid** [?gwall am *macïaid*]. **1688** *TJ*. **maciad** (?*i* ≡ *i*) [tebyg mai olff. o'r ff. l. yw'r un.] (ll. -*iaid*). **1632** *D*, *macciaid*, aliàs Magiod, millipedæ. **1722** *Llst* 189, *macciad*, m.p. *ciaid*, a palmer worm. **1753** *TR*. **magi** [olff.]. *Dchr.* **17g.** *J* 10, 27a. **17g.** *LlGC* 13215, 348. **magïad** [olff. o'r ff. l. *magïaid*] *eg.b.* **1722** *Llst* 189, *magiad* . . . a palmer-worm. **1803** *P*. **megïen, megeien** (ll. *megïod, megeiod*). **1725** D. LEWIS: *GB* 178, Plyfyn rhyfeddol jawn yw'r Ephemeron . . . Y mae ei wyeu . . . yn mynd i waelod y Dwfr, ac yno wedyn mywn Amser yn fath o *Fegeiod*, ac wedyn yn blŷf. **18–19g.** *Llr* C 4, 85. *id.* 30, 197, *megïen* a butter fly, a lady cow or lady sbird [*sic*], pl. *megiod*. **migeiod** (*e.ll.*). **1752** J. THOMAS: *FG* 74, ym Mhresennoldeb disglair pa rai ni ymddangoswn ond fel cynnifer o *Figeiod* ynghanol Ffurfafen o Sêr. *id.* [372], *migeiod*, pryfed sydd yn goleuo ar hyd Nôs.

Cfn.: **mageien â golau:** *glow-worm*. Ar lafar yng nghanolbarth Cered. **magïod y pentan:** *crickets*. **20g.**

Gw. hefyd macai, maceiad.

magl¹ [bnth. Llad. *macula* 'ystaen; llygad rhwyd', H. Grn. *maglen*, gl. *laqueus*, H. Wydd. *mocol*, Gwydd. Diw. *mogall*; dichon fod yma ddau air, un yn fnth. o'r Llad., a'r llall yn gytras ag ef, cf. H. Lyd. *maclou*, gl. *pituitam*, H. Wydd. *mél*, gl. *pituita*, *mélae* 'cywilydd', Gwydd Diw. *máchail* 'nam'] *eb.g.* (bach. g. -*yn*, b. -*en*) ll. -*au*, (prin) -*on*.

(*a*) Dyfais i ddal cwningod, adar, &c., yn enw. un a wnaed o linyn ac iddi gwlwm rhedeg, dolen redeg, croglath, trap, byddagl, hoenyn; gefyn, llyffethair; hefyd yn *dros.* ac yn *ffig.*: *snare, noose, trap, gin; manacle, fetter; also transf. and fig.*

13g. *LTWL* 229, vel ad illam *magleu* venationis uter habeat firmare . . . et ad illam *magleu* firmare. 13g. *B* x. 24, A phan wyl e gwyr ae crogassei evo en vyv ac en llawen megis keny bei boen arnav a thebygu na dalyassei e *magyl* arnav. 14g. *Pen* 5, 11b, ydagu or *magyl* ynyr awyr vry [am Jwdas]. 14g. *GDG* 304, Glân dy dro, o glŷn dy droed / I mewn *magl* ym min meigoed [i'r cyffylog]. 14g. *IGE*[2] 54, Rhaid ymoglyd rhyd *maglau* / Glyn Meirchion, a'r Goedfron gau. *c.* 1400 *MM* 10–12, Dodi *magyl* dan y dwy en a llosc yn y wegil. *Diw.* 15g. *Pen* 53, 33, *Magleu* a chlymmeu a chlan [*sic*] / Mil vilioedd mael o velan [am lurig]. 1547 *WS*, *magyl* i ddala peth, a snare. 1588 *Salm* xci. 3, efe a'th wareda di o *fagl* yr heliwr. *Diw.* 16g. *Gwyn* 3, 230, Aeth i'r bedd â thair byddin, / R, a *magl* aur am ei glin. 1615 R. Smyth: *GB* 32, y fanw ai heppil beinw sy'n nyddu ydafedd i wneythyr *maglau* [am y pryf cop]. 1617 *Minsheu* 290a, *magal* d.g. *manicles*. 1632 *D*. 17g. Huw Morus: *EC* i. 337, O's buoch chwi yn y *fagl* hòno [carchar y Trallwng], / Fe fu 'ch cost yn fwy na'ch croeso. 1773 *W* d.g. *gin* [*a trap, snare, &c.*], *snare, trap* [*a contrivance for catching depredators, whether of the human, or of the vermin, kind*]. 1803 *P* d.g. *maglen, magyl*. Ar lafar ym Morg. clywir *macal* yn yr ystyr 'carchar gwddf (ar ddafad)'.

(*b*) Peth neu berson sy'n maglu (yn ysbrydol, yn foesol, &c.), llestair, maen tramgwydd: (*spiritual, moral, &c.*) *trap or snare, obstruction, obstacle*.

13g. *BD* 118, neu ry syrthvs ef yn y *magyl* ry dynnassei ynteu y rei guirion. *c.* 1400 *R* 1153. 30–3, Titheu yr eneit . . . tynn droet dy uedwl trauedych. dy bwyll. oblith *magleu* twyll tywyll eurych. *id.* 1370. 10–12, Nawd seint y byt ym kymhlegyt yymoglyt rac y *magleu*. 16–17g. *HG* 72, rhown yn bryd, bawb ar weglyd / *maglau* r kythrel. 1588 *Ecs* x. 7, pa hyd y bydd hwn [Moses] yn *fagl* i ni? 1588 *Deut* vii. 16, na wasanaetha eu duwiau hwynt, o blegit *magl* i ti fydde hynny. 1606 E. James: *Hom* iii. 189, yno y dala ef [y diafol] ddynion gyntaf yn ei *fagl* distryw. 17g. *LlGC* 253, 144, ymddiffin yn duw graslon / dy ostyngedig weision / rhag oll ruthrau a *maglon* / a rhwydau yn gelynion. 1630 R. Vaughan: *YDd* 302, y mae bwrdd llawer dyn wedi ei wneuthur yn *fagl* iddo . . . a bod mwy yn cael eu difetha gan y *fagl* hon [glythineb], na chan y cleddyf. 1632 J. Davies: *LlR* 408, y rhifedi aneirif o demptasiwnau, ac o *faglau*, ac o hudoliaeth sydd yn y byd. 1688 S. Hughes: *TSP* 211, mae'r Tryssor accw yn *fagl* ir rhai sy 'n ei geisio ef; canys y mae fo'n eu rhwystro nhw yn eu pererindod. 1699 T. Jones: *TP* 36, y *fagl* haearn hon o Anobaith. 1718 E. Samuel: *HDdD* 44–5, Goruchafiaeth, a glendid ar cyffelyb . . . yn *faglau* i ni i'n rhwydo i bechod. 1790 T. Jones: *TOS* 48, Llygredd ein cnawd a wna'r holl betheu hyn yn *fagleu* ini.

(*c*) Anhwylder ar y llygad a nodweddir gan anhryloywder y lens, pilen neu ruchen ar y llygad; cornwyd neu glewyn bychan llidus ar yr amrant, llyfrithen, llefelyn: *cataract or web* (*of the eye*), *albugo*; *sty*.

13g. *Cylchg LlGC* v. 60, Mab . . . a vu *vagyl* ar e lygat assw . . . A guedy dyuot hvnnv hyt e bet nyt aeth odeno ene gauas e olwc ene bei urthladedic e *magyl*. *Diw.* 16g. *WLB* 7, Rhag pob klwyf or llygaid ac yn enwedic *Magl* ne wybren. 18g. *Llr* C 24, 260, rhag *Magal* ar lygad, neu yn y llygad. 1759 J. Evans: *PF* 51, Y mae'n iachau *Maglau*. 1803 *P* d.g. *magyl*.

(*d*) Man ar groen, &c., brycheuyn, ysmotyn, mefl, anaf, nam, bai: *mark on skin, &c., macula, spot, blot, blemish, flaw, fault*.

1547 *WS*, *macul* brych, a spotte, blemysshe. 1567 *LlGG* 111b, a hynny eb vann [:– *vacul*, vrych, vrycheuyn] pechot. *id.* 130b, eb arnei na *magyl* na rrych. 16g. *LlGC* 4581, 83b, Y pren [cyll] . . . yn amliwioc o *vaculæ* gwynion. 1618 J. Salisbury: *EH* 70, megys y dywedir fod gwr, yn wr glân . . . er bod iddo ryw fys gwyrgam . . . a *macul* ar ei ddwyfron. 1632 *D*, *magl*, macula. 1725 *SR* d.g. *a wem*. 1776 *W* d.g. *macula, spot*. 1803 *P* d.g. *magyl*.

(*e*) Deuddeg erw (ynglŷn â chyfar): *twelve acres* (*with ref. to joint ploughing*).

13g. *LlC* 10, Pvybynnac a uenho guneuthur keuar a'y gylyt, yawn ev ydau rody bot urthau eny daruo e *magel* kynntaf. Sef ev henny xii erv . . . O deruyd menhu guahanu, ny dlaant eny daruo e *magyl*. 1730 *Leg Wall* 577, *magl*, portio XII jugerum. 1803 *P* d.g. *magyl*.

(*f*) Dolen gyflawn neu gwlwm unigol a wneir gan waell wrth weu, pwyth; llygad rhwyd, masgl rhwyd: *stitch* (*in knitting*), *knot; mesh*.

1722 *Llst* 189, *magl* . . . a bow in a stockin; a netmesh. 1753 *TR*, *magl* . . . a mash in a net. 1770 *W* d.g. *bow* [*knot, or stitch*] *in knitting, a knot* [*in knitting*], *mesh of a net*. 1803 *P* d.g. *magyl*. Ar lafar ynglŷn â rhwydi pysgota, *B* xxv. 52; yn Nyffryn Teifi gwahaniaethir rhwng '*magle* bach', 'lint' a '*magle* mawr', 'armour', J. G. Jenkins: *NC* 132. Yn y De sonnir am 'golli *magal*' wrth weu.

(*g*) *Her.* Macl: *mascle*, (*voided*) *lozenge*.

1776 *W* d.g. *mascle*.

Cfn.: **maglau angau, magl (yr) angau:** *snare(s) of death*. 1567 *LlGG* (*Sall*) 66a. 1588 2 *Sam* xxii. 6, *Salm* xviii. 5, *Tob* xiv. 10. *Bot.* **magl chwannen:** *fleawort, silver ragwort, Senecio cineraria*. 1813 *WB* 79, 215. **m. (maglau'r) diawl (diafol):** *snare(s) of the devil*. 1567 *TN* 313a, 319a. **magl gwyn:** *cataract or web* (*of the eye*), *albugo*. 16g. *Llst* 6, 151. 16g. (1763) W. Salesbury: *LlM* 17. 1604–7 *TW* (*Pen* 228) d.g. *albugo* (hefyd *D*). 1722 *Llst* 189. **m. llygod:** *mousetrap*. Ar lafar ym Morg., '*macal llycod*'. **m. rhawn:** *a kind of bird snare*. Ar lafar yn sir Benf., 'Made much like a sieve . . . The hoop is of bramble, the cross cords of rushes, and the nooses are made with hair from a horse's tail', *GDD* 192. Cf. 'bagal rhawn', *WVBD* 360.

Am *gosod magl*(*au*), *maen magl, torri m.*, gw. gosodaf: gosod, maen[1], torraf: torri.

Gw. hefyd rhedegfagl.

magl[2], gw. bagl.

maglad, gw. magliad.

maglaf: maglu, maglo, meglyd [bf. o'r e. *magl*[1]] *bg.a.*

(*a*) Dal mewn magl, rhwydo, drysu, trapio, dolennu, hefyd yn *ffig.*; tripio, baglu, llithro; cydio yn, gafael yn, cipio: *to snare, net, enmesh, entangle, trap, loop, also fig.*; *trip, stumble, slip*; *grab, seize, snatch*.

13g. *Llst* 1, 132, a *meglyt* hengyst agwnaeth erbyn baryfle y penffestyn. 13g. *B* x. 25, nachaf seint laurens en *meglyt* e breych deheu ae rwymav en gadarn. *id.* 26, keissyus e dieuyl *meglyt* y eneit. 14g. *T* 25. 19–20, an *maglas* blaen derw o warchan maelderw. 14g. *WM* 78. 8–10, Sef awnaeth ynteu *maglu* y llinin am uynwgyl y llygoden. *id.* 477. 20–2, *Meglyt* (*RM* 118, ymauael) a oruc yspadaden penkawr yn un or tri llechwayw gwenhwynic a oed ac[h] y law. *c.* 1400 *RB* ii. 213, a *meglyt* yndaw am y wregis. ?15g. *IGE* 218, Maner ystorom mynydd, / Myglyd wên yn *maglu* dydd [i'r niwl]. 15–16g. *TA* 132, *Maglu* adar mae gwledydd, / Mil yn dwyn mêl yn y dydd. 1567 *TN* 277a, ei cydwybot wedy ei rhwydo ai *maglu* gan hoynyneu athrawaeth dynawl. 1588 *Diar* vi. 2, Ti a *faglwyd* â geiriau dy enau. 1604–7 *TW* (*Pen* 228) d.g. *alligor*. 1618 J. Salisbury: *EH* 329, [d]arfod i'r pechod a'r camwedd hwn, dwyllo, a *meglu* [*sic*] Sampson. 1632 *D*, *maglu*, illaqueare. *id.* d.g. *capio, illigo, implico, irretio*. 1803 *P*. '*Maglu* dafad, buwch' a ddywedid yn Nantgarw am eu llyffetheirio. '*Maglo*' y gelwid yng Nghered. yr arfer o ddefnyddio dolen redeg i ddal pysgod.

(*b*) Brychu, ysmotio, mannu, ystaenio, llychwino: *to spot, mark, stain, mar*.

13g. *C* 94. 12–13, *maglei* guaed ar guelld. 14g. *T* 57. 5, agwyar *auaglei* ar dillat. *c.* 1400 *R* 1358. 21–2, Neuad howel hygel hegel. newyddrwc nyt mwc ae *meigyl*. 1547 *WS*, *maculy*, brychy, defyle.

(*c*) Magu rhuchen neu bilen (ar y llygad): *to develop a cataract, web, or albugo* (*in the eye*).

1722 *Llst* 189, *maglu*, to . . . breed a kenny [*sic*] on the eye. 18g. *Llr* C 24, 322, Rhag gwayw yn llygad Dyn y *faglo*.

Amr.: **maculu** [ymgais W. Salesbury i ddangos tarddiad y gair]. 1547 *WS*.

Gw. hefyd baglaf[2]: baglu.

maglair [*magl*[1] + *gair*[1]] *eg.* ll. *-eiriau*. Gair a fwriedir i gamarwain un: *a word calculated to mislead one*.

1770 *TG* iii. 40, A *magl-eiriau*'r egluri / 'N y gynta llin enw'r lli. 1799 *TY* 78, Y mae hwn [ufudd-dod difrifol] yn air sy'n synio 'n wych gan lawer, ac yn gwasanaethu i amryw ddrwg ddybenion . . . *Magl-air* gan y Cythraul, neu ei rithefengyl, ydyw.

maglardiaf: maglardio [?amr. ar *blagardio*, efallai dan ddyl. *lardio*; ?cf. S. (*to*) *maggle* 'to mangle, maul, damage'] *bg.a.* Gweithio'n anhrefnus, bwnglera, ystompio; lladd yn drwsgl: *to work in a disorderly fashion, bungle; kill clumsily*.

Ar lafar yn Arfon, *B* i. 98.

Amr.: **s(i)aglardio.** Ar lafar yn Arfon, *B* i. 98.

maglath, gw. madfall.

maglawr [*magl*[1] neu fôn y f. *maglaf*: *maglu* + *-awr*[4]] *a.* Yn maglu, yn *ffig.*: *ensnaring, fig.*

13g. *A* 3. 15, med evynt melyn melys *maglawr*. *id.* 18. 21, med melys. *maglawr* gwrys. *id.* 20. 1. 1803 *P*.

maglddaliaf: maglddal, gw. magl[1] + daliaf: dal.

maglddor [*magl*[1] + *dôr*] *eg.* ll. *-au*. Drws neu fflap colfachog mewn llawr neu nenfwd y gellir ei wthio i fyny neu mewn achosion eraill ei ollwng i lawr: *trapdoor*.

1839.

magle [*mag*[1] + *lle*[1]] *eg.* ll. *-oedd*. Man (ffafriol) i fagu, magwrfa, meithrinfa: *rearing-place, nursery*.

1604–7 *TW* (*Pen* 228) d.g. *nutrix*.

magledig [bôn y f. *maglaf*: *maglu* + *-edig*] *a.bfl.* Yn maglu, yn drysu; wedi ei ddal mewn magl, &c.; hefyd yn *ffig.*: *ensnaring, entrapping*; *caught, ensnared, trapped*; *also fig.*

1790 *Budd A* 151, trwy wenieithgar ddrygau a *magledig* amgylchiadau. 1797 B. Evans: *CG* 323, dymma lythyr dichellgar . . . ond nid mor *fagledig* a'r llall. 1803 *P*.

magliad, maglad [bôn y f. *maglaf*: *maglu* + *-iad*[1], *-ad*] *eg.* Y weithred o ddal mewn magl, &c., trapiad, rhwydiad; ?dolen redeg: *a snaring, trapping, netting*; ?*noose*.

16g. Huw Arwystl: *Gw* 444, y mab hen o leidr yma penn lidych / mogeled ganol y *maglad* gennych. 1688 *TJ*, methl, *magliad*, twŷll: an ensnaring, a deceiving. 1803 *P*.

magliaraidd [?cf. y f. *maglardiaf*: *maglardio*] *a.* Ffiaidd, atgas: *disgusting, loathsome*.

Ar lafar yn Arfon, 'yn cnoi baco nes oedd o'n ffosydd i gyd—hen olwg *magliaraidd* arno fo', *B* i. 98.

maglog [*magl*[1] + *-og*] *a.* Yn maglu; yn peri baglu; ysmotiog, brycheulyd; hefyd yn *ffig.*: *ensnaring*; *causing to stumble*; *maculated, spotted*; *also fig*.

15–16g. *GLM* 339, Clymu ar hon claim yrhawg / claim eglwys fal clo *maglawg*. 1588 *Jos* ix. 5, hên escidiau *maglog* (1620 *ib.* baglog) am eu traed. 1630 R. Llwyd: *LlH* 95, nad yw y byd ond megis putteinwraig, abwyd cryf, neu rwyd *faglog*, yn yr hon y delir miloedd. 1728 *GMJ* 92, [c]wmpni *maglog*. 1803 *P*.

Gw. hefyd baglog[2].

maglus [*magl*[1] + *-us*] *a.* Yn maglu, yn *ffig.*: *ensnaring, fig.*

1688 W. Foulkes: *EGE* 61, pa ûn a fuont [pechodau] . . . ansoddol, neu *faglus* i eraill.

maglwr [bôn y f. *maglaf*: *maglu* + *-wr*] *eg.* ll. *maglwyr*. Un sy'n dal mewn magl, rhwydwr, trapiwr, hefyd yn *ffig.*: *ensnarer, trapper, also fig.*

16–17g. *GST* i. 748, Mogel, er Duw, *maglwyr* dig, / Galar oedd, gwylwyr Eiddig [i'r fronfraith]. 1759 *BC* 415, A'r Llefarwyr *maglwyr* myglûd. 1770 P. Williams: *BS*, *Hos* ix, ond *maglwyr*, yw dy ddysgawdwyr, O Ephraim! 1803 *P*.

maglys [bôn y f. *magaf*: *magu* + *llys*[5]] *eg.* ll. *-iau*. *Bot.* Unrhyw blanhigyn o'r tylwyth *Medicago* y cyfrifir ei gnwd yn borthiant gwerthfawr i anifeiliaid, yn enw. *Medicago sativa*, liwsérn: *medick, lucerne, purple medick, alfalfa*.

1813 *WB* 215, *Maglys*; Medicago; Medick.

Cfn.: *Bot.* **maglys amrywedd:** *heart medick, spotted medick, Calvary clover, Medicago arabica*. 1813 *WB* 72. **m. gwineuddu:** *black medick, nonesuch, Medicago lupulina*. 1813 *WB* 72. **m. rhuddlas:** *purple medick, lucerne, alfalfa, Medicago sativa*. 1813 *WB* 72.

magma [bnth. S. *magma*] *eg.* ll. *magmata*. *Drg.* Hylif poeth y tu mewn i grofen y

ddaear sy'n cynnwys silicon yn bennaf; wrth oeri mae'n ffurfio craig igneaidd: *magma*.
20g.

magnaeth, mangnaeth, manglaeth [?â'r ff. *mangl(a)eth*, cf. S. (*to*) *mangle* 'to hack'] *eb.* Dwrdiad, grwgnach, gwenwyn, ceintachrwydd; dyfais neu waith gwael: *a scolding, grumbling, grousing, peevishness; poor device or work.*
1722 *Llst* 189, *mangleth*, f. an ill contrivance, trifling work. *ib. mangneth*, as *mangleth*. **1750–93** *ZCP* xx. 419, Englyn i hen Housekeeper Salw . . . *Mangnaeth* yw ymmhuraeth a Mary—Iefan / Mai'n ofid ei henwi. Ar lafar yng nghanolbarth a godre Cered. yn y ff. *magneth, mangneth*.

magnaethaf, mangnaethaf: magnaetha, mangnaetha [bf. o'r e. bl.] *bg.* Dwrdio, grwgnach, tuchan, cwyno, gwenwyno, ceintach: *to scold, be reproachful, grumble, complain, grouse, be peevish, be querulous.*
1875. Ar lafar yng nghanolbarth a godre Cered.

magnaethlyd, mangnaethlyd [*magnaeth, mangnaeth* + *-lyd*] *a.* Ceintachlyd, grwgnachlyd, cwynfanllyd: *querulous, peevish, grumbling, complaining.*
1763 *LlGC* 19, 221, Mae Gryffydd yn *fangnheuthlyd*, / A chwithau Bess yn boethlyd. Ar lafar yng ngodre Cered., 'Simdde fwglyd (tŷ mwglyd), gwraig *fagneithlyd*'.

magnaf: magnu [?amr. ar y f. *maglaf: maglu*] *ba.* Sathru ar: *to trample upon.*
Ar lafar yn sir Fôn, '*magnu* traed', *ISF* 54; 'Gwyliwch rhag ofn i chi *fagnu* fy nghorn'.

magned, magned(i)aeth, magnedig, gw. magnet, magnetiaeth, magnetig.

magnedol [*magned* + *-ol*] *a.* Magnetig: *magnetic.*
20g.
Am *maes magnedol*, gw. maes[1].

magnedomedr, gw. magnetomedr.

magnedyddol [*magned* + *-yddol*] *a.* Magnetig: *magnetic.*
1914.

magnel, mangnel [bnth. H. Ffr. *mangonel*, yn ôl pob tebyg drwy'r S. C. *magnel, mang(o)nel*] *eb.g.* ll. *magnelau, mangnelau, mangneloedd, magneli, megnyl.* Math o gatapwlt (sef trawst pren ac un pen iddo wedi ei gafnio i dderbyn y taflegryn) a ddefnyddid yn yr Oesoedd Canol i hyrddio cerrig yn erbyn muriau castell, &c., peiriant gwarchae, peiriant (rhyfel), blif, hwrdd; gwn mawr, canon, (yn y ll.) artileri, batri (gynnau); dirwynlath; llwyfan, fframwaith; batri (trydan); hefyd yn *ffig.*: *mangonel, catapult, siege machine, engine* (*of war*), *battering-ram; cannon,* (*in pl.*) *artillery,* (*gun*) *battery; crane, windlass; stage, framework;* (*electric*) *battery; also fig.*
13g. *HGK* 20, [y] Freinc oc eu keyryd . . . en burv ergydyeu a saytheu ac a chuareleu ac a thafleu ac a *magneleu* en gawadeu. **14g.** *BT* 149, yny vlwydyn honno y kat kastell llannymdyfri . . . drwy vliuyeu a*mangneleu*. **14g.** *GDG* 369, Henllath *mangnel* Wyddeleg [i Forfudd yn hen]. **14g.** Iolo Goch: *Gw* 160, A'r gŵr llwyd cadr paladrddellt / Yw Syr Hywel, *mangnel* (*IGE*[2] 26, mangddel) mellt. *c.* **1400** *RB* ii. 366, torrassant y castell a*mangneleu*. *c.* **1400** *YCM*[2] 12, wedy dyrchauel pyrryereu a *magneleu* a bliuieu, ac amryw peiranneu ereill. **15g.** *KAA* 32, gossot peiryanneu o vlivieu a *magneleu* ynghylch y gaer. **16g.** *B* ii. 230, *mangnel*. i. blif . . . gwif. **1604–7** *TW* (*Pen* 228) d.g. *machina, pegma, phalangae, phalarica, talea.* **1632** *D, mangnel*, aries bellicus, machina bellica, phalangæ. **1688** *TJ, mangnel*, offerŷn Rhyfel i ddryllio gwalie: a Ramm, or War-like Engine to batter down Walls. **1722** *Llst* 189, *mangnel*, m.p. *nelau, neloedd*, a battering ram, great gun, artillery: a crane, draw-beam, windlass. *id. mangnelau*, ordinances of war, artillery, great guns. **1725** *SR* d.g. *a Cannon to shoot with, an Engine.* **1744** D. Rowland: *RY* 111, [rh]oddes iddo [porth tŷ Mr. Cydwybod] Ergyd a phen *Magnel*. **1770** *W* d.g. *artillery, battery* [*the place where artillery is planted* . . .]. **1793** *Cylchg* 9, Crist'nogaeth a drowyd yn *fagnel* llywodraeth [:– Engine of State]. **1794** W. Richards: *YDY* 19, Ymysg gwyr llys, nid yw crefydd ddim amgen nâ *magnel* neu engine i helaethu eu mesurau anghyfiawn. **1796** *Geirgrawn* 36, pelen *mangnel* (cannon ball).
Amr.: **mangnol. 1796** *Geirgrawn* 158, amrywiol o *fangnolau*. *id.* 221.
Cfn.: **mangnel ddirdynnu:** (*torture-*)*rack.* **1780** *W* d.g. *rack* [*a torturing machine*]. **m. dirwyn:** *capstan.* **1771** *W* d.g. *capstan.* **m. d(d)wfr:** *fire-engine.* **1838. magnel hwrdd:** *battering-ram.* **1728** T. Baddy: *DDG* 71, *Magnelau Hyrddod* y Rhufeiniaid. **mangnel (magnel) rhyfel:** *engine of war,* (*pl.*) *artillery.* **1604–7** *TW* (*Pen* 228) d.g. *sambuca, telo, vinea* (hefyd *D*). **1728** T. Baddy: *DDG* 24, 17 o *fangnelau rhyfel*. **magnel drydanaidd:** *electric battery.* **1851.**
Am *llath mangnel*, gw. llath.

magnelaeth, magneliaeth [*magnel* + *-(i)aeth*] *eb.* Artileri, (gwŷr y) gynnau mawr: *artillery.*
1860.

magnelaf: magnelu [bf. o'r e. *magnel*] *bg.a.* Tanio (canon), saethu â magnel (at), cyflegru, tân-belennu: *to fire* (*a cannon*), *shoot* (*at*), *cannonade, bombard.*
1810.

magnelfa, mangnelfa [*magnel, mangnel* + *-fa, ma*] *eb.* ll. *-feydd, -fâu.*
(*a*) Nifer o fagnelau sy'n gweithio fel uned, batri (gynnau): (*gun*) *battery.*
1798 *WR* d.g. *battery.*
(*b*) Batri (trydan): (*electric*) *battery.*
1842.
Cfn.: **magnelfa (mangnelfa) nofiadol:** *floating battery.* **1834.**

magnelfad, mangnelfad [*magnel, mangnel* + *bad*[2]] *eg.* ll. *-au.* Llong fach wedi ei harfogi â gynnau mawr: *gunboat.*
1814.

magnelglawdd, mangnelglawdd [*magnel, mangnel* + *clawdd*] *eg.* ll. *-gloddiau.* Ffos lle gosodir magnelau, gynglawdd, batri (gynnau): *artillery trench,* (*gun*) *battery.*
1770 *W* d.g. *battery* [*the place where artillery is planted in order to play upon the enemy*].

magneliaeth, gw. magnelaeth.

magnelog, mangnelog [*magnel, mangnel* + *-og*] *a.* Wedi ei arfogi â gynnau mawr: *armed with artillery or cannon.*
1834.

magnelwr, mangnelwr, magnelydd, mangnelydd [*magnel, mangnel* + *-wr, -ydd*[3]] *eg.* ll. *-wyr.* Un sy'n defnyddio ac yn trafod peiriannau rhyfel, gynnwr, cyflegrwr, cynlluniwr neu wneuthurwr offer rhyfel: *artilleryman, gunner,* (*military*) *engineer.*
1604–7 *TW* (*Pen* 228) d.g. *machinarius* (hefyd *D*). **1722** *Llst* 189, *mangnelwr*, an engineer. **1773** *W*, *mangnelwr, mangnelydd* d.g. *engineer* [*a maker or contriver of engines*]. **1784** M. Williams: *S* i. 3, Y concwerwr hwn [Alecsander Fawr] oedd hefyd yn llettya dau *fagnelwr* (engineers) . . . gorchwyl y cyfryw rai oedd mesur a darlunio y ffyrdd o'r naill wersyll [diwyg.] i'r llall, a chadw coffadwriaeth o'u holl deithoedd.

magnes [bnth. Llad. *magnēs*] *eg.* Magnet: *magnet.*
1604–7 *TW* (*Pen* 228) d.g. *ferrum . . . ferrum vivum.*
Gw. hefyd magnet.

magnesaidd [*magnes(ia)* + *-aidd*] *a.* Yn cynnwys magnesia, o natur magnesia, yn perthyn i fagnesia: *magnesian.*
1850.
Am *calchfaen magnesaidd*, gw. calchfaen (At.).

magnesia [bnth. S. *magnesia*] *eg.* Ocsid magnesiwm: *magnesia.*
1851.

magnesiwm [bnth. S. *magnesium*] *eg.* Elfen ysgafn arianwen fetelig (symbol Mg.) sy'n llosgi'n ddisgleirwyn: *magnesium.*
20g.
Amr.: **magnesim. 1851.**

magnet, magned [bnth. S. *magnet*] *eg.b.* ll. *-au, magnets.* Corff sy'n gallu atynnu haearn, &c., maen tynnu, ehedfaen, hefyd yn *ffig.*: *magnet, also fig.*
1788 J. Griffith: *DCC* 141, A dynnwyd di atto [Crist], trwy 'r sanctaidd *fagnet* [:– Maentynnu] hynny, sef dengar ddylanwad ei gariad . . . ? Ar lafar, e.e., 'Ma pren fala fel *magnat* i grots. 'Allan' nhw ddim o'i atal yn llonydd' (dwyrain Morg.).
Gw. hefyd magnes.

magnetaidd [*magnet* + *-aidd*] *a.* Magnetig, hefyd yn *ffig.*: *magnetic, also fig.*
1869.
Am *pegwn magnetaidd*, gw. pegwn.

magnetedd [*magnet* + *-edd*] *eg.* Ffenomenau magnetig: *magnetism.*
20g.
Cfn.: **magnetedd daear:** *terrestrial magnetism.* **20g.**

magneteg [*magnet* + *-eg*[1]] *eb.* Gwyddor magnetedd, magnetedd; *magnetism* (*science and phenomenon*).
20g.

magneteiddiaf, magnedeiddiaf: magneteiddio, magnedeiddio [bf. o'r a. *magnetaidd*] *ba.* Gwneud yn fagnetig; tynnu neu ddenu trwy gyfrwng magnetedd; hefyd yn *ffig.*: *to magnetize, render magnetic; attract by means of magnetism; also fig.*
1869.
Amr.: **magneteisio** [bnth. S. (*to*) *magnetize*]. *a.* **1871.**

magnetiaeth, magned(i)aeth [*magnet, magned* + *-(i)aeth*] *eb.* Magnetedd: *magnetism.*
1874.

magnetig, magnedig [bnth. S. *magnetic*] *a.* Ac iddo nodweddion magnet, tynfaenol, ehedfaenol; yn perthyn i fagnetedd; hefyd yn *ffig.*: *magnetic, also fig.*
1882.
Am *gogledd magnetig, maes m., tâp m.*, gw. gogledd, maes[1], tâp.

magneto [bnth. S. *magneto*] *eg.* ll. *-eon.* Cynhyrchydd trydan sy'n defnyddio magnetau: *magneto.*
20g.

magnetomedr, magnedomedr [cfdds. o'r S. *magnetometer*] *eg.* ll. *-au.* Offeryn i fesur grym magnetig, yn enw. magnetedd y ddaear: *magnetometer.*
20g.

magnetyddiaeth [*magnet* + *-yddiaeth*] *eb.* Magnetedd, hefyd yn *ffig.*: *magnetism, also fig.*
1851.

Magniffcat [bnth. Llad. *magnificat*, sef y gair cyntaf yn y fersiwn Llad. o'r gân a geir yn *Luc* i. 46–55] *eg.* ll. (prin) *-au.* Cân Mair Forwyn, a arferir fel cantigl; cân o fawl a gorfoledd: *the Magnificat; song of praise and exultation.*
16g. (*LlEG*) *LlGC* 5276, 226a, Luk . . . a ddechreuodd y shiapptur gyntta oi lyuyr. . . o ganiad neu o gywydd mair yr hwn a elwir *mangniffeickath* [*sic*]. **1567** *LlGG* 7a, Y nol hynny, *Magnificat* in Camberaec. **1722** *Llst* 189, y *Magniffícat*, m. the magnificat. **1776** *W*, vulgo y *Magniffícat* d.g. *Magnificat.* Cf. D. Gwenallt Jones: *YA* 80, Lle cân y saint anthemau gras a ffydd, / *Magnificat* Ei iechydwriaeth ef; D. Gwenallt Jones: *E* 60, Yn lladd cantiglau'r adar yn y coed / A mwrdro *Magnificatâu* [*sic*] eu llawenydd.

magnolia [bnth. S. *magnolia*] *e.ll.* Tylwyth o goed neu lwyni Americanaidd ac Asiaidd sy'n dwyn dail a blodau neilltuol o brydferth: *magnolia.*
Ar lafar, 'coed *magnolia*'.

magod, magodorth, gw. magawd, mygedorth.

magol [bôn y f. *magaf*: *magu* + *-ol*] *a.* Yn magu neu'n meithrin; y ganed neu y maged person ynddi, genedigol (am ardal, gwlad, &c.): *nursing, fostering; native (district, land, &c.).*
1803 *P.*

magot[1], gw. magots.

magot[2] [bnth. S. *magot* 'Barbary ape'] *eg.* Math o fwnci, epa cwta Gibraltar a Gogledd Affrica: *Barbary ape.*
1863.

magota, gw. magotsa.

magots [bnth. S. *maggots*] *e.ll.* (un. g. *magot, magotsyn*). Cynrhon: *maggots.*
Ar lafar mewn rhannau o'r De, *LGW* 251; sonnir hefyd am berson aflonydd fel un 'a *magots* arno'.

magotsa, magotsi [bf. o'r e. bl.] *bg.* Magu cynrhon, cynrhoni, pryfedu: *to breed maggots.*
Ar lafar mewn rhannau o'r De, *LGW* 251. Yn nwyrain Morg. arferid mynd i'r mynydd i *fagota* defaid, sef 'chwilio'r defaid a lladd y magots arnynt'.

magtic, gw. mastig[1].

magwr [bôn y f. *magaf*: *magu* + *-wr*] *eg.* ll. *-wyr.* Un sy'n magu, meithrinwr, noddwr; bridiwr; hefyd yn *ffig.*: *one who rears or brings up, nourisher, fosterer, patron; breeder; also fig.*
16g. GR. HIRAETHOG: *Gw* (D. J. B.) 33. 75–6, Mae Gwynedd a mwy gennyd, / *Magwr* beirdd, mae gair y byd. **1604–7** *TW* (*Pen* 228) d.g. *altor, generator, nutritor.* *id. magwr,* ne borthwr cywion d.g. *pullarius.* **1730** IACO AB DEWI: *YL* 140, Eris neu *Fagwr* Anghydfod, yr hwn sydd yn golymmu'r Tafod wrth ymsennu ac ymserthu. **1778** *W* d.g. *nourisher.* **1803** *P.*

magwraeth, magwriaeth[1] [bôn y f. *magaf*: *magu* + *-wr(i)aeth*] *eb.g.* Y weithred o fagu neu o ddwyn i fyny, magiad, meithriniad, dygiad i fyny, maethiad, nawdd; maeth, lluniaeth, maethlonrwydd; hefyd yn *ffig.*: *a rearing, breeding, fostering, upbringing, nourishing, nurture, patronage; nourishment, sustenance, nutritiousness; also fig.*
14g. *GDG* 280, Mau gariad mewn *magwriaeth,* / Mab rhyfygus, moethus, maeth. **15g.** *DN* 13, Yn y tir hwn ar lan traeth / Y mae gorau *magwriaeth.* **15–16g.** *TA* 306, Nid aeth *magwriaeth* gwerin / Tra fu'r gŵr gartref, a'r gwin. **1547** *WS, magwrieth,* norysshyng. **1567** *TN* [xxix], *magwreth* pob rhin ddrwg. **1567** G. ROBERT: *GC* [v], i dalu am i *magwriæth* ai'mgeledd [*sic*]. **16g.** **(1763)** W. SALESBURY: *LlM* 220, bychan yw *magwriaeth* y Llysae hyn. **1595** H. LEWYS: *PA* 169, [d]arparu yddynt *fagwriaeth,* a dillad. **1604–7** *TW* (*Pen* 228), rhyw lifiant a darvot, pryt nat yw r corph yn cael ei *vagwriaeth* er bot y claf yn bwyta d.g. *atrophia.* **1632** *D, magwraeth,* nutrimentum, alimonia. **17g.** HUW MORUS: *EC* i. 130, Dy degwch hyd gladd'digaeth, / Dy gariad yw 'r *magwraeth.* **1675** R. JONES: *HCh* 106, cyn y gallo ymborthi ar Gorph a Gwaed Crist o ran ei ysprydol *fagwriaeth.* **1696** *CDD* 182, Cawsom feithrin [:– *Fagwriaeth*] dâ rhinweddol / Gŷnt dan aden ein Mam gnowdol. **1725** D. LEWIS: *GB* 149, Y maent [mynyddoedd a bryniau'r ddaear] er *magwriaeth* a chynhaliaeth amr[y]w fath o Anifeiliaid. **1741** *ML* i. 61, y nhad a mam a roddasant y rhan fwyaf o'i *fagwraeth* iddaw er yn llencyn bychan wedi marw ei dad a'i fam. *c.* **1762–79** W. WILLIAMS: *P* 125, Mustees; sef *magwriaeth* rhyngddynt eu gid [*sic*], cymyscedd o bob rhyw. **1791** GW. MECHAIN: *Rh* 6, Rhyddid yw achles, a gwinllan *fagwriaeth* celfyddydau. **1803** *P.* Ar lafar yn y ff. *magwrath* mewn rhannau o'r De-ddwyrain yn yr ystyr 'casgliad crawnllyd'.
Cfn.: **magwr(i)aeth ysbrydol:** *spiritual nourishment.* **17g.** HUW MORUS: *EC* ii. 264. **1676** W. JONES: *PGG* 24. **1721** RD: *CFf* 95.

magwraethle, magwriaethle [*magwr(i)aeth* + *lle*[1]] *eg.* Meithrinfa neu blanhigfa (o goed ieuainc, &c.): *nursery or plantation (of young trees, &c.).*
1632 *D, magwraethle* d.g. *nutrix.* **1722** *Llst* 189, *magwriaethle,* a nursery.

magwraethol, gw. magwriaethol.

magwraig [bôn y f. *magaf*: *magu* + *gwraig*] *eb.* ll. *-wragedd.* Gwraig sy'n magu plentyn, mamaeth: *(wet-)nurse, foster-mother.*
1604–7 *TW* (*Pen* 228) d.g. *nutrix.* **1722** *Llst* 189, *magwraig,* a nurse.

magwres [*magwr* + *-es*] *eb.* ll. *-au.* Gwraig sy'n magu neu'n meithrin; nyrs; hefyd yn *ffig.*: *woman who rears or brings up; nurse; also fig.*
1803 *P.*

magwrfa [*magwr(aeth)* + *-fa, ma*] *eb.g.* ll. *-feydd.* Meithrinfa, meithrinle; ystafell blant; sefydliad addysgiadol; meithrinfa neu blanhigfa (o goed ieuainc, &c.); meithriniad; hefyd yn *ffig.*: *nursery, breeding-place, breeding-ground; children's nursery; educational establishment; nursery or plantation (of young trees, &c.); upbringing; also fig.*
1845.

magwrfan [*magwr(aeth)* + *man*[1]] *eb.* Meithrinfa, magwrfa, hefyd yn *ffig.*: *nursery, also fig.*
20g.

magwriad [bôn y be. *magwriaeth*[2] + *-iad*[1]] *eg.* Y weithred o fagu, magwraeth, meithriniad: *a fostering.*
1605–10 *Haf* 24, 376, *magwriad* rhinwedd.

magwriaeth[1], gw. magwraeth.

magwriaethaf: magwriaeth[2], **magwriaethu** [bf. o'r e. *magwriaeth*] *bg.a.* Rhoddi maeth i, magu, meithrin, ymgeleddu, hefyd yn *ffig.*: *nourish, nurse, foster, cherish, also fig.*
16–17g. *DCR* 261, mae rhobart ap robart ap huw / yn tendio rhuw stiwardaeth / gellwn ddwyn iar yno yn hu / mae gwraig i tu n *magwriaeth.* **1632** *D* d.g. *foueo.* **1722** *Llst* 189, *magwriaethu,* to nourish, foster. **1725** *SR* d.g. *cherish.* **1773** *W* d.g. *to feed.* **1803** *P.*

magwriaethle, gw. magwraethle.

magwriaethol, magwraethol [*magwriaeth*[1], *magwraeth* + *-ol*] *a.* Maethlon; yn meithrin, yn ymgeleddu, llesol, daionus; wedi ei feithrin, maeth (am blentyn, &c.); yn perthyn i faeth, maethyddol, maethol; yn perthyn i fagwraeth, magwrol: *nourishing, nutritious; fostering, cherishing, beneficial, beneficent; fostered, foster (of a child, &c.); nutritional, alimentary; relating to upbringing.*
1604–7 *TW* (*Pen* 228), *magwriaethol* d.g. *nutritius, a, um.* **1657** *MLl* ii. 62, *Magwriaetholach* iw [cariad Duw] nag vn bwyd neu ddiod. **1722** *Llst* 189, *magwriaethol* . . . nourishing. **1759** W. WILLIAMS: *SFf* 51, gafaelu Yng Nghrist, ac yn tynnu Nodd *magwraethol* oddiwrtho. **1791** GW. MECHAIN: *Rh* 121, y Bryttaniaid, ei meibion *magwriaethol* . . . yn ymdrechu yn ei phlaid [Rhyddid]. **1799** *TY* 111, Y mae'r pethau sydd i aros ynddynt yn *fagwriaethol,* yn peri cynnydd enaid [am wirioneddau Duw]. *id.* 149, Tra byddo gan Dduw blant bychain yn ei Eglwys, ni bydd y Tŷ ddim yn ddiffygiol o yspryd Tadol, gofalus, tyner, ymgeleddgar, a *magwriaethol.* **1803** *P.*

magwriaethus [*magwriaeth* + *-us*] *a.* Maethlon; yn hyrwyddo magwraeth; wedi ei fagu neu ei faethu'n dda: *nourishing; conducive to successful rearing or upbringing; well-bred, well-nourished.*
1722 *Llst* 189, magwriaethol, [*magw*]*riaethus,* nourishing. **1803** *P, magwriaethus,* conducive to the act or office of rearing; nutrimental. **1807** *MA* iii. 243, Y pethau a ddylaint [*sic*] vod ar bob gwraig er boddloni ei gwr . . . Ei thŷ yn drevnus . . . a'i phlant yn *vagwriaethus.*

magwrle [*magwr(aeth)* + *lle*[1]] *eg.* Magwrfa, meithrinfa, tref (pentref, &c.) enedigol, hefyd yn *ffig.*: *nursery, breeding-place, breeding-ground, native town (village, &c.), also fig.*
1885.

magwrol [*magwr(aeth)* + *-ol*] *a.* Yn perthyn i fagwraeth; maethlon; a gedwir at fridio (am anifeiliaid): *relating to upbringing; nourishing; kept for breeding (of animals).*
1822.

magwrus [*magwr(aeth)* + *-us*] *a.* Yn magu, yn meithrin; maethlon; hefyd yn *ffig.*: *nurturing, fostering; nourishing; also fig.*
1725 I. HARRI: *RD* 324, a'r Claear awel *fagwrus* sydd yn cymmell pob peth i darddu. **1727** J. JONES: *DFF* 221, Geiriau jachus y rhai sydd a Rhinwedd *fagwrus* ysbrydol ynddynt. *c.* **1730** *Taith C* 37, y mae ganddo [Duw] lais *magwrus* i'r sawl sy tan ei Adeinydd, idd eu casglu ynghyd. **1770** *W* d.g. *alimentary.*

magwy[1] [gair geir., sef amr. ar y gair *bagwy* a gysylltwyd gan *D* â'r f. *magaf*: *magu*] *eg.* Yr hyn a fag; yr hyn a fagwyd: *that which nourishes; that which is nourished.*
1632 *D, magwy,* quod nutrit. vid. Bagwy. **1688** *TJ, magwŷ,* yr hwn a fagwyd, what, which is nourished. **1722** *Llst* 189, *magwy,* that which doth nourish. **1753** *TR, magwy,* what nourisheth.
Gw. hefyd bagwy.

magwy[2], gw. macwy[1].

magwyr [bnth. Llad. *māceria* > Llad. Prydain **macēria*, cf. e. lle H. Lyd. *Macoer*, gl. *val[l]um*, Llyd. Diw. *moger*, taf. Gwened *ma(n)goér*), cf. e. lleoedd Crn. *Maker, Magor*] *eb.* ll. *-ydd, -au, -i, -od.*

(*a*) Mur, gwal, pared, clawdd cerrig, amddiffynfa, gwrthglawdd; murddun, adfail; ?tŷ; yn *dros.* am wal gwythïen, cell, ysgyfaint, &c.; hefyd yn *ffig.*: *wall, (dry) stone wall or hedge, fortification, bulwark; ruin; ?house; transf. wall of vein, cell, lungs, &c.; also fig.*
12g. *LL* 143, dyr guayret dyr *macyrou* [*sic*]. *c.* **1300** *H* 33a. 28, Gweleis beleidyr gwyr am *uagwyr* uein (Cynddelw). **14g.** *T* 28. 3–4, py gynheil *magwyr* dayar yn bresswyl. **14g.** *GDG* 68, *Magwyr* laswyrdd a'i magai, / Mygr irgyll mân defyll Mai. **14–15g.** *IGE*[2] 151, *Magwyr* lân, mygr oleuni [i'r Drindod]. *c.* **1400** *YCM*[2] 104, Corsabret Urenhin yn gorffowys yn ymyl hen *vagwyr.* **15g.** *Pen* 67, 100, Taprav kwyr ar *vagwyrydd* / tebic tai warwic y wydd. **15–16g.** *TA* 520, Oer gwenyf, er a gwynais, / Fagu'r fath [cariad] dan *fagwyr* f'ais. **16g.** *Llst* 6, 189, gwaed saint yn gawaday sydd / am geric y *magwyrydd* [i Rufain]. **1567** *LlGG* (*Sall*) 27a, Deliwch yn graff ar hi *magwyr* [:– rhacvur, chaer]. **1567** *TN* 286b, efe . . . a ddatododd . . . y rhan-baret [:– piniwn, *vagwyr* genol]. **1588** *Jer* xv. 20, Rhoddaf di . . . yn *fagwyr* efydd gadarn. **1621** E. PRYS: *Ps* 43a, Cans hoff iawn gan dy weision di, / ei meini a'i *magwyrau* [Seion]. **1632** *D, magŵyr,* maceria. **1707** *AB* 83b, *magŵyr,* mŷr kerrig, mŷr sych, a dry wall of stones, without mortar d.g. *maceria.* **1760** *ML* ii. 186, gwall ffrainc ydyw, na busai'r Almanac ar fy *magwyr.* **[1794]** M. WILLIAMS: *DUJ* 27, Yn ddigon gwael eu cyflwr o fewn i'r *fagwr* [*sic*] fwg [am uffern]. **1803** *P, magwyr* . . . a house, in the dialect of Gwent . . . Hen *vagwyr,* an old building or ruin, or toft of a house. Clywir y ff. l. *magwyri* 'adfeilion' yng ngogledd Cered. a *magwyrod* yng nghanolbarth Cered. Digwydd mewn enwau lleoedd, e.e. *Magwyr* (*Magor*), sir Fyn., *Abermagwr,* Cered., *Y Fagwyr,* enw fferm ger Tal-y-bont, Cered., *Fagwyr-wen,* Ffair-rhos, Cered.

(*b*) *Amaeth.* Colofn sgwâr o wair a dorrir o frig i waelod tas neu gowlas fesul tafell neu dreiglen ('tre(i)nglen'): *square vertical pillar of hay cut from a haystack, &c.*
1688 *TJ, magwyr,* a Row, the Cuts of Hay, in Reeks, or Stacks. Ar lafar ym Mhenllyn, Edeirnion, a sir Ddinb., lle sonnir am dorri '*magwyr*', 'Dyna'r gyllath yn taro'r llawr—rhaid i mi dorri *magwyr* newydd', *B* iii. 205, xiii. 141, xiv. 288.
Cfn.: *Bot.* **magwyr Alpaidd:** *Siberian wallflower, Erysimum (or Cheiranthus) allioni.* **20g.** **m. gerrig:** *stone wall.* **1588** *Diar* xxiv. 31. **1599** **(1677)** R. HOLLAND: *AB* 107. *Bot.* **m. wen:** *lily, esp. waterlily, Nymphæa alba.* **1632** *D* (*Bot*), alaw, *y fagwyr wen,* & lili'r dŵr. **1688** *TJ* (*Bot*). **1803** *P.* **1813** *WB* 215.
Am *blodau'r fagwyr, der(w)lys y f., lleu-*

en y f., *llwyn y (llwynau'r) f.*, *llysiau'r f.*, *pupur y f.*, *rhedyn y f.*, gw. blodau (At.), derwlys, llau[1], llwyn[1], llysiau, pupur, rhedyn.

Gw. hefyd cyfagwyr, magwyren, magwyryn.

magwyraf, magwyriaf: magwyr(i)o [bf. o'r e. bl.] *ba.* Amgáu â mur, murio, gwalio, gwneud yn wal, hefyd yn *ffig.*: *to enclose with a wall, wall (in), make into a wall, also fig.*

15g. *FfBO* 54, eu prif dinas a deryw y *vagwyryaw* (*murata est*) o'r mein teccaf. 15g. (*Dchr.* 17g.) *Llst* 134, 56b, marian dros vy mronn a drig / main kwrel emyn kirig / *magwyrwyd* hewyd yn hawdd / mi garwn aü *magwyrawdd* [Ieuan Rudd i'r paderau main crisial]. 1797 B. EVANS: *CG* 171, fel un wedi ei gau i fyny a'i *fagwyro* i mewn. 1803 *P.*

magwyren [*magwyr* + *-en*] *eb.* Murddun, adfail; muriau allanol (adeilad): *ruin*; *shell (of building)*.

1598 *CM Deeds* 738, unum mur[u]m sive locum domi . . . vocatum *magwyren* [pl. Llansanffraid, Cered.]. 1795–6 *Trys Gym* 91, Na hynod wyn nod, dan nen, / Nag arwydd o'i *magwyren*. 1803 *P*, *magwyren*, the wall or shell of a building. Hen *vagwyren*, an old ruin. Ar lafar yng nghanolbarth Cered.

magwyryn [*magwyr* + *-yn*] *eg.* Llygedyn (olaf) o dân: (*last*) *glimmer of fire*.

Ar lafar yng nghanolbarth Cered., 'Dim ond rhyw *fagwyryn* o dân odd 'na pan godes i'.

Magyar [bnth. S. *Magyar*] *eg.* ll. *Magyaraid.* Brodor o Hwngaria, Hwngariad, un sy'n siarad Hwngareg: *a Magyar, Hungarian.*

1851.

Magyareg, Magyaraeg [*Magyar* + *-eg*[1], *aeg*] *eb.* Hwngareg: *Hungarian (language).*

1851.

mangddel, mangnaeth, mangnaethaf: mangnaetha, mangnaethlyd gw. magnel, magnaeth, magnaethaf: magnaetha, magnaethlyd.

mangnel, mangnelfa, mangnelfad, mangnelglawdd, mangnelog, gw. magnel, magnelfa, magnelfad, magnelglawdd, magnelog.

mangnelwr, mangnelydd, gw. magnelwr.

Mangniffeicath, gw. Magnifficat.

mangnol, gw. magnel.

maharen, myharen [< *maharaen* < *maharwyn* (cf. *halen* < *halaen* < *halwyn*); ?cf. *mehyr*, *myhyr*; dichon fod ail elf. y gair i'w chysylltu â'r e. *oen*; ynglŷn ag engh. *GDG* 368, gw. *LlCy* viii. 231] *eg.* ll. *meheryn*, *myheryn*, *maheryn*, ll. dwbl *meherynod*, *maharynod*.

(*a*) Gwryw llawn-dwf ac annisbaddedig o rywogaeth y ddafad, hwrdd, hefyd yn *ffig.*; gwryw wedi ei ddisbaddu o rywogaeth y ddafad, mollt, gwedder: *ram, also fig.*; *wether.*

9g. (*LlSC*) *LL* xlv, douceint torth. ha *maharuin.* 13g. *LlI* 87, E *maharaen*, duy dauat a tal; o dysped-yr, a'e uaru, teyr deueyt a tal: un am pob keyll ydau ac un en lle e corff ehun. *id.* 101, Ny deleyr dale y *meheryn* . . . o vyl Uyhagel hyt kalan gayaf. 14g. *RC* xxxiii. 223, y deueit. ar *meherin* a dugassant gantunt o Iudea. 14g. *GDG* 368, Mawr yw braint siartr ei gartref [y Brawd], / *Maharen* o nen y nef. 14g. *DGG*[2] 116, Nid lleidr *myharen* heno, / Lleidr meinwen drwy ddien dro (Gruffudd ab Adda). 14–15g. *IGE*[2] 293, Brawd yw'r cybydd, o bydd ben, / A fo hwyr i *fyharen.* / Fo orfydd, gwilydd gelu, / Ei rwymo cyn cneifio'r cnu [Siôn Cent]. *c.* 1400 *ZCP* xiii. 81, Gwelet bychot neu *veheryn* [mewn breuddwyd], blinder a arwyddocaa. 15g. *GGl* 206, Un wisg â'r *myharen* aur [i ofyn ffaling]. 1547 *WS*, *maharen*, a ramme, tuppe. 1567 *LlGG* (*Sall*) 35b, Offrymaf yty y poeth-ebyrth *meherynot* breision. 1588 *Job* xlii. 8, cymmerwch i chwi saith o fustych, a saith o *faharynnod.* 1588 *Mic* vi. 7, A fodlonir yr Arglwydd â miloedd o *fyheryn.* 1604–7 *TW* (*Pen* 228), *maheryn* d.g. *petrones.* 1632 *D*, *maharen*, aries; Alijs Veruex. 1753 *TR*, *maharen*, in N. W. and in some parts of S. W. as Glamorganshire, a ram; but in Powis, and in the greatest part of S. W. it signifies a weather. 1803 *P* d.g. *myharan.* Ar lafar, hefyd yn y ff. *my(r)haren*, *maharan*, *myn(h)aren*, *manaran*, &c., gw. *LGW* 262.

(*b*) (a'i ragflaenu gan y fannod) *Ser.* Y cyntaf o ddeuddeg arwydd y Sodiac, yr Hwrdd: *Aries, the first of the twelve signs of the Zodiac.*

13g. *DB* 67, y lleuat y'r *Maharaen* (*in ariete*). *id.* 73, Kentaf sygyn yu e *maharaen* . . . Herwyd chuedyl, hwnnw yu y *maharaen* a'r croen eurin a duc Helles tros vor. 13g. *BD* 116, Mantavl y bunt a dobynna yn gam, yny doto y *Maharaen* y grymyon gyrn y adanav. 15g. *DN* 105, Haul yn y gwâr *Vyharen*, / Wedi'r Pysc y daw i'r pen. 1546 *YLlH* [11], Yr haul yn y *maharen.* *Diw.* 16g. *WLB* 96, Y *maharen* sydd ynifael yn dangos i rhyfogaeth ac am hynny ni ddylir rhoi meddyginiaeth ir pen pan fo ef yn ternassu. 1612 *LlP* [12].

Cfn.: **maharen (myharen) y gloch:** *bell-wether.* 15g. *GDLl* 162. 1770 *W* d.g. *bell-weather.* Cf. *llwdn—ll. y gloch.*

Am *cig maharen*, *llygad m.*, *oen m.*, gw. cig, llygad, oen.

maharena [bf. o'r e. bl.] *bg.* Gofyn y gwryw (am ddafad), hwrdda: *to be in heat (of a sheep).*

20g. Ar lafar ym Môn yn y ff. *marena*, 'Mae'r ddafad yn *marena*'. Cf. *LlLlM* 99.

maharenaidd [*maharen* + *-aidd*] *a.* Tebyg i faharen: *ram-like.*

1604–7 *TW* (*Pen* 228), *mahareneidd* d.g. *verueceus.*

mahogani [bnth. S. *mahogany*] *eg.b.* a hefyd fel *a.* Enw ar amryw fathau o goed trofannol (yn enw. o'r tylwyth *Swietania*), pren rhuddgoch y coed hynny; wedi ei wneud o'r cyfryw bren: *mahogany (n. and adj.).*

1757 *ML* (Add) 892, Y mae ef wedi gadel ir gyfnither Marg[t] £200 ar ffurniture *mahagony* [*sic*]. 1794 *W*, *mehogani* [*sic*] d.g. *mahogany* (At.). 1800 *Eurgr* 14, Mae'r bobl . . . yr un lliw a *Mahogany* llwyd.

Amr.: **mihogan.** 1791 J. HARRIS: *Alm* 39.

Mahomedaidd, Mahomediad, gw. Mahometaidd, Mahometiad.

Mahometaidd, Mahomedaidd, Mahumetaidd [yr e. prs. *Mahomet*, *Mahumet* + *-aidd*] *a.* Mahometanaidd: *Muhammadan.*

1725 I. HARRI: *RD* 17, y Tywyllwch, Paganaidd, *Mahumetaidd.* 1728 T. BADDY: *DDG* 147, [y] Rheolau Defosionawl a adawsai eu Messiah *Mahomedaidd.*

Mahometan, Mahomedan [bnth. S. *Mahometan*] *eg.* ll. *-iaid*, *-od.* Un o ddilynwyr y grefydd Islâm a'r Proffwyd Mwhamad (Mahomet, c. 570–632 O.C.), Mwslim: *a Muslim, Muhammadan.*

1670 J. HUGHES: *AP* 118, vn o'r Puritanaidd *Mahometanod* [*sic*] hyn. 1680 J. THOMAS: *UN* 13, nid yw y *Mahometaniaid* presennol yn canniadhau i nêb eistedd yn ei [*sic*] Moschos . . . heb ostyngeiddrwydd. *c.* 1730 *Thos. Lloyd D* (LlGC) 170a, *Mahometan*, pl. *-od*, a Mahometan. 1735 S. THOMAS: *HP* 221, Plant Juddewon, Plant y *Mahometanod*, Plant y Paganod. *c.* 1762–79 W. WILLIAMS: *P* 176, India . . . pan concwerwyd hi gan y *Mahometaniaid.* 1791 *Dialogous* 4, [c]ymhellwyd pawb i gredu ffiaiddwyll y *Mahometaniaid.*

Amr.: **Mahometaniad** [olff. o'r ll. *Mahometaniaid*]. 1888.

Mahometanaidd, Mahometaniaidd [*Mahometan* + *-(i)aidd*] *a.* Islamaidd: *Islamic, Muhammadan.*

1670 J. HUGHES: *AP* 117, Gofynnwch i'r sawl y [*sic*] fuont yn Argier. [*sic*] Tunis a'r Gwledydd *Mahometanaidd* nessaf. 1718 (1721) S. THOMAS: *HB* 26, o'r grefydd *Fahometanaidd.* *c.* 1730 *Thos. Lloyd D* (LlGC) 170a, *Mahometanaidd*, Mahometan. 1739 *AGN* 16, [P]aradwys *Mahometiniaidd* [*sic*]. *c.* 1762–79 W. WILLIAMS: *P* 177. 1776 DEWI NANTBRÂN: *AN* 304, y Paganaidd a'r *Mahometanaidd* Bobl. 1791 *Dialogous* 3.

Mahometaniaeth [*Mahometan* + *-iaeth*] *eb.g.* Islâm, crefydd y Mahometaniaid: *Islam, Muhammadanism.*

1718 (1721) S. THOMAS: *HB* 26, Crefydd y Twrciaid hefyd ydyw eu crefydd, sef *Mahometaniaeth.* *c.* 1730 *Thos. Lloyd D* (LlGC) 170a, *Mahometaniaeth*, Mahometism. 1774 W. WILLIAMS: *AB* 16, Asia, a rhan fawr o Affrica, ag y mae *Mahometaniaeth* heddyw yn ei gadw. 1799 DAFYDD IONAWR: *MB* [1], Tynnir *Mahometaniaeth* / A'i llym glêdd o'i Gorsedd gaeth.

Mahometaniaidd, gw. Mahometanaidd.

Mahometiad, Mahomediad, Mahumetiad, Mahumediad [yr e.prs. *Mahomet*, *Mahumet* + *-iad*[3]] *eg.* ll. *-iaid.* Mwslim, Mahometan: *a Muslim, Muhammadan.*

1595 H. LEWYS: *PA* 30, Iddewon . . . *Mahometiaid* . . . Pabyddion. 1716 E. SAMUEL: *GGG* 4, Gau Grediniaethau, Cenhedloedd ac Juddewon a *Mahumediaid.* 1717 IACO AB DEWI: *MN* 35, un *Mahometiad* neu Indiad. 1725 I. HARRI: *RD* 18, [P]aganiaid, *Mahumetiaid*, ac Anghrist y tywyllwch. 1760 T. WILLIAMS: *AD* 76, Palesteina ac Arabia . . . mae ynddynt Iddewon Turkiad . . . ar *Mahowmediad* [*sic*]. *id.* 77, Cristnogion a *Mahomediad* [*sic*]. 1766 *CD* 120, Ac eraill o'r Moguliaid, / Ar *Mahometiaid.* 1777 H. JONES: *M* 4, I mae'r *Mahometiaid* yn gwerthfawrogi eu Halcoran.

Mahometiaeth [yr e. prs. *Mahomet* + *-iaeth*] *eb.* Islâm, Mahometaniaeth: *Islam, Muhammadanism.*

1795 J. THOMAS: *AIC* [1], Paganniaeth *Mahomatiaeth* [*sic*], a Sectau'r Iuddewon. *id.* 98, Beth ydyw *Mahometiaeth?*

Mahometwr, Mahometydd [yr e. prs. *Mahomet* + *-wr*, *-ydd*[3]] *eg.* ll. *-wyr.* Mwslim, Mahometan: *a Muslim, Muhammadan.*

1814.

Mahumediad, Mahumetaidd, Mahumetiad, gw. Mahometiad, Mahomedaidd, Mahometiad.

ma-hw, gw. hw[1].

mai[1] [ff. ar (*y*) *mae* (sef 3 un. pres. myn. y f. *wyf*: *bod*) a ddefnyddir yn gysyllteiriol; disodlodd (*y*) *mae*, *mai* y gystrawen *pan yw*; cynhwysir hefyd enghrau. o (*y*) *mae* â'r un swyddogaeth â *mai*] *gn.* Geiryn yn cyflwyno cymal isradd heb ferf ddechreuol, taw: *particle introducing a dependent clause headed by a part of speech other than a verb, that (it is).*

13g. *BD* 38, tebygu *y mae* Bran a'e lu oed yn eu ragot. *id.* 50, dywedvyt *y mae* yn Llundein y dylyei wneuthur yavn. *id.* 58, ereill a dyweit *y mae* o achavs mab yr amheravdyr a anet yno. 1346 *LlA* 20, rei . . . asynnyawd *ymae* orpann uu varw ef yny gyuodes y bu . . . yn vffernn. 14g. *WM* 172. 6–8, ac ynteu adywawt. *Mae* tebyccaf oed gantaw vot y maccwy . . . yn wr oe verch. 14g. *BT* (*RB*) 74, adnabot ohonaw deuodeu gwyr y wlat. *ymae* (amr. *mae*) llad a wnaei pob un ohonunt ygilyd. 1488–9 *Rhyddiaith Gymraeg* i. 2, A phan wybu y benndigedic Varthinn *mae* myned a chorff y'w gladdv yr oeddynt. 1567 *TN* 70b, ys gwyddam *mai* [:– taw] cywir wyt. 1588 *Salm* c. 3, Gwybyddwch *mai* 'r Arglwydd sydd Dduw. 1595 *Egl Ph* [viii], Rhaid ywch wybod *mae* o'r gyntaf y tyfodd . . . Amresymmeg ac *mai* o'r ail y tarddodd . . . Phræthineb. 1632 *D*, *mai*, quòd. 1701 E. WYNNE: *RBS* [v], gan *mai* neges hwn yw Llês cyffredin y Wlâd. *id.* [x], megis *mai* trîn yr Enaid yw'r hwsmonaeth fuddiolaf ôll. 1703 E. WYNNE: *BC* 6, ofnais . . . *mai* haid oeddynt o Sipsiwn. 1742 H. HARRIS: *SDS* 11, O herwydd *mae* taflu perlau oflaen Moch, yw dyweud profiadau wrth yr Annuwiol. 1759 T. THOMAS: *WWDd* 81, Fel *mai* trwy Grist y mae pechadur yn cael ei Gyfiawnhau. 1770 *W*, gan (o herwydd) *mai* hynny yw eich dymuniad d.g. *being* [*since, seeing that*] . . . *That being your desire.* *id.* *mai*, taw d.g. *that* [*a conjunction*]. 1796 *Geirgrawn* 187, mi a wn *mae* nid gwrandawraig chwisoglog fasw ydwyt. 1803 *P*, *mai*, conj. that; that it . . . am *mai*, because that. Ar lafar yn y Gogledd clywir y ff. *na*, "Dw' i'n siŵr *na* fo fasa'r mistar', *WVBD* 388.

Cfn.: **mai ie:** *that it is so.* Ar lafar, 'Sais ydi o?', "Dwi'n credu *mai ie*'; digwydd y ff. *mai 'te* yng ngogledd Cered.

mai[2] [ll. neu. ff. draws yr e. *ma* 'maes, gwastadedd', a welir yn ôl pob tebyg mewn e. lleoedd megis *Myddfai*, *Cilfái*, ac efallai yn yr e. prs. *Gwalchmai*; mae'n bosibl mai e. prs. yw'r elfen a geir mewn enwau megis *Caer Fai*, *Castell-mai*] *eg.*

neu *e.ll.* Tir(oedd) gwastad, gwastadedd(au): *plain(s), level terrain.*

13g. *C* 67. 19–20, mekid meibon meigen. meirch *mei*. 13g. *Études* v. 100, gvascarey gweysc veyrch *mey* muner. *id.* 102, Nyt oed gnaut neb guaut na bydhun. ynybey am veyrch *mey* meyn dun [marwnad Einion ap Madog gan Gynddelw]. *Dchr.* 14g. *H* 85a. 44, a meirch *mei* meingrwn dwnn a dossawc (Llywarch ap Llywelyn). 18–19g. *Llr* C 11, 203, *mai*, a plain, a field. 1803 *P*, *mai* . . . a plain, or open field . . . meirch *mai*, the steeds of the field, or war-horses.

Gw. hefyd ma¹.

mai³, gw. mei-.

Mai [bnth. Llad. (*Mensis*) *Maii̯ī < *Maii̯us < *Māius*, cf. Crn. Diw. *Mê*, H. Lyd. *Mai*, Llyd. C. a Diw. *Mae*, Gwydd. C. *Mai* (gen. un.)] *eg.* Y pumed mis o'r flwyddyn: *May.*

13g. *LlI* 82, o hanner Ebryll hyt hanner *Mey*. *id.* 85, nauuet dyd *Mey*. *ib.* dauat . . . a kudyo y hoen a'e gulan rac kawat *Uey*. *c.* 1300 *H* 8a. 18, caraf y eos *uei* uorehun lut (Gwalchmai). *id.* 18a. 10, Amser *mei* meith dyt (Einion ap Gwalchmai). *Dchr.* 14g. *id.* 122a. 12, treghissyant trydydyd o *uei* trychanllog (Hywel ab Owain Gwynedd). 14g. *T* 9. 7–8, At[wyn] *mei* y gogeu ac eaws. 1346 *LlA* 93, manwlith mis *mei*. 14g. *GDG* 67, Harddwas teg a'm anrhegai, / Hylaw ŵr mawr hael yw'r *Mai*. / Anfones ym iawn fwnai, / Glas defyll glân mwyngyll *Mai*. 14g. *DGG*² 75, Pan ddêl *Mai* â'i lifrai las / Ar irddail i roi'r urddas. *c.* 1400 *YCM*² 54, megys hi [Bellisent] vei yr heul awr hanner dyd vis *Mei*. 1547 *WS*, mis *mai*, May. 1567 *LlGG* [xxxiii], *Mai* ys ydd yddaw. xxxi. die. 1632 *D*, *Mai*, Maius mensis.

Am *bedwen Fai, blodau Mai, calan M., C(a)lanmai, Clamai, carol Mai, chwilen M., eirin M., glaw (mis) M., gŵyl F., lili'r M.*, gw. bedw, blodau, calan¹, carol, chwil¹, eirin, glaw, gŵyl¹ (At.), lili.

maib, gw. maip.

maidd [Crn. Diw. *meith*, H. Lyd. *meid uel cosmid*, gl. *serum*, Gwydd. C. *medc*, Gwydd. Diw. *meadhg*, Llad. Gâl *mesgus*, gl. *serum* (cf. H. Ffr. *me(s)gue*); cf. Sans. *ā-mikṣā* 'caws gwyn, hufen', ?cf. Gr. *μίσγω* 'cymysgaf'] *eg.* ll. *meiddion.* Hylif melynwyrdd dyfrllyd, sef gloywon llaeth ceuledig y tynnwyd y ceulfran neu'r caws gwyn ohono, gleision, (weithiau) y caws a'r gloywon yn gymysg; serwm y gwaed: *whey, serum, (occasionally) curds and whey; blood serum.*

14–15g. *IGE*² 181, Haeru bod gwin teuluaidd, / A medd, lle nid oedd ond *maidd* (Siôn Cent). *id.* 209, Ai hunllef, foel henllwy *faidd*, / Arnad yn anhëyrnaidd (Llywelyn ap y Moel). *c.* 1400 *R* 1343. 7–9, Rywyach it ymlit . . . *meid* o geul no med o garn. *id.* 1377. 26, yn yw lys winllyn ef ny vynn *veid*. *c.* 1400 *MM* 26, [p]ob llaeth uwyt onyt *meid* twymlaeth. *id.* 64, Aruera o *ueid* oer. 15g. *LGC* 98, Gwell gwin, er meithrin pob dyn, no'r *maidd*. 15g. *GGl* 281, Medd oediog ym ydd ydoedd, / Meddai Syr Rhys, *maidd* sur oedd. 1547 *WS*, *maidd*, whey. *Dchr.* 17g. *J* 10, 24b, *maidd*, S *meiddion* pl. wheye, serum. 1632 *D*, *maidd*, serum lactis. 1688 *TJ*, *maidd*: Curds and Whey. 1722 *Llst* 189, llawn *maidd*, wheyie, serous. 1760 *ML* ii. 242, brecwast o fara a chaws a llaeth a *maidd*. [1783] *W* d.g. *serum* [*the wheyish part of the blood, &c.*], *whey*. 1803 *P* d.g. *maidd*, *meiddion*. Mae *Hafod-y-maidd* yn enw fferm ym mhlwyf Cerrigydrudion.

Cfn.: **maidd alum:** *alum whey.* 1771 *PDPh* 25. **m. geifr (yr afr):** *goats'-milk whey.* *c.* 1400 *MM* 20, 22, 50, 52. **m. glas:** *whey.* *Diw.* 16g. *WLB* 41, *maidd* kroew *glas*. *id.* 48. *c.* 1730 *Thos. Lloyd D* (LlGC) 170a, *maidd glas*, green whey. 1734 S. RHYDDERCH: *Alm* [4]. 1800 W. OWEN[-PUGHE]: *CP* 84, y *maidd glas* cyntaf (*the first quantity of whey*). 1803 *P*, glas . . . *maidd glas*, milky whey. 1858 *EWD*, *maidd glas* d.g. *whey* . . . *second whey from the curds.* Ar lafar, '*maidd glas*, yr hyn fydd yn weddill yn y crochan ar ôl gwneud y caws', *B* iii. 205. **m. y gwaed:** *blood serum.* 1798 *WR* d.g. *serum*. **m. gwartheg:** *cows'-milk whey.* *c.* 1400 *MM* 22. **m. gwin:** *wine whey.* 1816. Gw. hefyd *gwinfaidd*. **m. gwyn:** *white whey, whey pressed by hand from the curd.* *c.* 1730 *Thos. Lloyd D* (LlGC) 170a. Gw. hefyd *gwynfaidd*. **m. yr iâr:** *egg whey, beaten egg mixed with sugar, bread, and milk or water.* Ar lafar, *WVBD* 360, *B* xiv. 288, *TGG* (1904) 46. **m. llo bach:** *whey made from the milk of a cow which has just calved.* Ar lafar yn siroedd Meir. a Dinb. **m. mwstard:** *mustard whey.* 1831. **m. sac:** *sack whey.* 1771 *PDPh* 5. **m. syml (seml, &c.):** *neat or unmixed whey, unsalted whey, first whey.* *Diw.* 16g. *WLB* 41, [*m*]*aidd* keulaidd *symyl* (sef yw hwnw maidd kroew glas). *id.* 48, [*m*]*aidd symyl* glas. 1688 T. JONES: *Alm* [27], A Glouw [*sic*] *faidd summel* sŷdd well na gwîn. 1734 S. RHYDDERCH: *Alm* [4], [p]edwar Chwart o *Faidd semel*. 18–19g. *Burchinshaw* 15, td. olaf, *maidd symail*. 1831 H. JONES: *MD* 139, gruelau teneuon, *maidd-summel*. 1858 *EWD*, *maidd syml* d.g. *whey* . . . *first whey from the cheese.* Ar lafar ym Mhenllyn, '*maidd sumel*, ar ôl ceulo'r llaeth wrth wneud caws', *B* iii. 205. Cf. *MM* 52, Kymryt *meid* geiuyr ac ef yn *symyl*. **m. tew:** *fleetings, skimmings, curds.* *c.* 1730 *Thos. Lloyd D* (LlGC) 170a, *maidd tew*, fleetings. **m. torr** = ?**maidd llo bach.** Ar lafar yn siroedd Meir. a Dinb. **maidd ŵy = maidd yr iâr.** Ar lafar ym Meir., *B* iii. 205, iv. 288.

Am *caws maidd, llaeth m., siot faidd, wyneb maidd*, gw. caws (hefyd At.), llaeth, siot, wyneb.

maieron, gw. maioram.

maiesty [bnth. S. C. *maiesti*, neu'n uniongyrchol o'r H. Ffr. *majesté*] *eg.* Mawrhydi, gogoniant: *majesty, glory.*

14–15g. *IGE*² 280, Mab Duw a ddaw, draw drudwaisg, / Ym *maiesty* fry yn fraisg (Siôn Cent).

maig [e. prs., gw. *TYP* 455–6, a drafodwyd gan eiriadurwyr fel e. c.] *eg.* Arglwydd: *lord.*

c. 1588 *B* ii. 230, *maic*: arglwydd. 1707 *AB* 218, *maik* [Secundum alios *maig*] A lord or Master. V.

maing, gw. mainc.

mai-iau, gw. meiau.

mail¹ [?cf. H. S. *mēle* 'cup, bowl, basin'] *eb.g.* ll. *meil(i)au.* Diodlestr, cwpan, gorflwch, ffiol, dysgl, bowlen, basn; padell (bren neu bridd, gan amlaf) i ddal llaeth, cunnog, ystên, ystwc, bwced; crwc, celwrn, twba; weithiau'n *dros.* ac yn *ffig.*: *drinking-vessel, cup, goblet, dish, bowl, basin; (usu. wooden or earthenware) pan to hold milk, pitcher, pail, bucket; tub; sometimes transf. and fig.*

13g. *LlI* 93, *Meyl*, fyr[dlyg]. 14g. *LlB* 23, o dodi y wirawt yn y lestyr o'r kyrrnn a'r *meileu* (cf. *LTWL* 329, cum cornibus et crateris). ?14g. (1640) *B* v. 131, diwallaw heb au / medd yn y *meiliau*. 14g. IOLO GOCH: *Gw* 431, A'i ffunen hen a'i ffon hi / A'i burwy a'i *mail* boeri. *c.* 1400 *R* 1035. 23, Alaf yneil *meil* am ved. *id.* 1270. 16, ym mysc moch keis *veil* goch geu. 15g. *Bl N* 62, Noe serchog foliog o *fail* [Meredudd ap Rhys am gwrwgl]. 15g. DEIO AB IEUAN DU, &c.: *Gw* 114, A'i fual trydwll oedd *fail* troediog. 15g. *DE* 115, dygan ai meirch devgain *mail* / dav kanwr yd ai kynail. 1567 *TN* 104b, Nyd enyn neb ganwyll a'i dodi yncudd, nac y dan *vail* [:– tel, hob, bwsiel]. 16g. MORUS DWYFECH: *Gw* 146, Malen glwyd am olwyn glau, / *Mail* frech a mil o freichiau [i ofyn bwcler]. *a.* 1587 *Y* 107, Pen fwyf i yn y gwiail / Tithav, fardd, ai tua'th *fail*. 1588 *Eseia* xxii. 24, yr holl faen lestri, o'r llestri *meiliau*, hyd yr holl offer cerdd. 1604–7 *TW* (*Pen* 228) d.g. *sinum, urceus.* 1632 *D*, *mail*, labrion, phiala, polubrum, trulleum, ciminile. 17g. *KM Misc* 125, mae yma *fail* o enwyn glas. 1716–18 *Llsgr R. Morris* 192, llenwi yr bir o fesur *mael* [*sic*] / ai yfed yn ail at fenus. 1722 *Llst* 189, *mail*, m.p. *meiliau*, a meel, bason, bowl, pail, tub. 1753 *TR*, *mail*, a hollow vessel of wood, a milk-tray, a vessel of earth or of wood to hold milk in a dairy-house. 1759 *DG* 5, Y fol euraid *fail* eirîan / Mal môr wrth y *meiliau* mân. 1766 *Cylchg LlGC* (1943) (At.) 22, ministro'r bib y *Fail* ar Peintiau. 1799 E. CHARLES: *Cerdd* 4, O'n blaen doed *Mail* o China, / O ddeugain Chwart yn gyfa. *ib.* O ddeutu'r *fail* tywynu wnânt [gwydrau yfed]. 1803 *P*, *mail* . . . a hollow vessel of a cup form; a bowl, or bason. Ar lafar ym Morg.

Cfn.: **ail fail:** *second helping.* 1870.

mail², gw. moel¹.

mail³, gw. mael⁴.

mail⁴ [ffrwyth camdybio mai dyma'r bôn a welir yn *adfail, dadfail, gormail*; ond cf. *meiliaf*: *meilio*] *eg.* ll. *meiliau*, ?*meilion.* Diffyg, nam, breg: *fault, blemish, flaw.*

c. 1730 *Thos. Lloyd D* (LlGC) 170a, *mail*, unde Adfail, Ruina. 18–19g. *Llr* C 4, 22, *mail*, hinc gormail, adfail. *Diw.* 19g. *SE MS* 277b, *mail* (root of adfail, dadfail). *ib.* *mail*, pl. *meiliau* or *meilion*? decay, failure, want of soundness (said of garments &c.).

Am *heb na thwll na mail*, gw. twll¹.

Gw. hefyd mul³.

mailart, maill, gw. marlat, meillion.

main¹ [?cf. *mwyn*¹] *a.* (weithiau gyda grym enwol) ll. *mein(i)on.*

(*a*) Tenau, cul, heb fod na llydan na phraff na chorffol, &c., o ran cyflwr naturiol (e.e. am berson, march, pren, ffrwd); curiedig, nychlyd, di-gnawd (gan nychdod, &c.): *thin, slender, slim, narrow; emaciated, gaunt, wasted (by affliction, &c.).*

9g. (*MC*) *VVB* 183, *mein*, gl. *gracilenta*. 13g. *C* 2. 4–5, *Mein* winev [h.y. meirch] in diheu a dygan. *Dchr.* 14g. *H* 121b. 42, yr twf *mein* riein rwdeur wanas (Hywel ab Owain Gwynedd). 14g. *T* 80. 25–6, Gweleis i gelein *vein* abrein ar gnawt. 14g. *BT* (*RB*) 122, esgeireu hiryon, ac oduch y draet yn *vein* (amr. *veinon*). 14g. *GDG* 87, Ei *meinion* dduon ddwyael. *c.* 1400 *R* 1047. 20, *mein* uygcoes nymoes dudedyn. *c.* 1400 *J* 1, 1066, Gnawt corffawc o *vein*. *c.* 1400 *YCM*² 5, maen . . . llydan y danaw, pedrogyl; a *meinach veinach* y uynyd. 15g. *BB* 112, ac ay hollassant yn vn garrei *veinaf* ac y gallassant. 15g. *ID* 15, *main* wy fi er mwyn y ferch. 1547 *WS*, *main* ampraf, small. 1588 *Gen* xli. 23, saith dwysen teneuon, *meinion*. 1588 *Lef* xiii. 30, blewyn melyn *main*. 16–17g. *CC* 47, a *main* olwg mewn alar (Thomas Prys). 1632 *D*, *main*, gracilis, exilis. 1688 *TJ* [xvii], llythyrennau manach a *meinach*. *a.* 1735 *W Ballads* 64, 5, I Starfio'n newynog, a chyn *feined* ar Pennog. 1759 J. EVANS: *PF* 59, [p]ârwch dywallt llonaid Tê Kettle o Ddwfr . . . yn Ffrŵd *Fain*. 1800 W. OWEN[-PUGHE]: *CP* 72, Grawn Brâs neu *Fain* (*Plump or Lean Grain*). 1803 *P*. Ar lafar yn gyff., 'yn *fain* fel milgi, cin *feinad* â brwynan (â choes robin goch, â'r gawnan)', *WVBD* 56; clywir hefyd yr ymad. 'mor *fain* â phryf genwair (â slywen)'. Ym Morg. cyfleir yr ystyr 'oblong' gan yr ansoddeiriau '*main* (h)ir', e.e. 'bord *fain* 'ir'.

(*b*) Wedi ei weu'n glòs, manŵaidd, llŷfn, heb fod yn fras neu'n arw (am ddefnydd, &c.), tenau (am edau, cortyn, tant, &c.): *fine, finely woven, not coarse or rough (of material, &c.), slender, thin (of thread, cord, string, &c.).*

9g. (*Ox* 1) *VVB* 183, *mein* funiou, gl. *tenues*. 13g. *Cylchg LlGC* v. 60, er edeu *veinhaf*. 13g. *HGK* 7, rodi idav y krys *meinhaf* a goreu. 1346 *LlA* 93, [p]leth o *vein* sidan. 1547 *WS*, *main* val lliain, fyne. 16g. WILIAM LLŶN: *Gw* (R. Stephens) 526, Rhai'n breiffion, rhai'n *feinion*, fydd [am dannau'r delyn]. 16–17g. *HG* 137, ny throed ef mewn hwlant *main*, na lawnd na lliain kamrig [am y baban Iesu]. 1632 *D*, moled *fain* d.g. *amictorium*. *a.* 1642 (1684) H. OWEN: *DC* 81, dillad *main* sidanaidd. 17g. *CRC* 328, Cael fy sane o wstit *main*. 1661 E. LEWIS: *Drex* 247, Hôll ddynol bethau ynt o hyd / Wrth edau *fain* (*tenui* . . . *filo*) ynghrog ynghyd. 1672 R. PRICHARD: *Gw* 144, Sŷch â'r tywel *main* fy mrynti. *c.* 1720 D. THOMAS: *HTS* 9, Gwneud Gwlanenni *meina* Yng Nghymru. 1722 S. RHYDDERCH: *Alm* [14], gwegrynnwch trwy Ogr *main* yn bur fân. *c.* 1762–79 W. WILLIAMS: *P* 433, hwy rwymant ei forddwydydd a'i arrau ynghyd â chordyn *maen* [*sic*]. 1773 *W* d.g. *fine* [*apply'd to cloth, linen, &c. and opposed to coarse, i.e. made of very slender threads*]. 1803 *P*. Ar lafar, 'cin *feinad* a dafadd gwawn . . . as fine as gossamer', *WVBD* 175.

(*c*) Gwan (am gwrw, gwin, &c., ac weithiau am ddiodydd analcoholaidd, e.e. te), tenau (am ruel, &c.): *small, weak (of beer, wine, &c., and occasionally of non-alcoholic drinks, e.g. tea), thin (of gruel, &c.).*

1547 *WS*, suckan ne ddiot *vain*, smal drinke. *Diw.* 16g. *WLB* 23, kwryf gwan *main*. *id.* 71, gwin gwynn *main* glan. 16–17g. *DCR* 255, Y meddwyn nid y ond bîr *main* i gyd. 1604–7 *TW* (*Pen* 228), gwin *main* d.g. *adynamus, villum.* *c.* 1689 (1802) L. WILLIAM: *Sherlyn Benchwiban* 17, I gymmysgu succan *main*.

(*d*) Blaenfain, pigfain, blaenllym, miniog; llym, treiddgar, gwenwynllyd (am y gwynt), tenau (am awyr): *pointed, spiky, sharp; keen or biting (of wind), rarefied (of air).*

14g. *GDG* 402, Dafydd, o beiddir dyfod, / Â *main* gledd, o mynny glod (Gruffydd Gryg). 15g. *LGCD* 84, Mae blaen arno fo yn *fain* / Fal nodwydd neu flaen adain [i ofyn cleddyf]. 15g. *GO*

159, Oerwynt Dwyrain *main*. **1771** W. WILLIAMS: *GIE* 61, Hwy [beiau] oedd yr hoelion *main*. **1771** *PDPh* 61, haiarn *main* fel min cleddyf. Ar lafar, 'blaen *main*'; 'Mae'r gwynt yn *fain*'; ''Dach chi'n clwad yr awal yn *fain*?', *WVBD* 360–1. Cf. ELUNED: *DA* 61, a'r awyr mor *fain* yn yr uchder ofnadwy nes mai trwy boen dirfawr y gellid anadlu.

(*e*) Craff (am y synhwyrau); astud, manwl, gofalus, gochelgar; cyfrwys, llechwraidd, diegwyddor, dichellgar; anllad (am y llygad, edrychiad); cyflym, chwim, buan (am symudiad, digwyddiad); blin, pigog, piwis, surbwch, byr neu ddrwg (am dymer): *keen, sensitive, sharp, acute* (*of the senses*); *intent, close, careful, wary*; *sharp* (*in bad sense*), *slippery, cunning, insidious, unscrupulous, treacherous*; *wanton, lascivious* (*of the eye, glance*); *swift, quick* (*of movement*), *imminent* (*of event*); *ill-humoured, short-tempered, irascible, cross, sulky, short or bad* (*of temper*).

16–17g. *RAGR* 322, A Minne'n gwrando . . . / Ar y Rhain dann y Drain, cuddio'n *fain* f'Wyneb. **1621** E. PRYS: *Ps* 4b, Wele'r annuwiol a'i bwâu, / . . . / Am wirioniaid yn llechu'n *fain* / i saethu'r rhai'n o gysgod. **17g.** *Llsgr R. Morris* lxxiv, minne yfa yn *fain* / gwpaned at y rhain. **1701** E. WYNNE: *RBS* 6, mae'n gorfod i'r Temtasiwnau ymewino'n *fain* or tu ôl i orchwyl y diwyd. **1710** *F* 83, E ddaw'r Angeu dan ddringo, / I'w dy'n *fain* at ei En fo. **1759** *BC* 133, Rhag ofn bradwriaeth iddo fe ffôdd i ffordd yn *fain*. **1760** *W Ballads* 89, 6, Ae'r ddau Gyfell, I'r un Ystafell, / I ymddoethi yn *fain*, Heb ond y nhw eu hunain. **1769** TWM O'R NANT: *TChD* 10, Mae llawer Llangc yn anllad, / Ac yn ddigon *main* ei Lygad. *id.* 56, Ow nefaid am [*sic*] gwartheg, os rhaid imi'n *fain* / Farw, bydd i rhain oer fore. **1771** L. REES: *RCG* 21, Mae'n peri'r galon wilio'n *fain*, / Rhag anfoddloni wrth y rhai'n. **1803** *P*, *main* . . . ymguddiaw yn *vain*, to hide one's self closely. Ar lafar, 'Maen' nhw'n clwad mor *fain*', 'Their sense of hearing is so acute', *WVBD* 361; hefyd yng Nghered. a'r De, 'Mynd a chered *main* arno fe', 'to go at a quick pace'; ac yn sir Gaern. yn yr ystyr 'pigog, piwis', 'Mae o'n *fain* iawn heddiw', 'tempar *fain*'. Cf. *Hen B* 24, Gochel fab . . . / Gyda llygad *main* cynffonnog; *Yr Haul* vii. 126, Yr wyf yn cadw fy llygaid yn *fain* arnynt [personau]; T. HUDSON-WILLIAMS: *GG* 57, twyllwyd Demon gan y ddau gnaf *meinaf* a fu erioed yn hudo arian o boced y di-feddwl-ddrwg.

(*f*) Uchel o ran cywair, gwichlyd, treiddgar (am lais, sain, &c.): *high-pitched, squeaky, shrill, sharp, piercing* (*of voice, sound, &c.*).

14g. *GDG* 323, Ac eos gain *fain* fangaw. **14–15g.** *IGE*[2] 157, Uchel yr wyf yn ochain / A chroch fal ariangloch *fain* (Rhys Goch Eryri). *c.* **1400** *Études* vii. 68, Y neb a dywetto yn ebrwyd ac yn *vein* (*Card* 5, 159, Yr Neb y bo llef *vain* Ebrwydd) anffenedic vyd. **15g.** BEDO AERDDREM, &c.: *Gw* 141, *meinach* y bref or mynydd / na gwich ü venn ag ywch fydd [i'r tarw]. **1588** 1 *Br* xix. 12, llef ddistaw *fain*. **1595** *Egl Ph* 102, na bo hi [y llais], na rhy ddofn, na rhy *fain*. [**1783**] *W* d.g. *sharp or shrill* [*apply'd to sound*]. **1794** E. JONES: *MPR* 62, Mwyn yw llûn, a *main* yw llais, / Y Delyn varnais newydd. Ar lafar, 'Mae llais *main* gyno fo', *WVBD* 361.

(*g*) Caeedig (am lafariad), y gwrthwyneb i lydan (am acen siaradwr), nodweddiadol Seisnigaidd: *closed* (*of vowel*), *the opposite of broad* (*of a speaker's accent*), *characteristically English*.

1847 *Traeth* iii. 5, Mae y lafariad [*sic*] a, mewn geiriau . . . megys, cân . . . parha, &c., yn cael ei swnio mewn rhai ardaloedd yn gyffelyb i'r a *fain* Seisonig yn cane . . . yr hon sydd yr un a'r e Gymreig. Hefyd tröir y deuseiniad ae yn ei. . . . Bro Trefaldwyn, a rhanau eraill o Feirion, yn y Gogledd, sydd fwyaf yn y bai hwn; ac yno ystyrir yn brydferthwch siarad yn *fain*, fel y dywedir, ac nid yn llydan fel yn y rhanau eraill o Wynedd a Phowys. Cf. D. OWEN: *GT* 76, Gyda llais swynol, ac acen *feinach* nag a glywid yn gyffredin gan Ogleddwr.

(*h*) Prin, annigonol, cyfyng, tlawd, caled (am amodau byw), gwasgedig (am amgylchiadau): *scanty, inadequate, limited, meagre, lean, slender, hard* (*of living-conditions*); *straitened, impoverished* (*of circumstances*).

18g. *W Ballads* 151, [5], [Y] ffowliwrs lled ffolion, gwŷr *meinion* i mael. **1787 (1812)** TWM O'R NANT: *PG* 17, 'Does fatter er bod rhaid i rai fyw'n *fain*. **1790** TWM O'R NANT: *GG* 78, Er bod arno 'sywaith fywoliaeth go *fain*. **1795** JAC GLAN-Y-GORS: *SG* 43, un ystafell fechan . . . lle go *fain* i fagu pedwar neu bump o blant. Ar lafar, ''Fuon' nhw fyw'n eitha *main*'. Gw. hefyd y cfn. *bod* (*mynd*) *yn fain ar* (*rywun*).

Cfn.: **main (y) cefn:** *the small of the back.* [**1783**] *W* d.g. *small, the small of the back.* Ar lafar. Cf. *meingefn.* **m. coes (y goes):** *the small of the leg.* **1775** *W* d.g. *leg, the small of the leg.* **m. (yr, ei, &c.) esgair** = **m. coes.** *c.* **1400** *MM* 24, dodi llosceu ar *uein y esgeired.* *c.* **1400** *RM* 148–9, 154. **bod (mynd) yn f. ar (rywun):** *to be in difficult circumstances, be(come) embarrassed or hard pressed.* Ar lafar yn gyff., e.e. 'Mae'n *fain* iawn arno fo', *WVBD* 360. Cf. *pig—mynd yn big ar* (*rywun*).

Am *baco main, brethyn m., côt â chwt(ws) f., crys m., cwrw m., diod f., yr iaith f., lliain m., llwyd m.,* gw. dan yr elf. blaenaf.

Gw. hefyd blaenfain, canolfain, coesfain, pigfain, &c.

main[2], ff. l., gw. maen[1].

main[3], gw. mên[1].

main[4], gw. mehin.

main[5] [bnth. Ffr. *main* 'cwir (o bapur)'] *e?g.* Cwir (o bapur): *quire* (*of paper*).

1617 *Minsheu* 347a, *Main* o bapyr d.g. *a quire of Paper.*

main[6], 3 un. pres. myn. y f. *manaf*[1]: *manu.*

mainc, maing [amr. ar *bainc*; am *b-* ac *m-* yn ymgyfnewid, cf. *benyw, menyw*; am yr amr. *-nc, -ng*, cf. *cainc, caing*; dichon mai *b-* yw ff. gsf. cts. fl. rhai o'r enghrau. cynharaf] *eb.* (bach. *meinc(i)an, meincen*) ll. *-(i)au, -ydd.* Sedd hir fel rheol o bren ac weithiau a chefn iddi, bainc, lleithig, ffwrm, sgiw; stôl, troedfainc; bwrdd pren, &c., i weithio arno, bwrdd neu silff garreg (mewn llaethdy, pantri, &c.): *bench, long seat, form, settle*; *stool, footstool*; *workbench, stone slab* (*in dairy, pantry, &c.*).

13g. *LlI* 3, E gof llys em pen y *ueyng*, rac deu glyn yr effeyryat. *id.* 21, E le yn e llys yv en tal y *ueync.* **14g.** *LlB* 95, Gwerth gayafty . . . y colofneu, *meinkeu.* **14g.** *YBH* 58a, yna yd oed . . . iuor ar *veinc* yn eisted. **14g.** *B* xxv. 267, porffir a gyuodes y ar y *veigc.* **15g.** *GM* 32, Eisted ar vyn deheu y gyt a mi, / Yny dottwf i dy elynyon / Yn *veink* y dan dy traet santeidyon. **16g.** (*LlEG*) *Mos* 158, 90b, yrhrain [geifr]. . . A ddechreuasannt neidio ar y ffyrmau ar *meinkiav.* **1547** *WS*, *maink*, a benche. **16–17g.** *GST* i. 845, Ar draws *meinciau* os neidir / Llawer crimog a dorrir. **1604–7** *TW* (*Pen* 228) d.g. *abacus, scamnum, sedile, seliquastra, sellaria, sessibulum, subsellium. id. meincian* d.g. *scabellum. Dchr.* **17g.** *J* 10, 29a, *meingcen*, scabellum. **1662** E. WYNN: *TY* 83, [g]an fyned iw *faingc* (os bydd y gweinidog heb ddechreu y gwasanaeth). **1690** *Ymofynion* 1, *meincie* ag eisteddleoedd erail[l]. **1722** *Llst* 189, *meingcan*, a small bench, little stool. **1728** T. BADDY: *DDG* 45, [C]raig yn yr hon i'r [*sic*] oedd lle wedi ei naddu megis *Maingc* i fod yn Welŷ iddô. Ar lafar yn gyff., *WVBD* 361, weithiau yn y ff. dreigledig *fainc* (ll. *feince, feincydd*); yn ardal y chwareli llechi golyga 'astell gref o bren neu lechfaen a dau bentan yn ei chynnal'. Y mae pentref o'r enw *Meinciau* ym mhlwyf Llangyndeyrn, sir Gaerf., a thŷ o'r enw *Conglymeinciau* ym Motwnnog.

(*b*) Sedd barnwr neu ynad, yn *dros.* llys barn, barnwyr neu ynadon sy'n cydeistedd i wrando achosion cyfreithiol, corff o gynghorwyr neu o seneddwyr; gorsedd, gorseddfainc; hefyd yn *ffig.*: *seat of judge or justice, transf. court of law, bench of judges or magistrates, body of counsellors or members of parliament*; *throne*; *also fig.*

15g. *GHC* 3, Tywyll fydd i'r to ieuainc / Roi'r farn pan eler i'r *fainc.* **15g.** *LGC* 498, Henri evo aeth hwnw ar *vainc* [i Harri VII]. **15g.** *R* 1412. 25–6, tri phaladr. tri kadr o *uaingk* hu gadarn. Tri o geirw a varn. trwy y gwyr uu (Lewis Glyn Cothi). **15–16g.** *TA* 128, Mor sicr, lle'r ymwresocwyf, / Ar *fainc* Iâl, â'r afanc wyf [i abad Glyn Egwestl]. *id.* 315, Ni chai henwr i chynnal—/ Yr iefanc doed i'r *fainc* dal. *id.* 508, Bum ŵr y *fainc*, bum ry falch. **15–16g.** *GIF* 57, Da i'r *fainc* y doi â'r farn. *a.* **1587** *Y* 58, Coelir *maink* o eilwyr mawl! **1588** 1 *Cor* vi. 4, dodwch ar y *faingc* y rhai gwaelaf yn yr eglwys. **1605–10** *HCRC* iii. 24, pan ddoe r *vaink* ynghyd i eiste / taro ffagod yn y rheini [aelodau'r Senedd]. **1687 (1715)** J. OWEN: *TB* 100, Pan oedd [Pericles] ar y *faingc* yn yr Athen yn barnu rhwng y bobl. **1714** D. LEWYS: *CN* 35, Mae'r *Faingc* yn eistedd. **1762** W. WILLIAMS: *C* 65, O flaen dy *Faingc* rhaid sefyll. **1770** *W*, y *faingc* d.g. *bench* [*the judges sitting together for the trial of causes*]. **1785** D. LLWYD: *GP* 8, Ar *faingc* ei Dad yn wastad eistedd [am Grist].

Cfn.: **mainc flaen:** *front bench* (*in Parliament*). Ar lafar. **m. gerrig:** *bench where finished slates are placed.* Ar lafar yn ardaloedd y chwareli llechi. **m. gefn:** *'screen', ?seat or settle with a high back.* *c.* **1730** *Thos. Lloyd D* (LlGC) 171a. **meinciau cefn:** *back benches* (*in Parliament*). Ar lafar. **mainc glustogol:** *couch.* *c.* **1730** *Thos. Lloyd D* (LlGC) 171a. **m. gneifio:** *sheep-shearing bench.* Ar lafar. Cf. *ffwrwm—ff. gneifio.* **meinciau croesion:** *cross-benches* (*in Parliament*). **20g.** **mainc gwrw:** *ale-bench.* **1606** E. JAMES: *Hom* i. 177. [**1676**] *AF* 2. *Cyfr.* **y F. Gyffredin:** *the* (*Court of*) *Common Bench or Common Pleas.* **16g.** (*LlEG*) *Mos* 158, 239b, *y vaink gyffredin* ner komun plaas. **m. olchi:** *bench for holding a wash-tub.* **1725** *SR* d.g. *a tressle.* Cf. *ffwrwm—ff. olchi.* **m. weithio:** *workbench.* Ar lafar. Cf. *ffwrwm—ff. waith.* **m. halltu:** *salting-bench* (*for cheese or pork*). **1800** W. OWEN[-PUGHE]: *CP* 92. Ar lafar ym Morg. **m. blaenio:** *bench used in planing timber.* **1870.** *Cyfr.* **m. rydd:** *free bench.* **1870.** **m. y simnai:** *chimney settle.* **17g.** *Hen B* 69, Mi gaf yno ganu cainc, / Ac eiste ar *fainc y simne.* **m. sternio:** *a bench used in hewing or chipping wood.* Ar lafar yn Llŷn. **m. (ei, &c.) draed (droed):** *footstool, also fig.*; *a means of climbing to a higher position.* **1551** W. SALESBURY: *KLl* xxxvia. **1567** *TN* 7b–8a, [y] ddaiar . . . *mainc ei draed* (**1588** *Math* v. 35, *droed*) ydyw. **1632** *D* d.g. *scabellum.* **1657** *MLl* ii. 76, y rheini sydd yn arteithio . . . y tlawd . . . gan i gyfrif yn *faingc draed* iddynt, yn vnig er mwyn iddynt hwy gael arglwyddiaethu. **1723** E. SAMUEL: *PDdC* i. 121. **1773** *W*, *maingc* . . . *draed* d.g. *foot-stool.* **m. ysglodion:** *bench on which split slates are placed before being dressed.* Ar lafar yn ardaloedd y chwareli llechi, '*mainc 'sglodion*'. Cf. hefyd y teitl *Y Fainc 'Sglodion* gan J. W. Jones (1953); bu'r un awdur yn gofalu am golofn lenyddol yn dwyn yr un enw yn *Y Cymro* ar un adeg.

Am *cwrt mainc y brenin*, gw. cwrt[1].

Gw. hefyd bainc, brawdfainc, brenhinfainc, gorseddfainc, henfainc, troedfainc, uchelfainc.

maindwr, maingain, gw. maendwr, meingain.

maingylchoedd, gw. maengylch.

mainhâf: mainhau, gw. meinhâf: meinhau.

mainhir, gw. meinir.

mainpris, gw. maenpris.

maint[1] [Crn. C. *myns*, H. Lyd. a Llyd. Diw. *ment*, H. Wydd. *mé(i)t*, Gwydd. Diw. *méid*: < Clt. **mantī-*, cf. e. prs. Gal. *Caramantius, Venimantii*; efallai i'w gysylltu â'r un gwr. ag a welir yn yr a. *mawr*] *eg.b.* (bach. *meintyn*) ll. *meintau*, (prin) *meintoedd*.

1. (*a*) Maintioli, mesur neu ddimensiwn peth, swmp, corffolaeth; swm, nifer, rhifedi; gradd, helaethder: *size, dimension, magnitude, stature*; *amount, sum, number, quantity*; *degree, extent.*

9g. (*Juv*) *B* vi. 206, gurd *meint* icomoid imolaut. **13g.** *LlI* 70, Enteu a dele kamluru am pob un onadunt huy herwyd *meynt* er affeyth. **14g.** *LlB* 63, Beth a rody ti ymi? . . . Mi a rodaf it y *veint* hon. **14g.** *WM* 33. 3–4, breiscach oed no mab teir blwyd auei uawr ydwf ae *ueint*. *id.* 138. 33–5, [g]was . . . a*meint* milwr ae praffter yndaw. **14g.** *B* v. 198, kyt boet maur y Tat a'r Mab a'r Yspryt Glann, eissoes nyt tri *meint* yssyd vdunt vy megys tri dyn gogymeint. *c.* **1400** *id.* ii. 11, hynn yw *meint* yr erw . . . deugeinllath o hyt a phedeir o let. *c.* **1400** *RB* ii. 23, bu ymlad diruawr *yveint*. *id.* 237, bot y *veint* honn o gofeint . . . ympop rann. *c.* **1400** [*RB*] *WM* 245. 31–2, Sef oed *meint* y nifer teir mil. *c.* **1400** *YCM*[2] 25, Y *veint* ef oed deudec kyuut yn y hyt. **15g.** *IGE*[2] 285, A'r *maint* hyn, meddyn' i mi, / Bwn sor, oedd o benseiri (Siôn Cent). **1567** *TN* 9b, [p]wy . . . a ddychon angwanegy vn cuvydd ar ei *vaint* [:– gorpholaeth]? **16–17g.** *GST* i. 515, Od wy' fychan . . . / Nid fy *maint* ydyw fy mudd (Siôn Phylip). **1632** *D*, *maint*, quantitas, magnitudo. **1632** J. DAVIES: *LlR* 73, ystyriwn beth yw *maint* a mesur ei ddigllonedd ef yn erbyn pechod. **1754** *ML* i. 310, Wfft o'r *maint* sydd ynddo [Risiart Morys, Mathafarn]; saith droedfedd mi wranta o uchder. **1800** W. OWEN[-PUGHE]: *CP* 29, Mae *maint* mawr iawn o dir yn Mhrydain . . . yn ei gyflwr gwyllt . . . [d]wyn y dwr arno yn y *maint* cyfaddas. Ar lafar yn sir Benf. a godre Cered. clywir ff. l. *maintodd*, 'Ma Josi bach wedi dala wni *faintodd* o ieir-bach-yr-haf', *GDD* 192.

(*b*) (ar ôl a. yn y radd gmhr.) Nifer cyfrifadwy, y graddau arferol neu ddisgwyliedig, dimensiwn neu faintioli cyffredin neu fesuradwy: *a computable number, the normal or expected degree or extent, usual or measurable dimension or size.*

13g. *C* 72. 2–3, a geloraur mvy no*meint*. **13g.** *BD* 6, doluryav a wnaeth yn wuy no *meynt* (*ultra-modum*). **15g.** *KAA* 9, ryvedach gennyv no *meint*. *id.* 12, dangos . . . bot yn vwy no *meint* y karyat o bop parth.

2. (gyda grym gradd gfrt. *mawr* a *llawer*)

(*a*) Cymaint (o ran maintioli, nifer, &c.), cynifer, mor fawr: *so great* (*with regard to extent, number, &c.*), *so many, how great, how many.*

13g. *Brut B* 66, rac *meynt* onadvnt [drll.] a vodes . . . lley oed ev nyver. **13g.** *LlI* 75, llourud er *meynt* e lledrat a dywetter arnau, ny dely bot en eneyt uadeu o geyll talu seyth punt. **14g.** *T* 78. 13–14, dreic nyt ymgelho yr*meint* ydo. **14g.** *B* ix. 329, a'th ovynn ti yssyd ar baup er *maint* vo y allu. *c.* **1400** [*RB*] *WM* 222. 30–1, rac *meint* y kynnwrwf hwnnw deffroi a oruc ronabwy. **15g.** *FfBO* 48, Enryued vu gennyf *veint* o bobyl a oed yno. **1551** W. SALESBURY: *KLl* lxiia, Chwi welwch *veint* (**1588** *Gal* vi. 11, cyhyd) y llythyr a escrivennais. **1567** *TN* 168a, y rhwyt . . . nyd oedden ddim abl yw thynu, gan liaws [:– rac *meint*] y pyscot. *id.* 333b, Edrychwch . . . *faint* oedd hwn [Melchisedec]. **1604** R. HOLLAND: *BD* 9a, er *maint* Doctoried duwindeb yn hwy. **1632** *D*, er *maint* yw d.g. *quantusuis.* **1632** J. DAVIES: *LlR* 73, yn adrodd dosted yw meddwl Duw a *maint* yw ei ddigofaint. *id.* 211, Er *maint* o resymmau . . . a osodwyd i lawr. **1679** C. EDWARDS: *GGG* 151, O *faint* yw 'r cariad y mae hyn yn ei ddatcan! **1703** E. WYNNE: *BC* 135, a *maint* llês a wnaeth y Pâp i ni. **1716** E. SAMUEL: *GGG* 142, er *maint* Gelyn ydoedd [Julian] ir Christ'nogion. **1723** E. SAMUEL: *PDdC* i. 73, [d]al sulw *faint* parch oedd gan Ddafydd i'r Gwasanaeth cyffredin yn y Deml, a *maint* godidoccach yr oedd y[n] ei chyfrif nai Weddi ddirgel ei hun. **1764** W. WILLIAMS: *Th* 20, fe anghofiodd *faint* ei glwy. **1767** M. RHYS: *GDdB* 29, Er *maint* yw grym fy mhechod, er *maint* yw llid y ddraig.

(*b*) (gyda'r fannod, ac e. yn dilyn yn uniongyrchol) Y cwbl, cynifer o, y fath, cymaint o, pa . . . bynnag: *the whole, all, as many, such* (*a*), *so* (*such*) *great, whatever.*

13g. *A* 16. 19–20, dimyngyei y gat. or *meint* gwlat yd y klywi. **13g.** *B* x. 31, echdywynygu a oruc y chyssygredic corff or *veint* eglurder . . . edrech arnav enteu ny ellit rac gormod eglurder. **13g.** *BD* 108, yr hwn a chuyth o'e froeneu y *ueint* wybren (*tantam . . . nebulam*) yny dywyllao vyneb yr holl enys. **14g.** *T* 4. 16–18, Nifer auuant glan lwys gradeu eur golofneu eglwys. ar *meint* traethadur atraethwys. *id.* 6. 2–3, ar *meint* doethur adarogan crist. **14g.** *WM* 56. 30–1, o hynny y bu y *meint* goruot a uu y wyr ynys ykedyrn. *c.* **1400** *R* 1146. 28, Traethaf armaf or*meint* ynni. *c.* **1400** *RB* ii. 46, rac ofyn colli y *meint* gwyr aoed idaw. *id.* 132, ethol y *veint* wyr Ieueingk a wely (*iuuentutem istam*). *id.* 236, Ar *ueint* vrdolyon a dihegyssynt (*cum omnibus ordinatis*). *c.* **1400** [*RB*] *WM* 203. 19–21, gwedy ryussu or dinewyt y *meint* gwellt aoed uch eu penneu. **15g.** *FfBO* 37, Kadi a beris daly y *meint* Cristinogyon (*omnes Christianos*) a oed yn y dinas hwnnw. *c.* **1585** *Llst* 178, 55b, an swper ni oedd yn ragori mewn moethyster ar y *maint* trwydded ag a welais j er joed.

(*c*) (gyda'r fannod, ac e. a rhagenw dangosol yn dilyn, a'r rhagenw'n cytuno o ran rhif a chenedl weithiau â *maint* ac weithiau â'r e. sy'n dilyn *maint*) Cymaint, y fath . . . mawr (fawr) â hwnnw (honno, hynny, y rheini, &c.): *so great a, such* (*a*) *great . . . as that* (*those, &c.*).

13g. *Llst* 1, 135, en anryded yr *veynt* wyr henny. **13g.** *Brut B* 36, e *veynt* trveny honno. *id.* 76, e *veynt* yavnder honno. **13g.** *B* x. 27, kymrawu [drll.] y chedemdeitheon or *veint* drycdamwein hvnnv. *c.* **1400** *RB* ii. 149, gochel y *ueint* tymestyl honno (*tantam ingluuiem*). *id.* 160, yny *veint* perigyl honno (*in tanto periculo*). *id.* 187, ymlad ar *veint* nifer honno (*tanta multitudo hostium*). *id.* 199, gwedy y *veint* uudugolyaetheu hynny o bop lle. *id.* 243, enryfedu narygawssei eiryoet y *veint* velyster honno (*tantam dulcedinem*) ar gig arall. *id.* 316, hyt na lygrit cadeir yr *ueint* brelat hwnnw. *c.* **1400** *YCM*[2] 13, llawenhau a orugant hwynteu o'r *meint* gwyrtheu hwnnw.

(*d*) (o flaen cymal pth., weithiau gyda'r fannod, weithiau hebddi) Cymaint (â), gan gymaint, cynifer (â), y cwbl: *how great*(*ly*), *how much, as much* (*as*), *as many* (*as*), *all.*

13g. *C* 20. 10–11, ac ny riuelssud y *meint* a garyssud. **13g.** *A* 31. 14, ceuei gwin gwaet meirw *meint* a wanut. *id.* 36. 18–19, *meint* a gaffeilau nyt atcoryei o hanau. **13g.** *LlDW* 35. 23–4, meynnyholi ohonau ef e*meynt* arodhey. **13g.** *B* ix. 339, Ar *veint* e sorres peder ebostol am henne. **13g.** *BD* 26, na allei dywedvyt ar y thauavt leueryd *meint* y carei. **14g.** *T* 18. 3–4, dysgogan derwydon *meint* aderuyd. *id.* 65. 19–20, weithon ygwelaf y*meint* agaffaf. **14g.** *LlB* 67, y'r vam y telir . . . y *meint* a welo y gwr y vot yn iawn. **14g.** *WM* 168. 9–10, o achaws eu ketymdeithas a *meint* yd ymgerynt. *c.* **1400** *RB* ii. 65, pa veint y karei hi euo . . . y *veint* y bei y gyuoeth. **15g.** *KAA* 31, ev ar *meint* a dihangyssei oe niver. **1567** *TN* 55a, dugir y arno, *meint* ac ysy ganthaw. **1568** MORYS CLYNNOG: *AG* [v], wrth weled . . . *maint* sydd o eissie cyfrwiddid ar phordd Grist . . . ymysc gwyr yn gwlad. **1672** R. PRICHARD: *Gw* 4, Y gair sy'n cynnwys ynddo'n helaeth, / *Faint* sydd raid at Jechydwriaeth. **1703** E. WYNNE: *BC* 117, gan dywylled . . . yw 'r Wlâd, a *maint* sy o Elltydd heirn tanllyd.

Cfn.: **maint yn y byd:** *the least bit, anything at all,* (*in*) *the slightest degree.* **1718** E. SAMUEL: *HDdD* 105, cymmerant fawr ofal rhag ymroddi byth i ddechreu ymarfer *maint yn y byd* ag ef [pechod]. **1754** *Gron* 248, Nid oes yma *faint yn y byd* o newydd. **1754** G. OWEN: *L* 117, [yr] Hwyntwyr . . . rhyfedd yw allu o naddynt gadw *maint yn y byd* o'r hên iaith. **o (o'r, o'i, &c.) f.:** *in size or stature, of the size* (*of*), *of a size specified or implied, of his, &c., size.* *c.* **1548** *CM* 1, 538, y kyuriw bryued . . . yr hrain amgynull . . . *o vaint* pysen gron. *c.* **1600** *B* viii. 207, anhebic i Gai wyt *o vaint*. **1748** *ML* i. 138, y llanc dirieitta *or faint* Ynghymru. **oni bai f. (gan):** *if one were not so concerned or anxious, if . . . were not so great, if . . . did not loom large.* **15g.** *DGG*[2] 80, Nid gwaeth . . . / *Oni bai faint* mewn braint braw / Ofn deuddyn a fai'n dyddiaw [i'r daran]. **1606** E. JAMES: *Hom* ii. 196, nid ymroen ninnau heddyw yn gymmaint i ofergoel, *oni bai faint gennym* am lenwi ein boliau (*were it not that we so much esteemed the filling of our bellies*). **yn ei, &c., (lawn) f., yn llawn f.:** (i) *having attained his, &c., full size, at full stature, fully grown.* **1722** *Llst* 189, *yn ei lawn faint*, full-grown. **1790** T. JONES: *TOS* 69, a fynnem ni . . . [ein] geni *'n llawn faint*? Ar lafar, 'Mi fydd yr ebol gymint ddwyweth â hyn pan fydd o *yn 'i faint*'. (ii) (yn y ff. *yn ei faint*) *?for its size, considering its size.* **14g.** *WM* 189. 6–9, ny rywelsei dyn eiroet llu tegach . . . noc oed hwnnw *yny veint*. **yn y f. (fwyaf), yn y m.:** *to the degree or extent* (*that*), *in so far as, thus far, so far, as much as, according as, in proportion to.* **13g.** *Brut B* 36, *En e veynt* e bych ty ac e bo de allv, *en e veynt* honno e karaf ynhev tydy (*tantum habes, tantum vales, tantumque te diligo*). **1346** *LlA* 150, ac *yn y veint vwyhaf* (*quanto*) ydechreuho ysprydawl vryt caffel blas ar wybot idi ehun. *yn y veint* honno (*tanto*) y y [*sic*] tremycca knawdawl velyster. *c.* **1400** *RB* ii. 84, ni a lafurywn *yn y ueint* y gallom (*utique omni nisu*) yn hamdiffyn. *Diw.* **15g.** *B* v. 104, creadur wyf i duw eissoes *yn y maint* y pechais drwc wyf. **1592** S. D. RHYS: *Inst* [xvii], a'm' addyscu *ynn y meint* a 'wypech'; ac hyd y bewn inheu 'allûoc o ddéall.

Am *mwy na* (*no*) *maint, nawdd bo m., pa f.*, gw. mwy, nawdd, pa.

Gw. hefyd cymaint, meintied, rhywfaint, unfaint.

maint[2], ff. l. *mant*.

mainteiniaf: mainteinio, mainteisiol, gw. maentumiaf: maentumio, manteisiol.

maintfesuraeth [*maint*[1] + *mesur* + *-aeth*] *eb.* Gwaith maintfesurydd: *quantity surveying.*

20g.

maintfesurwr, maintfesurydd [*maint*[1] + *mesurwr, -ydd*] *eg.* ll. *-wyr.* Un sy'n mesur a phrisio gwaith adeiladwyr: *quantity surveyor.*

20g.

maintiol, gw. meintiol.

maintiolaeth, maint(i)oliaeth [*maint*[1] + *iol* + *-*(*i*)*aeth*] *eg.b.* ll. *-au.* Maint, maintioli, mesur, swm, mawredd, taldra; *Math.* folwm, cyfaint; *Sein.* hyd (llafariad, sillaf, &c.); *Ser.* gradd o ddisgleirdeb: *size, dimension, measure, quantity, greatness, magnitude, stature; volume* (*in math.*); *quantity* (*in phonetics*); *magnitude* (*in astron.*).

1552 *Pen* 403, 17–18, yr wyfi yn dodi rrwolaeth hyn o vatter yn ol synnwyr y tad ar vam, y Rrain a allant ddyallt wrth *vaentiolaeth* [*sic*] a chyfrwystra r etivedd. *c.* **1585** G. ROBERT: *DC* 10b-11a, y mae'r mor yn rhagori ar un defnyn o ddwr mywn *maintiolaeth*. *id.* 13b, mywn *meintioleth*. *id.* 48b, [y] ser, i rhifedi, i *maintioleth*. **1600** *Cy* xxvii. 126, heb ddim llai *meintiolaeth* ei gorph no phwy un bynnac o'r cewri uchod. **1604–7** *TW* (*Pen* 228), *maintiolaeth* d.g. *magnitudo*. *id. maentoliaeth* [*sic*] d.g. *quantitas*. **1630** R. VAUGHAN: *YDd* 40, Nid oes . . . yn Nuw ddim *maintiolaeth*, wrth yr hwn y dywedir, ei fod efe yn gymmaint a chymmaint. *id.* 603, Nac edrych . . . ar *faintiolaeth* dy bechodau. **1657** *MLl* ii. 58, Pa beth iw [*sic*] rhinwedd, nerth, uwchder, a *maintiolaeth* cariad? **1658** R. VAUGHAN: *YPS* 20, ei fesur [schism] . . . ai holl *faintiolaethau* ydynt gythreulig. **1691** T. JONES: *Alm* [46], yn rhatach o geiniog y dwsing na'r Almanac Saesneg o'r un *faintiolaeth*. **1696** *GGTY* 12, trwy ychydig *faentiolaeth* [*sic*] o fara a gwin. **1740** E. DAVIES: *Alm* [45], Llyfr Gweddi Gyffredin o *faintiolaeth* mawr. **1768** J. ROBERTS: *R* 36, Lliosogwch Bris un â'r *Maintioliaeth* fyddo gennych. **1775** M. WILLIAMS: *MC* 10, O's bydd Pren yn 22 o Droedfeddi o hyd, ac yn 66 Modfedd o Amgylchiad . . . pa sawl Troedfedd a fydd ei *Faintiolaeth*? **1798** T. ROBERTS: *CG* 11, ni fedr chwanegu un cyfydd at ei *faintiolaεth*.

maintiolau, gw. maintioli.

maintioledd [*maint*[1] + *-iol* + *-edd*[1]] *e.?g.* Maint: *amount.*

1618 J. SALISBURY: *EH* 35, *maintioledd* yr iawndal a fesurir, wrth fesur teylyngdra'r hwn a fo'n gwneuthur yr iawn.

maintioli [*maint* + *-iol* + *-i*[1]] *eg.* Maint, maintiolaeth, mawredd, taldra, swm, gradd, helaethder, hefyd yn *ffig.*; *Math.* arwynebedd; *Math.* folwm, cyfaint; *Ser.* gradd o ddisgleirdeb: *size, dimension, magnitude, bigness, stature, quantity, degree, extent, also fig; area* (*in math.*), *volume* (*in math.*); *magnitude* (*in astron.*).

1545 *CM* 1, 87, poob vn or engylion a syrthiodd oi lywennyd[d] yw drisdwch ynnol *maintioli* y pechod ai anuvvyddiaeth ef. *id.* 190, gwna Irdyn yved dav owns . . . or dwr yma . . . Ac ynn *maeintioli* [*sic*] hwn I mae da arver oi yved Ef. **1588** *Luc* xii. 25, Pwy o honoch trwy ddirfawr ofalu, a ddichon chwanegu at ei *faintioli* vn cufydd? **1595** H. LEWYS: *PA* 177, rhac pallu o honom . . . gann ofn, a *maintioli* ein tristwch a'n dialedd. **1604** R. HOLLAND: *BD* [1], mal y galloch . . . ystyriaeth mewn pryd *faintioli*, a phwys eich baych. **1604–7** *TW* (*Pen* 228) d.g. *magnitudo, modulus*. **1615** R. SMYTH: *GB* 55, ai phyrfio [plentyn yn y groth] ai wneythyr mewn *maentioli* [*sic*] cymmedrol. **1618** J. SALISBURY: *EH* 80–1, ym-mha oedran, a *maintioli* corphorol, yr adgyfodwn ni. **1630** R. VAUGHAN: *YDd* 41, Duw sydd fawr heb *faintioli*. **1632** *D* d.g. *modus, quantitas, summa*. **1688** S. HUGHES: *TSP* 24, pan y tyfo y Plentyn hwn . . . ir mann eithaf o'i *faintioli*. **1703** E. WYNNE: *BC* 9, Gwelwn un Ddinas anferthol o *faintioli*. **1728** S. RHYDDERCH: *GC* [v], Llyfr bychan . . . tra chywraint o'i *fantioli* [*sic*]. **1775** M. WILLIAMS: *MC* 9, Meddyliwch fod Pren yn ddeg Troedfedd o hyd, ac yn saith Modfedd ysgwar, beth y fydd ef o *Faintioli*? **1776** J. ROBERTS: *C* 17, *Maintioli* y Môr a'r Tîr . . . Milldiroedd Sgwâr. **1800** W. OWEN[-PUGHE]: *CP* 53, Gwneir hwynt [peiriannau dyrnu] o amryw *feintioli*.

Amr.: **maintiolau** [?ymgais i greu ff. l.]. **1712** T. WILLIAMS: *CDdG* 191, fel y geilw Mesur-wyr-tir y Perthynasrwydd a fo rhwng *maintiolau* au gilydd. **1788** M. WILLIAMS: *BM* 35, Llongau o bob *Maintiolau*.

maintioliaeth, gw. maintiolaeth.

maintiolol [*maint* + *-iol* + *-ol*] *a. Gram.* Yn mynegi maint neu fesur (am adferf): *expressing quantity or measure* (*of adverbs*).

p. **1584** G. ROBERT: *GC* [179], [rhagferfau] *Maintiolawl*, llawer, ychydig, gormod, digon. *c.* **1730** *Thos. Lloyd D* (LlGC) 171a, rhagferf *maintiolawl*, adv. Quantitatis.

maintiolus [*maint* + *-iol* + *-us*] *a.* O gryn faint, gweddol o faint, swmpus, mawr: *sizeable, large.*
1833.

maintoliaeth, gw. maintiolaeth.

maintoniaeth, gw. meintoniaeth.

maintwyddoraeth, maintwyddoriaeth [*maint*[1] + *gwyddor(i)aeth*] *eb.* Mathemateg: *mathematics.*
1850.

maintwyddorol [*maint*[1] + *gwyddorol*] *a.* Mathemategol: *mathematical.*
1850.

maion, maior, gw. maon[1], maer.

maioram, maioran, maieron, &c. [bnth. S. Diw. Cyn. *maioram, maiorane,* &c., 'marjoram'] *e.tf.* ac *e.ll.* Perlysiau o'r tylwyth *Origanum,* eidran, mintys y graig: *marjoram.*
1545 *CM* 1, 251, Y llyshiewyn aelwir *majeron* ynn lloegyr ac ynghymru. **16g.** *LlGC* 4581, 141b, Maiorana yn Llatin, marierum gentle yn Sasonaec ac nid oes a nid benphygy yr vn gair *marierwm* ir Camberaec. *Diw.* **16g.** *WLB* 50, Kymer basilicon mintis *maieron,* origawn. *ib.* Kymer bwrage, persli violed Alexander *maieron* cochion. **1604–7** *TW* (*Pen* 228), *maioran* d.g. *agathites, sampsuchinus, sampsuchum.* **1632** *D, maioram* d.g. *sampsuchum.* c. **1730** *Thos. Lloyd D* (LlGC) 171b, *margeron* gwylltion.
Amr.: **majoram. 1878. marjoram. 20g.**

maip [bnth. S. C. *nēp* 'turnip'; am *n-* . . . *p* > *m-* . . . *p* mewn benthyciadau o'r S., cf. *macyn* < **mapgyn* < S. *napkin*] *e.tf.* ac *e.ll.* (un. b. *meipen,* bach. *meipennig*). Llysiau o'r tylwyth *Brassica,* yn enw. *B. rapa* a *B. napobrassica,* ac iddynt wraidd cryndew gwyn neu felyn sy'n ymborth i ddynion ac anifeiliaid, erfin, swêds, hefyd yn *dros.* ac yn *ffig.*: *turnips, swedes, rutabaga, also transf. and fig.*
c. **1400** *Études* vii. 64, Or berwir kic . . . gyt a *meib* (*WLB* 88, *maib*). *id.* viii. 86, *Meib* (*WLB* 84, *Maib*), gwressawc a gwlyborawc ynt; bwyt trwm ynt. **1547** *WS, maip* erfin, turnep. **16g.** *Pen* 93, 31, maen pwys or man y pisir / *meipen* had mab hwren hir (Dafydd ab Edmwnd). **16–17g.** E. PRYS: *Gw* 329, Dwy *feipen,* drwsgl-ben, di-drwch [Siôn Phylip i ofyn galigasgyn]. *Dchr.* **17g.** *J* 10, 29a, *meipen,* turnip, rapa, erfinen . . . napus. *ib. meipennig,* rapulum. **1632** *D* (*Bot*), *maip,* rapa, rapum, congylis. **1759** J. EVANS: *PF* 29, Rhoddwch wrthynt *Faip* [:– erfin] wedi eu rhostio 'n feddal. **1760** *ML* ii. 255, bwyta ystiwns o datws a *maip.* **1771** *PDPh* 41, sudd *meipen* frwd. **1800** *P,* gwinllan . . . in Anglesey, Gwinllan *vaip,* is a common expression for a field of turnips. Ar lafar; yn y Gogledd ac yng ngogledd Cered. dywedir am rywun twp fod ganddo 'ben fel *meipen*', *WVBD* 361; hefyd yn y Gogledd dywedir 'Mae pen fel *meipen* gen i heddiw' pan fo pen tost gan rywun (e.e. ar ôl yfed gormod).
Cfn.: **maip Adda:** *black bryony roots, Tamus communis.* Ar lafar yn Arfon, *WVBD* 361. **m. bendigaid:** (*white*) *bryony, Bryonia dioica.* **1803** *P,* maip . . . *Maip bendiged,* the root of the briony. **1813** *WB* 218. **meipen garreg:** *stone turnip, white top.* **1800** W. OWEN[-PUGHE]: *CP* 60. **maip cochion,** gw. *m. Môn.* **m. comon:** *turnips.* Ar lafar yn Edeirnion, *B* xiii. 141. **m. deiliog:** *kohlrabi.* **20g. m. gardd:** *garden turnips.* Ar lafar ym Mhenllyn. **m. gwyllt(ion):** *charlock, wild mustard, Sinapis arvensis; rape, wild turnip, navew; ?rampion, vegetable bellflower, Campanula rapunculus.* **[1783]** *W* d.g. *rampions, rape* [*a wild turnip*]. *Diw.* **19g.** *SE MS* 279a. Ar lafar yng ngogledd Cered. **m. gwyn(ion):** (*white*) *turnips.* Ar lafar, *B* xiv. 280. **m. Mair = m. bendigaid. 1813** *WB* 218. **m. melyn(ion):** *yellow turnips.* **1760** *ML* ii. 192. **m. Môn:** *Anglesey turnips.* **1758** *ML* ii. 66, hâd *maip* cochion *Môn.* **1814** W. DAVIES: *Agric . . . S. Wales* i. 528, Whether the Scotch yellow be not the same as those called in North Wales *Maip* Sir *Fôn,* or Anglesea turnips? Digwydd yn y rhigwm adnabyddus, 'Had *maip Môn.* / Heuwch nhw'n gynnar, mi ddôn'; / Ac os y dôn' nhw, 'ddôn' nhw ddim, / Ond os na ddôn' nhw, mi ddôn'. **m. Swedaidd (Swedain):** *swedes, Brassica napobrassica.* **1838. m. tyner = ?m. bendigaid.** c. **1730** *Thos. Lloyd D* (LlGC) 175a, y *feipen dyner,* brionia, woodbind. **m. (yr) ŷd:** *rape, wild turnip, navew, esp. Brassica napus; ?rampion, vegetable bellflower, Campanula rapunculus.* c. **1730** *Thos. Lloyd D* (LlGC) 175a. **1753** *TR* (*Bot*). **1778** *W* d.g. *naphew* [*a rape or wild turnip*], *rampions, rape* [*a wild turnip*]. **1813** *WB* 218, *Meipen yr yd*; Brassica Napus; Rape, Navew, Cole-seed.
Am *chwain maip, dril m., how f., lol botes m., pons(h) m., potes m., stwmp m., stwns(h) m., twca m.,* gw. chwain (At.), dril[2] (At.), how[2], lol, pons, potes, stwmp, stwns, twca.

Mair—allweddau Mair, celyn M., gwŷl F., &c., gw. dan yr elf. fl.

Mairaddoliad [yr e. prs. *Mair* + *addoliad*] *eg.* Addoliad Mair Forwyn, yn ddifr.: *Mariolatry.*
1866.

Mairaddoliaeth [yr e. prs. *Mair* + *addoliaeth*] *eb.* Mairaddoliad: *Mariolatry.*
1858.

Mairaddolydd [yr e. prs. *Mair* + *addolydd*] *eg.* ll. *-wyr.* Un sy'n addoli Mair Forwyn: *Mariolater.*
1913.

Mairbennog [yr e. prs. *Mair* + *pennog*] *eg.* Pysgodyn môr bychan, *Sardina pilchardus,* sy'n perthyn yn agos i'r pennog, pennog Mair: *pilchard.*
1850.
Gw. hefyd pennog—p. Mair.

Mairyddiaeth [yr e. prs. *Mair* + *-yddiaeth*] *eb.* Mairaddoliad: *Mariolatry.*
1843.

mais[1], hen org., gw. maes[1].

mais[2] [gair a luniwyd gan Iolo Morganwg i gyfateb i'r Gwydd. *meas,* a'i gysylltu ganddo â'r gair *dyfais*] *eg.* Barn: *judgement, opinion.*
18–19g. *Llr* C 4, 27, *mais,* judgement, opinion, Irish, meas, hinc dyfais.

mais[3] [adff. o'r gair *dyfais*] *eb.* ll. *meisiau.* Dyfais, hefyd *Her.*: *device, invention, contrivance; heraldic device.*
1803 *P.*

mais[4] [bnth. S. *maize*] *eg.* India-corn, indrawn: *maize.*
1844.

maisg, maistr, maitcan, maits[1,2], **maitsiaf: maitsio,** gw. masg[2], meistr, maethgen, matsh[1,2], matsiaf: matsio.

maith [?< Clt. **mag-tio-,* o'r gwr. IE. **meg-* 'mawr', cf. Gwydd. C. *maglorg* 'pastwn mawr', Llad. *magnus*] *a.* ll. *meithion,* weithiau gyda grym enwol.
(*a*) Hir, pell, helaeth, mawr, niferus; ?o bell: *long, far, extensive, large, numerous; ?from far away.*
14g. *YBH* 28b, gogof braf a *meith* yw dan y ddayar. c. **1400** *R* 1240. 41, llu mawr lle *meith.* c. **1400** (*SG*) *HMSS* i. 257, fforest . . . vawr a *meith.* **15g.** *BB* 199, pant diffeith *meithach* no dym. ?**15g.** *DGG*[2] 15, Ac yn y tŷ mwyngu *maith* / Dau denant diwyd uniaith. **1547** *WS, maith,* ample. **1567** *TN* [xxiii], teyrnas *vaith* poblog. **1603** W. MIDLETON: *Ps* 28, Ymroddant methant *meithion* yw kestyll. **1604–7** *TW* (*Pen* 228) d.g. *grandis, ingens, multum, spatiosus.* **1632** *D, maith,* amplus, largus. **17g.** HUW MORUS: *EC* i. 85, *Maith* ei bol, mamaeth y bir [i ofyn cerwyn ddarllaw]. **1703** E. WYNNE: *BC* 23, meusydd *maith* cwmpasog. **1791** W. WILLIAMS: *MDR* 7, Miloedd *meithion* yno'n disgwyl, / Llu oddi yma, llu o draw. **1803** *P. Diw.* **19g.** *SE MS* 294b, o'r *meithion* anfeidrol—out of the infinite expanse.
(*b*) Hir (o ran amser, parhad), hirfaith, blinderus; mawr (am ansawdd, teimlad, &c.); trist, chwerw: *long* (*of time, duration*), *long-lasting, tedious, tiresome; great* (*of quality, feeling, &c.*); *sad, bitter.*
13g. *C* 79. 15, maur penyd. *meith* peunyt. c. **1300** *H* 98a. 40, kyghaws a uyt traws a uet tristid *meith* (Llywarch ap Llywelyn). **14g.** *GDG* 300, Mygr swyn gerllaw magwyr sêr, / *Maith* o chwyldaith uchelder [i'r ehedydd]. c. **1400** *R* 1050. 16–17, allwgyr *meith* am gyfreitheu. *id.* 1154. 7–9, Vn weith herwyd caryat *meith* hyt na methlych. disgyn pan amherych. *id.* 1229. 11, Bed mawred *meith.* *id.* 1326. 13–14, *meith* yw vot mur glot mor glaf. *Dchr.* **15g.** *B* ii. 193, Rac *meithet* mau goddet mawr. **1588** *Jos* ix. 13, ein gwiscoedd . . . a heneiddiasant rhac *meithed* (**1620** *ib. meithied*) y daith. **1632** *D, maith* . . . tœdiosus [*sic*]. *id.* d.g. *amarus.* **1632** J. DAVIES: *LlR* 156, os yw vn noswaith mor hir ac mor *faith* gan vn a fo'n gorwedd ar wely esmwyth da. **1722** *Llst* 189, *maith.* p. *meithion* . . . teadious; bitter, grievous. **1725–6** *Madd Ed* 322, byddei'n afreidiol, ac am hynny yn *faith,* i adrodd yr amryw Leoedd. **1803** *P.*
(*c*) Doeth, hirben, call, ffel, cyfrwys: *wise, long-headed, clever, cunning, sly.*
15g. *HCLl* 35, Y mae o'r mab ŵr mawr *maith,* / Meistr Wiliam, ystôr eilwaith. **1696** *CDD* 138, Mi addunedais ddryg-ddyn *maith,*/ Do lawer gwaith ymendio. *id.* 156, Pe deallit bôb rhŷw Jaith, / Trwŷ synwŷr *maith* odiaethol. **1740** T. EVANS: *DPO* 219–20, yr oedd ynddo [Pelagius] Synwyr *faith*; yn wr dyscedig dros ben. **1766** *OU* 89, y *meithaf* (*cunningest*) i dywyllo [*sic*]. **18–19g.** *IMCY* 224, Da'th urddas doeth o irddysg / A dyn *maith* [:– Dyn *maith* y dywedir ym Morganwg am ddyn dysgedig] ydwyd i'n mysg. Ar lafar yn sir Benf. yn yr ystyr 'hirben', 'Dyn *maith* yw Jòs', *GDD* 192; hefyd yn y Gogledd am berson 'dwfn' neu gyfrwys, 'Un *maith* ydi o—'does dim posib gwybod beth ydi 'i amcanion o'.

maiw, gw. mayw.

mal[1] [amr. ar *fal,* trwy olff.; dichon fod *m* yn rhai o'r enghrau. cynnar a gynhwysir yma yn cynrychioli *f*] *ardd.* a hefyd fel *cys.* ac *adf.* Megis, â, fel, cyffelyb i, tebyg i: *as, like, similar to.*
13g. *C* 13. 4–5, music agan *mal* eur orian. **13g.** *A* 8. 20–1, Pan gryssyei garadawc y gat: *mal* baed coet trychwn trychyat. **14g.** *T* 8. 13, *Mal* gwneuthur guleu ydall. *id.* 10. 24, Neu byt mor wastat *mal* pan great. c. **1400** *R* 1050. 8, *Mal* rot yntroi. *id.* 1403. 19–20, duw *mal* ef nef ner bennaeth. c. **1400** *Études* vii. 50, Rac gwaetlin o wythien *mal* o le arall. **17g.** HUW MORUS: *EC* ii. 308, Duw cadw'r Athrawon, milwraidd *mal* Aaron. **1728** T. BADDY: *DDG* 2, Ac mi ddywedaf hyn *mal* gwirionedd. **1803** *P.*
Fel *cys.* (*a*) Megis, fel: (*just*) *as, according as, even as.*
12g. *LL* 78, *Mal*iduc guern iduon intaf. **13g.** *C* 68. 19, *mal* y mae iny kystut. **14g.** *T* 57. 15–16, *mal* y kynnullyd yt wesceryd. **14g.** *YBH* 36a, Yn llawen arglwyd *mal* y mynnych di. *id.* 43a, *Mal* ym gwares duw heb y. b[own]. c. **1400** *R* 1333. 21–3, Gwna dovyd vadeu . . . vy holl bechodeu . . . *Maly* madeuwyf a wnaethpwyt wrthyf. **1595** *Egl Ph* [ix], *mal* y mae Amresymmeg yn rhwyddo un i 'mresymmu . . . yr vn sut y mae phraethineb yn dyscu phraethebu. c. **1600** (**1681**) *Rhyddiaith Gymraeg* ii. 162, llinia'r [*sic*] gwadan *mal* y bo'r troed. **1618** J. SALISBURY: *EH* 97, yn yr hyn beth y cynhwysir eyn pryf-ddaeoni, a'n gwnfyd pennaf; *mal* yr adroddaf cyn nemor o ennyd. **1779** I. BRYDYDD HIR: *Gw* 247, gresyn, *mal* dywedwch chwithau, na bai yn deall iaith ei wlad yn well.
(*b*) Fel, er mwyn, nes: *so that, in order that,* (*with the result*) *that.*
c. **1300** *H* 38a. 31–2, As molaf *mal* yt adroter. mal ym cant o bob cant kymer. *id.* 50b. 24, Gur a wnaeth kymry *mal* nad kymri (Cynddelw). **14g.** *BT* 150, y ryw amylder o bysgawt *mal* nas klywssit eiryoet y kyfryw. **14g.** *WM* 389. 25–7, kyscu awneuthum inheu *mal* na vybuum pan aeth ef. c. **1400** *YCM*[2] 179, Reit yw ytti . . . menegi y mi pwy yw hwnnw *mal* y gallo an gwyrda . . . barnu. **1592** S. D. RHYS: *Inst* [xvii], danfon pawb i gymhorth . . . iddo, *mal* y bô pôb pêth yn berphaith. **1740** T. EVANS: *DPO* 95, [b]wrw Niwlen o flaen Llygaid y Bobl, *mal* y tybid nad oedd ganddo ef ddim llaw yn y Mwrdd-dra. **[1783]** *W* d.g. *so, or so that.*
(*c*) Tra, pan: *as, while, when.*
14g. *YBH* 48b, ac *mal* y harganuu y brenhin ef galw arnaw a oruc. **1551** W. SALESBURY: *KLl* lxxiia, *mal* ydd oedd ef yn ymddaith, e ddamwynia[w]dd iddo ddyneshay at Damascon.
Fel *adf.* (*a*) Pa fodd, sut, fel: *how.*
13g. *LlDW* 19. 29, Sef *mal* edely trayan ydau ef [cog] ar deupart[h] yr dysteyn. c. **1300** *H* 64b. 35, bu doeth *mal* y detholeis (Cynddelw). c. **1400** *MM* 28, A llyma *mal* y gwneir y kyuot hwnnw. c. **1400** *B* ii. 15, Wrth *mal* y bo yr hin porth dy deueit y mywn ty. **1567** *TN* 106b, Ystyriwch y lili *mal* [:– podd] y tyfant. **1696** *CDD* 160, Y sutt ar môdd yr oedd fy nghlwŷf, / Ac *mal* yr wŷf ti wŷddost.
(*b*) ?Fel petai: *as it were.*
c. **1400** *YCM*[2] [1], ef a arganuu ar y nef *mal* fford o syr.
Amr.: **mel** [ar ddelw *fel*]. **13g.** *LlDW* 34. 4, 45.

24. **16g.** HUW ARWYSTL: *Gw* 174. *c.* **1588** *Rhyddiaith Gymraeg* ii. 79. **1677** *Cyf A* (*Can C*) 15. **[1740]** D. LLWYD: *YDD* 32, 157.

Cfn.: **mal cynt:** *all the same, nevertheless, even so.* **14g.** *YBH* 42a, 42b. *id.* 65a, ti a bwylly *mal kynt.* Gw. hefyd *fel—fal cynt.* **m. hyn:** *thus, like this, in this manner.* **1551** W. SALESBURY: *KLl* xa. **1630** R. VAUGHAN: *YDd* 28. **1707** *AB* 31a. **1803** *P.* **m. petai:** *as it were, (just) as if.* **1604–7** *TW* (*Pen* 228) d.g. *ceu, perinde, sicut.* **1632** *D* d.g. *tanquam.* Cf. HEDD WYN: *CB* 48, *Maltae* abad ym mhader / Yn llewych sant lluwch o sêr. Gw. hefyd *fel—fel petai.* **m. yn:** *as.* **14g.** *LlB* 54, gwedy tynher [hebog] o'r mut *mal yn* wen, punt a tal.

Am *mal dyma, m. dyna,* gw. wel.

Gw. hefyd fel (hefyd At.), malcawn, malpai.

mal², *a.* a hefyd gyda grym enwol. Ysmala, ysgafn, gwirion; anwadal, oriog; (gor)hoff: *frivolous, light, foolish, 'soft'; inconstant, fickle; (excessively) fond.*

16g. *IICRC* iii. 313, yddwyti gwedi myned yn *fal* / Ath chewedlay [*sic*] yn Rhy ddyfal [Ieuenctid yn ateb Henaint]. **16–17g.** LLYWELYN SIÔN, &c.: *Gw* 372, gwell yw gantvn Ryw vün *val* / dan y gwydd na dwyn goval (Tomas Llywelyn). *id.* 398, dysg y *mal* yn ovalddyn, / Rywl deg i Rioli dyn (Tomas Llywelyn). **1632** *D,* màl . . . *Màl* etiam idem est quod Ysmala. **1722** *Llst* 189, *mâl,* fickle, inconstant. **1734** *YCTM* 15, Gadewch a'ch *mal* ddewiniaeth, / A dewch i gael Gwybodaeth. **1753** *TR, màl,* the same as Ysmala, light, fond, simple or vain in one's discourse. **1769** TWM O'R NANT: *TChD* [3], O ni a gawn Interlute iw gwrando / Mae dau o Chwryddion [*sic*] Mwynion, *Mal,* / Am chwareu'n ddi attal etto. **1773** *W* d.g. *fond,* a fond old man, henddyn . . . *màl;* he is too fond of her . . . Y mae efe'n rhy *fàl* arni. *id.* màl (rhy *fàl*) ar ei wraig d.g. *uxorious.* **1803** *P, mal* . . . light, vain; fond, or doating.

mal³, mâl⁴ [gair geir., sef ail elf. yr e. *cymal, q.v.*] *eg.* Aelod (o'r corff): *limb, member (of body).*

1707 *AB* 280b, †*mâl* [whence the compound kymmal] Gr. Melos d.g. *a Limb.* **1725** *SR, mal* d.g. *a limb.*

ma'l, gw. mae¹—mae fel.

mâl¹ [bôn y f. ddil.; dichon mai a. ydyw yn y dfn. o *R*] *a.* a hefyd fel *eg.b.* Pur, caboledig, llathraid, gloyw; wedi ei falu (yn fân), mân; wedi ei fathu gan felin a gwasg (am arian bath): *pure, polished, burnished, shining; (finely) ground, fine; milled (of coin).*

c. **1300** *H* 62b. 15, lloegyr al am eur *mal* melyn (Cynddelw). *id.* 113b. 37, hyd gaer ac aer ac eur *mal* (Llywarch ap Llywelyn). **14g.** *GDG* 182, Goldyn o aur melyn *mâl* [am seren]. **1725** *SR,* arian *mâl* d.g. *coin.* **1801** *MMf* 91, gwna'n lwch mor *fâl* ag y gellych. *id.* 97, Cymmer lysiau'r corph, a phwya nhwy'n *fâl* ag yn dda. Ar lafar yng nghanolbarth a godre Cered. ac yn sir Benf., 'bwyd *mâl'.*

Fel *e.* Y weithred o falu; grawn i'w falu neu wedi ei falu, cymaint o rawn ag a felir ar y tro; ?melin falu: *the act of grinding; grist; ?grinding mill.*

c. **1400** *R* 1339. 12, greawr clafdyeu meileidyeu *mal.* **15g.** *GDLl* 34, Am waith Banbri daw dial, / O daw ar fen ŷd o'r *fâl. Diw.* **15g.** *Pen* 53, 14, na *mal* mywn melin (Rhys Brychan). **16g.** SIÔN BRWYNOG: *C* 107, Gwin i'th fwrdd, gwenith i'th *fâl,* / Nerth i gannyn wrth gynnal. **1632** *D, mâl,* molitura, tritura. **1688** *TJ, mâl,* neu malu, a grinding mill. **1722** *Llst* 189, *mâl,* a grinding, grist. **1753** *TR, mâl,* a grinding at mill. Yn sir Benf. a'r cyffiniau clywir y ddihar., 'Y cinta i'r felin bia'r *mâl', GDD* 101 (cf. Y cyntaf i'r felin (a) gaiff falu). Cf. *Bl G* 126, Ond 'ddaw neb i'r *fâl* â'i farlys.

Am *aur mâl, ffrwd f., melin f.,* gw. aur, ffrwd, melin.

Gw. hefyd malach, meilion.

mâl² [?bnth. H. S. neu S. C. *māl(e)* 'payment, tax, tribute, rent', cf. H. Wydd. *mál* 'treth, teyrnged'; dichon fod dyl. *aur mâl* ar rai o'r ystyron isod] *eg.* Treth, teyrnged, rhent, dyled, taliad; cyfoeth, arian, darn arian: *tax, tribute, rent, due, payment; wealth, money, coin.*

13g. *LlI* 59, Sef achaus e messurus ef henne [hyd a lled Ynys Prydain], yr guybot y *mal* a'e mylltyryeu. **1346** *LlA* 124, hwnnw arodes . . . yduw abeuno. ydref ehun . . . heb *val* Aheb ardreth aheb vedyant ydyn or byt na hawl arnei. **14g.** *B* v. 197, Arrius dyffyd, y gvr a dineuavd ohonav y holl amyscar yn *ual* y gyueiliornn a'e gamgred. **14g.** *IGE²* 75, Mwy a dâl ei *mâl* na morc [i'r llong]. *c.* **1400** *R* 1234. 11–12, Trareit im erchi *mal* am orchan. *c.* **1400** *YCM²* 140. 4, Nyt oes na *mal* na threth a dylyhom ni y talu. **16g.** *Llst* 6, 100, bai kawn dair pynt yn vntal / am y vwrdd y mi o *val.* **16–17g.** IEUAN TEW IEUANC: *Gw* 236, Rhoi ydd wyd *fâl,* rhwydd yd fo, / Rhoi 'chwaneg a eirch honno! **1604–7** *TW* (*Pen* 228) d.g. *tributum.* **1607** *Rhyddiaith Gymraeg* i. 139, na chefeis nemawr o gymhorth gann vngwr o'm gwlad haeach, nag o'u llyurae nag o'u *mâl. Dchr.* **17g.** T. I. JEFFREYS JONES: *Ex Proc Temp James I* 324, [Divers inhabitants should pay 33/- anually by way of chief rent] *mal* [or kyllid in the Welsh tongue, this being collected by the bailiff]. **1632** *D, mâl,* moneta, ait TW. **17g.** *CM* 29, ia, *mal,* rhent . . . hanertal. **1722** *Llst* 189, *mâl,* coin, mony; custom, rate, toll. **1803** *P, mâl* . . . a contribution.

Am *gwŷr mâl,* gw. gŵr.

mâl³ [bnth. S. C. *māl(e)* 'bag, pouch' neu'n uniongyrchol o'r H. Ffr. *mal(l)e*] *eg.* Bag, cwd, ffetan, ysgrepan: *bag, pouch, pack, satchel.*

c. **1400** (*SG*) *HMSS* i. 191, yr eil unbennes aoed yn marchogaeth ar aruer ysgwier. a *mal* wedy y drwssyaw draechevyn. ac ar warthaf y *mal* yr oed vitheiat. a tharyan am y mynwgyl. **1547** *WS, mal* i arwain peth yntho, a male. **1604–7** *TW* (*Pen* 228) d.g. *hippopera.* **1608** *Pen* 217, 94, ac a roddes ffiol arian yn y *val* ynghvdd . . . pan agoret y *mal* ef a gat y ffiol. **1617** *Minsheu* 288a, *mal* i glvdopeth [*sic*] d.g. *a male.*

mâl⁴, gw. mal³.

malaceit [bnth. S. *malachite*] *eg.* Carbonad copr hydradaidd gwyrdd: *malachite.*

20g.

malach [?*mâl¹* + -*ach²*] *e.?tf.* ?Grawn i'w falu neu wedi ei falu (yn ddifr.): *grist (derog.).*

c. **1400** *R* 1274. 25–6, Gwrach sach gwrach *mal-ach* gwrach melin odyn.

malad, gw. maliad.

malaen¹, malen² [< **malwyn,* bnth. Llad. *malignus,* cf. Crn. C. *malan* 'diafol'; am -*wy*- > -*ae*- > -*e*-, cf. *halwyn* > *halaen* > *halen*] *a.* a hefyd gyda grym enwol. Drwg, melltigaid; ?aflonydd neu anhydrin (am farch); *Meddyg.* anodd neu amhosibl ei drin, yn ymledu'n gyflym, gwyllt (am dyfiant); (geir.) diafol: *evil, accursed; ?restless or intractable (of a horse); malignant (of tumour, in med.); (dict.) devil.*

13g. *C* 97 (ymyl y td.), Nid aeth nep auei envauc. ir gorllurv idaeth gvallauc y*valaen* yr veiriauc. **13g.** *B* iv. 2, A gynnvller ar geuyn march *malaen* dan y dorr yd aa. *c.* **1400** *J* 1, 1073, *Malaen* a dyly y deith. *c.* **1400** *R* 1149. 19–21, nat elom yn lloc yn lle kyni. yn llwgyr [*sic*] llu *malaen* maledicti. *id.* 1363. 8–9, gan uelyn uordwy *ualaen* uawrdwysc. **15g.** *GDLl* 151, A gasgal a[r] farch *malen* / Ni thy' mwy na gwenith hen. ?**15g.** (**16g.**) *ClIH* 32, Efionydd mynydd *malaen.* / Lle ny bo mign y bydd maen. **16–17g.** E. PRYS: *Gw* 313, A wnelo gam ac amarch / Mal un fodd â *malen* farch. **1632** *D, malen* . . . Videtur etiam significare Diabolum, & scribitur *malaen.* **1722** *Llst* 189, *malaen,* the devil.

malaen², gw. melan¹.

malaenedd [*malaen¹* + -*edd¹*] *eg.* *Meddyg.* Y cyflwr o fod yn falaen neu'n wyllt (am dyfiant); tyfiant malaen neu wyllt: *malignancy; malignant tumour.*

20g.

malaf¹: malu [Llyd. C. *malaff,* Llyd. Diw. *malañ,* H. Wydd. *melim,* Gwydd. Diw. *meilim*: o'r gwr. **mel(ə)*- 'malu', cf. Llad. *molō*] *bg.a.*

1. (fel *ba.*) (*a*) Gwneud yn ddarnau mân neu'n llwch drwy rwbio rhwng dau arwyneb caled, cynhyrchu (e.e. blawd) yn y dull hwn, pylori, torri, dryllio, malurio, mathru; torri'n fân (e.e. â chyllell); rhoi min ar, hogi; hefyd yn *ffig.*: *to grind, produce by grinding, crush, pulverize, break, shatter, smash, trample; chop, shred; sharpen, whet; also fig.*

c. **1400** *MM* 40, Kymryt bara pynnywl gwenith trwydaw, ae *ualu* yn vlawt man. *id.* 44, Kymryt yr amrannwen ae grassu yn da, ae *ualu.* **15g.** *GGl* 60, Mae câr i farch Ffwg Warin, / A'i gâr a *fâl* gwair â'i fin [i ofyn ebol]. **15g.** *GOLlM* 50, Ei meddwl am a wyddwn / a *fâl* y grudd fal y grwn. **15–16g.** *TA* 467, Meibion chwarel Fôn yn fau, / Mal ôd yn *malu* ydau [i ofyn meini melin]. **1588** *Nu* xi. 8, Y bobl . . . ai casclasant [y manna], ac ai *malâsant* mewn melinau. **1588** *Eseia* xli. 15, Wele gosodaf di yn fenn ddyrnu newydd ddanheddoc, y mynyddoedd a ddyrni, ac a *fêli. id.* xlvii. 2, Cymmer feini melin, a *mâla* di flawd. **1588** *Math* xxi. 44, ac ar bwy bynnac y syrthio [y maen hwn], efe a'i *mâl* ef yn chwilfriw. **1630** R. VAUGHAN: *YDd* 365, Llafurwr wrth *falu* ei ŷd ar ddydd yr Arglwydd, a gafas ei flawd wedi ei losci yn vlw. **1632** *D, malu,* molere, conterere, friare. **1703** E. WYNNE: *BC* 104, Potecariaid wedu [*sic*] eu *malu* a'u gwthio i bottieu priddion. **1725** D. LEWIS: *GB* 54, Y mae'r dannedd blaen yn gymmwys i dorri; a'r lleill, sef y Cŷl Ddanedd [*sic*] i *falu* 'r Bwyd. **1759** J. EVANS: *PF* 30, [P]ersli wedi eu *malu* a Chyllell. **1774** *W* d.g. *to grind.* **1803** *P.* Ar lafar yn gyff.; dywedir 'Ma'i felin e'n *malu*'r un blawd o hyd' am rywun sy'n dal i sôn am yr un pwnc wedi i'r sgwrs droi at rywbeth arall.

(*b*) Dinistrio neu ddistrywio (person) fel petai drwy ei falu, 'malu ar wyneb', cystuddio, gormesu, gorthrymu: *to destroy or ruin (someone) as if by grinding, 'grind the face of', afflict, oppress.*

c. **1400** *R* 1047. 32, Tywarchen ercal ar erdywal wyr. Oeti[u]ed moryal. agwedy rys macrys*mal.* **1588** 2 *Sam* xxii. 43, maluriais hwynt fel llwch y ddaiar: *melais* hwynt fel tomm yr heolydd. **1630** R. LLWYD: *LlH* 66, Y rhai ni chynnyrfir yn awr . . . a *felir* yn chwilfriw. **1699** T. JONES: *TP* 25, Dâ ydŷw i chwi ddiangc, ac nas *malwŷd* chwi yn chwilfrŷw gantho. **1703** E. WYNNE: *BC* 124, Mae'r Cwestwyr a'r Hwndlwyr ar *falu* y bon'ddigion. *c.* **1762–79** W. WILLIAMS: *P* 302, yr oeddent [yr Iddewon] mewn perygl o bob tu . . . yn cael eu gorthrymmu yn resynus a'u *malu* yn druenus rhwng y naill [a]'r llall.

(*c*) Cynhyrchu (sain), ynganu, llefaru, datgan (barddoniaeth): *to produce (sound), utter, speak, recite (poetry).*

15g. DEIO AB IEUAN DU, &c.: *Gw* 32, Ni *fâl* un genau foliant, / Ni ellir dwyn llaw ar dant [marwnad Rhys o'r Tywyn]. **15g.** *GGl* 214, Melys yw yn *malu* sain, / Megis bol enfys blaenfain [i ofyn corn canu]. *id.* 305, Moli bûm ymylau byd, / *Malu* sôn melys ennyd. *c.* **1525** *TA* 741, *Malai* osteg, melyston, / Melys iaith, fal mêl i son [marwnad Tudur Aled gan Forys Gethin]. **16g.** WILIAM LLŶN: *Gw* (R. Stephens) 526, Dwylaw o'i mewn, fal dal maner, / A *fâl* gan pwnc fal gwin pêr [i ofyn telyn]. *a.* **1587** *Y* 38, *Melaist* wawd, melys dy wedd. **17g.** HUW MORUS: *EC* i. 376, Gwrandewch ganu, a *malu* moliant.

(*d*) (yn *abs.*) Cyflawni'r weithred o falu (yn ôl yr amrywiol ystyron uchod): *to perform the act of grinding, &c. (in the various senses defined above).*

12–13g. *MA²* 241a. 42, Gwresaic pybyl pobyl ofynag / Gwers y *mal* arall y mag (Elidir Sais). **14g.** *WML* 31, Vn rydit yw ar *valu* yny velin ar brenhin. **14–15g.** *IGE²* 97, *Malu* y Sul, melys sôn, / Marwol saith bechod meirwon. *c.* **1400** *R* 1365. 21, Hi a vu yn *malu* ym melin reinyallt. **15g.** *LGC* 357, O chai wenith yn chwaneg, / A *vâl* i'w dai'n Elvael deg. **15g.** *CSTB* 51, *Melais,* gwanheais gan hon, / *Malu*'r wyf mal yr afon. **1567** *TN* 40a, Dwy vydd yn *maly* ym-melyn. **1604–7** *TW* (*Pen* 228), yn *malu*'n ouer d.g. *scurrilis.* **1620** *Mos* 204, [164], Y velin a *val* a vyn ddwr. **1759** J. EVANS: *PF* 21, *malwch* yn fân. **1774** *W* d.g. *to grind or be grinding. Diar.* Y cyntaf i'r felin gaiff *falu.* Ar lafar, 'Mi fuon' yn *malu* am ryw awr a hanner ar ôl gorffen dyrnu'; 'Paid â *malu*!', 'Don't talk nonsense!'.

2. (fel *bg.*) Mynd yn chwilfriw, chwalu, ymddryllio, hefyd yn *ffig.*; cael ei falu, cymryd ei falu: *to shatter into pieces, disintegrate, crumble, break into bits, also fig.; be ground, grind easily.*

c. **1400** *MM* 98, alwm gwynn a *valo* yn plyor. **1567** *LlGG* (*Sall*) 68a, Drylliaw[dd] [:- *Malawdd*] vy 'calon gan ddychwant ith 'orchymynion bop amser. Ar lafar, 'Byddwch yn ofalus gyda'r wye, neu mi *falan*' nhw'; yn Arfon sonnir am frethyn yn '*malu*' pan fo'n ymddatod wrth yr ymylon, *WVBD* 362, ac ym Morg. sonnir am galch yn *malu* oddi ar wal pan fo'n dechrau chwalu.

Cfn.: **malu â('r) dannedd:** *to chew; gnash one's teeth.* **1722** *Llst* 189, *malu â dannedd*, to chew, chaw. **1771** *PDPh* 41, *malu a'r dannedd* yn y cwsg. **m. ar wyneb,** gw. *m. wyneb.* **m. a silio:** *to talk nonsense, blather.* Ar lafar yn Arfon. **m. awyr:** *to talk idly, gossip, talk nonsense, blather.* Ar lafar. **m. cachu** = **m. awyr.** Ar lafar. **m. cnau gweigion:** *to perform a profitless task.* Ar lafar yn ardal y chwareli. Gw. hefyd *torraf*: *torri—t. cnau gweigion.* **m.('r) ewyn:** *to foam at the mouth; foam; also fig.* **15–16g.** *GLM* 235. **1604–7** *TW* (*Pen* 228) d.g. *despumo.* **1733** T. EVANS: *PP* ix. **1756** *Gron* 28. **[1762]** E. POWELL: *HEI* 67. **1803** *P.* **m. geiriau** = **m. awyr. 1924. m. glo mân yn glapiau:** *to attempt an impossible task.* Ar lafar ym Meir. **m.'n llwch:** *to grind to dust, destroy.* **1588** *Ecs* xxxii. 20. **1588** *Deut* ix. 21. **1632** *D* d.g. *dispuluero.* **1759** J. EVANS: *PF* 27. **1775** *W* d.g. *to levigate.* **m. meddyliau:** *to entertain thoughts.* **1865. m. poer** = **m. ewyn.** **[1775]** H. JONES: *HGS* 53. Ar lafar yn Arfon. **m. rwtsh** = **m. awyr. 20g. m. (ar) wyneb(au), m. ei wyneb (ei hwyneb,** &c.**):** *to oppress.* **1620** *Eseia* iii. 15. **1701** E. WYNNE: *RBS* 152. **1714** R. PRYDDERCH: *GD* ix. **1727** J. JONES: *DFF* 265, yn treisio ac yn *malu Wyneb* y Tlawd. **ei m. hi** = **m. awyr.** Ar lafar.

Am *dannedd malu, injan f., melin f., tŷ m.*, gw. dant, injan[1], melin, tŷ.

malaf[2]: malu [bf. o'r a. *mal*[2]] *bg.* Mynd yn hoff (o), gwirioni (ar), ffoli (ar): *to become fond (of), dote (upon), be infatuated (with).*

1773 *W*, *mal-lu* [myned yn fàl] ar d.g. *fond, to grow fond of.* Ar lafar yn y ff. *balu* yn ardal Brynaman.

Malagaeg [bnth. S. *Malag(asy)* + *aeg*] *eg.* Malagaseg: *Malagasy (language).*

1867.

Malagasaeg, gw. Malagaseg.

Malagasaidd [bnth. S. *Malagas(y)* + *-aidd*] *a.* Yn perthyn i Fadagasgar: *Madagascan.*

1907.

Malagaseg, Malagasaeg [bnth. S. *Malagas(y)* + *-eg*[1], *aeg*] *eg.* Iaith trigolion Madagasgar: *Malagasy (language).*

1856.

Malagasiad [bnth. S. *Malagas(y)* + *-iad*[3]] *eg.* ll. *-iaid.* Un o drigolion Madagasgar, brodor o Fadagasgar: *a Malagasy, native of Madagascar.*

1842.

malaid [bôn y f. *malaf*[1]: *malu* + *-aid*[2]] *a.* Wedi ei falu'n llwch mân: *finely ground, ground to a powder.*

1801 *MMf* 203, carregyn calch dilosg yn *falaid malaid* [*sic*].

malais, malis [bnth. S. C. *maleis, malice*] *eg.b.* ll. *maleisiau, -ion.* Drygioni; gweithred niweidiol; bwriad neu awydd i achosi niwed; ewyllys drwg, sbeit, cenfigen: *wickedness, evil; harmful action; intention or desire to harm, malice; ill-will, spite, rancour, envy.*

15g. *GHC* 14, Ef a ddial bob *malais*, / Ef a wna'i sêl ofn i Sais. **15g.** *GO* 119, A'i dai o *valais* yn adveilio. *Diw.* **15g.** *Pen* 53, 52, Dial trais a *malis* [*sic*] mawr. **15–16g.** *TA* 535, Troi 'n fy nghefn, twrn anghyfion, / *Malais* mawr, mae Lewys Môn. **1547** *WS*, *malais* drygioni, malyce. **1551** W. SALESBURY: *KLl* lxviiib, Ieshu a wybu y drygioni [:– *maleis*] wy. **1567** *TN* 169a, y gwaith a'r *malis* y arverei Satan. **1595** H. LEWYS: *PA* 42–3, nid yw y meistr yn ceryddu ei scolaig . . . o *falais* a drwg ewyllys iddaw. **16–17g.** *CRC* 12, pawb sy n llawn *maleisie.* **1632** *D*, *malais*, malitia, malignitas, malevolentia. *id. malis* d.g. *malevolentia, malignitas.* **1662** E. WYNN: *TY* 44, Na âd nac i dichell [*sic*] Diafol . . . nac i ddrygionus *faleisiau* ysprydion . . . allu byth ein symmud ni oddi-wrth obaith yr Efengl [*sic*]. **1677** R. JONES: *BB* 218, *Malis* Gythreulig y Sarph. **1710** *W Ballads* 173, 7, A gweigion *faleision* a lysir. **1713** D. THOMAS: *TSC* 7, ni dynsom nawr ei golun ai *falis* maith ai wenwyn. **1776** J. REES: *PEE* 8, Fel hyn y mae *malais* ddu . . . gyd ag wyneb têg tosturiol, yn brathu enwau da rhai eraill. Ar lafar yn Arfon, '*malais* drwg'; 'dyn ar ei *falais* am rywbeth o hyd', am ddyn â thuedd i ladrata, *WVBD* 361.

Cfn.: **malais rhagfwriadol:** *malice aforethought.* **20g.**

malaith, meleithr [Llyd. C. *milhezr*, Llyd. Diw. *milher*] *eg.* ll. *maleith(i)au, ?-on.* Llosg eira, llech eira, neu'r gibi, yn enw. ar y sawdl: *chilblain(s), kibe(s).*

c. **1400** *R* 1355. 12–13, rein uilein *veleithyr* ueithrin. **1604–7** *TW* (*Pen* 228), *melaeth* d.g. *pernio.* **[1762]** E. POWELL: *HEI* 42, Rhag y *Malethau* [*sic*] neu'r Gibiau. **1771** *PDPh* 41, *Maleithiau* neu'r Gibwst ar Draed. **1771** *W*, *malaith* (pl. *maleithiau*) d.g. *chilblain.* **1798** *WR*, *malaith* d.g. *chilblain.* **1803** *P*, *malaith*, s.m. chilblains. *id.* d.g. *maleithyr* [*sic*]. Ar lafar yng nghanolbarth a godre Cered. a'r De, *maleth, maleithe*, *B* xiv. 279.

Amr. (ff. geir. yw llawer o'r rhain): **malltorch** [adff. o'r ll. *melltyrch* yw'r ff. un.; cf. *meltyrch*; dichon fod dylanwad y gair *mall* ar y ff. hon] (*eb.* ll. *melltyrch*). *Dchr.* **17g.** *J* 10, 29b. **17g.** *LlGC* 13215, 347. **1803** *P.* **meldorch** [adff. o *meltyrch*]. *Dchr.* **17g.** *J* 10, 30a. **melerth** [< *meleithr* drwy drsd., cf. *dierth* < *dieithr*]. **?16g.** *LlGC* 1560, 550, ['geirie . . . sathredig yn Sîr Drefaldwyn'] *melerth.* **1632** *D.* **1722** *Llst* 189. **1725** *SR*, *melwrth* [*sic*] d.g. *the chilblaen.* *id. melerth* d.g. *a kibe on the heel.* **1771** *W* d.g. *chilblain.* **1803** *P*, *malerth* [*sic*], chilblains. **meltyrch** [?canlyniad camddarllen *meltyrth* mewn llsgr. lle yr ysgrifennid *c* a *t* yn debyg]. **1604–7** *TW* (*Pen* 228) d.g. *pernio* (hefyd *D*). **1688** *TJ.* **1725** *SR*, *melgyrch* [*sic*] d.g. *the chilblaen.* *id.* d.g. *a kibe on the heel.* **1771** *W* d.g. *chilblain.* **meltyrth** [?amr. ar *melerth* gyda *-t-* ymwthiol]. **16g.** *Pen* 230. *c.* **1588** *B* ii. 230. **1722** *Llst* 189. **melltyrch,** gw. *malltorch.*

Cf. meleithrog.

malan, malancolia, malandein, gw. melan[2], melancolia, falantein (At.).

malander [bnth. S. *malander*] *eg.* Afiechyd ceffylau, sef cramennau sych yn ymddangos ym mhlygiad y glin: *malanders.*

1771 *PDPh* 58, Clwyf yw'r *Malander* ym mhlygiad y glin.

malapropaidd [cfdds. o'r S. *malaprop(ian)* + *-aidd*] *a.* Yn cymysgu neu'n camarfer geiriau mewn ffordd ddoniol, yn cynnwys geiriau o'r fath: *malapropian, using or containing malapropisms.*

20g.

malaria [bnth. S. *malaria*] *eg.* Math o gryd neu dwymyn ysbeidiol a achosir gan bigiad mosgito sy'n cario parasitau o'r tylwyth *Plasmodium*: *malaria.*

1834.

malart, gw. marlat.

malaur [*mâl*[1] + *aur*] *eg.* Aur gloyw caboledig, aur mâl: *burnished gold, gold coins.*

1757 *ML* (Add) 223, A chydai dâl or *mâlaur* / Ei gefn oll a gaf yn aur (Ieuan Fardd).

malawns [bnth. S. C. *balaunce* 'balance'; am *b-* ac *m-* yn ymgyfnewid, cf. *balc, malc*] *eg.* Clorian, yn *ffig.*: *balance, fig.*

15–16g. *GRB* 26, Un post wyd yn pwyso dyn, / ail *malawns* Hywel Melyn [i Mathïas Cradog].

Malayad, Malayaeg, Malayaidd, gw. Maleiad, Maleiaeg, Maleiaidd.

malbwyaf: malbwyo [*mâl*[1] + *pwyaf*: *pwyo*] *ba.* Pwyo er mwyn malu'n fân: *to pound into fragments.*

1801 *MMf* 93, *malbwya* 'nhwy'n dda mewn mortyr. *id.* 97, Cymmer rosyn, a *malbwya* ef yn dda (*Llr* C 24, 264, [p]wna ef yn fân).

malc [amr. ar *balc*; am *b-* ac *m-* yn ymgyfnewid, cf. *bainc, mainc*] *eg.* ll. *-(i)au.*

(*a*) Trum rhwng dwy gwys, slangen o dir heb ei haredig; toriad neu fwlch mewn cwys: *balk, ridge between two furrows, strip of land left unploughed; break or gap in a furrow.*

Dchr. **17g.** *J* 10, 25a, *malc*, baulke. **1632** *D*, *malc*, grumus, porca. *id. malc* mewn âr d.g. *lira, scamnum.* **17g.** HUW MORUS: *EC* i. 279, A bryno ddim genyf ceiff *falc* yn ei gwys. **1688** *TJ*, *malc*, grwnn o dir . . . a ridge of ground, two furrows. **1753** *TR*, *malc*, a balk or tump left unplow'd in the earing of land. **1770** *W* d.g. *balk* [*ridge or tump of ground left unplowed between two furrows*]. **1774** H. JONES: *CH* 38, os yr arddwr a edrych o'i ôl nê oi flaen, geill yr aradr yn fuan fynd am ormod neu ry fâch, neu redeg allan or ddaear i beri *malciau*, y rhai a gyst iddo eu torri drachefn neu fod yn y golled. Ar lafar yn Arfon am ddarn o dir a adawyd heb ei aredig, 'Mae hi'n *falcia* i gyd ar 'i ôl', *WVBD* 362. Ar lafar yn sir Ffl. am ddarn o dir wedi ei aredig lle mae'r hadau wedi methu, *Cymru* xlvi. 24.

(*b*) Hollt, agen; rhaniad naturiol mewn maes glo, naill ai agen yn y graig neu haen o ryw ddefnydd arall, ffawt, ffôt, stepan (sir Ffl.): *cleft, crack, split; natural division in a coal field, either a cleft in the rock or a layer of another material, fault.*

17g. HUW MORUS: *EC* i. 326, Yn feddwon pan fydden'—a *malc* ym mhob talcen, / Hwy alwen' ar Owen yn reiol. Ar lafar yn sir Ddinb. a sir Ffl. am agennau dyfnion neu haenau o ddefnydd arall sy'n croesi'r maes glo, *Geir Glo* 35.

(*c*) Bai, gwall, camgymeriad; siomedigaeth: *error, mistake; disappointment.*

1691 T. WILLIAMS: *YB* 170, Ped eisteddeu [*sic*] pobl i lawr, a bwrw golwg tros eu dyddiau a' aeth heibio . . . pa gyfrif cywilyddus a fyddeu [*sic*] yno? pa sawl *malc* a ymrithiau [*sic*] ini? **1770** *W* d.g. *balk* [*disappointment of excited curiosity or expectation*]. *Diw.* **19g.** *SE MS* 279a, yspio *malciau*, to find faults; to point out errors or mistakes. Powys.

(*d*) (drwy gamddeall y Llad. *porca* yn *D*) Hwch: *sow.*

1725 *SR* d.g. *a sow.*

Cfn.: **malc bonyn:** *downward throw (of coal-seam).* Ar lafar yn Rhosllannerchrugog, *Geir Glo* 35. **m. brigyn:** *upward throw (of coal-seam).* Ar lafar yn Rhosllannerchrugog, *Geir Glo* 35. **m. towlu i lawr** = **m. bonyn.** Ar lafar yn sir Ddinb.

malcaf: malco, gw. malciaf: malcio.

malcawn [*mal*[1] + *?cawn* (1 ll. pres. myn. neu 1 un. amhff. y f. *caffaf*: *cael*); cf. *malpai*] *?adf.* yn rhagflaenu'r gn. gof. *a* mewn cwestiwn anuniongyrchol. ?(I weld) tybed (a): *(to see whether) indeed, perhaps.*

14g. *WM* 452. 6–7, mynet y wlad y gwedi *malkawn* a geffynt etiued. *id.* 453. 4–5, y ydrych *malkawn* a dyffei dim ar y bed.

malciaf, malcaf: malc(i)o [bf. o'r e. *malc*; dichon mai i'r f. *balciaf*: *balcio* y perthyn yr engh. dr.] *bg.a.* Gwneud malciau wrth aredig, balcio; hollti; yn *ffig.* rhwystro; gwneud yn ddiwerth, andwyo: *to make balks while ploughing; cleave, split; fig. balk, obstruct; render worthless, spoil.*

Dchr. **17g.** *J* 10, 25a, *malcio.* **17g.** *LlGC* 13215, 347, *malcio*, imporcare terram. **17g.** HUW MORUS: *EC* i. 200, A llawer croes lwybyr, i *falcio*'r Ysgrythur, / A gawsant drwy synwyr draws anian. **1677** C. EDWARDS: *FfDd* 373, dal y llaw . . . ar yr aradr yn ofalus, o mynnir fyned [*sic*] i deyrnas Dduw, ac onide anrheithir y gwaith, a *malcir* y fuchedd. **1722** *Llst* 189, *malcio*, to balk ground, make ridges. *c.* **1730** *Thos. Lloyd D* (LlGC) 170a, *malcio.* AH. 90. To make bawlks. to go in Balks. **1770** *W* d.g. *to balk* [*in plowing*]. Ar lafar.

malcin, malciog, gw. malcyn, balciog (hefyd At.).

malcyn, malcin [bnth. S. *malkin*] *eg.* Mop i lanhau'r popty, ladi popty: *oven mop.*

1547 *WS*, *malkyn* popty, a malkyn. *Dchr.* **17g.** *J* 10, 25a, *malcin*, mallkyn. **17g.** *LlGC* 13215, 347, *malcin*, peniculus. Ar lafar yn nwyrain sir Ddinb. a sir Ffl., *TGG* (1904) 46, *Cymru* xlvi. 24. Clywir weithiau 'cyn ddued â *malcyn*'. Cf. CEIRIOG: *OE* 41, Blawd ac heplas ac eithin, / *Malcyn* a thwymbren du bach; / Burum a lefain a dwbin, / Hei lwc am fara iach.

malch, gw. balch[2].

malchbren, gw. marchbren.

maldalddwr [amr. ar *baldorddwr, baldarddwr* gyda dadfathiad; am *b-* ac *m-* yn ymgyfnewid, cf. *mainc, bainc*] *eg.* Baldorddwr, gwag-siaradwr, dablwr, crachysgolhaig: *babbler, chatterer, dabbler, smatterer.*

1604–7 *TW* (*Pen* 228), *maldalddwr* mewn philosophyddiaeth d.g. *philosophaster.*

maldardd, -u, maldar [amr. ar *baldordd, baldardd*; am *b-* ac *m-* yn ymgyfnewid cf. *mainc, bainc*; cf. *clochdar(dd)*] *bg.a.* a'r be. weithiau gyda grym enwol. Clebran, gwag-siarad, dadwrdd; mwmian: *to babble, chatter, clamour; mumble.*

1604–7 *TW* (*Pen* 228), *maldardd* d.g. *adoleschia, futilitas.* *id.* *maldarddu* d.g. *blatio, crepo.* *id.* vn yn *maldardd* d.g. *locutuleius.* *id.* yn *maldarddu* d.g. *loquaciter, scurrilis.* *id.* ny vetro cadw [*sic*] cyfrinach, ond *maldarddu* cymeint oll ag a glywo d.g. *rima . . . plenus rimarum.* **1630** R. LLWYD: *LlH* 200, [Hwy] a dreuliant y darn arall o'r diwrnod . . . mewn . . . chwedleuach, dadwrdd, siaradach, sibrwd, sisial, a *maldar.* *id.* 326, *maldar* ar frŷs tros swrn o weddiau ychydig cyn marw, ni thyccia. *c.* **1720** D. THOMAS: *HTS* 18, Rhai'n Tyngu a *maldar* efo eu medd-dod. **1787** E. ROBERTS: *PCF* 19, Yn *maldar* rhyw, [*sic*] lyfre ynghyrre fy nghêg.

maldeiamwnt [cfdds. o'r S. *male diamond*] *eg.* Diemwnt gwryw: *male diamond.*

1561–2 *Celtica* ii. 98, [y] rai sydd yn dyvod or Rindia [*sic*] y sydd *valdeiamwnt*, ar rrai sydd yn dyfod o Arabia y sydd femal. Y *maldeiamwnt* sydd ar liw oel. ac nid oes deiamwnt mwy noc ef.

malder [*mal*[2] + *-der*] *eg.* Ysgafnder (meddwl neu ysbryd); oriogrwydd, anwadalwch, ansefydlogrwydd; gorhoffter, maldod: *levity; fickleness, inconstancy, instability; overfondness.*

16g. *Hop M* 183, nyd wrth y doethion or byd, i sonniais cyd mewn *malder.* **1722** *Llst* 189, *malder*, fickleness, instability. **1773** *W* d.g. *fondness, or fond language* [*of doting old men, of nurses, &c.*].

maldod [*mal*[2] + *-dod*] *eg.* (Gor)hoffter, y weithred o wirioni (ar berson), y weithred o fwytho, sbwylio, neu ddifetha, gweniaith; moethau, maswedd, ysgafnder; ffolineb, mursendod; gwawd, sbort: (*excessive*) *fondness, indulgence, a doting, pampering, spoiling, flattery; caresses, dalliance, levity; foolishness, affectation; mockery, a jeering.*

1720 *App DP* 77, Peth cyffredin i'w [*sic*] cael eich dynion chwi yn segur mywn Heolydd, yn gwneuthur *maldod* a lip's o Ddynion Sobor a Duwiol, tra y byddont yn myned heibio. **1722** *Llst* 189, *maldod*, foolish fondness. **1732–3** J. OWEN: *GB* 12, megis y mae rhyw un o wir *Faldod*, yn galw pregethu Rhagorfreintiau heb sôn am Ddyledswyddau. **1734** *YCTM* 14, Beth wneud [*sic*] di'n taeru *Maldod* / I'r Nêf nid entra Pechod. **1773** *W* d.g. *fondness, or fond language* [*of doting old men, of nurses, &c.*]. **1776** DEWI NANTBRÂN: *AN* 74, Caniattà i mi fôd yn . . . Ostyngedig, heb ffûg, yn Llon [*sic*], heb *faldod*, yn Ddifrif, heb anghyssur. **1790** T. JONES: *TOS* 142, fel rhieni, o ormod *maldod* at eu plant, na wnant na chredu na gwrando un newydd drwg am danynt. **1794** E. JONES: *MPR* 167, *Maldod* Arglwyddes Owen. Lady Owen's Favourite [enw alaw]. **1798** *WR*, plentyn, yn iaith dirmyg neu *faldod* d.g. *brat.* **1803** *P.* Ar lafar yng Nghered., sir Benf., a'r De, *GDD* 193, *TGG* (1907–8) 107. Sonnir am rywun yn 'dangos 'i *faldod*', sef 'putting it on, showing off'.

Am *chwalu maldod*, gw. chwalaf: chwalu (At.).

Gw. hefyd maldodyn.

maldodaeth [*maldod* + *-aeth*] *eb.* Gorhoffter, maldod, boddhad: *excessive fondness, indulgence, satisfaction.*

1798 *WR* d.g. *indulgence.*

maldodaf: maldodi [bf. o'r e. *maldod*] *bg.a.* Anwesu, dandlwm, mwytho, rhoddi anwes (i), rhoddi maldod (i), sbwylio, difetha, hefyd yn *ffig.*: *to fondle, dandle, pamper, cosset, indulge, be indulgent to, spoil, also fig.*

1753 *TR*, *maldodi*, to be fond or over-kind. **1798** *WR* d.g. *dandle, dally, fondle.* **1803** *P.* **1810** *GDTS* 71, anghenrhaid yw bod ganddynt [babanod] . . . arffed i'w *maldodi* arni. Ar lafar yng Nghered., sir Benf., a'r De, 'Ma nw'n *maldodi*'r plant lawer gormod', *GDD* 193.

maldodaidd [*maldod* + *-aidd*] *a.* Gorhoff, maldodus: *overfond, doting, indulgent.*

1849.

maldoden, gw. maldodyn.

maldodiad [bôn y f. fl. + *-iad*[1]] *eg.* ll. *-au.* Anwes, y weithred o faldodi: *caress, a cosseting.*

1852.

maldodus [*maldod* + *-us*] *a.* Gorhoff, tyner; wedi ei sbwylio, ei fwytho, neu ei ddifetha, wedi ei faldodi'n ormodol: *doting, fond, indulgent; spoilt, cossetted, pampered, over-indulged.*

1753 *TR*, *maldodus*, fond or over-kind. **1773** *W* d.g. *fond, to prate fondly.* **1798** *WR* d.g. *overfond.* **1803** *P.* Ar lafar yn y De.

maldodyn [*maldod* + *-yn*] *eg.* (b. *maldoden*). Un (plentyn, &c.) sy'n cael ei faldodi a'i fwytho, neu sy'n hoffi maldod: *one (a child, &c.) who is, or enjoys being, cossetted and indulged, pet.*

1850. Ar lafar, hefyd yn y ff. *maldotyn, maldoten* (*maldotan*).

malddant [*mâl*[1] + *dant*] *eg.* ll. *malddannedd, malddaint.* Dant malu, cilddant: *molar tooth.*

1858.

malddod, gw. malwod.

maledig [bôn y f. *malaf*: *malu* + *-edig*] *a.* Wedi ei falu neu ei falurio, gwasgedig: *ground, milled, pulverised, crushed.*

1604–7 *TW* (*Pen* 228) d.g. *molitus.* **1776** *W* d.g. *milled.* **1803** *P.*

maledd[1] [*mal*[2] + *-edd*[1]] *eg.* Ysgafnder (meddwl neu ysbryd); oriogrwydd, anwadalwch; gorhoffter, maldod: *levity; fickleness, inconstancy; overfondness, indulgence.*

1603 W. MIDLETON: *Ps* 102, Ni wrendy ar lais malais *maledd.* **1632** *D*, màl . . . *Mal-ledd*, idem quod Ysmalhawch. *c.* **1676** *LlCy* x. 72, ond dyma vn peth ryfedd, / dybygwn i, yn oferedd; / ny y[m]swynwch heb y groes, / ni alla i aros *maledd.* **1692** *BM* 49, 75b, nid oedd onid *maledd*, a chywilydd a choegedd. **1722** *Llst* 189, *mal-ledd*, inconstancy, levity. **1753** *TR*, *mal-ledd*, fondness or foolishness in discourse. **1773** *W*, *mal-ledd* d.g. *fondness or fond language* [*of doting old men, of nurses, &c.*]. **1803** *P*, *maledd*, an over-fondness, or dotage. O rhyfedd yw'r ffoledd a'r *maledd* mewn merch!

maledd[2] [gair geir.; ni wyddys ai *maledd*[1] neu *maledd*[2] a geir yn yr engh. gyntaf] *eg.* Purdeb, glendid: *purity, cleanliness.*

Dchr. **17g.** *J* 10, 25a, *maledd.* **17g.** *LlGC* 13215, 347, *maledd*, puritas. **1707** *AB* 218c, *maledd*, purity, cleaness. S.

Maleiad [yr e. lle *Malay(a)* + *-iad*[3]] *eg.* ll. *-iaid.* Aelod o lwyth o Orynys Malaya a'r ynysoedd cyfagos: *a Malay(an).*

1834.

Maleiaeg [yr e. lle *Malay(a)* + *aeg*] *eb.* Iaith y Maleiaid: *Malay (language).*

1815.

Maleiaidd [yr e. lle *Malay(a)* + *-aidd*] *a.* Yn perthyn i'r Maleiaid neu'n nodweddiadol ohonynt: *Malayan.*

1841.

maleinswr, gw. maleisiwr.

maleisddrwg [*malais* + *drwg*] *a.* Maleisus, yn bwriadu drygioni, drygionus: *malicious, of evil intent, wicked.*

1701 E. WYNNE: *RBS* 285, dy dywys i Dŷ Annas, i'th holi a chwestiwnau *maleisddrwg.* **1703** E. WYNNE: *BC* 40, A phwy a wasanaethei'r fâth Gigydd *maleisddrwg.* [**1710**] GW. AB IERWERTH: *SB* 12, Pan fyddo dyn annuwiol . . . yn ymddwyn meddwl neu amcan *maleisddrwg* tu ac at erlid Efengyl Crist. **1729** S. RHYDDERCH: *Alm* [34], fe draethodd y cwbl i'r Brenhin yn *faleis ddrwg* gynhennus. **1755** *ML* i. 349, Ai nid oes dim modd i gael y llaw yn drecha ar y cono *maleisddrwg*? **1769** TWM O'R NANT: *TChD* 42, Cymmer Gê isel, ond ê ar gais / [F]o fydd yma Lais *malaisddrwg.* **1776** I. BRYDYDD HIR: *P* i. 276, Fe wnaeth Satan *faleisddrwg* ei orau er temptio ein Iachawdwr. **1795** JAC GLAN-Y-GORS: *SG* 5, dyn *malaisddrwg* cnafaidd oedd Haman. Ar lafar ym Môn.

maleisgar, malisgar [*malais, malis* + *-gar*] *a.* a hefyd gyda grym enwol. Maleisus, drygionus: *malicious, wicked.*

1578–85 *Rhyddiaith Gymraeg* ii. 77, a'm kadw i rhac vy ngelyn *maleisgar.* **1604** R. HOLLAND: *BD* 16a, ammharchus yscrifenniad a dy[w]ediad dynion *maleisgar.* **1604–7** *TW* (*Pen* 228), *malisgar* d.g. *calumniator, lividus, maleuolus.* *id.* yn *valeisgar* d.g. *infeste.* **1689** E. MORUS: *RC* 12, yn falch, yn *faleisgar* ac yn Yspryd tra drygionus. **1700–50** *Beirdd y Berwyn* 25, Fe 'gore Duw'r ddaiar, a'i safn yn ofyngar, / I lyncu'r *maleisgar* a'i losgi fo'n boeth (Morris ap Rhobert). **1703** E. WYNNE: *BC* 134, dichellion *maleisgar.* **1739** *ML* i. 8, ewyllyswyr drwg *maleisgar.* **1760** WLL: *SAC* 139, y rhai yn *faleisgar* . . . a ymgasglasant i'm herbyn.

maleisiaf: maleisio [bf. o'r e. *malais*] *bg.a.* a'i dilyn weithiau gan yr ardd. *wrth.* Coleddu malais (yn erbyn), eiddigeddu neu genfigennu (wrth); ceisio niweidio, cynllwynio (yn erbyn): *to bear malice (against), envy, be envious (of); seek to do harm (to), plot (against).*

17g. *LlGC* 10249, 85, Dwyn i was er kas, keissiais, ai fargen / Ai fuľ ai Assen, a *faleüsiais.* *id.* 164, *Maleüssiais* ddyfais, I ddifa, fy mrawd / fy mrüd fü ddifetha (Wmffre Dafydd ab Ifan). *c.* **1730** *Thos. Lloyd D* (LlGC) 170a, *maleisio* . . . Maliciously to contrive, seek. To envy. AH 13. **1752** J. THOMAS: *FG* 71, efe a aeth ymlaen . . . i'w *faleisio* a'i gasâu ef a hwythau. *id.* 152, yn cenfigennu ac yn dirmygu, yn *maleisio* ac yn ymgynhennu â'u gilydd. **1767** W. WILLIAMS: *CAA* 8, sybryd ag sy'n gofidio, yn poeni, ac yn *maleisio.* *id.* 51, Edrych yn ddu a *maleisio* wrth y rhai sy'n codi i fyny ar eu hol hwynt.

maleisig [*malais* + *-ig*[2]] *a.* Maleisus, maleisgar, yn bwriadu drwg: *malicious, full of evil intentions.*

p. **1605** *DCR* 242, Rhai or papists oedd *valevsic.*

maleisiog [*malais* + *-iog*] *a.* a hefyd gyda grym enwol. Maleisus, gwenwynllyd: *malicious, rancorous.*

[**1783**] *W* d.g. *rancorous.*

maleisiol, malisiol [*malais, malis* + *-iol*] *a.* Maleisus, drygionus: *malicious, wicked.*

16g. HUW ARWYSTL: *Gw* 120, maels lwyd Rac *malissiol* waith. **16–17g.** *GST* i. 381, Ni flysiech yn *faleisiol* / Na gwaed neb, na'u gadu'n ôl.

maleisiwr, maleiswr, malisiwr [*malais, malis* + *-(i)wr*] *eg.* ll. *-wyr.* Un maleisus neu ddrygionus, un a'i fryd ar wneud niwed: *a malicious or evil person.*

15g. *GTP* 51, Dirgeisiwr, leisiwr lysiad,— *faleisiwr*, / Dreisiwr, bu leisiwr dros bawl ysiad [dychan lleidr]. **15g.** *LGC* 26, Mae rhai anghyvion val anudonwyr, / Es mil o oesoedd, oes *maleiswyr.* **15–16g.** *TA* 114, Darfuan bawb, derfyn byrr, / Diflaswyd dy *faleiswyr.* **1672** R. PRICHARD: *Gw* 567, Cyn i bechod caeth ei nyrddo, / . . . / Na'r *malisiwr* dû ei ddrygu. *ib.* Nawr ni ddichon vn . . . / . . . *malisiwr*, / Wneuthur speit na niwed iddo. **1681** S. HUGHES: *AC* 12, Rhagrithwyr, *Maliswyr*, Celwyddwyr. *c.* **1730** *Thos. Lloyd D* (LlGC) 170a, *maleiswr* . . . Malignator. **1740** T. EVANS: *DPO* 132, magl a niweid *maleiswyr.* **1764** W. WILLIAMS: *GDC* 186, Iratus y *maleisiwr.*

Amr.: **maleinswr** [?dan ddyl. y S. *maligner*; cf. *malinsus*]. **16g.** DAFYDD BENWYN: *Gw* 271, moliant krych gwych y mae'r gŵr: / mawl ynssyt a *maleinsswr.*

maleisrwydd [*malais* + *-rwydd*; ?amr. ar *maleisusrwydd*] *eg.* Malais, maleisusrwydd: *malice, maliciousness.*

1889.

maleisus, malisus [*malais, malis* + *-us*] *a.* a hefyd gyda grym enwol. Maleisgar, llawn awydd i niweidio, yn coleddu malais, sbeitlyd, cenfigennus, yn bwriadu drwg, drygionus, niweidiol, cas: *malicious, bearing ill will, spiteful, envious, with evil intent, wicked, harmful, hateful.*

c. **1514** *RC* xlviii. 49, [y]r hon a ddangosso dagreuoedd o *valeisus* ddychymig. **1545** *CM* 1, 91, ynn *valeissus* yn ysbeiliwr yn ymladdgar yn chwanog ac yn gybydd. **16g.** GR. HIRAETHOG: *Gw* (D. J. B.) 115. 26, Safn *faleisus*, fin flysig [i ddychanu'r gath]. **1588** *Salm* lix. 5, neb a'r a wnânt anwiredd yn *falisus.* **1595** H. LEWYS: *PA* viii, segurwyr, dyngas *maleisus.* *id.* 25, ewyllys diawl . . . a meddwl *maleisus* tu-ac attom; ni chais ddim oll, ond dinistriad ollawl . . . pob rhyw ddyn. **1604–7** *TW* (*Pen* 228), *malisus* d.g. *invidus.* **1618** J. SALISBURY: *EH* 199, Celwydd drygawl *maleusys.* **1630** R. VAUGHAN: *YDd* 151, Y mae'r colledig yn pechu yn *faleusus* o'i lawn awydd. **1632** *D*, *maleisus*, malitiosus, malignus, maleuolus. **1672** J. LANGFORD: *HDdD* 219, Dynion sarhaus a *maleisus.* *id.* 243, Y mae'r dŷn

maleisus yn chwennych gwneuthur drŵg i'w Gymydog. **1688** S. HUGHES: *TSP* 198, na ammharched y *maleisus* fi am hyn o beth. **1701** E. WYNNE: *RBS* 226, a gymmerth bob dirmyg a chabledd gan ynfydion *maleisus* a gwaedwyllt. **1790** TWM O'R NANT: *GG* 186, Ni chawsant fawr lesiant o'u trafferth *faleisus*.
Amr.: **malinsus** [cf. *maleinswr*]. Ar lafar gynt ym Morg., *GWG* 273.

maleisusrwydd [*maleisus* + *-rwydd*] *eg.* Malais, y cyflwr o fod yn faleisus: *malice, maliciousness.*
1776 *W* d.g. *maliciousness.*
Gw. hefyd maleisrwydd.

maleiswr, gw. maleisiwr.

maleithr, gw. malaith.

malen[1,2,3], gw. melan[1], malaen[1], melan[2].

malencoli, malencolia, malerth, gw. melancoli, melancolia, malaith.

malet [bnth. S. *mallet*] *eg.* Morthwyl pren (saer, &c.); morthwyl trwm gof, gordd: *mallet; sledge-hammer.*
1866. Ar lafar.

maleusiaf: maleusio, maleusig, gw. maleisiaf: maleisio, maleisig.

malfod, malfoden, gw. malwod.

malfw, malffai, gw. malw, malpai.

malffringaf: malffringo [bf. o fôn y f. *malaf*: *malu* + elf. anh. (?cf. S. *fringe*)] *bg.a.* Gwneud neu fynd yn rhacsiog neu'n garpiog (yn enw. am ddafad wedi colli gwlân oddi ar rannau o'i chorff): *to make or become ragged or tattered (esp. of a sheep that has lost wool from parts of its body).*
1722 *Llst* 189, *malffringo*, to make or become ragged or tattered (spoken of a sheep that has lost her wool in some places of her body).

malgi, gw. maelgi.

mali—picws m., gw. picws.

maliad, malad [bôn y f. *malaf*: *malu* + *-iad*[1], *-ad*] *eg.* ll. *maliadau.* Y weithred o falu, maluriad, hefyd yn *ffig.*; mâl, grawn i'w falu neu wedi ei falu, cymaint o rawn ag a felir ar y tro: *a grinding, pulverizing, also fig.*; *grist.*
1604–7 *TW* (*Pen* 228), *maliat* d.g. *molitura, tritura* (hefyd *D*). **1722** *Llst* 189, *malad*, a grinding. *id. maliad*, a grinding. **1790** TWM O'R NANT: *GG* 147, Mae elw teg o'i *maliad* hi [melin]. **1803** *P* d.g. *maliad.*

maliaf: malio [bnth. S. (*to*) *value* gydag adff. o *f-* > *m-*] *bg.a.* sy'n digwydd gan amlaf ar ôl y negydd. Hidio, bod ag ots (am), poeni, pryderu; sylwi (ar), ymddiddori (yn), hoffi: *to care, mind, heed, worry; notice, be interested (in), like.*
1777 W. WILLIAMS: *DN* 20, ni *faliant* lawer pe baent yn rhoddi iddo gael treial blaenllaw. Ar lafar, "Tydw i ddim yn *malio*'r un tatan (botwm, botwm corn, baw) yno fo', 'I don't care a rap for him', *WVBD* 362.

maliennog, malier, malierlong, gw. molwynog, maelier[1], maelierlong.

maliffwt, *eg.* Enw difrïol: *term of abuse.*
Ar lafar yn y Gogledd, 'Be wyt ti'n siarad, yr hen gyw *máliffwt*?', 'yr hen *máliffwt* [*sic*] diawl', *WVBD* 362.

malingdra, malingrwydd, malincolia, gw. mallingdra, mallingrwydd, melancolia.

malinsus, malired, maliri, gw. maleisus, malwod, meilierydd.

malis, malisgar, malisia, malisiol, malisiwr, malisus, gw. malais, maleisgar, milisia, maleisiol, maleisiwr, maleisus.

malwch [*mâl*[1] neu *mân*[1] + *llwch*[1]] *eg.* Llwch mân mewn melinau blawd: *fine dust in corn mills.*
Ar lafar yn sir Benf., *GDD* 193.

malmsai, malsai[1], **mawmsai,** &c. [bnth. S. C. *malmsey*] *eg.* (bach. *malmsyn*). Gwin melys cryf, yn wr. o wlad Groeg, hefyd yn *ffig.*: *malmsey, malvoisie, also fig.*
15g. *GDLl* 112, *Malmsyn*, ni chaf lyn o'i flaen. **15g.** *GTP* 18, Melwas Tomas letemwisg, / *Mawlsai* pob gŵr, maels pob gwisg. **15g.** *LGC* 255, Tir a anturiai amnaid ar Rwmnai / *Malmsai*—rhyw osai a gwin Rossiel. **15g.** *GGl* 226, Heb Sieffrai, a'i *falsai* fo, / Heb f'annedd, ni bwyf yno. **15–16g.** *TA* 100, Mwnai lloer mewn llaw hirwen, / *Malsai* byth im, Elsbeth wen. **1545** *CM* 1, 263, I vwydo mewn gwin gwyn Kadarn ne *valmyse* da. **16g.** (**1763**) W. SALESBURY: *LlM* 9, yr Iscell gyda *malsai* da i Iro llygaid dolurus. **16–17g.** *HG* 32, o vrwd a rrost i mynnai, / a *mawnsai* wedi dwymo. **16–17g.** *CRC* 206, Raspi a seck a *mawnseu* / a mwsgidel o'r goreu. **16–17g.** *DCR* 237, mwsgedel a *mawnse* hefyd. **1722** *Llst* 189, *mawmsai* (gwin), malmsey wine.
Am *gwin malmsi*, gw. gwin.

malows, gw. malw.

malp, *eg.* ll. *-au, -s.* Maldod; gordeimladusrwydd, rhodres: (*excessive*) *fondness, indulgence; excessive emotion, 'putting it on', affectation.*
Ar lafar ym Mrych., sir Gaerf., a gorllewin Morg., 'Gad dy *falpe*'.

malpaf: malpo [bf. o'r e. bl.] *ba.* Maldodi, sbwylio, difetha: *to indulge (someone), spoil.*
Ar lafar ym Mrych.

malpai, mal pai, malffai, &c. [*mal*[1] + *pai*, 3 un. amh. dib. y f. *wyf*: *bod*] *cys.* a hefyd fel *adf.* Fel pe, fel petai: (*just*) *as if, (just) as though, as if it were.*
1346 *LlA* 114, kyuodi yn holl iach aoruc y mab *mal bei* atuei (*BDe* 16, megys pet uei; amr. mal pet uei) yn kyuodi o gyscu. **14g.** *B* v. 201, *malpei* vot y neill person yn Duv a'r llall yn dyn. *ib.* Vn hagen yv ef mal hynn, nyt *malpei* symut y dvyolaeth yn dynolyaeth. **14g.** *WM* 467. 2–4, penn y pryuet ayssynt rac newyn *mal pei* nat yssynt uwyt eiroed. *id.* 487. 22–4, yr hwnn a uo da genhyt ti *malpei* teu uei gwna arnaw. *id.* 488. 21–3, ae rodi a oruc kei yn llaw wrnach kawr y *malphei* y edrych a ranghei y uod idaw y weith. **14g.** *YBH* 37b, Yna y doeth ef at copart . . . y annerch *malfei* y gan bown. *c.* **1400** *GP* 14, Bei ar eglyn yw bot molyant a gogan y gyt yndaw, *mal pei* dywettit gwreic dec, dissemyl, aniweir. **15g.** *B* xiv. 10, *mal pei* euo vei Jessu Grist. **1567** *TN* 63a, can ys gwelaf wy yn gorymddaith mal petyn [:– *malphe*] breniae. **1632** *D* (*Diar*), Blodau cyn mai *malpai* na bai (*Cy* vii. 140, gwell kyn na bei). **1722** T. EVANS: *PS* 23, yn gosod yn erbyn y gair Gollyngdod, *malpai* Ddilechdid ry Babaidd. **1762** *ML* ii. 461, derbyniwch o *malpai* toccyn o ewyllys da eich brawd. **1770** *W* d.g. *as if.* **1803** *P.*
Fel *adf.* Fel petai, megis, mewn ffordd o siarad; ?efallai: *as it were, so to speak, in a manner of speaking; ?perhaps.*
1587 *B* xxiv. 44, chwilenwr—pigwr pwrs—lleidr *malffai.* **1592** S. D. RHYS: *Inst* [xiv], ddarfod inni o gwbl abergôfi y Gymráec, a'medru [*sic*] weithion (*malpei*) ddoydud Saesnec. *id.* [xv], megis y gellit ddywêdud (*malpei*) fôd gann hwnn a' hwnn . . . y fâth gelfyddyd. **1595** *Egl Ph* 16, Y gair tan hwn, yw'r ddarymsawdd, o achos gallu dywedyd ei fod, (*malpei*) yn y gwaiw. *id.* 24, ymadrodd yn wawdus, (*malpei*) wrth rei byw; ac hwynt yn feirw. **1604** R. HOLLAND: *BD* 11, trwy ryw air da *malpei*, a glywsant am danaf (*by a good reporte that perhappes they have heard of me*). **1632** *D*, màl . . . *Malpai*, h.e. Mal pe bai, Perinde ac si. Lladrad *malpai.* **1651** SIÔN TREREDYN: *MDD* 63, ar hyn nid oedd un (*malpai*) o honint, nad oedd yn llawn sancteiddrwydd. **1714** R. PRYDDERCH: *GD* v–vi, Gwell ganthynt i ddynion dybied am danynt eu bod . . . yn anffaeledig, nac i neb glywed iddynt newid eu Barn (*malpau*). **1718** (**1721**) S. THOMAS: *HB* 11, mor ebrwydd y rhedant attynt i ddarllain eu Tesni (*malpai*). **1745** *YABG* 5, wedi ei serio, *malpai*, â haiarn poeth. **1803** *P.*
Am *gwneuthur mal pai*, gw. gwnaf: gwneuthur.
Gw. hefyd fel—fel petai, mal[1]—mal petai.

malsai[1], gw. malmsai.

malsai[2], *e.* Llysywen (wedi ei thorri'n ddarnau a'i choginio): *eel (split and cooked), spitchcock.*
Dchr. **17g.** *J* 10, 25a, *malsai*, spitchcocke. **1707** *AB* 218c, *malsai*, an eel. **1725** *SR* d.g. *an eel.* **1753** *TR*, *malsai*, an eel.

maltae, gw. mal[1]—mal petai.

Maltaeg [yr e. lle *Malta* + *-eg*[1]] *eb.* Iaith trigolion Malta: *Maltese (language).*
1851.

Maltaidd [yr e. lle *Malta* + *-aidd*] *a.* Yn perthyn i ynys Malta neu i'w thrigolion: *Maltese.*
1906.

maltas [bnth. S. *maltase*] *eg.* ll. *-au. Cem.* Ensym sydd yn hydrolysu maltos yn glwcos: *maltase.*
1937.

maltos [bnth. S. *maltose*] *eg.* ll. *-au. Cem.* Math o siwgr a gynhyrchir drwy hydrolysu starts dan weithrediad brag, poer, &c.: *maltose.*
1937.

malur, gw. maluria.

malurfaen [bôn y f. ddil. + *maen*[1]] *eg.* Darn o fynor, &c., a ddelir yn y llaw ac a ddefnyddir i falu lliwiau paentiwr, &c., ar lech wastad, llawfaen: *muller.*
1798 *WR* d.g. *mullar.*

maluri, gw. maluria.

maluria, malurio[1], **moelur(i)a, malur, maluriad**[1], &c. [tebyg mai'r ddihar. yn rhai o'r enghrau. isod yw man cychwyn y gair, ond nid yw'r ff. na'r ystyr yn gwbl eglur] *eg.* Pridd y wadd; ?pridd wedi ei gloddio: *molehill; ?dug earth.*
[**1547**] W. SALESBURY: *OSP*, Pan vo moeliri ar ben *maluriat*, / y bydd escud ascell gwpiat. *c.* **1562** *B* ii. 230, *moelvra*, prydd y wal. **16g.** WILIAM LLŶN: *Gw* (R. Stephens) (At.), *malvria*, pridd y wadd. *c.* **1588** *B* ii. 230, *moelüria*, pridd twrch dayar. **1604–7** *TW* (*Pen* 228), Pan vo moeliri ar ben *maluria* / bydd escût asgell Gwepia d.g. *accipiter. id. maluria*, twmpath y twrch daear d.g. *talpa. Dchr.* **17g.** *J* 10, 25a, *maluri*, pridd y wâdd. **1620** *Mos* 204, 137, Pan vo maliri ar ben *molera.* yna y bydd escid ascell gwippia. **1632** *D*, *malur*, & *malurio*, & *maluria*, terra per talpam ejecta, terra contrita, grumulus talpæ, regestum. **1803** *P* d.g. *malur.* Dichon mai ff. fach. *maluryn* a geid yn wreiddiol yn yr e. lle *Esgairfoeleirin*, ger Pennal, Meir., gw. *B* xxiii. 323–4.

maluriad[1], gw. maluria.

maluriad[2] [bôn y f. ddil. + *-iad*[1]] *eg.* ll. *-au.* Y weithred o falurio, drylliad, maliad, chwaliad, chwilfriwiad, toriad (yn yfflon), dinistriad, dadfeiliad; dadfeiliad ymbelydrol: *a breaking up, grinding, reducing to dust, pulverizing, crumbling, breaking (to pieces), smashing, shattering, destruction, decay; radioactive decay.*
1632 *D*, *maluriad* d.g. *tritura.* **1655** R. JONES: *PC* 171, *maluriad* Caer. **1722** *Llst* 189, *maluriad*, a crumbling. **1737** J. EINNON: *HR* 138b, yr oedd y goffadwriaeth hono yn *fal*[*u*]*riad* gwastadol i mi (*continual breaking of my bones*). **1798** *WR* d.g. *trituration.* **1799** M. WILLIAMS: *BM* 32, cefnau tost, *maluriadau*, ysgraffiniau. **1803** *P.*

maluriadwy [bôn y f. ddil. + *-adwy*] *a.bfl.* Y gellir ei falu'n llwch neu ei ddinistrio, brau; ?wedi ei falurio: *which can be reduced to dust or destroyed, fragile, brittle; ?broken to pieces.*
1866.

maluriaf: malurio[2] [cf. y f. *malaf*: *malu*; anodd bod yn sicr mai i adran (*a*) y perthyn yr engh. gyntaf] *bg.a.*
(*a*) (fel *ba.* a hefyd yn *abs.*) Torri'n ddarnau mân, darnio'n fân, dryllio, chwalu, chwilfriwio, malu, briwsioni, malu'n llwch, pylori, hefyd yn *ffig.*: *to break into fragments, shatter, smash, grind, crumble, reduce to dust, pulverize, also fig.*
15g. *GO* 45, Anghyssurio yw *malvrio* / Y'n divvrio o'n dav vwriad. **1588** 2 *Br* xviii. 4, ac a *faluriodd* y sarph brês. **1588** 2 *Cr* xxxiv. 4, Y llwynau hefyd, a'r delwau cerfiedic, a'r delwau toddedic a

ddrylliodd efe, ac a *faluriodd* efe. **1588** *Job* iv. 19, y rhai a *falurir* yn gynt na gwyfyn. **1588** *Salm* ii. 9, *maluri* hwynt fel llestr pridd. *Dchr.* **17g.** *J* 10, 25a, *malurio*, in pulverem redigere. **1632** *D, malurio*, terere, conterere. *id.* d.g. *comminuo, molo, trito. id. malurio* 'r priddellau d.g. *occo.* **1661** E. LEWIS: *Drex* 117, caiff onid edifarha ei wasgu a'i *falurio* tan drwm bwys Tragywyddoldeb. **1703** E. WYNNE: *BC* 51, *Maluriwyd* hwn hyd Annwn. *id.* 72, mi a *faluriaf* tan Seiliau dy Deyrnas di. *c.* **1750** J. THOMAS: *T* 22, [rh]yw Gystudd trwm . . . yr hyn a fydde debygol o'i suddo a'i *falurio.* **1771** *PDPh* 28–9, *maluriwch* yn bowdr mân. **1790** T. JONES: *TOS* 137, Iesu Grist . . . sylfaen dy happusrwydd, neu 'n faen tramcwydd i'th *falurio*'n chwilfriw. **1800** W. OWEN[-PUGHE]: *CP* 71, rhaid i chwi ofalu bo[d eich] tîr wedi ei *falurio* yn dda trwyddo. **1803** *P.* Ar lafar, 'Mi dy *faliria*' i di', *WVBD* 362.

(*b*) (fel *bg.*) Mynd yn ddarnau, cwympo'n ddarnau, briwsioni, dadfeilio, ymddatod, hefyd yn *ffig.*: *to break up, fall to pieces, crumble, decay, decompose, disintegrate, also fig.*

15–16g. *TA* 55, Methodd, *maluriodd* milwriaeth—y byd, / Mae'n erchwyn, i gyd, mewn arch yn gaeth. **1632** *D, malurio* . . . conteri. **1661** E. LEWIS: *Drex* 64–5, Y sail . . . sydd . . . yn *malurio* yn llwch. **1723** J. JONES: *LlA* 243, Dymma'r Graig gyffredin y mae cynnifer o Eneidiau yn *malurio* arni. **18g.** *W Ballads* 8, 2, yn *malirio* ymedd marwoleth. *id.* 95, d.d., Citty Lisbon yr hon a *faluriodd* ir mor ofewn yr ychydig amser. *id.* 191, 3, Droi a wnae fel rhew yn *maliria* [*sic*], / Wrth ai fanwl dreio ai drin. **1803** *P.*

maluriedig [bôn y f. fl. + *-edig*] *a.* Wedi ei falurio, drylliedig, wedi ei falu (yn llwch); wedi cwympo'n ddarnau, dadfeiliedig; hefyd yn *ffig.*: *shattered, broken, ground, pulverized; fallen to pieces, decayed; also fig.*

1798 R. DAVIES: *CG* 103, *Maluriedig*, mal'r ydwy'. **1803** *P.*

malurio[1,2], gw. maluria, maluriaf: malurio.

maluriog [bôn y f. fl. + *-og*] *a.* Wedi ei falurio, drylliedig, wedi ei falu (yn llwch); wedi cwympo'n ddarnau, dadfeiliedig: *shattered, broken (up), ground, pulverized; fallen to pieces, decayed.*

1830.

maluriol [bôn y f. fl. + *-ol*] *a.* Yn malurio, dinistriol; yn dadfeilio; wedi ei falurio, drylliedig, wedi ei falu (yn llwch); wedi cwympo'n ddarnau, dadfeiliedig: *shattering, destructive; decaying; shattered, broken, ground, pulverized; fallen to pieces, decayed.*

1722 *Llst* 189 d.g. *battering.* **1803** *P.*

malurion [bôn y f. fl. + *-ion*] *e.ll.* Darnau mân, cyrbibion, teilchion, gwaddod, gwehilion, hefyd yn *ffig.*; ŷd wedi ei falu: *fragments, smithereens, debris, rubbish, also fig.; ground corn.*

1588 2 *Sam* xvii. 19, a ledodd glawr ar wyneb y pydew, ac a dânodd arno ef *falurion.* **1803** *P, malurion*, broken particles.

Cfn.: **malurion cerrig**: *grit.* **1632** *D* d.g. *scobs.* **1722** *Llst* 189. **1774** *W* d.g. *grit.* **m. ŷd**: *ground corn.* **1620** 2 *Sam* xvii. 19. **1722** *Llst* 189. **1803** *P.*

maluriwr [bôn y f. fl. + *-wr*] *eg.* Un sy'n malurio neu'n dinistrio, drylliwr: *one who shatters or destroys.*

1632 *D* d.g. *tritor.* *c.* **1730** *Thos. Lloyd D* (LlGC) 170a.

maluryn, gw. maluria.

malw, &c. [bnth. S. *mallow*] *e.tf.* (un. b. *malwen*) ll. *mal(o)ws*, &c. *Bot.* Planhigion gwyllt cyffredin o deulu'r *Malvaceæ*, yn enw. *Malva sylvestris*, y feddalai: *mallow(s).*

16g. *Pen* 207, 41, tri dyrnaid or *malws.* *Diw.* **16g.** *WLB* 29, ar *malfw*, ar lafander. *id.* 54, eli or *maluw.* *id.* 80, Kymer *malues* a mercuri. **17g.** *Llst* 82, 169, holi hocc . . . *malws.* **18g.** *Llr* C 24, 263, [d]yrneid o ddail y *malw.* *id.* 270, [d]ail y llinhad ar *malws.* **1771** *PDPh* 15, wns o ddail *Malows.* **1801** *MMf* 98, dail y *malw.* *id.* 143, Cais o'r *malw*, a'r ganmil. *id.* 288, malva, *malw.*

Cfn.: **malwen Alis**: ?*vervain mallow, Malva alcea.* **1801** *MMf* 282. **malw bendigaid**: *hollyhock, rose mallow, Althæa rosea.* **1801** *MMf* 224, 241, 288. **m.'r hêl**: *marsh mallow, Althæa officinalis.* **1801** *MMf* 283. **1813** *WB* 215. **malwen y meysydd**: ?*common or field mallow, Malva sylvestris.* **1801** *MMf* 281. **malw'r morfa** = **m.'r hêl.** **1801** *MMf* 287, 288. **m.'r perthi** = **malwen y meysydd.** **1801** *MMf* 281.

malwad, malwaid, malwed, malweden, gw. malwod.

malwen[1,2], gw. malw, malwod.

malwennaf: malwenna, malwennu [bf. o'r e. *malwen*[2]] *bg.a.* Symud yn araf fel malwen, malwodi: *to move slowly like a snail, go at a snail's pace.*

1869.

malwennaidd [*malwen*[2] + *-aidd*] *a.* Tebyg i falwen, araf fel malwen, malwodaidd: *snail-like.*

1790 TWM O'R NANT: *GG* 183, Can's hawdd i'w [*sic*] maglu'r mwyglaidd, *Malwennaidd*, i aml wall. **1800** W. OWEN[-PUGHE]: *CP* 49, y cerddediad *malwenaidd* à ydych gynnefin arno.

malwennog, malwenog, gw. molwynog.

malwheden, gw. malwod.

malwod [H. Gym. (*mor*)*meluet*, gl. *testudinum*, H. Grn. *mel*[*þ*]*en*, gl. *limax*, Crn. Diw. *molhuez* (ll.), *molhuidzhon* (un.; S. taf. Cernyw *melwidgeon*), Llyd. C. *melhued*, Llyd. Diw. *melc'houed*] *e.ll.* (un. b. *malwen, malwoden*).

(*a*) Molwsgiaid bychain llysnafeddog araf eu symudiad sy'n perthyn i'r dosbarth *Gastropoda*; weithiau hefyd am grwbanod: *snails, slugs; also used of turtles.*

14g. *DB* 89, Yn y mor hwnnw [yr India] y maent *malwot* (*testudines*), ac yn eu kybynnev y geill dynion atlamv. **1547** *WS*, *malweden* ne *malwen*, a snayle. *Diw.* **16g.** *WLB* 36, kymer y *malwod* a fytho mewn kogyrnod. **1594–6** *B* iii. 175, 'Dydd yvoru, dydd drennydd', medd y *valwen* yn ymlid yr hedydd. **1595** *Egl Ph* 46, Cyrn y *Falwen.* **1604–7** *TW* (*Pen* 228), *malwen* d.g. *domiporta.* *id.* *malwod* d.g. *cochlearium.* **1615** R. SMYTH: *GB* 160, [*m*]*alwod* a phryfed eraill 'n magu'n y ddaear. **1620** *Lef* xi. 29–30, [y]r ymlusciaid a ymlusco ar y ddaiar: y wengci . . . a'r *falwoden.* **1632** *D, malwen*, pl. *malwod*, & inde sing. *malwoden*, limax, testudo, cochlea. **1657** RE: *CDd* 322–3, ni fyddant hwy fyw . . . fel *malwod* yn eu cegyrn. **1681** T. JONES: *Alm* 16, 6 ffwys a 7 ownses o flew *Malwod*, ar 8s. 3d. y pwys. **1724** S. WILLIAMS: *ADA* 24, y rhai [dynion drwg] fel *malwod*, ydynt yn gadael eu llys ar eu hol. **1725** D. LEWIS: *GB* 154, Y mae Pedwar Llŷgad gan *Falwoden*, sef Un ym mhob Corn. *c.* **1751** G. OWEN: *L* 4, y mae'r gwaith yn mynd ymlaen fel y *Falwen*, o achos bod gennyf ormod o waith arall ar fy nwylaw. **1763** *DT* 111, i yrru'r *falwen* yn Gennad. **1771** *PDPh* 16, fe fu *malwod* wedi eu berwi mewn llaeth yn dda rai prydiau. **1798** *WR*, *malwoden* d.g. *slug, snail.* Ar lafar, *LGW* 249. Dywedir am rywun araf ei fod yn 'dŵad 'run fath â *malwan* mewn tar', *WVBD* 362.

(*b*) (yn *dros.*) Darn o blwm neu ryw fetel arall a ddefnyddir i'w saethu o ddryll; nam ar lafn pladur, sef bod rhan fechan ohono'n fwy trwchus na'r gweddill; rhan o oren, 'mochyn', 'llygoden', 'petal', 'coden': *a piece of lead or other metal used for firing from a gun, slug; a swelling on the blade of a scythe; a segment of an orange.*

[**1783**] *W* d.g. *slug* [*an oval piece of metal used in charging a gun*]. Ar lafar yn Arfon dywedir *malwan* am ran o oren.

Amr.: **malddot** [amr. ar *malfod* gydag *-dd-* ac *-f-* yn ymgyfnewid] (un. *-en*). Ar lafar gynt yng Nghwm Gwaun, *GDD* 193. **malfod** [*-w-* ac *-f-* yn ymgyfnewid] (un. *-en*). **1588** *Lef* xi. 30. **1707** *AB* 286a d.g. *a snail.* **1736** (**1812**) *YRW* 12. Ar lafar yn sir Benf., *LGW* 249. **malwad** [tebyg mai gwall argraffu yw'r engh. lenyddol] (un. *-en*). **1615** R. SMYTH: *GB* 22. Ar lafar yng nghanolbarth a de Cered. **malwaid** [adff. o *malwed*, cf. *merched, merchaid*]. **1815.** **malwed** (un. *-en*). **1547** *WS.* **1604–7** *TW* (*Pen* 228) d.g. *testudo.* *Dchr.* **17g.** *J* 10, 25a, *malired* [*sic*], malwoden. [**1762**] E. POWELL: *HEI* 18, 43. Ar lafar yn sir Gaerf., gorllewin Morg., a rhannau o Gered. Clywir hefyd y ff. un. *malwheden* ar lafar yn sir Gaerf., *TGG* (1904) 51. **melweden** [cf. *môr-felwed*] (ff. un.). **1801** *MMf* 148. **molchweden** (ff. un.). *c.* **1400** *Études* vii. 296. **molfod.** **16g.** *Pen* 204, 138. **molwed** (un. *-en*). *c.* **1400** *Études* viii. 68, Rac dolur llygeit: kymer *volwet* cochyon. **15g.** *FfBO* 43. **1610** *CRC* 205. *c.* **1730** *Thos. Lloyd D* (LlGC) 178a. Ar lafar ym Mrych. a gorll. Morg. **molwod** (un. *-en*). Ar lafar yn sir Benf., *GDD* 200. Clywir y ff. *molwad*(*en*) yno hefyd.

Cfn.: **malwod,** &c., **y bresych**: *field slugs, Agriolimax agrestis.* **1814.** **m. cregyn**: *snails.* Ar lafar, e.e. *malwan grogan*, *WVBD* 362. Yng ngodre Cered. clywir *malwaden â c(h)ragen.* **m. cyrn, m. y cyrn**: *snails; Ram's Horn snails.* [**1762**] E. POWELL: *HEI* 18. *id.* 43, Cais lawer o *Falwed y cyrn*, a thynn hwy allan o'i cyrn. Ar lafar yn nwyrain sir Gaerf. **m. digregyn**: *slugs.* **1907.** **m. dihangol**: *snails used to charm warts.* Ar lafar yn sir Benf., *molwoden jangol*, *GDD* 200. **m. du(on)**: *slugs.* *c.* **1400** *Études* vii. 296, [*m*]*olchweden du.* **16g.** *Pen* 204, 138. *c.* **1730** *Thos. Lloyd D* (LlGC) 170a, *malwod tuon*, G. 76. Q. 78. **1771** *PDPh* 85. Ar lafar yn gyff. **m. y dŵr (m. dwfr)**: *pond snails.* **20g.** **m. dwygragen**: *bivalves.* **20g.** **m. (y) gerddi**: *garden snails.* [**1762**] E. POWELL: *HEI* 41. **m. gwlith**: *slugs.* **20g.** **m. gwynion**: *white snails, Euparypha pisana.* [**1762**] E. POWELL: *HEI* 43. **1790** TWM O'R NANT: *GG* 183, Mae nghychwyn mor aniben, a *Malwen wenn* o'r wal. **1803** *P.* **m. llwyd**: *garden snails.* **20g.** **m. môr, m. y môr**: (i) *sea-snails, snailfish, unctuous suckers.* **1866.** (ii) *kind of marine gastropod.* Ar lafar yn Arfon, *WVBD* 362. **m. pendoll**: *leeches.* Ar lafar yn ardal Abergeirw, Meir. **malwoden dawdd**: '*a snail which melteth away*', *later identified with 'slug'.* **1588** *Salm* lviii. 8, Aed ymmaith fel *malwoden dawdd* (**1567** *LlGG* (*Sall*) 32a, vegis malwen y dawdd). **1764** *ML* (Add) 604. **m. dorch**: *necklace snail, necklace shell, Natica.* **20g.** **malwen dŷ**: *house-snail, snail.* **1604–7** *TW* (*Pen* 228) d.g. *limax.*

Am *cragen malwen* (*malwod*), *llys m.*, gw. cragen, llys[2].

Gw. hefyd môr-falwod.

malwodaf: malwodi [bf. o'r e. bl.] *bg.* Symud yn araf fel malwen, malwenna: *to move slowly like a snail, go at a snail's pace.*

20g.

malwodaidd, malwodennaidd [*malwod*(*en*) + *-aidd*] *a.* Malwennaidd: *snail-like.*

1843.

malwodog [*malwod* + *-og*] *a.* Llawn malwod: *abounding in snails.*

20g.

malwota [*malwod* + *-ha*] *bg.* Casglu malwod: *to gather snails or slugs.*

Diw. **19g.** *SE MS* 279b. Ar lafar gynt ym Morg. yn y ff. *melwota*, *LlGC* 1171, 22.

malwr [bôn y f. *malaf*: *malu* + *-wr*] *eg.* (b. *malwraig*, ll. *-wragedd*) ll. *-wyr.*

(*a*) Unrhyw beiriant, teclyn, neu ddyfais sy'n malu, yn darnio, neu'n torri'n fân; cilddant; un sy'n malu, melinydd: *any machine, tool, or device for grinding, crushing, or chopping finely, mincer, grinder; molar; one who grinds, grinder, miller.*

1604–7 *TW* (*Pen* 228), *malwr* d.g. *molitor, tritor* (hefyd *D*). *id.* *malwraic* d.g. *molitrix.* **1759** *BC* 5[3]2, Y Corph yw Tŷ'r Annedd, a *malwyr* yw'r dannedd. **1765** *Cyf C* 17, Fe fydde'r *malwr* yn ŵr milan. **1774** *W* d.g. *grinder* [*one that grinds*], *miller.* **1803** *P.* Ar lafar am 'un a fo'n malu', am '[b]eiriant at falu gwair neu wellt', ac am '[r]olbren â rhigolau cris-croes ynddo at falu bara ceirch yn fân', *B* xiv. 289.

(*b*) (yn *ffig.*) Llefarydd, ynganwr, datganwr; gwag-siaradwr, clebrwr, baldorddwr: *a speaker, utterer; a babbler, chatterer, empty talker.*

Diw. **17g.** *Card* 65, 165, Yr hedydd llonydd or llwyn / a gloyw oslef mewn glaslwyn / *malwr* Cerdd ymylau'r coed. Ar lafar yn Arfon, *WVBD* 362.

Cfn.: **malwr bara ceirch**: *scored rolling pin used for crushing oatcakes.* Ar lafar ym Mhenllyn. **m. cachu**: *one who prates.* Ar lafar. **m. cerrig**: *stone-breaker.* **20g.** **m. sbwriel**: *waste-disposal unit.* **20g.**

malwrnog, gw. molwynog.

malws, gw. malw.

malwynog[1] [*malwyn (> malaen[1]) + -og, H. Lyd. *maloinoc*, gl. *menceps*; cf. epithet Rhodri *Molwynog*] *a.* Drwg, melltigaid:

evil, accursed.
13g. *C* 65. 8–10, Bet meilir *maluinauc* saluvodauc sinhvir. fisscad fuir fodiauc.

malwynog[2], gw. molwynog.

malydd [bôn y f. *malaf*: *malu* + -*ydd*[3]] *eg.* (b. -*es*, ll. -*au*) ll. -*ion*. Cilddant, dant malu; un sy'n malu, malwr: *molar*; *one who grinds, grinder.*
1805.
Gw. hefyd melydd.

malyn [*mal*[2] + -*yn*] *eg.* Un sy'n maldodi'n ormodol: *over-indulgent person.*
1683 H. EVANS: *CTF* 29, Or 'dwyt Dâd, na fydd fel *malyn* [:– yn caru gormod].

mall[1] [dichon fod mwy nag un gair wedi ei gynnwys yma; cf. *ball*, H. Wydd. *mell* '?dinistr', ac o bosibl H. Wydd. *mall* 'araf'; efallai mai i (*a*) y perthyn yr engh. gyntaf yn (*b*)] *eb.g.* a hefyd fel *a.*, weithiau gyda grym enwol.

(*a*) Pla, haint, malltod, pydredd; marwoldeb, dinistr; (geir.) newyn; hefyd yn *ffig.*: *plague, pestilence, blight, rot; mortality, destruction;* (*dict.*) *famine; also fig.*
1346 *LlA* 157, [c]lefydyev annorffenedic arnunt ac ar yplant. a *mall* ary hannyueileit. **15g.** *LGCD* 33, Mes heb na mawrdes na *mall*. **16g.** SIÔN BRWYNOG: *C* 65, Marw o aer Môn, mawr yw'r *mall*. **16g.** *Yst Kym* 158–9, daeth *mall* ar y Bryttaniaid yn ddial gan Dduw am i pechodau. **1672** R. PRICHARD: *Gw* 396, Nychdod, Nodau, *Mâll*, difflanniad, / S'oddiwrth Dduw ei hun yn dwad. *c.* **1730** *Thos. Lloyd D* (LlGC) 167b, *mall* . . . Plague, Blight, Famine. Cf. *Hen B* 169, Mae *mall* wedi dyfod ar gathod y plwy'.

(*b*) Drwg, drygioni, un (rhai) drygionus, Belial, Satan, (y) diafol: *evil, wickedness, evil one(s), Belial, Satan,* (*the*) *devil.*
15g. *GTP* 84, Duw a ad Rhys o daw tro, / Dicwn, y *fall* ai dyco [dychan Dicwn Pemrtwn]. **1551** W. SALESBURY: *KLl* lxvib, oll saytheu tanllyt y *Uall* [:– anvad, drwc]. *id.* lxviiia, Gwas y *Vall* wele mi a vadeueis [*sic*] i ti yr oll ddlet. **1567** *TN* 20b, e ddaw'r Drwc [:– *Vall*], ac ysclyffia'r hyn a heuwyt yn ei galon. *id.* 36[5]b, Nyd mal Cain yr hwn oedd or *Uall*. **16g.** R. WHITE: *C* 18, sy'n dwyn dyn i wlad y *vall* / am ado ir dall / i dwyllo. *p.* **1584** G. ROBERT: *GC* [200], malum *mall*; in malam rem, i'r*fall* [*sic*]. *a.* **1587** *Y* 117, I dâd, os ysbryd ydoedd, / Felly o rith y *fall* yr oedd. **1588** *2 Sam* xxii. 5, afonydd y *fall* a'm dychrynnasant i. **1595** H. LEWYS: *PA* 135, gwaeddant ar Ddiawl. . . ai rhoddi i hunain yn gwbl irr *fall* (*the devil*). **1604–7** *TW* (*Pen* 228) d.g. *diabolus*. *Dchr.* **17g.** *J* 10, 25a, *mall*, wickedness. **1618** J. SALISBURY: *EH* 143, A rhai o'r hain syn addoli'r peth diffaeth, y *fall*, ag yn ei gyfri ef yn lle Duw. **1632** *D*, y *fall* d.g. *Belial, diabolus, furia, malum.* **1681** S. HUGHES: *AC* 21, Tydi'r *Fall* ebe finne wrth yr yspryd drwg. **1688** *TJ*, *fall*, drygioni, dyreidi. Evil, mischief, belial. **1703** E. WYNNE: *BC* 106, yr oedd y *Fall* fawr a'i brif angylion colledig o'u [*sic*] ddeutu. **1722** *Llst* 189, y *Fall*, Belial, the devil, Evil, mischief. **1803** *P.* Ar lafar yn Arfon, 'dyfn fel y *fall*'.

Fel *a.* Pwdr, llygredig, llwgr; drwg, drygionus, melltigaid, anllad, ffôl; blin, sâl, afiach, claf, musgrell, wedi ei ddeifio; mud (am dân, poen, &c.); ?araf: *rotten, putrid, corrupt; evil, wicked, accursed, wanton, foolish; grievous, bad, unsavoury, unwholesome, unhealthy, sick, decrepit, blighted, blasted; dull* (*of fire, pain, &c.*); *?slow.*
14g. *Cy* vii. 153, byw *mall* a gwall ar lanneu / torredawr geir a chreirieu. **14g.** *IGE*[2] 52, Rho Duw mawr, y march blawr blwng, / *Mall* yr wyd yn ymollwng. **14–15g.** *id.* 294, Felly uddun', *fall* Iddew, / Fal twrch am ei fola tew [Siôn Cent i'r cybydd]. *c.* **1400** *R* 1033. 28, hir dyd meryd *mall*. **15g.** *ID* 64, rhoi mai oi llaw ir *mall* hen / rhydd y loywwawr rhodd lawen. **15–16g.** *GRB* 9, Pridd *mall* yw cwbl o'i gallu, / parchell y ddaeargell ddu [i'r wadd]. **1567** *LlGG* (*Sall*) 14b, Can ys yn y dydd *mall*, y cydd vi yn ei bapell. **1567** *TN* 41b, Ti was drwc [:– *mall*]. **1604–7** *TW* (*Pen* 228), cytrediad gwlybyræ *mall* y ryw vann or corph d.g. *abscessus*. **1632** *D*, *mall*, putris, corruptus, malus, stolidus, insipidus, insulsus. **17g.** HUW MORUS: *EC* i. 354, Y wraig yn anynad, a'r farchnad yn *fall*. **1688** *TJ*, *mall*: corrupt, also blasted. **1711** T. JONES: *Alm* [41], yr ydau yn *fall* ac yn brin. **1741** G. JONES: *HWI* 21, nad yw y rhai ag sydd yn aelodau i Grist trwy broffes yn unig, ond megis canghennau *mall*. **[1768] (1841)** TWM O'R NANT: *CTh* 39, Ffarwel ichwi, meinir, efo'ch llygaid *mall*, / 'Rw'i'n ameu'r ewch chi' [*sic*] ddall o ffoledd. **1772** D. RISIART: *HFP* 69, fel y byddo i'r ffrwyth *mall* pwdr syrthio ymaith. **1789** TWM O'R NANT: *TChB* 9, I ddyscu ffasiwnau a gwario'n *fall*. **1790** TWM O'R NANT: *GG* 63, Gochelyd merched *mall*. **1803** *P*, *mall* . . . llygad *mall*, a wanton eye. Ar lafar yn Arfon yn yr ystyr 'pwdr, afiach', *WVBD* 362, ac ym Meir. yn yr ymad. 'Tân llym o dan y llymru, Tân *mall* wna'r uwd yn well', cf. *malltan*. Digwydd yn yr e. lle *Malltraeth*, Môn.
Amr.: **mallt[1]**. **18–19g.** *Llr* C 4, 97, y mwcci *mallt*, the Devil. **1803** *P.*
Cfn.: **mall ferwi:** *to stew* (*meat, &c.*). **1794** *W* d.g. *to stew meat.* **m. fwrdeistref:** *rotten borough.* **1875. mall(t) gnoi:** *to chew; gnaw* (*of pain*). **1803** *P.* **mall epil:** *foul brood, bacterial disease of larval bees.* **1888. m. wayw, m. wewyr:** *gnawing pain, dull pain.* **1773** *W* d.g. *a gnawing pain.* **1803** *P* d.g. *mallwaew, mallwewyr.* **m. lafariad:** *twang.* **1722** *Llst* 189 d.g. *a twang* (*in delivery*). **1794** *W* d.g. *twang* [*in reading or speaking*]. **m. dôn**, gw. *mallton.*

Am *y fall felen, bara m., mab y f., merch y f., plant y f.*, gw. ball (hefyd At.), bara (At.), mab, merch[1], plant.
Gw. hefyd ball, tryfall.

mall[2] [?yr un gair â *mall*[1]] ?*e.* Diod a wneid o rawn trwy eplesiad, diod frag, cwrw; brag: *ale, malt liquor; malt.*
13g. *A* 15. 21–2, gwin a med a*mall* a amucsant. *c.* **1300** *H* 36b. 2, bugeil mon *mall* diret [marwnad Owain Gwynedd gan Gynddelw]. **14g.** *T* 32. 13–15, a *mall* amerin . . . a chorwc gwytrin. ar llaw pererin. *id.* 32. 18, a*mall* ameuued . . . a gwin. *id.* 41. 3–6, ny ellynt ronyn heb gyfoeth mechteyrn. ef ae tawd yn llyn hyny vo eginyn. ef ae tawd weith arall. hyny vo yn *vall*. Dreuhawc dyderuyd ['Canu y cwrw']. *id.* 59. 7–8, Ar vn blyned vn yn darwed gwin a*mall* amed.
Amr.: **mallt[2]** [dichon y perthyn yr engh. gyntaf i *mall*[1]]. **1547** *WS*, *mallt*, mauld. **1620** *Mos* 204, 63, Gorau imi gwrw *mallt*.

mallaf: mallu [bf. o'r e. *mall*[1]] *bg.a.* Pydru, madru, llwydo, cael ei ddeifio, cael ei heintio (gan fraenedd); llygru, peri pydru, deifio, difwyno, difetha, niweidio; hefyd yn *ffig.*: *to rot, putrefy, become mouldy or blighted, become infected* (*with liver rot or fluke*); *corrupt, cause to rot, blast, blight, taint, spoil, harm; also fig.*
15g. *ID* 26, mae lliw gwenn yn *mallu* gwyr / mae lliw r kalch yn *mallv* r kof. **1603** W. MIDLETON: *Ps* 157, Erlid ath demestl oerloes / Felly hwynt i *fallu* i hoes. **1606** E. JAMES: *Hom* ii. 198, Mae fe yn clwyfo'r corph, yn *mallu*'r meddwl [am lythineb a meddwdod]. *Dchr.* **17g.** *J* 10, 25a, *mallu*, mucesco. **1632** *D*, *mallu*, corrumpi, putrefieri. **1672** R. PRICHARD: *Gw* 372, Yn twymo, yn mygu, yn llwydo, yn *mallu*, / A chwedi llwyr bydru o gwmpas [am lafur gwlyb mewn tas]. *id.* 556, Nâd ir cwâl a'r pŵd eu *mallu* [y defaid]. **1716** IACO AB DEWI: *LlCB* 58, [llyfrau] yn gorwedd, yn *mallu*, ac yn llwydo, ac heb eu defnyddio. **1753** *TR*, *mallu*, to rot or be rotten; to wax rotten, to be corrupted, to putrefy, to be blasted. **1760** *W Ballads* 89, 5, [bara haidd] Wedi *mallu* yn gâs. **1765** J. EVANS: *CPE* 147, Os llygra ac y *malla* aelodau'r corph, buan y torrir hwy ymmaith. **1769** D. ROWLAND: *CG* 75, Y mae gwybedyn marw yn yr ennaint yn *mallu* yr arogl. **1770** *TG* ii. 56, Fe ymbortha defaid yn rhagorol ar dirodd wedi eu hau â'r cymmysg yma . . . ni *fallant* hwy ddim oll. **1776** I. BRYDYDD HIR: *P* i. 214, [d]rwg ddefodau ag arferion, ag sydd yn *mallu* rhinwedd dda a daioni. **1800** W. OWEN[-PUGHE]: *CP* 13, cyn y dechreuont [pŷs] addfedu maent yn *mallu*, yn amlaf yn llwyr wywo. **1803** *P.* Ar lafar ym Morg. dywedid 'bod glo yn *mallu* pan dorrai'n ddarnau mân wrth geisio ei gael allan o'r ffas', *Geir Glo* 63.
Gw. hefyd ballaf: ballu.

mallaidd [*mall*[1] + -*aidd*] *a.* Pydredig: *rotted.*
1803 *P.*

mallaint [*mall*[1] + *haint*] *eg.* Pla, haint, malltod, afiechyd, clefyd, hefyd yn *ffig.*; (geir.) helbul, tristwch: *plague, pestilence, blight, disease, illness, also fig.*; (*dict.*) *vexation, sorrow.*
16g. (*LlEG*) *Mos* 158, 11b, *mallhaint* ar y niueilliaid a maruolaeth ar y bobyl. **16g.** *B* xi. 29, a uiasai varw ynn amser y *mallhaintt* a'r aulawenydd. **1567** *TN* [xlvii], O ddyma y cymery ymwared ir *mallhaint*. **16–17g.** *PhA* 497, *Mallhaint* oer gwblhaint goblin / Melltith y byd ir cryd crin [gogan i'r cryd]. **1604–7** *TW* (*Pen* 228), *mallaint* d.g. *malum, pestis.* **1621** E. PRYS: *Ps* 33b, a chenllysg lwyth, a *mallhaint*. **1630** R. LLWYD: *LlH* 82, pa *fallhaint* mor anafus, mor sceler, mor atcas â hwn [cybydddod]. **1632** *D*, *mall-haint*, malum, νόσημα. **17g.** *RWM* ii. 533, fe ddaeth (yn rann o gosbydigaeth Duw) *mallaint* ar yr holl ydav. **1688** *TJ*, *mall haint*, tristwch, helbul: sorrow, heaviness, vexation. **1696** *CDD* 95, Cur Crist a'i ddioddfaint, a'i unig Fâb rhoddaint, / A olchodd fy *mhall haint*, a'm llêsgedd. **1722** *Llst* 189, *mallhaint*, a weakness, dullness, numness, torpidity; mischief. **1772** *W* d.g. *disease, pest, pestilence.*

mallair [*mall*[1] + *gair*[1]] *eg.* Gair o sen, drygair, enllib: *abusive word, slander.*
1604–7 *TW* (*Pen* 228), *mallair* d.g. *maledictum* (hefyd *D*). **1722** *Llst* 189, *mall-air*, ill-report, slander.

mallasg [amr. ar *ballasg*] *eg.* Plisgyn neu gibyn cneuen: *shell or husk of a nut.*
1604–7 *TW* (*Pen* 228), *mallasc* d.g. *echinus.*
Gw. hefyd ballasg.

mallawyr [*mall*[1] + *awyr*, ar ddelw'r Eidaleg *mal'aria* 'awyr ddrwg'] *eg.* Malaria; awyr ddrwg neu heintus: *malaria; foul or infected air.*
1850.

malldafodiog, malldan, mallder, &c., gw. malltafodiog, malltan, mallter, &c.

malledig [bôn y f. fl. + -*edig*] *a.bfl.* Pwdr, llygredig; heintus, clefydus: *rotten, corrupt; infectious, pestilential, diseased.*
17g. HUW MORUS: *EC* i. 327, A minnau yn bendefig *malledig* o'm lle [cyffes meddwyn].

malledd [*mall*[1] + -*edd*[1]] *eg.* Drygioni, malais; pydredd, llygredd, malltod: *evil, malice; rottenness, corruption, blast.*
1604–7 *TW* (*Pen* 228) d.g. *malitia.* **1618** J. SALISBURY: *EH* 87, y Saint yn y nef, sy'n mwynhau pôb daioni, heb gymysc o ddrwg, na *malledd*. *id.* 339, o wir *falledd*, malais, a drigioni. *id.* 340, Pechu o *falledd*, a malais. *ib.* bod Daeoni yn wrthwyneb i *Falledd*, a malais. **1776** *W*, *malledd* . . . y cnawd d.g. *mortification, in Surgery* [*the putrescence of the flesh*]. **1803** *P*, *malledd* . . . a blasted state.

malleiriog [*mallair* + -*iog*] *a.* Chwannog i ddefnyddio iaith ddrwg neu sarhaus, rheglyd: *foul-mouthed, foul-tongued, abusive.*
1722 *Llst* 189, *malleiriog*, black-mouthed, reviling.

mallfras, gw. mall[1] + bras.

mallgi [*mall*[1] + *ci*] *eg.* ll. *mallgwn.* Uffern-gi, ellyll: *hound of hell, fiend.*
1703 E. WYNNE: *BC* 150, Ddoe yn Ddyn a heddyw'n *fallgi*.

mallglwyf, mallgnawd, gw. mall[1] + clwyf, cnawd[1].

mallgno [*mall*[1] + *cno*] *eg.* Poen cnool, cnofa: *gnawing pain.*
1773 *W* d.g. *a gnawing pain.* **1803** *P*, *mallgno*, a gnawing pain.

mallgorn [?*mall*[1] + *corn*; ynglŷn ag ystyr (*b*) isod, cf. *mapgorn*] *eg.*
(*a*) ?Caleden, corn: *callus, corn.*
Dchr. **17g.** *J* 10, 25a, *mallgorn*, morticini. **17g.** *LlGC* 13215, 347, *mallgorn*, morticini, callum.
(*b*) Mapgorn, mwydionyn corn: *inner part of an animal's horn.*
1803 *P*, *mallgorn*, the inside part of a horn. Ar lafar yng nghanolbarth Cered., *B* xiv. 280.
Gw. hefyd mapgorn.

mallgornaf: mallgorni [bf. o'r e. bl.] *bg.* Ffurfio caleden neu gorn: *to form a corn or a callus.*
Dchr. **17g.** *J* 10, 25a, *mallgorni*, occalleo. **17g.** *LlGC* 13215, 347, *mallgorni*, occalleo.

mallgryd [*mall*[1] + *cryd*] *eg.* Twymyn (y ddarfodedigaeth), hefyd yn *ffig.*: (*hectic*) *fever, also fig.*
1774 *W*, a rhyw *fallgryd* . . . dibaid arno d.g. *hectic.* **1813** *WB* 208, 254.

mallgydwybod [*mall*[1] + *cydwybod*] *a.* Ac

iddo gydwybod ddrwg: *having a bad conscience.*
1733 J. THOMAS: *HYB* 50, ein bod ni yn ofnus ac yn *fall-gydwybod.*

mallgyrch [*mall*^{2} + *cyrch*^{1}] *eb.* gan amlaf yn yr ymad. *y fallgyrch eirias.* Uffern, hefyd yn *ffig.*; ?cyrch uffernol: *hell, inferno, also fig.*; ?*infernal raid.*
1703 E. WYNNE: *BC* 72, O'n Brenhinllys ar sugnedd yn y *Fall-gyrch* eirias. *id.* 106, Porthorion duon y *Fall-gyrch* eirias. **1803** *P.* Cf. D. GWENALLT JONES: *CC* 20, Diwydra'r *fallgyrch* dy ffenestri a diastellu dy ddorau.

mallhaint, gw. mallaint.

malliant [bôn y f. *mallaf*: *mallu* + *-iant*] *eg.* Llygredd, pydredd; niwed, ?methiant: *corruption, rottenness; hurt,* ?*infirmity.*
16g. MORUS DWYFECH: *Gw* 35, A phoed hir, walch haelfalch hy, / Heb *falliant* y bo felly [i Eliseu ap Morus o'r Clenennau]. **1604–7** *TW* (*Pen* 228) d.g. *noxa.* **1655** *Llst* 170, 9, Iesv iw'r pysygwr, sv yn deall yn cyflwr / yn *malliant*, yn llygwr, an bie. **17g.** E. MORRIS: *B* 100, Llawn *falliant* yn Llanfylling, / Ag o'i hamgylch ogylch ing. *c.* **1689** *Pen* 153, 137, Ar ryw *falliant* i riw fellu / tori y mhen ond trwm iw hynu (Edward Morris). **1736** S. RHYDDERCH: *Alm* 33, Ynghyd a phalliant *malliant* môdd. **1803** *P.*

malling [bnth. dysg. Llad. *malignus*] *a.* Drwg: *evil.*
p. **1584** G. ROBERT: *GC* [200], malignus *malling.*

mallingdra [*malling* + *-dra*; dichon nad gwall mo'r ff. *malingdra*] *eg.* Drygioni, croesni: *wickedness, perversity.*
1611 R. SMYTH: *SG* 175, *malingdra* [*sic*] pechod. **1615** R. SMYTH: *GB* 22, rhag phyrnigrwydd yr awyr a *malingdra* [*sic*] 'r tymor. *c.* **1730** *Thos. Lloyd D* (LlGC) 171a, *mallingdra* . . . ma[l]ignitas.

mallingedd [*malling* + *-edd*^{1}] *eg.* Drygioni, croesni: *wickedness, perversity.*
p. **1584** G. ROBERT: *GC* [392], mae'n gymaint anwadalwch, pholineb, a *mallingedd* (*perversitas*) dynion. *c.* **1730** *Thos. Lloyd D* (LlGC) 171a, *mallingedd* . . . Malignitas.

mallingrwydd [*malling* + *-rwydd*] *eg.* Drygioni, croesni: *wickedness, perverseness.*
p. **1584** G. ROBERT: *GC* [200], malignitas *mallingrwydd.* **17g.** *LlGC* 13215, 348, *malingrwydd* [*sic*], malignitas.

mallingus [*malling* + *-us*] *a.* ?gyda grym enwol. Drygionus: *wicked.*
p. **1584** G. ROBERT: *GC* [356], *Mallingus* amwyll angall, / oer yw i fodd, eiph ir fall.

mallol [*mall*^{1} + *-ol*] *a.* Llygredigol, deifiol, dinistriol: *corrupting, blighting, destructive.*
1839.

mallryg [*mall*^{1} + *rhyg*] *eg.* Y ffwng ergot (sy'n achosi malltod ar ryg) wedi ei drin i'w ddefnyddio fel meddyginiaeth: *ergot.*
1852.

mallt^{1,2}, gw. mall^{1,2}.

malltafodiog [*mall*^{1} + *tafodiog*] *a.* Yn arfer iaith ddrwg neu sarhaus, rheglyd: *foul-mouthed, foul-tongued, abusive.*
1604–7 *TW* (*Pen* 228) d.g. *maledicus* (hefyd *D*). *Dchr.* **17g.** *J* 10, 25a, *malldavodiog*, maledicus, malus. **1722** *Llst* 189, *mall-dafodiog*, foul or black-mouthed. **1770** *W* d.g. *abusive, ill-tongued.*

malltail [*mall*^{1} + *tail*] *eg.* Tail pwdr: *rotted manure.*
[**1783**] *W* d.g. *rotten dung.*

malltan [*mall*^{1} + *tân*] *eg.* ll. *-au.*

(*a*) Tân deifiol neu ddinistriol; ?taranfollt; hefyd yn *ffig.*: *scorching or destructive fire;* ?*thunderbolt; also fig.*
14–15g. *IGE*^{2} 166, Rhai a geisiodd, rhy gysellt, / Rhawd fân, rhuthr *malltan* mellt (Llywelyn ap y Moel). *id.* 281, Tân bydol, anguriol garw, / A *malltan* wybr maint malltarw [Siôn Cent i'r Farn Fawr]. **15g.** *ID* 26, man blethav kynhwyllav kwyr / mellt a wnaeth *malldan* neithwyr. **16g.** *WLl* 160, *Malltan* trum hylldon tramawr / Mellten orr wybr velen vawr [i ofyn gwn]. **16–17g.** T. PRYS: *Bardd* 295, Manwl egwydydd meinion / *malldan* a gwrid mellden gron [i ddiolch am ewig ddof]. **16–17g.** *CC* 42, tro i *falltan* trwy felltith / trum the ship chwip yn ddichwith. **1605–18** *Mos* 131, 117, Nid ofnir meddir moddion y Velltith / a wna *valldan* krevlon (Simwnt Fychan).

(*b*) Ellylltan, tân annwn, jac y lantar, hefyd yn *ffig.*: *ignis fatuus, jack-o'-lantern, will-o'-the-wisp, also fig.*
1632 *D* d.g. *ignis fatuus.* **1675** R. DAVIES: *PY* 145, goleuni cydwybod; yr hwn sydd . . . yn ein tywys ni allan o'r ffordd, megis y mae y *malldan* y crybwyll y Philosophyddion am dano. **1722** *Llst* 189, *mall-dan*, Jack with ye lanthorn. **1725** *SR* d.g. *Will with a whisp.* **1773** *W* d.g. *fairy-sparks.* **1803** *P*, *malldan* . . . an ignis fatuus.

(*c*) Enw ar bryfed ag organau sy'n cynhyrchu golau: *fireflies; glow-worms.*
1903.

(*d*) Tân mud: *smouldering fire.*
1803 *P*, *malldan*, a soft or slow fire . . . *Malldan* dan uwd a mellten dan lymry. Adage.

malltarw, gw. mall^{1} + tarw.

mallten [*mallt*^{1} + *-en*] *eb.* ?Cythreules, diawles: *she-devil.*
1694 *Cylchg LlGC* viii. 28, Can aflwydd i'r cynflaidd crog!—can felltith / i'w *fallden* [:– gelwir ymma'r frech wen . . . forwyn yr angeu] lygadog.

mallter [*mall*^{1} + *-der*] *eg.* Mall, malltod, llwydni, pydredd, llygredd, ansawdd afiach, amhuredd; drwg, drygioni, ffolineb, twpdra: *blight, blast, rot, mildew, decay, putrefaction, corruption, unsavouriness, impurity; evil, wickedness, folly, stupidity.*
1547 *WS*, *mallter.* **1567** *TN* 368b, a'r oll vyt ys y yn gorwedd yn-drigioni [:– *mallder*, scelerder]. **1588** *Deut* xxviii. 22, Yr Arglwydd a'th deru . . . a diflanniad, ac a *mallder.* **1604–7** *TW* (*Pen* 228) d.g. *malitia, mucor. Dchr.* **17g.** *J* 10, 25a, *mallder*, mildew. **1632** *D*, *mallder* . . . putredo, corruptela. Stoliditas, insipiditas. **1677** C. EDWARDS: *FfDd* 278, Yr Arglwydd sy'n taro pobl anufudd â chlefydau . . . ac â *mallder*, â chornwyd, ac â chràch. **1688** *TJ*, *mallder* . . . imperfection, impurity. **1753** *TR*, *mallder* . . . rottenness, corruption, putrefaction, a blast among corn . . . foolishness, sottishness, senselesness. **1765** JM: *DDdC* 8–9, Scurfi, neu rhyw *fallder* o gylch y ddueg. **1791** GW. MECHAIN: *Gw* i. 276, I ganfod erchylldod chwith, / *Fallder* y cwymp a'i felldith. **1796** *Geirgrawn* 124, *mallder* a phydrni eich calonau. **18–19g.** *Cymru* xxi. 219, Dyma'r Offeiriaid . . . / . . . / Yn dàl tybiau, brydiau brith, / Llawn *mallder* llyn y melldith. **1803** *P.* **1814** W. DAVIES: *Agric . . . S. Wales* i. 394, Blight is called in some parts of Wales malldod or *mallder.*

malltgnoaf: malltgnoi, gw. mall^{1}—m. gnoi.

malltigaf: malltigo, malltigedig, malltith, gw. melltigaf: melltigo, melltigedig, melltith.

malltod [*mall*^{1} + *-dod*; ansicr yw'r engh. gyntaf] *eg.* Haint neu ddylanwad arall (e.e. gwynt deifiol, gwres) sy'n peri i blanhigion, &c., wywo a marw, mallter, llwydni, pydredd, llygredd, ansawdd afiach, amhuredd; braenedd, clwy'r afu neu'r pwd (ar ddefaid); drwg, drygioni, ffolineb, twpdra; ?treth ormodol; hefyd yn *ffig.*: *blight, rot, blast, mildew, putrefaction, corruption, unsavouriness, impurity; liver rot or fluke (in sheep); evil, wickedness, folly, stupidity;* ?*extortionate tax; also fig.*
16g. (*LlEG*) *Mos* 158, 644a, heblawr *malltod* yrhwn Iroeddeint twy ynni dalu bob blwyddyn tuacatt i gwsdwn ef . . . [c]affel hrwymedigaethau ar dallur *malltod* boob blwyddyn. **1588** 1 *Br* viii. 37, pan fyddo haint, brydanieth, *malldod.* **1588** 2 *Esd* xv. 13, eu hâd a ddifethir gan *falldod.* **16–17g.** EDWARD URIEN, &c.: *Gw* 346, F'athrod â'i *falltod* a fyn / O'r tŷ sydd ym mro Tywyn. *Dchr.* **17g.** *J* 10, 25a, *malldod*, mildew. **1632** *D*, mallder, & *malldod*, Putredo, corruptela. Stoliditas, insipiditas. **1688** *TJ*, mallder, *malldod*: imperfection, impurity. **1736** S. RHYDDERCH: *Alm* [33], Yn hyffordd jawn i hoffi, pob *malltod* hynod heini. **1753** *TR*, mallder, and *Malldod* . . . rottenness, corruption, putrefaction, a blast among corn . . . foolishness, sottishness, senselesness. **1759** *BC* xxvi–xxvii, Henwau'r Mesurau . . . *Malldod* Dolgelley. **1765** *Cyf C* 51, A Grâs yn y Galon cysurlon ddi-sen, / I ymadel a Medd-dod a *Malldod*, Amen. **1767** *Aberth Cym* 32, nad yw ei esgyrn wedi eu hiawn osod yn eu lle, fod perygl o *falldod*, a phydrni. **1767** I. BRYDYDD HIR: *Gw* 209, Dyna *falldod* Seisnigaidd heb ei elfydd. **1771** *PDPh* 89, *Malldod* (Rot) mewn defaid. **1803** *P.* **1814** W. DAVIES: *Agric . . . S. Wales* i. 394, Blight is called in some parts of Wales *malldod* or mallder.

mallton, mall dôn [*mall*^{1} + *tôn*] *eb.* Mall lafariad: *twang.*
1722 *Llst* 189, *malldon*, a twang in pronunciation. **1794** *W* d.g. *twang* [*in reading or speaking*].

malltorch, gw. malaith.

malltraul [*mall*^{1} + *traul*] *eg.* Diffyg traul, camdreuliad: *indigestion, a bad digestion.*
1803 *P.* **1813** *WB* 231.

mallus [*mall*^{1} + *-us*] *a.* Drwg, drygionus: *bad, wicked.*
17g. HUW MORUS: *EC* ii. 31, Cofia di Dathon, a'i *fallus* gyfeillion, / Ni throent mo'u golygon yn union i'r Ne'. **1803** *P.*

mallwedd, gw. mall^{1} + gwedd^{1}.

mallwr [bôn y f. *mallaf*: *mallu* + *-wr*] *eg.* ll. *-wyr.* Un sy'n llygru, llygrwr: *corruptor.*
17g. *CM* 22, 67, Mae llawer kamp *mallwr* koeth / eb rol arnaw bril oernoeth (Rowland Fychan).

mallwydd [*mall*^{1} + *gwŷdd*^{1}] *eg.* ac *e.ll.* (un. b. *-en*).

(*a*) Golosg, sercol: *charcoal.*
1725 *SR*, *mallwydd* d.g. *charcoal.*

(*b*) Coed sy'n tyfu yn Java ac iddynt sudd gwenwynig, *Antiaria toxicaria*: *upastrees, antiars.*
p. **1858.**

mallwyn, gw. manllwdn.

mam [H. Grn. *mam*, gl. *mater*, Crn. C. a Diw. *mam*, Llyd. *mam(m)*: < IE. **mammā*, ff. ddwbl ar y gwr. **mā*- 'mam'; cf. H. Wydd. *muimme* 'mam faeth', Llad. *mamma* 'mam, bron'; ynglŷn ag adran (*d*) cf. yr engh. o *LlA* yn (*a*)] *eb.* ll. *-au*, (bach.) *-os.*

(*a*) Gwraig yn ei pherthynas â mab neu ferch a aned iddi, gwraig a fo wedi geni plentyn; cynfam; anifail benyw yn ei pherthynas â'i hepil, anifail benyw sydd ag epil, mamog; brenhines haid o wenyn, cornor y gwenyn: *mother; ancestress; dam; queen bee.*
13g. *A* 15. 1–2, llawer *mam* ae deigyr ar y hamrant. **13g.** *LlI* 99, Vyn a mynneu, eu guarchae . . . tra uoent en dynu, neu eu kymyscu ac eu *mammeu.* **14g.** *T* 73. 25–74. 1, Deu dec meib yr israel . . . teir *mam* ae maeth. **14g.** *WML* 38–9, Ewythr yw. brawt tat neu *vam.* *id.* 84, Y neb agaffo lloi yny yt: dalyet wynt . . . heb laeth eu *mameu.* **1346** *LlA* 60, A gyfuyt yrei auuant veirw yny *mamev* (*qui in matris sunt mortui uteris*)? **14g.** *IGE*^{2} 34, Gorau mab rhwng gwr a *mam* / O Bowys foddlwys fuddlam [i Owain Glyndŵr]. *c.* **1400** *R* 1037. 2, amgyhud vy *mam* mab yt wyf. *c.* **1400** *YCM*^{2} 30, ganet Adaf heb *uam* o Duw Dat. **15g.** *FfBO* 55, y *mamheu* a rwymyant traet eu merchet. **1547** *WS*, *mam*, mother. **1588** *Gen* iii. 20, [Efa] oedd *fam* pob dŷn byw. **1604–7** *TW* (*Pen* 228) d.g. *genitrix, mater.* **1753** *TR*, *mam*, a mother, a dam. **1796** *Geirgrawn* 80, i'w hannog i garu a choledd iaith eu *mamos.* **1803** *P.*

(*b*) (Yn cyfeirio at Fair, mam Iesu: *referring to Mary, the mother of Jesus.*)
13g. *C* 29. 5–6, meir *mam* crist ergynan rianet. *id.* 44. 7–8, y diwaud y trindaud keli. ew ae *mam* dinam daun owri. *c.* **1300** *H* 4b. 14, hi yn *uam* wythad hi yn wyry heb wad (Gwalchmai). *c.* **1400** *R* 1151. 23, mab *uam* uorwyn. **15g.** (**1594**) *B* xvi. 261, nyt oedd neb yn cytsynniaw a thi [Iesu] oddieithr [d]y ddewisediccaf *Vam* di. **1588** *Math* ii. 11, y bachgen gyd â Mair ei *fam.* **1588** *Io* ii. 1, *mam* yr Iesu oedd yno. **1759** *BC* 227, Sef Mair i *Fam*, A'r Baban. Digwydd mewn ebychiadau, '*Mam* fach (bach)!', '*Mam* wen!', '*Mam* annwyl!' Gw. y cfn. *Mam Duw.*

(*c*) (yn *ffig.*) Rhywbeth sy'n ffynhonnell cynhaliaeth neu nawdd, ffynhonnell, tarddiad, man cychwyn, achos dechreuol, gwreiddyn: *a thing that is a source of suste-*

nance or protection, source, origin, starting point, cause, root. *c.* **1188** Giraldus Cambrensis: *IK* 127, Mon *mam* Kembre . . . Quoniam aliis undique terris deficientibus, hæc sola gleba præpingui uberique frugum proventu Kambriam totam sustentare consuevit. **14g.** *IGE*[2] 22, *Mam* pob cnwd brwd brigowgffrwyth [am y ddaear]. **1551** W. Salesbury: *KLl* xixb, Caersalem . . . yw'r wreic rydd yrhon yw'n *mam* ni oll. **16g.** Morus Dwyfech: *Gw* 15, Achos bach a chas o'i ben / Ganwaith fydd *mam* y gynnen. **1588** 2 *Esd* xiii. 55, gelwaist ddeall yn *fam* i ti. **1588** *Tob* iv. 13, trahusdra [*sic*] yw *mam* tlodi. **1588** *Dat* xvii. 5, Babylon fawr, *mam* putteindra, a ffieidd-dra'r ddaiar. **1618** J. Salisbury: *EH* 73, gan na ddichon y neb ni bo'r Eglwys iddo'n *Fam*, gael mo Dduw iddo'n Dâd. **1630** R. Vaughan: *YDd* 340, Anrhydedd cydwybodus i'r Sabboth, ydyw *Mam* yr holl grefydd a'r athrawiaeth dda yn yr Eglwys. **1703** E. Wynne: *BC* 148, hon [Cawres Pechod] yw *Mamm* Angeu, a hon yw *Mamm* pob drygioni a thrueni. *c.* **1730** *Thos. Lloyd D* (LlGC) 169b, *mam*, an Actor, author. **1767** W. Williams: *CAA* iv, Gwelwch yr ysbryd hwn [cenfigen] . . . yn *fam* i fil o bechodau duon. **1803** *P*, *mam* . . . Cynhen sydd yn *vam* i vwy o gythreuliaid noc un arall o wreigedd [*sic*] y diawl.

(*d*) Croth, bru; anhwylder ar system nerfol person (yn enw. gwraig) y tybid gynt mai clwyf ar y groth a'i hachosai, mamwst; beichiogrwydd ffug; hefyd yn *dros.*: *womb, matrix, uterus; hysteria; false pregnancy, pseudocyesis; also transf.*

1567 *LlGG* (*Sall*) 11b, Arnati im tavlwyt ys o'r bru [:– or *vam*]. **1567** *TN* 84a, Pop, vn gwrryw y agoro yn gyntaf y *vam* [:– y groth]. **16g. (1763)** W. Salesbury: *LlM* 48, Ei Iscell [ysgaw] a feddalha y *fam* os y wraig a Eiste yntho. **1604–7** *TW* (*Pen* 228), dwy wythen yn tyfû or bocail yr *Vamm* d.g. *ahertæ*. *id.* d.g. *loci, matrix, vulua.* **1632** *D*, *mam* . . . matrix. Item Mola, morbus mulierum. **1688** *TJ*, *mam* . . . [m]âth ar glŵŷf: a Disease called the Mother. *c.* **1730** *Thos. Lloyd D* (LlGC) 171b, rhag y *Fam* yn codi ar wraig. Q 265 (cf. *Llr* C 24, 275, Os bydd y *fam* yn Codi ar wraig). **1753** *TR*, *mam* . . . the mother or matrice in a woman . . . Also, the mother, a disease of women. **1759** J. Evans: *PF* 61, Annhymerau oddiwrth y *Fam* a'r Hippocondria. **1774** *W* d.g. *hysterics, matrice, or matrix, the mother* [*a disease in women so called*]. **1803** *P*. Ar lafar ym Môn ac Arfon am groth gwraig, *WVBD* 362, *ISF* 54. Ym Môn dywedir bod y *fam* ar rywun pan fo'n dioddef oddi wrth lyngyren hir. Sonnir ar lafar am ŷd yn 'gadael ei *fam*' neu'n 'gadael y *fam*' pan fo'n dechrau cadeirio.

(*e*) (cf. S. *mother of oil*) Ysgum (ar olew): *scum (on oil)*.

1604–7 *TW* (*Pen* 228), *mam*, neu gorewyn yr olew d.g. *amurca*.

Amr.: **mama** [cf. *tada*]. *Dchr.* **17g.** *J* 10, 26b, *mama*, matercula. **mami.** **1747** *ML* i. 129. **1762** *id.* ii. 503. **1785** W. Williams: *MA* 5. **1798** *WR* d.g. *mam*. Ar lafar yn iaith plant.

Cfn.: **mam fedydd:** *godmother, also fig. and transf.* **1346** *LlA* 389, ymammev bedydd. **15g.** *GTP* 23. **1618** J. Salisbury: *EH* 233. **1704** E. Samuel: *BA* 244, hi [Antioch] oedd *mam-fedydd* y Christ'nogion oll. **1707** *AB* 159b d.g. *susceptrix.* **1773** *W* d.g. *god-mother*. Ar lafar. **m. fenthŷg:** *surrogate mother*. **20g.** **m. frenhines:** (i) *queen mother; queen who is a mother.* **1751** *ML* i. 178. (ii) *queen bee.* **1838.** **m. gu, mam-gu:** *grandmother.* **1567** *TN* 317a. **1604–7** *TW* (*Pen* 228) d.g. *auia.* **1681** S. Hughes: *AC* 31. **1707** *AB* 278a d.g. *a grandmother.* **1803** *P*. Ar lafar yng Nghered. a'r De, *LGW* 307, a chlywir y ff. l. *mamguod*. Clywir hefyd y ff. anwes *gua*. Gw. hefyd *bach*[1]—*bach y fam-gu, chwaraeaf*: *chwarae—chwarae mangu (mamgu) lath (ddall), hen—hen fam-gu, pwdin—pwdin mam-gu.* **m. cŵn bach:** *over-protective mother* (*lit. mother of puppies*; *cf. E. 'like a mother hen'*). Ar lafar yng nghanolbarth Cered. Cf. *fel m. y cenafon*. **m. Cymru (Gymru):** *the mother of Wales.* *c.* **1188** Giraldus Cambrensis: *IK* 127. **13g.** *B* xxi. 292, Gwyned yu *mam Gemry*: herwyd e diareb Gemraec, Mon *mam Gemry*. *c.* **1300** *H* 106b. 1–2. **15g.** Deio ab Ieuan Du, &c.: *Gw* 54. **15g.** *ID* 54. Gw. hefyd *mamynys*. **m. dda = m. gu.** **1697** *LlGC* 7008, 12. *c.* **1730** *Thos. Lloyd D* (LlGC) 171b, *mam dda*, avia. Ar lafar gynt ym Maldwyn, yn yr ymadr. 'Dysgu *mam dda* i fwyta uwd', a hefyd yn y ff. *mamâ*, *GST* ii. 62. **m. ddaear:** *mother earth.* **1800.** **m. y drwg:** *cause or root of evil.* **17g.** *CRC* 236. **1712** T. Williams: *CDdG* 141. **1755** *ML* i. 381. **1770** P. Williams: *BS, Hos* ix. **1770** *W* d.g. *bate, a make-bate.* **1803** *P*. Ar lafar, e. e. '*Mam y drwg* yn y tŷ cwrdd yna oedd y pen blaenor'. **m. dduw = m. fedydd.** **1800** C. Evans: *EJU* 16. **Mam Duw (Dduw):** *Mother of God.* **13g.** *B* x. 24. *a.* **1584** *Pen* 78, 93. **1670** J. Hughes: *AP* 359. **y f. eni:** *prolapse of the uterus.* **1803** *P*, mam . . . *y fam eni*, the falling of the uterus. *Mwyn.* **m. y glo:** *mother of coal, impure coal in a coal seam.* Ar lafar ym Morg., *Geir Glo* 50. Gw. hefyd *mamlo*. **m. wen:** *stepmother, also fig.* **1722** *Llst* 189 d.g. *a mother in law, step-mother.* *c.* **1730** *Thos. Lloyd D* (LlGC) 171b, *mam wenn*, noverca. **1776** *W* d.g. *mother-in-law, or step-mother.* **1803** *P*. Ar lafar yn y Gogledd, *WVBD* 362, ac yn y Canolbarth. **y f. wyllt:** *hysteria.* **1733** T. Evans: *PP* x. **m. faeth (maeth),** gw. *mamaeth*. **m. famog:** *mother whose own mother is still alive.* *Dchr.* **17g.** *J* 10, 26b, *mamvamog*, matermatrima. **17g.** *LlGC* 13215, 348. *Bot.* **m. miloedd:** *mother-of-thousands, ivy-leaved toadflax, Cymbalaria muralis.* **20g.** **m. yng nghyfraith:** (i) *mother-in-law; stepmother; also fig.* **1567** *TN* 12a. **1604–7** *TW* (*Pen* 228) d.g. *nouerca, socrus.* **1704** E. Samuel: *BA* 7, 98. **1722** *Llst* 189 d.g. *a mother in law, step-mother, a step-mother.* **1748** *Golud yr Oes* ii. 333. **1766** *CD* 155. **1776** *W* d.g. *mother in law* [*a husband's or a wife's, mother*]. Ar lafar yn gyff. yn yr ystyr 'mother-in-law', ac yn Arfon yn yr ystyr 'stepmother', *WVBD* 362. Dywedir 'Mam galed ydi *mam yng nghyfraith*' am ddaear sy'n cynhyrchu llawer o chwyn ond ychydig o gnwd, *ISF* 54. (ii) *Bot. wild pansy, heart's-ease, Viola tricolor.* Ar lafar yn y Gogledd, *WVBD* 362, ac yng ngogledd Cered. **m. yn Israel:** *mother in Israel, often used* (*with ref. to Judg. v. 7 and 2 Sam. xx. 19*) *of an elderly woman regarded as 'mother' of a large family or as a much loved member of the community.* Ar lafar, "Roedd y wraig gafodd 'i chladdu heddiw yn wir *fam yn Israel*'. **ein m. ni oll:** *the mother of us all, our common mother* (*said of the earth*). Ar lafar. Cf. dfn. 1551 dan (*c*) uchod. **fel m. y cenafon:** *fierce in defence, over-protective, tenacious.* Ar lafar yn Arfon, e.e. 'Mae hi *fel mam y cnafon* am arian', 'wrthi *fel mam y cnafon*'. Cf. m. *cŵn bach.* **yr Hen F.:** *the Church of England* (*lit. the Old Mother*). **1847.** Cf. **1881** D. Owen: *D* 3, Er i mi adael *yr hen fam* mor fuan ag yr agorwyd Ysgol Frydeinig yn ein Treflan . . . anaml y byddaf yn clywed clychau yr hen Eglwys heb i'r holl ofergoelion . . . hyn . . . ddyfod i'm meddwl.

Am *bach y fam, bendith y mamau, berwr y fam, brawd un f., clefyd y f., clwyf y f., cŵn bendith y* (*eu*) *mamau, dolur y fam, ffitiau'r f., gwaith y f., iaith m., llaesiad y f., llewyg y f., llewygfâu'r f., llysiau'r f., mab m.* (*y f.*), *tagfa'r f.*, gw. bach[1], bendith, berwr[1], brawd[1], clefyd (hefyd At.), clwyf, ci, dolur, ffit[1] (hefyd At.), gwaith[1], iaith, llaesiad, llewyg (At.), llewygfa, llysiau, mab, tagfa.

Gw. hefyd unfam.

mama, gw. mam.

mamâ, gw. mam—m. dda.

mamaeth, mamfaeth, mam faeth, &c. [*mam* + *maeth*[1], H. Grn. *mamaid*, gl. *altrix uel nutrix*, Crn. C. *mammethov* (ff. l.)] *eb.* ll. *-od, -(i)on.*

1. (*a*) (ll. *-od*) Gwraig sy'n meithrin neu'n magu plentyn gwraig arall, gwraig sy'n rhoddi ei bronnau i blentyn gwraig arall, mam; gweinyddes, nyrs; hefyd yn *dros.*: (*wet-*)*nurse, foster-mother, mother;* (*sick-*)*nurse; also transf.*

13g. *HGK* 1, y lle yd oed y vam a'e *vamvaeth*. **14g.** *B* ix. 325, A guedy marw y mam hy, y *mamaeth* hitheu a'e magaud yn vannolach . . . no chynt. **14g.** *GDG* 335, Codes hen famwydd drwynbant, / A'i phlu oedd gysgod i'w phlant. / Datod mantell i'm deutu, / Dialaeth o *famaeth* fu. **14–15g.** *IGE*[2] 96, Yr un modd . . . / Y daeth Duw at *famaeth* deg, / Gorau mam, gorau *mamaeth*, / Gorau i nef y gŵr a wnaeth [i Fair]. *c.* **1400** *J* 1, 1080, O achavs y *vammaeth* ykussenir ymab. **1547** *WS* [xxi], aethom i vloescy val *mamaethod*. *id.* *mamaeth*, a nouryce. **1567** *TN* [xlvi], eich bwydo chwi mor vanol a *mamaeth* naturiol yn bwydo hi phlentyn. *c.* **1585** G. Robert: *DC* [xvi], Arfer *mamhaethod* yw . . . ir *famhaeth* gnoi r bwyd yn faan, ag yna ei roi yngenau r plentyn. **1588** *Marc* xiii. 17, Gwae y rhai fyddant beichiogion a'r *mamaethod* (**1620** *ib.* a'r rhai yn rhoi bronnau) yn y dyddiau hynny. **1599 (1677)** R. Holland: *AB* [148], A wyt ti megis *Mammaeth* i estyn i Eneidiau truain ddidwyll laeth y Gair. **1604–7** *TW* (*Pen* 228) d.g. *genitrix, mater, nutrix.* **1632** J. Davies: *LlR* 297–8, fel y bydd *mammaeth*, er mwyn diddyfnu ei phlentyn oddiwrth garu ei llaeth, yn iro ei bronnau ag Aloes. **1714** R. Prydderch: *GD* 129, [y] *Mamaethod*, ac y mae Gwragedd mawrion yn rhoi eu plant iw magu iddynt. **1760** *ML* ii. 178, aniolchgar a fu'r *famaeth* . . . Pa beth a gadd hi am ei phoen ond tynnu'r plentyn oddiwrthi. **1773** *W* d.g. *to foster, foster-mother, mother* [*that has borne a child*], *a nursing mother, nurse.* **1803** *P*. Mae *Tyddynyfamaeth* ym mhlwyf Llandrillo-yn-Edeirnion, Meir.

(*b*) Rhywun neu rywbeth sy'n meithrin neu'n magu (emosiwn, cyflwr ysbrydol, &c.), un sy'n hyrwyddo twf neu les (person neu beth), hyrwyddwr, man cychwyn: *person or thing that nourishes or fosters (emotion, spiritual state, &c.), one who promotes the growth or welfare of (someone or something), promoter, starting-point.*

14g. *GDG* 114, *Mamaeth* tywysogaeth tes [Morfudd fel yr haul]. **15g.** *GGl* 181, Mawr yw dwyn ym Mro Danad / *Mamaeth* well no mam a thad [marwnad Gwerful ferch Fadog]. **15g.** *Pen* 57, 32, Mawr aeth ynof digofeint / *Mammaeth* yr hiraeth ar heint. **16g.** Dafydd ap Llywelyn, &c.: *Gw* 14, Difyr gyda cherdd dafawd, / *Mamaeth* gywyddoliaeth gwawd. *id.* 120, Beth yw *mameth* pob methiant? / Seguryd chweinllyd, a chwant (Gruffydd ap Ieuan ap Llywelyn Fychan). *Diw.* **16g.** *LBS* iv. 406, A llawen oedd yntau gan y genfaint lan honno o fod y cyfriw *famaeth* a honno [Gwenfrewi] yny blaen. **1588** *Bar* iv. 8, eich tâd a'ch *mammaeth* Jerusalem a wnaethoch chwi yn drist. **1595** *Egl Ph* 68, Golud yw *mamaeth* pechod. **1604** R. Holland: *BD* 6a, Phydd *mam-maeth* crefydd. **1653** *MLl* i. 131, y rhegi, ar rhagrith, ar tyngu, ar anlladu . . . Mae yn hawdd i ti wybod . . . mai'r galon iw'r Fam ar *Famfaeth* ir pethau hyn. **1657** *id.* ii. 120, Oer a sych yw Saturn greulon, / *Mamfaeth* y meddyliau dûon. **17g.** Huw Morus: *EC* i. 85, Mawr rumen yma 'rwymir, / Maith ei bol, *mamaeth* y bir [i ofyn cerwyn ddarllaw]. **1703** E. Wynne: *BC* 146, Hawddfyd esmwyth-glyd yw'ch *Mammaeth* chwi oll . . . yn ei monwes hoewal hi y megir chwi oll. **1718 (1721)** S. Thomas: *HB* 98, *mammaeth* Duwioldeb yw Anwybodaeth. **1739** D. Rowland: *LlY* 1, a'r *mamaethod* i'n magu a'n maethu yw Gweinidogion yr Efengyl. **1798** R. Davies: *CG* 64, *Mammaeth* deg yw'r Dafarn dirion, / I fagu beiau bach yn fawrion.

2. (yn y ll. *mamaeth(i)on*) *Biol.* Mamolion, mamaliaid, tethogion: *mammals.* **1850.**

Cfn.: **mamaeth wlyb:** *wet-nurse.* **1794** *W* d.g. *wet-nurse.* **m. y perl:** ?*mother of pearl.* **1773** J. Roberts: *GY*, jasper . . . Gelwir hi *Mammaeth y Perl*.

Am *hwrdd mamaeth*, gw. hwrdd[1].

Gw. hefyd maethfam, mamaethiad.

mamaethaf: mamaethu, mamaetha [bf. o'r e. bl.] *bg.a.* Magu (plentyn) yn y fynwes, bwydo ar y fron, meithrin, maethu, yn aml yn *ffig.* coleddu, hyrwyddo; nyrsio (claf), gweithio fel nyrs: *to nurse (a child), suckle, foster, nourish, often fig. cherish, promote; nurse (a sick person), work as a (sick-)nurse.*

1595 *Egl Ph* 103, er meithrin brawdwriaeth, *mammaethu* cyttundeb, a chynnal tangneddyf. **16–17g.** *RAGR* 376, Pob gwr a gwraig sydd ynghyd / rowch ych bryd ar rinwedd dda / Rag ir plant fynd ar y don / I gwelson i *mamhaetha*. **1604–7** *TW* (*Pen* 228) d.g. *foueo, nutrio.* **17g.** *MLl* i. 68, fy mammaeth [Meirionnydd] a *famhaethais*. **1657** *id.* ii. 43, fe neshae at y plentyn tirion Iesu ac ai derbynnie, ag ai *mamhaethai*. *id.* 53, Y creaduriaid mewn cnawd a gwaed . . . ath gâr am fod dy ewyllys di yn i *mamhaethu* hwynt. *c.* **1730** *Thos. Lloyd D* (LlGC) 169b, *mammaethu*, nutricor. **1757** *ML* i. 494, Gwrda'r Veurig am *vamhaetha*, mae pob creadur yn dda i rywbeth. **1766** *CD* 152–3, Holl waith y Wreigdda, / Ydoedd *Mamhaetha*; / Y rhan amla yn Wastad, / Ai Bôl [*sic*] at ei Llygad; / Neu ynghîl y Pentenau, / A chyw ar eu [*sic*] Bronnau. **1778** J. Thomas: *HB* 384, Cefais yr Hanes . . . gan yr hon oedd yn ei *famhaetha* yn ei amser diweddaf. **1803** *P* d.g. *mammeuthu*.

mamaethaidd [*mamaeth* + *-aidd*] *a.* Tebyg i famaeth, caruaidd, serchog: *like a nurse, affectionate.*

14g. *GDG* 144, Hoedl i'r fun hudolair fawl / A geidw ym, drefn erddrym draidd, / Fy mwythau yn *famaethaidd*. **1803** *P* d.g. *mammeuthaidd*.

mamaethardd [*mamaeth* + *gardd*] *eb.* Gardd lle meithrinir planhigion ieuainc, gardd fagai: *nursery-garden.*

1741 *CAG* 45, [e]u *Mammaeth-ardd* . . . sy Ddaiar anffrwythlon, yn dwyn Chwynn yn lle Blodau.

mamaethdy [*mamaeth* + *tŷ*] *eg.b.* ll. *-dai.* Adeilad neu ystafell lle megir plant gan famaeth, maethdy; magwrfa, meithrinfa, yn aml yn *ffig.*; man lle meithrinir coed neu blanhigion ieuainc, planhigfa, hefyd yn *ffig.*: *children's nursery*; *nursery*, *breeding-ground*, *often fig.*; *nursery for trees or plants*, *also fig.*

1604–7 *TW* (*Pen* 228) d.g. *curotrophium*, *gynæceum* (hefyd *D*). **1722** *Llst* 189, *mammaethdy*, a nursery. **1746** G. JONES: *HWI* v. 53, Mae Bedydd . . . yn perthyn i Blant y rhai a broffesant Ffydd Crist, i'w derbyn i Eglwys Duw, megis i *Fammaethdy* ysbrydol. **1772** S. PHILIPPS: *ET* 21, [y]r Eglwys yn y Tŷ . . . dyna'r *Fammaeth-dŷ*, ym mha ûn y dygir i fynu Brennau Cyfiawnder. **1773** *SBS* 21, [c]adw dyddiau ac amseroedd, (yr hyn yn ein hoes ni sydd yn *fammaeth-dy* drygioni). **1776** I. BRYDYDD HIR: *P* ii. 264–5, ef a ellid disgwyl i byddai i bob teulu cristianogol . . . ddyfod yn *fammaeth-dy* o dduwioldeb. **1794** W. THOMAS: *AGG* 19, os metha y *fammaeth-dŷ*, beth a ddaw o'r winllan?

mamaethfa [*mamaeth* + *-fa*, *ma*] *eb.* Ystafell blant, magwrfa, meithrinfa: *children's nursery.*

c. **1740** E. WILLIAMS: *HJI* 9, fe aeth i fynny i'r grisiau . . . i'r *fammaethfa*, i weled y plentyn.

mamaethiad [bôn y f. fl. + *-iad*[1]; dichon nad yma y perthyn yr engh. gyntaf, ac mai gwall ydyw am ff. l. *mamaeth*] *eg.* Y weithred o famaethu, meithriniad, magwraeth, hefyd yn *ffig.*: *a nursing*, *upbringing*, *nurture*, *also fig.*

c. **1762–79** W. WILLIAMS: *P* 642, gallent fod yn *fammaethiad* i buritaniaeth. **1803** *P* d.g. *mammeuthiad.*

mamaethle [*mamaeth* + *lle*[1]] *eg.* Magwrfa, meithrinfa, hefyd yn *ffig.*: *nursery*, *also fig.*

16g. *B* x. 290, ysbiodd hi o le bigilidd nes Jddi ddyuod dan bared y *mamahaethle* [*sic*] . . . ymgedwis . . . yn ddirgel oni ddoeth trymder y noos a ffawb o'r mamhaethod ynn i trymhun. *c.* **1730** *Thos. Lloyd D* (LlGC) 170a, *mammaethle*, a nursery. *c.* **1775** J. JENKIN: *P* 6, Yr ŵyf . . . yn mentro dweud i fôd chwariaethau . . . yn *fammaeth-le* pechod.

mamaethol [bôn y f. fl. + *-ol*] *a.* a'r ll. *-ion* fel *e.* Yn meithrin, yn nyrsio, ymgeleddol, cynhaliol; nodweddiadol o famaeth; ?mamol; mamolaidd: *fostering*, *nursing*, *cherishing*, *supporting*; *characteristic of a nurse*; *?maternal*; *mammalian.*

1771 J. THOMAS: *TA* 323, O yr agosrwydd, a mwy na *mamaethol* ofal [am Dduw]. **1795** J. HARRIS: *Alm* 38, y mae'r *fammaethol* Vesta mor hael ag agor ei thrysor o bleserau i bawb o'i phlant.

Fel *e.ll. Biol.* Mamolion, mamaliaid, tethogion: *mammals.*

1869.

mamaethwraig [*mamaeth* + *gwraig*] *eb.* Gwraig sy'n rhoddi ei bronnau i blentyn gwraig arall, mam faeth: *(wet-)nurse*, *foster-mother.*

16g. (**16–17g.**) *Pen* 100, 11, Blwyddyn gaeth i *fammhaethwraig* / blwyddyn brudd y bydd grudd gwraig. **1588** *Ecs* ii. 7, a âfi i alw attat *famhaethwraig* (**1620** *ib.* famaeth) o'r Hebræsau, fel y mago hi y bachgen it?

mamai [*mam* + ?*-ai*[2]] *eb. Bot.* Un o amryw berlysiau y credid gynt eu bod yn gwella anhwylderau'r groth, 'llysiau'r fam', 'mamlys'; llysiau'r galon, esgorlys, *Aristolochia clematitis*: '*motherwort*'; *birthwort.*

Dchr. **17g.** *J* 10, 26b, *mammai*, matricaria. **1803** *P*, *mamai*, the birth wort.

mamaidd [*mam* + *-aidd*] *a.* Tebyg i fam, nodweddiadol o fam, yn perthyn i fam, mamol: *motherly*, *maternal.*

Dchr. **17g.** *J* 10, 26b, *mammaidd*, maternus. **17g.** *LlGC* 13215, 348. **1765** J. POPKIN: *Ll* 62, y tynerwch *mammaidd* hwnnw a ddangoswyd unwaith ger bron Salomon. **1776** *W* d.g. *maternal*, *motherly*, *or mother-like.* **1803** *P.*

mamal [bnth. S. *mammal*] *eg.* ll. *-iaid.* Mamolyn: *mammal.*

20g.

mamalaidd [*mamal* + *-aidd*] *a.* Yn perthyn i famolion, mamolaidd: *mammalian.*

20g.

mambennaeth [*mam* + *pennaeth*] *eb.* Matriarch, mam gyntaf hil neu lwyth: *matriarch*, *mother of a race or tribe.*

20g.

mambutain [*mam* + *putain*] *eb.* Mam puteiniaid, putain o fam: *mother-harlot.*

1653 *MLl* i. 190, Dymma *fambuttain* pôb crefydd fastardaidd. **1656** (**1745**) *id.* ii. 136, Babel, (yr hon yw *Mam-buttain* y Ddaiar . . .) (cf. **1588** *Dat* xvii. 5, mam putteindra, a ffieidd-dra'r ddaiar).

mamdad, mam-dad [*mam* + *tad*] *adf.* O du'r fam a'r tad, o waed coch cyfan, diledach, o linach ddiledryw: *on both the maternal and the paternal side*, *by father and mother*, *of unmixed blood or descent.*

14g. *LlB* 58, Kymro *vamtat* vyd bonhedic canhwynawl. **1630** R. LLWYD: *LlH* [vi], Er dy fwyn di yn vnig, y cyrchais o eithaf Lloegr Sais-*vamdâd*, i ddyscu i ti yn dy iaith dy hûn . . . yr vniawnlwybr hyfford[d] i'r nefoedd. *c.* **1730** *Thos. Lloyd D* (LlGC) 170a, Rhufeinwr *Fam dad*, II. 345. **1773** *W*, bonheddig *fam dâd* . . . heb ledach ynddo d.g. *a gentleman by birth and descent.*

mamdag [*mam* + bôn y f. *tagaf*: *tagu*] *eb.* Clefyd y fam, mamwst: *hysteria*, '*strangulation of the womb*'.

1604–7 *TW* (*Pen* 228) d.g. *strangulatio*, *vuluæ strangulatio.*

mamdoddiant [*mam* + *toddiant*] *eg.* Yr hylif sy'n weddill ar ôl y proses o grisialeiddio: *mother liquid*, *mother liquor.*

1937.

mamdref, mam-dref [*mam* + *tref*] *eb.* ll. *-i.* Prif dref gwlad neu ardal, prifddinas, hefyd yn *ffig.*: *chief town of country or district*, *capital*, *metropolis*, *also fig.*

1604–7 *TW* (*Pen* 228), *mamdref* . . . teyrnas Loecr d.g. *Londin*[*i*]*um.* *id.* d.g. *metropolis* (hefyd *D*). **1722** *Llst* 189, *mamdref*, mam-ddinas, a capital city, metropolis. **1725** *SR* d.g. *capital-city.* **1760** E. WILLIAMS: *UYB* 230. **1771** *W* d.g. *a capital*, *or capital city.* **1803** *P*, *mamdrev*, pl. t. *-i*, a chief town.

mamdrefwr [*mamdref* + *gŵr*] *eg.* ll. *-wyr.* Un sy'n byw mewn prif dref neu brifddinas: *a metropolitan*, *inhabitant of a chief town*, *capital city*, *or metropolis.*

1604–7 *TW* (*Pen* 228) d.g. *metropolitanus.*

mamddinas [*mam* + *dinas*] *eb.* ll. *-oedd*, *-au.* Dinas sy'n brif ganolfan gwlad, tiriogaeth, neu weithgarwch, prifddinas, hefyd yn *ffig.*: *metropolis*, *mother-city*, *capital*, *also fig.*

1630 R. LLWYD: *LlH* 192, Meddwdod yw y *fam'ddinas* ar holl dalaith y drŵg gampau. **1632** *D* d.g. *metropolis.* **1704** E. SAMUEL: *BA* 244, Antioch, *Mam-Ddinas* Syria. **1725** *SR* d.g. *capital-city.* **1740** T. EVANS: *DPO* 189, oddiwrth Esgob Rufain, y *Fam-ddinas* y pryd hwnnw yn Eurôp. *id.* 194, Llundæn a Chaer-Efroc a gyfrifid yn *Fam-ddinasoedd* Lloegr; a Chaer-lleon ar Wysc yn *Fam-ddinas* Cymru oll. **1770** P. WILLIAMS: *BS*, Act xi, Antiocia, dinas yn Syria, a aeth yn *fam-ddinas* yr eglwys grist'nogol. **1771** *W* d.g. *a capital*, *or capital city*, *metropolis.* **1773** G. RHISIART: *MACP* 6, y ddinas frenhinol honno [Babilon], yr hon dybiaswn i oedd *fam-ddinas* y byd. **1803** *P*, *mamddinas* . . . pl. t. *-au*, a metropolis, or chief city.

mamddinasol [*mamddinas* + *-ol*] *a.* Yn perthyn i famddinas, prifddinasol; *Egl.* yn perthyn i archesgob neu i archesgobaeth, archesgobol, archesgobaethol: *metropolitan*; (*eccl.*) *metropolitan*, *archiepiscopal*, *archdiocesan.*

1776 *W* d.g. *metropolitical.* **1803** *P.*

mamdduwies, gw. mam + duwies.

mameglwys [*mam* + *eglwys*] *eb.* ll. *-ydd*, *-i*, *-au.* Eglwys y mae eglwysi eraill wedi tarddu ohoni, yr eglwys hynaf neu wreiddiol; prif eglwys gwlad, ardal, neu ddinas, eglwys gadeiriol, cadeirlan; eglwys blwyf (o'i gthg. â chapel anwes); eglwys golegol; eglwys y maged rhywun ynddi: *mother-church*, *church from which other churches have sprung*, *oldest or original church*; *principal church of a country*, *district*, *or city*, *cathedral or metropolitan church*; *parish church* (*as opposed to a chapel of ease*); *collegiate church*; *church in which one was brought up.*

13g. *LlI* 23, Puebynnac a wnel cam e *mam eglues* talet ydy pedeyr punt ar dec: er hanner e'r abbat . . . a'r llall erug er effeyryeyt a'r clas. **14g.** *Pen* 35, 74a, yny kyuarffei teruyn llys arglwyd atheruyn esgobty. y *uam eglwys* ateruyna. **14g.** *LlB* 43, Deudyblyc vyd dirwy yn llys ac yn llan os *mam eglwys* ac vchellawc vyd. **14g.** *Bren Saes* 84, divaws Willim Goch . . . deudec eglwys a deugeint o *vam eglwyssev* heb gapellev yn y Forest Newyd. **15–16g.** *TA* 88, Ar fy mhost y rhof fy mhwys, / Ar fy magl, a'r *Fam Eglwys* [i esgob Llanelwy]. **16g.** (*LlEG*) *LlGC* 5276, 334b, yr hon [eglwys] a ordeiniodd ac a beris Ef I hennwi ynn *vam Eglwys* ac yn benna Esgobty er hrann honno or dyrnas. **1547** *WS*, *mam ecleis*, a mynster. **1567** *LlGG* 115a, mewn *mam Eglwysydd* ac Ecclesi Collegiat. **16–17g.** E. PRYS: *Gw* 199, Rhoi capel, nid afel dwys, / Wiwglyd, o flaen *mam eglwys.* **1611** R. SMYTH: *SG* [284], Gryfyth Robert Canon theologaidd o *fam Eglwys* Dinas Mylen. *Dchr.* **17g.** *J* 10, 26b, *mam eglwys*, basilica. *c.* **1700** E. LHUYD: *Par* i. 25, Trevriw ydyw *mam Eglwys* y Bettws. **1723** E. SAMUEL: *PDdC* 20, Y rhai'n [synagogau] . . . oeddynt megys cynnifer o Eglwysi Plwyfol yn perthyn ir Deml . . . neu yn hyttrach megys Cappelau wrth y *Fam-Eglwys.* **1725** *SR* d.g. *a collegiate church.* *c.* **1762–79** W. WILLIAMS: *P* 124, y mae gan Spain Gathedral, neu *Fam-eglwys*, ac iddi 12 capel. **1778** J. THOMAS: *HB* 163, Llan-tri-saint oedd y *Fam-Eglwys* o Fedyddwyr yn sir Fonwy. **1803** *P*, *mameglwys* . . . pl. t. *i*, a mother church; a cathedral.

Cfn.: **Mameglwys Rufain**: *the Mother-Church of Rome.* **1568** MORYS CLYNNOG: *AG* 7.

mameiddiog [*mamaidd* + *-iog*] *a.* Sydd â'i fam yn fyw: *whose mother is alive.*

Dchr. **17g.** *J* 10, 26b, *mameiddiog*, matrimus. **17g.** *LlGC* 13215, 348.

mameiddrwydd [*mamaidd* + *-rwydd*] *eg.* Ansawdd neu gymeriad mamaidd, ymddygiad neu ymagweddiad mamol, mamolrwydd: *motherliness.*

1776 *W* d.g. *motherliness.* **1803** *P.*

mames, gw. manwes.

mamfaeth, gw. mamaeth.

mamfrenhines, gw. mam—m. frenhines.

mamfynachlog, gw. mam + mynachlog.

mamgell [*mam* + *cell*[1]] *eb.* ll. *-oedd. Biol.* Cell sy'n ymrannu'n gelloedd eraill: *mother cell.*

1863.

mam-gu, gw. mam—m. gu.

mamguaidd [*mam-gu* + *-aidd*] *a.* Tebyg i fam-gu: *grandmotherly.*

1924.

mamgymdeithas [*mam* + *cymdeithas*] *eb.* ll. *-au.* Cymdeithas y mae cymdeithasau eraill cyffelyb neu ganghennau wedi deillio ohoni: *society from which other similar societies or branches have sprung.*

1819.

mamgynefin [*mam* + *cynefin*] *a.* Yn perthyn i fath arbennig o drefniant priodasol, sef fod y pâr priod yn ymgartrefu yn nhrigfan y wraig: *matrilocal.*

20g.

mami, gw. mam.

mamiaith, mam-iaith [*mam* + *iaith*] *eb.* ll. *mamieithoedd.* Iaith gynhenid person, iaith y fam, iaith frodorol gwlad neu ardal, hefyd yn *ffig.*; iaith y mae ieithoedd eraill wedi tarddu ohoni, prifiaith, iaith hynaf neu wreiddiol: *mother tongue*, *a vernacular*, *also fig.*; *a language from which others have sprung*, *oldest or original language.*

1607 *Rhyddiaith Gymraeg* i. 141, eu hyurytlawn *vamaith* [*sic*], y velusber Gymraec. **1651** SIÔN TREREDYN: *MDD* [vii], fynghydwlad-wyr â ddibrisiant ein hên *famiaith* [diwyg.]. **1675** R. JONES:

HCh [170], [c]ydwneuthur Dicsionari Cymraeg . . . Yr hyn a fyddem ni ewyllyscarach iw wneuthur pe gwyddem faint sydd ynddi [y Gymraeg] o'r *famiaith* Baradwysaidd [Hebraeg]. **1713** T. Baddy: *DDGH* 51, Mae'r gair yn y *Fam-jaith* yn arwyddoccau bod yn Wrthodedig. *c.* **1730** *Thos. Lloyd D* (LlGC) 170a, *mamiaith*, lingua materna. **1740** T. Evans: *DPO* 8, y mae'n hawdd i gasglu, fod cynnifer o *Fam-jeithoedd* yn nhwr Babel, a Chenhedlaeth hyd wyneb yr holl ddaear. **1750** J. Thomas: *AIG* i, Mi dybiais na allwn wneuthur gwell Gwasanaeth i Grefydd . . . na thrwy osod y Pwngc mawr ymma o'ch blaen . . . yn eich *Mam-jaith* eich hunain. **1755** *GAGC* 10, nid oes nemmawr o'r rhai y mae hi'n *famiaith* iddynt yn Cymmeryd y boen i geisio cyflawn wybodaeth o honi [y Frutaniaith]. **1759** *DG* iv, [c]ynnal y *fam-iaith* Gymraeg. **1768** J. Roberts: *R* iv, am y Rhai sydd am yru yr hen *Fam Jaith* allan or Byd . . . gwell ganddynt, roddi Chwarter Blwyddyn o Saesneg iw plant. **1776** *W* d.g. *mother-, a mother-tongue* [*i.e. that, from which other tongues or languages are derived*]. **1790** T. Jones: *TOS* [iii], erfyniaf arnoch . . . na chymmysgoch wâg fastard-iaith y Saeson a'ch anghymmharol *famiaith*.

mamiar, mam-iâr [*mam* + *iâr*[1]] *eb.* ll. *-ieir.* Iâr sy'n gori ar wyau neu'n magu cywion, iâr ddeor, iâr eistedd: *brood-hen, broody hen.*

1722 *Llst* 189, *mam-iar*, a brood-hen. **1771** *W* d.g. *brood, brood-hen.*

mamieithus [*mamiaith* + *-us*] *a.* A siaredir yn gyffredin gan bobl gwlad neu ardal neilltuol, brodorol, cysefin (am iaith): *vernacular.*

1653 (**18g.**) *Pant* 8, 35b, [y] Rhufeinyddion diledryw . . . y rhai ni chyhoeddassant allan erioed ou hieithoedd yscolig, yr Anwireddion i mae'n rhai ni yn eu . . . printio yn gyffredinol yn nhafodau *mamieithus* y wlad ar werin.

mamladdiad [*mam* + *lladdiad*[1]] *eg.* ll. *-au.* Gweithred person sy'n lladd ei fam ei hun: *matricide, the killing of one's own mother.*

1604–7 *TW* (*Pen* 228) d.g. *matricidium* (hefyd *D*). **1776** *W* d.g. *matricide* [*the crime of murdering a mother*]. **1803** *P.*

mamleiddiad[1] [*mam* + *lleiddiad*[1]] *eg.* ll. *-iaid.* Person sy'n lladd ei fam ei hun, mamlofrudd: *matricide, one who kills his own mother.*

1604–7 *TW* (*Pen* 228) d.g. *matricida* (hefyd *D*). **1620** 1 *Tim* i. 9, Gan ŵybod . . . nad i'r cyfiawn y rhoddwyd y Gyfraith, eithr i'r rhai digyfraith . . . i dâdleiddiaid, a *mam-leiddiaid* (**1588** *ib.* lleiddiaid mam). **1632** *D* d.g. *parenticida.* **1722** *Llst* 189 d.g. *a mother-killer.* **1776** *W* d.g. *matricide* [*the villain that kills his mother*]. **1803** *P, mamleiddiad*, pl. *mamleiddiaid*, a matricide.

mamleiddiad[2] [*mam* + *lleiddiad*[2]] *eg.* Gweithred person sy'n lladd ei fam ei hun, mamladdiad: *matricide, the killing of one's own mother.*

1814.

mamleiddiadol [*mamleiddiad* + *-ol*] *a.* Yn perthyn i famladdiad, tueddol i gyflawni mamladdiad: *matricidal.*

1803 *P.*

mamlewes, gw. mam + llewes.

mamlinachol [*mam* + *llinachol*] *a.* Wedi ei seilio ar dylwyth neu linach y fam, yn perthyn i linach benywod yn unig: *matrilineal.*

20g.

mamlo, mam-lo [*mam* + *glo*] *eg.* Haenen dywyll o lo meddal amhur a geir mewn gwythïen lo: *mother of coal, mineral charcoal.*

Ar lafar ym Morg., *LlGC* 1171, 10, *B* viii. 218, *Geir Glo* 50.

Gw. hefyd mam—m. y glo.

mamlofrudd [*mam* + *llofrudd*] *eg.* Person sy'n lladd ei fam ei hun, mamleiddiad: *matricide, one who kills his own mother.*

1850.

mamlys [*mam* + *llys*[5]] *eb.* *Bot.* Perlysieuyn y credid gynt ei fod yn gwella anhwylderau'r groth, llysiau'r fam, *Leonurus cardiaca*; y feidiog lwyd, *Artemisia vulgaris*: *motherwort*; *mugwort.*

c. **1400** *MM* 32, Os tywot uaen uyd, gwneuthur medyglyn trwy wenith gwryf gloyw . . . ar llysseu hynn . . . [y] *vamlys. c.* **1550** *RWM* ii. 104, O myni wybod gwahan rrwng gwraig a morwyn kymer y *famlys* goch a gwna yn bowdwr. **16g.** (**1763**) W. Salesbury: *LlM* 33, Artemisia tenuifolia yr hwn rhyw a eilw y llyseywyr yn gyffredin Matricaria sef y *famlys. Diw.* **16g.** *WLB* 39. **1604–7** *TW* (*Pen* 228) d.g. *matricaria. Dchr.* **17g.** *J* 10, 26b, *mamlys*, mugworte, mater herbarum, artemisia. **1813** *WB* 216.

mamoa, *HG* 9, ff. wallus, gw. manna.

mamog [*mam* + *-og*] *eb.* a hefyd fel *a.* ll. *-iaid, -au, -ion.*

(*a*) Anifail benyw sy'n feichiog neu'n magu epil, yn enw. dafad gyfoen neu un sy'n magu, caseg fagu; (yn gellweirus) mam: *dam, esp. in-lamb or breeding ewe, brood-mare*; (*facet.*) *mother.*

15g. Gwilym Tew: *Gw* 519, Os *mamog* drwy lawogydd, / Mal ffair fawr, mal ffraeo fydd [i blycyddes]. **15–16g.** *TA* 410, Mae sy o feirch maes a fu / O bob rhan heb eu prynu? / *Mamogau* im a'u megyn / Yma sy'n ol im, Siôn Wyn. **15–16g.** Dafydd Trefor: *Gw* 120, Fy neges a fynagodd / Am *famog* rywiog o rodd; / . . . / Merch ordderch march o Werddon [i ofyn caseg]. **1547** *WS, mamoc*, moder. **16g.** Gr. Hiraethog: *Gw* (D. J. B.) 93. 94, Magu mwy *mamogau* meirch. **1551** W. Salesbury: *KLl* lxxviib, Ef a borth i ddeueit mal bugail . . . ac a coleth y *mammoge* [:– kyfebron] (**1588** *Eseia* xl. 11, *mamogiaid*) yn vanwyl. *Dchr.* **17g.** *J* 10, 26b, *mammog*, yew. **1672** R. Prichard: *Gw* 41, Ni chaiff llew, na blaidd, na llwynog, / Ddwyn o'i braidd, nac oen na *mammog.* **1688** *TJ, mammog* neu d[d]afad gyfeb: an Ewe with young. **1722** *Llst* 189, *mammog*, f.p. *mogiaid*, any female big with or having young. **1757** *ML* ii. 50–1, Pa beth oedd y *famog* i wneuthur iw merch Ymhentrerianell. **1762** *id.* 525, Ciniawa ar wydd iwrth *famog* y wreigyn o Gaerwrangon. **1773** *W, mammog* (pl. *mammogion*) d.g. *ewe, an ewe big with, or having*[,] *young.* **1786** B. Francis: *MJT* 8, Ymg'leddai yr egwan *fammogiaid*, / Y gweiniaid, a'r cleifion, a'r ŵyn. **1803** *P, mamog*, that is with young; that is a mother, or dam; an ewe with young. Ar lafar am ddafad sy'n magu, *B* iii. 205, a chlywir y ff. ll. *mogied, mog(i)e, mog(i)ad, moga* yn y Gogledd, *WVBD* 362, a *mocion* ym Mrych. Yn y De-ddwyrain clywir y ff. un. *mamocan.* Mae *Mamog* yn enw ar afon sy'n rhedeg i afon Cuch yn sir Gaerf.

(*b*) Croth, bru, llestr, hefyd yn *dros.* ac yn *ffig.*; clefyd y fam, mamwst; beichiogrwydd ffug; llithriad y groth, y fam eni: *womb, uterus, also transf. and fig.*; *hysteria*; *false pregnancy*; *pseudocyesis*; *prolapse of the uterus.*

1455–6 *Llst* 28, 213, hi a ddyly vod yn vawr ichlwyf oi chylla ac oi *mamoc.* **1545** *CM* 1, 175, y ved [*sic*] or dwr yma . . . a lannweithiar *vamog* yn burlan. *id.* 198, Ac ynnerbyn y *vamog* gwnna Ir dyn yved ij owns . . . or dwr yma nos a borav. **16g.** (*LlEG*) *Mos* 158, 535b, eraill a ddywedai Mae *mamog* y vrech vawr y doedd yr annaele. **1547** *WS, mamoc* klwyf, the moder. **16g.** (**1763**) W. Salesbury: *LlM* 106–7, Da vyddant [dail y fioled] . . . ar les y *vammoc* ar eisteddle pan Descynan allan oi man. *id.* 172, rhag Dolur . . . or *vamog* I verch ne yr Llwybyr Iddi. **1604–7** *TW* (*Pen* 228) d.g. *matrix, matricis præfocatio, mola.* **1632** *D*, mam, & *Mammog*, matrix. Item Mola, morbus mulierum. **1657** *MLl* ii. 11, Adda a gippiwyd yn ddiattreg yn nerth y *famog* ddayarol (yr hon yw da a drwg, a grewyd allan o gariad a digofaint Duw). **1688** *TJ*, mam, *mammog*, [m]âth ar glŵŷf: a Disease called the Mother. **1760** *ML* ii. 178, Y gwartheg, rhai'n bwrw lloi, ac yn ffaelio bwrw eu brych, eraill yn bwrw eu *mamog.* **1774** *W* d.g. *hysterics, matrice, or matrix, the mother* [*a disease in women so called*]. **1775** G. Howel: *Alm* 47, Pan digwydd *Mammog* Buwch syrthio allan. **1803** *P, mamog* . . . the womb, or matrix; the hysterical passion, otherwise called y vam, and clwyv y vam; also the collapsion of the womb. Ar lafar yng ngogledd Cered. sonnir am ddafad yn 'bwrw 'i *mamog*'.

(*c*) *Bot.* Perlysieuyn y credid gynt ei fod yn iacháu anhwylderau'r groth, y feidiog lwyd, *Artemisia vulgaris*: *mugwort.*

c. **1460** *Pen* 326, sypyn 6, [10a], *yvamoc* yw mwdyrwrt. **1545** *CM* 1, 175, Artchemesia . . . a he[n]wir mwgwort ynny saessonaeg ac ynghymruaeg y *vamog.*

(*d*) Taten y tyf tatws eraill ohoni, taten hadyd: *seed-potato.*

20g.

Fel *a.* Sydd â'i fam yn fyw; nodweddiadol o fam, tebyg i fam, mamaidd, mamol; sy'n magu (am ddafad), cyfoen, trom o oen: *whose mother is alive*; *maternal*; *breeding* (*of ewe*).

Dchr. **17g.** *J* 10, 26b, mam*vamog*, matermatrima. **1776** *W* d.g. *maternal.* **18–19g.** *Iolo MSS* 181, y Benywaid mi au cadwaf yn ddefaid *mammogion.*

Cfn.: *Bot.* **mamog ddrewllyd:** *stinking goosefoot, Chenopodium vulvaria.* **1813** *WB* 216.

Am *berwr y famog, clwyf y f., llysiau'r f., mam f., pêl y f.*, gw. berwr, clwyf (At.), llysiau, mam, pêl.

mamogaeth [*mamog* + *-aeth*] *eb.* Mamolaeth, hefyd yn *ffig.*: *motherhood, maternity, also fig.*

1722 *Llst* 189, *mammogaeth* . . . motherhood. **1776** *W* d.g. *maternity, motherhood.* **1803** *P.*

mamogaf: mamogi [bf. o'r e. *mamog*] *bg.a.* Dod yn fam; meithrin neu ymgeleddu fel y gwna mam, mamoli: *to become a mother*; *mother.*

1803 *P.*

mamogaidd [*mamog* + *-aidd*] *a.* O natur mam, mamaidd, mamol; hysterig, mamystaidd; bronnog, tethog: *motherly*; *hysterical*; *mammiferous.*

1798 *WR* d.g. *hysteric.*

mamoglys [*mamog* + *llys*[5]] *eg.* Mamlys, *Leonurus cardiaca*: *motherwort.*

1813 *WB* 58.

mamol [*mam* + *-ol*] *a.*

(*a*) Tebyg i fam, nodweddiadol o fam, yn perthyn i fam, mamaidd; brodorol, cysefin (am iaith): *motherly, maternal*; *vernacular, native* (*of language*).

13g. *B* xxi. 292, Gwyned yu Mam Gemry . . . Vrth henne Gwyned a gocha o'e *mamavl* waet, nyt amgen pan vu er emlad y rung Henri a gwyr Gwyned. **1595** H. Lewys: *PA* 41, y famm a fwydiff, ag a fegiff i etifedd . . . o galon *fammawl* rowiogaidd. **1604–7** *TW* (*Pen* 228) d.g. *maternus.* **1609** R. Smyth: *CAC* 22, mae'n dangos i bod hi [yr Eglwys Gatholig] yn gatholig . . . yn gimmaint ai bod . . . yn derbyn . . . megis mewn mwynues [*sic*] *mamawl* holl ddynion . . . sydd yn cytuno yn phydd ag athrawyaeth Crist. **1618** J. Salisbury: *EH* 128, o ran ei chariad a'i *mammawl* anwyldra tuag at bawb oll o honom [am Fair]. **1671** C. Edwards: *FfDd* 149, mor anoeth yw y rhai y dybiant, pe gwarafunid gair Duw yn ein iaith *mammawl* [*sic*], yr annogai hynny i ddyscu un arall. **1718** (**1721**) S. Thomas: *HB* 90, O yr hyfryd Fair, bydded i ti yn ol dy Awdurdod *mammol* orchymmyn yr Achubwr [dy Fâb]. **1722** *Llst* 189, *mammawl*, motherly, mother-like. **1760** E. Williams: *UYB* 129, deued *mammawl* dosturi dy galon di . . . i'm cynnorthwy [wrth Iesu]. **1774** T. Jones: *DG* 165, fy *mammol* serchiadau. **1776** *W* d.g. *maternal, motherly.* **1803** *P.*

(*b*) Yn perthyn i'r groth, crothol; bronnol, o'r fron; mamalaidd: *of the womb, uterine*; *mammillary, mammary*; *mammalian.*

1545 *CM* 1, 8, Ac ynnol I klyw hi yr attiuedd ynn ymdroi ynn vyw ynny *vamawl* gyule. **1604–7** *TW* (*Pen* 228), succun *mamawl* d.g. *lac.*

Gw. hefyd mamolyn.

mamolaeth, mamoliaeth [*mamol* + *-(i)aeth*] *eb.g.* Y cyflwr neu'r ffaith o fod yn fam, mamogaeth, esgoriad, nodweddion mam: *the state or fact of being a mother, motherhood, maternity, childbirth, maternal characteristics.*

1547 *WS, mamolieth*, moderhede.

Am *pac mamolaeth*, gw. pac.

mamolaf: mamoli [bf. o'r a. *mamol*] *ba.* Meithrin neu ymgeleddu fel y gwna mam, mamogi: *to mother.*

20g.

mamolaidd [*mamol(yn)* + *-aidd*] *a.* Yn perthyn i famolion, nodweddiadol o'r cyfryw: *mammalian.*

20g.

mamoliaeth, gw. mamolaeth.

mamolrwydd [*mamol* + *-rwydd*] *eg.* Ansawdd neu gymeriad mamol, mameiddrwydd; mamogaeth, mamolaeth: *motherliness; motherhood, maternity.*

1722 *Llst* 189, *mammolrwydd*, motherhood. **1776** *W* d.g. *motherliness.* **1803** *P.*

mamolyn [*mamol* + *-yn*] *eg.* ll. *mamoliaid, -ion. Biol.* Aelod o ddosbarth y *Mammalia*, sef anifeiliaid sy'n rhoddi sugn i'w rhai bychain, anifail tethog, mamal: *mammal.*

1850.

mamon, Mamon [bnth. S. *mamon* neu'r Llad. Diw. *mam(m)ōn(a)*] *eg.* Cyfoeth (o'i bersonoli neu o synied amdano fel eilun neu ddylanŵad andwyol), golud: *mammon.*

1551 W. SALESBURY: *KLl* lviiib, Gwnewch i chwi ych hunain garedigion or *Mammon* [:– golud mwnws y byd] enwir (**1588** *Luc* xvi. 9, golud twyllodrus; **1620** *ib. Mammon* [:– golud] anghyfiawn). *id.* lxiib, Ny ellwch chwi wasanaythy Deo a *Mammon.* *c.* **1730** *Thos. Lloyd D* (LlGC) 170a, *mammon*, golud, divitiæ. **1750** *ML* i. 159, peth rhyfeddol iawn yw bod eich cyfoethogion yn troi yn garn lladron . . . Ai tybied [*sic*] na wnant ffrindiau a'r *mammon* anghyfreithlon. **1758** *id.* ii. 99, Wfft i'r ddeulew accw sydd yn pallu rhoddi benthyg llaw tuag at yrru ymlaen y Barddas . . . Mae *Mamon* wedi llygadtynnu yr dynionach ysywaeth.

mamonaeth, mamoniaeth [*mamon* + *-(i)aeth*] *eb.* Trachwant am gyfoeth, addoliad golud: *mammonism.*

1901.

mamonaidd [*mamon* + *-aidd*] *a.* Yn perthyn i famon, a'i fryd ar ymgyfoethogi, yn addoli golud: *mammonish.*

1852.

mamoneiddiwch [*mamonaidd* + *-iwch*] *eg.* Mamonaeth, trachwant am gyfoeth: *mammonism.*

20g.

mamongarwch [*mamon* + *-garwch*] *eg.* Cariad at famon, mamonaeth, trachwant am gyfoeth: *love of mammon, mammonism.*

20g.

mamoniaeth, gw. mamonaeth.

mamonyddiaeth [*mamon* + *-yddiaeth*] *eb.* Mamonaeth, trachwant am gyfoeth: *mammonism.*

1920.

mamos, gw. mam.

mamoth, mamwth [bnth. S. *mammoth, mammuth*] *eg.* ll. *mamothiaid, mamythiaid,* a hefyd fel *a.* Un o'r eliffantod anferth o'r tylwyth *Mammuthus* neu *Elephas* a geid gynt yn Ewrop a gogledd Asia; tebyg i famoth o ran maint, anferth: *a mammoth; mammoth, huge.*

1851.

Cfn.: **mamwth (mamoth) gwlanog:** *woolly mammoth, Mammuthus primigenius.* **20g.**

mamplis, gw. mantlpis.

mamras [*mam* + *gras*] *eg. Diwin.* Y gras pennaf y mae grasusau eraill yn tarddu ohono, gwreiddras: *principal grace, mother grace.*

[**1791**] J. THOMAS: *GB* 70, gan mai ffydd yw'r *mam-ras*, y mae hi yn dwyn allan y rhai eraill i gyd yn ol ei nattur ei hun. **1798** J. THOMAS: *CIC* 6, ffydd yw'r *mam-ras*, y gwreidd-ras.

mamrwn, gw. memrwn.

mamsai, gw. malmsai.

mamwenynen [*mam* + *gwenynen*] *eb.* Brenhines haid o wenyn, cornor y gwenyn: *queen bee.*

1808.

mamwlad [*mam* + *gwlad*] *eb.* Gwlad yn ei pherthynas â'i threfedigaethau, &c.; gwlad genedigaeth; hefyd yn *ffig.*: *mother country; motherland, native land; also fig.*

1775 *PHBA* 7, na chaffai 'r siampl ei dilyn ymysg brawdlwythau ein Hisrael ni yn y *fam-wlad.* **1776** *DALl* [3], A dangos pa mor barodol a helaeth y darfu yr Americiaid gyfrannu tu ag at Gymmorth a Chynhaliad eu *Mam-wlad.* *id.* 20, mewn gosodedig guduniad a'u *Mamwlad.*

mamws, gw. mamwys.

mamwst [*mam* + *gwst*[1]] *eb.* Hysteria, clefyd y fam, ffitiau nodweddiadol o'r cyfryw: *hysteria, hysterics.*

1774 *W* d.g. *hysterics.*

mamwstaidd, gw. mamystaidd.

mamwth, gw. mamoth.

mamwydd [*mam* + *gŵydd*[2]] *eb.* ll. *-au.* Gŵydd sy'n magu cywion; hen ŵydd: *mother goose, brood-goose; old goose.*

14g. *GDG* 335, Codes hen *famwydd* drwynbant, / A'i phlu oedd gysgod i'w phlant. **15g.** *Pen* 57, 28, kelk vlin ar vardd kethin koeth / klyw mrib am kaly amryboeth / Yn ga[m] val mwnygl *mamwydd* / Neu ffonn hwrl ac ny ffenn hwydd (Ieuan Gethin). **1632** *D, mammŵydd*, anser matrix. **1688** *TJ, mamŵŷdd*, hen ŵŷ[dd]: an old Goose. **1722** *Llst* 189, *mammŵydd*, a brood-goose. **1753** *TR, mamŵydd*, the mother-goose. **1773** *W* d.g. *goose, a brood-goose.* **1796** *MA* iii. 241, hen gwrw, hen *vamwydd*, a hên gyvaill. **1803** *P.*

mamwys [*mam* + *-wys*[1]; geir. yn unig yw'r defnydd ansoddeiriol] *eb.* a hefyd fel *a.*

(*a*) Tylwyth neu linach y fam, ochr y fam; (hawl i) etifeddiaeth trwy'r fam; y cyflwr o fod yn fam, mamolaeth, esgoriad: *maternal kin or line, maternal side, distaff side; (right of) inheritance through one's mother; motherhood, maternity, childbirth.*

13g. *LlC* 16, euelly er rennyr galanas, o *vamwys* y *vamwys* hyt viiuet (*Pen* 40, 25, ach neur seithuet) *uamwys.* **13g.** *AL* ii. 140, O deruyd e den holy tyr a dayar o *uamuys.* **13g.** *LlI* 30, Teyr guraged e dele eu meybyon *uamwys* herwyd keureyth: mab Kemraes a roder e alltut; a mab gureyc a vystler eg gulat agkyuyeyth . . . a gureyc e dycco alltut treys arney. *id.* 61, Ny deleyr penkenedlaeth o *uamues.* *id.* 71–2, e deuparth ar kenedel y tat a'r traean ar kenedel y uam: ac euelly kemerent er hynafguyr o'r kenedloed a dottent ar *uamuys* traean ac ar taduys deuparth. *c.* **1400** *CHDd* 91, a chaffel o veibyon yr alltut *mamwys* o dir eu hendat. **15g.** *AL* ii. 302, Aoes vn dyn addylyo dyvot y tir heb dadwys heb *vamwys* heb ystyn arglwyd. **1632** *D, mammŵys* . . . maternitas. **1688** *TJ, mamŵŷs* . . . Motherhood. **1730** *Leg Wall* 577, *mamwys*, Cognati; cui oppositum Tadwys, Agnati . . . Item Jus vel Successio in fundum, qui a matre ad aliquem descendit. **1775** *W, mammwys* d.g. *kinsmen, kinsmen by the mother's side, maternity, motherhood.* **1803** *P, mamwys* . . . a relationship by the mother's side.

(*b*) Mam, hefyd yn *ffig.* ac yn *dros.*: *mother, also fig. and transf.*

?**15g.** *DGG*[2] 42, Cyrch at lys glân rianedd, / Paradwys yw, *mamwys* medd. **15g.** *LGC* 32, Gwlad Bowys, *mamwys* y medd, / Yw ei genedl, a Gwynedd. **1547** *WS, mamwys* ne vam anifail, the damme. **1604–7** *TW* (*Pen* 228), *mamws, mamwys* d.g. *mater.* **1632** *D, mammŵys*, mater. **1730** IACO AB DEWI: *YL* 69, Y mae'r hwn sydd yn aflonydd i'w Rieni fel y Wiber sy'n torri allan â'i Dannedd trwy ei *Mamwys.* **1763** *ML* ii. 559, Mae Arat yn deusyf llythyr a bendithion ei thad a'i *mamws.* **1776** *W, mammwys*, vulgò *mammws* d.g. *mother* [*that has borne a child*]. Digwydd *mamwys* fel gair anwes am fam ym Môn, *CT* 43.

(*c*) Croth, bru, llestr, hefyd yn *ffig.*: *womb, uterus, also fig.*

1604–7 *TW* (*Pen* 228), *mamwys* d.g. *matrix.* **1632** *D, mammŵys* . . . matrix. **1657** *MLl* ii. 10, pan geisiodd Luciffer grôth y tân yn ei ganol fan . . . a phan chwenychodd Adda brofi . . . beth oedd yn y grôth (llei tarddodd da a drwg allan) . . . fe garcharwyd y ddau . . . yn ei trachwant yn y *fammwys.* **1688** *TJ, mamwys*, llestr Plant: the Mother, Matrice in a Woman. **1776** *W, mammwys* d.g. *matrice, or matrix.* **1803** *P.*

Fel *a.* Mamol: *maternal.*

1592 S. D. RHYS: *Inst* 51, Possessiua . . . Mammawl, *mammwys*, tadawl, tadwys, Arglwyddiawl, gwasawl. *c.* **1730** *Thos. Lloyd D* (LlGC) 169b, *mammŵys*, maternus.

Cfn.: **o famwys:** *by succession through the mother, on the mother's side.* **13g.** *LlI* 30, 56. **17–18g.** *LlGC* 6499, 346. **1776** *W*, holi tîr *o famwys* d.g. *mother* [*that has borne a child*] . . . *To claim land . . . in right of his mother.*

mamwysol [*mamwys* + *-ol*] *a.* O famwys, o ochr y fam: *through one's mother, on the maternal side.*

Diw. **18g.** *AL* ii. 526, mab aillt *mamwysawl*, sev a vo ei vam yn Gymraes gynnwynawl.

mamwythen [*mam* + *gwythen*] *eb.* ll. *-nau.* Un o ddwy wythïen fawr yn y goes: *saphena.*

[**1783**] *W* d.g. *saphena.* **1803** *P, mamwythen*, the crural vein, or saphena.

mamynogi, gw. mabinogi.

mamynys [*mam* + *ynys*] *eb.* Prif ynys; ynys sy'n rhoi cynhaliaeth: *main island; island that gives sustenance.*

14g. *DGG*[2] 145, Engylion Môn *mam ynys* (Gruffudd Gryg). **15g.** *LGC* 330, Edn dov tu rhagov i Rys / Vum innau drwy'r *vam ynys.* **16g.** DAFYDD AP LLYWELYN, &c.: *Gw* 127, A'r beirdd mawr, fal yn llaw'r llys, / A fu 'Môn, y *Fam Ynys.*

mamysgol [*mam* + *ysgol*[1]] *eb.* ll. *-ion.* Prifysgol, athrofa; ysgol y mae ysgolion eraill yn ganghennau ohoni: *university, academy; school having branch-schools.*

1632 *D* d.g. *academia.* **17g.** *LlGC* 13215, 333, prif ysgol neu *vam ysgol*, academia. **1653** *Wy* 12, 325b, a llosci ein *Mam-ysgolion* an llyfrau an Celfyddodau oll. **1655** WL: *DP* 68, pôb *Mam-Ysgol*, a hadleuoedd [*sic*] addysg a duwiolder; yn enwedig y ddwy Brif-Ysgol o'r deirnas hon. **1685** G. GRIFFITH: *GA* [v], yr ûn a fynnid or ddwy *Fam yscol* yn lloegr. **1770** *W* d.g. *an academy, an university.*

Am *llyfr gwyn y famysgol*, gw. llyfr[1].

mamystaidd, mamwstaidd [*mamwst* + *-aidd*] *a.* Yn perthyn i'r famwst, hysterig: *hysterical.*

1816.

Am *nwyd famystaidd* (*famwstaidd*), gw. nwyd.

mamystog [*mamwst* + *-og*] *a.* Yn perthyn i'r famwst, hysterig: *hysterical.*

1858.

man[1], **men**[2], **myn**[3] (*y* ≡ *ə*) [?cf. Llyd. Diw. (taf. Gwened) *men(n)* 'lle'; cynhwysir yma enghrau. posibl o ff. *mên*, gw. *WG* 432; ansicr yw engh. *R* 1293] *eb.g.* ll. *mannau, mannoedd* a hefyd fel *cys.* Lle neilltuol, lleoliad, safle, rhan: *particular place or spot, location, position, part.*

13g. *C* 11. 10, *mann* meidrolaeth. *c.* **1300** *H* 51a. 35, Nyd oet agcloduan y *uann* yd vei (Cynddelw). **1346** *LlA* 119, brenhin oed hwnnw yny *vann* honno. *c.* **1400** *R* 1293. 32–3, yr *venn* ybo penn clo clot. *c.* **1400** *RB* ii. 390, Ef a dileawd y bleidyeu o bop *mann* or deyrnas. **15g.** *DGG*[2] 63, Ny welid *man* o'r wlad mwy [i'r niwl]. **15g.** *Pen* 109, 13, Tri *mann* trwyr mynyd. A gyrch ewenyd (Lewis Glyn Cothi). **15g.** *Pen* 57, 11, Ac o ba *ven* y henyw / Affwy y chyfenw hoff yw. **1547** *WS* [vii], helkyt pop gair . . . yw *van* gyfaddas ehunan. **16g.** (**1763**) W. SALESBURY: *LlM* 90, [t]lyfy mewn *manoedd* amlwg. *c.* **1585** G. ROBERT: *DC* [v], ef a wnaeth yr Eglwysi cyntaf yn Rhufain ag mywn *manneu* eraill. **1588** *Deut* i. 31, nes eich dyfod hyd y *man* ymma. **1588** *Jer* xxxviii. 9, efe a fydd marw o newyn yn y *fan* lle y mae. **1620** *Io* iv. 20, y *man* lle y mae yn rhaid addoli. **1632** *D, menn*, locus . . . Hodie dicimus *Mann* . . . O chlywi yn iach lawen, / Vchod ei fod yn ei *fenn.* G[wilym ap] Sef[nyn]. **1688** S. HUGHES: *TSP* 16, yn y *man* hynny, lle 'r oedd y naill yn croesi ffordd y llall. **1753** G. OWEN: *L* 81, Pendrist iawn ydwyf yn y *fann* yma [Walton] o eisiau Llyfrau. **1759** J. EVANS: *PF* 27, Rhwbiwch y *Fan* Nôs a Boreu . . . hyd oni byddo côch. **18g.** I. BRYDYDD HIR: *Gw* 98, *Man* drist ydyw Mon drosti. **1803** *P. Diar. Man* gwyn *man* draw. Ar lafar; digwydd yn aml gyda'r adf. *yma, yna, acw, draw* a'r rhag. dng. *honno, hyn, hynny* i ffurfio ymad. adf., *'fan 'ma, famma', 'fan 'na, fan 'no', 'fan acw, fan 'cw', WVBD* 362; *'fan hyn* (*man hyn*), *fan 'co* (*man 'co, mon 'co*), *fan draw* (*man draw*).

Fel *cys.* neu mewn cyd-destun felly. (*a*) Lle (y), yn y lle (y), i'r lle (y), b'le bynnag (y): *where, to where, wherever.*

13g. *C* 26. 3–6, *Myny*mae meillon a gulith ar tirion. *Mynymae* kertorion in kyveir kysson. *ib.* 8–10, *Mynymae* ebestil am teernas uwil. *Menymae* peryw hael iny claer kyueistet. *id.* 83. 5, *mynyd* vo truin. yd uit trev. **13g.** *A* 12. 6, ny elwit gwinwit *men* na bei. **13g.** *B* iii. 26, Nybit uyneb *men*abo ouen. *id.* 29, Nyllut [*sic*] yares *men*nylluyt buches. *Dchr.* **14g.** *H* 89a. 38, gwae vi oe wynet *vyn* nas gwelaf [marwnad Rhys Ieuanc gan Phylip Brydydd]. **14g.** *WM* 472. 39–473. 1, Dyuot awnaethont *mynyd* oed yr heusawr. *id.* 476. 15–16, Pedeir meillonen gwynnyon a dyuei yny hol [Olwen] *mynyd* elhei (*RM* 117, pa fford bynnac y delhei). *id.* 479. 25–6, Dos yma *myn* ydymwelwyf athi. *c.* **1400** *R* 1029. 22–3, bas dwfyr *myn*yt leueir. *id.* 1156. 18–19, Neur aeth *men* pandoeth. ynynef y bu. *id.* 1367. 38–40, Dyfred anniben goruch ffuruauen adodes vy ren *men* y maent ryd. **15–16g.** *TA* 363, *Man* y rhoed mae anrhydedd, / Mae rhodd fawr ym mhridd i fedd! **1632** *D*, *menn* . . . ubi. Hodie dicimus *Mann.* **18g.** I. Brydydd Hir: *Gw* 204, tua thref Aber Teifi, *man* na buaswn erioed o'r blaen. Cf. Eluned: *DA* 70, mor flinedig oeddym fel y penderfynwyd lawer gwaith orwedd i lawr *man* yr oeddym hyd y bore.

(*b*) Pan, cyn gynted â (ag), unwaith y: *when, as soon as, once.*
Ar lafar mewn rhannau o'r De. Cf. W. Ll. Williams: *GBB* 77, *man* bydda i wedi pryfo'n ddyn mowr . . . wi'n mynd i briodi Cariad; D. Jacob Davies: *PP* 14, Os blynydde 'nawr 'rwy'n teimlo'n diharpo i gyd *man* fyddai'n clŵed dynion yn dachre siarad o biti Nadolig. Cf. y defnydd o *siwrnai*, '*Siwrne* bydda' i'n cyrradd, ddyweda' i wrtho'.
Cfn.: **man a m. (imi, iti, &c.):** *(it is) all the same (to me, you, &c.), (it makes) no difference, (it is) neither here nor there, (I, you, &c.) might as well, in the same situation or position.* **1798** J. Thomas: *CIC* 74, *man a man* fyddai o hyd, y naill fyddai gystal a'r llall. Ar lafar yn gyff., '*Man a man ichi* fynd yno 'rŵan â gohirio'r peth', '*Man a man* on' nhw'. **m. a('r) m. (â) Sianco:** *(it is) all the same, (it makes) no difference, in the same situation or position.* Ar lafar yn y De, e. e. '*Man a man Sianco* yw mynd gida'r 'ewl â mynd trw'r caea'. Cf. T. J. Morgan: *AF* 58, *man-â-man* [*sic*] *â shanco* mae dyn yn y diwedd. **(yn) y f. (m.) a'r lle:** *(in) the (very) place, (on) the (very) spot, immediately.* **1651** Siôn Treredyn: *MDD* 43, *yn yr* un *fann ar lle.* **1727** J. Jones: *DFF* 255, [rh]edeg i'r *Fan a'r lle.* **1728** T. Baddy: *DDG* d.d., *yn y mann a'r lle.* **1764** Dewi Nantbrân: *CB* 49. **1769** Twm o'r Nant: *TChD* 39. Ar lafar yn gyff. **(yn) y f. (m.) a'r f. (m.):** *(in) such and such a place, somewhere.* c. **1621** *CRC* 429, wrth ych wyneb yr owran / gwn fod kraith *yn y fann ar fann.* **1769** Twm o'r Nant: *TChD* 44. **1803** *P.* Ar lafar yn gyff., *WVBD* 363. **m. argraffu:** *place of printing.* **20g. m. cychwyn:** *starting-point, also fig.* Ar lafar yn gyff. **m. cyfarfod:** *meeting-place, rendezvous.* **1896. m. cyhoeddi:** *place of publication.* **20g.** *Sein.* **m. cynanu:** *place of articulation (in phon.).* **20g. m. gwan** (ll. *mannau gweiniaid, m. gweinion*): *weak spot or point, also fig.* **1771** J. Rees: *H-A* 56, amlygu i ni ein *man gwan.* **1780** *W*, ceisio'r *mann gwan* ar un d.g. *to pick a hole in one's coat.* Ar lafar. **m. gwan ar y lloer:** *weak moment.* Ar lafar yn sir Benf., *GDD* 193. **m. lle:** *where.* **16–17g.** (17g.) *Cylchg LlGC* vi. 33, Nid hardd cân i fân fonedd / mae'n well y gân *man lle'i* gwedd. Ar lafar ym Mrych., '*Man lle* ma' gwaedu'r mochyn'. **(yn y) m. lleiaf (f. leiaf), o'r m. lleiaf:** *at least.* **1725** *SR*, *or man lleiaf* d.g. *least, at least.* **1725–6** *Madd Ed* 14, *yn y man lleiaf.* **1762** D. Rowland: *PA* 140, gallwn weled *o'r fan lleiaf* i'n bodlonrwydd eu [*sic*] hunain. Ar lafar yng Nghered. a'r De, 'Mae pedwar neu bump yma, *man lleia*'. **m. pasio:** *passing place (on a road).* **20g. (yn y) m. pellaf (f. bellaf):** *at the outside, at (the) most.* Ar lafar yn gyff., "Fydd e ddim yna fwy na dwy flynedd, *fan bella*", 'Fe ddaw heibio cyn diwedd y mis, *man pella*". **m. terfyn:** *finish (of race, &c.), goal.* a. **1878. ar ei f. (ei m., &c.) gorau:** *at best.* Ar lafar yn gyff. **o'r m. lleiaf,** gw. *m. lleiaf.* **un m. (f.) (imi, iti, &c.) = m. a m.** Ar lafar, 'Mae'r *un fan imi* adael'. Cf. E. Rees: *TRH* 149, Wel mae'n *un man imi* fynd i mewn. **yn ei f. (ei m., &c.):** *grown-up, in his prime, responsible.* Ar lafar yn y Gogledd, *WVBD* 363. Cf. T. H. Parry-Williams: *M* 69, mi gofiais i am un peth plentynnaidd iawn . . . a ddigwyddodd i mi, a minnau'n ddyn *yn-fy-man* ac yn ddigon call i wybod gwell. **yn y m.:** (i) *soon, before (very) long, presently, in a (short) while, by and by.* **15g.** *LGCD* 59. a. **1561** *B* vi. 45. **1588** *Luc* xxi. 9. **1753** *ML* i. 225. Ar lafar yn gyff., *WVBD* 363. (ii) *on the spot, immediately, straight away, instantly, at once, now.* **1567** *TN* 45b. **1595** H. Lewys: *PA* 18. **1618** J. Salisbury: *EH* 46. **1655** WL: *DP* 280. **1775** *W* d.g. *instantly* [*immediately, presently*]. Ar lafar. (iii) *as soon (as).* **1722** *Llst* 189, *yn y mann ag*, as soon as. **yn y f. = yn y m.** (ii). **16g.** *GILlV* 33. **1547** *WS*, *yny van*, nowe. **1588** *Math* xxv. 15. **1789** M. J. Rhys: *D* 4. Ar lafar yn gyff., '*yn y fan*', 'immediately', *WVBD* 363.

yn y f. (m.) a'r lle, gw. *y f. (m.) a'r lle.* **yn y f. a'r f.,** gw. *y f. a'r f.* **yn y m. pellaf,** gw. *m. pellaf.*

Am *byth o'r fan, y lle a'r f.,* '*nawr ac yn y m.,* '*rŵan ac yn y m.,* gw. byth, lle[1], 'nawr, 'rŵan.

Gw. hefyd mangre, mehyn, mennig[1], pobman, unfan, unman.

man[2] [?cf. Llad. *menda, mendum* 'bai, nam, diffyg, mefl'] *eg.* (bach. *-nyn, mennyn*) ll. *mannau, mannoedd.* Smotyn, brycheuyn, marc, anaf, nam, mefl, hefyd yn *ffig.*; nodwedd, nod angen; *Her.* masgl; man geni; ploryn, tosyn, cornwyd, chwydd: *spot, speck, blemish, stain, also fig.; mark, characteristic, distinguishing mark; mascle (in heraldry); birthmark; pimple, boil, swelling.*
13g. *DB* 65, en y chyrryeu [y lleuad] y byd *manneu* duon (*maculis nigrescit*). c. **1250** *B* x. 23–4, Gaude dei genitrix uirgo immaculata [drll.] . . . Llawenhaa vam duw wyry hep *vann.* **14g.** *id.* xviii. 150, A chyn ny olchit [corff Mair], glann [*sic*] oed o bop ryv *vann* (*mundissimum et nullo humore sordis infectum*). **14g.** *WM* 133. 35–134. 1, deu *vann* gochyon vychein yny grudyeu. **14g.** *DGG*[2] 158, *Mannoedd* wybr mynydd ebran [Llywelyn Goch ap Meurig Hen i'r eira]. c. **1400** *Études* vii. 50, Rac y *mann* a phob ryw gyuot o'r a uo ar dyn. c. **1400** *YCM*[2] 160–1, dilea ditheu yn drugarawc, Arglwyd, *manneu* eu pechodeu wynt. **16g.** *GILlV* 58, Gwefysau val *mannau* mel. **16g.** *Med H* 68, tri makl, nei dri *man* o arian yn varr ar draws y darian. **1567** *LlGG* 13b, [ll]eddeist a phla y nodae [:– chwaren, *manne*, cowyn]. **1567** *TN* 360b, Brychay yntynt [*sic*], a thrisclynay [:– . . . *manne*, mefle]. **1632** *D*, *mann* . . . Nota. *id.* d.g. *lentigo.* **17g.** *NBSF* 448, mwynder iaith *mann* da ar wr. **1725** D. Lewis: *GB* 347, [M]*aneu* hynod . . . sy'n ymddangos . . . ynthi [yr haul]. **1772** *W* d.g. *dash* [*of dirt or water*], *a mark on the body, face &c., spot* [*a stain* . . .]. *id. mennyn* d.g. *dot.* c. **1785–90 (1829)** *CBYP* 33, O'r pethau moladwy noder a fo anghyffredinaf ernynt . . . ag o'r rheini y gwneir y *mannau* nod ar Gerdd. **1798** *WR, man, manyn* d.g. *dot.* **1803** *P*, *man* . . . a spot or mark. *id.* d.g. *mènyn.* Ar lafar; sonnir, e.e., am *fan(nau)* ar afal pan fo wedi ei gleisio.
Cfn.: **man brych:** *freckle.* c. **1730** *Thos. Lloyd D* (LlGC) 171b. **m. cyn geni = m. geni** (i). Ar lafar yng nghanolbarth Cered. ac mewn rhannau o'r De, *B* xiv. 280. Cf. **1806** Twm o'r Nant: *H* 74, *Bànn* [*sic*] *cyngeni* y gelwir yn neheubarth, y peth a elwir yngwynedd Maein [*sic*] geni ar blant bach, y bo rhyw farc hynod arnynt pan enir hwynt. **m. cynefin = m. geni** (i). **1722** *Llst* 189, *mann* cynenid neu *cynnefin*, a mole on the body, church-mark. **1776** *W*, *man* geni (. . . vulgó *cynnefin*) d.g. *a mark on the body, face, &c.* **m. cynhenid = m. geni** (i). **16g.** *Pen* 86, 209, arw/wydd o *fan kynhenid* nev ddolvriav eraill. **1722** *Llst* 189. **1776** *W* d.g. *a mark on the body, face, &c.* **1803** *P.* Ar lafar yn gyff. **m. du:** *black or dark blemish or spot, esp. as a characteristic of disease.* **15–16g.** *TA* 152, 423. **1722** *Llst* 189. **18g.** *Llr* C 24, 278, *manneu duon.* **1770** *W* d.g. *blemish, blot, blur.* **m. geni, maen geni:** (i) *birthmark, mole, wart, also fig.* **15–16g.** *TA* 125. **1547** *WS, man geni*, mole, hony spotte. **1632** *D, mann geni*, nævus, nota ingenita. c. **1730** *Thos. Lloyd D* (LlGC) 171a, *maen geni. Man geni.* K 162. **1776** *W* d.g. *a mark on the body, face, &c., mole* [*a natural mark or spot on the skin, sometimes with hair on it*]. **1803** *P.* **1806** Twm o'r Nant: *H* 74, y peth a elwir yngwynedd *Maein* [*sic*] *geni.* Ar lafar yn gyff.; clywir y ff. '*maen geni*' mewn rhannau o'r Gogledd, *B* xiv. 288, *WVBD* 363. (ii) (*dict.*) *dimple.* **1725** *SR* d.g. *dimple.* (iii) *birthplace.* **20g. m. genedigaeth = m. geni** (i). **1707** *AB* 96c d.g. *nævosus.*

Gw. hefyd mannig.

man[3] [bnth. dysg. Heb. *mān*] *eg.* Manna: *manna.*
1567 *LlGG* (*Sall*) 43b, a' glawiesei ef y *man* [:– gair Ebr. yw] arnynt y ei vwyta.

Gw. hefyd manna.

man[4] [amr. ar *ban*[1] dan ddyl. *man*[1]] *eg.* Rhan, parth, ardal, chwarter; braich, cangen; erthygl, cymal, ymadrodd: *part, region, quarter; arm, branch; article, clause, phrase.*
14g. *HCLl* 131, Myn y Wir Grog, *mannau*'r Groes. **15–16g.** *TA* 56, Myn Crist *mannau* croes. **1588** *Eseia* xi. 12, [c]ascl wascaredigion Iuda o bedwar *man* byd. **1592** S. D. Rhys: *Inst* [xvii], [D]osparth-eu arr bôb *manneu* a' chymhâleu o Gelfyddyd Prydyddiaeth. **1595** *Egl Ph* 68, deuddec *mannau*'r Gredo. c. **1730** *Thos. Lloyd D* (LlGC) 170a, *Mannau*'r ffydd, articuli fidei.

Am *pedwar man (y) byd*, gw. pedwar.

Gw. hefyd ban[1].

mân[1], *a.* ll. (prin) *manion*, ac weithiau gyda grym enwol.

(*a*) Bach, bychan: *small, little (in size).*
13g. *LlDW* 98. 19, pop keycg or *man* guyt. **13g.** *LlI* 6, krvyn e *man* escrebyl; sef yv y rey henny, e deueyt a'r vyn a'r mynneu a'r yrch a'r alaned. c. **1300** *H* 120a. 17, Caraf y meyssyt ae *man* ueillyon anaw [diwyg.] (Hywel ab Owain Gwynedd). *Dchr.* **14g.** *id.* 85a. 38, dy gynnif nyd *man* nyd mal diawc (Llywarch ap Llywelyn). **14g.** *YBH* 22b, amylder o gic *man*adar. c. **1400** *R* 1033. 5–6, gochwiban gwynt ywch blaen gwrysc *man.* *id.* 1274. 33–4, kynn gwyl ieuan gnwt *man* mal mes. *id.* 1329. 3, ac eur mal am hoen geirw *man.* *Diw.* **16g.** *CRC* 252, Rys taylwr dysywr bach [diwyg.] / Anoedd [*sic*] yw gweled vn *manach.* **1632** *D*, *mân*, exilus, parvus, exiguus, tenuis, minutus. **1688** *TJ*, *mân*: small, little. **1759** J. Evans: *PF* 96, gwnewch hwynt yn Bils *mân.* **1803** *P.*

(*b*) Main, tenau, manweaidd, wedi ei weu'n glòs, heb fod yn arw neu'n fras (am edau, &c.); ac iddo dyllau bychain (am ogr) neu 'lygaid' bychain (am rwyd); wedi ei gyfansoddi o lawer o ronynnau bychain (am dywod, halen, lludw, &c.), wedi ei falu'n llwch (am flawd, &c.); coeth, cain, cywrain: *fine, thin, finely woven, not rough or coarse (of thread, &c.); fine (of sieve or mesh); fine (of sand, salt, ashes, &c.), ground small (of flour, &c.); refined, elegant.*
13g. *C* 13. 4–5, Music a gan mal eur orian. *man* vahanieth [*sic*]. **13g.** *LlI* 24, e wreyc a dele e gogyr *man.* **1346** *LlA* 92, dwy yscubell o *van* adaued neu *van* gasnad. c. **1400** *MM* 28, ae davellu [yr hylithr] yn *uan.* *id.* 40, Kymryt bara . . . ae ualu yn vlawt *man.* c. **1400** *Études* vii. 58, Dwy genedlaeth yssyd or halen, un *man* ac un bras. c. **1400** *RB* ii. 13, gwallt melyn *man.* **15g.** *DGG*[2] 67, Ni'm twyllir o'm tŷ allan / Ar air merch i'r eira *mân.* **1588** *Lef* xvi. 12, arogl darth llysseuoc *mân.* **1620** *Io* ii. 15, fflangell o *fân* reffynnau. **1632** *D*, *mân* . . . Edafedd *mân*, Fila tenuia. **1661** E. Lewis: *Drex* 116, [t]yfod *man* iawn. **1725** D. Lewis: *GB* 293, Rhyfeddol mor *fân* y cymmer Dwfr ei rannu. **1753** *TR*, *mân* . . . slender, fine, thin. **1803** *P*, *mân* . . . fine. Ar lafar, 'rhwyd *fân*', 'a small-meshed net, as opp. to rhwyd fras', *WVBD* 363.

(*c*) Dibwys, distadl, di-nod; heb fod cyfuwch o ran ei safle, &c., iselradd (am berson, hefyd am lys, &c.); heb fod yn ddifrifol iawn (am glefyd, bai, pechod, &c.): *unimportant, trifling, insignificant; of inferior position, rank, &c. (of person, also of court, &c.); minor (of ailment), not very serious (of illness, fault, sin, &c.)*
14g. *WM* 72. 27–9, yny oed ouer a *man* gueith holl grydyon y dref. **14g.** *GDG* 358, Meddwon fuon', *fân* eiddwyr, / Mau boen gwych, meibion a gŵyr. c. **1400** *R* 1292. 7–8, Safyn dyfyrgi bawki bakwyr reidussyon *man* lleithyon min llethwyr. **15g.** *IGE*[2] 240, Arwydd tangnefedd eirian, / A maddau'r mwygl eiriau *mân* [Ieuan ap Rhydderch i'r offeren]. **15g.** *LGC* 71, Rhoi barn velly bu arnav / Ar y *vân* glêr a vu'n glav. **15g.** *GGl* 74, Yr oedd gampau ar Ieuan / I'w garu mwy no'r gwŷr *mân.* **15g.** *GO* 309, Arthvr ym wyd wrth wŷr *mân.* **1655** R. Jones: *PC* 161, trig *mân* a chrâch. **17g.** Huw Morus: *EC* i. 23, Oferedd mwy i feirdd *mân*, / Groes nyddu gwers anniddan! *id.* ii. 75, A gwel y tylodion *mân* meinion mewn mêth. **1677** C. Edwards: *FfDd* 356, amlhau y pechodeu lleiaf, er *maned* fyddent. **1703** E. Wynne: *BC* 98, [y] *mân* uchelwyr o'u hamgylch. **1721** J. P. Prys: *DC* 38, Eu danfon i gwrtie ac i ddysgu *mân* gastie. **18g.** E. T. Rhys: *DA* 164, Amrywiol *fân* glefydau. **1803** *P*, *mân* . . . petty.
Amr.: **maen**[2] [adff. gan gamdybio'r un dtb. ag a geir yn *maen*[1] > *mân*[2]] **1588** *Eseia* xxii. 24, yr holl *faen lestri* (**1620** *ib.* fân lestri), o'r llestri meiliau, hyd yr holl offer cerdd. c. **1588** *Rhyddiaith Gymraeg* ii. 85. **1781** M. Williams: *BM* [30].
Cfn.: **mân a bras:** *great and small.* c. **1300** *H* 114a. 21. **15g.** (Diw. **16g.**) *Gwyn* 3, 200. **15g.** *LGC* 46, 340. Cf. *GDLl* 156, Ni ad dim, myn Sain Thomas, / Na myn brith na *mân* na bras. **m. adafedd,** gw. *m. edafedd.* **m. arfau:** *small arms.* **1803** *P.* **m. argraffu:** *jobbing printing.* **20g. m. arlun = m. ddarlun.** **1822. m. flawd,** gw. *manflawd.* **m. flew,** gw. *manflew.* **m. fonau:** *small fractures in slate rendering it unsuitable for working.* Ar lafar yn ardal y chwareli, *B* xx. 246. **m. fradwriaeth:** *petty treason.*

20g. **m. frig,** gw. *manfrig.* **m. fwrdais:** *petit bourgeois.* **20g.** **m. fwrgeisiwr = m. fwrdais. 1948. m. gainc,** gw. *mangainc.* **m. gan,** gw. *mangan^1.* **m. goed,** gw. *mangoed.* **m. gofion:** *memoranda, notes; collectanea, miscellany.* **17g.** *Wy* 10, clawr, *mangofion.* **y m. goludd(yn):** *small intestine; duodenum.* **1632** *D* d.g. *ile.* **m. ddant,** gw. *manddant.* **m. ddarlun:** *miniature, also fig.* **1776** *W* d.g. *miniature.* **1803** *P.* **m. ddeddf:** *by-law.* **20g.** **m. ddyledion:** *small debts.* **1864.** Gw. hefyd *cwrt—c. y mân ddyledion, llys^1—ll. y mân ddyledion.* **m. edafedd, m. adafedd:** (*fine*) *fibres, filaments.* **1346** *LlA* 92, [*m*]*an adaued.* **1770** *W, mân-edafedd* d.g. *blades of a flower, chives . . . [in Botany, threads or stamina of flowers . . .].* **1798** *WR* d.g. *fibres.* **m. edefyn:** *fibre.* **1798** *WR* d.g. *fibre.* **m. ewyn:** *fine sinew; nerve.* **1840. m. law,** gw. *manlaw.* **m. lo,** gw. *manlo.* **m. ronynnau:** *particles.* **1725** D. LEWIS: *GB* 311. **m. waediad, m. waedu:** *petechia*(*e*). **20g.** **m. werth,** gw. *manwerth.* **m. wraidd,** gw. *manwraidd.* **m. wythi (wythau):** (i) *small veins, capillaries.* **1632** *D, manŵythi* d.g. *fibra.* **1771** *W* d.g. *capillary . . . capillary veins.* **1803** *P, manwythau,* capillary veins. (ii) = *m. edafedd.* **1722** *Llst* 189 d.g. *fibres.* **1773** *W* d.g. *fibres.* **m. wythiennau (wythennau):** (i) = **m. wythi** (i). **1771** *W, mân-wythennau* d.g. *capillary . . . capillary veins.* **1803** *P, manwythenau,* small veins. (ii) = **m. edafedd. 1796** N. WILLIAMS: *HM* ii. 39. **m. hedion:** *mites.* **1803** *P, manhedion,* small flying motes or flue. **m. ladrad, m. ledrad:** *petty theft, petty larceny, a pilfering.* *c.* **1730** *Thos. Lloyd D* (LlGC) 170a, *manledrad,* petty larceny. **1778** *W, mân-ladrad* d.g. *petit, petit felony.* **m. ladrata:** *to pilfer.* **1848.** **m. leidr:** *petty thief, pilferer.* **1703** E. WYNNE: *BC* 19, Hyn oll o Garn-lladron, ebr ef; a *mân-ladron* yw'r lleill. **1803** *P, manladron,* petty thieves. **m. lestri:** (i) *small craft, small boats.* [**1783**] *W, mân-lestri* môr d.g. *small-craft* [*small sea-vessels below the rank of ships*]. (ii) = **m. wythi** (i). **1845. m. lwch,** gw. *manlwch.* **m. llwdn,** gw. *manllwdn.* **m. lythyren:** *small letter, lower-case letter.* [**1783**] *W* d.g. *small, small characters.* Gw. hefyd *llythyr—ll. mân.* **m. nwyddau:** *haberdashery, smallwares.* **1858. m. nwyfau = m. nwyddau. 1803** *P, mannwyvau,* small wares. **m. belau:** *shot, pellets.* **1722** *Llst* 189. **m. belenni = m. belau. 1843. m. bethau:** *small things, knick-knacks, trifles, trifling matters.* **1604–7** *TW* (*Pen* 228) d.g. *aginor, minutarius, myrmecides.* **1632** *D* d.g. *legulus, nitella.* **1803** *P* d.g. *manbethau.* Ar lafar, hefyd yn y ff. *mân betheuach, manion bethau.* **m. blanedau:** *asteroids.* **1923. m. blu,** gw. *manblu.* **m. bys,** gw. *manbys.* **m. ran,** gw. *manran.* **m. siarad(ach):** *small talk, chit-chat, gossip.* **1821. m. sôn,** gw. *mansonaf: manson. Bot.* **m. y don:** *sea plantain, Plantago maritima.* **1632** *D* (*Bot*), y Werog . . . *Mân y donn,* quòd minutula sit in terræ cute. **1753** *TR* (*Bot*). **1813** *WB* 216. **mân dwll,** gw. *mandwll.* **m. draethawd:** *tract.* **1834. m. dyddyn:** *smallholding.* **1896. m. dyddynnwr:** *smallholder.* **1888. m. us,** gw. *manus.* **yn fân ac yn aml:** *thick and fast* (*of blows*); *quickly and without a break* (*of speech*), *in one breath.* **1775** *W* d.g. *to lay on blows thick and three-fold.* Ar lafar yn ardal y Rhigos, Morg. ''i gweud 'i'n *fân ac yn amal'.* **yn fân ac yn fuan:** (i) *quickly and without a break* (*of speech*), *in one breath; quickly and in short gasps* (*of breath*). **1820.** Ar lafar yn y Gogledd, 'deud y stori'*n fân ac yn fuan*'. (ii) *with small quick steps or movements, also derog. with a mincing gait.* Ar lafar yn y Gogledd a Chered., ''Roedd Cadi yn mynd *yn fân ac yn fuan*'.

Am *adar mân, arian m., crib f., cyngaf m., eira m., gwybed m., o fawr i f.,* &c., gw. dan yr elf. fl.

Gw. hefyd manion, manionach, manyn^2.

mân^2, gw. maen^1.

manac [gair geir.] *eg.* Dyn, gŵr: *man.*
1707 *AB* 218d, *manac,* gŵr, a man. V. **1753** *TR.*

manach, manachaidd, manaches, manachlog, &c., gw. mynach, mynachaidd, mynaches, mynachlog, &c.

manad, gw. mannad.

manaf^1: manu [o'r un gwr. ag a welir yn yr e. *amynedd,* yn ôl *THSC* (1940) 82; ansicr yw engh. GWILYM TEW: *Gw* 438] *bg.?a.* Tycio, llwyddo, ffynnu; amlhau, epilio: *to prevail, avail, succeed, prosper; multiply, breed.*
12g. *MA^2* 236a. 12, Bychan [b]udd ei fedydd a *fain* (Seisyll Bryffwrch). *c.* **1300** *H* 32b. 26, yn eil gert ym rwyf yn rwyt yd *uein* (Cynddelw). **14g.** *T* 44. 6–7, Bendith culwyd nef gytlef a*fein.* **15g.** GWILYM TEW: *Gw* 438, Mair amcaned, Mair ein *maned,* / Mair ddiddaned myrdd o ddynion. **16g.** WILIAM CYNWAL: *Gw* (R. L. Jones) 550, Cyfrodedd fonedd a *fanan'*—drwy'r byd, / Coed difai hefyd, da y cyd-dyfan'. **1604–7** *TW* (*Pen* 228) d.g. *prospero, prosum* (hefyd *D*). *Dchr.* **17g.** *J* 10, 26a, *manu,* to multiplie, propago, as. prospero. **1632** *D, manu,* prosperare. *id.* [*fano*], a *Fano,* vt Bendith Dduw a *fano* it. vid. an idem quod Ffynnu, Faustum esse, prosperare : & idem quod Tyccio. **1722** *Llst* 189, *manu,* to avail, profit, prosper. **1753** *ML* i. 259, Aie'r gysp . . . oedd yn eich pen . . . ? Ceisiwch ei ymlid oddiyno gyntaf y galloch cyn iddo *fanu.* *id.* 266, Daccw'r Llew yn ymroi i *fânu,* mae'r wraig debygwn wedi dechrau chwyddo. **1756** *id.* 430, gwae ni na bai'r wraig yn New York neu rhywle lle mae eisiau gwragedd i *fanu.* **1762** *id.* ii. 490, nid yn y Wyddfa y maent [eryrod] yn taring . . . ond yng nghreigiau yr ysgodogion lledffer y maent yn *manu.* **1770** *W* d.g. *to advantage one, to avail, to prosper, to succeed* [*well*] *or have* [*meet with*] *good success.*

manaf^2: manu [bf. o'r a. *mân^1*] *bg.a.* Gwneud yn fân, torri'n ddarnau bychain, gwneud yn bowdr, pwyo, hefyd yn *ffig.*; mynd yn fân, mynd yn friwsion: *to render small, divide, cut up into small pieces, reduce to powder, pound, also fig.; become small, crumble.*
c. **1730** *Thos. Lloyd D* (LlGC) 171b, *manu,* to hack. Conseco. Chop. **1803** *P, mânu,* to make small; to pound; to become small, to crumble. Ar lafar yn sir Fyn., 'Ma'r glo'n *manu*'n rhwydd', ac yn sir Benf., '*manu* halen'.

manag, managaf: menegi, managedig, managfys, managiad, managwr, gw. mynag, mynegaf: mynegi, mynegedig, mynegfys, mynegiad, mynegwr.

manaid, gw. mannad.

manaidd [*mân^1 + -aidd*] *a.* Mân: *small, little.*
Ar lafar ym Mrych.

manal, gw. banadl.

manar^1 [*mân^1 + âr*] *eg.* Manbridd wyneb tir âr, pridd mân: *tilth, fine earth.*
Dchr. **14g.** *H* 125b. 27, *manar* wisc lassar auar ouec (Casnodyn). *c.* **1400** *R* 1242. 25–6, Trossed y glo. *manar* amdo. mynor ymdud. **1632** *D,* **manar,* q[uaere].

manar^2, *eg. Egl.* Manipl: *maniple, fanon.*
1776 DEWI NANTBRÂN: *AN* 123, Gwisgadau'r Offeiriad ar amser Offeren . . . Y *Manar,* mae'r Offeiriad yn ei wisgo ar ei fraich asswy.

manarch, gw. mân^1 + arch^1.

manatî [bnth. S. *manatee*] *eg.* ll. *manatïaid.* Morfuwch o'r tylwyth *Trichechus,* lamantin: *manatee, lamantin, sea-cow.*
1851.

manaur, gw. mân^1 + aur.

Manaw—mintys Manaw, gw. mintys.

Manawaidd, Manawiaidd [yr e. lle *Manaw + -(i)aidd*] *a.* Yn perthyn i Ynys Manaw neu i'r Fanaweg: *Manx.*
1842.

Manaweg, Manawaeg [yr e. lle *Manaw + -eg^1, aeg*] *eb.* Iaith Oedelaidd Ynys Manaw: *Manx* (*language*).
1831 W. D. LEATHART: *OGS* 84, authentic specimen of the *Manawaeg.*

Manawiad [yr e. lle *Manaw + -iad^3*] *eg.* ll. *-iaid.* Un o frodorion neu drigolion Ynys Manaw: *Manxman.*
1842.

Manawiaidd, gw. Manawaidd.

manawl, gw. manol.

Manawyseg [yr e. lle *Manaw + -wys^1 + -eg^1*] *eb.* Manaweg: *Manx* (*language*).
1752 *EGG* v, hwn yw'r Llyfr cyntaf a Argraphwyd erioed ym *Manawyseg* neu Jaith Fanaw.

manbaill [*mân^1 + paill*] *eg.* a hefyd fel *a.* Blawd mân; wedi ei wneud o flawd mân neu beilliaid: *fine flour; made of fine flour.*
1710 *LlGG* (*Gos*) 6, [c]ymmaint ac a wasanaetho o Fara gwynn *mân-/baill,* ac o Wîn da ac iachus. **1803** *P, manbaill,* fine flour. a. Of fine flour. Bara gwyn *manbaill,* white bread of fine flour.

manbeth, gw. mân^1 + peth.

manblaid [*mân^1 + plaid*] *eb.* Plethwaith mân o wiail, yn *ffig.* am wäeg neu fwcl: *fine wickerwork, fig. of a clasp or buckle.*
c. **1400** *R* 1266. 10–13, rud eur gae tec riein . . . Bud diueth mwynbleth *manbleit.*

manbleth [*mân^1 + pleth*] *a.* a hefyd fel *e?b.* Wedi ei blethu neu ei weu yn fân, mân ei wead; gwead mân; hefyd yn *ffig.*: *finely woven; fine weaving; also fig.*
Diw. **16g.** W. MIDLETON: *B* 66, hir ynni gwn herwa am gerdd / *manbleth* o bregeth brevgerdd. **16–17g.** *NBSF* 269, Gwnn un Bardd mewn gwenwyn beth / A gwawd fwynblyg dew *fanbleth* (Rhisiart Phylip).

manblu, mân blu [*mân^1 + plu*] *e.ll.* ac weithiau gyda grym ansoddeiriol. Plu esmwyth (heb fonion caled) a ddefnyddir i lanw gwelyau, gobenyddiau, &c., plu mân, hefyd yn *dros.*, yn enw. am flew ar blanhigion; wedi ei wneud o blu mân: *soft feathers, down, also transf., esp. of plant down; made of down.*
14g. *GDG* 101, A than dy ben gobennydd / O *fanblu,* gweddeiddblu gwŷdd. **15g.** *DN* 55, A gwely oedd danaf, amgeledd dynion, / Vâi'n abl i ddug o *vanblu* ddigon. **15g.** *DE* 5, llygaid dydd a fydd i ferch / llenlleiniau llwyn a llanerch / gwynion ar *fanblu* gweynvdd / gwely teg i gael oed dydd. *Diw.* **15g.** *AP* 18, ar y gwely yr oedd vatrys o ddwylath o dewdwr o *vanblv* kysseilie pennloynot kvlion. **15–16g.** LLAWDDEN, &c.: *Gw* 66, Menyg o *fân-blu* mynydd, / Mynyglau'n daselau sydd [i ddiolch am eleirch]. **1547** *WS,* down ne *vanblu,* downe. *c.* **1600** *CLlC* v–vi. 50, Koge ssy imi dan goed kelli / A ffe kawn gysgu yn i *man blu.* *Dchr.* **17g.** *J* 10, 26b, *manblu,* iuba gallinaceorum. Plumæ. **1632** *D, manblu,* lanugo, plumulæ molliores. **1661** E. LEWIS: *Drex* 131, [g]wel[y] o blu, neu o *fanblu* adar gwylltion. **1688** *TJ, mân-blu*: the Down-feathers. *c.* **1754** *W Ballads* 161, 6, Yr oedd y Ffermwr yn ei welu, / Oedd o *fanblu* wedi rhynu. **1776** CAIN JONES: *Alm* 24, ce's wellt yn lle *manblu.* **1803** *P.*
Amr.: **manbluf, mân bluf** [*mân^1 + pluf*]. **1832.**

Am *clustog fanblu, gwely m.,* gw. clustog, gwely.

mân-bluaidd, manbluaidd [*mân blu, manblu + -aidd*] *a.* Ac iddo fanblu, tebyg i fanblu, goflewog: *downy, lanuginous.*
1772 *W, mân-bluaidd* d.g. *downy* [*of the nature of, or abounding with, down*]. **1803** *P, manbluaidd,* like down-feathers.

mân-bluog, manbluog [*mân blu; manblu + -og*] *a.* Mân-bluaidd: *downy.*
1722 *Llst* 189, *manbluog,* downie. **1772** *W, mân-bluog* d.g. *downy* [*of the nature of, or abounding with, down*]. **1803** *P, manbluawg,* having down-feathers.

manbres, gw. mân^1 + pres^1.

manbridd [*mân^1 + pridd*] *eg.* Pridd neu weryd mân: *fine earth.*
15–16g. *GLM* 325, Y rhaw—bu gwir rheibio gwawd—/ a droes *fanbridd* dros f'unbrawd. **1576** *GST* i. 86, Yn y *manbridd* anniddos / Y tad orffeniad yw'r ffos [marwnad Wiliam Mostyn].

manbys, mân bys [*mân^1 + pys*] *e.ll.* Pys mân o amrywiol rywogaethau, gwycbys, ffacbys, pys y llygod, corbys: *lentils, vetches, chick-peas.*
1604–7 *TW* (*Pen* 228), *manbys* d.g. *lenticula, phatinus panis.* **1632** *D, mânbys* d.g. *lenticula.* **1722** *Llst* 189, *man-bys,* fetches. **1771** *W, mân-bys* d.g. *chit-pease, lentils.*

manbysg, gw. mân^1 + pysg.

mancell, *eg.* Twll mewn clawdd neu wal ar gyfer hwyaid: *hole made in a hedge or wall for ducks.*
Ar lafar gynt yn sir Benf., *GDD* 193.

mancorn [bnth. S. *mancorn,* amr. ar *mongcorn*] *eg.* Amyd, siprys: *maslin, mongcorn, mixed corn.*
20g. Cf. W. REES: *SWM* 188.

Mancsmon [cfdds. o'r S. *Manxman*] *eg.* ll. *-myn.* Un o frodorion neu drigolion Ynys Manaw: *Manxman.*

c. **1763** *ML* ii. 599, [y] Gwyddhelod a'r *Mancsmyn.*

mandad, mandat, mandet [bnth. S. *mandate*] *eg.* ll. *-au.* Gorchymyn cyfreithiol, hefyd yn *dros.*; comisiwn i weithredu dros arall, yn enw. comisiwn gan Gynghrair y Cenhedloedd yn awdurdodi gwlad i lywodraethu a datblygu tiriogaeth i bwrpas penodol; tiriogaeth a weinyddid dan gomisiwn o'r fath: *mandate, also transf.*; (*League of Nations*) *mandate*; *mandated territory.*
1710 *LlGG* [332], Yna y gofyn yr Arch-Esgob am *Fandat* y Frenhines am ei Gyssegru ef. *id.* (*Gos*) 18, ni chânt [Dyfynwyr] . . . beri na gadel i Gennadon na Dirprwywyr . . . wasanaethu eu *Mandatau.*
Gw. hefyd mandod.

mandarin [bnth. S. *mandarin*] *eg.* ll. *-iaid,* a hefyd fel *a.* Enw generig ar swyddogion Tsieineaidd o bob gradd, hefyd yn *ffig.* am berson nad gwiw amau ei farn, &c.; iaith safonol Tsieina: *a mandarin, also fig. of a person whose opinion, &c., must not be questioned*; *Mandarin* (*language*).
1866.

mandat, gw. mandad.

mandaw, gw. ymandaw.

Mandeaeth [cfdds. o'r S. *Mandae(anism)* + *-aeth*] *eb.* Cyfundrefn grefyddol Gnostigaidd sy'n bod o hyd yn Iraq: *Mandaeanism.*
1928.

mander [*mân*[1] + *-der*] *eg.* Yr ansawdd o fod yn fân: *fineness.*
1833.

mandes [*mân*[1] + *tes*] *eg.* Cynhesrwydd: *warmth.*
c. **1785–90 (1829)** *CBYP* 168, A rhodio'n y *mandes* yn gynnes a gaf [i'r haf]. **18–19g.** *Iolo MSS* 164, yn nechre *mandes* dydd haf ysplennydd. *id.* 232, Eiliw *mandes* / Galon gynnes.
Cfn.: **mandes gŵyl Mihangel:** *a period of fine weather usually occurring around Michaelmas, Indian summer.* **1862.** Cf. *haf—h. bach (gŵyl) Mihangel.*

mandesog [*mandes* + *-og*] *a.* Cynnes: *warm.*
1862.

mandet, gw. mandad.

mandibl [bnth. S. *mandible*] *eg.* ll. *-au.* Gên anifail, pryfyn, &c., yn enw. yr ên isaf: *mandible.*
20g.

mandioc, gw. manioc.

mando [*mân*[1] + *to*[1]] *eg.* Gorchudd tenau, defnydd main: *thin covering, fine material.*
14g. *DGG*[2] 165, Fwyn dy sud, *fando* sidan (Llywelyn Goch ap Meurig Hen). **15g.** *DN* 76, Mae yn dy gylch, *mân do* gwiw, / Mil o afrllad mêl eyrllyw [i'r paun].

mandod [cfdds. o'r S. *mandate*] *eg.* Tiriogaeth a weinyddid gan wlad arall ar ran Cynghrair y Cenhedloedd: *mandated territory, mandate.*
20g.
Gw. hefyd mandad.

mandodol [*mandod* + *-ol*] *a.* Yn perthyn i'r system o weinyddu gwlad gan aelod o Gynghrair y Cenhedloedd: *relating to a mandate, mandatory.*
20g.

mandoedd, ?gwall am *mantoedd,* ff. l. yr e. *mant.*

mandolin, mandolîn [bnth. S. *mandolin(e)*] *eg.* ll. *mandolinau.* Offeryn cerdd tebyg i liwt fechan, ac iddo bedwar pâr o dannau a chorff bychan crwn: *mandolin.*
20g.

mandon[1] [*mân*[1] + ?*ton*[2]] *eb.g.*

(*a*) Planhigion o'r tylwythau *Asperula* a *Galium,* wdron, llysiau'r eryr: *woodruff, sweet woodruff.*
1604–7 *TW* (*Pen* 228) d.g. *rubia sylvestris.* **1632** *D* d.g. *rubia.* **1632** *D* (*Bot*). **1688** *TJ* (*Bot*). **1803** *P.* **1813** *WB* 216.

(*b*) (ffrwyth cymysgu Llad. *rubia* a *rubus*) Mafonen, afanen: *raspberry.*
1725 *SR* d.g. *a rasberry.* *c.* **1730** *Thos. Lloyd D* (LlGC) 170a.
Cfn.: **mandon las yr ŷd:** *field madder, Sherardia arvensis.* **20g.**

mandon[2] [?*mân*[1] + *ton*[2] neu amr. ar *mardon*] *eb.* Mardon: *dandruff.*
1707 *AB* 218d, *mandon,* dandriff. V. **1722** *Llst* 189, *man-don,* f. dandruf. **1753** *TR.* **1803** *P.*

mân-doriad, mandoriad [*mân*[1] + *toriad*] *eg.* ll. *-au.* Difyniad; *Rhif.* ffracsiwn: *dissection*; (*math.*) *fraction.*
1604–7 *TW* (*Pen* 228), *mandorriat* d.g. *anatomia.* **1632** *D, man-doriad* d.g. *anatomia.*

mân-dorraf: mân-dorri [*mân*[1] + *torri*] *ba.* Torri'n ddarnau bychain iawn: *to cut up small, chop, shred.*
1722 *Llst* 189, *man-dorri,* to cut (chop, shread) small. **1771** *W* d.g. *to chop* [*cut with a cleaver, chopping-knife, &c.*]. **1800** W. Owen[-Pughe]: *CP* 85, nes *mân-dorir* y cwbyl [am geuled].

mandra [*mân*[1] + *-dra*] *eg.* Bychandra, diffyg maint: *smallness, minuteness.*
1725 D. Lewis: *GB* 231, Hadeu, y rhai gan eu *Mândra* ynt yn anweledig. *id.* 293, Am *Fandra* Gronyneu pob Defnydd. *c.* **1730** *Thos. Lloyd D* (LlGC) 167b, *mândra,* smallness. **1795** J. Thomas: *AIC* 255, [*m*]*andra*'r Gwâed [am bryfed bychain iawn].

mandrag [bnth. S. *mandrake*] *eg.* Planhigyn meddyginiaethol, *Mandragora officinarum*: *mandrake.*
1604–7 *TW* (*Pen* 228) d.g. *abollia* (At.), *mandragoras.* **1722** *Llst* 189, *mandrag* . . . a mandrake. **1776** *W* d.g. *mandrake* . . . [*a plant whose root is say'd to represent the human form, and to contain a virtue to make the barren prolific*].

mandraglysieuyn [*mandrag* + *llysieuyn*] *eg.* Mandrag: *mandrake.*
1604–7 *TW* (*Pen* 228), y *Mandrag Lyseun* d.g. *mandragoras* (cf. *id.* y Mandragora Lyseun d.g. *aloite*). **1632** *D,* y *mandrag lysieuyn* d.g. *mandragoras.* **1707** *AB* 85a. **1813** *WB* 216.

mandragon [bnth. S. *mandragon*] *eg.* Mandrag: *mandrake.*
Diw. **16g.** *WLB* 34, J beri kysgu . . . [y] *mandragon. id.* 62, kymer yr afalau or *mandragon.*

mandragora, mandragor [bnth. Llad. C. *mandragora* (efallai drwy'r S. *mandragora, mandragore*)] *eg.* ll. *mandragorau.* Mandrag: *mandragora, mandrake.*
c. **1400** *Études* viii. 364, y bwllwc Frenghic, *mandragore,* eido y coed. **1588** *Gen* xxx. 14, Ruben . . . a gafodd *Fandragorau* yn y maês. **1588** *Can* vii. 13, Y *Mandragorau* a roddasant arogledd wrth ein dryssau. **1604–7** *TW* (*Pen* 228), y *Mandragora* Lyseun d.g. *aloite* (cf. *id.* y Mandrag Lyseun d.g. *mandragoras*). **1615** R. Smyth: *GB* 29, y baeddod gwlltion ai iachant i hunain ag eidral, yr arthod a *mandragora.* **1719** *TDP* 70, [g]wobr y *Mandragorau* . . . y *Mandragorau* oeddent Afalau pêr aroglus. **1756** J. Prys: *Alm* [1], *mandrago*[*r*]*au,* mandrake. **1798** *WR, mandragor* d.g. *mandrake.*

mandrel [bnth. S. *mandrel*] *eg.b.* ll. *-i.* Offeryn tebyg i gaib neu bicas ac iddo ddau ben pigfain a ddefnyddir i dorri glo, cerrig, tir, &c.: *mandrel, miner's pick.*
a. **1878.** Ar lafar yn y De: Cf. *B* viii. 218, Tri pheth sy'n dda gan goliar / yw *mandral* siarp bob amsar. Digwydd *mandrel* yn sir Gaerf. yn yr ystyr 'pigwn haearn a ddefnyddia'r gof wrth blygu metel i ffurf cylch', a *mandral* yn Arfon yn yr ystyr 'last, lest'.
Cfn.: **mandrel brico** = **m. gwaelod.** Ar lafar yn nwyrain Morg., *Geir Glo* 89. **m. cam** = **m. gwaelod.** Ar lafar yng ngorllewin Morg. a sir Gaerf., *Geir Glo* 89. **m. côn:** *sugar-loaf mandrel.* **20g.** **m. cwt(o)** = **m. cymwys.** Ar lafar ym Morg., *Geir Glo* 89, *B* viii. 218. **m. cymwys:** *mandrel* (*similar to, but smaller than, a 'mandrel holo') used in undercutting coal.* Ar lafar yng ngorllewin Morg. a sir Gaerf., *Geir Glo* 89. **m. glo:** *mandrel with a flat blade used in undercutting coal.* Ar lafar yn sir Gaerf., *Geir Glo* 89. **m. gwaelod:** *large heavy mandrel with slightly curved arms used for cutting coal, &c.* Ar lafar ym Morg. a sir Gaerf., *Geir Glo* 89, *B* viii. 218. **m. holo** = **m. glo.** **1853.** Ar lafar ym Morg. a sir Gaerf., *Geir Glo* 89, *B* viii. 218. **m. mawr** = **m. gwaelod.** Ar lafar yn nwyrain Morg., *Geir Glo* 89, *B* viii. 218. **m. tir** = **m. gwaelod.** Ar lafar yn sir Gaerf., *Geir Glo* 89.

mandrelaf: mandrelu [bf. o'r e. bl.] *bg.a.* Torri a thyllu â mandrel, defnyddio mandrel: *to cut with a mandrel, use a mandrel.*
Ar lafar. Cf. D. J. Williams: *ChHO* 122, Aeth Wil ymlaen . . . gan *fandrelu*'r top yn bwyllog.

mandril [bnth. S. *mandrill*] *eg.* Math o fabŵn ffyrnig sy'n byw yng ngorllewin Affrica, *Mandrillus sphinx*: *mandrill.*
1835.

mandwll, mân dwll [*mân*[1] + *twll*] *eg.* ll. *mandyllau, mân dyllau,* a hefyd fel *a.* Twll bychan iawn, chwystwll; ac iddo dyllau mân, mân-dyllog: *small hole,* (*sweat-*)*pore*; *having small holes, porous.*
1604–7 *TW* (*Pen* 228), *mandyllæ* ansyniol y corph d.g. *pori.* **1632** *D,* rhyw ysbwng meddal *mandwll* d.g. *achilleum.* **1722** *Llst* 189, *mandyllau,* small holes, pores of the body. *c.* **1730** *Thos. Lloyd D* (LlGC) 170a, *mandwll,* foraminosus.

mandwyll, gw. mân[1] + twyll.

mandwymnog, mandwyn, gw. manwynnog, manwynnau.

mandy, gw. mân[1] + tŷ.

mân-dylledd, mandylledd [*mandwll* + *-edd*] *eg.* ll. *-au.* Y cyflwr o fod yn fandyllog: *porosity.*
20g.

mân-dyllog, mandyllog [*mandwll* + *-og*] *a.* Llawn mandyllau neu gelloedd, yn medru amsugno dŵr (hylif, awyr, &c.): *full of small holes, perforated, cellular, porous.*
1771 *W, mân-dyllog* d.g. *cellular, hole, full of small holes* [*like a sponge*].

mandda, gw. man[1] + da.

manddail [*mân*[1] + *dail*] *e.ll.* a hefyd fel *a.* Dail bychain neu ieuainc, blagur; perlysiau mân; ac iddo ddail bychain, mân ei ddail: *small leaves, fine new foliage, shoots*; *fine herbs*; *having small leaves, fine-leaved.*
14g. *GDG* 54, Diarail fydd *manddail* Mai. **15g.** *CSTB* 53, Nyni'n ddeuwedd a weddai / Dan wiail a *manddail* Mai. **16–17g.** *HG* 181, mwynddyn oeddyd mewn *manddail.* **1604–7** *TW* (*Pen* 228), llyseun *manddeil* briguelyn d.g. *gallium.* *id.* d.g. *thalictrum.* **1632** *D, manddail* da i'w bwytta d.g. *olusculum.* [**1762**] E. Powell: *HEI* 37, *Manddail* Mieri. **1789** *BDG* 504, Mae adail *manddail* i mi. **1803** *P.*

manddant, mân ddant [*mân*[1] + *dant*] *eg.* ll. *manddaint, mân ddaint, mân ddannedd.* Dant mân; *Pensaer.* un o'r blociau bach sgwâr a osodir yn rhes ddanheddog fel addurn ar golofnau, &c.: *small tooth*; *dentil* (*in archit.*).
15g. *DN* 91, Gwevus a min vegis medd, / Mwyn i ddyn, a *mân ddannedd.* **16g.** *Llst* 6, 143, athafod awdyrdod doeth / dan *vanddaint* ym dyn vainddoe[th]. **1632** *D, manddant* d.g. *denticulus.* **1722** *Llst* 189, *man-ddaint,* neu *ddannedd,* small teeth. *id.* [y] *man ddeint* uchben tonnog-waith mewn adeilad neu gerfiad colofn d.g. *dentels.* **1771** *W, mânddeint* d.g. *cartouse, dentelli.*

manddell—chwarae minddu manddell, gw. chwaraeaf: chwarae—ch. minddu manddell.

manddrain, gw. mân[1] + draen[1].

mân-ddrylliaf: mân-ddryllio [*mân*[1] + *drylliaf*: *dryllio*] *ba.* Torri'n ddarnau bychain iawn, gwneud yn llarpiog: *to cut into little pieces, chop small, render jagged.*
1632 *D* d.g. *concīdo.* **1722** *Llst* 189, *man-ddryllio,* to chop small. **1725** *SR* d.g. *to jag, to pownce.* **1771** *W* d.g. *to chop, to cut in* [*into*] *pieces.*

mane [bnth. Heb. *māneh*] *e?g.* *Beibl.* Dernyn o arian bath Hebreig gwerth trigain sicl: *maneh* (*Hebrew coin*).
1588 *Esec* xlv. 12, vgain Sicl, a phump Sicl ar hugain, a phymthec Sicl fydd *Maneh* i chwi.

mân-edafeddog [*mân edafedd* + *-og*] *a.* Wedi ei ffurfio o ffibrau, llawn ffibrau, ffibrog: *fibrous.*
1851.
Amr.: **mân-edafog. 1846. mân-edefog. 1798** *WR* d.g. *fibrous.*

manedig [bôn y f. *mannaf*: *mannu* + *-edig*] *a.* Wedi ei frychu, brycheulyd, brith; (*Crdd.*) a dot wrtho: *spotted, stained, flecked; dotted* (*of musical note*).
1567 *TN* 372a, y wisc vrychedic [:- vrycheulyd, *vannedic*] y gan y cnawt. *c.* **1730** *Thos. Lloyd D* (LlGC) 170a, *mannedig*, maculatus. **[1783]** *W* d.g. *spotted.* **1803** *P*, *manedig*, spotted, marked; flecked.

maneg[1] [bnth. Llad. *manica*, Crn. a Llyd. *maneg*, Gwydd. C. *manic*; cf. Gwydd. C. *mu(i)nchille* 'llawes'] *eb.* ll. *menig* (*menyg*).

(*a*) Gorchudd llaw, fel rheol â gwain ar gyfer pob bys, dyrnfol (wedi ei orchuddio â mael), hefyd yn *ffig.* ac yn *dros.*: *glove,* (*mailed*) *gauntlet, also fig. and transf.*
13g. *B* iv. 9, Gwell yr gur a aeth ar *vanec* y hata noc[yt] ar sach. **13g.** *LlI* 7, ef [hebogydd] a dele kroen hyd . . . e wneythur *menyc* vrth arweyn e adar. **14g.** *YBH* 32a, ny volaf fuhunan werth vn *uanec.* **14g.** *GDG* 24, *Menig* gwynion tewion teg, / A mwnai ym mhob *maneg.* / . . . / Ni wisgaf *fenig* nigus / O groen mollt i grino 'mys [i ddiolch am fenig i Ifor Hael]. *c.* **1400** *R* 1408. 1, Llaw vein val lliw y *vaneg.* *c.* **1400** *YCM*[2] 97, Mi . . . a'th wnaf yn arglwyd ar seith gastell kyuoethawc, ac a'e hystynnaf yt y gan y *uanec* honn yman. *id.* 98, erchis y Arsi Vrenhin y *uanec* ar lad Rolant ohonaw ynteu ar y dyrnawt kyntaf. **15g.** *HS* 17, ar ddraig goch gynddeiriog hen / ai *maneg* ar war meinwen. **15g.** *Pen* 67, 86, heb waew ymwan na *manec* (Huw Dafi). **16g.** Huw Arwystl: *Gw* 302, ni rodd *vaneg* rwydd vwynwalch / erioed ne binn er dyn balch. **16g.** Morus Dwyfech: *Gw* 60, Ni bu awr tan bower teg, / Nad âi Fôn yn dy *faneg.* **16g.** Wiliam Cynwal: *Gw* (G. P. Jones) 49, Myn d'ofni mwy no Dyfnwal, / *Maneg* am y Waun ac Iâl [i Siôn Prys o Eglwyseg]. **1632** *D*, *maneg*, chirotheca. **1714** R. Prydderch: *GD* [vii], ymaflyd yn neufo eu gilidd, heb *fenig* arnynt. **1803** *P.* Cf. D. Owen: *WBC* 12, mae gennyf gorff gweddol luniaidd; yr wyf yn ystwyth fel y *faneg.* Ar lafar yng ngodre Cered. a sir Benf. yn yr ystyr 'ceiliagwydd cadair pladur', ac yn sir Ddinb. am ddarn o ledr wedi ei hoelio wrth goes pladur i ddal pen stric; hefyd sonnir yn gyff. fod dilledyn yn ffitio 'fel *maneg*', h.y. yn berffaith.

(*b*) Gwain neu fwlfa (anifail), llawes goch, 'ffenestr': *vagina or vulva* (*of animal*).
Ar lafar yn y Gogledd, *LlLlM* 99.
Cfn.: **maneg atal cenhedlu:** *contraceptive sheath, condom.* **20g. menig cau (caead)** (un. *maneg gau*): *hedging gloves or mittens.* **1872.** Ar lafar. **m. croen:** *kid gloves.* Ar lafar. **m. dur:** *gauntlets* (*forming part of armour*); *manacles* (?*as instruments of torture*). **1604–7** *TW* (*Pen* 228) d.g. *manicæ, quæstio.* **1617** *Minsheu* 213b d.g. *gauntlet.* **1658** R. Vaughan: *PES* 6, mewn modd o Gristianogawl . . . sialansiad . . . mi gymerais y *faneg ddur* i fynu. **1773** *W* d.g. *gauntlet.* **maneg weddw:** *an odd glove.* Ar lafar. Cf. *hosan—h. weddw.* **menig gwynion:** *symbol of innocence or purity.* **1890.** Cf. *Cylchg CAGC* ii. 219, 'Does genyf ddim anrhegion, / Na jewels drud i'w danfon, / I ddwyn i'ch cof yr hwn a'ch câr / Ond pâr o *fenyg gwynion.* Cf. ymhellach S. Williams: *EN* 65, Hen wreigan yn lladd ar ryw ddyn yn y pentref a minnau'n dweud, 'Ara' deg, mae o'n well erbyn hyn.' 'Fydd ei fenig o ddim gwynnach,' meddai hithau. Gw. hefyd *gwlad—g. y menig gwynion.* **m. hirion:** *gauntlets* (*forming part of armour*). **1604–7** *TW* (*Pen* 228) d.g. *manicæ, manicatus.* **m. llwytho:** *pieces of leather covering the palms worn when loading stones in a quarry.* Ar lafar yn ardaloedd y chwareli llechi. **m. plât (plat)** = **m. hirion.** *c.* **1585** *Llst* 178, 10a, *menig plat* o segyryd. **maneg sgwt:** *unidentified children's game.* **1845.**
Bot. **menig cochion** = **m. ellyllon** (i). Ar lafar yn sir Ddinb. **m. y gog:** *campion, esp. bladder campion, Silene vulgaris.* **1813** *WB* 219. **m. (yr) ellyllon (ellyll(ion), -od):** (i) *foxgloves, Digitalis purpurea.* **16g. (1763)** W. Salesbury: *LlM* 95, [*m*]*enig yr ellyllon.* **1604–7** *TW* (*Pen* 228), *menic Ellyllon* d.g. *digitalis.* **1632** *D* (*Bot*). **1633** J. Gerarde: *Herball, menig ellyllion*, foxgloues. **1773** *W* d.g. *fox gloves.* **1813** *WB* 219. Cf. *GST* i. 550, *Menig ellyllon* Manaw. (ii) *mullein, Verbascum.* **1688** *TJ* (*Bot*). **m. euron:** *daffodils.* **18–19g.** *CRIM* 32. **m. y llwynog** (i) = **m. ellyllon** (i). **1545** *CM* 1, 183. *Dchr.* **17g.** *J* 10, 30a. **1632** *D* (*Bot*), *menig y llwynog.* vi. Dail ffion ffrwyth. **1753** *TR* (*Bot*), menyg ellyllon, *menyg y llwynog.* **1813** *WB* 219. (ii) = **m. ellyllon** (ii). **1688** *TJ* (*Bot*), menig ellyllon, *menig y llwynog.* **m. Mair:** (i) *foxgloves,* (*Our*) *Lady's gloves, Digitalis purpurea.* **1632** *D* (*Bot*), menyg ellyllon . . . *menig Mair.* vi. Dail ffion ffrwyth. **1773** *W* d.g. *glove, fox gloves or our lady's gloves.* **1801** *MMf* 283. **1813** *WB* 219. (ii) = **m. ellyllon** (ii). *Dchr.* **17g.** *J* 10, 30b. **1688** *TJ* (*Bot*), menig ellyllon . . . *menig mair.* **m. trasio** = **m. cau.** Ar lafar yn ne-ddwyrain Morg. **m. y tylwyth teg** = **m. ellyllon** (i). **20g.**
Am *bys maneg*, gw. bys.

maneg[2] [?defnydd tros. o *maneg*[1]; er ei gynnwys d.g. *gwaneg*, tebycach mai yma y perthyn] *eb.* *Cyfr.* Un o'r golwython o ben hydd: *joint from the head of a stag* (*in the Welsh laws*).
13g. *LlI* 89, y duy *uanec* a'e deu corn a'e tauaut.

manegaf: manegi, manegedig, manegfys, gw. mynegaf: mynegi, mynegedig, mynegfys.

manegog [*maneg*[1] + *-og*] *a.* Yn gwisgo maneg neu fenig: *gloved.*
1886.

manegydd, gw. mynegydd.

maneithaf: maneitha, gw. magnaethaf: magnaetha.

manejiaf, manejaf: manej(i)o [bnth. S. (*to*) *manage*] *bg.a.* Ymdopi (â), dod i ben (â), ymdaro, siffto: *to manage.*
Ar lafar, 'Mi *fanejia*' i'n iawn'; ''Alli di *fanejo* 'wnna?'.

manemp, gw. mân[1] + hemp.

maner[1] [bnth. S.C. *banēr*(*e*) neu'n uniongyrchol o'r H. Ffr. *ban*(*i*)*ere*, gyda *b-* ac *m-* yn ymgyfnewid; dichon fod llawer o'r enghrau. treigledig d.g. *baner* yn perthyn yma] *eb.* ll. *-au.* Baner, lluman, fflag, hefyd yn *ffig.* ac yn *dros.*: *banner, standard, flag, also fig. and transf.*
13g. *BD* 176, y dreic eureit, yr hon a oed yn lle *maner* (*uexillo*) idav. **14g.** *YBH* 51a, dwyn y *maner* (*lur baner*). **15g.** *GDLl* 82, *Maner* goch yn mynnu'r gwaith, / A'r melyn o'r môr eilwaith. **15g.** *Pen* 109, 128, llun *maner* llanneu mynyw / lluman un or ellymyn yw [Lewis Glyn Cothi i ddiolch am len]. **15g.** *DE* 26, *Maner* aur ban ymwenynt / ymlaen y gad Gamlan gynt [i wallt merch]. **15g.** *HCLl* 105, Delwau a'r llu'n eu dilyn, / *Manerau* saint, mae'n ras hyn. *Diw.* **15g.** *Pen* 53, 2, *manereu* hen arwydd iwerddon dyon (Rhys Fardd). **15–16g.** *TA* 307, *Maner* a wisg meinir wen [marwnad Elin Bwclai]. **1547** *WS*, lluman *maner*, a baner. **16g.** *AP* 21, dyrcha ystondardde adatod *mannere* awnaethbwyd. **16g.** *WLl* 170, Dwylo oi mewn fal dal *maner* [i ofyn telyn]. **1604–7** *TW* (*Pen* 228) d.g. *labarum, vexillum.* **1759** W. Williams: *SFf* 107, [c]lyfodi *Maner* i'r Bobloedd. **1763** *ML* ii. 568, i'r bachgen gael dyfod dan eich *maner.* **1798** R. Davies: *CG* 81, Rhyfedd fendith, rhyfedd fwynder / Sy'n ddymunol dan eich *maner.*
Gw. hefyd baner.

maner[2] [bnth. S. *manner*; dichon mai i *maner*[1] y perthyn rhai o'r enghrau. cynharaf] *eb.g.* ll. *-s.* Dull, ffordd, modd, ffurf, gwedd; math, rhywogaeth, teip; moesau (da): *manner, way, form, aspect, appearance; type, kind, sort;* (*good*) *manners.*
?**14g. (16–17g.)** *Mos* 147, 140, mynych y symvd *maner* / maith dy svd anwylyd ner [i'r draenllwyn]. **15g.** *NBMM* 44, Y mae llawer, *maner* mau, / A fawl awdur, yn flodau (Ieuan ap Hywel Swrdwal). **16g.** (*Dchr.* **17g.**) *B* xviii. 35, y mwynder ar *maner* maith / ar galon rowiog eilwaith (Ifan Dylynior). **16g.** *Med H* 54, Deuddegved *maner* groes iw kroes ddwbl parthedig. **16g.** *IICRC* iii. 289, Ay fynghyfflyby yr wyt ti yfeger / Raid ytti ddyssgy gwell *faner.* **16g.** Huw Arwystl: *Gw* 436, nid oes gymenach dysg a *maner.* *id.* 464, troest at ffraink gynt gaink gwnant gwnkwer att vn / etto gwna r vn *vaner.* **1561–2** *Pen* 155, 97, y mae *maner* arall ar y saffir. **16–17g.** Llywelyn Siôn, &c.: *Gw* 461, kyfiawnder, *maner* amoes / sy mewn bedd. **17g.** *LlGC* 2691, 236, Dysg *vaners* dda [*sic*], pan vych yn ymddiddan ath well. **1766** *CD* 162, Hi ddysga i mi *Fanners.* **1787 (1812)** Twm o'r Nant: *PG* 16, 'Rwy inneu 'n byw'r un *faner.* **1808** Twm o'r Nant: *BB* 32, Er na fynant o *faners*, mo 'u galw 'n Ddisenters. Ar lafar yn sir Benf., 'Mae e'n siarad 'r un *faner* â'i dad', *SC* vi. 121. Ar lafar yn gyff., 'Dos i ffwrdd i ddysgu *manars*'.

maner[3] [bnth. S. *manor*; dichon mai i *maner*[1] y perthyn yr engh. gyntaf isod] *e?g.* ?ll. *-au.* Maenor: *manor.*
c. **1400** *R* 1290. 31–2, Maen arwydd y vot rwng *manereu.* **15–16g.** Llawdden, &c.: *Gw* 247, Ac yn y tai hyn mae cant a hanner / A gynau i minnau yn ei gan *maner* (Rhys Nanmor). **16g.** Lewys Morgannwg: *Gw* 301, tai *maner* dautu monwy / trylwyn gwent o iar lan gwy.

manerdy, gw. maner[3] + tŷ.

manesol [bnth. S. *manners* + *-ol*] *a.* Cwrtais, moesgar: *well-mannered, polite.*
Ar lafar yn y Gogledd.

Manewig [yr e. lle *Manaw* + *-ig*[2]] *a.* Manawaidd, Manaweg: *Manx.*
1888.

manfal [*mân*[1] + *mâl*[1]] *a.* Wedi ei falu'n fân: *finely ground.*
1801 *MMf* 181, Cymmer felyn wi a blawd gwenith *manfal* (*Llr* C 24, 322, man).

manfan [*mân*[1] + *ban*[1]] *e?g.* ll. *-nau.* Rhan o linell fydryddol, ban: *section of a line of verse.*
c. **1785–90 (1829)** *CBYP* 53, Huppynt, ar y *Manfannau*'n Gyfochrawdl, fal hynn: Can fawl Telyn, / Nad i'n gelyn, / Cythraul melyn, / Caethrol moelau.

manfardd [*mân*[1] + *bardd*] *eg.* ll. *manfeirdd.* Bardd isel ei statws, bardd israddol, crachfardd: *poet of lowly status, inferior poet, poetaster.*
c. **1300** *H* 2b. 31, Ni wtant *vanueirt* ny mawr gynnyt (Meilyr Brydydd). **1602** *GST* i. 904, Gwae *fanfeirdd* mewn gofynfyd / Gau'r un bardd gorau'n y byd [marwnad Siôn Tudur gan Siôn Phylip].

manfedw, gw. mân[1] + bedw.

manflawd, mân flawd, [*mân*[1] + *blawd*[1]] *eg.* Paill; blawd mân: *pollen; fine flour.*
1632 *D*, *manflawd* d.g. *pollen, simila.*

manflew, mân flew, [*mân*[1] + *blew*] *e.ll.* ac *e.tf.* a hefyd gyda grym ansoddeiriol. Ffwr, ffyrrau, pân; blew mân, goflew; hefyd yn *ffig.*: *fur*(*s*); *fine hair, down; also fig.*
1722 *Llst* 189, *man-flew*, furr. *c.* **1730** *Thos. Lloyd D* (LlGC) 170a, *manflew*, furr. **1773** *W* d.g. *fur* [*the soft hair of some animals, or the skin with the hair on*].

mân-flodeuog [*mân flodau* + *-og*] *a.* Ac iddo flodau bychain, mân ei flodau: *having small flowers, small-flowered.*
1813 *WB* 37.

manfrig, mân frig [*mân*[1] + *brig*] *e.tf.* ll. *mân frigau.* Brigau mân, blagur, ysbrigau, hefyd yn *ffig.*; gwallt neu flew mân: *small twigs, shoots, sprigs, also fig.; fine hair.*
Diw. **15g.** *Pen* 53, 62, Bonheddic yw *manvryc* mei. **16g.** *Pen* 76, 130, may tvr gog rrag swyddogion / *aman* vric yny vron (Lewis Morgannwg). **16–17g.** *GST* i. 578, Maent allan mewn mantellau / Minfer gwyn *manfrig* i wau [am ŵyn]. **1632** *D* d.g. *surculo, surculosus, surcularis.* **17g.** *NBSF* 500, Ai rhoddi'n safedig ni chyll un or *mânfrig* / Mewn gwlad fendigedig i gadw [marwnad Wiliam Nannau]. **18–19g.** *Iolo MSS* 174, ni chaf well danteithion na *manfrig* corwyddos i'w cnoi.

manfrith, mân-frith [*mân*[1] ac efallai *man*[2] + *brith*[1]] *a.* ll. *-ion*, a hefyd gyda grym enwol. Yn dwyn brychau mân, brycheulyd, ysmotiog: *finely speckled or freckled, spotted.*
1346 *LlA* 96, Ac vrth yr ysgin obali fflamgoch yr oed pan or ermin *manurith.* **15–16g.** *GRB* 5, diawles yn rhodles un rhith / drych esgymunfrych *manfrith* [am neidr]. **1588** *Gen* xxx. 32, bôb llwdn *mân-frith*, a mawr-frith. *id.* xxxi. 8, y *man-frithion* a fydd dy gyflog di, yna yr holl braidd a heppilient *fân frithion.* **1653** *MLl* i. 206, Mae'r eglwysydd eraill o ddynion fel anifeiliaid brithion, cylchfrithion, mawrfrithion, a *mân-frithion* Jacob. **1722** *Llst* 189, *man-frith*, speckled, freckly. **1725** *SR*

d.g. *speckled.* **1803** *P.*

manfrithaf, manfrithiaf, mân-frith(i)af: manfrith(i)o, mân-frith(i)o [bf. o'r a. bl.] *ba.* Brychu ag ysmotiau mân, britho, ysmotio, addurno (wyneb) ag ysmotiau: *to bespeckle, spot, adorn (face) with patches, patch.*
1723 J. JONES: *LlA* 55, Rhaid i lawer frigwynny [*sic*] ei Gwalltau, *manfrîthio* (*Wy* 9, 2a, *manfritho*) eu Hwynebau. *c.* **1730** *Thos. Lloyd D* (LlGC) 171b, *manfrithio*, to patch. **1770** *W*, *mann-fritho* d.g. *to bespeckle* [*mark with spots*]. **1803** *P.*

manfriw, mân-friw [*mân*¹ + *briw*] *a.* a hefyd fel *e?g.* Wedi ei falu neu ei dorri'n ddarnau bychain, wedi ei friwsioni; briwdda melys: *minced, chopped, crumbled; (sweet) mincemeat.*
1632 *D*, bwydydd *manfriw* d.g. *protrimenta.* **1722** *Llst* 189, *manfriw*, chopped, minced. **1776** *W*, *mân-friw* d.g. *minced, shred small.* *id.* Pastai *fân-friw* d.g. *mince-py, or a mince.* **1801** *MMf* 211, berw afal *manfriw* gyda'r blodau yn y maidd. **1803** *P*, *manvriw*, finely crumbled.

manfriwaf, manfriwiaf, mân-friw(i)af: manfriw(i)o, mân-friw(i)o [bf. o'r a. bl.] *ba.* Torri neu falu (rhywbeth) yn fân, briwsioni: *to mince, chop, crumble.*
1776 *W*, *mân-friwo* d.g. *to mince* [*cut small*]. **1803** *P*, *manvriwaw*, to crumble small.

mân-fwrgeisaidd [*mân fwrgais* + *-aidd*] *a.* Mân-fwrgeisiol: *petit-bourgeois.*
20g.

mân-fwrgeisiol [*mân fwrgais* + *-iol*] *a.* Yn perthyn i'r dosbarth canol isaf, nodweddiadol o'r cyfryw: *petit-bourgeois.*
1948.

manfwyn [*mân*¹ + *mwyn*³] *a.* Mân a thirion, main ac esmwyth: *small and gentle, fine and soft.*
16g. GR. HIRAETHOG: *Gw* (D. J. B.) 102. 69–70, Harnais tew haearn nis tyr / A'i flew *manfwyn* fal mynfyr [i ofyn sircyn o groen moelrhon]. *id.* 114. 19–20, Cnoad *manfwyn* cnawd meinferch, / Cynhwyllin o siwgrwin serch [i'r cusan].

manfylch, gw. mân¹ + bylch.

mân-fywydeg [*mân* + *bywydeg*] *eb.g.* Microbioleg: *microbiology.*
20g.

manffris [*mân*¹ + *ffris*¹] *eg.* Ffris mân, ceden, hefyd yn *dros.*: *a fine kind of frieze, nap, also transf.*
15g. *Glam Bards* 279, arfer ir wyf o glera / mewn fforest aür *manffrys* da [Ieuan Du'r Bilwg i ofyn gown coch]. **15–16g.** LLAWDDEN, &c.: *Gw* 76, Mi a gar croen iam garw cryf / *Manffris* gwyn, mae'n ffres gennyf [i ofyn croen hydd]. **17g.** HUW MORUS: *EC* i. 78, Mae'n fin-ffraeth, o myn *fân-ffris*, / Mawr, medd rhai, na phrynai ffris [i ofyn brethyn dillad]!

manffrwyth [*mân*¹ + *ffrwyth*] *eg.* ll. *-au.* Aeronen: *berry.*
1632 *D*, cerrig *manffrwythau* d.g. *acinus.* *c.* **1730** *Thos. Lloyd D* (LlGC) 171b, *manffrwyth*, pl. *-au*, berry.

mân-ganghennog [*mân gangen* + *-og*] *a.* Ac iddo lawer o frigau bychain: *having many small twigs.*
1604–7 *TW* (*Pen* 228) d.g. *surculosus.*

mangainc, mân gainc [*mân*¹ + *cainc*] *eb.* ll. *mân gangau, mân geinciau.* Cangen neu frigyn ieuanc, ysbrigyn, imp; un o'r canghennau mân yn yr ysgyfaint: *young twig, sprig, sucker; bronchiole.*
1632 *D*, *mân-gangeu* d.g. *surcularis* (cf. *TW* (*Pen* 228), mangangenæ d.g. *surcularis*). *id.* *mân gangau* d.g. *surculosus.* *id.* *mân-gaingc* d.g. *surculus.* **1701** E. WYNNE: *RBS* 190, zêl cariad, sy'n ymdanu yn attwf o *fân-geinciau* megis pren hyfryd a ffrwythlon. **1722** *Llst* 189, *mangaingc*, a young twig, sprig. *c.* **1730** *Thos. Lloyd D* (LlGC) 170a, *mangaingc*, sucker.

mangalch, gw. mân¹ + calch.

mân-galed [*mân*¹ + *caled*] *a.* Yn crafangu am y dim lleiaf: *pettily rapacious.*
13g. *C* 54. 13–14, Meiri *mangaled* am pen keinhauc. **1803** *P.*

mangan¹**, mân gan, mangant** [*mân*¹ + *can*¹; tyfodd *-t* ar ddiwedd *mangan* trwy gydweddiad â geiriau megis *ewyngant*] *eg.* Blawd mân gwyn, fflŵr, peilliaid; bara gwyn; (geir.) ewyn: *fine white flour; white bread; (dict.) spume.*
14g. *DGG*² 167, A'i meingorff, eiliw *mangant*, / Meinir i gysegrdir sant (Llywelyn Goch ap Meurig Hen). **1604–7** *TW* (*Pen* 228), *mangant* d.g. *spuma.* **1632** *D*, *mangant* h.e. *Mân gann.* *id.* *mân-gann* d.g. *pollen.* **1688** *TJ*, *mangant, mân-gann*, peillied gwyn, white, or fine flower. **18–19g.** *HG* 17, Ei gorph i'r *mangan* a'r gwin dwfr. **18–19g.** *Iolo MSS* 232, Eiliw *mangant* / Moes i'm [*sic*] nawcant. **1803** *P* d.g. *mangan, mangant.*
Am *bara mangan*, gw. bara¹ (hefyd At.).

mangan²**,** gw. mân¹ + cân¹.

manganîs [bnth. S. *manganese*] *eg.* Elfen fetelaidd (symbol Mn; rhif atomig 25) a ddefnyddir wrth wneud gwydr, dur, &c.: *manganese.*
1851.

mangannwr [*mangan*¹ + *-wr*] *eg.* ll. *manganwyr.* Un sy'n gwneud teisennau o flawd mân: *one who makes cakes from fine flour.*
Dchr. **17g.** *J* 10, 26b, *manganwyr*, nastocopi.

mangant, gw. mangan¹.

mangar, manger [gair geir.] *e?g.* Croen: *skin.*
c. **1470** *B* ii. 230, *mangar*, croen. **1707** *AB* 218d, *manger*, a skin. V.

mangasgl [*mân*¹ + *casgl*] *a.* Yn brigbori'n fanwl, yn pori'n ofalus ac yn llwyr: *fine-browsing, carefully grazing, close-cropping.*
c. **1400** *R* 1341. 26–7, *mangasgyl* gnyw peisgyw pasgwch.

mangaw [amr. ar *bangaw*¹] *a.* Huawdl; cywrain, cyfrwys: *eloquent; skilful, subtle.*
1567 *TN* 302b, [c]yffroi ymofynion gweigion a' *mangaw.* *id.* 316b, ymogelyd rrac cynneneu, *mangau* [*sic*] ymddadleue, ac ymofynion moelion. **1603** W. MIDLETON: *Ps* 233, Nad wedi gweiddi guddiaw i minnau / Dy orchmynion *mangaw.* **1604–7** *TW* (*Pen* 228) d.g. *acroama, celer, exquisitus, logica, solers, subtilis.* *Dchr.* **17g.** *J* 10, 26b, *mangaw*, curious. subtile.
Gw. hefyd bangaw¹.

mangawiaeth [*mangaw* + *-iaeth*, dan ddyl. y Llad. *mangō* 'masnachwr sy'n harddu ei nwyddau'] *e?b.* Cywreindeb, craffter, y grefft o harddu nwyddau ar gyfer eu gwerthu: *subtlety, acumen, the dressing up of wares for sale.*
1604–7 *TW* (*Pen* 228) d.g. *acumen.* *Dchr.* **17g.** *J* 10, 26b, *mangawiaeth*, mangonium.

mangawiaf: mangawio [bf. o'r a. *mangaw*, dan ddyl. y Llad. *mangō* 'masnachwr sy'n harddu ei nwyddau'] *ba.* Harddu (nwyddau ar gyfer eu gwerthu): *to dress up (wares for sale).*
Dchr. **17g.** *J* 10, 26b, *mangawio*, mangonizo. **1803** *P.*

mangeirch, gw. mân¹ + ceirch.

mangen [*mân*¹ neu *maen*¹ + *cen*¹] *eg.* Cen (llwyd) sy'n tyfu ar gerrig: *(grey) lichen growing on stones.*
Ar lafar yn sir Benfro, *GDD* 193.

manger, gw. mangar.

mangerdd, gw. mân¹ + cerdd¹.

mangi [*mân*¹ + *ci*] *eg.* ll. *mangwn.* Ci bychan, ci arffed: *small dog, lap dog.*
16–17g. *DCR* 190, Dy vilgwn dy *vangwn* / dy weilch o bob ffassiwn. **1632** *D*, *man-gwn* bach d.g. *melitæi canes.*

mangig [*mân*¹ + *cig*] *eg.* ll. *-oedd.* Y cig mân sy'n weddill ar ôl lladd mochyn, &c., a'i dorri, cig sbâr; briwgig: *small portions of meat left over after a pig, &c., has been killed and cut up; meat cut into small pieces, mince.*
1897. Ar lafar yn nwyrain Morg., "Ôn ni'n arfadd rannu'r *mangig* rint y cymdocon odd wedi 'elpu da'r gwair'.

mangl¹**, mangold** [bnth. S. *mangel, mangold*] *eb.* ll. *manglod, manglau, mangls, mangs*, ac *e.ll.* (un. *manglen*). Math o fetysen felen fawr a dyfir yn fwyd i wartheg, &c.: *mangel-wurzel(s), mangold(s).*
1851. Ar lafar yn gyff.

mangl² [bnth. S. *mangle*] *eg.* ll. *-au.* Peiriant a ddefnyddir i wasgu dŵr o ddillad newydd eu golchi drwy eu gyrru rhwng dwy neu fwy o roleri a droir â handlen ar yr ochr: *mangle, wringer.*
1867.

mangl³ [bnth. S. *mangle* 'mangrove'] *eg.* Mangrof: *mangrove.*
1863.

manglaf, mangliaf¹**: mangl(i)o** [bf. o'r e. *mangl*¹] *bg.a.* Gwasgu dŵr o (ddillad gwlybion) â mangl, hefyd yn *ffig.* siarad yn ofer, brygawthan: *to press (clothes) in a mangle, mangle, also fig. talk idly.*
1880. Ar lafar yn gyff. gynt; ym Môn clywir "Doedd o'n deud dim, dim ond *manglio*'.

mangler, amr., gw. fflamgwr.

mangleth, gw. magnaeth.

mangliaf¹**: manglio,** gw. manglaf: manglo.

mangliaf²**: manglio** [bnth. S. (*to*) *mangle* 'to hack, mutilate'] *bg.a.*
(*a*) Llurgunio: *to mangle, hack, mutilate, fig.*
Ar lafar, '*manglio* geirie'.
(*b*) (?dan ddyl. y f. *maglu*) Cael ei faglu: *to become entangled.*
Ar lafar ym Môn ac Arfon, 'pysgod wedi *manglio* yn y rhwyd', hefyd yn y ff. *banglio*, *WVBD* 364.

mango [bnth. S. *mango*] *eg.* ll. *-au, -iaid.* Ffrwyth melyngoch pren bytholwyrdd, *Mangifera indica*, sy'n tyfu yn y trofannau: *mango.*
1776 *W* d.g. *mango.*

mangoed, mân goed [*mân*¹ + *coed*] *e.ll.* ll. dwbl *-ydd*, ac *e.tf.* Coed bach, coed ieuainc, cangau neu frigau bychain, manwydd, coediach, prysgwydd, mân lwyni, hefyd yn *ffig.*: *small trees, young wood, small branches or twigs, brushwood, undergrowth, shrubs, also fig.*
14g. *GDG* 48, Na meingorn uwch llethr *mangoed.* *id.* 105, Eurychès y cae *mangoed.* **15g.** *GGl* 56, Mesbren yw capten y coed, / Mwy ei ungainc no *mangoed.* **15–16g.** *TA* 159, A'ch imp îr ni chwmperynt / Mwy nag â dâr—*man-goed* ynt [i Syr Gruffudd ap Rhys]. *id.* 455, Derwen o gyff derw yn gainc / A dyf drwy *fan-goed* iefainc. *c.* **1500** *GO* [341], Naddu y mae'r awenyddion, / Mewn gwawd fry, *mân goed* y fronn. / 'Fo naddai, pann ganai'r goc / Brasgoed owdwl braisc odidoc [marwnad Gutun Owain]. **1543–8** *Pen* 163, ii. 70, [c]adw yni . . . Wydd y deilad [*sic*] a *mangoed* in kyfreidiav yn hvn. **1604–7** *TW* (*Pen* 228) d.g. *farfenum, fascis, sarmentitius, sarmentosus, viminalia, virgultum.* **1632** *D*, *mangoed*, arbusta, arbores humiliores. **1688** *TJ*, *mân-goed*, shrubs, or little trees. **1740** T. EVANS: *DPO* 90, Sathrwyd eu Byddinoedd, megis pan fo dyn yn Ysgythru *mân-goed* a Bilwg. **1803** *P.* Clywir *mangoed* ar lafar ym Morg.

mangoedol, mân-goedol [*mangoed, mân goed* + *-ol*] *a.* Ac iddo lawer o ganghennau bychain, manwyddog: *shrubby.*
1604–7 *TW* (*Pen* 228) d.g. *sarmentitius.*

mangofion, gw. mân¹—m. gofion.

mangold, gw. mangl¹.

mangor [amr. ar *bangor*] *eg.* Bangor: *strong upper plaited rod in a wattled hedge.*
1795 T. LEWIS: *CD* 52, Edrych di ar gau dy dyddyn, / A drain a pholion, *mangor* gwddyn.

mangre [*man*[1] + *gre*] *eb.g.* ll. *-oedd.*

(*a*) Lle, man, lleoliad, safle, trigfan, ardal, bro, rhanbarth: *place, spot, location, site, dwelling place, locality, district, region.*

14g. *IGE*[2] 38, Gŵr meingryf, gorau *mangre,* / A phiau'r llys, hoff yw'r lle [i lys Owain Glyndŵr yn Sycharth]. **14g.** *id.* 100, Ym maenol Ddewi Mynyw, / *Mangre* gain, myn y grog, yw. *c.* **1425** *B* ii. 230, *mangre,* lle. **15g.** *LGC* 386, Yn mhob *mangre*'n Nghaerlleon, / Evo a ladd vil a'i òn. **1547** *WS* [v], sonio am tanaw yn y *vangre* hon. **1588** *Barn* xix. 28, a'r gŵr a gyfododd, ac a aeth ymmaith iw *fangre* ei hun. **1588** *Job* xxviii. 20, a pha lê y mae *mangre* deall? **1604–7** *TW* (*Pen* 228), y teirbro dano a dyf / tri *mangre* y tarw meingryf / ar tri yw'r Wayn, y Traean, / ar deuparth oll da pyrth wann (cf. *GGl* 312) d.g. *regio. id.* d.g. *locus, sedes, spatium.* **1618** J. SALISBURY: *EH* 41, Vffern, yw'r *fangre* issaf. **1632** *D, mangre,* locus. **1688** S. HUGHES: *TSP* 1, ni a ddaethym i ryw *Fangre* [:– Fann], lle'r oedd ffau neu ogof. **1696** *CDD* 91, Na chafodd un *fangreu* [*sic*] neu Barthau'n y Bŷd / Dros gyhŷd o Amser, ei harbed yn hirbêr, / A Lloeger na Sonier er's Enŷd. **1735** S. THOMAS: *HP* 19, ymneillduo i *Fangreoedd* dirgel. [**1783**] *W* d.g. *spot of ground.* **1803** *P.*

(*b*) Gre, haid o geffylau: *stud, troop of horses.*

Diw. **13g.** *TYP* 97, Tri Rodedicuarch Enys Prydein . . . Melyngan *Mangre,* march Lleu Llav Gyffes. *c.* **1300** *H* 110b. 4, Dy gychwyn olwyn elwa *uann gre.* **14g.** *T* 9. 1, Atwyn march mygvras *man gre.* **14g.** *GP* 46, Pedoleu pwyll gaduc / *Manngre* grawnvaeth, saeth seithuc . . . Gwilim Ryuel a'y kant.

Amr.: **mangref** [cf. *da, daf*]. **15g.** *GGl* 312. **1659** *GIA* 29, 31.

Cfn.: **yn y fangre:** *immediately.* **16g.** (**1763**) W. SALESBURY: *LlM* 97. Cf. *man*[1]—*yn y f.*

Gw. hefyd grefan[1].

mangref, gw. mangre.

mangrof [bnth. S. *mangrove*] *eg.* ll. *-au.* Un o amryw fathau o goed neu brysgwydd o'r tylwyth *Rhizophora* sydd â'u gwreiddiau dyrys yn tyfu uwchlaw y ddaear ar lan y môr yn y trofannau: *mangrove.*

20g.

mangrwyn, gw. man[2] + crwyn.

mangrych, gw. mân[1] + crych.

mân-gylchog [*mân*[1] + *cylchog*] *a.* A chanddo gylchau mân neu gul: *having small or narrow hoops.*

14g. *LlB* 96, bayol gwyn *mangylchawc.*

mangyll, gw. mân[1] + coll[2].

manhaf: manhau [*mân*[1] + *-hau*] *bg.a.* Gwneud yn fân, torri'n ddarnau bychain, malu; mynd yn fân: *to render small or fine, cut into small pieces, grind; become small.*

16g. GR. HIRAETHOG: *Gw* (D. J. B.) 105. 61–2, Fry ni chwyf; er na chyfyd, / Fo wna'i ran ar *fanhau*'r ŷd [i ofyn meini melin]. **1725** D. LEWIS: *GB* 295, y môdd y mae'r Arglwydd yn gweled bod yn dda, i *fanhâu* Petheu yn gyntaf, cyn gwneuthur Cyrph mwy o honynt. **1800** W. OWEN[-PUGHE]: *CP* 96, ei *fanâu* [caws] gan y gyllell . . . yn friwsion. **1803** *P.*

manhollt, gw. cŷn—c. manollt.

mân-holltaf: mân-hollti [*mân* + *hollti*] *bg.a.* Hollti'n fân: *to split finely.*

16–17g. *CC* 101, *manholltodd* torrodd y tŵr / ai boeth gigwen bath goegwr. Yn ardal y chwareli golyga'r weithred o hollti clwt yn llechi drwy ddefnyddio cŷn manollt.

maniach [*mân*[1] + *-iach*] *e.ll.* Mân bethau (dibwys): *little things (of no account).*

1869.

maniad [bôn y f. *mannaf*: *mannu* + *-iad*[1]] *eg.* Y weithred o fannu, brychiad, brithiad: *a spotting, speckling.*

[**1783**] *W* d.g. *a spotting.* **1800** W. OWEN[-PUGHE]: *CP* 93, mae ei gymmalau [gwellt gwenith] yn debyg i adel *mániad* ar y caws. **1803** *P.*

Manichead, Manicheiad, Manisiead [cfdds. o'r S. *Maniche(an)* + *-iad*[3], *-ad*] *eg.* ll. *-aid.* Arddelwr Manicheaeth: *a Manichaean, Manichee.*

1611 R. SMYTH: *SG* 228, y *manicheiaid* ar prisciliani stiaid [*sic*]. **1693** J. OWEN: *BP* 15, Y rhai cyntaf a wadodd fedydd dwfr oedd y *Manicheaid.* **1789** B. EVANS: *LlG* 40, Sect y *Manisheaid.* **1789** W. RICHARDS: *ABD* 48, Os oedd y *Manisheaid* yn gwadu bedydd i bawb.

Manicheaeth, Manicheiaeth [*Maniche(ad)* + *-(i)aeth*] *eb.* Cyfundrefn grefyddol a ddysgid gan y proffwyd Persaidd Mani (3g. O.C.), a ddaliai fod dwy brif egwyddor gyd-dragwyddol, y naill yn ddrwg a'r llall yn dda: *Manichaeism.*

1856.

Manicheaidd [*Maniche(ad)* + *-aidd*] *a.* Yn perthyn i Fanicheaeth neu i'r Manicheaid: *Manichaean.*

1851.

maniffactraf: maniffactro, gw. maniwffactraf: maniwffactro.

maniffactrwr, maniffactrydd, manifatrwr, gw. maniwffactrwr.

maniffesto [bnth. S. *manifesto*] *eg.b.* Datganiad cyhoeddus o bolisi plaid wleidyddol, unigolyn, neu gorff o unigolion, hefyd yn *ffig.*: *manifesto, also fig.*

1892.

manigaeth, gw. mynegaeth.

manigol [*mannig* + *-ol*] *a.* Bychan iawn, mân: *very small, minute.*

1851.

manigyn, gw. mannig.

manijer [bnth. S. *manager*] *eg.* ll. *-s.* Rheolwr busnes, chwarel, gwaith, ffatri, tîm chwaraeon, &c., arolygwr, goruchwyliwr: *manager, superintendent.*

20g.

manioc [bnth. S. *manioc*] *eg.* Planhigyn trofannol o'r tylwyth *Manihot,* blawd neu starts a wneir o wreiddiau cloronog y planhigyn hwn: *manioc, cassava, tapioca.*

1842.

Amr.: **mandioc** [bnth. S. *mandioc*]. **1875.**

manion [*mân*[1] + *-ion*] *e.ll.* (un. *manyn*) Mân bethau, manylion, pethau bach dibwys; powdr mân; y grawn manaf neu salaf, manyd, gwehilion, tinion; blawd coch: *small things, details, trivia, insignificant things, trifles; fine powder; the smallest or poorest grain, tail corn; thirds (of flour).*

Diw. **16g.** *WLB* 77, [c]lymer y *manion* or powdr. *Dchr.* **17g.** *J* 10, 26a, *manion,* fibra. Palea. **1803** *P, manion,* the smaller particles of any thing; the small or empty grains among corn. Ar lafar yn yr ystyr 'blawd barlys' yn Edeirnion, *B* xiii. 141, ym Mhenllyn yn yr ystyr 'blawd coch', 'Rhaid inni gael chwaneg o *fanion* i'r moch', ac ym Morg. am datws rhy fach i'w defnyddio, 'Fe naiff y *manions* y tro i'r moch'. Digwydd fel teitl cyfrol o gerddi gan T. Gwynn Jones.

Gw. hefyd mân—m. bethau.

manionach [*manion* + *-ach*[2]] *e.ll.* Pethau bach dibwys, manylion: *little things of no account, details, trivia.*

20g.

manipl [bnth. S. *maniple*] *eg.*

(*a*) Llond llaw, dyrnaid: *handful, maniple.*

1688 *TJ* (At.) [23], Nodau Meddyginiaeth . . . M. . . . *Manipul,* neu dyrneid.

(*b*) *Egl.* Darn hirgul o ddefnydd a wisgid gynt gan offeiriad, diacon, neu isddiacon, ar ei fraich chwith yn yr offeren: *maniple.*

c. **1762–79** W. WILLIAMS: *P* 407, y *Manipl* math o Scarff i wisgo am ei fraich.

Manisiead, gw. Manichead.

maniwal [bnth. S. *manual*] *eg.* Llawlyfr: *manual.*

20g.

Gw. hefyd manwel.

maniwâr [bnth. S. *man-o(f)-war*] *eb.* ll. *-s.* Llong ryfel: *man-of-war, warship.*

1762 *ML* ii. 530, un o'n *mani wars* ni. Cf. **1776** *DALl* 8, yr oeddent yn cael eu dal . . . âu [*sic*] dwyn ir [*sic*] Menowar. Ar lafar ym Môn ac yng Nghered.

maniwasman [bnth. S. *man-o(f)-war's-man*] *eg.* ll. *maniwasmyn.* Llongwr: *sailor.*

Ar lafar yng ngorllewin Môn, *ISF* 55.

maniwffactraf, maniffactraf: maniwffactro, maniffactro [bnth. S. (*to*) *manufacture*] *ba.* Cynhyrchu (nwyddau), yn enw. ar raddfa fawr, hefyd yn *ffig.*: *to manufacture, also fig.*

1847.

maniwffactrwr, maniffatrwr, maniffactrydd [cfdds. o'r S. *manufactur(er)* + *-wr, -ydd*[3]] *eg.* ll. *-wyr* (*-wrs*). Un sy'n cynhyrchu neu'n gyfrifol am gynhyrchu nwyddau, yn enw. ar raddfa fawr, hefyd yn *ffig.*: *manufacturer, also fig.*

1894.

manj, manjaf: manjo, manjer, gw. mansh, mansiaf[2]: mansio, mansier.

manlais, gw. mân[1] + llais.

manlaw, mân law [*mân*[1] + *glaw*] *eg.* Glaw mân, gwlithlaw, smwclaw: *fine rain, drizzle.*

1604–7 *TW* (*Pen* 228), mae'n *vanlaw* d.g. *irrorat. id.* d.g. *psecas.* **1632** *D, mân law* d.g. *substillum.* **1677** *TC* [v–vi], os gelli di rifo sêr y nefoedd . . . grô'r afonydd, a'r *mân law* pan descynno. **1722** *Llst* 189, *man-law,* small rain, dew. **1725** *SR* d.g. *mizzling rain.* **1798** H. SIÔN: *AH* 27, a'r *mân-wlaw,* a'r mwyn wlith. **1803** *P.*

manlo, mân lo [*mân*[1] + *glo*] *eg.* ac *e.tf.* Glo mân, slec, cwlwm: *small coal, slack, culm.*

1803 *P, manlo,* small coal.

manlwch, mân lwch [*mân*[1] + *llwch*[1]] *eg.* Llwch mân, pylor: *fine dust, powder.*

1620 *Eseia* xl. 15, Y cenhedloedd a gyfrifwyd . . . fel *mân-lwch* y cloriannau (**1588** *ib.* brychewyn oddi wrth gloriannau). **1632** *D, man-lwch* d.g. *puluis.* **1722** *Llst* 189, *man-lwch,* small dust. *c.* **1730** *Thos. Lloyd D* (LlGC) 170a, *manlwch,* mill-dust, pulvis minutissimus. **1776** J. ROBERTS: *C* 17, megis *mân-lwch* ar Wy Iâr. **1780** *W* d.g. *powder.*

manlys, manllys [*mân*[1] + *llys*[5]] *eb.g.* ll. *-iau.* ?Serenllys: *stitchwort.*

c. **1730** *Thos. Lloyd D* (LlGC) 170a, y *Fanlys.* G. 133.

Cfn.: *Bot.* **manllys y neidr:** *lesser stitchwort, Stellaria graminea.* **20g.** **m. y wig:** *moschatel, Adoxa moschatellina.* **20g.**

manllif [*mân*[1] + *llif*[1]] *eb.* ll. *-iau.* Llif fach: *tenon-saw.*

18–19g. *Llr* C 30, 176, *manllif,* a Tenon saw. *Diw.* **19g.** *SE MS* 181b.

manllwdn, mân llwdn [*mân*[1] + *llwdn*] *eg.* Dafad, ?mamog; anifail bach; cig dafad: *a sheep, ?ewe; small animal; mutton.*

13g. *Ll I* 6, E dysteyn a'r koc byeu krvyn e man escrebyl; sef yv y rey henny, e deueyt a'r vyn a'r mynneu a'r yrch a'r alaned, a phob *man llvdyn* y del e kroen e'r kegyn amdanav. **1604–7** *TW* (*Pen* 228) d.g. *ouis, pecus.* **1632** *D, manllwdn,* ouis. **1688** *TJ, manllwdn,* llwdn dafad: a Sheep. **1707** *AB* 295b, *man-llwdwn* d.g. *ovis.* **1722** *Llst* 189, *manllwdn,* a sheep, ewe. **1803** *P.*

Amr.: **mallwyn** [< *manllwyn*]. **1742–3** *ML* (Add) 115, We dined at Pont Erwyd . . . no meat except salt mutton which the woman called cig *mallwyn.* **manllwn.** Ar lafar ym Mrych., 'gwêr *manllwn*'. **manllwyn.** **1707** *AB* 110c, †man-llwdwn (unde Dimet. *manllwyn*) d.g. *ovis.* **1725** *SR* d.g. *mutton, a Sheep.* *c.* **1740** *LlM* [44]. **1803** *P.* Ar lafar yng ngogledd Cered.

Am *cig manllwdn,* &c., *gwêr* (*y*) *m.*, gw. cig, gwêr.

manllwyn, gw. manllwdn.

manllys, gw. manlys.

manna [bnth. Llad. Diw. *manna*; dichon mai 'thus' yw'r ystyr yn *DE* 29] *eg*.

(*a*) Y bwyd a ddarparwyd yn wyrthiol ar gyfer yr Israeliaid yn ystod eu taith drwy'r anialwch o'r Aifft i Ganaan (*Ecs* xvi), bara nefol, hefyd yn *ffig*.: *manna, also fig*.

1346 *LlA* 23, megys ydywedir amy *manna* (*ut de manna dicitur*). nabydei lei yr nep agynnullei ychydic ohonnaw no llawer. *c*. **1400** *R* 1220. 18–19, Doeth *Manna* alpha eilffawt reen onef yn reit niuer moyssen. **15g**. *FfBO* 33, mynyded lle y keffir amylder o'r *manna*, sef yw hwnnw, ymellin nef. **15g**. *Pen* 109, 115, Mwc or nef y magwyr nad. / *Manna* yw i mewn neuad (Lewis Glyn Cothi). **15g**. *DE* 29, may llvn y ddyn may i lliw yn dda / may r min val myr a *manna*. *id*. 49, *manna* a geidw ym einioes / minavn rrwym mwynnen ai roes [i'r cusan]. **16g**. *WLl* 188, Natur dda *manna* oedd oth min—obry / Ebriw Groeg a Lladin [i'r Esgob Richard Davies]. **1567** *TN* 142a, Eich tadae chwi a vwytesont y *Manna* yn y diffeithwch. **1588** *Ecs* xvi. 15, dywedasant bob vn wrth ei gilydd *Manna* yw ef . . . a dywedodd Moses wrthynt, hwn yw y bara 'r hwn a roddodd yr Arglwydd i chwi iw fwyta. **1588** *Nu* xi. 7, A'r *Manna* hwnnw oedd fel hâd coriander. **1672** J. LANGFORD: *HDdD* 472, pa fódd y rhoddir y *Manna* Ysprydol hwn, ymborth Angylion, i ûn a ddewisodd fwyta o'r cibau gyda'r môch. **1790** T. JONES: *TOS* 275, Y mae'r *manna* 'n gorwedd o amgylch eich pebyll.

(*b*) *Medd*. Sudd a geir o'r pren *Fraxinus ornus* ac o blanhigion eraill ac a ddefnyddir fel carthlyn: *manna, juice from the manna-ash and other plants, used as a laxative*.

c. **1762–79** W. WILLIAMS: *P* 231, Ffrwythau 'r wlad [Arabia] yw Coffee, *Manna*, Myrrh . . . ac ychydig Yd. **1771** *PDPh* 31, dylid cymmeryd dwy wns o *Fanna* mewn cwart o faidd.

Gw. hefyd man[3].

mannad, *eg*. Talp, lwmp, printen, agalen (o ymenyn); llestr neu fasged ymenyn: *mass, lump, pat, print* (*of butter*); *butter-vessel or basket*.

13g. *LTWL* 136, De daunbwyt . . . *manhat* emenyn, id est, de novo butyro trium cubitorum in lato et unum in longo. **13g**. *LlI* 64, Messur daun buyt er haf . . . *mannat* emenyn kyulet a'r dyscel letaf a uo en e tref a chyn tewet ac y bo deu uoeldernued endau. **14g**. *WML* 57, Sef yw *ymanat* emenyn. naw dyrnued llet. Adyrnued tewhet ae vawt yny seuyll. *Dchr*. **17g**. *J* 10, 26b, *mannad*, agalen o emenyn cyvled a'r dyscl. **1632** *D*, *mannad*, yw agalen o ymmenyn. **1688** *TJ*, *mannad*, Agalen o ymenyn: a Print of Butter. **1730** *Leg Wall* 578, *mannad* . . . Cophinus esse videtur, in quo Butyrum Aulae usibus designatum Coloni portabant, qui cibaria annuatim pendere tenebantur. *Mannad* ymenyn . . . Massa butyri. Ab. A.S. Maund . . . Alias dicitur Llesdr ymenyn . . . Breuan ymenyn . . . Llesdraid ymenyn . . . Rhisgen ymenyn. **1771** *W* d.g. *a butter-basket*.

Amr.: **mannaid. 1803** *P*.

Gw. hefyd mennaid.

mannaf: mannu, manno [bf. o'r e. *man*[2]] *bg.a*. (a'i dilyn gan amlaf gan yr ardd. *ar*). Ysmotio, britho, brychu, ystaenio, difwyno; marcio, gadael ôl (ar), gwneud argraff (ar), effeithio (ar), cyffwrdd, aflonyddu; cael ei farcio neu ei frychu: *to spot, speckle, fleck, stain, sully; mark, make an impression* (*on*), *affect, touch, disturb; be marked or spotted*.

14g. *Bren Saes* 66–8, wynt a diarchenwyt . . . ac a dywysswyt nav cam ar hyt yr haearn twym . . . dangos ev traet . . . na *mannassei* yr haearn arnadunt. **15g**. *Pen* 67, 117, Na *vann* air twnn vwy nor tat / na chornel na chae arnat (Hywel Dafi). **16g**. *AP* 7, rhac *mannu* or tan ar vynghnawd. *a*. **1587** *Y* 145, Am natur myni atteb, / A *mannv*'n iaith mwy na neb. **1604–7** *TW* (*Pen* 228) d.g. *maculo*. **1632** *D*, *mannu*, tangere & tangendo notam tactus relinquere. **1688** *TJ*, *mannu*, gwneuthur Argraffiad neu Nôd: to make an impression. **1703** E. WYNNE: *BC* 48, y Graig sylfaen yn rhygadarn i ddim *fannu* arni. **1722** *Llst* 189, *mannu*, to spot, speckle, stain. [**1738**] E. JONES: *CE* 33, eraill o'r fath Dynerwch a Meddaldra Calon, ac y *manna*'r mymryn lleiaf arnynt. **1800** W. OWEN[-PUGHE]: *CP* 13, mae yn o eglur, y *màna* (*will be felt*) ei effeithiau [calch] . . . tra paràọ y tîr. **1803** *P*. Yng ngodre Cered., sir Benf., a'r cyffiniau sonnir am datws, afalau, &c., yn '*manno*', *Cymru* xliii. 64, *GDD* 193. Ar lafar yn y Gogledd yn y ff. *mannu*, hefyd mewn ymad. megis "Tydi o'n *mannu* dim arna' i', 'It does not affect me at all', *WVBD* 363.

Amr.: **ymannu. 1929.**

Gw. hefyd menaf: menu.

mannaid, gw. mannad.

mannig [*man*[2] + -*ig*[1]] *eg*. (bach. *manigyn*) ll. *manigion*. Smotyn, dot, gronyn; *Crdd*. brif: *spot, dot, particle; breve* (*in mus*.).

1772 *W*, *mannigyn* d.g. *dot*.

Gw. hefyd bannig.

mannod [*man*[2] + *nod*] *eg*. ll. *manodau*. *Crdd*. Dot ar ôl nodyn cerddorol sy'n arwyddo y dylid ychwanegu ato hanner ei hyd: *dot* (*in mus*.).

1817–19.

Cfn.: *Crdd*. **mannod dyblyg:** *double dot* (*in mus*.). **1832.**

mannog [*man*[2] + -*og*; nid oes sicrwydd beth yw cts. gsf. nac ystyr wr. epithet *Elen Fannog*, *TYP* 343, *GDG* 137, ond yn y drydedd engh. fe'i dehonglir fel petai'n engh. o *mannog*; gwelir dyl. *bannog* ar yr ystyr] *a*. ll. *manogion*. Ysmotiog, wedi ei farcio, brych, brith, brycheulyd; wedi ei lychwino, budr; nodedig: *spotted, marked, speckled, maculated, flecked, freckled; stained, dirty; notable*.

14g. IOLO GOCH: *Gw* 291, Da fu Forien hoywner, muner *mannawg*. *c*. **1400** *R* 1033. 40, redegawc *manawc* meibon. *c*. **1400** *RB* 12, Elen *uanawc* . . . a man oed yrwg y dwyael. ac am hynny y gelwit hi elen *uanawc*. **15g**. *DE* 117, a men yr ychen *mannog*. **1527** *RWM* ii. 103, Mis meheuin *manog* planed. **16g**. *Pen* 86, 199, *man*[*n*]*og* fy[dd] I gnawd o glwy. **1604–7** *TW* (*Pen* 228) d.g. *compunctus, intertinctus, maculatus, pantherinus, pardalius, radiatus, squalidus*. **1632** *D*, *mannog*, vid. Bannog. **1722** *Llst* 189, *mannog*, p. *nogion*, marked, spotted, freckled, stained: notable. **1799** *TY* 128, *Mannog* lys! meini glwys-hardd [am y nef]. **1803** *P*.

mannol[1] [*man*[1] + -*ol*] *a*. *Gram*. Yn dynodi lle, lleol; yn perthyn i le: *locative, local, of place* (*in gram*.); *local*.

p. **1584** G. ROBERT: *GC* [107], a derfyno yn, awl, weithiau a fydd henw *mannawl* am i fod yn dangos y fann lle mae'r peth ynddo, ne lle doeth o hono, ne lle mae yn myned iddo. *id*. [177], pessawl arwyddhad sydd i ragferf? . . . rhai *mannawl*, mal: ple? lle, yma, yna, accw. *c*. **1730** *Thos. Lloyd D* (LlGC) 170a, *mannawl*, localis. **1803** *P*.

Gw. hefyd enw—e. mannol.

mannol[2], gw. manol[2].

†**mannuclen,** gw. manyglen.

mannwr [bôn y f. *mannaf*: *mannu* + -*wr*] *eg*. ll. *manwyr*. Un sy'n britho neu'n brychu rhywbeth, ysmotiwr, marciwr: *spotter, marker*.

[**1783**] *W* d.g. *spotter*. **1803** *P*.

mannwst [*mant* + *gwst*[1]] *eb.g*. Y ddannoedd: *toothache*.

1803 *P*.

mân-nwyddwr, mân-nwyfwr [*mân nwyddau, mân nwyfau* + -*wr* neu *gŵr*] *eg*. ll. -*wyr*. Gwerthwr mân nwyddau: *haberdasher*.

1850.

mannyn, gw. man[2].

manod [*mân*[1] + *ôd*] *eg*. Eira mân, eira a yrrir gan y gwynt, lluwch, cymhariaeth fynych am wynder, purdeb, neu degwch (yn enw. ynglŷn â gwedd merch): *fine snow, driven snow, often used as a comparison for whiteness, purity, or fairness* (*esp. of a girl's complexion*).

Dchr. **14g**. *H* 112b. 66, Tremytyat mynyd *manot* tew nyth lud nyth losgo eiry na rew (Llywarch Llaety). **14g**. *GP* 52, Lluwch eiry *manot* mynyd Mynneu. **14g**. *GDG* 141, Cynnal faswedd i'th weddi; / Cymod, liw *manod*, â mi. *id*. 292, Mynog wedd, mwyn yw a gwiw, / Mwy no delw, *manod* eiliw. **14–15g**. *IGE*[2] 177, A'i osod [gwregys], bryd *manod* bron, / Gain loer, am ganol Euron (Rhys Goch Eryri). **15g**. *DE* 23, Allan fyth y gallwn fod / er dy fwyn ar dew *fanod*. **16g**. WILIAM CYNWAL: *Gw* (R. L. Jones) 299, Draw ni allai fis Mai fod / Dim wynnach ond y *manod*. **16–17g**. *GST* i. 518, Troes *manod* tros y mynydd, / A'r lluwch yn gyfuwch â'r gwŷdd. **1672** R. PRICHARD: *Gw* 441, Christ â'i waed a ylch dy bechod, / Ac a'th wnaiff mor wynn a'r *manod*. **1722** *Llst* 189, *man-od*, m. small driving snow. *c*. **1730** *Thos. Lloyd D* (LlGC) 170a, *manod* . . . nix. [**1783**] *W* d.g. *snow* . . . *Driven snow*. **1803** *P*. Mae'r *Manod Bach* a'r *Manod Mawr* yn enwau ar fynyddoedd ger Ffestiniog, Meir.

manodaf[1]: manodi [bf. o'r e. *mannod*] *ba*. *Crdd*. Rhoi dotiau ar (sgôr): *to dot* (*a score*).

1817–19.

manodaf[2]: manodi [bf. o'r e. bl.] *bg*. Bwrw eira mân: *to snow fine snow*.

18–19g. *Llr* C 30, 186. **1803** *P*.

manodliw, gw. manod + lliw[1].

manogaf: manogi [bf. o'r a. *mannog*] *ba*. Britho, ysmotio, brychu: *to spot, speckle*.

1770 *W* d.g. *to bespeckle*. **1801** *MMf* 213, Rhag y *mannogi* ar lygad. **1803** *P*.

manogedig [bôn y f. fl. + -*edig*] *a.bfl*. Wedi ei fritho, ysmotiedig, brycheulyd: *spotted, speckled*.

1770 *W* d.g. *bespotted*. **1803** *P*.

manogen [gair geir.] *e?g*. Arian: *money*.

Dchr. **17g**. *J* 10, 26a, *manogen*, moneta. **1632** *D*, *manogen*, vid. Mynogen.

manogiad [bôn y f. fl. + -*iad*[1]] *eg*. Y weithred o fritho, ysmotiad: *a bespeckling, a spotting*.

1770 *W* d.g. *a bespeckling*. **1803** *P*.

manogliw, manogwedd, gw. mannog + lliw[1], gwedd[1].

manogyn [*mannog* + -*yn*] *eg*. Brithyll; macrell: *a trout; mackerel*.

18–19g. *Llr* C 4, 37.

manol[1] [?*mân*[1] + -*ol*, ond cf. *manwl*] *a*.

(*a*) Gofalus, gwyliadwrus, diwyd; union, cysáct, manwl, llawn manylion, neilltuol, penodol; bychan, bach, mân, tenau, heb fod yn gwrs neu'n fras: *careful, watchful, diligent; precise, exact, detailed, particular; small, fine, thin, not coarse*.

14g. *B* ix. 325, y mamaeth hitheu a'e magaud yn *vannolach*. *c*. **1400** (*SG*) *HMSS* i. 244, ac is traet y wely yd oedynt ereill yny wassanaethu yn *uanawl*. *c*. **1400** *RC* xxxiii. 438, yn y dryded rann or bed . . . yd oed esgyrn gwenhwyuar . . . yn *vanolach* ac yn wreigeid. **1567** *TN* 112a, pa wreic ac yddi ddec dryll o ariant, a chyll hi vn dryll . . . ac a gais yn *vanol* y ny chaffo. **16g**. (**1763**) W. SALESBURY: *LlM* 227, yr erinllys sy wresog a sych ac o hanian *manol*. *c*. **1585** G. ROBERT: *DC* [xvi], ys dir i mi gnoi'r bwyd yn faan: nys gallant lyngcu brasfwyd onys gwneir yn *fanol* iddynt. **1606** E. JAMES: *Hom* iii. 192, Fe fynnai'r Areopagitiaid gyfrif *manol* o'i fywyd gan bob dŷn. **1714** R. PRYDDERCH: *GD* 94, Fe all rhai fyw'n *fanol* heb fyw ŷn gristnogol; ond nî all neb fyw yn gristnogol heb fyw yn *fanol*. **1718** (**1721**) S. THOMAS: *HB* 14, etto nid ydys . . . yn gallael cyrrhaeddyd gwybodaeth mor *fanawl* ac y dymunid o'r Sêr. **1725** D. LEWIS: *GB* 133, i ddala sulw mwy *manol* ar eu Nhatturiaetheu [*sic*]. **1739** *AGN* 16, [d]escrifiad *manol* a Phennodol or Nefoedd. **1790** T. JONES: *TOS* 86, Mor *fanol* y chwiliwn fy nghyflwr! Ar lafar yn y De; hefyd yn y de-ddwyrain yn yr ystyr 'eiddil', e.e. sonnir am 'blentyn *manol*'.

(*b*) Hardd, gwych, teg; o wneuthuriad cywrain, celfydd: *beautiful, splendid, fair; finely wrought, exquisite*.

14g. *DGG*[2] 132, Deufraich fwyn dan faich o fawl, / mwnwgl cylcheugwyn *manawl* (Gruffudd Gryg). **14g**. *IGE*[2] 216, A main, a thlysau *manawl*, / A myrdd o gywyddau mawl (Sypyn Cyfeiliog). *Diw*. **15g**. *Pen* 53, 33, *Manawl* o beth y plethwyt / Mal rew a mwyawl y ryt [am lurig]. **16g**. *Llst* 6, 132, Yddyn vwyn addwyn *vanawl* / addewis ym ddwy oes hawl. **16–17g**. *Cer RC* 85, I'r rhiain *fanol* o'r fwyna'. **1714** D. LEWYS: *CN* 7, Tywalltwyd Gras yn helaeth, / A'r [*sic*] d'enau prydferth *manol*. *c*. **1730** *Taith C* 81, Cristiana a dybiodd glywed o honi . . . Dôn felus gerdd tra *manol*. *c*. **1785–90** (**1829**) *CBYP* 108, Heddyw priodais y feinais ddyn *fanol*. **1803** *P* d.g. *manawl*.

(*c*) Angenrheidiol: *necessary*.

1651 SIÔN TREREDYN: *MDD* 52, am fod yn *fanolach* iddint hwy (*they had more need*) wybod pa beth oedd y cyfammod o weithredoedd. *id.* 86, am hynny yr oedd yn *fanol* iw hannog hwy . . . i fod yn ufydd. *id.* 205, *manol* yw . . . i ni felly pregethu iddint hwy. *id.* 206, efe a fyddei *fanol* i'r credadyn goreu . . . cymmeryd cynghor Tindal. **18–19g.** *Llr C* 44, 504, Mae'n *fanol* iawn immi feddwl am fyned . . . *Manol* itti adael dy waith . . . *Manol* ddigon itti edrych attod dy hunan [Diarhebion Morganwg Cymmysg].

Gw. hefyd manwl.

manol[2] [bnth. S. *manhole*] *eg.b.* Twll (fel rheol un a chlawr arno, mewn llawr, palmant, carthffos, &c.) i ddyn allu mynd iddo i archwilio neu i atgyweirio, &c.: *manhole.*

1922. Ar lafar; hefyd yn yr ardaloedd glo am '[f]ath o dwll yn ochr y briffordd yr âi'r glowyr iddo pan fyddai siwrne [o ddramiau] yn mynd heibio', *Geir Glo* 112.

manolaf: manoli [bf. o'r a. *manol*[1]] *bg.a.* Bod yn fanwl neu'n ofalus (ynghylch), manylu (ar), trafod neu astudio (rhywbeth) yn fanwl: *to be exact or careful (concerning), go into detail (about), discuss or study in detail.*

15g. *AL* ii. 428, mae yn reit y dyn dyssgy a *manoli* ar dossparth pob ran or awdyrdawt. **15g.** *HCLl* 34, Swrn a wnânt ariant a'i chwarteri—im, / Ni mynnai Wilim eu *manoli.* / Rhai'n llai a'i lluniai, efô'n llenwi—llaw, / Hwyntwy'n hir addaw, yntau'n rhoddi. **17g.** *Llr* B 1, 45a, gwnâ Reol aü [*sic*] *manoli* / a gwardd y tair gwrdd wyd ti [Tomas Llywelyn i'r brenin Iago I]. **1803** *P.*

Gw. hefyd manylaf: manylu.

manoldeb [*manol*[1] + *-deb*] *eg.* Manyldeb, manylrwydd, gofalusrwydd (weithiau gydag ystyr ddrwg); diwydrwydd: *exactness, precision, attention to detail, care(fulness), punctiliousness, scrupulousness (sometimes pejor.); diligence.*

1675 R. Jones: *HCh* [172], Cywreinrwydd, *Manoldeb*, gwybodaeth, scil, a medr. *c.* **1730** *Thos. Lloyd D* (LlGC) 170a, *manoldeb*, subtilitas. **1776** Dewi Nantbrân: *AN* 73, [d]ymuno 'r cyfryw fath bethau ydunt gymmeradwy gennit, a *Manoldeb* ffyddlon, i chwilio am danynt. *id.* 315, Cymmedroldeb, ar brydiau Bwyd, *Manoldeb* yn fy ngorchwylion, a dianwadaledd yn fy Mwriadon.

Gw. hefyd manyldeb.

manolgraff, gw. manol[1] + craff.

manolrwydd [*manol*[1] + *-rwydd*] *eg.* Manyldeb, manylwch, gofalusrwydd; chwilfrydedd (weithiau gydag ystyr ddrwg): *exactness, precision, attention to detail, care(fulness), punctiliousness, scrupulousness; (idle) curiosity, inquisitiveness (sometimes pejor.).*

1723 J. Jones: *LlA* 40, gwybod yn unig er mwyn Gwybod, *Manolrwydd* yw hynny. **1750** *RBHM* [iii], Yr ydwyf yn dymuno arnat ddarllen yr rhan gyntaf o'r Bregeth hon gyda'r *manolrwydd* mwyaf. *c.* **1762–79** W. Williams: *P* 464, mahomitaniaeth . . . a arferir i'r *manolrwydd* mwyaf yn y gwledydd dwyreiniol. **1779** W. Williams: *HT* 18, Mr Bentley, yr hwn oedd . . . yn broffeswr enwog o grefydd, yn y *manolrwydd* mwyaf. **1792** H. Harris: *H* 8–9, *manolrwydd* cyfraith Dduw.

Gw. hefyd manylrwydd.

manolwaith [*manol*[1] + *gwaith*[1]] *eg.* a hefyd fel *a.* Gwaith manwl neu gywrain, cywreinwaith, manylwaith; manyldeb, manylrwydd: *fine or exquisite work; exactness, precision.*

16g. Lewys Morgannwg: *Gw* 128, Ty rheolwaith / Trwy *fanolwaith* [am Fynachlog Nedd]. **1567** *LlGG* (*Sall*) 25b, gwiscoedd o waith [:– *manolwaith*] ede a' nodwydd. **16g.** **(1763)** W. Salesbury: *LlM* 107, i orllyfny saethe a chrybae ne *vanolwaith* arall. **1657** T. Powel: *CI* 7, wedi'n rhyddhau ni oddiwrth sarrigrwydd a *manol-waith* y Gyfraith hon. *c.* **1730** *Thos. Lloyd D* (LlGC) 171b, *manolwaith* . . . punctuality, nicety.

Fel *a.* Celfydd, hyfedr; o wneuthuriad cywrain, cain; yn perthyn i'r gelfyddyd ddu, ocwlt, dirgel: *skilful, ingenious; finely wrought, exquisite; occult, recondite.*

1567 *TN* 203b, Llawer hefyt o'r ei oedd yn arver o gelfyddodae-*manolwaith* [:– goaml]. **16–17g.** *CC* 22, Myn weled wr *manolwaith* / Sion Tydr eglur ei waith [Thomas Prys i yrru'r eryr at brydyddion]. **1604–7** *TW* (*Pen* 228) d.g. *graphicus.*

Gw. hefyd manylwaith.

manolwallt, manolwawd, gw. manol[1] + gwallt, gwawd.

manolwch [*manol*[1] + *-wch*[1]] *eg.* Bychandra; ?ceinder, cywreinrwydd, manylder: *minuteness; ?fineness, exquisiteness, exactness.*

c. **1595** *B* viii. 246, Manol mad Reiol mydr hoiw *manolwch* / mawr ddewrfflwch myrdd irffloiw. **1781** M. Williams: *BM* 5, *manolwch* y gronynnau â'r amrywiol liwiau . . . pa rai nad y'nt ddim arall ond gronynnau goleuni o amryw faintiolaeth.

manolwych, manolwydd, manolwyn, gw. manol[1] + gwych, gwŷdd[1], gwyn[1].

manollt, gw. cŷn—cŷn manollt.

manomedr [cfdds. o'r S. *manometer*] *eg.* ll. *-au.* Offeryn i fesur pwysedd nwyon a hylifau: *manometer.*

20g.

manon [amr. ar *banon* gydag *m-* a *b-* yn ymgyfnewid; ansicr yw rhai o'r enghrau. a dichon mai engh. o *banon* a welir yn rhai ohonynt] *eb.* ll. *-au, -iaid,* a hefyd fel *a.* Brenhines, rhiain, bun; breninesaidd; hefyd yn *ffig.*: *queen, maiden; queenly; also fig.*

13g. *C* 50. 17–18, a. Bun wen warius. vn weinus *vanon.* **13g.** *A* 29. 5–6, Dyssyllei trech tra *manon.* *c.* **1300** *H* 48b. 7, llif dragon *vanon* valch y thyged. *id.* 49a. 13, gwery *vanon* vanwl (Cynddelw). *Dchr.* **14g.** *id.* 125b. 35, *manon* wawr aruon gofuyon gofuec (Casnodyn). *c.* **1400** *R* 1213. 32, *manon* dwf gwiryon gwaret arnaf. *id.* 1282. 5–6, *manon* eur hoewdal mywn enryded. *id.* 1319. 43, is glasgor mynor *manon* y phryt. **1632** *D*, *manon*, vid. Banon. **1688** *TJ*, *manon* neu Banon, Brenhines: a Queen. **1722** *Llst* 189, *manon*, f.p. *noniaid*, a queen. **1791** Gw. Mechain: *Gw* i. 277, *Manon* mynwes; / Eirian ei dull, aeron da [i Wirionedd]. **1803** *P.*

Gw. hefyd banon.

manoraidd, gw. maenoraidd.

manran, mân ran [*mân*[1] + *rhan*] *eb.* ll. *-nau.* *Math.* Ffracsiwn, rhanrif; gronyn, manylyn: *fraction (in math.); particle, detail, minutia.*

1867.

mân-rannaf: mân-rannu [*mân*[1] + *rhannu*] *ba.* Rhannu'n ddarnau bychain, isrannu: *to subdivide.*

1708 *EGE* [xvi], Cymerodd llaweroedd lawer jawn o boen . . . i *fân-rannu*'r Catechism i Gwestionau byrrion. ag Attebion. *c.* **1730** *Thos. Lloyd D* (LlGC) 171b, *mânrannu*, to Subdivide.

manrawn, gw. rhawn.

manred[1] [*mân* + *rhed*; cf. *manrhed*] *eg.* (un. bach. *-yn*) ll. *-au.* Atom; mater: *atom; matter.*

18–19g. *Llr* C 33, 59, *manred*, the infinite atomical Mass that constitutes the infinite and eternal plenum, and the substratum of all created beings. **18–19g.** *Llr* C 41, 137, Y *manred*, sef yw hynny y manaf o bob man hyd nes ei fanach. **18–19g.** *Llr* C 43, 84, Mis Medi Mynawg *Manred*, / Mwynieithus Mor a Threfred.

Gw. hefyd manrhed.

manro, gw. mân[1] + gro.

mân-ronynnog [*mân ronyn* + *-og*] *a.* Llawn gronynnau mân: *full of fine grains.*

1837.

manrug, gw. mân[1] + grug.

manrwyd [*mân*[1] + *rhwyd*] *eb.* ll. *-au.* Rhan ganol rhwyd bysgota lle ceir maglau manach na'r rhai sy'n nes at yr ymyl, rhwyd fân: *the middle part of a draw net, which consists of small meshes.*

Ar lafar gynt yng Nghyfeiliog, *SE MS* 283a.

manrhed [dichon mai ymgais i ddehongli *manred*, gwall am *mawredd* (gw. *B* vi. 135, 137) a geir yn y geirfaon barddol; cf. *banred*; ansicr yw'r engh. gyntaf] *eb.* Rhiain, morwyn, gwyry: *maiden, virgin.*

15–16g. *GIF* 74, bastwn-glêr, bostio enw glwth, / blew *manrhed* a boly meinrhwth. **16g.** Wiliam Llŷn: *Gw* (R. Stephens) (At.), *manrred*, riain. **1632** *D*, *manrhed*, est Rhiain, ait [Wiliam] Ll[ŷn]. **1688** *TJ*, *manrhed*, Rhiain: a Maid or Virgin. **1725** *SR* d.g. *a maid, or maiden.*

mans[1] [bnth. S. *manse*] *eg.* ll. *-ys.* Preswylfod gweinidog (Ymneilltuol, &c.): *manse.*

20g. Ar lafar yn gyff.

Am *mab y mans*, gw. mab.

mans[2]**,** gw. mansh.

mansaig, mansain, gw. mân[1] + saig, sain[1].

mansg [bnth. S. *Manx* gyda thrsd.; cf. yr amr. S. *Maniske*] *eg.* Un o drigolion neu frodorion Ynys Manaw; Manaweg: *Manxman; Manx (language).*

16–17g. T. Prys: *Bardd* 234, gwyr yn ddyfal vttalian / a dansk a *mansk* yn y mann. **17g.** *LlGC* 6499, 113, Iaith [y] Sgott, a cherdottyn / Iaith y *mansg*, weithie fo ai mynn (Robert Dafydd Lloyd). *c.* **1730** *Thos. Lloyd D* (LlGC) 167b, iaith y *Mansg*, Manks.

mansh, mans[2] [bnth. S. *mange*] *eg.* Clefyd crachennog heintus sy'n effeithio ar anifeiliaid blewog a gwlanog yn bennaf, gan beri cosi: *mange.*

Ar lafar yng Nghered. a'r De, '*mansh*', *B* vii. 360, *GDD* 193, ac yng ngorllewin Meir. yn y ff. *mans*, *B* xiv. 289. Clywir hefyd y ff. *manj.*

manshlyd [*mansh* + *-lyd*] *a.* Yn dioddef gan y mansh, clafrllyd: *mangy.*

20g.

mansiaf[1]**: mansial** [bnth. S. (*to*) *munch*] *bg.a.* Cnoi, dygnoi; hefyd yn *ffig.*: *to munch; also fig.*

c. **1870.** Ar lafar yn sir Benf. a'r cyffiniau, *GDD* 194, gan olygu weithiau 'clebran yn anniddig', *B* vii. 360.

mansiaf[2]**: mansio** [bf. o'r e. *mans*[2]] *bg.* Dioddef gan y mansh: *to suffer from the mange.*

Ar lafar, *LlLlM* 99, hefyd yn y ff. *manjo.* Yn sir Drefn. clywir bf. '*mansio*' yn golygu 'alaru, syrffedu', 'Byddi di'n *mansio* ar hyn'. Yn ardal Rhosllannerchrugog golyga 'ysu (am)', ''Ôn i'n *mansio* am ddarn o'r deisen 'ne'.

mansier [bnth. S. *manger*] *eg.* ll. *-i.* Cafn neu focs agored (mewn stabl neu feudy) wedi ei godi oddi wrth y ddaear i ddal bwyd anifeiliaid, preseb: *manger.*

1547 *WS*, *mansier* march, manger. Ar lafar yn gyff.; clywir hefyd y ff. *minsiar, mensier, meinsiar, manjar, manjer*, &c.

manslochdr, monslachdr [bnth. S. *manslaughter*] *e?g.* Dynladdiad: *manslaughter.*

1636 *Pen* 321, 150b, os dau wr a ymrafaelia A lladd Igilidd [*sic*], fe ddichon dynion Igoliro drwy Ialw *monslachdr.* *ib.* y sawl A gondemnir o *Fanslochdr.*

mansoddiad [*man*[1] + *(an)sawdd* + *-iad*[1]] *eg.* Sefyllfa, lleoliad, safle: *situation, position, site.*

1595 *Egl Ph* 41, Y fann lle'r oedd yn tyfu, oedd yn arwyddocau *mansoddiat* ei dyrnas.

mansonaf: manson, mân sôn [*mân*[1] + *sôn*[2]] *bg.a.* a'r be. gyda grym enwol. Murmur, tuchan, achwyn, grwgnach, gwarafun; mwmian, clebran, dadwrdd: *to murmur, grumble, complain, (be)grudge; mumble, babble, clamour.*

1547 *WS*, *manson*, patter. **1567** *TN* 32a, grwgnach [:– murmur, *manson*, grwytho] a wnaethant wrth wr y tuy. *id.* 144a, Clywet o'r Pharisaieit bot y bopul yn murmuro [:– *manson*] y pethe hyn am danaw. **1595** H. Lewys: *PA* 2, fal nad yw weddus ir crochan, *fanson* yn erbyn y chrochenudd. **1604–7** *TW* (*Pen* 228) d.g. *balbuccinor, blatero, demurmuro, garrulitas, loquor, murmur, remurmuro, soliloquium.* *Dchr.* **17g.** *J* 10, 26b, *manson*, to mumble. **1617** *Minsheu* 241b d.g. *a Hurly-burly.* **1632** *D*, *manson*, murmur, & Murmurare. **1670** J. Hughes: *AP* 102, murmûro, *manson* a gryngian. **1688** *TJ*, *manson*, grwgnach: a murmuring, to murmure.

1717 Iaco ab Dewi: *MN* 146, A *fansonafi* dreulio fy Mywyd drosto ef. *id.* 249, na *manson* a dadwrdd yn eu herbyn. **1732–3** J. Owen: *GB* 67, Hwynthwy a fedrant *fanson* ac achwyn. **1740** T. Evans: *DPO* 99, [t]uag at ddistewi *Mân-Son* y Bobl. **1803** *P.*

manswn [*mân*[1] + *sŵn*] *eg.* Cleber: *prattle.*
1725 *SR* d.g. *prittle prattle.* c. **1730** *Thos. Lloyd D* (LlGC) 167b, gan i dristwch dewi ai *Fanswn.* BL. 13.

mant [Gwydd. C. a Diw. *mant* 'gên', cf. Llad. *mentum* 'gên' ac o bosibl H. S. *mūþ* (> S. Diw. *mouth*)] *eg.* (un. bach. b. *-an*, g. *mentyn*) ll. *-au*, *-oedd*, (geir.) *maint.* Ceg, genau, safn; gên, asgwrn yr ên, pig (aderyn), gylfin; gwefus, min; ymyl, cwr; (geir.) helm; hefyd yn *ffig.* ac yn *dros.*: *mouth*; *jaw*, *mandible*, *beak*, *bill*; *lip*; *edge*, *brink*; (*dict.*) *helmet*; *also fig. and transf.*
c. **1300** *H* 101a. 40, nam dod ut *mantoet* [drll.] ym mantawl ac eur (Llywarch ap Llywelyn). c. **1400** *R* 1235. 5, Trethwyf duw odiwed vy *mant.* *id.* 1252. 34, llwydvreint meint *mantoed.* c. **1425** *B* ii. 230, *mant*, helm. **15g.** *DE* 49, ail *mant* tuc ol min tegav / rwmnai mwyn ar y min mav [i'r cusan]. **16g.** Gr. Hiraethog: *Gw* (D. J. B.) 115. 27–8, Gwn dyfu gan ei dwyfoch, / Goruwch ei *mant*, fal gwrych moch [i'r gath]. **16g.** *GRCG* 34, Mae, er hyn, tennyn a'i tag, / Ar ei *fentyn* mae'r fintag. **1603** W. Midleton: *Ps* 125, Genau mau ath ogonant / A mawl y llenwir fy *mant.* **1604–7** *TW* (*Pen* 228) *ment* [*sic*], *mentyn* d.g. *mentum.* **1609** *CRC* 90, Os merch ydyw ffraeth i *mant* / sy'n siomi kant ai gwenieth. **1615** R. Smyth: *GB* 244, efe a wnaeth y *mant* mor weddys ag mor gymwys gan i wysco a barf. **1632** *D*, *mant*, maxilla. **1661** E. Lewis: *Drex* 309, Eithr gwedi ei daro [pysgodyn] yn ei *fant* a'r bach dichon y pysgodwr ei dynnu i fynu pan fynno. **1688** *TJ*, goror, cwrr, ymmŷl, *mant*, ystlŷs, mîn: a coast, a confine, an edge, a brim, a border. *id. mant*: a Lip. c. **1689** **(1802)** L. William: *Sherlyn Benchwiban* 11, Ceuwch eich *mant*, Syre. *id.* 41, Nid o serch i'ch hawddgar *fant* [:– cala] / Ond o chwant i'ch arian. **1722** *Llst* 189, *mant*, m.p. *meint*, the jaw-bone. **18g.** *LlGC* 833, 35, fo eiff ei gwên, I gil ei Gên / ai *manttan* dèna'n dûo. **1759** *BC* 266, Nag eithu [*sic*] mîn na gwaith ei *mant* [i ofyn pen rhaw]. **1790** Twm o'r Nant: *GG* 125, Cauawdd *mant* y Cywydd mwyn, / Glwŷs-fardd a'i lygad glas-fwyn. **1803** *P* d.g. *mant*, *mentyn.*
Cfn.: **ar fant**: *close by.* **1889.**

mantach [?bnth. Gwydd. C. *mantach* 'bylchog ei ddannedd, diddannedd'] *a.* a hefyd fel *eg.* Diddannedd, danheddgoll, a dannedd yn eisiau, hefyd yn *dros.* ac yn *ffig.*; person neu anifail bylchog ei ddannedd neu heb ddant yn ei ben; gên diddant; *c.d.* heb ynddi ddim yn cynganeddu rhwng y sillaf gyntaf a'r olaf (am gynghanedd draws), weithiau mewn ystyr letach, gw. J. Morris-Jones: *CD* 153, 155: *toothless*, *having teeth missing*, *also transf. and fig.*; *gap-toothed or toothless person or animal*; *a toothless jaw*; *having consonantal correspondence only between the first syllable and the last, leaving a large gap without alliteration in the middle of the line* (*of* '*cynghanedd draws*'), *sometimes in a wider sense.*
13g. *HGK* 27, kynullaw holl wrachiot *mantach*, krwm, kloff. **1292** *B* xiii. 228, Meuric *Vantach.* **14g.** *IGE*[2] 5, Budd i wraig o bydd i wrach / Mintai o ardiau *mantach* [i'r farf]. c. **1400** *R* 1278. 28–30, *mantach* bach bychan y gwelaf. meint ffuret ny phawr wellt calaf [Madog Dwygraig i lo]. *id.* 1361. 2–3, raff am vreuant y *mantach.* c. **1400** *SDR* 66, 'Minneu a wnaf hwnn yn *vantach*', heb hi. A chael maen mawr, a dyrchauel llaw arnaw yny vyd lledyr y weuusseu a'e danned yn drylleu o angerd a chedernit y dyrnawt. **15g.** *LGC* 387, Naw ugain myntai o gwn *mantach.* **1547** *WS*, *mantach*, tothelesse. **16g.** *B* x. 167, dros dir gwas lewys long ar *mantach* yn amloch. a. **1575** *GP* 119, A phann vo bann nev vraich o gerdd heb ddim ond vn klo kyngan, a'r kanol yn adwy wac . . . honno ydd ys yn arver o'i galw kynghanedd draws *vantach*, oherwydd bod kymaint yn hyll ohonai o ddiffyc kloyav kyngan. c. **1590** *RC* xlvi. 72, Idd oedd yr herwr yn *vantach* gwedy torri tri o'i ddannedd blaen wrth i ddala. **1604–7** *TW* (*Pen* 228) d.g. *eden[t]atus.* **1615** R. Smyth: *GB* 173, efe a golle i ddanedd, ag ae yn *fantach.* **1632** *D*, *mantach*, edentulus. **1728** S. Rhydderch: *GC* 122, ni chydbwysa Mawr a Meirion, eithr *mantach* yw'r ion. **1763** *DT* 101, Ofnodd Blant, Fwgan *mantach.* **1803** *P*, *mantach* . . . a toothless jaw.
Am *cynghanedd draws fantach*, *traws f.*, gw. cynghanedd, traws.

mantachaf: mantachu [bf. o'r a. *mantach*] *bg.a.* Tynnu neu golli dannedd, mynd yn ddiddannedd, amddifadu o ddannedd, diddanheddu; cnewian (bwyd) yn llafurus; mwmian, myngial: *to become or render toothless*; *chew awkwardly*, *munch*; *mumble*, *mutter.*
1527 *B* ii. 216, Mi ai *mantachaf* ynttev, hebyr y hi. **1604–7** *TW* (*Pen* 228) d.g. *edento* (hefyd *D*). **1722** *Llst* 189, *mantachu*, to make or grow toothless. **1776** *W*, *mantachu* ar beth d.g. *to mumble* [*chew aukwardly for want of teeth, or with the lips closed*]. *id.* d.g. *to pull out the teeth.* **1803** *P.* Ar lafar yng ngorllewin sir Gaerf. clywir y be. *mantach*, cf. D. E. Jones: *HLlP* 390, rodd e'n *mantach* rhwbeth rhynt i ddane wrtho ni hefyd.

mantachaidd [*mantach* + *-aidd*] *a.* Heb ddannedd, diddannedd: *toothless.*
17g. *LlGC* 10249, 184, *Mantachedd*, chwith osgedd chwyrn / trwsgl wyt, twr o esgyrn [Wmffre Dafydd ab Ifan i angau]. c. **1730** *Thos. Lloyd D* (LlGC) 170a, *mantachaidd*, edentulus. **1803** *P.*

mantachedd [*mantach* + *-edd*] *eg.* Y cyflwr o fod yn ddiddannedd, cyflwr mantach: *toothlessness.*
1547 *WS*, *mantachedd.* **1632** *D*, *mantachedd*, edentulitas. **1722** *Llst* 189, *mantachedd*, toothlessness. **1803** *P.*

mantachfain, gw. mantach + main[1].

mantachog [*mantach* + *-og*] *a.* Diddannedd; bylchog ei gynghanedd: *toothless*; *having gaps in the pattern of consonance.*
1803 *P.*

mantais [bnth. S. *vantage*, gydag *f-* ac *m-* yn ymgyfnewid fel yn *melfed*, *mentr*] *eb.* ll. *manteision*, *-iau.* Rhagoriaeth safle neu gyflwr, cyfle, budd, lles, elw, caffaeliad, ysbail, buddiant, llog, ennill: *advantage*, *opportunity*, *benefit*, *profit*, *booty*, *interest*, *gain.*
15–16g. *TA* 411, Nid er *manteis* y ceisiwn [am gesig]. **16g.** (*LlEG*) *Mos* 158, 24a, ynn yr amser I kymerth y brenin hari I *vanttais.* **1547** *WS*, *mantais*, auauntage. c. **1550** *CRC* 298, llyma *fantais* dda ddigon. **1567** *TN* 119a, ei gofyn [arian] y gyd ac elwant [:– vsur, ocr, *mantais*]. *id.* 295b, y pethev oedd yn elw [:– enill, *vantais*] i mi. *id.* [371]b, o bleit caffaeliat [:– er mwyn *mantes*]. **1620** *Gen* xxxiv. cs., Meibion Iacob ar y *fantais* honno yn ei lladd hwynt. **1632** *D*, *mantais*, quæstus. c. **1658** R. Vaughan: *E* 104, y Rhagoriaeth ar *manteisiau.* **1735** S. Thomas: *HP* 13, o ran Elw a *Manteision* tymmhorol. **1743** G. Jones: *HWI* ii. 132, dynjon dan y *Manteision* mwyaf. **1753** *TR*, *mantais*, gain, profit, advantage. **1759** J. Evans: *PF* 19, Ymdrochi mewn Dwfr oer sydd o *fantais* fawr i Iechyd. **1763** *DT* 131, Môr-yspeilwyr, Trinwyr trais, / A'u *Mantais* dan eu Mentyll. **1798** Gw. Mechain: *D* 13, [c]yfri eu diffyg o ddysg a *manteisiau* eraill. **1803** *P.* Ar lafar yn y Gogledd clywir ymad. megis 'torri sgolpiad er mwyn gwneud *mantais* i dorri'r garrag', 'to cut a piece off in order to cut the stone to greater advantage', *WVBD* 363. Ym maes glo sir Ffl. sonnir am '[b]âr o rêls yn rhedeg efo'r *fantas*' pan fyddant yn mynd tuag i lawr, *Geir Glo* 113. Yn y De clywir hefyd y ff. *mantish*, *fantish*, *mantij.*
Amr.: **maentais.** **1796** Tomos Glyn Cothi: *E* 99. **mawntais, mowntais** [bnth. S. C. *vauntage*] **14–15g.** *IGE*[2] 192, *Mawntais* a gefais o'r gad (Llywelyn ap y Moel). **16g.** *IICRC* iii. 296. **1735** J. Evans: *YMS* xii, y *Mownteision* y geir oddiwrth yr Ymarferiad. **1741** S. Thomas: *DY* 90, y *Fowntais* neu y Llessiant. **1776** I. Brydydd Hir: *P* ii. 265, 266. **montais.** **1683** H. Evans: *CTF* 8, 17. **1732–3** J. Owen: *GB* 26. **1778** J. Thomas: *HB* 191, cyfarwyddo ychydig . . . yn y Saisnaeg [*sic*], a *monteision* eraill. **1796** J. Griffiths: *H* [iii]. Ar lafar yn y De yn y ff. *montes*, *montij*, *monish*; yn sir Benf. yn y ff. *montesh*, hefyd yn yr ystyr 'any mechanical power or advantage in raising or moving heavy bodies', *GDD* 200; ac yng ngorllewin Morg., lle sonnir am 'roi *montesh* i'r glo', sef 'peri i lo o'r ffas ryddhau', *Geir Glo* 35.
Am *achub mantais*, *cambren m.*, *carreg f.*, *cymryd m.*, *tinbren m.*, gw. achubaf: achub, cambren, carreg (At.), cymeraf: cymryd, tinbren.

mantan, gw. mant.

manteiniaf: manteinio, gw. maentumiaf: maentumio.

manteisfan, gw. mantais + man[1].

manteisgar [bôn y f. ddil. + *-gar*] *a.* Chwannog i fanteisio (yn annheg neu'n hunanol), a'i fryd ar ei fuddiannau personol: *out to take* (*unfair*) *advantage*, *self-seeking.*
1718 E. Samuel: *HDdD* [320], nid yw'r Cariad *manteisgar* (*huckstering*), budr-Elwog . . . ond pell jawn oddiwrth y Rhinwedd yma. c. **1730** *Thos. Lloyd D* (LlGC) 170a, *manteisgar*, quæstuosus.

manteisiaf: manteisio [bf. o'r e. *mantais*] *bg.* a'i dilyn yn fynych gan yr ardd. *ar.* Cymryd mantais (mewn ystyr dda a drwg), elwa (yn annheg neu'n hunanol), bod ar ei fantais neu ar ei ennill, bod mewn sefyllfa dda: *to take advantage* (*in good and bad sense*), *profit* (*unfairly or selfishly*), *benefit*, *gain*, *have an advantage*, *be in an advantageous position.*
15g. *DE* 100, o *manteisiai* / ar aer treisiai / eryr trowsedd. **1547** *WS*, *manteisio.* **1632** *D*, *manteisio*, quæstum facere. **1676** W. Jones: *PGG* 37, trwy *fanteisio* a'r [*sic*] anwybodaeth y Prynwr, ac Angenrhaid y Gwerthwr. **1715** T. Evans: *CCG* 37, er y tybiwch y *manteisiwch* wrth hynny. **1803** *P.* Ar lafar, 'Mân' nhw'n *manteisio* ar bob peth i neud pres', 'y cry' yn *manteisio* ar y gwan', 'Man' nhw'n *manteisio* arnon ni', 'they have the advantage over us', *WVBD* 363. Clywir y be. *myntais* ym Morg.

manteisiol [*mantais* + *-iol*] *a.* Buddiol, llesol, ffafriol, proffidiol; chwannog i fanteisio (yn annheg): *advantageous*, *favourable*, *favoured*, *profitable*; *out to take* (*unfair*) *advantage.*
1615 R. Smyth: *GB* 103, cai yno a'th ddysco i gogio ag i chware yn *fainteisiawl* [*sic*]. **1672** J. Langford: *HDdD* [i], i fod yn gymmorth ysbrydol, ac yn *fanteisiol* i bawb a'i harfero hwynt. **1696** *CDD* 34, A gwrthladd chwant cnowdol y gelŷn dinistriol, / A'i daerol *fanteisiol* demtasiwn. **1701** E. Wynne: *RBS* 75, [yr] achlysur *fanteisiol.* **1718** **(1721)** S. Thomas: *HB* 102, mor *fanteisiol* i'r grefydd Babaidd. c. **1730** *Thos. Lloyd D* (LlGC) 170a, *manteisiol*, advantageous. **1735** S. Thomas: *HP* 64, mae y Cythraul yn cael yr afael bennaf a mwyaf *manteisiol* tu ag at ei gadw . . . dan ei Awdurdod. **1741** G. Jones: *HWI* i. 24, undeb *manteisiol* i ddynjon. **1770** *W* d.g. *advantageous*, *gainful.* **1773** G. Rhysiart: *MACP* 12, y goleu mwyaf *manteisiol* a gobeithiol. **1803** *P.*
Amr.: **mawnteisiol, mownteisiol** [*mawntais*, *mowntais* + *-iol*]. **1735** J. Evans: *YMS* 112. **1744** D. Rowland: *RY* 103. **1757** E. Evan: *GB* 134. **monteisiol** [*montais* + *-iol*]. **1735** S. Thomas: *HP* 14. **1737** G. Jones: *DFfW* 4. **1738** G. Jones: *GOG* 9. **1744** D. Rowland: *RY* 2, Trêf . . . o ran ei Breintiau mor *fonteisiol.* **1791** B. Evans: *AD* 31.

manteisiwr [bôn y f. fl. + *-iwr*] *eg.* Un sy'n cymryd mantais, yn ceisio budd neu elw, neu'n achub ei gyfle; un sy'n elwa: *one who takes advantage or seeks profit or gain*, *opportunist*; *beneficiary.*
17g. *Card* 23, 400, fy hunan mi ai twysa / rwy'n abl *manteisiwr* [*sic*]. **1803** *P.*

manteistir [*mantais* + *tir*] *eg.* Man ffafriol neu fanteisiol, yn *ffig.*: *vantage-ground*, *vantage-point*, *fig.*
1848.

mantel [bnth. S. *mantel*] *eb.* Silff ben tân: *mantel*, *mantelpiece.*
1850. Ar lafar yn y ff. *mantl.*
Amr.: **mantwn.** Ar lafar yn ne-ddwyrain Morg. yn yr ymad. '*mantwn* y shimla', 'manteltree, chimney-breast'.
Gw. hefyd mantlpis.

mantell [bnth. Llad. *mantellum* (?drwy gyfrwng H. Ffr. neu S. C. *mantel* neu dan ddyl. un o'r rhain), cf. H. Grn. *mantel*, gl. *mantellum*, Llyd. C. a Diw. *mantel(l)*, Gwydd. C. *matal*] *eb.?g.* (bach. *mantellan*, *mantellig*) ll. *mentyll*, *mantellau*, *-oedd*, *-i*, (prin) *-ydd.*

(*a*) Gwisg allanol lac ddilewys, cochl, clog, clogyn, hugan, gwisg, gorchudd; gwisg archesgob; siôl fagu: *mantle, cloak, robe, veil; pallium; nursing-shawl*:

13g. *B* xxi. 289, Mynyu a wisgir o *vantell* Caer Llion. Nyt amgen teilyngdaut archesgobaut a *mantell* Caer Llion a symudvyt hyt ar Dewi ym Mynyv. **13g.** *Ll1* 7, Ef a dele *mantell* e marchocco e brenhyn endy. *id.* 25, e dyllat, eythyr eu *mentyll*. *id.* 30, guelet gureyc . . . a gur . . . adan un *uantell*. *id.* 95, *Mantell* gurym, xxiiii. **14g.** *WM* 226. 27–9, affeis a surcot a *mantell* o bali melyn ac orffreis lydan yny *vantell*. **14g.** *YBH* 59b, Hwde . . . y *vantell* honn o eur. *c.* **1400** *YCM*[2] 125, tynnu llinin y *uantell* . . . dros y benn. **15g.** *ID* 49, I fodryb ef draw o bell / Er i maint a yr *mantell*. **1547** *WS*, *mantel* [*sic*], a mantyll. **1551** W. SALESBURY: *KLl* xxivb, ac a roesant am dano *vantell* [:– cochyl] coch. **1588** *Eseia* lix. 17, gwiscodd zel fel *mantell*. **1588** *Esec* xxvi. 16, a fwriant ymmaith eu *mantelloedd*. **1632** *D*, *mantell*, lacerna, chlamys, pallium. **17g.** *CRC* 224, y vod yn gwystlo y *mantelli*. **1688** *TJ*, *mantell* gwraig: a Womans Mantle. **1772** *W* d.g. *cloke, mantle, robe. id. mantellan* d.g. *mantelet, mantlet*. **1803** *P*. Ar lafar yng ngodre Cered. a'r cyffiniau yn yr ystyr 'siôl fagu', *TGG* (1908) 80, *ZCP* xx. 419.

(*b*) (Yn *ffig*. ac yn *dros*.: *fig. and transf. exx*.)

14g. *GDG* 71, Minnau dan fedw ni mynnaf / Mewn tai llwyn ond *mentyll* haf. **14g.** *IGE*[2] 22, Mam pob cnwd brwd brigowgffrwyth, / *Mantell* oer rhag maint ei llwyth [marwnad Ithel ap Robert]. *c.* **1400** *R* 1340. 16, kicawc *uantell*. **15g.** *DGG*[2] 62, Tywyllawdd wybr *fantellau* / Y ffordd, fal pettwn mewn ffau [i'r niwl]. **15g.** *ID* 82, meinwyr kerdd maenorav r kyll / mintai ar klustiav *mentyll* [i'r bytheiaid]. **1588** *Eseia* lxi. 10, gwiscodd fi â *mantell* cyfiawnder. **1630** R. VAUGHAN: *YDd* 483, llyfau . . . megis yn *fantellau* i guddio fy mechodau [*sic*]. **1688** *TJ*, *mantell* diod: the Mantle of Drink. **1776** H. JONES: *GC* 70, Pan wisgo *Fantellau* 'r Tywyllwch. **1790** T. JONES: *TOS* 282, a guddiodd dy esgeulusdra a *mantell* ei gariad.

(*c*) Trawst simnai, talcen neu wal flaen simnai, silff ben tân: *mantel, manteltree, chimney-breast, mantelpiece, mantelshelf*.

15g. *Pen* 67, 70, Maint llong yn y *mantell* hi [Hywel Dafi i simnai]. **16–17g.** *GST* i. 166, A'i chestyll, a'i *mentyll* mwg, / A'i themloedd, a'i thai amlwg [i Rufain]. Ar lafar yn sir Ddinb., *Cymru* xlvii. 83.

(*d*) Pilen denau o amgylch perfedd mochyn, gweren fol, ffedog: *caul of a pig's intestines*.

Ar lafar yn ne Caerf., *Geir Geg* 75.

Cfn.: **mantell aelwyd** = **m. (y) simnai. 1834. m. archesgob(ol):** *archbishop's mantle of office, pallium*. **1858. m. gedenog:** *shaggy cloak or coverlet, Irish mantle*. **1632** *D* d.g. *endromis, gausape*. **1725** *SR* d.g. *a dag-swain*. **1771** *W* d.g. *cadow*. **1803** *P*, mantell . . . *mantell gedenawg*, an Irish mantle, a shaggy cloke. *Swol.* **y f. goch:** *red admiral, Vanessa atalanta*. **20g.** *Bot* **m. y cor:** *ground-ivy, Glechoma hederacea; common Lady's mantle, Alchemilla vulgaris*. **1632** *D* (*Bot*), y Feidiog lâs, mantell Fair, *mantell y corr* . . . Chimilla, hedera terrestris, pes leonis. **1688** *TJ* (*Bot*), Mantell fair, *Mantell y corr* . . . Ground Ivy, Lion's Claw. **1725** *SR* (*Bot*) d.g. *Bastard Agrimony*. **1813** *WB* 216, *Mantell y Cor*; Mantell Fair; Alchemilla vulgaris; Common Ladies' Mantle. Gw. hefyd *simwr—s. y cor*. **m. ddiddos:** *waterproof*. **1875. m. Eleias:** *Elijah's mantle, fig.* (*with ref. to 2 Kgs. ii. 13*). Ar lafar ynglŷn â rhywun sy'n olynu arall, yn enw. mewn swydd o bwys. Cf. W. WILLIAMS: *MDR* 9, Fe ddaw Eliseus yn berchen / Ar ei *fantell* nefol ef. *Bot.* **m. Euron** = **m. y Forwyn. 18–19g.** *IAW* (LlGC) 125, 51. *Swol.* **y f. alar:** *Camberwell beauty, Nymphalis antiopa*. **20g. m. weddi:** *prayer-shawl*. **1863.** *Swol.* **y f. wen:** *white admiral, Limenitis camilla*. **20g. m. werddonig (wyrddonig):** *rough or shaggy mantle, Irish mantle, gaberdine*. **15g.** *Pen* 109, 108, *Mantell* gronn . . . / *Wyrdonic* (Lewis Glyn Cothi). ?**15g.** BEDO AERDDREM, &c.: *Gw* 114, I ouyn Faling neu *Vantell Werddonig*. **1632** *D* d.g. *endromis, gausape, læna*. **1725** *SR* d.g. *a dag-swain*. **1771** *W* d.g. *cadow, or cadew* [*an Irish mantle*], *campaign, a campaign coat, gabardin, or gabardine*. **m. Gwyddel (Wyddelig):** *Irish mantle*. **1604–7** *TW* (*Pen* 228), *mantell wyddelic* d.g. *endromis*. *id. mantell Gwyddel* d.g. *læna*. **18g.** *Pant* 40, 83, i erchi *Mantell Wyddelig*. **m. wynt:** *winnowing-fan*. **1632** *D* d.g. *ventilabrum*. **1722** *Llst* 189, *mantell wynt*, a fan. **1773** *W* d.g. *fan* [*a winnowing instrument*]. *Bot.* **y f. lwyd:** *mullein, Verbascum*. **1604–7** *TW* (*Pen* 228) d.g. *verbascum*. **m. fagu:** *nursing-shawl, whittle, also fig*. **1798** *WR* d.g. *whittle*. *Bot.* **m. Fair (gyffredin), m. Mair:** *common Lady's mantle, Alchemilla vulgaris; ground-ivy, Glechoma hederacea*. **16g. (1763)** W. SALESBURY: *LlM* 160, achimilla [*sic*] yn lladin Pes leonis yn saesoneg *Mantell Fair* yn Cambraeg. **1604–7** *TW* (*Pen* 228), *mantell Vair* V'arglwyddes d.g. *alchimilla*. **1632** *D* (*Bot*), y Feidiog lâs, *mantell Fair*, mantell y corr, palf y llew, Chimilla, hedera terrestris, pes leonis; patta leonis, stellaria. **1688** *TJ* (*Bot*), *mantell fair*, Mantell y corr, y feiddiog-lâs [*sic*]: Ground Ivy, Lion's Claw. **1725** *SR* (*Bot*) d.g. *ground ivy*. **1773** *W* d.g. *gill* [*ground-ivy*], *Lady's mantle*. *c.* **1784** *LlGC* 16378, 62b, *mandell* [*sic*] *mair*. **1813** *WB* 216, *Mantell Fair*, Alchemilla vulgaris; Common Ladies' Mantle. Ar lafar ym Meir. yn yr ystyr 'common Lady's mantle'. *Bot.* **m. Fair fynyddig (y mynydd):** *alpine Lady's mantle, Alchemilla alpina*. **1864. m. Môn:** '*Anglesey mantle*', *perhaps the same as Irish mantle*. **15–16g.** (*Diw.* **16g.**) *LlGC* 5265, 58b, ai tegyll mal *Mentyll Mon* / ai gwallt val gwyddyl gwylldion [Tudur Aled i ofyn ychen]. *Bot.* **m. y Forwyn:** *common Lady's mantle, Alchemilla vulgaris*. **18–19g.** *IAW* (LlGC) 125, 51. Ar lafar. **m. nithio** = **m. wynt. 1722** *Llst* 189, *mantell nithio*, a fan. *Bot.* **m. y Bendefiges** = **m. y Forwyn. 20g. m. (y) simnai (simdde,** &c.): *mantel, manteltree, chimney-breast, mantelpiece, mantelshelf; ?ingle-nook, chimney-corner*. **1688** *TJ*, *mantell simne*: a Mantle-tree. **1722** *Llst* 189, *mantell simnai*, a mantle-tree. Ar lafar yng Nghered.

Am *silff fantell*, gw. silff.

mantellaf: mantellu [bf. o'r e. bl.] *bg.a.* Amwisgo â mantell, gorchuddio, hefyd yn *ffig*.; ewynnu (am ddiod); estyn adain (am hebog): *to mantle, cloak, cover, also fig.; mantle* (*of drink*), *form a head; mantle* (*of a hawk*).

16–17g. E. PRYS: *Gw* 235, Mae nod twyll, nis *mantelli*, / Anghŵyraidd yn fy ngherdd i. **1632** *D*. **1688** *TJ*, *mantellu*: to mantle as Drink. **1753** *TR*, *mantellu*, to mantle, as an hawk does. **1776** *W* d.g. *to mantle* [*expand the wings as a hawk*]. **18g.** E. T. RHYS: *DA* 149, Eich bai wrth geryddu, oedd eisiau *mantellu* / Fy meiau, a'u celu, rhag golwg y wlad. **1803** *P*. Ar lafar yn sir Benf. yn golygu 'to tie up a baby in a shawl on one's back', *GDD* 194.

mantellan, gw. mantell.

mantellfrych, gw. mantell + brych.

mantellig, gw. mantell.

mantellog [*mantell* + *-og*] *a.* Yn gwisgo (â) mantell, hefyd yn *dros*. ac yn *ffig*.: *mantled, cloaked, mantling, cloaking, also transf. and fig*.

1803 *P*.

mantfach [*mant* + *bach*[2]] *eg.* ll. *-au.* Mandibl: *mandible*.

1888.

mantgaead [*mant* + *caead*] *a.* Tawedog, distaw (ynghylch cyfrinach): *tight-lipped*.

Ar lafar yn Arfon yn y ff. *bantgaead*, 'Maen' nhw'n ddigon *bantgaead* hefo rwbath leician nhw', 'They can keep their mouths closed well enough when they like', *WVBD* 31.

mantiaf: mantio [bf. o'r e. *mant*] *ba.* Cyffwrdd â'r genau, blasu, archwaethu: *to touch with the mouth, taste, savour*.

Diw. **19g.** *SE MS* 283a, *mantio* bwyd, to taste food, Mawddwy.

mantig [bnth. S. *mantic*] *a.* O natur ddewindabaethol, daroganol, dewiniol: *mantic*.

20g.

mantigion [*mant* + *-ig*[2] + y trf. ll. *-ion*] *e.ll.* Trychfilod a chanddynt fandiblau: *mandibulates*.

1851.

mantimniaf: mantimnio, gw. maentumiaf: maentumio.

mantis [bnth. S. *mantis*] *eg.* Un o nifer o fathau o drychfilod cigysol o deulu'r *Mantidæ*: *mantis*.

1851.

mantiw [bnth. S. *manteau*] *eb.* Math o wisg uchaf lac a wisgid gan ferched: *manteau*.

1777 E. ROBERTS: *DG* 63, Ie ynglun ai montin mewn paîs a *mantîŵ* / bydde yno rhagor gêrwin a rhegi garw.

mantl, gw. mantel.

mantlpis, mantl-pis [bnth. S. *mantelpiece*] *eg.* Adeilwaith addurnol uwchben y lle tân, mantell simnai, silff ben tân: *mantelpiece, mantelshelf*.

20g. Ar lafar yn y De, *LGW* 323, yn gyff. yn y ff. *mamplis*(*h*).

Gw. hefyd mantel.

mantol [H. Lyd. *montol*, gl. *libra, trutina*] *eb.* ll. *-au.*

(*a*) Clorian, tafol, y naill neu'r llall o blatiau clorian; pwysau, gwrthbwys, yr hyn a roir yn ychwanegol mewn bargen, gwarthal, tro'r fantol; cyfartaledd pwysau, cydbwysedd; y berthynas rhwng derbyniadau a thaliadau, &c., yn enw. mewn menter fasnachol neu dŷ busnes; (geir.) trawst (clorian); hefyd yn *ffig*.: *balance, scales, scale-pan; weight, counterpoise, counterweight, counterpart, something additional given in a bargain, turn of the scales; equilibrium, balance; balance* (*of accounts*); (*dict.*) *beam* (*of a balance*); *also fig*.

9g. (*MC*) *VVB* 184, *menntaul*, gl. *bilance*. **13g.** *MA*[2] 218a. 27, Dy *fantawl* nid hawl nid hawdd hynny (Dafydd Benfras). **13g.** *BD* 115, Canys *mantavl* vedeginyaeth (*Stateram* . . . *medicine*) a arwed. *c.* **1300** *H* 21b. 35, Gweleis a gereis ny gar *mantawl* (Einion ap Gwgon). *id.* 101a. 40, nam dod ut mantoet [drll.] ym *mantawl* ac eur (Llywarch ap Llywelyn). **14g.** *HMSS* ii. 116, Yr gwr . . . a duc y sawl vein a gwyd yny eglwysseu ef. ac eu dodi yn y *vantawl*. a mwy y tynnawd hynny ar da noe bechodeu ef. **1545** *CM* 1, 126, ynn arwyddockav kyuiownder megis *manttol* klorian. **1567** *LlGG* (*Sall*) 33b, o'i dodi yn y clorianeu [:– *vantol*, tavl]. **16–17g.** *DCR* 258, llathen ferr a phwvse ar *fantol* i'r naill ben. **1604–7** *TW* (*Pen* 228), Cymmwystra . . . pan vont y *mantolæ*'n vnion d.g. *aequilibrium*. **1632** *D*, *mantawl*, & *mantol*, æquilibrium, æquipondium, libramentum, lanx. **1688** *TJ*, *mantawl*, *mantol*: Clorian, Scales, or Ballance. **1718** E. SAMUEL: *HDdD* 189, Cydbwysa y rhain . . . ym *mantolau* rheswm Cyffredinol. **1722** *Llst* 189, *mantawl*, f.p. *tolau* . . . counter-poise. *c.* **1762–79** W. WILLIAMS: *P* 266, [p]rophwydi . . . yn datguddio . . . poenau'r bedd, y cwestiwn, a'r treial, y *fantol* . . . a'r ffordd sydd i'w theithio, y dydd olaf. **1770** *W* d.g. *balance* [*even weight*], *the scale of a balance, boot* [*what, in exchanging things, is given on one side, in order to bring that to an equal value with the other*], *counter-balance* [*an opposite weight*], *equipoise* [*equality or evenness of weight*], *scales, or a pair of scales*. **1778** J. HUGHES: *BB* 245, Pe codem i'r *fantol*, wir grefydd ysprydol. **18–19g.** *Llr* C 4, 51, *mantol* in NW. ye turn of ye scales. **1803** *P*, *mantawl* . . . the beam of a balance. Ar lafar yn Llŷn ac ym Môn golyga 'gambren mawr', *LlLlM* 99. Digwydd yn yr e. lle *Y Fantol* ger Rhoshirwaun, Llŷn.

(*b*) (a'i ragflaenu gan y fannod) *Ser.* Y seithfed arwydd yng nghylch y Sygnau yr â'r haul iddo adeg cyhydedd yr hydref: *Libra, the seventh sign of the Zodiac*.

13g. *DB* 75, y seithuet sygyn yu y *vantaul* (*libra*) . . . am y chyfyaunder y gelwir y *vantaul*, ac am y chyvartalrwyd. **13g.** *B* xxi. 299, Pwys e *Vantaul* (*libre*) a digwyd en gam. **13g.** *BD* 115, ar y *uantavl* y galwant (*stateram provocabunt*). **15g.** (*Diw.* **16g.**) *Gwyn* 3, 302, y *fantol* glwyfol yn glais i'm colydd (Lewis Glyn Cothi). **15g.** *DN* 106, y *Vantol*, a'r glas goludd, / Arrennau gŵr, a'r hyn a gudd. **1546** *YLlH* [17], Yr haul yn y *vantol*. **1770** *W* d.g. *the balance* [*one of the celestial signs*], *Libra* [*one of the 12 signs of the Zodiac so called*]. **1795** J. THOMAS: *AIC* 333, Arwyddion y Deheu ydynt. y Fantol. **1803** *P*.

Amr.: **maentol. 16g.** *TRP* 252. *c.* **1550** *CRC* 299. *a.* **1587** *Y* 71. **1587** *id.* 236. **1604–7** *TW* (*Pen* 228) d.g. *momentum*.

Cfn.: **mantol a mantol:** *finely balanced*. **1778** *W* d.g. *nice* [*ticklish, &c.*]. **m. fantais:** *swingletree which gives the advantage to the weaker of two horses in a team*. Ar lafar yn Llŷn. Cf. *cambren—c. mantais, tinbren—t. mantais*. **m. fasnach:** *balance of trade*. **20g. m. sbring:** *spring balance*. **20g. m. daliadau:** *balance of payments*. **20g. ar (y) f.:** *finely balanced, easily unbalanced; under judgement*. **16–17g.** *DCR* 188. **17g.** HUW MORUS: *EC* ii. 184, 292. **bod â'r fantol yn f'erbyn (ei erbyn,** &c.): *to have the scales weighted against one, have the odds against one*. **1778** *W* d.g. *odds, to have the odds against one*. **(bod) yn y f.:** (*to be*) *in the balance, at stake*. **1784** P. WILLIAMS: *YC* 79. Ar lafar yn gyff. Cf. *H* 101a. 40 uchod.

Am *troi'r fantol*, gw. trof: troi.

Gw. hefyd mantolen.

mantolaeth, mantoliaeth [*mantol* + -*(i)aeth*] *eb.g.* Cydbwysedd, cydbwysiad, mantoliad: *balance, equilibrium, a balancing.*
1844.

mantolaf: mantoli [bf. o'r e. *mantol*] *bg.a.* a'r be. gyda grym enwol. Dodi mewn mantol, cloriannu, pwyso, tafoli, hefyd yn *ffig.* mesur a phwyso, ystyried, barnu, &c.; cydbwyso, gwrthbwyso, cadw'n gytbwys, cadw cydbwysedd; troi('r fantol), gorbwyso, hefyd yn *ffig.*; dangos perthynas derbyniadau a thaliadau, &c., mewn (cyfrifon): *to weigh (on scales), also fig. ponder, consider critically; be or make of equal weight, counterbalance, balance; turn (the scales), outweigh, also fig.; balance (accounts).*
a. **1587** *Y* 29, Buost was dewr, bostiaist di / Mewn taliaith fy *maentoli.* **1604–7** *TW* (*Pen* 228) d.g. *repenso.* **1630** R. Llwyd: *LlH* 349, rhwysc y byd sy'n *mantoli* (*weigh down*) pob peth ac â ellir ei adrodd allan o air Duw. **1632** *D* d.g. *libro.* **1701** E. Wynne: *RBS* 110, [d]igon o fendithion er *mantoli*'r hôll ddrygau. **1718** E. Samuel: *HDdD* 226, F'all ei Bechod ynteu ysgatfydd *fantoli* (J. Langford: *HDdD* 245, droi'r clorian) o herwydd achosion Eraill. **1722** *Llst* 189, *mantoli*, to ballance, poise, weigh. **1770** *W* d.g. *to balance* [*bring two things to an equipoise*], *to equipoise* [*weigh or balance equally*]. *id. mantoli* (cyfartalu, cymmharu) cŷd-gyfrifon, cŷd-fantoli cyfrifon d.g. *to make, to make up accounts &c.* **1790** Twm o'r Nant: *GG* [iii], fe fu [llyfr] fel yn y cloriannau yn hîr, cyn gwybod yn sicr i ba ben y *mantolai.* **1792** *AE* 14, nes y byddo i dy galon . . . gael ei *mantoli.* **1800** W. Owen[-Pughe]: *CP* 52, fod *mantoli* o blaid y diweddaf o 513p. 15s. 6c. **1803** *P.*
Amr.: **maentoli.** *a.* **1587** *Y* 29, 31, 82. **1604–7** *TW* (*Pen* 228) d.g. *libro, pendo, pensans.*

mantolaidd [*mantol* + -*aidd*] *a.* Cytbwys, yn *ffig.*: *balanced, fig.*
1871.

mantoledig [bôn y f. fl. + -*edig*] *a.bfl.* Wedi ei fantoli, cytbwys, hefyd yn *ffig.*: *balanced, also fig.*
1770 *W* d.g. *balanced.* **1803** *P.*
Am *cyllideb fantoledig*, gw. cyllideb (At.).

mantoledd [*mantol* + -*edd*] *eg.* Cydbwysedd; mantol (gyfrifon): *balance, equilibrium; balance (of accounts).*
1861.

mantolen [*mantol* + *llen*] *eb.* Taflen sy'n dangos y berthynas rhwng derbyniadau a thaliadau, &c., yn enw. mewn menter fasnachol neu dŷ busnes: *balance-sheet.*
1895.

mantoliad [bôn y f. fl. + -*iad*[1]] *eg.* ll. -*au.*
(*a*) Y weithred o fantoli; cydbwysedd; hefyd yn *ffig.*: *a balancing or weighing; balance, equilibrium, equipoise; also fig.*
1641 *B* xxv. 125, Nid anllai oedd i ffansi yntef ai gariad atti hithav. Felly roedd yr inion *fanteliad* [*sic*] kyffelib kariad or ddav tv. **1773** *W* d.g. *equilibration, libration.* **1803** *P, mantoliad*, a balancing.
(*b*) *Ser.* Osgiliad corff nefol (yn enw. y lleuad): *libration (in astron.).*
1834.
Cfn.: **mantoliad gallu:** *balance of power.* **1868.** *Ser.* **m. y lleuad:** *libration of the moon.* **1851.**

mantoliaeth, gw. mantolaeth.

mantol-len, gw. mantolen.

mantolus [*mantol* + -*us*] *a.* Cytbwys; yn cydbwyso; yn perthyn i fantol: *balanced; balancing; pertaining to a balance.*
1839.

mantolwr, mantolydd [bôn y f. fl. + -*wr*, -*ydd*[3]] *eg.* ll. -*wyr.* Un sy'n mantoli, pwyswr, hefyd yn *ffig.*: *one who weighs or balances, also fig.*
1803 *P, mantolwr*, a balancer.

mantra [bnth. S. *mantra*] *eg.* ll. -*s.* Emyn Fedig; llafarganiad cysegredig Bwdïaidd neu Hindŵaidd: *mantra.*
1866.

Mantsiŵaidd [bnth. S. *Manchu* + -*aidd*] *a.* Yn perthyn i lwyth Mongolaidd o Fantsiwria a deyrnasai yn Tsieina o 1644 hyd 1912: *Manchu (adj.).*
1858.

mantumiaf: mantumio, gw. maentumiaf: maentumio.

mantwn, gw. mantel.

manuffactraf: manuffactro, gw. maniwffactraf: maniwffactro.

manus, mân us [*mân*[1] + *us*] *e.tf.* ll. *manusod.* Gwisg allanol ysgafn grawn ŷd a dynnir ymaith wrth ddyrnu, us, gwannus, peiswyn, ehedion, hefyd yn *ffig.* ac yn *dros.*: (*light*) *chaff, separated grain-husks, also fig. and transf.*
16g. (*LlEG*) *Mos* 158, 203a, mynne[d] Ar grawn oddiar wyr lloyg[r] ac yn gadel y *manus* Ir saysson. **1567** *TN* 86a, a'r vs [:– peiswyn, *manus*, gwanus] a lysc ef. **16g.** *LlGC* 4581, 137a, *manus* gwenith ne haidd. *id.* 163a, llyfnach ei col [rhyg] nor gwenith a gronynnæ ar wynep y *manusot* a megis ar ddihitlo ac yn ddudrist. **16g.** Wiliam Cynwal: *Gw* (R. L. Jones) 29, Ni bu 'rioed, dyna bur wŷdd, / *Fanus* yn had Eifionydd. *a.* **1587** *Y* 170, O rhoir yr vn had i'r rhych, / Rhyw *fanvs*, yn rhy fynych, / Gweigion ŷd coeg a gawn i, / Oerwaith fyd, wrth i fedi. **1588** *Job* xxi. 18, fel *mân-us* yr hwn a gippia y corwynt. **1588** *Hos* xiii. 3, fel *man-us* a chwaler o'r llawr dyrnu. **1615** R. Smyth: *GB* 160, yn phrwytho yn unig un dowysen ne ddwy, a'r heini yn goegion ag yn wag ag yn llawn col a *manys.* **1632** *D* d.g. *achyron, acus.* **1706** *Cyf Cym* 121, Mae 'r gwenith a'r *manus* yn cydtufu [*sic*] ond ni chyd orweddant. **18g.** *W Ballads* 142, 8, Gan ddwe[u]dyd ar frŷs gwell gwenith nag ŷs, / Anfelus iw *Manys* i min. **1771** *W* d.g. *chaff, the husk of corn.* **1803** *P.* Ar lafar yn y Gogledd, *WVBD* 364, *B* xiii. 141. Fe'i defnyddir yn *ffig.* am rywbeth isel ei werth, e.e. "Doedd hi ddim yn malio catiaid o *fanus* am neb arall', "Dydyn' nhw ddim yn werth catiaid o *fanus*'.
Am *gwely manus, te m. haidd*, gw. gwely, te.

manusaidd [*manus* + -*aidd*] *a.* O natur manus, diwerth: *chaffy, worthless.*
1806 Twm o'r Nant: *H* 71, barnu eich bod yn pwnio gormod o betheu distadl *manysaidd* yn eich greal.

manusgasgl [*manus* + *casgl*] *eb.g.* a hefyd fel *a.* Pentwr o fanus, eisingrug; llawn manus, manuslyd: *chaff-heap; full of chaff.*
1605–10 *AP* 30, nychaf isgil yr oferddor mewn gwal *fanysgasgl* . . . gardotwrach uchelglun. *id.* 33, a gwâl o *vanysgasgl*, gwrthbangarp. *c.* **1730** *Thos. Lloyd D* (LlGC), 170a, *mànusgasgl* . . . full of chaff.

manuslyd [*manus* + -*lyd*] *a.* Llawn manus, a manus ynddo, uslyd: *chaffy.*
16g. *AP* 8, Nessaf dim i ti gael yma hendy go dowyll, a gwal *vanysslyd* a charthenn dduoer ith nessaf. **1632** *D* d.g. *aceratus, acerosus.* **1722** *Llst* 189, *manuslyd*, full of chaff.

manusog [*manus* + -*og*] *a.* Manuslyd, uslyd, hefyd yn *ffig.*: *chaffy, also fig.*
17g. (**18g.**) *BL Add* 14974, 66, Athrawon gŵyrgeimion gau / *Manusog* eu monwesau.

manŵaidd, manwyaidd, manwiaidd, manweaidd[1]**, manweuaidd** [?**manw* (cf. *difenwaf: difenwi*) + -*aidd*; tebyg mai ffrwyth ei gysylltu â *gwe, gweu* yw'r ff. *manweaidd, manweuaidd*] *a.* Mân, heb fod yn arw neu'n fras, main, tenau, heb fod yn ddwys neu'n drwchus; craff, treiddgar: *fine, slender, thin, refined, not dense; subtle, acute, keen, penetrating.*
1346 *LlA* 8, megis ymae *manweidyach* (*subtilior*) natur angel noc vn dyn. velly ymae kyfuarwydach ahuotlach noc ef. *c.* **1400** *Études* viii. 96, Resing heb groen ar eu grawn *manweidyach* ynt. **15g.** *DN* 80, A gair byth, o gae ir bach, / Fwyn wydd yn *fanwyeiddiach* [drll.]? **15g.** *GO* 63, Y Vyn vwyarol olwc, / *Vanwyaidd* iawn, vwynaidd ŵc. **1527** *B* ix. 126, a byssedd hirrion *manwyaidd.* **1545** *CM* 1, 458, a hroddi vdduntt twy vwyd *mannwyaidd* ysgauyn. **16g.** Siôn Brwynog: *C* 23, Myn fy Nuw, mae'n *fanwyaidd* / Mwng y llew blwng â lliw blaidd. **1552** *Pen* 403, [56], A hynny na baent twy [y dillad] ry *vanwiaidd.* **1604–7** *TW* (*Pen* 228), moled o liein *manwiedd* d.g. *amictorium.* *id.* cymrwt calch *manwieeidd* [*sic*] d.g. *intrita.* *id.* gwytrvaen ner Glass *manwieidd* d.g. *lapis, lapis arabicus.* *id.* bara coesset *manwieiddiaf* d.g. *panis . . . similagineus uel similaceus.* *id. manweuheidd . . . manwieidd* d.g. *subtilis.* **1632** *D, manwyaidd*, & *Manwéaidd*, & *Manŵeidd*, subtilis, tenuis, exilis. **1688** *TJ, manwŷaidd, manweâidd manweidd*, dysgedig, doeth, Cyfrwys, hefyd Tenneu [*sic*], main: subtle, also fine, small. **1773** *W, manwéaidd, manwyaidd, manwaidd* d.g. *fine* [*apply'd to cloth, linen, &c. and opposed to coarse, i.e. made of very slender threads*]. *id. manwyaidd, manwëaidd, manŵaidd* d.g. *subtile* [*fine or consisting of minute parts, not gross or coarse*]. **1803** *P, manwaidd*, of a subtile quality. *id. manwyaidd*, of a fine, thin, or subtile texture.

manwair [*mân*[1] + *gwair*[1]] *eg.* Gwair mân, gwair sydd heb fod yn fras neu dew: *fine hay.*
14g. *GDG*[2] 165, Drennydd, uwch y llanw *manwair*, / Dy grogi, a gwae fi, Fair [i'r mwdwl gwair]! *Dchr.* **17g.** *Mos* 212, 48, mwyn yw meingan mewn *manwair.* **17g.** *LlGC* 695, 58, gwedir *manwair* Rhoir mwynddyn / j ladd i geirch fel alarch gwyn [i drefnu gwasnaethwr]. **17g.** E. Morus: *Gw* 39, Dol-wair a *man-wair* mynydd.

manwaith [*mân*[1] + *gwaith*[1]] *eg.* a hefyd fel *a.* Gwaith mân neu fanwl, cywreinwaith, rhywbeth a weithiwyd yn fân ac yn gywrain: *fine, delicate, ornate, or elaborate (piece of) work, exquisite work.*
15g. *DN* 80, Y fun lwys o fân laswydd / A wnaeth gae o *fanwaith* gwŷdd [i'r cae bedw]. **15g.** *CSTB* 35, Myn wyth gae *manwaith* gwiail. *id.* 40, Â'r *manwaith* ar ei menig, / A'r bariau aur ar ei brig. **16–17g.** *GST* i. 501, Minnau sy'n naddu *manwaith* / Â'm bwyell wan ambell waith. **17g.** *NBSF* 514, Tlws sâd lŷs odiaith / Trefnaist hir *fanwaith* / annedd gywirwaith / newydd gaerau.
Fel *a.* O wneuthuriad mân a chywrain, mân, hardd, lluniaidd; ?amheuthun: *finely wrought, fine, exquisite, delicate, beautiful, shapely; ?delicate, choice (of food).*
Dchr. **15g.** *B* viii. 136, O Geingeu glythineb . . . Or keissyawd petheu ry *vanweith* neu ry drut. **15g.** *HCLl* 140, Y ddyn *fanwaith* gyweithas / Ar ael glyn â'r olwg las. **1790** Twm o'r Nant: *GG* 142, Gwe *fanwaith* graigwaith, grogwyd, o'r ddwy Sir, / Hi ddewisol wnaethpwyd [i Bont y Cambwll].

manwallt [*mân*[1] + *gwallt*] *eg.* a hefyd fel *a.* (Â) gwallt mân, hefyd yn *dros.* (â) dail neu fân frigau: (*having*) *fine hair, also transf. (having) leaves or small twigs.*
14g. *GDG* 83, Gŵr wyf yn rhodio ger allt / Dan goedydd, mwynwydd *manwallt.* *id.* 153, Feinion aeliau, fwyn olwg, / *Fanwallt* aur, fuanwyllt wg. **15g.** *IGE*[2] 225, Dwy bleth ddwbl merch gwbl o gamp, / Dwy nobl *fanwallt* dyn abl-lamp [Ieuan ap Rhydderch i ganmol gwallt merch]. **15g.** *DN* 82, Ag na fynned gwen *fanwallt* / Gribau gwŷdd i gribo i gwallt. **15g.** *ID* 26, lleian i gael llvn a gwedd / llin *vanwallt* llawn o vonedd. **15g.** *CSTB* 46, A phob bedwlwyn mwyn *manwallt.* **16g.** *Pen* 76, 128, ysdronaidd wyd . . . / wrth ath gar veinwar *vanwallt.* **16–17g.** E. Prys: *Gw* 258, Dymuno dan do *manwallt*, / Gael ei wraig olau i'r allt. **17g.** Huw Morus: *EC* i. 145, O's teg a thlws oedd Fenws *fanwallt.* **18–19g.** Ieuan Lleyn: *C* 63, Crinodd, 'e gwympodd y gwallt,—wele dôf / Ail-dyfodd yn *fanwallt*,—/ Heddyw gwyn fel haidd gwenallt, / Fethiedig, wywedig wallt.

manwawn, gw. mân[1] + gwawn.

manwe [*mân*[1] + *gwe*] *eg.* ll. -*oedd*, weithiau gyda grym ansoddeiriol. *Biol.* Y defnydd neu'r gwead organaidd sy'n ffurfio corff (neu ran o gorff) anifail neu blanhigyn, cnodwe, meinwe; edefyn main, ffibr: (*body or plant*) *tissue; fibre.*
1858.

manweaidd[1]**,** gw. manŵaidd.

manweaidd[2] [*manwe* + -*aidd*] *a.* Mânedafeddog, ffibrog: *fibrous.*
20g.

manweeidd-der, -dra, manwieidd-dra, manweidd-dra [*manweaidd, manwiaidd, manŵaidd* + -*der*, -*dra*] *eg.* Y cyflwr neu'r ansawdd o fod yn fanŵaidd, meinder, teneuwch: *fineness, thinness.*

1604–7 *TW* (*Pen* 228), *manwieiddra* d.g. *subtilitas, tenuitas.* **1632** *D*, *manweaidd-der* d.g. *subtilitas, tenuitas.* *c.* **1700** *CM* 15, [26], C. Pa gyneddfau fydd i gorph gogoneddus? A. Anoddefusrwydd, cyflymdra *Manweeider* [*sic*], a disgleirder. **1722** *Llst* 189, *manweidd-dra*, fineness, thinness. *c.* **1730** *Thos. Lloyd D* (LlGC) 170a.

manweeiddrwydd [*manweaidd*[1] + *-rwydd*] *eg.* Y cyflwr neu'r ansawdd o fod yn fanŵaidd, meinder: *fineness.*
1794 *W* d.g. *subtility.*

manweidd-deg, manwyeidd-deg, manwieidd-deg [*manŵaidd, manwyaidd, manwiaidd* + *teg*] *a.* Tirion a hardd, lluniaidd, prydferth: *gentle and beautiful, fine, fair.*
14g. *IGE*[2] 16, Môn yr af—dymunaf reg / Mynydddir *manweidd-deg.* **1604–7** *TW* (*Pen* 228), *manwieidddeg* d.g. *venustus.*

manweidd-dra, gw. manweeidd-der.

manweiddflew, manweeiddflew [*manŵaidd, manweaidd*[1] + *blew*] *e.tf.* a hefyd fel *a.* Ffwr; a blew manŵaidd ganddo: *fur; having fine hair.*
15–16g. *TA* 423, Magu, rhwng y mwg a'r rhew, / Mynyddflaid[d] *manweeiddflew* [i farch]. **1773** *W* d.g. *fur* [*the soft hair of some animals* . . .].

manwel [bnth. S. C. *manuel(e)* 'manual'] *eg. Egl.* Llyfr gan yr Eglwys yn yr Oesoedd Canol yn cynnwys y ffurfwasanaethau yr oedd offeiriaid i'w harfer wrth weinyddu'r Sacramentau, &c., hefyd yn *ffig.*: *manual, book in the medieval Church containing the forms prescribed to priests for the administration of the sacraments, &c., also fig.*
15g. *B* v. 10, A sêl a llyfr *Manwel* mawr / O'r aur oll ar yr allawr (Lewis Glyn Cothi). **15g.** *DE* 105, vn a llengau ynnull angel / o nef enwau yn i *fan*[*w*]*el.* **15–16g.** *GLM* 339, Och fo i lyfr priodas / a'r *manwel*, sy'n caffel cas. **17g.** *Llst* 133, 30b, E ddoe'n yr oen dduw'n ei wres / A'i *fanwel* yn ei fynwes. *ib.* Mwyn fel Angel yw'r prelad / *Manwel* yw ymîn y wlad [Lewys Powys i ficer Aberriw].
Gw. hefyd llyfr[1]—ll. manwel, maniwal.

manwellt [*mân*[1] + *gwellt*] *e.ll.* (un. g. *-yn*) neu *e.tf.* Gwellt neu laswellt mân neu fyr: *fine or short straw or grass.*
1595 *Egl Ph* 9[9], Py bai gwellt, a'r *manwellt* man, / A'r grawn ir, a'r gro'n arian. **18–19g.** *Iolo MSS* 174, gwely esmwythber o *fanwellt.* *id.* 180, Bwrnel o *fanwellt* a chlustog frwyn. **1811** *LlGC* 1762, ii. 173b, Threshing—cribo allan y *manwellt* a tharo 'r bon ynghyd ar llawr i wastadhau pennau y cawn.

manwerth, mân werth [*mân*[1] + *gwerth*] *eg.* a hefyd fel *a.* Gwerthiant nwyddau fesul ychydig at iws prynwr cyffredin (gthg. *cyfanwerth*), adwerth; yn perthyn i werthiant nwyddau fesul ychydig: *retail* (*n. and adj.*).
[**1783**] *W*, *mân-werth* d.g. *retail.*
Am *cyfanwerth a manwerth*, gw. cyfanwerth.

mân-werthaf: mân-werthu [*mân*[1] + *gwerthu*] *ba.* Gwerthu (nwyddau) fesul ychydig, gwerthu'n fân, adwerthu (gthg. *cyfanwerthu*): *to sell* (*by*) *retail, retail.*
[**1783**] *W* d.g. *retail, to* [*sell by*] *retail.* **1794** E. Jones: *CP* 139, y rhai fae yn *mân-werthu* gwin i'w yfed yn eu tai ei hunain. **1803** *P*, *manwerthu*, to sell by retail.

mân-werthiad [bôn y f. fl. + *-iad*[1]] *eg.* Y weithred o fân-werthu; gwerthiant nwyddau fesul ychydig, manwerth: *a retailing; retail.*
[**1783**] *W*, *mân-werthiad* d.g. *a retailing.* **1803** *P*, *manwerthiad*, a retailing.

mân-werthol, manwerthol [*mân werth, manwerth* + *-ol*] *a.* Yn ymwneud â gwerthiant nwyddau fesul ychydig (gthg. *cyfanwerthol*): *pertaining to or connected with retail sale, retail.*
1851.

mân-werthwr [bôn y f. fl. + *-wr*] *eg.* ll. *-wyr.* Un sy'n gwerthu nwyddau fesul ychydig yn uniongyrchol i'r defnyddiwr (gthg. *cyfanwerthwr*), ailwerthwr; gwerthwr mân nwyddau, mân-nwyddwr; pedler, gwicwr, edwicwr; hefyd yn *ffig.*: *retailer; haberdasher; pedlar, hawker; also fig.*
1774 *W*, *mân-werthwr* d.g. *haberdasher, retailer.* **1794** J. Williams: *AGDd* [vi], [y] *mân-werthwr* hwn o opiniwnau'r Dr. Clarke. **1803** *P*, *manwerthwr*, a retailer.

manwes [amr. ar *banwes*] *eb.* ll. *-od, -au.* Hwch ieuanc (heb erioed ddod â pherchyll neu sydd wedi bwrw un torllwyth yn unig), banwes, hesbinwch: *young sow, gilt.*
1707 *AB* 218d, *manwes*, sus primùm parturiens. Vocatur & Hespin[w]ch. D. **1722** *Llst* 189, *manwes*, f.p. *manwesod*, a young sow. **1725** *SR*, *mammes* [*sic*] d.g. a Sow that Pigges the first Time. **1753** *TR*, *manwes*, a sow that hath brought but one litter, a young sow. [**1783**] *W* d.g. *sow* . . . *a young sow* [*that has littered but once*]. **1803** *P*, *mames* [*sic*], a mother or dam with her first young. Ar lafar ym Meir., sir Ddinb., a sir Drefn. am hwch ifanc heb fwrw ei thorllwyth cyntaf, *B* iii. 205.

manweuaidd, manwïaidd, gw. manŵaidd.

manwieidd-dra, gw. manweeidd-der.

manwieiddwaith, gw. manwiaidd + gwaith[1].

manwl [?amr. ar *manol*] *a.* a'r ll. *manylion* fel *e.* (un. g. *manylyn*).
(*a*) Union, cysáct, yn cynnwys manion neu'n ymdrin â hwy, trylwyr, disbyddol (am ddisgrifiad, esboniad, &c., gthg. *bras, cyffredinol*); gofalus (iawn), diesgeulus, cynnil, cybyddlyd; diwyd, dyfal, dygn, craff; caeth (o ran cred, daliadau, &c.), yn cadw rheolau, &c., i'r llythyren, llym; penodol; chwilfrydig, holgar, ymofyngar; mân, bychan: *exact, precise, detailed, exhaustive;* (*minutely*) *careful, meticulous, very attentive, parsimonious, stinting; diligent, sedulous, intent; strict* (*as to creed, tenets, &c.*), *punctilious, strait, rigid; particular, specific; curious, inquisitive; minute, small.*
c. **1400** *R* 1270. 41–3, bud tec bu oe rec ragor . . . *manwl* pawb wrth vy muner. **15g.** *LGC* 318, Siwan, ni bydd ry *vanwl* / O dda byd, verch Vr'edydd Bŵl. **1567** *TN* 202b, ac a esponiesont iddaw ffordd Ddew yn berffeithiach [:– *vanylach*, bebyrach]. *c.* **1585** G. Robert: *DC* [8a], i gnoi gil, megis i ail fwytta r bwyd, ag ai gwna yn fanach ag yn *fanylach.* **1588** *Math* ii. 7, Yna Herod . . . a'i holodd hwynt yn *fanwl* am yr amser yr ymddangosase y seren. **1588** *Act* xxvi. 5, fy mod i yn byw yn ôl y sect *fanylaf* o'n crefydd ni, yn Pharisæad. **1615** R. Smyth: *GB* 19, y mae yn rhaid i ni ymreswmu yn *fanwlach* o hyn o fatter. **1620** *Ecclus* iii. 23, Na fydd ry *fanwl* mewn pethau afraid. **1620** *Act* xxii. 3, wedi fy athrawiaethu yn ôl *manylaf* gyfraith (**1588** *id.* dull perffaith ddeddf) y tadau. **1632** *D*, *manwl*, & Manol, Curiosus, subtilis, exquisitus, exactus. **1632** J. Davies: *LlR* 45, pa fâth wr yw ei feistr ef . . . ai difraw ai *manwl* (*exquisite*) yn ei gyfrif. **1688** *TJ*, *manwl*, manol, dyfal, gofalus: diligent, careful. **1699** T. Jones: *TP* 57, mi a allaf ddywedŷd . . . fy môd i yn ofalus iawn . . . Iê yn y matter ymma hwŷ a ddywedent wrthif fy môd i yn rhŷ *fanwl.* **1701** E. Wynne: *RBS* 4, A Fo *manwl* o'i amser a fydd *manwl* o'i gwmpeini. *id.* 97, Ni waeth gan Rodreswyr *manwl* (*busy-bodies*) am wybodaeth ddiniweid na dyscedic. *id.* 98, Clustiau *manwl* ymofyngar. **1703** E. Wynne: *BC* 45, a gawn i nesau i gael *manylach* golwg ar y Brenhinlle godidog hwn? **1718** E. Samuel: *HDdD* 109, f'all hon [gweddi o gyfaddefiad] fod naill ai 'n gyffredinol a'i [*sic*] 'n *fanwl* . . . y *fanwl* yw pan grybwyllom am amryw rywiogaethau a gweithrediadau ein pechodau. **1723** J. Jones: *LlA* 14, Ystyr cyfyngach a *manylach.* **1728** T. Baddy: *DDG* 30, edrychasant arnaf mo'r [*sic*] *fanwl*, megis ped fuasent heb weled Dyn gwyn erioed o'r blaen. **1774** W. Williams: *A* 14, Y gwahaniaeth rhyngddynt sydd ry *fanwl* i ddyn ei ganfod. **1803** *P.*
(*b*) Cywrain ei wneuthuriad, celfydd, cain, dillyn; hardd, glandeg: *ingenious, elaborate, fine, delicate, refined; beautiful, fair.*
c. **1300** *H* 49a. 13–14, Gwery vanon *vanwl* . . . gorne gwawr vore ar uor diffeith. *id.* 49b. 3, *manyled* meinwen mal yt yolir [rhieingerdd Efa gan Gynddelw]. [**1547**] W. Salesbury: *OSP* [xi], amryw vydroedd . . . cystal eu deunydd . . . anyd bot yn well eu cytcan, ac yn *vanylach* y gerdd na yr eino yr hen Brytanait. **1547** *WS*, *manwl*, fyne. **1661** E. Lewis: *Drex* 202, paentiwr a'i *fanwl* gelfyddyd. **17g.** Huw Morus: *EC* i. 146, Fy seren wen . . . / O ran dy ddäed, yr wy 'n dy ddewis, / Heb fod fawr nes i'r fynwes *fanwl*, / Gwael fy modd i gael fy meddwl. **1722** *Llst* 189, *manwl*, curious, dainty, fine, perfect, formal, affected, elaborate. **1740** T. Evans: *DPO* 190–1, er cymmaint oedd o bethau *manwl* a godidog . . . o Gywrainwaith a Thaclusrwydd Celfyddyd . . . yn y Ddinas fawr honno [Rhufain]. **18g.** *LlGC* 9, 629, Pan gadd o ei foddus feddwl ar Gorph y *fanwl* fun. **1772** *W* d.g. *curious* [*applied to a piece of work, &c. fine or exquisite*], *delicate* [*apply'd to a piece of work* . . .], *elaborate.* Ar lafar ym Morg. a Chaerf., 'gwineb *manwl*' (h.y. hardd yn ei fanylion), 'plentyn *manwl*', 'child with perfectly formed, dainty features'.
(*c*) Yn perthyn i'r gelfyddyd ddu: *occult.*
1588 *Act* xix. 19, Llawer hefyd o'r rhai oeddynt yn arferu y *manwl* gelfyddodau hynny (**1620** *id.* yn gwneuthur rhodreswaith [:– manylwaith]), a ddygâsant eu llyfrau, ac a'u lloscasant.
Fel *e.ll.* Rhannau neilltuol sy'n perthyn i rywbeth cyfan (yn enw. ffeithiau llai pwysig ynglŷn â rhyw wrthrych, hanes, digwyddiad, &c.), manion: *particulars, details, minutiae.*
1848.
Amr.: **manwyl.** **1551** W. Salesbury: *KLl* liva, lxxviib. **1567** *TN* [xxxiv]. **1716–18** *Llsgr R. Morris* 137. **1794** E. Jones: *CP* v. **1795** J. Thomas: *AIC* 90, 133, 308. Ar lafar yn Arfon, *WVBD* 364.
Cfn.: **manwl gywir:** *precise, strictly accurate, rigorous, exact.* **1843.**
Gw. hefyd manol.

manwlith [*mân*[1] + *gwlith*] *eg.* Gwlith mân neu ysgafn, yn *ffig.* am rym adfywiol neu adferol: *fine or light dew, fig. of refreshing or reviving power.*
1346 *LlA* 93, ac onadunt [llygaid] yngwanegv mandagreu karueidserch. megys *manwlith* mis mei. *id.* 99–100, ac yna gwybyd . . . ymae *manwlith* yr yspryt glan adywetpwyt vry yryuot yngwanegu megys mandagreu oe rudellyon lygeit ysyd yn dyuot yth galonn. **16–17g.** *RAGR* 258, Ail *manwlith* Mai forevddydd. **1696** *CDD* 170. **18g.** *NBSF* 210, A Bendith fel *manwlith* Mai. **18g.** E. T. Rhys: *DA* 115, Taena'r *manwlith* dryfrith dros / Ddyffrynnau, bryniau, rhiwiau, rhôs (Ifan Gruffydd).

manwnion, gw. manwynnau.

manwraidd, mân wraidd [*mân*[1] + *gwraidd*] *e.ll.* a hefyd fel *a.* Gwreiddiau bychain main, gwreiddiach, gwreiddios; ffibrau; ffibrog: *small fine roots, rootlets; fibres; fibrous.*
16g. (**1763**) W. Salesbury: *LlM* 125, a gwreiddin hir caled a *manwraidd* oi ystlys. *id.* 214, gwreiddin a Llawer o *van wraidd* yn tyfy o y arno. **1632** *D*, *Man-wraidd* d.g. *capillamentum.* *id. manwraidd* coed neu lysiau d.g. *fibra.* **1722** *Llst* 189, *man-wraidd*, fibres, strings of roots. *c.* **1730** *Thos. Lloyd D* (LlGC) 170a, *manwraidd*, fibræ. **1771** *W* d.g. *capillament* [*the fibres, or hair-like threads about the roots of plants*], *fibres.*

mân-wreiddiog, manwreiddiog [*mân wraidd, manwraidd* + *-iog*] *a.* Llawn manwraidd, ffibrog: *fibrous.*
1773 *W*, *mân-wreiddiog* d.g. *fibrous.*

manwrysg [*mân*[1] + *gwrysg*] *e.ll.* Brigau, llwyni bychain, prysgwydd: *twigs, small bushes, brushwood.*
14g. *GDG*[2] 124, Crair hy bron, a ffy ar ffysg, / Craig, bwhwmanwraig *manwrysg* [i'r ysgyfarnog]. *p.* **1500** *Pen* 57, 83. **16g.** D. R. Thomas: *DS* 16, Daildai ddehuddai hoywddysg—bro diddan / Brydyddes y *man-wrysg* [i'r eos].

manwy [olff. o'r a. ddil.] *a.* Manŵaidd, cywrain, dillyn: *fine, exquisite, delicate, refined.*
1803 *P*, *manwy*, fine, rare, or subtile.

manwyaidd, gw. manŵaidd.

manwych, gw. mân[1] + gwych.

manwydydd, gw. mynawyd.

manwydd [*mân*[1] + *gwŷdd*[1]] *e.ll.* (un. b.

-en) ?a hefyd gyda grym ansoddeiriol. Coed, cangau, neu frigau bychain, prysgwydd, llwyni, mangoed: *small trees, branches, or twigs, shrubs, bushes, brushwood, undergrowth.*

13g. *LlI* 91, Pob keync a gyrcho kallon e pren o'r *manwyd* rydywedassam ny uchot. **14g.** *GDG* 40, Neud Mai, neud erfai adarfeirdd traeth, / Neud *manwydd* coedydd, wŷdd wehyddiaeth. *id.* 68, Neud golas, nid ymgelai, / Bronnydd a brig *manwydd* Mai. *id.* 158, Mawl dyfiant, gwiw foliant gwŷdd, / Mynwair o dewfrig *manwydd* [i'r het fedw]. **15g.** *GGl* 248, Nid muchudd *manŵydd* ym yw / Na gwefr, ni wn ei gyfryw [i ddiolch am baderau]. **15g.** *DE* 13, gofyn ym a gaf yn nes / gae *manwydd* i gav mynwes [i gae bedw]. **15g.** *ID* 13, is y *manwydd* os meinir / a ddaw i lys o ddail ir. **1588** 1 *Mac* iv. 38, a'r *manwydd* yn tyfu yn y neuaddau fel mewn coed. **16–17g.** *GST* i. 965, Miwsig mwyn ymysg *manwydd*, / Eos hyd y nos dan wŷdd. **1604–7** *TW* (*Pen* 228), *manwydden* d.g. *sarmentum*. **1632** *D*, ysgubell o *fanwydd* d.g. *fascis*. **1696** *CDD* 169, Ail roses ar y *mân-wŷdd*, / Neu ail i flodeu'r coedŷdd [am farwoldeb dyn]. **1707** *AB* 218d, *manwydd*, shrubs, brush-wood. S. **1748** *ML* i. 132, Mae yn awr yn tyfu ynddi [gardd] agos i bob llysieuyn syn hadu hâd . . . Ag hefyd goedydd a *manwydd* beth difesur! **1771** *W* d.g. *brush, or brush-wood, the loppings of trees, shrub* [*a dwarfish tree*], *shrubs*. **1803** *P*.

Amr.: **maenwydd** [*maen*[1] + *gwŷdd*[1]]. **1815.**

mân-wyddog, manwyddog [*manwydd* + *-og*] *a.* Llawn manwydd, prysglog, o natur prysgwydd: *full of shrubs or brushwood, shrubby.*

[1783] *W*, *mânwyddog* d.g. *shrubby*. **1803** *P*, *manwyddawg*, abounding with brushwood, or shrubs.

manwyeidd-deg, gw. manweidd-deg.

manwyl, manwylder, manwyldra, manwylrwydd, gw. manwl, manylder, manyldra, manylrwydd.

manwyn[1] [*mân*[1] + *gwyn*[1]] *a.* ll. *-ion*, *mânwynion*. Bychan neu fain a gwyn: *small or fine and white.*

1346 *LlA* 94, yny byrgrwnn desdluslwys [diwyg.] eneu ydoed *manwynnyon* danned ymbellyon. **16g.** *Pen* 76, 128, mwnwgl lliw eira *manwyn*. *id.* 153, ni daf bvr sidan *manwyn* / a llaw ynghanol y llyn. **1604–7** *TW* (*Pen* 228), peilliet *manwynna* d.g. *flos*. **1632** *D*, peilliaid *man-wynn* d.g. *flos*.

manwyn[2], **manwyniau, manwynion**[1], gw. manwynnau.

manwynion[2], gw. manwyn[1].

manwynnaidd [*manwyn*(*nau*) + *-aidd*] *a.* Manwynnog: *scrofulous.*

1831.

Amr.: **maenwynnaidd. 1831.**

manwynnau, manwnnau, manwyniau, manw(y)nion, manwynnon [?*mant* + *gw*(*y*)*niau* (ll. yr e. *gwŷn*), a'i ddeall yn ddiweddarach fel *man*[2] + *gwyn*[1] + *-*(*i*)*au*, *-*(*i*)*on*] *e.ll.* Clefyd o natur y darfodedigaeth ar y chwarennau lymffatig, clwy'r brenin; afiechyd a nodweddir gan ysmotiau gwynion ar y croen: *scrofula, king's evil; disease characterised by white spots on the skin.*

c. **1400** *Études* viii. 362, Eli rac y *manwynnyon*. **16g.** *Pen* 204, 10, llyma swyn rrac *ymanwnnion* mi aswyna yti rrac *ymanwynion*. **1604–7** *TW* (*Pen* 228), *manwynnae* d.g. *leuce*. *id.* y *Mann wnæ* d.g. *scrofula*. *Dchr.* **17g.** *J* 10, 26a, *manwynnau*, king's evill, Struma, Scrofula, leuce. **1632** *D*; *mann wynnau* d.g. *leuce*. *id.* *manwynnau* d.g. *scrofula*. **1716** T. Evans: *DPO* 216, Ffon S. Cyric, yr hon a jachai . . . bob math a'r [*sic*] chwydd a *manwynnau*. **1722** *Llst* 189, y *manwynnau*, the kings evil. **1724** T. William: *OL* 116, Edward y Cyffesswr . . . oedd y cyntaf a wellhaodd y Clefyd a elwir Chwydd y Gwddf, neu'r *manwyniau*. *c.* **1730** *Thos. Lloyd D* (LlGC) 171b, y *mann wynnau*, leuce, white morphew. **1740** T. Evans: *DPO* 275, Dafadennau, y Chwarren, y *Manwynnon*, a phob ryw chwydd yn y Gwddf a'r Cesseiliau. **1770** P. Williams: *BS*, *Hos* vii, megis clefyd y *manwynion*, gwedi iachau un clwyf, yn torri allan man arall. **1773** *W*, y *manwynnau* d.g. *the evil, or king's evil*. **1803** *P* d.g. *manwynau*, *manwynion*. Ar lafar yn y Gogledd yn y ff. *manwnne*, *manwnna*, *WVBD* 364; hefyd yng nghanolbarth Cered. yn y ff. *menwinion*, ac yn y De-ddwyrain yn y ff. *manwnon*.

Amr.: **maenwynnau, maenwnnau** [?adff. drwy gamdybio mai *maen*[1] yw'r elf. gyntaf, ond gw. hefyd *maen*[2]]. **1701** T. Jones: *Alm* [26], *maen-wnneu*. **1725** *SR*, *maenwnau* d.g. *evil, the King's evil*. *id.* *maenwynnau* d.g. *a King, the King's evill*. **18g.** L. Morris: *LW* 106, *maenwnna*. **mandwyn** [?cf. *mandwymnog*, a hefyd *uantwym*, *MM* 68]. **1803** *P*. **manwyn**[2] [?*man*[2] + *gwyn*[1], neu olff. o *manwynnau*, &c.] *eg.* **1604–7** *TW* (*Pen* 228) d.g. *leuce*. **1803** *P*.

manwynnog [*manwyn*(*nau*) + *-og*] *a.* A chlwy'r brenin arno, o natur y manwynnau, a achoswyd gan y manwynnau, manwynnaidd: *scrofulous.*

Dchr. **17g.** *J* 10, 26a, *manwynnog*, strumaticus, strumosus. **1722** *Llst* 189, *manwynnog*, scrophulous. **1773** *W* d.g. *the evil, or king's evil . . . having the king's evil*. **1803** *P*, *manwynawg*, strumous.

Amr.: **mandwymnog** [?cf. *mandwyn* a hefyd *uantwym*, *MM* 68]. *Dchr.* **17g.** *J* 10, 26b. **17g.** *LlGC* 13215, 348.

manwynnon, gw. manwynnau.

manwyr [*mân*[1] + *gwŷr*] *e.ll.* Gwŷr di-nod neu ddistadl, dynionach: *insignificant or obscure men, little men.*

15–16g. *TA* 365, Marw Cai Hir Meurig gwrol, / *Manwyr* [drll.] ynt ym Môn ar i ôl. **16g.** *WLl* 210, Ych bon [*sic*] Môn uwch benn *manwyr*. *a.* **1587** *Y* 44, Hyn ni fynnwn i *fanwyr* / O baen' i'th gefn, benaeth gwyr. **16–17g.** *CC* 379, ni bydd vn gair budd enw gwych / yn oes *manwyr* nas mynych.

mân-wythïog [*mân* *wythi* + *-og*] *a.* Ffibrog: *fibrous.*

1773 *W*, *mân-wythïog* d.g. *fibrous*.

manyd [*mân*[1] + *ŷd*] *e.tf.* Y grawn salaf, grawn mân, manion y grawn, gwehilion, tinion (yn enw. am geirch): *tail corn, small corn* (*esp. oats*).

16g. *Llst* 6, 90, aeth y gwr ar kayrch gwraidd / aeth ar holl wenith ar haidd / onyd or *manyd* yr mayrch / heb roi ysgib or brasgayrch. **16g.** Siôn Brwynog: *C* 36, M[ô]n, nid gwaith *manyd* a gwyg, / Maes â derw mawr Meistr Meuryg. **16g.** Gr. Hiraethog: *Gw* (D. J. B.) 95. 87–8, Trwm iawn yn troi'n y *manyd*, / Troell wen yn torri'r holl ŷd [i ofyn meini melin]. **16g.** *THSC* (1923-4) (At.) 47, ti a elly lennwi ffettan or *manyd* llaia ac a vo. **1604–7** *TW* (*Pen* 228) d.g. *far*. **1632** *D*, *manyd*, grana frumenti exiliora. **1722** *Llst* 189, *manyd*, small corn, tail corn, small oats. *c.* **1730** *Thos. Lloyd D* (LlGC) 170a, *manyd* . . . light corn. **1772** *W* d.g. *corn, tail-corn*. **1786** Twm o'r Nant: *PCG* 46, A'r *mân-ŷd* yn y brithyd. **1803** *P*. Ar lafar ym Môn am 'yr ŷd ail-orau a ddaw o'r dyrnwr', *LlLlM* 99.

Cfn.: **manyd y gynffon:** *tail corn*. **18–19g.** *Llr* C 11, 248.

manyglen [?bnth. Llad. *manuciol*(*um*) 'sypyn bychan, bwndel' + *-en*, cf. J. E. Lloyd: *HW* i. 214] *e?b.* ?Dyrnaid (o rawn ŷd), dyrnaid neu goflaid (o ŷd), ysgub: *handful* (*of grain*), *handful or armful* (*of corn*), *sheaf.*

9g. (*LlSC*) *LL* xlv, hic est census eius. douceint torth . . . ha huch. ha [do]uceint *mannuclenn*.

manyglion, mynyglion [gair geir.; ?cf. y gair bl.] *e.ll.* Manus, peiswyn, ehedion, gwehilion ŷd; blawd: *chaff, refuse of corn; flour.*

1604–7 *TW* (*Pen* 228), *mynyglion* d.g. *farina*. *id.* *manyglion* d.g. *palea*. *Dchr.* **17g.** *J* 10, 26a, *manyglion*, ehedion, gwehilion, farina. **17g.** *LlGC* 13215, 347, *manyglion*, ehedion, gwehilion. **1803** *P*, *manyglion* . . . the small or empty grains of corn.

manyglog, mynyglog[1] [gair geir. yn wr.] *eb.g.* *Bot.* Planhigyn parhaol sy'n tyfu mewn tir llaith cysgodol ac yn dwyn blodau porffor a melyn ac aeron cochion gwenwynig, elinog, *Solanum dulcamara*: *woody nightshade, bittersweet.*

17g. *LlGC* 13215, 347, *manyglog*, dulcamara. **1707** *AB* 218d, *manyglog*, Woody Night-shade, or bitter-sweet. [D]. **1778** *W*, *manyglog*, y *fanyglog* d.g. *night-shade, woody night-shade*. **1801** *MMf* 185, dyrnaid o'r *manyglog*. **1803** *P*, *manyglawg* . . . s.f. the bitter sweet, or the woody nightshade. **1813** *WB* 216, *manyglog*, edr. elinog. *id.* 223, *mynyglog*, edr. elinog.

manylaf: manylu [bf. o'r a. *manwl*] *bg.a.*

(*a*) Nodi manion, rhoddi manylion (am), bod yn fanwl neu'n ofalus (ynghylch), trafod neu astudio (rhywbeth) yn fanwl: *to particularize, go into detail* (*about*), *be exact or careful* (*concerning*), *discuss or study in detail.*

a. **1587** *Y* 87, Er dy fod di . . . / . . . yn canu baiav, / Yr wy'n gofus, ran gyfiawn, / Cun yn iaith, yn canv yn iawn. / *Manylv* am a wnelwyf, / Palv yr iaith, nid pylv yr wyf. **[1783]** *W* d.g. *to refine upon* [*handle more curiously*]. **1803** *P*, *manylu* . . . to be accurate, nice, or careful.

(*b*) Torri'n fân: *to cut up, chop.*

13g. *LlI* 21, Ny dele ef *manelu* e kynnut o'r ansavd y dotto ar e march. **1610** *Brog* 9, torri'n ddarnæ bychein, *manylû* d.g. *concido*. *c.* **1730** *Thos. Lloyd D* (LlGC) 167b, *manylu* . . . to cutt smaler.

Gw. hefyd manolaf: manoli.

manylaidd [*manwl* + *-aidd*] *a.* Manwl, llawn manylion, union, gofalus, yn rhoi sylw i fanylion; llym, caeth, gorfanwl, deddfol; mân iawn, dyrys, cymhleth; chwilfrydig, holgar, ymofyngar, chwannog i chwilio beiau: *exact, detailed, precise, careful, attentive to detail; strict, stringent, punctilious, legalistic; minute, intricate, complex; curious, inquisitive, apt to find fault.*

1567 *TN* [xl], Ir nad wyfi yn amcanu dosparth y penillion hynn ae cyfflybu hwynt at 'air Duw yn *fanylaidd*. *Dchr.* **17g.** *J* 10, 26a, *manylaidd*, diligentlie, accuratè. **1630** R. Vaughan: *YDd* 398, Os bydd araith neu ddosparth y Pregethwr yn *fanylaidd* neu yn blethedig. **17g.** *LlGC* 13215, 347, *manylaidd*, subtiliter. **1657** RE: *CDd* 33, Beth oedd Ddelw Duw? Mae gan yr ysgolwyr ar tadau lawer o holiadau *manylaidd*, (Etto rhai angenrheidiol) ynghylch hyn. **1677** R. Jones: *BB* 112, fel pettych yn rhŷ ddichlyn a *manylaidd*. **1710** *LlGG* 1, y Pyngciau *manylaidd* hynny lle mae'r Ymrafaelion presennol yn sefyll. *ib.* [g]adael heibio bob *manylaidd* chwilio. **1722** *Llst* 189, *manylaidd*, curious. *c.* **1730** *Thos. Lloyd D* (LlGC) 170a, *manylaidd*, curiosus, subtilis. **[1738]** E. Jones: *CE* 19, stâd o Dduwiolder bucheddol a *manylaidd* dros ben yw Christiannogrwydd. **18g.** *LlGC* 9, 478, Nid oes i chwi gymmar. nag yma. na thraw / Am orchwyl *manyledd* mae'n llwybredd eich llaw [i ofyn cadwyn a bachau crochan gan y gof]. **1765** J. Popkin: *Ll* 43, pa beth yw ystyr eich dadleuon *manylaidd* yn erbyn y Farn boblogaidd ar y Pen hwn . . .? **1775** *EM* 7, [y] rhai *manylaidd* a chnawdol, sy heb yspryd Crist ganthynt. **1777** W. Davies: *CHL* 101, yspryd sych, *manylaidd*, ac enllibus. **1803** *P*.

manylbleth [*manwl* + *pleth*] *eg.* a hefyd fel *a.* Cyfansoddiad neu arddull gywrain; wedi ei lunio'n gywrain: *elaborate composition or style; elaborately composed.*

1591 *CM* 16, 5, na chynnwyswyf yn fy esgrifen mor cwbl ond yn vnic pob cyfryw bethau angenrheidiol, nac mo hynny chwaith mewn addurnedig *fanylbleth*, onid mewn huawdl a sathredig ymmadrodd.

manylbwnc, gw. manwl + pwnc.

manyldeb [*manwl* + *-deb*] *eg.* Manylder, manylrwydd, gofal, gofalusrwydd, gofal mawr (neu ormodol) am fanylion; prydlondeb (eithafol): *exactness, precision, care*(*fulness*), *great* (*or excessive*) *attention to detail, punctiliousness; punctuality.*

1850.

Gw. hefyd manoldeb.

manylder [*manwl* + *-der*] *eg.* Yr ansawdd neu'r cyflwr o fod yn fanwl, manyldeb, gofal, gofalusrwydd, gofal mawr (neu ormodol) am fanylion; chwilfrydedd: *exactness, precision, care*(*fulness*), *great* (*or excessive*) *attention to detail, punctiliousness; curiosity.*

p. **1584** G. Robert: *GC* [111], *manylder*, manylwch, manyldra. **1632** *D* d.g. *subtilitas*. **1677** R. Jones: *BB* 114, mae *manylder* ei hun yn gweneuthur rhyw bethau yn anfuddiol ac yn ddirym. **1701** E. Wynne: *RBS* 98, *Manylder* (*curiosity*) yw gŵir Anniweirdeb yr Enaid, ac nid yw gwreiddin godineb ei hun ddim ond manwl yspio a chenfigennu cuddiedic bleser gŵr arall. **1722** *Llst* 189, *manylder*, curiosity, exactness. **1772** *W* d.g. *curiosity* [*niceness, or exactness*], *delicacy* [*nicety, or minute accuracy*].

Amr.: **manwylder. 1604** R. Holland: *BD* 8a, nedwch i'ch *manwylder* am danoch eich hun eich amneheddu [*sic*] a'ch Llyfnhau.

manyldost, gw. manwl + tost².

manyldra [*manwl* + *-dra*] *eg.* Yr ansawdd neu'r cyflwr o fod yn fanwl, manyldeb, gofal mawr (neu ormodol) am fanylion, gofalusrwydd; llymder (y synhwyrau); chwilfrydedd; teneuwch, meinder, treiddiolrwydd: *exactness, precision, care(fulness), great (or excessive) attention to detail, punctiliousness; acuteness (of senses); curiosity; thinness, tenuity, penetrativeness.*

16g. (1763) W. Salesbury: *LlM* 239, gyd a mwy o *vanyldra* yr hwn a aedis [*sic*] I ymeth rhag bod yn ddygyn. *p.* **1584** G. Robert: *GC* [111], manylder, manylwch, *manyldra.* **1604** R. Holland: *BD* 11, o wir *fanwldra* [*sic*], gan dybiaid mai anrhydedd mawr iddynt hwy yw gweled a gwybod pob peth newydd. **1604–7** *TW* (*Pen* 228) d.g. *subtilitas.* **1630** R. Vaughan: *YDd* 167, galw . . . Zêl mewn crefydd, piwritaniaith, gostyngeidddra llyfrdra, gw[n]euthur cydwybod, *mynyldra. id.* 254, edrycher ar yr amser presennol trwy *fanyldra* Duwiol grefydd. *id.* 472, y mae ffydd yn nertholach i ymgyffred ei gologyn [*sic*], nac a ddichon *manyldra* synwyr a rheswm ei ddirnad. **1677** R. Jones: *BB* 128–9, Pan clwyo [*sic*] efe watwar Ofn Duw megis *Manyldra.* **1701** E. Wynne: *RBS* 96, y mae hi [Gras Duw] yn union wrthwyneb i *Fanyldra,* i Hyfdra ac i Anweddeidd-dra. **1703** O. Lewis: *ADC* 37, I mae yn ddigonol iddynt gredu fod Adgyfodiad, a hynny o gorph gogoneddus anllygredig, heb ychwaneg o *fanyldra.* **1704** E. Samuel: *BA* 57, er maint llafur a *manyldra* St. Petr. **[1710]** Gw. ab Ierwerth: *SB* 162, pa mor ymogelgar y dylem ni fyw ymma gyd a phob gofal a *manyldra.* **[1724]** G. Wynn: *YGD* 163–4, Fe ddangosodd Crist y *manyldra* (*subtilty*) o'i Ogoneddus Gorph ef, pan ddaeth Ef allan o'i Fedd heb ei agor ef. **1725–6** *Madd Ed* 107, Gwlâd bell a fodlonai ei *Fanyldra* (*curiosity*) ef. **1753** L. Owen: *ADdE* 2, o ran porthi *manyldra* i glywed beth a ddyweid ein Person yn ei Bregeth.

Amr.: **manwyldra. 1605–10** *Haf* 24, 600. **1794** E. Jones: *CP* xiv.

manyldrefn [*manwl* + *trefn*] *eb.* Trefniad manwl, rheolaeth ofalus, cyfundrefn: *precise regulation, regimen, system.*

1816.

manylddysg [*manwl* + *dysg*] *eb.* a hefyd gyda grym ansoddeiriol. Dysg fanwl, treiddgarwch, craffter canfod neu ddeall: *exact learning, keenness of perception or intellect.*

a. **1642 (1684)** H. Owen: *DC* 217, Caniada imi, O draddaionus [*sic*] a hoff-lawn Jesu, orphwys ynoti . . . vwchben pob gwybodaeth a *manylddysc.*

manyledd [*manwl* + *-edd*¹] *eg.* Yr ansawdd neu'r cyflwr o fod yn fanwl, gofal am yr hyn sy'n gywir neu'n briodol, gofalusrwydd: *exactness, precision, punctiliousness.*

1803 *P, manyledd,* exactness, nicety.

manylfaisg [*manwl* + *maisg*] *a.* Ac iddi faglau mân (am rwyd): *having small meshes (of a net).*

1595 H. Lewys: *PA* [xv], [g]wau rhwydau *manylfaisc* plethedic, i faglu ac i ddala gwybeid, ac ednogieid, ac eraill or cyfryw fan bryfed.

manylfryd, gw. manwl + bryd.

manylgae [*manwl* + *cae*] *eg.* Garlant cywrain: *finely-wrought garland.*

15g. *DE* 12, *Manylgae* mwyn wialgoed / mawr i waith i mi a roed.

manylgaeth, gw. manwl + caeth.

manylgais [*manwl* + *cais*¹] *eg.* a hefyd fel *a.* Chwiliad manwl, ymchwil, ymholiad, ymchwiliad; chwilfrydedd, ymofyngarwch, awydd am wybodaeth (fanwl): *close search, research, examination, inquiry; curiosity, inquisitiveness, desire for (detailed) knowledge.*

1632 *D* d.g. *disquisitio.* **1701** E. Wynne: *RBS* 182, Rhoes Duw Wirionedd a Gwynfyd yn y Nef, *Manylgais* (*curiosity*) ac edifeirwch ar y Ddaiar. **1722** *Llst* 189, *manylgais,* diligent search. **1725** *SR* d.g. *disquisition.* **1770** *TG* ii. 39, Hyn a gynhyrfodd fy *manylgais* i neshau at y mynydd. **1770** P. Williams: *BS, Luc* xxiii, nid oedd [yr Iesu] yn ewyllysio boddio *manylgais* gwr [Herod] na chredai'r gwirionedd. **1773** *W* d.g. *exploration, research.* **1793** T. Jones: *SD* 14, Taer *fanylgais* hy am ddyall, / Math yw hwn o wallgo' angall.

Fel *a.* Awyddus am wybodaeth (fanwl), chwilfrydig, ymofyngar, chwannog i ymholi'n ormodol: *curious, inquisitive, prying.*

1632 *D* d.g. *curiosus.* **1681** T. Jones: *Alm* [12], Os bydd neb mor *fanylgais* ag ymofyn pa fôdd y doed i ddeall yr ymadrodd a roed ymma. **1711** M. Maurice: *YAD* 87, Dynion Cnawdol *manylgais. c.* **1730** *Taith C* 52, dechreuasant . . . ddwyn enllib ar ei Weision ef, a chyfrif y gorau o honynt yn rhai ymmyrrus, anesmwyth, *manulgais.* **1762** *ML* ii. 453–4, aml aderyn dieithr wyf [yn] ei anfon iddo [Pennant], y rhai . . . ydynt yn cael eu saethu . . . a'u blingaw . . . er [mwyn] boddiaw awydd *fanylgais* y Cymmrodorion. **1770** *TG* ii. 120, Os bydd boneddigion, &c. *manylgais,* yn chwennych gweled cywreinrwydd rhyfeddol y pryfed hyn.

manylgraff, gw. manwl + craff.

manyliaeth [*manwl* + *-iaeth*] *e?b.* Trafodaeth fanwl: *detailed treatment.*

1789 B. Evans: *LlG* 37, Wrth sylwi ar *fanyliaeth* y Dysgedigion ar y Geiriau gwreiddiol, a arferir ynghylch Bedydd.

manyliaith, gw. manwl + iaith.

manyliant [*manwl* + *-iant*] *eg.* Coethiad, coethder, cywreinrwydd: *refinement.*

[1783] *W* d.g. *refinement.* **1803** *P.*

manylion, gw. manwl.

manylrwydd [*manwl* + *-rwydd*] *eg.* Manylder, cywirdeb manwl, gofal mawr (neu ormodol) am fanylion, gofalusrwydd; chwilfrydedd, awydd i wybod neu i weld; ?dewiniaeth, ocwltiaeth: *exactness, strictness, precision, great (or excessive) attention to detail, care(fulness), punctiliousness; curiosity; ?sorcery, occultism.*

1632 *D* d.g. *curiositas.* **1681** S. Hughes: *AC* 29, Mynnei hefyd ein profi ni â *manylrwydd* (curiosity) gan ddywedyd, os mynnem ni ei weled ef mewn rhith gwr, gwraig, llew, arth . . . y gwnei fo hynny. **1685** G. Griffith: *GA* [v], yn lle goddef ith *fanylrwydd* dy osod ar waith i chwilio hynny allan. **1722** *Llst* 189, *manylrwydd,* exactness, nicety. **1724** T. William: *OL* [viii], [m]an feiau llythrennol y rhai sydd fwy o ran *Manylrwydd* nag y maent yn tywyllu 'r ystyr. **1728** T. Baddy: *DDG* 102, [T]eml y Brenhin Solomon . . . a fynych gyrchir . . . gan Bererinion . . . Rhai o ran Rhodres a *Manylrwydd.* **1743** D. Rowland: *T* 98, *Manylrwydd* Creulonrwydd â Dichlynrwydd yr Holiad fŷdd wrth ei Frawdle ef [Duw]. **1771** *W* d.g. *carefulness, curiosity* [*niceness, or exactness*], *exactness, minuteness, punctilio.* **1776** I. Brydydd Hir: *P* i. vii, Os dyfod i'r [*sic*] wyt di i ddarllen y Pregethau hyn i borthi *manylrwydd* gorwag. **1803** *P.*

Amr.: **manwylrwydd. 1768** J. Roberts: *R* 13. **manylrhwydd. 1730** Iaco ab Dewi: *YL* 156.

Gw. hefyd manolrwydd.

manylwaith [*manwl* + *gwaith*¹] *eg.* ll. (prin) *-weithydd,* a hefyd fel *a.* Peth a luniwyd yn gelfydd a gofalus, gwaith neu gyfansoddiad cywrain, cywreinwaith, celfyddydwaith; celfyddgarwch, cywreinrwydd; gwaith neu orchwyl manwl; dewiniaeth, ocwltiaeth: *highly finished piece of work, exquisite work or composition, work of skill; skilful workmanship, ingenuity; minute or exact work or task; sorcery, occultism.*

1576 *Glam Bards* 133, *manylwaith* crefft mewn aelwyd / melan ai rhoes mal y rhwyd. *a.* **1587** *Y* 83, A wnelwyf o *fanylwaith* / O dynnv iach, ryw da yn iaith, / Ef a'm cred gwyr da a'm hedwyn / O'th flaen di, noethflina' dyn. **1604–7** *TW* (*Pen* 228), cloic, ne *vanylweith* o goet d.g. *exostra.* **1605–18** *Mos* 131, 145, mae n alawnt ei *manylwaith* [i ardd]. **1620** *Act* xix. 19, Llawer hefyd o'r rhai a fuasei yn gwneuthur rhodreswaith [:– *manylwaith*], a ddygasant eu llyfrau ynghyd. **1632** *D, manylwaith,* opus curiosè elaboratum, opus subtile. *id.* gôf neu saer a ddychymyg bob *manylwaith* d.g. *faber . . . faber automarius.* **1661** E. Lewis: *Drex* 141, Y mae fe [y pryf copyn] . . . yn gweithio ei ymysgaroedd ei hun allan, i wneuthur darn o *fanwl-waith* [*sic*] celfydd. **1716** T. Evans: *DPO* 78, Ei charn [cyllell] oedd Elephant, a *manyl-waith* cywrain arno. **1723** WM: *PGG* 11, Fe ddylai Llyfrau duwiol eglur fôd mor hoff a difir gennym, a *manyl-waith* y dysgedic. **[1724]** G. Wynn: *YGD* 103–4, [c]ânt . . . weled eu dodrefn Aur o *fanylwaith* wedi e'u [*sic*] toddi. **[1725]** *TS* 4, Ni ddaeth ef i alw y rhai cyfiawn, ond pechaduriaid i edifeirwch . . . y mae efe yn hyn yn dangos Mawredd ei Râs yn dewis y fâth; a'i *Fanylwaith* yn eu gwneuthur hwy'n addas i'w gosod yn y fath drigfa sanctaidd. **1768** Risiart ap Robert: *CB* 103, awrlais celfyddgar a chywir . . . neu ryw ddryll o *fanylwaith* arall. **1770** P. Williams: *BS, Ecs* xxvi, Gallwn sylwi oddi wrth y bennod hon . . . fod addurniadau'r Babell yn odidog iawn (fel y mae'n amlwg wrth y cywreinrwydd a'r *manylwaith* a grybwyllir mor helaeth am danynt). **1770** *W* d.g. *art* [*skill, cunning*], *artificialness, curious, a curious piece of work, delicate* [*apply'd to a piece of work* . . .] . . . *a delicate piece of work, work, curious work.* **1803** *P.*

Fel *a.* Wedi ei lunio'n gywrain, cain, dillyn, coeth, hardd; celfydd, hyfedr: *finely wrought, fine, exquisite, beautiful; skilful, ingenious.*

16–17g. *GST* i. 774, Edn *manylwaith,* fronfraith frest, / Dewrchwyrn, mae arnad orchest [i'r hobi]. **16–17g.** E. Prys: *Gw* 246, Myn weled, ŵr *manylwaith,* / Siôn Tudur, eglur ei iaith (Thomas Prys). **1604–7** *TW* (*Pen* 228) d.g. *affabre, persubtilis, subtilis, teres. id.* gweuat *manylwaith* d.g. *textum.* **1632** *D* d.g. *conquisitus.* c. **1648** *Llst* 122, 156, Y fun alawnt *fanylwaith* [i ferch fonheddig]. *c.* **1730** *Thos. Lloyd D* (LlGC) 170a, *manylwaith* . . . exquisitus.

Gw. hefyd manolwaith.

manylwawd [*manwl* + *gwawd*] *eg.* Barddoniaeth neu gân gywrain: *exquisite poetry or song.*

a. **1587** *Y* 56, Mi adwaen gwaith mudan gwawd, / Mae'n waelach na *manylwawd. id.* 223, Mab Morfryn Wyllt, frwysgwyn frawd, / Mae'n olaf mewn *manylwawd,* / A Thaliesin, dewin doeth, / A'i dysgodd ar wawd waisgoeth. *Diw.* **16g.** W. Midleton: *B* 86, *Manylwawd* parawd puror,—y tannau [i Robert Maelor, telynor].

manylwch [*manwl* + *-wch*¹] *eg.* Cywirdeb manwl, gofal am fanylion, gofal (eithafol weithiau) am yr hyn sy'n iawn neu'n gywir, gofalusrwydd; trafodaeth fanwl; chwilfrydedd, ymofyngarwch: *minute accuracy, exactness, precision, scrupulous care, care(fulness), great or excessive attention to detail, punctiliousness; detailed treatment; curiosity, inquisitiveness.*

1558 Wiliam Llŷn: *Gw* 33, Gorau gŵr ydoedd, gair a gredwch, / O fewn ei olud, heb *fanylwch.* **1588** 2 *Mac* ii. 32, y mae yn rhydd i'r neb a'i talfyrro hi [ystori], arferu ychydig eiriau, ac ymadel a phôb *manylwch* ynddi. **1679** C. Edwards: *GGG* 104–5, os dywedi . . . bod dy galon yn rhedeg ar ol dy rydd-did cnawdol, ac yn codi yn erbyn *manylwch* sancteidd, yna na chyfrif monot dy hun yn ddiscybl i Grist. **1709** H. Powel: *G* 77, Gossod heibio *fanylw*[*c*]*h*: Peidio a bod yn sychedu am Newyddion. **1770** *W* d.g. *accuracy, carefulness, curiosity* [*niceness, or exactness*], *delicacy* [*nicety, or minute accuracy*], *minuteness.* **1799** M. Williams: *HHG* 14, Yr oeddynt [y Phariseaid] . . . yn cymmeryd arnynt gadw cyfraith Dduw i'r *manylwch* mwyaf. **1803** *P, manylwch,* accuracy, nicety.

Gw. hefyd manolwch.

manylwir [*manwl* + *gwir*] *eg.* Gwirionedd union neu hollol: *exact or absolute truth.*

1588 *GST* i. 363, Myn weled y *manylwir,* / Myn wybod gwaelod y gwir.

manylwiw [*manwl* + *gwiw*] *a.* Manwl a gwych, wedi ei weithio'n gelfydd, cywrain: *exact and fine, skilfully wrought, exquisite.*

1717 Iaco ab Dewi: *MN* 9, Hanfod o'r cyfryw Osgedd . . . a'r fath *fanylwiw* Gydiad Rhanneu, ac yw Corph Dŷn. **1722** *Llst* 189, *manylwiw,* nice, curious. *c.* **1730** *Thos. Lloyd D* (LlGC) 171b, *manylwiw,* elaborate.

manylwych, manylwydd, gw. manwl + gwych, gwŷdd¹.

manylyn, manyn¹, gw. manwl, manion.

manyn² [*mân*¹ + *-yn*] *eg.* ll. *-nod, -nau. Gram.* Geiryn: *particle (in gram.).*

1871.

manys [gair geir.] *e?b.* Llinach, cyff, ach, hil: *lineage, race, stock.*

17g. *LlGC* 13215, 347, *manys,* propago. **1707** *AB* 218d, *manys,* propago. [D]. **1753** *TR, manys,* a race, stock or lineage. **1791 (1868)** Gw. MECHAIN: *Gw* i. 270, *Manys* [:– Lineage] ddiawl mewn mynwes ddig, / . . . / Hunan yw hon, / Efrau'r ddwyfron.

manysen [gair geir.; ?*manys* + *-en*] *eb.* Torch fechan, cylchig: *small wreath or ring, circlet.*

17g. *LlGC* 13215, 347, *manysen*, torch vechan. **1707** *AB* 218d, *manysen*, a little ring. [D]. **1725** *SR* d.g. *a Ring, a Little ring.* **1753** *TR.*

Maoaidd [yr e. prs. *Mao* (*Zedong* (*Tse-tung*)) + *-aidd*] *a.* Yn arddel Maoïstiaeth, yn perthyn i'r athrawiaeth honno, nodweddiadol o Tsieina Gomiwnyddol (dan lywodraeth Mao Zedong (Tse-tung) (1893–1976)): *Maoist* (*adj.*).

20g.

Maoïstiaeth [bnth. S. *Maoist* + *-iaeth*] *eb.* Athrawiaeth gomiwnyddol Mao Zedong (Tse-tung) (1893–1976): *Maoism.*

20g.

maon[1] [?ff. l. yr e. **mau* (gw. *meudwy*); â'r patrwm **mau*, *maon*, cf. Cym. C. *beleu*, *bala*(*w*)*on*, *ceneu*, *cana*(*w*)*on*] *e.ll.* Deiliaid, pobl, gwŷr, lluoedd; pobl deyrngar, gwŷr gonest; gwasanaethwyr; (geir., drwy gamddeall yr hen destunau) arglwydd(i): *subjects, people, men, hosts; loyal people, honest men; servants;* (*dict.*) *lord*(*s*).

13g. *C* 46. 9, Dinas *maon* duv daffar. *id.* 105. 1–2, Rvtwoauc *vaon* ny oleith. **13g.** *A* 4. 17, *maon* dychiorant eu hoet bu hir. *c.* **1300** *H* 32a. 37, y mawr wlet y met y *maon.* *id.* 61b. 36, Tyll eu hysgwydaur teruysc uawr *uaon* (Cynddelw). *id.* 108[2]b. 39–40, A seint cler ar claer wyn diret. nyd saeson y *maon* ae met (Llywarch ap Llywelyn). **14g.** *T* 62. 24–5, pen *maon* milwyr amde. *c.* **1400** *R* 1056. 11, ry yfant *maon* medlyn. *id.* 1375. 24–5, Ef ywr naf mwyaf a vac *maon* byt. *c.* **1425** *B* ii. 230, *maon*, arglwydd. **15g.** *Cy* ix. 332, *Maon* = Arglwyddi. *c.* **1470** *B* ii. 230, *maon* . . . kywirion. **1632** *D*, *maeon*, vid. *maon.* *id. maon*, est Cywiriaid, ait G[wilym] T[ew] sed vid. an potiùs Deiliaid, Subditi, famuli, clientes, Populi. **1722** *Llst* 189, *maon*, the faithfull: subjects; servants. **1770** *TG* iii. 39, Myscu Twr *Maon* [:– Honest Men] Miscin. **1794** *W* d.g. *subject* [*one who lives under the dominion of another*]. **1803** *P.*

Gw. hefyd adfaon, cadfaon.

maon[2], meon [gair geir.; ?drwy gamddeall engh. o *maon*[1]] *e?g.* Môr: *sea.*

c. **1470** *B* ii. 230, *maon* . . . mor. **1604–7** *TW* (*Pen* 228) d.g. *mare.* *Dchr.* **17g.** *J* 10, 24b, *maon*, Llyr. Mor. **1632** *D*, *meon*, est Môr, ait [Wiliam] Ll[ŷn] credo idem esse quod Maon. **1722** *Llst* 189, *meon*, the sea: or perhaps as *maon.* **1753** *TR* d.g. *maon.*

Maoydd [yr e. prs. *Mao* (*Zedong* (*Tse-tung*)) + *-ydd*[3]] *eg.* Un sy'n dilyn arweiniad Mao Zedong (Tse-tung) neu'n arddel Maoïstiaeth: *Maoist* (*n.*).

20g.

map[1] [bnth. S. *map*] *eg.* ll. *-iau.* Darluniad o wyneb y ddaear (neu ran ohoni) sy'n dangos nodweddion daearyddol, ffiniau gwleidyddol, &c., darluniad tebyg o gorff nefol, &c., argrafflen, darlunlen, siart forwrol, hefyd yn *ffig.*: *map, nautical chart, also fig.*

1656 (1745) *MLl* ii. 195, fel Dŷn yn edrŷch ar rŷw Wlâd mewn *Map* (mewn Llûn ar Bapur). **1661** E. LEWIS: *Drex* 204, os canlynwn ni y *Mapp* hwn, os hwyliwn ni wrth y Cerdyn yma. *c.* **1730** *Taith C* 161, [*m*]*ap* o'r holl ffyrdd. **[1740]** L. ANWYL: *NG*, hysbyseb, *Mappia* [*sic*] a Darluniadau. **1748** *ML* i. 135, ni a gawsem *fappia*'r brawd yw canlyn. **1752** J. THOMAS: *FG* 210, y mae ei Gyfraith ef [Crist] i fod yn *Fap* ac yn Rheol i ni. **1756** *Bangor* 1007, 80, os ous [*sic*] ganddoch chwi ryw happ / I riwlio r *map* ar gwmpas. **1757** *ML* ii. 59, [*m*]*ap* a lluniau tref. **1768 (1813)** TWM O'R NANT: *FF* 78, Nid ydyw'r holl hanes ond fel *Map*, / Yn dangos rhyw grap o hirbell. **1776** *W* d.g. *map.* **1779** *DBW* 10, ymddangos och blaen fel mewn *Map.* **1790** T. JONES: *TOS* 245, *mapieu* cywir o wledydd.

Cfn.: **map amlinell:** *outline map.* **20g.** **m. anodedig:** *annotated map.* **20g.** **m. cyfuchlin:** *contour map.* **20g.** **m. defnydd tir:** *land utilization map.* **20g.** **m. (y) degwm:** *tithe map.* **1899.** **m. gwrymiog:** *relief map.* **20g.** **m. (swyddogol) y llywodraeth:** *Ordnance Survey map.* **20g.** **m. Ordnans = m. y llywodraeth.** **20g.** **m. sylfaenol:** *base map.* **20g.** **m. tirwedd = m. gwrymiog.** **20g.** **m. tywydd:** *weather map.* **20g.**

map[2], gw. mab.

mapais [*mab* + *pais*] *eb.* Pais plentyn: *child's petticoat.*

15g. *Pen* 67, 136, ni thric mab yny *vabpais.*

mapamwndi, mapomwndi [?bnth. Llad. *mappa mundi* neu S. *mappemonde*, neu efallai lgr. o'r Llad. *Imāgo Mundī*] *e?g.* ?Map o'r byd; (trwy gymysgu â *macamwndi*) 'Imago Mundi', disgrifiad o'r byd y cyfieithwyd rhannau ohono i Gymraeg Canol dan y teitl 'Delw y Byd': ?*map of the world*; '*Imago Mundi*'.

15g. *GOLlM* 46, Pei maendy *mapa mwndi*, / mae yna hwn o'i mewn hi [i'r Plasnewydd ym Mhorthaml]. **16g.** DAFYDD BENWYN: *Gw* 181, Arferais, oll ar vawrwaith, / o'r *Map o Mwndi*, air maith: / yn y llyfr hwnn, oll hefyd, / i deall bardd dyll y byd / . . . / a'r dyll sydd ar drefydd dros, / ogylch, y ddaear agos.

Gw. hefyd macamwndi, mwndi.

mapath, gw. mapgath.

mapgainc [*mab* + *cainc*] *eb.* ac efallai gyda grym torfol, ll. *mabgeinciau.* Cangen neu frigyn (ieuanc), ysbrigyn, tyfiant newydd o wraidd coeden: (*young*) *bough or branch, twig, shoot, sucker.*

1567 *LlGG* (*Sall*) 46a, A'r 'winllan y blannawdd dy ddeheulaw, a'r *vapcainc* [:– blanwydden] 'rhon y gadarnéist yty-un. **1604–7** *TW* (*Pen* 228), caing wedi mâgu y vynet yn brenn mawr, *mapcainc* d.g. *arborides ramus.* *id.* cangen or winwydden yn tyfû allan o *vapcainc* Forchoc d.g. *focaneus palmes.* *id. mapcainc* ne'r bacluryn or winwydden yn tyfu or palatr d.g. *malleolus.* **1615** R. SMYTH: *GB* 133, megis *mabcainc* a dorrir oddiar fon pren. **1632** *D*, *mabcaingc*, arborides. **1688** *TJ*, *mabcaingc*, Caingc, Cangen: a Bough, a Branch. **1753** *TR*, *mabcaingc*, young twigs or branches. **1770** *W*, *mab-caingc* d.g. *branch . . . young branches, shoots, or twigs.* **1803** *P*, *mabgainc*, pl. *mabgeinciau*, a shoot from the root of a tree, a sucker.

mapgar [*mab* + *-gar*] *a.* a hefyd fel *eg.* Hoff o blant, yn caru bechgyn neu blant; un sy'n caru plant; ?pedoffil: *fond of children, loving boys or children; one who loves children; ?paedophile.*

1632 *D* d.g. *philopais.* *id.* (*Diar*), Nid *mapgar* ond difilain. **1722** *Llst* 189, *mapgar*, loving boys or children. **1776** *W* d.g. *a lover, a lover of children, children, loving children.* **1803** *P*, *mabgar*, loving children.

mapgarn [*mab* + *carn*] *eg.* Bywyn y carn: *inner part of hoof.*

1722 *Llst* 189, *mabcarn*, m. the tender or middle part of the hoof. **1774** *W*, *mapcarn* d.g. *hoof, the tender* [*inner*] *part of the hoof.*

mapgarwch, gw. mabgarwch.

mapgath [*mab* + *cath*] *eb.* ll. *-od.* Cath fach, cath (ieuanc), cenau cath, cath wryw, hefyd yn ddifrïol am berson: *kitten,* (*young*) *cat, tomcat, also derog. of person.*

14g. *GDG* 62, Rhys goegfrith gigfrath, *fapgath* fepgyrn. **1525–50** *Pen* 76, 144, kene *mabkath* yn kanv / kiw gwydd llai na blwydd o blv. **16g.** *GRCG* 3, Fy melltith i'r hudlath a laddodd y *fabcath.* / Ffarwel i gwrcath, nid â hi byth i garcaws. *Dchr.* **17g.** *J* 10, 27b, *mabgath*, felis. **1632** *D*, *mabcath*, catulus. **1688** *TJ*, *mabcath*, Câth bâch: a Catling, or young Cat. *c.* **1730** *Thos. Lloyd D* (LlGC) 166a, *mabcath*, a he cat. **1753** *TR*, *mabcath*, a kitling. **1771** *W*, *mab-cath* d.g. *chit, kitten.* **1803** *P* d.g. *mabgath.*

mapglaf, gw. mab + claf.

mapgoll [*mab* + *coll*[2]] *eb.* *Bot.* Enw am blanhigion gwyllt cyffredin o'r tylwyth *Geum*, afans, llysiau Bened, f'anwylyd, bendigeidlys, llygad yr ysgyfarnog; hefyd am nifer o blanhigion eraill: *wood avens, water avens, herb bennet; also of a number of other plants.*

c. **1400** *MM* 14, gwneuthur medyglyn trwy wenith gwrwf neu trwy win coch ar llysseu hynn: y wreidrud . . . ar *uabcoll.* *c.* **1400** *Études* vii. 52, garifolium, y *vabcoll.* *id.* 54, pes uituli, y *vabcoll.* *id.* 56, auancia, y *vabcoll.* *Diw.* **16g.** *WLB* 5, Rhag au gwressog. Kymer davod yr hŷdd . . . ar *fapgoll.* **1604–7** *TW* (*Pen* 228) d.g. *perpensa.* **1632** *D* (*Bot*), y *Fabcoll*, afans, llysiau Bened, llygad yr ysgyfarnog, fanwylyd, Caryophyllata, auantia, herba benedicta, herba munda, sana munda, pes muli, oculus leporis, geum, asarum, acantia. **1633** J. GERARDE: *Herball*, Y *Fabgoll.* Poppy. **1725** *SR*, y *Fabcoll* d.g. *avens.* *c.* **1740** *LlM* 26, I dorri y gnofa neu Wewyr yn y Bola Cymmer Ddail y Llyriaid . . . ar *Fabgoll.* **18g.** *Llr* C 24, 346, Ag yf y boreu sygyn yr Erllyriaid ar *fabcoll* ar dryw. **1770** *W*, y *fabcoll* d.g. *bennet* [*herb*], *gilly-flower . . . a clove-gilly-flower.* **1803** *P*, *mabgoll*, the poppy. **1813** *WB* 215, *Mabgoll*; Geum;—Avens.

Cfn.: **mapgoll bendigeidlys:** *herb bennet, wood avens, Geum urbanum.* **1813** *WB* 215. **m. glan y dŵr:** *water avens, Geum rivale.* **20g.** **m. yr ŷd:** *field poppy, corn poppy, Papaver rhœas.* **1867.**

mapgorn [*mab* + *corn*] *eg.* ll. *mepgyrn.* Rhan fewnol corn anifail, corn mewnol tyner, corn, hefyd yn ddifrïol am berson: *inner part of animal's horn, tender inner horn, pith or core of horn, horn, also derog. of a person.*

14g. *GDG* 62, Rhys goegfrith gigfrath, fapgath *fepgyrn.* **14–15g.** (*Diw.* **16g.**) *Gwyn* 3, 167, Llym leiddiad dafad, tefyrn y pwding / pydew gwêr a *mebcyrn* [Rhys Goch Eryri i'r llwynog]. **16–17g.** *CC* 236, Codwch y Cymru cedyrn ar Essex / na risiwch i *febcyrn* / gwesgwch i gîg ai esgyrn / trêwch y gwr torrwch i gyrn (Wiliam Phylip). **16–17g.** H. LEWYS: *PA* (Rhagymadrodd) lv, ag aed y kyrn *mepkyrn* mall / i euddaw [*sic*] eiddig arall. **1603** W. MIDLETON: *Ps* 136, Torraf holl gyrn *mep-cyrn* maith, / An-nuwiolion annial-waith. *Dchr.* **17g.** *J* 10, 27b, *mabgorn*, cornu interius. **1621** E. PRYS: *Ps* 32a, Wrth annuwiolion poethion chwyrn / eich *mebcyrn* na ddyrchefwch. **1688** *TJ*, *mabcorn*, *mep-cŷrn*: the inward part of a Horn. **[1745]** W. ROBERTS: *FfM* 60, Ac a wnawn i'r Mob Cas ostwng eu *Mebcyrn.* **1754** *ML* i. 308, y benywiaid mor dost wrtho; ofn *mepcyrn* mae'n debyg sydd arnaw, pan fo'n ymwrthod a rhai ieuanc prydferth. **[1783]** *W*, *mapgorn* d.g. *slough* [*the porous substance in the inside of horns of oxen*]. **1803** *P*, *mabgorn*, the core or bony substance in the horn of a beast. Ar lafar ym Mhenllyn yn y ff. *napgorn.*

Amr.: **matgorn.** **1695** W. CAMDEN: *B* 643, *Matkorn* yr ŷch bannog, or *Matkorn* Ŷch Dewi [yn eglwys Llanddewibrefi]. Ar lafar yn Llan-non, Cered., '*madgorn*', *B* xiv. 280.

Gw. hefyd mallgorn.

mapgwas [*mab* + *gwas*[1]] *eg.* Bachgen, mab: *boy, son.*

c. **1400** *R* 1143. 1–2, Mawr awr ydawn a dyuu. y vryt *mab kwas* meir o iessu. *id.* 1151. 15, ameiriolwy meir ar *ymab kwas.* **1632** *D*, *mapgwas* d.g. *puer.* **1722** *Llst* 189, *mapgwas*, a boy, stripling. **1771** *W*, *map-gwas* d.g. *child* [*an infant; a person in tender years*].

Amr.: **mabwas.** **1770** *W* d.g. *boy.*

mapiaf: mapio [bf. o'r e. *map*[1]] *bg.a.* a'i dilyn yn fynych gan yr adf. *allan.* Gwneud map (o); darlunio (megis ar fap); hefyd yn *ffig.* cynllunio ymlaen llaw, paratoi: *to make a map* (*of*); *map out; also fig. plan in advance, prepare.*

1850.

mapiwr [bôn y f. fl. + *-iwr*] *eg.* ll. *mapwyr.* Un sy'n gwneud mapiau: *map-maker, cartographer.*

20g.

maplath, gw. mabddall.

mapomwndi, gw. mapamwndi.

maptod [*mab* + *-dod*] *eg.* Y cyflwr neu'r ystad o fod yn fab (i rywun), mabaeth, mabolaeth; mebyd, plentyndod, babandod: *sonship; childhood, infancy.*

1773 *W*, *mabdawd* d.g. *filiation* [*the relation of a son to a father, sonship*].

maran[1], *eg.b.* ll. *-edd.* Eog (?ieuanc); (geir.) macrell; hefyd am wahanol fathau o anifeiliaid môr: (?*young*) *salmon;* (*dict.*) *mackerel; also of various kinds of sea animals.*

1547 *WS*, *maran.* *c.* **1562** *B* ii. 230, *maranedd* . . . ynfeiliaid [*sic*] . . . ; morveirch. **16g.** WILIAM

LLŶN: *Gw* (R. Stephens) (At.), *maran*, gleissiad. *ib. maranedd*, gleissiad [*sic*]. *c.* **1588** *B* ii. 230, *maran* . . . morfarch, *maranedd*, plurali. *c.* **1590** *Études* xiv. 456, Mi a wnaf ynydd kyfr[d]an / Yt well na thrychant *maran*! **16–17g.** *Cer RC* 89, A dwy res o ddannedd mân / Un lliw a'r *maran* gloywa'. **1604–7** *TW* (*Pen* 228) d.g. *salmo*. *Dchr.* **17g.** *J* 10, 25b, *maran*, balæna. Salmo. **1632** *D*, *maran*, est quidam piscis. Cornubienses pro Megaro vel Salmone pisce accipiunt. **1688** *TJ*, *maran*, gleisiad, hefyd Maccrell: a Salmon, also a Mackrel. **1747** *IAW* (LlGC) 23, 49, Y drydydd y ddwedodd a'r holl odd o'i rhăn, / Fel *maran* ben'wiban na wibiwn. **1757** *ML* (Add) 326, pa sawl Enw sydd ar Leisiedyn, o sil y gro . . . hyd at Eog . . . chwiwell, cammog, *maran*. **1776** *W*, *maran* (qu[æ]re) d.g. *mackarel*. *id.* d.g. *salmon*. Cf. *Bye-gones* (1878) 73.

Am *glas faran*, gw. glasfaran.

Gw. hefyd marannedd.

maran², gw. baran.

maran³, gw. marian.

maran⁴ [?drwy gamddeall engh. o *marannedd*; ?cf. *maon¹*; nid oes sicrwydd mai yma y perthyn y drydedd engh.] *eg.* ll. *-edd.* Maer, swyddog llys; (yn y ll.) deiliaid, tenantiaid: *steward, court official*; (*pl.*) *subjects, tenants*.

c. **1425** *B* ii. 230, *maran*: maer. **15g.** *ib. maranedd*: gwgyr llys. *Diw.* **16g.** *Gwyn* 3, 300, *Myranedd* [*sic*] gwlad Gamber a ganant Aleliaf. **1632** *D*, *maranedd*, est Deiliaid, ut nonnullis placet.

marandir, maranedd¹·², gw. mariandir, maran¹·⁴, marannedd, marianedd.

maranheddog [*marannedd* + *-og*; ansicr yw'r engh. gyntaf] *a.* Mawr ei drysorau, goludog, cyfoethog: *possessing great treasures, wealthy, rich.*

13g. *C* 12. 6–8, Muner uodauc. *maer anhetauc.* [*sic*] maretauc doet. **14g.** *T* 63. 4–6, Vared melynawr yn neuad *maranhedauc* diffreidawc yn aeron.

marannedd [?cf. *maredd*] *e.ll.* Cyfoeth, trysorau, goludoedd: *wealth, treasure, riches.*

13g. *MA²* 223a. 18, Ystruan ei ran rwyf *marianedd* [*sic*] [marwnad Dafydd ap Llywelyn gan Ddafydd Benfras]. *c.* **1300** *H* 36b. 3, Oe uawrwlad morad *marannet*. ym roted riued anryuet [marwnad Owain Gwynedd gan Gynddelw]. *id.* 51a. 16–17, ugein punt oe vot am rotes yn rot. oe *uarannet* nym ditoles (Cynddelw). *id.* 120a. 19–20, Caraf y brooet breint hywret. ae difeith mawrueith ae *marannet* (Hywel ab Owain Gwynedd). **14g.** *T* 13. 2–3, *maraned* a meued ahed genhyn. *id.* 58. 8–9, amdanaw gwyled. alliaws *maranhed*. **14g.** *WM* 19. 28–30, holl *uarannet* y llys wrth y gynghor ef y treulwyt. *c.* **1400** *R* 1216. 22, llu rianed. gwawr *uaranned*. gwyry uorynyon. *id.* 1227. 36, Neut nam dawr duw mawr *maranned*. *id.* 1231. 3–4, gollet vn dostur mur *maraned*. *id.* 1292. 38–9, em morynyon vu ae *maranned*. **15g.** *Cy* ix. 332, *maranedd*, tryssor.

Gw. hefyd maran¹·⁴, marian.

maras [bnth. S. *barrace* 'barrier or outwork in front of a fortress', gydag *m-* a *b-* yn ymgyfnewid] *eg.* Gwrthglawdd, *ffig.* rhwystr: *barrier, fig. hindrance.*

c. **1600** *IGE* 218, *Maras* ar waith y seithug [i'r niwl].

Gw. hefyd baras.

marathon [bnth. S. *marathon*] *eb.* ll. *-au.* Ras ar draed o 26 milltir 385 llath (42.195 cilomedr), cystadleuaeth yn y Gemau Olympaidd modern; tasg, &c., hirfaith a chaled sy'n trethu egni person i'r eithaf a phrofi ei wydnwch, gorchest: *marathon.*

20g.

marbl¹ [bnth. S. *marble*] *eg.* Mynor, marmor; carreg fedd o farmor: *marble; marble tombstone.*

1545 *CM* 1, 146, dav biller parhaus vn ovaen *marbwl* ar llaall ovrick. **1547** *WS*, *marbyl* karrec, a marble stone. **1586 (1604)** *B* v. 301, [m]ain *marbal*. *c.* **1600** *March C* 20, [y]r ystafell hono oedd gwedy ei llorio â *marbl* du a gwyn. *Dchr.* **17g.** *T Ch*, 139, o geric *marbl* y parodd wneuthur bedd iddi. **1615** R. SMYTH: *GB* 20[7], y statua o *farbwl* a wnaethwyd [*sic*] wrth dwy gowraindeb. *id.* 216, yr holl feddi a wnaethwyd [*sic*] o *farbwl*, o alablastur . . . ne o garbwncl. *c.* **1700** E. LHUYD: *Par* i. 65, kerrig dŷon . . . a weithia yn llyvnion val *marble*. **1730** IACO AB DEWI: *YL* 141, [c]erfio Camwri a Niweidieu ar *Farbl* fel nad Anghofir hwynt. **1772** D. ROWLAND: *PP* 58, eisennau o *farbl* ynghylch eu calon. **1791** W. WILLIAMS: *MDR* 3, Nid rhaid *marble* ar ei fedd; / . . . / Gwnaeth ei farwnad yn ei fywyd, / Rho'dd ei *farble* yn ei le.

Gw. hefyd barbal, maen¹—m. marbl, marblis.

marbl², marblen, gw. marblis.

marbliaf: marblio [bf. o'r e. *marbl¹*] *ba.* Staenio neu liwio (papur, &c.) i roddi arno olwg tebyg i farmor amryliw, peri i (gig) ymddangos fel marmor amryliw (am fraster): *to marble.*

1840.

marblis, marblys, marb(i)ls, marbyls (*y* ≡ *ə*) [bnth. o'r ff. l. S. *marbles*] *e.ll.* (un. b. *marbl, marblen*, ll. *-ni*) Pelennau bychain o wydr, tseini, &c., a ddefnyddir mewn gêm a chwaraeir yn enw. ymysg plant; y gêm a chwaraeir â'r fath belennau: *marbles.*

1851. Ar lafar yn gyff. yn y ff. *marblis* yn y Gogledd, *WVBD* 364, ond clywir *barblis* hefyd yn Arfon, *EEW* 230; *marb(y)ls* yw'r ff. yn y Canolbarth a'r De.

Cfn.: **marblis coed:** *oak-apples.* Ar lafar yn Arfon, *WVBD* 364. **marbls bwci** = **marblis coed.** Ar lafar gynt yn sir Gaerf. Cf. D. PARRY-JONES: *WCGP* 84.

Am *chwarae marblis, niclo marblen*, gw. chwaraeaf: chwarae (At.), niclaf: niclo.

marc¹ [bnth. S. *mark* 'trace, sign, target'] *eg.* (bach. *-yn*) ll. *-(i)au.*

(*a*) Brycheuyn, man, ysmotyn, staen, craith, &c., sy'n difwyno unrhyw arwyneb (e.e. papur, croen), hefyd yn *ffig.*; streipen neu ddarn o liw neilltuol, yn enw. ar anifail (e.e. seren wen ar dalcen ceffyl), lloeren, ceiniog, llygad (e.e. ar blu cynffon paun); yn *ffig.* ôl, dylanwad, argraff (fel a wna gŵr amlwg ar fywyd ei oes, &c.): *mark, spot, stain, scar, also fig.*; *strip or patch of particular colour in the coat of an animal, &c.* (*e.g. blaze on horse's forehead, spot on peacock's tail-feathers*); *fig. mark, influence, impression.*

17g. E. MORUS: *Gw* 68, Y gall y gwas gwycha gael *marc* ar ei drwyn. **1716–18** *Llsgr R. Morris* 23, roedd gini frawd cywirdro / wr chwannog i drafaelio / ag ar i frauch o flottun du/ . . . / Myfi iw yr trafaeliwr caled / mae *mark* y mrauch iw weled. **1803** *P*, *marc*, an impression upon any thing; a mark. Ar lafar, *WVBD* 364.

(*b*) Nod, arwydd, symbol (llinell, tic, &c.), neu stamp ac iddo bwrpas neilltuol, e.e. dynodi terfyn neu ffin (tiroedd), perchenogaeth neu hawl ar eiddo, dilysrwydd gwneuthuriad ac ansawdd (nwyddau), &c.; llythyren, arwydd diacritig, arwydd (gan amlaf croes) a dorrir gan berson anllythrennog yn lle llofnod; pwynt (rhif neu lythyren fel rheol) a ddyfernir gan athro (arholwr, beirniad) i ddisgybl (ymgeisydd, cystadleuydd) wrth asesu teilyngdod cymharol ei waith, &c.; nod angen, nodwedd wahaniaethol, arwydd fod person, &c., wedi ei neilltuoli: *sign, symbol* (*line, tick, &c.*), *or stamp having a specific purpose, e.g. denoting a boundary, ownership, or rights, hallmark*; (*written*) *character, letter, diacritic mark, mark of illiterate person; mark awarded by teacher* (*examiner, adjudicator*) *to pupil* (*candidate, competitor*); *distinctive mark, feature, or characteristic.*

15–16g. *TA* 358, I ddal ef a wnâi Dduw lwyd, / A'i *farc* arno fu 'r cornwyd. **1547** *WS*, *marck* ne nod, a marcke. *id.* nod *marck*, a note. **16g.** *WLl* 55, Marw kildant a *mark* haelder. **1606** E. JAMES: *Hom* iii. 116, [t]ri nôd neu *farc*, trwy y rhai yr adnabyddir hi [Eglwys Grist]. *id.* 160, twynau a *marciau* . . . i rannu terfynau a ffinnau yn y maesydd. **1611** R. SMYTH: *SG* 82, noda[u] ne *farciau* duwoldeb yr Enaid. **1618** J. SALISBURY: *EH* 231, fel . . . y gwyddis . . . pwy pia'r . . . anifeiliaid, wrth nôd, a *marc* y perchennog. **1632** *D*, *marc*, character. **1655** R. JONES: *PC* 161, Hâf ffrwythydd *marc* i Isr'el fôd / yn agos bendod cospir. **1681** S. HUGHES: *AC* [51], y llythrenne hyn â *marcce* uwch eu penne . . . â, è. **1712** T. WILLIAMS: *CDdG* 362, Esamplau . . . yn *farciau* i'n cyfarwyddo ni i ochel y Creigiau. **1718 (1721)** S. THOMAS: *HB* 11, y nod neu'r *Marc* trwy ba ùn y gall pawb wybod gwahaniaeth rhwng y ser a'r Planedau. **1778** J. HUGHES: *BB* 146, Crist Iesu . . . / Y pryd y cym'rodd arno o'i wirfodd, / *Farc* ŵyn Israel fel cynes-rodd. Yn y De clywir *marc(i)e* yn yr ystyr 'tua, o gwmpas' (gan amlaf wrth gyfeirio at yr adeg o'r dydd), 'Ma hi sia *marce* pump ac yn amser godro'; '*marcie* saith deg o bwyntie' [am sgôr mewn dartiau]. Cf. *GDD* 194, 'Bwti'r *marce* douddeg. About twelve o'clock . . . Before the days of clocks people observed the position of the sun, and put marks down to indicate the time, hence the word *marce*'. Yn yr ystyr hon clywir hefyd *marc* a *marcad*, e.e. '*marc* y doudeg'; 'sia'r *marcad* saith'.

(*c*) Gwrthrych yr anelir ato (â dryll, &c.), targed, cyrchnod; nod i forwyr, tirnod; hefyd yn *ffig.*: *object aimed at* (*with gun, &c.*), *target, goal; sea-mark, landmark; also fig.*

14–15g. *IGE²* 200, Ymwel â'i lys [Ystumcegid], aml ei wledd, / *Marc* hynod sy'm mrig Gwynedd (Llywelyn ap y Moel). **16g.** LEWYS MORGANNWG: *Gw* 542, Pwy sy *farc* rhag pwys o for / pobl Wynedd pwy i blaenor. **16–17g.** *GST* i. 83, Marw caterwen, *marc* tiroedd. *id.* 405, Acw hefyd i'w cyfor / Y ceir *marc* i wŷr y môr. **1606** E. JAMES: *Hom* iii. 201–2, y rhai . . . a lewygant am hanner y ffordd cyn y delont at y *marc* a osodwyd iddynt. **1672** R. PRICHARD: *Gw* 355, Fel saeth at *farc* [:- Nôd] . . . / Y Posta ymmaith einioes gwr. **1688** S. HUGHES: *TSP* 303, Yr ydychi ym amcanu 'n agos at y *mark* [:- Nôd]. **1728** T. BADDY: *DDG* 145, nodyn neu *Farc* o flaen ei saethyddion. **1772** D. ROWLAND: *TPEN* 64, Y galon yw 'r *marc* at ba un y tafler argyhoeddiadau.

Cfn.: **marc cwestiwn:** *question mark.* Ar lafar. **m. diacritig:** *diacritic mark.* **20g.** **m. du:** *black mark* (*of discredit*). **20g.** **m. (cyn) geni:** *birthmark.* Ar lafar yn sir Benf. a'r De, *LlGC* 1171, 15. **m. gwlân:** *wool-mark.* Ar lafar. Cf. *nod—nod gwlân.* **m. pen trwyn:** *a form of initiation ceremony in the slate quarries where a young boy had his nose scratched with a piece of slate by an older boy.* Ar lafar gynt yn ardaloedd y chwareli llechi. **m. post:** *postmark.* **1850.**

Am *gwneud marc, methu'r m.*, gw. gwnaf: gwneuthur, methaf: methu.

marc² [bnth. S. *mark* (coin, &c.)] *eg.* ll. *-(i)au.* Morc; uned ariannol a ddefnyddir yn yr Almaen, &c.: *mark* (*coin, &c.*); (*German, &c.*) *mark, Deutschmark.*

Dchr. **17g.** *GDG* 355. **1800** *Eurgr* 23, gwnaeth iawn o un fil a'r [*sic*] ddeg o *Farciau*, (a phob *Marc* sydd 13s. 6d. [*sic*]).

Gw. hefyd morc.

marcad, marcaf: marco, gw. marc¹, marciaf: marcio.

Marcaidd [enw'r efengylwr *Marc* + *-aidd*] *a.* Yn perthyn i 'Efengyl Marc' neu i'w hawdur: *Marcan.*

20g.

marced [bnth. S. *market*] *eb.* Marchnad, mart, marchnadfa; masnach: *market, mart, market-place; trade.*

15g. *ID* 53, er kyfled ŭ *varked* y vai / ŭ kowyddwyr ay kyddyai. **16g.** *IICRC* iii. 326, Mewn llan na ffair na *marked*. **1567** *TN* 60b, A' phan ddelont o'r varchnat [:- *varcet*]. *id.* 94b, [p]lant yn eistedd yn y varchnat [:- *varcet*]. *id.* 13[3]b, na wnewch duy vy-Tat, yn tuy marchnat [:- *marcet*, masnach]. Ar lafar yng Nghered. a sir Gaerf. Mae ffermydd o'r enw *Rhosfarced Fawr* a *Rhosfarced Fach* ym mhlwyf Nyfer, sir Benf.

marceis, gw. marcwis.

marcî [bnth. S. *marquee*] *eg.* ll. *-s.* Pabell fawr a ddefnyddir ar gyfer arddangosfeydd, &c.: *marquee.*

20g.

marciaf, marcaf: marc(i)o, ?marcu [bf. o'r e. *marc¹*] *bg.a.* a'i dilyn weithiau gan yr ardd. *ar.*

(*a*) Nodi, gwneud marc neu farciau ar (drwy dorri, llosgi, &c.), hefyd yn *ffig.*; pennu, penodi, dynodi, tynghedu; cyfrif (llechi wedi eu gweithio mewn chwarel);

rhoddi marciau i ddynodi teilyngdod cymharol (gwaith disgybl, mewn arholiad neu gystadleuaeth, &c.): *to mark, stamp, make a mark or marks upon (by cutting, branding, &c.), also fig.; determine, single out, designate, destine; count (slates dressed in a quarry); mark (pupil's work, examination, competition, &c.).*

c. **1480** *TLlM* 31, Ni allai Edward bardwn / I fyw'r corff a *farciai* hwn [Llywelyn ap Hywel am yr angau]. **15–16g.** *TA* 73, Dy law fu 'r ofn, dilwfr wyd, / Am wayw Ercwlff y *marciwyd*. *id.* 105, *Marcio* derw mawr cadeiriawg, / Moes gadw rhif mesgoed y rhawg. **16g.** *GILlV* 37, Mae einioys rai ymynwes rwyd / *Markio* arnyn mae r kornwyd. **16g.** HUW ARWYSTL: *Gw* 202, *Markio* r gwyr mae r coeg eiriau. *id.* 330, Mwy ir kenedl no meirw kanyn / mawr keir duw n *marko* dyn. **16g.** D. R. THOMAS: *DS* 152, rhai . . . ag vddynt gydwybod gwedi eu [*sic*] *markio* a hayarn brwd. **1703** E. WYNNE: *BC* 136, a pha nôd du arall . . . sy 'n *marcio* Dynion at gorlan Lucifer. **1776** *W* d.g. *to mark* [*set a mark on a thing, or distinguish by a mark*]. **1792** H. HARRIS: *H* 24, gan fy *marcio* allan dan yr enw o gau brophwyd. Sonnir yng Nghonwy am bysgod yn '*marcio*', sef peri i gylchau bychain ymddangos ar wyneb y dŵr wrth iddynt anadlu, *B* xxv. 52, ac yn sir Drefn. am 'wy wedi *marcio*' pan fo'r cyw ynddo newydd roddi blaen ei big drwy'r plisgyn. Ym Morg. gall olygu 'bron â chyrraedd amser arbennig', 'Mae'n *marco* tri ar gloch'.

(*b*) Sylwi (ar), dal neu graffu ar, ystyried: *to note, observe, pay attention or give heed (to), consider.*

15–16g. *TA* 242, Marcwis fych, *merciais* y fan. **1545** *CM* 1, 61–2, I mae ynn Anghenhraid I ni nodi a *markio* yn y[s]bys yddelw arman. **16g.** *IICRC* iii. 289, ond *markia* di fyngeirie. *id.* 295, pen ddarfy ymi *farkio* / Ar dyfath di ynfyd fyo. **1574** *LlGC* 15542, 29a, [b]od arno ofn y *farkio* yn myned allan o fysc yr holl bobyl. *p.* **1584** G. ROBERT: *GC* [219], *Mercíwch* hefyd ynghylch y ddiphdong [*sic*] . . . y bydd hi yn un si[ll]af. *c.* **1585** G. ROBERT: *DC* [8b], darllen . . . yn ara deg wrth *farco* pob pwnc. *a.* **1642 (1684)** H. OWEN: *DC* 87, Megis y mae dy lygad di'n gwylied ar rai eraill, felly y mae'n [*sic*] hwythau'n *marcio* arnat tithau. **1672** R. PRICHARD: *Gw* 85, A *Marca* [:– Craffa] eu ymddygiad grassol. *id.* 179, *Marcca* [:– ystyria] d'ennill, bwrw 'th golled. **1688** S. HUGHES: *TSP* 213, hyn a ddelia[i]s i sulw arno [:– A *farcais* i]. **1701** E. WYNNE: *RBS* 270, pechodeu na *ferciais* i arnynt. **1803** *P*, *marciaw* . . . to observe. Ar lafar yn gyff., '*Marcwch* chi, mae'n mynd i 'noni'; ''Ôn i'n '*i farco* fa o bell'; '*Marcia* di be 'dwi'n ddeud'.

Cfn.: **marco dram:** *to note the number of a coal-worker on the tram which he fills so that he may be credited with the coal produced.* Ar lafar ym maes glo Morg. a Chaerf., *Geir Glo* 113.

Am *cyllell farco*, gw. cyllell (At.).

Marcioniad [cfdds. o'r S. *Marcion(ite)* + *-iad*[3]] *eg.* ll. *-iaid.* Un o ddilynwyr Marcion o Sinope, sylfaenydd sect Gnostig yn Rhufain yn yr ail ganrif o oed Crist: *a Marcionite.*
1856.

Marcionitiad [bnth. S. *Marcionite* + *-iad*[3]] *eg.* ll. *-iaid.* Marcioniad: *a Marcionite.*
1731 E. SAMUEL: *AE* 187, ûn [heresi] o Eiddo 'r *Marcionitiaid*, y rhai a daerent nad oes on'd ûn Natur Ynghrist; gan wadu ei fod wedi Ei Eni yn y Cnawd, nei ei fod yn berffaith Ddŷn.

marcis, gw. marcwis.

marciwr [bôn y f. fl. + *-iwr*] *eg.* Person neu beth sy'n marcio neu'n cadw cyfrif: *marker.*
1839.
Cfn.: **marciwr cerrig:** *slate-quarry official who checked the finished slates for faults and kept account of them to calculate the quarrymen's pay.* Ar lafar gynt yn ardaloedd y chwareli llechi.

Marcosiad [cfdds. o'r S. *Marcos(ian)* + *iad*[3]] *eg.* ll. *-iaid.* Un o ddilynwyr system grefyddol Gnostig a sefydlwyd gan Marcus, disgybl i Valentinus, yn yr ail ganrif o oed Crist: *a Marcosian.*
1863.

Marcsaeth, gw. Marcsiaeth.

Marcsaidd, Marcsiaidd [yr e. prs. *Marx* + *-(i)aidd*] *a.* Yn perthyn i Karl Marx (1818-83) neu i'w athrawiaeth sosialaidd, seiliedig ar yr athrawiaeth honno: *Marxist.*
1938.

Marcsiaeth, Marcsaeth [yr e. prs. *Marx* + *-(i)aeth*] *eb.* Damcaniaeth wleidyddol ac economaidd Karl Marx (1818-83) sy'n dal mai sylfaen economaidd sydd i weithredoedd a sefydliadau dynol ac y bydd Comiwnyddiaeth drwy frwydr ddosbarth yn disodli cyfalafiaeth: *Marxism.*
1936.

Marcsiaidd, gw. Marcsaidd.

Marcsydd [yr e. prs. *Marx* + *-ydd*[3]] *eg.* ll. *-ion.* Un sy'n arddel Marcsiaeth: *a Marxist.*
1937.

marcusadw [cf. S. (*to*) *marquisado*] *e?g.* Dull o dorri barf sy'n gadael mwstas mawr manwl, yn *dros.*: *style of beard leaving only elaborate moustaches, transf.*
16–17g. *GST* i. 778, Mae irlwyn dail, mawrlan dw', / Marc sidan *marcusadw*' [i'r gelynnen].

marcwis, marcwys, marcwes, marcis, &c. [bnth. S. *marquis, marquess*] *eg.b.* ll. *-iaid,* (prin) *marcwes* a *marcwys.* Uchelwr o radd rhwng dug ac iarll, ardalydd; ardalyddes: *marquess, marquis; marchioness.*
15–16g. *TA* 242, *Marcwis* fych, merciais y fan, / Duc eilwaith cyn dyw Calan [i Arglwydd Dwdlai]. **16g.** LEWYS MORGANNWG: *Gw* 218, kwyn dugiaid *marques* kwyn or deg gardysau / kwyn ieirll barwnniaid kwyn aur dorcheidiau [marwnad Harri'r Wythfed]. **16g.** (*LlEG*) *Mos* 158, 225b, gwnaeth *markwys* dulun Ir brenin dori y shiwrnai. *id.* 497a, mab y brenin Ar *varkwes* o bennuro. **16g.** *GP* 201, Yn nessa y dduuk *markus*. **1578–85** *Rhyddiaith Gymraeg* i. 72, dvgieit ac *markwys* ac ieirll. **1615** R. SMYTH: *GB* 4–5, [y]r ieirll y *marceisiaid* barwniaid, ag eraill. *a.* **1642 (1684)** H. OWEN: *DC* [v], *Marqwes* cyntaf Caerfrangon. **1722** *Llst* 189, *marcwis,* m.p. *cwisiaid,* a marquess. **1776** *W*, *marcwis* (pl. *marcwisiaid*), sef, titl dyledog rhwng Iarll a Dûg d.g. *marquis, formerly marquess.* Ar lafar yn y De-ddwyrain clywir y ff. *marcws.* *Tŵr Marcwis* yw'r enw lleol ar gofgolofn yr Ardalydd Môn cyntaf (Henry William Paget, 1768-1854) ger Llanfair Pwllgwyngyll, Môn.
Amr.: **marchwyst.** **16g.** GR. HIRAETHOG: *Gw* (D. J. B.) 3. 33.

marcyn, gw. marc.

march [H. Grn. *march,* gl. *equus,* Crn. C. *margh,* H. Lyd. *marh,* Llyd. Diw. *marc'h,* Gwydd. C. *marc,* Gal. *μάρκαν* (gwrth. un.) < IE. *marko- 'ceffyl', cf. H. S. *mearh*] *eg.* ll. *meirch.*

(*a*) Ceffyl, ceffyl llawn-dwf heb ei ysbaddu, ystalwyn, cadfarch: *horse, stallion, war-horse, steed.*
13g. *C* 27. 8–9, Carnawlauc *march.* Owein. mab Vrien. *id.* 64. 11–12, Gwydi gweli agwaedlan. a gviscav seirch a*meirch* cann. **13g.** *A* 1. 2, *meirch* mwth myngvras. **13g.** *LlI* 9, Ef [pengwastrawd] a dele dvy ran o'r ebran y'v *uarch* ef. **14g.** *T* 26. 26–27. 1, Vy *march* melyngan kyfret agwylan. **14g.** *BT* 155, yr oed gystal ganthunt kic y *meirch.* **14g.** *WM* 2. 10–12, [m]archauc yn dyuot yn ol yr erchwys y ar *uarch* erchlas mawr. *c.* **1400** *MM* 102, Kymer gen *march* ar dannet oll yndi. *c.* **1400** *YCM*[2] 177, pwnn deugein *meirch* o win gloyw da. **1567** *TN* 393b, [c]yphyle [:– *meirch*]. **1588** *Job* xxxix. 19, A roddaist ti gryfdwr i *farch*: neu a ddyscaist iddo ef werŷru? **1632** *D*, *march,* equus. **1722** *Llst* 189, *march,* an horse, nag, steed; stone-horse. **1753** *TR*, *march,* a horse . . . It is used now only for a stone-horse. **1803** *P.* Ar lafar yn yr ystyr 'ystalwyn', hefyd yn *ffig.* am ŵr sy'n or-hoff o ddilyn merched, '*march* y plwy'. Digwydd mewn enwau lleoedd, cf. *BIK* 257-263; hefyd mewn enwau planhigion, &c., i ddynodi mathau mawr neu arw neu gryf eu haroglau, cf. W. SALESBURY: *LlM* 212, March ysgall y gardde . . . oblegit Defot y cambry . . . ydiw Dodi *march* ar beth anveidrol oblegid ei vaint.

(*b*) (yn *dros.*) Ffrâm i ddal rhywbeth, hors; ?arch neu elor: *supporting frame, horse; ?coffin or bier.*

?**15g.** *DGG*[2] 8, Y ferch a welir yn fau, / A gŵr Esyllt dan groesau, / Ny ffos gau, a phais gywarch, / A gwernen felen yn *farch.* **16–17g.** *Cer RC* 80, A'm rhoi ar *farch* o liw coch, / A llawer och gan ddynion. **1773** *W* d.g. *frame of a table, the gallows of a printing-press.* Ar lafar yn sir Gaern. am 'hors lifio'; hefyd gynt yng ngorllewin sir Gaerf. ynglŷn ag odyn, D. E. JONES: *HLlP* 334.

Cfn.: **march afon:** *hippopotamus, river-horse.* *c.* **1762–79** W. WILLIAMS: *P* 262. Cf. *ceffyl—c. yr afon.* **march alan,** gw. *marchalan.* **m. alarch,** gw. *marchalarch.* **m. anrhydedd** = **m. gweilydd.** **1722** *Llst* 189. **1775** *W* d.g. *a leer-horse.* **m. asgellog:** *winged horse; the constellation Pegasus.* **1604–7** *TW* (*Pen* 228) d.g. *pegasus* (hefyd *D*). **m. bôn:** *hindmost horse, shaft-horse.* [**1783**] *W* d.g. *roddle-horse, the thill-horse or thiller* [*the horse in the shafts*]. Cf. *ceffyl—c. bôn.* **m. brith:** *speckled or piebald horse.* *c.* **1400** *R* 1348. 6, 9. **m. canfas,** gw. *m. cynfas.* **m. car:** *cart-horse, draught horse.* **1604–7** *TW* (*Pen* 228) d.g. *equus, equus halcyarius.* **m. ceilliog:** *stallion.* *c.* **1401** *AL* ii. 344. *c.* **1588** *B* ii. 137, emys. i. *meirch keilliog.* **1604–7** *TW* (*Pen* 228) d.g. *admissarius, emissarius equus, equimentum, initor.* **1617** *Minsheu* 465a d.g. *a stallion.* **m. coch:** *red horse regarded as symbolizing war (with ref. to Rev. vi. 4).* **1784** J. ROBERTS: *C* 2. **m. cynfas (canfas), m. o gynfas, marchgynfas:** *canvas stalking-horse, often fig.* **1620** *Mos* 204, 97, *March gynvas* yw hwn, i hwn accw. **1630** R. LLWYD: *LlH* 148. **1688** S. HUGHES: *TSP* 208, *March-cynfas.* **1731** T. LEWYS: *BMA* 86. **1783** J. ROBERTS: *C* [1]. Cf. *m. lliain, ceffyl—c. cynfas.* **m. y cynnud:** *horse used for carrying firewood.* **13g.** *LlI* 20. **1730** *Leg Wall* 578. **1803** *P.* **m. disbadd:** *gelding.* **1547** *WS.* **1632** *D* d.g. *asturco.* **m. y drysi,** gw. *marchddrysi.* **m. du:** *black horse regarded as symbolizing famine (with ref. to Rev. vi. 5).* **20g.** **m. y dŵr (dwfr):** *water-spider.* **1707** *AB* 164a, tipula . . . Dimet. *march y dwr,* a water spider. **1725** *SR* d.g. *spider, a Water spider.* **meirch (g)re:** *stud of horses, stud horses.* *c.* **1300** *H* 21b. 9. **14g.** *YBH* 31b. Cf. *caseg—c. re.* **march grewys:** *stallion.* **13g.** *AL* i. 734. Cf. *caseg—c. rewys.* **m. gweilydd (gweili):** *unladen or riderless horse; spare horse, led horse.* *c.* **1300** *H* 2a. 20. **14g.** *T* 16. 14–15. *c.* **1400** *R* 1052. 36. **1722** *Llst* 189 d.g. *gweilydd.* **1774** *W* d.g. *horse, a led-horse, leer, a leer-horse, spare, a spare (led) horse.* **m. gweini:** *stallion.* **13g.** *LlC* 13. **m. gwelwlas:** *pale horse, regarded as symbolizing death (with ref. to Rev. vi. 8).* **1784** J. ROBERTS: *C* 2. **meirch Gwenhidwy:** *waves.* **1822.** Cf. *dafad—defaid Gwenhidwy, maes*[1]*—Maes Gwenhidwy.* **march gŵydd:** *wooden horse, hobby-horse.* **14g.** *GDG* 398. **m. gwyn:** (i) *white horse regarded as symbolizing the gospel (with ref. to Rev. vi. 2).* **1784** J. ROBERTS: *C* 2. (ii) *?some kind of phantom or apparition.* **1806** TWM O'R NANT: *H* 75. **m. haearn:** *railway engine.* **1897.** Cf. *ceffyl—c. haearn.* **m. hur:** *horse kept for hire, hackney.* **1722** *Llst* 189. **1774** *W* d.g. *hackney, vulgò hack, or hackney-horse.* **m. llam:** *vaulting-horse.* **1908.** **m. lliain:** *canvas stalking-horse.* **1653** *MLl* i. 188. **m. llifio:** *saw-horse.* **1775** *W* d.g. *jack [for sawing wood upon].* **m. llog** = **m. hur.** **1722** *Llst* 189. **1774** *W* d.g. *hackney, vulgò hack, or hackney-horse.* **m. llyfnu (llyfn):** *horse used for harrowing.* **13g.** *LlI* 98, *march llyfnu.* *c.* **1400** *CHDd* 97, *march llyfyn.* **15g.** *LHDd* 106. **1730** *Leg Wall* 578. *Ser.* **m. Llŷr:** *name of unknown constellation.* **18–19g.** *Llr* C 2, 333. **m. m(i)eri,** gw. *marchfieri.* **m. môr:** *sea-horse, sea-serpent.* **1858.** Ar lafar gynt yn Arfon, *WVBD* 364. Cf. *morfarch.* **m. pennill:** *horse kept in a stall.* *c.* **1300** *H* 17b. 8. **15g.** *AL* ii. 265, *meirch pennill.* Dchr. **17g.** *J* 10, 25b. **m. post:** *post-horse.* **1604–7** *TW* (*Pen* 228) d.g. *anabasius, angaria, veredus.* **m. pren:** *wooden horse, also transf. and fig.* **15g.** *LGC* 474, Yn ei oes y daw yn westeion / Y *meirch prenau* â rhwyvau gwyr Rhôn. **16g.** *Pen* 76, 159, gwr gwen ar *varch pren* ir pridd. **16g.** (*LlEG*) *LlGC* 5276, 347a, deuant twy [Daniaid] ar *veirch brennav.* **1740** T. EVANS: *DPO* 343, Y *March-pren* a elwir yn lladin Equuleus, ydoedd offeryn tra niweidiol i gorph y prif Grist'nogion. Ar lafar yn yr ystyr 'car llifio', *Folk Life* xx. 43. Cf. *marchbren.* **m. preswyl:** *horse in attendance.* **13g.** *LlI* 5, 6, 11. **1803** *P* d.g. *preswyl.* **m. rhad** = **m. rhodd.** *c.* **1400** *J* 1, 1074, Nyt edrychir yn llygat *march rat.* **m. rhedeg:** *race-horse.* **1632** *D* d.g. *celes.* **m. rhodd:** *gift-horse.* *c.* **1400** *J* 1, 963, Nyt edrychir. ynllygat *march rod.* [**1547**] W. SALESBURY: *OSP*, Nyd edrychir dannedd *march rodd.* **1750** *ML* i. 166. **1790** TWM O'R NANT: *GG* 100. **m. rhyfel:** *war-horse.* **1740** T. EVANS: *DPO* 44, 122. **m. tân:** (i) = **m. haearn.** **1851.** Cf. *ceffyl—c. tân.* (ii) *additional bars added to make a fire grate deeper.* Ar lafar gynt yn sir Gaerf. **m. tom:** *work-horse.* *c.* **1300** *LTWL* 359. **14g.** *LlB* 89. **15g.** *LHDd* 37. **1730** *Leg Wall* 578. Cf. *caseg—c. dom.* **1803** *P.* **m. tynnu** = **m. car.** **1632** *D* d.g. *helcium.* **1803** *P.* **m. wrth ei bawl:** *tethered horse.* **1766** *ML* (Add) 669.

Am *bara meirch, briw'r march, cacwn meirch, carreg farch, dibedoliad y m., dilyn*

m., *drysi meirch*, *elor f.*, *ffordd f.*, *gofyn march*, *gwenyn meirch*, *gŵr march*, *lleuad y m. melyn*, *llyn meirch*, *melin f.*, *milwyr m.*, *rhoi'r car o flaen y m.*, *torrwr meirch*, &c., gw. bara[1], briw, cacwn, carreg, dibedoliad, dilynaf: dilyn, drysi, elor, ffordd, gofynnaf: gofyn, gwenyn, gŵr, lleuad, llynmeirch, melin, milwr, rhoddaf: rhoddi, torrwr, &c.
Gw. hefyd marches, merchyn.

marchad, marchaf: marcho, marcha, marchu gw. marchiad, marchiaf: marchio.

marchaidd [*march* + *-aidd*] *a.* Yn perthyn i geffyl, tebyg i geffyl, ceffylaidd: *pertaining to a horse, horsy, horselike, equine.*
1547 *WS*, *marchaidd*, horselyke. **1604–7** *TW* (*Pen* 228) d.g. *equinus.* **1803** *P.*

marchalan [*march* + *alan*[2]] *eg.* Planhigyn melyn ei flodau ac iddo wreiddyn a dail chwerw, *Inula helenium*, llwyglys, clafrllys mawr: *elecampane.*
1545 *CM* 1, 209, Elena compaenna [*sic*] . . . a henwir . . . *marchalann* yny gymraeg. **16g. (1763)** W. SALESBURY: *LlM* 96, Elecampane yn saesoneg ar *marchalan* yn Cambraeg. *Diw.* **16g.** *WLB* 4, gwraidd y *marchalan. id.* 12, *march Alan.* **1632** *D* (*Bot*), *marchalan*, enula campana, helenium, nectaria. **1633** J. GERARDE: *Herball*, *marchalan*, elecampane. **1759** J. EVANS: *PF* 78, Gwraidd *March alan.* **1803** *P.* **1813** *WB* 216. Ar lafar yn sir Gaern., *WVBD* 364, ac ym Morg.

marchalarch [*march* + *alarch*; ?gwall am *marchalan*] *eg.* Marchalan, llwyglys, clafrllys mawr, *Inula helenium*: *elecampane.*
1712 *LlGC* 1023, 13, Gwraidd y *March Alarch*, a gwraidd y tafol Cochion. *c.* **1730** *Thos. Lloyd D* (LlGC) 170a, *marchalarch*, [Enula Campana]. *c.* **1740** *LlM* 29, [P]owdr *March Alarch.*

marchallu [*march* + *gallu*] *eg.* Marchnerth: *horsepower.*
1838.

marchasyn [*march* + *asyn*] *eg.* Asyn, mul: *jackass, male donkey.*
1775 *W* d.g. *jack-ass.* **1803** *P.*

marchawca, marchawg, marchawglu, &c., gw. marchocâf: marchocáu, marchog, marchoglu, &c.

marchbeiriant [*march* + *peiriant*] *eg.* ll. *meirchbeiriannau.* Peiriant a yrrir gan geffyl: *horse-powered machine.*
1832.

marchberllys [*march* + *perllys*] *e.tf.* *Bot.* Lofaets: *lovage.*
1801 *MMf* 202, *marchberllys*, a elwir yn lladin lefisticwm vulgaris. **1813** *WB* 216.
Cfn.: **marchberllys y gerddi:** *alexanders, horse-parsley, Smyrnium olusatrum.* **1801** *MMf* 281, 289. **m. yr hêl:** *name of plants of the genus Apium, (wild) celery, smallage.* **1801** *MMf* 290. **m. y môr = m. yr hêl.** **1801** *MMf* 290.
Gw. hefyd perllys—p. y meirch.

marchbersli [*march* + *persli*] *e.tf.* (un. b. *-berslïen*) *Bot.* Lofaets: *lovage.*
1604–7 *TW* (*Pen* 228) d.g. *hipposelinum, levisticum, smyrnion.* *Dchr.* **17g.** *J* 10, 26a, *marchbersli.* Hipposelinum. Levisticum. **1632** *D* d.g. *smyrnium.* **17g.** *LlGC* 13215, 347, *marchberslien*, hipposelinum.
Gw. hefyd persli—p.'r meirch.

marchbren [*march* + *pren*] *eg.* Trawst cynhaliol, yn enw. y prif drawst mewn odyn faes; hors ddillad; hefyd yn *ffig.*: *supporting beam, esp. the main beam in a field kiln; clothes-horse; also fig.*
15g. *GTP* 43, Ni adai, *farchbren* odyn, / O'i wlad un ddafad i ddyn [dychan Ieuan Brydydd Hir]. **1716–18** *Llsgr R. Morris* 88, Mae gini ddeunudd cwrw newudd / o ddwu heidden a thair ceirchen / mi af i grasu rheini foru / y mae yr odun yn rhosgolun / y mae yr [*sic*] *march bren* yn llan haiarn. **1722** *Llst* 189, *marchbren* odyn, a kiln-beam. **1774** *W* d.g. *horse* [*for drying linen on*], *kiln . . . A kiln-beam.* **1798** *WR*, *marchbren* aelwyd d.g. *mantle tree.* **18–19g.** *Llr* C 2, 195, *marchbren*, a beam. **1803** *P*, *marchbren*, a supporting timber, or main beam. *Marchbren* mewn odyn faes yn cynnal y cledyr crasu, a main timber in a field kiln supporting the drying frame. Ar lafar gynt yng ngodre Cered., sir Benf., a sir Gaerf., cf. *CYLl* 30.
Amr.: **malchbren** [drwy ddadf.]. **1722** *Llst* 189, *malchbren* odyn, a kiln-beam. **1775** *W*, march-bren (vulgò *malchbren*) d.g. *kiln.*
Gw. hefyd march—m. pren.

marchdafol [*march* + *tafol*] *e.ll.* (un. b. *-en*) *Bot.* Tafol gwaedlyd, tafol hirion, *Rumex patientia*: *patience(-dock).*
1604–7 *TW* (*Pen* 228), y *march dyfolen* d.g. *hippolapathum.* *Dchr.* **17g.** *J* 10, 26a, *marchdavol*, bulapathum, patience, hippolapathum. **17g.** *LlGC* 13215, 347, *march Davolen*, bulapathum.

marchdaran [*march* + *taran*[1]] *eb.* Taran uchel: *loud clap of thunder.*
c. **1400** *R* 1193. 5, aphob *marchdaran* yn ymdaraw. **1803** *P.*

marchdres, marchdwrf, gw. march + tres[1], twrf[1].

marchdy [*march* + *tŷ*] *eg.* ll. *-dai*, *meirchdai*, *-dyau.* Adeilad lle cedwir ceffylau, stabl: *stable.*
13g. *LlI* 62, hunty a *marchty* a kynorty a thy bychan. **1604–7** *TW* (*Pen* 228) d.g. *clausum, stabulum.* **1632** *D* d.g. *equile.* **1719** IACO AB DEWI: *TG* 228, Ei Gariad a barodd iddo ef [Crist] roddi heibio ei Ogoniant . . . gael ei eni mewn *Marchdy.* **1722** *Llst* 189, *marchdy*, a horse-house or stable. **1770** *TG* ii. 58, [c]effyl wrth weled marchog yn dyfod i mewn i'r *marchdŷ* â ffrwyn yn ei law. **1772** D. ROWLAND: *PP* 52, *meirchdai* yn llawn o dom. **1774** *W* d.g. *hostry* [*the stable at an inn*], *stable.* **1800** W. OWEN[-PUGHE]: *CP* 17, beudyau a *meirchdyau.* **1803** *P.*
Cfn.: **marchdy llog:** *livery stable.* **1776** *W* d.g. *livery-stable.*

marchddaw, gw. march + daw[1].

marchddrysi [*march* + *drysi*] *e.ll.* (un. b. *drysïen*). Drysi mawr, drysi meirch, marchfieri, rhos gwyllt, rhos y drain, rhos y cŵn, *Rosa canina*: *large briers, horse-brambles.*
Ar lafar yn y De. Yng nghanolbarth Cered. clywir *march y drysi.*

marchegwyd [*march* + *egwyd*] *eb.* Tyfiant esgyrnaidd ar egwyd ceffyl sy'n peri cloffni: *ring-bone.*
1862. Ar lafar ym Môn.

marches [*march* + *-es*[1]] *eb.* ll. *-au.* Caseg, hefyd yn *ffig.*: *mare, also fig.*
15–16g. *TA* 404, *Marchesau* da, meirch ystôr [i ofyn gre o gesig]. **1604–7** *TW* (*Pen* 228) d.g. *equa.* **17g.** HUW MORUS: *EC* i. 293, O's rhowch fel y dywedais, / Ryw farch neu ryw *farches.* **1761** *ML* ii. 374, Gwych gaseg vach yna . . . bydd raid i minnau brynny march neu *farches.* *Diw.* **19g.** *SE MS* 285a, *marches* . . . lit. a she-horse; generally applied metaphorically to a bouncing woman.

marchfaen [*march* + *maen*[1]] *eg.* ll. *-feini.* Carreg farch, esgynfaen: *horse-block.*
1803 *P.*

marchfeddyg, meirchfeddyg [*march, meirch* + *meddyg*] *eg.* ll. *-on.* Milfeddyg sy'n trin ceffylau, ffarier: *horse-doctor, farrier.*
1722 *Llst* 189, *march-feddyg*, a farrier. **1762** *CGC* 4, Valentine Howel, *March-Feddyg.* **1771** *PDPh* 56, Arfer y *Meirch-feddygon.* **1773** *W* d.g. *farrier.*
Gw. hefyd meddyg—m. meirch.

marchfeddyginiaeth, gw. march + meddyginiaeth.

marchfeillion [*march* + *meillion*] *e.ll.* (un. b. *-en*) *Bot.* Meillion coch, clofer coch, *Trifolium pratense*: *red or purple clover.*
16g. (1763) W. SALESBURY: *LlM* 222, Y Meillion . . . tri rhyw a gair . . . meillion y meirch ond mi a Debygwn mae y *marchveillion* y Dylid ei galw yn iawnach. *Dchr.* **17g.** *J* 10, 26a, *marchfeillionen*, trifolium majus. **18–19g.** *Llr* C 8, 179, *marchfeillon*, broad clover. **1801** *MMf* 285, grifoliwm [*sic*] rubrwm, *marchfeillion*, meillion cochion. **1813** *WB* 216, *marchfeillionen*; Trifolium pratense; Common purple Trefoil. **1814** W. DAVIES: *Agric . . . S. Wales* i. 175, Broad-leaved, or common red clover . . . in Welsh, *march-veillion.*
Cfn.: **marchfeillion rhuddgoch:** *red or purple clover, Trifolium pratense.* *Dchr.* **17g.** *J* 10, 29a. **m. gwynion:** *white clover, Trifolium repens.* *Dchr.* **17g.** *J* 10, 29a. **m. melynion:** '*yellow clover*'. *Dchr.* **17g.** *J* 10, 29a.
Gw. hefyd meillion.

marchfieri, meirchfieri [*march, meirch* + *mieri*] *e.ll.* (un. b. *marchfiaren, marchfier(i)en*) *Bot.* Rhos gwyllt, rhos y drain, rhos y cŵn, *Rosa canina*; drysi pêr, rhoslwyn pêr, *Rosa rubiginosa*; mieri, *Rubus fruticosus*: *dogrose, wild brier; sweet brier, wild eglantine; bramble, blackberry bush.*
1547 *WS*, *marchfieri.* **16g. (1763)** W. SALESBURY: *LlM* 212, y mieri mowrion a alwn ine *march fieri.* **1604–7** *TW* (*Pen* 228), y *March vieri* d.g. *cynosbatus. id. marchuierien* d.g. *neurospaston, rubus Caninus.* *Dchr.* **17g.** *J* 10, 26a, *marchvierien*, red bramble. Sentis. **1632** *D* (*Bot*), *marchfieri*, morus viatica. **1688** *TJ* (*Bot*), *marchfieri*: The Blackberry Tree, or Bush. **1803** *P.* **1813** *WB*, *marchfiaren*; Rosa canina; Common Dog-rose. **1814** W. DAVIES: *Agric . . . S. Wales* i. 241, Common briar (rosa canina), in Welsh, *march fieri.* Ar lafar; yn Arfon clywir y ff. *march meri*, *WVBD* 199, 364, 371.
Gw. hefyd mieri—m.'r meirch.

marchfilwr [*march* + *milwr*] *eg.* ll. *-filwyr*, *meirchfilwyr.* Milwr ar gefn ceffyl, gŵr march, gŵr ceffyl: *dragoon, cavalryman, cavalier, trooper.*
1725 *SR* d.g. *a dragoon.* **1770** *TG* iv. 52, [ll]ofruddio *march-filwr.* **1772** *W* d.g. *dragoon.* **1798** *WR*, math o *farch-filwr* d.g. *hussar.*
Gw. hefyd milwr—milwyr meirch.

marchfint, marchfintys [*march* + *mint*[2], *mintys*] *e.ll.* *Bot.* Mintys y meirch, sef mathau o fintys, yn enw. *Mentha longifolia*; ?mintys y dŵr, *Mentha aquatica*: *horse-mint; ?water mint or wild mint.*
16g. *Pen* 207, 12, ssydd [*sic*] y*marchfint* nei vint ydwr. **1604–7** *TW* (*Pen* 228), *marchuintis* d.g. *polemonia.* **18g.** *Llr* C 24, 272, Cymer sydd [*sic*] y *march fint* ney fint y dwr. **1813** *WB* 217, *marchfint*; Mentha sylvestris; Horse Mint.
Gw. hefyd mintys—m. y meirch (i).

marchforgrug [*march* + *morgrug*] *e.tf.* (un. *-yn*) Morgrug mawr: *large ants, horse-ants.*
1774 *W*, *march-forgrugyn* d.g. *horse-emmet.* **1803** *P*, *marchvorgrugyn*, a large kind of ant.

marchfrwyn [*march* + *brwyn*] *e.ll.* (un. b. *-en*) Brwyn mawr: *large rushes.*
16–17g. *PCWG* 117, [y]r vmprydwyr yma a gyfflyba dvw . . . i *farchfrwynen* yr hon a ostwng i ffen gida r gafod wynt.

marchfyddin [*march* + *byddin*] *eb.* Corff o filwyr meirch, gwŷr meirch, marchlu: *cavalry.*
1771 *W* d.g. *cavalry.*

marchffenigl [*march* + *ffenigl*] *e.tf.* (un. b. *-en*) Planhigyn tal sy'n tyfu yng ngwledydd Môr y Canoldir, *Ferula communis*: *giant fennel, ferula.*
1604–7 *TW* (*Pen* 228), *March feniclen* d.g. *nartheca. id. March fenicl* d.g. *narthecia.* *Dchr.* **17g.** *J* 10, 26a, *marchfenigl*, hippomarathrum. ferula. **1632** *D* d.g. *ferula.* **1813** *WB* 217, *marchffenigl*; Ferula communis; Giant Fennel.

marchgacwn, meirchgacwn [*march* + *cacwn*] *e.ll.* (un. b. *marchgacynen*) Cacwn mawr, cacwn y meirch: *hornets.*
1774 *W* d.g. *hornet.*
Gw. hefyd cacwn—c. meirch.

marchgastanwydd [*march* + *castanwydd*] *e.ll.* (un. b. *-en*). Castanwydd y meirch, *Æsculus hippocastanum*: *horse-chestnut trees.*
1848.

marchgáu, gw. marchocâf: marchocáu.

marchgaul [*march* + *caul*] *a.* Ac iddo fol mawr fel bol ceffyl: *having a large belly*

like that of a horse.
c. **1400** *R* 1346. 1–2, Keu ywr crythawr mawr myggraff raff *marchgeul* car gwestreul. cawr gwastraff.

marchgen [*march + cen*[1], cf. Llyd. Diw. *marc'hken*] *eg.* Croen march, carrai neu dennyn o groen march: *horsehide, thong or leash made of horsehide.*
1604–7 *TW* (*Pen* 228), *marchgen*, sef Carrei o groen march d.g. *corius. id.* carrei *varchgen* d.g. *habena. id. marchgen* ne rwymyn yr iau'n y wedd d.g. *lorum, subiugium lorum.* **1632** *D, marchgen*, lorum, corium equinum. **1688** *TJ, marchgen*, Croen Ceffyl: a Horse's-Skin or Hide. **1722** *Llst* 189, *marchgen*, a horse's hide or leather. **1725** *SR*, carrai *farchgen* neu hyddgen d.g. *a Bridle rein. id.* d.g. *a Hide or skin, a Leash.* **1803** *P.*

marchglawdd [*march + clawdd*] *eg.* Perth wedi tyfu'n wyllt: *a hedge left to grow wild.*
Ar lafar ym Morg.

marchglo [*march + clo*] *eg.* ll. *-gloeau.* Clo egwyd, clo clwt: *padlock.*
1809.

marchgod [*march + cod*[1]] *eb.* ll. *-au.* Ysgrepan neu sach a gludir ar gefn ceffyl: *saddlebag.*
1604–7 *TW* (*Pen* 228), *marchcod* d.g. *hippopera.* **1803** *P, marchgod*, pl. t. *au* a saddlebag.

marchgorn [*march + corn*] *eg.* Rhan allanol galed corn (hwrdd, &c.): *outer hard part of the horn (of ram, &c.).*
Dchr. **17g.** *J* 10, 26a, *marchgorn*, a horne. Cornu exterius. **1803** *P, marchgorn*, the outer part or shell of a horn.
Gthg. mapgorn.

marchgynfas, gw. march—march cynfas.

marchiad, marchad [bôn y f. ddil. + *-iad*[1], *-ad*] *eg.* Y weithred o farchio caseg, hefyd yn *dros.*: *the covering of a mare, also transf.*
16–17g. *CC* 72, bychan gantho bu 'n achwyn / ferched y sîr *farchiad* swyn (Thomas Prys). **1803** *P, marchiad* . . . a horsing. Ar lafar, hefyd yn gellweirus am gyfathrach rywiol yn gyffredinol.

marchiaf, marchaf: march(i)o, marcha, marchu [bf. o'r e. *march*, cf. Llyd. Diw. Cyn. *marchaff* (am ystalwyn), Llyd. Diw. *marc'ha* (am gaseg)] *bg.a.* Gofyn march neu ystalwyn (am gaseg); marchogaeth, cnuchio (caseg) (am farch neu ystalwyn): *to be in heat (of a mare); mount, cover, copulate with (a mare) (of a stallion).*
Ar lafar yn y Gogledd a Brych. am gaseg, *WVBD* 364, *LGW* 283. Yn sir Gaerf. a Chered. clywir y ff. *marcho* am ystalwyn, e.e. 'Mae hwn wedi *marcho* cant o gesig', hefyd yn gellweirus am gyfathrach rywiol yn gyffredinol. Ar lafar gynt yn y Gogledd yn yr ystyr 'horsio', G. OWEN: *DP* i. 277.

marchlaswellt [*march + glaswellt*] *e.tf.* Math o laswellt tal, nid annhebyg i geirch, sy'n tyfu mewn tir âr gwael: *kind of tall oat-like grass which grows on poor arable land, ?oat-grass or wild oats.*
Diw. **19g.** *SE MS* 284b, *marchlaswellt*, math ar borfa dal iawn a dyf mewn llafur lle byddo gwrteithiad gwael. Mae rhywbeth fel ceirch bron yn ei olwg. Yr wyf wedi anghofio y gair Seisneg amdano.

marchleidr [*march + lleidr*] *eg.* Carnlleidr, pen-lleidr: *arrant thief.*
1803 *P, marchleidyr*, an arrant thief. *Marchleidyr* a grog y corleidyr. Adage.

marchlu [*march + llu*] *eg.* ac *e.tf.* ll. *-oedd, meirchlu.* Mintai o wŷr meirch sy'n ffurfio rhan o fyddin: *cavalry, troop.*
1803 *P.*
Gw. hefyd marchoglu.

marchluyddwr [*march + lluyddwr*] *eg.* ll. *-wyr.* Marchfilwr: *trooper, dragoon.*
1722 *Llst* 189, *march-luyddwr*, a trooper, dragoon. **1772** *W* d.g. *dragoon or dragooner.*

marchlwybr, gw. march + llwybr.

marchlwyf [*march + llwyf*] *e.ll.* (un. b. *-en*). Rhyw fath o lwyf: *some kind of elm-tree(s).*
18–19g. *Llr* C 68, 4, *marchlwyf* & *marchlwyfen*, the Elm tree.

marchlwyth [*march + llwyth*[1]] *eg.* Llwyth neu bwn march, baich (mawr): *horse-load, (large) burden.*
13g. *LlC* 41, Messur guestua y brenyn . . . *marchluyth* (*Ll1* 64, pun march) o ulaut goreu a teuo ar tref y tat. **13g.** *TYP* 109, Tri Meirch a dugant y Tri *Marchlwyth*: Du Moro . . . a duc arnav seith nyn a hanner. **1604–7** *TW* (*Pen* 228) d.g. *onus* (hefyd *D*). **1722** *Llst* 189, *marchlwyth*, a horse-load. **1771** *W* d.g. *burden, horse-load.*

marchlwythaf: marchlwytho [bf. o'r e. bl.] *ba.* Llwytho'n drwm: *to burden heavily.*
1732 J. JONES: *C* v, gorfod o honynt *farchlwytho* eu Côf â Phentwr o Byngciau hirfeith[i]on.

marchlyffan [*march + llyffan*; cf. *clo llyffant*] *eg.* Llyffant mawr, yn *dros.*: *large frog, transf.*
15g. (*c.* **1600**) *Llst* 135, 23, *March lyffan* ar darian dor / Ay gonyn yn y gynnor [Hywel Dafi i'r clo pren].

marchnad [cf. Crn. C. *marghas*, H. Lyd. a Llyd. C. *marchat*, Llyd. Diw. *marc'had*, Gwydd. C. *marg(g)ad*, Gwydd. Diw. *margadh*, yn y pen draw bnth. Llad. *mercātus* (cf. Llad. Isel *marcātus*); am yr *-n-* cf. H. Nor. *mark(n)aðr*] *eb.* ac *e.tf.* ll. *-oedd, -au, -on.*

(*a*) Cydgynulliad o bobl i brynu a gwerthu (yn enw. anifeiliaid a nwyddau), mart, marced, ffair; man cyhoeddus lle yr arddangosir anifeiliaid, nwyddau, &c., sydd ar werth, marchnadfa, marchnadle, fforwm; tref farchnad, canolfan fasnach, busnes prynu a gwerthu, delio masnachol, cytundeb, bargen; gwerthiant yn ôl fel y rheolir ef gan gyflenwad a galw, gofyn, pàs neu fynd (mawr) (ar nwydd), cyfle i werthu, graddfa prynu a gwerthu, gwerth ar amser penodol; hefyd yn *ffig.*: *market, mart, fair; market-place, forum; market town, commercial centre; a buying and selling, commercial dealing, contract, bargain; demand, call (for), opportunity of selling, rate of purchase and sale, value at a certain time; also fig.*
14g. *BT* 237, y symudwyd en wrexham y *varchnad* aoed gynt ar dywsul . . . ar difieu o hynny allan. **14g.** *YBH* 50a, ac yna yd aeth iosian . . . y rodyaw y *varchnat.* **14g.** *GDG* 274, O gwrthyd hoen eiry gorthir / Y fau wawd, hon a fu wir, / Gwrthodiad y *marchnadoedd*, / Gwrthodiaith f'annwyl ŵyl oedd. *c.* **1400** *R* 1357. 28–9, Sonnuawr vant . . . areibyei bob *marchnat. c.* **1400** *B* v. 24, aniueileit gwylltyon . . . a uydant . . . ar y maen hwnnw. yn un ffunyt a phei bei *varchnat* neu brynu. **15g.** *GDLl* 53, Tarw teilwng y tair talaith, / Tröed i'w wlad *farchnad* faith. **15g.** *LGCD* 83, I'r wlad y mae'n *farchnad* fawr, / I dre Oswallt mae'n drysawr [am Ddafydd ap Gutyn]. **15–16g.** *TA* 362, Milgwn a gweilch, Maelgwn gynt, / Meirch, nid oedd *marchnad* iddynt [marwnad Tomas Conwy]. **1567** *TN* 31b, yn sefyll yn segur yn y *varchnat* [:– yr heol]. *id.* 60b, A' phan ddelont o'r *varchnat* [:– varcet]. **1571** *CLlC* v–vi. 48, Fy ewyllys da, Och, iddi, os myn / Ond arûth' hyn o *farchnad.* **1588** *Eseia* xxiii. 1–3, Tyrus . . . *marchnad* (**1620** *ib.* marchnadfa) y cenhedloedd ydoedd hi. **1615** R. SMYTH: *GB* 86, i phairiau ai *marchnadau.* **1632** *D, marchnad*, forum, mercatum, nundinæ. *id.* d.g. *contractus, pactio, sponsio, stipulatio.* **1632** J. DAVIES: *LlR* 38, y mae'r marsiandwr yn gofalu am wario ei arian tra fo'r *farchnad* yn dda. **1661** E. LEWIS: *Drex* 249, [g]wneuthur *marchnadon* da iddynt eu hunain. **1676** W. JONES: *PGG* 38, yn gyfion ac yn honest yn ein *marchnadoedd* â phob dŷn. **1701** J. WILLIAMS: *BG* 38, [y] Dafarn ydyw'r lle mwyaf Cyfleus, i Ymddiddan ynghylch *Marchnadon.* **1709** H. POWEL: *G* 12, Lleoedd lle yr egorir . . . Scrythyrau Sanctaidd . . . gwir Yscolion Dysgeidiaeth, *marchnadoedd* mawrion Gwybodaeth. **1778** J. HUGHES: *BB* 274, Prynu hên rhaid prynu eilwaith, / Bargen sâl oedd hon ysywaith, / A drutta *marchnad* er ei eni, / A wnaeth y Prydydd ond priodi. **1798** GW. MECHAIN: *D* 3, Ni bu y *farchnad* neu'r gwerth ar arian banc erioed gan ised. **1803** *P.*

(*b*) Nwyddau neu wâr marchnataol, nwyddau ar werth; siopa, negesau; hefyd yn *ffig.*: *merchandise, wares, goods or commodities for sale; shopping, purchases; also fig.*
1588 *Neh* x. 31, yn dwyn *marchnadoedd*, neu ddim llynniaeth . . . iw werthu. **1588** *Esec* xxvii. 9, ai llong-wŷr oeddynt . . . yn marchnatta dy *farchnad.* **1604–7** *TW* (*Pen* 228), sachlwythæ, ac amryw *varchnat* ynddvnt d.g. *aeginaea. id.* d.g. *angiportus, portorium, umbra.* **1672** J. LANGFORD: *HDdD* 256, twyll y gwerth-ŵr gan mwyaf yw celu beiau ei *farchnad*, neu rhoi gormod o bris arnynt. [**1676**] *AF* 15, Oni ddywedasoch yn fynych wrth werthu eich *Marchnad*, Mae fo'n dda . . . ac nid oes gwell iw gael am arian, pan wyddech ei fôd yn ddrŵg? **1722** *Llst* 189, *marchnad*, f.p. *nadoedd* . .: wares, goods. **1743** D. ROWLAND: *T* 69, Y mae 'r Dyn yn dwyn *Marchnad* Crist o'i Law, ac yn addo yr hyn ac y mae Crist yn addo. **1776** *W, marchnad* . . . un d.g. *marketing, one's marketing* [*the articles one has bought at market*].
Amr.: **merchnad** [?dan ddyl. Llad. *mercātus*]. **1604–7** *TW* (*Pen* 228) d.g. *mercatus, nundina, nundinarius, nundinor.*
Cfn.: **marchnad (yr) adar:** *poultry-market.* **1722** *Llst* 189, *marchnad adar*, the poultry. **1780** *W, marchnad yr adar* d.g. *the poultry* [*the fowls market*]. **m. arian:** *money-market.* **20g. m. gig:** *meat-market.* **1776** *W* d.g. *a market for flesh* [*butcher's meat*]. **m. gyfnewid (dramor):** *(foreign) exchange market.* **20g. y F. Gyffredin:** *the Common Market.* **20g. y f. ddu:** *the black market.* **20g. m. eirth:** *bear market.* **20g. m. y pysgod, m. bysgod:** *fish-market.* **1604–7** *TW* (*Pen* 228) d.g. *forum piscarium, ichthyopolium* (hefyd *D*). **1711** GJ: *LlW* [67]. **1773** *W* d.g. *the fish-market.* **m. rydd:** *free market.* **15g.** *GGl* 238. **m. deirw:** *bull market.* **20g. m. unllaw:** *monopoly.* **1776** *W* d.g. *monopoly* (hefyd *WR*). **m. (yr) ŷd:** *corn-market.* **1711** GJ: *LlW* [67]. **1776** *W* d.g. *a market for corn, or a corn-market.*
Am *codi'r farchnad, croes y f., diwrnod m., dydd m., dydd m. enaid, gardd f., gwneud m., lle m., llysiau m., pres m., pris m., sefyll m., tref f., tŷ m.*, gw. codaf: codi, croes, diwrnod, dydd, gardd, gwnaf: gwneud, lle[1], llysiau, pres[1], pris, safaf: sefyll, tref, tŷ.

marchnadaeth, marchnadiaeth [*marchnad + -(i)aeth*] *eb.g.* ll. *-au.* Nwydd(au), marsiandïaeth; masnach, ymwneud masnachol, bargen; hefyd yn *ffig.*: *ware(s), merchandise; trade, commerce, commercial transaction, bargain; also fig.*
1588 *Jer* x. 17, Cascl o'r tîr dy *farchnadaeth* (**1620** *ib.* farsiandiaeth). **1588** *Esec* xxvi. 12, yspeiliant dy *farchnadaeth.* **1606** E. JAMES: *Hom* i. 8, Nac arfer vn *farchnadaeth. id.* 76, brawdoliaethau, pardynau a'r fath *farchnadiaethau. id.* ii. 128, [d]ygai buteiniaid . . . i'r marchnadleoedd goleu . . . i arfer eu *marchnadaeth* brwnt. *Dchr.* **17g.** *J* 10, 26a, *marchnadaeth*, marchandize. **1620** *Esec* xxvii. 33, Pan ddelei dy *farchnadaeth* (**1588** *ib.* ffeiriau) o'r moroedd. **1632** *D* d.g. *negotiatio.* **1716** J. MORGAN: *LlT* 20, *Marchnadaeth* yw colli peth, er ynnill mwy Ffordd arall. **1728** T. BADDY: *DDG* 57, *Marchnadaethau* y lle hwn ydyw y Gwlânbren neu Cottwm, lludw i wneud Sebon, a rhai filettos. **1732** *AABI* 15, Amser . . . a fyddei Nwyf da yn Uffern a'r *Farchnadaeth* yn fwya enillfawr. **1739** D. ROWLAND: *LlY* 16, mae'n rhaid ir gweinidogion edrych na wnelont elw na *marchnadaeth* o Air Duw. **1752** J. THOMAS: *FG* 131, y Masnach a'r *Farchnadaeth* a fo rhyngddo ef ag eraill. **1770** *TG* iv. 50, yn y dychryn mwyaf . . . i gadw *marchnadiaeth.* **1776** *W* d.g. *merchandise, traffick, or traffic.*

marchnadaf: marchnadu, gw. marchnataf: marchnata.

marchnadaidd [*marchnad + -aidd*] *a.* Yn perthyn i'r farchnad: *pertaining to the market.*
1771 J. ROWLANDS: *PGW* 12, [p]regethu yn y wir iaith *farchnadaidd.*

marchnadardd [*marchnad + gardd*] *eb.* ll. *-erddi.* Darn o dir lle tyfir llysiau a blodau i'w gwerthu yn y farchnad, gardd farchnad: *market garden.*
1870.

marchnadarddwr [*marchnad + garddwr*] *eg.* ll. *-wyr.* Un sy'n tyfu llysiau a blodau i'w gwerthu yn y farchnad, garddwr marchnad: *market-gardener.*
1848.

marchnadbethau, marchnad-drefi,

-drefydd, ff. ll., gw. marchnatbeth, marchnatref.

marchnadfa [*marchnad*+*-fa, ma*] *eb.* ll. *-faoedd, -feydd.* Man agored mewn tref lle cynhelir marchnad, marchnadle; tref farchnad, canolfan fasnach; marchnad, ffair; nwydd(au); hefyd yn *ffig.*: *(open) market-place; market town, commercial centre; market, mart, fair; ware(s), commodity, goods; also fig.*

1567 *TN* 198b, a' ei llusco ir *varchnatva.* **1595** *Egl Ph* 27, *marchnadfa*'r chwildrous [am y byd]. **1604–7** *TW* (*Pen* 228), [b]ythod mewn *marchnat[u]a* ne Fair d.g. *adtubernalis. id.* d.g. *mercatus, us. Dchr.* **17g.** *J* 10, 26a, *marchnadva,* market place. **1620** *Eseia* xxiii. 1–3, Tyrus . . . *marchnadfa* (**1588** *ib.* marchnad) cenhedloedd yw hi. **1632** *D* d.g. *emporium, forum.* **1658** R. VAUGHAN: *YPS* 15, Hyn a wna vddynt hwy wneuthur *marchnadfa* or Ecclwys. **1689** E. MORUS: *RC* 4, [ll]yfrau . . . wedi eu tanu ar lêd ym *marchnadfa* pedleriaid. **1722** *Llst* 189, *marchnadfa* . . . lle neu tref [*sic*] Farchnad, a market or buying place, staple. **1750** *ML* i. 167, mynd ir *farchnadfa* i brynnu lluniaeth. *c.* **1762–79** W. WILLIAMS: *P* 232, a'u *marchnadfa* hwynt sydd yn cael eu dwyn ar gefnau camelod. **1773** *W* d.g. *emporium, market-place, staple.*

marchnadfainc [*marchnad*+*mainc*] *eb.* ll. *-feinciau.* Bwrdd neu fainc lle dangosir nwyddau ar werth, stondin: *stall, stand.*

1794 *W* d.g. *stall* [*a bench or form, where-on any thing is exposed to sale*].

marchnadiaeth, gw. marchnadaeth.

marchnadle [*marchnad*+*lle*[1]] *eb.g.* ll. *-oedd.* Man agored lle cynhelir marchnad, marchnadfa, basâr; marchnad; tref farchnad, canolfan fasnach; lle a ddelir mewn gwlad dramor at bwrpas marchnata a chyfnewid nwyddau: *(open) market-place, bazaar; market; market town, commercial centre; trading post.*

1588 I *Esd* ii. 18, yn adailadu y *farchnad-lê.* **1604–7** *TW* (*Pen* 228) d.g. *forum* (hefyd *D*). **1661** E. LEWIS: *Drex* 73, ni yrrwyd y son am dani ar led yn y *farchnadle. c.* **1762–79** W. WILLIAMS: *P* 329, y *farchnadle,* yr heolydd, a rhan issaf y ddinas. [**1763**] JE: *AHS* 9–10, ni chant ddim lleoedd yn Nheyrnas Bengal oddieithr tri *marchnadle* . . . [ll]êoedd . . . i drin a pharodtoi eu marsiandiaeth . . . wedi eu cadarnhau 'n gryfion, a Milwyr ganddynt yn eu cadw. **1776** *W* d.g. *market-place, staple* [*a settled market*].

marchnadol [*marchnad*+*-ol*] *a.* Yn perthyn i'r farchnad neu i fasnach, masnachol; y gellir ei werthu, gwerthadwy; cymeradwy, cylchredol, treigl neu gyfred (am arian): *pertaining to the market or trade, commercial, mercantile; marketable, merchantable, saleable; current (of money).*

1604–7 *TW* (*Pen* 228), *marchnatol* d.g. *emporeticus.* **1632** *D* d.g. *nundinalis.* **1722** *Llst* 189, *marchnadol,* marketable, of a market. **1803** *P.*

Amr.: **merchnadol** [cf. *merchnad*]. **1604–7** *TW* (*Pen* 228) d.g. *nundinalis.*

Am *gwerth marchnadol, pris m., tref f.,* gw. gwerth (At.), pris, tref.

marchnadwerth, gw. marchnad+gwerth.

marchnadwr, marchnatwr [*marchnad* a bôn y f. *marchnataf, marchnadaf*: *marchnata, marchnadu*+*-wr*] *eg.* (b. *-wraig,* ll. *-wragedd*) ll. *-wyr* (*-wrs*). Un sy'n prynu a gwerthu (yn y farchnad), masnachwr, marsiandwr, deliwr, siopwr, hefyd yn *ffig.*: *merchant, trader, dealer, shopkeeper, also fig.*

1588 *Gen* xxiii. 16, arian cymmeradwy ym mhlith *marchnad-wyr.* **1588** 2 *Cr* ix. 14, y *marchnad-/wŷr,* a'r marsiand-wŷr. **1588** *Ecclus* xxxvii. 11–12, Na ymgynghora . . . a'r *marchnadwr* am gyfnewid. **1604–7** *TW* (*Pen* 228), *marchnatwreic* d.g. *foraria. id. marchnatwr* d.g. *magnarius, tabernarius.* **1606** E. JAMES: *Hom* iii. 15, megis *marchnadwr* gydâ Duw yn gwneuthur y cwbl er ei ennill ei hunan. *Dchr.* **17g.** *J* 10, 25b, *marchnadwr,* a cheapman, marchant. **1630** R. VAUGHAN: *YDd* 139, Y mae Crist yn galw yr holl Gristianogion, yn *farchnadwŷr*: a bywyd tragwyddol yn faen gwerthfawr, yr hwn y mae y *marchnattwr* doeth yn ei bwrcasu. **1632** *D,* *marchnadwraig* d.g. *foraria.* **1701** E. WYNNE: *RBS* 3, Nid oes nêb gallach *Marchnattwr* na'r hwn a warrio ei amser ar Dduw. **1718** E. SAMUEL: *HDdD* 350, gwedi i *Farchnattwr* fwrw ei gyfrifon am yr wythnos. *c.* **1720** *CIF* [3], *marchnattwŷr* Coed, maen, gwydr. **1770** *W* d.g. *bargainer, chapman* [*one that cheapens or buys goods; a buyer or customer*], *market-man, merchant, or merchant-man.* **1803** *P.*

Amr.: **merchnatwr** [cf. *merchnad*]. **1604–7** *TW* (*Pen* 228) d.g. *velarium.*

Cfn.: **marchnatwr caethion:** *slave-trader.* **20g.**

Gw. hefyd marchnadydd, marchnatawr.

marchnadwy [drwy haplolog < **marchnadadwy,* sef bôn y f. *marchnadaf*: *marchnadu*+*-adwy*] *a.bfl.* Y gellir ei werthu, marchnadol, gwerthadwy; hefyd yn *ffig.*: *marketable, merchantable, saleable; also fig.* **1832.**

marchnadwynt [*marchnad*+*gwynt*] *eg.* Gwynt sydd yn chwythu'n gyson i'r un cyfeiriad: *trade wind.*

1794 *W* d.g. *trade-wind.*

marchnadydd [*marchnad* a bôn y f. *marchnadaf*: *marchnadu*+*-ydd*[3]] *eg.* (b. *-es,* ll. *-au*) ll. *-ion.* Masnachwr, marsiandwr, deliwr, hefyd yn *ffig.*; prynwr, cwsmer: *merchant, trader, dealer, also fig.; buyer, customer.*

1588 1 *Br* x. 28, *marchnadyddion* y brenin a gymmerasant y lliain main dan bris. **1588** *Esec* xxvii. 3, Tyrus . . . *marchnadyddes* y bobloedd mewn ynysoedd lawer. *ib.* 16, Aram oedd dy *farchnadudd* . . . am Garbuncul, porphor, a gwaith, [*sic*] edef a nodwydd. *c.* **1715–28** *PRB* 5, y Crŷdd i roddi Esgidiau am Draed ei *Farchnadyddion.* **1721** E. PUGH: *AC* 101, Y mae 'r *marchnadyddion* ymma, yn ormod gwyr i weithio au dwylo. **1722** *Llst* 189, *marchnadydd* . . . a dealer, merchant, market-man, trader. *id.* marchnadwraig, [*march*]*nadyddes,* a market-woman, merchant-woman. **1765** J. POPKIN: *Ll* 162, [c]wmpeini mawr a chyfoethog o *Farchnadyddion.* **1772** *W* d.g. *dealer, market-man, merchant.* **1793** *Cylchg* 123, Mae'n fuddiol . . . i fasnachwyr a *marchnadyddion* i gyfartalu eu masnachyddiaeth. **1803** *P.*

Gw. hefyd marchnadwr, marchnatawr.

marchnadyddiaeth [*marchnadydd*+*-iaeth*] *eg.b.* Masnach, marsiandïaeth, ymwneud masnachol, hefyd yn *ffig.*; nwydd(au): *commerce, trade, commercial dealing, also fig.; ware(s), commodity (commodities), goods.*

1632 *D* d.g. *mercatura.* **1728** T. BADDY: *DDG* 37, au *Marchnadyddiaeth* pennaf ydyw lludw i wneuthur Sebon. *id.* 97, ym mhob Lleoedd y bo Masnach; *Marchnadyddiaeth. id.* 122, ynillai ei fywioliaeth, wrth wneuthur rhyw *Farchnadyddiaeth* tros Farsiandwr o Loegr. **1799** *TY* 62, amryw gangau o *farchnadyddiaeth* . . . wedi cael cryn attaliad.

marchnatâd [bôn y f. *marchnatâf*: *marchnatáu*+*-ad*[2], trf. han.] *eg.* Masnach, y weithred o farchnata: *trade, a marketing.*

1632 *D, marchnataad* d.g. *nundinatio.* **1803** *P, marchnatâad,* a marketting.

marchnataf, marchnatâf, marchnadaf: marchnata, marchnatáu, marchnadu [*marchnad*+*-ha(u)* a bf. o'r e. *marchnad,* cf. Llyd. C. *marchata(ff),* Llyd. Diw. *marc'hata*] *bg.a.* a hefyd gyda grym enwol i'r be. Masnachu, rhoddi ar werth (gan gynnwys hysbysebu, pacio, dosbarthu, &c.), cyfanwerthu, prynu a gwerthu, delio (yn fasnachol), cyfnewid, bargeinio, hefyd yn *ffig.*: *to trade (in), market, sell at wholesale, buy and sell, deal (commercially), barter, bargain, also fig.*

c. **1400** *R* 1272. 27, profes ae vratt *varchnatta* / profi rei yny tei nyt ta. **1547** *WS, marchnata.* **1567** *TN* 118b, *Marchnatewch* [:- Marsiandewch [diwyg.], Masnechwch, Bargeiniwch] y'n y ddelwyf. *id.* 349b, ni . . . a arrosswn yno flwyddyn, ac a *farchnattawn,* ac a ynnillwn. *Diw.* **16g.** *CRC* 261, Gwaith marsiandwr yw *marchnata.* **1588** *Esec* xxvii. 13, *marchnattasant* yn dy farchnad am ddynion, a llestri prês. **1588** *Math* xxv. 16, A'r hwn a dderbynniase y pump talent . . . a *farchnadodd* â hwynt. **1588** *Luc* xix. 15, pa faint a elwase pôb vn wrth *farchnatta.* **1599 (1677)** R. HOLLAND: *AB* 104, [d]yledion sy'n dyfod wrth *farchnatta.* **1604–7** *TW* (*Pen* 228), *marchnata* d.g. *commercor, emercor, liceor, pacisco. Dchr.* **17g.** *J* 10, 25b, *marchnadda* [*sic*] . . . to cheape. **1632** *D, marchnatta,* mercari. **1688** *TJ, marchnatta*: to merchandise, to buy, sell. **1698** T. JONES: *Art* 4, r[h]ai a *farchnadto* dros eraill. **1743** D. ROWLAND: *T* 124, [Cristion] yn dirgel *farchnatta* a'r Ddeddf. **1791** W. WILLIAMS: *MDR* 6, Talent ddeg a roddwyd iddo, / Fe'u *marchnattodd* hwynt yn iawn. **1798** T. ROBERTS: *CG* 32, nid talu oedd peth felly, ond newid, neu *farchnata* y naill eiddo am y llall. **1803** *P* d.g. *marchnadu, marchnata.*

Amr.: **merchnata** [cf. *merchnad*]. **1604–7** *TW* (*Pen* 228) d.g. *mercor, negotior, nundinor.* **1618** J. SALISBURY: *EH* 55.

Am *Bwrdd Marchnata Llaeth,* gw. bwrdd.

marchnataol [bôn y f. fl.+*-ol*] *a.* Y gellir ei werthu, marchnadol, gwerthadwy; yn perthyn i'r farchnad, marchnadaidd: *marketable, merchantable, saleable; pertaining to the market.*

1803 *P.*

marchnatawr [bôn y f. *marchnatâf*: *marchnatáu*+*-wr*] *eg.* (b. *marchnatawraig*) ll. *-wyr.* Marsiandwr, masnachwr, cyfanwerthwr, deliwr, asiant masnachol, hefyd yn *ffig.*: *merchant, trader, wholesaler, dealer, commercial agent, also fig.*

1604–7 *TW* (*Pen* 228), *marchnatawr* d.g. *agoræus, pactor.* **1620** *Eseia* xxiii. 8, yr hon yr ydoedd ei *marchnattawyr* (**1588** *ib.* marchnadyddion) yn dywysogion. **1620** *Math* xiii. 45, cyffelyb yw teyrnas nefoedd i *farchnatta-ŵr* (**1588** *ib.* farsiandŵr), yn ceisio perlau têg. **1632** *D* d.g. *mercator, nundinator. id. marchnattawraig* d.g. *foraria.* **1722** *Llst* 189, *marchnattâwr* d.g. *an Agent. id.* marchnadydd, [*march*]*nattawr,* a dealer, merchant, market-man, trader. **1803** *P.*

Amr.: **merchnatawr** [cf. *merchnataf*: *merchnata*]. **1604–7** *TW* (*Pen* 228) d.g. *mercator.*

Gw. hefyd marchnadwr, marchnadydd.

marchnatbeth [*marchnad*+*peth*] *eb.* ll. *marchnadbethau.* Darn o farsiandïaeth, nwydd: *piece of merchandise, commodity.*

1701 E. WYNNE: *RBS* 150, Wrth fargeinio . . . Na ddywed ddim celwydd . . . am y *farchnad-beth* ei hun. **1711** GJ: *LlW* 44, beth sŷdd ffordd fwŷ Cyffredin gan Dwyllwyr, i werthu ymaith eu diffaeth *farchnad bethau,* na rhoddi peth da yn eu mysc. *c.* **1730** *Thos. Lloyd D* (LlGC) 170a, *marchnadbeth,* merx.

marchnatgell [*marchnad*+*cell*[1]] *eb.* Siop: *shop.*

1731 E. SAMUEL: *PGB* 24, Rhybudd. Fod gan Mr. Peter Potter (yn ei *Farchnadgell,* neu ei Siop . . . yn Ghaerlleon,) ar Werth, Feiblau.

marchnatref [*marchnad*+*tref*] *eb.* ll. *marchnad-drefydd, marchnad-drefi.* Tref a chanddi'r hawl i gynnal marchnad, tref farchnad: *market town.*

1604–7 *TW* (*Pen* 228) d.g. *emporium.* **1722** *Llst* 189, *marchnat-tref,* a market-town. **1773** *W* d.g. *emporium.* **18–19g.** *Llr* C 30, 1, Tri rhwyddineb Cyfathref, llathreidd-der daiar, ffyrdd sychgaledion, a *marchnad-tref* yn agos.

Gw. hefyd tref—t. farchnad.

marchnatwr, marchnatwraig, gw. marchnadwr.

marchnaty [*marchnad*+*tŷ*] *eg.* ll. *-tai.* Adeilad lle y cynhelir marchnad, tŷ marchnad, siop, hefyd yn *ffig.*: *market-house, store, shop, also fig.*

1604–7 *TW* (*Pen* 228) d.g. *officina, opificina, repositorium, taberna* (hefyd *D*). **1691** T. WILLIAMS: *YB* 166, rhedeg o'r naill *farchnad tû* i'r llall. **1703** T. BADDY: *PCh* 112, Ysgatfydd eich bod yn eich *Marchnat-tai,* pan ddylesech fod yn eich stafell. **1704** *Cym Cr* 91, Mae Duw yn rhoddi amser ir *Marchnattŷ* ac i'r Stafell. **1722** *Llst* 189, *marchnatty,* a market-house. **1724** S. WILLIAMS: *ADA* 48, Seguryd yw *Marchnaty* Satan. **1725** *SR* d.g. *a market-house, a shop.* **1728** T. BADDY: *DDG* 127, nid oedd neb yn gweithio nag yn egor eu *Marchnattai.* **1803** *P.*

Am *llyfr marchnaty,* gw. llyfr[1].

Gw. hefyd tŷ—t. marchnad.

marchnerth [*march*+*nerth*] *eg.* Uned nerth a seilir ar nerth ceffyl wrth dynnu, sef tua 746 wat, marchrym: *horsepower.*

1892.

marchocâf, marchocaf: marchocáu, *marchoca [*marchog* + *-ha(u)*, cf. Llyd. Diw. *marc'hekaat*] *bg.a.*

(*a*) Marchogaeth (ceffyl neu anifail arall), teithio ar gefn ceffyl, &c., hefyd yn *ffig.*: *to ride* (*a horse or other animal*), *travel on horseback, &c., also fig.*

13g. *BD* 115, *marchocca* y sarph a eheto. **14g.** *YBH* 45a, ac yna deu o honunt a *varchoccaassant* deu varch drythyll tu ar porth. *id.* 46b, a hyt ar uynhir uy hunan y *marchokeeis.* ac ae henilleis. *id.* 52b, ac o vlaen y niuer y *marchocaawd* bown. *c.* **1400** *YSG* i. 118, A'r ysgraff a *varchockaawd* y mor. *c.* **1400** *YCM*² 44, Ac a *varchoccawys* trwy Baris. **15g.** *BB* 135, a *varchocka* yn llawer o vrwidreu. **15g.** *FfBO* 52, Geyr llaw y kart hwnnw y *marchocka* dec o varwynyeit. **15–16g.** *GIF* 44, *Marchoca* fal marchowcainc—/ marchog corff rhywiog—gwŷr Ffrainc. **1594–6** *B* iii. 175, Llyna varchog da gyda'i gephyl a *varchoca.* **1604–7** *TW* (*Pen* 228) d.g. *abequito, adequito, equito, transveho.* **1771** *PDPh* 59, Os *marchoccewch* yn gymhedrol, dylech adael eich ceffyl i yfed pan y mynno. **1803** *P*, *marchocâu*, to ride on horseback, to ride. This is mostly used in the Silurian and Marchogaeth in the North-Walian dialect.

(*b*) Ymgydio â('r fenyw), marchogaeth, ymrain: *to mount* (*the female*), *ride, copulate with.*

Ar lafar yng ngogledd sir Benf. yn y ff. *brychgáu.* *Amr.*: **brychgáu, brochgáu, brichgáu.** **1784** M. WILLIAMS: *S* i. 176, mor gryfed yw rhai o honynt [estrysiaid] a bod yr Aiphtiaid . . . yn *brochgau* arnynt. Ar lafar yng nghanolbarth a godre Cered. ac yn siroedd Caerf. a Phenf., *B* iv. 290, *TGG* (1907-8) 100, *GDD* 40; digwydd yn y ff. *brychgæ* yn nwyrain Morg. **marchgáu.** **1707** *AB* 22c, March, whence . . . S. W. *Marchgay.* *c.* **1730** *Thos. Lloyd D* (LlGC) 170a, *marchgau*, Dem. Equito. **1770** *W* d.g. *behind* [*a horse-back*] . . . *She rode behind him, over-rid, or over-ridden, to ride* (hefyd *WR*). **1799** M. WILLIAMS: *BM* 28. **marchowca, marchawca.** **1747** *ML* i. 119, 269, 343.

Gw. hefyd marchogaf: marchogaeth.

marchocainc, marchogainc [*marchog* + *cainc*] *eb.* Cangen hirbraff, ysbrigyn, tyfiant ieuanc, hefyd yn *ffig.*: *long sturdy branch, young shoot, also fig.*

15g. (**16–17g.**) *Pen* 94, 233, *marchowgainc* yn marchogaeth / mal dar ar wial yr aeth [Hywel Dafi i Ruffudd ap Nicolas]. **15–16g.** *GIF* 44, Marchoca fel *marchowcainc*—/ marchog corff rhywiog—gwŷr Ffrainc [i Syr Rhys ap Tomas]. **16g.** LEWYS MORGANNWG: *Gw* 187, *Marchawgkeink* yevaink yfaf dy win ffreingk [i Syr Siôn ap Rhys]. **1604–7** *TW* (*Pen* 228), *marchoc-cainc* d.g. *palmes.* *id.* d.g. *pampinarium* (hefyd *D*). **1722** *Llst* 189, *marchowgcaingc*, f. a year's shoot of a tree.

marchocffordd [*marchog* + *ffordd*] *eb.* Llwybr ceffyl; priffordd, ffordd fawr: *bridle path; highway, main road.*

14g. *WM* 118. 16–19, Wynt a welynt tri marchawc yn dyfot ar hyt *marchawcford* gan ystlys yforest. **1604–7** *TW* (*Pen* 228) d.g. *via . . . via regia.*

marchofyddiaeth [*march* + *ofyddiaeth*] *eb.* Y gyfundrefn o ddefodau, arferion, a rheolau a nodweddai farchogion yr Oesoedd Canol, sifalri; medr wrth drafod ceffylau, marchwriaeth: *chivalry; horsemanship.*

1852.

marchoffer [*march* + *offer*] *e.tf.* (un. g. *-yn*, ll. *meirchofferynnau*). Gêr ceffyl gwaith, harnais; offer sy'n defnyddio nerth ceffyl: *horse gear(s), trappings, harness; implements using horse-power.*

1818.

marchog¹ [*march* + *-og*, cf. Crn. C. *marrek*, H. Lyd. *mar(c)hoc*, gl. (*a*)*equester*, Llyd. C. *mar(h)ec*, Llyd. Diw. *mar(c'h)eg*, H. Wydd. *marcach*] *eg.* ll. *-ion*, (prin) *merchyg.*

(*a*) Un sydd yn marchogaeth ar gefn ceffyl (neu anifail arall) neu'n teithio mewn cerbyd, marchogwr, joci, rhyfelwr ar gefn ceffyl, hefyd yn *ffig.*; gŵr bonheddig yng ngwasanaeth (milwrol) y brenin neu arglwydd; milwr, fel arfer o dras uchel, a ymgymerai ag ymddwyn yn ôl rheolau sifalri yn yr Oesoedd Canol; yswain a godir i radd filwrol anrhydeddus; un a urddir er anrhydedd i'r cyfryw radd am wasanaeth nodedig i'r brenin neu i'r wlad; barwnig; aelod seneddol dros sir neu swydd; aelod o urdd farchogol (*equester ordo*) y Rhufeiniaid: *horseman, rider, jockey, mounted warrior, also fig.; nobleman in the* (*military*) *service of the king or of a lord; knight, military follower, usually of noble birth, bound by the rules of chivalry in the Middle Ages; a squire raised to honourable military rank; one who is similarly honoured in recognition of outstanding service to king or country; baronet; knight of the shire; member of the Roman order of 'equites'.*

9–10g. (*Ox* 1) *VVB* 133, guas *marchauc*, gl. *adulter.* **13g.** *C* 11. 8–10, Metcvin kywran. *marchauc* mitlan. mann meidrolaeth. *id.* 47. 10, a mineich in vynich in *varchogion.* *id.* 101. 12–13, *Marchauc* a kirch ir aber. y ar march cadarn kad fer. **13g.** *A* 14. 10, arderchauc *varchawc* rac gododin. **13g.** *HGK* 9, Llawer o *varchogyon* llurugauc a helmauc. **13g.** *Ll* 66, nat eskyn enteu em breynt y tat ene uo maru y tat, ac na byd *marchauc* nep eny esgynho. **13g.** *BD* 115, *marchavc* yn y kerbyt. *c.* **1300** *H* 33a. 4–5, marchogynt ar ueirw ar uil urein. *marchogyon* bryneich branhes ywein. *id.* 54a. 9, *marchawc* meirch canwelw (Cynddelw). **14g.** *YBH* 41a, a gallu praff gyt ac ef y rwg *marchogyon* affedyt. *id.* 51a, Atherri vegys *marchawc* da a ladawd arall. *c.* **1400** *YCM*² 11, [M]ynnu gwrhau ytt a bot yn *uarchawc* ytt. *id.* 14, Yr yssweinyeit ac a uei arueu udunt, a urdwys yn *uarchogyon* yn anrydedus. *id.* 34, dychrynu a orugant [meirch] hyt na allei eu *marchogyon* eu hattal. **1547** *WS*, *marchoc*, a ryder. **1588** *Jer* li. 21, â thi y drylliaf y cerbyd ai *farchog.* **1591** *Rhyddiaith Gymraeg* ii. 128, Siarles Arglwydd Howard . . . *Marchog* o'r ardderchoccaf Vrdd y Gardys. **1604–7** *TW* (*Pen* 228) d.g. *duplares, eques.* **1615** R. SMYTH: *GB* 65, [plentyn] yn anrhedyd y *marchog*, gan farchogaeth ar wialenig. **1632** *D*, *marchog*, eques, miles. **1688** *TJ*, *marchog*: a Knight. **1762** D. ROWLAND: *PA* 28, *Marchog*, enw o anrhydedd yw a roddir i ryw ddynîon gwrol-wych. **1765** *W Ballads* 83, [5], Yr ydoedd *marchog* a marchoges; / Yn wlad mewn lifing fawredd. **1790** T. JONES: *TOS* xi, Sir Nathaniel Barnardiston, *Marchog.* **1798** *WR* d.g. *chevalier, jockey.*

(*b*) *Gram.* Y gytsain o flaen *l*, *n*, neu *r* mewn clwm o gytseiniaid megis *bl*, *gn*, *tr*, &c.: *the consonant preceding 'l', 'n', or 'r' in a consonant-cluster such as 'bl', 'gn', 'tr', &c.*

1592 S. D. RHYS: *Inst* 133, *Marchogion* . . . a elwir felly, o ethryb eu bôd ynn marchogaeth y rhei vchod ['l', 'n', 'r'], heb vn focal ynn lle cyfrwy rhyngthynt. . . . *Marchogion* ynt B, F: P, Ph: C, Ch: D, Dd: T, Th: G, Ng: Ngh: M: S. **1593** W. MIDLETON: *B* 7, Gochelwch ymhob kroesgynghanedd, rhag bod marchawglythr heb fogal rhyngthi ar *marchawg* yn sillaf or orphwysfa oni bydd sillaf or únrhyw yw hateb yn y nesaf at y brifodl.

(*c*) Piser (pridd), siwg fawr: (*earthenware*) *pitcher, large jug.*

1775 *W*, *marchog* (in Glamorgan-shire) d.g. *jug.* **18–19g.** *Llr* C 30, 182, *marchog*, a jug. [Glam]. **1803** *P*, *marchawg* . . . a jug, in Dyved. Ar lafar ym Morg., 'Dewch â'r *marchog* gyda chi, i gâl llymid o la'th i'r plant'; 'Y *marchog* coch, o bridd y Wenni'.

(*d*) Un o'r darnau, gan amlaf ar lun pen ceffyl, a ddefnyddir wrth chwarae gwyddbwyll: *knight* (*in chess*).

20g.

Cfn.: **Marchog y Baddon:** *Knight of the Bath.* **1858.** **m. banerent:** *knight-banneret, banneret.* **16g.** (*LlEG*) *Mos* 158, 166b. Gw. hefyd *banred—banredyn farchog.* **m. banerog = m. banerent.** **1722** *Llst* 189 d.g. *a Banner . . . A Knight Banneret.* **m. y faniar = m. banerent.** **1798** *WR* d.g. *banneret.* **m. beili:** *person knowledgeable in his own field but of limited scope, person 'having only one string to his bow'.* Ar lafar yn Llangyfelach, Morg., *LlGC* 1171, 16. **m. y ford:** *'knight of the table', facet. name for a tailor.* Ar lafar ym Morg., *LlGC* 1171, 16. **Marchogion y Ford Gron:** *Knights of the Round Table.* **1858.** **marchog y bwrdd = m. y ford.** Ar lafar ym Morg., *LlGC* 1171, 16. **m. cachiad:** *cowardly knight.* *c.* **1400** (*SG*) *HMSS* i. 321. **m. corff**, gw. *m. o gorff y brenin.* **m. crwydr(ad):** *knight errant.* *c.* **1585** (**17g.**) *Llst* 178, 1a, Llüma lüfr a ddangos Treigl y *Marchog Crwydrad* yr hwn a ddechmygoedd [*sic*] Sion Karthén Phrank ag a droes Wiliam Godydar [*sic*] or Phrangeg, yn Saesneg. **1773** *W*, *marchog crwydr* d.g. *errant* [*wandering . . .*] . . . *A knight errant.* **M. yr Ennaint = M. y Baddon.** **1775** *W* d.g. *a bath, Knight of the Bath.* **M. y Gardas (Aur), M. o'r Gardas (Aur), M. o'r Gartr (Gardr):** *Knight of the Garter.* **15g.** *LGC* 474. **16g.** *GP* 202. **1595** M. KYFFIN: *DFf* xvii. **1604–7** *TW* (*Pen* 228) d.g. *pallium.* **1774** T. JONES: *DG* 63. **1775** *W* d.g. *garter, Knight of the Garter.* **m. gwyry:** *knight bachelor.* *c.* **1600** L. DWNN: *HV* 10. **m. herwr** (ll. *marchogion herwyr*): *outlawed knight.* *c.* **1400** (*SG*) *HMSS* i. 295, 321. **m. lleidr** (ll. *marchogion lladron*): *robber knight.* *c.* **1400** (*SG*) *HMSS* i. 294, 301. **M. Marsial:** *Knight Marshal.* **1604–7** *TW* (*Pen* 228) d.g. *mariscallus.* **m. y nodwydd:** *knight of the needle, facet. name for a tailor.* **1899.** **M. o'r Bath = M. y Baddon.** **16g.** *GP* 202. **M. o'r Bedd:** *Knight of the* (*Holy*) *Sepulchre.* **1697** *LlGC* 7008, 111, Sr Richard Clouch *marchog o'r bedd.* **m. o'r carped:** *knight of the carpet, carpet-knight.* **16g.** (*LlEG*) *Mos* 158, 166a. **m. o gorff y brenin, m. corff:** *knight for the* (*king's*) *body.* **16g.** *GP* 202. **M. o'r Gardas (Aur), M. o'r Gartr (Gardr),** gw. *M. y Gardas.* **M. o'r Rods:** *Knight of Rhodes, Knight Hospitaller.* **16g.** *GP* 202. **m. o ryfel:** *knight of arms.* **1697** *LlGC* 7008, 106, Sr [Thomas] Salusbury o Leweni *marchog o ryfel* ar black heath. *c.* **1700** E. LHUYD: *Par* ii. 93, Sr Edwart Ystradlin *marchog o Ryfel.* **m. o ward:** *?knight of war.* **1697** *LlGC* 7008, 126, Sr Wiliam Conias *marchog o ward*, a phen Cwnstabl lloegr tan wiliam fastard. Cf. *GST* ii. 1. **m. y pentan:** *'knight of the hob', facet. name for a kettle.* Ar lafar ym Morg., *LlGC* 1171, 16. **m. (y) sir:** *knight of the shire.* **1703** E. WYNNE: *BC* 7. **1760** *ML* ii. 275, 288. **1775** *W* d.g. *knight of the shire.* **1792** H. HARRIS: *H* 27. Ar lafar gynt ym Morg., *LlGC* 1171, 16. **m. syml = m. gwyry.** **1722** *Llst* 189. **Marchogion y Deml:** *Knights Templar.* **20g.** **marchog urddol** (ll. *marchogion urddol(ion)*): *dubbed or ordained knight.* **13g.** *BD* 99, 124. **14g.** *WM* 122. 28–9, 128. 26. **14g.** *YBH* 54a. *c.* **1400** *YCM*² 45, 79. **1488–9** *B* iv. 191. **1547** *WS.* **1632** *D* d.g. *miles.* **1762** *CGC* 11. Gw. hefyd *gwnaf: gwneuthur—g. marchog urddol.* **Marchogion Ysbydwyr = M. Ysbyty.** **20g.** **M. (yr) Ysbyty:** *Knight Hospitallers.* *c.* **1700** E. LHUYD: *Par* i. 15. **1774** *W* d.g. *Hospitalers* [*an order of Knights . . .*].

Am *bagiler farchog, clwyf y marchogion, gradd marchog, gwas m., haint y marchogion*, gw. baglor, clwyf, gradd, gwas¹, haint.

Gw. hefyd marchoges, marchogiad², marchogydd.

marchog², gw. marchogaf: marchogaeth.

marchogaeth, gw. marchogaf: marchogaeth.

marchogaethedig [be.'r f. ddil. + *-edig*] *a.bfl.* fel *eg.* ll. *-ion.* *Gram.* Un o'r cytseiniaid *l*, *n*, *r*, pan fo'n ail gytsain mewn clwm o gytseiniaid megis *bl*, *gn*, *tr*, &c.: *one of the consonants 'l', 'n', 'r', as the second consonant in a consonant-cluster such as 'bl', 'gn', 'tr', &c.*

1592 S. D. RHYS: *Inst* 129, *Marchogaethedigion*: megys l, n, r. Hæ sunt Equitatæ & coactu cohærentes.

Gw. hefyd marchogedig, marchoglythyr.

marchogaf: marchogaeth [bf. o'r e. *marchog*, cf. Crn. C. *marogeth*, Llyd. C. *mar(c)heguez*] *bg.a* a'r be. fel *eb.* ll. *-au.*

(*a*) Eistedd ar gefn ceffyl, &c., gan lywio ei gwrs wrth iddo symud, teithio ar gefn ceffyl (neu anifail arall) neu mewn cerbyd, &c., hefyd yn *ffig.*: *to ride* (*a horse, &c.*), *travel on horseback, &c., or in a coach, &c., also fig.*

13g. *Ll* 4, Ef [penteulu] a dely . . . pedeyr ar ugeynt y gan pob gwr ar teylu e wlvyden gyntaf e *marchocco.* *id.* 20, Ef a dele cadv march e kennut . . . a *marchogaeth* arnav en mynet e kennutta. *c.* **1300** *H* 33a. 4–5, *marchogynt* ar ueirw ar uil urein. marchogyon bryneich branhes ywein (Cynddelw). **14g.** *WM* 124. 10–11, yd oed y marchawc yn *marchogaeth* y varch. **14g.** *YBH* 4a, hyt pann allwyf *marchogaeth* a gwiscaw arueu. *c.* **1400** [*RB*] *WM* 208. 33–5, Pa ynvydrwyd a wnaei ytti *varchogaeth* yn gy druttet. **15g.** *DGG*² 40, Gwaith teg yw *marchogaeth* ton / I ragod pysg o'r eigion [i'r alarch]. **15g.** (*Diw.* **16g.**) *Gwyn* 3, 205, Nid oes vn dyn yn ei dai / na chwe-gwŷr a'i *marchogai* [Meredudd ap Rhys i'r cwrwgl]. **15–16g.** *TA* 320, Os march cryf, nis *merchyg* rhai, / Nid oes arno ond siwrnai. **1567** *TN* 33a, Christ yn *marchogeth* ar asen y Caerusalem. *a.* **1575** *GP* 93, am ev bod ['l', 'n', 'r'] yn diodef i wyth gonssonans eraill ev *marchogaeth* heb vn vogal yrryngthynt. **1588** *Gen* xxiv. 61, Yna y cododd Rebecca ai llangcessau, ac a *farchogasant* ar gamelod. **1588** *Salm* lxviii. 33, yr hwn a *ferchyg* ar y nefoedd goruchaf. **1606** E. JAMES: *Hom* i. 137, Ni ddichon neb na cherdded na *marchogaeth* y ffordd fawr heb ei yspeilio. **1615** R. SMYTH: *GB* 65, [plentyn] yn anrhedyd y marchog, gan *farchogaeth* ar wialenig. **1632** *D*, *marchogaeth*, equitare. **1688** S. HUGHES: *TSP* 316, [y]n gymmwys i *farchogaeth* gyda Brenin y Gogoniant. **1696** *CDD* 89, Gwnai Hamon gŷnt grocpren, oedd gyfuwch a'r nenbren, / . . . / *Marchogodd* ei hunnan ar hwnnw. **1703** E. WYNNE: *BC* 58, Marchoges . . . a fynn *farchogaeth* ei gwr . . . ac o hir farchogaeth, hi a *ferchyg* ddiawl o'r diwedd. **1795** J. THOMAS: *AIC* 117, yn *marchogaeth* mewn Cerbyd Auraidd. **1797** B. EVANS: *CG* 245, ni aethum erioed dan y fath gaethder . . . *marchogodd* fi fel perffaith dreisiwr. **1803** *P*.

(*b*) Ymgydio â('r fenyw), ymrain: *to mount (the female), ride, copulate with.*

c. **1485** *J* 6, 125b, wedi trigaw o'r merchet hynn ennyt . . . heb wyr, hwynt a *varchogasant* pawb i gilydd. **16g.** (*LlEG*) *Mos* 158, 526a, I bod hi ynn dra anniwair a bod dau nedri [*sic*] ynni *marchogaeth* hi. **1604–7** *TW* (*Pen* 228), cyfloc march ceillioc y *varchogaeth* casec d.g. *equimentum*. *id.* d.g. *ineo, salio*. **1632** *D* d.g. *equimentum*. **1722** *Llst* 189, *marchogaeth* . . . to cover a mare, bull a cow, line a bitch. **1763** *DT* 198, Dos adref, Fugail Caron, / A *marchog* dy Forwynion. **1771** *W* d.g. *to bull a cow, to cover* [*as a horse the mare*].

Fel *e*. (*a*) Y weithred o deithio ar gefn ceffyl, tro wrth deithio felly; marchwriaeth, medr wrth ymladd ar gefn ceffyl: *the action of riding on horseback, a journey made in this fashion, (horse-)ride; horsemanship, skill in fighting on horseback.*

13g. *Brut B* 140, A gwedy ev bot en gweyssyon ed anvonet hyt en Llydav ar Selyf, brenyn Llydav, y dyscv *marchogaeth* (*documenta milicie*) a moes vdvnt. *c.* **1300** *H* 54a. 33–4, Gorwytawd penn keirw pennhillueath an ryt. anrydet *uarchogaeth*. *id.* 71b. 32–3, marchogwny *marchogaeth* ualch / ma[r]chogyon meirch gweilwon gweilch (Cynddelw). **14g.** *T* 29. 6–7, Ryferthwy hiraeth med *amarchogaeth*. **14g.** *WML* 37, Athri o honunt yndiofredawc o *varchogaeth* allieín agwreic. *c.* **1400** *MM* 156, a llauurya dogyn o gerdet neu o *varchogaeth*. **16g.** (*LlEG*) *Mos* 158, 35b, gwyr llurugawg . . . a dugesynnt *varchogaeth* dros y bont. **1547** *WS*, *marchogaeth*, a rydyng. **1759** J. EVANS: *PF* 18, cryfhair . . . Y treuliad a'r Gewynau wrth *farchogaeth*. **1790** T. JONES: *TOS* 111, Gwelwch pa *farchogaeth* a rhedeg . . . sydd am betheu gwael. **1803** *P*, *marchogaeth*, horsemanship, riding.

(*b*) (ffrwyth camgyfieithu'r S. *riding* 'division of county') Uned weinyddol, fel rheol traean o sir, e.e. yn Swydd Efrog: *riding (division of county).*

1745 *CM* 463, 22b, Ystusiaid o Heddwch am un Sîr, *Marchogaeth*, Rhanniad . . . neu Dref Freinjol. *id.* 23b, Siroedd, Dinasoedd, *Marchogaethau*.

Amr.: **marchog**². **1753** D. JONES: *SD* 155. **1764** W. WILLIAMS: *Th* 11, Pan oedd ef yn y borau yn *marchog* yn ei lîd. **marchogi**. **1604–7** *TW* (*Pen* 228) d.g. *equito*.

Cfn.: **marchogaeth y ceffyl pren**: *to ride the wooden horse or stang*. **1839**. Gw. hefyd *ceffyl—c. pren* (i).

Am *ceffyl marchogaeth*, *caseg f.*, *paladr f.*, gw. ceffyl, caseg (At.), paladr.

Gw. hefyd ceffylogaf: ceffylogaeth, marchocâf: marchocáu.

marchogaidd [*marchog*¹ + *-aidd*] *a.* Tebyg i farchog, yn perthyn i farchog neu i sifalri: *knightly, chivalric.*

1798 *WR* d.g. *knightly*. **18–19g.** *Llr* C 2, 340.

marchogainc, gw. marchocainc.

marchogedig [bôn y f. fl. + *-edig*] *a.bfl.* fel *eg.* ll. *-ion*. *Gram.* Un o'r cytseiniaid *l*, *n*, *r*, pan fo'n ail gytsain mewn clwm o gytseiniaid megis *bl*, *gn*, *tr*, &c.: *one of the consonants 'l', 'n', 'r', as the second consonant in a consonant-cluster such as 'bl', 'gn', 'tr', &c.*

1592 S. D. RHYS: *Inst* 132–3, *Marchawgedigion* a'marchawglythyr [*sic*] a elwir felly, o herwydd eu bôd yn fynech ynn nechreu geirieu ynn goddef i ryw gytsain [*sic*] eraill (nyd amgen y marchogion) eu marchogaeth, a' hwynteu ynn glynu wrth y rhei hynny, heb vn focal rhyngthynt.

Gw. hefyd marchogaethedig, marchoglythyr.

marchoges [*marchog*¹ + *-es*¹, cf. Llyd. C. *marhegues*] *eb.* ll. *-au*. Merch sy'n marchogaeth (ceffyl), hefyd yn *ffig.*; arglwyddes, boneddiges, gwraig marchog: *horsewoman, female (horse-)rider, also fig.; lady.*

14g. *WM* 13. 15–26, [g]welynt gwreic ar uarch . . . aoes ohonawch i a adnappo y *uarchoges*. *id.* 392. 26–8, ar marchawc ar *uarchoges* . . . a gyrchyassant y castell. **14g.** *GDG* 195, Cyfeilles, *marchoges* môr [i'r don]. **1604–7** *TW* (*Pen* 228) d.g. *domina*. **1632** *D*, *marchoges*, equitissa. **1688** *TJ*, *marchoges*, merch yn marchogaeth: a Woman riding on Horse-back. **1703** E. WYNNE: *BC* 58, *Marchoges* . . . y gelwir yma, y Ferch a fynn farchogaeth ei gwr. *id.* 75, galwodd y Criwr *Marchoges*, aliâs, Meistres y Clôs! *id.* 101, *Marchogesau*, a phacc o lyfrgwn llechwrus o'u deutu. **1753** *TR*, *marchoges* . . . a horse-woman, a lady. **1765** *W Ballads* 83, [5], Yr ydoedd marchog a *marchoges*; / Yn y wlad mewn lifing fawredd. **1775** *W* d.g. *knight* . . . *A knight's lady*. **1803** *P*.

marchogfa [bôn y f. fl. + *-fa*, *ma*] *eb.* ll. *-faoedd*, *-feydd*.

(*a*) Cerbyd (rhyfel), ?llu o gerbydau (rhyfel): *chariot, ?host of chariots.*

1567 *LlGG* (*Sall*) 36b, Siaredae [:– *marchogva*] Dew ys ydd vgein-mil. *id.* 57b, Yr hwn . . . s'yn [*sic*] gwneythyd yr wybrae yn *varchogva* [:– siared] yddo.

(*b*) Tro neu daith ar gefn ceffyl; ?urddas marchog: *journey on horseback, ride; ?knighthood.*

1728 T. BADDY: *DDG* 33, ni a osodasom tua Mynydd Lebanon a *Marchogfa* dwy Awr o Dripoli.

marchogiad¹ [bôn y f. fl. + *-iad*¹] *eg.* ll. *-au*.

(*a*) Y weithred o farchogaeth, tro neu daith ar gefn ceffyl; ?urddas marchog: *the action of riding, journey on horseback, ride; ?knighthood.*

c. **1400** *YSG* i. 88, ny daw yma neb a vo kyfuch y *varchogyat* a thi . . . nat a yno neb a vo kyn valchet a thi. *c.* **1400** (*SG*) *HMSS* i. 261, marchawc yngadaw y fforest . . . a march gwynn mawr ydanaw . . . a *marchogyat* llonyd ganthaw a gwaew yn y law. **1632** *D* d.g. *equitatus*.

(*b*) Ymgydiad â chaseg (gan farch): *covering of a mare (by a stallion).*

1604–7 *TW* (*Pen* 228) d.g. *admissura, initus*.

marchogiad² [bôn y f. fl. + *-iad*³] *eg.* ll. *-iaid*. *Gram.* Y gytsain o flaen *l*, *n*, neu *r* mewn clwm o gytseiniaid megis *bl*, *gn*, *tr*, &c.: *the consonant preceding 'l', 'n', or 'r' in a consonant-cluster such as 'bl', 'gn', 'tr', &c.*

1592 S. D. RHYS: *Inst* 133, Marchogion, marchogyddion a'*marchogyeit* [*sic*] a elwir felly, o ethryb eu bôd ynn marchogaeth y rhei vchod ['l', 'n', 'r'], heb vn focal ynn lle cyfrwy rhyngthynt.

Gw. hefyd marchog, marchogydd.

marchogiaeth [*marchog*¹ + *-iaeth*] *eg.* Urddas marchog: *knighthood.*

1771 *W* d.g. *chivalry* [*knight-hood, or military dignity*], *knight-hood*. **1803** *P*.

marchoglu [*marchog*¹ + *llu*] *eg.* ll. *-oedd*. Llu o farchogion, gwŷr meirch, mintai o wŷr meirch: *host of knights, horsemen, troop of cavalry.*

13g. *B* x. 31, E mae *marchauc lu* nef (*caelestis militia*) yth aros. **14g.** *T* 73. 11, *Marchawc lu* mor taer am gaer llion. **14g.** *Bren Saes* 156, Ac y doeth Rys ap Grufud a *marchoclu* maur ganthaw ac a diffeithawt castell Ystrat Kyngen. **14g.** *DPh* 85, Achel a gyweirws y *varchawclu* (*Myrmidones*). **14g.** *BT* (*RB*) 212, tynnv a wnaethant yn aruawc *varchawclu* tu a Lincol. *c.* **1400** *YCM*² 181, llurygeu a chledyuev a helmev ac aruev ereill a vei reit y diwallu *marchawclu*. **1604–7** *TW* (*Pen* 228) d.g. *equitatus, magister* . . . *Magister Equitum*. **1632** *D*, *marchawglu*, equitatus, equitum exercitus. **1762** D. ROWLAND: *PA* 28, oni buasai fy mod yn y Rhyfel [yn erbyn Duw] ymma fy hun . . . braidd y credaswn fod y fath *farchawg-lu* gwall-gof mewn Bŷd. **1770** *TG* iv. 17, Yr ydym yn clywed i *farchawglu* o Russiaid . . . ynnill castell Brailow. **1771** *W* d.g. *cavalry, a troop of horse*. **1796** *Geirgrawn* 285, r[h]oddi un ceffyl a marchogwr, i wasanaethu mewn *marchoglu* (a corps of cavalry). **1803** *P*.

Gw. hefyd marchlu.

marchoglun [*marchog*¹ + *llun*¹] *eg.* Cerflun o berson ar gefn ceffyl: *equestrian statue.*

1773 *W* d.g. *equestrian* . . . *An equestrian figure or statue*.

marchoglythyr, marchoglythr [bôn y f. fl. + *llythyr*, *llythr*] *e.ll.* (un. b. *marchoglythyren*) a hefyd *eb.*

Gram. (*a*) Un o'r cytseiniaid *l*, *n*, *r*, pan fo'n ail gytsain mewn clwm o gytseiniaid megis *bl*, *gn*, *tr*, &c.: *one of the consonants 'l', 'n', 'r', as the second consonant in a consonant-cluster such as 'bl', 'gn', 'tr', &c.*

a. **1575** *GP* 93, Pa ssawl o'r kydssonaniaid yssydd *varchawglythr*? Tair, nid amgen l, n, r. Sef yr achos y gelwir hwynt velly, am ev bod yn vynych yn nechrav geiriav yn dioddef i wyth gonssonans eraill ev marchogaeth heb vn vogal yrryngthynt. **1592** S. D. RHYS: *Inst* 132, Marchawgedigion a'*marchawglythyr* [*sic*]. **1593** W. MIDLETON: *B* 7, Gochelwch ymhob kroesgynghanedd, rhag bod *marchawglythr* heb fogal rhyngthi ar marchawg yn sillaf or orphwysfa, oni bydd sillaf or únrhyw yw hateb yn y nesaf at y brifodl. *c.* **1730** *ML* (Add) 7, Mae'n aruthr genif feddwl eich bod yn dywedyd na chaiff *marchog lythyren* fod mewn bann o benill heb fod un arall yn atteb iddi.

(*b*) (ystyr wallus) Y gytsain gyntaf mewn clwm o gytseiniaid megis *bl*, *gn*, *tr*, &c.: (*erron.*) *the first consonant in a consonant-cluster such as 'bl', 'gn', 'tr', &c.*

1728 S. RHYDDERCH: *GC* 9, Pa sawl o'r Cydseiniaid sydd *Farchawglythr*? saith, nid amgen, b, d: f; ff: g: p: t . . . am i bod hwy yn nechrau geiriau yn fynych yn marchogaeth tair o'r cydseiniaid eraill.

Gw. hefyd marchogaethedig, marchogedig.

marchogol [*marchog*¹ + *-ol*] *a.*

(*a*) Tebyg i farchog, yn perthyn i farchog; yn perthyn i urdd farchogol (*equester ordo*) y Rhufeiniaid; yn marchogaeth, ar gefn ceffyl; yn perthyn i farchogaeth (ceffylau), yn cynrychioli person ar gefn ceffyl (am lun neu gerflun): *knightly; pertaining to the Roman order of 'equites'; riding, mounted; pertaining to (horse-)riding, equestrian, representing a person on horseback (of portrait or statue).*

1773 *W* d.g. *equestrian, knightly*. **1798** *WR* d.g. *equestrian*. **1803** *P*.

(*b*) *Gram.* Yn blaenori'r cytseiniaid *l*, *n*, *r* mewn clwm o gytseiniaid megis *bl*, *gn*, *tr*, &c.: *preceding the consonants 'l', 'n', 'r' in a consonant-cluster such as 'bl', 'gn', 'tr', &c.*

1793 M. J. RHYS: *CA* 9–10, Y Cyseiniaid . . . *marchogol*. b, d, f, ff, g, p, t.

Am *cytsain farchogol*, *gradd f.*, *heddgeidwad m.*, *pwyllgor m.*, *urdd f.*, gw. cytsain (At.), gradd (At.), heddgeidwad (At.), pwyllgor, urdd.

marchogryw, gw. marchog¹ + rhyw.

marchogwaed [*marchog*¹ + *gwaed*] *eg.* a hefyd fel *a.* Gwaed bonheddig, ach farchogol; o waed bonheddig, o ach farchogol: *(of) noble blood, (of) knightly stock.*

15g. *ID* 56, ma[r]g[r]ed trwm ywr grae hyd traed / merch agos yr *marchawgwaed*. **15–16g.** *TA* 135, Archiagon o *farchowgwaed*, / Achau ni thyf uwch no 'th waed [i Birs Conwy, Archdiagon Llanelwy]. **16g.** LEWYS MORGANNWG: *Gw* 311, mae r gwaed arglwyddwaed gwleddoedd—*marchogwaed* / dan draed bwrw n henwaed an brenhinoedd. *id.* 325, dau *varchawgwaed* varchogion. **16g.** GR. HIRAETHOG: *Gw* (D. J. B.) 42. 19–20, Arafaidd, diryfedd daed, / Oedd fry'ch agwedd *farchowgwaed*. **16–17g.** *NBSF* 594, y marchoc irmawr [*sic*] ywch gwaed / mawr o chweugain *marchowgwaed* (Rhys Cain).

marchogwas [*marchog*¹ + *gwas*¹, cf. (*Ox* 1) *VVB* 133, *guas marchawc*, gl. *adulter*] *eg.* Godderchwr: *paramour.*

1707 *AB* 252b, y gyffoden evo i *marchogwas* (*e follat*) a ddihenyddiws yr hen ddyn yn y wely. *c.* **1730** *Thos. Lloyd D* (LlGC) 171b, *marchogwas*, a gallant.

marchogwisg [*marchog*¹ + *gwisg*] *eb.* Gwisg farchogaeth: *riding-dress, riding-habit.*

14g. *WM* 439. 41–2, gvaret y *marchawcwisc* y

ymdanei. *id.* 441. 2–4, gwelei uorwynwreic Jeuanc ae *marchawc wisc* ymdanei. **1604–7** *TW* (*Pen* 228), *marchawcwisc* d.g. *vestis . . . vestis militaris, equestris.* **1803** *P.*

marchogwr [bôn y f. fl. + *-wr*, cf. Llyd. C. *marhegour*, Llyd. Diw. *marc'heger, marc'hegour*] *eg.* (un. b. *-wraig*) ll. *-wyr.* Un sy'n marchogaeth ceffyl, marchog, hefyd yn *ffig.*; ymgydiwr (â benyw): *horseman, rider, also fig.*; *one who copulates* (*with a woman*).

c. **1300** *H* 101b. 37–8, Gwell ytt wyf hael rwyf no rivedi meirch. *marchogwyr* hyd bell ar dy deithi (Llywarch ap Llywelyn). **1599** **(1677)** R. HOLLAND: *AB* 115–16, y *marchogwr* yw achos ei fynediad a'i gerddediad ef ond y march, [*sic*] ei hun yw'r achos o'i gloffni. **1604–7** *TW* (*Pen* 228) d.g. *equiso* (hefyd *D*). **1629** R. LLWYD: *P* 33, Oblegit eich bod fel meirch anystowallt ymae yn rhaid cael *marchogwr* garw. **1687** **(1715)** J. OWEN: *TB* 29, y march ar *marchogwr*, ac oll ir diafol. **18g.** *LlGC* 833, 43, Ai tybiad fod Llangcesi / yn chware dor dor diri / ac yn cael hynny heb wybod i neb / Efo eu *Marchogwyr* heb feichiogi. **1774** *W*, *marchog-wraig* d.g. *horse-woman.* **1796** *Geirgrawn* 285, i roddi un ceffyl a *marchogwr*, i wasanaethu mewn marchoglu. **18–19g.** R. DAVIES: *DB* 181, Hen uchel *farchogwr* y corwynt, / Adenydd y gwynt dano a gaed [am Grist]. **1803** *P.*

marchogwraeth, marchogwriaeth [*marchogwr* + *-(i)aeth*] *e?b.* Sifalri; urdd marchog: *chivalry; knighthood.*

20g.

marchogwraidd [*marchogwr* + *-aidd*] *a.* Tebyg i farchog, yn perthyn i farchog neu i sifalri: *knightly, chivalric.*

20g.

marchogwraig, marchogwriaeth, gw. marchogwr, marchogwraeth.

marchogwydd, gw. marchog[1] + gwŷdd[1].

marchogydd [bôn y f. fl. + *-ydd*[3]] *eg.* (b. *-es*) ll. *-ion.*

(*a*) Un sy'n marchogaeth ceffyl, marchogwr: *horseman.*

1756 W. WILLIAMS: *GDC* 99, y March tan ei' *Farchogydd.* **1790** TWM O'R NANT: *GG* 183, Heb law fod chwiwgi, fo'n *farchogydd*, beunydd yn fwy' barch.

(*b*) *Gram.* Y gytsain o flaen *l, n,* neu *r* mewn clwm o gytseiniaid megis *bl, gn, tr,* &c.: *the consonant preceding 'l', 'n', or 'r' in a consonant-cluster such as 'bl', 'gn', 'tr', &c.*

1592 S. D. RHYS: *Inst* 133, Marchogion, *marchogyddion* a'marchogyeit [*sic*] a elwir felly, o ethryb eu bôd ynn marchogaeth y rhei vchod ['l', 'n', 'r'], heb vn focal ynn lle cyfrwy rhyngthynt.

Gw. hefyd marchog, marchogiad[2].

marchol [*march* + *-ol*] *a.* Yn perthyn i geffyl neu i farchogaeth ceffylau: *equine, pertaining to a horse or to horse-riding.*

1604–7 *TW* (*Pen* 228) d.g. *equarius* (hefyd *D*). **1774** *W* d.g. *horse, of, or belonging to, a horse.* **1803** *P.*

marchonnen [*march* + *onnen*] *eb.* *Bot.* Onnen: *ash-tree.*

Dchr. **17g.** *J* 10, 25b, *marchonnen*, bumelia. **17g.** *LlGC* 13215, 347, *marchonnen*, bumelia. **1803** *P*, *marchonen*, the male ash.

marchosgordd [*march* + *gosgordd*] *e.tf.* ll. *-ion.* Gosgordd feirch y brenin; gorymdaith: *Horse Guards; cavalcade.*

1774 *W* d.g. *horse-guards.*

marchowglu, marchowgwaed, gw. marchoglu, marchogwaed.

marchpan, gw. marsipan.

marchraw [*march* + *rhaw*] *eb.* ll. *-iau.* Offeryn ar lun rhaw fawr iawn a lusgir gan geffylau ac a ddefnyddir i gloddio a symud pridd: *horse-shovel.*

1894.

marchrawd [*march* + *rhawd*[2]] *eb.g.* Mintai o wŷr meirch, marchoglu; gorymdaith: *cavalry; cavalcade.*

1722 *Llst* 189, *march-rhawd*, as marchawglu. **1771** *W* d.g. *cavalry.* **1803** *P.*

marchrawn [*march* + *rhawn*] *e.tf.* *Bot.* Enw ar blanhigion o'r tylwyth *Equisetum*, rhawn y march, rhonell y march: *horse-tail.*

1604–7 *TW* (*Pen* 228) d.g. *ephedron.*

Cfn.: **marchrawn yr afon:** *water horsetail, Equisetum fluviatile.* **20g.** **m. yr aradr:** *common horsetail, Equisetum arvense.* **20g.** **m. y coed:** *wood horsetail, Equisetum sylvaticum.* **20g.** **m. y gors:** *marsh horsetail, Equisetum palustre.* **20g.**

marchredegfa, meirchredegfa [*march* (*meirch*) + *rhedegfa*] *eb.* ll. *meirchredegfeydd, -âu.* Ras geffylau; maes lle cynhelir y cyfryw, rhedegfaes: *horse-race; race-course.*

1835.

marchredfa [*march* + *rhedfa*] *eb.* ll. *-fâu.* Ras geffylau: *horse-race.*

1805.

marchredyn [*march* + *rhedyn*, cf. Gwydd. Diw. *marc-raithneach* 'male fern'] *e.ll.* (un. b. *-en*) *Bot.* Rhedyn yn perthyn i'r tylwyth *Polypodium*, yn enw. rhedyn y derw, *Polypodium vulgare*, hefyd am fathau eraill o redyn: (*common*) *polypody, also of other ferns.*

c. **1400** *Études* viii. 362, ac odyna y vorteru gyt a *marchredyn*. *Dchr.* **17g.** *J* 10, 26a, *marchredynen*, polypodium. filicula. **1632** *D* d.g. *polypodium.* **1722** *Llst* 189, *march-redynen*, a water-fern. **18g.** *Llr* C 24, 281, Cymer y *march Redyn* Ereill ai geilw Rhedyn mawr. **1773** *W* d.g. *fern, oak-fern.* **1803** *P.* **1813** *WB* 98, Aspidium; Shield-fern; *Marchredynen.*

Cfn.: **marchredyn benyw:** *lady fern, Athyrium filix-femina.* **1813** *WB* 98. **m. y gors:** *marsh fern, Thelypteris palustris.* **1813** *WB* 98. **m. y derw (deri):** *common polypody, 'polypody of the oak', Polypodium vulgare.* c. **1460** *Pen* 204, 29, *march redyn yderi.* **1545** *CM* 1, 262. **16g.** **(1763)** W. SALESBURY: *LlM* 155. **1604–7** *TW* (*Pen* 228) d.g. *filicula, polypodium.* **1632** *D* (*Bot*). **1688** *TJ* (*Bot*). **1771** *PDPh* 95. **m. y dŵr** [geir.; ?gwall am *m. y derw*] = **m. y derw.** **20g.** **m. gwrychog:** *hard shield-fern, Polystichum aculeatum.* **1813** *WB* 98. **m. gwryw:** *male fern, Dryopteris filix-mas.* **1813** *WB* 217. **m. y mynydd:** *mountain fern, Thelypteris oreopteris or Th. limbosperma.* **1813** *WB* 98.

marchridyll [*march* + *rhidyll*] *eg.* Rhidyll mawr: *screen, riddle.*

[1783] *W* d.g. *screen* [*a grated wooden frame for the sifting of corn . . .*]. **1803** *P.*

marchruddygl [*march* + *rhuddygl*] *eg.* ll. *meirchruddygl.* *Bot.* Rhuddygl poeth, rhuddygl y meirch, *Armoracia rusticana*: *horse-radish.*

1774 *W*, *march-huddygl* [*sic*] d.g. *horse-radish.* **1803** *P* d.g. *rhuddygl.*

Gw. hefyd rhuddygl—rh. y meirch.

marchrym [*march* + *grym*] *eg.* Grym ceffyl wrth dynnu; marchnerth: *horse-power.*

1851.

marchus [*march* + *-us*] *a.* Yn gofyn march, yn marchio, hefyd yn *ffig.*: *in heat* (*of a mare*), *also fig.*

18–19g. *Llr* C 2, 340. *Diw.* **19g.** *SE MS* 285a, *marchus*, wanton (Glam). Ar lafar mewn rhai mannau yn y De, *LGW* 283.

marchwas [*march* + *gwas*[1]] *eg.* ll. *marchweision, -weis, meirchweision.* Un sy'n gofalu am geffylau, gwastrawd, gwas meirch, gwas ystabl, ostler; marchog: *groom, ostler; horseman.*

1765 *Rhed Y* 48, Gweision rhai Dynion, megis y *March-was.* **1803** *P*, *marchwas*, a horseman.

marchwellt [*march* + *gwellt*] *eg.* *Bot.* Gwenithwellt, *Agropyron repens*; glaswellt garw a bras: *couchgrass; thick rough grass.*

18–19g. *Llr* C 7, 32, Different sorts of grass or hay in Glam. . . . *marchwellt.* Ar lafar yn y Gogledd, *LlLlM* 99, *WVBD* 365.

Cfn.: **marchwellt arfor:** *sea couchgrass, Agropyron pungens.* **20g.** **m. y coed:** *bearded couchgrass, Agropyron caninum.* **20g.** **m. tywyn:** *sand couchgrass, Agropyron junceiforme.* **20g.**

marchwerth, ff. wallus, gw. adfarchwerth.

marchwialen [*march* + *gwialen*] *eb.* ll. *-wia(i)l, -wya(i)l.* Brigyn mawr, gwialen braff; coeden ieuanc, glasbren: *stout shoot, large twig; sapling.*

c. **1400** *R* 1032. 20, *Marchwyeil* bedw briclas. *ib.* 22, *Marchwyeil* derw mywn llwyn. *ib.* 26, *Marchwyeil* dryssi amwyar erni. *id.* 1339. 27–8, Elein keilldaer maer *m*[*a*]*rchhwyal* bram hwyd. **1547** *WS*, *marchwial.* **1803** *P*, *marchwiail*, suckers, or saplings. *id.* d.g. *marchwialen.* Mae pentref a phlwyf *Marchwiail* (**1284** *BIK* 257, *Marchwoel*) yn sir Ddinb.

marchwisg [*march* + *gwisg*] *eb.* ll. *-oedd.* Gwisg farchogaeth; gêr ceffyl, harnais, marchoffer: *riding-clothes; horse gear(s), harness, trappings.*

1850.

marchwr [*march* + *gŵr* ac o bosibl bôn y f. *marchaf*: *marcho* + *-wr*] *eg.* (b. *-wraig*) ll. *-wyr, meirchwyr.* Un sy'n marchogaeth ceffyl, hen law ar farchogaeth ceffylau, marchog, milwr mewn marchoglu, joci; un sy'n gofalu am geffylau, gwas meirch, gwastrawd, gwas ystabl, ostler, torrwr ceffylau, gwerthwr neu borthmon ceffylau, meddyg ceffylau; ymgydiwr (â benyw); hefyd yn *ffig.*: (*experienced*) *horseman, rider, knight, cavalry soldier, jockey; groom, equerry, stableman, ostler, horse-breaker, horse-dealer, horse-doctor; one who copulates* (*with a woman*); *also fig.*

c. **1400** *J* 1, 1065, Gwell *marchwr* gwerthu. noc vn prynu. **15g.** *GDLl* 112, Ar y meirch, orau *marchwr*, / Hynsmyn a ganlyn y gŵr. **15–16g.** *TA* 291, Pwy 'n *farchwr*, pwy 'n gerddwr gwych, / Priddwyd y campau rhoddwych [marwnad Robert ap Siôn ab Ithel o Degeingl]. **16g.** *Pen* 76, 33, gwna wrth eiddig gynvigen / gwaytha *marchwr* gwr yw gwen. *Diw.* **16g.** *LBS* iv. 415, y gwr a ddoeth yw heglwys yn bedestyr ac a aeth allan yn *farchwr.* **1588** *Jer* li. 21, A thi hefyd y gwascaraf y march a'r *march-ŵr.* **16–17g.** T. PRYS: *Bardd* 129, Ifan wr gwiwlan i ged / yw *marchwr* gwyr a merched [i ofyn march]. **1604–7** *TW* (*Pen* 228) d.g. *armentarius.* **1632** *D*, *marchwr*, equarius, ii, equiso, hippodamus, hippocomus. *id.* d.g. *agaso, eporhedicæ.* **1632–44** *Brog* 11, 99, *Marchwr* propriè significat peritum in re equestri, et transfertur ad aliarum rerum peritos significandos. **1673** *LlGC* 832, 321, Pe cerddit Tîr Holl Gred am *Farchwr* i Ferched / Nid ellid bŷth weled bâth Wiliam. **1688** *TJ*, *marchŵr*: a Horse-man. **1722** *Llst* 189, *marchwr*, an horse-courser or breaker or keeper; an horsler [*sic*], groom, jocky. **1770** *TG* ii. 59, y *marchwr* a gyfrwyodd y ceffyl. **1773** *W* d.g. *equerry, groom, groom of the stable or rein, horse-man, hostler* [*the stable-keeper at an inn*]. **1803** *P* d.g. *marchwr, marchwraig.*

marchwraidd [*march* + *gwraidd*] *eg.* (un. g. *marchwreiddyn*). Prif wreiddyn, hefyd yn *ffig.*: *tap-root, also fig.*

1630 R. LLWYD: *LlH* 72, pa fâth yw *marchwraidd*, a phrif achosion godineb.

marchŵraidd [*marchwr* + *-aidd*] *a.* ?Hywedd, wedi ei dorri i mewn (am geffyl); profiadol, medrus: *trained, broken in* (*of horse*); *experienced, skilful.*

15–16g. *GLM* 196, meirch hirion (Pand *marchwraidd*?) / ar frig ceirch ac ar frag haidd. **16–17g.** *GST* i. 734, Heb na lles na gwres mewn gwraidd, / yr asau / Heb oriau chwarae yn *farchwraidd.*

marchwraint [*march* + *gwraint*] *e.ll.* (un. g. *marchwreinyn*) ll. dwbl *marchwreiniau.* Rhyw fath o darddiad afiach ar y croen tebyg i dderwraint neu darwden: *some kind of eruptive skin-disease similar to ring-worm.*

c. **1400** *MM* 48, rac *marchwreint.* **1545** *CM* 1, 556, ymgrauu a vo yn kyuodi ynghylch bogail dyn bach, megis derwraint a *marchwraint.* **1547** *WS.* **16g.** **(1763)** W. SALESBURY: *LlM* 168, ne a vydd mal *marchwraint* ner eryr. *Diw.* **16g.** *WLB* 80, Rhag y *marchwraint. Dchr.* **17g.** *J* 10, 25b, *marchwreinyn.* S. *marchwraint.* pl. **1632** *D*, *marchwreinyn*, impetigo. **18g.** *Llr* C 24, 283, Rhag y *March Wrient* [*sic*] (*MMf* 128, *March Wriaint*). **1753** *TR*, *marchwreinyn*, a ring-worm, running in a dry scab, and itching in any part of the body. **1803** *P.*

marchwriaeth [*marchwr* + *-iaeth*] *eb.*

Marchogaeth, medr wrth farchogaeth neu wrth drin ceffylau, gwyddor trin ceffylau; sifalri; hefyd yn *ffig.*: *a riding, horsemanship, horse management; chivalry; also fig.*

14g. *GDG* 147, Pan wnelych, lliw distrych llif, / F'enaid glwys fynudiau glan, / *Farchwriaeth* ddrwg, ferch eirian. 15–16g. *TA* 56, Yn iach na helwyr na chynheiliaeth, / Na meirch o arial, na *marchwriaeth*. 16g. DAFYDD AP LLYWELYN, &c.: *Gw* 164, Medra' o'm pwyll, mydr o'm pen, / *Marchwriaeth* pob merch hirwen [i ferch]. 16g. *Celtica* v. 146, Llyma ddechyre llyfyr *marchwriaeth*. *id.* 148, or vn lliw a *marchwriaeth* y march kynta. 16g. HUW ARWYSTL: *Gw* 232, ef eirch evraid *varchwriaeth* / angor trwm yngwarr y traeth [i ofyn angor]. *id.* 473, vy llew o lwyth llyr vynghanllaw mysg gwyr / vy mowrwych eryr vy*marchwriaeth* [i Risiart ap Howel]. 16–17g. *PhA* 112, Dysgy maeth gwrolaeth grym / a *marchwriaeth* merch hoewrym. 1604–7 *TW* (*Pen* 228) d.g. *caballitio*. 1632 *D*, *marchwriaeth*, ars equestris. 1725 *SR* d.g. *chivalry, or horsemanship*. 1803 *P*.

marchwriaethol [*marchwriaeth* + *-ol*] *a.* Yn perthyn i sifalri: *chivalric, of chivalry*.

1840.

marchwriaf: marchwrio [bf. o'r e. *marchwr*] *bg.?a.* Marchogaeth: *to ride*.

16g. *Pen* 76, 123, ni cheir er a *varchwriwyd* / merch yw gwst mor wych ac wyd. 1604–7 *TW* (*Pen* 228) d.g. *equito*. 1803 *P*, *marchwriaw*, to act as a jockey.

marchwriol, marchwrol [*marchwr* + *-(i)ol*] *a.* Yn perthyn i sifalri; ?urddasol: *chivalric, of chivalry; ?noble*.

15–16g. *TA* 508, Y ferch hirwen *farchwriol*, / Ddiwair fyth, ni ddaw ar f'ôl.

marchwrteithiwr [*march* + *gwrteithiwr*] *eg.* ll. *-wyr*. Un sy'n gofalu am geffylau, gwastrawd: *groom*.

1604–7 *TW* (*Pen* 228) d.g. *agaso*.

Gw. hefyd gwrteithiwr—g. meirch.

marchwrus [*marchwr* + *-us*] *a.* ?Urddasol neu fonheddig: *noble*.

Dchr. 17g. *RWM* ii. 152, Y ferch hirwen *farchwrys*.

marchwyst, gw. marcwis.

marchydd [*march* + *-ydd*³] *eg.* Gwas meirch, gwastrawd: *groom*.

1831.

marchyrfa [*march* + *gyrfa*] *eb.* ll. *meirchyrfeydd*. Ras geffylau: *horse-race*.

1683 J. JONES: *TG* 103, Hela a *Meirch-yrfeydd*. 1712 T. WILLIAMS: *CDdG* xi, gwyr boneddigion yn rhoi yn helaeth tuag at gadw *March-yrfa*. *c.* 1730 *Thos. Lloyd D* (LlGC) 170a, *marchyrfa*, a horse race.

marchysgall [*march* + *ysgall*] *e.ll.* (un. b. *-en*).

Bot. (*a*) Ysgall y blaidd, *Cirsium vulgare*; ysgall Siarl, ysgall dreinwyn, *Carlina vulgaris*: *spear thistles; carline thistles*.

17g. *LlGC* 13215, 347, *marchysgall*, carolina. 1803 *P*, *marchysgall*, the Scotch thistle. 1813 *WB* 217, *Marchysgallen*, Carduus lanceolatus; Spear thistle.

(*b*) Ysgall y meirch, ysgellog, *Cichorium intybus*: *wild endives, succory, chicory*.

1725 *SR* (*Bot*) d.g. *endive*.

(*c*) Math o blanhigion tebyg i'r ysgall a dyfir er mwyn eu pennau bwytadwy, marchysgall y gerddi, marchysgall dof, *Cynara scolymus*: *artichokes*.

1771 *W*, mâth ar *farch-ysgall* d.g. *cardoons*.

Cfn.: **marchysgall berog:** *spear thistles, Cirsium vulgare*. 1830. **m. Caersalem:** *Jerusalem artichokes, Helianthus tuberosus*. 1812. **m. dof:** *artichokes, Cynara scolymus*. 1604–7 *TW* (*Pen* 228) d.g. *cynara*. 1632 *D* (*Bot*). 1770 *W* d.g. *artichoke*. **m. y gerddi, m. y garddau = m. dof.** 16g. (1763) W. SALESBURY: *LlM* 212, Carduus yn Lladin, neu cinara Archichok yn saesonaeg a *march ysgall y gardde* y galwafi ef yn cambraeg. *Dchr.* 17g. *J* 10, 25b. 1632 *D* (*Bot*). 1688 *TJ* (*Bot*). 1759 J. EVANS: *PF* 46, 93. 1770 *W* d.g. *artichoke*. 1803 *P*.

Gw. hefyd ysgall—y. y meirch.

mardon, gw. marwdon.

marddanadl, marddynad, marwddanadl [*marw* + *danadl, dynad*] *e.ll.* (un. b. *mar(w)ddanhadlen*). *Bot.* Planhigion o'r tylwyth *Lamium*, danadl marw, yn enw. danadl coch, *Lamium purpureum*: *dead nettles, esp. red dead nettles*.

1813 *WB* 57, Dead-nettle; *Marddanadlen*, neu *Marwddanadlen*. *id.* 58, *Marddynad* ddu [*sic*].

Cfn.: **marddanadl brith:** *spotted dead nettles, Lamium maculatum*. 20g. **m. coch:** *red dead nettles, Lamium purpureum*. 1813 *WB* 217. Cf. *danadl—d. coch*. **m. coch crwn:** *henbit, Lamium amplexicaule*. 20g. **m. du:** *black horehound, Ballota nigra*. 1813 *WB* 217. **m. gwyn:** *white dead nettles, Lamium album*. 1813 *WB* 217. Cf. *danadl—d. gwynion*. **m. melyn:** *yellow archangel, yellow dead nettles, Galeobdolon luteum*. 1813 *WB* 217. **m. pêr:** *white horehound, Marrubium vulgare*. 1813 *WB* 217. **m. rhwygddail:** *cut-leaved dead nettles, Lamium hybridum*. 20g.

Cf. danadl—d. marw.

Gw. hefyd morddanadl.

marddewiniaeth [*marw* + *dewiniaeth*] *eb.* Y gelfyddyd o ddarogan drwy geisio cyngor y meirw: *necromancy*.

1926.

Cf. marwddewin.

marddwr, gw. marwddwr.

marddynad, gw. marddanadl.

maredig, gw. meredig.

maredd [?cf. *marannedd*] *eg.* ?Ysblander, rhwysg, rhodres, balchder, cyfoeth: *splendour, pomp, ostentation, pride, riches*.

13g. *C* 31. 11–32. 2, Bit chuero y talhaur iny diwet. Syberuid. a maurwrid. a *maret*. 13g. *A* 25. 2–3, e rac meuwed. e rac mawrwed. e rac *maryed* [?drll.]. 14g. *T* 63. 4, *Mared* [diwyg.] melynawr yn neuad maranhedawc.

Cf. cymaredd.

mareddog [*maredd* + *-og*] *a.* ?Ysblennydd, cyfoethog: *splendid, rich*.

13g. *C* 12. 6–8, Muner uodawc. maer anhetauc [*sic*]. *maretauc* doeth.

marenaf: marenu, gw. maharenaf: maharenu.

marfol, marfolaeth, marfoledig, marfor, marforyn, gw. marwol, marwolaeth, marwoledig, marwor.

margaf: margo, gw. ymargiaf: ymargio.

margain, margais, margarîn, gw. margen, morgais, marjarîn.

margarit [bnth. S. C. *margarit(e)*] *eg.b.* ll. *-au, margaritys*. Perl; maen gwerthfawr, gem: *pearl; precious stone, jewel*.

15g. *FfBO* 41, yno y mae y *margaritis* (*margaritæ*) teckaf o'r holl vyt. *id.* 44, Y brenhin hwy a dwc trychant *margarit* am y vynwgyl. 16g. D. R. THOMAS: *DS* 150, aur, neu *margarite* (gemmeu) neu wisc werthfawr. 1567 *TN* 22a, cyffelip yw teyrnas nefoedd i varsiandwr yr hwn a gais *vargaritae* tec [:– perle da], ac wedy iddo e[f] gaffel vn *margaret* gwerthfawr, yr aeth . . . ac ei prynodd. 1632 J. DAVIES: *LlR* 173, a deuddeg porth, o ddeuddeg maen gwerthfawr a elwid *Margarit*; ac ym mhob porth yr oedd vn *Margarit* cyfan. 1722 *Llst* 189, *margarit*, f. a margarite, pearl, precious stone.

Cf. mererid.

margeiniaf, margeniaf, margennaf: marge(i)nio, margenna, margen² [bf. o'r e. *margen, margain*] *bg.a.* Trafod telerau cytundeb, yn enw. wrth brynu a gwerthu, masnachu, taro bargen, prynu: *to bargain, trade, buy*.

15g. (17–18g.) *Llst* 133, [68b], Mae dau ben nis *margenwn* / March ac ych marchog a wn (Dafydd Gorlech). 15g. *ID* 28, *Margeiniodd* a mi'r gwanwyn / Maen oedd well i mine i ddwyn. 15–16g. (1789) *BDG* 392, *Margen* yn lew ddyniewid, / Ac ŵyn, yr oeddwn i gid. 16g. *Llst* 6, 99, Klywch son megis kloch sais / mor gynil y *margenais* (Syr Lewis Feudwy). 16g. *GDG* xv, Mawl Dafydd heb undydd bai / morganwg nis *margeiniai* (Huw Arwystl). 16g. HUW ARWYSTL: *Gw* 366, ie dduw da swydd ydoedd son / *margeinio* mwyar gwnion. 16g. DAFYDD BENWYN: *Gw* 371, Yn nhai da, v'enaid, (pawb ofynent blaid) / y kaid Morgannaid, nys *margennent*. 16–17g. *GST* i. 569, Y trydydd dydd yng Ngwaun Llwg, / A *margeinio*'m Morgannwg [marwnad Robert Clidro]. 1609 *CRC* 348, y kywaethoka yn y sir / sy yn *margen* tir ai brynv. 1614 *Pen* 96, 433, Morganiaid nis *margeiniaf* / milwyr gwent aml awr a gaf. 1701 E. WYNNE: *RBS* 150, Wrth *fargeinio* gochel siarad llawer, ychydig eirieu a all wasanaethu i gloi margen. 1759 *BC* iii, Rhowch fri i Ddewi Ddeau, a Gwynedd / *Margenniwch* i lyfrau (Ieuan Brydydd Hir). 1772 D. ROWLAND: *PP* 87, Nid ydynt hwy am *fargenna* eich da chwi, pa ham y *margennwch* chwi eu drwg hwy? 1777 W. WILLIAMS: *DN* 52, ac ambell un prin gado ei ŵn a'i bais yn dechreu *margenna* am ryw lodesen o'i oed ei hunan. 1798 W. RICHARDS: *CC* 20, yn *margena* â'r fath fegeried.

Gw. hefyd bargeiniaf: bargeinio.

margeiniwr, margeniwr [bôn y f. fl. + *-iwr*] *eg.* Un sy'n ymrwymo mewn cytundeb, un sy'n (ceisio) prynu: *one who enters into a contract, (prospective) buyer*.

1701 E. WYNNE: *RBS* 151, Na chyfod ar dy brisieu ddim o rann angen neu anghyfarwyddyd y *Margeiniwr*. *c.* 1730 *Thos. Lloyd D* (LlGC) 170b, *margeniwr*, RB 151.

Gw. hefyd bargeiniwr.

margen, margain [bnth. S. C. *bargen, bargayne*, gyda *b-* ac *m-* yn ymgyfnewid] *eb.* ll. *marge(i)nion, margennon*.

(*a*) Cytundeb rhwng dwyblaid (yn enw. ar delerau wrth brynu a gwerthu) y deuir iddo ar ôl trafodaeth, (telerau) cytundeb, cydymwneud mewn busnes neu fasnach, pryniad neu gaffaeliad (manteisiol), hefyd yn *ffig.*: *bargain, bargaining, (terms of) contract, business or commercial transaction, deal, (advantageous) purchase or acquisition, also fig.*

15g. *GGl* 85, Nis mynnwn am ysmonaeth, / Marw ugain oen, *margen* waeth. *id.* 206, Nid *margen*, winwydden wallt, / Gae arian, Degau eurwallt. 15g. *ID* 71, *margain* a vu morgan vydd / mal yno ymelienydd. 16g. *GDG* xviii, Morgannwg wen, *margen* gudd, / Ddifai a roed i Ddafydd (Gruffudd Llwyd ab Ifan). 1550 *NBSF* 567, am Robert y mae r ebwch / mae Rug yn drist *margen* drwch. 16g. DAFYDD BENWYN: *Gw* 281, yn drist . . . / y farw mor gynnar, y fŷr *margennonn* [*sic*]. *a.* 1587 *Y* 98, Mawr gan bawb mewn *margen* byd / A feddo o gelfyddyd (Edmwnd Prys). *Diw.* 16g. *CRC* 421, a ffrynv pob keffvl hen / a cholli ar bob *margen*. 1599 (1677) R. HOLLAND: *AB* 104, trwy fasnach a *margenion* cyfreithlon. 16–17g. *HG* 105, os at gyvoethog i dda, i gaiso da mewn *margen* / maen rhaid am werth oen ne lo, i dlawd ensailo ysgryven. 16–17g. *Cer RC* 78, Llawer merch fonheddig dda, / Wrth fod yn ara' ddi-frys, / Sy'n colli *margeinion* clyd. 1632 *D*, bargen, conventus, contractus, sponsio. Rectiùs fortassè *Margen*. 1672 R. PRICHARD: *Gw* 266, *Margain* front fel *Margain* Esaw, / . . . / Ydyw gwerthu 'r Nefoedd berffaith; / Am gyfeillach puttain noswaith. 1688 S. HUGHES: *TSP* 155, fod y rheini yn onestach nag efe, yn eu *Margennon*, a'u Haddewidion. 1701 E. WYNNE: *RBS* 248, oni fyddei'r Nef am hyn oll yn abl *margen*? *c.* 1762–79 W. WILLIAMS: *P* 165, [t]wyllo dy frawd mewn *margennion*, neu gyfammodau. 1792 M. WILLIAMS: *BM* 33, Fel *margen* Ffair rhwng Tadau a mammau 'nghyd [am briodas].

(*b*) Ymryson, ymrafael, ymladd: *contention, contest, fight*.

16g. *B* xi. 89, y hrain a ymladdasantt yn wych, o'r achos J bu gyntt J'r kowri velldigo'r neb a ddechreuassai'r *vargen*.

Cfn.: **margen merch:** *pudenda*. *c.* 1730 *Thos. Lloyd D* (LlGC) 174a.

Am *cloi margen, clymu m., taro m.*, gw. cloaf: cloi, clymaf: clymu (At.), trawaf: taro.

Gw. hefyd bargen.

margent, margeron, margin, gw. marjin, maioram, marjin.

margrug, gw. morgrug.

marian, *eg.* ac *e.tf.* (un. bach. b. *marianen*, g. *marienyn*) ll. *marianedd, marianau*.

(*a*) Gro, cerrig mân, graean, malurion (cerrig), malurion a adewir gan rewlif, llifwaddod; traeth graeanog, traethell, traeth môr, tywyn, ynys (mewn afon), tir gwastad isel ar lan afon, grobwll, tir a meini mawr arno, llethr a orchuddir gan gerrig neu falurion craig, sgri: *gravel, peb-*

bles, grit, (rocky) debris, moraine, alluvium; shingle, gravelly shore, (sea-)strand, dune, holm, gravel-pit, rock-strewn land, scree(-covered slope).
14g. *HMSS* ii. 23, Ac ar *varyan* ar lann mor y mae delw o vaen keu hen. **14g.** *GDG* 114, Gorllwyn ydd wyf ddyn geirllaes, / Gorlliw eiry mân *marian* maes. *c.* **1470** *B* ii. 230, *maryan*, tywyn mor. **15g.** *CSTB* 41, Ai blaen glaif ai blin glefyd, / Ai *marian* craig ai murn cryd. **16g.** (*LlEG*) *Mos* 158, 158b, [*m*]*ariann* glaas aoedd ynn gorwedd gar bron porth y kasdell. **16g.** *EWGP* 39, Mis Mehevin, hardd tiredd, / llyfn mor, llawen *marianedd*. **16g.** Dafydd ap Llywelyn, &c.: *Gw* 100, Mae afon i'm bron . . . / . . . / Am ais gul ymysg olew / 'Y mron rhoed fal *marian* rhew. **16g.** **(1763)** W. Salesbury: *LlM* 20, felly y mae ar y *marian* yn nolgelley. *id.* *marianen* d.g. *sabuletum*. **1617** *Minsheu* 436b d.g. *sea-banke*. *id.* 437a d.g. *sea-strond, or shore*. **1632** *D*, *marian*, calculi, sabulum, saburra, locus sabulosus. **17g.** *CLl* [223], Mewn *marian* graean a gro. *c.* **1700** E. Lhuyd: *Par* i. 40, *Marian* kanol . . . *Marian* Galchog [*sic*] . . . *Mariane* a galwant [*sic*] vynydde y Kerrig Kalch. **1722** *Llst* 189, *marienyn*, m.p. *marian*, a pebble-stone. **1728** T. Baddy: *DDG* 50, Pydew . . . yn awr yn adfeiliedig, ac yn llawn o Gerrig a *Marian*. **18g.** L. Morris: *LW* 136–7, words . . . commonly used by ye Inhabitants of . . . Anglesey . . . *marrian*—places wch abound with great flat stones in ye country. **1774** *W* d.g. *gravel, grit*. **1794** E. Jones: *CP* 90, ysbwrial, a *marian* gwrthodedig ymhob cloddfa neu chwarrel gerrig. **18–19g.** *Llr* C 2, 381, *marian*, level green ground with but little soil on the rock. Fflint. LM. **1803** *P*. Ar lafar yn y Gogledd, '*marian* cerrig' 'a heap of loose stones', *WVBD* 364. Digwydd yn yr e. lleoedd *Marian-glas* ym Môn, *Y Marian Mawr*, *Marian Rhaeadr Mawr* a *Marian y Winllan* yn sir Gaern., *ELlSG* 82. *Y Marian* y gelwir y llain eang o wastatir ar gwr gorllewinol Dolgellau. *Tanymarian* oedd ffugenw Edward Stephen (1822-85), cyfansoddwr y dôn adnabyddus o'r un enw. Digwydd hefyd yn enw'r ddawns *Ffarwel i'r Marian*.

(*b*) (geir.) Gwyn: (*dict.*) *white*.
16g. Wiliam Llŷn: *Gw* (R. Stephens) (At.), *marian*, lliw gwyn. deilw [*sic*] r kann lliw marian maes. sypyn kyveilioc.

Amr.: **maran[3]**. **1550–1600** *Pen* 83, 61. **marial. 20g.** **marion.** Ar lafar yn Arfon, 'hen *farion* brics', 'a heap of broken bricks', *WVBD* 364.

Cfn.: **marian (y) môr:** *sea-strand*. **14g.** *GDG* 201, 274. **14g.** *IGE*[2] 67. *c.* **1400** *R* 1350. 3. **m. terfynol:** *end moraine*. **20g.**

marianbwll [*marian + pwll*] *eg.* Grobwll, graeanbwll: *gravel-pit*.
1632 *D* d.g. *sabuletum*. **1722** *Llst* 189. **1774** *W* d.g. *gravel-pit*.

mariandir [*marian + tir*] *eg.* ll. *-oedd*. Tir graeanog neu dywodlyd, graeandir, grodir; llifwaddod, llifbridd, tir llifwaddodol: *gravelly or sandy land; alluvium, alluvial soil, alluvial land.*
1592 S. D. Rhys: *Inst* 184, ym *mariandir* (*CLlH* 32, graean dir) grodir graen. **1722** *Llst* 189, *mariandir*, gravelly or sandy land. **1803** *P*. Ar lafar yn y Gogledd am 'sgri', *WVBD* 364.

marianedd[1], maranedd[2] [*marian, maran[3] + -edd[1]*] *eg.b.* Tir garw, anwastad; tir gwastad isel ar lan afon; llifwaddod: *rough, uneven land; holm; alluvium.*
Dchr. **17g.** *J* 10, 25b, *marianedd*, salebra. **1803** *P* d.g. *maranedd, marianedd*.

marianedd[2], gw. marian.

marianfaen, marianferw, mariangoed, mariangrys, gw. marian + maen[1], berw[1], coed, crys.

marianlwybr [*marian + llwybr*] *eg.* Rhodfa a wneir o ro, llwybr gro: *gravel-walk*.
1774 *W* d.g. *gravel-walk*.

marianog [*marian + -og*] *a.* Graeanog, tywodlyd; anwastad, garw; llifwaddodol: *gravelly, sandy; uneven, rough; alluvial.*
1604–7 *TW* (*Pen* 228) d.g. *sabulosus, scrupeus* (hefyd *D*), *scruposus*. *Dchr.* **17g.** *J* 10, 25b, *marianog*, salebrosus. **1722** *Llst* 189, *marianog*, gravelly, sandy. **1774** *W* d.g. *gravelly*. **1803** *P*.

marianol [*marian + -ol*] *a.* Llifwaddodol: *alluvial*.
1852.

marianro [*marian + gro*] *e.tf.* Graean, tywod bras: *gravel, coarse sand*.
1604–7 *TW* (*Pen* 228) d.g. *sabulo* (hefyd *D*). **1722** *Llst* 189, *marian-ro*, gross sand, gravel. **1774** *W* d.g. *gravel*.

Mari Crych [?yr e. prs. *Mari + crych*] ?*eg.* Math o afal a ddefnyddir i wneud seidr: *a type of cider apple, ?Haglo Crab.*
18–19g. *Llr* C 2, 67, Will crych, Crych y Gwin, *Mari crych*, Crych coed Gwent, agley crab an excellent cyder apple a gafwyd gyntaf yn wyllt ynghoed Gwent.

marierwm, gw. maioram.

marigold [bnth. S. *marigold*] *eg.* *Bot.* Enw ar blanhigion o'r tylwyth *Calendula*: *marigold*.
1686 Ffoulke Owen: *Cerdd-lyfr* 101, *Marigold* ar lili / Ros ar daffadili, Llon eu lliw.

Mari Lwyd [?yr e. prs. *Mari + llwyd*, sef un o enwau'r Forwyn Fair; ond dichon mai bnth. S. C. *mare* oedd yr elf. gyntaf yn wr.] *eb.* Defod geffyl a gynhelid yn gyffredin gynt yng Nghymru adeg y Nadolig a'r Flwyddyn Newydd, 'Pen Ceffyl', 'Y Warsel', 'Y March': *a Welsh horse-ceremony, once common at Christmastide and the New Year, 'Horse's Head'.*
1818 *IAW* (LlGC) 124, 26, There is a custom that has time out of mind prevailed in this County for a number of fellows that you may call idle, drunken, foolish, ignorant . . . a gang of such fellow[s] procured the skull of an old horse . . . This skull of a horse, an animal greatly superior in worth to themselves, they dress with Ribbons . . . according to their ourang ootang fancies, and give it the name of *Mary Lŵyd*, and carry it about with them from door to door on the Eve of the Epiphany a wassailing teazing their good neighbours for some of their Christmas ale . . . or for money to buy ale, and such of those of their neighbours who are not wiser than themselves, give them ale and cake, or money, others that are wiser send them away from their doors with each a flea in his ear . . . there are several old Welsh songs in doggrel rhyme that are sung bawled, or rather brayed by the gang . . . The word Llwyd . . . is used . . . to signify ven[era]ble, reverend, adoreable . . . Dewi Lwyd . . . Mary lwyd adorable Mary . . . this dressing up of the skull of a horse and carrying it about on the vigil of the Epiphany was the mode of burlesquing, [*sic*] the catholic procession with the Image of the virgin. Ar lafar mewn rhannau o Forg. a Chaerf., gw. T. M. Owen: *WFC*[3] 49–69. Mewn rhai ardaloedd yr enw a glywir yw *Y Feri* (*Lwyd*).

marina [bnth. S. *marina*] *eg.* ll. *-s*. Harbwr moethus pwrpasol ar gyfer cychod pleser, &c.: *marina*.
20g.

marion, gw. marian.

marionét [bnth. S. *marionette*] *eg.* Pyped a weithir â llinynnau: *marionette*.
20g.

Mari Waedlyd [yr e. prs. *Mari + gwaedlyd*] *eb.* *Bot.* Planhigyn gardd ac iddo flaendwf llaes o flodau porffor-goch, *Amaranthus caudatus*: *love-lies-bleeding*.
20g.

marjarîn, margarîn [bnth. S. *margarine*] *eg.* Sylwedd a wneir o olew a braster bwytadwy, &c., ac a ddefnyddir yn lle ymenyn neu saim: *margarine*.
1918.

marjent, gw. marjin.

marjeri—llysiau m., gw. llysiau.

marjin [bnth. S. *margin*] *eg.* Ymyl dalen: *margin (of page)*.
1752 *PYRD* 8, [d]arllenwn . . . am Isaac yn mynded allan . . . i fyfyrio . . . neu fel ac y mae yn y *Margin*, i weddio. Ar lafar.
Amr.: **marjent.** [bnth. S. *margent*]. **1715** T. Evans: *CCG* 39, edrych y *margent*.

marjoram, gw. maioram.

marl [bnth. H. Ffr. *marle* (efallai drwy'r S. C.)] *eg.* ll. *-(i)au, -ion, meirl*. Math o bridd yn cynnwys clai a chalch a gyfrifir yn wrtaith gwerthfawr, pridd neu dir (ffrwythlon), ?lôm, hefyd yn *ffig.*: *marl, (productive) earth or land, fertile soil, ?loam, also fig.*
c. **1400** *B* ii. 14, Os marlu a wney ard yn dwfyn. kanys y *marl* a dyrcheif o anyan. **15g.** *DN* 73, Lliw dŵr *marl* fal llwydrew mawr. **15–16g.** Llawdden, &c.: *Gw* 173, Cloddio *marl* fal y carliaid (Rhys Nanmor). **15–16g.** Iorwerth Fynglwyd: *Gw* 157, Marw Iolo Goch, *marl* (*GIF* 73, mawl) y gerdd. **1547** *WS*, *marl*, marle. **16g.** *Pen* 181, 384, gwnethur pylle *meiryl* nev bylle pridd. **16g.** Dafydd ap Llywelyn, &c.: *Gw* 22, Coffawn d'alw,—cyff hen dylwyth, / Caut o'u *marl* ŷd Coetmor lwyth. *id.* 214, Morlowyr ŷnt, *marl* yr ŷd [i ofyn chwech o ychen]. **1578–80** **(17–18g.)** *Cylchg LlGC* vii. 276, Mur malo sur *marl* a sops [dychan mynydd Hirddywel gan Hywel ap Syr Mathew]. **1632** *D*, *marl*, merga, tasconium. **1740** T. Evans: *DPO* 159, yn achlesu eu Tir a *Marl* a thywod y Môr. **1776** *W* d.g. *marl* [*for manure*]. **1800** W. Owen[-Pughe]: *CP* 7, Calch, *Marlau* ysgafn. **1803** *P*. Ar lafar gynt yn gyff.; digwydd yn enw'r pentref *Plas-marl*, Abertawe, ac yn yr enwau *Bryn Marl*, *Ty'n y Marlau* yn sir Gaern., *ELlSG* 42; hefyd *Parc-y-marl*, pl. Llys-y-frân, sir Benf. Cf. **13g.** *Cylchg LlGC* v. 62, ryw daear dromlet a elwir en frangec marle.
Cfn.: **marl coch:** *red marl*. **20g.** **m. gwyn:** *white marl*. **1543–8** *Pen* 163, ii. 3, *Marl Gwynn* yr hwnn a rywioka ytir lxxx mlynedd.

Am *maen marl, pwll m., tir m.*, gw. maen[1] (At.), pwll, tir.

marlaf: marlo, marlu, gw. marliaf: marlio.

marlaidd [*marl + -aidd*] *a.* Yn cynnwys marl, tebyg i farl, marlog: *containing marl, like marl, marly*.
1803 *P*.

marlat, merlat, malart, &c. [bnth. S. *mallard*, a'r ff. yn *-rl-* drwy drsd.] *eg.* ll. *-od*. Ceiliog hwyaden, barlad: *drake*.
1722 *Llst* 189, *malart, lartod*, a drake. **1772** *W*, ceiliog hwyad . . . vulgò *mailart* d.g. *drake*. Ar lafar yn y Canolbarth a'r De yn y ff. *maelad, m(e)ilat, milart* (ll. *mileti*), *merlat, marlat, marled, marlet*, *LGW* 264–5, *TGG* (1907-8) 80. Cf. D. J. Williams: *STC* 81, 'Dwyt ti ddim yn nabod gwahaniaeth rhwng *marlat* a gwdihw'. Digwydd hefyd fel term o anfri, 'yr hen *farlat* gwirion'.

Am *lliw pen meilat*, gw. lliw[1].
Gw. hefyd barlad.

marlbridd [*marl + pridd*] *eg.* ll. *-oedd*. Marl, pridd ffrwythlon, ?lôm: *marl, fertile soil, ?loam*.
14g. *GDG* 208, Nid erddir *marlbridd* iddi, / Neud iraidd had, nid ardd hi [am y fwyalch]. **16g.** Huw Arwystl: *Gw* 397, Mvrlbrvdd wyd mewn *marlbridd* ir [i'r benglog]. **1632** *D* d.g. *merga, tasconium*. **1722** *Llst* 189, *marlbridd*, marle. **1776** *W* d.g. *loam*. **1798** R. Davies: *CG* 104, Henaidd ei phridd, *marlbridd* brau. **1803** *P*.

marlbriddaidd [*marlbridd + -aidd*] *a.* Marlog: *marly*.
1846.

marlbriddog [*marlbridd + -og*] *a.* Marlog: *marly*.
1838.

marlbwll [*marl + pwll*] *eg.* ll. *marlbyllau*. Pwll lle cloddir am farl: *marl-pit*.
14g. *GDG* 249, Gwydr ddrychau, *marl byllau* mawr [i'r rhew]. **16g.** (*LlEG*) *Mos* 158, 593b, y gwaith ar llauur iroeddid ynniwneuth [*sic*] ynghylch y *marlbylle*.
Gw. hefyd pwll—p. marl.

marldir [*marl + tir*] *eg.* ll. *-oedd*. Tir marlog, tir ffrwythlon, ?lôm: *land rich in marl, fertile land, ?loam*.
15–16g. *TA* 139, *Marldir* ag ytir i gyd. **16g.** Gr. Hiraethog: *Gw* (D. J. B.) 5. 16–17, *Marldir*, ytir, mwyndir, glodir, / Maestir, coetir, gweirdir, gwych. **16g.** *AP* 53, *Marldir* Cnapiog. *c.* **1700** E. Lhuyd: *Par* i. 68, Mae *marldir* a Thyvothir [*sic*] ym maes y Koed. **1776** *W* d.g. *loam*.
Gw. hefyd tir—t. marl.

marled, marlet, gw. marlat.

marlen, gw. merlyn[1].

marlglai [*marl+clai*] *eg.* Clai tebyg i farl: *marl-like clay.*
1845.

marliaf, marlaf: marl(i)o, marlu [bf. o'r e. *marl*] *bg.a.* Rhoi marl ar (dir), gwrteithio â marl, gwrteithio; (am y tywydd) peri i (bridd) falurio: *to marl, fertilize; (of weather) cause (soil) to break down.*
c. **1400** *B* ii. 14, Os *marlu* a wney ard yn dwfyn. **15g.** *ID* 60, mae r wlad wedi *marlio* ym / ag yn dail gan yd wilym. **1547** *WS*, *marlio.* *c.* **1610** *GDG* 420, Ag aredic tir ai fras franaru / ai hau ai lyfnu ai *farlun* fras. **1722** *Llst* 189, *marlo*, to marle ground. **1776** *W* d.g. *to manure with marle.* *id.* *marlu* tir d.g. *to marl ground.* **18–19g.** *Llr* C 8, 230, *marlu* tir, [Glam] to manure with marl, or natural earth, pond mud &c. Ar lafar yn yr ystyr 'gwrteithio'; ym Môn ac Arfon fe'i clywir yn yr ystyr 'paratoi tir ar gyfer hau', ac yn Llŷn wrth gyfeirio at yr arfer o godi cefnau a rhychau dwfn rhyngddynt er mwyn sychu tir cleiog, ac yn yr ystyr 'trwsio', '*marlio* cewyll', *B* xxv. 52.

marliod, marliog, marliwn[1,2], gw. merlyn[1], marlog, merlyn[1], merliwn[1].

marliw(n)s, marlo, marlod, gw. merlyn[1], marwlo, merlyn[1].

marlog, marliog [*marl+-(i)og*] *a.* O natur marl, marlaidd: *marly.*
1722 *Llst* 189, *marlog*, marly. **1776** *W*, *marlog* d.g. *marly [abounding in or having the qualities of marl].* **1803** *P* d.g. *marlawg.*

marllo, marllyd, gw. marwlo, marwllyd.

marm [elf. gyntaf dybiedig yr e. *marmor*, a'i chysylltu'n ddiweddarach â'r S. *malm*] *eg.* Sialc, math o garreg feddal sialcog neu'r pridd sy'n deillio ohoni: *chalk, malm.*
1800 W. OWEN[-PUGHE]: *CP* 11, *marm* [:– yn Saesoneg Chalk] neu ddefnydd calchaidd arall. **1803** *P*, *marm*, dead earth; chalk.

marmaidd [*marm+-aidd*] *a.* Wedi ei gyfansoddi o sialc neu o farm, sialcog; *Drg.* cretasig: *composed of chalk or malm, chalky; cretaceous (in geol.).*
1852.

marmalêd, marmalad, &c. [bnth. S. *marmalade*] *eg.* ll. *marmaledau.* Jam orennau (cwins, grawnffrwyth, lemwn, &c.): *marmalade.*
1545 *CM* 1, 364, [c]ymaint I Rinwedd I gymorth y kylla ar *marmalad* gore. *id.* 462, *marmelad* . . . I ymendavr diffig ysydd arynattur drwy gysgv. **1617** *Minsheu* 294a, *marmalát* d.g. *marmalade, or mermalade.* Ar lafar yn y ff. *marmalêd.*

marmeset, gw. marmoset.

marmfaen [*marm+maen*[1]] *eg.* *Drg.* Calchfaen, sialc: *limestone, chalk (in geol.).*
1852.

marmog, marmiog [*marm+-(i)og*] *a.* Sialcog; *Drg.* cretasig: *chalky; cretaceous (in geol.).*
1852.

marmol, gw. mormol.

marmor [bnth. dysg. Llad. *marmor*, cf. H. Wydd. a Gwydd. Diw. *marmar*] *eg.* ll. (prin) *-au.* Calchfaen mewn ffurf grisialog neu ronynnog, mynor; gellir ei gaboli a'i ddefnyddio mewn adeiladau a cherfluniau, yn enw. ar gyfer beddrodau; (yn y ll.) marblis: *marble; (pl.) marbles.*
c. **1300** *H* 54b. 18, Kochwisc y osgort am byrth *marmor* mawr (Cynddelw). **14–15g.** *IGE*[2] 305, Cans rhodded ar Feredudd / Tyfod, *marmor*, côr a'i cudd [marwnad Meredudd ap Cynfrig gan Rys Goch Eryri]. *c.* **1400** *YSG* i. 99, bed o *uarmor.* *c.* **1400** (*SG*) *HMSS* i. 311, pedeir colovyn o *varmor.* *c.* **1400** *R* 1322. 13–14, Echaws bot clot clo *marmor* [marwnad Goronwy Fychan]. *c.* **1400** *RC* xxxiii. 448, caffat corf arthur Nyt ymywn *marmor* megys y gwedei y vrenhin . . . namyn ymywn dryll dar. *c.* **1400** *RM* 167, yn ymyl y ffynnawn y mae llech *varmor.* **15g.** *LGCD* 78, Main beril nawmil yn wyn, / *Marmor* a mwy o ermyn. **1588** *Can* v. 14, Ei forddwydydd fel colofnau *Marmor.* **1722** *Llst* 189, *marmor*, m. blue marble. **1773** J. ROBERTS: *GY*, *Marmor*, meini brithion. **1803** *P* d.g. *marmawr.*
Amr.: **marmwr.** **1725** T. BADDY: *CS* 34.
Cfn.: **marmor gwyn:** *white marble.* *c.* **1400** *DB* 47. **15g.** *Pen* 109, 81.
Gw. hefyd maen[1]—m. marmor.

marmoraf: marmori [bf. o'r e. bl.] *bg.a.* Peri i (bapur, sebon, &c.) ymddangos fel marmor, gwneud yn debyg i farmor; mynd yn farmor: *to marble; become marble.*
1803 *P*, *marmori*, to become marble.

marmoraidd [*marmor+-aidd*] *a.* Wedi ei wneud o farmor, tebyg i farmor neu i gerflun o farmor: *marble, marmoreal.*
1776 *W* d.g. *marmorean.* **1803** *P.* Cf. *SE MS* 285b, Mawr ei muriau *marmoraidd.* N i Gaer I[olo] Gl[ossaries].

marmorog [*marmor+-og*] *a.* Marmoraidd: *marble, marmoreal.*
1803 *P* d.g. *marmorawg.*

marmorol [*marmor+-ol*] *a.* Marmoraidd: *marble, marmoreal.*
1851.

marmoset, marmeset [bnth. S. *marmoset, marmeset*] *eg.* ll. *-s.* Mwnci bychan, (bellach) un o Dde America o deulu'r *Callithricidæ*: *marmoset, small monkey.*
16g. (*LlEG*) *Mos* 158, 236a, yr appys ar *marmessets.* *id.* 507a, [p]enn *Marmesett* ne aap vechan. **1604–7** *TW* (*Pen* 228), *marmoset* d.g. *cercopithecus.*

marmot [bnth. S. *marmot*] *eg.* ll. *-s.* Cnofil mawr byrgoes o'r tylwyth *Marmota*: *marmot.*
1848.

marmwr, gw. marmor.

marnad, gw. marwnad.

marnais [bnth. S. *varnish*, gydag *f-* ac *m-* yn ymgyfnewid fel yn *melfed, mentr*] *eg.* Farnais: *varnish.*
16g. HUW ARWYSTL: *Gw* 353, yw *marnais* malais milwr / I bwriwyd oel wybr a dŵr [i'r gleifiau]. Ar lafar yn sir Gaerf., 'blac *marnais*', 'black varnish'.
Gw. hefyd barnais, farnais.

marneisiaf: marneisio [bf. o'r e. bl.] *ba.* Farneisio; gwydro (llestr pridd, &c.): *to varnish; glaze (earthenware, &c.).*
17–18g. *Llst* 145, 33b, [D]elw'r T[ywysog] Llywelyn oedd ar Dwr Pont Amwythig newydd ei *marneisio.* *c.* **1762–79** W. WILLIAMS: *P* 126, amrywiol warau eraill wedi eu *marneisio.* *id.* 137.

marneisiaith [*marnais+iaith*] *eb.* Iaith gaboledig: *polished speech.*
14–15g. *IGE*[2] 159, Meddaf, ni feidr fy nhafawd / Blethu *marneisiaith* gwaith gwawd [marwnad Gruffudd Llwyd gan Rys Goch Eryri].

maro [bnth. S. *marrow*] *eg.* ll. *-s.* Gwrd bwytadwy, ffrwyth y planhigyn *Cucurbita pepo*, pwmpen: *(vegetable) marrow.*
20g. Ar lafar.

maron[1,2], gw. marron[1,2].

Maronaidd [cfdds. o'r S. *Maron(ite)*+ *-aidd*] *a.* Yn perthyn i'r Maronitiaid: *Maronite.*
1789 W. RICHARDS: *ABD* 82, Yr eglwysi Groegaidd . . . *Maronaidd.*

Maroniad [cfdds. o'r S. *Maron(ite)*+ *-iad*[3]] *eg.* ll. *-iaid.* Maronitiad: *a Maronite.*
1834.

Maronitiad [bnth. S. *Maronite+-iad*[3]] *eg.* ll. *-iaid.* Aelod o sect Gristnogol Syriaidd y mae'r rhan fwyaf o'i haelodau yn byw yn Libanus: *a Maronite.*
1728 T. BADDY: *DDG* 33, y *Maronitiaid*, (rhai a breswyliant y Mynyddoedd y rhan fwyaf).

Maronydd [cfdds. o'r S. *Maron(ite)*+ *-ydd*[3]] *eg.* Maronitiad: *a Maronite.*
1728 T. BADDY: *DDG* 34, *Maronydd* yw 'r Dŷn ymma, ac y mae fo yn codi Caffar neu Doll oddiar y Twrciaid.

maroryn, gw. marwor.

marron[1] [gair geir., ?ffrwyth camddeall yr e. prs. *Marro*, *A* 1. 9] *eg.* ll. *maroniaid.* Arglwydd: *lord.*
16g. WILIAM LLŶN: *Gw* (R. Stephens) (At.), *maron*, arglwydd. **1632** *D*, *marron*, est Arglwydd, ait [Wiliam] Ll[ŷn]. Nusquam legi. **1722** *Llst* 189, *marron, roniaid*, a Lord. **1753** *TR.*

marron[2] [bnth. S. *marron* 'chestnut'; ansicr yw'r ail engh.] *eb.?g.* Cneuen gastan fawr fwytadwy; ?cneuen neu hedyn adeiniog coed Asiaidd o'r tylwyth *Moringa*: *large edible chestnut, marron; ?ben-nut.*
1604–7 *TW* (*Pen* 228), cneuen vawr or Castanwydd a elwir *Marron* d.g. *balanus.* **1609** *CRC* 61, dwy escair bergrynion vn phvnyd ar *maron* [i ferch]. **1722** *Llst* 189, *marron*, f., a large aromatick chesnut called a Ben.

mars, mers[1] [bnth. S. C. *march(e)* 'borderland(s)', neu'n uniongyrchol o'r H. Ffr. *march(e)*] *eg.* ll. *marsoedd, mersydd.* Tiroedd ar oror gwlad, yn enw. y tiroedd ar y ffin rhwng Cymru a Lloegr, y Gororau: *march(es), borderland(s), esp. the March(es) of Wales.*
14g. *BT* 222, A dyuynnv a wnaeth y brenhin ataw . . . ieirll a barwneit y *Mars* hyt yn Amwythic. **14g.** *GDG* 298, Hwnt i'r *Mars* dwg hynt er Mai. **14–15g.** *IGE*[2] 287, Dy fersi yn dy *farsoedd!* / Dy garenydd, ufydd oedd [Siôn Cent i Grist]. **15g.** *Bren Saes* 274, Syr Edmwnt Mortmer, jarll y *Mars.* **15–16g.** *GLM* 253, Ym *Mars* Lloegr mae rhos lliwgoch. *id.* 264, Y mae'r ias oer ym *Mers* hwnt. **16g.** LEWYS MORGANNWG: *Gw* 180, Key Insel [drll.] *mars* kwnsel mawr [i Syr John Price]. **16g.** GR. HIRAETHOG: *Gw* (D. J. B.) 38. 47, Mawr sôn o'r *Mars* i Wynedd. *id.* 101. 17, Angel *Mars*, Tegeingl a Môn. **1567** *LlGG* [vii], Camberu, a *Marsoedd* yr vnryw. **1604–7** *TW* (*Pen* 228), *marsoedd, mersydd* d.g. *fines.* **1605–10** *CRC* 120, Gwrandawed yr holl bobloedd / or *mersydd* ar mynyddoedd. *Dchr.* **17g.** *J* 10, 25b, *Mars*, Marches, finis. **1632** *D*, *Mars*, limites regionis. **17g.** *Cylchg LlGC* vi. 34, yng Nghymru caiff glod, hynod yr henwaf, / Yn Lloegr a'i *mersydd* ynnill gair Marsia. **1773** *W* d.g. *frontiers.*
Amr.: **mars(h)** (ll. *-es, -ys*). *c.* **1600** L. DWNN: *HV* i. d.d. *p.* **1630** *LlGC* 16, 278.
Cfn.: **mars a mynydd:** *high and low (land).* **18g.** *Beirdd y Berwyn* 68, Er rhodio gwledydd *mars a mynydd.* *id.* 69. Cf. *CRC* 120 uchod.
Gw. hefyd marstir.

marsban, marsdir, gw. marsipán, marstir.

marsgal, gw. marsial.

marsiaind, gw. marsiant.

marsial[1], **marsgal** [bnth. S. C. *marshal, mar(e)scal*] *eg.* ll. *-iaid.* Swyddog uchel (yn llys y brenin neu yn y wladwriaeth); y swyddog uchaf ym myddinoedd neu luoedd awyr rhai gwledydd; swyddog mewn seremoni, gorymdaith, &c.; lluesteiwr, lluyddwr: *marshal; (military) quartermaster.*
14g. *BT* (*RB*) 218, iarll Caerlleon a iarll *Marscal.* *c.* **1400** *R* 1339. 5–6, Keilliagwt uorsgwt *uarsgal* kicydyon. *ib.* 25–6, Halaawc vorsgawc *varsgal* hudolyon. **15g.** *Bren Saes* 274, Thomas Mwmbraey, jarll *marsial.* **16g.** *B* xviii. 323, Arglwydd Eseks, *marshial* brenin Lloegyr. **16g.** *GP* 202, marchoc o gorph y brenin . . . [y] *marsial* a'i craira ef. **1594** *GST* i. 103, Ac Arglwydd, enwog eurglod, / *Marsial* glân, mawr rasol glod [am Syr Wiliam Bruwton]. **1604–7** *TW* (*Pen* 228), *marsial* llys d.g. *architriclinus.* *id.* d.g. *castrametator.* **1776** *W* d.g. *marshal.*
Amr.: **marsiel** [cf. S. *mar(s)chell*, amr. ar *marshal*]. **16–17g.** SIÔN MAWDDWY: *Gw* 83.
Am *Iarll Marsial, Marchog M.*, gw. iarll, marchog.

marsial[2] [bnth. S. *martial*] *a.* Milwrol: *martial, military.*
20g.
Am *cwrt marsial*, gw. cwrt.
Gw. hefyd llys-marsial.

marsiand, gw. marsiant.

marsiandaeth[1] [*marsiand+-aeth*] *eb.g.*

Masnach, bargen; nwydd(au) masnach: *trade, commerce, bargain; ware(s), merchandise.*

15g. *FfBO* 32, llawer o *varsiandaeth*. **1690** *Ymofynion* 5, gwin neu gwrwf, neu ryw *Farsiandaeth* arall. **1699** T. JONES: *TP* 106, fe werthir ynddi [Tref Gwagedd] bôb mâth o *farsiandaeth*. **1735** S. THOMAS: *HP* 143, [M]arshandwyr mawrion, yn gofalu am eu *Marshandaeth* yn fwy nac am Fatterion Crefydd. **1740** T. EVANS: *DPO* 347, ni wyddent union-bris a gwerth eu *marsiandaeth*. **1753** *HFfS* 4, Yr Offeiriaid Pabaidd, pan welsant eu *Marsiandaeth* o Bardynau yn adfeilio. **1784** M. WILLIAMS: *S* i. 229, Y trading mwyaf . . . At gario'r *marsiandaeth* hyn ymlaen rhwng Lloegr, Virginia a Maryland. **1790** T. JONES: *TOS* 201, A fu 'th bechod yn *farsiandaeth* mor fuddiol? Ar lafar yn sir Benf., *marsianteth*, *GDD* 194.

Amr.: **marsiawndaeth** [bnth. S. C. *marchaund* + *-iaeth*]. **15g.** *FfBO* 32. **mersiandaeth** [cf. *mersiant*]. **1714** R. PRYDDERCH: *GD* [x].

Gw. hefyd marsiandïaeth.

marsiandaeth[2], gw. marsiandaf: marsiando.

marsiandaf, marsiantaf: marsiando, marsianda, marsianto, marsiandaeth[2] [bf. o'r e. *marsiand, marsiant*] *bg.a.* Masnachu, marchnata, cadw busnes; bargeinio: *to trade (in), be in business; bargain.*

1707 *AB* 98b, *marsiandaeth* d.g. *negotior.* **1725** D. LEWIS: *GB* 245, ni byddai fawr o Forio, ac o *Farsianda* rhwng Gwledydd. **1725–6** *Madd Ed* 213, yr hwn sydd yn *marsianda* â Duw. *c.* **1762–79** W. WILLIAMS: *P* 57, [Ll]ongau yn *marsiando* rhwng hen Spain ag America. **1784** M. WILLIAMS: *S* i. 148, gwyr Lloegr . . . yn *marsianda* defnyddiau da o gottwn. **1789** *PMP* 16, dim *marsianda* na chyfnewid mwyach. **1799** *TY* 147, Addewidion yr Ysgrythur ydynt Filiau'r nefoedd . . . Ond ffydd ddynol nid all *farsianda* a'r papurau hyn. Ar lafar yn sir Benf., *marsianto*, *GDD* 194.

Gw. hefyd marsiandïaf: marsiandïo.

marsiandi[1], myrsiandi [bnth. S. C. *marchaundi(e)*] *eg.* Nwydd(au) masnach, marsiandïaeth; masnach; hefyd yn *ffig.*: *ware(s), merchandise; trade, commerce; also fig.*

15g. *GGl* 184, Ynddi [Croesoswallt] mae *marsiandi* Sieb. *Diw.* **15g.** *Cylchg LlGC* iii. 154, llonge marsiant a bache ariant a'r *myrsiandi* teka o'r byd. **1547** *WS*, *marsiandi*, marchandise. **1567** *TN* 35b, aethant ymaith, vn y'w duy, ac arall y'w vasnach [:- y[n]ghylch ei *varsiandi*]. **17g.** *CRC* 129, lle i mae achos achwyn i rwy / rhag koegennod a mursennod / peidio ai *marsiandi* nhw i rydwy. **17g.** *B* iii. 102, etifedd . . . o gosodir mewn *marsiandi*. **1753** *ML* i. 226, newydd ddyfod adre o Lerpwl . . . wedi bod yn prynu *marsiandi*.

Amr.: **mersiandi** [bnth. S. *merchandy*]. **16g.** (*LlEG*) *Mos* 158, 286a, [d]wyn yd . . . i loeygyr drwy *vershiandi*.

marsiandi[2], gw. marsiandïaf: marsiandïo.

marsiandïaeth[1] [*marsiandi[1]* + *-aeth*] *eb.g.* Nwydd(au) masnach; masnach, busnes; marchnad: *ware(s), merchandise; trade, traffic, commerce, business; market.*

14g. *DGG[2]* 114, I'th unbais lwyd a'th henb[a]n, / Ymysg *marsiandïaeth* mân [Gruffydd ab Adda i'r fedwen]. **15g.** *GGl* 84, Euthum innau i borthmona, / Waeth-waeth *farsiandïaeth* da. **1545** *CM* 1, 75, digwyddodd I wr oloygyr vynned Ar *varshia[n]diaeth* i dir groaeg. **16g.** (*LlEG*) *Mos* 158, 130b, llong . . . yn dyuod a *marshiandiaeth* kyuoethog o fflandrys I loygyr. **1588** 1 *Br* x. 15, *marsiandiaeth* y llysieuwŷr. **1588** *Doeth Sol* xv. 12, *marsiandiaeth* i elwa yw ein bywyd ni. **1606** E. JAMES: *Hom* iii. 182, ni osod ef [marsiandwr] . . . [e]i law ar ei *farsiandiaeth*. **1632** *D*, *marsiandiaeth*, mercatura. **1667** C. EDWARDS: *FfDd* 38, Scrifenodd Luther . . . yn erbyn *marsiandiaeth*, ac eulynaddoliaeth y Pab. **1672** J. LANGFORD: *HDdD* [viii], ei neges a'i *farsiandiaeth* ef yw ein distrywio ni. **1698** T. JONES: *Art* 15, y lle a [*sic*] cedwir *Marsiandiaeth* neu y pethau a brynnir ac a werthir. **1776** *W* d.g. *merchandise* [*traffic, &c.*].

Amr.: **mersiandïaeth** [*mersiandi* + *-aeth*]. **1588** *Eseia* xxiii. 18, eiddo y rhai a drigant o flaen yr Arglwydd fydd ei *mersiandiaeth*. **1604–7** *TW* (*Pen* 228), *merciandiaeth*, *merciantiaeth* d.g. *mercatura, merx, negotior.*

Gw. hefyd marsiandaeth[1].

marsiandïaeth[2], gw. marsiandïaf: marsiandïo.

marsiandiaethaf: marsiandiaethu [bf. o'r e. *marsiandïaeth[1]*] *bg.* Masnachu, marchnata, cadw busnes: *to trade, be in business.*

1696 *GGTY* 235, Philippi, ymmha le yr oedd hi yn *marsiandiaethu* gan fod yn gwerthu porphor.

marsiandïaf: marsiandïo, marsiandi[2], marsiandïaeth[2], marsiandïa [bf. o'r e. *marsiandi[1]*] *bg.* Masnachu, marchnata, cadw busnes: *to trade, be in business.*

1567 *TN* 360a, wrth airieu gwneuthyr y *marsiandiant* am danoch. **1588** 2 *Esd* xvi. 43, A'r hwn a *farsiandio*, bydded fel vn heb ennill. **16–17g.** *GST* i. 806, A minnau yn *marsiandi*, / Ac ar bob peth yn colli. **1632** *D*, *marsiandiaeth* d.g. *negotior.* **1778** *W*, *marsiandio* d.g. *to occupy merchandise.* **1795** *R. Crusoe* 75, byddem . . . yn *marsiandiaeth* mewn Llongau i bob rhannau o'r byd.

Gw. hefyd marsiandaf: marsiando.

marsiandïaidd [*marsiandi[1]* + *-aidd*] *a.* Yn perthyn i fasnach neu fusnes, masnachol: *pertaining to commerce or business, commercial.*

1847.

marsiandïol [*marsiandi[1]* + *-ol*] *a.* Yn perthyn i fasnach neu fusnes, masnachol: *pertaining to commerce or business, commercial.*

1848.

Gw. hefyd marsiandol.

marsiandïwr [*marsiandi[1]* + *-wr*] *eg.* ll. *marsiandïwyr.* Masnachwr, marsiandwr, gŵr busnes: *merchant, trader, business man.*

1588 *Job* xl. 25, a gyfrannant hwy ef rhwng *marsiandi-wŷr?*

Gw. hefyd marsiandwr.

marsiandol [*marsiand* + *-ol*] *a.* Yn masnachu, masnachol: *trading, commercial.*

1711 M. MAURICE: *YAD* 319–20, [C]yflawniad y fath ufydd-dod . . . nyd yn *farsiandol*, nac yn gaethiwol, am wobr.

Gw. hefyd marsiandïol.

marsiandwr, &c. [*marsiand* + *-wr*] *eg.* (b. *-wraig*) ll. *-wyr.* Masnachwr, marchnadwr, deliwr, gŵr busnes: *merchant, trader, dealer, business man.*

15g. *FfBO* 41, *Marsiandwyr* a delont y'r wlat honno. *id.* 48, Sarassinyeit a Christynogyon a *marsiantwyr*. **1547** *WS*, *marsiandwr*, a marchant man. **16g.** *CRC* 178, . . . pedler drvan gwr / ne ryw *fyrsiandwr* kymen. *id.* 261, Gwaith *marsiandwr* yw marchnata. **1567** *TN* 22a, cyffelip yw teyrnas nefoedd i *varsiandwr* [:- varsiand, vasnachwr]. **1588** *Eseia* xxiii. 8, ei marchnadyddion yn dywysogion, ai *marsiand-wŷr* yn bendefigion y bŷd. **1632** *D*, *marsiandwr* d.g. *magnarius, mercator, negotiator.* **1657** *MLl* ii. 112, Lladron neu *farsiandwyr* ydynt. **1688** *TJ*, maelieres, (*Marsiandwraig*:) a Merchant-woman. **1703** E. WYNNE: *BC* 20, Sidaneu oedd gan y *Marsiandwyr*. **1732** *RE* 43, *Marshand-wraig* oedd Lydia. **1776** *W* d.g. *merchant, or merchant-man.* Ar lafar yn sir Benf., *marsiantwr*, *GDD* 194.

Amr.: **marsiawndwr** [cf. *marsiawndaeth*]. **15g.** *FfBO* 46, [c]refftwyr a *marsiawndwyr*. **mersiandwr,** &c. [cf. *mersiant*]. **16g.** (*LlEG*) *Mos* 158, 112b, leisens Ir *mershiandwyr* dyethyr. **1595** H. LEWYS: *PA* 206–7, *Mersiandwr* a wnaiff deithiau, a siwrneiau pell . . . er mwyn caffael ychydig elw bydawl. **1604–7** *TW* (*Pen* 228), *merciantwr* d.g. *mercator, negotiator.* *id.* [*m*]*erciantwyr* d.g. *zugostatica.*

Gw. hefyd marsiandïwr.

marsiandwriaeth [*marsiandwr* + *-iaeth*] *eb.* Masnach: *trade.*

1670 J. HUGHES: *AP* 100, entrio i gyfeillach o *farsiandwriaeth* anghyfion.

marsiandy, mersiandy [*marsiand, mersiand* + *tŷ*] *eg.* ll. *-dai.* Cyfnewidfa, tŷ masnach, hefyd yn *ffig.*: *exchange, trading house, also fig.*

1693 *PGLl* d.d., tan Lun y Tarw Du yn Rheol yr Ydfryn, yn agos i'r Brenhinawl-*Fersiandy*. **1752** J. THOMAS: *FG* 66, y Corph (gan mai dyna *Farsiandy* yr holl Bleser a gafodd hi erioed Adnabyddiaeth o hono).

marsiannaf: marsiannu [bf. o'r e. *marsiant*] *bg.* Masnachu: *to trade.*

1896.

marsiannwr, marsiannydd [bôn y f. fl. + *-wr, -ydd[3]*] *eg.* ll. *-wyr.* Marsiant, masnachwr: *merchant, trader.*

1913.

Gw. hefyd marsiandwr.

marsiant, marsiand, &c. [bnth. S. *marchant*; ansicr yw'r engh. gyntaf] *eg.?b.* ll. *-iaid*, (prin) *marsiaind.* Masnachwr, gŵr busnes; marsiandïaeth; ?marchnad, masnach, efallai'n *ffig.*: *merchant, trader, business man; merchandise; ?market, commerce, perh. fig.*

15g. *DE* 103, A sant a ir *farsiant* faith / o'n ynys i'w rhoi'n vnwaith. **15–16g.** *GRB* 6, a *marsiant* tyfiant difas / tir a môr wyt, term o ras. **15–16g.** *TA* 262, Pell yw sôn dynion gan dant, / Pawb, am wrsib, pob *marsiant*. **1547** *WS*, *marsiant*, a marchant. **1567** *TN* 22a, cyffelip yw teyrnas nefoedd i varsiandwr [:- *varsiand*, vasnachwr]. *id.* 118a, Ef yn ymlid y *marsiaind* y maes. **18g.** *W Ballads* 197, 7, Pa Bl[e]sera mael a Moliant / sydd i *Fartsiant* galant gwych. **1759** *BC* 433, Mi âf i werthu *Marsiant* Pedler / Ac wrth hyn mi ynnillaf lawer. **1760** *ML* ii. 186, *marsiand* cefnog yw yn Nuflun. Ar lafar yn sir Benf., *marsiant*, *GDD* 194.

Amr.: **mersiant** [bnth. S. *merchant*]. **1667** C. EDWARDS: *FfDd* 46, yn ei ieuenctid y roddasid yn *fersiant*.

Am *llong farsiant*, gw. llong[1].

marsiantaeth, marsiantaf: marsianto, marsiantwr, marsiawndaeth, marsiawndwr, gw. marsiandaeth[1], marsiandaf: marsiando, marsiandwr, marsiandaeth[1], marsiandwr.

marsiel, gw. marsial[1].

marsier [bnth. S. *marcher*] *eg.* Un sy'n martsio: *marcher, one who marches.*

15g. *GDLl* 171–2, Hen sawdiwr rhwnsi ydwyd, / O ŷd y fâl ni chaud fwyd. / Fal troter *marsier* mis Mai, / Heb un bedol ban beidiai [dychan Siôn Dafi].

marsipán, mar(t)sban [bnth. S. *marzipan, marchpane*] *eg.* Past o gnau almon, siwgr, &c., melysfwyd wedi ei wneud o'r past hwn: *marzipan.*

1604–7 *TW* (*Pen* 228), *marchpan* d.g. *bellaria.* *id.* *marspan* d.g. *gajoli, placenta.* **1617** *Minsheu* 292b, *marspan* d.g. *march-pane.* Ar lafar yn y ff. *marsipán.*

Marsli, marspan, gw. dysgl—dysglau Marsli, marsipán.

marstir [*mars* + *tir*] *eg.* ll. *-oedd.* Tir ar ffiniau gwlad, goror(au), yn enw. y Mers: *borderlands, esp. the March(es) of Wales.*

15g. *GTP* 13, Iustus da ar gost ydyw, / Ystôr oll y *marstir* yw. **15–16g.** *GLM* 192, Marw penaig Cymru pan oedd: / mae'r ystorm drwy'r *Marsdiroedd* [marwnad Tomas Salbri Hen o Lyweni]. **16g.** *WLl* 183, Hyn yn llwyr foi gwyr geirwir—llew gwiwfraint / Holl gyfraith y *marsdir* [i Simwnt Thelwal, Plas-y-ward]. **1604–7** *TW* (*Pen* 228) d.g. *margo.* **1632** *D*, *marsdir*, terra limitanea. **1688** *TJ*, *marsdîr*, Godre tîr: the bordering-parts. **1770** *W* d.g. *border, the land on the borders, the bounds of a country.* Cf. IOLO GOCH: *Gw* 399, Ceisied pob prentis cyson / O fars tir Lloegr i Fôn.

Gw. hefyd mars.

marswpial [bnth. S. *marsupial*] *eg.* ll. *-iaid.* Anifail bolgodog: *a marsupial.*

20g.

Marswr [*mars* + *-wr*] *eg.* ll. *Marswyr.* Un sy'n byw yn y Mers: *inhabitant of the March(es) of Wales, Marcher.*

14g. *BT* (*RB*) 176, yny gwynawd y *Marswyr* (*marchenses*) yn diruawr yr ormod aerua o'r rei eidunt. **15g.** *GGl* 314, Canu yna, garwa gŵr, / Gria mersi o'r *Marswr*. *c.* **1730** *Thos. Lloyd D* (LlGC) 171b, y *Marswyr*, the Marchers.

mart [bnth. S. *mart*] *eg.* ll. *-au, -s.* Marchnad, yn enw. i brynu a gwerthu da, cynnyrch amaethyddol, &c.: *mart, market.*

Ar lafar.

marten [bnth. S. *marten*] *eg.* Anifail tebyg i'r wenci sy'n perthyn i'r tylwyth *Martes*: *marten.*

1604–7 *TW* (*Pen* 228) d.g. *martes.*

martigal, gw. martingal.

martigan, gw. llysiau—ll. martigan.

martingal [bnth. S. *martingale*] *eg.* ll. *-s.* Strapen a ddefnyddir i atal ceffyl rhag codi ei ben yn rhy uchel: *martingale.*
1856. Ar lafar, hefyd yn y ff. *martingel, martigal.*

martled [bnth. S. *martlet*] *e?g.* ?ll. *martle(t)s. Her.* Aderyn dychmygol heb draed: *martlet.*
1575 (1587) W. MIDLETON: *B* 55, o *fartles* (*LlGC* 5273, 66b, *fartlets*) ddeg gywes, ydd anrhegant. *id.* 56, rhwng chwe *martled* unlliw, a ledant / ffret geuls, ar faes ör, da cydgordiant [am arfau Catrin, iarlles Penfro].
Amr.: **murled.** **16g.** *Mos* 113, 53.

marts, martsban, martsh, gw. mars, marsipán, mars.

martsiaf: martsio [bnth. S. *(to) march*] *bg.a.* Ymdeithio, gorymdeithio; peri i (rywun) ymdeithio; hefyd yn *ffig.*: *to march, also fig.*
1605 *CRC* 395, y trwmpets sy n rrvo ar drwms yn sowndio / i beri i mi *fartsio* yw kalyn. **1609** *id.* 392, ar i ddvw roddi y ffordd yn rhydd / Lle *Marchio* yr hydd o Esex. **1639** *DCR* 244, *Marchio* yn galed godi r faner / ar y boreglas dduw gwener. **1658** R. VAUGHAN: *GA* 38–9, [p]eri vddynt [meddyliau] *fartsio* yn ol y drefn a roddwyd ar lawr gan Iesu Grist ei hunan? **18g.** E. T. RHYS: *DA* 67, Ni chynyg rhyfyg Rhufain / Mwy *fartsio*'i lu tua'n teyrnas ni. Ar lafar.

martsiant, gw. marsiant.

martyr [bnth. S. *martyr*] *eg.* ll. *-iaid.* Merthyr: *martyr.*
1653 R. JONES: *TTN* 44, *Martyriaid* dedwydd.
Gw. hefyd merthyr[1].

martyriaf: martyrio [bnth. S. *(to) martyr*] *ba.* Merthyru: *to martyr.*
1583 *LlGC* 716, 176, wynt oll a *martyriet* [*sic*].
Gw. hefyd merthyraf: merthyru.

marth [Crn. C. *marth* 'rhyfeddod', Llyd. C. a Diw. *marz(h)* 'rhyfeddod, gwyrth'; ansicr yw perthynas *marthoed, R* 1165. 33] *eg.* Tristwch, gofid, ?rhyfeddod neu syndod poenus, braw; ?mefl, gwarth: *sorrow, distress, ?painful wonder or surprise, fright; ?shame, disgrace.*
13g. *A* 1. 8, *marth* ym pa vro llad vn mab marro. *c.* **1300** *H* 11b. 11–12, llawurydet urydeu yr madawc ysmeu. *marth* gofyeu gyfesgar. *id.* 12a. 7, eil *marth* mawr mor de. eil yrth eil syrth se [marwnad Madog ap Maredudd gan Walchmai]. **14g.** *T* 36. 15–16, Mwyhaf gwarth y*marth* o parth brython. **14g.** *YBH* 40b, *marth* idaw am nath ladawd. **14g.** *GDG* 176, *Marth* i'r budrbeth atethol, / Murniai fardd, mae arnaf ôl [i'r fiaren]. *c.* **1400** *J* 1, 1073, *Marth* y llygoden ny bo namyn vnffeu idi (cf. *D* (*Diar*), Mefl i'r llygoden vntwll). **1803** *P.*

marthig [?*marth* + *-ig*[2]] *a.* ?Gwarthus, cywilyddus: *disgraceful, shameful.*
c. **1400** *R* 1337. 36, lle rewyd heul mawrthyd *marthic.*

marthin [bnth. S. *martin*] *eg.b.* ll. *-iaid. Adar.* ?Gwennol y bondo, *Delichon urbica*: *house-martin.*
1757 *ML* i. 474, aie tynnu'n wysg i din y *marthin*? **1761** *id.* 334, hebog marthin . . . ai bwyta *marthin*[*i*]*aid* y bydd ac oddiwrthynt yn cael ei enwi, fal sparrow hawk.
Cfn.: **marthin du:** *swift, Apus apus.* **1866.** **m. penbwl:** *house-martin, Delichon urbica.* **1866.**
Am *hebog Marthin*, gw. hebog.

marthyr, marthyraf: marthyru, marthyrdod, marthyroliaeth, gw. merthyr[1], merthyraf: merthyru, merthyrdod, merthyroliaeth.

marw[1] [Crn. C. *marow*, Llyd. C. *maru*, Llyd. Diw. *marv*, taf. Gwened *marù*, H. Wydd. *marb*, Gwydd. Diw. *marbh*: ff. â'r oldd. **-u̯o-* ar y gwr. **mer-* 'marw, trengi', cf. Llad. *mortuus* 'wedi marw' (< **mr̥-tu̯-o-*; fe'i defnyddir yn aml gyda ffurfiau'r f. *bod* i gyfleu'r ystyr 'trengi'] *a.* ll. *meirw, meirw(i)on* a hefyd fel *eg.*

(*a*) Wedi marw, wedi peidio â bod yn fyw, heb fywyd ynddo; amddifad o fywyd ysbrydol: *dead, deceased, inanimate; spiritually dead, without spiritual life.*
12g. *MA*[2] 155b. 5–6, Er pan yw *marw* madawg wynn / Nid llawen llawer unbenn (Cynddelw). **13g.** *LlI* 3, [p]lan uo *marw* yr edlyg. *id.* 90, puybynnac a gaffo lluden glan en *uaru.* **14g.** *T* 23. 4, bum *marw* bum byw. **14g.** *WML* 84, gwascer gwyalen ar eu mynygleu [gwyddau]. A gatter yn o [*sic*] wynt hyt pan uwynt *ueirw.* **14g.** *H* 90b. 6–7, Gwyr hediw yn wiw yn weilch ffyscyat. Gwawt gny avory yn *veirw* heb wat (Llywelyn Ddu ab y Pastard). **1346** *LlA* 37, am hynny ybyd *marw* pawb yn adaf. **14g.** *WM* 37. 30–2, yny doeth teruyn ar hoedyl pwyll penn annwn ac y bu *uarw.* *c.* **1400** *R* 1045. 19, *marw* vyglyw. buw mu hunan. *c.* **1400** *YCM*[2] 22, Mal y mae *marw* y corf heb eneit, velly y mae marw y ffyd heb weithredoed da. *id.* 31, A chanys ganet megis dyn, wrth hynny, *marw* uu mal dyn. **15g.** *DN* 19, Gwae fi o'i orwedd! Gwae fi i *farwed*! **1588** *Doeth Sol* iv. 16, Pan fyddo y cyfiawn *marw.* **1588** *Eff* ii. 1, A Chwithau pan oeddych *feirw* mewn camweddau a phechodau, a fywhaodd efe. **1595** H. LEWYS: *PA* [xxii], gweddio ar Sainct *meirwon.* **1632** *D, marw,* mortuus, emortuus, inanimis, exanimis, defunctus. **1659** *GIA* 14, Nid ydych ond *Meirwon* a damnedic oddieithr i chwi ddychwelyd. **1772** *W* d.g. *dead* [*without life*], *dead* [*withered as a tree, &c.*]. **1803** *P.*

(*b*) (a'i ddilyn gan yr ardd. *i, oddi wrth*) Heb fod o dan ddylanwad neu reolaeth (pechod, &c.), heb fywyd mewn perthynas â (phechod, &c.), heb fod yn effro neu'n agored i (ddaioni, &c.): *dead (to sin, &c.), insensible (of good, &c.).*
1567 *TN* 228b, Pa wedd y bydd ir ei ydym yn *veirw* i bechot, vyw eto ynddo. *id.* 279b, Canys myvi trwy'r Ddeddyf vum *varw* ir Ddeddyf. **1632** J. DAVIES: *LlR* 40, mor fusgrell ac mor *feirwon* ydym i bob daioni. **1655** WL: *DP* 152–3, fal gan ddwys-ymsynniad yn ei farwolaeth ef [Iesu] . . . y byddwyf *farw* beunydd i bechod. **1657** *MLl* ii. 22, pa mwyaf y suddo rheswm ei hunan i lawr i ostyngeiddrwydd . . . cyntaf y bydd ef *marw* oddiwrth chwant iddo ei hunan.

(*c*) Difywyd, marwaidd, llesg, swrth; llonydd, yn sefyll (am ddŵr); merfaidd, di-flas; pŵl (am liw); heb fywyd neu deimlad ynddo, wedi cysgu (am aelod o'r corff); heb fod yn gweithio o gwbl (am radio, &c.), heb ynni (am fatri, &c.); anarferedig (am iaith, arfer, &c.); di-les, diwerth: *lifeless, dull, languid; stagnant; insipid, tasteless; dull (of colour); lifeless or numb (of limb); dead (of radio, battery, &c.); obsolete (of language, custom, &c.); useless, worthless.*
c. **1400** *YCM*[2] 22, Mal y mae marw y corf heb eneit, velly y mae *marw* y ffyd heb weithredoed da. **15g.** *LGC* 218, Mair a ŵyr, Och Dduw am ras! / *Marwed* ŷm am ŵyr Domas. *c.* **1525** *TA* 744, Mair a ŵyr, os marw eryr, / *Marwach* yw gwawd merch a gŵyr [marwnad Tudur Aled gan Raff ap Robert]. **1567** *TN* 332a, growndwal y difeirwch o ddiwrth gweithredoedd *meirwon.* **1618** J. SALISBURY: *EH* 87, dwfr y pylleu, yn *farw*, am ei fod yn aros yn ei vnlle. **1696** *CDD* 289, Fe ddywede [enaid yr annuwiol pan fo'n ymadael â'r corff] wrth ei lyged, / Oedd yn ei ben cŷn *farwed.* **1772** *W* d.g. *dead* [*numbed, as limbs are*], *dead* [*unactive, sleepy, slow . . .*], *dead* [*life-less, dull . . . applied to colours*], *dead* [*vapid, as liquors*], *faint* [*weak; slack; weary, &c.*], *flat* [*apply'd to Writings, &c. spiritless . . .*], *numb.* Cf. H. LEWIS: *DIG* 119, O gymryd ffurf *farw*, ni waeth gydio yn y *farwaf*! Ar lafar, hefyd yn yr ystyr 'digynnwrf', 'Mae o'n rhy *farw*', ac am dân, 'tân *marw*', 'a dull fire', *WVBD* 365.

(*d*) Yn peri marwolaeth (ysbrydol), marwol, angheuol: *causing (spiritual) death, mortal, fatal.*
c. **1400** *R* 1220. 34–6, Arodeist varglwyd ar odeu mawred dros yn *meirw* bechodeu. gwaet or vronn doll archolleu. **1768** W. WILLIAMS: *HTS* 19, ei ddrwg fywyd a hauodd o'i fewn amryw glefydion *meirwon*, y rhai a'i dygodd bob yn ychydig . . . i lawr i'w fedd.

Fel *e.* (*a*) Un (rhai) sydd wedi marw; person(au) heb fywyd ysbrydol; ?person sy'n marw: *dead person(s); spiritually dead person(s); ?dying person.*
13g. *D Col* 15, En esgar byw a maru e *maru* (cf. *LlI* 25, y claf) byeu rannu a'r byw dewyssau. *c.* **1300** *H* 38a. 5, Ar greulif ar greulyd *ueirwyon* (Cynddelw). *id.* 105a. 50, *meirw* sengi mal seri sathar (Llywarch ap Llywelyn). **14g.** *T* 19. 7, gwnaei o *varw* vyw. **14g.** *LlB* 75, Y tir hwnnw a geiff, os ef a uyd nessaf kar y'r *marw.* **14g.** *YBH* 20b, y varnu ar vyw a *marw* herwyd eu gweithret. *id.* 44a, Duw . . . a uu varw ac agladwyt. ar trydyt dyd y kyuodes o *veirw.* **14g.** *B* v. 203, A phann del [Iesu Grist] y varnnv y kywynnant yr holl dynyon o *veirw.* *c.* **1400** *R* 1195. 39–40, Eryrot eurglot arglwyd pennaf yw. allyw *marw* a byw ryw radlonaf [am Grist]. **16g.** *GlLIV* 23, Bu n gloywi delli deillion—i weled / Bu fwy o wared byw o *veirwon.* **16g.** *EWGP* 38, pob peth a ddaw drwy'r ddaiar / ond y *marw*, mawr i garchar. **1567** *TN* 12a, A'r Iesu a ddyvot wrtho. Dilyn vi, a' gad ir *meirw* gladdy ei *meirw* hwy. **1716** E. SAMUEL: *GGG* 130, mae etto rai Paganiaid a ddywedant eu bod yn addoli Eneidiau 'r *meirw.* **1764** DEWI NANTBRÂN: *CB* 68, Gweddio ar Dduw dros y byw a'r *meirw.* **1772** *W* d.g. *the dead* [*not the living*]. **1803** *P.*

(*b*) Cig drwg neu farw, madredd, marwgig: *gangrene.*
1629 R. LLWYD: *P* 33, eli sugno i fwytta'r *marw.* **1771** *PDPh* 14, I agoryd Clwyf wedi cae ar *farw.*
Cfn.: **marw gelain:** *stone-dead.* **1618** J. SALISBURY: *EH* 332. **1795** *P* d.g. *celain.* Ar lafar. Cf. *celain—c. marw, marwaf: marw*[2]*—marw'n gelain* (*gegoer*). **m. gorn** = **m. gelain.** **1862.** **M. Du:** *Black Death, Great Pestilence.* **20g.** **m.('n) geni:** *stillborn.* **1794** *W* d.g. *still-born.* **m. feddw:** *dead drunk.* **1894.** **m. syth, marwsyth** = **m. gelain.** **1592** S. D. RHYS: *Inst* 268, Lleddwch' y ceirw yn *feirwsyth.* **1716** T. EVANS: *DPO* 301. **1722** *Llst* 189. **1772** *W* d.g. *dead, stone dead.* **1803** *P.* **cyn farwed â hoel(en):** *dead as a doornail.* **1885** D. OWEN: *RL* 395. Ar lafar.

Am *arian marw, bwyd cennad y meirw, celain farw, cig m., danadl m., dŵr m., dygwyl y meirw, gwaith marw, gwasanaeth y m., gwynt traed y meirw, iaith farw, lladd yn f., llaw f., llythyren f., mis m., perth f., plentyn m., pwysau m., swyddog y m.*, &c., gw. arian[1], bwyd, celain, cig, danadl, dŵr, dygwyl, gwaith[1], gwasanaeth, gwynt, iaith, lladdaf: lladd, llaw[1], llythyren, mis, perth, plant, pwysau, swyddog, &c.

marwaf: marw[2]**, merwi** [bf. o'r a. bl.; cf. Crn. C. *merwel*, Llyd. C. *meruel(l)*, Lyd. Diw. *mervel*; yn aml digwydd *meirw* (cf. ff. l. yr a. *marw*) fel be. pan fo'r goddr. yn lluosog; anodd gwahaniaethu weithiau rhwng y defnydd fel e. ac fel be.] *bg.* (ac yn eithriadol *ba.*) a'r be. fel *eg.* ll. *meirw.* Peidio â byw, trengi, darfod, peidio â bod, diflannu, hefyd yn *ffig.*; *Beibl.* (a'i dilyn gan yr ardd. *i, oddi wrth*) peidio â bod o dan ddylanwad neu reolaeth (pechod, &c.): *to die, expire, cease to exist, vanish, fade away, also fig.*; *bibl. cease to be under the power of (sin, &c.).*
13g. *LlI* 30, O deruyd e alltut o wreyc menet true wlat ac ena e *maru.* **13g.** *BD* 142, guerthuorach yv *merwi* yn glotuavr gan anryded no buchedocau yn gewilyduus gan waradwyd. **14g.** *GDG* 360, Am aur o ddyn *marw* ydd wyf. *c.* **1400** *MM* 148, Kanys llawer a weleis i yn *meirw* o vwyta yn ry vynych. **15–16g.** *TA* 155, Rhag deufin d'arf, rhag d'ofn di, / *Meirw* eu hunain mae 'r rheini! **1547** *WS, marw*, dye. **1551** W. SALESBURY: *KLl* xlivb, er mwyn *meirw* [:- ymyscar] o honam o ywrth pechoteu. *id.* lviia, os yn ol y cnawd y . . . byddwch vyw, *meirw* a wnewch. **1567** *TN* 229a, dyellwch chwithe hefyt, ych *meirw* chwi y bechot, a'ch bot yn vyw y Dduw. **1588** *Pr* iv. 2, y rhai sydd yn barod wedi *marw.* **1588** *Ecclus* xix. 10, Pan glywech air gâd iddo ef *farw* gyd â thi. **1632** *D, marw*, mori, interire, occidere, occumbere, perire, oppetere. **1714** R. PRYDDERCH: *GD* 92–3, Gwell yw, i Bechod *farw* ynom ni; nac i ni *feirw* yn y pechod. **1772** *W* d.g. *to die* [*expire, lose life*], *to die* [*as beer, &c.*]. **1803** *P.* **1820** R. JONES: *DYA* 197, *marwodd* ei hanifeiliaid. **1856** ISLWYN: *Gw* 21, Mae dyn yn *marw* bywyd, ac yn byw / Marwolaeth beunydd. Yn y De-ddwyrain arferir *marw* fel ebychiad o syndod (cf. '(pe)tawn i'n marw), '*Marw*, fachgen! Odi 'wnna'n iawn?' Hefyd '*marw* beth', 'Wel, *marw* beth! Dishgwl pwy sy'n dod!'

Fel *e.* Y weithred o farw, y cyflwr o fod yn farw, angau, marwolaeth, tranc: *a dying, death.*
13g. *A* 25. 13–14, carwn dy vyw . . . kwynaf dy *varw.* **13g.** *MA*[2] 220a. 19–20, Gwir yw *marw* gwr garw

am gaer eluglyd / Goreu oedd ynn ein *marw* i gyd (Dafydd Benfras). **13g.** *LlI* 25, os o *uaru* ed escarant, hy a dele caffael kubel eythyr er yt. *c.* **1300** *H* 59a. 17–18, yny uyw ny uytei ouer. yny *uarw* y uart ae daduer (Cynddelw). **14g.** *LlB* 33, kany eill kenedyl wadu yn y *varw* yr hyn ny wadawd ef yn y vywyt. *id.* 72, [y] tir a gynhelis y tat gynt hyt *varw.* **15g.** *FfBO* 49, gwedy eu *meirw*, eu heneideu a ant y mywn y kyfryw anifeilyeit a wely di. **1588** 2 *Br* vii. 3, pa ham yr ydym ni yn aros ymma nes ein *meirw*? **1588** *Eseia* xxxviii. 1, Yn y dyddiau hynny y clafychodd Hezecia i *farw*. **1618** J. Salisbury: *EH* 11, trwy ddioddefaint eyn harglwydd, yr ysmuded ni o'r pechod i râs . . . ag o *farw* i fyw. **1753** *ML* i. 250, pan ddaeth y newydd yna o *farw*'r câr Tomos Owain. **1772** *W*, o *farw* i fyw d.g. *death, from death to life.* *id.* y mae *marw* mawr (aml) yn ei [*sic*] mysg d.g. *mortality, or death . . . There is a great mortality among them.* **1803** *P*, *marw* . . . mortality. *Marw* mawr, a great mortality.

Cfn.: **marw ar ei gwelyfod:** *to die in childbirth.* Ar lafar yn nwyrain Morg., '*marw ar 'i gwylyfod*'. **m. ar y don:** *to drown.* Ar lafar yn nwyrain Morg., "Nelsa fa ddim i fi, ddim 'taswn i'n *marw ar y don!*'. **m.'n gelain (gegoer):** *to die, expire.* **1754** G. Owen: *L* 102, 131. Cf. *marw*¹—*m. gelain.* **ar fy m. (dy f., &c.):** *upon my (your, &c.) word, honestly.* Ar lafar. **petawn i'n m. ('r munud (funud) yma):** *upon my word, honestly.* Ar lafar, 'ar 'y ngwir, '*tawn i marw'r munud 'ma!*', *WVBD* 185. **(ni all) tros ei f.:** (*he cannot*) *for the life of him.* **1722** *Llst* 189, marw, *nis gall tros ei Farw*, he cannot for his life.

Am (*nid oedd na*) *byw na marw, nac er byw na m.*, *rhwng byw a m.*, gw. byw.

marwaidd [*marw*¹ + *-aidd*] *a.*

(*a*) Difywyd, llesg, trymllyd, diynni, swrth, cysglyd; heb deimlad ynddo (am aelod o'r corff); araf (am y farchnad), yn gwerthu'n araf; di-les, di-werth; diflas, anniddorol; dwl, pŵl (am liw); yn mudlosgi (am dân); mwll, trymaidd: *lifeless, languid, torpid, listless, dull, sluggish, drowsy; numb* (*of limb*); *slow* (*of market*), *slow-selling; useless, worthless; tedious, uninteresting; dull* (*of colour*); *smouldering* (*of fire*); *sultry, oppressive.*

16–17g. *Pen* 100, 438, *Marwaidd* y kair mowredd kân / marwach a chaethach weithian. **1630** R. Llwyd: *LlH* 386, deffrown yr oes *farwaidd*, a chyscadur hon. **1632** *D*, *marwaidd*, emortuus. **1656 (1745)** *MLl* ii. 143, ond bod llawer a Chlust trwm wrthŷnt, ac a Chalon *farwaidd* ganthŷnt. **1659** *GIA* [xlviii], rhaid i ychydig eiriau *marwedd* digalon wasanaethu yn lle beunyddol weddiau gwresog calonog. **1672** J. Langford: *HDdD* 430, na âd i mi orphwyso mewn Ffydd *farwaidd* ddiffrwyth. *id.* 473, fy Enaid oer *marwaidd* i. **1676** W. Jones: *PGG* 34, Eu cyflawni hwynt [y dyletswyddau sanctaidd] yn *farwedd*, ragrithiol, heb na bywyd nac ysbryd. **1688** S. Hughes: *TSP* 267, yma y dechreuodd Gobeithiol fod yn *farwedd* iawn, ac yn drwmluog gan gyscu. **1696** *CDD* 59, Myfi a gyffesa, fy hunan ŷw'r gwaetha, / Diofala a *marweiddia* o'u marweddiad. **1703** E. Wynne: *BC* 89, Beth . . . y gelwir yr Afon *farwedd* hon, ebr fi? Afon y Fall, ebr ynte. **1743** G. Jones: *HWI* ii. 120, Mae'r Ysbryd Glân yn adfywjo'r dŷn, pan fyddo yn drwm ac yn *farwaidd* yng Ngwasanaeth Duw. **1772** *W* d.g. *dead* [*unactive, sleepy, slow, sluggish, heavy, &c.*], *dead* [*life-less, dull, &c. applied to colours*], *dead* [*void of ardor or warmth, unaffecting*], *deadish, drowsy, dull, faint* [*weak; slack; weary, &c.*], *flat* [*apply'd to Writings, &c. spiritless, dull, frigid, jejune*], *jadish, numb.* **1803** *P.* Ar lafar, 'teimlo'n *farwadd*', 'to feel heavy'; 'Mae hi'n *farwadd*, 'the weather is sultry', *WVBD* 365.

(*b*) Darostyngedig i farwolaeth, marwol; yn achosi marwolaeth, angheuol: *subject to death, mortal; causing death, deadly, fatal.*

1547 *WS*, *marwaidd*, deedly. **1603** W. Midleton: *Ps* 10, Gwnaeth yn barod nod dianwadal draidd, / I arfau *marwaidd* o rif am arial. **17g.** Huw Morus: *EC* ii. 167, Nid ydyw 'r byd i gyd ond gwagedd, / Ar holl ddynion, / Mân a mawrion, ynddo ond *marwaidd.* **1713** D. Thomas: *TSC* 6, a mŵg a thân dicllonedd yn torri maes oi berfedd / yn enbyd iawn i sylwedd gwnae arnom *farwedd* fraw. **18g. (1842)** E. T. Rhys: *DA* 59, Pob un mewn ymdrech rhyfedd / Rhag ofn y ddyrnod *farwaidd.* **1799** Dafydd Ionawr: *MB* 63, Bustlaidd win *marwaidd* hên Omorra.

marwal [?cf. *marwlanw*, neu o bosibl *hoywal*] *eg.* Llanw bach, marddwr, iselfor, nêp: *neap-tide.*

Ar lafar ym Mangor, *B* xxv. 58.

marwanedig [*marw*¹ + *ganedig*] *a.* A enir yn farw, marw geni, hefyd yn *ffig.*: *stillborn, also fig.*

1770 *W* d.g. *born, still-born.* **1803** *P.*
Amr.: **marwenedig. 1844.**

marwar, marwaraidd, gw. marwor, marworaidd.

marwawd, marwisg, marwystl, &c., gw. marw-wawd, marw-wisg, marwwystl, &c.

marwbeth [*marw*¹ + *peth*] *eg.* *Cyfr.* Da marwol, meddiannau difywyd, eiddo ar wahân i dda byw: *inanimate stock or property.*

c. **1400** *CHDd* 94, Os *marwbeth* a damdwng, damdynget a'e law assw ar y lle y mynno arnaw, a'e law deheu ar y creir . . . Os anueil vyd, a'e law assw ar y clust deheu y'r anueil.

marwchwedl [*marw*² + *chwedl*¹] *eb.* ll. *-au.* Newydd neu adroddiad am farwolaeth (rhywun); chwedl am farwolaeth arwr: *news or report of* (*someone's*) *death; tale relating the death of a hero.*

15g. *DN* 19, Gwae fi o'i *farw-chwedl*! Gwae i ferched! **15g.** *GGl* 18, Ar dduw Mawrth yr oeddem wŷr, / A'th *farw-chwedl* a ddoeth Ferchyr. / Dengyn y ceisiawdd d'angau / Dy ddwyn yn y dydd dduw Iau.

Cf. marwgychwedl.

marwchwydd [*marw*¹ + *chwydd*] *eg.* Chwydd meddal yn y cnawd a achosir gan hylif dyfrllyd yn casglu yn y meinweoedd, chwydd gwyn, dyfrglwyf, dropsi, oedema; chwydd a achosir gan wynt yn y cylla neu'r coluddion, bolwynt: *oedema; flatulence.*

16g. *LlGC* 4581, 65a–b, rhac y peswch, diphic anhetl [*sic*], rhwygiadau a thrawsdynniadæ, *marwchwydd.* *id.* 88b, rhac ymlosc a *marwchwydd.*

marwder [*marw*¹ + *-der*] *eg.* Cwsg neu ddiffyg teimlad (yn un o aelodau'r corff); syrthni, llesgedd, marweidd-dra, hurtrwydd: *numbness; torpor, lassitude, stupor.*

Diw. **16g.** *WLB* 37, Rhag *marwder* a diffrwythdra. **1604–7** *TW* (*Pen* 228) d.g. *torpor* (hefyd *D*). **1722** *Llst* 189, *marwder*, deadness, stupidity. **1778** *W* d.g. *numbness.*

marwdon, mardon [*marw*¹ + *ton*²] *eg.b.* (un. b. *-donnen*) Croen marw ar y pen, cen: *dandruff, scurf.*

1547 *WS*, *marwdon*, scurfe. **1552** *Pen* 403, 75, ac na oddeved i phen vyned yn llawn *mardon.* **16g. (1763)** W. Salesbury: *LlM* 62, a chyd a Lleisw y carth ef *varwdon* oddiar y pen. *id.* 217, y *marwdon* ar cenn oddiar y penn. **1632** *D*, *marwdonn*, porrigo, furfures capitis. **1722** *Llst* 189, *marwdonn*, [*marw*] *donnen*, scurf, dandruff. **1772** *W* d.g. *dandruff.* **1803** *P* d.g. *mardon, marwdon.* Ar lafar ym Morg. yn y ff. *mardon.*

Amr.: **bardon.** Ar lafar ym Môn. **bardwn** [cf. *mardwn*]. Ar lafar yn Arfon, *WVBD* 364. **mandon** [?adff. fel *mân*¹ + *ton*²]. **1772** *W* d.g. *dandruff.* **1798** *WR* d.g. *dandriff.* **1803** *P.* **mardod.** Ar lafar ym Morg. **mardwn** [*marw*¹ + *twn*²]. **1688** *TJ*, marwdonn, *mardwn* . . . the Scurf of the Head, Dandroff. **1725** *SR* d.g. *dandriff, or Scurff in the head.* Ar lafar, *WVBD* 364, *Cymru* xlvii. 83.

marwdonnog [*marwdon* + *-og*] *a.* Llawn marwdon, cennog: *full of dandruff, scurfy.*

1604–7 *TW* (*Pen* 228) d.g. *porriginosus.*

marwdy [*marw*¹ + *tŷ*] *eg.* ll. *-dai.*

(*a*) *Cyfr.* Tŷ neu eiddo sy'n mynd i'r arglwydd neu i'r brenin (neu i un o'i swyddogion) oherwydd i'w berchennog farw'n ddiewyllys neu'n ddietifedd, sied: *house or property which escheats to the lord or king* (*or one of his officers*) *on the death of an intestate or heirless person, escheat.*

13g. *LTWL* 119, Precco debet habere de domo illa que dicitur *maruty* omne lardum non integrum, et omne butyrum bulch, et inferiorem lapidem mole. *id.* 120, De *maruty* familie sunt omnes oves et vituli et iuvenci et iuvence et capree, si in terra regis sit. **13g.** *LlI* 65, O'r pan anher y mab ene uo pedeyr bluyd ar dec e dele bot urth noe y tat, a'e tat, en argluyd arnau . . . ac ny dele *maruty* arnau ket boet maru en henne o amser, namen bot en eydau y tat e da oll a uo yn y warchadu. *id.* 66, O byd maru mab o'e pedeyr bluyd ar dec allan ac na bo etyued ydau, er argluyd byeuuyd e da en kubyl . . . a *maruty* uyd y ty. **14g.** *WML* 28, Maer achyghellawr adylyant . . . [d]rayan camlyryeu ac ebediweu y tayogeu . . . athrayan eu hyt ac eu bwyt o pop *marwty* tayawc. *id.* 30, Ef [rhingyll] bieu yr yscub auo dros pen pan ranher yt ytayogeu ffoawdyr ac eu *marw tei.* **14g.** *LlB* 47, Wyth pynuarch brenhin ynt: mor . . . a lleidyr, a *marwty* dyn a uo marw o agheu deissyfyt—brenhin bieu ran y marw o'r da oll, ac ny cheiff dim o ran y wreic a'r meibon. *ib.* Un dyn ny dyly y ty uot yn *varwty* kyn bo marw ef heb gymun: ygnat llys. **15g.** *AL* ii. 608, Tri *marw dy* cyfreithiawl a ddyly brenin: un ty marw o angeu deisyfyt . . . ty ringyll brenhin . . . trydydd yw llys esgob. **1803** *P*, *marwdy*, a dead house; an escheat by death.

(*b*) (geir., drwy gamddeall engh. o ystyr (*a*) yn y Cyfreithiau) Lladd-dy, ystorfa gig, cell gig: (*dict.*) *slaughterhouse, meatstore, meat larder.*

1604–7 *TW* (*Pen* 228) d.g. *carnarium, lanium carnarium.* *Dchr.* **17g.** *J* 10, 25b, *marw-dy*, larder, H.D. **17g.** *LlGC* 13215, 347, *marwdy*, lardarium. **1722** *Llst* 189, *marwdy*, a slaughter-house. *c.* **1730** *Thos. Lloyd D* (LlGC) 170b, *marwdy*, laniena, K.H.

(*c*) Adeilad neu ystafell lle cedwir cyrff meirw dros dro, madrodd: *mortuary, morgue.*

20g.

Gw. hefyd tŷ—tŷ marw.

marwdyst [*marw*¹ + *tyst*] *eg.* *Cyfr.* (?Un sy'n rhoddi) marwdystiolaeth: (?*one who gives*) '*marwdystiolaeth*' (*q.v.*).

1803 *P*, *marwdyst*, a dead evidence. **1807** *MA* iii. 315, Tri *marwdyst* y sydd am dîr: tystiolaeth etiveddion . . . am à glywsant gan eu rhieni à vu gynt . . . ail, henaduriaid gwlâd a chenedyl am à wyddant parth âch ac edryd; a thrydydd, pentanvaen tâd y govynwr . . . neu le adail ei rieni ar y tîr.

marwdystiolaeth [*marw*¹ + *tystiolaeth*] *eb.* *Cyfr.* Tystiolaeth dderbyniadwy seiliedig ar wybodaeth a gafwyd gan berson marw yn ystod ei fywyd, gan gynnwys hefyd rai olion gweladwy o dirfeddiannaeth: *admissible evidence based on information received from a dead person during his lifetime, also considered to include certain visible remains of land occupation.*

13g. *D Col* 34–5, Teyr *maru testyolaeth* esit. Vn ev, o deruyd e den holy tyr a dewedut e deleu, a bot e ryeny en gynt noc ef ar y tyr hunnu a re adau fosseu neu weyth arall ar y tyr ac o bey a'y hamheuey bot ydau keytweyt a catwey hynny dygaun en y keureyth, a pan uennet prouy y keytweyt eduryt onadunt clybot gan eu reeny pan yv eu reeny wynteu a wnaeth gueyth y maen rachu . . . a hynny a cemeryr en testyolaeth. Eyl ev, o deruyd y dyn holy tyr o ach ac edryf a dody hynny epen keytweyt, a dewedut o'r ceytweyt clebot bot en wyr hynny gan eu reeny ac nas guelsant, eyssyoes hynny a cemeryr en lle testyolaeth. Trydyt ev, o haul dyn tyr ac attep o'r amdyffynnur ydau a dewedut y dyuarnu o keureyth y tat ay hentat, a dody hynny epen guybydyeyt, a seuyll ydau y wybydyeyt ar clybot hynny gan eu reeny gyn noc wynt ac na guelsant y dyuarnu ef, dogyn ev hynny. **13g.** *LTWL* 129, Tria sunt mortua testimonia, que dicuntur teyr *maru testolyayth*, que bene possunt stare in iuditio. **14g.** *LlB* 117, Teir *marw tystolyaeth* yssyd am tir, ac a ssauant yg kyureith a barnn. Vn yw, or kyffroir dadyl am tir yn llys, a'e theruynu yg gwyd gwyr y llys, gwedy y bo marw y rei hynny, tystolyaeth y hettiuedyonn . . . a gredir am yr hynn a glywyssant gan y reeni o'r dadyl honno . . . Eil yw henuryeit gwlat, y wybot ach ac etryt . . . Trydyd yw, pan welher pentanvaen tat y dyn a ofuynno y tir . . . neu le adeil y ryeeni ar tir. **1753** *TR.* **1803** *P.*

marwdywarchen [*marw*¹·² + *tywarchen*; ansicr yw'r engh. gyntaf yn (*b*)] *eb.*

(*a*) Mangre marwolaeth neu gladdedigaeth, gweryd, gwely angau; *Cyfr.* taliad i berchennog tir neu dŷ lle bo marw dieithryn neu alltud: *place of death or burial, death-bed;* (*in Welsh laws*) '*death-sod*', '*death-clod*', *payment to the owner of a house or land where a stranger or alien dies.*

13g. *LTWL* 147, Si aliquis moritur in terra alterius, xvi denarii debent dari pro *marutewarchen*. **13g.** *LlI* 30, O deruyd e alltut o wreyc menet true wlat ac ena e maru talet e'r nep byeyffo e tyr un ar bymthec en e *maru tewarchen*. **14g.** *WML* 99, Pan uo marw gwr gorwlat ar tir dyn arall. vn ar pymthec ageiff perchenawc y tir dros y *uarw tywarchen*. **15g.** *AL* ii. 608, Y neb a fo marw ar dir y brenhin; gwr pedeir ar ugeint o *farw dywarchen* a delir drostaw; gwreic un ar bymthec. **16g.** (*LlEG*) *Mos* 158, 391a, [y] kyngor gwenwynig . . . a dywysodd y brenin Jamys yw *varw dywarchen*. **1597** *Edwinsford* 983, yeldinge at the decesse of everye stranger dyinge within the precyncte of the sayd mesuage . . . syxteene pennce of currant English money . . . for an anncient custome or duetye called *marwr dwarchen* [*sic*]. *c.* **1600** *BK* 46, Turfe herriottes, called *Marw Twarchen*, Ys a custome used, that yf any personn dy in the house of any of the lordes gale tenauntes, yf he be no householde servant, nor childe of the howsholder, havinge no cattell of his owne, the lorde ys by the said custome to have xvjd., to be payed him by the tenaunte of the lande. **1620** *Mos* 204, 130, Nid yspus neb ple i mae ei *varw dowarchen*. **1691** T. WILLIAMS: *YB* 349, edifeirwch y sawl a fo' megis ar ei *farwdywarchen*. **1704** E. SAMUEL: *BA* 226, nid oes gennym fawr siccrwydd am *farw-dywarchen* yr Apostol yno. *id.* 250, Ei *farw dywarchen* ef [Luc] oedd Tir Groeg, lle . . . y daeth haid o'r Anffyddloniaid ar ei wartha ef . . . a chan na chawsant groes . . . hwŷ a'i crogasant ef ar bren oliwydden. **1754** *ML* i. 303, Arwydd ddigon sal yw bod Hwlyn yn mynd i Siamaica. Deg i un nad yno y bydd ei *farw dywarchen*. **1772** *W* d.g. *death, the place of one's death*. **1803** *P*.

(*b*) Corff marw, celain; dyn (marwol): *dead body, corpse*; (*mortal*) *man*.

15g. TUDUR PENLLYN, &c.: *Gw* 84, nid a lluwch pe uwch noi benn / oi dorch i *farw dywarchen* [i ofyn dau filgi, Amlwg a Lluwch]. **1604–7** *TW* (*Pen* 228) d.g. *cadauer, mortalis*. **1730** *Leg Wall* 578, *marwdywarchen*, gleba mortua, i.e. Cadaver. **1760** E. WILLIAMS: *UYB* 106, ie 'r *farwdywarchen*, y gwaedlyd a'r rhwygedig Aelodau sythion hynny, gyda pha rai y bu Ef ynghrôg o flaen Duw a dynion ac angelion, megis rhyw ysgarthbeth, yn cael ei watwor a phoeri arno, ac yn llawn briwiau.

marwddanadl, gw. marddanadl.

marwddewin [*marw*[1] + *dewin*] *eg.* ll. *meirwddewinion*. Rhywun sy'n darogan drwy geisio cyngor y meirw: *necromancer*.

1604–7 *TW* (*Pen* 228), y lle bont y *meirw ddewinion* yn codi sprytion d.g. *psychomantium*.

Cf. marddewiniaeth.

marwddwr, marddwr, marwddwfr [*marw*[1] + *dŵr*, *dwfr*] *eg.* ll. *-ddyfroedd*. Dŵr llonydd neu sefydlog, dŵr marw, dŵr sefyll, dŵr sy'n symud yn araf, merddwr, merbwll; llanw bach, iselfor, nêp; slac llanw, ertrai: *still or standing water, dead water, slow-moving water, stagnant pool*; *neap-tide*; *slack tide, turn of the tide*.

14g. *GDG* 338, Mordwy lle nid rhadrwy rhwyd, / *Marwddwfr*, ynddo ni'm urddwyd [i'r pwll mawn]. **1803** *P*, *marwddwvyr*, a dead water. Ar lafar ym Môn ac Arfon, *ISF* 55, *WVBD* 364. Cf. J. JONES: *Gwerin-eiriau* 39, *marddwr*, enw ar ddwfr y môr pan fo'n llonydd ar ôl gorphen llenwi, cyn dechreu treio. Mae *Y Marddwr* yn enw ar ran o Afon Ogwen, sir Gaern.

Cfn.: **ar far(w)ddw(f)r, ar y m.**: *at neap-tide*. Ar lafar yn Arfon, '*ar farddwr*', *WVBD* 364.

marwddwyn [*marw*[2] + *dwyn*[1]] *eg.* Dygiad ymaith drwy farwolaeth: *a snatching away by death*.

15–16g. *TA* 291, Gwaeth i feirdd, gwae o'th *farwddwyn*, / Gwae ni, dy ddaed, gan dy ddwyn! **16g.** MORUS DWYFECH: *Gw* 205, Gweddeiddgawr rhoddfawr hir addfwyn—odiaeth, / Ydoedd cyn ei *farwddwyn*.

marwddydd [*marw*[2] + *dydd*] *eg.*

(*a*) (Dydd) marwolaeth: (*day of*) *death, dying day*.

c. **1400** *R* 1319. 33–4, achos gogleis treis tristyt o *varwdyd* [diwyg.]. vy chwaer glaer glotryd. *id.* 1322. 39–40, ahiraeth gwr medvaeth gwrd. avyd oe *varwdyd* oe vard. **15–16g.** LLAWDDEN, &c.: *Gw* 221, Cadwed saint fal henaint hydd, / Caer Myrddin carw rhag *marwddydd* [i Syr Rhys ap Thomas pan oedd yn glaf]. **1604–7** *TW* (*Pen* 228) d.g. *mors*. **1803** *P*.

(*b*) Diwrnod trobwynt clefyd: *critical day of disease*.

1632 *D*, *marwddydd*, dies criticus. **1688** *TJ*, *marwddŷdd*, Dŷdd barn am glefŷd: a Critical day. **1722** *Llst* 189, *marwddydd*, the critical day of a distemper. **1753** *TR*, *marwddydd*, a critical day, wherein physicians observe signs of life or death, and judge of the distemper. **1803** *P*.

Gw. hefyd dydd—d. marw.

marwedig [bôn y f. *marwaf*: *marw*[2] + *-edig*] *a.bfl.* Wedi marw (yn ysbrydol); marwol: (*spiritually*) *dead*; *mortal*.

1574 *LlGC* 15542, 174b, y bobol anffyddlon sydd yn *farwedig* yny henidie. **1803** *P*, *marwedig*, deadened, being dead.

marwedigol [*marwedig* + *-ol*] *a.* Darostyngedig i farwolaeth, marwol: *mortal*.

p. **1584** G. ROBERT: *GC* [108], *marwedigawl* a eill farw. **1803** *P*.

marweiddaf: marweiddo, gw. marweiddiaf: marweiddio.

marweidd-deb [*marwaidd* + *-deb*] *eg.* Llesgedd, syrthni; marwolaeth, marwoldeb: *languor, torpor*; *death, mortality*.

1655 R. JONES: *PC* 120, Gair mâd . . . *marweidd-deb*.

marweidd-dod [*marwaidd* + *-dod*] *eg.* Llesgedd, syrthni (yn enw. mewn materion ysbrydol); cwsg neu ddiffyg teimlad (yn un o aelodau'r corff); ?madredd, cig marw: *languor, torpor, sluggishness* (*esp. in spiritual matters*); *numbness*; ?*gangrene*.

1761 *LlCB* 4, yr oedd rhai yn achwyn oblegid Diffrwythder a *Marweidd-dod* yn eu plith. **1762** *id.* 7, amryw yn achwyn am lawer o *Farweidd-dod* ac Esgeulustra. [**1762**] E. POWELL: *HEI* 9, Y mae amryw bethau yn rhwystr i Glwyf jachau . . . ffrydiad y gwaed, *marweidd-dod*, a chnawd afiach yn llanw'r Clwyf. *id.* 55, a phob math o Anystwythdra, Poen a *Marweidd-dod* yn y Cymalau. **1766** T. THOMAS: *RP* 41, swrthni a *marweidd-dod*.

marweidd-dra [*marwaidd* + *-dra*] *eg.*

(*a*) Y cyflwr neu'r ansawdd o fod yn farwaidd, diffyg ynni neu fywiogrwydd, llesgedd, syrthni, cysgadrwydd; diffyg sêl neu frwdfrydedd, difaterwch; cwsg neu ddiffyg teimlad (yn un o aelodau'r corff); diffrwythder, anffrwythlondeb: *languor, debility, listlessness, sluggishness, drowsiness*; *lack of zeal or enthusiasm, apathy*; *numbness*; *barrenness, infertility*.

1588 *Rhuf* iv. 19, *marweidd-dra* bru Sara. **1604–7** *TW* (*Pen* 228) d.g. *torpor*. **1630** R. LLWYD: *LlH* 5–6, Nid am *farweidd-dra* y corph, nac am *farweidd-dra* naturiol swydd-gynneddfau yr enaid, ond am *farweidd-dra* y nerthoedd ysprydol. **1672** J. LANGFORD: *HDdD* 456, Oerni, difráwch, a *marweidd-dra* mewn Gweddi. **1675** R. JONES: *HCh* 174, Syrthni, Diogi, *marweidd-dra*. **1703** C. ELLIS: *CG* 19, rhaid imi . . . fyned at Dduw yn enw Iesu Grist, am gymmorth ei Ysprŷd glân i fŷwhau fy *marweidd-dra*. **1722** *Llst* 189, *marweidd-dra*, deadness, drowsiness, torpidity. **1765** JM: *DDdC* 10, *marweidd-dra* yn y forddwyd. **1770** *W* d.g. *a benumming, or being benummed, deadness, drowsiness, languor, numbness, torpidity*. **1774** B. FRANCIS: *A* 72, A thrymder a *marweidd-dra* mawr / A wasgo i lawr fy yspryd. **1790** T. JONES: *TOS* 116, Pa *farweidd-dra* rhewllyd a'n rhwymodd i fynu! **1803** *P*.

(*b*) Y weithred o farweiddio neu ddarostwng (y cnawd, chwantau, nwydau, &c.), marweiddiad: *mortification or subjugation* (*of the flesh, appetites, passions, &c.*).

c. **1762–79** W. WILLIAMS: *P* 496, llawer o reolau *marweidd-dra* cnawd, a hunan-ymadawiad prif grist'nogrwydd.

marweiddiad [bôn y f. ddil. + *-iad*[1]] *eg.*

(*a*) Y weithred o ddarostwng y cnawd, y chwantau, a'r nwydau (drwy ymprydio neu benydio, &c.), darostyngiad (pechod, &c.); (ymdeimlad o) iselhad neu ddiraddiad, siomedigaeth; y weithred o wneud yn farwaidd neu farw: *mortification* (*of the flesh, appetites, passions, &c.*), *subjugation* (*of sin, &c.*); *humiliation, chagrin*; *a deadening*.

1658 R. VAUGHAN: *YPS* 21, Gwarchewch eich trachwantau, a dyfal *farweiddiad*. **1658** R. VAUGHAN: *LlB* 27, *Marweiddiad*, trwy yr hyn y gortrechir ein llygredigaeth anianol. **1676** W. JONES: *GB* 13, *Marweiddiad* a arwyddoccêir tan y geiriau, o' [*sic*] fwrw ymaith, a chroeshoelio 'r hen ddŷn, a destrywio corph pechod. **1677** C. EDWARDS: *FfDd* 363, *marweiddiad* pechod. *Diw.* **17g.** EDWARD DAFYDD, &c.: *Gw* 262, *Marweiddiad*, ymwad amal, / A dwyn y groes yn d'oes yn dal (Dafydd o'r Nant). **1699** *FfG* [4], ac addfwynder *marweiddiad* a hunan wadiad. **1718** E. SAMUEL: *HDdD* (Gweddïau) 38, trwy ymprydd a gweithredoedd Eraill o *Farweiddiad*. **1759** T. THOMAS: *WWDd* 354, gwanhâd, darostyngiad, a *marweiddiad* yr hên ddyn o bechod. **1772** *W* d.g. *a deadening, or making dead, mortification*. **1803** *P*.

(*b*) Marwolaeth rhan o'r corff, madredd: *mortification, gangrene*.

1813.

(*c*) Y weithred o farw, marwolaeth: *a dying, death*.

1620 2 *Cor* iv. 10, Gan gylch-arwain yn y corph bôb amser *farweiddiad* (**1588** *ib.* farwolaeth) yr Arglwydd Iesu.

marweiddiadol [*marweiddiad* + *-ol*] *a.* A nodweddir gan farweiddiad (y cnawd, chwantau, nwydau, &c.), ymgosbol, asgetig: *characterized by mortification* (*of the flesh, appetites, passions, &c.*), *ascetic*.

1810.

marweiddiaf, marweiddaf: marweidd(i)o [bf. o'r a. *marwaidd*] *bg.a.*

(*a*) (fel *ba.*) Darostwng (y cnawd, pechod, chwantau, &c.) drwy farweiddiad, gwneud yn farw (i bechod, &c.); gwneud yn farwaidd neu'n ddifywyd, peri dihoeni, gwneud yn swrth neu araf, lladd (diddordeb, &c.); lladd (sŵn); lladd (poen), gwneud (rhan o'r corff) yn ddideimlad neu'n ddiffrwyth, parlysu; peri i (ran o'r corff) farw neu fadreddu: *to mortify* (*the flesh*), *bring* (*sin, desires, passions, &c.*) *into subjection, render dead* (*to sin, &c.*); *make lifeless, enervate, cause to languish, make sluggish or slow, kill* (*interest, &c.*); *deaden* (*sound*); *kill* (*pain*), *make numb, paralyse*; *cause to mortify or become gangrenous*.

1567 *TN* 231b, a's marwhewch [:– *marweiddiwch*, marwolwch] 'weithredoedd y corph. **1630** R. LLWYD: *LlH* 95, Ein hoelio y mae [y byd hwn] yn dynn wrth y ddaiar, a'n *marweiddio* fel clai. **1630** R. VAUGHAN: *YDd* [ix], dyscu i ddyn pechadurus ei wadu ei hûn, gan *farw-eiddio* ei lygredigaeth. **1632** *D*, *marweiddio*, mortificare. **1632** J. DAVIES: *LlR* 115–6, pettem ni yn gyrru bywyd allan o'r rhan leiaf o'r corph . . . (fel y gwna 'r meddygon pan fônt yn *marweiddio* rhyw ran glwyfus o'r corph i gael gantho dorri allan). *a.* **1642** (**1684**) H. OWEN: *DC* 16, Buan y temptir y neb sydd etto heb *farweiddio* eihun yn berffaith. **1658** R. VAUGHAN: *PS* d.d., i gadw yr enaid oddiwrth y llwybr cynefin o bechod, ac iw ddwyn ymlaen i *farweiddio* ei yrfa. **1679** C. EDWARDS: *GGG* 80–1, Carthu 'r galon, a'i *marweiddio* i bechod, yw eich gwaith mawr. **1693** *HC* 73, lle mae'r pechod hwn yn berwi yn y galon heb ei wrthsefyll na'i *farweiddio*. **1735** S. THOMAS: *HP* 191, Cariad, Hiraeth, Chwant, Dymuniad, Gobaith . . . y mae y rhai hyn oll wedi cael eu croeshoelio a'u *marweiddio*. **1759** T. THOMAS: *WWDd* 361, 'fe wanychir ac 'fe a *farweiddir* yr hên ddyn o bechod, yr hwn sydd ynoch, etto, heb ei lwyr lâdd. **1770** *W* d.g. *to benum, to chasten* [*humble or mortify*], *to deaden, or make dead, to mortify*. **1790** T. JONES: *TOS* 234, O 'r llawenydd a ddinystriwyd ganddo! Gynnifer o rasuseu a *farweiddiodd* [am bechod]! **1803** *P*.

(*b*) (fel *bg.*) Mynd yn farwaidd neu ddifywyd, mynd yn swrth, pylu, gwanychu, llesgáu, darfod, marw; mynd yn ddiffrwyth neu'n ddideimlad, diffrwytho, cael ei barlysu; pydru, mynd yn fadreddog: *to lose vigour or vitality, become sluggish, grow dull, weaken, languish, fade, die*; *become numb or paralysed*; *rot, become gangrenous*.

1567 *TN* 227a, nyd ystyriawdd [Abraham] y gorph y hunan, yr hwn oedd weithion wedy *marweiddio* [:– llescau]. *id.* 339b, o vn a hwnw yn awr wedi *marweiddio* (**1620** *Heb* ix. 12, yn gystal a marw) y ganed epil. **1588** *Job* xiv. 8, Os heneiddia ei wreiddin ef [pren] yn y ddaiar: ac os *marweiddia* ei fon-cyff ef yn y pridd. **1604–7** *TW* (*Pen* 228), cysgu a *marweiddio* val na allo chwimio na syflu d.g. *torpesco*. **1630** R. VAUGHAN: *YDd* 227, a chroeshoelio fwyfwy ynof holl gnawdol a bydol drachwantau, fel y bo pechod fwyfwy yn *marweiddio* ynof. **1632** *D*, *marweiddio* . . . mortificari. **1657** *MLl* ii. 54, fe ddechreue 'r corph *farweiddio* oddiallan ag oddifewn. **1711** H. POWEL: *TY* 316, Nid oes un dyn yn ei iawn bwyll, ag a oddefiff i'r rhan lleiaf o'i Gorph *farweiddo* a phydru. **1716** T. EVANS: *DPO* 285, *Marweiddied* ein traed gan y wyn-rew, fal y caffont orfoleddu'n oestadol gydag Angelion. **1733** T. EVANS: *PP* 139, Beth sydd yn peri i'r Hedyn egino, wedy descyn o hono yn y ddaear a *marweiddio*. **1760** E. WILLIAMS: *UYB* 134, Hyd yn hyn marw ydwyf; *marweiddiais*, croeshoeliwyd fi gyda Christ. **1772** *W* d.g. *to die, dull, to grow dull*. **1790** T. JONES: *TOS* 207, nid yw [llygredigaeth] byth yn gwanhau ac yn *marweiddio* o henaint. **1803** *P*.

marweiddiedig [bôn y f. fl. + *-iedig*] *a.bfl.* Wedi ei farweiddio, wedi marw i bechod; a nodweddir gan farweiddiad y cnawd, asgetig, llymdost: *mortified, dead to sin; characterized by mortification of the flesh, ascetic, austere*.

1770 *W*, buchedd *farweiddiedig* ac ymwadol â hawdd-fyd d.g. *an austere life*. *id.* d.g. *mortify'd*. **1800** *TY* [252], Rhaid eu bod [cenhadon] yn . . . effro a gwresog yn achos eneidiau anfarwol, o feddyliau *marweiddiedig*. **1800** J. REES: *DFG* 9, Yr oedd ein harglwydd Iesu . . . o dymmer siriol, a Ioan [Fedyddiwr], o'r tu arall, o dymmer ac ymddygiad dranerwin [*sic*] a *marweiddiedig*. **1803** *P*.

marweiddiol [bôn y f. fl. + *-iol*] *a.*

(*a*) Wedi ei farweiddio, wedi marw i bechod, marweiddiedig: *mortified, dead to sin*.

1630 R. VAUGHAN: *YDd* 519, abertha iddo ef yr aur o wir bur ffydd, a myrrh calon *farweiddiol*. **1658** R. VAUGHAN: *PS* 220–1, iw gweled eu hunain yn groeshoeliedig, megis dynion gwir *farweiddiol*. **1772** D. RISIART: *HFP* 3, [C]ristion duwiol sobr a *marweiddiol* iawn. **1776** DEWI NANTBRÂN: *AN* 373, Cadw fi bôb amser . . . mewn *marweiddiol* yspryd, tuag at y Bŷd hwn. **1796** H. JONES: *MPC* 48, gadewch i'r dynion hyn ddiwygio eu hansawdd au tymmer naturiol trwy ddisgyblaeth, ystyriaeth, a doethineb, fel y gallont ymddangos . . . yn ddynion tra *marweiddiol*.

(*b*) Yn marweiddio, yn peri marweiddiad, yn perthyn i farweiddio'r cnawd; yn peri llesgedd, syrthni, neu hurtrwydd; difywyd, diegni, llesg; ?marwol, yn *ffig.*: *mortifying, pertaining to the mortification of the flesh; causing sluggishness, drowsiness, or stupor; lifeless, lacking energy, languid; ?deadly, fig.*

1691 T. WILLIAMS: *YB* 204, Gwir yw, meddyliau dwysion *marweiddiol* ydyw'r rhain. **1707** S. WILLIAMS: *ADA* 217, fe fydd yn rhaid i ti fôd fel Rachel, sef, wedi dy osod mewn Bêdd, meddwl am yr [diwyg.] hwn sy Fyfyrdod dra [*sic*] *marweiddiol*. **1799** *TY* 166, Y maent hwy, a'u pechodau, yn fyw, ac heb un briw *marweiddiol* arnynt. **1803** *P*, *marweiddiol*, deadening.

marweiddus [bôn y f. fl. + *-us*] *a.* Yn peri marweiddiad, marweiddiol, darostyngol: *mortifying, humiliating*.

1700 D. MAURICE: *AC* 44–5, pan wyf yn edrych i fewn i'th Orchmynion, ac yn cyffelybu a nhw fy Meddyliau, a'm Geiriau, a'm Gweithredoedd i, Oh pa Olwg *marweiddus* y mae'r Holiad yma yn ei ddangos imi! *c.* **1730** *Thos. Lloyd D* (LlGC) 170a, *marweiddus*, mortifying.

marwenedig, gw. marwanedig.

marwerydd, gw. merwerydd.

marwfis [*marw*[1] + *mis*] *eg.* Mis marw; fe'i defnyddid gynt yn enw ar fis Ionawr: *dead month; formerly used as a name for January*.

14g. *GDG* 238, Rhwng deiliadaeth, cawddfaeth cudd, / Y *marwfis* a serch Morfudd, / Arddwyd y fron ddewrlon ddwys / Onengyr ddofn yn ungwys. **15g.** *LGCD* 81, *Marwfis* hir, marw fu seren. **15g.** *GGl* 181, Mis drwg a fu 'Mhowys draw, / Mawrth oedd. Duw'n amhorth iddaw! / Mis a roes cis ar was cul, / Mis oer, *marwfis* am Werful. **15–16g.** LLAWDDEN, &c.: *Gw* 251, Fflwr de lis *marwfis* Rhodri Merfyn Frych / Ffloer drych a phleidiwr yn [marwnad y Tywysog Arthur]. **1604–7** *TW* (*Pen* 228) d.g. *Januarius*. **1632** *D*, *marwfis*, mensis mortuus, quo s. omnia è terrâ nascentia non crescunt, sed quasi mortua jacent. **1688** *TJ*, *marwfis*, mis marwol: a dead month. **1722** *Llst* 189, *marw-fis*, the dead month in the year, January. **1775** *W*, Ionawr, y *marw-fis*, y mîs du wedi'r Nadolig d.g. *January*. *id.* d.g. *wood-sere* [*the time of the year when the trees have no sap*]. **1803** *P*, *marwvis*, the dead month, or that part of winter when vegetation is dormant.

marwfolaeth, marwfoleddaf: marwfoleddu, gw. marwolaeth, marwoleddaf: marwoleddu.

marwgan, marw-gân [*marw* + *cân*[1]] *eb.* Marwnad, galargan, galarnad; gosodiad cerddorol ar gyfer offeren y meirw; marwysgafn, cân gan rywun sy'n marw, yn *ffig.*: *elegy, dirge, lament; musical setting of a requiem; song of a dying person, fig.*

1604–7 *TW* (*Pen* 228) d.g. *carmen*. **1703** T. BADDY: *PCh* 179, Clyw *farw-gân* ei galon lân [am Grist ar y Groes].

marwgell [*marw*[1] + *cell*[1]] *eb.* Beddgell, maenfedd, fôt: *burial-vault*.

1794 *W* d.g. *vault* [*a repository for the dead, generally arched over*].

marwgig [*marw*[1] + *cig*] *eg.* *Meddyg.* Madredd mewn rhan o'r corff, cig marw neu ddrwg, necrosis; cnodwe sy'n ymffurfio mewn briw sy'n gwella, cig balch, meinwe ronynnog; ?tyfiant: *gangrene, necrosis; proud flesh, granulation tissue; ?tumour*.

1545 *CM* 1, 175, Ac nythyf *marwgig* o vewn yrarcholl. **16g.** *LlGC* 4581, 16b, [y] dail . . . gyd a halen ydd iachant y *marwgic* yn y llygaid. *Diw.* **16g.** *WLB* 36, Rhag briw . . . a fo wedi kochi a chwyddo a llidio . . . a thyfu *marwgig*. **1595** H. LEWYS: *PA* 43, mal y mae yn rhaid ir physygwr . . . dorri ymaith, a llosci, y*marwgig* pydre[d]ig. **1604–7** *TW* (*Pen* 228) d.g. *caro liquefiens, putrida*. **1630** R. LLWYD: *LlH* 43, [Ll]awer o *farwgig* chwyddedig: y cyfryw ac sydd raid beunydd . . . ei yssu ymmaith. **1632** *D* d.g. *gangræna*. *c.* **1730** *Thos. Lloyd D* (LlGC) 171b, *marwgig*, dead flesh, a gangrene. *c.* **1740** *LlM* 6, I helpio llygaid fo'n goch jawn megis yn *farwgig*. **1773** *W* d.g. *gangrene, proud flesh, slough* [*of a wound*].

marwgoel [*marw*[1] + *coel*[1]] *eb.* (Rhag)argoel marwolaeth, arwydd o farwolaeth: *death omen, sign of death*.

15–16g. *GLM* 163, *marwgoel* oer ym yw'r glaw iâ / mewn 'y marf ym Mhenmorfa [marwnad Morys ap Siôn ap Maredudd]. *id.* 208, Fo weles— drud fu'i loes draw—/ f'arglwyddes *farwgoel* iddaw [marwnad Syr Tomas Salbri]. **1753** *TR*, *marwgoel*, a yellow spot on the skin, said to denote a friend's death. R[hisiart] M[orys]. **1803** *P*.

marwgoffa [*marw*[1] + *coffa*] *eg.* Cofnod (yn enw. mewn papur newydd) am farwolaeth person ynghyd â bywgraffiad byr ohono fel rheol, coffâd: *obituary, necrology*.

1833.

marwgwsg [*marw*[1] + *cwsg*] *eg.*

(*a*) Anymwybodolrwydd, dideimladrwydd, anesthesia, trymgwsg, llewyg, llesmair; hurtrwydd, cysgadrwydd afiach, ?hunglwyf, clefyd cysgu; hefyd yn *ffig.*: *unconsciousness, anæsthesia, deep sleep, swoon, trance; stupor, lethargy, ?sleeping sickness; also fig.*

16g. *LlGC* 4581, 151a, Peri *marwgwsc* a wna [grawn morel] . . . od yfir angwanec onaddynt. **1604–7** *TW* (*Pen* 228) d.g. *cataphora, ecstasis* (hefyd *D*). **1632** *D* d.g. *sopor*. **1658** R. VAUGHAN: *PS* 144, Rhag *marwgwsg* mewn pechod . . . gwared fi. *c.* **1658** R. VAUGHAN: *E* 209, ein dyldra . . . an hurtrwydd, wedi cwymp Adda . . . mae y Psalmydd yn synnied yn odiaethol y *marwgwsg* cynfydedig hwn. **1722** *Llst* 189, *marwgwsg*, a dead or sound sleep, a lethargie, a swoon, trance. **1772** *W* d.g. *deep sleep, lethargy*. **1803** *P*.

(*b*) (geir.) Pathew: (*dict.*) *dormouse*.

1753 *TR*, *marwgwsg*, a dormouse. **1803** *P*, *marwgwsg* . . . an epithet for the dormouse.

marwhad [bôn y f. ddil. + *-ad*[2]] *eg.*

(*a*) Marweiddiad (y cnawd, chwantau, nwydau, pechod, &c.), y weithred o farw (i bechod, &c.); (ymdeimlad o) iselhad neu ddiraddiad; y weithred o wneud neu o fynd yn farwaidd, y weithred o farw, marwolaeth: *mortification (of the flesh, appetites, passions, sin, &c.), a dying (to sin, &c.); humiliation; a deadening or dying, death*.

1567 *TN* 267a, Ym pop lle ydd ym yn arwedd o y amgylch yn ein corph varwoleth [:- *varwhad*] yr Arglwydd Iesu. **1620** *Diar* iii. cs., Y mae'n annog i vfydd-dod . . . a ffydd . . . a *marwhâd*. **1630** R. LLWYD: *LlH* 300, cymmerwn wraidd i wared mewn *marwhâd*, fel y gallom flaguro i fynu, a thyfu mewn sancteiddiad. **1632** J. DAVIES: *LlR* 297, yr holl addewidion helaeth a wneir i *farwhâad* a newydd-deb buchedd. **1658** R. VAUGHAN: *YPS* 22, *Marwhâd* a gydffurfia y galon. **1675** R. JONES: *HCh* 28, os bydd dy bechod mor fuddiol i ti a'th law ddehau . . . torr hi ymmaith drwy *farwhâd*. **1696** *GGTY* 37, ystâd o farwolaeth neu *farwhâd*. *id.* 47, Y mae dwy ran . . . mewn adenedigaeth sef *marwhâd*, a bywhâd. **1701** E. WYNNE: *RBS* [ix–x], ympryd a sâchliain, a'r cyfryw arfau garwdost o *farwhâd* corphorol. **1730** (**1755**) E. WYNNE: *PAC* 128, mewn dledus ufudd-dod i reoleu 'r Efengŷl, sef Cymmedroldêr, dirwest a *marwhâd*. *c.* **1762–79** W. WILLIAMS: *P* 473, rhai sydd mewn monachlogydd, proffes pa rai yw *marwhâd* i'r cnawd, a phob plesser. *id.* 593, gan fod y diwygwyr yn achwyn ar yr ymddygiad garwinol a gawsant . . . yn y confocasiwn diwetha, y llys resolfodd roi iddynt *farwhad* newydd, trwy bwyntio un arall yn Rhydychen. **1769** J. GRIFFITH: *A* 80, os bydd ef yn llafurio ar ol mwy o *farwhâd* i'r byd . . . mae efe yn Gristion tyfadwy. **1772** *W* d.g. *a deadening, or making dead, mortification* [*a deadening, &c.*]. **1790** W. RICHARDS: *LlA* 108, golchi ymaith bechod, *marwhâd* iddo, ac adgyfodiad i newydd-deb buchedd. **1803** *P*.

(*b*) Marwolaeth rhan o'r corff, madredd, cig marw neu ddrwg, necrosis: *mortification, gangrene, necrosis*.

1813.

marwhaf: marwhau [*marw*[1] + *-hau*; ansicr yw'r engh. gyntaf yn adran (*b*)] *bg.a.*

(*a*) (fel *ba.* a hefyd yn *abs.*) Marweiddio (y cnawd, chwantau, nwydau, pechod, &c.), gwneud yn farw (i bechod, &c.); lladd; gwneud yn ddideimlad (am ran o'r corff): *to mortify (the flesh, appetites, passions, sin, &c.), render dead (to sin, &c.); cause death to, kill; make numb*.

c. **1400** *Llst* 27, 26b, megys y bywhaa yr eneit y corff a hebdaw y *marwheir*. **1567** *LlGG* 54b, *marwhewch* eich aelodae yr ei ynt ar y ddaear, godinep, aflendit . . . a' chupyddtot. **1567** *TN* 231b, a's *marwhewch* [:- marweiddiwch, marwolwch] 'weithredoedd y corph. *id.* 297b, [*m*]*arwhau* y cnawt. **1588** 1 *Sam* ii. 6, Yr Arglwydd sydd yn *marwhau*, ac yn bywhau. **1630** R. VAUGHAN: *YDd* 150, heb na ffrwyno eu trachwantau na *marwhau* eu llygredigaethau. **1632** *D*, marwolaethu, & *Marwhau*, mortificare. **1658** R. VAUGHAN: *PS* 84, *marwhâ* fynghalon ir byd. **1675** R. JONES: *HCh* 28, gwell i ti *farwhau* dy bechod anwylaf. **1706** *Nat Con* 12, modd y gallwyf *farwhau* holl afreolus chwantau fy naturiaeth lygredig fy hun. *c.* **1730** *Thos. Lloyd D* (LlGC) 170b, *marwhau*, morti dare, interficere. **1770** *W* d.g. *to benum, to deaden or make dead, to mortify* [*deaden or make dead, &c.*]. **1803** *P*, *marwâu*, to mortify; to deaden.

(*b*) (fel *bg.*) Marw, trengi, darfod; marw (am ran o'r corff), dioddef necrosis; marw (i'r byd, &c.): *to die, perish, expire; necrose, undergo necrosis; die (to the world, &c.)*.

14g. *T* 31. 2, A naw cant maer *marwhawt*. **15g.** *BB* 134, Ene diwed y plygir y dreic adan y losgwrn; ar gwennwynic a *varwhaa* (*BD* 113, aballa). *c.* **1730** *Thos. Lloyd D* (LlGC) 170b, *marwhau* . . . intereo. **1766** W. WILLIAMS: *FfW* ii. 40, Rwi'n teimlo f'Enaid yn *marwhau*, / I'r cwbl ar y llawr. **18–19g.** *GABC* 208, Un newydd o'r gwys ddaw'n dwysen, / 'N bywhau—*marwhau* mae'r hen [am y wenithen].

marwhaint [*marw*[1,2] + *haint*] *eg.* ll. *-heintiau*. Parlys, parlys mud, trawiad neu strôc barlysol; ?pla angheuol: *paralysis, apoplexy, stroke; ?pestilence*.

1770 *W*, *marw-haint* y gïau d.g. *an apoplexy*. **1803** *P*, *marwhaint*, pl. *marwheintiau*, a mortality.

Cfn.: **marwhaint y gïau**: *apoplexy*. **1770** *W* d.g. *an apoplexy*.

marwhaol [bôn y f. fl. + *-ol*] *a.*

(*a*) Yn marwhau, marweiddiol; yn peri ymdeimlad o iselhad neu waradwydd, diraddiol; yn gwneud yn farwaidd; yn marw: *mortifying*; *humiliating*; *deadening*; *dying*.

[**1784**] *LlGD* 7, y descrifiad *marwhaol* hwnnw o nattur ddynol, yn llyfr Job, Dyn a enir fal llwdn asen wyllt. **1785** E. BARNES: *MH* 45, Oh wirionedd *marwhaol*! digonol tybiai un i ddiddyfnu'r chwant boethaf oddiwrth y stât ferrhon [*sic*] o bethau. **1803** *P*, *marwâawl*, of a deadening quality.

(*b*) Wedi ei farwhau, marweiddiedig: *mortified*.

1796 *GDTD* 182, er fod pechod yn trigo ynddynt [y rhai crediniol] tra y maent ar y ddaear, etto ni chaiff arglwyddiaethu arnynt; fe gaiff fod mewn cyflwr *marwhaol* trangcedig.

marwhaus [bôn y f. fl. + *-us*] *a*. Wedi ei farwhau, marw (i bechod, &c.), marweiddiedig: *mortified*, *dead* (*to sin*, *&c.*).

1712 T. WILLIAMS: *CDdG* 12, Bydded i fucheddau *marwhaüs* dy Sainct di fy nerchafu'i uwchben pleserau'r cnawd. *id.* 446, Mae Epiphanius yn dywedyd ini fôd St. Iaco y mwyaf a St. Ioan yn wyr cyfrifol iawn am ei buchedd *farwhaus*.

marwhawr [bôn y f. fl. + *-wr*] *eg*. Person neu beth sy'n marwhau (pechod, &c.): *mortifier* (*of sin*, *&c.*).

1798 J. THOMAS: *CIC* 42, Lle y mae Ysprŷd yr addewid wedi ei roddi, efe a fydd . . . yn *farwhawr* pechod yn y credinwyr.

marwhun [*marw*[2] + *hun*[1], cf. Gwydd. Diw. *marbh-shuan* 'trymgwsg'] *eb*. ll. *-au*. Llesmair, perlewyg, ecstasi; trymgwsg: *trance*, *ecstasy*; *deep sleep*.

1346 *LlA* 90, amberlewycuaeu a*marwhunev* adelont or dwywawl garyat hwnn. *ib.* yny *varwhun*. ef a glywei lef arafber garueidlos. *id.* 91, yna yboredyd ysyrthyawd *marwhun* ysbrydawl arybrawt. ac yny *varwhun* honno ef awelei herwyd ydebic ef vot ybyt oll ygyt. ar benn brynn vchel. **15g.** *BB* 16, yna y ssyrthiawt *marw hun* arnei o tra blinder. **1550–75** *BY* 135, Ac yn y lle i ssyrthiodd *marw hvn* ar Addaf. **1604–7** *TW* (*Pen* 228) d.g. *ecstasis*. **1803** *P*, *marwhun*, a death sleep, a trance.

marwinaf: marwino, marwindeb, marwindod, marwiniaf: marwinio, gw. merwinaf: merwino, merwindeb, merwindod, merwinaf: merwino.

marwinog [bôn y f. *marwinaf*: *marwino* + *-og*] *a*. Merwinllyd, *ffig*. yn ysu am glywed pethau newydd: *itching*, *fig*. *craving to hear novelties*.

16g. *Def Hen* 36, i ddwyn y clystiai [*sic*] *marwinog* i serchi i doethineb.

marwinol, gw. merwinol.

marwlanw [*marw*[1] + *llanw*] *eg*. (geir.) ?Iselfor, nêp; slac llanw, ertrai: (*dict.*) *neap-tide*; *slack tide*, *turn of the tide*.

1547 *WS*, *marwlanw* (hefyd *D*, *TR*). **1803** *P*, *marwlanw*, the dead water, or turn of the tide.

marwlas [*marw*[1] + *glas*[1]] *a*. O liw gwyrdd dwl, gwyrdd pŵl: *dull green*.

1832 (**1839**) A. OWEN: *TA* 14, eithin *marwlas* [:– So called in Denbighshire, from its dull green hue].

Am *eithin marwlas*, gw. eithin.

marwlewyg [*marw*[2] + *llewyg*] *eg*. a hefyd gyda grym ansoddeiriol. Gloesyctod, llewygfa, llesmair, marwhun, perlewyg: *dead faint*, *swoon*, *trance*, *ecstasy*.

14g. *WM* 119. 16–17, Yna ydygwydwys hi yny *marwlewic* (*RM* 195 yn *varw lewic*). *id.* 123. 19–21, A rodi bonclust idaw hyny uu yn ol y pen yr llawr yny *varw lewyc*. **1604–7** *TW* (*Pen* 228) d.g. *ecstasis*, *syncopa* (hefyd *D*). **1794** *W* d.g. *syncope* [*in Medicine*].

marwlo, marlo, marllo [*marw*[1] + *llo*, cf. Llyd. Diw. *marvleueañ* 'taflu marwlo'] *eg*. ll. *marlloi*. Llo erthyl, llo a enir yn farw: *abortive calf*, *still-born calf*, *slink*.

1722 *Llst* 189, *mar'lo* (i.e. *marw-lo*), a castling calf. [**1783**] *W*, *marw-lo*, vulgò *mar'lò*, *mar'llo* d.g. *scink* [*a cast calf*]. *id.* d.g. *slink*. Ar lafar yn yr ymad. *twlu marllo* yn sir Gaerf., Brych. a gorllewin Morg., *LGW* 285.

marwloes [*marw*[2] + *gloes*] *eb*. Gloes(au) angau: *death-pangs*.

16g. LEWYS MORGANNWG: *Gw* 212, *Marwloys* gwr ar groys gwir grog. **1793** DAFYDD IONAWR: *CD* 301, Y mawrlu sy'n gwêl'd *marwloes* / Mab Ior Nêf dan ei grêf Groes!

marw-lonydd, gw. marw[1] + llonydd.

marwlosgaf: marwlosgi [*marw*[1] + *llosgaf*: *llosgi*] *bg*. Llosgi'n farwaidd, mudlosgi, hefyd yn *ffig*.: *to smoulder*, *also fig*.

1809.

marwlygriad [*marw*[1] + *llygriad*] *eg*. Marw rhan o'r corff, madredd, cig drwg neu farw, necrosis: *mortification*, *gangrene*, *necrosis*.

1800 *TJ* (Dinbych) d.g. *mortification*.

marwlyn [*marw*[1] + *llyn*[1]] *eg*. ll. *-noedd*, *-iau*. Llyn llonydd neu sefydlog, pwll marw: *standing or stagnant lake*, *dead pool*.

12g. *LL* 183, orhentref dir*marulinniou*. **1793** DAFYDD IONAWR: *CD* 362, Gawr y gorfoleddfawr lu / . . . / Hi gyrredd hyd gau orawr / Annwn,—i'r dieifl ar unwaith / Rhydd ddyfyn drwy'r *marwlynn* maith.

Gw. hefyd merllyn.

marwllyd, marllyd [*marw*[1] + *-llyd*] *a*. Marwaidd, difywyd, swrth, difater, llugoer: *lifeless*, *sluggish*, *apathetic*, *half-hearted*.

1672 R. PRICHARD: *Gw* 226, Or bydd ith dŷ rai digrefydd, / Meddwon, *marllyd*, ac anvfydd. **1707** S. WILLIAMS: *ADA* 49, Bwrw heibio dy yspryd musgrell a'th Dymmer *farwllyd*. *id.* 69, yn *farwllyd*, yn ddiog, ac yn gysgaduriaid. *c.* **1730** *Thos. Lloyd D* (LlGC) 170a, *marwllyd* . . . deadish. **1738** G. JONES: *GOG* 102, gwnânt . . . arferjad *marllyd* i gymmeryd arnunt addoli Duw.

Gw. hefyd merllyd[1].

marŵn [bnth. S. *maroon*] *eg*. a hefyd fel *a*. Lliw coch brownaidd tywyll; o'r lliw hwnnw: *maroon*(*-coloured*).

20g.

marwnad, marnad [*marw*[1] + *nâd*[1], H. Wydd. *marbnad*, Gwydd. Diw. *marbhna(dh)*, cf. Llyd. Diw. *marvnad*] *eb.g.* ll. *-au*. Cerdd, &c., yn mynegi galar am berson (anifail, &c.) marw, galarnad, galargan; beddargraff, cofeb; llef o alar, cwynfan galarus, wylofain: *elegy*, *threnody*, *dirge*, *funeral song*; *epitaph*, *memorial*; *cry of mourning*, *lamentation*, *a keening*, *wail*.

13g. *MA*[2] 221a. 53–4, Griff ner o'm pryder y prydaf / Prif *farwnad* ir mab tad teccaf [marwnad Gruffudd ap Llywelyn gan Ddafydd Benfras]. *c.* **1300** *H* 18a. 26–7, canaf can uetwl afyrdwl erdi. canyad y *marwnad* mawr drueni (Einion ap Gwalchmai). **14g.** *T* 72. 5–6, vyn tauawt y traethu vy *marwnat*. **14g.** *H* 90b. 37, gwedy nat oes awr heb vawr *varwnat* (Llywelyn Ddu ab y Pastard). **14g.** *GDG* 46, Gwyrdd fy ngrudd a chrych, fawrnych *farwnad*. *c.* **1400** *R* 1384. 36–7, neut rywir y varw. y *varwnat* a genir. *c.* **1400** *YCM*[2] 172, y mae y *uarnat* uch y benn o wydyr tec gwedus. **15g.** *GO* 147, Molianav gywyddav gynt / *Marniadav* [*sic*] mowrion ydynt. *a.* **1575** *GP* 136, Tri pheth a ddyly bod ar *varwnad*: argyllaeth, kwynvan, a dyhvddiant. **1588** *Esec* xxiv. 17, Taw a llefain, na [diwyg.] wna *farw-nâd*. **1588** 1 *Mac* ix. 20, A holl bobl Israel a wnaethant *farw-nad* mawr am dano ef. **1632** *D*, *marwnad*, epitaphium, monodia. **1699–1700** E. LHUYD: *SH* 37, *Marnadæ*. **1752** *ML* i. 217–18, Cowydd Coffadwriaeth am yr hen wreigan . . . ni fyn alw mono yn *Farwnad* am bris yn y byd. **1772** *W* d.g. *dirge* [*a lamentation . . . sung at a funeral*], *elegy*, *monody*. **1803** *P*.

Amr.: **marwnawd** [?enghrau. gwallus] **14g.** *T* 66. 25. *c.* **1400** *R* 1267. 26. **marwnod** (ll. *-ion*). *c.* **1630** *Llst* 48, 62. **1771** G. HOWEL: *Alm* 28. **mawrnad** Ar lafar, *WVBD* 379, *WG* 52.

Am *awdl farwnad*, *cerdd f.*, *cywydd marwnad*, gw. awdl, cerdd[1], cywydd.

Gw. hefyd barnad.

marwnadaf: marwnadu [bf. o'r e. bl.] *bg.a.* a'i dilyn yn aml gan yr ardd. *ar ôl*, *i* neu *am*. Cyfansoddi marwnad (i), galarnadu, galaru; datgan mewn marwnad: *to elegize*, *lament*, *mourn*; *express in an elegy*.

1761 *ML* ii. 304, fo enwodd bedwar-beirdd a *farwnadasant* iddaw. *id.* 309, Os gwelir Huw Llangwm rhaid dangos iddo na fedr *farwnadu* na dim arall yn iawn. **1803** *P*, *marwnadu*, to mourn the dead.

marwnadol [*marwnad* + *-ol*] *a*. Yn perthyn i farwnad, o natur marwnad, yn mynegi galar, galarnadol: *elegiac*, *threnodic*.

1722 *Llst* 189, *marwnadol*, elegiacal. **1773** *W* d.g. *elegiac*. **1803** *P*.

Amr.: **marwnodol** [*marwnod* + *-ol*]. **1851.**

marwnadwr, marwnadydd [bôn y f. fl. + *-wr*, *-ydd*[3]] *eg*. ll. *-wyr*.

(*a*) Cyfansoddwr marwnad(au): *elegist*, *threnodist*.

1839.

(*b*) (yn y ff. *marwnadwr*) Rhywun sy'n galarnadu neu'n wylofain (wrth wely angau neu mewn angladd), galarwr: *one who moans or weeps* (*at a death-bed or funeral*), *keener*, *mourner*.

1701 E. WYNNE: *RBS* 130–1, gyrr allan y merched a'r *marwnadwyr*, a dywed wrthynt fôd wylo gormod mor anghymmedrol ac yw chwerthin gormod. *c.* **1730** *Thos. Lloyd D* (LlGC) 171b, *marwnadwr* . . . a weeper at a funeral.

marwnawd, marwnod, marwnodol, gw. marwnad, marwnadol.

marwol [*marw*[1] + *-ol*, Llyd. C. a Diw. *marvel*] *a*. ll. *-ion*, a hefyd fel *eg.b*.

(*a*) Darostyngedig i angau, rhwym o farw, heb fod yn anfarwol, diflanedig, darfodedig; yn perthyn i farwoldeb, a nodweddir gan farwoldeb: *subject to death*, *mortal*, *not immortal*, *transitory*, *transient*; *pertaining to mortality*, *characterized by mortality*.

13g. *Brut B* 13–14, am tryded avr en e nos en er amsser melyssaf vyd ev hvn kan er rey *marwavl*. **13g.** *BD* 104, a girat newyn a lifya y rei *marwavl*. **1346** *LlA* 164, kan adwaenam ni dyvot ti yn *varwawl* a darestwng ohonat ti ydynawl lygredigaeth. **14g.** *BT* (*RB*) 32, yn y *uarwawl* uuched yma. **1588** 2 *Esd* ii. 45, dymma y rhai a ddioscasant y dillad *marwol*, ac a wiscasant y dillad anfarwol. *id.* xiv. 14, Gollwng oddi wrthit bob meddwl *marwol*. **1594–6** *B* iii. 283, Gwraic, dechreuad yw yr holl bechodæ, a thrwy wraic *marwol* ym ni oll. **1606** E. JAMES: *Hom* i. 88, y bywyd byr presennol *marwol* hwn. **1630** R. VAUGHAN: *YDd* 371, bywyd dŷn yr hwn o flaen y cwymp oedd anfarwol, a ddaeth ar ol hynny, i fod yn *farwol*. **1632** *D*, dynion *marwol* d.g. *mortales*. **1672** R. PRICHARD: *Gw* 412, Trwy 'r fâth glefyd blin corphorol, / Rwyt im cofio môd yn *farwol*. **1677** R. JONES: *BB* 162, mae eich diogi yn arwydd *marwol*, ac yn arwyddoccau eich bôd mewn cyflwr anrasol. **1722** *Llst* 189, *marwol*, [*mar*]*wolion* . . . transitory. **1725** D. LEWIS: *GB* 272, Nad yw pob Peth daearol ond *marwol* a llygredig. **1759** T. THOMAS: *WWDd* 91, Ni fernais i erioed fod Duw yn *farwol*, neu 'n ddarostyngedig i farwolaeth.

(*b*) Yn achosi marwolaeth, yn lladd, angheuol; yn peri marwolaeth ysbrydol (yn enw. am bechod); yn perthyn i farwolaeth; yn dwyn y gosb eithaf (am drosedd), yn haeddu marwolaeth; dinistriol, peryglus: *causing death*, *deadly*, *fatal*, *lethal*; *causing spiritual death*, *mortal* (*esp. of sin*); *pertaining to death*; *capital* (*of offence*), *deserving death*; *destructive*, *dangerous*.

13g. *Cylchg LlGC* iv. 78, ny ffechei yn *varwawl*. **14g.** *YBH* 55a, adywedut wrthunt y gwelei bydinoed *marwawl*. *c.* **1400** *Llst* 27, 26a–b, kanys angeu abarant yr eneit. ac am hynny y gelwir wynt [pechodau] yn *uarwolyon*. *c.* **1400** *R* 1301. 37, Erbyn uy *marwawl* diwedawl dyd. **15g.** *KAA* 31, bu yr ymlad girat *marwawl*, ac y lladwyt miloed o bob tu. **15g.** *LGC* 487, Swydd Diawl, mòr *varwawl* yw vo, / Dwyn athrawd! Duw a'i nertho. **1551** W. SALESBURY: *KLl* xlviib, od yfant dim *marwol*, ny wna eniwet yddynt. **1567** *TN* 151a, Nyd yw 'r clefyt hwn yd angeu [:– angheuol, *varwol*]. **1632** *D*, *marwol*, mortifer, mortiferus, lethalis, perniciosus, exitiosus. **1632** J. DAVIES: *LlR* 13, mewn perygl o ryw fawr *farwol* aflwydd. **1672** J. LANGFORD: *HDdD* 219, y mae yr hwn a rydd i ddŷn archoll *marwol* yn achos o'i farwolaeth ef. **1688** S. HUGHES: *TSP* 120, megis vn wedi derbyn ei glwyf *marwol*. **1703** E. WYNNE: *BC* 59, gwylltfilod *marwol* a phryfed gwenwynig. **1725** D. LEWIS: *GB* 233, Llawer o Darth yn codi . . . o Leoedd *marwol*. **1772** *W* d.g. *deadly*. **1775** E. GRIFFITHS: *GF* 101, Efe [Eliseus] a iachaodd ddwfr *marwol* gerllaw Jerico.

1803 *P.*

(*c*) (Yn) marw, difywyd, hefyd yn *ffig.*: *dying, dead, lifeless, also fig.*

13g. *BD* 26, enneint twymyn yr medeginyaeth y rei *marwavl.* 15g. *ID* 16, meinir da fu am vnoed / *marwol* wyf am yr ail oed. 16g. *B* x. 291, a'r ddwy sarff *varuol.* 16g. *TRP* 194, mae ef yn *varwol* ddigon . . . / ar y groes vawr grvlon [*sic*]. 1551 W. Salesbury: *KLl* xxb, carthy ych cydwybot o ywrth weithredoedd *marwal* [*sic*]. 16g. *WLl* 231, Mae n oferedd mae n *farwol* / Englyn a thelyn ith ol. 1604 R. Holland: *BD* 8a, cydwybod *farwol* mewn pechod. 1630 R. Vaughan: *YDd* 73, y rhai ydynt *farwol* mewn pechod â gladdant y rhai â fuont feirw am bechod. *id.* 154, a'r ffydd honno, yr hon nid ymgyfiawnhâ trwy weithredoedd da . . . nid yw ond ffydd *farwol.* 1672 R. Prichard: *Gw* 354, Byrr yw'n hoes ac Ancertennol, / Heddyw n' [*sic*] fyw, y foru 'n *farwol.* 17g. Huw Morus: *EC* i. 28, Morus, oedd rymus o ryw, / Mawr wladwr, *marwol* ydyw. 1716 J. Morgan: *MB* 24, Hwn sydd hiraeth a'n gwna'n *farwol* / I'r Byd hudol a digonol oi Deganeu. 1810 T. Lewis: *HPF* 101, y brenin *marwol* a faddeuodd iddo.

(*d*) *Cyfr.* Heb fod yn fyw (am eiddo); ?annerbyniadwy (am dystiolaeth): *inanimate* (*of stock or property*); ?*inadmissible* (*of evidence*).

13g. *Ll* 77, os peth *marwaul* a damtug, damtyget a'r llau assu ar e peth a damtygho a'r llau deheu ar e kreyr. *c.* 1300 *LTWL* 355–6, Teir tystyolaeth *marwawl* yssyt: tystu ar dyn kyn y holi or hyn a tyster; neu tystu ar dyn dywedud yr hynn nys dywawd; neu tystu ar dyn na diwadwys . . . yr hyn a daroyt itaw y diwad . . . Llys a brawdwyr y clywho a dyly eu dwyn yn *uarwawl* trwy arch yr amddiffynnwr. A llyna y tri lle y mae trech gwybytyeid no tystyon. *id.* 356, lleidyr da bywawl a dalher un llwtun ar y liw gantaw; a lleidyr da *marwawl* a dalher gwerth pedeir keynnyawc kyureithawl gantaw. 14g. *LlB* 128, *Marwawl* yw pob tystolyaeth eithyr y rei hynny.

(*e*) Yn para hyd angau, yn ceisio neu'n peri dinistr y gelyn, digymrodedd, anghymodlon: *lasting till death, seeking or compassing the destruction of an adversary, irreconcilable, implacable.*

c. 1400 *Llst* 27, 29b, Eil yw cassau arall yn *varwawl.* 1776 *W*, casáu â chasineb *marwol* (angheuol) d.g. *mortally . . . to hate mortally.*

Fel *e.* (*a*) Dyn marwol, meidrolyn: *mortal man.*

1588 1 *Cor* xv. 53, rhaid i'r llygradwy hwn wisco anllygredigaeth, ac i'r *marwol* hwn wisco ammarwolaeth. 1632 *D*, *marwolion*, dynion marwol d.g. *mortales.* 1718 E. Samuel: *HDdD* 37, ei fod Ef [Duw] yn Dragwyddol ac yn anfarwol, a ninnau 'n *farwolion* breuon darfodedig. 1776 *W*, *marwolion*, dynion marwol d.g. *a mortal . . . mortals.* 1790 T. Jones: *TOS* 89, a gwâg ganmoliaeth *marwolion.* 1803 *P*, marwawl . . . *marwolion*, mortals.

(*b*) (fel *eb.*) Ergyd neu ddyrnod derfynol, hefyd yn *ffig.*: *finishing blow or punch, also fig.*

Ar lafar yn y Gogledd yn y cfn. 'rhoi'r *farwol* (i rywun)', *ISF* 55.

Amr.: **marfol.** 15g. *DE* 52, mwyn yw kusan myvanwy / *marvol* iawn am wevrvvl wy. 1567 *TN* 387b. 16g. *Hop M* 158. 16–17g. *HG* 49, 75. 16–17g. *CC* 439. 1722 E. Lloyd: *MC* 1.

Cfn.: **marwol glwy(f):** *mortal wound* (*usually with reference to the suffering of Christ*). 1764 W. Williams: *Th* 11.

Am *briw marwol, da m., dyn m., gelyn m., y geri m., gwenwyn m., pechod m., rho(dd)i'r f. i.*, gw. briw, da, dyn, gelyn, geri, gwenwyn, pechod, rhoddaf: rhoddi. Gw. hefyd marwolyn.

marwoladwy [?*marwol* + *-adwy*] *a.bfl.* Darostyngedig i angau, marwol: *subject to death, mortal.*

1618 J. Salisbury: *EH* 48, gyfodi o'r lleill [e.e. Lasarus] yn *farwoladwy*, ag am hynny buont feirw drachefn; ond Crist a gododd yn anfarwol, fel nas geill farw byth ond hynny.

marwolaeth, marwoliaeth [*marwol* + *-(i)aeth*] *eb.g.* ll. *-au, -on.*

(*a*) Diwedd bywyd, angau, tranc; dioddefaint, trallod; hefyd yn *dros.* ac yn *ffig.*: *death, decease, demise; suffering, tribulation; also transf. and fig.*

1195 *MA*[2] 242a. 4, Echwng Lloegr lledgynt *farwolaeth* [marwnad Rhodri ab Owain gan Elidir Sais]. *c.* 1300 *H* 96a. 46, llawer kertawr . . . / ar uar am dy *uarwolyaeth* (Y Prydydd Bychan). 1346 *LlA* 77, diheurwyd o *varwolyaeth* mam yn harglwyd ni. *c.* 1400 *Llst* 27, 29b, Drycannyan yw ardangos . . . arwyneb. ac ymdygyat gvarchaedic chwerwder *marwolyaeth* medwl. *c.* 1400 *YCM*[2] 31, credadwy yw y *varwolyaeth*, neu y diodefedigaeth. 15g. *DN* 104, Drydanaeth, *marwolaethav*, / A gyfyd i gyd nid gav. 15g. *GO* 243, Marw a wnaeth merch pennaeth mawr / *Marwolaeth* drom ar Vaelawr. 1567 *TN* 227a, *marwoleth* bru [:– llescedd bol croth, mam] Sara. 1617 R. Prichard: *CE* [1], Cyflog pechod yw *marwoleth.* 1618 J. Salisbury: *EH* 316, *m[a]rwolaeth* di- amme'ir [*sic*] corph, ie a *marwolaeth* tragwyddol yn vffern. 1620 2 *Cor* xi. 23, mewn carcharau yn amlach, mewn *marwolaethau* (1588 *ib.* ym mron angeu) yn fynych. 1632 *D*, *marwolaeth*, mors. 1675 R. Jones: *HCh* 75, byrr *farwolaeth* yw cwsg, a hir gwsg yw *marwolaeth.* 1700 *TDP* 98, oherwydd i fod êf wrth ddrws *Marwolaeth.* *c.* 1730 *Taith C* 37, wele y Ddafad . . . yn cymmeryd ei *Marwolaeth* yn ddioddefgar. 1776 Dewi Nantbrân: *AN* 68, Rhag y cospedigaethau . . . a *Marwolaethon* yn y bŷd hwn. 1803 *P.*

(*b*) Pla neu haint angheuol, clefyd marwol: *deadly plague or pestilence, fatal disease.*

14g. *BT* 1, pan vv *varwolaeth* vawr yny [*sic*] ynys brydein. *id.* 12, yna heuyd y bu *varwolaeth* ar yr ysgrubyl yn holl ynys brydein. *c.* 1400 *RB* ii. 403, yny amser ef ybu deir *marwolyaeth* yn ynys prydein. 1588 *Jer* xxi. 6, fel y byddant feirw o *farwolaeth* fawr. 1740 T. Evans: *DPO* 133, ym mha amser y bu *Marwolaeth* fawr jawn yn Lloegr, a elwir Pla y Fâll felen.

Amr.: **marfolaeth, myrfolaeth.** 15g. *GDLl* 70, [*m*]*arfolaeth.* 15g. *GGl* 231. 1567 *TN* 374a, *myrfolaeth.* 16–17g. *CRC* 27, 232. 1728 S. Rhydderch: *GC* 174. **marwfolaeth.** 1609 R. Smyth: *CAC* 3. 1615 R. Smyth: *GB* 5.

Cfn.: **marwolaeth dyn:** *manslaughter.* 1770 *TG* iv. 101.

Am *corff y farwolaeth, rho(dd)i i f.*, gw. corff, rhoddaf: rhoddi.

marwolaethaf: marwolaethu [bf. o'r e. bl.; dichon mai i (*a*) y perthyn yr engh. gyntaf dan (*b*)] *bg.a.*

(*a*) (fel *ba.*) Marweiddio (y cnawd, chwantau, nwydau, pechod, &c.); peri angau i, rhoddi i farwolaeth, dienyddio, lladd, hefyd yn *ffig.*: *to mortify* (*the flesh, appetites, passions, sin, &c.*); *cause to die, put to death, execute, kill, also fig.*

1551 W. Salesbury: *KLl* [xla], wedy i *varwolaythy* [:– wedy i ladd] yncknawd [*sic*]. 1567 *LlGG* 119b, gan *varwolaethu* yn wastad ein oll ddrigioni. 1567 *TN* 72b, a'r plant a gyvodant yn erbyn y rhieni, ac ei *marwolaethant* wy. 1588 *Deut* xvii. 7, Llaw y tystion a fydd arno yn gyntaf iw *farwolaethu* ef. 1606 E. James: *Hom* iii. 228, *Marwolaethu* ein aelodau daiarol ymma a'r [*sic*] y ddaiar. 1631 O. Thomas: *CC* 117, Madde i ni, a *marwolaetha* ynom ni, yn holl bechodau. 1632 *D*, *marwolaethu* . . . mortificare. 1670 J. Hughes: *AP* 147, i laweroedd . . . *farwolaethu* a gofidio eu cyrph. 1691 T. Williams: *YB* 35, ni ddarfu i Adda yn unig ei lygru ai *farwolaethu* ei hunan. 1723 WM: *PGG* 192, Nid ŷnt yn *marwolaethu* eu trachwantau. 1799 *TY* 179, Ac ar hynny yntef a arweiniwyd i'w *farwolaethu.* 1803 *P.*

(*b*) (fel *bg.*) Marw, trengi, dod i ben; marw (i bechod, &c.): *to die, perish, come to an end; die* (*to sin, &c.*).

1567 *LlGG* 21b, pan vo yn calonau . . . wedir *varwolaethu* iwrth vydol a chnawdawl anwydau. 1661 E. Lewis: *Drex* 325, [y] farwolaeth honno yr hon nid yw yn *marwolaethu* byth. 1688 *TJ*, *marwolaethu* . . . to die.

marwolaethiad [bôn y f. fl. + *-iad*[1]] *eg.* Marweiddiad (y cnawd, &c.); marwolaeth, dienyddiad; madredd, cig marw neu ddrwg, necrosis: *mortification* (*of the flesh, &c.*); *death, execution; mortification, gangrene, necrosis.*

1672 J. Langford: *HDdD* 457, trwy Ympryd, a gweithredoedd eraill o *farwolaethiad* y Cnawd. 1712 W. Rowlands: *HEC* 15, *Marwolaethiad* ei Wyniau yn Arfer feunyddiol ganddo. 1776 Dewi Nantbrân: *AN* 216, yn dwyn *marwolaethiad* y Groes yn wastadol yn ei Gorph. 1776 *W* d.g. *mortification* [*a deadening, &c.*]. 1803 *P.*

marwolaethol [*marwolaeth* + *-ol*] *a.* Yn achosi marwolaeth, angheuol, marwol, yn perthyn i farwolaeth, hefyd yn *ffig.*: ?iselhaol, darostyngol: *causing death, lethal, fatal, pertaining to death, also fig.*; ?*mortifying, humiliating.*

1713 T. Baddy: *DDGH* 58–9, a wnei di gyfrif o . . . dy falchder, a'th feddwdod *Marwolaethol* yn hytrach na Christ? 1765 J. Popkin: *Ll* 129, [d]igwyddiadau dwysion a *marwolaethol.*

marwolaethryw [*marwolaeth* + *rhyw*] *eb.* Marwolion, yr hil ddynol, dynol-ryw: *mortals, the human race, mankind.*

15g. *DN* 101, Os planed blin dynged yw / A lithroedd *marwolaethryw* [i Sadwrn].

marwolaethus [*marwolaeth* + *-us*] *a.* Angheuol, marwol; yn perthyn i farwolaeth: *fatal, lethal, deadly; pertaining to death.*

1567 *TN* 388a, yr enifel cynta, clwyf *marolaythys* [*sic*] [:– archoll angeuol] yr hwn, y iachaw[dd].

marwolaf: marwoli [bf. o'r a. *marwol*] *bg.a.* Marweiddio (y cnawd, &c.); lladd: *to mortify* (*the flesh, &c.*); *kill.*

1551 W. Salesbury: *KLl* [xlb], Can hyny *marwolwch* ych aylode ar y ddayar. 1567 *TN* 231b, a's marwhewch [:– marweiddiwch, *marwolwch*] 'weithredoedd y corph. *c.* 1730 *Thos. Lloyd D* (LlGC) 170b, *marwoli*, mortifico.

marwoldeb [*marwol* + *-deb*] *eg.* Y cyflwr o fod yn farwol neu'n ddarostyngedig i angau, natur farwol (dyn), hefyd yn *dros.* ac yn *ffig.*; marwolaeth, marw; coll bywyd ar raddfa fawr (oherwydd haint, &c.); nifer y marwolaethau o fewn cyfnod, lle, &c.: *mortality,* (*man's*) *mortal nature, also transf. and fig.; death, demise; death on a large scale* (*due to pestilence, &c.*); *the number of deaths in a particular period, place, &c.*

1620 *Eseia* li. cs., *marwoldeb* dyn. 1632 *D*, *marwoldeb*, mortalitas. *a.* 1642 (1684) H. Owen: *DC* 69, rhaid ini fod yn fodlon, a disgwyl trugaredd Duw: hyd onid elo anwiredd heibio, ac y llyncer y *marwoldeb* ymma gan fywyd. 1658 R. Vaughan: *LlB* [11], dyn yn cynwys dwy ran, y corph yr hwn sydd ddauarol, ar yspryd yr hwn sydd ysprydol, ac am hynny nid yn sail i *farwoldeb.* 1679 C. Edwards: *GGG* 55–6, y pryd hynny cymmerth *marwoldeb* afel arno ef [Adda], ac aeth ei gorph ym macheu angeu, ir hwn yr oedd awdurdod arno ef. 1688 S. Hughes: *TSP* 313, hwy a adawsent hefyd eu gwiscoedd marwol [:– Eu *marwoldeb*] ar eu hôl yn yr Afon. 1707 *CEBM* 3, Canys Angau yw Cenad fawr *Marwoldeb.* 1707 S. Williams: *ADA* 89, yn amser Clefydion mawrion, Heintiau a *Marwoldeb.* 1730 *CDG* 3, ar ôl y cyfryw Rybudd o *Farwoldeb* ag a gawsoch chwi. 1759 J. Evans: *PF* 3–4, yr Anllygredig a wiscodd lygredigaeth a'r Anfarwol a wiscodd *farwoldeb.* 1776 *W* d.g. *mortality.* 1792 *DOC* 59, yn gruddfan am i *farwoldeb* gael ei lyngcu i fynu gan fywyd. 1803 *P.*

Am *ysgrif marwoldeb*, gw. ysgrif.

marwolder [*marwol* + *-der*] *eg.* Y cyflwr o fod yn farwol neu'n ddarostyngedig i angau, natur farwol (dyn), marwoldeb; marwolaeth; nifer y marwolaethau o fewn cyfnod (lle, &c.) penodol: *mortality,* (*man's*) *mortal nature; death; the number of deaths in a particular period, place, &c.*

1632 *D* d.g. *mortalitas.* 1661 E. Lewis: *Drex* 110, gan gofio iddo ei *farwolder* beunydd. 1696 *GGTY* 178, [g]wneuthur [enwaediad] yn ordinhâad o *farwolder* i'r Schechemiaid [*sic*]. 1766 *CD* 112, a dangos amryw Lygredigaeth a Ffieidd-dra Dinas *Marwolder.* 1773 J. Roberts: *GY*, Philosophi . . . tybiau y Philosoddyddion [*sic*] gynt, Sef . . . *Marwolder* E[n]aid, Addoliad Angelion, &c. 1776 *W* d.g. *mortality.* 1791 Dafydd Ddu: *A* [5], Amryw wael-daith *marwolder* / Dyna sydd o dan y sêr! 1796 *Geirgrawn* 222, a'r *marwolder* y'mhlith y milwyr . . . sydd wedi bod yn llawer mwy. 1803 *P.*

marwolddyn, gw. marwol + dyn.

marwoledig [bôn y f. fl. + *-edig*] *a.bfl.* a hefyd gyda grym enwol. Darostyngedig i angau, marwol, darfodedig, diflanedig; marw, wedi marw; marweiddiedig; angheuol: *subject to death, mortal, transient, transitory; dead; mortified; deadly, fatal.*

16–17g. *HG* 150, dillatar noethlyd, nys gwnaethym ; hevyd / . . . / na chladdu or *marwoledig* [diwyg.]. 1611 R. Smyth: *SG* 89, yn gwneythyr, dyn *farwoledig* [*sic*] yn nefaul. 1615 R. Smyth: *GB* 104, yr holl greawduriaid *marwoledig.* 1618 J. Salisbury:

EH 36, A chwedi iddo ymwisco mewn cnawd *marwoledig.* *a.* **1642 (1684)** H. OWEN: *DC* 144, rhaid iti fyw buchedd *farwoledic.*
Amr.: **marfoledig.** **1615** R. SMYTH: *GB* 205, y rhai sydd gwedi clefychu o'r dolur gwenwynig *marfoledig* hwn.

marwoledd [*marwol* + *-edd*[1]] *eg.* Marwolaeth, angau, tranc; marwoldeb: *death, decease, demise; mortality.*
13g. *Brut B* 137, pan kyglev e Saesson *marwoled* Vther Pendragon. *c.* **1400** *R* 1231. 2, afreolus dic oe *varwoled.*

marwoleddaf: marwoleddu [bf. o'r e. bl.] *ba.* Marweiddio (y cnawd, &c.): *to mortify (the flesh, &c.).*
1611 R. SMYTH: *SG* 256, *marwfoleddwch* waithredoedd y cnawd. *c.* **1730** *Thos. Lloyd D* (LlGC) 171b, *marwoleddu* . . . to mortify.
Amr.: **marwfoleddu** [cf. *marwfol*]. **1611** R. SMYTH: *SG* 256.

marwolhaf: marwolhau [*marwol* + *-hau*] *ba.* Marweiddio (y cnawd, &c.): *to mortify (the flesh, &c.).*
c. **1585** *Llst* 178, 77b, pan fo dirfawr ofn gwedy *marwolhay* drwg wyllys dyn. **1803** *P.*

marwoliaeth, gw. marwolaeth.

marwolus [*marwol* + *-us*] *a.* a hefyd gyda grym enwol. (Peth) marwol neu lygredig: *mortal or corrupt (thing).*
1632 *D* (*Diar*), Ni âd y môr *marwolus* ynddaw. **1803** *P*, *marwolus*, of a dead nature.

marwolyn [*marwol* + *-yn*] *eg.* Dyn marwol: *mortal man.*
20g.

marwor, marwar [?*marw*[1] + *-awr*[2]] *e.ll.* (un. *marworyn*) ll. dwbl *marworion.* Gweddillion tân glo, &c. sy'n dal i fudlosgi, gloynnau a thân ynddynt, cols byw, sindrys (poeth), marwydos, hefyd yn *dros.* ac yn *ffig.*; sercol, golosg: *embers, live or smouldering coals, (burning) cinders, also transf. and fig.; charcoal.*
Dchr. **14g.** *H* 28b. 45, yny may [uffern] mawrway *marwar* kyllestric (Bleddyn Fardd). **14g.** *T* 10. 19–20, llwyth byt lloscetawr. hyny uwynt *marwawr.* **1346** *LlA* 39, Yrei auo yn tywyllwch annwybot . . . tebic ynt *yvarwar* (*carbones ignis*) yn llosci heb oleuhav. **14g.** *GDG* 65, Llamwr erw, lliw *marworyn* [i'r llwynog]. *id.* 216, Nid felly y mae Morfudd, / Ond fel hyn, *farworyn* rhudd. **14–15g.** *IGE*[2] 328, Pair am fy sôn anfon ym / Gyllell yn gyntaf gallo, / Glaer o blith *marwor* a glo [Rhys Goch Eryri am faslart]. *c.* **1400** *DB* 107, nyt syr y rei hynny, namyn *marwar* (*igniculi*) a ehettont o'r tan-defnyd. **15g.** *GGl* 64, Etewyn *marworyn* mawr / A fu olau i Faelawr. **15–16g.** *TA* 423, Sef i wryd sy *farwor,* / Ag a'i flew mal gaflaw môr [am farch]. **1588** 1 *Br* xix. 6, wele deisen wedi ei chrasu ar *farwor.* **1588** *Ecclus* viii. 13, Na chynneu *farwor* pechadur, rhag dy losci yn [ff]lam ei dân ef. **16–17g.** *CRC* 16, oni bav [*sic*] rhag ofn kael yscwd / or badell frwd ir *marwor.* **1632** *D*, *marwor*, & *marwar*, carbones igniti, pruna. **1658** R. VAUGHAN: *PS* 410, na ddiffodd mor *marworyn* nefol. **[1725]** *TS* 64, a pha fodd y codwn *farworion* i'w goleuo. **1790** *Prif Crist* 51, *marworyn* oddiar ei allor sanctaidd. **1795** J. THOMAS: *AIC* 284, a'i gymysgu a *Marwor*, (Charcoal). **1803** *P* d.g. *marwar, marwor.*
Amr.: **marfor** (un. *-yn*). **15g.** *DE* 112, llenn veryr ay lliw yn *var vor* [*sic*]. *c.* **1585** G. ROBERT: *DC* [3a], [*m*]*arforyn.* **1677** C. EDWARDS: *FfDd* 45. **18g.** *W Ballads* 71*B*, 3. **maroryn.** **1346** *LlA* 25, achythreul avwrw *maroryn* vffernnawl yny genev wyntev. yn lle bara. **15g.** *GGl* 148, Llwyddid Duw, llywiodd hyd hyn, / Lle mae'r aur lliw *maroryn.* **17g.** *IICRC* iii. 7. **mororyn.** *Diw.* **16g.** *WLB* 32, [*m*]*ororyn.* Ar lafar yn Arfon yn y ff. *mororyn* 'the piled-up hot peat covered over with ashes, &c., to keep in the fire till morning'; hefyd yn y ff. *moryn,* 'Mae 'na *foryn* o dân', 'cyn boethad â *moryn*', *WVBD* 379. **myroryn.** *Diw.* **16g.** *BM* 34, 81b. *c.* **1730** *Thos. Lloyd D* (LlGC) 180a.
Cfn.: **marwor cochion** (un. *marworyn coch*): *burning embers.* **1759** J. EVANS: *PF* 39, 55, 69. **marwor (marwar) tanllyd:** *coals of fire, also fig.* **15g.** *FfBO* 36. **1551** W. SALESBURY: *KLl* xib. **1588** *Lef* xvi. 12., Salm xviii. 12. **16–17g.** *Cer RC* 28. **1699** T. JONES: *TP* 38. **1795** J. THOMAS: *AIC* 290, *marworyn Tanllyd.*
Am *iâr yn cerdded (sengi) ar farwor,* gw. iâr.

marworaidd, marwaraidd [*marwor, marwar* + *-aidd*] *a.* Yn perthyn i farwor, tebyg i farwor, poeth, llosgol, deifiol: *pertaining to embers, like embers, hot, burning, caustic.*
1592 S. D. RHYS: *Inst* [xxii], gallei ryw ddyn cynfigennus . . . anurddo y pêth da hynny â'i 'eirieu dûon *marwâraidd.* *c.* **1730** *Thos. Lloyd D* (LlGC) 170b, *marwaraidd*, ignitus. **1770** *TG* ii. 92, fe ddylai dyn daflu ymaith o'i galon y cyfryw dewyn *marworaidd* [hoffter wrth glywed y gwaradwydd a deflir ar eraill]. **1773** *W* d.g. *embers . . . of or belonging to embers.* **1803** *P*, *marworaidd*, like burning cinders.

marworfaen [*marwor* + *maen*[1]] *eg.* Maen gwerthfawr o liw coch disglair, carbwncl: *carbuncle stone.*
1604–7 *TW* (*Pen* 228) d.g. *carbunculus.*

marw-oriawr [*marw*[1] + *oriawr*] *eg.* Pryf corff, ticbryf, *Xestobium rufovillosum*: *death-watch (beetle).*
1772 *W*, *marw-oriawr* d.g. *death-watch* [*a little insect that with it's ticking noise frightens superstitious people*].

marw-orlais [*marw*[1] + *orlais*] *eg.* Pryf corff, ticbryf, *Xestobium rufovillosum*: *death-watch (beetle).*
1798 *WR*, *marw-orlais*, math o bryf bychan a lecha mewn parwydydd, ac a wna swn tebyg i orlais, a thrwy hynny a bair fraw dirfawr i ddynion gweinion ofergoelus, y rhai a edrychant arno fel cenad angau d.g. *death-watch.*

marworlo [*marwor* + *glo*] *eg.* Golosg, sercol: *charcoal.*
1725 *SR* d.g. *a Coal, A charcoal.* *c.* **1730** *Thos. Lloyd D* (LlGC) 170b, *marworlo*, charcoal.

marworog [*marwor* + *-og*] *a.* Marworaidd, poeth, yn mudlosgi, llosgol: *like embers, hot, glowing, burning.*
1852.

marworyn, gw. marwor.

marwrestr, gw. marw[1] + rhestr.

marwsyth, gw. marw[1]—marw syth.

marw-wawd [*marw*[1] + *gwawd*] *eg.* Gwawd neu goegni miniog, gwatwareg eironig, edliwiad: *biting sarcasm, ironical jibe, taunt.*
1595 *Egl Ph* 23, Rhith arall ar watworgerdd y sydd, pan fo'r gelyn yn gwawdebu yn drahaus, yn ol gorfodaeth; ac hi a elwir *marwwawd.* *id.* [106], *marwwawd*, sarcasmus. **1759** *BC* xii, A chofio am *farw-wawd* Selyf . . . Gwna yn llawen, &c. ond gwybydd y geilw Duw di i'r farn am hyn ôll! *Diw.* **19g.** *SE MS* 285b, *marwawd* . . . sarcasm.

marw-wystl [*marw*[1] + *gwystl*] *eg.* Morgais: *mortgage.*
1776 *W* d.g. *mortgage.* **1803** *P.*

marw-wystlaf: marw-wystlo [bf. o'r e. bl.] *ba.* Morgeisio: *to mortgage.*
1776 *W* d.g. *to mortgage.* **1803** *P.*

marwychaf: marwychu [*marw*[1] + *-ychu*] *ba.* Marweiddio (y cnawd, &c.): *to mortify (the flesh, &c.).*
1611 R. SMYTH: *SG* 135, gan ym[w]rthod a nyni ny hun, a *marwych[u]* yn cnawd. *c.* **1730** *Thos. Lloyd D* (LlGC) 170b, *marwychu*, mortify.

marwydos [?*marw*[1] (cf. *marwor*) + elf. anh. + *-os*] *e.ll.* Marwor, lludw neu sindrys poeth, hefyd yn *dros.* ac yn *ffig.*: *embers, hot ashes or cinders, also transf. and fig.*
14–15g. (*Diw.* **16g.**) *Gwyn* 3, 167, Madyn lwynogyn agos i ledrad / lodrau berw *marwydos* (Rhys Goch Eryri). **15g.** (*Diw.* **16g.**) *id.* 195, am yr adar *marwydos* [Cynfrig ap Dafydd Goch i ofyn paun a pheunes]. **15g.** *DGG*[2] 66, Maith eu gogylch, nis gylch gwynt, / *Marwydos* wybr mawr ydynt [i'r sêr]. **1545** *CM* 1, 179, a chlaadd Ef dann y *marwydos.* **1547** *WS*, *marwydos*, embres. **16g.** **(1763)** W. SALESBURY: *LlM* 242, mewn padell brês ne efyddenar y *marwydos.* *Diw.* **16g.** *WLB* 65, Kymer bwys o saltgem a dyro ef mewn deilie bresych a dyro ef dan *fyrwydos.* **1588** *Tob* viii. 2, ac a gymmerth *farwydos* yr arogleuau . . . ac ai gwnaeth i fygu. **16–17g.** *CC* 417, mor boeth yw *marwydos* Carowsio. **1632** *D*, *marwydos*, cinis feruidus, pruna. **1722** *Llst* 189, *marwydos*, hot ashes. **1803** *P.* Ar lafar yn Eifionydd a sir Ddinb. yn y ff. *brwydas.*

marwysgafn [*marw*[1] + *ysgafn*[2], ?cf. Crn. *vasken* (ff. dreigledig) 'elor' a Llyd. Diw. *ma(rv)skaoñ* 'ffrâm elor'] *eb.* Cerdd gan fardd ar ei wely angau; gwely angau, gwely marw, gwely cystudd, hefyd yn *ffig.*: *death-bed poem; death-bed, sick-bed, also fig.*
c. **1300** *H* 3b. 6, *Marw ysgafyn* Veilyr brydyt. *Dchr.* **14g.** *id.* 29a. 46, *Marw ysgawn* bledyn vard. ef ehun ae cant. **16g.** (*LlEG*) *Mos* 158, 69b, kanis Ar i *varw ysgauyn* I gorchmynasai I daad Iddo ef wneuthud y shiwrnai hon. **1632** *D*, *marwysgafn*, yw clafwely. **1754** G. OWEN: *L* 100, y mae hithau [yr awen] wedi marw hefyd, neu o'r lleiaf ar ei *marw-ysgafn.* **1772** *W* d.g. *death-bed.* **1793** *Cylchg* 139, mae'r gyntaf [Llydaweg] ar ei *marwysgafn* a'r llall [Cernyweg] wedi marw er's llawer dydd. **1803** *P.*

marwysgar [*marw*[1] + bôn y f. *ysgaraf: ysgar*] *eg.*
(*a*) Ymadawiad drwy angau, gwahaniad drwy farwolaeth: *departure or parting through death.*
1604–7 *TW* (*Pen* 228) d.g. *discessus.* **1803** *P.*
(*b*) (?gwall am *marwysgafn*) Cerdd gan fardd ar ei wely angau: *death-bed poem.*
c. **1588** *B* ii. 230, *marwysgar*, kerdd ar i glaf wely. **1707** *AB* 218d.

marwystl, marwystlaf: marwystlo, gw. marw-wystl, marw-wystlaf: marw-wystlo.

mas[1] [bnth. Llad. *massa* 'talp, mater', cf. H. Lyd. *mas*, gl. *stagnum* [*sic*], H. Wydd. *mass* 'mater, talp'] *eb.* Talp o fetel, mater, defnydd, sylwedd; cyflawnder: *mass of metal, matter, substance; abundance.*
10g. (*Ox* 2) *B* v. 7, *mas*, gl. *metallum.* **13g.** *C* 12. 4–5, *Mas* cas [u]ognav. *id.* 43. 5–6, *Ymas* maeistaud y mae moli duv. *c.* **1300** *H* 108[1]a. 37–8, wytt goreu un gwron or *uas.* A wnaeth duw y dyt yn creas [Llywarch ap Llywelyn i Lywelyn ap Iorwerth]. **14g.** *T* 67. 10, Py deli*smas* [diwyg.]. **14g.** *WM* 466. 30–4, Gwadyn odeith kymeint ar *uas* twym pan dynhet or eueil oed tanllachar y wadneu pan gyuarfei galet ac ef. *c.* **1400** *R* 1311. 27–8, Nyt kas *vas* uod vud ardunyant danyel rymyant rwymat kyfreith [i Domas ap Hopcyn].

mas[2] [bnth. S. *mace* 'outer covering of the nutmeg'] *eg.b.* ac *e.ll.*
(*a*) Gorchudd allanol had(au) nytmeg wedi ei sychu i'w ddefnyddio fel sbeis, hefyd yn *ffig.*: *mace, outer covering of the nutmeg, also fig.*
15g. *GGl* 226, Sinamwn, clows a chwmin, / Siwgr, *mas*, i wresogi'r min. **15g.** *GO* 181, A'r swgr mewn seigiav, a'r *mas* / i ddwyn blas i ddyn blysic. **15–16g.** *GLM* 11, gwae lysiau Môn, glos a *mas;* / gwae'r siwgr am gares agos. **16–17g.** *PhA* 98, Siwgr a *mas* a gair oi min. **1604–7** *TW* (*Pen* 228) d.g. *alephanginæ species.* **1771** *PDPh* 31, tair neu bedair o *Mâs* cyfain.
(*b*) *Bot.* Tansi, gystlys, *Tanacetum vulgare*: *tansy.*
1813 *WB* 217, *Mas.* edr. Gystlys.
Amr.: **mes**[5]. Ar lafar.
Am *cnau'r mas*, gw. cnau.

mas[3] [bnth. S. *mace* 'club, staff, sceptre'] *eb.g.* Arf neu glwb ac iddo ben haearn, yn aml wedi ei ysbigo; symbol o awdurdod ar lun arf o'r fath a gludir o flaen swyddogion, e.e. siryf, ar achlysuron seremonïol, brysgyll, mes, hefyd yn *ffig.*: *mace (club, staff, sceptre), also fig.*
16g. (*LlEG*) *Mos* 158, 160b, ac a*maas* gwr o aruav yvo aitrewis ef ar i ben oni oedd I mennydd ef am ben y kerig. **16g.** WILIAM CYNWAL: *Gw* 15, A siryf, â'i *fas* euraid, / A fu o'r blaen, fawr ei blaid. **16g.** WILIAM CYNWAL: *Gw* (R. L. Jones) 66, Unfodd ei rodd a enfyn, / A *mas* aur yw Tomas Wyn. **16–17g.** IEUAN TEW IEUANC: *Gw* 286, Ni bu brydydd . . . / Swyddog er yn oes Adda / . . . / A *mâs* fawr—drwg ei moes fydd! **1604–7** *TW* (*Pen* 228) d.g. *gestamen.* **1615** R. SMYTH: *GB* 38, y Prætoriaid a oeddynt yn arwain capp, y tribuniaid *mas*, y phenswyr gleddau.
Gw. hefyd mes[3].

mas[4], ff. daf., gw. maes[1].

mas[5] [amr. ar *bas*[4] a *b-* ac *m-* yn ymgyfnewid] *eb.* Llewyg, llesmair, gwasgfa: *swoon, faint, fit.*
1803 *P, mas,* s.f. . . . swoon, a qualm, a fainting fit.

màs[1] [bnth. S. *mass* '(large) body of matter, &c.'] *eg.* ll. *-iau,* weithiau gyda grym ansoddeiriol. *Ffis.* Maint ffisegol sy'n mynegi swm y mater mewn corff; swm neu rifedi mawr, lliaws; trwch y boblogaeth: *mass (in physics); mass, large number; the masses.*
20g.

màs[2] [bnth. S. *mass* 'Eucharistic service'] *eg.* ll. *-(i)au.* Offeren: *mass, Eucharistic service.*
1630 R. VAUGHAN: *YDd* 654, y *Mas* neu opheren neillduol. **1718** S. THOMAS: *HB* 90, yn dywedyd *Massau* neilltuol dros y sawl o'r Plwyf a fu ant [*sic*] feirw. *id.* 91, hurio yr Offeiriaid i ddywedyd *Masiau* trostynt. **1725** I. HARRI: *RD* 69–70, Allorau Pabaidd a'i *Mhassau.* **1732** *AABI* 130, Sacrament y *Mass.* *c.* **1762–79** W. WILLIAMS: *P* [vi], [d]weud *massau* i'w dynnu ef allan o'r Purdan. *id.* 393, attal y cwppan oddi wrth y Bobl yn y Cymmun neu'r *Mass.* *ib.* Sacrament yr offeren neu'r *Mass* sanctaidd.
Am *llyfr màs,* gw. llyfr[1].

masacr [bnth. S. *massacre*] *eg.* Lladdedigaeth ar raddfa fawr, lladdfa: *massacre.*
1687 (1715) J. OWEN: *TB* 162, Yn y *Massacr,* neu'r llofruddiaeth gyffredinol yn yr Iwerddon. *id.* 165. **1721** J. JONES: *Alm* [2], Er pan fu *Massacr* mawr yn Ffraingc. *c.* **1762–79** W. WILLIAMS: *P* 440, [yr] arswydus *fasacr* ar y Protestaniaid.

masant, gw. pasant.

masarn [bnth. H. Ffr. *masre,* efallai drwy'r S. C. *maser*; am ychwanegu *-n* ar ôl *-r,* cf. *miswrn,* bnth. S. *vizor*] *e.ll.* neu *e.tf.* (un. b. *-en*) ac *eg.* a hefyd fel *a.* Coed o'r tylwyth *Acer,* yn enw. gwiniolennau, *Acer campestre,* hefyd am sycamorwydd, *Acer pseudoplatanus,* ac am blanwydd, coed o'r tylwyth *Platanus*; pren caled o'r coed *Acer campestre*; (llestr yfed) wedi ei wneud o'r pren hwnnw, basarn; hefyd yn *ffig.*: *maple (trees), also of sycamore and plane; mazer wood; (drinking-vessel) made of mazer wood; also fig.*
c. **1300** *H* 58a. 10, maws *massarn* cadarn callon yaen [marwnad Rhirid Flaidd gan Gynddelw]. *c.* **1400** *R* 1208. 5, Neut atuoes einyoes anued a *masarn.* *id.* 1373. 35–6, a heileu *massarn* wr helym yssic. *c.* **1400** *Études* vii. 50, gwaelawt fiol *vassarn.* **15g.** *Pen* 109, 116, A chael brigynn llynn ym llaw. / Ach *massarn* yw chymwyssaw (Lewis Glyn Cothi). *Diw.* **15g.** *AP* 18, gwin owydr amedd o ovval [*sic*] a bragod *ovasarn.* **1547** *WS, masarn,* masar. **16–17g.** EDWARD URIEN, &c.: *Gw* 301–2, Pand llawn, pennod llawenydd, / Pedwar darn o *fasarn* fydd [i ofyn telyn]? **16–17g.** E. PRYS: *Gw* 197, Dur, fo asiwyd drwy *fasarn* / Dager Scot o Egres Garn [i Siôn Phylip i ofyn dagr]. **1604–7** *TW* (*Pen* 228), *macern* d.g. *calix, platanus.* *Dchr.* **17g.** *J* 10, 27a, *masarn* . . . sycomorus. **1632** *D, masarn,* acer arbor. **1707** *AB* 287b d.g. *the Sycamore-Tree or greater Maple.* **1722** *Llst* 189, *masarn,* s. *sarnen,* f. mapletrees. **1725** *SR* d.g. *a plane tree.* **1803** *P* d.g. *masarn, masarnen.* Ar lafar mewn rhannau o'r Gogledd a'r Canolbarth, yn aml gyda'r ff. un. *sarnen, LGW* 143.
Cfn.: **masarnen fach:** *maple, Acer campestre.* **20g.** **m. fawr:** *?sycamore, Acer pseudoplatanus.* **1833.** **m. felys:** *sugar maple, Acer saccharum.* **20g.** **m. siwgr = m. felys.** **1833.**
Am *ffiol fasarn,* gw. ffiol (At.).
Gw. hefyd basarn, difasarn.

masarnaidd [*masarn* + *-aidd*] *a.* Tebyg i fasarn: *like maple or sycamore.*
1803 *P, masarnaidd,* like sicamore.

masarŵm, gw. masiarŵm.

masg[1] [bnth. S. *mask, masque*] *eg.* ll. *-(i)au,* a hefyd fel *a.* Gorchudd i guddio neu i led-guddio'r wyneb er mwyn dieithrio neu amddiffyn, yn arwydd o gymeriad mewn drama, &c., mwgwd; delw o wyneb wedi ei cherflunio neu ei moldio; hefyd yn *ffig.* ac yn *dros.*; ffrwyn dywyll, ffrwyn ddall; math o ddrama gynnar lle portreedid cymeriadau chwedlonol, &c., a'r pwyslais ar basiant, miwsig, a dawnsio, yn hytrach nag ar ddeialog; yn gwisgo mwgwd: *mask, also fig. and transf.*; *bridle with blinkers*; *masque*; *masked.*
16g. *B* xviii. 330–1, aniuer mawr o'i ardderchogion mewn mwggan ne *vassk,* yr hwn yny Ssaysneg a elwir mask. *Diw.* **16g.** W. MIDLETON: *B* 63, Pob *masg* brith pob Mvsig brav / pob rhyw don pob rhyw dannav. **16–17g.** *PhA* 441, syrthio a wnaeth . . . / ymysc lladron *masc* lledrad. **1617** *Minsheu* 296b, *masg* d.g. *a maske.* **1658** R. VAUGHAN: *PS* 154, y tynnir *Mascau* oddiar wynebau. **1774** HUW AB HUW: *RBD* 25, llen gudd (neu *fasc*) ar wyneb. Ar lafar yn yr ystyr 'ffrwyn dywyll' yn sir Drefn. a Meir.

masg[2] [bnth. S. *mask* 'mesh'] *eg.* (un. bach. *mesgyn*) ll. *-au, maisg.* Llygad rhwyd, magl neu fasgl rhwyd; pwyth (yn enw. wrth weu); ystof ac anwe, gwe brethyn; hefyd yn *ffig.*: *mesh; stitch (esp. in knitting); warp and woof, web of cloth; also fig.*
15–16g. *AAST* (1935) 98, Haws cau *masg* ar friw asgwrn / Â bys doeth nag wrth bwys dwrn (Dafydd Trefor). *a.* **1587** *Y* 125, Doeded ym, od yw dâd iaith, / Gwe a *masg* y gymysgiaith. **1604–7** *TW* (*Pen* 228), maisc rhwyt d.g. *macula.* *id.* rhwyt rwth . . . a *mascæ* mowrion d.g. *rete* . . . *Rete rarum.* **1803** *P,* Ar lafar, 'rhoid hosan ar y *masga*', 'to put a stocking on the needles', 'rhoid ar y *masga*', 'to begin', *WVBD* 365; 'colli *mesgin*', 'to drop a stitch'; hefyd ynglŷn â rhwyd, 'Modfadd a hannar ydi'r *mesgin* i fod', *ib.*; gw. hefyd *B* xxv. 53.
Am *codi masgau,* gw. codaf: codi (At.).
Gw. hefyd basg, manylfaisg, masgl[2].

masgaf: masgu [bf. o'r e. *masg*[2]] *bg.a.* Dal mewn rhwyd, rhwydo, hefyd yn *ffig.*; cael ei faglu; gwau, llunio rhwydwaith, rhwyllo: *to net, enmesh, also fig.*; *to become enmeshed; weave, reticulate, lattice.*
15g. *Bl N* 120, Os gwir dodi yn ddioed / Gefyn trwm ar gefn y troed, / Minnau a'm gwawd tafawd da / Am ei esgair a'i *masga*' [Ieuan Gethin i Owain Tudur yng ngharchar]. **1605–10** *AP* 40, gan *fasgu* yn gyflymgais i ddaint ne i grogen [am frithyll]. **1803** *P, masgu,* to interweave; to reticulate, to form mesh-work; to latice. Ar lafar yn Arfon, 'Mae'r pysgod wedi *masgu*', *WVBD* 365, *B* xxv. 52.

masgal[1,2], gw. masgl[1,2].

masgara [bnth. S. *mascara*] *eg.* Colur a ddefnyddir i liwio blew yr amrannau: *mascara.*
20g.

masgel, gw. masgl[1].

masgiaf: masgio [bf. o'r e. *masg*[1]] *bg.a.* Gorchuddio neu led-orchuddio'r wyneb â mwgwd, mygydu: *to mask.*
c. **1730** *Thos. Lloyd D* (LlGC) 171b, *masgio,* to mask. P. 142. **1766** *CD* 175, Sy ai hwyneb wedi *Masgio,* / A chanddi Ffann iw Dwylo.

masgl[1], *eg.* ac *e.ll.* (un. bach. g. *mesglyn, masglyn,* b. *masglen*) ll. *-au.* Rhan(nau) allanol amddiffynnol a chaled rhai mathau o hadau, ffrwythau, wyau, &c., cibyn(nau), coden(nau), llestr(i) hadau, eisin(yn), plisg(yn), cragen(nau), hefyd yn *ffig.* ac yn *dros.*: *pod(s), seed vessel(s), husk(s), eggshell(s), shell(s), also fig. and transf.*
c. **1400** *R* 1341. 22, Billwc yng olwc anghelyw gwallt *uasgyl.* **16g.** WILIAM CYNWAL: *Gw* (R. L. Jones) 139, Moes gael iawngo', *masgl* angerdd, / Meistr Salbri, y ci er cerdd. *id.* 767, A'r da ymhob *masgl* y bûm i'w gasglu. **1672** R. PRICHARD: *Gw* 419, Ni bu wenith heb ei *fascle,* / Ni bu ddŷn ond ûn heb feie. **1753** *TR, masgl,* the pods of pease, beans, &c. the shells of nuts. **1767** W. WILLIAMS: *CAA* 81, Holl blisg a *Mascal* crefydd. **1770** *W, masgl* d.g. *bean-shells, cod, husk.* *id. mesglyn* d.g. *cod, husk, peascod, shell.* **1803** *P, mesglyn,* dim. a shell, a hull. Rhaid tori y *mesglyn* cyn cael y cnewullyn. Adage. *id.* d.g. *masgyl.* Ar lafar yn gyff. yn y De yn y ff. *mashgal, masgal.*

masgl[2] [bnth. S. *mascle*] *eg.* ll. *-au.*
(*a*) Llygad rhwyd, masg neu fagl rhwyd, hefyd yn *ffig.*; rhwyll: *mesh, also fig.*; *lattice.*
1604–7 *TW* (*Pen* 228), twll ne *vascl* rhwyt d.g. *absis.* **1632** *D, masgl* rhwyd, sef rhwng yr edafedd d.g. *macula.* **1722** *Llst* 189, *masgl, masglau,* a loophole, net-mash. **18g.** *W Ballads* 167, 8, Cymerwch siampal bawb yn ddyfal / A mawr ofal rhag mynd ei [*sic*] *fasgal,* / Ei [*sic*] fagal flin y fall. **18–19g.** *Llr* C 5, 69, masg . . . *Masgel* y ffenestr, ye lattice of a window. **1803** *P.* Ar lafar yn sir Ddinb., *TGG* (1904) 46.
(*b*) *Her.* Macl: *mascle, (voided) lozenge.*
16g. *Med H* 68, Mae rrai yn dwyn kroessau mannau neu *mascul* yn i harvau. Ac val hynn i disgriir: Mae yn dwyn ariann, *mascul* kroes o gowls. **1722** *Llst* 189, *masgl, masglau,* mascle in heraldry. **1776** *W* d.g. *mascle* [*a figure in Heraldry*].
Cfn.: **cael (y) masgl (ar), cymryd m. (ar):** *to get the better (of), take advantage (of), gain an unfair advantage (over).* **1834.** Ar lafar yn sir Ddinb. a Meir., *Cymru* lxii. 72.
Gw. hefyd macl.

masgl[3], **masgul**[2] [bnth. dysg. o'r Llad. *masculus,* cf. H. Lyd. *mascul,* H. Wydd. *mascul*; ?*u* ≡ *w* yn y ddwy engh. gyntaf] *a.* a hefyd fel *eg.* Gwrywaidd; gwryw: (*a*) *male.*
13g. *C* 36. 2, A[th uendicco de] *vascul* a femen. *id.* 38. 7–8, aunaeth maurth a llun. *amascul* abun. *c.* **1455** *GP* 68, hwnn i'r *masgl,* honn i'r ffemal. *id.* 69, *Masgl* yw'r peth gwrw. *Diw.* **16g.** *Gwyn* 3, 267, yn dwyn mysclwyth / *mascl* a fœmina. *c.* **1730** *Thos. Lloyd D* (LlGC) 170b, *masgyl,* masculus.

masgl[4], gw. masglaf: masglu.

masglaf: masglu, masglo, masgl[4] [bf. o'r e. *masgl*[1]] *bg.a.* Tynnu o'r plisg, plisgo, disbeinio; aeddfedu (am gnau), gwisgïo; (geir.) gwasgaru: *to shell, husk; ripen (of nuts); (dict.) scatter.*
c. **1588** *B* ii. 230, *masgl,* gwascaru. **1707** *AB* 218d, *masgl* [al. *Mysgly* [*sic*]], to scatter. [V]. **1753** *TR, masglu,* to shell; also to scatter. [**1783**] *W,* difasglu, vulgò *masglu* d.g. *to shell* [*take, or strip, off the shell*]. **1803** *P.* Ar lafar yn y De, '*mas(h)glu* (*mas(h)glo*) pys', 'Ma'r cnou yn *masglo*'.
Cf. difasglaf: difasglu.

masglen, gw. masgl[1].

masglennaid [*masglen* + *-aid*[1]] *eb.* Llond masglen, a gyfrifid yn chwarter llwyaid: *a shell- or podful, reckoned as a quarter of a spoonful.*
1801 *MMf* 295, Pwys llyn a gwlyb . . . Pedair *masglenaid* a wna un llwyaid.

masglfrath [*masgl*[1] + bôn y f. *brathaf*: *brathu*] *a.* Yn brathu masgl neu fran: *biting husks or bran.*
16–17g. HUW CEIRIOG, &c.: *Gw* 202, Fant gelwyddgasgl, fin *fasglfrath,* / Faleisus fol ceuglol cath [am gaseg].

masglin [bnth. S. *masculine*] *a.* *Gram.* Gwrywaidd: *masculine (in gram.).*
Dchr. **17g.** *GP* 156, Tair kenedl yssydd i rragenw, val i mae 'hwnn', *massglin.*

masglog[1] [*masgl*[1] + *-og*] *a.* Yn dwyn plisgyn, cibynnog; ?yn ildio plisg gwag yn unig (am gynhaeaf): *having a shell; ?consisting merely of empty husks (of harvest).*
15–16g. *B* xxii. 121, yr amser i bo y . . . gaeaf yn yr haf . . . ar kynhaeaf yn *vasglawc.* **1803** *P.*

masglog[2] [*masgl*[2] + *-og*] *a.* Llawn maglau neu rwyllau (am rwyd): *having many meshes.*
1776 *W* d.g. *meshy* [*abounding in meshes, or made of net-work*]. **1803** *P.*

masglwyf [*mas*[5] + *clwyf*] *eg.* Yr haint digwydd, epilepsi: *epilepsy.*
1852.

masglyn, gw. masgl[1].

masgnach, masgnachaf: masgnachu, &c., gw. masnach[1], masnachaf: masnachu, &c.

masgnachwr, masgnachydd, gw. masnachwr.

masgog [*masg*[2] + *-og*] *a.* Tebyg i rwyd, rhwydog, llawn rhwyllau: *net-like, reticulated.*
1604–7 *TW* (*Pen* 228) d.g. *reticulatus.* *Dchr.*

17g. *J* 10, 27a, *mascog*, reticulatus.

masgot [bnth. S. *mascot*] *eg.* ll. *-s.* Person, anifail, neu wrthrych y tybir bod ei bresenoldeb yn dwyn lwc yn ei sgil: *mascot.*
20g.

masgul[1,2], gw. masgl[2,3].

masgynhyrchaf: masgynhyrchu [*màs*[1] + *cynhyrchu*] *ba.* a'r be. yn aml gyda grym enwol. Cynhyrchu nwyddau unffurf ar raddfa helaeth yn ôl proses safonedig, hefyd yn *ffig.*: *to mass-produce, manufacture by mass-production, also fig.*
20g.

masiaf: masio [bnth. S. (*to*) *mash*] *ba.* Stwnsio neu botsio (tatws, &c.): *to mash (potatoes, &c.).*
c. **1877.**

masiar, gw. masier.

masiarŵm, masiarŵn, masrwm, &c. [bnth. S. *musheroom, mushroom*] *eg.* ll. *-s.* Madarchen: *mushroom.*
1895. Ar lafar yn gyff.; hefyd yn y ff. l. *siarŵms.*
Gw. hefyd shrwmps.

masier, masiar [bnth. S. *masher*] *eg.* Dyn trwsiadus: *well-dressed man, masher.*
Ar lafar, *LlLlM* 106.

masîn [bnth. S. *machine*] *eb.g.* ll. *-s, masinau.* Peiriant, injan: *machine.*
1828. Ar lafar yn gyff.; hefyd yn sir Drefn. yn y ff. *shin.* Digwydd yn ardal y chwareli yn yr ystyr 'cwt pwyso'.
Cfn.: **masîn ddyrnu:** *threshing-machine.* **20g. m. odro:** *milking-machine.* **20g. m. wair = m. lladd gwair.** Ar lafar ym Morg. **m. (g)wnïo:** *sewing-machine.* **20g. m. lladd gwair:** *mowing-machine.* **20g. m. nithio:** *winnowing-machine.* **20g. m. bost:** *drill (in coal-mine).* Ar lafar yn ardaloedd glo y De, *Geir Glo* 79. **m. silio:** *huller, machine for hulling grain.* **20g. m. torri gwair = m. lladd gwair. 20g. m. tsiaffo:** *chaff-cutter.* Ar lafar ym Morg. **m. dyllu = m. bost.** Ar lafar yn ardaloedd glo y De, *Geir Glo* 79.

masiwn, maswn, maes(i)wn [bnth. S. *mason*] *eg.* ll. *mas(i)yn(i)aid (mas(i)wn(i)aid), maes(i)yn(i)aid (maes(i)wn(i)aid).* Crefftwr sy'n torri a thrin cerrig ac yn eu defnyddio i adeiladu, saer maen, maensaer: *stonemason.*
16–17g. (*Gesta Rom*) *LlGC* 13076, 86a, *maeswnnaid* a sairi. **1606** E. JAMES: *Hom* ii. 99, Saeri, gofion, *maeswnnaid* [:– Saermaen]. *c.* **1730** *Thos. Lloyd D* (LlGC) 167b, *masiwn,* a mason. *c.* **1762–79** W. WILLIAMS: *P* 76, pawb yn Daeliwr, yn Saer, yn Grydd . . . ac yn *Fassiwn* iddo ei hun. **1776** *W,* vulgò *maeswn* (pl. *maesyniaid*) d.g. *mason.* **1784** M. WILLIAMS: *S* i. 185, saeri, gofiaid, *maswniaid.* **18–19g.** *Llr* C 40, 533, Sioni'r *Maeswn* dimmai. Ar lafar yng Nghered., sir Benf., a'r De. Yng Nghered. clywir '*masiwn* ar y môr' am ddyn diog.
Cfn.: **maeswn sych:** *drystone-waller.* Ar lafar.

masiwna, maesiwna [*masiwn, maesiwn* + *-(h)a*] *bg.* Dilyn crefft saer maen: *to follow the occupation of a mason.*
Ar lafar yn y ff. *masiwna* yn sir Benf. a'r cyffiniau, ac yn y ff. *meisiwna* ym Morg.

maslach [?< **masglach,* sef *masgl*[1] + *-ach*[2]] *eg.* Gwiriondeb, dwli: *nonsense.*
Ar lafar yn sir Benf., 'Beth yw shwt *faslach* wyt ti'n weyd?', *GDD* 194.

maslin [bnth. S. *maslin*] *eg.* Amyd, siprys: *maslin, mixed corn.*
1811.

masnach[1], **masgnach**[1], *eb.g.* (bach. *masnechyn*) ll. *-au, -oedd.*

(*a*) Y gorchwyl o brynu, gwerthu, cyfnewid, a dosbarthu nwyddau o bob math er mwyn ennill bywoliaeth, &c., y gweithgarwch ariannol sy'n deillio o'r cyfryw orchwyl, busnes, cytundeb, bargen; masnachle; cyfathrach gymdeithasol, ymwneud pobl â'i gilydd; hefyd yn *ffig.*: *trade, commerce, business, agreement, bargain; place of business; social intercourse, affairs, dealings; also fig.*

14g. *GDG* 128, Minnau, da y gwyddwn *fasnach,* / A roddwn bunt i'r ddyn bach. **14g.** *IGE*[2] 49, Pwy i'n mysg, ein pen *masgnach,* / A fyn . . . / O ganmol werth ugeinmorc / Am un march, a mwy no morc? *a.* **1401** *AL* ii. 324, nathalu nebryw da yr benthygywr amlunyaeth na *masgnach* a wnelei y benthygywr. **15g.** *Cy* iv. 126, ychwitheu creftwyr a masnachwyr feilst vuoch yntwyllaw ykyffredin bobyl ar ych *masnache. Diw.* **15g.** *Pen* 41, 26, pryt na allo y kyffryw dyn hwnnw or *vasgnach* gyntaf. **1551** W. SALESBURY: *KLl* xviib, na bo i nep traws vynet a thwyllo i vrawt ym*masnach. c.* **1585** G. ROBERT: *DC* 6b, dyma r fath fargen a *masnach* i mae dyn a diawl yn i wneuthur. *Dchr.* **17g.** *J* 10, 27a, *masnechyn,* negotiolum. **1615** R. SMYTH: *GB* 140, gadawn ymaith i holl stadau 'r byd wneythyr i *masnachau.* **1632** *D, masnach* . . . mercatura, emporeuma. **1661** E. LEWIS: *Drex* 115, y *masnach* o Dragywyddoldeb. *id.* 328, *masnach* mawr ein iechydwriaeth. **1677** C. EDWARDS: *FfDd* 63, gweithdai, buarthau, ffeiriau, a *masnachoedd* eraill. **1703** E. WYNNE: *BC* 64, nis gwn i ddim o'u storiâu, na'u *masnach,* na'u cyfrinach felltigedig hwy. **1727** J. JONES: *DFF* 119, y rhai a ormodfeichiasoch eich Cymmydogion yn eich *Masnachoedd.* **1776** *W* d.g. *negotiation* [*a trafficking, traffick &c.*]. **1803** *P* d.g. *masgnach.*

(*b*) Nwydd(au) a brynir ac a werthir, &c., marsiandïaeth: *goods, ware(s), merchandise.*

1604–7 *TW* (*Pen* 228), rhwn sy'n gwerthû amryw *vasnachæ* yn sachbynnæ d.g. *æginopola.* **1632** *D, masnach* . . . mercimonium, merx. **1676** W. JONES: *PGG* 37, trwy werthu wâr (neu *fasnach*) ddrwg am dda. **1684** T. JONES: *Alm* 42–3, i gyfarfod Pynau o *fasnach* sef o wâr a ddisgwylient o Lundain. **1716** E. SAMUEL: *GGG* 190, mae [a]chos da i ammeu'r *fasnach* (*goods*) a wthier ar un. **1776** *W* d.g. *merchandise* [*the subject of traffic, ware, &c.*].
Cfn.: **masnach fydol (bydol):** *worldly affairs, earthly matters.* **1630** R. VAUGHAN: *YDd* 269, 423. **1675** R. JONES: *HCh* 6. **1789** J. THOMAS: *DdS* 95. **y f. gaethion, y m. caethion:** *the slave trade.* **1815. y f. feddwol (feddwi):** *the liquor trade.* **1837. m. rydd:** *free trade.* **1854.**
Am *Bwrdd Masnach, llynges f.,* gw. bwrdd, llynges.
Gw. hefyd caethfasnach, hapfasnach.

masnach[2], gw. masnachaf: masnachu.

masnachaeth [*masnach*[1] + *-aeth*] *eb.* Marchnadaeth, masnach, ymwneud (masnachol, &c.): *trade, commerce, business, (commercial, &c.) dealings.*
1789 W. RICHARDS: *ABD* 53, Lydia . . . wedi dyfod yno o Thyatira, dros encyd er mwyn *masnachaeth.* **1790** W. RICHARDS: *LlA* 92, ei chynnorthwywyr hi [Lydia] yn ei *masnachaeth. ib.* nad oedd ei *masnachaeth* hi ddim amgen . . . na gwerthu ychydig o liw coch.
Cfn.: **masnachaeth rydd:** *free trade.* **1849.**

masnachaf, masgnachaf: mas(g)nachu, masnach[2], **masgnach**[2] [bf. o'r e. *masnach*[1], *masgnach*[1]] *bg.a.* Dwyn ymlaen fasnach neu fusnes, prynu a gwerthu, delio (yn fasnachol), marchnata, cyfnewid, bargeinio, hefyd yn *ffig.*: *to trade (in), buy and sell, deal (commercially), market, barter, bargain, also fig.*
c. **1400** *Llst* 27, 164a, Dyn heb da ganthaw ac yn *masgnach* pob dim. **15g.** *GTP* 40, Gwyddiad atal am dalu, / Glöyn Duw'n *masnach* gwlân du. **1567** *TN* 41a, Yno hwn a dderbynesei y pemp talent, aeth ac a *vasnachodd* ac wynt, ac enillodd bemp talent ereill. *id.* 118b, Marchnatewch [:– Marsiandewch, *Masnechwch,* Bargeiniwch] y'n y ddelwyf. *id.* 265b, Can nad ym ni . . . yn *masnachu* [:– arwerthu] gair Duw. **1604–7** *TW* (*Pen* 228), *masnachû* manbetheû, iselbris d.g. *aginor.* **1632** *D, masnach* d.g. *commercor, mercor, negotior.* **1670** J. HUGHES: *AP* 63, Swynwy[r] yn *masnach* a'r Cythraul. **1723** J. JONES: *LlA* 308, y neb a *fasnacho* am y Doethineb a'r Deall ymma, a fydd y Gwr cyfoethoccaf. **1728** T. BADDY: *DDG* 167, [dyfod] trossodd i Loegr i fyw a *masnach* yno. **1772** *W, masnach* d.g. *to deal* [*trade, traffick, transact business, &c.*]. **1790** T. JONES: *TOS* 224, *masnach* ag ef yn y byd, ac efe a'th gynghora i brynu y perl drudfawr. **1803** *P* d.g. *masgnachu.*
Gw. hefyd hapfasnachaf: hapfasnachu.

masnachaidd [*masnach*[1] + *-aidd*] *a.* Yn perthyn i fasnach neu fusnes, masnachol, marchnadol; yn masnachu: *pertaining to trade or business, commercial; trading.*
1811.

masnachdy, masgnachdy [*masnach*[1], *masgnach*[1] + *tŷ*] *eg.* ll. *-dai.* Adeilad ar gyfer masnachu, siop: *business premises, shop.*
1632 *D* d.g. *taberna.* **1718** M. WILLIAMS: *P* 8, Codi *Masnachdai,* i brynu a gwerthu Cyfnewid ynddunt. **1722** *Llst* 189, *masnachdy,* m. a shop, ware-house. **1728** T. BADDY: *DDG* 95, Chwy chwi Juddewon ceuwch i fynu eich *Masnachdai.* **1798** *WR, masnachdy,* gweithdy d.g. *shop.*

masnacheiddiaf: masnacheiddio [bf. o'r a. *masnachaidd*] *ba.* Gwneud rhywbeth yn fater o fasnach, darostwng (e.e. y Nadolig) i fyd prynu a gwerthu: *to commercialize.*
20g.

masnaches [*masnach*[1] + *-es*[1]] *eb.* Masnachwraig: *woman merchant or trader.*
1789 W. RICHARDS: *ABD* 53.

masnachfa [*masnach*[1] + *-fa, ma*] *eb.* ll. *-feydd*] Siop, masnachdy, canolfan fasnach; ymwneud masnachol: *shop, business premises, trading centre; business dealings.*
1723 J. JONES: *LlA* 8, *Masnachfa,* Siop. *id.* 22, nad yw un Amser oll yn bwrw ei *Fasnachfa,* nag yn edrych dros ei Lyfrau. *id.* 96, pan yw Duw wedi cau y *Fasnachfa.* **1727** J. JONES: *DFF* 127, ac a fuoch union yn eich *Masnachfeydd.*

masnachfintai [*masnach*[1] + *mintai*] *eb.* ll. *masnachfinteioedd.* Cwmni o farsiandwyr, &c., yn cyd-deithio (yn enw. drwy'r anialwch yn y Dwyrain), carafán: *(trade) caravan.*
1875.

masnachgar [*masnach*[1] + *-gar*] *a.* Hoff o fasnach, a'i fryd ar farchnata, yn aml yn ddifrïol: *trade-loving, commercially orientated, often derog.*
1844.

masnachgell [*masnach*[1] + *cell*[1]] *eb.* ll. *-oedd.* Siop: *shop.*
1731 E. SAMUEL: *PGB* 24, Rhybudd, Fod gan Mr. Peter Potter (yn ei Farchnad gell, neu ei Siop . . .) ar Werth Feiblau, Llyfrau Gweddi . . . Chwi ellwch hefyd gael Arian am . . . ryw Nifer o Lyfrau yn y *Fasnachgell* ragddywededig. **1763** R. THOMAS: *HR* 9, sefyll wrth Ffenestr *Masnach gell* cymmydog.

masnachle, masgnachle [*masnach*[1], *masgnach*[1] + *lle*[1]] *eg.b.* ll. *-oedd.* Marchnad, siop, masnachdy, man lle dygir ymlaen fasnach neu fusnes, canolfan fasnach: *market, shop, business premises, place of business, trading centre.*
16g. (*LlEG*) *Mos* 158, 576a, a dyuod Ir *vasgnachle* ne ir varchnad.

masnachlong [*masnach*[1] + *llong*[1]] *eb.* ll. *-au.* Llong fasnach, llong nwyddau: *merchant ship, merchantman.*
1798 *WR* d.g. *merchantman.*

masnachol, masgnachol [*masnach*[1], *masgnach*[1] + *-ol*] *a.* Yn perthyn i fasnach neu fusnes, marchnadol; yn masnachu: *pertaining to trade or business, commercial, mercantile; trading.*
1776 *W, masnachol* d.g. *mercantile.* **1789** W. RICHARDS: *ABD* 54, ei gorchwylion *masnachol.* **1794** E. JONES: *CP* xiii, gwledydd *masnachol.* **1803** *P* d.g. *masgnachawl.*

masnachwr, masnachydd, masgnachwr, masgnachydd [bôn y f. *masnachaf, masgnachaf*: *mas(g)nachu* + *-wr, -ydd*[3]] *eg.* (b. *masnachwraig (-reg),* ll. *-wragedd; masnachyddes*) ll. *-wyr, -yddion.* Un sy'n ennill bywoliaeth wrth brynu a gwerthu nwyddau, &c., marchnadwr, marsiandwr, deliwr, siopwr, gŵr busnes: *merchant, trader, dealer, shopkeeper, businessman.*
15g. *Cy* iv. 126, creftwyr a *masnachwyr* feilst vuoch. **1455–6** *Llst* 28, 209, *masgnachwr* a ffrynwr aniveiliaid. **1567** *TN* 22a, cyffelip yw teyrnas nefoedd i varsiandwr [:– varsiand *vasnachwr*]. **1632** *D, masnachwr* d.g. *negotiator.* **1762** *CGC* 5, Maurice Jones, *Masnachwr.* **1767** E. THOMAS: *HR* 154, Diweddodd [Bunyan] ei ddŷddiau . . . yn nhŷ un

oedd ronyn *matter* ganddyn. Ar lafar, ''ta *fatar* am hynny', *WVBD* 366; "Does *fater* yn y byd'.

Cfn.: **mater bywyd:** *capital offence, hanging matter; matter of the greatest importance.* **1672** R. PRICHARD: *Gw* [vii]. Ar lafar, "Dyw e ddim yn *fater bywyd* (tragwyddol)'. **m. crog = m. bywyd.** **1807. materion cyfoes:** *current affairs.* **20g. m. gwledig:** *secular matters.* **1753** J. THOMAS: *UG* 3. **1775** E. GRIFFITHS: *GF* 37. **mater o ffaith:** *a matter of fact; matter-of-fact.* Ar lafar yn gyff. Gw. hefyd *fel—f. mater o ffaith.* **m. o ffurf:** *matter of form.* **20g. m. o bwys:** *matter of importance.* **15–16g.** *TA* 244, Torri buoch, trwy Bowys, / Tir byw ar *fater o bwys.* **1618** J. SALISBURY: *EH* 319. **1730 (1755)** E. WYNNE: *PAC* 8. Ar lafar yn gyff. **m. rhaid (o raid):** *matter of necessity.* Ar lafar yn gyff. **beth sy m. (sy'n m.)? = beth yw'r m.?** Ar lafar yn gyff. **(pa) beth yw'r (ydyw('r)) mater?:** *what is the matter?* **1588** *2 Sam* i. 4. **1661** E. LEWIS: *Drex* 260. **1681** S. HUGHES: *AC* 18. **1703** E. WYNNE: *BC* 20, 114. **1771** *PDPh* 2. Ar lafar yn gyff., '*Beth yw'r matar* ar y ceffyl?', *GDD* 195. Cf. D. OWEN: *GT* 199, heb ddim yn y byd y mater arnyn' nhw.

Am *gwreiddyn y mater*, gw. gwreiddyn.

materaf: materu [bf. o'r e. bl.] *bg.a.* Bod o bwys neu o wahaniaeth; hidio, malio (am, yn): *to be of consequence, make a difference, matter; mind, care, be concerned (about).*

1547 *WS*, *matery*, make a mater. **1709** H. POWEL: *G* 69, nid ydynt oll yn *matteru* am wneuthur a byw yn ol yr hyn a glywont. **1711** H. POWEL: *TY* 102, nid yw Duw yn *matteru* (*it is all one to God*) pa un a fo y moddion hyn a[i] nerthol a[i] gwael ynghyfrif dynion. *id.* 263, na bai Duw yn *matteru* (*regard*) ei Etholedigion mwy nac ereill. **1733** T. EVANS: *PP* ix, nid oedd y Diawl . . . yn prisio nac yn *matteru* o'i plegid mwy nag am ffiloreg. **1766** *FfA* 13, Nid yw yn *matteru* pwy a'th ddygodd i mewn. *id.* 79, y mae'r dyn yn griddfan . . . yn ofnus . . . yn ochain . . . ond nid yw angeu yn *materu* dim.

materaidd [*mater* + *-aidd*] *a.* Materol, sylweddol, corfforol: *material, physical, corporeal.*

1836.

materiaeth [*mater* + *-iaeth*] *eb.* *Athr.* Materoliaeth: *materialism* (*in phil.*).

20g.

materiaethol [*materiaeth* + *-ol*] *a.* Materolaidd: *materialistic.*

20g.

materiolaeth, gw. materoliaeth.

materol, materiol [*mater* + *-(i)ol* neu gfdds. o'r S. *material*] *a.* Wedi ei gyfansoddi o fater, sylweddol, corfforol, yn perthyn i fyd mater; yn rhoddi pwys ar eiddo a chysur corfforol ar draul buddiannau ysbrydol a moesol, materolaidd; perthnasol, o bwys: *made of matter, material, physical, corporeal, pertaining to the material world; materialistic; material, of consequence.*

1547 *WS*, *materiol*, materiall. **1604–7** *TW* (*Pen* 228), nat yw *vateriol* pa benn a vo tuag y w[a]ret d.g. *phiala duplex.*

materolaeth, gw. materoliaeth.

materolaf: materoli [bf. o'r a. bl.] *ba.* Gwneud yn faterol neu'n faterolaidd: *to render material or materialistic.*

1904.

materolaidd [*materol* + *-aidd*] *a.* Yn rhoddi pwys ar eiddo a chysur corfforol ar draul buddiannau ysbrydol a moesol, materol ei ogwydd; *Athr.* yn dal mai mater yw'r unig realiti a bod y meddwl, yr emosiynau, &c., yn ffwythiannau ohono: *materialistic* (*also in phil.*).

1903.

materoldeb [*materol* + *-deb*] *eg.* Materoliaeth; y cyflwr o fod yn faterol neu'n sylweddol: *materialism; materiality.*

1904.

materoliaeth, mater(i)olaeth [*materol, materiol* + *-(i)aeth*] *eb.g.* Tuedd i roddi pwys ar eiddo a chysur corfforol ar draul buddiannau ysbrydol a moesol; *Athr.* yr athrawiaeth mai mater yw'r unig realiti, a bod y meddwl, yr emosiynau, &c., yn ffwythiannau ohono: *materialism* (*also in phil.*).

1885.

Cfn.: **materoliaeth ddilechdidol:** *dialectical materialism.* **20g.** **m. hanesyddol:** *historical materialism.* **20g.**

materolrwydd [*materol* + *-rwydd*] *eg.* Materoliaeth; y cyflwr o fod yn faterol neu'n sylweddol, materoldeb: *materialism; materiality.*

1896.

materolwr, materolydd [*materol* + *-wr, -ydd*[3]] *eg.* ll. *materolwyr.* Person materol ei ogwydd; *Athr.* un sy'n arddel materoliaeth: *materialist* (*also in phil.*).

1891.

materydd [*mater* + *-ydd*[3]] *eg.* ll. *-ion.* *Athr.* Materolwr: *materialist* (*in phil.*).

1851.

materyddiaeth [*materydd* + *-iaeth*] *eb.g.* *Athr.* Materoliaeth: *materialism* (*in phil.*).

1845.

materyddol [*materydd* + *-ol*] *a.* Materol ei ogwydd, materolaidd (hefyd *Athr.*); materol, sylweddol, corfforol: *materialistic* (*also in phil.*); *material, physical, corporeal.*

1886.

mateyrn [*mad*[1] + *teyrn*; ?drwy gamddehongli'r Crn. Diw. *matern* 'brenin'] *eg.* Brenin da neu ffodus: *good or fortunate king.*

1801 *MA* ii. 67, Tri *Mattëyrn* ynys Prydain. **1803** *P.*

Gw. hefyd mechdeyrn.

matfyw, gw. madfyw.

matgael [*mad*[1] + *cael*] *eg.* Caffaeliad da neu ffodus: *good or fortunate acquisition.*

1807 *MA* iii. 259, Tri *madgael* y sydd, ac a'u cafo nid rhaid iddo ychwaneg: câr cywir, cydwybod lân, a deall ar iawn a gwirionedd.

matgan, matgorn, gw. maethgen, mapgorn.

matgudd [*mad*[1] + *cudd*[1]] *eg.* Cuddiad ffodus: *fortunate concealment.*

14g. *WM* 60. 17–18, A hwnnw trydyd *matcud* ban gudywyt [pen Bendigeidfran]. *c.* **1400** *TYP* 88, Tri *Matkud* Ynys Prydein: Penn Bendigeituran uab Llyr, a guduwyt yn y Gvynuryn yn Llundein.

matgyn, gw. macyn.

mati, gw. mate.

matiaf[1]**: matio** [bf. o'r e. *mat*[1]] *ba.* Gorchuddio â mat: *to cover with a mat.*

1760 *W Ballads* 89, 4, [Ll]awr Teils neu gerrig, Cyd gyfuwchedig. / A hwn wedi ei *fattio*, A glâslirfrwyn [*sic*] drosto.

matiaf[2]**: matio** [bnth. S. (*to*) *matt*] *ba.* Gwneud yn ddwl neu'n ddi-sglein: *to make dull or matt.*

[**1761**] *GGJ* 25, rhaid *Mattio* ef [eurwaith].

mating, matyn [bnth. S. *matting*] *eg.* (Defnydd i wneud) mat, hefyd yn *dros.*: *matting, also transf.*

Ar lafar.

matiog [*mat*[1] + *-iog*] *a.* Llawn clymau (am wallt), dryslyd: *matted* (*of hair*).

1860.

matog [bnth. S. *mattock*] *eb.* ll. *-au.* Caib, picas, hof: *mattock, pickaxe, hoe.*

15g. *DE* 116, ai gwiw heb aradr ag og / im ytir raw a *mattog.* **16g.** (*LlEG*) *Mos* 158, 662b, *mattoggav* a bilygav. **1583** *LlGC* 716, 37b–38a, [b]laenllymv pob-vn ei *fattoc*, a'i fwiall, a'i fach-chwnnv. **1800** W. OWEN[-PUGHE]: *CP* 68, eu bras-dori [erfin] gyda *matog* syth. **1803** *P.*

Gw. hefyd batog.

matogaf: matogi [bf. o'r e. bl.] *bg.a.* Hofio, priddo â matog, ceibio: *to hoe, earth up with a mattock, mattock.*

1800 W. OWEN[-PUGHE]: *CP* 58, Pan fo yr egin bumnalenog, dylid eu *matogi.*

Gw. hefyd batogaf: batogi.

matogiad [bôn y f. fl. + *-iad*[1]] *eg.* Y weithred o hofio: *a hoeing.*

1800 W. OWEN[-PUGHE]: *CP* 56, y Cnwd Erfin goreu dan dri *matogiad.* *id.* 58, dyly bod iddynt [planhigion ieuainc] ail *fatogiad.*

matraf: matru, matryd, gw. ymddihatraf: ymddihatru.

matras, matrys, matres [bnth. S. C. *matras, matrice, matres* 'mattress'] *eg.b.* ll. *matrasau, matrysau, matresi.* Cas defnydd wedi ei lenwi â rhawn, gwellt, plu, rwber ewynnog, &c., ac fel rheol bellach wedi ei atgyfnerthu â sbringiau, i'w ddefnyddio fel gwely neu fel rhan o wely, hefyd yn *ffig.*; (geir.) mat: *mattress, also fig.*; (*dict.*) *mat.*

15g. *AP* 18, ar y gwely yr oedd *vatrys* o ddwylath o dewdwr o vanblv kysseilie pennloynot kvlion ac ar vcha *ymatrys* yroedd saithlenllien wmpl. **15g.** *DGG*[2] 32, Bid ein gwely fry ny fron / . . . / Ar *fatras* (*Pen* 76, 40, *vatrys*) o ddail glas glyn. **15g.** BEDO AERDDREM, &c.: *Gw* 132, trwssiad fel blew *matryssav* [Bedo Phylip Bach i ofyn bytheiaid]. **1547** *WS*, *mattrys*, a mattres. **16–17g.** (**1638**) *Pen* 151, 79b, Pe cawn fras *fatras* ar fvtra ar aned [*sic*]. **1604–7** *TW* (*Pen* 228), *matres* bychan d.g. *culcitrula.* **1617** *Minsheu* 298a, *mattrys* d.g. *a Mattresse, flockebed, or quilt.* **1632** *D*, *mattras*, culcitra, anaclinterium. **1688** *TJ*, *mattras*, a matress, a Flagg-matt, a Bed-matt. **1776** *W* d.g. *mat* [*a sort of texture made of sedges, rushes, or flags*], *to* [*cover with*] *mat*, *to mat* [*weave, or plat, into a mat*], *matras, mattrass* . . . [*a sort of hard bed put under a softer*]. **1803** *P.* Ar lafar yn gyff. yn y ff. *matras.*

Am *gwely matras* (*matres*), gw. gwely.

matriarch [bnth. S. *matriarch*] *eb.* Gwraig sy'n bennaeth ar lwyth, teulu, &c., yn enw. mewn matriarchaeth, mambennaeth; gwraig sy'n tra-arglwyddiaethu ar sefydliad, cymuned, &c.: *matriarch.*

20g.

matriarchaeth [*matriarch* + *-aeth*] *eb.* Trefn gymdeithasol lle y mae gwraig yn hytrach na gŵr yn bennaeth ar y gymdeithas neu'r teulu, a lle yr olrheinir ach a charennydd trwy linach y fam; cymdeithas y mae gwragedd yn tra-arglwyddiaethu ynddi: *matriarchy.*

20g.

matriarchaidd [*matriarch* + *-aidd*] *a.* Yn perthyn i fatriarchaeth, a nodweddir gan fatriarchaeth, hefyd yn *dros.*: *matriarchal, also transf.*

20g.

matric [bnth. S. *matric*] *eg.* Arholiad yr oedd rhaid gynt ei basio i gael derbyniad i brifysgol: *matriculation* (*examination*).

Ar lafar.

matriciaf: matricio [bf. o'r e. bl.] *bg.* Llwyddo yn y 'matric': *to pass the matriculation* (*examination*).

Ar lafar.

matrics [bnth. S. *matrix*] *eg.* ll. *-au.* *Math.* Arae betryalog o elfennau mewn rhesi a cholofnau; *Biol.* sylwedd rhyng-gellol mewn esgyrn, cartilag, pren, &c.: *matrix* (*in math. and biol.*).

20g.

matricwleiddiaf: matricwleiddio [cfdds. o'r S. (*to*) *matricul(ate)* + *-eiddio*] *bg.a.* Derbyn (myfyriwr) i brifysgol; cael ei dderbyn i brifysgol (am fyfyriwr), ymgymhwyso ar gyfer hyn, llwyddo yn y 'matric': *to matriculate.*

20g.

matron, matrys, gw. metron, matras.

matryd, gw. ymddihatraf: ymddihatru.

matsaf: matso, gw. matsiaf: matsio.

matsh¹, mats¹, maits¹ [bnth. S. *match* 'piece of wood, &c., used to light fire, &c.'] *eg.* (un. b. *mats(i)en, meitsen,* g. *mats(h)yn*) ll. *mats(h)ys, meitses.* Ysglodyn bach o bren, &c., a sylwedd hylosg ar un pen iddo sy'n tanio drwy ffrithiant; cordyn o gywarch, &c., at danio canon, &c.: *match; type of wick or cord for firing cannon, &c.*

16g. (*LlEG*) *Mos* 158, 624a, I syrthiodd niwni pa vn, air *matts* ai gwreichionen . . . ynny [*sic*] baril ar powdwr. **1604–7** *TW* (*Pen* 228), y *maits* y gadw tan, y magdan d.g. *fomes igniarius.* Ar lafar yn gyff. yn y ff. *mats(i)en, matsan, matshyn.* Clywir yr ymad. '(gwyllt) fel *matsen*', 'mor wyllt â *matshyn*' am rywun a thymer wyllt ganddo.

Cfn.: **matsen boeth, m. bapur poeth:** *kind of touch-paper formerly used in slate quarries.* Ar lafar gynt yn ardaloedd y chwareli llechi.

Am *blwch matsys, bocs m., coes matsen, goleuo m., rhoi m. yn (wrth, at), tanio m.,* gw. blwch, bocs², coes (At.), goleuaf: goleuo, rhoddaf: rhoddi, taniaf: tanio.

matsh², mats², maits² [bnth. S. *match* 'one of a pair, &c.'] *eb.g.* ll. *metsys, meitsieu.* Trefniant priodasol, priodas; cystadleuaeth (chwaraeon); person neu beth sydd gystal, yn gyfartal, neu'n cydweddu (â pherson neu beth arall), cymar: *marriage arrangement, match; competition, match (in sport), bout; an equal or match (for someone or something).*

16g. HUW ARWYSTL: *Gw* 316, duw ni gyrredd dyn gwrol, / eise I *vats* a saif yw ol. **1574** *LlGC* 15542, 233a, may .S. Ciprian yn galw y fath *faitsie* ar heini [offeiriaid yn priodi] yn incest. **16–17g.** *GST* i. 448, Llawen yw Siôn Is Conwy, / Llawer *maits* a 'nillir mwy [i erchi bwa]. **1672** R. PRICHARD: *Gw* 175, Fe fyn Duw it ymgynghori, / A'th Dâd, a'th fam, cyn priodi, / Ac ymfaitsio 'n ôl eu hwllys, / Tro na cheisiont *faits* [:– priodas], anweddys. **17g.** HUW MORUS: *EC* i. 298, Lle bo *maits* o fowlio, fe elwir am dano. **1716–18** *Llsgr R. Morris* 27, llinio *match* a bod yn ffelgall / a rhoddi yr ferch i farchog arall. *id.* 205, fo dyfodd *maits* o seuthiad / rhwng chwe chwmniwr gwastad. **1759** *BC* 192, Mi gymrais ryw gred, na luniwn ar led, / Un *fats* o gyd yfed. **1765** *BDGU* 57, Fe wrthododd y tâd anrasol, / Lawer o *Fetsus* gwchion. *id.* 58, Ni cheisia i ond Barn y Cwmni, / Oni bydde hi yn *Fats* pur ddigri. Ar lafar, 'Mi darodd o ar 'i *fatsh*', 'He met his match', *WVBD* 366; 'Dyna chi *fatsh* da' (ynglŷn â dillad); "Na chi *fatsh*', lle bo cydbwysedd mewn arian ac eiddo rhwng mab a merch sy'n priodi (sir Gaerf.).

matsaf: matso, gw. matsiaf: matsio.

matsiaf, matsaf, maits(i)af: mats(i)o, maits(i)o [bf. o'r e. *matsh², mats²*] *bg.a.* Trefnu i (rywun) briodi, cael gŵr neu wraig i, priodi; bod yn gyfartal, (peri) cydweddu o ran swm, ansawdd, lliw (e. e. mewn dillad), &c., cael cymar i (rywbeth); peri cystadlu: *to arrange a marriage for, marry; be equal, (cause to) match (e.g. colours, clothes), find a match for; pit against, match.*

1574 *LlGC* 15542, 236a, vrddas ag ywchder esgob ny ellir y *faytsio* ef drwy gwmpario y ny byd. **1672** R. PRICHARD: *Gw* 175, Di gei *faitsio* [:– Briodi] wrth dy fôdd. **1683** H. EVANS: *CTF* 26, Llawer peth anaddas ddigon, / Ddaw o *faitsho* [:– Priodi] â thylwyth mawrion. *Dchr.* **18g.** HUW MORUS: *EC* ii. 242, Mi rof gennad iddi *fatsio.* **1716–18** *Llsgr R. Morris* 27, ai thad oedd iw *matchio* hithe / a dun tlawd heb fawr fens gantho. **1768** **(1813)** TWM O'R NANT: *FF* 57, Mae'r feinir a'i bryd a chwant ei chalon, / Ar fawredd a bonedd yr arglwydd tirion; / Modd y caffo hi'r blaen wrth *fatcho*'n glau / Ar ei chym'dogesau'n gyson. **1770** *DBY* 8, 'roedd fy mryd . . . i *fatsio* fy unig Etifedd a'r Etifeddes hon. Ar lafar yn gyff. yn y ff. *matsio.*

matsien, matsis, matsus, matsys, gw. matsh¹.

matsych [elf. gyntaf. dyb. *mad(fall)* + *sych*] *eb.* ll. *-od.* Sarff chwedlonol y credid bod ei brath yn peri syched aruthrol: *dipsas (fabulous serpent).*

1819 W. OWEN[-PUGHE]: *CG* 296, a *Madsych* (nid mwy gynt / Yr heibiai dir lle dafnai Gorgon waed, / Neu y Sarffynys).

matyn, gw. mating.

math [amr. ar *bath¹* gydag *m-* a *b-* yn ymgyfnewid, cf. *bainc, mainc*; dichon mai i *bath¹* y perthyn rhai o'r enghrau. a ddyfynnir isod] *eg.b.* ll. *-au,* a hefyd gyda grym ansoddeiriol.

(*a*) Grŵp o bethau, o bobl, &c., ac iddynt briodoleddau cyffredin, peth, person, &c., sy'n symboleiddio, yn nodweddu, neu mewn rhyw fodd yn enghreifftio ei ddosbarth, &c., teip, siort, rhywogaeth, dosbarth, bath: *sort, type, species, class, kind, variety.*

1547 *WS* [ix], Gwyddor or *vath* vwyaf ar lythyreu. **1567** G. ROBERT: *GC* 15, eisie i'r cymru ddychmygu vn *fath* ar elfen i wasneuthu tros bobûn. **1588** 1 *Br* xxi. cs., yntef yn cymmeryd *math* ar edifeirwch. **1604–7** *TW* (*Pen* 228) d.g. *genus* (hefyd *D*). **1615** R. SMYTH: *GB* 22, *mathau* diethr ar fwydydd. **1618** J. SALISBURY: *EH* 166, y mae chwech *math* o gabl. **1620** 2 *Esd* v. 53, vn *fath* sydd ar y rhai a anwyd ynghryfder ieuengtid, a *math* arall ar y rhai a anwyd yn amser oedran. **1620** *Ecclus* xxv. 2, Tri *math* ar ddŷn sydd gâs gan fy enaid i. **17g.** *LlGC* 13215, 348, *math,* species. **17g.** E. MORRIS: *B* 67, Na chei di fyth ddigon, mewn moddion, a *mâth,* / O diroedd yn d'wryd pan fy'ch ar lawr gweryd. **1661** E. LEWIS: *Drex* 51, Y Rhufeiniaid oedd yn tybied y gallent dragwyddoli eû clôd dair *math* ar ffordd. **1675** R. JONES: *HCh* 150, Am *fâth* yr ufydd-dod sydd ir Wraig iw roddi ir Gŵr. **1707** *AB* 218d, *mâth,* a sort, species or kind of anything. **1717** IACO AB DEWI: *MN* 63, un Pechod, a hwnnw o'r *fath* leiaf. **1776** *W* d.g. *manner* [*sort, species, &c.*].

(*b*) Tebyg, cyffelyb, hafal: *the like of, peer.*

15g. *DN* 85, Ni welir, dan bwys dirwy, / Ar heol *math* yr haul mwy [marwnad bun]. **16g.** GR. HIRAETHOG: *Gw* (D. J. B.) 81. 38–9, Wylo gwaed am lew Gwedir, / Methu y sir marw *math* Siôn. **1588** *Ecs* ix. 18, y rhai ni bu eu *mâth* (**1620** *ib.* bâth) yn yr Aipht o'r dydd y sylfaenwyd hi hyd yr awr hon. **1588** 1 *Cr* xxix. 25, A'r Arglwydd . . . a roddes iddo [Salomon] ogoniant brenhinawl, *mâth* yr hwn ni bu i vn brenin oi flaen ef yn Israel. **1588** *Neh* vi. 11, a ffŷ gŵr o'm *mâth* (**1620** *ib.* bâth) i? **1588** *Eseia* xlvi. 9, Duw ydwyf, ac heb fy *mâth.* **1632** *D,* bath, tebyg, similis. Et *math.*

(*c*) (gyda grym ansoddeiriol o flaen e.) O'r un rhyw, cyfryw, cyffelyb, tebyg; cymaint, mor fawr: *such, like; so great.*

16g. *Pen* 127, 252, Ar *vath* adar hynny. **1588** *Ecs* x. 14, ni bu y *fath* locustiaid oi blaen hwynt. **1588** *Lef* xxii. 24, na wnewch yn eich tîr y *fath* beth. **1591** *Rhyddiaith Gymraeg* ii. 129, ei ddwyn ef ir *fath* gyfyngder ac adfyd. **1592** S. D. RHYS: *Inst* [xv], a' chann na's gwelwn chwaith *fâth* gyngyd ac amcan ynddynt. **1618** J. SALISBURY: *EH* 82, pa *fath* ddaeoni a fydd yn y bywyd tragwyddol. **1620** *Salm* lxiv. cs., y cai weled y *fath* ddinistr ar ei elynion, ac a barai i'r cyfiawn lawenychu o'i blegid. **1632** *D,* y *fâth* esgidieu d.g. *phæcasiatus.* **1679** C. EDWARDS: *GGG* 7, Pa ryw *fath* ddynion ydynt hwy, y rhai a gant etifeddu y deyrnas. **1682** E. LLWYD: *EI* 1, or *fath* fawr fendith. **1691** T. WILLIAMS: *YB* 19, y *fâth* anfeidrol gyfnewidiad. **1730** **(1755)** E. WYNNE: *PAC* 10, Y lleshad a dderbyniai plant oddiwrth *fâth* grefyddol ddygiad i fynu.

(*d*) *Biol.* Rhywogaeth; tylwyth; un o'r grwpiau o blanhigion mewn rhywogaeth; cwltifar: (*biol.*) *species; genus; variety; cultivar.*

1885.

Amr.: **maeth³. 17g.** EDWARD DAFYDD, &c.: *Gw* 222, Ni bu i'n gwlad gawadon, / Neu'r *faeth* hiraeth ag am hon. **1709** H. POWEL: *G* 5. **1739** D. ROWLAND: *LlY* 12. **1779** *DS* [2].

Cfn.: **y fath a'r f.:** *such and such.* **1630** R. VAUGHAN: *YDd* 41, Nid oes . . . yn Nuw . . . [g]ynneddfau o herwydd pa rai: y gellir dywedyd ei fod efe *y fâth ar fâth.* **1657** RE: *CDd* 235, Chwi ai cewch nhwy [dynion] ar bregeth yn myfyrio, dymma *ir* [*sic*] *fâth ar fâth.* **1711** TP: *CG* 52, y mae'r Astrologers . . . yn dywedyd . . . y bydd gantho'r *fath ar fath* wynebryd, ac y bydd *or fath ar fath* gorpholaeth. **m. llenyddol:** *literary genre.* **20g. m. o arian:** *coinage.* **1588** 1 *Mac* xv. 6. **heb ei f.:** *peerless, incomparable, singular, unique.* **1604–7** *TW* (*Pen* 228) d.g. *exors, rarus, singularis* (hefyd *D*). **1778** *W* d.g. *odd* [*singular, that affects singularity, whimsical, &c.*], *oddity* [*an odd, uncommon, or strange thing*]. Ar lafar.

Am *dim byd o'r fath, dim o'r f. beth, pa f., pob m. ar, rhyw f. ar, (yr) un fath,* gw. dim (At.), pa, pob¹, rhyw, un.

Gw. hefyd bath¹.

mathaf: mathu [bf. o'r e. bl.] *ba.* Ffurfio, llunio: *to form, shape.*

1587 *Y* 237, Tra fu yn *mathu* i'n mysg / Avr a gemmav arr gymysc [marwnad Wiliam Cynwal]. **1688** *TJ,* dullio, *mathu,* ystumio. To form, to fashion.

Gw. hefyd bathaf: bathu.

mathariad [*math* + *ar¹* + *-iad³*] *eg.* ll. *-iaid.* Person sy'n defnyddio 'math ar' yn hytrach na 'math o', crachysgolhaig: *pedant.*

20g.

mathariaeth [*mathar(iad)* + *-iaeth*] *eb.* Crachysgolheictod: *pedantry.*

20g.

mathariwr [*math* + *ar¹* + *-iwr*] *eg.* ll. *matharwyr.* Mathariad, crachysgolhaig: *pedant.*

20g.

mathemadeg, mathemadegol, gw. mathemateg, mathemategol.

mathemateg, mathemadeg [cfdds. o'r S. *mathemat(ics)* + *-eg¹*] *eb.* ll. (prin) *-ion.* Yr wyddor sy'n astudio'r berthynas rhwng rhif, maint, siâp, a gofod: *mathematics.*

1824.

Cfn.: **mathemateg gymhwysol:** *applied mathematics.* **20g. m. bur:** *pure mathematics.* **20g.**

mathemategol, mathemadegol [*mathemateg, mathemadeg* + *-ol*] *a.* Yn perthyn i fathemateg: *mathematical.*

20g.

mathemategwr, -ydd [*mathemateg* + *-wr, -ydd³*] *eg.* ll. *-wyr.* Un sy'n astudio mathemateg neu'n hyddysg ynddi: *mathematician.*

20g.

Cf. mathematicydd.

mathematic [bnth. S. *mathematic*] ?*eg.* ?Mathemateg: *mathematics.*

1615 R. SMYTH: *GB* 116, o herwydd iddyntwy . . . dechymic holl gelfyddydau *mathematic.*

Cf. mathematics, mathematig.

mathematicaidd [cfdds. o'r S. *mathematic(al)* + *-aidd*] *a.* Mathemategol: *mathematical.*

1595 M. KYFFIN: *DFf* [129], Pwy onynt, drwy mor ystrowgar gyfrwyddid *mathematicaidd,* a ddangosodd eych bod chwi ddeng-waith a thrugain saith-waith mwy no'r Brenhinoedd mwyaf? [**1724**] G. WYNN: *YGD* 150, Archimedes . . . ei Gyfoeth *Mathematicaidd.* **18g.** L. MORRIS: *LW* 336, [t]ermau yn y *mathematicaidd* gelfyddydau. *ib.* [c]yfieithu nemawr o lyfr *mathematicaidd.*

mathematiciad [cfdds. o'r S. *mathematic(ian)* + *-iad³*] *eg.* ll. *-iaid.* Mathemategydd: *mathematician.*

[**1724**] G. WYNN: *YGD* 120, [yr] enwocca *Fathematiciad* Cristopher Clavius. *id.* 132, rhai *Mathematiciaid* Enwog. **1795** J. THOMAS: *AIC* 276, llawer o *Mathematiciaid* [*sic*].

mathematics [bnth. S. *mathematics*] *eg.* Mathemateg: *mathematics.*

1893.

Cf. mathematic, mathematig.

mathematicydd, mathematigydd [cfdds. o'r S. *mathematic(ian)* + *-ydd³*] *eg.* ll. *-ion.* Mathemategydd: *mathematician.*

1597 (**18g.**) *Rhyddiaith Gymraeg* ii. 159, drwy gynnorthwy cyfarwyddyd anianolion philosophyddion, *mathematicyddion.*

Cf. mathemategydd.

mathematig [bnth. S. *mathematic(s)*] *a.* a hefyd fel *eg.* Mathemategol; mathemateg: *mathematical; mathematics.*

20g.

Cf. mathematic, mathematics.

mathematigydd, gw. mathematicydd.

mathematisian [bnth. S. *mathematician*] *eg.* ll. *-s.* Mathemategydd: *mathematician.*

1756 W. Williams: *GDC* 39, Copernicus *Mathematisian* o Germani. Ar lafar.

mathes [bnth. S. *maythes*] *e?g. Bot.* Ffenigl y cŵn, *Anthemis cotula*: *stinking mayweed.*
16g. *LlGC* 5280, 83b, Y niwedd mai ac y nechre mehevin y mae yn amser chwynyr yd . . . ffenigl y kwn *mathes* y ddayar Ac ymravaelion chwyn man Eraill. *id.* 84b, ffinigl y kwn a *mathes* yr vn yw ac yni ddyfodiad i vynv mae n gyffelib i ffenigl ac a ddwc lawer o flode gwnion a had melynion a gwaetha chwyn o gwbwl yw oddierth Efre.
Gw. hefyd maedens.

mathod, gw. mathol[2].

mathol[1] [*math* + *-ol*] *a.*
(*a*) Wedi ei fathu, bathol: *coined.*
1588 *Tob* x. 11, cyfododd Raguel i fynu, ac a roddes Sarra ei wraig iddo, a hanner ei dda sef gweision, ac anifeiliaid, a da *mathol* (1620 *ib.* 10, bathol).
(*b*) Neilltuol, penodol, arbennig: *specific, particular, special.*
16–17g. E. Prys: *Gw* 354, a gwynnu dy Siôl [*sic*], / Nod *fathol* dy fethu. 17g. *LlGC* 13215, 348, *mathol*, specialis.
(*c*) *Gram.* Ansoddeiriol: *adjectival.*
1881.
Gw. hefyd bathol.

mathol[2] [amr. ar *bathor* drwy ymgyfnewid *b-* ac *m-* (cf. *bath, math*) gydag *-r* > *-l*] *eg.* ll. *mathod.* Pathew; llyg, chwistlen: *dormouse; shrew.*
Ar lafar yn nwyrain sir Gaerf.

mathr [bôn y f. ddil.] *eg.* Sathriad dan draed, sathr, sarniad; llaid, pwdel: *a treading underfoot, trampling; mire.*
Dchr. 17g. *J* 10, 28a, *mathr.* 1632 *D*, *mathr*, proculcatio. 1688 *TJ*, *mathr*: a trampling or treading. 1753 *TR.* Ar lafar yn ardal Rhyd-y-main, Meir., *mathar*, 'llaid', *B* iii. 197.

mathrad, gw. mathriad.

mathraf: mathru [?< *mn̥tr- o'r gwr. *men- 'sathru dan draed', ?cf. Llyd. Diw. *mantrañ* 'llethu; syfrdanu, hurtio', e. lle Gal. (*Petro-*)*mantalon*, Gr. *ματέω* 'sathru', ac, o bosibl, H. Wydd. *men* 'blawd'] *bg.a.* Sathru dan draed, troedio'n drwm neu'n chwyrn (ar ben), damsang, sarnu, yn *ffig.* tra-arglwyddiaethu (ar), gorthrymu, darostwng, dirmygu; lleidio (afon), llychwino, halogi: *to trample (upon), tread (underfoot), stamp (on), fig. domineer (over), oppress, suppress, subjugate; muddy (river), defile.*
1551 W. Salesbury: *KLl* xxvia, awn gelynion a *vathrasont* [:- sathrasont] dy cyssecr. 1588 *Eseia* lxiii. 3, am hynny y sathraf hwynt yn fy nig, ac y *mathraf* hwynt yn fy llidiawgrwydd. 1588 *Esec* xxxii. 2, cythryblaist . . . y dyfroedd â'th draed, a *methraist* eu hafonydd hwynt. 1604–7 *TW* (*Pen* 228) d.g. *calco, conculco, pessundo.* Dchr. 17g. *J* 10, 28a, *mathru*, to trample. 1621 E. Prys: *Ps* 19b, Ein henaid *mathrwyd* yn y llwch. 1630 R. Vaughan: *YDd* 115, fe *fathrodd* ei elynion. 1632 *D*, *mathru*, proculcare. 1659 *GIA* 11–12, Godidowgrwydd a swydd Rheswm yr hwn y mae y[n] ei *fathru.* 1693 *HC* 36, gan ddywedyd ei fod yn *mathru* ei falchder ef. 1701 E. Wynne: *RBS* 279–80, *mathred* dy draed sanctaidd bob rhwystr yn fy ffordd i'r Nef. 1722 *Llst* 189, *mathru*, to tread underfoot, foul with the feet, spurn: to subdue: to pound, stamp. 1763 *DT* 224, Fy Llinyn, fwy llawenydd / Ei *fathru* a'i sathru sydd. 1794 *W* d.g. *to trample [tread], trample down, trample on or upon, or trample under foot, to tread, tread down, tread on or upon.* 1803 *P.*
Cfn.: **mathru dan draed (ei draed, &c.)**: *to trample underfoot, fig. oppress, suppress, subjugate, defile.* 1567 *TN* 241b. 1588 *Galarn* iii. 34. 1606 E. James: *Hom* i. 108, iii. 272. 1661 E. Lewis: *Drex* 142, 363. 1755 *ML* i. 353.

mathredig [bôn y f. fl. + *-edig*] *a.bfl.* ll. *-ion.* Wedi ei sathru, wedi ei ddamsang, gwasgedig, yn *ffig.* gorthrymedig, darostyngedig: *trampled, trodden, crushed, fig. oppressed, downtrodden.*
12g. *MA*[2] 155a. 13–14, Ym maes mathrafal *mathredig* tyweirch / Gan draed meirch mawrydig (Cynddelw). 1722 *Llst* 189, *mathredig*, p. *digion*, trodden under foot.

mathrfa [bôn y f. fl. + *-fa, ma*] *eb.* ll. *-feydd.* Lle a sathrwyd dan draed, sathrfa, man lleidiog, rhywbeth wedi ei lychwino, hefyd yn *ffig.*: *place trampled underfoot, muddy spot, mire, something fouled, also fig.*
16g. *LlGC* 4581, 126a, pop *mathrfa* domlyd. 1588 *Esec* xxxiv. 19, Felly y pôrodd fy mhraidd sathrfa eich traed: a *mathrfa* eich traed a yfasant. 1722 *Llst* 189, *mathrfa* traed, that which is fouled with the feet.

mathriad, mathrad [bôn y f. fl. + *-iad*[1], *-ad*] *eg.* Sangiad, sathriad, troediad, gwasgiad, yn *ffig.* dinistr, distryw: *a trampling, treading, pressing, fig. destruction, ruin.*
1604–7 *TW* (*Pen* 228), *mathriad* d.g. *calcatio, pressus.* 1632 *D*, *mathrad* d.g. *conculcatio.* 1794 *W*, *mathriad* d.g. *a trampling upon or under foot.* 1803 *P*, *mathriad*, a trampling.

mathrwr [bôn y f. fl. + *-wr*] *eg.* ll. *-wyr.* Un sy'n damsang (ar), sathrwr, yn *ffig.* gormeswr, dinistriwr: *one who tramples underfoot, one who treads (on), fig. oppressor, suppressor, destroyer.*
1588 *Eseia* xvi. 4, y *mathr-wŷr* a ddarfuant o'r tir. 1620 *Jer* l. 11, Chwi *fathr-wyr* fy etifeddiaeth. 1794 *W* d.g. *a trampler upon.* 1803 *P*, *mathrwr*, a trampler.

mau [< Clt. *mewe, ff. a luniwyd ar ddelw *tewe (> *teu*), cf. Crn. C. *ow*, H. Wydd. *mui, mo*; anodd penderfynu ai i adran 1(*a*) ynteu i 2(*a*) y perthyn rhai enghrau.] *rh. medd.* 1 un. a hefyd fel *eg.*

1. (defnydd annib.: *indep. use*).

(*a*) (heb y fannod) Yn perthyn i mi, fy rhan i, eiddof (i): (*without the def. art.*) *mine.*
13g. *C* 48. 4–5, Afallen peren per y chageu . . . in *vev.* *id.* 56. 6–7, Y parchell y ssy. wiv. bitaud *mev.* 13g. *A* 27. 10–11, teyrn tut anaw ys *meu* e gwynaw. 13g. *AL* ii. 158, bot e da yn *ueu* y. c. 1300 *H* 26a. 33, Ar oleu ys *meu* myuyryaw y gert (Llygad Gŵr). *id.* 50b. 7, Ny bytaf dawel nyd *meu* tewi (Cynddelw) 14g. *T* 42. 7, *meu* molawt vryen. 14g. *WM* 249. 22, y mae *meu* i (*RM* 182, y mae y meu i) y lle hwn. 14g. *Cy* vii. 145, Ef a uu *veu.* Y mae yn *veu.* 14g. *GDG* 380, Ys *mau* gŵyn, geirswyn gwersyllt, / Am hynt a wnaeth y gwynt gwyllt. c. 1400 *R* 1162. 15–16, Kynn ysgell medrawt. ysgar am pechawt. medawt nyt *meu.* *id.* 1417. 13–16, Ys *meu*lit wrth seis. am vyn treissyaw . . . ys *meu* ganmawl heb dawl heb daw. 15g. *LGCD* 88, Mab gwrda rhoist fwa'n *fau*, / Moes weithian im y saethau. 15g. *GGl* 18, Os gwir, *mau* ysgar â medd. 1547 *WS*, *meu* ne eiddofi, myne. 1551 W. Salesbury: *KLl* xlvia, Pop ryw beth or eino y tat sydd yn *veuvi* [:–eino vi]. 1567 *TN* 67b, eistedd ar vy llaw ddeau ac ar vy llaw aseu, nyd yw *vau* ei roddy.

(*b*) (gyda'r fannod) Yr hyn (yr hwn, yr hon, neu'r rhai) sy'n perthyn i mi (gan gyfeirio fel rheol at enw a nodwyd eisoes): (*with the def. art.*) (*what is*) *mine* (*usually referring to a previously used noun*).
12g. *MA*[2] 155b. 11–12, O thyrr calonn rag galar / Y *fau* a fydd dau hanner (Cynddelw). 13g. *B* x. 22, yg gwylua duw ar *veu* inheu. 13g. *LlI* 77, Kam yu ytty guarchadu e *meu* y. c. 1300 *H* 18b. 10, penyd a vo mwy nor *meu* hebdi [marwnad Nest ferch Hywel gan Einion ap Gwalchmai]. 14g. *T* 36. 2–3, oed gwell y synhwyr nor *veu.* *ib.* 7–8, Pan varnher ykadeireu. arbenhic vdun y *veu.* 14g. *BT* 53, mi . . . ath gynnhalyaf ditheu gyd ami dan yr amod hwnn na sethrych bellach dydir dy hun ath draed ami ath borthaf or *meu* i. 14g. *WM* 37. 3–5, mi ath kynhalyaf athi ath kyuoeth tra allwyf kynnhal y *meu* uy hun. 14g. *GDG* 117, A'r *fau* finnau ar f'annwyl / A rois i un gwiwlun gŵyl. 14g. *IGE*[2] 57, Mi biau'r tau, mab iôr teg, / Dithau biau lle y bych/ O'r *mau* finnau a fynnych. c. 1400 *R* 1270. 7–8, kellweir vawr yw'r *veu.* *id.* 1342. 19, bathweith eur mwynweith ywr *meu.* c. 1400 *YSG* i. 32, nyt ymadawn i vyth a'e gedymdeithyas ef, o'r bei gyn chwannocket ef y'r *mev* j ac ydiw gennyf j yr eidyaw efo. 1488–9 *B* iv. 192, pann wneloch les yr lleiaf or *mav* vi i mi y gwnaethoch. 1717 Iaco ab Dewi: *MN* 19, y mae fy Nghydwybod . . . ac nid yn unig y *mau* fi, ond pob un ac a fu fyw erioêd.

2. (defnydd dib.) Sy'n perthyn i mi, fy: (*dep. use*) *my.*

(*a*) (heb y fannod: *without the def. art.*).
13g. *C* 108. 10, *meu* gerit. mi ae goruc. c. 1300 *H* 21b. 26, keluytodeu *meu* ny uo marwawl (Einion ap Gwgon). c. 1400 *R* 1208. 12, neut atboryon mon *meu* gyuanned. *id.* 1261. 17, mat oed *meu* wisgoed. 16g. *CLl* 150, Dydd a ry 'r Iesu wiw gu nid oedd gau, / Ac ni thyr unwedd er mawredd *mau.* 1551 W. Salesbury: *KLl* xxxa, Deo *meu*, Deo *meu*, paam y gedeist vyvy? 1552 (*Diw.* 16g.) *B* ii. 117, y dyellech hyn yma o wan orchwyl *meuvy.* 16g. *WLl* 153, Hedwr ym wyd hyder *mau* / Heda di hyd y Deau. 1605–10 *Haf* 24, 1, *Mav* anwyl ddarlleydd. 1696 *CDD* 141, Ni all teilyngdod gweithred *fau*, / Mo gyfiawnhau dŷn bydol. 1714 D. Lewys: *CN* 15, Gwrteithia f' enaid Arglwydd *mau.*

(*b*) (gyda'r fannod: *with the def. art.*).
c. 1300 *H* 15a. 6, duw dwc ui atat y mawr dad *meu* (Einion ap Gwalchmai). ?14g. *HMSS* ii. 264, eneideu y rei *meu.* 14g. *GDG* 224, Lliw'r dynyn mireinwyn *mau.* *id.* 244, Aml yw rhëydr o'r bargawd, / Ermyg nwyf, ar y *mau* gnawd. *id.* 375, Llyma'r gainc ar y fainc *fau.* 14g. *IGE*[2] 64, A'r cwyn tau di, rhi rhygoeth, / Yw'r cwyn *mau* finnau, ŵr coeth. 15g. *LGC* 27, Mae y meistr *mau* mewn tyrau'r tad / Mwnai'n ei ogylch mwy no Newgad. 1551 W. Salesbury: *KLl* xviiia, Y verch *veuvi* sydd yn hi phoeni yn ddirvawr y gan cythraul. *id.* xxb, Nyd wyf yn ceisio y gogoniant *meu.* 1567 *TN* 135b, Y llawenydd hyn *meu* vi gan hyny a gyflawnwyd. 1732–3 J. Owen: *GB* 59, megis ag y darfu i'r Clustiau hyn *ma[u]fi* . . . glywed Mr. M. yn traethu. 18g. I. Brydydd Hir: *Gw* 55, Y *mau* ganiadau hoewdeg. 1799 *CLl* 251, Lle bo'r ing yw llwybr angau, / Yn lloches y fynwes *fau.* 1803 *P.*

(*c*) (yn ategu rh. bl. 1 un. neu r. m. 1 un.: *supplementing 1st pers. sing. prefixed or infixed pron.*).
c. 1400 *R* 1299. 13, vyngkorff *meu.* 16g. *Llst* 6, 139, Sengi megis gloes angay / oth droed ar vyn wydroed *may.* 1525–50 *Pen* 76, 162, nit haws wrth ganiattav / gael gwen om golwc *mav.* 1588 *Esec* xliii. 8, Er rhoddi o honynt eu rhinniog wrth fy rhinniog *maufi.* 16–17g. *GST* i. 732, Odiaeth yw pryd fy mryd *mau.* 1793 Dafydd Ionawr: *CD* 13, Fwyned ei min f'enaid *mau.*

Fel *e.* Eiddo, meddiant, meddiannau: *property, possession(s).*
13g. *LlI* 47, yd vyf en guarchadu, uy *meu* a'm pryodolder. 14–15g. *IGE*[2] 136, Hyhi'n wych aur feinwych *fau*, / Efo'n anfwyn, *fau* neiniau [Gruffudd Llwyd i Eiddig]. c. 1400 *SDR* 71, edrych pa du y kedweist dy uodrwy, wrth na bu honn eiryoet y'th *ueu* di. c. 1400 *RM* 125, vy merch inneu a geffy yn *ueu* itt. *id.* 207, Vyn tat i bioed y kyuoeth hwnn yn *veu* idaw ehun. c. 1400 [*RB*] *WM* 506. 36–7, ae *meu* y minneu dy uerch di. weithon. *Meu* heb ynteu. c. 1400 *YCM*[2] 60, ny byd na chastell na dinas . . . nys darestyghom y'n *meu* nyhun.

Gw. hefyd fy (At.), meufedd, myfi.

Mauritaniad [yr e. lle *Mauritan(ia)* + *-iad*[3]] *eg.* ll. *-iaid.* Un o frodorion Mauretania, rhanbarth hynafol yng ngogledd-orllewin Affrica neu o Mauritania, gweriniaeth yng ngorllewin Affrica: *a Mauretanian, a Mauritanian.*
1724 T. William: *OL* 5, Phut, oddiwrth ba un y daeth y *Mauritaniaid.* c. 1762–79 W. Williams: *P* 185, [g]orchfygasant y *Mauritaniaid.*

mawa [gair geir.] *eg.* Llonyddwch: *tranquillity.*
1592 S. D. Rhys: *Inst* [xii], merè Cymraeca seu Cambrobrytannica sunt iudicanda huiusmodi omnia . . . Phelaic . . . *Mawa* . . . Quorum significata hæc sunto: Imperator . . . tranquillum. 17g. *LlGC* 13215, 347, *mawa*, tranquillum. 18g. *WLl* (*Geir*), *mawa*, llonyddwch.

mawaid [?elf. *maw (? *mawf, cf. Gwydd. C. *mám*) + *-aid*[1]] *eb.* ll. *maweidiau.* Llond y dwylo ynghyd, llond llaw, dyrnaid, tamaid, tipyn; (geir.) sypyn; (geir., drwy gymysgu ystyron y geiriau Llad. *drachma* a *dragma*) wythfed ran o owns, dram: *as much as can be held in two hands joined together, handful, a bit, little; (dict.) bundle; (dict.) dram.*
1391 (20g.) *LlGC* 18025, 558, de bussello custos tolneti percipiet de quolibet melliett' blod' farinae auenae et salis mensuratus cum eodem i *mawet* viz ii pugillos convinctos latos plenos. 1547 *WS*, *mawed.* 1583 *LlGC* 716, 110b, nit oes Cenif vn Teisen [*sic*], ond *mawed* o flawd. *Diw.* 16g. *WLB* 42, dwy *fawaid* ne well o haidd glan. 1604–7 *TW* (*Pen* 228) d.g. *dragma, manipulus.* 1632 *D*, *mawaid*,

yw llonaid dwy law. *id.* (*Diar*), Gair gwraig fal gwynt yn *faweidiau* (W. SALESBURY: *OSP*, vawadaw). **1722** *Llst* 189, *mawaid*, f.p. *weidiau*, the two hands full, maniple, bundle. **1725** *SR*, dram, *mawiaid* [*sic*], munaid, wythfed rann wns. **1752** *Gron* 170, mi yraf i chwi Gywyddau o fesur *maweidiau*. **1763** *ML* ii. 597, pei medrach gael *mawaid* o amynedd. **1803** *P*. Ar lafar yn y Gogledd, *mawed*, *TGG* (1904) 46, *mawiad*, *ISF* 55, hefyd yn y ff. *bawad* (ll. *baweidia*) gyda'r ystyron 'handful', 'as far as can be reached between finger and thumb in the game at marbles called chwarae trithwll', *WVBD* 34–5.

mawd, gw. bawd.

mawdlin [bnth. S. *maudlin*] *e?g*. Llygad y dydd gwyn, llygad llo mawr, *Chrysanthemum leucanthemum*: *ox-eye daisy*, *maudlin-wort*.
1604–7 *TW* (*Pen* 228) *mawdlin* d.g. *amaranthus*.

mawedd, gw. meufedd.

maweidiaf: maweidio [bf. o'r e. *mawaid*] *bg.a.* Codi cymaint ag a fedrir ei ddal yn un llaw neu â'r dwylo ynghyd (o): *to pick up a handful or as much as may be held with two cupped hands* (*of*).
Dchr. **17g.** *J* 10, 24b, *maweidio*. **1803** *P*, *maweidiaw*, v. a. to hold as much as may be taken up between both hands. Cf. R. H. JONES: *Drysau Eraill* (1923) 69, wrth i ni barhau i *faweidio* i grombil y sach.

mawiad, gw. mawaid.

mawion, gw. mywion.

mawl [bôn y f. *molaf*^{1}: *moli*] *eg.b.* Moliant, canmoliaeth, clod; canu moliant, molawd; hefyd yn *dros.* ac yn *ffig.*: *praise*, *eulogy*, *exaltation*; *praise poetry*, *panegyric*; *also transf. and fig.*
14g. *H* 77b. 5, *Mawl* ddyrrif kynnif kynnyd gwalchmei. **1346** *LlA* 96, *Mawl* diledryt. yr tat mawrvryt. **14g.** *GDG* 354, Cyd cefais, ddidrais ddwydrin, / Heiniar *mawl*, hwn ar 'y min [i'r cusan]. *id.* 422, Lluniai *fawl* wrth y llinyn [marwnad Dafydd ap Gwilym gan Iolo Goch]. **14g.** *DGG*^{2} 132, Deufraich fwyn dan faich o *fawl* (Gruffudd Gryg). *c.* **1400** *R* 1303. 5–6, mwynawl hawl nefawl keffyr *mawl* meu. **15g.** *DGG*^{2} 43, Crefyddwr wyd anwydawl, / Credi fi, croyw yw dy *fawl* [i'r ceiliog mwyalch]. **15g.** *OBWV* 115, *Mawl* goleulwys mal gloywlwybr [i'r sêr]. **15g.** (*Diw.* **16g.**) *Gwyn* 3, 30, Cei *fawl* telyn [Ieuan ap Rhydderch i Fair Wyry]. **1567** *TN* 139b, Ni dderbyniaf *vawl* [:– 'ogoniant] y gan ddynion. **1618** J. SALISBURY: *EH* 293, ni heudda ddim clôd, na *mawl*, ond gogan, a dychan. **1632** *D*, *mawl*, & moliant, laus. *id.* d.g. *adorea*, *encomium*. **1703** E. WYNNE: *BC* 26, i wneud Cerdd *fawl* iw angyles. **18g.** I. BRYDYDD HIR: *Gw* 44, A'i nawdd fu annedd y *fawl*, / Gadwyd yng Nghors y Gedawl. **1803** *P*.
Am *canu mawl*, gw. canaf: canu (At.).

mawlach, gw. molach.

mawladroddiad [*mawl* + *adroddiad*^{2}] *eg.* Mawlgan: *doxology*.
1699 J. MORGAN: *EBG* 62, Pa beth yw'r *Mawladroddiad* neu ddiweddiad Gweddi'r Arglwydd?

mawladwy, mawlaf: mawlu, gw. moladwy, molaf^{1}: moli.

mawlair [*mawl* + *gair*^{1}] *eg.* ll. *-eiriau*. Moliant, clod, cymeradwyaeth, enw da, bri; gweniaith; mawlgan: *praise*, *renown*, *commendation*, *good reputation*; *flattery*; *doxology*.
14g. *GDG* 425, *Mawlair* cerdd, milwr a'i cant, / Melin y glod a'r moliant [marwnad Dafydd ap Gwilym gan Fadog Benfras]. **14–15g.** *IGE*^{2} 122, Nêr *mawlair* nawrym milwr [Gruffudd Llwyd i Owain Glyndŵr]. *id.* 182, Y gŵr mul a gâr *mawlair* / A'i cred mal llw ar y crair [Siôn Cent i'r awen gelwyddog]. *c.* **1400** *R* 1213. 45, meir neut tew [*sic*] *uawleir* ti a uolaf. **16g.** MORUS DWYFECH: *Gw* 41, Milwr llwyd *mowlair* llydan, / Morda'r glod, ymherodr glân. **16–17g.** *GST* i. 137, Dull mil oedd dwyll a *mawlair*, / Dull Gwen oedd ddidwyll, a'i gair. *id.* 626, Gogoniant, moliant, *mawlair*, / I'r un Mab fu ar fron Mair. **1604–7** *TW* (*Pen* 228) d.g. *commendatio* (hefyd *D*), *laus*. **1660** HUW MORUS: *EC* ii. 214, Efe a ga'i gan filoedd *fawl-air* [marwnad John Foulks]. **1722** *Llst* 189, *mowlair*, commendation, good report, praise. **1763** *DT* 113, Da Falwen, diau *fowlair*, / Mae yt ben Mwyaren mair. **1772** *W* d.g. *commendation*, *doxology*.

mawlbarch, mawlbryd, mawldaith, mawldon, gw. mawl + parch, pryd^{2}, taith, tôn.

mawldraeth [*mawl* + bôn y f. *traethaf*: *traethu*] *eb.* Mawlgan: *doxology*.
1889.

mawlddatganiad [*mawl* + *datganiad*] *eg.* Mawlgan: *doxology*.
1699 J. MORGAN: *EBG* 62, Beth a gynnwysir yn y *Mawl-ddatcaniad* yma?

mawledig, mawledd, gw. moledig, moledd.

mawleddus [*mawledd* + *-us*] *a.* Canmoladwy, hyglod: *laudable*, *praiseworthy*.
1816.
Amr.: **moleddus.** **1803** *P*.

mawlfar [*mawl* + *bâr*] *eg.* ?Dicter canmoladwy neu glodfawr: *praiseworthy or renowned indignation*.
Dchr. **14g.** *H* 91b. 20, Ar dy *naw luar* [*sic*] par pymllyg nam gwartha [dadolwch Phylip Brydydd i Rys Gryg].

mawlfardd, gw. mawl + bardd.

mawlfawr [*mawl* + *mawr*] *a.* Canmoladwy, clodfawr: *praiseworthy*, *celebrated*.
p. **1584** G. ROBERT: *GC* [328], A gwiw urddas *mowlfawr*, a graddau. *c.* **1730** *Thos. Lloyd D* (LlGC) 178a, *mowlfawr*. Cyw. 736.

mawlfraisg, gw. mawl + braisg.

mawlgadr, mawlgamp, gw. mawl + cadr, camp^{1}.

mawlgan, mawlgân [*mawl* + *cân*^{1}] *eb.g.* ll. *mawlganau*, *-euon*. Datganiad byr neu fformiwla o foliant i Dduw, yn enw. fel rhan o'r ffurfwasanaeth, mawlwers; cân foliant, molawd: *doxology*; *song of praise*, *paean*, *eulogy*.
1772 *W* d.g. *doxology*, *eulogy*.

mawlganaf: mawlganu, gw. mawl + canaf: canu.

mawlganiad [*mawl* + *caniad*^{3}] *eg.* ll. *-au*. Mawlgan; cân foliant: *doxology*; *song of praise*, *paean*, *eulogy*.
1753 L. OWEN: *ADdE* 33, y *Mawl-ganiad* digymmar hwnnw, Gogoniant i'r Tâd, &c. *id.* 34, Ti Dduw a folwn, &c, un o'r *Mawl-ganiadau* mwya nefolaidd, ac Angylaidd.

mawlgar [*mawl* + *-gar*] *a.* Yn teilyngu mawl, canmoladwy; ?yn moliannu, canmoliaethol: *laudable*, *praiseworthy*; ?*praising*, *laudatory*.
a. **1587** *Y* 29, Mae dyfal ym o'i dafod, / *Mawlgar* gynt, mal gwr y gôd. **16–17g.** *CC* 230, Y gwyr sydd a grâs iddynt / *mawlgar* gof mal y gwyr gynt (Siôn Dafydd). **1677** *Mos* 96, 39, Buoch gerddgar *fawlgar* faeth / Beraidd enau barddoniaeth [marwnad William Salusbury o Rug gan Edward Morris].

mawlgerdd [*mawl* + *cerdd*^{1}] *eb.g.* ll. *-i*. Cerdd foliant, cân foliant, cân orfoledd, anthem, carol, hefyd yn *dros.* ac yn *ffig.*; mawlgan: *praise poem*, *song of praise*, *paean*, *anthem*, *carol*, *also transf. and fig.*; *doxology*.
c. **1400** *R* 1282. 8–9, Govynei *vawlgerd* yngyvanned. **15–16g.** LLAWDDEN, &c.: *Gw* 68, Cynydd fu'n canu 'ddwyf fi / Dy *fawlgerdd* er dau filgi. **16g.** HUW ARWYSTL: *Gw* 244, I roi'r *mawlgerdd* ryw r melgoed / ith ffriw ni bu riw erioed. **16–17g.** *GST* i. 159, Mawlair caiff milwr y cŵn, / *Mawlgerdd* i frenin milgwn. **1722** *Llst* 189, *mawlgerdd*, an anthem, panegyrick in verse: doxology. **1771** *W* d.g. *carol*, *encomium*, *hymn*. *c.* **1785–90** **(1829)** *CBYP* 32, *Mawlgerdd* yw Can yn dyfalu, ag yn son am deithi a champau a chynneddfau gwychion, a rhagoriaethau, a phriodol delediwrwydd a daioni, ag anrhydeddus weithredoedd, ag ansawdd clodadwy y neb, a'r peth a foler.

mawlgor, mawlgu, gw. mawl + côr^{1}, cu.

mawlhad [bôn y f. ddil. + *-ad*^{2}] *eg.* Y weithred o foli, moliant: *praise*, *eulogy*.
1803 *P*, *mawlâad*, a praising.

mawlhaf: mawlhau [*mawl* + *-hau*] *ba.* Moli, clodfori, mawrygu: *to praise*, *laud*, *extol*.
16g. **(1592)** S. D. RHYS: *Inst* 239, Teml Nêdd tai aml newyddion, / Duw *mawl-hair* [*sic*] yn y deml honn [Lewys Morgannwg i Leision, abad Glyn Nedd]. **1609** R. SMYTH: *CAC* 17, ai fod yn enwog ai *fawlhau* yn benaf gen bawb. **1759** *DG* 55, Mal hynn ymwawn eich *mawlhau* / Pe'i mynnych glamp i minnau. **1789** *BDG* 432, Jawnach, heb gel, gan delyn / Moli Duw na *mawlhau* dyn. **1803** *P*, *mawlâu*, to praise, to extol.

mawliadol [*mawl* + *-iad*^{1} + *-ol*] *a.* Canmoladwy, hyglod; canmoliaethol, yn moliannu: *laudable*, *praiseworthy*; *laudatory*, *praising*.
1849.

mawliaith, mawlodl, mawlroddiad, mawlrwydd, gw. mawl + iaith, odl, rhoddiad, rhwydd.

mawlsai, gw. malmsai.

mawlsail, mawlsant, gw. mawl + sail, sant.

mawlwaith [*mawl* + *gwaith*^{1}] *eg.* Celfyddyd foliant, barddoniaeth fawl, moliant: *art of praise*, *praise poetry*, *praise*.
c. **1400** *R* 1225. 26, Penn reith *mawlweith* am olut. *c.* **1730** *Thos. Lloyd D* (LlGC) 171b, caneuau *Mawlwaith* nis canmolant. Q. 182. **1750** *W Ballads* 144, 8, Rhown *fawlwaith* filwaith iddo.

mawlwedd, gw. mawl + gwedd^{1}.

mawlwers [*mawl* + *gwers*] *eb.* ll. *-i*. Mawlgan: *doxology*.
1713 J. LEWIS: *CE* 45, H. Beth yw meddwl *Mawl-wers*? A. Ffurf arbenig o fawl a diolchgarwch a arferir yn Eglwys Dduw. *ib.* Beth yw'r *Fawl-wers* neu Ddiwedd-glo Gweddi yr Arglwydd? **1714** S. RHYDDERCH: *DG* [22], Y *Fawl wers* neu'r Weddi Derfynawl. **1772** *W* d.g. *doxology*.

mawlwerth, gw. mawl + gwerth.

mawlwiw [*mawl* + *gwiw*] *a.* Canmoladwy, hyglod, clodwiw; ymddangosiadol deg: *praiseworthy*, *laudable*; *plausible*, *specious*.
1780 *W* d.g. *plausible* [*fair and approveable rather in semblance or appearance than in reality*]. *c.* **1785–90** **(1829)** *CBYP* 29, Cyfiawn achos mawl i wr neu wraig yw campau moliannus, a rhinweddau *mawlwiw*.

mawlwrdd, gw. mawl + gwrdd.

mawlwriaeth [*mawl* + *-wriaeth*] *e?b.* Moliant: *praise*.
p. **1630** *LlGC* 16, 255, 11 o Englyn[ion] *mawlwrieth*.

mawlwych, mawlwydd, gw. mawl + gwych, gŵydd^{1}.

mawlwynnog, gw. molwynog.

mawlymadrodd [*mawl* + *ymadrodd*] *eg.* Mawlgan: *doxology*.
1682 *CWE* 28, Yn gweddi yr Arglwydd . . . y cynnhwysir y Rhagymadrodd . . . a'r *Mawlymadrodd*, neu'r Cloedigaeth. *c.* **1730** *Thos. Lloyd D* (LlGC) 170b, *mawl-ymadrodd*, doxologia.

mawmsai, gw. malmsai.

mawn [cf. Llyd. Diw. *man* 'mwsogl', H. Wydd. a Gwydd. Diw *móin*] *e.tf.* ac *e.ll.* (un. b. *-en*). Defnydd llysieuol wedi pydru drwy effaith dŵr a'i garboneiddio yn rhannol, darn(au) toredig o'r cyfryw a losgir fel tanwydd, tywarch: *peat*, *turf*.
14g. *GDG* 223, Anadl fal mwg y *fawnen* / Yn ei chylch (pam nas gylch gwen?). **14g.** *IGE*^{2} 62, Bwrw o Eiddig cnau o'i llaw / Ymysg lludw *mawn*, a llidiaw. **15g.** *Pen* 109, 115, allor *uawn* ar y llawr uyd (Lewis Glyn Cothi). **1547** *WS*, *mawnen*, a turfe. **16–17g.** *CC* 88, gwen yw r ferch di gynnwrf fydd / os gwen *mownen* or mynydd (Thomas Prys). **1632** *D*, *mawn*, Sing. *mawnen*, gleba, cæspes. **17g.** HUW MORUS: *EC* i. 287, Fe gluda *fawn* a glo am gyflog. *c.* **1700** E. LHUYD: *Par* i. 46, large thongs of Towyrch . . . which they use for *mawn* . . . to keep fire in winter & to put on ye top of a stable or an outward house. **1716–18** *Llsgr R. Morris* 10, Rhowch danllwuth ar y tan o *fawn*. **1722** *Llst* 189, *mawn*, s. *mawnen*, f. turfs, soads

[*sic*] of earth. **1803** *P. Diar*. Cyn ddued â'r *fawnen*. Ar lafar yn gyff.

Cfn.: **mawn caru:** *large piece of peat given by a young man to his sweetheart to burn while he courted her*. Ar lafar. Gw. C. Stevens: *AC* 38. **m. cors:** *bog peat*. *a*. **1765** L. Morris: *CR* 101. **m. duon:** *square peat*. **1814** W. Davies: *Agric . . . S. Wales* ii. 316. **m. gwaun:** *flat peat*. **1814** W. Davies: *Agric . . . S. Wales* ii. 316. **m. hesg:** *sedge peat*. **20g**. **m. llydain:** *wide-cut peat*. Ar lafar yn sir Drefn. **m. meinion:** *narrow-cut peat*. Ar lafar yn sir Drefn. **m. mawnog = m. duon.** *c*. **1700** E. Lhuyd: *Par* i. 17. **1814** W. Davies: *Agric . . . S. Wales* ii. 316. **m. mynydd:** *mountain peat*. *c*. **1400** *R* 1344. 36. *a*. **1765** L. Morris: *CR* 101.

Am *car mawn*, *clwyd f*., *das m*. (*o f*.), *ffordd gario m*., *gwaun f*., *haearn* (*torri*) *m*., *hawl torri m*., *lladd m*., *lludw m*., *penty m*., *pwll m*., *rhaw f*., *rhoi rhagor o f. ar y tân*, *tân m*., *tas m*. (*o f*.), *torri m*., *twll m*., *tŷ m*., gw. car[1], clwyd, das, ffordd (At.), gwaun, haearn, hawl[1] (At.), lladdaf: lladd, lludw, penty, pwll, rhaw, rhoddaf: rhoddi, tân, tas, torraf: torri, twll, tŷ.

Gw. hefyd dyfnfawn, hwysfawn, pilfawn.

mawna [*mawn* + *-ha*] *bg*. Torri a hel mawn: *to cut and gather peat*.
20g.

mawnaidd [*mawn* + *-aidd*] *a*. O natur mawn, yn cynnwys mawn, wedi ei gyfansoddi o fawn: *peaty*, *containing or composed of peat*.
1846.

mawnbridd, gw. mawn + pridd.

mawnbwll [*mawn* + *pwll*] *eg*. ll. *-au*. Pwll lle y torrir mawn, pwll mawn, pwll mawn llawn o ddŵr: *peatpit*, *peatpot*.
14g. *GDG* 337, Ym *mawnbwll* ar ôl mwynbarch, / Gwedy boddi, mi a'm march. **1726** S. Rhydderch: *Alm* [3], caledfath o *Fownbwll*. **1803** *P*.

Gw. hefyd pwll—p. mawn.

mawndir [*mawn* + *tir*] *eg*. ll. *-oedd*. Mawnog, tir mawnog, tir lle torrir mawn neu dyweirch, cors fawn, pridd mawnaidd: *peatbog*, *peatland*, *land where peat or turf is cut*, *turbary*, *peaty earth*.
14g. *GDG* 338, Hwyr y rhof, o dof i dir, / Fy mendith yn y *mawndir*. *c*. **1700** E. Lhuyd: *Par* iii. 7, [plwyf Aberafan] a great deale of turfe earth wch in our Welsh is call'd *mawndir*. **1794** *W* d.g. *turbary* [*the ground where turfs are dug . . .*]. **1800** W. Owen[-Pughe]: *CP* 6, Lle bynag y byddo *mawndir* du prin y gellwch osod gormod o galch arno. **1803** *P*.

mawndirol [*mawndir* + *-ol*] *a*. Mawnaidd: *peaty*.
1845.

mawneg [gair geir.; *mawn* + *-eg*[1]] *eb*. Man lle torrir mawn neu dyweirch, mawnog: *turbary*.
1753 *TR*. **1803** *P*.

mawnfa [*mawn* + *-fa*, *ma*] *eb*. Man lle torrir mawn neu dyweirch, mawnog: *turbary*.
1794 *W* d.g. *turbary*.

mawnfwg, gw. mawn + mwg.

mawnllyd [*mawn* + *-llyd*] *a*. Mawnaidd: *peaty*.
1892.

mawnoctir, gw. mawnog + tir.

mawnog [*mawn* + *-og*] *eb*. ll. *-ydd*, a hefyd fel *a*. Cors fawn, tir corslyd lle torrir mawn neu dyweirch; llawn mawn neu dyweirch, mawnaidd; yn perthyn i fawn neu dyweirch: *peat-bog*, *turbary*, *peatery*; *peaty*; *pertaining to peat*.
1573 *WLl* 38, Er kerdded glennydd mynydd *mawnoc*. *Dchr*. **17g**. *J* 10, 33a, *mownog*, s. *mownogudd*. pl. **1695** W. Camden: *B* 663, in a Turbery [:– Boggy or moorish ground where fuel turfs are dug up], call'd *Mownog* ystrat-gwyn. *c*. **1700** E. Lhuyd: *Par* i. 3, ym *mownog* . . . y Gyvartha. *ib*. *Monogyth* ereilth [*sic*] ar y Keven Koch, *mownog* yr Havod bedw, *mownog* yr allt boeth, &c. **1716–18** *Llsgr R. Morris* 171, ni adowson ni yn gelfudd na *mownog* na mynudd. **1722** *Llst* 189, *mawnog*, turfie, full of soads [*sic*]. **1753** *TR*, mawn, *mownog*, boggy or moorish ground where full-turfs are dug up, a turbery. **1759** *BC* 188, Llon oedd fy lle rhwng, *mownog* a llwyn. **1763** *DT* 183, Pwy ddisgwyliai' canai'r Gog, / Mewn *Mownog* yn y Mynydd? **1800** *TY* 217, mewn perygl gan ffosydd a *mawnogydd*. **1803** *P*. Digwydd mewn enwau lleoedd, e. e. *Ty'nyfawnog*, ger Tal-y-sarn, sir Gaern., *Bryn y Fawnog*, pl. Maenan, sir Gaern. ac un arall ym mhlwyfi Aberhafesb a Thregynon, sir Drefn.

Am *derw mawnog*, *pren m*., gw. derw[1] (At.), pren.

mawnogaidd [*mawnog* + *-aidd*] *a*. Mawnaidd, corsiog: *peaty*, *boggy*.
1832.

mawnoglyd, mawnogllyd [*mawnog* + *-lyd*, *-llyd*] *a*. Mawnaidd, corsiog; ac arno aroglau mwg mawn; yn *ffig*. ac arno flas y pridd, cwrs: *peaty*, *boggy*; *smelling of peat smoke*; *fig*. *earthy*, *coarse*.
1807.

mawnsai, mawnse, gw. malmsai.

mawntais, gw. mantais.

mawnwellt [*mawn* + *gwellt*] *e.tf*. ac *e.ll*. *Bot*. Math o wellt o'r tylwyth *Calamagrostis* sy'n tyfu mewn tir gwlyb ac mewn dŵr: *small-reed*.
20g.
Cfn.: **mawnwellt blewog:** *purple small-reed*, *Calamagrostis canescens*. **20g**.

mawnwr [*mawn* neu fôn y be. *mawna* + *-wr*] *eg*. ll. *-wyr* (*-w*(*r*)*s*). Torrwr mawn: *peat-cutter*.
Ar lafar yn sir Drefn.

mawnwynt, *MA*[2] 438b. 50, ?gwall am *mawrwynt*.

mawr [H. Grn. (*cloch*)*muer*, Crn. C. *mur*, H. Lyd. *mor*, Llyd. Diw. *meur*, H. Wydd. *már*, *mór*, Gwydd. Diw. *mór*, Gal. (*Nerto*)*maros*: < Clt. **māro-* < **mō-ro-*, H. Uchel Alm. *-mār*, Gr. *-μωρος*, o'r gw. **mē-* 'mawr'] *a*. ll. *mawr*(*i*)*on*, *morion*, a hefyd gyda grym enwol ac adferfol.

(*a*) Mwy na'r cyffredin o ran maintioli, ehangder, &c.; o lawn dwf; bras (am lythyren); trwm (am law, eira, ergyd, &c.); hirllaes (am wallt); dwfn (am ddŵr): *large*, *big*; *fully grown*; *capital* (*of letter*); *heavy* (*of rain*, *snow*, *blow*, *&c*.); *long* (*of hair*); *deep* (*of water*).
10g. (*Juv*) *VVB* 182, ór *máúr* dluithruim, gl. *multo vecte*. **12g**. *LL* 73, inircoit *maur*. **13g**. *C* 69. 20–1, Pieu yr bed yny maes *mawr*. **13g**. *LlDW* 119. 14–15, escr[y]byl na *maur* na bychan vo. **13g**. *LlI* 94, Hossaneu *maur*. **14g**. *T* 45, 2, creitheu *moryon*. **14g**. *YBH* 4b, ae bwrw mewn dwfyr *mawr*. *id*. 57b, dyrnodeu *mawr*. *c*. **1400** *YCM*[2] 3, lluoed *mawr*. *c*. **1585** G. Robert: *DC* [xxxii], [l]lythyren fach yn lle r *fawr*. **1588** *Gen* xxxviii. 14, gweled yr oedd hi fyned o Selah yn *fawr*, ac na roddasid hi yn wraig iddo ef. **1588** 2 *Cr* ii. 5, A'r tŷ yr hwn a adailadaf fydd *mawr*. **1632** *D*, *mawr*, magnus, grandis, vastus, amplus. **17g**. Huw Morus: *EC* i. 67, Myn gael eich cap, wr hapus, / *Mowrion* flew, mae arno'i flys. **1703** E. Wynne: *BC* 5, Spienddrych i . . . weled pell yn agos, a phethau bychain yn *fawr*. **1770** *W* d.g. *big*, *great* [*expressing bulk*, *number*, *quantity*, *and quality*], *large*. **1779** J. Roberts: *C* 9, Cawodydd lled *fawrion*. **1803** *P*. Ar lafar, 'eira *mawr*', 'glaw *mawr*', 'mae ei wallt o'n *fawr*', *WVBD* 366; ''Rwyt ti'n fachgen *mawr*, 'nawr'.

(*b*) (Mewn enwau lleoedd, afonydd, planhigion, &c., (yn aml mewn gthg. i *bach*, *bychan*) i wahaniaethu rhwng dau neu ragor o'r un enw): *great*, *greater* (*in names of places*, *rivers*, *plants*, *&c*., *to differentiate between two or more of the same name*).
12g. *LL* 200, duo flumina. aghiti *maur*. & aghiti bichan. **14g**. *T* 5. 22, Achartago *mawr* aminor. **14g**. *WM* 457. 29–30, yr india *uawr* ar india uechan. **14g**. *ACL* i. 40, y waetlys *vawr*. **1632** *D* (*Bot*), cyngaf *mawr* d.g. *cacamwcci*. Digwydd mewn enwau lleoedd, e.e. *Cantref Mawr*, *Arennig Fawr*, Meir., *Llandeilo Fawr*, sir Gaerf., *Llanbadarn Fawr*, Cered., *Cynordy Fawr*, fferm ym mhlwyf Llangyfelach, Morg.

(*c*) Stormus, garw: *stormy*, *rough*.
16–17g. *RAGR* 213, Ar noswaith *fawr* or gaya / pen oedd yr rhin [*sic*] yn oera. Ar lafar yn y Gogledd, 'Mae'r noson yn mynd yn *fawr*', 'tywydd *mawr*', *WVBD* 366.

(*d*) Hir (am amser): *long* (*of time*).
14g. *BT* (*RB*) 140, Ny bu *uawr* wedy hynny yny las Llywelyn ap Madawc. *id*. 148, Ny bu *uawr* wedy hynny yny deuth Ywein Kyueilawc. Ar lafar yn gyff., 'awr *fawr*', 'a good hour, i.e. a full hour or more', 'sbel *fawr*', *WVBD* 366; 'amser *mawr*'; 'ers blynydde *mawr*'; ''Fydda'i *fawr* o dro'. Cf. W. Rees: *AFR* 94, Mi briododd un ohonyn nhw does *fawr* yma.

(*e*) Uchel ar raddfa fesur (am rif, nifer, &c.); ar raddfa eang (am weithred, digwyddiad, &c.); uchel, cryf (am sŵn); o radd uwch na'r cyffredin (am deimlad, cynneddf, nodwedd, &c.): *high on a scale of measurement* (*of number*, *quantity*, *&c*.); *large-scale* (*of an action*, *event*, *&c*.), *extensive*; *loud*; *of a higher degree than the average* (*of a feeling*, *attribute*, *characteristic*, *&c*.), *great*.
9g. (*Ox* 1) *B* v. 238, immit cel irnimer bichan gutan ir*maur* nimer. **13g**. *C* 3. 5–7, Tryuir. nod *maur* eu clod. gan. elgan. *id*. 37. 2–4, athuolaf uaurri *maur* dy urhidri. *id*. 62. 1–2, Andav de leis adar mor *maur* eu dias. *Dchr*. **14g**. *H* 91b. 40, *Mawr* fwy y credaf no chreir ked neirthyad (Phylip Brydydd). **14g**. *T* 10. 13, ef an gwnaho *mawr* trws. *id*. 15. 6–7, *mawr* watwar namyn petwar nyt atcorant. *id*. 30. 6–7, trwy wres *mawr* tan. *id*. 66. 21, aoed voy ydrwc nys *mawr* gicleu. **14g**. *BT* 1, pan vv varwolaeth *vawr* yny [*sic*] ynys brydein. *c*. **1400** *R* 1048. 35, rac agheu ac aeleu *mawr*. *id*. 1195. 12–13, Dwywawl hawl haelwawr a *vawr*uolaf. *c*. **1400** *ChO* 7, renti *mawr*. *c*. **1400** *RB* ii. 2, diolwch awnaeth yn *vawr* udunt hynny. *id*. 3, gwyr . . . *mawr* y gallu. *c*. **1400** *YCM*[2] 10, Ryuedwch *mawr*, a llewenyd *mawr*, a lles *mawr* y eneiteu. **1455–6** *Llst* 28, 195, ni bydd *mawr* gymeredic y kylveddodav [*sic*]. **1547** *WS* [xxi], oyddynt yn aruer yn *vawr* o honei ['z'], yn lle s yn diwedd gair. **1551** W. Salesbury: *KLl* xxva, llefawdd Ieshu a llef *vawr* [:– uchel]. **1568** Morys Clynnog: *AG* 1, A'n tynnu trwy gred, / O *fawr* gaethiwed. **1632** *D*, *mawr* alluog d.g. *multipotens*. **1653** *MLl* i. 251, llawer dirgelwch . . . nad wyfi yr awron yn *fawr* Sôn amdano. **1656** (**1745**) *id*. ii. 162, am fód Duw yn *mawr*-hoffi Enaid Dŷn. **1691** T. Williams: *YB* 17–18, da y gweddai i *fawr* gariad Duw. **1778** J. Hughes: *BB* 110, Rhag haint echryslon, pechodau cryfion, / Maent yn rhy drymion a *mowrion* yma i mi. **1784** M. Williams: *S* i. 28, amryw eraill sy'n *fawr* ddefnyddiol at lawer o achosion. Clywir yn sir Benf. 'Ma dinion *mowr* wedi passo ffor-yn i'r ffair heddy', 'Many people have passed this way to the fair to-day', *GDD* 201.

(*f*) Pwysig, arwyddocaol, galluog, dylanwadol; mawreddog, bonheddig, hynod, enwog (yn aml am frenin, ymherodr, &c.), hunanbwysig, balch; gweithgar, brwdfrydig, selog, medrus, gwybodus; hoff; trawiadol, rhyfedd, rhyfeddol, ofnadwy, alaethus: *great*, *important*, *significant*, *powerful*, *influential*; *grand*, *noble*, *remarkable*, *renowned* (*often corresponding to 'the Great' of kings*, *emperors*, *&c*.), *self-important*, *proud*; *active*, *enthusiastic*, *skilful*, *adroit*, *knowledgeable*; *favourite*; *striking*, *strange*, *surprising*, *wonderful*, *awful*, *terrible*.
13g. *C* 41. 10–11, y Duv *maur*. *id*. 72. 4–5, rac gereint *vaur* mab y tad. **13g**. *LlI* 5, negesseu *mavr* ereyll. **14g**. *T* 39. 26, Owein *mawr*. *id*. 40. 24–5, Maswed auolhawr. ywrth wledic *mawr*. *id*. 79. 18–19, Mor *uawr* aryfed ybyt nat vn wed. **1346** *LlA* 68, alexander *mawr*. **14g**. *Cy* vii. 153, hir weryt ar wryt *voryon*. **15–16g**. Llawdden, &c.: *Gw* 65, Mynfyr ei lliw mae'n *fawr* lladd / Meibion wyeu 'mhob neuadd [am eleirch]. **1551** W. Salesbury: *KLl* lxivb, Pa vn yw'r gorchymyn *mawr* [:– mwyaf] yn y gyfreith? **1567** *TN* 165b, *mawr* oedd y Sabbath hwnnw. *c*. **1585** G. Robert: *DC* 23b, *mawr* a fyssei i Dduw wisco cnawd dyn amdano wrth vched ei radd ef, a brynted cnawd dyn. **1595** H. Lewys: *PA* 76, achosion *mawrion* . . . i arfer ein ffydd. **1670** J. Hughes: *AP* [xiii], Basil y *mawr*. **1688** *TJ* [57], Na welwch yn *fawr* fôd cymmaint o feiau yn y llyfr hwn. **1703** E. Wynne: *BC* 17, Er

maint, er cryfed . . . yw'r *Mawr* hwn [Belial], etto mae . . . Un sy Fwy nac ynteu. **1723** E. SAMUEL: *PDdC* i. 105, mae'n *fawr* oni fedrwch hepcor Cymmaint a hynny . . . i Wasanaethu ac addoli yr hwn sydd yn rhoddi ichwi eich holl amser. **18g.** *W Ballads* 125, 5, Ond *mawr* i rai fod mor anrasol, / Ai damio i hinain yn dragowyddol. **1769** *W Ballads* 200, 8, mor *fawr* oedd ei fod, / Yn gwneud y fath atcasrwŷdd. **1778** *W* d.g. *noble [great] acts.* **1803** *P.* Ar lafar, 'llanc *mawr*' am ddyn â meddwl uchel ohono'i hun a'i ymddygiad yn dangos hynny. Ym Morg. clywir yr ymad. 'Ma fa mor *fawr* â mynydd'. Dywedir hefyd fod rhywun, e.e., yn 'fenyw *fawr* gita'r Annibynwyr' neu 'gita llisia', neu'n 'ddarllenreg *fawr*'. Clywir hefyd ymad. megis "U lle *mawr* nw [gwragedd y pentref] yn y bora odd wrth y ffynnon'; 'Mae hi'n wraig eitha' clên ond mae rhwbeth yn *fawr* ynddi hi weithie'.

(*g*) (enghrau. mewn cystrawen negyddol (bellach gyda thr. ml. sefydlog yn aml) ac ar ôl cymal yn cynnwys y geiryn *rhy*) (Nid . . .) llawer; prin, nemor: (*not* . . .) *much* (*greatly, a lot, many*); *hardly*.

13g. *BD* 93, ny bu *uawr* reit y'r kyvdavdwyr ymlad y dyd hvnnv. **14g.** *T* 65. 9, Nyt *mawr* ymdawr. **14g.** *YBH* 22a, nid oed *uawr* y diolchei idi yr hynny. **1527** *B* ii. 222, nid oes j mi *vawr* lywenyd. **1547** *WS* [xvii], Q. llythyr dieythyr ymgamraec [*sic*] yw ac nid *mawr* gartrefigach yn saesnec. **1567** *TN* 20a, ny chawsant *vawr* ddaiar. *c.* **1585** *Treigladau* 75, heb *vawr* pris am deni. *ib.* heb *vawr* gig. **1604** *Cylchg LlGC* v. 221, [g]eneth ymddifad heb na ddad [*sic*] na mam na *mawr* ffrends iw helpio. **1606** E. JAMES: *Hom* ii. 88, ni byddai *fawr* waeth gennym. **1615** R. SMYTH: *GB* 103, nid oes *fawr* mwy iw scrifenu. **1632** J. DAVIES: *LlR* 500, heb *fawr* feddwl am Iachawdwriaeth eu heneidiau. **1653** *MLl* i. 183, nid wyfi yn ymofyn *fawr* am hynny. *id.* 186, er na fedr *fawr* i ddarllain. *id.* 211, heb ddeall *fawr* o fywyd angelion. **1672** R. PRICHARD: *Gw* 405, Nid yw'n cadw *mawr* o enaid, / Ond trwy Swydd a gwaith offeiraid. **17g.** HUW MORUS: *EC* i. 160, heb *fawr* ar ei helw. **1693** J. OWEN: *BP* 142, Nid oedd *fawr* deuluoedd . . . heb blant ynddynt. **1703** E. WYNNE: *BC* 13, heb fedru *fawr* aros. *id.* 40, o'r gwrandawyr nid oedd *fawr* yn ystyried. *id.* 139, Nid yw'r Byd oll *fawr* ond un rhagrith i gyd trosto. **1777** W. WILLIAMS: *DN* 38, na fuaswn yn gwneud *fawr* barch i'm henw fy hunan. **1784** M. WILLIAMS: *S* i. 70, Nid yw y llongau rhyfel *fawr* wrth yr hyn allent fod. **19g.** ISLWYN: *Gw* 821, Rhy santaidd yw i siarad *fawr* ei hun. Ar lafar, "Toedd o *fawr* feddwl 'mod i'n mynd ffwr", "Fydd gini hi *fawr* o ffrindia'n unlla', 'Faint roth o at y casgliad? *Fawr* iawn', *WVBD* 366–7; "Doedd *fawr* neb yno'; "Does *fawr* (ddim) newydd yn y llyfr', "Welais i *fawr* erioed ddyn mor wirion ag o', "Fydda i *fawr* o dro yn gorffen y gwaith hwn'; "Fydde fe *fawr* o beth iddo ddod yma heddi'.

Cfn.: **mawr a bach (bychan):** *great and small.* **14g.** *T* 59. 1–2, Llwyfenyd van. ac eirch achlan yn vn trygan *mawr a bychan* taliessin gan tidi ae didan. *c.* **1753** *Gron* 93, Dowch y pydron ddynionach, / Ynghyd, feirw byd, *fawr a bach.* **m. a mân = m. a bach.** Ar lafar. **m. byd** [?cfdds. o'r Llyd. C. *meurbet*]: *vast, huge.* **1632** *D, mawr byd*, Arm. & Br. valdè magnus, ingens. **1688** *TJ.* **1753** *TR.* **1803** *P.* **m. dda iti (iddo, &c.):** *good luck to you* (*to him, &c.*), *much good may it do you!* **1803** *P.* Ar lafar. Cf. *mawrdda*—*m. iti.* **m. ddrwg,** gw. *mawrddrwg.* **(y) m. Dduw:** *great God, almighty God. Dchr.* **14g.** *H* 76b. 4. **14g.** *T* 37. 1–2. *c.* **1400** *R* 1056. 21. Cf. *Duw*—*D. mawr.* **m. fel:** *how greatly, to a great extent.* **1843.** Cf. *Y Tyst*, 15 Mai, 1930, 9, Pan ddechreuwyd adeiladu'r addoldy, *mawr fel* y bygythiai'r gelynion ei chwalu. **m. (bod yn f.) gan (gennyf, &c.) (am):** *to set great store by, prize highly; be concerned by, care about; be surprised by, wonder at.* **15g.** *GTP* 93, Elen *ydoedd fawr gennyf.* **15–16g.** LLAWDDEN, &c.: *Gw* 74, Nid *mawr gennyd, am* arian. *c.* **1585** G. ROBERT: *DC* 24b, *Mawr gan* ddyn gaphael ei dwyllo gan vn a fo annwyl gantho. **1604–7** *TW* (*Pen* 228) d.g. *miror.* **1606** E. JAMES: *Hom* i. 121, yn cyfrif megis tom y pethau *oedd fawr gantho am danynt* o'r blaen. **1722** *Llst* 189, mawr, *bod yn fawr gan*, to affect, admire. **1728** T. BADDY: *DDG* 83, Aaron o'r diwedd *oedd yn fawr ganddo* (*being concerned*) na Attebent ddim o'r Holiadau a ofynai e' iddynt. Ar lafar yn y Gogledd, 'Nid *mawr gynnon*' nhw *am* hynny', 'They don't worry about that', *WVBD* 367. **m. mor:** *it is strange how. p.* **1833.** Cf. D. OWEN: *WBC* 41, *mawr mor* gelfyddydol yr aeth trwy'r gorchwyl. **m. na:** *would that, if only, what a pity that* . . . *not.* **17g.** HUW MORUS: *EC* i. 336, Chwi fedrwch droi coronau crynion, / I fyn'd yn fân ddimeiau cochion, / Ond *mawr na* fedrych yru'r ddimai, / Gwana' gwaith yn geiniog weithiau. **1703** E. WYNNE: *BC* 79, Ond *mawr na* fedrei Sioncrwydd Ffrainc / Rygyngu cainc rhag Angeu. **1723** WM: *PGG* 266, Y mae'r Seintie' bôb amser mewn Heddwch . . . ond *mawr na* fedrai Dynion fôd felly hefyd. **1742** *ML* i. 68, *Mawr na* phicciach i hyd ymma. **1798** R. DAVIES: *CG* 84. **1803** *P*, mawr, adv. . . . also used with a verb to express a wish or longing. *Mawr na* ddelit yma! Would heavens thou wert but coming here! Ar lafar yn y De-ddwyrain clywir 'basa *fawr na*', e.e. 'Basa *fawr na* nelach chi rwpath i 'elpu'. **(nid yw) f. o gael:** (*it is not*) *much of a bargain or 'much cop'.* Ar lafar. **(nid yw) f. o werth:** (*it is not*) *of any value or worth anything.* Ar lafar. **(nid yw) f. o beth:** (*it is not*) *very big, of much use, or worth anything.* **1853.** Ar lafar. **bod (yn) f. am:** *to be very fond (of), be very much in favour (of), desire greatly.* **1764** G. HOWEL: *DB* 3. **1770** SIÔN LLYWELYN: *DD* 41. Ar lafar yn y De, "Odd e (ddim) *fawr am* ysgol'.

Am *asgwrn mawr, beichiog f., y Brenin M., y byd m., cadair f., y côr m., coron f., cwrdd m., diolch yn f., (y) Duw m., y dydd m., edrych yn f. (ar), ffordd f., gair m., golwg m. (f.), gwneud (gwneuthur) yn f. o, gŵr m., gwraig f., heol f., llw m., llythyren f., meddw f. (m.), y môr m., pen m., peth m., ar ei beth m., pobl f., pwll m., y sêt f., siarad yn f., y Siarter F., sofren f., y tân m., y darwden f., y tir m., tywydd m.*, &c., gw. dan yr elfen flaenaf neu'r amlycaf (weithiau At.).

Gw. hefyd cymaint, -fawr, mor[1], mwy, mwyaf, nemor.

Mawr [bnth. S. Diw. Cyn. *Maure*, 'Moor'] *eg.* Mwslim, Mahometan: *a Muslim, Muhammadan.*

1670 J. HUGHES: *AP* 118, siopp, marsiandwr (O Iuddew, *Mawr*, neu Gristion drwg).

mawrad, mawraid, gw. mawr + rhad, rhaid.

mawraidd [*mawr* + *-aidd*] *a.* Mawr, gwych, urddasol, mawrhydig: *great, fine, grand, majestic.*

1591 *Rhyddiaith Gymraeg* ii. 129, y llythyrau hyn ydynt yn enw *Mawraidd* y Frenhines. **1696** *CDD* 121, Mewn sangctedd a *mawredd* gymeriad [am Iesu]. **1765** *W Ballads* 83, [5], Yr ydoedd marchog a marchoges; / Yn y wlad mewn lifing *fawredd.* **1790** TWM O'R NANT: *GG* 126, Ei dad anwyl, arwyl oer, / *Mawraidd* awen mor dduoer. *id.* 138, Mawl *mawraidd* sain, mil myrdd su. **1803** *P.*

mawrair [*mawr* + *gair*[1]] *eg.* ll. *mawr eiriau*, a hefyd gyda grym ansoddeiriol. Ymffrost, bost, bocsach; achos ymffrost; bri, enw da; lleferydd pwysfawr, datganiad o bwys; huodledd, coethder ymadrodd, iaith aruchel; sŵn mawr: *boast, a bragging, vaunting; cause for boasting; good reputation; momentous utterance, important pronouncement; eloquence, elegance of speech, elevated language; great noise.*

Dchr. **14g.** *H* 30b. 53, och weir am y *mawr eir* meu [Bleddyn Fardd i Ddafydd ap Gruffudd ap Llywelyn]. **14g.** *Cy* vii. 139, Achwaneckit meuyl *mawr eir.* **14g.** *GDG* 34, Dyfed a somed, symud—ei *mawrair* [marwnad Llywelyn ap Gwilym]. **14–15g.** *IGE*[2] 128, Cafas y cawr a'i *fawrair* / Anelw gynt yn ôl y gair (Gruffudd Llwyd). *c.* **1400** *R* 1056. 19–20, llawer *mawreir* a vethla. *id.* 1385. 38–9, Mawrvryt y dyn byt yr bot idaw da. na *mawr eir* traha nyt reit wrthaw. **15g.** *GHC* 5, Ac ni chlyw dyn byw o'r byd, / F'eryr gwyn, *fawrair* gennyd. **15g.** *GGl* 239, Gwirfab Mair, *fawrair* forwyn, / Gad iarll Dyffryn Gŵy i'w dwyn. **15g.** *Pen* 67, 123, Mae dyn ym ervyn mawrvost / a vynn gair ac ni vynn gost / Mae arall heb ddim *mawrair* / a vynn or gost vwy no r gair (Hywel Dafi). **1567** *LlGG* (*Sall*) 6b, a'r tavod y ddyweto *vawr eiriae* [:- valchbetheu]. **1588** *Jer* li. 55, yr Arglwydd a anrheithiodd Babilon, ac a ddinistriodd y *mawr-air* o honi hi. **1604–7** *TW* (*Pen* 228) d.g. *grandiloquentia, magniloquentia, verbositas.* **1630** R. VAUGHAN: *YDd* 66, pa le y mae dy *fawrair*, a'th ryfyg cynhennus? **17g.** HUW MORUS: *EC* ii. 143, Pan ddel Mab Mair a'r *mawrair* mwys. **1722** *Llst* 189, *mowrair*, stately eloquence. **1752** *Gron* 2, *Mawrair* a gaf ym Meirion / Yn awr, a gair mawr Gwyr Mon. **1763** *DT* 122, Mwyn wyf i, myn y wenn Fair, / Wrth Forwyn araith *fowrair* (Lewis Morris). **1803** *P.*

Amr.: **morair.** *Dchr.* **17g.** *B* xxii. 136, O'r glod a'r *morair* yma i Arthur a'i roddion ir arferent . . . ddoedyd y dylai ef gael jarll Angios yn swyddwr y bwyd.

Gw. hefyd gair[1]—g. mawr.

mawrbarch [*mawr* + *parch*] *eg.?b.* a hefyd fel *a.* Parch mawr, clod uchel, urddas; (person) hybarch iawn: *great respect, high esteem, dignity; highly respected (person).*

13g. *LlDW* 31. 25–6, *maurparch* gogeuarch gogefru[y]d gurhyt [Dafydd Benfras i Lywelyn ap Iorwerth]. *c.* **1400** *R* 1311. 16–17, Deruel sel sant seint o gyuarch gauael *mawr barch* alarch eiliw. **15g.** *IGE*[2] 231, Cefais gan rwydd arglwyddi / Cwbl gyfarch *mawrbarch* i mi (Ieuan ap Rhydderch). *c.* **1585** G. ROBERT: *DC* [xxiii], cerdded a wnaeth [y llyfr] dros amser o law i law . . . yn cael *mawrbarch* a chroeso ymhob mann. **1592** S. D. RHYS: *Inst* [xviii], hyd nadd [*sic*] oes heddiw unpeth odîdawg, nag ynn perthyn at glôd a' *mawrbarch* dragowydd y Cennedloedd hynny, na bô ynn brintiêdic. *c.* **1600** *IGE* 218, Cael meddyglyn dyn duloyw, / Cael *mawrbarch* ail Lywarch loyw. **1604–7** *TW* (*Pen* 228) d.g. *magnificatio.* **1607** *Rhyddiaith Gymraeg* i. 139, v'arglwyddi *mawrbarch* a chwitheu voneddigion cloduawr. **1620** *Esth* (Apocr.) xvi. 12, Am na fedrei efe ddwyn ei *fawr-barch.* **1632** *D* d.g. *deveneror.* **1632** J. DAVIES: *LlR* 129, Pa le y mae 'r ymbennoethi a'r ymostwng . . . a'r *mawrbarch* a roid i mi? **1696** *CDD* 110, Pa un siwra'n y diwedd, am garrio Trugaredd, / . . . / Ai'r *mawr-barch* goludog o'i rinwedd arrianog. **1723** WM: *PGG* [xxvi], nid oes na Gwlâd na Theyrnas dan y Nef . . . nad yw yn cael *mawr-barch.*

mawrbell, mawrber, mawrbeth, mawrbla, mawrblaid, mawrblas, gw. mawr + pell, pêr[1], peth, pla, plaid, plas.

mawrboen [*mawr* + *poen*] *eb.g.* Poen neu ddioddefaint mawr, gloes anghyffredin; ymdrech galed: *great pain or suffering, agony; great effort.*

14–15g. *IGE*[2] 136, Brychgroen grin *mowrboen* marbwl [Gruffudd Llwyd i Eiddig]. *c.* **1400** *R* 1198. 35–6, Tor greir gwerthuawr vy *mawrboen.* *id.* 1220. 41–2, arwyd dy*vawr boen* irat. **15g.** *DN* 96, Ymarbed fi rhag *mowrboen.* **1632** *D*, trwy *fowrboen* d.g. *ægrè.* **1632** J. DAVIES: *LlR* 37, [t]ost gospi ei gorph [St. Paul] â'i wastadol a'i lafurus *fowrboen* yn ei alwedigaeth. **1721** J. P. PRYS: *DC* 41, Ni chowsai fe [Duw] arbed moi *fawrboen.* **1803** *P.*

mawrbraff, gw. mawr + praff.

mawrbris [*mawr* + *pris*] *a.* a hefyd fel *eg.* Tra gwerthfawr, drudfawr, costus iawn, y rhoddir gwerth mawr arno; gwerth mawr, pris uchel: *very valuable, precious, costly, highly valued; great value, high price.*

1651 SIÔN TREREDYN: *MDD* 263, pwngc *mawrbris* greddfol. **1725–6** *Madd Ed* 21, yr Aberthau trafferthus, *Mawr bris.* *c.* **1730** *Thos. Lloyd D* (LlGC) 170b, *mawrbris*, a great value. **1733** W. WILLIAMS: *TC* 38, er mwyn yr anfodau *mawr-bris* hyn. *id.* 39, yn gwirio ini *fawrbris* ac Ardderchawgrwydd ein heneidiau. **1754** G. OWEN: *L* 120, fe gyst imi ymddangos a thalu'r *mawrbris* am Leisians. **1759** *BC* 437, Am dy Weled mi a rown *fawr-bris* / Yn dda dy le, yn ddu dy Lewis. *c.* **1762–79** W. WILLIAMS: *P* 447, wedi cael yn ddiweddar fwyngloddiau *mawr-bris* o'r meini gwerthfawr hyn. **1768** J. JONES: *HC* 21, Gogoniant cyfoeth gwych y Saint, / Eu braint, a'u perlyn *mawrbris.*

mawrbryd [*mawr* + *pryd*[1]] *eg.* Pryd mawr o fwyd: *large meal.*

1701 E. WYNNE: *RBS* 80, anaml blesereu ac aml ymprydieu, nid ymbell ruthr rhwng dau *fowrbryd.* *c.* **1730** *Thos. Lloyd D* (LlGC) 174b, *mowrbryd*, a large meal. Ar lafar yn y ddihareb 'Hirbryd a wneith *fawrbryd* (a *mawrbryd* wneith gywilydd (o'r bola))'.

mawrbwyll, gw. mawr + pwyll.

mawrbwys [*mawr* + *pwys*] *eg.* a hefyd fel *a.* Pwysau trwm, pwysedd mawr; ?tynfa neu duedd gref; cyni, caledi; pwysigrwydd mawr; tra phwysig; trwm iawn: *heavy weight, great pressure; ?strong attraction, pull, or inclination; distress, hardship; great importance or consequence; very important; very heavy.*

13g. *A* 19. 17, can llewes porthes *mawrbwys.* **16–17g.** *GST* i. 490, Ai i Bowys dy *fawrbwys* fydd? / Ai i fryniau sir Feirionnydd [i'r march glas]. **1734** M. MAURICE: *BH* 31, addoliad gosodedig o *fawr-bwys* anhepcorol i ogoniant Duw. **1785** E. BARNES: *MH* x, Adolygiad ar *fawr-bwys* y gwirioneddau hyn. **1794** M. J. RHYS: *SD* 11, Fe gedwir yr eglwys, er cam ac er cymmwys, / I arllwys ei *mawr-*

bwys i'ch erbyn. **1799 (1869)** DEWI WYN: *BA* (At.) 11, Ymarbod a thyb *mawrbwys*.

mawrchwant [*mawr* + *chwant*] *eg.* a hefyd fel *a.* Trachwant, blys, trythyllwch; blysig, anllad: *great desire, craving, lust, lustfulness; wanton, lustful, licentious.*

15g. DEIO AB IEUAN DU, &c.: *Gw* 237, Os mynnu dan ei 'smonaeth / Ym Mochnant, *mawrchwant* a maeth. **1604–7** *TW* (*Pen* 228) d.g. *ardor.* c. **1648** *Llst* 122, 51, nid troir merched trwy *mawrchwant* / at i llais mew[n] palfais pant. **1727** J. JONES: *DFF* 238, a gwneuthur Pechod gyd â *Mawrchwant.* **1759** *BC* [517], Gwell oedd ganddo yn fwyn tra fu / Mewn *mawrchwant* garu Merched. **1775** *W* d.g. *itch* [*a great, or constant teasing, desire*]. **1793** DAFYDD IONAWR: *CD* 56, Merched annuwiol *mawrchwant.*

mawrchwedl [*mawr* + *chwedl*¹] *eb.g.* a hefyd gyda grym ansoddeiriol. Newyddion o bwys, hanes neu stori fawr: *important news, great history or story.*

c. **1400** *R* 1198. 21–3, llun llyw pum oes ar groes groc. *mawrchwedyl* llawen gan wenic. *id.* 1296. 27, brat kenedyl *vawrchwedyl* verchyr. c. **1450** *CLlG* i. 214, O ddaw *mawr-chwedl* ddydd Mercher (Robin Ddu). **1566** *WLl* 180, Mastr Sion kreulon ywr kri—*mowrchwedl* / Am aer y marchog Salbri. **1595** *Egl Ph* 36, Mawr iawn rhoed mor Noe'r rhawg; / Mwy yw *mawrchwedl* marw marchawg (Rhys Cain). **17g.** EDWARD DAFYDD, &c.: *Gw* 229, A'i feibion, gwŷr eon gred, / O'r *fawrchwedl*, a'i ddwy ferched.

mawrchwydd [*mawr* + *chwydd*] *eg.* a hefyd gyda grym ansoddeiriol. Ymchwydd mawr, hefyd yn *ffig.*; balchder, ymffrost, rhodres: *great surge, also fig.; pride, pomposity, boastfulness.*

14g. *IGE*² 33, Marchawg ffyrf rhieddawg rhwydd, / Braw mawrchwyrn lle bu'r *mawrchwydd.* p. **1643** *RWM* ii. 629, fy swydd *fowrchwydd* fv erchi / ef sydd ywch yn fy swydd i. **1793** DAFYDD IONAWR: *CD* 158, D'wedai'r Dienwaededig [Goliath] / Mewn *mawrchwydd* llidiawgrwydd dig.

mawrchwyrn, mawrchwys, gw. mawr + chwyrn, chwys.

mawrdad [*mawr* + *tad*] *eg.* Tad mawr neu ragorol, yn enw. fel epithet am Dduw: *great or excellent father, esp. as an epithet of God.*

13g. *Études* v. 103, yr mab yr *maurdat* rodyat reen (Cynddelw). c. **1400** *R* 1366. 41, amadeu weithyon *mawrdat.* **15g.** *B* v. 18, Kythrud oed dodi kethrev / Koethrat yn y [diwyg.] *mawrdat* mev.

mawrdaer, mawrdaith, mawrdal, mawrdan, gw. mawr + taer, taith, tâl¹, tân.

mawrdarf, gw. mawr + tarf.

mawrdeg [*mawr* + *teg*] *a.* a hefyd gyda grym enwol. Mawr a theg, gwych iawn, godidog, ysblennydd: *great and fair, very fine, magnificent, splendid.*

c. **1300** *H* 114a. 35, hael mordaf hael *mawrdec* nut (Llywarch ap Llywelyn). **14g.** *GDG* 194, Nas barnwn yn un gyfref, / Fordwy glas, â'th *fawrdeg* lef [i afon Dyfi]. **14g.** *IGE*² 25, Caer *fawrdeg* acw ar fordir. **14–15g.** *id.* 105, *Mawrdeg* lygadau mordwy [i ffynnon Wenfrewi]. c. **1400** *R* 1194. 4–5, Croc caluaria vaerdy gracia. *vawrdec* ryssed. c. **1400** *RB* ii. 13, Ecuba wreic Briaf gwreic *uawrdec.* **15g.** *Cy* xxiii. 564, mordir a phlasau *mowrdeg* (Hywel Rheinallt). **1759** *BC* 352, Bu'r Gwyr lliwdeg Dridydd a dêg, / Cyn cael Brenhindeg, *mawrdeg* Mair. **1803** *P.*

mawrder [*mawr* + *-der*] *eg.*

(*a*) Y cyflwr o fod yn fawr, maintioli mawr, helaethrwydd, mawredd, aruchel-edd, hefyd yn *ffig.*; balchder, hunan-dyb: *largeness, bigness, immensity, extensiveness, greatness, sublimity, also fig.; pride, self-conceit.*

14g. *SC* viii/ix. 191, *mawrder* yr hynawster hwnnw a wnaeth idaw ef gymryt y nerthoed. **16g.** DAFYDD AP LLYWELYN, &c.: *Gw* 10, Mur gwlad, a'u miragl ydwyd / *Mawrder* a nerth, Mordeyrn, wyd. **1603** W. MIDLETON: *Ps* 167, Cyfoder *mowrder* mor-don. **1703** C. ELLIS: *CG* 19, *mawrder* ei fawrhydi. **1703** T. BADDY: *PCh* 21, Cofiwch fawredd a diniweidrwydd y dioddefŵr, a *mawrder* ei ddioddefiadau ef. *id.* 36, fel y meddylioch am *fawrder* y gwaith yr ydych yn myned yn ei gylch. *id.* 58, [*m*]*awrder* y pechod hwn. **1754** R. REES: *GGG* 37, *mawrder* y dydd hwn [Dydd y Farn]. **1772** D. ROWLAND: *PP* 62, Pa bryd y mae ein anadlau ni fyrraf am y nef? . . . pan y byddo *mawrder* yn hwylo mewn gwaith edau a nodwydd. **1793** N. WILLIAMS: *HM* i. 61, *mawrder* a llawnder y Gwytheneu. **1799** D. JONES: *AP* 34, *mawrder* ei allu. **18–19g.** *Llr* C 48, 168, Tri gwychder iaith, eglurdeb ystyr, *mawrder* ystyr, a harddwch ystyr. Ar lafar yn sir Benf. yn yr ystyr 'balchder, hunan-dyb', 'Mae e wedi whiddo fel lliffan gida'i *fowrder*', *GDD* 201.

(*b*) Hoffter, anwyldeb; parch: *liking, affection; respect.*

1718 *PGAD* 3, O's aur a fydd gydâ 'r Cybydd, / Fe gaiff *fawrder* ac addfwynder. **1749** G. JONES: *LlDdG* 38, y mae cynnifer o Blant yn annufudd ac yn ddibarch i'w Rhieni, yn dangos bychander yn lle *Mawrder* iddunt. **1774** T. JONES: *DG* 194, [t]yrfa fawr . . . yn dybygol o ddyfod i'w ganlyn ef [St. Alban], o ran *mawrder* am dano.

mawrdes, mawrdew, mawrdir, mawrdon, mawrdorf, mawrdost, gw. mawr + tes, tew, tir, ton¹, torf, tost².

mawrdra [*mawr* + *-dra*] *eg.* Y cyflwr o fod yn fawr, mawredd, hefyd yn *ffig.*; balchder, hunan-dyb: *largeness, bigness, magnitude, greatness, also fig.; pride, self-conceit.*

1711 H. POWEL: *TY* 286, *mawrdra* dy bechod. **1790** TWM O'R NANT: *GG* 69, O ran eich braint a'ch *mawrdra.* **1803** *P.* Ar lafar yn yr ystyr 'balchder, hunan-dyb', *B* viii. 323.

mawrdrafn, gw. mawr + trafn.

mawrdrais [*mawr* + *trais*] *a.* a hefyd fel *eg.* Treisiol neu gryf iawn, gormesol; trais neu nerth mawr, gormes: *very violent or strong, oppressive; great violence or force, oppression.*

c. **1300** *H* 42b. 11, mur *mawrdreis* mawrdraws gynnefawd (Cynddelw). **15g.** *GTP* 85, Clwyd *fawrdrais*, oer grynlais, greg, / Clawdd yn rhyd, cloddiau'n rhedeg [dychan i'r foryd]. **17g.** *BL Add* 14890, 82b, Rhag kolledion *mowrdrais* (Wmffre Dafydd ab Ifan). c. **1730** *Thos. Lloyd D* (LlGC) 172b, *mowrdrais*, oppressio. **1766** *CD* 65, Drwy ddyfais o *fawrdrais* i fwrdrio.

mawrdraul, gw. mawr + traul.

mawrdraws [*mawr* + *traws*] *a.* Cadarn iawn, tra llym, llymdost: *very firm, harsh, or severe.*

c. **1300** *H* 42b. 11, mur mawrdreis *mawrdraws* gynnefawd. *id.* 51b. 29, Gan *uawrdraws* arglwyt rwyt ym roted. *id.* 54a. 7, *mawrdraws* dreis dra llyr henuelen (Cynddelw).

mawrdrist, gw. mawr + trist.

mawrdrwch [*mawr* + *trwch*] *a.* Tra dryg-ionus, anfad; trwchus iawn: *very evil, heinous; very thick.*

17g. HUW MORUS: *EC* ii. 30, Ac yn y tywŷllwch, mi a borthaf drythyllwch, / trwy anlladrwydd yn *fawrdrwch*, neu fwrdro. **1700–50** *Beirdd y Berwyn* 25, Dyhirwch, rhai *mowr-drwch*, a'i mwrdrodd. **1769** TWM O'R NANT: *TChD* 4, Ffyrdd Twyllwch *fawrdrwch* fâr. **1793** DAFYDD IONAWR: *CD* 247, [t]'w'llwch *mawrdrwch* a maith.

mawrdrwm, gw. mawr + trwm.

mawrdrwst [*mawr* + *trwst*] *eg.* a hefyd fel *a.* Twrw neu sŵn mawr; stwrllyd iawn: *great tumult, uproar, or noise; very noisy, clamorous.*

16g. GR. HIRAETHOG: *Gw* (D. J. B.) 108. 71–2, Troad, ymordriad *mawrdrwst*, / Y ffon ddur a wna ffa'n ddwst [i ofyn meini melin]. **17g.** HUW MORUS: *EC* i. 229, Ac yno bu 'r cyffro, y *mawrdrwst* a'r mwrdro. **1777** E. ROBERTS: *DG* 48, O ran mae yn Fyrginia gwlâd Tobacco / v [*sic*] *mawrdrwst* Lâdd a mwrdro. **1803** *P.*

mawrdwf, mawrdwyll, gw. mawr + twf, twyll.

mawrdy [*mawr* + *tŷ*] *eg.* ll. *-dai.* Tŷ mawr, plasty, llys: *large house, mansion, court.*

13g. *Études* v. 94, gur kyrchyad kyrchvn y *vaurdy* [Cynddelw i Rys ap Gruffudd]. **14–15g.** *IGE*² 312, A *mawrdy* talm, a murdew [Rhys Goch Eryri i lys Gwilym ap Gruffudd o'r Penrhyn]. **16g.** *WLl* 198, Bwlklai ar y *mowrdai* ymôn.

Gw. hefyd mordai.

mawrdda [*mawr* + *da*] *a.* a hefyd fel *eg.* Da iawn, gwych, ardderchog, llesol; daioni mawr, lles mawr, y daioni pennaf; golud mawr, trysor: *very good, fine, excellent, beneficial; great good or benefit, the highest or supreme good, the summum bonum; great wealth, treasure.*

c. **1400** *R* 1218. 12, Trwy hinda *uawrda* vyrdeu diletrith. *id.* 1350. 6–7, hawd ymurdawd a *mawrda.* *id.* 1378. 25, Gyrua *mawrda* meith. **1455–6** *Llst* 28, 190, A gwell vydd iddo i vyd yni ievengtyd noc yni henaint Ac ni bydd *mowrdda* Iddo hyd pann vo pedeirblwydd ar hvgain. **15g.** *GGl* 71, Morddwydwr *mowrdda* ydoedd [marwnad Hywel ab Owain ab Ifan Llwyd]. *Diw.* **15g.** (**15–16g.**) *B* xvii. 87, cael rodd *fowrdda.* **15–16g.** *TA* 171, Carud feirdd, ceir dy *fowrdda*,—/ Crino dyn yw cronni da. *Diw.* **16g.** *CRC* 271, yn gynglwystion Rhoddent *fowrdda.* **16–17g.** *GST* i. 607, Os i'r gwan ni rôi giniaw, / Na chardawd i dlawd o'i law, / Na cheiniog dros ei grogi, / Fo rydd am ach *fawrdda* i mi. **16–17g.** *Cer RC* 68, Na châr di ferch er i *mowrdda.* **1604–7** *TW* (*Pen* 228) d.g. *bonus, Summum Bonum, summum.* **17g.** HUW MORUS: *EC* ii. 108, Rhai a brïoda', o awydd i *fawr-dda.* **1696** *CDD* 45, Dy gorff os doluria, di gosti dy *fawr-ddâ*, / Yn talu hŷd yr eitha i bysygwr. **1716** E. SAMUEL: *GGG* 64, Nid allent chwaith ddisgwyl na golud na *mawrdda* oddiwrth hyn. **1759** *BC* 394, O eisiau gwybod pwy a gai, / Feddiannu 'r Tai, a'r *mawrdda.* **1790** TWM O'R NANT: *GG* 95, Er fod i fyrddiwn fyd o *fawrdda*, / Gan rai mae Synwyr a'i cysona. **1794** *W* d.g. *the Summum Bonum.*

Amr.: **mawrddaf** [*mawr* + *daf*]. **15–16g.** DAFYDD TREFOR: *Gw* 122. **18g.** *W Ballads* 121, 7.

Cfn.: **bod yn fawrdda gan (gennyf,** &c.**)**: *to be extremely pleased* (*with*). **15–16g.** DAFYDD TREFOR: *Gw* 122, *Mae'n fawrddaf gan* Syr Dafydd / Y [rh]odd a'r ewyrth a'i [rh]ydd. Cf. *mawr—m. gan.* **mawrdda i ti (i chwi)**: *you are welcome.* **1803** *P.* Cf. *mawr—m. dda iti.*

mawrddail [*mawr* + *dail*] *a.* Mawr ei ddail (am blanhigyn): *large-leaved* (*of plant*).

20g.

mawrddawn [*mawr* + *dawn*] *eg.b.* a hefyd fel *a.* Talent fawr, athrylith; haelioni mawr, anrheg fawr, bendith ragorol, hefyd yn *ffig.*; y daioni pennaf, penllad; tra doniog, dawnus iawn, yn arddangos dawn arbennig; rhoddfawr, hael ei ddarpariaeth: *great talent, genius; great generosity, large gift, excellent blessing, also fig.; the highest or supreme good, the summum bonum; greatly gifted, well-endowed, highly talented, showing great ability; open-handed, of generous provision.*

13g. *MA*² 218a. 2–4, Mi i'm byw be byddwn dewin / Ym marddair *mawrddawn* gyssefin / Adrawdd ei ddaed aerdrin ni allwn [Dafydd Benfras i Lywelyn ap Iorwerth]. c. **1300** *H* 62a. 18–19, Gwynuydic y ueirt oe *uawrdawn* rebyt. gwr am ryt rut eurdawn (Cynddelw). *id.* 100a. 32, y *uawrdawn* a geffwch (Llywarch ap Llywelyn). *Dchr.* **14g.** *id.* 125b. 29, *mawr dawn* ganhymddeith oesteith oestec (Casnodyn). **14–15g.** *IGE*² 114, Merddin wawd *mawrddawn* ei wedd (Gruffudd Llwyd). *id.* 250, Ab Einiawn yw'r *mawrddawn* mau (Ieuan Waed Da). c. **1400** *R* 1261. 25–6, kyfyawn kathyl *uawrdawn* uardawt (Sefnyn). **15g.** *IGE*² 195, Aur a gawn o'r *mawrddawn* mau / Melyn hyd yr ymylau [Llywelyn ap y Moel i'r pwrs]. **15g.** *GGl* 287, Yno cawn *fawrddawn* fyrddau—mawr yfed / Ac ymrafael fwydau. **16–17g.** *HG* 91, tomas am yrddas *mawrddawn* / trwy natyriol dduwiol ddawn. **1604–7** *TW* (*Pen* 228) d.g. *bonus, Summum Bonum, summum.* **1632** *D* d.g. *summus . . . Summum bonum.* **17g.** HUW MORUS: *EC* i. 12, Cael *mawrddawn* cwlwm urddas, / A chael gwraig uchel ei gras. **1722** *Llst* 189, y *mowrddawn*, the chiefest good. **1803** *P.*

mawrddig [*mawr* + *dig*] *eg.* a hefyd fel *a.* Dicter neu ofid mawr; dig neu drist iawn: *great anger or grief; very angry or sad.*

14g. *GDG* 347, Mwy y dywaid heb beidiaw / . . . / No Myrddin sonfawr *mawrddig*, / Fab Saith Gudyn, y dyn dig. **16g.** *Pen* 76, 121, *mawrddic* heb ddim oyrddas / a wnai bryd oni bai ras [i ferch]. **1793** DAFYDD IONAWR: *CD* 18, Pan dd'wedodd, ehedodd hwn [Satan] / Mewn *mawrddig.*

mawrddoeth [*mawr* + *doeth*¹] *a.* ac efallai gyda grym ansoddeiriol. Doeth

iawn: *very wise.*
c. **1300** *H* 93a. 29, balch goeth *uawrdoeth* uaredut [y Prydydd Bychan i Faredudd ab Owain]. **14–15g.** *IGE*² 164, Farwnad ohonof, cof coeth, / I Fyrddin Powys *fawrddoeth* (Rhys Goch). *c.* **1400** *R* 1352. 19, *mawrdoeth* dial goualon. **1552** *Pen* 403, 69, Marcus Cato y gwr *mowrddoeth* hwnnw. **1604–7** *TW* (*Pen* 228) d.g. *sapientipotens.* **1706** *Nat Con* 9, yn ei *mawr-ddoeth* ofal. **1790** TWM O'R NANT: *GG* ix, Cyfoeth *fawrddoeth* i Feirddion, / O rin lwyth yr Awen lon [i'r llyfr 'Gardd o Gerddi']. **1803** *P.*

mawrddofn, mawrddraig, gw. mawr + dwfn, draig.

mawrddrud [*mawr* + *drud*¹] *a.* Dewr iawn, tra beiddgar neu anturus: *very brave or daring.*
c. **1300** *H* 26b. 25, *mawr ddrud* afael hael o hil madawc (Llygad Gŵr). *c.* **1400** *R* 1203. 35–6, traws maws *mawrdrut* clut clot enynnv.

mawrddrwg, mawr ddrwg [*mawr* + *drwg*] *eg.* ll. *mawr ddrygau* a hefyd fel *a.*, weithiau gyda grym enwol. Drwg, drygioni, neu drosedd mawr; anffawd fawr; drwg neu ddrygionus dros ben: *great evil, wickedness, or transgression; great misfortune; very evil or wicked.*
c. **1300** *H* 38a. 35, marw mawrdreic *mawrdrwc* y daduer. *id.* 68a. 41, Eissyeu yssy ueu yssy *uaurdrwc* ym (Cynddelw). **14g.** *Cy* vii. 139, A wnel y *mawr drwc* tyghet y mawr llw. **14–15g.** *IGE*² 135, Un golwg (*mawrddrwg* i'w maer!) / Didyb rhag y gŵr dudaer (Gruffudd Llwyd). *c.* **1400** *R* 1173. 33–4, *mawrdrygeu* brydeu bradwryaeth. *id.* 1294. 35, Aue rac *mawrdrwc* aual. **1588** 1 *Cr* xxi. 17, mi yw'r hwn a bechais, ac a wneuthum *fawr ddrwg.* **1609** R. SMYTH: *CAC* 28, Heredigiaid . . . ar *mawrdrwg* [*sic*] bechadwyr hoenaidd. **1618** J. SALISBURY: *EH* 311, Y *mowr-ddrwg* mwyaf yw pechod. **1632** *D* d.g. *improbus, scelus.* **1701** E. WYNNE: *RBS* 97, Hanesion o drychineb a *mawrddrygau.* **1717** *W Ballads* 108B, 5, Faint fu 'r *mawrddrwg* yn ei ddirmygu. **1732** J. JONES: *C* 30, dymuno bod i'r *mawrddrwg* ddigwydd i eraill. **1733** T. EVANS: *PP* 180, pechodau ysgymmun *mawr-ddrwg.* **1803** *P.* Ar lafar yn y Gogledd wrth gyfarch bachgen direidus, 'Wel, *mowrddrwg*, lle buost ti?', *WVBD* 379; hefyd yn y ff. *mwrddrwg.*

mawrddrygaf: mawrddrygu [bf. o'r e. bl.] *bg.a.* Peri drwg neu niwed mawr (i), niweidio'n fawr: *to cause great injury* (*to*), *harm greatly.*
1765 J. EVANS: *CPE* 206, megis y *mawrddrygir* ar y gwenith rhywiog, wrth ddiwreiddio . . . yr efrau. **1803** *P.*

mawrddrygedd [*mawrddrwg* + *-edd*¹] *eg.* Drygioni mawr, twyll neu frad mawr: *great wickedness, deceit, or treachery.*
c. **1400** *YE* 7–8, Twyll yw dirgeledic *vawrdryged*, drwy wynnyeithgar gyveillach, y sommi arall. *id.* 13, *Mawrdryged* yw dichellus ystryw y golledu arall. **1604–7** *TW* (*Pen* 228), *mawrddrygiedd* [*sic*] d.g. *malitia.* **1608** *Pen* 217, 37, Pedyr yn . . . datkanv holl *vawrddrygedd* Symwnt.

mawrddrygiog [*mawrddrwg* + *-iog*] *a.* ac weithiau gyda grym enwol. Drwg neu ddrygionus dros ben, maleisus; niweidiol iawn: *very wicked or evil, malicious; very injurious, noxious.*
14g. *B* ix. 328, [c]ygor *mavr drycyavc. id.* 329, digewilyd *vaurdrycyauc* vravdur. *id.* 331, diavl *maurdrygyauc. Dchr.* **15g.** *id.* viii. 140, ry bechu ohonaf . . . yn ewyllys *mawr drygyawc.* **1594–6** *id.* iii. 168, Y *mawrddrygioc* yn pho (*fugit impius*). **1604–7** *TW* (*Pen* 228) d.g. *amarulentus, infandus, malignus, periniquus.* **1632** *D* d.g. *sacrilegus, scelestus.* **1661** E. LEWIS: *Drex* 230, awyr lygredig *fawrddrygiog.* **1719** IACO AB DEWI: *TG* 124, mor ysceler, a *mawrddrygiog* a fu ef. *c.* **1730** *Thos. Lloyd D* (LlGC) 171b, *mawrddrygiog*, mischievous. **1772** *W* d.g. *curst* [. . . *delighting in mischief*].

mawrddrygus [*mawrddrwg* + *-us*] *a.* Drwg iawn: *very wicked.*
1604–7 *TW* (*Pen* 228) d.g. *improbus, sacrilegus.*

mawrdduw, mawrddwfn, mawrddw(f)r, gw. mawr + Duw, dwfn, dŵr.

mawrddwys [*mawr* + *dwys*] *a.* Dwys neu lym iawn, difrifddwys: *very intense or severe, very earnest.*
1790 TWM O'R NANT: *GG* 90, Sel *fawrddwys.* **1793** DAFYDD IONAWR: *CD* 261, [y] *mawrddwys* wynt.

mawrddydd, mawrddyn, gw. mawr + dydd, dyn.

mawrddysg [*mawr* + *dysg*] *eb.g.* a hefyd fel *a.* Dysg neu ysgolheictod mawr; tra dysgedig, hyddysg: *great learning or erudition; very learned, erudite.*
Dchr. **14g.** *H* 124a. 3–4, ys mwy gan y beird heird pob hyrddyd. no fan gant myrddin *mawrddysc* gwenddyd (Iorwerth Fychan). **15g.** *GGl* 25, Câr *fawrddysg* tapr cwyr fyrddiwn [i abad Ystrad Fflur]. **16g.** SIÔN BRWYNOG: *C* 141, Mynnaf ei mawl mewn fy min, / Malu *mawrddysg* mal Myrddin. **1603** W. MIDLETON: *B* 100, Merddin o gymro *mowr-ddysg.* **1604–7** *TW* (*Pen* 228) d.g. *encyclides* . . . *Encyclia disciplina, et Encyclopædia.* *c.* **1730** *Thos. Lloyd D* (LlGC) 178a, *mowrddysg*, doctus. **18g.** *W Ballads* 2B, 4, Cewch *fawrddysg* trwy addysg tri Iddew. **1767** *Gron* 124, Ar y sydd i'r oes hon / Yn *fawrddysg* awen feirddion.

mawredig [*mawr* + *-edig*] *a.* ll. *-ion.* Mawr, nerthol, ardderchog, rhagorol, arwrol: *great, mighty, magnificent, excellent, heroic.*
14g. *HMSS* ii. 20, *mawredigion* weithredoed. **15g.** *LGC* 256, Yn vyw rydain yn *vawredig.* **1551** W. SALESBURY: *KLl* lxxviib, [d]angos y *vawredic* drugaredd arnei. **1567** *LlGG* 40a, *mawredic* [:– galluoc] wyf i waredy. *id.* (*Sall*) 5a, Arglwydd . . . mor *vawredic* [:– arbennic, ragorawl] yw dy Enw. **1567** *TN* 100a, brawychy a wnaethant oll gan *vawredic* [:– nerthawc] veddiant Duw. **16–17g.** *HG* 115, a chall oedd i wrthe, *mawredig.* **1604–7** *TW* (*Pen* 228) d.g. *altus, amplifice.* **1722** *Llst* 189, *mawredig*, great, heroick. **1803** *P.*
Amr.: **mawrhedig** [?dan ddyl. *mawrhydig*]. [**1547**] W. SALESBURY: *OSP*, *Mawrhedic* (*J* 1, 1073, Maurvrydic; *Mos* 204, 100, Mawredig) pendeuic castell. **16g.** GR. HIRAETHOG: *Gw* (D. J. B.) 3. 145, Mae'n odiaeth eich mynediad, / Mae yr hediad *mawrhedig.*
Gw. hefyd mawrfrydig, mawrhydig.

mawredigaeth [*mawredig* + *-aeth*] *eb.g.* Godidowgrwydd, mawredd: *magnificence, grandeur.*
1732 *AABI* 5, Colofn hardd-deg o *fawredigaeth* frenhinol (*of kingly magnificence*). **1803** *P.*

mawredigrwydd [*mawredig* + *-rwydd*] *eg.* Godidowgrwydd, mawredd, mawrhydi, mawrfrydigrwydd; glewder, dewrder: *magnificence, grandeur, majesty, magnanimity; courage, bravery.*
1346 *LlA* 68, Owi a duw or *mawredigrwyd* hwnnw. **14g.** *Pen* 5, 11a–b, Ar mab aberis yveithrin herwyd y *mauredigruyd. id.* 123a, charlymaen . . . ny hepkyr y oetran ef o *vawredigrwyd.* **1567** *TN* 37[3]a, *Mawredigrwydd* a' swydd Map Dew. **1604–7** *TW* (*Pen* 228) d.g. *augustus, magnanimitas.* **1722** *Llst* 189, *mawredigrwydd*, bravery, courage, magnanimity. **1728** T. BADDY: *DDG* 70, *mawredigrwydd* y Brydferthaf Deml. *id.* 145, [y]r Arglwyddiaethau a'r *mawredigrwydd* yr oedd ef yn i gymmeryd arno. **1753** *TR.* **1803** *P.*

mawredd [*mawr* + *-edd*¹] *eg.* ll. (prin) *-au, -ion.* Yr ansawdd o fod yn fawr (o ran gallu, awdurdod, urddas, &c.), godidowgrwydd, rhwysg, mawreddogrwydd, ysblander, urddas, bonedd, ardderchogrwydd, mawrhydi, hefyd wrth gyfeirio at Dduw, brenin, brenhines, arglwydd, &c.; balchder, hunan-dyb: *greatness, magnificence, pomp, grandeur, splendour, dignity, nobility, excellence, majesty, also with ref. to God, king, queen, lord, &c.; pride, conceit.*
?**13g.** *B* vi. 135, *Ma*[*w*]*red* gymined a feddyliais / Myned i Fenai cyn nim bai fais. **14g.** *T* 24. 23, nyt yry lyfyrder. namyn yr y *vawred.* **14g.** *Cy* vii. 139, Bore koch a *mawred* gweric (cf. *Brog* 11, 43, Matutinum rubrum, & maiestas mulieris. Nil bonum præsagiunt, nec sunt durabilia). **14g.** *WM* 477. 39–478. 1, gan *uawred* . . . y doethant yr neuad. *c.* **1400** *R* 1037. 21–2, ny lygraf vym *mawred.* *c.* **1400** *SDR* 70, A thrannoeth, drwy *uawred* dyuot tua phorth y kastell, a galw y porthawr attaw. **15g.** *GM* 36, Canys *mawred* a'm gwnaeth yr Arglwyd o nef. **1567** *LlGG* 33a, estyn ddehevlaw dy *vowredd* y vot yn ymwared yni. **1588** *Eseia* ix. 8, Holl bobl Ephraim . . . a fedrant ddywedyd mewn balchder, ac mewn *mawredd* calon. **1588** *Heb* viii. 1, eisteddodd ar ddeheu law gorsedd-faingc y *mawredd* yn y nefoedd. **1615** R. SMYTH: *GB* 215, ple mae i *mawredd* ai rhodres. **1632** *D*, *mawredd*, magnitudo, majestas, amplitudo. **1703** E. WYNNE: *BC* 98, i faentumio'r *mawredd* afradlon, rhaid gwascu'r Deiliaid a'r Tenantiaid. **18g.** I. BRYDYDD HIR: *Gw* 51, Drain ac ysgall mall a'i medd, / Mieri, lle bu *mawredd.* **1771** *W* d.g. *magnificence.* **1803** *P.* Ar lafar yn gyff. fel ebd., '*Mawredd* annwyl!', 'Diolch i'r *Mawredd*!', 'Brenin y *Mawredd*!'; hefyd yn Arfon ynglŷn â pherson hunandybus, 'Ma 'na ryw *fowradd* yno fo', 'He thinks a great deal of himself', *WVBD* 379. Fe'i clywir yn y De-ddwyrain yn yr ystyr 'hunanbwysigrwydd di-sail'.
Amr.: **moredd**¹. **16g.** *TRP* 188.
Cfn.: **ei Fawredd (M.), eich M.:** *his* (*her*) *Majesty or Highness, your Majesty or Highness.* **1591** *Rhyddiaith Gymraeg* ii. 128, Pennadur ar foroedd, ac ar frenhinawl lynges ei *Mawredd.* **1630** R. VAUGHAN: *YDd* [iii], Christ Iesv . . . â fendithio *eich mawredd* [Charles, Tywysog Cymru], â hir ddyddiau. **m. calon:** *arrogance.* **1588** *Eseia* ix. 8, mewn balchder, ac mewn *mawredd calon.*

mawreddaf: mawreddu [bf. o'r e. bl.] *ba.* Mawrhau, mawrygu: *to magnify, exalt.*
1803 *P.*

mawreddhaf: mawreddhau [*mawredd-* + *-hau*] *ba.* Mawrygu, moli: *to exalt, praise.*
16–17g. EDWARD URIEN, &c.: *Gw* 37–8, Mae'n addas am winwydden / *Mawreddhau* gwaed Merwydd hen.

mawreddig [*mawredd* + *-ig*²] *a.* ac weithiau gyda grym enwol. Rhagorol, godidog, gwych, mawr, mawreddog, aruchel; ?balch, chwyddedig: *excellent, magnificent, great, grand, sublime; ?proud, pompous.*
1777 W. DAVIES: *CHL* 121, Pa le y cawn gynnifer siampl o'r troellau ymadrodd a elwir gwir ardderchog, y *fawreddig*, yr aruthrol, yr addurnol . . . ac yn yr ysgrythurau cyssegrlan? **1803** *P*, *mawreddig*, magnificent, grand.

mawreddigrwydd [*mawreddig* + *-rwydd*] *eg.* Godidowgrwydd, mawredd, ysblander: *magnificence, greatness, splendour.*
1725–6 *Madd Ed* 387, dangosiad o'i *Fawreddigrwydd.*

mawreddog [*mawredd* + *-og*] *a.* ll. (prin) *-ion*, ac weithiau gyda grym enwol. Mawrwych, mawrhydig, godidog, ysblennydd, urddasol; mawrfrydig, anrhydeddus; chwyddedig, rhodresgar, trahaus: *grand, majestic, magnificent, splendid, stately; great-hearted, honourable; pompous, arrogant.*
1607 *Rhyddiaith Gymraeg* i. 141, ein *mawreddoc* vrenhin Jaco. **1632** *D*, mawreddus, & *mawreddog*, magnificus. *id.* d.g. *magnanimus.* **1661** E. LEWIS: *Drex* 53, yn *fawreddog* ac yn drahael yn rhoddi rhoddion. **1688** *TJ*, *mawreddog*, uchel o râdd: great, noble, honourable. **1725–6** *Madd Ed* 100, pob math o attal yn Gaethiwed anoddefol i Galon *fawreddog.* **1753** *TR*, mawreddus, and *Mawreddog*, magnificent, stately, grand, great, noble. **1770** *W* d.g. *brave* [*grand, or noble*], *lofty* [*pompous, stately, &c.*], *majestically.* **1799** DAFYDD IONAWR: *MB* 56, Gallu *mawreddog* ollawl / Sydd hefyd gennyd mewn Gwawl. **1803** *P*, *mawreddawg*, magnificent, grand. Ar lafar; hefyd yn ddifrïol ynglŷn â pherson chwyddedig, 'Mae golwg *mawreddog* arno fo'; 'Hen un *mawreddog* yw e'.

mawreddogrwydd [*mawreddog* + *-rwydd*] *eg.* Godidowgrwydd, mawredd, rhwysg; rhodresgarwch: *magnificence, majesty, pomp; pompousness.*
1803 *P.*

mawreddol [*mawredd* + *-ol*] *a.* Mawr, mawrwych, godidog, mawreddog: *great, grand, magnificent, majestic.*
18–19g. IEUAN LLEYN: *C* 79, Llyfr yw hwn, lleufer hunanawl . . . Ei wraidd a'i dŵf *mawreddawl*, / Sy' o'r nef. **1803** *P* d.g. *mawreddawl.*

mawreddus [*mawredd* + *-us*] *a.* Mawr, mawrwych, godidog, mawrhydig, mawreddog, ardderchog, urddasol: *great, grand, magnificent, majestic, excellent, stately.*
c. **1300** *H* 26b. 26, *mawretus* dy wlad rad redegawc (Llygad Gŵr). *id.* 80b. 4, llwyth maryed *mawretus* (*R* 1188. 40, mawrwedus) eu merweryt (Gwynfardd Brycheiniog). *Dchr.* **14g.** *id.* 123a. 20, *mawredus* ueinus wen yd wernid kreir (Iorwerth

Fychan). **1604–7** *TW* (*Pen* 228) d.g. *ampliter*. **1632** *D*, *mawreddus* . . . magnificus. **1655** R. JONES: *PC* 125, Ffel Esay gwêl *fawreddus* Dduw. **1661** E. LEWIS: *Drex* 53, Yr oeddynt [y Rhufeiniaid] yn *fawreddûs* . . . mewn trafferthion dinasaidd a milwriaeth. **1760** E. WILLIAMS: *UYB* 34, Grâs *fawreddus* jawn. **1773** *W* d.g. *eloquence, stately eloquence, superb*. **1803** *P*.

mawreddusrwydd [*mawreddus* + *-rwydd*] *eg*. Mawredd, godidogrwydd, mawrwychder, gogoniant, ysblander, arucheledd, urddas: *magnificence, glory, splendour, grandeur, stateliness*.
1803 *P*.

mawreiddiwch, gw. mawreiddwch.

mawreiddrwydd [*mawraidd* + *-rwydd*] *eg*. Mawredd, godidogrwydd, gogoniant, ysblander: *magnificence, glory, splendour*.
1833.

mawreiddwch, mawreiddiwch [*mawraidd* + *-(i)wch*[1]] *eg*. Mawredd, gogoniant: *magnificence, glory, splendour*.
1833.

mawreiriog [*mawrair* + *-iog*] *a*. Aruchel neu chwyddedig ei iaith, chwyddeiriog, ymffrostgar: *magniloquent, grandiloquent, boastful*.
1455–6 *Llst* 28, 199–200, [y] sawl a aner dan yr arwydd hwnn . . . *mawr eiriawc* vyddant ac anodd i dioddef. **1604–7** *TW* (*Pen* 228) d.g. *grandiloquus, magniloquus*. **1722** *Llst* 189, *mawr-eiriog*, talking big, florid. **1752** *Gron* 10, Ni wna f'arwyrain yn *fawreiriog*. **1780** *W* d.g. *proud-speaking*. **1803** *P* d.g. *mawreiriawg*.

mawrem, mawrfael[1,2], **mawrfaeth,** gw. mawr + gem[2], mael[1,2], maeth[1].

mawrfaith [*mawr* + *maith*] *a*. Eang neu fawr iawn, pellgyrhaeddol: *very extensive or large, far-reaching*.
12g. *MA*[2] 236a. 21, I edmyg dinag dinas *mawrfaith* clod. *ib*. 26, Mab Gruffudd ced fawrfudd *fawrfaith* (Seisyll Bryffwrch). *c*. **1300** *H* 120a. 19–20, Caraf y brooet breint hywret. ae difeith *mawrueith* ae marannet (Hywel ab Owain). *c*. **1400** *R* 1168. 16–17, lloc *uawrueith* am uedueith uedrawt. **1793** DAFYDD IONAWR: *CD* 241, Yr holl Gyfraith *fawrfaith* fau. **1803** *P*, *mawrvaith*, far-extending.

mawrfalch [*mawr* + *balch*[1]] *a*. Mawr a balch, tra balch, hardd neu ddewr iawn, urddasol, ysblennydd; trahaus: *great and proud, very proud, beautiful, or brave, stately, splendid; haughty*.
13g. *MA*[2] 223a. 27, Colleis gwalch *mawrfalch* mirain orsedd (Dafydd Benfras). *c*. **1300** *H* 109b. 4, Rys *uawr ualch* yg calch yg cadeu (Llywarch ap Llywelyn). **14–15g.** *IGE*[2] 289, A'i neuadd *fawrfalch* galchbryd / Yn arch bach yn eiriach byd (Siôn Cent). *c*. **1400** *R* 1267. 38–9, Oelynn kawn vervyn *vawrualch* cled gwyndyt. **16g.** RHISIART FYNGLWYD, &c.: *Gw* 161, Caer *fawrfalch* o'r cyrferfain. **16–17g.** **(1638)** *Pen* 151, 39b, bai yw i ddyn o bai dder / iach *mowrfalch* ei chamarfer [Siôn Phylip am y ddiod]. *c*. **1730** *Thos. Lloyd D* (LlGC) 174b, *mowrfalch*, proud, haughty. **1803** *P*.

mawrfar [*mawr* + *bâr*] *eg*. a hefyd fel *a*. Dicter mawr, dicllonrwydd; dig iawn: *great rage; very angry*.
c. **1300** *H* 92b. 46, rutbar *uawruar* uaredut [y Prydydd Bychan i Faredudd ab Owain]. *c*. **1400** *R* 1373. 27–8, Hopkyn eil meruyn *mawr var* pwyssic. **16g.** HUW ARWYSTL: *Gw* 89, llew trwm arf llei try *mowrfar* / llaw nudd a gaen llonydd gwar.

mawrfardd, mawrfor, mawrfost, mawrfraint, gw. mawr + bardd, môr, bost, braint.

mawrfraisg, mawrfras, mawrfri, mawrfrig, gw. mawr + braisg, bras, bri, brig.

mawrfrith [*mawr* + *brith*[1]] *a*. ll. *-ion*, a hefyd gyda grym enwol. Yn dwyn smotiau lluosog neu fawr, ysmotiog, broc: *having large or many spots, spotted, grizzled*.
1588 *Gen* xxx. 32, [p]ôb llwdn mân-frith, a *mawrfrith*. **1653** *MLl* i. 206, anifeiliaid brithion, cylchfrithion, *mawrfrithion* a mânfrithion Jacob. **1722** *Llst* 189, *mawrfrith*, grisled.

mawrfro, gw. mawr + bro.

mawrfryd [*mawr* + *bryd*] *eg*. a hefyd fel *a*. Mawredd meddwl ac ysbryd, mawrfrydigrwydd, boneddigeiddrwydd (cymeriad neu natur); arwriaeth, dewrder, gwroldeb; balchder, hunan-dyb, rhyfyg; mawrfrydig, bonheddig (ei gymeriad neu ei natur): *magnanimity, high-mindedness, nobility (of character or nature); heroism, courage, bravery; pride, conceit, presumption; magnanimous, noble (in character or nature)*.
13g. *C* 31. 11–32. 2, Bit chuero y talhaur iny diwet. Syberuid a *maurwrid* a maret. *c*. **1300** *H* 24a. 14, Gwr o hil meruyn *mawruryd* benlli (Hywel Foel). *Dchr*. **14g.** *id*. 31a. 29, trimut aerwalch walch *wawruryt* (Bleddyn Fardd). **14g.** *T* 24. 22–3, Bedw yr y *vawr vryt* bu hwyr gwiscyssit. nyt yry lyfyrder. namyn yr y vawred. **14g.** *BT* 138, bu varw rys vab gruffud tywyssawc deheubarth . . . blaenwyd *mawr vryt*. **14g.** *GP* 56, Arglwyd . . . a volir o'y gedernyt . . . a *mawrvryt* gweithredoed. **1346** *LlA* 96, Mawl diledryt. yr tat *mawrvryt*. *c*. **1400** *R* 1385. 38–9, *Mawrvryt* y dyn byt yr bot idaw da. na mawr eir traha nyt reit wrthaw. *c*. **1400** *RB* ii. 15, yn anoc o *vawr vryt* y amdiffyn. **1588** *B* ii. 200, Duw a ddyly i voli . . . o veddiant . . .*mawrfryt* a gwynfyt. **1632** *D* d.g. *magnanimitas*. **1632** J. DAVIES: *LlR* 306–7, [D]uw . . . sydd yn rhagori . . . mewn cariad a *mawrfryd*. **1718** E. SAMUEL: *HDdD* [iv], y *mawrfryd* diysgog. **1722** *Llst* 189, *mawrfryd* . . . gallantry, magnanimity, valour, pride. *c*. **1785–90 (1829)** *CBYP* 90, datgan pethau *mawrfryd* uchelbwyll. **1803** *P*.

mawrfrydedigrwydd [*mawrfryd* + *-edig* + *-rwydd*] *eg*. Mawrfrydedd; dewrder: *magnanimity; bravery*.
1838.

mawrfrydedd [*mawrfryd* + *-edd*[1]] *eg*. Yr ansawdd o fod yn fawrfrydig, mawredd meddwl ac ysbryd: *magnanimity*.
1848.

mawrfrydig [*mawrfryd* + *-ig*[2]] *a*. Mawr neu uchel o ran meddwl ac ysbryd, bonheddig (ei gymeriad neu ei natur); arwraidd, dewr, beiddgar; mawreddog, mawrwych; trahaus, rhodresgar: *magnanimous, great-hearted, noble (in character or nature); heroic, valiant, bold; great, glorious; arrogant, pompous*.
c. **1300** *H* 62b. 1, *mawrurydic* yth adwen (Cynddelw). *id*. 104a. 14, milueirt *mawrurydic* ryd anuones duw (Llywarch ap Llywelyn). **14g.** *WM* 462. 24–5, eidon *uawrurydic*. *id*. 470. 3–4, Gwenlliant tec y uorwyn *uawr uredic*. **14g.** *BT* (*RB*) 42, eu haruoll yn *vawrurydic* enrydedus vdunt a orugant. *c*. **1400** *YSG* i. 9, y *mawrvrydic* lestyr aelwir y Greal. *c*. **1400** *Études* vii. 66, O'r byd llygeit cochyon idaw *mawrvrydic* vyd, a chadarn a galluawc. *c*. **1400** *YCM*[2] 15, Chyarlys, gwr *mawrurydic* a mawr y uolyant. *id*. 27, ual yd oed Rolant yn was syberw *mawrurydic*, dodi karrec a oruc dan benn y kawr ual y bei lonyddach y kysgei. **1632** *D*, *mawrfrydig* . . . magnanimus. **1632** J. DAVIES: *LlR* 222, [p]ob gweithred *fawrfrydig* wrolwych. **1689** E. MORUS: *RC* 50, byddwch *fawrfrydig* mewn Gweddi ar Dduw. **1722** *Llst* 189, *mawrfrydig* . . . heroick, noble, gallant, lordly, stately. **1725** *SR* d.g. *valiant*. **1760** E. WILLIAMS: *UYB* 134–5, ysbryd tywysogol a *mawr-frydig*. **1770** *W* d.g. *brave, great-hearted, magnanimous*. **1803** *P*.

mawrfrydigrwydd [*mawrfrydig* + *-rwydd*] *eg*. Yr ansawdd o fod yn fawrfrydig, mawrfrydedd, boneddigeiddrwydd (cymeriad neu natur); arwriaeth, gwrhydri, dewrder: *magnanimity, nobility; heroism, bravery*.
c. **1400** *YCM*[2] 123, Heb lesged, ny orffowys *mawrurydigrwyd* medwl grymus. *ib*. o anyanawl *mawrvrydigrwyd*, clot, a molyant. **1604–7** *TW* (*Pen* 228) d.g. *magnanimitas*. **1661** E. LEWIS: *Drex* 376, dysg gan[dd]ynt wroldeb Christianus a *mawrfrydigrwydd*. **1671** C. EDWARDS: *FfDd* 141, [d]igaloni neu ddiffodd yr hyn o *fawrfrydigrwydd*, ac o fedrusrwydd . . . y fuasai yn eu mysc gynt. **1717** IACO AB DEWI: *MN* 191, ymarfogi â'r Glewder a'r *Mawrfrydigrwydd* Ysbrydol hwnnw. **1770** *W* d.g. *bravery, magnanimity*. **1803** *P*.

mawrfrydrwydd [*mawrfryd* + *-rwydd*] *eg*. Mawrfrydedd, arwriaeth, dewrder: *magnanimity, heroism, bravery*.
14g. *BT* 138–9, bu varw rys vab gruffud tywyssawc deheubarth . . . och am . . . *mawrvrydrwyd* herkwlff. **14g.** *BT* (*RB*) 178, yr Arglwyd Rys ap Gruffud . . . Och am . . . vchelder *mawrurytrwyd*. *c*. **1730** *Thos. Lloyd D* (LlGC) 171b, *mawrfrydrwydd*, magnanimitas. BQ 132.

mawrfrydus [*mawrfryd* + *-us*] *a*. ll. *-(i)on*. Mawrfrydig, bonheddig (ei gymeriad neu ei natur); arwraidd, dewr, beiddgar; ?gorfoleddus; ?mawreddog; balch, trahaus: *magnanimous, great-hearted, noble (in character or nature); heroic, valiant, bold; ?exultant; ?magnificent; proud, arrogant*.
14g. *GP* 34, Brehyr a volir o ddewrder . . . a phetheu *mawrvrydusson*. *id*. 56, Arglwyd . . . a volir o'y gedernyt . . . a *mawrurydussyon* vedylyeu. *ib*. Vchelwr a uolir o'y dewred . . . a'y *vawrvrydus* weithredoed. **14g.** *BT* (*RB*) 42, gwr . . . a wnaeth castell Penuro yn *vawrurydus* (*magnanimus*). *c*. **1400** *RB* ii. 13, Palamedes oed wr hir. mein. claer ac ygnat *mawr vrydus* (*animo magno*). *id*. 21, ymladassant pedwar ugein niwarnawt . . . yn *vawrvrydus* (*animose*). *id*. 27, Ef aymhoeles at y vydin yn llawen ac yn *vawr vrydus* (*exultanti*). ac ynogonedus. **1547** *WS*, *mawrfrydus*, hardye. **1595** *Egl Ph* 2, [d]ympwy damunawl a *mawrfrydys*. **1604–7** *TW* (*Pen* 228), treulfawr, *mawrvrytus*, hywledd d.g. *dapalis*. *id*. d.g. *magnanimus, superbus*. **1632** *D*, mawrfrydig, & *Mawrfrydus*, magnanimus. **1722** *Llst* 189, mawrfrydig, [*mawr*]*frydus*, heroick; noble, gallant, lordly, stately. **1803** *P*.

mawrfrydwch [*mawrfryd* + *-wch*[1]] *eg*. Mawrfrydedd: *magnanimity*.
14g. *GP* 16, Arglwyd a uolir o uedyant . . . a *mawrurydwch* medwl.

mawrfudd [*mawr* + *budd*] *a*. a hefyd fel *eg*. Yn dwyn lles neu fudd mawr, buddiol iawn; budd neu elw mawr: *bringing great benefit, very beneficial; great benefit or profit*.
12g. *MA*[2] 236a. 26, Mab Gruffudd ced *fawrfudd* fawrfaith (Seisyll Bryffwrch). **13g.** *Études* v. 98, haul wodrud hyl *maur wud* m[er]wyn (Cynddelw). *c*. **1300** *H* 58b. 2, nym golut *maurvut* mab riwallawn. *id*. 64a. 28, ny dawl wrth ae mawl *mavrvut* (Cynddelw). *c*. **1400** *R* 1325. 21–2, am eryr *mawrvud* nud nawt. **1803** *P*.

mawrfur, gw. mawr + mur.

mawrfyd [*mawr* + *byd*[1]] *eg*. Byd mawr; macrocosm: *great world; macrocosm*.
1716–18 *Llsgr R. Morris* 140, gan roi ych cais ach serch ach brud / ar betha *mowrfud* nefol.

mawrgad [*mawr* + *cad*[1]] *eb*. a hefyd fel *a*. Brwydr neu fyddin fawr; ?wedi ymladd mewn llawer o frwydrau; ?cadarn mewn rhyfel; ?a chanddo lu o ryfelwyr neu fyddin fawr: *great battle or army; ?having fought many battles; ?mighty in battle; ?having many warriors or a great army*.
c. **1400** *R* 1270. 44–1271. 1, morgan bennadur *mawrgat*. **15g.** *Pen* 67, 101, wyr vorgan arf y *vawrgad*. **16g.** LEWYS MORGANNWG: *Gw* 110, brenin gwlad *vawrgad* vorgan. **16–17g.** *CC* 413, Gwr kyfion tirion, fal y tad, ffriw hael / yw Wmffre Hvws *fowrgad*. **17g.** E. MORRIS: *Gw* 185, Capten *mawrgad*, cryf ganwriad [marwnad Rowland Vaughan].

mawrgainc, mawrgall, gw. mawr + cainc, call.

mawrgam [*mawr* + *cam*[2]] *eg*. a hefyd fel *a*. Cam, drwg, neu niwed mawr; anghywir neu ddrwg iawn: *great wrong; very wrong*.
14g. *GDG* 408, Cytgerdd eos mewn coetgae, / Cytgam â'r *mawrgam* y mae. **1611** R. SMYTH: *SG* 191, yn galaru y *mawrgam* yrydoe[dd] yn godde ar law iwraig. *c*. **1689 (1802)** L. WILLIAM: *Sherlyn Benchwiban* 6–7, Y Celwydd yn canu, . . Mi fedraf fyw heb help fy mam, / A'm rhinwedd *fawrgam* f'agwedd.

mawrgamp, mawrgant, gw. mawr + camp[1], cant[3].

mawrgar [*mawr* + *câr* neu fôn y f. *caraf*: *caru*] *eg*. a hefyd fel *a*. Perthynas neu gyfaill mawr; mawr ei gariad, a gerir yn fawr: *great kinsman or friend; very loving, greatly loved*.
c. **1400** *R* 1270. 30–31, vorgan. *vawrgar* osp ac eirchyat. *ib*. 33–4, uorgan *vaurgar* kadarn kyfyawn. **16–17g.** LLYWELYN SIÔN, &c.: *Gw* 543, Un Duw a roes yn dir âr / Wlad Forgan, olud *fawrgar*. **17g.**

EDWARD DAFYDD, &c.: *Gw* 230, Yn iach gael, afael ofwy, / Imi'r fath gâr *mawrgar* mwy [marwnad Rhys Powel].

mawrgau, gw. mawr + cau.

mawrged [*mawr + ced*] *eb.* a hefyd fel *a.* Rhodd neu haelioni mawr; hael, haelionus: *great gift or generosity; generous.*
c. **1300** *H* 51b. 27, Ry dogneis uawr gert am y *uawrged* (Cynddelw). *id.* 95b. 24, Am uaredut wut *uawrged* (Y Prydydd Bychan). *c.* **1400** *R* 1431. 26, mawruab edynyuet *mawrget* gyflawn. **16–17g.** HUW MACHNO: *Gw* 58, A Margied wych, *mawrged* ŵyl / Gwraig Risiart lownwart annwyl. **1603** W. MIDLETON: *Ps* 107, Wyd nodded *mowrged* ymi. **17g.** E. MORRIS: *Gw* 253, Wedi yfed *fawrged* fu / Mwy yw'r syched mawr sechu [i ofyn hocsied o fir].

mawrgel, gw. mawr + cêl[1].

mawrgerdd [*mawr + cerdd*[1]] *eb.* Cerdd neu farddoniaeth fawr, cerddoriaeth fawr, crefft fawr: *great poem or poetry, great music, great craft.*
c. **1400** *R* 1246. 40–1, Bard wyfi ymri rif llwyr ar *uawrgerd* aryf aer gat estrawnffwyr. *id.* 1310. 41–2, pellgerd y gwnaf y *vawrgerd* gynnif aergat. *c.* **1525** *TA* 740, Saer awen bur, mur *mawrgerdd*, / Selyf fu'n cau sylfaen cerdd [marwnad Tudur Aled gan Forys Gethin].

mawrgerth, gw. mawr + certh[1].

mawrglau [*mawr + clau*] *a.* Uchel, swnllyd, neu gyflym iawn: *very loud, noisy, or swift.*
13g. *Études* v. 97, rvysc rynnaud morgymlaud *maurglev* (Cynddelw). *c.* **1400** *R* 1205. 12–13, am gwydaw varglwyd roi gwaed *vawrgleu.*

mawrgled [*mawr + cled,* ff. f. yr a. *clyd*] *a.?b.* Clyd neu ddiddos iawn: *very sheltered or snug.*
15g. *DN* 19, Gwae wŷr f'arglwydd yn y gaer *fowrgled*! *Diw.* **15g.** (**15–16g.**) *B* xvii. 80, hwy a naeddon ym collet yn fy llys *fowrcylet.*

mawrglod [*mawr + clod*] *eg.b.* a hefyd fel *a.* Clod, parch, neu fri mawr; canmoladwy, mawr ei fri, clodfawr, enwog: *great praise, esteem, or renown; praiseworthy, esteemed, renowned, famous.*
c. **1300** *H* 36b. 8, y *uawrglod* hyd uawr gluyd rosset (Cynddelw). *Dchr.* **14g.** *id.* 75b. 11–12, Adan ser ny byd ac ny bu wn well *wawr glot* bell diballu (Einion Wan). **14–15g.** *IGE*[2] 122, Cael yn yr aer, calon rwydd, / Ohonod *fawrglod,* f'arglwydd [Gruffudd Llwyd i Owain Glyndŵr]. *c.* **1400** *R* 1194. 16–17, Coet beruednot. kain y *uawrglot.* cun nef eurgled [i'r Grog yng Nghaer]. *id.* 1322. 30–1, tramgwyd am arglwyd *mawrglot.* *c.* **1585** G. ROBERT: *DC* [vi], ai copha [Elen a Chystennyn] drwy *fawrglod* yn yr Eglwys Gatholic. **1603** W. MIDLETON: *Ps* 218, [g]wryth *fowrglod.* **1607** *Rhyddiaith Gymraeg* i. 141, y goreugwr teilwng o *vowrglod* Jarll Caer Wrangon. **1661** E. LEWIS: *Drex* [xxiv], Dos rhagod mewn *mawrglôd* maith. **1701** E. WYNNE: *RBS* 88, Codiad dissymmwth a *mowrglod* gyffredin. *c.* **1730** *Thos. Lloyd D* (LlGC) 177b, *mowrglod,* gloriosus. **1763** *DT* 234, A Herod yn *fawrglod* fu. **18g.** I. BRYDYDD HIR: *Gw* 29, palasau gwychion *mawrglod.* **18–19g.** *Iolo MSS* 172, efe a nhwy a fuant *fawrglod* am Dduwioldeb ag elusenwaith.

mawrglodus [*mawrglod + -us*] *a.* Enwog, canmoladwy: *famous, praiseworthy.*
1870.

mawrglwyf [*mawr + clwyf*] *eg.* a hefyd fel *a.* Clwyf neu afiechyd mawr; yr haint digwydd, epilepsi; yn peri clwyf mawr, wedi ei glwyfo'n ddrwg, clwyfus iawn; hefyd yn *ffig.*: *great wound or sickness; epilepsy; wounding badly, grievously wounded; also fig.*
c. **1300** *H* 96b. 2, am arglwyt *mawrglwyf* golled [marwnad Rhys ap Llywelyn gan y Prydydd Bychan]. **14g.** *GDG* 36, Band oedd *fawrglwyf* hynny [marwnad Llywelyn ap Gwilym]? *c.* **1400** *R* 1226. 26–7, *Mawrglwyf* a orwyf eryr kyrchyat glew. **15g.** (**16g.**) *LlGC* 722, 18, kyffesv ir wy kyffes rym / . . . i fair wiwrym / ag adda ir wy r *mowrglwy* mav (Ieuan Brydydd Hir). **15g.** *GGl* 19, Och f'arglwydd, iach o *fawrglwyf.* **1525–50** *Pen* 76, 91, *mowrglwyf* wyf er gem evrglaer. **16–17g.** *Cer RC* 98, O serch merch yn arwain *mowrglwy'.* **1604–7** *TW* (*Pen* 228), y *mawrglwyf* d.g. *epilepsia.*

mawrgoel, gw. mawr + coel[1].

mawrgoeth [*mawr + coeth*] *a.* Gwych neu goeth iawn, diwylliedig neu bur iawn: *excellent, very refined, cultured, or pure.*
Dchr. **14g.** *H* 75a. 29, Ny met llywelyn llyw *mawrgoeth* wynet [marwnad Llywelyn ap Iorwerth gan Einion Wan]. **14g.** *IGE*[2] 50, Gyrthied cof eurged *fawrgoeth* / Ym mhen y dewinbren doeth. *c.* **1400** *R* 1243. 27–8, oeth doeth goeth gynghor. *mawrgoeth* margam. *id.* 1327. 24, meir *uawrgoeth.* **15g.** *GGl* 177, Doeth a *mawrgoeth* yw Morgan. **1803** *P.*

mawrgof [*mawr + cof*] *eg.* a hefyd gyda grym ansoddeiriol. Cof neu goffa da: *good memory or recollection.*
c. **1400** *R* 1228. 9, Meu ynof *mawrgof* am ergyt goual. **1603** W. MIDLETON: *Ps* 76, Dwedaf wrth dduw *mowrgof.* **1771** *Hop M* 354, Awen gu'n accenu cân / y *mawrgof* am ei eurgan [marwnad Lewis Hopkin gan Iolo Morganwg].

mawrgor, mawrgorf, gw. mawr + côr[1], corf.

mawrgost [*mawr + cost*[1]] *eb.g.* a hefyd fel *a.* Traul fawr, darpariaeth helaeth; yn darparu'n helaeth, helaethwych, costus iawn: *great expense or provision; providing extensively, sumptuous, very expensive.*
c. **1400** *R* 1270. 39, lles *uawrgost* llys vorgan. *id.* 1296. 21–2, ryw vaenbost *mawrgost* murgaer. **15g.** *LGC* 203, Mab Morgan yn mhob *mawrgost* / Mwy nog un y mŷn ei gost. **15–16g.** HYWEL RHEINALLT: *Gw* 48, *Mawrgost* dan gwlm o irgoed / A'r mur calch i rwymo'r coed. **16g.** SIÔN BRWYNOG: *C* 87, Gwledd Farged gwiwlwydd *fawrgost*: / Gwin rhudd, bara gwyn a rhost. ?**16g.** (**17–18g.**) *LlGC* 6209, 129, A mawr soon a bost / . . . / a ddaw ini gan saesson *mawrgost.* **1721** J. P. PRYS: *DC* 15, Yn gwario drwy *fawrgôst* rhy ferrgost dy fael. **1793** *Ll* xii. (1933) 142, Neu'n well, er mor bell eu bost, / Na'r ofergall ry *fawrgost* [i'r aderyn bronfraith].

mawrgraff, gw. mawr + craff.

mawrgrair [*mawr + crair*] *eg.* a hefyd fel *a.* Anwylyd, trysor; annwyl neu werthfawr iawn: *loved one, darling, treasure; cherished, very precious.*
14g. *H* 122b. 23, O arffet myget mygyr *vawrgreir.* **14g.** *DGG*[2] 138, Clod *fawrgrair,* lwybr clwyd forgrainc, / Claer farchlen, clyw, f'ancr wen, f'ainc [Gruffudd Gryg i'r don]. **14–15g.** *IGE*[2] 105, Ni wnaeth mab Mair, *mowrgrair* mwyn, / Miragl erioed er morwyn / Dan yr haul, daioni rhaid, / Degach o ddŵr bendigaid [i Ffynnon Wenfrewi]. *c.* **1400** *R* 1238. 21–2, Gwae ny weinyd ffyd ffyryf dedueu dengeir. yr mab *mawrgreir* meir. **15g.** *GGl* 240, Aeth dy air, y *mawrgrair* mau, / Eitha byd o'th wybodau.

mawrgref, gw. mawrgryf.

mawrgri, gw. mawr + cri[2].

mawrgrwn [*mawr + crwn*] *a.* (b. *mawrgron*). Mawr a chrwn: *large and round.*
1603 W. MIDLETON: *Ps* 178, *Mowr-grwnn* fŷd. **1604–7** *TW* (*Pen* 228), peirian *mawrgrwnn,* hir d.g. *cylindrus.*

mawrgryd, gw. mawr + cryd.

mawrgryf [*mawr + cryf*] *a.* (b. *mawrgref*). Mawr a chryf, grymus neu nerthol iawn: *large and strong, very strong or powerful.*
15–16g. *TA* 136, Mal Derfel y bateloedd, / Mwrog ar farch, *mawrgryf* oedd. **16–17g.** *CRC* 359, ni allai weithian fawr ym lwybran / heb ffon *fowrgre* rhag y pylle. **1604–7** *TW* (*Pen* 228), tonn ne vorgasec *vowrgref* d.g. *fluctus, fluctus decumanus.* **1620** 1 *Mac* iv. 30, y llu *mawr-gryf.* **1632** *D,* corrwynt *mawrgryf* d.g. *typhon.* **17g.** HUW MORUS: *EC* i. 284, *Mawrgry'* ydych, mor garedig.

mawrgu [*mawr + cu*] *a.* Annwyl dros ben: *very dear, beloved.*
1683 H. EVANS: *CTF* 37, Hwy ennillsont goron *fawr-gu* [:– Tra anwyl].

mawrgudd, mawrguddiaf: mawrguddio, mawrgun, gw. mawr + cudd[1], cuddiaf: cuddio, cun[1].

mawrgur [*mawr + cur*[1]] *eg.b.* a hefyd fel *a.* Ing neu ofid mawr; poenus dros ben, yn peri poen fawr: *great affliction or anguish; very painful, causing great pain.*
c. **1400** *R* 1350. 23, anvud marwgud neut *mawrgur.* **16g.** WILIAM LLŶN: *Gw* (R. Stephens) 296, *Mawrgur* dig Margred a ŵyr / Eisiau'i wyneb a'i synnwyr [marwnad Hywel Fychan] **16–17g.** *B* xxiv. 294, Hir ddolur yw'r *mawrgur* mau, / Hiraeth ac alaeth golau (Edwart ap Raff). **1603** W. MIDLETON: *Ps* 131, Ag o *fowrgur* gyfyrgoll / Darfuont toddasont oll. *id.* 145, Ai llafur *fowr-gur* a fynn. **17g.** *LlGC* 727, 89, neiaint a cheraint a chur / a gwyn forgan gann *fowrgur* (Huw Machno). **17g.** HUW MORUS: *EC* i. 39, Dwg Farged o'i dig *fawrgur.* **1776** H. JONES: *GC* 4, A Marged oedd mewn *mowrgur.*

mawrgwydd [*mawr* + bôn y f. *cwyddaf: cwyddo*] *eg.* Cwymp mawr, hefyd yn *ffig.*: *great fall, also fig.*
c. **1300** *H* 94b. 8, aruoll *mawrgwyt* goll morgant (Y Prydydd Bychan). **1803** *P.*

mawrgwymp [*mawr + cwymp*] *eg.* a hefyd gyda grym ansoddeiriol. Cwymp mawr, hefyd yn *ffig.*: *great fall, also fig.*
15g. *Pen* 67, 69, am vorgan y bvm *vawr gwymp* / ni roet y gar erioet gwymp (Hywel Dafi). **15–16g.** *TA* 288, Os *mawrgwymnp* eisiau Morgan, / A beris tir heb wrês tân [marwnad Morgan ap Siôn ap Hywel]. **1603** W. MIDLETON: *Ps* 191, I ryddhau plant angau oll / O gau *fowrgwymp* gyfyrgoll. **1632** *D,* cael *mawrgwymp* d.g. *corruo.*

mawrgwyn [*mawr + cwyn*[1]] *eb.g.* a hefyd fel *a.* Cwyn fawr, galar mawr; galarus iawn; yn peri galar mawr; mawr ei gŵyn, hefyd yn *dros.*: *great lament or grief; grief-stricken; causing much grief; greatly lamenting, also transf.*
Dchr. **14g.** *H* 97b. 15, Ar[gl]wyd neit mawrgud neut *mawrgwyn* gwyrda [marwnad Blegywryd gan Y Prydydd Bychan]. *id.* 115b. 22, enbyd ym ergydy [*sic*] *mawrgwyn* [marwnad Gruffudd ap Hywel ab Owain Gwynedd gan Lywarch ap Llywelyn]. *c.* **1400** *R* 1206. 27–8, tervysc mysc *mawrgwyn.* dioer dwyn dewrdar. **15g.** *Pen* 57, 35, Tutha vorgist teith *vawrgwyn* [am long]. **16g.** *GILlV* 33, Ac yn y fan *mawrgwyn* fu / Isod doed am ben Iessu. **1593** W. MIDLETON: *B* 53, ymswyn o *fowrgwyn* fyfyrgoll [marwnad Catrin, iarlles Penfro]. *c.* **1594** *GST* i. 380, Na haeddwch ddwyn, *mawrgwyn* maith, / Y dawn a roes Duw unwaith [i'r Frenhines Elisabeth]. **1700–50** *Beirdd y Berwyn* 80, A Chatrin *fawr-gwyn* dringar. **1754** *Gron* 69, A digas eiriau da gysured, / Och a *mawrgwyn* ei chwaer Marged.

mawrgyrch [*mawr + cyrch*[1]] *eg.* a hefyd fel *a.* Ymosodiad neu ruthr mawr; a llawer o gyrchu iddo: *great attack or assault; much frequented.*
14g. *GDG* 16, O *fawrgyrch* hylithr, f'eurgaer, / Ofer dau wrth Ifor daer. **1722** *Llst* 189, *mawrgyrch,* much resorted unto. *id.* ty *mawrgyrch* d.g. *a well-accustomed house.*

mawrhad [bôn y f. ddil. + *-ad*[2]] *eg.* Mawrygiad, gogoneddiad, dyrchafiad, anrhydedd: *glorification, exaltation, honour.*
16g. *WLl* 185, Yn hiroed y bon a rron *vawrhaad* [i Simwnt Thelwal]. **1567** G. ROBERT: *GC* [viii], gadel lawer arnafi [yr iaith Gymraeg], a fum cyd heb nag ymgeledd, na *mowrhaad.* **1592** S. D. RHYS: *Inst* [xiv], [d]irfawr barch a' *mawrhâad* tragywyddawl. **1603** E. KYFFIN: *Ps* [iv], *mawrhâd* eyn hiaith. **1604–7** *TW* (*Pen* 228) d.g. *honor.* **1618** J. SALISBURY: *EH* 35–6, os diosc y Tywyssog oddiam ei ben i'r gwâs, bydd hynny yn *fawrhâd* nodedig. **1703** E. WYNNE: *BC* 15–16, ei *fawrhâd* ei hun, nid llesâd y Deyrnas yw corph y gainc. **1793** R. POWELL: *ADV* 13, I ti y Tad, / Vy Rhi, *vawrâad.* **1803** *P, mawrâad,* a magnifying.

mawrhaf: mawrhau [*mawr + -hau*] *ba.*

(*a*) Gwneud yn fawr o berson neu beth, mawrygu, dyrchafu, anrhydeddu, clodfori, moliannu, moli, canmol: *to exalt, magnify, elevate, honour, laud, extol, praise.*
c. **1300** *H* 48a. 8, Rieingert eua a *vawrheynt* (Cynddelw). **1346** *LlA* 114, val *ymawrhaer* dy enw di ynyr holl dayar. *c.* **1400** *R* 1175. 7–8, bard athyawl ath uawl ath *uawrha.* **15g.** *GGl* 224, Mair, Hywel a'i *mawrhäodd,* / Os mawr ei rent, ys mwy'i rodd. *id.* 301, Mae rhai yn fy *mawrhâu,* / Mae'r lleill i'm heriaw o'r llu. **15g.** *HCLl* 84, Yn Eglwys Fair mae creiriau, / A Mair ei hun i'w *mawrhau.* **1547** *WS, mawrhau,* magnyfie. **1567** *LlGG* 65a,

mawrhay [:- mawrygu] Duw. **1567** *TN* [xxix], esceulusit gorchmynion . . . gair Duw, ac i *mawrheit* dechmygion, gorchmynion, a' gosodigaythay dynion. *id.* 295a, a' *mawrhewch* [:- pherchwch] y cyfryw 'rei. **1588** 1 *Sam* xxvi. 24, megis y *mawrhauwyd* dy enaid ti heddyw yn fyng-olwg i. **1592** S. D. RHYS: *Inst* [xiv], i ymgelêddu, a' choledd, a' *mawrhâu* bôb vn o honynt ei iaith 'ihûn. *id.* [xvi], i *fawrhâu* a' mawrberchi yr Awdurieit a'i Prydyddion. **1630** R. VAUGHAN: *YDd* 55, drygioni yn cael ei *fawrhau* a rhinwedd ei amherchi. **1632** *D* d.g. *magnifico, multifacio.* **1759** T. THOMAS: *WWDd* 95, yn hyn 'fe *fawrhawyd* y Gyfraith. **1803** *P*, *mawrâu*, to magnify.

(*b*) Gwneud yn fawr neu'n fwy, mwyhau, amlhau, lluosogi; *Math.* lluosi: *to make large(r), enlarge, increase, multiply; multiply (in math.).*

1588 *Gen* xix. 19, *mawrheaist* dy drugaredd yr hon a wnaethost a mi. **1588** *Eseia* ix. 2, Amlheaist y genhedlaeth, ni *fawrheaist* lawenydd. **1632** *D* d.g. *amplifico.* **1661** E. LEWIS: *Drex* [x], ac iddo *fawrhau* a chynnyddu beunydd fwy fwy eu prifiant o'u dysgeidiaeth. **1768** J. ROBERTS: *R* 1, [yn] *Mawrhau* y ffugurau yn ol eu lleoedd. *id.* 86, Gwagnodau ar y Llaw Ddeheu i'r Degrannau, nid ydynt yn eu mawrygu . . . ond ar y Llaw Asswy y maent yn eu *mawrhau.* **1775** M. WILLIAMS: *MC* 5, y gwagnod . . . yng nghanol Ffigurau y mae ef yn *mawrhau* eu Lleoedd. **1803** *P*, *mawrâu* . . . to enlarge.

mawrhânt [bôn y f. fl. + *-ant*²] *eg.* Mawrhad, moliant: *honour, praise.*

[**1547**] W. SALESBURY: *OSP* [xii], Anrhydedd ne *vawrhant* a vacka gelfyddodeu. **16g.** (*c.* **1648**) *Llst* 122, 260, Y carw mawr hardd cair *mawrhant* / ar ddwy Wynedd ai vrddoniant (Lewis Menai). *c.* **1730** *Thos. Lloyd D* (LlGC) 171b, *mawrhânt* . . . mawrhaad.

mawrhaol [bôn y f. fl. + *-ol*] *a.* Mawrygol, dyrchafol, anrhydeddus: *magnifying, elevating, honourable.*

1796 T. JONES: *CCA* 234, y fath feddyliau *mawrhäol* sy gennyt am y gwynfydedigrwydd hwnnw.

mawrhawr [bôn y f. fl. + *-wr*] *eg.* ll. *-wyr.* Un sy'n gwneud yn fawr o berson neu beth, mawrygwr: *one who exalts, extoller.*

16–17g. *Pen* 118, 13, A'r prydyddion cynt yr ymadawant ae *mawrhavwyr* ae llettyev gant. **1803** *P*, *mawrâwr*, a magnifier, one who exalts.

mawrhedig, gw. mawredig.

mawrhydi [?*mawr* + *hyd* (neu efallai *-yd*²) + *-i*¹, cf. *mawrhydig*] *eg.* Mawredd (gallu, awdurdod, urddas, &c.), gogoniant, ysblander, ardderchogrwydd, godidogrwydd, mawrwychder, rhwysg, hefyd wrth gyfeirio at Dduw, brenin, &c.: *majesty, greatness, glory, splendour, magnificence, grandeur, also with ref. to God, king, &c.*

14g. *B* v. 197, gogymeint yv eu gogonyant [Person-au'r Drindod] . . . eu breint ac eu *mavrhydi.* **1567** *LlGG* (*Sall*) 52b, Yr Arglwydd y sy . . . wedy ymwisco a *mawrhydi* [:- gogoniant, prydverthwch]. *id.* 82a, prydverthwch gogoniant dy *vawrhydi.* **1567** *TN* 324b, dywiol rat a' *mawrhydi.* **1630** R. VAUGHAN: *YDd* 36–7, *Mawrhydi* yw'r peth, drwy'r hwn y mae Duw . . . yn teyrnasu ac yn rheoli. **1632** *D*, *mawrhydi*, maiestas. **1632** J. DAVIES: *LlR* 94, faint yw *mawrhydi* y tywysog hwnnw y mae pechadur yn gwneuthur yn ei erbyn. **17g.** E. MORRIS: *B* 41, Aer Gloddaeth o arglwydd-waed, / O *fawrhydi* gwythi gwaed. **1680** J. THOMAS: *UN* 29, [g]wr a'i croesawodd ef [Augustus Caesar] islaw ei *fawrhydi.* **1693** *HC* 109, fel y darfu iw Dâd caredig anghofio ei *fawrhydi* . . . a rhedeg yn gyflym iw gyfarfod. **1719** *EGBG* 7, O herwydd *mawrhydi* yr yscrythyrau. **1728** T. BADDY: *DDG* 9, ymhellach gofynnodd i mi o ba oedran oedd *mawrhydi*'n Brenhines. **1790** TWM O'R NANT: *GG* 3, Yr Iesu Grist oedd yn *Fawrhydi.* *id.* 82, Er dal, ar dwyn yn llwyn Llyweni, / *Fawrhydi* 'r Ladi Mari, Amen. **1791** GW. MECHAIN: *Rh* 37, eu gwychder a'u *mawrhydi* [y Rhufeiniaid] a goronodd ac a ddigoronodd frenhinoedd. **1793** *Cylchg* 28, Yr oedd rhyw beth o *fawrhydi* yn ei olwg. **1803** *P* d.g. *mawrydi.*

Cfn.: **ei Fawrhydi (M.), eich M.:** *his (her) Majesty or Highness, your Majesty or Highness.* **1630** R. VAUGHAN: *YDd* [iii], i dynnu *eich Mawrhydi* [Charles, tywysog Cymru] yn nes at ffafr Duw. **1690** *Ymofynion* [ii]. **1699** *FfG* [1]. **1763** *DT* 248. **1766** *CD* 2.

mawrhydig, mawrydig [?*mawr* + *hyd* (ac efallai *-yd*²) + *-ig*², cf. *mawrhydi*; dichon fod *-d-* yn rhai o'r enghrau. cynnar yn cynrychioli *-dd-*] *a.* Gwych, ysblennydd, mawreddog, hardd, teg, balch, godidog, mawr, urddasol: *fine, splendid, majestic, beautiful, proud, magnificent, great, grand, noble.*

12g. *MA*² 155 a. 13–14, Ym maes mathrafal mathredig tyweirch / Gan draed meirch *mawrydig* (Cynddelw). **13g.** *C* 42. 8–9, Vy *maurhidic* nen. *id.* 107. 4, Rug kaer kenedir aglan. mor *maurhidic* (*id.* 63. 12, *mauridic*) a kinran. *c.* **1300** *H* 118b. 14, Dygychwyn gennad gan *uawrrydic* doryf [teulu Owain Cyfeiliog i gylchio Cymru]. **1346** *LlA* 31, yrei drwc . . . aymdrychafuant or golut. ac or adeiladau *mawrhydic.* **14g.** *WM* 168. 37, morwyn *uawrhydic* telediw [*sic*]. **14g.** *B* xviii. 151, moli yr Argluyd yn *vaurydic.* *c.* **1400** *R* 1201. 8, Argatholic dyd nadolic. eir *mawrhydic.* *c.* **1400** *ChO* 8, yn dyuot o *vawrhydic* wled y llew. *c.* **1400** *YCM*² 121, adurn *mawrhydic* arderchawc. *id.* 143, yn *uawrhydic* o syberwyt Freinc. **15g.** *GM* 3, Wyt, Ueir *uawrhydic*, uawr anryded. **1450–1500** *B* xiii. 178, dwc Duw ruthyr y'r pryf gorthmun . . . gan y daraw dyrnawt *mawrhydic* o ysbryt y eneu ef. **1803** *P* d.g. *mawrydig.*

Gw. hefyd mawredig, mawryddig.

mawrhydol [*mawrhyd(i)* neu *mawryd* + *-ol*] *a.* Mawreddog, urddasol, ardderchog: *majestic, stately, splendid.*

1849.

mawrhydr [*mawr* + *hydr*¹, neu olff. o'r e. dil.] *a.* Mawreddog, urddasol; trahaus: *majestic, stately; arrogant.*

1604–7 *TW* (*Pen* 228) d.g. *magnificus* (hefyd *D*). **1722** *Llst* 189, *mawrhydr*, heroick, noble. *c.* **1730** *Thos. Lloyd D* (LlGC) 170b, *mawrhydr*, magnificus, insolens.

mawrhydri [*mawr* + *hydr* + *-i*¹, cf. *gwrhydri*] *eg.* ?ac *e.ll.* Mawrhydi, mawredd, urddas, ysblander, ardderchogrwydd, gogoniant, rhwysg; gorfalchder, traha; ?gorchestion: *majesty, greatness, dignity, splendour, glory, pomp; arrogance, presumption; ?feats.*

14g. *GP* 15, Duw a dyly y uoli o dwywolder . . . a *mawrhydri.* *id.* 16, Arglwyd a uolir o uedyant . . . a *mawrhydri* gweithredoed. *c.* **1400** *YSG* i. 74, adolwc y'th Arglwyd yr y *vawrhydri* dy alw y gymryt rann o'e wled darparedic. **1588** 2 *Br* viii. 4, yr holl *fawrhydri* y rhai a wnaeth Eliseus. *id.* xviii. cs., *Mawr-hydri* a chabledd Senacherib. **1588** *Joel* ii. 20, am iddo wneuthur *mawrhydru* [*sic*]. **1604–7** *TW* (*Pen* 228) d.g. *magnificentia.* **1701** E. WYNNE: *RBS* 89, i gystwyo pôb *mawrhydri* ac uchel-dŷb o honot dy hun. **1704** E. SAMUEL: *BA* 166, y cyfryw drahausdra, a *mawrhydri.* **1803** *P.*

mawrhydrig [*mawrhydr(i)* neu *mawrhydr* + *-ig*²] *a.* Ymffrostgar: *boastful.*

1727 J. JONES: *DFF* 124, i edrych mor uchel, a llefaru mor *fawrhydrig.*

mawrhydrol [*mawrhydr(i)* neu *mawrhydr* + *-ol*] *a.* Mawreddog, urddasol, ysblennydd, ardderchog, godidog: *majestic, stately, dignified, splendid, magnificent.*

1842.

mawrhydrus [*mawrhydr(i)* neu *mawrhydr* + *-us*] *a.* Mawreddog, urddasol, ysblennydd, ardderchog, godidog: *majestic, stately, dignified, splendid, magnificent.*

1617 *Minsheu* 285b, *mawrhaudrys* [*sic*] d.g. *magnificent.* *c.* **1730** *Thos. Lloyd D* (LlGC) 171b, *mawrhydrus.* AZ. 55.

mawrhyddig, gw. mawryddig.

mawrhygaf: mawrhygu, mawrhygiad, mawrhygus, mawrhygwr, gw. mawrygaf: mawrygu, mawrygiad, mawrygus, mawrygwr.

mawri, gw. mawr + rhi.

mawriaf: mawrio [bf. o'r a. *mawr*] *ba.* Mawrhau, mawrygu: *to magnify, extol.*

16g. *IICRC* iii. 286, Ny ddyle neb onyd efo / Nay foliany nay *fowrio.* **1803** *P*, *mawriaw*, to magnify . . . Bid doeth dedwydd, Duw a'i *mawr.* Adage.

mawriaith [*mawr* + *iaith*] *eb.* a hefyd gyda grym ansoddeiriol. Iaith fawreddog neu urddasol: *majestic or dignified language.*

Dchr. **17g.** *Card* 12, 203, morvs a thomas *mowriaith* / berwyn a ffenllyn hoff iaith. *c.* **1785–90** (**1829**) *CBYP* 21, adrodd rhyw beth gwael a chyffredin mewn *mawriaith* uchelgais.

mawrigrwydd [*mawr* + *-ig*² + *-rwydd*] *eg.* Mawrhydi, ysblander, ardderchogrwydd, godidogrwydd: *majesty, splendour, magnificence.*

1859.

mawrior, gw. mawr + iôr.

mawrlef [*mawr* + *llef*¹] *eg.* a hefyd gyda grym ansoddeiriol. Llef uchel, bloedd, dadwrdd, twrf: *great cry, shout, clamour, tumult.*

1711 L. EVANS: *LlW* [86], er maint y *mawrlef* yr ydŷch yn ei wneuthur ynghylch Adeiladaeth. **1793** DAFYDD IONAWR: *CD* 57–8, Torrai'n ferwlaw, troe'n *fawrlef* / Genlli o ffenestri Nef.

mawrles, mawrlid, gw. mawrlles, mawrllid.

mawrloes [*mawr* + *gloes, loes*] *eb.* Dolur neu boen fawr, dioddefaint, ing: *great pain, suffering, agony.*

16–17g. *Cer RC* 94, Ag a ddug y *fawrloes* ar galon frau. **1763** *DT* 209, Trwy Grist a'i Groes, *fawrloes* fu, / Gwir Awdwr, i'n gwaredu. **1799** DAFYDD IONAWR: *MB* 31, Ar Groes, drwy *fawrloes*, o'i fodd, / Ein dyled Ion a dalodd.

mawrlu, gw. mawr + llu.

mawrlw, gw. mawrllw.

mawrlwydd, mawrllwydd [*mawr* + *llwydd*] *eg.* a hefyd fel *a.* Llwyddiant mawr, ffyniant sylweddol; tra llwyddiannus; yn dwyn llwyddiant neu ffyniant mawr: *great success or prosperity; highly successful; bringing great prosperity or success.*

?**15g.** *B* i. 308, Glân yw'r arglwydd *mawrlwydd* mau / Yn dial cam y Deau. **17g.** HUW MORUS: *EC* ii. 218, ein Harglwydd, / Y llywydd *mawrlwydd* mau. **1700–50** *Beirdd y Berwyn* 62, Ag awen dragywydd, mewn *mawrllwydd* byth, Amen. **1721** J. P. PRYS: *DC* 74, Ni wridit er gwradwydd ynghanol dy *fawrlwydd.* **1784** J. ROBERTS: *C* [1], Daw ymma Fyrdd mewn awydd, / Ger bron Pregethwyr *mawr lwydd.* **1793** DAFYDD IONAWR: *CD* 51, Gwir arwydd o'r *mawrlwydd* maith.

mawrlwys, gw. mawr + glwys.

mawrlwyth, gw. mawrllwyth.

mawrlles, mawrles [*mawr* + *lles*] *eg.* a hefyd gyda grym ansoddeiriol. Budd neu les mawr, mantais neu elw sylweddol: *great benefit or good, substantial advantage or profit.*

1455–6 *Llst* 28, 207–8, ef [mab a aner dan arwydd y saethydd] addyly rodio ar y mor achael *mowrlles* o hynny. **1567** *LlGG* (*Sall*) 80a, can ys llesiant [:- *mawrles*] yw. **1592** S. D. RHYS: *Inst* [xiv], ei wneuthur arr amcan *mawrlles* i'r wlâd. **1604–7** *TW* (*Pen* 228) d.g. *beneficium.* **1606** E. JAMES: *Hom* [iii], Duw a wnelo iddynt [homiliau] wneuthur iti *fawrles.* **1607** *Rhyddiaith Gymraeg* i. 138, o herwydd y *mowrles* a'r buddiant . . . a ddaw ag a dyf o honaw. **1618** J. SALISBURY: *EH* 169, na ddyle neb fyth bechu i ennill *mowrles.* **1655** WL: *DP* 142, [y] *mawr-lles* a dderbyniasom yn y Sacrafen hwn. **1701** J. WILLIAMS: *BG* 18, ac yn wir Dyledswydd *fowr-lles* y'w hi. **1704** E. SAMUEL: *BA* [iv], er *mawr-lles* a harddwch. **1710** (**1759**) *BC* 3, Duw 'gadwo ein Harglwyddes Ann heini Frenhines, / A'r Eglwys drwy *Fawrles*, yn gynnes dan go. **1723** E. SAMUEL: *PDdC* d.d., Angenrhaid a *Mawrlles* Gweddi Gyffredin. **1749** *ML* i. 146, A fu i chwi erioed yfed colt's foot tea? Fe ddywedir i rai gael y *mawrlles* oddiwrtho. **1791** W. RICHARDS: *TDB* 49, *mawr-les* a wnelont iddo. **1803** *P.*

mawrllid, mawrlid [*mawr* + *llid*¹] *eg.* Dicter neu ddigofaint mawr, bâr: *great anger or wrath, indignation.*

c. **1300** *H* 100b. 17, Ef uawr llyw *mawrllit* mallolwch [Llywarch ap Llywelyn i Ddafydd ab Owain]. *c.* **1400** *R* 1356. 6, Merllyt ewingrach *mawrllit* kyfedach. **15g.** *Pen* 57, 11, kyfnewit heb *vawrllit* vydd / Awnaf a haelyon vuydd. **17g.** HUW MORUS: *EC* i.

136, na âd i *fawrlid*, / Amlwg ymlid fy nghalon ddiwyd dda. **1793** DAFYDD IONAWR: *CD* 204, Pe'u llosgid [mynyddoedd], pe'u teflid mewn *mawrlid* i'r Mor.

mawrllu, gw. mawr + llu.

mawrllw, mawrlw [*mawr* + *llw*] *eg.* Llw nerthol, tyngiad cyhoeddus; anudoniaeth: *great oath, public swearing; perjury.*

14g. *Cy* vii. 139, A wnel y mawr drwc tyghet y *mawr llw.* ?**15g.** (**17g.**) *Pen* 49, 192, Mi a roddaf yma rwyddair / *mawrllw* grym ar llaw ar grair. **1632** *D, mowrllw,* llw cyhoedd d.g. *dejurium.* **1740** T. EVANS: *DPO* 247, wedi cymmeryd y *mawr-lw* i ganlyn pob ysgelerder. **1759** *BC* 91, A Dafydd drwy *fawrllw* a ddywedodd ma'i [*sic*] hwnnw, / Yn euog o farw. **1778** *W*, trwy *fowrllw* d.g. *oath . . . with a great oath.* **1803** *P, mawrllw,* a great oath; perjury.

Amr.: **mawrllwf, mawrlwf** [*mawr* + *llwf*]. **1595** M. KYFFIN: *DFf* 160, rhoi *mowr-llwf* ffyddlondeb ag vfudd wasanaeth. **1604–7** *TW* (*Pen* 228), a *mowrllwf* d.g. *persancte.*

Am *tyngu mawrllw*, gw. tyngaf: tyngu. Gw. hefyd llw—llw mawr.

mawrllwyth, mawrlwyth [*mawr* + *llwyth*[1]] *eg.* Baich mawr, pwn trwm, hefyd yn *ffig.*: *great load, heavy burden, also fig.*

c. **1300** *H* 105b. 5–6, ry lloues rwyf tres tros uannyar y ueirt. oet *uawrllwyth* yr daear (Llywarch ap Llywelyn). *c.* **1400** *R* 1276. 31–3, Om irlwyn yd aeth am oerleis. *amawrlwyth* parth aglann marleis. **1632** J. DAVIES: *LlR* 16, er bod arno *fawrllwyth* o bechodau. **1793** DAFYDD IONAWR: *CD* 8, Er ei wiwliw a'i *fawrlwyth* [pren gwybodaeth], / Cofia, na phrofa mo'i ffrwyth.

mawrllyw [*mawr* + *llyw*] *eg.* Arweinydd nerthol: *powerful leader.*

c. **1300** *H* 60a. 34, vn mawrllew *mawrllyw* kertoryon (Cynddelw). *id.* 100b. 17, Ef *uawr llyw* mawrllit mallolwch (Llywarch ap Llywelyn).

mawrnad[1], gw. mawr + nâd.

mawrnad[2], gw. marwnad.

mawrnaf, gw. mawr + naf.

mawrnerth [*mawr* + *nerth*] *eg.* a hefyd fel *a.* Grym, cryfder, neu gadernid mawr; cryf neu nerthol iawn: *great power or strength; very powerful or strong.*

c. **1400** *R* 1203. 19–20, llachar dar bar berth *vawr nerth* varnv. *id.* 1219. 29–30, da oth *uawrnerth* doe yth varnwyt. *id.* 1283. 23–5, llyw byw berth *mawrnerth* nyt murnyat y gwneir. llathyrgreir lles bartheir lliaws borthyat. *id.* 1332. 16, Kadarn varn *vawrnerth* gleindyt. **16g.** RHISIART FYNGLWYD, &c.: *Gw* 78, Drwy'u *mawrnerth* draw am ernest / Dordor â'u ffyn, dewrder ffest. *Diw.* **16g.** W. MIDLETON: *B* 68, Duw *fawrnerth* daw i farnu. **1604–7** *TW* (*Pen* 228), a *mowrnerth* ac a chryfdwr gosot . . . wrth d.g. *admolior.* *c.* **1640** *LBS* iv. 433, y gras a roes Duw ar Grog / *fowrnerth* ith ysgyfarnog. **1721** J. P. PRYS: *DC* 53, O'th *fawrnerth* wyt Farnwr a rhoddwr yr Hêdd. [**1752**] *Gron* 1, Ni bydd gawr na gwr *mawrnerth*, / Prydu a wna, Pa raid nerth? **1799** DAFYDD IONAWR: *MB* 65, I *fawrnerth* farnu / Y Diawl a'i deulu.

mawrnwyf, gw. mawr + nwyf[1].

mawrnych [*mawr* + *nych*] *eg.* Dioddefaint mawr, trallod: *great suffering, affliction.*

14g. *GDG* 46, Gwyrdd fy ngrudd a chrych, *fawrnych* farwnad. *id.* 168, Dyro ym gyngor gorau / A wypych i'r *mawrnych* mau. **15–16g.** *TA* 516, Meinwen, gedwch i minnau / Gŵyn wrthych o'r *mowrnych* mau. **16g.** *WLl* 241, Llwyr *mowrnych* llawer marwnad. **1763** *DT* 144, Yno cân, yn lân, y Wlad, / Ei *Fawrnych* ef, a'i Farwnad.

mawroed[1] [*mawr* + *hoed*] *eg.* Galar mawr, tristwch, hiraeth: *great sorrow, grief, yearning.*

14g. *GDG* 304, 'Pren yng nghoed'—*mawroed* yw'r mau—/ 'Arall â bwyall biau'.

mawroed[2] [*mawr* + *oed*] *eg.* Henaint mawr, gwth o oedran: *great age.*

1604–7 *TW* (*Pen* 228) d.g. *grandæuitas.*

mawrogaeth [*mawr* + *-og* + *-aeth*] *e?b.* Mawrfrydedd: *magnanimity.*

1599 *Brog* 2, 91a, troi n llyfrav yn iav a wnaeth / i gymraeg oi *mawrogaeth.* **16–17g.** *PhA* 213, os trigarog *fawrogaeth* / i Ddrws Trigaredd i raeth.

mawrogion [*mawr* + *-og* + *-ion*] *e.ll.* Pobl fawr, pwysigion: *important people, dignitaries, 'bigwigs'.*

1878.

mawrol, gw. morol.

mawroliaeth, mawrolaeth [*mawr* + *-ol* + *-(i)aeth*] *e?b.* Mawrhydi, mawredd: *majesty, greatness.*

1568 MORYS CLYNNOG: *AG* 18, ef a ddaw o'r nef mewn *mowroliaeth*, a gallu. *id.* 25, ac yna y mae ef yn dangos yn fwy i allu ai *fawroleth.* **1618** J. SALISBURY: *EH* 52, yn gwbl-gyfiwch . . . mewn gogoniant, a *mawrolieth.*

mawrserch [*mawr* + *serch*] *eg.* Cariad neu hoffter mawr, brwdfrydedd, sêl: *great love or affection, enthusiasm, zeal.*

14g. *GDG* 21, *Mawrserch* Ifor am goryw, / Mwy no serch ar orderch yw. *id.* 168, *Mawrserch* ar ddiweirferch dda / A bair ym y berw yma. **14–15g.** *IGE*[2] 260, Cefais *fawrserch* gan ferched (Siôn Cent). **15g.** *DE* 96, Rydderch rin *mowrserch.* **1567** *LlGG* (*Sall*) 52a, O bleit yddo vy-caru [:– roi ei *vawrserch* arnaf]. **1567** *TN* 208a, y maent oll yn gwynvydy [:– hoffi, ai *mawrserch* ar] am Ddeddyf. **1620** *Gal* iv. 17, Y maent yn rhoi *mawr-serch* arnoch. **1632** *D* d.g. *studium.* **1723** J. JONES: *LlA* 117, Da yw dwyn *mawrserch* mewn peth da. **1727** J. JONES: *DFF* 22, Awyddfryd a *mawrserch.* **1774** S. HARRIES: *YAOC* 8, dangos ei *fawr-serch* at ddynion trwy farw trostynt.

mawrson [*mawr* + *sôn*[1]] *eg.* Llawer o sôn, clod, canmoliaeth, gair da: *much talk, praise, commendation, good report.*

14g. *GDG* 354, Ac os caiff hefyd, bryd brau, / Mursen fyth, *mawrson* fwythau. **15–16g.** *TA* 198, Mawr am wrsib mae'r *mowrson*, / Mwy yw'r saig nog y mae'r sôn. **16g.** GR. HIRAETHOG: *Gw* (D. J. B.) 108. 1–2, Y mae wrsib a *mawrson* / Am fonedd, mam Wynedd, Môn. **1604–7** *TW* (*Pen* 228) d.g. *magniloquentia.* **1632** *D* d.g. *nobilitas.*

mawrswydd, gw. mawr + swydd.

mawrsyth [*mawr* + *syth*] *a.* Cydnerth a thal; ?balch, gwarsyth: *tall and strong; ?proud, stiff-necked.*

1571 *B* iii. 288, Mawr boet eb vn cymar byth / Marcial oedd hwnw *mowrsyth.* *a.* **1587** *Y* 44, Hyn am wrsip, iôn *mawrsyth*, / Ysgol barn, na ddisgwyl byth. **16–17g.** T. PRYS: *Bardd* 85, ag iw hwylio i beidio byth / a mursen eurgaw *mawrsyth.* *c.* **1730** *Thos. Lloyd D* (LlGC) 174b, *mowrsyth*, stiff.

Mawrth[1] [bnth. Llad. (*dies*) *Mārtis*, Crn. Diw. *Merh*, H. Lyd. (*did*)*morth*, Llyd. C. *Meurz*, Llyd. Diw. *Meurzh*, Gwydd. C. *Mairt*, Gwydd. Diw. *Máirt*; efallai mai i adran (*b*) y perthyn yr engh. gyntaf yn adran (*a*) isod] *eg.*

(*a*) (yn aml yn y cfn. *dydd* (*dyw, duw,* &c.) *Mawrth*) Y trydydd dydd o'r wythnos (yn dilyn dydd Llun): *Tuesday.*

13g. *C* 38. 6–8, issi Duu y hun. aunaeth *maurth* a llun. *id.* 57. 3–4, Ry dibit div *maurth* dit guithlonet. **13g.** *A* 17. 14, duw *mawrth* gwisgyassant eu gwrym dudet. **1346** *LlA* 116, duw *mawrth* diwethaf ovis chwefrawr. *id.* 117, nos *vawrth* yn kylch canu y keilawc. **14g.** *IGE*[2] 102, Dyw *Mawrth* Calan Mawrth ym medd / I farw 'dd aeth ef i orwedd [i Ddewi Sant]. **15g.** *GGl* 197, Af dduw *Mawrth*, af oddyma, / Af beunydd at Ddafydd dda. **1551** W. SALESBURY: *KLl* xliib, Die *mawrth* Pasc. **1794** *W* d.g. *Tuesday.* **1803** *P.*

(*b*) Y bedwaredd blaned o ran pellter oddi wrth yr haul, sef y nesaf ar ôl y ddaear; duw rhyfel y Rhufeiniaid: *Mars* (*planet*); *Mars* (*Roman god of war*).

1632 *D, Mawrth*, duw y rhyfel d.g. *Mars.* *id.* a anwyd dan blaned *Mawrth* d.g. *martialis.* **1725** D. LEWIS: *GB* 321, yna'r Ddaear a'i Lleuad, yna yna [*sic*] *Mawrth.* **1776** *W* d.g. *Mars* [*one of the planets; a heathen god so called*]. **1779** J. PRYS: *Alm* 20, Mars neu *mawrth* sydd yn rhagflaenawl o ddechreu o'r flwyddyn. **1803** *P.*

Am *dydd Mawrth Pasg, dydd M. y Sulgwyn, dydd M. y Drindod, dydd M. Ynyd, Maes M.*, gw. dydd (hefyd At.), maes[1].

Mawrth[2] [bnth. Llad. (*mensis*) *Mārtius*, Crn. Diw. *Merh*, Llyd. C. *Meurz*, Llyd. Diw. *Meurzh*, H. Wydd. *Mart*(*a*), Gwydd. Diw. *Márta*] *eg.* (yn aml yn y cfn. *mis Mawrth*) Y trydydd mis o'r flwyddyn: *March.*

13g. *LlI* 81, tan godeyth *Maurth.* *ib.* namen em *Maurth.* *id.* 85, hyt hanner *Maurth.* *Dchr.* **14g.** *H* 123b. 49, gwenlloer *wawrth* adoer adwyr wescryt (Iorwerth Fychan). **14g.** *IGE*[2] 102, Dyw Mawrth Calan *Mawrth* ym medd / I farw 'dd aeth ef i orwedd [i Ddewi Sant]. *c.* **1400** *MM* 64, Mis *Mawrth* . . . Yf win melys ar dy gythlwng. *c.* **1400** *YCM*[2] 65, ymbarattowch erbyn daruot mis *Mawrth.* **1547** *WS*, mis *mawrth*, Marche. **16g.** *EWGP* 38, Mis *Mawrth*, mawr rhyfic adar. **1567** *LlGG* [xxxi], *Mawrth* ys ydd yddo. xxxi. die. **1632** *D, Mawrth,* Martius mensis. **1776** *W* d.g. *March* [*the month so called*]. **1803** *P.* Yn sir Benf. clywir y rhigwm, 'Hanner *Mowrth* a hanner Medi / Dydd a nos 'run hyd â'i gily''. *Diar. Mawrth* a ladd, Ebrill a fling.

Am *blodau* (*mis*) *Mawrth, calan M., llwyd M.*, gw. blodau, calan[1], llwyd.

Mawrthgwyn [*Mawrth*[1] + *gwyn*[1]] *eg.* Dydd Mawrth y Sulgwyn: *Whit Tuesday.*

1894.

Mawrthiad [*Mawrth*[1] + *iad*[3]] *eg.* ll. *-iaid.* Un o drigolion y blaned Mawrth: *a Martian.*

1914.

mawrthig [?*Mawrth*[1] + *-ig*[2]] *a.* Wedi ei hyfforddi neu ei wisgo ar gyfer rhyfel (am geffyl), milwrol: *trained or accoutred for war* (*of a horse*), *martial.*

c. **1300** *H* 22a. 15, llutedic edmic meirch *mawrthic* mein (Einion ap Gwgon). *id.* 37a. 14, Ar wyr wawr ar ueirch mawr *mawrthyc* (Cynddelw). *id.* 105b. 11, meirch *mawrthic* frwythyc fraeth anwar (Llywarch ap Llywelyn). **1803** *P.*

mawrwae, gw. mawr + gwae.

mawrwaed [*mawr* + *gwaed*] *eg.* Gwaed bonheddig, gwaed da, rhywiogwaed, henwaed, tras hynafol ac urddasol; ?llawer o waed: *noble blood, good stock, old and noble lineage; ?much blood.*

16g. *WLl* 221–2, Ir wyd mewn gro llawr gwinwawr gywydd / Beth a wnai dan draed *mowrwaed* Merwydd. **16–17g.** *CC* 272, wyr Madog wiw eurgog wŷdd / Ievan *fowrwaed* hen Ferwydd. **1604–7** *TW* (*Pen* 228) d.g. *generositas.* **17–18g.** *LlGC* 6499, 557, dwylaw a thraed *fowrwaed* fv / Iad a bronn wedi brenv [am Grist ar y groes]. **17–18g.** *Mos* 130, 219, Llyn holl Iâl growndwal y gwrês / Llin o *fowrwaed* Llanferes.

mawrwaedd [*mawr* + *gwaedd*] *a.* a hefyd fel *eg.* Yn gweiddi'n uchel, bloeddfawr; yn gweiddi am iawn (am bechodau, &c.); gwaedd uchel, bloedd fawr: *loudly crying, clamorous; crying out for redress* (*of sins,* &*c.*), *blatant; loud cry, great shout.*

17–18g. *LlGC* 6499, 465, bran a dynn forwyn *fowrwaedd* / gweidi bwyd lygad y baedd. **1710** *LlGG* [300], pechodau *mawr-waedd* y genhedl ymma. **1722** *Llst* 189, *mawrwaedd*, crying loud. **1763** *DT* 264, *Mawrwaedd*, yn siglo 'r muriau. **1793** DAFYDD IONAWR: *CD* 58, Pan glywsant, ffoisant yn ffol / A *mawrwaedd* i ymorol / A cheisio lle'i [*sic*] lochesu.

mawrwaeth [*mawr* + *gwaeth*] *a.* Llawer gwaeth: *much worse.*

1195 *MA*[2] 241b. 48–242a. 1, O golled ym galled *mawrwaeth* / Gallas drais diredd catraeth [marwnad Rhodri ab Owain gan Elidir Sais]. *c.* **1400** *R* 1173. 32–3, yn an oes y mae moes *mawrwaeth.*

mawrwag [*mawr* + *gwag*] *eg.* Gwagle eang, gofod: *great void, space.*

1768 J. JONES: *HC* 73, Trwy'r *mawrwag* meithaf, / I'r entrych uwchaf.

mawrwaisg [*mawr* + *gwaisg*] *a.* Gwych iawn, mawr a disglair neu gadarn: *splendid, great and brilliant or mighty.*

c. **1400** *R* 1200. 3–4, Yor seint breint breisc. yn duw *vawrweisc.* *id.* 1309. 5, Ruthyr milwryeidvreisc *mawrweisc* morwynt. *a.* **1587** *Y* 196, A chofio, cyn ceisio cêl, / Am Rys Goch *mawrwaisg* vchel.

mawrwaith [*mawr* + *gwaith*[1]] *eg.* a hefyd gyda grym ansoddeiriol. Gwaith neu lafur mawr, addurnwaith mawr neu hynod; poen fawr, trafferth: *great work or labour, great or remarkable ornamental*

work; great pain, trouble.
Dchr. **14g.** *H* 86b. 33, tylwyth frwyth fraethlym eu *mawrweith* [Llygad Gŵr i Lywelyn ap Gruffudd]. **15g.** *Pen* 57, 74, koed ar ymvr kadr *Mowrwaith.* **16g.** SIÔN BRWYNOG: *C* 37, Melinoedd, gwinoedd gennyt, / *Mawrwaith* rym môr a thir yt. **1588** *Barn* ii. 7, holl *fawr-waith* yr Arglwydd. **17g.** *NBSF* 504, pa ŵr a llys pywer llawn / paun *mowrwaith* iw pen Meiriawn (Siôn Dafydd Las). **1722** *Llst* 189, *mawr-waith*, great work. *id. mowrwaith*, much pains, difficulty. *c.* **1729** S. RHYDDERCH: *LlCD* 362, Tra 'i llafuriodd holl Filwriaeth, / Mewn *mawr-waith* er ein mwyn. **1793** DAFYDD IONAWR: *CD* 61, A Thwr o *fawrwaith* eurwych. **1803** *P*.

mawrwalch [*mawr + gwalch*] *eg.* ll. *mawrweilch.* Arglwydd grymus, milwr nerthol, ymladdwr gwych: *powerful lord, mighty soldier, splendid fighter.*
13g. *Études* v. 102, Vn maurfalch *maurwalch* mvr dragon (Cynddelw). **13g.** *MA²* 222a. 31, Am *fawrweilch* aerweilch arfogion (Dafydd Benfras). **16–17g.** EDWARD URIEN, &c.: *Gw* 105, Meurig, bedwerydd *mawrwalch. id.* 259, *Mawrweilch* sydd o rym Urien. **17g.** HUW MORUS: *EC* i. 239, Y *Mawrwalch* modrwyog, prif-orchest pur farchog.

mawrwall, gw. mawr + gwall.

mawrwart, mawrward [*mawr + gwart, gward*] *eb.* ?Gosgordd niferus, gosgorddlu mawr: *large retinue, great escort.*
15g. *GDLl* 73, Edwart hil y tair talaith, / Ŵyr Edward â'r *fowrward* faith. **1593** W. MIDLETON: *B* 62, mab Robart or *fowrwart* fwy / wyr fredydd graenwydd gronwy.

mawrwedd [*mawr + gwedd¹*] *eb.* Godidogrwydd: *magnificence.*
13g. *A* 25. 3, e rac *mawrwed.* e rac maryed.

mawrweddus [*mawrwedd + -us* neu *mawr + gweddus*] *a.* Godidog, ysblennydd, hardd iawn: *magnificent, splendid, very beautiful.*
c. **1400** *R* 1188. 40, llwyth maryet *mawrwedus* (*H* 80b. 4, mawretus). **15g.** *GM* 18, Gogoneddus, Ueir *uawrwedus*, ueinus uanon.

mawrweirthiog, mawrweirthog, mawrwerth(i)og [*mawrwerth + -(i)og*] *a.* ll. *-ion.* Gwerthfawr iawn, mawr ei bris neu ei werth, costus, drudfawr, prid; effeithiol, rhinweddol, da, rhagorol: *precious, valuable, costly, expensive, dear; efficacious, virtuous, good, excellent.*
13g. *C* 48. 4–5, Afallen peren per y chageu. puwaur *maur we[irth]auc* enwauc in vev. **13g.** *Pen* 14, 32, a mein *mavrweirthyauc.* **13g.** *BD* 83, gemeu *mavrweirthavc* adan draet moch. **1346** *LlA* 31, gwiscoed *mawrweirthawc. id.* 49, *mawrweirthawc* vyd ger bronn duw . . . anghev yseint ef. **14g.** *BT* (*RB*) 122, *mawrweirthogyon* betheu. *c.* **1400** *YCM²* 185, *mawrweirthocket* y rod. *c.* **1400** *Études* vii. 310, Llyma eli *mawrweirthawc* yr hwnn a aruerir ohonaw yn erbyn amryw dymhestloed o gleuytyeu. **15g.** *GHC* 9, Un gofion . . . / Â'r deyrnas, pan gafas gur, / *Fawrweirthiog*, am farw Arthur. *c.* **1514** *RC* xlviii. 47, dillad *mawrwerthiawc.* **1550–1600** *B* iv. 34, *mawrweirthiawca* yw or eliav gwyrthvawr. *Diw.* **16g.** *WLB* 79, oyntment *mawr weirthioc* i lygaid. **1604–7** *TW* (*Pen* 228), aniual [*sic*] *mawrwerthioc*, etholedic or holl yrr d.g. *pecus.* **1632** *D, mawrwerthiog* d.g. *pretiosus.* **1722** *Llst* 189, *mawrwerthiog*, dear, valuable. **1772** *W, mawrwerthiog* d.g. *dear* [*of high price; costly, &c.*], *precious. id.* gŵr onest (da, *mawr-werthiog*, rhinweddawl) d.g. *worthy . . . a worthy man.* **1803** *P*.
Gw. hefyd mawrweithiog, mawrwyrthiog.

mawrweithiog, mawrweithog [*mawrwaith + -(i)og*] *a.* Gwerthfawr iawn, mawr ei bris neu ei werth, costus, mawrwych; effeithiol, rhinweddol, da, rhagorol: *precious, valuable, costly, magnificent; efficacious, virtuous, good, excellent.*
c. **1400** *RM* 34, mein *mawrweithawc* (*WM* 181. 8, gwerthuawr) llywychedic yndunt. **1527** *B* ii. 218, a ffwy oydd yn kyvanheddv y twr *mawrweithiawc* a oydd yn y kasdell. **16g.** (*LlEG*) *Mos* 158, 45b, llawer o aur ac o arian ac oddillad *mawrweithiog. id.* 502a, shiarred *vawr weithiog* gosdus. *Diw.* **16g.** *WLB* 76, *mawr weithioc* yw yn oyl ac yn eli. **16–17g.** SIÔN MAWDDWY: *Gw* 175, Ein hachles a'n lles yn lluosog, / A'n henaid perffaith, rhaith *mawrweithiog.* **1604–7** *TW* (*Pen* 228) d.g. *magnificentia, opiparus.* *c.* **1729** S. RHYDDERCH: *LlCD* 328, A Gwelydd *mawr weithiog* o gwmpas y Gaer. *ib.* Mae Carreg *fawr weithiog* Maen Jaspis yw hon. **18g.** *Llr* C 24, 348, Llyma Eli *Mawrweithiog.*
Gw. hefyd mawrweirthiog, mawrwyrthiog.

mawrwell [*mawr + gwell¹*] *a.* Llawer rhagorach: *greatly superior.*
c. **1400** *R* 1373. 20, *mawrwell* no dyn byt hyt ymerwic.

mawrwerth [*mawr + gwerth*] *eg.* a hefyd fel *a.* Gwerth uchel, gwerthfawredd, uchelbris, mawrbris; gwerthfawr iawn, drudfawr, rhagorol: *great value, preciousness, costliness, high price; of great value, precious, excellent.*
14g. *GDG* 132, Ac er *mawrwerth* y gwerthir / Y bwa hwn, gwn mai gwir. *c.* **1400** *R* 1265. 33, aberth o *vawrwerth* yueir. **1583** *LlGC* 716, 66b, A'i Taat a roes yi'r [*sic*] meibion . . . roddiatae mawr, o arrian . . . ac o pethae [*sic*] gwchion [:– *mawr werth*]. **1604–7** *TW* (*Pen* 228) d.g. *caritas.* **1699** T. JONES: *TP* 134, A wŷddo *fawr-werth* y rhain ôll. **1760** E. WILLIAMS: *UYB* 147, [p]risio *mawr-werth* Haeddedigaethau 'r Iesu. **1772** *W* d.g. *dearness* [*of provisions, &c.*]. **1803** *P*.
Gw. hefyd gwerthfawr.

mawrwerthiog, mawrwerthog, gw. mawrweirthiog.

mawrwlad, gw. mawr + gwlad.

mawrwr [*mawr + gŵr*] *eg.* ll. *-wyr.* Gŵr neu arwr mawr, pennaeth galluog, arglwydd: *great man or hero, powerful leader, lord.*
c. **1300** *H* 50a. 6, Am eryr *mawr wyr* meruynyawn (Cynddelw). *id.* 99a. 33, kynytwys *mawr wr* mawr ureuolaeth gnif. *id.* 100b. 18, Chwi *uawr wyr* y *uawr wr* gwystlwch (Llywarch ap Llywelyn). *Dchr.* **14g.** *id.* 30b. 69, aruaeth llyr aryf *mawrwyr* mon (Bleddyn Fardd). *c.* **1400** *R* 1173. 40–1174. 1, pan gymerth *mawrwr* marwolyaeth ymprenn croc an creawdyr ni aaeth. *c.* **1400** *YCM²* 162–3, Distrywwr Sarassinyeit! *Mawr wr* yr yscoloed! **1803** *P*.
Gw. hefyd gŵr—g. mawr.

mawrwraidd, mawrwriaidd [*mawrwr + -(i)aidd*] *a.* Mawreddog, urddasol, godidog, arwrol, mawrfrydig: *majestic, noble, magnificent, heroic, magnanimous.*
1604–7 *TW* (*Pen* 228), *mawrwrieidd* d.g. *magnificus.* **1632** *D, mawr-wraidd* d.g. *magnificus.* **1722** *Llst* 189, *mawrŵraidd*, heroick, majestick. [**1724**] G. WYNN: *YGD* 22, Eraill a'u galwant e'u hunain *Mawr-ŵreiddiaf.* **1803** *P*.

mawrwrdaaeth [*mawr + gwrdaaeth*] *e?g.* Mawrhydi (wrth gyfeirio at frenin): *majesty (with ref. to a king).*
1346 *LlA* 164, yn *mawrwrdaeth* ni. *id.* 165, adnabot yn *mawrwrdayaeth* ni. *ib.* Ynyteir yndia yr arglwydocaa yn *mawrwrdaaeth* ni. *id.* 169, Obop ryw oludoed or ysyd yny byt yd amylha ac yraculaenna yn *mawrwrdaeath* [*sic*] ni.

mawrwrhydri [*mawr + gwrhydri*] *eg.* Gogoniant neu orchest fawr: *great glory or heroism.*
1346 *LlA* 117–18, nachaf yr arglwyd iessu grist yn dyfot achyt ac ef nawrad nef megys ygadawssei yny *vawrwrhydri.*

mawrwriaeth [*mawrwr + -iaeth* a *mawr + gwriaeth*] *eb.g.* Arwriaeth, dewrder, gwroldeb, gwrhydri; gweithred arwrol, gorchest; godidogrwydd, mawrwychder, urddas, mawredd, mawrfrydigrwydd; rhodres, gwagogoniant: *heroism, valour, bravery, prowess; heroic act, exploit; magnificence, stateliness, greatness, magnanimity; ostentation, vainglory.*
1604–7 *TW* (*Pen* 228) d.g. *magnanimitas. Dchr.* **17g.** *J* 10, 24b, *mawrwriaeth*, magnificence. **1632** *D, mawrwriaeth*, magnanimitas, virtus heroica. D[afydd ap] G[wilym] (cf. *GDG* 20 (amr.)). **1652** *Cylchg LlGC* vii. 192, o fraint *Mawrwriaeth* dewredd boneddigeiddrwydd a haelioni. **1655** R. JONES: *PC* 82, a wneiff *fawrwriaeth* ing nid yw / yn barnu unrhyw cyfion. **1688** *TJ, mawrwriaeth*, gwasgwchder, Coegni: greatness of mind, magnanimity. **1722** *Llst* 189, *mawrwriaeth*, f. bravery; exploit. [**1724**] G. WYNN: *YGD* 159, Herod ar ddydd ei *Fawrwriaeth* mwyaf. **1770** *W* d.g. *bravery, generosity, heroic . . . heroic virtue, heroism.* **1772** IOAN WALLTER: *DB* 43, canys nid oes dim a ddengys ŵr *fawrwriaeth* gymmaint â'r cyfryw hunanymwadiad. **1803** *P*.

mawrwriaidd, gw. mawrwraidd.

mawrwych [*mawr + gwych*] *a.* Gwych iawn, godidog, gogoneddus, ysblennydd, ardderchog, mawreddog, urddasol, harddwych, dewrwych, hyglod: *magnificent, glorious, splendid, excellent, majestic, stately, gallant, renowned.*
14g. *IGE²* 59, Dir yw o fro Feilir frych / Deryw marw gŵr dewr *mowrwych.* **15g.** (*Diw.* **16g.**) *Gwyn* 3, 195, modrwyau gweuadau gwiw / meirch ieirll a *mawrwych* eur-lliw [Cynfrig ap Dafydd Goch i ofyn paun a pheunes]. **15g.** *GDLl* 28, Ynnill a wna bob lle'n wych / Tir a moroedd, tarw *mawrwych.* **15g.** *LGCD* 17, A'i olwg *mawrwych* fel aig marwar. **15–16g.** *TA* 179, Mal un air am Elen oedd, / Merch Eudaf, *mowrwych* ydoedd. **16g.** *Hop M* 209, *mawrwych* hoyw yw merch jevan / mewn i chwrt am win a chann. **1632** *D* d.g. *magnificus.* **1651** SIÔN TREREDYN: *MDD* 202, gwneuthur proffess *mawr-wych* o'r Efengyl. **1661** E. LEWIS: *Drex* 25, Adail *fawrwych* iawn. **1725–6** *Madd Ed* 104, mawryga dy hun trwy ryw Amgylchiad *mawrwych* neu gilydd. **1763** *DT* 205, *Mawrwych* a mwyn yw Meirion, / Hawddgarach, mwynach yw Mon. **1770** *W* d.g. *brave* [*grand and noble*], *lordly* [*stately, &c.*], *magnificent.* **1803** *P*.

mawrwychaf: mawrwychu [bf. o'r a. bl.] *bg.a.* Gwneud yn fawrwych, addurno'n hardd; bod neu fynd yn brydferth iawn: *to embellish richly, adorn finely; be(come) very beautiful.*
1833.

mawrwychder [*mawrwych + -der* neu *mawr + gwychder*] *eg.* Godidowgrwydd, ysblander, rhwysg, mawrhydi, gwychder (mawr): *magnificence, splendour, pomp, majesty, grandeur.*
1803 *P*.

mawrwychedd [*mawrwych + -edd¹* neu *mawr + gwychedd*] *eg.* Godidowgrwydd, ysblander, urddas, rhwysg: *magnificence, splendour, dignity, pomp.*
1778 *W* d.g. *nobleness* [*grandeur, dignity, &c.*], *pompousness.* **1803** *P*.

mawrwydd, gw. mawr + gwŷdd¹.

mawrwyllt [*mawr + gwyllt*] *a.* Gwyllt iawn, mawr a gwyllt, gwyllt a mawreddog (ei olwg): *very wild, great and wild, wild and majestic (in appearance).*
[**1783**] *W* d.g. *romantic* [*apply'd to scenes, &c. greatly wild, strikingly great in the wildness of it's appearance, &c.*].

mawrwyn¹,², gw. mawr + gwyn¹, gwŷn.

mawrwynt, gw. mawr + gwynt.

mawrwyrth [*mawr + gwyrth*] *eb.g.* a hefyd fel *a.* Gwyrth fawr, rhyfeddod; gwyrthiol, rhyfeddol: *great miracle, wonder; miraculous, wondrous.*
c. **1400** *R* 1235. 22, Cryt agymyrth rac ofyn *mawrwyrth.* **1791** DAFYDD DDU: *A* 18, A thirion *fawrwyrth* eres. **1803** *P, mawrwyrth*, great virtue.

mawrwyrthiog, mawrwyrthog [*mawrwyrth + -(i)og*] *a.* Gwerthfawr iawn, mawr ei bris neu ei werth, costus, mawrwych, rhagorol; rhyfeddol iawn, mawr ei rin neu ei rinwedd; ?yn gwneud gwyrthiau mawr: *precious, valuable, costly, magnificent, excellent; marvellous, of great virtue; ?performing great miracles.*
14–15g. *IGE²* 304, Na main *mawrwyrthiog*, na medd, / Na gwin i derfyn Gwynedd [marwnad Meredudd ap Cynfrig gan Rys Goch Eryri]. **15g.** DEIO AB IEUAN DU, &c.: *Gw* 84, A chob glas i achub glaw, / A chlog *mawrwyrthiog* wrthaw. **15g.** *DN* 46, Mwrog *vawrwyrthiog* a roes—yn Harri, / Caiff hirhoedl ag einioes. *Diw.* **15g.** *Pen* 53, 44, oi [*sic*] wrthyf gledd *mawr wirthoc* (*GDLl* 32, mawrweirthiog). **16g.** *WLl* 234, Ag aur yn fawr a gerir / Athai *mawr wrthiog* a thir. *c.* **1570** *Llst* 195, 72, avr ac ariant athylyssav *mawrwrthiawc* vddynt. **16–17g.** LLYWELYN SIÔN, &c.: *Gw* 566, Wrth y gwan *mawr wyrthog* wyd. **1776** I. BRYDYDD HIR: *P* i. 65, y defnydd a wnelom ni o'r egwyddor *mawrwyrthiog* hwn. *id.* 250, St. Paul yn ei epistol at Timotheus, yn ei dramawrygu megis gwirionedd

fawrwyrthiog.
Gw. hefyd mawrweirthiog, mawrweithiog.

mawryd [*mawr* + *-yd*[2]] *eg*. Mawredd, mawrhydi: *greatness, majesty*.
1803 *P*.

mawrydi, mawrydig, gw. mawrhydi, mawrhydig.

mawrydigrwydd [*mawrhydig* + *-rwydd*] *eg*. Mawrfrydigrwydd: *magnanimity*.
14g. *RC* xxxiii. 195–6, dysgei ef *uawrydicrwyd* duw yr bobyl. **1803** *P*.
Gw. hefyd mawryddigrwydd.

mawryddig [?drwy gamddehongli engh. o *mawrhydig, mawrydig*] *a*. Mawrwych, ysblennydd, mawreddog, urddasol, rhwysgfawr; mawrhaol, dyrchafol: *magnificent, splendid, stately, ostentatious; magnifying, exalting*.
1604–7 *TW* (*Pen* 228) d.g. *magnificus* (hefyd *D*). **1632** *D* d.g. *augustus, magnanimus, opiparus, superbus*. **1674** *B* xii. 21, i tyf drachefn goedwig *fawryddig* o wyr nerthol o gyff a gwraidd y gyntaf. **1722** *Llst* 189, *mawryddig*, brave, great, noble. *c*. **1730** *Thos. Lloyd D* (LlGC) 170b, *mawryddig*, magnanimus, grandis, extolling. **1741** *CAG* 10, pa Ddiystyrwch *mawryddig* o Farwolaeth bresennol. **1764** Dewi Nantbrân: *SAG* 77, Prydferthwch a Disgleirdeb eu Heglwys; eu *mawrhyddig* Wasanaeth. **1770** *W* d.g. *august, generous, pompous*.
Gw. hefyd mawrhydig.

mawryddigrwydd [*mawryddig* + *-rwydd*] *eg*. Mawrwychder, ysblander, urddas, rhwysg; mawrfrydigrwydd, haelioni: *magnificence, splendour, stateliness, pomp; magnanimity, generosity*.
1604–7 *TW* (*Pen* 228) d.g. *magnificentia* (hefyd *D*). **1632** *D* d.g. *magnanimitas*. **1770** *W* d.g. *augustness, bravery, éclat [splendour, lustre . . .], generosity, pompousness*.
Gw. hefyd mawrydigrwydd.

mawrygaf: mawrygu [bf. o'r a. *mawr*, cf. *gwaethygu*] *ba*. Mawrhau, gwneud yn fawr, mawreddu, anrhydeddu, clodfori, moli, moliannu; *Math*. lluosi: *to magnify, make great, extol, laud, venerate, praise; multiply (in math.)*.
1567 *LlGG* (*Sall*) 19b, *Mawryger* yr Arglwydd. **1567** *TN* 188b, yn *mawrygy* [:– mawrhau] Dew. *id*. 235b, yn gymeint am bot i yn Apostol y Cenetloedd, y *mawrygaf* vy swydd. **1588** *Dan* ii. 48, Yna y brenin a *fawrygodd* Ddaniel. **1595** H. Lewys: *PA* 55, i weddio duw, yw foli, ac yw *fawrygu* ef. **1618** J. Salisbury: *EH* 326, yr hain a *fawryga*, a'r lleill a [dd]ifroda fe. **1620** 1 *Mac* x. 3, Demetrius a ddanfonodd lythyrau at Jonathan . . . gan ei *fawrygu* ef (**1588** *ib*. ac ai canmolodd ef yn fawr). **1632** *D* d.g. *admiror, effero, extollo, magnifico, multifacio*. **1672** J. Langford: *HDdD* 93, moli a *mawrhygi* [*sic*] y drugaredd honno. *c*. **1700** D. Maurice: *CGG* 24, I mae hyn yn *mawrhygu* ei allu yn ddirfawr. **1718** (**1721**) S. Thomas: *HB* 36, y mae y Germans yn eu *mawrygu* eu hunain yn fawr. **1768** J. Roberts: *R* 86, Gwagnodau ar y Llaw Ddeheu i'r Degrannau, nid ydynt yn eu *mawrygu*. **1773** *W* d.g. *to exalt, magnify*. **1803** *P*.

mawrygedig [bôn y f. fl. + *-edig*] *a.bfl*. Wedi ei fawrhau, mawredig: *magnified, extolled*.
1776 *W* d.g. *magnified*. **1803** *P*.

mawrygedd [bôn y f. fl. + *-edd*[1]] *eg*. Edmygedd, parch, clod: *admiration, reverence, praise*.
1856.

mawrygiad [bôn y f. fl. + *-iad*[1]] *eg*. Mawrhad, edmygedd, parch, bri, cymeradwyaeth; mwyhad: *esteem, admiration, reverence, honour, approval; a magnifying, enlarging*.
1703 T. Baddy: *PCh* 31, a'ch eneidiau heb eu derchafu yn y *mawrygiad* uchaf o'i gariad. **1799** M. Williams: *HHG* 52, a rhoddi pob clod, *mawrhygiad*, a diolchgarwch. **1803** *P*.

mawrygiant [bôn y f. fl. + *-iant*] *eg*. Ardderchowgrwydd, mawredd, bri; Cân Mair: *excellence, greatness, honour; the Magnificat*.
1567 *LlGG* (*Sall*) 26a, sef *mawrygiant* Jaco yr hwn y garawdd.

mawrygrwydd [bôn y f. fl. + *-rwydd*] *eg*. Mawredd, mawrhydi; mawrhad: *greatness, majesty; a magnifying, an extolling*.
1567 *TN* 372a, y Ddyw yr vnic ddoeth, ein Iachawdur y bo gogoniant a' *mawrygrwydd*. *c*. **1730** *Thos. Lloyd D* (LlGC) 170b, *mawrygrwydd* . . . magnificentia.

mawrygus [bôn y f. fl. + *-us*] *a*. Godidog, ysblennydd, mawreddog, urddasol; wedi ei fawrhau, mawredig; yn mawrygu: *magnificent, splendid, grand, stately; magnified, extolled; magnifying, extolling*.
1604–7 *TW* (*Pen* 228), araith . . . *vawrygus* d.g. *grandiloquentia*. *Dchr*. **17g**. *J* 10, 24b, *mawrygus*, magnificus. **1658** *Examen* 16, ai anrhydeddu yn *fawrygus*. **1722** *Llst* 189, *mawrygus*, magnifying, magnified. **1725–6** *Madd Ed* 400, [y] Llywodraeth *fawrygus* honno o Rufain. *id*. 403, *mawrygus* mewn Adeiladau. **1760** E. Williams: *UYB* 33, Ei enw Arch-offeiriad sydd hefyd yn *fawrhygus* jawn. **1803** *P*.

mawrygwr [bôn y f. fl. + *-wr*] *eg*. ll. *-wyr*. Un sy'n mawrygu, clodforwr, edmygwr, parchwr: *one who magnifies, extoller, admirer, one who reveres*.
1776 Dewi Nantbrân: *AN* 56, Ceraint Duw, a *Mawrhygwŷr* oi Wirionedd. **1776** *W* d.g. *magnifier*. **1777** W. Davies: *CHL* 20, Ni ddymunwn i chwi fod yn *fawrygwr* slafaidd o neb. **1797** B. Evans: *CG* 356, yn addo rhyddid i'w *mhawrygwyr* hydoledig. **1803** *P*.

maws [dichon mai ffrwyth cymysgu *maws* a *naws* yw'r ystyr 'moes, naws'] *a*. ll. (prin) *-ion*, a hefyd gyda grym enwol ac fel *eg*. Hyfryd, dymunol, gwych, llawen, peraidd, persain, tyner, tirion, mwyn, cwrtais, moesgar; hyfrydwch, llawenydd, pleser, melyster cerddoriaeth neu sain, pereidd-dra; moes, naws: *delightful, pleasant, fine, joyful, euphonious, melodious, gentle, tender, mild, courteous; delight, joy, pleasure, melody, melodiousness; behaviour, disposition*.
13g. *C* 11. 11–12, *maus* pedir pedror. **13g**. *A* 14. 6, llad gwaws. gwan *maws* mur trin. *c*. **1300** *H* 7a. 28, *maws* llafar adar mygyr hear hin (Gwalchmai). *id*. 38a. 37, *maws* metgyrn teyrn tyner am rotei. *id*. 50b. 17, medel glyw glewdraws *maws* mynogi (Cynddelw). *Dchr*. **14g**. *id*. 91b. 58, llawer echaws tat *maws* mawr (Phylip Brydydd). ?**14g**. *MA*[2] 203b. 33, Nyd er da y hwfa hen / namyn yr *maws* ym y hun. **14g**. (*Dchr*. **17g**.) *Cy* xxvi. 135, Gwalch *maws* hynaws traws (Einion Offeiriad). *c*. **1400** *R* 1237. 8–9, Trindawt parawt pur. traws *maws* moes eglur. *id*. 1317. 18–19, naws *maws* moes dyvynwal. **16g**. Wiliam Llŷn: *Gw* (R. Stephens) (At.), *maws*, moes ai naws. **1632** *D*, *maws*, est moesawl, ait [Wiliam] Ll[ŷn]. . . . Semper in bonam partem accipitur, et plærumque Adjectiuè. **1722** *Llst* 189, *maws*, p. *mawsion*, courteous, becoming. **1754** *Gron* 69, Nid oes, Ion Dad / . . . / Na moes na mâd / na *maws* mwyn. **1758** *ML* (Add) 358, ni chaf im byw weithion lonyddwch gan yr awen bid ei *maws* hi ai teg ai hagr. **18g**. I. Brydydd Hir: *Gw* 96, Ni chaf wên na llawenydd, / Na chân *faws*; ochain a fydd. **1790** Twm o'r Nant: *GG* 213, O! fwys fendith *Faws* [:– moesawl, moral] fwynder. **1803** *P*, *maws*, s.m. . . . pleasure, delight . . . melody. *id*. *maws*, a. . . . pleasant, delightful; sweet, grateful; melodious.
Gw. hefyd cymaws, gwenwynfaws.

mawsaidd [*maws* + *-aidd*] *a*. Hyfryd, dymunol, persain: *delightful, pleasant, melodious*.
18–19g. *Llr* C 4, 21, dŷn maws . . . *mawsaidd*. **1803** *P*.

mawsolewm [bnth. S. *mausoleum*] *eg*. Beddrod mawrwych a chywrain: *mausoleum*.
1696 *CDD* 20, *Mausolewm* Eurglod! Rhuf-anial Rhyfeddod.

mayw, *a*. Gwladaidd: *rustic*.
1621 *D* (*R*) 13, oyw, ayw: Hoyw . . . *mayw*. *c*. **1700** E. Lhuyd: *Par* ii. 105, *Maiw* rustic [sir Faesd.]. *c*. **1730** *Thos. Lloyd D* (LlGC) 170b, *mayw*, course, mean.

me[1] [gair yn dynwared bref dafad neu oen] *eg*. Bref dafad neu oen, ma: *bleat of sheep or lamb, baa*.
18–19g. *Llr* C 4, 265, Oen-*me*-Be. **1862** Eben Fardd: *Gw* 136, A'u '*me*' mwyn, a'u 'ma,' 'ma,' 'ma . . . '. Ar lafar; clywir *me*(-*me*) yn iaith plant am 'ddafad', *WVBD* 367.
Gw. hefyd ma[2].

me[2], gw. mi[1].

mean[1,2]**, meawn,** gw. mên[1,2], mewn.

mebai [*mab* + *-ai*[2]; ?ymgais i ddehongli *BDG* 69, Nid eisteddai *febai* fab (*GDG* 281, pe bai Bab)] *eg*. Baban: *infant*.
1803 *P*.
Am *ysgolion mebai*, gw. ysgol[1].

mebaint [*mab* + *-aint*[1]] *eg*. Mebyd, plentyndod, bachgendod; ieuenctid: *childhood, boyhood; youthfulness*.
16–17g. *HG* 14, oi *vebaint* ve dyg [*sic*] düw hwyn vaibon. **1803** *P*, *mebaint*, youthfulness, juvenility.

mebin [*mab* + *-in*[1] neu < Brth. **mapīnios*, cf. e. prs. H. Lyd. (*Uuoret*)-*mebin*, Llyd. Diw. *mibin* 'heini, sionc', e. prs. Llad. Gâl *Mapinius*] *eg.b*. (un. bach. *-yn*) ll. *-iaid, -od*, a hefyd fel *a*. Bachgen ieuanc, llanc ieuanc, merch ieuanc; ieuenctid, plentyndod; yn perthyn i ieuenctid neu blentyndod: *young boy, youth, young girl; youth, childhood; youthful*.
13g. *C* 13. 10–11, Ruthur. vthir avel. Rynaut uvel. Ryvel *vebin*. *c*. **1300** *H* 7b. 4–5, Pellynnic vyg khof yg kynteuin. yn ethrip caru kaerwys *vebin* [gorhoffedd Gwalchmai]. *id*. 120b. 22–3, a gwladus wetus wyl *uebin* uab wreic gouyneic y gwerin (Hywel ab Owain Gwynedd). **1632** *D*, *mebin*, & Mebyn. **1688** *TJ*, *mebin*, Mebŷn, Jeuengctŷd: youth. **1722** *Llst* 189, *mebin*, m.p. *binod*, a young boy. **1759** *BC* 433, Ymddiddan rhwng hên Wr, a *Mebin*. **1803** *P*, *mebin*, relating to infancy or youth. **1807** *MA* iii. 55, Llymma ddeuddeg Govynion a ddodes Catwg Ddoeth ar ei *Vebiniaid*.
Gw. hefyd mebyn.

mebinaidd [*mebin* + *-aidd*] *a*. Yn perthyn i blentyndod neu ieuenctid, ieuanc, cynnar: *youthful, juvenile, young, early*.
1837.
Gw. hefyd mabinaidd.

mebindod [*mebin* + *-dod*] *eg*. Bachgendod, plentyndod, ieuenctid: *boyhood, childhood, youth*.
1807 *MA* iii. 58, pan ai gollynges ev o'i *vebindawd*.

mebinog, gw. mabinog.

mebinol [*mebin* + *-ol*] *a*. Yn perthyn i blentyndod neu ieuenctid, ieuanc, cynnar: *youthful, juvenile, young, early*.
1868.

mebinolion [*mebinol* + *-ion*] *e.ll*. Cynnyrch ieuenctid: *youthful product, juvenilia*.
1868.

mebyd [*mab* + *-yd*[1]; ansicr yw rhai o enghrau. adran (*c*)] *eg*.
(*a*) Blynyddoedd cynharaf bywyd, bore oes, maboed, mabandod, plentyndod, ieuenctid, llencyndod: *the earliest years of life, childhood, infancy, youth, adolescence*.
12–13g. *MA*[2] 217b. 13, *Mebyd* rwyf gwrhyd rhwydd fu ei gynnif (Llywarch ap Llywelyn). **13g**. *id*. 220a. 38, Ymdro rhiallu fu o'i *febyd* (Dafydd Benfras). *Dchr*. **14g**. *H* 111b. 1, kereist oth *uebyd* gwryd garwy (Llywarch ap Llywelyn). **1346** *LlA* 96, Molyant *mebyt*. meibon ybyt. **14g**. *GDG* 175, Cyn gwybod . . . / O neb, cyn dechrau *mebyd*, / O'm bro, lle 'dd oeddwn â'm bryd. [**1547**] W. Salesbury: *OSP*, E gaiff dyn dysc oe *vebyt* hyd i henaint. **1547** *WS* [xvi], ny ddysc byth yn iawn dyn aralliaith i thraythy o ddierth yny *vebyd*. **1588** 1 *Br* xviii. 12, y mae dy wâs di yn ofni yr Arglwydd oi *febyd*. **1588** *Pr* xii. 1, *mêbyd* ac ieuengtid ydynt wagedd. **1632** *D*, mabolaeth, & *Mebyd* . . . pueritia, infantia, adolescentia. **1696** *CDD* 131, Mae'r gwanwŷn fel *Mebŷd* a'r hâf fal jeuengctŷd. **1698** T. Jones: *Art* 16, os yr hwn a fo yn ei *febŷd*, neu yn dechrau barfu, a freuddwŷdia fôd gantho farf fawr. **1707** S. Williams: *ADA* 115, y mae dŷn yn myned o *febyd* i faboed, o faboed i

ieuengctid. **1759** T. THOMAS: *WWDd* 236, y plant sy 'n meirw . . . yn eu *mebyd*. **1770** *W* d.g. *adolescence* [. . . *o 15 oed i 25*], *childhood, minority* [*nonage, or a being under age*]. **1803** *P*. Sonnir weithiau (yn enw. gan berson mewn oed wrth sylwi ar rywbeth newydd trawiadol) fod 'addysg o *febyd* i fedd'.

(*b*) Y cyfnod cynharaf yn hanes gwlad, mudiad, neu wyddor, &c., cychwyniad: *the beginning or earliest stages of a country, movement, or discipline, &c.*
1718 E. SAMUEL: *HDdD* 271, Cyfryw Athrawiaethau ag oedd gymmhwysaf i *Febyd* Christanogaeth. **1730** A. MORGAN: *CES* [vi], wedi ei argraphu ym *Mebyd* Gwlad bellennig [Philadelphia]. **1733** T. EVANS: *PP* 92, [y]r Esgobion cyntaf ym *mebyd* yr Eglwys Gris'nogol. **1765** JM: *DDdC* [3], Yr oedd yr Hynafiaid hyd yn oed ym *Mebyd* Physygwriaeth yn chwilio yn fanwl.

(*c*) Mab, bachgen, plentyn; ?pobl ieuainc: *boy, youth, child; ?young people.*
14g. *RC* xxxiii. 191, N[y] warandawassam ni eirioet y ryw eirieu hynn gan y gyfryw *uebyt* [Iesu]. *c.* **1400** *R* 1159. 38–40, dielwet uyd dyn y dyd y ganer. ef yn uab yn *uebit* ouer. ef ynwas an wastat gallder. *a.* **1587** *Y* 192, Ple cefaist y plwc ofer, / Celwydd llwyr, is awyr sêr, / Bod ysbryd *mebyd* mewn merch. **1790** TWM O'R NANT: *GG* 157, Y daeth i'r byd yn *febyd* faban.

mebydol [*mebyd* + *-ol*] *a*. Yn perthyn i gyfnod mebyd, ieuanc: *pertaining to childhood, infant.*
18–19g. *Iolo MSS* 320, Athraw ym oedd aeth a'r mawl / Am wybodau *mebydawl*. **1803** *P*.

mebydd [*mab* + *-ydd*[3]] *eg*. ll. *-ion*. Gŵr dibriod, hen lanc; baglor; archddiacon neu ddeon: *bachelor (also of university degree); archdeacon or dean.*
18–19g. *Llr* C 1, 26, barn ar ddysg a Gwybodau maccwyaid a *mebyddion* ag eraill or Awenyddion. **18–19g.** *Llr* C 11, 71, the Howelian Code of Laws drawn up and written by Blegywryd . . . Dean, as some term him, or Archdeacon of Landaff. This Welsh title is *Mebydd*, which some render Dean, and others Archdeacon. **18–19g.** *Iolo MSS* 87, [B]legywryd ap Morgan *Mebydd* Llandaf.

mebyddiaeth [*mebydd* + *-iaeth*] *e?g*. Hyfforddiant; swydd archddiacon neu ddeon: *a tutoring; the office of archdeacon or dean.*
18–19g. *Llr* C 26, 64, am ei ddysg y doded arnaw *Febyddiaeth* yn Eglwys Teilaw. **18–19g.** *Llr* C 37, 53, cymer ef wynt [disgyblion] mewn dogn o Drofedigaeth neu *Febyddiaeth* herwydd y Tair Gradd.

mebyn, mabyn [*mab* + *-yn*] *eg*. Baban, bachgennyn, bachgen bach neu ieuanc, mab neu blentyn bychan, llanc, hefyd yn *ffig.*: *baby, infant, small or young boy, young son or child, youth, also fig.*
14g. *RC* xxxiii. 186, A cherdet a oruc y *mabyn* bychan yessu rac eu bron. *id.* 187, yesu yn *uabyn* bychan ar arffet y uam. **14g.** *GDG* 43, Nid un bryn *mebyn* mabaidd—â hynaif, / Nid un gwenith gnaif â hyddaif haidd. *id.* 280, Meithrin chwileryn gwyn gwâr / I'm mynwes o serch meinwar, / Oedd ym fagu, llysu lles, / *Mebyn* meinwyn i'm mynwes [am gariad]. **15g.** *BB* 25, ay tydi *vabyn* drythyll. am tremygei. **15g.** *Glam Bards* 227, mi a wyby waith *mebyn* / missoedd haf om oes oedd hyn (Llywelyn ap Hywel ap Ieuan). [**1547**] W. SALESBURY: *OSP*, Attat *vebyn*. **16–17g.** T. PRYS: *Bardd* 380, *mebyn* mewn testyn wyt ti / mwyn gymwys maneg imi [Edwart ap Raff wrth yr eryr]. **1604–7** *TW* (*Pen* 228) d.g. *filiolus, infantulus, puellus*. **1763** *ML* ii. 589, mae genyf gwyn o'm calon i chwi ar golli eich *mebyn* wedi iddo ddyfod mewn cymaint oedran. **1764** *ML* (Add) 604, Collais y dydd arall fy *mebyn* anwyl, dros yr hwn i rhoeswn fy hoedl. **1803** *P*.
Gw. hefyd mebin.

mebynog, gw. mabinog.

mêc [bnth. S. *make*] *eg*.
(*a*) Swm y llechi a gynhyrchwyd gan chwarelwr mewn mis: *the total amount of slates produced by a quarryman during one month's work, make.*
Ar lafar yn ardal y chwareli.
(*b*) Gwneuthuriad rhywbeth, y dull y gwneir rhywbeth: *make, brand.*
20g.

Meca [bnth. S. *Mecca*] *eg*. Man y tyrrir iddo, cyrchfan poblogaidd: *a Mecca.*
20g.

mecanaidd [*mecan(eg)* + *-aidd*] *a*. Yn perthyn i fecaneg, mecanyddol: *mechanical.*
20g.

mecaneg [cfdds. o'r S. *mechan(ics)* + *-eg*[1]] *eb*. Gwyddor symudiad a chydbwysedd; cymhwysiad yr wyddor hon at gynllunio (trin, &c.) peiriannau neu offerynnau; manylion mecanyddol: *mechanics.*
1881.
Cfn.: **mecaneg gymwys**: *applied mechanics*. **20g.** **m. tonnau**: *wave mechanics*. **20g.**

mecaneiddiad [bôn y f. ddil. + *-iad*[1]] *eg*. Y weithred o fecaneiddio: *mechanisation.*
20g.

mecaneiddiaf: mecaneiddio [cfdds. o'r S. (*to*) *mechan(ize)* + *-eiddio*] *bg.a.* a grym enwol i'r be. yn aml. Gwneud yn fecanyddol, darparu peiriannau i gymryd lle llafur (dyn neu anifail), rhoddi gwedd fecanyddol ar rywbeth, peirianeiddio: *to mechanize, replace with machinery, implement mechanization.*
20g.

mecaniaeth [*mecan(eg)* + *-iaeth*] *eg*. Y modd y mae proses yn gweithredu, proses(au) ffisegol neu gemegol sy'n ymhlyg mewn ffenomen naturiol megis gweithred, adwaith, &c., mecanwaith: *mechanism.*
20g.

mecanic [bnth. S. *mechanic*] *eg*. ll. *-s*. Crefftwr, yn enw. un sy'n trin neu'n ymgeleddu peiriannau, peiriannydd: *mechanic.*
20g.

mecanism [bnth. S. *mechanism*] *eg*. ll. *-au*. Mecanwaith: *mechanism.*
20g.
Cfn.: **mecanism amddiffyn(nol)**: *defence mechanism*. **20g.**

mecanist [bnth. S. *mechanist*] *eg*. ll. *-iaid*. *Athr*. Un sy'n arddel athrawiaeth mecanistiaeth: *mechanist.*
20g.

mecanistaidd [*mecanist* + *-aidd*] *a*. Mecanistig: *mechanistic.*
20g.

mecanistiaeth [bnth. S. *mechanist* + *-iaeth*] *eb*. *Athr*. Damcaniaeth sy'n ceisio esbonio ffenomenau naturiol mewn termau mecanyddol y gellir eu hegluro yn ôl rheolau ffiseg a chemeg: *mechanism (in philos.).*
20g.

mecanistig [cfdds. o'r S. *mechanist(ic)* + *-ig*[2]] *a*. *Athr*. Yn perthyn i ddamcaniaeth mecanistiaeth, seiliedig ar y ddamcaniaeth honno: *mechanistic.*
20g.

mecanwaith [*mecan(eg)* + *gwaith*[1]] *eg*. ll. *-weithiau*. System neu strwythur sy'n cyflawni rhyw ffwythiant, yn enw. mewn peiriant, peth sy'n debyg i beiriant o ran ei rannau a'r modd y mae'n gweithio; dyfais fecanyddol neu ran ohoni; proses neu dechneg: *mechanism.*
20g.
Cfn.: **mecanwaith amddiffyn**: *defence mechanism*. **20g.**

mecanydd [*mecan(eg)* + *-ydd*[3]] *eg*. ll. *-ion*.
(*a*) Mecanic: *mechanic.*
20g.
(*b*) *Athr*. Mecanist: *mechanist.*
20g.

mecanyddiaeth [*mecanydd* + *-iaeth*] *eb*.
(*a*) Mecaneg; mecanwaith; hefyd yn *ffig.*: *mechanics; mechanism; also fig.*
1905.
(*b*) *Athr*. Mecanistiaeth: *mechanism (in philos.).*
20g.

mecanyddol [*mecanydd* + *-ol*] *a*.
(*a*) Yn perthyn i beiriannau, a gynhyrchwyd gan beiriannau, a yrrir gan beiriant, peirianyddol, (yn gweithredu) fel peiriant, otomatig, peiriannol: *mechanical.*
1888.
(*b*) *Athr*. Yn perthyn i fecanistiaeth: *mechanistic.*
20g.

mecanyddwaith [*mecanydd* + *gwaith*[1]] *eg*. Mecanwaith: *mechanism.*
20g.

mecrylla [bf. o'r e. ll. *mecryll*] *bg*. Pysgota am fecryll, macrela: *to fish for mackerel.*
20g.
Gw. hefyd macrela.

Mecsicad, gw. Mecsiciad.

Mecsican [bnth. S. *Mexican*] *eg*. ll. *-iaid*. Mecsiciad: *a Mexican.*
1826.

Mecsicanaidd [bnth. S. *Mexican* + *-aidd*] *a*. Yn perthyn i Fecsico, yn ymwneud â Mecsico, nodweddiadol o Fecsico: *Mexican.*
1851.

Mecsiciad, Mecsicad [enw'r wlad *Mecsic(o)* (*México*) + *-iad*[3], *-ad*] *eg*. ll. *-(i)aid*. Brodor o Fecsico, un o drigolion Mecsico: *a Mexican.*
1847.

Mecsicoad [enw'r wlad *Mecsico* (*México*) + *-ad*[2], trf. prs.] *eg*. ll. *-aid*. Mecsiciad: *a Mexican.*
1816.

Mecsicoaidd [enw'r wlad *Mecsico* (*México*) + *-aidd*] *a*. Mecsicanaidd: *Mexican.*
1827.

mecyp [bnth. S. *make-up*] *eg*. Cosmetigau, &c., a ddefnyddir i ddieithrio'r wyneb, i ymdecáu, &c., colur: *make-up.*
20g.

mechaneg, mechanyddol, &c., gw. mecaneg, mecanyddol, &c.

mechdeyrn, mychdeyrn, machdeyrn [?**mech-* < **maksi-* < **mag-si-* (cf. *diguormechis*) neu *mach* 'meichiau' + *teyrn*; Crn. C. *myg(h)tern*, Crn. Diw. *matern*, H. Lyd. *machtiern*; ceir engh. bosibl o'r ff. l. *mechdeyrnedd* yn *T* 65. 11, *armeiteyrned*] *eg*. ll. *-iaid, -edd*. Brenin, arglwydd, penadur, ymherodr, hefyd am Dduw, ac yn *ffig.*; tywysog sy'n talu teyrnged; rhaglaw: *king, lord, monarch, emperor, also of God, and fig.; tributary prince; viceroy.*
13g. *TYP* 70, Aneiryn Gwavtryd *Mechdeyrn* Beird. *c.* **1300** *H* 12a. 30, rac madawc *mechdeyrn* lleisyawn [marwnad Madog ap Maredudd gan Walchmai]. *id.* 17b. 20, esgor difreidyad mad *mychdeyrn* [Einion ap Gwalchmai i Lywelyn ap Iorwerth]. *id.* 55a. 7, mur metgyrn *mechdeyrn* mechein [Cynddelw i Owain Cyfeiliog]. **14g.** *T* 16. 1, nys gwnaho molawt meiryon *mechteyrn*. *id.* 41. 3–4, ny ellynt ronyn heb gyfoeth *mechteyrn*. *id.* 54. 14, yr dy haeled athrugared *vechteyrn* byt. **14g.** *IGE*[2] 12, Galargyrn *mechdëyrn* Môn [marwnad Tudur Fychan]. *c.* **1400** *R* 1149. 23–4, *Mechdeyrn* kaeroed na cheryd vi. **15g.** *AL* ii. 582–4, Tri *mechdeyrn* dyledoc a ddyly gwladychu Cymru oll dan y therfynau: brenin Aberffraw; arglwydd Dinefwr; a hwnn Mathrafal. *c.* **1470** *B* ii. 232, *mychdeyrn*, arglwydd. **1632** *D*, *mechdeyrn*, & *Machdeyrn*, & *Mychdeyrn*, videtur significare Monarcham, summum imperatorem. **1694** *Cylchg LlGC* viii. 28, cei faddeu d'oll gamweddi / o meiddi ladd *mychdeirn* [:– Monarcha] Lwi [wrth Angau]. **1722** *Llst* 189, *mechdeyrn*, m.p. *deyrniaid*, a monarch, emperour, king. **1772** G. HOWEL: *Alm* 31, *Mechdeyrn* mâd

pen llâd, pob llu [i Dywysog Cymru]. **1792** Gw. Mechain: *Gw* ii. 117, y *mechdeyrn*, sef brenin Prydyn oll. **1803** *P*, *mechdeyrn*, s.m. pl.t. *edd*, a tributary prince; a viceroy; a lord.

Amr.: **mychdyn** [gwall am *mychdeyrn*]. **1707** *AB* 219a, *mychdyn*, a lord. V.

Cfn.: **mechdeyrn (mychdeyrn) ddyl(y)ed (ddled):** *tribute due to an overlord*. **13g**. *LTWL* 207, lxiii libras . . . quia tantum est *mechteyr[n] delet* quod debet rex Aberfrau reddere regi Londonie cum acceperit terram suam ab eo. Postea vero omnes reges Wallie debent ab illo terras illorum accipere, id est, a rege Aberfrau, et illi reddere *mechteyr[n] delet*. **13g**. *Ll1* 73, *[m]echteyrn delyet*. **15g**. *AL* ii. 584. **1632** *D*, *mychdeyrn ddlêd* d.g. *mechdeyrn*. **1803** *P* d.g. *mechdeyrnddyled*, *mechdeyrnddylyed*.

mechdeyrnged, mychdeyrnged [*mechdeyrn*, *mychdeyrn* + *ced*, ar sail y ff. wallus *mecterndgec*, amr. *LTWL* 277; cf. *mechdeyrn ddyled*] *eb*. Teyrnged i'r penarglwydd gan arglwydd is, mechdeyrn ddyled: *tribute due to an overlord from an inferior lord*.

1730 *Leg Wall* 578, Mechdeyrn ddylyed, summa pecuniae summo Regi solvenda ab illo cui Provinciam tradiderit . . . Alias dicitur *Mechteyrnged* . . . lxiii. libras . . . quod tantum est *Mechteyrnged* quod debet Rex Aberffraw reddere semel Regi Londoniae, cum acceperit Terram suam ab eo: Postea vero Reges Walliae debent Terram illorum a Rege Aberffraw accipere, & illi reddere *Mychteyrnged*. **1753** *TR*, mechdeyrn . . . Mechdeyrn ddylyed . . . and *Mechteyrnged*, a sum of money to be paid to the chief king by the prince to whom he had deliver'd a province. **1803** *P*.

mechnân, meichnân, mychnân [?cyw. o *meichnaon* (un o ff. ll. *meichiau*[2]) a'i chymryd fel ff. un.] *eg*. Meichiau, mechnïwr, hefyd yn *ffig*.: *surety*, *bailsman*, *also fig*.

1722 *Llst* 189, *mychnaan*, a surety, bondsman. **1737** G. Jones: *DFfW* 17, Jesu . . . yr hwn â ddanfonaist i'r bŷd yn wystl . . . yn cynnig etto bod yn *fychnân* ac yn feddig. **1738** G. Jones: *GOG* 120, pa un bynnag ai'r dyledwr ei hun neu ei *fechnan* a'i talodd. **1740** G. Jones: *HOG* viii, yn Frawd, yn *Fechnan* ac yn Feddyg. **1743** G. Jones: *HWI* ii. 65, Bu Crist farw drosom, fel ein *Meichnân* ni. Ar lafar yng ngodre Cered. a sir Benf., 'mynd yn *feichnân*', 'to go bail', *THSC* (1953) 75.

mechni [*mach* + *-ni*] *eb.g*. ll. *mechnïau*, *mechnïon*, *mechneuon*, *mechniafon*. *Cyfr*. Swydd neu gyfrifoldeb meichiau; ernes, sicrwydd, mechnïaeth; meichiau, mechnïwr; rhywun sy'n ymrwymo dros blentyn a fedyddir, mam neu dad bedydd: *position or obligation of a surety*, *suretyship*; *security*, *bail*; *surety*, *bailsman*; *sponsor* (*at baptism*).

13g. *LTWL* 125, Teyr meuyllwryayth [*sic*] yssyt ymmechniayth. E chyntaf [*sic*], dywat e *vechny* ac ef yn vach. Ar eyl, adef e *vechni* ac na allo kymmell. E tredet, dwyn dyebryt or mach gwedy taler ydaw. **13g**. *Ll1* 35, Pa uach bynnac a urthtygho ar e kynnogen, byt ryd o'r haul ac o'r *uechny*. *id*. 36, attep o'r kennogen a dyweduet e uot en uach ar beth bychan a hep wadu e *uechny*. *id*. 38, Rey a deweyt ony men e mab hunnu seuyll en e *uechny* e mae uuch pen bed e tat e dele ef e guat ar keureyth. *id*. 39, urth henne e mae ouer e *uechny* o'r neylltu, cany men e perchennauc ef. **14g**. *LlB* 38, Pymhet yw mach am y *vechni* gyfadef yrwg deu dyn pan watto ran o'e *vechni*, ac adef ran arall. *id*. 42, Kyt el y rei hynny yn veicheu, ny dylyir kymell *mechni* neb ohonunt. **1632** *D*, mâch . . . *mechni*, & Mechniaeth, vadimonium. **1688** W. Foulkes: *EGE* 126, Oblegid eu bod [plant bychain] yn addaw pôb ûn o'r ddau drwy eu *mechniau*. *id*. 130, yr addewid a wnaethpwyd gan fy *Mechniafon* trosofi. **1689** E. Morus: *RC* 39, A'r rheini y safoch chwi megis *mechnïafon* drostynt, chwi a ddylech wneuthur eich gorau tuagat eu hadeiladaeth. **1710** *LlGG* [166], o bydd i neb ddywedyd bod un anach na ddylent gael eu cyssylltu mewn priodas . . . ac a ymrwyma a *mechniau* (**1567** *id*. cxxvii, meichie) digonol gyd ag ef i'r partiau. **18g**. *LlGC* 19, 27, Rhaid iddo roi *Mechneuon*, / Cyn mynd or man i gadw ei ran, / Na flino mo'i Gym'dogion, / Am faeth i'r gwirion gwan. **1770** *W* d.g. *an answering for*, *assurance* [*for a thing lent*], *bail* [*security given for one's appearance &c.*], *caution* [*the giving of sufficient security for performance*], *mainprise*, *suretiship*. **1803** *P*, *mechni*, s.m. pl. t. *on*, surety, or bail.

Amr.: **machni.** **15g**. *Pen* 67, 43.

Am *balog fechni*, *ofer f*., gw. balog[2], ofer.

mechnïad [bôn y f. *mechnïaf*: *mechnïo* + *-ad*[2], trf. han.] *eg*. Rhoddiad meichiau, y weithred o fynd yn feichiau; mechnïaeth: *a giving of surety*, *a bailing*; *bail*.

1770 *W*, *mechnïad* d.g. *a bailing*. **1803** *P*, *mechnïad*, a giving surety, a bailing. Ar lafar yng ngogledd Cered., ''Na' i *fachnad* drosto fe'.

Amr.: **meichnïad** [cf. *meichnïaeth*]. **20g**.

mechniadwy [bôn y f. *mechnïaf*: *mechnïo* + *-adwy*] *a.bfl*. Y gellir cymryd meichiau drosto: *bailable*.

1770 *W* d.g. *bailable*. **1803** *P*.

Amr.: **meichniadwy** [cf. *meichnïaeth*]. **1867**.

mechnïaeth, machnïaeth [*mechni* + *-aeth*] *eb.g*. ll. *mechnïaethau*. *Cyfr*. Swydd neu gyfrifoldeb meichiau, mechni (hefyd am fedydd); gwystl, sicrwydd, ernes (yn enw. dros ymddangosiad mewn llys); hefyd yn *ffig*.: *position or obligation of a surety*, *suretyship*; *sponsorship* (*at baptism*); *pledge*, *security*, *bail*; *also fig*.

13g. *LTWL* 125, Teyr meuyllwryayth [*sic*] yssyt ym*mechniayth*. **14g**. *LlB* 42, Kyt dycco mach y *vechniaeth* yn erbyn llud arglwyd. *id*. 125, O tri mod y kedernheir gwys: o tyston, a *mechniaeth*, a gauael. *c*. **1401** *AL* ii. 342, yny lle ybo y *mechniaetheu* hynny [tair balog fechni] or gwrthwynebir vdunt, ny sauant ac ny rwymant. *id*. 360, o daw yr amdiffynbleit . . . y rodi kedernit ar seuyll wrth gyfreith trwy *vachniaeth* neu auel, y medyant a geiff trachefyn. **1567** *TN* 200a, gwedy yddwynt dderbyn atep digonawl [:– sicrwydd cryno, *machnieth*] gan Iason. *id*. 334a, Ar Destament gwell o aros hynny y gwnaythbwyt Iesu yn *vachniaeth* (**1588** *Heb* vii. 22, yn fachniudd). *Diw*. **16g**. *B* ix. 120, yno y rhoddeist di ofuned drwy *vachniaeth* drossod ar fucheddockau fyth yn y phydd gatholic. **1588** *Ecclus* xxix. 21, *Machniaeth* a ddifethodd lawer vn goludog. **1632** *D*, mâch . . . mechni, & *Mechniaeth*, vadimonium. **1658** R. Vaughan: *PS* 452, y mae y damnedig yn talu allan mewn amser . . . yr hyn ni allant dalu ar vnwaith, ac heb roi *machniaeth*. **1740** T. Evans: *DPO* 34, ofer iddo dybied y rhoisid Coel idd ei Eiriau heb ryw *Fechniaeth*. **1770** *W* d.g. *an answering for*, *bail* [*security given for one's appearance &c*], *mainprise*, *suretiship*. **1775** *EDPP* 127, Fe ddaeth Crist yn fachnydd drosom ni, a thrwy ei *fachniaeth* fe a ddododd ei hun tan rwymedigaeth dros y rhei'ny ag yr aeth yn fachnydd iddynt. **1803** *P*, *mechnïaeth*, s.m. suretyship.

Amr.: **meichnïaeth** [dan ddyl. *meichiau*]. **13g**. *LAL* 162. **16g**. (*LlEG*) *Mos* 158, 467b. **1588** *Gen* xliv. 32. **1679** C. Edwards: *GGG* 238. **1711** H. Powel: *TY* 159. **1791** Gw. Mechain: *Rh* 76.

Cfn.: **mechnïaeth undyddiog:** *one day suretyship*. *c*. **1401** *AL* ii. 322, Os amdiffynnwr gorwlat adyry mach ar atteb y gyfreith yn erbyn kwyn pleit athrymygu ohonaw y vechni yn dyd galw; ony watta y mach y vachniaeth taled gwbyl oy hawl yr hawlwr canys mach diebredic yw llwrw na allawd kymel [*sic*] y vechniaeth ygyt ac ef abot honno yn *vechniaeth vndydyawc* ac yn diffodedic. **1730** *Leg Wall* 578. **1753** *TR* d.g. *mechni*. **1803** *P* d.g. *mechnïaeth*. **ar f.:** *on bail*. **14g**. *YBH* 47a.

mechniaethaf: mechniaethu [bf. o'r e. bl.] *bg.a*. ?Mechnïo dros; cyflawni swydd mechniydd: *?to give surety for*; *perform the obligation of a surety*.

c. **1401** *AL* ii. 388, Tri ryw dyn yssyd a dylyir eu *mechniaethu* o blegyt arglwyd, er na bo kwyn pleit racdunt. **1803** *P*, *mechnïaethu*, to perform the obligation of a surety.

mechnïaf, machnïaf: mechnïo, machnïo [bf. o'r e. *mechni*] *bg.a*.

(*a*) (fel *bg*., a'i dilyn yn aml gan *dros*, *tros*, ac weithiau gan *am*) Bod neu fynd yn feichiau, ymwystlo, rhoddi meichiau, hefyd yn *ffig*.; ymrwymo dros blentyn a fedyddir: *to be*(*come*) *a surety*, *go bail*, *give bail*, *also fig*.; *sponsor* (*at baptism*).

15g. *Pen* 67, 43, y dydd hwnnw y *machniwyt* am yr hawl honno ac na ddyly atteb i hawl y dydd y *machnier* am deni. **15–16g**. *GLM* 33, rhaid i'ch enw—rhodiwch unwaith—/ *fechnïo* i Gors Fochno faith. **1588** *Diar* vi. 1, os *machniaist* dros dy gymmydog. **1588** *Ecclus* viii. 16, Na *fachnia* am fwy nag a allech. **1604–7** *TW* (*Pen* 228) d.g. *intercedo*. **1632** *D*, *mechnio*, fidejubere, adpromittere. Vades præstare, vades dare. **17g**. Huw Morus: *EC* ii. 305, Duw'r Mab a *fechnïodd*, a'r dyled a dalodd. **1703** E. Wynne: *BC* 98, A'r mân uchelwyr o'u hamgylch, rhaid i'r rheiny naill ai eu hoferganlyn, ai *mechnio* trostynt iw hanrheithio 'u hunain a'u heiddo. **1716–18** *Llsgr R. Morris* 73, pwu a *fechnia* am bar o esgidie ir barus geidwad. **1718** E. Samuel: *HDdD* 344, mae Duw yn *machnio* trosto. **1722** *Llst* 189, *mechnio*, to be bound or become surety for one, engage for. **1773** *W* d.g. *to engage* [*give or pass one's word*], *to warrant* [*in Law*]. **1803** *P*.

(*b*) (fel *ba*.) Rhoddi yn wystl; mynd yn feichiau dros; mynnu meichiau gan (rywun): *to give as security*; *become surety for*, *go bail for*, *bail*; *require sureties from* (*someone*).

1632 *D*, *mechnio* . . . facere vt quis vades præstet. **1725** D. Lewis: *GB* 14, Jesu Grist . . . a'n *Machniodd* o Gaethiwed tragwyddol. **1753** *TR*, *mechnio* . . . to make one give bail. **1756** *ML* i. 441–2, Mae'n dywedyd imi fod ei stad . . . wedi ei rhoddi drosodd iw nai . . . i dalu cantoedd oedd hwnnw wedi *mechnio* drosto. **1770** *W*, *mechnïo* un d.g. *to bail a person*, *surety*, *to be* [*become*] *surety for one*. **1803** *P*, *mechnïaw*, to bail . . . Barn arnat dy hun yn gyviawn a Duw a'th *vechnïa*. Adage. Ar lafar ym Morg., ''I ewyrth odd wedi'i *fachnïo* fe'.

Amr.: **meichnïo** [cf. *meichnïaeth*]. **15g**. *LHDd* 36. **1588** *Gen* xliii. 9. **1696** *CDD* 349. **1706** *Nat Con* 8, y mae yn ein Bedydd yn gofyn Meichnafon, i *feichnio* trosom. **1792** H. Harris: *H* 49.

mechnïedd [*mechni* + *-edd*[1]] *eg*. Swydd neu gyfrifoldeb mechnïydd, mechnïaeth: *suretyship*.

15g. *AL* ii. 256, Gwydy yddydevo [*sic*] y vot yn vach ac edvyryt y *vechnyed* yna y dyly ef oet nawniev.

mechnïol, machnïol [*mechni* a bôn y f. fl. + *-ol*] *a*. A wneir, a deimlir, &c., drwy gyfrwng person arall neu ar ran person arall (yn enw. am aberth, dioddefaint, ac iawn Crist), dirprwyol; yn gweithredu dan fandad (am lywodraeth); yn perthyn i fach neu i fechnïaeth, o natur mechnïaeth, hefyd yn *ffig*.; y caniateir mechnïo dros rywun a gyhuddir ohoni (am drosedd): *vicarious* (*esp. with ref. to Christ's Passion*); *acting under a mandate* (*of a government*); *pertaining to a surety or suretyship*, *of the nature of suretyship*, *also fig*.; *bailable* (*of an offence*).

1791 W. Richards: *TDB* 21–2, Sicr yw, mai matter personol, ac nid *mechniol*, yw crist'nogrwydd. **1803** *P*, *mechnïawl*, relating to suretyship.

Amr.: **meichnïol** [cf. *meichnïaeth*]. **1794** E. Jones: *CP* 125, a'i gymmeryd [troseddwr] at yr ustus . . . os ydyw y drosedd yn *feichnïol*, i gymmeryd meichiau.

mechnïwr, machnïwr [bôn y f. fl. + *-wr*] *eg*. ll. *-wyr*. Meichiau, mechnïydd, hefyd yn *ffig*. am Grist: *surety*, *bail*, *also fig. of Christ*.

1683 H. Evans: *CTF* 14, Y mae gennit wŷch *Fachniwr*, / Duw ei hun fydd dy Dalmentwr. **1725** D. Lewis: *GB* 14, Jesu Grist yw Cyfryngwr a *Machniwr* y Cyfammod newydd. *c*. **1730** *Thos. Lloyd D* (LlGC) 166b, *machniwr*, sponsor, vas. **1803** *P*, *mechnïwr*, a man who is a surety, a man who bails.

Amr.: **meichnïwr** [cf. *meichnïaeth*]. **1604–7** *TW* (*Pen* 228), *meichniwr* dros vn mewn achaws ceryddus ne hawl d.g. *vas*. **1759** *DG* 134, Fe aeth yn *feichniwr*, bu deilwng o dalwr / Tros Adda droseddwr [am Grist].

mechnïydd, machnïydd [bôn y f. fl. + *-ydd*[3]] *eg*. ll. *-ion*. Meichiau, mechnïwr, hefyd yn *ffig*. am Grist; rhywun sy'n ymrwymo dros blentyn a fedyddir, mam neu dad bedydd: *surety*, *bail*, *also fig. of Christ*; *sponsor* (*at baptism*).

1588 *Heb* vii. 22, Ar destament gwell o hynny y gwnaethbwyd Iesu yn *fachniudd* (**1567** *TN* 333a, vachniaeth). **1651** Siôn Treredyn: *MDD* 33, nid yn unig yn *fachniudd* or cyfammod drosom. **1688** S. Hughes: *TSP* 35, fyned yr Arglwydd Iesu Grist yn *Fachniudd* tros ei bobl. **1717** Iaco ab Dewi: *MN* 60, Crist . . . i fod yn Brynwr, yn Gyfryngwr, ac yn *Fachnïydd* i mi. *c*. **1730** *Thos. Lloyd D* (LlGC) 166b, *machnïydd*, sponsor, vas, fidejussor. **1759** T. Thomas: *WWDd* 31, yr oedd efe [Crist] yn *Fachnïydd* ei bobl . . . fel y mae *Machnïydd* yn Ddyledwr. **1769** J. Griffith: *A* 108, *Machniydd* i sefyll yn lle'r pechadur. **1773** *W*, *mechnïydd* d.g. *engager*. **1790** T. Jones: *TOS* 33, Dangosodd y Mâb ei gariad, drwy ddyfod i lawr o'r nefoedd . . . a myned yn *fechniydd* drostynt, a thalu eu holl ddyled. **1803** *P*, *mechnïydd*, a surety.

Amr.: **machnydd** [cyw. o *machnïydd*]. **1775** *EDPP*

127. **1796** *Geirgrawn* 167. **meichnïydd** [cf. *meichnïaeth, meichnydd*]. **1805. meichnydd, meichnŷdd** [cf. *machnydd, meichnïaeth*]. **1696** *GGTY* 54. *c.* **1761** *CBF* 7.

mechwys [*mach*+*gwŷs*[2]] *e?b.* (Gwrit) maenpris: (*writ of*) *mainprize*.
1858.

med [ail elfen y gair *aeddfed* a driniwyd gan Iolo Morganwg fel gair annib.] *a.* Aeddfed: *ripe*.
18–19g. *Llr* C 4, 128, *mêd*, ripe. Mae blas gwin ir terfin tau, / Mad yw fal *med* afalau . . . Inco Llwyd i Ithel Ddu.

medaf: medi [Crn. Diw. *midzhi*, Llyd. C. *midiff*, Llyd. Diw. *mediñ*: o'r gwr. IE. **mē-* 'medi', Llad. *metō*] *bg.a.* ac weithiau gyda grym enwol i'r be.

(*a*) Torri (cnwd neu blanhigion, yn enw. ŷd) ag erfyn megis cryman neu â pheiriant, torri a chasglu (cnwd), torri (a chasglu) cnwd (cae, &c.), cynaeafu; torri: *to reap, harvest; cut*.
13g. *C* 55, 1–2, erti heb *medi*. **13g.** *LlI* 44, rac llesteyryau *medy* y kenhayaf. *id.* 100, llyn guedy e *metter* neu eg gard heb y *uedy*. **14g.** *T* 22. 24–6, bum gronyn erkennis. ef tyfwys ymryn. *amettawr* am dottawr yn sawell. *id.* 72. 19, o heu hyt *vedi*. **14g.** *WM* 73. 26–7, mi auynhaf *uedi* honn [grofft] a uory. **14g.** *YBH* 27a, Mi a atwen llyssewyn ac ae caffaf yn y weirglod . . . mineu . . . a *vedaf* pwn march or llysseu. *c.* **1400** *B* ii. 13, Par *uedi* dy yt ae gynnull. **1546** *YLlH* [16], *meda* dy ryg ath wenith. *Diw.* **16g.** *WLB* 56, *Mêd* gorn y karw. **1588** *Lef* xix. 9, na *feda* yn llwyr gwrr dy faes. **1595** H. LEWYS: *PA* 54, fal y gwelltyn hefyd, yr hwn a *fedir* i lawr, ac yn brysur a ddiflanna. **1620** *Gen* xlv. 6, fe a fydd etto bum mlhynedd, y rhai a fydd heb nac âr na *medi* (**1588** *ib.* mediad). **1632** *D, medi*, metere, tondere, desecare. **1714** R. PRYDDERCH: *GD* 135, [p]an *fedir* y Cynhaiaf yn y Maes. **1772** *W, medi* ŷd â chrymman d.g. *to cut down*. **1803** *P.*

(*b*) (yn *ffig.* ac mewn cyd-destun *ffig.*) Torri i lawr (gelynion, &c.); cael yn ganlyniad i ryw weithred: (*fig., &c.*) *to cut or mow down* (*enemies, &c.*); *reap, harvest, get as a result of some action*.
13g. *HGK* 11, Gruffud vrenhin . . . en *medi* a'e vratwyr a'e elynyon. *c.* **1400** *R* 1054. 30–1, rac ffichti [diwyg.] lewon. marini brython. rydaroganon. *amedi* heon am hafren auon. **15g.** *GM* 27, Y rei a heont y hat mywn dagreu / Yn llywenydd y *medant* eu ffrwytheu. **1567** *TN* [283b]–284a, pa beth pynac a heua dyn, hyny a *ved* ef hefyt can ys hwn a heua y'w gnawt, o'i gnawt y *med* lwgredigeth. **1588** *Diar* xxii. 8, Y neb a hauo anwiredd a *feda* flinder. **1630** R. VAUGHAN: *YDd* 73–4, mal y darfu iddo ef yn ei fywyd hau gwagedd, felly yr awrhon wedi ei farw, efe â *feda* drueni. **1759** T. THOMAS: *WWDd* 366, A phan dêl y cynhauaf mawr, / I *fedi*'n llwyr, drigolion llawr.

Am *caseg fedi, cryman m., gwellt m., lleuad f.*, gw. caseg, cryman, gwellt, lleuad.

Gw. hefyd bawdfedaf: bawdfedi, dwrnfedaf: dwrnfedi, Medi.

medal [bnth. S. *medal*] *eb.* ll. *-au.* Darn bychan (fflat a chrwn fel rheol) o fetel, &c., ac arno arysgrif neu arwyddlun i anrhydeddu neu wobrwyo person neu i goffáu achlysur, bathodyn: *medal*.
1893.
Amr.: **medel**[2]. **1880.**
Cfn.: **medal arian:** *silver medal.* **20g. m. aur:** *gold medal.* **20g. M. y Cymmrodorion:** *the Cymmrodorion Medal.* **20g. y F. Ddrama:** *the Drama Medal (awarded at an eisteddfod).* **20g. m. efydd:** *bronze medal.* **20g. m. (goffa Thomas) Gee:** *Thomas Gee memorial medal, awarded for long and faithful Sunday School membership.* **20g. y F. Lenyddiaeth:** *the Literature Medal (awarded at an eisteddfod).* **20g. y F. Ryddiaith:** *the Prose Medal (awarded at an eisteddfod).* **20g.**

medalion, medaliwn [bnth. S. *medallion*] *eg.* ll. *medalions.* Medal fawr, panel crwn ac arno bortread, &c.: *medallion*.
1864.

medalog [*medal*+*-og*] *a.* A medal(au) ganddo, yn gwisgo medal(au): *medalled*.
20g.

medalydd [*medal*+*-ydd*[3]] *eg.* Enillydd medal (yn wobr), rhywun sydd wedi ei anrhydeddu â medal: *medallist*.
20g.

mededig [bôn y f. fl.+*-edig*] *a.bfl.* Wedi ei fedi: *reaped*.
[**1783**] *W* d.g. *reaped*. **1803** *P.*
Gw. hefyd hanner-mededig.

medeilch, gw. madarch.

medel[1] [H. Grn. *midil*, gl. *messor*, Gwydd. C. *meithel*, Gwydd. Diw. *meitheal* 'mintai o fedelwyr, mintai (o weithwyr), tyrfa': <Clt. **metelā*, o'r un gwr. â'r f. *medaf: medi*] *eb.?g.* ll. *-au.*

(*a*) Mintai o bobl yn torri ac yn casglu'r cynhaeaf, mintai (gydweithredol) o weithwyr; mintai, tyrfa; ?medelwr, cynaeafwr; y weithred o fedi, mediad; hefyd yn *ffig.*: *reaping-party,* (*co-operative*) *work group; band, multitude; ?reaper; a reaping; also fig.*
13g. *C* 45. 7–9, Sew awnaethant plant kai y vrth y *medel* ym chueli. **13g.** *A* 8. 6–7, val pan vel *medel* ar vreithin e gwnaei varchlew waetlin. **14g.** *GDG* 204, Y sawl gwaith . . . / Y ffoais gynt . . . / Rhagddaw'r cawell ysgaw cau, / A'i dylwyth fal *medelau*. *id.* 230, Fy ngelynion, holion hy, / *Fedel* aml, fu dâl ymy. *id.* 239, Treiddiais, ni ohiriais hur, / Trefnau *medelau* dolur. **14–15g.** *IGE*[2] 196, Pe cawsid, gyfnewid gam, / Ail gwrnaid olwg arnam, / Dilesg ymysg *medelau* / Drwy lid y'n delid ein dau [Llywelyn ap y Moel i'r pwrs]. *c.* **1400** *J* 1, 1072, Meheuin heulawc a wna *medel* mochdurrawc [*sic*]. *c.* **1400** *R* 1265. 18–19, a roes oe merchet *uedel*. oe meibion doethyon dethol. *c.* **1400** *B* ii. 11, Na chymer swydawc itt . . . ony wybydy y vot yn gywir. yn enwedic yscubawrwr nar hwnn a dalo llaw ar dy *uedel*. **15g.** *TLlM* 29, Drygddarpar galar heb gêl, / Duon ofidion *fedel* (Ieuan Gethin). **15–16g.** *GLM* 254, Hwsmon gwych, nis mynni gêl, / yn Nhref Euda'n rhoi'i *fedel*. **1567** *TN* 21a, yn amser y cynayaf y dywedaf wrth y *vedel* [:– medelwyr], Cesclwch yn gyntaf yr efrae. **16–17g.** *GST* i. 847, Gwell cwmniwr na *medel* / Tra fo gwin yn y botel. *Dchr.* **17g.** *J* 10, 30a, *medel*, messis. **1632** *D, medel*, messorum turba. **1755** *ML* i. 377, [d]euai im ty echdoe im hymofyn (a minnau gyda fy *medel*). **1770** *TG* iii. 101, Yn rhodio ar ol y *fedel* a thremio yma a thraw, / Fe ganfu'r fwyn Lafinia a'i lloffyn yn ei llaw. **1803** *P.* Gw. D. JENKINS: *ACSWW* 54–6.

(*b*) Yn *ffig.* am rywun sy'n lladd (mewn brwydr): *fig. of one who kills (in battle)*.
13g. *C* 12. 8–9, *Medel* visci mel vartoni. mynogi gvyth. **13g.** *A* 5. 11, oed eruit *uedel*. *id.* 26. 15, mein uchel *medel* e alon. *c.* **1300** *H* 33a. 31, tru dyt diuedyt *uedel* kyngrein. *id.* 35a. 24, *Medel* kyfrieu kyfriuant. *id.* 58a. 9, *medel* gwyr gwaeduur oesgur asgen (Cynddelw). **14g.** *T* 67. 23, *Medel* galon geueilat. *c.* **1400** *R* 1390. 19–20, hil madawc *medel* glyw. Digwydd fel e. prs. yn *R* 1038. 39.
Cfn.: **medel gymorth:** *a former custom in Glam. whereby a farmer lent horses to those who assisted at the harvest.* **18–19g.** *Llr* C 69, 353b. **m. wenith:** *co-operative wheat harvest.* **1895. m. rwymo:** *group of workers who bind corn at harvest-time.* Ar lafar gynt. **m. sych:** *harvest supper at which the provision of food and esp. drink was inadequate.* **1907.**

Am *cymorth f., rhefr m., siowt f.* (*m.*), gw. cymorth[1], rhefr, siowt.

Gw. hefyd medeles.

medel[2], gw. medal.

medelaf: medelu [bf. o'r e. *medel*[1]] *bg.a.* Medi, torri i lawr, hefyd yn *ffig.*: *to reap, cut down, also fig.*
1888.

medeles [*medel*[1]+*-es*[1]] *eb.* ll. *-au.* Gwraig sy'n medi, medelwraig: *woman who reaps, female reaper*.
1868.

medelrwymydd, -wr [*medel*[1]+*rhwymydd, rhwymwr*] *eg.* ll. *-yddion, -wyr.* Peiriant sy'n medi ŷd ac yn ei rwymo, beinder: (*self-*)*binder*.
1894.

medelwas [*medel*[1]+*gwas*[1]] *eg.* Medelwr: *reaper*.
14g. *GDG* 315, Nid gorchwy elw *medelwas*, / Nid o ŷd, gloyw amyd glas. *c.* **1730** *Thos. Lloyd D* (LlGC) 170b, *medelwas*, messor. **1803** *P.*

medelwr [*medel*[1]+*-wr*; cf. Llyd. Diw. *medeler*] *eg.* (b. *-wraig*) ll. *-wyr.*

(*a*) Gŵr sy'n torri ac yn casglu'r cynhaeaf, medwr, cynaeafwr: *reaper, harvester*.
13g. *Brut B* 44, syrthyey e gwyr en veyrv megys e gwelvt e keyrch en syrthyav y gan e *medelwyr* y'r llawr. **13g.** *BD* 34, [c]ynhebic y dygvydei y rei brathedic y yt gan *uedelwyr* kyulym. **15g.** *GM* 30, Ny'r lenwis y law ohonaw y *vedelwr*, / Na'e arfet o dra dyrneideu y gynnullwr. **1547** *WS, medelwr*, a repar. **1551** W. SALESBURY: *KLl* xiiib, mi ddodaf wrth y *medelwyr*: clesgwch yr efre yn gyntaf. **1588** *Ruth* ii. 3, hi aeth . . . ac a loffodd yn y maes ar ôl y *medel-wŷr*. **1588** *Jer* ix. 22, scrydau dynnion a syrthiant . . . megis y dyrned ar ôl y *medelwr*, ac ni chynnull neb hwynt. **1632** *D, medelwr*, messor, falcator. **1722** *Llst* 189, *medelwr*, a reaper, harvest-man. **1803** *P.*

(*b*) (yn *ffig.* ac mewn cyd-destun *ffig.*: *fig. exx., &c.*)
c. **1400** *YCM*[2] 141–2, A thi a'm gwely i hediw yn eu kymynu wynt [gelynion] ual y mynnynt eu marw rac aros dyrnodeu eu *medelwr*. **1588** *Math* xiii. 38–9, [y] maes yw 'r bŷd . . . [y] cynhaiaf yw diwedd y bŷd, a'r *medel-wŷr* yw 'r angelion. **1599** (**1677**) R. HOLLAND: *AB* [150], a weithi di ddim â'r Crymman o Air Duw yn dy law, ond bod yn segur ym mysc y *medelwyr* sy'n gweithio? **1658** R. VAUGHAN: *GA* [xii], Yn yr oes ynfyd hon, lle y ma[e] cimaint o goeg *fedelwyr* gwehyddion cryddion ac eurychod yn torri ymaith wenith air Duw.

(*c*) *Swol.* Math o bryf copyn, *Phalangium opilio*: *harvestman, harvest spider*.
20g.

Medi [be. y f. *medaf: medi*; ceir engh. arall bosibl yn *WML* 123] *eg.* Y nawfed mis o'r flwyddyn: *September*.
c. **1400** *RB* ii. 332, yr eildyd o vis *medi*. **1547** *WS*, mis *medi*, September. **1632** *D, Medi*, September mensis, quo metuntur segetes.

Am *Diwythl Fedi, Gŵyl Fair ym M.*, (*fel*) *llyffant mis Medi*, gw. diwythl, gŵyl[1], llyffant.

Gw. hefyd mis—m. Menni.

mediad [bôn y f. *medaf: medi*+*-iad*[1]] *eg.* Y weithred o fedi, cynhaeaf: *a reaping, harvest*.
1547 *WS, medyat*, repyng. **1588** *Gen* xlv. 6, fe a fydd etto bum mlhynedd, y rhai fyddant heb arddiad, na *mediad*. **1632** *D, mediad*, messio. **1803** *P.*

Mediad [e.'r wlad *Med(ia)*+*-iad*[3]] *eg.* ll. *-iaid.* Brodor o Fedia, sef gwlad hynafol sy'n cyfateb yn fras i ogledd-ddwyrain Irân heddiw, un o drigolion Iranaidd y wlad honno: *a Mede*.
1551 W. SALESBURY: *KLl* xlviiib, Parthieit, a *Medeit* [*sic*; *TN* 172a, *Medieit*] Elamieit. **1588** *Esth* i. 3, cadernid y Persiaid, a'r *Mediaid*. **1588** *Eseia* xiii. 17, *Dan* vi. 15. **1661** E. LEWIS: *Drex* 66, y deirnwialen a drosglwyddwyd oddi wrthynt hwy i'r *Mediaid* a'r Persiaid. **1724** T. WILLIAM: *OL* 4, Madai, oddiwrth ba un y daeth y *Mediaid*.

Am *cyfraith y Mediaid a'r Persiaid*, gw. cyfraith.

Mediaidd [e.'r wlad *Med(ia)*+*-iaidd*] *a.* Yn perthyn i Fedia neu i'r Mediaid: *Median*.
1856.

mediastinwm [bnth. S. *mediastinum*] *eg.* *Biol.* Canol y thoracs: *mediastinum* (*in biol.*).
20g.

†medichat, org. H. Gym., gw. meddychad.

mediefal, medifal [bnth. S. *medieval*] *a.* Canoloesol: *medieval*.
20g.

medion—allan o faes m. ei gof, ar faes m. (y ddaear), gw. maes[1].

mediteranaidd [cfdds. o'r S. *mediterran(ean)*+*-aidd*] *a.* Wedi ei amgylchynu gan dir (am fôr), yn perthyn i'r Môr Canoldir: *mediterranean*.
20g.

mediwm [bnth. S. *medium*] *eg.* ll. *-s.*

Person sy'n honni ei fod yn gyfrwng i ysbrydion y meirw gyfathrebu â'r byw: *a medium (in spiritualism)*.
1924.

medlaf, medliaf: medl(i)o, medl(i)aeth [bnth. S. (*to*) *meddle*] *bg.a.*

(*a*) (fel *bg*., a'i dilyn yn aml gan yr ardd. *â*, *ar*, *yn*) Ymhél, cyboli, ponsio, ymyrraeth; ymwneud, cyfathrachu; cael cyfathrach (rywiol): *to meddle, tamper, interfere; associate; have (sexual) intercourse*.

1547 *WS*, kydio *medlio*, medyll. *id. medlio*, medyll. 1574 (1604) *LlGC* 15542, 189b, na chae *medlio* yny materion ysbrydol. *id.* 231b, [b]od tridie heb *medlio* a merch. 1580 *GGN* 5, gwelwch mor grych y mayr ysgythyr [*sic*] lan yn gwnythyr y peth ynghylch *medlio* ar opiniadwyr. *c.* 1585 G. ROBERT: *DC* [7b], er bod Dafydd brophwyd yn frenin, ag o ran hynny, fod yn gorfod iddo *medlieth* a llawer o faterion bydol. 16–17g. *GST* i. 987, Ffei o Iddew ffieiddlas, / Ni '*medlais* â gwen dan len las. 16–17g. *IICRC* iii. 74, ond ny fynnen hwy yr ffeyrad / *fedlo* a gwraig na son am gariad. 16–17g. (*Gesta Rom*) *LlGC* 13076, 49b, yna ir adolygawdd yr amherawdr, ar i vab i jachav hi [yr amerodres], ar mab a ddywad, na *vedlai* ef o heni hi. 1617 R. PRICHARD: *CE* [9], Gwachlwch am hyn tro boch vyw, / *Vedlo* ar peth a biaû Dûw. 1688 S. HUGHES: *TSP* 19, trwy ymmerreth a *medlo* â phethau ymmhell uchlaw eu dealltwriaeth. 1760 *ML* ii. 153, Daccw'r bwgan yn yr Hafod yn chware'r pranciau yn rhyfeddol, yn dwyn y canhwyllau o flaen pobl. Nid oedd ef yn *medlio* ar y tân pan fu yn amser Sion Rowlands. Ar lafar.

(*b*) (fel *ba*. ac yn *abs*.) Ymhél â, ymyrraeth â; cymysgu; ?cael cyfathrach (rywiol) â: *to meddle with, tamper with, interfere with; mix; ?have (sexual) intercourse with*.

c. 1585 *Llst* 178, 53b, gwell ymhell oedd nathaimlid hi ag na *fedlyd* hi yn gnawdol. *Diw.* 16g. *WLB* 70, Kymer y bettoin a gwynn wy a *medlia* i gyd a dwfr hoywdw[y]m. *id.* 72, Kymer fêl a gwin . . . a dod hwynt mewn kawg glan a *medlia* hwynt yn dda a chlai coch. *id.* 95, Kymer iiij pwys o popilorij y dail iij pwys o erbwater jlb. o henban . . . ai golchi yn lan ai stompio . . . a ffan fyddon wedi *medlio* yn dda dod hwynt mewn pott. *Diw.* 16g. *Gwyn* 3, 62, O glosedr y galwason / i *fedlio* (*TA* 9, Fedleio) hil fewdle hên. 1672 R. PRICHARD: *Gw* 107, Gwna beth bynnag fo 'n orchymyn, / Ac na *fedla* [:– Na wna] fo e 'n wrafyn. *id.* 267, Gwachel *fedlo* [:– Ymmyrredd] maes o'th alwad, / Bethau berthyn at offeiriad. *id.* 382, Yr aur y ladd y rhai derbynnant, / Y stwff y ddifa'r maint ai *medlant* [:– Cyffwrdd]. 1734 S. THOMAS: *AD* 27, Ni chyffwrddasau [*sic*] ef [Adda] ni *fedlasau* [*sic*] ef mo'r Pren.

Amr.: **medla.** Ar lafar. **medlach.** Ar lafar yn y Deddwyrain. **medlan.** Ar lafar. **medliach.** Ar lafar yng Ngwynedd. **ymedlio.** 17g. *IICRC* iii. 364.

Gw. hefyd medleiaf: medleio, ymheliaf: ymhél.

medlai [bnth. S. C. *medle(i)* 'cloth woven with variegated wools'] *eb.?g.* a hefyd gyda grym ansoddeiriol. Brethyn wedi ei weu ag edafedd sy'n cynnwys gwahanol liwiau, hefyd yn *dros.*; cymysgedd, cymysgfa: *medley-cloth, cloth woven with variegated wools, also transf.; medley, mixture*.

14g. *GDG* 266, Hawdd ym gael, gafael gyfa, / Haws no dim, hosanau da; / Ac os caf, liw gwynnaf gwawn, / *Fedlai*, hi a'm gwna'n fodlawn. 1547 *WS*, *medlei*, medley. 16g. GR. HIRAETHOG: *Gw* (D. J. B.) 96. 41–2, Ymysg aur a damasg gwiw / Asio *medlai* symudliw [i ofyn ceiliog coed]. 16g. WILIAM CYNWAL: *Gw* (R. L. Jones) 5, *Medlai* lludw, mwdwl llydan, / Magai fferf a mwg o'i phen [i ofyn caseg]. *c.* 1588 *B* i. 322, brethyn *medlai*: y tu brethyn n [*sic*] goch a du ar lleia or du ynghymysg. 16–17g. IEUAN TEW IEUANC: *Gw* 190, *Medle* symudliw a saif / Am hwn fal am ei hynaif [i ofyn ceiliog coed]. 16–17g. *GST* i. 320, Toi mawr raid tŷ Meriadog, / Ysmudliw glas, *medlai* glog [i ofyn llwyth llong o ysglatys]. 16–17g. T. PRYS: *Bardd* 48, Mae ar dy rawn loew iawn liw / *Medlai* noblau symmudliw [am biogen]. 17g. E. MORRIS: *B* 27, Oes yn ei wisg loywisg liw, / Oes *medle* a symudliw [i ofyn paun].

Cfn.: **Y Fedlai Bach:** *name of a Welsh melody.* 1716–18 *Llsgr R. Morris* 105. **y F. Fawr:** *name of a Welsh melody.* 1716–18 *Llsgr R. Morris* 105, 135. *c.* 1729 S. RHYDDERCH: *LlCD* 359. 1778 J. HUGHES: *BB* 146.

Am *brethyn medlai*, gw. brethyn.

medlan, gw. medlaf: medlo.

medleiaf: medleio, medleiaeth [bf. o'r e. bl.] *bg.a.*

(*a*) (fel *bg.*) Ymhél, ymyrraeth; ymwneud, cyfathrachu; cael cyfathrach (rywiol): *to meddle, tamper, interfere; associate; have (sexual) intercourse*.

1567 *TN* 136a, Can nad yw'r Iddaeon yn ymgystlwng [:– gytwng, cytwysedd, *medleio*] a'r Samareit. 1605–10 *Rhyddiaith Gymraeg* i. 152, yr ysbrydion a gymerant arnyn lun . . . gwragedd i *medleio* a gwyr. 1681 T. JONES: *Alm* [5], Gan wahardd *medleiaeth* a ffrwyth pren gwybodaeth. [1710] Gw. AB IERWERTH: *SB* 51, [y] llawenydd hwnnw yr hwn nad yw'r dieith-ddyn [*sic*] yn *medleio* ac ef. 1759 *BC* 156.

(*b*) (fel *ba.*) Cymysgu: *to mix*.

15–16g. *TA* 9, O Glosedr y galwasan / *Fedleio* (*Gwyn* 3, 62, i fedlio) hil Awdlai hen. 16g. (*Dchr.* 17g.) *CM* 5, 108, trwm igedyrn tra ymgodynt / *fedleio* gwaed fawdlai gynt (Huw Arwystl).

Amr.: **ymedleiaeth.** 1716–18 *Llsgr R. Morris* 143. **ymedleio.** 1605–10 *Rhyddiaith Gymraeg* i. 152.

Gw. hefyd medlaf: medlo.

medleilas [*medlai*+*glas*[1]] *a.* O liw glas neu wyrdd amryliw: *of a variegated blue or green colour*.

15g. *LGC* 439, Deuddeg o ddail *medleilas*, / A deg o liw du a glas. 15–16g. DAFYDD TREFOR: *Gw* 112, Y gog *fedleilas* a gan / ar irgoed lais yr organ. 16g. GR. HIRAETHOG: *Gw* (D. J. B.) 102. 63–4, Manwair wiail *medleilas*, / Mwrrai blew Glwyd, marbwl glas [i ofyn sircyn o groen moelrhon].

medleiwr [bôn y f. fl.+-*wr*] *eg.* Dyn ymyrgar neu fusneslyd, ymyrrwr: *busybody*.

1703 E. WYNNE: *BC* 74, Meistr *Medleiwir* [*sic*], aliàs Bys ym hôb brywes. *c.* 1730 *Thos. Lloyd D* (LlGC) 170b, *medleiwr*, a busy-body.

medler [bnth. S. *medler*, amr. ar *medlar*] *eg.* Coeden sy'n dwyn ffrwythau brown tebyg i afalau a fwyteir wedi iddynt ddechrau pydru, meryswydden, *Mespilus germanica*: *medlar-tree*.

1604–7 *TW* (*Pen* 228), ffrwyth y prenn *Medler* d.g. *mespilum*. *id.* y *medler* o Naplis d.g. *trigrania* (At.).

medliach, gw. medlaf: medlo.

Medo-Persiaidd, Medo-Bersiaidd [cfdds. o'r S. *Medo-Persi(an)*+-*aidd*] *a.* Yn perthyn i'r Mediaid ac i'r Persiaid: *Medo-Persian*.
1835.

medr[1] [?cf. Gal. *mataris* 'gwaywffon', Gr. μέτρον 'mesur'] *eg.* ll. (diw.) -*au*.

(*a*) Deheurwydd sy'n deillio o hyfforddiant neu o brofiad, sgil, hyfedredd mewn crefft neu gelfyddyd neilltuol, medrusrwydd, gallu: *skill, proficiency, ability, capacity*.

1672 R. PRICHARD: *Gw* 217, Fe nebydd ŷch, fe nebydd assen / Pwy yw porthwr, pwy yw perchen: / Ac y roddant ddiolch iddynt, / Yn y *meder* y fo ganthynt. *id.* 406, Duw a roes i hwn gelfyddyd [:– *meder*] / I'th iachau o lawer clefyd. 1675 R. JONES: *HCh* [172], Cywreinrwydd, Manoldeb, gwybodaeth, scil, a *medr*. 1688 S. HUGHES: *TSP* 248, nid oedd gantho ef allu na *meder* [:– Skil] i guddio dim. 1709 H. POWEL: *G* 60, fel y byddau [*sic*] gentynt allu a *medr* i weddio. 1722 *Llst* 189, *medr* (sub), skill, knowledge. 1723 J. JONES: *LlA* 227, dofn yw ei Archoll ef, ac nis gellir mo'i hiachau ond gan fawr *Fedr* y Meddyg nefol. *c.* 1730 *Thos. Lloyd D* (LlGC) 173a, *medr* . . . peritia, usus. 1771 *W* d.g. *capacity* [*ability of mind* . . .], *faculty* [*knack, skill, &c.*], *knack* [*a particular turn for, or skill in, a thing*], *knowledge* [*skill, &c.*], *skill*. 1777 W. WILLIAMS: *DN* 33, yr ydym yn arfer eithaf ein synwyr a'n *meder*. 1793 *Cylchg* 63, y mae etto lawer mwy o *feder* yngwneuthuriad dyn nag un creadur arall. 1803 *P*, *medyr*, skill to accomplish, knowledge how to perform, skill.

(*b*) Mesur; rheolaeth, awdurdod: *measure; rule, authority*.

c. 1300 *H* 11a. 36, nyd wrth *vedyr* y alar [marwnad Madog ap Maredudd gan Walchmai]. *id.* 19a. 31, allawr bedyr yw *uedyr* y dyruolhed [*sic*] (Llywelyn Fardd). 1604–7 *TW* (*Pen* 228) d.g. *mensura*, *metrum*. 1632 *D*, meidr, & *Medr*, mensura. 1661 E. LEWIS: *Drex* 48, i gymmeryd dosparthiad o Dragywyddoldeb wrth y maentioli bychan a'r *medr* o'r amser. *id.* 243, er eu bod yn gwybod fod yr arteithiau yn uffern . . . cyhyd o ran parhâad, nas gwyddir eu *medr*.

(*c*) Pwrpas, bwriad; syniad, amgyffred: *purpose, intent; notion, idea*.

1632 *D*, *medr*, propositum. 1688 *TJ*, *medr* neu Amcan: purpose, intent. 1740 *ML* i. 44, Can diolch am yr hadau . . . mi debygwn mai math ar snap dragon yw un, a math o mithridate mustard . . . yw'r llall, pa un bynnag fo geir gwel'd ar fyrder. Mi roddais rai o honynt yn y ddaear heddyw ar y *medr* hwnnw. 1740 T. EVANS: *DPO* 4, Yr oedd yr Hen Bobl yn yr Oesoedd gynt mor anyspys am Ddechreuad Trigolion cyntaf y Wlad hon, fel nad oedd ganddynt na *medr* nac amcan tuag at hynny. 1775 *W* d.g. *intent, or purpose*. 1777 H. JONES: *M* 78, Y peth cyntaf y mae Duw yn ei wneud ar yr Enaid, yn y *medr* o'i ddwyn ef allan o'i gyflwr colledig.

Cfn.: **ar fedr (ar ei fedr,** &c.): (i) (*usually before a vn. or a clause*) *intending to, aiming to, with the intention of, for the purpose of, in order to; about to, on the point of*. 14g. *BT* (*RB*) 74, A Chadwgawn . . . adoeth hyt ynn Trallwg Llywelyn *ar uedyr* trigyaw yno. 14g. *GDG* 64, Anelais rhwng fy nwylaw / Fwa yw, drud a fu, draw, / *Ar fedr* . . . / . . . / . . . / Ei fwrw â saeth ofras hir [i'r llwynog]. 1488–9 *B* iv. 199, vn o naddvnt . . . Ai kyrhaeddodd ef a chleddyf noeth *ar vedr* i ladd. 1618 J. SALISBURY: *EH* 74, nad ydiw'r Eglwys yn bwrw allan yr escymunedic, *ar fedr* vddynt drigo allan yn oestadol. 1632 *D*, medr . . . Bod *ar fedr*, in animo habere. 1701 E. WYNNE: *RBS* 86, rhagrithiwr balch yw'r nêb a achwyno arno'i hun *ar fedr* na choelir mono. 1703 T. BADDY: *PCh* 61, y gwaith yr wyt *ar ei fedr* mewn Sacrament. 1770 *W* d.g. *about, to be about* [*ready to do, going to*], *minded, to be minded, minding, or intending*. Gw. hefyd *meidr*[1]—*ar f.* (ii) *for, for the use of, for the sake of, in preparation for, prepared for, in store for*. 14g. *BT* (*RB*) 154. 1546 *YLlH* [17]. 1606 E. JAMES: *Hom* i. 174. 1672 R. PRICHARD: *Gw* 209. 1701 E. WYNNE: *RBS* 18. 1722 *Llst* 189, medr, *ar fy medr*, for me, prepared for me. 1770 *TG* ii. 16. (iii) ?*under pretence of*. 1574 *Llst* 171, 47, myned o lyned *ar feder* (*WM* 243. 19, ar uedwl) mynd y lys arthyr ag yraeth lyned yr ystafell at owain. (iv) ?*in front of*. 16g. *AP* 30. **ar f. hynny:** *for that purpose, to that end.* 1567 *LlGG* 119b. 1712 T. WILLIAMS: *CDdG* vii. 1722 *Llst* 189, medr, *ar Fedr hynny*, for that end. *c.* 1730 *Thos. Lloyd D* (LlGC) 170b. **heb na m. na mesur:** *without any limit, beyond measure; without moderation, to excess.* 1604–7 *TW* (*Pen* 228) d.g. *effuse, immensus.* 1632 *D* d.g. *immoderatus.* 1701 E. WYNNE: *RBS* 184. 1718 E. SAMUEL: *HDdD* 219. 1722 *Llst* 189, *heb na medr na mesur*, exorbitant, extravagant. 1776 *W* d.g. *measure* . . . *Without bound* [*limitation*] *or measure*. Gw. hefyd *meidr*[1]—*heb na m. na mesur.* **ym m.:** ?*for*. 15g. *GGl* 248, Y mae deg wrth fy ngwregys, / A modrwy bach *ym medr* y bys [i ddiolch am baderau].

Am *na rhif na medr*, gw. rhif.
Gw. hefyd meidr[1], medrod[2].

medr[2], gw. metr.

medraeth [*medr*[1]+-*aeth*] *eg.* Gallu, medr, hyfedredd: *ability, skill, proficiency*.

1651 SIÔN TREREDYN: *MDD* [v], nid wyf fi . . . yn cymmeryd arnaf, na *medraeth*, nac hyspysrwydd yn y Cymraeg. *id.* 223–4, yn ol mesur ffydd dyn y mae ei *fedraeth* i weddio yn iawn. *id.* 279, *medraeth* yscolheigaidd yn y celfyddid hyn, ar iaith hyn neu arall. 1803 *P*.

medraf: medru [bf. o'r e. *medr*[1]] *bg.a.*

(*a*) Bod yn abl i wneud neu gyflawni (peth); bod yn abl i siarad neu ddeall (iaith); bod yn hyfedr neu'n hyddysg mewn (e.e. celfyddyd, gwaith), bod yn dra chyfarwydd â, gwybod (am), deall, meddu ar (ddawn, &c.); bod wedi dysgu (e.e. pennod mewn llyfr) ar gof: *to be able to do or accomplish (a thing); be able to speak, know (a language); be proficient or well-versed in (e.g. an art, work), be conversant with, know (of), comprehend, possess (skill, &c.); know by heart*.

13g. *MA*[2] 221b. 28, Ni wybum erioed *medru* Saesneg (Dafydd Benfras). 14g. *YBH* 26a, y kyghor goreu a *vetrwyf* mi ay rodaf. *id.* 28b, Mi a *vedraf* on blaen gogof braf a meith yw dan y ddayar. *id.* 37b, a dywedut na *medrei* y ffordd a gofyn idav addoi yn gyfarwyd. 14g. *GDG* 53, ni bydd y rhawg, / Ormail mydr, ŵr mal Madawg / O *fedru* talm o fydroedd. *id.* 61, Cyfraith fydriaith ni *fedrai*. *id.* 96, Honno ni *feidr* o'i hannwyd / Eithr un llais â'i thoryn llwyd [am y gog]. *c.* **1400** *R* 1256. 2–4, By dyn bynnac vych. by gerd a *vettrych* . . . Dyret pan vynnych. *c.* **1400** *B* v. 22, Ar vynyd salysbri y mae mein mawr ar weit [*sic*] gordrysseu. heb *vedru* o neb py uod y dyrchafwyt. **15g.** *IGE*[2] 231, Gwn hefyd, gwnawn yn hyfedr, / Gampau hy, myfy a'u *medr* (Ieuan ap Rhydderch). **16g.** *GILlV* 19, A rhaid yw kyn gofyn rodd / *Medru* wythran ymadrodd. **1567** G. ROBERT: *GC* 86, onis *medrir* yn rhugl . . . y dosparth a wnaethom o'r blaen ar yrhain. **1567** *TN* 209a, A *vedry* di groec? **16–17g.** *CC* 422, *medri* bwnk nis *meidir* y byd. **1618** J. SALISBURY: *EH* 90–1, gan fod pôb Cristion yn rhwymêdic o'i *medru*, a'i harfer [Gweddi'r Arglwydd] bôb dydd. **1620** *Io* vii. 15, Pa fodd y *meidr* (**1588** *ib.* gŵyr) hwn ddysceidiaeth, ac ynteu heb ddyscu? **1632** *D*, *medru* . . . callere, scire. *id.* (*Diar*), Ni ŵyr ni welodd, ni *feidr* ni ddŷsg. **1658** R. VAUGHAN: *YPS* 14, yr rhai a *feidr* ac a rydd y cyfriw ddoniau mawrion oi gwybodaeth . . . iw pobl. **1703** E. WYNNE: *BC* 118, Gwŷr a *fedr* iaith Uffern cystal a ninneu. **1803** *P*. Ar lafar yn gyff., e.e. 'Mae o'n *medru* Cymraeg yn iawn', 'He knows Welsh well'; '*medru*'i Feibil', 'to know his Bible'; '*medru*'i waith', *WVBD* 367–8.

(*b*) Bod yn abl i, gallu, gwybod sut i: *to be able to, know how to.*

c. **1300** *B* ii. 28, A chyntaf nerth a uernir y dyn *medru* cospi i dauawt ehvn. A nessaf vyd y duw y nep a *vetro* tewi yn yawn. *Dchr.* **14g.** *H* 75b. 69–70, O gysgawd tauavd da yr awr y *medreis* ymadravt o duv mavr (Einion Wan). **14g.** *WM* 97. 5–9, Eres yw genhyf na *uedrut* kymedroli esgidyeu wrth uessur. na *uedreis* heb ynteu. mi ay *medraf* weithon. **14–15g.** *IGE*[2] 159, Meddaf, ni *feidr* fy nhafawd / Blethu marneisiaith gwaith gwawd [marwnad Gruffudd Llwyd gan Rys Goch Eryri]. *c.* **1400** *R* 1189. 10, O *vedru* canu coeth anrec yhael. **15g.** *LGCD* 87, Gwisgo breichledr, os *medraf*, / O arian neu aur a wnaf. **1567** *TN* 10b, A's chwychwi . . . a chwi ynddrwc, a wyddoch [:– *vedrwch*] roi rroddion da i'ch plant. **1631** O. THOMAS: *CC* 4, o *medr* ddarllein ei iaith ei hûn (yr hyn â ddylei pawb ei *fedru*). **1632** *D*, *medru* . . . posse. **1679** C. EDWARDS: *GGG* 116, yn ddŷn bâch, heb *fedryd* mor cerdded, fo fu raid iddo ffoi ir Aipht. Ar lafar yn gyff., e.e. "*Fedar* o ddim siarad gystal â chi', *WVBD* 367.

(*c*) Taro, bwrw, saethu, hefyd yn *ffig.*: *to hit, strike, shoot, also fig.*

13g. *LlDW* 123. 5–7, aburu erkyd ay amayn ay a sayth . . . ay erlyd [anifail] eny hu [*sic*] godhyhuedho adele os *meder* Ac nyd yaun ydau ysaythu nay erlyt onys *meder* yar . . . efort. **14g.** *WM* 97. 10–12, Sef awnaeth y mab y uwrw ay *uedru* yrwg giewyn y esgeir ar ascwrn. *id.* 124. 33–5, ae dyfwrw agaflach blaenllym ae *vedru* yn y lygat. **14g.** *BT* (*RB*) 40, pan yttoed y[n] bwrw karw, y *medrawd* y brenhin. **14g.** *YBH* 7b, ac ae wayw gossot arnaw ae *vedru* val y mynnawd duw yny sauyn. **14g.** *GDG* 411, Saethu y mae, wae wahawdd, / Pob nod, nid rhydd i'r Pab nawdd; / Ac odid, elywwrid liw, / Un a *fedr*, anaf ydyw. **15g.** *GGl*[2] 235, Saethu a wnaf, bennaf bill, / Yr unnod lle ceir ennill. / Rhys roddiad . . . / Ydiw'r nod, ederyn aur; / Ap Dafydd, mydrydd a'i *medr*, / A gwawd y tafawd hyfedr. *id.* 236, *Medru* hwn â rhywdd hynod / A wnaf yng nghanawl y nod. **1707** *AB* 237b, *medry*, to shoot. **1803** *P*, *medru* . . . to take aim, to aim at; to hit the mark, to shoot the mark.

(*d*) Anelu at, cyrchu, mynd (i), cyrraedd, taro ar, dod ar draws, dod o hyd i: *to aim for, make for, go* (*to*), *arrive at, hit upon, come across.*

13g. *C* 92. 5–7, Can *medrit* morruit. y rodwit arid . . . pelis pan vid kyvarwit. **14g.** *GDG* 213, Ni fedr Eiddig anfadwr / Ar y nyth hwn, arwnoeth ŵr, / A mi, ni'm dawr, gawr garsyth, / Cyn nis *metro* efô fyth. **14g.** *OBWV* 78, *Medr* wlad Feiriawn, dawn difai, / Mygr dy sain mewn irddrain Mai [Llywelyn Goch ap Meurig Hen i'r penlöyn]. *c.* **1400** *R* 1234. 33, Yrwlat uat ueidrawl *auedrawd* andras. *c.* **1400** (*SG*) *HMSS* i. 191, aphawb y am hynny a *vedrawd* y gyfle. **15g.** *GO* 247, Vn ni *vedr* i nef ydwyf, / Antwn ail, yn y tân wyf. **15g.** *Pen* 57, 35, Teu *vedru* glann tewvydr glod / Tir iago rrwyddynt ragod [i'r llong]. **18–19g.** *Iolo MSS* [69], Un o'u llongau yn *medru* mor Hafren.

(*e*) Gwneud, gweithredu, ymddwyn: *to do, act, behave.*

14g. *WM* 80. 18–21, da y *medreist* heb ef. bei na *metrut* hynny heb ef. Ef a doy am dy benn cwbyl or gouut. *id.* 123. 27–8, llyna *vedru* yn drwc bot wlwydyn yn uut yn llys arthur. *id.* 125. 2–3, drwc y *medreist* am dyn fol a yrreist yn [ol] y marchawc. *id.* 150. 14–15, drwc *ymedreist* kyflauanu ar vaccwy val hwn. *id.* 391. 33–4, Doeth afwyllawc y *medreist* heb hi. *id.* 409. 2–4, Jawn y *medreis* i heb hi am benn y carw na rodet y neb yny delei ereint. **14g.** *YBH* 39a, a cham a beth y *medreis*. dodi vy holl garyat ar bown. **14g.** *GDG* 351, Gwych y *medrais*, haeddais hedd, / Gwaith da rwyddfaith diryfedd, / Gwiw ddysgnwyf, roi gweddusgnwd / Gwinwydd Ffrainc er gwenwedd ffrwd. *c.* **1400** *YCM*[2] 192, ys drwc y *medrawd* Hu Gadarn, lletyaw y ryw wr hwnn.

(*f*) Rheoli: *to rule.*

13g. *C* 11. 10–12, *Mettrid* mur ior. maus pedir pedror. maur cor kyvoeth. *c.* **1300** *H* 11b. 31, *medressid* mawr ri mawr rann gan deithi (Gwalchmai). *id.* 17a. 13, argleidryad meidryad *medyr* om awyt (Einion ap Gwalchmai). *id.* 104b. 22–3, ef *medrws* modur henuryeid. mal *medru* modrydaf ar heid (Llywarch ap Llywelyn).

Amr.: †**medrwyd** [cf. *cadwyd*]. *c.* **1400** *R* 1144. 3, vd meidryat *medrwyt* owadawl. **medryd, medrud.** **14g.** *Bren Saes* 140, a llad llawer onadunt a brathu ereill, a *medrut* y brenhin a saeth. **1595** *Egl Ph* 103. **1632** *D*. **1679** C. EDWARDS: *GGG* 116. **1803** *P*.

Cfn.: **medru ar:** *to come upon, come across, light upon; find* (*out*), (*get to*) *know* (*how to*). **1346** *LlA* 108. **14g.** *GDG* 213, 327. **1551** W. SALESBURY: *KLl* lxxixa. *Diw.* **16g.** *LBS* iv. 422. **1620** *Rhuf* vii. 18, oblegit yr ewyllysio sydd barod gennif; eithr cwplau yr hyn sydd dda, nid wyf yn *medru arno*. **1762** G. JONES: *CFfOG* 135. **1770** *W* d.g. *to attain to the knowledge of a thing, to find* [*have skill in or know how to do a thing*], *knack, to have a knack at a thing*. **m. (gair, llythyren) ar lyfr, m. ar y llyfr:** *to be able to read, be literate*. *c.* **1585** G. ROBERT: *DC* [4b]. **1588** *Eseia* xxix. 11, 12. **1722** *Llst* 189, yn *medru ar lyfr*, able to read a book. **1723** E. SAMUEL: *PDdC* 44. *c.* **1730** *Thos. Lloyd D* (LlGC) 170b, *medru ar lyfr*, noscere literas, to be learned. Cf. *gair*[1]*—heb wybod g. ar lyfr*. **m. oddi wrth:** *to be skilled in, be conversant or familiar with, know; be able to attain*. **1547** *WS*, *medry o ywrth* beth, can skyll. **1588** 1 *Br* ix. 27, [ll]ongwŷr yn *medru oddi wrth* y môr. **1588** *Salm* cxxxix. 6, uchel yw, ni *fedraf oddi wrthi* [gwybodaeth]. **1607** *Rhyddiaith Gymraeg* i. 140. **1656** W. JONES: *TPG* 15. **1677** C. EDWARDS: *FfDd* 264. **1770** *W*, *medru* ar (*oddi wrth*) beth d.g. *to attain to the knowledge of a thing, knowledge, to have knowledge of or* [*skill*] *in*. **ni fedraf lai na:** *I cannot but*. **1714** R. PRYDDERCH: *GD* 170, *Ni fedrwn* ni *lai na* bôd yn llawen. **1723** WM: *PGG* 232, *ni fedraf lai nâ* thristâu ac wylo. **ni f. na = ni f. lai na.** **1630** R. LLWYD: *LlH* 93, *ni fedraf na* ryfeddwyf wrth synnied yr holl bethau hyn.

Am *hynny a fedr ef* (*hi, a fedraf i*, &c.), gw. hynny.

medrddawn, gw. medr[1] + dawn.

medredd [*medr*[1] + *-edd*[1]] *eg.* Nerth, gallu, medr, medrusrwydd: *power, ability, skill, skilfulness.*

1896.

Gw. hefyd meidredd.

medridydd [bôn y f. fl. + *-idydd* (At.)] *eg.* Rheolwr: *ruler.*

c. **1400** *R* 1252. 4–5, a hwyl alaf. lles uodrydaf llys *uedridyd*.

medrlais, gw. medr[1] + llais.

medrod[1] [*medr*[1] + ?*-awd*[4], *-od*, neu ynteu *-od*[1]] *eg.* neu *e.ll.* Medr(au): *skill*(*s*).

17g. HUW MORUS: *EC* i. [2]60, Medri â *medrod* parod puraidd, / Gywir g'weirio ar gywair gwyraidd.

medrod[2], gw. meddrod.

medrol [*medr*[1] + *-ol*] *a.* Nerthol, grymus, cadarn: *strong, powerful, mighty.*

c. **1400** *R* 1199. 35–7, ardeheu r tat. vn trimeitrat. yon tra*medrawl*. **15g.** *GDLl* 140, Llw *medrol* llaw a mydrwy, / Ni allai ferch roi llw fwy.

Gw. hefyd meidrol.

medroldeb [*medrol* + *-deb*] *eg.* Cymedroldeb; cymhwyster: *moderation; capability.*

Dchr. **17g.** *J* 10, 30a, *medroldeb*, moderatio. **17g.** *LlGC* 13215, 349, *medroldeb*, moderatio. **1803** *P*, *medroldeb*, capableness.

Gw. hefyd meidroldeb.

medron, medronaf: medroni, medrondod, medruddyn, gw. madron, madronaf: madroni, madrondod, madruddyn.

medrud, gw. medraf: medru.

medrus [*medr*[1] + *-us*] *a.* ll. *-ion*. Celfydd, cywrain, deheuig, hyfedr, galluog, clyfar; moesgar, cwrtais, boneddigaidd, da ei foes, llednais, gweddaidd, ffurfiol, cywir: *skilful, dexterous, deft, adroit, able, clever; well-mannered, courteous, polite, well-behaved, decorous, formal, correct.*

14g. *GDG* 313, Bydd *fedrus* wrth foethus ferch. *c.* **1400** *R* 1259. 11–12, lliw eiry *vedrus* vryt llaw eurvodrwy. **15g.** *LGC* 277, Merch Rhys, wrth bumbys o'r banc, / Yw Siwan *vedrus* ieuanc. **1527** *B* ii. 203, Ar hyny vn or gwragedd a ovynnodd yn *vedrus* ac yn ysmala drwy gellwair. **1547** *WS*, *medrus*, wel manered. **16g.** GR. HIRAETHOG: *Gw* (D. J. B.) 62. 77, *Medrus* oddefus ddifalch [moliant Doctor Elis ap Rhobert ap Rhys]. *c.* **1570** *Llst* 195, 151, A chyd y bai *vedrus* gan vthr Bendragon y peth a ddwedai ferddin. **1588** *Ecclus* xxi. 26, Yr angall a edrych i dŷ drwy 'r ffenestr: eithr gŵr *medrus* a saiff [*sic*] allan. *c.* **1600** *AP* 55, mynych *vedrûsion* gûsanae. **1632** *D*, *medrus*, benè moratus, se benè gerens. *id.* d.g. *ciuilis, modestus*. **1658** *Examen* 14, yn gall a *medrus* yn ein ymddiddanion. **1688** W. FOULKES: *EGE* 83, yn cynnwys y cariad *medrus* (*regular*) o honof fy hûn. **1718** E. SAMUEL: *HDdD* 123, Nid ydyw ond rhyw fath ar rodres *fedrus* (*formal complimenting*), nas bydd byth yn hoff gan Dduw. **1722** *Llst* 189, *medrus*, cunning, skilfull, mannerly. *c.* **1730** *Taith C* 73, Mr. *Medrus* o hên Physsygwr profadwy. **1759** T. THOMAS: *WWDd* 271, pwngc cynnil . . . a ddylai gael ei drîn yn fanol, ac yn *fedrus*. **1790** T. JONES: *TOS* 180, ymdrechwch i fod yn ddeallgar a *medrus*. **1803** *P*.

Gthg. anfedrus.

medrusael, gw. medrus + hael.

medrusaf: medruso [bf. o'r a. *medrus*] *ba.* Cyfarch yn gwrtais: *to compliment.*

c. **1730** *Thos. Lloyd D* (LlGC) 170b, *medruso*, to complement.

medrusaidd [*medrus* + *-aidd*] *a.* Boneddigaidd, moesgar, cwrtais, teg; celfydd, galluog; medrus, cywrain; manwl, gofalus: *courteous, polite, fair; skilful, clever, able; precise, careful.*

16–17g. *GST* i. 735, Un ferch o draserch, lân, *fedrusaidd*, / A ŵyr rhoi annerch yn rhieiniaidd. **16–17g.** *CC* 245, *medrusaidd* medri osod / er mŵyn Duw ar fy mîn dôd [i ofyn cusan]. **17g.** *IICRC* iii. 7, Y golwg llymystenaidd, y madrodd *medryssaidd*. *id.* 230, a thafod *medrusaidd* addfwyn arafaidd. **1658** R. VAUGHAN: *PES* 14, er ei fod yn sancteiddrwydd yn y genau ac yn *Fedrusaidd* yn ei wyneb. **1677** R. JONES: *BB* 101, fel pettei y rhai a vfuddhânt iddi [y gyfraith] yn Rhy-bûr a *medrusaidd* (*precise*). **1704** E. SAMUEL: *BA* 116, fel y mynegent eu cwynion yn fwy *medrusaidd* ac ymadroddus, hwy a ddygasant gydâ hwynt un Tertulus areithiwr. **1741** E. DAVIES: *Alm* [30], Mae yr Haf fel gwr Boneddigedd dewr anwil llawn orinwedd / o drwsiad mor *fedrussedd*. [**1752**] *Gron* 22, *Medrusaidd* im' ei drawswch, / A gwynfyd yw byd y bwch [i'r farf]. **1753** *W Ballads* 112, 3, Pwy etyl ddyrnod ange . . . / Gan hynny dylem gofio'n *fedrysedd* ag ymdrwsio cyn delo dolyr. **1763** *DT* 264, A'r holl Lu yn clymmu clod / *Fedrusaidd*, beraidd, barod. **1769** E. ROBERTS: *GN* 29, Yn dawnsio fel gwigod ag yn canu gwagedd, / Eisteddais yno o flaun y tan, / I drwsio Uddun gan *fedrusedd*. *c.* **1785–90** (**1829**) *CBYP* 131, Dau llewaidd *medrusaidd* draw, / Dau hylaw da eu helynt. **1803** *P*.

medrusfawr, medrusferch, medrusfwyn, medrusgall, gw. medrus + mawr, merch[1], mwyn[3], call.

medrusgar [*medrus* + *-gar*] *a.* Galluog, clyfar, medrus: *able, clever, skilful.*

1806.

medrusgel [*medrus* + *cêl*[1]] *a.* Yn cuddio (rhywbeth) yn gyfrwys neu'n gywrain; cyfrwys neu gywrain a dirgel: *hiding* (*something*) *slyly or skilfully; sly or skilful and secret.*

Diw. **16g.** *Gwyn* 3, 95, Taw a'th escus *fedrus-gel*. **1716** J. MORGAN: *MB* 11, Ni fynnem er dim ondodid, i Rai wybod ein Pechodau yr ydym mor *fedrusgel* yn eu llunio.

medrusgerdd, gw. medrus + cerdd[1].

medrusiad [?*medrus* + *-iad*[1]] *eg.* ll. *-au*. Gwaith cywrain, celfyddwaith: *ingenious work, work of art or skill.*

15g. *GGl* 27, Mynn ganiadau mynych gadau, / *Medrusiadau* mydr osodiad [i abad Ystrad Fflur].

medrusol [*medrus* + *-ol*] *a.* Medrus; boneddigaidd, cwrtais: *skilful; courteous.*

1744 *CM* 120, 17, Am lendid pur ai sense *medrusol* / nad oes moi hail ymhlith ei phobol [y dywysoges Genefetha]. **1765** *Cyf C* [ii], *Medrysol* gysonol sain.

medrusrwydd [*medrus* + *-rwydd*] *eg.* Moesgarwch, boneddigeiddrwydd, ymddygiad da, gweddeidd-dra; gweniaith; medr, deheurwydd, gallu, gwybodaeth; ?effeithioldeb: *courtesy, politeness, good behaviour, decorum; flattery, blandishment; skill, ingenuity, ability, knowledge; ?efficacy.*
16g. (*LlEG*) *LlGC* 5276, 293b, trewis fflam o gariad bronwen ynghalon y brenin oherwydd I ffryd ai gwedd . . . ai *medrusrwydd* hi. **1588** *Ecclus* xxxi. 19, Paid yn gyntaf o herwydd *medrusrwydd.* **1617** *Minsheu* 74b, *medrys-rwydd* d.g. *ciuilitie.* **1630** R. Llwyd: *LlH* 178–9, Llawn ydynt mewn golwg o *fedrusrwydd*, boneddigeiddrwydd, a moesau da. **1632** *D, medrusrwydd,* boni mores, ciuilitas. *id.* d.g. *humanitas, modestia.* c. **1730** *Taith C* 177, Fy Nghleddyf a roddafi i'r sawl a'm canlyno yn fy Mhererindod, a'm Gwroldeb, a'm *medrysrwydd.* **1733** T. Evans: *PP* 223, Nid yw efe [dyn drwg] ddim yn hyderu ar Dduw am gyfran ddigonol o bethau'r bŷd . . . ond yn unig oddiwrth ei Gallineb a'i *Fedrusrwydd* ei hun. **1753** *TR, medrusrwydd* . . . skill, skilfulness, knowledge. **1769** J. Griffith: *A* 101, collasant lawer o rym a *medrusrwydd* ffydd. **1774** Huw ab Huw: *RBD* 39, os ti ni oddefi i *fedrusrwydd* (*blandishments*) dy dynged ddwyn dy gyfiawnder ni wnae golud monot' yn anhappus. **1776** I. Brydydd Hir: *P* 248, [g]ellwch ei amgylchu gydac ychydig *fedrusrwydd* ag ymroad. **[1783]** *W* d.g. *skilfulness.* **1789** W. Richards: *ABD* 55, [m]wy o ddoethineb a *medrusrwydd* nag a fedd ein hawdur. **1790** W. Richards: *LlA* 24, pob rhyw *fedrusrwydd* neu ddyfais dynol. **1803** *P.*

medruster, medrustra [*medrus* + *-der*, *-dra*] *eg.* Medr, gallu: *skill, ability, power.*
15–16g. *TA* 45, Ef a âi drostun o *fedruster*, / Ef âi o'r ystod o frowyster [i'r Deon Cyffin]. **15–16g.** Llawdden, &c.: *Gw* 246, Fe ŵyr osteg trwy *fedruster*, / Fil o wybodau fal ei bader (Rhys Nanmor). **1711** H. Powel: *TY* 282, Dyn yn myned allan i weithio, gyd a math o *fedrysdra* (*skill*) a gallu amgen nac oedd ganddo o'r blaen. **1741** *CAG* 97, [C]alondid neu *fedrusder* Digonol i weddio. **1764** *W Ballads* 79, [4], Ac yno drwy falchder, gan drysto'ch *medruster*, / Bydd pleser a mwynder cymmendod. **1803** *P, medrusder*, expertness, skilfulness.

medruswaith [*medrus* + *gwaith*[1]] *eg.* a hefyd fel *a.* Gwaith cywrain neu gelfydd; yn cynhyrchu'r cyfryw waith: *skilful or ingenious work; producing such work.*
18–19g. R. Davies: *DB* 270, Yn darllain ac olrhain gwaith, / Mad reswm Beirdd *medruswaith.*

medruswedd, medruswych, gw. medrus + gwedd[1], gwych.

medrwaith, gw. medr[1] + gwaith[1].

medrwch [*medr*[1] + *-wch*[1]] *eg.* ?Gallu, cryfder: *power, strength.*
c. **1400** *R* 1237. 26–7, lle ydaeth ffraeth ffrwythwled. y med *medyrwch.*

medrwy, medrych, gw. madrwy, madarch.

medrwyd, medryd, gw. medraf: medru.

medrydd [?*medr*[1] (dan ddyl. y S. *meter*) + *-ydd*[3]] *eg.* ll. *-ion.* Offeryn ar gyfer mesur neu gofnodi (maint, cynnwys, grym, &c.), meidrydd, mesurydd: *gauge, meter.*
20g.

medryddaf: medryddu [bf. o'r e. bl.] *ba.* Mesur (maint, cynnwys, grym, &c.) â medrydd neu fesurydd: *to gauge, measure.*
20g.

medryddiaeth [*medr*[1] + *-yddiaeth*] *eb.* Gallu: *skill.*
18–19g. *Llr* C 2, 296, *medryddiaeth*, skill.

medryndod, gw. madrondod.

medsin, medswn, gw. metswn.

medwaledd, gw. mydwaledd.

medwr, medydd [bôn y f. *medaf*: *medi* + *-wr*, *-ydd*[3]; cf. Llyd. C. *meder*, Crn. Diw. *midzhar*] *eg.* (b. *-wraig*). Medelwr, un sy'n lladd gwair: *reaper, mower.*
Dchr. **17g.** *J* 10, 30a, *medydd.* **17g.** *LlGC* 13215, 349, *medydd*, messor. D.D. Medelwr. **1707** *AB* 281c, Dimet. *medwr* d.g. a *Mower.* **1803** *P* d.g. *medwr, medwraig.*

medyddaf: medyddu, gw. meddydaf: meddydu.

medd[1] [Crn. C. *meth*, Llyd. C. *mez*, Gwydd. C. *mid*, Gwydd. Diw. *miodh*, ?e.prs. Gal. *Medu(geni)* (gen.): < Clt. **medu-*, cf. Gr. *μέθυ*, 'gwin', Sans. *mádhu-*: < IE. **medhu* 'mêl, medd'; cf. *meddw*] *eg.* Diod gadarn a wneir trwy eplesu mêl a dŵr, hefyd yn *ffig.*: *mead, also fig.*
9g. (*Juv*) *B* vi. 102, cet iben *med* nouel. **10g.** (*Ox* 2) *VVB* 182, *med*, gl. *sicera.* **13g.** *C* 78. 14–79. 1, ar dy teulu teilug *met.* **13g.** *A* 1. 10–11, diffun y mlaen bun *med* a dalhei. *id.* 3. 15, *med* evynt melyn melys maglawr. **13g.** *LlI* 13, Messur guyravt kyureythyavl yv lloneyt e llestry . . . o kvryf, ac eu hanner en uragavt, ac eu traean o *ued.* c. **1300** *H* 47b. 14, Gwin a *met* a metgyrn rwy meith (Cynddelw). **14g.** *T* 43. 14, ef am rodes *med* agwin o wydrin ban. **14g.** *WM* 182. 35–7, Pan elhei y teulu y yfet y gwin ar *med* or eur lestri. **14g.** *GDG* 121, Dy *fedd* glas difaddau i glêr. **15g.** *Pen* 109, 150, Maet Rys ith dwylys gita thelyn. / Am da a geneis a *med* gwenyn (Lewis Glyn Cothi). **1547** *WS, medd*, diodd [*sic*], mede. **1632** *D, medd*, hydromeli, medo. **1716–18** *Llsgr R. Morris* 101, nid o chwant eich *medd* nach bir / rum yn wir yn canu. **1753** *TR, mêdd*, mead, a drink made of honey and water boil'd together and spic'd. **1803** *P.* Ar lafar gynt yng Nghwm Llwchwr am neithior i godi arian i bâr ieuanc newydd briodi, gw. *YBH* 78.
Amr.: **meth**[2] [ansicr yw'r engh. gyntaf]. **14g.** *Cy* vii. 138, Tri melys byt. *meth* (*id.* iii. 63, methu) a fynnu a phechu. c. **1762–79** W. Williams: *P* 504. Ar lafar yn y Gogledd, *WVBD* 368, yng Nghered., ac yn y De-ddwyrain.
Cfn.: **medd cyntaid:** *mead made from honey produced by the first swarm.* c. **1300** *H* 104b. 39. Cf. *TA* 115, Tad medd y cynteidiau mawr. Cf. *mêl*[1]—*m. cyntaid.*

Am *cerwyn fedd, diod f., gwirod f., picau meth, talu medd*, gw. cerwyn, diod, gwirod, pic, talaf: talu.
Gw. hefyd glasfedd[2].

medd[2] [bôn y f. *meddaf*[1]: *meddu*, Llyd. C. *mez* 'gallu', H. Wydd. *med* 'clorian; pwysau', Gwydd. Diw. *meadh*; dichon mai 3 un. y f. *meddaf*[1]: *meddu* a geir yn y ddwy engh. gyntaf a ff. l. yr e. *bedd* yn y drydedd engh. yn adran (*a*)] *e?g.* ll. *-au, -ion.*
(*a*) Awdurdod, nerth: *authority, power.*
9g. (*Juv*) *B* vi. 206, un hamed hapuil haper. **13g.** *C* 29. 10–12, Duv uchom. Duu ragom. Duu *vet.* **14g.** *T* 77. 3–4, Rac y varanres ae vawr *vedeu.*
(*b*) Eiddo: *possession(s).*
1742 *AAST* (1951) 82, nid oedd yno ddim o holl *feddion* cred, litt[y] there was nothing of all y[e] possessions of Christendom, i.e. there was nothing at all there. ?Cf. *maes*[1]—*ar f. medion* (*y ddaear*).
Cf. arfedd, -fedd (At.).

meddaf[1]**: meddu** [H. Wydd. *midithir* 'barna, ystyria', *conmidethar* 'llywodraetha, geill, barna, ystyria': o'r gwr. IE. **med-* 'mesur, barnu, rheoli, ?datgan', Llad. *medeor* 'iachâf', *meditor* 'meddyliaf', Gr. *μέδομαι* 'gofalaf am', *μέδω* 'llywodraethaf'; cf. *medd*[2], *meddwl, -fedd* (At.)] *bg.a.* a'i dilyn weithiau gan yr ardd. *ar.* Rheoli, llywodraethu, bod ag awdurdod (dros), dod â (rhywbeth) dan reolaeth (rhywun), bod yn drech (na), effeithio (ar), bod â hawl (i), gallu (gwneud); meddiannu, cymryd meddiant o, bod (meddiant o rywbeth) gan, mwynhau (defnydd neu feddiant); hefyd yn *ffig.*: *to rule, control, have authority (over), bring (something) under the sway of, prevail (over), affect, have a right (to), be able (to do); possess, take possession of, have, enjoy (the use or possession of); also fig.*
13g. *C* 60. 16–17, Brithon dros saesson brithuir *aemet.* **13g.** *B* iv. 7, Duw a *ued*, dyn a leueir. **13g.** *LlI* 15, Ef [y distain] a dele *medu* e bvyt a'r llyn en er estauell. **13g.** *BD* 147, ryuedu a wnaeth *medu* eu tvyll arnadunt yn gymeynt ac y torrynt eu hamot mor ebrvyd. c. **1300** *H* 24a. 37, Ny *uet* namyn duw digyuoethi dyn (Hywel Foel). **14g.** *T* 43. 19–20, allen lliw ehoec a *medu* prein. **14g.** *WML* 53–4, Perchennawc yw yneb auo yn *medu* y dylyet dilis. *id.* 83, Ny diwygir drwc awnel ki kyndeirawc. kany *medir* arnaw. **14g.** *BT* 14, gorysgynnawdd ydyrnas ac y *meddawdd.* **14g.** *WM* 190. 18–20, os wynteu ae *med* hi [caer]. ti ae keffy yn llawen. **14g.** *B* xxv. 266, A maxen . . . a beris llosgi yr athraon . . . ny *medaud* dim or tan arnunt nac ar eu dillat. c. **1400** *Études* viii. 366, lle y bo hwnnw [sanguis] yn *medu* ar y gwlyboreu ereill. **1488–9** *B* iv. 199, val nad oedd hi yn *meddv* ar aelod na chymal. **1547** *WS, meddy*, meddyanny, enioy, possesse. **1567** *TN* 194b, gwr . . . eb *veddy* o [:- ar] ei draet, yr hwn ytoedd yn efrydd o groth ei vam. **1588** *Luc* xviii. 12, yr ydwyf yn degymmu cymmaint oll a *feddaf.* **1632** *D, meddu*, possidere, tenere, habere. Antiquis Posse, valere. **18g.** I. Brydydd Hir: *Gw* 51, Drain ac ysgall mall a'i *medd.* **1803** *P.*

Am *Duw a fedd, myn y Gŵr a f.*, gw. Duw (At.), myn.

meddaf[2] [Crn. C. *yn meth*, Llyd. C. *eme(z)*: o'r un gwr. â'r f. fl.; nid oes be., ac ni ddigwydd y f. ond yn y pres. a'r amhff.; fe'i defnyddir wrth ddyfynnu geiriau siaradwr neu awdur naill ai'n uniongyrchol neu'n anuniongyrchol] *ba.* Ebe, dyna a ddywed(odd, &c.) (ef, &c.): *say (I, &c.), says (he, &c.), said (I, he, &c.).*
13g. *LlDW* 21. 29–22. 1, y naud eu *med* (*LlI* 16, herwyd) rey hyd ar penguastraut e brenyn. *id.* 25. 24–5, *med* ereyl teyr byu atri xx[ti] aryant. **14g.** *YBH* 3a, vch penn y mor y mae baed coet *medei* y fforestwyr ymi. *id.* 16a, ny ddaw vyth yma dracheuyn *medei.* **14g.** *GDG* 375, *Meddynt* ferched y gwledydd / Amdanaf fi, a'm dawn fydd:—/ 'Symlen yw hon naws amlwg, / A symlyn yw'r dyn a'i dwg'. c. **1400** *R* 1165. 1–2, beth awnaethosti. *med* crist keli. **15g.** *IGE*[2] 257, A thrychant, *meddant* i mi, / O bryfed yn ei brofi (Siôn Cent). **15g.** *ID* 87, *meddwchwi* ny maddevwch waith. **1547** *WS, meddaf*, quod I. *id. meddi*, quod thou. **1567** *TN* 26a, A' phwy *meddwchwi* [:- ddywedwch] yw [*sic*] vi? **1588** *Io* x. 1, Yn wir yn wir *meddaf* i chwi. **1632** *D, medd, meddi, meddaf*, inquio, is, it. Aio, ais, ait. **1632** J. Davies: *LlR* 49, y rheini *meddaf*, a all fod yn rhybydd i ni. **1703** E. Wynne: *BC* 38, moes, moes ychwaneg, *medd* pawb yn Stryd yr Elw. **1764** W. Williams: *Th* 7, Bu yn yr Aipht, a Sodom, a Sidon, *medde'* fe. **1793** Dafydd Ionawr: *CD* 221, Gwelwn, *meddent* i'w gilydd, / Waith Arglwydd yr Arglwyddi.
Amr.: **myntwn i, myntai (mynte) ef,** &c. [*mynte* drwy gywasgu *medde ynte*, ac ailddehonglwyd *mynt-* fel bôn berfol]. c. **1730** *Taith C* 38, *Myntei*'r Lladmerydd eilwaith. Ar lafar yn sir Gaerf. a sir Benf., hefyd yn y ff. *mentwn, mente*, &c., *GDD* 196.

meddaidd [*medd*[1] + *-aidd*] *a.* Fel medd, peraidd: *like mead, sweet.*
1767 *Gron* 122, *Meddaidd* enau, wiw 'mddiddanion [marwnad Lewis Morris]. **18–19g.** *Llr* C 4, 244, afal *meddaidd*, a mêdd.

meddal [Crn. C. *methel, medel*, Crn. Diw. *med(d)al*, H. Lyd. *midal*] *a.* ll. *-(i)on*, a hefyd gyda grym enwol ac fel *eg.*
(*a*) Heb fod yn galed neu'n solet, esmwyth, hawdd ei wasgu neu ei drywanu, tyner, hawdd ei weithio neu ei dorri, hyblyg, ystwyth: *soft, yielding, tender, delicate, pliable.*
1346 *LlA* 70, Teimlaw pethev clayr *medal.* c. **1400** *MM* 48, Kymryt ystor gwynn ae dwymaw ac yn *uedal* y dodi wrthaw. *id.* 110, reit yw rac hynny aruer o vwydeu *medal.* c. **1400** *R* 1037. 15, *Medal* migned kalet riw. *id.* 1356. 25, Re geubal *vedal* ny uadeu gweisson. **1547** *WS, meddal*, softe. **16g. (1763)** W. Salesbury: *LlM* 92, Dail mal Ir loryf hagen yn vwy *medalion.* c. **1585** G. Robert: *DC* 35a, pwy n [*sic*] bura fo r deunydd yn y corph, *meddalaf* fydd y corph. *Diw.* **16g.** *Gwyn* 3, 283, Brenin tiredd a meddwl / brenin y dyfredd *meddal* (Wiliam Cynwal). **1588** *Doeth Sol* xv. 7, y crochenudd hefyd a delina bridd *meddal.* **1595** H. Lewys: *PA* 104, Dryll o hayarn . . . rhwn a gurir . . . a mwrthoyl, a wnair . . . yn llyfnach ac 'n [*sic*] *feddalach.* **1632** *D, meddal*, mollis. **1632** J. Davies: *LlR* 495, y diog a labyddiwyd â biswail ychen . . . sydd mor *feddal* ac nas gwna niweid. **1759** J. Evans: *PF* 22, [B]erwch Lysiau'r gwaedling . . . hyd oni byddont mor *fêddal* ac y galler eu tanu 'n Blaster. **1795** *R. Crusoe* 36, mi ddechreuais weithio fy ffordd i'r graig yr hon oedd yn bur *feddal.*

1803 *P*. Ar lafar yn gyff.

(*b*) Heb fod yn gryf (am flas, aroglau, &c.), tawel, isel (am sŵn); heb gynnwys llawer o galch neu o fwyn halen, ac felly'n addas ar gyfer golchi (am ddŵr); wedi ei goginio, ond heb fod yn galed (am wy); a'i blisgyn heb galedu (am wy): *mild* (*of flavour, scent, &c.*); *low, soft* (*of sound*); *soft* (*of water*); *soft* (*of a cooked egg*); *soft-shelled* (*of an egg*).

1547 *WS*, *meddal* val wy, reere. 16g. (1763) W. SALESBURY: *LlM* 200, y cra sy ag arogle *meddal*. 1767 *W Ballads* 85, 3, A'i threbal fwyn *feddal* fain foddion. Ar lafar yng nghanolbarth a godre Cered. am wy â'i blisgyn heb galedu.

(*c*) Tirion, tawel, tyner ei galon, goddefgar, trugarog, heb fod yn (ddigon) llym; dibrofiad, anaeddfed, ffôl; hawdd dylanwadu arno, diruddin, di-asgwrn-cefn, gwan: *gentle, placid, tender-hearted, tolerant, merciful, lax; inexperienced, immature, foolish; easily influenced, spineless, weak*.

15g. *LGC* 388, Trev ddig Wyddelig *veddalach* no'i phwys. 15g. *DE* 17, mab dioedran fydd anwr / *meddal* gamp nid meddwl gŵr / a bryno hen fargen faith / obry'n ol a bryn eilwaith. 1595 H. LEWYS: *PA* 33, gwedi cynyddu mewn oedran, ac etto, ifa[in]c a *meddalion* yn y ffydd. 1632 J. DAVIES: *LlR* 516, [rh]oddaf i chwi galon *feddal*. 17g. E. MORUS: *Gw* 32, Y sawl a ddêl eto at ferch tan ei ddwylo, / Edryched pwy a fyddo, bu *feddal* dros ben / Na adwaene ei gymdoges cyn dwedyd ei hanes. 17g. HUW MORUS: *EC* i. 301, Nid edwyn neb cystal, / Am addaw i wr *meddal*. *id*. ii. 17, Y *meddal* fab afradlon, / Sydd arwydd gau Grist'nogion. 1688 S. HUGHES: *TSP* 5, Enw yr vn oedd Cyndyn, ac Enw 'r llall oedd *Meddal*. 1696 *CDD* 8, Holl ddeiliaid *meddalon*, cynhedlaeth prîdd Hebron. 1700–50 *Beirdd y Berwyn* 14, Mawr Feddyg, O mor *feddal* wrth roddi tâl wyt ti. 1701 E. WYNNE: *RBS* 73, y wraig, sydd o ysbryd *meddalach* ac ystwythach. 1704 J. MORGAN: *B* 4, y mae rhai Barnwyr . . . yn anwireddus ac yn *feddalion*. [1748] L. ANWYL: *CC* 98, dychrynnu calonnau plant *meddalion* a bwbachod. 1765 *W Ballads* 711, d.d., [c]yngor i ferched Ieuengc rhag bod yn rhy *feddalion* wrth Garu. Ar lafar; clywir yr ymad. cellweirus 'Peth *meddal* yw meddwl'.

(*d*) *Sein*. (gynt) Ffrithiol a lleisiol; lleisiol; llaes (am dreiglad): *voiced fricative; voiced; 'aspirate', spirant* (*of mutation*).

1546 *YLlH* [7], Gwybyddwch vod or kytseinanyeid, rhai yn bicca val k, ney, c. t. p. . . . Eraill yn *veddal*, val dd. v. ney. f. 1750 J. THOMAS: *AIG* 9, mae'r naill yn swnnio yn *feddalion* sef B, D, G . . . A'r lleill yn swnnio yn galedion, megis para, Tég, Clô.

(*e*) *Sein*. (bellach) Wedi ei threiglo'n 'b', 'd', 'g', 'f', 'dd', '-', 'f', 'l', 'r' (am un o'r cytseiniaid 'p', 't', 'c', 'b', 'd', 'g', 'm', 'll', 'rh'), yn cynnwys y cyfnewidiadau hyn (am dreiglad): *soft* (*of consonant, mutation*), *lenited*.

1847.

Fel *e*. Mwydion: *pulp*.

1759 J. EVANS: *PF* 31–2, rhostiwch yr Afal trwyddo, a thynwch ymaith y Croen, a churwch y *meddal* yn dda.

Am *anadliad meddal, bol*(*a*) *m., clawr m., sain f., sebon m., treiglad m., wy m.*, gw. anadliad (At.), bol, clawr[1] (At.), sain[1], sebon, treiglad, wy.

meddalaf: meddalu [bf. o'r a. bl.] *bg.a.*

(*a*) Gwneud neu fynd yn feddal, dadlaith; hefyd yn *ffig*.: *to soften, become soft; thaw; also fig*.

1604–7 *TW* (*Pen* 228) d.g. *mollesco, mollio*. 1632 *D*, *meddalu*, & Meddalhau, mollire, & molliri. 1688 *TJ*, *meddalu*, meddalhau: to soften. 1696 *CDD* 147, *Meddala* 'nghalon fel y cwŷr. 1712 T. WILLIAMS: *CDdG* 373, heb un amser ei [*sic*] *Meddalu* eu hunain a phleserau. 1721 J. P. PRYS: *DC* 163, Nid hwyrach ei [*sic*] adfyd *feddalu* ei feddylfryd. 18g. *W Ballads* 150, 4, Ar Arglwydd su yn caledu / Y dun nafain *feddalu* [*sic*]. 1759 *BC* [474], Ond Nef ac Uffern, Barn, ac Angau, nid yw / Er hynny; yn *meddalu* mo'i meddyliau. [1783] *W* d.g. *to soften*. 1790 T. JONES: *TOS* 281, Onid yw'th galon yn *meddalu*? 1790 TWM O'R NANT: *GG* 195, Mae'r cnawd yn *meddalu* wrth ymdynnu efo dyn. 1803 *P*.

(*b*) *Gram*. Treiglo'n feddal, peri treiglad meddal (i): *to lenite, cause lenition* (*to*).

1808.

meddalai [*meddal* + *-ai*[2]] *e.tf.* ac *eb.* ll. *meddaleion*.

1. *Bot*. Hocys, yn enw. hocys y gors, *Althæa officinalis*: *mallow*(*s*), *esp. marsh mallow*(*s*).

1604–7 *TW* (*Pen* 228) d.g. *althæa*. *id*. plastr a wneler o ddail *Meddalai*, neû Cors [*sic*] hocys, elwir Althæa d.g. *anadendromalache*. *id*. rhywogaeth or Hocys, ne'r *veddalei* . . . hei [*sic*] a veddalhaa ag a wna'r bola'n rhugl y weret d.g. *malache*. 1632 *D* (*Bot*), *meddalai*, vid. hoccys. 1699 T. JONES: *Alm* [4], y dail a elwir yn Saesnaeg Mall[o]ws, ac yn gymraeg Hoccŷs neu y *feddalai*. 1770 *TG* ii. 31, [y]r hoccys neu'r *feddalai* (mallows).

2. (i'r ystyr hon yn unig y perthyn y ff. l.) Powltis: *poultice*.

1811.

Cfn.: **meddalai wen** = **m.'r morfa**. 1604–7 *TW* (*Pen* 228) d.g. *aristalthea* (At.). **m.'r morfa**: *marsh mallow, Althæa officinalis*. 1604–7 *TW* (*Pen* 228) d.g. *dendromalache*. 1803 *P*. 1813 *WB* 217.

meddalaidd [*meddal* + *-aidd*] *a*. (Eithaf) meddal, tyner; yn peri meddalu; heb fod yn gras, isel (am sŵn); anaeddfed, ffôl; diruddin, di-asgwrn-cefn, gwan; goddefgar, heb fod yn (ddigon) llym, llac; edifeiriol: (*quite*) *soft, softish, tender; emollient; soft* (*of sound*); *immature, foolish; spineless, weak; tolerant, lax; contrite, penitent*.

c. 1585 G. ROBERT: *DC* 35a, Ny bu gorph yrioed . . . mor dyner, ag mor *feddalaidd* ag oedd corph Crist. 1595 H. LEWYS: *PA* 109, Ych . . . a borther mewn porfa fraisc, ac adladd *meddalaidd*. 16–17g. (*Gesta Rom*) *LlGC* 13076, 81a–b, vy mlentynaiddrwydd [*sic*] j yn vwsgidel . . . mor *veddalaidd*, ag mor jevank. 1604–7 *TW* (*Pen* 228), yspwng *meddaleidd* iawn d.g. *achilleum*. *id*. [p]lastræ *meddaleidd* . . . a iachaa archollion d.g. *aliptes*. 1618 J. SALISBURY: *EH* 257, [c]alon neu feddwl y pechadur, yn *feddalaidd*, ag yn torri. 1621 E. PRYS: *Ps* 31a, Hyn os dwedwn, a feddyliwn, / o ryw *feddalaidd* ammau. 1632 *D* d.g. *emollidus*. 1701 E. WYNNE: *RBS* 130, Nid oedd Mâb Solomon ond dyn *meddaledd* ffôl. *c*. 1730 *Thos. Lloyd D* (LlGC) 172a, *meddalaidd*, softish, silly. 1759 *ML* ii. 133, Mae yma bwys mawr a'r tad yn *feddalaidd*, gormod o gwmnïwr o ddim yn y byd. 1768 RISIART AP ROBERT: *CB* 119, nid ym ni i feddwl fod trugaredd Dduw mor *feddalaidd*. 1768 *W Ballads* 86, 4, Eu cnawd *meddaledd* a'u gwniau gwanedd. 1768 (1813) TWM O'R NANT: *FF* 49, a hithau'n *feddalaidd*, / Mae'r eneth rianedd yn rhwyddedd ymroi. 1803 *P*.

meddalben [*meddal* + *pen*[1]] *a*. Penwan: *soft-headed*.

1758 *ML* ii. 89, Ffei hono hudlath *meddal-ben*.

meddalblisg, meddalflisg [*meddal* + *plisg, blisg*] *eg.* a hefyd fel *a*. Plisgyn neu bilionen feddal; meddal ei blisgyn neu ei bilionen: (*having*) *a soft shell or rind*.

1604–7 *TW* (*Pen* 228), cneuen *veddalblisc* d.g. *avellana*. 1632 *D*, *meddalflisg* yr afal gronynnog d.g. *ciccum*. *id*. d.g. *mollusca*. 1722 *Llst* 189, *meddal-blisg, meddal-flisg*, m. The soft or inner rind.

meddalblu [*meddal* + *plu*] *e.ll.* Manblu: *down* (*of birds*).

1632 *D*, *meddalblu* adar d.g. *pluma*. *c*. 1730 *Thos. Lloyd D* (LlGC) 170b, *meddalblu*, down.

meddalchwydd [*meddal* + *chwydd*] *eg.* Chwyddiant dyfrllyd yn y cnawd, oedema: *oedema*.

1604–7 *TW* (*Pen* 228) d.g. *oedema* (hefyd *D*). 1778 *W* d.g. *oedema*.

meddalder, meddaldra [*meddal* + *-der*, *-dra*, cf. Crn. Diw. *medalder*] *eg.*

(*a*) Yr ansawdd neu'r cyflwr o fod yn feddal, meddalwch, man meddal; tynerwch, hydeimledd; gwendid neu lacrwydd (moesol): *softness, soft spot; tenderness, sensitivity; (moral) weakness or laxity*.

1604–7 *TW* (*Pen* 228), *meddalder* d.g. *lenitas*. *id*. *meddaldra* d.g. *lentitia*. *a*. 1735 *W Ballads* 64, [3], Yn union yr un fath, / ar llygoden dan balf y gath, / Yn cael dannod ein *meddaldra*, heb le i atteb mor pethe. 18g. *W Ballads* 254, d.d., Cwŷn a Chyffes y Forwyn Drwstan, o achos ei *Meddaldra* ei hun. 1774 HUW AB HUW: *RBD* 63, [t]ynerwch ei moethus natur hi [gwraig], a *meddaldra* ei hanfod. [1783] *W*, *meddalder* d.g. *softness*. 1795 J. THOMAS: *AIC* 116, Paris a'i Saethodd ef yn ei *feddaldra* ac a'i lladdodd êf. 1803 *P*.

(*b*) Ansawdd dŵr nad yw'n cynnwys llawer o galch neu o fwyn halen, ac sydd felly'n addas ar gyfer golchi: *softness* (*of water*).

1835.

Cfn.: **meddaldra calon**: *soft-heartedness*. 1672 J. LANGFORD: *HDdD* 443. 1703 T. BADDY: *PCh* 155. 1718 E. SAMUEL: *HDdD* (Gweddïau) 28. [1738] E. JONES: *CE* 33.

meddaldew, gw. meddal + tew.

meddaldod [*meddal* + *-dod*] *eg.* Tynerwch, addfwynder, llarieidd-dra, calonfeddalwch, trugarogrwydd: *softness, gentleness, meekness, soft-heartedness, lenience*.

c. 1762–79 W. WILLIAMS: *P* 105, Dyn . . . ac ynddo râdd angynefyn o *feddaldod*, na bo un groes nag adfyd i gyffroi dim arno. 1768 RISIART AP ROBERT: *CB* 330, ar fai . . . o waith ei *feddaldod* yn Antiocia [am Sant Pedr]. 1770 P. WILLIAMS: *BS*, 2 Br xvi, Rhaid sylwi ar *feddaldod* yr offeiriad. *id*. *Jer* xxxvii, y mae *meddaldod* mewn llywodraethwr mor niweidiol . . . a chreulondeb.

meddaldra, gw. meddalder.

meddaldroed [*meddal* + *troed*] *a*. Meddal ei droed: *soft-footed*.

1604–7 *TW* (*Pen* 228) d.g. *mollipes*.

meddaldwf [*meddal* + *twf*] *eg.* a hefyd fel *a*. Brigau ifanc, tyfiant newydd; meddal: *young shoots, new growth; soft*.

1722 *Llst* 189, *meddaldwf* coed, the browze of trees. *c*. 1730 *Thos. Lloyd D* (LlGC) 172a, dwyfron *Feddaldwf*. T. 129. 1771 *W*, pori . . . *meddal-dwf* d.g. *to browse*.

meddalddyn, gw. meddal + dyn.

meddaledig [bôn y f. fl. + *-edig*] *a.bfl.* Wedi ei feddalu, meddal, tyner: *softened, soft, tender*.

1718 *PGAD* 5, Fe dry yn deg Galon garreg / Yn Galon gig *feddaledig*. [1783] *W* d.g. *softened*. 1803 *P*.

meddaledd [*meddal* + *-edd*[1]] *eg.* Meddalwch: *softness*.

[1783] *W* d.g. *softness*. 1803 *P*.

meddalfer [*meddal* + *mêr*[1]] *eg.* Mêr meddal: *soft marrow*.

1632 *D* d.g. *medullula*. 1722 *Llst* 189, *meddalfer*, thin or soft marrow.

meddalflisg, gw. meddalblisg.

meddalfwyn, gw. meddal + mwyn[1].

meddal-galon [*meddal* + *calon*] *a*. Gwangalon, tyner-galon: *faint-hearted, tender-hearted*.

1588 *Deut* xx. 8, Pa ŵr bynnac sydd ofnus, a *meddal galon*.

Cf. calon-feddal.

meddalgnawd, meddalgoch, meddalgroen, gw. meddal + cnawd, coch, croen.

meddalhad [bôn y f. ddil. + *-ad*[2], trf. han.] *eg.* ll. *-au*. Y proses o fynd yn feddal, hefyd yn *ffig*.: *a softening, also fig*.

1725–6 *Madd Ed* 292, yr Ymresymmiadau cyntaf, y *meddalhadau*, y cyfyngderau Meddwl, y Goleuadau cyntaf tu ag at fwriad i ddychwelyd. 1769 J. GRIFFITH: *A* 110, os ydym yn profi . . . dim *meddalhad* o'i herwydd [pechod].

Cfn.: **meddalhad yr ymennydd**: *softening of the brain*. 1903.

meddalhaf: meddalhau [*meddal* + *-hau*] *bg.a.*

(*a*) Gwneud neu fynd yn feddal, tyneru, ystwytho, ymdawelu, hefyd yn *ffig*.; rhyddhau('r corff): *to soften, make or become soft, gentle, or supple, become calm, also fig.; loosen* (*the bowels*).

c. 1400 *YSG* i. 22, haws oed idaw *medylhav* y creigyeu kalettaf noc eu callonneu wy. *c*. 1400 *Études* vii. 60, Kic bras, *medalhau* croth a wna. *id*. viii. 96, Olew newyd dyuot o wyd duon . . . *medalhau* kylla a wna yn gyuartal a lleithaw croth. 1545 *CM* 1, 230, I *veddalhau* postums a chornwyde kaled.

1547 *WS*, ystwytho ne *veddalhau*, sowple. **1567** *LlGG* (*Sall*) 35a, ydd wyt yn hei *meddalâu* [y ddaear] a chawodydd. **16g.** *LlGC* 4581, 96a, y Saphron a *veddalha*, a dreulia, ac a rwym ychydic. *Diw.* **16g.** *WLB* 5, ef [plastr] a ostwng y chwydd ag a *feddalha* y kroen. **1588** *Deut* xx. 3, na *feddalhaed* eich calon. **1588** *Ecclus* xxxviii. 33, Efe a lunia y clai ai freichiau, ac ai *meddalha* ef ai draed. **1604–7** *TW* (*Pen* 228), dechreu *meddalhau* a llonyddu d.g. *relaxo*. **1632** *D*, meddalu, & *Meddalhau*, mollire, & molliri. **1632** J. DAVIES: *LlR* 299, y mae gwialen cystudd . . . yn eu *meddalhâu* hwynt [pechaduriaid] i ymofidio. **1794** J. WILLIAMS: *AGDd* 88, os ydyw crefydd Iesu Grist i'w diwygio a'i *meddalhau*. **1803** *P*.

(*b*) Peri i (ddŵr) golli peth o'r calch neu'r mwyn halen a fo ynddo, gan ei wneud yn fwy addas ar gyfer golchi: *to soften* (*water*).
1831.

(*c*) Newid ansawdd (llafariad); treiglo (cytsain) yn feddal: *to modify* (*a vowel*); *cause to lenite*.
1547 *WS* [xiii], natur y vocal /e/ pan orphenno air saesonaec esmwythau ne *veddalhau* y sillaf a ddel oe vlayn val hynn hope hoop gobeith: bake, baak poby; chese/tsis caws.

meddalhaol [bôn y f. fl. + *-ol*] *a.* Yn meddalu, esmwythaol, lleddfol, lliniarol; yn peri ystwythder neu lacrwydd; yn peri edifeirwch; rhyddhaol (am y corff); llysnafeddog a gwaedlyd (am fath arbennig o'r ddarfodedigaeth): *softening, soothing, emollient, palliative; causing flexibility or laxity; causing repentance; laxative; hæmoptysic*.
1798 *WR* d.g. *molient*. **1803** *P*.

meddalhaus [bôn y f. fl. + *-us*] *a.* Yn meddalu, *ffig.*: *softening, fig.*
1725–6 *Madd Ed* 164, y cynnyg cyntaf o Edifeirwch ydyw trwm Feddylfryd *meddalhaus*. *id.* 201, Nid oes dim ammeu . . . nad oedd ganddo [y Mab Afradlon] Feddyliau *meddalhâus*, ac y dymunei drachefn fod yn Nhŷ ei Dâd. *c.* **1730** *Thos. Lloyd D* (LlGC) 170b, *meddalhaus*, relenting.

meddalhawr [bôn y f. fl. + *-wr*] *eg.* Person neu beth sy'n meddalhau neu'n ystwytho: *softener, suppler*.
1722 *Llst* 189, *meddalhawr*, a suppler.

meddaliad [bôn y f. *meddalaf*: *meddalu* + *-iad*[1]] *eg.* Treiglad meddal, y proses o droi cytsain yn feddal; cytsain wedi ei threiglo'n feddal; y weithred o feddalu: *lenition; lenited consonant; a softening*.
1803 *P*, *meddaliad*, a softening, a mollifying.

meddalnod [*meddal* + *nod*] *eg.* ll. *-au.* *Crdd.* Nodyn hanner tôn yn is na'r naturiol, a ddynodir gan yr arwydd ♭; yr arwydd ♭: *a flat (in music); the sign* ♭.
20g.

meddalog [*meddal* + *-og*] *eg.* ll. *-ion, -iaid, -od*, a hefyd fel *a.*

(*a*) *Meddyg.* Parencyma: *parenchyma*.
1816.

(*b*) *Swol.* Molwsg; molysgaidd: *mollusc*(*ous*).
1858.

meddalrwydd [*meddal* + *-rwydd*] *eg.* Meddalder, yn *ffig.* gwendid (moesol), ?cnawdolrwydd: *softness, fig.* (*moral*) *weakness, ?carnality*.
c. **1400** *YE* 11, Drycchwant yw llithredic ystyngedigaeth medwl ar waharddedic *uedalrwyd* eidunet. *c.* **1400** *Études* vii. 70, Elinyeu kigawc arwyd gwander a *medalrwyd* yw. **[1740]** L. ANWYL: *NG* 1, nid oes dim ond *meddalrhwŷdd* natur dynawl . . . yn peri i Ddynion fôd mor bechadurus ag ydŷnt. **1803** *P*.

meddalwch [*meddal* + *-wch*[1]] *eg.* Yr ansawdd neu'r cyflwr o fod yn feddal, yn enw. yn *ffig.*, meddaldra, esmwythder, tynerwch, mwynder, goddefgarwch, llacrwydd, gwendid (moesol), gwangalondid, merchedeiddiwch; pereidd-dra (am lais): *softness, esp. fig., ease, tenderness, mildness, tolerance, laxity, slackness,* (*moral*) *weakness, faintheartedness, effeminacy; mellifluousness* (*of voice*).
c. **1400** *RB* ii. 391, Ac y ganthaw y dysgawd gwyr fflandrys *medalwch* corff. **16g.** (*LlEG*) *Mos* 158, 625a, oherwydd gwlyppet yrhin a*meddalwch* y ddaiar. **1588** *Lef* xxvi. 36, dygaf *feddalwch* ar eu calonnau yn nhîr eu gelynion. **1604–7** *TW* (*Pen* 228) d.g. *cessatio*. **1632** *D*, *meddalwch*, mollities. **1679** C. EDWARDS: *GGG* 69, *Meddalwch* Eli tuag at ei blant anraslon, a barodd iw galon ef ac iw wddf dorri. **1701** E. WYNNE: *RBS* 125, Mae rhai hynod a godidoc eu bucheddau . . . ac er hynny yn ddygn edifar ganddynt ymbell *feddalwch* a gwendid diddrwg. **1704** J. MORGAN: *B* 43, rhy-ormod o *feddalwch*, a llyfrdra wrth lywodraethu chwerwder. **1733** T. EVANS: *PP* 185, pa un a wnâ dyn ai sefyll allan yn wrol yn erbyn Temtasiwn, neu o laithder a *meddalwch* gael ei orchyfygu ganddo. **1740** T. EVANS: *DPO* 54, [y] fath Fywyd masweddol . . . y fath *Feddalwch* llygredig. **1798** *WR* d.g. *effeminacy*. **1803** *P*, *meddalwch*, softness; mildness.

meddalwedd [*meddal* + *gwedd*[1]] *eb.g.*

(*a*) Gwedd feddal: *soft aspect*.
1851.

(*b*) Rhaglenni cyfrifiadur: (*computer*) *software*.
20g.

meddalwr [bôn y f. *meddalaf*: *meddalu* + *-wr* a *meddal* + *gŵr*] *eg.* ll. *-wyr.* Un sy'n ystwytho neu'n meddalu; un meddal, yn *ffig.*: *one who makes soft or supple, softener, suppler; a soft person, fig.*
1722 *Llst* 189, *meddalwr*, a softner, suppler. **1763** *DT* 99, Meddyliais, fal *Meddalwr*, / Ar henwi'n frau Gampau'r Gwr; / Fy Swydd sydd fal rhifo Ser, / Ni henwn byth mo'u hanner. **18–19g.** *GABC* 84, A'r yfwr, oferwr, / *Meddalwr*, colledwr, hyll y'w. **18–19g.** R. DAVIES: *DB* 90, Ond troes Owain gywrain g'oedd / Am nodded i'r mynyddoedd, / Trwy eillt, ond Harri a'i wyr / I'w ddilyn oedd *feddalwyr*. **1803** *P*.

meddalwy [*meddal* + *wy*] *eg.* Wy heb blisgyn, wy â phlisgyn meddal: *a shell-less or soft-shelled egg*.
[1783] *W* d.g. *ráth-egg* [*a soft egg, i.e. that is lay'd before it's time*]. Ar lafar yn y De, *GDD* 195.
Gw. hefyd wy—w. meddal.

meddalydd [bôn y f. *meddalaf*: *meddalu* + *-ydd*[3]] *eg.* Sylwedd sy'n meddalu rhywbeth, e.e. dillad wrth eu golchi: *softener, emollient*.
20g.

meddalys [*meddal* + *llys*[5]] *e.tf.b.* *Bot.* Hocys: *mallows*.
1604–7 *TW* (*Pen* 228), rhywogaeth hocys ne'r *veddalys* d.g. *malope*.
Cf. meddalai.

meddawd, gw. medd-dod.

meddbarth [*medd*[1] + *parth*] *eg.* Ardal enwog am ei medd: *region noted for its mead*.
c. **1400** *R* 1378. 14, Deheubarth *ved barth* vud barch gyuoeth.

medd-dod, meddwdod [*meddw* + *-dod*] *eg.* ll. (prin) *-au.* Y cyflwr o fod yn feddw, brwysgedd, yr arfer o fod yn feddw neu o yfed gormod o ddiod gadarn, hefyd yn *ffig.*: *drunkenness, inebriation, intoxication, also fig.*
13g. *C* 84. 13–14, Ryhun a *ryuetudaud*. a riwiraud o vet. **13g.** *A* 21. 7–8, buant gwychawc gwede *meddawt* a med yuet. **13g.** *BD* 163, ymrodi y'r guledeu a'r *meddavt* a'r godineb. **14g.** *T* 28. 9–10, py goreu *meddawt* o ved abragawt. **14g.** *WML* 126, Teir sarhaet ny diwygir or keffir trwy *veddawt*. **14g.** *YBH* 27a, [Garsi] ae getymdeithon yn dygwyddaw yr llawr o *veddawt* ac yn kyscu vegys moch. **14g.** *GDG* 87, Pefrlys pen cytgamus pwyll / *Meddwdod* y llygaid modd-dwyll. *c.* **1400** *YE* 112, 28b, *Meddawt* yw kymryt gormod diawt. **1547** *WS*, *meddtot*, dronkenesse. **1567** *TN* 289a, Ymogelyd rac *meddwdot*. *c.* **1585** G. ROBERT: *DC* 60a, mawr aryth a fydd y *medddod* melys yn y nef wrth yfed llywenydd o r mor mawr. **1670** J. HUGHES: *AP* 279–80, na chofia ei hen anwireddau, a'i *feddwdodau* gynt. **1701** E. WYNNE: *RBS* 62, *Meddwdod* yw anghymmedrol hoffder ac arfer o ddiod. **1803** *P*. Ar lafar yn gyff., hefyd gyda'r ystyr 'pendro'. Digwydd yn enw'r alaw 'Glan *Meddwdod* Mwyn', gw. H. WILLIAMS: *CB* 95.
Amr.: **meddod** [tebyg mai ff. wallus yw, ond cf. H. Lyd. *medot*]. *c.* **1400** *R* 1179. 38–9, or gwr ae goreu madeu *medawt* (*H* 16b. 9, metdawd). **1567** *TN* 123a. **1715** T. EVANS: *CCG* 24. **1803** *P*. **methdod** [cf. *meth*[2]]. **1551** W. SALESBURY: *KLl* lxib. **1617** R. PRICHARD: *CE* [4], [13].

medd-dŷ [*medd*[1] + *tŷ*] *eg.* ll. *-dai.* Meddgell; tafarn (fedd): *mead-cellar; (mead-)inn, tavern*.
15g. *GGl* 168, Dafydd Broffwyd llwyd y Llai / O'i ufudd-dod i'w *fedd-dai* [i Siôn Hanmer]. **1604–7** *TW* (*Pen* 228) d.g. *taberna* (hefyd *D*). **1722** *Llst* 189, *medd-dy*, a mead-house. *c.* **1730** *Thos. Lloyd D* (LlGC) 170b, *medd-dy* . . . a Tippling house.

meddedigaeth [bôn y f. *meddaf*[1]: *meddu* + *-edig* + *-aeth*] *eg.* Meddiant: *possession*.
1803 *P*.

meddedigaethol [*meddedigaeth* + *-ol*] *a.* Meddiannol: *possessive*.
1780 *W* d.g. *possessive*. **1803** *P*.

meddedigol [bôn y f. *meddaf*[1]: *meddu* + *-edig* + *-ol*] *a.* Meddiannol: *possessive*.
1780 *W* d.g. *possessive*. **1803** *P*.

meddeg [?amr. ar *byddag*] *eb.* Cwlwm rhedeg: *running knot*.
1722 *Llst* 189 d.g. *a running Bow* (*to fasten any-thing with*).

meddeginaethaf: meddeginaethu, meddeginiaeth, meddeginiaethaf: meddeginiaethu, gw. meddyginiaethaf: meddyginiaethu, meddyginiaeth, meddyginiaethaf: meddyginiaethu.

medd[1], *a.* ll. *-on*, a hefyd gyda grym enwol.

(*a*) Meddal, addfwyn, tyner, tawel; merchetaidd: *soft, gentle, delicate, quiet; effeminate*.
14g. *IGE*[2] 4, Ystlyslun dwywes dlosleddf, / Ystudfwm modd ystad *meddf* [i ferch]. **15g.** *DE* 54, vn vlas a nefol ossai / oedd wefus merch weddw vis mai / yn vedrus yn voddus *veddf* / yn adlais vcheneidleddf. **16g.** WILIAM LLŶN: *Gw* (R. Stephens) (At.), *meddf*, meddal. **1632** *D*, *meddf*, mollis, effœminatus. **1688** *TJ*, *meddf*, meddal: soft, delicate, effeminate. **1773** *W* d.g. *effeminate, milk-sop*. **1803** *P*.

(*b*) *Sein.* Lleisiol: *voiced* (*in phonet.*).
c. **1785–90 (1829)** *CBYP* 232, Llythyrenau *Meddfon* y gelwir y cydseiniaid gweinion, sef y rhai'n; B.D.F.G. a Llythyrenau Creision y gelwir y rhai hyn; P.T.Ff.C.

meddf[2] [?gwall am *meddwl*[1]] *e?g.* (geir.) (Y) meddwl: (*dict.*) (*the*) *mind*.
1707 *AB* 218d, *meddv*, the mind.

meddfaeth [*medd*[1] + *maeth*[1]; nid amhosibl fod yma enghrau. o e. *meddwaith*; dichon fod dyl. y gair *meddf*[1] ar ystyr (*b*)] *a.* ll. *meddfaith*, a hefyd gyda grym enwol ac fel *eg.*

(*a*) Wedi ei fagu ar fedd, wedi gwledda ar fedd; gwledd o fedd: *nourished on mead, having feasted on mead; mead-feast*.
1195 *MA*[2] 241b. 47, Am parchai llu *meddfaeth* [marwnad Rhodri ab Owain gan Elidir Sais]. **13g.** *C* 11. 6–8, Gvaud tryganet. gnaud kyhidet. gorsset *metveith*. **13g.** *A* 3. 3, Gwyr a aeth gatraeth *veduaeth* uedwn. *id.* 15. 9, Owinveith a *medweith* dygodolyn. gwnlleith. *id.* 36. 3–4, Guir gormant aethant cennin gwinveith a *medweith* oedyn. *c.* **1300** *H* 21a. 19–20, Diouryd ewein dygyn a weith. y unbyn gwynet ae *metueith* [marwnad Owain Gwynedd gan Ddaniel ap Llosgwrn Mew]. *id.* 32b. 21, yn eil awduryaeth *metuaeth* madyein. *id.* 51b. 7–8, Gwawr mawr milwryaeth *metuaeth* mordei. *id.* 67a. 17, Kynnetyf gwyr *metueith* metgyrn ortyfneid. *id.* 71a. 11, mabolaeth *uetuaeth* uaccwy (Cynddelw). **14g.** *T* 9. 26–7, Ac ys imi atwyn nyt gwaeth. athat bual wrth tal *medueith*. **14g.** *IGE*[2] 220, Meddyg a wnâi modd y gwnaeth / Myddfai, o châi ddyn *meddfaeth* (Iorwerth ab y Cyriog). *c.* **1400** *R* 580. 16–17, Kyuarchaf ym ehalaeth urawt aweleis yn *veduaeth*. **1632** *D*, *meddfaeth* . . . q.d. Medone nutritus. **1803** *P*, *meddfaeth*, mead-nourished.

(*b*) Moethus, esmwyth, tyner; mwythus, merchetaidd: *luxurious, soft, gentle; delicate, pampered, effeminate*.
1604–7 *TW* (*Pen* 228) d.g. *cereus, cupes, delica-*

tus, galbanum, mango, mollicellus, muliebris. **1632** *D, meddfaeth,* mollis, mollicellus, delicatulus. *id.* d.g. *enervis, fœmineus.* **1632** J. DAVIES: *LlR* 492, y mae S. Paul yn dywedyd na chaiff masweddwyr *meddfaeth* (*nice people*) etifeddu teyrnas Duw. *a.* **1642** **(1684)** H. OWEN: *DC* 166, Mae Cariad yn ochelgar . . . nid yn ysgafn na *meddfaeth. id.* 189, y rhai tyneraf a'r *meddfaethaf* oll. **17g.** HUW MORUS: *EC* ii. 62, Gwr cyfoethog o'r dalaith, oedd fawr ei lywodraeth, / A theg ei fywioliaeth, yn *feddfaeth* ei fyd. **1688** *TJ, meddfaeth,* moethus, dainty. **1701** E. WYNNE: *RBS* 80, ni bu undyn *meddfaeth,* iâch a segur erioed etto yn ddiwair. **1722** *Llst* 189, *meddfaeth,* nicely brought up, dainty, effeminate. **1752** *Gron* 40, Nes y dug chwech ar hugain / Fab ffraeth i Fardd *meddfaeth* main. **1771** *W* d.g. *a carpet-knight, cockney* [*a child cockered or delicately brought up*], *a dandled child, effeminate.* **1793** DAFYDD IONAWR: *CD* 24, Ufuddfwyn Efa *feddfaeth.*

Fel *e.* Lledneisrwydd: *delicateness.*
1604–7 *TW* (*Pen* 228) d.g. *muliebritas.*
Cf. gwinfaeth.

meddfaf: meddfu [bf. o'r a. *meddf*[1]] *bg.* Meddalhau, mynd yn fwyn neu'n dyner: *to become soft or gentle.*
1604–7 *TW* (*Pen* 228) d.g. *mollesco.*

meddfaith, gw. meddfaeth.

meddfawr [?*medd*[2] + *mawr*] *a.* ?Tra nerthol: *very powerful.*
c. **1400** *R* 1315. 33–4, Parch *medvawr* aerwawr eurwalch kenedloed.

meddflyd [*meddf* + *-lyd*] *a.* Meddal, addfwyn: *soft, gentle.*
1881 D. OWEN: *D* 167, Cyfranai natur glustogaidd y dodrefn ryw naws *meddflyd* i'w lais dwfn ac awdurdodol.

meddgain [*medd*[1] + *cain*[1]] *a.* Rhagorol ei fedd: *having excellent mead.*
15g. *IGE*[2] 235, A rhan Brydain *feddgain* fydd / Golwyn, o'r môr i gilydd (Ieuan ap Rhydderch).

meddgaredd [bôn y f. *meddaf*[1]: *meddu* + *-gar* + *-edd*[1]] *eg.* Awydd i feddiannu: *possessiveness.*
20g.

meddged [*medd*[1] + *ced*] *eb.g.* Rhodd o fedd: *gift of mead.*
c. **1300** *H* 12a. 25–6, Gweleis hael yn heilyaw bann llawn. yn metu *metged* yorueirthyawn (Gwalchmai).

meddgell [*medd*[1] + *cell*[1]] *eb.* Cell fedd, seler ddiod, hefyd yn *ffig.*: *mead-cellar, drink-cellar, also fig.*
13g. *LlI* 6, E dysteyn a dely medu en wastat e bvyt en e kegyn a'r llyn en y *uedgell. id.* 13, e trullyat . . . Ef a dele guarchadv y *uedgell* a chadv e cloeu. **13g.** *BD* 160, y wassanaethu o'r *uedgell* . . . y wallav amraualyon wirodeu. **14g.** *GDG* 150, Ufuddgamp leddf i *feddgell,* / Diog i oed, pwylloed pell. *id.* 356, Cystedlydd nef o'r trefi, / Castell a *meddgell* i mi [i dref Niwbwrch]. **14g.** *IGE*[2] 83, Rhydd yw pob lle yn rhoddi / Ystafell, *meddgell,* i mi [i lys Ieuan, Esgob Llanelwy]. *id.* 290, Mae'r *feddgell* deg? Mae'r gegin / Is law'r allt? Mae'r seler win (Siôn Cent)? *c.* **1400** *R* 1206. 20–1, travyn trerkastell. *vedgell* vudgar. *id.* 1270. 40–1, dyn agos nyt anegyd. dyn obell y *vedgell* vyd. *id.* 1308. 34–5, meinlew eil mwyn lywelyn. *med gell* di vachell vychan. *c.* **1400** [*RB*] *WM* 224. 11–14, Mynet aoruc kei yr gegin. ac yr *vedgell.* adyuot ac ysteneit o ved gantaw. **1632** *D, meddgell,* cella medonis, cella vinaria, cella. **1688** *TJ, mêddgêll,* (Seler) medd: a Mead-seller. **1803** *P.*

meddgorn [*medd*[1] + *corn*] *eg.* ll. *-gyrn.* Corn yfed (medd): *mead-horn, drinking-horn.*
13g. *C* 79. 1, Metcuin ev gwiraud *met kirn* ae gwallav. **13g.** *A* 10. 10, dyrllydei *vedgyrn* eillt mynydawc. *c.* **1300** *H* 18a. 7, arbennic bennaeth mab maeth *metgyrn* (Einion ap Gwalchmai). *id.* 25b. 20–1, hygyrch oet y lys les trwyted y fut. ae *uetgyrn* kyfyued (Llygad Gŵr). *id.* 38a. 37, maws *metgyrn* teyrn tyner am rotei. *id.* 67a. 17, Kynnetyf gwyr metueith *metgyrn* ortyfneid (Cynddelw). *id.* 70b. 28–9, ar win ar breitin ar brein. ar uet o *uetgyrn* ywein. *Dchr.* **14g.** *id.* 87a. 24, ae *uetgyrn* wirodeu (Llygad Gŵr). **14g.** *T* 32. 24, *amedgyrn* medwon adwyn ydragon. *id.* 40. 7–8, Medhet maelgwn mon ac an medwa. ae *vedgorn* ewyn gwerlyn gwymha. **14g.** (*Dchr.* **17g.**) *Cy* xxvi. 136, Mynychwedd arail / Mewn *meddgyrn* buail (Einion Offeiriad). **14g.** *GDG* 233, Treiglais hefyd, bywyd bas, / Defyrn *meddgyrn* gormoddgas. **1632** *D, meddgyrn,* phialæ medonis, cyathi. **1728** S. RHYDDERCH: *GC* 66, Dy *feddgyrn* wyd ufyddgall, / Dy Gwrt ni welad a gwall. **1803** *P, meddgorn,* a mead-horn.

meddgwyn [*medd*[1] + *cwyn*[2]] *eg.* Gwledd o fedd: *mead-feast.*
13g. *C* 11. 8, *Metcvin* kywran. marchauc mitlan. mann meidrolaeth. *id.* 79. 1, *Metcuin* ev gwiraud met kirn ae gwallav. **13g.** *A* 4. 2–3, ne llewes ef *vedgwyn* vei/noethyd. *c.* **1300** *H* 35a. 23, *Metgwyn* meith an maeth oe aryant. *id.* 58a. 8, mechdeyrn metgyrn *metgwyn* pennyadur. *id.* 67a. 17–18, Kynnetyf gwyr metueith metgyrn ortyfneid *metgwyn* greid gretyf heyrn (Cynddelw).

meddianawdr, meddianiawdr [bôn y f. ddil. + -(*i*)*awdr*] *eg.* Meddiannydd, perchennog: *possessor, owner.*
Dchr. **15g.** *B* ii. 190, sef yw rac henw pob peth a dangosso personoliaeth *medyanawdyr* neu vedyant. *ib.* personoliaeth y *medianyawdyr. c.* **1455** *GP* 79, Lle bo meddiant, y *meddianawdr* a ddyly bod yn enedio, val y mae llyma vaes Ierwerth. *c.* **1730** *Thos. Lloyd D* (LlGC) 170b, *meddianawdr,* possessor.

meddianedig [bôn y f. ddil. + *-edig*] *a.bfl.* Wedi ei feddiannu, ym meddiant neu ym meddiannaeth (rhywun); wedi ei feddiannu (gan ysbryd, &c.); *Gram.* meddiannol: *possessed, occupied; possessed* (*by spirit, &c.*)*; possessive* (*in gram.*).
c. **1730** *Thos. Lloyd D* (LlGC) 170b, *meddiannedig,* possessus. **1773** *W* d.g. *enjoyed.* **1803** *P.*

meddianedigaeth [*meddianedig* + *-aeth*] *eb.* Meddiant: *possession.*
c. **1730** *Thos. Lloyd D* (LlGC) 170b, *meddiannedigaeth,* possessio. **1803** *P.*

meddianedigaethydd [*meddianedigaeth* + *-ydd*[3]] *eg. Gram.* Cyflwr genidol neu feddiannol: *genitive or possessive case* (*in gram.*).
1592 S. D. RHYS: *Inst* 57, Amgenedigaeth, variatio casusuè . . . Gwahanedigaethydd & *meddianedigaethydd,* Distinctiuus & Possessiuus. **1722** *Llst* 189, *meddiannedigaethydd,* the genitive case. **1773** *W* d.g. *the genitive case* [*in Grammar*].

meddianedigol [*meddianedig* + *-ol*] *a.* Meddiannol (hefyd mewn *Gram.*): *possessive* (*also in gram.*)*, possessory.*
1780 *W* d.g. *possessive* [*denoting . . . or relating to possession*]. **1803** *P.*

meddiangar [*meddiant* + *-gar*] *a.* Trachwantus am eiddo, chwannog i feddiannu, caffaelgar: *acquisitive.*
20g.

meddiangarwch [*meddiangar* + *-wch*[1]] *eg.* Trachwant am eiddo, chwant meddiannu: *acquisitiveness.*
20g.

meddianhad, meddianhaed [*meddiant* + *-had* a hefyd + *-ha* (At.) + *-ed*[1], cf. *sarhaed*] *eg.* Meddiant, mwynhad: *possession, enjoyment.*
1725 I. HARRI: *RD* 329, y fath *feddianhad* o'r Creadur sy'n ei ddal mewn caethiwed. **1739** *NEN* 21, [p]ôb *meddianhaed* Ysbrydol or Trigfannau uchod.

meddianiad[1]**, meddiannad**[1] [bôn y f. ddil. + *-iad*[2], *-ad*] *eg.* ll. *meddianiaid, meddiannaid.* Un a chanddo awdurdod dros eraill, rheolwr: *one in authority over others, ruler.*
Dchr. **15g.** *Pen* 190, 173, cashustyng dychymycdrwc wrth *vedyanneit* (*Pen* 15, 19b, *veddyannyeit; Llst* 27, 28a, vedyannussyon) neu swydogyon. y golledu arall. **1604–7** *TW* (*Pen* 228), *meddianiat,* ll[yfr] G[wyn] H[ergest] d.g. *magistratus.*

meddianiad[2]**, meddiannad**[2] [bôn y f. ddil. + *-iad*[1], *-ad*] *eg.* Meddiant, y weithred o feddiannu; meddiant (gan ysbryd, &c.); *Egl.* sefydliad (offeiriad, &c.): *possession, a taking possession; possession* (*by spirit, &c.*)*;* (*eccl.*) *induction.*
1696 *CDD* 257, Nid ŷw gwaddol mewn *meddiannad,* / Ar un-prŷd, ac mewn disgwŷliad. *c.* **1730** *Thos. Lloyd D* (LlGC) 170a, *meddiannad,* possessio.

meddianiawdr, meddiannad[1,2], gw. meddianawdr, meddianiad[1,2].

meddiannaeth [*meddiant* + *-aeth*] *eb.* Meddiant; *Cyfr.* rheolaeth a meddiant corfforol (ar dir, &c.): *possession; occupation* (*in law*).
1595 M. KYFFIN: *DFf* [131–2], Nid oes genthynt na henafiaeth, nag ollawl-*feddiannaeth.* **1603** E. KYFFIN: *Ps* [3], A therfynau Dayar fŷd / cei hefyd ith *feddiannaeth.*
Cfn.: *Cyfr.* **meddiannaeth lesiannol:** *beneficial occupation* (*in law*). **20g.**

meddiannaf: meddiannu [bf. o'r e. *meddiant*] *bg.a.* (a'i dilyn weithiau gan yr ardd. *ar*) a'r be. weithiau gyda grym enwol. Meddu (ar), mwynhau (defnydd neu feddiant), cymryd meddiant o, hefyd yn *ffig.*; (am ysbryd, &c.) cymryd meddiant o (berson): *to possess, enjoy* (*the use or possession of*)*, take or come into possession of, also fig.*; (*of spirit, &c.*) *possess.*
1346 *LlA* 2, yrei *ymeddyanho* duw y heneideu yny drugared. *c.* **1400** (*SG*) *HMSS* i. 309, brenhin y castell marw yssyd yn *medyannu* y castell ar capel. *id.* 325, ef agaffei y kylch eur yntal y lavur yrhwnn goreu y dyn . . . *vedyannu* arnaw. *id.* 336, rac ovyn y brenhin drwc a *vedyannawd* y wlat. **1547** *WS,* meddy *meddyannu,* enjoy, possesse. **1551** W. SALESBURY: *KLl* lxib, ni chahant . . . *veddyanny* teyrnas Deo. **1567** *TN* 122b, Trwy eich ammynedd, *meddiannwch* eich eneidiae. **1588** 1 *Br* xxi. 15, cyfot, *meddianna* win-llan Naboth. **1588** *Diar* viii. 22, Yr Arglwydd a'm *meddiannodd* i. **1588** *Act* viii. 20, am i ti dybied y *meddiennir* dawn Duw trwy arian. **1632** *D, meddiannu,* possidere. [**1740**] L. ANWYL: *NG* [iii], Myfi . . . sŷ'n ewyllysio . . . na *feddianno* Dâd y Celwŷddau un enaid dynol. **1771** *PDPh* 37, Yr Haint-digwydd . . . Y mae yn cael ei alw felly am fod y Dyn y mae yn ei *feddiannu* yn syrthio i'r Llawr yn sydyn. **1776** I. BRYDYDD HIR: *P* i. 79, dymunem a'n holl galon ein bod ni yn *meddiannu* y ffydd fywiol hon. **1803** *P.*
Amr.: **meddiantu.** **1551** W. SALESBURY: *KLl* xviia, lxia, lxxiib. **1567** *TN* 66b.
Cfn.: **ei feddiannu ei hun:** *to control or compose oneself.* **1894** D. OWEN: *GT* 240, yr oedd, druan, mor gynhyrfus fel y bu raid i mi ddweyd wrthi am eistedd, cymeryd pwyll, a *meddiannu ei hun.*

meddiannol [*meddiant* + *-ol*] *a.* (a'i dilyn yn aml gan yr ardd. *o,* weithiau *ar*) a hefyd fel *eg.* Yn meddu (ar), yn meddiannu; yn rheoli; yn meddu ar fywoliaeth eglwysig; yn eiddo (i rywun), wedi ei feddiannu; wedi ei feddiannu (gan ysbryd, &c.); yn perthyn i feddiant; chwannog i feddiannu neu i reoli; *Gram.* yn dynodi meddiant, genidol: *possessing, in possession* (*of*)*, possessed* (*of*)*; ruling; having a church living, beneficed; belonging* (*to someone*)*, in one's possession, possessed; possessed* (*by spirit, &c.*)*; pertaining to possession, possessory; possessive; possessive, genitive* (*in gram.*).
15g. *GO* 227, Divvdd ynn, Duw *veddianol,* / O'i varw ef, vyw ar i ôl! **1547** *WS, meddianol,* possedding. **1567** G. ROBERT: *GC* 49, dy y rhagenw *meddiannawl.* **1588** *Gen* xxxi. 18, ei anifeiliaid *meddiannol,* y rhai a enillase efe ym Mesopotamia. *id.* xxxiv. 10, [y] wlad fydd o'ch blaen chwi . . . byddwch *feddiannol* o honi (**1620** *ib.* [c]eisiwch feddiannau ynddi). **1588–93** *Rhyddiaith Gymraeg* ii. 136, Yr hoccriwr yma . . . sydd *feddiannawl* o feister mawr o gythrel. *c.* **1590** *RC* xlvi. 75, na bysai neb yn *veddiannol* (*SDR* 71, uedyannus) ar y vydrwy honno. **1595** *Egl Ph* 13, y mae'r prydydd wedi gosod y pennaeth *meddiannawl* dros yr holl fy[dd]in filwrawg. **1604–7** *TW* (*Pen* 228) d.g. *possessiuus.* **1632** *D, meddiannol,* possidens. **17g.** HUW MORUS: *EC* ii. 319, I'n dwyn yn drigianol, i'w ddinas *feddiannol,* / Yn genedl o ganol drygioni. **1691** T. WILLIAMS: *YB* 12, nid ydych yn cyfrimonynt yn bethau parhaus, *meddiannol* ichwi. **1710** *LlGG* (*Gos*) 9, Pob Gwr *Meddiannol* cynnwysedig i bregethu, ac yn byw yn ei Feddiant. **1780** *W* d.g. *possession, belonging or pertaining to possession, possessive.* **1803** *P.*

Fel *e.* Meddiannwr: *possessor.*
1728 S. RHYDDERCH: *GC* 20, sef y[w] Rhagenw pob peth a ddangoso Bersonoliaeth *meddiannawl* (*Dchr.* **15g.** *B* ii. 190, medyanawdyr).
Cfn.: **meddiannol arno** (**arni,** &c.) **ei hun:** *self-possessed.* Ar lafar yn Arfon, "Roedd o'n hynod *fedd-*

iannol arno'i hun; ar 'i wely anga ac yn 'nabod pawb ac yn siarad'.

Am *achos meddiannol, cyflwr m., rhagenw m., trethiad m.*, gw. achos (At.), cyflwr, modd, rhagenw, trethiad.

Cf. hunanfeddiannol.

meddiannus [*meddiant* + *-us*] *a.* a hefyd fel *eg.* ll. *-ion.* Yn meddu (ar), meddiannol; ac iddo awdurdod, yn rheoli, pwerus, grymus; person mewn awdurdod, rheolwr; person grymus: *possessing, possessed (of); having authority, ruling, powerful, mighty; person in authority, ruler; mighty person.*

13g. *LlDW* 128. 9–15, pop penkerd telyn . . . adele yguasanaet ual gur *medyanus* ar nadunt [cerddorion telyn]. **14g.** *BT* 53, gwr grymus *medyannus*. **14g.** *MA*[2] 340a. 20, *Meddiannus* Ddeus ddyad ffyddlonder (Hywel ab Einion Llygliw). **14g.** *B* ix. 224, yd oed *medyanus* adan yr amperavdyr . . . yn dinas burdegal. **14g.** *IGE*[2] 126, Ond Dafydd [Hanmer], uswydd aesawr, / Ustus a *meddiannus* mawr. *c.* **1400** *Llst* 27, 28a, cas hustyng dychymycdrwc wrth *vedyannussyon* (*Pen* 190, 173, vedyanneit) neu swydogyon y golledu arall. *c.* **1400** *SDR* 71, na bu *uedyannus* (*RC* xlvi. 75, veddiannol) dyn eiryoet arnei [modrwy] namyn euo. *c.* **1400** *YCM*[2] 122, A vo mwyhaf yd achwaneco y medyant, mwyaf y chwennych y *medyannus*. **15g.** *GM* 28, Megys saetheu yn llaw *vedyanussyon* (*in manu potentis*). **1583** *LlGC* 716, 24a, colli *meddiannus* Arfer oi air Bendigedic ef a'i Sacraments. **1604–7** *TW* (*Pen* 228) d.g. *potens, potestates*. *c.* **1730** *Thos. Lloyd D* (LlGC) 174a, *meddiannus*, possessed. **1803** *P*.

Gw. hefyd meddianusiad.

meddiannwr, meddiannydd [bôn y f. fl. + *-wr, -ydd*[3]] *eg.* ll. *meddianwyr, meddiannyddion.* Un sy'n meddu ar eiddo, &c., perchen(nog), deiliad; rheolwr, penadur; *Gram.* genidol: *possessor, owner, proprietor, occupier; ruler, sovereign; genitive (in gram.).*

1588 *Gen* xiv. 19, [D]uw goruchaf, *meddiannydd* nefoedd, a daiar. **1588** *Eseia* i. 3, Yr ŷch a edwyn ei *feddiannudd*. **1595** *Egl Ph* 13, pan roir mywn ymadrodd y meddwr, neu'r *meddiannwr*, dros y peth sydd yn ei feddiant. **16–17g.** *CC* 280, *feddiannwr* y nef ddinam / doeth fab gida 'th dad a'th fam. **1632** *D, meddiannwr* d.g. *possessor*. **1677** C. Edwards: *FfDd* 328, gall golud fod yn niweidiol iw *meddianwyr*. **1717** Iaco ab Dewi: *CS* 25, Ai Duw . . . yw *Meddianydd* yr Eneid? **1721** J. P. Prys: *DC* 29, Duw oedd *Meddianydd* a Llywydd y lle. *c.* **1730** *Thos. Lloyd D* (LlGC) 170b, *meddiannydd*, an Owner. **1778** *W, meddiannydd* d.g. *occupant*. **1795** J. Thomas: *AIC* 52, Mae 'r Gŵr yn gwbl *feddianydd* ar holl euddo ei Wraig. **1803** *P* d.g. *meddiannwr, meddiannydd*.

Amr.: **meddiennydd. 1823.**

meddianolaf: meddianoli [bf. o'r a. *meddiannol*] *ba. Egl.* Sefydlu (offeiriad, canon, &c.): *(eccl.) to induct, install.*

1710 *LlGG* (*Gos*) 9, Gwŷr eraill a fo ganddynt Awdurdod i Dderbyn, Ragdrefnu, Rhoddi, *Meddiannoli*. *ib.* y Lle y bo fo i gael ei Dderbyn, Ordeinio, Ragdrefnu, Hyfforddi, *Feddiannoli*, neu ei Siccrhau iddo.

meddianoliad [bôn y f. fl. + *-iad*[1]] *eg. Egl.* Y weithred o sefydlu (offeiriad, canon, &c.); y weithred o feddiannu: *(eccl.) induction, installation; a taking possession.*

1710 *LlGG* (*Gos*) 9, pob cyfryw Dderbyniad, Rhagdrefniad, Rhoddiad, *Meddiannoliad*. *id.* 18, ei Ragdrefniad a'i *Feddiannoliad*. **1746** T. Richards: *CER* 47, Yr oedd pob Archesgob ac Esgob yn cael derbyn *Meddianoliad* o'i Swydd o Rufain.

meddiant [bôn y f.*meddaf*[1]: *meddu* + *-iant*] *eg.* ll. *meddiannau, meddiantau.*

(*a*) Y cyflwr neu'r weithred o feddu ar beth, meddiannaeth; peth y meddir arno, eiddo, cyfoeth, modd i fyw; bywoliaeth eglwysig; y cyflwr o fod wedi ei feddiannu (gan ysbryd drwg, &c.); rheolaeth dros dro gan chwaraewr, tîm, &c., ar bêl, &c., mewn pêl-droed, &c.: *possession, a possessing, occupation; thing possessed, property, wealth, means; benefice; possession (by evil spirit, &c.); possession (in football, &c.).*

13g. *LlC* 37, Nydyly mab *medyant* ar tyr a'y tat en vyw. **13g.** *LlI* 98, cany dele nep guystlau namen a uo en y *uedyant*. **14g.** *GP* 44, Sef yw rakhenw, pob peth o'r a arwydokao personolyaeth, neu *vedyant*, neu amouyn. *c.* **1475** *B* xiii. 183, y dan veistrolaeth a *medyant* kythreuleit. **1547** *WS, meddyant*, possession. **1567** *LlGG* (*Sall*) 58a, llawn yw y ddaiar oth *veddianneu* [:- gyvoeth]. **1567** *TN* 67a, can vod iddo lawer o *feddiantae* [:- dda]. **1588** 2 *Cr* xxxi. 1, holl feibion Israel a ddychwelasant bob vn at ei *feddiant*. **1618** J. Salisbury: *EH* 92, nad ydym etto mewn *meddiant* o'n etifeddiaeth. **1632** *D, meddiant* . . . possessio. **1685** *Art* 12, yr Eglwysydd ar Capelau efo i *Meddiannau* Addurnau ai Dodrefnau. **1710** *LlGG* (*Gos*) 9, Pob Gwr meddiannol cynnwysedig i bregethu, ac yn byw yn ei *Feddiant*. **1774** B. Francis: *A* i. 15, Gan iawn ddefnyddio'n ddoeth i gyd, / *Feddiannau* 'r byd presennol. **1803** *P*. Ar lafar, yn enw. yn yr ymad. 'cael *meddiant*', sef 'adennill eiddo ar ôl ei rentu i arall', a 'cymeryd (cymyd) *meddiant*', e.e. o gelfi am ddyled.

(*b*) Grym, gallu, awdurdod, rheolaeth, llywodraeth, awdurdodaeth, cylch awdurdod, braint, hawl; rhyfeddod, gwyrth; *Gram.* rheolaeth; (yn y ll.) y chweched o raddau'r angylion: *power, might, authority, rule, jurisdiction, right, claim; wonder, miracle; government (in gram.); (pl.) powers, potestates (sixth order in the hierarchy of angels).*

13g. *MA*[2] 218a. 34, Dy *feddiant* nid chwant a chwennychy (Dafydd Benfras). *Dchr.* **14g.** *H* 116a. 67, ae *ueddyant* hyd lundein (Llywarch ap Llywelyn). **14g.** *LlB* 11, ef [distain] a geiff *meddyant* (*LTWL* 322, habet potestatem) ynn y gegin a'r vedgell. **1346** *LlA* 32, Nyt oes *veddyant* (*potestas*) onnyt ygann duw. *id.* 102, *Medyannev* yw yrei ybo holl nerthoed yr egylyon gwrthwynebedigyon vdunt yn darestwng. **14g.** *WM* 229. 17–19, gowyn awneuthum idaw pa *wedyant* aoed idaw ef ar yr aniweileit. **14g.** *B* ix. 228, yna y gouynnvys yr amperaudyr pa *vedyant* y croget ef ydanav. *c.* **1400** *YSG* i. 72, nyt oes y'r tan racko o *vedyant* arnaf i gymeint ac y gallo llosgi vn blewyn arnaf. *c.* **1400** *RB* 272, aneiryf o luoed a diruawr *uedyant* a gallu. *id.* 279, barnwyt y garchar y brenhin. nyt herwyd kyfreith. namyn herwyd *medyant*. **15g.** *Cy* xxiv. 254, or *meddiant* mwyaf yssyt i mi i gan Dduw. **1567** *LlGG* 18a, ef a roddes yddwynt *veddiant* [:- fraint] y vot yn veibion Duw. *id.* 64b, enneiniaw'r Jesu . . . a *meddiant* [:- nerth]. **1567** *TN* 22a, [y] gwe[i]thredoedd nerthol [:- *meddiantae*]. **1632** *D, meddiant*, potestas, potentia . . . authoritas. **1699** T. Jones: *TP* 144, wedi dyfod allan o *feddiannau*'r Cawr. **1803** *P*.

Am *cyflwr meddiant, hir f.*, gw. cyflwr, hirfeddiant.

meddiantaf: meddiantu, gw. meddiannaf: meddiannu.

meddianusiad [*meddiannus* + *-iad*[3]] *eg.* ll. *meddianus(i)aid.* Person mewn awdurdod, rheolwr; meddiannwr: *person in authority, ruler; possessor.*

1346 *LlA* 71, yno ygossodir wynt [y saint] . . . yn veiri. Ac yn *vedyanussyeit* ar yr holl da. *c.* **1400** *RB* ii. 390, edrych barneu y *medyannuseit* rac llygru y gyfreith onadunt. **1604–7** *TW* (*Pen* 228), *meddianussiat* d.g. *magistratus*.

meddianyddol [*meddiant* + *-yddol* a *meddiannydd* + *-ol*] *a.* Yn perthyn i feddiant neu i feddiannwr: *relating to possession or a possessor, possessory.*

1780 *W* d.g. *possessory*. **1803** *P, meddiannyddawl*, belonging to a possessor.

meddiawdr [bôn y f. *meddaf*[1]: *meddu* + *-iawdr*] *eg.* Rheolwr: *ruler.*

13g. *B* xxi. 293, Gvarder o enwired a argyweda y'r *medyauder* ene wisgo amdanaw e dat. Ef a argyweda y *vedyauder* e deyrnas, nyt amgen y Ystyphan vrenhin, gvaredogrvyd y enwired e rei a gyuodassant en e erbyn. **14g.** *HMSS* ii. 75, *medeawdyr* [*sic*] ar yr holl yspaen.

meddiennydd, gw. meddiannwr.

meddig, &c., gw. meddyg, &c.

meddilia, gw. mefilia.

meddlad [*medd*[1] + *llad*[2]] *e?g.* Medd, anrheg o fedd: *(gift of) mead.*

c. **1400** *R* 1282. 38–9, Vy arglwyd modlwyd *medlat* wallaw gyr. **1803** *P*.

meddlestr [*medd*[1] + *llestr*[1]] *eg.* ll. *-i.* Llestr i ddal medd: *mead vessel.*

14g. *T* 3. 7–8, posbeirdein bronrein adyfi. adeuhont uch *medlestri*. *id.* 34. 5–6, 42. 20,

meddlyn [*medd*[1] + *llyn*[2]] *eg.* Medd, diod o fedd, hefyd yn *ffig.*: *mead, drink of mead, also fig.*

14g. *T* 62. 10–11, neu vi neu ymgorwyth medu *medlyn*. **14g.** *GDG* 14, Hardd eisyllydd rhydd rhodd ddidor—*meddlyn*. *c.* **1400** *R* 1056. 11, ry yfant maon *medlyn*. *id.* 1310. 39, hopkyn ior *medlyn* mat. **15g.** (*c.* **1600**) *Mos* 160, 249, llywelyn ywr *meddlyn* mau / fychan fab Jeuan biau (Ieuan ab Hywel Swrdwal). **16g.** (**1763**) W. Salesbury: *LlM* 90, od yfir Dram a hanner o honaw [banadl] mewn *meddlyn*. **1604–7** *TW* (*Pen* 228) d.g. *melicraton*. **1632** *D* d.g. *hydromeli*. **1722** *Llst* 189, *meddlynn*, mead (liquor). **1774** *W* d.g. *hydromel*.

meddlys[1] [*medd*[1] + *llys*[1]] *eg.* ?Llys yn llifeirio o fedd: *court flowing with mead.*

c. **1300** *H* 37a. 8, Medw *metlys* melys eu mestyc (Cynddelw).

Cf. gwinllys.

meddlys[2] [*medd*[1] + *llys*[5]; cf. S. *meadwort, meadsweet*; ansicr yw'r engh. gyntaf] *eb. Bot.* Planhigyn a ddefnyddid gynt i roddi blas melys ar fedd, blodau'r mêl, *Filipendula ulmaria*: *meadowsweet.*

c. **1400** *MM* 44, Y dorri gwaetlin redegaw[c].—Kymryt y *uedlys* (cf. *Études* viii. 70, y waetlys) ae tharaw ar dwfyr oer ae yuet. **1813** *WB* 217.

meddod, gw. medd-dod.

meddog [?*medd*[2] + *-og*] *a.* ?Ac iddo eiddo: *having possessions.*

1775 *W Ballads* 283, 5, Hon oedd feichiog *feddog* fun.

meddol [*medd*[1] + *-ol*] *a.* (Melys) fel medd, a blas medd arno: *(sweet) like mead, tasting like mead.*

1696 *CDD* 154, Pe cait fwŷta wrth dy flŷs, / Bôb ffrwŷthŷdd melŷs *meddol*.

meddrod, medrod[2] [amr. ar *beddrod, bedrod*] *eb.* ll. *-au.* Bedd, beddrod; mynwent: *grave, tomb; cemetery.*

c. **1300** *H* 43a. 14, Braw bryneich branar eu *medrawd* (*Études* v. 94, bedraut) (Cynddelw). *c.* **1400** *R* 1162. 15–16, Kynn ysgell *medrawt*. ysgar am pechawt. **15g.** (*Dchr.* **17g.**) *LBS* iv. 437, mae n llawr honn [Ynys Enlli] main allor haf / *medrodav* mel mydrodaf [*sic*] (Hywel Dafi). **1456** *Pen* 70, [78], *Medrot* synghwrt y brodyr [marwnad Edmwnt, Iarll Rismwnt, gan Lewis Glyn Cothi]. *c.* **1536–7** *CH* 226, Mawr oedd y bedd lle gweddai: / *Medrod* Syr Lawnslod oedd lai. *c.* **1588** *B* ii. 230, *medrod*: mynwent nev vedd. **16–17g.** *Pen* 225, 269, mineu Tothinws a ddûgym gorph margaret ac ai gossotes mewn *metrot* newydd (*B* ix. 334, betravt; *id.* x. 59, ysgrin o uaen). **1707** *AB* 218d, *meddrod* . . . a church yard, a grave. V.

meddud [bôn y f. *meddaf*[1]: *meddu* (neu o bosibl *medd*[1]) + *-ud*, cf. *molud*; dichon mai i'r f. *meddaf*[1]: *meddu* y perthyn y ddwy engh. gyntaf isod] *e?g.* Mwynhad; cyfeddach: *enjoyment; revelry.*

13g. *C* 13. 2–4, Menestir. vytud. meuvet *vetvd*. molud esmuith. **13g.** *A* 10. 1, dyrllydut *medut* moryen tan. *c.* **1300** *H* 42b. 9, Mur mawrdut uch *medut* metwawd (Cynddelw). **14g.** *T* 3. 4–5, Dygofi dy hen vrython. gwydyl kyl diuerogyon. *medut* medwon. *id.* 7. 27, yn gwna *medut* meddawt medyd. *id.* 16. 2–3, nys gwnaho *medut* meddawt genhyn. *id.* 43. 10–12, Aduwyn gaer yssyd ae gwna kyman. *medut* amolut ac adar bann. *id.* 44. 1.

meddus, gw. mefus.

meddw [Crn. Diw. *medho*, Llyd. C. *mezu*, Llyd. Diw. *mezv, mezo*, taf. Gwened *meù*, Gwydd. C. *medb* 'meddwol', e. prs. *Medb*: < Clt. **meduo*-, o'r gwr. IE. **medhu* 'mêl, medd', Gr. *μεθύω* 'bod yn feddw'; cf. *medd*[1]] *a.* ll. *-on*, a hefyd fel *eg.b.* ll. *-on, -aid.* Dan ddylanwad diod feddwol, wedi meddwi, brwysg, hefyd yn *ffig.*; a achosir gan feddod, nodweddiadol o berson meddw; yn peri meddwi, meddwol; person dan ddylanwad diod feddwol, meddwyn, diotwr; ?medd-dod: *drunk(en), intoxicated, fuddled (by drink), tipsy, also fig.; caused by intoxica-*

tion, characteristic of a drunken person; intoxicating; drunken person, inebriate, drunkard; ?intoxication, drunkenness.

13g. *C* 12. 10–11, *metv* ton dros traeth. **13g.** *A* 9. 3–4, hoedyl vyrryon *medwon* uch med hidleit. **13g.** *LlDW* 120. 9–10, Nyd gueneuthuredyc dym or aguenel dyn *medu*. *c.* **1300** *H* 37a. 8, *Medw* metlys melys eu mestyc (Cynddelw). **14g.** *BT (R)* 160, gwedy eu hadaw yn *vedweit* ynn kyscu. **14g.** *GDG* 358, Os *meddw* oeddwn, gwn a gad, / Medd a'i gŵyr, *meddw* o gariad. **15g.** *LGC* 387, Ni bu ieir un vodd, na brain *veddwach* [dychan gwŷr Caer]. **1547** *WS*, *meddw*, dronken. **1567** *TN* 40b, bwyta ac yfed y gyd a'r *meddwon* [:– brwyscon]. **1575–6** *B* vi. 316–7, *Meddw* oedd vam Meddwen, Meddwen oedd vam *Meddwach*, *Meddwach* oedd vam *Meddwaf* oll. **1588** *Deut* xxix 19, i chwanegu y *feddw* at y sychedig (**1620** *ib.* meddwdod at syched). **1588** *Diar* xxiii. 21, y *meddw*, a'r glwth a ddeuant i dlodi. **1630** R. VAUGHAN: *YDd* 82, dy gêg *feddw* a sŷch gan syched anniffoddadwy. **1632** *D*, *meddw*, ebrius, temulentus, potus. **1661** E. LEWIS: *Drex* [xi], y *meddwon* yn wyr sobr. **1703** E. WYNNE: *BC* 103, cenfaint o fôch *meddwon* . . . yn chwydu. **1788** J. ROBERTS: *AR* iv, [c]asglu llawer o ŷd *meddw*, i lenwi'r pen a sŵn. **1798** GW. MECHAIN: *D* 19, Os ydych yn *feddw*, ai nid y'w [*sic*] eich gwraig a'ch plant mewn eisiau? **1803** *P.* Ar lafar, yn aml mewn ymad. fel '*meddw* gaib, *meddw* garn, *meddw* goc(o)ls, *meddw* chwil, *meddw* hopsyn, *meddw* mawr (fawr)'; gw. hefyd y *Cfn.*

Amr.: **myddw** [?ff. 1., cf. *gwyddw*, *llyddw*]. **13g.** *Études* v. 98, Gvedy *mydv* amed gorewyn (Cynddelw).

Cfn.: **m. gorn:** *blind drunk.* **1761** *ML* ii. 359. Ar lafar. **m. chwilgorn:** *reeling drunk.* **1794** *P*, chwilgorn . . . mae vo yn *veddw chwilgorn*, he is topingly drunk. **m. henbob:** (i) *nauseous after drinking too much alcohol, 'hung over'.* *c.* **1730** *Thos. Lloyd D* (LlGC) 170b, *meddw henbob*, crop-sick. **1803** *P.* (ii) *drunkard, sot.* **1722** *Llst* 189, *meddw henbob*, a sot.

Am *marw feddw*, *ŷd m.*, gw. marw[1], ŷd. Gw. hefyd meddwaint, meddwyn.

meddwach[1,2], gw. meddw, meddwaf: meddwi.

meddwad [bôn y f. ddil. + *-ad*[2], trf. han.] *eg.* Medd-dod, pwl o yfed neu feddwi, sbri: *intoxication, bout of drinking or drunkenness, spree.*

1775 *W* d.g. *intoxication.* **1803** *P.* Ar lafar.

meddwaf: meddwi [bf. o'r a. *meddw*; cf. Llyd. C. *mezuiff*, Llyd. Diw. *me(z)viñ*, taf. Gwened *meùein*] *bg.a.* Bod neu fynd yn feddw, brwysgo; gwneud yn feddw, peri medd-dod; hefyd yn *ffig.*: *to be(come) drunk or tipsy, be intoxicated or inebriated; make drunk, cause intoxication; also fig.*

Dchr. **14g.** *H* 89b. 55, pan vei ankwyn med yn *medwyt* yn llys (Phylip Brydydd). **1346** *LlA* 40, ac *ymedwant* oamryuaelon wirodeu. **14g.** *WM* 47. 2–3, A phan wybuwyt eu *medwi* wynteu. **14g.** *GDG* 31, Lle y mae ufuddwin llym i *feddwi*. **15g.** *Pen* 109, 84, Chwannoc ywr korff bywioc bach. / I *vedwi* a chyuedach (Lewis Glyn Cothi). **15g.** *ID* 18, au gwin rag ym ddigoni / au medd serch am *meddwis* i [cywydd y cusan]. **1547** *WS*, *meddwi*, to be dronke. **1567** *LlGG* 40b, Am hynny y dansangaf y populoedd yn vy dicter, ac eu *meddwaf* yn vym bar. **1567** *TN* 392a, deiled y ddayar gwedy *meddwi* a gwin y godineb hi. *c.* **1585** G. ROBERT: *DC* 60, Od oedd vn defnyn or gwin nefol hyn cyn gryfed, ai fod yn dwyn Peder i *feddwi* yn sprydol. **1588** *Deut* xxxii. 42, *Meddwaf* fy saethau a gwaed. **1588** 2 *Sam* xi. 13, Dafydd ai galwodd ef . . . ac ai *meddwodd* ef. **1588** *Eseia* xxxiv. 7, ai tir hwynt a *feddwa* oi gwaed hwynt. **1632** *D*, *meddwi*, inebriare, & inebriari. **1773** *W* d.g. *to fuddle* [*make a person drunk*], *intoxicate.* **1803** *P.* Ar lafar, yn aml mewn ymad. fel '*meddwi*'n gorn (garn)', '*meddwi*'n chwil(s)', '*meddwi*'n goc(o)ls', '*meddwi*'n rhacs', '*meddwi*'n dwll'; hefyd yn y Gogledd yn yr ystyr 'cael y bendro', *WVBD* 369.

Amr.: **meddwach**[2]. **1775** *CY* 72. **methwi** [cf. *meth*[2]]. **1551** W. SALESBURY: *KLl* xia, xxxiiib.

Gw. hefyd meddwaint.

meddwaidd [*meddw* + *-aidd*] *a.* Meddw, brwysg; nodweddiadol o berson meddw: *drunken, tipsy; characteristic of a drunken person.*

16–17g. *CC* 417, Ag yno yn dra ffyddlon gan *feddwaidd* gyfeillion. **1630** R. VAUGHAN: *YDd* 166–7, carowsio *meddwaidd*. **1653** *MLl* i. 223, yr holl eiriau gwatwarus, *meddwaedd* [*sic*] bloddestgar. **1657** *id.* ii. 111, Neu rai *meddwaidd* segur diog / Yn cardotta am y geiniog.

meddwaint [*meddw* + *-aint*[1] ac *-aint*[2]] *eg.* ac *e.ll.* ?a hefyd fel *a.* Medd-dod, hefyd yn *ffig.*; meddwon, diotwyr; ?meddw: *drunkenness, also fig.; drunken people, drunkards; ?drunk(en).*

13g. *C* 77. 5–6, Gwerlig haelaw haeton gvaut veitiadon [diwyg.] vaton *vetveint*. **13g.** *A* 17. 7–8, yr eur a meirch mawr. a med *medweint*. *c.* **1300** *H* 79a. 5, Ny dyly corn met keinon *metweint* (Gwynfardd Brycheiniog). **1346** *LlA* 55, arei glwth. ar *meddweint* (*ebriosi*). ar godyon. **14g.** *GDG* 30, A gwawr ei heurllawr, lle mawr *meddwaint*. *id.* 144, Meddw oeddwn, mau ddioddef, / *Meddwaint* rhiain groywfain gref. *id.* 358, 'Y nyn, ni hunwn innau, / Er maint oedd y *meddwaint* mau. *c.* **1400** *R* 1275. 30–31, Prif vuched merch wedw oed wyr *medweint*. **15g.** *Pen* 109, 26, Ith neuad gitath neieint. i trigwn. / Ninneu a uydwn yno. n. *uedweint* (Lewis Glyn Cothi). **15g.** DEIO AB IEUAN DU, &c.: *Gw* 218, Rhun fyddin, rhai yn *feddwaint*, / Er hynny fry o'r hen fraint. **1547** *WS*, *meddwaint*, dronkenesse. **1551** W. SALESBURY: *KLl* ia, mewn gwleddoedd a *meddwaint*. **1632** *D*, meddwdod, & *Meddwaint*, ebrietas, temulentia. **1672** R. PRICHARD: *Gw* 449, [c]âs gyfeillach, / Môch a *meddwaint* mewn Tafarnach. **1803** *P.*

meddwaith, gw. meddfaith.

meddwaledd, gw. mydwaledd.

meddwawd [bôn y f. *meddwaf*: *meddwi* + *-awd*[2]] *a.* ac weithiau gyda grym enwol. ?Yn peri medd-dod, meddwol, meddw, hefyd yn *ffig.*: *causing intoxication, intoxicating, intoxicated, drunken, also fig.*

13g. *A* 5. 10, e ved *medwawt*. *c.* **1300** *H* 1a. 10, Ac eil dra drymhaf tregi *metwawd* [marwnad Gruffudd ap Cynan gan Feilyr Brydydd]. *id.* 42b. 9, Mur mawrdut uch medut *metwawd* (Cynddelw). **14g.** *T* 22. 9, pan yw mor *medwhawt*. *id.* 41. 11, Gorwyth medw *medwhawt*.

meddwdod, gw. medd-dod.

meddwedig [bôn y f. *meddwaf*: *meddwi* + *-edig*] *a.bfl.* Meddw; a nodweddir gan fedd-dod: *drunk(en); characterized by drunkenness.*

1721 J. P. PRYS: *DC* 127, I'r Dafarn *feddwedig* ag eiste yno 'n ystig. **1803** *P.*

meddwedd [*meddw* + *-edd*[1]] *eg.* Medd-dod: *drunkenness.*

15g. *BB* 109, [y] gweission yeweinc yn digawn ev *medwed* (*BD* 89, gwedy eu medwi).

meddwen, gw. meddwyn.

meddwes [*meddw* + *-es*[1]] *eb.* Meddwen: *female drunkard.*

1615 R. SMYTH: *GB* 64, os y hi a fydd *feddwes*, y plentyn a fydd 'n yr un phynyd.

meddwgyrn [?*meddw* + *cyrn*, ll. yr e. *corn*, neu wall am *meddgyrn*, ll. yr e. *meddgorn*] *e.ll.* Cyrn (yfed) sy'n peri medd-dod: (*drinking*) *horns which cause drunkenness.*

c. **1400** *R* 1324. 27–8, eryr teyrn *medwgyrn* med.

meddwin [*medd*[1] + *gwin*] *eg.* Alcohol wedi ei ddistyllu o win: *spirit of wine, rectified spirit.*

1839.

meddwl[1] [cf. *medd*[2], sef bôn y f. *meddaf*[1]: *meddu*] *eg.* ll. *meddyliau*, *meddyl(i)on.*

(*a*) Y weithred neu'r proses o feddwl, yr hyn a feddylir, myfyrdod, barn, tyb; bwriad, amcan; ystyr, synnwyr: (*a*) *thought, cogitation, meditation, judgement, opinion; intention, purpose; meaning, sense.*

12g. *MA*[2] 190a. 36, Neum dychryn *meddwl* a feddyliaf (Cynddelw). **13g.** *id.* 218a. 35, Dy *feddwl* nid cwl canys cely (Dafydd Benfras). **13g.** *BD* 36, guedy tynnu pavb yn un *uedwl* ac ef. **1346** *LlA* 135, Ny orucpwyt eiroet gweithret da. ny bei *vedwl* da ary dechreu. **14g.** *WM* 10. 3–5, pa amgen *uedwl* yssyd yndaw ef heno. *ib.* 7–9, guedy y *medwl* hwnnw duhunaw a wnaeth ef. **14g.** *BT (RB)* 34, medylyaw diffeithaw yr holl wlat, a hep allel cwplau y *medwl*. *c.* **1400** *GP* 16, Crefydwr a uolir o grefyd . . . a *medylyeu* dwywolyon. *c.* **1585** G. ROBERT: *DC* [xx], [y]r vn *meddwl* ar synnwyr yn y geirieu. **1588** *Esec* xxxviii. 10, bydd yn y dydd hwnnw i bethau ddyfod i'th *feddwl*, fel y meddyliech *feddwl* drwg. **16–17g.** *HG* 2, y knawd ar byd, ysbryd kroelon / Drwg yn troi sŷ, y *meddylon*. **1632** *D*, *meddwl* . . . cogitatio, intentio. **17g.** *Mos* 147, 639, *Meddylion* trymion am troes, I wylo (Huw Morys). **1658** R. VAUGHAN: *YPS* iv, mewn vn *feddwl* ac vn farn. **1731** T. LEWYS: *BMA* 209, wedi cymmeryd o hono ormod o *Feddylieu* pa sut y byddai byw. **1803** *P.* Ar lafar, e.e. 'Cadw dy *feddwl* ar dy waith'; 'Mae gynno fo *feddwl* mawr ohono fo'i hun'. Yn y De clywir 'Mae('r) *meddylie* (hen *feddylie*) arno' am rywun isel ei ysbryd.

(*b*) Eisteddle'r ymwybod, y cyneddfau deallusol a theimladol, &c., mewn unigolyn, deall, bryd, dychymyg: *mind, intellect, imagination.*

13g. *BD* 72, Canys y uryt ef a'e *uedvl* oed vrth urenhynaeth. **1346** *LlA* 4, megys ygwyl saer da yny *vedwl* pa wed y llunyeitho y weith. *c.* **1400** *MM* 156, kanys *medwl* dyn a lawenhaa mywn petheu tec. *c.* **1400** *YCM*[2] 59, twyllwys vy *medwl*, ac y gadwys vyg kallon ym dywedut kelwyd. **1567** *TN* 266b, Am hyny y caledwyt y *meddwl* hwy. **1588** *Esec* xxxviii. 10, bydd yn y dydd hwnnw i bethau ddyfod i'th *feddwl*, fel y meddyliech feddwl drwg. **1595** H. LEWYS: *PA* 3–4, ni a ddylêm ddarostwng ac vfuddhau ein calonneu a'n *meddylieu*, iddaw ef. **1606** E. JAMES: *Hom* ii. 202, Y mae 'n eglur fod y *meddwl* yn myned ym-mhell o'i le, wrth yfed gormodd. **1618** J. SALISBURY: *EH* 16, pa rith bynnag corphorol a ymddangoso garbron eych llygaid, neu'ch *meddwl*. **1632** *D*, *meddwl*, animus, mens. **1725** D. LEWIS: *GB* 35, Y *Meddwl*, yr hwn sydd megis yn dwyn yr Enaid i bob Llê, ac yn chwilio pob Peth ym mhob man. **1803** *P.*

Cfn.: **meddwl agored:** *open mind.* Ar lafar yn gyff., 'Mae gen i *feddwl agored* ynglŷn â'r mater'. **m. cyfartal:** *equanimity.* **1632** *D* d.g. *æquanimitas.* **1722** *Llst* 189. **1773** *W* d.g. *equanimity.* **m. diogel:** *high opinion.* Ar lafar yn sir Benf., 'Ma gida hi *feddwl jogel* ohoni 'i hunan'. **meddyliau duon:** *melancholy thoughts, depression.* **1657** *MLl* ii. 120. **1706** *Cyf Cym* 263. **m. gwan:** *melancholy thought, depression, faint heart, weak mind.* **1767** J. ROBERTS: *H* 28, Os byd a chnawd a *meddwl gwan*, / A 'u gyrriff tan y tonnau. **1771** W. WILLIAMS: *GIE* i. 11. **1782** P. WILLIAMS: *CC* 13, ymgyssuro . . . yn erbyn *meddyliau gwan.* **1783** P. WILLIAMS: *FfA* 7, a'r galon yn ymofidio, gan *feddyliau gweinion.* **ar ddau feddwl:** *in two minds, undecided.* **1588** *Hos* xi. 7. *c.* **1730** *Thos. Lloyd D* (LlGC) 172a, *ar ddau feddwl*, suspensus, in two minds. Cf. *rhwng—rh. dau feddwl.* **ar feddwl:** (i) *with the intention of, intending to.* **1346** *LlA* 109. **14g.** *WM* 74. 5. *c.* **1400** *YCM*[2] 20, 26. **15g.** *BB* 140. **1797** E. CHARLES: *EC* 32. Cf. Ar lafar yn y Gogledd. (ii) *pretending to, under pretence of.* **14g.** *WM* 243. 19. *c.* **1400** [*RB*] *WM* td. 98. (iii) *mentally, in the mind.* **1670** J. HUGHES: *AP* 205. **ar f. da:** *with good intent, in good faith.* **17g.** HUW MORUS: *EC* ii. [416]. **1740** T. EVANS: *DPO* 108.

Am *cloffi rhwng dau feddwl*, *cynnwrf m.*, *cythrwfl m.*, *chwalu meddyliau*, *gwastadrwydd meddwl*, *gwewyr m.*, *hel meddyliau* (*drwg*), *rhwng dau feddwl*, gw. cloffaf: cloffi, cynnwrf, cythrwfl, chwalu: chwalu, gwastadrwydd, gwewyr, heliaf: hel, rhwng.

meddwl[2], gw. meddyliaf: meddwl[2].

meddwl-flaenllaw, gw. meddwl[1] + blaenllaw.

meddwlfryd, meddwlgryf, meddwliad, meddwliaf: meddwl, gw. meddylfryd, meddylgryf, meddyliad, meddyliaf: meddwl.

meddwog [*meddw* + *-og*] *a.* Meddw, llawn medd-dod: *drunken, full of drunkenness.*

1653 R. JONES: *TTN* 45, Babilon ffiaidd, *feddwog*.

meddwol [*meddw* + *-ol*] *a.* Yn peri medd-dod, brwysgol, hefyd yn *ffig.*; yn perthyn i'r ddiod feddwol: *intoxicating, also fig.; relating to intoxicating liquor.*

1803 *P* d.g. *meddwawl.*

Am *diod feddwol*, *y fasnach f.*, gw. diod, masnach[1].

meddwr[1] [bôn y f. *meddwaf*: *meddwi* + *-wr*] *eg.* ll. *-wyr.* Meddwyn; un sy'n peri medd-dod: *drunkard; one who intoxicates.*

1588 *Joel* i. 5, Deffroiwch *fedd-wŷr*, ac ŵylwch, ac vdwch holl yf-wŷr gwin am y gwin newydd. **1630** R. VAUGHAN: *YDd* 291, *meddwyr*, glothinebwyr, ar cyfryw fywolion didrefn. **1632** J. DAVIES: *LlR* 124, na lladron, na chybyddion, na *meddwyr*. *c.* **1730** *Thos. Lloyd D* (LlGC) 170b, meddwyn, a Sot. *Meddwr*. **1795** JAC GLAN-Y-GORS: *SG* 35, os bydd rhyw ddyn . . . yn dyngwr, neu yn *feddwr*. **1803** *P*, *meddwwr*, a man who intoxicates; a man who gets drunk.

meddwr² [bôn y f. *meddaf¹*: *meddu* + *-wr*] *eg.* ll. *-wyr*. Meddiannwr; rheolwr, hefyd yn *ffig.*: *possessor*; *ruler*, *also fig.*

15g. (**16g.**) *Llst* 6, 113, *meddwr* ar hyddod mawddwy [Huw Pennal i ofyn milgi du]. **1595** *Egl Ph* 13, pan roir mywn ymadrodd y *meddwr*, neu'r meddiannwr, dros y peth sydd yn ei feddiant. **1630** R. LLWYD: *LlH* v, arwydd o ewyllysgarwch y rhoddwr i ymadael yn rhwydd a chalennig a fai gwell, pe bai *meddwr* arni. **1632** *D*, *meddwr*, possessor. **1803** *P*, *meddwr*, a man who commands; a possessor.

meddwyd [?*meddw* + elf. anhysbys] *a.* ?Meddw: *drunken*.

a. **1587** *Y* 151, A ffaid a'th ffoledd *meddwyd*, / Ffair deg, os offeiriad wyd.

meddwyn [*meddw* + *-yn*] *eg.* (b. *-en*) Dyn meddw, diotwr: *drunken man*, *drunkard*.

1575–6 *B* vi. 316, Meddw oedd vam *Meddwen*. **1588** *Salm* cvii. 27, Ymdroâsant, ac ymsymmudâsant fel *meddwyn*. **1595** *Egl Ph* 45, dywedwn . . . fod *meddwyn*, yn fochyn. **1604–7** *TW* (*Pen* 228) d.g. *madulsa*, *potator*. **1606** E. JAMES: *Hom* iii. 181, ti a ddywedi . . . ei bod hi yn wraig lidiog, yn *feddwen*. **1632** *D* d.g. *debacchor*, *vinipotor*. **1675** R. JONES: *HCh* 52, Ceryddu *meddwyn* yn ei feddwdod sydd ffoledd. **1696** *CDD* 65, rhoi finiger i'r Jesu' mae'r *meddwŷn* wrth bechu. *c.* **1730** *Thos. Lloyd D* (LlGC) 170b, *meddwen*, a she Drunkard. *ib. meddwyn*, a Sot. **1797** B. EVANS: *CG* 259, Ei fod yn euog o feddwi sy wir . . . ond a raid . . . ei gyfenwi yn *feddwyn*? **1803** *P*.

Gw. hefyd meddw.

meddy, 3 un. pres. myn. y f. *maddeuaf*: *maddau*.

meddycbrawf [*meddyg* + *prawf*] *eg.* Crachfeddyg: *quack doctor*.

1658 R. VAUGHAN: *PS* 343, ni roddaf fi mom corph i law *meddygbrawf* (*Empirike*), mom stât ar law cyfreithiwr gwirion.

meddyctrwyth [*meddyg* + *trwyth*] *eg.* Trwyth meddyginiaethol: *medicinal decoction*.

1772 *W* d.g. *decoction*. **1793** N. WILLIAMS: *HM* 39, *Meddyg-drwyth* i'r Darfodedigaeth. *id.* 57.

meddycty [*meddyg* + *tŷ*] *eg.* ll. *-tai*. Siop fferyllydd, fferyllfa; ysbyty, llety cleifion a fforddolion: *pharmacy*, *dispensary*; *hospital*, *hospice*.

1772 *W* d.g. *dispensary* (hefyd *WR*).

meddychad [*medd²* + *-ych-* + *-ad²*, trf. han.; cf. *clafychiad*, *gwanychiad*, *heddychiad¹*] *eg.* ?Dyfarniad, rheolaeth: ?*a ruling*, *control*.

9g. (*LlSC*) *LL* xliii, ir ni be câs igridu di*medichat* guetig [h]it did braut.

meddydaf: meddydu, meddyd [bnth. dysg. o'r Llad. *medit(or)*] *ba.* Meddwl, myfyrio uwchben: *to think*, *meditate on*.

p. **1584** G. ROBERT: *GC* [197], Meditari, *meddyd*. *id.* [357], Dann *feddyd* honn, vnionphydd, / (einioes da yw) nos a dydd. **1609** R. SMYTH: *CAC* 32, rhaid yw ymgleddu'r gobaith ai gyphroi trwy *fedyddu* [*sic*] ne fyfyrio beunudd ddaioni duw. *c.* **1730** *Thos. Lloyd D* (LlGC) 170b, *meddyd*, meditor.

meddydiad [bôn y f. fl. + *-iad¹*] *eg.* ll. *-au*. Meddwl, myfyrdod: *thought*, *meditation*.

p. **1584** G. ROBERT: *GC* [197], meditatio . . . meditationes . . . *meddydiad*, *m[e]ddyddiadau*. *c.* **1730** *Thos. Lloyd D* (LlGC) 170b, *meddydiad*, meditatio.

meddydiant [bôn y f. fl. + *-iant*] *eg.* ll. *-iannau*. Meddwl, myfyrdod: *thought*, *meditation*.

p. **1584** G. ROBERT: *GC* [197], *meddydiant*, meditatio, *meddydiannau*, meditationes. *c.* **1730** *Thos. Lloyd D* (LlGC) 170b, *meddydiant*, meditatio.

meddydd¹ [*medd¹* + *-ydd³*] *eg.* Gwneuthurwr medd (un o'r swyddogion yn llys y brenin yn y cyfreithiau Cymraeg); ?meddwyn: *mead-maker*, *mead-brewer*; ?*drunkard*.

13g. *LTWL* 109, ministros officiales . . . nonus decimus *medyd*. **13g.** *LlI* 12, Unuet ar dec yv e *medyd* . . . E navd yv o'r pan dechreuho guneythur kerven ued ene rvymho e hvyl am e phen. **14g.** *WML* 25, *Medyd* ageiff ytir yn ryd . . . y gan y brenhin. *c.* **1400** *R* 1347. 4, Nef nyth uyd dwyll *uedyd* dall. *id.* 1353. 31, keryd bedweryd *uedyd* ueidyawc. **1730** *Leg Wall* 578, *meddydd*, medonis confector. **1753** *TR*, *meddydd*, one that makes mead, a maker or brewer of mead. **1803** *P*.

meddydd² [?bôn y f. *meddaf¹*: *meddu* + *-ydd³*; ansicr yw'r enghrau.] ?*eg.* ?Rheolwr: *ruler*.

c. **1300** *H* 13a. 25, metyc a yolaf *medyt* plant adaf (Gwalchmai). **14g.** *T* 7. 27, yn gwna medut meddawt *medyd*. **15g.** *GM* 35, Gogonyant, medyant *medyd* ber wirawt.

meddydd³ [bôn y f. *meddaf²* + *-ydd³*] *eg.* Llefarwr, siaradwr: *talker*, *speaker*.

1793 *Ll* xii. 140, Gwaith dy ddydd, y *meddydd* mad [i'r aderyn bronfraith].

meddyg [bnth. Llad. *medicus*, H. Grn. *medhec*, gl. *medicus*, Crn. C. *methek*, Gwydd. C. *midach*, Llyd. C. *mezec*, Llyd. Diw. *mezeg*] *eg.* ll. *-on*.

(*a*) Un sy'n ymarfer â meddyginiaeth, doctor, ffisigwr, llawfeddyg, iachawr: *doctor*, *medical practitioner*, *physician*, *surgeon*, *healer*.

13g. *C* 76. 5–7, Gwerin werid. gwedy clevid crid. a chymvy. ny dav *metic* hid orphen bid. hid y nottwy. **13g.** *Cylchg LlGC* v. 61, gur . . . en rwymedic o gryt . . . wedy pallu kyngor a chanhorthwy *medygon* idav. **13g.** *LlI* 12–13, e *medyc* . . . E navd yv o'r pan archo e brenhyn ydav mynet vrth den archolledyc . . . Ef a dele medegynyaeth rat e'r a uo en e llys ac e'r teylu. **14g.** *T* 15. 10–12, llym llifeit llafnawr llwyr y lladant. ny byd y *vedyc* mwyn or awnaant. **1346** *LlA* 72, byd hoff gann *vedyc* iachav clav annobeith. **14g.** *WM* 108. 23–8, nit oed dim onyt croen ac ascwrn . . . ducpwyt agahat o *uedic* da yggwyned wrthaw. Kyn kyuyl yr ulwydyn, yd oed ef yn holl iach. *id.* 141. 24–6, or kaffei *veddic* y gyuanhei y ascwrn ac arwymei ygymaleu yn da. **14–15g.** *IGE²* 139, Gwn nad rhaid im, gem gymwy, / Na ffisig na *meddig* mwy (Gruffudd Llwyd). *c.* **1400** *R* 1156. 4–5, Ef [Iesu] avu *uedic* yr paralitic. *c.* **1400** *MM* 6, Riwallawn *uedic*. **1547** *WS*, *meddic*, a leche, a surgion. **1551** W. SALESBURY: *KLl* lxxxii, Nyd reit yr cryfion wrth *veddic*, namyn y Rei cleifon. **1567** *TN* 87b, y *meddig* [:– physicwr], iacha dy hun. **1632** *D*, *meddyg*, medicus. **1780** *W* d.g. *physician*. **1803** *P*. Digwydd ar lafar yn nwyrain sir Gaerf. yn yr ystyr 'moddion, ffisig', "Na beth odd yn *feddyg* i ryfeddu odd cwrw'.

(*b*) (Yn *ffig.*: *fig. exx.*)

c. **1300** *H* 5b. 4, yssy yni *vetyc* a uet gwared an geu [*sic*] [Gwalchmai i Dduw]. *c.* **1400** *R* 1195. 19–20, wyrrennic *uedic* vud iach achlaf. *id.* 1214. 19–20, ieith wledic y *medic* an med. *id.* 1298. 35–6, mab meir eur greir ar y groc. madeu kanys ti ywr *medic*. **15g.** *BDG* 295, O Dduw gwyn, *feddyg* einioes, / Nad i ferch newidio f'oes. **16–17g.** *CRC* 7, Ffarwel meinwen dos n iach / A minne n afiach orig / . . . / Ansyber fŷ fy *meddig*. **1687** (**1715**) J. OWEN: *TB* 151, Crist yw'r unig *feddig*, a'r efengil sydd yn trefnu'r feddiginiaeth.

Cfn.: **meddyg anifeiliaid**: *veterinary surgeon*. **1632** *D* d.g. *cteniatrus*. **1798** *WR* d.g. *farrier*. **m. y frech**: *pox doctor*. **1700** *Cylchg LlGC* xvii. 197. *Bot.* **m. y bugail**: *ploughman's spikenard*, *Inula conyza*. **1813** *WB* 217. **m. corff**: *physician*. Ar lafar. **m. cyffredinol** = **m. teulu** (i). **20g.** **m. dannedd**: *dentist*. **1816.** **m. dŵr**: *water-doctor*, *water-caster*, *urinoscopist*. **1903.** **m. enaid**: *soul-doctor*, *soul-curser*. *c.* **1400** *J* 1, 1067, Goreu medyc. *medyc eneit*. **1679** C. EDWARDS: *GGG* 157. **m. esgyrn**: *bonesetter*, *osteopath*. **1927.** Ar lafar yn gyff. **m. geni**: *obstetrician*. **20g.** **m. llygaid**: *ophthalmologist*, *optician*. **1604–7** *TW* (*Pen* 228) d.g. *ophthalmicus* (hefyd *D*). **1778** *W* d.g. *oculist*. *Cyfr.* **m. llys**: *court doctor*. **14g.** *WML* 24. **14g.** *LlB* 26. *Bot.* **m. Mair** = **m. y bugail**. **1813** *WB* 217. *Bot.* **m. y medwr**: *self-heal*, *Prunella vulgaris*. **20g.** **m. meirch**: *horse-doctor*, *farrier*. **1604–7** *TW* (*Pen* 228) d.g. *cteniatrus*, *equarius*, *hippiatrus*, *veterinarius* (hefyd *D*). **1798** *WR* d.g. *farrier*. **Meddygon Myddfai**: *the Physicians of Myddfai*, *namely Rhiwallon and his sons*, *who practised medicine at the beginning of the thirteenth century*, *and a line of hereditary physicians claiming descent from them*. *Diw.* **15g.** *SC* x/xi. 215, *medygon myvei* [*sic*]. **1740** T. EVANS: *DPO* 158. **1760** *ML* ii. 284. **1801** *MMf* 1. Cf. *IGE²* 220, Meddyg a wnâi modd y gwnaeth / Myddfai, o châi ddyn meddfaith [Iorwerth ap y Cyriog i ddiolch am gae]. **m. teulu**: (i) *general practitioner*, *family practitioner*. **20g.** Ar lafar yn gyff. (ii) *doctor of the retinue*. *c.* **1300** *LTWL* 371. **m. traed**: *chiropodist*. Ar lafar. **nid oes gennyf (ganddo, &c.) feddyg (i)**: *I have* (*he has*, *&c.*) *no inclination or liking* (*for*), *I* (*he*, *&c.*) *can't stand*; *I can't help*. **1764** W. WILLIAMS: *Th* 28, yr w'i 'n para i'w torri [y Deg Gorchymyn] . . . / *Does genni feddyg* peidio mae pechod wrthw'i nglyn. Ar lafar yn y De, *B* xii. 24; "*Does 'da fi feddyg i* arddio'.

Am *coleg y meddygon*, *gêr feddyg*, *llysiau m.*, gw. coleg, gêr, llysiau.

Gw. hefyd crachfeddyg, llawfeddyg, meddyges, milfeddyg.

meddygaeth, meddygiaeth [*meddyg* + *-(i)aeth*, cf. Crn. C. *mythygyeth*, Llyd. C.-*mezeguiez*, Llyd. Diw. *mezegiezh*] *eg.b.* ll. *-au*. Y gelfyddyd a'r wyddor sydd yn ymwneud â hyrwyddo iechyd a'i adfer, yn enw. drwy gyfrwng cyffuriau, deiet, &c.; llawfeddygaeth; moddion, ffisig: (*science of*) *medicine*; *surgery*; *medicine*, *drug*.

1545 *CM* 1, 69, Awdurion Keluydd mewn Asdronimei a fussic yrhrain sydd ynn mynegi nall gwr ymaruer afussig na *methygaeth* heb I vodd [*sic*] Ef ynn dyalld Asdronimei. **1759** J. EVANS: *PF* 6, y mae'r *Meddigiaethau* hynny yn gyflym yn eu gweithrediad. **1778** J. THOMAS: *HB* 357, darfu i Mr. James gasglu gwybodaeth a deall mewn physygwriaeth, felly . . . canlynodd *feddygiaeth* a'r weinidogaeth. **1803** *P* d.g. *meddygiaeth*.

meddygaf: meddygu, meddyga [bf. o'r e. *meddyg*, cf. Llyd. C. *mezeyaff*, *mezeg(u)aff*, Llyd. Diw. *mezegañ*] *bg.a.* Ymarfer meddygaeth, meddyginiaethu, trin yn feddygol, darnodi, iacháu, gwella, hefyd yn *ffig.*: *to practise medicine*, *treat medically*, *prescribe*, *heal*, *cure*, *also fig.*

[**1547**] W. SALESBURY: *OSP*, Lles pawp pan *veddyger*. **1790** TWM O'R NANT: *GG* 116, Mae'n golygu / Duw'n *meddygu* / dawn ddewygiad. **1803** *P*.

meddygaidd [*meddyg* + *-aidd*] *a.* Meddyginiaethol, iachaol: *medicinal*, *healing*.

Diw. **16g.** *WLB* 23, [d]iod a elwir tausau [*sic*] . . . hono sydd iach a *meddygaidd*.

meddygbethau [*meddyg* + y ff. l. *pethau*] *e.ll.* Defnyddiau meddyginiaethol; (gwyddor) meddygaeth: *materia medica*; (*science of*) *medicine*.

1830.

meddygbrawf, meddygdrwyth, meddygdy, gw. meddycbrawf, meddyctrwyth, meddycty.

meddygddiod [*meddyg* + *diod*] *eb.* ll. *-ydd*. Cordial: *cordial*.

1773 G. RHYSIART: *MACP* 26, Os byddai un yn glâf, y llall a'i llonnai â *Meddyg-ddiodydd* [:– Cordials].

meddygddysg [*meddyg* + *dysg*] *eb.g.* Patholeg: *pathology*.

1798 *WR* d.g. *pathology*.

meddygen, gw. meddygyn.

meddyges [*meddyg* + *-es¹*] *eb.*

(*a*) Ffisigwraig, merch neu wraig sy'n iacháu, llysieuwraig, hefyd yn *ffig.*: *female doctor or healer*, *female herbalist*, *also fig.*

?**15g.** *DGG* 145, Mair a ddel, rhag trafel trwm, / *Meddyges* y cam ddegwm. **15g.** TUDUR PENLLYN, &c.: *Gw* 110, *feddyges* wyt fam iessu (Ieuan Brydydd Hir). **15g.** *DN* 12, *Meddyges* gynt i'r Iesu / Mair Fadlen walld felen fv. **15–16g.** *TA* 526, Os help y *feddyges* hon, / Y ddau iechyd a ddichon—/ Iechyd corff, uchod y caid, / A chadw in iechyd enaid [i Wenfrewi]. **16g.** (*LlEG*) *Mos* 158, 470a, ar wraig a oedd meigis ynn *veddyges*. ?*Diw.* **16g.** *CRC* 46, bydd imi *fyddyges* mia [*sic*] gefes o gvr / na fedrwn fyth ddovdvd oth gariad fanwylyd. **1735** S. RHYDDERCH: *Alm* [13], *Meddyges* gynnes geinwen, (gall wiwdeg) / Gwell ydyw na Galen. **1745** *ML* i. 88, Da bod rhai o epil yr hen *feddyges* o'i gwmpas. [**1762**] E. POWELL: *HEI* 10, a thyma'r *Feddyges* orau [Natur]. **1793** L. MORRIS: *LW* xi, a hithau yn *feddyges* lwyddiannus glodadwy [am fam Lewis Morris]. **1803** *P*.

(*b*) *Bot.* Planhigyn o'r tylwyth *Viola*,

fioled, crinllys: *violet*.
c. **1400** *MM* 54, Kymer y llyssewyn a elwir y *uedyges*, a briw wynt. *Diw.* **16g.** *WLB* 13, Kymer . . . y tansi y *veddyges* yr ellyried. **1632** *D* (*Bot*), meddygyn, y *feddyges*, vid. y Fioled. **1813** *WB* 218, *Meddyges*; Meddygyn; Viola;—Violet.
Cfn.: *Bot.* **meddyges fach:** *common valerian, all-heal, Valeriana officinalis*; ?*common or wood betony, Betonica officinalis*. **18–19g.** *Llr* C 7, 191. **18–19g.** *Llr* C 30, 244, y *Feddyges Fach*, [Blaenau Gwent] ait [Edmund Jones] the great valerian or setwall. **m. ddu:** (i) *common figwort, Scrophularia nodosa*. **1813** *WB* 218. (ii) *self-heal, Prunella vulgaris*. **1801.** (iii) *water betony, water figwort, Scrophularia aquatica*. **18–19g.** *Llr* C 4, 77. **m. ddu'r coed:** *common or wood betony, Betonica officinalis*. **18–19g.** *Llr* C 7, 191. **m. las:** (i) = **m. ddu** (ii). **1813** *WB* 218. (ii) = *m. ddu* (*iii*). **1867.** **m. wen:** *an unknown plant*. *Diw.* **16g.** *Pen* 204, 82, gwallt y vorwyn . . . ar *veddyges wenn*. *Diw.* **16g.** *WLB* 5, 33. **m. lwyd** = **m. ddu'r coed.** **1813** *WB* 218. **m. lwydlas** = **m. ddu** (ii). **20g.** **m. felen:** *saffron, Crocus sativus*. **1813** *WB* 218. **m. benlas** = **m. ddu** (ii). Ar lafar yn Arfon, *WVBD* 369.
Gw. hefyd meddygyn.

meddygfa [*meddyg* + *-fa*, *ma*] *eb.* ll. *-feydd*. Syrjeri, clinig, fferyllfa, ysbyty; meddyginiaeth: *surgery, clinic, pharmacy, dispensary, hospital*; *medicine*.
1794 *W* d.g. *surgery*.

meddygfaen [*meddyg* + *maen*[1]] *eg.b.* Elfen fetelaidd frau (symbol Sb.; rhif atomig 51): *antimony*.
1850.

meddygfys [*meddyg* + *bys*; cf. S. *leech finger*, Llad. *digitus medicus*] *eg.* Bys y fodrwy, bys y gyfaredd: *ring-finger*.
c. **1548** *CM* 1, 637, a'r pwls dan y *meddyguys* ynn lauurio [*sic*] ynbresurach. **16g.** *Llst* 117, 92, po hwiaf vo y llin ymon y*meddygvys* [*sic*]. **1604–7** *TW* (*Pen* 228) d.g. *digitus, digitus Annularis*. **1632** *D*, *meddygfys*, digitus medicus, annularis. **1688** *TJ*, *meddygfŷs*, bŷs modrwŷ: the Ring-finger. **1722** *Llst* 189, *meddygfys*, the fourth finger. **1803** *P*.

meddygiad [bôn y f. *meddygaf*: *meddygu* + *-iad*[1]] *eg.* ll. *-au*. Meddyginiaeth, iachâd: *medicine, cure*.
18–19g. R. DAVIES: *DB* 276, A'i *meddygiad* fu 'n llâd llon, / Ac hael hefyd i'r cleifion. **1803** *P*.

meddygiaeth, gw. meddygaeth.

meddyginaeth, meddyginaethaf: meddyginaethu, gw. meddyginiaeth, meddyginiaethaf: meddyginiaethu.

meddyginiad [*meddygin(iaeth)* + *-iad*[1]; tebyg mai gwallau am *meddyginiaeth* yw'r enghrau. o *LlDW*] *eg.* Meddyginiaeth, triniaeth feddygol: *medicine, medical treatment*.
13g. *LlDW* 18. 4, ef [y penteulu] a dely *medhecynyat* (*LlI* 5, medegynyaeth) rad. *id.* 106. 3–4, messur e *uedecynyat* ykan e nep ay archollo punt.
Amr.: **meneginiad** [cf. *meneginiaeth*]. **16g.** (*LlEG*) *Mos* 158, 493a.

meddyginiaeth, meddyginaeth [bnth. Llad. *medicīna* (cf. Gwydd. C. *midchuine*) + *-(i)aeth*, cf. H. Grn. *medhecnaid*, gl. *medicina*, Llyd. C. *mezegniez*, Llyd. Diw. *mezekniezh*] *eb.g.* ll. *-au*.
(*a*) Moddion, ffisig, cyfrwng gwellhad, cyffur, defnydd meddygol, triniaeth feddygol neu lawfeddygol; meddygaeth, ffisigwriaeth; iachâd, gwellhad: *medicine, remedy, medicament, drug, medical use, medical treatment, surgery*; (*science of*) *medicine*; *cure, healing*.
13g. *Brut B* 129, nyt oes vn maen hep rynwed a *medegynyaeth* arnav. **13g.** *B* x. 29, Er hvnn a vei yach en digvydav ene lle en varv a hwyr *vedeginyaeth* a vedylywyt wrth [diwyg.] e vall honno. **13g.** *LlI* 13, *Medegynyaeth* rudely . . . *medegynyaeth* llyssyeu. *ib.* archolledyc o byd marv o'r *uedegynyaeth*. **14g.** *WML* 25, Yn rat ygwna ef *medeginyaetheu* wrth y teulu a gwyr y llys. **1346** *LlA* 43, megys na rymhaa nep ryw *vedyginyaeth* (*medicamenta*) yachav y weli. *id.* 90, drwy y*medyginyaethev*. c. **1400** *MM* 20, *Medeginyaeth* . . . rac teirthon gryt. c. **1400** *DB* 49, Yno y mae fynhonneu a uyd *medeginyaeth* (*medelam*) y gleiuon. c. **1400** (*SG*) *HMSS* i. 398, keissyaw *medeginyaeth* y varchawc urdawl yd wyf . . . ny byd iach vyth ony byd dwyn ohonaf idaw penn un or griffyeit. **15g.** *GGl* 119, Eli meddyges Iesu [Mair Fadlen] / A wnaeth *feddiginiaeth* gu. **1547** *WS*, *me*[*d*]*diginiaeth*, surgery. **1588** *Jer* xlvi. 1, yn ofer yr arferi lawer o *feddiginiaethau*, ni bydd iechyd i ti. **1632** *D*, *meddyginiaeth*, medicina. **1672** J. LANGFORD: *HDdD* 59, ni bŷdd neb ddim gwaeth er dyscu *Meddyginiaeth*. **1803** *P*.
(*b*) (yn *ffig.*: *fig. exx.*)
13g. *B* xxi. 298, Caer Loyu a rodir en *vedeginyaeth*. c. **1400** *ChO* 7, Beth a wna y kythreul yma? Medylyaw *medeginyaeth*, nyt amgen, gwneuthur plastyr a wna o gynnulleitua ac amylder goludoedd bydawl, a'e dodi yn llygeit y prelat y ystoppyaw y olygon ar ysprydolyon betheu. **15g.** *Pen* 57, 32, Ny wn ageir o annun gaeth / Ovodd [*sic*] gwen *vediginaeth*. **1567** *TN* [xlvii], Mynnwch gahel y-chwi'r Bibl ys *meddiciniaeth* yr eneit. **1595** H. LEWYS: *PA* 10, [t]ristwch . . . yn *feddeginiaeth* . . . in pechodae ni. **1630** R. VAUGHAN: *YDd* 553, Ag vn gosp [cystuddiau] y mae Duw yn gwneuthur dau *feddyginiaeth*, cerydd am bechodau a aethant heibio, ac achub y blaen ar y pechod sydd i ddyfod. **1687** (**1715**) J. OWEN: *TB* 151, Crist yw'r unig feddig, a'r efengil sydd yn trefnu'r *feddiginiaeth*. **1709** H. POWEL: *G* 44, Cerydd yw *Meddeginiaeth* a Physygwriaeth yr Enaid. **1790** T. JONES: *TOS* 58, golwg ar ein *meddyginiaeth* yng Nghrist. **1795** *R. Crusoe* 91, nid oedd gennym un *feddyginiaeth* ond amynedd.
Amr.: **meneginiaeth, myneginiaeth,** &c. [cf. *meneginiad*]. **14–15g.** *IGE*[2] 241. *Diw.* **15g.** *SC* x/xi 215, Llyma rolyn y *venegineth*. c. **1585** G. ROBERT: *DC* 41a. **16–17g.** *DCR* 196. **17g.** *LlGC* 10249, 161. **1766** *CD* 28.
Cfn.: **meddyginiaeth freiniol:** *patent medicine*. **1850.**
Am *celfyddyd meddyginiaeth, llyfr m., moddion m.*, gw. celfyddyd, llyfr[1], modd.

meddyginiaethad, gw. meddyginiaethiad.

meddyginiaethaf, meddyginaethaf: meddygin(i)aethu [bf. o'r e. *meddyginiaeth*] *bg.a.* Trin yn feddygol neu'n llawfeddygol, meddygu, chwarae rhan meddyg; gwella, iacháu; hefyd yn *ffig.*: *to treat medically or surgically, practise medicine*; *act as a doctor*; *cure, heal*; *also fig.*
1346 *LlA* 145, Yr *medyginaethv* eneit dyn or seith pechawt marwawl. y rodes duw seith rinwed ynyr eglwys. **14g.** *WM* 446. 1–3, a *medeginyaethu* Gereint awnaethpwyd yna yny oed holl iach. **14g.** *YBH* 16b, medygon a ducpwyt attaw oe *vedeginaythu* yny fu iach. **14g.** *B* xiv. [257], Yn dedyf ni . . . yv na *madyginaeth* [*sic*] nep y sadvrnn. c. **1400** *Études* vii. 272, o achaws hynny valhynn y *medeginyeythir*. **1545** *CM* 1, 189, Eli i *vyddyginiaethu* archolle pen. **1588** *Deut* xxxii. 39, myfi a archollaf, ac mi a *feddiginiaethaf*. **1588** *Jer* xix. 11, fel y dryllia vn lestr pridd yr hwn ni ellir ei *feddiginiaethu* (**1620** *ib.* gyfannu) mwyach. **1597** *Rhyddiaith Gymraeg* ii. 158–9, o'r defnydd a fenthycco ef [prydydd] gan y meddygydd i cyweiria ef gerdd i *feddyginiaethu* dynion. **1632** *D*, *meddyginiaethu*, mederi. **1688** *TJ*, *meddyginiaethu*: to heal by Chyrurgery, also to play the Chyrurgeon. **1771** *PDPh* 25, Dylid *meddyginiaethu* 'r clefyd hwn mor gynted ag y byddo posibl. **1793** *Cylchg* 17, cawsant eu llwyr *feddyginiaethu* oddi wrth eulunaddoliaeth. **1803** *P*.
Amr.: **meddygnaethu** [drwy gyw.]. c. **1730** *Thos. Lloyd D* (LlGC) 170b. **menyginiaethu** [cf. *meneginiaeth*]. **1545** *CM* 1, 122, 538. **menygniaethu, menygnaethu, menegniaethu** [drwy gyw.]. **16g.** *Astud Amr* 56. **1578–85** *Rhyddiaith Gymraeg* ii. 75. **16g.** *Yst Kym* 92, 137. c. **1730** *Thos. Lloyd D* (LlGC) 175a, *menignaethu* . . . medicor. *ib.* *menigniaethu*, curo, medicinor. **mignaethu.** **1574** *Llst* 171, 92.

meddyginiaethdy [*meddyginiaeth* + *tŷ*] *eg.* ll. *-dai*. Siop apothecari, siop gemist, fferyllfa, hefyd yn *ffig.*: *apothecary's shop, pharmacy, also fig.*
1770 *W* d.g. *an apothecary's shop*.

meddyginiaethiad, meddyginiaethad [bôn y f. fl. + *-iad*[1], *-ad*] *eg.* Y weithred o feddyginiaethu, triniaeth feddygol: *medical treatment, medication*.
1803 *P*.

meddyginiaethol [*meddyginiaeth* + *-ol*] *a.* Yn adfer iechyd, ffisigwriaethol, iachaol, yn dwyn neu'n peri gwellhad, llesol; y gellir ei iacháu neu ei wella; yn perthyn i feddygaeth, meddygol; hefyd yn *ffig.*: *medicinal, healing, curative, salutary*; *curable, remediable*; *pertaining to medicine, medical*; *also fig.*
16g. (**1763**) W. SALESBURY: *LlM* 21, y gyfaredd *feddiginiaethol* yn erbyn pôb rhyw grydie. **1604–7** *TW* (*Pen* 228) d.g. *medicinalis, salutaris* (hefyd *D*). **1688** *TJ* (At.) [23], Y Nodau *Meddyginiaethol* yma, a arferir gan Feddygon, Apothecariaid, a Marsiandwŷr llysiau Meddyginiaeth. **1688** W. FOULKES: *EGE* 86, i roddi iddynt gerydd *meddiginiaethol* a siampl dda. **1707** *AB* 87c, *meddiginiaethol* d.g. *medicabilis*. *ib.* d.g. *medicus, a, um*. **1716** E. SAMUEL: *GGG* 97, fel y byddai Air yr Efangyl megys Eurfaen i brofi tueddiad meddyliau Dynion ai *Meddyginaethol* ai anaeleu fyddant. **1728** *GMJ* 119, [b]od gwagedd jeuengctid yn *feddyginiaethol*. c. **1762–79** W. WILLIAMS: *P* 453, rhai o'r ffynhonau mwyaf *meddyginiaethol* yn Europ. **1765** J. POPKIN: *Ll* 159, ni ddichon un doethineb na gallu arall ddarparu'r atteb *meddyginiaethol*. **1771** *PDPh* 26, Y mae pwrgio yn dda lle deallir fod y Dropsi yn *feddyginiaethol*. **1782** P. WILLIAMS: *CC* 17, Gwialen *feddigyniaethol* ein Tad ydyw [clefyd]. [**1788**] *EDP* 49, [y] llysiau *meddyginiaethol* hyn. **1803** *P*.
Amr.: **menyginiaethol** [cf. *meneginiaeth*]. **16g.** *Def Hen* 54.
Am *dyfroedd meddyginiaethol, moddion m., tŷ m.*, gw. dŵr (At.), modd, tŷ.

meddyginiaethus [*meddyginiaeth* + *-us*] *a.* Meddyginiaethol, iachaol, llesol; meddygol, yn perthyn i feddyginiaeth; hefyd yn ffig.: *medicinal, healing, salutary*; *medical, relating to medicine*; *also fig.*
1604–7 *TW* (*Pen* 228), y petheû, y bo eû gumm yn *ueddeciniaethûs* rhac gwallt llygredic d.g. *anacollia*. *id.* d.g. *medicinalis, salutariter*. **1672** J. LANGFORD: *HDdD* 438, torr hi fal y bo hi yn gymwys i dderbyn dy *feddiginiaethus* rinwedd di. c. **1700** *DDdA* 25, y mae i chwi rinwedd *feddiginiaethus* i'w gael yn Gwaed Crist.

meddyginiaethwr, meddyginiaethydd [bôn y f. fl. + *-wr*, *-ydd*[3]] *eg.* ll. *-wyr*. Meddyg, ffisigwr, iachawr, hefyd yn *ffig.*: *doctor, physician, healer, also fig.*
1604–7 *TW* (*Pen* 228) d.g. *medicus*. **1710** T. JONES: *Alm* [34], ymddwyn . . . yn ddioddefus tan law ein *meddiginiaethwr* nefawl. **1755** J. PRYS: *Alm* [27], Pysygwyr a *meddyginiaethwyr*.

meddyginiol [*meddygin(iaeth)* + *-iol*] *a.* Iachaol, llesol; meddygol; hefyd yn *ffig.*: *healing, salutary*; *medical*; *also fig.*
1651 SIÔN TREREDYN: *MDD* 248, fal peth *meddiginiol* i'ch iachau o'ch holl pechodau.

meddyglaeth [*meddyg* neu fôn y f. *meddygaf*: *meddygu* + *llaeth*] *eg.b.* *Meddyg.* Hylif tebyg i laeth a ddefnyddir fel meddyginiaeth, emwlsiad: *emulsion* (*in med.*).
1773 *W* d.g. *emulsion* [*a milk like medicine*]. **1798** *WR* d.g. *emulsion*.

meddyglyfr [*meddyg* + *llyfr*[1]] *eg.* ll. *-au*. Llyfr meddygol: *medical book*.
1632 *D* d.g. *iatronice*. **1751** *ML* i. 186, Ydynt mi a wranta yn prynnu'r *meddyg-lyfr* hwnnw.

meddyglyn [*meddyg* + *llyn*[2]; dichon fod dylanwad *medd*[1] ar ystyr (*b*)] *eg.* ll. *meddyglynnau*.
(*a*) Diod feddyginiaethol, moddion, meddyginiaeth, ffisig, cordial, elicsir, hefyd yn *ffig.*: *medicinal draught, medicine, medication, potion, cordial, tonic, elixir, also fig.*
13g. *B* xxi. 297, kyvyt morwyn . . . y rodi pryder medeginyaeth am henne . . . Odena wedi kymero hitheu *vedyclyn*. **13g.** *BD* 109, yny ymyachao hitheu o yachvydavl *uedyclynn* (*salubri liquore*). c. **1400** *MM* 14, odyna gwneuthur *medyglyn* trwy wenith gwrwf neu trwy win coch ar llysseu hynn: y wreidrud . . . llygat y dyd . . . ac a uynno y medic o lysseu ereill. *id.* 22, [*m*]*edyglyn* yssyd da . . . Kymryt y misyc ar gannwreid . . . a berwi . . . yn da . . . kymryt y llynn hwnnw . . . ae dodi ar darwed y mywn llestyr y surho, ae vragodi a meid geiuyr. *id.* 26, bolwyst golud . . . a *medyglyn* y gwaredir. c. **1400** *Études* viii. 308, Ny dywedaf i yn unic am vratheu namyn am dyrnodeu a chleuydeu a *medyclynneu* a phob medeginyaeth. **1545** *CM* 1, 443, *Meddyglyn* Awnair ynvwya ac ynnamla ovewn tir Kymru yrhwn ysydd ai nattur ynwresockach o lawer no medd oherwydd anian ykyuriw lyshieue ormaes ac or shiope ac aarverir oi berwi ynny meel ar lickor. *Diw.* **16g.** *WLB* 5, Modd i wneuthur *Meddyglyn* rag gwenwyn . . . ai berwi oll [perlysiau] mewn dwfr . . . ai gymysgu a breki kersiad da ac a mêl. **1604–7** *TW* (*Pen* 228) d.g. *medicatus* . . . *medicata potio*. **1753** *TR*, *meddyglyn*, drink made

of honey . . . this medicinal drink was used to be given to the sick. **1773** *W*, iriad . . . aelod dolurus â rhyw *feddyglyn* d.g. *embrocation*. *id.* d.g. *julap, potion*. **1803** *P*.

(*b*) Medd; (geir.) bragod: *mead, metheglin*; (*dict.*) *bragget*.

14g. *GDG* 356, Penrhyn gloyw *feddyglyn* glas [i dref Niwbwrch]. **15g.** *HS* 12, Gwin Bastart Herbart am lynn om goval / ac yfed *meddyglynn*. **15g.** *Pen* 109, 110, *Meddyglyn* gwenyn o goet. *id.* 150, A med o ogled a *medyglynn* (Lewis Glyn Cothi). **15g.** *GGl* 287, Cawn *feddyglyn* gwyn, a gwinau—fragod, / Cawn freugwrw o'r pibau. **16–17g.** *HG* 11, pym rhyw ddiod, kwrw a bragod / gwin koch a gwyn, a *meddyglyn*. **1632** *D*, *meddyglyn*, melicratum, hydromeli. **1688** *TJ*, *meddyglynn* . . . a kind of drink made of Wort, Spices and Honey. **1707** *AB* 87c d.g. *medo*. **1722** *Llst* 189, *meddyglynn*, m. braggot (liquor). **1798** *WR* d.g. *mead*. **1803** *P*.

(*c*) *Bot.* Moron y meysydd, moron gwyllt, *Daucus carota*: *wild carrot*.

18g. L. MORRIS: *LW* 211, the old Britains took three heads . . . of yᵉ plant they call *meddyglyn* which is yᵉ wild carrot or Birds nest or Daucus Sylvestris and boiled yᵐ in yᵉ Honey & water. **1813** *WB* 218. Cf. *llysiau—ll.'r meddyglyn*.

Cfn.: **meddyglyn haidd:** *ptisan, barley-water*. **1604–7** *TW* (*Pen* 228) d.g. *ptisana* (hefyd *D*). **1770** *W* d.g. *barley-water*.

Am *llysiau'r m.*, gw. llysiau.

Gw. hefyd metheglyn.

meddyglys [*meddyg* + *llys*[5]] *eb. Bot.* Un o nifer o lysiau da i wella clwyfau, yn enw. aelodau o'r tylwyth *Stachys*, briwlys, llysiau'r archoll: *woundwort*.

1794 *W*, y *feddyg-lys* d.g. *woundwort*. **1813** *WB* 218.

meddygnaethaf: meddygnaethu, gw. meddyginiaethaf: meddyginiaethu.

meddygol [*meddyg* + *-ol*] *a.* ll. *-ion*. Yn perthyn i feddygaeth; meddyginiaethol, iachaol, llesol; hefyd yn *ffig.*: *medical; medicinal, healing, curative, salutary; also fig.*

1635–41 *Pen* 267, 271, Kyghoreu *meddygolyon* . . . am ymborth. **17g.** *B* iii. 101, y dydd hwnw sydd *feddygol* i ollwng gwaed yn wir. **1716** T. EVANS: *DPO* 154, llyfrau . . . *meddygol*. **1776** *W* d.g. *medicable*. **1796** H. JONES: *MPC* 38, Trwy weithio . . . mewn modd *meddygol* ar wreiddyn a greddf pechod. **1798** *WR*, dail *meddygawl* d.g. *sena*. **1803** *P*.

Am *cyffur meddygol, diod f., duegredyn m., moddion m.*, gw. cyffur, diod (hefyd At.), duegredyn, modd.

meddygolch [*meddyg* + *golch*] *eg.b.* Hylif meddyginiaethol a ddefnyddir fel golch: *medicinal gargle, lotion, or embrocation*.

1773 *W*, golch (*meddyg-olch*) genau d.g. *gargle* [*a medicinal liquid used to wash the mouth and throat with*]. **1813** *WB* 254.

Cfn.: **meddygolch brwd:** *fomentation*. **1773** *W* d.g. *fomentation*. **1813** *WB* 164, 245. **m. genau:** *gargle*. **1773** *W* d.g. *gargle* [*a medicinal liquid used to wash the mouth and throat with*].

meddygwaith [*meddyg* + *gwaith*[1]] *eg.* Llawfeddygaeth, triniaeth lawfeddygol; gwaith meddyg: *surgery, surgical operation; doctor's work*.

1799 *TY* 120, gradd o fedr mewn physygwriaeth neu *feddyg-waith*.

meddygwr, meddygydd [*meddyg* a bôn y f. *meddygaf*: *meddygu* + *-wr, -ydd*[3]] *eg.* (b. *-wraig*) ll. *-wyr*. Meddyg, llawfeddyg, iachawr; milfeddyg, ffarier: *doctor, surgeon, healer; veterinary surgeon*.

1583 *LlGC* 716, 63a, ni . . . cheisiodd ef mo'or [*sic*] arglwydd yn ei clefyt [*sic*], ond y *meddyi'cwyr* [*sic*]. **1597** *Rhyddiaith Gymraeg* ii. 158–9, o'r defnydd a fenthycco ef [prydydd] gan y *meddygydd* i cyweiria ef gerdd i feddyginiaethu dynion. **1687** **(1715)** J. OWEN: *TB* 150–1, pan ddanfonodd ei gyfeillion am *feddygwyr* dyscedig atto, dywedeu [*sic*], och fi! nid ydych yn deall fynghyflwr i! **1759** *BC* 401, Physygwr swicwr siwr, *Meddygwr* gweliau. **[1762]** E. POWELL: *HEI* 46, Arfer yr Hên *Feddygwyr* i wella hwn [gwewyr ym mhen ceffyl] ydoedd taro Gwaed i Wythiennau'r Llygaid. **1784** M. WILLIAMS: *S* 159, *meddygwyr* aneallus (quack doctors). **1791** J. HARRIS: *Alm* 34, *meddygwr* yng wasanaeth y Dutch East India Company. **1799** M. WILLIAMS: *HHG* 97, Y Titl yma o Fethodistiaid oedd gynt yn cael ei roddi i hen *feddygwyr*, y rhai oedd yn cymmeryd trefn, neu reol neilltuol yn y ffordd o feddyginiaeth.

meddygwriaeth [*meddygwr* + *-iaeth*] *e?b.* Llawfeddygaeth: *surgery*.

1617 *Minsheu* 71a d.g. *chirurgerie*.

meddygydd, gw. meddygwr.

meddygyn [*meddyg* + *-yn*; ansicr yw'r ail engh.] *eg.b.*

(*a*) *Bot.* Fioled, planhigyn o'r tylwyth *Viola*; craith unnos, *Prunella vulgaris*; hefyd yn *dros.*: *violet, plant of the genus Viola; self-heal; also transf.*

c. **1400** *Études* viii. 362, Eli lonhidyd: *medygyn*, glessin y coet. **15g.** *CSTB* 30, Ni ddichyn *meddygyn* Mai / Im einioes ond tra mynnai. **1547** *WS*, *meddygyn*, llyseun. *Diw.* **16g.** *WLB* 38, ystompia y *meddygyn*. **16–17g.** E. PRYS: *Gw* 288, Ond da fod, rhag newid dydd, / I ni *feddygyn* newydd [tybaco]. *Dchr.* **17g.** *J* 10, 30b, *meddygyn*, viola, violet. **1632** *D* (*Bot*), y *Feddygyn*, vid. y Fioled. *id.* y Fioled, crinllys, *meddygyn*, llysiau 'r drindod, Viola, herba clauellata, herba trinitatis, herba flammea. **1633** J. GERARDE: *Herball*, y *fyddygyn*, v. Craith un nos. **17g.** *Llst* 82, 90, I ddyn agaffo frath ney ddyrnod kymer y *meddygyn*, yr hwn a elwir eskid y gog. **1688** *TJ* (*Bot*), *meddygŷn*, y feddyges, y fioled: a Violet. **1803** *P*.

(*b*) Cyffur, ffisig: *drug, potion*.

1831.

Amr.: **meddygen** (*eb.*). *Diw.* **16g.** *Pen* 204, 130. *c.* **1730** *Thos. Lloyd D* (LlGC) 170b. **1801** *MMf* 134.

Cfn.: **meddygyn (meddygen) fanw:** *violet, plant of the genus Viola*. **1547** *WS*, violet ar *myddigyn* [*sic*] *vanw* . . . vyolette. *Diw.* **16g.** *Pen* 204, 130. **1604–7** *TW* (*Pen* 228) d.g. *viola*. **m. y brenin:** *field or forking larkspur, king's consound, Delphinium consolida*. **1604–7** *TW* (*Pen* 228) d.g. *bucinum* (At.). **m. menyw:** *feverfew, Chrysanthemum parthenium*. **18g.** *Llr* C 24, 282. **1813** *WB* 218.

Gw. hefyd meddyges.

meddyladwy, meddylaf: meddylu, gw. meddyliadwy, meddyliaf: meddwl[2].

meddylaidd [*meddwl*[1] + *-aidd*] *a.* Yn perthyn i'r meddwl, meddyliol, deallusol, yn meddwl: *mental, intellectual, thinking*.

1798 *WR* d.g. *mental*.

meddyldraith [*meddwl*[1] + *traith*] *e?g.* Seicoleg: *psychology*.

1850.

meddyldyb [*meddwl*[1] + *tyb*] *eg.b.* Tybiaeth, damcaniaeth, barn: *supposition, theory, opinion*.

1826.

meddylddrych [*meddwl*[1] + *drych*] *eg.* ll. *-au*. Syniad, cysyniad, drychfeddwl, meddylrith, delwedd; delfryd: *idea, concept, conception, mental image; ideal*.

1798 *WR*, *meddyl-ddrych* d.g. *idea*.

Amr.: **meddylrych. 1903.**

Gw. hefyd drychfeddwl.

meddylddrychaeth, meddylddrychiaeth [*meddylddrych* + *-(i)aeth*] *e?b. Athr.* Bodolaeth yn y meddwl yn unig; *Ffren.* gallu dychymyg: *ideality* (*in philos.* and *phrenology*).

1853.

meddylddrychol [*meddylddrych* + *-ol*] *a.* Cysyniadol; delfrydol: *conceptual; ideal*.

1832.

meddylddull [*meddwl*[1] + *dull*] *eg.* Dull o feddwl: *mentality*.

1845.

meddylddwys [*meddwl*[1] + *dwys*] *a.* Meddylgar, myfyrgar, synfyfyriol: *thoughtful, contemplative, pensive*.

1632 *D* d.g. *cogitabundus*. **1722** *Llst* 189, *meddylddwys* as meddylgar. **1772** *W* d.g. *contemplative*.

meddylddysg [*meddwl*[1] + *dysg*] *eb.g.* Seicoleg: *psychology*.

1855.

meddyleg [*meddwl*[1] + *-eg*[1]] *eb.* Seicoleg; nodweddion meddyliol neu ymddygiadol (person), seicoleg neu anianawd meddyliol (person), meddylfryd: *psychology; (one's) psychology, mentality*.

1828.

meddylegol [*meddyleg* + *-ol*] *a.* Seicolegol: *psychological*.

1908.

meddylegwr, meddylegydd [*meddyleg* + *-wr, -ydd*[3]] *eg.* ll. *-wyr*. Seicolegydd: *psychologist*.

1909.

meddylfalch [*meddwl*[1] + *balch*[1]] *a.* Coegfalch, hunandybus: *conceited, vain, self-important*.

1630 R. LLWYD: *LlH* 354, Pob dyn *meddylfalch* uchel-fryd, gwrandawed ar y gwae â dreuthir yn eu herbyn.

meddylfawr [*meddwl*[1] + *mawr*] *a.* Meddylgar; mawrfrydig: *thoughtful; magnanimous*.

15g. *DE* 60, Minnav mewn gloes angau serch / *meddylfawr* am eiddilferch.

meddylfod, meddylfraisg, gw. meddwl[1] + bod[2], braisg.

meddylfryd [*meddwl*[1] + *bryd*] *eg.b.* (Y) meddwl, dealltwriaeth, dychymyg, agwedd (ffafriol), tuedd meddwl, dull o feddwl, cyflwr meddwl; meddwl, meddyliau, syniad; ewyllys, bryd, penderfyniad, bwriad: (*the*) *mind, understanding, imagination, (favourable) disposition, attitude, mentality, state of mind; thought(s), idea; will, resolution, intention*.

14–15g. *IGE*[2] 275, Aeth y byd, *meddylfryd* maith, / I uffern gynt o affaith (Siôn Cent). **15g.** *Pen* 57, 13, Gat ti vy vi vod vnweith / Gennyt mev *veddylvryt* meith. **1567** *TN* 288b, mal y rhotia Cenetledd eraill, yn-gwagedd ei meddwl, ac ei *meddwlvryd* gwedy ei dywyllu. **1588** *Mic* iv. 12, ni ŵyddent hwy *feddyl-fryd* (**1620** *ib.* feddyliau) yr Arglwydd. **1595** *Egl Ph* 1, [p]lygu *meddwlfryd* y gwrandawyr y gytteddu [*sic*] a'i meddwl. **1604–7** *TW* (*Pen* 228) d.g. *propositum* (hefyd *D*). **1605–10** *IICRC* iii. 60, Henaint ag ievengtyd or un rhyw *veddylvryd*. **1606** E. JAMES: *Hom* ii. 288, Gosodent eu ewyllys a'u *meddyl-fryd* ar eu gwrando [yr Ysgrythurau]. **1620** *Eseia* xxvi. 3, Ti a gedwi mewn tangnheddyf heddychol, yr hwn sydd a'i *feddyl-fryd* arnat ti. **1630** R. VAUGHAN: *YDd* 142, A'r vnrhyw *feddylfryd* yr attebodd Basil iw erlidwyr. **1632** *D* d.g. *animus*. **1676** W. JONES: *GB* 106, bydded i'th enaid yn fynych fyfyrio ar y pethau gogoneddus . . . Fel y gallech ddyfod i fynu i'r *meddylfrŷd* hwn, cymmer y rheolau hyn. **1722** *Llst* 189, *meddylfryd*, a design, mind. **1769** J. GRIFFITH: *A* 205, gweithio yn unig ar y *meddylfryd* (phansy), ac felly saethu . . . meddyliau i'r galon. **1790** TWM O'R NANT: *GG* 168, *Meddylfryd* ddû, ddallineb llû. **1803** *P*.

Cfn.: **meddylfryd calon (ei galon, &c.):** (*one's, his, &c.*) *heart's desire, heart of hearts, true feeling(s) or inclination(s)*. **1567** *TN* 61b. **1588** *Gen* vi. 5. **1588** *Act* viii. 22. **1609** *CRC* 75. **1632** J. DAVIES: *LlR* 1. **1772** *W* d.g. *desire, a hearty desire*.

meddylfyd, gw. meddwl[1] + byd[1].

meddylgar [*meddwl*[1] + *-gar*] *a.* ac weithiau gyda grym enwol.

(*a*) Ystyriol, yn cymryd gofal, yn cadw mewn cof, pwyllog, bwriadus; pruddglwyfus, yn hel meddyliau, digalon, trist; synfyfyriol, myfyrgar, yn meddwl: *considerate, taking care, mindful, keeping in mind, prudent, deliberate, considered; melancholic, morbid, brooding, depressed, sad; pensive, musing, reflective, thoughtful, contemplative, thinking*.

14g. *GDG* 319, *Meddylgar* gerdd glaear glau. *c.* **1400** *YSG* i. [70], [g]wr creuydus, pruddrist, *medylgar*. *c.* **1400** *Études* viii. 82, Y fleuma a wna dyn yn llesc, ac yn *vedylgar* yndaw ehun. **15g.** *GDLl* 149, *Meddylgar* yw am ddeilgoed, / Ac fal y plwm trwm yw'r troed (Llywelyn ap Gutun). **15g.** *Glam Bards* 314, nid oedd *veddylgar* farwn / enaid y gwyr ond oi gwn. **1567** *TN* 340a, Pe biasentwy *fyddylgar* am wlad y doythant y maes o hani. **1595** H. LEWYS: *PA* 176, mae'n fuddiawl iawn, fod 'n *fyddylgar* oi gilydd yn ein, [*sic*] gweddi. **1599** **(1677)** R. HOLLAND: *AB* 92, nas dyle ddyn ofalu yn vnig am dano ei hun, eithr bod o hono hefyd yn *fedylgar* am eraill. **16–17g.** *HG* 70, a gweglyd, rhog, bod yn aüog / oi lid ai var, yn *veddylgar*. **1604–7** *TW* (*Pen* 228) d.g. *inoblitus*. **1630** R. VAUGHAN: *YDd* 177, Ofn *meddylgar*, rhag i ymarfer a duwioldeb, wneuthur gŵr . . . i fod yn rhy brudd ac yn bendrwm. **1632** *D* d.g. *cogitabundus, cogitatè, memor*. **1632** *D* (*Diar*), Nid cywir ond *meddylgar*. Nid *meddylgar* ond serchog. **[1724]** G. WYNN: *YGD* 115, byddwn *feddylgar* am y diwrnod olaf hwn. **1740** T. EVANS: *DPO* 333, chwy-chwi, y Christnogion, ydych bobl *feddylgar*, ac yn ymgadw oddiwrth ein Chwareuon cyhoedd. **1741** *ML* i. 61, yr hynaf [Marged] yn ddistaw ac yn *feddylgar*, a'r ifa [Elin] yn llawn yspryd. **1799** M. WILLIAMS: *HHG* 104, y Bedyddwyr Calfinistaidd yn sefyll cymmaint ar opiniynau *meddylgar*. **1803** *P*.

(*b*) Meddyliol: *mental*.
1740 *DDF* 25, Gwiliwch yn erbyn Pechodau *Meddulgar* [*sic*] . . . ac yno ni chant fyth dorri allan yn Weithredoedd.

meddylgarwch [*meddylgar* + *-wch*[1]] *eg*. Pruddglwyf, iselder ysbryd, y felan, cyflwr afiach o hel meddyliau, tristwch, synfyfyrdod; meddwl, gweithgaredd meddyliol, myfyrdod, ystyriaeth, yr ansawdd o fod yn ystyriol: *melancholia, depression, low spirits, sadness, pensiveness; thought, thinking, cogitation, meditation, deliberation, thoughtfulness, consideration*.
1719 IACO AB DEWI: *TG* 153, Melancholi neu *Feddylgarwch*. *id*. 154, Cyfrif Argyoeddiadau am Bechod . . . yn *Fyddylgarwch*. **1772** *W* d.g. *consideration* [*the act of thinking on, mature thought, prudence, deliberation; meditation*], *thoughtfulness*. **1803** *P*.

meddylgryf, gw. meddwl[1] + cryf.

meddyliad [bôn y f. ddil. + *-iad*[1]] *eg*. ll. *-au*. Y weithred o feddwl, meddwl, synfyfyrdod, syniad; rhywbeth sy'n atgoffa rhywun am rywbeth arall, coffadwriaeth: *thinking, thought, a musing, idea; something which reminds one of something else, memento, reminder, remembrance, memorial*.
1547 *WS*, *meddyliat*, a thought. **1595** M. KYFFIN: *DFf* [36], meddwn ninneu, nad yw'r Sacramenteu hynny ddim amgen onid llunnieu, arwyddion . . . lluniadeu, *meddyliadeu* (*remembrances*). **1604–7** *TW* (*Pen* 228) d.g. *cogitatio, contemplatio* (hefyd *D*). **1609** R. SMYTH: *CAC* 35–6, y *medd*[*w*]*liad* ar cophadyddiad o'r mawr ddaioni hwn sydd . . . i'n swmbwlio . . . i garu yn tad. **1717** IACO AB DEWI: *MN* 164, a'i Weithred briodol ddigyfrwng ef [yr enaid] yw *Meddyliad*. *c*. **1730** *Thos. Lloyd D* (LlGC) 170b, *meddyliad* . . . Memoriale. **1794** *W* d.g. *a thinking*. **1803** *P*.

meddyliadol [*meddyliad* + *-ol*] *a*. Meddyliol, yn perthyn i weithrediad y meddwl, deallusol: *mental, of or relating to mental activity, intellectual*.
1814.

meddyliadwy, meddyladwy [bôn y f. ddil. + *-adwy*] *a.bfl*. Y gellir meddwl amdano, dirnadwy: *thinkable, conceivable*.
1852.

meddyliaeth [*meddwl*[1] + *-iaeth*] *eb.g*. Y weithred o feddwl, meddwl, proses meddyliol, dull o feddwl; seicoleg; *Athr*. yr athrawiaeth mai'r meddwl yw'r realiti sylfaenol ac nad yw gwrthrychau gwybodaeth yn bod ond fel agweddau ar ymwybyddiaeth y goddrych: *thought, thinking, mentality; psychology; mentalism* (*in philos*.).
1848.

meddyliaf, meddylaf: meddwl[2], **meddylio** [bf. o'r e. *meddwl*[1]] *bg.a*.

(*a*) Rhoddi'r meddwl ar waith, rhesymu, ffurfio syniad am, dychmygu, amgyffred, dyfalu; myfyrio (uwchben), troi yn y meddwl, ystyried; dwyn i gof, cadw mewn cof, cofio, coffáu: *to think, exercise the mind, reason, form an idea of, imagine, conceive* (*of*), *wonder; meditate* (*on*), *contemplate, turn over in the mind, reflect or muse upon, consider; bring to mind, bear in mind, remember, commemorate*.
13g. *B* ix. 147, Pan *vedylywyf* [drll.] pawl ebostol. llester etholedigaeth. A meir vadalen . . . em kemellir e wediav trugared yessu grist. **14g**. *T* 30. 11, ny *medyleyeisti* dy alon. **1346** *LlA* 92, Y Mab . . . gwallt . . . yn vnffuryf aphei gellit llunyaw nev *vedylyaw* dwy yscubell o van adaued. **14g**. *YBH* 18b, *medylyaw* a wnaeth ba le yd enkiliei. **14g**. *MA*[2] 337a. 42–3, O weddiaw a modd wylaw pawb *meddylied* / Y daw angau dan gau beddau dyn gwybydded (Gronw Ddu). **15g**. *BSK* 32, [ll]ewenyd . . . hyt nat oed vn dyn yny byt a allei y dywedut. nachallon. y *veddyllyaw* [*sic*] nac ysgolheic y yscriuennu. **15g**. *GM* 13, Y boreu y'th *vedylyaf* (*meditabor in te*). **1567** *TN* 89b, Pa *veddylio* (**1620** *Luc* v. 22, resymmu) ydd ych yn eich calonae? **1574** *LlGC* 15542, 219b, dyma fynghorff i yr hwnn y rydys yny roi drosochi, gwnewch hyn im *meddwl* i. *c*. **1585** G. ROBERT: *DC* 6a, *Meddwl* hefyd i bydd chwerw gyniti y pleser byr ar [dd]ydd y farn. **1588** *Deut* ix. 27, *Meddwl* am (**1620** *ib*. Cofia) dy weision. **1595** H. LEWYS: *PA* 13, ystyria, a *meddwl* ynot dy hun fall hynn. **1632** *D*, *meddylio* . . . cogitare. **1691** T. WILLIAMS: *YB* 90, mae ini achos i *feddwl* ar fedr y byd a ddaw. **1803** *P*. Ar lafar yn sir Gaerf. a Chered. clywir y ff. *meddylu* yn yr ystyr 'synfyfyrio, pendwmpian'.

(*b*) Llunio (bwriad, cynllun, dyfais, &c.) yn y meddwl, cynllunio, dyfeisio, cynllwynio, bwriadu, amcanu, golygu, penderfynu: *to form* (*intention, plan, device, &c.*) *in the mind, have it in mind, plan, devise, plot, intend, mean, decide*.
12g. *MA*[2] 155b. 17–20, Ym mywyd madawc ni feidiai undyn / Dwyn terfy[n] tra hyfryd / Nid *medwl* medu hefyd / Namyn o duw dim o'r byd (Cynddelw). **13g**. *C* 86. 14–87. 1, Nid porthi ryuic ryuegeis im bron. Nid porthi penid ry *vetyleis*. **13g**. *BD* 147, *medylyassant* eilweith vrthvynebu y Arthur. **14g**. *GP* 11, Tri messur ereill a *uedylyawd* Einawn Offeiryat. **1346** *LlA* 110, yna y*medylyawd* boya lad dauyd aedisgyblon. **14g**. *BT* (*RB*) 34, y Freinc a gyffroassant lu o Vrecheniawc, *medylyaw* diffeithaw yr holl wlat. *id*. 72, paratoes Madawc urat Ioruerth a *uedwlyassei* kyn no hynny. *c*. **1400** *YSG* i. 106, *medylyaw* a wnaeth ef ar ymbil a'e vrawt. *c*. **1400** (*SG*) *HMSS* i. 425, ony *medylyy* di am vynggwarantu i y marchawc am llad. *c*. **1400** *ChO* 7, *medylyaw* medeginyaeth . . . gwneuthyr plastyr . . . o gynnulleitua ac amylder goludoed bydawl. **1632** *D*, *meddylio* . . . statuere, in animo habere. **1683** J. JONES: *TG* 24, Gwae'r Enaid hwnnw na chredo nad yw Duw yn *meddwl* mal y mae 'n dywedyd. **1803** *P*.

(*c*) Bod o'r farn, barnu, tybied, synied, credu, ystyried, disgwyl, sylweddoli: *to be of the opinion, deem, think, reckon, suppose, regard, believe, consider, expect, realise*.
14g. *YBH* 20a, *medylyaw* y bown bei kaei y march . . . na bydei arnaw wedy hynny ofyn neb. *c*. **1400** (*SG*) *HMSS* i. 427, wynt *avedylyassant* nat oed fford udunt y barhau. *c*. **1400** *ChO* 3, A phan *vedylyo* ef y ystat yn y goruchelder hwnnw yn beriglus. **1567** *LlGG* (*Sall*) 5b, *meddwl* y mae yn wastat nad oes vn Duw. **1632** *D*, *meddylio* . . . arbitrari, opinari, sentire, existimare. **1680** J. THOMAS: *UN* [vi], Mi a *feddiliais* mai yr ermig oreu i hyn oedd Gweddi. **1723** WM: *PGG* 5, gwilia di *feddwl* neb yn wannach nâ thydi dy hun. **1776** I. BRYDYDD HIR: *P* ii. 172–3, Nid yw dyn yn myned i geisio un peth, nes *meddylio* yn gyntaf, fod arno . . . eisiau y peth hwnnw. **1803** *P*.

(*d*) Golygu, arwyddocáu, dynodi, cyfeirio at: *to mean, signify, denote, have in mind, allude or refer to*.
1595 *Egl Ph* 38, Mae'n *meddwl* Dafydd ap Edmwnd. **1606** E. JAMES: *Hom* i. 63–4, Am hyn y gofynnodd, pa orchmynion yr ydoedd Christ yn eu *meddwl*. **1620** 2 *Mac* xiv. 7, yr ŵyf yn *meddwl* (**1588** *ib*. sef) yr Archoffeiriadaeth. **1630** R. VAUGHAN: *YDd* 149, nid yw Esay yn y lle yma, yn *meddwl* gweithredoedd yr adgenedledig. **1675** R. JONES: *HCh* 87, Wrth Ddyledswyddau neilltuol . . . yr wyfi yn *meddwl* y rhai sydd iw cyflawni mewn Teulu neilltuol. **1776** *W* d.g. *to mean* [*have, or bear, a meaning* . . .].
Amr.: **meddyliaid**. **14–15g**. *IGE*[2] 255, *Meddyliaid* am addoli / I Dduw a'i fam ydd wyf i (Siôn Cent). *c*. **1400** *R* 1175. 34, Duw am rod rwyf vod *uedyleyit*. **1527** *B* ii. 209, *meddyliaid* dyveisiav ysdrwgar a na y keidwad ar ddal y llawrvddiaid. **1606** E. JAMES: *Hom* i. 23, Ni a glywsom nad ydym ni o hanom ein hunain yn abl . . . i *feddyliaid* vn meddwl da. *id*. 53, Na ddylai neb *feddyliaid* fod gantho fywiol ffydd. **1632** *D*. **1711** M. WILLIAMS: *LlLl* 58, Rhaid i'r Diddanwch pennaf a'r a allaf fi ei gael . . . darddu oddi wrth *Feddylied* ar Fuchedd a dreulïwyd yn dda.
Cfn.: **meddwl y byd o**: *to think the world of*. **1881** D. OWEN: *D* 59, *Meddyliai* yr hen ŵr *y byd* o Noah. Ar lafar yn gyff. **m. dy (ei, &c.) hun**: *to be conceited, have a high opinion of oneself*. Ar lafar, "Dwyt ti'n dda i ddim, yn dangos dy hun bob amser, yn *meddwl dy hun* o hyd'.

Gw. hefyd ailfeddyliaf: ailfeddwl.

meddyliedig [bôn y f. fl. + *-edig*] *a.bfl*. Meddyliol; wedi ei ystyried: *mental; considered*.
a. **1575** *GP* 136, Tair Rann iaith yssydd: Rann *veddyliedic*, Rann ddywedededic, a Rann ysgrivennedic.

meddyliog [*meddwl*[1] + *-iog*] *a*. Meddyliol; meddylgar: *mental; thoughtful*.
1722 *Llst* 189, *meddyliog*, belonging to the mind. **1803** *P*.

meddyliol [*meddwl*[1] + *-iol*] *a*. Yn perthyn i'r meddwl, o'r meddwl, yn y meddwl, deallusol, yn meddwl; goddrychol: *mental, intellectual, thinking; subjective*.
1708 *EGE* 129, [pechod] a ddigwydd o eisieu gochel . . . y cyfryw ddymuniadau 'r galon a chwantau *meddyliol*. **1791** DAFYDD DDU: *A* 41, Er mwy anrhydedd i wr mae'n rheidiol, / Gael ymma ddylyn goleu *meddyliol* [i wirionedd].

Am *rhifyddiaeth feddyliol* (*meddyliol*), gw. rhifyddiaeth.

meddyliwr [bôn y f. fl. + *-wr*] *eg*. ll. *meddylwyr*. Un sy'n meddwl, un sy'n meddwl yn dreiddgar, person deallus: *thinker, perceptive thinker, an intellectual*.
1704 T. JONES: *Alm* [49], Ni fynne'r Frenhines pe bai hi 'n ddewines, / Moi alw fe 'n ddiles *feddyliwr*. *c*. **1730** *Thos. Lloyd D* (LlGC) 178b, *Myddylwyr* modd a welen. D. Gorl. **1803** *P*.

meddylrith [*meddwl*[1] + *rhith*] *eg*. ll. *-(i)au*. Syniad, cysyniad, delwedd: *idea, concept, mental image*.
1842.

meddylrych, gw. meddylddrych.

meddylserch [*meddwl*[1] + *serch*] *eg*. Serch: *love, affection*.
1567 *TN* 262b, Yr epistol cyntaf a scrivenesei S. Paul at y Corinthieit . . . a ddengys gariat arnynt wy yn rhagori ym-pell tros *veddylserch* anianol. *Dchr*. **17g**. *Card* 12, 363. *c*. **1730** *Thos. Lloyd D* (LlGC) 170b, *meddylserch*, amor.

meddylstad [*meddwl*[1] + *stad*] *eb*. ll. *-au*. Cyflwr meddyliol: *mental state*.
20g.

meddylwaith [*meddwl*[1] + *gwaith*[1]] *eg*. Y weithred o feddwl, meddwl: *thinking, thought*.
1900.

meddylwydd [*meddwl*[1] + *gwŷdd*[3], *gŵydd*[5]] *eg*. Seicoleg: *psychology*.
1851.

meddys, meddysen, gw. mefus.

mefilia, mifilia, myfilia [?cf. Llad. *vigilia*] *eg*. ll. *mefiliau*, *myfil(i)âu*, &c. *Egl*. Y dydd o flaen dydd gŵyl a neilltuir ar gyfer defosiwn ac ympryd, gwylnos: *vigil, eve of religious festival or feast-day*.
14g. *Pen* 5, 21a, yn dydyeu catcoreu *amyvilaeu* (*LlA* 144, *mivilaev*, *Llst* 27, 46a, *miuilyaeu*) seint. **15g**. *Pen* 191, 153, *Miuilia* . . . Gwyl Iago ebostol. **15g**. (*Diw*. **16g**.) *Gwyn* 3, 200, pa ham na ddaw y grawys / fel y daw *mefiliau* dwys (Meredudd ap Rhys)? *Diw*. **15g**. *RWM* i. 1013, [The Mevilias are marked Feb. 23, March 24, April 25, June 23 and 28, July 24, August 9, 14, and 23, Sep. 20, Oct. 27 and 31, Nov. 29, Dec. 20 and 24.] Tri *mevilia* kaeth sydd ag nid ydynt yny klander nid amgen nos basc a nos garchauel a sadwrn y sulgwynn. *Diw*. **15g**. *Pen* 53, 41, y *mywiliae* bellach. **1527** *Card* 5, 104, *myvilie* nachatkor wynt nis kadwant. **16g**. *Pen* 82, 114, kymryd dros gyngor bwyd amryd ragor / *mefilie* katkor por perffeithrad. **1604–7** *TW* (*Pen* 228), *myuiliæ* d.g. *vigilia*. *Dchr*. **17g**. *J* 10, 28b, *myviliau*. feriæ præcidaneæ; vigilia.
Amr.: **mywiliau, mywyliau** [ff. l. dan ddyl. *gwyliau*]. **1707** *AB* 219. 2, *mywiliau*, feriæ præcidaneæ. S. the Vigils or Eves of Holydays. **1773** *W*, *mywyliau* d.g. *eve* . . . *eves* [*vigils*] *of holy-days*. **1803** *P* d.g. *mywyliau*. **meddilia**. **16g**. *Llst* 181, 49, 50, 51.

mefl [Crn. C. *meul*, H. Wydd. *mebul*, Gwydd. Diw. *meabhal*, cf. H. Lyd.

meplaom, gl. *confutari*] *eg*. (bach. *-yn*) ll. *-au*, a hefyd gyda grym ansoddeiriol. Cywilydd, gwarth, amarch, gwaradwydd, sarhad; achos cywilydd neu warth, nam, gwall, bai, diffyg; ?twyll: *shame, disgrace, dishonour, reproach, insult; cause of disgrace or shame, blemish, blot, fault, flaw; ?deceit*.

12g. *LL* 120, har *mefyl* har sarhayt har cam. har ennuet agunech brennhin morcannhuc hay gur hay guas dy escop teliau. **13g**. *C* 87. 8–10, Bu drvi *vewil*. athuyllvriaeth. in hudaul gvar guassanaeth yargluit. *id*. 92. 14–15, guydi met *meuil* na vynuch. **13g**. *B* iii. 23, Gwell Goleyth *meuel* noy dyala. **14g**. *Cy* vii. 142, Hir weddawt y *ueuyl*. *id*. 148, Dyuot nyt dy oruot dim: / yr *veuyl* bressent gatwe[n]t gam. **14g**. *YBH* 37b, athrwy *ueuyl* ac ystryw y annerch malfei y gan bown. **14g**. *GDG* 402, Aed i ddiawl, dragwyddawl dro, / Y galon *fefl* a gilio. *Diw*. **15g**. *AP* 22, gochel *mefle*. **1567** *TN* 296a, a'i gogoniant yn wradwydd [:– gwarth, *mefl*, cywilydd] yddynt. *id*. 360b, Brychay yntynt, a thrisclynay [:– Gr. momoi manne, *mefle*]. **1607** *Rhyddiaith Gymraeg* i. 138, er dig a *mefl* i Suddas a holl elynion y loewiaith Vrytanaec. **1632** *D*, *mefl*, dedecus, turpitudo, propudium. *a*. **1642 (1684)** H. OWEN: *DC* 79, Yno y caiff y rhai beilchion eu llenwi, â phob cywilydd, *mefl* a gwradwydd. **1759** T. THOMAS: *WWDd* 270, y mae'n gynnwysedig yn y gair *Mefl*, y brychau neu'r hyn sy mewn Dŷn, yn achos o Gywilydd . . . *Mefl* lleidr yw ei ladrad; *Mefl* godinebwr, yw ei odineb. **1770** *W* d.g. *blemish* [*disgrace, reproach, stain, fault, defect*], *blot* [*stain, or any thing that causeth disgrace* . . .], *imputation* [*reproach, &c.*]. **1803** *P*.

Amr.: **amefl**. **13g**. *A* 32. 19.

Cfn.: **mefl ar fy marf (dy farf,** &c.)**!**: *shame on my (your, &c.) manhood* (*lit. beard*)! **14g**. *WM* 59. 35–6, 134. 17–18, 146. 23. **14g**. *GDG* 287, 404. Cf. *R* 1048. 10, meuyl barueu madeu hedyn. Gw. hefyd *unaf*[2]: *uno—uno m. ar farf*. **m. i (mi,** &c.)**!**: *shame on (me, &c.)!* **14g**. *WM* 10. 20, 56. 22. **14g**. *GDG* 364. **14g**. *IGE*[2] 56. **15g**. *GDLl* 69.

meflaf: meflu [bf. o'r e. bl.] *bg.a*. Gwaradwyddo, gwarthruddo; difwyno, difetha, andwyo, baeddu: *to disgrace, put to shame; stain, spoil, soil, foul*.

Dchr. **14g**. *H* 90a. 42–3, ys my *aweflawr* or gygheussed gweryt yr gwagueird y gwachoffed (Phylip Brydydd). **1803** *P*, *mevlu* . . . to disgrace . . . Mae y plentyn gwedi *mevlu* ei hun, the child has befouled himself. Cf. *Hen B* 33, Ffei o'r gamp fo'n *meflu*'r wyneb, / Ffei lawenydd o ffolineb.

meflfethiant [*mefl* + *methiant*[1]] *eg*. Methiant neu fai cywilyddus: *shameful failing or fault*.

14g. *WML* 140, Tri *meuyluethyant* gwr. bot yn dryc karwr. Ac yn llibinwr yndadleu. ac yn wr arglwyd drwc. **1730** *Leg Wall* 578, *meflfethjant* . . . dedecus, opprobrium. **1803** *P*, *mevlvethiant*, a disgraceful defect.

meflhaed [*mefl* + *-ha* (At.) + *-ed*[1]] *eg*. Gwaradwyddiad, difenwad: *reproach, abuse*.

14g. *T* 43. 5–6, ny wnant eu dwynuyt trwy *veuylhaet*.

meflhaf: meflhau [*mefl* + *-hau*, cf. H. Lyd. *meplaom*, gl. *confutari*] *ba*. Gwaradwyddo, gwarthruddo: *to disgrace, put to shame*.

1803 *P*, *mevlâu* . . . to render disgraceful . . . Ys drwg y geiniawg a *vevlao* ei ferchen. Adage.

meflus [*mefl* + *-us*] *a*. Diffygiol, amherffaith: *faulty, imperfect*.

1863.

meflwr [*mefl* + *gŵr*] *eg*. Dihiryn, cnaf: *scoundrel, rascal*.

c. **1400** *YCM*[2] 82, A dywedut yn uchel a wnaeth Galatas *Mefylwr* yrdwyn ohonaw y molyant a'r vanec y gan hwnnw. **1803** *P*.

meflwriaeth [*mefl* + *-wriaeth* neu *meflwr* + *-iaeth*] *eb.?g*. (Achos) cywilydd, gwaradwydd, gwarth: (*cause of*) *shame, disgrace, dishonour*.

13g. *LTWL* 125, Teyr *meuyllwryayth* yssyt ymmechniayth. E chyntaf, dywat e vechny ac ef yn vach. Ar eyl, adef e vechni ac na allo kymmell. E tredet, dwyn dyebryt or mach gwedy taler ydaw. **14g**. *LlB* 40, Teir *mefylwryaeth* mach yssyd. **1604–7** *TW* (*Pen* 228) d.g. *infamia, pudor*. **1803** *P*, *mevlwriaeth*, s.m., a disgraceful act.

mefus, *e.ll*. (un. b. *-en*). (Planhigion o'r tylwyth *Fragaria* sy'n dwyn) ffrwythau coch neu felyngoch a hadau bach melyn dros eu croen, syfi, hefyd yn *dros*.: *strawberries, also transf*.

14g. *ACL* i. 40, fragaria, gwydd y*mevvs*, yssyui. *ib*. frasia, deil y*mevvs*. **15g**. *DE* 46, Melys ydoedd y kvssan / os melys y *mefys* man. **15g**. *CSTB* 43, Cusanu dyn cysonair, / A'i gwefus fal *mefus* Mair. **1547** *WS*, *mefys* ne syfi, Strawberies. **16g**. HUW ARWYSTL: *Gw* 268, rrol o mylav'r Havl melyn / yw *mefvs* Duw am fys dyn [i ofyn paderau]. *id*. 275. Eurych kwkyllgrych keillgrwnn / a *mevys* haf am ais hwnn [am darw]. **16g**. MORUS DWYFECH: *Gw* 146, Lloeren bant lliw aur ein bys, / Llwyn myfyr yn llawn *mefus* [i ofyn bwcled]. **1632** *D*, *mefus*, fraga. Sing. *Mefusen*. **1677** C. EDWARDS: *FfDd* 219, a mêl ymmhôb meillionen, a melysdra ymhôb *mefusen*. **1707** *AB* 7b, N.W. *mevis* . . . strawberries. **1736** S. RHYDDERCH: *Alm* [9], amryw rywogaeth o winoedd . . . Sef, o rawn ysgaw, o *Fefus*, ac o'r afan cochion. **1751** *ML* i. 176, Arglwyddesau . . . yn dyfod i lygadrythu ar fy ngardd i ag i fwytta fy holl *fefus* i. **1795** J. THOMAS: *AIC* 353, Mae amryw fáth o gôed *Mefus* mewn Gerddi . . . y *Mefus* Cochion a Gw'nion . . . Ac mae math o *Fefus* Gwrddion, ond yn anhawdd ei Cáel. **1803** *P*. Ar lafar yn y Gogledd, *WVBD* 373.

Amr.: **meddus** (un. b. *-en*). **1667** C. EDWARDS: *FfDd* 66, melysdra ymhob *meddysen*. Ar lafar ym Mhowys, *TGG* (1904) 46.

Cfn.: **mefus y goedwig (y coed):** *wild strawberries, Fragaria vesca*. **1906**. **m. coeg:** *barren strawberries, Potentilla sterilis*. **1906**. **m. gwyllt = m. y goedwig**. **20g**.

Am *yn fêl ac yn fefus*, gw. mêl[1].

mefusa [*mefus* + *-ha* (At.)] *bg*. Casglu mefus: *to gather strawberries*.

1903.

mefusbren [*mefus* + *pren*] *eg*. Coeden fytholwyrdd, *Arbutus unedo*, sy'n tyfu yn ne Ewrop a de-orllewin Iwerddon, ac sy'n dwyn ffrwythau tebyg i fefus: *strawberry-tree*.

1604–7 *TW* (*Pen* 228) d.g. *arbutum*. **1632** *D* d.g. *arbutus*. **1722** *Llst* 189, *mefusbren*, a strawberry tree. **1725** *SR* d.g. *an arbute Tree*. **1761** *ML* ii. 428, [p]ren arbutus (i.e. *mefus bren*). **1762** *id*. 438, dwyn mefus y bydd y *mefusbren* yn sicr, a thyfu'n wyllt y mae yngorllewin y Werddon wellt. **1794** *W* d.g. *a strawberry-tree*. **1813** *WB* 218.

mefuswydd [*mefus* + *gwŷdd*[1]] *e.ll*. (un. b. *-en*) ac *eg*. Planhigion (planhigyn) sy'n dwyn mefus; mefusbren, *Arbutus unedo*: *strawberry plant(s); strawberry-tree*.

1604–7 *TW* (*Pen* 228) d.g. *fragaria*. **1632** *D* (*Bot*), *mefuswydd*, fragaria. **1688** *TJ* (*Bot*), *mefuswŷdd*: a Strawberry-bush. **1794** *W* d.g. *strawberry-bush*. **1803** *P*, *mefuswydd*, strawberry plants. **1813** *WB* 51, Fragaria; Strawberry; Mefusen, *Mefuswydd*, N.W.

mefyr, mefyrdod, mefyriad, mefyriaf: mefyrio, gw. myfyr, myfyrdod, myfyriad, myfyriaf: myfyrio.

mèg [?yr e. prs. *Meg* fel e.c.] *eb*. (yn aml yn yr ymad. *gwasgu'r fèg* (*ar*)) Llyffethair, hual, gefyn, yn *ffig*. atalfa, cyfyngiad: *fetter, shackle, fig. restriction*.

1620 *Mos* 204, 57, Ev a wascwyd y *vegg* arno. **17g**. (**18g**.) *CM* 42, 31, pa beth a wnawn ond gwasgu'r *feg* / a rhoddi Deuddeg arno. **1756** G. OWEN: *L* 173, rhowch iddo wers, a dau dro a hanner ar ei arddwrn, neu wasgu'r *fegg* arno mal y gwelo'ch doethineb yn orau. **1832** *P*, *meg* . . . a fetter. *y feg* fawr, a large old fetter, kept at Dinas Mawddwy. Cf. THOMAS DAVIES: *Dinas Mawddwy a'i Hamgylchoedd* (1893) 58, Y gosbedigaeth gyffredin yma ar droseddwyr ydoedd naill ai eu rhoddi mewn cyffion (Stocks), neu yn y *Fêg*fawr [*sic*] . . . Cedwid yr hen *Fêg* yn 'Ysgubor y Plas,' ac yn y Palas y cedwir hi yn awr. Dywedai yr hen bobl fod y *Fêg* yn offeryn tra chywrain, ac fod cryn lawer o nodwedd arteithglwyd y chwilysoedd yn perthyn iddi. Ar lafar ym Mangor, 'gwasgu'r *fèg*', 'to take a mean little revenge', *WVBD* 564; ym mro Ffestiniog ystyr 'rhaid gwasgu'r *fèg*' yw 'rhaid gwneud ar lai o foethau'.

mega- [bnth. S. *mega-*] *rhgdd*. sy'n dynodi ffactor o filiwn.

megadarth, megadreth, gw. mygedorth.

megafarwolaeth [*mega-* + *marwolaeth*] *eb*. ll. *-au*. Marwolaeth miliwn o bobl: *megadeath*.

20g.

megaffon [bnth. S. *megaphone*] *eg*. Dyfais ar lun twmffat a ddefnyddir i chwyddo'r llais: *megaphone*.

20g.

megalith [bnth. S. *megalith*] *eg*. ll. *-iaid*. Maen mawr, yn enw. un sy'n rhan o gofadail cynhanesyddol: *megalith*.

20g.

megalithig [cfdds. o'r S. *megalithic* + *-ig*[2]] *a*. Wedi ei wneud o fegalithiaid, yn perthyn i fegalithiaid neu i gyfnod eu codi, a nodweddir gan fegalithiaid: *megalithic*.

20g.

megalomania [bnth. S. *megalomania*] *eg*. Salwch meddwl a nodweddir gan rithdybiau o fawredd, grym, cyfoeth, &c.: *megalomania*.

20g.

megaton [bnth. S. *megaton*] *eg*. ll. *-au*, ac weithiau gyda grym ansoddeiriol. Uned o rym ffrwydrol sy'n cyfateb i rym miliwn o dunelli o TNT: *megaton*.

20g.

megatunnell [*mega-* + *tunnell*] *eg*. Megaton: *megaton*.

20g.

megawat [bnth. S. *megawatt*] *eg*. Miliwn o watiau: *megawatt*.

20g.

megedarth, megen, gw. mygedorth, megyn.

megidydd [bôn y f. *magaf*: *magu* + *-idydd* (At.)] *eg*. Un sy'n magu neu'n meithrin, maethydd, meithrinwr, cynhaliwr, noddwr: *one who rears or nourishes, nurturer, supporter, maintainer*.

Dchr. **14g**. *H* 123b. 46, gwynllat wat wagyat *wegidyd* pobloed (Iorwerth Fychan). **1632** *D*, *megidydd*, nutritor, nutritius. **1688** *TJ*, *megidŷdd*, un yn magu: a Nourisher, a Feeder, a Nurser. **1771** *W* d.g. *a bringer up*. **1803** *P*.

megin [Crn. C. *mygenow* (ll.), Llyd. C. *meg*[*uin*], Llyd. Diw. *megin*: ?< **makīnā* o'r gwr. **mak-* 'cod ledr neu groen'; ond nid amhosibl ei gysylltu â'r f. *magaf*: *magu*] *eb*. ll. *-au*. Offeryn ac iddo siambr awyr (gydag ochrau hyblyg) a fwyheir i dynnu awyr i mewn drwy falf ac a wesgir i yrru'r awyr allan yn llif i fywhau tân, i chwythu organ, &c., (gynt) un hanner i'r cyfryw offeryn, hefyd yn *dros*. ac yn *ffig*.: (*pair of*) *bellows*, (*formerly*) *one of a pair of bellows, also transf. and fig*.

13g. *LlI* 94, Offer gof . . . *Megyneu*. **1346** *LlA* 28, Einon ygof hwnn yw poen. athrallawt. Y*vegin*-*ev*. ae yrrd yw prouedigaeth. **14g**. *WM* 47. 5–9, a chwythu y *megineu* a oed wedy eu gossot ygkylch y ty a gwr a pob dwy *uegin* a dechreu chwythu y *megineu* yny uyd y ty yn burwen. *c*. **1400** *R* 1238. 36, uffern dywyllwc mwc *megineu*. *id*. 1274. 7, gwrach heuis megys *megin*. **15g**. (*Diw*. **16g**.) *Gwyn* 3, 145, Vn dôn yw'r erddigan dau / ag anadl y *meginau* [Meredudd ap Rhys i'r gwynt]. **15–16g**. *TA* 436, Ag o'i ffroen, pan gyffry i au, / Y mag anadl *meginau* [i ofyn march]! **1545** *CM* 1, 81, Ac orawyr I maer ysgyuaint, yn kymerud I natur I lauurio, megis *megine*. **1588** *Jer* vi. 29, Lloscodd y *fegin* gan dân. **1632** *D*, *megin*, follis, sufflatorium. **1658** R. VAUGHAN: *PS* 410, hwynt hwy [cymeriad da ac ewyllysgarwch] a wnant y *meginau* ir tân sanctaidd yma. **1693** *DQM* 49, Nid yw y rhai hyn . . . yn ei gwneuthur [crefydd] yn *fegin* terfysc neu wrthryfel. **1725** D. LEWIS: *GB* 69, Er bod yr Ysgyfaint fel *megin* wedi ei chymhwyso i Anadlu. **1759** J. EVANS: *PF* 66, chwthwch yn egniol a *Megin* i lawr ei Wddf. **1770** *W* d.g. *bellows, or a pair of bellows*. **1803** *P*. Ar lafar, weithiau am yr ysgyfaint, 'Yr hen *fegin* 'ma sy waetha''.

Amr.: **begin** [am *b-* ac *m-* yn ymgyfnewid, cf. *bainc, mainc, benyw, menyw*; ceir yr un dtb. yn Llyd. Diw. *begin, megin*]. *c*. **1762–79** W.

WILLIAMS: *P* 222, 223.

Cfn.: **megin (y) gof:** *smith's bellows.* **14g.** *GDG* 289, Mae o anadl mwy ynof / Nog yng nghau *meginau gof*. **1770** *W*, *megin gôf* d.g. *bellows, smith's bellows.* **m. droed:** *foot bellows.* **20g.**

Am *cerdd fegin*, gw. cerdd[1].

Gw. hefyd meginydd.

meginaf: megino, megina [bf. o'r e. bl.] *bg.a.*

(*a*) (fel *ba.*) Bywhau (tân, &c.), â megin, peri i (dân) gynnau, chwythu; yn *ffig.* chwythu bywyd i mewn i (rywbeth), cyffroi, cynhyrfu, ennyn, ysgogi: *to use bellows on* (*a fire, &c.*), *blow* (*fire*) *into life*; *fig. blow life into* (*something*), *'fan the flames of', stir up, excite, arouse, inspire.*

1759 *DG* 3–4, A'i anadl diadlam dwfn / Yn *megino* mŵg anwfn. **1796** *MA* iii. 249, Tri pheth cyvarwydd arnynt y bydd pob meddwyn: enllib i bob dŷn dosparthus, *meginaw* cynhenau, ac ymddichellu i gael cwrw ei wala heb na thal na diolch.

(*b*) (fel *bg.*) Chwythu megin; gweithio (chwythu, swnio, &c.) fel megin: *to work bellows; work* (*blow, sound, &c.*) *like bellows.*

1803 *P*, *meginaw*, to work bellows.

meginol [*megin* + *-ol*] *a.* Yn gweithio fel megin, tebyg i fegin, o natur megin: (*working*) *like a pair of bellows, of the nature of bellows.*

1844.

meginrefr [*megin* + *rhefr*] *a.* A chanddo din fel megin: *having an arse like a pair of bellows.*

14g. *GDG* 405, Da y gwn . . . / Ditinau nad wyt unenw / Â Meigen-Rys *meginrefr*. *Diw.* **15g.** *Pen* 53, 26, goesglaf was *myginrefr* [i'r Prol].

meginwr [bôn y f. fl. + *-wr*] *eg.* ll. *-wyr.* Un sy'n chwythu megin, hefyd yn *ffig.* *one who works bellows, also fig.*

1803 *P.*

meginydd [?*megin* + *-ydd*[3]; ond dichon mai ff. l. yr e. *megin* a welir yma] *e?g.* ?Meginwr (yn *dros.*): *one who works bellows* (*transf.*).

16g. HUW ARWYSTL: *Gw* 485, Mwg [o] anwfn *meginydd* / A fagai'n daer feigen dydd [dychan i'r niwl].

megis, fegis [< *megys, fegys* ?< **mag* (cf. Crn. C. *maga* 'mor') + *ys*[1]] *ardd.* a hefyd fel *cys.*, *adf.*, ac *eg.*

Fel *ardd.* (*a*) (o flaen e., rh., neu fe.) Fel, cyffelyb i, yr un fath â, yn yr un dull neu fodd â: (*before a n., pron., or vn.*) *like, similar to, the same as, in the same way as, after the manner of.*

13g. *LlDW* 47. 16–17, emach adele kemell mab ekenogen. *megis* ekenogon. **13g.** *HGK* 4, Rodum . . . y gan Rodulf . . . a enwyt *megys* Ruvein y gan Romulus. **13g.** *MA*[2] 220b. 15, Gwelsam ni wawr maelawr *megys* ynteu (Dafydd Benfras). **14g.** *B* ix. 326, llyma vi *vegys* sperwan neu vchedyd kyfrwg crauagheu hebauc. **14g.** *YBH* 3b, kyuodi yny seuyll a wnaeth athunnu y gledyf *megys* gwr dewr. *id.* 11b, Sef awnaeth hitheu yna diliwaw a duaw *vegys* glo. **14g.** *DGG*[2] 133, 'Mogel dy farnu *megis* / Chwerwedd dwyll, chwarëydd dis (Gruffudd Gryg). **14g.** *IGE*[2] 77, Ymlynais ym Maelienydd / D'ôl di *fegis* helgi hydd. *c.* **1400** *R* 1042. 5–6, y[n] llym *megys* draen. *c.* **1400** *RB* ii. 162, gwelit y tan or cledyfeu ac or helmeu yn ehedec *megys* llucheit ymlaen taran. *c.* **1400** *YCM*[2] 132, ac yn gywreint dwyllwreid, *vegys* bradwr, ymdidan a oruc a Chyarlys ual hynn. **15g.** *GGl* 214, Melys yw yn malu sain, / *Megis* bol enfys blaenfain. **15g.** *DE* 88, yn y traul mae enaid rrydd / a gais bwyd *vegys* bedydd. **1527** *B* ii. 211, paham ir oyddynt wy yn i dal ynhw *vegis* trayturiaid. **1567** *TN* 129a, Eithr ganthynt y gwelit y geiriae hwy, *vegis* ffugiant. **1618** J. SALISBURY: *EH* 287, Ag y mae hi *megys* y llygad i'r corph, *megys* yr halen i'r bwyd. **1632** *D*, bwrw heibio *megis* bwrw yr amser heibio d.g. *traduco.* **1703** E. WYNNE: *BC* 9, gwelwn y Ddaiar fawr gwmpasog *megis* pellen fechan gron ymhell odditanom.

(*b*) (o flaen ymad. arddl. neu adf.) Yn yr un modd â, yr un fath â, fel pe: (*before a prepositional phrase or adv.*) *in the same way as, as if.*

13g. *LlDW* 4. 14–16, aguasanaytuyr adeleant seuyll rac yuron enyguassanaeth *megys* rac bron ebrenyn. *id.* 36. 21–2, rannu deuhanner ahy *megis* a gureyc. **13g.** *Pen* 14, 15, kerdet en droetsych dros eurdonen *megys* ar vaes guastat. **13g.** *HGK* 13, wedy bot Gruffud bluydyned en Ywerdon *megys* yn trwydet y gyt a Diermit vrenhin. *id.* 23, ag yno ydd ymddifferassant *megis* y mewn kaer a vei damgylchynedig o weilgi. **14g.** *HMSS* ii. 89, hyt nos *vegys* hyt dyd. *c.* **1400** *YCM*[2] 132, A'r boredyd y kyuodassei Chyarlys y dyd hwnnw *megys* peunyd. *Dchr.* **15g.** *B* vii. 372, Y gwlybyreu ereill pan eu dineuer *megys* drwy drigyan y kerdant. **1551** W. SALESBURY: *KLl* xvb, Yr owrhon ydd ym yn gwelet *megys* mewn drych ne ar ddychymic. **1567** *TN* 9a, Byddet dy ewyllys ys [*sic*] ar y ddaiar *megis* yn y nefoedd. **1588** 2 *Cor* ii. 17, eithr *megis* o burdeb, eithr *megis* o Dduw, yng-wydd Duw yr ydym yn llefaru yng-Hrist. **1632** *D*, trystiol *megis* mewn rhyfel d.g. *bellicrepus.* **1703** E. WYNNE: *BC* 14, Gwelwn aml Goegen gorniog fel Llong ar lawn hŵyl, yn rhodio *megis* mewn Ffrâm.

(*c*) O ran bod yn, yn swydd, â swyddogaeth, fel: *in the rôle, function, or capacity of, as.*

c. **1300** *H* 19b. 11–12, uchel wawd yw honn y ueiryonnyt. ucheluart ae pryd *uegys* prydyt (Llywelyn Fardd). **1592** S. D. RHYS: *Inst* [xiv], Yr hai hynn . . . *megys* gelynion i'r Iaith Gymreic, a fyddant barod ddigon i ganfod llawer bai ynn y llyfr hwnn. **1604** R. HOLLAND: *BD* 1, Y mae'rhan [*sic*] gyntaf yn dangos i chwi eich dyled *megys* cristion tu ac at dduw. Y mae'r nesaf yn dangos eich dyled *megys* brenin yn eich swydd. **1677** R. JONES: *BB* 181, onid ydynt yn proffesu credu ynddo ef *megis* eu Sancteiddydd, cystal ac yn y Mâb *megis* eu Prynniawdwr? *c.* **1688** *SCG* 19, fel y gallei ef rheoli [*sic*] ynghalonnau . . . ei bobl *fegis* Arglwydd. **1754** G. OWEN: *L* 123, Os caf hamdden . . . i yrru hwn i chwi, *megys* tammaid praw, i edrych a fynnoch ddim ychwaneg.

(*d*) Tua, ynghylch, o gwmpas (am amser, pellter): *about, approximately* (*of time, distance*).

13g. *Cylchg LlGC* v. 60, gorwed rac bronn. e bed *megys* hanner awr. **14g.** *BT* 62, ac ef a drigawd *megys* dwy vlyned gyd ay gyuathrachwr. **14g.** *B* xiv. 262, Ac *vegys* am avr hanner dyd oed. **14g.** *BT* (*RB*) 92, pebyllaw a wnaethant yn y lle a elwir y Glasgruc, *megys* ar villtir y wrth eglwys Padarn. **1567** *TN* 203a, A'r oll wyr ytoedd yncylch [:– *meis*, amgylch] dauddec.

(*e*) Er enghraifft, o'r math a ganlyn; sef, hynny yw, nid amgen: *for example, for instance, such as; namely, that is.*

14g. *LlB* 1, holl eglwysswyr y teyrnas a arueryn o teilygdawt bagleu, *megys* archesgob Mynyw ac escyb ac abadeu a phrioreu. *c.* **1400** *GP* 13, Llyma reol y adnabot trwm ac ysgawn, nyt amgen, lluossogi y geir a'e amylhau. *Megys* bei bydut heb wybot beth yw kallon, ae trwm, ae ysgawn, lluossoker ef, a dywetter kallonneu. *id.* 18, trydyd yw ny dyly y gredu, peth ny allo bot herwyd doethyon, *megys* na dylyit ymolchi duw Gwener, neu olchi penn duw Merchyr. *Dchr.* **15g.** *B* vii. 371, mywn aghen ef a dichawn ollwng dyn o blwyf arall. *megys* or bei glaf. neu or bei yn mynet y ymlad kyfyawn. **15g.** *Cy* iv. 112, deu or profwydi gynt *megys* Enoc ac heli. *c.* **1475** *B* xiii. 179, dinustrir adeiladeu yr holl daear *megys* kestyll, eglwysseu, tei gan eu hadaw yn veyssyd gwastat. *Diw.* **15g.** *id.* v. 109, a phetwar ohonunt a vyn duw . . . vot dial drostunt *Megys* priodas aneduawl yr ail yw pechot yn erbyn anyan. trydyd llad kelein. petweryd tyngu anudon. **1567** *TN* 188a, derbyn cyflwr [:– edrych, braint, ansodd, ystat: *vegis* ai Sais ai Cymbro. &c. cyvoethoc ai tlawd]. **1592** S. D. RHYS: *Inst* [xiv], yr Ieithoedd cyphrêdin, *megys* yr Italieith, yr Hyspanieith, y Phraghec, yr Almannieith, y Saesônec, y Scotieith. **1632** *D*, carthion a gwaelodion y bwyd . . . *megis* y dom, y trwngc, y chwŷs d.g. *excrementum.* *c.* **1688** *SCG* 10, Trwy ddirmygu . . . y rhai sydd vwch na hwy mewn swyddau . . . *fegis*, plant eu rhieni, gwasnaethwyr eu meistred. **1784** M. WILLIAMS: *S* i. 214, Mae'r afon hyn hefyd yn uno âg amryw lynnoedd, *megis* llynn Champlain, llynn George, llynn Ontario.

Fel *cys.* yn cyflwyno cym. adfl. (*a*) (yn mynegi dull neu fodd) Yn yr un modd â, yr un fath â, yn ôl fel; i'r graddau: (*even*) *as, just as, in the same way as, according as; in so far as.*

13g. *LlDW* 39. 6–8, *vegis* nadele gur talu amen vn abedyu vegis henne nydele greyc talu amen vn amobor. **13g.** *HGK* 4, enyssed Denmarc, y rei ysyd en e mor kyuarystlys a thal enys Prydein, *megys* y mae enyssed Ciclade y rung mor Tyren a Denmarc. **13g.** *DB* 67, Ac *vegys* y kerda y dyd y ar y daear, yvelly e kerda y nos y adan e daear. **13g.** *Ll1* 66, En e deudeg bluyd e dele gureyc blodeuau, *uegys* e dewedassam ny uchot. **14g.** *YBH* 36a, Yn llawen *vegys* y mynnych ti. ni ae gwnawn. *c.* **1400** *GP* 17, damwein yw kaffael datkeinyat a datkano kerd y gwbyl *megys* y kano y prydyd. *c.* **1400** *RB* ii. 173, A gwedy y ueint ladua honno. *Megys* y gallwys gyntaf ef a aeth parth a chaer wynt. *c.* **1400** *YCM*[2] 28, ac na bu idaw na mab na that; namyn, *megys* na enis neb euo, na enis ynteu neb. *c.* **1475** *B* xiii. 176, Sef yw y pyngeu hynny *megys* y treithir yn yr Euengil. **1567** *TN* 103a, dysc i ni weddiaw, *megis* ac y dyscawdd Ioan ei ddis[c]ipulon yntef. **1588** *Rhuf* v. 19, *megis* trwy anufydd-dod vn dŷn, y gwnaethpwyd llawer yn bechaduriaid: felly trwy vfydd-dod vn y gwneir llawer yn gyfiawn. **1595** M. KYFFIN: *DFf* [25], er ei fod ef ymhell oddi wrthym *megis* y mae ef ddyn, Etto ei fod ef yn oestadol gida ni *megis* y mae ef Dduw. **1606** E. JAMES: *Hom* i. 82, *megis* na chyffro y ddafad a ddyger i'r lladdfa . . . felly yr aeth yntef i'w farwolaeth. **1701** E. WYNNE: *RBS* 1, *Megis* ynteu mai eiddo Duw yn hollawl wyti o ran dy greadigaeth, felly yn ei wasanaeth ef . . . y dyliti dreulio dy hôll Ddonieu. **1752** J. THOMAS: *FG* 95, Perffeithrwydd yw Mesur Amherffeithrwydd, *megis* mai Lein uniawn yw Mesur un gam. **1776** *W* d.g. *like as.*

(*b*) (yn mynegi pwrpas) Er mwyn, fel: *in order that, so that.*

13g. *Llst* 1, 33, profy pwy wyhaf oe verchet ae karey *megys* e galley entev adav y honno er rann orev orkyvoeth gan wr. **14g.** *B* x. 55, Duw . . . yr hwnn . . . a ossodes teruyneu y'r moroed *megis* na delwynt uyth dros y orchymyn. **14g.** *id.* ix. 328, Anuon ym vedygynyaeth a iechyt o nef *megys* y bo yscawnnach gennyfi vy archolleu. **14g.** *YBH* 13b, mi a baraf yt palfrei esmwyth achledyf ysgafyn *megys* y gellych yn ddirwystyr kerdet ragot. *c.* **1400** *B* ii. 13, Kleudir a thir karregawc o wannwyn ar y heu yn amserawl. kynn mis mawrth *megys* y kaffont anyan y gayaf a gwreidaw yr hat. **1527** *id.* ii. 204, Ac eirriol arnaw ddanuon yw gyrchv ef *megis* i galle wnevthur sir jddaw. *c.* **1585** G. ROBERT: *DC* [10a], tynnaf oddiar y phordd bob rhwystr, *megis* y galloch wasanaethu Duw. **1588** 2 *Thes* iii. 14, Od oes neb nid vfuddhao ei'n hymadrodd . . . na fydded i chwi gymdeithas ag ef, *megis* y cywilyddio efe. **1701** E. WYNNE: *RBS* 3, ddarfod i Dduw nid yn unic roi cennad i ti wasanaethu angenrheidiau naturiaeth, ond rhoi gorchymyn hefyd . . . *megis* os cyfeiri hwy at ogoniant Duw . . . yntef . . . a drŷ dy Natur yn Râs.

(*c*) (yn mynegi canlyniad) Nes, (i'r fath raddau) fel: (*with the result*) *that, to the point that, so that.*

13g. *Cylchg LlGC* v. 60, a doeth kleuyt en vn oe eskeiryeu *megys* nat oed allu e gerdet hep ganorthvy arall. **13g.** *BD* 82, kymeint uu y kynnuryf . . . *megys* y tebygvt . . . eu bot wedy eu kyflenwi o glevder. **14g.** *GDG* 301, Mae arnad werth cyngherthladd / *Megys* na lefys dy ladd. *c.* **1400** *MM* 80, O chaletta boly *megys* na aller mynet y ystyllen. **1595** M. KYFFIN: *DFf* [26], Credu'r ydym . . . ei bod [Eglwys Dduw] yn Gatholic . . . *megis* nad oes achos i Genhedlaeth yn y byd gwyno'r owron eu bod nhwy wedi eu cau allan. **1615** R. SMYTH: *GB* 4, y mae efe mor ddall ag mor ddwl *megis* nad yw yn adynabod ddim o hono i hun. *id.* 8, yr wy fi mor fedrys ag mor foesawl tuag attynt hwy, *megis* fy mod yn danod iddynt i baiau ag yn perchi i personau.

(*d*) (yn mynegi amser) Tra, pan: *while, as, when.*

c. **1400** (*SG*) *HMSS* i. 179, A *megys* y bydei ef uelly. ef a glywei y drablud yny capel. *id.* 196, ac *megys* y bydynt yngadaw y castell. nachaf yn dyuot drwy borth bychan . . . marchawc yn aruawc o bop arueu. *id.* 382, A *megys* yr oed ef diwarnawt yngkaerllion nachaf vorwyn ieuanc yn dyuot ymywn yr neuad. **15g.** *Pen* 50, 8, *Megys* yd oed merdin ddiwarnawt yn seuyll geyr bronn Arthur y gouynnawdd Arthur idaw pwy a wledychei yn ynys prydein wedy efo.

(*e*) (yn mynegi achos) Yn gymaint â, gan: *since.*

14g. *BT* 82, kyffroi llu a orugant wrth vedylyaw alldudaw holl bowys ac *megys* na digawn y kymry berffeithyaw eu medylyeu wynt a ymchwelassant yn orwac dracheuyn. *c.* **1400** *RB* ii. 1, A gwedy clybot o Jason ymadrawd y brenhin *megys* ydoed dewr ef ac ymynnei ef gwybot deuodeu pob lle kanys ef adebygei yuot ynglotuorussach rac llaw bei dyckei ef y dreis yr hwrd arcroen eureit.

(*f*) (yn mynegi dull neu fodd amodol) Fel pe: *as if, as though.*

13g. *BD* 141, o syberwyt *megys* na bei ouyn arnynt (*quasi nichil timerent*) adav pyrth y dinas yn agoret. *c.* **1400** *RB* ii. 186, A gwedy gwelet ohonaw y vrawt ymgaru aorugant *megys* na ry ymwelynt drwy lawer o yspeit kyn no hynny. **1595**

M. KYFFIN: *DFf* [80], Pa ham y mae ynte . . . yn gadel iw weniethyddion ei alw ef yn Arglwydd yr Arglwyddi, *fegis* mynny ono-fo i'r holl frenhinoedd a'r Twysogion . . . fod yn weision chwibanogl iddo ef.

Fel *adf.* (*a*) Fel petai, yn ymddangosiadol: *as it were, apparently, seemingly.*
13g. *Llst* 1, 6, dwc tythev wyntev hyt e glyn. hvnn *megys* y rydhav antygonvs. **14g.** *BT* 70–1, ac *megys* ryuedu paham ymorhy [*sic*] y beidynt kyrchu y bont. *c.* **1400** *Études* viii. 372, O'r byd du neu goch, a bot *megys* rudyon yn y gwaelawt. *c.* **1585** G. ROBERT: *DC* [3b], bydde wyr da gynt *megis* yn cwympo i lawr yn feirw. **1604–7** *TW* (*Pen* 228), arwyddocaû, a *megys* dangos a bys d.g. *indigito.* **1618** J. SALISBURY: *EH* 4, llawen a fydde gennyf, gael *megys* tammed-praw, o'r petheu sydd raid eu credu. **1632** *D*, vn a fo â'i draed *megys* yn rhwym d.g. *loripes.* **1703** E. WYNNE: *BC* 14, rhain 'n ymgrymmu *megis* iw haddoli. *id.* 32, gwelem Offeiriad . . . *megis* yn disgwil rhai atto. **1759** T. THOMAS: *WWDd* 77, wedi'n gosod dan gaethiwed, a'n rhwymo, *megis* draed, a dwylaw. **1770** *W*, Ac mi a welais *megis* môr o wydr d.g. *as it were.* Ar lafar, "Tydi hi ddim ond *megis* dechra', 'It is only beginning as it were', *WVBD* 369; 'Mae hi'n dechre *megis*'.

(*b*) Pa fodd: *how.*
14g. *Cylchg LlGC* vi. 174, ac y dangosses idav *megys* y dylyey lauuryav. **14g.** *WM* 35. 35–36. 2, Menegi y holl gyfranc am y gassec ac am y mab. A *megys* y buassei y mab ar y hardelw wy. *c.* **1730** *Thos. Lloyd D* (LlGC) 172a, os gwelai *Megis* y gellid ei ymddiffyn. AH 10.

Fel *e.* Modd, dull; ?un tebyg: *manner; ?the like of.*
Dchr. **14g.** *H* 83b. 36, yn oreu keneu kynon *uegys* [Llywelyn Fardd i Lywelyn ap Iorwerth]. **14g.** *YBH* 54b, yny *megys* y dywedir y ni yn yscriuenedic. *c.* **1400** *YSG* i. 157, Yn y *megys* hynny mi a rodaf y chwitheu yr hynn y buoch yr ys talym yn y geissyaw. *c.* **1400** *RB* ii. 121, yny *megys* hwnn y dechreuis yr archesgob y ymadrawd. *c.* **1400** *YCM*² 59, A dodi gwedi ar yr Arglwyd yny *megys* hwnn. *id.* 113, yn y *megys* y gorchymynassei Chyarlys udunt.
Amr.: **meis**¹. **15g.** *AL* ii. 398. **1567** *LlGG* [iv], Megis, for the Southern *meis.* **1567** *TN* 203a. **1632** *D*, megis, & Megys, & *Meis.* **1688** S. HUGHES: *TSP* 54. **mes**⁴. **16g.** DAFYDD BENWYN: *Gw* 389, 422. **16g.** *Hop M* 183. **16–17g.** *HG* 181. *c.* **1730** *Thos. Lloyd D* (LlGC) 175b. **y fegys.** **13g.** *HGK* 4. **13g.** *B* ix. 339. Cf. G. ROBERT: *GC* 46, i fegis. **y megis.** **16g.** *B* xi. 21.
Cfn.: **megis cyd (cyni):** *as though* (. . . *not*), *as if* (. . . *not*). **13g.** *B* ix. 340. *id.* x. 24. **13g.** *BD* 56. *c.* **1400** *YSG* i. [45]. *c.* **1400** *RB* ii. 203. **m. cynt (gynt):** *as before, as formerly.* *c.* **1300** *H* 70a. 6. **1803** *P.* **m. hyn:** *in this manner, thus.* **14g.** *B* x. 56, 57. **m. (y f.) hynny:** *in the same way, in that manner, so.* **13g.** *LlDW* 39. 7. **13g.** *HGK* 4. **13g.** *B* ix. 339. **m. (f.) pe (pei), m. a phei:** *as though, as if.* *c.* **1400** (*SG*) *HMSS* i. 330, 331, 336, 384. *c.* **1400** *YCM*² 94. **1567** *TN* 247b. **1592** S. D. RHYS: *Inst* [xv]. **1595** *Egl Ph* 87. **1680** J. THOMAS: *UN* [vii]. **m. yn (y megis yn):** *as.* **16g.** *B* xi. 21, O'r tir a'r man J mae gwr a elwir Ffilottes *y megis yn* vrenin. **1567** *TN* 221a, bod yddo dderbyn enwaediat, *vegis yn* insel nei arwydd yr vnryw gyfiawnder drwy ffydd. **1658** R. VAUGHAN: *YPS* iii, yr Awdwr a amcanasai yr ymddiffyniad hwn yn vnig *megis yn* chwanegiad at ei Lawlyfr.

megitor, ff. Gym. C., sef amhrs. pres. myn. y f. *magaf: magu.*

meglyd, megrim, gw. maglaf: maglu, meigryn.

megru [gair geir.; ?gwall am *medru*] *bg.a.* Llywodraethu: *to govern.*
1707 *AB* 218d, *megri*, to govern. V. *c.* **1730** *Thos. Lloyd D* (LlGC) 175a, *megru*, guberno. **1753** *TR.*

megyn [bôn y f. *magaf: magu* + *-yn*] *eg.* (b. *megen*).
(*a*) Oen llywaeth: *pet lamb.*
c. **1730** *Thos. Lloyd D* (LlGC) 175a, *megen*, a she cade. *ib. megyn*, a Cade lamb. **1803** *P.*
(*b*) (yn y ff. *megen*) Gwraig epilgar, fel rheol yn ddifr.: *prolific woman, usually derog., 'baby-machine'.*
Ar lafar yn sir Benf., *GDD* 195.
Gw. hefyd lledfegin.

megys, gw. megis.

Mehefin [Crn. C. *Metheven*, Llyd. C. *Mezeuen*, Llyd. Diw. *Mezheven*, taf. Gwened, *Méhéùén*, *Méhuén*: < Brth. **mediosamīnos*; cf. Gwydd. C. *Mithem*, Gwydd. Diw. *Meitheamh*, a *cyntefin*¹, *haf*, a *mei-*] *eg.* Y chweched mis o'r flwyddyn: *June.*
13g. *LlI* 101, o hanner Ebryll hyt hanner *Meheuyn.* *c.* **1300** *H* 13b. 25, hyd yd bresswyl hwyl heul *ueheuin* (Gwalchmai). **14g.** *WML* 20, rwg *mehefin* ahanher me[d]i. **1346** *LlA* 93, amhanner dyd vis *meheuin* yn haf. **14g.** *WM* 455. 7–9, pan uei uwyaf y gwlith mis *meheuin.* **14g.** *GDG* 79, Yn iach, hin *Fehefin* fainc. **14–15g.** *IGE*² 195, bob *Myhefin* haf (Llywelyn ap y Moel). *c.* **1400** *R* 1228. 2, neut mis *meheuin* wedw orllin wed. *c.* **1400** *J* 1, 1072, *Meheuin* heulawc a wna medel mochdurrawc [*sic*]. **15g.** *DN* 106, Kais y trydydd dydd wedi Dau—havaidd / *Vyhefin* ysgwyddau. **1547** *WS*, mis *myhefin*, June. **1590** *EWGP* 39, Mis *Mehevin*, hardd tiredd. **1632** *D*, *Mehefin*, Iunius mensis. **1803** *P.*
Amr.: **Maihafin, Maihefin.** **1766** *CD* 5, *Maihafhin.* **19g.** OWAIN LLEYN: *Gw* 84, *Maihefin.* **Mihefin.** *c.* **1730** *Thos. Lloyd D* (LlGC) 174a.
Am *calan Mehefin*, gw. calan¹ (At.).

meheryn, gw. maharen.

mehin [H. Grn. *mehin*, gl. *lardum*] *eg.* Braster (yn enw. mewn moch), bloneg, saim; cig moch (bras), bacwn: *lard, fat, grease; (fat) bacon.*
14g. *LlB* 28, Rhingill a geiff o'r marwtei *ymehin* bwlch (*LTWL* 348, *omne lardum de quo sumptum est*). *id.* 69, Messur dawnbwyt . . . hwch teir blwyd vehineit, a heb vessur ar y *mehin* (*LTWL* 382, *ad eius crassitudinem non erit mensura*). *c.* **1400** *R* 1274. 23–4, gwrach daer gwrach maer *mehin.* *id.* 1356. 13–14, llofryd dryll *mehin.* lloneit kaer vyrdin oed yginyaw. *c.* **1400** *Études* vii. [270], kymer y rut a chumin a *mehin* moch a blawt gwenith. *c.* **1400** *MM* 68, Na chymer *uehin*, kanys yna byd gwaet pob dyn gwedy keulaw yndaw. *id.* 80, dot ef y mywn padell a llawer o waet, a *mehin.* **1604–7** *TW* (*Pen* 228), *mehin* twrch ne hwch d.g. *lardum.* **1632** *D*, *mehin*, adeps; propriè suis. **17g.** HUW MORUS: *EC* i. 207, Yn byw ar win a *mehin* moch. **1722** *Llst* 189, *mehin*, the fat of pork, lard. *id.* d.g. *bacon.* *id.* *mehin* carw d.g. *bevy-grease.* **1770** *W*, *mehin* cig moch d.g. *bacon-grease.* *id.* *mehin* (bloneg) tawdd d.g. *lard.* **1803** *P*, *mehin*, fat, fat flesh, grease.
Amr.: **main**⁴. Ar lafar yn Arfon yn yr ystyr 'cig gwyn', *WVBD* 361.
Cfn.: **mehin llwyd:** *rancid bacon.* **1722** *Llst* 189, *mehin llwyd*, rusty bacon.
Gw. hefyd mehinen.

mehinaid [*mehin* + *-aid*²] *a.* Tew, pasgedig: *fat, fattened.*
14g. *LlB* 69, Messur dawnbwyt . . . hwch teir blwyd *vehineit* (*LTWL* 382, *porcus trium annorum crassus*), a heb vessur ar y mehin.

mehinawr [*mehin* + *-awr*⁴; ?ffrwyth camddarllen *mehinfawr*] *a.* Blonegog, brasterog: *very fat or fatty.*
1632 *D*, callor . . . Mis tachwedd moch *mehinawr.* *id.* *mehinawr*, adiposus. **1688** *TJ*, *mehinawr*, llawn mehin neu frasder: Fat, full of Fatness. **1773** *W* d.g. *fat . . . abounding in fat.* **1803** *P.*
Gw. hefyd mehinfawr.

mehindawdd [*mehin* + *tawdd*] *eg.* ?Saim, toddion cig: *lard, dripping.*
c. **1400** *R* 1340. 22–3, Gogan ymadrawd. gogleis *mehindawd.* goglawd adynnawd. gic o dunnell.

mehinddryll [*mehin* + *dryll*] *eg.* ?Darn o floneg: *piece of fat or lard.*
c. **1400** *R* 1339. 13, Gwrw vryntlawn einyawn ynyal *mehindryll.*

mehinen [*mehin* + *-en*] *eb.* Braster, bloneg, haenen o fraster (e.e. o gwmpas arennau mochyn), blonegen, hefyd yn *ffig.*; cig moch, bacwn: *fat, lard, layer of fat* (*e.g. around pig's kidneys*), *also fig.*; *bacon.*
16–17g. *GST* i. 447, Mae i'r yw gwychryw, gochrudd, / *Mehinen* ar ywen rydd [i erchi bwa]. **1604–7** *TW* (*Pen* 228), *mehinen* Cichwch d.g. *lardum.* **1632** *D* d.g. *lardum.* **1722** *Llst* 189, *mehinen*, f. as Mehin. *id.* d.g. *bacon.* **1773** *W* d.g. *fat, the leaf of fat* [*of a hog*]. **1803** *P.*

mehinfawr [*mehin* + *mawr*] *a.* Blonegog iawn: *very fat.*
p. **1527** *RWM* ii. 1014, Mis tachwedd moch *mehinvawr.*
Gw. hefyd mehinawr.

mehingig [*mehin* + *cig*] *eg.* Cig bras, cig gwyn: *fat meat.*
Diw. **16g.** *WLB* 40, Kymer *fehingig* hwch hen a thawdd ef.

mehiniog, gw. amhiniog.

mehinog [*mehin* + *-og*] *a.* Llawn braster neu floneg, seimlyd: *full of fat or lard, fatty, greasy.*
15g. *AL* i. 534, Messur dawnbwyt . . . hwch teir blwyd vehineit (amr. *vehinawc*). *c.* **1475** *EWGT* 108, Hywel varyf *vehinoc* (amr. Howel arf viniawc . . . i gelwid ef yn iawn; L. DWNN: *HV* ii. 16, farfvrenhinawg). **1716** *Llsgr R. Morris* 46, or gegin fawr gigog *meihinog* [*sic*] a hen. **1803** *P* d.g. *mehinawg.*

mehogani, gw. mahogani.

mehyn, meyn [*ma*¹ + *-yn*, cf. H. Wydd. *magen* 'lle'] *eg.* Lle, man: *place.*
14g. *T* 11. 4–5, Ac uch pop *mehyn.* *id.* 13. 4–5, agwedy dyhed anhed ym pop *mehyn.* *id.* 21. 4–5, pan yw baruawt myn. yn lliaws *mehyn.* *id.* 43. 1, Bu goscor abu kerd yn eil *mehyn.* *id.* 61. 15, yn eidoed kyhoed yn eil *mehyn.* **15g.** *Pen* 50, 20, *mehyn* a men yw lle. *id.* 127, Daroganaf hynn kat ymob *mehyn.* *id.* 165, lle, *meyn.* **1632** *D*, **mehyn*, vid. an idem quod Menn. i. Mann. **1722** *Llst* 189, *mehyn*, m. the place.
Amr.: **mein.** **1707** *AB* 218d, *mein*, a place. V. **1726** *CM* 14, 6, *mein* val man. a place. **1753** *TR.*

mehyr, myhyr [?cf. *mahar*(*en*)] ?*e.ll.* a hefyd fel *eg.* ?Gwaywffyn; gwaywffon, yn *ffig.* am arweinydd glew: *spears; spear, fig. of a bold leader.*
13g. *C* 12. 1–2, Moes vreisc vreyr. Moes wirth *vehir.* milwir orvith. **13g.** *A* 6. 4–5, mawr meint e *vehyr* ygkyuaruot gwyr. *c.* **1300** *H* 8b. 7–8, Gweleis yn rutlan ruthyr flam rac ywein. a chalanet rein a rut *uehyr* (Gwalchmai). *id.* 37b. 41–2, Eur dreic eryry eryron *uyhyr.* eryr gwyr golluchon [marwnad Owain Gwynedd gan Gynddelw]. *id.* 64a. 5, gan rwyf rad rut *vyhyr* (Cynddelw).

mei- [< **meidd-*, e. lle Brth. *Medio*(*nemetum*), e. lle Gal. *Medio*(*lanum*): < IE. **medhio-* 'canol', Llad. *medius*, cf. *dimai*, *Mehefin*, a'r Gwydd. C. *mide*, *mid-*] *rhgdd.* a welir yn y geiriau *meiau*, *meiwr*, a hefyd o bosibl yn y geiriau *meigoed*, *meigoel*, *meigoll* yn yr ystyr 'hanner, canol'.

meiau [*mei-* + *iau*¹] *eb.* *Cyfr.* Iau ganol, iau ganolig ei hyd (o'i chyferbynnu â *beriau* a *hiriau*), mesur hyd o wyth droedfedd, sef tua chwe throedfedd fodern: *middle-yoke, yoke of medium length, measure of eight feet* (*in the Welsh laws*), *approximately equal to six modern feet.*
13g. *LlC* 10, sef ual e messurir er erw: try hyt y gronyn heyt yn y uotued; a teyr motuet en llet y balef; a try llet e balef en y troedued; a pedwar troetued yn hyt e uerrev; wyth en y *ueyey* (*LlI* 60, *ueyyeu*); xii en e geseyllyeu; xvi en er hyryeu. *id.* 35, Messur eru keureyth yv hyn: iiii troetued en y uerryeu, wyth en y *ueyeu*, xii en y gesseyllyeu, xvi yn er hyryeu. **18–19g.** *Llr* C 1, 248, Rhai a wedant mai hyd gwr yw yr hyd a ddylid ym Mrysyll Bardd . . . Brysyll pob un arall trichyfelin, a rhai a wedant *meiau* a hanner *meiau.* **1803** *P.*
Amr.: **meiniau.** **15g.** *LHDd* 72, 105.

meiawd [*mai*² + *-awd*⁴] *eg.* Ymgyrch: *campaign.*
1803 *P.*

meib¹,², gw. mab, maip.

meibion, meibionain, meibionos, meibon, meibonau, meibonain, gw. mab.

meibsantwyr, gw. mabsantwr.

meic [bnth. S. *mike*, talf. o *microphone*] *eg.* ll. *-iau.* Microffon: *microphone.*
20g. Ar lafar.

meicoleg, meicolegydd, meicosis, gw. mycoleg, mycolegydd, mycosis.

meicro, meicro-, meicrob, meicroffon, meicrosgob, &c., gw. micro, micro-, microb, microffon, microsgop, &c.

meichad, meichaf: meicho, meichaf-

iaeth, gw. meichiad, meichiaf: meichio, meichiafaeth.

meichai, meichiai [adff. o *meich(i)au*[2] fel bôn y f. ddil. + *-ai*[2]] *eg.* ll. *meicheion.* Mechnïydd, hefyd yn *ffig.* am Grist: *surety, also fig. of Christ.*
1803 *P, meichai,* pl. *meicheion,* a surety.

meichau[1], gw. mach.

meichau[2], **meicheon,** gw. meichiau[2].

meichiad, meichad [*moch*[1] + *-iad*[3], *-ad,* cf. H. Lyd. *mochiat,* Gwydd. C. *muc(c)aid*] *eg.* ll. *meich(i)aid.* Un sy'n gofalu am foch, ceidwad neu heusor moch: *swineherd.*
13g. *B* iv. 8, Enwauc *meichiat* oe voch. **14g.** *WM* 50. 24–6, Ameicheit matholwch aoedynt ar lan y weilgi dydgueith yn troi ygkylch eu moch. *id.* 106. 30–3, yn diwethaf ydoeth ymeichat. Gwr yty a dywot wrth ymeichat. awas heb ef a doeth dy hwch di heno ymywn. *id.* 452. 13–15, Sef y dyuu mynyd oed *meichad* yn cadw kenuein o uoch. **14g.** *Cy* vii. 131, Tri gwrueichiat ynys brydein . . . Ar eil drystan ap tallwch wrth voch march ap meirchion tra aeth y *meichiat* yn gennat ar essyllt. *c.* **1400** *R* 1030. 3, Bit lawen *meichyeit* wrth ucheneit gwynt. **15g.** DEIO AB IEUAN DU, &c.: *Gw* 221, Eglwys fawr, glwys yw ein gwlad / Heb gloch, neu foch heb *feichiad.* **1551** W. SALESBURY: *KLl* xiib, Ar *meichiaid* a ffoysont. *a.* **1587** *Y* 26, A gais moch, ag os *meichiad,* / Mawr goel oedd, y' mrig y wlad, / . . . / Gwae vwch y glyn, gwich a glyw. **1605–10** *IICRC* iii. 12, nar *meichiad* moch nar brenin mawr. **1632** *D, meichiad,* subulcus. *id.* d.g. *porcarius, scrofipascus, suarius.* **1774** *W* d.g. *herd, a swineHerd.* Ceir *Nant Meichiad* (a hefyd ardal a phlas o'r enw) ym Meifod, sir Drefn., ac yn yr un sir ceid *Nant Meichad* (**1190** *EANC* 176, *Nantmeichat*).
Amr.: **beichiad.** **1547** *WS, beichiad* moch, a swyneherd. **michiad.** **16g.** R. WHITE: *C* 39, hevsor gwartheg *michiad* moch. **1707** *AB* 218d. **1753** *TR.* **mychiad.** *Dchr.* **17g.** *J* 10, 28b. **1707** *AB* 219a. **1753** *TR.*
Gw. hefyd gwrddfeichiad.

meichiaf, meichaf: meich(i)o [bf. o *meich(iau),* ff. l. yr e. *mach*] *bg.a.*

(*a*) (fel *bg.*) Bod neu fynd yn feichiau, rhoddi meichiau, mynd yn fechnïydd, mechnïo: *to be(come) surety, give surety, go bail.*
13g. *LlC* 2, a thros er ryv ueybyon henny e telyr guarthec dyuach, canis dir y kenedyl y uam *meychau* trostunt ac nat oes genedyl y'r tat. **13g.** *Ll* 67–8, pey darfey e ur llad arall a *meychyau* o kenedel e llourud ar er alanas, a chyn talu o'r kenedel er alanas duyn o'y uam e llourud e tat arall, e keureyth a deweyt panyu e kenedel a *ueychyus* ar er alanas byeu e thalu. **14g.** *LlB* 90, Y neb a talho neu a wertho llo neu dinawet, *meichet* dros dilysrwyd. **1803** *P, meichiaw,* to give bail; to become a surety.

(*b*) (fel *ba.*) Mynd yn feichiau dros (rywun), mechnïo (rhywun): *to go bail or stand surety for, bail.*
1814.

meichiafaeth, meich(i)afiaeth, meichn(i)afaeth [*meichiaf(on), meichnaf(on)* + *-(i)aeth*] *eb.g.* Gwystl, sicrwydd, ernes, mechnïaeth; swydd neu gyfrifoldeb meichiau, hefyd yn *ffig.*: *pledge, security, bail; suretyship, also fig.*
1843.
Amr.: **machiafaeth** [adff. dan ddyl. *mach*]. **1907.**
Cfn.: **ar feichiafaeth (feichnafaeth):** *on bail.* **1844.** **dan f. = ar f. 1844.**

meichiafaf: meichiafu [bf. o fôn yr e.ll. *meichiafon*] *bg.a.* Mynd yn feichiau (dros), mechnïo: *to go bail or stand surety (for), bail.*
1894.

meichiafiaeth, meichiafon, meichiai, gw. meichiafaeth, meichiau, meichai.

meichiau[1], gw. mach.

meichiau[2], **meichau**[2] [ff. ll. yr e. *mach* yn cael eu harfer fel ff. un.; dan ddyl. *mechni, mechnïaeth* y caed y ff. ll. gydag *-n-*] *eg.* ll. *meichiafon, meichnafon, meich(n)eon, meichnaon, meichnion* (?*i* ≡ *i*). Mach, mechnïydd, yn aml yn *ffig.* am Grist; rhywun sy'n ymrwymo dros blentyn a fedyddir, mam neu dad bedydd; gwystl, ernes, sicrwydd, mechnïaeth: *surety, often fig. of Christ; sponsor (at baptism); pledge, security, bail.*
1547 *WS,* roi *meichie,* Put in suerty. **1588** *Ecclus* xxix. 18, Na angofia [*sic*] garedigrwydd *meichie,* o blegit efe ai rhoddes ei hun trosot ti. **16–17g.** *HG* 150, pan gwnaethbwyd vi n griston, vaeth droso j *vaucheon* / ar gadw r gorchmynion, pwyntedig. **1604–7** *TW* (*Pen* 228) mach, *meichie* d.g. *vas, vadis.* **1617** *Cat* 10–11, Mae y rhai bach yn cyflawni y pethaû hyn trwy y Tadau ai Mammau beddydd [*sic*], y *meichûon* [*sic*]. **1620** *Gen* xliv. 32, O blegid dy was aeth yn *feichiau* am y llangc i'm tad. **1672** J. LANGFORD: *HDdD* 249, yn rhwymo pôb *Meichiau* i dalu Dyledion rhai eraill, am ba rai y mae efe'n rhwym os y pen-dyledwr ni bydd nag yn abl, nag yn fodlon: oblegid trwy ymfeichnio fe 'i gwnaeth ef yn ddyled iddo 'i hûn. **1672** R. PRICHARD: *Gw* 71, Fe redodd yn *feiche,* fe selodd ein bande [am Grist]. *id.* 222, Rychi'n trysto gwaeth *meicheon,* / Na mâb Duw am Swmpau mawrion. **1675** R. DAVIES: *PY* 173, dyfod i ddeall fod yr arfer yn amser yr Apostolion fedyddio plant gwr, neu wraig credadyn . . . ac yn cymmeryd *meichiafon* ar hynny. **1696** *CDD* 204, Jê, trwŷ'r *meichnâon* a fyddo, / I cyflawnant hŷn yn gryno. **1696** *GGTY* 364, I bod hwy yn cyflawni trwi ei *meichnion* yr hyn y maent hwy yn haeru. **1706** *Nat Con* 8, doeth Reolaeth Eglwys Loegr . . . y mae yn ein Bedydd yn gofyn *Meichnafon,* i feichnio trosom. **1718** E. SAMUEL: *HDdD* 230, yn rhwymo pob *meichieu* hefyd i dalu 'r Dyledion y bo 'n rhwym tros Eraill am danynt. **1758** *ML* ii. 101, Roedd Sion wedi dwyn ei *feichiafon* i gyvraith a chost fawr. **1770** *W* d.g. *bail* [*the person giving such security, a surety*]. **1792** H. HARRIS: *H* 37, myfi a roddais ddau *feichiau* i atteb hŷd y Sessiwn mawr yn Monwy.
Amr.: **mychniafon** (ff. l.). **1722** *Llst* 189 d.g. *mychnaan.*
Cfn.: **ar feichiafon:** *on bail.* **1903.**

meichnafaeth, meichnafon, gw. meichiafaeth, meichiau[2].

meichnân, meichnaon, meichneon, gw. mechnân, meichiau[2].

meichnïad, meichnïaeth, meichnïaf: meichnïo, meichniafaeth, meichniafon, gw. mechnïad, mechnïaeth, mechnïaf: mechnïo, meichiafaeth, meichiau[2].

meichnïol, meichnion, meichnïwr, gw. mechnïol, meichiau[2], mechnïwr.

meichnïydd, meichnydd, meichnŷdd, gw. mechnïydd.

meiden, meidir[1,2], gw. maeden, meidr[1,2].

meidon [*mei-* + *tôn*] *eb.* *Crdd.* Trydydd nodyn graddfa ddiatonig, canolydd: *mediant.*
20g.

meidr[1] [amr. ar *medr*[1]; ?dan ddyl. *meidrol*] *eg.* Mesur, cyfyngiad; mesurydd; mydr: *measure, limit; meter; metre (in verse).*
1567 G. ROBERT: *GC* 10, dosparthu ton, accen, *meidir,* a messurau damwyniawl i 'madro[dd]. *p.* **1584** *id.* [202], y prydyddion i gynnwys gair, mewn, *meidr,* a messur caeth, a dorrant weithie wraidd y gair. **1632** *D, meidr,* & Medr, mensura. *id.* d.g. *metrum.* **1632** J. DAVIES: *LlR* 174, i ddangos gallu yr hwn nid oes na *meidr,* na mesur, na diben ar ei allu a'i ogoniant. **1711** H. POWEL: *TY* 34, [g]wastadol Reol a *meidr* Rhaglyniaethau Duw. **1732** J. JONES: *C* 46, Dychymygion ofer, y rhai nid oes na *Meidr* na Mesur arnynt. **1733** J. OWEN: *TBG* 135, ysbrydoedd ag sydd wedi myned tu hwnt i bôb *meidr* a medr. **1765** J. EVANS: *CPE* 110, nid oes na *meidr* na therfyn . . . ar ei wybodaeth ef. **1770** *W* d.g. *admeasurement, measure, metre.* **1803** *P.*
Cfn.: **ar feidr:** *purposing or intending to.* **1567** *TN* 211b, 218b. Gw. hefyd *medr*[1]*—ar f.* **heb na m. na mesur:** *without any limit, beyond measure.* **1632** *D* d.g. *effusè.* **1632** J. DAVIES: *LlR* 73, 136. **1776** *W* d.g. *limitation . . . Without limitation or measure, rate, at a huge . . . rate.* Gw. hefyd *medr*[1]*—heb na m. na mesur.*
Gw. hefyd medr[1].

meidr[2], **meidir** [?< **beudr* (gydag ymgyfnewid *b-* ac *m-*; am yr elf. *beu-,* cf. *beudy*), cf. Gwydd. C. a Diw. *bóthar* 'ffordd', ?a'r H. Grn. *bounder,* gl. *pascua*] *eb.* ll. *meidiroedd, moidiroedd, meidri, meidrydd.* Ffordd fach (wledig gul), ffordd fechan rhwng y ffordd fawr a'r fferm, wtra, lôn fach, 'stryd' (Penllyn): (*narrow country*) *lane, track leading to a farm.*
1531 *Lochlann* ii. 133, Plase pen y *veydyr.* *c.* **1600** *BK* 45, Pecuniæ vie, alias arian y *vidir,* Is also within Eglosserow onely; and it is certen money whiche diverse howses weare in auncient tyme wont to pay for haveinge a way throwe the lordes lande. **1604–7** *TW* (*Pen* 228), y *veidir,* deheub. d.g. *via . . . Via regia.* **1688** S. HUGHES: *TSP* 242, o'r wlâd hon, yr oedd wttra gam (sef lôn neu *foidir* fechan) yn dyfod ir ffordd yr oedd y Pererinion ynthi. *c.* **1700** E. LHUYD: *Par* ii. 83, Y *voider* ydyw yr Heol. **1722** *Llst* 189, *meidir,* f.p. *diroedd,* a lane. *id. moidir,* f.p. *diroedd,* a lane. **1775** *W, meidir* d.g. *lane* [*in the country, hedged in on both sides*]. **1803** *P, meidyr* . . . a lane, or road. Dyfed. Ar lafar yn sir Benf. a'r cyffiniau yn y ff. *feidir, foidir, GDD* 126, *LGW* 313; hefyd mewn llawer o e. lleoedd yn yr un ardal, gw. *Lochlann* ii. 128–34.

meidr[3] [?defnydd arbennig o *meidr*[1]] *eg.* Metr (uned hyd): *metre (unit of length).*
1858.
Gw. hefyd metr.

meidr[4], ff. 3 un. pres. myn. y f. *medraf: medru.*

meidrad, gw. meidriad.

meidradur[1] [< **meidriadur* < bôn y f. *medraf: medru* + *-iadur*] *eg.* Rheolwr, llywodraethwr: *ruler.*
c. **1195** *MA*[2] 241b. 30, *Meidradur* llafur pob llaw[u]aeth [marwnad Rhodri ab Owain gan Elidir Sais].

meidradur[2] [*meidr*[1] + *-adur*] *eg.* ll. *-iaid, -on.*

(*a*) Mesurwr; mesurydd: *measurer; meter.*
1632 *D, meidradur,* mensurator. **1722** *Llst* 189, *meidradur,* m.p. *duriaid,* a measurer. **1753** *TR.* **1803** *P, meidradur,* pl. *on,* a meter.

(*b*) Geiriadur odlau, odliadur: *rhyming dictionary.*
18–19g. *Llr* C 45, 333, *Meidradur* Iolo Morganwg.

meidraeth [*meidr*[1] + *-aeth*; ynglŷn â *meidraeth, MA*[2] 241b. 29, gw. *meidrolaeth*] *eb.g.* Mesur, mesuriad; mydr: *measure, measurement; metre, verse.*
1632 *D, meidraeth,* mensura. **1688** *TJ, meidraeth,* (mesur:) measure. **1722** *Llst* 189, [iii], Mae'm serch i'ch annerch chwi, S[r]. mewn *meidraeth,* / Neu ymadrodd talfyrr. *id. meidraeth,* f. meetre, poetry. **1770** *W* d.g. *admeasurement, measure.* **1803** *P, meidraeth,* s.m. measurement.

meidraidd [*meidr*[1] + *-aidd*] *a.* *Math.* Ac iddo nifer cyfyngedig neu rifadwy o ddigidau, ffactorau, &c.: *finite (in math.).*
20g.

meidredd [*meidr*[1] + *-edd*[1]] *eg.* Meidroldeb, terfynoldeb: *finiteness.*
1845.
Gw. hefyd medredd.

meidriad, meidrad [bôn y f. *medraf: medru* + *-iad*[2], *-ad*] *eg.* Rheolwr, arglwydd: *ruler, lord.*
13g. *C* 85. 11–12, Can vid priodaur. canuid *meidrad* maur. *c.* **1300** *H* 11b. 29–30, o uangor uangeibyr oleuad. hyd orwyt meiryonnyt *meidryad* (Gwalchmai). *id.* 17a. 13, argleidryad *meidryad* medyr om awyt (Einion ap Gwalchmai). *id.* 58a. 6, *meidryad* cad cadyr dor car cor kyuyrbenn (Cynddelw). *c.* **1400** *R* 1144. 3, vd *meidryat* medrwyt owadawl. *id.* 1199. 35–6, ardeheu r tat. vn tri*meitrat.*

meidriol, gw. meidrol.

meidrofydd [*meidr*[1] + *ofydd*] *eg.* ll. *-ion.* Geometrydd; tirfesurydd: *geometrician; surveyor.*
1852.

meidrofyddiaeth [*meidrofydd* + *-iaeth*] *eg.* Geometreg: *geometry.*
1852.

meidrofyddol [*meidrofydd* + *-ol*] *a.* Geometregol, geometrig: *geometrical, geo-*

metric.
1852.

meidrol, meidriol [bôn y f. *medraf*: *medru* a *medr*[1] + -(*i*)*ol*] *a*. a hefyd gyda grym enwol.

(*a*) Cadarn, nerthol, galluog, grymus: *strong, powerful, mighty, potent*.
13g. *MA*[2] 221a. 26, Llyw *meidrawl* llew greddfawl Gruffudd [Dafydd Benfras i Ruffydd ap Llywelyn]. *c.* **1300** *H* 16a. 15, hael *meidryawl* nym dehawl om un diheu (Einion ap Gwalchmai). *Dchr.* **14g.** *id.* 111b. 3, eur didawl *meidrawl* y modrwy (Llywarch ap Llywelyn). **14g.** *T* 30. 7, *meidrawl* yw y trachwres. **14g.** *H* 122b. 19, Yr dygur dolur modur *meitrawl*. **1346** *LlA* 99, aryd ynhawd. ynn ymadrawd. *meidrawl* araf. *c.* **1400** *B* ii. 120, ae that arglwyd mat *meidrawl*. *c.* **1400** *R* 1144. 2–3, Meuadrawd ymadrawd *meidryawl*. *id.* 1233. 20–1, oth wlat vat *veidryawl*. *id.* 1388. 26, Morud *meidrawl* y deuawt. **15g.** *GM* 15, Duw Dat, a Mab mat, *meidrawl* Yspryt. *a.* **1587** *Y* 38, Medrus glod, mydr wŷs y gler, / *Meidrol* wiw, medri lawer.

(*b*) Ac iddo derfyn(au) neu gyfyngiad(au), terfynedig (yn enw. am ddyn a'i gyneddfau); mesuradwy, mesurol: *finite, limited; measurable*.
c. **1588** *B* ii. 230, *meidrol* . . . messurol. **1632** *D*, *meidrol*, non immensus, finitus. **1722** *Llst* 189, *meidrol*, finite, measurable. **1759** T. THOMAS: *WWDd* [68], Nid yw Dyn ond Crëadur *meidrol* (neu derfynol). *id.* 95, ni all'sai Ufudd-dod Dŷn, ar y goreu, fod ond Ufudd-dod *meidrol*. **1773** *W* d.g. *finite, limited, measurable*. **1790** T. JONES: *TOS* 18, mae'n rhaid y bydd cariad anfeidrol yn ddirgelwch byth i ddeall *meidrol*. **1795** J. THOMAS: *AIC* 254, mae prîdd y Ddaear yn *feidrol*, ac i'w rhifo i ddibendod. **1796** *Geirgrawn* 211, Ansoddion hanfodol pob sylwedd corphorol, neu ddefnydd, ydynt y rhai a ganlyn . . . (7) Meidrolrwydd, canys y mae pob rhyw gorphoroedd yn *feidrol* neu fesurol. **1803** *P*, *meidrawl* . . . limited. Ar lafar, e.e. '*Meidrol* ŷn ni i gyd, yntefe? 'Ŷn ni i gyd yn gneud yn camsyniade'.
Gw. hefyd medrol, meidrolion.

meidrolaeth [*meidrol* + -*aeth*] *e?b*.

(*a*) Rheolaeth, awdurdod, llywodraeth, arglwyddiaeth, goruchafiaeth: *rule, authority, supremacy, mastery*.
c. **1195** *MA*[2] 241b. 29–30, Colofn nef nestig *meidraeth* [*sic*] / Meidradur llafur pob llaw[u]aeth [marwnad Rhodri ab Owain gan Elidir Sais]. **13g.** *C* 11. 8–10, Metcvin kywran. marchauc mitlan. mann *meidrolaeth*. *c.* **1400** *R* 1174. 5–6, Ef an rwyf yn rwyd [*u*]*eitrolaeth*.

(*b*) Mesur: *measure*.
1862 *Barddas* i. 180, Tri gwahaniaeth anghenеddyl rhwng dyn a Duw, maintioli a *meidrolaeth* ar ddyn, ac nis gellir ar Dduw.

meidrolaf: meidroli [bf. o'r a. bl.] *ba*.

(*a*) Rheoli, llywodraethu: *to rule, govern*.
13g. *C* 43. 8–10, Culuit argluit new nav kanmaul attad. gueng[u]lad vad *veidroli*.

(*b*) Gwneud yn feidrol neu derfynedig: *to make finite*.
20g.

(*c*) Rhoddi mewn mydr, mydryddu: *to turn into verse, versify*.
1794 *W* d.g. *to versify* [*turn into verse*].

meidroldeb [*meidrol* + -*deb*] *eg*.

(*a*) Yr ansawdd neu'r cyflwr o fod yn feidrol, terfynoldeb; gallu neu fodolaeth feidrol: *finiteness; finite existence or power*.
1773 *W* d.g. *finiteness*. **1793** L. REES: *MB* 21, [y] meddwl dwyfol . . . a adwaenir ond yn ammherffaith gennym o blegyd *meidroldeb* ein cymmwysiadau. **1799** *TY* 89, y mae anghyfiawnder, sydd â dim ond *meidroldeb* o'i blaid, yn sicr o gael ei drechu. **1803** *P*.

(*b*) Maint, mesur: *size, measure*.
1588 1 *Cr* xxiii. 29, yn y radell hefyd, ac yn y badell ffrio: ac ym mhob mesur, a *meidroldeb*. *Dchr.* **17g.** *J* 10, 29a, *meidroldeb*, size. **1722** *Llst* 189, *meidroldeb*, measure, size. *c.* **1730** *Thos. Lloyd D* (LlGC) 174a, *meidroldeb*, size. bigness. Mensura, census, quantitas. [**1783**] *W* d.g. *size*.
Gw. hefyd medroldeb.

meidroledd [*meidr*[1] + -*ol* + -*edd*[1]] *eb*. Mydryddiaeth, barddoniaeth: *versification, poetry*.
a. **1587** *Y* 114, Hon ni chawn oni chenir / Drwy law Ddvw *feidroledd* wir. *id.* 179–80, O thaeraist a'th rith araith / Na wyddwn i naddv'n iaith, / Na mesur hon, amser hedd, / Mydr wiwlan, mewn *meidroledd*.

meidrolion [*meidrol* + -*ion*] *e.ll.* (un. g. *meidrolyn*). Bodau meidrol, marwolion: *finite beings, mortals*.
1886.

meidrolrwydd [*meidrol* + -*rwydd*] *eg*. Meidroldeb; peth meidrol: *finiteness; finite thing*.
1773 *W* d.g. *finiteness*. **1789** H. JONES: *EN* 48, Rhifwch i fynu bob cysur a phleser, a boddlondeb . . . ac yna neillduwch oddi wrthynt bob *meidrolrwydd*, ac ammherffeithrwydd, a thyna'r nefoedd. **1796** *Geirgrawn* 211, Ansoddion hanfodol pob sylwedd corphorol, neu ddefnydd, ydynt y rhai a ganlyn . . . (7) *Meidrolrwydd*, canys y mae pob rhyw gorphoroedd yn feidrol neu fesurol. **1803** *P*.

meidrolyn, gw. meidrolion.

meidronaidd [*meidron*(*iaeth*) + -*aidd*] *a*. Mathemategol: *mathematical*.
1851.

meidroniaeth [*meidr*[1] + -*on*[1] + -*iaeth*; cf. *gwyddoniaeth, meintoniaeth, mesuroniaeth*] *eb*. Mathemateg: *mathematics*.
1850.

meidronol [*meidron*(*iaeth*) + -*ol*] *a*. Mathemategol: *mathematical*.
1858.

meidronwr, meidronydd [*meidron*(*iaeth*) + -*wr*, -*ydd*[3]] *eg*. ll. *meidronwyr*. Mathemategydd: *mathematician*.
1858.

meidroriaeth [*meidr*[1] + -*oriaeth*] *e?b*. Geometreg: *geometry*.
1794 E. JONES: *MPR* 83, *Meidroriaeth*, neu Daear-vesuriaeth. Geometry.

meidrydd[1] [*meidr*[1] + -*ydd*[3]] *eg*. ll. -*ion*. Medrydd, mesurydd: *gauge, meter*.
20g.

meidrydd[2], gw. meidr[2].

meidryddaf: meidryddu [bf. o'r e. *meidrydd*[1]] *ba*. Medryddu, mesur: *to gauge, measure*.
1850.

meidryddiaeth [*meidr*[1] + -*yddiaeth*] *eb*. ll. -*au*. Geometreg; mesureg: *geometry; mensuration, metrology*.
1793 *Cylchg* 60, Arddansoddiad, neu y Brif-Addysg . . . yn adrannu i'r ceinciau cyffredinawl hyn—Awyrolaeth, Anianyddiaeth, *Meidryddiaeth*, ac Amseryddiaeth. *id.* 130, Mae yn gadael i *feidryddiaeth* synied maentioli pob corpholaeth.

meidwy, gw. meudwy.

meidyn [?amr. ar *meitin, meityn*] *eg*. ll. -*au*. Moment, munudyn, ennyd, ysbaid: *moment, instant, while*.
1803 *P*, *meidyn* . . . a point of time; a moment.
Gw. hefyd meitin.

meidda [*maidd* + -*ha* (At.)] *bg*. Cardota maidd: *to beg for whey*.
16–17g. LLYWELYN SIÔN, &c.: *Gw* 597, Cawsa, yta, gwlana'n glir, / Cica a *meidda* meddir. **1803** *P*.

meiddad [? < **meiddiad*, sef bôn y f. *meddaf*[1]: *meddu* + -*iad*[2]; gw. hefyd *CA* 371] *eg*. ?Rheolwr, llywodraethwr: *ruler*.
14g. *T* 53. 3, Ad duw *meidat* duw dofydat dewin trugar. *ib.* 12.

meiddaf: meiddi, gw. maeddaf: maeddu.

meiddaidd [*maidd* + -*aidd*] *a*. Tebyg i faidd, o natur maidd; llawn serwm (am waed): *whey-like, wheyey; serous*.
1722 *Llst* 189, *meiddaidd*, serous, wheyie. [**1783**] *W* d.g. *serous, wheyish*. **1803** *P*.

meidd-draul [*maidd* + bôn y f. *treuliaf*: *treulio*] *a*. Yn bwyta maidd: *whey-consuming*.
c. **1400** *R* 1344. 30–31, bongeul reul restyr *ueiddreul* vyd.

meiddgaws, meiddgest, gw. maidd + caws, cest.

meiddiaf: meiddio [amr. ar y f. *beiddiaf*: *beiddio* drwy ymgyfnewid *b*- ac *m*-] *bg.a*. Mentro, anturio, beiddio: *to venture, dare*.
Dchr. **17g.** *J* 10, 29b, *meiddio*, to dare. **1672** J. LANGFORD: *HDdD* 422, ni ddylit ti *ſeiddio* cysgu heb wneuthur dy gymmod a Duw, mwy nac y *meiddit* ti farw felly. **1688** S. HUGHES: *TSP* 70, megis rhai yn chwennychu myned i mewn, ond nis *meiddient*. **1699** T. JONES: *TP* 70, ni a aethom cŷn belled ag a *meiddiem* [*sic*]. **1703** E. WYNNE: *BC* 85, Pa fodd y *meiddiwn* i amgen na thybio 'n rhydda fy swydd dy wasanaethu di a'r gwaelaf o'r Dynion sy cyfuwch yn ffafer fy Meistr? **1707** *AB* 44a d.g. *audeo*. **1793** DAFYDD IONAWR: *CD* 251, *Meiddiodd*, rhyfygodd yn faith. Ar lafar, *WVBD* 369–70.
Gw. hefyd beiddiaf: beiddio.

meiddion, gw. maidd.

meiddionaf: meiddioni [bf. o'r e. bl.] *bg*. Cawsio, ceulo: *to curdle*.
Dchr. **17g.** *J* 10, 29b, *meiddioni*, seresco. **1803** *P*, *meiddioni*, to turn curds and whey.

meiddliw, gw. maidd + lliw[1].

meiddlyd, meiddllyd [*maidd* + -*lyd*, -*llyd*] *a*. Tebyg i faidd, o natur maidd, wedi ei geulo; llawn serwm (am waed), yn perthyn i serwm y gwaed: *whey-like, wheyey, curdled; serous*.
[**1783**] *W*, *meiddlyd* d.g. *serous, wheyish*. **1798** *WR*, *meiddllyd* d.g. *wheyey, wheyish*. **1803** *P*.

meiddlydrwydd [*meiddlyd* + -*rwydd*] *eg*. Yr ansawdd neu'r cyflwr o fod yn feiddlyd (am y gwaed); yr ansawdd neu'r cyflwr o fod wedi ceulo: *serosity; curdled state*.
[**1783**] *W* d.g. *serosity*. **1803** *P*, *meiddlydrwydd*, a curdled state.

meiddlyn [*maidd* + *llyn*[2]] *eg*. Maidd, llaeth enwyn; llaeth wedi ei geulo ag alcohol, posel; serwm y gwaed; hefyd yn *ffig.*: *whey, buttermilk; milk curdled by alcohol, posset; blood serum; also fig.*
14g. *GDG* 60, Corodyn cerdd *meiddlyn* Mai [dychan i Rys Meigen]. **1604–7** *TW* (*Pen* 228) d.g. *lac . . . serum lactis, serum . . . serum lactis*. **1722** *Llst* 189, *meiddlynn* diod a llaeth, posset. **1780** *W* d.g. *posset, serum, whey*. **1803** *P*, *meiddlyn*, whey drink.

meiddllyd, gw. meiddlyd.

meiddog [*maidd* + -*og*] *a*. Llawn serwm: *serous*.
[**1783**] *W* d.g. *serous*.

meiddwaed [*maidd* + *gwaed*] *eg*. Serwm y gwaed: *blood serum*.
1816.

meiddyn [gair geir.; ?elf. anh. (efallai *mei*-) + *dyn*(*n*)] *e?g*. Mynydd: *mountain*.
15g. *Pen* 51, 122, *meiddyn*, mynydd. **1707** *AB* 218d, *meiddyn*, a mountain. [V]. *c.* **1730** *Thos. Lloyd D* (LlGC) 172a, *merddyn* [*sic*], a mountain. **1803** *P*.

meifon, gw. mafon.

meigadfridog [cfdds. o'r S. *major* + *cadfridog*] *eg*. ll. -*ion*. Swyddog milwrol ail i is-gadfridog o ran gradd: *major-general*.
1852.

meigen[1] [gair geir.; ?drwy gamddeall cyfeiriad at frwydr *Meigen*, cf. *TYP* 151–2] *e?g*.

(*a*) Rhyfel, brwydr; hwch (mewn gwarchae): *war, battle; testudo*.
1604–7 *TW* (*Pen* 228) d.g. *prælium*. *Dchr.* **17g.** *J* 10, 29a, *meigen*, sow. millepeda. prœlium. **1632** *D*, *meigen*, est Rhyfel, ait Ll. vnde TW. Prœlium. est potius nomen loci. **1688** *TJ*, *meigen*, rhyfel: a War.

(*b*) Cilfach goediog: *woody nook*.
1803 *P*. Cf. CEIRIOG: *CG* 68, A'i aden am hedeg i gyngherdd y cangau, / I'r *feigen* [:– *meigen*, hen air sydd bron allan o arferiad. Ei ystyr yw, cysgodle coediog:– a ravine shaded with trees.] gyfag[o]s, i fysg ei gydryw.

meigen², gw. mign.

meigoed [?*mei-* + *coed*; ond gw. hefyd *GDG* 530; engh. arall bosibl yw *Mai goedydd*, *id.* 185] *e.ll.* Coed mân: *small trees.*
14g. *GDG* 304, Glân dy dro, o glŷn dy droed / I mewn magl ym min *meigoed* [i'r cyffylog].

meigoel [?*mei-* + *coel*¹] *e?g.* ?Ymddiriedaeth neu hyder rhannol: *partial trust or confidence.*
14g. *GDG* 266, O cherais wraig mewn *meigoel*, / Wrth hyn, y porthmonyn moel.

meigoll [?*mei-* + *coll*¹] ?*eg.* ?Colled fechan neu ddibwys: *small or inconsiderable loss.*
c. **1300** *H* 66b. 33–4, Canaon selyf seirff cadeu meigyen nyd *meigoll* y kigleu (Cynddelw).

meigryn, meigren, meigrim, megrim, migran, &c. [bnth. S. *migraine, megrim*, &c.] *eg.?b.* Cur pen drwg iawn (fel rheol ar un ochr i'r pen yn unig, ynghyd â chyfog ac amharu ar y golwg): *migraine.*
15g. *RWM* i. 423, Pwy bynac a vyno meddyginniayth rog y gwayw *micran* keisied gribe y ssanffred. **1547** *WS*, *meigrym* wayw, migrym. *c.* **1548** *CM* 1, 657, I lanweithior penn ynerbyn *meigrein* a gouid penn. **16g.** *GRCG* 3, Y peswch a'r *meigrin* . *id.* 62, Y gŵr â'r fflameg ar ben ei linie, / A'r gwayw *meigrin* ar ei grimoge. *Diw.* **16g.** *WLB* 8, Rhag y *meigran* yn hanner y penn. **16–17g.** *RAGR* 269, y ddanoedd ar *meigren* / ar pyswch ddisgethrin. **1604–7** *TW* (*Pen* 228), *micran* d.g. *hemicrania, hemicranicus.* **1632** *D*, *meigryn*, hemicrania. **1633** *LlGC* 731, 86, y penn ir *meigram.* *c.* **1740** *LlM* 5, Rhag y *Meigrin* gwlŷb . . . Rhag y *Feigrin* lwyd . . . Rhag y *meigrin* coch. **18g.** *Llr* C 24, 293, Rhag y *Migran.* **1776** *W*, *meigryn*, y *meigryn*, gwayw'r *meigryn* d.g. *megrim.* **1801** *MMf* 276, Dolurio mae fy nannedd, ag au amddarwanodd pryf a ddaeth yma a elwir *migram*, ag mi ai cnoais ag ai lleweis. **1803** *P* d.g. *meigryn.* Ar lafar yn gyff.
Am *clwy'r meigryn*, gw. clwyf.

meihiniog, meihinog, mei-iau, meil, meilaid, gw. mehiniog, mehinog, meiau, mael⁴, meiliaid.

meilart, meilat, gw. marlat.

meiledi, miladi [bnth. S. *my lady*] *eb.* Gair cellweirus neu ddifr. am ferch neu wraig, madam, ledi, ladi: *lady, madam* (*facet. and derog.*).
Ar lafar.
Cf. meilórd.

meileindra, meilgorn, meili, gw. mileindra, melgorn, ymaflaf: ymaflyd.

meiliad [gair geir., sef ff. ar y gair *meiliaid*; tebyg mai ffrwyth camgopïo *modius* yw'r ystyr 'modd'] *eg.* Modd, dull: *mode, manner.*
17g. *LlGC* 13215, 348, *meiliad*, modus. **1707** *AB* 218d, *meiliad*, a mode or manner. S. **1725** *SR* d.g. *manner.* **1753** *TR.*

meiliaf: meilio [?cf. *mail*⁴] *bg.* Treulio (am ddefnydd): *to wear* (*of material*).
1722 *Llst* 189, *meilio*, to fret (as cloth etc.). **1773** *W* d.g. *to fret* [*be worn out, as cloth, &c.*]. Ar lafar gynt yng Nghered., 'dilledyn yn *meilio*', *SE MS* 294a.
Gw. hefyd mulaf³: mulo.

meiliaid, meilaid [*mail*¹ + *-iaid*², *-aid*¹] *eb.g.* (bach. *meilieidyn*) ll. *meil(i)eid(i)au.* Llond llestr, llond powlen, dysglaid; mesur cynnwys a uniaethir gan amlaf â bwysel, weithiau â chwarter bwysel: *vesselful, bowlful, dishful; measure of capacity, usually identified with a bushel, sometimes with a peck.*
1391 (**20g.**) *LlGC* 18025, 558, de bussello custos tolneti percipiet de quolibet *melliett'* blod' farinae auenae et salis mensuratus cum eodem i mawet viz ii pugillos convinctos latos plenos. *c.* **1400** *R* 1339. 12, greawr clafdyeu *meileidyeu* mal. **16–17g.** *DCR* 224, Nid dwyn bara mân dinerth / a chyfri gwerth y *velied.* **1604–7** *TW* (*Pen* 228), wrth y *veiliet* ne'r bwysel d.g. *metrum.* *Dchr.* **17g.** *J* 10, 29a, *meiliaid*, modiatio. Modius. *ib.* *meilieidyn*, modiolus. **1722** *Llst* 189, *meiliaid*, f.p. *meilieidau*, a tub-full, bushel. **1803** *P.* **1814** W. DAVIES: *Agric* . . . *S. Wales* ii. 501.

meilierydd, melierydd, moeliri, &c. [?cf. Crn. Diw. *melhwez* 'ehedydd'; ceid rhai o'r ff. o bosibl drwy gymysgu'r gair â *maluria* a'i amr.] *eg.* Ehedydd: *skylark.*
16g. *Pen* 230, *meilierydd* (WILIAM LLŶN: *Gw* (R. Stephens) (At.), *melierydd*), hedydd. *id.* pann vo *meilierydd* (WILIAM LLŶN: *Gw* (R. Stephens) (At.), *melierydd*; W. SALESBURY: *OSP*, *moeliri*; *TW* (*Pen* 228), *moeliri* d.g. *accipiter*; *id.* *Melierydd* d.g. *alauda*; *Mos* 204, 137, *maliri*; *D* (*Diar*), *meilierydd*) ar benn moelira yno bydd esgyd asgell gwipa d.g. *maluria.* *c.* **1562** *B* ii. 230, *melerydd*, ehedydd. *c.* **1588** *id.* *molerydd*, yr hedydd. *Dchr.* **17g.** *J* 10, 29a, *meilierydd*, ehedydd. **1632** *D*, *meilierydd*, & *Melierydd*, alauda. **1707** *AB* 27c, *meliedydd*, & *melierydd*, a lark. **1789** Gw. MECHAIN: *Gw* i. 391, Aml araeth y *maelierydd* [:- The lark], / Roi ganiad ar doriad dydd. **18–19g.** *IMCY* 49, *Meilierydd* gwâr ai harail / a fynn Dŷ o fewn y dail. **1803** *P*, *meilierydd*, the sky-lark.

meilion, meilon [?bôn y f. *malaf*¹: *malu* + *-ion*, *-on*²] *e.ll.* ll. dwbl *-au*, *-os.* Llwch, powdr; blawd: *dust, powder; flour.*
1803 *P*, *meilon*, powder, dust; flour. *Meilon* gwydd, blawd gwydd, wood dust.

meilórd, milórd [bnth. S. *my lord*] *eg.* ll. *-s.* Gair cellweirus neu ddifr. am ŵr, &c., arglwydd: *lord* (*facet. and derog.*).
Ar lafar. Cf. T. H. PARRY-WILLIAMS: *M* 116, A ninnau oll wedi dysgu ar hyd ein hoes / Fod *Mei-Lord* yr Angau'n batrwm o urddas a moes.
Cf. meiledi.

meilsoeg, gw. mail¹ + soeg.

meilwn, meilwng [?*mei-* + elf. anh.] *eg.b.* ll. *meilyn(g)au.* Ffêr, migwrn, egwyd, y rhan fain o'r goes rhwng y ffêr a chroth y goes, meinedd coes; cefn y troed, mwnwgl y troed: *ankle, fetlock, pastern, small of the leg; instep.*
15–16g. *TA* 418, I gnawd yn îr ag yn iach, / *Feilwn* fyrr, i flew 'n fyrrach [i ofyn march]. *Dchr.* **17g.** *J* 10, 29a, *meilwng*, mwnwg troed. **1632** *D*, *meilwn*, femen, exilior tibiæ pars, malleolus. **17g.** *LlGC* 10249, 48, Deffro, fy *meilwng* diffrwyth. **1688** *TJ*, *meilwn*, meinedd coes: the small of the Leg. **1722** *Llst* 189, *meilwn*, m. the small of yᵉ leg: the ankle bone. **1803** *P.* Ar lafar yn y Gogledd.
Amr.: **meilw** [?ffrwyth camddarllen *meilŵ* (≡ *meilwn*)]. **1604–7** *TW* (*Pen* 228) d.g. *malleolus.* *Dchr.* **17g.** *J* 10, 29a, *meilw*, egwyd. Malleolus. **meilwrn** [ar ddelw *migwrn*]. **1884.**

meilyd¹,², gw. ymafaelaf: ymafael, ymchwelaf: ymchwelyd.

meilydd, gw. maelydd¹.

meilyn [?*mael*³ + *-yn*] *eg.* Dolen neu lygad (ar gyfer bach): *eye* (*as in hook and eye*).
1722 *Llst* 189, crwccyn a *meilyn*, (wire-)crook and eye. **1773** *W* d.g. *eye* [*anything formed like an eye* . . .]. **1803** *P*, *meilyn*, a loop, or eye. Crwcyn a *meilyn*, bach a dolen, crook and eye.

meilyoric, *R* 1364. 42, gw. maeliereg¹.

meillion, meillon [?H. Grn. *melhyonen*, gl. *vi[o]la*, Llyd. C. *melchonenn, melchenenn* (un.), Llyd. Diw. *melchon, melchen*] *e.ll.* (un. b. *-en*) ll. dwbl *-au*, ?*-ydd.*
(*a*) *Bot.* Planhigion teirdalen o'r tylwyth *Trifolium* a dyfir yn gyffredin yn fwyd i wartheg, clofer, hefyd yn *ffig.*, ac weithiau am blanhigion eraill; clybiau (mewn cardiau): *clover, trefoil, also fig., and sometimes of other plants; clubs* (*suit in cards*).
9g. (*MC*) *VVB* 184, *mellhionou*, gl. *uiolas.* **13g.** *C* 26. 3–4, Myny mae *meillon* a gulith ar tirion. *c.* **1300** *H* 80a. 23, hyfaes y *meillyon* hyfes goedyt (Gwynfardd Brycheiniog). **14g.** *T* 32. 23–4, A mel a *meillon.* **14g.** *GDG* 315, *Meillion* ir, ymellin nef. *c.* **1400** *Études* vii. 56, trinus, y *meillon*; triffolium, idem est. **15g.** *Pen* 109, 46, Llun *meillion* gwyrdion [Lewis Glyn Cothi i ofyn llen gwely]. **16g.** *LlGC* 4581, 171a–b, Trifolium pratense yn Llatin three leaued grasse yn Sasonaec ar *meillion* yn Camberaec. *id.* 172a, da yw 'r *meil[l]ionæ* hyn. **1604–7** *TW* (*Pen* 228) d.g. *trifolium.* *Dchr.* **17g.** *J* 10, 29a, *meillionen*, cnwpa cartiau. **17g.** HUW MORUS: *EC* i. 124, *Meillionen* y lles, / Yn goflaid a ge's [i ferch]. **1798** *WR*, *meillion* d.g. *sainfoin.* **1803** *P.* **1813** *WB* 218. Ar lafar, '*meillion* . . . "bird's foot trefoil", (Lotus corniculatus) and, no doubt, various species of Trifolium', *WVBD* 370. Mae *Meillionen* (*o Feirionnydd*) yn enw ar alaw a dawns, gw. H. WILLIAMS: *CB* 131. Digwydd mewn e. lleoedd, e.e. *Afon Feillionen*, ger Beddgelert; ?cf. hefyd *Meillionydd* rhwng Bryncroes ac Aberdaron, ac un arall ger Mynydd Cilgwyn, sir Gaern.
(*b*) *Ser.* Enw cytser anhysbys: *name of an unidentified constellation.*
18–19g. *Llr* C 2, 333, Gosgorddiadau'r ser . . . *Y Feillionen.*
Amr.: **maill** [adff. un.]. *Dchr.* **17g.** *J* 10, 29a. **18–19g.** *IAW* (LlGC) 101, 22. **1803** *P* d.g. *meillion.* Ar lafar yn ne-ddwyrain Morg.
Cfn.: **meillion Carnedd Lywelyn, m. y garnedd:** *stonecrop, esp. wall-pepper, biting stonecrop, Sedum acre.* **1604–7** *TW* (*Pen* 228) d.g. *aizoon, aizoon minus.* *Dchr.* **17g.** *J* 10, 29a. **m. cedenog:** *hare's-foot clover, Trifolium arvense.* **1604–7** *TW* (*Pen* 228) d.g. *lagopus.* **1632** *D* (*Bot*). **1688** *TJ* (*Bot*), *meillion cedenog*, troed yr ysgyfarnog, hare's-foot. **1803** *P.* **m. y ceirw:** *melilot, esp. common melilot, hart's-trefoil, hart's-clover, Melilotus officinalis.* **1801** *MMf* 288. **1813** *WB* 218. Cf. mêl—*m. y ceirw.* **m. coch(ion):** (i) *red or purple clover, purple trefoil, Trifolium pratense.* **1632** *D* (*Bot*). **1688** *TJ* (*Bot*). **1753** *TR* (*Bot*). **1780** *W* d.g. *purple-wort.* **1803** *P.* (ii) = **m. y gors.** **1725** *SR* (*Bot*) d.g. *trefoil Marsh.* (iii) *sorrel.* **1801** *MMf* 290. **m. corniog:** *medick, esp. sickle medick, Medicago falcata.* **1604–7** *TW* (*Pen* 228) d.g. *medica* (hefyd *D*). **1776** *W* d.g. *medic-fodder.* **1803** *P.* **1813** *WB* 218, *Meillionen gorniog*; Medicago falcata; Yellow Medick. **m. y gors:** *marsh trefoil, buckbean, bogbean, Menyanthes trifoliata.* **1776** *W* d.g. *buck-bean.* **1803** *P.* **1813** *WB* 218. **m. gwyn(ion):** *white clover, Dutch clover, Trifolium repens.* **14g.** *WM* 476. 15–18, Pedeir *meillionen gwynnyon* a dyuei yny hol . . . am hynny y gelwit hi olwen. **15–16g.** *GLM* 347. **16g.** (**1763**) W. SALESBURY: *LlM* 153, 222. **1632** *D* (*Bot*). **1793** DAFYDD IONAWR: *CD* 29, 257. **1803** *P.* **m. hopys:** *hop trefoil, Trifolium campestris.* **20g.** **m. Mai:** (i) *small salmon caught in May and June.* Ar lafar, J. G. JENKINS: *NC* 121. (ii) *clover which blooms in May.* **18g.** E. T. RHYS: *DA* 114. **m. y meirch** = **m. cochion** (i). **14g.** *ACL* i. 45, trifolium maius, y *meillon ymeirch.* *c.* **1400** *Études* vii. 54, 56. **16g.** (**1763**) W. SALESBURY: *LlM* 222. **1633** J. GERARDE: *Herball.* Gw. hefyd *marchfeillion.* **m. melyn(ion):** (i) *'yellow clover'.* **16g.** (**1763**) W. SALESBURY: *LlM* 222. (ii) *kidney vetch, lady's fingers, Anthyllis vulneraria.* **1813** *WB* 218. **m. melyn bach:** *small yellow-flowered species of trefoil, e.g. common or lesser yellow trefoil, yellow suckling clover, Trifolium dubium, hop trefoil, Trifolium campestris.* **1896.** **m. Olwen** = **m. gwyn.** **1801** *MMf* 285. **1803** *P.* **1813** *WB* 218. **m. Sbaen:** *laburnum.* *c.* **1860.** Ar lafar yng nghanolbarth Cered. **m. tair dalen, m. teirdalen:** (i) ?*melilot.* **1632** *D* (*Bot*), *meillion tair dalen*, mellicot [*sic*]. **1688** *TJ* (*Bot*). **1753** *TR* (*Bot*). **1803** *P.* (ii) *millet.* **1688** *TJ* (*Bot*). **1753** *TR* (*Bot*). **1774** *W* d.g. *hirse, or millet.* (iii) *trefoil, shamrock.* **1707** *AB* 166c d.g. *trifolium.* **1798** *WR* d.g. *shamrock, trefoil.* **m. teirdalen yr Ysbaen:** *medick, Medicago.* **1604–7** *TW* (*Pen* 228) d.g. *medica* (hefyd *D*). **1776** *W* d.g. *medic-fodder.* **m. y triag, y m. triaglaidd:** *treacle clover.* **1604–7** *TW* (*Pen* 228), *mellion* [*sic*] *y triac* d.g. *simonianum trifolium* (At.). *id.* *y meillion teriacleidd* d.g. *trifolium* . . . *Trifolium acutum* . . . *Simonianum.*
Gw. hefyd meillionwydd.

meillionaf: meillioni [bf. o'r e. bl.] *bg.a.* Gorchuddio neu gael ei orchuddio â meillion; bod ag aroglau pêr fel meillion; hefyd yn *ffig.*: *to cover or be(come) covered with clover; have a sweet scent like clover; also fig.*
1803 *P.*

meillionaidd [*meillion* + *-aidd*] *a.* Tebyg i feillion, llawn meillion: *like clover, full of clover, clovered.*
1790 TWM O'R NANT: *GG* viii, Fy holl anian *feillionaidd.* **1803** *P.*

meilliondir [*meillion* + *tir*] *eg.* Tir wedi ei orchuddio â meillion: *clovered land.*
15g. *DE* 5, melfed yw torsed y tir / mai llvndain y *meilliondir.* *Dchr.* **17g.** *T Ch* 90, tiroedd a *meilliondir* gwastad.

meilliondwf [*meillion* + *twf*] *a.* Y tyf meillion yno, meillionog: *where clover grows, clovery.*
1864.

meilliongar [*meillion* + *-gar*] *a.* A nodweddir gan helaethrwydd o feillion: *charac-*

terized by an abundance of clover.
16–17g. *BL Add* 14984, 175, [m]is mai *meilliongar.*

meillionog, meillonog [*meill(i)on* + *-og*] *a.* Llawn meillion, wedi ei orchuddio â meillion, a nodweddir gan helaethrwydd o feillion; tebyg i feillion, ac arno aroglau pêr fel meillion; yn perthyn i feillion: *full of clover, covered with clover, clovered, characterized by an abundance of clover; clovery, similar to clover, having a sweet scent like clover; pertaining to clover.*
15g. *KAA* 9, gweirglawd *meillyonawc.* **15g.** *DE* 112, llanerch o wair *maillionog.* **16g.** *WLl* 196, Un lliw glan oll yn ei glog / A llwyn o dir *meillionog* [am baun]. **16–17g.** *CRC* 226, mis mai a vydd *meillonog.* **17g.** *IICRC* iii. 134, Pan ddel y Mai deiliog ar llwyni *meillionog.* **1709** J. ROGERS: *Alm* [15], Mŵll hinon a *meillionog* [am Orffennaf]. **1803** *P.*

meillionol [*meillion* + *-ol*] *a.* Llawn meillion; tebyg i feillion, ac arno aroglau pêr fel meillion: *full of clover; clovery, similar to clover, having a sweet scent like clover.*
1789 *BDG* 435, Yn y llwyni *meillionawl* (cf. *GDG* 82, anianawl). **1803** *P, meillionawl,* like the trefoils.

meillionos, gw. meillion.

meillionwair [*meillion* + *gwair*[1]] *eg.* Meillion; codog, gwyran bendigaid, *Onobrychis viciifolia: clover; sainfoin.*
15g. (**17–18g.**) *Llst* 133, 136a, E fydd a'i gest yn gwest gwair / Ef a'i lleinw o *feillionwair* (BEDO AERDDREM, &c.: *Gw* 140, v[e]illionwellt) [Bedo Brwynllys i'r tarw]. **1725** *SR* (*Bot*) d.g. *clover grass.* **18–19g.** *Llr* C 30, 202, *meillionwair,* clover grass, or clover hay.

meillionwellt [*meillion* + *gwellt*] *eg.* Meillion; ?math o wellt ac arno aroglau pêr fel meillion: *clover; ?kind of grass having a sweet scent like clover.*
?**15g.** (**17–18g.**) *Llst* 133, 361b, Llunio das o *feillionwellt* / A hwn yw gwair hwy na gwellt. **15g.** BEDO AERDDREM, &c.: *Gw* 140, ef ay lleinw o *v[e]illionwellt* (*Llst* 133, 136a, feillionwair) [i'r tarw]. **1604–7** *TW* (*Pen* 228), rhyw *Veillionwellt* d.g. *medica.* **17g.** E. MORRIS: *Gw* 221, Pur feudwy mewn porfadir, / *Meillionwellt* a hyddwellt hir [i ofyn tarw]. **18–19g.** *Llr* C 8, 179, *meillionwellt,* clover hay.

meillionwydd, meillonwydd [*meillion* + *gwŷdd*[1]; dichon fod rhai, onid y cwbl, o'r enghrau. isod yn wallau am *meillionydd* (gw. *meillion*)] *e.ll.* ?Coed ac arnynt aroglau pêr fel meillion: *trees with a sweet scent like clover.*
14g. *T* 25. 14–15, goruthawc kywyd aches *veil[l]on. wyd.* **15g.** *DN* 80, Lluniais oed mewn llwyn o serch, / A *meillionwydd* mewn llanerch. **1759** *BC* 303, Y Gwenyn hyd y gweunydd / A dynnant tan eu adenydd, / Y Mêl o bob *meillion-wydd.*

meillon, meillonog, meillonwydd, gw. meillion, meillionog, meillionwydd.

meim, mîm [bnth. S. *mime*] *eg.b.* ll. *meimiau, mimau.* Techneg theatrig sy'n cyfleu stori, syniad, awyrgylch, &c., drwy gyfrwng ystumiau'r corff a'r wyneb, fel rheol heb eiriau; perfformiad sy'n defnyddio'r cyfryw dechneg: *mime.*
20g.

meimiaf: meimio [bf. o'r e. bl.] *bg.a.* Actio meim, portreadu neu gyfleu mewn meim: *to mime.*
20g.

meimiwr [bôn y f. fl. + *-wr*] *eg.* ll. *meimwyr.* Un sy'n meimio: *mimer.*
20g.

mein[1,2,3], gw. maen[1], mehyn, main[1].

mein[4], 3 un. pres. myn. y f. *manaf*[1]: *manu.*

mein[5] [bnth. S. *mine*] *eg.* ll. *-iau.* Dyfais ffrwydrol a guddir yn y ddaear neu a angorir o dan wyneb y dŵr er mwyn dinistrio lluoedd y gelyn, llongau, &c.: (*explosive*) *mine.*
20g.

meinábs, macnábs [bnth. S. sathredig *my nabs*; â'r ail ff., ?cf. y cyfenw *MacNab*] *eg.* Gair cellweirus am berson neu anifail: *term used facet. of a person or animal, 'my nabs', 'his nibs'.*
Ar lafar. Cf. *Wês wês* 83, Bant â *meinabs* yn whimwth.

meinad [?*main*[2] + *-ad*[2], trf. han.] *eg.* ?Gwaith cerrig: *stonework.*
14g. *T* 72. 6, handit o *meinat* gwrthglodyat byt.

meinael [*main*[1] + *ael*[2]] *a.* a hefyd fel *eb.* Ac iddi aeliau main; ael fain, hefyd yn *dros.* merch neu wraig deg: *having fine eyebrows (of a woman); fine eyebrow, also transf. fair woman.*
14g. *GDG* 104, Ergyd damwain, fun *feinael,* / Em deg ŵyl, ymy dy gael. *id.* 214, Ei chwerthiniad, gariad gael, / A'i mynud ar ei *meinael.* **15g.** *HS* 8, ni chaid merch iechyd ymyw / mor *feinael* mair o fynyw. **15g.** *DN* 120, Lloer *vainael,* bwyllair vwynaidd. **15g.** *ID* 22, perth fal y colcerth [*sic*] i caid / vwch y *feinael* wych fenaid [i wallt merch]. *Diw.* **16g.** *Gwyn* 3, 277, Cain *fein-ael* cu iawn fwynaiaith / cangen hael cyngan ei hiaith (Wiliam Cynwal). **17g.** HUW MORUS: *EC* i. 147, *Meinael* sidan—per dy gusan, parod gysur. **1754** *Gron* 44, Eurwymp urael / Ar ryw *feinael* wyrf unig.

meinaidd [*main*[1] + *-aidd*] *a.* Main, addfain, tenau, braidd yn denau; pitw: *fine, slender, thin, thinnish; meagre.*
17g. HUW MORUS: *EC* i. 78, Defnydd glân, nid brwgan brau, / Mae 'n ddidwyll *meinaidd* edau. *id.* 142, *meinaidd* aelau. **1764** *W Ballads* 79, 5, Y gwyneb a'n llwydaidd, a'r trwyn aiff yn *fainaidd* [am ferch feichiog]. Ar lafar yng ngogledd Cered. yn yr ystyr 'tenau, main iawn' (am berson).

meinais [*main*[1] + *ais*] *a.* a hefyd fel *eb.* Main ei chorff; merch neu wraig fain: *slim or slender (of a woman); slender woman.*
1754 *Gron* 42, *Feinais* fwynwar, / E'th gais a'th gâr. **1755** *id.* 30, Er pan gollais *feinais* fanwl, / Gnawd yw erddi ganiad awrddwl. **18–19g.** *IMCY* 223, Chwiliais bob man or llannerch / Ag ni chefais *feinais* ferch.

meinar, gw. meiner.

meinbib [*main*[1] + *pib*] *eb.* ll. *-au.* Capilari, tiwb capilari: *capillary (tube).*
1852.

meinbleth, gw. main[1] + pleth.

meinbridd [*main*[1] + *pridd*] *eg.* ll. *-ion,* a hefyd fel *a.* Porslen, (yn y ll.) darnau o borslen, llestri main; wedi ei wneud o borslen, tebyg i borslen: *porcelain, (pl.) pieces of porcelain; made of porcelain, porcellaneous.*
1850.

meincaid, meinciaid [*mainc* + *-aid*[1], *-iaid*[2]] *eg.* Llond mainc, rhes: *benchful, bank.*
1770 *W,* maingc (*meingcaid*) o rwyfwŷr d.g. *bank of oars.*

meincan, meincen, gw. mainc.

meinciaid, meincian, gw. meincaid, mainc.

meinciwr [*mainc* + *-iwr*] *eg.* ll. *meincwyr. Cyfr.* Un o aelodau hynaf Lletai'r Llysoedd: *bencher (in law).*
1868.
Cfn.: **meinciwr cefn:** *back-bencher (in Parliament).* **20g.**

meincnod [*mainc* + *nod,* ar ddelw'r S. *bench-mark*] *eg.* ll. *-au.* Nod a dorrir mewn carreg, &c., lle y mae'r union uchder a safle yn hysbys, hefyd yn *ffig.* maen prawf, safon: *bench-mark.*
20g.

meincwely [*mainc* + *gwely*] *eg.b.* Math o sgiw y gellir ei haddasu i wneud gwely ohoni: *settle bed.*
1770 *W* d.g. *bed, a settle-bed.* **1803** *P.*

meindaf: meindo, gw. meindiaf: meindio.

meindal, gw. main[1] + tal.

meindant [*main*[1] + *tant*] *eg.* ll. *meindannau.* Un o dannau trebl y delyn: *one of the treble strings of a harp.*
1851.

meindeg [*main*[1] + *teg*] *a.* a hefyd fel *eb.* Teg a main; merch neu wraig deg a main: *fair and slender; fair and slender woman.*
c. **1300** *H* 121a. 28, Uyn dewisy riein uirein *ueindec* (Hywel ab Owain Gwynedd). **15g.** *LGC* 309, Gwilym mae 'n lym gwaith ei law, / Gwr *meindeg* a grym yndaw. **15g.** *Pen* 57, 63, Dydd daed vy rriain *veindec.* **16g.** *Pen* 76, 142, anrreg i ddyn *veindeg* fu. **1716–18** *Llsgr R. Morris* 56, y *feindeg* ar y garreg lle rwi n gorwedd. **1803** *P.*

meinder [*main*[1] + *-der*] *eg.* Yr ansawdd neu'r cyflwr o fod yn fain (am edau, llais, clust, awyr, &c.), teneuwch; meinedd: *fineness, thinness, slenderness; shrillness; acuteness (of hearing); the quality of being rarefied (of air); slender or narrow part.*
c. **1400** *Études* vii. 64–5, yn gymhedrawl y lef o vraster a *meinder.* **1604–7** *TW* (*Pen* 228) d.g. *gracilitas.* **1632** *D* d.g. *exilitas, paruitas.* **1773** *W* d.g. *exility, slenderness.* **1803** *P.*
Cfn.: **meinder coes:** *ankle.* Ar lafar ym Morg. Cf. *meinedd—m. coes.*
Gw. hefyd meindra.

meindiaf, meindaf, mind(i)af: meind(i)o, mind(i)o [bnth. S. (*to*) *mind*] *bg.a.* Malio, hidio, bod ots gan (rywun) (am), poeni; gofalu, bod yn ofalus, bod yn siŵr (o wneud rhywbeth), tendio; hoffi: *to mind, heed, care, be concerned, worry; take care, be careful, be sure (to do something); like.*
1812. Ar lafar, '*Meindwch* ddwad fory', *GDD* 195. Yn Arfon clywir ''Dw' i ddim yn *meindio* dim byd mewn tatws', 'I don't care the least for potatoes', *WVBD* 370.
Amr.: **mendio.** Ar lafar.
Cfn.: **m(e)indio ati:** *to watch out, be careful.* **1863.** Ar lafar yng Nghered., '*Mindia di ati,* 'ngwas i, os dala' i ti yn yr ardd 'ma 'to'. **m. ei fusnes (dy fusnes, &c.):** *to mind one's own business.* **1862.** Ar lafar yn gyff., '*Meindia dy fusnes* dy hunan!'.

meindiwb [*main*[1] + *tiwb*] *eg.* Capilari, tiwb capilari: *capillary (tube).*
20g.

meindlws [*main*[1] + *tlws*] *a.* (b. *meindlos*). Main, tenau, neu sensitif a thlws: *fine, slender, or sensitive and pretty, dainty.*
14g. *DGG*[2] 131, A dannedd, trosedd traserch, / Teg cyfagos, *feindlos* ferch (Gruffudd Gryg). **15g.** DEIO AB IEUAN DU, &c.: *Gw* 279, Mae'r eos *feindlos* yn fud. *Dchr.* **17g.** *CRC* 134, fy rhiain *feindlws* onest. **1630** R. VAUGHAN: *YDd* 82, dy drwyn *meindlws* (*dainty*) a gaiff ei lenwi a drygsawyr drewedig frwmstan. **17g.** *CLlC* ii. 23, Ar rapier *feindlws* wrth ei glun. [**1783**] *W* d.g. *slender.* **1803** *P* d.g. *meindlos, meindlws.*

meindon, gw. main[1] + ton[1].

meindost [*main*[1] + *tost*[2]] *a.* Llym neu denau a phoenus: *sharp or thin and painful.*
14g. *B* ix. 327, a'e maeddu [Margred] a gwyeil *meindost.* *c.* **1400** (*SG*) *HMSS* i. 213, llad dyrneit o wial *meindost.* *c.* **1575** (*Dchr.* **17g.**) *Pen* 112, 125, A Gwirionedd boenwedd ber: / wych *vaindost* a Chyfiawnder (Morgan ap Huw Lewys). **1604–7** *TW* (*Pen* 228), gwialen *veindost* y fusto vn d.g. *mastix.*

meindöwr, gw. maendöwr.

meindra [*main*[1] + *-dra*] *eg.* Yr ansawdd neu'r cyflwr o fod yn fain, meinder, teneuwch; culni meddwl: *fineness, slenderness, thinness; narrow-mindedness.*
1604–7 *TW* (*Pen* 228) d.g. *contractio, exilitas.* **1632** *D* d.g. *gracilitas, tenuitas.* [**1761**] *GGJ* 6, Cwils . . . fel ybo [*sic*] *meindra* neu helaethder y Stroc. [**1783**] *W* d.g. *slenderness.* **1803** *P.*

meindroed [*main*[1] + *troed*] *a.* Ac iddo droed fain: *having a slender foot.*
?**15g.** *DGG*[2] 43, Awdur cerdd adar y coed, / Esgud cyw mwyndrud *meindroed* [i'r ceiliog mwyalch]. **16g.** *B* iii. 36, Gwrangon *veindroed.* **1794** E. JONES: *MPR* 77, Carol pryves *vein-droed* [am gyfarth cŵn hela].

meindruddyn, gw. madruddyn.

meindrwyn [*main*[1] + *trwyn*] *eg.* a hefyd fel *a.* Trwyn main neu denau; ac iddo drwyn main neu denau: *slender or thin nose; having a slender or thin nose.*
15g. *DGG*[2] 38, Dwy ffynnon wirion warae, / Eu dwyn uwch *meindrwyn* y mae. **16–17g.** *CRC* 45, dy *feindrwyn* ath ene ath beraidd wefvse. **17g.** E. MORRIS: *Gw* 235, Cern denau golau gwelir, / Mwyn droi'n hawdd a *meindrwyn* hir [i ofyn march]. **18g.** *CLlC* v–vi. 67, Ai *meindrwyn* chwerthiniad gosodiad di sûr.

meindwf [*main*[1] + *twf*] *a.* a hefyd gyda grym enwol. Main, tenau (ei gorff), wedi mynd yn denau; ac iddo ddail main: *fine, slender, (grown) thin; fine-leaved.*
14g. *DGG*[2] 122, Melynlas o was ei wedd, / *Meindwf* wyf, mewn difäedd [Madog Benfras i ferch]. **14–15g.** *IGE*[2] 267, Nid ŷm un fonedd heddiw / . . . / Na hil Rolo . . . / *Meindwf* o dir Normandi (Siôn Cent). *c.* **1400** *R* 1320. 8–9, dan rudglo maendo. *meindwf* kerdglyt [marwnad Gwenhwyfar]. **16g.** **(1763)** W. SALESBURY: *LlM* 31, paladr *meindwf* sydd Iddo [llwynhidydd]. **16–17g.** *Cer RC* 126, Iredd *feindw*, wynion ddwylo. **1632** *D* d.g. *exilis, gracilis.* **17g.** HUW MORUS: *EC* ii. 242, *Feindw'* luniaidd, o wraidd bonedd, iraidd beunes. **18g.** *CLlC* v–vi. 69, Pwy ydi 'r *feindw*, ond pendefiges. **1772** *W* d.g. *clean-limb'd, slender.* **1803** *P.* **1813** *WB* 42, Fine-leaved Sandwort; Tywodwlydd *meindwf.*

meindwll [*main*[1] + *twll*] *eg.* ll. *meindyllau.* Twll bychan, mandwll, chwystwll: *small hole, pore.*
1875.

meindwr[1] [*main*[1] + *tŵr*] *eg.* ll. *meindyrau.* Tŵr cul neu bigfain, minarét: *narrow tower, spire, minaret.*
1819.

meindwr[2], gw. maendwr.

meindylledd [*meindwll* + *-edd*[1]] *eg.* Mândylledd: *porosity.*
20g.

meindyllog [*meindwll* + *-og*] *a.* Mândyllog, mandwll: *porous.*
20g.

meinddail [*main*[1] + *dail*] *a.* Cul ei ddail: *narrow-leaved.*
1722 *Llst* 189, *meinddail*, narrow-leaved.

meinddoeth, gw. main[1] + doeth[1].

meinddwn [*main*[1] + *dwn*] *a.* Main a gwineuddu: *slender and dun.*
13g. *Études* v. 102, ynybey am veyrch mey *meyn dun* (Cynddelw).

meinddydd, meinydd[1] [?*mei-* + *dydd*; cf. *beunydd, meinoeth*] *eg.* gan amlaf gyda grym adferfol. Hanner dydd, canol y dydd: *midday, middle of the day.*
c. **1300** *H* 2a. 29, Amuc ae dragon ut mon *meindyt* (Meilyr Brydydd). **14g.** *T* 31. 23–4, awen cwdechuyd. ar veinyoeth *veinyd. id.* 40. 1, *meindyd* kwydynt wy wyr yn amwyn gwlat. *id.* 56. 1, Py awr *ymeindyd* y ganet perchen. *id.* 75. 7–8, *Meindyd* brefawt. meinoeth berwhawt.

meinddyn [*main*[1] + *dyn*] *eg.b.* a hefyd gyda grym ansoddeiriol. Merch neu wraig fain; dyn main eiddil: *slender woman; frail slender man.*
14g. *DGG*[2] 134, Yn iach fy rhiain feinddyn (Gruffudd Gryg). **14g.** *IGE*[2] 74, Cerydd mawr, cur oedd i mi / O *feinddyn* llesg fyw ynddi [i'r llong]. **15g.** *CSTB* 3, Blwyddyn am y *feinddyn* fau, / Mwy yw unnos i minnau.

meinedig [*main*[1] + *-edig*] *a.* ll. *-ion.* Main, blaenfain: *slender, tapering.*
16g. *LlGC* 4581, 138a, tipynnæ blodeuoc melynion ynglyn wrth draedæ *meinedigion* [am ros].

meinedd [*main*[1] + *-edd*[1]] *eg.* Rhan fain neu gul, meingoes, gwasg, canol (y corff): *slender or narrow part, small of the leg, waist.*
1346 *LlA* 95, esgeireu . . . yn vreisgach y krotheu vdunt ynagos aryglinnyev nogyt er *meined.* **15g.** *CSTB* 8, Ei phais am na orffwysyn', / Ni ddaw i gau am ddau ddyn, / A'i gwregys, dyrys dirwy, / Ni chyrredd i'w *meinedd* mwy. **1756** *ML* i. 415, [p]arai i friw mawr ar *feinedd* y grimmog fod yn un dychrynadwy. **1803** *P.*
Cfn.: **meinedd y cefn:** *small of the back.* **1604–7** *TW* (*Pen* 228) d.g. *lumbago.* **1699** T. JONES: *Alm* [8]. Gw. hefyd *main*[1]*—m. cefn.* **m. coes (y goes, ei goes,** &c.): *small of the leg, fetlock, pastern.* **16g.** (*LlEG*) *Mos* 158, 660b, [m]*einedd i goes.* **1632** *D*, *meinedd y goes* d.g. *femen, malleolus.* **1688** *TJ*, egwŷd, *meinedd coes* ceffŷl. Ar lafar ym Meir. Gw. hefyd *main*[1]*—m. coes, meinder—m. coes.* **m. (yr) esgair = m. coes. 1545** *CM* 1, 271, *meinedd Esgeirie. Diw.* **16g.** *WLB* 74. **1604–7** *TW* (*Pen* 228) d.g. *femen.* Gw. hefyd *main*[1]*—m. yr esgair.*

meinell, meinen, gw. meiniell, maenen.

meiner, meinar [bnth. S. *miner*] *eg.* ll. *meineriaid, meiners, meinars.* Glöwr, mwynwr: *miner, collier.*
1757 *ML* (Add) 890, ar *Meineriaid* druain ymron a Chlemio. **1762** *ML* ii. 498, rhyw *viner* gwann sydd wedi torri'r sprottan. **1766** *CD* 88, *Meiners* ac Eurachod. **18g.** TWM O'R NANT: *CO* 32, Rhaid i chwithe'r *meinars* yn mhob man/ Ddwad allan o'ch hen dylle. **1790** TWM O'R NANT: *GG* 74, *Meinar*, Colier, foddgar fyd. Ar lafar; hefyd yn ardaloedd y chwareli am y dyn a 'fydd yn "gyrru'r lefal" . . . ac yn agor y "fargen" . . . Yn y chwareli ithfaen gelwir y creigwyr weithiau yn *feinars*', *B* xx. 247.

meinerch [*main*[1] + *erch*[1]] *eg.* Ceffyl main a brych: *slender and dappled horse.*
13g. *A* 33. 3, y ar *vein erch* mygedorth. *c.* **1300** *H* 118b. 40, dywan ar vuan *ueinerch.*

meinferch [*main*[1] + *merch*] *eb.* Gwraig neu ferch fain: *slender woman or girl.*
14g. *GDG* 280, Mireinfab, mawr ei anfoes, / *Meinferch* mewn traserch a'i troes. **15g.** *DE* 50, finvin i bum ar *feinverch.* **16g.** (*c.* **1749**) *AP* 28, [c]ael i wllys ar *feinferch.* **1716–18** *Llsgr R. Morris* 163, iw ddwun ir *feinferch* finffals. **18–19g.** *IMCY* 231, Mor ddiwair a'r Fair Forwyn / Pob *meinferch* mewn llannerch llwyn.

meinflaen, gw. main[1] + blaen.

meinfor [*main*[1] + *môr*] *eg.* ll. *-oedd.* Culfor, sianel: *strait(s), channel.*
1863.

meinfrig, meinful, gw. main[1] + brig, mul[2].

meinfys [?*main*[2] + *bys*] eg. Bys y fodrwy: *ring-finger.*
c. **1730** *Thos. Lloyd D* (LlGC) 175a. Ar lafar.

meingadr, gw. main[1] + cadr.

meingain [*main*[1] + *cain*[1]] *a.* a hefyd gyda grym enwol. Main a hardd: *slender and beautiful.*
c. **1300** *H* 68b. 36, maenga[e]n wedy *meingein* ueirch [marwnad Ithel ap Cedifor gan Gynddelw]. **16–17g.** *HG* 182, klwm iawn oedd y klamai nawr / kadw [*m*]*aingain* mewn koed [m]wyngawr. **1793** DAFYDD IONAWR: *CD* 31, Fe wnai Adda goffa 'n gu / I'w *feingain* arab fwyngu. *id.* 141, Ebe 'r *fe*[*i*]*ngain* bur fwyngu.

meingan [*main*[1] + *can*[1]] *a.* a hefyd fel *eb.g.* Main a golau ei bryd, meinwyn; merch (fain a golau ei phryd); ceffyl meinwyn: *slender and fair of complexion, slender and white; (slender and fair-complexioned) woman; slender white horse.*
c. **1300** *H* 49a. 9, Nym athreity *meingann* meingadyr y hystlys [Cynddelw i Efa ferch Fadog]. *id.* 121b. 5, ry eitun ouwy y ar *veingann* (Hywel ab Owain Gwynedd). *Dchr.* **14g.** *id.* 123a. 15, *meingan* wedeidwan hwan hownid (Iorwerth Fychan). *c.* **1400** *R* 1177. 8, wedy serch a seirch meirch *meingann.* **15g.** *DGG*[2], 42, Ymddiddan â'r *feingan* ferch / Ar dwyn, ac er Duw annerch. **15g.** *OBWV* 113, Hirffordd neithwyr, nos orddu, / Hynt drwstan am *feingan* fu. **17g.** *CRC* 354, ffarwel bob cydymeth glan / ffarwel i *feingan* ole. **1803** *P.*

meingefn [*main*[1] + *cefn*] *eg.* ll. *-au*, a hefyd fel *a.* Y rhan gulaf o'r cefn, meinedd y cefn, hefyd yn *dros.*; cefn (llyfr); cul ei gefn: *small of the back, also transf; spine (of book); slender-backed.*
14g. *WM* 478. 17–20, ae wan yn alauon y dwyuronn. Hy[t] pan dardawd yr *mein gefyn* allan. **14g.** *DGG*[2] 123, Cof synnwyr, cefais innau, / Cofl flindrefn i'r *meingefn* mau (Madog Benfras). **15g.** *GGl* 286, Dywod un i'm diwyd iôr / Dorri '*meingefn* draw 'Mangor. **16g.** (*LlEG*) *Mos* 158, 489b, doluriau or *meingeuyn.* **1588** *Diar* xxx. 31, Y milgi crŷf yn ei *feingefn.* **1604–7** *TW* (*Pen* 228) d.g. *prælumbo, renes. c.* **1762–79** W. WILLIAMS: *P* 479, [g]wneud arwydd y groes . . . ar . . . ei fynwes, a'i *fain gefn.* **[1783]** *W* d.g. *the small of the back.*
Gw. hefyd main[1]—m. cefn.

meingig [?*main*[4] + *cig*] *eg.* Braster (mewn cig): *fat (in meat).*
Ar lafar yn Arfon, 'sglisan o *feingig* moch', '*meingig* gwyn wedi torri'n ddrabia culion', *WVBD* 370.

meingledd [*main*[1] + *cledd*[1]] *eg.* Math o gleddyf ysgafn hirgul ei lafn a ddefnyddir i wanu yn unig, ffwyl: *rapier, foil.*
20g.

meinglust, gw. main[1] + clust.

meingoes [*main*[1] + *coes*] *eb.* a hefyd fel *a.* Meinedd coes; main ei goesau (am farch, planhigyn, &c): *small of the leg; having slender legs or stalks.*
p. **1584** G. ROBERT: *GC* [116], henw damweiniawl, mal: [ll]ygeitddu . . . *meingoes* ne goesfain. **[1783]** *W* d.g. *the small of the leg.*
Gw. hefyd coesfain.

meingorff [*main*[1] + *corff*] *eg.b.* a hefyd fel *a.* Corff main; gwasg, canol (y corff); merch neu wraig fain; main (ei gorff): *slender body; waist; slender woman; slender(-bodied).*
14g. *DGG*[2] 167, A'i *meingorff*, eiliw mangant, / Meinir i gysegrdir sant [marwnad Lleucu Llwyd gan Lywelyn Goch ap Meurig Hen]. ?**15g.** (**17g.**) *Pen* 49, 192, Am danad grair ddiwair ddoeth / hoff eigr *feingorph* hoywgoeth. **15–16g.** *TA* 401, Mae angerdd yn y *meingorff*, / Mwy nog a ain mewn i gorff [i ofyn march]. **16–17g.** *CLlC* iii. 39, Dien i mi *meingorph* wisgi. *c.* **1605** *CRC* 39, I *meingorff* kariadvs / i hir weddedd ystlvs. *c.* **1785–90 (1829)** *CBYP* 100, Molais wiw *feingorph* a melusaf iawngerdd. **1794** *W* d.g. *waist.*

meingorn, gw. main[1] + corn.

meingrwn [*main*[1] + *crwn*] *a.* (b. *-gron*) a hefyd fel *eg.* ll. *meingryniaid.* Main a chrwn, ?main a bychan; ar lun cilgant: *slender and round(ed), ?slender and small; crescent-shaped.*
Dchr. **14g.** *H* 85a. 44, a meirch mei *meingrwn* dwnn a dossawc (Llywarch ap Llywelyn). **15–16g.** (*Dchr.* **17g.**) *Mos* 147, 20, yn graff i olwc yn gry / yn *veingrwn* yn vyangry [Hywel Rheinallt am filgi]. *c.* **1730** *Thos. Lloyd D* (LlGC) 175a, *meingrwn*, round & slender.

Fel *e.* Enw ar fathau gwahanol o bysgodyn o'r teulu *Mugilidæ* neu *Mullidæ*: *red or grey mullet.*
Ar lafar yn Llŷn, *B* xxv. 53.

meingylch, gw. main[2] + cylch.

meinhaf: meinhau [*main*[1] + *-hau*] *bg.a.* Mynd neu wneud yn fain neu'n feinach (yn ôl amrywiol ystyron yr a. hwnnw), teneuo, culhau, hefyd yn *ffig.*: *to become or make fine(r), thin(ner), or (more) slender, become or make small(er) or sharp(er), narrow, taper, also fig.*
15g. **(1610–40)** *Pen* 312, iv. 10, Ni lanwa fal yr afon / fal y *meinheis* er mwyn honn. **15g.** *ID* 82, hawl dy dir hael wyd a dv / howel par im *fainhav.* **15–16g.** LLAWDDEN, &c.: *Gw* 92, Mawrserch ar y feinferch fu, / Mae un hael yn *meinhäu.* **15–16g.** *TA* 470, Ysgânt oedd i wisg yntau / O bai fy nhorr heb *feinhau!* **1547** *WS*, *mainhau*, waxe smal. **1588** *Eseia* xvii. 4, bydd i ogoniant Iacob *feinhau.* *id.* xix. 6, y ffynhonnau caeroc a *feinhânt.* **1604–7** *TW* (*Pen* 228) d.g. *gracilesco, obeliscus, tenuatus.* **1632** *D* d.g. *attenuo, tenuo.* **1778** J. THOMAS: *HB* 371, yr aelod [braich] yn treulio ac yn *meinhau.* **[1783]** *W* d.g. *slender, to make slender, to grow* [*become*] *slender.* **1803** *P*, *meinâu*, to make slender, or fine. Cf. D. OWEN: *RL* 321, [m]eddiannwyd ef gan ymdeimlad poenus fod y bregeth yn *meinhau* at y diwedd.

meinhaol [bôn y f. fl. + *-ol*] *a.* Yn meinhau: *tapering, making slender or fine.*
1803 *P*, *meinâawl*, tending to make slender, or fine.

meinhiolaf, meinholaf: meinh(i)oli, gw. meintolaf: meintoli.

meiniad, gw. maeniad.

meiniaf: meinio [bf. o'r a. *main*[1]] *bg.a.* Meinhau, culhau, teneuo: *to make or become thin(ner) or narrow(er).*
20g. Ar lafar yn yr ystyr 'mynd i siarad yn feinach'.

meiniau, gw. meiau.

meiniell [*main*[1] + *gell*; yn *CA* 153, awgrymir diwygio *ruieinell*, *MA*[2] 159a. 29, i *meinell*] *eg.* March main gwinau neu felyngoch: *slender bay or chestnut horse.*
13g. *A* 8. 5, y ar *veinnyell* vygedorth.

meinin[1] [*maen*[1] a *main*[2] + *-in*[1]] *a.* Wedi ei wneud o faen neu o feini, o gerrig, caregog; caled (fel carreg): *made of stone(s), stony; hard (as stone).*
12–13g. *MA*[2] 240b. 40, Trugaredd ath fo oth *feinin* gaerwedd [Elidir Sais i Lywelyn ap Iorwerth]. **14g.** *GDG* 121, Feinwen deg o *feinin* dai. **14–15g.** *IGE*[2] 250, Mwyaf iawn ffrwyth, nid *meinin* ffriw, / (Mair i'w adael!) mur ydyw (Ieuan Waed Da). *c.* **1400** *R* 1281. 11, O glywet mynet ym *meinin* argae. **15g.** *LGC* 20, Tai rhwym mewn tyrau *meinin*. **15g.** DEIO AB IEUAN DU, &c.: *Gw* 59, Ni mynnid i'th dai *meinin* / Dafod bert, dy fod heb win. **15g.** *GGl* 160, Gwelaf innau, gwal *feinin*, / B'radwys Gwent, bwrdais y gwin. **1567** *TN* 266a, nyd yn lleche *mainyn.* **16–17g.** *RAGR* 374, mae iddo blas, mawr i gwmpas / Tan do *mainvn*, Ai ddwv gegin. **1604–7** *TW* (*Pen* 228) d.g. *lapideus.* **1621** E. PRYS: *Ps* 7a, tros y fagwyr *feinin.* **1632** *D*, maen, *meinin*, & *Meinyn*, lapideus, saxeus. **[1783]** *W* d.g. *rocky* [*hard as rock, relentless, &c*], *stone* [*made of stone*]. **1801** *MMf* 268, pylora nhwy mewn mortyr *meinin.*

meinin[2], **meinioeth,** gw. mening, meinoeth.

meiniog, meinog [*main*[2] + *-(i)og*, cf. e. lle Crn. *Meinek*, Llyd. C. *meinec* 'caregog'] *a.* Wedi ei wneud o faen neu o feini; llawn meini, caregog: *made of stone(s); full of stones, stony.*
12g. *LL* 244, arhit irpont *meiniauc.* *Dchr.* **14g.** *H* 85b. 7, a golo ker man ro *meinnyawc* (Llywarch ap Llywelyn). **1346** *LlA* 168, Yparth draw yr auon *veinawc* honno. *c.* **1400** *R* 1363. 4, Clawedawc *ueinawc* vwynaf kefnithderw. Digwydd fel elf. mewn e. lleoedd, e.e. *Afon Feinog*, ger Mydroilyn, Cered., a *Hewl Feiniog*, ger Rhydowen, Cered.

meinioles, gw. meinoles.

meinir [*main*[1] + *hir*] *a.* a hefyd fel *eb.* Main a thal, gosgeiddig; hirfain; merch dal osgeiddig, llances hardd, cariadferch: *tall and slender, graceful; long and narrow; tall and graceful girl, beautiful young woman, sweetheart.*
14g. *H* 125a. 13–14, llawr mawr mebgwynyawn dawn diwarthaf. llywychtud *meinhir* ywrtir teccaf (Llywelyn Brydydd Hodnant). **14g.** *MA*[2] 340a. 14, *Meinir* nith' [*sic*] berthir gwn borthiad poenau (Hywel ab Einion Llygliw). **14g.** *GDG* 98, Bodlon wyf is bedwlwyn ir, / Eto fun, yty *feinir.* *id.* 111, Ar hynny cenais yn iach / I *feinir* heb ddyn fwynach. *id.* 167, Minnau, fardd rhiain *feinir*, / Yn llawen iawn mewn llwyn ir. *id.* 292, Ni wn pa un, fun *feinir*, / Yw hyn, lliw gwyn, yn lle gwir. *c.* **1400** *B* iii. 12, yn ymdidan a *meinhir.* *c.* **1400** *R* 1328. 39, ologawt serch verch *veinir.* **15–16g.** *TA* 254, Llef anadl drwy'r llaw *feinir.* **16–17g.** *CRC* 355, ffarwel berchi bob cyrws / at *feinir* dlws lygeitü. **17g.** HUW MORUS: *EC* i. 132, Un *feinir* glir ar dir nid oes, / A gara'i'n fy oes yn fwy. **1703** E. WYNNE: *BC* 130, nid yw hwn ond y bai cyntaf, ebr y *feinir.* **1795** J. THOMAS: *AIC* 47, nid yw'r *Feinir* gartre yn bresenol. **1803** *P*, *meinir* . . . an epithet for a handsome woman. Digwydd yn gyff. fel e.p.
Gw. hefyd hirfain.

meinlais, gw. meinllais.

meinlas, gw. main[1] + glas[1].

meinlem, meinlin, meinlun, meinlym, gw. meinllym, meinllin, meinllun, meinllym.

meinllais, meinlais [*main*[1] + *llais*] *eg.* ll. *-au* a hefyd fel *a.* Llais main, treiddgar, neu wichlyd, trydar; soprano, trebl, ffalseto; main ei lais neu ei dôn, main neu dreiddgar (am lais neu dôn): *high-pitched, shrill, or squeaky voice, chirp; soprano, treble, falsetto; having a high-pitched voice or tone, high-pitched, piping, shrill.*
16g. HUW ARWYSTL: *Gw* 425, kaniedydd byr knowd ddv bais / kyw ogfaen wledd keg *feinlais* [i geiliog du]. **1604–7** *TW* (*Pen* 228) d.g. *accino, acutus.* *id.* rhyw walch . . . a *meinllais* vchel pan leisio d.g. *cenchris.* *id.* corn gŵyrgam *meinllais* d.g. *lituus.* *id.* pip *veinllais* val merch d.g. *tibia.* **1722** *Llst* 189, *meinllais* . . . the treble sound. **1752** J. THOMAS: *FG* 315, [g]watwor y *Main-leisiau* hyn. **[1752]** *Gron* 10, Ednaint *meinllais*, adlais odlau—trydar / Mwyn adar. **1759** *BC* 172, Clyw, Clyw: y [*sic*] gefais *feinlais* Ferch. **1761** *ML* ii. 338, Na ddaw'r Fychan *meinlais* ar gyful eich lecsiwn. **1771** *W* d.g. *the chirping of birds, a shrill voice, treble in music* [*the sharp or shrill sound; i.e. the highest or last part in musical proportion*]. **1803** *P.*

meinllem, gw. meinllym.

meinllin, meinlin [*main*[1] + *llin*[2]] *eg.* a hefyd fel *a.* Llin neu liain main; wedi ei wneud o'r cyfryw; hefyd yn *dros.* ac yn *ffig.*: (*made from*) *fine flax or linen, also transf. and fig.*
1346 *LlA* 95, Sef yw ybisswn. *meinllin* owlat yr eifft. **15g.** *DE* 39, gwe *feinllin* gofl vnllaes / gloyw ydyw llin gowldwair llaes [am wallt]. *Diw.* **16g.** *WLB* 2, a dod ychudig *feinllin* a gwyn wŷ ar gefn y llygad. **1588** *Eseia* xix. 9, Yna y gwaradwyddir y rhai a weithiant *feinllin.* **16–17g.** *DCR* 187, Kei orwedd ymysc esgyrn / yngwaelod y priddin / yn dy grys *meinllin* / diwaetha. **1604–7** *TW* (*Pen* 228), rhyw *veinllin* ny vynno mo'i losci d.g. *asbestinum.* *id.* rhywogaeth *veinllin* d.g. *byssus.* *id.* wedy wneûthur or *meinllin*, ne Liein d.g. *carbaseus.* **1709** HUW MORUS: *EC* i. 102, Marw a wnaeth merion ethawl, / Yn iach i drin *mein-llin* mawl [marwnad Huw Morus gan Owain Gruffydd]. **1722** *Llst* 189, *meinllin*, fine flax. **1756** G. OWEN: *L* 175, megis y peth a welsom y llynedd ym Mheckham Rye, pan ennillws y Gymraes y Crys *meinllin.*
Am *lliain meinllin*, gw. lliain.

meinllun, meinlun [*main*[1] + *llun*[1]] *a.* a hefyd gyda grym enwol. Main a lluniaidd, gosgeiddig: *slender and shapely, graceful.*
c. **1300** *H* 55b. 28, y ar erchuarch *ueinllun* (Cynddelw). **14–15g.** *IGE*[2] 136, Od yw ddihir . . . / *Meinlun* hardd (Gruffudd Llwyd). **16g.** HUW ARWYSTL: *Gw* 422, nid adwen fyn *feinlin* fach / dyn a liniodd duw yn lanach. **16g.** MORUS DWYFECH: *Gw* 180, Cadi, fun *feinllun* fwynllais.

meinllyd [*main*[1] + *-llyd*] *a.* Gwichlyd: *squeaky.*
20g.

meinllym, meinlym [*main*[1] + *llym*] *a.* (b. *meinl(l)em*). Main (am lais, &c., hefyd am y gwynt): *shrill(-voiced), keen (of wind).*
15g. *GTP* 55, Gwallt hyd ei rudd, gwyllt ei drem, / Gwddf unllath a gwaedd *feinllem* [am darw]. **[1783]** *W* d.g. *sharp or shrill* [*apply'd to sound*].

meinoeth, meinioeth [*mei-* + **noeth* ('nos', cf. *henoeth, trannoeth*, a'r Llad. *noct(em)*); cf. *meinddydd*] *e?b.* ll. *-ydd*, gan amlaf gyda grym adferfol. Hanner nos, canol y nos: *midnight, middle of the night.*
13g. *C* 97. 1, *Meinoeth* kiclev lew heid. **13g.** *A* 4. 2–3, ne llewes ef veddgwyn *vei/noethydd.* *Dchr.* **14g.** *H* 123a. 11, a *meinoeth* ym doeth o detholid nep lliw ar wy wynep ny llwyr edid (Iorwerth Fychan). **14g.** *T* 31. 23–4, awen cwdechuyd. ar *veinyoeth* veinyd. *id.* 45. 6–7, Dec *veinyoeth* mwyhaf gwynyeith. *id.* 68. 13, Gwenwyn pyr doeth pedeir pennoeth *meinoeth* tymhor. *id.* 75. 7–8, Meindyd brefawt. *meinoeth* berwhawt.

meinog, gw. meiniog.

meinongl, meinonglog, gw. main[1] + ongl, onglog.

meinoles, meinioles [?*main*[1] + *-(i)ol* + *-es*[1]; anodd gwybod ai yma y perthyn yr engh. gyntaf isod] *eb.* Anner, heffer, treisiad; dafad ddwyflwydd: *heifer; two year old sheep, hoggrell.*
16g. *Pen* 76, 144, Jarlles *feinioles* arth wen / ergid bollt ar gwr dy ben [i'r dylluan]. *Dchr.* **17g.** *J* 10, 29a, *meinoles*, a hoggrell. **17g.** *LlGC* 13215, 348, *meinoles*, juvenca. **1707** *AB* 218d, *meinoles*, a heifer. S. **1725** *SR* d.g. *an heifer.* **1774** *W* d.g. *heifer.* **1803** *P.*

meinsaer, meinsaernïaeth, meinsiar, gw. maensaer, maensaernïaeth, mansier.

meinswch [*main*[1] + *swch*] *eb.* a hefyd fel *a.* Trwyn main (am anifail); mursennaidd (am leferydd): *pointed snout; affected (of speech).*
1900.

meint, meintai, gw. mintys, mintai.

meintied [*maint*[1] + *-ied* (At.)] *a.* yn y radd gfrt. Cymaint: *how large or great, so large or great.*
Dchr. **17g.** *Card* 12, 493, [D]yle wr yn siwr gael Wsorw er *meintied* / fai'r mantes ne yr elw / o draws fwriad dros farw / wario i lid i wyro i lw.

meintiol [*maint*[1] + *-iol*] *a.* Y gellir mesur ei faint, y mesurir ei faint, yn ymwneud â maint: *quantitative.*
1881.

meintiolaeth, meintiolau, meintioli, gw. maintiolaeth, maintioli.

meintolaf, meintiolaf, meinh(i)olaf: meint(i)oli, meinh(i)oli [?*maint*[1] + *holi* neu f. o'r e. *maint*[1] + *-(i)ol* + *-i*[3], a bf. o'r a. *meintiol*] *ba.* Nodi maint, mesur, prisio: *to specify an amount, measure, quantify, value.*
13g. *LlC* 2, O deruyd rodi moruyn y ur, a *meintholy* ydy y cowyll. **13g.** *LlI* 26, Pvebynnac a dycco moruen en llathlut, a chyn bot achaus a hy gouen o'r uorven 'Beth a rody ty e my?' a *meynholy* (*id.* 33, *meynhyoly*; *WLW* 166, *meintoli*) ohanau ef a rody [*sic*]. **14g.** *B* v. 197, Diuessir yw y Tat . . . ny ellir *meintoli* na chyuartalu y rym a'e nerth. **1604–7** *TW* (*Pen* 228), *meintoli* d.g. *aestimo.*

meintonaeth, gw. meintoniaeth.

meintoneg [*meinton(iaeth)* + *-eg*[1]] *eg.* Geometreg: *geometry.*
1888.

meintonegol [*meintoneg* + *-ol*] *a.* Geometregol, geometrig: *geometric(al).*
1888.

meintoniaeth, meintonaeth [*maint* + *-on*[1] + *-(i)aeth*; cf. *gwyddoniaeth, meidroniaeth, mesuroniaeth*] *eg.* Geometreg; mathemateg: *geometry; mathematics.*
1832.

meintonol [*meinton(iaeth)* + *-ol*] *a.* Geometregol, geometrig; mathemategol: *geometric(al); mathematical.*
1850.

meintonwr [*meinton(iaeth)-* + *-wr*] *eg.* ll. *-wyr.* Geometrydd; mathemategydd: *geometrician; mathematician.*
1852.

meintonydd [*meinton(iaeth)* + *-ydd*[3]] *eg.* ll. *-ion.* Geometrydd; mathemategydd: *geometrician; mathematician.*
1850.

meintonyddol [*meintonydd* + *-ol*] *a.* Geometregol, geometrig: *geometric(al).*
20g.

meintumaf: meintumo, meintyn, gw. maentumiaf: maentumio, maint[1].

meinus [*main*[1] + *-us*] *a.* Main a gosgeiddig, lluniaidd, teg, prydferth: *slender and graceful, fair, beautiful.*
13g. *C* 50. 17–18, a. Bun wen warius. vn *weinus* vanon. *Dchr.* **14g.** *H* 123a. 20, mawredus *ueinus* wen yd wernid kreir (Iorwerth Fychan). *c.* **1400** *R* 1243. 36, gwedus hael *ueinus* heul von. **15g.** *GM* 18, Gogonedus, Ueir uawrwedus, *ueinus* uanon. **1803** *P.*

meinwaith, gw. maenwaith.

meinwar [*main*[1] + *gwâr*[1]] *eb.* a hefyd gyda grym ansoddeiriol. Merch fain a llariaidd, llances hardd a gwylaidd: *slender and gentle girl, beautiful and modest young woman.*
14g. *MA*[2] 339a. 21, Dy far *feinwar* Fyfanwy (Hywel ab Einion Llygliw). **14g.** *GDG* 280, Meithrin chwileryn gwyn gwâr / I'm mynwes o serch *meinwar.* *id.* 292, Ni'm lludd *meinwar* i'w charu. **14–15g.** *IGE*[2] 226, Pwynt cyfrinach yw

d'achwyn, / Pam y'th gâr y *feinwar* fwyn (Ieuan ap Rhydderch)? *c.* **1400** *R* 1350. 29–30, roi *meinwar* mywn rwym maenweith. **15g.** *DE* 60, Lassar i *feinwar* wyf fi. **15g.** *ID* 5, caeodd bun *feinwar* arab / crair difeth am aelgeth mab. **16g.** *Pen* 76, 56, twyllaist vi *veinwar* aravl. **16–17g.** *Cer RC* 64, Paham, *meinwar*, yr wyt i'm gwatwar? **17g.** Huw Morus: *EC* ii. 186, Aeth *meinwar* yngharchar, gan alar gwae nyni. **1752** *Gron* 21, Cas gan *feinwar* ei charu / O waith y farf ddiffaith ddu. **1793** Dafydd Ionawr: *CD* 213, Cu Ior Nef, cywira Nawdd, / Wen *feinwâr*, a'm anfonawdd. **1803** *P.*

meinwas [*main*[1] + *gwas*[1]] *eg.* ll. *-weision.* Gŵr neu lanc main, tenau, neu osgeiddig: *slender, thin, or graceful man or youth.*

14g. *GDG* 291, Minnau sydd, *meinwas* oeddwn, / Mawr ei hud, myn Mair, yw hwn. *id.* 389, Chwaethach, *meinwas* yw'r gwas gwiw, / Gweinidog serch, gwan ydyw. *c.* **1400** *R* 1318. 44, Gwnn *ueinwas* alas oloes hiraeth. **16–17g.** *CC* 58, rhag dig ith frig helaeth frau / rhag câs *meinwas* a minnau. *id.* 374, oth las *feinwas* heb faneg / dielid dvw dy dal teg. **1603** W. Midleton: *Ps* 58, *Meinwas* fal y manus fydd / O flaen y gwynt aflonydd.

meinwasg [*main*[1] + *gwasg*] *a.* a hefyd fel *eb.* Main ei ganol, hirfain; merch ac iddi ganol main: *slim-waisted, slender; slim-waisted girl.*

15g. *CSTB* 46, Yn iach fy rhiain *feinwasg*, / Dillyn pawb, hyd Dywllun Pasg. **15–16g.** *TA* 213, Mae'n ais carw *meinwasg*, hirwych. **16–17g.** *CC* 102, yn iach *feinwasg* i lasgoed / a dwyn gwen i dyno o goed. **17g.** Huw Morus: *EC* i. 127, Yn hoyw fenyw *feinwasg.* **1700–50** *Beirdd y Berwyn* 44, Y hi ydi'r glân flodyn damasg, / Lunieiddwasg, *fein-wasg*, fwyn.

meinwe [*main*[1] + *gwe*] *eg.b.* ll. *-oedd*, a hefyd fel *a.* Cnodwe, manwe; defnydd rhwyllog o liain, &c., defnydd tebyg o wifr denau, &c.; gwe (pryf copyn); wedi ei weu yn fân: (*body or plant*) *tissue*; *gauze*; (*spider's*) *web*; *finely woven.*

1773 *W*, mâth ar *fein-we* (deneu-we) o lîn neu sidan d.g. *gauze or gawze* [*a thin sort of silk or linen stuff*].

Cfn.: **meinwe areolog:** *areolar tissue.* **20g. m. asio:** *connective tissue.* **20g. m. floneg:** *adipose tissue.* **20g. m. craith (creithiog):** *scar tissue.* **20g. m. gyswllt (gysylltiol, cysylltiol) = m. asio. 20g. m. nerfol (nerfau):** *nervous tissue.* **20g. m. ronynnog:** *granulation tissue.* **20g.**

meinwen [*main*[1] + *gwen*] *eb.* ll. *-nod*, a hefyd fel *a.b.* Merch fain a hardd, geneth lân, cariadferch; main a hardd; tenau a gwyn: *slender and beautiful girl, lovely young woman, sweetheart; slender and beautiful; thin and white.*

c. **1300** *H* 48a. 31, Na wna ui *veinwenn* ual na hu[n]wyf. *id.* 49b. 3, manyled *meinwen* mal yt yolir (Cynddelw). **14g.** *T* 38. 20–1, Oed kelein *vein wen* rwg grayan agro. **14g.** *GDG* 121, Dy ferch, gwn na ordderchai, / *Feinwen* deg o feinin dai. *id.* 137, Trydedd fun ail Rhun y rhawg / Fu Elen *feinwen* fannawg. **15g.** *DGG*[2] 79, Gwylltio'r forwyn, fwyn *feinwen.* **16g.** *Llst* 6, 144, dwy bleth ayr ywch y dayrydd / ar ben yddyn [*sic*] *vainwen* vydd. *Diw.* **16g.** W. Midleton: *B* 71, a Rai n llawen *feinwennod.* **16–17g.** *HG* 117, ai gymares *vainwenn* war. **16–17g.** *GST* i. 338, Ef fedrai, pan fynnai, fod / Yn fwyn iawn wrth *feinwennod.* **17g.** Huw Morus: *EC* i. 143, O's ca' a ddymuna', *meinwen.* **1703** E. Wynne: *BC* 58, bu'r herwyr yn ymladd am y *feinwen.* **1793** Dafydd Ionawr: *CD* 205, Dymunai weled *Meinwen.* **1803** *P.*

Gw. hefyd meinwyn.

meinweol [*meinwe* + *-ol*] *a.* Yn perthyn i feinwe: *pertaining to tissue.*

20g.

meinwr [*main*[1] + *gŵr*] *eg.* ll. *-wyr.* Gŵr tal tenau, dyn main neu osgeiddig, hefyd yn *dros.*: *tall thin man, slender or graceful man, also transf.*

14–15g. *IGE*[2] 168, Felly, Rys lân, amdanad, / Finnau er moes, *feinwr* mad [Llywelyn ab y Moel i Rys Goch]. **15g.** *Bl N* 120, Nid am ddyled o'm credir, / Y mae yn rhest *meinwr* hir [Ieuan Gethin i Owain Tudur yng ngharchar]. **15g.** *DE* 83, *meinwr* o goed y mynydd / maner avr mwnai arydd. **15g.** *ID* 82, *meinwyr* kerdd maenorav r kyll [am fytheiaid]. **15g.** *CSTB* 39, Y ferch, mynnwn farw'ch *meinwr* / Pe'ch caid rhag enaid eich gŵr. **15g.** (*Diw.* **16g.**) *LlCy* v. 180, afv wyneb i *feinwr* / well er Joed na lliw ar wr (Ieuan ap Tudur Penllyn). **15–16g.** *TA* 161, Mae'n îr ych onn, *meinwr* chwyrn, / Mae rhisg ym mêr i hesgyrn. **17g.** Huw Morus: *EC* i. 78, *Meinwr* yw hwn, myn yr haf, / Myn gywydd am own gauaf.

meinws, gw. minws[2].

meinwych [*main*[1] + *gwych*] *a.* Main a gwych, tenau a hardd, manwaidd: *slender and excellent, slim and beautiful, fine.*

14–15g. *IGE*[2] 136, Hyhi'n wych aur *feinwych* fau / Efo'n anfwyn, fau neiniau (Gruffudd Llwyd). **15g.** *GDLl* 65, Mynych iawn, garw *meinwych* wyd, / A llonydd y'n cynllwynwyd. ?**15g.** *BDG* 437, Er myned o wr *meinwych.* **15g.** (*p.* **1500**) *Pen* 57, 77, edrych ar y *veinwych* vvn (Ieuan ap Llywelyn Fychan). **16g.** *Pen* 76, 61, dwy ysdlys hir ddesdlys iawn / a chanol *meinwych* vniawn. **1588** *Eseia* iii. 23, ar lliain *main-wych.* **1743** D. Rowland: *T* 50, Lliain gwyn *meinwŷch.*

meinwyn [*main*[1] + *gwyn*[1]] *a.* ll. *-ion.* Main a gwyn neu hardd, tenau a gwelw, gwyn a meinwe (am liain): *slender or fine and white or beautiful, thin and pale, finely woven and white* (*of cloth*).

1346 *LlA* 95, Achrys Allawdyr or bisswn *meinwyn* amdanaw. **14g.** *GDG* 280, Mebyn *meinwyn* i'm mynwes. **15g.** *DGG*[2] 39, Gloyw ar fwnwgl hir *feinwyn*, / Golwg teg fydd gweled hyn [i fynaches na welsai ond ei hwyneb]. **15g.** *B* v. 10, Troi'r mynydd o'r tŵr *meinwyn* / I weled oll ôl y dyn. **15g.** *GDLl* 163, Maneg â'th lyfrau *meinwyn* / Mae dy help im wedi hyn? **16g.** *Llst* 6, 144, allariaidd gorff gweddaidd gwy[n] / amlwc a mwnwc *mainwyn.* **1604–7** *TW* (*Pen* 228), lliein *meinwyn* d.g. *cæsitium, carbasus.* **1716–18** *Llsgr R. Morris* 132, Gosodwch lian *maenwun* [*sic*] / ar iredd fwrdd hir felun. **1803** *P.*

Gw. hefyd gwynfain, meinwen.

meinwyr [*main*[1] + *hwyr*] *a.* a hefyd gyda grym enwol. Main ac addfwyn, tyner a llariaidd: *slender and gentle, graceful and meek.*

14g. *GDG* 144, Llyna rodd da . . . / A roes bun, ac un a'i gŵyr, / Am fwnwgl bardd, em *feinwyr* [am freichiau Morfudd]. *id.* 288, Pefr *feinwyr*, pawb a ŵyr pwy. **1803** *P*, *meinŵyr* a. delicately chaste.

meinydd[1,2], gw. meinddydd, maenydd.

meinyn, gw. meinin.

meiopia, myopia [bnth. S. *myopia*] *eg.* Anallu i weld gwrthrychau pell yn eglur am fod y ddelwedd yn cael ei ffocysu o flaen y retina, golwg byr, byrwelediad: *myopia.*

20g.

meiopig, myopig [bnth. S. *myopic*] *a.* Yn dioddef gan feiopia, byr ei olwg, byrweledol, hefyd yn ffig.: *myopic, also fig.*

20g.

meiosis [bnth. S. *meiosis*] *eg.* *Rhet.* Lleihad, eiddileb; *Biol.* math o gellraniad ac un nwclews yn ymrannu'n bedwar newydd a phob un o'r rheini'n cynnwys hanner nifer cromosomau'r gwreiddiol: *meiosis* (*in rhetoric and biol.*).

20g.

meipaidd [*maip* + *-aidd*] *a.* Tebyg i faip, yn perthyn i faip; delffaidd, twp: *turnip-like, pertaining to turnips; loutish, dull.*

1812.

meipen, gw. maip.

meipennaidd [*meipen* + *-aidd*] *a.* Delffaidd, twp: *loutish, dull.*

1894.

meipennig, gw. maip.

meipiaf: meipio [bf. o'r e. *maip*] *bg.* Tyfu maip: *to grow turnips.*

1845.

meirch, ff. l., gw. march.

meirchbeiriannau, meirchfeddyg, meirchfilwyr, meirchlu, &c., gw. marchbeiriant, marchfeddyg, marchfilwr, marchlu, &c.

meirchredegwr, meirchredegydd [*meirch* + *rhedegwr, rhedegydd*] *eg.* ll. *-redegwyr.* Marchog, joci: (*horse-*)*rider, jockey.*

1834.

meiri, ff. l., gw. maer.

meirïog, gw. mierog.

meiriol[1] [cf. *dadmeraf*: *dadmer*] *eg.* ?ll. *-ydd*, a hefyd fel *a.* Toddiad eira a rhew, dadmeriad, dadleithiad, hefyd yn *ffig.*; yn toddi, dadlaith, neu ddadmer; yn meirioli, mwynaidd, tirion (am y tywydd): *a thawing, dissolving, or melting, dissolution, also fig.*; *thawing, mild, pleasant* (*of weather*).

c. **1300** *H* 101a. 33, milueirt hynt mwyn mawrwynt *meiryawl* (Llywarch ap Llywelyn). **14g.** *GDG* 384, Am hyn y mae 'mofyn Mai, / A *meiriol* hin ni'm oerai. ?**15g.** *IGE*[2] 104, Ffynnon, gwell dafn na phunnoedd, / Dwfr ei flas, da *feiriol* oedd [I Ffynnon Wenfrewi]. **16g.** *GSOG* 9, Och Fair, wylwn awch *feiriolydd*, / Oer yw 'neurydd o ryn araeth [marwnad meibion Gruffudd Dwn]. **1578–80** (**17–18g.**) *Cylchg LlGC* vii, 276, Morlo fflwch *meiriol* a phla [Hywel ap Syr Mathew i Fynydd Hirddywel]. **1588** *Ecclus* iii. 15, a'th bechodau a doddir megis pan ddel *meiriol* ar iâ. *Dchr.* **17g.** *J* 10, 29a, *meiriol*, thaw. **17g.** *IICRC* iii. 181, mi a wn yn dda, / i tawdd fal ar *feiriol.* **17g.** Huw Morus: *EC* ii. 228, Llawen fab, yn llawn o fyw, / Oer *feiriol* yw ei farw. **1699** T. Jones: *Alm* [40], Ac o newid y lleuad i ddiwedd y mîs bŷdd tebŷg i fôd yn *feiriol.* **1700–50** *Beirdd y Berwyn* 91, Gwaeddi rwy mewn ffos a llyn / Gael *meiriol* cyn fy marw [am geiliog hwyad]. **1722** *Llst* 189, *meiriol* (tywydd), mild, thawing. **1794** *W* d.g. *thaw* [*the melting of frost*]. **1803** *P*, *meiriawl*, thawing, dissolving.

Gw. hefyd meiriolin.

meiriol[2], gw. meiriolaf: meiriol.

meiriolad, gw. meirioliad.

meiriolaf: meiriol[2]**, meirioli** [bf. o'r e. *meiriol*[1]] *bg.a.* Toddi (am eira, rhew, &c.), dadrewi, dadlaith, dadmer, datod, troi'n hylif; tyneru, tirioni, meddalhau; ?ychwanegu dŵr at (gwrw, &c.); hefyd yn *ffig.*: *to thaw, melt, dissolve, liquefy; become mild, soften; ?water* (*beer, &c.*); *also fig.*

1588 *Doeth Sol* xvi. 27, y peth ni lygrodd y tân wedi ei dwymno ychydig gan belydr yr haul a *feiriolodd* yn ebrwydd. **1604–7** *TW* (*Pen* 228) d.g. *regelo.* **1630** R. Vaughan: *YDd* 428, Gâd i'r . . . cyfryw ystyriaeth, bigo dy galon . . . megis . . . y gallo hi ymollwng a *meirioli* i fod yn ffynnon o ddagrau heilldion. **1632** *D* d.g. *deliqueo, egelido.* *c.* **1689** (**1802**) L. William: *Sherlyn Benchwiban* 24, Cawn fawr-elw wrth *feirioli*, / Yn ddibringder gwrw a brandi [tafarnwr yn gweddïo]. **1693** *TYGD* 45, O bydded ir yscrythur danllyd hon . . . *Feirioli* dy galon rewlyd. **1698** T. Jones: *Alm* [27], bŷdd tebŷg i *feirioli*, ac i liniaru y tywŷdd. **1722** *Llst* 189, *meiriol*, [*mei*]*rioli*, to thaw, wax mild. **1762** *ML* ii. 528, mae hi yma yn *meirioli* ers deu ddydd. **1794** *W* d.g. *to thaw* [*give and melt as frost*]. **1803** *P.* Ar lafar yn sir Drefn., Meir., a'r Gogledd-ddwyrain, *LGW* 128.

Amr.: **meroli.** **1632** *D* d.g. *liqueo.* *c.* **1730** *Thos. Lloyd D* (LlGC) 175a. **1803** *P.*

meirioliad, meiriolad [bôn y f. fl. + *-iad*[1], *-ad*] *eg.* Toddiad (eira neu rew), dadleithiad, dadmeriad: *a thawing, melting, dissolving.*

1770 *TG* [iv], 46, trwy *feirioliad* neu ddadleithiad yr eira ar y Pyrenees. **1803** *P*, *meiriolad*, a thawing.

meiriolin [*meiriol*[1] + *hin*[1]] *eb.* Tywydd meiriol, hin ddadleithiol: *thawing weather.*

16g. (*LlEG*) *Mos* 158, 586a, ynn yr amser i bu *veiriolhin.* *id.* 622b, ynnaros *meiriolin* araff.

meirion[1,2], gw. mêr[1], maer.

meiriones, maer(i)ones, &c. [*maer(i)on(i)* neu *meirion*[2] + *-es*[1]] *eb.* ll. *-au.* Ffermwraig, gwraig beili, gwraig o'r wlad, llaethwraig, llaethferch; gwraig ordderch, cariadwraig; arolygyddes (sefydliad, &c.), metron, goruchwylwraig: *farmer's wife, bailiff's wife, countrywoman, dairywoman, dairymaid; concubine, mis-*

tress; matron, female supervisor.
14g. IOLO GOCH: *Gw* 391, Morwyn yn ymddŵyn, gorllwyn geirlles, / Morwynaidd eto a *meiriones*. 15–16g. DAFYDD TREFOR: *Gw* 295, Mae i bob un 'honun hwy [gwŷr eglwysig] / Furnaidd *firiones* fowrnwy. 16g. (*LlEG*) *Mos* 158, 5a, na bai gyureithlon I yfeiriad . . . [g]adw *mriones* dan boen ysgymundod. *id.* 39a, kadw *mrionese*. 1595 M. KYFFIN: *DFf* [68], yr offeiriad a gatwo gordderch, neu *fyriones*. 16–17g. *DCR* 272, *morones* offeiriad lle gwelid hi'n dwad / hi helai'r pedair gwlâd i'm swyno. c. 1600 L. DWNN: *HV* 17, Ar Kynfrig arall oedd vab y *Veiriones*. 1604–7 *TW* (*Pen* 228) d.g. *colona, villica*. Dchr. 17g. *J* 10, 29a, *meiriones*, matrona. 1632 *D*, *meiriones*, villica, colona, lactaria . . . Sed quia hæ *Maeronesau*, vel *Meirionesau*, diuitioribus concubinæ fuerunt, ex malo rei vsu, transijt vocis significatio in peiorem partem, adèo vt nunc concubinas tantùm vulgò significent *Meirionesau*, easque communiùs ecclesiasticorum, quibus lactarie, villice & ancille, concubine fuerunt, cùm vxores ducere non licuit. 1688 *TJ*, maeres, *maerones*, maerwraig, hafodwraig, llaeth-wraig: a Dairy-Woman. 1722 *Llst* 189, *maerones*, f.p. *nesau* . . . a dairy-woman. *id. meiriones*, f.p. *nesau*, a concubine. 1770 *W* d.g. *a bailiff's wife, concubine, a farmer's wife*. 1803 *P*, *meiriones*, a female who superintends; a housewife; a dairy-woman; also an epithet for a woman, or matron; and sometimes used, in a bad sense, for a concubine.

meirolaeth, meirliwn, gw. merolaeth, merliwn[1].

meirw, gw. marw[1], marwaf: marw[2].

meirwddewinion, gw. marwddewin.

meirwion, meirwon, gw. marw[1].

meirwr, meirwsyth, gw. maerwr, marw[1]—m. syth.

meiryddion, gw. maer.

meis[1,2], gw. megis, bais.

meisgawn, meisgawnaf: meisgawnu, meisgl, gw. beisgawn, beisgawnaf: beisgawnu, misgl.

meisgyn [gair geir.; ?drwy gamgymryd yr e. lle *Meisgyn* fel e.c.] *eg.* ll. *-nod.* Gwyfyn, pryf dillad; euddonyn, gwiddonyn, gwyfyn yr ŷd: *moth; mite, weevil.*
1604–7 *TW* (*Pen* 228) d.g. *acaor, acarus, cis, curculio, tinea*. 1632 *D*, *meisgyn*, idem quod Gwyfyn. 1688 *TJ*, *meisgyn*, gwŷfyn, prŷf a fwytu ddillad: a Moth. 1776 *W* d.g. *mite, moth, weevil*. 1803 *P*.
Cfn.: **meisgyn cotwm:** *boll-weevil*. 1928.

meisiaf: meisio, meisiwn, gw. beisiaf: beisio (hefyd At.), masiwn.

meistr, mastr, maestr [bnth. H. Ffr. *ma(i)stre*, efallai drwy'r S. C.; ond dichon mai bnth. Llad. *magister* ydyw; cf. H. Grn. *maister*, gl. *magister*, Crn. C. *master, mester*, Llyd. C. *m(a)estr*, Llyd. Diw. *mestr*, H. Wydd. *magister*, Gwydd. Diw. *máistir*] *eg.* ll. *meistri, meistr(i)aid, meistred, meistryd, meistrod, meistradoedd.*

(*a*) Un ac awdurdod ganddo, un â rheolaeth dros weithredoedd, &c., eraill (megis deiliad, &c.), rheolwr, pennaeth, arweinydd, arglwydd, tirfeddiannwr, hefyd am Dduw ac am Grist: *master, ruler, chief, leader, lord, landlord, also of God or Christ.*
c. 1400 *R* 1271. 2, *meistyr* mawr o dwy vawr dyuet. *id.* 1376. 11, Mi a glotuoraf *veistyr* llys mwyeilch [i Hopgyn ap Tomas]. c. 1400 *YSG* i. 21, llef a oed yn . . . dyuot drwy vn o'r bedeu . . . a debygem ni y uot oblegyt *meistyr* uffern. *id.* 49, vot Jessu Grist ymysc y disgyblon yn *veistyr* arnadunt ar y vort Divieu Cablut. 1551 W. SALESBURY: *KLl* lvb, Y llywyawdyr [:– *meistyr*] ni a poenasom yn hyd y nos. 1588 *Eseia* xxvi. 13, *meistred* eraill heb dy law di a'n perchennogasant ni. 1599 (1677) R. HOLLAND: *AB* 65, [b]odloni ac anrhydeddu eu *Meistred* a'u Harglwyddi. 16–17g. *CRC* 12, heddiw n *feister* mawr i stad / y foru n anfad feger. 1606 E. JAMES: *Hom* i. 156, Christ yw ein *meistr*. 1632 *D*, *meistr* d.g. *herus*. 1718 (1721) S. THOMAS: *HB* 52, o'r un grefydd a'u *meistred* y Spaniards. 1723 WM: *PGG* 216, pan ddêl y *Meistr* ardderchog, mewn mawr Ogoniant. 1752 *ML* i. 198, Drwg erchyll y maent [gwŷr eglwysig] yn copio ar ol eu *Meistr*. c. 1759 *LlGC* 57, ii. 4, O fel yr oeddwn [Adda] yn yr ardd . . . / nes dyfod pechod trallod trwm / am dori gair fy *meister*. 18–19g. *Llr C* 43, 405–7, Peculiarities of the North Walian Dialect . . . *meistradoedd*. Ar lafar yn sir Benf. am 'landlord', 'Meistr tir' or 'tirfeddiannwr' is never used, but the simple '*mishtir*', *GDD* 198.

(*b*) (yn *ffig.*: *fig. exx.*)
14g. *GDG* 78, Teg wdwart, *feistr* tew goedallt, / Tŵr pawb wyd, töwr pob allt [i'r haf]. 16–17g. *HG* 26, gwaer gwr a vo, a gwraig yddo / a honno n wir, arnoe n *veistir*. c. 1658 R. VAUGHAN: *E* 74, Gwneuthur *meistred* o erfynion. 1672 J. LANGFORD: *HDdD* 152, Nid yw'r néb sydd yn chwennych clód yn ddirfawr yn *feister* arno 'i hun. 17g. HUW MORUS: *EC* i. 334, Ymâd â'th *feister* [oferedd]—ofer afiaeth, / A chymmer sobrwydd yn gydymmaith.

(*c*) Cyflogwr, un a chanddo weithwyr neu weision yn ei wasanaeth, noddwr, gweithiwr neu grefftwr sy'n gymwys i ddysgu prentis(iaid): *employer* (*of workmen or servants*), *workman or craftsman qualified to train apprentices, master, patron.*
Diw. 14g. *B* xxii. 227, y llyuyr hwnn a yscriuennwys howel vychan . . . o arch a gorchymun y *vaester* . . . Hopkyn uab thomas. 1567 *TN* 301b, Chwitheu arglwyddi [:– *veistreit*], gwnewch i'ch gweision, hyn 'sy gyfion. 1568 MORYS CLYNNOG: *AG* 42, Padelw maei'r [*sic*] gwas ymddwyn tu ag at i *feistr* . . . a'r *meistraid* tu ag at i g[w]asnaethwyr? 16–17g. *RWM* ii. 252, John Kent . . . Mr. Skidmore oedd i *feisder*. 1606 E. JAMES: *Hom* i. 77, gwasaneuthwch eich *meistred* yn ffyddlon . . . yn eu gwydd ac yn eu absen. 1632 J. DAVIES: *LlR* 45, pa fâth wr yw ei *feistr* ef [gwas synhwyrol]. c. 1646 *RWM* i. 600, llowdden ai gwnaeth pan enillasai ei *feistr* Mredydd o feilienydd Etifedd. 1693 J. OWEN: *BP* 196, Os ydych yn ei [*sic*] danfon [plant] i wasanaeth neu i brentisiaeth, dewiswch *feistri* cydwybodol iddynt. 1704 E. SAMUEL: *BA* 79, y llances hon oedd yn dwyn llawer o ynnill i'w *Meistraid* wrth ddywedŷd dewiniaeth. 1712 T. WILLIAMS: *CDdG* 141, Y rhai sy uwch eu graddau, megis swyddogion, *Meistrŷd*, a Rhieni. 1728 *GMJ* 46, Mae gan dy rieni, dy *feistriaid*, dy weinidogion awdurdod arnat. 1776 I. BRYDYDD HIR: *P* ii. 139, I mae pob pen teulu . . . os tâd neu fam, os *meistr*, os meistres, yn rhwymedig i gyflawni 'r ddyledswydd yma. 1794 E. JONES: *CP* 142, *Meistradoedd* am gamwri i'w Prentisiaid.

(*d*) Athro, ysgolfeistr, prifathro, hyfforddwr, cyfarwyddwr: *teacher, schoolmaster, headmaster, instructor, guide.*
1346 *LlA* 3, Ar disgybyl adywat val hynn . . . Y *meistyr* adywat. 14g. *RC* xxxiii. 191, duc meir a Iosep yesu yr ysgol . . . at y *meistyr* leui. 1567 *TN* 347b, Na cheisiwch fod yn *veistred* lawer, fymrodyr. 1568 MORYS CLYNNOG: *AG* 1, [W]edi'r plant dyfod . . . ymgroessed y *meistr*. 1595 H. LEWYS: *PA* 42–3, nid yw 'r *meistr* yn ceryddu ei scolaig . . . o falais. 1632 *D*, *meistr*, magister, præceptor . . . pl. *Meistriaid*, & *Meistri*. 1718 (1721) S. THOMAS: *HB* 75, eu *meistir* a'u Hathro. 1752 *ML* i. 197, y rhai [ysgolion Griffith Jones] sydd yn dewis *meistryd* o'u cymodogion eu hunain o ddynion crefyddol. 1761 *id.* ii. 408, Mae boarding school wêch i fod yno . . . a *meistryd* . . . i ddysgu pob peth a berthyn i'r ladis. 1793 M. J. RHYS: *CA* 4, Ni ddylai'r *Meistri*, na'r Meistresau, [ysgol Sul], gymmeryd gormod o blant dan eu gofal.

(*e*) Perchennog anifail, y person y mae anifail wedi arfer ufuddhau iddo: *the owner of an animal, the person usually obeyed by an animal, master.*
16g. *THSC* (1923-4) (At.) 59, Ac yn y bateloedd ef [llew] a vyddai barod y helpv y *vaistr*. 1615 R. SMYTH: *GB* 44, [b]od yn well gentho ef [march] farw na gadel i berchenog ne i *feistr* mewn perigl. *id.* 44–5, cwn . . . drwy adynabod i *meistred* ne i perchenogion, yn . . . i mawrhau.

(*f*) Un yn meddu ar allu neu fedr arbennig mewn gwaith, celfyddyd, gwyddor, &c., un yr ystyrir ei waith yn safon rhagoriaeth: *one who is especially able or skilled in something, as an occupation, art or science, one whose work is regarded as a model of excellence, master.*
15g. *IGE*[2] 181, Hon [yr awen] a gafas yn rasawl / Proffwydi a *meistri* mawl (Siôn Cent). *id.* 231, *Meistr* wyf, rymuster eofn / Ar gerdd dafod, ddefod ddofn (Ieuan ap Rhydderch). 15–16g. *TA* 164, Rhyw dŷ, byth, nis rhoid i ben / Be bae saer am bob seren. / . . . / Mwstrio'i wŷdd, *meistri* oeddynt / Os *meistri* gwaith Wesmestr gynt. a. 1587 *Y* 53, *Mastr* wy', claim ystori clod, / Mainc hardd dwf, mewn cerdd dafod. *id.* 81, A'th wneythyd, tothyd [*sic*] d'addysc, / Fwy stor ddawn, yn *Feistr*, o ddysc. 1725 D. LEWIS: *GB* 107, Y mae rhai yn fâth *Feistri* Cerdd, ac y gwnant yn fynych i un lawenhâu a thristhâu.

(*g*) Pennaeth neu gapten ar long: *ship's master.*
1795 *R. Crusoe* 7, wynebau . . . y morwyr . . . fel yr oedd y *Meistr* yn myned heibio. Cf. y cfn. *meistr llong*.

(*h*) Teitl o barch a roddir o flaen enw neu gyfenw dyn, Mr; fe'i rhoddid yn wreiddiol i ddyn o uchel dras neu o ddysg, e.e. clerigwr â gradd; fe'i defnyddir weithiau'n gyfarchol: *Master, Mr, also used vocatively.*
14g. *BT* 227, *meistyr* richard o kaerriu. esgob mynyw. c. 1400 *B* iv. 35, hynny a brofes y *meistyr* Jon o Arabic. 15g. *HS* 9, *Mastr* Tomas dart ymyr / i barnaf i dy brenn fyrr. 15g. *Pen* 109, 68, *Maestr* wadgyn uap impyn per. / *Meistr* rissiert a *maestr* rossier (Lewis Glyn Cothi). 15–16g. *GIF* 31, Mair o nef, lle mae'r un wart, / moes di ras i'r *Mastr* Rhisiart. 1568 MORYS CLYNNOG: *AG* [iii], M. dros *mastr*. a. 1587 *Y* 2, rhodd oedd y bwa iddo yntef gan *Mastr* Wiliam Clwch. 16–17g. *HG* 8, gwrandewch vesgys, i syr siorys / myn düw *meistir*, mi ddwedar gwir. 16–17g. T. R. ROBERTS: *EP* 275, Mawr rym enw mor am ynys, / Mwy sai d'air praff, *meistr* Prys. / *Meistr* dad y *meistrod* ydwyd / *Meistr* o Art grymusder wyd [Siôn Phylip i Edmwnd Prys]. 1688 S. HUGHES: *TSP* 16, Enw y Gwr bonheddig a gyfarfu ag ef oedd *Meistr* Bydol Ddoethyn. 1703 E. WYNNE: *BC* 6, ynghyscod Blinder daeth fy *Meistr* Cwsc yn lledradaidd i'm rhwymo. 1776 *W*, *meistri*, fy *meistri* d.g. *messieurs*. 1778 J. HUGHES: *BB* 270, Bu 'n *Feister* Davies ddechreu ei amser. 1793 DAFYDD IONAWR: *CD* 84, Gwnaf, crêd, mor siccred a'r Ser / Ymostwng i ti *meister*. Yn Ffair Rhos, Cered. dywedir 'Siôn a Siân â chawl / *Mister* a Mistres â broth / Syr a Madam â the', M. WILIAM: *DY* 49.
Cfn.: **Meistr (Mastr) (o) Art(s):** *Master of Arts.* 15g. *DN* 101. 15–16g. *TA* 81, 123. a. 1587 *Y* 16. 16–17g. T. R. ROBERTS: *EP* 275. c. 1700 E. LHUYD: *Par* i. 17. **M. ((yn) y) Celfyddydau, M. o'r Celfyddydau = M. o Art.** 1675 R. DAVIES: *PY* d.d., O waith Rondl Davies *Meistr yn y Celfyddydau*. 1710 *LlGG* (*Gos*) 8, yng ngŵydd pedwar eraill o Ŵŷr pwyllog, a fyddo o'r hyn lleia 'n *Feistraid o'r Celfyddydau*. *id.* 12, *Meistraid y Celfyddydau* . . . a chanddynt ryw Fywiolaeth Eglwysig, a arferant wisgo Gynau â cholerau 'n sefyll. **M. y Coflyfrau = M. y Rholiau.** 1858. **m. y côr:** *choirmaster.* 1632 *D* d.g. *chorostates*. Cf. *côr-feistr*. **m. corn (ar):** *complete master (over).* 1907. Ar lafar. **m. crefydd:** *master of a (religious) order.* c. 1400 *RB* ii. 403, *meistr creuyd* Ieuan vedydywr. **m. y gynulleidfa:** *master of the audience (of a compelling speaker, preacher, &c.), a ref. to Eccles. xii. 11.* 1896. **m. gwaith:** (i) *taskmaster, steward, employer.* 1588 *Ecs* v. 6, [*m*]*eistred gwaith* ar y bobl ai goruchwil-wyr. 1604–7 *TW* (*Pen* 228) d.g. *aedilis, œconomus*. 1696 *GGTY* 320. 1722 *Llst* 189, *meistr gwaith*, a steward. c. 1730 *Thos. Lloyd D* (*LlGC*) 175a, *meistredgwaith* [*sic*], taskmasters. Ar lafar gynt am 'colliery manager', *B* viii. 219. (ii) = *m. gweithiau*. 1632 *D* d.g. *architecton*. **m. gweithiau:** *master of works.* 1604–7 *TW* (*Pen* 228) d.g. *architecton*. **m. haearn:** *ironmaster.* 1854. Cf. *haearnfeistr*. **m. haliers:** *master of hauliers in a coalmine.* Ar lafar gynt, *B* viii. 219. **m. (y) llong:** *(ship's) master, captain, pilot.* 1588 *Jona* i. 6, *Esec* xxvii. 27. 1595 H. LEWYS: *PA* 53, 148. 1632 *D* d.g. *nauclerus, nauticus*. 1740 *ML* i. 24. 1754 *id.* 290, Gwae i *feistryd y llongau* pyst!. Cf. *llongfeistr*. **m. y meirch:** *master of the horses.* 1604–7 *TW* (*Pen* 228) d.g. *hipparchus* (hefyd *D*). **M. o'r Ward:** *Master of the Wards.* Diw. 16g. *Cylchg LlGC* xxiv. 410. **M. y Rhol(i)au:** *Master of the Rolls.* 1858. **m. y seremoniau:** *master of ceremonies.* 1703 E. WYNNE: *BC* 18. **m. stesion:** *station-master.* 20g. **M. y Deml:** *Master of the Temple, Grand Master of the Knights Templar.* 14g. *BT* (*RB*) 218. **m. teulu:** *male head of a household.* 1704 *CDGT* 45, *meistraid Teuluoedd*. 18g. *Llst* 146, [v]. **m. tir:** *landlord.* 16–17g. *RAGR* 213. 1630 R. LLWYD: *LlH* 219, 222. 17g. HUW MORUS: *EC* i. 217. 1722 *Llst* 189. 1747 *ML* i. 108. 1776 H. JONES: *GC* 72, Y *Meistraid Tiroedd* beth os torrwn. Ar lafar. **m. y tŷ:** *master of the house.* 1588 *Marc* xiii. 35. **M. yr Ysbyty:** *Grand Commander of the Knights Hospitallers.* 14g. *BT* (*RB*) 218. **m. ysgol:** *schoolmaster.* 1606 E. JAMES: *Hom* ii. 54. 1685 *Art* 14. 1698 T. JONES: *Art* 11. 1710 *LlGG* [ix], [x]. Cf. *ysgolfeistr*. **m. o'r ystabl:** *master of the stable.* 16g. (*LlEG*) *Mos* 158, 525a. **mae meistr ar Meistr Mostyn:** *every master has his superior.* 1732–3 J. OWEN: *GB* 51. Ar lafar. Cf. *Y Brython* v. 286, Dywedir mai'r Syr Gruffydd Llwyd hwn [o Dregarnedd, Môn] oedd 'Feistar ar Meistar Mostyn'.

Gw. hefyd meistres.

meistrad [adff. o'r ff. l. *meistradoedd*] *eg.* Meistr: *master.*
1803 *P*, *meistrad*, a master. **1827** R. DAVIES: *DB* 203, Bu weinyddydd, baun addien, / a *meistrad* / I rymustra'r awen.
Gw. hefyd meistr.

meistradoedd, ff. l., gw. meistr.

meistraeth, meistriaeth [*meistr* + -(*i*)*aeth*] *eg.* Meistrolaeth, awdurdod, goruchafiaeth; meistrolaeth (ar iaith, pwnc, &c.); swydd meistr: *mastery, authority, supremacy; mastery* (*of language, subject, &c.*); *mastership.*
16g. (*LlEG*) *Mos* 158, 195b, [c]affael mwy o *veisdraeth* ac ogariad gan y tywysog am seuyll gidag y vo.

meistraidd, meistriaidd [*meistr* + -(*i*)*aidd*] *a.* Meistrolgar, medrus; awdurdodol: *masterly, skilful; magisterial.*
1776 *W* d.g. *magisterial, or magisterious* [*master-like, &c.*]. **18–19g.** *Llr* C 4, 72, *meistiraidd*, Glam. masterly, workmanlike, clever.
Amr.: **meistrïaidd** [*meistri*[2] + -*aidd*]. **20g.**

meistres, maestres, mastres [bnth. S. C. *ma*(*i*)*stres*(*se*); dichon fod y ddwy ff. flaenaf yn fnth. uniongyrchol o'r H. Ffr. *maistresse*; cf. Crn. Diw. *mestres*] *eb.* ll. -*au*, -*i*, -*od.*

(*a*) Gwraig a chanddi awdurdod, yn enw. ar wasanaethyddion, &c., arglwyddes, gwraig sy'n benteulu, gwraig meistr y tŷ; athrawes, ysgolfeistres; cariadwraig, gordderch, cariadferch; teitl o barch a roddir i wraig briod, Mrs, hefyd yn gyfarchol: *mistress, woman in authority, esp. over servants, &c., lady, female head of household, master's wife, madam; female teacher, schoolmistress; concubine, mistress, paramour, sweetheart; title given to a married woman, Mrs, also used vocatively.*
c. **1400** (*SG*) *HMSS* i. 397, un or morynyon . . . avanagawd hynny yw *meistres.* **15g.** *LGCD* 51, I'r *Meistres* Siân y canaf. **15g.** *HCLl* 109, Meistri rhag fy nodi'n ôl, / *Meistresau* im sy drasol [i'r seintiau]. **1545** *CM* 1, 136, *meistres* ffraeth o vewn I thy. **16g.** GR. HIRAETHOG: *Gw* (D. J. B.) 104. 27, *Meistres* Siân, *meistres* Wynedd. **16g.** *WLl* 118, Mwy ystyr serch *Mastres* Ann. **1588** *Nah* iii. 4, aml butteindra y buttein dêg, *meistres* swynion serch. **1606** E. JAMES: *Hom* ii. 293, mewn caethiwed i'w *meistresi.* **1632** *D*, *meistres*, magistra, domina. **1708** *EGE* xii, Mae pob Tâd a mam, meistred a *meistresod*, ie pob pen-teulu . . . yn rhwym wrth yr un gyfraith. **1761** *ML* ii. 408, Mae boarding school wêch i fod yno . . . a meistryd a *meistresod* . . . i ddysgu pob peth. **1793** M. J. RHYS: *CA* 4, Ni ddylai'r Meistri, na'r *Meistresau* [ysgol Sul], gymmeryd gormod o blant dan eu gofal. **1803** *P.*

(*b*) (yn *ffig.*: *fig. exx.*)
14g. *GDG* 74, *Meistres* organau maestran [i'r eos]. **14g.** *DGG*[2] 167, Gwae fi drymed y gweryd / A'r pridd ar *feistres* y pryd [marwnad Lleucu Llwyd gan Lywelyn Goch]. *c.* **1550** *CRC* 296, tydi oedd arnafin *feistres* [y corff yn annerch yr enaid]. **16–17g.** *HG* 173, *maisteres*, ac arglwiddes, gwlad [am henaint]. **1618** J. SALISBURY: *EH* 287, am hynny y gelwir hi [Pwylledd] yn Athrawes, neu *feistres* rhinweddæ eraill. **1632** J. DAVIES: *LlR* 253, [y] *feistres* [n]ewydd yma, yr hon yw gwyniau a chwant y cnawd.
Cfn.: **meistres gorn (ar):** *complete mistress* (*over*). **1897.** Ar lafar. **m. y gwisgoedd:** *wardrobe mistress, mistress of the robes.* **20g.** **m. tir:** *female landlord, landlady.* **1775** *W* d.g. *landlady.* **m. y tŷ:** *mistress of the house.* **1606** E. JAMES: *Hom* ii. 292.
Gw. hefyd meistresan.

meistresaf: meistresa, meistresu [bf. o'r e. bl.] *bg.a.* Rhoddi'r teitl 'meistres' (i); cadw gordderch; ymddwyn fel meistres y tŷ: *to give the title 'mistress'* (*to*); *keep a concubine or mistress; act the mistress of the house.*
1885 D. OWEN: *RL* 156, Mary Lewis ydi fy enw i . . . gwreigan dlawd, a 'does gen i ddim eisio cael fy *meistresu*, os gwelwch chi'n dda.

meistresan [*meistres* + -*an*[1]] *eb.* Teitl o barch a roddid o flaen enw neu gyfenw merch ieuanc ddibriod, hefyd yn gyfarchol: *title given to a young unmarried woman, Miss.*
1776 *W* d.g. *miss* [*a complimental term used in addressing a young unmarried gentle-woman*].

meistri[1] [bnth. H. Ffr. *maistrie*, efallai drwy'r S. C.; cf. Crn. C. *me*(*y*)*stry*] *eb.* Meistrolaeth, goruchafiaeth; buddugoliaeth; ymarfer sgìl, camp: *mastery, supremacy; victory; excercise of skill, feat.*
14g. *GDG* 331, Dyfod a wnaeth, noethfaeth nych, / Dan gri, rhyw *feistri* fystrych. **15g.** *GGl* 227, Nid *meistri* moli milwr, / Na moli gwen mal ei gŵr. **16g.** *Pen* 76, 71, Yno pan gan yn vnawr / maes troea fv *meistri* fawr. **1547** *WS*, *meistri*, maystry. **1552** *Astud Amr* 27, Os chwerddi di . . . hwynt a ddoedant . . . nad oedd raid iddo vawr *veistri* er dy ynyll. **1605–10** *RC* xlviii. 59, Eraill am ynnill *meistri* / Wrth antur grym a nerthi. **1686** FFOULKE OWEN: *Cerdd-lyfr* 135, Rhag arall yn rhagori mewn nerthol frwstol *feistri.*

meistri[2]**,** gw. meistr.

meistriaeth, gw. meistraeth.

meistriaf: meistrio [bf. o'r e. *meistr*] *ba.* Meistroli, cael goruchafiaeth ar, cael y llaw uchaf ar, trechu: *master, overcome, conquer.*
1595 H. LEWYS: *PA* 97, rhain [plâu], a *feistriasont*, ac a orfuont, rymus ac ardderchawg frenin yr Aipht.

meistriaidd, meistrïaidd gw. meistraidd.

meistriol, meistriolaeth, meistriolaf: meistrioli, meistriolaidd, meistriolrwydd, gw. meistrol, meistrolaeth, meistrolaf: meistroli, meistrolaidd, meistrolrwydd.

meistrol, meistriol [*meistr* + -(*i*)*ol*] *a.* a hefyd gyda grym enwol. Teilwng o feistr, yn perthyn i feistr, meistrolgar, meistrolaidd, yn rheoli, yn meistroli: *worthy of a master, pertaining to a master, masterly, masterful, mastering.*
14g. *GDG* 79, Taw, fawlfardd, tau ofalfydr, / Taw, fost *feistrawl* hudawl hydr. *id.* 194, A ganodd neb â genau / O fawl i'r twrf *meistrawl* tau [i'r don ar afon Dyfi]. *id.* 349, Pedestr hwyr wyf, cawddnwyf call, / Ar hyd erw lle y rhed arall, / A *meistrawl* ar wawl wiwgamp / Er gwst lle y bo gorau'r gamp. *c.* **1400** *YSG* i. 59, a vu ryued ganthaw welet y gwraged mor *veistrawl* . . . ar yr anifeilyeit gwyllltyon. *c.* **1400** (*SG*) *HMSS* i. 296, Yna lawnslot a . . . hwylyawd yr *meistrolaf* or pump marchawc. **15–16g.** LLAWDDEN, &c.: *Gw* 241, Nid *meistrol meistrol*, ond meistriaid mawrfeistr. **16g.** *Llst* 40, 30, un gwrol *meistrol* mustred trwy gymry. **16g.** HUW ARWYSTL: *Gw* 232, Mwstrai long *meistrol* angor / Mwnk a lyn mewn kevlan mor. **16–17g.** LLYWELYN SIÔN, &c.: *Gw* 478, llowydd, gwiw gynnydd gogoned *meistrol* / oedd maestr wllm bassed. **1803** *P.*

meistrolaeth, meistroliaeth, meistriolaeth [*meistrol* + -(*i*)*aeth*, *meistriol* + -*aeth*] *eb.g.* Goruchafiaeth, uchafiaeth, rheolaeth, arglwyddiaeth, awdurdod; swydd meistr; nawdd; medrusrwydd neu ddeheurwydd (ag offeryn, mewn pwnc, &c.) sy'n deilwng o feistr, camp: *mastery, supremacy, control, dominion, authority; mastership; patronage; skill or dexterity worthy of a master, feat.*
c. **1400** *YSG* i. 87, syarret. Honno a ellir y chyffelybu y *veistrolyaeth* neu ynteu y arglwydiaeth. *c.* **1400** *Études* vii. 304–6, Campeu o amryw *veistrolyaeth* yssyd ar bob un o'r rei hynn [arwyddion y Sidydd] . . . aelawt y bo yr arwyd yn meistroli arnaw. **15g.** *GO* 203, Doe'r aeth y *meistrolaeth* mav, / Dvc v'annedd Duw, gwae vinnav [marwnad Siôn Trefor Hen]! *c.* **1475** *B* xiii. 178, a hyt pan dinustrer y *veistrolaeth* a theruyn y hynt [am Anticrist]. **15–16g.** *TA* 115, Gyda chwi i gyd, o chaf / *Feistrolaeth*, f'oes a dreuliaf. **16g.** (*LlEG*) *Mos* 158, 195b, mogel gymerud gormodd hyder oth veistyr Kanis gnawd ydiw Ir *meisdrolaeth* ballu panuo hreittia wrtho. **1547** *WS*, *meistrolaeth*, maystershyp. *a.* **1587** *Y* 58, Wyd yn ôl o *feistrolaeth* / . . . yr awen gaeth. **1609** *CRC* 366, nid meddv golvd byd yn siwr / wrth feddwl ywr *feistroleth.* **1632** *D*, *meistrolaeth*, dominatus, magisterium. **1708** *EGE* 112, *meistrolaeth* ar eu hewyllys eu hunain. **1710** *LlGG* [x], *Meistriolaeth*, Pennaethyddiaeth, Brodoriaeth. **1753** *TR*, *meistrolaeth*, mastership, mastery, rule, authority. **1798** R. DAVIES: *CG* 116, Gwelir *Meistrolaeth* galed,—yn Pharo. **1803** *P.*
Cfn.: **eich meistrolaeth:** *your mastership.* **1630** R. LLWYD: *LlH* 2, y mae yn llawen gennym weled *eich meistrolaeth* (*your mastership*) chwithau yn iâch.

meistrolaethgar [*meistrolaeth* + -*gar*] *a.* Trahaus: *imperious.*
1775 *W* d.g. *imperious, magisterial, or magisterious.*

meistrolaethgarwch [*meistrolaethgar* + -*wch*[1]] *eg.* Traheuster: *imperiousness.*
1712 T. WILLIAMS: *CDdG* 636, *Meistrolaethgarwch* (*imperiousness*): h:y: ymddygiad Arglwyddiaidd hu ddihafarch, gan geisio llywodraethu ac ystuno y rhai nad y'nt ddarostyngedig ini mewn ffordd yn y bŷd. **1775** *W* d.g. *imperiousness.*

meistrolaethwr [*meistrolaeth* + -*wr*] *eg.* ll. -*wyr.* Un ac awdurdod ganddo, meistr: *master.*
1632 *D* (*Diar*), Câs bethau gwŷr Rhufain . . . Gwraig heb *feistrolaethwr.* **1632–44** *Brog* 11, 196, Gwraig heb *feistrolaethwr.* Vxor (fæmina) sine dominatore. **1793** CAIN JONES: *Alm* 9.

meistrolaf, meistriolaf: meistr(i)oli [bf. o'r a. *meistr*(*i*)*ol*] *bg.a.* Mynd yn feistr (ar), cael y gorau (ar), cael y llaw uchaf (ar), cael goruchafiaeth (ar), goresgyn, gorchfygu, trechu, concro, dofi; llywodraethu, rheoli, ymddwyn yn drahaus; ennill gwybodaeth gyflawn (o iaith, pwnc, &c.): *to master, get the better of, gain ascendancy* (*over*), *overcome, defeat, conquer, tame; rule, control, govern, behave imperiously; master, acquire complete knowledge* (*of language, subject, &c.*).
Dchr. **14g.** *H* 86a. 30, llywelyn lloegrwys *ueistroli* (Llygad Gŵr). **14g.** *B* ix. 329, vyg kledyf i a *veistrola* ac a trywana dy corff. *c.* **1400** *Études* vii. 306, aelawt y bo yr arwyd [o'r Sidydd] yn *meistroli* arnaw. **15g.** *LGC* 215, Ac ynddi'n *meistroli*'r drin, / Ben baedd yn erbyn byddin. **15g.** *GO* 281, Meistr Wiliam, yn *meistroli* / Kymru ymhob tu, wytt ti. **15g.** BEDO AERDDREM, &c.: *Gw* 242, mynnodd blas y dau vasau / *meistroles* y vynwes vau. **1545** *CM* 1, 136, A *meistroli* i gwr a wna hi. **1547** *WS*, *meistroli*, mayster. **1588** *Gen* iii. 16, a'th ddymuniad fydd at dy ŵr, ac efe a *feistrola* arnat ti. **1594–6** *B* iii. 174, Gwedy'r bol ymlenwi y din a *veistrola.* **1615** R. SMYTH: *GB* 3, Nid oes un annifael cyn wyllted, nag mor gynddairiog yr hwn nid iw ef yn i *feistroli.* **1632** *D*, *meistroli*, dominari, magistrare. **1651** SIÔN TREREDYN: *MDD* 296–7, os cynnig hi [rheswm] . . . i *feistrioli*, ac i arglwyddiaethu ar eich ffydd. **1680** J. THOMAS: *UN* 33, pan oedd Nero yn *meistroli.* **1719** *TDP* 114, y mae yr drwg yn *meistroli* dros y da. **1753** *TR*, *meistroli* . . . to swagger or domineer. **1803** *P.*
Amr.: **maestroli** [cf. *maestr*]. **15g.** *Cy* iv. 114, ambellach vyd [heddwch, &c.] nyr amser y bo ef yn*maestroli.* **mastroli** [cf. *mastr*]. **1712** T. WILLIAMS: *CDdG* 449, 639, 640. **1747** *ML* i. 102.

meistrolaidd, meistriolaidd [*meistr*(*i*)*ol* + -*aidd*] *a.* Meistrolgar; meistraidd, awdurdodol, llywodraethol, gormesol, trahaus: *masterly; masterful, authoritative, ruling, dominating, tyrannical, imperious, domineering.*
1710 *CBGEL* [vi], o ran nad yw [Eglwys Loegr] mor *feistrolaidd* yn rhegu ei gelynion. **1741** *CAG* 84, [D]ynion or Sefyllfa hon yn Cymmeryd arnynt allu *meistriolaidd.* **1768** RISIART AP ROBERT: *CB* 126, [b]yddai yn gabledd mewn neb a'i cyfrifai ef [Duw] yn orthrymmwr *meistrolaidd.* **1784** P. WILLIAMS: *YC* 65, [b]od y pechod o aflendid yn bechod arglwyddiaethol, a *meistriolaidd* iawn. **1798** *WR* d.g. *imperative.*

meistroldeb [*meistrol* + -*deb*] *eg.* Mawrhydi: *majesty.*
15g. (**1594**) *B* xvi. 260, pann edrychaist yn y gwydr gloew o orûchelder orûchel *veistroldeb* (*maiestatis*; *Études* ii. 323, veistrolrwydd) Dûw.

meistroledd [*meistrol* + -*edd*[1]] *eg.* Meistrolaeth: *mastery.*
1803 *P.*

meistrolgar [*meistrol* + -*gar*] *a.* Teilwng o feistr, yn null meistrolwr, fel meistr, medrus, cywrain; meistrolus, trahaus, ystyfnig: *masterly, skilful; masterful, imperious, self-willed.*
1710 *CBGEL* 167, Ac nid oes ammau na bydd i Dduw ddial a gofyn yr Ufudd-dod ymma, cystal a

phe byddid yn sefyll arno mewn Modd mwy *Meistrolgar* (*imperiously*). **1785** E. Barnes: *MH* 4, gwychder allanol rhyw waith *meistrolgar* mewn saerniaeth. **1798** *WR* d.g. *masterly*. Ar lafar, *WVBD* 375.

meistroliad [bôn y f. fl. + *-iad*¹] *eg*. Y weithred o feistroli: *a mastering*.
16–17g. Edward Urien, &c.: *Gw* 12, Cares arglwyddi, cerais ryglyddiad, / Cannwyll Mastr Wiliam, cawn well *meistroliad*.

meistroliaeth, gw. meistrolaeth.

meistroliaith, gw. meistrol + iaith.

meistrolrwydd, meistriolrwydd [*meistr(i)ol* + *-rwydd*] *eg*. Meistrolaeth, camp; mawrhydi; swydd meistr: *mastery, feat; majesty; mastership*.
14g. *GDG* 34, Pob *meistrolrwydd* a wyddud, / Poened fi er pan wyd fud. **1546** *Études* ii. 323, pan edrychaisti yn y gwydr gloiw gorvchelder or nef orvchel *veistrolrwydd* (*maiestatis*; *B* xvi. 260, veistroldeb) duw. **1604–7** *TW* (*Pen* 228) d.g. *magisterium* (hefyd *D*). **1803** *P*.

meistrolus [*meistrol* + *-us*] *a*. Llywodraethol, awdurdodol, trahaus: *ruling, magisterial, imperious*.
1658 *Examen* 17, gwybodaeth siccr oth bechod *meistrolûs*. **1672** R. Prichard: *Gw* 495, os Cybydddod fydd dy bechod *meistrolus*, dy bechodau eraill fyddant megis llaw forwynion iddo. **1677** C. Edwards: *FfDd* 375, os y pechod *meistrolus* ni heppilia, bydd ei hun yn ddigon crŷf ith ddifetha os caiff lechu ynot. **1701** E. Wynne: *RBS* 121, chwedleu mowrion a meddwl *meistrolus* (*imperious spirit*). **1722** *Llst* 189, *meistrolus*, magisterial. **1803** *P*.

meistrolwaith [*meistrol* + *gwaith*¹] *eg*. ll. *-weithiau*. Campwaith, camp: *masterpiece, feat*.
1848.

meistrolwr, meistrolydd [bôn y f. fl. + *-wr, -ydd*³] *eg*. ll. *-wyr*. Meistr (ar waith, pwnc, &c.); meistr, rheolwr, gŵr awdurdodol: *master* (*of work, subject, &c.*); *master, ruler, masterful man*.
a. **1642 (1684)** H. Owen: *DC* 273, ymmhob gweithred, a neges oddiallan, yn gwbl rhydd oddimewn, ac yn *feistrolwr* arnat dyhun: fel y bo pob peth tanati, ac nid tydi tanynt hwy. Ar lafar yn Arfon, *meistrolwr*, *WVBD* 375.

meistrolwych, gw. meistrol + gwych.

meistrolydd, gw. meistrolwr.

meistrwaith [*meistr* + *gwaith*¹] *eg*. ll. *-weithiau*. Campwaith: *masterpiece*.
20g.

meistryddiaeth [*meistr* + *-yddiaeth*] *eb*. Swydd meistr, meistraeth: *mastership*.
1722 *Llst* 189, *meistryddiaeth*, f. mastership.

meiswn, meiswna, gw. masiwn, masiwna.

meisynys [?*meis*¹ + *ynys*] *eb*. ll. *-oedd*. Gorynys: *peninsula*.
1778 *W* d.g. *peninsula*.

meitin, meityn [bnth. Llad. **matutīn-* < *mātūtīn-* (drwy'r ff. *mat'tīn-*), H. Grn. *metin*, gl. *mane*, Crn. C. *myttyn*, H. Lyd. *metin*, Llyd. Diw. *mintin*, H. Wydd. *matan*, Gwydd. Diw. *maidin*] *eg*.

(*a*) Bore: *morning*.
13g. *A* 18. 1, Moch dwyreawc y *meitin*. *id*. 25. 19–20, Gwr gwyllyas o gyrn glas med *meitin*.

(*b*) Munud, munudyn, eiliad, ennyd, ysbaid o amser; y dim lleiaf: *minute, moment, second, space of time; mite, jot*.
16g. Wiliam Llŷn: *Gw* (R. Stephens) (At.), *Meitin*, Enyd. Er y *meitin* yw'r matter. **1604–7** *TW* (*Pen* 228) d.g. *minutia*. *Dchr*. **17g.** *J* 10, 29a, *meitin*, momentum. **1632** *D*, *meityn*, minutum temporis. **1688** *TJ*, *meitŷn* . . . (mynud) o amser: Minute of Time. **1753** *TR*, *meityn* . . . a moment or minute, a small time. **1793** M. J. Rhys: *CA* 47, 60 *Meittyn* un Munud. **1803** *P*.
Amr.: **mitya** [ff. eir.]. **1632** *D*, meityn, fortè rectiùs *Mityn*. **1688** *TJ* d.g. *meityn*.
Cfn.: **er meitin:** *some while since, some time ago, long since, for some time* (*now*) (*normally restricted to a previous period of time within the same day*). **14g.** *WM* 17. 29–31, oed llessach yr march pei assarchut *yr meityn*. *id*. 128. 8, 138. 2, 227. 31, 431. 16. *c*. **1400** (*SG*) *HMSS* i. 197, 207. **15g.** *Pen* 57, 13. Cf. y dfn. cyntaf yn adran (*b*) uchod. **ers (er ys) m.** = **er m.** **1604–7** *TW* (*Pen* 228) d.g. *iamdudum*. **1620** *Marc* xv. 44. **1632** *D* d.g. *meityn*. **1725** *SR* d.g. *long since*. **18g.** *W Ballads* 157, 5. **1753** *TR* d.g. *meityn*. **1803** *P* d.g. *meityn*. Ar lafar yn gyff. **ers m. bach:** *some little while since, a little while ago*. **1722** *Llst* 189 d.g. *meityn*. Ar lafar ym Morg. yn y ff. '*smitin fach*'. **ers m. iawn:** *some good while since, a good while ago*. Ar lafar yn y Gogledd, *WVBD* 370.

Gw. hefyd meidyn.

meitr, mitr [bnth. S. C. *mitre*] *eg*. (prin *eb*.) ll. *-au*.

1. (*a*) Penwisg swyddogol esgob, abad, a rhai uchel swyddogion eglwysig eraill, hefyd yn *dros*. ac yn *ffig*.: *mitre, also transf. and fig*.
15g. *GGl* 309, Yn esgob iawn ei wisgaw / A'r *meitr* aur am ei iad draw. **15g.** *GO* 303, Syr Howel, oes yr hwyaf / Yt, ŵr gwych, dan *veittyr* a gaf. **15–16g.** *GLM* 187, mae dysg, amodau esgob; / mae yt draw chwant *meitr* a chob. **16g.** (*LlEG*) *Mos* 158, 463b, iiii o abadiaid . . . Yr hrain oll aoedd ynn i gwisgoedd Eglwysig ai *meityrau* am i penau. **16g.** *BL Add* 15046, 14b, Dau fath ar Abad y sydd, Abad *meityr* a bagyl ac Abad bagyl heb *veityr*. Yr hwnn ar *meityr* ar vagyl y sydd benna. **1574** *Pen* 80, 172, *mitr* a gwydr medtric ydoedd / mwsg avr yny meissic oedd [marwnad Rhys Fychan gan Hywel ap Syr Mathew]. **16g.** Wiliam Cynwal: *Gw* 161, Yn hyn o flaen ei henaint / Y mater yw cael *meitr* Caint. *a.* **1587** *Y* 16, Y carw eglwys careglavr, / y mae iti ran o'r *meitr* avr. **1615** R. Smyth: *GB* 114, i *miter* y sydd ar i pennau. **1722** *Llst* 189, *meitr*, m.p. *meitrau*, a mitre. *c*. **1762–79** W. Williams: *P* 468–9, Archesgob Heracliа . . . a gymmer y Patriarch yn ei law . . . ac a osod y *mitr* ar ei ben, a'r crosier a rydd efe yn ei law.

(*b*) *Beibl*. Penwisg (arch)offeiriaid yr Iddewon gynt; penwisg merch; hefyd yn *ffig*.: *ancient Jewish* (*high*) *priest's headdress; woman's head-dress; also fig*.
1588 *Ecs* xxviii 4, dwyfronec, ac Ephod . . . *meitr* a gwregys: felly y gwnant wiscoedd sanctaidd i Aaron. **1588** *Jud* iv. 14, Joacim yr arch-offeiriad, a'r holl offeiriaid . . . oeddynt wedi gwregysu eu lwynau â sach-liain . . . ac yr oedd lludw ar eu *meitrau* hwynt. *id*. x. 3, [g]osododd wallt ei phen mewn trefn, ac a roddodd *feitr* arno. **1719** *TDP* 33, y chweched a rodd *Feitr* yr Offeiriadeth am fy Mhen. *ib*. Gwisg y Gwirionedd, Dwyfroneg Ffyd[d], *Meitur* Sancteiddrwydd ac Ephod y Brophwydoliaeth.

2. Uniad dau ddarn o bren a ffurfir drwy dorri befel (45° fel arfer) yn neupen y darnau sydd i'w huno: *mitre-joint*.
20g.

Am *abad meitr a bagl*, gw. abad (At.).

meitraf: meitro, meitru [bf. o'r e. bl.] *ba*. a'r be. fel *eg*. Ffurfio uniad meitr rhwng (dau ddarn o bren); addurno â meitr: *to mitre* (*in woodwork*); *decorate with a mitre*.
1858.

Fel *e*. Pen darn o bren a dorrwyd i wneud meitr: *mitring*.
20g.

meitraidd, mitraidd [*meitr, mitr* + *-aidd*] *a*. *Egl*. Meitrog; a reolir gan abad meitrog: *mitred*.
1848.

meitral [bnth. S. *mitral*] *a*. a hefyd fel *eg*. *Meddyg*. Yn perthyn i'r falf sydd rhwng atriwm chwith a fentrigl chwith y galon; y falf honno: *mitral* (*valve*).
20g.
Amr.: **mitrol** [cfdds. o'r S. *mitr(al)* + *-ol*]. **20g.**

Am *falf feitral*, gw. falf (At.).

meitredig [bôn y f. fl. + *-edig*] *a.bfl*. *Egl*. Meitrog: *mitred*.
1851.

Am *abad meitredig*, gw. abad (At.).

meitrog, mitrog [*meitr, mitr* + *-og*] *a*. a hefyd fel *eg*.

(*a*) *Egl*. (Un) a chanddo hawl i wisgo meitr, yn gwisgo meitr: (*person*) *having the right to wear a mitre, mitred*.
1776 *W* d.g. *mitred*.

(*b*) Wedi ei dorri er mwyn ffurfio uniad meitr; ar lun meitr (esgob): *mitred* (*of a woodworking joint*); *having the shape of a* (*bishop's*) *mitre, mitral*.
1851.

(*c*) *Meddyg*. Meitral: *mitral* (*in med*.).
1863.

Am *abad meitrog, clawr m., prelad m.*, gw. abad (At.), clawr¹ (At.), prelad.

meitrol [*meitr* + *-ol*] *a*. Yn perthyn i feitr (esgob, &c.): *pertaining to a* (*bishop's, &c.*) *mitre*.
1776 *W* d.g. *mitral*.

meitsen, meityn, gw. matsh¹, meitin.

meithbell [*maith* + *pell*] *a*. Pell (iawn) i ffwrdd, anghysbell; ?pwyllog, wedi ei ystyried yn hir: (*very*) *far off, remote; ?well-considered, long-deliberated*.
14g. *GDG* 250, Ys gwn nad gwell, *feithbell* farn, / Esgidiau rhag ias gadarn [i'r rhew]. **1604–7** *TW* (*Pen* 228) d.g. *extremus, longinquus* (hefyd *D*). **1722** *Llst* 189, *meithbell*, very far, remote.

meithder, meithdra [*maith* + *-der, -dra*] *eg*. ll. *-au*. Hyd (o ran cyfnod o amser, pellter, &c.), cyfnod hir, ehangder, yr amser a gymerir i gwblhau taith, gorchwyl, &c.; amleiriaeth, geiriogrwydd; hirfeithder, gorfeithder, blinder: *length* (*with reference to a period of time, distance, &c.*), *long period, expanse, extent, time taken to complete a journey, task, &c.; circumlocution, prolixity; tediousness, irksomeness*.
16g. (*LlEG*) *LlGC* 5276, 368a, o waith gorwydd o *veithder* y gogledd. **1604–7** *TW* (*Pen* 228), *meithder* d.g. *dividia, longinquitas*. **1632** *D*, *meithder* d.g. *prolixitas, tædium*. **1667** C. Edwards: *FfDd* 36, yr oedd y Scrythurau a llyfrau da eraill yn anaml . . . o herwydd *meithder* eu scrifenu. **1701** E. Wynne: *RBS* 213, Trefna felly dy weddiau neilltuol fel na bo mo'u *meithdra* (*indiscreet length*) rhyhir yn achos i flino. **1711** H. Powel: *TY* 368, [p]erigl a *meithdra* eich Taith. **1722** *Llst* 189, *meithder*, great distance, great length, tediousness. **1725** D. Lewis: *GB* 37, *Maithder* ei Gôf [Duw]. *id*. 329, Onid ydynt [y sêr] yn amlwg yn dangos *maithder* y Nefoedd? **18g.** *W Ballads* 121, d.d., [*m*]*eithdra* diddiwedd sydd i bob dyn iw gael ar ol ymadawiad yr Enaid ar corph. **1778** J. Hughes: *BB* v., Edrych ar *feithder* y gelfyddyd hon yn ei pherffeithrwydd. **1780** *W* d.g. *prolixity, tediousness*. **1790** T. Jones: *TOS* 161, [d]yfnder a *maithder* diddiwedd poenau 'r damnedigion. **1795** *R. Crusoe* 39, pa angenrheidrwydd oedd i mi, ymflino wrth *feithdra* un gorchwyl. **1803** *P* d.g. *meithder, meithdra*.

meithdew [?*maeth*¹ + *tew*] *a*. Porthiannus, mewn cyflwr graenus: *well-nourished, in good condition*.
13g. *MA*² 222b. 53, Nid heb meirch [*sic*] *meithdew* i'm hedewis [marwnad Dafydd ap Llywelyn gan Ddafydd Benfras].

meithdir, gw. maith + tir.

meithdra, gw. meithder.

meithddrinaf: meithddrin, gw. meithrinaf: meithrin.

meithfawr, gw. maith + mawr.

meithfor [*maith* + *môr*] *eg*. ll. *-oedd*. Cefnfor, hefyd yn *ffig*.: *ocean, also fig*.
1727 J. Jones: *DFF* 156, [y] *Maithfor* (*ocean*) hwnnw y teflir yr Annuwiolion iddo. *id*. 165, Pwy ddichon adrodd Hŷd Tragwyddoldeb . . . y cyfryw *Faithfôr* (*vast ocean*).

meithfrawd [*maith* + *brawd*²] *eb*. Barn bwyllog, barn a goleddwyd yn hir: *well-considered or long-held opinion*.
c. **1400** *R* 1317. 25–6, Nys traeth maeth *meith vrawt*. tauawt hyt taf.

meithgen, gw. maethgen.

meithiaint [*maeth* + *-iaint*, amr. ar *-aint*¹] *eg*. Magiad, cenhedliad: *a breeding, begetting*.
c. **1400** *R* 1038. 11, Pedwarmeib arhugeint a *ueithyeint* [drll.] vygknawt.

meithin, meithyn [*maeth*[1] + *-in*[1] (*-yn*)] *a.* Wedi ei feithrin, wedi ei goleddu; yn llosgi'n ffyrnig: *nurtured, cherished; blazing.*

13g. *A* 14. 4–5, nyt oed gynghor wann. wael y rac tan *veithin.* o lychwr y lychwr luch bin. **13g.** *MA*[2] 221a. 26–7, Llyw meidrawl llew greddfawl Gruffudd / Mab *meithyn* Llywelyn llafnrudd [marwnad Gruffudd ap Llywelyn gan Ddafydd Benfras].

meithir, meithlawr, meithle, meithlu, meithlwyr, meithlym, gw. maith + hir, llawr[1], lle[1], llu, llwyr[1], llym.

meithni [*maith* + *-ni*] *eg.* Helaethder, meithder, gorfeithder: *extensiveness, length, tediousness.*

1803 *P, meithni,* extensiveness, tediousness. Duw yw'r Drindawd—/ Un Duw a thri, *meithni* mawr. G. Hiraethog.

meithrad, meithran, gw. maith + rhad, rhan.

meithrinad, gw. meithriniad.

meithrinadwy [bôn y f. ddil. + *-adwy*] *a.bfl.* Hawdd ei faethu; ?wedi ei baratoi'n ofalus: *easily nourished, nourishable; ?carefully prepared.*

1592 S. D. RHYS: *Inst* 46, E *meithrinadwy* wenwyn yr ydys yn ofni. **1798** *WR* d.g. *nourishable.*

meithrinaeth, gw. meithriniaeth.

meithrinaf: meithrin [H. Grn. *mab meidrin,* gl. *alumpnus:* < **maxtrīn-* < **maktrīn-*, o'r un gwr. **mak-* ag a welir yn y f. *magaf: magu*] *bg.a.* a'r be. fel *eg.*

(*a*) Magu (yn enw. plentyn yn lle ei rieni naturiol), rhoi magwraeth i, codi, hyfforddi, dysgu; dwyn plant, cenhedlu; rhoddi sugn i, rhoddi'r fron i, maethu, rhoddi maeth (i), bwydo; ymgeleddu, gofalu am; hefyd yn *ffig.*: *to foster, nurse, rear, bring up, train, teach; bear children, beget; wet-nurse, suckle, nourish, feed; cherish, take care of; also fig.*

13g. *C* 32. 2–3, *Meithrin* corph. y lyffeint a nadret. **13g.** *LlDW* 41. 7–8, hyt empen. xl. blenet e dele [gwraig] *meythryn* (*WLW* 178, ymddwyn). *id.* 132. 25, *meythryn* ohoney [hwch] epyl. **13g.** *LlI* 68, O deruyd y tat rody da er *meythryn* mab ny dele e wadu o henne allan. **13g.** *BD* 90, [p]eris eu *meithryn* mal y dylyit *meithryn* teyrned (*honore quo decebat educauit*). **1346** *LlA* 119, *meithrin* ymab awnaethant yny uu amser yrodi vrth leen. **14g.** *BT* (*RB*) 162, peris y yspadu rac *meithrin* etiued ohonaw. **14g.** *RC* xxxiii. 194, yno yd oed llewes yn *meithrin* y chanauon. **14g.** *GDG* 280, *Meithrin* chwileryn gwyn gwâr / I'm mynwes o serch meinwar. **15g.** *GM* 20, Gogonedus uamaeth Duw . . . ti dy hun . . . a heydeist ymdwyn Arglwydd pob peth, a *meythryn* (*lactare*) brenhin yr egylyon. **15g.** *LGC* 98, Gwell gwin, er *meithrin* pob dyn, no'r maidd. **1567** *TN* 87a, Nazaret lle magesit [:– *meithrinesit*] ef. **1568** MORYS CLYNNOG: *AG* [vii], eisiau cael oi mebyd i hyphoddi [*sic*] mewn dysc, ai *meithrin* mewn moessawl gampau. **1588** *Galarn* iv. 5, y rhai a *feithrinwyd* mewn scarlat a gofleidiasant y dom. **1606** E. JAMES: *Hom* i. 65, i fawrhau 'r aderyn a *faethrinodd* [:– fagodd] ef ei hun. **1632** *D, meithrin,* enutrire, educare, alere, nutricare. **1672** J. LANGFORD: *HDdD* 51, fe all ddwyn i ni y fath Luniaeth ysprydol ac a'n *meithrina* ni i fywyd Tragwyddol. **1722** T. EVANS: *PS* 117, ein *meithrin* a'r Sacrament. **1759** T. THOMAS: *WWDd* 166, fel y mae bwyta 'n *meithrin,* hynny yw, 'r bwyd ydys yn ei fwyta. **1803** *P.*

(*b*) Hybu twf a datblygiad (peth), peri tyfiant, hyrwyddo, creu amgylchiadau ffafriol ar gyfer, cynorthwyo, coleddu, derbyn yn ewyllysgar: *to foster (something), nurture, promote, expedite, facilitate, encourage, cherish, indulge in.*

c. **1300** *H* 13b. 18, bid gymry uy gnaws yg gnawd *ueithrin* bar (Gwalchmai). *c.* **1400** *Études* vii. 58, Mel . . . *Meithrin* malencolia . . . a wna. *id.* 60, kic y deueit . . . *meithrin* fleuma a wna. *c.* **1400** *MM* 106, heint gwyw . . . gwedy ry *ueithryn* o wres a sychdwr. *c.* **1400** *RB* ii. 334, A gwedy *meithryn* kynnwryf y rwg archescob keint ac archescob Iorc y teruysgwyt y kyghor. *c.* **1400** *YCM*[2] 186, gwyd yn *meithrin* llonydwch a iechyt drwy aroglev. **15g.** *B* ii. 13, ar ny bo reit itt oth wellt ystrea yn y ffald eu ar kyrteu y *veithryn* y tom. **1595** H. LEWYS: *PA* 73, mae i ti achos mawr i *feithrin* ac i arferu dy ffydd. **1632** *D,* meithrin . . . Gnawd o egin *meithrin* dâs. **1703** T. BADDY: *PCh* 57, ni welsant . . . pechod yr oeddwn yn ei *feithrin* (*indulge*). **1716** E. SAMUEL: *GGG* 201, *meithrinir* . . . ynom yr Yspryd hwnnw, a roddwyd yn Wystl on Dedwyddwch tragywyddol. **1716–18** *Llsgr R. Morris* 12, derbyniwch gan iw *meithrin.* **1721** RD: *CFf* [59], y mae ef [Duw] yn cenhedlu ac yn *maethrin* ynthynt Ffydd, Edifeirwch, Cariad, Llawenydd. **1764** W. WILLIAMS: *Th* 13, rhaid cyfri'r melus win, / I *faethryn* blys a thrachwant osodaist wrth dy fin. **1790** T. JONES: *TOS* 69, cofio am eu pengaledrwydd, a *feithrin* y tân.

Fel *eg.* Magwraeth, addysg, hyfforddiant; y weithred o fagu neu nyrsio, coleddiad; maeth, lluniaeth: *upbringing, education, training; a rearing or nursing, nurturing; nourishment, sustenance.*

13g. *LTWL* 157, De geny et *meythrin.* *c.* **1400** *ChO* 21, [p]an vo aeduet ef [cog] . . . llyngcu y vagyawdyr a wna. Ac velly y dieylch ef y *veithryn.* **1604–7** *TW* (*Pen* 228) d.g. *fotus.* *Dchr.* **17g.** *J* 10, 29a, *meithrin,* education, institutum. **1632** *D* d.g. *educatio, nutricatio, nutrimen.* **17g.** *BL Add* 14890, 11a, Baili ymddiried gweithred fawr / Y brenin or *meithrin* mawr [Wmffre Dafydd ab Ifan i'r angau]. **1696** *CDD* 182, Cawsom *feithrin* [:– Fagwriaeth] dâ rhinweddol, / Gŷnt dan aden ein Mam gnowdol. **1733** W. WILLIAMS: *TC* 76, o dylwyth mor issel, ac o *feithrin* mor wael. **[1740]** L. ANWYL: *CA* d.d., Mor Esgeulus . . . yw Rhieni, am roddi *meithrin* Syberlan i'w Plant. **1803** *P.*

Amr.: **maethdrin, maethdrino, maethddrin** [ymgais i ddangos elf. tybiedig, sef *maeth*[1] + *trin, drin(io)*]. **1567** *TN* 290b, *maethddrinwch* wy yn addysc, ac athraweth yr Arglwydd. **1588** *Deut* viii. cs., Duw yn *maethdrino*'r Israeliaid, fel gwr ei fâb. **1595** H. LEWYS: *PA* 72, beth bynac a gynhyrfiff ac a *faethdriniff* ein ffydd ni. **1672** R. PRICHARD: *Gw* 365, Mae'r bobol gyffredin, fel Israel heb frenin, / Na Ffeirad ei [*sic*] *maethdrin.* *id.* 427, Ond yn dirion yn dy *faethddryn* [*sic*], Megis Tâd yn trin ei blentyn. **1761** *ML* ii. 383. **meithddrin.** **1567** *LlGG* 96a. **meithring** [cf. *dwsin, dwsing, prin, pring*]. **14g.** *GDG* 160, Dieithr fydd er ei *meithring,* / I drum a gwrthallt y dring [am ysgyfarnog]. *id.* 281. **1545** *CM* 1, 97. **16g.** (*LlEG*) *LlGC* 5276, 218a. **16g.** (*LlEG*) *Mos* 158, 11a. **1547** *WS, meithring,* foster. **meithrinio, meithrino.** **1588** *Esth* ii. 20, Esther oedd yn gwneuthur yr hyn a ddywede Mordeceus fel cynt pan oedd hi yn ei *meithrino* gyd ag ef. *Dchr.* **17g.** *J* 10, 29a. **1615** R. SMYTH: *GB* 55, gwedi i *feithrinio* ef a'r gwenwyn hwn. **1803** *P.* **meithrinu** [?ff. wallus]. **1791** W. WILLIAMS: *MDR* 6. **methrin** [?cf. *ceirch, cerch*; tebyg mai gwall ydyw yn yr engh. gyntaf]. **13g.** *LlDW* 37. 3. **1630** R. VAUGHAN: *YDd* 128. **1709** H. POWEL: *G* 46, 73. **1784** M. WILLIAMS: *S* ii. 30, 33.

Am *rhoi ar f., ysgol f.,* gw. rhoddaf: rhoddi, ysgol[1].

meithrindod [bôn y f. fl. + *-dod*] *eg.* Magwraeth, magiad; maeth; hefyd yn *ffig.*: *nurture, a breeding; nourishment; also fig.*

1741 *CAG* 107, [C]amsyniadau *meithrindod* a gwendidau eich cyflwr mabanaidd? **1798** *WR* d.g. *breeding.*

meithrindy [bôn y f. fl. + *tŷ*] *eg.* Meithrinfa: *nursery.*

1741 *CAG* 106, chwi . . . a addyscwyd yn ffurfiau Duwioldeb o'ch ieungctyd, a'ch *meithrin-Dy* a wnaethpwyd megis Bethel neu Dy Dduw.

meithrinedig [bôn y f. fl. + *-edig*] *a.bfl.* a hefyd fel *eg.* ll. *-ion.* Wedi ei feithrin, wedi ei fagu, a goleddwyd; wedi ei addysgu; a godir gan ddyn (am blanhigion), a drinnir gan ddyn (am dir); hefyd yn *ffig.*; (yn y ll.) hen fyfyrwyr, cynfyfyrwyr: *fostered, nurtured; educated; cultivated (of plants and land); also fig.; (pl.) alumni, old students.*

1803 *P.*

meithrines [bôn y f. fl. + *-es*[1]] *eb.* ll. *-au.* Nyrs: *nurse.*

1803 *P.*

meithrinfa [bôn y f. fl. + *-fa, ma*] *eb.* ll. *-feydd, -fâu.* Ystafell blant; man lle gofelir am blant ieuainc am ran o'r diwrnod, fel arfer tra bo eu rhieni yn gweithio; lle ar gyfer codi planhigion ac weithiau ar gyfer eu gwerthu, bridfa blanhigion; meithrinle; sefydliad addysgiadol, coleg hyfforddi offeiriaid; hefyd yn *ffig.*: *children's nursery; day-nursery, crêche; nursery (for plants), plant breeding station; breeding-ground; educational institution, seminary; also fig.*

1803 *P, meithrinva,* a seminary. Yr oedd ysgol breifat gynt yn Aberystwyth o'r enw *Meithrinfa.*

meithringar [bôn y f. fl. + *-gar*] *a.* Maethlon; yn meithrin, yn hybu twf neu ddatblygiad, hyrwyddol, ymgeleddgar; hefyd yn *ffig.*: *nourishing; fostering, nurturing, conducive to growth or development; also fig.*

1725 S. RHYDDERCH: *Alm* 41, Gramadeg mewn grym od[i]aeth, / Mêl fel Gwîn a maeth. / *Meithringar* tringar tra jowngerdd Dafod. **1803** *P.*

meithriniad, meithrinad [bôn y f. fl. + *-iad*[1], *-ad*] *eg.* Magwraeth, addysg, hyfforddiant; y weithred o feithrin, coleddiad; maeth, maethiad; hefyd yn *ffig.*: *upbringing, education, training; a fostering, nurture; nourishment, nutrition; also fig.*

1677 R. JONES: *BB* 106, Er bod *Meithriniad* neu ddygiad i fynu . . . yn eu rhwymo hwynt i bregethu Cywir Athrawiaeth. **1682** E. LLWYD: *EI* 91, yn ofalus am eich magu, ach *meithriniad.* **1710** *CBGEL* 47, neu'r cyfryw ac yr ydwyf fy hûn ô Natur, neu *Feithriniad* . . . yn rhŷ dueddol iddynt. **1717** IACO AB DEWI: *CS* 78, A oedd ei *Feithriniad* ef yn wael? **1722** A. THOMAS: *DR* 33, Y mae hyn yn annogaeth fawr i Rieny'i [*sic*] fôd yn wir ofalus yn *meithryniâd* [*sic*] eu plant. **1725** D. LEWIS: *GB* 177, y mae amryw Betheu hynod iw hystyried Ynghenedliad, Eppiliad, a *Meithrinad* Bywiolion. **[1740]** L. ANWYL: *CA* 97, Gan fôd hôll ddynion y bŷd gwedi eu tywys . . . gan ragfarn *meithriniad.* **1773** *W* d.g. *education.* **1790** T. JONES: *TOS* 260, traul y cylla yn troi ymborth yn waed a *meithriniad.* **1798** R. DAVIES: *CG* 94, Mab Mair trwy *feithriniad,* / Mab Duw trwy genhedliad. **1803** *P.*

meithriniaeth, meithrinaeth [bôn y f. fl. + *-(i)aeth*] *eb.g.* Magwraeth, addysg, hyfforddiant; meithriniad, coleddiad; triniaeth (tir); maeth, maethiad; hefyd yn *ffig.*: *upbringing education, training; fostering, nurture; cultivation (of land); nourishment, nutrition; also fig.*

1711 M. MAURICE: *YAD* 266–7, fel y byddo *meithryniaeth* o newydd, Cyssur, a Nerth i ni oddiwrtho [gras cyfiawnhaol]. **1773** *W* d.g. *education, nourishment.* **1789** W. RICHARDS: *ABD* 87, yn fwy gofalus ynghylch *meithriniaeth* eu plant. **1800** C. EVANS: *EJU* 57, gwag-ddychymmyg yw sylwedd y rheswm a gafodd fôd a *meithriniaeth* yn ymmenydd Mr. Jones.

meithriniaf: meithrin, meithriniol, gw. meithrinaf: meithrin, meithrinol.

meithrinle [bôn y f. fl. + *lle*[1]] *eg.* ll. *-oedd.* Lle cymwys i hybu twf a datblygiad; meithrinfa (blanhigion); hefyd yn *ffig.*: *breeding-ground; (plant) nursery; also fig.*

1838.

meithrinol, meithriniol [bôn y f. fl. + *-(i)ol*] *a.* Maethlon, yn perthyn i faethiad, yn hybu twf a datblygiad, yn meithrin, ymgeleddgar; addysgiadol, hyfforddiadol; hefyd yn *ffig.*: *nourishing, nutritious, nutritional, alimentary, conducive to growth and development, fostering, nurturing; educational, training; also fig.*

1741 S. THOMAS: *DY* 11, ei ddyfroedd a gedwir yn . . . *feithrinol* i'r aneirif amrywiaeth o Bysg. **1770** *W* d.g. *alimentary.* **1796** N. WILLIAMS: *HM* ii. 25, [t]rwy ddosparthu'r gronynau arllwysol, a chymysgu'r gronynau *meithrinawl.* **1798** *WR,* rhyw rawn tramor, meddygawl a thra *meithrinol* d.g. *sago.* **1803** *P.*

Am *camlas meithrinol,* gw. camlas.

meithrinus [bôn y f. fl. + *-us*] *a.* Maethlon, yn hybu twf a datblygiad: *nourishing, conducive to growth and development.*

1833.

meithrinwr, meithrinydd [bôn y f. fl. + *-wr, -ydd*[3]] *eg.* (b. *meithrinwraig, meithrin-*

yddes) ll. *-wyr*. Un sy'n meithrin neu'n ymgeleddu, un sy'n hybu twf a datblygiad, un sy'n tyfu (planhigion); hefyd yn *ffig.*: *one who fosters or cherishes, one who promotes growth and development, one who raises (plants), cultivator; also fig.*

1604–7 *TW* (*Pen* 228), *maethrinwr* d.g. *altor*. **17g.** *BL Add* 14890, 131, *Meithrinwr* trinwr at raid mwy athro / meithrin kreadiriaid (Wmffre Dafydd ab Ifan). **1709** H. Powel: *G* [iii], gwrando yw gwreiddin a *maethreinydd* [*sic*] Crefydd. **1730** Iaco ab Dewi: *YL* 2, Y Llonyddwch ymma yw ... Mammaeth Amldra, a *Meithrinydd* Llwyddiant. **1744** D. Rowland: *RY* 222, Ein Harglwydd Mawr, a *Meithrinwr* ein Bywyd. **1793** T. Jones: *SD* 4, *meithrinwyr* y pla a'r haint mwyaf dinystriol [Methodistiaid ac Ymneilltuwyr]. **1803** *P* d.g. *meithrinwr, meithrinwraig, meithrinydd, meithrinyddes*.

Amr.: **methrinwr** [cf. *methrin*]. **1795–6** *Trys Gym* 104.

meithyn, gw. meithin.

meiwon[1,2], gw. mafon, dail—d. meiwon.

meiwr [*mei-* + *gŵr*, a'i ailddehongli fel *mai*[2] + *gŵr* yn adran 2] *eg.* ll. *-wyr*.

1. Llyfrgi, cachgi: *coward, dastard*.

13g. *A* 17. 13, Dyfforthes *meiwyr* molut nyuet. *id.* 29. 13, gossodes ef gledyf ar glawd *meiwyr*. **14g.** *T* 75. 17, Nywan cyllellawr cledyfawr *meiwyr*. *c.* **1400** *R* 1166. 11, meiuot wenn. nyt *meiwyr* ae med.

2. Rhyfelwr, gŵr arfog, milwr, aelod o filisia, (yn y ll.) milisia: *warrior, armed man, soldier, militiaman, (pl.) militia*.

c. **1470** *B* ii. 230, *meiwyr*, arvogyon. *c.* **1588** *id.* *meiwyr* ... ymladdwyr. **1632** *D*, *meiwyr*, est Arfogion, ait TW. **1803** *P*, *meiwr* ... warrior.

meiwredd [*meiwr* + *-edd*[2]; cf. *henwredd* 'hen bobl'] *eg.* ?Llyfrgwn; llyfrdra: *cowards; cowardice*.

13g. *C* 7. 7–8, nid hoffet *meiuret* bro.

meiwydd [?*mai*[2] + *gwŷdd*[1]] *e.?tf.* *Bot.* Llwyf: *elm*.

18–19g. *Llr* C 68, 4, *meiwydd*, elm, Glam, more frequently used in Gwent.

meiwyn [amr. ar *meiwon*[2]] *eg.* *Bot.* Afal dreiniog, *Datura stramonium*: *thorn-apple*.

1813 *WB* 218.

Gw. hefyd dail—d. meiwon.

mel, gw. mal[1].

mêl[1] [H. Grn. *mel*, gl. *mel*, Crn. C. *mel*, H. Lyd. *mel*, gl. *nectare*, Llyd. Diw. *mel*, H. Wydd. *mil*, gen. *melo*, *mela*, Gwydd. Diw. *mil*: < Clt. **meli-*, o'r gwr. IE. **melit-* 'mêl', cf. Llad. *mel*, Gr. μέλι; ?cf. e. prs. Gal. (*Su*)*meli*] *eg.* Hylif gludiog melys a wneir o neithdar gan wenyn, &c., neithdar, hefyd yn *ffig.*: *honey, nectar, also fig.*

9g. (*Ox* 1) *B* v. 230, IN libra mellis .i. trean cant *mel*. **13g.** *C* 12. 8, Medel visci *mel* vartoni. mynogi guyth. **13g.** *LlI* 23, Try peth ne dele taeauc y werthu hep ganhyat y arglued: amvs a *mel* a moch. **13g.** *BD* 2, gvenyn yn ehedec ar ulodeu ac yn gvneuthur eu *mel*. **1346** *LlA* 31, diawt vechan ... ouel. **14g.** *WM* 63. 36–64. 3, ny welsynt eiryoet ... heldir well nac amlach ymel nay physcawt no hi. **14g.** *B* xxv. 266, melyssach yw gennyf i y boen honno nor *mel*. **14g.** *GDG* 354, Trysor ym yw, trisawr *mêl* [i'r cusan]. **15g.** *LGC* 12, A chyda phob gwledd y medd o'r *mel*. **15g.** *DE* 77, nid oedd o blant moliant *mel* / neb pyw Ifan ap Howel. *id.* 84, y fo vwch pvm kwch o *fel* / ywr chweched or iach vchel [marwnad Dafydd ab Ithel Fychan]. **1547** *WS*, *mel*, hony. *a.* **1561** *B* vi. 49, Par wlychy taisenon ... trwy *vel*. **1595** H. Lewys: *PA* 122, Y wenynen fechan a gascl y *mel* melysaf, or llysieu ac or blodeu chwerwaf. **1714** D. Lewys: *CN* 4, *Mel* a Menyn fu'n ei feithrin. **1778** J. Hughes: *BB* 306, Yngwres carwriaeth, mabiaeth *mel*, / Agorir sel ei gwarant. **1803** *P*.

Cfn.: **mêl a llaeth:** *milk and honey*. **1588** *Can* iv. 11. **1714** D. Lewys: *CN* 4. Gw. hefyd *llaeth—ll. a mêl*. **m. ar ei frechdan (fy mrechdan,** &c.), **m. ar ei fara (fy mara,** &c.): *a source of pleasure*. Ar lafar, "Roedd e'n *fêl ar frechdan* y bachgen'. Gw. hefyd *brechdan—b. fêl* (hefyd At.) **m. ar ei fysedd (fy mysedd,** &c.): *music to one's ears, usu. expressing 'schadenfreude'*. **1747** *ML* i. 126. Ar lafar yn gyff., *WVBD* 370. **m. arian = m. hidl.** Ar lafar yn ardal Tafarnau Bach, Myn. **m. yr awyr:** *manna (in med.)*. **1604–7** *TW* (*Pen* 228) d.g. *manna*. **m. byw:** *live honey, liquid honey*. Diw. **16g.** *WLB* 75. **m. gawod (gafod),** gw. *melgawod*. **m. cwyr(aid) = m. gwyryf.** **15g.** *LGC* 441. **15g.** *Pen* 67, 95, 129. **m. cyntaid (y gyntaid):** *honey from the first swarm, considered to be of better quality than that produced by later swarms*. **1346** *LlA* 94, 99. **14g.** *WM* 481. 18. **15–16g.** *TA* 524. **16g.** *WLl* 231. Cf. *medd*[1]*—m. cyntaid*. **m. Ffrengig:** *lemon curd*. **1873. m. gloyw = m. hidl.** *c.* **1400** *Études* vii. 290. **mêl grug:** *heather honey*. **1888. M. Wefus:** *name of a tune*. **1759** *BC* xxvii, *Mêl-wefus*. Hope to have. *id.* 195. Gw. H. Williams: *CB* 42. **m. gwyllt:** *wild honey*. **1567** *TN* 4b. **m. gwyrf:** *virgin honey, honey from the comb*. *c.* **1740** *LlM* 42. **m. haid:** *the honey produced by a swarm of bees*. **15g.** *GO* 139. **16g.** *Llst* 6, 106. **m. hidl:** *clarified honey, clear honey*. **1888. m. of = m. gwyrf.** *c.* **1400** *MM* 22. **m. puredig = m. hidl.** **1759** J. Evans: *PF* 26. **m. rhoswydd:** *honey of roses*. **1771** *PDPh* 36. **y F. Ynys:** *Britain*. **14g.** *DGG*[2] 132, Haul y *Fêl Ynys* yw hon [Gruffydd Gryg i ferch]. **14g.** *TYP* 228. **15g.** *GGl* 181. **15–16g.** *TA* 116. **1586** *CRC* 376. **1632** *D* d.g. *Britannia*. **1644** *DCR* 239. **1725** *SR* d.g. *Britain*. Cf. *T* 72, 15, Ynys fel veli. **yn f. ac yn fefus:** *all smiles (often of someone putting on a deceitful facade)*. Ar lafar. **yn f. i gyd:** (i) = **yn f. ac yn fefus.** Ar lafar yn gyff. (ii) *bed of roses*. Ar lafar.

Bot. **mêl y ceirw:** (i) *woad, Isatis tinctoria*. **1632** *D* (*Bot*). **1688** *TJ* (*Bot*). (ii) *common melilot, Melilotus officinalis*. **1813** *WB* 218. Cf. *meillion—m. y ceirw*. **m. y gog:** *'honeysweet'*. *c.* **1730** *Thos. Lloyd D* (LlGC) 172a. **m. y gwcw:** *cuckoo-pint, Arum maculatum*. Ar lafar yn sir Benf., *GDD* 195. **m. y cŵn** (i) = **?m. y gweunydd** (i). *Dchr.* **17g.** *J* 10, 29b. (ii) = **m. y ceirw** (i). **1632** *D* (*Bot*). **1688** *TJ* (*Bot*). (iii) *lousewort, Pedicularis sylvatica*. **1813** *WB* 218. **m. y gweunydd:** (i) *yellow rattle, Rhinanthus minor*. **1604–7** *TW* (*Pen* 228) d.g. *alectorolophos*. *Dchr.* **17g.** *J* 10, 29b. (ii) *red rattle, Pedicularis palustris*. **1632** *D* (*Bot*). **1813** *WB* 218. **m. yr ŵyn:** *an unknown plant*. **18–19g.** *Llr* C 4, 14, *Mêl yr ŵyn*, an herb that Lambs ar [*sic*] very fond of, and wch makes them thrive in proportion to the quantity of it growing in the land. D[r]. W[ms].

Am *blaen y conyn ar y mêl, brechdan (o) f., bwyta'r m. o'r cwch, caliwlyn y m., cawod f., cwlyn y m., dil(iau) m., gwenyn m., gwerthu m. a phrynu peth melys, hel m. i'r cwch, llaeth a m., llestr m., llysiau'r m., mis (y) m.*, gw. blaen, brechdan (hefyd At.), bwytâf: bwyta (At.), caliwlyn (hefyd At.), cawod, cwlyn, dil, gwenyn, gwerthaf: gwerthu (At.), heliaf: hel, llaeth, llestr[1], llysiau, mis.

mêl[2]**, melaeth,** gw. mael[4], malaith.

melaf[1]**: mela, melu** [bf. o'r e. *mêl*[1]] *bg.a.* Casglu neithdar i wneud mêl, hefyd yn *ffig.*; melysu (â mêl): *to gather nectar to make honey, also fig.; sweeten (with honey)*.

1527 *Card* 5, 104, Adar a hedant ... gwenyn A *velant*. **16g.** (**1763**) W. Salesbury: *LlM* 224, pan yw y gwenyn yn *mela* ar goel y mel. Diw. **16g.** *Llr* B 6, 41b, kornn mwyneidd kywrain manawl / krwn ym wyd yn krynoi mawl / aml o goed y *mely* gaink / mal eossgerdd melyssgaink (Sils ap Siôn). **1604–7** *TW* (*Pen* 228), *melû*, *mela* d.g. *mellifico*. **1632** *D*, *melu* d.g. *mellifico*. **1721** J. P. Prys: *DC* 107, Yn byw mewn esgeulustra heb gofio 'r Gorucha, / Nid ydynt yn *mela* ond am Olud. **1722** *Llst* 189, *melu*, to make hony; sweeten with hony. **1803** *P* d.g. *mela, melu*.

melaf[2]**: mela,** ff. lafar, gw. ymheliaf: ymhél.

melaidd [*mêl*[1] + *-aidd*] *a.* Melys, tebyg i fêl: *sweet, honey-like*.

16g. Wiliam Cynwal: *Gw* (G. P. Jones) 103, Afal oedd yn *feleiddiach*, / Afal a wnâi fil yn iach. **16–17g.** Llywelyn Siôn, &c.: *Gw* 497, y lenwi milion o lynn *melaidd*. **18–19g.** *Llr* C 4, 127, *melaidd* ... melus. **1803** *P*.

melan[1]**, malen**[1] [bnth. S. C. *Melan*, enw'r ddinas Milano yn yr Eidal] *eg.b.* a hefyd fel *a.* Dur (Milano), hefyd yn *dros.* am arf dur, mael, (bogail) tarian, ac yn *ffig.*; *geir.* haearn; wedi ei wneud o ddur: *(Milan) steel, also transf. of a steel weapon, chain-armour, (boss of a) shield, and fig.; (dict.) iron; made of steel*.

14g. (*LlDB*) *LlGC* 7006, 24, hyt na vede aryf or byd yndaw mwy noc mewn *malen* kaletta or byt. **14g.** *GDG* 335, Hwyr yt *felan* ysbardun, / Aro fi heno fy hun. **15g.** *LGC* 24, Un twr, un milwr, un *melan* Cymmru [i Syr Rhoser Fychan]. *id.* 372, Dreigiau 'n chwarterau o'r tân, / Dyrnvolau 'r drin o *velan* [i ofyn arfwisg ddur]. **15g.** *GO* 107, Asgell rryvel o *velan*, / Arest dur o'r eirias dân. **15g.** *HCLl* 115, Ein tŵr a'n milwr a'n *melan*—hybarch [i Syr Tomos Fychan o Frodorddin]. **15g.** *Pen* 67, 4, Mi a wn lle mae gwr / kymain a rrysswr / a mw[y] no milwr / mewn arfav *melan*. Diw. **15g.** *B* xxv. 132, buckled *malen* hyd ar ii[s]. viii[d].. **15–16g.** *TA* 453, Mil yn dwyn *malen* a dur. **15–16g.** Llawdden, &c.: *Gw* 135, *Melan* y frân mal yn fryf / Mewn canol maneg gennyf. *id.* 228, Cawn dorri gwayw *melan*. **16g.** Huw Arwystl: *Gw* 240, keidwad ffraeth rhag gwaed a ffrwst / kaed or *falen* keidw'r folwst [i ofyn bwcled]. **1567** *TN* 291a, cymerwch darian [:– *valen*] y ffydd. **1604–7** *TW* (*Pen* 228), *malen* d.g. *scutum, umbo*. **1632** *D*, *malen*, chalybs, ferrum. *id.* *melan*, vid. *malen*. **1803** *P* d.g. *malen*.

Am *cap malen, crys m., dur m.*, gw. cap, crys (At.), dur (At.).

Gw. hefyd balaen, malaen.

melan[2]**, malen**[3]**, melen**[2] [bnth. S. *melan(choly)*, ?a *melen*[2] dan ddyl. *melen*[1]; tebyg nad engh. o'r gair hwn a welir yn *HG* 109] *eb.* Iselder ysbryd, pruddglwyf: *low spirits, depression, melancholy, melancholia*.

1855. Ar lafar, 'Ma'r *felan* yn 'i gorddi o'; 'yn y *falen* fawr'; 'Ma'r *fàlen* felen bron a lladd Tomos', *GDD* 126.

Am *codi'r felan*, gw. codaf: codi (At.).

melan[3] [?bnth. geir. Llad. *melan(tēria)*] *e?g.* Du'r crydd: *heelball, shoemaker's black*.

Dchr. **17g.** *J* 10, 29b, *melan*, melanteria.

melancolaidd [cfdds. o'r S. *melanchol(ic)* + *-aidd*] *a.* Pruddglwyfus, isel ei ysbryd, digalon; yn peri teimladau pruddglwyfus; yn mynegi pruddglwyf: *melancholy, melancholic, low-spirited, dejected, depressed, depressing; depressive*.

1748 P. Pugh: *DGG* 33, Anghrediniaeth, Dychryniadau, ac Ofnau *melancolaidd*. **1753** *HFfS* 11, [rh]oddasant yr holl Fai ar ei Dymmer *felancolaidd* ef. Ar lafar yn gyff.

melancoleiddiaf: melancoleiddio [bf. o'r a. bl.] *bg.* Hel meddyliau, mynd yn bruddglwyfus: *to become melancholy or depressed*.

20g.

melancoli, melancholi [bnth. S. C. *melancoli*; dichon mai amr. orgraffyddol yn unig yw'r ff. yn *-ch-*] *eg.b.* a hefyd fel *a.* Pruddglwyf, iselder ysbryd, digalondid; un o bedwar hiwmor y corff, y ddueg, y geri (neu'r coler) du: *melancholy, melancholia, low spirits, dejection, depression; one of the four bodily humours, black bile*.

c. **1400** *MM* 106, ef a wybyd pa un vwyhaf or gwlybyreu hynn a ragorho, ae y ffleuma, ae y colera, ae y sanguis, ae y *melancoli*. Diw. **16g.** *WLB* 74, o natur fflem ne *velancoli*. **1604–7** *TW* (*Pen* 228) d.g. *bilis, melancholia*. **1632** J. Davies: *LlR* 492, hwy a fyddent meirw yn y man gan drymfryd a *melancholi*. **1681** S. Hughes: *AC* 4, geri neu *felancholi* llydlyd. **1719** Iaco ab Dewi: *TG* 153, *Melancholi* neu Feddylgarwch. **1748** P. Pugh: *DGG* xiii, [T]ristwch, *Melancoli*, ac Anobaith. *c.* **1750** J. Thomas: *T* 24, mewn jâs o *Felancoli*, yn tybied iddynt golli eu holl Ffydd. **18g.** I. Brydydd Hir: *Gw* 73, *Melancholi*, geri, garw eiriau! / Yw'r dybryd glefyd meddylfryd mau [awdl i'r coler du]. **1776** *W*, y geri (coler) du ... vulgo y *melancoli* d.g. *melancholy* [*one of the 4 elements ... of the body ...*]. **1789** H. Jones: *FfH* 3, achos o'r prudd-glwyf, neu *melancoli*.

Fel *a.* Pruddglwyfus, isel ei ysbryd, digalon; yn peri teimladau pruddglwyfus: *melancholy, melancholic, low-spirited, dejected, depressed; depressive*.

1661 E. Lewis: *Drex* 107, Y mae y meddyliau am Dragwyddoldeb yn rhy ddwys, yn rhy drymmion ac yn *felancholi* i gael eu croesawu gennym. **1748** P. Pugh: *DGG* xiiia, [T]ymherau ... mwy pendrist a *melancoli*. *c.* **1762–79** W. Williams: *P* 589, darfu i'r pendefig hwnnw fyned yn *felancoli*, a boddi ei hun. **1771** J. Rees: *H-A* 55, gwelwn fod dynion *melancoli* yn dueddol o daflu gormod o dywyllni ar eu crefydd.

Amr.: **maleicoli** [cf. S. Diw. Cyn. *malicoli*]. **1545**

CM 1, 135. **malencoli** [bnth. S. C. *malencoli(e)*]. *c.* **1400** *Études* vii. 60. *id.* viii. 78, Pedwyryd [gwlybwr] yw *malencoli*, sef yw hynny oeruel a sychdwr. Cf. D. OWEN: *RL* 193, mae arna i ofn fod y *falencoli* arnat ti.

melancolia, malencolia, &c. [bnth. Llad. C. *melancolia, malencolia,* &c., neu efallai drwy'r ff. S. C. cyfatebol] *eg.* Pruddglwyf, y felan; un o bedwar hiwmor y corff, y ddueg, y geri (neu'r coler) du: *melancholy, melancholia; one of the four bodily humours, black bile.*
c. **1400** *Études* vii. 58, Mel . . . Meithrin *malencolia* . . . a wna. **1488–9** *Mos* 88, 35, Kyvansoddir korff dyn or pedwar gwlybwr hynn . . . : sangwinvs . . . Kolera . . . *Malingkolia* oer a sych yw ac vn natvr ar ddaiar ac amser kynhaiaf a henaint dyniol a gwynt y dwyrain. **1543–8** *Pen* 163, ii. 10, nattur y *malankolia* sydd yn meistroli ynthynt. *c.* **1543** *Rhyddiaith Gymraeg* i. 44, gwlybwr *malancolia*, sef yw hynny, oervel a sychdwr. **16g. (1763)** W. SALESBURY: *LlM* 21, y crydie a facco o *melancolia* [*sic*]. **18g.** *Llr* C 24, 370, *Melancolia* a wna bobl yn syrion ag yn anfoesol.

melancolig, melanc(h)olic [bnth. a chfdds. S. *melancholic*; dichon mai amr. orgraffyddol yn unig yw'r ff. yn *-ch-*] *a.* Pruddglwyfus; yn cynnwys y geri (neu'r coler) du (am waed): *melancholic; containing black bile (of blood).*
1604–7 *TW* (*Pen* 228), [g]wythenæ . . . a drygwaet *melancholic* ynddunt d.g. *varicosus.* **1633** *LlGC* 731, 11, rhyw goeg-feddwl, yn tarddu allan o galon *felancholic*, bruddaidd. **1740** *PTY* 1, Pobl athrist *Melancolic* ydynt mewn tywyllwch gwastadol beth bynnag sy'n dyfod at ddŷn *Melancholic* mae'n dyfod mewn Ffordd dywyll at yr Enaid.

melancholi, melancholic, gw. melancoli, melancolig.

melanedd [cfdds. o'r S. *melan(ism)* + *-edd*[1]] *eg.* Y cyflwr o fod â gormodedd o felanin yn y croen: *melanism.*
20g.

melanin [bnth. S. *melanin*] *eg.* Pigment tywyll yng nghroen, gwallt, a llygaid dyn neu anifail: *melanin.*
20g.

melanllys [?*mêl*[1] + *-an*[1] (efallai dan ddyl. Gr. *μελαν-* 'du') + *-llys*[5]] *e.tf. Bot.* Licris, *Glycyrrhiza glabra*: *liquorice.*
1801 *MMf* 285, Glycyrrhiza, melottai, glyr, glyf, *melanllys.*

melanog [*mêl*[1] + *-an*[1] + *-og*] *eb.* ll. *-au, -ion. Bot.* Briallen Fair, *Primula veris*: *cowslip.*
18–19g. *Llr* C 4, 19, *melanog*, plur. *melanogau, -ion*, cowslips ait Dr. W^ms^. a mêl. maes eirian a'r *felanog*, orwych liw yn euro'i chlog. Gwil[ym] Sefn[yn] ynghywyd[d] yr hedydd.

melanthiwm [bnth. Llad. *melanthium*] *eg. Bot.* Planhigyn o'r tylwyth *Nigella*, yn enw. *Nigella sativa*: *fennel-flower, Roman coriander, gith.*
16g. (1763) W. SALESBURY: *LlM* 76, Daw gorddyrne bychain yn ei lle nid anhebic Ir *melanthiwm* [am droed y golomen].

melasgwrn [?amr. ar *merasgwrn*; gw. hefyd *YBH* 169] *eg.* Asgwrn mawr: *large bone.*
14g. *YBH* 60b, gwelet bown yn alarus. a daruot torri *melascwrn* (*le mestre os*) y vordwyt.

melawd, melod [bnth. S. *melody*, ?a'r ff. gyntaf dan ddyl. *mêl*[1] + *-awd*[4]; am golli'r sillaf olaf, cf. *seiat* (bnth. S. *society*); ansicr yw'r engh. gyntaf] *eg.* ll. *melodau.* Melodi: *melody.*
16–17g. *PhA* 331, Heirdd *felodau*, hael ddefodau / Am wirodau, ymwaredydd. **1850** *Caerfallwch* d.g. *melody.*
Gw. hefyd melodi.

melbib [*mêl*[1] + *pib*] *e?b.* ll. *-au. Bot.* Briallen Fair, *Primula veris*: *cowslip.*
18–19g. *Llr* C 16, 170, *melbibau*, cowslips, Gwent.

meld, melt[2] [?amr. ar *beld, belt*] *eg.* Ymyl het, cantel: *rim of a hat.*
Ar lafar yng ngodre Cered. a sir Benf., 'hat a *meld* mowr iddi', *Cymru* xxxiv. 121; gw. *LGW* 303.

mêl-dafod, gw. mêl[1] + tafod.

meldardd [*mêl*[1] + *tardd*] *a.* Yn llifo'n esmwyth neu'n felys, yn llifeirio o fêl: *mellifluous.*
1803 *P.*

meldeb [?*mêl*[1] + *-deb*] *eg.* ?Neithdar: *nectar.*
c. **1400** *MM* 38, *Meldeb* yr eidorwc.

meldorch, gw. malaith.

mêl-ddil, gw. mêl[1] + dil.

melddwyn [*mêl*[1] + *dwyn*[1]] *a.* Yn dwyn neu'n cynhyrchu mêl: *melliferous.*
1604–7 *TW* (*Pen* 228) d.g. *mellifer* (hefyd *D*). **1722** *Llst* 189, *melddwyn*, yielding or bearing hony. **1776** *W* d.g. *melliferous.* **1803** *P.*

meledig [bôn y f. *melaf*[1]: *mela* + *-edig*] *a.bfl.* Wedi ei felysu â mêl: *sweetened with honey.*
16g. *LlGC* 4581, 50a, [g]win *meledic.*

meleithr, gw. malaith.

meleithrog [*meleithr* + *-og*] *a.* Yn dioddef gan losg eira: *suffering from chilblains.*
c. **1400** *R* 1277. 33–4, Mal athrist y roes *maleithrawc* eidyl mil tarw y gynnil tarogennawc.

melen[1,2], gw. melyn, melan[2].

melenael, gw. melen[1] + ael[2].

mêl-enau, gw. mêl[1] + genau.

meleneuraid, gw. melyneuraid.

melengrach, gw. melen[1] + crach.

melengu [*melen*[1] + *cu*] *eb. Bot.* Balog y waun, *Isatis tinctoria*; cynffon titw, *Reseda luteola*; perllys, *Reseda lutea*; ?cribell melyn, *Rhinanthus minor*: *woad; weld, dyer's rocket; mignonette; ?yellow rattle.*
1632 *D* (*Bot*), y *felen-gu*, vid. Balog y waun. *c.* **1730** *Thos. Lloyd D* (LlGC) 175a, *melengu*, inigna, fistularia. G. 129. **1803** *P*, *melengu*, the woad. **1813** *WB* 218, *melengu*; Reseda Luteola; Dyers' weed.
Amr.: **melyngu** [*melyn* + *cu*] (*e?g.*). **1851.**
Cfn.: **melengu bêr, m. berarogl:** *mignonette.* **1896.**

melenlas, melenlwyd, gw. melynlas, melynllwyd.

melenlliw, melenllwyd, melenllys, gw. melynlliw, melynllwyd, melynllys.

melenog, melenr(h)udd, gw. melynog, melynrhudd.

melenwallt, melenwawr, melenwen, gw. melynwallt, melynwawr, melynwyn.

melenydd [*melen*[1] + ?*-ydd*[1]] *eb. Bot.* Planhigyn o'r tylwyth *Hieracium*, heboglys: *hawkweed.*
1632 *D* (*Bot*), y *felenydd*, Hieracium, I.D.R. **1688** *TJ* (*Bot*), y *Felenŷdd*: Hawkweed. **1801** *MMf* 136, Cymmer wraidd y *felenydd* (*Llr* C 24, 291, henban). **1803** *P.*
Gthg. melynydd.

melerth, melerydd, gw. malaith, meilierydd.

melfa [*mêl*[1] + *-fa, ma*] *eb.* Yr organ mewn planhigion sy'n cynhyrchu ac yn rhyddhau neithdar, neithdarle: *nectary.*
20g.

melfaréd, melferét [bnth. S. *velveret*, gydag *f-* ac *m-* yn ymgyfnewid, fel yn *mantais, mentr*] *eg.* a hefyd gyda grym ansoddeiriol. Math o ffustion melfedaidd, defnydd garw rhesog tebyg: *velveret, corduroy.*
1797 W. THOMAS: *CC* 9, Slippers o *Felferet.* Ar lafar yn y Gogledd-orllewin, *WVBD* 370, *LGW* 299.
Am *trowsus melfaréd*, gw. trowsus.

melfed [bnth. S. *velvet*, gydag *f-* ac *m-* yn ymgyfnewid fel yn *mantais, mentr*] *eg.* ll. *-au*, a hefyd gyda grym ansoddeiriol. Defnydd sidanog ac iddo geden fer drwchus ar un ochr, defnydd tebyg ac iddo geden hwy a llyfnach, hefyd yn *dros.* ac yn *ffig.*: *velvet, plush, also transf. and fig.*
15g. *LGC* 159, *Melved* ydyw'r ddwbled ddu. **15g.** *GGl* 69, Dyn a droes (da yn a drig) / Dau alwar dduw Nadolig, / *Melfed* ym, molaf y daith, / A damasg i'm cydymaith. **15g.** *Glam Bards* 248, yn iach fodd wiwglau n iach feddyglyn / yn iach roi *melfed* mwy nis credyn [marwnad Syr Rhoser Fychan gan Lywelyn Goch y Dant]. **15g.** *DE* 5, *melfed* yw torsed y tir / mai llvndain y meilliondir. **15–16g.** *TA* 516, y tâl dan y *melfed* du, / A gâi wirion dy garu? **1547** *WS* [xix], veluet, velfet, *melfet.* **1606** E. JAMES: *Hom* ii. 209, ymhoywi mewn sidan a *melfed.* **1630** R. LLWYD: *LlH* 45, [pais] o Satyn, cadwyn aur, a chlôs *melfed.* **1632** *D*, *melfed*, sericum villosum, pannus holosericus. **17g.** HUW MORUS: *EC* i. 164, Myfi oedd wirion yn ymddiried, / I'r dyn dewr â'r tafod *melfed.* **1722** *Llst* 189, *melfed*, velvet, plush. **1778** J. HUGHES: *BB* 303, Ac yno 'r tafod, mawr-glod mwyn, / Oedd gynt fel *melfed* yn y llwyn, / A dry fel sâch o liain brâs. **1803** *P.*
Am *dail* (*y*) *melfed*, gw. dail.
Gw. hefyd felfed.

melfedaf: melfedu [bf. o'r e. bl.] *bg.a.* Mynd yn feddal, meddalu, hefyd yn *ffig.*: *to become soft, soften, also fig.*
20g.

melfedaidd [*melfed* + *-aidd*] *a.* Tebyg i felfed, llyfn, meddal, esmwyth, mwyn; dibenderfyniad, di-asgwrn-cefn; ymddangosiadol deg neu hawddgar, rhagrithiol, ffals: *velvety, velvet-like, smooth, soft, gentle; lacking determination, spineless; superficially fair or amiable, hypocritical, false.*
c. **1730** *Thos. Lloyd D* (LlGC) 174a, gwelltglas *melfedaidd.* ID. **1794** *W* d.g. *velvety, or velvet-like.* **1803** *P*, *melvedaidd*, like velvet, soft as velvet. Cf. D. OWEN: *RL* 25, Gwrthgyferbyniad ffafriol i'r oes *felfedaidd* a gweniaethus hon o grefyddwyr. *id.* 171, Waeth heb ragrithio na gwneyd arddangosiad o ledneisrwydd *melfedaidd.*

melfedog [*melfed* + *-og*] *a.* a hefyd fel *eg.* Wedi ei wneud o felfed, wedi ei orchuddio â melfed, tebyg i felfed: *made of velvet, covered with velvet, velvety, velvet-like.*
16g. (1763) W. SALESBURY: *LlM* 225, yr hesc *melfedoc.* **1604–7** *TW* (*Pen* 228), pryf *melvedoc* d.g. *campe* (hefyd *D*). **1722** *Llst* 189, *melfedog*, of velvet, velveted. **1780** *W* d.g. *plush, velveted, or of velvet.* **1803** *P*, *melfedawg*, of a velvet softness.
Fel *e. Bot.* Pannog melyn, *Verbascum thapsus*: *common mullein, Aaron's rod.*
1813 *WB* 218.
Am *hesg melfedog, pryf m.*, gw. hesg, pryf.

melferét, gw. melfaréd.

melfid [*mêl*[1] + *bid*[1], cf. *gwyddfid*[2]; nid amhosibl mai *melfid* a gynrychiolir gan *melwit*, *A* 29. 22] *e?g. Bot.* Gwyddfid, *Lonicera periclymenum*: *honeysuckle, woodbine.*
18–19g. *Llr* C 4, 19, *melfid* (q.d. mêl-lwyn llwyn y mel) woodbind or honey suckle. Dr. W^ms^.
Gw. hefyd melwid.

melfin, gw. mêl[1] + min.

melfis [*mêl*[1] + *mis*] *eg.* Mis mêl: *honeymoon.*
1850.

melfoch [?**mel* 'llaeth' (cf. *armel*) + *moch*[1]] *e.ll.* ?Moch sugno: *sucking pigs.*
14g. *WM* 120. 31–2, golwython o gic *mel voch.*

melgawod, mêl-gawod, &c. [*mêl*[1] + *cawod*] *eb.* ll. *-ydd*, a hefyd gyda grym ansoddeiriol.
(*a*) Sylwedd melys gludiog ar blanhigion a gynhyrchir gan y pryf gwyrdd a phryfed tebyg, melwlith; cawod o fêl, hefyd yn *ffig.*; *Medd.* manna: *honey-dew; a shower of honey, also fig.; manna (in med.)*
14g. *GDG* 86, O daw, gwrthlys *melgawad*, / Ganthaw, a'u rhwydaw yn rhad [i'r adarwr]. **15g.**

GO 43, Â min nwyvol ymanevais, / Aml a gevais val *mêl gavad*. **16–17g.** *GST* i. 760, Mil a gofia *mêl gafawd* / Mefus o waith bys a bawd [i ddiolch am napgyn]. **1604–7** *TW* (*Pen* 228) d.g. *drosomeli, saliva, syderum saliva*. **1632** *D*, *melgawad* . . . ros melleus, drosomeli, syderum saliua, Manna Arabum. **1722** *Llst* 189, y *fel-gawad* . . . honey-dew, manna. **1735** L. MORRIS: *T* 8, Duw a fwriodd diferion / *Mêl-gafod* hyd dafod hon [i gusan merch]. **18g.** L. HOPKIN: *FG* d.d., Y *Fel Gafod*: Sef Cywyddau, Englynion, A Chaniadau. **18–19g.** *Llr* C 4, 127, Awyr fel y *fel gawod* manna. Daf. Edwd aëromeli. **1803** *P.*

(*b*) Llwydni, malltod: *mildew, blight.*

1604–7 *TW* (*Pen* 228) d.g. *melligo* (hefyd *D*), *rubigo*. *Dchr.* **17g.** *J* 10, 29b, *melgavod*, malldod. **1688** *TJ*, *melgawod*, llwŷdni: a Mill-dew. **1776** *W* d.g. *mildew*.

Gw. hefyd cawod—y g. fêl.

melged [*mêl*[1] + *ced*] *eb.g.* ac *e.tf.*

1. (fel *eb.*) Teyrnged neu rodd o fêl: *tribute or gift of honey.*

c. **1300** *H* 12a. 35–6, lliaws bart a borthid ar y wys. ar y uet o *uelged* gwlad achrwys (Gwalchmai). **15g.** *AL* ii. 584, teir mechdeyrn ddylyet a ddylyir o Gymry oll . . . *melget* pedeir tunell o fel. *c.* **1730** *Thos. Lloyd D* (LlGC) 174a, *melged*, tribute of Hony. **1792 (1868)** Gw. MECHAIN: *Gw* ii. 126, archodd i Gadell a Merfyn dalu iddo deyrnged, sef *melged* o Ddeheubarth, a pheillged o Bywys. **18–19g.** *Llr* C 30, 239, Tair Llad neu Aberthged a roddir i Feirdd, Blithged, Peillged, a *Melged*. **1803** *P.*

2. (fel *eg.* ac *e.tf.*) *Bot.* Enw ar blanhigion o'r tylwyth *Beta*, betys, *Beta vulgaris*, betys gwyllt, *Beta maritima*: *beet-(root); sea beet, wild beet.*

1801 *MMf* 119, Cymmer annegan o'r *melged* (a elwir yn lladin Beta) (*Llr* C 24, 276 Biatws). *id.* 283, Beata, Beta, *melged*, sewlys, y chwecclys. **1813** *WB* 219, *Melged*; Beta maritima; Sea Beet.

melgell, mêl-gell [*mêl*[1] + *cell*[1]] *eb.* ll. *-oedd.* (Un o'r celloedd mewn) crwybr neu ddil mêl; neithdarle, melfa: (*one of the cells in a*) *honeycomb*; *nectary.*

1850.

melgorn [*mêl*[1] + *corn*] *eg.* ll. *melgyrn.* Crachdardd, tarddiant crach, yn enw. ar y pen, crawniad: *some sort of suppurating sore, esp. on the head, abscess.*

15g. (*Dchr.* **17g.**) *Pen* 112, 705, Elffin gida Chyffin chwyrn / Maelgwyn yn gwasgu r *melgyrn* [Llywelyn ap Gutyn i ddychanu Cyffin, Deon Bangor]. **16g. (1763)** W. SALESBURY: *LlM* 233, e verwir [isop] gyda vinegr . . . aei vwc a veddalha y *melgyrn* neir cilchwyrn poethion a vo yn cylch y clustie. **1604–7** *TW* (*Pen* 228) d.g. *cerium, fauus, meliceria*. **1620** *Mos* 204, 57, Ev a wascadd [*sic*] y *meilgyrn* [*sic*] arno. **1632** *D*, *melgorn*, & melgrangc, meliceris. **1688** *TJ*, *melgorn*, melgrangc, crachdardd pen: a scald in the Head. **1722** *Llst* 189, *melgorn* . . . a sore or scald on the head whereout issueth matter like hony. **1803** *P.*

Am *gwasgu'r melgyrn*, gw. gwasgaf: gwasgu.

melgranc [*mêl*[1] + *cranc*[1], cf. *llyngranc*] *eg.* Melgorn, crachdardd, crawniad: *suppurating sore, esp. on the head, abscess.*

1604–7 *TW* (*Pen* 228) d.g. *meliceria* (hefyd *D*). **1688** *TJ* d.g. *melgorn*. **1722** *Llst* 189, *melgrangc*, a sore or scald on the head whereout issueth matter like hony. **1803** *P.*

melhaid [*mêl*[1] + *haid*] *eb.* ll. *melheidiau.* Yr haid olaf o wenyn i heidio o'r cwch: *the last swarm of bees from the stock hive.*

Diw. **19g.** *SE MS* 296a, *melhaid, heidiau*, sf. the honey swarm; the last swarm from the stock hive which being weak is generally killed for its honey and seldom kept through winter which it can hardly survive (Penllyn).

meliaith, gw. mêl[1] + iaith.

melicwellt, melierydd, meliffoliwm, gw. meligwellt, meilierydd, mileffoliwm.

meligwellt, melicwellt [bnth. S. *melick* + *gwellt*] *e.tf.* *Bot.* Math o wellt, *Melica*: *melick.*

1813 *WB* 219, *melicwellt*; Melica;—Melicgrass.

Cfn.: **meligwellt (melicwellt) y goedwig:** *wood melick, Melica uniflora.* **1813** *WB* 9. **m. gogwydd:** *mountain melick, Melica nutans.* **20g.** **m. rhuddlas** = ?**m. gogwydd.** **1813** *WB* 9, M. cærulea; Purple Melic-grass; *Melic-wellt rhuddlas.*

melilot [bnth. S. *melilot*] *e?g.* *Bot.* Planhigyn o'r tylwyth *Melilotus*: *melilot.*

16g. *LlGC* 4581, 2[6]b, *melilot* y gweynydd sef Loti pratensis. **1604–7** *TW* (*Pen* 228) d.g. *melilotus*.

melin[1] [bnth. Llad. *molīna*, H. Grn. *melin*, gl. *molendinum*, Crn. Diw. *belin*, H. Lyd. *molin*, gl. *molam*, *melinou* (ff. l.), Llyd. C. *melin*, Llyd. Diw. *milin* (taf. Gwened *melin*); cf. H. Wydd. *muilend*, Gwydd. Diw. *muileann*; ceir engh. bosibl o ff. l. *melinawr*, *T* 22. 24] *eb.* ll. *-(i)au*, *-oedd.* (Adeilad ar gyfer) peirianwaith neu ddyfais malu defnyddiau megis ŷd, ffrwythau, mwynau, &c., adeilad lle y ceir offer prosesu defnyddiau, e.e. i weu gwlân neu gotwm, i wasgu dur rhwng rholeri, &c., ffatri, hefyd yn *ffig.*; afiechyd a ddioddefid gan weithwyr gweithfeydd toddi mwyn ac sy'n ganlyniad i wenwyno gan blwm: (*corn-*)*mill, manufacturing mill, rolling-mill, factory, also fig.*; *illness resulting from lead poisoning suffered by mill workers.*

13g. *LlI* 58, Try thlus kenedel e gelwyr *melyn* a choret a pherllan. **14g.** *WML* 31, Vn rydit yw ar valu yny *velin* ar brenhin. **14g.** *WM* 161. 34–6, ysawl awelei o *velineu* ar dwfyr a *melineu* gwynt. **14g.** *GDG* 178–9, A'i hwyaid yn tybiaid dydd, / A'i *felinau* aflonydd. / . . . / Mynychglap, mewn mynachglos, / *Melin* ŵyll yn malu nos [i'r cloc]. *id.* 425, Mawlair cerdd, milwr a'i cant, / *Melin* y glod a'r moliant [marwnad Dafydd ap Gwilym gan Fadog Benfras]. **14–15g.** *IGE*[2] 176, Taliesin, a *melin* mawl / Tud Gwynedd, tai digonawl [Llywelyn ab y Moel am Rys Goch Eryri]. *c.* **1400** *R* 1271. 15–16, mwy no dwfyr *melin* ymen deifi. *c.* **1400** *YCM*[2] 189–90, gwynt deyssyuyt yn dyuot ar uon rot *melin* . . . val y troei rot y *velin* ar y werthyt. **15g.** *Pen* 109, 151, Ath *uelinoed*. Ath geginoed (Lewis Glyn Cothi). **[1547]** W. SALESBURY: *OSP*, Yr [*sic*] cyntaf ir *velin* maler yn gyntaf. **1604–7** *TW* (*Pen* 228), *melin* yn yr honn y gwneir oel d.g. *trapes*. **1620** *Mos* 204, 164, Y *velin* a val a vyn ddwr. **1632** *D*, *melin*, mola, molendinum, pistrinum. **1757** *ML* ii. 32, Lle mae gwin yn troi *melinau*, / A chan punt am gysgu'r borau. **1796** T. PENNANT: *HWH* 128, The disorder is called the *Felyn*, from *Felyn*, a mill . . . frequent in the smelting mills. **1803** *P.* Ar lafar yn nwyrain sir Gaerf. am y dannedd malu; hefyd yn ardaloedd y chwareli am adeilad arbennig ar gyfer torri'r cerrig, &c., *B* xx. 247. Dywedir 'Mae'n siarad fel *melin*' am rywun sy'n siarad yn ddi-baid, a hefyd fod 'y *felin* yn malu'n wag' pan fo rhywun yn parablu heb fawr o sylwedd, *Traeth* cxxix. (1974) 256. Digwydd yn gyff. mewn e. lleoedd, e.e. *Felin-fach*, Cered. a Brych., *Felin-foel*, sir Gaerf., *Melincryddan*, ger Castell-nedd, *Melingriffith*, pl. Yr Eglwys Newydd, Morg.

Cfn.: **melin afalau:** *cider-mill.* **20g.** **m. farrau:** *rolling-mill.* **1855.** **m. flawd:** *flour-mill.* **1898.** **m. frag:** *malt-mill.* **1776** *W* d.g. *malt-mill*. **m. galedu:** *tannery.* Ar lafar yng Nghwm Taf, Morg., '*melin gletu*'. **m. gannu:** *?bleachery.* **18–19g.** *Llr* C 42, 495. **m. glap:** *mill with a clapper.* **16–17g.** *GST* i. 545. Ar lafar yn y Gogledd dywedir fod person siaradus yn 'siarad fel *melin glap*'. **m. glec** = **m. glap.** **1763** *DT* 168. **m. (y) glep** = **m. glap.** **1815.** **m. gnau:** *nut-cracker(s).* **1725** *SR* d.g. *a Cracker . . . a Nut cracker.* *c.* **1730** *Thos. Lloyd D* (LlGC) 174a. **m. goffi:** *coffee-mill.* **1866.** Ar lafar, *WVBD* 370. **m. gotwm:** *cotton-mill.* **1847.** **m. gymrwd:** *mortar-mill.* **1862.** **m. gythraul:** *device for drying corn consisting of a wheel to which rags were attached which was turned by the wind.* Ar lafar. Cf. N. RICHARDS: *CN* 19. **m. ddŵr:** *water-mill.* **15–16g.** (*c.* **1648**) *Llst* 124, 141. **1774** *W* d.g. *mill . . . a water-mill.* Ar lafar yn gyff., *WVBD* 370. Cf. *WM* 161. 35–6, [m]elineu ar dwfyr a melineu gwynt. **m. ddylifo:** *warping-mill* (*machine used in weaving*). Ar lafar yn Arfon. **m. ddyrnu:** *threshing-mill.* **1848.** **m. eithin:** *machine for crushing gorse for animal feed, chaff-cutter.* **1869.** Ar lafar. Cf. H. EVANS: *CE* 141–2. **m. weddi:** *prayer-mill.* **1866.** **m. weol:** *textile mill.* **20g.** **m. wlân:** *woollen-mill.* **20g.** **m. wynt:** *windmill, also fig.* **14g.** *WM* 161. 35–6, *melineu gwynt*. **15–16g.** LLAWDDEN, &c.: *Gw* 64. **1547** *WS*, *melin wynt*, a wynde myll. **1632** J. DAVIES: *LlR* 363, Peth truan gofidus ydyw i ddyn fod yn *felin wynt*, heb wneuthur dim blawd ond tra barhao 'r chwa wynt. **1762** *ML* ii. 514, Mae'r Andro Jones oddiar ei fachau etto . . . a'i ben yn llawn o *felinau gwynt*. **1790** TWM O'R NANT: *GG* 112. Ar lafar. Digwydd yn Arfon yn yr ystyr 'dyfais i ddychryn adar', *WVBD* 370. **m. haearn:** *iron-mill.* **20g.** **m. heli:** *tide-mill.* **1524** *AAST* (1939) 109. **1657** *ib.* Mae *Y Felinheli* yn enw pentref yn sir Gaern. **m. lafur:** *corn-mill.* **1899.** **m. law:** *hand-mill, quern.* **1604–7** *TW* (*Pen* 228) d.g. *pistrilla*. *Dchr.* **17g.** *J* 10, 29b, *melin law*, handemill, breuan. **1632** *D* d.g. *moletrina*. **1774** *W* d.g. *hand-mill*. **1798** *WR* d.g. *quern*. Gw. hefyd *llawfelin*. **m. lif:** *saw-mill.* **1934.** Gw. hefyd *llifelin*. **m. lifanu** = **m. lif.** **1905.** **m. lif(i)o** (i) = *m. lif*. **1818.** (ii) *grinding-mill, knife-grinder's barrow.* **1866.** **m. fâl** = **m. falu** (i). **1774** *W* d.g. *a grinding-mill*. **18–19g.** *Llr* C 16, 183. **m. falu:** (i) *corn-mill, grist-mill.* **1547** *WS*, *melin valy*, a myll. **1722** *Llst* 189. (ii) *crushing plant, crushing-mill.* **20g.** **m. feirch:** *horse-powered mill.* **1547** *WS*, *melin veirch*, a horse myll. **1604–7** *TW* (*Pen* 228) d.g. *iumentarius, molæ iumentariæ*. *Dchr.* **17g.** *J* 10, 29b, *melin veirch*, horse mill, mola asinaria. **m. osai** = **m. afalau.** **1848.** **m. ban:** *fulling-mill, tucking-mill.* **1547** *WS*, *melin ban*, a fyllyngmyll. **16–17g.** *GST* i. 972. **1604–7** *TW* (*Pen* 228) d.g. *fullonica*. **18g.** G. M. ROBERTS: *PG* i. 194. **1773** *W* d.g. *fulling mill*. Digwydd fel enw ar adeiladau o'r fath mewn dogfennau o'r 16g. ymlaen. Gw. J. G. JENKINS: *WWI* 365–6. **m. bapur:** *paper-mill.* **18g.** G. M. ROBERTS: *PG* i. 194. **1770** *TG* iv. 119. **1778** *W* d.g. *a paper-mill*. Ar lafar, *WVBD* 370. **m. blatiau tun:** *tin-plate works.* **1931.** **m. blwm:** *lead-mill.* *c.* **1700** E. LHUYD: *Par* 92. Digwydd fel e. lle yn sir Ffl., gw. T. PENNANT: *HWH* 157. **m. bupur:** *pepper-mill.* **1722** *Llst* 189, *melin buppur*, a pepper-quern. Ar lafar, *WVBD* 370. Dywedir am rywun siaradus ei fod yn 'siarad fel *melin bupur*'. **m. risgl:** *bark-mill.* **1884.** **m. rolio:** *rolling-mill.* **1874.** **m. sang** = **m. sathr.** **1866.** **m. sathr:** *treadmill.* **1833.** **m. silio:** *mill for hulling grain.* **1884.** **m. strip (boeth):** (*hot*) *strip mill.* **20g.** Ar lafar. **m. draed** = **m. sathr.** **1839.** **m. dreigl** = **m. rolio.** **1908.** **m. dro** = **m. rolio.** **1864.** **m. dun:** *tin works.* **1855.** **m. dwcwr** = **m. ban.** **1867.** Mae'n e. lle yn ardal Pont-faen, sir Benf., *GDD* 313. **m. ŷd** = **m. lafur.** **1789** *LlCy* i. 31. **m. ystofi** = **m. ddylifo.** **1866.** **(mynd, rhoi, &c.) drwy'r felin:** (*to go, put, &c.*) *through the mill.* **1866.** Ar lafar.

Am *cafn melin, clap m., clep y f., croes m., ffos m., ffrwd y f., gwneud m. ac eglwys, gwneud m. a phandy, llwyfan m., maen m., saer m.* (*melinau*), *troi'r dŵr at ei felin ei hun*, gw. cafn, clap, clep, croes, ffos, ffrwd, gwnaf: gwneuthur (hefyd At.), llwyfan[2], maen[1], saer, troaf: troi.

melin[2]**—melin godwm,** gw. ymaflaf: ymaflyd—y. codwm.

melinaf: melina, melino [bf. o'r e. bl.; prin iawn yw'r ff. rhed.] *bg.a.* a grym enwol weithiau i'r be. Malu (ŷd, blawd, &c.) mewn melin, trin (metel) drwy ei rolio, hefyd yn *ffig.*; mynd ag ŷd, &c., i'r felin i'w falu; ?gyrru melin; (geir.) cardota (ŷd, &c.) o felinau: *to grind* (*corn, flour, &c.*) *in a mill, mill* (*metal*), *also fig.*; *take corn, &c., to be milled*; *?drive a mill*; (*dict.*) *beg* (*corn, &c.*) *from mills.*

15g. (**16–17g.**) *Mos* 146, 345, Ai march . . . / ai gwilog o ddiog dda / fai lonvdd i *felina* [Gruffudd ap Llywelyn Fychan i ofyn march]. **1547** *WS*, *melina*. **1604–7** *TW* (*Pen* 228) d.g. *molo*. **1632** *D*, *melina* d.g. *molitura*. *id.* (*Diar*), *Melina* tlawd ei gwynos. **1672** R. PRICHARD: *Gw* 270, Os aiff Dafydd i *felina*, / Ganol nôs at wraig Vria; / Fe ddaw vn ganol-ddydd gole, / I *felina* i felin ynte. **1688** *TJ*, *melina* [diwyg.], cardotta o felin i felin, to beg from mill to mill. **1722** *Llst* 189, *melina*, to be grinding at a mill. *c.* **1730** *Thos. Lloyd D* (LlGC), 175a, *melina*, to grind. molo. *c.* **1762–79** W. WILLIAMS: *P* [331], os yd a fyddai gan neb, fe ofnid fyned ag ef i'w *felina*. **1776** *W*, *melino* d.g. *to mill* [*chocolate*]. *id.* *melina* d.g. *to mill* [*carry grist to mill, attend the grinding, and bring it home again*]. **1803** *P*, *melina*, a going to mill. *id.* *melina*, to go to mill. *id.* *melinaw*, to grind in a mill.

melinaidd [*melin*[1] + *-aidd*] *a.* Yn perthyn i felin; *Her.* (am groes) a phennau'r breichiau wedi eu hollti a'u troi tuag yn ôl ar ffurf hanner cylch: *pertaining to a mill*; *moline* (*in her.*).

16g. *Med H* 52, Seithved ymrafel groes yw kroes melin, nei groes *velinaidd*: kans tebig yw i offeryn a vydd mywn melin yn kynal y maen. **1722** *Llst* 189, *melinaidd*, belonging to a mill.

Am *croes felinaidd*, gw. croes.

melindy [*melin*[1] + *tŷ*] *eg.b.* ll. *-dai.* Melin; (geir.) carchardy: *mill*; (*dict.*) *prison.*

16g. GR. HIRAETHOG: *Gw* (D. J. B.) 108. 53–4, Dysglau âi dan bigau dur, / Dwy saig *melindy* (amr. *melindai*) segur [i ofyn meini melin]. **1632** *D* d.g. *pistrina*. **1722** *Llst* 189, *melindy*, m. a millhouse, bridewell. *c.* **1730** *Thos. Lloyd D* (LlGC) 174a, *melindy*, mola. Pistrina. **1771** *W* d.g. *bridewell* [*house of correction*].

melines [*melin*[1] + *-es*[1]] *eb.* ll. *-au.* Gwraig melinydd; merch neu wraig sy'n felinydd: *miller's wife; female miller.*
1722 *Llst* 189, *melines*, f.p. *nesau*, a miller's wife. **1776** *W*, melinyddes, vulgò *melines* d.g. *miller, a woman-miller.*
Gw. hefyd melinyddes.

melinfarch, gw. melin[1] + march.

melinog [*melin*[1] + *-og*] *a.* *Her.* Melinaidd: *moline (in her.).*
c. **1600** L. Dwnn: *HV* ii. 18, Brenin Naples a ddug maes o assur . . . k[r]oes *velynog* o'r aur.
Am *croes felinog*, gw. croes (At.).

melinol [*melin*[1] + *-ol*] *a.* Yn perthyn i felin: *pertaining to a mill.*
1604–7 *TW* (*Pen* 228) d.g. *molarius.*

melinwr [*melin*[1] + *-wr*, cf. Llyd. Diw. *miliner*] *eg.* (b. *-wraig*) ll. *-wyr.* Melinydd; perchennog melin: *miller; millowner.*
1776 *W* d.g. *miller. id. melin-wraig* d.g. *miller, a woman-miller.* **1803** *P.* Ar lafar yng ngogledd Cered. yn yr ystyr 'melinydd'.

melinydd [*melin*[1] + *-ydd*[3]] *eg.* ll. *-ion.* Un sy'n gweithio melin, un sy'n malu, melinwr, hefyd yn *ffig.*; dant malu, cilddant: *miller, grinder, also fig.; molar.*
1292 *B* xiii. 227, Seysil *Melinyt.* **14g.** *WM* 162. 2, Ef adeuth y ty y *melinyd.* **14g.** *B* ix. 46, *Melinid* oed tat y vorwn. **15g.** *OBWV* 116, Fy esgus yw'r fau wisg sydd / Mal unwisg y *melinydd* [i'r eira]. [**1547**] W. Salesbury: *OSP*, Llawer or dwfyr a heibio eb wybot ir *melinydd.* *Diw.* **16g.** *LBS* iv. 417, [p]ann welas y *melinyddion* hwy. **1604–7** *TW* (*Pen* 228), y danhedd a elwir y *melinyddion* d.g. *pterygoides* (At.). *id.* d.g. *molitor, pistrillarius.* **1632** *D*, *melinydd*, molendinarius, molitor. *c.* **1688** *YHD* 15, *Melinydd* Diafol yw'r Pechadur yn malu yn wastadol ar Diafol sydd . . . yn llenwi yr Hoppran. **1776** *W* d.g. *miller.* **1803** *P.* Digwydd yn enwau'r alawon *Merch y Melinydd, Tôn* (*Cân*) *y Melinydd*, gw. H. Williams: *CB* 134, 168.
Gw. hefyd melinyddes.

melinyddes [*melinydd* + *-es*[1]] *eb.* ll. *-au.* Gwraig melinydd; merch neu wraig sy'n felinydd: *miller's wife; female miller.*
1722 *Llst* 189, *melinyddes*, f.p. *ddesau*, a miller's wife. **1776** *W* d.g. *miller, a woman-miller.* **1803** *P.*
Gw. hefyd melines.

melinyddiaeth [*melinydd* + *-iaeth*] *eb.* Y gelfyddyd o felina: *the craft of milling.*
1543 *B* viii. 300, hyn a wnar milinydd [*sic*] o waith *mylinyddiaeth* [*sic*].

meliorydd [cfdds. o'r S. *melior(ist)* + *-ydd*[3]] *eg.* Un sy'n credu bod modd gwella'r byd drwy ymdrechion dyn: *meliorist.*
20g.

melisia, gw. milisia.

mêl-lys, mêl-lysiau [*mêl* + *llys*[5], *llysiau*; a'r ystyr 'gwenynllys' o bosibl dan ddyl. y Llad. *melissa*, cf. *Études* vii. 310, melisse] *eg.* ac *e.ll.* *Bot.* Gwenynllys, balm, *Melissa officinalis*; cegiden wen, cegiden bêr, creithig, *Myrrhis odorata*: *balm; sweet cicely.*
c. **1730** *Thos. Lloyd D* (LlGC) 175a, *Melysiau* Sicilli. Chervil. **18–19g.** *Llr* C 7, 32, *Mel-lys* . . . Balm Bawm.

melod, gw. melawd.

melodaeth [*melawd, melod* + *-aeth*] *eb.* Yr ansawdd o fod yn felodaidd, perseinedd: *melodiousness.*
1850.

melodaidd [?bnth. S. *melod(y)* + *-aidd*] *a.* Ac iddo felodi, persain: *melodious.*
18–19g. *Llr* C 4, 1, *melodaidd*, meloduous [*sic*].

melodedd [*melawd, melod* + *-edd*[1]] *eg.b.* Melodi, perseinedd: *melody, melodiousness.*
1850.

melodeg [*melawd, melod* + *-eg*[1]] *eb.* Melodi: *melody.*
1858.

melodi [bnth. S. *melody*] *eb.g.* ll. *-ïau, -ïon.* *Crdd.* Cyfres rythmig o nodau unigol sy'n ffurfio dilyniant, cerddoriaeth bersain, alaw; perseinedd: *melody; melodiousness.*
1884. Ar lafar, 'Dyna *felodi* bert!'
Gw. hefyd melawd.

melodiaf: melodio [bf. o'r e. S. C. *melod(ie)*] *bg.* Canu melodïau: *to sing melodies.*
15g. (**17–18g.**) *Llst* 133, 47a, A sain organ ar gan gwyl / A desgant yn ei disgwyl / A musig oll ymysg gwin / A *melodio* mewn ladin [Gruffudd ap Llywelyn Fychan i abad Ystrad Marchell].

melodig [cfdds. o'r S. *melod(ic)* + *-ig*[2]] *a.* Yn perthyn i felodi, o natur melodi: *melodic.*
20g.

mêl-odl, gw. mêl[1] + odl.

melodol [*melawd, melod* + *-ol*] *a.* Melodaidd, melodig: *melodious, melodic.*
1858.

melodrama [bnth. S. *melodrama*] *eg.b.* ll. *-âu.* Drama, ffilm, &c., a nodweddir gan blot amrwd ac emosiwn eithafol: *melodrama.*
20g.

melodramaol [*melodrama* + *-ol*] *a.* Melodramatig: *melodramatic.*
20g.

melodramataidd [cfdds. o'r S. *melodramat(ic)* + *-aidd*] *a.* Melodramatig: *melodramatic.*
20g.

melodramatig [cfdds. o'r S. *melodramat(ic)* + *-ig*[2]] *a.* ac weithiau gyda grym enwol. Ac iddo nodweddion melodrama: *melodramatic.*
20g.

melodus [?bnth. S. *melod(y)* + *-us*] *a.* Melodaidd: *melodious.*
18–19g. *Llr* C 4, 1, *melodus*, meloduous [*sic*].

melog [*mêl*[1] + *-og*] *eg.* (bach. *-an*) ll. *-au*, a hefyd fel *a.* *Bot.* Gwyddfid, *Lonicera periclymenum*; planhigyn gwyllt pinc ei flodau, llysiau'r eglwys, *Pedicularis sylvatica*; math o afal: *honeysuckle, woodbine; lousewort; a kind of apple.*
18–19g. *Llr* C 4, 244, *melog, melogan.* math ar afal. **1803** *P*, *melawg* . . . Y *felawg*, the honeysuckle. **1813** *WB* 60, Lousewort; Melsugn, *Melawg.* *id.* 218, *Melawg*; Lonicera Periclymenum; Common Honeysuckle, Woodbine.

Fel *a.* Tebyg i fêl, llawn mêl, melys, hefyd yn *ffig.*; yn casglu mêl (am bryfed); y ceir mêl ohonynt (am flodau): *honeylike, full of honey, sweet, also fig.; honeygathering (of insects); melliferous.*
1803 *P.*
Cfn.: **melog y cŵn:** *lousewort, Pedicularis sylvatica.* **20g.** **m. y waun:** *red rattle, Pedicularis palustris.* **1813** *WB* 218. **m. y borfa** = **m. y cŵn.** **1813** *WB* 218.

melon, melwn [bnth. S. *melon*] *eg.* ll. *-au, -s*, (prin) *meloniaid.* (Ffrwyth) y planhigyn *Cucumis melo* neu *Citrullus vulgaris*, pompiwn: *melon.*
1545 *CM* 1, 403, Pwmpwns a *melwns* a dyff [*sic*] mewn gardde. **1604–7** *TW* (*Pen* 228), *melon* d.g. *pepo* (hefyd *D*). **1688** T. Jones: *Alm* [23], winwŷns, *Melonau*, Cucummers. *c.* **1730** *Thos. Lloyd D* (LlGC) 174a, *melon*, a melon. **1752** *ML* i. 194, Hi wnaeth dywydd cas . . . ar les y cucumbers a'r *melons.* *c.* **1762–79** W. Williams: *P* 261, eisiau dwfr ar eu *melons*, a'u shugar-canes. **1763** *ML* ii. 586, Na wneuthum i ddim i'r had *melons.* **1776** *W* d.g. *melon.*
Cfn.: **melon y dŵr (dwfr):** *water-melon, Citrullus vulgaris.* **1858.**

melotai [*mêl* + ?*-od* + *-ai*[2], *hai*] *e.ll.* ac *e.tf.* *Bot.* Licris, *Glycyrrhiza glabra*; betys, melged, *Beta vulgaris*; hocys, malws: *liquorice; beet(s); mallow(s).*
18–19g. *Llr* C 11, 151, *melottai*, beets. **1801** *MMf* 104, bwrw gwraidd y *melottai* (*Llr* C 24, 268, licoris). *id.* 119, [p]ylor *melottai* (*Llr* C 24, 277, [p]owdwr Licoris). *id.* 285 d.g. *glycyrrhiza.* **1813** *WB* 219, *melottai*; Malva; Mallow.

melrawd [*mêl*[1] + *rhawd*[1]] *eb.g.* Mis mêl, hefyd yn *ffig.*: *honeymoon, also fig.*
20g.

melred [*mêl*[1] + bôn y f. *rhedaf*: *rhedeg a rhed*] *a.* a hefyd gyda grym enwol. Yn llifeirio o fêl, hefyd yn *ffig.*: *flowing with honey, mellifluous, also fig.*
1604–7 *TW* (*Pen* 228) d.g. *mellifluus* (hefyd *D*). *a.* **1642** (**1684**) H. Owen: *DC* 443, mawrygent dy Enw sanctaidd *melred* di. **1722** *Llst* 189, *mel-red*, dropping with hony. **1776** *W* d.g. *mellifluent, or mellifluous.* **1803** *P.*

melrediad [*mêl*[1] + *rhediad*] *eg.* Llifeiriant o fêl, yr ansawdd o fod yn llifeirio o fêl: *flow of honey, mellifluence.*
1776 *W* d.g. *mellifluence.* **1803** *P.*

melros [*mêl*[1] + *rhos*[1]] *eg.* Suddog a wneir drwy ferwi mêl a sudd rhosynnau ynghyd: *syrup made from honey and the juice of roses boiled together.*
1632 *D* d.g. *rhodomeli.* **1722** *Llst* 189, *mel-ros*, hony and ye juice of roses boild together. *c.* **1730** *Thos. Lloyd D* (LlGC) 174a, *melros*, mel rosatum.

melsaig [*mêl*[1] + *saig*] *eg.* Bwyd amheuthun: *choice food.*
1803 *P*, *melsaig*, s.m. a sweet repast. Gwell messaig yn rhad no *melsaig* yn echwyn. *id.* messaig . . . Gwell messaig o'm cell vy hun no *melsaig* o gell arall.

melsugn [*mêl*[1] + *sugn*] *eb.g.* *Bot.* Balog y waun, *Pedicularis palustris*; melog, *Pedicularis sylvatica*; glesyn, gweddlys, *Isatis tinctora*: *red rattle; lousewort; woad.*
Dchr. **17g.** *J* 10, 30a, *melsugyn*, crista galli. **1632** *D* (*Bot*), y *Fel-sugn*, vid. Balog y waun. **1803** *P*, *melsugyn*, s.m. the glastum, or woad. **1813** *WB* 219, *melsugn*; Pedicularis; Lousewort.

melt[1] [bnth. S. *melt(e)*, amr. ar *milt* 'spleen'] *eg.* Dueg, poten ludw, cleddyf biswail, cleddyf Bleddyn: *spleen, milt.*
1545 *CM* 1, 173, [y] *melt* ner ysblin. *id.* 239, I lanhaur *melte* o amhuredd aviachus.

melt[2]**,** gw. meld.

meltyrch, meltyrth, gw. malaith.

melus, melusaf: meluso, &c., gw. melys, melysaf: melysu, &c.

melwaith [*mêl*[1] + *gwaith*[1]] *eg.* Y weithred o wneud mêl: *a making of honey.*
1604–7 *TW* (*Pen* 228), *melwaith*, gwneuthuriat mel d.g. *mellificium.* **1632** *D* d.g. *mellificatio.* **1722** *Llst* 189, *melwaith*, the making of hony. **1776** *W* d.g. *mellification.* **1803** *P.*

melwawd [*mêl*[1] + *gwawd*] *eg.* a hefyd gyda grym ansoddeiriol. Barddoniaeth neu gerddoriaeth bersain, melodi, cynghanedd: *melodious poetry or music, melody, harmony.*
1604–7 *TW* (*Pen* 228) d.g. *melodia.* **17g.** E. Morus: *Gw* 61, Sion, aer gwych, sy'n euro gwawd, / Owen Pernant, moliant *mel-wawd.* **17g.** E. Morris: *B* 35, Clymu, eilio, cloi *melwawd*, / Cydio'n gerth, cadwyno gwawd. **1722** *Llst* 189, *melwawd*, harmony, melody. **1803** *P.*

melweden, Mêl-wefus, gw. malwod, mêl[1]—M. Wefus.

mêl-wenyn [*mêl*[1] + *gwenyn*] *e.ll.* neu *e.tf.* (un. b. *-en*) Gwenyn mêl, *Apis mellifera*: *honey-bees.*
1852.

melwid [?*mêl*[1] + *gwid*, ond gw. hefyd *melfid*] *eg.* ?Gwledd o fêl, mêl byw: *feast of honey, liquid honey.*
13g. *A* 29. 21–2, gorwyd mwy galwant no *melwit.*

melwin [*mêl*[1] + *gwin*] *eg.* Math o ddiod o

fêl a gwin neu o fêl a dŵr; mwsgadél: *drink made from honey and wine, mulse, hydromel; muscatel.*

1604–7 *TW* (*Pen* 228) d.g. *mulsum* (hefyd *D*). **1632** *D* d.g. *oenomeli.* **1722** *Llst* 189, *melwin*, drink of wine and hony. **1725** *SR* d.g. *m[u]scadine.* **1776** *W* d.g. *mulse* [*a liquor made of wine, &c. and honey boil'd together*]. **1803** *P*, *melwin*, honey wine; hydromel.

melwioges, melwoges [gair geir.; ffrwyth trafod H. Grn. *melþioges*, gl. *testudo*, fel petai'n air Cym.] *eb.* (g. *melw(i)og*, ll. *melwogod*). (geir.) Malwoden; crwban, crwban dŵr, crwban y môr: (*dict.*) *snail; tortoise, turtle.*

1604–7 *TW* (*Pen* 228), malweden, *melwioges*, li. ll. daf d.g. *testudo.* *Dchr.* **17g.** *J* 10, 29b, *melwiog, melwioges*, testudo. **1632** *D*, *melwioges* d.g. *testudo.* **1707** *AB* 218d, *melwioges*, a tortoise. [S]. **1753** *TR*, *melwioges*, a snail; a tortoise. **1794** *W*, *melwioges* d.g. *a tortoise.* **1798** J. Thomas: *CIC* 68, mae ganddo ef, fel y *felwioges*, (tortoise) gragen ar ei gefn. **18–19g.** *Llr* C 11, 197, *melwïoges . . . melwog, melwoges*, Glam. **1803** *P*, *melwioges*, a snail; but mostly called malwen.

melwlith [*mêl*[1] + *gwlith*, cf. S. *mildew*] *eg.* Melgawod, hefyd yn *ffig.*; llwydni, malltod: *honey-dew, also fig.*; *mildew, blight.*

16g. (*LlEG*) *Mos* 158, 687a, Yny mis yma I syrthiodd y *meelwlith* ar y gwenith gida chauod boeth yr hon ai llosges Ef ynn ddu. **1604–7** *TW* (*Pen* 228) d.g. *drosomeli, mel roreum, melligo.* **1722** *Llst* 189, *melwlith*, hony-dew, manna. **1774** *W* d.g. *honey-dew, mildew.* **1803** *P.*

melwn, melwog, melwota, gw. melon, melwioges, malwota.

melwr [*mêl*[1] a bôn y f. *melaf*[1]: *mela* + *-wr*] *eg.* Masnachwr mêl, darparwr mêl, un sy'n casglu mêl, hefyd yn *ffig.*: *honey-merchant, provider or collector of honey, also fig.*

16–17g. T. R. Roberts: *EP* 244, Milwr glew, a *melwr* gwlad, / A gwncweriodd gainc cariad [i ferch]. **1604–7** *TW* (*Pen* 228) d.g. *meliturgus.* **17g.** *LlGC* 434, 76, nid wy i ŵr mael *melwr* maith / ar ganiad i rhoi [*sic*] gweniaith [marwnad Siân Dolben gan Edward Morris]. **1722** *Llst* 189, *mel-wr*, a honymerchant. **1803** *P*, *melwr*, a man who collects honey.

Am *mis y melwr*, gw. mis.

melwrth, melyd, gw. malaith, ymaflaf: ymaflyd.

melwydd [*mêl* + *gwŷdd*[1]] *eg. Bot.* Gwyddfid, *Lonicera periclymenum*; masarnen felys, *Acer saccharum*: *honeysuckle*; *sugar maple.*

18–19g. *Llr* C 11, 246, *melwydd*, the sugar tree—the sugar maple. **18–19g.** *IAW* (LlGC) 101, 8, *melwydd*, woodbine, honeysuckle. Dr. Wm.

melydd [bôn y f. *malaf*[1]: *malu* + *-ydd*[3]] *eg.* ll. *-ion.* Dant malu: *molar* (*tooth*).

1860.

Gw. hefyd malydd.

melyn [H. Grn. *milin*, gl. *fuluus uel flauus*, Crn. C. *melyn*, H. Lyd. *melin, milin*, gl. *flauus*, ll. *milin(i)on*, Llyd. C. a Diw. *melen*: < Brth. **melino-*, sef est. ar y bôn a welir yn *mêl*[1]; tebyg nad yma y perthyn Lladin Gâl *melinus* 'color nigrus'] *a.* (b. *melen*) ll. *-ion*, a hefyd fel *eg.*

(*a*) O liw menyn, aur, eithin, &c. (sef y lliw sydd rhwng gwyrdd ac oren yn y sbectrwm), euraid, eurlliw, (wedi ei wneud o) aur; ac iddo wallt golau, melynwallt; melynfrown golau (am liw ceffyl, &c.); melynlliw, melynwelw, melynlas, neu frown (ynglŷn â'r croen); coch neu frown (am siwgr): *yellow, golden,* (*made of*) *gold*; *yellow-haired, blond*; *light-bay* (*of horse, &c.*); *yellow, sallow, livid, or brown* (*with ref. to skin*); *brown* (*of sugar*):

12g. *LL* 73, behit pan a nir hal*melen.* *id.* 140, dyr hitir *melin.* **13g.** *C* 28. 2, Arwul *melin.* march passcen. *id.* 49. 1, Awallen peren. A pren *melin.* **13g.** *A* 3. 15, med evynt *melyn* melys maglawr. **14g.** *B* xxv. 266, ae maedawd hi . . . hyny yttoed y chnawt gwyn hi yn *velyn* vegys y violet. **14g.** *WM* 32. 34–5, [g]wallt kyu*elynet* oed ar eur. *id.* 166. 7–9, Danhed hiryon *melynyon melynach* no blodau y banadyl. **1632** *D*, *melyn*, flavus, croceus. **1696** *CDD* 265, Y tymmor hafedd twŷmŷn, / Disgleirwŷn, *melŷn* Mai. **1718 (1721)** S. Thomas: *HB* 29, Y bobl y'nt *felynion* a duon. **1770** *TG* ii. 8, suwgr *melyn.* **1803** *P.* Ar lafar clywir 'mor *felyn* â saffran', '*melyn* fel saffrwm', yn enw. am bryd a gwedd rhywun. Digwydd fel elf. mewn e. lleoedd, e.e. *Rhydfelen*, ger Pontypridd, Morg., *Sarn Felen*, ger y Drenewydd, sir Drefn., ac fel epithet a chyfenw, gw. *Treigladau* 115, a *W Surnames* 165.

(*b*) O liw melyn gwrthun (yn enw. am angau wedi ei bersonoli), marwol, anghymodlon, annymunol: *of a hideous yellow colour* (*esp. of death personified*), *deadly, implacable, unpleasant.*

16g. Huw Arwystl: *Gw* 348, ni rwystra kythrel *melyn* / offrwm i ddegwm o ddyn. **16–17g.** Llywelyn Siôn, &c.: *Gw* 509, siankyn, chwedl *melyn*, ymaelyd—a wnaf [diwyg.] / am awnaeth ddyn enbyd. **16–17g.** *RAGR* 385, Er dy vod yn ange ir byd / *melyna* i bryd a garwa. **1672** R. Prichard: *Gw* 430, Ac nac ofna'r Angeu *melyn.* **18g.** L. Hopkin: *FG* 14, Gelyn *melyn* pob milwr [am angau].

Fel *e.* Y lliw melyn; creadur neu beth melyn; *Her.* lliw aur ar bais arfau; melynwy: *the colour yellow*; *yellow object or creature*; *or* (*in her.*); *yolk.*

14g. *WM* 480. 31–2, Y *melyn* gwanhwyn. *c.* **1400** *DB* 23, ygkylch y *melyn* (*vitellum*) y mae y gwynn. **15g.** *LGC* 74, Aur a wisg ar wyn, ac ariant gorwyn, / A'r gwyn, a'r *melyn*, ni châr malais. **15–16g.** *TA* 419, Mal naid y *Melyn* o Iâl. **1703** E. Wynne: *BC* 99, ysmottieu duon i wneud i'r *melyn* edrych yn wynnach. *c.* **1730** *Thos. Lloyd D* (LlGC) 172a, *melyn*, or in Heraldry. **1803** *P.* Ar lafar yn gyff., 'Mae dou *felyn* 'da'r wŷ 'ma'. Digwydd hefyd yn yr ymadrodd 'Pigiad y *melyn* a glwyfa'r plentyn', gan gyfeirio at yr hen gred bod llawer o flodau ar yr eithin yn cyd-fynd â llawer o blant siawns, gw. M. Wiliam: *DY* 79.

Cfn.: **melyn geuled:** *kind of sweet made from milk, treacle, and rennet.* *c.* **1730** *Thos. Lloyd D* (LlGC) 62a. **melen gu,** gw. *melengu.* *Adar.* **m. yr eithin** (ll. *melynod yr eithin*): *yellowhammer, yellow bunting, Emberiza citrinella.* **1761** *ML* ii. 331. **1773** *W* d.g. *gold-hammer.* Ar lafar. *Swol.* **melen welw:** *pale clouded yellow butterfly, Colias hyale.* **20g.** *Swol.* **melyn y rhafnwydd:** *brimstone butterfly, Gonepteryx rhamni.* **20g.** **m. wy,** gw. *melynwy.*

Bot. **melyn y gog:** *buttercup, Ranunculus.* **18–19g.** *Llr* C 4, 19. **m. y gors:** *marsh marigold, Caltha palustris.* Ar lafar. **m. y gwcw:** (*wild*) *wallflowers, Cheiranthus cheiri.* Ar lafar gynt yn y De, *LlGC* 1175, 84. **m. Ebrill:** *?greater celandine, Chelidonium majus.* Ar lafar ym Morg. **m. yr eithin:** *tormentil, Potentilla erecta.* **1604–7** *TW* (*Pen* 228) d.g. *tormentilla.* *Dchr.* **17g.** *J* 10, 29b. **1632** *D* (*Bot*), *melyn yr eithin*, vid. tresgl. *c.* **1730** *Thos. Lloyd D* (LlGC) 175a. **1813** *WB* 219. **melen (melyn) euraid(d),** gw. *melyneuraid.* **melyn y gaeaf** = **m. y gwcw.** **1632** *D* (*Bot*), y fioled felen auaf, *melyn y gauaf.* **1773** *W* d.g. *gilly-flower, winter-gillyflower, July-flower, the winter July flower.* **1803** *P.* **1813** *WB* 219. **m. y gwanwyn:** (i) *lesser celandine, Ranunculus ficaria.* **16g.** **(1763)** W. Salesbury: *LlM* 243. **1604–7** *TW* (*Pen* 228) d.g. *chelidonium minus.* **1632** *D* (*Bot*), *melyn y gwanwyn*, vid. y Filfyw. **1803** *P.* **1813** *WB* 219. (ii) *common figwort, Scrophularia nodosa.* **20g.** **m. yr hwyr:** *common evening-primrose, Œnothera biennis.* **20g.** **m. Mair:** *pot marigold, Calendula officinalis.* **20g.** **m. y berllan:** *a kind of apple, ?golden pippin.* Ar lafar yn Nantgarw, *B* xvi. 96. **m. y twynau (twyni)** = **m. yr eithin.** **1813** *WB* 219. **m. y tywydd:** *yellow pimpernel, Lysimachia nemorum.* **20g.** **m. yr ŷd:** *wild mustard, charlock, Sinapis arvensis.* Ar lafar yn sir Benf., *GDD* 195.

Am *aderyn melyn* (*bach*), *afal m.*, *arian m.*, *aur m.*, *clefyd m.*, *clwy(f) m.*, *cryd m.*, *cwyr m.*, *cyw m. olaf*, *dryw felen*, *llinos f.*, *llyffant melyn*, *llysiau m.*, *môr m.*, *pren m.*, *siwgr m.*, &c., gw. adar (At.), afal[1], arian[1], aur, clefyd, clwyf, cryd, cwyr, cyw, dryw[1], llinos[1], llyffant, llysiau, môr, pren, siwgr, &c.

melynaf: melynu [bf. o'r a. bl., cf. Llyd. Diw. *meleniñ*, *melena*] *bg.a.* Bod neu fynd yn felyn neu'n eurlliw, mynd yn felynaidd neu'n afiach yr olwg (am groen, llygad, &c.); gwneud yn felyn neu'n eurlliw, lliwio'n felyn, euro, goreuro: *to be or become yellow or golden, become yellow, livid, sallow, or sickly-looking* (*of skin, eye, &c.*); *make yellow or golden, dye yellow, gild.*

14g. *GDG* 283, *Melynu* am ail Enid / Y mae'r grudd, nid mawr y gwrid. **15g.** *ID* 22, llwyn ar y forwyn a fu / ai flaen wedi *felynu* [i wallt merch]. **16g.** *THSC* (1923–4) (At.) 39, velly . . . y kylhaa yr wyneb, ac y *melyna* y llygait. **16g.** **(1763)** W. Salesbury: *LlM* 115, ar blode y gellir *melynny* y gwallt. *Diw.* **16g.** *WLB* 44, o achos gwewyr yr Au . . . y dyn a *felyna.* **1604–7** *TW* (*Pen* 228) d.g. *flaueo, rutilesco.* **1632** *D* d.g. *rufo.* **1699** T. Jones: *Alm* [8], Ar Dannedd hefŷd a *felynent* . . . o herwŷdd y Clwŷf ymma. **1759** *BC* [501], A'r forder mae'n diweddu, / *Melyniff* i ddiflannu, ac felly Dyn a dawdd. **1803** *P*, *melynu*, to make yellow; to grow yellow. Fe'i clywir ar lafar yn yr ystyr 'cael lliw haul'.

melynaidd [*melyn* + *-aidd*] *a.* Eithaf melyn, eurlliw, melyn afiach: *yellowish, golden, sallow.*

1793 R. Powell: *ADV* 4, Gwanwyn gwâr hygar, a Hâv *melynaidd.* **1794** *W* d.g. *yellowish.* **1803** *P.*

melynaur [*melyn* + *aur*] *a.* a hefyd fel *eg.* O liw'r aur melyn, melyn euraid; yn perthyn i aur; (wedi ei wneud) o aur; aur melyn: *of the colour of yellow gold, golden-yellow*; *relating to gold*; (*made*) *of gold*; *yellow gold.*

15g. *Pen* 57, 34, Y gwallt oy von gwylldwf eur / Ydy vlaen oedd *velyneur.* **15g.** *DE* 39, mae snoden i wenn o aur / am olwynion *melynaur* [i wallt merch]. **1603** W. Midleton: *Ps* 30, Gwell nag aur rhuddaur rhoddau *felynaur.* **1793** Dafydd Ionawr: *CD* 127, Ei lwynau mewn *melynaur* / Wisgwyd, wregyswyd ag aur.

melynder [*melyn* + *-der*] *eg.* Melyndra, lliw melyn: *yellowness, yellow colour.*

1803 *P.*

melyndes, gw. melyn + tes.

melyndop [*melyn* + *top*] *a.* Melynwallt, penfelyn: *yellow-haired.*

Dchr. **17g.** *Card* 12, 352, aur yw dy lwyth or iad lan / hyd dy sowdl fal to sidan / *melyndop* em lawendeg / magur to aur maer gwrid teg (Ieuan Llwyd Sieffre).

melyndra [*melyn* + *-dra*] *eg.* Yr ansawdd neu'r cyflwr o fod yn felyn, lliw melyn, melynder; lliw haul: *yellowness, yellow colour*; *tan.*

16g. *LlGC* 4581, 102a, wrth ei *velyndra* [am lin]. **16g.** **(1763)** W. Salesbury: *LlM* 243, y vronwys . . . yn Discleirio o vwy o *velyndra.* **[1761]** *GGJ* 8, y . . . glana oddi wrth *felyndra.* **1803** *P.*

melynddu [*melyn* + *du*; cf. Llyd. Diw. *melen-du*] *a.* ll. *-on.* Brown melynaidd, melyn tywyll, gwinau, llwytgoch, gwineulwyd, o bryd tywyll, tywyll a melynaidd ei groen: *yellowish-brown, dark yellow, tawny, russet, roan, swarthy, dusky, mulatto.*

1604–7 *TW* (*Pen* 228) d.g. *rauus color.* **1632** *D* d.g. *infuscus, rauidus.* **1703** E. Wynne: *BC* 6, mi a'u gwelwn hwy 'n well a theccach eu gwedd na'r giwed *felynddu* gelwyddog honno [sipsiwn]. **1718 (1721)** S. Thomas: *HB* 27, Y trigolion [o'r Aifft], o ran eu pryd a'u gwedd, ydynt rai yn *felynddu*, eraill yn gwbl dduon. **1722** *Llst* 189, *melyn-ddu*, melyn-goch, duskish, brick-colour. **1725** *SR* d.g. *tawny.* **1753** *ML* i. 251, Gwyrda'r Saeson am baffio'r Ffrancod a'i cyfeillion *melyndduon.* **1773** *W*, un o'r crwydraid *melynddu* d.g. *gipsy.* *id.* d.g. *moor, tawny-moor, mulatto, roan, tawny.* **1803** *P.*

melyndduaf: melyndduo [bf. o'r a. bl.] *bg.a.* Gwneud neu fynd yn felynddu (am groen person), cael lliw haul: *to make or become swarthy or tanned.*

1632 *D* d.g. *infusco.* **1794** *W* d.g. *swarthy, to grow swarthy.* **1803** *P*, *melyndduaw*, to make tawny.

melyndduedd [*melynddu* + *-edd*[1]] *eg.* Yr ansawdd neu'r cyflwr o fod yn felynddu: *tawniness.*

1794 *W* d.g. *tawniness.*

melynddyn [*melyn* + *dyn*] *eg.* Indiad Coch: *Red Indian.*

1809.

melynedd [*melyn* + *-edd*[1]] *eg.* Melynder, melyndra, lliw melyn; lliw haul: *yellow-*

ness, yellow colour; tan.
1722 *Llst* 189, *melynedd*, yellowness. **1803** *P.*

melynell [*melyn+gell*] *a.* Gwinau neu felynddu: *bay or tawny.*
14g. *T* 26. 25, whech march *melynell.* **1803** *P.*

melyneuraid, melyneuraidd, meleneuraid(d) [*melyn, melen+euraid(d)*] *eb. Bot.* Gwialen euraid, eurwialen, *Solidago virgaurea*: *golden rod (plant).*
1770 *TG* ii. 88, Cymmer bowdr Virga Aurea, neu'r *Felen Auraidd* [*sic*]. **1801** *MMf* 94, Cymmer bylor y *feleneuraid*, a elwir yn lladin virga aurea. **1813** *WB* 219, *Melyneuraidd*; Solidago Virgaurea; Golden-rod.

melynfaen [*melyn+maen*[1]] *eg.* Brwmstan, llosgfaen: *brimstone.*
1803 *P*, *melynvaen*, brimstone.

melynfrig [*melyn+brig*] *a.* (b. *melenfrig*). Ac iddo frig neu ben euraid (am ŷd); melynwallt: *gold-tipped (of corn); yellow-haired.*
16–17g. *CRC* 45, fyngyles *felenfrig* fain hoiwddoeth fonheddig. *c.* **1730** *Thos. Lloyd D* (LlGC) 167b, *melynfrig* (Yd.) BO. 13. Flavus.

melyngan, gw. melyn+can[1].

melynglwyf [*melyn+clwyf*] *eg.* Y clefyd melyn, y clwyf melyn, melyni: *jaundice, the yellows.*
1604–7 *TW* (*Pen* 228) d.g. *auriginosus.* **1794** *W* d.g. *the yellows* [*a disease incident to horses . . .*].

melyngoch [*melyn+coch*] *a.* ll. *-ion*, a hefyd gyda grym enwol. Coch melynaidd, cochfelyn, rhuddfelyn, o liw oren neu gopr neu ambr neu frics, gwinau (am wallt, &c.), gwinau neu frowngoch ei wallt neu ei flew, browngoch, o liw tywod, coch (am liw croen Indiaid Cochion), coch ei groen: *yellowish-red, reddish-yellow, orange, copper-coloured, amber, brick-red, auburn (of hair, &c.), having auburn or tawny hair or fur, tawny, russet, sorrel, sandy, red (of the skin colour of Red Indians), red-skinned.*
14g. *WM* 45. 32–3, gwr *melyngoch* mawr. *id.* 218. 19, delw llew *melyngoch.* *c.* **1400** [*RB*] *WM* 223. 27–8, llenn obali *melyngoch.* **16g.** **(1763)** W. SALESBURY: *LlM* 115, mary gold yn saesonaeg a llysie mair ne gold mair yn cambraeg . . . a blode suriol *melyngochion.* *id.* 130–1, Tafol . . . a gwreiddyn hir melynwyn ne *velyngoch.* **1604–7** *TW* (*Pen* 228) d.g. *rufus, rutilus.* **1632** *D* d.g. *gilvus.* **1722** *Llst* 189, melyn-ddu, *melyn-goch*, duskish, brick-colour. **1753** G. OWEN: *L* 50, yn cnoi dail yr India hyd oni red dwy ffrwd *felyngoch* hyd ei ên. **1770** *TG* ii. 32, [y] *melyngoch* yw'r gwaethaf o bob lliw [am dir]. **1778** J. HUGHES: *BB* 278, Cyfrwy hardd *melyn-goch.* **[1783]** *W* d.g. *red, sea-red* [*red with an eye or cast of yellow*], *russetin, sandy.* **1795** J. THOMAS: *AIC* 264, Am Liwiau . . . *Melyngoch* (Orange). **1803** *P.* Ar lafar yn Arfon yn yr ystyr 'auburn' am wallt.

melyngroen [*melyn+croen*] *eg.* a hefyd fel *a.* Croen neu bil melyn; melyn neu frown ei groen: *yellow skin or peel; yellow- or brown-skinned.*
1759 J. EVANS: *PF* 35, Piliwch *felyn-groen* Orange yn denau. *id.* 58, roddwch wrth eich Arleisiau *felyn-groen* tenau Lemon.

melyngrych [*melyn+crych*] *a.* Melyn a chyrliog (am wallt), melyn a chyrliog ei wallt: *yellow and curly (of hair), having yellow curly hair.*
1587 *GDG* xlii, gwallt llaes *melyngrych* oedd iddo [Dafydd ap Gwilym]. **16–17g.** T. PRYS: *Bardd* 309, ar gwallt *melyngrych* gwych gwiw / dann y wenlloer nid vnlliw. **1703** E. WYNNE: *BC* 84, ai *felyngrych* aurgudynnau yn ymrannu 'n ddwybleth loewdeg.

melyngu, gw. melengu.

melyni [*melyn+-i*[1]] *eg.* Melyndra; y clefyd melyn, y clwyf melyn: *yellowness; jaundice, the yellows.*
1604–7 *TW* (*Pen* 228), *melyni*, powys d.g. *arquatus morbus, icterus.* *Dchr.* **17g.** *J* 10, 30a, *melyni*, rhivwnt, yellow iawndize, icterus. **1722** *Llst* 189, *melyni*, yellowness. *id.* y *melyni*, the yellow jaundice. *c.* **1730** *Thos. Lloyd D* (LlGC) 175a, *melyni*, aurigo. **1775** *W* d.g. *jaundice.* **1803** *P.*

melyniad [bôn y f. *melynaf*: *melynu+-iad*[1]] *eg.* Y weithred o wneud yn felyn neu'n eurlliw, y weithred o felynu: *a making yellow or golden, a yellowing.*
1803 *P.*

melynir, gw. melyn+hir.

melynlas [*melyn+glas*[1]] *a.* (b. *melenlas*) ll. *-leision*, a hefyd gyda grym enwol. Gwyrdd neu las melynaidd, melyn a gwelw, melyn afiach (am y croen): *livid, yellowish-green or -blue, sallow.*
14g. *DGG*[2] 122, *Melynlas* o was ei wedd, / Meindwf wyf, mewn difäedd (Madog Benfras). **16g.** **(1763)** W. SALESBURY: *LlM* 142, a thopun ehaelaeth [*sic*] *melynlas* [am ffenigl]. *id.* 144, [T]ipie y rhai a welir yn *velynleision* [am hocys]. **16g.** M. KYFFIN: *DFf* 278, yn bur fflam wen *felenlas* / o wir lid ir awyr lâs. **1798** *WR* d.g. *sallow.* **1803** *P.* Digwydd fel e. ar farch Caswallon, gw. *TYP* 97.
Cfn.: **melynlas mawr:** *a kind of apple.* **18–19g.** *Llr* C 2, 65, *Melynlas mawr*, Devonshire apple.

melynlliw, melynlwyd, gw. melynlliw, melynllwyd.

melynlys [*melyn+llys*[5]] *eg. Bot.* Melynog y waun, llysiau melyn, llysiau lliw, *Genista tinctoria*: *dyer's greenweed.*
1830.
Gthg. melynllys.

melynlliw, melynliw [*melyn+lliw*[1]] *a.* (b. *melenlliw*) a hefyd fel *eg.* Melyn, euraid, eurlliw, melyn afiach, melyn neu goch ei groen; arsenic, eurbibau; lliw melyn neu felyngoch: *yellow-coloured, yellow, golden or gold-coloured, citrine, sallow, livid, yellow- or red-skinned; arsenic; yellow or reddish-yellow pigment.*
1346 *LlA* 92 agwallt penngrychlathyr pefyrloyw eureit *velynnlliw* [*sic*] arnaw. **14g.** *GDG* 283, Gwydr yw'r grudd gwedy'r griddfan, / A chlais *melynlliw* achlân. **15g.** *DN* 89, Yn *velynlliw*, yn vlaynllayss, / Golud vy mvn val gold maes [i fun felynwallt]. **1604–7** *TW* (*Pen* 228), *melynlliw* d.g. *croceus, rutilatus.* *id.* yr aual Cwyns *melynliw* d.g. *chrysomelum.* **1632** *D*, rhyw *felynlliw* d.g. *arsenicum.* *id.* Gwisg *felenlliw* d.g. *flammeum.* **1772** *W*, *melynlliw* d.g. *citron-colour or citrine, naptha, yellow.* **1796** N. WILLIAMS: *HM* ii. 63, tawch rhyw *felyn-liw* (*arsenic*), Antimoni . . . a'r cyffelyb.

melynllwyd, melynlwyd [*melyn+llwyd*] *a.* (b. *melenl(l)wyd*) a hefyd gyda grym enwol. Melyn a llwyd neu frown, melyn a gwelw, melyn afiach (am y croen), melynddu ei wallt neu ei flew: *yellowish-grey or -brown, sallow, having tawny hair or fur, roan.*
14g. *GDG* 310, Dos at feinwen *felenllwyd*, / Debre'n iach, da wybren wyd. **15g.** DEIO AB IEUAN DU, &c.: *Gw* 59, Y fileinllong *felenllwyd* / Fal ewig lawn foliog lwyd. **15–16g.** *TA* 452, Eurlliw i wallt, eryr llwyd, / Neu flaenllif yn *felynllwyd.* **1527** *RWM* ii. 100, Am wr *melynllwyd* Edrych yn i wyneb. **1547** *WS*, *melynllwyd* lliw ar varch, roen. **1793** DAFYDD IONAWR: *CD* 164, Y *melynlwyd* milenlew. **1803** *P.*

melynllys [*melyn+llys*[5]] *eb. Bot.* Llysiau'r cywair, briwydd felen, *Galium verum*; hefyd (?yn wallus) am blanhigion eraill: *Lady's bedstraw, yellow bedstraw; also (?erron.) of other plants.*
1632 *D* (*Bot*), y *felynllys*, vid. Brigau 'r twynau. **1688** *TJ* (*Bot*), y *Felynllŷs*, Brigau'r twŷnau: Arserunnet, Ladies Bed-straw. **1725** *SR* (*Bot*), y felynllys d.g. *cinquefoil.* *id.* y *felyn llys* d.g. [*Bedstraw*,] *Ladies Bedstraw.* *c.* **1740** *LlM* 43, y *Felynllys* neu Lysiau'r Cywer. **1803** *P.* **1813** *WB* 219, *Melynllys.* edr. Dilwydd Felen.
Amr.: **melenllys.** **1725** *SR* (*Bot*) d.g. *arse runnet, or Ladies Bedstraw,* [*Ladies bed-straw,*] *yellow Ladies bed-straw.*
Gthg. melynlys.

melynog [*melyn+-og*, cf. Llyd. Diw. *melenek* 'melynaidd'] *eg.* a hefyd fel *a.*, weithiau gyda grym enwol. *Adar.* Penfelyn, llinos felen, y bras melyn, melyn yr eithin, *Emberiza citrinella*; teiliwr Llundain, nico, peneuryn, *Carduelis carduelis*; llinos, *Carduelis cannabina*; caneri, *Serinus canarius*: *yellowhammer, yellow bunting; goldfinch; linnet; canary.*
15g. *R* 1409. 27, Ac emyl i wn. lliw.r. *melynoc* (Lewis Glyn Cothi). *c.* **1470** *B* ii. 147, llinossyn, *mylynog* [*sic*]. **1632** *D*, *melynog*, idem quod Llinos auis. **1688** *TJ*, *melynog*, llinosen; a Gold-finch. **1722** *Llst* 189, *melynog*, a gold-finch (bird). *c.* **1730** *Thos. Lloyd D* (LlGC) 173b, *melynog*, a yellowhammer. **1753** *TR*, *melynog*, a bird called a linnet. The same as Llinos. **1773** *W* d.g. *finch, goldfinch.* **1803** *P*, *melynog*, . . . the linet, also called llinos velen.
Fel *a.* Melyn, euraid; melynddu, brown (ynglŷn â lliw'r croen): *yellow, golden; (yellowish-)brown (with ref. to skin colour), mulatto.*
1803 *P*, *melynawg*, abounding with yellow. *id.* *melynog*, that is of a yellow colour; a mulatto. *Diw.* **19g.** *SE MS* 296a, [*melynog*,] a cant name for a guinea or a sovereign (Glam).
Amr.: **melenog.** *c.* **1562** *B* ii. 230, *melenog*, llinossen.
Bot. **melynog y waun:** *dyer's greenweed, Genista tinctoria.* **1813** *WB* 219. **m. hydref:** *a kind of apple, Cox's pippin.* **18–19g.** *Llr* C 33, 272. **m. Mair:** *a kind of apple, golden pippin.* **18–19g.** *Llr* C 33, 272. **m. mawr:** *a kind of apple.* **18–19g.** *Llr* C 2, 65, Devonshire apple a large apple with a fine acidity.
Gw. hefyd melinog.

melynrudd, gw. melynrhudd.

melynrwydd [*melyn+-rwydd*] *eg.* Melyndra: *yellowness.*
1794 *W* d.g. *yellowness.*

melynrhudd, melynrudd [*melyn+rhudd*] *a.* (b. *melenr(h)udd*). Rhuddfelyn, melyngoch, gwinau: *yellowish-red, auburn, tawny.*
c. **1400** [*RB*] *WM* 217. 7, delw llewpart *melyn rud.* **16g.** *AP* 39, [p]losiar wine *felenrrudd.* **16g.** *LlGC* 4581, 102a, hadæ *melynrhudd* [llin]. **16g.** **(1763)** W. SALESBURY: *LlM* 57, [p]ren *melynrhydd.* *a.* **1765** L. MORRIS: *CR* 208, Gruffudd wallt *melynrhudd* mân.

melynwallt [*melyn+gwallt*] *a.* (b. *melenwallt*) a hefyd fel *eg.* Melyn neu euraid ei wallt; gwallt melyn neu euraid: *yellow- or golden-haired, blond; blond hair, flaxen hair.*
14g. *GDG* 274, Ni aned merch, dreiglserch draidd, / *Felenwallt* mor fileinaidd. **15g.** *Pen* 57, 34, Ny chyrch keingen *velenwallt* / ffuon rudd y fin yr allt. **1604–7** *TW* (*Pen* 228), *melynwallt* d.g. *auricomus, chrysocomus.*

melynwawr [*melyn+gwawr*] *a.* (b. *melenwawr*). Melynlliw, eurlliw, euraid, ac arno wawr felen neu euraid: *yellow, gold-coloured, golden, tinged with yellow or gold.*
1793 DAFYDD IONAWR: *CD* 188, O flaen Gorsedd *felenwawr* / Eurad, y Brenin mâd mawr.

melynwch [*melyn+-wch*[1]] *eg.* Lliw melyn afiach (ar groen, &c.); melynder, yr ansawdd neu'r cyflwr o fod yn felyngoch: *sallowness, jaundice; yellowness, tawniness.*
19g.

melynwedd, melynwelw, gw. melyn+gwedd[1], gwelw.

melynwellt [*melyn+gwellt*] *eg.* *Bot.* Math o wellt, *Anthoxanthum odoratum*: *sweet vernal grass.*
1813 *WB* 219.
Cfn.: **melynwellt y gwanwyn:** *sweet vernal grass, Anthoxanthum odoratum.* **1813** *WB* 4.

melynwy, melyn wy [*melyn+wy*; cf. Crn. Diw. *melynoy*, Llyd. C. *melen uy*, Llyd. Diw. *melen-vi*] *eg.* ll. *melynwyau.* Y rhan felen o wy a amgylchynir gan y gwynnwy ac sy'n rhoddi maeth i'r embryo wrth iddo ddatblygu: *yolk.*
c. **1400** *Études* vii. 284, [*m*]*elyn wyeu.* *c.* **1400** *MM* 56, kymryt fflwr gwenith ae bobi trwy *uelyn* naw *wy* a mel. **1547** *WS*, *melyn wy*, yolke of an egge. *c.* **1585** G. ROBERT: *DC* 53a–b, megis wy . . . yn y canol i mae r *melynwy* . . . mae r gwyn yn helaethach na r *melynwy.* **1604–7** *TW* (*Pen* 228) *melyn wi* . . . *melynwi* d.g. *luteus.* *id.* *melyn wi*, *melynwy* d.g. *oviluteum.* **1632** *D*, *melynwy*, *melyn wy* d.g. *vitellus.* **1688** *TJ*, *melynwŷ*: the yolk of an Egg. *c.* **1740** *LlM* 27, [c]ymmeryd y *Melynwy* allan o bob un.

1794 *W*, *melyn wy*, *melynwy* d.g. *the yolk* [*yelk*] *of an egg*. **1803** *P*. Ar lafar.

Am *cwd melynwy*, gw. cwd[1] (At.).

melynwyn [*melyn*+*gwyn*[1]] *a*. (b. *melynwen*, *melenwen*) ll. *melynwynion*. Melyn golau neu ddisglair, gwyn melynaidd, o liw hufen neu wellt, melyn afiach (am y croen); ac iddo wallt melyn golau: *pale or bright yellow*, *yellowish-white*, *cream*, *straw-coloured*, *sallow*; *having light blond hair*, *flaxen-haired*.

1346 *LlA* 92, mab *melynnwynn* adueindwf oed. **16g.** (*LlEG*) *LlGC* 5276, 305b–6a, y ddwy ddraig . . . ar llaall aoedd o liw *melynnwyn* . . . Ar ddraig *velenwen* y sydd yn arwyddockav kenedlaeth . . . Saxsoniaid. **16g.** GR. HIRAETHOG: *Gw* (D. J. B.) 108. 75–6, Malai wenith *melynwyn*, / Foliaid y gist, yn flawd gwyn. **16g. (1763)** W. SALESBURY: *LlM* 89, y vanhadlen sy . . . a gwreiddin *melynwyn*. *Diw*. **16g.** *WLB* 16, [entrêd] yn *velynwyn* dec i liw. *Dchr*. **17g.** *T Ch* 130, ei gwallt yn *felynwyn*. **1707** *AB* 105a d.g. *ochroleucus*. **1722** *Llst* 189, *melynwynn*, bastard-yellow. **1761** *ML* ii. 358, [c]arreg dân a gwawr *felynwen* ynddo. **1763** *DT* 110, Hŷd fy Nhrwyn, *melynwyn* anferth / Yw deng modfedd, ddyn di'madferth. **1764** W. WILLIAMS: *Th* 15, yr aur *melynwyn* syth. **1800** W. OWEN[-PUGHE]: *CP* 78, y rhai [llestri] *melynwynion*. **1803** *P*.

melynwyrdd, gw. melyn + gwyrdd[1].

melynydd [*melyn*[1] + ?-*ydd*[1]] *eg*. *Bot*. Clust y gath, *Hypochæris radicata*: *cat's-ear*.

1813 *WB* 219.

Gthg. melenydd.

melynys, gw. mêl[1]—m. ynys.

melys, melus [e. prs. H. Lyd. *Uuiumilis*, Llyd. Diw. *milis*, H. Wydd. a Gwydd. Diw. *milis*, e. prs. Gal. *Melidd-us*, *Melissus*: < **melisso-* < **melit-to-*, o'r gwr. **melit-* 'mêl', cf. Llad. *mulsus*; adff. yw *melus* < *mêl*+-*us*; ansicr yw'r engh. gyntaf yn adran (*b*) isod] *a*. ll. -*ion*, -*on*, a hefyd fel *eg*. (bach. *melysyn*).

(*a*) Ac arno flas tebyg i fêl neu siwgr, heb fod yn chwerw na sur, dymunol ei flas, danteithiol, blasus; heb fod yn hallt, croyw (am ddŵr): *sweet*, *pleasant-tasting*, *delicious*, *tasty*; *not salty*, *fresh* (*of water*).

13g. *C* 83. 9–10, chuerv vuelin met *melis*. **13g.** *A* 3. 15, med evynt melyn *melys* maglawr. **13g.** *DB* 55, Eissoes deu ryw annyan yw: vn y dwyfyr hallt a *melys*. *id*. 57, Ac wrth lithraw y dwfyr croew ar warthaf yr hallt, wrth hynny y mae *melyssach* y dwfyr uchaf no'r weilgi yn y gwaelawt. *c*. **1300** *B* iv. 121, Availlen beren burwen o vlodeu. yr ay hys *melis* y haualeu. **1346** *LlA* 167, amryuael genydyl o byscawt ky*felysset*. Achystal ac na welas dyn eiroet eu kystal. *c*. **1400** *R* 1155. 35–7, Gwnaeth . . . or dwfyr y gwin *melys*. **15g.** *BSK* 35, melyssach yw gennyf wynt [poen a dolur] nor mel. ar llefrith *melyssaf*. **[1547]** W. SALESBURY: *OSP*, *Melus*, moes etto. **1632** *D*, *melus*, & *Melys*, suauis, melleus, mellitus, mulsus. **1722** *Llst* 189, *melus*, p. *Melusion*, sweet, delicious, palatable, toothsome. **1780** *W* d.g. *pleasant* [*apply'd to food or liquors*], *sweet* [*not sour, or bitter, or harsh*]. **1793** B. FRANCIS: *I* 22, Nyni fu drueiniaid / trwy fyw yn afradlon, / A wleddir / 'n oes oesoedd / ar foethau *meluson*. **1803** *P* d.g. *melus*, *melys*.

(*b*) Hyfryd, dymunol, pleserus, swynol; persain, seinber, melodaidd; peraroglus, persawrus: *delightful*, *agreeable*, *pleasant*, *charming*; *sweet-sounding*, *euphonious*, *melodious*; *sweet-smelling*, *fragrant*.

13g. *C* 101. 8, am y kywrev y*melis*. **13g.** *B* ix. 335, canorthwya ditheu ynny. e *velys* wyry veir. **13g.** *Pen* 14, 11, ac en emdidan ac ef en *velys*. *c*. **1300** *H* 16a. 30, per uegys pur *uelys* uolawd (Einion ap Gwalchmai). **1346** *LlA* 39, tebic . . . ygloch ynn seinnyaw yn *velys*. *c*. **1400** *Études* vii. 68, Y neb y bo ymadrawd *melys* ganthaw, kynghoruynnus vyd a thybyus. *c*. **1400** *Llst* 27, 149a, ac ny ellit dywedut *melysset* kywodolaetheu yseint. *c*. **1400** *RB* ii. 208, Ar agheu honno yssyd *uelys*. **15g.** *BSK* 35, *melyssach* yw gennyf wynt [poen a dolur] nor mel. ar llefrith melyssaf. **1551** W. SALESBURY: *KLl* lxxiv, vy iau i sydd hyvryd [:- *velys*]. **1588** *Pr* v. 11, *Melus* yw hun y gweith-wr. **1595** H. LEWYS: *PA* 28, a gwneuthur angeu i hun yn brydferth ac yn *felus* i ni. **1675** R. JONES: *HCh* 124, Pa ham y byddei un pechod yn *felys* i ni, yr hwn a fu mor chwerw i'n Iachawdwr? **17g.** HUW MORUS: *EC* ii. 271, Fe bynciodd angylion fawl Iesu 'n *felusion*. **1703** E. WYNNE: *BC* 108, *melys* yw dial rywfodd. **1776** *W* d.g. *melodious*, *sweet* [*apply'd to language*, *words*, . . .]. *Diar*. *Melys* cwsg potes maip. Ar lafar sonnir am 'ddyn *melys* bod hebddo'.

Fel *e*. (*a*) Peth sydd a blas melys arno; peth pleserus neu ddymunol: *something sweet* (*to the taste*); *something pleasant or agreeable*.

14g. *Cy* vii. 138, Tri *melys* byt. meth a fynnu a phechu. **[1547]** W. SALESBURY: *OSP*, Ny chair y *melus* eb y chwerw. **1588** *Neh* viii. 10, bŵytewch y breision, ac yfwch y *melysion*. **1599 (1677)** R. HOLLAND: *AB* [151], y brâs iw fwytta, a'r *melus* iw yfed. **1620** 1 *Esd* ix. 51, yfwch y *melus*.

(*b*) (yn y ll. *melysion*, un. bach. *melysyn*) Losin, fferins, da-da, danteithion melys: (*pl*.) *sweets*, *sweetmeats*.

1851. Ar lafar mewn rhai mannau yn y Gogledd a'r De, *LGW* 205.

Cfn.: *Bot*. **melys cynhaeaf:** *a kind of apple*. **18–19g.** *Llr* C 2, 64, *melys cynhauaf*, a small flatish early sweeting, peculiar to Glam. **m. y defaid:** (*sheep's*) *fescue grass*, *Festuca* (*ovina*). **1934. m. y dryw:** *a kind of apple*. **18–19g.** *Llr* C 2, 65, *Melys y dryw*, a sweet tender apple. **m. y weirglodd:** (*meadow*) *fescue grass*, *Festuca* (*pratensis*). **1934. m. y gwiail:** *a kind of apple*. **18–19g.** *Llr* C 2, 64, *melus y Gwiail*, a sweet apple peculiar to Glam. **m. (y) pia (y bi):** *honeysuckle*, *Lonicera periclymenum*. **18–19g.** *Llr* C 4, 15, *Melus y bi*, Glam. honey suckles. *ib*. *Melus y Pia*, Glam. honey suckles. Ar lafar ym Morg. yn y ff. *melys y pia*. Cf. ELUNED: *DA* 74.

Am *dant melys*, *golwyth m*., *gwymon m*., *ymenyn m*., gw. dan yr elf. fl.

melysaf, melusaf: melysu, meluso, melusu [bf. o'r a. bl.] *bg.a*. Gwneud neu fynd yn felys, rhoddi blas melys ar, troi'n felys; gwneud yn bersawrus; gwneud neu fynd yn (fwy) dymunol neu bleserus, pereiddio; gwneud yn llai annymunol, lliniaru, llarieiddio, lleddfu, esmwytho: *to sweeten*, *make or become sweet*; *make fragrant*; *make or become* (*more*) *agreeable or pleasant*; *make less unpleasant*, *mitigate*, *alleviate*, *mollify*, *assuage*, *ease*.

1604–7 *TW* (*Pen* 228), *meluso* d.g. *dulceo*. **1706** *Cyf Cym* 56, ni cheiff y môr O ddamnedigaeth mo'i *feluso* âg ŷn defnyn o dosturi. *id*. 167, fe ddichon Duw *feluso* 'r cwbl yr ydych yn ei gael. **1712** T. WILLIAMS: *CDdG* 87, *melusa*, a meddâla eu Calonnau fel na bônt hwy . . . yn ddarostyngedig i Genfigen, Digllonrhwydd a chwerwedd. **1722** *Llst* 189, *meluso*, to sweeten. *c*. **1730** *Thos*. *Lloyd D* (LlGC) 175a, *melysu*, to sweeten. **1759** J. EVANS: *PF* 22, yfwch Bint o Iscell Camomil wedi ei *felysu* a Thriegl. **1773** *W* d.g. *to dulcify*, *to sweeten* [*make sweet*]. **1777** W. WILLIAMS: *DN* 61, fe *felysa* bodlonrwydd bob chwerwder sydd yn y groes. **1779** D. DAVIES: *BDED* 90, Efe a *felusa* ein bywydau ag aneirif gyssuron. **1783** P. WILLIAMS: *FfA* 74, i *felusu* fy mlinder presennol. **1789** H. JONES: *EN* 43, [b]endith sy'n *melysu* ein holl fendithion eraill. **1798** D. WILLIAM: *GMS* 25, Dy Ysprŷd pur yn unig sydd yn *melusu* nghân. **1803** *P* d.g. *melusaw*, *melysu*.

melysâf: melysáu [*melys*+-*hau*] *ba*. Lliniaru, esmwytho: *to mitigate*, *ease*.

c. **1658** R. VAUGHAN: *E* 114, Diddanwch syn *melyshau* yr holl groesau ar y ffordd.

melysaidd, melusaidd [*melys*, *melus*+ -*aidd*] *a*. Lled felys, eithaf melys; hyfryd, dymunol, pleserus, swynol; seinber, melodaidd; y ceir mêl ohonynt (am flodau): *rather sweet*, *quite sweet*; *delightful*, *agreeable*, *pleasant*, *charming*; *sweet-sounding*, *melodious*; *melliferous*.

16g. *Pen* 76, 128, *melyssaidd* mal osai / amwyn yw i chyssan ymai. *c*. **1585** *Llst* 178, 69b, y ferch *felysaidd* fonheddig. **16g.** *Def Hen* 19, marwaidd huniad *felysaidd*. **1603 (1748–9)** *B* xxv. 38, ond ydym ni yma heb ddyn o'r byd ond yn hunain, fy mwynder *melysaidd*? *a*. **1606 (1609)** *Rhyddiaith Gymraeg* i. 151, os y gerddwriaeth a'r llefoedd a swnnia ynghyd yn *velyssaidd*. **1618** J. SALISBURY: *EH* 159, hoff a *melysaidd* oedd gantho [Pawl], ei henwi fe [Crist] . . . a'i eneu. *id*. 277, cyfwrdd y tannæ a ddichon, a pheri rhyw swn; ond nys gwna yn hyfedr nag yn *felysaidd*. **1700** *TDP* [iii], na stopia Glusdiau dy Galon . . . rhag gwrando ar lais Rhinwyr morr Ddoeth ac morr *Felusedd*. **1722** E. LLOYD: *MC* 75, mor *felyssaidd* yn ei gynghori: Mor hyfryd yn ei ddiddanu. **[1794]** M. WILLIAMS: *DUJ* 13, a dolydd da sy'n dwyn / Rhyw goed o ffrwythau peraidd, a myrr *melusaidd* mwyn. **1797** B. EVANS: *CG* 29, I ba feusydd yr hedasant [gwenyn], lle y tyfai'r blodau *melusedd* i ni. **1803** *P*, *melysaidd*, somewhat sweet.

melysair, melusair [*melys*, *melus*+ *gair*[1]] *a*. a hefyd fel *eg*. Pêr ei eiriau, mwyn ei barabl, hynaws; un pêr ei eiriau; gair melys: *sweet-spoken*, *pleasant in speech*, *affable*; *sweet-spoken person*; *sweet word*.

1604–7 *TW* (*Pen* 228), *melusair* d.g. *melliloquus*, *suauidicus*. **1632** *D*, *melysair* d.g. *suauidicus*. **1722** *Llst* 189, *melus-air*, a sweet word. *id*. *melusair*, honey-mouthed, fair-spoken, affable. **1794** *W* d.g. *sweet of speech*.

melysber, melusber [*melys*, *melus*+*pêr*] *a*. Melys iawn, danteithiol, blasus; hyfryd, dymunol, pleserus, swynol; persain, seinber, melodaidd, hyfrydlais; peraroglus, persawrus: *very sweet*, *delicious*, *tasty*; *delightful*, *agreeable*, *pleasant*, *charming*; *sweet-sounding*, *euphonious*, *melodious*, *sweet-voiced*; *sweet-smelling*, *fragrant*.

1546 *YLlH* [4], er da[n]gos blas yddyn o *velysper* ewyllus duw. **1568** MORYS CLYNNOG: *AG* 46, y *melysber* orchymyn yma o gariad. *c*. **1585** G. ROBERT: *DC* 61, fe fydd yn wastod o fewn y gene y fath wlith *melysber*. *c*. **1590** *RC* xlvi. 59, avalav teg *melysber*. **16–17g.** *CC* 70, Cysylltiad sippiad swpper . . . / gwefusau *melysber* [i gusan]. **1604–7** *TW* (*Pen* 228), yn canu'n *velusber* d.g. *passer*. **1607** *Rhyddiaith Gymraeg* i. 141, y *velusber* Gymraec. **1615** R. SMYTH: *GB* 198, yn lle 'ch mwgdarthau, ach aroglau *melysber*. **1630** R. VAUGHAN: *YDd* 126, Pan fôm ni yn archwaethu dewis bethau *melusber*. **1632** *D* d.g. *dulcis*, *suavis*. **1670** J. HUGHES: *AP* 184, [b]ordd dy *felusber* Wledd di. **17g.** HUW MORUS: *EC* ii. 421, *Melusbêr* dyner oedd dôn—ei pharabl. *c*. **1700** *CM* 15, [106], O *felusber* O ddaionus, O Iesu Fab Mair. **1722** *Llst* 189, *melusber*, delicately sweet, delicious; fragrant (smell). **1737** J. EINNON: *HR* 184, mi a gefais . . . olwg *felusber* am faddeuant o'm Pechodau. **1771** *W* d.g. *charming* [*pleasing* . . .], *delicious*, *grateful* [*apply'd to the taste*, *smell*, *&c*.], *melodious*, *rapturous*, *ravishing to the ear*, *sweet* [*apply'd to language*, *words*, *expressions*, *&c*.]. **1789** J. THOMAS: *DdS* 32, [p]lyngcio tôn *felus-ber*.

melysbeth, gw. melys + peth.

melysbwnc, melusbwnc [*melys*, *melus*+ *pwnc*] *eg*. ll. -*bynciau*, a hefyd fel *a*. Cân beraidd; yn canu'n bersain: *sweet song*; *singing melodiously*, *sweet-singing*.

16–17g. T. PRYS: *Bardd* 68, melysber iaith *melysbwnk* / mussig oth big a doeth bwnk [i'r eos]. *Dchr*. **17g.** *T Ch* 135, ac i wrando ar achwyn y *felusbwnk* Ffilomela. **1703** E. WYNNE: *BC* 83, *melys-byncieu* cerddorion bâch y Goedwig.

melyschwant, meluschwant [*melys*, *melus*+*chwant*] *eg*. ll. -*au*, a hefyd gyda grym ansoddeiriol. Pleser neu ddifyrrwch (bydol); chwant cnawdol: (*worldly*) *pleasure*; *lust*.

1588 *Ecclus* xix. 5, yr hwn sydd yn gwrthwynebu *melus-chwant* sydd yn coroni ei fywyd. **1588** 2 *Tim* iii. 4, yn caru *melus-chwant* yn fwy nag yn caru Duw. **1620** *Iago* iv. 1, eich *melyschwantau* (**1588** *ib*. trachwantau), y rhai sydd yn rhyfela yn eich aelodau. **1632** J. DAVIES: *LlR* 16, byw mewn digrifwch a *melyschwant* y byd. *id*. 294, hudoliaeth difyrrwch a *melyschwant*. **1658** R. VAUGHAN: *PS* 107, na âd i'w ddewiniaeth *felyschwant* ef [pechod] fy nhywys i ddrygioni. **1676** W. JONES: *GB* 31, pan demtier di i ryw *felyschwant*, neu fûdd anghyfreithlon. **1696** *CDD* 34, *Melus-chwant* tra-ffiedd oferedd i fŷw. **1709** H. POWEL: *G* 39, ei blesserau a'u [*sic*] *felus chwantau*. **1722** *Llst* 189, *melyschwant*, lust, pleasure. **1735** S. THOMAS: *HP* 10[8], yr ydwyt ti yn awr yn henddyn, etto y mae dy *felus-chwant* yn meistroli arnat. **1777** H. JONES: *M* 42, O's cawsom nerth ac jechyd yn ein bywyd, treuliwn o yngwasanaeth y goruchaf Dduw . . . nid yn ein *meluschwantau* a'n coegddigrifwch.

melys-chwerw, melus-chwerw [*melys*, *melus*+*chwerw*] *a*. ll. -*on*, a hefyd fel *eg*. Ac arno flas sy'n gymysgedd o felyster a chwerwder, hefyd yn *ffig*.: *bitter-sweet*, *also fig*.

1727 J. JONES: *DFF* 163, Och mor chwerwon fydd eu Pechodau iddynt: ymma nid ynt ond *melyschwerwon*, yna ni byddant ddim ond Chwerwedd.

Fel *e. Bot.* Manyglog, elinog, *Solanum dulcamara*: *woody nightshade, bitter-sweet.*
1604–7 *TW* (*Pen* 228), *meluschwerw* d.g. *dulcamara* (At.).

melysddaint [*melys* + *daint*] *a.* Yn hoffi pethau melys neu ddanteithion: *sweet-toothed.*
16g. *LlGC* 4581, 25b, Ar ddechrey gwanwyn y tyf [esbarag] yn yspyrs gwyrddion wrth gychwyn y sawl a glasca y dynion *melysddaint* yw bwyta y pryd hynny.

melysedd, melusedd [*melys, melus* + *-edd*[1]] *eg.* Melyster; pleser (bydol): *sweetness; (worldly) pleasure.*
1699 T. JONES: *TP* 36, [t]rachwantau, a *melusedd* (S. HUGHES: *TSP* 74, meluswedd), a golud y Bŷd hwn. 1803 *P.*

melysfin, melusfin [*melys, melus* + *min*] *a.* Â gwefusau pêr; danteithiol, amheuthun; cysetlyd, misi: *sweet-lipped; dainty, choice (of food); fastidious, finicky.*
16g. *Def Hen* 40, Rhai a fŷnent bregethay hirion a rhai nid gwaeth genthynt ir i byrred, a rhai mor *felysfin* fyrsennaidd, ar nis gallont gydwedd a phregeth yn y byd. 16–17g. *Cer RC* 94, Hardd dan i ffaling, a'r gene *melysfin*. *Dchr.* 17g. *Card* 12, 363, gallvd roi kvs *melvsfin*. 17g. EDWARD DAFYDD, &c.: *Gw* 262, Nid moethus fwyd *melysfin*.

melysfwyd, melusfwyd [*melys, melus* + *bwyd*] *eg.* ll. *-ydd*, a hefyd fel *a.* Bwyd melys, danteithfwyd, amheuthun, blasusfwyd, melysyn, pwdin, hefyd yn *ffig.*: *sweet food, sweet dish, delicacy, dainty food, sweetmeat, dessert, also fig.*
c. 1400 *YSG* i. 92, ar yr ryw vwyt hwnnw [bara a dwfr] y dylyynt y marchogyon . . . porthi eu kyrff, ac nyt ar *velysvwyt*. 1552 *Pen* 403, 21, megis y bydd kogev mewn llyssoedd yn trwsio *melysvwyd* drwy lysievoedd. 1603 W. MIDLETON: *Ps* 142, *Melys-fwyd* dewis-fwyd dâ. 1604–7 *TW* (*Pen* 228) d.g. *abrodiæton, deliciæ, ligurio, pulchralia* (At.). *id. melysuwytydd* d.g. *bellaria*. 1630 R. LLWYD: *LlH* 180, fel y difethent ef drwy roddi iddo megis gwenwyn ar *felys-fwyd*. 1672 R. PRICHARD: *Gw* 8, Bid y gair yn juncats [:– *felusfwyd*] itti. 1688 *TJ*, ancwŷn, *melusfwyd*, moŷthus-fwŷd. The second course, junkets, dainties, sweet-meats. 1760 E. WILLIAMS: *UYB* 36, Ffydd yw ei ddyledswydd [aelod i Grist], megis anian a *melusfwyd* yw sancteiddrwydd. 1772 *W* d.g. *dainty dishes*. 1790 T. JONES: *TOS* 218, Nid ellwch berswadio plentyn i ymadael a'i *felus-fwyd* tra fo ei flâs ar ei enau. 1795 *R. Crusoe* 50, cacennau a *melusfwyd-ydd*.

Fel *a.* Melys, danteithiol; hoff o bethau melys neu foethus: *sweet, delicate; fond of sweet or delicate things, sweet-toothed.*
1604–7 *TW* (*Pen* 228), dyn *melusvwyd* d.g. *abrodiætus*. *id.* hwn a wna vara *melusvwyt* d.g. *libarius*.

melysfyd, melusfyd [*melys, melus* + *byd*[1]] *eg.* Dedwyddwch, bywyd hapus, gwynfyd: *happiness, bliss.*
1633 *LlGC* 731, [44], tybied ir oeddynt . . . ar, [*sic*] er ymwared hwynt allan or Aypht, y caênt hwy *felus-fŷd*.

melysffrwyth [*melys* + *ffrwyth*] *eg.* a hefyd fel *a.* Ffrwyth melys; yn dwyn ffrwythau melys: *sweet fruit; bearing sweet fruit.*
1527 *B* ii. 211, Mi a glowais vod pren *melysfrwyth* yn tyvu mewn deildy.

melysgainc, melusgainc [*melys, melus* + *cainc*] *eb.* a hefyd gyda grym ansoddeiriol. Cân neu alaw bersain: *melodious song or tune.*
Diw. 16g. *Llr* B 6, 41b, mal eossgerdd *melyssgaink* (Sils ap Siôn). *c.* 1730 *Thos. Lloyd D* (LlGC) 174a, *melysgainc* . . . melodus. 1777 (1824) *Bl D* 218, *Melusgainc* caed gantho, ni welais i etto, / Mo'i well i roi dwylo ar delyn.

melysgan, melusgan [*melys, melus* + *cân*[1]] *eb.* ll. *-au*, a hefyd gyda grym ansoddeiriol. Cân bersain, swynol, neu hudol, pereiddgan; cerdd swynol: *melodious, charming, or enticing song; charming poem.*
1595 M. KYFFIN: *DFf* 186, eu denu i gyscu fegis drwy *felys-gan* melldigedig [*sic*] y môrfyrynnion [*sic*]. 1604–7 *TW* (*Pen* 228) d.g. *cantus, cygneus, melodia, musa*. *id.* dyn *melusgan* d.g. *melodes*. 1605–10 *Haf* 24, 619, fel i twyllir yr adar ac ai delir trwy *velusgan* y bibell. 1714 D. LEWYS: *CN* 3, Pur *felusgan* wiwlwys wiwlan. 1722 *Llst* 189, *melus-gan*, harmony, melody. *id. melusgan*, melodious.

melysgawl, melusgawl [*melys, melus* + *cawl*] *eg.* Jeli: *jelly.*
1796 N. WILLIAMS: *HM* ii. 23, Llaeth, Wyau, Sago, *Melus-gawl* a'r cyffelyb. *id.* 37, *melus-gawl* teneu o gorn Carw.

melysgerdd, melusgerdd [*melys, melus* + *cerdd*[1]] *eb.* ll. *-i*, a hefyd gyda grym ansoddeiriol. Cân bersain, cerddoriaeth soniarus; cerdd neu farddoniaeth beraidd: *sweet song or music; sweet poem or poetry.*
c. 1525 *TA* 729, I *felysgerdd* heb floesgi [marwnad Tudur Aled gan Huw ap Dafydd ap Llywelyn ap Madog]. 1593 W. MIDLETON: *B* 63, *melysgerdd* y penkerdd per. 1604–7 *TW* (*Pen* 228) d.g. *canor, melodia*. 1630 R. VAUGHAN: *YDd* 129, Pan fyddych di, yn gwrando cydseiniad *melysgerdd* miwsic. 1632 *D*, dŷn *melysgerdd* d.g. *melodes*. 1632 J. DAVIES: *LlR* 65, ein holl fusig a'n *melysgerdd*. 1656 (1745) *MLl* ii. 196, mae'r Arglwydd . . . trwy ei Air ynnot, yn cynnig . . . i'th Enaid di yr un *Felŷsgerdd* ac sŷdd ganddo fo ei hunan. 1661 E. LEWIS: *Drex* 210–11, ein clustiau oedd yn llawn [o] *felys-gerdd* yn wastadol. 1688 S. HUGHES: *TSP* 318, wrth wrando ar eu *melysgerdd* a'u peraidd gân Soniarus. 1693 *HC* 35, a phyngcia fel canwr *melisgerdd* [*sic*] Israel. 1722 *Llst* 189, *melysgerdd*, good musick, melody. 1753 D. JONES: *SD* iv, Paham y gommeddir i Gris'nogion bob *Melusgerdd* arall, ond a fon'n cyfodi oddi wrth Fuddugoliaethau a Gwaredigaethau 'r Iuddewon? 1790 T. JONES: *TOS* 319, Pa hyfryd sain! *Melusgerdd* yw i'w clustieu!

melysiaith [*melys* + *iaith*] *eb.* a hefyd gyda grym ansoddeiriol. Parabl teg, iaith bersain neu hyfryd: *sweet speech, melodious or pleasant language.*
1632 *D* d.g. *melliloquus, suaviloquentia*. 17g. E. MORUS: *Gw* 15, A seinie mawl leisie *melysiaith*. 1722 *Llst* 189, *melysiaith*, kind discourse. *id. melysiaith*, kind-spoken.

melysiau, gw. mêl-lysiau.

melysig, melusig [*melys, melus* + *-ig*[2], ?a dyl. *blysig* neu *ysig* ar ystyr (*b*)] *a.* a hefyd fel *eb.*

(*a*) Melys, danteithiol, blasus; hyfryd, dymunol, pleserus; persain, melodaidd, soniarus: *sweet, delicious; delightful, agreeable, pleasant; sweet-sounding, melodious, euphonious.*
c. 1585 *Llst* 178, 8a, yroedd y pethe syrion ynymddangos ymi yn *felysig*. *id.* 43b, yno y dywad hi airiey *melysig* wrthyfi ym hydolaethay [*sic*]. 1595 *Egl Ph* 50, Llawn cerdd *felussig* mywn cor. 16–17g. *HG* 129, *melysig* esmwyth broviad. *id.* 136, heb win na bwyd *melysig*. 16–17g. LLYWELYN SIÔN, &c.: *Gw* 337, aml yw aisav i win *melysig*. 1605–10 *Haf* 24, 381–2, a gane yn vwynaidd *velyssig* vessvr. 1692 *BM* 49, 85a, ai hanadl mêl *melusig* pûr. 17–18g. *Cylchg LlGC* viii. 30, a phob *melysig* fiwsig fwyn. [1745] W. ROBERTS: *FfM* 45, I gyd fyw . . . / Mewn pechodau *Melysig*. 18g. *Hop M* 230, Ac Adar mân y goedwig a'u cân *felysig* flas (Lewis Hopkin). 18–19g. *IAW* (LlGC) 23, 11, Dôs hydeg yr hedyn *melysig* ei lais.

(*b*) Hoff o fwyd neu ddiod felys, gwancus, blysig: *fond of sweet food or drink, greedy, voracious.*
15g. (16–17g.) *LlGC* 6511, 290b, Gwae vardd o ddyn gwiw a vai / *velysig* am vel osai (Hywel Dafi). 15g. *HCLl* 115, Bid gas gan laswas *melysig*— derfyn / Bost hy am Ryddyn bost Moreiddig. 15–16g. *GRB* 32, Bardd a ŵyr b'le bwriai ddig, / b'le mae'i lys, bol *melysig*. 16–17g. *HG* 102, ar *velysig* Eva deg. 1762 T. WILLIAMS: *HHO* 7, Ac yno gyrrwyd Adda, A'i wraig *felysig*. 1803 *P, melysig*, fond of sweet things.

Fel *e. Bot.* Llysiau'r dryw, cwlyn y mêl, *Agrimonia eupatoria*: *common agrimony.*
1604–7 *TW* (*Pen* 228), y *Velysic* d.g. *agrimonia*. 1632 *D* (*Bot*), y Drydon . . . y *felysig*. 1725 *SR* (*Bot*), d.g. *agrimony*.

melysigrwydd [*melysig* + *-rwydd*] *eg.* Hoffter at fwyd melys neu amheuthun: *fondness for sweet or delicate food.*
c. 1585 *Llst* 178, 46a, *melysigrwydd* (*licourishnesse*) a medddod. 1803 *P, melysigrwydd*, fondness for sweets.

melyslais, meluslais [*melys, melus* + *llais*] *a.* a hefyd fel *eg.* Peraidd ei lais, persain; llais peraidd neu ddymunol: *sweet-voiced, dulcet; sweet or pleasant voice.*
16g. *CLl* 155, Blaen-gar swn claiar clywais— gwin awen, / Gan Eos *velyslais*. 16–17g. *GST* i. 747, Solas byd, *felyslais* big, / Swyddwr a gwir gas Eiddig [i yrru'r fronfraith yn llatai]. *c.* 1730 *Thos. Lloyd D* (LlGC) 175a, *melyslais* . . . sweet voiced. 1759 *DG* 13, Angel a gân hoywlan lef / *Feluslais* nefol oslef. 1759 *BC* 119, Ei Pherliad hôff irlais, lwŷs orchwyl a Serchais, / Gwaith osle *meluslais*, aur ddyfais ar Ddôl [i'r eos].

melyslef, meluslef [*melys, melus* + *llef*[1]] *a.* Persain: *sweet-sounding, melodious.*
c. 1785–90 (1829) *CBYP* 151, a bod y Gerdd fal hynny yn fwy *meluslef*, na'i bod oll yn unodl.

melyslif, meluslif [*melys, melus* + *llif*[2]] *a.* Yn llifo'n beraidd: *mellifluous.*
1604–7 *TW* (*Pen* 228), *meluslif* d.g. *dulcifluus*. 1632 *D, melyslif* d.g. *dulcifluus*. 1722 *Llst* 189, *melyslif*, sweet-flowing.

melyslon, gw. melys + llon.

melysol, melusol [*melys, melus* + *-ol*] *a.*

(*a*) Melys, danteithiol; hyfryd, pleserus; persain, melodaidd: *sweet, delicious; delightful, pleasant; sweet-sounding, melodious.*
1686 FFOULKE OWEN: *Cerdd-lyfr* 21, Dwg fenaid i fynu i blith ey [*sic*] gywirlu, / I ganu it fawl Jesu 'n *felusol*. *c.* 1729 S. RHYDDERCH: *LlCD* 340, Ei ganu yn blygeiniol . . . / Yn llesol *felysol* Fawl Iesu. 1793 DAFYDD IONAWR: *CD* 38, Oh ffrwyth têr! . . . / Ei flâs sydd mor *felysawl*! *id.* 136, Câd siriol *felysol* iawn, / Aneirif Delynoriawn! *id.* 221, Clywid nefol siriol swn / *Melysawl* fawl gan filiwn.

(*b*) Yn melysu: *sweetening.*
1803 *P* d.g.*melysawl.*

melysred, melusred [*melys, melus* + bôn y f. *rhedaf*: *rhedeg*] *a.* Yn llifo'n beraidd: *mellifluous.*
1604–7 *TW* (*Pen* 228) d.g. *dulcifluus.*

melysrwydd, melusrwydd [*melys, melus* + *-rwydd*] *eg.*

(*a*) Melyster, blas melys neu ddanteithiol; sylwedd melys; (ffynhonnell) hyfrydwch neu ddiddanwch; perseinedd: *sweetness, sweet or delicious taste; sweet substance; (source of) delight or pleasure; melodiousness.*
15g. (1594) *B* xvi. 261, O Jesû, melyster y calonnaû ac ardderchoc *velûsrwyth* yr eneitiae. 16g. *Pen* 127, 243, val y mae chwerwedd yn diddymv *melyssrwydd*. 16g. GR. HIRAETHOG: *Gw* (D. J. B.) 97. 73–4, Dewrgyw flasryw *felysrwydd*, / Drud gorff un doriad â gŵydd [i ofyn dau alarch]. *a.* 1642 (1684) H. OWEN: *DC* 46, o dra *melysrwydd* myfyrdod hwy a ollyngent luniaeth y corph ynanghof. *id.* 182, Oh Arglwydd! pafaint yw amledd dy *felysrwydd* . . . i'r sawl sy'n dy ofni di? 1670 J. HUGHES: *AP* 277, wedi dy osod ymmysc y Cynnulleidfaoedd gwyn-fydedig meddianna *felysrwydd* y myfyrdod Duwfawl. 1722 E. LLOYD: *MC* 30, mwy sydd o fustl yn y byd, nag o fêl, mwy o chwerwder nag o *felyssrwydd*. [1724] G. WYNN: *YGD* 140, Efe [Duw] . . . a fydd . . . yn Fuwsic i'r Glust, yn *Felysrwydd* ir Archwaeth. 1725 *SR* d.g. *sweetness*. 1776 DEWI NANTBRÂN: *AN* 83, Iesu 'r, [*sic*] Manna nefol, *melusrwydd* yr hwn sydd yn porthi'r E[t]holedig. 1790 T. JONES: *TOS* 231, Pe 'r ai 'th feddylieu, fel y gwenynyn diwyd . . . o flodeuyn i flodeuyn, o greadur i greadur, ni ddygent ddim mêl na *melusrwydd* adref, oddiwrth neb o honynt, ond mor belled ac y maent yn perthyn i dragywyddoldeb. 1794 *W* d.g. *suavity*. 1803 *P.*

(*b*) Hoffter at fwyd amheuthun: *fondness for delicate food.*
c. 1585 *Llst* 178, 45a, *melysrwydd* (*licourishnesse*) a medddod.

melystant, melysteg, gw. melys + tant, teg.

melyster, meluster [*melys, melus* + *-der*] *eg.* ll. *-au.* Yr ansawdd o fod yn felys, blas melys neu ddanteithiol; bwyd melys, peth sydd â blas melys arno; (ffynhonnell) hyfrydwch neu ddiddanwch; perseinedd, melodedd: *sweetness, sweet or delicious taste; sweet food or substance; (source of) delight or pleasure; melodiousness.*

13g. *BD* 5, bod yn well ganthunt . . . ymborth . . . ar gyc amrvt a llysseu gan rydyt, nog . . . ar wledeu a *melyster* a dan geythyvet. **1346** *LlA* 129, ar tryd-yd nef a lewycha val kristal yn llawn *ovelyster* llewenyd damunedic. **14g.** *RC* xxxiii. 208, Val y kelynt chweruder agheu druy *velyster* buched. *c.* **1400** *RB* ii. 212, uyg karedickaf verch i. yr hon aoed eil vuched ac eil *uelyster*. ac eil digrifwch im. *id.* 243, enryfedu nary gawssei eiryoet y veint *velyster* honno ar gig arall. **15g. (1594)** *B* xvi. 258, O Jesû Ghrist, y tragwyddol *velyster*. **15g.** *DE* 141, klander *melyster* mawl oedd [marwnad Dafydd ab Edmwnd gan Utun Owain]. **1588** *Diar* xvi. 21, *melusder* y gwefusau a chwanega ddysceidiaeth. **1588** *Esec* iii. 3, yr oedd efe yn fy safn fel mêl o *felyster*. **1632** *D*, *melusder*, suauitas, dulcedo. **1675** R. JONES: *HCh* 26, er mwyn bodloni chwant y cnawd â rhyw *felusder*, nad yw yn parhau ond dros ennyd fechan. **1772** *W* d.g. *deliciousness, melody, suavity*. **1789** M. J. RHYS: *D* 14, y mae amryw o filoedd yn Lloegr wedi ymwadu â'r *melusderau* yma [siwgr, &c.] 'n hollol. **1803** *P*.

melystod, melustod [*melys, melus + -dod*] *eg.* Melyster; hyfrydwch, diddanwch: *sweetness; delight, pleasure.*

1704 J. MORGAN: *B* 81, Fe geiff yr wyllys gwiwglod / Aneirif o *felusdod* / Yn hoffi beunydd, dirgel waith, / Dedwyddwch maith y drindod. **1762** T. WILLIAMS: *HHO* 4, Cei *felysdod* ddiod dda. **1765** *Cyf C* 37, Fe dderfŷdd dy *felusdod* / Pan rotho'r ange ddyrnod [wrth gybydd]. *c.* **1765** L. MORRIS: *LW* lxxx, Saer awen gu, seren gwawd, / A mêl lestr y *melysdawd* [am Lewis Morris].

Cfn.: **Melystod Gwilym:** *Sweet William, name of an air.* **1760** T. WILLIAMS: *AD* 10.

melyston, meluston [*melys, melus + tôn*] *a.* a hefyd fel *eb.* Persain, melodaidd; tôn beraidd: *sweet-sounding, melodious; sweet tune.*

c. **1525** *TA* 741, Malai osteg, *melyston*, / Melys iaith, fal mêl i sôn [marwnad Tudur Aled gan Forus Gethin]. **1604–7** *TW* (*Pen* 228), *melusdon* d.g. *dulcisonus*. **1722** *Llst* 189, *melysdon*, sounding sweetly. **1780** *W*, un pereidd-lais (*melus-don* . . .) d.g. *pleasant* [*apply'd to sound or music*] . . . *one that hath a pleasant voice or note.*

melystra, melustra [*melys, melus + -dra*] *eg.* Yr ansawdd o fod yn felys, blas melys neu ddanteithiol; bwyd melys, peth sydd â blas melys arno; (ffynhonnell) hyfrydwch neu ddiddanwch; perseinedd, melodedd: *sweetness, sweet or delicious taste; sweet food or substance; (source of) delight or pleasure; melodiousness.*

c. **1400** *YSG* i. 43, A chymeint yw ynot ti o chwerwder uffernawl . . . ac a dylyei vot ynot o *velystra* ysprydawl. *c.* **1585** G. ROBERT: *DC* [11a], os bydd vn defnyn o win yn felys, pe bae r holl for yn win melys, fe fyddei yno *felysdra* mawr. *Diw.* **16g.** *WLB* 45, gormod maeth a *melystra*. **1588** *Barn* ix. 11, Ond y ffigus-bren a ddywedodd wrthynt a beidiafi a'm *melysdra*, ac a'm ffrwyth goref. *id.* xiv. 14, o'r cryf y daeth allan *felusdra*. **1588** *Ecclus* xxxii. 8, Megis sêl o Smaragdus mewn boglyn o aur yw *melusdra* music gyd âr gwin melus. **1615** R. SMYTH: *GB* 35, y mae hi [yr eos] a *melysdra* i chaniad yn llithio . . . [ll]awer o adar bychain eraill. **1691** T. WILLIAMS: *YB* 139, [c]lywed blâs a *melusdra* ar bob pleser yn y byd. **1776** *W* d.g. *melody, suavity*. **1790** T. JONES: *TOS* 261, pa *felusdra* a gawsem mewn bwyd a diod, heb archwaeth? **1803** *P*.

melysur, melusur [*melys, melus + sur*] *a.* Ac arno flas sy'n gymysgedd o felyster a surni: *sweet and sour.*

1604–7 *TW* (*Pen* 228), *melusur* d.g. *dulcacidus*.

melyswaith, meluswaith [*melys, melus + gwaith*[1]] *eg.* ac efallai gyda grym ansoddeiriol. Gorchwyl hyfryd, gwaith pleserus: *agreeable task, pleasant work.*

15–16g. *GLM* 176, *Melyswaith* fu 'Mhowls o'th fod, / mêl yn tyfu 'mlaen tafod. **16g.** WILIAM CYNWAL: *Gw* (R. L. Jones) 327, Iawn ydyw i ddyn, hynodwaith,—gwydder, / Rhag goddef poen ddiffaith, / . . . / Foli Iesu *felyswaith*. **17g.** HUW MORUS: *EC* ii. 313, Cyd ganwn ar unwaith, fawl Iesu, *felyswaith*. **1696** *CDD* 31, O chei mewn *meluswaith* gyfran o 'r anrhaith. *c.* **1730** *Thos. Lloyd D* (LlGC) 172a, *meluswaith* . . . gratum opus. **1753** D. JONES: *SD* 126, Ond dyfod nesnes attat ti, / Fy Nuw, fydd fy *melus-waith* i.

melyswawd, meluswawd [*melys, melus + gwawd*] *eg.* a hefyd fel *a.* Cerddoriaeth neu gân soniarus, barddoniaeth neu gerdd beraidd; persain: *sweet music or song, sweet poetry or poem; sweet-sounding.*

1632 *D* d.g. *melodia*. **1675** R. JONES: *HCh* [174], *melyswawd*, pereiddgan. **1676** W. JONES: *GB* 48, Dy glustiau a ymhyfrydasant mewn purориaeth a *melys-wawd*. **1722** *Llst* 189, *melyswawd*, harmony. **1776** *W* d.g. *melody*. **1806** *AUA* 33, Tawed bellach arianllais delynau / Peraidd hyfrydlais *melyswawd* dannau.

melyswedd, meluswedd [*melys, melus + gwedd*[1]] *eg.* ll. (diw.) *-au.* Hyfrydwch, diddanwch, pleser (bydol); ?perseinedd: *delight, (worldly) pleasure; ?melodiousness.*

1588 *Tit* iii. 3, yn gwasanaethu chwantau, ac amryw *feluswedd* (*TN* 323b, wynieu). **1606** E. JAMES: *Hom* ii. 167, ymattal . . . oddiwrth bob digrifwch a *melyswedd* bydol. **1629** R. LLWYD: *P* 24, ffol-ddigrifwch, *meluswedd*, a maswedd. **1630** R. VAUGHAN: *YDd* 70, holl *feluswedd* fy mywyd pe cesclid ynghyd, ni chystadlei y rhan leiaf om poenau presennol. **1667** C. EDWARDS: *FfDd* 83, ni ddenai *melyswedd* golud . . . monynt i dorri gorchmynion Duw. **1676** W. JONES: *PGG* 37, [g]ormod cariad a'r [*sic*] *felys-wedd* a difyrrwch. **1685** G. GRIFFITH: *GA* 155, weithiau trwy *felyswedd*, hawdd-fyd, weithiau trwy flinder adfyd. **1712** T. WILLIAMS: *CDdG* 121, Gwna imi na ddifrodwyf mwy mo'm hamser mewn Esmwythdra a *Meluswedd*. *c.* **1730** *Thos. Lloyd D* (LlGC) 174a, *meluswedd* . . . delight, relish, pleasure. **1733** T. EVANS: *PP* 124, gyda pha Fodlondeb a *Meluswedd* yr oedd efe yn gwneuthur Ewyllys ei Dâd nefol? **1737** J. EINNON: *HR* 166, Cyn gynted ag y llefarais hyn, gyda *meluswedd*, 'fe ddadymchwe[l]odd attaf drachefn fel y gwrthlais neu adsain drachefn. **1741** G. JONES: *HWI* i. 56, Mae rhai chwantau cnawdol yn tueddu dynjon i lythineb a meddwdod, *meluswedd* a danteithrwydd. **1751** *GIA* 202, Bwytewch . . . er jechyd ac nid er *melyswedd* diles.

Fel *a.* Amheuthun; ?anllad, chwantus: *dainty (of food); ?wanton, lustful.*

1630 R. VAUGHAN: *YDd* 522–3, yr holl ddanteithion *melyswedd*, a'r rhai y darfu ir Pharisead coegfalch dy groesawu. **1696** *CDD* 43, Gwneiff pawb drwŷ ymhoffi, mewn gwegi dan gô, / Ei wŷllŷs *melyswedd*, a marcied y diwedd, / Am gyfedd pa ddialedd a ddelo. **1722** *Llst* 189, *melyswedd*, dainty.

Cfn.: **melyswedd buchedd:** *pleasures of life, worldly pleasure.* **1588** *Luc* viii. 14. **1688** S. HUGHES: *TSP* 139. **1704** E. SAMUEL: *BA* 86. **1717** IACO AB DEWI: *MN* 25.

melyswin, meluswin [*melys, melus + gwin*] *eg.* Gwin melys, hefyd yn *ffig.*: *sweet wine, also fig.*

1588 *Barn* ix. 13, a beidiafi a'm *melys-win* yr hwn sydd yn llawenhau Duw, a dynion? **1588** *Joel* iii. 18, A'r dydd hwnnw y bydd i'r mynyddoedd ddefnynnu *melys-win*. **16–17g.** LLYWELYN SIÔN, &c.: *Gw* 549, gwaed ffemin *melysswin* mawl. **1604–7** *TW* (*Pen* 228), *meluswin* d.g. *mulsum, murina*. **17g.** *Plas Nantglyn* 2, 70, Dy fyr weddiau sydd *feluswin*. **1722** *Llst* 189, *melyswin*, sweet wine, sack. **1743** G. JONES: *HWI* ii. 190, oddi wrth annherfynol Ddajoni Duw y llifeiria allan holl ffrydiau *Meluswin* y Gwynfyd. **1776** *W*, rhyw *felyswin* o'r enw d.g. *malmesy* [*a sort of luscious wine so called*].

melyswr [*melys + gŵr*] *eg.* ll. *-wyr.* Canwr peraidd: *sweet singer.*

1726 S. RHYDDERCH: *Alm* [10], Pen ddaeth i ni gyssur fe leisiodd *melyswyr*, / Da ei synwyr dan yr wybyr oreubarch.

melyswraidd, meluswraidd [*melys, melus + gwraidd*] *eg.* *Bot.* (Gwreiddyn) licris, perwraidd, *Glycyrrhiza glabra*: *liquorice(-root).*

1604–7 *TW* (*Pen* 228) d.g. *scythica*. **1722** *Llst* 189, *melyswraidd*, licorish. *c.* **1730** *Thos. Lloyd D* (LlGC) 175a, *melyswraidd*. Glycyrriza. Liquorice. **1775** *W* d.g. *licorish*. **1813** *WB* 219, *Meluswraidd*; Glycyrrhiza glabra; Liquorice.

melysydd, melusydd [bôn y f. *melysaf, melusaf*: *melysu, meluso + -ydd*[3]] *eg.* ll. *-ion.*

(*a*) Rhywbeth sy'n melysu (bwyd, diod, &c.); rhywun neu rywbeth sy'n gwneud (e.e. bywyd) yn bleserus neu ddymunol: *sweetener; person or thing that makes something pleasant or agreeable.*

1827.

(*b*) Gwneuthurwr neu werthwr melysion, teisennau, &c., cyffeithiwr: *confectioner.*

1862.

melysyn, gw. melys.

melli[1] [*mall + -i*[1]] *eg.* Malltod neu haint ar blanhigion, hefyd yn *ffig.*: *disease in plants, blight, also fig.*

1803 *P*, *melli* . . . a blight.

melli[2], gw. ymellin.

mellni [*mall + -ni*] *eg.*

(*a*) Malltod neu haint ar blanhigion (yn enw. ŷd), hefyd yn *ffig.*: *disease in plants (esp. corn), blight, blast, also fig.*

Dchr. **17g.** *J* 10, 29b, *mellni*, urica. **1722** *Llst* 189, *mellni*, as Myllni. **1770** *W* d.g. *blast in corn, or trees*. **1803** *P*, *mellni* . . . a blast.

(*b*) Braenedd, ffliwc, pwd (ar ddefaid); pydredd: *liver-rot or liver-fluke in sheep; rottenness.*

[1783] *W* d.g. *rot, the rot* (*a disease in sheep, &c. so called*).

Gw. hefyd myllni.

mellt [o'r gwr. IE. **meldh-* 'mellten, morthwyl y duwiau', cf. H. Nor. *mjǫllnir* 'morthwyl duw'r daran', Latfeg *milna* 'morthwyl duw'r daran', Hen Brwseg *mealde* 'mellten'] *e.ll.* (un. b. *-en*, ll. *melltennau, melltennoedd*) Fflachiau yn yr awyr a geir weithiau yn ystod storm ac a achosir gan ddadwefriad trydanol, lluched, taranfolltau, hefyd yn *dros.* ac yn *ffig.*: (*flashes of*) *lightning, thunderbolts, also transf. and fig.*

13g. *Llst* 1, 132, gwelyt e tan oc ev cledyvev megys kawat or *mellt* em blaen taran. **13g.** *DB* 61, Twryf e tan a'r guynnyeu enteu yu taran. Y tan enteu a emdangosso o henne uyd y *mellt*. **14g.** *GDG* 93, Cerddais yn gynt, helynt hir, / No *melltén* ddeunaw milltir. **14–15g.** (*Diw.* **16g.**) *Gwyn* 3, 171, dwg fyllt liw diwg *fellden* [Rhys Goch Eryri i'r llwynog]. *c.* **1400** *R* 1368. 5–6, Yna digyssellt gwr avet y *mellt*. awnaeth amylder *mellt* gwellt agwiwdellt gwyd. **15g.** *DGG*[2] 79, Taraw a wnaeth, terwyn oedd, / Trwst taran tros y tiroedd, / A ffrydiaw croywlaw creulawn, / A phoeri *mellt* yn ffrom iawn. **15g.** *LGC* 173, Yr aur oedd amlach no'r irwydd yn ddellt, / Na'r main ac no'r *mellt*, no'r gwellt a'r gwydd. **1567** *LlGG* (*Sall*) 52b, y *mellt* [:– lluchet] a lewychent y byt. **16–17g.** *IMCY* 226, Tra fo'r llychedev yn cyrchu'r mynyddev a'r *melltennoedd* yr vchel drvmoedd yn ddychryngar. **1603** W. MIDLETON: *Ps* 139, *Melltennau* amwyllt annian, / Goleuent fyd synn-fyd sann. **1632** *D*, *mêllt*, Sing. *Mellten*, fulgur, fulmen, fulgetrum. **1703** E. WYNNE: *BC* 47, a['r] Taraneu 'n rhuo a'r *Mêllt* yn gwau 'n dryfrith. **1730** IACO AB DEWI: *YL* 132, [p]eryglu Bywyd neu Aelodeu am *Fellten* o Gymeriad gôrwag (*a blast of vaine reputation*) ym mhlith Dynion. **1770** *W* d.g. *bolt, a thunderbolt, flash* [*of lightning, of light, &c.*], *lightning, or lightnings*. **1771** *PDPh* 50, crydfeydd oerion yn fynych yn y dydd, a rhyw *felltenau* annisgwyliadwy o wres (uncertain flushes of heat). **1803** *P*, malldan . . . Malldan dan uwd a *mellten* dan lymry. Adage. *id.* d.g. *mellt, mellten*.

Amr.: **myllt**[2]. *c.* **1400** *RB* ii. 259, 331.

Cfn.: **mellt a tharanau:** *thunder and lightning*. **1346** *LlA* 65. **1551** W. SALESBURY: *KLl* 56b. **1687 (1715)** J. OWEN: *TB* 128. **1760** *ML* ii. 214. Cf. **1588** *Job* xxviii. 26, ffordd i fellt tarânau (**1620** *ib.* fellt y taranau). **fel mellten (y fellten):** *like a flash* (*of lightning*). **1864.** Ar lafar.

Am *goleuo mellt, maen mellt, tân mellt* (*myllt*), gw. goleuaf: goleuo, maen[1], tân.

Gw. hefyd melltan.

melltaf: mellto, melltu, gw. melltiaf: melltio.

melltan [*mellt + tân* ac o bosibl *-an*[1]] *eg.b.* Mellten, lluchеden, taranfollt, hefyd yn *dros.*: *flash of lightning, thunderbolt, also transf.*

14g. *IGE*[2] 10, Yno y bu, cyn tynnu tân, / Cynnwrf ym mlaen twrf taran, / Arwydd trympau, berau bâr, / A lluched *mellt-dân* llachar. **15g.** *DN* 47, Nis lladd gŵr, na thŵr, na tharan,—na draig, / Na dragwn, na *melltan*. **16–17g.** *GST* i. 198, *Melltan*, caiff lawer melltith / Am hau grawn plwm hagr i'n plith [i ofyn gwn]. **1604–7** *TW* (*Pen* 228), *melltan* ddirvawr d.g. *fulgetra*. *id.* d.g. *fulgur, ignis*. **1632** *D*, *mellt-dân* mawr d.g. *fulgetra*. **1722** *Llst* 189,

mellt. p. *Mellt-dan* s. Mellten. f, lightning, flashes of lightning, a thunder-bolt. **1725** *SR* d.g. *a Leam of fire, or lightning.* **1776** *W* d.g. *lightning, or lightnings.*
Amr.: **myllten** [?*myllt*[2] + *tân*]. **16g.** WILIAM CYNWAL: *Gw* (G. P. Jones) 74, Mellten â lliw *mylltan* lled, / Mewn byclau hemen bwcled.

mellten, gw. mellt.

mellteniad [bôn y f. ddil. + *-iad*[1]] *eg.* ll. *-au.* Fflach mellten, fflachiad, llewyrchiad, hefyd yn *ffig.*: *flash of lightning, a flashing, also fig.*
1604–7 *TW* (*Pen* 228) d.g. *fulguritas.* **1632** *D, melldenniad* yn disgleirio yn y cymmylau d.g. *fulguratio.* **1722** *Llst* 189, *melltenniad,* a lightning, flashing, luster. **1773** *W* d.g. *a flashing, fulguration.* **1803** *P, mellteniad,* a flashing of lightning.

melltennaf: melltennu [bf. o'r e. *mellten*] *bg.a.*
(*a*) (fel *bg.*) Fflachio (gan fellt), goleuo mellt, melltio, lluchedu; fflachio, tanbeidio (yn enw. am y llygaid), disgleirio, llewyrchu, tywynnu; symud yn sydyn neu'n gyflym, rhuthro, gwibio: *to flash lightning; flash* (*esp. of the eyes*), *gleam, shine; move suddenly or swiftly, rush.*
1547 *WS, melltenny,* lyghten. **1551** W. SALESBURY: *KLl* lxxiia, ac yn ddysuvyt y *mell tennawdd* [*sic*] [:– *TN* 184b, llewychawdd] oe amgylch oleuni or nefoedd. **1567** *TN* 1[1]5b, megis y vellten a *velltenna* [:– lluchet yn discleirio] o ywrth vn van y dan y nef, a dowyn i van arall y dan y nef. **1604–7** *TW* (*Pen* 228) d.g. *corusco, fulgeo.* **1632** *D, melltennu,* fulgurare, fulminare. **1688** *TJ, melltennu,* saethu mellt: to lighten. **1722** *Llst* 189, *melltennu,* to blaze, cast (flash as) lightning; lighten. **1743** G. JONES: *HWI* ii. 97, Fe ddaw Dydd y Farn fel llycheden . . . nes ei bod yn *melldenu* ar lêd dros wyneb yr holl ddaear. **1769** E. ROBERTS: *GN* 44, Budd [*sic*] fy llygaid i pan elw i om co, / Yn *melldenu* o wylldineb. **18–19g.** *Iolo MSS* 174, esgudnaid a gymerwys, a *melltenu* tros yr ammid [*sic*]. **1803** *P.* Ar lafar mewn rhai mannau yn yr ystyr 'melltio, lluchedu', *LGW* 130–1, ac fe'i clywir hefyd yn yr ystyr 'fflachio (gan ddigofaint)' (am lygaid), *B* xiv. 289.
(*b*) (fel *ba.*) Bwrw neu yrru'n ddisymwth, saethu; taro â mellten, deifio, yn *ffig.*: *to emit or send in a flash, flash* (*forth*); *strike with lightning, blast, fig.*
1567 *LlGG* (*Sall*) 81b, *Melltenha* y lluchet a' diva hwy: saetha dy saethae, a'thervysca hwy. **1725–6** *Madd Ed* 108, nid yw dwys Fyfyrdod am Dduw yn unig yn flin i'r Troseddwr, wedi iddo wneuthur Pechod, ond y mae'n abl *melldennu* hyd yn oed y Rhith (*to blast the very Embryo*). **1790** *RLlD* 143, O pa fodd y bydd i'w edrychiad nefolaidd a hyfryd arnoch, *felldennu* gorfoledd a llawenydd anrhaethadwy drwy eich calonnau?

melltennaidd [*mellten* + *-aidd*] *a.* Tebyg i fellten, o natur mellten, melltennol, lluchedennog, fflachiog: *like lightning, of the nature of lightning, flashing.*
1803 *P.*

melltennog [*mellten* + *-og*] *a.* Tebyg i fellten, cyflym fel mellten, o natur melltenmen, melltennaidd, lluchedennog, fflachiog; yn perthyn i fellten; yn dwyn mellt, llawn mellt (am gwmwl): *like lightning, lightning-quick, of the nature of lightning, flashing; pertaining to lightning; bearing lightning, full of lightning* (*of a cloud*).
1632 *D* d.g. *fulguralis.* **1687 (1715)** J. OWEN: *TB* 128, drylliwyd . . . eu gelynion gan fellt a tharanau, am hynny gorchmynnodd yr Ymmerawdr Antoninus alw yr lleng honno Keraunobolos, y lleng *felldennog.* **1722** *Llst* 189, *melltennog,* belonging to lightning. **1753** D. JONES: *SD* 278, Gwynt, cenllysg, a *melldenog* dân, / Cydfolwch y glân Arglwydd. **1799** DAFYDD IONAWR: *MB* 18, Y *melltennog* lidiog Langc, / Ryfedd Seneddwr ifangc.

melltennol [*mellten* + *-ol*] *a.* Tebyg i fellten, cyflym fel mellten, o natur melltenmen, melltennaidd, lluchedennog, fflachiog; yn perthyn i fellten: *like lightning, lightning-quick, of the nature of lightning, flashing; pertaining to lightning.*
1604–7 *TW* (*Pen* 228) d.g. *fulguralis.* **1803** *P.*

melltennwr, melltennydd [bôn y f. fl. + *wr, -ydd*[3]] *eg.* Anfonwr mellt: *sender of lightning.*
1604–7 *TW* (*Pen* 228), *melltenwr* d.g. *fulgurator* (hefyd *D*).

melltenrwydd [*mellten* + *-rwydd*] *eg.* Cyflymdra tebyg i fellten; taraniad (bygythiad): *lightning speed; fulmination.*
1844.

melltiaf, melltaf: mellt(i)o, melltu [bf. o'r e. *mellt*] *bg.a.*
(*a*) (fel *bg.*) Fflachio (gan fellt), goleuo mellt, melltennu, lluchedu; fflachio, tanbeidio (yn enw. am y llygaid); symud yn sydyn neu'n gyflym, rhuthro, gwibio: *to flash lightning, lighten; flash* (*esp. of the eyes*); *move suddenly or swiftly, rush.*
1744 D. ROWLAND: *RY* 207, yr ydoedd hi yn taranu ac yn *mellto* y Diwrnod ymma. **1803** *P, melltiaw,* to lighten, to dart lightning. Ar lafar yn yr ystyr 'goleuo mellt' yn y ff. *melltio* yn sir Gaern., gorllewin Meir. a gorllewin sir Drefn., yn y ff. *mellto* yng Nghered. a rhai mannau yn sir Benf. a gogledd sir Gaerf., ac yn y ff. *melltu* yn ne sir Drefn., *LGW* 130–1.
(*b*) (fel *ba.*) Bwrw neu yrru'n ddisymwth, saethu, yn *ffig.*: *to emit or send in a flash, flash* (*forth*), *fig.*
1801 DAFYDD DDU: *CA* 7, Côr Sereiph cywir siriawl, / Sy'n tanio, yn *melltio* mawl.

melltigaf: melltigo [bnth. Llad. *maledīc*(*ō*), cf. Crn. C. *mylyge,* Llyd. C. *milliguet* (rhang. grff.), Llyd. Diw. *milligañ*] *bg.a.* Melltithio, tyngu anffawd ar; dweud drygair yn erbyn, difenwi, enllibio; rhegi'n gableddus, cablu: *to curse; speak evil of, revile, execrate, slander; swear or curse profanely, blaspheme.*
14g. *YBH* 42a, yna y dywawt sabaot o nerth y ben. haha felwn lwth ath *mellticco* duw. **14–15g.** *IGE*[2] 262, Gwir fu gynt, gwiw erfai gâr, / I Dduw *felltigo*'r ddaear (Siôn Cent). **1546** *YLlH* [28], *Melltigaw,* yw bwrw dryc dyb yn erbyn gweithred da. **1574** *Llst* 171, 93, ag am hyny y *melldigodd* (*SDR* 51, caplawd) pawb ipogras. **1588** *Barn* v. 23, *Melldigwch* Meroz . . . gan *felldigo melldigwch* ei thrigolion. **1588** *Jer* xv. 10, pawb sy yn fy *melldigo* (**1620** *ib.* melltithio) i. **1599 (1677)** R. HOLLAND: *AB* 133, Fel hyn y mae dynion yn ei rhegu ac yn eu *melltigo* eu hunain. **1604–7** *TW* (*Pen* 228) d.g. *obloquor.* **1620** *Lef* xix. 14, Na *felldiga* (**1588** *ib.* chabla) y byddar. **1630** R. VAUGHAN: *YDd* 253, Na feddwl gael llwyddiant ar y pethau a *felldigodd* Duw. **1632** *D, melltigo* . . . maledicere, imprecari, execrari. **1632** J. DAVIES: *LlR* 64, y rhai drwg yn cwynfan, ac yn cablu, ac yn *melldigo* dydd eu genedigaeth. **1733** J. OWEN: *TBG* 36, od yw hi [y ddaear] yn rhoddi cystadl cnŵd yn ôl ei *melldigo,* beth a allwn ni debygu am ei chnŵd hi cyn galw y Fendith yn ôl oddi arni? **1770** *W* d.g. *to accurse, to curse, to execrate.* **1803** *P.*
Amr.: **malltigo** [cf. *malltigedig*]. **1595** *Egl Ph* 7[1].
Gw. hefyd emelltigaf: emelltigo.

melltigaid [bôn y f. fl. + *-aid*[2]] *a.bfl.* Wedi ei felltithio, dan felltith, melltigedig; yn haeddu melltith, ffiaidd, atgas, ysgeler; yn dwyn neu'n achosi melltith neu anffawd: *accursed, cursed; deserving a curse, execrable, detestable, atrocious; bringing or causing a curse or misfortune.*
c. **1570** *Llst* 195, 272, y *felldiged* flwyddyn hono. **16–17g.** *BL Add* 14984, 47a, Ni lenwir ir corff i lonaid, byth / dyna beth *melldigaid.* *c.* **1730** *Thos. Lloyd D* (LlGC) 175a, *melltiged* . . . cursed. **1754** G. OWEN: *L* 106, Mae'n debyg mai'r gyfraith *felltigaid* honno rhyngtho a'r Hwyntwyr bryntion sy'n attal ei law rhag ysgrifennu. **1754** *Gron* 280, y fangre lom *felldigaid* yma [Walton]. **1793** DAFYDD IONAWR: *CD* 229, Ond Diawliaid *melldigaid* y'ch? **1803** *P.*

melltigedig [bôn y f. fl. + *-edig*] *a.bfl.* ll. *-ion,* a hefyd gyda grym enwol a grym adferfol cryfhaol. Wedi ei felltithio, dan felltith; yn haeddu melltith, ffiaidd, atgas, ysgeler; yn dwyn neu'n achosi melltith neu anffawd: *accursed, cursed; deserving a curse, execrable, detestable; bringing or causing a curse or misfortune.*
15g. *Cy* iv. 128, ewchwi *velltigedigyon* genethlaed [*sic*] yr taan poenedic paraus. **15g. (1594)** *B* xvi. 262–3, y *mellticedic* Iddeon. *c.* **1550** *CRC* 296, *Melldigedig* for fam am dygodd. **1567** *TN* 42a, Tynnwch y wrthyf yr ei *melltigedic,* ir tan tragyvythawl. *id.* 144b, y werin hyn, a'r nyd edwyn y Ddeddyf, ynt *vellticedic.* **1588** *Gen* iii. 14, *melldigedicccach* wyt ti na'r holl anifeiliaid. **1588** *Nu* v. 18, y dwfr chwerw *melldigedic* (**1620** *ib.* sy'n peri'r felldith). **1615** R. SMYTH: *GB* 205, y mae y cyfryw rif o bobl, o nasiwnau, ag o ardalau, gwedi i gorthrymu a'r llecheden *felltigedig* yma [cariad]. **1630** R. VAUGHAN: *YDd* 52, pa ryw achos . . . sydd itti i ymffrostio o'th enedigaeth, yr hon oedd yn boen *felldigedig* i'th fam? **1632** *D, melldigedig,* maledictus, execrabilis. **1658** R. VAUGHAN: *YPS* d.d., o ba fath gynneddf *melldigedig* ddamnedig [*sic*] ydyw y gwyr a demptia. **1661** E. LEWIS: *Drex* [xviii], Y cyntaf yw trigfa 'r bendigedig: ar diweddaf yw trigfa 'r *melldigedig.* **1675** R. JONES: *HCh* 112, bu ef [Crist] farw o farwolaeth greulon *felltigedig.* **1703** E. WYNNE: *BC* 7, carn-witsiaid *melltigedig.* **1722** *Llst* 189, *melltigedig,* p. *digion,* accursed, damnable, abominable, wicked. **1755** *ML* i. 364, All well in Cardiganshire . . . ond bod Ned Hughes yn feddw *felldigedig.* **1767** J. THOMAS: *TFFf* 77, Nid oedd Paul allan o ffafor Duw, neu yn *felldigedig.* **1770** *W* d.g. *accursed, cursed, damnable, execrable.* **1790** T. JONES: *TOS* 198, O mor *felldigedig* wrthun, yw ein heneidieu i fyn'd at Dduw! **1803** *P.*
Amr.: **malltigedig** [?drwy ei gysylltu â *mall*[1]; cf. *malltigo*]. **1567** *TN* 280b. **1595** *Egl Ph* 5.
Gw. hefyd emelltigedig.

melltigedigrwydd [*melltigedig* + *-rwydd*] *eg.* Y cyflwr o fod dan felltith, damnedigaeth, trueni; drygioni, anfadrwydd, ysgelerder: *accursedness, damnation, misery; wickedness, evil, atrocity.*
1630 R. VAUGHAN: *YDd* 60, Hyn yw *melldigedigrwydd* yr enaid yn y bywyd: weithian y canlyn *melldigedigrwydd* yr enaid ar corph ym marwolaeth. *id.* 75, Myfyrdod am drueni dŷn yn ôl marwolaeth, yr hyn yw cyflawnder *melldigedigrwydd.* **1661** E. LEWIS: *Drex* [387], Yr hwn yn nrhueni [*sic*] mwyaf dynion . . . a ddanfonaist feddyginiaeth i iachau ein *melldigedigrwydd.* *c.* **1730** *Thos. Lloyd D* (LlGC) 175a, *melltigedigrwydd,* maledictio. Cursedness. Reprobation. **1733** T. EVANS: *PP* 222, ac yntef gwedi gwerthu ei hunan i'r Diafol i wneuthur pob drygioni a *melldigedigrwydd.* *c.* **1762–79** W. WILLIAMS: *P* 338, a pheidio gadael pobl tan y nef ag oedd wedi cyrraedd i'r fath radd o *felldigedigrwydd.* **1769** J. GRIFFITH: *A* 239, fel ag y mae sancteiddrwydd yn cynhyddu, mwyaf yr ydym yn ei weled o *felldigedigrwydd* pechod. **1772** *W* d.g. *cursedness, enormity or enormousness* [*heinousness, flagitiousness, excessive wickedness* . . .]. **1777** W. WILLIAMS: *TEA* 60, fe gyfeiliornodd rhai eglwysi trwy fanegu gormod o'u llygredigaethau, eu haflendid . . . eu hanniweirdeb, a phob *melldigedigrwydd* fu ynddynt cyn cael gras. **1803** *P.*

melltigeidlu, gw. melltigaid + llu.

melltigiad [bôn y f. fl. + *-iad*[1]] *eg.* ll. *-au.* Y weithred o felltithio, melltithiad: *imprecation, malediction.*
1732–3 J. OWEN: *GB* 15, yn ôl i mi ddal sulw ddarfod cyn hyn, i *Felldigiadau* Eneidiau Duwiol . . . ddwyn gyd â hwynt Effeithiau sicrach nag ydym ni yn feddwl.

melltigol [bôn y f. fl. + *-ol*] *a.* Wedi ei felltithio, dan felltith, melltigedig; ffiaidd, atgas, ysgeler; yn dwyn neu'n achosi melltith neu anffawd, damniol; yn melltithio, yn cablu: *accursed, cursed; execrable, detestable, atrocious; bringing or causing a curse or misfortune, damnatory; cursing, blaspheming.*
1715 *GER* [15], mae Eglwys Rufain yn barnu pawb yn *felltigol* a ddywedo nad yw pôb un o'r Saith yn neilltuol yn wir ac yn briodol Sacrament. **1760** E. WILLIAMS: *UYB* 64, fod pob enaid . . . ag nad yw yn caru Jesu Grist, yn *felldigol.* **1803** *P, melltigawl,* cursing; blaspheming.

melltigwr [bôn y f. fl. + *-wr*] *eg.* ll. *-wyr.* Melltithiwr: *curser.*
c. **1548** *CM* 1, 92, ynntyw a vyddant *velldigwyr* mawr.

melltiog, gw. melltog.

melltiol, melltol [*mellt* + *-*(*i*)*ol*] *a.* Yn perthyn i fellt, o natur mellt, melltennol: *pertaining to lightning, of the nature of lightning.*
1803 *P, melltawl,* belonging to lightning.

melltith [bnth. Llad. *maledictiō,* cf. Crn. C. *mollath, molleth, molloth,* Llyd. C.

malloez, Llyd. Diw. mallozh, taf. Gwened malloh, malleh, H. Wydd. maldacht, Gwydd. Diw. mallacht] eb. ll. -ion, -au.

(a) Datganiad (neu alwad am ddatganiad) o ddigofaint dwyfol sy'n dwyn dinistr neu aflwydd; distryw, adfyd, anffawd, neu drallod (yn enw. fel canlyniad i'r cyfryw ddatganiad); rheg, cabledd: *curse, malediction; ruin, adversity, misfortune, or tribulation (esp. as a result of a curse); profane oath, blasphemy.*

15g. (16g.) BM 24, 150, y verch meltithuw [sic] ar vav / ith galvn waith a gwiliav (Gruffudd ap Dafydd Fychan). 1567 TN 280b, cynniuer ac ynt o weithre[doe]dd y Ddeddyf, y dan velltith y maent . . . Christ a'n prynawdd ni ywrth velldith y Ddeddyf. id. 348a, Or vn genau i daw allan bendith a melltith. id. 398b, Ac ny bydd dim rrec [:– melltith] mwy. 1588 Gen xxvii. 12, felly y dygaf arnaf felldith, ac nid bendith. 1588 Nu v. 23, Ac scrifenned yr offeiriad y melldithion hyn mewn llyfr. 1588 Deut xxviii. 20, Yr Arglwydd a ddenfyn arnat ti fe[ll]dith, trallod, a cherydd yn yr hyn oll yr estynnech dy law arno. 1588 Dan ix. 11, am hynny y tywalltwyd arnom ni y felldith a'r llw y rhai a scrifennwyd yng-hyfraith Moses. 1615 R. SMYTH: GB 7, Pa boen a fyddau arnynt pe clywent felldithion saint Peder yn erbyn Ananias ai wraig. 1617 R. PRICHARD: CE [7], Bwgwthodd fwrw yn y plith / O herwydd hyn y groylon ve[ll]tith. 1620 Mal iv. 6, rhag i mi ddyfod a tharo y ddaiar â melldith (1588 ib. difrod). 1632 D, melltith . . . maledictio. id. d.g. detestatio, devotio, diræ, execrablilitas, execratio. 1659 (1751) GIA xiii, dan felltith a digofaint Duw. 1691 ESGG 20, Mae pob pechod . . . yn haeddu ei ddigofaint, ai felldith ef yn y byd hwn. c. 1730 Thos. Lloyd D (LlGC) 173b, melltith . . . a curse. -iau. 1803 P d.g. melldith. Digwydd (y) felltith yn ddifr. ar ôl enwau, e.e. E. TEGLA DAVIES: Hen Ffrindiau (1927) 44, Dyna'r hen sowldiwr y felltith yna wedi dwyn gwraig dda oddiarnaf; MEURYN: Chwedlau'r Meini (1946) 18, y garreg felltith yna . . . pam yr ydych yn dal i alw'r garreg yn garreg y felltith? Peth ofergoelus iawn. Ym Morg. gall olygu 'direidi, drygioni difeddwl', e.e. 'melltith plant', a hefyd 'malais', e.e. "I wetiff rwpath o felltith i dynnu mwstwr'.

(b) Person neu beth melltigedig, ysgymunbeth: *accursed person or thing, anathema.*

1567 TN 280b, Christ a'n prynawdd ni ywrth velldith y Ddeddyf, pan wnaethpwyt ef yn velldith trosam. 1588 Nu v. 21, rhodded yr Arglwydd dydi yn felldith ac yn llw ym mysc y bobl. 1588 Jer xxiv. 9, Ie rhoddaf hwynt . . . yn watworge[r]dd, ac yn felldith ym mhob man lle y gyrrwyf hwynt. 1620 id. xxvi. 6, a'r ddinas hon a wnaf yn felldith (1588 ib. yn felldigedic gan) i holl genhedloedd y ddaiar. 1770 W d.g. anathema [a curse, an accursed thing or person].

Amr.: malltith [?drwy ei gysylltu â mall[1]; cf. malltigo, malltigedig]. 1595 Egl Ph 37.

Cfn.: melltith Adda: *Adam's curse.* 1735 S. THOMAS: HP 75. m. y cenglau: *glutton.* Diw. 19g. SE MS 296b, melltith y cenglau—a cant name for a glutton. m. Duw: *God's curse.* 15g. (16g.) BM 24, 150. 16g. CRC 263. 1588 Deut xxi. 23. 1679 C. EDWARDS: GGG 252. c. 1730 Thos. Lloyd D (LlGC) 175a. Ar lafar, weithiau gyda grym ansoddeiriol, 'Y dyn melltith Dduw'. Cf. 1761 ML ii. 326, Melldith Huw yn eu pacciau yn ddwbl ac yn drebl. Gw. hefyd emelltith. m. ei fam (dy fam, &c.): *a mother's curse; (one) who is cursed by his mother.* 16–17g. GST i. 44, Melltith dy fam it, amen. 1754 G. OWEN: L 109–10, melltith eu mammau i'r Rhufeiniaid cybyddlyd a ddaeth ag Arian gynta i Frydain. 1760 ML ii. 165, he is a melldith ei fam indeed . . . Howel Lewis was as bad in recommending such a shark. 1769 E. ROBERTS: GN 61, Toc bydd Ceraint melldith i fam, / Yn Anuddig am eu eiddo. 1803 P, melldith . . . Mi rof iddo velldith ei fam, I will give him his mother's curse; melldith eu mammau, cursed of their mothers, reprobates.

Am mab y felltith, tamaid y f., gw. mab, tamaid.

Gw. hefyd emelltith.

melltithfawr [melltith + mawr] a. Yn dwyn neu'n achosi melltith neu anffawd fawr, andwyol iawn: *bringing or causing a great curse or misfortune, pernicious.*
1808.

melltithgar [melltith + -gar] a.

(a) Ffiaidd, atgas: *execrable, odious.*
16–17g. RAGR 249, Gweled hên ŵr llwyd yn anllad / ssy felldithgar gan ddvw yn wastad. 1655 R. JONES: PC 81, Jôb dyd iw wraig felldithgar sen.

(b) Chwannog i felltithio, rheglyd: *given to cursing, foul-mouthed.*
1894.

melltithiad [bôn y f. ddil. + -iad[1]] eg. ll. -au. Y weithred o felltithio, melltith, rheg: *a cursing, curse, malediction, imprecation.*
1567 LlGG 140a, darllen y sentensiae cyffredin melldithiat Dduw yn erbyn pechaturieit anediueriol. 1632 D d.g. imprecatio. 1803 P.

melltithiaf: melltithio [bf. o'r e. melltith, cf. Crn. Diw. mollethia, molythia, Llyd. C. millizyen, Llyd. Diw. millizhien, mallozhiñ] bg.a. Cyhoeddi melltith ar, damnio, dymuno neu dyngu drwg neu anffawd i; dweud drygair yn erbyn, difenwi, difrïo, goganu; rhegi'n gableddus, cablu: *to curse, damn, wish evil or misfortune to; speak evil of, execrate, revile; swear or curse profanely, blaspheme.*
1551 W. SALESBURY: KLl xb, Bendithiwch y rei ach erlyno: ie bendithwch, ac na vellthithiwch ddim. id. xxiiib, Yno y dechreuadd velltithio a thyngy nad adwayniad e y dyn. 1567 TN 8a, benditiwch yr ei a'ch melltithiant. id. 24a, a' hwn a velltithio [:– emelldigo] tad neu vam, bid ef varw yr angae. id. 211a, Na velltithia Bennaeth [:– ddrycddywait am lywodraethwr] dy popul. 1588 1 Br ii. 8, efe a'm melldithiodd i â melldith dôst. 1588 2 Br ii. 24, ac ai melldithiodd hwynt [plant] yn enw'r Arglwydd. 1588 Job ii. 9, melldithia Dduw, a bydd farw. 1595 H. LEWYS: PA 235, ef a glyw arnaw felldithiaw, a chablu duw. 1620 2 Sam xvi. 7, Ac fel hyn y dywedei Simei wrth felldithio, tyret allan . . . ŵr gwaedlyd, a gŵr i'r fall. 1632 D, melltigo, & Melltithio, maledicere, imprecari, execrari. 1764 W. WILLIAMS: Th 6, Lle trig y rhai felldithiwyd. 1770 W d.g. to blaspheme, to curse, to damn. 1803 P.

melltithiol [melltith + -iol] a. Yn dwyn neu'n achosi melltith neu anffawd, andwyol, dinistriol; ffiaidd, atgas; yn melltithio, yn dymuno aflwydd; yn rhegi, cableddus: *bringing or causing a curse or misfortune, pernicious, ruinous; execrable, detestable; imprecatory, maledictory; swearing profanely, blasphemous.*
1790 W. RICHARDS: LlA 36, Y mae'r apostol hwn yn galw blaenoriaid ac athrawon y blaid felldithiol hon [hereticiaid], yn fleiddiau blinion. 1791 Dialogous 4, yr amrywiol ranniadau melldithiol yn eu plith [Cristnogion]. 1800 J. REES: DFG 13, yr ysbryd anghariadus a melldithiol yma. 1803 P.

melltithiwr [bôn y f. fl. + -iwr] eg. (b. -wraig) ll. -wyr. Un sy'n melltithio, rhegwr, cableddwr: *curser, swearer, blasphemer.*
1588 Gen xii. 3, Bendithiaf hefyd dy fendithwyr, a'th felldith-wyr a felldigaf. 1672 J. LANGFORD: HDdD 307, y trosseddwr gresynol hwn, sef melldithiwr ei Rieni. 1720 App DP 3, Rhegwyr neu Felltithwyr. 1772 W d.g. curser. 1803 P.

melltithlawn [melltith + -lawn] a. Yn dwyn neu'n achosi melltith neu anffawd, melltigedig, tra niweidiol: *bringing or causing a curse or misfortune, cursed, pernicious.*
1818.

melltithrwydd [melltith + -rwydd] eg. Drygioni, anfadrwydd, ysgelerder; y cyflwr o fod dan felltith: *wickedness, evil, atrocity; accursedness.*
1617 Minsheu 531b d.g. wickednesse. 1772 W, melldigedigrwydd, vulgò melltithrwydd d.g. cursedness. 1803 P.

meltluched [mellt + lluched] e.ll. Mellt: *(flashes of) lightning.*
a. 1642 (1684) H. OWEN: DC 306, Saetha dy felltluched, a chwala hwynt. 1670 J. HUGHES: AP 293, Rhag me[ll]t-luched a themmhestl.

melltog, melltiog [mellt + -(i)og] a. Tebyg i fellt, o natur mellt, melltennog; llawn mellt; hefyd yn ffig.: *like lightning, of the nature of lightning; full of lightning; also fig.*
1803 P, melltawg, abounding with lightning.

melltoglawn [melltog + -lawn] a. Llawn mellt: *full of lightning.*
c. 1600 AP 59, a tharanae melltawglawn.

melltol, gw. melltiol.

melltrem [mellt + trem] eb. ll. -au. Edrychiad sydyn, cipdrem: *glance.*
1727 J. JONES: DFF 44, y fâth Felldremmau o Cariad [sic] a wreichionant allan o'i Lygaid ef [Crist].

melltyrch, gw. malaith.

membr [bnth. S. member; dichon fod rhai o'r ff. bach. a nodir yma yn fnth. dysg. o'r Llad. membrāna] eg. (bach. g. -yn, b. -en, ll. -nau; bach. -an, ll. -au) ll. -au.

(a) Aelod o'r corff, hefyd yn dros.: *limb, member, also transf.*
15g. DAFYDD LLWYD: Gw 246, Brusner cont, bras yn y carn, / Brasach na membr isarn (Gwerful Mechain). 1609 R. SMYTH: CAC 22, mal mewn un corph, y naill fembren, sy'n cymmorthwy'r lla[ll]. id. 24, [d]arfu iddynt heuddu . . . (megis membranau gwenwynig) gael i torri ai gwahanu o ddiwrth gorph yr Eglwys. 1615 R. SMYTH: GB 217, megis nad oes na membryn, nag aelod, na chymal, ynghorph dyn ni chryna. id. 243, un or membrau lleia o gorph dyn [am y tafod]. id. 247–8, pwy a wnaeth y membranau a 'r aelodau i 'mddangos yn anrhydeddys, yn gyhoedd i'n golwg, ag a guddiodd y membrona [sic] budron. c. 1730 Thos. Lloyd D (LlGC) 172a, membren, pl. -ennau, membrum.

(b) Aelod (o gymdeithas, &c.): *member (of a society, &c.).*
1753 ML i 353, Daccw fab Lord Lisburn yn sefyll yno i fod yn fember Parliament yrwan.

Amr.: memr [?cf. memrwn; dichon mai gwall yw'r ail engh.] (bach. b. -en, ll -nau). p. 1584 G. ROBERT: GC [301], aelodau, a memrennau mewn un corph. 1615 R. SMYTH: GB 259, dy aelodau ath femrau.

membran[1,2], gw. membr, memrwn.

membrwn, gw. memrwn.

memento [bnth. S. memento] eg. Gwrthrych a ddefnyddir i ddwyn ar gof berson neu ddigwyddiad, neu i atgoffa neu rybuddio rhywun rhag anghofio rhywun neu rywbeth, atgoffa, rhybudd; Egl. un o ddwy weddi yn yr offeren y dygir ar gof yn y naill y byw ac yn y llall y meirw: *memento (also eccl.).*
1658 R. VAUGHAN: PS 362, yr oedd gan Philip ei memento [sic] neu ei goffadwriaeth foreuol, i ddywedyd iddo mai dyn oedd. 1676 W. JONES: PGG 35, Y Memento, neu Nôd-Coffa a osodir o'i flaen ef. 1776 DEWI NANTBRÂN: AN 161, Ar y Memento tros y Byw.

memorandwm [bnth. S. memorandum] eg. ll. memoranda. Cofnod, crynodeb o gytundeb cyfreithiol, &c.; llythyr neu nodyn anffurfiol heb ei lofnodi, datganiad ysgrifenedig (diplomataidd anffurfiol): *memorandum.*
1762 ML ii. 493, Dyma femorandwm o'r peth.
Cfn.: Cyfr. memorandwm cymdeithasiad: *memorandum of association.* 20g.

memr, memren, gw. membr.

memrwn [?bnth. dysg. Llad. membrum 'aelod o'r corff; croen, ?memrwn', cf. Gwydd. C. memrum; â'r -n, ?cf. botwm, botwn, patrwm, patrwn, ond dichon hefyd fod yma ddyl. Llad. membrāna] eg. ll. memrynau, a hefyd fel a.

(a) Croen, yn enw. croen dafad neu afr (weithiau croen llo), wedi ei drin er mwyn gwneud defnydd i ysgrifennu arno neu i rwymo ag ef, hefyd yn dros. ac yn ffig.; llawysgrif ar femrwn; wedi ei wneud o femrwn, wedi ei ysgrifennu ar femrwn: *parchment, occas. vellum, also transf. and fig.; parchment manuscript; made of parchment, written on parchment.*
14g. B xiv. 267, Roduch chui . . . rol o vemrvn. a ninheu a ysgriuennvn. 14g. GDG 230, Yn iarlles eiry un orlliw / Y'th alwn, gwedd memrwn gwiw. id. 392, Cwrrach memrwn, wefldwn waith, / I'r dom a fwrid ymaith. 15g. OBWV 104, Amrant du ar femrwn teg / Fal gwennol ar fol gwaneg [i fynaches]. 15g. AL i. 350, blinder eu hyscrifennu [cyfreithiau

llys] achosti *memrwn* adu yndiffrwyth. **15g.** *DN* 79, Danvonwn o'r *memrwn* mav / Lwyth eryr o lythyrrav. **15g.** *LGC* 117, Cael pardwn *memrwn* i dalm o wyr. **15g.** *GGl* 273, Un patrwn o'r *memrwn* mawr / I'r tir oll a'r tair allawr [i Syr Siôn Mechain]. **16–17g.** *GST* i. 760, Meillion tew gochion, teg ŷnt / Mae 'mron twyn *memrwn* tanynt [i ddiolch am napgyn a gwaith sidan coch arno]. **1632** *D*, *memrwn*, membrana, charta pergamena, philura, philyra. *c.* **1730** *Taith C* 8, fel pe buasei *Femrwn* llydan gwedi ei agoryd ger ei bron. **1740** *ML* i. 25, 3 chweir neu 4 o bappir a chaead *memrwn*. **1752** *EGG*, hysbyseb o flaen y dd.d., *Memrwn* a Felwm. *ib.* Pibau Tunn i redeg llinellau hyd *Femrwn*. **1753** *TR*, *memrwn*, parchment, vellum. **18g. (1811)** W. Williams: *GP* 924, Am hyn mae'r *memrwn* cynta', ac felly y mae'r ail [yr Hen Destament a'r Testament Newydd].

(*b*) Bron, brest; y croen rhydd sy'n hongian o wddf gwartheg, tagell, pilen: *breast, chest; dewlap, fold of skin, membrane.*
1722 *Llst* 189, *memrwn* . . . the breast of a beast. **1770** *HGD* v, [c]idiodd . . . ynddo gerfydd ei *femrwn* (*by the breast*). **1796** *Geirgrawn* 118, Ei gagen (chap) uchaf [pelican], sydd fel rhai adar eraill, ond ei bod wedi ei gwneuthur o ddwy eisen hîr a gwastad, a *memrwn* ynglun a phob un o honynt. Ar lafar yn yr ystyr 'tagell' yng nghanolbarth a godre Cered. ac ym Morg.
Amr.: **mamrwn.** Ar lafar yn Nhir Iarll yn yr ystyr 'tagell'. **membran[2]** [dan ddyl. y Llad. *membrāna*] (ll. *-au*). **1547** *WS*. **1567** *LlGG* 101b, [y] llyfrae ac yn enwedic y *membranae*. **membrwn** [?dan ddyl. y Llad. *membrāna*]. *a.* **1577** *Pen* 49, 49. *c.* **1585** G. Robert: *DC* [xvii], eu Cerdd dafawd, eu meddyginaethæ . . . mewn *membrwn* a chrwyn hyfrod. **1588** *2 Tim* iv. 13. **memran. 1604–7** *TW* (*Pen* 228) d.g. *palimpsestus, pergamena.*

memrwnaidd [*memrwn* + *-aidd*] *a.* Yn perthyn i bilen, pilennog; tebyg i femrwn: *membraneous; parchment-like.*
1816.

memryn, gw. mymryn.

memrynol [*memrwn* + *-ol*] *a.* Wedi ei ysgrifennu ar femrwn, dogfennol: *written on parchment, documentary.*
20g.

memrynydd [*memrwn* + *-ydd[3]*] *eg.* Gwneuthurwr memrwn: *parchment-maker.*
c. **1400** *SDR* 66, nyt edewis un blewyn heb y dynnu ymeith, mwy noc y gedeu y *memrennyd* ar y memrwn.

men[1] [amr. ar *ben[1]* drwy ymgyfnewid *b-* ac *m-*] *eb.* ll. *-ni, -nau.* Certwain, cert, trol; gwagen: *cart; wagon.*
15g. *LGC* 189, Ni'm tŷn *mèn* nag ychen gwaith. **15g.** *GO* [331], A *men* i ddwyn y tail mav. **15g.** *DE* 116, fy chwechar kaf ych ychen / frodvr mawr faradr a *men*. *id.* 117, a *men* yr ychen mannog. **1547** *WS*, *men*, a wayne. **16g.** *WLl* 32, Mae ysmonnaeth maes a *menni* / Mae rrediad y tad i tti [i Siôn Salbri]. **1588** *Esec* xxiii. 24, deuant i'th erbyn â *menni*, cerbydau, ac olwynion. *c.* **1610** *GDG* 420, kael ychen a *menn*. *Dchr.* **17g.** *J* 10, 30b, *men*, vehia, vehiculum, carte. **1632** *D*, *menn*, plaustrum, rheda, carrus, benna. **1722** *Llst* 189, *menn*, f.p. *menni, mennau*, a cart, waggon. **1740** T. Evans: *DPO* 145, Hwy a gynnygasant. Lwyth *menn* o Aur. **1767** I. Brydydd Hir: *Gw* 216, eu hymddiried [llyfrau] yn y *fen*, neu mewn llong o Aberystwyth. *c.* **1773** *CAWA* 11, os bydd *Menn* [Waggon] yn angenrheidiol. **1803** *P*.
Cfn.: *Sêr.* **Men Carl** = **M. Siarl. 1859. m. ddiddos:** *covered wagon.* **1588** *Nu* vii. 3. **1632** *D* d.g. *capsus*; cf. *id.* diddos menn d.g. *tympanum.* **m. ddyrnu:** *threshing-sledge, fig.* **1588** *Eseia* xli. 15, gosodaf di yn *fenn ddyrnu* newydd ddanheddoc. **m. fodur:** (*motor*) *van.* **20g.** *Ser.* **M. Siarl(ys), M. Siarlmaen:** *Charles's Wain, the Plough, Ursa Major.* **1604–7** *TW* (*Pen* 228), *Menn Charlys* d.g. *plaustrum. id. Menn Charlmaen* d.g. *hamaxa, ursa.* Cf. *certwain—C. Siarlys.* **m. deilo:** *dung-cart.* **1632** *D* d.g. *tintinnabulum.* **m. ychen:** *ox-cart.* **20g.**
Gw. hefyd ben[1].

men[2], gw. man[1].

mên[1] [bnth. S. C. *mene* 'mean' (in mus.)] *eg. Crdd.* Un o'r lleisiau neu'r rhannau canol (yn enw. tenor neu alto) mewn harmoni: *mean, inner part* (*in mus.*).
?**14g.** (*a* **1577**) *Pen* 49, 5, mein y kan brif organ brudd / *men* a threbl mwyn ythrabludd [?Madog Benfras i'r eos]. **14–15g.** *IGE[2]* 245, A thoi y plas â tho plwm, / A threbl a *mên* a thryblwm (Ieuan ap Rhydderch). **15g.** *OBWV* 140, Myfyrdawd rhwng bawd a bys, / *Mên* a threbl mwyn â thribys [marwnad Siôn Eos gan Ddafydd ab Edmwnd]. **15g.** *GO* 171, Mewn kôr, kanv *mên* y kaid / Melys iawn am les enaid. **16–17g.** *LlCy* viii. 221, Trwy gil maes treiglo musig, / Trebl, *mên*, a bas, trwbl mwyn big (Siôn Mawddwy). **1753** G. Owen: *L* 85, Is lifrai a pure Welsh word? And what can you make of habrsiwn, *mên* a threble, and a great many more?
Amr.: **main[3]** [?bnth. S. Diw. Cyn. *meyne*]. *c.* **1566** *B* i. 155, wrth lais yr ordd vwya y gossoded y bas. ag wrth yr ail ordd y *mein.* ag wrth y morthyle y trebl.

mên[2] [bnth. S. Diw. Cyn. *mesne*] *a.* Yn dal tir oddi wrth arglwydd uwch: *mesne.*
15g. *LGC* 122, Iddaw y mae, arglwydd *mên*, / Daiar Llanbedr oll unben. **15g.** *GGl* 4, Capten ac Arglwydd *men* Mawnt. **15–16g.** *TA* 124, Mae i wŷr *mên* ym mur Maenan, / A mynaich, le, i mewn, achlân. **15–16g.** *GLM* 149, Am fod arglwyddes *mên* gynhesach / ef aeth ein gwledydd fyth yn glydach.

mên[3] [bnth. S. *mean* 'ignoble, miserly'] *a.* Cybyddlyd, gorgynnil; isel, dirmygus; cas: *miserly, parsimonious; despicable, ignoble; nasty.*
1894 D. Owen: *GT* 108, gneud dy hun mor *fên* a myn'd i ymladd—gneud dy hun mor isel. Ar lafar yn gyff.

mên[4], gw. man[1].

menaf, mennaf: menu, mennu [?cf. *manaf[1]*: *manu*, ?a'r ail ff. dan ddyl. y f. *mannaf*: *mannu*] *bg.a.* a'i dilyn fel rheol gan yr ardd. *ar.* Effeithio (ar), gwneud argraff neu ôl (ar), gwneud gwahaniaeth (i), dylanwadu (ar), aflonyddu (ar): *to affect, make an impression (upon), leave a mark (on), make a difference (to), influence, disturb.*
13g. *DB* 31, Ny *men* arnunt na chleddyf na gwaew. *c.* **1400** (*SG*) *HMSS* i. 188, natoed dim a *ve[n]ei* ar y arueu. *c.* **1585** G. Robert: *DC* 28a, ir oedd y rhwymyn am ei ddwylo wedy entrio a *menu* i r cig. **16–17g.** *HG* 67, lle bo rhad yr ysbryd glan, ny *vena* tan uffernol. **1659 (1751)** *GIA* 71, ni *fena* gair o hynny ar eu calonnau hwynt. **1677** *Cyf A* (*Can C*) 47, nid oes dim yn gweithio nac yn *meni* ar fy enaid. **1718** S. Thomas: *HB* 12, a'i Gweithrediadau hi [y lleuad] yn *menny* a'r [*sic*] y sudd . . . mewn Llysiau a Choedydd. **1722** *Llst* 189, *menu*, to affect, make impression upon. **1728** T. Baddy: *DDG* 145, oni *fennai*'r saethau ar ei Gorph. **1733** T. Evans: *PP* 72, Pa un a wnâ ein gwaith ni yn gosod allan Ogoniant Duw, *fenu* ar eraill. **1765** J. Evans: *CPE* 237, Pe gadawsai yr Iuddewon i râs Duw . . . *fenu* arnynt. **1803** *P*. Ar lafar.
Gw. hefyd mannaf: mannu.

mendâf: mendáu [amr. ar y f. *emendâf*: *emendáu* neu fnth. S. (*to*) *mend*] *ba.* Iacháu, gwella; diwygio, cywiro: *to cure; amend, correct.*
16g. (*LlEG*) *LlGC* 5276, 233b, o bydd I neb or ysgolheigion ar gaffael Erwr Eresi . . . myuiadolygaf [*sic*] vdduntt twy . . . I *mendau* y hi [y gredo]. *c.* **1548** *CM* 1, 825, y vo [meddyginiaeth] a ellir I *mendau* wynnt dros Ennyd oamser.
Gw. hefyd emendiaf: emendio, mendiaf[1]: mendio, ymendâf: ymendáu, ymendiaf: ymendio.

Mendeliaeth [yr e. prs. *Mendel* + *-iaeth*] *eb.* Damcaniaeth etifeddeg Gregor Johann Mendel (1822–84) sy'n dangos bod trosglwyddo rhai nodweddion a etifeddir yn dibynnu ar bresenoldeb genynnau arbennig: *Mendelism.*
1911.

mendiad [amr. ar yr e. *emendiad*, neu fôn y f. ddil. + *-iad[1]*] *eg.* Gwellhad, diwygiad (buchedd, &c.), adferiad (iechyd), iachâd, meddyginiaeth: *improvement, reform (of way of life, &c.), restoration (of health), cure, remedy.*
16g. *Def Hen* 12, ped ai y pregethwyr mewn hŷg lliensach . . . etto ni byddai ond gobeth bychan o'i *mendiad*. **16–17g.** *GST* i. 387, Dyna'u plaid, a Duw'n eu plith, / Drwy *fendiad*, lle dôi'r fendith. *id.* 584, Llygrwyd ein crefydd, llygrir yn wastad, / Llygriad hwyr *fendiad* o'r Rhufeindir. *c.* **1730** *Thos. Lloyd D* (LlGC) 175a, *mendiad*, emendatio. **1756** *Bangor* 1007, 49, dyna r dogdor yn ddi wad / sydd gantho *mendiad* Iddi. **1798** R. Davies: *CG* 61, Chwi dd'ewch i'ch gwlad er llwyr wellâd / Ar *mendiad* yn y man.
Gw. hefyd emendiad, ymendiad.

mendiaf[1]: mendio [amr. ar y f. *emendiaf*: *emendio*, neu fnth. S. (*to*) *mend*] *bg.a.*

(*a*) (fel *ba.* ac yn *abs.*) Cywiro, gwella, peri gwellhad (i), iacháu (yn gorfforol neu'n ysbrydol), meddyginiaethu, diwygio (buchedd, &c.), unioni (cam); trwsio, cyweirio: *to correct, amend, improve, cause an improvement (in), heal (either bodily or spiritually), cure, remedy, reform (way of life, &c.), redress (a wrong); mend, repair.*
15g. Tudur Penllyn, &c.: *Gw* 98, madde efiengtid moddol / a wna trwy *fendio* yn ol / oni fendia yn fwyndec / os duw a ddyry 'm oes dec [cyffes Ieuan Brydydd Hir]. **16g.** Gr. Hiraethog: *Gw* (D. J. B.) 11. 77–8, Erchwyn gwlad, archwn, y glêr, / I *fendio* anghyfiawnder. **1574** *Rhyddiaith Gymraeg* ii. 191, meddyliwch pawb a'y bin am *vendio* y beiey . . . yn yr ysgrifen yma. **16g.** Wiliam Cynwal: *Gw* (G. P. Jones) 94, A mynd i gael *mendio*'i gân, / Wawd diofer, at Ifan. *a.* **1587** *Y* 180, Na chais ochel, fo'th welwyd, / *Mendia*'r iaith os mwndio'r wyd. *Diw.* **16g.** *WLB* 63, ef [erllyriad] a *mendia* pob rhyw glwyf. **16–17g.** E. Prys: *Gw* 255, Ni *mendia* hwn [Edmwnd Prys] . . . / Ei fuchedd na'i afiechyd (Thomas Prys). **1604–7** *TW* (*Pen* 228), wedy glytio ai '*mendio* d.g. *sartus.* **17g.** Huw Morus: *EC* ii. 382, O'th rywiog wir athrawiaeth—cu fwynder, / Ca'i *fendio* 'nysgeidiaeth. *c.* **1730** *Thos. Lloyd D* (LlGC) 175a, *mendio*, to mend. *c.* **1750** *W Ballads* 114B, d.d., rhwymo (neu *fendio*) pob mâth o lyfrau. **1766** *CD* 78, Y Gwr ath wnaeth ath *mendio.* **1790** Twm o'r Nant: *GG* 43, A'r Dwylo a *mendiai*'r cleifion, / Ar lêd rhwng dau o Ladron. Ar lafar yn y Gogledd yn yr ystyr 'meddyginiaethu', e.e. 'Mi roth o ddecpunt i ddoctor, gael *mendio* fo', *WVBD* 371, ac yng ngogledd Cered. a sir Drefn. yn yr ystyr 'cyweirio'.

(*b*) (fel *bg.*) Gwella (yn gorfforol neu'n ysbrydol), ymddiwygio, cael adferiad iechyd (wedi salwch, &c.), iacháu: *to get well or better, improve (bodily, spiritually or morally), reform, mend one's ways, be restored to health (after illness, &c.), recover, heal.*
15g. Tudur Penllyn, &c.: *Gw* 98, madde efiengtid moddol / a wna trwy fendio yn ol / oni *fendia* yn fwyndec / os duw a ddyry 'm oes dec [cyffes Ieuan Brydydd Hir]. **16g.** *THSC* (1923–4) (At.), 30, y edrych a *mendie* y bobyl kyn gwnaythyr y dialedd arnynt. **1683** H. Evans: *CTF* 26, Na phrioda Fronten (gwrando) / Mewn rhyw obaith iddi *fendio.* **1738** *ML* i. 4, Dyma nhad, newydd *mendio* o glefyd mawr. **1740** *id.* 46, Duw a *mendio* arni hi. **1766** *CD* 174, Nid oes golled oni *mendien*, / Eu bod ynghrôg wrth wden. Ar lafar yn y Gogledd, 'Colli'r afa'l mae o, '*fendith* o ddim', *WVBD* 371.
Cfn.: **mendio fel cyw gwydd:** *to make a quick recovery after an illness.* Ar lafar yng Nghwm Abergeirw, Meir., *B* xiv. 289. **m.'i gafael:** *to set in (of cold, &c., weather).* Ar lafar yng Nghorris, Meir.
Gw. hefyd amendiaf: amendio, emendiaf: emendio, mendâf: mendáu, ymendâf: ymendáu, ymendiaf: ymendio.

mendiaf[2]: mendio, gw. meindiaf: meindio.

mendid [*mân[1]* + *-did*] *eg.* (bach. *-yn*) ll. *-au* (bach. *mendidach*). Gronyn, mymryn, temig; mandra; (yn y ll.) manion bethau, trugareddau, petheuach: *particle, atom, whit; minuteness; (pl.) minutiae, trifles, insignificant things.*
18–19g. *Llr* C 2, 323, Deifnogion cerdd au [*sic*] gelwir gan rai athrawon cans defni neu *Fendidau* Cerdd au [*sic*] gelwir. **18–19g.** *Llr* C 30, 196, *mendid*, minuteness, as Glendid, gwendid, &c a mân. *ib. mendidach*, trifles. *ib. mendidau*, minutiae. **1862** *Barddas* i. 250, [p]ob *mendidyn* yn fyw herwydd bod Duw ym mhob *mendidyn* . . . a Duw hefyd ymhob un o henynt *mendidaur* manred.

mending, mendil, gw. mendin.

mendin, mending [bnth. S. *mending* 'improvement'] *eg.* Ychwaneg(iad), rhagor, peth dros ben, bonws: *addition, extra, something over and above, bonus.*
c. **1753** G. Owen: *L* 74, dyma i chwi hyn o *mending* neu sarrit. **1756** *ML* i. 432, O[l] S[ylw] neu *mendin*. Ar lafar yn y Gogledd, '*mendin*, troi rhywfaint yn ôl ar fargen', *Cymru* xlvii. 83; ym Mhenllyn clywir y ff. *mendil*. Cf. D. Owen: *GT*

317, fe witchiodd Nansi Gwen ac a'i gwnaeth cyn lleied a doli oddeutu pum' modfedd o hyd, ac a witchiodd Ann, y forwyn, wed'yn yn llai na hithau, ac a'i gosododd fel *mendin* ar ben Gwen.

Cfn.: **yn fendin**: *extra, over and above, into the bargain*. **1907** J. JONES: *Gwerin-eiriau* 39, 'gwraig wrth bwyso ymenyn yn rhoddi ychydig yn chwaneg ym mhob pwys—*yn fendin*'. Ar lafar yn y Gogledd.

mendiwr [bôn y f. *mendiaf*^{1}: *mendio* + *-iwr*] *eg.* Cywirwr, iachawr: *corrector, healer.*

16–17g. E. PRYS: *Gw* 269, *Fendiwr* bai, fe naid o bwyll [i watwar Siôn Phylip].

mendy [*men*^{1} + *tŷ*] *eg.* Cartws: *cart-house.*

1722 *Llst* 189, *menndy*, a cart-house. **1803** *P*.

menebr, menechdid, gw. menybr, mynechdid.

menediw [?bôn y f. *manaf*^{1}: *manu* (neu cf. yr elf. *myn-* a welir yn *mynog*) + *-ediw* (At.)] *a.* ?Urddasol: *noble.*

13g. *C* 16. 9–10, lliwed a hun. llysseit eitun. llun *venediv*. *c.* **1300** *H* 7b. 20, caraf gaerwys vun *venediw* deithi (Gwalchmai).

menegaf: menegi, meneginiad, meneginiaeth, menegniaethaf: menegniaethu: gw. mynegaf: mynegi, meddyginiad, meddyginiaeth, meddyginiaethaf: meddyginiaethu.

meneson [bnth. S. Diw. Cyn. *meneson* 'dysentery'] *eg.* yn yr ymad. *meneson gwaed.* Dysenteri: *dysentery, bloody flux.*

Diw. **16g.** *WLB* 67, Rhag y *meneson gwaed* viz Klwy y gwaed.

menestr [bnth. H. Ffr. *menestre*; dichon mai *mynystr*, *mynestr* (?bnth. Llad. *minister*, *ministra*, cf. yr amr. *mynestr* isod) a gynrychiolir gan rai o'r enghrau. cynnar isod ac mai dyl. y ff. H. Ffr. ar y ff. hyn a roddodd *menestr*; cf. hefyd H. Grn. *menistror*, gl. *pincerna*] *eg.?b.*

(*a*) Tywalltwr diod, un sy'n gweini, darparwr, hefyd yn *ffig.*: *cupbearer, one who serves, provider, also fig.*

13g. *C* 13. 2–4, *Menestir.* vytud. meuvet vetud. molud esmuith. *id.* 106. 8–9, finaun *wenestir* mor terruin. **13g.** *TYP* 109, [P]rydelav *Menestyr* y wallovyat. **14g.** *GDG* 30, Lle bydd lleferydd, llifeiriaint—gwinllestr / A golau *fenestr* ac ael-feiniaint. **14g.** *IGE*^{2} 17, Ei *fenestr* fyddaf yno, / A'i faer fythfy aur yw fo. **14–15g.** *id.* 122, Mur Glyn, *menestr* (*IGE* 133, amr. *mynystr*) rhoddlyn rhydd [Gruffudd Llwyd i Owain Glyndŵr]. *c.* **1400** *R* 1227. 15, *menestyr* gledglaer taer twrw gaeafrawt. *id.* 1271. 1, *menestyr* cler mywn ystyr clot. *id.* 1435. 10–11, Dywallaw dy *venestyr* ved hidleit melys. *c.* **1400** *EWGP* 30, bit *venestyr* pob drut. **15g.** *GM* 18, Y drwy *uenestyr* . . . / Y keiff Cristawn a phob ffydlawn wlat fydlonyon. **15g.** *GO* 153, Bid *menestr* bywyd Mynyw [i Ddafydd, Abad Glyn Egwestl]. *Diw.* **15g.** *IGE* 138, *Menestr* fydd ar dir Manaw, / Myn Duw, mi a wn y daw. **1603** W. MIDLETON: *Ps* 34, Sychwyd fy nerth is ochain / Fal darn priddlestr *menestr* main. **18g.** (**1818**) R. JONES: *GP* 115, Gwiw restr, Rhi *Menestr* y rhai mwynion. **1803** *P*.

(*b*) (geir.) Profwr gwin, yfwr gwin: (*dict.*) *wine-taster, wine-drinker.*

Diw. **15g.** *Pen* 55, 199, *menestr* yw tastywr gwin. *Dchr.* **17g.** *J* 10, 30b, *menestr*, a taster of drinke, gustator. **1632** *D*, *menestr*, gustator vini, potifex.

Amr.: **mynestr**^{1} (ll. *-iaid*). *Dchr.* **14g.** *H* 111b. 39, mur eryglon mon *mynestyr* greude (Llywarch ap Llywelyn). **1632** *D*. **1688** *TJ*. **1722** *Llst* 189, *mynestr*, m.p. *nestriaid*.

Gw. hefyd menestri, ministr.

menestraf: menestru [bf. o'r e. bl.; cf. Crn. C. *menystra*, Llyd. C. *ministraff*] *bg.a.* Darparu: *to provide.*

c. **1300** *H* 83b. 16, Am borth wygyr y mon yn *menestru* [Gwynfardd Brycheiniog i'r Arglwydd Rhys]. *c.* **1400** *R* 1203. 14–15, llun run gun gwyned ved *venestru*. **1803** *P*.

menestri [?*menestr* + *-i*^{1}; dichon mai ff. l. *menestr* yw rhai onid y cwbl o'r enghrau. isod] *e?g.* ?Darpariaeth: *provision.*

13g. *A* 28. 1–2, or sawl yt gryssyassant uch med *menestri*. *c.* **1300** *H* 9a. 32, adwen yueisy vet ae *venestri* o eur (Gwalchmai). *c.* **1400** *R* 1271. 36–7, Mywn ystryw ydaf *menestri* clotryd. *id.* 1317. 32–3, Gwyned amgeled ved *venestri*. **15g.** *GGl* 27, Gwin *fenestri* ag aur lestri, / Gwalchmai'r festri, gweilch mawr fwstrad [i abad Ystrad Fflur].

menfarch [*men*^{1} + *march*] *eg.* ll. *-feirch.* Ceffyl cert: *cart-horse.*

1722 *Llst* 189, *mennfarch*, a cart-horse. **1771** *W* d.g. *cart-horse*.

menfyr, menig, gw. mynfyr, maneg^1.

menigog, menygog [*menig* (*menyg*) + *-og*] *a.* Yn gwisgo menig: *gloved, wearing gloves.*

1773 *W*, *menygog* d.g. *gloved*. **1803** *P* d.g. *menygawg*.

menigwerthwr, gw. maneg^1 + gwerthwr.

menigwr, menigydd, menygwr [*menig* (*menyg*) + *-wr*, *-ydd*^{3}] *eg.* ll. *-wyr.* Gwneuthurwr menig, gwerthwr menig: *glover.*

1722 *Llst* 189, *menigwr*, a glover. **1762** *ML* ii. 522, Gynnau y bu ryw hen *fenigydd* yma yn dywedyd fod y nhad yn rhesymol. **1770** *HGD* iv, Will. Bach, o Landdyfri *Mennygwr*. **1771** *PDPh* 10, olew'r *Menigwyr*, Glovers Oil. **1773** *W* d.g. *glover*. **1803** *P*.

mening, menin, meinin^2 [bnth. S. *meaning*] *eg.* Ystyr, arwyddocâd: *meaning, significance.*

1828. Cf. D. OWEN: *RL* 376, Be ydi *menin* y cheers yma?

meningau [cfdds. o'r S. *mening(es)* + *-au*] *e.ll.* Y tair pilen sy'n gorchuddio'r ymennydd a madruddyn y cefn, pilennau'r ymennydd, breithelli: *meninges.*

20g.

meningeaidd [cfdds. o'r S. *meninge(al)* + *-aidd*] *a.* Breithellol, yn ymwneud â'r meningau: *meningeal.*

20g.

meningitis, meninjeitus [bnth. S. *meningitis*] *eg.* Llid y breithelli, llid yr ymennydd: *meningitis.*

20g.

menisgws [bnth. S. *meniscus*] *eg.* *Ffis.* Arwyneb uchaf crwm hylif mewn tiwb, &c.: *meniscus* (*in physics*).

20g.

menistr, gw. ministr.

meniw [bnth. S. *menu*] *eg.* Bwydlen: *menu.*

20g.

mennaf: mennu, gw. menaf: menu.

mennai, *eb.* ?Cafn: *trough.*

13g. *LTWL* 151, *Menney* i denarius legalis. **13g.** *Ll1* 92, *Menney*, keynnyauc hep ardyrchaval: sef achavs ew, vrth nat oes clavr ydy. **14g.** *WML* 300, Kelwrn *amennei* keinhawc kyfreith atal pop vn. *c.* **1588** *B* ii. 230, *mennei*, meil vawr. **1803** *P*, *mènai*, an open box; a tumbrel.

Amr.: **bennai** [drwy ymgyfnewid *m-* a *b-*, cf. *men*^{1}, *ben*^{1}] **14g.** *AL* i. 722.

mennaid [*men*^{1} + *-aid*^{1}; tebyg mai ffrwyth cymysgu â *mannad* a geir yn yr engh. gyntaf] *eb.* ll. *meneidiau.* Llond cert, llwyth cert: *cartful, cart-load.*

14g. *AL* i. 770, Dawnbwyt haf yw emenyn achaws nyt amgen *menneit* emenyn adeudec cossyn sef yw y mannat emenyn naw dyrnued llet a dyrnued dewhet. *c.* **1400** *CHDd* 62, a *menneit* o wenith . . . a thri charreit o wenith a heid a cheirch. **1546** *YLlH* 17, dwg dail ar veder gwenith a rhyg, kannys un *venneid* yr amser hwnn y dal tair kynn y mis hwnn [Medi]. **1604–7** *TW* (*Pen* 228) d.g. *vehes*. *Dchr.* **17g.** *J* 10, 30b, *mennaid*, carteloade, vehes. **1632** *D*, *mennaid*, plaustri onus. **1722** *Llst* 189, *mennaid*, f.p. *neidiau*, a cart-full, wain-full, cart-load. **1803** *P* d.g. *menaid*.

Gw. hefyd mannad.

Menni—mis Menni, gw. mis—m. Menni.

mennig^1, **mynnig** [*man*^{1}, *myn*^{3} + *-ig*^{1}; dichon mai *mynnig* a gynrychiolir gan rai o'r enghrau. o *mennig* isod; ansicr yw'r engh. o *C*] *eg.* a hefyd fel *cys.* Lle, man, ardal; lle (y), yn y fan (y): *place, spot, locality; where.*

12g. *LL* 120, ocyrch ypop*mynnic* artir teliau. *ib.* dyr loggou adiscynno nythir ypop*mynnic* yt uoy. **13g.** *C* 101. 4, *Menic* it arwet duwir dalennev. *c.* **1300** *H* 10a. 18, dyfrydet uonhet *uennic* yt wyd. *id.* 14b. 3–4, yn ueith berth yn gerth yn goethedic. yn enw un oric *emennic* emyt (Gwalchmai). **14g.** *Cy* vii. 146, mor irthret [*sic*] gwelet gweilgi. / A phan eler oe syllu / *mennic* yn yt vu nyt vi. **14g.** *MA*^{2} 347b. 27, Gwan oedd Lys allan [*sic*] man a *mennig* (Goronwy Gyriog).

mennig^2 [*men*^{1} + *-ig*^{1}] *eb.* ll. *menigau.* Cert fach; cerbyd rhyfel, siarret: *small cart; chariot.*

1604–7 *TW* (*Pen* 228) d.g. *arcella vitis*, *arcirma* (hefyd *D*), *quadrigula*. **1632** *D* d.g. *staticulum*. **1722** *Llst* 189, *mennig*, f. pl. *nigau*, a little cart.

mennig^3 [?bnth. Llad. *mendīcus*] *e?g.* ?Dyn anghenus: *poor person, pauper.*

c. **1400** *R* 1338. 8–9, lle diwen pob unbenn pwyllic. lle diwe. lle diwestyl *mennic*.

†menntaul, gw. mantol.

mennwr [*men*^{1} + *-wr*] *eg.* ll. *-wyr.* Gyrrwr cert neu wagen, certweiniwr; gyrrwr cerbyd rhyfel neu siarret; cerbydwr: *carter, wagoner; charioteer; coachman.*

1604–7 *TW* (*Pen* 228) d.g. *aureax*, *auriga*, *quadrigarius*, *rhedarius* (hefyd *D*). *Dchr.* **17g.** *J* 10, 30b, *mennwr*, a carter. **1722** *Llst* 189, *mennwr*, a carter, waggoner. **1803** *P*.

mennydd, mennyn, gw. ymennydd, man^2.

menog, *a.* Tawel, yn tawelu: *calm, soothing.*

Ar lafar yn sir Benf., '*menog*, calm and soothing. The word is applied to a quiet dingle that is favourable to meditation'. *GDD* 197.

Menoniad [cfdds. o'r S. *Mennon(ite)* + *-iad*^{3}] *eg.* ll. *-iaid.* Aelod o enwad Protestannaidd a gododd yn Friesland (Fryslân) yn yr unfed ganrif ar bymtheg ac iddo ddaliadau tebyg i eiddo'r Crynwyr a'r Bedyddwyr: *Mennonite.*

1858.

menopos [bnth. S. *menopause*] *eg.* Oed diwedd naturiol y mislif, fel rheol y cyfnod rhwng 45 a 50 oed, newid oedran, tro bywyd: *menopause.*

20g.

mêns [bnth. S. *means*] *e.ll.* Moddion, cyfrwng; eiddo, cyfoeth: *means, medium; (financial) means, wealth.*

1657 T. POWEL: *CI* 2, Y Moddion neu'r *mêns*, a ddarparodd Duw i ddŷn er caffaeliad jechydwriaeth. **1716–18** *Llsgr R. Morris* 27, a dun tlawd heb fawr *fens* gantho. Cf. *Hen B* 119, Mab heb *fêns* yw'r mab 'r wy' 'n garu.

mensbring, mên-sbring, maensbring [bnth. S. *mainspring*] *eg.* Y brif sbring mewn wats neu gloc, hefyd yn *ffig.*: *mainspring, also fig.*

1885 D. OWEN: *RL* 257, 'Give it up', ebe'r hen *fênspring*. Ar lafar yn y Gogledd.

Mensiefic [bnth. S. *Menshevik*] *eg.* ll. *-iaid.* Aelod o adain leiaf eithafol Plaid Ddemocrataidd Sosialaidd Rwsia cyn y Chwyldro Rwsiaidd: *Menshevik.*

20g.

Gthg. Bolsiefig.

mensier, gw. mansier.

ment [?cf. S. C. *mentel*, amr. ar *mantel*] *eg.* Gorchudd, hefyd yn *ffig.*: *covering, also fig.*

15g. *GDLl* 114, Ofned draw dan *fent* o ros / Brân Urien obry'n aros. **15g.** *GTP* 30, Iemwnt a'i wallt fal *ment* aur, / Ŵyr i'r hydd, aerwy rhuddaur. *a.* **1500** *CH* i. 235, Troi'ch rhent a'ch *ment*, eich mud—a'ch ystent / Tros Gent, trasau Gwent, trwy Drent tarw drud (Ieuan Dyfi). **16g.** HUW ARWYSTL: *Gw* 345, ai wyr gwledd nis rhyfeddwn / ai *fent* ai gerent ai gwn. **16–17g.** EDWARD URIEN, &c.: *Gw* 345, Nid hwyrach, dan *fent* irwydd, / . . . / Ddwyn iraidd wiwddyn eirian. **16–17g.** *PhA* 104,

Rhannodd Duw, rhianaidd do, / Rhwyd henaur ar hyd honno. / Rhanodd *fent* rhyw nawdd fantell, / Ni rannai Dduw rinwedd well [i ddyfalu gwallt merch]. **1608 (1638)** *Pen* 151, 58a, Mentimiodd ei *ment* yma / mann reiol ddysg mewn rhiwl dda (Rhys Cain). **17g.** *BL Add* 14890, 22, Ag wrtho trwy foccîo i *fent* / C'an fwy gwŷn cenfigenent. *id.* 23, Yno dwed-ent *fent* dîfŷdd / Ebrwydd draw iw'r breddwydydd [am Joseff]. *id.* 148, Gyr yn *fent* geirwon fintai / Hyba hwynt tüw heibio in tâi. *id.* 181, Gweiddi ir ydwy ar fy llês / Fel y frenhines Hester / Ar Iddew-on yn ün *fent* / Pan oeddent mewn gorthrymder (Wmffre Dafydd ab Ifan).

mentainer, gw. maentumiwr.

mentaliti [bnth. S. *mentality*] *eg.* Meddylfryd, agwedd meddwl, dull o feddwl: *mentality.*
20g.

mente, menten, menter, mentig, mentimiant, gw. meddaf², maentumiaf: maentumio, mentr, menthyg, maentumiant.

mentor [bnth. S. *mentor*] *eg.* Cynghorwr doeth y gellir ymddiried ynddo: *mentor.*
20g.

mentr, menter, fent(e)r [bnth. S. *venture*, gydag *f-* ac *m-* yn ymgyfnewid fel yn *mantais, melfed*] *eb.g.* ll. *-au*, a hefyd gyda grym ansoddeiriol. Gweithred neu ymgymeriad beiddgar, anturiad; ysbryd anturus, beiddgarwch, parodrwydd i fentro; gweithgarwch masnachol anturus; yr hyn a fentrir mewn gweithgarwch o'r fath: *venture, bold action or undertaking; adventurous spirit, audacity, enterprise; hazardous commercial undertaking; that which is ventured or risked in such an undertaking.*
1547 *WS, venter*, venture. **16g.** HUW ARWYSTL: *Gw* 185, vn rym aelod [drll.] ar milwr / vn *ventr* ar vn vaint ywr gwr. *id.* 372, *Mentrau* chwyrn leidr ar fyrrnos / *Mentrau*'r hydd ym mynd trwy'r rhos / Mentrwyf a mawrglwyf i'm ais / *Mentr* ail y *mentr* a welais. **16g.** DAFYDD BENWYN: *Gw* 620, Yr vn *venter* wyf erod: / y'm oes, gwae vine 'y mod. **1625–50** *CRC* 147, i gael elw a mantais / i roi mwnai mewn *menter*. **1686** FFOULKE OWEN: *Cerdd-lyfr* 105, Mewn *menter* fawr a mintai o foch, / A ddaeth o Scotland sorriant synn. **1736 (1812)** *YRW* 31, Pan f'o pob peth mewn trefn ac order, / Dewch chwithau yno i entro'ch *menter*. *id.* 37, Yn llwytho Cath ar *fenter*. **1739** *ML* i. 10, mae y rhann fwyaf o fy *fentr* y siwrnai ddiwaethaf gennyf heb eu gwerthu etto, gobeithio daw hynny a digon i mewn i brynnu *fentr* arall. **1762** *id.* ii. 497, Mae mwyn go dda yn fy *menter* newydd. **[1768] (1841)** TWM O'R NANT: *CTh* 38, Mr. *Menter* fawr. Digwydd yn yr e. lle *Trefenter*, pl. Llangwyryfon, Cered. Ar lafar, "Does dim digon o *fenter* ynddo i ddechre busnes'.
Amr.: **mentyr, fentyr.** **16g.** *IICRC* iii. 283. **16–17g.** *HG* 47. **16–17g.** *Cer RC* 94.
Cfn.: **ar (y) fent(e)r:** (i) *at risk, at the risk (of), at hazard.* **[1740]** L. ANWYL: *MW* 95, rhyfygu dy roddi dy hûn *ar y fenter*, o gael gwahoddiad neu wrthodiad gan dy Farnwr. (ii) *at random, without due consideration.* **1907.** Ar lafar yn y Gogledd "Dydw' i ddim yn deud hynyna *ar y fentar*, cofiwch'. **at f.:** *at risk, at hazard.* **16g.** *IICRC* iii. 295, lle y rhoir y disse *at fenter*. **at y f.:** (i) *into the bargain.* **1798** R. DAVIES: *CG* 83, Gallwn addo i'r Wraig mor haw'gar, / Etto Fantell *at y fentar*. (ii) *on the off chance.* Ar lafar yn y Gogledd.
Gw. hefyd yfentr.

mentrad, mentriad [bôn y f. ddil. + *-iad*¹, *-ad*] *eg.* Mentr, anturiad: *venture.*
16g. HUW ARWYSTL: *Gw* 372, Mentrais *fentrad* gwilliadaidd / Oen yn mynd traw heblaw blaidd. *ib.* Mentrais dreigl mewn tryst ragor / *Mentrad* traws fwriad tros for / *Mentrad* awgrym tra digrif / Nofio lled afon a llif. *c.* **1730** *Thos. Lloyd D* (LlGC) 172a, *mentriad*, AF 93. venturing.

mentraf, mentriaf, fentr(i)af: mentr(i)o, mentru, fentr(i)o [bf. o'r e. *mentr, fentr*; amheus yw'r engh. gyntaf yn 1 (*b*)] *bg.a.*

1. (fel *ba.*) (*a*) Peryglu, enbydu, anturio, siawnsio, beiddio ymddiried (peth i rywun); cyngwystlo, betio, dal (arian): *to endanger, (put at) risk, hazard, chance, venture, risk entrusting (something to someone); wager, bet.*
15–16g. *TA* 407, Moesen . . . / . . . / *Fentro* i air a'i fintai'r oedd, / Fal un llew o flaen lluoedd. *c.* **1585** G. ROBERT: *DC* 73b, wrth *fentrio* i bywyd . . . i redeg drwy r tan. **1595** H. LEWYS: *PA* 206–7, marsiandwr . . . a *fentria* i gorff, ai dda . . . er mwyn caffael ychydig elw bydawl. **1603** E. KYFFIN: *Ps* [iii], ar rhai . . . a *fentriasant* nid yn vnig ei dâ ai trafel ond ei hoedl hefyd. **1684** J. DAVIES: *LlR* 387, a wnelont cymmaint ag anturio neu *fentro* eu heneidiau arno ef [Crist]. **1712** T. WILLIAMS: *CDdG* 403, y mae dyn yn fynych yn fodlon i *fentrio* ei fywyd ei Barch ai Air da. Ar lafar, 'Os na *fentrwch* beth, 'nillwch chi ddim', *WVBD* 371.

(*b*) Wynebu (peryglon, anawsterau, &c.) yn ddewr, beiddio, bod yn ddigon dewr i (wneud rhywbeth), cymryd siawns ar: *to brave (dangers, difficulties, &c.), risk, dare or be brave enough to (do something), take a chance on.*
16g. *GILlV* 9, O fewn tri gair *fentrio* (*Pen* 76, 148, ofni troi) gwen / O fraw ganwaith fu r gynnen. **16g.** HUW ARWYSTL: *Gw* 372, *Mentru* rhyd ddofn nis ofnwn. *id.* 471, dyn Ith gas gwynias ac anian llwybr gwag / lle bo r gwg nith *ventran.* **16g.** *WLl* 178, Ni *fentria* haul fynd trwy hon [i ofyn sircyn o bwffledr]. **16–17g.** E. PRYS: *Gw* 300, Lladrata neu *fentria* fyd, / Treia synnwyr tros ennyd. **1672** R. PRICHARD: *Gw* [xliii], Ac yn *mentro* [:– meiddio], Urddas Cymru, / A'r fath Lyfran dy anrhegu. *c.* **1730** *CRC* 80, I Farsiandwr yr ŵy'n debig / A fae'n *Mentrio*'r Môr am Drafficc. **1777** W. WILLIAMS: *DN* 68, Mae rhai merched wedi *mentro* priodi rhai oddi allan i'r eglwys, ac wedi cael bywyd da. **1793** DAFYDD IONAWR: *CD* 97, Trwy ein Duw *mentrwn* y daith. Ar lafar, 'Gelli *fentro* dŵad'.

2. (fel *bg.*) Anturio, rhyfygu, bod yn feiddgar, siawnsio, beiddio mynd; anturio'n fasnachol, siawnsfentro: *to venture, be daring, chance, take a chance, venture, dare to go; venture commercially, speculate.*
16g. HUW ARWYSTL: *Gw* 372, *Mentru* i'r ffair a dyn eirian. **16–17g.** *RAGR* 391, edrychwch cyn *fentrio.* **17g.** *IICRC* iii. 357, a rhoy hi iddo oi harian i *fentrio.* **1675** R. JONES: *HCh* 171, Anturio, Rhyfygu, *mentro.* **1699** T. JONES: *TP* 25, fy nghymmydog Meddal a ddigalonnodd . . . nis mynnai fe *fentro* ymmhellach. **1716–18** *Llsgr R. Morris* 19, fund llawer gwr a chudun cruch / yn gapten gwuch wrth *fentrio.* **1739** *ML* i. 17, p'rin [*sic*] y gallais *fentrio* ir deml. **1792** H. HARRIS: *H* 15, yna cefais nerth i *fentro* ar addewid ein Iachawdwr. Ar lafar, e.e. 'Mi *fentrith* yn glôs iawn atoch chi', *WVBD* 371. Cf. T. H. PARRY-WILLIAMS: *Y* 38, Cefais chwarter awr annifyrraf f'einioes yn y fan honno, gellwch *fentro.*
Gw. hefyd yfentriaf: yfentrio.

mentriad, mentriwr, gw. mentrad, mentrwr.

mentrus [*mentr* + *-us*] *a.* Parod i ymgymryd â gorchwyl peryglus neu anodd, anturus, anturiaethus, beiddgar, rhyfygus: *venturesome, adventurous, enterprising, bold, daring.*
16g. HUW ARWYSTL: *Gw* 482, lloegr mae hi drosti n dristach: lle ni chad / oerllef yw'n treissiad iarll *fentrusach.* **17g.** *LlGC* 2691, 78, Ulisses dan Law Iesu / Hector dros fôr *mentrus* f[u] (Gruffydd Phylip). **1667** C. EDWARDS: *FfDd* 42, dyfal oeddent, a *mentrus* mewn dadlau Cyhoeddus. **1683** H. EVANS: *CTF* 19, Gyda 'th gyd-radd bydd hyderus; / Gyda 'th îs bydd mwyaf *mentrus* [:– Hŷf, eon]. **1696** *CDD* 75, Mi hwŷlies yn drefnus, dros donnau peryglus, / Mor *fentrus*, yn boenus, heb ynnill fawr ddâ. *c.* **1730** *Thos. Lloyd D* (LlGC) 175a, *mentrus*, venturesome, bold. **1768** RISIART AP ROBERT: *CB* 53, [g]wr chwimmwth, *mentrus* a llwyddianus. **1790** CAIN JONES: *Alm* 16, Montros ddewr, *mentrusa* ddyn.
Gw. hefyd yfentrus.

mentrwaed [bôn y f. fl. + *gwaed*] *a.* Beiddgar am waed: *venturing after blood.*
16g. HUW ARWYSTL: *Gw* 246, min taer at gnawd *mentrwaed* gnith [i ofyn gwalch].

mentrwr, mentriwr, fentriwr [bôn y f. fl. + *-(i)wr*] *eg.* ll. *-wyr.* Un sy'n mentro neu'n anturio, anturiaethwr, un beiddgar neu ryfygus; un sy'n gyfrifol am fentrau masnachol: *venturer, adventurer, bold or daring person; entrepreneur.*
1547 *WS, ventriwr*, a venturer. **16g.** HUW ARWYSTL: *Gw* 15, brav mewn travl bw r *mentrwyr* wyd [i Ddafydd Llwyd ap Siencyn]. *c.* **1595** *B* viii. 245, *Mentriwr* tir a dwr tarw dewrwych trachwyrn. *c.* **1730** *Thos. Lloyd D* (LlGC) 172a, *mentriwr*, K. 11. a venturer. *c.* **1740** *Traeth* xlii. (1887) 76, Efe yw'r gwrol *fentrwr* gorau / Yn mhlaid yr Eglwys wiwlwys olau (Ellis Cadwaladr). **1758** *W Ballads* 172, 3, Mae'n *fentriwr* ffri uwchben y lli [brenin Prwsia]. **1778** J. HUGHES: *BB* 315, A'r *mentrwr* yw 'r ynnillwr mwya, / Sy o union alwad hwn sy 'n elwa.

mentumiaf: mentumio, mentyg, mentyn, mentyr, gw. maentumiaf: maentumio, menthyg², mant, mentr.

menthycaf: menthyca, menthyg¹ [amr. ar y f. *benthycaf*: *benthyca* gyda *b-* ac *m-* yn ymgyfnewid] *ba.* Cael neu roddi benthyg, benthyg: *to borrow, lend.*
1814.
Gw. hefyd benthyciaf: benthyg.

menthyg² [amr. ar yr e. *benthyg* gyda *b-* ac *m-* yn ymgyfnewid] *eg.* a hefyd fel *a.* Y weithred o fenthyca, benthyg, echwyn; wedi ei fenthyca: *a borrowing or lending, loan; borrowed, lent.*
Ar lafar yn y De yn y ff. *mentyg, mintyg, mencyd, mincyd.*
Gw. hefyd benthyg.

menw [adff. o *menwyd*] *eg.* Deall, meddwl: *intellect, mind.*
1803 *P.*
Gw. hefyd mynw.

menwedig, menwol, menwotach, menwy, menwyaidd, menwyd, gw. menwydig, mynwol, menywetach, menyw, menywaidd, mynwyd.

menwydig, menwedig [*menwyd* + *-ig*², a *menw* + *-edig*] *a.* ll. *-ion*, a hefyd gyda grym enwol. Bendigaid, gwynfydedig; deallusol: *blessed, blissful; intellectual.*
1794 E. WILLIAMS: *Poems* ii. 251, Tri *menwydigion* Duw (*id.* 253, Three sorts of people are the delight of God). **18–19g.** *Llr* C 1, 160, Tri *menwedigion* (Bendigeidion) Brenhinoedd Ynys Prydain. **1803** *P, menwedig*, being rendered intellectual; blessed. *id. menwydig*, enjoying happiness.

menwydus [*menwyd* + *-us*] *a.* ll. *-ion*, a hefyd gyda grym enwol. Llon, hapus; deallusol, meddyliol: *glad, happy; intellectual, mental.*
1773 *W* d.g. *gladsome.* **1803** *P, menwydus*, intelligential, intellectual; of a happy or blessed nature.

menybr, mynybr [bnth. dysg. Llad. *manibrium*] *eg.* (bach. *-yn*) ll. *-au.* Carn (arf neu offeryn), coes, dwrn, troed, handlen, hesben; nodyn (organ, piano, &c.); hefyd yn *ffig.* ac yn *dros*: *hilt, handle, haft, hasp; key (of piano, organ, &c.); also fig. and transf.*
14g. *WM* 163. 5–7, ef a glywei dyrnawt mawr rwg yscwyd a mynwgyl a *mynybyr* (*id.* 646. 15, *menebyr*) bwyall. **14–15g.** *IGE*² 210, Rhof gyngor it,' rhag angen, / Rhyw *fenybr* ir, rhaw fawn bren [Llywelyn ab y Moel i'r tafod]. *c.* **1469** *CH* i. 127, Mal Buellt am ôl bwyall, / *Mynybr* â llaw, 'Mambri'r llall [marwnad Syr Rhisiart Herbert gan Ieuan Deulwyn]. **1547** *WS, menybyr*, helue. **16g.** DAFYDD AP LLYWELYN, &c.: *Gw* 20, *Menybr* ydych mewn brwydrau, / Mŵn a dyr, brig mewn dur brau [i Syr Wiliam Gruffudd o'r Penrhyn]. **1588** *Deut* xix. 5, a syrthio yr haiarn o'r *menubr.* **1604–7** *TW* (*Pen* 228), *menybræ*'r organæ, ar y rhai y rhet y bysedd d.g. *epitoniorum manubria. id. menybryn* d.g. *manubriolum. id.* d.g. *manubrium, molile, pentadactylus, pomum.* **1620** *Mos* 204, 43, Danvon y vwuall, ar ol y *menubr.* **1688** *TJ, menybr*, carn, troed neu ddwrn arf: the Hilt, Haft, or Handle of a Weapon. Ar lafar yng Nghwm Abergeirw, Meir., yn y ff. *menibyr* 'coes matog, coes caib', *B* xiv. 289.
Amr.: **mynebr. 1839.**

menybraf: menybru [bf. o'r e. bl.] *ba.* Gosod coes neu garn wrth (fwyall, &c.): *to fit a handle or hilt to (an axe, &c.).*
1561 *Rhyddiaith Gymraeg* i. 64, *menybrv* bwyall gynvdfriw.

menych¹,², menychlys, gw. mynych, mynach, mynachlys.

menyddeg, menyddiaeth, menyddol, menyddwr, gw. ymenyddeg, ymenyddiaeth, ymenyddol, ymenyddwr.

menyg[1,2], gw. maneg[1], mynegaf: mynegi.

menyginiaeth, menyginiaethaf: menyginiaethu, menyginiaethol, menygn(i)aethaf: menygn(i)aethu, gw. meddyginiaeth, meddyginiaethaf: meddyginiaethu, meddyginiaethol, meddyginiaethaf: meddyginiaethu.

menygog, menygwr, menyn, gw. menigog, menigwr, ymenyn.

menynnaf: menynnu [bf. o'r e. *menyn*] *ba.* Britho, ysmotio: *to speckle, dot.*
1772 *W* d.g. *to dot.* **1803** *P.*

menyw [amr. ar *benyw* drwy ymgyfnewid *b-* ac *m-*] *eb.* ll. *-od, -(i)aid,* a hefyd fel *a.* Gwraig, dynes; aelod benywaidd o unrhyw rywogaeth; benywaidd, benywol: *woman; a female of any species; female, feminine.*
1604–7 *TW* (*Pen* 228), *menyw* d.g. *fœmina.* **1672** R. PRICHARD: *Gw* 180, Ai di drigo at blant Satan? / Am gofleidio *menyw* aflan. **1714** R. PRYDDERCH: *GD* 110, Dyma ffrwyth Dawnsio gyd â *mynyweid.* **1718** S. THOMAS: *HB* 107, Fod y *Menywod* hefyd yn Eglwys Rufain yn chwennych dangos eu hunanymwadiad. **1725** D. LEWIS: *GB* 176, fod pob Creadur byw yn cael ei genhedlu rhwng Gwryw a *Menyw.* **1760** *ML* ii. 225, *menyw* fain fal Angharad. **1788** B. EVANS: *LlG* 17, derbyn *Menywod* i'r Cymmun. Ar lafar yng Nghered. a'r De.
Amr.: **menwy** [drwy drsd.]. **1696** *CDD* 244. *c.* **1730** *Thos. Lloyd D* (LlGC) 174a, *menwyod,* fœminæ. R. 90.
Cfn.: **menyw ddrwg:** *loose woman, prostitute.* **1714** R. PRYDDERCH: *GD* vi. **1725** D. LEWIS: *GB* 117. Ar lafar yng Nghered. a'r De. **m. hysbys:** *fortuneteller, witch.* Ar lafar ym Morg. a sir Fyn. Cf. *dyn—d. hysbys.*
Gw. hefyd benyw.

menywaidd [*menyw* + *-aidd*] *a.* Merchetaidd; benywaidd, benywol: *effeminate; female, feminine.*
1782 *AABI* xi, nad yw Duw yn caru ei blant â chariad gwan, *menywaidd,* ond â chariad crŷf, gwrrywaidd.
Amr.: **menwyaidd** [cf. *menwy*]. *c.* **1730** *Thos. Lloyd D* (LlGC) 174a, *menwyaidd,* effeminate.
Gw. hefyd benywaidd.

menyweidd-dra [*menywaidd* + *-dra*] *eg.* Mercheteiddrwydd: *effeminacy.*
1796 *Geirgrawn* 276, efe a ymgynhyrfodd oddiar arffed diofalwch a *menyweidd-dra* (effeminacy).
Gw. hefyd benyweidd-dra.

menyweta, &c. [*menywed* (? < *menywaid*), ll. yr e. *menyw* + *-ha* (At.), ?ar ddelw *mercheta*] *bg.* Hel merched, mercheta: *to womanize, philander.*
c. **1762–79** W. WILLIAMS: *P* 73, gan ufed, hela, tyngu, *mynwetta.* Ar lafar yng Nghered. yn y ff. *mynweta, minweta, Cymru* lxix. 90.
Gw. hefyd benywetaf: benyweta.

menywetach, menywotach [*menywed* (? < *menywaid*), *menywod* (ll. yr e. *menyw*) + *-ach*[2]; ?a'r ff. gyntaf dan ddyl. *merchetach*] *e.ll.* Merchetach, gwrageddach: *silly women, giggling females.*
1716 T. EVANS: *DPO* 36, Beth ydyw eu brwydr ond *menywettach* gan mwyaf? *c.* **1730** *Thos. Lloyd D* (LlGC) 175a, *menywettach,* mulierculae. **1740** T. EVANS: *DPO* 51, Beth yw eu Llû gan mwyaf ond *Mynywettach* ffôl, y rhai a fuasai yn well Syberwyd iddynt aros gartref wrth eu Rhôd a'i Cribau. Ar lafar yn sir Benf. yn y ff. *minoitach, GDD* 198.
Gw. hefyd benywetach.

menywetwr, menywotwr [bôn y f. fl. + *-wr*; â'r ail ff., cf. *menywotach*] *bg.* Dyn sy'n hel merched, merchetwr: *womanizer, philanderer.*
Ar lafar yng Nghered. yn y ff. *mynwetwr, minwotwr, Cymru* lxix. 90, ac yn sir Benf. yn y ff. *minoitwr, GDD* 198.
Gw. hefyd benywetwr.

menywol [*menyw* + *-ol*] *a.* Benywaidd, benywol: *female, feminine.*
1861.
Gw. hefyd benywol.

menywotach, menywotwr, gw. menywetach, menywetwr.

meon, mepys, gw. maon[2], merys.

mêr[1] [H. Wydd. *smiur* 'mêr', gen. *smera,* Gwydd. Diw. *smior,* gen. *smeara*: o'r gwr. IE. **smer-* 'braster, saim'; cf. H. Uchel Alm. *smero* 'braster, saim'] *eg.* ll. *-ion,* (geir.) *meirion.*
(*a*) Sylwedd meddal brasterog sy'n ffurfio meinwe gyswllt y tu mewn i esgyrn, madruddyn; ffibrau neu fwydyn planhigyn, nodd; (geir.) cywarch: *(bone-)marrow; fibres or pith (of a plant), sap; (dict.) hemp.*
14g. *WML* 25, [p]an torher vn o petwar post corff dyn hyny weler y*mer.* **14g.** *GDG* 62, Rhuthrud wêr a *mêr* mawr esgyrn—ceudawd [dychan i Rys Meigen]. **15g.** *HS* 20, briwech gedyrn ach llaw Edyrn / *mer* ag esgyrn mae ryw gwisci. **1547** *WS, merion* kwarch [*sic*]. **1567** *TN* 331a, [g]wahaniad yr enaid, ar ysbryd, ar cymalau, a'r *mer.* **1588** *Salm* lxiii. 5, Megis â *mêr,* ac â brasder y digonir fy enaid. **1603** W. MIDLETON: *Ps* 22, Llyna feilch yn llawn o *fêr.* **1604–7** *TW* (*Pen* 228), *merion* llin ne wedy hislanû ai gribo d.g. *linum factum.* **1631** O. THOMAS: *CC* 60, Nid yn y croen, y mae'r *mêr* ond yn yr ascwrn. **1632** *D, mêr,* medulla. *id. merion* . . . medullæ. **1707** *AB* 218d, *meirion,* hemp. V. **1725** D. LEWIS: *GB* 95, Fod Twll yn rhedeg trwyddynt i'r *Mêr. c.* **1762–79** W. WILLIAMS: *P* 22, Y Trigolion sydd . . . yn ceisio duo eu hunain a hyddigl, ac ymenyn, *mêr,* neu Floneg at liw'r Negroes. **1803** *P.* Fe'i clywir yn yr ymad. 'gweithio *mêr* (hyd (at) *fêr*) f'esgyrn' sef 'gweithio'n galed iawn'.
(*b*) Y rhan orau neu hanfodol, hanfod, enaid, calon, craidd, perfedd, dyfnder, (ffynhonnell) cryfder: *marrow, best or essential part, quintessence, essence, soul, heart, centre, middle, depth, (source of) strength.*
13g. *C* 12. 11–12, *Mer* kertev kein [moliant Cuhelyn Fardd]. **15g.** *Pen* 67, 9, Tommas waew llifeidlas llym / *mer* e ginyn [*sic*] mawr gennym. **15–16g.** *TA* 190, Mawr dwf ais, *mêr* difesur, / Minio gwayw 'ddwyd, maneg ddur. [**1547**] W. SALESBURY: *OSP* [ix], Mi a alleswn . . . y alw [llyfr diarhebion] yn Eneit yr iaith ne yn *Merion* Camberaec. **16g.** *WLl* 127, Marw a wnaeth *merion* ieithoedd / Mawr gwae ni mab Morgan oedd. *c.* **1575** *GGN* lvi, diwedd i mowredd fydd *merion* gro dwys / a dayar Eglwys er a dreiglon. *a.* **1587** *Y* 34, Ymroi yn waisg am ran ysgol, / *Merion* dysc, mae Cymru'n d'ol. **1592** S. D. RHYS: *Inst* 243, *Merion* cóed perion lle i câd puredd, / Mostyn am arial móes dwyn mowredd [Simwnt Fychan i Piers Mostyn]. **16–17g.** *GST* i. 656, A moliannu . . . / . . . Duw enwog waith, / Â'm holl galon, *merion* mawl, / Drwy gywyddau'n dragwyddawl. **1632** *D, merion,* interiora. *id.* o *ferion* y galon, o'r *merion* d.g. *medullitas. a.* **1642** (**1684**) H. OWEN: *DC* 431, o eithafoedd *merion* eu henaid. **1722** *Llst* 189, *merion* . . . heart, innermost parts (of the heart &c). **1727** J. JONES: *DFF* 26, [C]afodydd hyfryd o *Ferion* y Gair. **1754** M. JONES: *MDI* d.d., *Mer* Difinyddiaeth Iachus. **1772** *W,* o'r *merion* d.g. *deeply.* Digwydd mewn e. lleoedd yn arwyddocáu porfa fras, gw. *B* vii. 15.
Am *mêr helyg, allan o faes merion ei gof,* gw. merhelyg, maes[1].

mêr[2] [gair geir.; ?olff. o *merydd*[1], drwy ddeall yr ail sill. fel *-ydd*[2] a chysylltu'r sill. gyntaf â'r S. *mere* 'lake, pool'] *eg.* ll. *merydd.* Llyn: *lake.*
1632 *D,* merydd . . . Et vid. an *Mêr* interdum sit Lacus, & *Merydd,* pl. **1725** *SR, mêr* d.g. *lake.* **1753** *TR* d.g. *merydd.*

mera, *a.*
(*a*) Tew, bras: *fat, gross.*
18–19g. *Llr* C 25, 331, *Mera,* gross, fat, fulsom [Glam].
(*b*) Dyfraidd: *watery.*
18–19g. *Llr* C 68, 9, *Mera,* waterish. Glŷn nedd.

meraf: meru, meryd [amr. ar *beraf*[1]: *beru*] *bg.* Diferu: *to drip.*
1803 *P, meru* . . . to drop, to distil. *id. meryd,* to drop; to distill. **1819** W. OWEN[-PUGHE]: *CG* 103, Nes tarddu ffynnon groew . . . / . . . A *merai* idd yr isod lif.
Gw. hefyd beraf[1]: beru.

meráng [bnth. S. *meringue*] *eg.* ll. *-s.* Melysfwyd a wneir drwy gymysgu siwgr, gwynnwy, &c., a'i grasu'n grimp: *meringue.*
20g.

meraidd[1] [*mêr*[1] + *-aidd*] *a.* O natur mêr, yn perthyn i fêr, tebyg i fêr; yn perthyn i fwydyn (planhigyn): *marrowy, medullar, medullary; medullary (of a plant).*
1776 *W* d.g. *marrowy, medullar, or medullary.* **1803** *P, meraidd,* like marrow; marrowy.

meraidd[2], **meran,** gw. merfaidd, marian.

merasgwrn [*mêr*[1] + *asgwrn*] *eg.* ll. *-esgyrn.* Asgwrn (sy'n cynnwys mêr bwytadwy), ?asgwrn mawr, hefyd yn *ffig.*: *(marrow)bone, ?large bone, also fig.*
15g. *LGC* 46, Gwnewch chwi am Vanbri yn vrau *veresgyrn.* **15–16g.** *TA* 88, Mae nerth gŵr mewn aur i'th gôb, / *Mêr asgwrn* mawr o Esgob. **16g.** HUW ARWYSTL: *Gw* 70, bu vrwysg lle bai *ver asgwrn* / benn dy ddur abyw [*sic*] n dy ddwrn. **16g.** *WLl* 85, Mab pur i waith ymhob rrol / *Mer asgwrn* muriau ysgol [i Simwnt Thelwal]. **1803** *P, merasgwrn,* a marrowbone.
Gw. hefyd melasgwrn.

merbwll [?*merf* + *pwll,* gyda symleiddio clwm o gyts., cf. *corddlan* > *corlan*] *eg.* ll. *-byllau.* Pwll neu lyn o ddŵr llonydd, dŵr sefyll, merddwr, merllyn, llynwyn, sefydlyn, hefyd yn *ffig.*: *stagnant pool or lake, standing water, also fig.*
1703 E. WYNNE: *BC* 100, rhai'n Seirph yn nofio . . . mewn *merbwll* drewllyd. **1722** *Llst* 189, *merbwll,* p. *byllau,* a standing pool, lake. **1780** *W* d.g. *pool, a standing pool.* Mae'n enw fferm ger Llanaelhaearn, sir Gaern.

merbys [*mêr*[1] + *pys*] *e.ll.* Math o bys mawr bras: *marrowfat peas.*
1776 *W* d.g. *marrow-fat* [*a large mellow sort of peas*].

mercantiliaeth [cfdds. o'r S. *mercantil(ism)* + *-iaeth*] *eb.* Athrawiaeth economaidd a pholisi deddfwriaethol a seilir ar yr egwyddor fod cyfoeth gwlad yn dibynnu ar yr aur, arian, &c., sydd ar ei helw: *mercantilism.*
1897.

merciantiaeth, merciantwr, gw. marsiandïaeth, marsiandwr.

merciwri, mercuri, gw. mercwri.

mercwraidd, mercuriaidd [cfdds. o'r S. *mercur(ial)* + *-(i)aidd*] *a.* Yn cynnwys mercwri; tebyg i fercwri (yn enw. o ran newid siâp), hefyd yn *ffig.*: *mercurial, also fig.*
1831.

mercwri, merciwri, mercuri [bnth. S. *mercury*] *eg.* Elfen hylifol ariannaidd fetelaidd drom (symbol Hg; rhif atomig 80), arian byw, hefyd yn *ffig.*; *Bot.* cwlwm yr asgwrn, clais yr hydd, *Mercurialis perennis*: *mercury, quicksilver, also fig.*; *(bot.) dog's mercury.*
c. **1400** *ACL* i. 42, mercurium. *mercury.* **16g.** (**1763**) W. SALESBURY: *LlM* 135, mercurialis yn lladin a *mercuri* yn saesonaeg ac yn cambraeg. *Diw.* **16g.** *WLB* 80, Kymer malues a *mercuri* a berw hwynt. **1658** R. VAUGHAN: *PS* 437, am ei siwgwr ef [Duw] na chymer mo *mercuri* Satan. *c.* **1762–79** W. WILLIAMS: *P* 413, [y] *Mercury* yn y Baro meter [*sic*].
Cfn.: *Bot.* **mercuri'r forwyn:** *annual mercury, maiden mercury, Mercurialis annua.* **1604–7** *TW* (*Pen* 228) d.g. *elæophyllon* (At.).

mercwrig [cfdds. o'r S. *mercur(ic)* + *-ig*[2]] *a.* Yn perthyn i fercwri yn y cyflwr deufalens, yn cynnwys mercwri yn y cyflwr hwnnw; ?yn cynnwys mercwri: *mercuric.*
20g.

merch[1] [Crn. C. *myrgh, mergh,* Llyd. C. *merch,* Llyd. Diw. *merc'h,* ?cf. Lith. *mergà* 'morwyn'] *eb.* (bach. *-an*) ll. *-ed,* ll. dwbl *merchedau.* Plentyn benyw, geneth, llances; menyw, gwraig (ieuanc neu ddibriod), dynes; menyw yn ei pherthynas â'i rhieni; disgynnydd benyw; hefyd yn *ffig.*: *girl, lass; female, (young or unmarried) woman; daughter; female descendant; also fig.*

13g. *C* 50. 3, Ry rewineis y mab ae*merch*. **13g.** *LlDW* 127. 9, Teyr *merched* nydelyr amamober [*sic*]. **13g.** *B* x. 28, Meir wyf vi hep hi mam a *merch* brenhin e brenhined. **14g.** *T* 31. 14–15, at/vyd ryfedawt. gwr gan *verch* y vrawt. **14g.** *GDG* 363, Caru *merched* a gwragedd. *c.* **1400** *MM* 60, Pwy bynnac a vynno gwybot beth a uo yg croth gwreic ueichawc, ae mab ae *merch*. *Dchr.* **15g.** *B* viii. 137, pechawd yn gnawdawl a chares idaw. neu ae *verch* ysprydawl. **1567** *TN* 61b, ei *merch*-vach [:– *merchan*, bachcenes]. *id.* 170b, gwragedd [:– *merchet*]. **1588** *Pr* xii. 5, [t]ynnu i lawr hôll *ferched* cerdd. **16–17g.** *GST* i. 444, *Merchedau* y meirch ydynt, / Morynion troednoethion ŷnt [i ofyn cesig]. **1632** *D*, *merch*, filia, nata. Item Fœmina, mulier. **1712** T. Williams: *CDdG* 282, [d]atcuddiad . . . a Elwid *merch* y llais neu'r Eccho. **1725** D. Lewis: *GB* 128, Cyfod *Ferch*, a dôs at dy *Ferch*, canys y mae *Merch* ei *Mherch* hi, â *Merch* fach iddi. **1742** *ML* i. 65, Rwyfi yn ffaelio cael gan 'run o'r *merchedau* yma fy nghymryd i. **1803** *P*. Ar lafar; weithiau'n ddifr. am ddyn, 'Mae o'n *ferch* o ddyn', 'He is an old woman', *WVBD* 372. Clywir y ll. *merchaid* ar lafar yng Ngwynedd, a *merchid* yn nwyrain Morg.

(*b*) (o flaen e. pers., weithiau wedi ei gywasgu'n *ach, ych,* &c.) Merch (i), hefyd yn *ffig.*: (*before a prs. name*) *daughter of, also fig.*

10g. (**12g.**) *EWGT* [9], Ouein map Elen *merc* loumarc. **13g.** *Pen* 14, 81, elen luyddawc *ach* custennin. **14g.** *T* 56–7, crist vab meir *verch* ioachim. **14g.** *WM* 40. 34, branwen *uerch* lyr. **14g.** *GDG* 298, Pâr ym weled *merched* Mair [i gyrchu lleian]. **15g.** *Pen* 109, 183, Gwenllian *merch* uorgan (Lewys Glyn Cothi). **15–16g.** *Pen* 54, ii. 369, marcyret *arch* forcan. *Diw.* **16g.** *CRC* 252, Elen *ach* william sy greylon. **1621** *D* (*R*) 161–2, *Ach* pro *merch*, in filiabus cognominandis. **1754** G. Owen: *L* 128, Ond pwy oedd Nest *ych* Hywel? **1759** *BC* xvi, Marged *ych* Ifan. **1762** *ML* ii. 491, Sarai'*ch* Wiliam Cornelius. **1823** *Y Gwyliedydd* i. 274, Sian *erch* Dafydd Rhys.

Cfn.: **merch fedydd:** *god-daughter, also fig.* **1346** *LlA* 39. **14g.** *GDG* 276. *Dchr.* **15g.** *B* viii. 137, [*m*]*erchet bedyd*. **16–17g.** *PhA* 93. **1762** *ML* ii. 495. **1773** *W* d.g. *god-daughter*. **m. fonheddig:** *gentlewoman*. **15g.** *DGG*[2] 41. **1703** E. Wynne: *BC* 14. Digwydd yn yr hen bennill 'Llidiart newydd ar glawdd cerrig / A het ar gorun *merch fonheddig*'. **m. clêr:** *one of the Muses*. *c.* **1753** *Gron* 78, Nis deiryd, baenes dirion, / Naw *merch cler* Homer i hon. **m. y crydd:** *shoe (facet.)*. Ar lafar, 'Isie blas *merch y crydd* sydd arno fe', 'He deserves a kick'. **merched da:** *prostitutes, whores (lit. good women)*. **1588** *Hos* iv. 14, aberthasant gyd â *merched dâ* (**1620** *ib.* dihirogod). **1604–7** *TW* (*Pen* 228) d.g. *meretrix, præsepes, publico*. *Dchr.* **17g.** *J* 10, 30a, *merched da*, whores. **m. ddrwg:** *prostitute*. **1795** Jac Glan-y-gors: *SG* 41. Ar lafar. **merched y gerddi:** *young women, mainly from Cardiganshire, who migrated annually to London in the 18c. and at the beginning of the 19c. to work in the city's gardens and parks.* **20g.** **merch (o) orddерch:** *illegitimate daughter, also fig.* **14g.** *IGE*[2] 57, *Merch o ordderch* ddiweirddoeth / I Galedfwlch gyfwlch goeth [i ddiolch am faslard]. **Merched y Wawr:** *Welsh women's organization founded in 1967*. **1967.** **merch weddw:** *unmarried woman, spinster*. **1722** *Llst* 189. **m. weini:** *serving-girl, maid*. **1881.** **merch wen:** *stepdaughter*. *c.* **1730** *Thos. Lloyd D* (LlGC) 139a, *merch wen*, a step daughter. Ar lafar gynt ym Mhowys. **merched y gwledydd:** *the women or girls of the world*. **14g.** *GDG* 132. **14–15g.** *IGE*[2] 139. **15g.** *HS* 27. **16g.** *Pen* 76, 62. *Bot.* **merch Ifor Hael:** *lily of the valley, Convallaria majalis*. **1813** *WB* 197. **m. faeth:** *foster-daughter, also fig.* **13g.** *Llst* 1, 168. **14g.** *GDG* 259. **14g.** *IGE*[2] 56. *c.* **1400** *RB* ii. 212. **1722** *Llst* 189, *merch-faeth*, a foster-daughter. **m. y fall:** *daughter of Belial*. **1588** 1 *Sam* i. 16. **merch-neu-wraig,** gw. *merchnewrâig*. **m. y bleidleisgad:** *suffragette*. **20g.** **m. Seion:** *daughter of Zion*. **1567** *LlGG* (*Sall*) 5b. **1588** 2 *Br* xix. 21, *Eseia* iii. 16. **merched Siôn Caoc:** *foolish young women*. Ar lafar gynt ym Mrych., *Cy* iv. 161. **merch yng nghyfraith, merch yn y gyfraith:** *daughter-in-law; stepdaughter*. **16g.** Dafydd Benwyn: *Gw* 409. **1588** *Ruth* i. 6. **16–17g.** *B* viii. 114, [*m*]*erched yn y gyfreith*. **1604–7** *TW* (*Pen* 228) d.g. *priuigna*. **1632** *D* d.g. *nurus*. **1772** *W* d.g. *daughter-in-law*.

Gw. hefyd merchetach, merchetan, merchetos.

merch², gw. mers².

mercha [*merch*[1] + *-ha* (At.)] *bg.* Hel merched, hel menywod, mercheta: *to womanize, philander*.

18–19g. *IAW* (LlGC) 101, 8, *Mercha*, merchetta, arfon.

merchaidd [*merch*[1] + *-aidd*] *a.* Merchetaidd: *effeminate*.

1650 *B* xxii. 146, [y] fath wisgad *merchaidd* i wr ne fab.

merchan, gw. merch¹.

merchedach, merchedaidd, merchedan, gw. merchetach, merchetaidd, merchetan.

merchedeiddiwch, merchedeiddrwydd, merchedos, merchedwr, gw. mercheteiddiwch, mercheteiddrwydd, merchetos, merchetwr.

mercheglwys [*merch*[1] + *eglwys*] *eb.* Eglwys neu gapel sy'n gangen o eglwys neu gapel hŷn: *daughter-church or -chapel*.

Ar lafar.

Mercher, Merchyr, merchyr [bnth. Llad. (*dies*) *Mercurii*, cf. Crn. C. *Merher*, Crn. Diw. *Marhar*, H. Lyd. *Didmercer*, Llyd. C. *Mercher*, Llyd. Diw. *Merc'her*; *Merchyr* > *Mercher* drwy gymth.] *eg.* ll. *Mercherau, Merchyr(i)au*.

(*a*) (fel rheol yn yr ymad. *dydd* (*dyw*, &c.) *Mercher* (*Merchyr*)) Y pedwerydd dydd o'r wythnos (yn dilyn dydd Mawrth): *Wednesday*.

13g. *C* 46. 3–4, Dyv *merchir*. gueleisse guir yg cvinowant. *id.* 102. 11–12, tric ima hid dyv *merchir*. **13g.** *A* 35. 14–15, diu *merchyr* bu guero eu cit unet. **13g.** *BD* 92, y petwaredyd o'r vythnos . . . A hvnnv a elwir yg Kymraec dyv *Merchyr*. **1346** *LlA* 117, Odyw sul hyt dyw *merchyr*. *c.* **1400** *R* 1296. 27, brat kenedyl vawrchwedyl *verchyr*. **15g.** *GGl* 18, Ar dduw Mawrth yr oeddem wŷr / A'th farwchwedl a ddoeth *Ferchyr*. *Diw.* **15g.** *Bren Saes* 224, A duw *Mercher* y kavas gastell Kaervyrdin. **1567** *LlGG* 10a, ar y Sulieu, y *Merchurieu*, a'r Gwe[nerau]. **1630** R. Vaughan: *YDd* [xxxiv], Dydd *mercher* henwer hynny / Y gwnaed ei frâd yn gnawd fry. **1688** S. Hughes: *TSP* 224, Yno y buont yn gorwedd o'r borau ddydd *Mercher* hyd nôs Sadwrn. **1707** *AB* 289a, Dydd *Mercher* d.g. *Wednesday*. **1723** E. Samuel: *PDdC* ii. 62, ar *Ferchurau* a Gwenerau. **1725** D. Lewis: *GB* 23, Nôs *Ferchur*. **1762** *ML* ii. 491, bwytäed y Pabistiaid nhw [pysgod] 'r *Merchura* [*sic*] a'r Gwenerau. **1794** *W*, Y *Mercherau* oll drwy'r flwydyn d.g. *Wednesday . . . All the Wednesdays in the year*. **1803** *P* d.g. *Merchyr*.

(*b*) Y blaned agosaf at yr haul; cennad duwiau'r Rhufeiniaid; mercwri, arian byw: *Mercury (planet); Mercury (Roman messenger of the gods); mercury, quicksilver*.

1567 *TN* 194b, Ac wy alwasant . . . Paul yn Mercurius [:– *Uerchur*]. **1707** *AB* 89b, *Mercher*. Arianbyw d.g. *mercurius*. *id.* 281b, *Mercher* d.g. *mercury*. **1725** D. Lewis: *GB* 320–21, Cylch *Merchur*, Gwener 'r Haul a Mawrth . . . Yn gyntaf y mae *Merchur*, yna Gwener. **1776** *W* d.g. *Mercury* [*the planet next to the sun in our system*]. *id.* d.g. *Mercury* [*the Heathen god so called*]. **1779** J. Prys: *Alm* 8, *Mercher* sy 'n llywodraethu 'r bobl gyffredin. *id.* 20, Mercury neu *mercher*. **1801** *MMf* 134, [*m*]*erchur* coch pyloraid. **1803** *P* d.g. *Merchyr*.

Cfn.: **merchyr coch:** *precipitate of mercury, mercuric oxide*. **1801** *MMf* 134. **Mercher (Merchyr) y Brad:** *Spy Wednesday*. *c.* **1730** *Thos. Lloyd D* (LlGC) 175a, *Merchur y brad*. **M. y Lludw:** *Ash Wednesday*. **1618** J. Salisbury: *EH* 213.

Gw. hefyd Mercherddydd, Merchergwaith.

Mercherddydd, Merchyrddydd [*Mercher, Merchyr* + *dydd*] *eg.* Dydd Mercher, hefyd yn *dros.*: *Wednesday, also transf.*

13g. *C* 48. 6–7, Jn diffrin machavuy *merchyrdit* crev. **14g.** *Cy* vii. 126, Bychan y lu yn ym chwelu [*sic*] or *mercherdyd*. **15g.** *GDLl* 79, A chwarddo ar *Fercherddydd* / A wyla'r dŵr yr ail dydd. *c.* **1730** *Thos. Lloyd D* (LlGC) 172a, *mercherddydd*, Dies Mercurij.

Merchergwaith, Merchyrgwaith [*Mercher, Merchyr* + *gwaith*[2]; cf. Llyd. Diw. *Merc'hervezh*] *eb.* (yn yr ymad. *dyw Merchergwaith* (*Merchyrgwaith*), *nos Ferchergwaith*). Mercher: *Wednesday*.

14g. *BT* 215, ymgynnullawd brenhin yr almaen a brenhin lloegyr ay meibyon ay hymaruollwyr duw *merchyr gweith* hyt y maes leaws. **14g.** *Bren Saes* 178, Duw *Merchergweith*. xv. Kalendas Aust. *Diw.* **15g.** *Pen* 53, 8, ynglas dewi stableu meyrch ar nos *verchergweith* hwy a ossodant.

Cf. Gwenergwaith, Llungwaith, Sulgwaith.

mercheta [*merched* (ll. yr e. *merch*[1]) + *-ha* (At.); cf. Llyd. Diw. *merc'heta*] *bg.* Hel merched, hel menywod, menyweta, godinebu; canlyn (merched): *to womanize, philander, flirt, fornicate; court*.

1796 *MA* iii. 240, Tri pheth à arwain i dylodi: gloddest, diogi, a *mercheta*. **18–19g.** *IAW* (LlGC) 101, 8, Mercha, *merchetta*, arfon. Ar lafar, *WVBD* 372.

merchetach, merchedach [*merched* (ll. yr e. *merch*[1]) + *-ach*[2]; â'r ff. yn *-t-*, cf. *pryfetach, merchetos*] *e.ll.* Merched ieuainc (penchwiban): (*silly*) *young women*.

1830. Cf. *SE MS* 298a, *merchetach* . . . young women. Merchetos is slightly more respectful than *merchetach*. Ar lafar, "Weli di'r (h)en *ferchetach* 'co'n poeni'r bechgyn?'

merchetaidd, merchedaidd [*merched* (ll. yr e. *merch*[1]) + *-aidd*; â'r ff. yn *-t-*, cf. *merchetach, merchetos*] *a.* Gwreigaidd, anwrol; benywaidd, benywol: *effeminate; female, feminine*.

1630 R. Llwyd: *LlH* 179–80, adar Harpiaid, â chanddynt wynebau *merchedaidd*, ond yspagau Eryrod. **1632** *D*, *merchedaidd* d.g. *fœmineus, galbinus, mollicellus*. **1803** *P* d.g. *merchedaidd*. Ar lafar; hefyd yn Arfon yn yr ystyr 'fond of going after women', yn ôl *WVBD* 372.

merchetan, merchedan, mercheten [*merched* (ll. yr e. *merch*[1]) + *-an*[1], *-en*; â'r ff. yn *-t-*, cf. *merchetach, merchetos*] *eb.* (fel rheol yn yr ymad. *hen ferchetan*, &c.). Hen ferch, merch ddibriod: *old maid, spinster*.

1862. Cf. *SE MS* 298a, *merchetan*, an old maid. Hen *ferchetan* (Lleyn). Digwydd yn y llinell draddodiadol 'Hen *ferchetan* wedi colli'i chariad'.

mercheteiddiwch, merchedeiddiwch [*merchetaidd, merchedaidd* + *-iwch*[1]] *eg.* Yr ansawdd neu'r cyflwr o fod yn ferchetaidd: *effeminacy*.

Diw. **19g.**

mercheteiddrwydd, merchedeiddrwydd [*merchetaidd, merchedaidd* + *-rwydd*] *eg.* Mercheteiddiwch: *effeminacy*.

20g.

merchetos, merchedos [*merched* (ll. yr e. *merch*[1]) + *-os*; â'r ff. yn *-t-*, cf. *merchetach*] *e.ll.* Merched bach, merched (ieuainc) (fel rheol braidd yn ddifr., ond weithiau'n mynegi anwyldeb): *little girls, (young) women (usually slightly derog., but sometimes expressing affection)*.

1753 *ML* i. 261, rhaid a mynd efo rhyw *ferchettos* i weled coed orains. **1759** *id.* ii. 108, Felly mae Marged Morys . . . wedi myned a'r digrain; dyna fel y mae nhwy'r *merchettos* yn trin y dreth gan mwyaf. **1760** *id.* 199, gan fod cwmni *merchettos* wedi fy rhwystraw, rhaid gadel y rhan arall o'm taith heb ei dodi ar ddu a gwyn tan y foru. **1762** *id.* 460, wedi bod cyhyd . . . yn sipio melus wefusau'r *merchettos* Ynghymru. **1777** W. Williams: *DN* 23, yn gwanhau nerth *merchettos* anwiliadwrus. **1793** *Cylchg* 198, Gwae . . . im' ddilyn ffyrdd *merchedos* ffolion. Cf. *SE MS* 298a, *merchetos* . . . young women. *Merchetos* is slightly more respectful than merchetach, hen *ferchetos*, old maids. Ar lafar yn y ff. *merchetos*.

merchetwr, merchedwr [*merched* (ll. yr e. *merch*[1]) a bôn y be. *mercheta* + *-wr*; â'r ff. yn *-t-*, cf. hefyd *merchetach, merchetos*; cf. ymhellach Llyd. Diw. *merc'hetaer*] *eg.* Dyn sy'n hel merched, gwrageddwr: *womanizer, philanderer, flirt*.

1604–7 *TW* (*Pen* 228), *merchetwr* d.g. *mulierarius*. **17g.** (**18g.**) *Card* 84, 418, *Merchedwr* trwsiwr traserch (Edward Morris). **1760** *ML* ii. 267, Mae'r gwr hwn yn hogyn o *ferchettwr* rwyn deall, ac yn anghofio'r wreigyn gartref. Ar lafar yn y ff. *merchet-*

wr, *WVBD* 372.

merchgell [*merch*^{1} + *cell*^{1}] *eb.* ll. *-oedd. Biol.* Cell sy'n ganlyniad i ymraniad mamgell, epilgell: *daughter cell (in biol.).*
20g.

merchnad, merchnadol, merchnataf: merchnata, merchnatawr, merchnatwr, gw. marchnad, marchnadol, marchnataf: marchnata, marchnatawr, marchnadwr.

merchnewráig [*merch*^{1} + *neu*^{1} + *gwraig*] *eb.* Gwraig ieuanc: *young woman.*
1885. Ar lafar ym Morg., hefyd yn y ff. *methnewráig.* Cf. *GWG* 282, *merch na wraig.*
Cf. gẃrnewas.

Merchur, gw. Mercher.

merchyg^{1,2}, gw. marchog^{1}, marchogaf: marchogaeth.

merch-yng-nghyfraith, gw. merch^{1}—m. yng nghyfraith.

merchyn [*march* + *-yn*; tebyg mai e.p. yw *merchin, C* 46. 15] *eg.* Ceffyl bychan, crynfarch: *small horse, nag.*
1604–7 *TW* (*Pen* 228) d.g. *equulus, mannulus, musimon, veredus.* **1803** *P, merchyn,* a little horse; a nag.

Merchyr, Merchyrddydd, Merchyrgwaith, gw. Mercher, Mercherddydd, Merchergwaith.

merchyriol [*Merchyr* + *-iol*] *a.* Cyflym fel y duw Mercher: *having the speed of Mercury.*
16–17g. *Pen* 94, 16, *merchyriawl* vrys, a gwys amau.
Gthg. merchyrol.

merchyrlys [*merchyr* + *llys*^{5}] *eg. Bot.* Cwlwm yr asgwrn, clais yr hydd, *Mercurialis perennis*: *dog's mercury.*
1604–7 *TW* (*Pen* 228) d.g. *mercurialis.*

merchyrol [*merchyr* + *-ol*] *a.* Yn cynnwys mercwri neu arian byw: *containing mercury.*
1869.
Gthg. merchyriol.

merd [gair geir.; yn yr engh. gyntaf tebyg mai byrfodd am yr e.p. *Myrddin* ydyw] *eg.* Cerdd, pennill: *poem, verse.*
1604–7 *TW* (*Pen* 228) d.g. *carmen. Dchr.* **17g.** *J* 10, 30a, *merd,* carmen. **1753** *TR.*

merdruddyn, merds, merdd, gw. madruddyn, mers^{2}, merf.

merddrain [gair geir.; ?*mêr*^{1} (cf. *merhelyg*) neu *mer(i)* (cf. *merinllwyn*) + *drain,* a'i gysylltu â *mêr*^{2}] *e.ll.* (un. b. *merddraenen*) *Bot.* Math o fieri sy'n tyfu gerbron dŵr; rhos gwyllt, marchfieri, *Rosa canina*: *briers growing near water; dogroses, wild briers.*
1632 *D, merddrain,* sentes juxta aquam crescentes. *id.* d.g. *merydd.* **1688** *TJ, mêrddrain,* drain a dyfo ar Lan dwfr: Thorns growing by the Water side. **1722** *Llst* 189, *merddrain,* s. *ddrainen,* thorns growing by the water-side. **1794** *W, merddrain* d.g. *thorn, water-thorns.* **1803** *P, merddrain,* dog-briars. **1813** *WB* 219, *merddraenen*; Rosa canina; edr. Ciros.

merddruddyn, gw. madruddyn.

merddwr, merddwfr [*merf* + *dŵr, dwfr,* gyda symleiddio clwm o gts., cf. *merbwll*] *eg.* ll. *merddyfroedd, merddyrau.* Dŵr sefyll, pwll neu lyn o ddŵr llonydd, merbwll, merllyn, llynwyn, sefydlyn, llyn melin, hefyd yn *ffig.*: *standing water, stagnant pool or lake, mill pond, also fig.*
14g. *IGE*^{2} 87, Rhag llifddwr a *merddwr* mawr. **1604–7** *TW* (*Pen* 228) d.g. *nymphæa, stagnum.* **1632** *D, merddwr,* aqua iners, aqua stagnans. **1688** *TJ, merddŵr,* dŵr sefydlog: standing water. **1722** *Llst* 189, *merddwr,* a mere, plash, lake. *c.* **1730** *Thos. Lloyd D* (LlGC) 173b, *merddwr,* a mill pool. **1760** *YTWN* 64, Gwared fi . . . oddiwrth fôr terfysglyd trafferthion bydol, a *merddwr* dinistriol o fuchedd segur a diogswrth. **1803** *P, merddwvyr,* pl. *merddyvrodd* [*sic*], stagnant water. Ar lafar. Cf. *SE MS* 298a, *merddwr,* pl. *merddyrau* . . . Cyfeiliog—heard at Cemmaes.
Cf. marwddwr.

merddyn^{1,2}, gw. murddyn, meiddyn.

meredig, mereddig [cf. H. Wydd. *mer* 'gwallgof, gwirion'; nid oes sicrwydd ai *-d-* neu *-dd-* a welir yn y ff. cynnar] *a.* a hefyd gyda grym enwol. Heb fod yn gyfrifol am ei weithredoedd, ?ffôl; (geir. yn wr.) dieithr, rhyfeddol; merfaidd, diflas: *not responsible for one's actions, ?foolish; (orig. dict.) strange, wonderful; insipid, dull.*
13g. *LlDW* 121. 14–19, Oderuyd tennu ruyd ay ar auon ay ar uor adeuod ay guydeu ae anyueyl arall ay uaru oacau[s] eruyd abryuau eruyd kan eranyueyl ny dyuc yrun yukylyd onadunt. kanys deu *ueredyc* ynt. **13g.** *LlI* 82, O deruyd dyuot moch y ty a guascaru e tan ene losco y ty, a dyanc e moch, perchenauc y moch byeu talu y ty e'r nep byeyffo. Os e moch a lysc, kyhyt yu erygthunt a deu *ueredyc* ynt. **14g.** *WM* 486. 13–15, Pieu y gaer. *Meredic* awyr ywchi nyt oes yny byt ny wyppo pieu y gaer honn. *c.* **1588** *B* ii. 230, *meredic,* dieithr. **1707** *AB* 218d, *meredik,* strange. V. *id.* 237c, *Mereddic,* q. *Mereddic* awyr yvch, An expression when they upbraided any one of Ignorance. **1717** M. WILLIAMS: *Cofrestr* 3, Ni Ryfygaswni gyflwyno Erthyl mor aflunjaidd ac amherffaith a hwn i'ch Ffafr chwi a'ch Nodded, oni bai . . . nad oes le i betruso na chaiff y *Meredig* hwn . . . ei gynnwys a'i gyflawn groesawu ym Mhlas Penbedw. *c.* **1730** *Thos. Lloyd D* (LlGC) 175a, *meredic,* mirus. **1769** G. HOWEL: *Alm* 30, Mae'r Adar glân *meredig* / Yn gydol hyd y goedwig. **1794** *W, meredig* d.g. *stranger.* **1803** *P, meredig* . . . dull, stupid.
Amr.: **maredig** [adff., ?cf. *marth*]. **16g.** *Pen* 230, 48a, *maredic,* dieithr. *Dchr.* **17g.** *J* 10, 25b, *maredig,* dierth. *c.* **1730** *Thos. Lloyd D* (LlGC) 167b, *maredic,* dieithr. P.

mereidd-dra [*meraidd*^{1} + *-dra*] *eg.* Gorfelyster: *lusciousness.*
1776 *W* d.g. *lusciousness.*

mererid, merierid [*mererid* < *merierid,* bnth. Llad. *margarīta*; cf. e. prs. Llyd. *Marc'harit*; a'r ystyr 'math o faen gwerthfawr' dan ddyl. y Llad. *myrrhītēs*] *eg.* ac *e.ll.* a hefyd fel *a.* Perl(au), gem(au); math o faen gwerthfawr, ?fflworsbar neu agat; tebyg i berl(au), perlaidd: *pearl(s), gem(s); murra (precious stone); like a pearl or pearls, pearly.*
13g. *Brut B* 99, [p]wy bynnac a rodo dysc mavr ydav, kynthebyc ew y'r nep a gwascarey *mereryt* adan traet e moch. *c.* **1300** *H* 108^{2}a. 35, mal heu rac moch *meryerid* (Llywarch ap Llywelyn). **14g.** *T* 55. 2–3, Neu peir pen annwfyn pwy a vynut. gwrym am yoror a*mererit.* **1346** *LlA* 93, [c]reic or krissyalt neu or *mererit* llathyrwynnaf or aallei vot. **14g.** *WM* 475. 37–476. 1, gordtorch rudeur am ymynwgyl y uorwyn. a *mererit* gwerthuawr yndi. **14–15g.** *IGE*^{2} 312, Lluosawg waredawg wrid, / Llawr fawr wawr lloer *fererid* [Rhys Goch Eryri i lys Gwilym ap Gruffudd o'r Penrhyn]. *c.* **1400** *DB* 21, sathrant . . . mal y moch yr *mererit* (*margaritas*). **15g.** DEIO AB IEUAN DU, &c.: *Gw* 241, Lliw 'r *mererid* a'r sidan [Gwilym ap Ieuan Hen i wallt coch]. **1632** *D, mererid* . . . maen *myrerid,* margarites lapis, myrrhites. **1688** *TJ, mererid,* maen gwerthfawr, (perl:) a Pearl. *c.* **1730** *Thos. Lloyd D* (LlGC) 175a, *mererid,* gemma. Digwydd fel e. merch, *Mererid.* Cf. *C* 106. 11.
Amr.: **myrerid, myrierid.** *Dchr.* **17g.** *J* 10, 28a, *myrerid,* murrha. **1632** *D,* mererid, maen *myrerid.* **1707** *AB* 86b d.g. *margarita.* **1722** *Llst* 189, *myrerid,* m. a pearl, margarite. **1803** *P* d.g. *myrierid.*
Gw. hefyd margarit.

mereridliw [*mererid* + *lliw*^{1}] *a.* O liw perl(au), perlaidd: *pearl-coloured, pearly.*
1346 *LlA* 92, gwynndal gwastatlyfyn ehanglathyr *mereridliw* idaw.

mererin [*merer(id)* + *-in*^{1}, ar ddelw'r S. *margarine*] *eg.* Marjarîn: *margarine.*
20g.

merf [H. Wydd. a Gwydd. C. *meirb* 'difywyd; diynni, llipa, gwan, aneffeithiol', o'r gwr. IE. **mer-* 'rhwbio, dileu, niweidio', cf. H. Uchel Alm. *maro, marawi* 'brau, tyner', H. S. *mearo*] *a.* Merfaidd, di-flas; gwan, llesg, dirym, difywyd, diles: *insipid, tasteless; weak, powerless, lifeless, useless.*
14g. *IGE*^{2} 63, Cael o Eiddig, farfddig *ferf,* / Cronffon wialenffon lawnfferf. **16g.** WILIAM CYNWAL: *Gw* (R. L. Jones) 600, Y nef a'r ddaear oll yn ufudd, / Da'r byd sy *ferf* a dyn a dderfydd. **16–17g.** *CC* 207, y teirw nid ydynt wrol / mân a *merf* ynt mewn terfysg. **1604–7** *TW* (*Pen* 228) d.g. *insipidus.* **1607** *Pen* 216, 9, Na vydd na llesk, na segvr, na *merf,* na chwannog. *Dchr.* **17g.** *J* 10, 30a, *merv,* unsavourie, fatuus. *p.* **1630** *LlGC* 16, 183, rhai gwagffol miawn rhiw goegffydd / o waelgred *ferf* ddi fferf ffydd. **1632** *D, merf,* vt Blâs *merf,* gustus vel sapor parum acutus, insipidus, inconditus. **1688** *TJ, merf,* diflâs: tasteless, insipid, unsavoury. **1722** *Llst* 189, [*merf,*] blâs *merf,* a flat dull taste. **1725–6** *Madd Ed* 254, pob peth . . . yn *ferf* ac yn ddiflas. **1770** *TG* ii. 31, Os da fydd y tir, bydd blas peraidd ar y dwfr; ond os drwg, fe fydd yn boethlyd, yn *ferf* ac yn atgas. **1803** *P, merv,* insipid, flat, tasteless.
Amr.: **merdd** [*f* ac *dd* yn ymgyfnewid, cf. *Caerdyf, Caerdydd, Eifionydd, Eiddionydd*]. *c.* **1730** *Thos. Lloyd D* (LlGC) 172a, *merdd,* merf, insipid. **18g.** **(1818)** R. JONES: *GP* 145. **merw** [nid oes sicrwydd mai yma y perthyn y ddwy engh. gyntaf isod, a dichon mai ff. orgraffyddol am *merf* a welir ynddynt]. *c.* **1300** *H* 58b. 19, y *merw* derw diruet vuchet ṷechig [marwnad Rhirid Flaidd gan Gynddelw]. *Dchr.* **14g.** *id.* 78b. 19–20, yn diffeith mor rud *merw* son digawn treieiste traeth eigawn dawn dyneddon [am Foesen]. **1803** *P.*

merfaen [bôn y f. *meraf*: *meru* + *maen*^{1}, cf. *diferfaen*] *eg.* ll. *merfeini, merfain.* Stalactid: *stalactite.*
1858.

merfaidd [*merf* + *-aidd*] *a.* Merf, di-flas, fflat (am gwrw, &c.); anniddorol; difywyd, diynni, llesg, llipa; byddar neu dawdd (am galch): *insipid, tasteless, flat (of beer, &c.); uninteresting; lifeless, lacking in energy or vigour, feeble, flaccid; slaked (of lime).*
16–17g. *Cer RC* 91, Rhyw lencyn *merfaith* [*sic*] twrstan. **1762** *ML* ii. 521, llawer gronyn o ystwff abl *merfedd* ynddynt [cerddi]. **1795** J. THOMAS: *AIC* 279, [y] 3 ydd [*sic*] [math o halen] Sydd *ferfedd* a dynnir allan o ludw. **1803** *P.* Ar lafar; hefyd yn y ff. *merfad* yn Arfon, *WVBD* 372.
Amr.: **meraidd**^{2}. **1814.** Ar lafar yn sir Benf. yn y ff. *meredd, GDD* 197; ac ym Morg. yn y ff. *meridd, B* xvi. 99.

merfain, gw. merfaen.

merfder [*merf* + *-der*] *eg.* Diflastod, atgasedd: *disgust, loathing.*
14g. *GDG* 389, *Merfder* cadarn oedd arnaw, / Ym marn gŵyr, drwy wewyr draw [Gruffudd Gryg mewn ymryson].

merfdra [*merf* + *-dra*] *eg.* Diffyg blas, merfeidd-dra; y cyflwr o fod yn annymunol, anniddorol, neu ddiflas: *insipidity, tastelessness; unpleasantness, tedium, tediousness.*
17g. *LlGC* 13215, 348, *mervdra,* austeritas. **1707** *AB* 218d, *mervdra,* austerity. S. **1753** *TR, merfdra,* austerity, saith H.S. Rather, unsavouriness. **1803** *P, merfdra,* insipidity, flatness.

merfeidd-dra [*merfaidd* + *-dra*] *eg.* Diffyg blas, merfdra; diffyg bywyd neu ddiddordeb; y cyflwr o fod yn anniddorol neu'n ddiflas: *insipidity, tastelessness; lack of vigour or interest; tedium, tediousness.*
20g.

merfeiddiaf: merfeiddio [bf. o'r a. *merfaidd*] *bg.a.* Gwneud neu fynd yn ddi-flas: *to make or become insipid.*
1842.

merfog [?*merf* + *-og*] *eg.* Math o bysgodyn dŵr croyw, *Abramis brama*: *(freshwater) bream.*
1866.
Cfn.: **merfog gwyn**: *white bream, Blicca bjoernka.* **20g.**

merhelyg [*mêr*^{1} + *helyg*^{1}] *e.ll.* (un. b. *-en*) a hefyd fel *a.* Amryw fathau o helyg, yn enw. y rheini y defnyddir eu gwiail hyblyg i wneud basgedi, &c., megis *Salix viminalis*; gwiail helyg; wedi ei wneud o wiail helyg: *various willows, esp. osier willows; willow twigs or branches, osiers; made of osiers.*

1547 *WS*, *mer helic*, redde wyllowe. 16g. *THSC* (1923–4) (At.) 28, a gwiail o *ver helic* ym kyrwyd ar vy ngroen [*sic*] noeth. 1604–7 *TW* (*Pen* 228) d.g. *cartallus*, *coix*, *siler*, *vieo*, *vimineus*. *Dchr.* 17g. *J* 10, 30a, *merhelyg*, pl. *Merhelygen*, osier. siler. 1632 *D*, *merhelyg*, salix viminalis. *id.* basged *ferhelyg* i wasgu gwin drwyddi d.g. *qualum*. 1688 *TJ*, *mêrhelyg*: Willow twigs. 17–18g. *Pen* 123, i. 14, dail y *merhelig*. 1722 *Llst* 189, *merhelyg*, s. *lygen*, f., red withies. 1725 *SR*, gwialen *fêrhe[l]yg* d.g. *a Wicker*. *c.* 1730 *Thos. Lloyd D* (LlGC) 175a, cawell *Merhelig*, a hampier. 1754 *Gron* 65, Moliant am bob peth melyn,—am yr haul, / A *merhelyg* dyfrllyn. 1770 *W* d.g. *basket*, *a twig or wicker-basket*, *flasket*, *osier*, *water-willow*. 1803 *P*, *merhelyg*, sallows. 1813 *WB* 219, *Merhelygen*; Salix vitellina; Yellow willow.

meri, gw. mieri.

Mericia—doctor M., perthyn M., gw. doctor (At.), perthynaf: perthyn.

meridian [bnth. S. *meridian*] *eg.b.* ll. *-au*. Hanner dydd, canol dydd; *Daearydd.* a *Ser.* nawnlin: *noon*, *midday*; *meridian* (*in geog. and astron.*).

1630 R. VAUGHAN: *YDd* 324, amryw brydnawnau, neu *meridianau* [:- hanner dydd]. 1681 T. JONES: *Alm* d.d., machludiad yr haul . . . oedran y Lleuad, wedi cymhwyso i *Feridian*, sef, i hanerdydd Cymru. *c.* 1762–79 W. WILLIAMS: *P* 221, Yr Juddewon oedd yn addoli a'u hwynebau tua Jerusalem . . . y Sabiaid tua'r *Meridian*, a'r Magiaid tua chodiad yr haul.

meridional [bnth. S. *meridional*] *eg.* De: *south*.

1545 *CM* 1, 128, [y] seren aellwir [*sic*] pysgodwr y *meridional* ynn kyuodi.

merierid, gw. mererid.

merig [*mêr*[1] + *-ig*[2]] *a.* ?Llawn mêr, merog: *full of marrow*.

17g. *J. Glyn Davies* 1, 193b, Wele ben maharan, *meric*, by nerthol.

meri-go-rownd [bnth. S. *merry-go-round*] *eg.b.* Llwyfan gron ac arni geffylau pren, seddau, &c., sy'n cludo pobl wrth droi yn ei hunfan, hefyd yn *ffig.*: *merry-go-round*, *roundabout*, *also fig*.

20g.

Meri Jên [yr e. prs. *Mary Jane* fel e.c.] *eb.* Gair difr. am ddyn merchetaidd ei ffordd: *term used derog. of an effeminate man*.

Ar lafar yn y Gogledd, 'Mae gormod o *Meri Jên* yno fo', 'He is too much of an old woman', *WVBD* 371; 'Mae o wedi mynd yn gymaint o *Feri Jên*'.

Meri Lwyd, gw. Mari Lwyd.

merin [?bnth. Llad. *marīna* (cf. Ffr. *marine* 'môr') neu < Brth. **morīn-*, cf. *môr*, a'r e.p. *Morīnī*, e. pobl yng Ngâl] *e?g.* ll. *-iau*. Môr, morgainc, ton: *sea*, *arm of sea*, *wave*.

13g. *A* 35. 4, Tra *merin* iodeo trileo yg caat. *Dchr.* 14g. *H* 90a. 8, llawar *merinnyeu* gwynnyeu gwraged (Phylip Brydydd). 14g. *T* 35. 19–20, aches ffyscyolin. mordwyeit *merin*. *id.* 76. 10–11, ae deubyd o gwanfret tra *merin* tat ket. *id.* 78 14–15, Dydyccawt ynwet tra *merin* reget.

Gw. hefyd merinwr, tramerin.

merin[2], gw. mieri.

merina, merinllwyn, gw. merino, mierinllwyn.

merino [bnth. S. *merino*] *eg.* a hefyd fel *a.* Math o ddafad, yn wr. o Sbaen, ac iddi wlân main hir; gwlân y ddafad hon, (defnydd) wedi ei wneud o'r gwlân hwn: *merino*.

20g.

Amr.: **merina.** 20g.

merinol [*merin*[1] + *-ol*] *a.* Llyngesol, morol: *naval*.

1759 *ML* ii. 145, Onid oes gennym yr actau ynghylch cyflogau gwyr y Brenin, sef y rhai *merinawl*?

merinwr, morinwr [*merin*[1] + *-wr*, ?cf. Ffr. Lloegr a S. C. *mariner*; a'r ail ff. dan ddyl. yr e. *môr*] *eg.* ll. *-wyr*. Llongwr, morwr: *sailor*, *mariner*.

14g. *GDG* 103, Rhwyfwyr, *merinwyr* annoeth, / Rhyngthun' a'r anoddun noeth. 15g. *CSTB* 10, Mi a rown, fal *merinwr*, / Newid gwaith ennyd i'w gŵr. 16g. *Rhyddiaith Gymraeg* i. 32, kyuodes y *morinwyr* yr angore. 1567 *TN* 218b, tyb[i]awdd y *morinwyr* nesau o ryw wlat ydd wynt. 1604–7 *TW* (*Pen* 228) d.g. *nauta*. 1688 *TJ*, *merinwr*, moriwr: a Mariner, a Seaman. 1741 L. MORRIS: *LW* 259, Henffych well, Castell y Gwyr, / Mor anwyl y *Merinwyr*. 1761 *ML* ii. 345, gwyn eu byd y pysgodwyr a'r *morinwyr*.

meriog, merion, gw. mieriog, mêr[1].

merionog [yr e. ll. *merion* + *-og*] *a.* Llawn mêr, meraidd: *full of marrow*, *marrowy*.

1722 *Llst* 189, *merionog*, marrowy, full of marrow.

meristem [bnth. S. *meristem*] *eg.* *Bot.* Meinwe o gelloedd sy'n ymrannu ac sy'n gyfrifol am dyfiant mewn planhigion: *meristem*.

20g.

meristematig [cfdds. o'r S. *meristemat(ic)* + *-ig*[2]] *a.* Yn perthyn i feristem, o natur meristem: *meristematic*.

20g.

meritocrataidd [cfdds. o'r S. *meritocrat(ic)* + *-aidd*] *a.* A lywodraethir gan bobl a ddewisir yn ôl mesur eu doniau (ynglŷn â chymdeithas): *meritocratic* (*of society*).

20g.

meritocratiaeth [*meritocrat(aidd)* + *-iaeth*] *eb.* Cymdeithas feritocrataidd, llywodraeth cymdeithas o'r fath: *meritocracy*.

20g.

merlan, merlat, gw. merlyn[1], marlat.

merlen, gw. merlyn[1].

merlid, gw. ymerlidiaf: ymerlid.

merlin, gw. merlyn[1].

merliwn[1], **merlion, marliwn**[2], **merlyn**[2], &c. [bnth. S. C. *merlioun*, *marlion*, *merlin*] *eg.* ll. *merliwns*, *merliaid*. Math o hebog bychan, *Falco columbarius*, hefyd yn *ffig.*: (*geir.*) math o hebog bychan o'r un tylwyth, *F. subbuteo*; *Her.* martled: *merlin*, *also fig.*; (*dict.*) *hobby* (*falcon*); *martlet*, *merlion*, *marlion* (*in her.*).

15g. *LGC* 155, *Merliwns* o Aber Marlais / A rŷ dwy sêl ar iad Sais. 16g. *Llst* 6, 114, kic a vyn koc yw efo, / ewin *merliwn* (*DGG*[2] 162, *murliwn*) wn morlo [i ofyn milgi du]. 1527 *B* ix. 315, Rhybudd dirgel a gaiff y wennol . . . o ben aderyn *merliwns*. 16g. LEWYS MORGANNWG: *Gw* 446, mae edn gwalch mae dawn a gwedd / *merliwn* gwynn *marliwn* Gwynedd. 1547 *WS*, *merliwn*, a merlyon. 16g. *Pen* 127, 210, ef a ddug . . . pvmp *merliwn* heb draed. 16g. *Med H* 44, Weithian Am *verliaid*. Dwyn *merliwn* mewn arveu arwydd yw wneuthur y dygiawdr yn urddassol drwy i wrolder a'i gryfdwr. 16g. MORUS DWYFECH: *Gw* 73, *Merliwn* oedd hwn i Dduw hael / Mwyn ifanc, mae'n ei afael [marwnad Ieuan ap Robert Fychan]. 16–17g. *GST* i. 775, Bu'r llymysten dros ennyd, / Bu *marliwn* o biniwn byd [i anfon yr hobi yn llatai]. 16–17g. *CC* 446, mor lân gorff ar *meirliwn* gwych. *c.* 1600 L. DWNN: *HV* i. 145, Stork . . . a *merlyn* yn praie [*sic*] arny. 1604–7 *TW* (*Pen* 228), *merlion* d.g. *aesalon*. 1707 *AB* 218d, *merlyn*, a hobby. S. 1753 *TR*.

merliwn[2], **merliws,** gw. merlyn[1].

merlota [*merlod* (ll. yr e. *merlyn*[1]) + *-ha* (At.)] *bg.* Marchogaeth merlod (gan amlaf gydag eraill) er mwyn pleser: *to go pony-trekking*.

20g.

merlotwr [bôn y f. fl. + *-wr*] *eg.* ll. *-wyr*. Un sy'n merlota: *pony-trekker*.

20g.

merlyn[1], **merliwn**[2] [?cf. *merlyn*[2]] *eg.* (b. *merlen*, *marlen*) ll. *merlod*, *marl(i)od*, *merlynnod*, *marliw(n)s*, *merliw(n)s*, *merlws*. Math o geffyl bychan nad yw fel rheol yn fwy na phedwar dyrnfedd ar ddeg o uchder, poni: *pony*.

1742 *ML* (Add) 863, Gwerthwch eich . . . Hacciau a phrynnwch Fulod neu Geffylau *merliwns* i'ch Cludo chwi. 1778 J. HUGHES: *BB* 272, Am ful i eiste anifail ystwyth, / Neu ddiog *Ferlyn* a ddwg fowrlwyth. 1790 TWM O'R NANT: *GG* 184, Gobeithio heb ffaelio, mae Ceffylun, neu *Ferlun* i mi fydd. 1803 *P*. 1808 TWM O'R NANT: *BB* 21, Ynghylch cattel hespion, *merliwns*, ac ebolion. 1853 W. REES: *AFR* 356, swn traed y *merlynod*. Cf. W. DAVIES: *Agric* . . . *N. Wales* 333, In the county of Meirionydd, and the hilly parts of Montgomeryshire, great numbers of ponies, commonly called merlins, are reared.

Cfn.: **merlyn (merliwn) (bach) (y) mynydd (merlen fynydd):** *mountain pony*. **1848.**

merlyn[2,3], gw. merliwn[1], merllyn.

merlynnaidd [*merlyn*[1] + *-aidd*] *a.* Tebyg i ferlyn; ar gefn merlyn (am daith): *like a pony*; *on the back of a pony* (*of a journey*).

1803 *P*.

merlys[1], gw. haidd—h. merlys.

merlys[2], gw. merllys.

merlys[3] [?*mêr*[1] neu *mêr*[2] + *llys*[5]; nid oes sicrwydd nad engh. o *merlys*[1] a geir gan *WS* isod] *e?g.* Llysieuyn dŵr anhysbys: *unidentified aquatic plant*.

1547 *WS*, *merlys*. 1632 *D*, *merlys*, herba aquatica. 1803 *P*.

Gw. hefyd merllys.

merllyd[1] [?*merf* + *-llyd* neu o bosibl amr. ar *mar(w)llyd*] *a.* Llonydd a merfaidd (am ddŵr); trymaidd; merfaidd (am flas); llugoer, difater: *stagnant*; *oppressive*; *insipid*; *half-hearted*, *apathetic*.

[1783] *W*, *merllyd* d.g. *stagnant*. 1803 *P*, *merllyd*, insipid, dull, flat, tasteless.

Gw. hefyd marwllyd.

merllyd[2] [*mêr*[1] + *-llyd*] *a.* Llawn mêr, meraidd, seimlyd: *full of marrow*, *like marrow*, *greasy*.

c. 1400 *R* 1339. 4–5, *merllyt* yr ynyt y eirinyal. *id.* 1356. 6, *Merllyt* ewingrach mawrllit kyfedach. 1562 *B* ii. 230, *merllyd*: meroc.

merllydrwydd [*merllyd*[1] + *-rwydd*] *eg.* Y cyflwr o fod yn llonydd (am ddŵr); merfeidd-dra: *stagnation*; *insipidity*.

1803 *P*.

merllyn, merlyn[3] [*merf* + *llyn*[1], neu amr. ar *marwl(l)yn*; engh. arall bosibl yw *verlyn*, *T* 32. 12, ond gw. *gwerlyn*] *eg.* ll. *-nau*, *-noedd*. Dŵr llonydd, dŵr sefyll, merddwr, merbwll, llyn, pwll, hefyd yn *ffig.*; *Daearydd.* ystumllyn: *standing water*, *stagnant pool*, *lake*, *pond*, *also fig.*; *ox-bow lake*, *mortlake* (*in geog.*).

1567 *TN* 96b, [d]escenawdd cavod o wynt ar y *merllyn*. 16–17g. *GST* i. 486, Mawrlles a wna dŵr *merllyn* / A gwair glas o gwr y glyn. 16–17g. *PhA* 498, dwr *merllyn* yw r tyddyn tau [i'r alarch]. 1604–7 *TW* (*Pen* 228) d.g. *lacuna*, *lacus*. *Dchr.* 17g. *J* 10, 30a, *merllyn*, lake, Stagnum. Lacus. Palus. 1632 *D*, *merllyn*, aqua stagnans, lacus iners. 1703 E. WYNNE: *BC* 138, myfi yw'r *merllyn* mudd [*sic*] lle mâg sil pob drygeu. 1718 E. SAMUEL: *HDdD* 194, mae cysgu anghymmedrol . . . yn ei wneuthur [y corff] yn un *mêrllyn* o ffieidd-grawn dyfrllyd. 1726 S. RHYDDERCH: *Alm* [1], brithill a gyrch mewn *Merllyn* gwastadloyw. 1803 *P*. Ar lafar yn sir Ddinb., *Cymru* xlvii 83.

Cf. marwlyn.

merllys, merlys[2] [?*mêr*[1] + *llys*[5]] *eg.* ll. *-iau*. *Bot.* Planhigyn y bwyteir ei goesynnau ieuainc, llysiau'r dyfrglwyf, *Asparagus officinalis*; maro, pwmpen: *asparagus*; (*vegetable*) *marrow*.

1813 *WB* 219, *Merllys*; Asparagus;—Sperage.

Gw. hefyd merlys[1].

merodraidd, gw. ymerodraidd.

merog [*mêr*[1] + *-og*] *a.* Llawn mêr neu fraster, meraidd (hefyd am blanhigyn): *full of marrow or fat*; *medullary* (*also of plants*).

1562 *B* ii. 230, merllyd: *meroc.* **18g. (1818)** R. Jones: *GP* 141, Awdl i'r Cwppannau Arian . . . a elwir Lloi Gwynnion Nannau . . . Lloi gwerog, *merog*, mawrion. **1803** *P, mêrawg*, abounding with marrow. Ar lafar yn ne-ddwyrain Morg., 'asgwrn *merog*'.

Am *llain ferog*, gw. llain.

merol [*mêr*[1] + *-ol*] *a.* Yn perthyn i fêr, meraidd: *medullary*.
1798 *WR* d.g. *medullar*.

merolaeth, meirolaeth [gair geir., ?< **meiriolaeth*, sef *meiriol*[1] + *-aeth*] *eb.g.* ll. *-au.* Mamaeth; gwlybwr, hylif, sudd: *wet-nurse; humour, liquid, juice.*
16g. *Pen* 230, 50a, *merolaeth*, mamiaeth [*sic*]. **1604–7** *TW* (*Pen* 228), *meirolaeth, merolaeth*, mamaeth d.g. *nutrix. Dchr.* **17g.** *J* 10, 29a, *meirolaeth*, nutrix, *Merolaeth.* **1632** *D, merolaeth*, est Mammaeth, nutrix, ait Ll. & eum secutus TW. potiùs, Humor, liquor. **1722** *Llst* 189, *merolaeth*, f. a nurse. *id. merolaeth*, m.p. *laethau*, sap. juice. **1771** *W*, mammaeth . . . *merolaeth* d.g. *breeder, a female breeder.* **1803** *P, merolaeth*, s.m. . . . moisture, humidity.

merolaf: meroli, gw. meiriolaf: meirioli.

meroren, mers[1] gw. moron[1], mars.

mers[2], **merts** [bnth. S. C. *merch(e)* 'smallage, wild celery'] *eg. Bot.* Seleri, helogan, smalaes, *Apium graveolens*: *celery, wild celery, smallage.*
14g. *ACL* i. 37, Apium. y smalaes y *mers.* **1515** *Llst* 10, 85, *merch* a bwrache Ar Alixander. **17g.** *Mos* 56, 65, Cais y llysiewyn a elwir apium sef iw hwnw, y *mers.* **1763** *ML* ii. 555, Dyna i chwi ychydig o had Ratisbon celery . . . Dim fwy iachus na'r *mers. id.* 561, Yn wan y mae'r *mers* Ratisbwn yn egino yma. **18–19g.** *Llr* C 4, 33, *Mers*, wild celery Glam. **1813** *WB* 219, *mers.* edr. halogen.

mersen, mersennaidd, gw. mursen, mursennaidd.

mersi [bnth. S. C. *merci* 'mercy; fine, liability to be fined', neu'n uniongyrchol o'r H. Ffr.] *eg.* Trugaredd: *mercy.*
14–15g. *IGE*[2] 283, Ni chân' *fersi*, och einioes, / Na dim rhwymedi nid oes. *id.* 287, Dy *fersi* yn dy farsoedd! / Dy garennydd, ufydd oedd (Siôn Cent).
Cfn.: **ym mersi, yn y mersi:** *in the mercy (of), liable to be fined, owing a fine (to). Diw.* **15g.** *Pen* 41, 18, yntev yn *merssi* nev yngharchar y brenhin yny ymbryno. *id.* 24, [y] kynnogyn yn y *merssi. id.* 28, ymbrynet nev aet *yny merssi.*

mersiandaeth, mersiandi, mersiandïaeth, &c., gw. marsiandaeth, marsiandi[1], marsiandïaeth, &c.

merts, gw. mers[2].

merth [amr. ar *berth*] *a.* Prydferth, teg: *beautiful, fair.*
16g. Wiliam Llŷn: *Gw* (R. Stephens) 281, Gwalch ifanc *merth* a nerth naw, / Gwalch yn dwyn gweilch hen danaw [moliant Edward Conwy]. *c.* **1588** *B* ii. 230, *merth* . . . tec. **1790** Twm o'r Nant: *GG* 137, A meirch *merth* gloywnerth glau, / Cûf reawl i'r cyfrwyau.
Amr.: **myrth.** *c.* **1730** *Thos. Lloyd D* (LlGC) 174b, *myrth*, teg. P. 47.

merthyr[1] [bnth. ff. draws neu amr. ar y Llad. *martyr*, cf. Llyd. C. *merzer*, Llyd. Diw. *merzher*, H. Wydd. *martar*, Gwydd. C. *martir*] *eg.* (b. *-es*) ll. *-iaid, -(i)on, -i*, a hefyd fel *a.*

(*a*) Un sy'n dioddef hyd angau dros ei ffydd (yn enw. y ffydd Gristionogol), un sy'n tystio i'w ffydd (yn enw. drwy farw yn hytrach nag ymwrthod â hi), hefyd yn *ffig.* un sy'n dioddef neu'n marw oherwydd ei argyhoeddiadau, un sy'n dioddef oherwydd afiechyd, &c.: *martyr, also fig.*
13g. *C* 71. 4–5, Naut oll yr holl *merthyri.* **13g.** *B* ix. 336, seint mercur *verthyr.* **14g.** *T* 4. 13, Ebestyl ar *merthyri.* **14g.** *B* xxv. 267, *merthyri* vyduch chwi yr caryat duw. **15g.** *HCLl* 138, *Merthyr* anhybyr yw 'mhwynt, / Ef aeth imi fyth amwynt [i ferch]. **15–16g.** *TA* 62, Mal cri *merthyri* môr a thiredd [marwnad Siân Stradling]. **1547** *WS, merthyr*, a martyr. **1567** *TN* [xxiv], [g]wneuthyr llawer or Brytaniait yn *verthyron. id.* 210a, dy *verthyr* [:– dyst] Stephan. **1595** H. Lewys: *PA* 136, ai *merthyr* i dduw, ai i Ddiawl. **1632** *D* d.g. *martyr.* **1655** WL: *DP* 224, yr Apostolion, y *Merthyrion.* **1672** J. Langford: *HDdD* 178–9, faint sydd y rhai fal hyn a'i gwnaethant ei hunain yn *ferthyron* i'r Cythrel? **1672** R. Prichard: *Gw* 304, [d]arfu i *ferthyron* [:– Tystion] Christ o'r ynys hon ei seilio â'i gwaed, yn erbyn y Papistiaid yn amser y frenhines Mary. *id.* 425, Na'r prophwydi, na'r *Merthyriaid.* **1687 (1715)** J. Owen: *TB* 156, llosci y *Ferthyres.* **1773** J. Jenkin: *P* 15, nes iddynt . . . syrthio'n *ferthyron* i borthiant eu hanwydau afreolus. Cf. W. Rees: *AFR* 163, yr wyf yn *ferthyr* glân iddo [cur pen]. Digwydd fel e. prs., *LL* 140.

(*b*) Merthyrdod, marwolaeth, dioddefaint: *martyrdom, death, suffering.*
1595 H. Lewys: *PA* 95, pan i cyfflybo i *ferthur* dialeddus, ac i anoddefus boen (*grievous and intolerable pain*). **17g.** E. Morris: *B* 32, A chur mawr i'w chwaer Mari, / Martha roed mewn *merthyr* hi [marwnad Gabriel Goodman]. **1736** J. Jones: *Alm* [7], Dioddefodd drwm *ferthyr* a dialedd a dolur. **1759** *BC* 172, Mae'n *ferthŷr* bun eglur fy nolur sy dynn. **1803** *P, merthyr* . . . Dyn wedi dyoddev *merthyr* creulawn, a person who has suffered a cruel wound.
Amr.: **marthyr** [?dan ddyl. y S. *mart(h)yr* neu'r Llad. *martyr*; cf. *marthyraf*: *marthyru, marthyrdod, marthyri, marthyroliaeth*]. **1609** R. Smyth: *CAC* 54.
Cfn.: **y merthyr cyntaf:** *protomartyr.* **1346** *LlA* 136, abel . . . *ymerthyr kynnttaf* a verthyrwyt yr karyat duw. **14g.** *THSC* (1919–20) 128, Ahonno [Maximilla] vu *ymerthyr kyntaf* adiodefaud merthyrolyaeth yn enw Crist. **1630** R. Vaughan: *YDd* 660, Stephen *y Merthyr cyntaf.* **1693** J. Owen: *BP* 202, Onid plant bychain oedd *y merthyron cyntaf* a gollodd eu gwaed yn achos Christ? **1707** *AB* 130c d.g. *protomartyr.*

Gw. hefyd merthyri[2].

merthyr[2] [bnth. Llad. *martyrium* 'eglwys (er cof am sant neu ar ei fedd)', cf. Crn. *merther* (mewn e. lleoedd), Llyd. *merzher* (mewn e. lleoedd), H. Wydd. *martr(a)e*] *eg.* ?Mynwent wedi ei sancteiddio: *sanctified cemetery.*
Digwydd mewn e. lleoedd, e.e. *Merthyr Tudful, Merthyr Mawr* (*LL* 31, *merthir mimor*).

merthyradur [*merthyr*[1] + *-adur*] *eg.* Merthyroleg: *martyrology.*
20g.

merthyraeth [*merthyr*[1] + *-aeth*] *eb.g.* Hanes merthyr, merthyroleg: *history of a martyr, martyrology.*
1803 *P.*

merthyraf: merthyru, merthyro [bf. o'r e. *merthyr*[1], cf. Crn. C. *merthurye*, Llyd. C. *merzeryaff*, Gwydd. C. *martraid* 'merthyra'] *ba.* Lladd (person) neu beri i (berson) ddioddef oherwydd ei ffydd, gwneud (rhywun) yn ferthyr, lladd yn greulon, peri dioddefaint neu ddifrod i, hefyd yn *ffig.*: *to martyr, kill or cause (someone) to suffer for their faith, kill cruelly, cause suffering or damage to, also fig.*
13g. *Brut B* 96, esef a gwnaethant, ev *merthyrv* (*trucidauerunt*) [morynion] en kvbyl o'r bradwyr henny. **1346** *LlA* 48, yr *merthyrv* a hey/yrnn [*fero immolentur*). *id.* 136, abel . . . ymerthyr kynntaf a *verthyrwyt* yr karyat duw. **15g.** *LGCD* 16, Dart Arglwydd Herbart, baham—na thorres / Wrth *ferthyru* Duram? **15g.** *GGl* 42, Aeth Ieuan i'r lan a'i lu, / Aeth eraill i'w *merthyru* [moliant Ieuan ab Einion]. **16g.** Siôn Brwynog: *C* 63, Un Mawrth oer a'n *merthyrodd* [marwnad Robert Gruffudd o'r Plas Newydd]. **16g.** *Hop M* 188, ve [pechod] wnaeth yddo boen a chür . . . / ai *verthyry* ddydd a nos, a marw dros yn pechod. *Diw.* **16g.** *LBS* iv. 405, dangos dy *vyrthyrü* di er Düw. **1588** 2 *Mac* vii. 7, cyn *merthyrû* dy gorph bob yn aelod. **1631** O. Thomas: *CC* 67, y dull, ar [*sic*] agwedd y *merthyrwyd* Crist drwy ei groes. **1632** *D, merthyru*, martyrio afficere. *id.* d.g. *crucio.* **1712** T. Williams: *CDdG* 92, Timothy wedi ei *ferthyro.* **1772** D. Rowland: *PP* 56, na'th law yn *merthyru* dy fonwes. **1791** B. Evans: *AD* 8, Onid yw'n drueni i *ferthyru* eu Henwau da hwynt, ar ol eu Cyrph? **1803** *P, merthyru*, to wear out by violence; to rack; to martyr. Darvu y ci ei *verthyru* yn erchyll, the dog did tear him terribly. Mon.
Amr.: **marthyru** [cf. *marthyr*, amr. ar *merthyr*[1]]. **1595** H. Lewys: *PA* 11.

merthyrdod [*merthyr*[1] + *-dod*] *eg.* ll. *-au.* Dioddefaint a marwolaeth merthyr, tystiolaeth merthyr, merthyroliaeth, dioddefaint, marwolaeth, dinistr: *martyrdom, witness by a martyr, suffering, death, destruction.*
15g. *GGl* 140, Martha, irder *merthyrdawd*, / Mair brudd wedi marw ei brawd. **1547** *WS, merthyrdot*, martyrdome. **16g.** *THSC* (1923–4) (At.) 58, [y] groes y roed yr arglwydd erni y ddioddef y *verthyrdod.* **1630** R. Vaughan: *YDd* 96, Coron *Merthyrdod* iw gosod am ben y Merthyr a ddioddefodd arteithiau er mwyn Efengyl Crist. *id.* 660, *Merthyrdod* ydyw y dystiolaeth, yr hon y mae Cristion yn ei ddwyn i athrawiaeth yr Efengyl, trwy ddioddef pob mâth ar farwolaeth. **1632** *D, merthyrdod* . . . martyrium. *c.* **1700** *CM* 15, 45, *merthyrdodau* ei Sainct ef. **1710** *LlGG* [xvii], Dydd *Merthyrdod* Brenhin Charles I. **1762** *ML* ii. 443, [*m*]*erthyrdod* y brenin Charles a *merthyrdod* y geirlyfr o gynygiad y Doctor Richards o'r Coyty. **1803** *P.*
Amr.: **marthyrdod** [cf. *marthyr*, amr. ar *merthyr*[1]]. **1604–7** *TW* (*Pen* 228) d.g. *martyrium.* **1615** R. Smyth: *GB* 56, pa ofid a pha ddolyr pa *farthyrdod* y mae y mammau truain yn i oddef. *id.* 136, gwedi iddo brofi *marthyrdod* pryodas.

merthyrdraith, merthyrdraeth [*merthyr*[1] + *traith, traeth*[2]] *eb.* ll. *-draethau.* Merthyroleg; merthyrdod: *martyrology; martyrdom.*
1807.

merthyredig [bôn y f. fl. + *-edig*] *a.bfl.* Wedi ei ferthyru, hefyd yn *ffig.*: *martyred, also fig.*
1803 *P.*

merthyres, gw. merthyr[1].

merthyri[1], ff. l., gw. merthyr[1].

merthyri[2] [*merthyr*[1] + *-i*[1]; mae engh. arall bosibl yn *H* 3b. 19; dichon nad yma y perthyn; dichon hefyd fod yma enghrau. o *merthyri*[1]] *eg.* Merthyrdod, dioddefaint: *martyrdom, suffering.*
15g. *HCLl* 138, Er dy fwyn yr ydwyf fi / I'th aros mewn *merthyri* [i ferch]. **16g.** *THSC* (1923–4) (At.) 54, y *merthyri* ar dioddifaint [*sic*] a gymerais i yn dost drossod ti. **16–17g.** *HG* 42, Duw prynodd hi drwy *fyrthyri* / oy waed ay gig bendigedig. **1609** *Pen* 217, 204, [y] twrment ar *merthyri* a gawsant yno.
Amr.: **marthyri** [cf. *marthyr*, amr. ar *merthyr*[1]]. **1604–7** *TW* (*Pen* 228) d.g. *martyrium.*

merthyriad [bôn y f. fl. + *-iad*[1]] *eg.* Merthyrdod: *martyrdom.*
c. **1729** S. Rhydderch: *LlCD* 332, A thyrol *ferthyriad*, ein cadarn ben Ceidwad. **[1794]** M. Williams: *DUJ* 23, Yn datgan y *merthyriad* a'r mwrddrad yma fu / Ar filoedd o wirioniaid . . . / Am sefyll dros y 'fengyl. **1803** *P.*

merthyrol [*merthyr*[1] + *-ol*] *a.* Yn perthyn i ferthyroleg, i ferthyr, neu i ferthyrdod, tebyg i ferthyr neu i ferthyrdod, yn peri merthyrdod neu ddioddefaint, arteithiol: *martyrological, relating to a martyr or martyrdom, like a martyr or martyrdom, causing martyrdom or suffering, agonizing.*
1716 T. Evans: *DPO* 152, yn y gôf-restr *ferthyrawl.* **1722** *Llst* 189, *merthyrol*, belonging to a martyr. **1776** *W* d.g. *martyr, of, or belonging to, a martyr.* **1803** *P, merthyrawl*, relating to martyrdom.

merthyrolaeth, gw. merthyroliaeth.

merthyroleg [*merthyrol* + *-eg*[1]] *eg.* Cofrestr neu hanes merthyron: *martyrology.*
20g.

merthyroliaeth, merthyr(i)olaeth, &c. [*merthyr* + *-(i)ol* + *-(i)aeth*] *eg.b.* Merthyrdod, hefyd yn *ffig.*; cyflafan, lladdfa; merthyroleg; ?eglwys (neu ran ohoni) wedi ei chysegru i ferthyr: *martyrdom, also fig.*; *carnage, slaughter; martyrology; ?(part of) church consecrated to a martyr.*
13g. *Llst* 1, 93, kymerassant ev *merthyrolaeth* trwy gwres [*sic*] cardavt. **13g.** *B* ix. 336, kyrchu a oruc *merth*[*yr*]*iolaeth* seint mercur . . . A gouyn a oruc enteu e geitwat er egluys pa le yd athoedent arveu e *merthyryolaeth.* **13g.** *BD* 68, ymrodes ym *merthyrolyaeth* trostav gan euelychu Crist Arglwyd. **1346** *LlA* 42, madeuir pechodeu . . . drwy *verthyrolyaeth. id.* 50, *merthyrolyaeth* yw gweryndawt. **14g.** *Cy* vii. 138, Tri *merthyrolaeth* heb lad dyn. haelder. yn tlodi. a diweirdeb yn tlodi. a chamymgyn-

nal heb gyuoeth (cf. *LlA* 136, *merthyrolyaeth* nyt amgen. haelder yn tlodi. ymgynnhal heb gyuoeth. A charu ygyt gristawn). **14g.** *WM* 479. 19–20, na uyn adoet ac anaf a *merthrolyaeth* (*RM* 120, *merthyrolyaeth*) yssyt arnat. *c.* **1400** *YSG* i. 62, yn y lle y diodefych poen a *merthyrolyaeth* hyt tra barhao Dvw yn y nef. **15g.** *GGl* 283, Er dy gur gan Erod gaeth, / Ythrylith dy *ferthrolaeth* [i'r grog yng Nghaer]. **1632** *D*, merthyrdod, & *Merthyrolaeth*, martyrium. *c.* **1634** *B* xxv. 248, Buchedd Saint y Catrin ai *merthroleth*. **1664** *LlGG* [51], Y Degfed ar hugain o Jonawr, yr hwn oedd ddydd *Merthyrolaeth* Charls y Cyntaf. **1696** *GGTY* 246, *Merthyrolaeth* (*Martyrology*), yma [*sic*] le yr ydys yn crybwyll am llythyrau [*sic*] Ignatius at Polycarp. **1798** *WR* d.g. *martyrology*. **1803** *P*, *merthyrolaeth*, martyrdom.

Amr.: **marthyroliaeth** [cf. *marthyr*, amr. ar *merthyr*¹]. **14g.** *YBH* 64a, bown yn gwneuthur *marthyrolyaeth* mawr. **1604–7** *TW* (*Pen* 228) d.g. *martyrium*.

merthyrwr [*merthyr*¹ a bôn y f. fl. + -*wr*] *eg.* ll. -*wyr*. Merthyr; un sy'n merthyru: *martyr*; *one who martyrs*.

14g. *GP* 199, Ystyphan Verthyr a'r holl *Verthyrwyr*. **15g.** DEIO AB IEUAN DU, &c.: *Gw* 273, Gwn ofid, gwen, gwynfyd gŵr, / I'th aros fal *merthyrwr*. **16g.** R. WHITE: *C* 34, Richard White *ferthvrvr* [*sic*] ai Kant. **1580** *GGN* 18, ny all neb fod yn *ferthyrwr* ar ny bo ynyr eglwys. *c.* **1585** G. ROBERT: *DC* 36b, pan fo r *myrthyrwyr* yn meirw. **1606** E. JAMES: *Hom* i. 48, *merthrwyr* [*sic*], a gwyr sanctai[dd] eraill. [**1703**] *YGDB* 13, pwŷ ŷw'r daroganwr a ymostyngodd i ewŷllŷs ei *ferthŷr-wŷr*, gan ddioddef pob dirmŷg. **1803** *P*, *merthyrwr*, one who martyrizes.

merw, merwen, gw. merf, meryw.

merwerydd [ag ystyr (*b*), cf. *meredig*] *eg.*

(*a*) Cynnwrf, cythrwfl; rhialtwch; dygyfor, ymchwydd, neu ruad y môr, môr, ewyn ton: ***tumult***, ***uproar***; ***merriment***; ***surge***, ***swell***, ***or roar of the sea***, ***sea***, ***spume***.

13g. *C* 22. 1–2, moe y dinwassute *merwerit*. no phregeth evegil. *c.* **1300** *H* 2b. 17, Ny notes mawret eu *merweryt* (Meilyr Brydydd). *id.* 9b. 14, dymhunis tonn mor y*merweryt* (Gwalchmai). *id.* 80b. 4, llwyth maryed mawretus eu *merweryt* (Gwynfardd Brycheiniog). *id.* 123b. 18, addygei kynn mei *merweryd* gyfliw (Iorwerth Fychan). **14g.** *T* 35. 9–10, Rieu *merweryd*. am nyt vo nyt vyd. *c.* **1400** *R* 1049. 25, Oes ueibionein. nyt ym gyghein ym*merweryd*. *id.* 1196. 36, llywyd *merweryd* llin meir wirion. *id.* 1301. 8–9, Panlithyrdel ryuel rwyf *merweryd*. *id.* 1385. 36–7, Mor dec ygelly gall arwydaw. *merweryd* echwyd ac vcherdaw. **15g.** TUDUR PENLLYN, &c.: *Gw* 121, Iddewon gwirion a wnaeth gerydd / ar dy fydawl gorff . . . / a ffob anghanmol ar dy ffydd orau / bob ddau mawr eiriau oi *merwerydd*. **15g.** *DE* 14, hanmer wawr hoen *merwerydd* [i Wen Hwlyn]. *c.* **1600** *AP* 52, a chroewlais man adar ar ddistrych *merwerydd*. **1632** *D*, *merwerydd*, fremitus maris, ait TW.

(*b*) (geir. yn wr.) Ymleferydd, gorffwylledd, gwallgofrwydd; siarad: (*orig. dict.*) ***delirium***, ***madness***; ***a talking***.

15g. *B* ii. 230, *merwerydd*: ssiarad. **1604–7** *TW* (*Pen* 228), *merwerydd* penn d.g. *delirium*. *Dchr.* **17g.** *J* 10, 30a, *merwerydd*, deliramentum. **1803** *P* d.g. *marwerydd*, *myrwerydd*.

Amr.: **marwerydd.** *Dchr.* **17g.** *J* 10, 25b, *marwerydd*, delirium. **1707** *AB* 218d. **1776** DEWI NANTBRÂN: *AN* 84. **1803** *P*. **myrwerydd.** **17g.** *Brog* 3, 565. **1803** *P*.

Cfn.: **marwerydd y meddwon:** *delirium tremens*. **1852. merwerydd môr:** *surge*, *swell*, *or roar of the sea*. **13g.** *C* 88. 8. **14g.** *DGG*² 137. **16g.** WILIAM LLŶN: *Gw* (R. Stephens) 552. **1604–7** *TW* (*Pen* 228), Fyrnic vydd *merwerydd mor*. Rob. Gr. leiaf d.g. *fremitus*.

Cf. môr—M. Werydd.

merwi, gw. marwaf: marw².

merwin [bôn y f. ddil.] *eg.* a hefyd fel *a.* Ysfa, gwŷn, tostedd, y grepach, fferdod, oerfel mawr; yn merwino, clwyfus, poenus, mewn poen: ***a smarting***, ***tingling***, (***numbness and stiffness caused by***) ***extreme cold***, ***chill***; ***tingling***, ***wounded***, ***hurt***, ***in pain***.

15–16g. *TA* 56, Gwae eigion fy mron, i *merwined*, / Gandryll o weiddi, gan dra lludded. **1604–7** *TW* (*Pen* 228) d.g. *algor*. *id.* meddeciniaethæ . . . a Leniarant ddoluriæ a *merwin* . . . d.g. *anodyna*. *Dchr.* **17g.** *J* 10, 30a, *merwin*, merwindod, dolentia. **1632** *D*, *merwin*, vid. an Marw-wŷn. **1688** *TJ*, *merwin*, merwindod: a smart in the Fingers end occasioned by a violent Cold. **1722** *Llst* 189, *merwin*, a tingling (as of the finger's [*sic*] ends in very cold weather). **1759** *BC* 172, 'Rwy 'n Ddyn *merwin* marwol yw. **1770** *W*, peri *merwin* (merwindod) yn y bysedd d.g. *to bite* [*as frost*]. **1790** TWM O'R NANT: *GG* 207, *Merwin* [:– marwino] droeau, marw'n druan, / Un a'i anian, yn ei wyniau. **1803** *P*, *merwin*, a numbness, or torpidity, occasioned by a cold; a dead or dull pain; a torpor.

merwinaf, marwinaf: merwino, marwino, *bg.a.*

1. (fel *bg.*) (*a*) Ysu, llosgi, cosi (hefyd yn *ffig.* ynglŷn â'r clustiau, gan ddynodi awydd i glywed rhywbeth newydd), gwynio, brathu, peri poen mawr; cael poen neu ofid mawr, dioddef, ymofidio; cyffroi, cynhyrfu, ymysgwyd: *to tingle*, *itch* (*also fig. of the ears*, *denoting a desire to hear something new*), *ache*, *smart*; *feel sharp pain or distress*, *suffer*, *be aggrieved*; *be moved or agitated*, *bestir oneself*.

c. **1400** *YSG* i. 38, Ac yr gwelet o Lawnslot Seint Greal nywyr Duw idaw efo *merwinaw*. *Diw.* **15g.** *Pen* 53, 52, Y may darpar amdaraw / Ryvedd iawn ir haf a ddaw / Maer ynys yn *marwino* / Maer ddraic wen ai f[e]n ar fo. **1545** *CM* 1, 712, yngwneuthud ir ffroenne ac ir llygaid ysbelwi a *merwino*. *c.* **1585** G. ROBERT: *DC* [xviii], drwy frathu goreth hyd at wreiddin y clwyf, er ei fod yn peri i chwi *fyrwino*, dolurio, a chrynnu. **1588** 2 *Br* xxi. 12, fel y *merwino* dwy-glust y neb a glywant hynny. **1588** 2 *Tim* iv. 3, gan *ferwino* o'u clustiau wrth eu chwantau eu hunain y pentyrrant [diwyg.] iddynt ddyscawd-wŷr. **1595** H. LEWYS: *PA* 243, y sawl sy 'n parhau . . . yn ei anynadrwydd . . . a boenant, ac a *ferwinant* am hynny yn dragwyddol. **1629** R. LLWYD: *P* [11], i wneuthur iw galon *ferwino*, ac ymofidio am ei bechodau. **1632** *D*, *merwino* o gosi d.g. *prurio*. *c.* **1658** R. VAUGHAN: *E* [viii], gochelwch glustiau yn *merwino*. **1688** *TJ*, *merwino*: to ache or smart violently. **1718** E. SAMUEL: *HDdD* 151, er bod dy galon yn *merwino* ac yn ymlosgi ynot. **1722** *Llst* 189, *merwino*, to tingle, fret . . . to smart. **1756** *ML* i. 416, Eich brawd ai goes yn *merwino* yn greulon dost. **1773** *W* d.g. *to glow* [. . . *tingle or burn as the ears*, *&c.*], *to smart* [*shoot with pain*]. Ar lafar; hefyd yn y ff. *myrwino*, *byrwino*, 'applied to the tingling sensation in the ears during extreme cold, especially when one comes suddenly out of the cold into a warm place . . . "Mae 'nghlustia'n *myrwino*"; also fig. "'Rôn i'n *merwino* wth 'i glŵad o", implying intense annoyance', *WVBD* 387.

(*b*) Ysu neu ddyheu (am wneud rhywbeth): *to itch or yearn* (*to do something*).

1632 *D*, ysu a *merwino* am gael gwneuthur rhyw beth d.g. *prurio*. **1691** T. WILLIAMS: *YB* 150, mae gŵyr [*sic*] duwiol yn hiraethu ag yn *merwino* am fod yn y Nef. **1722** *Llst* 189, *merwino* . . . itch to be doing.

(*c*) Bod neu fynd yn ddideimlad (am ran o'r corff), mynd yn swrth; ?bod neu fynd yn oer iawn: *to be*(*come*) *numb or insensible*, *become sluggish or drowsy*; ?*be*(*come*) *extremely cold*.

1547 *WS*, *merwino* rhac anwyd, chyll. **16g.** WILIAM CYNWAL: *Gw* 219, Wy' mor wan drist, mae'r iaen draw / Yn 'y mron yn *merwinaw*. **16–17g.** *GST* i. 596, Ym mron y mae'n *merwinaw* / I'r gaib fawr ei rhaib a'r rhaw. **1604–7** *TW* (*Pen* 228), *merwino* rhac anwyd d.g. *algeo*. **1672** R. PRICHARD: *Gw* 462, Nawr am gysgu yn y demel, / Fe 'm Tormentir gan y Cythrel, / Fel nad wyf yn abal cysgu, / Na *marwino* mwy ond hynny. **1722** *Llst* 189, *merwino* . . . to numb or sleep as a limb; to grow listless or torpid. **1803** *P*, *merwinaw* . . . to be benumbed.

2. (fel *ba.*) (*a*) Cnoi, brathu; ysu, peri poen neu ofid i, blino (yn enw. y glust); hefyd yn *ffig.*: *to gnaw*, *bite*, *irritate*, *annoy*, *grate on* (*the ear*); *also fig.*

c. **1400** *R* 1418. 5–6, pony welwch chwi r mor yn *merwinaw* yr tir. **1595** H. LEWYS: *PA* 64, megys, ac i mae 'r eli rhwnn sy'n iachau 'r llygaid, yn gyntaf yn *merwino*, ac yn llosci y golwg. **1604–7** *TW* (*Pen* 228) d.g. *vello*, *vlcero*, *vro*. **17g.** HUW MORUS: *EC* i. 113, I'm blino, o'i hir drino, yn *merwino* fy mron. **18g.** (**1818**) R. JONES: *GP* 29, Pa fyd swrth, pa ofid sydd, / Yn *merwino* Meirionydd? **1795** *R. Crusoe* 82, Y newydd hwn a *ferwinodd* fy enaid innau, ac a'm llanwodd â braw. Ar lafar, '*merwino* y glust', *WVBD* 387.

(*b*) Gwneud yn swrth, hurtio; gwneud yn ddideimlad (am ran o'r corff): *to make sluggish*, *stupefy*; *numb*.

1725–6 *Madd Ed* 194, ni chaiff dim Diogi fy *marwino* i. **1737** J. EINNON: *HR* 19, i *farwino* a syfrdanu eu Hysbrydoedd a chaledwch calon a chydwybod ddifraw. **1769** J. GRIFFITH: *A* 31, Y mae'r Cristion yn fynych yn cael ei syfyrdanu a'i *ferwino* gantho [pechod]. **18–19g.** *Llr* C 2, 374, *Merwino*, to deaden [Glam]. **1803** *P*, *merwinaw*, to cause torpidity or numbness.

Amr.: **merwinio.** **1588** 1 *Sam* iii. 11, Jer xix. 3. **1704** T. JONES: *Alm* [41], Rhag blino, a *merwŷnio* [*sic*] mo'r enaid. *c.* **1730** *Thos. Lloyd D* (LlGC) 175b, *merwiniaw*, CW. 94. **1793** L. REES: *MB* 8. **morwino.** **18g.** *W Ballads* 8, 8. **18g.** *W Ballads* 125, 5. **1759** J. EVANS: *PF* 86, 94.

merwinaidd [bôn y f. fl. + -*aidd*] *a.* Yn merwino neu'n cosi (gan awydd i glywed rhywbeth newydd); ?cyffrous: *itching* (*to hear something new*); ?*exciting*.

16g. *Def Hen* 39, yn gogleisio clystiay *merwynaidd* o'r eiddo yr bobl bendroeaidd i pennay. **1762** *ML* ii. 518, Gweddi am bethau *merwinaidd* i Gronovius o Leiden, a minnau ni chaf mor amser i synnied y fath bethau.

merwindeb, marwindeb [bôn y f. fl. + -*deb*] *eg.* Cosi; marweidd-dra, diffyg teimlad (mewn rhan o'r corff), hefyd yn *ffig.*: *an itching*; *torpor*, *numbness*, *also fig.*

1346 *LlA* 99, Yny glywych onerth yserchawl garyat hwnnw yryw ber *verwindeb* yny giev ar gwytheu. **1723** J. JONES: *LlA* 222, Rhagrith, Ffurfioldeb, Claiarineb, *Marwindeb*. *c.* **1730** *Thos. Lloyd D* (LlGC) 175b, *merwindeb*, torpor. Numness. **1803** *P*, *merwindeb*, torpitude; torpor.

merwindod, marwindod [bôn y f. fl. + -*dod*] *eg.b.* ac yn eithriadol fel *a.*

(*a*) Gwŷn, tostedd, dolur, brath, cnofa, poen (meddwl), blinder; ysfa, cosi; hefyd yn *ffig.*: *a smarting*, *smart*, *ache*, (*mental*) *pain*, *annoyance*; *tingling*, *itching*; *also fig.*

15g. DEIO AB IEUAN DU, &c.: *Gw* 221, Gŵr un â Siob, am obaith, / Gorfod y *merwindod* maith. **15g.** *GGl* 155, Mae wylo'n lli, mal yn llyn, / *Merwindod* yw marw undyn. **1545** *CM* 1, 262, koluro llosg haul ar dwr yma I dorir *merwindod*. **1547** *WS*, *merwindot*, smartyng. **1580** *GGN* 61, didaring y ra y *farwindod* allan oy ffolenay. *c.* **1585** G. ROBERT: *DC* 27b–28a, o wir angerdd y dolur a'r *ferwindod*. *Diw.* **16g.** *WLB* 57, hi a glyw ymddaith a goglais a *merwindod* ynghylch i bogel. **1595** H. LEWYS: *PA* 141, . . . Iesu Grist a oddefodd . . . bob bath ar *ferwindod* a ffoen. **1604–7** *TW* (*Pen* 228) d.g. *aestus*, *dolor*, *tormentum*. **1630** R. LLWYD: *LlH* 478, [c]wbl-faddeu i ni ein pechodau . . . ac yr ydym yn attolwg i ti gynnyrfu ein calonnau a gwir dristid, ac edifeirwch diragrith am danynt, fel y byddont yn gweithio ynom *ferwindod* calon (*heart-smart*). **1675** R. JONES: *HCh* 63, yn deimladwy o *farwindod* neu dostedd y wialen. **1688** *TJ*, merwin, *merwindod*: a smart in the Fingers end occasioned by a violent Cold. **1719** *EGBG* 258, Gwrthod gwrando . . . o herwydd *merwindod* eu clystiau. **1722** *Llst* 189, *merwindod* . . . a tingling. **18g.** I. BRYDYDD HIR: *Gw* 93, Mae o'r herwydd mawr hiraeth, / *Merwindod*, yssigdod saeth. **1794** *W* d.g. *tingling* [*Subst.*].

(*b*) Diffyg teimlad (mewn rhan o'r corff), marweidd-dra, syrthni, hurtni: *numbness*, *torpor*, *listlessness*, *stupefaction*.

1632 *D* d.g. *torpor*. **1722** *Llst* 189, *merwindod*, astonishment, drowsiness, sloth, torpidity. **1725** *SR* d.g. *a ben*[*u*]*mming*, *or deprivation of sense*. **1748** P. PUGH: *DGG* xvia, ei Achwynion o Amheuon a *Marwindod* [*sic*], a'r Diffyg o Gymmundeb teimladwy gyd â Duw. **1760** E. WILLIAMS: *UYB* 114, o ba le y daw y *merwindod* ymma ar bechod? **1769** J. GRIFFITH: *A* 77, Weithiau yr ydych yn cael yno *ferwindod* athrist: mae'ch enaid yn edrych fel y ddaear yn rhew'r gauaf. **1778** *W* d.g. *numbness* [*in the fingers owing to the cold*]. **1803** *P*, *merwindawd*, torpitude.

Fel *a.* Poenus, tost: *bitter* (*of pain*).

1609 R. SMYTH: *CAC* 12, a'r poenau mwyaf, tostaf, chwer[w]af, a *marwindotaf*, a allai fod.

merwindra [bôn y f. fl. + -*dra*] *eg.* Marweidd-dra: *torpor*.

1704 *Cym Cr* 32, Mae gormodedd o Gwsc . . . yn dwyn *merwindra* a'r [*sic*] holl gynheddfau 'r Enaid.

merwinedig [bôn y f. fl. + -*edig*] *a.bfl.* Yn peri gofid, gofidus; dideimlad (am ran o'r corff): *causing grief*, *distressing*; *numb*.

1604–7 *TW* (*Pen* 228) d.g. *dolorificus*. **1803** *P*, *merwinedig*, being benumbed.

merwinedd [bôn y f. fl. + -*edd*¹] *eg.*

Diffyg teimlad (mewn rhan o'r corff), marweidd-dra: *numbness, torpor*.
1803 *P*, *merwinedd*, torpidness, numbness.

merwingoch [bôn y f. fl. + *coch*] *a.* ?Coch a brathog: *red and caustic*.
14–15g. *IGE*[2] 210, Mawr ei angerdd, *merwingoch*, / Cleddau cerdd, celwyddog coch [Llywelyn ab y Moel i'r tafod].

merwingos [bôn y f. fl. + *cos*] *eg.* Cosi, crafu, cosfa, ysfa, goglais, hefyd yn *ffig.*: *an itching, itch, tickling, also fig.*
1604–7 *TW* (*Pen* 228) d.g. *prurigo*. **1632** *D* d.g. *pruritus*. **1659** *GIA* 124, A gwell oedd gan wr doeth fod heb ei bleser, na chael i flino gan ei *ferwingós*. **1670** J. HUGHES: *AP* 59, mae rhai o'r Offeiriaid a chymmaint *merwingos* ar eu tafodau, ac nas medrant eu hattal rhag llithro weithiau. **1722** *Llst* 189, *merwingos*, an itch, tickling of lust etc. **1764** DEWI NANTBRÂN: *SAG* 84, *Merwingos* gwastadol o Newidiaeth ac Anwadalwch yn eu Dysceidiaeth. **1775** *W* d.g. *itch*.

merwiniaf: merwinio, gw. merwinaf: merwino.

merwinllyd [bôn y f. *merwinaf*: *merwino* + *-llyd*] *a.*
(*a*) Yn merwino neu'n cosi (gan awydd i glywed rhywbeth newydd), chwilfrydig: *itching* (*to hear something new*), *inquisitive*.
c. **1658** R. VAUGHAN: *E* 157, yr Athrawiaeth hon a ddichon gael croesaw gan glustiau *merwinllyd*. **1710** S. WILLIAMS: *UOY* 17, a rhoi heibio 'n llwyr Natur *ferwinllyd* yr Atheniaid, o ddwyn Chwedlau a gwrando Newyddion.
(*b*) Dideimlad (am ran o'r corff); yn gwynio (am boen), yn pigo (am deimlad corfforol): *numb*; *smarting, pricking*.
1798 *WR* d.g. *numb*.

merwinol, marwinol [bôn y f. *merwinaf*: *merwino* + *-ol*] *a.*
(*a*) Poenus iawn, tostlym, yn peri gofid neu flinder, blinderus (yn enw. i'r glust): *bitter* (*of pain*), *grievous, annoying, grating* (*on the ear*).
p. **1584** G. ROBERT: *GC* [343–4], Tynn feiau, weithiau aethawl, ai penyd / ai poenau *merwinawl*. **1604–7** *TW* (*Pen* 228) d.g. *dolorificus*. **1611** R. SMYTH: *SG* 219, [p]oenau *marwinawl* Pyrdan.
(*b*) Dideimlad (am ran o'r corff); yn peri diffyg teimlad (mewn rhan o'r corff): *numb*; *causing numbness*.
1803 *P*, *merwinawl*, tending to benumb.

merwinwaed [bôn y f. *merwinaf*: *merwino* + *gwaed*] *eg.* ?Gwaed sy'n gwynio: *smarting blood*.
14g. *GDG* 250, Ys gwn nad gwell, feithbell farn, / Esgidiau rhag ias gadarn, / Nwyf glwyf glau ferw *ferwinwaed*, / Nog na bain' am druain draed [i'r rhew].

merwinwr [bôn y f. *merwinaf*: *merwino* + *-wr*] *eg.* ll. *-wyr*. Un sy'n peri blinder, niwsans: *annoying person, nuisance*.
1763 *ML* ii. 556, Wfft, a dwbl wfft, ir *merwinwyr* yna sydd yn eich cynllwyn f'eneidie.

merwydd, merwydden[1,2], gw. morwydd, merywydd, morwydd.

merwys, meurwys [ansicr yw'r ff., y trdd., a'r ystyr; ?cf. *Moerys* (d.g. *Mŵr*)] *eg.* ll. *-od*, a hefyd gyda grym ansoddeiriol.
(*a*) ?Sylwedd neu wrthrych du: *black substance or object*.
15–16g. LLAWDDEN, &c.: *Gw* 17, Pâr o'r marwar a'r *merwys* (*Pen* 54, ii. 295, *mevrwys*) / A dynn i gyd dan un gŵys [i ofyn ychen cochion]. *id.* 65, Aeliau mawr fal y *merwys* [am eleirch]. **15–16g.** *TA* 442, Lliw *merwys* yn lloi mawrion [i ofyn ychen duon]. **16g.** *Llst* 6, 112, kael *mayrys* [*sic*] (*DGG*[2] 161, *merwys*; *Pen* 66, 18, *mevrwys*) o bywys barth [i ofyn milgi du]. **16g.** OWAIN GWYNEDD: *Gw* 249, *Meirwys* gwyllt mywarwisg yw [i ofyn tarw]. **1632** *D*, *merwys*, q. . . . Nid vn ymryson don *merwysod*. D.N. **1688** *TJ*, *merwys*, Dû: black. **1793** R. POWELL: *ADV* 22, Mae eirin *merwys*, / A golwg wiwlwys, / Iawn a glwys.
(*b*) Mwyalchen, *Turdus merula*; mwyalchen y mynydd, *Turdus torquatus*; bronwen y dŵr, *Cinclus cinclus*: *blackbird*; *ring ouzel*; *dipper, water ouzel*.
1803 *P*, *merwys*, the ousel, the blackbird.

merydd[1] [cf. H. Lyd. *mergidhaham*, gl. [*he*]*besco*] *a.* ll. *-ion*, a hefyd fel *eg.*
(*a*) Araf, marwaidd, diog, llwfr; rhywun diog, difywyd, neu ynfyd: *slow, sluggish, lazy, timid*; *lazy, listless, or foolish person*.
c. **1300** *H* 2b. 22, gan ae canwu ny bu *ueryt* [marwnad Gruffudd ap Cynan gan Feilyr Brydydd]. **14–15g.** *IGE*[2] 138, O chaiff y neidr, lleidr lledarw, / Ni bydd ef *merydd* na marw (Gruffudd Llwyd). *c.* **1400** *R* 1028. 41, ny moch dieil meuyl *meryd*. *id.* 1033. 31, gnawt *meryd* yndrwm. *id.* 1341. 8–9, awen arwieith uarw *veryd*. **15g.** *DGG*[2] 80, Breferad o'r wybr *ferydd* / A wnaeth i mi dorri dydd [i'r daran]. **15g.** *GHC* 21, Ni chiliodd Gruffudd yn ocheliad / Fal y gwnâi gybydd *ferydd* fwriad. **15g.** *GM* 35, Tro wed yn buched o bechawt *meryd*. **15–16g.** *NBSF* 36, Gwae'r glêr a pherchen iawn awenydd / gwae'r cryfion mowrion gwae bob *merydd* (Huw Pennant). **16g.** *EWGP* 42, Mis Tachwedd, tuchan *merydd*. **1604–7** *TW* (*Pen* 228) d.g. *piger*. **1632** *D*, *merydd* . . . vbique Adiectiuè positum inuenio, pro . . . torpido, inerti, deside, ignauo. . . . Et translatitiè *Merydd* hominem torpidum, inertem & ignavum significat. **1722** *Llst* 189, *merydd*, p. *ryddion* . . . slow, lazie. **1803** *P*, *merydd* . . . a slug; a sluggard. *id.* *merydd* . . . being flaccid, or sluggish.
(*b*) Llonydd, yn sefyll (am ddŵr); llaith, gwlyb, gwlybyrog; merddwr, dŵr sefyll: *stagnant, standing* (*of water*); *moist, humid, wet*; *stagnant water*.
15–16g. *GLM* 135, nid â'r môr fal dŵr *merydd* / yn llyn bas, ond llenwi bydd. **16g.** *Pen* 230, 50b, *merydd* aravddwr. **1604–7** *TW* (*Pen* 228), dwr *merydd*, i. aqua iners, stagnans d.g. *aqua*. **1632** *D*, *merydd* . . . vbique Adiectiuè positum inuenio, pro Humido, liquido, humoribus pleno, aquoso . . . Dwr *merydd*, Aqua stagnans, aqua iners. [**1783**] *W* d.g. *stagnant*. **1803** *P*.

merydd[2], **myrydd**[1] [gair geir.; ?drwy gamddeall engh. o *merydd*[1], o bosibl *EWGP* 42 uchod] *eg.* ac *e.ll.* Anifail tew; anifeiliaid: *fat beast*; *animals*.
16g. WILIAM LLŶN: *Gw* (R. Stephens) (At.), *merydd*, aniveiliaid. **1632** *D*, *merydd*, est Anifail tew, ait Ll. Sed non assentior. **1688** *TJ*, *merydd*: a fatted Beast. **1725** *SR*, *myrydd*, *merydd* d.g. *a Fat Beast*.

merydd[3], **myrydd**[2] [ansicr iawn yw'r engh. gyntaf; dichon mai i *myrydd*[1] y perthyn yr ail engh.] *e.ll.* *Bot.* Moresg, *Ammophila arenaria*: *marram grass*.
15–16g. DAFYDD TREFOR: *Gw* 297, A'i sŵn môr, ai sain *merydd*, / Ai su 'n dy glustiau y sydd? **1547** *WS*, *myrydd*. *c.* **1562** *B* ii. 231, moresc, *myrydd*. *c.* **1588** *ib.* moresc . . . *merydd*. *c.* **1700** E. LHUYD: *Par* iii. 30, the growing of a certain matting in Welsh called *myrydd* wch the tide in other places keeps from growing. **1753** *TR*, *merydd* or *murydd* [*sic*] y môr, a sort of rushes growing on the sea-side whereof they make brushes for sweeping, &c. sea-sedge. **1803** *P*, *merydd* . . . the seasedge, otherwise called morhesg, and *merydd* y mor. *id.* *myrydd*, the sea rushes. **1813** *WB* 219, Merydd; Myrydd; Arundo arenaria; Sea Reed, Marrom, Sea Matweed.

merydd[4], ff. l., gw. mêr[2].

merys [gair geir.; ansicr yw'r drll. *merys*, *TA* 462] *eb.* *Bot.* Pren medler, *Mespilus germanica*: *medlar-tree*.
1604–7 *TW* (*Pen* 228), prenn medler, prenn *mepys* [*sic*] d.g. *mespilus*. *Dchr.* **17g.** *J* 10, 30a, *mepys* [*sic*], mespilus. **17g.** *LlGC* 13215, 349, *merys*, mespilus. **1707** *AB* 218d, *merys*, the medlar-tree. [S]. **1776** *W* d.g. *medlar-tree*. **18–19g.** *Llr* C 51, 241, *merys*, medler. **1803** *P*, *merys*, s.f. the medler tree. **1813** *WB* 48.

merysbren [*merys* + *pren*] *eg.* *Bot.* Pren medler, *Mespilus germanica*: *medlar-tree*.
1896.

meryswydd [*merys* + *gwŷdd*[1]] *e.ll.* (un. b. *-en*). *Bot.* Coed medler, *Mespilus germanica*: *medlar-trees*.
1813 *WB* 48, 219.

meryw [?*mêr*[1] + *yw*[2]] *e.ll.* (un. b. *-en*) a hefyd (gynt) fel *eg.* *Bot.* Prysgwydd neu goed bychain bythwyrdd o'r tylwyth *Juniperus* sy'n dwyn conau glasgoch tebyg i aeron; un o'r prysgwydd neu'r coed hyn: *juniper*(*s*).
1547 *WS*, *mer yw*, a iuniper tree. **1567** *LlGG* (*Sall*) 73a, Tebic yw y saetheu blaenllymion gwr cadarn, a' megis marwor y *meryw*. **16g.** (**1763**) W. SALESBURY: *LlM* 56, Juniperus yn lladin . . . *meryw* yn gymraeg. **1588** I *Br* xix. 4, Ac efe [Eleias] aeth i'r anialwch daith diwrnod . . . ac a eisteddodd tann ryw *ferywen*. **1604–7** *TW* (*Pen* 228), juniper, ne'r *meryw* bychan d.g. *acatalis*. **1632** *D*, *meryw*, iuniperus arbustum. **1722** *Llst* 189, *meryw*, s. *rywen*. f, juniper trees. **1775** *W*, *meryw* . . . *merywen*, pren *meryw* d.g. *juniper, or juniper-tree*. **1794** W. THOMAS: *AGG* 18, Elias dan y *ferwen* [*sic*] yn gweddio. **1803** *P*. **1813** *WB* 219.
Amr.: **beryw.** **1813** *WB* 158. **moryw.** *Dchr.* **17g.** *J* 10, 33b.

merywydd [*meryw* + *gwŷdd*[1]] *e.ll.* (un. b. *-en*). *Bot.* Meryw: *junipers*.
1775 *W*, *meryw-wŷdden* d.g. *juniper, or juniper-tree*.
Amr.: **berywydd.** **1813** *WB* 158. **merwydden**[1]. **1775** *W*, *mer'wydden* d.g. *juniper, or juniper-tree*.

mes[1] [H. Grn. (un.) *mesin*, *mesen*, gl. *glans*, Llyd. C. *mes*, Llyd. Diw. *mez*, Gwydd. C. *mess* 'ffrwythau coed, yn enw. mes', Gwydd. Diw. *meas*; dichon mai i adran (*a*) neu (*c*) y perthyn rhai o'r enghrau. yn adran (*b*)] *e.ll.* (un. b. *-en*, ll. (ystyr (*b*) yn unig) *-nau*; bach. *mesennig*; un. ?g. *mesan*).
(*a*) Ffrwyth derw, sef cnau hirgrwn a chibynnau tebyg i gwpanau am un pen iddynt, hefyd weithiau am gnau coed eraill, ac yn *dros.*: *acorns, mast, also transf.*
13g. *BD* 108, En y dydyeu hynny y llosgant y deri yn y llvyneu, ac yg keingyeu y llvyf y gwesgerir y *mes*. **14g.** *T* 33. 12–13, allefrith a gwlith a*mes*. **1346** *LlA* 120, Ac ablannawd *vessen* ynystlys bed y dat. ahonno adyfawd yno yn derwen diruawr y huched. *c.* **1400** *R* 1274. 33–4, [k]ael kynn gwyl ieuan gnwt man mal *mes*. **15g.** *LGCD* 33, *Mes* heb na mawrdes na mall, / Mesyryd grymus arall. **15g.** *GGl* 140, *Mesen* o'r dderwen yw'r ddâr. *id.* 248, *Mes* Duw ar fy mys deau [am baderau]. **15–16g.** *TA* 229, O *fesen*, derwen a dyf. **1547** *WS*, *mes*, maste. *id.* *mesen*, an okecorne. **16g.** *Hop M* 195, hwynt am twyllant wb ag och, vel i twylla r *mes* y moch. **1604–7** *TW* (*Pen* 228), rhyw goet yn dwyn *mēs* d.g. *aegilops*. **1632** *D*, *mês*, Sing. *mesen*, glans, balanus. **1722** *Llst* 189, *mês*, s. *mesen* f, acorns, masts. **1803** *P*, *mes* . . . mast, or acorns. *id.* d.g. *mesen, mesenig*. Cf. H. EVANS: *CE* 101, topren, darn o bren . . . a *mesen* ar ei ben fel ar goes rhaw.
(*b*) Chwarennau: *glands*.
Dchr. **17g.** *J* 10, 30b, *mesenig*, glandula. **1722** *Llst* 189, *mês* . . . the almonds of the ears, kernels. **1725** *SR*, *mesen* fechan d.g. *a Glandule*. *c.* **1730** *Thos. Lloyd D* (LlGC) 175b, *mesan*, glandula. [**1762**] E. POWELL: *HEI* 52, chwydd y Cernau, pan fyddo'r *Mes* neu'r Cniwyll sydd rhwng [diwyg.] Cil yr En a'r Gwyddf yn chwyddo. **1773** *W* d.g. *gland*.
(*c*) Clefyd ar foch, defaid, a gwartheg a achosir gan heigiad larfâu llyngyr, mesel: *measles* (*in animals*).
1725 *SR*, *mesen* d.g. *measels in Hogs*. *c.* **1730** *Thos. Lloyd D* (LlGC) 176a, *mês* . . . Meazles in hogs. **1771** G. HOWEL: *Alm* 47, At iachäu moch fydd â'r *mes* yn eu blino . . . llygredigaeth yn y Gwaed ac ymddangos ar dafod y Mochyn yn llunorod.
Cfn.: **mesen gig:** *gland*. **1773** *W* d.g. *gland*. **mes derw:** *oakmast, acorns*. **1776** *W* d.g. *mast for swine*. **m. (y) ffawydd:** *beechmast*. **15g.** *Pen* 57, 49. **16–17g.** *Mos* 110, 217. **1722** *Llst* 189 d.g. *beech mast*. **1776** *W* d.g. *mast for swine*. **m. Iau:** *chestnuts*. **1604–7** *TW* (*Pen* 228) d.g. *Iouis glans*.
Gw. hefyd mesel.

mes[2] [?cf. S.C. *mes* 'stroke or shot'] *eg.* Yr hawl i niclo gyntaf wrth chwarae marblis: *the right to knuckle or shoot first in a game of marbles*.
Ar lafar yn sir Gaerf. a Morg., *B* iii. 53.

mes[3] [bnth. S. *mace* 'club, staff, sceptre'; ansicr yw'r engh. a ddyfynnir] *eg.* Brysgyll: *mace* (*club, staff, sceptre*).
15g. GWILYM TEW: *Gw* 473, Torrynt feddiant a'i arwain, / Nid o'r un *mes* â'r dwrn main. Ar lafar.
Gw. hefyd mas[3].

mes[4,5], gw. megis, mas[2].

mès [bnth. S. *mess*; ansicr yw'r ddwy

engh. gyntaf] *eg.* ?ll. *mesau, -ydd.*

(*a*) Saig (yn enw. o fwyd hylif neu stwns); ?mintai o gydfwytawyr: *mess, portion of liquid or soft food; ?company of people eating together.*

15g. *LGCD* 63, *Mesydd* y Llysnewydd nen / Ydyw *mesydd* Damasen. **15g.** *DE* 106, or rhyw *fesau* i rhoe fwysel. **15–16g.** *TA* 256, Sewer o lys Harri lân, / Seiniwyd i'w *fess* i hunan. *Diw.* **16g.** *WLB* 80, Kymer malues a mercuri a berw hwynt gida saig o gig pork a gwna o hwnw *fess* o bottes. **16–17g.** *HG* 17, sidas . . . / er gwerthy bronn gwirionfab / ef ai r un *mes* ef ar mab. **1617** R. PRICHARD: *CE* [4], Am werthy y fraint dros *ves* o gawl. **1672** R. PRICHARD: *Gw* 100, Am werthu fraint am *fes* o bottus [:– Phiolaid o Gawl].

(*b*) Llanastr, annibendod: *mess, disorder.*
Ar lafar.

mesa [*mes*[1] + *-ha* (At.) cf. Llyd. Diw. *mesa*] *bg.* a hefyd gyda grym enwol. Hela mes; bwydo moch â mes: *to gather acorns; feed pigs on acorns.*

1604–7 *TW* (*Pen* 228) d.g. *glandatio* (hefyd *D*). **1722** *Llst* 189, *mesa*, to feed (a feeding) on acorns. **1778** *W*, rhydd-did *mesa* d.g. *pannage* [*the privilege of turning swine to feed on mast in a forest*]. **1803** *P*, *mesa*, to gather acorns. Ar lafar ym Morg.

mesaig [*mes*[1] + *saig*] *eg.* Saig o fes: *meal of acorns.*

1803 *P*, melsaig . . . Gwell *messaig* yn rhad no melsaig yn echwyn. *id. messaig*, s.m. a meal of acorns. Gwell *messaig* o'm cell vy hun no melsaig o gell arall . . . Adage.

mesan, mesawl, gw. mes[1], mesur[1].

mesbren [*mes*[1] + *pren*] *eg.* ll. *-nau.* Coeden sy'n dwyn mes, yn arbennig derwen, hefyd yn *ffig.*: *a mast-bearing tree, esp. oak, also fig.*

c. **1300** *H* 58a. 14, mynw tra glew llew llaur mwynuawr *mesprenn* [marwnad Rhirid Flaidd gan Gynddelw]. **14g.** *IGE*[2] 85, A'm hysbryd glân, a'm *mesbren*, / A'm cyfarch, a'm parch, a'm pen [i Ieuan, Esgob Llanelwy]. **15g.** *GGl* 56, *Mesbren* yw capten y coed [i Wiliam Gruffudd o'r Penrhyn]. **15–16g.** *TA* 371, Gŵyrwyd pren a gwrda praff, / Gŵyro *mesbren* grymusbraff [marwnad Ieuan ap Tudur]. **16g.** SIÔN BRWYNOG: *C* 127, Ufuddhau, fel Ofydd hen, / I roi f'ysbryd ar *fesbren.* **16g.** *WLl* 24, Robart mae dy gar hybarch / Ynn dannerch *vesbrenn* penn parch. *id.* 54, Nid un oddfyn deunyddfawr / Yw draenen a *messbrenn* mawr. **16–17g.** EDWARD URIEN, &c.: *Gw* 175, O fawrhad y tad ddedwydd,—y fesen / A dyf yn *fesbren*, lawen lywydd. **1632** *D*, *mesbren*, robur, quercus. *id. mesbren* tebyg i dderwen d.g. *æsculus.* **17g.** E. MORUS: *Gw* 45, Lin o Foesbroc, lân *fesbren* [i John Cyffin]. **1688** *TJ*, *mesbren*, Derwen: an Oak-tree. **1765** L. MORRIS: *LW* lxxx, Och, vinnau! uwch y vaenawr, / Dori pen y *mesbren* mawr / A phriddo, a gado'n gaeth / Aur dderwen y gerddwriaeth [marwnad Lewis Morris gan Rys Jones]. *Diw.* **18g.** *AL* ii. 562, *mesbren*, sev derwen. **1803** *P*, *mesbren*, s.m. pl.t. *au*, an acorn tree.

meseia, mesïa [bnth. S. *messiah*, o'r Heb. *māshīaḥ* 'eneiniog'] *eg.* ll. *meseiaid, mesïaid, meseianod.* Gwaredwr disgwyliedig yr Iddewon; Iesu Grist o'i ystyried yn waredwr y proffwydwyd ei ddyfod; hefyd yn *ffig.*: *messiah, also fig.*

1588 *Dan* ix. 26, Ac wedi dwy wythnos a thrugain y lleddir y *Messiah.* **1696** *CDD* 10, Y ffyddlon fŵyn Seion *Fessiah.* **1704** E. SAMUEL: *BA* 33, efe a hyspysodd iddynt mai'r Iesu . . . oedd y *Messiah.* **1716** E. SAMUEL: *GGG* 165, Profedigaeth yn erbyn yr Iuddewon o herwydd y cydnabyddant Addewid am *Fessiah* rhagorol. **1728** T. BADDY: *DDG* 75, er bod rhai Gau *Fessiaid* . . . etto'r Juddewon eu hunain a ymwrthodasant a'n hwy [*sic*]. **1763** D. JONES: *DP* 2, Wele cawsom y *Mesiah* / Cyfaill gwerthfawrogca erio'd. **1779** *DS* 18, A thrwy ewyllys y *Messeia.*

Amr.: **meseias** [cf. *mesïas*]. **20g.** **mesïach** [bnth. Heb. *māshīaḥ*]. **1567** *TN* 2a. **1595** *Egl Ph* 18. **mesïas** [bnth. Llad. Diw. (Fwlgat) *messias* neu'r Gr. *μεσσίας*]. **1567** *TN* 132b, 136b. **1630** R. VAUGHAN: *YDd* 330. **1632** J. DAVIES: *LIR* 371. **1709** H. POWEL: *G* 53. **1778** J. HUGHES: *BB* 19.

meseiaeth, mesïaeth [*meseia, mesïa* + *-aeth*] *eb.* Y cyflwr o fod yn feseia, swyddogaeth meseia: *messiahship.*

1845.

meseianaeth, meseianiaeth [cfdds. o'r S. *messian(ism)* + *-(i)aeth*] *eb.* Y gred ymhlith yr Iddewon y daw meseia i'w gwaredu, hefyd yn *ffig.*; swyddogaeth meseia: *messianism, also fig.*; *messiahship.*

1942.

meseianaidd, mesianaidd [cfdds. o'r S. *messian(ic)* + *-aidd*] *a.* Yn perthyn i feseia, yn ymwneud â meseia, hefyd yn *ffig.*: *messianic, also fig.*

1858.

meseianiaeth, gw. meseianaeth.

meseianig [cfdds. o'r S. *messian(ic)* + *-ig*[2]] *a.* Meseianaidd: *messianic.*

1926.

meseias, gw. meseia.

meseiayddiaeth, mesiayddiaeth [*meseia, mesïa* + *-yddiaeth*] *eb.* Swyddogaeth meseia: *messiahship.*

1901.

mesel [bnth. S. *measle*] *eb.* Clefyd ar foch, defaid, a gwartheg a achosir gan heigiad larfâu llyngyr, mes: *measles* (*in animals*).

1604–7 *TW* (*Pen* 228), ar *vesel* d.g. *granosus* . . . *Sus granosus. id.* twrch ne lwdn hwch a chlwy'r *vesel* ne vrech y moch arno d.g. *sus* . . . *Sus grandinosus. Dchr.* **17g.** *J* 10, 30b, *mesel*, measylles, grando.

Gw. hefyd mes[1].

meselog [*mesel* + *-og*] *a.* A'r fesel arno: *suffering from measles* (*of animals*), *measly.*

Dchr. **17g.** *J* 10, 30b, *meselog*, granosus sus.

mesen, mesennig, gw. mes[1].

mesenteri [bnth. S. *mesentery*] *eg.* Y rhan o'r peritonewm sy'n cynnal y coluddyn bychan, perfeddlen: *mesentery.*

20g.

meseri, *e?g. Bot.* Dyfrllys, *Potamogeton*: *pondweed.*

16–17g. *B* ii. 230, *meseri* .i. *ποταμογετον*, herba fontalis.

mesfraint [*mes*[1] + *braint*[1]] *eb.g.* ll. *-freintiau.* Yr hawl i droi moch i bori mes mewn coedwig: *pannage.*

1778 *W* d.g. *pannage* [*the privilege of turning swine to feed on mast in a forest*]. **1803** *P.*

mesglyn, gw. masgl[1].

mesgoed [*mes*[1] + *coed*] *e.ll.* Mesbrennau, yn arbennig coed derw, hefyd yn *ffig.*: *mast-bearing trees, esp. oaks, also fig.*

15–16g. *TA* 105, Marcio derw mawr cadeiriawg, / Moes gadw rhif *mesgoed* y rhawg. **16g.** GR. HIRAETHOG: *Gw* (D. J. B.) 33. 18, Mwsg wyd o ryw *mesgoed* wraidd. **16–17g.** (*Dchr.* **17g.**) *BL Add* 14965, 263b, mwsg deidiav *mesgoed* ydynt / mês dan aûr ryw mostyn ynt [Simwnt Fychan i'r naw brodyr o Lan-rhudd]. *Diw.* **18g.** *AL* ii. 490–2, Tri chyfredinion gwlad a chenedl: *mesgoed*; helwriaeth; a chlawdd haiarn.

mesgyn, gw. masg[2].

mesïa, mesïach, gw. meseia.

mesïaeth, mesiaf: mesio, mesianaidd, mesïas, mesiayddiaeth, mesiff, gw. meseiaeth, misiaf: misio, meseianaidd, meseia, meseiayddiaeth, misiff.

mesifflyd [*mesiff* + *-lyd*] *a.* Drygionus, ysgeler, anfad: *mischievous, wicked, villainous.*

c. **1585** *Llst* 178, 35a, ny fedrei ef farny ar bethe mor *vesifflyd* achynddrwg a hyny. *id.* 38b, nyd myfi yw y front filainig ofer *fesifflyd.*

mesiffol [*mesiff* + *-ol*] *a.* Drwg, ysgeler, anfad, echryslon: *bad, wicked, evil, heinous.*

1567 *LlGG* (*Sall*) 23b, Peth y vall [:– echryslon, *mesiffol*] a ddeuth arno.

Cf. mestiffol.

mesmeraf, mesmeriaf: mesmeru, mesmerio [bnth. S. (*to*) *mesmer(ize)*] *ba.* Mesmereiddio, hypnoteiddio, hefyd yn *ffig.*: *to mesmerize, hypnotize, also fig.*

1850.

mesmeraidd [cfdds. o'r S. *mesmer(ic)* + *-aidd*] *a.* Yn perthyn i fesmeriaeth neu'n nodweddiadol ohoni, a gynhyrchir drwy fesmeriaeth, yn peri mesmeriaeth, hypnotaidd, hefyd yn *ffig.*: *mesmeric, hypnotic, also fig.*

1850.

mesmeredig [bôn y f. fl. + *-edig*] *a.bfl.* Wedi ei fesmereiddio neu ei hypnoteiddio, hefyd yn *ffig.*: *mesmerized, hypnotized, also fig.*

1851.

mesmereiddiaf: mesmereiddio [bf. o'r a. *mesmeraidd*] *ba.* Dwyn mesmeriaeth neu hypnosis ar, hypnoteiddio, hefyd yn *ffig.*: *to mesmerize, hypnotize, also fig.*

1851.

mesmereiddiwr [bôn y f. fl. + *-iwr*] *eg.* ll. *-wyr.* Person sy'n ymarfer â mesmereiddio, hypnotydd: *mesmerizer, hypnotist.*

1872.

mesmereisiaf: mesmereisio [bnth. S. (*to*) *mesmerize*] *ba.* Mesmereiddio, hypnoteiddio, hefyd yn *ffig.*: *to mesmerize, hypnotize, also fig.*

1897.

mesmereisiol [bôn y f. fl. + *-iol*] *a.* Yn peri mesmeriaeth, hypnotaidd: *mesmeric, mesmerizing, hypnotic.*

1896.

mesmereisiwr [bôn y f. fl. + *-iwr*] *eg.* ll. *-wyr.* Mesmereiddiwr, hypnotydd: *mesmerizer, hypnotist.*

1897.

mesmeriad [cfdds. o'r S. *mesmer(ist)* + *-iad*[2]] *eg.* ll. *-iaid.* Mesmereiddiwr, hypnotydd: *mesmerizer, hypnotist.*

1848.

mesmeriaeth [cfdds. o'r S. *mesmer(ism)* + *-iaeth*] *eb.* Hypnotiaeth, yn wr. yn ôl dulliau Franz Anton Mesmer (1734–1815), hefyd yn *ffig.*: *mesmerism, hypnotism, also fig.*

1847.

mesmeriaf: mesmerio, gw. mesmeraf: mesmeru.

mesmerig, mesmeric [bnth. a chfdds. o'r S. *mesmer(ic)*(+ *-ig*[2])] *a.* Yn peri mesmeriaeth, yn perthyn i fesmeriaeth, mesmeraidd, hypnotig: *mesmeric, hypnotic.*

1864.

mesmerol [cfdds. o'r S. *mesmer(ic)* + *-ol*] *a.* Yn peri mesmeriaeth, a gynhyrchir drwy fesmeriaeth, mesmeraidd, hypnotaidd, hefyd yn *ffig.*: *mesmeric, hypnotic, also fig.*

1850.

mesmerwr, mesmerydd [cfdds. o'r S. *mesmer(ist)* + *-wr, -ydd*[3]] *eg.* ll. *-wyr.* Mesmereiddiwr, hypnotydd, hefyd yn *ffig.*: *mesmerist, hypnotist, also fig.*

1850.

mesmeryddol [*mesmerydd* + *-ol*] *a.* Yn perthyn i fesmeriaeth, a gynhyrchir drwy fesmeriaeth, mesmeraidd, hypnotaidd: *mesmeric, hypnotic.*

1851.

mesobr [*mes*[1] + *gobr*] *eg.* ll. *-au.* *Cyfr.* Mochyn a roddir yn dâl am fesfraint, y tâl am fesfraint: *a pig paid as pannage,* (*payment for*) *pannage.*

14g. *Cy* xvii. 147, O wyl ieuan yd a y moch yr coet hyt ym penn chwechuet dyd gwedy y kalan. ac yn hynny o amser y dylyir llad *messowyr* [*sic*]. *c.* **1400** *AL* ii. 40, yn hynny o amser y dylyir llad *messobreu.* Or keiff dyn moch arall yny goet yn hynny o amser kynny chaffei namyn tri llydyn ef atebic dylyu *messobyr*: ereill adyweit panyw or dec llydyn kyfreith yw vn or tri llydyn; ar gytuot yw or dec llydyn. Ar moch hagen a dylyant bot yny coet yn hynny o amser gwedy lladher *messobyr* onadunt. **15g.** *id.* 268, Ac nydyleyr croes y messyryt namyn *messobr*. Sef yw hwnw ochaif arglwyd moch yn y goet or pymet dyd kyn gwyl Vyagel hyt y bymthegwetyd gwedy y kalan ef a dyly llad y decvet llwdyn ac velly o vn y vn hyt y dywaetha. **1632** *D*, *mesobr*, a Mês & Gwobr. **1722** *Llst* 189, *mesobr*, m. the tenth pig paid for pig's [*sic*] feeding in ones wood from the 25 of Sept. to the 1st of November. **1775** *W* d.g. *larding money, pannage* [*money taken by the lord of the manor for swine's feeding in a forest*]. **1803** *P.*

mesog [*mes*[1] + *-og*] *a.* Llawn mes, yn dwyn mes; chwarennog: *abounding in acorns, acorn-bearing; glandular, glandulous.*
Dchr. **17g.** *J* 10, 30b, *mesog*, glandulosus. **1632** *D* d.g. *glandulosus.* **1722** *Llst* 189, *mesog*, full of (or bearing) acorns, glandulous, kernelly. **1803** *P.*

mesol, gw. mesur[1].

mesolithig [cfdds. o'r S. *mesolith(ic)* + *-ig*[2]] *eg. Arch.* Yn perthyn i'r cyfnod rhwng y cyfnod palaeolithig a'r cyfnod neolithig: *mesolithic.*
20g.

mesomorff [bnth. S. *mesomorph*] *eg.* Person a chanddo gorff cyhyrog esgyrnog: *mesomorph.*
20g.

meson [bnth. S. *meson*] *eg.* ll. *-au. Ffis.* Un o grŵp o ronynnau elfennol ansad canolradd eu màs rhwng proton ac electron: *meson.*
20g.

Mesopotamaidd, Mesopotamiaidd [yr e. lle *Mesopotam(ia)* + *-(i)aidd*] *a.* Yn perthyn i Fesopotamia; rhwng dwy afon; hir a lled ddiystyr ond cysurlon (am air): *Mesopotamian.*
1898. Cf. *Ll* ix. (1930) 195, un o'r geiriau *Mesopotamiaidd* cysurus hynny yw 'team-spirit' sydd yn gwneuthur yn lle meddwl a rheswm i filoedd o bobl barchus yn Lloegr.

mesora, mesori [?cf. *mes*[1]] *bg.a.* Diwyllio (tir): *to cultivate (land).*
Diw. **18g.** *AL* ii. 476, Tair clud gyvnawdd y sydd . . . *mesori*; a chyvar. **18–19g.** *Llr* C 30, 158, *mesora*, to culture the ground. **1807** *MA* iii. 305, Tri rhydd cenedyl . . . *mesori* tîr gwyllt.

mesowyr, gw. mesobr.

mesrifaeth [*mes(ur)* + *rhif* + *-aeth*] *e?g.* Mathemateg: *mathematics.*
1862.

mesrifwr [*mes(ur)* + *rhif* + *-wr*] *eg.* ll. *mesrifwyr.* Mathemategwr: *mathematician.*
1846.

mestiffol [**mestiff* (cf. *misiff, mesiff, mistiff*) + *-ol*] *a.* Drwg, ysgeler: *bad, wicked.*
1897. Ar lafar, 'lwc *mestiffol*', 'llanast *mestiffol*', hefyd yn y ff. *mystiffol*.
Cf. mesiffol.

mestig [bôn y f. ddil.] *eg.b.* Gwledd; ?y weithred o fwyta neu o gnoi, cnoad, hefyd yn *ffig.*: *feast, banquet; ?an eating or chewing, bite, also fig.*
12g. *MA*[2] 236b. 3–4, Rhif trychan celain o drychion camawn / Oedd cymmaint un *mestig* (Seisyll Bryffwrch). *c.* **1300** *H* 37a. 8, Medw metlys melys eu *mestyc* (Cynddelw). **15g.** *GDLl* 96, Y gwŷr egnïol ddoloch, / Tebig ar *festig* i foch. **16g.** *GP* xciii, henwav gwledd . . . *mestic.* **1632** *D*, *mestig* . . . est Gwledd. **1722** *Llst* 189, *mestig*, f. a feast, banquet.
Amr.: **mastig**[2]. **16g.** *Pen* 230, 48b, *mastic*, gwledd. **1632** *D*, *mastig*, vid. Mestyg.

mestigaf: mestigo [?bnth. dysg. Llad. Diw. *masticō* 'cnoaf'] *ba.* Bwyta, cnoi: *eat, chew.*
c. **1300** *B* iv. 123, melyn y haeron nyt maon ae *mestic*.

mestys, mesul[1,2], gw. mast, mesur[1], mesuraf: mesur.

mesur[1] [bnth. Llad. Prydain **mesūra* < *mēnsūra*, cf. Llyd. C. *musur*, Llyd. Diw. *muzul*, taf. Gwened *mesur, mezul*, H. Wydd. *mesar*] *eg.* ll. *-(i)au, -oedd, -on*, a hefyd fel *ardd*.

1. (*a*) Maint a wyddys drwy fesur, mesuriad, dimensiwn (dimensiynau), maintioli, maint, swm, hefyd yn *ffig.*; y weithred o fesur, mesuriad: *measure, measurement, dimension(s), size, stature, quantity, amount, also fig.; a measuring.*
13g. *RC* xxxiii. 247, erchi . . . y was idav torri e carvaneu a hesglif . . . ar y *messur* y hadawsei ac ny chetwis e gwas e *messur* namen gwneithur e neill yn vyrrach nor llall. **14g.** *WML* 31, lloneit yllestri . . . o'r cwrwf . . . Ef yw ytrydydyn ageiff y *messur* hwnnw. **1346** *LlA* 65, Ym pa oet neu ympa *vessur* (*mensura*) ybydant wy [y saint]. **14g.** *WM* 74. 25–7, llyma eliwlu ybyd olygot a chyfrif na *messur* ny ellit ar hynny. *id.* 96. 21, dygwch *uessur* uyntroet. *c.* **1400** *RB* ii. 20, dwyn cof am y*mesureu* (*dimensionem*) ar pwysseu. *id.* 251, Ac y dodet [corff] y mywn delw o efyd awnathoedit ar y *uessur* ae veint e hun. *c.* **1400** *YCM*[2] 95, mi ae talaf yr unryw *uessur* . . . val na bo medic a allo dy uedigynyaethu. *Diw.* **15g.** *Pen* 41, 27, damdwng y hawl or hawlwr ai *messur* yn vwy no xl swllt. **1551** W. Salesbury: *KLl* livb, *Mesur* da, dwys a wed'yr yscwyt, ac yn mynet trosadd. **1588** 2 *Esd* vi. 4, cyn henwi *mesuroedd* y ffurfafen. **1604–7** *TW* (*Pen* 228) d.g. *modus.* **1632** J. Davies: *LlR* 73, maint a *mesur* ei ddigllonedd. **1676** W. Jones: *GB* 42, dy gambwysau, a'th *fesurau* prin. **1696** *CDD* 209, Na ddôd i arall waeth *fessurau*, / Nag a fynnit roi i titheu. **1772** *W* d.g. *dimension.*

(*b*) Uned a ddefnyddir wrth fesur; uned benodol a ddefnyddir wrth fesur cynhwysedd neu gynnwys, bwysel; dull o fesur; cyfundrefn o fesuriadau safonol: *unit of measurement, measure; specific unit of capacity, measure, bushel; method of measuring; system of measurement.*
9g. (*Ox* 1) *B* iii. 1, di *mesur*, gl. *ad libram.* **13g.** *LlC* 36, Tyr kylltytdus i. tyr kyfryff, a hunnu a rrennhyr y *uessur* erv. **13g.** *LlI* 59, Ac ny symudus Hewel eyssyoes *messureu* e tyred e'r enys hon, namen mal y hedewys Deuynwal, canys goreu messuruur uu ef. *ib.* Ac o'r *messur* hunnu ed edys en arueru yma etwa. **14g.** *WM* 481. 8–11, naw hestawr llinat . . . ar *messur* hwnnw yssyd gennyf ettwa. **1545** *CM* 1, 53, A deugain A hanner o *vessur* ffraink yr hyn awna gymaint a ii vildir [*sic*] o villdyroedd lloygyr. **1547** *WS*, cudd ne cufydd *mesur*, cubyte. **1567** *LlGG* 74b, Cant *mesur* o oleo. **1567** *TN* 380a, *messyr* o wenith er ceinioc. **1604–7** *TW* (*Pen* 228), yn cynnwys . . . or *mesur* Seisnic dau alwyn d.g. *satum.* **1632** *D*, *mesur* o dir o ddwy ystad d.g. *diaulus.* *id.* *mesur* o ddwr d.g. *digitus.* *id.* *mesur* naw galwyn d.g. *ephi.* *id.* *mesur* llêd llaw d.g. *palmus.* **1728** T. Baddy: *DDG* 63, *Mesur* o Wenith, o *fesur* Llundain. **1747** *ML* i. 109, Tabl sych *fesurau* Iuddewig yn *Fesurau* Yd Brutanaidd. **1776** *W* d.g. *measure* [*a settled quantity*], *rate or proportion.* **1800** W. Owen[-Pughe]: *CP* 5, 40 *mesur* (Cyfreithiol fwysel Lloegyr . . . Dyma ystyr y gair *mesur* yn y traethod hwn). Ar lafar yng nghanolbarth Cered. yn yr ystyr 'bwysel', *B* xiv. 280.

(*c*) Offeryn i fesur hyd, megis gwialen, llinyn, &c., a raddolwyd, offeryn i fesur cynhwysedd, e.e. llestr safonol: *instrument for measuring length, such as a graduated rod, tape, &c., instrument for measuring capacity, e.g. standard container, measure.*
15g. *LGC* 105, A ganwyv â'm daint, ac â'm genau, / I Annes a drig yn oes dreigiau, / Yn oes hen seren, neu *vesurau* pren / Neu yn oes heulwen, neu nos olau. *Diw.* **15g.** (**1604–6**) *Pen* 224, 809, [d]ynion a lykro lath bara nev *vessvr* kwrw (*De assisa panis & cervisie non observata*). **1588** *Deut* xxv. 14, Na fydded gennit yn dy dŷ amryw *fesur*: sef mawr a bychan. **1588** *Eseia* xl. 12, ac a gymhwysodd bridd y ddaiar mewn *messur*. **1615** R. Smyth: *GB* 166, yn gweled y *mesur* wrth 'r hwn 'r oeddynt yn prynnu. **1632** *D*, *mesur* i bwyso dwr d.g. *dioptra.* **1635** *Cylchg LlGC* iii. 69a, [d]ugasont genthynt *fesur* yr eglwys, ag ai cawsont i fod yn cytuno ai sylfeineu oedd yno. **1672** J. Langford: *HDdD* 257, y dwyll honno o bwysau a *mesurau* ffeilsion. **1701** E. Wynne: *RBS* [vii–viii], cyn yr elech byth yn weithiwr hwylus rhaid i ti gael y Moddion a'r Arfeu a *Mesureu*'r gwaith.

2. (*a*) Ffin, terfyn; terfyn(au) neu ffin(iau) y disgwyliedig neu'r arferol, (cyfyngiadau) cymedroldeb: *limit, end; the limits of what is expected or normal, (the bounds or restrictions of) moderation.*
13g. *C* 3. 2–4, llas kyndur tra *messur* y kuynan. *c.* **1300** *H* 15a. 15–16, ym muchet gorwac yr geiryeu maswet. a doeth eithyr *messur* ar uyg geneu (Einion ap Gwalchmai). *c.* **1400** *Études* vii. 324, [p]lan dorrer y *messur* yno y mae keryd. Ac anawd iawn yw kynnal *messur* ar haelyoni. **1567** *TN* 273a, nyd ymhoffwn ni am betheu, nyd yyn o vewn ein *mesur*, anyd erwydd *mesur* y Reol. **1604–7** *TW* (*Pen* 228) d.g. *temperamentum.* **1609** R. Smyth: *CAC* 48, yr hon ni wyr na *mesur* na diwedd. **1630** R. Vaughan: *YDd* 30, y mae pob peth sydd yn Nuw heb na *mesur* na therfyn. **1700** *TDP* 61, cedwch *fesur* wrth yfed. **1701** E. Wynne: *RBS* 64, pecho[dd] mewn grâdd o feddwdod pwy bynnac aeth ddim dros ei *fesur* naturiol ei hun. *id.* 65, Bydd galed yn gosod i ti dy hun *fesureu*, ac er nêb rhyw achos na throsedda'n neppell dy derfyneu gosodedic [am gymedroldeb]. *id.* 66, na chymmell nêb i fwytta neu i yfed tros ben ei *fesur* a'i 'wyllys. **1746** T. Richards: *CER* 13, [d]odi *mesuron* a gosod Terfynau i anfeidrol Ddaioni. **1776** *W*, heb na medr . . . na *mesur* d.g. *measure* . . . *Without bound* [*limitation*] *or measure.*

(*b*) Maint cyfyngedig, gradd(au), cyfrannedd, cyfran, rhan: *limited quantity, degree, extent, proportion, part, (some) measure.*
1567 *TN* 38a, Cyflawnwch chwithae hefyt *vesur* eich tadae. *id.* 236b, mal y rhanawdd Duw y bop vn *vesur* ffydd. **1588** *Neh* iii. 11, [c]yweiriasant yr ail *mesur* (**1620** *ib.* ran arall) [o gaerau Caersalem]. **1595** H. Lewys: *PA* 151, myfi a ddangosaf . . . drwy ba foddion ac ymha *fesur*, y mae ef yn gwneuthur hynn. **1632** *D*, *mesur* . . . proportio. **1683** J. Jones: *TG* 42, [rh]oddes *fesur* o eglurhad o'i ddaionus ysbryd. **1684** J. Davies: *LlR* 383, gwîr ostyngeiddrwydd sy yn cynnwys graddau, ac nid yw ef gan bob Cristian yn yr unrhyw *fesur*. **1701** E. Wynne: *RBS* 65, gâd ryw *fesur* o'th chwant heb dorri. *c.* **1750** J. Thomas: *T* [v], y gwahanol *Fesuron* o'r Ysbryd a gyfrannwyd i'r Apostolion. **1752** J. Thomas: *FG* 86, fel na's gall ef attal ei draethu [perffeithrwydd a bendithion Duw] a'i ollwng allan yn y *Mesuron* mwyaf gorfoleddus o Ryfeddod, a Mawl, a Diolch. *id.* 299, nid oes ganddo ddim Egwyddorion ag [*sic*] allo ei gadw ef mewn un lle, na gosod dim *Mesuron* o Gyfnewid iddo. **1771** J. Rees: *H-A*, 11, [y] rheswm p'am nad yw *mesuron* mwy o wybodaeth yn cael . . . yr un effaith. **1772** *W* d.g. *degree* [*measure or proportion*].

3. (*a*) Mydr; rhythm; ffurf fydryddol benodol; cân, alaw, tôn, tiwn: *metre; rhythm; specific metrical form; song, air, tune.*
14g. *GP* 49, Dywetter bellach am yr odleu a'r kywydeu, a'y *messureu*, a'y hamkaneu. *ib.* Pump *messur* kyffredin a wnaethpwyt yn gyntaf ar odleu . . . todeit, a gwaywdodin, a chyhyded hir, a chyhyded verr, a rupynt. **14g.** *DGG*[2] 147, Y crwth lle bu'r *mesur* cry, / Carodd osod cerdd Iesu (Gruffudd Gryg). **14g.** *GDG* 81, Adlais lon o dlos lannerch, / Odlau a *mesurau* serch. **14–15g.** *IGE*[2] 164, Dywed pa *fesur* dwywaith / Y sydd ar awen o saith (Rhys Goch Eryri). **1552** *Pen* 403, 26, phemon yr honn gyntaf a gavas *vessur* reiol (*heroic song*). *p.* **1584** G. Robert: *GC* [332], oes amgen *fessurau* no hyn . . . ymysc y cymru, yn gaeth, ag yn rhydd. **1593** W. Midleton: *B* 9, *Mesur* yw rhif nodedig o sillafon. **1621** E. Prys: *Ps* [i], yr hyn a allant ei wneuthur [canu mawl Duw] ar y *mesur* gwael hwn. **1716** *Llsgr R. Morris* 3, Enwau *Mesuriau.* **1718** *Cân o Senn* 2, Y mae'r Awdyrdod prydyddawl yn caniadhau y estyn neu fyrhau Geirieu yn y Cyfryw *fessyron*. **1776** *W* d.g. *metre, meter, or meeter* [*the measure of verses, rhyme, &c.*]. **1778** J. Hughes: *BB* 67, Carol . . . ar *fesur* Farwel Ned Pyw. **1803** *P.* Ar lafar gynt yn sir Benf., 'rhoi *mesur* mas i ganu', *GDD* 197.

(*b*) *Crdd.* Bar; patrwm; y berthynas rhwng gwerthoedd amseriad nodyn o un hyd a nodyn o'r hyd nesaf sy'n pennu'r math o rythm: *bar, measure (in music); pattern; measure, relation between time-values (in music).*
c. **1566** *B* i. 143, o gyd gyngor pob vn at y gilydd y gwnaed y pedwar *mesyr* ar hugain. *ib.* or pynkiau i gwnair y *messurau*, ac or *messurau* i gwnair y proffidiau gostegion, keinkiau klymau a chaniadau. **16–17g.** *id.* 144, Pa ryw *vesur* yw gwyddor Titr ne drwsgwl? **1604–7** *TW* (*Pen* 228), *mesur* mewn music d.g. *modus.* **1632** *D*, amser a *mesur* mewn cerdd d.g. *modus.*

4. Dull, modd, ffordd; dull o weithredu sydd ag amcan arbennig iddo, cam; amlinelliad neu fraslun o ddeddf seneddol, bil: *manner, way, mode; course of action intended to attain some object, measure, step; (parliamentary) bill or measure.*

15g. *Cy* iv. 108, datrwymir y kuthreul penaf yny *messur* ybu datrwymedic yn amser yr ymmerawdyr ffrederic. *id.* 114, A gwedy y copleir ydiuyrru ef ny *messur* ydywespwyd vchod. *id.* 116, y trydy dyyd y [*sic*] ymdangossant yr holl dyuyreth ar y*messur* ybuasseint. *c.* **1585** G. ROBERT: *DC* 9a, nys gwyr y *mesur*, y modd, yr ordor a r drefn sy raid i gadw. **1588** *Ecs* xvi. cs., Y modd a'r *mesur* i gael y Manna. **1672** R. PRICHARD: *Gw* 297, Iddynt hwythe wneuthur im, / Heb ddangos llym *fessuron*. **1771** J. REES: *H-A* 20, amddiffyn doethineb holl *fesuron* ei lywodraeth ef. **1776** *W* d.g. *measures* [*ways pursued, steps taken in conducting an affair, &c.*]. **1789** M. J. RHYS: *D* 5, Wedi i'r bobl anhappus yma [caethweision], trwy y fath *fesuron* anghyfiawn, gael eu dwyn i'r llongau. Cf. D. OWEN: *D* 136, [p]rophwydai y byddai i ryw Seneddwr cyn bo hir . . . ddwyn *mesur* i'r Parliament er amddiffyn enwau llenorion adnabyddus.

Fel *ardd*. Bob yn, ar y tro: *by* (*the*) (*e.g. two by two*), *at a time*.

1595 M. KYFFIN: *DFf* [13], *fessur* ychydig i'r [*sic*] amlhaodd eyn crefydd ni 'mhob gwlad. **1595** *Egl Ph* [x], nid ar vn dyrnod . . . y dychwel dyn yn waetha: eithr *mesur* ychydig ac ychydig. **1599 (1677)** R. HOLLAND: *AB* 97, yn eu harwain yn y blaen *mesur* ychydig ac ychydig. **1688** *TJ* (At.), [30], ond *feswl* y ddŷ neu dair papurlen. **1696** *CDD* 299, Pechodau di fesur, *feswl* y Cant. **1712** T. WILLIAMS: *CDdG* 105, yr hwn oedd yn ei ddifrodi *fesyl* tippin a thippin. *id.* 388, henwi 'r Apostolion, *fesul* dau, a dau. **1789** TWM O'R NANT: *TChB* 48, 'D oedd dim wnae'r tro *fesur* dau ar tri [*sic*], / Ond Arian yn ddi, Ooraeth [*sic*]. Ar lafar yn y Gogledd, 'cierad *fesul* dau', 'to walk two and two'; 'tynnu nw *fesul* un', 'to pull them out one by one'; 'yn dŵad i ffwr' *fesul* plyg fel papur', *WVBD* 565.

Amr. (nid yw'r ff. canlynol yn digwydd ond fel ardd. ac yn y cfn. *o fesur*, &c.): **mesawl** [?dan ddyl. *sawl*]. **1658** R. VAUGHAN: *YPS* 28, A chwanegwch eich Credoedd . . . mal y Donatistiaid i Saint Awstin o *fesawl* Myrddiwn. **1766** *CD* 148, Pan fyddwn yn talu 'Scorion / O *fesawl* y Goron. **mesol, mysol** [cf. *mesawl*]. **17g. (18g.)** *LlGC* 9, 246, Ow dringwch yr ysgol o fesul (*CM* 128, 130, o *fysôl*) y ffonn (Edward Morris). **1723** WM: *PGG* 7, fe ddylai pôb Dŷn ei feistroli ei hûn o *fesol* ychydic. **mesul**[1] [â'r dtb. *-r* > *-l*, cf. Llyd. Diw. *muzul*, taf. Gwened *mezul*; cf. *mesul*[2], gw. *mesuraf*: *mesur*]. **1691** T. WILLIAMS: *YB* 182. **1712** T. WILLIAMS: *CDdG* 105, 388. **1777** E. ROBERTS: *DG* 32. Ar lafar yn y Gogledd, *WVBD* 565. **meswl. 1688** *TJ* (At.), [30], [31], [57]. **1696** *CDD* 299, 331. **1766** *CD* 158, O *feswl* [:– fesur] dwsin ir un man. **meswyl** [adff. o *meswl*]. **1853** W. REES: *AFR* 209, bydde r hen Gymry . . . yn deydyd pethe *feswyl* y tri.

Cfn.: **mesur arwrol:** *heroic metre, heroic measure.* **1864. m. bach:** *a measure equivalent to 36 quarts.* **1892.** Ar lafar gynt yn sir Drefn., *Arch Camb* xiii. (1913) 244–5. **m. breiniol = m. caeth.** *p.* **1584** G. ROBERT: *GC* 278. **mesurau brys:** *urgent measures.* Ar lafar. **mesur byr:** (i) *short measure.* Ar lafar, e.e. '*Mesur byr* gawson ni ganddo heddiw', am bregeth fyrrach na'r cyffredin. (ii) *short metre.* **1811–13** W. WILLIAMS: *GP* [958]. (iii) = **m. byr Cymreig. 1817–19. m. byr Cymreig:** *metre in Welsh prosody, an iambic stanza of 6,7,8,7 syllables with lines ending in accented and unaccented syllables alternately.* **1839. m. Caer-wynt:** *Winchester bushel.* **1747** *ML* i. 109. **1770** *TG* iv. 34. Cf. *winsin.* *c.d.* **m. caeth:** *strict metre, prop. one of the 'twenty-four strict metres', syllabic metre with full 'cynghanedd'.* *p.* **1584** G. ROBERT: *GC* 202. Cf. (*y*) *pedwar m. ar hugain* (i). Gthg. *m. penrhydd, m. rhydd.* **m. caled:** *hard treatment.* **1659** *GlA* 142. **m. carol:** *carol metre.* *p.* **1584** G. ROBERT: *GC* 331. **m. cerdd:** *metre; tune, air; measure (in mus.)* **1632** *D* d.g. *modulus.* *c.* **1700** E. LHUYD: *Par* i. 17. **1718 (1721)** S. THOMAS: *HB* 197. **1722** *Llst* 189, *mesur cerdd*, meetre. *id.* d.g. *an air in musick.* **1776** *W*, ar *fesur cerdd* d.g. *metre, in metre.* *c.d.* **m. Clidro:** *a metre consisting of four sections with two beats in each section, the first three of which rhyme; it was associated with the 16c. poet Robin Clidro.* **16–17g.** *RAGR* 265. Gw. *GRCG* xx–xxxiv. **m. cyfan:** *full measure, also fig.* Ar lafar yn ardal Tafarnau Bach, sir Fyn., "Gyw a ddim *mesur cyfan*', "Dyw e ddim llawn llathen'. **m. cyfelin:** *cubit measure.* **1835. m. cyfor:** *strike-measure.* **1722** *Llst* 189. **m. cyffredin:** (i) *common metre.* **1807.** (ii) = **m. salm** (ii). **1811–13** W. WILLIAMS: *GP* 84, 85. Cf. *mydr—m. cyffredin.* **m. cyffredin Cymreig = m. salm** (ii). **1837. m. cyhoeddus:** *public* (*parliamentary*) *bill.* **20g. m. chwe churiad:** *hexameter.* **1925. m. di-odl:** *blank verse.* **1836. mesurau diogelwch:** *security measures.* **20g. mesur dwrn:** *approximate measure.* Ar lafar gynt ym Morg., 'gwerthu w'th *fesur dwrn*' 'selling anything without weighing or reckoning, but merely by guessing the quantity', *LlGC* 1171, 27. **fesul (y) dydd,** gw. *o fesur y dydd.* **mesur fflat:** *surface measure.* *c.* **1720** *CIF* 9. **1768** J. ROBERTS: *R* 111. **m. gwlyb:** *liquid measure.* **1798** *WR* d.g. *kilderkin.* *c.d.* **m. gwŷr deheubarth:** *'englyn cyrch'.* ?**17g.** *CLlC* v–vi. 64. **m. heb foel = m. cyfor. 1803** *P* d.g. *moel.* **m. hir:** (i) *long measure.* **1768** J. ROBERTS: *R* 19. **1776** *W* d.g. *long.* (ii) *long metre.* **1807. m. hylif(ol) = m. gwlyb. 20g. m. iawnderau:** *bill of rights.* **20g. m. llath Fleiddyn,** gw. *llath—ll. Fleiddyn.* *c.d.* **m. llosgyrnog:** *a metre containing a tail-rhyme.* **1923.** *c.d.* **m. Madog:** *a strict metre devised by T. Gwynn Jones for his poem 'Madog' in which a series of unrhymed 'englynion' are written as hexameters.* **1923. m. mawr:** *a measure equivalent to 40 quarts.* **1892.** Ar lafar gynt yn sir Drefn., *Arch Camb* xiii. (1913) 244. **m. Meisgyn:** *a customary acre of 7,840 square yards used in the Vale of Meisgyn, Glam., and also in other parts of Glam. and in Pem.* **19g.** Gw. *Arch Camb* xiii. (1896) 15. **m. metrig:** *metric measure.* **20g. m. moel:** (i) = **m. di-odl. 1924.** (ii) *a heaped measure.* **1803** *P* d.g. *moel.* **m. moelodl = m. di-odl. 1885. m. neilltuol:** *particular metre (orig. esp. of hymn metres used for the first time in Welsh in the 18c.).* **1807. m. pedwar curiad:** *tetrameter.* **1925. m. pen = m. moel** (ii). **1722** *Llst* 189, *mesur pen*, an heap-measure. **m. pen bawd:** *rule of thumb.* **20g. m. penrhydd:** *vers libre.* **20g. m. preifat:** *private (parliamentary) bill.* **20g.** Ar lafar. *c.d.* **m. rhydd:** *free metre, any metre not included among the 'strict metres' (in Welsh prosody).* *p.* **1584** G. ROBERT: *GC* 279, 331. Gthg. *m. caeth, m. penrhydd.* **m. salm(au):** (i) *psalm tune.* **1746** *ML* i. 93. (ii) *'psalm metre' in Welsh prosody, an iambic stanza of 8,7,8,7 syllables with lines ending in accented and unaccented syllables alternately.* **1807. m. seneddol:** *parliamentary measure, bill.* **20g. m. sych:** *dry measure.* **1798** *WR* d.g. *bole.* **m. tri thrawiad,** gw. *tri—t. thrawiad.* **fesul tipyn,** gw. *o fesur tipyn.* **f. un ac un,** gw. *o fesur un ac un.* **f. (fesur, mesur) ychydig,** gw. *o fesur ychydig.* **allan o fesur:** *beyond measure, exceedingly.* *c.* **1585** G. ROBERT: *DC* [11a], [13a]. **1595** H. LEWYS: *PA* 103. **1620** *Gal* i. 13. **1632** *D* d.g. *enormis, immodicus.* **1661** E. LEWIS: *Drex* 26. **1722** *Llst* 189, mesur, *allan o . . . Fesur*, exceeding, excessive, infinite. **ar f.:** (i) *with the intention of, intending to; on the point of.* **14g.** *YBH* 10b, disgynnu y bown ae achub *ar vessur* llad yben. *id.* 17a, 29a, 30b. **14g.** *SC* viii/ix. 188, byrryassant ef yr llawr *ar vessur* (*id.* 166, ar uedyr) y dynnyv [*sic*] a hoelon heyrnn. *c.* **1400** *YCM*[2] 144. (ii) *pretending to, under pretence of.* **13g.** *BD* 23–4, Membyr eissoes a wnaeth dadleu a'e uravt *ar uessur* (*id.* 215, o escus) tanghneuedu ac ef. *id.* 120, y brat a wnaeth ef y dyd y doetham y gyt *ar uessur* tangneuedu (*quasi pacem habituri*) y rom ac vynt. Gw. hefyd *genau—ar fesur g.* **heb f. = allan o f.** *c.* **1585** G. ROBERT: *DC* [11a]. **1595** H. LEWYS: *PA* 11. **16–17g.** *CRC* 429. **1618** J. SALISBURY: *EH* 16. **mewn m.:** *to some degree.* **1656 (1745)** *MLl* ii. 176. **mewn m. bychan:** *to a slight degree or extent.* **1790** T. JONES: *TOS* 72. **mewn m. mawr:** *to a great degree or extent.* **1688** S. HUGHES: *TSP* 310–1. **1693** J. OWEN: *BP* 174. **1725** D. LEWIS: *GB* 261. **1759** T. THOMAS: *WWDd* vi. **1776** I. BRYDYDD HIR: *P* i. 105. **mewn peth m. = mewn rhyw f. 1709** H. POWEL: *G* 61. **mewn rhyw f.:** *to some degree.* **1679** C. EDWARDS: *GGG* 266. **1684** J. DAVIES: *LlR* 375. **1772** *W* d.g. *degree* [*measure or proportion*] . . . *In some degree.* **mwy na m. = allan o f. 13g.** *BD* 95. **14g.** *WM* 429. 30, 442. 32–3. **o f., o fesul,** &c.: *by (e.g. two by two), by the, at a time.* **1567** *TN* 59b, eisteddesont yn y garvanae, *o vesur* cantoedd. **1588** *Ecs* xxvi. 21. **1632** *D* d.g. *binus.* **1703** E. WYNNE: *BC* 90, [b]riwlio cîg â chanwylleu *o fesur* golwyth. **1753** G. OWEN: *L* 53, 99. **1777** E. ROBERTS: *DG* 32, *o fesul* ŷ dau Cant. **1790** T. JONES: *TOS* 100. **o f. cam a cham:** *step by step.* **1604–7** *TW* (*Pen* 228) d.g. *gradatim.* **1661** E. LEWIS: *Drex* 201. **1722** T. EVANS: *PS* 64. **1740** T. EVANS: *LlA* 6. **1803** *P.* **o f. y dydd, (o) fesul (y) dydd:** *by the day; day by day.* **1618** J. SALISBURY: *EH* 108, bara beunyddol y gelwir ef . . . cynhalieth a fo digonawl *o fesur y dydd.* **1691** T. WILLIAMS: *YB* 182, [l]lafurwyr *o fesul y dŷdd.* **o f. i f. = o f. ychydig. 1800** W. OWEN[-PUGHE]: *CP* 30. **o f. tipyn, fesul tipyn, = o f. ychydig. 1705** T. WILLIAMS: *PD* 15. **1712** T. WILLIAMS: *CDdG* 105. Ar lafar yn y Gogledd, '*fesul tipyn*', *WVBD* 565. **o f. un ac un, fesul un ac un:** *one by one.* **1588** *Act* xxi. 19. **17g.** *DCR* 251. **1693** *HC* 70, 107. **1718** E. SAMUEL: *HDdD* 75. **[1725]** *TS* [iii]. **o f. (fesul, fesol) ychydig, fesul (fesur, mesur) ychydig:** *little by little, bit by bit, gradually.* **1588** *Ecs* xxiii. 30, *O fesur ychydic*, ac ychydic, y gyrraf hwynt allan o'th flaen di. **1595** M. KYFFIN: *DFf* [13]. **1595** *Egl Ph* [x]. **16–17g.** *B* viii. 114. **1604–7** *TW* (*Pen* 228) d.g. *gradatim, paulatim, prolabor.* **1723** WM: *PGG* 7. **1776** *W* d.g. *little, by little and little.* **(y) pedwar m. ar hugain:** (i) (*the*) *twenty-four strict metres (in Welsh prosody).* *a.* **1575** *GP* 110, 113, 116. **1621** E. PRYS: *Ps* [i]. **1703** E. WYNNE: *BC* 61. Cf. *m. caeth.* (ii) (*the*) *twenty-four patterns (in medieval Welsh instrumental music).* *c.* **1566** *B* i. 143. **16–17g.** *id.* 144. *Crdd.* **pedwar m. ar hugain cerdd dant = pedwar m. ar hugain** (ii). **16–17g.** *B* i. 145. **tan f.:** *by measure.* **1588** *Jud* vii. 20. **tra m. = allan o f. 13g.** *C* 3. 3. **14g.** *T* 34. 15–16. *c.* **1400** *YCM*[2] 75. **1632** *D* d.g. *immensus.* **1722** *Llst* 189, mesur . . . *tra* . . . [*M*]*esur*, exceeding, excessive, infinite. **tros (dros) f., tros ben m. = allan o f. 13g.** *C* 84. 12, guerth myned *dros uessur.* **1632** *D*, *tros benn mesur* d.g. *immodicus.* **1672** R. PRICHARD: *Gw* 570. **1714** D. LEWYS: *CN* 18. **1716** E. SAMUEL: *GGG* 129. **1722** *Llst* 189, mesur . . . *tros ben* . . . [*M*]*esur*, exceeding, excessive, infinite. **[1724]** G. WYNN: *YGD* 145. **tu hwnt i f. = allan o f. 1632** *D* d.g. *prænodium.* **1722** *Llst* 189, mesur . . . *Tu hwnt i* bob *mesur*, infinitely. **1759** J. EVANS: *PF* 9. **wrth f.:** *by measure, to a limited extent; in moderation; according to.* **1567** *TN* 135b, nyd *wrth vesur* y mae Duw yn rhoddy iddo yr yspryt. **1588** *Eseia* xxvii. 8. **1604–7** *TW* (*Pen* 228) d.g. *præfinito, temperate.* **1618** J. SALISBURY: *EH* 35, maintioledd yr iawn-dal a fesurir, *wrth fesur* teilyngdra'r hwn a fo'n gwneuthur yr iawn. **1632** *D* d.g. *definitè.* **1771** *PDPh* 66. **yn ei f.:** *prostrate.* **20g. yn y m. lleiaf:** *in the least degree.* **1688** S. HUGHES: *TSP* 23, 251. **1740** T. EVANS: *LlA* 5.

Am *ar fesur* (*air*) *genau*, gw. genau.
Gw. hefyd mesuryn.
Cf. cymesur.

mesur[2], gw. mesuraf: mesur.

mesurad, gw. mesuriad.

mesuradwy [bôn y f. ddil. + *-adwy*] *a.bfl.* Y gellir ei fesur: *measurable, quantifiable.*

1776 *W* d.g. *measureable.* **1803** *P.*

mesuraeth, gw. mesuriaeth.

mesuraf: mesur[2]**, mesuro** [bf. o'r e. *mesur*[1], cf. Crn. C. *musury*, Llyd. C. *musuraff*, Llyd. Diw. *muzuliañ*] *bg.a.*

(*a*) Pennu dimensiwn neu swm rhywbeth (drwy ei gymharu ag uned sefydlog neu â gwrthrych o faint neu gynhwysedd penodol neu wybyddus), pennu maint (amser, &c.) drwy gymharu ag uned benodol, cymryd mesuriadau (rhywun ar gyfer dillad); dadansoddi (prydyddiaeth) er mwyn dangos y strwythur mydryddol, corfannu; ?trefnu (cerddoriaeth); hefyd yn *dros.* ac yn *ffig.*: *to measure, take* (*someone's*) *measurements* (*for clothes*); *scan* (*verse*); ?*arrange* (*music*), *also transf. and fig.*

13g. *LlI* 59, Ef a *uessurus* er enys hon. *ib.* A'r messur hunnu a *uessurus* Deuenwal e'r gronyn heyd. **14g.** *GP* 49, Todeit a vyd o gypleu hiryon oll, a phob vn onadunt a *vessurir* o bedeir sillaf ar bymthec. **14g.** *WM* 189. 21, yna y *messurassant* wynteu hyt nos vchet y gaer. **14g.** *SC* viii/ix. 191, [c]erdawd y bont dan *vessuraw* troeduedeu (*pedetemptim*). *c.* **1400** *GP* 6, mydr a phrydyat . . . [p]a ffuryf y gwahaner wynt, ac y *messurer*. *c.* **1400** *B* ii. 13, Ac yn vn llestyr y *messurych* y mywn. *messur* y maes. *c.* **1400** *YCM*[2] 168, A honno [Geometria] a dysc *messuraw* y dayar. **15g.** *GGl* 211, Moes arall i'w *mesuraw*, / Ni ain y llall yn y llaw [i ofyn wtgnaiff]. **15g.** *ID* 90, a sserenn yth *vessurir* / a lamp or hayl emprwr hir [i Syr Risiart Herbert]. **1547** *WS*, *mesuro*, mesure, mete. **1551** W. SALESBURY: *KLl* livb, Cans ar vn mesur ac y *mesuroch*, y *mesurir* ychwy. **1567** *TN* 273a, eu bot yn *mesuro* y vnain wrthyn y vnain. *p.* **1584** G. ROBERT: *GC* [218], nid diphdon, eithr dwy sillaf wahanedig ydynt, ag felly y cyfrifir hwynt wrth *fessuro* cerdd. **16–17g.** *B* i. 144, Y peth a ddechreûer ar gyweirdant gwann, ef a *vesurir* hwnnw val y mynner. **1632** *D*, *mesuro*, metiri, mensurare. **1672** J. LANGFORD: *HDdD* 59, Na *fesurwn* . . . mo'n Dywioldeb wrth nifer y Pregethau a glowon i [*sic*]. **1803** *P.*

(*b*) Marcio terfynau (safle adeiladu): *to measure or mark out* (*a building site*).

13g. *BD* 94, a'r garrei hono *messurav* lle castell a dechreu y adeilat. *id.* 107, Er hen gvynn . . . a guialen wen a *uessur* melin arnei [afon Peryddon]. **14g.** *BT* 237, y kanhayaf y *messurrwyd* kyntaf lle dinas en bryn eglwis. **1346** *LlA* 46, velle y *messurawd* y pedrieirch megys lle eglwys duw. Ar proffwydi oe hysgrythur agladaassant y grwnndwal. **14g.** *Bren Saes* 130, doythant hyt y Glasgruc, lle *messurwit* castell milltir o Lan Badarn.

(*c*) Rhannu neu dywallt, ad-dalu, hefyd yn *ffig.*: *to measure or deal out, mete out, repay, also fig.*

c. **1400** *YCM*[2] 100, Ac odyna y *messurwys* y Freinc . . . y llawn dyrnodeu ar y paganyeit. **15g.** DEIO AB IEUAN DU, &c.: *Gw* 254, Sirig ynn a *fesurynt*, / Swrn o weilch Is-Aeron ŷnt [Gwilym ap Ieuan Hen i bum mab Dafydd ap Tomas]. **1588** *Ruth* iii. 15, ac efe a *fesurodd* chwech mesur o haidd, ac ai gosododd arni. **1588** *Eseia* lxv. 7, am hynny y *messuraf* eu hên weithredoedd hwynt i'w monwes. **1588** *Jer* xiii. 25, Dymma dy gyfran di y rhan a *fesurais* i ti. **1725** D. LEWIS: *GB* 163, Y mae Rhagluniaeth wedi *messur* Oes Dŷn. **1776** *W* d.g. *to measure out* [*deal out in set portions*] *to*. **1803** *P* d.g. *mesur, messuraw*.

(*d*) Rheoli; penderfynu: *to regulate; determine*.

15g. *LGCD* 18, Herbart sy wrol ar farch olwyn / Yn *mesur* Cymru â'i gomisiwn [i Syr Wiliam Herbert]. **1728** *GMJ* 99, Meddwl ofer, neu gamannogaethau cythreulig sy'n *mesuro* gweithredoedd y rhan fwya' o bobl jeuaingc.

(*e*) Bod yn gymaint â (mesur penodol): *to measure, be* (*of a specified measure*).

1725 D. LEWIS: *GB* 120, *Messurodd* Mr. Derham Wyddyl tan 20 Oed yn, [*sic*] 7 Troedfedd 8 Modfedd. **1776** *W*, Mae e'n *mesur* saith troedfedd d.g. *to measure* [*be of such a measure*].

Amr.: **mesul²** [cf. *mesul¹*, amr. ar *mesur¹*]. Ar lafar yn y Gogledd. **mesurio, mysurio. 16g.** *Llst* 6, 117, *mysyriaw* ymllaw (*GGl* 248, Bodiaw y mae'r llaw) mor llwyr / rof ar llys rifor llaswyr [cywydd y paderau]. **1655** *Llst* 170, 80, Er roi siample i bob dyn, / iw ddilin ai *fesyrio*.

Cfn.: **mesur bonau:** *to measure* (*for payment*) *the amount of rock removed from the base of a slate quarry 'bargain' during levelling*. Ar lafar yn ardal y chwareli. **m. cleddyfau:** *to measure swords*. **1881** D. OWEN: *D* 213, gallwn *fesur cleddyfau* yn lled lew â llencyn fel hwn. **m. y ffordd:** *to wander from one side of the road to the other* (*esp. under the influence of drink*). Ar lafar yn gyff. **mesur ei (fy, &c.) hyd:** *to measure one's length, fall prostrate*. **1853** W. REES: *AFR* 29, gwelodd Sam Haley yn *mesur ei hyd* ar y ddaear. Ar lafar yn gyff. **m. y llawr = m. ei hyd. 1885.** Ar lafar. **m. pawb wrth ei lathen (lathaid) ei hun:** *to measure all by his own ell*. **1853** W. REES: *AFR* 99. Ar lafar, *WVBD* 372.

Cf. cymesuraf: cymesuro.

mesurai [*mesur¹* + *-ai²*] *eb.* Mesurlath; medrydd: *gauging-rod; gauge*.

1722 *Llst* 189, *mesurai*, f. an exiseman's gage to measure with, mete-wand, yard. **1773** *W* d.g. *a gage to measure with, gauging-rod*.

mesuraid [*mesur¹* + *-aid¹*] *eg.* Uned a ddefnyddir wrth fesur cynhwysedd; bwysel: *unit of capacity; bushel*.

1798 *WR* d.g. *measure. id. mesuraid* (Winchester) d.g. *met*.

mesuraidd, mesuriaidd [*mesur¹* + -(*i*)*aidd*] *a.* Cymesur; wedi ei fesur, rheolaidd, cyson; mydryddol: *commensurate, proportionate; measured, steady; metrical*.

c. **1400** *Études* vii. 324, edrych yn vynych beth vo dy allu yn *vessureid* y'r rei eissywedigyon ac y'r rei vrdedigyon. **16g.** DAFYDD BENWYN: *Gw* 636, Ni wyr gerdd ddiwyr ddiwyd *vessvraidd*. **1592** S. D. RHYS: *Inst* 128, Lle bû Dudur bûr beraidd— Accennion / Ynn canu 'n *fesuraidd*. *c.* **1730** *Thos. Lloyd D* (LlGC) 175b, *mesuraidd*, modulatus. **18g.** *WLl* (*Geir*) 281, meidr, medr, *mesurieidd*.

Cf. cymesuraidd.

mesurbrawf [*mesur¹* + *prawf*] *eg.* Maen prawf, safon: *criterion, standard*.

1852.

mesurdeb [*mesur¹* + *-deb*] *eg.* Dimensiwn, yn *ffig.*: *dimension, fig*.

1935 T. H. PARRY-WILLIAMS: *EB* 3, Yng ngafael yr angerdd hwn, y mae'n gweld pethau cynefin yn ddieithr ar y pryd, fel petai'n eu gweld am y tro cyntaf; y maent mewn *mesurdeb* newydd iddo.

Cf. cymesurdeb.

mesureb [*mesur¹* + *-eb*] *eg.* ll. *-au*. *Math.* Canlyniad: *result* (*in math.*).

1937.

Cfn.: **mesureb pleserau:** *calculus of pleasure*. **20g.**

mesuredig [bôn y f. fl. + *-edig*] *a.bfl.* Wedi ei fesur, wedi ei bennu drwy fesur; rheolaidd; rhythmig, mydryddol: *measured, surveyed, determined by measure; regular; rhythmic, metrical*.

c. **1400** [*RB*] *WM* 494. 19–23, ar naw hestawr llinat . . . yn*uessuredic* oll heb dim yn eisseu o honunt eithyr un llinhedyn. **16g.** (*LlEG*) *Mos* 158, 102b, deuparth a thraiann hyd troed *messuredig*. **1604–7** *TW* (*Pen* 228) d.g. *admensus, demensus*. **1707** *AB* 89a d.g. *mensus*. **1756** W. WILLIAMS: *GDC* 48, Hwy oll [tywyllwch a goleuni] yn *fessuredig* maent i'm Iachawdwr glân. **1776** *W* d.g. *measured*. **18–19g.** R. DAVIES: *DB* 201, *Mesuredig* ei amser ydoedd, / Ddewra' Llywydd, gan Dduw'r llu-oedd. **1803** *P*.

Cf. cymesuredig.

mesuredigaeth [*mesuredig* + *-aeth*] *eg.* Mesuriad: *measurement*.

1770 *W* d.g. *admensuration*. **1803** *P*, *mesuredigaeth*, s.m., measurement.

mesuredd [*mesur¹* + *-edd¹*] *eg.* Arwynebedd; dimensiwn: *area; dimension*.

1892.

Cf. cymesuredd.

mesureg [*mesur¹* + *-eg¹*] *eb.g.* *Rhif.* Gwyddor mesur hyd, arwynebedd, a chyfaint; geometreg: *mensuration; geometry*.

1803 *P*, *mesureg*, the science of mensuration; geometry.

mesuregol [*mesureg* + *-ol*] *a.* Geometrig: *geometric*(*al*).

1803 *P*, *mesuregawl*, geometrical.

mesuregwr [*mesureg* + *-wr*] *eg.* ll. *-wyr*. Geometrydd; mathemategwr: *geometer, geometrician; mathematician*.

1864.

mesurell [*mesur¹* + *-ell*] *eb.* Riwl(er), pren mesur: *rule*(*r*).

1866.

mesurfa [*mesur¹* + *-fa, ma*] *eb.* Graddfa: *scale*.

[**1783**] *W*, *mesurfa* milldiroedd d.g. *scale of miles* [*in a map*].

mesuriad¹, mesurad [bôn y f. fl. + *-iad¹*, *-ad*] *eg.* ll. *-au*. Y weithred o fesur, maint a bennir drwy fesur; rheolaeth (ar y llais, &c.); mesureg; corfaniad; uned a ddefnyddir wrth fesur; cyfran, cyfraniad; maint, dimensiwn, hefyd yn *ffig.*: *a measuring, measurement; modulation* (*of the voice, &c.*); *mensuration; scansion; unit of measurement; portion, an apportioning; size, dimension, also fig*.

1604–7 *TW* (*Pen* 228) d.g. *dimensio, dimensum, mensio, metatio. id. mesuriat* tir d.g. *geodesia. id. mesuriat* y lleferydd d.g. *voculatio*. **1632** *D* d.g. *modiatio*. **1661** E. LEWIS: *Drex* 294, *mesuriad* (*dimension*) a hyd anfesuredig Tragywyddoldeb. **1725** I. HARRI: *RD* 56, A'r *messuriad* hwn i'r cyntedd oddiallan, a ddengŷs, y bydd amser y Cenhedloedd . . . gwedi ei gyflawni. **1776** *W* d.g. *measurement, or a measuring, mensuration*. **1784** M. WILLIAMS: *S* i. 193, [d]au cant a hanner o'r un *mesuriad* [milltiroedd]. **1798** *WR* d.g. *admeasurement*. **1803** *P*.

Cf. cymesuriad.

mesuriad², *eg.* *Bot.* Llysieuyn persawrus o'r tylwyth *Origanum*: *marjoram*.

15–16g. *Pen* 204, 54, organum mint y*messiriad*. **1604–7** *TW* (*Pen* 228), *mesuriat* d.g. *origanum*. **18g.** *Llr* C 24, 367. **1813** *WB* 219.

mesuriaeth, mesuraeth [*mesur¹* + -(*i*)*aeth*] *eg.b.*

(*a*) *Math.* Mesureg; geometreg; mesuriad: *mensuration; geometry; a measuring, measurement*.

1770 *W* d.g. *admensuration, geometrical* [*belonging to Geometry*], *mensuration*. **1795** J. THOMAS: *AIC* 338, a cheingciau Rhifyddiaeth y'w Rhifyddaeg, *Mesuriaeth*, a cherddoriaeth. **1803** *P*.

(*b*) Mydr, mydryddiaeth: *metre, versification*.

c. **1785–90** (**1829**) *CBYP* 123, Un a gwiniaith yn ei genau, / Rhy fwyseiriau ar *fesuriaeth*.

Cf. cymesuriaeth.

mesuriaf: mesurio, mesuriaidd, gw. mesuraf: mesur, mesuraidd.

mesuriaith [*mesur¹* + *iaith*] *eb.* Prydyddiaeth: *verse*.

18–19g. *CRIM* 3, Dawn cariad yn siarad *mesuriaith*.

mesuriant [bôn y f. fl. + *-iant*] *eg.* ll. *mesuriannau*. Mesuriad: *measurement*.

1803 *P*.

Cf. cymesuriant.

mesurig [*mesur¹* + *-ig²*] *a.* Wedi ei fesur, rheolaidd, cyson: *measured, regular, steady*.

16–17g. E. PRYS: *Gw* 201, Saer y gerdd *fesurig* wych, / Siaradus o saer ydych [Siôn Phylip i Edmwnd Prys].

mesurlath, mesurllath [*mesur¹* + *llath*] *eb.* ll. *-au*. Ffon fesur, gwialen raddoledig i fesur cynhwysedd neu gynnwys casgen neu lestr arall, llath fesur, hefyd yn *ffig.*: *measuring-rod, gauging-rod, yardstick, also fig*.

1604–7 *TW* (*Pen* 228) d.g. *decempeda, decempedator, radius, virga* (hefyd *D*). **1722** *Llst* 189, *mesurllath*, f. an exiseman's gage to measure with, metewand, yard. **1725** *SR* d.g. *a yard*. **1760** *ML* ii. 278, Ni wn i pwy a wnaeth *fesurlath* y Seisnig feirdd. *id.* 290, yn y magazine y cefais ysgal y poets . . . nis gwn i pwy ai gwnaeth, ac nis gwaeth gennyf am y caffwyf weled eich *mesur-lath* chwi. **1773** *W* d.g. *a gage to measure with, gauging-rod, yard or yardwand* [*a rod, wand, &c. of that measure*].

mesurllestr, gw. mesur¹ + llestr¹.

mesurog [*mesur¹* + *-og*] *a.* Wedi ei fesur, rheolaidd, cyson: *measured, regular, steady*.

16–17g. *GST* i. 139, Saer erioed, mesurwr wyf, / Saer gwawd *fesurog* ydwyf. *id.* 538, Saer gwawd *fesurog* ydoedd, / Saer da, a disiarad oedd [marwnad Siôn Brwynog].

mesurol [*mesur¹* + *-ol*] *a.* Cyfaddas, gweddus, priodol, cymedrol, rhesymol, rheolaidd; mesuradwy, meidrol, wedi ei fesur, mesuredig, meintiol; mydryddol, ar fydr: *suitable, proper, appropriate, moderate, temperate, reasonable, regular; measurable, finite, measured, quantitative; metrical, in verse*.

14–15g. *IGE²* 116, Syr Dafydd ohedrydd hawl, / Saer y gyfraith *fesurawl* (Gruffudd Llwyd). *c.* **1401** *AL* ii. 458, ac ymhoylyt mil ogwysseu *messurawl*. *Dchr.* **15g.** *B* viii. 140, na buchedockeis yn *vessurawl*. ac yn diweir. ?**15g.** *IGE* 152, Y seren deg *fesurawl* / A weled gynt. **16g.** *Mos* 113, 22, [g]wneuthur [asur] or ddau liw hynny, trwy gyfansoddiad *mesurol*. *c.* **1585** *Llst* 178, 132b, cymaint ag a fo raidiol y ti wrthynt [da bydol] yn *fesyrol* (*with a measure*) i gynal jechyd corfforol. *Diw.* **16g.** *WLB* 99, yfed gwin yn *fessurol*, bwyta powdr saits . . . yn gymhesur. **16–17g.** *CRC* 357, kanv karol mwyn *mesvrol* / kanv englyn gida thelyn. **1604–7** *TW* (*Pen* 228) d.g. *definite, mediocris*. **1605–10** *IICRC* iii. 68, Gwrandewch air or yskrythur lan / a hynn ar gân *vessurol*. **1632** *D* d.g. *dimensum, modulor*. **1656** (**1745**) *MLl* ii. 169, dy adnabod dy hun a'th Galon fach *fesurol*. *c.* **1700** E. LHUYD: *Par* i. 78, i mae hen gaer yn dyn a villdir [*sic*] *vesŷrol* o gwmpas. **1711** M. MAURICE: *YAD* 24, Pe byddeu [Duw] yn *fessyrol* gan y creadur. **1725** I. HARRI: *RD* 56, Eglwysydd yr Juddewon yn yr anialwch oeddynt yn sanctaidd: y *messurol* Eglwysydd y rhai a fuont yn amser rheolaeth Anghrist, a fuont Sanctaidd.

Cf. cymesurol.

mesurolder [*mesurol* + *-deb*] *eg.* Cymedroldeb: *moderation*.

1632 *D* d.g. *temperamentum*.

mesuronaeth, gw. mesuroniaeth.

mesuronaf: mesuroni [bf. o'r e. ll. *mesuron* neu o *mesur¹* + *-on¹*, cf. *mesuroniaeth*] *bg.a.* Ymarfer mathemateg; amcangyfrif: *to practise mathematics; estimate*.

1834.

mesuroneg [*mesuron*(*iaeth*) + *-eg¹*] *e?g.* Mathemateg: *mathematics*.

1892.

mesuroniad [bôn y f. fl. + *-iad¹*] *eg.* ll. *-au*. Amcangyfrif: *estimate*.

20g.

mesuroniaeth, mesuronaeth [*mesur¹* + *-on¹* + -(*i*)*aeth*; cf. *gwyddoniaeth, meintoniaeth*] *eb.* Mathemateg; geometreg; mesuriad: *mathematics; geometry; measurement*.

1850.

mesuronol [*mesuron*(*iaeth*) + *-ol*] *a.* Mathemategol; geometrig; hefyd yn *ffig.*: *mathematical; geometric*(*al*); *also fig*.

1851.

mesuronwr, mesuronydd [bôn y f. fl. + *-wr, -ydd³*] *eg.* ll. *-wyr*. Mathemategwr:

mathematician.
1835.

mesur-radd [*mesur*[1] + *gradd*] *eg.* Graddfa: *scale.*
1852.

mesurwr, mesurydd [bôn y f. *mesuraf*: *mesur* + *-wr*, *-ydd*[3]] *eg.* ll. *-wyr*, *-yddion.* Person neu beth sy'n mesur; tirfesurydd, syrfëwr; (yn y ff. *mesurydd*) meidrydd, medrydd; hefyd yn *dros.* ac yn *ffig.*: *measurer*; *land-measurer*, *surveyor*; *gauge*, *meter*; *also transf. and fig.*
13g. *LlI* 59, canys goreu *messuruur* uu ef [Dyfnwal Moelmud]. **15–16g.** *TA* 422, *Mesurwr* maes â'i wryd [am farch]. **1588** *Diar* xxiv. 12, onid yw *mesurwr* (**1620** *ib.* pwyswr) y calonnau yn dêall? **16–17g.** *GST* i. 139, Saer erioed, *mesurwr* wyf, / Saer gwawd fesurog ydwyf. **1632** *D* d.g. *metator, modulator.* **1653** *MLl* i. 226, Na wrando ar y *mesurwŷr* cnawdol, sy'n sôn . . . am . . . [y] [m]illdyroedd sydd yn gwregysu yr holl fyd. **1703** E. WYNNE: *BC* 19, a mân-ladron . . . sef . . . *Mesurwyr* gwlŷb a sŷch a'r cyffelyb. **1716** R. LLOYD: *LlGG* [iii], y Lleuad, a'r Sêr, y rhai ydynt Wneuthurwyr a *Mesurwyr* Amser. *c.* **1720** *CIF* d.d., Cyfarwyddiad i *Fesur-wyr.* **1759** *BC* 264, dy brynwr barnwr Bŷd, / *Mesurwr* hyd, dy yrfa. **1762** *CGC* 5, Thomas Lewis . . . Saer Coed a *Mesurwr.* **1776** *W* d.g. *measurer.* **1793** T. JONES: *SD* 15, Rhyw farnwr tra anfedrus, a gau *fesurwr* yw, / O hono' i hun, a'i anian. **1803** *P* d.g. *mesurwr, mesurydd.*
Cfn.: **mesurwr y ddaear:** *geometer.* **1604–7** *TW* (*Pen* 228) d.g. *geometrice.* **mesurydd glo:** *coal meter, one who measures or weighs coal.* **1822.** **mesurwr (mesurydd) tir(oedd):** *land-measurer, surveyor; geometer; ?mathematician.* **1604–7** *TW* (*Pen* 228) d.g. *abacus.* **1632** *D* d.g. *geodetes, mensor.* **1712** T. WILLIAMS: *CDdG* 191.
Cf. cymesurwr, cymesurydd.

mesuryd, mesurydd, gw. mesyryd, mesurwr.

mesuryddiaeth [*mesurydd* + *-iaeth*] *eg.b.* Geometreg; mesureg; mydryddiaeth: *geometry*; *mensuration*; *metre.*
1596 *Pen* 187, 36b, Geometrig [*sic*] nev *fesvryddiaeth.* **1605–10** *GP* 204, Arddangossyaeth . . . o'r honn y mae pedair kaink . . . kyfryfyddyaeth, *messuryddyaeth*, wybyryddyaeth, kanyddyaeth. **1630** R. VAUGHAN: *YDd* 109, y rhai sydd gyfarwydd ym *messuryddiaeth* y byd (*Cosmographers*). *c.* **1730** *Thos. Lloyd D* (LlGC) 175b, *mesuryddiaeth*, mensuratio. Geometria. **1773** *W* d.g. *geometrically.* **1803** *P*, *mesuryddiaeth*, s.m., mensuration.
Cfn.: **mesuryddiaeth daear:** *geometry.* **1722** *Llst* 189. **1773** *W* d.g. *geometry.*

mesuryddol [*mesurydd* + *-ol*] *a.* Geometrig; yn perthyn i fesureg: *geometric(al)*; *mensural.*
1773 *W* d.g. *geometrical* [*belonging to Geometry*]. **1803** *P*, *mesuryddawl*, mensural.

mesuryn [*mesur*[1] + *-yn*] *eg.* ll. *-nau.* *Math.* Cyfesuryn fertigol pwynt mewn system gyfesurynnau Gartesaidd ddau ddimensiwn; uned a ddefnyddir wrth fesur: *ordinate*; *unit of measurement.*
1873.

meswehyn, meswl, gw. maeswehyn, mesur[1].

meswr [bôn y be. *mesa* + *-wr*] *eg.* ll. *-wyr.* Casglwr mes: *acorn-gatherer.*
1722 *Llst* 189, *meswr*, a mast-gatherer.

meswyl, mesyngaf: mesyngi, gw. mesur[1], ymsangaf: ymsengi.

mesyryd [*mes*[1] + elf. anh.] *eg.* Cyflawnder o fes, mes, hefyd yn *dros.*; yr arfer o droi moch i bori mes mewn coedwig; hydref: (*abundance of*) *mast*, *also transf.*; *pannage* (*custom*); *autumn.*
15g. *AL* ii. 268, Ac nydyleyr croes y *messyryt* namyn messobr. **15g.** *LGCD* 33, Mes heb na mawrdes na mall, / *Mesyryd* grymus arall. *Diw.* **15g.** (**15–16g.**) *B* xvii. 80, o dderwcoet [*sic*] sychon o lwytgoet cynon / ac o hono ym siaron y cawn *fysyryt* (Y Nant). **15–16g.** *TA* 24, Ystryw pur i fyw, porfëydd—ynghŷd, / Ŷd, brawn, *mesuryd* bron, mês irwydd. **16g.** (**1776**) *Pant* 22, 53b, a chynhafa *mesuryd* iw moch ehunain ar deiliaid. **16–17g.** *GST* i. 218, Mwrai mil a mwyar mân, / *Mesyryd* mewn maes arian [i ofyn bwcled]. **1632** *D*, *mesyryd*, glandium copia. **17g.** *B* xxiii. 163, [c]ynhafa *mess y ryd* [*sic*] i'w moch ehunain a'r deiliaid. **1688** *TJ*, *mesyrŷd*, llawnder o fês: plenty of Acorns. **1696** *CDD* 365, Duw . . . Danfon ar goedŷdd *fesurŷd.* **1770** *W* d.g. *a'corns* . . . *a plentiful season for a'corns.* **18–19g.** *Llr* C 10, 17, y ddegfed ddydd o fis Medi, a'r dydd cyntaf o'r *mesyryd* yw, a hefyd dydd Cyhydedd haul y *Mesyryd.* **18–19g.** *Llr* C 68, 71, *Mesyryd*, the Autumn, or Harvest quarter. **1803** *P.*

mêt, mât [bnth. S. *mate*] *eg.* ll. *-s.* Isgapten ar long (fasnach); partner, cydymaith, cyfaill: *first officer on* (*merchant*) *ship*, (*first*) *mate*; *partner*, *associate*, *mate.*
1756 *ML* i. 411, ai *mât* hi [slŵp] mab Owen Sion Owen. **1760** *id.* ii. 263, Wil . . . eich hen wâs oedd ei *fât* e. Ar lafar, 'Watsia be' ti' weud, *mêt*'; hefyd yn y dywediad 'Os *mêts*, *mêts*'.
Cfn.: **mât blaenaf:** *first mate.* **1858.** **ail fêt (fât):** *second mate.* **1858.**

meta- [bnth. S. *meta-*] *rhgdd.* sy'n dynodi 'cyfnewidiol' neu 'uwch'.

metabolaeth, metaboliaeth [cfdds. o'r S. *metabol(ism)* + *-(i)aeth*] *eb.* Cyfanswm y newidiadau cemegol sy'n digwydd mewn organeb, ac sy'n sail i brosesau tyfiant, cynhyrchu egni, &c.; cyfanswm y prosesau cemegol sy'n effeithio ar sylwedd arbennig yn y corff: *metabolism.*
20g.

metabolaidd [cfdds. o'r S. *metabol(ic)* + *-aidd*] *a.* Metabolig: *metabolic.*
20g.

metaboleg [cfdds. o'r S. *metabol(ism)* + *-eg*[1]] *eg.b.* Metabolaeth: *metabolism.*
20g.

metaboleiddiaf: metaboleiddio [cfdds. o'r S. *metabol(ize)* + *-eiddio*] *ba.* Cynhyrchu neu drawsnewid drwy fetabolaeth: *to metabolize.*
20g.

metaboliaeth, gw. metabolaeth.

metabolig [cfdds. o'r S. *metabol(ic)* + *-ig*[2]] *a.* Yn perthyn i fetabolaeth: *metabolic.*
20g.

metabolyn [cfdds. o'r S. *metabol(ite)* + *-yn*] *eg.* ll. *-nau.* Sylwedd sy'n angenrheidiol ar gyfer metabolaeth neu a gynhyrchir yn ystod metabolaeth: *metabolite.*
20g.

metabwynt [*meta-* + *pwynt*] *eg.* ll. *-iau.* Croestorfan rhwng y llinell fertigol drwy graidd hynofedd llong, &c., sy'n arnofio'n gytbwys a'r llinell fertigol drwy'r craidd hynofedd pan fo'r llong, &c., ar ogwydd: *metacentre.*
20g.

metacarpal, metacarpol [bnth. a chfdds. o'r S. *metacarp(al)*(+ *-ol*)] *a.* *Swol.* Yn perthyn i'r metacarpws: *metacarpal.*
20g.

metacarpws [bnth. S. *metacarpus*] *eg.* *Swol.* Yr esgyrn sy'n ffurfio'r rhan o'r llaw rhwng yr arddwrn a bonion y bysedd, hefyd yr esgyrn cyfatebol mewn anifeiliaid eraill: *metacarpus.*
20g.

metael, gw. metel.

metaffiseg [cfdds. o'r S. *metaphys(ics)* + *-eg*[1]] *eb.g.* Y gangen o athroniaeth sy'n ymwneud ag egwyddorion sylfaenol, yn enw. ynglŷn â bodolaeth a gwybodaeth, damcaniaeth ynglŷn â bodolaeth a gwybodaeth: *metaphysics.*
1923.

metaffisegaf: metaffisegu [bf. o'r e. bl.] *bg.* Ymhél â metaffiseg, ysgrifennu'n fetaffisegol: *to metaphysicize.*
1935.

metaffisegol [*metaffiseg* + *-ol*] *a.* Yn perthyn i fetaffiseg, o natur metaffiseg, o safbwynt metaffiseg; anghorfforol, nad yw'n perthyn i fyd y synhwyrau; yn perthyn i rai o feirdd Lloegr yn yr 17g. (megis Donne, Cowley, Herbert, Marvell) a ysgrifennai farddoniaeth ddyfeisgar a chyforiog o ddelweddau cywrain: *pertaining to metaphysics*, *metaphysical*; *immaterial*, *supersensible*; *pertaining to the metaphysical poets.*
20g.

metaffisegwr, metaffisegydd [*metaffiseg* + *-wr*, *-ydd*[3]] *eg.* ll. *-wyr.* Rhywun sy'n hyddysg mewn metaffiseg neu'n astudio'r pwnc; bardd metaffisegol: *metaphysician*; *metaphysical poet.*
1903.

metaffisicaidd [cfdds. o'r S. *metaphysic(al)* + *-aidd*] *a.* Metaffisegol: *metaphysical.*
1837.

metaffisicydd [bnth. S. *metaphysic* + *-ydd*[3]] *eg.* ll. *-ion.* Metaffisegydd: *metaphysician.*
1597 (**18g.**) *Rhyddiaith Gymraeg* ii. 159, astronomyddion, astrologyddion a *metaphysicyddion.*

metaffisig [bnth. S. *metaphysic*] *e?g.* Metaffiseg: *metaphysics.*
1545 *CM* I, 364, ymrauaelion ffesygwyr a meddygon keluyd mewn asdronnimei a *mattaffussig* [*sic*].

metaffor [bnth. S. *metaphor*] *eg.b.* ll. *-au.* Gair neu ymadrodd a drosir o'i briod ystyr a'i gymhwyso at rywbeth nas dynodir ganddo'n llythrennol, trosiad: *metaphor.*
17g. *CM* 379, 12, Pryny yr amser . . . *Metaphor* ydiw, yn lle achub yr amser, megis prynv.

metafforaidd [*metaffor* + *-aidd*] *a.* Yn perthyn i fetaffor, heb fod yn llythrennol, trosiadol: *metaphorical.*
20g.

metaffuseg, metaffusegol, gw. metaffiseg, metaffisegol.

metaffyseg, metaffysegaf: metaffysegu, metaffysegol, &c., gw. metaffiseg, metaffisegaf: metaffisegu, metaffisegol, &c.

metaiaith [*meta-* + *iaith*] *eb.* ll. *-ieithoedd.* Iaith neu system o symbolau a ddefnyddir i drafod iaith neu system symbolau arall: *metalanguage.*
20g.

metal, metalaidd, metalig, metalus, gw. metel, metelaidd, metelig, metelus.

metamorffaidd [cfdds. o'r S. *metamorph(ic)* + *-aidd*] *a.* *Drg.* Metamorffig; yn perthyn i fetamorffiaeth: *metamorphic* (*of rocks*); *relating to metamorphism.*
1850.

metamorffiaeth [cfdds. o'r S. *metamorph(ism)* + *-iaeth*] *eb.g.* *Drg.* Cyfnewidiad metamorffig: *metamorphism.*
20g.

metamorffig [cfdds. o'r S. *metamorph(ic)* + *-ig*[2]] *a.* *Drg.* Wedi ei newid o ran ffurf neu gyfansoddiad gan wres neu bwysedd (am graig): *metamorphic* (*of rocks*).
1928.

metamorffosis [bnth. S. *metamorphosis*] *eg.* ll. *metamorffoses.* Cyfnewidiad cyflawn o ran ffurf neu sylwedd, trawsffurfiad, cyfnewidiad o ran cymeriad, ymddangosiad, &c.; *Swol.* trawsffurfiad cyflym larfa yn anifail llawndwf, e.e. penbwl yn troi'n llyffant: *metamorphosis.*
20g.

metasad [*meta-* + *sad*] *a.* Yn parhau mewn cyflwr o gydbwysedd ymddangosiadol ond yn newid i gyflwr mwy sefydlog dan rai amodau (am wrthrych neu system); *Ffis.* ac iddo oes hir iawn (am

atom, niwclews, &c., mewn cyflwr cynhyrfol): *metastable (also in physics).*
20g.

metasefydlog [*meta-* + *sefydlog*] *a.* Metasad: *metastable.*
20g.

Metasoa [bnth. S. *Metazoa*] *e.ll.* Anifeiliaid â chyrff amlgellog: *Metazoa.*
20g.

metastasis [bnth. S. *metastasis*] *eg.* ll. *metastases.* Lledaeniad clefyd, yn enw. cancr, o un rhan o'r corff i ran arall: *metastasis.*
20g.

metasylem [bnth. S. *metaxylem*] *eb. Biol.* Meinwe sylem ac iddi gelloedd anhyblyg trwchus eu waliau sydd i'w chael yn y rhannau o blanhigyn sydd wedi gorffen tyfu: *metaxylem.*
20g.

metatarsal, metatarsol [bnth. a chfdds. o'r S. *metatars(al)*(+*-ol*)] *a. Swol.* Yn perthyn i'r metatarsws: *metatarsal.*
20g.

metatarsws [bnth. S. *metatarsus*] *eg. Swol.* Yr esgyrn sy'n ffurfio'r rhan o'r troed rhwng y migwrn neu'r ffêr a'r bysedd: *metatarsus.*
20g.

metathoracs [bnth. S. *metathorax*] *eg. Swol.* Rhan ôl thoracs pryfyn: *metathorax.*
20g.

metathorasig [cfdds. o'r S. *metathorac(ic)* + *-ig*²] *a. Swol.* Yn perthyn i'r metathoracs: *metathoracic.*
20g.

metel, metal [bnth. S. C. *metel(l)*, *metal(l)*; â'r ystyr yn adran 2, cf. S. *mettle*, yn wr. amr. orgraffyddol ar *metal*] *eg.b.* ll. *metelau, -oedd, -ydd, metaloedd, -au*, a hefyd fel *a.*

1. (*a*) Un o ddosbarth o elfennau cemegol (e.e. haearn, copr, aur, arian) sydd yn grisialog pan fônt yn solid ac sydd yn fynych yn hydwyth, yn hydrin, yn ddwys, ac yn ddisglair, ac yn dargludo gwres a thrydan yn dda; aloi (e.e. dur, pres) sy'n cynnwys un neu ragor o'r elfennau hyn: *metal.*
1346 *LlA* 80, tegach oed noc auu o eira na *mettel* (*B* xviii. 150, *metal*) nac aryant nac eur. **14–15g.** *IGE*² 328, Nid oes gwaith, nawtaith natur, / Na dim ar *fetel* na dur, / . . . / Nas gwypo efô a'i farn (Rhys Goch Eryri). **15g.** *Pen* 109, 23, Dec pel o *uettel* [Lewis Glyn Cothi am baderau]. **15g.** *GGl* 78, A phob *metel* o Felan / O dri thwits rhwng dŵr a thân. **15g.** *Pen* 67, 7, Modleiwyt *mettel* lawer / ym ric y sirric o ser. **16g.** *Med H* 14, a'r sulffur sydd dat *meteloedd*, a'r arian byw yw'r vam. *a.* **1587** *Y* 236, Ym talodd avr, *mettel* dda. **1606** E. James: *Hom* ii. 32, amryw a bagad o ddelwau o goed, cerrig a *mettelau* meirwon. **1615** R. Smyth: *GB* 4, toddiad a chymysciad *metaloedd*. **1632** *D*, *mettel*, metallum. **1685** *Art* 12, ffiagen o Bewter neu o *fettel* purach ir gwîn. **1725** D. Lewis: *GB* 5, Ai spring o Ddur, am mai dyna 'r *Fettel* oreu at hynny. **1796** T. Jones: *CCA* 377, y *fettel* wael honno [haearn], ac nid aur. **1803** *P*, *mettel*, s.m. metal.

(*b*) Arf neu arfogaeth o fetel: *metal weapon or armour.*
14g. *GDG* 378, Glew sidell, gloyw osodiad, / Rhyfel wyd, y *metel* mad [i'r cleddyf]. **15g.** *LGC* 12, Ev a âi atynt hwy â'i *vetel*; / Ev a'i wyr hevyd, ev i'r rhyvel. **15g.** *GGl* 80, Dêl hyn o *fetel* yn fau [i ofyn saeled]. **15–16g.** *TA* 75, Na chel na'th *fetel* na'th farch. **16g.** *Llst* 6, 48–9, ath *vetel* howel ar hyd y groes / ath waywyr ganoes ath wyrgenyd.

2. Sylwedd, yn enw. yn *ffig.* am ansawdd, anian, natur, neu ysbryd person; glewder, dewrder: *substance, esp. fig. of a person's nature, spirit, or quality, mettle; bravery, courage.*
15g. Deio ab Ieuan Du, &c.: *Gw* 156, Un *fetel* yw Llywelyn / Â'r llafn dur, ai llai ofn dyn? **15g.** *LGCD* 112, Sant ydoedd ef yng nghrefydd, / Syr Hywel, un *fetel* fydd. **15g.** *GGl* 106, Mae'n ei galon wreichionen / O *fetel* meistr Howel hen. *id.* 174, Gŵr un *fetel* â'r garreg, / Doeth yw a chaled a theg. **15g.** *ID* 71, mae *metel* howel ai hyd / milwr gwyn mal avr genyd. *c.* **1585** G. Robert: *DC* 20a, nid yw arglwydd onyd or vn *fettel* ar cerdotddyn. *a.* **1587** *Y* 73, Trwy fy iaith i treia' fi / Dy *fettel* lle dof itti. **1632** J. Davies: *LlR* 41, yr oedd eu calonnau o *fettel*feddalach [*sic*] nag y mae yr eiddom ni. **1655** WL: *DP* 196, Fel hyn y tawdd Angeu . . . *fettel* gwael ein cyrph, ac ai trydd i sylwedd purach. **1696** *CDD* 324, Dy bridd lestr *fettel* frau, / Dâllt nâs gall yn hir barhau. **1736 (1812)** *YRW* 19, Mynaf wybod pa *fettel* sydd ynddo [Dic Whittington]. **[1745]** W. Roberts: *FfM* 60, Yn llawn *Mettel* i'r Fattel faith. **1772** D. Risiart: *HFP* 59, bywyd neu *fettel* mewn ceffyl dall. **1776** *W* d.g. *mettle*. *Diar.* Trech *metel* na maint. Ar lafar, 'carrag o *fetal* iawn', 'good sound stone'; 'y *fetal* gleta o bridd', *WVBD* 372.

Fel *a.* (*a*) Wedi ei wneud o fetel: *made of metal.*
1776 *W* d.g. *metal* [*Adj.*].

(*b*) Wedi ei gynhyrchu drwy fwyngloddio: *mined.*
c. **1400** *Études* vii. 58, Dwy genedlaeth yssyd or halen, un man ac un bras, a goreu yw'r man . . . a hwnnw a elwir halen *metael*. Y bras a elwir halen morawl. *Diw.* **16g.** *WLB* 86.
Amr.: **metael.** *c.* **1400** *Études* vii. 58. *Diw.* **16g.** *WLB* 86. **metl. 1807.**
Cfn.: **metel asio:** *solder.* **[1783]** *W* d.g. *soder or solder.* **m. gwn:** *gun-metal.* **20g. m. gyr:** *wrought metal.* **1936. m. naturiol:** *natural ore.* **20g. m. sgrap:** *scrap-metal.* **20g. m. teip:** *type-metal.* **20g. m. traul:** *bearing metal.* **20g.**

metelaf: metelu [bf. o'r e. bl.; tywyll yw union ystyr yr enghrau. yn adran (*a*) isod] *bg.a.*

(*a*) Rhoddi metel neu haenen o fetel ar, hefyd yn *dros.* ac yn *ffig.*: *to metal, coat with metal, also transf. and fig.*
16g. Wiliam Cynwal: *Gw* (G. P. Jones) 71, Tu Holant a *fetelwyd*, / Tes o gorff tywysog wyd. **16–17g.** E. Prys: *Gw* 211, Da ac uchel *metelwyd* / Dy arf rwydd [Huw Machno i ofyn cleddyf a chariadferch]. **16–17g.** *PhA* 97, mae tâl iddi *mettelwyd* / o gann claer ag ewyn clwyd.

(*b*) Troi'n fetel, mynd yn fetel: *to turn into or become metal.*
1803 *P*, *mettelu*, to turn to metal; to become metal.

metelaidd, metalaidd [*metel, metal* + *-aidd*] *a.*

(*a*) Yn perthyn i fetel, yn cynnwys metel, o natur metel, tebyg i fetel, nodweddiadol o fetel, hefyd yn *ffig.*; wedi ei wneud o fetel: *metallic, metalline, also fig.*; *made of metal.*
1604–7 *TW* (*Pen* 228), *meteleidd* d.g. *metallicus* (hefyd *D*). **1722** *Llst* 189, *mettelaidd* d.g. *metal . . . Of Metal.* **1776** *W*, *mettelaidd* d.g. *metallic, metalline.* **1800** W. Owen[-Pughe]: *CP* 36, os na byddai ynddo [dŵr] gymmysg o fater *mettelaidd* neu beth niweidiol arall. **1803** *P*, *mettelaidd*, like metal, metallic.

(*b*) Mwynol: *mineral.*
1759 J. Evans: *PF* 8, yr amrywiol Rywogaethau o Gyrph, bywolaidd, *mettelaidd* a llysieuaidd. **1776** *W* d.g. *mineral, Adj.*

metelcyn, gw. metelgyn.

meteleg [*metel* + *-eg*¹] *eg.b.* Yr wyddor sy'n ymwneud â chyfansoddiad a phriodweddau metelau ac â'r gwahanol ddulliau o'u mwyngloddio a'u trin: *metallurgy.*
1850.

metelegol [*meteleg* + *-ol*] *a.* Yn perthyn i feteleg: *metallurgical.*
20g.

metelegwr, metelegydd [*meteleg* + *-wr*, *-ydd*³] *eg.* ll. *-wyr.* Rhywun sy'n hyddysg mewn meteleg: *metallurgist.*
20g.

meteleiddiaf: meteleiddio [bf. o'r a. *metelaidd*] *ba.* Gwneud yn fetelaidd, hefyd yn *ffig*: *to make metallic, metallize, also fig.*
1858.

metelgyn [*metel* + *cŷn*] *eg.* Cŷn engrafu: *engraver's chisel, burin.*
1561–2 *Rhyddiaith Gymraeg* i. 63, a phob dieithrlvn,—bysc, aderyn a gwystvil,—ac awchddvr *vetylgyn* a ysgrivennych ar brenn. **1604–7** *TW* (*Pen* 228), torri a *metelgyn* d.g. *cælo. id.* yscythrû a *metelgyn* d.g. *excalpo. id.* torri a *metelcyn* [*sic*] d.g. *insculpo. id. metelcyn* [*sic*] yscythru mewn carrec d.g. *terebra.* **1632** *D*, *mettelgyn* d.g. *cælo, insculpo.* *c.* **1730** *Thos. Lloyd D* (LlGC) 175b, *mettelgyn*, cælum. **1773** *W*, torri â *mettel-gŷn* d.g. *to engrave.*

metelifferaidd [cfdds. o'r S. *metallifer(ous)* + *-aidd*] *a.* A metel ynddo: *metalliferous.*
20g.

metelig, metalig [*metel, metal* + *-ig*²] *a.* Metelaidd, hefyd yn *ffig.*: *metallic, also fig.*
1842.

metelog [*metel* + *-og*] *a.* Wedi ei wneud o fetel, yn cynnwys metel, llawn metel: *made of metal, metalline, metalliferous.*
1776 *W* d.g. *metallic, metalline.* **1803** *P*, *mettelawg*, abounding with metal, metalliferous.

metelol [*metel* + *-ol*] *a.* Mwynol: *mineral.*
1678 *Mos* 149, 347, [t]air rheoleth y Byd, sef Anifeiliawl, Cynyrchiawl a *metelawl*.

metelus, metalus [*metel, metal* + *-us*; ansicr yw ystyr yr engh. gyntaf yn adran (*b*)] *a.*

(*a*) Calonnog, glew, gwrol; o ddefnydd, rhuddin, neu ansawdd da: *mettlesome; of good mettle.*
16g. Wiliam Cynwal: *Gw* (G. P. Jones) 74, *Metelus* ym mateloedd. **16–17g.** T. Prys: *Bardd* 218, tal syth a *metelys* wyd. **16–17g.** *PhA* 255, talai swrn *metelys* oedd. **1632** *D*, *mettelus*, quod boni est metalli. **1722** *Llst* 189, *mettelus*, of good mettal: mettlesome. **1744** D. Rowland: *RY* 237, yr ydych yn edrych fel un *mettelus* ddigon. **1776** *W* d.g. *mettlesome.* *c.* **1785–90 (1829)** *CBYP* 167, A'i feirch *metelus* difraw drwy'r ddol yn rhodiaw'n rydd. **1803** *P*, *mettelus* . . . mettlesome.

(*b*) Llawn metel, metelaidd; wedi ei wneud o fetel: *metalline, metallic; made of metal.*
1547 *WS*, *metelus* val arf, free. **1776** *W* d.g. *metalline.* **1803** *P*, *mettelus*, of the nature of metal.

metelwr, metelydd [*metel* + *-wr*, *-ydd*³] *eg.* ll. *-wyr, -yddion.* Un sy'n cloddio metel ac yn ei buro, un sy'n trin metelau, metelegwr: *one who mines and refines metal, metalworker, metallurgist.*
1567 *TN* [xlvi], Megis y mae yn ddiareb gan y *metelwyr* may goreu aur yw'r hen. **1604–7** *TW* (*Pen* 228), *metelwr* d.g. *metallarius, metallicus.* **1722** *Llst* 189, *mettelwr*, a digger or finer of mettal, miner. **1776** *W*, *mettelwr*, *mettelydd* d.g. *metalist.* **1803** *P*, *mettelwr*, a metallurgist, a worker of metals. *id.* *mettelydd*, metallurgist.

metelyddiaeth [*metel* + *-yddiaeth*] *eb.g.* Y gelfyddyd o drin metelau, meteleg: *metalwork, metallurgy.*
1803 *P*, *mettelyddiaeth*, s.m. metallurgy.

meteor [bnth. S. *meteor*] *eg.* ll. *-au.* Corff wybrennol bychan iawn sydd wedi treiddio i atmosffer y ddaear, seren wib: *meteor.*
1936.

meteoraidd [*meteor* + *-aidd*] *a.* Yn perthyn i seren wib: *meteoric.*
20g.

meteorig [cfdds. o'r S. *meteor(ic)* + *-ig*²] *a.* Yn perthyn i seren wib: *meteoric.*
20g.

meteorit [bnth. S. *meteorite*] *eg.* ll. *-au.* Seren wib sy'n cyrraedd wyneb y ddaear heb ei llawn anweddu, meteoryn, gwibfaen: *meteorite.*
20g.

meteoroleg [cfdds. o'r S. *meteorol(ogy)* + *-eg*¹] *eb.g.* Yr wyddor sy'n ymdrin â'r atmosffer a'i ffenomenau, yn enwedig er mwyn darogan y tywydd: *meteorology.*
20g.

meteorolegol [*meteoroleg* + *-ol*] *a.* Yn perthyn i feteoroleg: *meteorological.*
20g.

meteorolegwr, meteorolegydd [*meteoroleg* + *-wr*, *-ydd*[3]] *eg.* ll. *-wyr.* Un sy'n astudio'r atmosffer a'i ffenomenau, yn enwedig er mwyn darogan y tywydd: *meteorologist.*
20g.

meteoryn [*meteor* + *-yn*] *eg.* ll. *-nau.* Meteorit: *meteorite.*
20g.

meteorynnol [*meteoryn* + *-ol*] *a.* Yn perthyn i feteorit: *meteoritic, pertaining to a meteorite.*
20g.

metl, gw. metel.

metliaf: metlio [bnth. S. (*to*) *metal*] *bg.a.* Gwneud neu drwsio ffordd neu lein reilffordd â metlin, torri cerrig at y gwaith hwnnw: *to make or mend a road or railway line with road-metal or metalling, break stones for this.*
Ar lafar yn y Gogledd, *WVBD* 372.

metlin, metling [bnth. S. *metalling* 'road-metal'] *e.ll.* Cerrig (ithfaen) wedi eu torri i'w defnyddio at wneud ffordd neu lein reilffordd; cerrig llai a ddefnyddir wrth drwsio ffordd, &c.; teilchion, cyrbibion: *road-metal, metalling; chippings; smithereens, fragments.*
1897. Ar lafar yn y Gogledd, *B* xx. 247, hefyd yn y ff. *meclin.*

metliwr [bôn y f. fl. + *-iwr*] *eg.* ll. *-wyr.* Un sy'n trwsio ffordd, hewlwr: *road-mender, roadman.*
Ar lafar yn y Gogledd, *WVBD* 372.

metonymia [bnth. dysg. Llad. Diw. *metōnymia*] *eg.* Trawsenwad: *metonymy.*
1672 R. PRICHARD: *Gw* 306, Yn y gair Cwppan y mae *Metonymia,* trwy ba droedigaeth ar eiriau, y rhoddir enw y peth cynnwysedig ir peth sydd yn ei gynnwys ef. *id.* 518.

metr, medr[2] [bnth. a chfdds. o'r S. *metre*] *eg.* ll. *-au.* Mesur hyd sy'n ogymaint â 100 centimetr, sef tua 39·4 o fodfeddi: *metre* (*unit of length*).
1925.
Cfn.: **metr (medr) ciwbig:** *cubic metre.* **20g. m. sgwâr:** *square metre.* **20g.**
Gw. hefyd meidr[3].

metrapolitan, gw. metropolitan.

metrig[1] [cfdds. o'r S. *metr(ic)* + *-ig*[2]] *a.* Wedi ei seilio ar y system fesur sy'n defnyddio'r metr, y litr, a'r cilogram yn unedau sylfaenol: *metric.*
1925.

metrig[2] [?cfdds. o'r Llad. Diw. *metr(icus)* + *-ig*[2]] *a.* ?Yn perthyn i fydryddiaeth neu brydyddiaeth: *metrical, pertaining to verse.*
1574 *Pen* 80, 172, mitr a gwydr *medtric* ydoedd / mwsg avr yny meissic oedd [marwnad Rhys Fychan gan Hywel ap Syr Mathew].

metrigeiddiaf: metrigeiddio [*metrig*[1] + *-eiddio*] *bg.a.* a'r be. fel *eg.* Newid i'r system fetrig, mynegi (rhywbeth) yn null y system honno; mabwysiadu'r system fetrig: *to metricate.*
20g.

metritis [bnth. S. *metritis*] *eg.* Llid y famog: *metritis.*
20g.

metron, matron [bnth. S. *matron*] *eb.g.* ll. *-au*, *-iaid*, *-s.* Menyw (weithiau dyn) sy'n gyfrifol am nyrsio a threfniadau cartrefol mewn ysbyty, cartref hen bobl, &c.: *matron.*
20g.

metronom, metronôm [bnth. S. *metronome*] *eg.* ll. *metronomau.* *Crdd.* Dyfais sy'n nodi amser manwl drwy sŵn tipiadau pendil, &c.: *metronome.*
19–20g.

metronomaidd [cfdds. o'r S. *metronom(ic)* + *-aidd*] *a.* Tebyg i fetronom neu i dipiadau metronom: *metronomic.*
1886.

metropolis [bnth. S. *metropolis*] *eg.* Prifddinas, hefyd yn *ffig.*; *Egl.* sedd metropolitan: *metropolis, capital, also fig.*; *metropolis* (*seat of metropolitan bishop*).
1658 R. VAUGHAN: *PS* 163, *Metropolis* neu brif ddinas pobrhiw anwiredd [am gybydd-dod].

metropolitaidd [cfdds. o'r S. *metropolit(an)* + *-aidd*] *a.* Yn perthyn i fetropolis, nodweddiadol o fetropolis: *metropolitan* (*of capital city*).
1932.

metropolitan [bnth. S. *metropolitan*] *eg.* ll. *-iaid*, a hefyd fel *a.* *Egl.* Esgob a chanddo awdurdod dros esgobion eraill ei dalaith; sedd metropolitan; yn perthyn i fetropolis neu brifddinas: *metropolitan* (*bishop*); *metropolis* (*seat of a metropolitan bishop*); *metropolitan* (*of capital city*).
1567 *LlGG* [xii], gosodedic ac auturtetic y dan insel vawr Lloecr am achosion Ecclesic, neu sel *Metropolitan* y Deyrnas hon. *Dchr.* **17g.** *B* xxii. 139, [c]yfnewid y *metrapolitan* [*sic*], sef i archesgop ty [*sic*], i'r fan honno. *c.* **1762–79** W. WILLIAMS: *P* 360, *metropolitan* eglwys Rufain. *id.* 462, eu holl bethau ysprydol a derfynir yn unig gan eu Gweinidogion, eu *Metropolitaniaid* a'u Patriarchiaid.

metswn [bnth. S. *medicine*] *eb.g.* ll. *-au.* Meddyginiaeth, ffisig, cyffur, hefyd yn *ffig.*; hefyd am foddion a ddefnyddir i bwrpasau heblaw rhai meddyginiaethol: *medicament, medicine, drug, also fig.*; *also of a preparation used for other than medicinal purposes.*
Diw. **16g.** *CRC* 255, Nid oes *fedswn* / A geidw dyn / Rag pob gwenwyn. **1636** *Pen* 321, 67b, fe ai dyri dynion i hunain mewn poen ag ai gwnant i hunain yn gleifion yn y cyflwr yma drwy gymeryd *medswne* cethin (*loathsome drugs*). **1672** R. PRICHARD: *Gw* 43, Nid oes eli a wnaethbwyd, / Nac vn *fetswn* [:– feddiginiaeth] a ddychmygwyd. *id.* 407, Nac ymddiried i'r pyssygwyr, / Nac vn *fetswn* [:– Cyfrwyddyd] fônt yn wneuthyr. **1678** *Mos* 149, 353, hi a berffeiddia feteloedd Amùr ag ai try yn Aur ne yn Arian, ar ol y cweiriad, y clyfaredd ne r *medswn.* *c.* **1730** *Thos. Lloyd D* (LlGC) 175b, *metswn,* medecina. *c.* **1740** *LlM* 35, cyn rhoi'r *Medswn* arno [ceffyl a fo wedi clafrio trosto]. **1771** *PDPh* 80, Rhoddwch y *fetswn* ganlynol iddynt. **1775** D. ROWLAND: *TP* 63, rhydd Duw i ni *fetswn* chwerw i buro ein haflendid.
Amr.: **metsyn, metsin.** **1547** *WS, medsyn,* a medycyne.

meth[1] [Crn. C. *meth* 'cywilydd, ?methiant', Llyd. C. *mez(z)* 'cywilydd', Llyd. Diw. *mezh*, taf. Gwened *meh*, cf. Gwydd. C. *meth* 'dadfeiliad, methiant', Gwydd. Diw. *meath*] *eg.b.* ll. *-ion*, a hefyd fel *a.* Methiant, pall, darfod, diffyg, bai, gwall, ffaeledd, cyfeiliornad, camgymeriad; aflwydd, adfyd; ?erthyliad; beius; methedig: *failure, failing, ceasing, deficiency, fault, defect, error, mistake; misfortune, adversity; ?miscarriage; at fault; infirm.*
c. **1400** *R* 1050. 7–8, trallawt *meth* tra chymell tretheu. *id.* 1278. 5–6, kam y gwnaeth ath wnaeth *vethyon* bywch diffeith. *id.* 1341. 18, corr moethus *meth.* *id.* 1342. 11, Kellweir ki britheir car kiprothei *meth.* *c.* **1525** *TA* 730, Dyfod o'i *feth,* difiau du [marwnad Tudur Aled]. **16g.** *Mos* 143, 264, on y [*sic*] wnant anysmonneth / arnynt hwy ny bydd mwy *meth.* **16–17g.** *HG* 148, balchedd a medddod mawr i nerth, glothineb serth anweddys / [y]n y bobl vawr i *meth,* sydd heddy n beth kanmolys. *ib.* myvi wnn vy mod yn glür, oddiar dy lwybyr dawnys / miwn pechodau tost i *meth,* ti hwnt i beth rivedys. *id.* 173, hwde ddin *meth,* fymmrethyn [i henaint]. **1632** *D* d.g. *defectus, remissio.* **17g.** *Pen* 49, 192, Ai gwir bod pobl a gwerin / A gair *meth* ar gwr i min / Yn hevrv ym yn nhorr allt / dy gael ddyn rvddael rwyddwallt. **17g.** *LlGC* 13215, 349, *meth,* calamitas. **17g.** HUW MORUS: *EC* ii. 75, A gwel y tylodion mân meinion mewn *mêth.* *id.* 84, Rhai a ddywed am wr caled, / Di-ymwared ydyw a *mêth.* **1677** R. JONES: *BB* 75, Gwna dda, cyn ith galon galedu, a dyfod adwyth a *mêth* ar dy olud. **1696** *CDD* 304, Pan ddelo dyrnod ange, / Marcie *mêth.* *c.* **1785–90 (1829)** *CBYP* 30, daeth y *meth,* a'r llwgr, a'r lledryw, ar holl Ieithoedd y Byd. **1789** *BDG* 513, Aethus yw'r henaint weithian / Yn dal *meth* ar y dail mân. **1803** *P.* Ar lafar yn Arfon, 'Mi drodd y busnes yn *feth*'.
Cfn.: **ar feth:** *perished, failed, ruined.* **16g.** *WLl* 108. **16–17g.** *HG* 120. **1632** *D* d.g. *desum.* **1672** R. PRICHARD: *Gw* 221. **17g.** HUW MORUS: *EC* i. 208. **1812** IOLO MORGANWG: *Salmau* 97. **heb f.:** *without fail, without ceasing.* **17g.** E. MORRIS: *B* 59. **mynd ar f.:** *to perish, decay, fail, come to naught.* **15–16g.** *GIF* 14. **1604–7** *TW* (*Pen* 228) d.g. *cado.* **1632** *D* d.g. *dispereo, pereo.* **17g.** HUW MORUS: *EC* i. 327. **1790** *Budd A* 19.
Gw. hefyd methiad[1].

meth[2], **Methadus,** gw. medd[1], Methodist.

methadwy [bôn y f. ddil. + *-adwy*] *a.bfl.* Ffaeledig, yn gallu methu; darfodedig: *fallible; perishable.*
1803 *P.*

methaf: methu [bf. o'r e. *meth*[1]; cf. Gwydd. C. *methaid*; ei dilyn yn aml bellach gan yr ardd. *â*] *bg.a.* a'r be. weithiau gyda grym enwol.

1. (fel *bg.*) (*a*) Bod yn aflwyddiannus, ffaelu (e.e. mewn arholiad, prawf, &c.); bod yn anghywir, cyfeiliorni, camgymryd; peidio â chyrraedd nod neu gyflawni bwriad, swyddogaeth, &c., ffaelu ateb y diben, tycio, neu fod o gymorth: *to fail, be unsuccessful, fail to pass* (*e.g. examination, test, &c.*); *be incorrect, err, be mistaken; fail to fulfil aim, intention, function, &c., fail to serve a purpose, be of no avail, be of no help.*
14g. *WM* 457. 9–11, Ac yssyd o wreic ueichawc yn y llys honn *methawd* eu beichogi. **14g.** *IGE*[2] 7, Y'th aned o'th ddaioni, / Ni *fetha* twrn fyth i ti [i Edwart III]. *c.* **1400** *YSG* i. 118, ef [cleddyf] a *vethawd* ym yn vy reit. **15–16g.** *TA* 472, Rhoi dyn deg er eidion du, / Dan i fath, dyna *fethu!* **1547** *WS,* pally, *methy,* fayle. **1568** MORYS CLYNNOG: *AG* [vi–vii], gwyr ardderchawg, yn *methu,* ag yn cymryd llwybr annwyiawl eisiau cael oi mebyd i hypho[r]ddi mewn dysc. **1588** *Salm* cvii. 27, *methodd* eu holl ddoethineb. **1632** *D, methu* . . . errare. **1683** J. JONES: *TG* 133, hwy a *fethant* o'u disgwyliad, o gâel Gorphwysfa gidâ Duw. **1710** *F* 90, Deued ffynniant deued *methu,* / Fe fydd gwell nag wyf yn haeddu (Iaco ab Dewi). **1777** H. JONES: *M* 44, yr oedd pob Physygwŷr eraill wedi *methu* iddo. **1787** J. ROBERTS: *C* 6, Troi i sychu / onid wy'n *methu.* **1803** *P, methu,* to fail. Ar lafar, 'Mae'n *methu*'n lân â'i wneud e'.

(*b*) Llesgáu, gwanychu, dihoeni, gwangalonni, diffygio (yn gorfforol neu'n ysbrydol), colli nerth ac iechyd, nychu (e.e. wrth heneiddio), dadfeilio, mynd â'i ben iddo, darfod amdano, pallu, torri; peidio â bod yn gynhyrchiol neu ddwyn ffrwyth, mynd yn glwc (am wy); bod yn ddiffygiol neu'n eisiau: *to grow feeble, become weak, languish, pine, lose heart, fail, grow weary* (*in body or spirit*), *lose vitality* (*e.g. as a result of growing old*), *decline, decay, perish, break; fail, cease to be productive or bear fruit, become addled; be lacking or wanting.*
14g. *GDG* 323, Mi a glywwn mewn gloywiaith / Ddatganu, nid *methu,* maith. **14–15g.** *IGE*[2] 125, *Methu* y mae y ddaear / Hyd nad oes nac ŷd nac âr (Gruffudd Llwyd). *c.* **1400** *Études* viii. 358, kymer wyeu a *vethont* y dan iar. **15g.** *Pen* 67, 106, Meirw r tadmaeth ar vamaeth va[v], / mi a *vethais* am voethav (Hywel Dafi). **15–16g.** *TA* 283, *Methu* 'r dysg am athro da [marwnad Dafydd ab Edmwnd]. *c.* **1585** G. ROBERT: *DC* [5a–b], os bydd [calon dyn] yn hir heb feddwl am bethe sprydol . . . yno hi a *fetha.* **1588** 1 *Br* xviii. 5, fel na adawom i'r vn o'r anifeiliaid *fethu.* **1588** *Diar* xxix. 18, Lle ni byddo gweledigaeth *methu* a wna'r bobl. **1615** R. SMYTH: *GB* 15, po mwya 'r oeddwn yn gorphowys ag yn seguru, mwya oll yr oe[dd]wn yn *methu,* ag yn pallu. **1632** *D, methu,* perire, perdi, deficere, labi. **1657** *MLl* ii. 71, Pan ddarffo am y byd gweledig, yna pob peth ar a ddaeth o hono . . .

a *fethant* hefyd gidag ef. **1701** T. JONES: *Alm* [29], yr ydau Gaia wedi *methu* o achos gormod o lybaniaeth. **1759** W. WILLIAMS: *SFf* 24, nid ydym yn ofni y bydd i'r Graig suddo neu *fethu* tanom. **1764** T. THOMAS: *M* 60, Heb *fethu* o fywiol ffrwythau. **1803** *P*, *methu* . . . to decay.

2. (fel *ba.* a hefyd yn *abs.*) Bod yn analluog i (wneud rhywbeth), bod yn anabl i (gyflawni gweithred, bwriad, &c.); colli (ffordd, troedle, &c.), camddeall, camgymryd; peidio â tharo neu gyrraedd (nod, &c.) neu â llwyddo mewn (arholiad neu brawf); gadael allan; osgoi; peidio â chynnwys (e.e. ar restr); peri methiant i, andwyo; barnu a chofnodi bod (ymgeisydd) heb lwyddo (mewn arholiad neu brawf): *to be unable to* (*do something*), *fail* (*to complete an action, fulfil an intention, &c.*); *lose* (*one's way, footing, &c.*), *misunderstand, mistake; miss or fail to reach* (*target, &c.*), *fail* (*examination or test*); *leave out, omit; avoid; cause to fail, undo; fail* (*candidate in an examination or test*).

15g. *IGE*² 242, Gildas yna gas anair / Gan *fethu* pregethu gair (Ieuan ap Rhydderch). *c.* **1525** *TA* 731, Pencerdd, y freugerdd frigawg / A *feth* rhoi i fath y rhawg [marwnad Tudur Aled]! **1547** *WS*, *methy*, mysse. **16g.** DAFYDD BENWYN: *Gw* 268, Dy win, jon, a'th ddaeoni, / moethvs jawn, y'm *methwys* i. **1620** *Barn* xx. 16, pob vn o honynt a ergydiei â charreg at y blewyn heb *fethu* (**1588** *ib.* heb ballu). **1703** E. WYNNE: *BC* 37, *methent* ei gael [Porth y Bywyd]. [**1724**] G. WYNN: *YGD* 13, ni *fethodd* ond o ychydig gael ei losci 'n fyw. **1759** *BC* 157, Daeth gorchymmyn . . . / I drethu'r Bŷd heb *fethu* neb. **1776** I. BRYDYDD HIR: *P* i. 127, Pan fo meddyginiaeth yn *methu* iachau clefyd, yna angau a ddaw. **1790–1** H. JONES: *T* 157, yr wyf yn dywedyd i ti . . . fod y fendith a'r enedigaethfraint ynglŷn a'u gilydd. *Metha'r* naill, a thi fyddi sicr o fod yn ol o'r llall. *id.* 178, Y mae'r byd anianol . . . yn *methu'r* nefoedd o herwydd . . . [e]u cariad tu ag at eu pechodau.

Cfn.: **methu ar** = **m. gan.** *c.* **1400** (*SG*) *HMSS* i. 340, daruot y arthur achwbyl or llys geissyaw agori y prenuol ae *vethu arnunt.* **1688** S. HUGHES: *TSP* 229. **1699** T. JONES: *TP* 150. **m. beichiogi:** *to miscarry.* **1604–7** *TW* (*Pen* 228) d.g. *abortio.* **1753** *TR.* **1803** *P.* Cf. *WM* 457. 10–11. **m. (â) byw yn fy nghroen (ei groen, eu crwyn,** &c.): *to be in a state of great excitement, tension, nervousness, &c., be on tenterhooks or on edge.* Ar lafar. **m. gan:** *to fail* (*where the agent of the vb. is governed by the prep.*). **1567** G. ROBERT: *GC* 12, ag ai trwssiai ['Gramadeg Cymraeg'] le *methai gennychwi.* **1588** 1 *Sam* ix. cs. **1588** *Job* xi. 20. *c.* **1730** *Thos. Lloyd D* (LlGC) 175b, *methodd ganddo*, he fail'd. **1745** *YABG* 38. Gw. H. LEWIS: *DIG* 121. **m.'r marc:** *to miss the mark.* **1701** E. WYNNE: *RBS* 113. *c.* **1730** *Thos. Lloyd D* (LlGC) 174a, *methu'r marc*, to miss the mark. **m.'r nod:** *to miss the mark, fig.* **1790** *RLlD* 94. **m. tinced, m. tincan:** *to be unable to find* (*something*). Ar lafar yng Nghered.

methan, methên [bnth. S. *methane*] *eg.* *Cem.* Hydrocarbon nwyol di-liw hyfflam heb aroglau, nwy'r gors, CH_4: *methane.*
1937.

methdaith [*meth*¹ + *taith*] *eb.* Siwrnai seithug; siom: *fruitless or futile journey; disappointment.*
1604–7 *TW* (*Pen* 228), *methdaith* . . . Cnawt mynych awn y *vethdaith* diareb d.g. *frustratio.* **1632** *D* d.g. *frustratio.* **1722** *Llst* 189, *methdaith*, a disappointment. **1803** *P*, *methdaith*, a fruitless journey.

methdal, meth-dâl [*meth*¹ + *tâl*¹] *eg.* a hefyd fel *a.* Methdaliad, diffyg talu; methdalus: *insolvency, default, non-payment; insolvent.*
1778 *W* d.g. *non-payment.* **1803** *P.*

methdalaf: methdalu [*meth*¹ + *talu*] *bg.* a'r *be.* weithiau gyda grym enwol. Bod yn fethdalus; cael ei ddyfarnu'n fethdalwr gan lys barn: *to be insolvent; be adjudged bankrupt.*
1828.

methdaledig [bôn y f. fl. + *-edig*] *a.bfl.* Methdalus; yn perthyn i'r cyflwr o fod wedi ei ddyfarnu'n fethdalwr gan lys barn: *insolvent; pertaining to bankruptcy.*
1850.

methdaledigaeth [*meth*¹ + *taledigaeth*] *eb.* Methdaliad: *insolvency.*
1814.

methdaledigol [*meth*¹ + *taledigol*] *a.* Wedi ei ddyfarnu'n fethdalwr gan lys barn: *bankrupt.*
1815.

methdaliad [*meth*¹ + *taliad*] *eg.* ll. *-au.* Anallu i dalu dyledion, diffyg talu; y cyflwr o fod wedi ei ddyfarnu'n fethdalwr gan lys barn: *insolvency, default, non-payment; bankruptcy.*
1803 *P*, *methdaliad*, a nonpayment.
Cfn.: **methdaliad troseddol:** *criminal bankruptcy.* **20g.**

methdaliant [*meth*¹ + *taliant*] *eg.* Methdaliad, anallu i dalu dyledion; y cyflwr o fod wedi ei ddyfarnu'n fethdalwr gan lys barn: *insolvency; bankruptcy.*
1828.

methdalog [*methdal* + *-og*] *a.* Methdalus: *insolvent.*
1815.

methdalus [*methdal* + *-us*] *a.* Yn methu talu ei ddyledion: *insolvent.*
20g.

methdalwr, -ydd [*meth*¹ + *talwr*, *talydd* a bôn y f. fl. + *-wr*, *-ydd*³] *eg.* (b. *-wraig*) ll. *-wyr.* Un sy'n methu talu ei ddyledion; un a ddyfernir felly gan lys barn; hefyd yn *ffig.*: *insolvent* (*debtor*), *defaulter; a bankrupt; also fig.*
1814.

methdod¹ [*meth*¹ + *-dod*] *eg.* Methiant: *failure.*
1846.

methdod², gw. medd-dod.

methedig, methiedig [bôn y f. *methaf*: *methu* + *-(i)edig*] *a.bfl.* a hefyd fel *eg.* ll. *-ion.*

(*a*) Llesg, musgrell, yn methu, nychlyd (o ran corff neu ysbryd), diynni, gwan, anabl (yn enw. drwy henaint); a nodweddir gan lesgedd, &c.: *infirm, decrepit, failing, enfeebled* (*in body or spirit*), *listless, weak, incapacitated, disabled* (*esp. by old age*); *characterized by infirmity, &c.*

c. **1400** *R* 1373. 17–18, Modur meith awdur nyt *methedic.* **15g.** *CSTB* 32, Ond cerydd bob dydd, a dig, / A'th adael yn *fethedig.* **15g.** *HCLl* 137, O megais serch, megis saeth, / E fu gur o'i fagwriaeth. / *Methedig* o'r maeth ydwyf, / Mae arwydd im, marw ydd wyf. *c.* **1585** G. ROBERT: *DC* 17a, mae corph dyn ar ol pechod Adda mor *fethiedig* ag mor wann a diphrwyth. **1604–7** *TW* (*Pen* 228) d.g. *inclinatus, languide, vietus.* **1632** *D*, *methedig* . . . infirmus, debilis. *id.* d.g. *desidiosus, languidus.* **1672** R. PRICHARD: *Gw* 106, Ac na rotho i Brynwr diddig, / Ond yr henaint gwann *methedig.* **17g.** HUW MORUS: *EC* ii. 260, I haeddu fyth adwyth *fethiedig.* **1738** G. JONES: *GOG* 161, tymmer *fethedig* ein hysbrydoedd mewn Gweddi. **1752** *ML* i. 197, cael llonydd . . . i'ch golygon *methiedig* ddyfod attynt eu hunain. **1775** *W* d.g. *invalid* . . . [*a disabled soldier*]. **1777** H. JONES: *M* 49, Gwann, a llêsg, a llwyr *fethiedig*, / Ydym ni heb Grist ein meddyg. **1803** *P.*

(*b*) Di-les, di-werth, seithug, ofer, aneffeithiol, aflwyddiannus, di-fudd, yn methu'r nod; toredig, dadfeiliedig, yn diflannu; diffrwyth, anghynhyrchiol, wedi methu (am gnwd), wedi mynd yn hen a di-flas (am win); wedi methu (mewn busnes), methdalus: *useless, worthless, futile, ineffectual, unsuccessful, profitless, off-target; broken* (*down*), *decayed, vanishing; barren, unproductive, failed* (*of a crop*), *stale and tasteless* (*of wine*); *failed* (*in business*), *insolvent.*

c. **1400** [*RB*] *WM* 233. 21–3, nac adeuawd dyn arnaw ehun chwedyl *vethedigach* no hwnn eiryoet. *a.* **1587** *Y* 228, Mae i'th wawdoedd *methedig* / Mîl o'r dûll, remialwr dig. **1588** *Salm* xxxi. 12, yr ydwyf fel llestr *methedic.* **16–17g.** *RAGR* 290, fod yr yd yn *fethiedig.* **1604–7** *TW* (*Pen* 228), gwin *methedic* d.g. *vappa.* **1632** *D*, *methedig* . . . improsper. *id.* d.g. *emortuus, euanidus.* **17g.** *DCR* 245, ar yspainis ffleet *ffethiedig* [*sic*] / wedi i lladd ai llosgi yn ffyrnig. **1687** (**1715**) J. OWEN: *TB* 135, aeth pob celfyddyd yn *fethedig.* **1693** *HC* 95, na fydd fel mersiandwr *methedig* yn wrthwynebus gennit edrych yn y llyfrau. **1703** E. WYNNE: *BC* 22, ryw hên physygwriaeth *fethedig.* *id.* 102, [g]werthu wâr ddrŵg *fethedig.* **1712** T. WILLIAMS: *CDdG* 81, mae Duw . . . yn ei gwneuthur yn *fethiedig* (*ineffectual*) drwy gynnorthwyo ei wasanaethwyr. **1725** D. LEWIS: *GB* 271, Tîr *methedig.* **1740** T. EVANS: *DPO* 263, nid oedd Ergydion eu Saethau ond llesc a *methedig.* **1753** *TR*, *methedig* . . . decay'd, unprosperous. **1769** J. GRIFFITH: *A* 71, y serchiadau *methedig* a difywyd hyn. **1803** *P.*

Fel *e.* Person musgrell neu anabl: *infirm person, invalid.*
1775 *W*, *methedigion* d.g. *invalid* . . . *Invalids.* **1803** *P.*

methedigaeth [*methedig* + *-aeth*] *eb.g.* ll. *-au.* Methiant; ffaeledd; dadfeiliad; anabledd: *failure; failing; decay; disablement, disability.*
1621 E. PRYS: *Ps* 47b, A hwynt â'i air tynnu a wnaeth / o'i *methedigaeth* (**1588** *Salm* cvii. 20, methiant; **1620** *ib.* dinistr) allan. **1743** D. ROWLAND: *T* 122, hwy a edrychasant i mewn iddunt eu Hunain, ac ni chawsant ddim yno ond *Methedigaethau*, Gwendidau a Phlâau. **1803** *P*, *methedigaeth*, s.m., a state of failing.

methedigrwydd [*methedig* + *-rwydd*] *eg.* ?Musgrellni, gwendid, diffyg ynni: *decrepitude, weakness, listlessness.*
16g. *Yst Kym* 102, ymliw a wnaeth ef a hwynt am i llesgedd a'i *methedigrwydd* yn erbyn y Sayson. *c.* **1730** *Thos. Lloyd D* (LlGC) 174a, *methedigrwydd* . . . llesgedd.

metheddig [*meth*¹ + *-edd*¹ + *-ig*²; cf. *bonheddig*] *a.* ?Cyfeiliornus; yn peri llesgedd: *erring; causing infirmity.*
14g. *GDG* 262, Moethus o was, lleas llaw, / *Metheddig* fab maeth [cariad] iddaw.

metheglyn, methyglyn [bnth. S. *metheglin* (bnth. o'r gair Cym. *meddyglyn* yn wr.)] *eg.* Math o fedd yr ychwanegid perlysiau (meddyginiaethol) ato, hefyd yn *dros.*: *metheglin, also transf.*
1736 S. RHYDDERCH: *Alm* [9], Perry, *Metheglin*, Brandi. **1784** M. WILLIAMS: *S* i. 26, mae gennym gyflawnder o seidr, perry, *metheglin*, mum, a phwnsh. **1797** B. EVANS: *CG* 28, hwy yfasant ychydig *Meth-y-glyn*, tu ag at eu llonni. *id.* 28–9, y *Metheglyn* hwn . . . pa sawl gwenhynen! mor ddiwyd y gweithiasant. *id.* 253, 'fe yfodd *Fethyglyn* i'r fath ormodedd, nes oedd holl argoelion meddwdod arno. Ar lafar ym Morg. Cf. D. J. WILLIAMS: *ChHO* 73, dwy gasgen . . . o gwrw . . . *methyglyn* mwyaf cysurlawn y dydd yn ôl y rhai a ddylai wybod.

Gw. hefyd meddyglyn.

methel, methelaf: methelu, methên, gw. methl, methlaf: methlu, methan.

methfaeth [*meth*¹ + *maeth*¹] *a.* Heb ei faethu'n iawn, wedi curio, egwan: *malnourished, emaciated, weak.*
?**16g.** *LlGC* 1560, 550, etifedd kynrhycha nychmer *methfaeth* ['geirie . . . sathredig yn Sîr Drefaldwyn']. **1604–7** *TW* (*Pen* 228) d.g. *emaciatus, eneruatus.*

methfasgnach, methfasgnachwr, gw. methfasnach, methfasnachwr.

methfasnach, methfasgnach [*meth*¹ + *masnach*¹, *masgnach*¹] *eg.* Methdaliad, y cyflwr o fod wedi ei ddyfarnu'n fethdalwr gan lys barn: *bankruptcy.*
1770 *W*, *mêth-fasnach* d.g. *bankruptcy.* **1803** *P*, *methvasgnach*, a bankruptcy.

methfasnachwr, methfasgnachwr [*methfasnach*, *methfasgnach* + *-wr*] *eg.* ll. *-wyr.* Un a ddyfernir yn fethdalwr gan lys barn: *a bankrupt.*
1770 *W*, *mêth-fasnachwr* d.g. *bankrupt.*

methfilwr [*meth*¹ + *milwr*] *eg.* ll. *-wyr.* Milwr anabl: *disabled soldier.*
1775 *W* d.g. *invalid* . . . [*a disabled soldier*].

methfodd [*meth*¹ + *modd*] *eg.* ll. *-au.* Ffaeledd, gwall: *failing, fault.*
1658 R. VAUGHAN: *PS* 64, am fy holl gamwedd-

au am *meth foddau (faults and failings)* aeth heibio, Pardyned dy drugaredd fi.

methiad[1] [bôn y f. *methaf*: *methu* + *-iad*[2]] *eg*. ll. *-iaid*. Person truenus neu fethedig (yn ddifrïol): *wretch*.
17g. *LlGC* 5283, 159, y kapten dien dowaid, yn chwimwth / dowch yma y *methiaid*.

methiad[2] [bôn y f. *methaf*: *methu* + *-iad*[1]] *eg*. ll. *-au*. Methiant, pall; methdaliad: *failure*; *insolvency*.
1711 T. JONES: *Alm* [41], Llygredigaeth a *methiad* i ffrwythydd y Coed ar ddaiar. **1803** *P*.

methiandra, gw. methiantra.

methianllyd, methiant(l)lyd [*methiant* + *-llyd*, *-lyd*] *a*. Llesg, methedig, egwan; diffrwyth; a nodweddir gan fethiant corfforol, yn peri methiant corfforol: *infirm*, *feeble*; *barren*; *characterized by infirmity*, *causing infirmity*.
c. **1729** S. RHYDDERCH: *LlCD* 365, Pa ddygn drwm drueni' o gyni golli gwallus, / I syrthiodd Dŷn *methianllyd* o fewn y Bŷd enbydus? *c*. **1730** *Thos. Lloyd D* (LlGC) 174a, *methianllyd*, weak, sickly. **1740** E. DAVIES: *Alm* [2], bydd clwy *methiantllyd* ar Arglwyddiessau. **1768** RISIART AP ROBERT: *CB* 116, anfoniad syrthni meddwl . . . nid y cyfryw ac a'u gwnai hwynt yn rhy *fethianllyd* i ddeall. **1774** H. JONES: *CH* 19, mor *fethianllyd* a darfodedig yw cyrph dynion. **1778** J. HUGHES: *BB* 226, Dowch chwithe i'r faith winllan *fethianllyd*. **1790** TWM O'R NANT: *GG* 167, Y balch a'r ffraeth sydd uchel ffroen, / A'r tlawd *methianllyd* grinllyd groen. **1799** *CGGLl* 16, Boddlon nid yw'r cybyddlyd,—i garu / Ei geraint *methiantllyd*. **18–19g**. *Llr* C 17, 197, *methianllyd*, feeble [Arfon].

methiannol [*methiant* + *-ol*] *a*. Yn dadfeilio, gwan: *decaying*, *weak*.
1772 *W* d.g. *decaying*. **1773** G. RHYSIART: *MACP* 30, pa adfeiliadau *methiannol* bynnag oddi wrth rym duwioldeb a allo archolli'th enaid. **1803** *P*.

methiannus, methiantus [*methiant* + *-us*] *a*. Llesg, methedig, anabl, nychlyd, egwan, musgrell, hefyd yn *ffig*.; a nodweddir gan fethiant corfforol; yn adfeilio; aflwyddiannus; yn peri methiant: *infirm*, *invalid*, *sickly*, *weak*, *feeble*, *decrepit*, *also fig*.; *characterized by infirmity*; *decaying*; *unsuccessful*; *causing failure*.
1604–7 *TW* (*Pen* 228), *methiantus* d.g. *deficiens*, *ruinosus*. *c*. **1700** D. MAURICE: *CGG* 3, ei weision *methiantus* (*weak*). *c*. **1730** *Thos. Lloyd D* (LlGC) 174a, *methiannus*, sickly. **1803** *P* d.g. *methiannus*, *methiantus*.

methiant [*meth*[1] + *-iant*; dichon nad a. yw pob engh. yn yr adran honno] *eg*. ll. *methiannau*, *methiantau*, a hefyd fel *a*.

(*a*) Y weithred o fethu, aflwyddiant, camgymeriad, cyfeiliornad, ffaeledd, diffyg, gwall, bai, hefyd yn *ffig*.; diffyg ysbryd, rhuddin, neu fetel, llyfrdra, diffyg ynni; adfyd, dinistr, dadfeiliad; methdaliad: *failure*, *mistake*, *error*, *failing*, *defect*, *lapse*, *also fig*.; *lack of spirit or mettle*, *cowardice*, *listlessness*; *calamity*, *ruin*, *decay*; *insolvency*.
c. **1300** *H* 69a. 15, ny bu uethyl ny bu *uethyant* (Cynddelw). **14g**. *GDG* 130, Py rusiant, py ddireidi, / Py *fethiant*, na fynnant fi? *c*. **1400** *R* 1332. 35–6, *Methiant* glythineb. mwth vurn godineb. *id*. 1361. 8, lle nys gwnaeth o vaeth *uethyant*. *c*. **1400** *YCM*[2] 142, darogan eu merthyrolyaeth a'e kyffroes ar dagreuoed, nyt yr kymraw eu hageu nac yr *methyant*. **16g**. *Pen* 82, 114, medddod ffolineb *methiant* glothineb. **1588** *Salm* cvii. 20, iachâodd hwynt: ac ai gwaredodd oi *methiant* (**1620** *ib*. dinistr). **1588** *Jer* xviii. 17, fyng-wegil . . . a ddangosaf iddynt yn amser eu *methiant* (**1620** *ib*. dïaledd). **1588** *Ecclus* xx. 26, Gwell yw'r lleidr na'r hwn a ymgynnefino â chelwydd: a phob un o'r ddau a gaiff *fethiant* yn etifeddiaeth. **1604–7** *TW* (*Pen* 228) d.g. *ruina*, *vitium*. **1632** *D*, *methiant*, defectus, lapsus, error, desidia. *c*. **1729** S. RHYDDERCH: *LlCD* 350, A hithai [*sic*; Seion] mewn *Methiant* heb feddiant na môdd. **1803** *P*.

(*b*) Anabledd, nychdod, llesgedd, gwendid, hefyd yn *ffig*.: *disability*, *disablement*, *infirmity*, *weakness*, *also fig*.
1604–7 *TW* (*Pen* 228) d.g. *languor* (hefyd *D*). **1630** R. VAUGHAN: *YDd* 187, wyt ti yn tybied pan fŷch di gwedi gwasanaethu Satan ym mlodau dy enioes, y rhyngi di fodd Duw a dyddiau dy *fethiant*? **1716** T. EVANS: *DPO* 180, Yr oedd Dysgeidiaeth wedi gwanhychu'n ddirfawr . . . Garmon . . . a barottoes eli at y *methiant* a'r gwendid hwnnw hefyd. **1737** J. EINNON: *HR* 143b, fe'm trawyd . . . a'r fath *fethiant* fel ag yr oeddwn yn tybed na allwn fyw yn hir. **1740** T. EVANS: *DPO* 308, Os byddai neb o'r Ffyddloniaid yn gleifion, neu os byddai ryw *Fethiant* neu ddamwain yn eu llestair. **1753** *TR*, *methiant* . . . a decaying with age. **1774** L. DAVIES: *CRE* 12, baich trwm i'r eglwys ym mlynyddau eu *methiant* a'u hoedran. **1778** J. THOMAS: *CS* 43, Ar fyr ceir gwel'd y wraig sy'n glaf, / Yn holliach braf heb *fethiant*.

(*c*) Person llesg, methedig, nychlyd, neu wan: *infirm*, *sickly*, *or weak person*.
a. **1642 (1684)** H. OWEN: *DC* 321, Y twyllodrus sy'n sommi'r twyllodrus . . . y *methiant* y *methiant*. **1670** J. HUGHES: *AP* 249, meddyginiaeth y nychlyd, y *methiant*, a'r egwan. **1791** GW. MECHAIN: *Gw* i. 261, Heb roi porthiant, / Maeth i'r *methiant*.

Fel *a*. (*a*) Methedig, methiannus, musgrell, nychlyd, egwan; di-raen: *infirm*, *decrepit*, *feeble*, *frail*, *weak*; *in poor condition*.
15–16g. LLAWDDEN, &c.: *Gw* 120, Casbeth gan Eiddig *fethiant* / Clywed bytheied a thant. **1632** *D*, methedig, & *Methiant*, infirmus, debilis. **1677** R. JONES: *BB* 136, Ai rhaid i bobl feddwl yn ddrwg am ymborth, a Physygwriaeth, ac Ymarfer, o herwydd eu bôd yn *fethiant* ac yn gleifion? **1703** E. WYNNE: *BC* 21, A pheth yw Hwndliwr ath siommei mewn rhyw hên geffyl, *methiant*. **1746** *ML* i. 100, Mother begins to walk about the house with a stick, ond yn bûr *fethiant*. **1776** DEWI NANTBRÂN: *AN* 347, dy Gorph llwyr blin a *methiant*. **18g**. TWM O'R NANT: *CO* 6, Mae yma rai a fyddant yn *fethiant*, / A digon gwynebsal cyn diwedd Gwylmabsant. Ar lafar ym Môn.

(*b*) Gwan-galon, ofnus, gwan, diffygiol, ffaeledig; seithug, di-werth, aflwyddiannus: *faint-hearted*, *timid*, *weak*, *lacking*, *fallible*; *futile*, *worthless*, *unsuccessful*.
1595 H. LEWYS: *PA* 115, awydd i fyned rhagom, ymhob daioni, 'n nerthawg . . . ac yn wraidd, ac nid yn ddiog, ne'n *fethiant* (*faintly*). **1632** *D*, methedig, & *Methiant* . . . improsper. *id*. d.g. *emortuus*, *vanus*. *a*. **1642 (1684)** H. OWEN: *DC* 329, nid yw'r enaid *methiant* etto'n medru cadw'r galon wedi ei neilltuo felly oddiwrth bob peth. **1670** J. HUGHES: *AP* 3[3]o, yr hwn wyt yn gweled, ein bod ni yn *fethiant* o bob nerth. **1703** *CE* 27, fy nghyflwr *methiant* halogedig. **1718** E. SAMUEL: *HDdD* 92, am fod dy Gariad iddo mor *fethiant* (*faint*) a chyn oered. **1723** WM: *PGG* 36, cei weled nad yw ein Gweithredoedd ni ond llesc a *methiant*. *id*. 77, Mae Dynion . . . yn anwadal ac yn *fethiant*. **1798** T. ROBERTS: *CG* 8, A ddichon i greaduriaid . . . gredu i'r Cyfiawn Dduw, grëu nifer o greaduriaid *methiant*, i fod am byth yn annedwydd.
Cfn.: **mynd yn fethiant**: *to go bankrupt*. Ar lafar yn gyff.

methiantlyd, methiantllyd, gw. methianllyd.

methiantra, methiandra [*methiant* + *-dra*] *eg*. Llesgedd: *infirmity*.
1833.

methiantrwydd [*methiant* + *-rwydd*] *eg*. Llesgedd, musgrellni, gwendid; diffyg (ysbryd, sêl, &c.), gwan-galondid, diogi; cyfeiliornad, bai, ffaeledd, methiant, diffyg, esgeulustod; methiant neu ball (cnwd), dadfeiliad: *infirmity*, *decrepitude*, *weakness*; *lack* (*of spirit*, *zeal*, *&c*.), *faintheartedness*, *indolence*; *error*, *fault*, *failing*, *failure*, *defect*, *omission*; (*crop*) *failure*, *decay*.
1595 H. LEWYS: *PA* 61, gwendid i ddeall, *methiantrwydd* (*infirmity*) a muscrellwch i nerth. *id*. 158, Megys ac na ddichon dyn bychan, gerdded o honaw i hun, gann wir *fethiantrwydd*. *id*. 211, Pa *fethiantrwydd*, pa ddiogi, a syrthni yw hwnn. **1604–7** *TW* (*Pen* 228) d.g. *frustratio*. **1675** R. JONES: *HCh* 141, drwy wendid dy gorph, a *methiantrwydd* yspryd. **1688** *TJ*, methineb, *methiantrwydd*: a defect, a decay. **1691** T. WILLIAMS: *YB* 43, o achos llacrwydd a *methiantrwydd*. **1711** T. JONES: *Alm* [44], *methiantrwŷdd* i ffrwŷthŷdd y Coed. **1723** WM: *PGG* 8, nid oes gwybodaeth nêb . . . heb ryw faint o *fethiantrwydd* arni. *c*. **1730** *Thos. Lloyd D* (LlGC) 175b, *methiantrwydd* . . . faintness, weakness. **1741** *CAG* 64, [p]ob rhyw *Fethiantrwydd* y byddoch yn euog o honaw. **1768** RISIART AP ROBERT: *CB* 240, [*m*]*ethiantrwydd* tosturus mewn dyledswyddau.

methiantus, gw. methiannus.

methiantwch [*methiant* + *-wch*[1]] *eg*. Llesgedd, musgrellni, gwendid, hefyd yn *ffig*.: *infirmity*, *decrepitude*, *weakness*, *also fig*.
1701 E. WYNNE: *RBS* 147, dyledswydd [magu plant] na all dim ei hesgusodi oddieithr *methiantwch*, clefyd, perygl. **1706** *Cyf Cym* 147–8, [d]ywedyd i chwi am *fethiantwch* eich march. **1730 (1755)** E. WYNNE: *PAC* 77, Clefŷd, Henaint, Musgrellni ne rŷw *fethiantwch* arall. **1739** *ML* i. 19, mae ymma'r *methiantwch* gerwina a welsochi erioed. **1763** *id*. ii. 599, prin y medraf gymmaint a roddi pin ar bapur gan *fethiantwch*. **1768** RISIART AP ROBERT: *CB* 31, rhag iddynt dramgwyddo trwy ddim *methiantwch* ar a allo ddigwydd iddynt.

methianusrwydd [*methiannus* + *-rwydd*] *eg*. Llesgedd; methiant neu ball (cnwd): *infirmity*; (*crop*) *failure*.
1832.

methiedig, gw. methedig.

methineb [*meth*[1] + *-ineb*; dichon mai methu deall *mythineb* (*R* 1332. 36) a roes gychwyn i'r gair] *eg*. Methiant, diffyg, camgymeriad, ffaeledd; dadfeiliad; afiechyd, llesgedd, gwendid; diffyg ynni, diogi: *failure*, *defect*, *error*, *failing*; *decay*; *sickness*, *infirmity*, *feebleness*; *listlessness*, *indolence*.
Diw. **15g**. *Pen* 53, 23, Moch mewn godineb. *Methineb* (*R* 1332. 36, mythineb). llidew kadw vy sillwedd. **1562** *B* ii. 231, *methineb*, methiant. **1604–7** *TW* (*Pen* 228) d.g. *desidia*. **1632** *D*, methiant, & *Methineb*, defectus, lapsus, error, desidia. *id*. d.g. *invaletudo*. **1688** *TJ*, *methineb*, methiantrwydd: a defect, a decay. **1722** *Llst* 189, *methineb*, infirmity, fail, failing, decay, sickness. **1772** *W* d.g. *a decaying*. **1803** *P*.

methl [?i'w gysylltu â *meth*[1]] *eg.b*. ll. *-au*, (geir.) *-ion*. Ystryw, twyll, magliad; prawf, temtasiwn; methiant; llesgedd, anabledd; hefyd yn *ffig*.: *trick*, *deceit*, *ensnaring*; *trial*, *temptation*; *failure*; *infirmity*, *disability*, *disablement*; *also fig*.
c. **1300** *H* 69a. 15, ny bu *uethyl* ny bu uethyant (Cynddelw). *c*. **1400** *R* 1152. 19, Kaerussalem. a chaer uethlem. nyt yr *methleu*. **15g**. *Pen* 109, 92, Ar alban is y lann las. / Gwedy *methl* yw gytmeithas (Lewis Glyn Cothi). **1551** W. SALESBURY: *KLl* xxiib, Gwiliwch . . . nad eloch y mywn proueedicaeth [:– *methyl*]. *id*. lxvib, mal y galloch sefyll yn erbyn oll *methleu* diavol. **16g**. *GRCG* 57, Cael gair del gan y *fethel* faw [i ysgolheigion Cyngor Cymru a'r Gororau]. *Diw*. **16g**. *WLB* 58, Rhag *methyl* a gwall ar ddyn hyd na allo na thynny i aelodeu ato na chwimio gan wewyr a rhwymedigaeth govid. *c*. **1588** *B* ii. 231, *methl*, ffael; temptacion. **1604–7** *TW* (*Pen* 228) d.g. *tentatio*. *Dchr*. **17g**. *J* 10, 30a, *methl* . . . Tentamentum. **1632** *D*, *methl*, implexus . . . Irretitio, deceptio. **1688** *TJ*, *methl*, magliad, twŷll: an ensnaring, a deceiving. *Dchr*. **18g**. *Llst* 146, 37, nid yw eu Crefydd ddim amgen na *Methl* neu Hyder a Dull a chwelir ymaith. **1718** E. SAMUEL: *HDdD* 246, Gwir *Fethl* a Phlâ Dynol Gyfeillach. **1803** *P*, *methyl*, s.m. pl. *methlion*, a foil, a defeat; an embarassment or perplexity.

methlaf: methlu [bf. o'r e. bl.] *bg.a*.

(*a*) (fel *ba*.) Drysu, maglu, llesteirio, twyllo, swyno; gwrthbrofi; methu; peri anesmwythyd meddwl i; temtio, profi: *to entangle*, *trap*, *deceive*, *beguile*; *hinder*; *refute*; *fail*; *embarrass*; *tempt*, *put to the test*.
c. **1300** *H* 81b. 39–40, keisswyd kythreulaeth gwaeth gweithredeu. Ny allwyd a uynnwyd *methlwyd* wynteu. *id*. 83a. 31, fwyr dra fwyr dra llwyr dra lloegyr *uethlu* (Gwynfardd Brycheiniog). **14g**. *WML* 16, Or gwrthwynepa neb barn yr ygnat llys. rodent eu deu wystyl yn llaw y brenhin. ac or *methlir* yr yngat llys. talet yr brenhin werth y tauawt ac na varnet byth. ac or *methlir* y llall. talet y sarhaet yr ygnat llys. **14g**. *B* ix. 326, keissyaw *methlu* Cristonogyon ac eu dwyn yn angkret. **14g**. (**16g**.) *Études* v. 141, *Methlwyd* i twf drwy 'r meithlawr [Ithel Ddu i'r celffaint]. **15g**. *AL* ii. 614, Tri modd y telir camlwrw undyblyc o *fethlu* y hawlwr fesur y hawl; o *fethlu* o amddiffynnwr y amddiffyn. **15g**. HUW CAE LLWYD, &c.: *Gw* 137, Eira yn blât, oer iawn blu, / Mwthlan a roed i'm *methlu* (Gwerful Mechain). **1551** W. SALESBURY: *KLl* xviib, Na phraw [:– na chais *vethly*] yr Arglwydd

dy ddeo. **1567** *TN* 3[05]a, rrac darvot ir temptiwr eich temptio [:– [*m*]*ethlu*]. *c.* **1588** *B* ii. 231, *methlu*, methv. **1632** *D*, *methlu*, irretire, implicare. **1688** *TJ*, *methlu*, maglu, twŷllo: to intangle, to deceive. **1703** *NThDd* 2, [tyngu] megis haint Gyffredinol sy'n *methlu* y rhan fwyaf o'r byd. **1716** E. Samuel: *GGG* 85, eu hewyllys au tueddiad yn rhwystro ac yn *methlu* eu Dealltwriaeth. **1773** *W* d.g. *to encumber*. **1776** Dewi Nantbrân: *AN* 366, Nâd . . . i ddichell y Cythraul . . . *Fethlu*, neu ysgydio fy nghalon. **1803** *P*.

(*b*) (fel *bg*.) Mynd ar gyfeiliorn; methu, dod i ddim: *go astray*; *fail*, *come to naught*.

c. **1400** *R* 1056. 19–20, llawer mawreir a*vethla*. *id.* 1154. 6–8, gwed[y] cant kymmot kymmydych. Vn weith herwyd caryat meith hyt na *methlych*. **1595** M. Kyffin: *DFf* [18], galwyd Crist ei hun yn Samaritan . . . am dybied ei fod ef wedi *methlu* mewn ffydd newydd, a Heresi.

Amr.: **methelu** [bf. o'r e. *methel*, ff. ar *methl* gyda llaf. lusg]. *c.* **1588** *B* ii. 231, *methelu*, incantare. **1707** *AB* 218d. **1725** *SR* d.g. *to fail*. **1753** *TR*.

methlgnawd [bôn y f. fl. + *cnawd*[1]] *eg*. Trachwant, chwant y cnawd (sy'n maglu): *lust*, (*ensnaring*) *carnal desire*.

14g. *GDG* 141, Nid oes bechawd, *methlgnawd* maith, / Marwol mwy ei oferwaith. *id.* 256, Nid rhaid, ddelw euraid ddilyth, / Yt ofn pechawd, *fethlgnawd* fyth [i Ddwynwen]. **1604–7** *TW* (*Pen* 228) d.g. *libido*.

methliad [bôn y f. fl. + *-iad*[1]] *eg*. Magliad, rhwystrad, twyll; anhawster ariannol: *an entangling*, *hindering*, *deceiving*; *pecuniary embarrassment*.

1803 *P*.

methlwr [bôn y f. fl. + *-wr*] *eg*. ll. *-wyr*. Temtiwr, maglwr: *tempter*, *ensnarer*.

1551 W. Salesbury: *KLl* xviia, Ar *methlwr* (**1567** *TN* 5b, temptiwr [:– provwr]) a ddaeth ac a ddyuot wrtho: Os map Deo wyt, Par ir main hyn vod yn vara. **1567** *TN* 3[05]a, rrac darvot ir temptiwr [:– *methlwr*] eich temptio. *Dchr.* **17g.** *J* 10, 30a, *methlwr*, tempter. **1632** *D* d.g. *tentator*. **1722** *Llst* 189, *methlwr*, a tempter, ensnarer. **1803** *P*.

methmat [*meth*[1] + **mat* ar ddelw *siachmat*] *eg*. Sefyllfa gyfartal mewn gêm o wyddbwyll yn sgil methiant un chwaraewr i symud heb i'w frenin gael ei fygwth: *stalemate* (*in chess*).

20g.

method[1] [bnth. S. *method*] *eg*. ll. *-au*. Dull o feddwl, gweithio, &c., yn enwedig yn ôl cynllun trefnus, trefniant systematig o ffeithiau, credoau, &c., trefn arbennig a ddilynir mewn maes astudiaeth, y drefn honno fel pwnc astudiaeth, weithiau yn cyfeirio at ddulliau'r Methodistiaid: *method*, *order*.

1593 W. Midleton: *B* [ii], newidiais yr hen ordr ar *method*. **1602** *GST* i. 907, *Method* ar ei dafod oedd, / Methed holl glymau ieithoedd [marwnad Siôn Tudur gan Siôn Phylip]. **17g.** *LlGC* 10249, 127, Duw Tad . . . / pâr glowed yn flassys / Bob amser, blesser a blys / Yn *method*, dy air moethus (Wmffre Dafydd ab Ifan). [**1745**] W. Roberts: *FfM* 4, Ffalstra'r *Method*, sydd yn ein mysg / A fagodd dysg y Fagddu.

Cfn.: **method gwyddoniaeth (gwyddonol):** *scientific method*. **1932.**

method[2] [?bôn y f. *methaf*: *methu* + *-awd*[4]] *eg*. ?Methiant: *a failing*.

14g. *GDG* 78, A drwg yw yn dragywydd / Nesed Awst, ai nos ai dydd, / A gwybod o'r *method* maith, / Euraid deml, yr aut ymaith [i'r haf].

Methodi [bnth. S. *Methody*] *eg*. Methodist: *Methodist*.

1894 D. Owen: *GT* 235, geneth gall fel ti, sydd yn *Fethodi*.

Methodis, gw. Methodist.

Methodist [bnth. S. *Methodist*] *eg*. ll. *-iaid*, *-s*, (prin) *-ion*, a hefyd gyda grym ansoddeiriol.

(*a*) Arddelwr neu bleidiwr Methodistiaeth, aelod o un o'r enwadau a ddeilliodd o'r mudiad Methodistaidd (yn fwyaf arbennig yng Nghymru, aelod gyda'r Methodistiaid (Trefnyddion) Calfinaidd, a adwaenir bellach fel y Presbyteriaid, o'u gwrthgyferbynnu â'r Methodistiaid Wesleaidd): *Methodist*, *especially a Calvinistic Methodist*.

1741 *Cylchg CHMC* ii. 71, rwi yn cail lle i feddwl y Daw llwiddiant i'r *Methodis*. [**1745**] W. Roberts: *FfM* d.d., Ffrewyll y *Methodistiaid*. **1746** *ML* i. 95, Lladron a *Methodistiaid* yn heidio, wfft, ie, dwbl wfft, iddyn nhw! [**1748**] L. Anwyl: *CC* d.d., lle y mae'r *Methodistia*[*i*]*d* neu Hoffwyr Crefydd y Goleuni newydd yn cael cynhwysiad. **1752** *ML* i. 203, yn meddwl mai darn o *Fethodist* yw eich brawd Gwilym Ddu, oni bae hynny ni ddodasai ar lawr eu campiau yn ei lythyr attaf. **1753** L. Owen: *ADdE* [ii], cymmer yr Ymneillduwŷr, a'r *Methodistiaid* . . . afael . . . i'w hammerchi [yr Eglwys]. **1760** T. Evans: *P* 18, y Phariseaid . . . y Sect falch honno, mor llawn o Hunan; ac a ellir eu cyfrif, y *Methodistiaid* yr Oes honno. **1778** J. Thomas: *HB* iv, Mi a ddechreuais arfer y gair *Methodistiaid* gan ei fod ryw faint yn fwy cymreigaidd: ond meddyliais y gallai rhai anwybodus dramgwyddo wrth y sain hynny, am ba achos arferais y gair *Methodists*. *ib.* Pe byddai rai o'r brodyr, y *Methodists* (neu eraill) o Eglwys Loegr . . . yn rhoi Hanes byr. **1778** J. Hughes: *BB* 152, Nid, [*sic*] eiff na Phrotestanied, / Na Rowndied na Chwacceried, / Papistied, *Methodistied*. **1795** J. Thomas: *AIC* 113–4, Mae *Methodists* yn Arwyddoccau pobl Sydd yn trefnu eu Haddoliad allan, ag nid mewn Teiau. **1799** *TY* 19, Sôn am Dduw mewn cwmpeini . . . a barai iddynt lysenwi y llefarwr, yn ddyn penwan, ac yn *fethodist*. Ar lafar. Clywir hefyd y rhigwm, '*Methodistiaid* creulon cas, / Mynd i'r capel heb ddim gras, / Codi lan (Codi seddi) i bobl fawr, / Gadael tlodion ar y llawr'.

(*b*) Meddyg yn perthyn i un o'r tair ysgol o feddygon yn yr hen fyd: *Methodist*, *medical practitioner according to the Methodic school of the ancient world*.

1799 M. Williams: *HHG* 97, Y Titl yma o *Fethodistiaid* oedd gynt yn cael ei roddi i hen feddygwyr, y rhai oedd yn cymmeryd trefn, neu reol neilltuol yn y ffordd o feddyginiaeth.

Amr.: **Methodis, Methodus, Methadus** [am golli *-t*, cf. *Baptys*, *Batus*]. **1741** *Cylchg CHMC* ii. 71. **1787** (**1812**) Twm o'r Nant: *PG* 7. Ar lafar yn gyff., *WVBD* 372. **Methodyn** [*Method*(*ist*) + *-yn*]. **1910. Methotsyn** [cf. *Methodis*, *Methodyn*] (b. *-en*; ll. *Methots*). Ar lafar. Cf. D. J. Williams: *STD* 97, 'r oedd mam Lemuel yn *Fethotsen* fach net.

Cfn.: **Methodistiaid Calfinaidd, M. Calfinistaidd:** *Calvinistic Methodists*. **1836. M. y Cyfundeb Newydd:** *Methodist New Connexion*. **20g. M. Cyntefig:** *Primitive Methodists*. **20g. M. Gwreiddiol = M. Cyntefig. 1867. M. Unedig:** *United Methodists*. **20g. M. Wesleaidd:** *Wesleyan Methodists*. **1881.**

Methodistaidd, Methodusaidd [*Methodist*, *Methodus* + *-aidd*] *a*. Yn perthyn i Fethodistiaeth neu'n nodweddiadol ohoni, yn arddel Methodistiaeth, yn perthyn i un o'r enwadau a ddeilliodd o'r mudiad hwnnw neu'n nodweddiadol ohonynt: *Methodist* (*adj*.).

1797 E. Charles: *EC* 6, [p]regethwr *Methodusaidd*. *id.* 8, y Ffanatics *Methodusaidd*. *id.* 27, crefydd *fethodusaidd*.

Methodisteiddiaf: Methodisteiddio [bf. o'r a. bl.] *ba*. Troi'n Fethodistaidd: *to make Methodist*.

1871.

Methodisteiddiwch [*Methodistaidd* + *-iwch*[1]] *eg*. Nodweddion Methodistaidd, yn enw. sêl efengylaidd: *Methodist characteristics*, *esp. evangelical fervour*.

1933. Cf. *Ll* (1942) 66, *methodisteiddiwch*—y naws 'ddiwygiadol' ym mhob enwad.

Methodistiaeth [*Methodist* + *-iaeth*] *eb*. Mudiad crefyddol a gychwynnodd yn nhridegau'r 18g. y tu mewn i'r Eglwys Wladol a'i bwyslais ar sêl efengylaidd; yr athrawiaethau, yr arferion, a'r trefniadau sy'n nodweddu'r mudiad hwnnw a'r enwadau amrywiol a ddeilliodd ohono: *Methodism*.

1769 *DRh* 30, hoffi di-dduwiaeth o flaen *Methodistiaeth*.

Cfn.: **Methodistiaeth Galfinaidd:** *Calvinistic Methodism*. **1934.**

methodoleg [cfdds. o'r S. *methodol*(*ogy*) + *-eg*[1]] *eb*. Y corff o fethodau ac egwyddorion a ffurfir ac a arferir mewn maes astudiaeth arbennig, gwyddor method: *methodology*.

20g.

methodolegol [*methodoleg* + *ol*] *a*. Yn perthyn i fethodoleg: *methodological*.

20g.

Methodus, Methodusaidd, gw. Methodist, Methodistaidd.

Methoduswr [*Methodus* + *-wr*] *eg*. ll. *-wyr*. Methodist: *Methodist*.

1797 E. Charles: *EC* 6, fe ddywedodd rhyw *fethoduswr* call wrthyf fi, y gwyddai am bregethwr Methodusaidd da iawn.

Methodydd [cfdds. o'r S. *Method*(*ist*) + *-ydd*[3]] *eg*. ll. *-ion*. Methodist: *Methodist*.

1766 I. Brydydd Hir: *Gw* 205, Un o'r *Methodyddion* yw'r gwr.

Methodyn, gw. Methodist.

Methots, Methotsen, Methotsyn, gw. Methodist.

methrinaf: methrin, methrinwr, gw. meithrinaf: meithrin, meithrinwr.

methus [*meth*[1] + *-us*] *a*. A nodweddir gan lesgedd: *characterized by infirmity*.

1696 *CDD* 132, Y drydedd oes *fethus*, sŷdd yn debygus, / I'r cynhaua trafferthus 'fŷdd boenus dros ben.

methwaf: methwi, gw. meddwaf: meddwi.

methwaith [*meth*[1] + *gwaith*[1]] *eg*. Gwall, amryfusedd, camgymeriad: *fault*, *oversight*, *mistake*.

1632 *D* d.g. *erratum*. **1722** *Llst* 189, *methwaith*, a fault, oversight. **1770** *W* d.g. *blunder*, *bungle*.

methyglyn, gw. metheglyn.

methyl [bnth. S. *methyl*] *eg*. *Cem*. Hydrocarbon radical (CH_3) a geir mewn methan a llawer o gyfansoddion organig: *methyl*.

20g.

meudag [?amr. ar *beudag*; ond mae'r enghrau. cyntaf isod rai canrifoedd yn gynt na'r engh. gyntaf o'r ff. honno] *eg*. Afal freuant, pen uchaf y llwnc, larynx: *Adam's apple*, *larynx*.

14–15g. (*Diw.* **16g.**) *Gwyn* 3, 168, Rhy geis-wer bruder bradwaith—yw madyn, / *meudag* hen god gyffaith [Rhys Goch Eryri i'r llwynog]. *c.* **1400** *R* 1365. 31–2, Madawc yw hwnnw *meudac* llwy haearn. **1632** *D*, beudag, larynx. Corruptè *Meudag*. **1722** *Llst* 189, *meudag*, m. the top of ye windpipe.

Gw. hefyd beudag.

meuden, gw. maeden.

meudwy [**mau* (< Brth. **mogu-* (cf. Crn. C. *mowes* 'morwyn', Llyd. C. *m*(*a*)*oues* 'menyw', Llyd. Diw. *maouez*), amr. ar Frth. **magu-* (Crn. C. *maw* 'bachgen, gwas', Llyd. C. *mao* 'hapus', Llyd. Diw. *mav*), cf. Gal. *Magu*(*rix*), H. Wydd. *mug* 'gwas, caethwas', o'r gwr. IE. **maghu-* 'person ieuanc', Goth. *magus* 'bachgen, gwas') + *dwy*, amr. ar *duw*[1]; cf. H. Wydd. *mug Dæ*, Gwydd. C. *mog Dé*; ?cf. *maon*[1]] *eg*. (b. *-es*) ll. *-aid*, *-od*, (prin) *-on*. Person sy'n byw o'r neilltu mewn unigedd er mwyn ei grefydd, ancr, ermid, hefyd yn *dros*. ac yn *ffig*.: *hermit*, *anchorite*, *also transf. and fig*.

1346 *LlA* 117, wylouein y seint neu vcheneideu y*meudwyot* neur offeireit. **14g.** *WM* 140. 12–13, ef adoeth y gudygyl *meudwy*. **14g.** *GDG* 169, Dwys iawn fydr, dos yn *feudwy*, / Och ŵr mul! ac na châr mwy. **14g.** (**15g.**) *Pen* 57, 39, Mvdei gic *mevdw* gogof / Madyn dew aeth am edn dof (Llywelyn Goch ap Meurig Hen). *c.* **1400** *B* v. 139, Pwy a wnaeth manachlawc gyntaf. Pawl *ueudwy*. **15g.** *HS* 8, mae Mair yn un air a ni / mae plaid *meudwyaid* dewi. **15g.** *DE* 7, mae od yn gwnevthvr *mevdwy*. **16g.** Huw Arwystl: *Gw* 405, prvdd gell ymysg priddawg war / prvddles *fevdwyes* dayar [i'r benglog]. **1618** J. Salisbury: *EH* 306, felly'r *Meudwy* santaidd, a fo yn yr a[ni]alwch, gwedi ymgau eihun mewn Cell, a chilfach o'r neulltu, i fyfyrio petheu nefawl. **1632** *D*, *meudwy*, eremita. *id.* d.g. *anachoreta*. **1688** *TJ*, *meudwŷ*, gŵr unig crefŷddol: a Hermit. **1718 (1721)** S. THOMAS: *HB* 133, Y Hermit, yr hwn a alwe y Cymru gynt *Meudwy* neu *Moudw*. **1770** *W*, *meudwyes* d.g. *anchoress*. **1776** DEWI NANTBRÂN: *AN* 325, y Menych, a'r *Meudŵyon* sanctaidd oll. **1803** *P*. Digwydd yn yr e. lleoedd *Ynysmeudwy* ym mhlwyf Llan-giwg, Morg., a *Rhydymeudwy* ym mhlwyf Llanelidan, sir Ddinb.

meudwyaeth [*meudwy* + *-aeth*] *eb.g.* Buchedd meudwy, hefyd yn *ffig.*; meudwyfa: *eremitism, also fig.*; *hermitage*.
15g. (*c* **1630**) *Llst* 47, 220, gwrthod koron ffrwythlon ffraeth / a dewis y *vaüdwyaeth* [Hywel Dafi i Gynog]. **16g.** LEWYS MORGANNWG: *Gw* 112, ef aü dy o *va[u]dwyaeth* / ag at i gar Gatwg aeth [Illtud Sant]. **1753** *TR*, *meudwyaeth*, the life of a hermit. **1792** R. WILLIAMS: *LlA* 73, I'n byd ni rhag bod yn waeth / Mwy hydawel *meudwyaeth*. **1803** *P*.

meudwyaf: meudwyo, meudwya [bf. o'r e. *meudwy*] *bg.a.* Gwneud meudwy o (rywun); byw fel meudwy, ymneilltuo (er mwyn myfyrio, &c.): *to make a hermit of* (*someone*); *live like a hermit*, *set oneself apart* (*in order to meditate*, *&c.*).
c. **1400** (*SG*) *HMSS* i. 362, Mi abereis arglwyd vy *meudwyaw* geyr dy vronn. **1803** *P*, *meudwyaw*, to live as a hermit.

meudwyaidd [*meudwy* + *-aidd*] *a.* Yn byw fel meudwy, nodweddiadol o feudwy, tebyg i feudwy neu i'w fuchedd, yn perthyn i fuchedd meudwy neu'n nodweddiadol ohoni, hefyd yn *ffig.*: *eremitic*, *hermitic*, *also fig.*
14–15g. *IGE*[2] 321, Feuno, *feudwyaidd* fonedd (Rhys Goch Eryri). **15g.** (*Diw.* **16g.**) *Gwyn* 3, 107, Bwyd y maccwy *meudwyaidd* / berwr hallt, a bara o'r haidd [Lewis Glyn Cothi i Ioan Fedyddiwr]. **15g.** *GGl* 107, Pwy biau'r llyfrau a'r llan? / Pawl *feudwyaidd* plwyf Doewan. **15g.** *HCLl* 121, Mudo'r wyf, amod ei wraidd, / Ymadawiad *meudwyaidd* [i ferch]. **1770** *W* d.g. *ascetic*, *hermitical*, *recluse* [*shut up* . . .]. **1803** *P*.

meudwydy [*meudwy* + *tŷ*] *eg.* ll. *-dai.* Meudwyfa, cell meudwy, encilfan: *hermitage*, *hermit's cell*, *retreat*.
c. **1400** *YSG* i. 36, A'r ymwan hwnnw a vu yn ymyl *meudwydy* yn y lle yd oed ty anckres. *c.* **1400** (*SG*) *HMSS* i. 261, Ac adaw y *meudwydy* aoruc [Peredur]. **15–16g.** (**1564–5**) *LBS* iv. 393, mevdwy ydoedd *me[u]dwydy* / pen fv ar fraich penfro fry [Dafydd Trefor i Ddeiniol Sant].

meudwyedd [*meudwy* + *-edd*[1]] *eg.* Meudwyaeth: *eremitism*, *solitariness*.
15g. *GGl* 301, Gwnâi dwyll ym gwndyll hedd [*sic*] / Au y diau *feudwyedd*.

meudwyes, gw. meudwy.

meudwyfa [*meudwy* + *-fa*, *ma*] *eb.* ll. *-oedd.* Trigfan meudwy, encilfan, cell meudwy, hefyd yn *ffig.*: *hermitage*, *retreat*, *hermit's cell*, *also fig.*
18–19g. *Iolo MSS* 16, ai dyccodd i dy bychan yng nghilfach coed ar ddull *meudwyfa*. **1801** *MMf* 276, Santes Fair a eisteddodd ar garreg, ar faen yn ymyl ei *meudwyfa*.

meudwyfan [*meudwy* + *man*[1]] *eb.* Meudwyfa, encilfan, hefyd yn *ffig.*: *hermitage*, *retreat*, *also fig.*
1789 *BDG* 506, Mwyn-fan i fardd a mein-ferch, / *Meudwyfan*, plas eirian serch [i'r deildy]. **1803** *P*.

meudwyfod [*meudwy* + *bod*[1]] *eb.* ll. *-au.* Meudwyfa, encilfan, hefyd yn *ffig.*: *hermitage*, *retreat*, *also fig.*
1774 *W* d.g. *hermitage*. **1803** *P*.

meudwygranc [*meudwy* + *cranc*, ar ddelw'r S. *hermit-crab*] *eg.* ll. *-od.* *Swol.* Cranc o deulu'r *Paguridæ* sy'n byw yn hen gregyn molysgiaid: *hermit-crab*.
1910.

meudwyol [*meudwy* + *-ol*] *a.* Meudwyaidd, hunanymwadol, asgetig, hefyd yn *ffig.*: *eremitic*, *hermitic*, *self-denying*, *ascetic*, *also fig.*
1770 *W* d.g. *ascetic*, *hermitical*. **1803** *P*.

meudwywr [*meudwy* + *gŵr*] *eg.* ll. *-wyr.* Meudwy, dyn asgetig: *hermit*, *ascetic*.
14g. *Haf* 1, 94b, Ac y mywn manachloc *meudwywyr* a oed y mywn forest geirllaw.

meuedd, gw. meufedd, meueddwys.

meueddig [*meuedd* + *-ig*[2]] *a.* Goludog, cyfoethog: *wealthy*, *rich*.
14g. *T* 23. 21–2, gweint veirch canholic. llyghessoed *meuedic*.

meueddus [*meuedd* + *-us*] *a.* ?Goludog, cyfoethog: *wealthy*, *rich*.
c. **1300** *B* iv. 119, Gwendyd *mevedus* (*R* 582. 28, meuenedus [*sic*]) virein.

meueddwys [?*meuedd* + *-wys*[1]; os ff. ferfol a welir yma, ?cf. *meued*, *T* 8.4] ?*eg.* ?Digonedd, helaethrwydd: *plenty*, *abundance*.
14g. *T* 58. 13–15, parch achynnwys. amed *meuedwys*. *Meuedwys* med y oruoled.

meuenedus, *R* 582. 28, gw. meueddus.

meufedd, meuedd [*mau* + *medd*[2] ac o bosibl *-edd*[1]; dichon mai ff. l. *mau* a welir yn *T* 77. 24] *eg.* Golud, cyfoeth, eiddo; helaethrwydd, digonedd: *wealth*, *riches*, *possessions*; *abundance*, *plenty*.
13g. *C* 13. 2–4, Menestir. vytud. *meuvet* vetvd. molud esmuith. **13g.** *A* 25. 25, twryf en agwed. e rac *meuwed*. e rac mawrwed. *c.* **1300** *H* 20a. 23, llwytyd gwlet a met a *meuet* mad (Llywelyn Fardd). *id.* 71a. 1–2, Bart hart ehelaeth bart ae meithuaeth met a *meuet* marchogaeth [marwnad Bleddyn Fardd gan Gynddelw]. *id.* 109a. 20, a[e] eur rut ae wut ae *ueuet* (Llywarch ap Llywelyn). **14g.** *T* 13. 2–3, maraned a *meued* (*id.* 70. 17, *meuued*) ahed genhyn. *id.* 32. 18–19, a mall *ameuued*. *id.* 77. 24–5, lloegyr oll ymellun eu *meuoed* [*sic*] genhyn. *c.* **1400** *R* 1176. 34, trugared kynn *meued* mablan. *id.* 1194. 14–15, Coron eureit. caryat vwyeit. kiriet *ueued*. *c.* **1425** *B* ii. 231, *meuvedd*, golut. **1632** *D*, *meuedd*, & *meufedd*, opes, diuitiæ, possessiones. **1803** *P*.
Amr.: **mawedd. 1592** S. D. RHYS: *Inst* [xii]. **meufydd, meuydd** [?drwy ymgyfnewid *-e-/-y-* yn y sill. olaf, cf. *buchedd*, *buchydd*]. **13g.** *C* 50. 11. *c.* **1300** *H* 3a. 7.
Gw. hefyd **drygfeuedd, meueddwys.**

meufi, gw. mau, myfi.

meufod [elf. gyntaf yr e. *meudwy* + *bod*[1]] *eb.* Trigfan meudwy, encilfan: *hermitage*, *retreat*.
1759 *ML* ii. 137, Beth pei caech weled fy *meufod* newydd yn yr ardd accw. Diameu nad oes moi bath ym Mhrydain Fawr. **1763** *id.* 580, eich brawd Gwilym sydd unig mal meudwy, ond pei gwelech ei *feufod*.

meufydd, gw. meufedd.

meulyd, ff. lafar, gw. ymafaelaf: ymafael.

meuoed, *T* 77. 24, gw. meufedd.

meurigog [?*mawr* + *-ig*[2] + *-og*; nid amhosibl mai e.p. ydyw neu a. o'r e.p. *Meurig*] *a.* ?Pendefigaidd: *noble*.
?**14g.** (**17g.**) *Saga Englynion* ii. 17, *Meurygawg* marchawg maes.

meurwys, gw. merwys.

meuryn [e. barddol R. J. Rowlands (1880–1967) fel e. cyff.] *eg.* ll. *-nod.* Beirniad yn ymryson y beirdd: *adjudicator in a poetic competition*.
Ar lafar.

meurynnu, meurynna [be. o'r e. bl.] *bg.* Beirniadu yn ymryson y beirdd: *to adjudicate in a poetic competition*.
Ar lafar.

meuydd, gw. meufedd.

mew, miew, miaw [gair yn dynwared y sŵn] *eg.* Y sŵn sy'n nodweddiadol o gath, hefyd yn *dros.* am gath: *miaow*, *mewing*, *also transf. of a cat*.
1632 *D*, *mew*, *miew*, Est felis vox. **1722** *Llst* 189, *mew* . . . the cry of a cat, caterwauling. **1753** *TR*, *mew*, and *Miew*, the mewing of a cat. **1803** *P*. Ar lafar yn gyff.

mewaf: mewan, mewal, gw. mewiaf: mewian.

mewath, mewarth, mewerth, ff. llafar, gw. dimeiwerth.

mewiad [bôn y f. ddil. + *-iad*[1]] *eg.* Lleisiad neu gri cath, mewian: *a mewing*, *caterwauling*.
1722 *Llst* 189, mew, *mewiad*, mewian, the cry of a cat, caterwauling. **1803** *P*.

mewiaf, mewaf, miaw(i)af, &c.: **mew(i)an, mew(i)al, miaw(i)an, miawa,** &c. [bf. o'r e. *mew*, *miaw*, cf. Llyd. *miaoual*, Gwydd. *miamháil*] *bg.* a'r be. hefyd gyda grym enwol. Lleisio (am gath, weithiau am foda, &c.), hefyd yn *ffig.*: *to mew*, *also fig.*
1632 *D*, *mewian*. **1688** *TJ*, *mewian*: to cry like a Cat. **1722** *Llst* 189, *mewian*, the cry of a cat, caterwauling. **1776** *W*, *mewian*, *mïewian* d.g. *to mew* [*as a cat doth*]. **18–19g.** *Llr* C 11, 251, Cath yn *miewan*, yn hwrnu. **1803** *P*. Ar lafar yn gyff.

mewn, (y)mywn, &c. [bnth. neu ff. gtr. â'r H. Wydd. *medón* 'canol', *i mmedón* 'o fewn', o'r gwr. IE. **medhi̯o-* 'canol', cf. *mei-*; ansicr iawn yw perthynas y ff. *meton*, *EWGT* 10, a *uedwn* *A* 3. 3; trafodir enghrau. o *ymywn*, &c., yn yr ystyr 'i mewn (i)' gyda'r cfn. hynny] *ardd.* (gan amlaf bellach o fl. e. pen.) a hefyd gyda grym adferfol, ansoddeiriol, ac enwol.

(*a*) Yn dynodi safle yng ngheudod gwrthrych, yng nghanol lle amgaeedig, neu rhwng ffiniau penodol, wedi ei amgylchynu('n rhannol) gan, wedi ei ddal neu ei fframio gan: *in*, *within*, *inside*, (*partly*) *enclosed by*, *held or framed in*.
12g. *LL* 120, dadlma *ymeun* gulat hac nydieithyr. **14g.** *WM* 53. 16, ny enghis ef *y mywn* ty eiryoet. *id.* 86. 17–19, yno y buant . . . *y mywn* y dref a elwir etwa mochtref. **14g.** *B* ix. 226, crogassant ef *ymyvn* prenn. *c.* **1400** *Études* vii. 50, ysgriuenna y geireu hynn *mywn* gwaelawt fiol vassarn. *c.* **1400** *ChO* 22, pa delw y gallaf i adnabot dy vab di *y mywn* kynulleitua kymeint ac yssyd yno? *c.* **1400** *R* 1039. 24, Penn aborthaf *mywn* vygcrys. **15g.** *id.* 1410. 25–6, Maer gwr araf. gymro goreuro[c] *Mewn* gwieil o aur. mae n goleroc (Lewis Glyn Cothi). **16–17g.** *GST* i. 747, Difyr salm, diofer sôn, / Dy gerdd *mewn* y bedw gwyrddion. **1696** *CDD* 306, Yn hoewedd *mewn* cwmnhiaeth. **1775** *W*, *mewn* tŷ d.g. *in* [*Prep.*] . . . *in a house*. **1803** *P*, *mewn* prep., within, in; adv. Within, in . . . Pwy sy *mewn*?. Ar lafar; digwydd hefyd gyda grym adferfol, "Fyddi di *fewn* heno?', 'Dewch *mewn*'.

(*b*) (enghrau. *ffig.* o'r ystyron uchod ynglŷn â'r meddwl, &c.; hefyd ynglŷn â meysydd fel crefydd, gwleidyddiaeth, &c.: *fig. exx. of the above meanings*, *with regard to the mind*, *&c.*; *also with regard to spheres such as religion*, *politics*, *&c.*)
1346 *LlA* 150, yny gynnvllher ymedwl ar bryt ar lywenydd ysprydawl *mywn* ygallonn. **14g.** *YBH* 4a, bot yn ediuar *mywn* dy gallon. *c.* **1400** *YCM*[2] 22, bychydic a dal dedyf Duw, na'e ffyd, *ymywn* Cristiawn, onis cwplaa o'e weithretoed. **15g.** *Cy* iv. 116, a chydwybod glan *mywn* calonneu y dynnyon. **1588** *Io* ii. 25, yr oedd efe yn gwybod beth oedd *mewn* dŷn. **1606** E. JAMES: *Hom* iii. 218, pa dristwch attolwg, oedd *mewn* Dafydd am y goddineb a'r llofruddiaeth a wnelse. **1620** *Math* i. 20, angel yr Arglwydd a ymddangosodd iddo *mewn* breuddwyd (**1588** *ib.* trwy ei hun). **1632** *D*, *mewn* côf d.g. *occurro*. **17g.** HUW MORUS: *EC* ii. 311, Nid yw ofer goelion, trwy alw ar y meirwon, / I'w cadw *mewn* calon ond cywilydd. Ar lafar, "Toes gin' i fawr o ddiddordeb *mewn* gwleidyddiaeth'.

(*c*) Yn gwisgo: *in* (*of dress*), *wearing*.
15–16g. *GLM* 154, Marchog ewinog o ŵr / *mewn* maelys mwy no milwr. **1567** *TN* 17a, wy a gymresent edifeirwch gynt *mewn* lliainsach a llytw. **1703** E. WYNNE: *BC* 6, [y] fâth gâd-gamlan *mewn* Peisieu gleision a Chapieu cochion. Ar lafar, "Roedd hi *mewn* ffrog neis neithiwr'.

(*d*) Ar ffurf, i ffurf, fel, hefyd yn dynodi cyfrwng mynegiant (e.e. iaith, mydr, ysgrifen, llafar); yn ffurfio: *in*(*to*) *the form of*, *as*, *in* (*denoting medium of expression*, *e.g. a language*, *metre*, *written word*, *speech*); *forming*, *making up*.
14g. *T* 27. 6, Treigleis *ymywn* llawr kyn bum lleenawr. **14g.** *GP* 39, Nyt llythyrenn h herwyd mydyr . . . ac eissyoes, reit yw wrthi y *mywn* kymraec. *ib.* d, f, l . . . gelwir wynt yn llythyr tawd, kanys todi a wnant y *mywn* kerd. *id.* 49, seith [sillaf] *y mywn* pob vn o'r deu benill vyrryon. **14g.** *GDG*

10, Llawn o rad ŷnt, pellynt pwyll, / Lle y doded *mewn* lliw didwyll [am luniau Crist a'r apostolion]. *c.* **1400** *B* ii. 128, Mi ae gweleis *mywn* goleu lythyr. **15g.** *Med H* 4, [t]roi o Ladin a Ffrangec *mewn* iaith Gymraec. **15g.** *Glam Bards* 284, a dry *mewn* deuair ne dri / gymendod macca mwndi [Ieuan Du'r Bilwg i Abad Glyn Nedd i ofyn y Greal]. **15g.** Deio ab Ieuan Du, &c.: *Gw* 254, Pumaib Dafydd, *mewn* paement, / Ap Tomas, rhywiogras rhent. **1567** *TN* 397a, escryvenedic *mewn* Llyfr y bowy d [*sic*]. **1568** Morys Clynnog: *AG* [iii], O flaen y traethiad e gair y pynciau hynottaf *mewn* tafulan. **1592** S. D. Rhys: *Inst* [xiv], yn brintiêdic *mywn* Coflyfreu. *id.* [xvii], *mywn* Iaith gyphrêdin i bawb. **1776** *W*, *mewn* môdd amgen nâ d.g. *manner, in another manner than.* **1925** J. Morris-Jones: *CD* 4, *Mewn* rhyddiaith fe ellir ymresymu. Ar lafar, 'Sawl modfedd sy *mewn* troedfedd?'.

(*e*) Yn dynodi cyflwr meddyliol neu foesol, neu briodoledd haniaethol: *in* (*denoting mental or moral state, or abstract attribute*).

1346 *LlA* 5, Ti awnnaethost pob peth *mywn* doethineb. *c.* **1400** *R* 1197. 17–18, kyvarawd achrist *mywn* kyvwyrein. *id.* 1212. 1–3, Dyuot dewr aruot aeruawr ffysgyat trin *mywn* trist oval gwastat. *c.* **1400** *B* xiv. 190, syrth *mewn* gwaratwyd. **1551** W. Salesbury: *KLl* ia, nid mewn hundai, *mywn* drythyllwch. **1588** *Salm* ci. 2, rhodiaf *mewn* perffeithrwydd fyng-halon. **1632** J. Davies: *LlR* 87, byw *mewn* pob math ar blesser a difyrrwch bydol. **1703** E. Wynne: *BC* 25, ymbell gip o Wên gynffonnog i gadw eu haddolwyr *mewn* awch. **[1740]** L. Anwyl: *NG* 30, nid wyt yn ymddigrifo *mewn* trueni ymdeithydd Cyfeiliornus. **1784** M. Williams: *S* i. 203, wedi dyfod *mewn* adnabyddiaeth o honi. **1785** E. Barnes: *MH* 56, y rhai a ydych *mewn* caethiwed. **1793** Dafydd Ionawr: *CD* 243, *Mewn* llidiog afriwiog fraw. Ar lafar, '*mewn* poen, traffarth, helbul', *WVBD* 373; '*mewn* twll', '*mewn* picil'.

(*f*) Ynglŷn â, gyda golwg ar, o ran, hefyd yn dynodi gallu neu gyfyngiad meddyliol neu foesol: *with respect or regard to, in* (*denoting mental or moral ability or limitation*).

14g. *LlB* 17, kyuarwyd *y mywn* kyureith. *c.* **1400** *R* 1204. 28–9, A gwar gwmpas clot *mywn* gwir gampeu. *c.* **1400** *RB* ii. 3, gwyr arderchawc *y mywn* arueu. **1588** *Esth* (Apocr.) xiii. 3, Amau yr hwn a aeth yn rhagorol *mewn* doethineb. **1588** 1 *Cor* i. 5, Am eich cyfoethogi ym mhob peth ynddo ef, *mewn* pob ymadrodd, a phob gwybodaeth. **1595** H. Lewys: *PA* 7, [c]ydgordio . . . *mewn* ffurf. **1655** Wl: *DP* 51, Fy enaid a'th fawrhâ di O Arglwydd . . . am fynghymorthwyo *mewn* drygau. *c.* **1730** *Thos. Lloyd D* (LlGC) 172b, rhagori ar bawb *mewn* gwybodaeth. **1768** Risiart ap Robert: *CB* 359, arswyd difrifol *mewn* ysgymmundod (*just dread of Excommunication*).

(*g*) (am amser) Rhwng deupen cyfnod heb fod yn hwy na, ymhen, cyn pen, yn ystod; (am bellter) heb fod ymhellach na: (*of time*) *within, at or before the end of, in, during, in the space of*; (*of distance*) *not further than, within.*

15g. *Cy* iv. 106, traythu *mywn* gwasnaythe yr eglwys. **15–16g.** *GIF* 78, Mi wn enwi *mewn* unawr / môr a thir mwy'r Merthyr Mawr. **16g.** *Llst* 6, 134, minay ny ddaw ym vnawr / *mewn* y dydd na mynyd awr. **1588** *Marc* xiv. 58, mi a ddinistriaf y deml hon o waith dwylo, ac *mewn* tridiau yr adeiladaf arall. **1658** R. Vaughan: *YPS* 33, Ei haul [yr Eglwys] a eill fachludo *mewn* vn genhedlaeth, eithr a gyfyd mewn vn arall. **1703** E. Wynne: *BC* [4], Fe geiff weled a theimlo, / Fwy *mewn* munud llym yno, / Nac a fedr Oes ddyfeisio. **1725** D. Lewis: *GB* iv, *mywn* 20 mlynedd. **1764** W. Williams: *Th* 19, Eu geni a'u cenhedlu *mewn* dim ond ysbaid dydd. **1775** *W*, *mewn* munudyn d.g. *in a trice.* Ar lafar, '*mewn* chwartar awr', ''Rodd hi *mewn* tair i bedwar ugian', '*mewn* rhyw filltir i Abar', *WVBD* 373; '*mewn* cachiad Nico'.

Amr.: **meawn.** *c.* **1550** *DB* 112. **16–17g.** *CC* 13, 25. **miawn.** **16g.** *B* xi. 88. **18–19g.** *Llr* C 43, 409. Ar lafar yn y Gogledd, 'i *fiawn* ac allan', *WVBD* 1.

Cfn.: **(i) mewn,** &c., **a (ac i) maes:** *in and out, inside and outside.* *c.* **1400** *B* ii. 13. Ar lafar. **(i) m. (i fewn) ac allan = m. a maes.** **1620** *Doeth Sol* iii. 7. **1778** J. Hughes: *BB* 148. Ar lafar, *WVBD* 1. **m. amser (da):** *in* (*good*) *time.* **1604–7** *TW* (*Pen* 228) d.g. *opportune* (hefyd *D*). **1632** *D* d.g. *maturè.* Ar lafar, 'Rhaid inni fod yno *mewn amser da*'. Gw. hefyd *amser*—*m. amser.* **m. amser (ac) allan o amser:** *at all times, in season, out of season.* **1620** 2 *Tim* iv. 2. **m. awdurdod:** *in authority, with authority.* **1632** *D* d.g. *præpolleo, præsideo.* **1811–13** W. Williams: *GP* 851, Fe bregethir Iesu a'i ras, *mewn* *awrdurdod*, / Yn yr India eang fras, yn ddiddarfod. Ar lafar, 'Pwy sy *mewn awdurdod* yn yr ysgol?' **m. awr, mewnawr** [?cf. *nemheunaur*, (*Juv*) *B* vi. 102]: ?*soon, quickly.* **15–16g.** *GIF* 37. **16–17g.** *CRC* 26, 224. **m. bod:** *in being, extant.* **1773** *W* d.g. *existent.* Ar lafar, *WVBD* 373. **m. byd:** *in an agitated or anxious state, in trouble, in difficulty.* Ar lafar yn y Gogledd. **m. cariad:** *in love.* **1776** *W* d.g. *love, in love.* Ar lafar. **m. (o f.) dim:** *in a moment; within a hair's breadth, within an ace.* Ar lafar, *WVBD* 87. **m. dim o amser:** *in no time, instantly.* Ar lafar. **m. eil:** *in a moment, at once, immediately.* Ar lafar yn sir Benf., *GDD* 199. **m. gwaith:** *in work, employed.* Ar lafar. **m. llaw:** *in hand, receiving attention, being acted on, under consideration; in hand* (*of cash*); *by hand.* **1675** R. Davies: *PY* 210, A'r text hwn *mewn llaw.* **1683** J. Jones: *TG* 63. **1691** T. Williams: *YB* [iii]. **1790** T. Jones: *TOS* 152, 262. Ar lafar, 'Mae gin' i ddigon o waith *mewn llaw*'. Gw. hefyd *cymeraf*: *cymryd*—*c. mewn llaw.* **m. lliw:** *in appearance* (*only*), *under the pretence* (*of*). **1599** **(1677)** R. Holland: *AB* 34–5. **1606** E. James: *Hom* i. 46, 74, ii. 71. **1672** R. Prichard: *Gw* [vii]. **1722** *Llst* 189, lliw, *mewn lliw*, seemingly. **1753** *HFfS* 32. **m. oed:** *grown-up, adult, getting on in years.* Ar lafar yn gyff., 'Mae o'n ŵr *mewn oed* erbyn hyn'. **m. pryd:** *in time.* **1632** *D* d.g. *maturè.* **1703** E. Wynne: *BC* 8. **1803** *P.* Ar lafar. **m. tiwn:** *in tune.* Ar lafar. Yn nwyrain Morg. gall olygu 'mewn tymer ddrwg'. **m. trefn:** *in order.* **1632** *D* d.g. *ordinatè.* **1778** *W* d.g. *order, in order.* Ar lafar, 'Cadwch y llyfrau 'na *mewn trefn*'. **i m., i f. (i'w f.,** &c.**):** (i) *in* (*adv.*), *inward*(*s*), *inside, within.* *c.* **1300** *H* 46b. 6, A mi uerit *y mewn* a chwi allan (Cynddelw). **14g.** *WM* 5. 27, yn dyuot *y mywn.* **15g.** *GM* 12. **1632** J. Davies: *LlR* 352–3. **1751** *W* d.g. in [*after the Verbs, Come, Go, &c.*]. **1795** J. Thomas: *AIC* 272. Ar lafar, 'Dowch *i fewn*', ''Oes neb *i fewn*?', *WVBD* 373. (ii) *into* (*it, &c.*). **14g.** *WM* 31. 14, 202. 29. **14g.** *GDG* 57. **1588** *Nu* v. 2[4], aed y dwfr chwerw . . . *iw mewn.* **1687** **(1715)** J. Owen: *TB* 3, syrthiodd *ifewn* ffynnon. **[1740]** L. Anwyl: *MW* 89, [d]erbyn physygwr pôb Enaid clwyfus *i'th fewn.* **i m. ac i maes, i m. (i f.) ac allan,** gw. *m. a maes, m. ac allan.* **i m. (i f.) i:** *into.* **14g.** *YBH* 23b, ac yna . . . yd aeth *ymywn yr* llys. **1567** *TN* 31a. **1670** J. Hughes: *AP* d.d. **1775** *W* d.g. *into.* Ar lafar, 'Dowch *i mewn i*'r tŷ'. **o f. (o'i f.,** &c.**):** (i) (*of place*) *within* (*it, &c.*), *inside* (*it, &c.*), *also fig.* **13g.** *Ll* 20. **14g.** *GDG* 199. *c.* **1400** *R* 1270. 3. **16g.** *Llst* 6, 139. **1588** *Salm* lxii. 4. **1794** *W* d.g. *within* [*prep.*]. Ar lafar, 'Mae o'n byw *o fewn* milltir i'r pentre'', 'Gwna dy ora *o fewn* dy allu', ''Dydi gwaith o'r safon yna ddim *o fewn* cyrredd iddo fo'. (ii) (*of time*) *within, during.* **15g.** *KAA* 8. **1588** *Pr* xi. 1. **1794** *W* d.g. *within, within at* [*sic*] *while . . . after.* Ar lafar, 'Mi fydda' i'n symud i fyw *o fewn* y mis'. (iii) *in* (*of dress*), *wearing.* *c.* **1400** *R* 1272. 6–7. *Diw.* **15g.** *Pen* 53, 27. **o f. i:** (i) (*of place*) *within, inside.* *c.* **1400** *RB* ii. 233. *c.* **1400** *YCM*² 188. **15g.** *FfBO* 33. (ii) (*of time*) *within, during.* *c.* **1400** *B* iv. 34. **1717** M. Williams: *Cofrestr* 4. **yn ei m.** [ond cf. *Treigladau* 399]: *inside it* (*them, &c.*). *c.* **1400** *YCM*² 191.

Am *mewn difri*(*f*) (*calon*), *m. gair*, gw. difrif, gair¹.

mewnaf [*mewn* + *-af*¹] *a.* (gr. eithaf). Nesaf i mewn: *innermost.*

19g. Islwyn: *Gw* 279, Gwel fellt eu cleddau ar y *mewnaf* gaer.

mewnawr, gw. mewn—m. awr.

mewnblyg [*mewn* + *plyg*] *a.* Yn cyfeirio ei sylw a'i ddiddordeb at ei feddyliau a'i deimladau ei hun, mewndroëdig, mewnsyllgar: *introvert, introverted, introspective.*

1927.

mewnblygiad [*mewnblyg* + *-iad*¹ neu *mewn* + *plygiad*] *eg.* Tueddiad i fod yn fewnblyg, tueddiad tuag i mewn (am feddwl, personoliaeth, &c.), mewnsylliad: *introversion, introspection.*

1927.

mewnblygrwydd [*mewnblyg* + *-rwydd*] *eg.* Mewnblygiad, mewnsylliad: *introversion, introspection.*

20g.

mewnbwn [*mewn* + *pwn*] *eg.* ll. *mewnbynnau.* Yr hyn a roddir i mewn i system (gyfrifiadurol, drydanol, &c.): *input.*

20g.

mewndanio [*mewn* + *tanio*] *be.* fel *eg.* Tanio mewnol: *internal combustion.*

20g.

mewndardd [*mewn* + bôn y f. *tarddaf*: *tarddu*] *a.* *Biol.* Yn datblygu neu'n tarddu oddi mewn i (ran o) organeb, endogenus: *endogenous.*

20g.

mewndir [*mewn* + *tir*] *eg.* ll. *-oedd.* Canol gwlad, tir pell o'r môr, hefyd yn *ffig.*: *interior of country, inland, also fig.*

1870.

mewndirol [*mewndir* + *-ol*] *a.* Yng nghanol gwlad, yn perthyn i ganol gwlad; a ddygir ymlaen neu a gynhyrchir o fewn ffiniau gwlad: *inland* (*adj.*).

1851.

mewndra [*mewn* + *-dra*] *eg.* *Diwin.* Mewnfodaeth (Duw): (*divine*) *immanence.*

20g.

mewndreiddiad [*mewn* + *treiddiad*] *eg.* Treiddiad dwfn (e.e. i ystyr peth): *penetration, interpenetration.*

20g.

mewndreiddiaf: mewndreiddio [*mewn* + *treiddio*] *bg.* Treiddio'n ddwfn (e.e. i ystyr peth): *to penetrate, interpenetrate.*

20g.

mewndro [*mewn* + *tro*¹] *eg.* a hefyd fel *a.* Mewnblygrwydd; mewndroëdig, mewnblyg; a nodweddir gan fewnblygrwydd: *introversion; introverted, introvert; introversive.*

20g.

mewndroad [*mewn* + *troad*] *eg.* Mewnblygrwydd, mewnblygiad: *introversion.*

1850.

mewndroëdig [*mewn* + *troëdig*] *a.bfl.* Wedi ei droi tuag i mewn (am feddwl, natur, &c.), mewnblyg: *introverted, introvert.*

20g.

mewndueddiad [*mewn* + *tueddiad*] *eg.* ?Tueddfryd mewnol, naturiaeth gynhenid: *inner inclination, innate nature.*

1711 M. Maurice: *YAD* 123, Pa beth oedd y rhan oddifewn, ar *mewn-dueddiad* yn arwaini [*sic*] hyny.

mewndyfol [*mewn* + *tyfol*] *a.* a hefyd fel *e.ll.* yn y ff. *-iaid, -ion.* *Biol.* (Planhigion) mewndardd neu endogenus: *endogenous; endogens.*

1851.

mewndywalltiad [*mewn* + *tywalltiad*] *eg.* Tywalltiad (pechod) i mewn (i berson): *an inpouring or infusion* (*of sin*).

1711 M. Maurice: *YAD* 200, Onid yw trosglwyddiad pechod fel hyn ar Ghrist yn ei wneuth[u]r ef yn Bechadur trwy *fewn-dywalltiad*?

mewnddirnadaeth [*mewn* + *dirnadaeth*] *eb.* ll. *-au.* Dirnadaeth dreiddiol, mewnwelediad: *insight.*

20g.

mewnddodaf: mewnddodi [*mewn* + *dodi*] *ba.* *Gram.* Dodi (rhagenw, &c.) o fewn gair: *to infix* (*in gram.*).

20g.

mewnddodiad [bôn y f. fl. + *-iad*¹ neu *mewn* + *dodiad*¹] *eg.* ll. *-iaid.* *Gram.* Elfen a fewnddodir: *infix* (*in gram.*).

20g.

mewnddodiadol [*mewnddodiad* + *-ol*] *a.* *Gram.* A fewnddodir: *infixed* (*in gram.*).

20g.

mewnddrychedd [*mewnddrych*(*ol*) + *-edd*¹] *eg.* Mewnsylliad: *introspection.*

20g.

mewnddrychol [*mewn* + *drych* + *-ol*] *a.* Mewnsyllgar: *introspective.*

1895.

mewnddygol [*mewn* + bôn y f. *dygaf*: *dwyn* + *-ol*] *a*. *Biol*. (am nerfau, gïau, &c.) Yn dwyn neu'n cyfeirio i mewn (i'r corff, &c., yn enw. i'r ymennydd neu i fadruddyn y cefn), mewngludol, afferol: *afferent*.
20g.

mewnedrychiad [*mewn* + *edrychiad*[1]] *eg*. Mewnsylliad: *introspection*.
1850.

mewnfa [*mewn* + *-fa*, *ma*] *eb*. ll. *-feydd*. Mynedfa i mewn; sianel (e.e. falf) y mae hylif, &c., yn mynd drwyddi i mewn i ddyfais neu beiriant: *entrance*, *entry*; *inlet* (*e.g. valve*).
20g.

mewnfaeth [*mewn* + *maeth*[1]] *eg*. *Biol*. Y manwe o fewn hedyn planhigyn sy'n amgylchynu'r embryo ac yn ei feithrin: *endosperm*.
20g.

mewnfilod [*mewn* + *milod* (ll. yr e. *mil*[2])] *e.ll*. *Swol*. Anifeiliaid megis llyngyr sy'n byw oddi mewn i anifail arall, gan mwyaf fel parasit: *entozoons*.
1851.

mewnfodaeth [*mewn* + *bodaeth*] *eg.b*. *Diwin*. Hollbresenoldeb parhaol (Duw) yn y bydysawd cyfan: (*divine*) *immanence*.
1893.

mewnfodaf: mewnfodi [bf. o'r e. *mewnfod(aeth)*] *bg.a*. Bodoli o fewn (rhywbeth); gwneud yn fewnblyg: *to indwell*; *make introverted*.
1933.

mewnfodedd [*mewnfod(aeth)* + *-edd*[1]] *eg*. *Diwin*. Mewnfodaeth (Duw): (*divine*) *immanence*.
1900.

mewnfodol [*mewnfod(aeth)* + *-ol*] *a*. Hollbresennol (yn enw. am Dduw yn y bydysawd), yn bodoli oddi mewn, cynhenid: *immanent* (*esp. of God in the universe*), *indwelling*, *inherent*.
1908.

mewnfodolaeth [*mewnfodol* + *-aeth* neu *mewn* + *bodolaeth*] *eb*. *Diwin*. (Cred mewn) mewnfodaeth: *divine immanence*; *immanentism*.
1933.

mewnfodolaf: mewnfodoli [*mewn* + *bodoli*] *bg*. Bodoli o fewn (yn enw. am Dduw yn y bydysawd): *to indwell* (*esp. of God in the universe*).
1910.

mewnfor [bôn y f. ddil.] *a*. A fewnforir, wedi ei fewnforio: *imported*.
20g.

mewnforiad [bôn y f. ddil. + *-iad*[1]] *eg*. Y weithred o fewnforio, yr hyn a fewnforir: *importation*, *import*.
20g.

mewnforiaf: mewnforio [*mewn* + *morio*] *ba*. Prynu neu gludo i mewn (nwyddau neu wasanaethau) o wlad arall: *to import* (*goods or services*).
1875. Ar lafar yn nwyrain Morg. yn y ff. *mywnforo*.

mewnforion [bôn y f. fl. + *-ion*] *e.ll*. (un. g. *mewnforyn*). Nwyddau neu wasanaethau a fewnforir: *imports*.
1875.

mewnforiwr [bôn y f. fl. + *-iwr*] *eg*. ll. *mewnforwyr*. Person, cwmni, &c., sy'n mewnforio: *importer*.
20g.

mewnforol [bôn y f. fl. + *-ol*] *a*. A fewnforir, wedi ei fewnforio: *imported*.
20g.

mewnforyn, gw. mewnforion.

mewnfridiaf: mewnfridio [*mewn* + *bridiaf*: *bridio*] *bg.a*. Bridio o fewn yr un teulu neu waed, bridio o uniadau rhwng unigolion sy'n perthyn yn agos i'w gilydd: *to inbreed*.
20g.

mewnfudaf: mewnfudo [*mewn* + *mudaf*[1]: *mudo*] *bg*. Dod i le arall neu wlad arall i fyw: *to immigrate*, *migrate to another* (*part of a*) *country*.
20g.

mewnfudiad [bôn y f. fl. + *-iad*[1]] *eg*. Y weithred o fewnfudo: *immigration*, *inmigration*.
20g.

mewnfudol [bôn y f. fl. + *-ol*] *a*. Wedi mewnfudo: *immigrant* (*adj*.), *in-migrant*.
20g.

mewnfudwr [bôn y f. fl. + *-wr*] *eg*. ll. *-wyr*. Un sydd wedi mewnfudo, dyn dyfod: *immigrant*, *in-migrant*.
20g.

mewnfwriol [*mewn* + bôn y f. *bwriaf*: *bwrw* + *-iol*] *a*. Yn symud neu'n tueddu tua'r canol, mewngyrchol; *Bot*. yn datblygu o'r tu allan tuag at y canol (yn enw. am rai fflurgeinciau): *centripetal* (*also in bot*.).
20g.

mewnffrwydrad [*mewn* + *ffrwydrad*] *eg*. ll. *-au*. Ffrwydrad tuag i mewn: *implosion*.
20g.

mewngellol [*mewn* + *cell*[1] + *-ol*] *a*. *Biol*. Yn digwydd y tu mewn i gell, wedi ei leoli y tu mewn i gell: *intracellular*.
20g.

mewngludol [*mewn* + *cludol*] *a*. *Biol*. Mewnddygol, afferol: *afferent*.
20g.

mewngyrchol [*mewn* + *cyrchol*] *a*. Yn symud neu'n tueddu tua'r canol, mewnfwriol; *Sein*. (am gytsain) a gynhyrchir wrth dynnu anadl i mewn i'r ysgyfaint: *centripetal*; *implosive* (*in phonet*.).
20g.

mewnlain [*mewn* + *llain*] *eb*. Mewnlen, leinin: *lining*.
1851.

mewnlen [*mewn* + *llen*] *eb*. ll. *-ni*. Leinin: *lining*.
20g.

mewnlif [*mewn* + *llif*[2]] *eg*. ll. *mewnlifau*. Dyfodiad llawer o bobl neu bethau, dylifiad i mewn, yr hyn a gymerir i mewn: *influx*, *inflow*, *intake*.
20g.

mewnlifiad [*mewn* + *llifiad*[2]] *eg*. ll. *-au*. Mewnlif: *influx*, *inflow*.
20g.

mewnol [*mewn* + *-ol*] *a*., weithiau gyda grym enwol. Yn bodoli neu wedi ei leoli oddi mewn neu ar y tu mewn, yn digwydd oddi mewn, yn dod o'r tu mewn, yn perthyn i'r tu mewn; yn perthyn i'r meddwl, enaid, ysbryd, &c., goddrychol; cynhenid, sylfaenol; cêl, cudd; *Gram*. mewnddodiadol (am ragenwau; hefyd am ragenwau dibynnol ar ôl arddodiaid, cysyllteiriau, &c.): *inner*, *internal*, *interior*; *pertaining to the mind, soul, spirit, &c., subjective*; *inherent*, *fundamental*; *hidden*, *esoteric*; (*in gram*.) *infixed* (*of pronouns*; *also used of dependent pronouns after prepositions, conjunctions, &c*.).
1803 *P* d.g. *mewnawl*.
Gw. hefyd mewnolion.

mewnolaf: mewnoli [bf. o'r a. bl.] *ba*. Gwneud yn oddrychol, dehongli'n oddrychol; derbyn (gwerthoedd, barnau, &c.) i mewn i'r hunan: *to subjectify*; *internalize*.
20g.

mewnoldeb [*mewnol* + *-deb*] *eg*. Goddrychedd; goddrycholdeb: *subjectivity*; *subjectivism*.
1886.

mewnoliad [bôn y f. fl. + *-iad*[1]] *eg*. Y weithred o fewnoli: *internalization*.
20g.

mewnolion [*mewnol* + *-ion*] *e.ll*. (un. g. *mewnolyn*).

(*a*) Un o'r organau y tu mewn i'r corff: *internal organ*.
c. **1877.**

(*b*) Person mewndroëdig: *an introvert*.
20g.

mewnolrwydd [*mewnol* + *-rwydd*] *eg*. Goddrychedd; goddrycholdeb: *subjectivity*; *subjectivism*.
20g.

mewnolyn, gw. mewnolion.

mewnosodaf: mewnosod[1] [*mewn* + *gosodaf*: *gosod*] *ba*. Gosod i mewn: *to put in*, *input*, *insert*, *interpolate*.
20g.

mewnosod[2] [*mewn* + *gosod*] *eg*. Mewnbwn: *input*.
20g.

mewnosodiad [bôn y f. fl. + *-iad*[1]] *eg*. Peth a osodir o fewn peth arall; mewnbwn: *insertion*, *interpolation*; *input*.
20g.

mewnsaethaf: mewnsaethu [*mewn* + *saethu*] *ba*. Gyrru (llifydd) i mewn i (rywbeth); *Meddyg*. chwistrellu, pigo: *to inject* (*also in med*.).
20g.

mewnsaethiad [bôn y f. fl. + *-iad*[1]] *eg*. ll. *-au*. Y weithred o fewnsaethu, yr hyn a fewnsaethir; *Meddyg*. chwistrelliad, pigiad: *injection* (*also in med*.).
20g.

mewnsyllgar [*mewn* + *syllgar*] *a*. Yn ymroddi i fewnsylliad, yn cynnwys mewnsylliad: *introspective*.
20g.

mewnsylliad [*mewn* + *sylliad*] *eg*. Archwiliad a dadansoddiad gan berson o'i feddyliau, ei argraffiadau, a'i deimladau ef ei hunan, yn enw. dros gyfnod hir: *introspection*.
20g.

mewnwelediad [*mewn* + *gwelediad*] *eg*. Sythwelediad, dirnadaeth dreiddiol: *intuition*, *insight*.
1897.

mewnwr [*mewn* + *-wr*] *eg*. Yr hanerwr sy'n rhoddi'r bêl i mewn i'r sgrym (mewn rygbi); y blaenwr rhwng yr asgellwr a'r blaenwr canol (mewn pêl-droed a hoci): *inside half*, *scrum-half* (*in Rugby football*); *inside forward* (*in soccer and hockey*).
20g.

mewnwthiad [bôn y f. ddil. + *-iad*[1]] *eg*. ll. *-au*. *Drg*. Symudiad magma o'r tu mewn i grofen y ddaear i haenau uwchben, y graig igneaidd a ffurfir yn sgil hyn: *intrusion* (*in geol*.).
20g.

mewnwthiaf: mewnwthio [*mewn* + *gwthio*] *ba*. *Drg*. Gwthio (yn enw. fagma) rhwng creigiau solid: *to intrude* (*in geol*.).
20g.

mewnwthiol [bôn y f. fl. + *-iol*] *a*. *Drg*. Wedi eu ffurfio drwy fewnwthiad (am greig-

iau igneaidd): *intrusive* (*in geol.*).
20g.

mewnwythiennol [*mewn* + *gwythiennol*] *a.* I mewn i wythïen (am chwistrelliad): *intravenous.*
20g.

mewnymdroad [*mewn* + *ymdroad*] *eg.* Mewnsylliad: *introspection.*
20g.

mewyd [?elf. anh. (?cf. *mawa*) + -*yd*^{1}] *eg.* Diogi, syrthni, llibyndra, seguryd, llesgedd, musgrellni; ?llyfrder: *idleness, laziness, sluggishness, sloth, accidie, indolence, feebleness; ?cowardice.*
c. **1400** *R* 1174. 14–15, nyweryt *mewyt* milwryaeth. *c.* **1400** *YE* 15, *Mewyt* yw blinder wrth orffenn y da dechreuedic. **16g.** WILIAM LLŶN: *Gw* (R. Stephens) (At.), *mewyd*, diogi. **1604–7** *TW* (*Pen* 228) d.g. *acedia, torpor.* **1632** *D, mewyd*, desidia, segnities, pigritia. *id.* d.g. *socordia.* **1632** J. DAVIES: *LlR* 495, Y pedwerydd peth y mae diogi yn ei beri ydyw *mewyd* a musgrelli. **17g.** HUW MORUS: *EC* i. 356, Gwnaed *mewyd* ei waethaf, mi a weithiaf yn well. *id.* ii. 14, Ni chei di o *fewyd* yn dy ieuengtid, / Ond aflendid, gwendid gwael. **1722** *Llst* 189, *mewyd*, m. dulness, laziness. **1764** DEWI NANTBRÂN: *CB* 64, Beth yw Diogi? *Mewyd* meddwl. **1780** *W* d.g. *pigritude, truantship* [*the state or quality of being a truant*]. **1803** *P*.

mewydiaf, mewydaf: mewydio, mewydu [bf. o'r e. bl.] *bg.a.* Bod yn hwyrfrydig neu'n anfodlon i; bod neu fynd yn swrth neu'n ddiog: *to be reluctant or unwilling to; be or become sluggish or idle.*
1488–9 *B* iv. 305, Ac ni *vewydiodd* vyned (*proficisci. . . non recusauit*) yno. *Dchr.* **17g.** *J* 10, 29b, *mewydu*, pigresco. Pigror. Torpeo.

mewydus [*mewyd* + -*us*] *a.* Diog, dioglyd, swrth, segur; ?llwfr; ?araf i roddi, crintachlyd: *lazy, indolent, sluggish, idle; ?cowardly; ?miserly, mean.*
c. **1485** *THSC* (1943–4) 46, kalonnav *mewydus* (*animus torpens*). **16g.** *Med H* 38, Tylluan ysydd ederyn *mewydus* a llwyth mawr o blu arni. **16g.** *Pen* 127, 254, gwr *mewydys* llwrwf mewn Ryvel. **1567** *TN* 113b, yr ei oedden gubyddion [:– ariangar, angor, chwangogion [*sic*], *vewydus*]. *Dchr.* **17g.** *J* 10, 29b, *mewydus* . . . torpidus. **1632** *D* d.g. *deses, desidiosus, reses, socors.* **1722** *Llst* 189, *mewydus*, lazie, slothful. **1774** *W* d.g. *idle.* **1803** *P*.

mewydyn [*mewyd* + -*yn*] *eg.* ll. *mewydion.* Mamolyn hirflew diddannedd araf a swrth sy'n byw yn fforestydd trofannol Canolbarth a De America, ac sy'n perthyn i deulu'r *Bradypodidæ*: *sloth* (*animal*).
1866.

mewyn [?cf. *mawaid* neu o bosibl *mewerth*, amr. ar *dimeiwerth*] *eg.* Peth bach iawn, mymryn: *very small object, trifle.*
Ar lafar ym Môn.

meyn, gw. mehyn.

mi^{1} [Crn. C. *my, me*, Llyd. *me*, H. Wydd. a Gwydd. Diw. *mé*: < IE. **me*-] *rh. prs.* annib. syml (prs. 1 un.) a hefyd fel *gn. rhagferfol.* Y person sy'n llefaru neu'n ysgrifennu, myfi, fi: *I, me.*

(*a*) (heb fod o flaen bf.: *not preceding a vb.*)
9g. (*Juv*) *B* vi. 102, *mi* am franc dam ancalaur. **9g.** (*MC*) *VVB* 185, iss *mi.* **13g.** *C* 6. 11–7. 1, Can ys *mi* myrtin guydi taliessin. *id.* 61. 13, Rymdivod gwyllan opell y *mi.* *id.* 81. 3, *Mi* iscolan yscolheic. *c.* **1300** *H* 21a. 43, *my* a duw diheu gerennhyt (Daniel ap Llosgwrn Mew). *id.* 46b. 6, A *mi* ueirt y mewn a chwi allan (Cynddelw). **14g.** *T* 36. 11, *Mi* ac euronwy ac euron. **14g.** *WM* 61. 30–1, nyt oes neb heb le idaw heno namyn *mi.* **14g.** *GDG* 245, Amod â *mi* a wneddwyd; / Yma ydd wyf, a mae'dd wyd? **14–15g.** *IGE*^{2} 257, A thrychant, meddant i *mi*, / O bryfed yn ei brofi (Siôn Cent). *c.* **1400** *R* 1046. 20, gwyr a wyr *ami* yma. **1568** MORYS CLYNNOG: *AG* d.d., Natto du[w] i *mi* ymogoneddu ynnim. **1703** E. WYNNE: *BC* 55, Yna i ffordd yr aeth â *mi.* **1776** *W*, Dywed i *mi* d.g. *me.*

(*b*) (yn ddigyfrwng o flaen bf. yn y prs. 1 un., fel rh. a gn.: *immediately before a vb. in the 1st pers. sing., as pron. and prt.*)
13g. *C* 48. 11–12, Ami dysgogana/fe gwir heb gev. **13g.** *A* 26. 18, Pei *mi* brytwn pei *mi* ganwn. *c.* **1300** *H* 7a. 29–30, *mi* ytwyf eur ddetyf diofyn yn rin. *mi* ytwyf llew rac llu (Gwalchmai). **14g.** *T* 23. 19–20, nyt *mi* wyf ny gan. *id.* 31. 26–32. 1, Nyt *mi* wyf kerd uut. **15–16g.** *GLM* 291, *Mi* af, trawaf hyd drwodd, / amgylch byd am gael eich bodd. **1676** W. JONES: *GB* [iii], *mi* derfynaf y llythr hwn. **1703** E. WYNNE: *BC* 33, *mi* wnâ'ch cymmod. **1759** T. THOMAS: *WWDd* ix, *mi* wneuthum hynny. **1762** W. WILLIAMS: *C* 23, *Mi* deithiais ran o'r Anial maith. **1778** J. HUGHES: *BB* 281, *Mi* ledais mewn rhydid fy rhwyde. *id.* 287, *Mi* geibais, *mi* balais, *mi* 'm boenais [*sic*] a'r byd.

(*c*) (fel gn. rhagferfol, a'r f. heb fod yn y prs. 1 un.: *preverbal particle, before a vb. not in the first pers. sing.*)
18g. *W Ballads* 71B, 6, *Mi* ddylen gyd gofio'r amser aeth heibio. **18g.** *W Ballads* 106, 6, *Mi* awn drwu ffansi gwall gyfeilliach, / Un iw faes ar llall iw fasnach. Ar lafar yn y Gogledd, *WVBD* 373–4, ac mewn rhai mannau yn y De, *LlCy* xiii. 121.

(*d*) (o flaen y rh. pth. *a*, y ff. ferfol. bth. (*y*)*sy*(*dd*), y negydd, a geirynnau megis *a, hu, ry*: *before the rel. pron. 'a', the rel. vbl. form '(y)sy(dd)', the negative, and preverbal particles such as 'a, hu, ry'*)
12g. *MA*^{2} 190a. 25, Neud *mi* a fynnwn fy naf—o'th ganiad (Cynddelw). *id.* 221b. 11, O mynnwch chwerddwch *mi* ni chwarddaf (Dafydd Benfras). **13g.** *C* 84. 2, *Mj* aegowinneis y offereid [*sic*] bid. *id.* 89. 15, *mi* nidaw. anaw nimgad. *id.* 101. 11–12, nythadwaen. *mi* rythwelas. *c.* **1300** *H* 21b. 5, *Mi* nyd wyf lawen o lewenyt (Daniel ap Llosgwrn Mew). *Dchr.* **14g.** *id.* 88b. 4, *Mi* a uum genhwch ny haedech i hedwch (Llywelyn Fardd). *id.* 124a. 8, ys *mi* ysy yn merwi mor anghelwyd (Iorwerth Fychan). **14g.** *T* 27. 11–12, *mi* hudwyf berthyll. **14g.** *id.* 53. 15–16, *Mi* a wydywn. **14g.** *GDG* 150, *Mi* a ddeily swrn meddyliau, / Byth neud mul, am beth nid mau. *id.* 364, *Mi* a ganaf, myn fy llaw, / Y pader fyth heb beidiaw. *c.* **1400** *R* 577. 23, *Mi* ae dyweit. **15g.** *GM* 2, a *mi* a dywedeis: Y mae eu callonneu y wastat yg keueilyorn. **1593** W. MIDLETON: *B* 3, *mi* ae dangosaf mewn lle kyfaddas. **1618** J. SALISBURY: *EH* 17, *Mi* a'ch attebwn. **1701** E. WYNNE: *RBS* [vii], etto *mi* a ryfygwn. **1771** W. WILLIAMS: *GIE* i. 28, *Mi* ni fedra'i ddringo creigiau / Sy mor arw ac mor faith.

(*e*) (ar ddechrau br. enwol o flaen *yw*, &c.: *at the head of a nominal sentence before 'yw', &c.*)
c. **1400** *R* 1382. 32, *Mi* yw y benkerd. **15–16g.** *GLM* 256, *Mi* yw'r dyn a'r môr danaw. **15–16g.** *GIF* 90, *mi* yw saer llawn mesurau. **15–16g.** *GRB* 5, *Mi* yw hwnnw, mau henaint.
Amr.: **me**^{2} [fel geiryn; dan ddyl. *fe*]. *c.* **1898.** Ar lafar, *LlCy* xiii. 121.

Gw. hefyd fi, i^{1}, myfi.

mi^{2} [bnth. S. *mi, me*] *eg.* *Crdd.* Trydydd nodyn (neu feidon) y raddfa sol-ffa: *mi, me* (*in tonic sol-fa*).
1821.

miaren, gw. mieri.

miaw, miaw(i)af: miaw(i)an, gw. mew, mewiaf: mewian.

miawn, gw. mewn.

mic^{1}, **mig**^{1} [anodd gwybod pa sawl gair sydd yma, ac a oes cysylltiad â *mig*^{2}] *eg.b.* Sbeit, malais, soriant; peth dibwys, ychydigyn; ennyd, moment: *spite, malice, pique; trifle; moment.*
15g. *Glam Bards* 217, Kael oedd raid rag Kleddau'r wern / Kyffes er *mick* i uffern (Llywelyn ap Hywel). **1547** *WS, mic.* *a.* **1587** *Y* 142, Doedaist mewn *mic*, dig a dyf, / Llvdd gwyn, mai gwell oedd genyf. *Dchr.* **17g.** *J* 10, 31b, *mic*, mutre. **1632** *D, mic*, μὺ, γρὺ. **1688** *TJ, mic*: a moment of time. **1722** *Llst* 189, *mic*, m. the most insignificant thing that can be, the parings of nails. **1753** *TR, mic*, spite, pique. [**1783**] *W, mic* d.g. *spite* [*ill-will, spleen, &c.*]. **18–19g.** *Llr* C 68, 7, *mig*—Glam, spite, malice, envy. **1803** *P, mic*, s.f. . . . spite, or pique. *id. mig*, s.f. . . . spite, pique or malice; animosity.
Cfn.: **o fic**: *out of spite.* **16–17g.** *SC* x/xi. 284. **1753** *TR*, mic . . . *O dra fic*, out of spite. **1803** *P* d.g. *mic.*

mic^{2}, gw. chwaraeaf: chwarae—ch. mig (mic).

mica [bnth. S. *mica*] *eg.* Un o ddosbarth o fwynau sgleiniog wedi eu ffurfio o silicadau aliwminiwm, potasiwm, &c., a geir mewn creigiau igneaidd a metamorffig: *mica.*
20g.

micaf: mico, gw. miciaf: micio.

micar, micer [bnth. S. *vicar*, gydag *f*- ac *m*- yn ymgyfnewid fel yn *melfed*] *eg.* ll. -*iaid, micari.* Ficer: *vicar.*
14g. *IGE*^{2} 85, Mynaich, brodyr, gwŷr gwirfraint, / *Micariaid*, personiaid, saint. **15g.** *HCLl* 83, Mae curad a *micari*, / Mae enw Sud i'm mynwes i. **15g.** *Pen* 67, 69, *Mikar* da i gymmraec. ?**16g.** (**17–18g.**) *Llst* 133, 303b, Mi dd'wedais nad er pleser i berson / bwrs-wag hen na *miccer.* **16g.** *WLl* 258, O Gaeriw draw gair a drig / *Micar* wyd mawr caredig. **16–17g.** IEUAN TEW IEUANC: *Gw* 74, *Miceriaid*, macwy wrol, / *Micar* Gwyn a dyn ar d'ôl. *c.* **1600** L. DWNN: *HV* i. 16, Sir Moris ap Gruffh. ap Sion *Mikar* Llanbadarnfawr.
Cfn.: **micar sienral**: *vicar-general.* **15g.** *GGl* 246, Swm crair a roes *Micar* ym, / *Sienral*, ni bu bwrs unrym.

Gw. hefyd bicar, ficer.

micas, migas [?cf. *micws*^{2}] *eg.* ll. -*au.* Math o fwyd yn cynnwys tameidiau o fara wedi eu mwydo mewn hylif megis isgell, toddion, llaeth neu ddŵr poeth, &c., brywes: *type of food consisting of pieces of bread steeped in a liquid such as broth, dripping, hot milk or water, &c.*
16g. WILIAM LLŶN: *Gw* (R. Stephens) (At.), *mikas*, brywys. **1604–7** *TW* (*Pen* 228), *micas, migas* d.g. *offa.* *id. micas* d.g. *panis, panis perfusus.* *Dchr.* **17g.** *J* 10, 31b, *migas*, browesse, offa. **1632** *D, micas* est Browes. Ll. Offulæ adipatæ, panis jure madidus, adipatum. **1722** *Llst* 189, *migas*, m.p. *gasau*, a sippet, sop. **1776** *W* d.g. *brewis, sippet, sop.* **18–19g.** *Llr* C 4, 21, *micas*, bread and milk or any other food for children. **1803** *P, micas*, s.m. bread steeped in any liquid. *Diw.* **19g.** *SE MS* 301a, Talu am *ficas* (*Llst* 6, 153, sykan) diflas du . . . (I[olo] Gl[ossaries]).
Amr.: **micaws.** **1604–7** *TW* (*Pen* 228) d.g. *offa.* *Dchr.* **17g.** *J* 10, 31b. **mices.** **16–17g.** *LlGC* 732, 91, *mikes* brwes.

miceaidd [*mica* + -*aidd*] *a.* Yn dwyn nodweddion mica, a luniwyd o fica: *micaceous.*
1862.

micer, mices, gw. micar, micas.

miciaf, micaf, migiaf: mician, mic(i)o, migio [bf. o'r e. *mic*^{1}, *mig*^{1}] *bg.a.* Sbeitio, plagio; sorri: *to spite, tease, chafe; be annoyed.*
1772 *W, micco* d.g. *to despite* [*counter-act the designs of another out of spite or malice*]. **1803** *P* d.g. *miciaw, migiaw.*

miclws—miclws mali, gw. picws.

micran, gw. meigryn.

micro-, meicro-, m(e)icro^{1} [bnth. S. *micro*-] *rhgdd.* a hefyd fel *a.* Bychan iawn; hefyd yn dynodi ffactor o 10^{-6}: *micro-, very small; also denoting a factor of* 10^{-6}.
20g.

micro^{2}, **meicro**^{2} [bnth. S. *micro*, talf. o *microcomputer*] *eg.* Microgyfrifiadur: *microcomputer.*
20g.

microb, meicrob [bnth. S. *microbe*] *eg.* (un. bach. -*yn*) ll. -*au.* Unrhyw organeb ficrosgopaidd, yn enw. bacteriwm sy'n achosi afiechyd: *microbe.*
20g.

microbaidd, meicrobaidd [*microb* + -*aidd*] *a.* Yn perthyn i ficrobau, wedi ei achosi neu ei gynhyrchu gan ficrobau, nodweddiadol o ficrobau: *microbial.*
20g.

microbioleg, microbiolegol, gw. microfioleg, microfiolegol.

microbrosesydd, microprosesydd

[cfdds. o'r S. *microprocess(or)* + *-ydd*[3]] *eg.* ll. *-ion.* Uned brosesu ganolog ar ffurf cylched unigol integredig mewn cyfrifiadur, &c.: *microprocessor.*
20g.

microcosm, meicrocosm [bnth. S. *microcosm*] *eg.* Unrhyw uned (e.e. cymdeithas) o'i hystyried fel crynhoad o'r nodweddion sy'n perthyn i uned fwy, yn enw. dyn o'i ystyried fel crynhoad o'r byd neu'r bydysawd: *microcosm.*
20g.

microcosmig, meicrocosmig [cfdds. o'r S. *microcosm(ic)* + *-ig*[2]] *a.* Yn perthyn i ficrocosm, nodweddiadol o ficrocosm: *microcosmic.*
20g.

microcosmos [bnth. S. *microcosmos*] *eg.* Microcosm: *microcosmos.*
20g.

microdon, meicrodon [*micro-*, *meicro-* + *ton*[1]] *eb.g.* a hefyd gyda grym ansoddeiriol. Pelydredd electromagnetig a'i donfedd rhwng 0·3 a 0·001 metr; ffwrn sydd yn defnyddio'r cyfryw belydredd: *microwave; microwave oven.*
20g.

microeiliad [*micro-* + *eiliad*] *eb.* ll. *-au.* Miliynfed ran o eiliad: *microsecond.*
20g.

microelectroneg [cfdds. o'r S. *micro-electron(ics)* + *-eg*[1]] *eb.* Y gangen o electroneg sy'n ymwneud â chylchedau bychan iawn: *micro-electronics.*
20g.

microelectronig [cfdds. o'r S. *micro-electron(ic)* + *-ig*[2]] *a.* Yn ymwneud â microelectroneg: *micro-electronic.*
20g.

microfioleg, m(e)icrobioleg, meicrofioleg [cfdds. o'r S. *microbiol(ogy)* + *-eg*[1]] *eg.* Y gangen o fioleg sy'n astudio micro-organebau a'u heffaith ar y corff dynol, mân-fywydeg: *microbiology.*
20g.

microfiolegol, m(e)icrobiolegol, meicrofiolegol [*microfioleg*, *microbioleg*, &c. + *-ol*] *a.* Yn perthyn i ficrofioleg; yn cynnwys micro-organebau: *microbiological.*
20g.

microffilm, meicroffilm [bnth. S. *microfilm*] *eb.* Stribed o ffilm ac arni luniau o dudalennau llawysgrifau, llyfrau, papurau newydd, dogfennau, &c., ar raddfa fechan iawn: *microfilm.*
20g.

microffis(h) [bnth. S. *microfiche*] *eg.* Darn o ffilm tua 15 cm. wrth 10 cm. ac arno lun o dudalennau llyfrau, &c., ar raddfa fechan iawn: *microfiche.*
20g.

microffon, meicroffon [bnth. S. *microphone*] *eg.* ll. *-au.* Dyfais sy'n troi sain yn egni trydanol, yn enw. er mwyn ei chwyddo, ei throsglwyddo neu ei recordio: *microphone.*
20g.

micrograff [bnth. S. *micrograph*] *eg.* ll. *-au.* Llun a dynnir drwy gyfrwng microsgop: *micrograph.*
20g.

microgyfrifiadur [*micro-* + *cyfrifiadur*] *eg.* ll. *-on.* Cyfrifiadur bach: *microcomputer.*
20g.

microhinsawdd [*micro-* + *hinsawdd*] *eb.* ll. *-hinsoddau.* Hinsawdd sy'n effeithio ar unigolyn neu ar grŵp bychan; amgylchfyd unigolyn neu grŵp bychan: *micro-climate.*
20g.

micromedr[1] [cfdds. o'r S. *micrometer*] *eg.* ll. *-au.* Un o amryw offer neu ddyfeisiau i fesur hyd, pellter, onglau, &c., yn fanwl gywir: *micrometer.*
20g.

micrometr, micromedr[2] [cfdds. o'r S. *micrometre*(+ *medr*[2])] *eg.* ll. *-au.* Miliynfed ran o fetr: *micrometre, micron.*
20g.

micron [bnth. S. *micron*] *eg.* ll. *-au.* Micrometr, miliynfed ran o fetr: *micrometre, micron.*
20g.

micro-organeb [cfdds. o'r S. *micro-organ(ism)* + *-eb*] *eb.* ll. *-au.* Unrhyw organeb ficrosgopaidd megis bacteriwm, firws, &c.: *micro-organism.*
20g.

micropalaeontoleg [cfdds. o'r S. *micropalaeontol(ogy)* + *-eg*[1]] *eg.b.* Y gangen o balaeontoleg sy'n astudio ffosilau microsgopaidd: *micropalaeontology.*
20g.

microprosesor [bnth. S. *microprocessor*] *eg.* Microbrosesydd: *microprocessor.*
20g.

microprosesydd, gw. microbrosesydd.

micropyl [bnth. S. *micropyle*] *eg.* *Bot.* Agoriad bach ym mhilyn ofwl planhigyn sy'n rhoddi mynediad i'r gametau gwrywaidd; *Swol.* agoriad cyffelyb ym mhlisgyn wy pryfyn sy'n rhoddi mynediad i'r had: *micropyle.*
20g.

microsbor [bnth. S. *microspore*] *eg.* *Bot.* Y lleiaf o ddau fath o sbôr a gynhyrchir gan rai mathau o redyn ac sy'n datblygu i ffurfio gametoffyt gwrywaidd; gronyn o baill: *microspore.*
20g.

microsgop, meicrosgop [bnth. S. *microscope*] *eg.* ll. *-(i)au.* Offeryn sy'n defnyddio lens neu gyfuniad o lensys i gynhyrchu delwedd fwy o wrthrych bychan agos, hefyd yn *ffig.*: *microscope, also fig.*
1914.

microsgopaidd, meicrosgopaidd [cfdds. o'r S. *microscop(ic)* + *-aidd*] *a.* Rhy fach i'w weld heb gymorth microsgop, bach iawn; yn defnyddio microsgop (am wyddor); yn perthyn i ficrosgop; manwl iawn: *microscopic; using a microscope (of a field of study); pertaining to a microscope; meticulous.*
1857.

microsgopeg [*microsgop* + *-eg*[1]] *eg.b.* Gwyddor cynllunio a gwneud microsgopau, y gelfyddyd neu'r arfer o drin a defnyddio microsgopau, archwiliad gwyddonol drwy gyfrwng microsgop: *microscopy.*
20g.

microsgopig, meicrosgopig [cfdds. o'r S. *microscop(ic)* + *ig*[2]] *a.* Microsgopaidd, bach iawn; yn perthyn i ficrosgop; manwl iawn; yn ymdrin â manylion: *microscopic; pertaining to a microscope; meticulous; dealing with details.*
20g.

microsgopydd, meicrosgopydd [*microsgop*, *meicrosgop* + *-ydd*[3]] *eg.* Un sy'n hyddysg mewn trin a defnyddio microsgop: *microscopist.*
20g.

microtom [bnth. S. *microtome*] *eg.* Offeryn a ddefnyddir i dorri toriadau tenau ar gyfer archwiliad microsgopaidd: *microtome.*
20g.

Micsolydiaidd [cfdds. o'r S. *Mixolyd(ian)* + *-iaidd*] *a.* *Crdd.* Yn perthyn i'r modd sy'n cyfateb i'r raddfa ddiatonig naturiol o G i G: *Mixolydian.*
1861.

micsomatosis [bnth. S. *myxomatosis*] *eg.* Clefyd firol heintus a marwol ymhlith cwningod sy'n peri chwyddi yn y bilen fwcws a thyfiannau ar y croen: *myxomatosis.*
20g.

mictor, gw. fictor (At.).

micws[1], *eg.b.* Ewyn ar wyneb diod, ffroth, gorferw; blaen pistyll, dwsel, tap, feis, ysbigod: *froth, foam, head (on beer, &c.); waterspout, tap, cock, faucet, spigot.*
16g. WILIAM LLŶN: *Gw* (R. Stephens) (At.), *mikws*, peth a vydd wrth y dwsel, kynn veddwed a *mikws* am ddyn meddw. *a.* **1587** *GST* i. 545, Macwy'r fall, mae cri o'i fod, / Moc os daw, *micws* diod. **16–17g.** *B* ii. 231, *mikws*, ewyn diod. **16–17g.** *CC* 324, mok oes fer fal *mikws* fydd. *Dchr.* **17g.** *TJ* 10, 31b, *miccws*, faucet. **1620** *Mos* 204, 33, Cyn vreued ar *miccws.* **1688** *TJ*, *miccws*, ffroen, neu gafn pistil [*sic*]: the Cock of a spout, or water-pipe. **1725** *SR* d.g. *the Cock of a conduit.* **1774** *W*, *micws* diod d.g. *head* [*the froth on the surface*] *of drink.* **1803** *P*, *micws* . . . *micws* diawd, the froth of liquor. Ar lafar yn Arfon yn yr ymad. 'cyn surad â'r *ficws*', *WVBD* 374; cf. o bosibl y ff. *wīcws* a glywid am 'finegr' yn Nantgarw, *B* xvi. 101.

micws[2], gw. picws.

micymgudd, micymguddiaf: micymguddio, micymguddiad, gw. migymgudd, migymguddiaf: migymguddio, migymguddiad.

michiad, gw. meichiad.

mid[1], **myd** [?cf. *erfid*; ansicr yw'r ail ff.] *e?g.* Brwydr, ymladd, cad: *battle, fight, combat.*
13g. *A* 11. 7, e *myt* ef krennit e gat waewawr. *id.* 26. 14, adef led buost lew en dyd *mit.* *id.* 38. 8–9, oed odit i*mit* o barth urython gododin o bell guell no chenon. *c.* **1300** *B* iv. 116, Merdin dec dawn glot gywyt. / llidiawc lluyduawr y*myt.* *c.* **1300** *H* 114a. 33, Hael arthur modur *myd* angut am rot [marwnad Gruffudd ap Cynan gan Lywarch ap Llywelyn]. **1803** *P*, *mid* . . . a list, or place of combat.

mid[2], gw. mit.

Midianiad, Madianiad [e. prs. *Midian* (a chfdds. o'r Heb. *M^{e}dān(īm)*) + *-iad*[3]] *eg.* ll. *-iaid.* Un o ddisgynyddion Midian fab Abraham (gw. *Gen* xxv. 1–4): *a Midianite.*
1588 *Gen* xxxvii. 36, A'r *Madiniaid* [*sic*] (**1620** *ib. Midianiaid*) ai gwerthasant ef i'r Aipht. **1588** *Nu* x. 29, Hobab mab Reguel y *Madianiad* (**1620** *ib. Midianiad*). *id.* xxv. cs., Duw yn gorchymyn lladd y *Madianiaid.*

midlan [*mid*[1] + *?llan*] *eg.b.* ll. *-nau.* Maes y gad, man brwydr, man lle cynhelir gornest rhwng marchogion, maes twrnamaint; (geir.) marchog: *battlefield, battleground, tilting-yard, tournament field; (dict.) knight.*
13g. *C* 11. 8–9, Metcvin kywran. marchauc *mitlan.* *c.* **1300** *H* 41b. 29, Gnawd rodawc rac marchawc *midlan* [Cynddelw i Hywel ab Owain]. *id.* 46a. 18, Pedrydawc uadawc uarchawc *midlan* [Cynddelw i Fadog ap Maredudd]. **14g.** *IGE*[2] 12, Ni furniaf ddim o'i farwnad—/ Fychan, marchog *midlan* mad [marwnad Tudur Fychan]. *c.* **1588** *B* ii. 231, *midlan* . . . kaythymladd val listys . . . lle ymladd, tult . . . marchoc. **1604–7** *TW* (*Pen* 228) d.g. *bellum, pugnaculum.* **1632** *D*, *midlan*, locus prœlii, pugnaculum. **1707** *AB* 218d, *midlan*, a knight. **1722** *Llst* 189, *midlan*, f.p. *lannau*, the field of battel, the pit, list; theater. **1773** *W* d.g. *field of battle.* **1803** *P.*

midriff [bnth. S. *midriff*] *eg.* Canol y corff dynol rhwng y wasg a'r frest: *midriff.*
c. **1548** *CM* 1, 646, Achrug nebostum mawr dann y *mydryf.*

midwidd, midd, mieren, gw. gwidwith, mydd, mieri.

mierenbren [*mieren+pren*] *eg.* Llwyn mwyar: *a bramble bush.*

1604–7 *TW* (*Pen* 228) d.g. *morum, Morum Rubi vel Sentis.*

mieri [cf. *mwyar*; ?*mieri* < Brth. **miịarī*-, ?*mwyar* < Brth. **miịar*-] *e.ll.* (un. b. *miaren, mieren, mierïen*). *Bot.* Llwyni pigog a llinynnog sy'n dwyn mwyar duon, *Rubus fruticosus*; llwyni rhosynnau gwyllt; llwyni drain, drysi; hefyd yn *ffig.* ac yn *dros.*: *blackberry bushes, brambles; briers; thorn bushes; also fig. and transf.*

13g. *BD* 10, brivav . . . a wnaey ar gerryc a drein a *miery*. *c.* **1300** *H* 108[a]a. 4–5, yr kertgar ysgar ysgarlad lenn. ys gwyr uwrw yr *uierien* (Llywarch ap Llywelyn). **14g.** *Pen* 5, 4a, yn diwreidaw drysswch a *miery*. **14g.** *GDG* 176, Ar draws un yr ymdrois i, / Er morwyn, o'r *mieri*. **14–15g.** *IGE*[2] 206, Gnawd, ar ôl medd-dawd, i mi / Gneifio 'marf, gnuf *mieri* (Llywelyn ab y Moel). ?**15g.** *id.* 94, Mair a'n tyn o'r *mieri*. **1547** *WS*, dyryssi ne *vieri*, breres. *id. mierien*, a brere. **1567** *TN* 92b, nac o ddyrysi [:– *vieri*] y clascant 'rawnwin. **1588** *Barn* ix. 14, Yna'r holl goed a ddywedasant wrth y *fieren*: tyret ti, teyrnasa arnom. **1595** H. LEWYS: *PA* 48, yn i chadw [gardd] a drain a *mieri*. **1632** *D, mieri*, Sing. *Mierien*, tribulus, dumus. **1661** E. LEWIS: *Drex* 287, [m]yned . . . trwy *fieri* a drain i Baradwys. **1703** E. WYNNE: *BC* 60, henddyn gwargam a'i ddeupen fel *miaren* gen lawr. **18g.** I. BRYDYDD HIR: *Gw* 51, Drain ac ysgall mall a'i medd, / *Mieri*, lle bu mawredd. **1769** W. WILLIAMS: *FfW* iii. 6, Llosg *fieri* sydd o'm cwmpas.

Amr.: **meieri** (un b. *meieren*). **1759** T. THOMAS: *WWDd* 232, [m]*eieri* . . . [*m*]*eieren*. **meri** (un. b. *merien*). **1567** *TN* [xxviii], *meri*. *Dchr.* **17g.** *J* 10, 30a, *merien*. Ar lafar yng ngogledd Cered. yn y cfn. *meri duon*. Cf. yr e. lle *Cilmeri*, Brych., *B* xvi. 29. **merin**[2] [cf. *mierinllwyn*]. Ar lafar yng ngorllewin Meir. yn y cfn. *merin duon.*

Cfn.: **mieri duon:** *blackberries.* **1617** *Minsheu* 50b. Ar lafar yng ngogledd Cered. yn y ff. *meri duon*, ac yng ngorllewin Meir. yn y ff. *merin duon*. **m. Ffrengig:** *dogrose, Rosa canina.* **1814** W. DAVIES: *Agric . . . S. Wales* i. 241. **mieri Mair:** *sweet-brier, Rosa rubiginosa.* **1604–7** *TW* (*Pen* 228) d.g. *cynosbatus, neurospaston, rosa.* **1722** *Llst* 189. **1725** *SR* d.g. *eglantine, or sweet briar.* **1771** *W* d.g. *brier, sweet-brier.* **m. march:** *briers.* **20g.** **mieri'r mynydd:** *cloudberry, Rubus chamæmorus.* **20g.**

Gw. hefyd marchfieri, mwyar, mwyeri.

mierinllwyn, me(i)rinllwyn [*mieri, meri*, &c.+*llwyn*[1]; â'r *-n-*, cf. *merin*[2]] *eg.* ll. *-i.* Llwyn mwyar duon; llwyn rhosynnau gwyllt; dryslwyn, draenllwyn: *blackberry bush, bramble; brier; thicket, thorn bush.*

1547 *WS, mierinllwyn.* **1567** *TN* 71a, yn y *merinllwyn* [:– dryslwyn, berth] y llavarawdd Duw wrthaw. **1604–7** *TW* (*Pen* 228), mwyarbren, *mierinllwyn* d.g. *batos.* id. y *Mierinllwyn* aroglber d.g. *cynosbatus.* **1632** *D, mierinllwyn*, vepretum, rubus, rubetum. **1722** *Llst* 189, *mierinllwyn*, a thicket of briars. **1725** *SR, meirinllwyn* d.g. *queach or thicket.* **1726** *CM* 14, 58, Ffrwyth mawr unllwyth *meirinllwyn*. **1770** *W* d.g. *blackberry-bush, a bramble-brake, bramble-bush, brier-plat.* **1803** *P. Diw.* **19g.** *SE MS* 298b, *merin llwyn, -i*, a bramble bush.

mierïog, mierog, me(i)rïog [*mier*(*i*), *meri*, &c.+*-og*] *a.* a hefyd fel *eb.* Llawn mieri a drysi, dreiniog, drysïog, perthog; llwyn mwyar duon; hefyd yn *ffig.*: *full of brambles, briery, thorny; blackberry bush, bramble; also fig.*

13g. *C* 97 (ymyl y td.), Nid aeth nep auei envauc ir gorllurv idaeth gvallauc yvalaen yr *veiriauc*. **1604–7** *TW* (*Pen* 228), tir *mierioc* d.g. *dumetum.* **1632** *D, mieriog* d.g. *dumosus.* *id. mieriog* d.g. *senticosus.* **1633** *LlGC* 731, 222, Moeses yn y twmpath *meriog*. **1725** *SR*, tir *mierog* d.g. *queach or thicket.* **1770** *W*, y *Fierog* d.g. *brake, the bramble-brake.* *id.* d.g. *braky, brambly, briery.* **1803** *P* d.g. *mierawg, mierïawg.* Cf. yr e. lle *Y Friog* ym Meir., gw. *B* xvi. 29.

miew, miewaf: miewan, mifilia, gw. mew, mewiaf: mewian, mefilia.

mifi-mihafan, &c., gw. mihifir-mihafar.

mig[1], gw. mic[1].

mig[2], gw. chwaraeaf: chwarae—ch. mig.

miga-moga, migam-mogam, gw. igam-ogam.

migas, migiaf: migio, gw. micas, miciaf: micio.

migi-moga, gw. igam-ogam.

miglaf: miglo, *bg.a.* Symud, mynd ymaith, diflannu, (ei) heglu (hi): *to move, go away, disappear, scoot, skedaddle.*

Ar lafar yn nhref Caernarfon, '*Migla* hi o 'ma', gw. *B* xvii. 273.

migmans, migma(r)s, gw. nigromans.

mign [?< **mūkinā*, o'r gwr. IE. **meug*-, *meuk*- 'llysnafeddog, llithrig', est. ar y gwr. **meu*- 'gwlyb', cf. Llad. *mūcus*, 'llysnafedd'] *eb.* (un. bach. *mignen*, ll. *-ni*, *-nau, -nydd*) ll. *-au, -edd, -ïoedd.*

(*a*) Tir gwlyb meddal, cors, gwern, siglen, lle lleidiog, hefyd yn *ffig.*: *marsh, bog, swamp, quagmire, mire, muddy spot, also fig.*

c. **1400** *R* 1028. 32–3, Eiry mynyd hyd mywn brwyn oer *micned* med ygherwyn. *id.* 1037. 15, Medal *migned* kalet riw. *id.* 1333. 15, daear duoer *vigned*. **15g.** *AL* ii. 688, Pob tir ynteu a ddylir y rannu eithyr y tir hynn: *migyn*; a derw goet; a cherric. **1562** *B* ii. 231, *migyn* . . . rhwtta, tom. *c.* **1585** *Llst* 178, 70a, ag felly ym dodwyd i allan or *figen*. **1592** S. D. RHYS: *Inst* 184, Lle ny bo *mign* e fydd maen. **16–17g.** *CRC* 248, hylawn praidd hyffordd *mignedd*. **1630** R. VAUGHAN: *YDd* 77, O sugnedd pechod, a *mygn* o fudreddi. **1632** *D, mign*, cœnum, lutum, ablutum, ablues. **1722** *Llst* 189, *mign*, f.p. *mignïoedd*, a bog; mire. *id. mignen*, f.p. *nennau*, a shaking bog. **1737** G. JONES: *DFfW* 23, y *fignen* fudr wenwynllyd oddimewn i mi. **1769** E. ROBERTS: *GN* 55, I *figin* gwlad y fagddu. **1803** *P* d.g. *migyn.* Ar lafar yn Arfon yn y ff. *migin*, I. WILLIAMS: *ELl* 47, ac ym Morg. yn y ff. *mican*. Mae *mign, mignen, mignedd* yn elf. mewn e. lleoedd, megis *Migneint, Llyn y Fignen Felen, Talymignedd.* '*Y Figin*' yw'r e. lleol ar Gors Fochno yng ngogledd Cered.

(*b*) *Bot.* Migwyn, *Sphagnum*: *bog moss.*

1707 *AB* 219a, *mygn* (& *Migin*) . . . It seems to signify properly the white moss common on bogs and moist places; viz. Muscus aquaticus stellatus. **1753** *TR.* **1813** *WB* 100, Sphagnum; Bog-moss . . . Mygn, Migin.

Amr.: **bignen.** **1677** C. EDWARDS: *FfDd* 425. **meigen**[2]. **16g.** HUW ARWYSTL: *Gw* 485, Mwg [o] anwfn meginydd / A fagai'n daer *feigen* dydd [i'r niwl].

Cf. migwyn.

mignaethaf: mignaethu, gw. meddyginiaethaf: meddyginiaethu.

mignaf, migniaf: mign(i)o [bf. o'r e. bl.] *bg.a.* Damsang, sengi, sathru, mathru, gwneud neu fynd yn gorslyd, baeddu neu ddifwyno (llawr, &c., drwy gerdded arno), hefyd yn *ffig.*: *to tread, trample, make or become boggy, dirty or messy* (*a floor, &c., by walking on it*), *also fig.*

c. **1400** *R* 1193. 3–4, ylle y mae migynwern. agwedyr *vignaw*. *c.* **1730** *Thos. Lloyd D* (LlGC) 172b, *mignio*, to tread a wet place, (to) make it dirty. **1753** *TR, migno*, to tread, in Anglesey. R[hisiart] M[orys]. **1760** *ML* ii. 183, gan na wnaeth fawr ddrwg namyn *mignaw* mi ai harbedais [am ddafad mewn gardd]. **1803** *P, mignaw*, to become a bog. Ar lafar yn y Gogledd, '*migno*'r ŷd o dan ei draed', *WVBD* 374. Ym Môn sonnir am '*migno* (rhygnu) cadair ar hyd y llawr', J. JONES: *Gwerineiriau*[2], 186.

mignen, migniaf: mignio, gw. mign, mignaf: migno.

mignwern [*mign+gwern*] *eb.* ll. *-ydd.* Cors, gwern, siglen, mignen, hefyd yn *ffig.*: *bog, swamp, quagmire, marsh, also fig.*

c. **1400** *R* 1193. 2–3, y waelawt uffern. ylle y mae *migynwern*. *id.* 1301. 32–3, torreist byrth uffern gwlyb *uigynwern* gwlyd. *id.* 1304. 19–20, O wart uffern. hagyr *vigynwern*. *id.* 1330. 10–11, uffern rew *vigynwern* rwt. *id.* 1333. 8, Rac drwc mwc *migynwern*. **15g.** *DGG*[2] 64, Fy nhroi i fan trwstanwaith, / Fal uffern, i *fignwern* faith [i'r niwl]. **16–17g.** *Cer RC* 9, A ddisgynnodd i *fign-wern*, / Yr hon a elwir uffern. **1803** *P.*

migram, migran, migren, migrwn, gw. meigryn.

migus [*mig*[1]+*-us*] *a.* Sbeitlyd, maleisus: *spiteful, malicious.*

1772 *W* d.g. *despiteful.* **1803** *P.*

migusrwydd [*migus+-rwydd*] *eg.* Cenfigen, malais, sbeit: *envy, malice, spite.*

1773 *W* d.g. *enviousness.* **1803** *P.*

migwrn [Llyd. Diw. *migo*(*u*)*rn* 'madruddyn; cwgn'; â'r ail elf. cf. *asgwrn, cogwrn, llosgwrn*; nid oes sicrwydd mai yma y perthyn yr enghrau. treigledig isod] *eg.* ll. *migyrnau* (*migwrnau*), *migyrn*. Ffêr, meilwng, egwyd, main y goes; cymal (yn enw. mewn bys neu ddwrn), cwgn; ?arddwrn; hefyd yn *ffig.*: *ankle, fetlock, pastern, small of the leg; joint, knuckle; ?wrist; also fig.*

15g. *Pen* 109, 91, Mordwyt oll mor da dy air. / *Migwrn* asgwrn dy esgeir (Lewis Glyn Cothi). **15–16g.** *TA* 453, Amner fal nyth ederyn, / Amgarn dur *migyrnau* dyn [am fwcled]. **1567** *TN* 174a, yn ebrwydd y cyfnerthwyt ei draet a' ei ffere [:– *vigyrne*]. **1575–6** *B* vi. 316, dwy esgair grothog hyd y *migyrne*. *Diw.* **16g.** *WLB* 12, Rhag Corn mewn bys ne *figwrn*. *Diw.* **16g.** *Gwyn* 3, 172, Arf â'i phig wrth fy *migwrn* / enfys yw anafe swrn [i'r bwa]. **1603** W. MIDLETON: *Ps* 34, Am holl esgyrn *migyrn* mwyd / Eilwaith a ddigymalwyd. *Dchr.* **17g.** *J* 10, 31b, *migwrn*, knuckle, articulus, internodium. **1722** *Llst* 189, *migwrn*, m.p. *migyrn, gyrnau*, a knuckle; the ankle. **1754** G. OWEN: *L* 110, yn gwancio ac yn yssu pob *migwrn* o'r barddoniaeth. **1760** *ML* ii. 192, mae *migwrn* y troed (y ffêr) yn mynd yn ofer. *c.* **1762–79** W. WILLIAMS: *P* 269, golchi'r traed a'r *migwrnau*. **1771** *PDPh* 54, Amryw chwyddaint bychain uwchlaw *migwrn* ceffyl . . . yw'r Gwyntchwydd. **1803** *P. Diar.* Gwell *migwrn* o ŵr na mynydd o wraig.

Cfn.: **migwrn bys:** *knuckle.* **15–16g.** *TA* 460. **16g.** (*LlEG*) *LlGC* 5276, 367b. **1604–7** *TW* (*Pen* 228) d.g. *articulus.* **1712** T. WILLIAMS: *CDdG* 290. **(na) m. nac asgwrn:** *any trace* (*of*). **18g.** **(1768)** I. BRYDYDD HIR: *Gw* 238, Yr eiddoch tra bo *na migwrn nac asgwrn* o Evan Evans. Ar lafar yn Arfon, '"Welis i ddim *na migwrn nac asgwrn* ohoni hi", "I never saw a trace of it again", speaking, e.g. of a cat which has run off with a chicken', *WVBD* 374. **pob m. ac asgwrn:** *each and every bit or part.* **1867.**

Gw. hefyd bigwrn, pigwrn.

migwyn [?*mig*(*n*)+*gwyn*[1]] *eg.* ll. *-nau.* Math o fwsogl o'r tylwyth *Sphagnum* sy'n tyfu ar gorsydd a mannau gwlyb eraill: *bog moss.*

15g. GWILYM TEW: *Gw* 503, Manach o wawn, mwy na chwd, / Mal *migwyn*, gwayw mul mwgwd [am wely plu]. *Dchr.* **17g.** *J* 10, 31b, *migwyn*, white mosse in mountaines, phalanga. **17g.** *LlGC* 13215, 349, *migwyn*, muscus. **1701** E. WYNNE: *RBS* 228, fel twmpath o *figwyn* yn derbyn carreg. **1707** *AB* 218d, *migwyn*, moss . . . Vid. mygn. **1722** *Llst* 189, *migwyn*, m. moss. **1803** *P, migwyn*, white moss, which grows on bogs. **1813** *WB* 220, Migin; *Migwyn*; Sphagnum;—White Bog-moss. Ar lafar yn y Gogledd, *WVBD* 619.

migwynnaidd [*migwyn+-aidd*] *a.* Llawn migwyn, yn cynnwys migwyn, mwsoglyd: *full of or containing bog moss, mossy.* **1848.**

migymgudd, micymgudd [*mig*[2], *mic*[2]+ bôn y f. *ymguddiaf*: *ymguddio*] *eg.* Chwarae ymhlith plant, sef bod un yn ymguddio a'r lleill yn chwilio amdano, chwarae cwato; cudd ac ymddangos: *hide-and-seek; bo-peep.*

1770 *W, mic-ymgudd* d.g. *bo-peep.* *id. migymgudd* d.g. *hide and seek.* **1798** *WR*, bopeep, *mic-ymgudd*, cudd ac ymddangos.

migymguddiad, micymguddiad [bôn y f. ddil.+*-iad*[1]] *eg.* Migymgudd; cudd ac ymddangos: *hide-and-seek; bo-peep.*

1798 *WR, mig ymguddiad* d.g. *hide-and-seek.*

migymguddiaf, micymguddiaf: migymguddio, micymguddio, micymguddied [*mig*[2], *mic*[2]+*ymguddiaf*: *ymguddio, ymguddied*] *bg.* a'r be. gyda grym enwol. Ymguddio, chwarae mig, gorchuddio'r pen neu'r llygaid (yn enw. wrth chwarae cudd ac ymddangos), hefyd yn *ffig.*: *to hide, play hide-and-seek, cover the head or eyes* (*esp. in playing bo-peep*), *also fig.*

1595 M. KYFFIN: *DFf* [132], Dymma i chwi fal y maen-nhwy'n chware *mic ymguddio* dan enw'r Eglwys. *Dchr.* **17g.** *J* 10, 31b, *mig ymguddio.* **17g.** *LlGC* 13215, 349, *migymguddio,* obnubo. **1707** *AB* 218d, *migymgyddio,* to cover the face &c. to hood-wink. V. **1725** *SR, mic ymguddio* d.g. *to Hood Wink. id.* chwarau *mic ymguddied* d.g. *to Mick or play the Truant.* **1746** *ML* i. 96, anwydau yr corph yn chwareu *mig ymguddio* a dyn. **1770** *W, mic-ymguddio* d.g. *bo-peep, to play at bo-peep.* **1803** *P,* mig . . . *mig ymguddiaw,* the play of hide and seek, the seeker being hoodwinked, and the other crying out mig, or hoop.

migyn, gw. mign.

migyrnaf: migyrnu [bf. o'r e. *migwrn*] *bg.a.* Ymffurfio fel migwrn, cymalu; niclo (marblen): *to form a knuckle; knuckle or shoot (a marble).*

1803 *P, migyrnu,* to grow out as a knuckle. Cf. T. GWYNN JONES: *Brithgofion* (1944) 32, enwau ar wahanol fathau o farblis, megis to, un fawr at daro o bell; ali, un lai at '*figyrnu*' rhwng ewin bawd a chymal bys.

migyrnog [*migwrn* + *-og*] *a.* Ac iddo figyrnau neu gygnau mawr (am ddwrn), hefyd yn *dros.*: *having large knuckles (of a fist), also transf.*

1803 *P, migyrnawg* . . . large-knuckled.

Mihangel—gŵyl F., haf bach M., gw. gŵyl[1]—g. Fihangel, haf—h. bach Mihangel.

Mihefin, gw. Mehefin.

mihifir-mihafar, *e?g.* Oen nad yw na gwryw na benyw, oen hermaffrodit; hefyd yn ddifr., merch wrywaidd, dyn merchetaidd, gwrywgydiwr: *hermaphrodite lamb; also derog., masculine woman, effeminate man, homosexual.*

Ar lafar mewn ff. amr., *mifi-mihafar, mifi-mihafan* (Môn), *myfi-myhafan,* (sir Gaern.), *myhifi-myhafar* (Llŷn), *hifin-(mi)hafan, hifi-di-hafa, hifir-hafar* (Meir.), *myfir-dihafar* (gogledd Cered.), *miheri mihara,* (Brych. a Morg.). Clywir ar lafar y rhigwm '*Mihifir-mihafar,* / Dim bwch a dim gafar', gw. *WA* 330–45.

mihogan, gw. mahogani.

mil[1] [bnth. Llad. *mīlia,* cf. Crn. C. *myl,* Llyd. C. a Diw. *mil,* H. Wydd. a Gwydd. Diw. *míle*] *rhif.* ac *eb.g.* ll. *-(i)oedd,* a hefyd fel *adf.* Un o'r prifolion, sef cant wedi ei luosogi ddeg gwaith, decant, rhifolyn (e.e. 1000, 10^3, M, &c.) sy'n cynrychioli'r rhif hwn; nifer mawr, llu; deg cant o flynyddoedd: *thousand; a great number, host; millennium.*

13g. *C* 88. 7–8, Lloer *vilioet* vilenhit. **13g.** *LlI* 59, a *myl* o'r tyr yu e mylltyr. *c.* **1300** *H* 6a. 24, ac am dal moelure *mil* vanyeri (Gwalchmai). *id.* 66a. 1–2, Kyuarchaf y duw kyuarchdawn uolyant y *uilyoet* enwogawn (Cynddelw). **14g.** *WM* 162. 14–16, ny ellit dwyn bwyt yr sawl *vilyoed* yssyd yma. **14g.** *GDG* 68, Paun asgellas dinastai, / Pa un o'r *mil*? Penna'r Mai. *c.* **1400** *YCM*[2] 186, teir *mil* o vonhedigyon. **15g.** *OBWV* 108, Y mae gwylanod y môr / A ddôn' *fil* i ddwyn f'elor. **15g.** *DGG*[2] 79, *Mil* fawr yn ymleferydd / O gertweiniau 'r sygnau sydd [i'r daran]. **15g.** *LGC* 69, Y vâl o Iosphat, ev a'i *viloedd,* / A dry i Edwart yn ystrydoedd. **1547** *WS, mil* dec cant, a thousande. **1610** *CRC* 203, Un *mil* a chwechant a dêg. **1617** R. PRICHARD: *CE* [3], Pedwar *myl* [*sic*] ar hygain. **1677** R. JONES: *BB* 85, yn werthfawroccach nâ *miloedd* o Aur ac arian. **1803** *P.* Yr oedd *Cyfres y Fil* yn gyfres o lyfrau a gyhoeddodd O. M. Edwards rhwng 1901 a 1916, gan obeithio denu mil o danysgrifwyr.

Fel *adf.* O lawer; milwaith (mwy): *by far; a thousand times (more).*

c. **1730** *Thos. Lloyd D* (LlGC) 175b, yn *Fil* Lliosogach, a thousand times more. **1784** D. JONES: *LlDI* 31, Pwy welaf o Edom yn dod, / *Mil* harddach nâ thoriad y wawr?

Cfn.: **(y) mil blynyddoedd (blynyddau, flynyddedd), y f. flynyddoedd:** *millennium, the Millennium, also fig. period of benign government and happiness.* *c.* **1400** *R* 1292. 21–2. **1725** I. HARRI: *RD* 188, *y mil Blynyddeu. id.* 200, *y mil Blynyddedd.* **1776** *W,* perthynol i'r *Fil flynyddoedd* d.g. *millennial.* **m. i un:** *a thousand (chances) to one.* **1723** J. JONES: *LlA* 291. **1727** J. JONES: *DFF* 313. **y M. (F.) Feibion, y F. Feib:** *the Holy Innocents.* **14g.** *T* 3. 24, Marwnat *y vil veib.* **1722** T. EVANS: *PS* 96, *y Milfeibion* neu 'r Gwirioniaid. *c.* **1730** *Thos. Lloyd D* (LlGC) 175b. Gw. hefyd *gŵyl*[1]*—gŵyl y Fil Feibion, g. Fil Feib.* **m. o ddiolch:** *a thousand thanks.* Ar lafar. **un o f.:** *one in a thousand, exceptional person.* **1588** *Job* xxxiii. 23. Cf. D. OWEN: *D* 82, y mae Miss Pugh yn *un o fil.*

Am *cant a mil, m. m.,* gw. cant[1], milmil.

mil[2] [H. Grn. *mil,* gl. *animal,* Crn. C. *myl,* Llyd. C. a Diw. *mil,* H. Wydd. *mil,* Gwydd. Diw. *míol*: < Clt. **mīlo-* < IE. **mēlo-, smēlo-* 'anifail bychan', Gr. μῆλον] *eg.* (bach. *milyn,* ll. *-nod*) ll. *-od,* ?*-aid,* ll. dwbl *milodau.* Anifail, bwystfil, creadur, llwdn, hefyd yn *ffig.* am ddyn, weithiau'n ddifr.; (geir.) anifail nad yw dyn yn arfer ei fwyta: *animal, beast, creature, also fig. of man, sometimes derog.; (dict.) animal not usually consumed by man.*

14g. *T* 23. 22, gweint *mil* mawrem. **14g.** *WM* 64. 34–6, tei y llys yn wac diffeith anghyuanhed heb dyn heb *uil* yndi. *id.* 463. 17–19, Henwas edeinawc ny allwys *mil* pedwar troedawc eiroet yganhymdeith hyd un erw. *id.* 485. 3–4, ny ellwngwyt eiroet ar *mil* nys lladwynt. *c.* **1400** *R* 1278. 30–31, *Mil* eidil idaw ny phrydaf. *id.* 1346. 24–5, *mil* kerdgoec meilsoec moelsur. *c.* **1400** [*RB*] *WM* 490. 19–20, kenedlaeth *vileit* yssyd gynt rithwys duw no mi. **15g.** *DGG*[2] 44, Glanaf *milyn* a luniwyd, / Myn Mair wen, yn y môr wyd [i'r eog]. **15g.** *LGC* 499, *Mil* yw o Wynedd, wr moliannus, / Adar a tharw o waed Arthurus [i Harri VII]. **1562** *B* ii. 231, *mil*: anivail na bo dyn yn arver oi vwyta. **1592** S. D. RHYS: *Inst* [xxi], nag anifeilieid na *milod.* **1604–7** *TW* (*Pen* 228), *mil* oedh y gair Cymräec gynt gan yr hen Gymrû, val y mae y dywediat, Goraû vn *mil,* march. Gwae'r *mil* ny wyl y berchenn d.g. *animal. id. milyn* d.g. *animalculum.* **1632** *D, mil,* bestia, animal irrationale. **1722** *Llst* 189, *milyn,* m.p. [*mi*]*lynnod,* a little beast. **1756** *ML* i. 430, pobl yn dianc i foliau *milod* môr. **1778** J. HUGHES: *BB* 177, Gwlad lawn o foch afluniaidd, / Ac anifeilaidd *filod.* **1803** *P.*

mil[3] [cf. *milfyw*] *e?g.* *Bot.* Llygad Ebrill, *Ranunculus ficaria*: *lesser celandine, pilewort, figwort.*

1547 *WS, mil* milfyw llyseun. **1632** *D* (*Bot*), y Fronwys, y Filfyw, *mil.* **1725** *SR* (*Bot*) d.g. *pilewort.*

Gw. hefyd milfyw.

miladi, gw. meiledi.

milaidd [*mil*[2] + *-aidd*] *a.* Yn perthyn i anifeiliaid, yn ymwneud ag anifeiliaid, tebyg i anifail, bwystfilaidd: *pertaining or relating to animals, like an animal, bestial.*

1803 *P, milaidd,* like an animal, brutish.

milain [bnth. H. Ffr. neu S. C. *vilein* 'villein', gydag *f-* ac *m-* yn ymgyfnewid; nid oes sicrwydd mai yma y perthyn yr enghrau. treigledig isod] *eg.* (b. *mileines, milanes,* ll. *-au*) ll. *milein(i)aid,* a hefyd fel *a.,* weithiau gyda grym adferfol. Taeog, caeth, deiliad caeth i'r tir, gwladwr; ?ffermwr; dihiryn, dyn ysgeler; hefyd yn *ffig.*: *villein, peasant, countryman; ?farmer; scoundrel, villain; also fig.*

13g. *LlDW* 30. 8, Nautey adely *myleynyeit* ebrenin. **1346** *LlA* 35, Ar nep agretto yduw. Ac ny wypont yewyllys megys *mileineit* (*rustici*). ot ant ygkyfuyrgoll. ny phoenir wynt yn orthrwm. **14g.** *GDG* 383, Llwfr fu ddigwas anrasol, / Llefain o'r *milain* i'm ôl. *c.* **1400** *R* 1347. 39, *Milein* truthein treth uonoch. **15–16g.** LLAWDDEN, &c.: *Gw* 124, Euro plwm, i ŵr pa les / Yw moliannu *mileines* [i ferch anwadal]. **16g.** *LlGC* 1553, 83, O daw milgi hyddgi hên / Ar ymeulyd ar *milen* [Edward Sirc i'r llwynog]. **1604–7** *TW* (*Pen* 228), *milein* d.g. *villanus. id. mileines* d.g. *villica.* **1632** *D* (*Diar*), Nid *milain* ond taeog. **1727** J. JONES: *DFF* 58, aneirif o Wrthryfelwyr, a Bradwyr, a *Mileiniaid.* Ar lafar yn sir Benf., '*Milanes* yw'r hen gath ma am hufen', *GDD* 197, ac yn y De, 'Hen *filan* o fenyw'.

Fel *a.* Ffyrnig, creulon, mileinig, ffiaidd; garw, caled, llym; taeogaidd, sarrug; dygn, egnïol, penderfynol, ystyfnig: *fierce, cruel, savage, loathsome; rough, hard, severe; churlish, surly; assiduous, energetic, resolute, stubborn.*

c. **1400** (*SG*) *HMSS* i. 267, y llew nyt oed gwrteis namyn *milein.* pan vynnei lad hynn oll o ffordolyon. *id.* 334, ac ae dryllyassant yn gyn *vileinet* ac y gwnaeth y kwn yr anifeil. ac yn *vileinach.* **15g.** *LGC* 77, Uwch ydd â gwrda o ddau g'weirdant / Nog o wyr *milain* chweugain a chant. **15g.** *GO* 57, Gair melus y gŵr *milain* / A dry kyn arwed â'r drain. **1547** *WS, milain,* rude. **16g.** GR. HIRAETHOG: *Gw* (D. J. B.) 116. 5–6, Melys yw pechod *milain* / A dry yr enaid i'r drain. **1630** R. VAUGHAN: *YDd* 259, Barnwyr . . . yn edrych a *milain* olwg Cyfiawnder ar y weithred. **1632** *D, milain,* contumax, peruicax, obstinatus, morosus, acerbus. **1667** C. EDWARDS: *FfDd* 34, Carcharwyd ef [Jerôm] yno yn gaeth *filain* dros agos i flwyddyn. **17g.** HUW MORUS: *EC* ii. 162, trwy dân a phla *milain.* **1696** *CDD* 164, Gwilied pawb a gredo i Grist, / Rhag moli'r Anghrist *milen.* **1703** E. WYNNE: *BC* 110, ymlaen yn ei ymadrodd beth gwareiddiach, etto 'n ddau *mileiniach.* **1716–18** *Llsgr R. Morris* 43, Pen ogwudd Pen egwan pen males pen *milan.* **1803** *P, milain* . . . brutish; cruel; froward, sullen, stubborn. Ar lafar ym Meir. yn yr ystyr 'dygn, egnïol, penderfynol', 'Gweithiodd yn *filen* am oriau'.

Amr.: **milaing** [cf. *prin, pring*]. **1615** R. SMYTH: *GB* 150, mor *fylaing* [*sic*].

Gw. hefyd bilain, bileines, filain.

milanes, gw. milain.

milart, milast, milat, gw. marlat, miliast, marlat.

milcanfed [*milcan(t)* + *-fed*] *rhif.* a hefyd fel *eb.g.* (Yn dynodi) un rhan o gan mil neu'r olaf mewn cyfres o gan mil: *hundred-thousandth (part).*

1346 *LlA* 92, ynny allei neb ryw greadur gynnal yny gof nae vedwl *milkannvet* rann disgleirder yr eiryanlathyr degwch aoed arnaw. **1632** J. DAVIES: *LlR* 92, [p]a beth yw mawredd holl dywysogion y ddaiar wrth y *filcanfed* ran o fawredd Duw. *id.* 107, [ll]ai nâ 'r *fil-canfed* ran o'r donieu a gefaist. **1803** *P, milcanved,* s.m. a hundred thousandth part.

milcant [*mil*[1] + *cant*[1]] *rhif.* a hefyd fel *eg.* Cant wedi ei luosogi fil o weithiau, can mil; llu, lliaws: *one hundred thousand; host, multitude.*

13g. *C* 76. 13–77. 1, kyvid hehowin colofyn *milcant.* **13g.** *A* 3. 11, *milcant* a thrychant a emdaflawr. *c.* **1300** *H* 65a. 3, mur *milcant* maelgwn greid [Cynddelw i Wenwynwyn]. *Dchr.* **14g.** *id.* 88a. 59, yth lys les *milcant* yd ant ydaf (Llywelyn Fardd). **14–15g.** *IGE*[2] 320, Tra gogoniant, *filcant* fawl, / Tiroedd y byd daearawl (Rhys Goch Eryri). *c.* **1400** *R* 1149. 4–5, oeiryol milyoed a *milcant* orteulu. **16–17g.** *GST* i. 35, O freuder Ifor ydwyd, / Fal cnot aur ar *filcant* wyd. **1803** *P, milcant,* s.m. one hundred thousand.

milcert, *e.ll.* a hefyd *e?g.* ll. *-s.* Llyngyr(en); anhwylder a achosir gan lyngyr: *(disease caused by) parasitic worm(s).*

c. **1562** *B* ii. 231, *milkert,* pervigedd. *Dchr.* **17g.** *J* 10, 31a, *milcert,* pryvigedd. **1707** *AB* 218d, *milkert,* a worm. **18g.** *Llr* C 24, 329, Rhag y *Milcerts* . . . dod Dy Draed yn y Cwybyr . . . Saf arno yn hir ag Iach y fydd, Sygno allan y *Milcert* a wna. **1753** *TR, milcert,* a worm, worms in the feet.

mildraed, gw. miltroed.

mildraeth, mildraith [*mil*[2] + *traeth*[2], *traith*] *eg.* Swoleg; swoleg ddisgrifiadol; hanes anianol: *zoology; zoography; natural history.*

1831.

Gw. hefyd milodraeth.

mildraethawd [*mil*[2] + *traethawd*] *eg.* ll. *mildraethodau.* Swoleg; traethawd swolegol: *zoology; zoological treatise.*

1803 *P.*

mildraethodydd [*mildraethawd* + *-ydd*[3]] *eg.* ll. *-ion.* Swolegwr: *zoologist.*

1803 *P.*

mildraethol [*mildraeth* + *-ol*] *a.* Swolegol; yn perthyn i swoleg ddisgrifiadol: *zoological; zoographical.*

1850.

mildraethydd, mildreithydd [*mildraeth, mildraith* + *-ydd*[3]] *eg.* ll. *-yddion.* Swolegwr; swolegwr disgrifiadol: *zoologist; zoographer.*

1850.

mildraethyddiaeth [*mildraethydd* +

-*iaeth*] *eb.* Swoleg; swoleg ddisgrifiadol: *zoology; zoography.*
1850.

mildraethyddol, mildreithyddol [*mildraeth, mildraith* + -*yddol*] *a.* Swolegol: *zoological.*
1854.

mildraith, mildreithydd, mildreithyddol, gw. mildraeth, mildraethydd, mildraethyddol.

mildroed, gw. miltroed.

mildy [*mil*[2] + *tŷ*] *eg.* ll. -*dai.* Cragen: *shell.*
1831.

mildyblyg [*mil*[1] + *dyblyg*] *a.* Mil cymaint: *thousandfold.*
1727 J. JONES: *DFF* 48, yr wyf yn dyfod i roddi Gwobr *mildyblig.*

milddail [*mil*[1] + *dail*] *eb.g.* (bach. b. *milddalen*). *Bot.* Llysiau'r gwaedlin, llysiau'r gwaedlif, gwilffrai, *Achillea millefolium: yarrow, milfoil.*
16g. (1763) W. SALESBURY: *LlM* 197, Stratiotes millefolia yn lladin mylfoyle yn saexoneg y wilphrei ne lysie y gwaed[l]in a *milddail* yn gymraeg. **1604–7** *TW* (*Pen* 228), y *vilddail* d.g. *achilleon. id.* d.g. *millefolia, myriophyllum.* **1632** *D* (*Bot*), llysiau 'r gwaedling, y wilffrai, *milddail*, millefolium, stratiotes, scopa regium, myriophyllon. **1688** *TJ* (*Bot*), *milddail*, llysiau'r Gwaedlin: Milfoil or Thousand-leav'd Grass. **1722** *Llst* 189, y *Filddail*, yarrow, nosebleed. **1801** *MMf* 293, Scopa regia, y *milddail.* **1803** *P.* **1813** *WB* 220. Ar lafar, *WVBD* 374; hefyd ym Morg. yn y ff. '*milddalan*'.

milddifyniad [*mil*[2] + *difyniad*] *eg.* Anatomeg gymharol: *comparative anatomy.*
1849.

miled[1] [?*mil*[1] + -*ed*[1]; ond cf. *mil(wr)*; dichon mai a. yw *miledawr* isod] *eg.* ?ll. -*awr.* Llu, cad, byddin, gosgordd: *host, war-band, army, retinue.*
13g. *A* 25. 18, Petwar *milet miledawr* byt. **14g.** *T* 44. 26–45. 1, Belsit *milet* otrwm aelet deritolyon. *id.* 45. 9–10, chwechant milwr *milet* efrei. *id.* 51. 24–5, eu geu gogwilleu ac eu *milet. id.* 63. 12, Vn yw maon meirch mwth *miledawr. c.* **1400** *R* 1034. 29, Nyt wyf anhyet. *milet* nychatwaf. *id.* 1040. 19, rebyd *uilet* reget dull.
Gw. hefyd cadfiled.

miled[2], **milet** [bnth. S. *millet*] *eg.* (Grawn) y planhigyn *Panicum miliaceum* a phlanhigion eraill tebyg; miledwellt: *millet; millet-grass, wood millet.*
1588 *Esec* iv. 9, Cymmer it hefyd wenith, a haidd, a ffa, a ffacbys, a *miled* (**1620** *ib. milet*), a chorbys. *Dchr.* **17g.** *J* 10, 31a, *miled*, millet. **17g.** *LlGC* 13215, 349, *miled*, milium. **1722** *Llst* 189, *milet*, m. millet (kind of grain). **1776** *W*, *miled* d.g. *millet. c.* **1793** E. BARNES: *HBF* 12, Reis *Milet*, Pottatws. **1813** *WB* 220, *Miled* . . . Milletgrass.

miledawr, gw. miled[1].

miledwellt [*miled*[2] + *gwellt*] *eg.* *Bot.* Math o laswellt tal a dyf mewn coetir, *Milium effusum: millet-grass, wood millet.*
1813 *WB* 220.

mileffoil, gw. milffoil.

mileffoliwm, miliffoliwm [bnth. Llad. *millefolium, mīlifolium*] *eg.* *Bot.* Llysiau'r gwaedlin, milddail, *Achillea millefolium: yarrow, milfoil.*
c. **1400** *Études* viii. 382, Kymer y *milleffolium.* a tharaw mywn gwin mwygyl. *Diw.* **15g.** *Pen* 326, sypyn 6, [6b], heiddid *millifoliwm. c.* **1609** *Pen* 254, 40, llyriad gwiddvyd *milefoliwm.*
Amr.: **meliffoliwm. 1545** *CM* 1, 239.
Gw. hefyd milffai, milffoil.

mileg [*mil*[2] + -*eg*[1]] *eb.* Swoleg: *zoology.*
1860.

mileingdra, mileinaidd, gw. mileindra, mileiniaidd.

mileinder [*milain* + -*der*] *eg.* Mileindra, ffyrnigrwydd, creulondeb, ysgelerder, malais; taeogrwydd, anfoesgarwch, ystyfnigrwydd: *ferocity, cruelty, villainy, malice; boorishness, rudeness, stubbornness.*
19g. OWAIN LLEYN: *Gw* 3, Os try anwar estroniaid—â chweryl / I'w choron yn wrthblaid, / A hoff lwydd caffed o'i phlaid / *Fileinder* fel ei hendaid.

mileindir [*milain* + *tir*] *eg.* Tir a ddelid gan fileiniaid: *land held in villeinage, villein land.*
13g. *LlDW* 4. 24–6, oderuyd udunt kafael *myleyndyr* (*LlI* 3, byleyntref) breynt etyr adercheyf enyuo tyr ryt. *Diw.* **15g.** *Pen* 41, 21, gallu dangos i vot ynttev yn vilein drwy gwest nev daly o honaw ar *vileindir.*

mileindorf [*milein* + *torf*] *eb.* Ciwed, haid derfysglyd: *rabble, mob.*
1865.

mileindra [*milain* + -*dra*] *eg.* Ffyrnigrwydd, creulondeb, ysgelerder, malais; taeogrwydd, anfoesgarwch, ystyfnigrwydd: *ferocity, cruelty, villainy, malice; boorishness, rudeness, stubbornness.*
c. **1400** (*SG*) *HMSS* i. 183, gwneuthur pob drwc a phob *mileindra. id.* 255, y kewilyd ar *mileindra* awnaethost. **16g.** (*LlEG*) *Mos* 158, 226a, anghredigrwydd a*mileindra* yr ysgottiaid. **1547** *WS*, *mileindra*, rudenesse. **1632** *D*, *mileindra*, pertinacia, peruicacia, contumacia. **1671** C. EDWARDS: *FfDd* 218, Yn niwedd direidi pechod y mae *mileindra*, a chwerwedd bustlaidd yn gymysc a gwaddod ei win. **1688** *TJ*, *mileindra*: stubbornness, sullenness, obstinacy. **1775** *EDPP* 181, yr oedd efe wedi byw mewn aflendid a *mileindra.* **1791** GW. MECHAIN: *Rh* 11, ceisient bob achlysur i ddangos eu *mileindra* a'u creulonder. **1796** H. JONES: *MPC* 26, pe cai pob cynhyrfiol chwant ei ddiben, fe ddeuai i eithaf *mileindra* (*villany*).
Amr.: **meileindra. 1594–6** *LBS* iv. 424. **mileingdra** [*milaing* + -*dra*]. **1615** R. SMYTH: *GB* 16, *myleingdra* [*sic*]. [**1775**] H. JONES: *HGS* 19.
Gw. hefyd bileindra, fileindra.

mileindref [*milain* + *tref*] *eb.* ll. -*i.* Tref a ddelid gan fileiniaid, taeoctref; (geir.) fferm: *township held in villeinage, villein townland; (dict.) farm.*
13g. *LlDW* 30. 5–6, ebrenyn adely opob *myleyntref* (*LlI* 23, byleyntref) dyn amarch abuyall. **17g.** *LlGC* 13215, 349, *mileindrev*, villa. **1707** *AB* 218d, *mileindrev*, a countrey-farm [S]. **1803** *P*, *mileindrev*, s.f. pl.t. *i.* a township, or farm, under villain soccage tenure.
Gw. hefyd bileindref.

mileinddu, mileinddyn, gw. milain + du, dyn.

mileines, gw. milain.

mileinfa [*milain* + -*fa, ma*] *eb.* ?Sefyllfa gas: *unpleasant situation.*
14–15g. *IGE*[2] 294, Fal o'i anfodd, *fileinfa*, / Cor o ddyn, y ceir ei dda [Siôn Cent i'r cybydd].

mileinfalch, gw. milain + balch[1].

mileinfyd [*milain* + *byd*[1]] *eg.* Adfyd, trueni, anhapusrwydd: *adversity, misery, unhappiness.*
15–16g. LLAWDDEN, &c.: *Gw* 154, Fo welir cyn hyn o hyd / Aml iawn fai *mileinfyd.* **16g.** *GIF* 98, Ba *fileinfyd* byw flinfardd / Beth yw byd heb obaith bardd [marwnad Iorwerth Fynglwyd gan Lewys Morgannwg]? *c.* **1730** *Thos. Lloyd D* (LlGC) 174a, *mileinfyd* . . . Unhappiness. misery.

mileingar [*milain* + -*gar*] *a.* Milain, ffyrnig: *savage, ferocious.*
1744 (**19g.**) *CM* 120, 4, Fe fydd mor *filaingar* di dringar or ddraig. **1803** *P*, *mileingar*, of a ferocious nature.

mileiniaeth [*milain* + -*iaeth*] *e?b.* Creulondeb, malais: *cruelty, malice.*
1677 C. EDWARDS: *FfDd* [427], Duwiol wr weddol ei waith, / Hydda ni haeddai *fileiniaeth.*

mileiniaf: mileinio [bf. o'r a. *milain*] *bg.a.* Bod neu fynd yn filain, bod yn gas (wrth); bod yn ystyfnig, ystyfnigo, bod yn benderfynol: *to be(come) furious, be unpleasant (to); be or become stubborn, be resolute.*
1632 *D*, *mileinio*, obstinare, animum obfirmare. **1688** *TJ*, *mileinio*, to wax stubborn, or obstinate. **1753** *TR*, *mileinio*, to be obstinate, to persist firm in a purpose. **18g.** (**1818**) R. JONES: *GP* 187, Pwys llwyth, dwrn adwyth, dyrnodiodd,—yn glau / Poen i filiwnau pan *fileiniodd*! **1778** *W* d.g. *obstinate, to be* [*rather to grow*] *obstinate, to persist obstinately.* **1778** J. HUGHES: *BB* 37, A'r annuwolion oll i gyd, / *Fileniai* [*sic*] o lid aflonydd. **1789** TWM O'R NANT: *TChB* 17, Ar Melinydd yn *milainio* / Ac yn Tolli cymaint allo. **1803** *P*, *mileiniaw*, to become brutish, or cruel; to be obstinate; to persist firmly. Ar lafar yn Arfon yn yr ystyr 'gwylltio, bod yn gynddeiriog'; sonnir hefyd am bobl yn '*mleinio*'i gilydd', *WVBD* 376.

mileiniaidd, mileinaidd [*milain* + -(*i*)*aidd*] *a.* Mileinig, creulon, barbaraidd, ffiaidd: *savage, cruel, barbaric, loathsome.*
14g. *DGG*[2] 156, Twyllodrus fal to llwydrew, / Tyn o'i wraidd *fileiniaidd* flew [Llywelyn Goch i farf arw]. **14–15g.** *IGE*[2] 210, Dy dynnu, 'm Duw a Deinioel, / O'r gwraidd, llafn *mileiniaidd* moel [Llywelyn ab y Moel i'r tafod]. *c.* **1400** *YSG* i. 122, yna y colles Eua y gwyrder. Eissyoes mawr vu eu kewilyd wyntwy yn mynet y wneuthur y gweith *mileinyeid* hwnnw. *c.* **1400** (*SG*) *HMSS* i. 172, ryw le *mileinyeid* budyr odieithyr y dref. *id.* 184, duw am dihango . . . rac angheu *mileinyeid. id.* 424, pwy aladawd y marchogyon racko mor *vileinyeid* a hynn. **1721** J. P. PRYS: *DC* 150, Meddyliau gwib grwydraidd Câs dygyn Costogaidd, / Yn byw yn *fileiniaidd* fel ynfyd [am ddyn cenfigennus].

mileinig [*milain* + -*ig*[2]; nid oes sicrwydd mai yma y perthyn yr enghrau. treigledig isod] *a.* Milain, ffyrnig, creulon, barbaraidd, ysgeler: *savage, ferocious, cruel, barbarous, wicked, villainous.*
15g. *HCLl* 115, Neidr wyd, a luniwyd *fileinig*—anial / Yn tirio Cornwal, yn darw cyrnig. **16g.** *Hop M* 155, ond o r drem las drwy gaswedd / *vilainig* glaif ne vlaen cledd. **16–17g.** *HG* 137, dros bechod Addaf ai gam, ag Eva yn mam *vilainig.* **1672** R. PRICHARD: *Gw* 30, Ac hwy hoeliwyd yn *filinig* [*sic*], / A thair hoel o haiarn ffyrnig. *c.* **1730** *Thos. Lloyd D* (LlGC) 176a, *mileinig*, barbarous, rude. **1799** DAFYDD IONAWR: *MB* 22, Rhyfedd yw 'r Senedd a'u swn / *Mileinig*, croch mal Annwn. **1803** *P.* Ar lafar, *WVBD* 376.
Gw. hefyd fileinig.

mileinigrwydd [*mileinig* + -*rwydd*] *eg.* Creulondeb, ffyrnigrwydd: *cruelty, ferocity.*
1853.

mileiniog [*milain* + -*iog*] *a.* Mileinig: *savage.*
1869. Ar lafar.

mileinllu [*milain* + *llu*] *eg.* Ciwed, haid derfysglyd: *rabble, mob.*
14g. *BT* 70, heb gyweiryaw nac ansodi ei bydin yn yawn eithyr dodi yr ystondardeu or blaen ac megys kiwdawdbobyl *mileinlluc* [*sic*] heb lywyawdyr arnadunt. **14g.** *BT* (*RB*) 92, heb gyweiraw eu bydin a heb ossot arwydon oc eu blaen; namyn *mileinlluc* [*sic*; amr. bileinllu], megys kyweithas o giwtawt bobyl digyghor heb lywyawdyr arnunt.
Amr.: **mileinlu. 1809.**
Gw. hefyd bileinllu.

mileinllwyd, gw. milain + llwyd.

mileinllyd [*milain* + -*llyd*] *a.* Mileinig: *savage.*
1810. Ar lafar yn Arfon.

mileinrwydd [*milain* + -*rwydd*] *eg.* Mileindra, malais: *ferocity, malice.*
17g. (*Dchr.* **18g.**) *Llst* 15, 16, Gwir iawn yw r ddihareb *mileinrhwydd* trawsineb / A ddestryw bob wyneb a i macco.
Gw. hefyd fileinrwydd.

mileinwaith [*milain* + *gwaith*[1]] *eg.* Anfadwaith, ysgelerder: *villainy, atrocity.*
1902.

mileinwas, mileinwedd, mileinwyllt, gw. milain + gwas[1], gwedd[1], gwyllt.

milenaraidd, milenariaidd [cfdds. o'r S. *millenar(ian)* + -(*i*)*aidd*] *a.* Milflwyddol: *millenarian, chiliastic.*
1808.

milenariad, milinariad [cfdds. o'r S. *millenar(ian)* + -*iad*[3]] *eg.* ll. -*iaid.* Milflwyddiad: *a millenarian, chiliast.*
1789 J. ROBERTS: *C* 24, Am y *Milinariaid.* Diammeu fod amryw o Ddifeinyddion . . . yn disgwyl am y Mil blynyddoedd, y rhwymir Satan, a theyrnas-

iad y Saint gyd â Christ. **1799** M. WILLIAMS: *HHG* 112, Mae y rhan fwyaf o'r bobl hyn [Ariaid Sabataraidd] yn *Filinariaid*. *id.* 138, *Milinariaid*, neu Bobl y Pummed Ymmerodraeth.

milenariaeth, milinariaeth [cfdds. o'r S. *millenar(ian)* + *-iaeth*] *eb.* Milflwyddiaeth: *millenarianism, chiliasm.*
1808.

milenariaidd, gw. milenaraidd.

milenia, gw. mileniwm.

mileniaeth [cfdds. o'r S. *millenn(ium)* + *-iaeth*] *eg.* (Y) Milflwyddiant: *(the) Millennium.*
1818.

mileniwm [bnth. S. *millennium*] *eg.* ll. *milenia.* Cyfnod o fil o flynyddoedd, milflwyddiant, (y) Milflwyddiant, oes aur neu gyfnod o wynfyd: *millennium, chiliad, (the) Millennium, golden age or period of happiness.*
1800 *Eurgr* 19, athrawiaeth y *Milenium.*

milerddi [*mil*[2] + *gerddi* (ll. yr e. *gardd*)] *e.ll.* Gerddi swolegol, sw: *zoological gardens, zoo.*
1835.

milet, gw. miled[2].

milfa [*mil*[2] + *-fa, ma*] *eb.* ll. *-oedd.* Milodfa: *menagerie.*
1834.

milfed [*mil*[1] + *-fed* (At.), Llyd. C. *milvet*] *rhif.* a hefyd fel *eb.* (Yn dynodi) un rhan o fil neu'r olaf mewn cyfres o fil: *thousandth (part).*
1604–7 *TW* (*Pen* 228), y *viluet* d.g. *millesimus.* **1672** J. LANGFORD: *HDdD* 132, y *filed* [*sic*] ran o'r Budd. **1711** H. POWEL: *TY* 107, ni fyddei ef y *filfed* ran o'r gogoniant i'w ras ef. **1756** W. WILLIAMS: *GDC* 21, Ni chawsai ei Glôd ymdannu mor *filfed* Ran i maes. **1759** P. WILLIAMS: *MC* 14, Ni ddaeth i galon ddoeth i amgyffred, / O'i Faintioli, ran o'r *Filfed.* **1803** *P.*
Cfn.: **ar ei filfed:** *a thousandfold.* **1782** D. WILLIAM: *GMS* 24.

milfedran, gw. milfed + rhan.

milfeddyg [*mil*[2] + *meddyg*] *eg.* ll. *-on.* Meddyg anifeiliaid, fet, ffarier: *veterinary surgeon, farrier.*
1837.

milfeddygaeth, milfeddygiaeth [*milfeddyg* + *-(i)aeth*] *eb.* Y gangen o feddygaeth sy'n ymwneud ag iechyd anifeiliaid: *veterinary science, veterinary medicine, farriery.*
1862.

milfeddygol [*milfeddyg* + *-ol*] *a.* Yn perthyn i filfeddygaeth: *veterinary.*
1850.

milfeirdd [*mil*[1] + *beirdd* (ll. yr e. *bardd*)] *e.?ll.* Llu o feirdd: *host of poets.*
c. **1300** *H* 104a. 14, *milueirt* mawrurydic ryd anuones duw [Llywarch ap Llywelyn i Rodri ab Owain]. *Dchr.* **14g.** *id.* 28b. 61, gwr heird e *uilueird* uolyant kynnar [marwnad Dafydd ap Gruffudd ap Llywelyn gan Fleddyn Fardd]. *c.* **1400** *R* 1403. 31–2, *milueird* glydwr glot ueinteirch.

milfen, gw. milfyw.

milfil, mil fil [*mil*[1] + *mil*[1], cf. Crn. C. *milvil*] *rhif.* ac *eb.g.* ll. *-(i)oedd.* Mil o filoedd, miliwn; llu, lliaws: *million; host, multitude.*
14g. *IGE*[2] 22, Er moliant i'r *fil filioedd.* *Dchr.* **15g.** *B* iii. 85, yna y klywei bawl llef *mil uilioed* (*LlA* 155, miloviloed) o engylyon. *c.* **1585** G. ROBERT: *DC* 59, gan fod y Saint allan o [r]ifedi ag o wmbreth dyn, yn *fil fil* o filioedd. **1595** H. LEWYS: *PA* 13, Dy amryw bechodae a haeddasont *fil filioedd* o weithiau, mwy dialeddus cospedigaeth. **1630** R. LLWYD: *LlH* 12, Oes lawer *mil-filoedd* yn byw ddeugain, a thrugain mlyne[dd]. **1684** H. OWEN: *DC* 315, [c]aed ei ganmol *fil fil* o weithiau. **18g.** *W Ballads* 163, 5, Heb law i yru yn gorph ag enaid, / Ei [*sic*] feddiant *mil fil* o gythryilied [*sic*]. **1759** *DG* 2, Rhêd *filfil* rhawd ufelfellt. **1803** *P*, *milvil*, s.f. a thousand thousands, or a million.
Gw. hefyd milmil.

milfiliwn [*mil*[1] + *miliwn*] *rhif.* ac *e?b.* Mil o filiynau: *a thousand million, billion.*
1630 R. VAUGHAN: *YDd* 84, *mil filiwn* o flynyddoedd. **1703** E. WYNNE: *BC* 88, i lawr â ni *fil filiwn* o filltiroedd. *c.* **1730** *Thos. Lloyd D* (LlGC) 175b, *mil Filiwn.*

milflodau [*mil*[2] + *blodau*] *e.ll.* (un. g. *milflodyn*). Gwahanol fathau o bolypau môr sy'n perthyn i urdd yr *Actiniaria* ac iddynt deimlyddion tebyg i betalau: *sea anemone.*
1866.

milflwydd [*mil*[1] + *blwydd*] *eb.g.* ll. *-au, -i,* a hefyd fel *a.* Cyfnod o fil o flynyddoedd, milflwyddiant; yn perthyn i filflwyddiant: *millennium, chiliad; millennial.*
1803 *P*, *milvlwydd*, millennial.

milflwyddiad [*milflwydd* + *-iad*[3]] *eg.* ll. *-iaid.* Un sy'n credu yn y Milflwyddiant, milenariad: *a millenarian, chiliast.*
1849.

milflwyddiaeth [*milflwydd* + *-iaeth*] *eb.* Cred yn y Milflwyddiant; milflwyddiant: *millenarianism, chiliasm; millennium, chiliad.*
1858.

milflwyddiant [*milflwydd* + *-iant*] *eg.* ll. *-iannau.* Cyfnod o fil o flynyddoedd, yn arbennig y cyfnod y bydd Crist (yn ôl un dehongliad o *Dat* xx. 1–5) yn teyrnasu'n bersonol ar y ddaear, oes aur neu gyfnod o wynfyd; milfed pen blwydd: *millennium, chiliad, Millennium, golden age or period of happiness; millennial anniversary.*
1803 *P*, *milvlwyddiant*, millennium.

milflwyddol [*milflwydd* + *-ol*] *a.* a hefyd fel *eg.* ll. *-ion.* Yn perthyn i'r Milflwyddiant neu i filflwyddiaeth, milflynyddol; yn parhau am fil o flynyddoedd; milflwyddiad, milenariad: *millenarian, chiliastic; millennial; a millenarian, chiliast.*
1803 *P*, *milvlwyddawl*, a. millennial.

milflwyddwr [*milflwydd* + *-wr*] *eg.* ll. *-wyr.* Milflwyddiad, milenariad: *a millenarian, chiliast.*
1841.

milflynyddol [*mil flynydd(oedd)* + *-ol*] *a.* Milflwyddol; yn parhau am fil o flynyddoedd: *millenarian, chiliastic; millennial.*
1818.

milflynyddwr [*mil flynydd(oedd)* + *-wr*] *eg.* ll. *-wyr.* Milflwyddiad, milenariad: *a millenarian, chiliast.*
1771 *W*, y *Mil-flynydd-wyr* d.g. *chiliasts.*

milfodaeth [*milfod(eg)* + *-aeth*] *eb.* Swoleg: *zoology.*
1869.

milfodeg [*mil*[1] + *bod*[2] + *-eg*[1]] *eb.g.* Anifeiliaid, ffawna: *animals, fauna.*
1852.

milfran, gw. mulfran.

milfri, milfriw, gw. milfyw.

milfyd [?amr. ar *milffydd*] *eb.* *Bot.* Llysiau'r gwaedlin, milddail, *Achillea millefolium*; llygad Ebrill, *Ranunculus ficaria*: *yarrow, milfoil; pilewort, figwort.*
1515 *Llst* 10, 82, berwi y *vilvyd* mewn llaeth. **1803** *P*, *milvyd*, s.f. the figwort. **1813** *WB* 220, *Milfyd*; Achillæa Millefolium; Common Yarrow, or Milfoil, edr. Llys y Gwaedlif.
Gw. hefyd milffydd.

milfydd, gw. milffydd.

milfyrdd [*mil*[1] + *myrdd*] *eg.* Mil o fyrddoedd; llu, lliaws: *a thousand myriads; host, multitude.*
Dchr. **14g.** *H* 123a. 17, mynychsathyr *miluyrd* milueird ganlid. *id.* 124a. 2, ysgelwir yn wyrd rif *milwyrd* ryd (Iorwerth Fychan). **15g.** *Pen* 109, 14, Aur a ueluet ar *uiluyrd.* / a ry. n. braff or un brifford (Lewis Glyn Cothi). **15g.** *LGC* 298, Mae ato 'n fo o bob fyrdd, / Mwy o Elved no *milvyrdd.* **15–16g.** *TA* 41, *Milfyrdd* o Gwlen, mil o feirdd gŵyliau. **1567** *TN* 342b, [c]wmpeini *milf[yr]dd* [:- myrddion, aneirif] o angylion.
Gw. hefyd milmyrdd.

milfyrddiwn, gw. mil[1] + myrddiwn.

milfyw [?*mil*[2] (cf. *TW* (*Pen* 228) isod) + *byw*; cf. *mil*[3]] *eb.g.* *Bot.* Planhigyn sy'n perthyn yn agos i'r brwyn ac a nodweddir gan flew hirwyn ar y dail a'r coesyn, brwynen flewog y maes, coedfrwynen y maes, *Luzula campestris*; llygad Ebrill, *Ranunculus ficaria*: *field woodrush; lesser celandine, pilewort, figwort.*
1547 *WS*, mil *milfyw* llyseun. **16g.** **(1763)** W. SALESBURY: *LlM* 243, Chelidonium minus yn llatin Figwurt yn Saesonaeg y vronwys y *vilfyw*, nei melyn y gwanwyn yn Cambraec. **1604–7** *TW* (*Pen* 228), y *vilvyw*, (herwydd gobeith gwyr y wlat y byddant byw yr anifeilieit pan vlodeuo) d.g. *chelidonium minus.* **1632** *D* (*Bot*), y Fronwys, y *Filfyw*, mil, melyn y gwanŵyn, y fronwst, gwenith y ddaiar, y fioled fraith, llygad Ebrill, llygad y diniewid. **1688** *TJ* (*Bot*), y *Filfŷw*, mîl, yd gwŷllt, y fronwŷs, wild Wheat, wild corn, Pile-wort. **1725** *SR* (*Bot*), *milfyw* d.g. [*celandine*,] *smale Celandine, figwort, pilewort.* **1803** *P*, *milvyw*, s.f. the figwort; also called milvyd, y vronwys, melyn y gwaenwyn [*sic*], gwenith y ddaiar, llygad ebrill, llygad y ddyniawed. **1813** *WB* 220, *Milfyw*; Ranunculus Ficaria; Pilewort. Ar lafar yn y Gogledd yn yr ystyr 'field woodrush', hefyd yn y ff. *milfen.*
Amr.: **milfriw.** **1759** J. EVANS: *PF* 32. Ar lafar yn y Gogledd a'r Canolbarth, hefyd yn y ff. *mulfriw, milfri.* Digwydd ff. amr. ar y rhigwm 'Pan welir dail y *Filfriw*, / Bydd byw yr eidion du' ar lafar yn y Gogledd, gw. *Y Gwyddonydd* xxi. 59–60.

milffai, milffrai [bnth. H. Ffr. *milfueil*; â'r ail ff., cf. *gwilffrai*] *eb.* *Bot.* Llysiau'r gwaedlin, milddail, *Achillea millefolium*: *yarrow, milfoil.*
c. **1400** *MM* 88, Berwi y *uilffei* drwy win, neu laeth. *id.* 90, taraw y *vilffei* ar win, ac yuet ar y gythlwng. *id.* 94, Yuet y *uilffei* drwy win mwygyl. *Diw.* **16g.** *Pen* 204, 59, [y] *vilffrai.* Gw. hefyd *gwilffrai, milffoil.*

milffoil, mileffoil, miliffoil, miliffoli [bnth. S. C. *milfoil, millefoil, millifoile, millefoli*] *eb.g.* *Bot.* Llysiau'r gwaedlin, milddail, *Achillea millefolium*: *yarrow, milfoil.*
c. **1400** *Études* vii. 300, sud kalament, a sud *millefoyl.* *c.* **1460** *Pen* 204, 38, millefolium yw *millfoyl* Rinweddav y llyssewynn hwnn Iachav dyn ar ddanoydd arno. *Diw.* **16g.** *WLB* 33, Kymer lygaid y dydd gwnion . . . ar *vilifoyl.* **1604–7** *TW* (*Pen* 228), llyseûn a debygir mei'r *milfoil* yw d.g. *achilleon.* **17g.** *LlGC* 8499, 67a, Kymer y *miliffoli* a dyro mewn glas. **17g.** *Pen* 326, sypyn 6, [20b], y wilffrai yw y *vilffoyl.* **18g.** *Llr* C 24, 353, Cais y *milffoyl* a dod ar ef [*sic*] ag Iach fyddy.
Gw. hefyd milffai.

milffrai, gw. milffai.

milffydd, milffyth [?cf. *milffoil*] *eb.* ac *e.ll.* *Bot.* Llysiau'r gwaedlin, milddail, *Achillea millefolium*: *yarrow, milfoil.*
14g. *ACL* i. 42, millefolium, y *vilfyd.* *c.* **1400** *MM* 18, Y gannwreid lwyt . . . ar *uilffyth.* *id.* 32, y glaerllys . . . ar *uilffyth.* *id.* 94, kymer y *vilffyd* a mortera drwy win egyr. *c.* **1400** *Études* vii. 310, milffoyl i. *vilffyth.* *id.* viii. 392, kymer y *vilffyth* cochyon a'r trwy.
Amr.: **milfydd.** **1813** *WB* 220. **milffrith.** **16g.** *Pen* 204, 157.
Gw. hefyd milfyd, milwydd.

milgi [*mil*[2] + *ci*, Crn. C. *mylgy*, Llyd. Diw. *milgi*, H. Wydd. *milchú*] *eg.* (b. *milgïes*, ll. *-au*) ll. *-gwn.* Math o gi hela ac iddo gorff hirfain, coesau hirion, a llygaid craff, sy'n nodedig am ei gyflymder wrth redeg; bytheiad: *greyhound; hound.*
13g. *LlDW* 17. 2–3, ar penkenyt adely duyran ykan kenethyo[n] kellchun aduy ran ykan kenetyon *mylchun.* **13g.** *LlI* 12, O deuparth y kynydeon, dve ran e kenyd e gellky ac un e kenyd e *mylgy.* *id.* 88, guerth . . . *Mylgy* e brenhyn, o byd kyurwys, cxx; en agkyuruys, lx. **14g.** *WM* 158. 5–7, *ymilgwn* goreu a weleist, eiroet a glewhaf ar hydot yny llad

ar y dwfyr. **14g.** *BT (RB)* 30, megys karw ofnawc ymlaen y *milgwn* drwy y perthi a'r creigeu. *c.* **1400** *R* 1044. 22, Kyndylan callon *milgi* pan disgynnei ygkymelri cat. **1547** *WS, milgi*, a gray hunde. **16g.** *Mos* 113, 57, Sabl tri *milgi* Ariant. **1588** *Diar* xxx. 31, Y *milgi* crŷf yn ei feingefn. **1599 (1677)** R. HOLLAND: *AB* [147], fod llawer Dyn, yn gofalu yn fwy, am ei *filgwn* a'i fytheiaid, nag y mae'n gofalu am ei Enaid. **1632** *D, milgi*, canis venaticus. *c.* **1640** *LBS* iv. 433, *milgwn* a gwyr Maelgwn gynt / a leddaist mor ffol oeddynt [i Fechell]. **1728** T. BADDY: *DDG* 30, nid oes dim rhagor o wahaniaeth rhwng Camel a Dromedari, nac sydd rhwng C[o]stowci a *Milgi*. **1761** *ML* ii. 310, mae hi'n gynt o draed na myfi, ac yn gyfrwysach na'm *milgi* i sy'n gynt o draed na hithau [am ysgyfarnog]. **1777** W. WILLIAMS: *DN* 53, y *milgwn*, y bytheuaid, a'r spaenelod. **1803** *P. Diw.* **19g.** *SE MS* 302b, *milgies—au*, a greyhound bitch, seldom used except as a cant word. Digwydd yr ymad. 'mynd fel (y) *milgi*' ar lafar, ac yng Nghered. a sir Gaerf. dywedir '*Milgi*, mwfflar a myn uffarn i' ynglŷn â gwŷr Morgannwg; digwydd y ff. l. *milgwns* ar lafar. Clywir *milgi* ar lafar ym Môn yn yr ystyr 'top chwipio'.

Cfn.: **milgi carw:** *staghound*. **17g.** *Brog* 4, 36.

Gw. hefyd miliast.

milgïaidd [*milgi* + *-aidd*] *a.* Tebyg i filgi, cyflym: *like a greyhound, swift.*

Dchr. **14g.** *H* 111a. 34, *milgieit* eu gwyr ym pob tramwy (Llywarch ap Llywelyn). **18–19g.** *Llr* C 16, 168, *milgïaidd*, Glam swift. **1803** *P. Diw.* **19g.** *SE MS* 302b, *milgïaidd*, swift. Cerdded yn *filgïaidd*—to walk at a greyhound's pace.

milglefydai [*mil*^{1} + *clefyd* + *-ai*^{2}] *eg. Bot.* ?Planhigyn o'r tylwyth *Scrophularia*: *figwort.*

Dchr. **17g.** *J* 10, 31a, *milglevydai*, millemorbia. **17g.** *LlGC* 13215, 349.

milgwaith, gw. milwaith.

milhanes [*mil*^{2} + *hanes*] *eg.* Swoleg: *zoology.*

1803 *P.*

milhanesydd [*milhanes* + *-ydd*^{3}] *eg.* ll. *-haneswyr.* Swolegydd; swolegydd disgrifiadol: *zoologist; zoographer.*

1803 *P.*

miliaraidd [cfdds. o'r S. *miliar(y)* + *-aidd*] *a. Meddyg.* Tebyg i hadau miled, gronynnol: *miliary.*

20g.

miliard [bnth. S. *milliard*] *eg.* Mil o filiynau: *milliard.*

20g.

miliast, milast [*mil*^{2} + *gast*] *eb.* ll. *mil(i)eist.* Gast (filgi), hefyd yn *ffig.*: (*greyhound*) *bitch, also fig.*

14g. *GIG* 143, Anodd i brentis fis fydd / Ystofi *miliast* efydd [i'r delyn ledr]. *c.* **1400** *R* 1364. 16–17, gwdyf omner maelyer wrth glun *milast*. **?15g.** *B* i. 302, Weithion, *miliast* greulon groch, / Owain laif loewgain loewgoch. **1547** *WS, miliast.* **16g.** *B* x. 288–9, weithie eulun *miliasd*, weithie eraill eu[l]un y kyuriw yniuail dybryd. **1561–2** *id.* vi. 303, ni chaiff *miliast* groen er I ennyll . . . ni chaiff neb illwng milgi na *miliast* I anifail. **1562** *WLl* 25, Mae i fwriad lle myfyrienn / Aml i stor gael *miliast* wenn. **1593** W. MIDLETON: *B* 59, pawb ai gais fel pe bai gâst / gwengi foel gynhaig *filiast* [i'r bêl droed]. **1632** *D, miliast*, canis venatica. **17g.** HUW MORUS: *EC* i. 60, Cnot y mawl, cynta' *miliast*, / Cynt nâ'r gwynt, od yw gynt gâst. **1688** *TJ, miliâst*, a Grayhound bitch. **1722** *Llst* 189, *milast*, f.p. *mileist*, a gray-hound bitch. **1803** *P.* Yn y De clywir y ff. *milgast* (ll. *milgyst*), ac ym Meir. y ff. *milg(i)est*. Mae *Carnedd y Filiast* yn enw ar fynyddoedd yn sir Ddinb. a Meir., ac yn sir Gaern.

milibar [bnth. S. *millibar*] *eg.* ll. *-au.* Uned a ddefnyddir wrth fesur gwasgedd atmosfferig, sef milfed ran o far neu 0·7500617 mm. o arian byw: *millibar.*

20g.

miliffoil, miliffoli, gw. milffoil.

miliffoliwm, gw. mileffoliwm.

miligram [bnth. S. *milligram*] *eg.* ll. *-au.* Milfed ran o gram: *milligram.*

20g.

milings [bnth. S. *milling(s)* 'beating(s)'] *e?g.* Stŵr, dwrdio, cythrwfl: *row, scolding, uproar.*

Ar lafar yng Nghaernarfon, "gei di *filings* os na wnei di fel dwi'n deud', *B* xvii, 273.

mililitr [bnth. S. *millilitre*] *eg.* ll. *-au.* Milfed ran o litr: *millilitre.*

20g.

milimedr, gw. milimetr.

milimeicron, milimicron [bnth. S. *millimicron*] *eg.* ll. *-au.* Nanometr, miliynfed ran o filimetr: *nanometre, millimicron.*

20g.

milimetr, milimedr [bnth. a chfdds. o'r S. *millimetre*(+*medr*^{2})] *eg.b.* ll. *-au.* Milfed ran o fetr: *millimetre.*

20g.

milimicron, gw. milimeicron.

milinariad, milinariaeth, gw. milenariad, milenariaeth.

milion^{1} [*mil*^{2} + *-ion*] *e.ll.* (bach. *-yn*) ll. dwbl *-od, -os.* Anifeiliaid microsgopaidd; microbau; bacteria: *animalcules; microbes; bacteria.*

1826.

milion^{2}**, milionêr,** gw. miliwn, miliwnêr.

milisia, &c. [bnth. S. *militia*] *eg.* ac *e.ll.* Corff milwrol sy'n cynnwys dinasyddion nad ydynt yn filwyr proffesiynol, yn enw. y lluoedd milwrol cynorthwyol Prydeinig a godid gan y siroedd: *militia.*

17g. HUW MORUS: *EC* i. 211, y *mylisia* maleisus. **1758** *ML* ii. 80, Nid oes yma ddim son am *Filisia*. **1761** *W Ballads* 77, 3, y *Malisia*. *c.* **1762–79** W. WILLIAMS: *P* 450, mae rhan fawr o'u *Mhilitia* [y Swistir] . . . yn rhagori llawer ar *Filitia* gwledydd eraill. **1769** E. ROBERTS: *GN* 40–1, Ar barota erioed fydde yn codi ffais, / Pan glowe hi lais y *Melisia*. **1776** H. JONES: *GC* 79, *Milissia*, mor lwysedd, Swydd Feirion, sydd fawredd. **1794** E. JONES: *CP* 2, 24.

milisyn [*milisia* + *-yn*] *eg.* Aelod o'r milisia: *militiaman.*

1902. Ar lafar gynt yn Arfon, 'crop *milisyn*, said of hair cut very short', *WVBD* 376.

militant [bnth. S. *militant*] *a.* Milwriaethus: *militant.*

1595 M. KYFFIN: *DFf* [xviii], [y]r hon [eglwys] sy ar y ddayar, a elwir Ecclesia militans, sef yr Eglwys *filitant*, neu filwriaethus; er mwyn ei bod hi etto yn aros yn y cnawd, a bod yn rhaid iddi ymladd (fal milwr) yn-nerbyn [*sic*] y byd, y cnawd, a'r cythrel.

militaraidd [cfdds. o'r S. *militar(y)* + *-aidd*] *a.* Milwriaethus; milwrol; a nodweddir gan filitariaeth, yn arddel militariaeth: *militant; military; militaristic.*

1919.

militareiddiaf: militareiddio [bf. o'r a. bl.] *ba.* Trwytho mewn militariaeth: *to militarize.*

1927.

militariaeth [cfdds. o'r S. *militar(ism)* + *-iaeth*] *eb.* Dylanwad ysbryd a delfrydau milwrol, yn enw. ar bolisïau gwleidyddol, agwedd meddwl sy'n uniaethu lles y wladwriaeth â delfrydau milwrol: *militarism.*

1918.

militarydd [bnth. S. *militar(ist)* + *-ydd*^{3}] *eg.* ll. *militarwyr.* Un sy'n arddel syniadau militaraidd: *militarist.*

20g.

militia, gw. milisia.

miliwn, milion^{2} [bnth. S. C. *milioun* a S. Diw. *million*, cf. Crn. C. *mylyon*] *rhif.* a hefyd fel *eb.* ll. *miliynau* (*miliwnau*). Mil o filoedd (o bethau, o bersonau, &c.); llu, lliaws: *million; host, multitude.*

14–15g. *IGE*^{2} 261, Cawn lateion Is Conwy, / Cawn *filiwn*, pei mynnwn mwy (Siôn Cent). **15g.** *DN* 115, Marwolaeth yn gaeth a gaid / Ar *filiwn* o'r 'nifeiliaid. **15g.** *LGCD* 17, A'i wŷr a'i filwyr a oedd *filiwn* [i Syr Wiliam Herbert]. **15g.** *GGl* 79, Af i'r Holt i fwrw i hwn / Adail mawl a dâl *miliwn*. **15g.** *DE* 29, o chawn i werth ni chayn wawr / er *miliwn* o avr maelawr. **15g.** *Pen* 67, 108, Mae o drvmoedd ym dramwy / *viliwn* y gaer o vlaen gwy. **1547** *WS, miliwn*, decant mil, a million, x.[*sic*] M. **16–17g.** LLYWELYN SIÔN, &c.: *Gw* 492, hedyddion *filion* a fydd—yth ddilyn. **1696** *CDD* 6, I ddioddef dros *filion* farwolaeth. **1725** D. LEWIS: *GB* 129, Biliyneu, *Miliyneu*.

miliwnêr, miliwnáer, miliynêr, &c. [bnth. S. *millionaire*] *eg.* ll. *-s.* Miliwnydd: *millionaire.*

1904.

miliwnfed, miliwnwr, gw. miliynfed, miliynwr.

miliwnydd, miliynydd [*miliwn* + *-ydd*^{3}] *eg.* (b. *-es*) ll. *miliynyddion.* Un sy'n meddu ar filiwn neu ragor o bunnoedd, doleri, &c., miliwnêr: *millionaire.*

20g.

miliynêr, gw. miliwnêr.

miliynfed, miliwnfed [*miliwn* + *-fed*] *rhif.* a hefyd fel *eb.g.* (Yn dynodi) un rhan o filiwn neu'r olaf mewn cyfres o filiwn: *millionth* (*part*).

1840.

miliynwr, miliwnwr [*miliwn* + *-wr*] *eg.* ll. *miliynwyr.* Miliwnydd: *millionaire.*

1849.

miliynydd, gw. miliwnydd.

mil-long [*mil(wr)* + *llong*^{1}] *eb.* Llong ryfel, maniwâr: *warship, man-of-war.*

1759 *ML* (Add) 426, Ar foroedd, dyfnderoedd du, / Ar *fil-long* wrth ryfelu (Ieuan Brydydd Hir).

milmil, mil mil [*mil*^{1} + *mil*^{1}, cf. Llyd. Diw. *milmil*] *rhif.* ac *eg.* Mil o filoedd, miliwn: *a thousand thousands, million.*

a. **1855.**

Gw. hefyd milfil.

milmyrdd [*mil*^{1} + *myrdd*] *eg.* Mil o fyrddoedd: *a thousand myriads.*

1855.

Gw. hefyd milfyrdd.

milodaeth, gw. milodiaeth.

milodaidd [*milod* (ll. yr e. *mil*^{2}) + *-aidd*] *a.* Yn perthyn i anifeiliaid; swolegol: *pertaining to animals; zoological.*

1835.

milodeg [*milod* (ll. yr e. *mil*^{2}) + *-eg*^{1}] *eb.* ll. *-au.* Swoleg; anifeiliaid, ffawna: *zoology; animals, fauna.*

1850.

milodfa [*milod* (ll. yr e. *mil*^{2}) + *-fa, ma*] *eb.* ll. *-feydd.* Casgliad o anifeiliaid gwyllt a gedwir i'w harddangos, hefyd yn *dros.*; syrcas: *menagerie, also transf.*; *circus.*

1861.

milodiaeth, milodaeth [*milod* (ll. yr e. *mil*^{2}) + *-(i)aeth*] *eb.* Swoleg (ddisgrifiadol); anifeiliaid, ffawna: *zoology, zoography; animals, fauna.*

1850.

milodol [*milod* (ll. yr e. *mil*^{2}) + *-ol*] *a.* Swolegol: *zoological.*

1834.

milofydd [*mil*^{2} + *ofydd*] *eg.* ll. *-ion.* Swolegwr: *zoologist.*

1860.

milofyddiaeth [*milofydd* + *-iaeth*] *eb.* Swoleg (ddisgrifiadol): *zoology, zoography.*

1858.

milofyddol [*milofydd* + *-ol*] *a.* Swolegol: *zoological.*

1863.

milog [*mil*^{2} + *-og*] *a.* Bwystfilaidd: *bestial.*

1772 *Hop M* 359, Ni fedrai'r anwiw fydredd / *Milawg* lais sy mal y clêdd (Iolo Morganwg). **1803** *P, milawg*, having the nature of a beast.

milórd, gw. meilórd.

milpoth [bnth. S. *mill puff*] *e?g.* Math o wast cotwm a ddefnyddir i lanw matresi, &c.: *mill puff, kind of flock.*
Ar lafar yng ngodre Cered. a'r De, 'gwely *milpoth*'.

milred, gw. milrhed.

milrif [*mil*[1] + *rhif*] *eb.g.* ll. *-oedd.* Cyfnod o fil o flynyddoedd, milflwyddiant: *millennium, chiliad.*
1818.

milrith, gw. milrhith.

milrithaidd [*milrith* + *-aidd*] *a.* Yn perthyn i embryo, embryonig, mewn cyfnod cynnar (am ddatblygiad sefydliad, &c.); yn perthyn i embryoleg, embryolegol: *embryonic, in an early stage (of the development of an institution, &c.); embryological.*
1816.

milrithiol, milrithol [*milrith* + *-(i)ol*] *a.* Embryonig: *embryonic.*
1882.

milrym [?*mil*[1] + *grym*] *eg.* ?Chwerwlys yr eithin, *Teucrium scorodonia*: *wood-sage, wild sage.*
Dchr. **17g.** *J* 10, 31a, *milrym*, polemonia. **1803** *P, milrym*, the woodsage.

milrhed, milred [*mil*[1] + *rhed*] *eb.* ll. *-ion.* Miltroed: *millepede.*
1803 *P, milred*, a millepeda.

milrhith, milrith [*mil*[2] + *rhith*] *eg.* ll. *-iau, -ion.* Ffoetws, rhith, embryo, hefyd yn *ffig.*; anifail; anghenfil: *foetus, embryo, also fig.; animal; monster.*
c. **1400** *R* 1346. 7, ffriw arth gasgyl moelrasgyl *milrith.* **16–17g.** *GST* i. 524, *Milrhith* tebyg i'r moelrhon, / Bentan sain, yw bontin Siôn [Siôn Phylip i Siôn Tudur]. *id.* 957, Dirym moelrhon, drem *milrhith,* / Gwedi'r glaw i godi'r gwlith [i Ifan Amhorgan, ffŵl]. **1604–7** *TW* (*Pen* 228) d.g. *chelone, pecus. id. milrhith* diruawr ei vaint d.g. *testudo.* **1617** *Minsheu* 107a, *milrhith* . . . dicitur propriè de belluis. **1632** *D, milrhith,* fœtus. **1803** *P, milrith,* s.m. pl.t. *ion,* a fœtus, or embryo.

milrhitheg [*milrhith* + *-eg*[1]] *eb.* Yr wyddor sy'n astudio'r embryo, embryoleg: *embryology.*
1852.

Miltonaidd [yr e. prs. *Milton* + *-aidd*] *a.* Tebyg i arddull lenyddol y bardd Saesneg John Milton (1608–74): *Miltonian.*
1934.

miltroed, mildroed, mildraed [*mil*[1] + *troed, traed*] *eg.b.* ll. *-iaid, -ion,* a hefyd fel *a.* Arthropod o ddosbarth y *Diplopoda* sy'n byw yn y pridd a chanddo ddau bâr o goesau ar y rhan fwyaf o segmentau ei gorff, neidr filtroed, milrhed; math o lindys blewog, siani flewog; gwrach y lludw, mochyn coed; ac iddo lawer iawn o draed (am rai arthropodau): *millepede; palmer-worm; wood-louse; having very many feet (of some arthropods).*
1604–7 *TW* (*Pen* 228), pryfyn *mildraet* d.g. *millepeda.* **1632** *D, mildroed* d.g. *millepeda.* **1688** *TJ,* maccaid, prŷf a elwir *Mildroed*: a Palmer-worm. **1722** *Llst* 189, *mildroed,* m. a wood-louse. **[1762]** E. POWELL: *HEI* 26, Cesglwch lawer o Bryfed elwyr [*sic*] y *Fil-draed* neu Fôch y Coed arnynt, Mile pedes yn Lladin. **1803** *P, miltroed,* s.m. pl. t. *ion,* a millepede.

milwaith [*mil*[1] + *gwaith*[2], cf. Crn. C. *milwyth*] *adf.* Mil o weithiau, llawer iawn o weithiau: *a thousand times, very many times.*
1632 *D, milwaith,* millies. **1667** C. EDWARDS: *FfDd* 72, Ceir llawer *milwaith* mwy na'r Cant Cymaint. **1688** *TJ, milwaith*: a thousand times. **1803** *P.*
Amr.: **milgwaith. 1938.**

milwedd [*mil*[1] + *gwedd*[1]] *a.* Ac iddo lawer iawn o agweddau, amlweddog: *having very many aspects or phases, multifaceted, multifarious.*
a. **1878.**

milwr [**mil* (bnth. Llad. *mīles,* H. Wydd. *mīl*) + *gwr*] *eg.* ll. *-wyr.* Aelod o fyddin, sawdiwr, sowldiwr, rhyfelwr, ymladdwr, campwr, hefyd yn *ffig.*; cnaf, jac (cerdyn): *soldier, warrior, fighter, champion, also fig.; knave, jack (court-card).*
13g. *C* 12. 2, *milwir* orvith. *id.* 68. 5, Bet *milur* mirein gnaud kelein oelav. *c.* **1300** *H* 120a. 15, Caraf y *milwyr* ae meirch hywet (Hywel ab Owain Gwynedd). **14g.** *T* 18. 9–10, bydinoed am gwrwf athwrwf *milwyr.* **14g.** *WM* 138. 33–5, [g]was gwineu telediw . . . ameint *milwr* ae praffter yndaw. **14g.** *GDG* 425, Mawlair cerdd, *milwr* a'i cant, / Melin y glod a'r moliant [marwnad Dafydd ap Gwilym gan Fadog Benfras]. **15g.** *DGG*[2] 41, Mireingorff uwch mariangoed, / *Milwr* cylch ymylau'r coed [i'r eryr]. **1547** *WS, milwr,* a champyon. **1551** W. SALESBURY: *KLl* xib, mae genyf *vilwyr* [:- sawdwyr] danaf. **1618** J. SALISBURY: *EH* 238, adweinir fod dyn yn *filwr* i Grist. **1632** *D, milwr,* miles. **1722** *Llst* 189, *milwr* . . . a knave at cards. **1803** *P.*
Cfn.: **milwyr bywyd:** *bodyguards.* *c.* **1762–79** W. WILLIAMS: *P* 147. **m. cartref(ol):** *militia.* **1783** J. ROBERTS: *C* 24. **1784** *id.* 23. **m. y groes:** *crusaders.* **1810. milwr cyflog:** *mercenary.* **1858. milwyr cyffredin:** *common soldiers, rank and file.* **[1783]** *W* d.g. *rank and file.* **y Milwr Dienw:** *the Unknown Soldier or Warrior.* **1931. milwyr gwlad(ol):** *militia.* **1770** *TG* iii. 36. **milwr hur = m. cyflog. 20g. m. llanw:** *recruit (to an army).* **[1783]** *W* d.g. *recruit.* **m. llog = m. cyflog. 1817. m. llurigog:** *cuirassier.* **1722** *Llst* 189 d.g. *cuirassier.* **1772** *W* d.g. *cuirassier.* **milwyr meirch:** *cavalry.* **1722** *Llst* 189. *Bot.* **m. melynion:** *yellow loosestrife, Lysimachia vulgaris.* **20g. m. môr:** *marines.* **1776** *W* d.g. *a marine [sea-soldier].* **m. tir:** *land forces.* **[1763]** JE: *AHS* 5. **1775** *W* d.g. *land-forces, or land-men.* **m. traed:** *infantry.* **1722** *Llst* 189. **1725** *SR* d.g. *infantry.* **1774** *W* d.g. *Janizaries.*

milwraeth, milwraf: milwra, gw. milwriaeth, milwriaf: milwrio.

milwraidd, milwriaidd [*milwr* + *-(i)aidd*] *a.* a hefyd gyda grym enwol. Yn perthyn i ryfel neu i filwyr, milwrol, rhyfelgar; addas i ryfel (am gerddoriaeth); tebyg i filwr neu ryfelwr; milwriaethus (am yr Eglwys): *military, martial, warlike, soldier-like, soldierly, warrior-like; martial (of music); militant (of the Church).*
14g. *H* 77b. 6, *milwryeid* arueid araf a bylei [Hillyn i Ieuan Llwyd ap Ieuan]. **14g.** *WM* 404. 40–2, [c]ymellyat cadarn drut gwrawl *milwryeid* a oruc ef arnaf. i. **14–15g.** *IGE*[2] 174, A'r marchawg rhudd, drumiawg draidd, / Dramawl aer, drem *milwraidd* (Rhys Goch Eryri). *c.* **1400** *R* 1308. 32–3, *Milwryeid* gorff mal vryen. *id.* 1377. 19–20, Par brwydyrdaer mael aer *milwryeid* waladyr. **1588** 1 *Cr* xii. 8, gwŷr *milwraidd* i ryfel. **1632** *D* d.g. *bellicosus, militaris, stratioticus.* **1661** E. LEWIS: *Drex* 67, yr oedd dewrder *milwraidd* yn Pallu. **1710** *CBGEL* 137, rhyw Swydd arall Ddinasaidd, neu *Filwraidd.* **1718** E. SAMUEL: *HDdD* 361, ein Cyflwr *milwraidd* ar y Ddauar. **1776** *W* d.g. *martial, military.* **1803** *P.*

milwrdy [*milwr* + *tŷ*] *eg.* ll. *-dai.* Llety milwyr, barics: *barracks.*
1848.

milwreidd-dra [*milwraidd* + *-dra*] *eg.* Nodweddion milwrol, dewrder: *military qualities, valour.*
c. **1785–90 (1829)** *CBYP* 36, Brenin, ag Arlwydd, a Barnwr . . . a folir am . . . nerth, a chadernyd, a *milwreidd-dra.*

milwreiddiaf: milwreiddio [bf. o'r a. bl.] *ba.* Arfogi, troi at iws milwrol: *to militarize.*
1916.

milwrfa [*milwr* + *-fa, ma*] *eb.* ll. *-feydd.* Llety milwyr, barics: *barracks.*
1848.

milwri [*milwr* + *-i*[1]] *eg.* Milwriaeth, dewrder; bywyd milwrol; rhyfel: *military qualities, valour; military life; warfare.*
1605–10 *CRC* 117, Lladd gormessiaid a chowri / a wnaeth gwyr o *filwri.* **1803** *P, milŵri,* a warrior's life; warfare.

milwriad [*mil*[1] + *gwr* + *-iad*[3]] *eg.* ll. *-iaid.* Pen-swyddog ar fil o wŷr mewn byddin, cyrnol: *military officer leading a thousand men, colonel.*
1588 2 *Sam* xviii. 1, efe a osododd arnynt hwy *filwriaid,* a chan-wriaid. **1588** 1 *Mac* xvi. 19, ac a anfonodd lythyrau at y *milwriaid* (**1620** *ib. milwriaid* [:- capteniaid ar filoedd]). *Dchr.* **17g.** *J* 10, 31a, *milwriad,* leader of 1000 men. **1620** *Io* xviii. 12, [y] fyddin, a'r *milwriad* (*TN* 162b, penciwdod [:- capten]), a swyddogion yr Iddewon, a ddaliasant yr Iesu. **1632** *D* d.g. *chiliarchus.* **1722** *Llst* 189, *milŵriad,* captain of a 1000 men coronel. **1765** J. EVANS: *CPE* 453, Y *milwriad* oedd bencapten ar fil o sawdwyr. **1770** *TG* iv. 44, Myfi a ddanfonais ddengwriad (Serjeant) . . . at y *milwriad* (Colonel) Dalrymple. **1803** *P, milŵriad,* one who commands a thousand men; a colonel.

milwriadaeth [*milwriad* + *-aeth*] *eb.g.* Swydd cyrnol: *colonelcy.*
1803 *P, milwriadaeth,* s.m. a colonelship.

milwriaeth, milwraeth [*milwr* + *-(i)aeth*] *eb.g.* ll. *milwriaeth(i)au.* Brwydr, rhyfel, rhyfelgarwch, hefyd yn *ffig.*; camp filwrol, medr wrth ymladd, cymeriad neu ymddygiad milwrol, dewrder, glewder; milwyr, byddin, llu (arfog): *battle, war, warfare, bellicosity, also fig.; military feat, skill at arms, military qualities, valour, prowess; the military, army, host, (armed) force.*
13g. *HGK* 3, ry gerdet ar vor o dri broder . . . y gyrchu *miluryaeth* gan vrenhinyaul lynghes. *c.* **1300** *H* 51b. 7, Gwawr mawr *milwryaeth* metuaeth mordei [marwnad Cadwallon gan Gynddelw]. **14g.** *GP* 56, Vchelwr a uolir o'y dewred, a'y gedernit, a'y *vilwryaeth.* **14g.** *B* xviii. 150, arhos *miluryaetheu* neuaul (*caelestis militia*) vrth dy arvein y lewenyd paradvys. **14g.** *WM* 29. 13–15, na welsam eiroet *uilwraeth* yn un wreic kymeint ac ynot ti. *c.* **1400** *YSG* i. 41, o vost . . . y gwneuthum j y gweithredoed a'r *milwryaethyeu* mawr. *c.* **1400** (*SG*) *HMSS* i. 207, llyna *vilwryaeth* da yw yr honn awneler yr duw. *c.* **1400** *RB* ii. 1, hynny audyei glotuawr *yuilwryaeth* (*dignam virtute*) ef. **15g.** *GGl* 262, Samson dan golon y gwnaeth / Â'i flew arian *filwriaeth.* **1547** *WS, milwriaeth,* chyualry. **1588** 1 *Sam* xii. 9, Sisera tywysog *milwriaeth* Hazor. **1632** *D, milwriaeth,* militia, res bellica. **[1740]** L. ANWYL: *CA* 122, fe a elwir y bywyd Crist'nogaidd weithiau yn Stât o *filwriaeth.* **1768** RISIART AP ROBERT: *CB* 206, [d]ioddefodd bob math ar greulonder gan y lliaws a'r *filwriaeth.* **1803** *P.*
Amr.: **milyriaeth. 15g.** (*LlDB*) *LlGC* 7006, 96. **1488–9** *B* iv. 192, 193, 198.
Cfn.: **milwriaeth wladol:** *militia.* **1770** *TG* iv. 42.

milwriaethaf: milwriaethu [bf. o'r e. bl.] *bg.* Rhyfela: *to wage war.*
1794 *W* d.g. *war, to [make] war.* **1803** *P.*

milwriaethol [*milwriaeth* + *-ol*] *a.* Milwrol; milwriaethus: *military; militant.*
1803 *P, milwriaethawl,* relating to a military life; relating to warfare.

milwriaethus [*milwriaeth* + *-us*] *a.* Yn milwrio, yn enw. am yr Eglwys; milwrol; a nodweddir gan filitariaeth, militaraidd: *militant, esp. of the Church; military; militaristic.*
1595 M. KYFFIN: *DFf* [xviii], [y]r hon [eglwys] sy ar y ddayar, a elwir Ecclesia militans, sef yr Eglwys filitant, neu *filwriaethus*; er mwyn ei bod hi etto yn aros yn y cnawd, a bod yn rhaid iddi ymladd (fal milwr) yn-nerbyn [*sic*] y byd, y cnawd, a'r cythrel. **1711** H. POWEL: *TY* 366, Rheolau *milwriaethus.* **1722** *Llst* 189, *milwriaethus,* militant. *c.* **1730** *Thos. Lloyd D* (LlGC) 175b, *milwriaethus,* militans . . . military. **1744** D. ROWLAND: *RY* 109, yn caru gweled gweithredoedd *Milwriaethus.* **1776** *W* d.g. *militant.* **1803** *P.*

milwriaf, milwraf: milwrio, milwra [bf. o'r e. *milwr*] *bg.a.* Rhyfela, milwriaethu, ymladd; gweithio (yn erbyn), dwyn pwysau (yn erbyn); hefyd yn *ffig.*: *to wage war, war, fight; militate (against); also fig.*
1567 *LlGG* 107a, Gweddiwn dros oll ystat Eccles Christ sy yn *milwriaw* yma ar y ddaiar. **1588** *Nu* viii. 24, i *filwrio* milwriaeth yngwasanaeth pabell y cyfarfod. **1588** 2 *Tim* ii. 4, Nid oes neb yn *milwrio* yr hwn a ymrwyda â negeseuau y fuchedd hon. **1620** 2 *Cor* x. 3, er ein bod ni yn rhodio yn y cnawd, nid ydym yn *milwrio* (**1588** *ib.* rhyfela) yn ôl y cnawd. **1632** *D, milwrio* d.g. *milito.* **17g.** HUW MORUS: *EC* ii. 389, Cledd

yr Ysbryd, gwynfyd 'gânt—o'i ennill, / A hwnw *milwriant*. **1803** *P*, *milwriaw*, to carry on warfare.

milwriaidd, gw. milwraidd.

milwriedig [bôn y f. *milwriaf*: *milwrio*+ *-edig*] *a. bfl.* Milwriaethus (am yr Eglwys): *militant (of the Church)*.
1612 *LlP* [226], dy Eglwys *filwriedic*.

milwriog, milwrog [*milwr*+-(*i*)*og*] *a.* Milwriaethus (am yr Eglwys); milwrol: *militant (of the Church)*; *military*.
1595 *Egl Ph* 13, mae'r prydydd wedi gosod y pennaeth meddiannawl dros yr holl fy[dd]in *filwrawg*. *id.* 63, yn arwyddocau rhinwedd *filwrawg*, ddynawl mywn Arthur. **16–17g.** *PCWG* 149, ecclesia militans yr eglwys *filwriog*. *Dchr.* **17g.** *J* 10, 31a, *milwriog*, militant.

milwrol, milwriol, milyriol [*milwr*+ -(*i*)*ol*] *a.* Yn perthyn i filwyr neu i ryfel, milwraidd: *military*, *martial*.
1592 S. D. RHYS: *Inst* 119, Arfeu *milwrawl*. **1684** H. OWEN: *DC* [iii], yr oedd ef gwedi eu trainio a'i dyscu mor gywrei[n]gall ymmhob Trefn a Dyscybliaethau *milyriol*.

milwrus [*milwr*+-*us*] *a.* Milwrol, hefyd yn *ffig.*; milwriaethus (am yr Eglwys); gwrol, dewr: *military, also fig.*; *militant (of the Church)*; *valorous, courageous, brave*.
16g. *DCR* 180, doedwn gida r Prophwyd da / byth safia n *vilwrys*. **16–17g.** EDWARD URIEN, &c.: *Gw* 19, Mae ynot arwydd am naturiau, / Mal Iorys hwnt, *milwrus* yntau. **1604** *Rhyddiaith Gymraeg* ii. 188, i addyscu a llywodraethu'r holl Eglwys *filwrus*. **1704** E. SAMUEL: *BA* 132, Esamplau eu rhag-flaenoriaid *milwrus* yn y ffydd. **1722** *Llst* 189, *milŵrus*, militant. **1726** S. RHYDDERCH: *Alm* [37], Edward a Gyfenwyd Longshanks . . . [y] fâth Dywysog *Milwrus*. *c.* **1730** *Thos. Lloyd D* (LlGC) 174a, *milwrus*, military. *id.* 175b, *milwrus*, militant . . . Couragious. **1771** J. THOMAS: *TA* 309, A gynau gwynn yn disgwyl milwŷr Duw / . . . / Nes cwpla'n llwyr fy mlin *filwrus* waith. **1790** *RLlD* 139, Ni bydd dim eisiau grasusau *milwrus* yn yr eglwys orfoleddus. **1803** *P*, *milŵrus*, warrior-like; militant.

milwydd [?amr. ar *milffydd*] *eg.b. Bot.* Camomíl, camri, *Anthemis nobilis*; milddail, llysiau'r gwaedlin, *Achillea millefolium*: *camomile*; *yarrow*, *milfoil*.
1632 *D* (*Bot*), camri, *milwydd*, camamil, chamæmelum, anthemis. **1688** *TJ* (*Bot*), *milwŷdd*, Camri: Camomile. **1725** *SR* (*Bot*) d.g. *camomile*. **18g.** *Llr* C 24, 367, Millefolium, y *filwydd*. **1770** *TG* ii. 8, Cymmerwch ddwfr wedi berwi Ryw a *Milwydd* ynddo. *id.* 31, y *milwydd* neu'r camomil a arwyddoccâ dir hynaws. **1803** *P*.
Cfn.: **milwydd glas:** *turpeth, Operculina turpethum*. **1794** *W* d.g. *tripoly* [*a species of cammomile, called also turbith*]. **1803** *P*.

milyddiaeth[1] [*mil*(*wr*)+-*yddiaeth*] *eb.* Milwriaeth: *warfare*.
1609 R. SMYTH: *CAC* 37, [p]ererindotaeth *amylyddiaeth* orthrwmus. *id.* 39, Am fod y bo[w]yd presennol hwn megis *milyddiaeth* ar y ddaear. *c.* **1730** *Thos. Lloyd D* (LlGC) 167b, *milyddiaeth* . . . militia.

milyddiaeth[2] [*mil*[2]+-*yddiaeth*] *eb.* Anifeiliaid, ffawna: *animals, fauna*.
1852.

milyddol[1] [*mil*(*wr*)+-*yddol*] *a.* Milwriaethus (am yr Eglwys): *militant (of the Church)*.
1609 R. SMYTH: *CAC* 23, y saint, n'er gwir daf o'r Eglwys *filyddawl* sydd ar y ddaear. *c.* **1730** *Thos. Lloyd D* (LlGC) 167b, *milyddol*, militant.

milyddol[2] [*mil*[2]+-*yddol*] *a.* Swolegol: *zoological*.
1858.

milyn, gw. mil[2].

milyriaeth, milyriol, gw. milwriaeth, milwrol.

mill[1] [adff. o'r ff. lafar *millon* 'meillion'; cf. ?H. Grn. *melhyonen*, gl. *vi*[*o*]*la*, a'r H. Gym. *mellhionou*, gl. *uiolas*] *eg.b.* ac *e.ll.* (un. g. *-yn* (ll. *-nau*), *myllyn*, b. *myllen*, bach. *myllynnen*). *Bot.* Planhigyn neu blanhigion o'r tylwyth *Viola*, yn arbennig *Viola odorata*, fioled(au): (*sweet*) *violet*(*s*).
c. **1780** *IMCY* 233, Meillion pawr a *myllyn* perth, / A glasgoed dan do glwysgerth. **18–19g.** *CRIM* 87, Hoff gan rai rhoi [*sic*] clod i'r *mill* / A dardd yn Ebrill dirion. **18–19g.** *Llr* C 11, 246, *Mill*. Glam. The violet. violets. *ib. millyn* a violet. **18–19g.** *Llr* C 30, 88, Cornish-Silurian . . . Melhyonen, a violet—*Myllyn*. **1801** *MMf* 166, Cais lygaid y dydd . . . [y] *mill* (*Llr* C 24, 311, violet), a'r benlas. *id.* 294, Viola, *mill*, gwiolydd, y fioled. **1803** *P*, *mill*, s.f. pl.t. *ion*, the violet. Mor beraidd a'r *mill*. Adage. *id. myllyn*, the violets. *id. myllynen*, s.f. dim. a violet. **1813** *WB* 220, *Millyn*; Viola odorata; Sweet Violet. Ar lafar yn Nantgarw, '*mill* gwyn, clwm o *fill*', *B* xvi. 99. Cf. R. WILLIAMS PARRY: *Cerddi'r Gaeaf* (1952) 13, A gwyn eu byd y beirdd rydd bill / Sy'n wenfflam ysol ym mhob sill / Heb gymorth serch, na merch, na *mill*.

mill[2] [cf. S. *mill* 'millet'] *e?g.* Miled, *Panicum miliaceum*: *millet*.
18–19g. *Llr* C 4, 147, *Mill* rhyw yttrawn. Millet. Dr. Wms.

millfeillionen [*mill*[1]+*meillionen*] *eb. Bot.* Meillion gwyn, *Trifolium repens*: *white or Dutch clover*.
1813 *WB* 220, *Millfeillionen*; Trifolium repens; White Trefoil, or Dutch Clover.

milltir [?*mil*[1]+*tir*, cf. Crn. C. *myldyr*] *eb.g.* ll. -(*i*)*au*, -(*i*)*oedd*, -*edd*. Mesur hyd safonol, sef 1,760 o lathenni neu 5,280 o droedfeddi, sy'n cyfateb i 1·60934 km.; (gynt) mesur hyd amrywiol (a gyfatebai i 27,000 o droedfeddi Cymreig yn ôl y cyfreithiau Cymreig, sef ychydig llai na phedair milltir): *statute mile*; (*formerly*) *a variable unit of length* (*equivalent to 27,000 Welsh feet in the Welsh laws*, *i.e. just under four miles*).
13g. *HGK* 1, tri *milltir* yw henne. **13g.** *LlI* 59, Ef a uessurus er enys hon o Penryn Blathaon em Pryden hyt em Penryn Penwaed eg Kernyu: sef yu henne, nau can *mylltyr* . . . o Grugyll ym Mon hyt en Sorram eg glan Mor Ud, pymp can *mylltyr* . . . yr guybot y mal a'e *mylltyryeu* . . . try hyt gronyn heyd en e uotued; teyr motued en llet e palyf; try llet e palyf en e troetued; try throetued en e cam; try cham en e neyt; try neyt en e tyr (sef yu e tyr eg Kemraec newyd, grun); a myl o'r tyr yu e *mylltyr*. *c.* **1300** *H* 82a. 15, Ny syrthei yr llawr uawr *uilltireu* (Gwynfardd Brycheiniog). **14g.** *YBH* 58a, atheir *milltir* oed yn hyt y llu. *c.* **1400** (*SG*) *HMSS* i. 432, ny marchockayssei [*sic*] ef vn *villtir*. *c.* **1400** *YCM*[2] 68, *milltir* uawr y wrth y dinas. *id.* 168, messuraw y dayar . . . a'r ysbasseu, a'r *milltiredd* . . . pa sawl *milltir* . . . a vo yndi [brenhiniaeth] o hyt a llet. **15g.** *KAA* 19, llawer o *villtiryoed*. **1545** *CM* 1, 53, [t]air legys Adeugain Ahanner, o vessur, [*sic*] ffraink yr hyn awna gymaint a ii *vil*[*l*]*dir* o *villdyroedd* lloygyr. **1547** *WS*, *milltir*, a myle. **1588** *Gen* xxxv. 16, yr oedd etto megis *milltir* o dir i ddyfod i Ephrath. **1632** *D*, *milltir*, milliare. *c.* **1720** *CIF* [102], *Milltir*, 1000 Mîl o gamrau, nau [*sic*] 1666. o lathennau a hanner Llâth a 6 modfedd. **1803** *P*.
Cfn.: **milltir giwbig:** *cubic mile*. **20g.** **m. Gymreig (Cymreig):** '*Welsh mile*' (?*just under four miles*). *c.* **1400** (*SG*) *HMSS* i. 188, 189. *c.* **1700** E. LHUYD: *Par* 68. **m. ddaearyddol:** *geographical mile* (*6,082 feet*). **1829.** **m. Ffrengig (Ffreinig):** *league*. **1547** *WS*. **1632** *D*. **1688** *TJ*. **1775** *W* d.g. *league* [*three miles*], *mile* . . . *a French mile*. **1803** *P*. **m. Wyddelig:** *Irish mile* (*7,720 feet*). **1867.** **m. fesur** = **m. fesuredig.** **1776** *W* d.g. *measured* . . . *a measured mile*. **m. fesuredig:** *measured mile*. **1695** T. JONES: *Alm* 6. **1741** *Cylchg CHMC* i. 21. **1782** M. WILLIAMS: *BM* [10]. **1784** M. WILLIAMS: *S* ii. 8. **m. fôr:** *nautical mile*. **20g.** **m. Seisnig:** *English mile*, *statute mile*. **1688** *TJ*. **1768** J. ROBERTS: *R* 19. **m. (y)sgwâr:** (i) *square mile*. **1858.** (ii) *immediate locality*. Ar lafar, e.e. 'cenedlaetholdeb y *filltir sgwâr*'. Cf. D. J. WILLIAMS: *ChHO* 1, 'Gwyn ei fyd yr artist y mae ganddo gyfrif o'i *filltir sgwâr*' meddai Saunders Lewis . . . y '*filltir sgwâr*', honno a adwaenwn i yn dda yn grwt, 'slawer dydd, yn yr Hen Ardal.

milltiredd [*milltir*+-*edd*[1]] *eg.* Nifer y milltiroedd a deithiwyd: *mileage*.
20g.

milltirog [*milltir*+-*og*] *a.* Yn ymestyn am filltiroedd: *extending for miles*.
1935 (1937) T. H. PARRY-WILLIAMS: *S* 69, A'u muriau *milltirog* yn haen ar haen [am greigiau'r Grand Canyon].

millyn, millynnen, gw. mill.

mîm, gw. meim.

miman, mimach [?cf. *mwmian*] *bg.* Gerain, dolefain, nadu: *to whine*, *whimper*.
18–19g. *Llr* C 4, 102, *miman*, to cry, to whine, un gwann yn *miman* mami. **18–19g.** *Llr* C 30, 158, *miman*, to whine. Ar lafar yn nwyrain Morg., 'Pam ma'r plentyn 'ma'n *mimach* o (h)yd?', 'Beth sy ar y crotyn yn *mimach* llefin fel (h)yn?'

mimosa [bnth. S. *mimosa*] *eg.* Llwyn neu bren trofannol o'r tylwyth *Mimosa* a'i flodau'n ymffurfio'n glystyrau crwn: *mimosa*.
1848. *Y Mimosa* oedd enw'r llong a gludodd y fintai gyntaf i'r Wladfa yn 1865.

min [Crn. C. *myn* 'ymyl; gwefus; genau; wyneb', Llyd. C. a Diw. *min* 'wyneb; golwg; genau; safn'; ?cf. Gwydd. C. *mēn* 'ceg'] *eg.* ll. -(*i*)*au*, -*ion*, -*oedd*.

(*a*) Gwefus, gwefl, ceg, genau, hefyd yn *ffig.*: *lip*, *mouth*, *also fig*.
14g. *GDG* 354, Cyd cefais, ddidrais ddwydrin, / Heiniar mawl, hwn ar 'y *min* [am gusan]. *c.* **1400** *R* 1248. 25, *min* pob dewin aedyweit. *id.* 1267. 7, Keneuin vy *min* a med. *id.* 1345. 42, Blin yw meint y *uin* anuanyar. **15g.** *GO* 133, A Duw â'i vydr ar davodav, / A mynaich â Duw y'w *minav* kyson. **15g.** *DE* 1, dy *fin* fal diod o fedd. **15–16g.** *GIF* 70, Gwaethwyd am Ieuan Gethin / gwawd fyth pan gaewyd ei *fin*. **1621** E. PRYS: *Ps* 11b, Y rhai sy'n arwain *minau* mel / a rhyfel yn eu calon. **1632** *D*, *mîn* . . . Labium. **1672** R. PRICHARD: *Gw* 130, Nâd ir *min* rag-flaenu 'r meddwl. **17g.** HUW MORUS: *EC* i. 73, Cloch ddifeth, clywch ei ddau *fin*, / Clopa fal clep y felin. **1803** *P*, *mîn* . . . the lip, or mouth, in poetical language.

(*b*) Ymyl, ochr, glan, ceulan, ael, genau (sach); ffin, goror, cwr; trothwy (blwyddyn, tymor, &c.): *margin*, *side*, *bank*, *brink*, *brim*, *brow*, *mouth* (*of a sack*); *boundary*, *border*, *edge*; *threshold* (*of a year*), *verge* (*of a season*, &*c*.).
14g. *GDG* 191, Cynefin ei *min* â mellt [am y lloer]. **15g.** *LGC* 114, A vu un mor hael hyd *vin* môr Rhôn? **16g.** HUW ARWYSTL: *Gw* 189, nid kall i fardd naid koll fydd / tros ia i *finion* traws fynydd. **1567** *LlGG* (*Sall*) 80b, Y mae ein escyrn ar 'oyscar ar *vin* y bedd. **1567** *TN* 87b, a' ei arwein yd ar *vin* [:- ael] bryn. **1588** *Gen* xli. 17, yn sefyll ar *fîn* yr afon. *id.* xliii. 21, wele arian pob vn ym *mîn* ei sach ef. **1588** *Esec* xliii. 13, [y]r ymyl-waith ar ei *mîn* [allor] yn vn rhychwant o amgylch. **1604–7** *TW* (*Pen* 228) d.g. *margo*. **1630** R. VAUGHAN: *YDd* 383, dawnsio ar *fîn* y pwll. **1632** *D*, *mîn* . . . ripa fluminis vel maris, ora vasis aut rei cujuscunque. **1688** S. HUGHES: *TSP* 234, yn agos i *fin* y ffordd fawr. **1703** E. WYNNE: *BC* 86, [T]ir Ango, a *minion* Gwylltoedd Destryw. *id.* 88, nesseais gydage 'n ddiarswyd at *fin* y Dibyn. **1728** T. BADDY: *DDG* 119, o 1650, hyd *fin* y flwyddyn 1665. **1798** R. DAVIES: *CG* 82, Fel tonnau *miniau* môr. **1803** *P*.

(*c*) Ymyl (finiog llafn, &c.); awch, miniogrwydd, llymder; codiad (cal); hefyd yn *ffig.*: (*cutting*) *edge* (*of blade*, &*c*.); *sharpness*, *keenness*; (*penile*) *erection*; *also fig*.
14g. *GDG* 51, Arf a roes . . . / . . . / Och fi, ddäed awch ei *fin*! *c.* **1400** [*RB*] *WM* 216. 32–4, Cledyf eurdwrn mawr un *min* ar glun y gwas. **15g.** *LGC* 230, I'n tir enyd na âd trinoedd / O waith *minoedd* wrth ymwanau. **1588** 1 *Sam* xiii. 21, Ond yr oedd llif-ddur i wneuthur *minau* i'r cwlltyrau. **1588** *Pr* x. 10, Os wedi i'r fwyall bŷlu ni hogir ei *mîn* hi. **1632** *D*, *mîn*, acumen, acies. [**1740**] L. ANWYL: *CA* 113, a drŷ ymmaith *fin* a chryfder ei glefyd. **1741** *CAG* 117, gwedi troi *min* eich synwyr ach Deall yn erbyn Crefydd. **1757** *Cylchg LlGC* (1943) (At.) 12, Ni cheir *min* ar Fardd mwy na Chyllell, heb ei hogi [am Waederw]. **1795** *R. Crusoe* 21, darn o bren wedi rhoi *mîn* arno. **1803** *P*, *mîn* . . . a sharp edge.
Cfn.: **min y cledd(yf):** *the edge of the sword*. **1567** *TN* 340b. **1588** *Gen* xxxiv. 26. **1588** *Deut* xx. 13. **1588** *Job* i. 15. **m. y ffordd:** *the wayside*. **1567** *TN* 32b, 54b. **1658** *Examen* 35. **1699** T. JONES: *TP* 72. **1803** *P*. **m. yr hwyr:** *evening*, *twilight*. **1588** *Gen* xxiv. 63. **1618** J. SALISBURY: *EH* 130. *c.* **1658** R. VAUGHAN: *E* 87. *c.* **1730** *Thos. Lloyd D* (LlGC) 175b, *mîn yr hwyr*, even-tide. **m. (y) môr:** (*the*) *seashore*, *seaside*. **15g.** *Pen* 57, 74. *Dchr.* **17g.** *J* 10, 31a, *min môr*, sea side. **1615** R. SMYTH: *GB* 13. **m. (y) nos** = **m. yr hwyr.** **1618** J. SALISBURY: *EH* 46. **1778** J. HUGHES: *BB* 370. **1789** *BDG* 508. **1803** *P*, mîn . . . *min nos*, the edge of night, the evening twilight. **(bod) ar fin:** (*to be*) *on the point of*; *have an erection*. [**1740**] L. ANWYL: *MW* 88. **1759** J. EVANS: *PF* 66. **1790** T. JONES: *TOS* 17, 175. Ar lafar yn y Gogledd, *WVBD* 374–5.

Gw. hefyd minws[1].

minarét, minaréd [bnth. S. *minaret*] *eg.* ll. *minaretau, minaredau, minaréts.* Tŵr main mosg ar gyfer galw pobl i weddïo: *minaret.*
1866.

minbol, gw. minbwl.

minbryd [*min + pryd*[2]] *eg.* Golygwedd, wynebwedd, wynepryd: *feature, lineament, countenance.*
1753 *TR, minbryd,* feature. **1773** *W* d.g. *feature* [*a lineament of the face, the make of it, &c.*]. **18–19g.** *Iolo MSS* 248, A *minbryd* glas / Gan ail Suddas.

minbwl [*min + pŵl*] *a.* (b. *minbol*). Heb fin, di-fin, di-awch: *blunt, dull.*
1604–7 *TW* (*Pen* 228) d.g. *obtusus.* **18–19g.** *Llr* C 30, 1, A Chyllell *finbol.*

minc [bnth. S. *mink*] *eg.* ll. *-od.* Mamolyn bychan ysglyfaethus drewllyd o'r un tylwyth *Mustela* â'r carlwm; gall fyw mewn dŵr ac ar dir sych a rhoddir gwerth uchel ar ei ffwr: *mink.*
20g.

minceg [bnth. S. *mint-cake*] *eg.b.* ac *e.ll.* Melysbeth (melysion) a blas mintys arno (arnynt); da-da, fferin(s), losin, taffi(s): *mint-cake, mint(s); sweet(s).*
1881. Ar lafar yn y Gogledd yn y ff. *minceg, mincec, minceg, minciag, minciac, WVBD* 375, *TGG* (1904) 46, *LGW* 205.

minci, gw. mwnci[2].

minciac, minciag, mincieg, gw. minceg.

minco, *eg.* Math arbennig o wead; dilledyn a wnaed o ddefnydd o'r gwead hwnnw: *a kind of weave; a garment made from material woven in this way.*
1869. Ar lafar gynt ym Morg. a sir Benf., *GDD* 152.

mincociaeth, mincocaeth [?*min* + elf. anhysbys (?cf. *cogiaeth* neu o bosibl fôn y f. *cociaf*[1]: *cocian* + ?-(*i*)*aeth*)] *eb.g.* Gweniaith, truth, maldod; sŵn popio a wneir â'r gwefusau: *blandishment, flattery, a pampering; a popping sound made with the lips.*
14g. *GIG* 162, Cawsa, cica, *min coceth* [*sic*], / Casa' pwnc, ceisio pob peth. **1604–7** *TW* (*Pen* 228), *mincociaeth* d.g. *blandimentum, blanditia, indulgens, indulgentia, obsequium.* **1632** *D, mincoccaeth* d.g. *poppysma.* **1722** *Llst* 189, *mincoccaeth,* f. a pop with ye mouth. **1803** *P, mincocaeth,* s.m. a pop with the lips.

mincociaf: mincocian, mincocio, mincoca [bf. o'r e. *mincoc*(*iaeth*)] *ba.* Gwenieithio; gwneud sŵn popio â'r gwefusau: *to flatter; make a popping sound with the lips.*
16g. (*c* **1749**) *AP* 28, Mociai *Mincociai* mewn cwrr mwyn reswm. **1780** *W, mincoccian* d.g. *to pop with the mouth.* **1803** *P, mincoca,* to pop with the lips.

mincociwr, mincocwr [bôn y f. fl. + -(*i*)*wr*] *eg.* Gwenieithiwr: *flatterer.*
1604–7 *TW* (*Pen* 228), [*m*]*incociwr* d.g. *parasitaster. Dchr.* **17g.** *J* 10, 31a, *mincoccwr,* parasitus.

mindaf: mindo, mindag, mindeg, mindiaf: mindio, gw. meindiaf: meindio, mintag, meindiaf: meindio.

mindlws [*min + tlws*] *a.* (b. *mindlos*). Tlws ei gwefusau (am ferch); mursennaidd, yn glaswenu, yn cilwenu, cymhenllyd, cysetlyd: *having pretty lips* (*of a girl*); *affected, precious, simpering, finicky, fastidious.*
1592 S. D. RHYS: *Inst* [xiv], bôd morr *findlws,* a' chymrud arnam ddarfod inni o gwbl abergôfi y Gymraec. **1607** *Rhyddiaith Gymraeg* i. 141, a geryddai r Cymro murseneidd, pefriaith, *mindlws,* a ddywetei estroniaith wrth ei gyt Gymro. **1703** E. WYNNE: *BC* 26, dyscu'r oeddid yno wersi o gymhendod *mindlws* wrth fwytta.

mindlysni [*mindlws + -ni*] *eg.* Cysêt, mursendod: *fastidiousness, affectedness.*
20g.

minddalennol [*min + dalen + -ol*] *a.* Ar ymyl y ddalen: *marginal.*
1842.

minddu [*min + du*] *a.* Ac iddo ymyl ddu; tywyll ei wefusau; cuchiog, gwgus: *black-edged; black-lipped; frowning, scowling.*
c. **1514** *Rhyddiaith Gymraeg* i. 18, Ywain i vrawd, hwn a elwid Ywain *Vinddü.* **16–17g.** T. PRYS: *Bardd* 327, gwrach *finddv* heb dyfv daint. **18g.** *Beirdd y Berwyn* 100, A'r meistar aethe'n *finddu,* / Gan gredu rynu o'r yd. **1740** T. EVANS: *DPO* 45, [Ll]angces ysgeler . . . a elwir Curtis *fin-ddu.* **1803** *P.*

minelin [*min + elin*] *e?b.* *Math.* Ongl lem: *acute angle.*
1850.

mineral [bnth. S. *mineral*] *eg.* ll. *-au.* Mwyn (sylwedd): *mineral.*
1928.

mineralaidd [*mineral + -aidd*] *a.* Mwynol: *mineral.*
20g.

mineraleg [*mineral + -eg*[1]] *eb.* Mwynyddiaeth: *mineralogy.*
20g.

minfain [*min + main*[1]] *a.* Mursennaidd, mindlws: *affected.*
1847.

minfel[1] [*min + mêl*[1]] *a.* A'i wefus fel mêl, peraidd ei araith: *honey-lipped, of sweet words.*
15g. *LlCy* iii. 110, Hywel *finfel* fuanfeirch, / hoyw y cawn ni hau y ceirch [Llywelyn Goch y Dant i Hywel Dafi].

minfel[2] [?ffrwyth trin H. Grn. *minfel,* gl. *millefolium,* fel gair Cym.] *eg.* *Bot.* Llysiau'r gwaedlin, milddail, gwilffrai, *Achillea millefolium: yarrow, milfoil.*
1803 *P.* **1813** *WB* 220.

minfelys [*min + melys*] *a.* a hefyd gyda grym enwol. Hoff o ddanteithion, amheuthun ei chwaeth, cymhenllyd, cysetlyd, misi, glwth; moethus: *fond of delicacies, of dainty taste, fastidious, finicky, gluttonous; luxurious.*
1632 *D* d.g. *catillo.* **1672** R. PRICHARD: *Gw* 346, Mi ddywedais yn rhyfygus / . . . / . . . y cawn fyw'n *fin-felus.* *id.* 461, Bum mor foethus ac mor ddainti [:– *Finfelus*]. **1722** *Llst* 189, *minfelus,* nice in diet, licorish. *c.* **1730** *Thos. Lloyd D* (LlGC) 175b, *minfelus,* gulosus, delicatus. **1772** *W* d.g. *dainty* [*apply'd to persons, not easily pleased with food, of a nice or delicate taste* . . .], *dainty-mouth'd, epicure, feeder, a high or dainty feeder, lickerish or lickerous.* **1803** *P.*

minfer, gw. mynfyr.

minfin [*min + min*] *adf.* weithiau gyda grym ansoddeiriol. Gwefus wrth wefus, ymyl wrth ymyl, yn cyffwrdd, hefyd yn *ffig.*: *lip to lip, edge to edge, touching, also fig.*
13g. *MA*[2] 217b. 43, Oedd clywed cleddyfau *finfin* (Dafydd Benfras). **14g.** *GDG* 173, Mwy'r cawdd, o boptu'r mur calch, / *Finfin,* mi a'm dyn feinfalch. *id.* 202, Cydchwerthin *finfin* â fu. **15g.** *DE* 50, *finvin* i bvm ar feinverch. *c.* **1574** *Rhyddiaith Gymraeg* i. 88–9, a'r gwaewyr fronfron, a'r kleddyfau *finfin.* **1632** *D,* myned *finfin* d.g. *osculor.* [**1752**] *Gron* 26, Cenfigen ac awenydd / Ym mhob llin, *finfin* a fydd. **1795** J. THOMAS: *AIC* 46, dyro fe [papur toredig] ar y papur Cyfan yn *finfin* a'u gilydd. **1803** *P.*

minflysig [*min + blysig*] *a.* Chwannog i ddanteithion, amheuthunion, neu foethau: *fond of delicacies or luxuries.*
16–17g. *PhA* 489, mewn y gwin ith gynefinwyd / mwyn flas gerdd *min flysig* wyd. **16–17g.** *PCWG* 115, maer byd wedi tyfv mor *finflyssig.* **16–17g.** T. PRYS: *Bardd* 92, medri ordri yn arwdraws / *minflysig* ar gig ne gaws. **1604–7** *TW* (*Pen* 228) d.g. *catianus* (At.). **1632** *D* d.g. *cupes, delicatus.* **1722** *Llst* 189, *minflysig,* dainty, delicate, nice. **1771** *W* d.g. *brought up wantonly, or delicately, dainty* [*apply'd to persons, not easily pleased with food, of a nice or delicate taste* . . .]. *id.* byw yn *fin-flysig* (yn foethus) d.g. *daintily, to fare daintily, deliciously, to fare* [*live*] *deliciously.* *id.* dyn *mîn-flysig* d.g. *epicure.* **1803** *P.*

minflysigrwydd [*minflysig + -rwydd*] *eg.* Hoffter o ddanteithion neu amheuthunion, chwanogrwydd i fwydydd da neu foethusrwydd: *fondness of delicacies, desire for good fare or luxury.*
1722 *Llst* 189, *minflysigrwydd,* m. licorishness. **1773** *W* d.g. *feeding, high feeding, lickerishness.* **1803** *P.*

minfwlch [*min*[1] *+ bwlch*] *eg.* ll. *-au.* Gwefus fylchog; ymyl fylchog: *harelip; notched edge.*
1803 *P, minvwlch,* a hare lip.

minfylchaf: minfylchu [bf. o'r e. bl.] *ba.* Torri bwlch ar ymyl peth, rhicio, danheddu: *to notch, serrate.*
1850.

minfylchog [*min + bylchog*] *a.* A bwlch yn ei wefus, ac iddo ymyl doredig neu ricog neu ddanheddog: *harelipped, having a broken or notched edge, serrated.*
1722 *Llst* 189, *minfylchog,* hare-lip'd. **1774** *W* d.g. *hare-lipped.* **1803** *P.*

minffraeth [*min + ffraeth*] *a.* Tafodrydd, parod neu frathog ei dafod: *loquacious, sharp-tongued.*
1552 *Pen* 403, 98, Os siarad a wnai yn gymen hwynt ath alwant yn *vinffraeth.* **17g.** HUW MORUS: *EC* i. 78, Mae 'n *fin-ffraeth,* o myn fânffris, / Mawr, medd rhai, na phrynai ffris!

minffug [*min + ffug*] *a.* a hefyd fel *eg.* Celwyddog, geirffug, gau; celwyddwr: *lying, false; liar.*
14g. *GDG* 217, *Finffug* ŵr, am fenffyg oedd. **1603** W. MIDLETON: *Ps* 17, Ae genau hwythau gwenhieithiant *minffug.* *id.* 144, Mwyn-ffals a thafod *mîn-ffûg.* **1632** *D* d.g. *falsidicus, mendaciloquus.* **1722** *Llst* 189, *minffug,* m. a reporter of lies, lier. **1803** *P.*

mingaead [*min + caead*] *a.* Dywedwst, tawedog; crintach, cybyddlyd; darbodus: *taciturn, reserved; niggardly, miserly; thrifty.*
1806. Ar lafar yn y Gogledd. Cf. J. JONES: *Gwerin-eiriau* 137, Mor *fin-gauad* â llyffant fis Medi.

mingam, min-gam [*min + cam*[2]] *a.* ll. *mingeimion,* a hefyd gyda grym enwol. A'i wefus neu ei geg ar dro, yn enw. mewn dull coeglyd neu wawdlyd, gwatwarus, hefyd yn *dros.*: *wry-mouthed, with twisted lips, wry, sardonic, also transf.*
14g. *GDG* 284, Fflam fo'r drych *mingam* meingas! *c.* **1400** *R* 1335. 30–1, mynych fflam adeivyl oe chadaflen *vingam.* **15g.** *DGG*[2] 64, Lle'r ydoedd ymhob gobant / Ellyllon *mingeimion* gant [i'r niwl]. [**1547**] W. SALESBURY: *OSP,* Hawdd yw peri y *vingam* wylo. **1547** *WS, mingam,* wrye mouthed. **1604–7** *TW* (*Pen* 228), dynion *mingeimion* d.g. *miriones.* **1632** *D, min-gam,* ore distortus. **1759** *BC* 443, Ni fedrwn i'r borau am genau yn *fin gam* / Mo'r dywedyd yn groyw Gwd Morow fy Mam. **1776** *W* d.g. *mouth, wry-mouth'd, having* [*that hath*] *a wry mouth.* **1803** *P.* Ar lafar.

mingamaf: mingamu [*min + camaf*[2]: *camu* neu f. o'r a. bl.] *bg.a.* Glaswenu neu ystumio'r geg mewn dull coeglyd neu wawdlyd, tynnu gwep yn watwarus neu'n ddirmygus, ystumio'r genau'n fursennaidd wrth siarad, &c., gwawdio, wfftio, gwatwar, hefyd yn *ffig.*; siarad neu ynganu'n fursennaidd: *to make a wry mouth, smile sardonically, grimace sarcastically or contemptuously, distort the mouth in an affected manner when speaking, &c., mock, scoff* (*at*), *jeer* (*at*), *also fig; speak or pronounce affectedly.*
14g. *DGG*[2] 162, Pwy a'th roes, nid o foes fu, / Yn gymwys i'm *mingamu* (Llywelyn Goch ap Meurig Hen). **14g.** *IGE*[2] 75, *Mingamai* hi mewn gwmon, / Morcath a'i brath dan ei bron [i'r llong]. *c.* **1514** *Rhyddiaith Gymraeg* i. 22, A phan wybu . . . hwn i Wrsla i *vingamv* ef. **16g.** (*LlEG*) *LlGC* 5276, 368b, a *mingamv* y brenin drwy chware blerwn [*sic*] ai bysedd ar i gweuylav. **1547** *WS, mingamy,* mowe. **1567** *Rhyddiaith Gymraeg* ii. 23,

[d]istyru gwiw rybydd a *mingamu* iawn gyngor. **1567** *LlGG* (*Sall*) 11b, Pawp . . . am gwatworant: *mingamu* [:– estyn gwefusae] a wnant. **1620** *Ecclus* xxvii. 23, efe a drŷ ei chwedl [:– *fin-gamma*] ac a fwrw fai ar dy ymadrodd di. **1621** E. PRYS: *Ps* 9a, Pawb a'm gwelent, a'm gwatworent / ac a'm *mingamment* hefyd. **1632** *D*, *mingammu*, os sannis distorquere, naso suspendere. **1670** J. HUGHES: *AP* [502], *mingammu* Lladin. **1759** *BC* 5[26], a *mîngamwyd* enwog oen / Ei ddwylo ai draed a hoeliwyd. **1783** H. JONES: *PN* 4, 'Roedd yno ferched yn haeddu clôd, / Am *fin-gammu* a bod yn gymmen. **1803** *P*.

mingam-fongam, gw. igam-ogam.

mingamiad [bôn y f. fl. + *-iad*[1]] *eg*. ll. *-au*. Y weithred o fingamu, gwên wawdlyd neu goeglyd, ystumiad gwatwarus neu ddirmygus â'r gwefusau: *sardonic smile or grimace, a distorting of the lips in sarcasm or contempt*.
1604–7 *TW* (*Pen* 228) d.g. *rictus, sanna* (hefyd *D*). **1722** *Llst* 189, *mingammiad*, m. a wrying of the mouth. **1770** *W* d.g. *bob* [*a flout*], *grimace, a wrying of the face or mouth*. **1793** *Cylchg* 200, gwneuthur pob *mingammiad* ar ei weflau. **1803** *P*.

mingamwr [bôn y f. fl. + *-wr*] *eg*. Un sy'n tynnu gwep, gwatwarwr, gwawdiwr, dirmygwr: *one who grimaces, mocker, scoffer, scorner*.
1604–7 *TW* (*Pen* 228) d.g. *sannio*. **1803** *P*.

mingeimiad [bôn y f. fl. + *-iad*[2]] *eg*. ll. *-iaid*. Un a'i geg yn gam, gwatwarwr, gwawdiwr: *one who has a wry mouth, mocker, scoffer*.
1604–7 *TW* (*Pen* 228) d.g. *miriones*. **1722** *Llst* 189, *mingeimiad*, m. that hath a wry mouth. **1803** *P*.

mingimongam, mingim-fongam, gw. igam-ogam.

mingorn [*min* + *corn*] *eg*. Corn, utgorn, trwmped: *horn, trumpet*.
c. **1753** *Gron* 89, Wrth ei fant, groywber gantawr, / Gesyd ei gorn, *mingorn* mawr.

mingrach [*min* + *crach*] *a*. Crachlyd ei wefus: *scabby-lipped*.
14g. *IGE*[2] 74, Ffriw uchel wrach *fingrach* fort, / Ffroengau ystrodur ffrwyngort. **1722** *Llst* 189, *mingrach*, babber-lippd. **1803** *P*, *mingrach*, scabby-mouthed.

mingrechi [*min* + *crach* + *-i*[1]] *eg*. Anhwylder ar ddefaid a geifr a nodweddir gan grach o gwmpas y genau a'r gwefusau: *disease of sheep and goats characterized by scabs on the mouth and lips*.
1604–7 *TW* (*Pen* 228) d.g. *mentigo, ostigo* (hefyd *D*). **1722** *Llst* 189, *mingrechi*, the scabs ab[t]. y[e] mouth. [**1783**] *W* d.g. *the scabbiness of the mouth or lips* [*of lambs, &c*.]. **1803** *P*.

mingrwn [*min* + *crwn*] *a*. ll. *mingrynion*, a hefyd fel *eg*. A'i wefusau'n ffurfio cylch (yn enw. wrth siarad), mursennaidd, mindlws; pŵl, di-fin: *round-lipped* (*esp. when speaking*), *affected, simpering*; *blunt, dull*.
1592 S. D. RHYS: *Inst* 21, clungamm, penngrych, *mingrwnn*. **1707** S. WILLIAMS: *ADA* [vi], a rhai *min-grynnion* eraill na fynnant siarad dim ond rhyw goeg-gymhendod lledieithog. **1732** J. JONES: *C* xiv, nid mor *fingrwn* ac mor dafodysgafn ag yr adroddir Geiriau Seisnig. **1759** *DG* 60, troi gwefl *fingrwn*. **1780** *W* d.g. *pouch-mouthed*. **1803** *P*, *mingrwn*, having a round mouth.

Fel *e*. *Swol*. Pysgodyn bwytadwy o'r tylwyth *Mullus* neu *Mugil*, hyrddyn, barfbysg: *mullet* (*fish*).
1722 *Llst* 189, *mingrwnn*, m. a mullet fish. **1776** *W* d.g. *mullet* [*a sea-fish so called*]. **1803** *P* d.g. *hyrddiad*.

mingrych [*min* + *crych*] *a*. a hefyd fel *eg*. Yn crychu'r gwefusau (wrth siarad, &c.), mursennaidd, mindlws, misi: *puckering the lips* (*in speech, &c*.), *affected, simpering, squeamish*.
1722 *Llst* 189, *mincrych*, pouch-mouth'd, squeamish. **1780** *W* d.g. *pouch-mouth'd*. **1803** *P*, *mingrych*, a puckering the lips.

Fel *e*. *Swol*. Math o bysgodyn, mingrwn, hyrddyn, barfbysg: *mullet* (*fish*).
1803 *P* d.g. *mingryniad*.

mingrychaf: mingrychu [*min* + *crychu* neu f. o'r a. bl.] *bg*. Crychu'r gwefusau, siarad yn fursennaidd: *to pucker the lips, speak in an affected manner*.
1722 *Llst* 189, *mingrychu*, to pouch the mouth. **1803** *P*.

mingryniad [*mingrwn* + *-iad*[3]] *eg*. *Swol*. Pysgodyn bwytadwy o'r tylwyth *Mullus* neu *Mugil*, mingrwn, hyrddyn, barfbysg: *mullet* (*fish*).
1803 *P*.

mingrynnaf: mingrynnu [bf. o'r a. *mingrwn*] *bg*. Crychu neu grynhau'r gwefusau, gwneud cylch o'r gwefusau mewn dull mursennaidd neu falch: *to purse the lips, round the lips in an affected or vain manner*.
1703 E. WYNNE: *BC* 99, yno gwelwn dyrfa o Fursennod yn ymsionci . . . rhai'n *min-grynny*. **1722** *Llst* 189, *mingrynnu*, to pouch or contract the mouth. **1776** *W* d.g. *mouth, to pouch, or prim up, the mouth*. **1803** *P*.

mingrynnaidd [*mingrwn* + *-aidd*] *a*. Balch, mursennaidd, dicra: *vain, affected, squeamish*.
c. **1658** R. VAUGHAN: *E* 256, y goludog yn ei ddewisder *mingrynnaidd* (*squeamish choiceness*). **1784** P. WILLIAMS: *YC* 63, Y mae balchder hefyd . . . yn ymddangos mewn geiriau *mingrynnaidd*, neu, ddull o ddywediad balch. *id*. 64, A ydyw dy galon ronyn gwell er . . . dy eiriau *min-grynnaidd* a'th uchel drem?

mini, ff. daf., gw. mynydd.

miniad [bôn y f. ddil. + *-iad*[1]] *eg*. a hefyd gyda grym ansoddeiriol. Y weithred o roddi min ar rywbeth, hogiad, awchiad, hefyd yn *ffig*.: *a whetting, sharpening, also fig*.
16g. HUW ARWYSTL: *Gw* 42, eofnwyd klav *viniad* kledd / derwas enyd dros wynedd. **16g.** WILIAM CYNWAL: *Gw* (R. L. Jones) 21, Ni fynnodd a'i wayw'n *finiad*, / Rusio dim, aer Rhys, ei dad. **16–17g.** EDWARD URIEN, &c.: *Gw* 14, Aethon' i fudd â'th iawn fawl, / Aeth y faenawl i'th *finiad*. **1803** *P*.

miniadur, gw. miniatur.

miniaf[1]**: minio, minial, minialu** [bf. o'r e. *min*; dichon fod dyl. y f. *myngiaf*: *myngial* ar ystyron (*c*)] *bg.a*.

(*a*) Rhoddi min ar, hogi, awchu, blaenllymu, golymu, hefyd yn *dros*. ac yn *ffig*.; ?lleisio: *to sharpen, whet, hone, edge, also transf. and fig*.; *?voice, utter*.
14g. *IGE*[2] 26, Yn *minio* gwayw mewn eu gwaed. **15g.** *GTP* 8, A mŵn eich arf, *miniwch* hon, / Oedd ran o ddur yr Einion. **15g.** *LGC* 288, Am oen i Dduw y *miniwyd* serch. **15–16g.** *GLM* 167, Aeth Eifionydd i'th *finiaw*; / a thyn holl Lŷn i'th naill law. **15–16g.** *TA* 190, *Minio* gwayw 'ddwyd, maneg ddur. **16g.** *NBSF* 561, manerau yn *minio* oerwynt (Rhisiart o'r Hengaer). *a*. **1587** *Y* 45, *Minia*'n iaith, myni wneuthur / Ymhôb cyd-ddadl, kynadl cur. **16g.** *Yst Kym* 123, canys ni *finiaf* vn arf arnaw [cawr]. **16–17g.** *GST* i. 159, *Minio* hylwybr, mwyn helynt, / Mal gwalch ar ymyl y gwynt [i ofyn milgi]. **1604–7** *TW* (*Pen* 228) d.g. *acumino*. **17g.** E. MORUS: *Gw* 58, *Minio* glwysbwnc mewn glasberth. [**1753**] *Gron* 33, Ba fwyniant heb ei *finiaw*? / Ba chwant heb rychwant o braw'? **1789** *BDG* 136, A thraserch i'th iaith rwysog, / Yn *minio* gwawd,—fy mwyn gog! **1803** *P*.

(*b*) Gadael ôl (ar), gwneud argraff, menu, deintio, hefyd yn *ffig*.: *to leave a mark* (*upon*), *make an impression, nibble, also fig*.
16g. GR. HIRAETHOG: *Gw* (D. J. B.) 112. 49, Mwdwl hygno'n *minio* maes [i'r hwrdd]. **1588** *Dan* iii. 27, y gwŷr hyn, na *finiase* y tân ar eu cyrph. **16–17g.** HUW CEIRIOG, &c.: *Gw* 31, Ni all deulu lle delon', / Mewn eu rhwysg, *minio* ar hon [i blas Moelyrch]. **1671** C. EDWARDS: *FfDd* 95, ei deirnas ef yn treiddio, lle nid allai un Cæsar *finio*. **1717** IACO AB DEWI: *MN* 45, ni allasei efe byth *finio* mor ddwfn (*make such a deep Impression*) ar Galonneu. **1727** RE: *CDd* 155, nid yw trueni dynion yn cael *minio* ar eu cydwybodau. **1753** *TR*, *minio*, to make an impression, to work upon one. **1766** *FfA* 74, Mor galed na allo un peth *finio* arno [calongaledwch]. **1778** J. HUGHES: *BB* 225, A'r tir yn berthen . . . / Na *finniai* dannedd ôg mo'i donnen. **1780** *W*, a'r ni feno neu *finio* peth (a'r ni allo peth fenu neu *finio*) arno d.g. *proof to or against*. **1803** *P*. **1812** IOLO MORGANWG: *Salmau* 201, Saig yw'r Gwrych rhy sych i'r sant, / A'i *finio*'r doeth ni fynnant.

(*c*) (yn y ff. *minial*(*u*), *miniala*) Symud y gwefusau wrth siarad, murmur, myngial, tuchan; cyffwrdd â'r gwefusau, cusanu: *to move the lips in speech, murmur, mumble, grumble*; *touch with the lips, kiss*.
1547 *WS*, *minial* symudo gwefle val yn dywedyt, patter. **1604–7** *TW* (*Pen* 228), *minial* d.g. *mutio*. *id*. *miniala* d.g. *osculor*. **1632** *D*, *minial* d.g. *adrumo, collabello, exosculor*. **1722** *Llst* 189, *minial*, to move the lips as if one spoke, grumble, mumble, bill, kiss. **18–19g.** *IAW* (LlGC) 97, 11b, Cerddi mwynion mae'n ei *minial*. **1803** *P* d.g. *minial, minialu*.

(*d*) Ymylu ar, ffinio ar, ffurfio ffin: *to border upon, form a border*.
1803 *P*.

miniaf[2]**: minio** [bnth. S. (*to*) *mine*; anodd gwahaniaethu rhwng *miniaf*[1]: *minio* a *miniaf*[2]: *minio* yn achos rhai enghrau.] *bg.a*. Cloddio, tanseilio, turio, hefyd yn *ffig*.: *to mine, undermine, dig, also fig*.
15g. *LGC* 460, Ei gastell y dyellir / A'i gaer dew 'nghylch gwyr ei dir; / Hwyr i vil o ryvelwyr / *Viniaw* ei walch, ev na'i wyr. **15g.** *GGl* 160, Mynnu o waelod grodir / Mwyn aur tawdd, *minio* i'r tir. **15g.** *DE* 114, j *viniaw* kadnaw koednant / or ffav blu ir ffo ai blant. *id*. 115, yn *minio* lle bo y bydd / j lwynog aflewenydd [i ofyn cŵn]. **15g.** *HCLl* 101, Bedo, *minio* uwch mynydd, / Chwith, swydd a chyfoeth y sydd [i erchi ychen]. **16g.** SIÔN BRWYNOG: *Gw* 26, Iesu heb gelu galar—a *finiodd* / I fynwes Gwenhwyfar.

minialedd [*minial* + *-edd*[1]] *eg*. ?Murmur, mwmian, grwgnach: *murmur, mutter, grumble*.
13g. *B* iv. 5, Bychoded *minyaled*. **1803** *P*, *minialedd*, the motion of the lips; osculation.

miniar, *eb*. Math o gŷn a ddefnyddid mewn chwarel lechi i ledu hollt mewn carreg: *kind of chisel used to open up a cleft*.
1886. Ar lafar yn Arfon, *WVBD* 375, hefyd yn y ff. *finiar*.

miniatur [bnth. S. *miniature*] *eg*. ll. *-au*. Mân ddarlun: *miniature*.
20g.

miniedydd [*miniad* + *-ydd*[3]] *eg*. ?Hogwr: *sharpener, whetter*.
16g. WILIAM CYNWAL: *Gw* (G. P. Jones) 74, Hesgen galed *miniedydd*, / Hawdyclŷr wrth filwyr fydd [am gleddyf].

minim [bnth. S. *minim*] *eg.b*. ll. *-au*. *Crdd*. Nodyn sy'n gyfartal o ran amser â dau grosiet neu hanner hanner brif, nodyn hanner: *minim* (*in mus*.).
1833.

minimwm [bnth. S. *minimum*] *eg*. Lleiafswm: *minimum*.
1933.

miniocâf: miniocáu [*miniog* + *-hau*] *bg.a*. Mynd neu wneud yn finiocach neu'n fwy awchus, hogi, awchu, yn *ffig*.: *to become sharper, sharpen, whet, fig*.
20g.

minioctir, miniowctir [amr. ar *aminioctir*] *eg*. Goror, mars, ffin: *borderland, march, border*.
1604–7 *TW* (*Pen* 228) d.g. *colliminium*. **1632** *D*, *miniowcdir* d.g. *margo*. **1722** *Llst* 189, *miniowcdir*, lands on y[e] borders of a countrey. *id*. d.g. *the bounds of a country*. **1770** *W* d.g. *border, the land on the borders*.

miniog[1] [*min* + *-iog*] *a*. A min arno, llym, awchus, awchlym, siarp, blaenllym, hefyd yn *ffig*. llym, treiddgar, bachog, deifiol, crafog, gwawdlyd; ac ymyl iddo, ymylog: *keen, edged, sharp, pointed, also fig. penetrating, trenchant, blasting, scathing*,

caustic, sarcastic; having a margin or border.
15g. *LGC* 52, Mal clawdd y mŵn-wyr, mal cledd *miniog.* **1547** *WS, minioc,* edged. **16g.** *WLl* 238, Ag yn llydan gwaew yn llidiog / A dyrr maner a dur *miniog.* **1604–7** *TW* (*Pen* 228) d.g. *marginatus.* **1615** R. SMYTH: *GB* 97, yn beriglach na'r holl arfau *miniawg* eraill. **1632** *D, miniog,* acuminatus, acutus. **1680** J. THOMAS: *UN* 26, hogi ein gweddiau, a'i gwneuthur yn *finniog.* **1753** *TR, miniog,* edged, sharp-pointed, sharp. **1776** DEWI NANTBRÂN: *AN* 99, trwy 'r poenau *miniog* hynny. **1793** R. POWELL: *ADV* 19, Grai *miniawg* grymanau. **1803** *P.*

Gw. hefyd deufiniog, unfiniog.

miniog[2] [amr. ar *amhiniog*] *eg.* ll. *-iau.*

(*a*) Ffin, goror, ymyl, hefyd yn *ffig.*: *boundary, border, edge, also fig.*
1604–7 *TW* (*Pen* 228) d.g. *finis, margo* (hefyd *D*). **17g.** HUW MORUS: *EC* ii. 66, Duw, Arglwydd mawr wyrthiau, agor *finiogau* / Fy nghaethion wefusau. **1722** *Llst* 189, *miniog, niogau,* the border of a thing or place, brink. **1770** *W* d.g. *the border [brim] of any thing, border, or limit of land.*

(*b*) Post drws, ystlysbost: *doorpost.*
20g.

miniogaf: miniogi [bf. o'r a. *miniog*[1]] *bg.a.* Rhoddi min ar, hogi, awchlymu, mynd yn llym, hefyd yn *ffig.*: *to sharpen, whet, edge, become sharp, also fig.*
1895.

miniogrwydd [*miniog*[1] + *-rwydd*] *eg.* Llymder, awch, hefyd yn *ffig.*: *keenness, sharpness, also fig.*
1827.

miniowctir, gw. minioctir.

ministr [bnth. S. *minister*] *eg.* ll. *-i, -aid.* Gweinidog (yn enw. yn Eglwys Loegr); un sy'n gweini wrth yr allor (yn yr offeren); ?swyddog: *minister (esp. in the Anglican Church); server (at mass); ?officer.*
1551 W. SALESBURY: *KLl* lxa, Deo yr hwn awn addasadd ni yn *vynystreit* [:– weinidogion] y Testament newydd. **1567** *LlGG* [vii], ac y bop *Ministreit* yn neb Eccles Cadeiriol. *id.* [viii], Person, Vicar, neu arall pa *Minister* [*sic*] bynac, a ddlei . . . ganu neu ddywedyt y weddi gyffredin. *id.* 1a, ir Gwenidog [:– *Ministr*] ar bryd Commun. **1567** *TN* 372b, y *ministreit* [:– gwenidogion ecclesic]. **16–17g.** *CRC* 425, gwych oedd iddo fod yn *fvnvster* [*sic*] / er na fedre yn iawn i bader. **1670** J. HUGHES: *AP* 60, a *Ministri*'r Sectariaid, yn cymmeryd arnynt fod yn Offeiriaid, lle nid ydynt ond gwyr llwyr llyg. *id.* 204, mae'n rhaid i'r Offeiriad ddywedyd y rhan fwyaf o'r Offeren a llefe[r]ydd mor ddistaw, ac na bo'r *Ministr* y fo yn gwasanaethu yn ei glywed. *id.* 462, Judas . . . wedi iddo gymmeryd byddin, a *ministri* gan yr Arch-Offeiriaid.
Amr.: **menistr. 1567** *TN* 266a. **mynestr**[2]. **1567** *TN* 191b. **mystiaid** (ff. l.). **1655** R. JONES: *PC* 18, 134, 153.

ministrad, ministraf: ministro, gw. ministriad, ministriaf: ministrio.

ministrasiwn [bnth. S. *ministration*] *eg. Cyfr.* Gweinyddiad eiddo person marw: *administration.*
1761 *ML* ii. 335, a dyna i chwi ddigon am *finistrasiwn.*

ministriad, ministrad [bôn y f. ddil. + *-iad*[1], *-ad*] *eg.* ll. *-au.* Y weithred o weinyddu, gweinyddiad (sacrament, &c.), gwasanaethiad: *administration, an administering (of a sacrament, &c.), dispensation, ministration.*
1551 W. SALESBURY: *KLl* lxa, Od id i *vynistriat* angeu . . . vod mewn gogoniant . . . pa ddelw na bydd . . . *ministriat* [:– gwasanaeth] yr yspryt mewn gogoniant? **1567** *LlGG* [vii], *ministrat* y Sacramentae. **1710** *id.* [iii], Trefn *Ministriad* y Cymmun bendigaid. *c.* **1730** *Thos. Lloyd D* (LlGC) 175b, *ministriad,* administratio. **1740** T. EVANS: *LlA* 10, Barn ein Heglwys ar *Finistriad* Bedydd. **1750** J. THOMAS: *AIG* 29, *Ministriad* cyfiawnder. **1760** WLL: *SAC* 126, er nad yn ddigyfrwng a'th law dy hun, ond trwy *finistriad* dy Ddisgyblion.

ministriaf, ministraf: ministr(i)o [bnth. S. (*to*) *minister*] *bg.a.* Gweinyddu (sacrament, llw, &c.), rhoddi (moddion), gweini: *to administer (sacrament, oath, medicine, &c.), minister.*
1567 *LlGG* [ii], wrth *vinistro*'r Commun bendigedic. **16g.** *Def Hen* 38, os myn ef *fynystrio* y Sacramentay. **1606** E. JAMES: *Hom* ii. 265, y dylyid *ministro* gweddi gyhoeddus a'r Sacramentau. **1664** J. DAVIES: *Art* [11], Am *finistrio,* neu weini yn y Gynnulleidfa. *c.* **1700** D. MAURICE: *CGG* 4, er mwyn *ministrio* iw yw [*sic*] heneidiau hwynt rhyw bysygwriaeth ysprydol. **1710** *LlGG* [ix], yn Awdurdodi yr Iustusiaid . . . i'w *finistrio* [llw]. [**1711**] RW: *CS* [15], y gweinidog sŷ'n *Ministrio.* **1711** M. WILLIAMS: *YEY* 4, Ym ba Oedran y mae *Ministro* Conffirmasion? **1722** *Llst* 189, *ministrio,* to administer. **1733** J. THOMAS: *HYB* 92, *ministrio* dy Ordinhadau. **1762** H. JONES: *HCF* 36, Mi af ymmaith i *finistro* / Dy Seler cyn noswylio. **1768** RISIART AP ROBERT: *CB* 93, [cyfraith] i'w *ministrio* gan un teulu. **1771** *W* d.g. *to celebrate the Sacrament.*
Amr.: **minstrio. 16–17g.** EDWARD URIEN, &c.: *Gw* 85, Mynnaist draw radd, *minstrio*'r wyt. *c.* **1730** *Thos. Lloyd D* (LlGC) 174b.

ministriedig [bôn y f. fl. + *-iedig*] *a.bfl.* Wedi ei weinyddu (am sacrament): *administered (of a sacrament).*
1700 D. MAURICE: *AC* 19, fel yr oedd hwnnw [bedydd] . . . drwy ordeiniad Duw yn *Finistriedig* i blant wyth Niwrnod o oed.

ministrydd [bôn y f. fl. + *-ydd*[3]] *eg.* Gweinyddwr (sacrament): *administrator (of a sacrament).*
c. **1700** *CM* 15, [62], Pwy ydyw arferol *Finistrydd* y rhae [*sic*] hyn [bedydd, bedydd esgob, ac urddau sanctaidd]?

ministryddaf: ministryddu [bf. o'r e. bl.] *ba.* Gweinyddu (sacrament): *to administer (a sacrament).*
p. **1584** G. ROBERT: *GC* [346], wrth *finystryddu*'r sagrafennau bendigedig. **1611** R. SMYTH: *SG* 98, yn *mynystryddu* rhinweddau ne sacrafenau'r Eglwys.

ministryddiaeth [bôn y f. fl. + *-iaeth*] *e?b.* Gweinyddiad (sacrament): *administration (of a sacrament).*
1609 R. SMYTH: *CAC* 21, *ministryddiaeth* y sagrafennau. *c.* **1730** *Thos. Lloyd D* (LlGC) 167b, *ministryddiaeth,* ministratio.

miniwét [bnth. S. *minuet*] *eg.b.* Dawns lys araf ac urddasol i fesur tri churiad; cerddoriaeth ar gyfer y ddawns hon neu yn yr un arddull: *minuet.*
1736 (1812) *YRW* 28, A ddawnsiwch chwi'r ferch â'r gown s'loon, / Un *finiwed* neu ricadwn.

miniwn [bnth. S. *minion*] *eg.* Un a gerir, cariad, anwylyd, ffefryn: *beloved one, darling, favourite, pet.*
16g. SIÔN BRWYNOG: *C* 23, Main iawn ei glust, *miniwn* gwlad. **16–17g.** *NBSF* 318, *Miniwn* gwlad gariad gwrawl (Siôn Mawddwy). **16–17g.** *GST* i. 170, *Miniwn* cwrt, mwyn iawn y'i ceid. **16–17g.** *PhA* 391, Mae dy le amodol oedd / *Miniwn* naf mewn y nefoedd. **16–17g.** *CRC* 51, meinwen geinwen ganaid wedd / a *miniwn* gwynedd drosti.

miniwr[1] [bon y f. *miniaf*[1]: *minio* + *-wr*] *eg.* Hogwr, hefyd yn *ffig.*: *sharpener, whetter, also fig.*
a. **1587** *Y* 38, Mwyfwy ardal myfyrdawd, / Myner gwiw a *miniwr* gwawd.

miniwr[2] [bôn y f. *miniaf*[2]: *minio* + *-wr*] *eg.* Turiwr: *one who digs out.*
15g. *DE* 114, *miniwr* a ffwniwr ffav / min dyrys mewn dayarav.

minjer, minlym, gw. mansier, minllym.

minlliw [*min* + *lliw*[1]] *eg.* Colur gwefusau, lipstic: *lipstick.*
1936.

minllwyd [*min* + *llwyd*] *a.* a hefyd gyda grym enwol. Llwyd ei ymyl, ymylfrith (am farf, &c.): *grey-edged (of beard, &c.).*
14–15g. *IGE*[2] 332, Hagr wyd, y farf *finllwyd* fau, / Ac anardd ynghylch genau (Rhys Goch Eryri). **15g.** HUW CAE LLWYD, &c.: *Gw* 127, Y fonllost winau *finllwyd* / Ynghefn nos anghyfion wyd. **1716–18** *Llsgr R. Morris* 62, Mund yn benllwyd *finllwyd* fant. **1761** *ML* ii. 306, Dwywaith yn yr wythnos y byddaf yn eilliaw'r mau *finllwyd.*

minllym, minlym [*min* + *llym*] *a.* (b. *minllem*) ll. *minlymion.* Miniog, awchlym, llym, hefyd yn *ffig.*: *sharp-edged, keen, also fig.*
c. **1400** *R* 1364. 33–4, nyt modur gwiw rym *min llym* man llaes. **15g.** DAFYDD LLWYD: *Gw* 281, Mae'r arth *finllem* ar wrthol. **15g.** *GO* 95–7, Mewn trin, noeth yw myned traw / A *minllym* gledd i'm vnllaw. *a.* **1587** *Y* 52, O myni, llif yma'n llem, / Dwrf iownllwybr, dy arf *finllem.* **1632** *D* d.g. *peracutus.* [**1783**] *W* d.g. *sharp-edged.* **1803** *P.*

minnau, finnau [?adff. o'r rh. *mi, fi,* cf. *hwyntau, ninnau, yntau*] *rh. prs.* cysylltiol, annib. ac ategol, prs. 1 un. Mi hefyd, mi'n ogystal, mi hyd yn oed, mi ar y llaw arall, mi o'm rhan fy hun: *I (me) too, I (me) also, even I (me), I (me) on the other hand, I (me) for my part.*
13g. *C* 98. 10–11, Canisti guin . . . *minnev* guitnev garanhir. *c.* **1300** *H* 111a. 20, A *minheu* mynnaf gyweithas (Llywarch ap Llywelyn). **14g.** *T* 80. 21, A*minheu* bydif ym arua. **1346** *LlA* 3, ar anrydedd yduw. ar eglwys a lles y*minheu.* **14g.** *WM* 399. 25–6, a *minne* a wnaf hynny yn llawen. *id.* 473. 3–4, Ny bo berthach byth y boch chwi no *minheu.* *c.* **1400** *R* 1271. 17–19, Gwnaeth ynteu *vinneu* vynni n llawenach. oe lifrei n valchach noc eilifri. *c.* **1400** *YCM*[2] 54, March da buan yssyd y *minneu* vy hun. **1588** *Gen* xxvii. 34, bendithia di *fynne,* ie *finne,* fy nhâd. **1588** *Barn* ix. 48, gwnewch fel *finne.* **1651** SIÔN TREREDYN: *MDD* 6, Yr wyf *fineu* yn ystyried cyfraithy [*sic*] deg orchymmyn. **1703** E. WYNNE: *BC* 145, a *minneu* cyn rhywired genni glywed a hwytheu. **1753** G. OWEN: *L* 51, yr hon [ysgol rad] a gafodd pob Curad o'r blaen, ac a gaf *finneu* oni feth ganddo. **1803** *P.*
Amr.: **minnef. 1567** *TN* 112b, 241a. **1793** DAFYDD IONAWR: *CD* 123.

Gw. hefyd innau.

minno, gw. mynno.

minongl [*min* + *ongl*] *eb. Math.* Ongl lem: *acute angle.*
1850.

minrhasgl [*min* + *rhasgl*] *a.* ?Llyfn ei wefus, hefyd yn *ffig.*: *smooth-lipped, also fig.*
14g. *GDG* 21, Nid serch ar *finrhasgl* ferch fain. **14g.** *IGE*[2] 42, I gân Daliesin *finrhasgl.*

mins [bnth. S. *mince*] *eg.* Briwgig: *mince, minced meat.*
20g.

minsiaf, minsaf: mins(i)o [bnth. S. (*to*) *mince*] *bg.a.* Torri'n fân, briwo (cig, &c., a hefyd yn *ffig.* am eiriau, &c.): *to mince (also fig.).*
1808 TWM O'R NANT: *BB* 19, A gwr y tŷ'n tyngu, diawl dyna i chwi ganu, / A'r wraig mor gymen, gwnëyd llŵon mawr yn fychen, / Ac yn *minsio* rhegfeydd.
Cfn.: **minsio rhegfeydd:** *to mince oaths.* **1808** TWM O'R NANT: *BB* 19.

minsiar, minsier, gw. mansier.

mins-pei [bnth. S. *mince pie*] *eb.* ll. *-s.* Cacen friwdda, teisen friwdda: *mince pie.*
Ar lafar.

minstr [bnth. S. *minster*] *eg.* Eglwys gadeiriol, cadeirlan; mynachlog: *cathedral, minster; monastery.*
15–16g. *TA* 84, Mab Owain, dwg im ben da, / Mynnaist drysor *Minstr* Asa [i Ddafydd, Esgob Llanelwy]. *id.* 89, Y *minstr,* o wall, mewn oes drwch, / A dlodes, adeiledwch. **16g.** LEWYS MORGANNWG: *Gw* 425, mae gwaith kymry ny ty tau / *mynstr* yw main ystoriau.

minstrel [bnth. S. *minstrel*] *eg.* ll. *-iaid, -s.* Cerddor crwydr, clerwr: *minstrel.*
16–17g. *CRC* 30, Y sydd o *fvnstrels* ar y ddayar / dowch i ganv i doriad grissial.

minstriaf: minstrio, gw. ministriaf: ministrio.

minsur [*min* + *sur*] *a.* Sarrug, afrywiog, sur: *sullen, surly, sour.*
1863. Ar lafar yn y De-ddwyrain, 'Un *finsur* ôn i'n gweld y ferch 'ena ariôd.'

minsych [*min* + *sych*] *a.* Sych ei wefus; mursennaidd (wrth lefaru): *dry-lipped; affected (of speech).*
14g. *WM* 462. 10–11, Samson *uinsych.* **1720** *W Ballads* 62, 2, Ni fedre ddwad adre oi siwrne 'n *fin sŷch.*

mint[1] [bnth. S. *mint* 'place where money is coined'] *eg*. ll. *-oedd*, a hefyd fel *a*. Bathdy, hefyd yn *ffig*.; (fel petai) newydd ei fathu, newydd, perffaith: *mint, coining-house, also fig.; in mint condition, newly coined, new, perfect*.

15–16g. *TA* 6, Aur *mint* o'r mwyn, a'r grâbs o'r Grwyn. **16–17g.** *HG* 137, nyn kaid dros arian or *mynt*, pan oeddem gynt golledig. **1657** RE: *CDd* 32, pan ddaeth ef o folt neu o *fint* Duw yn gyntaf. **1747** *ML* i. 109, E gyfrifir yr Arian yn y Tabl hwn yn ol Ystandart y *Mint*.

mint[2], gw. mintys.

mintag, mindag [*min* + bôn y f. *tagaf*: *tagu*] *eb*. a hefyd gyda grym ansoddeiriol. Chwydd gwyn caled ym mhilen fwcws taflod safn ceffyl: *lampas, lampers (disease in horses)*.

1547 *WS*, *mintag*, lampysse. **16g.** *GRCG* 34, Mae, er hyn, tennyn a'i tag, / Ar ei fentyn mae'r *fintag* [am geffyl]. **16–17g.** *GST* i. 573, Gyrrer bril i gario'r brag, / Gefel fantach, gwefl *fintag* [i ofyn ceffyl]. **1725** *SR*, y *findag* d.g. *the lampas*. **1753** *TR*, *mintag*, *y fintag*, an excrescence in the roof of a horse's mouth, or a swelling or growing up of the flesh, which overgroweth the upper teeth, and hinders a horse from feeding. **1775** *W* d.g. *lampas, lampass, or lampers* [*a disease in a horse's mouth so called*]. **1803** *P* d.g. *mindag, mintag*. Ar lafar, '*fintag* . . . always used with the article', *WVBD* 566; hefyd yng ngorll. Morg. yn y ff. *mintach*.

Amr.: **mindeg.** **1722** *Llst* 189 d.g. *the lampass*. Ar lafar yng ngogledd Cered. **minteg.** **16–17g.** *CC* 69, arno y bydd rhyw oerni bach / y *finteg* lle i mae n fantach.

mintai, *eb*. (bach. *minteian*) ll. *minteiau, mint(ei)oedd*. Llu (o bobl, &c.), torf, tyrfa, lliaws; corff o wŷr arfog, cwmni o filwyr; praidd, gyr, diadell, haid: *crowd, throng, host, multitude; company (of soldiers), troop; flock, pack, drove, swarm*.

14g. *IGE*[2] 5, Budd i wraig o bydd i wrach / *Mintai* o ardiau mantach [i'r farf]. **15g.** *GHC* 9, Mae'i wŷr hwnt oedd yn mawrhau, / *Mintai*'n ing, mewn ton angau. **15g.** *GTP* 35, Mwya' sôn ym Mhowys oedd / Faint Hywel a'i *finteioedd*. **15g.** *LGC* 146, Maent hwy val *myntai* Owain, / O vewn brut, yn ovni Brain. **15g.** *GGl* 285, Mynaich a rhent, main a chrwys, / *Mintai* rugl mewn tair eglwys. **15g.** *ID* 82, meinwyr kerdd maenorav r kyll / *mintai* ar klustiav mentyll [am fytheiaid]. **15–16g.** *TA* 52, Ar *finteiau* o'r gwindeiau. **1551** W. SALESBURY: *KLl* lvii, pan ytoedd tyrfa [:– *mintai*] . . . eb cantunt ddim ew vwyta. **1588** 2 *Br* ix. 17, A'r gwiliwr . . . a ganfu *fintai* Jehu . . . ac efe a ddywedodd, yr ydwyf yn gweled torf. **1588** *Can* vi. 4, fel *mintai* o eifr. **1588** *Joel* i. 18, y mae yn gyfing ar y *minteioedd* gwarthec. **1629** R. LLWYD: *P* 53, llawer o adar wedi ymgasclu yn *fintai*. **1699** T. JONES: *TP* 147, hŵy a welent . . . *fintau* [*sic*] fawr o ddynnion. **1764** W. WILLIAMS: *Th* 11, I'w gyrru hwynt yn *fintoedd*. **1771** *W*, *mintai* o gantorion d.g. *choir*. *id*. *minteian* bedrogl o fwsged-wŷr d.g. *platoon*. **1798** W. RICHARDS: *CC* 9, [y] rhuthr a wnaeth *mintai* o Ffrancod i Sir Benfro.

Amr.: **meintai.** *Dchr*. **17g.** *J* 10, 29a.

mintan[1], **mintan**[2], **minteg,** gw. mintys, mintim, mintag.

minteiog [*mintai* + *-og*] *a*. Hoff o gwmni, gregaraidd, cymdeithasgar; llawn o bobl: *gregarious, sociable; full of people*.

1774 *W* d.g. *gregarious*. **1797** B. EVANS: *CG* 156–7, efe a'n chwanegodd, fel nad ydym yn ychydig . . . fel praidd . . . ein cymmanfaoedd *mintaiog*.

mintim, mintin, mintan[2], &c. [?bnth. S. (*to*) *maintain*; cf. *maentumiaf*: *maentumio*] *bg.a.* ac weithiau gyda grym enwol. Maentumio, swcro, maldodi, difetha (plentyn); dadlau: *to maintain, encourage, indulge, spoil (a child); argue*.

17g. *Pen* 104, 109, tithau yn *mintim* diddim dall / koel ddyrus kelwydd arall (Huw Ednyfed). Ar lafar ym Môn yn y ff. *mintin, muntim*, &c., '*Mintin* iddo fo ddŵad i miewn'; 'rhoi *mintin* i bobl'; 'Peidiwch â *mintin* y plant', *ISF* 55. Ar lafar ym Morg. yn yr ystyr 'dadlau', 'Pwy *fintan* â'ch gilydd ichi', *LlGC* 1171, 32.

mintis, gw. mintys.

mintys, mint[2], **mynt, mintan**[1], &c. [bnth. S. C. *mint(es)*, *mintan*; cf. H. Grn. *mente*] *e.tf.*, *e.ll.*, ac *eg.b.* (ll. *mints*).

(*a*) (fel *e.tf.*, *e.ll.*, ac *eg.*) *Bot*. Unrhyw blanhigyn o'r tylwyth *Mentha*, yn enw. mintys ysbigog, *Mentha spicata*, a ddefnyddir yn aml wrth goginio; hefyd am blanhigion o'r tylwyth *Origanum*: *mint, esp. spearmint; also used of marjoram*.

14g. *ACL* i. 39, calementum, *mynt*. *id*. 43, origanum, *mint*. *c.* **1400** *Études* vii. 272, Rac anadyl brwnt: kymer sud y *mintan*. **1547** *WS*, *mintys*, myntes. **16g.** *AP* 20, a*mintys* a chwys arthur yn tyvv. *Diw*. **16g.** *WLB* 14, [y] *mintis* ar saits. **1604–7** *TW* (*Pen* 228) d.g. *mentha*. **1632** *D* (*Bot*), *mintys*, menta. *c.* **1740** *LlM* 8, *Mintis* ac Eiddew'r Ddaiar. **1771** *PDPh* 10, *Mintys*, Marjoram a Marigold. **1776** *W* d.g. *mint or mints* [*in Botany*]. **1794** E. JONES: *MPR* 65, Gwrthod *mintys*, a rhôs cochion. Ar lafar, fel arfer yn y ff. *mint*.

(*b*) (yn y ff. *mint* fel *eb*. (bach. *-(s)en*) ll. *-s*) Losinen ac arni flas mintys, botwm gwyn: *peppermint (sweet)*.

Ar lafar.

Cfn.: *Bot*. **mintys (mint, &c.) (yr) ardir:** *corn mint, Mentha arvensis*. **1813** *WB* 57, 220. **m. bawn (bawm):** (i) *balsam mint, costmary, Chrysanthemum balsamita; also used of horsemint, Mentha longifolia, cuckoo flower, Cardamine pratensis, and ?watercress or water mint*. **1632** *D* (*Bot*), *mintys Bawn* . . . Bausamina. **1688** *TJ* (*Bot*). (ii) (?*erron.*) *maudlin, sweet milfoil, Achillea ageratum*. **1813** *WB* 220. **m. y feiston:** *calamint*. **1801** *MMf* 284. **m. y gath (cath):** *catmint, Nepeta, esp. N. cataria*. **1545** *CM* 1, 255. **16g.** **(1763)** W. SALESBURY: *LlM* 175. **1604–7** *TW* (*Pen* 228) d.g. *calamintha*. **1632** *D* (*Bot*). **1813** *WB* 220. **m. coch(ion):** *red mint, horsemint, Mentha longifolia*. *c.* **1400** *Études* vii. 280, y *mintan coch*. **15g.** *Pen* 205, 46. *Diw*. **16g.** *WLB* 42. **m. y creigiau (y graig):** (i) *marjoram, Origanum, esp. wild marjoram, Origanum vulgare*. **1604–7** *TW* (*Pen* 228) d.g. *origanum*. **1632** *D* (*Bot*). **1813** *WB* 220. (ii) *horsemint, Mentha longifolia*. **1725** *SR* (*Bot*) d.g. *mint, wild or Horse Mint*. **m. deilgrwn:** *apple(-scented) mint, round-leaved mint, Mentha rotundifolia*. **20g.** **m. y dŵr (dwfr) (y dyfroedd):** *water mint, Mentha aquatica, ?also used of watercress*. **15–16g.** *Pen* 204, 53. **1545** *CM* 1, 187. **16g.** **(1763)** W. SALESBURY: *LlM* 194. **1604–7** *TW* (*Pen* 228) d.g. *mentha . . . mentha crispa*. *id*. d.g. *sisymbrium* (hefyd *D*). **1632** *D* (*Bot*). **1813** *WB* 220. **m. gardd:** *garden mint, spearmint, Mentha spicata*. Ar lafar. **m. y garddau:** *calamint*. **1515** *Llst* 10, 40. **1545** *CM* 1, 187. **16g.** *LlGC* 4581, 155a. **m. y gwaed:** *spearmint, Mentha spicata*. **1798** *WR* d.g. *spearmint*. **m. gwyllt(ion):** *water mint, Mentha aquatica*. **1604–7** *TW* (*Pen* 228) d.g. *menthastrum*. **1759** J. EVANS: *PF* 44. Ar lafar. **m. gwynion:** *calamint*. **17g.** *Llst* 82, 167. **m. llwyd:** *calamint*. **1604–7** *TW* (*Pen* 228) d.g. *calamintha*. **m. llwydion:** *water mint, Mentha aquatica*. **1632** *D* (*Bot*). **1753** *TR*. **m. maenau:** *wild marjoram, Origanum vulgare*. **1801** *MMf* 290. **m. y maes:** *corn mint, Mentha arvensis*. **20g.** **m. Mair:** (i) *?clary, Salvia horminoides*. **1632** *D* (*Bot*). *c.* **1730** *Thos. Lloyd D* (LlGC) 175b. (ii) *spearmint, Mentha spicata*. **1688** *TJ* (*Bot*). **[1762]** E. POWELL: *HEI* 69. **1798** *WR* d.g. *spearmint*. (iii) *costmary, Chrysanthemum balsamita*. **1813** *WB* 220. **m. Manaw = m. Mair** (iii). **1632** *D* (*Bot*) d.g. *mintys Bawm*. **1688** *TJ* (*Bot*) d.g. *mintŷs bawn*. **1725** *SR* (*Bot*) d.g. *balsam Herb or Costmary*. **m. y meirch (march):** *horsemint, Mentha longifolia; water mint, Mentha aquatica, also used of cuckoo flower, Cardamine pratensis, costmary, Chrysanthemum balsamita, ?and watercress*. **14g.** *ACL* i. 39, 42. *c.* **1400** *Études* vii. 52, 54. **16g.** **(1763)** W. SALESBURY: *LlM* 194. **1632** *D* (*Bot*) d.g. *berwr y dwr, mintys Bawn*. **1688** *TJ* (*Bot*) d.g. *mintŷs bawn*. **1813** *WB* 220. **m. y mesuriad:** *marjoram, Origanum*. **15–16g.** *Pen* 204, 54. **m. y meysydd:** *calamint*. **1801** *MMf* 224, sudd *mynt y maesydd* (*Llr* C 24, 346, calamint). **m. y mynydd:** *calamint*. *c.* **1730** *Thos. Lloyd D* (LlGC) 174a. **1801** *MMf* 283. **m. poethion:** *peppermint, Mentha piperita*. **1843.** **m. pupur = m. poethion.** **1771** *PDPh* 37. **m. rhiol:** *pennyroyal, Mentha pulegium*. **18g.** *Llr* C 24, 356. **m. y twyni (twynau):** *calamint*. **1813** *WB* 220. **m. yr ŷd:** (i) *calamint*. **16g.** *LlGC* 4581, 202b. **1604–7** *TW* (*Pen* 228) d.g. *calamintha*. (ii) *corn mint, Mentha arvensis*. **20g.** **m. ysbigog:** *spearmint, Mentha spicata*. **20g.**

minud, minudyn, gw. mynud[2], munud[1].

minusgul [bnth. S. *minuscule*] *eb*. ll. *-iaid, -au*. (Llawysgrif a ysgrifennwyd mewn) math o law fach rediadol a ddatblygodd yn y seithfed ganrif O.C.: (*manuscript written in*) *minuscule*.

1926.

minwedd, minwen, minwét, gw. ewinfedd, minwyn, miniwét.

minws[1] [*min* + *-ws*[1]] *eg*. Gwefus fach, genau bach: *little lip or mouth*.

15g. *ID* 6, mau bert lun mi biau r tlws / mwynaidd blodeuyn *minws* [i ddiolch am gusan]. **15g.** *DE* 47, pvmp oi min pwmpae *minws* [i'r cusan]. *id*. 51, preint o le per enav tlws / pand mwyn pennod i *minws* [i'r cusan]. **1604–7** *TW* (*Pen* 228) d.g. *osculum* (hefyd *D*). **1632** *D*, *minws*, diminut. à Mîn, Labium: Labellum, labellulum. **1688** *TJ*, *minws*, a little Lip, or thin Lip. **1758** *ML* ii. 84, ffiaidd ganddynt grychu'r *minws* i adrodd gair Cymroaeg. **18–19g.** *IMCY* 105, Y trwynws a'r *minws* mêl. **1803** *P*.

minws[2], **meinws** [bnth. S. *minus*] *ardd*. ac *eg*. ll. *minysau* a hefyd gyda grym ansoddeiriol. *Math*. (Am rif) i'w leihau drwy dynnu ymaith (rif arall); llai na sero; ychydig islaw marc arbennig (e.e. B –); yr arwydd (–) a ddefnyddir i ddynodi'r cyfryw: *minus (sign)*.

20g.

minwyn [*min* + *gwyn*[1]] *a*. (b. *minwen*) a hefyd gyda grym enwol. Ac iddo ymyl neu wefus wen: *white-edged or -lipped*.

c. **1400** *R* 1274. 36–7, Poeth vursen *vinwen* o vynwes kae drein. **15g.** GWILYM TEW: *Gw* 453, Er *minwyn* melyn a ganmoled [i ofyn march]. **16g.** *Celtica* v. 148, March llwyd lliw llycoden a *minwyn* a cheillie bychain. **1696** *CDD* 266, Y mêl o bôb llysiewŷn, / A fo 'nyffrŷn *minwŷn* Mai.

minwynnaf: minwynnu [bf. o'r a. bl.] *bg*. Gwenieithio: *to flatter*.

16–17g. EDWARD URIEN, &c.: *Gw* 213, Na fyn un a *finwynno* / Ni thau fyth â'i weniaith fo.

miod [?cf. Ffr. *mie* 'bywyn neu fwydion bara', *pain de mie* 'bara heb grystyn', Llyd. Diw. *bara miod*, *b. mioc'h*; ?*miogod* < **miodod* (cf. *piogen*, *piod(en)*] *e.?ll*. ll. ?dwbl *miogod*. Teisennau bach tenau crwn a wneid ar nos Galan, ffriters, afrllad, wafferi: *small thin round cakes, fritters, wafers*.

1547 *WS*, kalan vara ne vara *miod*, wafyr. **1632** *D*, *miod*, vt Bara *miod*, propanum, i. **1688** *TJ*, *miod*, Bara *miod*, Teisenau Têneuon o fara (offrwm:), thin Cakes of Bread made formerly for Offerings. **1725** *SR* d.g. *a wafer*. **18–19g.** *Llr* C 4, 52, *miod*, ffritters. **1803** *P*, *miod*, fritters, little cakes. *Diw*. **19g.** *SE MS* 304a, A *miod* oedd fy mwyd i. I[n] ap y Diwlith. Clywir *miogod* ar lafar yn sir Fôn, 'yn dena fel *miogod*'; 'Teisennau tenau wedi eu gwneud o beilliad, menyn a dŵr oedd *miogod*', *ISF* 56. Cf. *Cymru* xiv. 132, *LlLlM* 20, *Geir Geg* 41.

Cf. chwiog.

miodfwyd [*miod* + *bwyd*] *eg*. ll. *-ydd*. Danteithfwyd: *delicacy*.

18–19g. *Iolo MSS* 160, adar a physg a phob *miodfwyd* blasusber.

mir[1] [gw. *CLlH* 145; cf. o bosibl *T* 25. 17] *e.?tf*. ?Rhyw fath o blanhigyn: *some sort of plant*.

c. **1400** *R* 1041. 28, Yraelwyt honn neus cud *myr*.

mir[2] [adff. o'r a. *mirain* a'i gysylltu â'r Crn. C. *myr* 'ymddangosiad, wyneb', *myras* 'gweld, edrych'] *eg*. a hefyd fel *a*. Wyneb, ymddangosiad, golwg; teg, golygus, hardd, hyfryd: *face, aspect, look; fair, handsome, beautiful, lovely*.

1789 *BDG* 518, Pwyntus dy *fir* ar diroedd. **18–19g.** *Llr* C 4, 18, *mîr*, the sight. gan weled mwyned ei *mîr*, a'i hâf wyneb hoyw feinir . . . miraz corn. to see. hinc mirain, i.e. comely. golygus. *id*. 26, eiliw *mîr*, od am diroedd, / ym myd ym mywyd im oedd. **1803** *P*, *mir* . . . the aspect, look, or visage. *id*. *mir*, of a fair aspect; comely; fair. *Mir* arglwyddes, a handsome lady.

miracl, gw. miragl.

mirach [?ffrwyth camddarllen *miracl*] *eg*. Rhinwedd: *virtue*.

1707 *AB* 218d, *mirach*, a vertue, a laudable quality. V. **18–19g.** *CLl* 237, Nid eiriach, *mirach* na mawl. **1803** *P*.

miragl [bnth. H. Ffr. neu S. C. *miracle*] *eg.b.* ll. *-au, -oedd*.

(*a*) Gwyrth, arwydd, gweithred nerthol; (testun) rhyfeddod: *miracle, sign, mighty work; wonder, marvel.*
14g. *GDG* 110, Mawr yw *miragl* ei gwynbryd, / Mor deg yw rhag byw o'r byd [am ferch]. *id.* 301, Ond rhadau y deau Dad / A'i *firagl* aml a'i fwriad. **14g.** *IGE*[2] 102, Diwallodd Duw ei allawr, / Ei fagl a wnaeth *miragl* mawr [i Ddewi Sant]. *c.* **1400** *B* iv. 36, y grymyant ar *miragyl* a rodes Duw yn y byt. **15g.** *IGE*[2] 244, Da y gwnâi Fagna â'i fagl / O farw yn fyw o *firagl* [Ieuan ap Rhydderch i Ddewi Sant]. **15g.** *GGl* 123, Mwrog â'i lyn, *miragl* oedd, / A wnâi wyrthiau a nerthoedd. **15g.** *DE* 74, parai *viragl* per vorwyn / parai r korff syn peri r kwyn. ?**16g.** *LBS* iv. 432, E gair gwann ai gwyr genych / *firagloedd* gant, farglwydd gwych (Siôn Ceri). **1567** *TN* 58a, ny allei ef yno wneythy'r [*sic*] neb vn nerth [:– *miragl*]. *id.* 62a, *Miracl* y saith torth. *id.* 134a, y gwyrthiae [:– arwyddion, *miraglae*]. **17g.** Huw Morus: *EC* i. 70, *Miragl* fodd mawr gelfyddyd, / Meddyg gwŷr Mawddwy i gyd. **1763** *DT* 253, Uwch Eglwys Bawl, wych eglur, / A'i phinagl pefr *firagl* pur.

(*b*) Drama grefyddol (ganoloesol) seiliedig ar yr Ysgrythur neu ar fuchedd sant: *miracle play.*
18–19g. *Llr* C 1, 117, gwareuon Hud a Lledrith a elwir *Miraglau* yr awr honn. **18–19g.** *Llr* C 39, 200, chware hud a lledrith sef hynny *Miragl.*

miraidd [*mir*[2] + *-aidd*; ansicr yw'r engh. gyntaf] *a.* Hardd: *beautiful.*
16g. Huw Arwystl: *Gw* 91, ef a roe dduw *firaidd* ion / oi fro dir i frawd Aron. **1803** *P.*

mirain, *a.* Teg, hardd, prydweddol, prydferth, ysblennydd, gwych, disglair; (geir.) addfwyn: *fair, lovely, beautiful, splendid, fine, bright;* (*dict.*) *mild.*
13g. *C* 12. 11–13. 2, Mer kertev kein. mywir covein. *mirein* anoeth. *id.* 68. 5, Bet milur *mirein.* **13g.** *MA*[2] 223a. 27, Colleis gwalch mawrfalch *mirain* orsedd [marwnad Dafydd ap Llywelyn gan Ddafydd Benfras]. *c.* **1300** *H* 4a. 2, ynys ueir *uirein* (Meilyr Brydydd). *id.* 14a. 25, dychyrchws uy llyw llew mawr *mirein.* *id.* 80b. 31, hyd ar dywi afon *uirein* a thec (Gwynfardd Brycheiniog). **14g.** *T* 5. 24–5, toruoed gweithredoed *mirein.* *id.* 40. 16–17, Ar meirch mawr modur *mirein* eu gwed. ?**14g.** (**1640**) *B* v. 132, wyf bardd hardd mynawg / *mirain* a ffodiawg. **14g.** *GDG* 141, Morwyn wyrf, *mirain* ffyrf ffydd. **15g.** *GGl* 57, Neuadd fawr, newydd, *firain.* **1604–7** *TW* (*Pen* 228) d.g. *lucidus.* **1632** *D*, *mirain*, pulcher, bellus. **1707** *AB* 277b d.g. *gentle, mild.* **1756** *Gron* 15, *Mirain* wyt ym mysg moroedd [i Fôn]. **1803** *P.*

mireinaf: mireinu, gw. mireiniaf: mireinio.

mireindeb [*mirain* + *-deb*] *eg.* Harddwch, prydferthwch: *beauty.*
1803 *P.*

mireinder [*mirain* + *-der*] *eg.* Harddwch, prydferthwch, gwychder: *beauty, splendour.*
1803 *P.*

mireindra [*mirain* + *-dra*] *eg.* Harddwch, prydferthwch, gwychder: *beauty, splendour.*
1803 *P.*

mireinedd [*mirain* + *-edd*[1]] *eg.* Harddwch, prydferthwch: *beauty.*
1803 *P.*

mireiniaeth [*mirain* + *-iaeth*] *eb.* Harddwch: *beauty.*
c. **1400** *R* 1248. 22–4, hwyl uawr annwyl *vireinyaeth. Mireinyaeth* val y gwnaeth gwnaet.

mireiniaf, mireinaf: mireinio, mireinu [bf. o'r a. bl.] *bg.a.* Harddu, addurno: *to beautify, adorn.*
1770 *W*, *mireinio* d.g. *to beautify.*

mireiniaidd [*mirain* + *-iaidd*] *a.* Golygus, ysblennydd: *handsome, splendid.*
c. **1400** *R* 1376. 39–40, Kawr aessawr gwawr mawr *mireinyeid.* **1803** *P.*

mireiniol [*mirain* + *-iol*] *a.* Hardd: *beautiful.*
1838.

mireiniwch, gw. mireinwch.

mireinrwydd [*mirain* + *-rwydd*] *eg.* Harddwch, gwychder: *beauty, splendour.*
c. **1400** *R* 1378. 7, mur iawnrym mywn *mireinrwyd.* **1803** *P.*

mireinwawr [*mirain* + *gwawr*] *eb.g.* a hefyd gyda grym ansoddeiriol. Gwawr ysblennydd, hefyd yn *ffig.*: *splendid dawn, also fig.*
14g. *GDG* 356, Hawddamawr, *mireinwawr* maith, / Tref Niwbwrch, trefn iawn obaith. *c.* **1594** *GST* i. 380, *Mireinwawr*, haul morynion, / Marsia wyd am yr oes hon [i'r Frenhines Elisabeth]. **1595** *Egl Ph* [vii], beth yw'r ddoethineb *fireinwawr* honn? **16–17g.** *CC* 378, Ath wraig sad ddoeth rowiog sydd / yw *miereinwawr* [*sic*] merionydd. **1604–7** *TW* (*Pen* 228) d.g. *aurora.*

mireinwch, mireiniwch [*mirain* + *-(i)wch*[1]] *eg.* Harddwch, prydferthwch, gwychder, disgleirdeb: *beauty, loveliness, splendour, brightness.*
13g. *Études* v. 96, kyfedach vorach *vyreynuch* (Cynddelw). *c.* **1300** *H* 25a. 7–8, Chweched amgaled amgelet am eur a *mireinwch* byd ae anrydet [marwnad Gruffudd ap Cynan gan Ruffudd ap Gwrgenau]. *id.* 100a. 40, ef dwyre dewrueirt *uireinwch* (Llywarch ap Llywelyn). *c.* **1400** *R* 1237. 9–10, trwy rat mat modur mur *mireinwch.* **1632** *D*, *mireinwch*, pulchritudo. **1770** *W* d.g. *beautifulness, brightness.* **1793** R. Powell: *ADV* 5, *Mireinwch* [:– Tegwch] tymhor anwyl. **1803** *P.*

miri [?bnth. S. Diw. Cyn. *miri* 'merry'; cf. *CC* 43, be miri; R. Llwyd: *LlH* 435, hwndrwd miri tâls] *a.* a hefyd fel *eg.* Llawen, llon: *merry, gay.*
1672 R. Prichard: *Gw* 75, Mae'r Arglwydd yn erchi, i'n [*sic*] bawb fôd yn *firi* [:– llawen]. **17–18g.** O. Gruffydd: *Gw* 9, Dydd da fo i'r Gwccw loew, lân, / A'th *firi* gân ar forau. [**1745**] W. Roberts: *FfM* 36, Chwi gewch y foru fynd yn *firi*, / I drin drwy genad bob drygioni. **1761** *W Ballads* 77, 2, ni cheir . . . / A'm [*sic*] flawd ac ŷd bo wiw mo'i godi / A'i roddi fo'n *firi* a'r [*sic*] Farch. **1802** M. Williams: *BM* 28, Pan ddarfu ich [*sic*] chwi ymrannu rai *miri* ar y mor. **1808** Twm o'r Nant: *BB* 20, Ac yn dweydyd Cadi, 'r wyt ti'n forwyn *firi.*

Fel *e.* Difyrrwch, llawenydd, sbort, sbri, hwyl; twrw, ffwdan, trafferth, helynt: *fun, merriment, mirth; tumult, fuss, bother, predicament.*
1827. Ar lafar yn yr ystyr 'difyrrwch, sbri, hwyl', '*miri* iach'; hefyd yn Arfon yn yr ystyr 'twrw', *WVBD* 375.

mirian, gw. marian.

miriman [bnth. S. *merryman*] *eg.* Llelo, ffŵl, clown, rhywun gwyllt ac aflywodraethus: *fool, clown, wild and unruly person.*
Ar lafar yn Arfon. Yr oedd *Miriman* yn enw ar gylchgrawn (1963).

miri-mihafan, gw. mihifir-mihafar.

miriol [*mir(i)* + *-iol*] *a.* Llawen, llon: *merry, gay.*
18g. E. T. Rhys: *DA* 114, Cwyd y lleuad lygad pêr, / *Firiol*, siriol, rhwng y sêr. **18g.** (**1824**) *Bl D* 305, Yn ddisgleiriach nag yw'r haulwen, / Drwsiad lesol, hoffaidd *firiol* o'r ffurfafen.

miriones, gw. meiriones.

mis [H. Grn. *mis*, gl *mensis*, Crn. C. *mys*, H. Lyd. *mis*, Llyd. Diw. *miz*, H. Wydd. *mí*, gen. *mís*: < IE. **mēn-s-* 'lleuad, mis', est. ar y gwr. **mē-* 'mesur', cf. Llad. *mēnsis*, Gr. *μείς*] *eg.* (bach. *misig*) ll. *-oedd, -edd.* Un o ddeuddeg rhan y flwyddyn galendr; y cyfnod rhwng dyddiad neilltuol a'r dyddiad cyfatebol yn y mis calendr dilynol neu'r un blaenorol; cyfnod cylchdro'r lleuad, yn enw. y cyfnod rhwng dwy leuad newydd, sef tua 29½ o ddyddiau; cyfnod o bedair wythnos neu o 30 o ddyddiau; y cyfnod pan fydd anifail benyw yn ei gwres: *month; oestrus.*
13g. *Ll1* 11, or Nodolyc hyt *vys* Chueuravr. **1346** *LlA* 17, Paham ybu ef naw *mis* ymbrv yr wyry. *id.* 51, Aredec *ymis* yndec niwarnnawt arhugeint. ac avelle ydyellir bethbynnac abechawd dyn yny *missoed* yn erbyn hendedyf. anewydedyf. *ib.* kwrs ylloer yw y *mis.* **1547** *WS*, *mis*, monethe. *id.* Tachwedd vn or *missedd*, Nouembedr [*sic*]. **1567** *TN* 137a, Mae etwa petwar-*misic*, ac yno y daw'r cynayaf. **1588** *Ecs* xii. 2, Y *mîs* hwn fydd i chwi yn ddechreuad y *misoedd.* **1588** *Jer* ii. 24, yn ei *mîs* y cânt hi [asen wyllt]. **1630** R. Vaughan: *YDd* 348, y mae saith ddiwrnod yn gwneuthur wythnos, pedair wythnos *mîs.* **1632** *D*, *mis*, mensis. **1803** *P.* Digwydd yn gyff. wedi ei gysylltu ag enwau'r misoedd, e.e. 'Fe ddaw yn ôl ym *mis* Ionawr'. *Mish* yw ff. lafar y De.
Cfn.: **mis yr afiaith:** *honeymoon.* **1820.** (**y**) **M. Bach:** *February.* **1918.** Ar lafar yng Nghered. a'r De, *B* iv. 299. **m. o'r flwyddyn** = **m. calendr.** Ar lafar yn y De-ddwyrain. **m.** (**y**) **calendr:** *calendar month.* **1816.** **m. y cawiau:** *?the first month of life.* **14g.** *Cy* xvii. 141. **m. ceiliagwydd:** *the time when a gander sits on the eggs, also of the time when a husband stays at home with his wife who is about to give birth.* Ar lafar yn gyff., *TGG* (1906) 14. **m. y gog:** *April or May.* **18–19g.** *Llr* C 2, 337. **m. y crwybr:** *November.* **18–19g.** *Llr* C 2, 337. **y m. difyr:** *honeymoon.* **1774** *W* d.g. *honey-moon.* **m. du:** *January, also of December, November.* *c.* **1400** *Études* vii. 308. *a.* **1561** *B* vi. 49. **1604–7** *TW* (*Pen* 228) d.g. *Januarius.* *Dchr.* **17g.** *J* 10, 31b, *mis du*, Decembre. **1632** *D*, du . . . Nos Ianuarium dicimus *Mis du.* **1707** *AB* 100b, *mîs dŷ* kyn Nadolig d.g. *November.* **1753** *TR*, du . . . *Mis du* . . . thus they call December in some parts of Wales. In N.W. they call January, *Mis du.* **1772** *W*, y *mîs du* bâch cyn y Nadolig d.g. *December.* *id.* y *mîs du* wedi'r Nadolig d.g. *January.* Cf. J. Jones: *Llên Gwerin* 45, Y *mis du* y galwai yr hen bobl y mis hwn [Tachwedd]. Cf. hefyd *GDG* 188, Annhebyg i'r mis dig du / A gerydd i bawb garu, **m. hadyd:** *the month in Spring when seed is sown.* *c.* **1773** *CAWA* 13. **1794** E. Jones: *CP* 88. **m. y lleuad, m. lleuadol:** *lunar month, synodic month.* **1776** *W* d.g. *lunation.* **1795** J. Thomas: *AIC* 319. **m. lloerol:** *lunar month.* **1815.** **m. y mabiaith:** *honeymoon.* **1774** *W* d.g. *honey-moon.* **m. mawr:** *month containing five weeks when paying miners' wages.* Ar lafar yn ardaloedd y gweithiau glo yn Morg. a sir Gaerf., *Geir Glo* 140. **m. mêl:** *honeymoon.* **1834.** Ar lafar. **m. Menni:** *September.* **14g.** *BY* 29. **14g.** *BT* 125. **1632** *B* viii. 333. *p.* **1638** *id.* ix. 39. **m. pedair wythnos** = **m. lloerol.** Ar lafar yn y De-ddwyrain. **m. pump** = **m. mawr.** Ar lafar yn ardaloedd y gweithiau glo ym Morg. a sir Gaerf., 'mor hir â *mish pump*', *B* viii. 219.

misaf: miso, gw. misiaf: misio.

misaidd [*mis* + *-aidd*] *a.* Misol: *monthly.*
1707 *AB* 89a d.g. *menstrualis.*

misal [bnth. S. *missal*] *eg.* ll. *-au.* *Egl.* Llyfr sy'n cynnwys trefn yr offeren ac fel arfer y llithiau a'r gweddïau am flwyddyn neu ragor: *missal.*
20g.

misddogn, gw. mis + dogn.

miselto, gw. mislto.

Miserere, &c. [bnth. Llad. *miserere* 'trugarha', ar ôl geiriau agoriadol Salm li. (l. yn y Fwlgat) yn Llad., sef *Miserere mei Deus*] *eg.* Salm li.; llef am drugaredd, hefyd yn *dros.*: *Miserere, Psalm li.*; *cry for mercy, also transf.*
14g. *HMSS* ii. 248, y dywedut yr arglwyd y *miserere.* *Diw.* **15g.** *B* v. 103, a phob gwers o *salym Miserere.* **16–17g.** *HG* 45, yddyni bawb ar y cam / a mam y *missereri.* Cf. *GIG* 139, Mair oleudrem hael, Mair lywodres, / Miserere mei, moes eryres.

misericord [bnth. S. *misericord*] *eg.* ll. *-iau.* Silff o dan sedd golfachog mewn côr eglwys sydd, o godi'r sedd, yn gymorth i gynnal rhywun yn ei sefyll: *misericord (on seat).*
20g.

misericors [bnth. Llad. C. neu H. Ffr. *misericors*] ?*eg.* ?Dagr: *misericord (dagger).*
14–15g. *IGE*[2] 210, Meistr dyfrllyd rhwydd maswdrig, / *Misericors* maeser cig [Llywelyn ap y Moel i'r tafod].

misffortun [bnth. S. *misfortune*] *e?b.* Anffawd: *misfortune.*
1779 W. Williams: *BH* 41, gofid am y fath *fisfortun* [*sic*].

misgariaf: misgario [bnth. S. (*to*) *miscarry*] *bg.* Cael ei anafu neu ei niweidio, cael ei ddinistrio; esgor cyn pryd, erthylu: *to be injured or harmed, be destroyed; miscarry.*
1683 H. Evans: *CTF* 33, Os digwydda i un

[gwas] *fyscarrio* [:– gael ei ddestrywio]. *c.* **1762–79** W. WILLIAMS: *P* 432–3, os bydd iddo mewn un ffordd *fisgario* yn ei gorph, neu farw, ei fai ei hun yw. *c.* **1793** E. BARNES: *HBF* v, gwragedd beichiog . . . a gawsant eu whippio i *fiscarrio* a marw o'r achos.

misgawn, misgawnaf: misgawnu, gw. beisgawn, beisgawnaf: beisgawnu.

misgl [bnth. S. *muskil*, amr. ar *mussel*] *e.ll.* (un. b. *-en*, ll. *misglennau*) ll. dwbl *misglod*. *Swol.* Cregyn gleision: *mussels*.
1722 *Llst* 189, *miscil*, muscles fish. **1753** *TR*, *misgl*, sing. *misglen*, a muscle, a kind of shell-fish. Ar lafar ym Morg. yn y ff. *mishgil*.

misglwyf [*mis* + *clwyf*] *eg.* a hefyd fel *a.* Llif gwaed, &c., o'r groth sy'n digwydd fwy neu lai yn fisol i fenywod ac anifeiliaid benyw o urdd y *Primates* (oddieithr pan fônt yn feichiog) rhwng diwedd plentyndod a'r newid bywyd: *menses, menstruation, period*; ?*defiled*.
1588 *Lef* xii. 2, fel dyddiau gwahaniaeth ei *misglwyf* y bydd hi aflan. *id.* xv. 24, os gŵr gan gyscu a gwsc gyda hi fel y byddo oi *misglwyf* hi arno ef. *id.* xx. 18, gwraig glâf oi *misglwyf*. **1588** *Eseia* xxx. 22, gwasceri hwynt [delw arian ac effod] fel *misglwyf*. *Dchr.* **17g.** *J* 10, 31b, *misglwyv*, floures, misdrych. **1632** *D*, *misglwyf*, menstruum. **1643** *MLl* i. 60, Trefnwr Creadwriaeth *fisglwyf* / ydwyf (medd Christ). **1688** *TJ*, *misglwŷf*, haint y Rhianod: the monthly Terms, or Flowers of Women. **1722** *Llst* 189, *misglwyf*, womens months. **1771** *PDPh* 11, a'r *misglwyf* yn attal. **1803** *P*.
Cfn.: **misglwyf gwyn(ion)**: *leucorrhoea, the whites.* **1759** J. EVANS: *PF* 95. **1771** *PDPh* 18.

misglwyfaf: misglwyfo [bf. o'r e. bl.] *bg.* Bod â'r misglwyf, cael mislif: *to menstruate.*
20g.

misglwyfol [*misglwyf* + *-ol*] *a.* Yn misglwyfo; yn perthyn i'r misglwyf, mislifol: *menstruating; menstrual.*
1588 *Esec* xviii. 6, heb halogi gwraig ei gymmydog, na nessau at wraig *fisglwyfol*.

misglwyfus [*misglwyf* + *-us*] *a.* Yn misglwyfo; yn perthyn i'r misglwyf, mislifol; wedi ei halogi gan y mislif: *menstruating; menstrual; defiled by menstruation.*
1588 *Esec* xxxvi. 17, fel aflendid gwraig *fis-glwyfus*. **1588** 2 *Esd* v. 8, gwragedd *mis-glwyfus* a escorant ar anghenfilod. **1620** *Galarn* i. 17, Jerusalem sydd fel gwraig *fisglwyfus*. **1620** *Esec* xviii. 6, heb halogi gwraig ei gymmydog, na nessau at wraig *fisglwyfus*. **1693** *HC* 37, nad yw ei gyfiawnder ef ond cadachau pryfedog, *misglwyfus*. **1722** *Llst* 189, [*mis*]*glwyfus*, menstruous. *c.* **1730** *Thos. Lloyd D* (LlGC) 175b, *misglwyfus*, menstruatus. **1767** *Aberth Cym* 64, ymwisgo mewn Gwisg *fis glwyfus*. **1775** *EDPP* 35, mae ein holl gyfiawnderau ni megis brattiau *misglwyfus*. **1776** *W* d.g. *menstrual, or menstruous.* **1803** *P*.

misgon, gw. beisgawn.

misgread [?cfdds. o'r S. *miscre(ant)* + *-ad²*, trf. gwthr.] *eg.* ll. *misgreaid*. Drwgweithredwr: *miscreant.*
1656 W. JONES: *TPG* 11, pa fodd nad ymladd pob Creadur yn erbyn y fath *fiscreaid* ac ydynt yn ymladd yn erbyn eu harglwydd ai Creawdwr.

misgwaith [*mis* + *gwaith²*; cf. *dyddgwaith*] *eg.* a hefyd gyda grym adferfol. Cyfnod o fis, mis: (*a period of one*) *month.*
15–16g. *GIF* 43, Dyro, *fisgwaith*, dâr Fasgen, / dân am war cae Denmarc hen. **15–16g.** *GLM* 176, Dy bibau gwin di bob gwaith / i dorf esgyb, draw, *fisgwaith*. **16g.** HUW ARWYSTL: *Gw* 454, nid awn er da dan ryw daith / O dref esgob draw *fis gwaith*. **1604–7** *TW* (*Pen* 228), bwyt . . . a royt y weinidocion yw cadw *visgweith* d.g. *demensum.* **17g.** *LlGC* 13215, 349, *misgwaith*, mensis Menstruum Spatium. **1672** R. PRICHARD: *Gw* 10, Ni bydd Cymro 'n dyscu darllain, / Pob Cymraeg yn ddigon Cywrain, / Ond vn *misgwaith*, beth yw hynny? / O'r bydd 'wyllys gantho i ddyscy. **1707** *CEBM* 9, y Cryd dros flwyddyn, y gweuwyr [*sic*] dros *fisgwaith*, neu dros ddiwrnod. **1710** *LlGG* (*Gos*) 9, Ni chaiff dim Prebendariaid . . . fod allan o'u Llëoedd a Chûr, yn hwy na *misgwaith* o'r flwyddyn. **1803** *P*.

misi [amr. ar *bisi* gydag *m-* a *b-* yn ymgyfnewid] *a.* Dicra, cysetlyd, anodd ei blesio; ymyrgar, busneslyd; prysur: *squeamish, finicky, fastidious; meddlesome, interfering; busy.*
17–18g. O. GRUFFYDD: *Gw* 14, Mewn iechyd heddychol heb genedl estronol / Anrheithiol ormesol wŷr *misi*. **1777** E. ROBERTS: *DG* 61, A nhwythe Ladis ar Miwsis *misi* / a welodd ei [*sic*] gwragedd wedi ymgrogi / wrth geisio ei dynwared ar fynd yn wirion / efo i wmbrethol o Owne brithion. *ib.* Ac ŷno aîl fesvr a gwneud golwg go *fisi* / a cheisio ffermon gadarn i farnu ag i godi / ac yno ir Mr y bydd rhaid ymostwn / neu fe rydd ŷ Rocsiach y Tir ar Oxiwn. **1789** TWM O'R NANT: *TChB* 17, Bricklers, Masiwn's yn dra *misi*. Ar lafar yn y Gogledd, fel arfer ynglŷn â bwyd, *WVBD* 375, *Cymru* xxxi. 195, xliii. 230, xlvii. 83.
Gw. hefyd bisi.

misiaf, misaf: mis(i)o [bnth. S. (*to*) *miss*] *bg.a.* Methu, pallu, peidio, colli; gwneud camgymeriad, camgymryd, camsynied, cyfeiliorni; methu taro (nod): *to miss, fail, lose; make a mistake, be mistaken, misunderstand, go astray; miss* (*a target*).
16g. *GRCG* 74, Dyna ei ffasiwn heb *fisio*, / Gwael edyn ne 'deryn do'. **1574** *Rhyddiaith Gymraeg* ii. 191–2, mi wn o wir frys *visio* ohana i yn fynych am na chefais enyd y ddarllen dim oheni drosti eilwaith. **17g.** HUW MORUS: *EC* i. 279, Bydd siwr iddo *fisio* ar fesur a phwys. **1712** T. WILLIAMS: *CDdG* 50, Ac nad oedd iddynt fodd ei [*sic*] *fissio* myned ir Nêf. *c.* **1730** *Thos. Lloyd D* (LlGC) 174a, *misio*, to miss. **1746** *W Ballads* 123, 7, Yn *misio* sefyll ar ei draed / heb gael codyme. **18g.** *LlGC* 9, 39, Mab Fenws am Saethodd dan fy Asen ni *fisiodd*. **18g.** *W Ballads* 97, 2, Wel gwrando ddyn di ystur, yn brysur hyn heb *fuso* / rhag bod ith galon gilwg, gnawd amlwg cais ym deimlo. **1759** *PYAG* 94, A llawer ûn Sŷdd yn ei *fisio* [llwybr]. **1764** *W Ballads* 79, [7], [I] ddechreu riwl moesol 'fol *missio*. **1789** TWM O'R NANT: *TChB* 5, Wel beth ydyw maswedd rhag Ofn mod yn *missio*.
Cfn.: **misio gan** [cf. *methu gan*]: *to fail* (*where the agent of the vb. is governed by the prep.*). **1766** *CM* 46, 34, *misio gini* weled wrth ysbio yn glir / fawr undun ar dir yr india. **1788** E. ROBERTS: *CD* 56.
m. ei fochyn (**ei mochyn**, &c.): *to make a mistake, slip up, misjudge a situation, lose a chance.* Ar lafar yng ngogledd Cered., 'Fe *fisiodd* Ifan '*i fochyn* pan benderfynodd e werthu 'i ffarm'.

misiff, mesiff, mistiff [bnth. S. Diw. Cyn. *mis*(*c*)*hief*, *meschief*] *eg.* Drygioni, anfadwaith; anffawd: *wickedness, mischief; misfortune.*
15–16g. DAFYDD TREFOR: *Gw* 152, Ond tost, gyda chost na chaid / *Misiff* ar y gormeisiaid. **1547** *WS*, *myssiff*, myschefe. **1567** *LlGG* (*Sall*) 31b, ydd ych yn bwriady enwiredde [:– *mesyf*] yn eich calon. *id.* 80a, dauet arnynt scelerder [:– echrys, *mesyff*] y gwevuseu y vnain. **16–17g.** *GST* i. 545, Gan ei fysedd gwnâi *fisiff* / Ar werth morc o borc a biff [am Rys Grythor]. *c.* **1770** *LlGC* 352, 60, ces gida 'gyhi [*sic*; am Falchder] 'r cwmni cu / y *Mistiff* yn Claddu Mr. **1790** TWM O'R NANT: *GG* 71, Ni ddysgodd ef ronyn mae'n hogun anh'wgar, / Cadd lawer o *Fistiff* yn ffoi rhag ei Feistar.

misig, misilto, misiol, gw. mis, mislto, misol.

misiwn [bnth. S. *mission*] *e?g.* Cenadwri, awdurdod, comisiwn: *mission, authority, commission.*
1670 J. HUGHES: *AP* 122, y rhai [Esgobion a Doctorion] a gowsont eu *Missiwn* yn gyfreithlon oddiwrth Succęssoriaid yr Apostolion.

misleiciaf: misleicio [bnth. S. (*to*) *mislike*] *ba.* Anhoffi, drwgleicio: *to dislike.*
Diw. **17g.** *B* iii. 119, O darf[u] i ddyn o afraid / *fisleicio* yr crediriaid.

mislif [*mis* + *llif²*] *eg.* Misglwyf: *menstruation, menses, period.*
1632 *D* d.g. *imbubino, menses.* **1722** *Llst* 189, *mislif*, as misglwyf. **1725** *SR* d.g. *flower, Womens Flowers, term, Women's term.* [**1762**] E. POWELL: *HEI* 31, Cyngor i helpi Gwraig neu Ferch; pan byddo'r *Mislif* yn ffaelu cerdded ei gwrs.

mislifiant [*mis* + *llifiant*] *eg.* Mislif, misglwyf; llif misglwyfol: *menstruation, menses, period; menstrual flow.*
1798 *WR* d.g. *menses.*

mislto, miselto, misilto [bnth. S. *mistletoe*] *eg.* *Bot.* Uchelwydd, uchelfar, *Viscum album*: *mistletoe.*
1930.

misol, misiol [*mis* + *-(i)ol*] *a.* a hefyd fel *eg.* Yn digwydd neu'n cael ei wneud neu ei gyhoeddi, &c., unwaith bob mis, yn parhau am fis, yn perthyn i fis; (yn perthyn i'r) mislif: *monthly, month-long; menstrual; menstruation, menses, period.*
16g. (**1763**) W. SALESBURY: *LlM* 97, Iscell y marchalan a bair Ir [*m*]*isawl* ag Ir trwngc gerdded. **1604–7** *TW* (*Pen* 228) d.g. *bubino, menstruus.* **1710** *LlGG* (*Gos*) [19], Pregetheu *misawl*. [**1740**] D. LLWYD: *YDD* 187, y mae gennym gymmunau *Misol*. [**1762**] E. POWELL: *HEI* 30, [c]wrs *Misol* Gwraig Fisglwyfus. **1764** W. WILLIAMS: *GDC* 45, [c]yfnewidiadau *misiol*. **1774** B. FRANCIS: *A* 9, Y lloer a gyfyd at ei gwaith, / Yn moli Duw drwy'i *misol* daith. **1776** *W* d.g. *monthly.* **1777** J. ROBERTS: *C* 23, Cysylltwch, yr Epact, y *Misol*-rif, âr Dydd o'r Mis. **1795** *R. Crusoe* 38, yr oeddwn yn cadw fy nghyfri wythnosol, *misol*, a blynyddol. **1803** *P*.
Gw. hefyd misolyn.

misolaidd [*misol* + *-aidd*] *a.* Misol: *monthly.*
1849.

misolyn [*misol* + *-yn*] *eg.* ll. *misolion.* Cyfnodolyn sy'n ymddangos yn fisol: *monthly* (*periodical*).
1843.

mistar, gw. meistr.

mistêc [bnth. S. *mistake*] *eg.* ll. *-s.* Camgymeriad: *mistake.*
1828.

mistiff, gw. misiff.

mistimanars [bnth. S. *misdemeanours*] *e.ll.* Pranciau, castiau, drygioni, camymddygiad: *pranks, japes, mischief, misdemeanours.*
20g. Ar lafar yn y Gogledd yn y ff. *mistimana(r)s*. Cf. T. H. PARRY-WILLIAMS: *OPG* 33, crymffastiau o fechgyn diffaith . . . gyda'u *mistimanners* [*sic*] annosbarthus.

mistir, mistres, mistrych, gw. meistr, meistres, mystrych.

misus [bnth. S. *missis*] *e.* (Eich) gwraig, fy ngwraig (yn sathredig neu'n chwareus); Meistres (teitl), Mrs: (*the*) *missis; Mrs.*
Ar lafar, 'Y *misus*', '*Misus* Jos'.

miswrn, miswr [bnth. S. *viso(u)r*, gydag *f-* ac *m-* yn ymgyfnewid fel yn *melfed, micar*; â'r *-n* cf. *siswrn, pinswrn*; dichon mai *f-* yw cts. fl. rhai o'r enghrau.] *eg.* ll. *misyrnau.* Blaen symudol helm a ddiogelai'r wyneb, llen dros yr wyneb, gwimpl, mwgwd, hefyd yn *dros.* ac yn *ffig.*: *visor, veil, wimple, mask, also transf. and fig.*
15g. *GO* 97, Dur gloch, min ni âd ar gledd, / Dewr *viswrn* du ar vysedd [i ofyn bwcled]. **16g.** GR. HIRAETHOG: *Gw* (D. J. B.) 117. 21–2, Mynnu dwyn i'r man y dêl / *Miswrn*, fal arth â mwsel [i'r cadach wyneb]. **16g.** DAFYDD AP LLYWELYN, &c.: *Gw* 85, Syr Gei â'r *miswrn* gwead, / Sir y Fflint, asur a phlâd. *p.* **1575** *Rhyddiaith Gymraeg* i. 104, Yno i gwisgais vy *myswr*, yr hwn a elwir Glothineb. **1588** *Eseia* iii. 22, Y gwiscoedd symmudliw, a'i hefysau: y *misyrnau* hefyd, a'r pyrsau. **1588** *Esec* xvi. 12, Rhoddais hefyd *fiswrn* ar dy wyneb (**1620** *ib.* [t]lws ar dy dalcen). *c.* **1588** *B* ii. 231, *misswrn*, kadach wyneb. **1595** M. KYFFIN: *DFf* 188, gan dynny ei *miswrn* [Rhufain], y mae'n haws yr olwg. **1632** *D*, *miswrn*, velamen oris & vultus. *id.* *miswrn* d.g. *focale.* **1697** *LlGC* 7008, 62, Harri yr wythfed, i'r hwn y caniadodd y Brenin uchod, godi *miswrn* ei helm mal y gellid gweled y wyneb danaw. *c.* **1730** *Thos. Lloyd D* (LlGC) 177, *miswrn* ei helm, the vizour of his helmet. **1771** *W* d.g. *chin-cloth, or chin-piece of a helmet, mask, or visor, wimple.*
Gw. hefyd fiswr.

misyg, gw. mwsogl.

misyriad [?*mis* + elf. anh.] *eg.* ll. *-iaid*, a hefyd gyda grym ansoddeiriol. Mis (oed); plentyn mis oed: *a month* (*old*); *a month old child.*
Diw. **15g.** *Bren Saes* 276, A phann oedd yr Harri hwnnw yn naw *misyriad* o oedran. *c.* **1514**

Pen 182, 291, nad oeddynt tri *misyriad* ymoliav i mamav. **16g. (1763)** W. SALESBURY: *LlM* 236, y ddau bannogyn a gychwnnant or ddaiar yn gynnar Dechre yr gwannwyn . . . ni byddan vyw tros *vis-yriat* oet or mynychaf, ac odid yddyn aros bod yn chwechwythnosic. **1588** *Lef* xxvii. 6, o fab *mis-yriad* hyd fab pum mlwydd. **1604–7** *TW* (*Pen* 228), o bum *misyriat* d.g. *quinquemestris*. *Dchr.* **17g.** *J* 10, 31b, *misyriad*, moneth old. **1632** *D*, pum *misyriad* d.g. *quinquemestris*. **1657** *MLl* ii. 106, Yr isaf ydyw 'r Lleuad. / Ar nesaf at ddayar-wlad: / Cares ymmennydd pawb i gid / Yn newid fel *miswriad*. **1722** *Llst* 189, *misyriad*, p. *syriaid*, a month old. *c.* **1730** *Thos. Lloyd D* (LlGC) 175b, *mis-yriad*, qui unius est mensis. **1741** G. JONES: *HWI* 80–1, pan oeddynt hwy yn blant *misyriaid* neu fab-anod bychain. **1803** *P*.

misyrnddawns [*miswrn* + *dawns*] *eg.b.* Dawns a'r dawnswyr yn gwisgo mygyd-au, dawns fwgwd: *masquerade, masked ball.*
1776 *W* d.g. *masquerade* (hefyd *WR*).

mit [?bnth. S. *mit* 'measure of capacity; shallow tub' ac efallai H. S. *mydd* 'bush-el'] *eg.* ll. *-iau.* Llestr pren i ddal llaeth, ymenyn, cwrw, toes, &c., twba, bocs, hefyd yn *ffig.*: *wooden vessel for milk, but-ter, beer, dough, &c., tub, box, also fig.*
14g. *WML* 107, Bayol yw a*mit* abudei ystyllawc . . . pedeir keinhawc kyfreith atal pop vn. **16g.** MORUS DWYFECH: *Gw* 162, Am nad rhaid, tremyn-iaid trwch, / Mwy it wrthyn' *mit* erthwch [i ddychanu Siôn Gruffudd o Lŷn]. *c.* **1588** *B* ii. 231, *mit*, trendel. **16–17g.** *GST* i. 545, Trystiwr glwth yn tristáu'r glêr, / Dreiwr *mit*, drewi'r mater [am Rys Grythor]. **1604–7** *TW* (*Pen* 228), *mitt* trwytho d.g. *labrum eluacrum*. *Dchr.* **17g.** *J* 10, 31b, *mit*, box. **1632** *D*, *mitt*, vid. mydd. **1688** *TJ*, *mitt*, mŷdd: a Tub. **1707** *AB* 220d, twrd, *Mit*, twrnel bychan. V. a small washing tub. **18g.** *Beirdd y Berwyn* 76, *Mit* llaeth sur, a gordd i gorddi. **1744** *CM* 120, 22, Ac wrth ddiangc oddiyno ffrit / Mi syrthiais ir *mitt* ar enwyn. **18g. (1818)** R. JONES: *GP* 310, Y *mitt* cwmpasog aeliog ilio. **1803** *P*. Ar lafar yn sir Drefn. a Meir., *Cymru* lii. 211, *B* xiii. 141. Cf. *Hen B* 60, Pe bawn i wedi 'nghladdu'n gwit / Yng nghanol *mit* o gwrw.
Amr.: **mid²**. **1803** *P*.
Gw. hefyd mydd.

mît [bnth. S. *meet*] *eg.* Cynulliad o fyth-eiaid a phobl ar gyfer hela: *meet.*
1932.

miten, mitin¹ [bnth. S. *mitten*] *eb.* ll. *mitenni, mitins, mits.* Maneg sy'n cyn-nwys y pedwar bys gyda'i gilydd a lle i'r fawd ar ei phen ei hunan: *mitten.*
Ar lafar.

miting, gw. mitin².

mitinga [*miting* + *-ha*] *bg.* Dod ag achos gerbron llys yr ynadon: *to bring an action in the magistrates' court.*
Ar lafar yn sir Benf., '*mitinga*, to swear paternity . . . To sue an action at petty sessions', *GDD* 198.

mitin¹, gw. miten.

mitin², miting [bnth. S. *meeting*] *eg.* ll. *mitinon, mitings.* Cyfarfod; eisteddiad o lys yr ynadon: *meeting; magistrates' court session.*
1756 *Bangor* 1007, 10, peth brwnt iw siarad Llawer / mewn *mitin* am i mater. Ar lafar yn yr ystyr 'eisteddiad o lys yr ynadon', *Cymru* xlvii. 83, *SC* vi. 121.

mitocondrion [bnth. S. *mitochondrion*] *eg.* ll. *mitocondria. Biol.* Un o nifer o organynnau mewn cell sy'n gyfoethog o frasterau, proteinau, ac ensymau, ac sy'n cynhyrchu egni drwy resbiradaeth gellol: *mitochondrion.*
20g.

mitosis [bnth. S. *mitosis*] *eg. Biol.* Rhan-iad cell a'r cnewyllyn yn hollti'n ddau gyda chynifer o gromosomau ym mhob un o'r cnewyll newydd ag a oedd yn yr un gwreiddiol: *mitosis.*
20g.

mitotig [bnth. a chfdds. o'r S. *mitot(ic)* + *-ig²*] *a. Biol.* Yn perthyn i fitosis, yn defnyddio mitosis: *mitotic.*
20g.

mitr, mitraidd, mitrog, gw. meitr, meitraidd, meitrog.

mitral, mitrol, gw. meitral.

mitsiaf: mitsio, mitsian [bnth. S. (*to*) *miche*] *bg.a.* Chwarae triwant (o), hefyd yn *ffig.*: *to play truant (from), also fig.*
1898. Ar lafar ym Meir., Cered., a'r De.

mitwith, gw. gwidwith.

mitym [?cf. Llad. *minūtum* a S. *mite*] *eg.* Hatling, hanner ffyrling: *mite, half a farth-ing.*
1567 *TN* 72a, Ac e ddaeth ryw wreic weddw dlawt, ac a vwriodd y mywn ddau *vitym* [:- vin utyn [*sic*]], ys ef yw hatling. *id.* 122a, [rh]yw wreic-weddw dlawd, yr hon a vwriawdd y mywn yno ddwy hatling [:- dau *vitym*, dau dipin, dryll-yn, getyn]. *Dchr.* **17g.** *J* 10, 31b, *mitym*, mite, minu-tum. **1753** *TR*.

mityn, gw. meitin.

mith, *a.* Ffrwythlon: *fruitful.*
Ar lafar gynt yn sir Benf., 'tir *mîth*', *GDD* 198.

Mithraeth, Mithrasiaeth [yr e.p. *Mith-r(as)* + *-(i)aeth*] *eb.* Cwlt Mithras, sef duw goleuni'r hen Bersiaid: *Mithraism.*
1924.

mithridat [bnth. S. *mithridate*] *e?g.* Sylwedd cyfansawdd y credid gynt ei fod yn gwrthweithio pob gwenwyn, hefyd yn *ffig.*: *mithridate, universal antidote, also fig.*
1658 R. VAUGHAN: *PES* [iii–iv], a'r llyfr hwn yn *Mithridat* a swyn gyfaredd i'w roi im gwrth-wynebwr. **1732** *AABl* 56, y Cyflaith cyfaredd, neu *Fithridât* a arferir mewn Gwenwyn.

miw¹ [bnth. S. *mew*] *eg.* Cawell i hebog (yn arbennig tra bo'n bwrw ei blu), hefyd yn *ffig.*: *mew (cage for hawk), also fig.*
15g. *ID* 41, penyd dros ennyd y sydd / am i benyd *myw* beunydd [i ofyn gosog]. **1547** *WS*, *miw*, mewe. *c.* **1730** *Thos. Lloyd D* (LlGC) 172b, mae gennyf fidog uchel ffriw / mewn *Miw* yn ddrwg ei 'mynedd BM. 85.

miw²,³, gw. biw, siw—s. na miw.

miwail, muail, *a.* Llyfn, meddal, es-mwyth, main (am frethyn), cain (am iaith, &c.); tyner, merchetaidd: *smooth, soft, fine (of cloth), polished (of language, &c.); gentle, effeminate.*
16g. *Llst* 6, 165, kailioc mwyalch kloc *myail* / koydwr dy vyn kadwr dail. *Diw.* **16g.** *WLB* 43, plyg o lian *muail* rhwng dy groen ar lliain newydd. **1632** *D*, *miwail*, læuis, mollis. Ceiliog mwyalch clog *miwail*. **1688** *TJ*, *miwail*, Ysga[fn], Esmwŷth: light, soft. **1722** *Llst* 189, *miwail*, delicate, nice, fine. **18g.** *Llr* C 24, 331, Cym[e]r pypyr [*sic*] . . . a dod mywn llien *myel*. **1752** *Gron* 26, Hurtaf o ddyn a'i hortiai, / *Miwail* ei fydr, aml ei fai. **18g. (1818)** R. JONES: *GP* 58, Ni bu ail fûn *fiwail* fach. *id.* 89, Ni chân na Mwyalch, na Chôg, / *Fiwael*, na Bron-fraith fywiog. **1773** *W* d.g. *effeminate*, *fine* [*pol-ished*, *smooth*]. **1789** *BDG* 512, Y nos caid eos i'n dail, / Yn fywus, ag iaith *fiwail*. *id.* 525, A'r *miwail* frig tewddail tau [i'r Haf]. **1803** *P*.

miwglis, gw. mwclis.

miwiad [bôn y f. ddil. + *-iad¹*] *eg.* ll. *-au.* Y weithred o fwrw plu: *a mewing or shed-ding of feathers.*
1826.

miwiaf: miwio [bnth. S. (*to*) *mew*] *bg.* Bwrw plu: *to moult, shed feathers.*
Dchr. **17g.** *J* 10, 31a, *miwio*, to mue.

miwl [bnth. S. *mule*] *eg.* (bach. g. *-yn*, b. *-en*) ll. *-od.*

(*a*) *Swol.* Epil asyn a chaseg, mul, bas-tard mul, mwlsyn; asyn; aderyn sy'n groes rhwng caneri ac aderyn arall o deu-lu'r pinc: *mule; donkey, ass; mule canary.*
1910. Ar lafar; hefyd yn y Gogledd dywedir *miwlen* (ll. *miwlod*) am ddafad sy'n groes rhwng dafad Gymreig benwen neu benfrith a hwrdd pen-las Caerlŷr. Yn ne-ddwyrain Morg. *miwlyn* yw'r gair am 'epil asyn a chaseg', a *mwlsyn* am 'asyn'.

(*b*) Peiriant ar gyfer nyddu a dirwyn yr edafedd yr un pryd: (*spinning-*)*mule.*
1931.
Gw. hefyd mul¹.

miwral [bnth. S. *mural*] *eg.* ll. *-s.* Mur-lun: *mural.*
20g.

miws, muws [bnth. S. *muse*] *eb.* (bach. *miwsig*) ll. *-ys, -es. Chwedl. Glasurol.* Un o'r naw chwaer-dduwies a gyfrifid yn ysbrydolwyr dysg a'r celfyddydau, yn enw. barddoniaeth a cherddoriaeth, hefyd yn *ffig.*: *one of the nine Muses, also fig.*
15g. DEIO AB IEUAN DU, &c.: *Gw* 279, A'r naw *Muws* sy'n yr un modd / Yn mawr gwynfan marw gwenfodd. *c.* **1605** *CRC* 37, Y *Mvwsys* o Barnas. **17g.** E. MORRIS: *B* 38, Ai i'r *Muses* rwy'n ormes-wr, / A dâl dreth ac ardreth gwr? **1672** R. PRICH-ARD: *Gw* 586, Y *muwsys* oll o Helicon. **17g.** HUW MORUS: *EC* i. 22, Aer y *Miwsys*, air moesawl, / Am arfer mwynder, a mawl. **1689** E. MORRIS: *B* 105, Pob *miwsus* melysgerdd, / Pob canwr, pynciwr pencerdd [marwnad Edward Morris gan Owen Gruffydd]. **1759** *BC* 249, I garu a thafod gyd a Llaw, / Mewn moesau a'r naw *Miwsig*. **1767** *W Ballads* 85, 3, Yn ffyddlon eu moesau efo'r *miwsis*. **1777** E. ROBERTS: *DG* 61, A nhwythe Ladis ar *Miwsis* misi.

miwsiad, muwsiad [*miws*, *muws* + *-iad³*] *eg.* ll. *-iaid.* Miws: *muse.*
16–17g. *PhA* 500, ond yw r *muwsiad* or meus-ydd / ar koed ar dwr er kadw r dydd / yn un lle union llawen / i brydu 'n hir brydain hen. **1609** *Rhyddiaith Gymraeg* i. 149, *Muwsiaid* i hunain ni ddoedan ddim yn ddigordiad a lleosowgrwydd.

miwsig¹, musig, &c. [bnth. S. C. *mu-sik(e)* neu H. Ffr. *musique* ac efallai'n union-gyrchol o'r Llad. *mūsica*] *eg.b.* Y gelfydd-yd neu'r wyddor o gyfuno seiniau lleisiol neu offerynnol i greu ceinder neu fynegi teimlad, y cyfryw seiniau, unrhyw seiniau eraill y clywir tebygrwydd rhyngddynt a'r seiniau hyn, cerddoriaeth; cyfan-soddiad cerddorol, cerddoriaeth wedi ei hysgrifennu neu ei hargraffu: *music; mu-sical composition, written or printed music.*
13g. *C* 13. 4–5, *Music* agan mal eur orian. *c.* **1400** *R* 1374. 12, *music* beirdyon. *c.* **1400** *YCM²* 168, *Music* a ysgythrwyt yno, a honno a dysc keluyd-yt y ganu. **15g.** (*Diw.* **16g.**) *Gwyn* 3, 145, Moes gaingc coed, a *music* gŵyr / moes gywydd *music* awyr [Meredudd ap Rhys i'r gwynt]. **16g.** LEWYS MORGANNWG: *Gw* 130, Arithmetic, *Music*, Grymuson—Sophystr / Rhetric, syfyl a chanon. **1547** *WS*, *music* vn or saith gelfyddyt, musike. **1567** G. ROBERT: *GC* 4, pe gwnaid *musig* cysson cyfangan o gydlais paradwyssaidd holl adar y byd. **1615** R. SMYTH: *GB* 236, Harmoniaeth a chydsain *mwsig*. **1703** E. WYNNE: *BC* 90, mae udfa cŵn yn bêr *fuwsic* flasus wrth y lleisieu yma. **1757** *ML* (Add) 899, yr wyf fi yn meddwl fod yno [llyfrgell Mostyn] hen *fiwsic* neu Beroriaeth yr hen bobyl. **1760** *id.* 961, Ydyw'r canu Gwirod yn parhau fyth, ynte colli o'r byd y mae, fal yr hen *Fiwsig* Gymraeg? *c.* **1762–79** W. WILLIAMS: *P* 619, *music* llafar ac offerynol. Ar lafar yn sir Benf. yn yr ystyr 'organ geg', *GDD* 199.
Cfn.: **m. i'r clustiau (i'm clustiau,** &c.**)**: *music to one's ears.* **1632** J. DAVIES: *LlR* 188, Efe a fydd yn ddrych i'n llygaid ni, yn *fusig* ac yn felys-gerdd *i'n clustiau* ni. **1777** W. WILLIAMS: *DN* 19. **1793** *Cylchg* 33. Ar lafar.

miwsig², gw. miws.

miwsigol, musigol [*miwsig¹*, *musig* + *-ol*] *a.* Cerddorol: *musical.*
p. **1584** G. ROBERT: *GC* [283], nid oes gan . . . [y] gwyr wrth gerdd, mo'r ceinciau *musigawl*.
Gw. hefyd musical.

miwsigydd, musigydd [*miwsig¹*, *musig* + *-ydd³*] *eg.* ll. *-ion.* Cerddor: *musician.*
p. **1584** G. ROBERT: *GC* [284], petfai'r cerddor-ion ynghymru, mor gowraint ag ydyw *musigyddion* gwledydd erill. **18g.** I. BRYDYDD HIR: *Gw* 247, chwareÿddion, *miwsigyddion*, a chwaraewyr hud a lledrith.

miwsigyddiaeth, musigyddiaeth [*miwsigydd*, *musigydd* + *-iaeth*] *e?b.* Cerdd-oriaeth: *music.*
p. **1584** G. ROBERT: *GC* [209], llawer o henwau . . . yn perthynu yn unig at y gelfyddyd honno. megis . . . mewn *musigy*[*dd*]*iæth*, dditonon, ddiapente.

1767 *ML* (Add) 708, chwi sydd agatfydd well barnydd mewn *musigyddiaeth*.

miwt[1] [bnth. S. *mute* 'a kind of mule'] *eg.* Epil asyn a chaseg, mul: *mule*.
Ar lafar yn sir Benf., *GDD* 199.

miwt[2] [bnth. S. *mute* 'device to reduce sound'] *eg. Crdd.* Mudydd: *mute (in mus.)*.
1939.

miwtini [bnth. S. *mutiny*] *eg.* Gwrthryfel agored yn erbyn awdurdod, yn arbennig gan filwyr, morwyr, &c., yn erbyn swyddogion: *mutiny*.
20g.

mnemonig [cfdds. o'r S. *mnemon(ic)* + *-ig*[2]] *eg.* a hefyd fel *a.* Dyfais sy'n gymorth i'r cof; yn cynorthwyo'r cof, wedi ei fwriadu i gynorthwyo'r cof: *mnemonic*.
20g.

mo [talf. o *d(d)im* + *o*[1]; dilynir y ff. *mo* gan y tr. ml.] *gn.* (gyda'r ff. prs. *m(oh)onof, m(oh)onot, m(oh)ono, m(oh)oni, m(oh)onom, m(oh)onoch, m(oh)onynt*) a ddefnyddir i ategu'r neg.: *prt. used to supplement the negative (cf. Fr. 'pas')*.

1. (yn cyflwyno'r goddr.: *introducing the subject*)
1588 *Esec* xvi. 56, nid oedd *mo'r* sôn am Sodoma dy chwaer yn dy enau. **1588** *Io* ii. 3, Nid oes ganddynt *morr* gwin (**1567** *TN* 133a, nid oes 'win yddynt [:– ganthynt]). **1618** J. SALISBURY: *EH* 72, nyd gwir *mo* hynny. c. **1688** *YHD* 2, felly ni bydd arnat bŷth *mor* diffyg llawenydd. **1696** *CDD* 9, Heb arnŷnt *mo'r* gofal am gyfoeth. **1703** E. WYNNE: *BC* 130, nac oes etto *mor* tair wythnos. *id.* 132, nid hyn *mo'r* cwbl. **1721** E. PUGH: *AC* 12, ni fyn proffeswyr yr oes hon fod *mo* Grist yn ei bobl. **18g.** E. T. RHYS: *DA* 152, Ni ddaeth o bell erioed *mo'i* gwell. **1753** G. OWEN: *L* 71, Campau yw rhai'n nad oes *mo'nynt* yn perthyn i bob Patron. **1756** *id.* 169, Ni fu *mono* erioed ar y môr. **1759** T. THOMAS: *WWDd* 350, dychryn fydd hwn, na dderfydd byth *mo hono*. **1777** W. WILLIAMS: *DN* 72, nid oes *mo* Dduw am gadw pawb felly. **1798** T. ROBERTS: *CG* 42, Ac etto yn wir, ysywaeth, ni wiw *mor* gwadu. Cf. T. H. PARRY-WILLIAMS: *S* 11, nid peth bywyd cyffredin . . . *mo* gelfyddyd. Ar lafar, e.e. "Neith *mo* hwnna chwaith', "Toes *mo'r* help', *WVBD* 88.

2. (*a*) (yn cyflwyno e., &c., fel gwrth.: *introducing a noun, &c., as obj.*)
1588 *Jos* ix. 18, Ni tharawodd meibion Israel *monynt* hwy. **1588** *Diar* xii. 27, Ni rostia y twyllodrus *mo'r* peth a heliodd. **1618** J. SALISBURY: *EH* 122, nas dyscodd *moni* i ni a'i eneu eihunan. **1632** J. DAVIES: *LlR* 73, y mae yn cwyno na choelia 'r byd *mo* hynny. **1700** *TDP* 4, nid oeddwn yn tybied i gwelwn *moth* wyneb di Joseph. **1701** E. WYNNE: *RBS* 60, Na fwytta *mor* gormod. **1723** WM: *PGG* 10, na choelia *mo* bôb peth, ac os coeli, na ail-adrodd *mono*. **1740** T. EVANS: *DPO* 16, Ni ddeall Cymro un tippyn *mo* Wyddel yn siarad. **1745** W. WILLIAMS: *Aleluja* ii. 41, Nis ofnant byth *mo'* Ddŵr na thân. **1753** G. OWEN: *L* 51, nas adwaenent hwy *monof* fi. **1777 (1824)** *Bl D* 218, Melusgainc caed gantho, ni welais i etto, / *Mo'i* well i roi dwylo ar delyn. Ar lafar yn gyff., e.e. "Welis i *mono* fo', 'Deud peth na ddeudith o *mono* fo yn ych gwynab chi', *WVBD* 88.

(*b*) (yn cyflwyno be. fel gwrth.: *introducing a vn. as obj.*)
16g. *Yst Kym* 32, er maint o gamau a wnelsai o'r blaen ni lefassai neb *mo'i* lestair. **1630** R. VAUGHAN: *YDd* 615, na elli di *mor* gwir edifarhau . . . ni elli di *mor* bod yn gadwedig. **17g.** *MLl* i. 116, heb feddwl *moi* fod ef ar y dibin. **1659** *GIA* [lxxii], Nis gallwn ni *mon* sancteiddio ein hunain. **1661** E. LEWIS: *Drex* 310, ni fedrafi *mor* bod yn ddiodde[fg]ar. **1675** R. JONES: *HCh* 63, ni fynnai ef i ni *mor* bod megis Stoicciaid. **1679** C. EDWARDS: *GGG* 49, ni cheisiaf *mor* edifarhau, na gweddio. **1691** T. WILLIAMS: *YB* 297, nas gallont *mo* eu dilyn ddim hwy. **1706** *Nat Con* 6, nas dylid *mo* wneuthur hyn ond unwaith. **1723** WM: *PGG* 30, ni cheiff hwnnw *mo'i* gyfarwyddo gan yr Yspryd glân. **1754** G. OWEN: *L* 114, nis gallasai . . . *mo'r* d'wedyd yn bendant.

(*c*) (yn cyflwyno gwrth. rhesymegol be.: *introducing the logical obj. of a vn.*)
16g. *WLl* 45, Odid i Dduw, doed a ddel / Fyth ddewis *mo* vath Howel. *p.* **1584** G. ROBERT: *GC* [210], nid gwiw ceisio ysplygu yn eglur, *mo* donyddiæth. **1618** J. SALISBURY: *EH* 22, heb orfod aros *mo'r* amser. **1630** R. VAUGHAN: *YDd* [xxiii], Nid wyf yn adrodd *mo* hyn er mwyn elwi gwag foliant. **1679** C. EDWARDS: *GGG* 111, ni fedrant hwy weithio ynddynt *mor* ufyddgarwch. c. **1688** *YHD* 1, ni chaiff hwnnw wneuthur *mor* niwed i ni. **1691** T. WILLIAMS: *YB* 12, nid ydych yn cyfri *monynt* yn bethau parhaus. **1698** T. JONES: *Art* 2, ni ddylem wneuthur *mor* gwatwar a gwawd o honŷnt. **1701** E. WYNNE: *RBS* 144, na feiddiei Angel o râdd îs wrthddywedyd *mo* Gythrael o râdd uwch. **1704** E. SAMUEL: *BA* 10, haig niferog o bysgod ag nas gallai y rhwydau gynnal *mo'nynt*. **1712** T. WILLIAMS: *CDdG* 137, nid oedd y trwblaethau ar aml wrthwyneb a gafodd yn blino *mono*. **1716** E. SAMUEL: *GGG* 63, nad allai ond Duw ei hun weithredu *monynt* [gwyrthiau Crist]. **1721** E. PUGH: *AC* 91, na's gallant . . . wnio *moi* crefydd yn gymmwys wrth lewis y Swyddogion. **1754** G. OWEN: *L* 91, Da chwithau na ymheliwch ddangos *m'oni* i neb. **1778** J. HUGHES: *BB* 82, Nid wyfi 'n gosod *mo* hyn allan, / I'ch digalonni.

3. (yn cyflwyno ymad. adfl.: *introducing an adv. phr.*)
1699 T. JONES: *TP* 15, Nid ŷw ei Dŷ êf *mo* filltir oddyma.
Amr.: **ymhonof**, &c. **1655** WL: *DP* 16, 177. **1656** W. JONES: *TPG* 28. **ymohonof**, &c. **1656** W. JONES: *TPG* 12. **ymonof**, &c. **1712** T. WILLIAMS: *CDdG* 37, 93, 277, 360.
Cfn.: **mo'r llawer**: (*not*) *much*, (*not*) *many*, *hardly any(thing)*. **1677** R. JONES: *BB* 147. **1714** R. PRYDDERCH: *GD* 150, Nid wyfi yn yfed *mor llawer*, nid wyf ond eistedd yn y Tafarn. **1752** G. OWEN: *L* 18, ni fyddai hynny *mo'r llawer* gwell nâ lladrad. **1754** *id.* 101.
Am *nid oes (gennyf, &c.) mo'r help*, gw. help.
Gw. hefyd dim—dim o.

Moabiad [e. lle *Moab* + *-iad*[3], a'r ff. f. *Moabites* ar ddelw'r S. *Moabitess*] *eg.* (b. *Moabies, Moabees, Moabes, Moabites*, ll. *Moabiesau*) ll. *Moabiaid*. Un o drigolion Moab: *a Moabite*.
1588 *Gen* xix. 37, efe yw tâd y *Moabiaid* hyd heddyw. **1588** *Deut* xxiii. 3, Na ddeled Ammoniad, na *Moabiad* i gynnulleidfa'r Arglwydd. **1588** *Ruth* i. 4, hwy a gymmerasant iddynt wragedd o'r *Moabiesau*. *id.* ii. 2, Ruth y *Moabies*. *id.* iv. 5, Ruth y *Moabites* (**1717** *ib.* y *Foabies*; **1752** *ib.* y *Moabees*; **1955** *ib.* y *Foabes*). **1769** J. GRIFFITH: *A* 19, Ruth y *Moabies*.

***moaf: moi**, *bg.* (a'i dilyn yn aml gan yr ardd. *ar*). Esgor (ar ebol neu eboles), bwrw (ebol neu eboles), dod â chyw (am gaseg), llydnu: *to foal*.
Dchr. **14g.** *AL* ii. 194, *amoi* or cassec ar ebawl ac eboles. **14g.** *WM* 31. 1–4, Aphob nos calanmei y *moei* ac ny wybydei neb un geir e wrth y hebawl. *ib.* 17–19, ac ual y byd dechreu noss. *moi* y gassec ar ebawl mawr telediw. **1803** *P*, *moi* . . . to foal.
Amr.: **ymoei** [geir.; ffrwyth camgymryd *y moei* mewn engh. debyg i'r ail uchod fel be.]. **1604–7** *TW* (*Pen* 228), *ymoei* ebol. K.H. d.g. *edo, is* . . . *Edere pullum*. **1632** *D*, *ymoei* ebol, h.e. bwrw ebol, pullum edere, parere; de equa dicitur. **1771** *W*, *ymoei* ebol d.g. *to bring forth young*.

mob [bnth. S. *mob*] *eg.* ll. *-s, -iau*. Torf o bobl derfysglyd neu afreolus, ciwed, tyrfa: *mob, rabble, crowd*.
[**1745**] W. ROBERTS: *FfM* 59, I bob *Mob* bawlyd. **1757** *ML* ii. 32, Bu agos i'r *mops* a lladd Sir Edward Hawke yn y stryt. **1758** *id.* 62, y *mob* a ddaethent o'r chwarelydd a'r mwyngloddiau. **18g.** TWM O'R NANT: *CO* 41, 'Roedd yno fwy o *fobs* cyffredin / Nag oedd yn lecsiwn fawr Sir Watcin. **1792** H. HARRIS: *H* 27, Yr ydoedd fy einioes . . . mewn perygl oddi wrth y *mob*. **1794** W. RICHARDS: *YDY* 14, Fe gasglwyd ynghyd . . . lu o *fobs* eglwysig, neu . . . liaws fawr o'r rhain ag oedd yn caru'r eglwys a'r brenin.

mobiaf: mobio [bnth. S. (*to*) *mob* 'to attack in a mob' a'r S. taf. (*to*) *mob* 'to pelt'] *bg.a.* Ymosod yn llu afreolus (ar), ymgynnull yn dyrfa derfysglyd, hefyd yn *ffig.*; lluchio (at berson): *to mob, assemble in a mob, also fig.; pelt (person)*.
1754 *ML* i. 280, Nid oes yno ddim yn mynd ymlaen ond *mobbio*. **1758** *id.* ii. 79, Mae gormod o son am ymrysonau, *mobiaw*, etc. **1761** *id.* 333, Digrif oedd *mobbio'r* gwyr yn Llanerchmedd. Cf. R. MORGAN: *Rhamant y Gog Lwydlas* (1925) 45, Mi welais . . . adar bach yn '*mobbio*' Dylluan ac adar rhaib eraill.
Cf. mopiaf[2]: mopio.

moc [bnth. S. *mock*; tywyll yw'r rhan fwyaf o'r enghrau. isod] *eg.* Dirmyg, gwatwar, gwawd; efelychiad twyllodrus, ffugiad, rhith: *derision, mockery; deceptive imitation, counterfeit*.
1592 S. D. RHYS: *Inst* 230, Cor phluw cûr phlocc trwy feilch tro *focc*, / Cawr wyd' neu gocc curo dann gâd. **16–17g.** *GST* i. 545, Macwy'r fall, mae cri o'i fod, / *Moc* os daw, micws diod. *ib.* Cyw cras, Rys, cecrus reswm, / Cnoc chwerw *moc*, nid chwarae mwm. **16–17g.** *CC* 324, *mok* oes fer fal mikws fydd. c. **1730** *Thos. Lloyd D* (LlGC) 176a, *mocc*, a Mock. **1803** *P*.

moceiol, gw. maceiol.

mociad [bôn y f. ddil. + *-iad*[1]] *eg.* Y weithred o focio, gwatwar, gwawd, dirmyg, eironi: *a mocking, mockery, scorn, derision, sarcasm, irony*.
16g. *TRP* 152, Megis ffelwn wr gorwlad / drwy gael ysgorn a *mokiad*. **1552** W. SALESBURY: *Gw* 330, Ironeia, Gwatworgerdd, id ryw vûgeilrhe[s] ne *vockiat* nid yn llawn llythyr ar eirie onit ar acken ne agwedd y dyn ae dyweto. **1803** *P*.

mociaf: mocio, mocian [bnth. S. (*to*) *mock*] *bg.a.* Gwatwar, gwawdio, chwerthin am ben; gwawdio drwy ddynwared, efelychu, dynwared: *to mock, deride, laugh at; ape, imitate, mimic*.
15g. *HCLl* 70, Macwy diawl yn *mocio* dyn [i erchi âb]. **15–16g.** HYWEL RHEINALLT: *Gw* 107, Gwas glân a'i dai yn Annwn, / Macwy coch yn *mocio* cwn. **1547** *WS*, *mockio* gwatwor, mocke. **16g.** GR. HIRAETHOG: *Gw* (D. J. B.) 123. 42, Macmwrch yn *mocio* merched. **16g.** *TRP* 170, Hempych gwell er dy *vokio* / brenin iddewon etto. **1574** *GGN* xxvii, ef ai *mockiodd* ag ai galwodd yn ddiystyr. **16g.** *Def Hen* 35, i maent yn syrthio o reswmy i wir union ymserthy, i *foccian*, ymfresty, rhyfygy. **1632** *D*, *moccio*, illudere, irridere. **1672** R. PRICHARD: *Gw* 155, Mae e'n ceisio genyd *foccian* [:– Gwatwor] / Duw 'n ei lŷs ai dŷ ei hunan. **1683** H. EVANS: *CTF* 45, Yn awr pob rhyw oferddyn, sy '*moccian* i o hŷd. **1772** *W*, *moccio* d.g. *to deride, to jest, to mock*. *id. moccian* d.g. *to deride*. **18–19g.** *Llr* C 30, 166, *moccio* . . . to ape. Ar lafar; yn y De-ddwyrain yn y ff. *mocan*, ac yn sir Benf. yn y ff. *mocial*, *GDD* 199.

mocion, gw. mamog.

mociwr [bôn y f. fl. + *-iwr*] *eg.* ll. *mocwyr*. Gwatwarwr, gwawdiwr: *mocker, scoffer*.
16g. WILIAM CYNWAL: *Gw* (R. L. Jones) 24, *Mociwr* min wyllt mewn gelltydd [am afr]. c. **1730** *Thos. Lloyd D* (LlGC) 175b, *mocciwr*. K. 41, a mocker, scoffer. **1803** *P*, *mociwr*, s.m. pl. *mocwyr*, a mocker.

Mocyn, gw. Morgan.

mocyn poera [?yr e. prs. *Mocyn* (ff. anwes ar *Morgan*) + elf. anh.] *eg.* Corryn llwytgoch a geir gan amlaf mewn caeau: *reddish brown spider found in fields, ?grass spider*.
19g. *Ceredigion* v. 388. Ar lafar yng Nghered., hefyd yn y ff. *mocyn powra*, D. J. EVANS: *HCS* 130.

moch[1] [Crn. C. *mogh*, Crn. Diw. *moh*, H. Lyd. *moch*, Llyd. Diw. *moc'h*, H. Wydd. *mucc*, e. duw Gal. *Moccus*: < Clt. **moccus*] *e.ll.* ac *e.tf.* (un. g. *mochyn*) ll. dwbl *mochod*.

1. (*a*) Mamoliaid pedwarcarnol o'r teulu *Suidæ* (gan gynnwys baeddod, hychod, a pherchyll yn ddiwahaniaeth), a nodweddir gan groen gwrychog a swch hir (a hefyd yn achos y rhai gwyllt gan ysgithredd hir crwm) ac a fegir am eu cig: *pigs, swine, hogs*.
12g. *LL* 80, *Moch* idest porci. **13g.** *LlI* 22, Teyr ruet gurda: e gre a'e kenueynt warthec a'e kenueynt *uoch*. c. **1300** *H* 108^{2}a. 35, mal heu rac *moch* meryerid (Llywarch ap Llywelyn). **14g.** *WM* 83. 10–14, Anifeileit bychein guell eu kic no chic eidon. bychein ynt wynteu. ac ymaent ynsymudaw enweu. *Moch* y gelwir weithon. **14g.** *YBH* 27a, gwely di efo ae getymdeithon yn dygwyddaw yr llawr o veddawt ac yn kyscu vegys *moch*. **15g.** *Pen* 67, 26, kan kigydd beynydd a derbynnyan / a chan llydn o *voch* ayr kan krochan (Hywel Dafi). **1547** *WS*, *moch*, swyne. **1599 (1677)** R. HOLLAND: *AB* 62, Y mae dynion gen mwya fel *móch*, y sydd yn rhedeg â'u trwynau tua'r llawr i fwytta mês. **1615**

R. Smyth: *GB* 48–9, y mae llawer yn gwneythyr duw oi boliau . . . gan fuw fal *moch*. **1632** *D*, *môch*, Sing. *Mochyn*, sus, porcus. **1672** J. Langford: *HDdD* 205, gwedi i ni ein cyfnewid ein hunain i *fòch*, y budraf o Anifeiliaid. **1728** T. Baddy: *DDG* 73, i gythruddio 'r Juddewon, efe a osododd i fynu lun *Mochyn* ag Iuddew tan ei Draed uwch ben Pyrth Caersalem. **1771** *PDPh* 92, Creadur niweidiol, ysglyfaethus, cyndyn, caled, anhawdd ei reoli yw *mochyn*. **1803** *P* d.g. *môch, mochyn*. Digwydd yn gyff. mewn e. lleoedd, e.e. *Mochras*, *Mochros*, *Mochdre*, gw. I. Williams: *ELl* 23, *ELlSG* 19.

(*b*) (yn *ffig*.) Personau gwancus, brwnt, diog, meddw, neu anfoesol: *greedy, dirty, lazy, drunk, or immoral persons*.

1595 *Egl Ph* 45, Fal hynn y dywedwn, fod gwrda, yn sant . . . fod meddwyn, yn *fochyn*. **1703** E. Wynne: *BC* 25, Wedi llwyrflino ar y *môch* abrwysc hyn [saith o gymdogion sychedig]. *id.* 38, os trwsiadus, balch; os nadè, *mochyn*. *id.* 98, [p]embyliaid segurllyd, neu *fôch* meddwon. **18g.** E. T. Rhys: *DA* 102, Ac fel 'rwy'n myned henach henach, / 'Rwy'n myn'd yn *fochyn* mwy afiachach. **1803** *P*, *mochyn* . . . O y *mochyn* brwnt! Oh thou dirty pig! Fe'i defnyddir ar lafar yn ddifr. yn yr ystyr 'plismyn' (cf. y defnydd o'r gair *pigs* yn S.).

2. (yn *dros*.) (*a*) Pympiau bychain a ddefnyddir o dan y ddaear mewn pwll glo i gael gwared ar ddŵr: *small pumps used underground in coal-mines to remove water*.

Diw. **19g.** Ar lafar yng nglofeydd Morg. a sir Gaerf., *Geir Glo* 90.

(*b*) Peiriannau torri cerrig (mewn chwarel): *crushers* (*in quarrying*).

1863.

(*c*) Offer tebyg i erydr â dwy ystyllen bridd o boptu i bob un ar gyfer agor rhesi tatws, &c., neu briddo tatws: *ridging-ploughs*.

Ar lafar ym Meir. a sir Ddinb. Gw. hefyd y cfn. *mochyn tyrcha* isod.

(*d*) Rhannau (o oren neu o ffrwyth tebyg): *segments* (*of orange, &c.*).

Ar lafar yn Llŷn ac Arfon, *ISF* 39.

Cfn.: **mochyn bacwn:** *baconer*. **20g.** **m. bach:** *piglet*. **1838.** **m. bêr:** *roasting pig*. **1759** *ML* ii. 148. **1762** *id.* 474, bachgen braf ydyw, cyn dewed a *mochyn bêr*. **m. bychan** = **m. daear.** **1547** *WS*. **1753** *TR*. Ar lafar ym Morg. a Brych., *LGW* [244]. **m. cadw** = **m. stôr. 1833. moch (y) coed** (i) *wild pigs, wild boars; badgers*. **13g.** *LlI* 11. **14g.** *WM* 91. 28. c. **1400** (*SG*) *HMSS* i. 206. **16g.** *Hop M* 201. Ar lafar yn nwyrain sir Ddinb. yn yr ystyr 'moch daear', *LGW* 245. (ii) (ll. dwbl *mochod coed*) *pine-cones, fir-cones*. Ar lafar yn y Gogledd, *WVBD* 377. (iii) *wood-lice*. **[1762]** E. Powell: *HEI* 26. Ar lafar yn y De, hefyd yn y ff. *moch bach y coed*. **mochyn coron:** *runt* (*of a litter*). Ar lafar yng Nghered. **m. cwta** = **m. gini.** Ar lafar. **m. daear:** *badger*. **1762** *ML* ii. 443, [*m*]*ôch daears*. Ar lafar yn gyff., *LGW* [244]. **m. deudwlc:** *married man having an affair with another woman; child living alternately with different members of its family* (*e.g. mother and grandmother*). Ar lafar yng Nghered. **m. (y) dŵr (dwfr):** *capybara, Hydrochœrus hydrochœris*. **1853. m. gini:** *guinea-pig*. **1826. m. gŵt!:** (*you*) *worthless pig!* Ar lafar yn Arfon, *WVBD* 165, 377. **m. gŵyl** = **m. bêr.** Ar lafar ym Morg. **m. gwyllt:** (i) *wild pig, wild boar*. **16–17g.** *Haf* 26, 123. (ii) = **m. daear.** Ar lafar yn Rhosllannerchrugog, *LGW* 245. **m. halltu:** *pig reared for slaughter and salting*. Ar lafar yn sir Gaerf. **m. Iddew:** '*a Jew's pig*', *i.e. a worthless or useless object*. **1754** *ML* (Add) 872, pa ddaioni a wnaeth yn fyw mwy na *mochyn Iddew*. **m. India** = **m. gini. 1869. moch magu:** *breeding pigs, breeding sows*. **20g. mochyn marchnad:** *pig bred to be sold*. Ar lafar ym Morg. **moch Môn:** *inhabitants of Anglesey* (*facet. and derog.*). **1805** *LlGC* 13224, 32, Cwn Edeirnion, *Moch Môn*, Dylluanod Iâl, a Lladron Mowddwy. Ar lafar, *WVBD* 377. **mochyn (y) môr:** (i) *porpoise, Phocæna phocæna*. **1852.** (ii) *whelks*. Ar lafar yn Arfon, *WVBD* 377. **m. parthau:** *pet pig*. Ar lafar ym Morg. **m. slip:** *slip, store, young pig* (*about six months old*). Ar lafar yn sir Benf., *GDD* 199. **m. stôr:** *store* (*pig*). **1929. m. Stradlin:** *salmon*. Ar lafar yn ardal Pen-y-bont ar Ogwr, *LlGC* 1171, 39. **m. sugno:** *sucking-pig*. **1838. m. tair (ceiniog)** = **m. gini.** Ar lafar ym Morg. **moch torri:** *cutters* (*medium-weight pigs*). **20g. m. Tsieina:** *China hogs*. **1800** *Eurgr* 15. **mochyn tyrcha:** *ridging-plough*. **20g. m. unglust:** *untidy or ugly person*. Ar lafar yn sir Gaern. **gwneud m. ohono (ohoni, &c.) ei hun:** *to make a pig of himself* (*herself, &c.*). **1923.** Ar lafar yn gyff. **mae gan foch bach glustiau (mawr), mae clustiau (mawr) gan f. bach:** *children are apt to overhear, 'little pitchers have long ears'*. Ar lafar yn y Gogledd, *WVBD* 272.

Gw. hefyd mochach.

moch[2] [cf. H. Wydd. *mó*, *mos-*, *mus-*, Gwydd. C. *moch*, Llad. *mox*, Sans. *maksụ*] *a*., gan amlaf fel rhan o air cfns. neu gyda grym adferfol. Buan, cynnar: *soon, early*.

13g. *C* 2. 5–6, *Moch* guelher y niuer gan elgan. **13g.** *A* 36. 12, *Moch* aruireit imore. c. **1300** *H* 120b. 26, *Moch* gwelwyf am nwyf yn etein y wrthaw (Hywel ab Owain Gwynedd). **14g.** *T* 47. 5, *moch* y dyscat o rodi rat rex meibon. c. **1400** *R* 1028. 41, ny *moch* dieil meuyl meryd. *id.* 1050. 25–31, *Moch*daw byt yngryt yngredyf carant. *moch*daw mynych dorr ortwrneimant. *moch*daw rwng saesson russyant ymdrychu. adibarch gladu aguassant [*sic*]. *Moch*daw gwyr manaw yr mynnu molyant. ar gogled dyhed diheu ygwnant. *Moch*uyd ymprydein pryder achwant. *id.* 1056. 39–40, auo marw ny *moch* welir. c. **1400** *B* iii. 12, *moch* vyd barn (*D* (*Diar*), *moch* barn) pob ehut. **1632** *D*, *moch*, yw buan . . . Festinans, festinus, citus, præceps, Festinanter, cito. **1688** *TJ*, *moch*, bŷan, prysur, quick, nimble. **1803** *P*.

Amr.: **mwch. 1803** *P*.

mòch [?bôn y f. ddil.] *eg*. Llanastr, annibendod; helbul, trafferth: *mess; trouble, bother*.

Ar lafar yn y Gogledd ac yng ngogledd Cered. yn yr ymad. 'gwneud *mòch* (o rywbeth)', 'to make a mess (of something)'; yn Llanelli clywir hefyd 'yn y *mòch*', 'mewn trafferthion', *B* xii. 24.

mocha, mochi, mochian [bf. o'r e. *moch*[1]] *bg.a.*

(*a*) Ymddwyn fel mochyn, byw yn fochaidd, ymdrybaeddu (fel mochyn); rhochian; halogi, difwyno: *to behave like a pig, live like pigs, wallow* (*like a pig*); *grunt; defile, sully*.

1653 *MLl* i. 197, Ac er bôd angelion Duw yn nhŷ Lott, fe fynnai gwŷr Sodom (bes gallasent) i *mochi*. **1727** J. Jones: *DFF* 124, yn gyfryw Adfydigion ysbrydwael, truenus, y rhai fuoch yn *mocha* . . . mewn Llaid a Thom. **1796** *MA* iii. 237, Tri brodyr unbarch â *mochi*: glwth, meddwyn, a diogyn. **1803** *P* d.g. *mochi, mochian*. Ar lafar yn y Gogledd yn y ff. *mocha* 'budreddu, budro, dod â baw, &c., i mewn i'r tŷ'.

(*b*) (yn y ff. *mocha*) Porchellu, bwrw perchyll, dod â moch bach: *to farrow, litter, pig*.

1840.

mochach [*moch*[1] + *-ach*[2]] *e.ll.* Pobl ddirmygus neu fochaidd: *contemptible or swinish people*.

1725 D. Lewis: *GB* 248, Nid yw Dynion drwg annuwiol, / Ond rhyw *Fochach* anystyriol.

mochaidd [*moch*[1] + *-aidd*] *a*. Mochynnaidd, bawaidd, brwnt, budr, ffiaidd, anfoesol; gwancus: *swinish, filthy, dirty, vile, immoral; greedy*.

16g. *Cylchg LlGC* iii. 155, yn ttwy a ddechreuasant durio y lloriau ac ymchwelud y byrddau a'r tresdelau gidag ymrauaelion *vochaidd* weithredoedd. **1701** E. Wynne: *RBS* 56, ffieiddi di'r cibau o drachwanteu *mochaidd*, a chreifion afaleu Sodom. **1707** S. Williams: *ADA* 142, Anlladrwydd, Diffeithder, Aflendid, Meddwdod *mochaidd*. **1723** J. Jones: *LlA* 257, y Meddwyn *mochaidd*. **1731** T. Lewys: *BMA* 50, Gwagedd *Mochaidd* yw [medd-dod] yn wir. **1759** *Cylchg CHMC* lvi. 58, yr wyf yn teimlo ynnof rhyw flas o wangc *mochaidd* i fwyta. **1793** *Cylchg* 40, Odid gweled gwir gristion, yn *fochaidd* yn ei deulu, nac yn frattiog yn ei ddillad. **1794** *W* d.g. *swinish*. **1803** *P*. Ar lafar yn y De.

mochdra [*moch*[1] + *-dra*] *eg*. Mochyndra, mochyneidd-dra: *filthiness, dirtiness*.

20g.

mochdy [*moch*[1] + *tŷ*] *eg*. Twlc neu gwt moch: *pigsty*.

1604–7 *TW* (*Pen* 228), cwt moch, *mochduy* d.g. *porcile* (At.).

mochdyn [?bnth. S. Diw. Cyn. *moght* + *-yn*] *eg*. ll. *-nod*. Gwyfyn, pryf dillad: *moth*.

1567 *TN* 9a, Na chesclwch dresore y chwy ar y ddaear, lle mae yr pryf [:- gwyfyn, *mochdyn*] a rhwt yn ei llygry. **1604–7** *TW* (*Pen* 228), pryfyn, ne etnocyn bychan o rywogaeth *mochdynot* ne r gwyfynot, . . . Sidanbryf d.g. *blatta*. *Dchr.* **17g.** *J* 10, 34b, *mochdyn*, mothe, tinea . . . Cimex. **1632** *D*, *mochdyn*, idem quod Gwyfyn. W.S. Mat. 6. **1725** *SR* d.g. *moth* (hefyd *W*).

Gw. hefyd moth.

mochddwyreog [*moch*[2] + *dwyreog*] *a*. Yn codi'n fore: *early-rising*.

13g. *A* 17. 20, *Moch dwyreawc* y more. *id.* 18. 1, *Moch dwyreawc* y meitin. c. **1300** *H* 7a. 27, *Moch dwyreawc* huan haf dyfestin (Gwalchmai). *Dchr.* **14g.** *id.* 85b. 11–12, Am uochnant kein amgant coedawc am uechein yn *uochdwyreawc* (Llywarch ap Llywelyn). c. **1400** *J* 1, 1072, medel *mochdurryavc* [*sic*]. **1803** *P*.

mocheidd-dra [*mochaidd* + *-dra*] *eg*. Mochyneidd-dra, bryntni, aflerwch: *swinishness, filthiness, untidiness*.

1798 *WR* d.g. *hoggishness, slubbering*. **1803** *P*.

mochelaf: mochel, gw. ymochelaf: ymochel.

mochennaidd, mocheria, gw. mochynnaidd, mochyria.

mochfugail, gw. moch[1] + bugail.

mochgig [*moch*[1] + *cig*] *eg*. Porc, cig moch, ham, bacwn: *pork, ham, bacon*.

1759 *ML* ii. 148, dafad-gig 3c. i 4c., . . . *mochgig* i'r 5c. [y pwys], bacwn 8c. i 10c. **1800** W. Owen[-Pughe]: *CP* 76, Prin y rhaid imi sôn am lês yr anifeiliaid hyn [moch], gan fod ansawdd dda ein *mochgig* (*bacon*) yn dangos y gwyddoch hyny yn burion.

mochglun [*moch*[1] + *clun*[1]] *eg*. ll. *-iau*. Clun mochyn, ham: *a ham*.

1851.

mochi, mochian, gw. mocha.

mochlys [*moch*[1] + *llys*[5]] *e.ll.* ac *e.tf.*

(*a*) *Bot.* Codwarth du, llysiau'r moch, *Solanum nigrum*; codwarth, *Atropa belladonna*; llysiau Steffan, *Circæa lutetiana*; codwarth caled, elinog, manyglog, *Solanum dulcamara*: *common nightshade, black nightshade; deadly nightshade, belladonna, dwale; common enchanter's nightshade; woody nightshade, bitter-sweet*.

1801 *MMf* 289, morella major, *mochlys*. **1813** *WB* 220, *mochlys*; Solanum nigrum; Common Nightshade.

(*b*) *Bot.* Planhigyn tomato, *Lycopersicon esculentum*: *tomato plant*.

1851.

Cfn.: **mochlys cyffredin:** *common nightshade, black nightshade, Solanum nigrum*. **1813** *WB* 23. **m. duon** = **m. cyffredin. 1924. m. grawnddu** = **m. cyffredin. 1813** *WB* 23.

Mochnannwys [*Mochnant* + *-wys*[1]] *e.tf.* Gwŷr Mochnant (ym Mhowys): *the men of Mochnant* (*in Powys*).

c. **1400** *R* 1434. 13–15, kynuaran creulan creulyt uereu. glew glyw *mochnannwys* o bowys beu.

mochog [*moch*[1] + *-og*] *a*. Mochaidd, mochynnaidd: *piggish, swinish*.

1620 *Mos* 204, 112, Ni bydd *mochawg* a vo tra haelawg.

mochriw [gair geir., ffrwyth trafod e. lle (cf. *VSB* 26, *Bochriucarn*) fel e. cyff.] *eb*. Llethr, rhiw, bryn: *ascent, slope, hill*.

1592 S. D. Rhys: *Inst* 30. **1707** *AB* 219a, *Mochriw*, apud Breconienses . . . An ascent. **1753** *TR*. **1770** *W* d.g. *the arising of a hill, an ascent*. **1803** *P*.

mochwr [*moch*[1] a bôn y be. *mocha* + *-wr*] *eg*. ll. *-wyr* (*-wrs*). Bugail moch, meichiad, gyrrwr moch, un sy'n prynu a gwerthu moch; gweithiwr aflêr, un sy'n creu llanastr: *swine-herd, pig-drover, pig-dealer; untidy workman, one who makes a mess*.

1771 *PDPh* 93, Yr oedd yr hen *Fochwyr* yn arfer curo honno [gwythïen fawr ar gynffon mochyn] i beri iddi gyfodi. *Diw.* **19g.** *SE MS* 304a, *mochwr*, *-wyr*, sm. a pig-drover.

mochwraidd [*moch*[1] + *gwraidd*] *eg*. Plan-

higyn bach ac iddo flodau pinc neu wyn a gwraidd trwchus a fwyteir gan foch gwyllt, *Cyclamen hederifolium*: *ivy-leaved cyclamen, sowbread*.
1813 *WB* 221, *Mochwraidd*; Cyclamen europæum; Sowbread.

mochyn, gw. moch[1].

mochyndra [*mochyn* + *-dra*] *eg*. Bryntni, aflerwch, llanastr; bwystfileiddiwch, creulondeb: *filthiness, untidiness, mess*; *brutality, cruelty*.
1848.

mochyneidd-dra [*mochynnaidd* + *-dra*] *eg*. Llanastr, budreddi, mocheidd-dra: *mess, filth, swinishness*.
1803 *P*.

mochyneiddiaf: mochyneiddio [bf. o'r a. *mochynnaidd*] *ba*. Budreddu, maeddu, difwyno, halogi: *to foul, soil, pollute, defile*.
1842.

mochyneiddiwch [*mochynnaid* + *-iwch*[1]] *eg*. Mochyneiddrwydd, mocheidd-dra: *filthiness, swinishness*.
1847.

mochyneiddrwydd [*mochynnaidd* + *-rwydd*] *eg*. Bryntni, ffieidd-dra, mocheidd-dra: *filthiness, foulness, swinishness*.
1770 *W* d.g. *beastliness* [*nastiness, filthiness*]. **1803** *P*.

mochynnaidd [*mochyn* + *-aidd*] *a*. (b. (prin) *mochennaidd*). Brwnt, budr, bawaidd, mochaidd; gwancus: *dirty, filthy, swinish*; *greedy*.
1718 E. SAMUEL: *HDdD* 186, na bŷch . . . yn euog or pechod *mochynaidd* yma [meddwdod]. **1722** *Llst* 189, *mochynnaidd*, like a pig, hoggish. **1762** D. ROWLAND: *PA* 139, rhai a sylwasant fod rhyw hunan *fochynaidd* hynod yn berthynol i drigolion morfeydd sir Lincoln. **1770** *W* d.g. *beastly* [*nasty*], *hog-like, swinish*. **1803** *P*. Ar lafar yn y Gogledd ac yng ngogledd Cered. yn yr ystyr 'brwnt, bawaidd'; hefyd yn Arfon yn yr ystyr 'sorllyd', *WVBD* 377.

mochyria, mochyrio [bf. o'r e. *moch*[1] + elf. anh.] *bg*. Rhochian (am faedd yn ceisio hwch, neu am hwch lodig): *to brim, grunt* (*of a boar after a sow, or of a sow in heat*).
13g. *Ll* 101, Nyt yaun dale beyd un amser en *mochyrya*. *Dchr*. **17g.** *J* 10, 34b, *mocheria* [*sic*], subo. **1632** *D*, môch . . . *Mochyria*, Subare. **1688** *TJ*, *Mochyrio*, hychian fal hŵch: to grunt as a Sow. **1753** *TR*, *mochyria*, to grunt like a boar after the sow: also, to go to boar, to brim as the sow doth. **1771** *W* d.g. *to brim*. **1803** *P* d.g. *mochyria, mochyriaw*.

mochysgall [*moch*[1] + *ysgall*] *e.ll.* ac *e.tf.* (un. b. *mochysgallen*). *Bot*. Ysgall y moch, llaethysgall, llysiau llaethog, *Sonchus oleraceus*: (*common*) *sowthistles*.
1813 *WB* 221.

mod [?amr. ar *bod*[1], gyda *b-* ac *m-* yn ymgyfnewid; dichon fod mwy nag un gair yma] *eg*. Lle, ?lle amgaeedig: *place, ?enclosed place*.
c. **1470** *B* ii. 231, *mod*: lle. **16g.** *Llst* 6, 100, ar myllt y gyrchais yr *mod* / athri ychen athyrchod. **1707** *AB* 219a, *Mot*, A place. V. & alii. **1803** *P*.
Amr.: **moed. 1707** *AB* 219a, *moet*, a place. V.

modaf: modi, modyd, gw. ymodaf: ymod.

modal [bnth. S. *modal*] *a*. *Crdd*. Moddol: *modal* (*in mus.*).
1938.

modan, gw. bòd[2].

modbren, gw. mopren.

model [bnth. S. *model*] *eg.b.* ll. *-au*.

(*a*) Person, peth, sefydliad, &c., sy'n haeddu ei efelychu, enghraifft berffaith o ragoriaeth, patrwm; person, peth, &c., sy'n nodweddiadol o'i fath: *model, exemplar*; *characteristic example*.
1852.

(*b*) Person a gyflogir i arddangos dillad drwy eu gwisgo, person a gyflogir i'w ddarlunio gan artist: (*fashion, artist's, &c.*) *model*.
1963.

(*c*) Cynrychioliad mewn tri dimensiwn o rywbeth diriaethol; cynllun neu batrwm haniaethol (o system, sefydliad, &c.): (*three-dimensional*) *model*; *abstract plan or model* (*of system, institution, &c.*).
1884.

modelaf: modelu [bf. o'r e. bl.] *bg.a.* Gwneud model (o) (â chlai, papur, coed, &c.), defnyddio (clai, &c.) i wneud model; efelychu gweithrediad (system, proses, cynllun, &c.); arddangos dillad, &c., fel model, bod yn fodel i artist: *to model, make a model of*; *model, simulate* (*system, process, scheme, &c.*); *model* (*clothes, &c.*), *pose as a model*.
1930.

modern [bnth. S. *modern*] *a*. Yn perthyn i'r cyfnod diweddar neu'r presennol, cyfoes, newydd, diweddar; nodweddiadol o arddull gyfoes celfyddyd, llenyddiaeth, cerddoriaeth, &c., yn enw. pan fo'n arbrofol: *modern, recent, of the present time*; *modern* (*of artistic, literary, musical, &c., style*).
1922.

modernaidd [*modern* + *-aidd*] *a*. Yn perthyn i foderniaeth neu i'r moderniaid, modern, diweddar, cyfoes: *modernistic, modern*.
1927.

moderneiddiad [bôn y f. ddil. + *-iad*[1]] *eg*. Y weithred o foderneiddio; yr hyn sydd wedi ei foderneiddio: *modernization*.
20g.

moderneiddiaf: moderneiddio [bf. o'r a. bl. ar ddelw'r S. (*to*) *modernize*] *ba*. Gwneud yn fodern (yn enw. am adeilad), gwella (cyfleusterau tŷ, ffatri, &c.) yn ôl safonau heddiw, diweddaru, diwygio: *to make modern, modernize* (*house, factory, &c.*), *update, emend*.
1927.
Amr.: **moderneisio** [bnth. S. (*to*) *modernize*]. **1906.**

moderneiddiwch [*modernaidd* + *-iwch*[1]] *eg*. Y cyflwr o fod yn fodern, modernrwydd: *modernity*.
1960.

moderneisiaf: moderneisio, gw. moderneiddiaf: moderneiddio.

moderniad [*modern* + *-iad*[3]] *eg*. ll. *-iaid*. (yn y ll. fel rheol) Un sy'n cefnogi neu'n dilyn dulliau modern, yn enw. mewn celfyddyd, llenyddiaeth, &c.; *Diwin*. un sy'n cefnogi syniadau moderniaeth: *modernist, supporter of modernism* (*in art, literature, theol., &c.*).
1917.

moderniaeth [*modern* + *-iaeth*] *eb*.

(*a*) (Ymlyniad wrth) syniadaeth fodern neu ddull(iau) modern, modernrwydd: *modernism, modernity*.
1919.

(*b*) Arddull arlunio sy'n ymwrthod â dulliau mynegiant traddodiadol a chlasurol; arddull debyg mewn llenyddiaeth, cerddoriaeth, &c.: *modernism* (*in art, literature, music, &c.*).
1921 E. KERI EVANS: *Cofiant Dr. Joseph Parry* iii–iv, [mae] oes o adweithiad . . . yn condemnio'r oes flaenorol . . . Rhydd *Moderniaeth* mewn Cerdd le uwch i'r deallol nag i'r teimladol.

(*c*) *Diwin*. Tuedd i ddarostwng traddodiad i'w gysoni â'r meddwl modern (yn enw. mewn gwrthgyferbyniad â ffwndamentaliaeth): *modernism* (*in theol., esp. as opposed to fundamentalism*).
1924.

modernid [cfdds. o'r S. *modern*(*ity*) + *-id*[5] (At.)] *eg*. Y cyflwr o fod yn fodern, modernrwydd: *modernity, modernism*.
1934.

modernistaidd [cfdds. o'r S. *modernist*(*ic*) + *-aidd*] *a*. Modernaidd: *modernistic*.
1937.

modernistig [cfdds. o'r S. *modernist*(*ic*) + *-ig*[2]] *a*. Modernaidd: *modernistic*.
1947.

modernrwydd [*modern* + *-rwydd*] *eg*. Y cyflwr o fod yn fodern: *modernity*.
20g.

modernwr, modernydd [*modern* + *-wr* + *-ydd*[3]] *eg*. ll. *-wyr, -yddion*. Moderniad (yn enw. mewn diwin.): *modernist* (*esp. in theol.*).
1926.

modfedd [*mawd* + *-fedd* (At.), Crn. Diw. *misue*, cf. Llyd. Diw. *meudad*] *eb*. (bach. b.?g. *-ig*, g. *-yn*) ll. *-au*, *-i*.

(*a*) Mesur hyd (bellach = 2·54 cm., deuddegfed ran o droedfedd): *inch*.
13g. *Ll* 59, try hyt gronyn heyd en e *uotued*; teyr *motued* en llet e palyf; try llet e palyf en e troetued. *id.* 85–6, Sef yu meynt y llestyr messur, teyr *motued* en e llet . . . (o deruyd bot amrysson am uaut uaur ac un uechan, sef e dele er egnat a'e uaut eu dyamryssony). *c.* **1400** *MM* 62, ef [crugyn] a ffy rac y llysseu *uotued* a hanner. **15–16g.** *TA* 418, I glustiau, mynudiau a wnânt, / *Modfeddau* fy mawd fyddant [i ofyn march]. **16g.** (*LlEG*) *Mos* 158, 102b, Tri hyd gronnun o haidd wedi ddeffol allan oganol y dywysen pan vu y grawn yn galedion ac yn sychion, I wneuthu[r] lled bron bawd yrhon yny gyffredinn Iaith aelwir *moduedd* A thair or *modued*[*d*]*au* hynny A or deiniasant [*sic*] twy Iwn euthur [*sic*] paluad ne led llaw nev ddyrnuedd. **1547** *WS*, *modfedd*, an ynche. **1604–7** *TW* (*Pen* 228), *modveddic* d.g. *unciola*. **1632** *D*, *modfedd*, unciola, pollex, pollicis mensura. **1725** D. LEWIS: *GB* 254, Yr ydys yn meddwl fod Glaw un Flwyddyn gyda'r llall . . . yn dyfod i 20 *Modfedd* o Ddyfnder, pe bai'n sefyll ar Wyneb y Ddaear. **1759** J. EVANS: *PF* 21, Cŵd papur pedair *Modfedd* bob ochr. **1768** J. ROBERTS: *R* 19, 3 Hyd Gronyn haidd a wna *Fodfedd*. 12 *Modfedd* a wna Droedfedd. *id.* 67, *Modfeddi*. **1775** *W*, *modfedd*, llêd bawd d.g. *inch*. **1803** *P* d.g. *modvedd, modveddig*.

(*b*) Mesur cynnwys (= 16·387 cm^3), yn cyfateb i giwb sy'n mesur modfedd ar hyd pob ochr: *cubic inch*.
1768 J. ROBERTS: *R* 17, 231 o *fodfeddau*, sydd mewn Pint [*sic*] Gwin. **1775** M. WILLIAMS: *MC* 10, 22 o Droedfeddi o hyd, ac yn 66 Modfedd o Amgylchiad . . . sef 41 Troedfedd, 7 *Modfedd*, ac un Rhan.

(*c*) (yn *ffig.*) Mesur (pellter, rhan, &c.) bychan iawn, y mymryn lleiaf (o le, amser, peth diriaethol neu haniaethol), ychydig bach, tamaid, &c.: *very small quantity* (*distance, part, &c.*), *slightest amount* (*of place, time, material or abstract thing*), *tiny amount, bit, &c.*
14g. *GDG* 103, Llongwyr, pan gân' ollyngwynt, / . . . / Ni bydd *modfedd*, salwedd som, / . . . / Rhyngthun' a'r anoddun noeth. *id.* 401, A chael fy mun, o chiliaf / . . . / Droedfedd na *modfedd* ym myd (Gruffudd Gryg). **15g.** *TLlM* 29, Mawr ei ferw mal marworyn, / *Modfedd* a bair diwedd dyn [Ieuan Gethin i'r chwarren]. **15g.** *Pen* 67, 76, Ni bv n delynnyor myn saint Jorys / a evrai *vodvedd* ar y vawtvys (Hywel Dafi). **16g.** *AP* 5, [saeth] a phenn awchddur trymdew *modveddic* gwy[r]ddlas a dynnai waed o iar wynt. **16g.** *THSC* (1923–24) (At.) 61, o wastad y benn hyd yngwaddne i draet nid adewid *modvedd* o honno ond yn waedlyt ac yn gic noeth. **1615** R. SMYTH: *GB* 79, nad oedd onid lled dwy *fodfedd* ne dair, ryngthynt a marwfolaeth. **1676** W. JONES: *GB* 90, i gasclu briwsion yr amser, pob *modfedd* o hono. **1696** *CDD* 186, Nid ŷw dŷn ond megis gwlithŷn, / . . . / Neu fel *modfedd*, neu fel blisgŷn. **1790** T. JONES: *TOS* 210, ni syflwn *fodfedd*. Cf. D. OWEN: *GT* 71, yr oedd Gwen wedi ei swyno gymaint . . . fel . . . na symudodd *fodfedd*.
Cfn.: **modfedd giwb:** *cubic inch, solid inch*. **1925. m. giwbig = m. giwb. 20g. m. feddal:** *weak spot, susceptibility*. **1701** E. WYNNE: *RBS* 250, a chwilio

allan . . . [p]a le y bo'r *fodfedd feddal* arnat sy rwyddaf i brofedigaeth. *c.* **1730** *Thos. Lloyd D* (LlGC) 172b, y *Fodfedd feddal* ar un . . . The weak side. **m. bedairochrog = m. giwb.** **1768** J. ROBERTS: *R* 17. **m. (y)sgwâr:** *square inch.* **1725** D. LEWIS: *GB* 131. **wrth y f.:** *by the inch; in a limited or measured manner; inch by inch, gradually.* **1604–7** *TW* (*Pen* 228) d.g. *præfinito.* **1775** *W* d.g. *inch by inch.* **yn y f.:** *on the very spot; forthwith, immediately.* **1595** M. KYFFIN: *DFf* 183, gellid . . . eu gwrthladd nhwy'*n y fodfedd* lle y dechreuent. **1604–7** *TW* (*Pen* 228), *yn y vodvedd*, mewn amser da d.g. *peropportune. ib.* yn y mann, yn vywioc, *yn y vodvedd* d.g. *protinus.*

modfeddaf: modfeddu [bf. o'r e. bl.] *bg.* ?Symud rhywbeth ymlaen fesul tipyn rhwng bys a bawd, bodio: *to move something along gradually between finger and thumb.*

15g. *GGl* 249, Mudo gwŷdd, fy myd a gaf, / *Modfeddu* (*Llst* 6, 117, modvedday); meudwy fyddaf [i ddiolch am baderau]. *Dchr.* **17g.** *J* 10, 34b, *modveddu.* **1803** *P*, *modveddu*, to measure inches.

modfeddig, modfeddyn, gw. modfedd.

modiad, modins, gw. ymodiad, bòd[2].

modiwl, modiwlar, gw. modwl[2], modwlar.

modiwletor [bnth. S. *modulator*] *eg.* ll. *-s. Crdd.* Siart a ddefnyddir yn y system sol-ffa sy'n dangos y berthynas rhwng nodau a graddfeydd, cyweiriadur: *modulator* (*in mus.*).

1861.

modlai, modlain, modleiaf: modleio, gw. mwtlai, ymodlain, motleiaf: motleio.

modrabaidd, gw. modrybaidd.

modrabedd, modraboedd, gw. modryb.

modruddyn, gw. madruddyn.

modrwy [*mawd* + *rhwy*[2], H. Grn. *moderuy*, gl. *armilla*] *eb.* (bach. *-ig, -en*) ll. *-au, -on.*

1. Cylch bach o fetel, &c. (yn enw. o aur neu arian) a wisgir ar y bys neu'r fawd fel addurn neu fel arwydd (yn enw. o ddyweddïad, priodas, neu awdurdod): *ring, finger-ring, thumb-ring.*

13g. *C* 98. 16–99. 1, Yscithreid vy *modruy* eur kywruy cann. **13g.** *LlI* 3, a'y ueyrch a'y kvn a'y *uodrvyeu* a'y tlysseu. **14g.** *WM* 48. 9–11, ni rodei hi ae cae ae *modrwy* ae teyrndlws cadwedic ydaw. *id.* 168. 30–1, hwde *vodrwy* yn arwyd at y porthawr. **14g.** *YBH* 28a, yn y *vodrwy* yd oed maen carbwnculus gloyw. **14g.** *GDG* 233, Treuliais wrth ofer glêr glân / *Fodrwyau*; gwae fi druan! *c.* **1400** [*RB*] *WM* 207. 22–4, Ronabwy a wely di y *vodrwy* ar maen yndi arlaw yr amherawdyr. **1547** *WS*, *modrwy*, a rynge. **1604–7** *TW* (*Pen* 228), *modrwyic* d.g. *annellus.* **1615** R. SMYTH: *GB* 73, a theccau i byssydd a *modrwyiau.* **1632** *D*, *modrwy*, annulus, lunula. **1696** *CDD* 248, Mae gwŷbodaeth fel perl hawddgar; / Sŷdd ynghanol *modrwŷ* hŷ-gar. **1736** S. RHYDDERCH: *Alm* [10], *Modrwyau* Cornelian, Aggats. **1803** *P.*

2. (yn *dros.*) (*a*) Unrhyw gylch (yn enw. o fetel) (e.e. drwy drwyn anifail, fel addurn ar helm, clustlws, gwniadur, &c.); dolen haearn (mewn arfwisg fel llurig neu fael); dolen (mewn cadwyn); unrhyw beth ar ffurf cylch (e.e. cylch o gyhyrau, segment o gorff trychfil, &c.); hefyd yn *ffig.*: *any ring or hoop* (*esp. of metal*) (*e.g. through animal's nose, as decoration on helmet, ear-ring, thimble, &c.*); *link* (*of chain-armour*), *mail; link* (*of chain*); *any annular object* (*e.g. sphincter, segment of insect's body, &c.*); *also fig.*

c. **1400** (*SG*) *HMSS* i. 259, ffrwynglymu y varch y mywn *modrwy* oeur aoed yny mur. *c.* **1400** *RB* ii. 198, A phei na ry bylei y cledyf ar *vodrwyeu* y benffestin. ef a vuassei agheuawl or dyrnawt honnw [*sic*]. *c.* **1400** *YCM*[2] 55, gwedyr wneuthur yny chylch [helm] *modrwy* a blodeu o eur. *id.* 71, deg *modrwy* ar hugaint o'r lluruc a'r gwaew hayach yn ymgymysgu a'e ystlys. *id.* 193, ymysgytwaf yny uo *modrwyeu* y lluryc yn dattodedic ual pei craswellt vei eu defnyd. **1588** *Diar* xi. 22, Fel *modrwy* aûr yn nrhwyn hŵch yw benyw lân heb ddeall. **1588** 1 *Mac* vi. 35, [m]il o wŷr wedi eu gwisco mewn llurigau o *fodrwyau.* **16–17g.** *GST* i. 412, Myn â gwayw byw maneg bach, / At *fodrwy* wyt hyfedrach. **1604–7** *TW* (*Pen* 228), y ddolen neu'r ddylaith haearn, y *vodrwy*, neu'r catwen a rwymir wrth yr ieû d.g. *ampron. id. modrwy* ne compas menn d.g. *orbile.* **1632** *D*, *modrwyau* cadwyn d.g. *pronecto.* **17g.** HUW MORUS: *EC* i. 248, Holl *fodrwy* llywodraeth, rheolaeth yr haul. **1681** S. HUGHES: *AC* 19, gwnaed cerdd â hiddl o brês (gan ei thinccian â'i *modrwyau*) ac â rhai offerynnau eraill. **1706** *Cyf Cym* 116, fel cadwaen euraedd [*sic*] o ddeuddeg *modrwy* neu ling. **1722** *Llst* 189 d.g. *a clicker of a door.* **1776** *W*, Rhwy (*mod-rwy*) haiarn fechan d.g. *mail* [*a small iron ring, &c.*]. **1792** *HWS* 25, pan f'o un *fodrwy* neu lingc yn y golwg. Ar lafar, e.e. am ddarn o fetel yn nhrwyn mochyn, *WVBD* 376.

(*b*) *Her.* Amlinelliad o gylch bychan a'i ganol yr un lliw â'r maes: *voided or hollow roundel, annulet.*

16g. *Med H* 68, arwyddion krynion ar ni bont kyfan a elwir *modrwyau. ib.* Y pelet a'r torteus y sydd gyfan a chrynion ac o bob lliw eithr aur, a'r *vodrwy* y sydd gron ac nid yw gyfan. *c.* **1600** L. DWNN: *HV* ii. 227, Wm̃ Llŷn yw Gwarant am hyn o Achau Huw Nanney Esq[e]. sev yr ysgriven sydd heb vod yn y *Modrwyau.*

(*c*) Cudyn (o wallt) yn hongian yn ddolennau troellog, crychgudyn, cwrlen, llyweth neu dorch (o wallt): *ringlet, curl* (*of hair*).

14g. *DGG*[2] 164, Gwallt gwinau *modrwyau* mân (Llywelyn Goch ap Meurig Hen). **1722** *Llst* 189, *modrwy* . . . curl of the hair. [**1783**] *W*, *modrwy* . . . o wallt d.g. *ring, a ring* [*ringlet*] *of hair. id.* d.g. *ringlet* [*a sort of curl*]. Ar lafar, 'Mae 'i gwallt yn troi'n *fodrwya*', *WVBD* 376.

(*d*) Cylch o oleuni o gwmpas corff disglair (yn enw. yr haul neu'r lleuad), halo; un o'r system o gylchau fflat o gwmpas y blaned Sadwrn, &c.: *halo, corona; ring* (*around Saturn, &c.*).

1725 D. LEWIS: *GB* 375–6, Peth arall . . . sy'n dra rhyfeddol yw ei *Mhodrwy*, neu'r Cylch sydd oddiamgylch iddi . . . Y mae weithieu i'w gweled yn groes ar Sadwrn, ac weithieu oddiamgylch iddi yn edrych fel Modrwy. **1784** M. WILLIAMS: *S* ii. 15, yr ydym yn gwybod am un peth yn fwy rhagorol i Sadwrn nag i un o'r lleill, sef, *modrwy* anfeidrol o faintioli. Ar lafar yn Arfon am gylch o gwmpas y lleuad, *WVBD* 376. Cf. **1737** J. JONES: *Alm* [ii], fe fydd peth o'r Haul yn ymddangos fel Modrwy o amgylch Corph y Lleuad.

Amr.: **bodrwy** [*bawd* + *rhwy*[2]]. **1707** *AB* 4[3]a, modrwy; q.d. *Bodrwy* vel Bawdairwy d.g. *annulus.* **1753** *TR* d.g. *modrwy.* [**1783**] *W* d.g. *ring* [*for the finger*]. **1803** *P.* Ar lafar ym Morg. yn y ff. *bwtrw.* **medrwy.** **1574** *LlGC* 15542, 264a. Ar lafar yng nghanolbarth a godre Cered. **mydrwy.** *c.* **1590** *RC* xlvi. 75. *c.* **1610** *Glam Bards* 135. Ar lafar ym Morg. yn y ff. *mytrw.* **mwdrwy.** *c.* **1588** *Rhyddiaith Gymraeg* ii. 83. Ar lafar ym Morg. yn y ff. *mwtrw.*

Cfn.: **modrwy glust:** *ear-ring.* **1604–7** *TW* (*Pen* 228) d.g. *inauris.* **m. eiddig:** *?a kind of ring* (*lit. jealous one's ring*). **1547** *WS*, *modrwi eiddic*, a mase rynge. **1632** *D.* **1753** *TR.* **1803** *P*, modrwy . . . *Modrwy eiddig*, the jealous one's ring, an epithet in droll language. **m. alar, m. galarnad:** *mourning-ring.* [**1783**] *W*, *modrwy alar* d.g. *ring, a mourning ring.* **m. insel:** *signet ring.* **16g.** (*LlEG*) *LlGC* 5276, 367a. *c.* **1730** *Thos. Lloyd D* (LlGC) 157a, *modrwy Insel*, a signet, seal ring. **m. plwg:** *ring keeping the 'plug and feathers' together* (*in quarrying*). Ar lafar yn ardal y chwareli. **m. briodas:** *wedding-ring.* [**1783**] *W* d.g. *ring, a wedding ring.* Ar lafar. **m. dro:** *swivel.* **1850.**

modrwyad [*modrwy* + *-ad*[2]] *eg.* ll. *-aid. Swol.* Anelid: *annelid.*

1851.

modrwyaf: modrwyo [bf. o'r e. *modrwy*] *bg.a.*

(*a*) Rhoddi modrwy (ar fys, coes (aderyn, &c.), yn nhrwyn (mochyn, tarw, &c.), neu mewn clust, &c.), addurno â modrwy(au); cysylltu â dolen neu fodrwy cadwyn, dolennu: *to ring, adorn with ring(s), put a ring on or in; link.*

1604–7 *TW* (*Pen* 228), *modrwyo* gyt ac ereill d.g. *concateno.* **1722** *Llst* 189, *modrwyo*, to ring. **1767** J. ROBERTS: *H* 28, *Modrwyo*'m llaw, a gwisco nhraed. [**1783**] *W* d.g. *to ring* [*fit, or supply, with a ring or rings*]. Ar lafar yn yr ystyr 'pegio (mochyn)', *WVBD* 376; yn sir Benf. yn y f. *midrwyo*, *GDD* 197, 'Nid a bach-a-lligad ma *midrwyo* mochyn', *ib.* 103.

(*b*) Ffurfio (gwallt, &c.) yn fodrwyau, cwrlio, crychu, dolennu, plethu; yn *dros.* ymffurfio'n gylch (o gwmpas), amgylchynu, symud mewn cylch: *to form* (*hair, &c.*) *into ringlets or curls, frizz, curl, plait; transf. form a ring, ring around, surround, curve, curl.*

1604–7 *TW* (*Pen* 228) d.g. *crispo* (hefyd *D*), *vibro.* **1722** *Llst* 189, *modrwyo*, to . . . curl, wrimple. *id.* d.g. *to buckle a periwig.* **1725** *SR* d.g. *to Braid, or curle, to Crisp or curle.* **1770** *W* d.g. *to braid hair, to crisp* [*curl, frizzle*], *to frizzle* [*curl hair, or turn hair in short curls like the wool on a lamb's head, &c.*]. **1803** *P.*

(*c*) (dan ddyl. y S. *to ring*) Canu (cloch): *to ring* (*a bell*).

1683 H. EVANS: *CTF* 36, Darfu idd eu clŷch *fodrwyo* [:– canu] / Mae'th glôch ditheu 'n dechreu tinccio. *c.* **1730** *Thos. Lloyd D* (LlGC) 172b, *modrwyo*, canu, to ring.

modrwyaidd [*modrwy* + *-aidd*] *a.* Ar ffurf modrwy neu gylch, modrwyog, crwn, crych: *annular, circular, curly.*

1798 *WR* d.g. *annular.* **1803** *P.*

modrwyan, gw. madrwy.

modrwyaur [*modrwy* + *aur*] *a.* Yn gwisgo modrwy(au) aur, wedi ei addurno â modrwy(au) aur: *wearing a gold ring or rings, decorated with a gold ring or rings.*

14g. *DGG*[2] 166, Llef drioch, llaw *fodrwyaur*, / Lleucu, moliant fu it, f'aur (Llywelyn Goch ap Meurig Hen). **16g.** GR. HIRAETHOG: *Gw* (D. J. B.) 88. 81–2, A dwy riain *fodrwyaur*; / yllyna wyth yn llwyn aur. *c.* **1730** *Thos. Lloyd D* (LlGC) 175b, *modrwyaur* . . . aureis annulis ornatus.

modrwychwilen, gw. modrychwilen.

modrwyedig [bôn y f. fl. + *-edig*] *a.bfl.* Wedi ei grychu neu ei fodrwyo (am wallt): *curled, formed into ringlets* (*of hair*).

1800 *CLl* 228, Dy wallt, plu 'th Iad, fal dellt plethedig, / Fad wrydau, yn *fodrwyedig.* **1803** *P.*

modrwyen[1,2], gw. madrwy, modrwy.

modrwyfil, madrwyfil [?*modrwy*(*en*[1]) a *madrwy* + *mil*[2]; ?adff. o *modrychwilen*] *eg.* ll. *-od. Swol.* Madfall, genau-goeg; madfall y dŵr: *lizard; newt.*

1773 *W* d.g. *eft or evet.* **1803** *P*, *modrwyvil*, s.m. pl. *od*, a lizard, an efft.

Gw. hefyd modrwyen[1], modrychwilen.

modrwyfys [*modrwy* + *bys*] *eg.* Bys y fodrwy, bys y gyfaredd, meddygfys: *ring-finger.*

1604–7 *TW* (*Pen* 228) d.g. *digitus* . . . *digitus Annularis.*

modrwyig, gw. modrwy.

modrwyog [*modrwy* + *-og*] *a.*

(*a*) Yn gwisgo modrwy(au), wedi ei addurno â modrwy(au): *wearing a ring or rings, adorned with a ring or rings, beringed.*

15g. *DGG*[2] 45, A llaw wych, un lliw a chan, / *Fodrwyog*,—gwae fi druan! **15g.** *HS* 25, y marchog *modrwyog* draw. **15g.** *GGl*[2] 205, Ac Elen ddoeth, galon dda, / Fannog *fodrwyog* Droea. **1547** *WS*, *modrwyoc*, decked with rynges. **1632** *D*, *modrwyog*, annulatus. [**1783**] *W* d.g. *ringed* [*wearing a ring* . . .]. **1803** *P*, *modrwyawg*, having rings.

(*b*) Yn hongian yn fodrwyau (am wallt), crych, cyrliog, wedi ei blethu; ar ffurf modrwy, band, neu gylch, ac arno farciau ar lun modrwyau, yn dolennu; wedi ei wneud o fodrwyau (am gadwyn, corff trychfil, corryn, &c.); ?wedi ei amgylchynu: *in rings or ringlets* (*of hair*), *wavy, curly, plaited; ring- or band-shaped, annular, circular, having ring-shaped markings, undulating; composed of links or annular segments; ?encircled.*

c. **1300** *H* 2a. 5, Bu uet eur gylchwy yn *vodrwyawc* [marwnad Gruffudd ap Cynan gan Feilyr Brydydd]. **15–16g.** *TA* 186, Mae draw gwawr *modrwyog* wallt. *id.* 216, A'm draig, wallt *modrwyog*, aur! **1547** *WS*, *modrwyoc*, val gwallt pen, curled, cryspe. **16g.** (**1763**) W. SALESBURY: *LlM* 63, amal vrigynne *modrwyog* vydd ar ei Dail llydain emylfylchog. **1604–7** *TW* (*Pen* 228), colomen wyllt *vodrwyoc* d.g. *palumbes*. **1632** *D* d.g. *cincinnus, crispulus, crispus*. **1765** J. EVANS: *CPE* 32, hîr gadwyn *fodrwyog* o ragluniaethau rhyfeddol. **1770** *W* d.g. *braided, ring*. *id.* cudyn . . . *modrwyog* d.g. *ringlet*. **1793** DAFYDD IONAWR: *CD* 162, Tew i'w iâd ei wallt ydoedd, / *Modrwyawg* ac eurawg oedd. **1803** *P*, *modrwyawg* . . . in ringlets; circling.

modrwyogrwydd [*modrwyog* + -*rwydd*] *eg*. Y cyflwr o fod yn fodrwyog neu'n gyrliog (am wallt, &c.): *curliness*.

c. **1785–90 (1829)** *CBYP* 23, am y gwallt . . . dyfaler ef . . . am ei *fodrwyogrwydd*. **1803** *P*, *modrwyogrwydd*, curliness.

modrwyol [*modrwy* + -*ol*] *a*. Ar ffurf modrwy neu gylch (yn enw. am ddiffyg ar yr haul), modrwyog, cylchol, yn perthyn i fodrwy; yn gwisgo modrwy(au); yn hongian yn fodrwyau (am wallt), cyrliog; yn dolennu, yn ymdroelli: *ring-shaped, circular, annular* (*esp. of solar eclipse*), *pertaining to a ring; wearing a ring or rings, beringed; in rings or ringlets, curly* (*of hair*); *meandering*.

1604–7 *TW* (*Pen* 228) d.g. *annularis*. **1775** G. HOWEL: *Alm* 7, [d]iffyg *modrwyawl*, hynny yw fod pelydr yr haul yn dangos megis cylch o gwmpas y tywyll yn gyffelyb i Fodrwy. **1784** M. WILLIAMS: *S* ii. 26, Mae diffygiadau'r Haul yn cael eu dosparthu yn bedwar rhyw, sef, rhanniadol, *modrwyol*, cyflawnol a pharhaus, cyflawnol ac ammharhaus. **1803** *P*.

modrwywr, modrwyydd [*modrwy* a bôn y f. fl. + -*wr*, -*ydd*[3]] *eg*. ll. -*wyr*. Gwneuthurwr modrwyau, un sy'n prynu neu'n gwerthu modrwyau; rhywun sydd yn modrwyo (aderyn): *ringmaker, dealer in rings*; (*bird*) *ringer*.

1604–7 *TW* (*Pen* 228), *modrwywr* d.g. *annularius* (hefyd *D*). **1722** *Llst* 189, *modrwywr*, a ring-maker or seller. [**1783**] *W*, *modrwywr*, *modrwy-ydd* d.g. *ring, a ring-maker, also a ring-seller*. **1803** *P* d.g. *modrwywr*, *modrwÿydd*.

modryb [H. Grn. *modereb* (*abarh mam*), gl. *matertera*, Crn. Diw. *modrab*, H. Lyd. *motrep*, gl. *matertere*, Llyd. C. *mozreb*, Llyd. Diw. *moereb*, *mo*(*u*)*édreb*: < Brth. **mātripī* 'modryb', o'r gwr. IE. **māter*- 'mam', cf. H. Wydd. *máthir*, Gal. *Ματρεβο* (drb. ll.), Llad. *māter*] *eb*. ll. *modrab*(*o*)*edd*, *modryb*(*o*)*edd*, *modrybod*. Chwaer i dad (hefyd i daid neu dad-cu) neu i fam (hefyd i nain neu fam-gu) rhywun; gwraig i ewythr rhywun; gwraig briod; hefyd wrth gyfarch gwraig (oedrannus) ac yn *ffig*.: *aunt; uncle's wife; married woman, matron; also in addressing a*(*n elderly*) *woman and fig*.

10g. (*Ox* 2) *VVB* 187, *modreped*, gl. *materterae*. *c*. **1400** *J* 1, 1063, Eilvam *modryb*. *c*. **1400** *R* 1362. 36–7, Prif auonyd ryd rwng gwy a hafren. *modrybed* kymmen im ae kymmerth. *c*. **1400** *YSG* i. 45, hi a vu lawen wrthaw . . . a hi a'e dylyei megys kyt bei *modryb* idaw. *id*. 46, dy *vodryb* di wyf i, a'm nei inheu wyt titheu. **15g.** *GTP* 85, *Modryb* fudur ysgubgrainc / Mawr ei ffrwst hyd ym môr Ffrainc [dychan i'r foryd]. **15g.** *ID* 49, I *fodryb* ef . . . / Chwaer mam y ferch oruu Mon. **1547** *WS*, *modryb*, an aunte. **1567** *LlGG* 130, hefyd bot y wraig hon . . . yn canlyn cyfryw sanctaidd a dwywol *vodrabedd*. **1588** *Ecs* vi. 20, Amram a gymmerodd Iochebed eu [*sic*] *fodryb* o du ei dâd yn wraig iddo. **1588** *Lef* xviii. 14, Na noetha noethni brawd dy dâd; sef na nessa at ei wraig ef, dy *fodryb* yw hi. **1632** *D*, *modryb*, Matrona, pl. *Modrybedd*, vulgò *Modrabedd*, Matronæ. **1703** E. WYNNE: *BC* 127, Ho! *modryb* a'r clôs . . . nosda'wch: iè, 'ch *modryb*, o ba 'r dy, attolwg, ebr hithe'n ddigllon? eisieu 'i galw Madam. **1722** *Llst* 189, *modryb*, f.p. *drybedd*, *drabedd*, *dryboedd*, an aunt, old mother. **1753** *TR*, *modryb*, an aunt either by the father's or mother's side: also, a matron, a dame. Pl. *Modrybedd*, in N.W. *Modrabedd*. **1803** *P*, *modryb* . . . Ewythr a *modryb*, terms of respect, used in some parts, equivalent to Master and Mistress. Ar lafar yng nglofa'r Parlwr Du am rywbeth manteisiol iawn i'r glöwr, 'ma na dipyn o *fodryb* yma lads!', *Geir Glo* 141.

Cfn.: **m. chwaer mam:** *maternal aunt*. **1632** *D*, *modryb chwaer mam*, matertera. **m. chwaer tad:** *paternal aunt*. **1632** *D*, *modryb chwaer tâd*, amita. **m. chwilen,** gw. *modrychwilen*. **m. yng nghyfraith:** *aunt-in-law, uncle's wife*. **1751** *ML* i. 169.

Gw. hefyd boba, bodo[2], dodo[1].

modrybaidd, modrabaidd [*modryb* + -*aidd*] *a*. Tebyg i fodryb neu i wraig briod, yn perthyn i wraig briod, mamol, parchus: *aunt-like, matronly, motherly, respected*.

14g. *GDG* 429, Addfwyn warchadw ei wyddfa / Drybedd yw *fodrabaidd* dda [Gruffudd Gryg i'r ywen uwchben bedd Dafydd ap Gwilym]. **1604–7** *TW* (*Pen* 228), Gwreicdda *vodrabeidd* d.g. *matrona*. **1707** *AB* 87a, *modrabaidd* d.g. *matronalis*. **1722** *Llst* 189, [*modrabaidd*], gwraig *Fodrabaidd*, a grave woman. **1776** *W*, gwraig *fodrybaidd* d.g. *motherly, or mother-like . . . a motherly woman*.

modrychwilen, madrchwilen, modrybchwilen, &c. [?*madrwy* (cf. *modrwyan*, *modrwyen*[1], *modrwyfil*, *madrwyfil*) + *chwilen*, neu efallai ff. ar *budrchwilen* gyda *b*- ac *m*- yn ymgyfnewid] *eb*. ll. *modrychwilod*, &c. Genau-goeg, lysard, madfall, dallneidr, slorwm: *lizard, slow-worm, blindworm*.

Ar lafar mewn rhai ardaloedd yn y De a dwyrain sir Ddinb. yn y ff. *motri*(*b*)*w*(*h*)*ilen*, *modry*(*b*)-*w*(*h*)*ilen*, *LGW* 254, a hefyd yn y ff. *madrchwilen*, *modrwychwilen*. Digwydd yn sir Gaerf. yn y ff. *modrwhilin*, *mydrwhilin*, *TGG* (1904) 51, a hefyd *matrihwilen*.

Gw. hefyd pwdrchwilen.

modrydaf [**modr*- (cf. *modryb*) + *bydaf*] *eb.g*. ll -*au*.

(*a*) Brenhines haid (o wenyn), cornor; yr haid wenyn a berthynai i'r cwch yn wreiddiol, yr hen gyff gwenyn, henllau; cwch gwenyn, gwenynllestr, hen gwch gwenyn: *queen bee; parent bee-colony, old or original swarm*; (*old*) *beehive*.

13g. *LTWL* 149, Mater appium, id est, *modredaf*, xx^{ti}iiii^{or} denarios valet. *id*. 242, *Modredaf* apum, id est, wrach. **13g.** *LlI*, 89, Guerth *modrydaf* guenyn, xxiiii. *c*. **1300** *H* 104b. 23, ef medrws modur henuryeid. mal medru *modrydaf* ar heid (Llywarch ap Llywelyn). **14g.** *WML* 81, eithyr yr asgelleit. kany chymer hi vreint *modrydaf* hyt y kalan mei rac wyneb. *id*. 141, Nawuetdyd kyn awst y da [*sic*] pop heit ymreint *modrydaf*. **14g.** *LlB* 55, *Modrydaf*, gwedy yd el y kynheit oheni, vgeint a tal. *c*. **1425** *B* ii. 231, *modrydaf*, kyf gwenyn. **15g.** (*Dchr*. **17g.**) *LBS* iv. 437, mae n llawr honn main allor haf / medrodav mel *mydrodaf* [*sic*] [Hywel Dafi i ugain mil saint Ynys Enlli]. **16g.** *EWGP* 40, Mis Awst, molwynoc morva, / llon gwenyn, llawn *modryda*. *Dchr*. **17g.** *J* 10, 34a, *mordryda* [*sic*], cwch gwenyn. **1632** *D*, *modrydaf*, alueare, mellarium. **1688** *TJ*, *modrydaf*, cŵch gwenyn: a Bee-hive. **1722** *Llst* 189, *modrydaf*, f.p. *drydafau*, the winter stock or swarm of bees kept in a garden. **1730** *Leg Wall* 578, *modrydaf*, idem quod Henlleu, Vetus alveus, unde examina aestate exeunt. **1762** *ML* ii. 499, Pam y dywedach'i [*sic*] sydd Gymro diledryw 4 hen-gwch yn lle 4 *modrydaf* neu 4 henlleu neu yntau 4 cyff gwenyn? **1793** R. POWELL: *ADV* 23, Ac yn union gwenynau / O'r divyr *vodrydavau* [:– cychod]. **1803** *P*, *modrydav*, s.m. pl.t. *au* . . . a flock of bees.

(*b*) (yn *ffig*.) Pennaeth, arweinydd: (*fig. exx*.) *chief, leader*.

13g. *C* 29. 4–5, Vn mab meir *modridaw* teernet. *c*. **1300** *H* 1b. 32, *modrydaf* kymry erhi uarchawc [marwnad Gruffudd ap Cynan gan Feilyr Brydydd]. *Dchr*. **14g.** *id*. 71a. 35–6, Priodawr pennant pennaf. uchelwr uchelwyr *uodrydaf* (Cynddelw). *id*. 75a. 47–8, modur pur parhaus ddetyf *modrydaf* heid mur greid gretyf (Einion Wan). *id*. 91b. 4, Pa gessedy ui *uodrydaf* kreugar (Phylip Brydydd). *id*. 115b. 33–4, Meu gynnelw yr elwyr alaf gan dreic o dragon *modrydaf*. *id*. 116b. 37, milwr milwyr *uodrydaf* (Llywarch ap Llywelyn). *c*. **1400** *R* 1040. 26–7, gweleis y diuyd mawr. aruydinawr bedit. heit heb *uodrydaf* hubyd. *id*. 1244. 12–13, sef wyt uchel-dat mat *modrydaf*.

Amr.: **bodryda(f)** [gydag *m*- a *b*- yn ymgyfnewid]. **16g.** *EWGP* 40. **1632** *D*, *bodryda*, rectiùs modrydaf. **1803** *P*, *bodrydav*, s.m. . . . a bee-hive; also metaphorically a leader of an army.

modulator, gw. modiwletor.

modur[1], *eg*. ll. -*on*, -*iaid*, a hefyd gyda grym ansoddeiriol. Arglwydd, brenin, tywysog, pendefig, rheolwr, arweinydd: *lord, king, prince, ruler, leader*.

c. **1300** *H* 10a. 10, yr mawr gwymp madawc *modur* plymnwyd (Gwalchmai). *id*. 114a. 33, Hael arthur *modur* myd angut am rot (Llywarch ap Llywelyn). *Dchr*. **14g.** *id*. 75a. 47–8, *modur* pur parhaus ddetyf modrydaf heid mur greid gretyf (Einion Wan). **14g.** *T* 40. 17, ar meirch mawr *modur* mirein eu gwed. *c*. **1400** *R* 1197. 12–13, creadur *modur* creawdyr madyein [am Grist]. *id*. 1213. 36, arglyt uyt *vodur* teyrned. *id*. 1240. 26–7, Arllud yw ynbud bed anglad madawc. *modur* beird a neuad. *id*. 1316. 1–2, ryuic karyat mat *modur* gwledeu. *id*. 1385. 33–4, Mur *modur* llywyadur rac llaw. mae ym medwl dy geissaw. **15g.** *GGl* 236, Minnau o'm bodd ni mynnwn, / *Fodur* Pedr, fod awr eb hwn. *c*. **1562** *B* ii. 231, *modur*, arglwydd. **1632** *D*, *modur*, rex, dominator. **1722** *Llst* 189, *modur* m.p. *duriaid*, a king, governor, moderator. **1790** GW. MECHAIN: *Gw* i. 213, Ein *moduron* gweinion gynt. **1803** *P*.

modur[2] [bnth. S. *motor* dan ddyl. y gair bl.] *eg*. ll. -*on*, -*au*, -*iaid*. Cerbyd a yrrir gan beiriant, car; peiriant, injan, motor: *motor vehicle, car; engine, motor*.

1910.

moduraf: moduro, -a [bf. o'r e. bl.] *bg.a*. Teithio mewn car, gyrru (modur): *to motor, drive*.

1936.

modurdy [*modur*[2] + *tŷ*] *eg*. ll. -*dai*. Adeilad ar gyfer cadw cerbydau modur, sefydliad masnachol sy'n eu trwsio, eu prynu a'u gwerthu, neu sy'n gwerthu petrol, &c., garej: *garage*.

1934.

modurfa [*modur*[2] + -*fa*, *ma*] *eb*. ll. -*feydd*. Modurdy, garej: *garage*.

1937.

modurgad [cfdds. o'r S. *motorcade*] *eb.g*. Gorymdaith geir: *motorcade, autocade*.

20g.

modurol [*modur*[2] + -*ol*] *a*. Yn cynhyrchu neu'n peri symudiad; yn ymwneud â gyrru car, &c., neu deithio mewn car, &c.; hefyd yn *ffig*.: *motor, motive; motoring, automotive; also fig*.

1911.

modurwr [bôn y f. fl. + -*wr*] *eg*. ll. -*wyr*. Gyrrwr car: *motorist*.

1926.

modwaledd, modwl[1], gw. mydwaledd, mwdwl.

modwl[2], **modiwl, modyl** [bnth. S. *module*] *eg*. ll. -*au*. Uned fesur, e.e. hanner diamedr colofn; rhan neu uned hunangynhaliol (o galedwedd electronig, cyfrifiadurol, &c., o adeilad, o gelfi, neu o long ofod, &c.): *module*.

1851.

modwlar, modiwlar [bnth. S. *modular*] *a*. Wedi ei wneud o fodylau, wedi ei seilio ar fodylau: *modular*.

20g.

modwlator, gw. modiwletor.

modwlws [bnth. S. *modulus*] *eg*. ll. *modwli*. *Math*. Gwerth absoliwt rhif cymhleth; cyfanrif sy'n rhannu'n union i'r gwahaniaeth rhwng dau gyfanrif arall; *Ffis*. cysonyn neu gyfernod sy'n mynegi i ba raddau y mae sylwedd neu gorff yn meddu ar briodwedd neilltuol: *modulus* (*in math. and physics*).

20g.

modwrdd, gw. ymodwrdd.

modws [bnth. S. *modus*, o'r Llad. *modus* (*decimandi*)] *e?g*. Cydnabyddiaeth clochydd ar ffurf ysgubau ŷd a gesglid oddi wrth ffermwyr: *bell-ringer's honorarium in the form of sheaves of corn collected from farmers*.

Ar lafar gynt yn sir Gaern.; sonnid am 'hel *modws*', gw. J. JONES: *Gwerin-eiriau* 40.

modyl, gw. modwl[2].

modylaf: modylu [cfdds. o'r S. (*to*) *modulate* dan ddyl. yr e. *modwl*[2], *modyl*] *ba*. Rheoli neu gymhwyso (cywair, osgled,

amledd, &c.): *to modulate*.
20g.

modd [bnth. Llad. *modus* 'mesur; safon; terfyn; dull, ffordd', H. Lyd. *mod*, H. Wydd. *mod*, Gwydd. Diw. *modh*; ansicr yw'r engh. a ddyfynnir yn adran 1 (*d*) isod] *eg.b.* ll. -(*i*)*au*, -*ion* (weithiau fel *eg.* ll. (dwbl) *moddionau*, bach. *moddionach*), a hefyd fel *cys.*, *adf.* ac *ardd.*

1. (*a*) Dull, ffordd, cyfrwng, method, arddull, ffasiwn, arfer, moes; math, ffurf, cyflwr, ystad; ymddygiad, moesau, anian; teithi, nodweddion, ymddangosiad, osgo; mesur, gwaith (yn dynodi gradd neu fesur o ryw ansawdd): ***mode, way, means, method, manner, style, fashion, custom; kind, form, state; behaviour, manners, disposition; traits, features, appearance, gait; measure, times (expressing degree or measure of some quality).***

13g. *LlI* 29, O try *mod* e deleyr amobyr e wreyc. **14g.** *GP* 48, A'r *mod* hwnnw ar ynglynn [cyrch] ny pherthyn ar brydyd y ganu. **1346** *LlA* 67, Ami aarchaf ytti dangos ymi or ryw *vodeu* (*modis*) ambryt absalon. **14g.** *RC* xxxiii. 232, Iosep a erchis y vab torri y prenn . . . heruyd y messur. Ac ny chetuis hagen *mod* iaun ar y prenn. **14g.** *WM* 481. 17–18, Mel auo chwechach naw *mod* no mel kynteit. **15g.** *HCLl* 134, Gwelais ar ferch gloywserch glau / *Moddion* anodd eu maddau. **1547** *WS*, *modd*, facion. **1575–6** *B* vi. 315, [g]wr a gwraig anghymhessur . . . o lvn a *modd* a phryd a gwedd. *Diw.* **16g.** *WLB* 24, mae *modd* ar ddiod a elwir tisan. **1595** H. Lewys: *PA* 143, *Moddion* naturiol, a ffyrdd, drwy bwy rai . . . y gorchfygir trallod. **1604–7** *TW* (*Pen* 228), *moddion* d.g. *vitæ*. **1630** R. Vaughan: *YDd* 34, [m]addeu i bechadur edifeiriol ei bechodau ai ddrwg *foddion*. **1632** *D*, *môdd*, modus, mos. **1691** T. Williams: *YB* 56, fe anrheithia Marwolaeth ei holl lûn ef, ai *foddion*, a'i wyneb glân. **1701** E. Wynne: *RBS* [vii], nid oes *fodd* i ti amgen na thaer-ddeisyfu Happusrwydd a Gwynfyd; ac etto nid oes *fodd* bŷth i oddiwes Gwynfyd . . . ond trwy Fywioliaeth sanctaidd. *id.* 65, o bydd *modd*. **1722** *Llst* 189, *moddion* . . . manners. *c.* **1730** *Thos. Lloyd D* (LlGC) 178a, yn un *Foddion*, of the same disposition. CW 154. **1743** J. Jones: *LlAW* 29, trwy bob *môdd* gymwys. **1776** *W* d.g. *means, or a mean*. **1803** *P*. Fe'i clywir ar lafar yn Sir Gaerf. yn yr ystyr 'mesur digonol', 'Ma' *modd* blows yn y defnydd 'ma'. Cf. *Traeth* xxix. (1875) 488, Un *moddion* effeithiol i hyn yma fu anfon dirprwyaethau drwy yr holl wlad; D. Owen: *GT* 144, Adwaenodd ei *foddion* (gait) ar unwaith.

(*b*) Eiddo, cyfoeth, ystad, cyfalaf; nwyddau: ***(financial) means, possessions, wealth, estate, capital; goods, stock.***

1606 E. James: *Hom* ii. 204, nid oes ganthynt *fodd* i gynnorthwyo eu cymmydogion tlodion yn eu hangen. **1631** O. Thomas: *CC* 76, nid oes gan dlodion mor *modd* i brynu llyfrau. **1683** H. Evans: *CTF* 9, *Moddion* [:– Golud] da yw'r lloches ore. **1725–6** *Madd Ed* 161, adnewyddu eu *Mhoddion* (*estates*). **1732** *AABI* 82, [p]rynodd ei *Foddion* (*commodities*). **18g.** *Hop M* 229, i fyw mor fyr o *fodd*. **1775** D. Rowland: *TP* 33, os bydd yr un *moddion* yn y ffair . . . etto fe all fod y pris yn fwy. **1777** W. Williams: *DN* 53, *Moddion* siopau oedd yn dyfod yn fwndeli mawrion. **1784** M. Williams: *S* i. 89, mae gweithwyr hynod mewn dur, haiarn . . . &c. ac yn gwerthu eu *moddion* am lai o elw na neb arall. **1803** *P*, *modd* . . . mae ganddo ddigon o *foddion*, he has a sufficiency of riches. Ar lafar, "Toes gynno fo ddim *modd* 'i 'neud o', 'He cannot afford to do it,' *WVBD* 376.

(*c*) *Gram.* Categori berfol sy'n dynodi pa un ai ffaith ynteu gorchymyn, dymuniad, &c., y mae ffurf ferfol (neu ffurfiau berfol) yn ei arwyddocáu: ***mood (in gram.).***

14g. *GP* 43, Pymp *mod* beryf ysyd, nyt amgen, managedic, archedic, damunedic, kysselledic, ac anteruynedic . . . Ac ar y *modeu* (*Dchr.* **15g.** *B* ii. 189, *modieu*) hynny oreu y gellir barnu pan vont yn ymadrodyon. **16g.** *id.* 139, Pa niver *voddion* ssydd i air? **1560–87** *id.* 161, berf neodr afreolvs gadarn yn i *moddion* a'i hamseroedd. *p.* **1584** G. Robert: *GC* [135], Beth yw berf? . . . Rhann o 'madrodd . . . a dreiglir wrth *foddion*, ag amserau. **1592** S. D. Rhys: *Inst* 83, De Modo. *Môdd.* **1595** *Egl Ph* [69]. **1776** *W* d.g. *mood* [*in Grammar* . . .].

(*d*) *Crdd.* Unrhyw un o'r dulliau o drefnu nodau'r wythawd neu'r raddfa yn system gerddorol yr hen Roegiaid a'r Oesoedd Canol, hefyd am systemau tebyg; un o'r ddwy brif system o raddfeydd (mwyaf a lleiaf) yng ngherddoriaeth y Gorllewin er yr 17 ganrif: ***mode (in mus.).***

16–17g. *B* i. 144, [c]yweirdant . . . o'r saith pedwar a newidian mewn *modd*.

(*e*) *Athr.* Priodoledd neu nodwedd sylwedd; un o raniadau sylwedd yn ôl Spinoza: ***mode (in philos.).***
1833.

2. (yn y ff. *moddion*) (*a*) Moddion gras, sacramentau, oedfaon crefyddol: ***means of grace, sacraments, religious services or meetings.***

1599 (1677) R. Holland: *AB* 79, yn dyscu i ni arferyd y *moddion*, a gweddio am wybodaeth. *c.* **1600 (1681)** *Rhyddiaith Gymraeg* ii. 172, [g]oleuni gair Duw a'r *moddion* a ordeiniodd Efe i bod yn i eglwys. **1656** W. Jones: *TPG* 35, cynhaliaeth y dydd Sabboth . . . wrth arferu y *moddion*. **1703** O. Lewis: *ADC* 48, yn gwadu arfer y *moddion*, o herwydd eu bod [Crynwyr] yn gwrthsefull y rhai [sacramentau] anefengylaidd. **1776** I. Brydydd Hir: *P* i. 255, pan yw dynion yn esceuluso *moddion* ag odfeydd [*sic*] iechydwriaeth. Ar lafar ymhlith capelwyr, 'esgeuluso'r *moddion*', 'Dyma'r *moddion* am yr wythnos'.

(*b*) Meddyginiaeth, ffisig, hefyd yn *ffig.*: ***medicine, also fig.***

1672 R. Prichard: *Gw* 409, Gwn y galli trwy'r fâth *foddion*, / Neu heb vn iachau clefydion. **1687 (1715)** J. Owen: *TB* 153, er arfer pôb mâth o *foddion* a Physygwriaeth, ni ellid iachau mono. **1696** *CDD* 286, Na chyngor drŷd doctorion, / Er daued oedd eu *moddion*. **1767** G. Howel: *Alm* 47, Yr amryw *foddion* goreu, a mwya effeithiol at gnoad Cû [*sic*] cynddeiriog. **1778** J. Hughes: *BB* 104, Yn ddall, yn gloff, yn gleifion, / I'r meddyg dyna 'r *moddion* [am Iesu]. **1793** Dafydd Ionawr: *CD* 262, Gwir Feddyg a gwar *foddion*, / Pob afiach yn iach a wnaeth [am Iesu]. Ar lafar yng Nghered. a'r De fel *eg.*, *LGW* [19], 219.

Fel *cys.* Fel, er mwyn; fel, megis, yn yr un dull â; nes, (i'r fath raddau) fel: ***so that, in order that; even as, just as; (with the result) that.***

c. **1400** *R* 1280. 8–10, a mab meir mawr y gyfiawnder. am dyfu ediuar bryder. ae madeu *mod* namdialer. **1588** *Tob* xiii. 10, bendithia yr Brenin tragywyddol *modd* yr adeilader trachefn ei babell ef ynot. **1588** *id.* xiv. 5, [t]ŷ Dduw a adailedir ynddi hefyd ag adeilad gogoneddus yn holl oesoedd y byd, *modd* y dywedodd yr prophwydi am dani. **16–17g.** *Cer RC* 48, Ac felly y cowirodd, *modd* ag y doedodd. **1612** *LlP* [51], Ac mi atoly gaf [*sic*] i Dduw roddi imi rad, *modd* y gallwyf aros ynddo. **1701** E. Wynne: *RBS* [viii], ymegnio i chwanegu dy wybodaeth am 'Wllys Duw, *modd* y caffech fwyaf o gymmorth at fyw 'n sanctaidd. *id.* 6, Rhoes Duw i ddyn ei wala o waith iw wneuthur *môdd* na bai (*that there shall be*) ddim lle i seguryd. **1703** E. Wynne: *BC* 138, Beth a deliti, Asmodai . . . hebofi sy'n cadw'r ffenestri'n agored i chwi . . . *modd* y gallochwi fynd i mewn i'r dyn. **1708** *EGE* 28, Y cyfryw rai [gwyrthiau] nas medrei neb mo'u gwneuthur, *m*[*o*]*dd* y gwnaeth ef hwynt, ond yr unig Dduw Hollalluog. *id.* 111, fe a lygrwyd ein natur ni cyn llwyred . . . *môdd* y bo' i'r naill, neu'r llall . . . fôd yn rhy chwannog i fyned ar ôl cnawd arall. **1730 (1755)** E. Wynne: *PAC* 10, Mae hyn yn ddlêd ar bôb Rhieni iw plant, *môdd* y dyger hwynt i fynu yn dduwiol. **1740** T. Evans: *DPO* 192, Deisyfiasoch arnaf i ddanfon attoch Gyfreithiau Rhufain, *modd* y llywodraethech eich Teyrnas o Frydain. **18g.** I. Brydydd Hir: *Gw* 185, ni argraffai mo'i lyfr *modd* ag yr oedd ef yn ewyllysio.

Fel *adf.* Fel, pa fodd, sut: ***how.***

10g. (*Cpt*) *B* iii. 256, is*mod*. cephitor. did. hanaud. **1567** *TN* 158a, Ys clywsoch *modd* y dywedais wrthych.

Fel *ardd.* Fel, tebyg i: ***like.***

1547 *WS* [xviii], nid hanedlyr R vyth yn dechreu gair sasnec val y gwnair yngroec ac yncamroec *modd* hyn Rhoma rrufain ne rhufain.

Cfn.: **modd bynnag:** *however*. **1830.** Gw. hefyd *pa—pa fodd bynnag*. **moddion byw:** *necessities of life, means (of living)*. **1877. moddion diolchgarwch:** *harvest festival, thanksgiving service*. Ar lafar. **m. doctor:** *medicine*. Ar lafar yn sir Benf. **m. gras (o ras):** *means of grace, sacraments, religious services or meetings, also fig.* **1664** *LlGG* sig. F3r, *moddion o Râs*. **1672** R. Prichard: *Gw* 582, *moddion grâs*. **1701** E. Wynne: *RBS* [ix]. **1777** W. Williams: *TEA* 4. Cf. D. Owen: *GT* 168, [c]ymhellai fi yn daer ac yn dyner i ail ddechreu mynychu *moddion gras* yn y capel; T. H. Parry-Williams: *S* 31, Hawl Llwybr a Wig Lamp. Troes gweld enwi'r pethau bydol a materol hyn [yng nghyfrifon capel] yn *foddion gras* i mi. **modd i fyw:** (i) *means (of living), also fig.* **1770** P. Williams: *BS*, 2 *Cr* xii. Cf. **1759** *DG* 92, 'Roedd yn ei feddiant hefyd, bob gwynfyd gwiw / O fodde i fyw. (ii) *pleasure, sometimes expressing delight in another's misfortune, 'schadenfreude'.* Ar lafar. **moddion iechydwriaeth (iachawdwriaeth):** *means of salvation*. **1735** S. Thomas: *HP* 129. **1745** *YABG* 55. **m. meddyginiaethol:** *medicine, also fig.* **1659** *GIA* 25. **m. meddygol** = **m. doctor. 1814. m. o ras**, gw. *m. gras*. **m. tŷ:** *(household) furniture*. **1848.** Ar lafar yn sir Benf., *LGW* 155. **(mewn, ym) modd yn y byd:** *by some means, by any means, (in) any way, at all (often in a negative construction)*. **16g.** (*LlEG*) *Mos* 158, 5a. **1567** *TN* 175b, 3[05]a, 308b. **1615** R. Smyth: *GB* 20, 88. **1754** *Gron* 246. **ar fodd** [tebyg mai yma y perthyn llawer o'r enghrau. a ddyfynnir d.g. *arfodd*[1]]: (i) *by (the amount of), at the rate of*. **13g.** *LlI* 2, 73. (ii) *in the form of, in the manner of*. **1346** *LlA* 61. **15g.** *GO* 119. **1488–9** *B* iv. 194. Gw. hefyd *arfodd*[1].

Crdd. **modd Aeolaidd (Aeolaidd):** *Aeolian mode*. **1861. m. Doriaidd:** *Dorian mode*. **1861. m. Ioniaidd (Ionaidd):** *Ionian mode*. **1861. m. lá:** *minor mode, also fig.* **1862.** Cf. D. Owen: *RL* 26, Beth pe clywsai efe ŵr o'r sêdd fawr yn cyhoeddi fod y dôn a'r dôn yn y *modd Lah*? *id.* 286–7, os byddai cyfarfod wedi ei dreulio yn y *modd lah*, hawdd iawn oedd ei ddybenu mewn modd arall. **m. Lydiaidd:** *Lydian mode*. **1861. m. lleiaf:** *minor mode*. **1862. m. Micsolydiaidd:** *Mixolydian mode*. **1861. m. mwyaf:** *major mode*. **1861. m. Phrygiaidd:** *Phrygian mode*. **1861. m. sylfaenol:** *authentic mode*. **20g.**

Gram. **modd amodadwy** = **m. dibynnol. 1808. m. amodedig** = **m. dibynnol. 14g.** *GP* 43. **1592** S. D. Rhys: *Inst* 85. **1722** *Llst* 189. **1795** J. Thomas: *AIC* 13. **m. amodol:** (i) *conditional mood*. **1811.** (ii) = **m. dibynnol. 1858. m. annherfynadwy** = **m. annherfynedig. 1808. m. annherfynedig:** *infinitive mood, used with ref. to vn. in Welsh*. **14g.** *GP* 43. **1567** G. Robert: *GC* 90. **1592** S. D. Rhys: *Inst* 83, 85, 92. **1775** *W* d.g. *the infinitive mood*. **1795** J. Thomas: *AIC* 13. **m. annherfynol** = **m. annherfynedig.** *a.* **1575** *GP* 139. *p.* **1584** G. Robert: *GC* [137]. **1775** *W* d.g. *the infinitive mood*. **m. archedig** = **m. gorchmynnol. 14g.** *GP* 43. **1592** S. D. Rhys: *Inst* 85. **1795** J. Thomas: *AIC* 13. **m. archefedig** = **m. gorchmynnol.** *Diw.* **16g.** *GP* 145. **m. cysylltedig (cysylledig)** = **m. dibynnol. 14g.** *GP* 43. **1592** S. D. Rhys: *Inst* 92. **1722** *Llst* 189. **m. cysylltiol** = **m. dibynnol.** *a.* **1575** *GP* 139. *p.* **1584** G. Robert: *GC* [137]. **m. damunedig**, gw. *m. dymunedig*. **m. damunol**, gw. *m. dymunol*. **m. dangosedigol** = **m. mynegol. 1776** *W* d.g. *mood* [*in Grammar* . . .] . . . *The indicative mood*. **m. dibynnol:** *subjunctive mood*. **20g. m. dymunedig (damunedig)** = **m. eiddunol. 14g.** *GP* 43. **1592** S. D. Rhys: *Inst* 85, 92. **1722** *Llst* 189. **1795** J. Thomas: *AIC* 13. **m. dymuniadol** = **m. eiddunol. 1808. m. dymunol (damunol)** = **m. eiddunol.** *a.* **1575** *GP* 139. **m. eiddunol:** *optative mood*. **20g. m. galledig:** *potential mood*. **1592** S. D. Rhys: *Inst* 92. **1722** *Llst* 189. **m. galluedigol** = **m. galledig. 1780** *W* d.g. *potential* . . . *potential mood*. **m. galluog** = **m. galledig. 1855. m. galluogol** = **m. galledig. 1808. m. gorchmynedig** = **m. gorchmynnol.** *c.* **1455** *GP* 71, 77. *a.* **1575** *id.* 96. **1592** S. D. Rhys: *Inst* 91. **1722** *Llst* 189. **m. gorchmynnol:** *imperative mood*. *a.* **1575** *GP* 139. *p.* **1584** G. Robert: *GC* [109], [137]. **m. gweddïedig:** *precatory mood*. *c.* **1400** *GP* 5. **1592** S. D. Rhys: *Inst* 85. **m. managedig**, gw. *m. mynegedig*. **m. managol (manegol)**, gw. *m. mynegol*. **m. mynegadwy** = **m. mynegol. 1808. m. mynegedig (managedig, mynagedig)** = **m. mynegol. 14g.** *GP* 43. *c.* **1455** *id.* 71. **1592** S. D. Rhys: *Inst* 83, 85, 90. **1722** *Llst* 189. **1795** J. Thomas: *AIC* 13. **m. mynegol (managol, manegol):** *indicative mood*. *a.* **1575** *GP* 139. *p.* **1584** G. Robert: *GC* [137]. **1776** *W* d.g. *mood* [*in Grammar* . . .] . . . *The indicative mood*.

Gw. hefyd gormod.

moddaeth [*modd* + -*aeth*] *eb.* *Diwin.* Moddolaeth: ***modalism (in theol.).***
1931.

moddaidd [*modd* + -*aidd*] *a.* Lluniaidd, hardd, hyfryd; ffasiynol; ffurfiol; *Crdd.* moddol: ***shapely, beautiful, pleasant; melodious; fashionable, modish; formal; modal (in mus.).***

1686 Ffoulke Owen: *Cerdd-lyfr* 102, Jevengctid hefyd hafaidd, / Dyfiad nofiad nwyfaidd, / Meddwl meddal *moddaidd*, / Heb ddim clwy. **1776** *W* d.g. *modish, or mody*. **1793** Dafydd Ionawr: *CD* 232, Pan gasclodd, holodd [Herod] â hwynt, / Lu *moddaidd*, p[a] le meddynt / Genid Brenin Gogoniant? **1803** *P*.

moddedigaeth [*modd* + -*edig* + -*aeth*] *eb.* ?Modd, ffurf; cyfaddasiad, cymhwysiad:

mode, form; modification.
1595 *Egl Ph* 2, *moddedigaeth* araith a ddarluniwyd o'r dechreuad, o bleit achos prinder, ac anamlder geiriau.

modderus [cfdds. o'r Llad. *moder(ātus)* + *-us*] *a.* Cymedrol, rhesymol: *moderate, reasonable.*
p. **1584** G. ROBERT: *GC* [394], Canys henafgwyr *modderus* (*moderati*), hynaws, ni bythont anynad, anyscaidd, sydd ai henaint yn hawdd i ddio[dd]ef. *c.* **1730** *Thos. Lloyd D* (LlGC) 178a, *modderus*, moderatus.

modderusrwydd [*modderus* + *-rwydd*] *eg.* Cymedroldeb, rhesymoldeb: *moderation, reasonableness.*
p. **1584** G. ROBERT: *GC* [389], Canys mi adwen yn dda *fodderusrwydd* (*moderationem*), ag egwydrwydd dy gallon di. *c.* **1730** *Thos. Lloyd D* (LlGC) 178a, *modderusrwydd*, moderatio.

moddgar [*modd* + *-gar*] *a.* Lluniaidd, cymesur, gosgeiddig, dymunol; cwrtais, gwâr; ffasiynol: *shapely, proportionate, elegant, pleasing; courteous, civilized; fashionable, modish.*
14g. (*Dchr.* **17g.**) *Cy* xxvi. 136, *Moddgar* hail hwyl moliant [Einion Offeiriad i Rys ap Gruffudd]. **1547** *WS, moddgar*, well fashioned. **1576** *GST* i. 94, Medd y gŵr doeth, *moddgar* dôn, / Ac er selio gair Solon. **1632** *D, moddgar*, [moratus, decorus]. **17g.** HUW MORUS: *EC* ii. 214, nid â i'r ddaear, / Mo'i gymmar *moddgar* mwy. **1712** T. WILLIAMS: *CDdG* 414, traethawd St. Luc . . . yn oleu ac yn eglur, yn drefnus ac yn areithiol yn *foddgar*, ac yn gyfarwydd. **1722** *Llst* 189, *moddgar*, well-bred, mannerly, modest. *c.* **1730** *Thos. Lloyd D* (LlGC) 176b, *moddgar*, elegans. **1760** E. WILLIAMS: *UYB* 96, barbariaid . . . ai onte pobloedd *moddgar*. **1771** *W* d.g. *bred, well-bred, modish, or mody.* **1790** *Prif Crist* 59, y mynych a'r *moddgar* gyfarchiadau'r amseroedd [*sic*]. **1790** TWM O'R NANT: *GG* 74, Meinar, Colier, *foddgar* fyd / Yr Hwsmon dyfal raid mewn gofal, / Gynnal 'rhai'n i gyd. **1803** *P, moddgar*, agreeable to form; mannerly.

moddhaf: moddhau [*modd* + *-hau*] *ba.* Cymhwyso, cyfaddasu, goleddfu, cymedroli; ?llunio, ffurfio, trefnu: *to apply, modify, moderate; ?shape, form, arrange.*
1604 R. HOLLAND: *BD* 4a, [y] deg gorchymyn, a osodwyd allan yn helaethach yn llyfreu Moesen, a agorwyd ac a *fodd-haewyd* gen y Prophwydi. *id.* 6a, yn ymaelyd yn holl addewidion duw ac yn i *moddhau* au cydio, ach enaid. **1604–7** *TW* (*Pen* 228) d.g. *modero.* [**1740**] L. ANWYL: *CA* v, un mwya Cywraint i luniaethu ac i *foddhau* yn naturiol y fâth ddodrefnau.

moddiaf: moddiad, gw. nofiaf: nofio.

moddiannol [*moddiant* + *-ol*] *a.* Yn arwain (at), tueddol (i): *conducive.*
1803 *P, moddiannawl*, conducive.

moddiant [*modd* + *-iant*] *eg.* ll. *moddiannau.*

(*a*) ?Cyfrwng, dull, moddion: ?*medium, way, means.*
c. **1400** *R* 1303. 35, Trwy Jawndud *modyant* trindawt madeu. **1575 (1587)** W. MIDLETON: *B* 56, duwiol em weddol i *moddiant* nefol, / grasol rinweddol ran a wyddant [marwnad Catrin, Iarlles Penfro]. **16–17g.** *PhA* 404, Os yw mewn chwant *moddiant* maith / a grym I'm gyrrü ymmaith. **1768** J. JONES: *HC* 71, Tra moethus fwyniant, / A *moddiant* buddiant byd. **1803** *P, moddiant* . . . a mean.

(*b*) (yn y ll.) Moddion gras, oedfaon crefyddol: *means of grace, religious services or meetings.*
1905. Cf. H. EVANS: *CE* 199, iaith blaenoriaid y Wesleaid . . . iaith neilltuol ar gyfer y Sul . . . 'Eisteddleoedd', '*Moddiannau*', a 'Chyfeillach'.

moddion, moddionach, gw. modd.

moddlwydd [*modd* + *llwydd*] *a.* Yn peri llwyddiant neu fudd: *causing success or profit.*
c. **1400** *R* 1282. 38–9, Vy arglwyd *modlwyd* medlat wallaw gyrn.

moddog [*modd* + *-og*] *a.* Moddus, gwâr: *mannerly, civilized.*
16g. WILIAM CYNWAL: *Gw* (R. L. Jones) 692, Penrhyn, meddyn', *moddog*—y tyfai, / Ystanlai aethai yn wenithog. *c.* **1730** *Thos. Lloyd D* (LlGC) 172b, cenhedlog *Moddog* meddir. AL. 57. **18–19g.** IEUAN LLEYN: *C* 73, Barcer, Glwfer, Cwrier caf, / Wyr *moddog*, braf.

moddol [*modd* + *-ol*; anodd yw'r engh. gyntaf] *a.* Gweddus, priodol, addas, cwrtais, gwâr, moesol; lluniaidd, teg, gwych; ffigurol; *Rhes.* (am osodiad) a'r traethiad wedi ei oleddfu, yn cadarnhau neu'n gwadu fod traethiad yn bosibl, yn amhosibl, yn amodol, neu'n angenrheidiol; *Gram.* yn arwyddocáu modd (berf); *Crdd.* yn dynodi cerddoriaeth y mae ei thonyddiaeth yn cael ei rheoli gan foddau yn hytrach na chan y raddfa ddiatonig fodern: *seemly, suitable, proper, mannerly, civilized, moral; comely, fair, fine; figurative; modal (in logic); modal (of verb); modal (in mus.).*
15g. TUDUR PENLLYN, &c.: *Gw* 98, madde efiengtid *moddol* / a wna trwy fendio yn ol [cyffes Ieuan Brydydd Hir]. **16g.** *GILlV* 58, Ond Duw ni wnaeth dyn na neb / O lun a *moddawl* wyneb [i ferch]. **16–17g.** *HG* 144, meddylia ddyn *moddawl* ddaint / wedy hyn i daw henaint. **1604–7** *TW* (*Pen* 228) d.g. *formalis.* **1611** R. SMYTH: *SG* 105–7, Bedydd esgob . . . Pa bethau sy'n angenrh[ei]diawl . . . defnydd pri[o]dawl, gweddi *moddawl.* **1630** R. VAUGHAN: *YDd* 326, fel y cadwer y seithfed [dydd] yn oestad yn ôl *Moddol* orchymmyn Duw. **1633** *LlGC* 731, xv, Rhedeg gyrfa miawn trefn *foddol.* **1658** R. VAUGHAN: *PC* 17, Cyfraith *foddol* Dduw, cwbl-rif yr hon a gynhwysir yn y deg gorchymynnion. **17g.** HUW MORUS: *EC* i. 359, A'r llanciau heb fod weithiau â'u penau mewn pwyll, / Anhawdd a fydd deffol un *moddol* o'u mysg [i wraig weddw]. **1675** R. DAVIES: *PY* 25, Christ yn dywedyd am dano ei hun lawer o bethau sydd iw deall, nid yn llythrennol, ond yn *foddol*, neu drwy ddull o ymadrodd. **1719** *EGBG* 294, amddiffynnir . . . eu cyfoeth a'i heiddio hwynt yn gystal yn *foddol* ac yn ysprydol. **1720** *App DP* 52, i gyflawni ufudddod perffaith parhaus, rhaid bod gwirionedd oddifywn, a chymmwyster *Moddol.* **1803** *P.*

moddolaeth, moddoliaeth [*moddol* + *-(i)aeth*] *eg.* *Diwin.* Y gred nad yw tri Pherson y Drindod ond agweddau dros dro ar y natur ddwyfol: *modalism (in theol.).*
1931.

moddolaethol [*moddolaeth* + *-ol*] *a.* *Diwin.* Yn perthyn i foddolaeth: *modalist (adj.) (in theol.).*
20g.

moddoldeb [*moddol* + *-deb*] *eg.* Ffurf; ?cymedroldeb; ?gwedduster, harddwch; *Rhes.* (dosbarthiad a seilir ar) y cyflwr o fod yn foddol (am osodiad): *form; ?moderation; ?seemliness, beauty; modality (in logic).*
c. **1785–90 (1829)** *CBYP* 23, ni ddylit ddyfalu eithr yr hardd a'r rhyfedd . . . a'r rhagorol rhagorddwyn, a'r *moddoldeb*, a'r peth . . . a ry foddlondeb meddwl a chalon. **18–19g.** *Llr* C 16, 295, llawer dull a *moddoldeb* ar ddiarhareb [*sic*] a welir yn yr Iaith Gymraeg. **1801** *MMf* 274–5, Un a fo ai ardymmyr or . . . geri a fydd ammwyllog . . . yr anhawsaf ei wellhâu a gyrru *moddoldeb* arnaw.

moddolder [*moddol* + *-der*] *eg.* *Rhes.* Moddoldeb: *modality (in logic).*
20g.

moddoliaeth, gw. moddolaeth.

moddus [*modd* + *-us*; dichon mai i'r a. *boddus* y perthyn rhai o'r enghrau. treigledig isod] *a.* Gweddus, priodol, gweddaidd, llednais, cymedrol, gwâr, moesgar, cwrtais; lluniaidd, wedi ei wneud yn dda; ffasiynol: *suitable, proper, modest, decent, moderate, civilized, mannerly, courteous; shapely, well made; fashionable, modish.*
15g. *GGl* 197, Af dduw Sul, *foddus* aelwyd, / Af dduw Llun at Ddafydd Llwyd. **15g.** *ID* 38, *moddys* i hystlys oi hol / maen gymwys a main ganol. **1547** *WS, moddus*, facioned. **1552** *Pen* 403, 3, Llyma lyver Gwir ffrwythlaw[n] *moddus.* **16g.** MORUS DWYFECH: *Gw* 155, Meddw, swrth, ac nid *moddus* yw. **1564** GR. HIRAETHOG: *Gw* (D. J. B.) iii. 49–50, Elistotlys *foddus* fu / Ar ddysg oll urddas gallu [marwnad Gruffudd Hiraethog gan Wiliam Llŷn]. **1567** G. ROBERT: *GC* 14, by[dd]ai *foddus* yspyssu y modd sy[dd] yw cysylldu nhwy i wneuthur sillafau. **1604–7** *TW* (*Pen* 228) d.g. *moderabilis, modestus, quadratus. Dchr.* **17g.** *Mos* 133, 265, Ef a ddaw rhiain fain *foddussa*: a bair diflannu hil Saxonia. **1615** R. SMYTH: *GB* 137, y mae fy escyd yn newydd yn *foddys* ag yn dda i gwaith. **1632** *D, moddus*, moratus, decorus. **1670** J. HUGHES: *AP* 181, Ymddygiad *moddus* a gweddaidd. **1672** J. LANGFORD: *HDdD* 213, [b]ôd ein Dillad yn *foddus* a chymmedrol. **1719** *EGBG* 292, yn dra chynnil, *moddus*, yn ostyngedig. **1796** T. JONES: *CCA* 354, cynnyg moesgar a *moddus.* **1803** *P.*

moddusaidd [*moddus* + *-aidd*] *a.* Cymedrol, gostyngedig: *moderate, modest.*
p. **1584** G. ROBERT: *GC* [390], dy fod di yn dwyn hynn o faich . . . megis pob peth arall, yn *foddussaidd*, ag yn ddoethaidd. *c.* **1730** *Thos. Lloyd D* (LlGC) 178a, *moddusaidd*, moderatus, modestus.

moddusrwydd [*moddus* + *-rwydd*] *eg.* Gwyleidd-dra, cwrteisi; yr ansawdd o fod yn ffasiynol: *modesty, courtesy; modishness.*
1604–7 *TW* (*Pen* 228) d.g. *moderatio, modestia.* **1722** *Llst* 189, *moddusrwydd*, good breeding. **1771** *W* d.g. *breeding, modishness.* **1803** *P.*

moddustra [*moddus* + *-dra*] *eg.* Gwyleidd-dra; cymedroldeb: *modesty; moderation.*
1568 MORYS CLYNNOG: *AG* 56, Deu[dd]eg phrwyth yr ysbryd glan . . . *Mo*[*ddu*]*stra.* Cymgadwriaeth. Di[w]eirdeb. **1604–7** *TW* (*Pen* 228) d.g. *modestia, temperamentum, verecundia.* **1670** J. HUGHES: *AP* 181, mae'n rhaid nad elo neb at y Dirgeledd mawr hwn, ond . . . a *moddustra* ac a gostynge[i]ddrwydd. *c.* **1730** *Thos. Lloyd D* (LlGC) 178a, *moddustra*, modestia.

moe, gw. mwy.

moech [gair geir.] *eg.* Anfoes, anghwrteisi: *bad manners, discourtesy.*
1632 *D, moech*, yw Anfoes, ait Ll. vid. an idem quod Moch. **1688** *TJ, moech*, anfoes: ill manners, irreverence. **1722** *Llst* 189, *moech*, m. ill manners or breeding.

moed, moediar, moedraf: moedro, moedrus, moefaf: moefad, gw. mod, mwydiar, mwydraf: mwydro, mwydrus, nofiaf: nofio.

moel[1] [Llyd. C. a Diw. *moal*, taf. Gwened *moel*, H. Wydd. *mail, maél*, Gwydd. Diw. *maol*; ?o'r gwr. IE. **mai-* 'torri'] *a.* ll. *-(i)on, -iaid*, weithiau gyda grym enwol, a hefyd fel *eb.* ll. *-ydd, -au*, weithiau gyda grym ansoddeiriol.

(*a*) Heb wallt, penfoel, cwta ei wallt, wedi eillio ei ben, heb farf: *bald, bald-headed, crop-haired, tonsured, beardless.*
c. **1300** *H* 68b. 22, maurglod adas mygyrwas *moel* (Cynddelw). *Dchr.* **14g.** *id.* 85b. 22, nath orsseif na *moel* na myghawc [Llywarch ap Llywelyn i Lywelyn ap Iorwerth]. **14g.** *GDG* 373, Bugail ellyllon bawgoel, / Bwbach ar lun mynach *moel* [i'w gysgod]. *c.* **1400** *R* 1278. 31, *moel* ffwlbert ar guert gaeaf. **1547** *WS, moel* eb wallt, baulde. **1588** *Lef* xiii. 40, A gŵr pan foelo ei ben, *moel* fydd. **1620** *id.* xxvii. 31, A hwy a'i gwnant eu hunain yn *Foelion* am danat. **1632** *D, moel*, calvus, glaber, glabrosus, depilis. *id. moelion, moeliaid* d.g. *glabriones.* **17g.** HUW MORUS: *EC* i. 204, Ffarwel fo i'r milwyr *moelion* [marwnad gwŷr Oliver Cromwell]. **1722** *Llst* 189, *moeliaid, Moelion*, bald men, beardless. **1803** *P.* Digwydd gyda grym enwol mewn enwau lleoedd megis *Nant-y-moel*, Morg., gw. I. WILLIAMS: *ELl* 16.

(*b*) Noeth, llwm, (yn) unig; diaddurn, plaen, anghwrtais, wyneb-galed; gwag (am ddwylo); heb gyrn neu glustiau; heb dŵr (am gastell), diffygiol: *bare, barren, mere; unadorned, plain, discourteous, barefaced; empty (of hands); hornless, earless; lacking a tower (of a castle), defective.*
13g. *C* 61. 7–8, Morynion *moelon.* guraget revit. **13g.** *LTWL* 392, eidon *moel.* **14g.** *WM* 170. 27, ef awelei gaer *uoel.* *c.* **1400** *R* 1268. 23–5, Ry aniben wyf eil ronabwy. ryw vreudwydyd *moel* koel keladwy. *id.* 1352. 26, odaw dy*voel* von. **15g.** *GDLl* 124, Llif a chur, mae llef a chorn, / Llong *foel* oll yng nghyfeiliorn. **15g.** *LGCD* 89, Gyfrwy *moel* i gyfro march. **1547** *WS, moel* ne eb gyrn, hornelesse. **1567** *TN* 316b, ymogelyd rrac cynneneu, mangau [*sic*] ymddadleue, ac ymofynion *moelion.* **1699–1700** E. LHUYD: *SH* 56, a'r lloi a ddaw oddiwrthynt a vyddant *voil* (heb glistiæ). **1722** *Llst* 189, *moel* . . . without feathers. **1762** T. WILLIAMS: *HHO* 143, Bugail y *moelion* a'r corniog Ddefaid. [**1768**] (**1841**) TWM O'R NANT: *CTh* 18, O nid ydyw

gwerthu dim ar goel, / Ond bargain *foel*, anfelus. **1776** D. ELLIS: *HI* 118, [manau ar faen] heb eu plastro neu yn *foel*.

Fel *e*. Mynydd (noeth), bryn (di-goed), pen bryn neu fynydd, copa, twmpath; pentwr neu ben (o ŷd, ymenyn, &c.) a saif yn uwch nag ymyl y llestr sy'n ei ddal: *(bare) mountain, (treeless) hill, top of a hill or mountain, summit, mound; heap or mound (of corn, butter, &c.) rising above the brim of the vessel containing it.*

13g. *LlC* 41, llestyr emenyn heb *uoyl* ydaw. **15g.** *DGG*[2] 63, Ymlusgwr bwriwr barrug, / Hyd *moelydd* grinwŷdd a grug [i'r niwl]. **16g.** *Cylchg LlGC* iv. 81, y bryn ne'r *voel* ne'r mynydd ackw. **1547** *WS*, *moel* ne copa [*sic*] mynydd, a hyll. **16–17g.** *Rhyddiaith Gymraeg* i. 130, mynydd neu fann neu *foel* fawr uchel a elwir Cadeir Idris. *c.* **1700** E. LHUYD: *Par* i. 129, lle mae *Moelydd* (small Hills). **1774** H. JONES: *CH* [9], hyd ochr y llechweddi a phennau 'r *moelydd*. **1774** *W* d.g. *heap [in measuring corn, &c. not the strike]*. **1793** DAFYDD IONAWR: *CD* 128, A'r corwynt ym mron curo 'r / Creigydd a'r *moelydd* i'r môr. **1803** *P*, *moel*, a heap, or pile; a conical hill, a towering hill with its top smooth, or void of rocks and woods. Mesur *moel*, a measure that is heaped; mesur heb *voel*, a measure without a heap or strike. Digwydd mewn enwau lleoedd megis *Moel y Wyddfa, Moel Faban, Y Foel Grach*, gw. I. WILLIAMS: *ELl* 16.

Amr.: **mael**[6] [?ff. wallus neu los Gwydd.; ond cf. o bosibl *T* 39. 8, Nyt yscafael yneb dwyn biw *moel*] **9g.** *(MC) VVB* 179, *mail*, gl. *mutilum*.

Cfn.: **moel ddyrnfedd:** *fist-breadth, hand-breadth (without extended thumb).* **13g.** *LlI* 64, mannat emenyn . . . [c]yn tewet ac y bo deu *uoeldernued* endau (*WML* 57, adyrnued tewhet ae vawt yny seuyll). **1774** *W* d.g. *hand-breadth, or a hand [in measure]*. **1803** *P*. Cf. *dyrnfedd—d. foel.* **m. danllyd:** *volcano.* **1816.**

Gw. hefyd moelen[1], moelyn[1].

moel[2], **mwyl**[2] [bnth. S. *moyle*] *eg.* (bach. g. *moelyn*, b. *moelen*). Offeryn haearn pigfain tenau tua metr o hyd a ddefnyddid i hollti darnau mawr o lo, &c.: *moyle, thin pointed iron instrument measuring about a metre used for splitting large lumps of coal, &c.*

Ar lafar yn ardaloedd glofaol Morg. a sir Gaerf., *Geir Glo* 90, a hefyd yn ardaloedd y chwareli.

moel[3], **moelad,** gw. môl, ymhoelad.

moelaf[1], **moeliaf**[1]: **moeli, moelio** [bf. o'r a. *moel*[1]] *bg.a.* Colli gwallt, mynd yn foel, arfoeli, gwneud yn foel, eillio pen (mynach, &c.); noethi, mynd yn noeth, dinoethi: *to become or make bald, tonsure; become or make bare.*

1588 *Lef* xiii. 40, A gŵr pan *foelo* ei ben, moel fydd. **1588** *Esec* xxvii. 31, *Moelant* hefyd foelni am danat. *id.* xxix. 18, pob pen a *foelwyd*. **1632** *D*, *moeli*, caluere, glabrere. Item Depilare, deglabrare, decaluare. **1657** *MLl* ii. 116, Melyn wallt yn *moeli* 'n fuan. **1770** *W* d.g. *bald, to make bald, to become, grow, or waxbald [sic], bare, to wax or become bare, to bare or make bare.* **1790** W. RICHARDS: *LlA* 62, eillio neu *foelu* [*sic*] coryn yr offeiriaid. **1803** *P*.

Cfn.: **moeli(o) clustiau:** *to draw the ears close to the head in anger (of animals); prick up ears, also fig.* **1763** *ML* ii. 569. **1803** *P*. Ar lafar, *WVBD* 376.

moelaf[2]: **moelyd,** gw. ymhoelaf: ymhoelyd.

moelaf[3]: **moeli,** gw. molaf[2]: moli.

moelaidd [*moel*[1] + *-aidd*] *a.* Braidd yn foel, lled foel, moel, (yn) unig: *baldish, (somewhat) bald, mere, sheer.*

1789 *BDG* 146, Oni bae fod wyneb adyn, / *Moelaidd* bach, i'th ymyl bun. **1791** B. EVANS: *AD* 12, I daeru mae fi dorrodd / Yr hedd a fu . . . / Y sy' *foelaidd* lyfeliaeth, / 'Ble y barned gweithred gwaeth? **18–19g.** *IM* 132, hen wig i'w ben *moelaidd*, lletwadaidd, lliw tom.

moelawdl, gw. moelodl.

moelcen [*moel*[1] + elf. anh., ?cf. *talcen* neu o bosibl *cen*[1]] *eg.b.* a hefyd fel *a.* Moelni, pen moel; moel: *baldness, bald head or pate; bald.*

1603 W. MIDLETON: *Ps* 33, a siglo i penn *foelken* fu / Yn gymmar am mingammu. **1604–7** *TW* (*Pen* 228) d.g. *caluitius, caluo, depilatus.* **1632** *D* d.g. *calvitas.* **1770** *W* d.g. *baldness.* **1803** *P*, *moelcen*, a bald pate.

moelder [*moel*[1] + *-der*] *eg.* Moelni, noethni; diffyg addurn, plaender; diffyg clustiau: *baldness, bareness; lack of adornment, plainness; lack of ears, earless state.*

1588 *Mic* i. 16, helaetha dy *foelder* fel eryr. **1699–1700** E. LHUYD: *SH* 56, Y *moilder* ymma [am loi heb glustiau]. **1770** *W* d.g. *baldness.* **1803** *P*.

moeldes [*moel*[1] neu fôn y f. *moelaf*[1]: *moeli* + *tes*] *eg.* Gwres yr haul, gwres mwll neu ddeifiol, heulwen braf, tywydd poeth: *heat of the sun, sultry or scorching heat, bright sunshine, hot weather.*

1604–7 *TW* (*Pen* 228) d.g. *soles.* **1632** *D*, *moeldes*, æstus. **17g.** *IICRC* iii. 166, a drychin yn lle *moeldes.* **1722** *Llst* 189, *moeldes*, m. parching heat of the sun. **18g.** *Beirdd y Berwyn* 101, Ar ddyddiau *moeldes* Mai. **1753** *Gron* 228, gwell gan yr Awen hirnos gauaf . . . na *moeldes* ysplennydd hirddydd haf. **1753** *TR*, *moeldes*, sultry heat, hot weather. **1755** *ML* i. 349, a dyma dês, ie, *moeldes* ar ei hol, yr hyn a bair im gardd lawenychu. **1774** *W* d.g. *the heat [parching heat] of the sun, sultry heat [of the weather], the scorching heat [of the sun].* **1793** DAFYDD IONAWR: *CD* 89, E losgwyd Asia lwysgu, / . . . / Gan ffwrnwres y *moeldes* mawr. **1803** *P*.

moeldesota, gw. moelystotaf: moelystota.

moelddyrnfedd, gw. moel[1]—m. ddyrnfedd.

moeledd [*moel*[1] + *-edd*[1]] *eg.* Moelni; noethni: *baldness, alopecia; bareness.*

14g. *GDG* 143, Tâl *moeledd*, talm o alaw, / Tëyrnasaidd lariaidd law. **15g.** (**16–17g.**) *Pen* 93, 31, *moeledd* fal orddwyn melin (Dafydd ab Edmwnd). **1547** *WS*, *moeledd*, bauldness. **1588** *Eseia* xxii. 12, i *foeledd* hefyd, ac i ymwregyssiad â sach-liain. **1632** *D*, *moeledd* . . . caluitium. **1803** *P*.

moelen[1] [*moel*[1] + *-en*] *eb.* Buwch ddigyrn: *a hornless cow.*

Ar lafar, *GDD* 199, *WVBD* 380. Mae *Nant Moelen* yn rhedeg i Felindwr yn Rhydcymerau, sir Gaerf., *EANC* 122.

Gw. hefyd moelyn[1].

moelen[2], gw. moel[2].

moelfre, gw. moel[1] + bre.

moelffon [*moel*[1] + *ffon*] *eb.* ll. *-ffyn*, a hefyd fel *a.* Math o lwy bren wastad a ddefnyddir wrth goginio, pil, sbatwla, ysbodol; *Bot.* y rhan noeth o goes planhigyn rhwng pob pâr o ddail, internod; ?heb gard (am ddagr); moel fel ffon: *spatula; internode (in bot.); ?without a guard (of dagger); bald as a stick.*

16g. WILIAM LLŶN: *Gw* (R. Stephens) (At.), Gruffydd llvgenydd llei gwynion / (damec) dyma ddager *foelffon.* W llyn. **16g.** (**1763**) W. SALESBURY: *LlM* 156–7, cas gan gythrael . . . cange o cyfydd o hyd . . . ag arnynt y mae Dail bylchog val Dail Derw . . . a darne rhynghthynt o *voelphun.* **1604–7** *TW* (*Pen* 228), y neb a vo a chlol *voelphon* d.g. *alopecus. Dchr.* **17g.** *J* 10, 32b, *moelfon*, spathula. **1803** *P*, *moelfon*, s.f. pl. *moelfyn*, a spatula.

moelglawdd [*moel*[1] + *clawdd*] *eg.* ll. *-gloddiau.* Clawdd heb goed, &c., yn tyfu arno, gwrthglawdd, ffens neu wal a suddir mewn ffos o gwmpas parc neu ardd, tomen: *bare bank, rampart, ha-ha, mound.*

1774 *W* d.g. *haugh-haugh, or haw-haw [a particular sort of dry ditch], mound [a bank of earth].*

moelgroesaf: moelgroesi [*moel*[1] + *croesi*] *ba.* Eillio, siafio: *to shave.*

15g. *BB* 157, Sef yperis *moilgroisi* (*rasit*) y varyf ay wallt. **1604–7** *TW* (*Pen* 228) d.g. *rado.*

moeliad[1], gw. moel[1] + iad[1].

moeliad[2] [bôn y f. *moelaf*[1]: *moeli* + *-iad*[1]] *eg.* Y weithred o foeli neu noethi: *a making or becoming bald or bare.*

1803 *P*.

moeliaf[1,2]: **moelio, moeliri,** gw. moelaf[1]: moeli, molaf[2]: moli, meilierydd.

moel-lwyd, moel-llwyd, gw. moel[1] + llwyd.

moelni[1] [*moel*[1] + *-ni*] *eg.* Diffyg gwallt, moelder y pen; noethni, plaender: *baldness, alopecia; bareness, plainness.*

1588 *Eseia* iii. 24, yn lle iawn drefniad gwallt *foelni.* **1588** *Jer* xlvii. 5, *Moelni* a ddaeth ar Azah. **1588** *Am* viii. 10, dygaf sach-liain ar yr holl lwynau, a *moelni* ar bôb pen. **1615** R. SMYTH: *GB* 198–9, yn lle'ch crychwallt, chwi a gewch *foelni.* **1632** *D*, moeledd, & *Moelni*, caluitium. **1770** *W* d.g. *baldness, bareness.* **1803** *P*.

moelni[2], gw. molni.

moelodl, moelawdl [*moel*[1] + *odl*, *awdl*] *a.* a hefyd fel *eb.* (Mesur) digynghanedd (mewn barddoniaeth); (mesur) di-odl: *(metre) without 'cynghanedd'; unrhymed; blank verse.*

c. **1785–90** (**1829**) *CBYP* 73, Yr Hen Feirdd a genaint [*sic*] yn *foelawdl*, sef yn ddigynghanedd . . . rhai o'r oes honn a ganant fal hynny; a'u galw y pennillion yn *foelodl.*

moelrhon, moelrhawn, &c. [*moel*[1] + ?*rhawn* neu *rhôn*[1]; cf. H. Wydd. *rón*, Crn. C. *ruen*, Llyd. Diw. *reunig*, ac o bosibl H. S. *hran*, *hron*] *eg.b.* ll. *-iaid*, *-iau*, ?*-ion*. *Swol.* Morlo, dyniawed y môr; llamhidydd, morwch; dolffin; hefyd am afonfarch neu hipo ac yn *ffig.*: *seal; porpoise; dolphin; also of hippopotamus and fig.*

13g. *DB* 57, ual y cocodrilli [*sic*] a'r *moelronyeit* (*hippopotami*). **14g.** *GIG* 157, *Moelrhawn* bresychlawn sychlodr, / Mab cleiriach o'r bwdrwrach bodr [i'r Brawd Llwyd]. **14–15g.** *IGE*[2] 206, Gardiau o beithynau bwth, / Neu rawn *moelrawn* ymylrwth [Llywelyn ab y Moel i'r farf]. *id.* 208, Drwg yn wag, gwaeth o ragor / Yn llawn, annwyd *moelrhawn* môr [Llywelyn ab y Moel i'r tafod]. *c.* **1400** *R* 1346. 8–9, *moelrawn* heb wirdawn hebwyrd. *id.* 1348. 10, Llyssenw einyawn *moelrawn* mws. **15g.** *GGl* 98, Mae hergod o bysgodyn, / *Moelrhon* yn nwyfron fy nyn [dychan i'r bardd gan Lywelyn ap Gutun]. **1547** *WS*, *moelrhon*, porpas. **16g.** GR. HIRAETHOG: *Gw* (D. J. B.) 102. 39–40, Aml yw rhinwedd *moelrhoniaid*, / Yn nwbl gown eu blew a gaid [i ofyn sircyn o groen moelrhon]. **16g.** WILIAM CYNWAL: *Gw* (G. P. Jones) 80, Dwy fondid erlid oerlawr / Dwy gynffon ar *foelrhon* fawr [dychan i Forgan Eurych]. **1632** *D*, *moelrhon*, tursio, tyrsio, phocœna, phoca. **1777** E. ROBERTS: *DG* 67, yngwneud trwyn *molrhon* [*sic*] yn bwyta sîl. **1796** *Geirgrawn* 75, y maent yn lladd lliaws o *foelrhoniau* (seals) cîg y rhai a halltant. **1803** *P*, *moelron*, a seal, or sea-calf. Y mae *Ynysoedd y Moelrhoniaid* yn enw ar 'The Skerries' ger Llanfair-yng-Nghornwy yng ngogledd-orllewin Môn, cf. *HGK* 11, enys Adron, sef lle oed hvnnv *enys y moelronyeit* (cf. *id.* 20, Ron enys, nyt amgen enys dinewyt e mor); B. WILLIS: *Bangor* 244, Seynt Danyell's Isle, otherwise called Ennys *Moylronyon.* Ynglŷn â *Llywelyn Foelrhon*, gw. *B* x. 242. Yn E. LHUYD: *Par* ii. 102 crybwyllir *Ogo'r moelron*, pl. Llanfihangel-y-traethau, Meir.

moelrhonaidd [*moelrhon* + *-aidd*] *a.* Tebyg i foelrhon: *seal-like.*

16g. GR. HIRAETHOG: *Gw* (D. J. B.) 91. 67–8, Amler hynod *moelrhonaidd*, / Iach hybawr ceirch a brag haidd [i ofyn march].

moelrhoniwr [*moelrhon* + *-iwr*] *eg.* ?Heliwr moelrhoniaid: *seal hunter.*

[**1745**] W. ROBERTS: *FfM* 55, Hugh Ty'r chwain a Griffith y *Molrhoniwr* [*sic*], a minne Morgan y Gogrwr.

moelstota, gw. moelystotaf: moelystota.

moelura, moeluria, gw. maluria.

moelwallt, gw. moel[1] + gwallt.

moelwyn [*moel*[1] + *gwyn*[1]] *a.* (b. *moelwen*) a hefyd gyda grym enwol. Noeth neu foel a gwyn, hefyd am fathau o wenith: *bare or bald and white, also of various kinds of wheat.*

16g. (**1763**) W. SALESBURY: *LlM* 168, y mae llafyrwyr ein bro ni yn enwi mwy o rhywie . . . nar gwenith gwyn bach . . . *moelwyn* mynydd. *Dchr.* **18g.** *LlGC* 5977, 67, The severall sorts of wheat by their welch names . . . y *moelwyn* bàch. *c.* **1730** *Thos. Lloyd D* (LlGC) 177a, *moelwen.* Mae *Moelwyn Bach* a *Moelwyn Mawr* yn fynyddoedd ym mhl. Ffestiniog, Meir. Digwydd fel e. prs. ac fel cyfenw, *W Surnames* 168, e.e. **1292** *B* xiii. 221, Yuan ab *Moylwyne.*

moelwynog, gw. molwynog.

moelyn[1] [*moel*[1] + *-yn*] *eg.* Dyn moel, un di-wallt; un byr ei wallt; truan: *bald(-headed) man; short-haired person; poor creature.*

1588 2 *Br* ii. 23, plant bychain . . . a'i gwatworasant ef, ac a ddywedasant wrtho ef, dôs i fynu *moelun.* **1632** *D, moelyn,* accaluaster. *id.* d.g. *alopecus.* **1688** *TJ, moelŷn*: him that is bald. **1795–6** *Trys Gym* 100, *Moelyn* a gaiff am olud / Wallt melyn clir hir ei hŷd. **1798** *WR* d.g. *pillgarlick.* Ar lafar yn Arfon yn yr ystyr 'dyn moel', *WVBD* 380. Digwydd fel e. prs. ac fel cyfenw, *W Surnames* 168, e.e. **1326** (**16g.**) *BBStD* 150, Will's *Moylynn.*

Gw. hefyd moelen[1].

moelyn[2], gw. moel[2].

moelystod [?*moel*[1] + *ystod*] *eg.* Y weithred o ysboncio neu grychneidio, crychnaid, pranc, naid; anlladrwydd, trythyllwch: *a hopping, frisking, gambol, skip; wantonness, lasciviousness.*

1547 *WS, moelystot.* **1604–7** *TW* (*Pen* 228) d.g. *lasciuia.* **1632** *D, moelystod,* vitulatio. **1688** *TJ,* llamsachus, tesach; *mylystod* [*sic*]: full of leaping and dancing. *id. moelystod*: gadding. **1722** *Llst* 189, *moelystod,* wantonness, hopping, frisking. **1773** *W* d.g. *frisk, gambol, skip.*

moelystotaf: moelystota, moelystodi [*moelystod* + *-ha,* a be. o'r e. bl.] *bg.a.* Llamsach, prancio, crychneidio mewn llawenydd, crwydro, rhodianna; bod yn drythyll; hefyd yn *ffig.*: *to skip, caper, jump for joy, wander, gad about; be wanton; also fig.*

1547 *WS, moelystodi,* go a gaddyng. **1588** *Doeth Sol* xvii. 18, neu redfa anifeiliaid yn *molestotta* [*sic*] heb eu gweled. **1595** M. KYFFIN: *DFf* [81], fal y gallent hwy [y Pab a'i ganlynwyr] *foelstotta*'n (*grassarentur*) ben-rhyddach, ag yn ddi-ogelach. **1604–7** *TW* (*Pen* 228), *moelystoti* d.g. *erro, vitulans, vitulor. id. moelystota* d.g. *spatior.* *Dchr.* **17g.** *J* 10, 32b, *moelystodi,* to gadde or skippe. **1620** *Mos* 204, 93, Mal eidion yn *molstotta* [*sic*]. **1632** *D, moelystotta* d.g. *lasciuio.* **1653** *MLl* i. 197, Buan yr anghofiwyd y diluw, ac yr aethont i adeiladu Babel, ac i *foelystotta* ar ôl Nimrod. **1691** T. JONES: *Alm* [ii], Gefen y Gauaf, ni *fylystotta* [*sic*] ein gwartheg o herwŷdd gwrês ac adnod. **1722** *Llst* 189, *moelystotta,* to skip wantonly. **1763** *ML* ii. 562, Gwych fod y Saeson yn *moelysdotta* ar ôl yr hên Frutaniaeth. **1773** *W* d.g. *to frisk* [*as a lamb, &c.*], *to gambol, to play the wanton, skipping beasts.* **1803** *P.* Ar lafar ym Môn dywedir *moelystodi* 'am wartheg yn rhedeg yn y cae ar dywydd tesog yn aml pan biger hwy gan bry' llwyd', *Môn* (Gwanwyn, 1954) 9. Cf. J. H. JONES: *Moelystota* (1932) d.d., *Moelystota,* sef y Trydydd Detholiad o Branciau'r Merlyn.

Amr.: **moeldesota** [ffrwyth ei gysylltu â'r e. *moeldes*] **1803** *P.*

Gw. hefyd stodi.

moen, moergrug, gw. mwyn[2], morgrug.

moeriaf, moiriaf: moerio, moirio [?amr. ar (*g*)*enweirio*] *bg.* Genweirio: *to angle.*

1868. Ar lafar yn Arfon, hefyd yn y ff. *mwyrio, WVBD* 376.

moeriwr [bôn y f. fl. + *-iwr*] *eg.* Genweiriwr: *angler.*

20g.

moerlo, Moerys, gw. morlo[2], Mŵr.

moes[1] [2 brs. un. grch. bf. ddiffygiol; ceir hefyd ff. 2 brs. ll. grch. *moeswch,* 3 prs. un. grch. *moesed,* prs. 1 un. grch. *moeswn,* a 3 prs. ll. dib. *moesont*; yn eithriadol fe'i ceir yn y modd myn.] *ba.*

(*a*) Dyro (imi), rho (imi), estyn (imi); (geir.) dyro fenthyg (imi): *give* (*me*), *pass* (*me*); (*dict.*) *lend* (*me*).

14g. *WM* 17. 11–12, *moes* uy march. *id.* 249. 6–7, *Moesswch* attaf i . . . awch cledyfeu. **14g.** *YBH* 22b, dywot wrth y wreic [*m*]*oes* im varch. a march a rodes hitheu idaw. *c.* **1400** *ChO* 15, *Moes* dy gret ar hynny. **15g.** *DE* 3, *Moesed* oi gwallt ir allt draw / ede hir iw di hevraw [*sic*]. [**1547**] W. SALESBURY: *OSP,* Melus, *moes* etto. *c.* **1550** A. BORDE: *FB* 129, Morwyn . . . *moes* imi gawse boby! **1567** *TN* 40b, Rowch [:– *Moeswch*] i ni o'ch oleo chwi. **1588** *Diar* xxx. 15, y mae dwy ferch yn dywedyd, *moes, moes.* **1620** 1 *Mac* xv. 30, *moeswch* y dinasoedd a gymmerasoch chwi. **1632** *D, moes,* verbum anomalum, da, cedò. **1722** *Llst* 189, *moes* (ver), give or reach thou, lend thou. **1752** *ML* i. 196, *moeswch* lythyr cynta galloch.

(*b*) Gad (imi, &c.), caniatâ (imi, &c.), bydded (imi, &c.); bydd gystal â: *let* (*me, &c.*), *allow* (*me, &c.*), *permit* (*me, &c.*), *may* (*I, &c.*); *be so good as* (*to*).

c. **1400** *R* 1369. 41–1370. 1, *Moes* ym deall y wrthlad ball. **15g.** *Pen* 67, 116, *Moes* dy welet veredydd. **1551** W. SALESBURY: *KLl* lxxxiiia, *Moes* ddyuot attaf ar vrys. **16g.** *THSC* (1923–4) (At.) 32, rac hynny, gristnogion da, *moesswch* y ni weddio ar yr arglwyddes vair. *c.* **1585** G. ROBERT: *DC* 17a, *moeswch* weled yr achos paam y mae duw yn danfon i n plith gymeint o glefydoedd. **1588** *Gen* xi. 4, *moeswch* adailadwn i ni ddinas. **1595** M. KYFFIN: *DFf* [131], *Moesont* gael gweled yn amlwg y petheu y maen-nhwy'n gwneuthyr cymaint rhodres yn eu cylch. **1630** R. LLWYD: *LlH* 80, *moeswch* glywed pa rai yw prif achosion cybydd-dod. **1630** R. VAUGHAN: *YDd* 242, *Moes* . . . rifo dy ddyddiau. **1651** SIÔN TREREDYN: *MDD* 29, *Moeswn* clowed [*sic*] Syr, adolwg, rhagor o hyn. **1675** R. JONES: *HCh* 94, *moeswch* i ni ei dreulio ef yn y gweithredoedd hyn o drugaredd. **1775** *W* d.g. *let* [*used imperatively, optatively, imprecatively, and hortatively*].

(*c*) (enghrau. myn.) Rhoddi, dodi: *to give, put.*

1696 *CDD* 278, Ar Adar cynnar cânan, / Bôb diddig fiwsig *foessan* (S. RHYDDERCH: *LlCD* 230, Lleisian). Cf. ISLWYN: *Gw* 275, Onestaf sant! ni *foesaist* ti dy fys.

Amr.: **mos, moswch.** *Dchr.* **17g.** *J* 10, 34b, *môs,* geve me, cedò. **1699** T. JONES: *TP* 117, 190. **mwyswch.** **17g.** *DCR* 264.

Cfn.: **moeswch iechyd (y brenin,** &c.**)**: *give a toast to the health* (*of the king, &c.*). **1703** E. WYNNE: *BC* 23.

moes[2] [< ***boes,* gyda *b-* ac *m-* yn ymgyfnewid, Llyd. C. *boas,* Llyd. Diw. *boaz*; ?cf. Gal. *bessu,* gl. *more feritatis,* H. Wydd. *bés*] *eb.g.* ll. *-au, -oedd.*

(*a*) Ymddygiad sefydlog neu arferol, ffordd nodweddiadol o ymddwyn, arfer; defod neu draddodiad neu arfer sefydlog cymdeithas, pobl, llys, &c., confensiwn cymdeithasol; ymarweddiad cwrtais neu fonheddig, cwrteisi, boneddigeiddrwydd, moeswedd; (fel rheol yn y ll.) egwyddor(ion) moesol, ymddygiad seiliedig ar foesoldeb: *established or usual behaviour, characteristic mode of behaviour, habit, wont; custom, tradition, or established practice of a society, people, court, &c., mores, social convention; courteous behaviour, courtesy, civility, manners, etiquette;* (*usually in pl.*) *moral principle*(*s*), *morals.*

13g. *C* 12. 1–2, *Moes* vreisc vreyr. *Moes* wirth vehir. milwir orvith. **14g.** *H* td. 350. 14, molawdyr maws nyd *moes* y gytpar. **1346** *LlA* 4, ef awydat enweu yr egylyon. ar dynyon. Ac eu *moessev* (*mores*). **14g.** *WM* 5. 6–8, wrth ual y guelych y guassanaeth yndi yd adnabydy *uoes* y llys. **14g.** *BT* (*RB*) 84, megys y mae *moes* y Ffreinc twyllaw dynyon drwy edewidion. **14g.** *GDG* 131, Rhaid oedd ym fedru peidiaw / Â'r *foes* hon, breuddwydion braw. **1547** *WS, moes* ne arfer, maner. **16g.** *LBS* iv. 400, [t]raethü *moesaü* a büchedd y gwr pwys. **1567** *TN* 198b, yn precethy *moesae* [:– dyvodae cynneddfeu], a'r nyd cyfreithlawn y ni ei derbyn. **1632** *D, moes,* mos, urbanitas, Eutrapelia. Da ei *foes,* Benè moratus. **1703** E. WYNNE: *BC* 47, trowyd hwy [Cwaceriaid] ymaith am fod cynddrwg eu *moes.* **1803** *P.*

(*b*) Moesymgrymiad, ymostyngiad: *bow, curtsy, obeisance.*

16g. (*LlEG*) *LlGC* 5276, 368b, oni ddoethantt twy gar bron y brenin Jr neb J gwnaethant twy J *moes* ai kyrs megis ac Jr ydoedd ynn dledus [*sic*] vddunt. **1567** *TN* 77b, [p]lygesont ei glinie, ac ei addolesant [:– wnaethant *voes* yddaw]. **1703** E. WYNNE: *BC* 15, yn dêg ei wên, a llaes ei *foes* i bawb. *id.* 26, gwelem un . . . yn gwneud pob ystumieu arno 'i hun i ddyscu *moes* boneddigaidd iw Gariad. *c.* **1730** *Thos. Lloyd D* (LlGC) 177a, gwnaethant *Foes* iddo, salutabant. Bow'd to him. *id.* 178a, llaes ei *Foes,* one that makes a low bow. **1758** *DPMB* 14, gan fod yn llawn *moesau* yn plygu ei Ben hyd lawr.

Cfn.: **moes ac anfoes:** *combination of informal 2 pers. sing. and formal 2 pers. pl. in addressing the same individual. p.* **1632** *GP* 196, 198. **m. ac arfer:** *custom and usage, mores; etiquette, right or proper behaviour, civility.* **15g.** *DE* 127. **1561–2** *Pen* 155, 4. **1604–7** *TW* (*Pen* 228) d.g. *barbaries.* **m. a defod:** (i) = **moes ac arfer.** **13g.** *Brut B* 78, dyscedyc oed en ev *moes ac ev devavt. c.* **1400** *SDR* 43. *c.* **1400** [*RB*] *WM* 223. 20–1. *c.* **1590** *RC* xlvi. 54. (ii) *customary laws.* **1578** R. MERRICK: *MA* 33, that the Glamorganians should enjoy the liberty of their owne laws, which they termed '*Moes a defod*', viz. usage and custom. *id.* 42. **m. a mynud** = **m. ac arfer.** **14g.** *WM* 128. 23. **15g.** *BB* 9, 164. **moesau (moesoedd) da:** *good manners; good morals.* **1346** *LlA* 112. **14g.** *BT* (*RB*) 170. **16g.** HUW ARWYSTL: *Gw* 400, maswedd a dynn *moesoedd da.* **1567** *TN* 260b. **1803** *P. Rhet.* **moes dros anfoes:** *charientismus, euphemistic irony.* **1595** *Egl Ph* 25.

moesaddysg [*moes*[2] + *addysg*] *eb.g.* Moeseg, athroniaeth foesol; moesoldeb: *ethics, moral philosophy; morality.*

1725 *SR* d.g. *ethicks.* **1773** *W* d.g. *ethics.* **1803** *P.*

moesaidd [*moes*[2] + *-aidd*] *a.* Cwrtais, boneddigaidd, moesgar, hyfryd; moesol: *courteous, polite, well-bred, well-mannered, pleasant; moral.*

15g. *Glam Bards* 242, a gwawr wen ar faink gywer wych / *foeseidd* dal lyniedd lanwych. **15–16g.** *GRB* 37, *Moesaidd* oedd y Gameisiaid: / mae o'r blaen ŵr mawr ei blaid. *c.* **1729** S. RHYDDERCH: *LlCD* 368, Ar eglur Mesur *moesedd* Gynghanedd rinwedd rai. **18–19g.** *IAW* (LlGC) 23, 10, Mae'i anêl a'i anedd, trwy' *moesedd* wefysedd, / Môr eglur ei arogledd ai Sûlwedd bôb Sûl. **1803** *P.*

moesair [*moes*[2] + *gair*[1]] *eg.* ll. *-eiriau.* Geiriau cwrteisi, canmoliaeth; gwireb foesol: *words of courtesy, compliment; aphorism, moral maxim.*

1692 T. JONES: *Alm* [2], Mwy ei Awen am ddeall / Mesur cerdd a *moys air* Call [marwnad Edward Morris]. [**1783**] *W* d.g. *sentence* [*a saying that conveys some moral instruction*]. **1798** *WR* d.g. *compliment.*

moesathrawol [*moes*[2] + *athrawol*] *a.* Moesegol, moesol: *ethical, relating to ethics, moral.*

1868.

moesawgrwydd, gw. moesogrwydd.

moesber [*moes*[2] + *pêr*[1]] *a.* Cwrtais, moesgar: *courteous, well-mannered.*

18–19g. *Hop M* 362, Gŵr gwâr gwirion union oedd, / Rhadol a *moesber* ydoedd.

moeschwarae [*moes*[2] + *chwarae*] *eg.* Drama foes: *morality play.*

20g.

moesddefod [*moes*[2] + *defod*] *eb.* ll. *-au.* Moesgarwch; arfer cymdeithasol: *courtesy; social custom.*

1852.

moesddull [*moes*[2] + *dull*] *eb.* Moesau (da), cwrteisi, moesgarwch: (*good*) *manners, courtesy.*

1771 *W* d.g. *character* [. . . *a delineation of the manners of a person*].

moesddysg [*moes*[2] + *dysg*] *eb.* Moeseg, athroniaeth foesol, athrawiaeth foesol; addysg mewn moesau neu ymarweddiad da: *ethics, moral philosophy, moral teaching; education in good manners or behaviour.*

1632 *D* d.g. *ethice.* **1722** *Llst* 189, *moesddysg,* moral philosophy. **1771** *W* d.g. *breeding, or good breeding, ethics.* **1803** *P.*

moeseb [*moes*[2] + *-eb*] *eb.* Moeswers; moesoldeb: *moral* (*of story, &c.*); *morality.*

1850.

moesed, gw. moes[1].

moeseg [*moes*[2] + *-eg*[1]] *eb.* ll. *-au.* Yr wyddor sy'n astudio egwyddorion moesol, athroniaeth foesol; corff o egwyddorion a gwerthoedd moesol, ?cymeriad nodweddiadol; moesoldeb: *ethics, moral philosophy; ethic, ?ethos; morality.*

1850.

moesegaf: moesegu [bf. o'r e. bl.] *bg.* Traethu ynghylch moesoldeb: *to moralize.*

1909.

moeseglyd [*moeseg* + *-lyd*] *a.* Rhy dueddol i foesoli: *over-much given to moralizing.*

20g.

moesegol [*moeseg* + *-ol*] *a.* Yn perthyn i foeseg neu i foesoldeb, moesol, yn dysgu moesoldeb: *ethical, moral, moralistic.*
1850.

moesegwr, moesegydd [*moeseg* + *-wr, -ydd*[3]] *eg.* ll. *-wyr.* Moesolwr; athronydd moesol: *moralist; ethicist, moral philosopher.*
1899.

moesenaidd, mosenaidd [cfdds. o'r S. *mos(aic)* dan ddyl. *Moesenaidd, Mosenaidd*] *a.* Yn perthyn i fosaic: *mosaic.*
1835.

Moesenaidd, Mosenaidd [yr e. prs. *Mo(e)sen* + *-aidd*] *a.* Yn perthyn i Foses neu i'r gyfraith a'r traddodiadau a briodolir iddo: *Mosaic.*
1850.

Moeseniaeth [yr e. prs. *Moesen* + *-iaeth*] *eb.* Y gyfundrefn grefyddol a'r cyfreithiau a'r seremoniäu a orchmynnwyd gan Moses, goruchwyliaeth Moses: *Mosaism.*
1863.

moesffurf [*moes*[2] + *ffurf*] *eb.g.* ll. *-iau.* Defod: *ritual.*
1852.

moesgar [*moes*[2] + *-gar*] *a.* a hefyd gyda grym enwol. Cwrtais, boneddigaidd, llednais, a chanddo foesau da, suful, hynaws, ymostyngar, ufuddgar, weithiau'n ddifrïol; yn perthyn i foesgarwch; gwareiddiedig: *courteous, polite, refined, well-mannered, well-bred, civil, urbane, deferential, dutiful, sometimes derog.; pertaining to good manners; civilized.*
14–15g. *IGE*[2] 129, Y drydedd farf, gufarf gâr, / Ymysg arglwyddi *moesgar* (Gruffudd Llwyd). *Diw.* **16g.** *CRC* 285, an rrydedd dad a mam / yn ddi nam ag yn *foes gar.* **1604–7** *TW* (*Pen* 228) d.g. *honestus, moratus, venerabundus. Dchr.* **17g.** *J* 10, 33a, *moesgar*, morigerus. **1632** *D* d.g. *bellus.* **1688** S. Hughes: *TSP* 49, [c]ynnulleidfa 'r *moesgar* [:– Dynion sifil onest oddi allan]. **1716–18** *Llsgr R. Morris* 139, *mousgara* mwŷna in musg. **1751** *GIA* 29, oeddynt [llywodraethwyr yr Iddewon] fwy pwyllog a *moesgar* nâ'r bobl gyffredyn. **1771** *W* d.g. *brought up well, mannered, well-mannered.* **1778** J. Hughes: *BB* 317, Daeth twyllwr ystrywgar a *moesgar* i'n mysg. **1784** P. Williams: *BY* 9, ym mysg cenhedloedd *moesgar*, ni chrogir y feichiog.

moesgarol [*moesgar* + *-ol*] *a.* Moesgar, cwrtais, boneddigaidd, llednais, ufuddgar; gwareiddiedig: *well-mannered, courteous, polite, refined, dutiful; civilized.*
1835.

moesgarwch [*moesgar* + *-wch*[1]] *eg.* Cwrteisi, boneddigeiddrwydd, lledneisrwydd, moesau da, hynawsedd, sufulrwydd, ufuddgarwch, hefyd yn *ffig.* ac weithiau'n ddifrïol; arfer waraidd, gwareiddiad; moesoldeb; moeseg: *courtesy, politeness, refinement, good manners, urbanity, civility, dutifulness, also fig. and sometimes derog.; civilized practice, civilization; morality; ethics.*
1604–7 *TW* (*Pen* 228) d.g. *humanitas. Dchr.* **17g.** *J* 10, 33a, *moesgarwch*, morigeratio. **1632** *D* d.g. *charientismus, civilitas.* **1672** J. Langford: *HDdD* 280, Mwynder a *Moesgarwch* yngwrthwyneb i'r tauogrwydd sarrug hwnnw. **1684** J. Davies: *LlR* 374, myned ym mhellach mewn *Moesgarwch* a Chyfiawnder moesol. **1688** S. Hughes: *TSP* 49, [c]ynnulleidfa 'r moesgar, yn Nhref *Moesgarwch* [:– Gweddeidd-dra oddi allan]. **1711** H. Powel: *TY* [iii], gwahaniaethu Gras a nattur, Duwioldeb a *Moesgarwch.* **1716** E. Samuel: *GGG* 92, Ymmhlith y Groegiaid, y sawl a draddodasant Reolau *moesgarwch* (*precepts of morality*), a'u gwnaethant eu hunain yn ganmoladwy. **1741** *CAG* 15, holl Byngciau Ffydd a *Moesgarwch.* **1771** *W* d.g. *breeding, mannerliness.* **1775** J. Thomas: *NBAF* 8, *moesgarwch* a diwygiad oddi allan. **1779** D. Davies: *BDED* 50, [yr] holl gyfarchiadau a'r defodau o *foes-garwch* a arferwn ni mor fynych. **1794** E. Jones: *CP* viii, [g]wybodaeth o'r gyfraith, mal y dywed Aristotle . . . yw y rhan mwyaf penodol . . . o *foesgarwch.*

moesgerdd, gw. moes[2] + cerdd[1].

moesgrymaf: moesgrymu [*moes*[2] + *crymu*] *bg.* Ymgrymu mewn parch, moesymgrymu, hefyd yn *dros.*: *to bow, curtsy, also transf.*
1896.

moesgrymiad [*moes*[2] + *crymiad*, neu fôn y f. fl. + *-iad*[1]] *eg.* ll. *-au.* Ymgrymiad mewn parch, moesymgrymiad, hefyd yn *dros.*: *a bow, curtsy, also transf.*
1869.

moesgyfarchaf: moesgyfarch [*moes*[2] + *cyfarch*] *ba.* Cyfarch (yn gwrtais); llongyfarch: *to greet (politely); compliment.*
1820.

moesgyfarchiad [bôn y f. fl. + *-iad*[1]] *eg.* ll. *-au.* Cyfarchiad (cwrtais), cwrteisi: *(polite) greeting, salutation, courtesy.*
1848.

Moesic [cfdds. o'r S. *Mosaic*] *a.* Moesenaidd: *Mosaic.*
1696 *GGTY* 82, a'r defodau *moesic* (*Mosaical rites*) hynny pa rai a derfynasant ynghrist.

moesig [*moes*[2] + *-ig*[2]] *a.* Moesgar; lle ceir moesgarwch: *courteous; where courtesy is found.*
c. **1400** *R* 1373. 25–6, Hopkyn ior gwinllyn gwenllys *voessic.* **16g.** *IICRC* iii. 344, Dod imi yn awr yn *foesig* / I lawr yn ysgrifenedig.

moesog [*moes*[2] + *-og*] *a.* Moesgar, boneddigaidd, cwrtais, gweddus, ymostyngar, ufuddgar; yn perthyn i gwrteisi: *polite, well-bred, well-mannered, courteous, seemly, deferential, dutiful; relating to courtesy.*
c. **1300** *H* 71a. 29–30, nyd bleit coed coll y auael namwyn bleit maes *moessauc* hael (Cynddelw). *c.* **1400** *J* 1, 1014, Nybyd *moessawc* aglywo llef keilawc ythat. **1573** *WLl* 38, Kael wedi r masswedd klowed wyr *moessoc.* **1632** *D, moesawg* . . . benè moratus, morigerus. *id.* d.g. *ciuilis, moratus.* **1688** *TJ, moesawg*, moesawl: courteous, mannerly. **1722** *Llst* 189, *moesawg* . . . civil, genteel, complaisant, well-bred. **1763** *DT* 254, Brydydd iach, diledach lin, / *Moesawg* wr ym mysg gwerin. **1771** J. Rees: *H-A* 54, Os byddant gall a *moesawg* (*well-mannered*), hwy a ochelant gyffwrdd o'r tant ag a wyddont a bair derfysg ag anghysondeb ynnom. **1771** *W* d.g. *brought up well, genteel* [*in behaviour*], *mannerly, politely.* **1803** *P.*

moesogaeth [*moesog* + *-aeth*] *eg.* Moesoldeb (mewn gthg. â duwioldeb); moeseg: *morality (in contrast with godliness); ethics.*
1651 Siôn Treredyn: *MDD* 232, y cyflwchwyr o *foesogaeth*, sef orchymmynion dynion, moesawl, yn hytrach na rhodio yngwir goleuni difinyddiaeth, sef yn nysceidaeth Christ Jesu. **1803** *P.*

moesogrwydd [*moesog* + *-rwydd*] *eg.* Moesgarwch, boneddigeiddrwydd, cwrteisi; cyfarchiad cwrtais: *politeness, courtesy; polite greeting.*
1762 *ML* ii. 509, ces lythyr mwyn, mwyn, oddiwrth y Deon Tucker, a *moesawgrwydd* iwrth y Mr. Nugent fawr anferth. **1771** *W* d.g. *breeding, or good breeding* [*genteel, or polite* [*b*]*ehaviour* . . .].

moesol [*moes*[2] + *-ol*] *a.* ll. *-ion*, a hefyd gyda grym enwol.

(*a*) Yn perthyn i ymddygiad dyn (yn enw. o ran y gwahaniaeth rhwng da a drwg), yn perthyn i foesau neu foesoldeb, moesegol; yn dilyn egwyddorion moesoldeb (weithiau mewn gthg. â duwiol), rhinweddol, egwyddorol, ufuddgar; yn moesoli, o natur moesoli, yn dysgu egwyddorion moesoldeb; na ellir yn rhesymol ei amau: *moral, ethical; moral (of conduct, sometimes in contrast with godly), high-principled, virtuous, dutiful; moralizing, moralistic; beyond reasonable doubt, moral.*
Dchr. **15g.** *B* viii. 138, [c]adw y gorchymynneu *moessawl.* **15g.** *GGl*[2] 271, Gŵr *moesawl* yw, grymus wledd, / Gwn ar hwnnw gan rhinwedd. **1606** E. James: *Hom* ii. 89, nad oedd yn gyfraith cermonial, onid *moesawl*, sydd yn ein rhwymo ni cystadl a hwyntau [yr Iddewon]. **1615** R. Smyth: *GB* 47, [c]yssondeb o philosophyddiaeth, yn gystal o'r *foesawl* ag o'r naturiawl. **1672** R. Prichard: *Gw* 114, Rhaid gwasnaethu Duw yn *foesawl*, / Trwy lân fuchedd tra christnogawl. **[1676]** *AF* 3, y Defnydd *Moesawl* o'r Histori gyfflybiaethol hon. **1677** R. Jones: *BB* 113–14, meddwl a'm [*sic*] eiriau Seneca, y difrifol ŵr *moesawl.* **1687 (1715)** J. Owen: *TB* 69, [g]wr jefangc o fywyd *moesawl.* **1716** E. Samuel: *GGG* 30, y cyfryw ddrygau . . . *moesawl.* **1722** T. Evans: *PS* 43, y Llyfrau *moesol*, megis y Diarhebion, Ecclesiastes, Ecclus. **1727** J. Jones: *DFF* 127, Deuwch allan chwychwi yr holl Ddeddfolion a'r *Moesolion.* *c.* **1762–79** W. Williams: *P* 33, [p]ethau sydd yn ddrwg neu'n dda mewn ffordd *foesol.* **1776** *W* d.g. *moral, morally* [*in a moral sense; consistent with, or according to the laws of morality*]. **1803** *P.*

(*b*) Cwrtais, moesgar, hynaws, boneddigaidd, llednais, diwylliedig, gwareiddiedig: *courteous, polite, urbane, well-bred, refined, civilized.*
15g. *ID* 5, dyn ym ai rhoes yn *foesawl* / doe ar y min i dreio mawl [i ddiolch am gusan]. **16g.** (*LlEG*) *Mos* 158, 82a, ynnol serttein o eiriau *moesawl* y vo a ddyuod y brenin. **1567** *LlGG* 71a, byddwch *voesawl* [:– hynaws, vwynaidd], nyd taly drwc dros ddrwc. **1579** *RC* xlviii. 90, hi a fydd *moessawl* a gwasanaethgar a llawen. **1632** *D*, moesawg, & *Moesawl*, benè moratus, morigerus. *id.* d.g. *ciuilis, moralis, moratus, urbanè.* **1701** E. Wynne: *RBS* 73, pôb Gwlad *foesawl* ac anfoesawl (*barbarous and civil*). **1703** E. Wynne: *BC* 100, fy ngyrru . . . at Gwacer i ddyscu bod yn *foesol.* **1710** *CBGEL* 66, nid arferaf ond lleiaf a gallwyf o *Foesawl* amneidiau tuag at eraill. **1716** T. Evans: *DPO* 116, y Brutaniaid *moesol* a adeiladasant Ddinasoedd. **1722** *Llst* 189, moesawg, *moesawl*, civil, genteel, complaisant, well-bred. **1800** W. Owen[-Pughe]: *CP* 41, Yr Aradyr cyffredin hyd Gymru, y sydd hwyrach offeryn mwyaf chwithig . . . â welir mewn un gwlâd *foesol.* **1803** *P.*

(*c*) Gwladol (am lywodraeth): *civil (of government).*
1696 *GGTY* 86, fod ganthynt jawn i wlâd Canaan ac i lywodraeth *moesawl.* **1710** S. Williams: *UOY* 40, Llywodraeth ddinasaidd a *moesol.* *c.* **1730** *Thos. Lloyd D* (LlGC) 177a, llywodraeth *Moesawl*, civil government.

moesolaeth, moesoliaeth [*moesol* + *-(i)aeth*] *eb.g.* ll. *-au.* Moesoldeb: *morality.*
18–19g. *Llr* C 54, 313. **1803** *P.*

moesolaf: moesoli [bf. o'r a. bl.] *bg.a.* Gwneud yn foesol, mynd yn foesol; gwareiddio, bod yn waraidd; rhesymu neu draethu ynghylch moesoldeb (weithiau'n ddifrïol), tynnu moeswers (o): *to make or become moral; civilize, be civilized; moralize, draw a moral from.*
1725–6 *Madd Ed* 436, *Moesoli* (*civilize*) rhyw ran o Ddynolryw ydyw'r cwbl a ddichon Doethineb dynol wneuthur lliw o hono. *c.* **1762–79** W. Williams: *P* 79, wedi eu danfon gantho ef i'r Byd i ddiwigio, i *foesoli*, ac i ddysgu dynol-ryw. **1776** *W* d.g. *moralize* [*give the moral sense of, or deduce some moral doctrine from*], *moralize* [*discourse of morality*]. **1792** P. Williams: *TG* 26, [b]od Crist yn cymmodi trwy ein *moesoli.* **1803** *P, moesoli*, to become moral.

moesolaidd [*moesol* + *-aidd*] *a.* Yn perthyn i foesoldeb, yn dysgu moesoldeb; gwareiddiedig: *pertaining to morality, moralistic; civilized.*
1831.

moesoldeb [*moesol* + *-deb*] *eg.* (Cydymffurfiad ag) egwyddorion ynghylch ymddygiad dyn a seilir ar y gwahaniaeth rhwng da a drwg (yn aml mewn gthg. â duwioldeb), rhinwedd; moesgarwch, boneddigeiddrwydd, cwrteisi; gwareiddiad: *morality (often in contrast with godliness), virtue; politeness, courtesy; civilization.*
1723 J. Jones: *LlA* 115, Dichon *Moesoldeb* a Deddfoldeb ein canmol ni wrth Ddynion, ond nid wrth Dduw. **1725–6** *Madd Ed* 91, Mi ddylaswn . . . mewn *Moesoldeb* baratoi i'r rhai'n le wrthynt eu hunain. *id.* 148, Cyfraith gyffredinol Rheswm a *Moesoldeb.* **1727** M. Maurice: *WE* 28, Y mae llawer o wahaniaeth rhyng [*sic*] *moesoldeb* yn y cnawd, a duwioldeb ynghrist Jesu. *c.* **1730** *Thos. Lloyd D* (LlGC) 177a, *moesoldeb*, morality . . . Mannerliness. **1737** J. Einnon: *HR* 182, hwy attebent nad oedd hynny ond *moesoldeb* (*civility*). **1766** *OU* 95, er y gwyddom na ddichon eu *moesoldeb* mo'u hachub. **1792** P. Williams: *TG* 34, gadewch i Sosiniaid gael *moesoldeb*, ac efe a fydd foddlon ddigon, heb ymofyn am

dduwioldeb. **18–19g.** *Llr* C 11, 191, *moesoldeb*, civilization. **1803** *P.*

moesolder [*moesol* + *-der*] *eg.* Moesoldeb: *morality.*
1776 *W* d.g. *morality.* **1803** *P.*

moesolddyn [*moesol* + *dyn*] *eg.* Dyn moesol (fel arfer mewn gthg. â dyn duwiol): *moral person* (*usually in contrast with godly person*).
1863.

moesoliad [bôn y f. fl. + *-iad*¹] *eg.* Moesoldeb; y weithred o wneud yn foesol; gwareiddiad: *morality; a making moral; civilization.*
1818.

moesoliaeth, gw. moesolaeth.

moesolrwydd [*moesol* + *-rwydd*] *eg.* Moesoldeb; moeseg; moesgarwch, cwrteisi: *morality; ethics; politeness, courtesy.*
1722 *Llst* 189, *moesolrwydd*, morality. **1731** T. Lewys: *BMA* 76, nad allai gyd â *moesolrwydd* ond cyfaddasu â hwynt a Chostrelaid neu ddwy o Wîn. **1803** *P.*

moesolwr, moesolydd [bôn y f. fl. + *-wr, -ydd*³] *eg.* ll. *-wyr.* Un sy'n moesoli (weithiau'n ddifrïol); dyn moesol, un sy'n arfer moesoldeb: *moralist* (*sometimes derog.*); *moral person.*
1725–6 *Madd Ed* 298, I'r perwyl hynny y mae'r rhagorol *Foesolwr* yn llefaru. *c.* **1730** *Thos. Lloyd D* (LlGC) 177a, *moesolwr*, a moralist. **1771** J. Rees: *H-A* 124, amryw o'r *moesol-wyr* cenhedlig enwoccaf. **1796** T. Jones: *CCA* 289, Y llygredigaethau hynny, a ddïangasant rhag cleddyf y *moesolwr*, a'r Ethnig gonest.

moesoni [*moes*² + **-oni*, ar ddelw *daioni, haelioni*] *e?g.* Moesoldeb, moeseg: *morality, ethics.*
1839.

moesteg [*moes*² + *teg*] *a.* Moesgar, cwrtais: *polite, courteous.*
18–19g. Jac Glan-y-gors: *Gw* 39, Rhodd bapyr i'w feister, yn *foesdeg* ei bwrpas. **18–19g.** *Iolo MSS* 168, [c]yd gyfarch *moesdeg* a charuaidd.

moester [*moes*² + *-der*] *eg.* Cwrteisi, moesgarwch: *courtesy, politeness.*
1765 J. Popkin: *Ll* 60, ei wneuthur [dangos parch] gyda chymmaint o *foesder.*

moestra [*moes*² + *-dra*] *eg.* Cwrteisi, moesgarwch, boneddigeiddrwydd: *courtesy, politeness.*
Dchr. **17g.** *Card* 12, 7, [dw]g annerch o serch dan sel iw *moesdra* / mastres Elsbeth powel.

moeswch, gw. moes¹.

moeswedd [*moes*² + *gwedd*¹] *eg.* Cwrteisi, moesgarwch, rheolau cydnabyddedig a safonau moesau da: *courtesy, politeness, etiquette.*
16–17g. Huw Ceiriog, &c.: *Gw* 138, Ymhlith gwragedd, *moeswedd* maith, / Mae rhagor o'ch rhywogaith.

moeswers [*moes*² + *gwers*] *eb.* (bach. *-ig*) ll. *-i.* Gwers foesol (stori, pregeth, &c.), gwireb foesol: *the moral* (*of a story, sermon, &c.*), *moral maxim.*
1847.

moeswersaf: moeswersu [bf. o'r e. bl.] *bg.* Moesoli: *to moralize.*
20g.

moeswersig, gw. moeswers.

moeswersol [*moeswers* + *-ol*] *a.* Ac iddo foeswers, moesol, moesegol: *having a moral, moral, ethical.*
1868.

moeswn, gw. moes¹.

moeswych, gw. moes² + gwych.

moeswydd [*moes*² + *gwŷdd*³] *eg.* Moeseg: *ethics.*
1851.

moeswymp, gw. moes² + gwymp.

moesyddiaeth [*moes*² + *-yddiaeth*] *eb.* Moeseg, athroniaeth foesol, moesoldeb: *ethics, moral philosophy, morality.*
1828.

moesymadroddaf: moesymadrodd(i) [*moes*² + *ymadroddaf*: *ymadrodd(i)*] *bg.* Moesoli: *to moralize.*
1776 *W*, *moesymadrodd* d.g. *moralize* [*discourse of morality*].

moesymgrymaf: moesymgrymu [*moes*² + *ymgrymu*] *bg.a.* Gogwyddo rhan uchaf y corff tuag ymlaen mewn ystum foesgar, gwneud moes, ymgrymu, plygu, gwneud cyrtsi, hefyd yn *ffig.* ac yn *dros.*: *to bow, make obeisance, curtsy, also fig. and transf.*
1836.

moesymgrymiad [bôn y f. fl. + *-iad*¹] *eg.* ll. *-au.* Y weithred o foesymgrymu, ymgrymiad, cyrtsi, hefyd yn *ffig.*: *bow, obeisance, curtsy, also fig.*
1858.

moet, gw. mod.

moeth [cf. *mwyth*²] *eg.* (gan mwyaf yn y ff. l.) ll. *-au,* (prin) *-ion.* Bywyd esmwyth a nodweddir gan feddiannau drudfawr, bwyd amheuthun, &c., esmwythyd, byd da; peth drudfawr neu ddewisol (ond heb fod yn un o angenrheidiau bywyd); moethusfwyd, danteithfwyd, bwyd amheuthun; maldod, anwesiad; hefyd yn *ffig.*: *luxury, life of ease; a luxury; delicacy, dainty or choice food; a pampering or petting; also fig.*
14g. *GDG* 25, Lle y trig y bendefigaeth, / Yn wleddau, yn *foethau*, 'n faeth. **14–15g.** *IGE*² 131, Ac aur a *moethau* a gwin / Yn llwyn ir yn Llanwrin (Gruffudd Llwyd). *c.* **1400** *R* 1031. 3, gnawt yvab ar uaeth *uoetheu.* **15g.** *GO* 247, Meistres, arglwyddes gwleddoedd, / Maeth ym ar bob *moethav* oedd. **1567** *TN* 94a, mewn dillat trwsiadus, ac mewn *moythae. id.* 393a, marsiantwyr y ddayar eithont yn gyfothogion gan amylder y *moythe* hi. **1588** 2 *Pedr* ii. 13, y rhai sy yn cyfrif yn lle gwynfyd gael byw mewn *moethe* tros amser. *Dchr.* **17g.** *J* 10, 33a, *moeth*, cupedula. **1620** *Ecclus* xxx. cs., Da yw ceryddu plant, ac nid eu llochi, a chadw *moethau* iddynt. **1632** *D*, mwyth . . . *Moethau*, delitiæ. **1632** J. Davies: *LlR* 123, y corph . . . oedd gynnefin â phob math ar *foethau*, ac ni allai ddioddef dim gerwinder. **1714** D. Lewys: *CN* 19, Ar *moetheu* goreu ac ellir gwrdd, / Sydd ar ei fwrdd i'n porthi. **1740** T. Evans: *DPO* 100, gwnaethpwyd yno wledd fawr o bob *Moethau* da ac amheuthyn fwydydd daintaith. **1772** *W* d.g. *dainty dishes, dainty meats, or dainties, delicacies.* **1803** *P.* Ar lafar yn Arfon, 'rhoi *moetha* i'r plentyn', 'to spoil the child'; 'cael *moetha*', 'to be spoilt'; 'hel *moetha*', 'to make up (to)', *WVBD* 380.
Gw. hefyd mwyth², moethyn.

moethaf: moethi [bf. o'r e. bl.] *ba.* Rhoddi moethau i, maldodi, mwytho, difetha (plentyn): *to indulge, pamper, spoil* (*a child*).
1771 J. Thomas: *TA* 8, *moethi* eu hunain . . . yng ngormodedd yr oes. Ar lafar yn Arfon, *WVBD* 380.
Gw. hefyd mwythaf²: mwytho.

moethder [*moeth* + *-der*] *eg.* Moethusrwydd (yn ddifr.): *luxury* (*derog.*).
1838.

moethen, gw. moethyn.

moethfwyd [*moeth* + *bwyd*] *eg.* ll. *-ydd.* Danteithfwyd, bwyd amheuthun: *delicacy, dainty or choice food.*
1860.

moethineb [*moeth* + *-ineb*] *eg.* Moeth, moethusrwydd; danteithfwyd, bwyd amheuthun: *luxury, luxuriousness; delicacy, dainty or choice food.*
1794 E. Williams: *Poems* ii. 252, Tri *Moethineb* Criston; Darpar Duw; a ellir gan a fô cyfiawn i bawb; ag a allo cariad at bawb eu harfer.

moethlyd [*moeth* + *-lyd*] *a.* Wedi ei faldodi, wedi ei ddifetha (yn enw. am blentyn), yn ymroddi i foethau; gorfoethus: *pampered, spoilt* (*esp. of a child*), *self-indulgent; over-luxurious.*
Ar lafar yn Arfon, *WVBD* 380.
Gw. hefyd mwythlyd.

moethun, gw. moethyn.

moethus [*moeth* + *-us*; dichon mai gwall am *maethus* yw'r engh. yn *Taith C* isod] *a.* ll. *-ion,* weithiau gyda grym enwol. (Rhy) hoff o foethusrwydd, esmwythyd, neu bleser; llawn moethau, helaethwych, esmwyth; danteithiol, amheuthun, blasus; wedi ei fagu'n gariadus neu'n dyner, wedi ei faldodi; misi, anodd ei blesio (â bwyd); chwaethus, coeth; ?maethlon: (*too*) *fond of luxury or a life of ease, voluptuous; luxurious, sumptuous, comfortable; dainty or choice* (*of food*), *toothsome; tenderly or lovingly reared, pampered; fastidious, finicky; tasteful, refined; ?nourishing.*
14g. *BT* (*RB*) 190, gwled *voethus* oed gantunt gael kic y meirch. **14g.** *GDG* 262, *Moethus* o was, lleas llaw, / Metheddig fab maeth iddaw. *id.* 313, Byddai'i hun, beiddia'i hannerch, / Bydd fedrus wrth *foethus* ferch. *c.* **1400** *R* 1295. 1–2, benedictus *uoethus* uaeth. **15g.** *LGC* 189, *Moethusach* mewn maeth iso / Wy' ar ei vwrdd a'i aur vo. **15–16g.** *TA* 95, Gan Osai brau, gwin ysbrûs, / Gan win fyth a'm gwnâi'n *foethus.* **1567** *TN* 114a, [g]wr goludawc a oedd . . . yn cymeryd ei vyt yn ddaentethol ac yn *voethus* peunydd. **1588** *Deut* xxviii. 54, Y gŵr tyner yn dy blith, a'r *moethus* iawn. **1588** *Diar* xxix. 21, Y neb a ddygo ei wâs i fynu yn *foethus* oi febŷd, o'r diwedd efe a fydd fel mab iddo. **1630** R. Vaughan: *YDd* xvi, y fâth ddyfnder o ddysceidiaeth, y fâth glustiau *moethus* (*fastidious*). **1632** *D*, mwyth . . . *Moethus*, Mollicellus, delicatulus. **1632** J. Davies: *LlR* 122, [y] corph hwnnw oedd yn cael ei drin mor *foethus* . . . ag amryw ddaintethion. *c.* **1730** *Taith C* 146, [G]wlêdd o bethau hawdd eu Treilio, ac oedd felus i'r Genau, a *moethus* (*nourishing*). **1752** J. Thomas: *FG* 13, yr Epicureaid *moethus* segurllyd. **1800** W. Owen[-Pughe]: *CP* 64, gorwedd i lawr ar eu hymborth a bera gasineb gan y creaduriaid *moethus* hyn [defaid]. **1803** *P.*
Gw. hefyd mwythus.

moethusfwyd, gw. moethus + bwyd.

moethusrwydd [*moethus* + *-rwydd*] *eg.* Moeth, y cyflwr neu'r ansawdd o fod yn foethus, esmwythyd: *luxury, luxuriousness, sumptuousness, ease.*
1803 *P.*

moethuster [*moethus* + *-der*] *eg.* ll. *-au.* Moeth, moethusrwydd, esmwythyd: (*a*) *luxury, luxuriousness, ease.*
15g. *Llst* 2, 276, Nyt *moethusder* heb dat. *c.* **1585** *Llst* 178, 53a, chwanogrwydd i vwyd afradys a *moethyster* gormoddion o ynfyd lywenydd ofer soniaday.
Gw. hefyd mwythuster.

moethustra [*moethus* + *-dra*] *eg.* Moethusrwydd, esmwythyd, bwyd moethus: *luxury, luxuriousness, ease, luxurious food.*
1630 R. Llwyd: *LlH* 200–1, [t]reulio eu hamser ar ddisieu . . . mewn glothineb, a *moethusdra*, yn ymlenwi fel môch. **1667** C. Edwards: *FfDd* 23, yr oes hon drwy amlder a rhyddid yr efengil y fagodd *foethysdra* ymysc proffesswyr. **17g.** Huw Morus: *EC* i. 220, *Moethusdra* ac esmwythder, a chwyddodd yn falchder. **1731** E. Samuel: *AE* 106, Seguryd a *Moethusdra* anghymmedrol. **1803** *P.*
Gw. hefyd mwythustra.

moethyn [*moeth* + *-yn*, ac, o bosibl, ff. ar *amheuthun*] *eg.* (b. *-en*) ll. *-ion.* Moeth; danteithfwyd, bwyd amheuthun; un hoff o foethau: *a luxury; delicacy, dainty or choice food; one who likes luxury.*
15g. *DN* 55, Mae maeth ym yno, mae *moethynion*, / Mae trwydded ym trwy wahoddion. **16g.** Rhisiart Fynglwyd, &c.: *Gw* 35, Cinio maith yno, *moethynion*—i'm plaid. **1672** R. Prichard: *Gw* 485, Cefaist rybydd lawer pryd, / Nid yw cyngor '*moethyn* îd [:– ymheuthyn itti]. **1803** *P*, *moethen*, a dainty one. *id. moethyn*, a luxurious person. Ar lafar yn sir Benf. a'r De, *TGG* (1904) 61.
Gw. hefyd amheuthun.

mofiaf: mofio [bnth. S. (*to*) *move*] *bg.*

Symud: *to move*.
1615 R. SMYTH: *GB* 229–30, bod y corph yn ysmudo ag yn *mofio* oi naturieth i hun.
Gw. hefyd mwfaf[1]: mwfo.

mofyn, *be.*, gw. ymofynnaf: ymofyn.

moga, ff. daf., gw. mamog.

mogaf: mogi [cf. *mygaf*[1]: *mygu*] *bg.a.* Mygu, llethu; diffodd, diddymu, atal; puro drwy fygdarthu, gyrru allan (e.e. wenyn) â mwg; diffygio, methu; hefyd yn *ffig.*: *to smother, suffocate, stifle; extinguish, quash, suppress; fumigate, smoke out (e.g. bees); languish, fail; also fig.*
15g. *Pen* 67, 124, pond rryfedd gwynnedd ai gwyr / na *vogem* rrwng dwy vagwyr (Huw Dafi). **16–17g.** *HG* 19, ar rhann arall [had], ymlith ysgall / drain a drysi, yny *vogi*. **1600** *Rhyddiaith Gymraeg* i. 135, am vod y ddaear yn jrhav o natûr y glaw a'r mwg yn *mogi* yn y tai. **1687 (1715)** J. OWEN: *TB* 152, gwaedodd mewn modd ofnadwy, nes i'r gwaed attal ei anadl ef, ai *fogu* fe. **1688** S. HUGHES: *TSP* 296, yn ymdrechu i *mogu* a'u llethu hwynt [argyhoeddiadau]. **1737** G. JONES: *DFfW* 25, y pethau ac oedd yn gwenwyno ac yn *mogi* pob daioni. **1751** *GIA* 183, Mae bagad yn *mogu* yn eu bwriadau i droi at Dduw. *c.* **1762–79** W. WILLIAMS: *P* 335, rhai yn cael eu damsian tan draed i farwolaeth . . . eraill yn cael ei [*sic*] *mogi* yn y mwg. **1771** *PDPh* 30, ni ddylid ei *fogi* a gwres a dillad. **1780** *W* d.g. *to quash, to smother, to suppress* [*prevent the publication of*] *a book*. **1794** M. J. RHYS: *SD* 3, bron *mogi* wrth geisio myned ymlaen â'u haraith. **1799** M. WILLIAMS: *HHG* 146, *mogi* gofidiol boen cydwybod euog. *Diar.* Brawd *mogi* yw tagu.
Gw. hefyd mygaf[1]: mygu.

mogamaf: mogamu, gw. igam-ogamaf: igam-ogamu.

mogedig [bôn y f. *mogaf*: *mogi* + *-edig*] *a.bfl.* Wedi ei fygu; yn peri mygu: *smothered; causing suffocation*.
[**1783**] *W* d.g. *smothered*.
Gw. hefyd mygedig[1].

mogelaf: mogel, mogelyd, gw. ymogelaf: ymogel.

mogfa [bôn y f. *mogaf*: *mogi* + *-fa, ma*] *eb.* Mygfa, diffyg anadl, caethder, asthma: *shortness of breath, asthma*.
1718 *Cân o Senn* 5, Un o'i *fogfa* Gae waredfa. **18g.** E. T. RHYS: *DA* 162, Fe ddaeth y *fogfa*'n gynta' gwaith, / A'r peswch maith yn pwyso. **1768** J. JONES: *HC* 22, Eled y fagddu, *fogfa* fŵg, / A'r cynbyd d'wyllwg heibio. Ar lafar yng nghanolbarth a godre Cered.; hefyd yn sir Benf. yn y ff. *mogfan*, *GDD* 127.
Gw. hefyd mygfa[2].

mogiad [bôn y f. *mogaf*: *mogi* + *-iad*[1]] *eg.b.* Mygfa, mygiad, llethiad, hefyd yn *ffig.*: *suffocation, a suffocating or stifling, also fig.*
1764 T. THOMAS: *M* 72, Ond wedi hyn, bu *mogiad* maith, / ar argyhoeddiad.
Gw. hefyd mygiad.

mogiant [bôn y f. *mogaf*: *mogi* + *-iant*] *eg.* Mygfa, diffyg anadl, caethder, asthma, bronceitus: *difficulty in breathing, shortness of breath, asthma, bronchitis*.
17g. *IICRC* iii. 8, Gwedy kwympio mewn methiant / a *mogiant* a ffesychy. **18g.** *Llr* C 24, 354, Amryw . . . Glefydoedd a fag amgynull Amgylch Calon dynion Wascfa a *Mogiant*, Amwylgylder [*sic*] Calon. **18–19g.** *Llr* C 44, 448, Mygydfa, asthma . . . in Glam it is called *Mogiant*. Ar lafar ym Morg. yn y ff. *mociant*, *B* viii. 219.
Gw. hefyd mygiant[2].

moglyd[1] [bôn y f. *mogaf*: *mogi* + *-lyd*] *a.* Yn peri mygfa, yn llethu, llethol, clòs, hefyd yn *ffig.*; byr ei anadl: *suffocating, stifling, oppressive, close, also fig.*; *short of breath*.
1784 M. WILLIAMS: *S* i. 181, mae gwynt y dehau mor boeth . . . ac yn gwneuthur y lle mor *foglyd*.
Gw. hefyd myglyd.

moglyd[2], gw. ymogelaf: ymogelyd.

mognwy [bôn y f. *mogaf*: *mogi* + *nwy*[1]] *eg.* Clorin; deuocsid carbon: *chlorine; carbon dioxide*.
1850.

mogodarth, gw. mygedorth.

mograu, *e.ll.* Cyrion, parthau: *area*.
Ar lafar yn sir Gaern., J. JONES: *Gwerin-eiriau* 40.

Mogul, Mogwl [bnth. S. *Mogul*] *eg.* ll. *-iaid.* Indiad neu Fongol Mwslimaidd; un o ymerodron Mwslimaidd India (1526-1857): *Mogul, Mongol; Grand Mogul.*
c. **1762–79** W. WILLIAMS: *P* 157, y Mwriaid, a'r *Moguliaid*, rhai sy a'r llywodraeth yn eu dwylo ynt Fahometanaidd. **1764** I. BRYDYDD HIR: *Gw* 57, Bygythia bigo gwythen / Y *Mogwl*, a myga'i en [i'r Angau]. **1766** *CD* 120, eraill o'r *Moguliaid*, / Ar [*sic*] Mahometiaid.

Mohametaidd, Mohametanaidd, Mohametaniaeth, Mohametiad, gw. Mahometaidd, Mahometanaidd, Mahometaniaeth, Mahometiad.

mohonof, &c., gw. mo.

moi[1], org. H. Gym., gw. mwy.

moi[2], *be.*, gw. *moaf: moi.

moidir, gw. meidr[2].

moidraf: moidro, moifaf: moifad, gw. mwydraf: mwydro, nofiaf: nofio.

moïdydd [?*moe* + *-idydd* (At.), ond ansicr yw'r ff. a'r ystyr; gw. hefyd *CA* 277] ?*eg.* ?Mawrhawr, dyrchafwr: *one who exalts or uplifts*.
13g. *C* 12. 3–4, mad cathyl kyvid. *moidit* ieith. *Dchr.* **14g.** *H* 111b. 23, *moidyd* essilyd ny syll eurde [Llywarch ap Llywelyn i Ruffudd ap Cynan].

moiriaf: moirio, gw. moeriaf: moerio.

moist [bnth. S. *moist*] *a.* Llaith: *moist*.
Diw. **16g.** *WLB* 49, [p]ossel . . . ai kynnal ef yn *foyst* ac yn oer. *id.* 65, lle *moyst* llaith yn emyl y ddauar.

môl, *eg.* Mwcws neu grawn sy'n glynu yn y llyga(i)d, crest; gwm: *congealed white mucus or matter in the eye(s), 'sleep'; gum.*
1545 *CM* 1, 283, pan vor golwg ynn dechre koegi ac ynnllawn *mool*. **1604–7** *TW* (*Pen* 228), llysnaedd y llygeit, *môl* d.g. *gramiæ*. **1632** *D*, *môl*, lippitudo, lema, gramæ, gramiæ. **1722** *Llst* 189, *môl*, m. a rheum congealed about the eyes. **1753** *TR*, *mol* . . . the white scurf on the eyes when one awakes in the morning, a white humour or matter congealed in the eyes. **1803** *P*. Ar lafar; yn Arfon a Chered. clywir y ff. *moel*, *WVBD* 380, *B* xiv. 280.

molach [*mawl* + *-ach*[2]] *eg.b.* Lled glod, clodach, gweniaith; gwag-orfoledd, gwag-ymffrost, bocsach, brol; clod, canmoliaeth: *faint or vain praise, flattery; vainglory, vain boast, boasting, brag; praise.*
1567 *LlGG* 117b, ymwrthod . . . a' gwac-'orfoledd [:- *volach*] y byd. **1567** *TN* [xxxv], nyd ynteu *molach*, nyd gweniaith, nyd petheu bodlon. **16–17g.** *B* ix. 110, [d]arvot i laweredd or hen Ddoctorieit . . . gyfeiliorni ympell mewn cyfryw *volach* aflesawl ir ddedwyddaidd vorwyn. **16–17g.** *PCWG* 162, o falchder bvchedd y tyf gormodd chwant i barch a chymeriad a *molach* fydol ymgornio am y blaen. **1604–7** *TW* (*Pen* 228) d.g. *gloriatio*. *Dchr.* **17g.** *J* 10, 33b, *molach*, bragge. **1632** *D*, *molach*, collaudatio, laudatiuncula. **1632** J. DAVIES: *LlR* 361, gorwag-clod a *molach* y byd. **17g.** HUW MORUS: *EC* ii. 316, Mae 'r sarph, yr hen ormes, yn chwilio pob mynwes, / A'i *molach* a'i malais yn ddiles i ddyn. **1688** *TJ*, *molach*, Clôd, mawl: Praise or Commendation. **1701** E. WYNNE: *RBS* 18, pan welsei Ddiawl odidocced y pregethai ef, ei demtio ef i wâg-ogoniant a wnaeth Satan tan obaith y byddei i'r Gŵr dâ o gâs ar y *molach* hwnnw beidio a phregethu. **1722** *Llst* 189, *molach*, m. boast, brag. **1723** J. JONES: *LlA* 138, Allan o Wâgogoniant, neu am *Folach* ym mysg Proffeswyr. *id.* 217, Dichon Dyn fyned ym mhell yn yr Ystod hon o Broffes o dra Serch i *Folach* a Bri. **1778** J. HUGHES: *BB* iv, [c]ael *molach* mawr a llawer o wag ogoniant gan y wlad. **1803** *P*.

moladwy, moliadwy [bôn y f. *molaf*[1]: *moli* + *-(i)adwy*] *a.bfl.* Teilwng o fawl, canmoladwy, hyfawl, clodwiw; hyglod, moledig: *worthy of praise, praiseworthy, laudable; celebrated, praised.*
c. **1300** *H* 20a. 16, *Moladwy* vn duw un diffynnyad. yssyt (Llywelyn Fardd). *Dchr.* **14g.** *id.* 111b. 22, *moladwy* y ryd rod y bore (Llywarch ap Llywelyn). **14g.** *T* 71. 23, Midwyf vard *moladwy* yghywreint. **1346** *LlA* 80, dy enw auo *moladwy* ygyt ar tat ar ysbryt glan. **14g.** *BB* 219, gwyr prouedic *molyadwy*. **1632** *D*, *moladwy* d.g. *commendabilis*. **1708** *EGE* 137, yn ogoneddus, yn *foladwy*, yn glodforus. **1765** J. EVANS: *CPE* 37, *moladwy* goruch pob moliant. **1790** TWM O'R NANT: *GG* 123, Iawn *foladwy*, awen flodau. **1803** *P*.
Amr.: **mawladwy** [*mawl* + *-adwy*]. **1567** *LlGG* (*Sall*) 26b.

molaf[1]**: moli** [Llyd. C. *meuliff*, Llyd. Diw. *meuliñ*; cf. H. Wydd. *-molor* 'molaf', Gwydd. Diw. *molaim*] *bg.a.* Clodfori, moliannu, canmol, dyrchafu, mawrygu, anrhydeddu, gweiddi mewn llawenydd, &c.: *to praise, laud, eulogize, extol, magnify, honour, cheer.*
9g. (*Juv*) *B* vi. 206, ni guor guim *molim* trintaut. **13g.** *C* 29. 1–2, *Moli* duu innechrev a diuet. **13g.** *A* 1. 5–6, Gwell gwneif a thi ar wawt dy *uoli*. *c.* **1300** *H* 50b. 11, Pan *voled* haelon haelach nor tri (Cynddelw). *id.* 104a. 12, mad gogant molyant rwy *moles* (Llywarch ap Llywelyn). **14g.** *T* 59. 3–6, *Molaf* inheu dy weithredeu . . . ny bydif ymdirwen na *molwyf* vryen. **14g.** *GP* 52, Lluoed a'th *vawl*, gwawl gwawr deheu. **14g.** *YBH* 32a, ony ladaf i dy benn di . . . ny *volaf* fuhunan werth vn uanec. **15g.** *GGl*[2] 97, Canen', *molen*' y milwr, / Canwn pe gwelwn y gŵr. **1547** *WS*, *moli* canmol, prayse. **1588** *Tob* iv. 19, *Mola* 'r Arglwydd dy Dduw bob amser. **1603** W. MIDLETON: *Ps* 192, Fy enaid mwyn f'unduw *mawl*. **1615** R. SMYTH: *GB* 133, ni oganaf y peth a *folais* yn gymeint o 'r blaen. **1632** *D*, *moli*, laudare. **1703** E. WYNNE: *BC* 23, llawer o Stryd Balchder yn dyfod yma i gael eu *moli* a'u haddoli. **1753** *Gron* 37, Trwy eu miloedd tra *molynt* / Eu Noddwr, hoyw gampwr gynt. **1803** *P*.
Amr.: **mawlu** [olff.]. **1867. moliaid.** *c.* **1400** *R* 1175. 9.

molaf[2]**: moli** [bf. o'r e. *môl*] *bg.* Llanw â môl neu grest (am y llygaid): *to fill with mucus or matter (of the eyes).*
Diw. **16g.** *WLB* 56, [y] llygaid yn cossi ag yn llosgi ag yn *moli*. **1604–7** *TW* (*Pen* 228) d.g. *lippio*. **1632** *D*, *moli*, gramas contrahere. **1803** *P*. Ar lafar; hefyd yn Arfon yn y ff. *moelio*, *WVBD* 376.

molafon, mwlafon [gair geir.; ?elf. anh. + *afon*] *eg.* *Drg.* Porffyri; cerrig silicaidd mewn afon: *porphyry; siliceous stones in a river.*
18–19g. *Llr* C 41, 435, *molafon* al *mwlafon*, river boulders or peble-stones, of the silicious species. Glam. **1803** *P*, *molavon*, s.m. river concretion; an epithet, among the miners, for porphyry; also called *Mwlavon*.

molaid [bôn y f. *molaf*[1]: *moli* + *-aid*[2]] *a.* Moledig, clodfawr, hyglod, enwog: *praised, famous, celebrated, renowned.*
13g. *A* 8. 11, mur greit oed *moleit* ef mab gwydneu. *c.* **1300** *H* 104a. 44–104b. 1, [y]m pob lliw keinwiw can ryuygeid dyn. yn uelyn yn *uoleid* (Llywarch ap Llywelyn). **14g.** *T* 40. 9–10, Med hidleit *moleit* molut. ypop tra.

molair, gw. mawlair.

molant [amr. ar *folant* gydag *f-* ac *m-* yn ymgyfnewid, cf. *felfed, melfed*] *eg.* ll. *-au.* Ffolant: *valentine.*
Ar lafar yng Nghered., *SE MS* 306b.
Gw. hefyd folant.

molawd [bôn y f. *molaf*[1]: *moli* + *-awd*[4]] *eg.* ll. *-(i)au.* Mawl, moliant, canmoliaeth, clod; canu moliant, mawlgan: *praise, exaltation, commendation; praise poetry, panegyric, eulogy.*
9g. (*Juv*) *B* vi. 206, gurd meint icomoid i*molaut*. **13g.** *C* 39. 4–5, In enu domni meu y. voli. maur y *uolaud*. **13g.** *B* iv. 10, Gwell Duw wrth y *uolaut*. *c.* **1300** *H* 1a. 3, rieu rwyf eluyt ryt i *volawd* (Meilyr Brydydd). **14g.** *GDG* 89, Maelier y gerdd a'i *molawd* / Yw Ierwerth a werth ei wawd. **1595** *Egl Ph* [xiv], *Molawd* i'r awdvr. **1632** *D*, *molawd* . . . idem quod Mawl. **1714** R. LEWYS: *HDdC* 15, na âd i wâg *folawd* dynion d' ogleisio di. **1756** *Gron* 28, Mi piau *molawd*, gwawd Gwyndodeg. **1773** *W* d.g. *encomium, eulogy, laud.* **1793** DAFYDD IONAWR: *CD* [1], Mawl oesawl mal melyswin, /

Can *folawd* mal diawd win. **1795** J. THOMAS: *AIC* 35, [c]anu duchan i ddâ a chanu *molawd* i ddrŵg. **1803** *P.*

molawdr, moliawdr [bôn y f. *molaf*[1]: *moli* + -(*i*)*awdr*] *eg.* Canmolwr, moliannwr: *one who praises or commends, eulogist.*
13g. *C* 37. 5, Dyuolaudir ys mi. **14g.** (*Dchr.* **17g.**) *Cy* xxvi. 134, Rys ap Gruffudd fudd feiddiaw rhuddiawdr rhysedd / gorfoledd gair *foliawdr* (Einion Offeiriad). **14–15g.** *IGE* 231, Mihangel dawel dywydd, / *Molawdr* amddiffynnawdr ffydd (Ieuan ap Rhydderch).

molben [*moel*[1] + *pen*[1]] *e?g.* Mesur llawn: *good measure.*
Ar lafar yn sir Gaerf. Cf. *CYLl* 118, Mi ges i eitha mesur—yr odd *molben* ar y pec.

molchweden, gw. malwod.

mold, molt [bnth. H. Ffr. neu S. C. *molde*] *eb.g.* (bach. b. *-en,* ll. *-nau*; bach. g. *-yn*) ll. -(*i*)*au.* Fframwaith, llestr, &c., ar ffurf neilltuol y rhoddir ynddo sylwedd llifyddol neu blastig (e.e. metel tawdd, concrit, jeli, &c.) i galedu, patrwm, ffurf, llun, delw, argraff, hefyd yn *ffig.*; gali argraffydd; ?teip argraffu: *mould, pattern, form, appearance, image, imprint, also fig.*; *printer's galley*; ?*printing-type.*
14g. *GDG* 398, Mynned fab ei adnabod, / Mulder glew, *mold* ar y glod. *id.* 412, Gruffudd liw deurudd difrwd, / *Mold* y ci, fab Mald y Cwd. **14g.** *GIG* 90, Tâl ag aur mâl gorau *mold,* / Brialluwallt bre lliwold. *id.* 101, *Mold* y digrifwch a'i modd [marwnad Dafydd ap Gwilym]. **15g.** *GGl* 138, Mawr oedd i Wiliam arall / Ymlid llun a *mold* y llall. **15g.** *GO* 239, Mawr vv'r rroddion mab Gronwy, / Ni weithiai'r *vold* waith aur vwy. *c.* **1485** *J* 6, 122b, y grefft i brintio llyfrav nev yw taro A *molt.* **15–16g.** *GLM* 68, *Moldiau,* lleuadau llydain, / y Mastr Huw, moes dau o'r rhain. **16g.** WILIAM CYNWAL: *Gw* (R. L. Jones) 211, Aelwyd drom dan gwrlid rhew, / A *mold* cosyn ymyldew. **1588** *Ecs* xxxii. 4, efe ai cymmerodd [clustlysau] oi dwylo, ac ai lluniodd mewn *molt.* **1632** *D, mold,* forma, typus. **1657** RE: *CDd* 45, Ar Rhith ymma sydd yn ôl y *folt* lle bwrier y dyn ynddi. **1693** *HC* 12, Gellir taflu plwm toddedig i fewn *mold* i fod ar ystum anifail. **1722** *Llst* 189, *mold* printiwr . . . a printer's galley. **1776** *W* d.g. *matrice, or mould* [*wherein printing-types are cast*]. **1800** *AUA* 19, [p]arod agos i'w thynnu o'r *Fold* [am gân]. **1803** *P.*
Amr.: **mowld.** **1711** H. POWEL: *TY* 255. **1788** J. GRIFFITH: *DCC* 298.
Cfn.: **mold het:** *hat-mould, hat-block.* **1722** *Llst* 189 d.g. *block for an hat* (hefyd *W*). **m. lythrennau, m. lythyrau:** *mould in which type, &c., is cast, matrix.* **1776** *W* d.g. *matrice, or mould* [*wherein printing-types are cast*].
Gw. hefyd bold.

moldaddurn [*mold* + *addurn*] *eg.* Moldiad (addurniadol): (*ornamental*) *moulding.*
1850.

moldaf: moldo, moldedig, gw. moldiaf: moldio, moldiedig.

moldiad [bôn y f. ddil. + -*iad*[1]] *eg.* ll. *-au.* Peth a foldiwyd, yn enw. fel gwaith addurniadol ar adeilad; y weithred o foldio neu o dylino: (*ornamental*) *moulding*; *a moulding or kneading.*
1803 *P.*

moldiaf, moldaf, mowldiaf: mold(i)o, mowldio [bf. o'r e. *mold, mowld*] *ba.* Rhoddi llun neu ffurf arbennig i (sylwedd meddal (e.e. clai) neu sylwedd llifyddol (e.e. metel tawdd)) mewn mold, llunio, ffurfio, siapio, modelu, tylino, hefyd yn *ffig.*: *to mould, fashion, form, shape, model, knead, also fig.*
16g. *GILlV* 59, Perffaith y *moldies* Iesu / I ffer dan y pwrffwr du. **1545** *CM* 1, 81, Ac or deuynudd tanllydd [*sic*] I mae kallon pob dyn gwedi *moldio* ar lun taanllwyth o daan. *id.* 421, gwedi bobi drwy heplys yn gymhesur ac wedi I *voldio* yn dda. *a.* **1587** *Y* 49, Mwy cenyf, Wiliam Cynwal, / *Moldio* serch a mawl di-sal. **1604–7** *TW* (*Pen* 228), *moldio* toes d.g. *depso.* **1618** J. SALISBURY: *EH* 106, er mwyn eyn iechydwrieth ni, y lluniwyd, ag y *moldied* ef [bara'r cymun]. **1658** R. VAUGHAN: *PS* 114, *moldia* fi ym mhob modd i wneuthur fynghalon or cyfriw dynerwch. **1739** D. ROWLAND: *LlY* 5, rhaid i bob peth fod wedi ei *foldo* a'i lunio o newydd. **1768** J. THOMAS: *NSGG* 19, Nid Aur nes cael ei buro, / A'i *fowldio*'n fan, / Mewn ffwrn o dân. **1776** *W* d.g. *to mould.* **1803** *P.* Ar lafar, e.e. '*moldio* cerrig', 'to trim stones to the right dimensions', *WVBD* 377; digwydd hefyd mewn mannau yn y Gogledd yn yr ystyr 'anwesu', e.e. 'Paid â *moldio*'r gath fel 'ne'.
Cfn.: **moldio bara:** *to mould bread.* **1776** *W* d.g. *to mould bread* [*make dough into the shape of a loaf*]. Ar lafar yn Arfon, *WVBD* 377.

moldiedig, moldedig [bôn y f. fl. + -(*i*)*edig*] *a.bfl.* Wedi ei foldio, wedi ei dylino: *moulded, kneaded.*
1615 R. SMYTH: *GB* 177, y mettaloedd yn cael i puro, ai gwneythyr yn blygedig, ag yn *foldedig.* **1776** *W, moldiedig* d.g. *moulded.* **1803** *P.*

moldin, mowldin [bnth. S. *moulding*] *eg.* ll. -(*i*)*au, -s.* Moldiad (addurniadol): (*ornamental*) *moulding.*
20g.

moldiwr, mowldiwr [bôn y f. fl. + -*iwr*] *eg.* ll. *mo*(*w*)*ldwyr.* Un sy'n moldio, tylinwr: *moulder, kneader.*
1803 *P, moldiwr,* s.m. pl. *moldwyr,* one who moulds; one who works or kneads.

moldluniaf: moldlunio [*mold* + *llunio*] *ba.* Bwrw (metel) mewn mold, moldio: *to cast* (*metal*), *mould.*
1867.

moldluniol [bôn y f. fl. + -*iol*] *a.* Yn perthyn i fwrw metel: *pertaining to founding or casting metal.*
1858.

moleb [bôn y f. *molaf*: *moli* + -*eb*] *eb.* Mawl, canu moliant, mawlgan: *praise, praise poetry, eulogy.*
1851.

moleciwl, molecwl, molecyl [bnth. S. *molecule*] *eg.* ll. *-au.* *Cem.* a *Ffis.* Y gronyn lleiaf o sylwedd a all fodoli'n annibynnol heb golli nodweddion gwahaniaethol y sylwedd hwnnw: *molecule.*
20g.

moleciwlar, molecwlar, molecylar [bnth. S. *molecular*] *a.* Yn perthyn i foleciwlau, yn cynnwys moleciwlau: *molecular.*
20g.

molecwl, gw. moleciwl.

molecwlaidd, molecylaidd [*molecwl, molecyl* + -*aidd*] *a.* Moleciwlar: *molecular.*
20g.

molecwlar, molecyl, molecylaidd, molecylar, gw. moleciwlar, moleciwl, molecwlaidd, moleciwlar.

molecylig [*molecwl, molecyl* + -*ig*[2]] *a.* Moleciwlar: *molecular.*
20g.

moled[1] [bnth. S. C. neu H. Ffr. *volet,* gyda *f-* ac *m-* yn ymgyfnewid] *eb.g.* (bach. *-an*) ll. *-au.* Cadach neu ddilledyn i'w roddi am y pen, y gwddf, neu'r ysgwyddau, penlliain merch, cwrsi, gwimpl, fêl, gyddfwisg, sgarff, siôl; ffunen, cadach poced; ffedog; hefyd yn *dros.*: *kerchief, coif, wimple, veil, neckerchief, scarf, muffler, shawl*; *handkerchief*; *apron*; *also transf.*
15g. *DN* 82, Mewn *moled* main a melyn / Mae'n un lliw â'r maen yn Llŷn [i wallt Llio]. **15g.** *GGl* 257, Main gwiw i ymwan â gwynt, / *Moledau* fy nheml ydynt [i ofyn ysglâts]. **15g.** *DE* 42, ai osod mewn ysnoden / fal i doeth o *foled* wen [i wallt merch]. **1547** *WS, molet* ne gyfrsi, a kercher. **1567** *TN* 166a, ar ffunen [:– *voled*] a vesei am ei ben. *id.* 203b, yd pan ddugit . . . ir cleifion gwrsie [:– *voled*e] nai napcynae. **1588** *Gen* xxxviii. 14, Hithe . . . a orchguddiodd ei hwyneb a *moled.* *Dchr.* **17g.** *J* 10, 33b, *moledan,* ricula. **1632** *D, moled,* rica, focale, peplum. *id.* d.g. *amictorium, calantica, plagula.* **1688** S. HUGHES: *TSP* 246, cyn wynned a'r *foled* [:– Lliain am ben gwraig]. **1718** (**1721**) S. THOMAS: *HB* 185, Ei ben a rwymir a Chwl neu *folaid* [*sic*] wen. **1722** *Llst* 189, *moled,* f.p. *ledau,* a kerchief for the head, coif; an apron. **1753** *TR, moled,* a coif, a handkerchief, a muffler. **1760** WLL: *SAC* 36, chwilied am amdoau neu *foledau* o gwmpas ei fedd ef. **1770** *W* d.g. *band, a neck-band, coif* [*a head-dress, a lady's cap*], *muffler* [*a cover for the face, &c.*]. **1803** *P.*
Cfn.: *Bot.* **moled Olwen:** *lady-smock, cuckoo flower, Cardamine pratensis*; *great bindweed, Calystegia sepium.* **18–19g.** *CRIM* 33, *Moled Olwen* (*IAW* (LlGC) 97, 19, [:– Lady smock]) feinwen fwynwedd. **1813** *WB* 159, *Boled* [*sic*] *Olwen*; Convolvulus sepium; Great Bindweed.

moled[2] [*mawl* + -*ed*[1]] *e?b.* Cerdd foliant: *praise poem.*
13g. *A* 20. 1, an dyrllys *molet* med melys maglawr. **14g.** *T* 45. 18–19, kat ymon mawr tec. erglyt a*molet.* **15g.** *LGC* 294, Y dyn a wypo Dwned a rhywlys / A rhoi yn velus yr hen *voled*; / Doed i Gil y Sant, dyweded odlau.

moledig, mawledig [bôn y f. *molaf*[1]: *moli* a *mawl* + -*edig*] *a.bfl.,* weithiau gyda grym enwol. Hyglod, wedi ei foli neu ei ganmol; teilwng o fawl, clodwiw, clodfawr, canmoladwy, moliannus: *celebrated, praised, eulogized*; *praiseworthy, laudable.*
13g. *Brut B* 54, gwr clodvavr *moledyc* oed. **14g.** *MA*[2] 347b. 16, A gwisgoedd miloedd *moledig* wleddau (Goronwy Gyriog). **15g.** *BB* 163, gwyr prouadwy *moledic* o bop gwlat. **1567** *LlGG* 77a, dy wasanaethu yn gywir ac yn *vawledic* (**1710** *id.* [97], *foledig*). *id.* (*Sall*) 35b, *Mawledic* [:– Bendigeit] vo Dew. **16–17g.** *HG* 126, Ein Ceidwad mawr *moledig.* **17g.** E. MORRIS: *B* 75, *Mawledig* nodedig Oen didwyll. **17g.** HUW MORUS: *EC* i. 304, Mwyn, *mawledig,* deffoledig, diffael ydych. **1736** (**1759**) *BC* 290, Ar Delyn Ddŷdd Nadolig, / Ar Feiol yn *fawledig,* / Gwnawn gywir fesur Fiwsig. **1753** *TR, moledig,* laudable. **1769** TWM O'R NANT: *GG* 122, A'i gerdd *fawledig,* fel gardd flodau [marwnad Goronwy Owen]. **1770** *W, moledig* d.g. *applause, deserving applause, commended, praised.* **1803** *P, moledig,* praised; commendable, praise-worthy. Balch pob *moledig* . . . Adage . . . y gwyr dewrav a *moledicav* a ddangosynt eu deheuodd pob o'u gilydd . . . Gr. ab Arthur.

moledigrwydd [*moledig* + -*rwydd*] *eg.* Clodforusrwydd: *praiseworthiness.*
15g. *BB* 4, henri vrenhin lloygyr . . . yr vn a wnaeth yanyanawl *voledigrwyd* yn ragoredic ym milwriaeth.

molediw [bôn y f. *molaf*[1]: *moli* + -*ediw* (At.)] *a.bfl.* a hefyd fel *e?b.* Moladwy, clodwiw, canmoladwy: *praiseworthy, laudable.*
c. **1400** *R* 1041. 12, odit auo *molediw.* **1632** *D,* **molediw,* laudabilis. **1688** *TJ, molediw,* Canmoladwy: laudable, praise-worthy. **1770** *W* d.g. *applause, deserving applause, commendable.* **1803** *P.*
Fel e. Molawd, cerdd foliant, cân glodforus: *eulogy, panegyric, encomium.*
1759 *BC* 366, *Molediw* i Aeres Nannau, ar fesur . . . Symlen ben bŷs.

molediwrwydd [*molediw* + -*rwydd*] *eg.* Yr ansawdd o fod yn glodwiw neu hyglod, clodforusrwydd: *laudableness, praiseworthiness.*
1775 *W* d.g. *laudableness.* **1803** *P.*

moledd, mawledd [*mawl* + -*edd*[1]] *eg.* Mawl, moliant, clod, canmoliaeth: *praise, eulogy.*
14g. *H* td. 352, yn rod mawroed. yn rif milioed. yn rwyf *moled.* **16–17g.** E. PRYS: *Gw* 274, A mi eilwaith a *mawledd,* / O gynnyn hyn a'i gwna'n hedd. **16–17g.** *Cer RC* 57, I'r Tad, a'r Mab, a'r Ysbryd Glân, / Y rhown ni gyflawn *fawledd.* **1655** R. JONES: *PC* 96, trwy'i allu maith haedd *foledd.* **1722** *Llst* 189, *mowledd,* commendation, good report, praise. **1803** *P.*

moleddus, gw. mawleddus.

moleidrwydd [*molaid* + -*rwydd*] *a.* Clodforusrwydd, rhinwedd: *praiseworthiness, virtue.*
c. **1400** *B* ix. 114, ny diodef gogonedys *uoleitrwyd* (*probitas generosa*) gynnic sarhaet idaw ef.

molennog, molera, molerydd, gw. molwynog, maluria, meilierydd.

molest [bnth. H. Ffr. neu S. C. *moleste*] *eb.g.* ll. *-au.* Blinder neu gythrudd

parhaus, niwed, drwg, trafferth, gofid, poendod: *harassment, injury, harm, trouble, worry, vexation.*
13g. *HGK* 29, A *molest* a gymyrth yr yarll ynddaw o achub y gywoeth a'e oreskyn . . . hep y gannyat. **13g.** *Cylchg LlGC* v. 61, ny diodevavd ef na phryder na *molest* e gan e kryt. **13g.** *BD* 66, guneuthur creulonder a *molest* ar y Brytannyeit. **14g.** *SC* viii/ix. 191, nat oed *volest* (*sine molestia*) gantaw ef godef yr holl boenev. *c.* **1400** *ZCP* xiii. 77, Gwelet yn ymdeith tref domlet, *molest* drom a arwydockaa. *c.* **1400** *DB* 21, yn achubedic yn llawer o betheu ereill a *molesteu* uy mryt. *c.* **1400** *RB* ii. 25, ynteu advyawt nat drwy *volest* nac ydreis arnaw ef ydygyssit yr amherodraeth rac daw [*sic*]. *c.* **1401** *AL* ii. 308, ny dylir gwneuthur *moleist* [*sic*] idaw ef. **1567** *TN* 354a, y bo y neb cydymddwyn *molestay*. *c.* **1588** *B* ii. 231, *molest*: drigioni. **1591** *Rhyddiaith Gymraeg* ii. 129–130, [g]adel . . . Sion Salisburi yn llonydd i ymdeithio . . . heb lesteir . . . *molest* neu flinder. **1632** *D*, *molest*, vexatio, molestatio. *id.* d.g. *infestatio*. **1722** *Llst* 189, *molest*, m. a trouble, vexation. **1801** *MMf* 277, yr hael feddig Duw, na bo itti allel na chlwyf na dolur na *molest* i wasanaethwr y Dduw yma.

molestaf: molestu [bf. o'r e. bl.] *bg.a.* Peri poendod, helynt, neu drafferth (i), gofidio neu drwblo (rhywun) yn barhaus, aflonyddu (ar), trallodi, cythruddo, plagio; cablu: *to molest, harass, annoy persistently, vex, pester, trouble, plague; blaspheme.*
13g. *Brut B* 129, ny mynnvs e brenyn y *volestv* (*infestare*) o'r pethev a vey rac llaw. **13g.** *BD* 56, dechreu ymlad a *molestu* y elynyon. **14g.** *BT* 72, yr ysgymun leidryn . . . y syd yn *molestu* ar vynhywyssogyon. **14g.** *B* xiv. 260, Pwy bynnac . . . a *volesto* (*blasphemaverit*) cesar ef a haed y dienydyu. ygkyuoethach a *volesto* yn erbyn duv. *c.* **1400** *RB* ii. 181, Ar dinassoed . . . a dechreuassant eu *molestu* ac eu hanreithaw. **15g.** *FfBO* 37, Pechawt yw eu *molestu* (*offendere*), kans seint ynt. **1567** *TN* 74a, paam ydd ych en hei *molesty* [:– thrwblio, blino]? *id.* 91b, a'r ei a *volestit* gan ysprytion budron. **1632** *D*, *molestu*, vexare, molestare. **1684** H. OWEN: *DC* [xx], Os colledion bydol . . . y fyddant yn *molestu* dy feddwl. *id.* 34, rhai a gânt eu *molestu* â themptasiwnau. **1716** J. MORGAN: *LlT* 10, Claudius Herminianus . . . pan *folestodd* yn dost y Crisnogion. **1722** *Llst* 189, *molestu*, to vex, perplex, weary. **1794** *W* d.g. *to teaze* [*vex*].

molestota, molet, molfod, molfran, gw. moelystota, mwlet, malwod, mulfran.

molfrith [?*moel*[1] + *brith*] *e?g. Pysg.* Glasgangen, penllwyd, *Thymallus thymallus*: *grayling* (*fish*).
c. **1700** E. LHUYD: *Par* iii. 46, In most of ye rivers of this parish are Salmon, Pike . . . a small fish we call in Welsh Macrell—in Carmarddenshire tis call'd *Molfrith*.

môl-glafaidd [*môl* + *clafaidd*] *a.* Llawn môl neu grest (am y llygaid), ?dioglyd neu farwaidd: *full of congealed white mucus or matter* (*of the eyes*), *?sluggish or lethargic.*
1703 E. WYNNE: *BC* 55, mi adwaenwn y Mâb wrth ei . . . gudynneu gwlithog a'i lygaid *môl-glafaidd* mai fy Meistr Cwsc ydoedd.

moli [?*môl* + *-i*[1], neu o bosibl ddefnydd enwol ar fe.'r f. *molaf*[2]: *moli*] *eg.* Môl: *congealed white mucus or matter* (*in the eye*(*s*)), '*sleep*'.
1753 *TR* d.g. *môl*. **1803** *P*.

moliad [bôn y f. *molaf*[1]: *moli* + *-iad*[1]] *eg.* ll. *-au.* Y weithred o foli, clodforiad, mawl, moliant, canmoliaeth: *a praising, eulogizing, or extolling, praise, commendation.*
1718 E. SAMUEL: *HDdD* 93, abertha i Dduw dy *foliadau*. *id.* (Gweddïau) 62, [c]anu *Moliadau* trag'wyddol. **1728** T. BADDY: *DDG* 138, [y] *moliadau* cynta 'n y Bore. *id.* 140, arfer . . . yr Juddewon . . . i adrodd amryw *foliadau* i Dduw. **1731** E. SAMUEL: *AE* 2, [ein] *Moliadau* a'n Diolchgarwch am ei Haelioni. **1753** L. OWEN: *ADdE* 56, *Moliadau* cyhoedd. **1759** *BC* 367, A phêr *foliadau* . . . / I'r Gwyliau golau glân. **1780** *W* d.g. *a praising*.

moliadwy, moliaid, gw. moladwy, molaf[1]: moli.

molianadwy [bôn y f. ddil. + *-adwy*] *a.bfl.* Moladwy, canmoladwy, teilwng o fawl: *praiseworthy, laudable, worthy of praise.*
1567 *LlGG* (*Sall*) 8b, Galwaf ar yr Arglwydd *moliannadwy*.

molianedig [bôn y f. ddil. + *-edig*] *a.bfl.* Moledig, a folir, a ganmolir: *praised.*
1567 *TN* 223a, y Creawdr, yr hwn 'sydd yn vendigedic [:– *volianedic*] yn oes oesoedd. **1803** *P*, *moliannedig*, made an object of praise.

molianedigaeth [*molianedig* + *-aeth*] *eg.* Mawl, moliant, clod: *praise, eulogy, commendation.*
1595 *Egl Ph* 46, er bod peth yn haeddu *moliannedigaeth*, a gwiwfawl gymmendawd. **1803** *P*, *moliannedigaeth*, s.m. the act of praising; commendation.

moliangar [*moliant* + *-gar*] *a.* Llawn moliant; teilwng o fawl: *full of praise; praiseworthy.*
18g. *Beirdd y Berwyn* 95, Cyn dyfod dydd edifar / Trown at Dduw'n *foliangar*.

moliangerdd [*moliant* + *cerdd*[1]] *eb.* ll. *-i.* Cerdd foliant, mawlgerdd: *praise poem, eulogy, panegyric.*
c. **1400** *GP* 17, trech y dyly vot *molyangerd* y prydyd no gogangerd y clerwr. **1652** *Cylchg LlGC* vii. 193, megis ac i tystia Barddas a *moliangerdd* y Beirdd ar Prydyddion hynny. **18–19g.** *Iolo MSS* 97, ymryson rhwng Sion y Cent a Rhys goch, goreu ar wengerdd Sion Cent, a goreu ar *foliangerdd* Rhys goch.
Amr.: **moliantgerdd. 1800** C. EVANS: *EJU* 13.

moliannaf: moliannu [bf. o'r e. *moliant*] *bg.a.* Clodfori, moli, canmol, dyrchafu, mawrygu, anrhydeddu, addoli; gorfoleddu: *to praise, laud, eulogize, extol, magnify, honour, worship, adore; exult.*
?**15g.** (*Diw.* **16g.**) *Gwyn* 3, 1, I *foliannu* gu gywair / Iessu a *moliannu* Mair. **15g.** *GGl* 148, Meistr Rosier ysgwïer gynt, / Mil yna a'i *moliennynt*. **15g.** *GO* 169, Ni *voliannaf* ond Tavydd / O'r oes hon ŵr ar y sydd. **16g.** *GIILlV* 1, Wyth fil wen ath *foliannan*. **16g.** (*LlEG*) *LlGC* 5276, 207a–b, Syrthio ohonnott . . . ar dy liniav am *molianu* J. **16g.** (*LlEG*) *Mos* 158, 566b, ymodd I *moliannasair* brenin benpryd mastres Kattrin hoiwart. **1547** *WS*, *molianny*, prayse. **1588** *Ecs* xv. cs., Israel yn *moliannu* Duw am y fuddugoliaeth. **1588** *Luc* ii. 13, [ll]uoedd nefol yn *moliannu* Duw. **1632** *D* d.g. *cano, effero, exalto, laudo*. **1723** WM: *PGG* 142, yr wyf yn disgwyl cael fy *moliannu* am bôb Peth. **1770** *W* d.g. *to applaud* [*praise* . . .], *to commend, to exalt* [*praise or extol, magnify, &c.*], *to glorify* [*pay honour or praise in worship*], *to laud*. **1803** *P*.
Amr.: **moliantu. 1567** *TN* 239b.

moliannol [*moliant* + *-ol*] *a.* Yn mynegi moliant, canmoliaethus, clodforus: *laudatory, eulogistic.*
1712 T. WILLIAMS: *CDdG* 238, ein Iachawdwr, am bwy y clywsent gymmaint o sôn *Moliannawl*. **1778** *W* d.g. *panegyric, or panegyrical* [*laudative, praising, or in the nature of a panegyric*]. **1803** *P* d.g. *moliannawl*.

moliannus [*moliant* + *-us*] *a.* Teilwng o fawl, canmoladwy, clodwiw, moledig, hyglod; canmoliaethus; ?ymffrostgar, hunanfalch: *worthy of praise, praiseworthy, laudable; celebrated, praised; laudatory; ?boastful, vainglorious.*
1346 *LlA* 7, Amegys yd oed *volyannvs* (*laudabilis*) ef gynt . . . wedy hynny ybu ysgymunedic. *id.* 19, y gweithret *molyannus* hwnnw. *c.* **1400** *Études* vii. 62, Y capyldeit, gwell ynt noc un adar a *molyannussach*. **15g.** *GM* 15, Bendicket y dayar Duw gwar gwiraf; / Drychafet, molet y *molyannussaf*. *id.* 32, Bendigeit *volyannus* yw enw yr Arglwyd. **15g.** *LGC* 499, Mil yw o Wynedd, wr *moliannus*. **1551** W. SALESBURY: *KLl* lxxixb, y wreic a vydd arnei ofn yr Arglwydd, ys id *voliannus* [:– ganmoladwy]. *p.* **1584** G. ROBERT: *GC* [208], cannigion . . . *molianus* i ddu[w]. *Diw.* **16g.** *WLB* 90, Gwin coch *Molianusach* nar lleill oll. **1632** *D*, *moliannus*, laudatus, laudandus. *id.* d.g. *gloriosus*. **1740** *DDF* 5, O Broffeswr *moliannus* (*glorious*), di gae dy nithio (fel gwenith) pob gwthien a phob rhan o'th Broffes a'th Grefydd a gaiff ei threio i'r eithaf. **1770** *W* d.g. *applause, deserving applause, commendable* [*praise-worthy*]. **1803** *P*.
Amr.: **moliantus. 1547** *WS*, *moliantus*, praysed.

moliannwr, moliannydd [bôn y f. fl. + *-wr, -ydd*[3]] *eg.* ll. *molianwyr, molianyddion.* Molwr, canmolwr, clodforwr, mawrygwr; awdur cerddi moliant; gorfoleddwr: *one who praises or extols, panegyrist; author of praise poems, eulogist; one who exults.*
16g. *GP* 199, y byd yma, yn yr hwnn y mae dwy radd, gradd eglwyssawl a gradd vydawl, yr rhain y dyly pob *moliannwr* y gwybod. **16g.** HUW ARWYSTL: *Gw* 231, *moliannwr* mav lawennwawd / ywch yma wyf chwi a mawd. **1632** *D*, *moliannwr* d.g. *encomiastes, laudator*. *c.* **1647** *LBS* iv. 429, grymiad egoriad gwiwradd fv lonio / *folianwr* nefolradd. **1803** *P*, *moliannwr*, pl. *moliannwyr*, a praiser. *id.* *moliannydd*, pl. t. *-ion*, a praiser.
Amr.: **moliennydd. 1907.**

molianrwydd [*moliant* + *-rwydd*] *eg.* Moliant, clod, canmoliaeth; bri, enwogrwydd; clodforedd, clodforusrwydd: *praise, exaltation; renown, fame; praiseworthiness, laudableness.*
14g. *BT* 195, ygwr a ragorei rac pawb o *volyanrwyd* ydeuodeu. **14g.** *BT* (*RB*) 126, Bernart, escob Myniw . . . gwr enryued y *volyanrwyd* (*RB* ii. 315, volyant). *id.* 140, Madoc ap Maredud . . . y gwr a oed diruawr y *volyanrwyd*, yr hwnn a phurueidawd Duw . . . ac a'e hadurnnawd o lewder a *molyanrwyd*. *c.* **1400** *GP* 16, Riein a uolir o bryt, a thegwch . . . a diweirdeb, a *molyanrwyd*. **15g.** *id.* 35, Kreuydwr . . . a volir o santeidrwyd, a gleindit buched . . . a *molyanrwyd* Duw a'r seint.

moliant [bôn y f. *molaf*[1]: *moli* + *-iant*] *eg.b.* ll. *moliannau, -oedd, moliant*(*i*)*au.* Mawl, clod, canmoliaeth; bri, enwogrwydd; mawlgan; mawl (fel gweithred o addoliad i Dduw); gwrthrych moliant; *Egl.* (yn y ff. l. *moliannau*) y gyntaf o'r oriau gweddi canonaidd: *praise; fame; eulogy; worship or veneration accorded to God; object of praise;* (*in pl.*) *lauds.*
13g. *RC* xxxiii. 240, emdangos y lavuryau ym *molyanheu* duw [am Fair]. **13g.** *BD* 44, ymdyrchauael a wnaeth ynteu o haelder a daeoni yny oed y *uolyant* (*fama*) tros y tyrnassoed pellaf. *Dchr.* **14g.** *H* 125b. 4–5, eilyeis yrot glot gloewdec wenlliant eilyawd dy *uolyant* wil ychwanec (Casnodyn). **1346** *LlA* 10, yr *molyant* idaw ehun (*ad laudem gloriae suae*) ygoruc ef pob peth. **14g.** *BT* (*RB*) 12, Howel Da . . . pen a *molyant* yr holl Vrytanyeit. *c.* **1400** *GP* 14, Bei ar eglyn yw bot *molyant* a gogan y gyt yndaw, mal pei dywettit gwreic dec . . . aniweir. **15g.** *GM* 6, nys cwn o by *volyantieu* (*laudibus*) y gallaf i dy ganmawl di. *id.* 11, *Molyanneu* (*Ad Laudes*). **1547** *WS*, *moliant*, laude. **1567** *TN* 304a, ny cheisiasam *voliant* [:– glod, orvoledd] gan ddynion. **1611** R. SMYTH: *SG* 148, g[w]eddiau, *moliantau* a rhoi diolch. **1620** *Jud* xvi. 1, a'r holl bobl a ganasant y gân hon [:– *moliant* hwn]. **17g.** *LlGC* 253, 73, iti bytho *molianoedd* / o hyn hyd yn oes oesoedd. **1632** *D*, molawd, & *Moliant*, idem quod Mawl. **18g.** *Beirdd y Berwyn* 62, Rhown iddo *foliant* felus. **1770** *W* d.g. *benediction* [*a grateful acknowledgment of blessings received*], *commendation, encomium, or encomiastic, an extolling, glory, laud* [*praise, &c.*]. **1803** *P*. Yn nwyrain Morg. fe'i defnyddir weithiau'n ebychiadol, '*Moliant* bod 'wnna ar ben.'

moliantaf: moliantu, moliantgerdd, moliantus, gw. moliannaf: moliannu, moliangerdd, moliannus.

moliawdr [bôn y f. *molaf*[1]: *moli* + *-iawdr*] *eg.* Molwr, clodforwr, mawrygwr: *praiser, one who extols or magnifies, panegyrist.*
15g. *Cy* xxiii. 304, Mihangel dawel dywydd / *Moliawdr* ymddiffyniawdr ffydd (Hywel Dafi).

moliennydd, gw. moliannwr.

molin [bnth. S. *moline*] *a. Her.* Melinaidd: *moline* (*in her.*).
16g. *Mos* 113, 41, Mae yn dwyn coch neü gowls Croes velinaidd neü *molin* o aür.

molni [*môl* + *-ni*] *eg.* Môl, crest: *congealed white mucus or matter in the eye*(*s*), '*sleep*'.
Ar lafar yn Arfon yn y ff. *moelni*.

moloch [gair geir., amr. ar *boloch* drwy ymgyfnewid *b-* ac *m-*] *a.* a hefyd fel *eg.* Aflonydd, diorffwys, trafferthus; aflonyddwch; cythrwfl: *restless, uneasy, troublesome; restlessness; uproar.*
c. **1588** *B* ii. 231, *moloch*, aflonydd. **1632** *D*, *moloch*, inquies, inquietus, molestus. **1722** *Llst* 189, *moloch*, m. restlessness, uneasiness. **1803** *P*, *moloch*, tumult, uproar.

molochaf: molochi [bf. o'r a. bl.] *ba.* Aflonyddu, trafferthu, peri cythrudd neu flinder parhaus i (rywun): *to disturb, trouble, molest.*
1803 *P.*

molog[1] [*môl* + *-og*] *a.* Llawn môl, crawn gwyn, neu grest (yn enw. am y llygaid), a môl yn ei lygaid: *full of congealed white mucus or matter (esp. of the eyes), having eyes full of such matter, bleary-eyed.*
c. **1400** *R* 1347. 39–40, *molawc* moel dossawc. **15g.** DEIO AB IEUAN DU, &c.: *Gw* 115, Caws gwyn, caws melyn, caws *molog.* **1604–7** *TW* (*Pen* 228), a llygeit *môloc* d.g. *gramosus. id.* a llygeit dyfrllyt *moloc* d.g. *lippus. Dchr.* **17g.** *J* 10, 33a, *molawg*, gramosus. **1722** *Llst* 189, *molog*, scurfie about the eyes. **1770** *W* d.g. *blear-eyed.* **1803** *P.*

molog[2] [*mawl* + *-og*] *a.* Llawn mawl: *full of praise.*
1717 IACO AB DEWI: *MN* viii, I foli Duw yn *folawg.*

molol [*mawl* + *-ol*] *a.* Teilwng o fawl, moliannus: *praiseworthy.*
1688 W. FOULKES: *EGE* 28, Credu yr wyfi, o gariad *molawl*, gwneuthur dy fywyd ti trosto i.

Molosiad [yr e. lle *Molosia* + *-iad*[3]] *eg.* ll. *-iaid.* Un o frodorion Molosia, ardal yn Epirus yng ngogledd-orllewin gwlad Groeg: *a Molossian.*
1676 W. JONES: *GB* 94. **1680** J. THOMAS: *UN* 24.

molrhon, molrhoniwr, gw. moelrhon, moelrhoniwr.

molsgin [bnth. S. *moleskin*] *a.* a hefyd fel *eg.* (Trywsus, côt, &c., wedi ei wneud o) ffustion cotwm gwydn: *moleskin(s).*
1854. Ar lafar yn ardaloedd glofaol Morg. a Chaerf.

molstota, gw. moelystotaf: moelystota.

molt, gw. mold.

moltus [?*molt* + *-us*] *a.* ?Gweddus i'w efelychu: *exemplary.*
16–17g. *CC* 78, ac annerch trwy serch heb sŵn / lêw *moltus* Wiliam Miltwn.

molud [*mawl* neu fôn y f. *molaf*[1]: *moli* + *-ud*, cf. *meddud*] *eg.* Mawl, moliant, canu moliant, hefyd yn *ffig.*: *praise, panegyric, praise poetry, also fig.*
13g. *A* 17. 13, Dyfforthes meiwyr *molut* nyuet. *id.* 21. 17, yspar llary yor. *molut* mynut mor. *c.* **1300** *H* 114a. 5, Mynud wrth *uolud* wrth uilwyr bu gwrt (Llywarch ap Llywelyn). **14g.** *T* 43. 10–12, Aduwyn gaer yssyd ae gwna kyman. medut *amolut* ac adarban. *id.* 44. 1, Gochawn ymedut *ymolut* gofrein. *id.* 61. 7, gochawn marchawc mwth *molut* gwryon. *id.* 77. 8, tyruawt *molut* mawr edryssed. ?**14g.** (**17g.**) *Saga Englynion* ii. 17, Yssydd Lanvor dra gweilgi / y gwna mor *molud* wrthi. *c.* **1400** *J* 1, 1082, Trenghit golut ni threingk *molut.* *c.* **1400** *R* 1216. 24–5, lle canmolut. llawr mawr *molut.* *c.* **1470** *B* ii. 231, *molud*: moliant. **1803** *P, molud*, panegyric, eulogy.

molunog, gw. molwynog.

molus [*mawl* + *-us*] *a.* Clodfawr: *praiseworthy.*
?**15g.** DAFYDD LLWYD: *Gw* 273, Dewr yw'r glain, dur ar ei glog, / Draig *folus* drwy Gyfeiliog. *c.* **1730** *Thos. Lloyd D* (LlGC) 178a, *molus*, glorious.

molwad, molwed, gw. malwod.

molwennog, molwenog, gw. molwynog.

molwod, gw. malwod.

molwr, molydd [bôn y f. *molaf*[1]: *moli* + *-wr, -ydd*[3]] *eg.* ll. *-wyr.* Un sy'n canmol neu'n clodfori, moliannwr: *one who praises.*
1604–7 *TW* (*Pen* 228), *molwr* d.g. *laudator* (hefyd *D*). **18g.** *W Ballads* 8, 8, Crist su hael o fael i *folwr.* **1773** *W, molydd* d.g. *encomiast.* **1803** *P.*

molwsg [bnth. S. *mollusc*] *eg.* ll. *molysgiaid.* Unrhyw anifail o adran y *Mollusca* a nodweddir gan gorff meddal di-asgwrn-cefn heb segmentau a hefyd yn aml gan gragen: *mollusc.*
20g.

molwynog, maelwynog, &c. [ansicr yw ff. wr. ac ystyr yr epithet a welir yn yr e. prs. Rhodri *Maelwynog* (*Molwynog*) a dichon mai amr. ar *malwynog*[1] ydyw; mae'n bosibl mai **moelwynnog*, sef *moel*[1] + *gwynnog*[1], oedd y ff. wr. yn 'Englynion y Misoedd' a aeth yn *molwynog* dan ddyl. yr epithet] *a.* Llawn, cyflawn; bras, toreithiog: *full, complete; luxuriant.*
14g. *BT* 1, ac yny ol ynteu y dynessahawdd rodri *maelwynawc* (amr. *malwynoc*). **14g.** *EWGT* 38, Rodri *maelwynawc* (*id.* 47, *molwynawc*) m. Idwal iwrch. **16g.** *EWGP* 40, Mis Awst, *molwynoc* (amr. *moel wynoc, malwenoc, molwenog, malwynawg*) morva, / llon gwenyn, llawn modryda. **1562** *B* ii. 231, *molwynog*, kyflawn. **16–17g.** *GST* i. 846, Mis Awst *molwynog* (amr. *malwennog, molwennog*) morfa. / Gwell yw cwrw na bara. **1632** *D, molwynog*, plenus. ait Ll. **17g.** *NBSF* 621, or twysog *molwynog* molianus. **1688** *TJ, molwynog*, cyflawn: full, large, compleat. **1773** *W* d.g. *full.* **1793** R. POWELL: *ADV* 4, *Molwynawg* [:– Toreithiawg, yn llawn cnwd, neu dyviant] Gynhauav. *id.* 19, y . . . dywysen . . . / *Volwynawg* velynwen.

molybden [bnth. S. *molybden(um)*] *eg.* Molybdenwm: *molybdenum.*
1851.

molybdenwm [bnth. S. *molybdenum*] *eg.* Elfen fetelaidd arianwen hydwyth a chaled iawn (symbol Mo; rhif atomig 42) a ddefnyddir yn bennaf i galedu a chryfhau dur: *molybdenum.*
1938.

molydd, gw. molwr.

molyn [?cfdds. o'r S. *mol(ecule)* + *-yn*] *eg.* ll. *-nau.* Moleciwl: *molecule.*
1899.

molysgaidd [*molwsg* + *-aidd*] *a.* Yn perthyn i'r molwsg: *molluscous.*
20g.

molystor [*môl* + *ystor*] *eg.* ll. *-au.* Resin gwm coed o ddwyrain Asia a ddefnyddir fel ffynhonnell lliw melyn ac fel carthlyn: *gamboge.*
1851.

moll, gw. mwll.

mollt [H. Grn. *mols*, gl. *uerues* [*sic*], Crn. C. *mols*, Llyd. C. *mout, ma(o)ut*, Llyd. Diw. *maout*, H. Wydd. *molt*: < Clt. **molto-*, cf. Llad. C. *multo* (> Ffr. *mouton*)] *eg.* (bach. *-yn, mylltyn*) ll. *myllt.* Gwryw o rywogaeth y ddafad wedi ei ddisbaddu, gwedder, maharen; cig dafad, cig gwedder; ?hefyd yn *dros.*: *castrated ram, wether; mutton; ?also transf.*
13g. *Ll1* 64, Messur daun buyt er haf yu *mollt* teyr bluyd. **14g.** *GDG* 24, Ni wisgaf fenig nigus / O groen *mollt* i grino 'mys. **15g.** *GGl* 86, Gan Dudur, ferw gwndidwyllt, / Penllyn, yn ymofyn *myllt. Diw.* **15g.** *B* xxv. 133, *mollt* ne ddafad teirblwydd. **1594–6** *id.* iii. 174, A gusanai'r oenyn a garai y *mollt*yn. **16–17g.** *CRC* 85, nac ir lloned y ddwy vron / o *vyllt* a defed gwnion. **1632** *D, mollt*, veruex, nefrens, aries castratus. **1760** *ML* ii. 183, roddi llwdn dafad (ie, pwmp o *follt* mawr) yn ei ardd neithiwr. **1803** *P, mollt*, a mutton, a wether. *Mollt* o babwyr . . . a handful of stript rushes, such as are used for candles.

molltgig [*mollt* + *cig*] *eg.* Cig dafad, cig gwedder: *mutton.*
1835.

moment [bnth. H. Ffr. neu S. C. *moment*] *eg.b.* (bach. g. *-yn*) ll. *-(i)au.* Ysbaid fer benodol neu amhenodol o amser, ennyd, amrantiad, munudyn; eiliad; deugeinfed ran o awr (yn ôl un dull canoloesol o gyfrif amser): *moment; second; one fortieth of an hour (according to one method of reckoning time in the Middle Ages).*
1346 *LlA* 4, yn vn *voment* ybyd or dwyrein yr gorllewin. *id.* 47, ennyt vn *voment.* *c.* **1400** *YCM*[2] 136, yn un *voment*, sef yr oed hynny, deugeinvet rann awr. **1567** *LlGG* 137b, eithr newidijr ni oll, ym-*moment* a' thrawiat y llygat. **1588** *Job* vii. 18, ai brofi ef ar bob *moment.* **1588** *Doeth Sol* xviii. 12, mewn vn *moment* y difethwyd eu hiliogaeth anrhydeddusaf hwynt. **1632** *D* d.g. *momentum.* **1632** J. DAVIES: *LlR* 474, [d]arfod mewn vn *moment* faddeu cwbl ô'i bechodau i'r lleidr hwnnw. **1633** *LlGC* 731, 94, y *moment* buán-drô. **1684** H. OWEN: *DC* 443, bob dyddiau a *momentau* o amseroedd. **1725** D. LEWIS: *GB* 387, mae'r Goleuni yn rhedeg . . . ymron 200 Mîl o Filldiroedd mywn *Moment.* **1759** T. THOMAS: *WWDd* 19, efe a fu farw yn y *fomment* y torrodd efe'r gorchymmyn. **1768** J. ROBERTS: *R* 20, Yr Enw lleiaf ar amser, elwir, *Moment*, neu Ailiaid [*sic*]. **1795** *R. Crusoe* 28, dros ddau *foment.*

momentwm [bnth. S. *momentum*] *eg.* ll. *momenta.* Maint symudiad corff, sef lluoswm ei fàs a'i gyflymder; hyrddynt sy'n deillio o symud, hefyd yn *ffig.*: *momentum, also fig.*
20g.

momentyn, gw. moment.

mon [bôn y f. *monnaf*: *monni*; ansicr yw ystyr yr engh. gyntaf isod, a dichon nad yma y perthyn] *e?g.* Soriant, pwd; ?poen, trafferth: *a sulking, sulk(s), huff; ?pain, trouble.*
1604–7 *TW* (*Pen* 228), *mon* d.g. *negotium.* Ar lafar ym Mhenllyn, 'Ma rhyw hen *fon* arno fo o hyd', 'He is for ever sulking'.
Cfn.: **yn ei fon (ei mon,** &c.**)**: *in a sulk, in a huff.* Ar lafar ym Mhenllyn, e.e. 'Mi ath allan o'r tŷ *yn 'i fon*', 'Ma hi *yn 'i mon* am rywbeth y dyddie yma'.

monach, monachaeth, monachaidd, &c., gw. mynach, mynachaeth, mynachaidd, &c.

monad [bnth. S. *monad*] *eg.* ll. *-au, -s, monaid. Athr.* Endid unigol sylfaenol metaffisegol, yn enw. un ymreolaethol; (ym metaffiseg Leibniz) elfen seml anofodol na ellir mo'i dinistrio a ystyrir yn sylfaen pob bodolaeth: *monad.*
1788 M. WILLIAMS: *BM* 39, Atheistiaid . . . yn dal allan fod y Byd a phob Peth gweledig . . . neu yn hytrach y Defnydd ohonynt, pa rai a alwent yn *Fonades* [*sic*], Corpusculars, neu Efflufia o Atoms . . . yn gwibio ar hyd yr Ehangder.

monaeth, monai, gw. moniaeth, mwnai.

monarc, monarch, mwnarc [bnth. S. *monarch*] *eg.* ll. *-iaid.* Teyrn, unben, tywysog: *monarch, sovereign, prince.*
16g. (*LlEG*) *Mos* 158, 297b, bod y ddwy dyrnas [Ffrainc a Lloegr] o hynny allan dann vn *mwnark.* **16g.** OWAIN GWYNEDD: *Gw* 313, Mur, sy draw, mawr ei stôr wyd, / Man ir cadr, *monarc* ydwyd [i blas Llwydiarth]. **1604–7** *TW* (*Pen* 228) d.g. *monarcha. Dchr.* **17g.** *B* xxii. 138, wedi bod Gartheirn yn *fvnarch* [*sic*] (*monarcha*). **1615** R. SMYTH: *GB* 59, y pennaethiaid, y *monarchiaid*, y brenhinoedd, y twysogion a'r emerodriaid. **17g.** *LlGC* 10249, 185, Pôb *Monark*, pob Patriark pür (Wmffre Dafydd ab Ifan). **1670** J. HUGHES: *AP* 148, yn blant i Arglwyddi ardderchoccaf, Ieirll, Twysogion a *Monarchiaid* Cred. **1672** R. PRICHARD: *Gw* 220, F'all y *Monarch* [:– Tywysog] mwya heddu, / Fôd yn begian dŵr y foru. **1768** J. JONES: *HC* 16, Fe dderfydd parch y *Monarch* mawr, / A golud bŷd mewn munud Awr.

monarchaeth, gw. monarchiaeth.

monarchaidd [*monarch* + *-aidd*] *a.* Yn perthyn i fonarchiaeth, o natur monarchiaeth, tebyg i deyrn neu unben, brenhinol: *monarchical, sovereign, royal.*
1793 *Cylchg* 174, [d]yrchafodd y lywodraeth *monarchaidd* [*sic*] i'w phinnacl o ogoniant.

monarchi [bnth. S. *monarchy*] *e?g.* Unbennaeth, monarchiaeth: *monarchy.*
1710 *CBGEL* 115, *Monarchi*, neu Unbennaeth.

monarchiaeth, monarchaeth [*monarch* + *-(i)aeth*] *eb.* Unbennaeth, teyrnlywodraeth; egwyddorion llywodraeth fonarchaidd, ymlyniad wrth lywodraeth fonarchaidd; *Diwin.* mudiad yn yr ail ganrif a'r drydedd O.C. a wadai athrawiaeth y Drindod: *monarchy; monarchism; monarchianism (in theol.).*

1851.

monarchydd [*monarch* + *-ydd*[3]] *eg.* ll. *-ion.* Cefnogwr monarchiaeth (hefyd *Diwin.*): *monarchist; monarchian (in theol.).*
20g.

monc, gw. mwnc.

monci, gw. mwnci[1].

mondod [*mon* + *-dod*] *eg.* Pwd, soriant, hefyd yn *ffig.*: *sulk(s), also fig.*
1933.

moneddwr [?cfdds. o'r Llad. *monētārius*) + *-wr*] *eg.* Bathwr arian: *a coiner of money.*
1604–7 *TW* (*Pen* 228) d.g. *monetarius.*

monetaraidd [cfdds. o'r S. *monetar(ist)* + *-aidd*] *a.* Yn perthyn i fonetariaeth: *monetarist (adj.).*
20g.

monetariaeth [cfdds. o'r S. *monetar(ism)* + *-iaeth*] *eb.* Y ddamcaniaeth mai gormodedd o arian yn yr economi sy'n peri chwyddiant; polisi economaidd wedi ei seilio ar y ddamcaniaeth hon ac ar gred yn y farchnad rydd sy'n ceisio sefydlogi prisiau drwy reolaeth ariannol, gan ddal mai cyflogau rhy uchel sy'n peri diweithdra: *monetarism.*
20g.

mongler, gw. mwngler.

mongol [bnth. S. *mongol*] *eg.* ll. *-iaid.* Person sy'n dioddef gan syndrom Down: *mongol, sufferer from Down's syndrome.*
20g.

Mongol, Mongul, &c. [bnth. S. *Mongol, Mongul*] *eg.* ll. *-iaid.* Brodor o Fongolia, un o drigolion Mongolia: *Mongol, native or inhabitant of Mongolia.*
1816.

mongolaeth [cfdds. o'r S. *mongol(ism)* + *-aeth*] *eb.* Syndrom Down: *mongolism, Down's syndrome.*
20g.

Mongolaidd [yr e. lle *Mongol(ia)* + *-aidd*] *a.* Yn perthyn i Fongolia: *Mongolian.*
1870.

Mongul, gw. Mongol.

mongws, mongŵs [bnth. S. *mongoose*] *eg.* Mamolyn bychan cigysol trofannol o'r tylwyth *Herpestes*: *mongoose.*
20g.

moni, gw. mo.

moniaeth, monaeth [cfdds. o'r S. *mon(ism)* + *-(i)aeth*] *eb.* *Athr.* Athrawiaeth sy'n dal mai un sylwedd neu elfen sylfaenol (e.e. meddwl neu fater) sydd i realaeth; unrhyw ymgais i esbonio rhywbeth yn nhermau un egwyddor yn unig: *monism.*
1933.

monisiwn[1] [bnth. S. *monition* 'warning'] *eg.* Rhybudd ffurfiol esgob neu lys eglwysig i rywun beidio â chyflawni trosedd penodedig: *monition.*
16g. (*LlEG*) *Mos* 158, 335a, [p]an ddigwyddai ir yffeiriaid a ffobyl y plwyfuav gyuaruod garllaw kroes ynno i byddai Raid vddunt twy . . . wneuthud *monnishiwn* ac i gyhoeddi yn ysgymyn ac i ysgymuno poob kyuriw ddynn ac a ddygai naag arweddai genhiegwerth o dda ynn valeisus allan or naill blwyf ir llaall.

monisiwn[2] [bnth. S. Diw. Cyn. *monysion*, ff. ar *munition*] *e?g.* ?Storfa filwrol: *military stores.*
16g. (*LlEG*) *Mos* 158, 575a, vn obennaethiaid ffrainck . . . allu off[r]anckod yn ardal kalais ynn gwittiaid ar y [k]yuriw artylerei [*sic*] *monushiwn* hryvel ab[a]ttel ar hrain I roeddeint twy yn nerthu tref.

monist [bnth. S. *monist*] *eg.* ll. *-iaid.* *Athr.* Monydd: *monist.*
20g.

monistaidd [*monist* + *-aidd*] *a.* *Athr.* Monistig: *monistic.*
20g.

monistiaeth [*monist* + *-iaeth*] *eb.* *Athr.* Moniaeth: *monism.*
1899.

monistig [cfdds. o'r S. *monist(ic)* + *-ig*[2]] *a.* *Athr.* Yn perthyn i foniaeth: *monistic.*
20g.

monitor, &c. [bnth. S. *monitor*] *eg.* ll. *-au, -iaid, -ion, -s.* Person, offeryn, &c., sy'n cofnodi neu'n rheoli hynt proses; disgybl mewn ysgol a chanddo ddyletswyddau penodol; sgrin sy'n dangos y llun o gamera penodol neu'r llun a ddeledir, sgrin cyfrifiadur, &c.; lysard trofannol o deulu'r *Varanidæ* a geir yn Affrica, Asia, ac Awstralia; math o long ryfel fechan gynt wedi ei harfogi â magnelau pwerus: *monitor; (school) monitor; (television) monitor; monitor (type of lizard); monitor (type of warship).*
1766 *CD* 145, Yna mi glywn fy Meister, / Yn galw ar ei *Foniter.* / Take him up John Wood, / Ile [*sic*] whip him to the Blood!

moniwment, monument [bnth. S. *monument*] *eg.* ll. *-au.* Cofadail, cofgolofn; beddgell, beddrod, bedd: *monument; vault, tomb, grave.*
1670 J. HUGHES: *AP* 426–7, Joseph a'i plygodd ef [corff Iesu] mewn Sindon glan, ac a'i gosododd ef yn ei *fonument* newydd eihun [*sic*]. *id.* 475, yn y fangre lle y croeshoeliwyd ef, yr oedd gardd: a *Monument* newydd yn yr ardd. **1785** E. BARNES: *MH* [1], Enwaswn . . . Eglwys bennodol Kilkhampton; lle mae llawer o'r Beddrodau, neu *Fonumentau* . . . yn bod.

moniwmental [bnth. S. *monumental*] *a.* Enfawr ac o werth parhaol: *monumental.*
1932 *Ll* xi. 122, dyma ddechrau'r gwaith mwyaf *moniwmental* y mentrodd y Brifysgol arno hyd yn hyn [W. J. Gruffydd ynglŷn â 'Geirfa Barddoniaeth Gynnar Gymraeg'].

monllyd [*mon* + *-llyd*] *a.* Pwdlyd, sorllyd: *sulky, sullen.*
1856. Ar lafar ym Meir.

monnaf: monni, *bg.a.* Pwdu, sorri, bod yn anfodlon, digio; peri sorri neu ddigio, anfoddio: *to sulk, be sullen, be displeased or angry; make sullen or angry, displease.*
1632 *D, monni,* subirasci, iracundulus fieri. **17g.** E. MORUS: *Gw* 64, Y ddwy ferch . . . / . . . / Yn fwynedd, wenithedd, nhw a wnaethon eu rhan, / Heb dwyll i'w cwmpeini, na *monni* yn un man. **1730** (**1755**) E. WYNNE: *PAC* 170, Na wnelwyf bŷth ddryg-dro ai *monno* Fe [Duw] mwy. **1783** H. JONES: *PN* 44, A chwedi cael eich angenrhaid, / Hawdd i chwi f'enaid *fonni.* **1803** *P, mòni* . . . to render sulky, sullen, or displeased; to become sulky, or somewhat displeased. Mae efe yn *mòni* wrth ei fwyd, he quarrels with his victuals. Ar lafar yn y Gogledd, *WVBD* 377, *Cymru* xliii. 230.

monnig [*mon* + *-ig*[2]] *a.* Monllyd, pwdlyd, sorllyd: *sulky, sullen.*
1803 *P.*

monnyn [*mon* + *-yn*] *eg.* a hefyd fel *a.* Person sorllyd neu bwdlyd, person oriog; sarrug, pwdlyd: *sulky or peevish person, moody person, cross-patch; sullen, sulky.*
15–16g. *AAST* (1935) 96, Ef a wnaeth yn famhaethod / Lawer un o eiliw'r ôd. / A minnau sydd fal *monnun* / Ne mal brawd moel heb yr un (Dafydd Trefor). **1632** *D, monnyn,* morosus, morosulus. **1688** *TJ, monnŷn,* cyndyn, pendew, gwrthnŷsig: morose, froward. **1722** *Llst* 189, *monnyn,* an humourist; touchy, waspish man. **18g.** *IM* 131, *Monnyn,* dihiryn diras—carl haeddsen, / Rhyw hurthgen rhy wrthgas. **1773** *W* d.g. *fellow, a surly [touchy, peevish] fellow, patch, cross-patch.* **1803** *P.*

mono, gw. mo.

monocl [bnth. S. *monocle*] *eg.* Sbectol un llygad: *monocle.*
20g.

monocotyledon [bnth. S. *monocotyledon*] *eg.* *Bot.* Planhigyn ac iddo un cotyledon neu had-ddeilen: *monocotyledon.*
20g.

monocsid [bnth. S. *monoxide*] *eg.* ll. *-au.* *Cem.* Ocsid sy'n cynnwys un atom o ocsigen ym mhob moleciwl: *monoxide.*
20g.
Cfn.: **monocsid carbon:** *carbon monoxide.* **20g.**

monoch, gw. mo.

monochen [gair geir.; ansicr yw perthynas *uonoch*, *R* 1347. 39] *eb.* ll. *-au.* Perfedd; sosej, selsig, enw ar wahanol fathau o bwdin (e.e. pwdin gwaed): *intestine; sausage, name of various kinds of pudding (e.g. black pudding).*
1604–7 *TW* (*Pen* 228), selsigen ne *vonochen* wedy gwneuthur o gic hwch d.g. *botellus.* *id.* *monochen* d.g. *botellus, faliscus, hilla.* *id.* *monochenæ* d.g. *botularius.* *id.* *mynochen* d.g. *tomacinæ.* **1632** *D, monochen,* intestinum, hilla. *id.* d.g. *fartum.* **1688** *TJ, monochen,* (pwdingen) hallt: the small Gut or Chitterling salted. **1722** *Llst* 189, *monochen,* the gut-pudding; a blood-pudding; a saucidge. **1753** *TR, monochen,* an entral, a small gut or chitterling; a little pudding or sausage. **1773** *W* d.g. *entrails, a haslet-pudding, pudding, a black [blood-] pudding.* **1803** *P.*

monof, gw. mo.

Monoffysiad [cfdds. o'r S. *Monophys(ite)* + *-iad*[3]] *eg.* ll. *-iaid.* *Diwin.* Un sy'n arddel Monoffysiaeth: *Monophysite.*
1856.

Monoffysiaeth [*Monoffys(iad)* + *-iaeth*] *eb.* *Diwin.* Athrawiaeth sy'n dal mai un natur a geir ym mherson Crist: *Monophysitism.*
20g.

monogamaidd [*monogam(i)* + *-aidd*] *a.* Yn perthyn i fonogami, a nodweddir gan fonogami: *monogamous.*
20g.

monogami [bnth. S. *monogamy*] *eg.* Y cyflwr neu'r arfer o fod ag un priod neu gymar ar y tro: *monogamy.*
20g.

monograff [bnth. S. *monograff*] *eg.* ll. *-(i)au.* Traethawd (papur, llyfr, &c.) sy'n trafod un pwnc neu un agwedd ar bwnc: *monograph.*
1926.

monolith [bnth. S. *monolith*] *eg.* ll. *-iau.* Bloc mawr o garreg, yn aml ar lun colofn, &c., hefyd yn *ffig.*: *monolith, also fig.*
20g.

monolithig [cfdds. o'r S. *monolith(ic)* + *-ig*[2]] *a.* Tebyg i fonolith o ran maint, unffurfiaeth, diffyg symud, &c.: *monolithic.*
20g.

monolog [bnth. S. *monologue*] *eb.g.* ll. *-au,* weithiau gyda grym ansoddeiriol. Hunanymddiddan dramatig neu lenyddol, sgets ddramatig a berfformir gan un siaradwr, ymson, hefyd yn *ffig.*: *monologue, soliloquy, also fig.*
1935.

monopôl, gw. monopoli.

monopolaidd [*monopôl, monopol(i)* + *-aidd*] *a.* Monopolistig: *monopolistic.*
1938.

monopoleiddiaf: monopoleiddio [*monopôl, monopol(i)* + *-eiddio,* ar ddelw'r S. (*to*) *monopolize*] *bg.a.* Cael, sicrhau, neu ddal monopoli ar (farchnad, nwydd, &c.): *to monopolize.*
20g.

monopoli [bnth. S. *monopoly*] *eg.* ll. *monopolïau,* weithiau gyda grym ansoddeiriol. Rheolaeth lwyr gan un person, cwmni, &c., ar gyflenwad rhyw nwydd neu

wasanaeth i'r farchnad, braint neu hawl a roddir i unigolyn, cwmni, &c., i fasnachu, &c., gan gau allan bob cystadleuaeth, meddiant llwyr o rywbeth neu reolaeth arno: *monopoly*.
1928.
Amr.: **monopôl** (ll. *monopolau*). **1930.**

monopolistig [cfdds. o'r S. *monopolist(ic)* + *-ig*[2]] *a*. Ac iddo fonopoli, yn ceisio monopoli: *monopolistic*.
20g.

monopolwr, monopolydd [*monopôl, monopol(i)* + *-wr, -ydd*[3]] *eg*. ll. *-wyr*. Person a chanddo fonopoli: *monopolist*.
1930.

monoptoneiddiad [bôn y f. ddil. + *-iad*[1]] *eg*. *Sein*. Y weithred o fonoptoneiddio: *monophthongization*.
20g.

monoptoneiddiaf: monoptoneiddio [cfdds. o'r S. (*to*) *monophthong(ize)* + *-eiddio*, dan ddyl. yr e. *dipton*] *bg.a*. *Sein*. Troi (deusain) yn llafariad seml: *to monophthongize*.
20g.

monosacarid [bnth. S. *monosaccharide*] *eg*. ll. *-au*. Siwgr, e.e. glwcos, nad yw'n dadelfennu'n siwgrau symlach: *monosaccharide*.
20g.

monosodiwm glwtamad (glwtamat) [bnth. S. *monosodium glutamate*] *eg*. Halwyn sodiwm asid glwtamig a ddefnyddir i gyweirio bwyd: *monosodium glutamate*.
20g.

monoton, monotôn [bnth. S. *monotone*] *eg*. ll. *monotonau*, a hefyd fel *a*. Seiniau (llafar) heb amrywiaeth traw; undonog: *monotone*; *monotonous, monotone*.
20g.

monothëist [bnth. S. *monotheist*] *eg*. ll. *monotheïstiaid*. Un sy'n credu nad oes ond un Duw, un sy'n arddel undduwiaeth, undduwiad: *monotheist*.
1929.

monotheïstaidd, monotheïstiaidd [*monothëist* + *-(i)aidd*] *a*. Yn credu nad oes ond un Duw, undduwaidd, undduwiol: *monotheistic*.
1852.

monotheïstiaeth [*monothëist* + *-iaeth*] *eb*. Yr athrawiaeth neu'r gredo nad oes ond un Duw, undduwiaeth: *monotheism*.
20g.

Monotheliad [cfdds. o'r S. *Monothel(ite)* + *-iad*[3]] *eg*. ll. *-iaid*. Un sy'n dal nad oedd gan Grist ond un ewyllys: *Monothelite*.
1850.

Monothelitiad [bnth. S. *Monothelite* + *-iad*[3]] *eg*. ll. *-iaid*. Monotheliad: *Monothelite*.
1858.

monslachdr, gw. manslochdr.

monstr, monstiwr [bnth. a chfdds. o'r S. *monst(er)*(+*-iwr*)] *eg*. Anghenfil: *monster*.
16g. (*LlEG*) *Mos* 158, 22a, ganned *monysduwr* hryuedd I lun o vewn gwlad yr eidal. **1574** *LlGC* 15542, 245a, ony doedd hi yn edrych yn debic y *fonstr* anferth.

monstrans [bnth. S. *monstrance*] *eg*. *Egl*. Llestr agored neu dryloyw sy'n dal yr afrlladen gysegredig ar gyfer ei harddangos: *monstrance*.
20g.

monstrwm [bnth. diw. Llad. *monstrum*] *eg*. Anghenfil: *monster*.
16–17g. *Cer RC* 35, *Monstrwm* corniog, hyll, cynffonnog, / Crych cadwynog dialedd.

monsŵn [bnth. S. *monsoon*] *eg*. ll. *monsynau*, weithiau gyda grym ansoddeiriol. Gwynt tymhorol yn ne Asia sy'n chwythu o'r de-orllewin yn yr haf gan ddwyn glaw trwm, ac o'r gogledd-ddwyrain yn y gaeaf: *monsoon*.
1851.

montais, gw. mantais.

Montanaeth, Montaniaeth [yr e. prs. *Montan(us)* + *-(i)aeth*] *eb*. (Athrawiaeth) sect Gristionogol apocalyptaidd a sylfaenwyd yn ail hanner yr ail ganrif gan Montanus: *Montanism*.
1856.

Montanaidd [yr e. prs. *Montan(us)* + *-aidd*] *a*. Yn arddel athrawiaeth Montaniaeth, yn perthyn i Fontaniaeth neu'n nodweddiadol ohoni: *Montanistic*.
1866.

Montaniad [yr e. prs. *Montan(us)* + *-iad*[3]] *eg*. ll. *-iaid*. Un sy'n arddel athrawiaeth Montaniaeth: *Montanist*.
1823.

Montaniaeth, gw. Montanaeth.

Montanist [bnth. S. *Montanist*] *eg*. ll. *-iaid*. Montaniad: *Montanist*.
1793 T. Jones: *SD* 29, y mae pob rhyw 'gynhyrfiadau aruthr' a'r a fo'n arwain dynion . . . i ddilyn ymarferiadau bryntion a halogedig; fel y gwelwyd yn y *Montanistiaid* . . . Hereticiaid Munster a llawer, eraill.

monteisiol, gw. manteisiol.

Montenegriad [yr e. lle *Montenegr(o)* + *-iad*[3]] *eg*. ll. *-iaid*. Brodor o Fontenegro (sydd, er 1918, yn rhan o Iwgoslafia): *a Montenegrin*.
1770 *TG* iv. 17, mae'r *Montenegriaid*, er ys blwyddyn mewn arfau. *id*. 49, fod y *Montenegriaid* wedi troi gyd a'r Russiaid.

montin [amr. ar *bontin* drwy ymgyfnewid *b-* ac *m-*] *eg*. Pen ôl, tin: *backside, arse*.
1763 *DT* 227, Gwilia Fursen, lle 'i gwelych, / *Montin* dro mant yn y drych. **1777** E. Roberts: *DG* 63, Ie ynglun ai *montin* mewn pais a mantîŵ.

monument, monusiwn, gw. moniwment, monisiwn[2].

monwent, monwes, monwesaf: monwesu, monwesiad, monwesig, monwesol, gw. mynwent, mynwes, mynwesaf: mynwesu, mynwesiad, mynwesig, mynwesol.

Monwys [yr e. lle *Môn* + *-wys*[1]] *e.ll*. (un. g. *-yn*) ll. dwbl *-(i)on, -iaid*. Trigolion Môn: *inhabitants of Anglesey*.
Dchr. **14g.** *H* 75a. 45, *Monwyssyon* maon mawr kynnetyf awch llyw (Einion Wan). **1632** *D, monwysion*, Monenses. **1684** H. Owen: *DC* [i]–[ii], chwychwi y *Monwysion* llawn Ardderchoc, Hybarchus, Parchedic a mwynion. **1751** *ML* i. 186, ag na byddai gan y *Monwysiaid* ddim i ddangos am eu harian. **1756** *Gron* 18, Cyduned a llefed llu / *Monwysion*, Amen, Iesu. **1758** *ML* ii. 101, yr wyf yn dywedyd fod llawer *Monwysyn* yn ei [*sic*] cymanfa felldigedig. **1803** *P* d.g. *Monwys, Monwysion*.

monydd [cfdds. o'r S. *mon(ist)* + *-ydd*[3]] *eg*. *Athr*. Un sy'n arddel moniaeth: *monist*.
20g.

Monyn [yr e. lle *Môn* + *-yn*] *eg*. Gŵr o Fôn, Monwysyn: *Anglesey man, inhabitant of Anglesey*.
1796 *AUA* 18, Minnau fel llawer *Monyn*—direol / Heb darrawiad Tentyn [Dafydd Ddu Eryri yn ysgrifennu o Amlwch].

mop[1]**, mopa** [bnth. S. *mop* (for cleaning), ?a hefyd S. *mop* 'fool'] *eg*. ll. *mopiau*. Teclyn ac iddo goes bren, &c., a phen o gynhinion neu linynnau cotwm, &c., a ddefnyddir i olchi llawr, llestri, &c.; teclyn tebyg at daenu pyg (ar fwrdd llong); teclyn i lanhau ffwrn pobydd, malcyn, ladi popty; hefyd yn *ffig*. ac yn *dros*. ac yn ddifrïol am berson: *mop*; *pitch-mop*; *oven mop*; *also fig. and transf. and derog*.
Diw. **17g.** *Mos* 96, 60, Ar dywyllys rhed allan / I dorri holl erddi 'r llann / Byd ta i hwch lle bwyty honn / *Fopa* mawr faip a moron [i ofyn hwch]. **1707** *AB* 219a, *moppa* . . . [V.], a bakers maukin. [**1775**] H. Jones: *HGS* 51, Ni hidiwn i rwan diwyg î radd, / Mo'r meipen [*sic*] er lladd y *mopa*. **1776** *W, mop* d.g. *mop*. *id*. *moppa* d.g. *malkin, scovel*. **1795** *R. Crusoe* 120, [c]ymmerodd [y saer] *fop* gan ei drochi yn y pŷg, a thaenellodd arnynt [y paganiaid]. **1803** *P* d.g. *mop, mopa*.
Cfn.: **mop o wallt:** *a mop of hair*. **20g.** Ar lafar.

mop[2] [bnth. S. *mob* 'mob-cap'] *e?g*. ll. *-iau*. Math o gap a wisgid gan ferched yn y tŷ: *mob-cap*.
c. **1730** *Thos. Lloyd D* (LlGC) 178a, *mop -piau*, a mob; a head-dress.

mopa, gw. mop[1].

mopen [bôn y f. *mopiaf*[2]: *mopio* + *-en*] *eb*. ll. *mopiau, mopins*. Pelen eira: *snowball*.
Ar lafar ym Meir. a sir Ddinb. yn y ff. *mopen, mopan*; ym Mlaenau Ffestiniog sonnir am '*mopen* gerrig', sef pelen eira a cherrig ynddi, a '*mopen* rew', sef pelen eira yn cynnwys talpiau o rew.

mopiaf[1]**: mopio** [bf. o'r e. *mop*[1]] *ba*. Glanhau (rhywbeth) â mop, sychu, hefyd yn *ffig*.: *to mop, wipe, also fig*.
1776 *W* d.g. *to mop*. Ar lafar.

mopiaf[2]**: mopio** [?amr. ar y f. *mobiaf*: *mobio*] *bg.a*. Taflu peli eira (at), lluchio (at): *to throw snowballs* (*at*), *pelt*.
1783 H. Jones: *PN* 21, Ac a landiaf i ffwrdd i Lunden, / I edrych am Wilkes pa fodd y mae fo, / Ac ni godwn i *foppio* am feipen. Ar lafar yn y Gogledd, *WVBD* 377.
Cf. mobiaf: mobio.

mopiaf[3]**: mopio** [bnth. S. (*to*) *mope*] *bg.a*. Mynd yn hurt, drysu; dotio neu ffoli (ar); gwneud yn hurt, drysu (rhywun): *to become stupid or dazed, be confused*; *be infatuated* (*with*), *take great delight* (*in*); *make stupid, dazed, or confused*.
1756 *ML* i. 407, rydwyf wedi *mopiaw* nas gwn beth i ddywedyd. Ar lafar yn y Gogledd, *WVBD* 377; 'Mae wedi *mopio* amdani (arni)', 'Mae wedi gwirioni arni'.
Cfn.: **mopio ei ben (ei phen, eu pennau,** &c.**):** *to be wholly infatuated* (*with*), *be 'gone' on*. Ar lafar yn y Gogledd, 'Mae wedi *mopio'i ben* arni'.

mopins, gw. mopen.

moplyd [*mop*[1] + *-lyd*] *a*. Tebyg i fop: *mop-like*.
1871.

mopren, (y)motbren [?bôn y f. *ymodaf*: *ymodi* + *pren*, ac o bosibl *mop*[1] + *pren*] *eg.b*. ll. *-ni*. Darn pren at droi uwd, llymru, &c., uwtffon, pil, sbatwla, ysbodol, lletwad; rholbren; stwnsiwr tatws, &c., pwnner; offeryn at lanhau ffwrn (pobydd), malcyn, ladi popty; (geir.) handl; hefyd yn *ffig*.: *potstick, porridge-stick, spatula, ladle*; *rolling-pin*; *masher*; *oven mop*; (*dict*.) *handle*; *also fig*.
1604–7 *TW* (*Pen* 228), *ymotbrenn* bychan d.g. *ligula*. *id*. *ymotpren* melin d.g. *molile*. *id*. d.g. *rudicula*. *Dchr*. **17g.** *J* 10, 34b, *mopren, emodpren*, rolling pinne. **1632** *D, ymmotbren* d.g. *spatha*. **1707** *AB* 219a, *modbren*, rudis. S. a ladle; a stirer in boyling flumry, &c. *ib*. moppa, *moppren* [V.], a bakers maukin. **1722** *Llst* 189, *ymmotbren*, a stirring stick. **1725** *SR* d.g. *a laddle, thivel*. **18g.** *Beirdd y Berwyn* 76, Padell uwd a pheillied, *mopren*. *a*. **1735** *W Ballads* 64, 7, y hi ar Ladel bren, a mineu ar *mopren*. **1763** *DT* 102, Mae ar dop yr hen *Fopbren*, / Gnwppa baw, ryw Gnap o Ben. **1803** *P, moppren*, s.m. pl. t. *i*, a baker's maukin. Ar lafar ym Môn ac Arfon a Meir., *WVBD* 377, yn yr ystyr 'uwtffon', ym Môn ac Arfon am 'stwnsiwr tatws', *Geir Geg* 142, ac yn sir Ddinb. am 'bren at lanhau gwaelod ffwrn', *Cymru* xlvii. 83.

mor[1] [?ff. ddiacen ar *mawr*, cf. Crn. C. *mar*, Llyd. C. *mar*, a Gwydd. C. *mór-* (yn goleddfu a. dil.); ?cf. ymhellach H. Wydd. *móir* (gr. gfrt. *mór* 'mawr'); anodd weithiau yw gwahaniaethu rhwng adrannau 1 a 2] *gn.* ac *adf.* sy'n peri tr. ml. i gts. fl. a. neu e. sy'n dilyn ac eithrio *ll-* a *rh-* (fel rheol yn yr iaith lenyddol).

1. Cyn, i'r fath raddau, dyna: *so, how (very).*

(*a*) (o flaen a. yn y radd gsf.: *before an adj. in the pos. degree*)

9g. (*Ox* 1) *VVB* 189, *mor*tru, gl. *eheu.* **13g.** *C* 21. 3–5, Ac ys*mor*tiuant mal gossod amrant. *id.* 92. 5, Can medrit *mor*ruit. y rodwit arid. *id.* 98. 1–2, *mor* verth ythogyue[r]chit. **13g.** *Études* v. 103, *mor* uenych *mor* veyth lleyth llvyth pobyen (Cynddelw). *Dchr.* **14g.** *H* 123a. 21, *mor* wen y hesgeir wch y hesgid (Iorwerth Fychan). **14g.** *T* 27. 21–2, pan yw *mor* trwm maen. pan yw *mor* llym draen. **14g.** *WM* 12. 19–21, gwledychu o honaw yno *mor* lwydannus. *id.* 477. 35, *mor* dost yw. *c.* **1400** *R* 1239. 30–1, *mor* (*H* 125b. 25, mawr) didlawt yggwawt yggwennhwyssec. **15–16g.** *TA* 471, Mal y corn rhisg y gwisgwyf, / Mawr dros y glin, *mor* drwsgl wyf. **1547** *WS*, *mor* alawnt, howe galant. *id.* *mor* dda, so well. **1588** *Job* vi. 25, *Mor* gryfion ydyw geiriau iniondeb. **1606** E. JAMES: *Hom* iii. 190, Os cwympodd y ddau hyn, a hwy *mor* odidawg gwyr. **1688** *TJ*, *mor* . . . Gwelwch *mor* drỳgarog iw [*sic*] duw: see how merciful is God. Ar lafar, 'Fe wyddoch chi *mor* dwp yw e'.

(*b*) (o flaen a. yn y radd gfrt.: *before an equat. in the equat. degree*)

1621 *D* (*R*) 65, Demetæ loco Cyn, præfigunt Mor, tam, *Mor* hardded, *Mor* laned. Quod nos, Mor hardd, Mor lan. **1711** H. POWEL: *TY* 271, Gwnewch iwch galon newydd . . . trwy Esculysso peth *mor* hawsed. **1750** J. THOMAS: *AIG* 57, nyni a fyddem mor barod i fyned i'r Nefoedd . . . yr holl Ogoniant a'r Hyfrydwch ag sydd *mor* llawned yno. **1753** *Gron* 227, Beth, *mor* galetted a chigydded oedd yr Ysgottyn brwnt hwnnw gan Ddouglas? **1760** I. BRYDYDD HIR: *Gw* 96, Och, *mor* freued fu'r edau [marwnad William Wynn, Llangynhafal]! **1784** M. WILLIAMS: *S* ii. 40, nad yw gwlith yn desgyn ond ar rai tymhorau o'r flwyddyn; a hynny yn ronynnau *mor* lleied. Ar lafar yn y De a Chered. a'r cyffiniau.

(*c*) (o flaen y cyplad mewn cystrawen Gym. C.: *before the copula in a M. W. construction*)

c. **1300** *H* 3b. 23, Rwyf pobua *mor*wyt da wrth dy yoli (Meilyr Brydydd). *id.* 13a. 5, *mor* yw gwael eu goloi. *id.* 56b. 7, *mor* wyf dirrwyn urwyn am urwydyr adodeu (Cynddelw). **14g.** *T* 30. 24, Kennadeu am dodynt *mor*ynt anuonawc. *id.* 80. 12–13, Byt *mor* yw aduant . . . Byt *mor* yw ryfed. **14g.** *B* xiv. 270, *mor* wyt gatarnn. ac amlwc. *mor* wyt eglur. **14g.** *HMSS* ii. 59, *mor* oed drwm y dyrnawt. *c.* **1400** *R* 1033. 39–40, *mor* vyd diwarth deillon. *id.* 1046. 35, Gwynn ybyt freuer *mor* yw gwann heno. *id.* 1244. 29–30, Heb vy chwaer wennglaer. *mor*wyf wanglaf.

2. Cymaint, mor fawr, y fath, dyna: *so great, how great, such (a), what (a).*

(*a*) (o flaen e., &c.: *before a n., &c.*)

9g. (*Ox* 1) *VVB* 188, *mor*liaus, gl. *quam multos.* **13g.** *Études* v. 103, *Mor* eyssev ev dvyn yn ev dyr/ wen. *ib.* *Mor* naut pob rahaut na byd ryhen. *mor* wenvyn ym caud am yd ymken (Cynddelw). *c.* **1300** *H* 19b. 31, *Mor* elw uyghynnelw y ghynnor lliaws (Llywelyn Fardd). *id.* 30b. 31, Cad gannerth mawr werth *mor* wae. ym digywyd. **14g.** *GDG* 162, *Mor* elyn i serchddyn syw / Â'r gaeaf, oeraf erioed. *c.* **1400** *R* 1217. 22–5, *Mor* vn duw adyn donyeu credadun . . . *Mor* vndat un rat un reidyeu purffawt. *mor* vn vrawt un gnawt yngwneit ninneu. **15g.** *LGCD* 45, Ei dad *mor* wrda ydoedd, / Llew a sant holl Euas oedd. **15–16g.** *TA* 296, Nid marw ef, nid *m*[*o*]*r* ofyd, / Ond byw, a newidio byd. **16–17g.** *GST* i. 756, Curiais yr ais *mor* resyn, / Gwae fi na wypai hi hyn.

(*b*) (o flaen y cyplad mewn cystrawen Gym. C.: *before the copula in a M. W. construction*)

13g. *MA*² 222b. 26–7, Mor rhyfedd rhac *mor* fu roddiad / Na roddes fy llyw y lleuad (Dafydd Benfras). *c.* **1300** *H* 120a. 22, *mor* yw eilon mygyr meint y reuet (Hywel ab Owain Gwynedd). *c.* **1400** *R* 1056. 21–2, mawr duw *mor* wyt wrda. *id.* 1176. 3–4, *mor* vyd llwyd llonyd. *id.* 1182. 5–6, *mor* vyd hoedyl egin y brenhined.

3. I'r fath raddau (nes gwneud rhywbeth neu beri rhyw ganlyniad): *so . . . (as to), so . . . (that), to such an extent (that).*

14g. *YBH* 48b–49a, ac *mor* yg uu erni dodi llef aoruc. **1592** S. D. RHYS: *Inst* [xiv], rhai o honon' ynn myned *morr* ddiflas, ac *morr* fursennaidd . . . ac y daw brîth gywilydd arnam gynnyg adrodd. **1630** R. VAUGHAN: *YDd* 51, pa fodd y bum *mor* ffôl ath wneuthur di yn Dduw i mi? **1632** *D*, *mor* erchyll . . . ac nad yw'n iawn sôn am dano d.g. *infandus.* **1703** E. WYNNE: *BC* 41, yr oeddynt oll *mor* warsyth nad aent byth i le mor isel. *id.* 137–8, mi a 'nynnaf y wreichionen uffernol yno *mor* gyffredin hyd onid êl yn un a'r fflamm anniffoddadwy hon. **1730** (**1755**) E. WYNNE: *PAC* 6, Mae meddylie plant . . . *mor* feddal ac y cymerant hwy ba argraph bynnag a ro'ir arnŷnt. [**1783**] *W*, ni byddwn *mor* annygiadus . . . ag . . . y gwnelwn hyn d.g. *so* [*to such a pitch or degree*]. Ar lafar, 'Fues i *mor* ddwl â'i wneud e'.

4. (mewn cymhariaeth) Cyn, i'r un graddau: *as, so, equally.*

(*a*) (o flaen a. yn y radd gsf.: *before an adj. in the pos. degree*)

13g. *C* 97. 3–4, Can is coegauc yssi *mor*eurauc ahin in emil llis guallauc. **14g.** *T* 10. 24, Neu byt *mor* wastat mal pan great. **14g.** *WM* 30. 3–4, [c]yflauan *mor* anwedus ac arywnaethoed. *id.* 78. 26–7, pryf *mor* dielw ahwnnw. *c.* **1400** *ChO* 5, dyeithyr na weleis i ermoet le *mor* digrif, *mor* esmwyth a hwnn. **15g.** *DGG*² 45, Dwy fron *mor* wynion a'r od. **15g.** *GHC* 34, Ni bu fyd i neb o Fôn / *Mor* oer ag y mae'r awron. **1592** S. D. RHYS: *Inst* [xv], vnpeth *morr* galed ac yw Grammâdec Cymreic. **1703** E. WYNNE: *BC* 18, nid hanner *mor* wŷch . . . a Stryd Balchder. **1770** *W*, (*mor* ddisglaur [*sic*]) a'r haul d.g. *as* [*redoubled with an adjective* . . .]. **1803** *P*. Ar lafar, '*mor* oer â llyffant; *mor* ddigwilydd â phen rhaw, *mor* drwm â phechod', *WVBD* 377.

(*b*) (o flaen a. yn y radd gfrt., hefyd yn eithriadol yn y radd gmhr. yn dynodi 'cymaint': *before an adj. in the equat. degree, also exceptionally in the comp. degree denoting 'how much'*)

1588 *Diar* xvi. 16, Cael doethineb, ô *mor* well yw nag aur cloddiedig. **1688** S. HUGHES: *TSP* 123, ni a aethom *mor* [:- cyn] belled ac y meiddiem. *id.* 150, a'i scrifennu *mor* llunieiddied, ac yn yr yscrythur gyssegr-lân. **1711** H. POWEL: *TY* 226, nid oedd Duw *mor* nesed i un Genhedl ag iddynt hwy. *c.* **1730** *Thos. Lloyd D* (LlGC) 178a, O *mor* well yw nag arian! **18g.** I. BRYDYDD HIR: *Gw* 174, nad yw gwaith Ossian *mor* hyned ag y taera ef ei fod. **1770** *W*, cyn wŷnned (mor wŷnn) a'r eiry; in South Wales, *Mor* wŷnned a'r eira d.g. *as* [*redoubled with an adjective* . . .]. **1784** M. WILLIAMS: *S* ii. 48, *mor* lleied, a'u bod yn anheimladwy. **1795** *R. Crusoe* 50, nes yr oedd *mor* goched a bricsen. Ar lafar yn y De a Chered. a'r cyffiniau.

Cfn.: **mor belled:** *so far, up to now, as yet.* Ar lafar yn y De a Chered. a'r cyffiniau.

mor², môr² [gair geir.; olff. o'r e. *morgrug*] *eg.* ll. *morion* (bach. b. *morionen*). Morgrugyn: *ant.*

1632 *D*, morgrug . . . est potiùs Tuberculum formicarum . . . Nam *Mor* & Myr est formica. Pl. *Morion*, & Myrion. **1688** *TJ*, mŷr, môr, hefyd morgrugun . . . Ant or Pismire. **1707** *AB* 6c, †moirb, an Ant or Pismire; W. †*Mor* & Myr. **1753** *TR* d.g. *môr.* **1770** *W*, *mor* d.g. *ant.* **1803** *P* d.g. *mor, morion, morionen.*

Gw. hefyd mŷr¹.

mor³ [gair geir., ?adff. o *tymor*] *eg.* Amser: *time.*

c. **1470** *B* ii. 231, *mor*: amser. **1707** *AB* 219a, *mor*, time. [V.]. **1803** *P*.

môr¹ [H. Grn. *mor*, gl. *mare*, Crn. C. *mor*, Llyd. C. a Diw. *mor*, e. lle Brth. *Mori*(*dunum*), H. Wydd. *muir*, gen. *mora, moro*, e. pobl Gal. *Aremorici*: < IE. **mori-* 'corff o ddŵr'; cf. H. Slafoneg Eglwysig *morje*, Llad. *mare*] *eg.* (bach. *morig*) ll. *moroedd, -edd, -au, mŷr.* Y corff o ddŵr heli sy'n gorchuddio'r rhan fwyaf o wyneb y ddaear, unrhyw ran o hwnnw a drafodir fel uned ddaearyddol (hefyd am gorff mawr o ddŵr heli neu groyw a amgylchynir gan y tir), cefnfor, eigion, hefyd yn *ffig.*, amlder, helaethrwydd, cyflawnder, ac yn *dros.*, e.e. am y gwastadeddau sych ar y lleuad: *sea, ocean, the deep, also fig., plenty, abundance, copiousness, and transf., e.g. of the lunar seas.*

12g. *LL* 140, dirguairet bety*mor.* **13g.** *C* 61. 10–11, Andaude leis adar. *myr.* maur ev hinni. *id.* 75. 8–9, Dreic angerdaul turvf *moroet* maur. *c.* **1400** *R* 1418. 5, pony welwch chwi r *mor* yn merwinaw yr tir. *c.* **1400** *DB* 51, Hwnnw [dwfyr] a gynnullir yn *uoroed.* **15g.** *FfBO* 33, wrth y *Mor* Tywawt. **15g.** *OBWV* 104, A'i thâl . . . / Megis o liw, megais lid, / *Mŷr* eiry neu faen mererid. **1547** *WS*, *mor* y weilgi, the see. **16g.** GR. HIRAETHOG: *Gw* (D. J. B.) 3. 119, Durawch wraidd, d'air uwch *forau.* **1551** W. SALESBURY: *KLl* lb–lia, rac bron yr eisteddva ydd oedd *mor* o wydyr. **16g.** WILIAM CYNWAL: *Gw* (G. P. Jones) 98, A hon biau, muriau medd, / Y Duwmares, da'i *moredd.* **1592** S. D. RHYS: *Inst* 51, *Morig.* **1599** (**1677**) R. HOLLAND: *AB* 6–7, a bod ynom . . . *foroedd* mowrion o lygredigaethau gwrthryfelgar. **1620** 1 *Br* vii. 23–6, efe a wnaeth *fôr* tawdd (**1588** *ib.* gerwyn dawdd) yn ddec cufydd o ymyl i ymyl . . . dwy fil o Bathau a annei ynddo. **1630** R. VAUGHAN: *YDd* 53, Pa beth yw cyflwr gŵr ond *môr*, yn yr hwn mal tonnau y mae 'r naill orthrymder yn dilyn y llall. **1632** *D*, *môr*, mare, fretum, æquor, salum. **1725** D. LEWIS: *GB* 72, y *Môr* mawr hyn o Awyr, ym mha un yr ydym ni . . . yn byw. **1771** W. WILLIAMS: *GIE* 46, Disgyn, Iesu, o'th gynteddoedd, / Lle mae *moroedd* mawr o hedd. **1803** *P*. Ar lafar dywedir "Roedd y llawr yn *fôr*', h.y. 'yn nofio gan ddŵr'; '*môr* o groeso'; 'Mae 'na *fôr* o law eto', *WVBD* 377.

Cfn.: (ni chynhwysir isod ond detholiad o enwau moroedd, a'r rheini gan amlaf lle bo'r ail elfen yn e.c. neu'n a.): **y Môr Canol** = **M. Canoldir.** **1604–7** *TW* (*Pen* 228), y *mor cynol* d.g. *mediterraneum mare.* **M. Canol y Ddaear** = **M. Canoldir.** **16g.** (*LlEG*) *Mos* 158, 39b, 70b. **(y) M. Canoldir, M. y Canoldir:** *the Mediterranean Sea, also fig.* **1722** *Llst* 189, *Môr canoldir.* **1725** *SR*, *y môr canoldir* d.g. *Mediterranian* [*sic*] *Sea.* **1762** D. ROWLAND: *PA* 132, [*m*]*ôr y canoldir.* **M. y Ganolwlad** = **y M. Canoldir.** **1658** R. VAUGHAN: *PES* 30. **y M. Casbiaidd:** *Caspian Sea.* **1667** C. EDWARDS: *FfDd* 3. **y M. Celtaidd:** *the Celtic Sea.* **20g.** **y M. Coch:** *the Red Sea.* *c.* **1400** *DB* 55. **1567** *LlGG* (*Sall*) 60b. **1588** *Ecs* x. 19, *Nu* xiv. 25. [**1783**] *W* d.g. *sea, the red sea.* **m. cul:** *strait, channel.* **16g.** (*LlEG*) *Mos* 158, 310a, 350b, 578a. **y M. Cyfddeau:** *the Antarctic Ocean.* **1816. y M. Cyfogledd:** *the Arctic Ocean.* **1816. M. y De(au):** *the South Sea.* **1798** M. JONES: *DG* 6. **y M. Deheuol** = **M. y De.** **1718** S. THOMAS: *HB* 43. **1798** T. CHARLES: *LlTJ* d.d. *Beibl.* **M. y Dwyrain:** *the eastern sea, i.e. the Dead Sea.* **1588** *Esec* xlvii. 18. Cf. *R* 1197. 8–9, y vor ydeiryt o vor dwyrein. **y M. Du:** *the Black Sea.* **1775** E. GRIFFITHS: *GF* 299. **m. eigion:** *ocean, sea, the main.* **13g.** (**17g.**) *B* xxiii. 313. **1604–7** *TW* (*Pen* 228) d.g. *pontus.* **18g.** *W Ballads* 163, 7. *Beibl.* **y M. Eithaf:** *the last or uttermost sea, i.e. the Mediterranean sea.* **1620** *Deut* xi. 24, xxxiv. 2. **M. y Gogledd:** *the North Sea.* **20g.** *Beibl.* **M. y Gorllewin:** *the western sea, i.e. the Mediterranean Sea.* **20g.** **m. Groeg:** *the Sea of Greece, the Mediterranean Sea or one of its arms.* **14g.** *BT* (*RB*) 118. **15g.** *DN* 12. **15g.** DEIO AB IEUAN DU, &c.: *Gw* 222, 250. **17g.** *LBS* iv. 438. **(y) M. Gwerydd:** *the Irish Sea.* **1719** W. BAXTER: *Glossarium*, môr Gwerydd, *y môr gwerydd* d.g. *Vergivium Mare.* **1753** *TR* d.g. *morwerydd.* **1771** *W* d.g. *channel, the Irish Channel.* Cf. *M. Werydd.* **y M. Gwyn:** *the White Sea.* **1805. (y) M. Hafren:** *the Bristol Channel.* **12g.** *LL* 146, 236. **15g.** *LGC* 472. **1771** *W* d.g. *channel, the Bristol Channel.* **y M. Heddychol:** *the Pacific Ocean.* **1796** *Geirgrawn* 13. **(y) m. heli:** *the salt sea, also used of the Dead Sea, &c.* **13g.** *C* 54. 3–4. **1588** *Gen* xiv. 3, *Nu* xxxiv. 3, *Jos* iii. 16. **1803** *P*. Ar lafar yn y Gogledd. **m. yr India:** *Indian Ocean.* *c.* **1400** *DB* 33. **m. Iwerddon (y Werddon):** *the Irish Sea.* **13g.** *WM* td. 94a. 29. *c.* **1300** *H* 38a. 12. **1725** *SR* d.g. *the Iris*[*h*] *Sea.* **1793** *Cylchg* 227, Môr y Werydd yw *Môr y Werddon.* **M. Iwerydd:** *the Atlantic Ocean.* **1913.** Cf. *M. Werydd.* **m. Llychlyn:** *the Baltic Sea.* **16g.** (*LlEG*) *LlGC* 5276, 371a. **y M. Marw:** *the Dead Sea.* **13g.** *DB* 57. **1586** (**1604**) *B* v. 303. **1803** *P*. **(y) m. mawr:** *the ocean, the high sea, open sea, also fig.* **14g.** *DB* 97. **1661** E. LEWIS: *Drex* 16, i'r *mor mawr*, Tragwyddoldeb. **1803** *P* d.g. *mawr.* Ar lafar, *B* xxv 59. **y M. Mawr:** (i) *the Mediterranean Sea.* **14g.** *BT* 203. **14g.** *BT* (*RB*) 240. *c.* **1400** *DB* 87. **1588** *Nu* xxxiv. 6, *Esec* xlvii. 10. (ii) = **y Môr Du.** **15g.** *FfBO* 31, 33. **y M. Melyn:** *the Yellow Sea.* **1805.** *Beibl.* **y M. Olaf** = **y M. Eithaf.** **1588** *Deut* xi. 24, xxxiv. 2. **y M. Perfedd:** *the Mediterranean Sea.* **14g.** *DB* 94. **M. Rudd,** gw. *M. Rhudd, M. Udd.* **M. Rhudd, M. Rudd, Morudd:** *the Red Sea.* **14g.** *BY* 15. *c.* **1400** *DB* 27. **1604–7** *TW* (*Pen* 228), *Mor rudd* d.g. *Mare Rubrum.* **1632** *D*, Môr-rudd, vulgo scriptum *Morudd*, Mare rubrum. **m. tawch:** *ocean, the high sea, open sea, sometimes identified with the North Sea, the Red Sea, and the Atlantic Ocean; also fig.* **14–15g.** *IGE*² 149. *c.* **1400** *R* 1304. 23. **15g.** *GGl*² 158. **15g.** *Pen* 67, 87. **16g.** GR. HIRAETHOG: *Gw* (D. J. B.) 69. 5. **1632** *D*, *Môr tawch*, pelagus. *id.* d.g. *oceanus.* **1725** *SR* d.g. *the Red Sea.* **1776** *W* d.g. *main, the main sea.* **1803** *P*, *môr* . . . y *môr tawch* . . . the German Ocean. **y M. Tawel(og):** *the Pacific Ocean.* **1816.** **m. tir:** *undertow.* **20g.** **M. Tiren:** *the Tyrrhenian Sea.* **13g.** *HGK* 4. **13g.** *BD*

15. **14g.** *BT* 84. **M. Udd, M. Rudd:** *the North Sea, including and later identified with the (English) Channel, also used of St. George's Channel.* **13g.** *WM* td. 94a. 28–9, Enys brydein a nodes yu that. o *vor vd* (*id.* 187. 17, *vor rud*) hyt vor ywerdon. **13g.** *LlI* 59, o Grugyll ym Mon hyt en Sorram eg glan *Mor Ud.* *c.* **1300** *H* 5b. 24, Rac ofyn an angor hyd oror *mor rut* (Gwalchmai). *id.* 38a. 12, O *uor ut* hyd uor iwerton (Cynddelw). **14g.** *GIG* 1, 30. **15g.** *LGCD* 7. *c.* **1730** *Thos. Lloyd D* (LlGC) 178a, *Mor rûdd*, Oceanus Brittannicus. **1803** *P.* **M. y Werddon,** gw. *M. Iwerddon.* **(y) M. Werydd, M. y Werydd, Morwerydd:** (i) *parts of the sea off the coast of Scotland.* **1584** D. POWEL: *HC* 2, the sea Orkney called in the Brytish toong *Mor Werydd*, and in Latine Mare Caledonicum. **1586** W. CAMDEN: *B* 479, Scotis Forth & Frith . . . aliis Mare Scoticum, Eulogio *Mor Weridd.* Cf. *SC* xvi/xvii. 239, y mor a elwir Werydd. (ii) *the Irish Sea.* **1572** H. LHUYD: *CB* 41, Mari Vergivio (quod Britanni [*M*]*orweridd* quasi Mare Hibernicum vocant). **1573 (1574)** A. ORTELIUS: *Theatrum Orbis Terrarum* 9b, Vergivivm Sive Hibernicvm Mare *Mor Weridd*, Britannis, The Yrishe Oceane, Anglis. **1586** W. CAMDEN: *B* 490, Vergiuio mari . . . à *Mor Weridd*, hoc enim nomine Britannis dicitur. **1632** *D*, *Morwerydd*, Mare Hibernicum. D.P. **1771** *W*, *Môr Werydd*, vulgo *Morwerydd* d.g. *channel, the Irish Channel.* **1793** *Cylchg* 227, *Môr y Werydd* yw Môr y Werddon. (iii) *the Atlantic Ocean.* **1816.** Cf. *M. Gwerydd, M. Iwerydd, merwerydd.*

Gw. hefyd moryn¹.

môr², gw. mor².

Môr, gw. Mŵr.

mora [cf. S. *murre*] *eg.* *Adar.* Gwylog, heligog; llurs: *guillemot*; *razor-bill.*
1695 W. CAMDEN: *B* 64[0], Three sorts of these migratory birds are call'd in Welsh, *Mora* . . . in English, Eligug. Ar lafar yn ardal Tyddewi clywid *morra* (ll. *mwrs*), 'razor-bill', *Cymru Fydd* ii. (1889) 494.

moracs, gw. moresg.

morach [nid amhosibl mai *mawr* + *ach* yw elf.'r gair yn rhai o'r enghrau. isod] *eg.* a hefyd fel *a.* ?Llawenydd; llawen, llon: *joy*; *joyous, merry.*
13g. *Études* v. 96, kyfedach *vorach* vyreynuch (Cynddelw). *c.* **1300** *H* 35b. 13, kyrt *vorach* kyuetach carant (Cynddelw). *id.* 80a. 15, lle mae *morach* a mawr greuyt (Gwynfardd Brycheiniog). **14g.** (*Dchr.* **17g.**) *Cy* xxvi. 136, *Morach* diwall mowrball morbysg [Einion Offeiriad i Rys ap Gruffudd]. *c.* **1400** *R* 1218. 33–4, Yn creir wyt uab meir *morach* gynnyd. *id.* 1229. 9–10, duw yn uach *morach* mawred. *id.* 1345. 1, tegach noe *vorach* y uar. **15g.** *LGCD* 90, Yn ŷd, yn nwylan Edwy, / Yn feirch mawr, yn *forach* mwy. *c.* **1630** *Cy* xxiii. 317, vn verch wenn o *vorach* oedd [i Sain Margred o Gaerwynt]. **1632** *D*, *morach*, vid. an Llawen. **1803** *P.*

morad [*môr¹* + *rhad*; gair geir. ar wahân i'r ddwy engh. gyntaf; yn y rhain dichon mai *mawr* + *rhad* yw'r elf.] *eg.* Cynnyrch môr, elw yn deillio o'r môr, treth neu doll a godir ar nwyddau a fewnforir, cwstwm: *produce of the sea, revenue accruing from the sea, custom(s).*
c. **1300** *H* 36b. 3, Oe uawrwlad *morad* marannet. *id.* 53a. 24, Diachris kartwys kert *uorad* (Cynddelw). *Dchr.* **17g.** *J* 10, 33b, *morad*, rhad môr. **1632** *D*, *morad*, q.d. *Mor-rad*, prouentus maris. **1688** *TJ*, *morad, môr-rad*, Ardreth blynyddawl oddiar y môr: Customs or yearly Revenues by Sea. **1722** *Llst* 189, *morad*, m. profits accruing from ye sea. **[1783]** *W* d.g. *sea, the product of* [*profit arising from*] *the sea.*

môr-adar [*môr¹* + *adar*] *e.ll.* (un. *-aderyn*). Adar sy'n mynychu'r môr neu'n byw ar lan y môr: *sea-birds.*
Dchr. **14g.** *H* 28a. 10, gweilgig *moradar* hwyluar heli (Bleddyn Fardd). **15g.** *LGC* 256, Yn veirw adar yn vriwedig: / Yn *vôr adar* yn vriwedig. **1632** *D* d.g. *mergus.* **1754** *ML* i. 273, gwilym yw enw math ar *fôr aderyn.* **1803** *P.*

moraf: mori [?bf. o'r e. *môr¹*, ond nid amhosibl mai amr. ar (*a*)*ngoraf*: (*a*)*ngori* ydyw] *ba.* Angori (cwch): *to anchor* (*a boat*).
Ar lafar yn ardal Conwy, sir Gaern., '*mori* cwch', *B* xxv. 58.

Gw. hefyd moriaf: morio.

Morafaidd, Morafiaidd [cfdds. o'r S. *Morav(ian)* + *-(i)aidd*] *a.* *Crf.* Yn perthyn i'r Morafiaid: *Moravian.*
1852.

Morafiad [cfdds. o'r S. *Morav(ian)* + *-iad³*] *eg.* ll. *-iaid.* *Crf.* Aelod o enwad Protestannaidd a sefydlwyd ym Morafia fel parhad o'r Brodyr Bohemaidd: *Moravian* (*member of a Protestant denomination*).
1721 G. JONES: *GB* 9, y Bohemiaid neu'r *Moraviaid* gynt. **1752** *YC* 21, *Morafiad* amryfus, a'r Methodist moethus / A'u llîd yn drallodus, rai bregus heb rol. **1795** J. THOMAS: *AIC* 298, Papistiaid a *Moraf*[*iaid*].

Morafiaeth [*Moraf(iad)* + *-iaeth*] *eb.* *Crf.* Cyfundrefn grefyddol y Morafiaid: *Moravianism.*
1895.

Morafiaidd, gw. Morafaidd.

morafl [*môr¹* + *gafl*; cf. H. Lyd. *morgablou*, gl. *æstuaria*, H. Wydd. *muirgobuil* (ll.); ond dichon nad engh. o *morafl* yw'r engh. isod ac mai d.g. *morol* y dylid ei chynnwys] *eg.* Cainc o fôr, aber: *sea-inlet, estuary.*
14g. *WM* 467. 19–23, Sucgyn mab sucnedut. a sugnei y *morawl* y bei trychanllong arnaw hyt na bei namyn traeth sych.

morair, gw. mawrair.

moral [bnth. S. *moral*] *a.* a hefyd fel *e?g.* Moesol; moesoldeb: *moral*; *morality.*
1605–10 *Haf* 24, 580, *Moral* sef gwelediad o bethav doethawl mewn ty, a darllain a chlowed ystoriau sydd fwy o lwynychtod i ymroddiad y meddwl at ddawn na cherddwriaeth. **1657** T. POWEL: *CI* 26, yr holl Gyfraith *Foral.*
Amr.: **morawl²**. **1670** J. HUGHES: *AP* 116, mwy . . . o rinweddau *morawl.* *id.* 117, byw yn fwy *morawl.* *id.* 129, yn brefu addroddion [*sic*] *morawl.*

morâl [bnth. S. *morale*] *eg.* Cyflwr ffyddiog (byddin, cenedl, &c.), calon (i ymladd, &c.), hyder, ysbryd: *morale.*
20g.

moran, moranedd, gw. moron¹, marian.

môr-arwydd [*môr¹* + *arwydd*] *eg.* ll. *-ion.* Mornod: *sea-mark.*
1834.

moratoriwm [bnth. S. *moratorium*] *eg.* ll. *moratoria.* Y weithred a awdurdodwyd yn gyfreithiol o ohirio talu dyled neu gyflawni rhwymedigaeth; ataliad dros dro y cytunwyd arno ar ryw weithgaredd arbennig: *moratorium.*
1938.

morawd [*môr¹* neu o bosibl *mawr* + *rhawd* 'llu'; dichon mai engh. o'r gair hwn a geir yn *T* 25. 3–4, *Morawc* a Moryt] *e?g.* ?Mintai fôr: *sea host.*
c. **1300** *H* 1a. 12, y eduyn terrwyn toryf y *vorawd* (Meilyr Brydydd).

Cf. ceinforawd.

môr-awel [*môr¹* + *awel*] *eb.* ll. *-on.* Awel o'r môr: *sea-breeze.*
[1783] *W* d.g. *sea-breeze.* **1803** *P.*

morawl¹,²,³, gw. morol, moral, morafl.

morben [*môr¹* + *pen¹*] *eg.* ll. *-nydd, -noedd, -nau.* Penrhyn, pentir, trwyn, arfordir, glan y môr; culdir: *promontory, headland, cape, coast, sea-shore*; *isthmus.*
13g. *Llst* 1, 43, kanys en er amser hvnnv ed oed ef ar glan *emorbennoed* henny yn arhos dyvodedygaeth bran y vravt. **14g.** *WM* 51. 28–31, Ac yna dygyuor holl wyr ymlad iwerdon awnaethpwyt ygyt. ar holl *uorbennyd* yn gyflym. *c.* **1400** *R* 1167. 38–9, Tiryon mon meillon y*morbenn.* **15g.** *OBWV* 113, Tywyllawdd, ni bu hawdd hyn, / Y *morben* du i'm herbyn. **15g.** *Haf* 2, 86b, wynt a kyvarwuant ar racdywedygyon vorynyon wuchot ar ry wuryessyt yr *morbennoed* henny. **1604–7** *TW* (*Pen* 228) d.g. *dorsum, lingua.* *Dchr.* **17g.** *J* 10, 34a, *morben*, isthmus. **1632** *D*, *morben*, promontorium. **1688** *TJ*, *môrben*, brŷn a fô a'i gornel yn y môr: a Hill lying out as an Elbow of Land in the Sea. **1725** *SR* d.g. *a Cape, or promontory.* **1736** S. RHYDDERCH: *Alm* [14], or tu yma i'r Penrhyn neu'r *Morben.* **1803** *P.* Mae *Morben* yn enw plas ym mhlwyf Isygarreg, sir Drefn.

morbid [bnth. S. *morbid*] *a.* Â diddordeb annaturiol mewn marwolaeth a digwyddiadau annymunol, a nodweddir gan deimladau prudd, melancolaidd; afiach: *morbid.*
1933.

morbidrwydd [*morbid* + *-rwydd*] *eg.* Y cyflwr o fod yn forbid (ynglŷn â diddordebau neu deimladau); cyflwr afiach: *morbidness*; *morbidity.*
1927.

morbill [*môr¹* + *pill*] *eg.* Cyfarpar i fesur cyflymder symudiad llong, lòg: *apparatus for ascertaining rate of ship's motion, log.*
1872.

môr-bistyll [*môr¹* + *pistyll*] *eg.* Colofn ddŵr a ffurfir gan gorwynt yn sugno dŵr o'r môr oddi tano, dyfrbistyll: *waterspout.*
1864.

môr-blanhigion [*môr¹* + *planhigion*] *e.ll.* (un. *-blanhigyn*). Planhigion sy'n tyfu ar lan y môr: *plants growing on the sea-shore.*
1753 *ML* i. 260, Mae'r gwr . . . yn mynd i roddi allan lyfr o'r *môr blanhigion* au lluniau . . . fe addawodd yrru imi hadau gwchion am rai [*sic*].

môr-bryfed [*môr¹* + *pryfed*] *e.ll.* Creaduriaid y môr: *sea-creatures.*
13g. *C* 81. 11–12, Edrich de poen imy gan *mor pryued.*

morbwll [*môr¹* ac o bosibl *mawr* + *pwll*] *eg.* ll. *-byllau.* Pwll (yn enw. o ddŵr y môr), morlyn, lagŵn; trobwll; sugndraeth: *pool* (*esp. of sea-water*), *lagoon*; *whirlpool*; *quicksand.*
14g. *SC* viii/ix. 170, darparu y vwrw [marchog] yn y *morbelleu* hynny (*in unam fossarum*). *c.* **1400** *Études* vii. 58, o grondwfyr y *morbylleu* y byd [halen], neu o heli y mor, gwedy llanwer yr haf. **1604–7** *TW* (*Pen* 228) d.g. *syrtes* (hefyd *D*). **1722** *Llst* 189, *morbwll*, a whirlpool, quicksand.

môr-bysgod, morbysg [*môr¹* + *pysg(od)*] *e.ll.* (un. *môr-bysgodyn*). Pysgod môr: *sea-fish.*
14g. (*Dchr.* **17g.**) *Cy* xxvi. 136, Morach diwall mowrball *morbysg* / *Morbysg* mirain ffysg ffysgiad eigiawn [Einion Offeiriad i Rys ap Gruffudd]. ?**14g. (1640)** *B* v. 134, *morbysgawd* arnaw / a nofiant drwyddaw. *Dchr.* **15g.** *GM* 15, Bendigwch Duw, morueirch a *morbysgawt* (*omnia quae moventur in aquis*). *c.* **1566** *B* i. 156, ef a ddarganfy ar lechwedd ywchelgraic crwbach *vorbysgodyn* wedy darfod y pysgawd oll ar cnawd arno. **1632** *D* d.g. *acarne, cetus.* **1722** *Llst* 189, *morbysg*, p. sea-fish. **1803** *P.*

morc [?bnth. H. Nor. *mǫrk*; cf. Llyd. C. *marc*, Gwydd. C. *marg*] *eb.* ll. *-(i)au.* Uned ariannol a darn o arian bath gynt a oedd yn gyfwerth â deuparth punt: *mark* (*former monetary unit and coin*).
14g. *LlB* 91, Palffrei, *morc* a tal. **14g.** *BT* 162, [t]alu y eglwys rufein pob blwydyn mil o *vorkeu* o aryant. **14g.** *BT* (*RB*) 246, prynwyt y gloch vawr yn Ystrat Flur yr trugein a dwy *vorc* ar bymthec ar hugein a dwy uu. **14g.** *GDG* 353, Cefais werth, gwnaeth ym chwerthin, / Canswllt a *morc*, cwnsallt min. **14g.** *GIG* 55, O ganmol werth ugeinmorc / Am un march, a mwy no *morc*? **14–15g.** *IGE²* 305, Teg nai erfai, bo hirfyw! / Tâl *morcau* sâl, Marcus yw (Rhys Goch Eryri). **15g.** DEIO AB IEUAN DU, &c.: *Gw* 55, Mae'n rhwymo mewn rhyw amod / *Morciau* i'r glêr, mawr y câi'r glod. **15g.** *GGl²* 225, I'r castell y'm cymhellwyd / Ar boen *morc* erbyn 'y mwyd. **1547** *WS*, *mork* wythugain o arian, a marke. **1567** *LlGG* [ix], fforfectio . . . iiii. cant o *Vorcieu.* *c.* **1621** *CRC* 161, wedi dala morkath / a dale vil o *vorkie.* **1630** R. LLWYD: *LlH* 50, Os tybid yn y dyddiau hynny fod yn ormod i frenin dalu *morc* am bar o hosanau. **1722** *Llst* 189, *morc*, f.p. *morcau*, a mark. 13^s. 4^d. **1776** *W* d.g. *mark* [*a piece of money valued at 13s. 4d.*].
Amr.: **morch** [?drwy gamddarllen *morck*]. ?*Dchr.* **14g. (1730)** *Leg Wall* 235. **1730** *id.* 579. **1753** *TR* d.g. *morc.* **1776** *W* d.g. *mark* [*a piece of money valued at 13s. 4d.*].
Cfn.: **morc aur:** *mark of gold.* *c.* **1400** *YCM²* 111,

Ny vwyteynt hwy y ryw vwyt hwnnw yr mil o *uorkeu eur*.

Gw. hefyd marc[2].

morcath, morgath [*môr*[1] + *cath*; cf. Llyd. Diw. *morgazh*] *eb*. ll. *-od*.

(*a*) Unrhyw bysgodyn o urdd yr *Hypotremata*, ac yn enw. o'r tylwyth *Raja*, a nodweddir gan gorff mawr llydan fflat, cath fôr, hefyd yn *dros*.: *skate or ray (fish), also transf*.

14g. *GIG* 147, Mingamai hi mewn gwimon, / *Morcath* â'i brath dan ei bron [i'r llong]. **1547** *WS*, *morkath*, a thornebacke raye. *Dchr.* **17g.** *TJ* 10, 34a, *morgath*, rhwchws, raie, raia. *c.* **1621** *CRC* 161, wedi dala *morkath* / a dale vil o vorkie. **1632** *D*, *morcath*, raia, trigon. **1688** *TJ*, *mor câth* . . . a Fish called a Ray, Sknit [*sic*], or Skate. **1722** *Llst* 189, *morcath*, f.p. *cathod*, a ray (fish). **1751** *ML* (Add) 218, Y wrachen, y *Forcath*, y Gleisiad a'r Lleden. **1773** *W* d.g. *the fork-fish, maid* [*a fish of the skate-kind* . . .], *ray, scate*. **1803** *P* d.g. *morgath*.

(*b*) Rhyw fath o ruad a wneir gan y môr: *some kind of roar made by the sea*.

1753 *TR*, *morcath*, an uncommon roaring of the sea, accounted a prognostick of foul weather. It is a word used in Glamorganshire. **1803** *P* d.g. *morgath*.

Cfn.: **morcath (morgath) ddu**: *sting-ray*, *Dasyatis pastinaca*. Ar lafar yn y Gogledd, H. E. FORREST: *FNW* 521, *WVBD* 378; hefyd yn yr ystyr 'skate' yn ôl *B* xxv. 53. **m. arw** = **m. bigog. 1803** *P* d.g. *morgath*. Ar lafar yn y Gogledd, H. E. FORREST: *FNW* 518. **m. lefn**: *skate*. **1803** *P* d.g. *morgath*. **m. fannog**: *spotted ray*, *Raja montagui*. Ar lafar yn y Gogledd, H. E. FORREST: *FNW* 519, *WVBD* 378. **m. bigog**: *thornback ray*, *Raja clavata*. **18g.** *Pant* 19, 88. Ar lafar yn y Gogledd, H. E. FORREST: *FNW* 518.

morci, morch, gw. morgi, morc.

morchwain [*môr*[1] + *chwain*, cf. Llyd. Diw. *morc'hwen*] *e.ll*. Cramenogion bychain sy'n byw ar y traeth ac a nodweddir gan eu harfer o neidio, yn enw. rhai o'r tylwyth *Orchestia*, chwain y traeth: *sand-hoppers*, *sea-fleas*, *sand-fleas*.

14g. *GIG* 168, Yswain *morchwain* mawrchwaith, / Ŷs faw diawl, aswy fu d'iaith [dychan i'r Gwyddelyn]. **1803** *P*, *morchwain*, small insects, which jump about the sea shore; also called chwain y môr. *Diw.* **19g.** *SE MS* 307b, *morchwain*, sand-hoppers.

morchwyn [*môr*[1] + *chwyn*] *e.tf*. Gwymon: *seaweed*.

1835.

môr-dafol [*môr*[1] + *tafol*] *eg*. *Bot*. Tafol y môr, pawen yr arth, crafanc yr arth, ?*Acanthus mollis*: ?*bear's breech*.

1701 E. WYNNE: *RBS* [ix], Nid fel cymmeryd *Môr-dafol*, unwaith yn y pedwar amser.

mordai [*mawr* + *tai*] *e.ll*. Llys(oedd), palas(au), plas(au): *court(s)*, *palace(s)*, *mansion(s)*.

13g. *C* 53. 2, Kinytion *mordei* bei llafassed. **13g.** *A* 1. 13–14, nys adrawd gododin ar llawr *mordei*. *id*. 4. 15, e *mordei* ystyngei a dyledawr. *id*. 5. 2–3, blaen ar e bludue dygollouit ual ene vwynvawr *vordei*. *c.* **1300** *H* 2b. 34, canawon *mordei* mynogi ryt (Meilyr Brydydd). *id*. 51b. 7, Gwawr mawr milwryaeth metuaeth *mordei* (Cynddelw). *Dchr.* **14g.** *id*. 122a. 12–13, treghissyant trydydyd o uei trychanllog yn llyghes *wordei* (Hywel ab Owain Gwynedd). **14g.** *T* 42. 3–4, Neur dierueis irin. *ymordei* vffin. *id*. 63. 3–4, Pop rei sag dilew du merwyd *ymordei*. *id*. 66. 1–2, yscwydawr *ymordei* arnaw atorrei.

Gw. hefyd mawrdy.

mordaith [*môr*[1] + *taith*] *eb*. ll. *-deithiau*. Taith ar fôr, taith mewn llong, gwyliau ar long: *(sea-)voyage*, *cruise*.

1722 *Llst* 189, *mordaith*, f. pl. *deithiau*, a voyage. **1740** *ML* i. 36, [ein] bonheddigcaf Gadpen, yr hwn . . . nid yw abl i gymryd y fath *fordaith* yn llaw. **1752** *id*. 214, Ai nid oedd . . . ddim hadau coedydd y *fordaith* yma? **1792** H. HARRIS: *H* 25, ei *fôrdaith* gyntaf i America. **1794** *W* d.g. *voyage*. **1795** *R. Crusoe* 14, mi a ymroais i barattoi gogyfer a *mordaith*. **1803** *P*.

mordan [*môr*[1] + *tân*; cf. Llyd. Diw. *mordan*] *eg*. ll. *-s*. Ffosfforeiddiwch neu oleudan ar y môr: *marine phosphorescence*.

1851. Ar lafar yn Arfon, *WVBD* 378.

mordarw [*môr*[1] + *tarw*] *eg*. 'Tarw môr', yn *ffig*.: '*sea-bull*', *fig*.

14g. *GIG* 8, Cadw'r *mordarw* cyda'r mordir, / Cadw'r mordrai, cadw'r tai, cadw'r tir.

môr-deisen [*môr*[1] + *teisen*] *eb*. ll. *-deisennau*. Bisgïen galed a fwyteid gynt ar fwrdd llong: *hard tack*, *ship's biscuit*.

1831.

mordeithiaf, môr-deithiaf: mordeithio, môr-deithio [bf. o'r e. *mordaith*, a *môr*[1] + *teithio*] *bg*. Mynd ar fordaith, teithio ar y môr, hwylio: *to go on a sea-voyage or cruise*, *voyage*, *sail*.

1794 *W* d.g. *to voyage*.

mordeithiol [*mordaith* + *-iol*] *a*. Yn teithio ar y môr; yn perthyn i fordaith; wedi ei fewnforio: *seagoing*, *seafaring*; *pertaining to sea travel*; *imported*.

1833.

mordeithiwr, môr-deithiwr [bôn y f. *mordeithiaf*: *mordeithio* + *-iwr*, a *môr*[1] + *teithiwr*] *eg*. ll. *mordeithwyr*, *môr-deithwyr*. Un sy'n mynd ar fordaith, teithiwr ar fwrdd llong: *one who travels by sea*, *passenger on a cruise*, *sea-voyager*.

1794 *W* d.g. *voyager*.

mordent [bnth. S. *mordent*] *eg*. ll. *-au*. *Crdd*. Addurnod a gynhyrchir drwy symud yn gyflym o'r nodyn ysgrifenedig i'r nodyn sydd un radd yn is ac yn ôl i'r prif nodyn: *mordent* (*in mus*.).

20g.

mordir [*môr*[1] + *tir*] *eg*. Arfordir, glan y môr: *coast*, *sea-shore*.

14g. *GIG* 6, Cynta' dim a wela'n wir / Caer fawrdeg acw ar *fordir*. *id*. 8, Cadw'r mordarw cyda'r *mordir*, / Cadw'r mordrai, cadw'r tai, cadw'r tir. **15g.** *GO* 299, Vn llaw â gwalch, yn lle gwir, / Yw am wyrda y *mordir*. **15g.** *GGl*[2] 137, Aml yw sôn ymyl y sir / Am warden cylch y *mordir*. **15–16g.** *TA* 139, Mynnu cwning mewn ciniaw, / Mae'r adar drwy'r *mordir* draw. **1588** *Jud* i. 7, yr holl rai a'r a oeddynt yn presswylio ar hŷd wyneb y *mor-dîr*. **1803** *P*. Ar lafar yn y De-ddwyrain.

mordon [*môr*[1] + *ton*[1]] *eb*. ll. *-nau*. Ton y môr, gwaneg, ymchwydd y don: *ocean wave*, *billow*, *surge of the sea*.

14g. *BT* (*RB*) 104, y llog oreu a diogelaf a odefei y *mordonneu*. *c.* **1400** *R* 1194. 24–5, Dyduc *mordon*. ar y dwyvronn. arwy dyfwred. *id*. 1198. 22–4, mawrchwedyl llawen gan wenic. marchoc bronn *mordon* mawrdec. *Dchr.* **15g.** *GM* 15, Bendigwch, fynhonneu, Duw, Rieu ryd, / Moroed, *mordon* hysson, ac auonyd. **16g.** *AP* 49, llef *mordon*. **16g.** *WLl* 110, Ni all y llong donn arr *vordonn* vawr / Hwylio n gyngaws heb hwyl nac angawr. **1621** E. PRYS: *Ps* 37b, Rhoist bwys dy ddig ar y corph mau, / a'th holl *for-donnau* arnaf. **1632** *D* d.g. *fluctus*. **1722** *Llst* 189, *mordonn*, f. a sea-wave. **1770** *W* d.g. *billows*. **1803** *P*.

mordraeth [*môr*[1] + *traeth*[1]] *eg*. (bach. b. *môr-draethen*). Traethell, glan y môr: *strand*, *sea-shore*.

14g. *GDG* 205, Nith *mordraeth*, anoeth mordrefn, / N'ad y trwch uriad trachefn [am y don]. **15g.** *LGC* 480, Llu mawrdrum gerllaw *mordraeth*, / A llawer trwmp gerllaw 'r traeth. **15–16g.** *TA* 55, Heb windai, mawrdrai *mordraeth*—llong lwythau, / Heb aml ffrwythau, heb fwythau, heb faeth. **16g.** LEWYS MORGANNWG: *Gw* 466, Mawr dreth gost *mor-draeth* gastell. **16g.** MORUS DWYFECH: *Gw* 74, Ac yr aeth, fal *môr draethen*, / Yn wagle oer Neugwl wen.

mordrai [*môr*[1] + *trai*] *eg*. Trai'r môr: *ebb of the sea*.

14g. *GIG* 8, Cadw'r mordarw cyda'r mordir, / Cadw'r *mordrai*, cadw'r tai, cadw'r tir. **15g.** *DN* 5, Na nofiad gleisiad glaswyn—ar *fordrai*, / Fal y kyrch pob rrai'r tai o'r Towyn. **15g.** *GGl*[2] 228, Gŵr mwy'i ardreth ger *mordrai* / No deg. Bendith Dduw'n ei dai! **1632** *D*, *mordrai*, maris refluxus. **1773** *W* d.g. *ebb* [*the reflux or going out of the tide*]. **1803** *P*.

mordrefn [*môr*[1] + *trefn*] *eb*. Trigfan y môr, ystafell y môr: *sea-dwelling*, *sea-chamber*.

14g. *GDG* 205, Nith mordraeth, anoeth *mordrefn*, / N'ad y trwch uriad trachefn [am y don].

môr-drosaf: môr-drosi [*môr*[1] + *trosi*] *ba*. Allforio: *to export*.

1815.

môr-dryfer [*môr*[1] + *tryfer*] *eb*. ll. *-i*, *-au*. Tryfer i ddal morfilod neu bysgod mawr iawn, harpŵn: *harpoon*.

1822.

môr-dryferwr [*môr*[1] + *tryferwr*] *eg*. ll. *-wyr*. Taflwr harpŵn, harpwnwr: *harpooner*.

1774 *W* d.g. *harponier, or harponeer*.

mordwrch [*môr*[1] + *twrch*] *eg*. ?Llamhidydd; morlo: *porpoise*; *seal*.

16g. GR. HIRAETHOG: *Gw* (D. J. B.) 102. 35–6, Mae yt, gidwm at gedyrn, / *Mordwrch* hir, ymherodr chwyrn [i ofyn sircyn o groen moelrhon]. **16–17g.** *GST* i. 269, Milwr dŵr ymylau'r don, / *Mordwrch* yn rhwygo mawrdon [i'r gleisiad].

mordwy [*môr*[1] + yr elf. **twy* (o'r gwr. IE. **steigh-* 'camaf, codaf', cf. H. Wydd. *tíagu* 'af', Gr. στείχω 'cerddaf', Goth. *steigan* 'codi') a welir yn *llamdwyo*; cf. Llyd. C. *mordeiff* 'mordwyo, morio', Llyd. Diw. *mordeiñ*, *merdeiñ*, Gal. *moritex* '?morwr'] *eg.b*. ll. *-au*, *-on*. Môr (aflonydd), symudiad y môr, ymchwydd (y môr), rhyferthwy('r môr), tymestl, rhuad y môr; llifeiriant, dilyw; mordaith, taith mewn llong, &c.; hefyd yn *ffig*.: (*restless*) *sea*, *movement of the sea*, *swell or surge* (*of the sea*), *storm* (*at sea*), *tempest*, *raging of the sea*; *flood*, *deluge*; (*sea-*)*voyage*, *journey in a ship*, *&c*.; *also fig*.

13g. *BD* 80, guedy ymgyuaruot o'r morynyon a'r ysgymunedic pobyl honno yn y *mordvy* hvnnv. *c.* **1300** *H* 49a. 21, neud llutedic glann rac glas *vordwy* (Cynddelw). **14g.** *B* ix. 225, guedy dyuot nathan truy *vordvy* truy auon tyber. **14g.** *BT* (*RB*) 104, diruawr gyffroi a oruc y mordonneu drwy eu kymhell o dymhestlawl *vordwy* a dryctrum. **14g.** *DPh* 66, kymyrth Alexandr *mordw* [*sic*] (*navigavit*) parth a Groec. **14g.** *GDG* 70, Gwae ni, hil eiddil Addaf, / *Fordwy* rhad, fyrred yr haf. **15g.** (*Dchr.* **17g.**) *Cylchg LlGC* vii. 274, Hyd Hwmfflyd profi mudaw / y maent hwy drwy'r *mordwy* draw. **15g.** *LGCD* 56, Merch i afon Urddonen, / *Mordwy* hwy no llif Noe hen. **1547** *WS*, *mordwy*, a sea. **1567** *TN* 95a, Ef yn llonyddy *mordwy* y merllyn. **16–17g.** (*Gesta Rom*) *LlGC* 13076, 48b, tawlv llawer . . . i maes or eglwys i *vordwy* y byd hwnn. **1632** *D*, *mordwy*, æstus maris, fremitus maris. **1722** *Llst* 189, *mordwy*, m. the raging of the sea; a deluge, inundation. *id*. *mordwy*, f.p. *dwyau*, a voyage. **1803** *P*.

mordwyad[1] [bôn y f. ddil. + *-ad*[2], trf. han.] *eg.b*. ll. *-au*. Y weithred o fordwyo, hwyliad, mordaith; ?llongwriaeth, morwriaeth: *a travelling by water*, *sailing*, (*sea-*)*voyage*; ?*navigation*.

1632 *D* d.g. *navigatio*. **1716** E. SAMUEL: *GGG* 76, fel y mae . . . *mordwyadau'r* oes yma gwedi daddcuddio'n eglur. **1722** *Llst* 189, *mordwyad*, m. navigation. **1728** T. BADDY: *DDG* 89, Yn nhrefn ei *Fordwyad* fe ddaliodd yn agos i Dir yr Ynysoedd. **1775** E. GRIFFITHS: *GF* 129, Beth a ddigwyddodd yn y *mordwyad* yma? **1778** *W* d.g. *navigation* [*sailing, or the act of passing by water in a vessel*]. **1791** Gw. MECHAIN: *Rh* 92, bod gwobr wedi ei sefydlu i'r masnachwr à fyddai a'r nifer leiaf o'r caethion wedi meirw ganddo yn y *fordwyad*.

mordwyad[2] [bôn y f. ddil. + *-ad*[2], trf. gwthr., cf. H. Lyd. *mortoiat*, gl. *nauta .i. gubernator*, Llyd. C. *merdeat*, Llyd. Diw. *merdead*; ansicr yw'r engh. o *T*] *eg*. ll. *-aid*. Mordeithiwr: *voyager*.

14g. *T* 35. 19–20, Aches ffyscyolin. *mordwyeit* merin. **1803** *P*.

mordwyadwy [bôn y f. ddil. + *-adwy*] *a.bfl*. Y gellir ei mordwyo (am afon, &c.): *navigable*.

1805.

mordwyaeth [bôn y f. ddil. + *-aeth*] *eb*. Llongwriaeth, morwriaeth; y weithred o fordwyo, hwyliad, mordaith; hefyd yn *ffig*.: *navigation*; *a travelling by water*, *sailing*, (*sea-*)*voyage*; *also fig*.

1725 *SR* d.g. *navigation*. **1762** D. ROWLAND: *PA* 32, yr oedd yr Israeliaid yn gwbl anwybodus o *fordwyaeth*. **1784** M. WILLIAMS: *S* i. 3, Arian a draddododd i ni *fordwyaeth* llynges Alecsander. **1795** *R. Crusoe* 6, Os gwelai Duw yn dda arbed fy mywyd yn y *fordwyaith* [*sic*] hon.

mordwyaf: mordwyo [bf. o'r e. *mordwy*] *bg.a.* Hwylio (dros), mordeithio, morio, hefyd yn *ffig.*; llywio llong a phenderfynu ei chwrs a'i lleoliad drwy gyfrwng mapiau, siartiau, &c., llongwrio, morwrio; cludo mewn llong: *to sail, voyage, also fig.*; *navigate*; *transport by boat*.
14g. *BT* 203, yn niwed y vlwydyn honno y *mordwyawd* ef dros y mor mawr (*BT* (*RB*) 240, *mordwyassant* y Mor Mawr). *c.* **1400** *R* 1290. 29, *Mordwyawd* yneiryf maerdyeu gwinllat. *c.* **1400** *RB* ii. 9, alexander *avordwyawt* tu agroec. **1588** 1 *Esd* iv. 23, Gŵr . . . a aiff allan . . . i *fordwyo* ar fôr ac afonydd. **1588** 1 *Mac* xiii. 29, [ll]ongau cerfiedig iw gweled gan bawb a *fordwyent* y môr. **1604–7** *TW* (*Pen* 228) d.g. *transveho*. **1632** *D*, *mordwyo*, & morio, nauigare. **1661** E. LEWIS: *Drex* 327, Pan elom i *fordwyo* bydd arnom ofn torri o'r llong. **1691** T. WILLIAMS: *YB* 280, *mordwyo* dros demhestlog brofedigaethau'r byd. **1778** *W* d.g. *to navigate, to sail, to voyage*. **1803** *P*.
Amr.: **bordwyo. 1778** J. THOMAS: *HB* 224, 247. **morwydo** [?enghrau. gwallus, ond cf. *morwydwr*, amr. ar *mordwywr*]. **1346** *LlA* 59, Rei yn eredyc. ereill yn *morwydaw* (*navigabunt*). **14g.** *BT* (*RB*) 46.

mordwyfa [*mordwy* + *-fa, ma*] *eb.* Harbwr: *harbour*.
1870.

mordwyol [*mordwy* + *-ol*] *a.* Y gellir ei fordwyo, mordwyadwy; yn perthyn i'r môr, morol, morwrol, llongiadol: *navigable*; *naval, maritime, nautical, sea-faring, shipping* (*adj.*).
1604–7 *TW* (*Pen* 228) d.g. *nauigabilis*. **1722** *Llst* 189, *mordwyawl*, navigable. **1728** T. BADDY: *DDG* 101, Y mae ynddi amryw Ddyfroedd *Mordwyawl*. **1778** *W* d.g. *navigable*. **1784** M. WILLIAMS: *S* i. 27, 224. **1798** *WR* d.g. *nautical*. **1803** *P*, *mordwyawl*, seafaring; sailing.

mordwywr [bôn y f. fl. + *-wr*] *eg.* ll. *-wyr.* Mordeithiwr; morwr, llongwr: (*sea-*)*voyager*; *seaman, mariner, sailor*.
13g. *HGK* 3, [y] *mordwywyr* a alwant arnav [brenin Norwy] en wahanredaul. **14g.** *BT* 78, ef a oruc erchi yw y *vordwywyr* gyweiryaw llongeu. *c.* **1400** *DB* 55, pan glywont *mordwywyr* yr eigawn. **1604–7** *TW* (*Pen* 228) d.g. *nauta*. **1630** R. VAUGHAN: *YDd* 634, mae y *Mordwywr* yn rhwyfo a'i holl nerth i fyned i'r hafn dymunol. **1722** *Llst* 189, *mordwywr*, m. a mariner. **1754** *Gron* 289, mae fy nghalon yn gofidio drosto bob munud, gan arwed yr hin, i'r *mordwywr* bychan. **1776** *W* d.g. *mariner*. **1803** *P*.
Amr.: **morwydwr** [?ff. wallus, ond cf. *morwydo*, amr. ar *mordwyo*]. **14g.** *BT* (*RB*) 104.

mordywydd, gw. madywydd.

môr-dywys [*môr*¹ + *tywys*¹] *e.tf.* Gwymon: *seaweed*.
1604–7 *TW* (*Pen* 228) d.g. *fucus marinus*. *Dchr.* **17g.** *J* 10, 34, *mordywys* . . . Gwmon. **1803** *P*. **1813** *WB* 221, *mordywys* . . . Hart's-tongue Seaweed.

morddanadl, morddanad, morddynad, &c. [?*mawr* neu *môr*¹ + *danad*(*l*), *dynad*] *e.ll.* (un. b. *-ddanhad*(*l*)*en*, *-ddynhaden*). *Bot.* Planhigion ac iddynt ddail a choesau llwydwyn, y defnyddid eu sudd gynt fel meddyginiaeth rhag peswch, llwyd y cŵn, *Marrubium vulgare*, hefyd am blanhigion eraill tebyg: (*white*) *horehound*.
14g. *ACL* i. 42, marrubium rubeum, y *mordynat* ko3. *c.* **1400** *Études* vii. 54, marrubium, y *mordynat*. **16g.** *LlGC* 4581, 162b, Saeds gwyllt . . . Llyseulwyn tebic ir *môr ddanat*. *id.* 179a, gwiail mal ir *Mordanat*. *Dchr.* **17g.** *J* 10, 34a, *morddanad*, marrubium, horehounde. **1722** *Llst* 189, *mor-ddanadl*, horehound. **1803** *P* d.g. *morddanad, morddanadyl*.
Amr.: **morddynaid. 1801** *MMf* 288.
Cfn.: **morddanadl (morddanad, morddynad) coch(ion):** '*red horehound*', ?*Egyptian water lily, Nelumbium speciosum*; (?*erron.*) *red mint*. **14g.** *ACL* i. 42. **1632** *D* (*Bot*), *mor-ddanadl coch*, menta rubea. **18g.** *Llr* C 24, 367, marubium rubens, *morddynaden goch*. **1803** *P* d.g. *morddanadyl*. **m. drewedig = m. du. 1604–7** *TW* (*Pen* 228) d.g. *vlceraria*. *Dchr.* **17g.** *J* 10, 34a. **m. du(on):** *black horehound, stinking horehound, Ballota nigra*. **1604–7** *TW* (*Pen* 228) d.g. *marrubium Cantherinum*. **1725** *SR* (*Bot*) d.g. *horehound, black or stinking hore*/*hound, nettle, stinking dead-nettle*. **1803** *P* d.g. *morddanadyl*. **m. gwyn(ion):** *white horehound, Marrubium vulgare*. *Diw.* **16g.** *WLB* 5, 34. **1632** *D* (*Bot*). **1803** *P* d.g. *morddanadyl*.
Gw. hefyd marddanadl.

môr-ddarlun [*môr*¹ + *darlun*] *eg.* ll. *-iau.* Morlen; llun neu ddarlun o'r môr; yr wyddor o astudio a gwneud arolwg o'r môr, afonydd, &c., hydrograffeg: *nautical chart*; *seascape*; *hydrography*.
1774 *W* d.g. *hydrography, sea-piece* [*a Picture exhibiting a prospect of the sea*]. **1803** *P*, *morddarlun*, a chart of the sea; hydrography.

môr-ddarluniad [*môr*¹ + *darluniad*] *eg.* Hydrograffeg: *hydrography*.
1774 *W* d.g. *hydrography*. **1803** *P*.

morddiawl [*môr*¹ + *diawl*] *eg.* *Pysg.* Enw ar sawl pysgodyn a ystyrir yn hyll, e.e. pysgodyn tebyg i forcath fawr, *Mobula giorna*, a'r môr-lyffant, *Lophius piscatorius*: *sea-devil, devil-fish, e.g. manta and angler*.
1848.

morddol [*môr*¹ + *dôl*¹] *eb.* Rhith optegol sy'n peri i ehangder o ddŵr ymddangos fel dôl lawn llygaid y dydd: *optical illusion in which a sheet of water looks like a meadow covered with daisies*.
Ar lafar yn sir Benf., *GDD* 200.

môr-ddraenog [*môr*¹ + *draenog*] *eg.* (bach. *-yn*) ll. *-od, -ion.* Unrhyw anifail môr di-asgwrn-cefn sy'n perthyn i ddosbarth yr *Echinoidea* a nodweddir gan gorff gweddol grwn ac ysgerbwd allanol, yn enw. un yn perthyn i'r tylwyth *Echinus*: *an echinoid, esp. a sea-urchin*.
1803 *P*, *morddraenog*, s.m. pl.t. *od*, the button-fish.

mordduw [*môr*¹ + *duw*¹] *eg.* (b. *môrdduwies*, ll. *-au*) ll. *môr-dduwiau, môrddywwau*. Duw('r) môr: *sea-god*.
16–17g. *IMCY* 226, Chwychwi'r *morddwywev* am y sylfannev i Droea gynt drwy hir helynt. **1798** *WR*, rhyw *fôr-dduw* a ymrithiai yn mhob rhyw ddull d.g. *proteus*.

morddwr [*môr*¹ (?a hefyd *mawr*) + *dŵr*] *eg.* Cefnfor, eigion; aber, morgainc, gwlff; dŵr y môr, heli: *ocean, the deep*; *estuary, gulf*; *sea-water, brine*.
15g. *CSTB* 10, Llongwr ar *forddwr* wyf i / Y sydd â'i long i soddi. **16g.** DAFYDD BENWYN: *Gw* 124, am eich rhodd ym, wych rrwydd wr / a'ch mwy urddas, ywch *morddwr*. **16–17g.** *PhA* 307, tros *vorddwr* y troes foroedd / yn myn[e]d val mandvil oedd. **1793** DAFYDD IONAWR: *CD* 58, Mawrddwys oedd grym y *morddw'r* / Yn llenwi'n torri pob Twr. **1803** *P*, *morddwr*, a gulf of the sea.
Amr.: **morddwfr. 1834.**

morddwyd [H. Grn. *mor*[*b*]*oit*, gl. *femur uel coxa*, Crn. C. *morȝosow* (ll.), Llyd. C. *morzat*, Llyd. Diw. *morzhed*] *eb.g.* (bach. *-en*) ll. *-ydd, -au.* Rhan o goes dyn neu anifail rhwng y glun a'r pen-glin, asgwrn y cyfryw, ffolen, y gar, ham, hefyd yn *ffig.*: *thigh*(*-bone*), *haunch, ham, also fig.*
9g. (*MC*) *VVB* 188, O *morduit*, gl. *femine*. **13g.** *C* 46. 15, Mad dodes y *mortuit* ar merchin march lluid. **13g.** *Études* v. 101, gwaeo trvy blug trvy wug truy *wordrwyt* [*sic*] (Cynddelw). **13g.** *LlI* 26, Os guadu a wna gur e gaffael erug y deu *uorduyt*. *id.* 33, O deruyd e den torry troet anyueyl . . . neu e *uorduet*. **14g.** *T* 7. 24, uchel ygwaed *mordwyt* trefyd. **14g.** *WML* 25, [p]an torher vn o petwar post corff dyn hyny weler ymer. Sef rei ynt ydeu *vordwyt* ar deu vyrryat. **1346** *LlA* 94, Ac odyna brafwynnyon *vordwydyd* kadyrweith. **15g.** *GGl*² 283, Brynarwyd y *morddwyd* mau / Yn ei geisio yn gwysau. **1632** *D*, *morddwyd*, fœmur, fœmen. **1701** E. WYNNE: *RBS* [iv], megis ynghyfwng *morddwydydd* yr Amser. **1774** *W*, *morddwyd* . . . o gîg môch d.g. *ham* [*the leg and thigh of a hog*]. *id.* d.g. *haunch, thigh*. **1803** *P*. Digwydd mewn epithetau, e.e. Gwên *Forddwyd* Tyllfras, Echel *Forddwyd* Twll, gw. *TYP* 336.
Gw. hefyd borddwyd.

morddwydol [*morddwyd* + *-ol*] *a.* Ffemwrol, yn perthyn i'r forddwyd: *femoral*.
1773 *W* d.g. *femoral*.

morddwydwr [*morddwyd* + *-wr*] *eg.* ll. *-wyr.* Dyn neu geffyl cryf ei goesau: *sturdy-legged man or horse*.
15g. *GGl*² 71, *Morddwydwr* mawrdda ydoedd, / Milwr o waed Meilir oedd [marwnad Hywel ab Owain ab Ifan Llwyd]. **15–16g.** *TA* 388, *Morddwydwr* mor dda ydyw, / Clos hyd y garr, clustiog yw [i'r march]. **15–16g.** *GLM* 28, milwr braisg mal ar y brig, / *morddwydwr* mawr urddedig [moliant Owain ap Meurig].

morddyn [*môr*¹ + *dyn*] *eg.* ll. *môr-ddynion*. Creadur môr dychmygol ac iddo gorff dyn a chynffon pysgodyn; llongwr, morwr; ?llamhidydd: *merman*; *sailor, seaman*; ?*porpoise*.
1793 DAFYDD IONAWR: *CD* 343, *Mor-ddynion* amryw Ddinas / F'o 'n hwylio 'r gogleddfor glâs.

morddynad, gw. morddanadl.

moreb [*môr*¹ + elf. anh.; cf. e. lleoedd Crn. *Morrep, Morrab* 'glan y môr'] *eg.b.* ll. *-au.* Glan môr; porthladd, harbwr, hafn; hefyd yn *ffig.*: *sea-shore*; *port, harbour, haven*; *also fig*.
12g. *MA*² 237a. 26, Amgylch *moreb* mor anhuniawg (Seisyll Bryffwrch). *c.* **1300** *H* 35a. 21, *moreb* deu wyneb dyfnant [marwnad Owain Gwynedd gan Gynddelw]. *Dchr.* **14g.** *id.* 111a. 26, ker *moreb* keinwyneb konwy (Llywarch ap Llywelyn). *c.* **1400** *R* 1264. 16–17, reit atteb eilwyd eilyw gwendon *moreb*. *c.* **1588** *B* ii. 231, *moreb*, hafn . . . porthfa. **1604–7** *TW* (*Pen* 228) d.g. *portus*. **1722** *Llst* 189, *moreb*, m.p. *rebau*, an haven. **1757** *ML* ii. 58, nid *moreb* wael yn y byd mo *foreb* Gybi Sant. **1776** DEWI NANTBRÂN: *AN* 42, gydag Hyder o gaffael yn dy Drugaredd di siccr *Foreb* (*haven of refuge*). Mae *Moreb* yn e. fferm ym mhlwyf Pen-bre, sir Gaerf.

môr-ednain [*môr*¹ + *ednain* (ll. yr e. *ednan*)] *e.ll.* Môr-adar: *sea-birds*.
14g. *T* 44. 3–4, dychyrch bar karrec crec *mor ednein*.

moredd¹,², gw. mawredd, môr.

môr-ehedydd, môr-hedydd [*môr*¹ + *ehedydd, hedydd*] *eg.* *Adar.* Math o gornicyll ac iddo farc du o gwmpas ei fron, cwtiad torchog, *Charadrius hiaticula*: *ringed plover*.
1934.
Cfn.: **môr-ehedydd bach:** *little ringed plover, Charadrius dubius*. **20g.**

morel¹**, morela** [bnth. S. C. *morel* 'nightshade', a bnth. dysg. o'r Llad. C. *morella*] *eg.* *Bot.* Planhigyn o'r tylwyth *Solanum*, yn enw. codwarth du, *Solanum nigrum*: *morel, nightshade, esp. black nightshade*.
c. **1400** *MM* 138, kymer sud y *morella*. *c.* **1400** *Études* vii. 276, kymer y dynat cochyon, a *morel*. *id.* viii. 348, sud y *morel*, a sud yr erllyryat. **16g.** **(1763)** W. SALESBURY: *LlM* 185, Y *Morela* . . . Solanum yn Lladin, *morel* yn saesoneg ag velly y gelwir yn gyffredin yn cambraeg. *Diw.* **16g.** *WLB* 20, a sugyn yr eidrol a *morel*.
Cfn.: **morel blodeugoch:** *winter cherry, red nightshade, Physalis alkekengi*. **1604–7** *TW* (*Pen* 228) d.g. *alchacengi*. **m. bychan:** *petty morel, black nightshade, Solanum nigrum*. *Diw.* **16g.** *WLB* 25. **m. cwsg = y m. marwol. 16g. (1763)** W. SALESBURY: *LlM* 186. **m. cynddeiriog = y m. marwol. 16g. (1763)** W. SALESBURY: *LlM* 186. **m. du = m. bychan. 16g. (1763)** W. SALESBURY: *LlM* 185. **1604–7** *TW* (*Pen* 228) d.g. *anydron* (At.). **m. y gerddi (garddau) = m. bychan. 16g. (1763)** W. SALESBURY: *LlM* 185. **m. hungar = y m. marwol. 16g. (1763)** W. SALESBURY: *LlM* 186. **m. lleiaf = m. bychan. 1545** *CM* 1, 240. **y m. marwol:** *deadly nightshade, Atropa belladonna*. **16g. (1763)** W. SALESBURY: *LlM* 186. **m. mawr = y m. marwol.** *Diw.* **16g.** *WLB* 9. **m. y môr = y m. marwol. 16g. (1763)** W. SALESBURY: *LlM* 186.

morel² [bnth. S. *morel* (fungus)] *eg.* *Bot.* Ffwng bwytadwy o'r tylwyth *Morchella*: *morel* (*fungus*).
20g.
Cfn.: **morel cyffredin:** *common morel, Morchella vulgaris*. **20g.** **m. ffug:** *false morel, Gyromitra esculenta*. **20g.**

moren[1,2], gw. morwyn, moron[1].

môr-eryr [*môr*[1] + *eryr*[1]] *eg.* ll. *-od. Adar.* Eryr y môr, *Haliaëtus albicilla*; gwalch y pysgod, *Pandion haliaëtus*; (?yn wallus) math o hebog mawr, *Falco sacer* (neu *F. cherrug*), a ddefnyddir wrth heboca: *sea eagle, white-tailed eagle; osprey*; (?*erron.*) *saker.*
1604–7 *TW* (*Pen* 228) d.g. *haliæetus.* **1722** *Llst* 189. **1778** *W* d.g. *ospray, or osprey* [*the sea-eagle*], *saker* [*a bird of prey so called*].

mores [bnth. S. C. *mores*] *e.ll.* Gwreiddiau: *roots.*
Diw. **16g.** *WLB* 62, ir llysse hyn i mae dau *mores* ne dri i gyd, ar *mores* hynny yn dduon o ddiallan.
Cf. moron[1].

moresg, môr-hesg [*môr*[1] + *hesg*, cf. taf. S. Cernyw (16g.) *morask*] *e.ll.* (un. b. *môr-hesgen*), weithiau gyda grym ansoddeiriol. *Bot.* Math o wair cwrs a gwydn a dyf mewn tir gwlyb ac yn enw. ar dwyni glan y môr ac a ddefnyddid gynt i wneud matiau, ysgubau, &c., merydd, hesg y môr, *Ammophila arenaria*; llafrwyn, *Scirpus lacustris*; hefyd yn *dros.*: *marram; bulrushes; also transf.*
14–15g. *IGE*[2] 332, Rho Duw, farf, rhydew *foresg* (Rhys Goch Eryri). **1561** *Rec C* 298, the rushes there [Niwbwrch] comonly called *moreske.* *c.* **1562** *B* ii. 231, *moresc*, myrydd. **16–17g.** *GST* i. 699, Blodau, gwiw lysiau gleision, / Ym mrysg Haf, a *moresg* hon. **1632** *D*, *morhesgen* d.g. *iuncus.* *id.* plêth *forhesg* d.g. *storea.* **1722** *Llst* 189, *morhesg*, bulrushes. **1803** *P.* Ar lafar yn y Gogledd, *ISF* 43, *WVBD* 377–8, weithiau yn y ff. *moracs*, *B* ii. 231.

môr-ewyn [*môr*[1] + *ewyn*] *eg.* Ewyn y môr: *sea foam.*
1346 *LlA* 104, gwiwne *morewyn* gwanec. **1604–7** *TW* (*Pen* 228), y *mor ewyn* wedy caletu d.g. *halcyonium.* **1632** *D* d.g. *achne.* **1722** *Llst* 189, *morewyn*, m. sea-foam or froth.

morfa [*môr*[1] + *-fa, ma*; cf. e. lle Crn. *Morvah*, H. Lyd. *mormaou*, gl. *maritima*] *eg.b.* ll. *morfâu, -oedd, morfeydd.* Gwastatir isel (un dyfrllyd ar lan y môr gan amlaf) a orchuddir gan ddŵr o dro i dro mewn rhai achosion, corstir, cors, rhos, gwaun: *(sea) marsh, salt-marsh, fen, moor.*
13g. *C* 69. 13–14, Y Beddeu. yny *morua.* *id.* 100. 13–14, Kyd carhuiwe *morua* cassaaue ton. *c.* **1300** *H* 120a. 11, Caraf y *morua* ae mynytet (Hywel ab Owain Gwynedd). *Dchr.* **14g.** *id.* 123b. 10, lleuwer ebyr myr. *morweid* dylan (Iorwerth Fychan). **15g.** *HCLl* 58, Y mae'r tir lle helir hydd / Mor fywiog â'r *morfëydd.* **1547** *WS*, *morfa*, marshe. **1588** *Job* xxxix. 6, a'r *morfa* yn drigfa iddo ef [asyn gwyllt]. *Dchr.* **17g.** *J* 10, 34a, *morva*, moore. **1632** *D*, *morfa*, palus, ûdis. **1722** *Llst* 189, *morfa*, f. a marsh, fenn, wash. *c.* **1762–79** W. WILLIAMS: *P* 454, Mae . . . [p]ont ar yr afon Danub . . . a'r *morfa* yn ei hochr yn cyrrhaedd pum milltir o hyd. **1784** M. WILLIAMS: *S* i. 85, *morfaedd* [*sic*] breision. Digwydd yn gyff. mewn enwau lleoedd e.e., *Morfa Nefyn* yn Llŷn, *Morfa Mawr*, Cered. Ym Morg. digwydd yn gyff. fel enw ar dir isel agored yn ymyl afon ymhell o'r môr, e.e. *Morfa Ystradowen.*
Cfn.: **morfa hallt:** *salt-marsh, sea marsh.* **1776** *W* d.g. *marsh . . . salt marsh.* **1803** *P.* **m. heli = m. hallt.** **1835.** **M. Rhuddlan:** *name of a Welsh air.* **1718** *Llsgr R. Morris* 85. **1759** *BC* 201. **1784** E. JONES: *MPR* 50.

morfab [*môr*[1] + *mab*] *eg.* Morddyn: *merman.*
1874.

môr-falwod [*môr*[1] + *malwod*] *e.ll.* (un. b. *falwen*). *Swol.* Creaduriaid bychain o ddosbarth y *Gastropoda*, malwod y môr; crwbanod, crwbanod y môr: *sea snails, marine gastropods; tortoises, turtles.*
9g. (*MC*) *VVB* 189, *mormeluet*, gl. *testudinum.* **1604–7** *TW* (*Pen* 228) d.g. *chelone, testudo* (hefyd *D*). *Dchr.* **17g.** *J* 10, 34a, *morvalwen*, matriculus. **1722** *Llst* 189, *mor-falwen*, f. a sea-snail. **1725** *SR* d.g. *a tortoise.* **1803** *P.*
Amr.: **môr-felwed** [cf. *melweden*]. **9g.** (*MC*) *VVB* 189.

morfan [*môr*[1] + *man*[1]] *eg.* ll. *morfannau.* Glan y môr: *sea-shore.*
1803 *P.*

morfaog [*morfa* + *-og*] *a.* O natur morfa, yn perthyn i forfa, corsiog, corslyd: *marshy, fenny.*
1798 *WR* d.g. *fenny.*

morfaol [*morfa* + *-ol*] *a.* O natur morfa, yn perthyn i forfa, corsiog, corslyd: *marshy, fenny.*
1831.

morfar [*môr*[1] + *bâr*] *eg.* Cynddeiriogrwydd neu lid y môr: *the rage or wrath of the sea.*
Dchr. **14g.** *H* 91b. 39, rys rut bar rwysc *moruar* mawr (Phylip Brydydd). **1803** *P.*

morfarch [*môr*[1] + *march*; cf. Llyd. Diw. *morvarc'h*] *eg.* ll. *morfeirch. Swol.* Morfil; math o bysgodyn môr a'i ben yn debyg i ben ceffyl, *Hippocampus hippocampus*; afonfarch, hipo, *Hippopotamus amphibius*; walrws, *Odobenus rosmarus*; hefyd yn *ffig.*: *whale; sea-horse, hippocampus; hippopotamus; walrus; also fig.*
14g. *DGG*[2] 137, Mawrfurm newydd gwrw *morfeirch* [Gruffudd Gryg i'r don]. **14–15g.** *IGE*[2] 153, Ymarfer a wna *morfeirch* / O foli hwn, fel y'u heirch (Gruffudd Llwyd). *c.* **1400** *YSG* i. 58, y Gwr a gadwawd Jonas ym moly y *moruarch.* *c.* **1400** *R* 1343. 44, kist amharch *moruarch* mawrvin. *id.* 1348. 18–19, Llywelyn uelyn vilwr kyfot. parch. lliw *moruarch* llym aruot. *c.* **1400** [*RB*] *WM* 219. 21–2, agwaec arnaw o amrant *moruarch* purdu. *Dchr.* **15g.** *GM* 15, Bendigwch Duw, *morueirch* a morbysgawt (*omnia quae moventur in aquis*). **1588** *Gen* i. 21, Duw a greawdd y *mor-feirch* mawrion. *Dchr.* **17g.** *J* 10, 34a, *morvarch* . . . Hippocampa. **1630** R. VAUGHAN: *YDd* 126, Pan ystyrion ni nerth y *Morfeirch* (*whales*). **1632** *D* d.g. *balæna, cetus, hippocampa.* **1698** T. JONES: *Alm* [4], *Morfarch* o ddau-naw llâth o hŷd, a ddaeth i'r lan yn Scotland. **1776** *W* d.g. *morse, whale.* **1803** *P.*

môr-felwed, gw. môr-falwod.

morfil [*môr*[1] + *mil*[2]; cf. H. Grn. *moruil*, gl. *cetus*, Llyd. Diw. *morvil*, Gwydd. C. *muirmil* 'anifail y môr, pysgodyn'] *eg.* (b. *-es*; bach. g. *-yn*) ll. *-od*, a hefyd fel *a.* *Swol.* Un o amryw fathau o famolion mawr sy'n byw yn y môr ac sy'n perthyn i urdd y *Cetacea*; anghenfil môr; hefyd yn *ffig.*; *Ser.* y cytser *Cetus*; wedi ei wneud o asgwrn morfil: *whale; seamonster; also fig.; the constellation Cetus or the Whale; made of whale ivory.*
13g. *LlI* 8, Ef a dely tavlbvrd o ascvrn *moruyl* e gan e brenhyn. *c.* **1400** *YCM*[2] 23, [c]anu eu kyrn *moruil.* **15–16g.** *GIF* 87, Anghenfil *morfil* ym marfon tonnau / a'i tynnodd i'r eigion. **1547** *WS*, *morfil* pysc, a whall. **1567** *LlGG* 4b, Chwychwi *voruiloed* [*sic*] ac oll ar ys ydd yn ymot yn y dyfroedd. **1567** *TN* 19b, bu Ionas . . . ym-boly y *morvil.* **1588** *Job* vii. 12, Ai môr ydwyf, ai *morfil*? **1588** *Esec* xxix. 3, Pharao brenin yr Aipht, y *morfil* mawr, yr hwn sydd yn gorwedd yng hanol ei afonydd. **1588** *Tri Llanc* i. 79, *Mor-filod* a chwbl oll a'r a symmud yn y dyfroedd. **1604–7** *TW* (*Pen* 228) d.g. *balæna, cetus.* **1632** *D*, *morfil*, animal marinum. **1688** *TJ*, *morfil*: a Sea monster, a Whale. **1725** D. LEWIS: *GB* 177, nid yw holl Greaduriaid y Moroedd fel hyn, canys y mae rhai o honynt yn bwrw eu rhaibach [*sic*] ac yn rhoi sugn megis y mae rhai *Morfilod.* **1757** *ML* ii. 28, I dont think your *morvuls* (not *morfil*) are any relations of the great *morvul* which was a spermaceti whale. **1803** *P.*

morfilaidd [*morfil* + *-aidd*] *a.* *Swol.* Yn perthyn i'r morfil neu i urdd y *Cetacea*, tebyg i forfil: *pertaining to the whale, cetacean, whale-like.*
1798 *WR* d.g. *cetaceous.*

morfiles, gw. morfil.

morfiligion [*morfil* + *-ig*[2] + *-ion*] *e.ll.* *Swol.* Aelodau o urdd y *Cetacea*: *cetaceans.*
1851.

morfil-long, gw. morfilong.

morfilog [*morfil* + *-og*] *a.* a hefyd fel *eg.* ll. *-ion. Swol.* Yn perthyn i'r morfil neu i urdd y *Cetacea*; aelod o urdd y *Cetacea*: *pertaining to the whale, cetacean; a cetacean.*
1866.

morfilong [*morfil* + *llong*[1]] *eb.g.* ll. *-au.* Llong ar gyfer hela morfilod: *whaling ship, whaler.*
1834.

môr-filwr [*môr*[1] + *milwr*] *eg.* ll. *-wyr.* Aelod o gorff o luoedd arfog a hyfforddir i wasanaethu ar y tir neu ar y môr: *marine* (*member of armed forces*).
1776 *W* d.g. *a marine.*

morfilydd [*morfil* + *-ydd*[3]] *eg.* ll. *-ion.* Un sy'n hela morfilod; morfilong: *whaler* (*person*); *whaler, whaling ship.*
1814.

morfilyn, gw. morfil.

môr-filltir [*môr*[1] + *milltir*] *eb.* ll. *-oedd.* Uned hyd a ddefnyddir yn arbennig mewn llongwriaeth, sef 1,852 o fetrau; uned gyflymder, sef 1,852 o fetrau yr awr: *nautical mile; knot.*
20g.

morfin, môr-fioleg, gw. mor[1] + min, bioleg.

morflaidd [*môr*[1] + *blaidd*; cf. Llyd. Diw. *morvleiz* 'siarc'] *eg.* ll. *môr-fleiddiaid.* *Swol.* Pysgodyn môr gwancus, draenog (y môr), *Morone labrax*; pysgodyn dŵr dwfn, *Anarhichas lupus*; siarc, morgi: *bass, sea-wolf; wolf-fish, sea-cat, catfish; shark.*
1770 *W* d.g. *base* [*sea-wolf*]. **1803** *P.* Ar lafar yn y Gogledd yn yr ystyr 'wolf-fish', H. E. FORREST: *FNW* 457.

morfoch [*môr*[1] + *moch*[1]; cf. H. Lyd. *mormoch*, gl. *delfini*] *e.ll.* (un. g. *môr-fochyn*). *Swol.* Llamidyddion; dolffiniaid; hefyd am forfilogion tebyg i'r dolffiniaid, e.e. *Grampus griseus*: *porpoises; dolphins; also of grampuses.*
13g. *DB* 57, A phan weler y *morvoch* (*delphinii*) yn ymgyuodi o'r tonneu henne. **14g.** *DGG*[2] 137, Gweli canol gweilgi cain, / Gwely *morfoch* a gwylain [Gruffudd Gryg i'r don]. *Dchr.* **17g.** *J* 10, 34a, *morvochyn*, tursio. **1707** *AB* 219a, *morvochyn*, a porpoise. [S.] **18g.** *W Ballads* 103, Croen *Mor fochun* yr hwn a gyfenwir, Croen Molrhon [*sic*]. **18g.** *Pant* 19, 88, morhwch, *Morfochyn*, a species of Dolphin called Grampus. **1803** *P*, *morvoch*, grampuses.

môr-forwyn [*môr*[1] + *morwyn*; cf. Crn. C. *morvoran, morvoron*, H. Lyd. *mormoroin*, gl. *siren .i. monstrum in mare*; dichon mai bnth. o'r Gym. yw'r H. Wydd. *muir móru*, gl. *siren*] *eb.* ll. *-forynion, -forwynion.* Creadures fôr ddychmygol ac iddi gorff merch a chynffon pysgodyn neu forfil; *Chwedl. Glasurol.* un o'r angenfilod môr y credid eu bod o ran corff yn rhannol fel merch ac yn rhannol fel aderyn a bod eu canu yn hudo morwyr i ddinistr ar y creigiau: *mermaid; siren* (*in classical mythology*).
13g. *Llst* 1, 16, eno ed emdangossassant *emor vorynnyon* (*monstra maris uocata sirenes*) vdvnt a chylchynu ev lloghev. **14g.** *DGG*[2] 137, Drwyth yn ewynnu am drwyn, / Mawr ferw am wallt *morforwyn* [Gruffudd Gryg i'r don]. **15g.** *GDLl* 123, Llawenach yw'r llu ni chŵyn / Fwrw f'eryr na'r *forforwyn.* **15g.** *BB* 18, yna y caffant diruawr gouyd gan y *mor vorynnyon.* yn canu kywidolaetheu yn y vytheu dir ybawb or ay klywei kysgu. ac yna y deuweint am ben y llongheu y geissiaw ev sudaw ac ev bodi. **15g.** *W Best* 7, y mae tair amryw *vorvorwyn* . . . dwy ohonvnt yssydd a'r llaill hanner yn wyr a'r llall yn byssgod, a'r drydedd yssydd a'r naill hanner yn wraic a'r llall yn ederyn. **15g.** *DN* 82, Mae'r un wallt, mal am war Non, / Ne ar fronnau'r *môr forynnion.* **1547** *WS*, *mor vorwyn*, mearmayde. **1604–7** *TW* (*Pen* 228) d.g. *siren* (hefyd *D*). **1609** *Haf* 24, 619, nid yn amgenach nar Sirens ne yr *Morforynion.* **1630** R. LLWYD: *LlH* 179, [c]aniad y *fôr-forwyn* yr hwn sy destruw y morwyr. **1632** *D*, *morforwyn*, syren. **1757** *ML* i. 492, y *morforwynion* yn canu, ag iw gweled yn cribo eu gwallt a chrib aur, ag mi a'i gwelais ag a'i clywais

hefyd, ag a fum yn siarad ag un o honynt. **1803** *P*.

môr-forwynaidd [*môr-forwyn* + *-aidd*] *a.* Tebyg i fôr-forwyn, cymysgryw, hanner a hanner: *like a mermaid, mongrel, half-and-half.*
1723 J. JONES: *LlA* 263, Y mae gennym ni lawer o Grist'nogion *Morforwynaidd* (*Mermaid Christians*).

morfran [*môr*¹ + *brân*; cf. H. Lyd. *morbran*, gl. *merges*, Llyd. Diw. *morvran*, H. Wydd. *muirbran*, gl. *merges*] *eb.* ll. *-frain*, *-franod*. *Adar.* Mulfran, bilidowcar, *Phalacrocorax carbo*; fwltur; *Pysg.* math o bysgodyn, ?un o'r tylwyth *Cottus* neu *Agonus*; hefyd yn *ffig.*: *cormorant; vulture; kind of fish, ?bullhead; also fig.*
15g. *Glam Bards* 234–5, gloessodd ynddi eglwyswr / megis *morfran* dan y dwr. **16g.** (*LlEG*) *Mos* 158, 231b, [c]asglu [grawn] ar draws y dyrnas ac ar i hyd o dda I Estoppio hraib y kyuriw *vorurain*. **1604–7** *TW* (*Pen* 228), rhyw bysc; *moruran*. li ll. daf d.g. *coruus*. *id.* d.g. *mergus*, *vultur*. *Dchr.* **17g.** *J* 10, 34a, *morvran*, cabot, corvus piscis. **1632** *D*, *morfran*, corvus marinus, phalacrocorax. **1707** *AB* 274b d.g. *a cormorant*. **1722** *Llst* 189, *mor-fran*, a sea-crow. **1803** *P*. Digwydd fel e. p., gw. *TYP* 463–4.
Cfn.: **morfran gopog**: *shag, green cormorant, Phalacrocorax aristotelis*. **20g.**

môr-fresych [*môr*¹ + *bresych*] *e.ll.* *Bot.* Bresych y môr, *Crambe maritima*: *sea-kale*.
1862.

môr-frithyll [*môr*¹ + *brithyll*] *eg.* *Pysg.* Pysgodyn bychan bwytadwy, *Osmerus eperlanus*, sy'n perthyn i'r brithyll a'r eog, weithiau am bysgod eraill: *smelt, sometimes of other fish.*
1850.

môr-frwydr [*môr*¹ + *brwydr*¹] *eb.g.* ll. *-frwydrau*. Brwydr ar y môr: *sea battle, naval battle.*
1770 *W* d.g. *a battle by sea*. **1803** *P*.

morfrwyn [*môr*¹ + *brwyn*²] *e.ll.* (un. b. *môr-frwynen*). Mathau o frwyn, yn enwedig rhai sy'n tyfu ger y môr neu ar y morfa; llafrwyn, *Scirpus lacustris*; hefyd yn *dros.*: *(sea-)rushes; bulrushes; also transf.*
14–15g. *IGE*² 206, Tin ab gul teneu heb gig, / Twyn o *forfrwyn* oferfrig [Llywelyn ab y Moel i'r farf]. *id.* 332, *Morfrwyn* sofl, mau gofl gyflwyd, / Mal isob hen esgob wyd [Rhys Goch Eryri i'r farf]. *c.* **1588** *B* ii. 231, mor coch . . . mor brwynog . . . hwn yw y troad gore om tyb wrth hynn mai yr *morfrwyn* hyny oedd gochion. **1604–7** *TW* (*Pen* 228), bascet ficus o *vorvrwyn* d.g. *massula*. **1632** *D*, *morfrwynen* d.g. *iuncus*. **1632** *D* (*Bot*), *mor-frwynen*, scirpus. **1688** *TJ* (*Bot*), *môr-frwŷnen*: a Rush without a knot, a Bulrush. **1753** *TR* (*Bot*), *mor-frwynen*, a bul-rush used for mats, wicks of candles, &c. a rush without a knot. **1803** *P*.

môr-frwyniad [*môr*¹ + *brwyniad*] *eg.* ll. *-iaid*. *Pysg.* Ansiofi, *Engraulis*: *anchovy*.
1850.

morfur [*môr*¹ + *mur*] *eg.* ll. *môr-furiau*. Morglawdd, pir, cei: *sea-wall, breakwater, pier, quay.*
1815.

morfuwch [*môr*¹ + *buwch*; cf. Llyd. Diw. *morvuoc'h*] *eb.* ll. (prin) *môr-fuwchod*. *Swol.* Un o amryw fathau o famolion môr sy'n perthyn i urdd y *Sirenia*, e.e. manatî; walrws, *Odobenus rosmarus*; afonfarch, hipo, *Hippopotamus amphibius*: *sea-cow, sirenian, e.g. manatee; walrus; hippopotamus.*
1803 *P*, *morvuwch*, s.f. pl.t. *od*, the sea cow.

môr-fwsogl [*môr*¹ + *mwsogl*] *eg.* *Bot.* Un o amryw fathau o wymon sy'n tyfu ar y traeth, yn enw. rhai tebyg i fwsogl: *sea-wrack, esp. sea moss.*
1755 *ML* i. 368, Onid oes gan Ellis ddigon o *fôr fwsogl*. **1798** *WR* d.g. *scawrack* [*sic*].
Gw. hefyd mwsogl—m. y môr.

morfwyd [*môr*¹ + *bwyd*] *eg.* Bwyd y môr; bwyd pysgod: *seafood; fish food, food for fish(es).*
14g. *T* 22. 10, *moruwyt* uyd eu cnawt. **14g.** *WM* 473. 34–5, Mi a euthum yr mor y geissaw *moruwyt*. **1803** *P*.

môr-fyddin [*môr*¹ + *byddin*] *eb.* ll. *-oedd*. Llynges; môr-filwyr: *navy, fleet; marines.*
1810.

morffem [bnth. S. *morpheme*] *eb.* ll. *-au*. *Ieith.* Yr uned forffolegol leiaf ac iddi swyddogaeth ramadegol neu ystyr: *morpheme.*
20g.

morffew, morffuw [bnth. S. *morphew*] *eg.* Clafri (gwyn), clefyd croen clafrllyd, hefyd am rai clefydau croen eraill: *morphew, leprous or scurfy skin disease, also of certain other skin diseases.*
c. **1548** *CM* 1, 718, Gwtta Rosaidgia . . . gwir ydiw bod hrai o'r awdurion gwedi I hennwi a'i alw Ef y *morffuw* koch. *Diw.* **16g.** *WLB* 19, y *morffew* gwaed. *ib*: y *morffew* gwyn. **1604–7** *TW* (*Pen* 228), *morphew* d.g. *alphos, leuce*. *id.* *morphew* gwynn d.g. *albaras album* (At.).
Amr.: **morthyw.** *Dchr.* **17g.** *Pen* 170, 104.

morffia [bnth. S. *morphia*] *eg.* Morffin: *morphia, morphine.*
20g.

morffin [bnth. S. *morphine*] *eg.* Alcaloid narcotig a geir o opiwm ac a ddefnyddir i leddfu poen neu i beri anymwybodolrwydd, morffia: *morphine, morphia.*
1938.

morffoffonoleg [cfdds. o'r S. *morphophonol(ogy)* + *-eg*¹] *eb.* *Ieith.* Dadansoddiad o'r ffactorau ffonolegol sy'n effeithio ar wedd unedau gramadegol neu'r ffactorau gramadegol sy'n effeithio ar wedd unedau ffonolegol: *morphophonology.*
20g.

morffoffonolegol [*morffoffonoleg* + *-ol*] *a.* *Ieith.* Yn perthyn i forffoffonoleg: *morphophonological.*
20g.

morffoleg [cfdds. o'r S. *morphol(ogy)* + *-eg*¹] *eb.* ll. *-au*. (Yr astudiaeth o) ffurf ac adeiledd (mewn sawl gwyddor megis ieithyddiaeth, bioleg, cymdeithaseg, &c.): *morphology.*
20g.

morffolegol [*morffoleg* + *-ol*] *a.* Yn perthyn i forffoleg: *morphological.*
20g.

morffuw, gw. morffew.

morgad [*môr*¹ + *cad*¹] *eb.* ll. *môr-gadau*. Môr-frwydr: *sea battle, naval battle.*
1722 *Llst* 189, *morgad*, a sea-fight. **1770** *W* d.g. *a battle by sea*. **1803** *P*.

morgaets, gw. morgais.

morgainc [*môr*¹ + *cainc*] *eg.b.* ll. *môrgeinciau*. Gwlff, bae, culfor, sianel, aber, moryd, cainc neu gilfach o fôr, hefyd yn *ffig.*: *gulf, bay, strait, channel, estuary, firth, arm or inlet of the sea, also fig.*
15g. *GGl*² 186, I Ffrainc yr aeth Sieffrai wyn, / O Ffrainc *Forgainc* i Fyrgwyn. **1604–7** *TW* (*Pen* 228) d.g. *euripus, fretum*.

morgais, morgaets [bnth. S. *mortgage*] *eg.* ll. *morgeisi*, *morgeisiau*. Trawsgludiad eiddo'n amodol fel sicrwydd am ddyled: *mortgage.*
1547 *WS*, *mortgaeds* ne brid, mortgage. **1604–7** *TW* (*Pen* 228), da wedy rhoi allan yngwystl, ne roi *mortgaets* d.g. *obligatus* . . . *obligata bona pignori*. *id.* d.g. *anticresis, pignero*. **1776** *W* d.g. *mortgage*. Ar lafar yn y ff. *morgaitsh*, *WVBD* 378, a *morgej*.

môr-gamlas [*môr*¹ + *camlas*] *eb.g.* ll. *-gamlasau*, *-gamlesydd*. Cainc neu gilfach o fôr, morgainc, moryd, aber: *an inlet or arm of the sea, firth, estuary.*
1632 *D* d.g. *æstuarium*. **1722** *Llst* 189, *morgamlas*, m.p. *gamlesydd*, a narrow arm of the sea, frith. *id.* d.g. *an aestuary*. **1770** *W* d.g. *æstuary*, *an armlet* [*a small arm*] *of the sea*. **1803** *P*, *morgamlas*, s.f. pl.t. *au*, an estuary.

Morgan [defnydd arbennig o'r e. prs. *Morgan*] *eg.* Enw cellweirus ar degell: *facet. name for a kettle.*
a. **1789** *Traeth* xxxi. (1876) [169], Cerdd yn gosod allan Gwynfan helbulus ar anfoddlondeb sydd o achos y mowrion drethi sydd wedi dyfod ar gefn pawb ond ar gefn *Morgan* (Elis y Cowper). Ar lafar yn gyff., 'Mae *Morgan* yn berwi', *WVBD* 378; 'Mae *Morgan* o'i go' (am degell yn berwi drosodd), *Mont Coll* xi. 303. Cf. D. OWEN: *D* 167, gyda'i '*morgan*' yn wastad yn suo ar y pentan. Digwydd hefyd yn y ff. *Morgan Jos*. Yn nwyrain Morg. clywir *Mocyn*.

morganatig [cfdds. o'r S. *morganat(ic)* + *-ig*²] *a.* Llawchwith (am briodas): *morganatic.*
20g.

Morganiad [yr e. prs. *Morgan* (e. gwr. honedig Pelagius, cf. Llad. *pelagius* 'morol') + *-iad*³] *eg.* ll. *-iaid*. Pelagiad: *a Pelagian.*
1671 C. EDWARDS: *FfDd* 130, ymbleidiau yr Arriaid a'r *Morganiaid*. **1710** *LlGG* (*Art*) 2, megys yr ofer siarad y *Morganiaid* (*Pelagians*). **1719** T. EVANS: *CDW* 33, Y *Morganiaid* hyn oedd yn gwadu Pechod gwreiddiol mywn Plant. *ib.* Y *Morganiaid* hyn oeddynt Ganlynwyr Morgan yr Heretic.

Morganiaeth [yr e. prs. *Morgan* (cf. *Morganiad*) + *-iaeth*] *eb.* Pelagiaeth: *Pelagianism.*
1793 T. JONES: *SD* 38, Fel y cynnyddodd tywyllwch . . . fe gynnyddodd *Morganiaeth*. *id.* 66, mêr Pabyddiaeth . . . a *Morganiaeth* . . . yw'ch pyngciau chwi.

Morgannaidd [yr e. prs. *Morgan* (cf. *Morganiad*) + *-aidd*] *a.* Pelagiaidd: *Pelagian (adj.).*
1807.

môr-gaseg [*môr*¹ + *caseg*] *eb.* ll. *-gesig*. Ton (fawr), ton wen, moryn ewynnog, gwaneg, ymchwydd; caseg y môr (yn *ffig.* am gwch): *'white horse', (large) wave, billow, breaker, surge; mare of the sea (fig. of boat).*
15–16g. *AAST* (1935) 104, *Môrgaseg* hoywdeg hydyn / A drosai 'i llwyth dros y llyn [Dafydd Trefor i ysgraff Porthaethwy]. **16–17g.** *Pen* 225, 142, *morgesic* Seisnic heb son / mil o elltydd moel wlltion (Thomas Celli). **1604–7** *TW* (*Pen* 228), mal y *morgesic* ar tonæ garwuōr d.g. *cymatium*. *id.* d.g. *exæstuo, fluctus, unda*. **1722** *Llst* 189, *morgaseg*, f. a great wave, surge. *ib.* *mor-gesig*, p. billowes, surges. **1770** *W* d.g. *billows, sea-gate* [*a wave of the sea*]. **1803** *P*.

morgath, gw. morcath.

môr-geffyl [*môr*¹ + *ceffyl*] *eg.* ll. *-au*. *Pysg.* Math o bysgodyn môr a'i ben yn debyg i ben ceffyl, *Hippocampus hippocampus*, morfarch: *sea-horse, hippocampus.*
1866.

môr-geintach [*môr*¹ + *ceintach*] *eg.* Brwydr ar y môr: *sea battle.*
1632 *D* d.g. *naumachia*. **1722** *Llst* 189, *morgeintach*, m. a sea-engagemᵗ. **1725** *SR* d.g. *a sea fight*. **1803** *P*.

morgeisai [*morgais* neu fôn y f. ddil. + *-ai*³, ar ddelw'r S. *mortgagee*] *eg.* Y parti mewn morgais sy'n rhoddi benthyg arian, gan ddal eiddo'r morgeisiwr fel sicrwydd am ddyled: *mortgagee.*
20g.

morgeisî [bnth. S. *mortgagee*] *eg.* ll. *morgeision*. Morgeisai: *mortgagee.*
20g.

morgeisiaf: morgeisio [bf. o'r e. *morgais*] *ba.* Trawsgludo (eiddo) ar forgais: *to mortgage.*
20g.

morgeisiwr, morgeisydd [bôn y f. fl. + *-iwr*, *-ydd*³] *eg.* ll. *morgeiswyr*. Y parti mewn morgais sy'n morgeisio (eiddo) er

mwyn benthyca arian gan y morgeisai: *mortgager, mortgagor*.
20g.

môr-gelyn [*môr*[1] + *celyn*[1]] *e.ll.* (un. b. *-nen*) ac *e.tf*. *Bot.* Celyn y môr, boglynnon, *Eryngium maritimum*: *eryngo, sea holly*.
14g. *ACL* i. 41, iusquiamus, y *morgelyn*, anc[e] holein. *c.* **1400** *MM* 50, grawn y *mor gelyn*. *c.* **1400** *Études* viii. 364, kymer . . . tebarce, y *morgelyn*, y papaver. **16g. (1763)** W. SALESBURY: *LlM* 105, sea holly yn saesonaec a *mor gelyn* yn cambraeg. *ib.* y *môr gelyn* a Dyfant mewn lle amlwg a lle garw. **1632** *D* (*Bot*), *mor-gelyn*, iringium, eringe, capitulum maris. **1682** E. LHUYD: *LL* 72, sandy place where *Môr-gelyn* grows. *c.* **1740** *LlM* 18, Dail y *môr gelyn*. **1773** *W* d.g. *eringo* [*in Botany, the sea-holly*]. **1803** *P*. **1813** *WB* 221, *Morgelynen* . . . Sea Holly.

môr-gerwyn [*môr*[1] + *cerwyn*] *eb.* ll. *-i*. Trobwll, llynclyn, anoddun; dyfnfor; gwlff: *whirlpool, vortex, abyss*; *the deep*; *gulf*.
13g. *BD* 151, [p]an lanwo y mor hyt attav [llyn] y llvng ynteu megys *morgervyn*. *c.* **1400** *DB* 51, A'e geneu [Erebus] a elwyr baratrwm, kystal a *morgerwyn* du (*atra vorago*). **15g.** *Pen* 109, 48, Gynneu a glywir haf a gwanwyn. / Y mric i gaeroed ual *mor gerwyn* (Lewis Glyn Cothi). **15–16g.** *AAST* (1935) 103, Syrthiodd a llithrodd i'r llyn, / A'i gwrwgl mewn *morgerwyn* (Dafydd Trefor). **16–17g.** *B* ii. 231, *morgerwyn* .i. a gulphe. **1603** W. MIDLETON: *Ps* 133, Dy rymm di-warth a barthodd, / Y noddyn *fôr-gerwyn* fodd. **1604–7** *TW* (*Pen* 228) d.g. *barathrum, profundum*. **1632** *D*, *morgerwyn*, gurges. **1707** *AB* 147a, *môr-gerwyn* ger llaw Sicilia d.g. *Scylla*. **1722** *Llst* 189, *mor-gerwyn*, f. a whirl-pool. **1762** D. ROWLAND: *PA* 32, [y] Mor coch, neu *For-gerwyn* Arabia. **1770** *TG* iv. 56, ymddiffynfa Rapoli de Romano, yn sefyll yn ymyl *môr-gerwyn* o'r un enw. **1774** *W* d.g. *a gulf, or swallowing gulf* [*an abyss*; *a whirl-pool, &c.*]. **1803** *P*.

morgi, morci [*môr*[1] + *ci*; cf. Crn. Diw. *mor-gi*, Llyd. Diw. *morgi*] *eg.* ll. *morgwn*. *Pysg.* Siarc, yn enw. penci; ?morlo: *shark, esp. dogfish*; *?seal*.
1604–7 *TW* (*Pen* 228), *morci* d.g. *canis, galerus glaucus, hinnulus, lamia*. **1632** *D*, *morgi* d.g. *canis*. **1722** *Llst* 189, *mor-gi*, a dog-fish. **1725** *SR* d.g. *a shark*. **1803** *P*, *morgi*, s.m. pl. *morgwn*, a sea dog; the dog fish; the shark. Ar lafar yn y Gogledd, *WVBD* 378.
Cfn.: **morgi brych:** *greater spotted dogfish, rough hound, Scyliorhinus stellaris*. *Dchr.* **17g.** *J* 10, 34a. Ar lafar yn y Gogledd, H. E. FORREST: *FNW* 513. **m. glas:** *blue shark, Carcharinus glaucus*; *?lesser spotted dogfish, rough hound, Scyliorhinus caniculus*. *Dchr.* **17g.** *J* 10, 34a. **1803** *P*, morgi . . . *morgi glâs*, the lesser rough hound. Ar lafar yn y Gogledd, H. E. FORREST: *FNW* 515. **m. gwyn:** (i) (*white*) *shark*. **1707** *AB* 33c. **1753** *TR*. **1798** *WR* d.g. *shark*. **1803** *P*. (ii) = **m. lleiaf.** Ar lafar yn y Gogledd, H. E. FORREST: *FNW* 512. **m. lleiaf:** *lesser spotted dogfish, rough hound, Scyliorhinus caniculus*. Ar lafar yn y Gogledd, H. E. FORREST: *FNW* 512. **m. llyfn:** *smooth hound, Mustelus mustelus*. Ar lafar yn y Gogledd, H. E. FORREST: *FNW* 515. **m. mawr:** (i) = **m. brych.** Ar lafar yn y Gogledd, H. E. FORREST: *FNW* 513. (ii) *porbeagle, mackerel shark, Lamna nasus or L. cornubica*. Ar lafar yn y Gogledd, H. E. FORREST: *FNW* 514.

môr-gilfach [*môr*[1] + *cilfach*] *eg.b.* (bach. *-yn*) ll. *-au*. Bae, gwlff, cilfach (o'r môr): *bay, gulf, creek*.
1798 *WR* d.g. *bay*.

morglawdd [*môr*[1] + *clawdd*] *eg.* ll. *môrgloddiau*. Mur yn ymestyn i'r môr i amddiffyn harbwr neu draeth rhag rhyferthwy'r tonnau, argae môr, clawdd môr, clawdd llanw, còb, pir: *breakwater, sea-wall, sea-bank, barrage, dike, embankment, mole, pier*.
1814.

morglust [*môr*[1] + *clust*] *eb.* *Swol.* Molwsg môr bwytadwy, *Haliotis*, yn enw. *H. tuberculata*: *ormer, sea-ear, abalone*.
1866.

môr-gragen [*môr*[1] + *cragen*] *eb.* ll. *-gregyn*. Cragen molwsg môr: *sea shell*.
c. **1400** *R* 1225. 1, egin. rif *morgregin*.

morgraig [*môr*[1] + *craig*] *eb.* ll. *môrgreigiau, -greigydd*. Craig yn y môr, craig yn ymestyn i'r môr, basgraig, riff: *sea-rock, rock stretching out to sea, skerry, reef*.
15–16g. *TA* 30, Ni ellynt aros, lle'u hanturioch, / Na llif o *forgraig* yn llafargroch. **16g.** *IMCY* 227, Eithyr poet cyhyd fo para y *forgreig* breswylfa. *ib.* Hynn i'th *forgreigydd* a'th greigdorlennydd vchel ev trvmmev. **16–17g.** LLYWELYN SIÔN, &c.: *Gw* 505, *morgreigiav*, tyrav, lle tirionn—i gwrdd. **1754** *ML* i. 273, heb osod ei droed ar dir oddigerth i orphwys ar *forgraig*. **1760** *id.* ii. 247, wedi ei dîdo ar *Forgraig* Cybi Sant. **1762** *id.* 441, y *mor greigiau* dychrynllyd. *c.* **1762–79** W. WILLIAMS: *P* 127, nid oes craig . . . na *mor-graig*, nad ynt [paganiaid] yn aberthu iddunt.

morgranc [*môr*[1] + *cranc*[1]] *eg.* ll. *môrgrancod, morgrainc*. Enw ar gramenogion môr gweddol fawr, yn enw. y cranc, hefyd yn ddifr. am berson: *name for the larger marine crustaceans, esp. the crab, also derog. of a person*.
14g. *DGG*[2] 138, Clod fawrgrair, lwybr clwyd *forgrainc*, / Claer farchlen, clyw, f'ancr wen, f'ainc [Gruffudd Gryg i'r don]. **16–17g.** E. PRYS: *Gw* 362, Lleidr, llanc, ciw *morgranc* mewn lle marwgrog —sydd / Yn y siel yn folltog [i leidr]. **1632** *D*, *morgrangc*, cancer marinus. *id.* d.g. *astacus, cammarus, cancer, corophium, gammarus, leo, locusta*. **1688** *TJ*, cimmwch, *môrgrangc*. A lobster, a crab-fish. *id. môr-grangc*: a Sea-crab. **1803** *P*.

morgrug [**mor* (gw. *mŷr*[1], a cf. *mor*[2]) + *crug*] *e.ll.* (un. *-yn*) ll. dwbl *-ion, -iaid*. *Swol.* Pryfed bychain cymdeithasol o deulu'r *Formicidæ* sy'n byw gan amlaf mewn nythod dan y ddaear ac a nodweddir gan eu trefn a'u diwydrwydd, bywion, grugion, mywion, hefyd yn *ffig.*: *ants, also fig*.
14g. *WM* 469. 8–10, deng milltir adeugeint y clywei y *morgrugyn* y bore pan gychwhynnei [*sic*] y ar lwth. **14g.** *BT* (*RB*) 46, megys *morcrugyon* (amr. *morgruc*) o gyuyghaf tylleu y gogofeu y kyfodassant [Prydeinwyr] ynn gadoed y ymlit eu hanreith. *c.* **1400** *R* 1341. 38–9, bryntyn *morgrugyn* marwgryc. *c.* **1400** [*RB*] *WM* 494. 23–4, ar *morgrugyn* cloff adoeth . . . kynn y nos. **1588** *Diar* vi. 6, Cerdda at y *morgrugyn* tydi segurllyd. *id.* xxx. 25, Nid yw'r *morgrug* bobl nerthol. **1632** *D*, *morgrug*, Sing. *Morgrugyn*, formica, myrmex . . . *Morgrug* est potiùs Tuberculum formicarum. **1696** *CDD* 186, Nid ŷw dŷn ond megis gwlithŷn / . . . / Neu fel gwŷbed, neu *forgrugion*. **1725** D. LEWIS: *GB* 395, Pe bai dyall dynol gan y *Morgrug*, byddai iddynt ond odid rannu eu Twmpath yn Wledydd, ac yn Deyrnasoedd. *c.* **1762–79** W. WILLIAMS: *P* 172, crug *morgrug*. **1766** *CD* 136, Ond tywyrch gwlŷb leision; / A rheini yn un Haid, / O *Forgrugiaid*. **1770** *W* d.g. *an ant*. **1790** T. JONES: *TOS* 8, Pan safwyf i edrych ar dwrr o *forgrug*. **1803** *P*.
Amr.: **margrug.** **16g. (1763)** W. SALESBURY: *LlM* 224. **1604–7** *TW* (*Pen* 228) d.g. *formica, formicatio*. *Dchr.* **17g.** *J* 10, 25b, *margrigyn*. Ar lafar yn Arfon, *WVBD* 364. **moe(r)grug.** Ar lafar yn sir Gaerf. a gorllewin Morg., *PGICC* ii. 76.
Cfn.: **morgrug asgellog:** *winged ants*. Ar lafar ym Mhenllyn. **m. cochion:** *red ants, Myrmica rubra*. **1834. m. (y) coed:** *wood ants, Formica rufa*. **1852. m. gwynion:** *termites, white ants*. **1834.**

morgrugaidd [*morgrug* + *-aidd*] *a.* Tebyg i forgrug; yn perthyn i forgrug: *ant-like*; *pertaining to ants, formic*.
1929.

morgrugol [*morgrug* + *-ol*] *a.* Tebyg i forgrug; yn perthyn i forgrug; a gynhyrchir gan forgrug: *ant-like*; *pertaining to ants, formic*; *produced by ants*.
1850.

môr-grwban [*môr*[1] + *crwban*] *eg.* ll. *-od, -au*. *Swol.* Ymlusgiad môr o urdd y *Chelonia*, crwban y môr: *turtle*.
1853.

môr-grwydr [*môr*[1] + *crwydr*] *a.* a hefyd fel *eg.* Yn crwydro yn ôl a blaen ar y môr, wedi ei daflu gan y tonnau; crwydrad ar y môr: *wandering to and fro on the sea, tossed by the waves*; *a roving by sea*.
1632 *D* d.g. *fluctiuagus*. **1722** *Llst* 189, *morgrwydr*, carried to and fro by ye waves. **1803** *P*, *morgrwydyr*, a roving by sea.

môr-gudyn [*môr*[1] + *cudyn*] *eg.* ll. *-nau*. Ystifflog, môr-gyllell; octopws; cwrel: *cuttlefish*; *octopus*; *coral*.
1803 *P*.

môr-gwmpas [*môr*[1] + *cwmpas*] *eg.* Cwmpas morwr: *mariner's compass*.
1784 M. WILLIAMS: *S* i. 124, yr haul, ser y ffurfafen, a'r nodwydd, neu *fôr-gwmpas*, yw'r pennaf o'u cyfarwyddiadau, wrth deithio yr anialwch [am garafannau]. *id.* 201, yr oedd nodwydd ei *fôrgwmpas* yn pallu cadw ei sefyllfa.

môr-gyfyng [*môr*[1] + *cyfyng*] *eg.* Cyfyngfor, culfor, moryd, morgainc: *narrow sea, straits, firth*.
1632 *D* d.g. *fretum*. **1725** *SR* d.g. *a straight, or narrow sea*. **1773** *W* d.g. *frith or fret* [*a streight, or an arm, of the sea*].

môr-gyffin [*môr*[1] + *cyffin*] *eg.* ll. *-iau*. Arfordir: *sea-coast*.
1761 J. EVANS: *BHNO* 11, Y 10 o Fawrth ni a welem Dir, a'i *Fôr-Gyffiniau* yn greigiog iawn.

morgylch [*môr*[1] + *cylch*] *a.* a hefyd fel *eb.* Wedi ei amgylchu gan fôr, morol; mordaith: *sea-girt, maritime*; *sea-voyage*.
1551 LEWYS MORGANNWG: *Gw* 442, ynys *vorgylch* nos vawrgoll / wrddno [*sic*] aeth yn noddyn oll. **1617** *Minsheu* 293b d.g. *maritime, or by the sea*.

môr-gyllell [*môr*[1] + *cyllell*] *eb.g.* (bach. g. *-yn*) ll. *-gyllyll*. *Swol.* Enw ar amryw folysgiaid môr o ddosbarth y *Cephalopoda*, yn enw. y sgwid a'r ystifflog; enw ar amryw folysgiaid môr o'r tylwythau *Ensis* a *Solen* sydd â'u cregyn yn debyg i rasel hen ffasiwn: *squid, calamary, cuttlefish*; *razor-shell*.
1604–7 *TW* (*Pen* 228) d.g. *loligo*. *id. morgellellyn* pysc d.g. *loliguncula*. **1632** *D*, *morgyllell*, loligo piscis. **1688** *TJ*, *morgyllell*, mâth ar bysgodyn: a Sea Cut, or Cuttle-fish. **1707** *AB* 151c d.g. *solen*. **1722** *Llst* 189, *mor-gyllell*, f. the cuttle-fish. **1757** *ML* i. 461, I may have wooden boxes for *môr gyllill*. **1761** *id.* ii. 312, pig y barcud, *môr gyllill* . . . a gormodd o gregyn malwod. **1771** *W* d.g. *calamary, cuttle-fish, sleev* [*a sort of fish*]. **1803** *P*. Ar lafar yn Arfon, '*morgyllath*', 'razor-shell', *WVBD* 378.

môr-gymlawdd [*môr*[1] + *cymlawdd*] *eg.* Ymchwydd y môr, mordwy, llifeiriant: *surge of the sea, sea-flood, inundation*.
13g. *C* 79. 8–9, Viw kertaurim ruw. Ruisc *morkimlaut* gurt. **13g.** *Études* v. 97, rvysc rynnaud *morgymlaud* maurglev (Cynddelw). *c.* **1300** *H* 92a. 29, cad aerulawt *worgymlawt* uar (Y Prydydd Bychan). **14g.** *LlB* 82, Beth bynhac a vyrho *morgymlawd* y'r tir, megis torri llog, y brenin bieiuyd. **14g.** *H* 118a. 6, doeth y gaer lle taer twryf *morgymlawd* ffyryf (Dafydd ap Gwilym). **14g.** *HMSS* ii. 17, rodi gouunet y duw . . . yr peidyaw y *morgymlawd* hwnnw. **14g.** *B* ix. 48, dievyl vffern . . . yn gwneuthur *morgymlawd* mawr a mellt a tharanev . . . a dryckin a thymestyl. *c.* **1400** *R* 1247. 13–14, Gwedy creir creawdyr diuei llanw *mor gymlawd* nawd noe. *c.* **1400** *DB* 53, A phan gryno y dayar y kyuyt *morgymlawd* (*inundationes*) yn y weilgi. *c.* **1400** *YSG* i. 67, A'r *morgymlawd* a gyuodes yn y hol yn gymeint ac y gwelei ef yr yscraff yn ennynnv o tan oll. **15g.** *LGCD* 56, Mam llifeiriaint, berwnaint bas, / *Morgymlawdd* amryw gamlas. **16g.** *THSC* (1923–4) (At.) 31, o vlaen y *morgymlawdd* (*flod*) hynny nid oedd y bobyl yn yfed ond dwr. **1604–7** *TW* (*Pen* 228) d.g. *inundatio maris*. **1722** *Llst* 189, *morgymlawdd*, m. sea-flood. **1775** *W* d.g. *inundation*.

môr-hedydd, gw. môr-ehedydd.

môr-herwriaeth [*môr*[1] + *herwriaeth*] *eb.* Môr-ladrad: *piracy*.
c. **1730** *Thos. Lloyd D* (LlGC) 178a, *morherwriaeth*, piratica.

môr-hesg, gw. moresg.

môr-hocys [*môr*[1] + *hocys*] *e.ll.* (un. b. *-en*). *Bot.* Hocys y gors, hocys (y) morfa, *Althæa officinalis*; hocyswydd, *Lavatera arborea*: *marsh mallows*; *tree mallows*.
1604–7 *TW* (*Pen* 228) d.g. *maluauiscus*. **1632** *D* (*Bot*), hoccys morfa, *mor-hoccys*, hoccys y gors, maluauiscus, ibiscus, euiscus, iuscus, dendromalache. **1803** *P*. **1813** *WB* 221, *Morhoccysen*; Lavatera arborea; Sea Tree Mallow.

môr-hwch, gw. morwch.

môr-hwyad [*môr*[1] + *hwyad*] *eb.* (bach. *-hwyaden*). *Adar.* (yn y cfn. *môr-hwyad-(en) ddu*) Hwyad(en) y môr, *Melanitta niger*: *common scoter*.
18g. *Pant* 19, 100, y *forhwyad ddu*, the scoter. **1803** *P*, hwyad . . . *môr-/hwyad ddu*, scoter.

moriad [bôn y f. ddil. + *-iad*[1]] *eg.* Y weithred o forio, mordwyad: *a sailing, voyaging*.
1803 *P*.

moriadwy [bôn y f. ddil. + *-adwy*] *a.bfl.* Mordwyadwy, mordwyol: *navigable*.
1845.

moriaf: morio [bf. o'r e. *môr*[1]] *bg.a.* Hwylio, mordwyo; hwylio (llong); llongwrio ar (fôr, &c.); bod dan ddŵr, gorlifo, hefyd yn *ffig.*; canu (tôn, &c.) neu bregethu gydag arddeliad neu dan deimlad, mynd i hwyl: *to sail, voyage by sea*; *sail (a ship)*; *navigate (a stretch of sea, &c.)*; *be awash, overflow, also fig.*; *sing (a tune, &c.) or preach with gusto or great emotion*.
1567 *TN* 217b, o ddyno y *moriesam*. *ib.* bot *moriaw* yn periclus. **1588** *Act* xx. 15, *morio* a wnaethom oddi yno. **16–17g.** *PhA* 155, tomas ar for hinlas rhawg / Da i kae Down Du kydenawg / . . . / . . . / *Moried* ef am war Dywi / *Moried* er i hoered hi [i ofyn gown]. **1632** *D* d.g. *nato, nauigo*. **1704** E. SAMUEL: *BA* 106, amcanodd *forio* yn union i Syria. **1725** D. LEWIS: *GB* 371, wrth Drafaelu neu *Forio* o [dd]autu'r Bŷd. **1764** J. POPKIN: *ABG* v–vi, yr hwn a *foriodd* mor belled a neb pwy bynnag i'r Byd o Ddoethineb a Gwybodaeth. **[1783]** *W* d.g. *to sail, to voyage*. **1803** *P*. Digwydd yn y rhigwm 'A fuoch chwi 'rioed yn *morio*? / Wel do, mewn padell ffrio'. Ar lafar yn Arfon yn yr ystyr 'to go for a pleasure trip on the sea', *WVBD* 378; hefyd yn yr ystyr 'to sway about like a boat on the sea', ''R oedd y gynlleidfa'n *morio* fel hopiar goed', *B* i. 98. Yng Nghered. sonnir am 'ffosydd yn *morio* o ddŵr'.
Cfn.: **morio canu:** *to sing with gusto*. Ar lafar yn y Gogledd. **ei m. hi:** *to warm to one's subject, rise to a peroration, be carried away by one's eloquence (of a preacher)*; *sing with gusto*. **1903.** Ar lafar. Cf. *Eurgr Wes* cxxx. 4, Y pregethwr oedd yr un a fedrai *ei morio hi*, ond ni fedrai ef na chanu na bloeddio'i bregethau.
Gw. hefyd moraf: mori.

morial [*mawr* + *gâl*[1], cf. *arial*; digwydd fel e. prs., *CA* 238, a dichon mai dyna ydyw yn yr engh. isod] *?a.* ?Angerddol iawn, dewr anghyffredin: *very passionate, exceedingly brave*.
14g. *T* 65. 2, Omarch trwst *moryal*.

morig, morinwr, gw. môr[1], merinwr.

moriog [*môr*[1] + *-iog*] *a.* Garw (am y môr); fel y môr, ?helaeth: *rough (of the sea)*; *like the sea, ?great*.
16–17g. *BL Add* 14984, 85, Tri llûn yn vn o anianawl allu / ai wllys ysbrydawl / duw ar golwg dirgelawl / duw hollalluog *foriog* fawl. Ar lafar yn Arfon, *WVBD* 378, *B* xxv. 59.

morion[1,2,3], gw. mawr, mor[2], moron[1].

moriwr, gw. morwr.

môr-ladrad [*môr*[1] + *lladrad*] *eg.* Y weithred neu'r arfer o ysbeilio ar y môr: *piracy*.
1780 *W* d.g. *piracy*. **1803** *P*.

môr-ladradaeth [*môr-ladrad* + *-aeth*] *eb.* Môr-ladrad: *piracy*.
1827.

môr-ladraeth [*môr-ladr(ad)* + *-aeth*] *eb.* Môr-ladrad: *piracy*.
1862.

môr-ladrata [*môr-ladrad* + *-ha*] *bg.* Cyflawni môr-ladrad: *to commit piracy*.
1803 *P*.

môr-ladron, gw. môr-leidr.

môr-ladronaidd [*môr-ladron* + *-aidd*] *a.* Yn perthyn i fôr-ladrad neu i fôr-ladron, nodweddiadol o'r cyfryw: *piratical, pirate (adj.)*.
1780 *W* d.g. *piratical*.

môr-ladrones [*môr-ladron* + *-es*[1]] *eb.* Llong môr-ladron: *pirate ship*.
1864.

môr-ladroniaeth [*môr-ladron* + *-iaeth*] *eb.* Môr-ladrad: *piracy*.
1816.

môr-ladronol [*môr-ladron* + *-ol*] *a.* Môr-ladronaidd: *piratical, pirate (adj.)*.
1848.

morlan [*môr*[1] + *glan*] *eb.g.* ll. *-nau, morlennydd, môr-lannau, môr-lennydd*. Glan y môr, traeth, arfordir: *sea-shore, beach, coast*.
c. **1300** *H* 20b. 41, kedwyr o du myr o du *morlann*. uchel (Llywelyn Fardd). **16g.** *IMCY* 226, Roddi dy holl *forlennydd* ath greigev. **1803** *P*.

morlannod, gw. morlo[2].

morlannol, môr-lannol [*morlan* + *-ol*] *a.* Yn perthyn i lan y môr: *littoral, of the shore*.
1850.

môr-lanw [*môr*[1] + *llanw*] *eg.* Llanw'r môr: *(flood-)tide*.
1617 *Minsheu* 490b, *môrlânw* d.g. *tide*. **1783** P. WILLIAMS: *FfA* 76, Pob *mor-/lanw*, neu ddistill.

morlas[1] [*môr*[1] + *glas*[1]] *eg.* Glas neu laswyrdd y môr: *sea-blue or -green*.
1803 *P*.

morlas[2], gw. môr-leisiad.

môr-lawes [*môr*[1] + *llawes*] *eb.g.* *Swol.* Sgwid; ystifflog: *squid*; *cuttlefish*.
1879.

môr-lefel [*môr*[1] + *lefel*] *eb.g.* Lefel wyneb y môr hanner y ffordd rhwng llanw a thrai, lefel (y) môr: *sea-level*.
1851.
Amr.: **môr-lyfal** [*môr*[1] + *lyfal*]. **1870.**

môr-leidr [*môr*[1] + *lleidr*; cf. Llyd. Diw. *morlaer*] *eg.* ll. *-ladron*. Un sy'n ysbeilio llongau ar y môr, lleidr môr; llong môr-ladron: *pirate*; *pirate ship*.
1604–7 *TW* (*Pen* 228) d.g. *myoparo, pirata, piraterium* (hefyd *D*). **1688** *TJ*, cippiad, *môr-leidr*. A pirate, or sea-robber. **1701** E. WYNNE: *RBS* 292, [d]iogelwch rhag *môrladron* a llongdorr[ia]d. **1727** RE: *CDd* 55, [*M*]*ôrladron* y rhai adawant i long fo yn wâg o ddâ fyned heibio. **1752** *ML* i. 195, Ond y chwi a alwodd Safaids yn *for leidr* gynta? **1795** *R. Crusoe* 12, un o *forladron* Sallee yr hon a'n dilynodd yn llawn hwyl. **1803** *P*.

môr-leisiad, morlas[2] [*môr*[1] + *gleisiad*; tebyg mai adff. o'r ll. yw'r ff. *morlas*] *eg.* ll. *môr-leisiaid, morleisiaid*. *Pysg.* Pysgodyn môr o deulu'r penfras, *Pollachius pollachius*; pysgodyn môr o deulu'r *Mugilidæ*, hyrddyn: *pollack*; *grey mullet*.
1741 *ML* i. 51, [*m*]*orleisiaid* (Angl. whiting, Pollock's delicious fish). **1803** *P*, *morleisiad*, the whiting pollack. Ar lafar yn Arfon clywir *morlas* yn yr ystyr 'pollack', *WVBD* 378. Yn Aberdaron golyga *morlas* 'grey mullet', *B* xxv. 53.

morlen [*môr*[1] + *llen*] *eb.* ll. *môr-lennau, môr-lenni*. Siart neu fap o'r môr neu o ddarn o fôr, hefyd yn *ffig.*: *(nautical) chart, also fig.*
1722 *Llst* 189, *mor-lenn*, a sea-card. **1771** *W* d.g. *card, a mariner's, or sea-card*. **1792** CAIN JONES: *Alm* [6], Dwyn Mapiau, a *Morlennau* gyntaf i Loegr.

môr-lestr, morlestr [*môr*[1] + *llestr*[1]] *eg.* ll. *môr-lestri*. Llong (fôr): *(seagoing) vessel, ship*.
1604–7 *TW* (*Pen* 228) d.g. *decemscalmus*.

morlew [*môr*[1] + *llew*] *eg.* ll. *môr-lewod*. *Swol.* Un o amryw fathau o forloi mawr eu clustiau sy'n byw yn y Môr Tawel, yn enw. o'r tylwythau *Zalophus* neu *Otaria*: *sea-lion*.
1866.

morlif, morllif, morli [*môr*[1] + *llif*[2], *lli*[2]] *eg.* ll. *môr-lifau*. Llanw'r môr, cerrynt, hefyd yn *dros.*: *tide, current, also transf.*
1823.

morlin [*môr*[1] + *llin*[1]] *eg.b.* Amlinell neu siâp arfordir: *coastline*.
20g.

morliw, gw. morlliw.

morlo[1] [*môr*[1] + *glo*, cf. S. *sea-coal*] *eg.* a hefyd fel *a.* Glo, hefyd yn *ffig.*; du fel y glo: *coal, also fig.*; *coal-black*.
14g. *GIG* 76, Tân mawn a gawn neu gynnud, / Ni bydd yno'r *morlo* mud. **15g.** *DGG*[2] 63, Cnwd anhygar diaraul, / Clwyd *forlo* rhyngo' a'r haul [i'r niwl]. **15g.** (*Diw.* **16g.**) *Gwyn* 3, 205, myn y ddeddyf mi ni ddiddawr, / ple bo'r cawell *mor lo* mawr [Meredudd ap Rhys i'r cwrwgl]. **15g.** *GO* 333, Kawr gormod i aelodav, / Kerdd Iolo, kyff *morlo* kav. **15g.** *CSTB* 15, Da fu Dduw, difai oedd o, / Am arlais gwyn roi *morlo* [i ferch]. **15–16g.** *TA* 438, Ail yw i fath a'i liw fo / I fwyarliw neu *forlo* [i ofyn tarw du]. **16g.** *Llst* 6, 114, kic a vyn koc yw efo / ewin merliwn wn *morlo* [i ofyn milgi du]. **1547** *WS*, *morlo*, secole. *c.* **1570** *Llst* 195, 174, mynydd a elwid mynydd *morlo*. **1578–80** (**17–18g.**) *Cylchg LlGC* vii. 276, Meginau llawn mign a llwch / *Morlo* rhyw ufflo rhyfflwch / *Morlo* fflwch meiriol a phla / Mwrn o waith Satwrn swtta [dychan i Fynydd Hirddywel]. **16–17g.** *GST* i. 518, Nos da i'r freithglog biogen, / *Morlo* bais, mwyarliw ben. **1604–7** *TW* (*Pen* 228) d.g. *carbo* . . . *carbones saxei*. **1632** *D*, *morlo*, carbones fossiles. A Môr, & Glo. **1753** *TR*, *morlo*, sea-coal, pit-coal, or mine-coal.

morlo[2] [*môr*[1] + *llo*, cf. S. *sea-calf*; dichon fod rhai enghrau. wedi eu cynnwys dan *morlo*[1]] *eg.* ll. *morloi*. *Swol.* Un o amryw fathau o famolion môr sy'n perthyn i deulu'r *Phocidæ* neu'r *Otariidæ* ac iddynt aelodau a gymhwyswyd ar gyfer nofio, moelrhon, dyniawed y môr; croen morlo: *seal*; *sealskin*.
16g. *Def Hen* 4, y drigionys a phechadyrys gyscadwyr . . . wrth i pennaû esgill y *moyrlo* (*sea-calfe*) eythr y gwenhwynllyd afal o'i colledigaeth wrth i calonnaû. **1707** *AB* 13b, Arm. Luê môr, Sea-calf, W. *morlo*. **1722** *Llst* 189, *morlo*, m.p. *loi*, a sea-calf. **1725** D. LEWIS: *GB* 81, Y mâe rhai Creaduriaid heb Fustl iddynt, megis y *Morlô*, y Ceirw. **1725** *SR* d.g. *seal or sea calf*. **1803** *P*. Ar lafar, *WVBD* 378; digwydd y ff. l. *morlannod* yn sir Benf., *Cymru* xlvii. 280.
Cfn.: **morlo cyffredin:** *common seal, Phoca vitulina*. **20g.** **m. llwyd:** *grey seal, Halichœrus grypus*. **20g.**

morlu [*môr*[1] + *llu*; cf. H. Lyd. *morlu*, gl. *classis*] *eg.* Llu o fôr-filwyr; llynges: *marines*; *fleet, navy*.
1722 *Llst* 189, *mor-lu*, a fleet; sea-souldiers. **1776** *W* d.g. *the marine* [*sea-forces*].

morlun [*môr*[1] + *llun*[1]] *eg.* ll. *môr-luniau*. Morlen; llun neu ddarlun o'r môr: *(nautical) chart*; *seascape*.
1830.

môr-luyddwr [*môr*[1] + *lluyddwr*] *eg.* ll. *-wyr*. Môr-filwr: *marine (member of armed forces)*.
1632 *D* d.g. *epibata*. **1722** *Llst* 189, *mor-luyddwr*, a marine. **1776** *W* d.g. *a marine* [*sea-soldier*].

morlwch, gw. morllwch.

môr-lwyau [*môr*[1] + *llwyau* (ll. yr e. *llwy*)] *e.ll.* *Bot.* Llysiau'r llwy, llwylys, *Cochlearia officinalis*: *scurvy-grass*.
1632 *D* (*Bot*), *mor-lwyau* . . . cochlearia. **1688** *TJ* (*Bot*), *môr-lŵyau*, llysiau 'r llwy: Scurvy-grass. **1753** *TR* (*Bot*), *mor-lwyau*, llysiau'r llwy, spoonwort or scurvy-grass. **1801** *MMf* 177, llysiau'r llwyg, a eilw rhai y *morlwya*[*u*]. **1803** *P*. Ar lafar yn Arfon.

môr-lwynog [*môr*[1] + *llwynog*, cf. Llad. *vulpēs marīna*, S. *sea-fox*] *eg.* ll. *-od*. *Swol.* Math o siarc, *Alopias vulpes*: *sea-fox, fox shark, thresher*.
1604–7 *TW* (*Pen* 228) d.g. *vulpes* . . . *vulpes marinæ*. Ar lafar yn y Gogledd, H. E. FORREST: *FNW* 514.

môr-lyfal, gw. môr-lefel.

môr-lyffant [*môr*[1] + *llyffant*] *eg.* ll. *-lyffaint*. *Pysg.* Pysgodyn, *Lophius piscatorius*, ac iddo ben mawr a chorff bychan; mae rhan o'r asgell ddorsal yn ymestyn o flaen y pen fel genwair i ddenu pysgod bach: *angler(-fish)*, *sea-toad*, *frog-fish*.

1604–7 *TW* (*Pen* 228) d.g. *rana . . . rana piscatrix*. **1722** *Llst* 189, llyffant, y *mor-lyffant*, the devil-fish, sea-frog, sea-toad. **1803** *P*.

morlyn, morllyn [*môr*¹ + *llyn*¹; nid yw union ystyr yr engh. a ddyfynnir yn holl-ol eglur] *eg.b.* ll. *môr-lynnoedd*, *môr-lynnau*. Sianel fas neu bwll o heli wedi ei neilltuo fel rheol oddi wrth gorff dŵr mwy gan draethell, atol, &c., llyn mawr, lagŵn; môr wedi ei amgylchu gan dir; gwlff; aber, moryd; ffiord: *lagoon*; *inland sea*; *gulf*; *estuary*; *fiord*.
16g. *Pen* 82, 240, glewdrwm Iall [*sic*] gwaelod *morllynn* / yn gwachau ffrwyth llwyth y llynn [am angor].

morlys [*môr*¹ + *llys*¹] *eg.* Yr adran mewn llywodraeth sy'n rheoli'r llynges; y llys sydd ag awdurdodaeth dros faterion mor-ol: *admiralty*.
1770 *W* d.g. *the admiralty* [*court*].

môr-lysiau [*môr*¹ + *llysiau*] *e.ll.* Gwymon: *seaweed*.
1866.

morlysol [*morlys* + *-ol*] *a.* Yn perthyn i'r morlys: *pertaining to the admiralty*.
1875.

môr-lysywen [*môr*¹ + *llysywen*] *eb.* ll. *-lys(y)wod*. *Swol*. Llysywen fôr fawr, congren, *Conger conger*; lamprai: *conger* (*eel*); *lamprey*.
1632 *D*, llysowen . . . *Morlysowen*, congrus. **1730** Iaco ab Dewi: *YL* 78, i borthi *Môr-lyswod* (*lampries*). **1803** *P*.

môr-lywydd [*môr*¹ + *llywydd*] *eg.* ll. *-ion*. Comodôr: *commodore*.
1816.

môr-lliant [*môr*¹ + *lliant*] *eg.* Llifeiriant neu lanw'r môr: *the flow of the sea*, *flood-tide*.
13g. *A* 8. 8, tebic *mor lliant* y deuodeu. *c.* **1300** *H* 106b. 1, Gorwyt ut dremrut dra *mor lliant* (Llywarch ap Llywelyn). **14g.** *GIG* 23, Eirf yw'r llu ar *fôr lliant*. *c.* **1400** *R* 1434. 33–4, llas aer llosg-et maer geyr *mor lliant*. **18–19g.** *IMCY* 236, Caer Sidi ger *mor lliant* / A'i thyrrau nawdd ai thair nant.

morllif, gw. morlif.

morlliw, morliw [*môr*¹ + *lliw*¹] *a.* Glas neu laswyrdd fel y môr: *sea-blue or -green*.
1632 *D*, *morlliw* d.g. *cymatilis*. **1722** *Llst* 189, *morliw*, sea-green. [**1783**] *W*, *mor-liw* d.g. *sea-green*. *id.* mor-wyrdd (*mor-liw*) goleu d.g. *sea-green*, *light sea-green*.

morllwch, morlwch [?*môr*¹ + *llwch*¹, ond cf. hefyd *mwrllwch*; ansicr yw'r ddwy engh. gyntaf] *eg.* Ewyn y môr, anwedd: *sea-spray*, *vapour*.
c. **1300** *H* 100a. 47–8, Ef goruc am gerryc *mor llwch*. Am wuarth caduan cad arrwch (Llywarch ap Llywelyn). *c.* **1400** *R* 1339. 3–4, Cwll kimwch *morllwch* mawrllanw hoewal chwyt. **1604–7** *TW* (*Pen* 228), *morllwch* d.g. *vapor*. **17g.** *LlGC* 13215, 349, *morlwch*, vapor. **1707** *AB* 219a, *morlwch*, vapour. S. **1803** *P*, *morlwch*, the spray of the sea; vapour rising from the sea.

morllyn, gw. morlyn.

mormol, marmol [bnth. S. *mormal*, *marmole* 'inflamed sore'] *eg.* Briw llidus: *inflamed sore*.
Diw. **16g.** *WLB* 16, Rhag kankyr sych ar dwfr-llyd ar *mormol*. *id.* 58, Rhag y *mormol* pa le bynnag i bytho. *id.* 68, Rhag y *Marmol*, a rhag pob rhyw ymgrafu. *id.* 75, Rhag y *marmol* mewn esgair.

Mormon, Mormoniad [bnth. S. *Mormon*(+ *-iad*³)] *eg.* (b. *Mormones*) ll. *-iaid*. Aelod o Eglwys Iesu Grist Saint y Dyddiau Diwethaf a sefydlwyd yn 1830 yn UDA gan Joseph Smith (1805–44): *a Mormon*.
1841.

Mormonaidd [*Mormon* + *-aidd*] *a.* Yn perthyn i Formoniaeth: *Mormon* (*adj.*).
1844.

Mormones, Mormoniad, gw. Mormon.

Mormoniaeth [*Mormon* + *-iaeth*] *eb.* Cyfundrefn a dysgeidiaeth grefyddol y Mormoniaid: *Mormonism*.
1846.

mornant [*môr*¹ + *nant*; nid yw'n sicr mai yma y perthyn yr engh. gyntaf] *eg.* ll. *-nentydd*, ?*-naint*. Morgainc, moryd, aber, hefyd yn *ffig.*: *sea inlet*, *firth*, *estuary*, *also fig*.
15g. *DE* 62, y mae arnaf reydr *mornaint* (*Pen* 240, 56, mowrnaint) / om llif olwg mall ofeiliaint. **1604–7** *TW* (*Pen* 228) d.g. *aestuarium* (hefyd *D*). **1722** *Llst* 189, *mornant*, m.p. *nentydd*, a shallow branch of the sea. **1770** *W* d.g. *æstuary*, *frith or fret*. **1803** *P*.

môr-neidr [*môr*¹ + *neidr* ar ddelw'r H. Grn. *mornader*, gl. *murena vel murenula*] *eb.g.* ll. *-nadr(o)edd*. Lamprai; unrhyw bysgodyn hirfain o deulu'r *Syngnathidæ*; neidr o deulu'r *Hydrophidæ* sy'n byw yn y môr; anghenfil fel sarff y tybir ei fod yn byw yn y môr, morsarff: *lamprey*; *pipe-fish*, *needle-fish*; *sea snake*, *sea serpent*; *sea serpent* (*sea monster*).
?**16g.** *OCV* 463, *morneidyr*, gl. *mornader*. **1604–7** *TW* (*Pen* 228), *morneitr* li llan daf d.g. *muræna*. **1632** *D* d.g. *muræna*. **1722** *Llst* 189, *morneidr*, a lamprey. **1803** *P*, *morneidyr*, a sea snake. Ar lafar yn y Gogledd yn yr ystyr 'pipe-fish', H. E. Forrest: *FNW* 482.

mornod, môr-nod [*môr*¹ + *nod*] *e?g.* ll. *môr-nodau*. Gwrthrych amlwg megis goleudy a welir o'r môr ac sy'n gymorth i fordwyo: *sea-mark*.
1724 S. Williams: *ADA* 50–1, Y mae gennym lawer o Esamplau ofnadwy, yn sefyll megis cyn-nifer o *For-nodau* i'n rhybuddio ni i ochel. *id.* 89. *c.* **1730** *Thos. Lloyd D* (LlGC) 177b, *mornod*, pl. *au*, seamarks.

môr-nodwydd, &c. [*môr*¹ + *nodwydd*] *eb.* *Pysg*. Pysgodyn tebyg i lysywen â phig hir, cornbig, *Belone belone*: *garfish*, *needle-fish*.
1604–7 *TW* (*Pen* 228), *mor nydwydd* d.g. *acicula*, *belone* (hefyd *D*). *c.* **1730** *Thos. Lloyd D* (LlGC) 177b, *mornodwydd*, belone, a sea needle. *p.* **1765** L. Morris: *LW* 210, hornfish, in Welsh *Mornodwydd*. **1773** *W* d.g. *gar-fish*, *gane-fish*. **1803** *P*.

morol [*môr*¹ + *-ol*] *a.* ll. *-ion*. Yn perthyn i'r môr, arforol, llyngesol; yn byw yn y môr; ger y môr, ar y môr: *marine*, *maritime*, *naval*; *living in the sea*; *at or on the sea*.
13g. *B* xxi. 292, Canaon e llew a rithant en *vorolyon* bysgaut. **13g.** *BD* 71, trvy *uoravl* hynt yd aeth y'r Alban. *id.* 104, E *moravl* uleid a dyrcheif hvnnv. **1346** *LlA* 130, Ar neb auo mwyhaf ydefnyd yndaw or dwfyr *morawl*. auyd llafuryus. **14g.** *BT* (*RB*) 104, y llog oreu a diogelaf a odefei y mordonneu a'r *morolyon* dymhestloed. *c.* **1400** *R* 1234. 4–5, trefneist syr amyr *morawl* dylan. *c.* **1400** *DB* 49, Yn y moroed hynny y mae Karibdis a Ssille, perigleu *morawl*. **1604–7** *TW* (*Pen* 228) d.g. *aequoreus*, *marinus* (hefyd *D*). **1707** *AB* 237c, *morawl*, marine; of the sea. **1728** T. Baddy: *DDG* 61, nid oedd yr Israeliaid yn ymboeni eu hunain ond ag ychydig Farchnadoedd *Morawl* (*maritime*). **1776** *W* d.g. *marine*, *maritime*. **1803** *P*.
Gw. hefyd morafl.

moron¹ [bnth. S. C. *moren* 'roots'] *e.ll.* (un. g. *-yn*, b. *-en*).

(*a*) *Bot*. Planhigion a dyfir er mwyn eu gwreiddiau coch bwytadwy, llysiau coch, carets, *Daucus carota*; llysiau Gwyddelig, pannas, *Pastinaca sativa*: *carrots*; *parsnips*.
15–16g. *TA* 533, Llawer o flawd oedd i'w chŵd llywion—braw / A bresych a *moron*. **1545** *CM* 1, 266, yn lloegyr pasnebpys ynghymru llyshie gwyddelig a *moron*. *id.* 267, gwraidd *moronen*. **16g.** (**1763**) W. Salesbury: *LlM* 183, Pastinaca yn Lladin, a carot yn saesonaeg a *moron* ne lysie gwyddelig yn Cambraeg. *ib.* y *moron* sathraedig ar gwraidd gwnion. **16–17g.** *RAGR* 275, mi wn na chafodd fo etto vn tu. / er pan fu fo yn palu r *moron*. **1632** *D*, *moron*, Sing. *moronen* . . . pastinaca, pastinago, cara radix. **1803** *P* d.g. *moron*, *moronen*, *moronyn*. Ar lafar yn y Gogledd, *LGW* 422.

(*b*) (Bôn neu ran uchaf) cynffon: (*base or upper part of*) *tail*.
1604–7 *TW* (*Pen* 228), *myroren* d.g. *cauda*. **1632** *D*, *mororen* cynffon d.g. *caulis*. Ar lafar yn Llŷn ac Eifionydd, '*moran*, *mwran*', yn yr ystyr 'rhan uchaf cynffon anifail'.
Amr.: **meroren** [ff. un.; cf. *mororen*]. *Dchr.* **17g.** *J* 10, 30a, *meroren*, rumpe, cauda. **1707** *AB* 218d, *meroren*, a tail. [S]. **1803** *P*. **moran, moren**² [ff. un.]. *Diw.* **16g.** *WLB* 42, *moran*. Ar lafar yn Llŷn ac Eifionydd, '*moran*, *mwran*', yn yr ystyr 'rhan uchaf cynffon anifail'. **morion**³. **1788** M. Williams: *BM* [11]. **1790** *id.* [15]. **mororen, myroren** [ff. un. gyda chmth.]. **1604–7** *TW* (*Pen* 228), *myroren* d.g. *cauda*. *id.* *mororen* d.g. *cerui ocellus* (At.). **1632** *D*, moron, Sing. moronen, et corruptè *mororen*. *id.* *mororen* d.g. *caulis*. [**1783**] *W* d.g. *skirret*. **moryn**² [ff. un.]. Ar lafar yn gyff. yn y Gogledd.
Cfn.: **moron**, &c., **(yr) Almaen, m. yr allman:** *skirrets*, *Sium sisarum*. **1604–7** *TW* (*Pen* 228) d.g. *siser* (hefyd *D*). [**1783**] *W* d.g. *skirret*. **1803** *P*. **m. cochion:** *carrots*. **1688** *TJ*. **1759** J. Evans: *PF* 26. **1803** *P*. Ar lafar yn y Gogledd. **m. dof(ion):** *cultivated parsnips or carrots*. **16g.** (**1763**) W. Salesbury: *LlM* 184, *moron Dofion* yn y gardde. **1604–7** *TW* (*Pen* 228), y *moron dof* d.g. *pastinaca*. **m. y dŵr (dwfr):** *water-parsnips*. **1759** J. Evans: *PF* 64. **1813** *WB* 221. **m. Ffrainc, m. Ffrengig:** *carrots*, *parsnips*, *skirrets*. **16g.** (**1763**) W. Salesbury: *LlM* 162, *moron phrencig*. *id.* 183, carota sef *moron phraingc* ar gwraidd cochion ne velynion. **1722** *Llst* 189. [**1783**] *W* d.g. *skirret*. **1803** *P*. **m. yr ardd, m. gardd, m. y garddau:** *cultivated carrots*. **16g.** (**1763**) W. Salesbury: *LlM* 184. **1604–7** *TW* (*Pen* 228) d.g. *cara radix* (At.). Ar lafar. **m. y gwartheg:** *cow-parsnips*, *hogweed*, *Heracleum sphondylium*. *Dchr.* **17g.** *J* 10, 33b. **17g.** *LlGC* 13215, 349. **m. gwyllt(ion):** *wild carrots*, *Daucus carota*. **1604–7** *TW* (*Pen* 228) d.g. *astaphylinos*, *cerui ocellus* (At.). *Dchr.* **17g.** *J* 10, 33b. **17g.** *LlGC* 13215, 349. **1814** W. Davies: *Agric . . . S. Wales* i. 611. Cf. W. Salesbury: *LlM* 183, Deyrhyw voron sy yn dof . . . ar rhyw gwyllt. Ar lafar. **m. gwynion:** *parsnips*. **1681** T. Jones: *Alm* [37]. **1759** J. Evans: *PF* 85, 102. **1803** *P*. Ar lafar yn y Gogledd. **m. y maes (meysydd):** *wild parsnips or carrots*. **16g.** (**1763**) W. Salesbury: *LlM* 183, 184. **1604–7** *TW* (*Pen* 228) d.g. *sicha* (At.). **1632** *D* d.g. *pastinaca*, *staphylinus*. **1803** *P*. **m. y meirch:** *cow-parsnips*, *hogweed*, *Heracleum sphondylium*. **1813** *WB* 222. **m. mel-yn(ion):** *skirrets*, *Sium sisarum*. **1604–7** *TW* (*Pen* 228) d.g. *siser* (hefyd *D*). **1803** *P*. **m. y meysydd**, gw. *m. y maes*. **m. y moch:** (i) *wild parsnips*. **1632** *D* (*Bot*). **1759** J. Evans: *PF* 32, 102. **1803** *P*. (ii) *cow-parsnips*, *hogweed*, *Heracleum sphondylium*. **1830**. **m. pigog:** *prickly parsnips*, *sea parsnips*, *Echinophora*. **1813** *WB* 134, 221. **m. yr ychen:** *water-parsnips*. *c.* **1730** *Thos. Lloyd D* (LlGC) 177b.

moron² [bnth. S. *moron*] *eg.* ll. *-iaid*. Person dan anfantais feddyliol, hefyd yn ddifr.: *moron*, *also derog*.
20g.

morones, gw. meiriones.

moronyn, mororen, gw. moron¹.

môr-oror [*môr*¹ + *goror*] *eg.* Arfordir: *sea-coast*.
1815.

mororyn, gw. marwor.

morra, gw. mora.

môr-raglaw [*môr*¹ + *rhaglaw*] *eg.* Comodôr: *commodore*.
1772 *W* d.g. *commodore*.

morris-ddawns, morris-dawns, morys-ddawns [bnth. a chfdds. o'r S. *morris da(u)nce*] *eg.* ll. *-iau*. Dawns y Mwriaid, sef math o ddawnsio gwerin traddodiadol Seisnig: *morris dance*.
1604–7 *TW* (*Pen* 228), *morys dawns* d.g. *chironomica . . . cheironomica* [*sic*] *saltatio*.

morris-ddawnswraig [bnth. S. *morris* (cf. *LlCy* iii. 50, 51) + *dawnswraig*] *eb.* Dawnswraig yn y morris-ddawns: *female morris dancer*.
c. **1730** *LlCy* iii. 52, Hen *forris ddawnswraig* hŷf yw hon.

môr-rodfa [*môr*¹ + *rhodfa*] *eg.* Pir: *pier*.
1875.

morsarff [*môr*¹ + *sarff*] *eb.* ll. *-seirff*. Sarff fôr (anghenfil): *sea serpent* (*monster*).
1819.

mortais [bnth. S. Diw. Cyn. *mortaise*] *eg.b.* ll. *morteis(i)au, morteision.* Twll neu rigol, yn enw. un a dorrir mewn pren, carreg, &c., i dderbyn tafod neu dyno i ffurfio uniad, y cyfryw uniad, asiad, soced, hefyd yn *ffig.*: *mortise, socket, hole, groove, mortise and tenon joint, also fig.*

1547 *WS, mortaise,* rhwyll, mortesse. **16g.** *THSC* (1923–4) (At.) 62, gadawssant y groes y syrthio yr llawr a chorff yr arglwydd erni, hyt pan wahanodd y *mortaisse* bob vn oddiwrth y gilydd. *c.* **1585** G. ROBERT: *DC* 32b, yr oedd twll a *mortais* yn y ddaear wedi ei wneuthur i r groes i sefyll ynddo. **1588** *Ecs* xxvi. 19, gwna ddeugain *mortais* arian tann yr vgain styllen. **1588** *Ecclus* xxvi. 21, Fel colofnau aur mewn *morteisiau* arian. **1604–7** *TW* (*Pen* 228), y Cyn ne'r Tenwn a rodder yn y *morteis* ne'r rhwyll d.g. *cardo. Dchr.* **17g.** *J* 10, 34a, *mortais,* socket. **1632** *D, mortais,* gumphus, cauum. **1688** *TJ, mortais,* Rhŵyll: a Mortice. **1722** *Llst* 189, *mortais,* f.p. *teisiau,* a mortice. **1740** T. EVANS: *DPO* 160, Y Garreg uchaf neu'r Allor . . . ac o du'r Gogledd *Fortais* ynddi, i ddwyn ymaith waed yr Aberth. **1776** *W* d.g. *mortise, socket.* **1803** *P.*

Cfn.: **mortais a thyno:** *mortise and tenon.* **1869. m. y cwlltwr:** *hole in the plough-beam to take the coulter.* Ar lafar yn Arfon.

mortar[1,2], gw. morter[1,2].

morteisiaf, morteisaf: morteis(i)o [bf. o'r e. *mortais*] *bg.a.* Torri mortais mewn (pren, &c.), cydio (dau ddarn o bren, &c.) ynghyd drwy gyfrwng mortais a thyno, asio, ffitio, hefyd yn *ffig.*: *to mortise, fit, also fig.*

1547 *WS, mortaisio,* mortayse. **1552** (*Diw.* **16g.**) *B* ii. 116, *morteisio* a thenymmy rei ereill [coed defnydd] y oedd reitiaf wrthyn. **1561–2** *Rhyddiaith Gymraeg* i. 64, *morteissiaw* ymafaelfach gwerthyd. **1722** *Llst* 189, *morteisio,* to mortise. **1738** *W Ballads* 119, 6, *morteisio* Closio cydio Coedydd / Enw Galawnt yn I gilydd. **1776** *W* d.g. *to mortise.* **1803** *P.*

morter[1], **mortar**[1] [bnth. S. C. *morter,* S. Diw. *mortar*] *eg.* ll. *-au, morteri.*

(*a*) Llestr ar gyfer pwyo a malu'n fân sylweddau cemegol, grawn, &c., â phestl, hefyd yn *ffig.*: *mortar (for grinding), also fig.*

14g. *YBH* 27a, mi ae briwaf [llysiau] mywn *morter* ay sud yn ehelaeth a wyryaf yny tunellau gwin. *c.* **1400** *MM* 22, ae yssigaw [rhisgl] y mywn *morter* yn degyn. *c.* **1400** *Études* vii. 280, kymer centori a berw trwy hen gwryf . . . ac odyna briw ef mywn *morter.* **1547** *WS, morter,* a morter. **1588** 2 *Cr* xxiv. 14, llestri y wenidogaeth, a'r *mortêrau,* a'r phiolau. **1588** *Job* xli. 22, efe a esyd y môr fel *morter* apothecari. **1588** *Diar* xxvii. 22, Er i ti bwnnio ffôl mewn *morter* â phestl ym mhlith grawn. **1632** *D, morter* i bwyo haidd d.g. *psanarium.* **18g.** *Beirdd y Berwyn* 77, *Morter,* pestel, padell haiarn, / Padell ffrio, grat, a llwydan. *c.* **1740** *LlM* 28, *Morter* Prês. **1759** J. EVANS: *PF* 46, *Mortar* o Faen Marble. *id.* 54, *Mortar* gwydr. **1767** J. THOMAS: *A* ix, er eu pwyo yn y *Morter* o Dystiolaeth 'sgrythurol. **1776** *W* d.g. *mortar* [*a vessel of stone or metal for pounding things therein*].

(*b*) Math o fagnel a ddefnyddir i saethu sieliau ar daflwybr uchel dros bellter byr: *mortar (cannon).*

c. **1762–79** W. WILLIAMS: *P* 504, angorau, canonau, *mortarau,* bombs, a phob mân arfau rhyfel.

Amr.: **mortyr. 1801** *MMf* 93, 268.

morter[2], **mortar**[2] [bnth. S. C. *morter,* S. Diw. *mortar*] *eg.* Cymrwd, sment, hefyd yn *ffig.*: *mortar, cement, also fig.*

14g. *BT* (*RB*) 154, adeilasei yr Arglwyd Rys castell Aberteiui o vein a *morter.* **15–16g.** *TA* 536, Treulud *forter* a hoelion,—/ Cyfod,—i doi ceudy, dôn! **16g.** (*LlEG*) *Mos* 158, 84a, dechreuwyd Edeilad pont gaerludd o vain a *mortter. id.* 142b, [c]ymerud kalch a *mortter* a cherig . . . i Edeilad ty ogreuydd. **1547** *WS,* kymrwd, *morter,* cyment. **16g.** SIÔN BRWYNOG: *Gw* 211, Tŵr chwyrn trwy *forter* a chalch, / To arianwisg tŷ'r henwalch. **1604–7** *TW* (*Pen* 228), rhywogaeth garrec y gwneyt *morter* a chymrwt ohonei d.g. *thyites. c.* **1762–79** W. WILLIAMS: *P* 63, Y railau . . . wedi eu gorchguddio a charreg ddu fel Jett, a'u cysylltu hwynt a'u gilydd a mâth o *fortar* du a gwyn. **1776** *W* d.g. *mortar* [*the cement used by masons and bricklayers*].

morteraf[1]: **morteru** [bf. o'r e. *morter*[1]] *ba.* ac weithiau yn *abs.* Pwyo mewn morter, malu'n fân, manu: *to pound in a mortar, crush, mortar.*

c. **1400** *MM* 76, *Mortera* wreid y celidonia a llysseu y wennawl. *id.* 78, Kymer gaws da a *mortera* yn ffest. *id.* 84, arall yw *morteru* y rut gwyry ar ganwreid. *c.* **1400** *Études* vii. 272, *mortera* y ros a berw y mywn gwin. **15g.** *Pen* 57, 47, Kymer vn ardd ec [*sic*] o ymyrafel lysiav . . . *amorterr* igyt yn dda. *Diw.* **16g.** *WLB* 6, [p]ennau garlleg . . . wedi i sigo neu i *morteru* yn fân. **1595** H. LEWYS: *PA* 118, Mal y mae llysieu . . . 'n rhoddi gwell sawr . . . pann i *morterer. c.* **1730** *Thos. Lloyd D* (LlGC) 178a, *morteru,* to pun in a morter. *c.* **1740** *LlM* 5, 13. **1795** J. THOMAS: *AIC* 363, *Mortera* Ffâ yn dda, a chymysga nhw a Halan ac â Mêl.

Amr.: **mortyru. 1801** *MMf* 100.

morteraf[2]: **morteru** [bf. o'r e. *morter*[2]] *ba.* Cydasio neu glymu (cerrig, &c.) â morter, cymrydu, llwyaru, smentio: *to mortar, cement.*

1604–7 *TW* (*Pen* 228) d.g. *rudero.*

mortgaeds, mortgaets, gw. morgais.

mortiffeiaf: mortiffeio [bnth. S. (*to*) *mortify*] *bg.* Madreddu, pydru: *to mortify, become gangrenous, rot.*

1757 *ML* i. 467, Rhaid mynd i dacclu bawd y dyn sydd wedi *mortiffeio.* Ar lafar.

mortingel [bnth. S. *martingale*] *eg.* ll. *-au.* Martingal: *martingale.*

Ar lafar; yn Arfon yn y ff. *mórticel, WVBD* 379. Ym Môn gall hefyd olygu 'hances a wisgir am yr wyneb'.

Gw. hefyd martingal.

mortraws [bnth. S. C. *mortreues*] *eg.* Math o fwyd a wneid drwy forteru cig, &c.: *mortress, kind of food made with pounded meat, &c.*

15g. DEIO AB IEUAN DU, &c.: *Gw* 113, Ei sew Nadolig a'i saws,—ei bastai, / Ei bestel a'i *fortraws.* **1547** *WS, mortraws* rhyw vwyd, mortresse. *c.* **1548** *CM* 1, 703, maeddar kigg ar esgyrnn ynn *vortraws* gidag ychydig orisgell. *id.* 778, Kymer gegyrn o vallau Surion . . . maedda wynt . . . oni ellonnt twy megis *mortraws. c.* **1566** *B* xv. 119, o awst allan . . . arferol yw *mortraws* hyd yr vnyd. *ib. mortraws* brawn y wnair val hyn. **1578–80** (**17–18g.**) *Cylchg LlGC* vii. 276, Swbrsaws rhyw *fortraws* rhy fwll. **1632** *D, mortraws,* antiquis Pixanum.

mortwari [bnth. S. *mortuary*] *e?g.* Tâl i esgob, archddiacon, &c., ar farwolaeth offeiriad dan ei awdurdod: *mortuary, payment to bishop, archdeacon, &c., on the death of a priest under his jurisdiction.*

16–17g. *GST* i. 485, A minnau a ddymunwn, / Mawr eto rodd, *mortwari* hwn:– / Pwrs a gwregys y person / A'i siaced siamled i Siôn.

mortyr, mortyraf: mortyru, gw. morter[1], morteraf[1]: morteru.

morthwyl, mwrthw(y)l, mwrthol, myrthwyl, &c. [bnth. Llad. *martulus,* ?drwy'r Brth. Diw. **mortulo-*, cf. Crn. C. *morthol,* Llyd. C. *morzol,* Llyd. Diw. *mo(u)rzho(u)l*; cf. hefyd daf. Gwened *marhol*] *eg.* (bach. *morthwylyn*) ll. *morthwylion, myrthwylion, mwrthwylion, morthylau, morthylon, myrthylau,* &c. Erfyn llaw ac iddo ben caled (o ddur, haearn, carreg, &c.) i bwyo hoelion, taro cŷn, curo metel, &c., hefyd yn *dros.*, e.e. am ffon bengaled sy'n taro cloch cloc, clicied clo gwn, ac yn *ffig.*: *hammer, mallet, also transf., e.g. of clock hammer, cock of gun, and fig.*

10g. (*Ox* 2) *VVB* 189, *morthol,* gl. *seta.* **13g.** *B* iv. 10, Gwell vn dyrnot ar ord no deu a *morthwl.* **13g.** *LlI* 93, *Morthuyl,* dam[dug]. **14g.** *WM* 46. 33–4, dyuyn . . . yno or aoed o perchen geuel *amwrthwl* (*RM* 32, *myrthwl*). **14g.** *GDG* 178, Difwyn fo'i ben a'i dafod / . . . / A'i bwysau, pelennau pŵl, / A'i fuarthau a'i *fwrthwl* [i'r cloc]. *c.* **1400** *YCM*[2] 56, gwell o ragor y gwydyat ef y wrth ymlad no'r gwr kywreinaf y wrth daraw a *myrthwyl.* **15–16g.** *TA* 460, Bandau, *myrthylau* a thân, / Bondo gwydr Bendigeidran. **16g.** *GIBlV* 24, Ar groes eilwaith ragorus hoelion / O amorth alar a *morthwylion.* **1588** *Jer* li. 20, Ti ydwyt *forthwyl* i mi. **1604–7** *TW* (*Pen* 228), curo val a *mwrthol* d.g. *tudiculo. Dchr.* **17g.** *J* 10, 34a, *morthwylyn,* malleolus. **1615** R. SMYTH: *GB* 28, y rhan fwya o 'r meddiginiaethau lacsatif nid ynt ddim arall ond gwir *forthwyl* i goethi dynion i lawr. **1632** *D, morthwyl,* malleus, tudes. *id. mwrthwyl,* vid. *Morthwyl.* **1707** *AB* 271b d.g. *a Beetle or Mallet.* **1716–18** *Llsgr R. Morris* 15, wrth swn *myrthwulion* tubal. **1722** *Llst* 189, *morthwyl,* m.p. *thylion,* a hammer; cock of a gun. **1728** T. BADDY: *DDG* 89, sŵn *Morthylion* megis Gofaint Aur. *c.* **1730** *Thos. Lloyd D* (LlGC) 168a, *mwrthyle,* BF. 9, hammers. **1746** G. JONES: *HWI* v. 97, oni ddylai sŵn y *mwrthwylion* fyned trwy fy nghâlon. **1760** *ML* ii. 193, Mae'n rhaid i'r holltau fod yn bur gywir yn union fal crai *morthwyl. id.* 217, [t]rwssio berfaau olwynog a rhawiau . . . a *morthylau,* a gyrdd. *c.* **1762–79** W. WILLIAMS: *P* 40, Bwyill, Hoelion, *Mwrthwlau. id.* 341, [c]uro Haman a *mwrthwlion* yn y synagog. **1775** *W* d.g. *the knocker* [*clapper*] *of a door.* **1803** *P* d.g. *mwrthwyl.* Ar lafar; hefyd yn nwyrain sir Gaerf. yn yr ystyr 'ffon gorddi'. Fe'i clywir hefyd am 'needle bar', sef 'y rhan o beiriant gwnïo sy'n dal y nodwydd ac yn symud i fyny ac i lawr wrth wnïo'.

Amr.: **morthoel, mwrthoel. 1567** *LlGG* (*Sall*) 41a, *mwrthoelion.* **1588** *Eseia* xliv. 12, *morthoelion.* **1592** S. D. RHYS: *Inst* 247, Adrodd Celi dwyradd cóelion, / A'e' fawr hóelion a'e' fêr hwyliad; / A'e' frâth weli o *fwrthóelion,* / Ag argoelion gwîr y gwelad. **1595** H. LEWYS: *PA* 104, Dryll o hayarn, ne arian, rhwn a gurir . . . a *mwrthoyl.*

Cfn.: **morthwyl,** &c., **bach:** *small hammer used when splitting slate.* Ar lafar yn ardaloedd y chwareli llechi. **m. brasollt:** *heavy hammer used when rough-splitting slate.* Ar lafar yn ardaloedd y chwareli llechi. **m. cnap:** *mash-hammer.* Ar lafar yn y De. **m. cowjio:** *light hammer used in slate quarries for striking a gouge.* Ar lafar yn ardaloedd y chwareli llechi. **m. crafanc:** *claw-hammer.* **20g. m. dragio:** *heavy hammer used when rough-splitting slate.* Ar lafar yn ardaloedd y chwareli llechi. **m. drws:** *door-knocker.* **1688** *TJ,* ystwffwl, *mwrthwŷl drŵs*: the clapper of a door. **1775** *W* d.g. *the knocker* [*clapper*] *of a door, the ring* [*knocker*] *of a door.* **m. dwbl-hand:** *heavy two-handed hammer.* Ar lafar yn Arfon, '*mwrthwl dwbwl hand* i guro ar ben ebillion i dyllu', *WVBD* 382. **m. gof:** *blacksmith's hammer; ball-peen hammer.* **1604–7** *TW* (*Pen* 228) d.g. *pyrobola.* Ar lafar. **m. hogwr:** *light hammer used in honing a circular saw.* Ar lafar yn ardaloedd y chwareli llechi. **m. mawr:** *steam-hammer.* Ar lafar. **m. naddu:** *stonemason's pick.* Ar lafar yn nwyrain sir Gaerf. **m. paen:** *waller's hammer.* Ar lafar ym Môn, *B* xxiv. 179. **m. pedoli:** *shoeing-hammer.* Ar lafar yn nwyrain sir Gaerf. **m. pensgwar:** *spalling-hammer.* Ar lafar ym Môn, *B* xxiv. 179. **m. pig:** *scabbling-hammer.* Ar lafar yn y Gogledd, *B* xxiv. 179. **m. plansio:** *planishing-hammer.* **20g. m. pren:** *wooden mallet.* Ar lafar. **m. sinc:** (*baby's*) *rattle.* Ar lafar yn y Gogledd, *B* xiv. 289. **m. sincio:** *sinking-hammer.* **20g. m. toi:** *pick-hammer.* Ar lafar yn nwyrain sir Gaerf. **m. troi pedolau:** *cat's-head hammer.* Ar lafar yn nwyrain sir Gaerf. **m. tynnu hoelion:** *claw-hammer.* Ar lafar yn sir Drefn., *B* xvi. 94. **m. wyneb crwn:** *ball-peen hammer.* **20g. mynd dan y m.:** *to be sold at an auction, go under the hammer.* **1853** W. REES: *AFR* 418, [m]yned dan y *morthwyl,* fel cynnifer o anifeiliaid, neu ddodrefn.

morthwyladwy, morthwyledig, gw. morthwyliadwy, morthwyliedig.

morthwyledd [bôn y f. ddil. + *-edd*[1]] *eg.* Hydrinedd (am fetel): *malleability.*

1851.

morthwylfa [bôn y f. ddil. + *-fa, ma*] *eb.* ll. *-oedd, -feydd.* Adeilad ac ynddo ffwrnais, &c., at doddi metelau a'u gweithio; gefail gof; hefyd yn *ffig.*: *forge; smithy; also fig.*

1773 *W* d.g. *forge* [*the furnace where iron is properly tempered, or the place where it is beaten into any particular form*].

morthwyliad, mwrthwyliad [bôn y f. ddil. + *-iad*[1]] *eg.* ll. *-au.* Y weithred o forthwylio, ffustiad: *a hammering.*

1722 *Llst* 189, *morthwyliad,* m. a hammering. **1774** *W, morthwyliad* d.g. *a hammering.* **1803** *P* d.g. *mwrthwyliad.*

morthwyliadwy, morthwyladwy, &c. [bôn y f. ddil. + *-(i)adwy*] *a.bfl.* Hydrin (am fetel): *malleable.*

[**1761**] *GGJ* 50, I wneud Quick Silver yn *fwrthw[l]adwy.* **1776** *W, morthwyliadwy* d.g. *malleable.*

morthwyliaf, mwrthw(y)liaf, myrthwyliaf, &c.: **morthwylio, mwrthw(y)lio,**

myrthwlio, &c. [bf. o'r e. *morthwyl,* &c.; ffrwyth diwygiad amheus yw'r ff. *fyrthyliwyd, TA* 185] *bg.a.* Curo, ffustio, neu bwyo â morthwyl, rhoddi ffurf ar (beth) drwy ei guro â morthwyl, siapio â morthwyl, hefyd yn *ffig.*: *to hammer, beat with a hammer, forge, also fig.*

1604–7 *TW* (*Pen* 228), *mwrthwlio* d.g. *malleo.* **1632** *D, morthwylio,* malleo tundere. **1722** *Llst* 189, *morthwylio,* to hammer, forge. **1776** *W, morthwylio* d.g. *to malleate.*

Amr.: **mwrthoelio. 1604–7** *TW* (*Pen* 228), *mwrthoelio* d.g. *recudo, tudiculo.* **1658** R. VAUGHAN: *PS* 219, ar yr hwn [eingion] y mae y diafol . . . yn *mwrthoelio,* llunio, a churo allan ei holl orchwylion. *c.* **1658** R. VAUGHAN: *E* 250, i luniaw yr Ecclwys ar Stât ar eu Heingion hwy, y modd y *mwrthhoelient* hwy.

Cfn.: **morthwylio allan:** *to hammer out.* **1774** *W* d.g. *to hammer out.* **1789** H. JONES: *EN* [iii]. **1790** *Prif Crist* 52.

morthwyliedig, morthwyledig, mwrthw(y)liedig [bôn y f. fl. + -(*i*)*edig*] *a.bfl.* Hydrin (am fetel); wedi ei weithio â morthwyl (am fetel): *malleable; worked with a hammer* (*of metal*).

1604–7 *TW* (*Pen* 228), *mwrthwliedic* d.g. *malleatus.* **1803** *P* d.g. *mwrthwyliedig.*

morthwyliwr, morthwylwr, mwrthw(y)liwr, morthwylydd [bôn y f. fl. + -(*i*)*wr, -ydd*[3]] *eg.* ll. *-wyr.* Un sy'n defnyddio morthwyl, un sy'n morthwylio: *hammerer.*

1588 *Eseia* xli. 7, y saer a gyssurodd yr eurych, a'r *morthwyl-wr,* yr hwn oedd yn curo yr einion. **1604–7** *TW* (*Pen* 228), *mwrthwliwr* d.g. *malleator.* **1632** *D, morthwyliwr* d.g. *malleator.* **1774** *W, morthwyliwr, morthwylydd* d.g. *hammerer.* **1803** *P* d.g. *mwrthwyliwr.*

morthyw, gw. morffew.

morudd, gw. môr[1]—M. Rhudd.

môr-uncorn [*môr*[1] + *uncorn*] *eg.* Morfil danheddog, *Monodon monoceros,* a'i gynefin yn yr Arctig, ac iddo groen gwelw a smotiau duon; mae gan y gwryw ysgithrddant troellog: *narwhal.*

1851.

morwal [*môr*[1] + *gwal, wal*] *eb.* ll. *môrwaliau.* Morglawdd, clawdd môr: *seawall, sea-bank, breakwater.*

16g. (*LlEG*) *Mos* 158, 688a, y torlenydd ar *mor walliav.* **1604–7** *TW* (*Pen* 228), clawdd mor ne *vorwall* d.g. *agger.*

môr-waneg [*môr*[1] + *gwaneg*] *eb.* ll. *môrwenyg, mŷr-wenyg.* Ton (môr), moryn ewynnog, dygyfor y môr, ymchwydd y môr: *wave* (*of the sea*), *breaker, billow, surge.*

c. **1400** *R* 1195. 1, Dvc *morwanec* dec odu gaeaf. *id.* 1316. 24, rysgyr *morwanec* dec y orteu. *id.* 1321. 11–12, Yn ol bun dec. hoen *morwanec.* *c.* **1730** *Thos. Lloyd D* (LlGC) 178a, *morwaneg,* unda marina. **1770** *W, môr-wenyg* d.g. *billows, sea . . . sea-billows.* **18–19g.** *CLl* 248, Ym *myrwenyg* mawr wynion / Barthau aig cefaist borth Ion (Twm Pedrog). **1803** *P.*

môr-warchae [*môr*[1] + *gwarchae*] *eg.* Gwarchae ar borthladd(oedd) gwlad i rwystro mewnforio ac allforio nwyddau, &c., blocâd: (*naval*) *blockade.*

1814.

morwch, môr-hwch [*môr*[1] + *hwch*; H. Grn. *morhoch,* gl. *delphinus,* Llyd. C. *morhouch,* Llyd. Diw. *morhoc'h*] *eb.* ll. *môrhychod.*

(*a*) *Swol.* Morlo; llamhidydd; dolffin; hefyd am forfilogion tebyg i'r dolffin ac yn *ffig.*: *seal; porpoise; dolphin; also of grampuses and fig.*

14g. *DGG*[2] 156, Dy farf a'th wnaeth, gaeth gythrudd, / A'th drawswch rawn *morhwch* rhudd (Llywelyn Goch ap Meurig Hen). *c.* **1400** *R* 1270. 13, kimwch brynnic *vorwch* breu. *id.* 1356. 4–5, *Morwch* ordala. meryd ysmala. **15g.** *IGE*[2] 205, Goglais ganti pan giglau / Trawswch y blew *morwch* mau [Llywelyn ab y Moel i'r farf fer wrthnysig]. **1604–7** *TW* (*Pen* 228), *morhwch* li. ll. daf. d.g. *delphin. id.* rhywogaeth pysc cyphelyp yr dolphin: rhai ai cymer . . . yn lle'r *morhwch* ne'r moelrhon d.g. *tursio.* **1617** *Minsheu* 375a d.g. *a Porpaise.* **1632** *D, morhwch,* delphinus. Sic Arm. & Li. Land. *id.* d.g. *phoca, tyrsis.* **1688** *TJ,* moelrhon, *môrhwch,* mâth ar bysgodŷn: a Sea-Fish called a Porpoise. **1722** *Llst* 189, *mor-hwch,* f. a dolphin. **18g.** *Pant* 19, 88, *morhwch,* Morfochyn, a species of Dolphin called Grampus. **1751** *ML* (Add) 218, [y] *Forhwch* yn rhoi llaeth i'w pherchyll. **1772** *W* d.g. *dolphin, porpoise.* **1803** *P, morhwch,* pl. *morhychod,* the dolphin; a grampus.

(*b*) *Ser.* Y cytser *Delphinus*: *the constellation Delphinus.*

1816.

morweisiad, gw. morwysiad.

môr-wennol [*môr*[1] + *gwennol*] *eb.* ll. *-wenoliaid. Adar.* Aderyn môr o isteulu'r *Sterninæ* ac iddo adenydd hirgul, pig fain, a chynffon fforchog, gwennol y môr, ysgraell; gwennol y glennydd, *Riparia riparia*; môr-eryr, gwalch y pysgod, *Pandion haliaëtus*: *sea swallow, tern; sand-martin; osprey.*

14g. *WM* 455. 21–3, Mal dwy *morwennawl* yn darware yny gylch [am filgwn]. **16g.** *AP* 10, [p]edair tywarchen . . . yn debygach i bedair *morwennol.* **1588** *Deut* xiv. 12, yr eryr, a'r wydd-walch, a'r *for-wennol.* **1604–7** *TW* (*Pen* 228) d.g. *apeda. Dchr.* **17g.** *J* 10, 33b, *mor wennol,* osprey. **1632** *D, morwennol,* apus, odis. **1653** *MLl* i. 229, Mae yn yr eglwysydd lawer o adar eraill, mae'r wyddwalch, a'r *forwennol,* a'r barcud. **1688** *TJ, môrwennol*: a Martinet, the second kind of Swallows. **1722** *Llst* 189, *mor-wennol,* f. a sea-swallow. **1776** *W* d.g. *martinet, martlet, or sand martin, western or westhorn.* **1803** *P, morwennol,* pl. *morwennoliaid,* the sea-swallow, the sand-martin.

Cfn.: **môr-wennol fach (fechan):** *little tern, least tern, Sterna albifrons.* Ar lafar yn y Gogledd, H. E. FORREST: *FNW* 376. **m. frenhinol:** *royal tern, Sterna maxima.* **20g. m. gyffredin:** *common tern, Sterna hirundo.* **20g. m. ddu:** *black tern, Chlidonias niger.* Ar lafar yn y Gogledd, H. E. FORREST: *FNW* 369. **m. y gogledd:** *arctic tern, Sterna macrura or S. paradisea.* Ar lafar yn y Gogledd, H. E. FORREST: *FNW* 374. **m. wridog:** *roseate tern, Sterna dougallii.* **20g. m. leiaf = m. fach. 1832. m. fwyaf = m. gyffredin. 20g. m. bigddu:** *sandwich tern, Sterna sandvicensis.* **20g. m. rosliw = m. wridog. 20g.**

Morwerydd, gw. môr[1]—M. Werydd.

morwiail, morwyal [*môr*[1] + *gwiail, gwyal*] *e.ll.* (un. b. *môr-wialen*). *Bot.* Enw ar amryw fathau o wymon mawr brown, yn enw. o'r tylwythau *Laminaria* a *Fucus*: *oarweed, tangle, wrack.*

14g. *WM* 95. 34–5, Ac yny lle y guelas delysc a *morwyal.* **[1547]** W. SALESBURY: *OSP,* Kryny val y *vor wialen.* **16g.** *WLl* 221, Gwywder *morwiail* a dail dolydd. **1604–7** *TW* (*Pen* 228), llyseuach yn tyfû yn y mor, a deil megys Letis . . . *mor wieil,* ysnoden y mor d.g. *alga. Dchr.* **17g.** *J* 10, 33b, *Morwial,* cingulus, alga fucus. **1803** *P.* **1813** *WB* 222, *Morwialen*; Fucus digitatus; Sea-girdle. Ar lafar yn Arfon yn y ff. *myrwials, PKM* 274.

Cfn.: **morwiail (morwyal) bylchog:** *saw wrack, serrated or toothed wrack, Fucus serratus.* **20g. m. cnotiog:** *egg wrack, knotted wrack, Ascophyllum nodosum.* **20g. m. codennog:** *bladder wrack, Fucus vesiculosus.* **20g. m. danheddog = m. bylchog. 20g. m. sianelog:** *channelled wrack, Pelvetia canaliculata.* **20g.**

môr-wiber [*môr*[1] + *gwiber*] *eb.* Pysgodyn bychan o'r tylwyth *Trachinus* ac iddo asgell ddu bigog wenwynig ar hyd ei gefn: *weever, sting-fish, sea-viper.*

18g. *Pant* 19, 89, *Mor Wiber,* a Weever. **1803** *P, morwiber,* the sea-dragon, or viver. Ar lafar yn y Gogledd, H. E. FORREST: *FNW* 453.

Cfn.: **môr-wiber fach:** *lesser weever, Trachinus vipera.* **20g. m. fawr:** *greater weever, Trachinus draco.* Ar lafar yn y Gogledd, H. E. FORREST: *FNW* 454.

môr-wibiwr [*môr*[1] + *gwibiwr*] *eg.* ll. *-wibwyr.* Môr-leidr: *pirate.*

1896.

morwinaf: morwino, gw. merwinaf: merwino.

morwm, morwn, gw. morwyn.

morwr, moriwr, morydd [*môr*[1] a bôn y f. *moriaf*: *morio* + -(*i*)*wr, -ydd*[3]] *eg.* ll. *morwyr, moryddion.* Aelod o griw llong, un sy'n hwylio ar y môr, llongwr, mordwywr, hefyd yn *ffig.*: *sailor, seaman, mariner, also fig.*

14g. *YBH* 33a, kanys goreu *morwr* or byt oed copart. **15g.** *GGl*[2] 231, Llif Noe yw llefain ei wŷr, / Llifeiriant llu o *forwyr. a.* **1575** *GGN* lxii, *moriwr* a rowch fy marwn / mwy na sach damunais hwn [i ofyn moelrhon]. **1588** *Jona* i. 5, Y *mor-wŷr* a ofnasant. **1595** H. LEWYS: *PA* 144, megys ac nad yw y *moriwr* yn gollwng allan i hwylieu cynn belled, nas dichon ef i tynnu i mewn trachefn. **1629** R. LLWYD: *P* 40, ar *morwr* a ddisgwyl am y llanw. **1630** R. VAUGHAN: *YDd* 186, Y llong yn hwylus . . . a'r *morwyr* yn gryfion. **1632** *D, moriwr* d.g. *nauta.* **1676** W. JONES: *GB* 114, Mae 'r *morriwr* mewn tymestl. **1718 (1721)** S. THOMAS: *HB* 47, Cristopher Columbus, *môr-wr* hynod o Italy. **1760** *ML* ii. 158, Mae o ettwa wedi dianghenu rai o'ch *morwyr.* **1776** *W, morwr, moriwr* d.g. *mariner.* **1798** W. RICHARDS: *CC* 9, gan fod Môr Hafren yn un tra pheryglus i longau a *morwyr* dieithr. **1803** *P.*

morwraf: morwra, gw. morwriaf: morwrio.

morwraidd [*morwr* + *-aidd*] *a.* Morwrol, morol, arforol, llyngesol; yn perthyn i forwr: *nautical, marine, maritime, naval; pertaining to a sailor.*

1722 *Llst* 189, *morŵraidd,* belonging to a seaman.

morwriaeth [*morwr* + *-iaeth*] *eb.g.* Llongwriaeth, medr morwr neu longwr wrth ei waith; hwyliad llong; masnach fôr: *navigation, seamanship; a sailing; sea trade.*

1588 *Act* xxvii. 9, pan oedd yn enbyd *morwriaeth.* **1632** *D* d.g. *adnavigatio.* **1722** *Llst* 189, *morwriaeth,* f. the art of navigation. *c.* **1762–79** W. WILLIAMS: *P* 254, yn drech mewn *morwriaeth,* a marsiandaeth na'r holl fyd. **1803** *P, morwriaeth,* s.m., seamanship.

morwriaethol [*morwriaeth* + *-ol*] *a.* Yn perthyn i forwriaeth; morwrol, morol, arforol, llyngesol: *navigational; nautical, marine, maritime, naval.*

1814.

morwriaf: morwrio [bf. o'r e. *morwr*] *bg.a.* Hwylio, mordwyo: *to sail, travel by sea.*

1832.

Amr.: **morwra. 1868.**

morwrol [*morwr* + *-ol*] *a.* Yn perthyn i'r môr, i forwyr, neu i longau, morol, arforol, llyngesol; y gellir hwylio llong arno, mordwyol: *nautical, marine, maritime, naval; navigable.*

1819.

morwyal, gw. morwiail.

môr-wybr [*môr*[1] + *wybr*] *eb.* Awyr y môr: *sea air.*

1716 T. EVANS: *DPO* 73, ac iddynt ddewis, er mwyn cael eu cynnefinol jechyd, fyned tuag adref er cael lleshad y *Fôr-wybr.*

morwydaf: morwydo, gw. mordwyaf: mordwyo.

morwydd [bnth. diw. o'r Llad. *mōr*(*us*) + *gwŷdd*[1]] *e.ll.* (un. b. *-en*) ac *eg.* Coed(en) o'r tylwyth *Morus* sy'n dwyn aeron tebyg i fwyar duon: *mulberry tree*(*s*).

1588 2 *Sam* v. 24, A phan glywech drwst cerddediad ym mrig y *môr-wŷdd.* **1588** 1 *Mac* vi. 34, A hwy a ddangosasant sugyn grawnwin, a *mor-wŷdd* i'r elephantiaid i'w hannog hwy i'r rhyfel. *Dchr.* **17g.** *J* 10, 33b, *morwydd,* mulberie tree, morus arbor, Sycaminea. **1632** *D, morwydd,* Sing. *Morwydden,* morus arbor. **1728** T. BADDY: *DDG* 33, yn y Dyffrynnoedd y mae Gerddi *Morwydd,* a pha rai porthant y Sidan bryfed. **1773** J. ROBERTS: *GY, Morwydd,* pren, sydd a'i ffrwyth, Dail, a Rhiscl yn feddyginiaeth. Ei ddail yw ymborth y Pryf Sidan. Clywir yr ymad. 'sŵn ym mrig y *morwydd*' ar lafar i gyfleu cyffro cychwynnol, neu ryw awgrym o ddatblygiad newydd sydd ar gerdded, &c.

Amr.: **merwydd** [ansicr yw'r engh. gyntaf isod] (un. b. *-en*). **1694** *CC* 216, mary oeydd eu *merwydden* (O. GRUFFYDD: *Gw* 77, myrwydden). **1803** *P* d.g. *merwydd, merwydden.* **1813** *WB* 219.

môr-wylan [*môr*[1] + *gwylan*] *eb.* ll. *-od.* Gwylan: *seagull.*
1805.

môr-wylliad [*môr*[1] + *gwylliad*[2]] *eg.* ll. *-iaid.* Môr-leidr: *pirate.*
1632 *D* d.g. *pirata.* **1722** *Llst* 189, *morwylliad,* m.p. *wylliaid,* a pirate. **1767** *Gron* 121, llyngesyddion dewrion, ac agatfydd *mor-wylliaid* dilesg. **1770** *TG* iv. 86, y camwedd a wnaethai ei *forwilliaid* ef i longau Ffraingc. **1780** *W* d.g. *pirate.*

morwyn [H. Grn. *moroin,* gl. *puella,* Crn. C. *moren*: ?< Brth. **morignā*; gw. hefyd *môr-forwyn*] *eb.* ll. *moryn(i)on, morw(y)nion.*

(*a*) Gwraig neu ferch mewn gwasanaeth, gwasanaethferch, llawforwyn: (*female*) *servant, maid(servant),* (*female*) *attendant, handmaid(en).*
14g. *WM* 109. 4–7, Sef awnaeth blodeuwed . . . kymryt y *morynyon* gyt a hi. **15g.** *FfBO* 55, gwr kyuoethawc, yr hwnn yd oed dec a deugeint o *vorynyon* yn y wassanaethu. **1567** *TN* 107b, y gweision, a'r *morynion.* **1588** *Deut* v. 21, na chwennych dŷ dy gymydog . . . nai was, nai *forwyn.* **1606** E. JAMES: *Hom* ii. 292, Yr oedd i'r [diwyg.] wraig rydd ragoriaeth oddiar y *morwynion* a'r caethwragedd. **1632** *D, morwyn,* ancilla. **1687 (1715)** J. OWEN: *TB* 81, Yr oedd gan Arglwyddes rinweddol *forwyn* ddiog esgeulus. **1793** DAFYDD IONAWR: *CD* 141, Gwnai['i] *morwynion* hoywon hi [merch Pharo] / Ei ddwyn [Moses] e'n addwyn iddi. Ar lafar yn y ff. *morŵyn, morwn, morwyn*; hefyd yn yr ystyr 'bridesmaid'. Ceir enghrau. o'r e. prs. b. *Moren Fair* (e.e. **1292** *B* xiii. 213, *Morenueyr* ver Seysil). Clywir y ff. l. *morwini* yn sir Benf. a sir Gaerf., a hefyd y ff. un. *moren* yn ardal Mathri, *GDD* 200.

(*b*) Merch ieuanc (ddibriod), llances, geneth: *girl, young* (*unmarried*) *woman, maiden.*
13g. *C* 61. 7–8, *Morynion* moelon. guraget revit. *id.* 106. 7–8, Boed emendiceid y *morvin.* **13g.** *DB* 75, ual y mae *morwyn* en difruyth tra vo guyry. **14g.** *T* 9. 3, ar[all] at[wyn] dy *vorwyn* modrwy. **14g.** *WM* 18. 31–3, pei caffwn dewis ar holl wraged a *morynnyon* y byt. **14g.** *GDG* 363, Ni chyll Duw enaid gŵr mwyn / Er caru gwraig na *morwyn.* *c.* **1400** *R* 1036. 14, wyf di garyat gan *uorwyn.* *c.* **1400** *RB* ii. 5, nat oed iawn kynnal *morwyn* ovrenhinawl genedyl ykeithywet. *c.* **1400** *YCM*[2] 54, y meibon a'r *morynnyon* ar y ol yn mynet. **1551** W. SALESBURY: *KLl* lxixa, can nad marw y *vorwyn* [:– verch], anid huno y may hi. **1632** *D, morwyn* . . . puella. **1775** *W* d.g. *lady, a young lady.* **1803** *P.* Dywedir '('y) *morw(y)n* i' fel cyfarchiad ym Morg., yn enw. fel cerydd, 'Aros di, 'y *morwn* i, i fi gæl gafal arnot ti'; hefyd yn y Gogledd wrth gyfarch buwch neu gaseg, 'Closia, '*morwyn* i'.

(*c*) Person, yn enw. gwraig neu ferch, na fu'n cyfathrachu'n rhywiol, person sydd wedi addunedu i aros yn wyry am resymau crefyddol, gwyry, yn aml yn cyfeirio at Fair, mam Iesu, a hefyd yn *ffig.*: *virgin, celibate, often with ref. to Mary, mother of Jesus, and also fig.*
13g. *LlI* 26, O rodyr *moruen* y vr a'e chaffael en llygredyc, a'e dyodef hy o'r gur yn y wely hyt trannoeth, ny eyll ef trannoeth caffael dym o'e delyet hy. **14g.** *WML* 132, rodi *morwyn* aeduet y wr a mach ar ymorwyndawt. **1346** *LlA* 17, doeth anghev yr byt drwy eua yn *vorwynn* (*feminam virginem*). *id.* 99, Mawl dilestair. y vn mab meir. *morwyn* deckaf. *c.* **1400** *MM* 60, Or mynny wybot gwahan rwng gwreic a *morwyn.* *c.* **1400** (*SG*) *HMSS* i. 331, buchedockau ohonei yn santeid ac yn *vorwyn* tra vu vyw. **1547** *WS,* gwyryf neu *vorwyn,* a virgyne. **1552** *Pen* 403, 39, A*morwyn* oedd i anwyla ddisgybl Ieuan vyngylwr Ar eglwys i briawd ef sy *vorwyn.* **1567** *TN* 40b, cyffelypir teyrnas nefoedd i ddec gwyryf [:– *morwnion*]. *c.* **1585** G. ROBERT: *DC* [vi], hitheu [Santes Ursula] . . . a ddioddefodd farwolaeth er cadw ei morwyndod, ag vnmil ar ddeg o *forynnion* Santesol yn dioddef gyd a hi. **1588** *Gen* xxiv. 16, yn *forwyn,* ac heb i wr ei hadnabod. **1606** E. JAMES: *Hom* i. 151, y sanctaidd *forwyn* fair [*sic*]. **1618** J. SALISBURY: *EH* 26, a'r fam ni bydd dim hwy yn *forwyn,* a'r [*sic*] ôl cael beichiogi. **1704** E. SAMUEL: *BA* 54, halogi eu *morwŷnion.* **1803** *P.*

(*d*) *Ser.* (a'i ragflaenu fel rheol gan y fannod) Y chweched o ddeuddeg arwydd y Sodiac: *Virgo, the sixth of the twelve signs of the Zodiac.*
15g. (*Diw.* **16g.**) *Gwyn* 3, 302, y *forwyn* y mae yn fryn i'm ais (Lewis Glyn Cothi). **15g.** *DN* 106, Y pumed o fis Medi / *Morwyn* yw, yn 'y marn i. **1546** *YLlH* 16, Yr haul yn y *vorwyn.* **1728** T. BADDY: *DDG* 4, pan fo yr Haul yn y Cranc, Llew, neu yr *Forwyn.* **1795** J. THOMAS: *AIC* 333, Arwyddion y Gogledd ydynt . . . y Llêw, y *Forwyn.*

(*e*) Talgrib troell nyddu; ffrâm i hongian dillad arni i'w sychu o flaen y tân, hors ddillad: *stander, upright support, or front board* (*of spinning-wheel*); *clothes-horse.*
c. **1588** *B* ii. 238, talgrib: *morwyn* troell. **1722** *Llst* 189, *morŵyn* . . . the stander of a spinning-wheel. **1803** *P, morwyn* . . . also a clothes-horse. Gw. hefyd *morwyn bren, m. troell* isod.

Amr.: **morwm.** Ar lafar yn y De, sir Benf., a godre a chanolbarth Cered.

Cfn.: **morwyn (morwm,** &c.**) fach:** *youngest maid(servant), the lowest in rank among female farm servants.* **1922.** Ar lafar. **y F. Fendigaid:** *the Blessed Virgin Mary.* *Diw.* **19g.** **m. gaeth:** *bondmaid, bondwoman,* (*female*) *slave.* **1567** *LlGG* 34a. **1604–7** *TW* (*Pen* 228) d.g. *ancilla.* **1743** D. ROWLAND: *T* 14. **m. gyflog:** (*hired*) *maid(servant), also fig.* **14g.** *GDG* 96, Unllais wyf, yn lle y safai, / A'r gog, *morwyn gyflog* Mai. **1716–18** *Llsgr R. Morris* 32, 33. **m. ddwyn:** *child's nurse(maid), nanny.* **1632** *D* d.g. *gerula.* **1722** *Llst* 189, *morŵyn ddwyn,* a dry nurse. **m. olchi:** *washboard.* Ar lafar yn y De. **m. waith:** *maid(servant), maid of all work.* **1632** J. DAVIES: *LlR* 251. *c.* **1730** *Thos. Lloyd D* (LlGC) 177b, *morwyn waith,* a drudge. **1774** T. JONES: *DG* 163. **m. weini = m. waith.** **1551** W. SALESBURY: *KLl* xxviiib. **1604–7** *TW* (*Pen* 228) d.g. *ancilla, conserua.* **1776** *W* d.g. *maid servant.* **m. gŵr (gwŷr) mawr a hwch melinydd:** *greedy dissatisfied woman.* Ar lafar ym Morg. **m. wyry(f):** *virgin, sometimes with ref. to Mary, mother of Jesus.* **14g.** *YBH* 4a, myn y gwr aanet or *vorwyn wyry.* *id.* 20b, 44a. **15g.** *BSK* 31, [*m*]*orwyn wyry* aelwit katrin. **1632** *D, morwyn wyryf* d.g. *charta.* **1722** *Llst* 189, *morŵyn wyryf,* a maid that never had child. **m. fawr:** *first maid, the highest in rank among female farm servants.* **1918.** Ar lafar. **m. fôr, morwynfor:** *mermaid.* **1756** W. WILLIAMS: *GDC* 71. *Adar.* **m. y neidr:** *yellow bunting, yellowhammer, Emberiza citrinella.* Ar lafar yn sir Benf., *GDD* 201. **M. (y F.) o'r Llwyn Llwyd:** *a character in Welsh vaticinatory poetry, sometimes identified with Anne Boleyn.* **15g.** *LGC* 478. **16–17g.** *RAGR* 333. **16–17g.** *Pen* 94, 215. **m. offeiriad:** *a priest's wife or concubine.* **1579** *RC* xlviii. 89. **m. bren:** *clothes-horse.* Ar lafar. **m. (y) briodas, m. priodas:** *bridesmaid.* **1852.** **m. troell:** *stander, upright support, or front board of spinning-wheel*; (*dict.*) *female spinner, spinster.* *c.* **1588** *B* ii. 238. **1604–7** *TW* (*Pen* 228) d.g. *rotalis.* **1707** *AB* 220, talgrib, *morwyn troell* V. A spinster. **m. (y) tŷ:** *housemaid.* **1725** D. LEWIS: *GB* 21. **m. dymor:** *maid(servant) engaged for part of the year only, often considered indifferent to the future welfare of animals, &c., under her care.* Ar lafar yn y Gogledd. **m. ystafell:** *chambermaid, (hand)maid,* (*female*) *attendant.* **13g.** *LTWL* [109]. **14g.** *LlB* 10, Gwas ystafell a *morwyn ystafell* (*LTWL* 328, *Camerarius et cameraria*). **1604–7** *TW* (*Pen* 228) d.g. *pedisequa.* **1803** *P.*

Gw. hefyd morwynig[1].

morwynaidd [*morwyn* + *-aidd*] *a.* Morwynol, gwyryfol, diwair; yn null merch ieuanc, yn dwyn nodweddion merch ieuanc, genethaidd; morwynol (am enw): *pertaining to a virgin or virginity, virgin(al), chaste; maidenly, girlish; maiden* (*of name*).
14g. *GIG* 140, Morwyn yn ymddŵyn, gorllwyn geirlles / *Morwynaidd* eto a meiriones [i Fair]. *Diw.* **15g.** *Pen* 53, 22, Meir *vwrvyneid* [*sic*]. mawr gyflawneu (Ieuan ap Rhydderch). **1547** *WS, morwynaidd,* maydenly. **1588** *Ecclus* xv. 2, fel gwraig *forwynaidd* y derbyn hi ef. **1609** *Haf* 24, 619, nid yn amgenach nar Sirens ne yr Morforynion . . . y gwyr anoeth a dwyllir yn vynych a chwidraidd *vorwynaidd* gerddoriaeth. **1609** *Rhyddiaith Gymraeg* i. 151, Araethiad . . . a wnaiff vuchedd y bobyl yn ysgafn ac yn *vorwynnaidd.* **1618** J. SALISBURY: *EH* 28, gwyryfol a *morwynaidd* groth y fendigedig Fair. **1630** R. VAUGHAN: *YDd* 355, Elizabeth *forwynaidd* Frenhines. **1632** *D, morwynaidd,* virginalis, virgineus, puellaris. **1672** J. LANGFORD: *HDdD* 439, mewn Calonnau pûr a *morwynaidd.* **1776** *W* d.g. *maiden-like, or maidenly.* **1803** *P.*

morwynain [*morwyn* + *-ain* ar ddelw *mirain, madiain*] *a.* Tebyg i forwyn, pur: *maidenly, virgin, pure.*
1801 *MMf* 145, Cais . . . gwerth ceiniog o ystor, ac o gwyr *morwynain* (*Llr C* 24, 298, Morwynig). **1803** *P, morwynain,* maidenly, virgin. Lle drwg, y'nghelliau drain / I mae 'r enaid *morwynain* . . . Morys ab Rhys.

morwyndod, moryndod [*morwyn* + *-dod*] *eg.* Cyflwr person (yn enw. gwraig neu ferch) na fu'n cyfathrachu'n rhywiol, cyflwr person sydd wedi addunedu i aros yn wyry am resymau crefyddol, y cyflwr o fod yn wyry, gwyryfdod, diweirdeb; cyflwr dibriod; oedran geneth neu forwynig, ieuenctid neu febyd merch; merched ieuainc yn gyffredinol; hefyd yn *ffig.*: *virginity, chastity, purity; unmarried state, celibacy; girlhood, maidenhood; young girls collectively; also fig.*
13g. *LlDW* 130. 20–1, puybynnac a dorro *moruyndaut* gwreyc dylyu ohanav talu ydy y chowyll. **14g.** *B* ix. 327, py wed y gallei ef torri ar geternyt y chreuyd hi [Margred] . . . a'e *morwyndaut.* *id.* xxv. 265, yn oet deunaw mlwyd. pan vuudhaaud hi [Catrin] ygwassanaeth duw ac ymrodes idaw oe *morwynndaut.* *c.* **1400** *R* 1250. 29–30, Meir chwec virein dec *vorwyndawt* ffrwythlawn. *c.* **1400** *YSG* i. 86, Bwrt, yr hwnn gynt a golles y *vorwyndawt* . . . o achaws gweithret knawdawl a wnaeth un weith a gwreic. *Dchr.* **15g.** *B* ii. 200, Riein a volir o bryt a thegwch a diweirdab a *morwyndawt.* **15–16g.** *GIF* 61, Mae naw rhinwedd a wedda, / er chweg dyn ar farchog da. / . . . / Pedwerydd, da fydd ei fod, / am randir â *morwyndod.* **1547** *WS, morwyndot,* maydenheed, virginitie. *c.* **1585** G. ROBERT: *DC* [vi], hitheu [Santes Ursula] . . . a ddioddefodd farwolaeth er cadw ei *morwyndod.* **1611** R. SMYTH: *SG* 164, [b]od un yn pechu os try (gwedi iddo wneythyr adduned o *forwyndod*) i briodi drachefn. **1703** E. WYNNE: *BC* 101, Carn-butteiniaid, a fu'n cadw mân fudrogod tanynt, i gael gwerthu 'r un *morwyndod* ganwaith. **1735** L. MORRIS: *LW* 320, Wele . . . yn dyvod i ovyn eich Nodded, *vorwyndod* yr argrafwasg cyntav erioed yn Ngwynedd. **1803** *P.*

morwynfab [*morwyn* + *mab*] *eg.* Mab i wyry (am Iesu): *a virgin's son* (*of Jesus*).
16g. LEWYS MORGANNWG: *Gw* 80, mamaeth vronvaeth *vorwynfab.* *id.* 104, ve roddes i varw yddyn / vab duw a *morwynvab* dyn.

morwynfam [*morwyn* + *mam*] *eb.* Mam sy'n wyry (am Fair, mam Iesu): *virgin mother* (*of Mary, mother of Jesus*).
16g. LEWYS MORGANNWG: *Gw* 80, mair vawr wennvair *morwynvam.* **1670** J. HUGHES: *AP* 316, trwy gyfrwng a help y *Forwyn-Fam* Mair fendigedic. *c.* **1730** *Thos. Lloyd D* (LlGC) 174b, *morwynfam* . . . virgin mother. **1762** T. WILLIAMS: *HHO* 175, Dyn o groth *morwyn-fam* wir, / A Duw'r holl Dir a'i Farnydd.

morwynferch [*morwyn* + *merch*[1]] *eb.* Morwyn, gwyry, geneth, merch sy'n wyry, hefyd yn *ffig.*: *virgin, girl, virgin daughter, also fig.*
15g. *ID* 11, mwyar unvaint *morwynverch* [am lygaid merch]. **1604–7** *TW* (*Pen* 228) d.g. *virgo.* **1605–10** *AP* 30, i geissio ymddiddan dirgelgall ar *forwynverch* oleudlos. *id.* 40, ai hysto ai hanwe o ystwythfain ydafedd gwerthydlaw *morwynverch* [i ofyn rhwyd berced]. *c.* **1648** *Cy* xxiii. 337, Mair . . . / *morwynverch* nid mawr anfad. **1690** *Eseia* xlvii. 1, Disgyn, ac eistedd yn y llwch, ti *forwyn ferch* (**1620** *ib.* forwyn, ferch; **1955** *ib.* *forwynferch*) Babilon. **1722** *Llst* 189, *morŵynferch,* f. a virgin daughter. **1754** J. PRYS: *Alm* [45], [Me]gis ûn yn magu serch, / Mawr, o anfodd *Morwyn-ferch.* **1772** *W* d.g. *damsel* [*a young maiden; a country lass*]. **1807** *MA* iii. 277, Tri pheth hardd ar *vorwynverch*: gwylder, addwynder, a deddvau boneddigïon [*sic*].

morwynfor, gw. morwyn—m. fôr.

môr-wyniad [*môr*[1] + *gwyniad*[3]] *eg.* *Pysg.* Pysgodyn môr sy'n perthyn i deulu'r penfras, *Gadus merlangus*: *whiting.*
1916.

morwynig[1] [*morwyn* + *-ig*[1]] *eb.* Merch (ieuanc), geneth fach, genethig; morwyn weini; gwyry: (*young*) *girl, little girl, maid; maid(servant); virgin.*
1567 *TN* 45a, ac a ddaeth *morwynic* [:– bachcenes] attaw. **1595** H. LEWYS: *PA* 59, ef [Pedr] a wadodd . . . i feistr ai athro o flaen *morwynig* ehud. **1621** E. PRYS: *Ps* 51a, Dy wâs, dy wâs wyf, mewn dirmyg, / mab dy *forwynig* ufydd. **1632** *D* d.g. *ancillula, virguncula.* **1688** S. HUGHES: *TSP* 256, y parasant iddo . . . ofni *morwynig* wael. **1722** *Llst* 189, *morŵynig,* f. a little maid. **1778** J. HUGHES: *BB* 166, O groth *morwynig,* yn ddŷn creuedig ryw

[am Iesu]. **1790** W. RICHARDS: *LlA* 93, heb allu . . . i gadw cymmaint ag un *forwynig* fechan. **1793** DAFYDD IONAWR: *CD* 286, Gwaraidd *Forwynig* eirian. **1803** *P.*

morwynig[2] [*morwyn* + *-ig*[2]] *a.* Genethaidd, morwynaidd; gwyryfol, diwair; pur: *girlish, maidenly; virginal, chaste; pure, virgin.*
18g. *Llr* C 24, 298, Eli rhag y manwnon ar frech fawr. ar cancar. Cais werth grot o ganffyr o ystor I^d o gwyr *Morwynig.*

morwynol [*morwyn* + *-ol*] *a.* Yn perthyn neu'n gweddu i wyry neu wyryfdod, gwyryfol; diwair, pur, dihalog; dibriod; cynnar, newydd, dechreuol, cyntaf (am araith, &c.), gwreiddiol (am enw merch cyn priodi): *pertaining to or befitting a virgin, virgin(al); chaste, pure, undefiled; unmarried; early, initial, maiden (e.g. of speech, name, &c.).*
14g. *GP* 55, Meir y vam a volir o achaws y *morwynawl* weryndawt. *c.* **1400** *R* 1253. 41–1254. 1, Yr mwyn mireinson *morwynawl* dynyon. **15g. (1594)** *B* xvi. 263, yr hwnn a ddioddefaist ti [Mair] yn dy *vorwynawl* gnawt drossom ni. **1594–6** *AP* 34, ych bod chwi yn dwyn rhagorbryd a phrif gampau *morwynawl.* **1632** *D* d.g. *virginalis.* **1670** J. HUGHES: *AP* 394–5, O Jessu . . . y diosgwyd o'th holl ddillad, hyd onid oedd dy gorph *morwynol* igyd yn noeth lummun. **1776** *W* d.g. *maiden.* **1803** *P.*

morwynt [*môr*[1] + *gwynt*] *eg.* ll. *môrwyntoedd.* Gwynt o'r môr neu ar y môr, gwynt cryf: *sea-wind, high wind.*
14g. *GIG* 29, Heirdd oeddynt ym *morwynt* mŷr / Gwragedd Môn a'i goreugwyr. *c.* **1400** *R* 1309. 5–6, Ruthyr milwreidvreisc mawrweisc *morwynt.* **15–16g.** *TA* 27, North-hwmbrlond, Selond dros heli—*morwynt.* **15–16g.** LLAWDDEN, &c.: *Gw* 184, Crair farwn [drll.], caer ar *forwynt,* / Caer yw ei gwrt, Cei Hir gynt. **16g.** LEWYS MORGANNWG: *Gw* 425, ty a mur at y *morwynt* / trwy galch val y tyrau gynt [i blas Gruffudd Dwn]. **1632** *D, môrwyntoedd* d.g. *encolpiæ.*

morwynwraig [*morwyn* + *gwraig*] *eb.* Merch ieuanc; *Cyfr.* gwyry briod nad yw wedi cael cyfathrach rywiol â'i gŵr: *young woman; virgin wife in an unconsummated marriage (in the Welsh Laws).*
13g. *LlI* 32, O deruyd rody moruen y vr a hep kescu genthy . . . honno a elwyr *moruenwreyc.* **14g.** *WM* 441. 2–4, gwelei *uorwyn-wreic* Ieuanc ae marchawc wisc ymdanei. **14g.** *YBH* 34a, pwy . . . y *vorwynwreic* ieuagk yssyd gyt athi. *c.* **1400** *SDR* 64, *morwynwreic* ieuanc yn eisted oduch bed newyd gladu. **15g.** *LTWL* 437, Edling debet probare illam que se dicit virginem, si ei non creditur; et postea, si eam puellam invenerit, nichil de iure si alii viro data fuerit amittet. Et edling ei darе argenteum anulum debet in testimonium; et si eam cognoverit, anulum aureum. Et hec sola dicitur *morwin wreic.* **1604–7** *TW* (*Pen* 228) d.g. *virgo.* **1803** *P.*

môr-wynwyn [*môr* + *wynwyn*] *eg. Bot.* Planhigyn crynwreiddiog sy'n tyfu ar lan y môr, wynwyn y môr, *Urginea maritima*: *sea-onion, (sea) squill.*
1801 *MMf* 282.

morwyrdd, môr-wyrdd [*môr*[1] + *gwyrdd*[1]] *eg.* a hefyd fel *a.* (Lliw) gwyrdd fel y môr: *sea-green.*
[1783] *W, mor-wyrdd* . . . goleu d.g. *sea-green, light sea-green.* **1803** *P, morwyrdd,* sea green colour.

morwysiad, morweisiad, *eg.* ll. *-iaid.* Cloch ddŵr, bwrlwm, weithiau'n *dros.*; byrlymiad: *bubble (of water, &c.), sometimes transf.; a bubbling.*
15g. (*c.* **1600**) *Mos* 160, 361, *mor waissiet* yn ymrysson / ym margod teg ymrig tonn [Hywel Dafi i lygaid merch]. **16g.** WILIAM LLŶN: *Gw* (R. Stephens) (At.), *morwysiaid,* klych y dwfr, *morwyssiaid* llonaid pob llynn ar hen Englyn. **1604–7** *TW* (*Pen* 228), *morweisiat* . . . *morwaesieit* yn ymrysson / ym margot tec ym mrig tonn d.g. *bulla. id.* a chlochæ ner *morweisieit* arno d.g. *bullans.* **1607** *Rhyddiaith Gymraeg* i. 137, dyn . . . mygys *morweisiat* ne gloch ar ddwr. *Dchr.* **17g.** *J* 10, 33b, *morwysiad,* cloch ddwr, bulla. **1632** *D, morwysiaid,* yw clŷch y dwr, bullæ, bullulæ. *id. morwisiad* d.g. *bulla.* **1725** *SR,* berwad fel *morwisiad* d.g. *a bubbling.* **1753** *TR, morwysiaid* . . . bubbles of water when it rains. **1803** *P.*

morwysiaf: morwysio [bf. o fôn yr e. bl.] *bg.* Clochi, byrlymu: *to bubble.*
1722 *Llst* 189, *morwysio,* to bubble up. **1725** *SR* d.g. *to bibble, or bubble.* **1771** *W* d.g. *to bubble* [*rise in bubbles*]. **1803** *P, morwysiaw,* to bubble up.

mory, gw. yfory.

moryd, môr-ryd [*môr*[1] + *rhyd*; engh. arall bosibl yw *Moryt, T* 25. 4] *eb.g.* ll. *moryd(i)au, môr-ryd(i)au.* Genau afon lle y rhed i'r môr, aber, morgainc, sianel: *estuary, firth, arm of the sea, sea inlet, channel.*
13g. *WM* td. 90a. 39–90b. 1, yr *mor rydeu* ac (*id.* 179. 35–6, *morytyeu* ar; *RM* 83, *mor rytyeu* ar) yr avonyd e kerdei enteu. **15g.** *GTP* 85, Y *foryd* erfid lidlas, / Dwrstan, heb un fan fas. *id.* 86, Anhawddamor i'r *foryd* / A'i rhwnt melyndew a'i rhyd. **15g.** *GGl*[2] 102, Ef a'm claddai mewn clai clyd / O châi f'aur uwch y *foryd* [ateb i Lywelyn ap Gutun]. **16g.** *Llst* 40, 54, y ddar vawr ddiar y *vorryd* [Morus Mawddwy i Ruffydd Dwnn o Ystradmerthyr, ger Cydweli]. **16–17g.** (**17g.**) *CC* 113, ar llong er pan aeth ar llêd / i foroedd vwch y *forryd* / dros y barr ar draws y byd (Thomas Prys). **1604–7** *TW* (*Pen* 228), *morytiæ* d.g. *aestuarium.* **1632** *D, mor-ryd,* æstuarium. **1688** *TJ, mor-rŷd,* caingc o fôr, traeth: an Arm of the Sea, a Channel or Ditch. **1722** *Llst* 189, *mor-ryd,* m.p. *rydau,* a sea-foord. *c.* **1753** *Gron* 89, Llef mawr goruwch llif *mor-ryd,* / Uwch dyfroedd aberoedd byd [i'r Farn Fawr]. **1770** *W* d.g. *an æstuary* [*in geography*], *sea, an arm, or inlet, of the sea* [*into which the sea flows at high water*]. **1803** *P, moryd,* a small channel of sea water running into a marsh. Mae *Y Foryd* yn enw ar fae ac ar fferm ger Llanwnda, sir Gaern.; dyna hefyd enw'r fan ger y Rhyl lle yr ymarllwys Afon Clwyd i'r môr.

morydd, gw. morwr.

moryddiaeth [*morydd* + *-iaeth*] *eb.* Morwriaeth, llongwriaeth: *seamanship, navigation.*
1834.

moryddol [*morydd* + *-ol*] *a.* Yn perthyn i'r môr, morol, arfordirol; yn byw yn y môr; yn perthyn i longwriaeth, morwrol, llyngesol; yn dilyn ei alwedigaeth ar y môr; arforol, yn meddu llynges neu longau masnach (am wladwriaeth): *marine, coastal; living in the sea; navigational, nautical, naval; seafaring; maritime.*
1833.

moryddwr [*morydd* + *-wr*] *eg.* ll. *-wyr.* Morwr, llongwr, mordwywr: *seaman, sailor, mariner, seafarer.*
1833.

môr-ymdaith [*môr*[1] + *ymdaith*] *eb.g.* ll. *-ymdeithiau.* Mordaith: *(sea-)voyage.*
1722 *Llst* 189, *morymdaith,* f.p. *deithiau,* a voyage. **1728** T. BADDY: *DDG* 134, Sabatai a fu nam yn [*sic*] un Deugain Diwrnod yn ei *Fôr-ymdaith.* **1775** E. GRIFFITHS: *GF* 311, aml *fôr-ymdeithiau* ac addreigliad. **1794** *W* d.g. *voyage.* **1803** *P.*

moryn[1] [*môr*[1] + *-yn*] *eg.* ll. *-nau, -nod.* Ton nerthol yn torri ar lan y môr, &c., gwaneg, ymchwydd y môr, hefyd yn *ffig.*: *breaker, billow, heavy sea or swell, also fig.*
1803 *P, moryn,* a sea or wave that breaks over any thing. Ar lafar yn y Gogledd yn yr ystyr 'a large wave, a heavy sea', 'Mi ddoth *moryn* ac mi cipiodd o i ffwr', *WVBD* 379; hefyd yng ngogledd Cered., 'Ma *moryn* go drwm 'da 'i heddi'.

moryn[2,3], gw. moron, marwor.

moryndod, morynion, gw. morwyndod, morwyn.

Morys—M. y gwynt, gw. gwynt.

môr-ysbail [*môr*[1] + *ysbail*] *eb.g.* Môrladrad: *piracy.*
1604–7 *TW* (*Pen* 228) d.g. *piratica.* **1722** *Llst* 189, *mor-yspail,* piracy. **1780** *W* d.g. *piracy.* **1803** *P.*

môr-ysbeiliwr, môr-ysbeilydd [*môr*[1] + *ysbeiliwr, ysbeilydd*] *eg.* ll. *-ysbeilwyr.* Môr-leidr: *pirate, buccaneer.*
1763 *DT* 131, *Môr-yspeilwyr,* Trinwyr trais, / A'u mantais dan eu Mentyll. **1803** *P.*

morys-dawns, gw. morris-ddawns.

môr-ysgyfaint [*môr*[1] + *ysgyfaint,* cf. Llad. *pulmō marīnus*] *eg.b. Swol.* Math o greadur môr, efallai o adran y *Ctenophora*: *sea-lungs.*
1604–7 *TW* (*Pen* 228), *mor Esgyfeint* d.g. *halipleumon.* **1632** *D, mor-/ysgyfaint* d.g. *halipneumon.* **1803** *P.*

morys-peic, mwrys-peic [bnth. S. *morris-pike*] *eg.* ll. *-s.* Math o waywffon hir: *morris-pike.*
15–16g. *TA* 146, Mab a dyrr,—mae byw derwen,—/ *Mwrus peics* (*id.* 149, amr. *morus peikx*) mawr, is y pen. **1547** *WS, morys peik* ffonwayw hir, morespycke.

moryw, mos, gw. meryw, moes[1].

mosaic, mosaig, moseic, moseig [bnth. S. *mosaic*] *eg.* a hefyd fel *a.* Darlun neu batrwm addurnol a weithir drwy gysylltu ynghyd ddarnau bychain o farmor, gwydr, &c., o wahanol liwiau, brithwaith, hefyd yn *dros.* ac yn *ffig.*; y proses o gynhyrchu lluniau, &c., yn y modd hwn; yn perthyn i'r ffurf hon ar gelfyddyd neu'n gynnyrch iddi: *mosaic (n. and adj.), also transf. and fig.*
1728 T. BADDY: *DDG* 46, Llawr yr Eglwys hon a weithiwyd yn gywraint a gwaith *Mosaic.*
Cfn.: *Bot.* **mosaig dail:** *leaf mosaic.* **20g.**

Mosaidd [bôn yr e. prs. *Mos(es)* + *-aidd*] *a.* Moesenaidd: *Mosaic.*
1767 J. THOMAS: *A* 214, [D]erbyniad Babanod . . . i'r Eglwys *Fosaidd,* (Mosaical).

mosaig, gw. mosaic.

mosbib [*maws* + *pib*] *eb.g.* ll. *-au.* Ffliwt: *flute.*
1850.

moseic, moseig, gw. mosaic.

mosenaidd, Mosenaidd, gw. moesenaidd, Moesenaidd.

mosg [bnth. S. *mosque*] *eg.b.* ll. *-(i)au, -oedd, -iaid.* Addoldy Islamaidd: *mosque.*
1670 J. HUGHES: *AP* 117, [y] Turciaid . . . yn cyrchu i'w *Moschoedd* neu i'w Temlau. **1723** E. SAMUEL: *PDdC* i. 62–3, y Mahumediaid . . . yn rhwymedig . . . i Weddio bum waith yn y dŷdd . . . os gallent yn eu *Mosquau.* **1728** T. BADDY: *DDG* 47, er bod hanner Lloer ar bob un o'u Temleu hwynt neu *Mosciaid.* *c.* **1762–79** W. WILLIAMS: *P* 461, a'r eglwysydd hyn yn cael eu gwneuthur yn *foschau'r* Mahometaniaid.

mosgaidd [*mosg* + *-aidd*] *a.* Tebyg i fosg, yn perthyn i fosg neu'n nodweddiadol ohono: *mosquish.*
1670 J. HUGHES: *AP* 118, a'i bod hwy [y Tyrciaid] yn parchu eu *Moschaidd* Eglwysi hynny.

mosgat[1] [bnth. S. *musket* 'male sparrowhawk'; cf. S. C. *moskette*] *eg.* Cudyll glas gwryw: *male sparrow-hawk.*
1604–7 *TW* (*Pen* 228), rhyw hebawc, gwalch, llymysten, *moscat* d.g. *fringillarius.*

mosgat[2], gw. mwsged.

mosgito [bnth. S. *mosquito*] *eg.* ll. *-s, -aid. Swol.* Enw ar wybed o deulu'r *Culicidæ*; mae'r fenyw yn pigo mamoliaid i sugno eu gwaed: *mosquito.*
1858.

mosgneuen [elf. anh. (?*maws* neu cf. Llad. *nux muscāta (moschāta)*) + *cneuen* (ff. un. yr e. *cnau*)] *eb.* Nytmeg, cneuen yr India: *nutmeg.*
1858.

Mosgofaidd, Mosgofiad, mosgych, gw. Mwsgofaidd, Mwsgofiad, mwsgych.

mosiwn [bnth. S. *motion*] *eg.b.* ll. *mosiwns, mosiynau.* Y weithred o symud, symudiad; amnaid, ystum, mynudyn; dull o symud (yn enw. y corff), osgo, cerddediad; ysgarthiad y corff, ysgarthion; symbyliad, ysgogiad, anogaeth; awgrym, cais neu gynnig (mewn pwyllgor, &c.); deisyfiad;

?cyffro, emosiwn: *motion, a moving, movement, move; a beckoning, gesture, gesticulation; manner of (esp. bodily) movement, bearing, gait, deportment; motion, evacuation of bowels, stool, faeces; instigation, encouragement; suggestion, proposal, application, or motion (in committee, &c.); request, plea; ?emotion*:

16–17g. T. PRYS: *Bardd* 298, diwyd a hardd i doedai hwnn [twrnai] / ni fissia, mi a wna *fossiwn*. **17g.** *CRC* 70, Oni cha r wydwn, J wneuthyd . . . condissiwn, / A gwneuthyd ŷn *mossiwn* a mesi. **17g.** *LlGC* 10249, 114, O ddolür a chur, Iachaü, fwyn ergŷd / fy nirgel aelodaü / Yw r kwestiwn, ar *mosiwn* maü / or Ing, hyd yn awr angaü. *c.* **1654** *Cylchg LlGC* vii. 314, [g]wneuthur *mosiwn* i ofyn pardwn gan yr stad. **1675** R. JONES: *HCh* 173, gwŷn, cyffro, *mosiwn*. *Diw.* **17g.** *LlGC* 7191, 178b, Nyni a wnawn Fil at Barlament Llûnden / . . . / fel dyma *fosiwn* ir cybyddion / yn lle Gwilie i garŷ yr Goron (Edward Morris). **1743** J. JONES: *LlAW* 201, unrhyw *fosiwn*, neu Gymmell oddiwrthyf. **1766** R. PRICHARD: *LlP* 26, Os gwell pethau a feddyliwn, / Oddiwrth Dduw y daw'r fath *fosiwn*. **1768 (1813)** TWM O'R NANT: *FF* 11, Na fisiwch un *fosiwn* iawn fesur o'ch swydd. **1769** E. ROBERTS: *GN* 35, Or da *fosiwn* sudd [*sic*] ar dy wefuse, / Mewn iawn gari[a]d 'n deud geirie. **1808** TWM O'R NANT: *BB* 36, Mae ganthynt ddirgelaidd, ystumiau mudanaidd, / A rhyw *fosiwn* cymen, i'w hadnabod eu hunen [y Seiri Rhyddion]. Ar lafar yn gyff., 'Dyna'r *fosiwn* i godi tatws!', ''Drychwch y *mosiwns* sy arno fo!', 'Gneud *mosiwns*', *WVBD* 379; 'Mae e'n gneyd *moshwn* pregethu, ond stim fowr o shàp arno', *GDD* 201; digwydd hefyd yn aml yn yr ymad. 'mynd trwy'r *mosiwn(s)*'.

Amr.: **mosion.** **1776** H. JONES: *GC* 82, Un arall . . . a ddaeth, / Ag attaf ei *Fosion* yn union fe wnaeth.

Moslem, Moslemaidd, gw. Mwslim, Mwslimaidd.

mosoglog, moswch, mosymog, mot, gw. mwsoglog, moes[1], mwswmog, mod.

môt [bnth. S. *moat*] *eg.* Ffos (amddiffynnol) yn llawn o ddŵr o amgylch castell, &c.: *moat*.

c. **1585** *Llst* 178, 55b, yr oedd *moat* ney glawdd rhyfeddfawr (*March C* 24, *mot* rhyfeddfawr). . . oddiamgylch yr llys. *id.* 73b, yn agos yr ysgol o etifairwch yr hon oedd gwedy . . . damgylchyny o *moat* yr hwn a elwir yfydddod.

motbren, gw. mopren.

motél [bnth. S. *motel*] *eg.b.* ll. *motelau*. Gwesty sy'n cynnwys unedau pwrpasol i letya modurwyr: *motel*.

20g.

motét [bnth. S. *motet*] *eb.g.* ll. *motetau*. *Crdd.* Cyfansoddiad corawl polyffonig (a digyfeiliant gan amlaf) ar eiriau cysegredig i'w ganu fel anthem mewn gwasanaeth eglwysig: *motet*.

1919.

motif [bnth. S. *motive*] *eg.* ll. *-au*. Cymhelliad, anogaeth, symbyliad; thema, motîff: *motive, impulse, stimulus; motif*.

1670 J. HUGHES: *AP* 68, Pam nad ydynt yr holl Sectariaid yn troi yn Gatholigion, pe ni bai vn *motif* arall i'w denu a'i gyrru hwynt i hynny, ond yn vnic er mwyn cael y daioni anfeidrol hwn o ryddhad a maddeuant o'i pechodau? *id.* 142, [y] *motifau* a wnaeth i'r Carn-Sectariaid . . . neilltuo. *id.* 162, Cyffesa'r cwbl . . . trwy esponi y weithred neilltuol eihun [*sic*], y *motif*, yr achos.

motîff [bnth. S. *motif*] *eg.* ll. *motiffau*. Thema, &c., a ailadroddir mewn cyfansoddiad artistig, &c., thema, &c., o'r fath fel elfen mewn llên gwerin: *motif*.

20g.

motlai, gw. mwtlai.

motleiaf: motleio [bf. o'r a. *motlai*] *ba.* ?Gwneud yn frith neu'n amryliw: *to make mottled or variegated*.

15g. *Pen* 67, 7, *Modleiwyt* mettel lawer / ym ric y sirric o ser (Llywelyn ap Morgan).

motleiwr [bôn y f. fl. + *-wr*] *eg.* ?Un sy'n gwneud (peth) yn frith neu'n amryliw: *one who makes (something) mottled or variegated*.

15g. DEIO AB IEUAN DU, &c.: *Gw* 287, Malu bydd y mêl o'i ben—/ *Motleiwr* metel awen.

moto[1] [bnth. S. *motto*] *eg.* Arwyddair: *motto*.

1680 J. THOMAS: *UN* 22, Deus providebit . . . oedd *Motto* neu hoffaidd a neillduol eiriau Maximilian.

motor, moto[2] [bnth. S. *motor*] *eg.* a hefyd fel *a.* Peiriant (car, &c.); cerbyd a yrrir gan beiriant, car modur, beic modur, bws: *(car, &c.) motor; motor vehicle, motor car, motor cycle, bus*.

Ar lafar, yn aml yn y ff. *moto*; hefyd yn sir Gaern. yn yr ystyr 'bws'; gynt gwahaniaethid rhwng '*moto* mawr', 'bws', a '*moto* bach', 'car'. Yn ardal Tre'r-ddôl, Cered., '*moto* coffin' a ddywedid gynt am 'motor hearse'.

Fel *a.* A yrrir gan beiriant (am gerbyd, &c.); *Swol.* (yn y ff. *motor*) yn achosi neu'n cyfleu symudiad, ysgogiadol, echdygol (am nerf, cyhyr): *motor-driven, self-propelled (of vehicle, &c.); (in zoology) motor, efferent (of nerve, muscle)*.

1909.

motor-beic, moto-beic [bnth. S. *motor bike*] *eg.* ll. *moto(r)-beics, moto(r)beiciau*. Beic modur: *motor cycle*.

1922.

motor-car, moto-car [bnth. S. *motor car*] *eg.* ll. *moto(r)-ceir*. Car modur: *motor car*.

1922.

motrwy, gw. modrwy.

moth [bnth. S. *moth*] *eg.* ll. *-ys, -s*. Gwyfyn, pryf dillad: *moth*.

1545 *CM* 1, 173, yvo [wermod] awna les mawr ymysg kydach brethyn yw kadw wynt o ddiwrth y pryued a elwir *mothis*. *id.* 290, [p]ryued y *mottys* [*sic*]. Ar lafar.

mowcedd, mowceth [?amr. ar *mawredd*] *ebd.* Ebychiad i fynegi syndod, &c.: *exclamation used to express surprise, &c.*

Ar lafar yng ngodre Cered. a sir Benf. Cf. *OBWV* 432, A'r *mowcedd*! Tina gimisgeth o sŵn! (Dewi Emrys).

mowld, mowldiaf: mowldio, mowldin, mowldiwr, gw. mold, moldiaf: moldio, moldin, moldiwr.

mownt[1], gw. mwnd.

mownt[2], *eb.* Cic: *kick*.

Ar lafar ym Meir., 'Rho *fownt* i'r bêl'; 'Gwylia rhag i'r ceffyl ifanc roi *mownt* sydyn iti'; 'Mi roth y fuwch andros o *fownt* wrth 'i godro, nes tolcio'r bwced'.

mownt[3] [bnth. S. *mount* (of picture, ring, &c.)] *eg.* Ymyl a roddir o gwmpas llun neu ffotograff; rhan o fodrwy, &c., y gosodir gem ynddi: *mount (of picture); mount (of gem in ring, &c.)*.

20g.

mowntais, mowntebanc, mowntebanciaeth, gw. mantais, mowntibanc, mowntibanciaeth.

mownti, *eg.* Sioe amaethyddol: *agricultural show*.

1933. Ar lafar yn Llŷn, 'fel ceffyl *mownti*', 'wedi gwisgo'n grand'.

Cfn.: **mownti cŵn:** *sheep-dog trials*. Ar lafar yn Llŷn.

mowntiaf[1], mowntaf: mownt(i)o [bnth. S. *(to) mount*] *bg.a.* Mynd i fyny, codi, esgyn, dringo (i fyny neu i mewn i); mynd ar gefn (ceffyl, &c.); cael cyfathrach rywiol â, ymgydio â, cnuchio; gosod mewn mownt (am lun, gem, &c.); hefyd yn *ffig.*: *to mount, rise, ascend, climb (up or into); mount (a horse, &c.); have sexual intercourse with, copulate with, mount; mount (a picture, gem in ring, &c.); also fig.*

16g. HUW ARWYSTL: *Gw* 512, tropin to n *mowntio* mantell y faink hwnn / avynn [drll.] kawg ne badell [i ddefni]. **1615** *IICRC* iii. 133, f'enaid a *fowntia* i fonwes Jehofa. **1763** *DT* 198, Ni *fowntia* ungwr monot ti / Mor wych â mi'n Nhregaron. **[1768] (1841)** TWM O'R NANT: *CTh* 52, Ond cyfan y cefais i'r fantais i *fowntio* / 'R Tafarnwr di gyffro, sy'n llithro yn y llan, / Fy eiddo, er ei waetha', mi a'i myna' yn y man. **1787** E. ROBERTS: *PCF* 35–6, Wele Ifiengctid wyt ti am *fowntio*, / Draw i Lundain ag yn dechre landio. Cf. TALHAIARN: *Gw* iii. 63, Tyr'd Elis, prysura a *mowntia* mewn munyd, / . . . / Ar gefn yr hên ysgub yr aethant fel mellten. *id.* 168, *Mowntiodd* Tal i'r shandri . . . a William Jones yn tywyso y gaseg; T. LEVI: *Casgliad o Hen Farwnadau Cymreig* (1872) 91, Ffydd yn *mountio* làn yn hoyw, / Wedi cael y maes yn llwyr. Ar lafar yn Arfon yn yr ystyr 'to bounce', 'Mi drawodd y bêl i lawr nes odd hi'n *mowntio* hyd y llawr', *WVBD* 379, ac yn y Deddwyrain am rywun mewn tymer ddrwg, '*mownto* mywn natur ddrwg'. Digwydd hefyd ar lafar yn yr ystyr 'cynyddu (am filiau, dyledion, &c.)', 'Mae'n syndod mor fuan y mae bil y papur dyddiol yn *mowntio* i fyny'.

Gw. hefyd mwntiaf: mwntio.

mowntiaf[2]: mowntio [?yr un gair a *mowntiaf*[1]: *mowntio*, ond cf. o bosibl *mownt*[1]] *bg.a.* Troi drosodd (am gert, &c.), dymchwelyd, ymchwelyd; tipio (e.e. llwyth allan o gert): *to overturn (of a cart, &c.); tip (e.g. a load from a cart)*.

Ar lafar ym Môn, 'llwyth o wair . . . wedi *mowntio*', *ISF* 21.

mowntiaf[3]: mowntio [bf. o'r e. *mownt*[2]] *bg.a.* Cicio: *to kick*.

Ar lafar ym Meir., 'Mae'r ceffyl yn eitha llonydd yn y tresi, ond mae o'n *mowntio*'n ofnadwy wrth dreio 'i fachu o yn y drol', ''Dydi'r hogyn 'na byth yn blino'n *mowntio* pêl'.

mowntibanc, mowntebanc [bnth. S. *mountebank*] *eg.* ll. *-iaid, mowntiba(n)cs*. Ffŵl ffair, clown, croesan; cwac, twyllwr: *mountebank, buffoon; quack, charlatan, impostor*.

1758 *DPMB* 14, fel *Mowntibangc*, ar ei stâds yn dangos ei fawredd. Ar lafar ym Morg. dywedir 'fel *mowntibanc*' am berson sy'n ymddwyn fel ffŵl i geisio tynnu sylw.

mowntibanciaeth, mowntebanciaeth [*mowntibanc, mowntebanc* + *-iaeth*] *eb.* Gweithred, &c., sy'n nodweddiadol o fowntibanc, enghraifft o'r fath weithred, &c., cwacyddiaeth: *mountebankery, charlatanism*.

1844.

mowntiwr[1] [bôn y f. *mowntiaf*[1]: *mowntio* + *-iwr*] *eg.* ?Esgynnwr, dringwr, yn *ffig.* person uchelgeisiol: *one who climbs or ascends, fig. ambitious person*.

1769 E. ROBERTS: *GN* 38, Gwneiff hwnw waith arno [tir] rhudd bunt o ernes, / Ag am i fod o'n *fowntiwr* ceiff ddigon o fantes. **1788** E. ROBERTS: *CD* 34, Cyn mynd mewn tylodi yn llymgi heb ddim llun / Yn *fowntiwr* gwag fantes yn ddiles o ddŷn.

mowntiwr[2] [bôn y f. *mowntiaf*[3]: *mowntio* + *-iwr*] *eg.* Ciciwr (e.e. am geffyl, chwaraewr pêl droed): *kicker (e.g. of horse, footballer)*.

Ar lafar ym Meir.

mownturo [bnth. S. *mountero*] *eg.* Cap crwn ac iddo labed y gellid ei thynnu dros y clustiau a wisgid gan helwyr, yn enw. yn Sbaen: *montero*.

17g. HUW MORUS: *EC* i. 49, Hwd cryno, *Mownturo* tew, / Rhyw gafn da, rhag ofn du-rew. *id.* 68, Boliog, torog, *Fownturo*, / A'i big yn bwrs bwgan-bo. *c.* **1730** *Thos. Lloyd D* (LlGC) 174b, *mownturo*, a mountero cap.

mowr(-), gw. mawr(-).

mowrniaf: mowrnio, mowrning, mowrnin, gw. mwrnaf: mwrno, mwrning.

moy, gw. mwy.

moyn, *be.*, gw. ymofynnaf: ymofyn.

moyrlo, moyst, gw. morlo[1], moist.

mrengian, gw. ymremiaf: ymremial.

mu[1], gw. bu[2].

mu[2] [?bnth. S. C. *mui* 'a dry measure'] *eb.g.* ll. *-od*. Mesur chwarter tunnell, weithiau yn wallus am fesur mwy, llestr sy'n cynnwys chwarter tunnell: *a measure of a quarter of a tun, sometimes erron. for a larger measure, vessel containing a quarter of a tun.*

15g. *AL* ii. 584, melget pedeir tunell o fel a gassei pedeir *mu* ympob tunell, dwy grenneit ym pob *mu*. *Dchr.* **17g.** *J* 10, 32a, *mu*, a vessel or measure that contayneth two rhennaid. S. *muod.* pl . . . orca. **1632** *D*, *mu*, est mensura quædam. Mesur tunnell yw pedwar *mu*, ac ym mhob *mu* y bydd dwy rennaid. K[yfraith] K[ynog]. **1688** *TJ*, *mu*, (mesur) yn Cynwys chwarter (Tunnell:) a certain Measure containing the fourth part of a Tun. **1722** *Llst* 189, *mu*, f. a hogshead, the 4th part of a tun. **1800** W. Owen[-Pughe]: *CP* 26, 10 *mu* [:- Hen fesur Cymryig mawr yw hon . . . ychydig llai na thynell . . .]. **1803** *P.*

mu[3], gw. fy, hun[2], hunan.

muail, gw. miwail.

mucilag, mucilaginus, mucus, gw. mwcilag, mwcilaginus, mwcws.

much [adff. o *muchudd*] *eg.* Düwch; muchudd: *blackness; jet.*

1803 *P.*

muchfaen [*much* + *maen*[1]] *eg.* Muchudd: *jet.*

1851.

muchudd [< *muchydd*, drwy gmth.] *eg.b.* a hefyd fel *a.* Coedlo caled du y gellir ei gaboli a'i ddefnyddio i wneud tlysau, addurniadau, &c., hefyd yn *ffig.*; agat; eboni; du fel y muchudd: *jet, also fig.; agate; ebony; jet-black.*

?**10g.** *ZCP* i. [361], *muhid*, gl. *ebeno.* **14g.** *T* 25. 15–16, Hantit du *muchyd.* **1346** *LlA* 93, aeleu megys dwyueing or *muchud* gloywduaf. **14g.** *WM* 133. 34–5, y gwallt . . . ae dwylaw duach oedynt nor *muchyd* (*RM* 205, *muchud*). **15g.** *OBWV* 104, *Muchudd* deurudd, a'u dirwyn, / Main eu tro, ym môn y trwyn [i wyneb lleian]. **15g.** *GHC* 3, Gruffudd, olwg *fuchudd* fwyn, / Deuddwr, eryr du addwyn. **15g.** *LGCD* 62, Maen gwerthfawr mawr hyd ym Main / A *muchudd* yw ym Mechain [i Feredudd ap Hywel]. **15g.** *GGl*[2] 200, Gwirfab o feirch ac arfau, / Gruffudd yw'r carw *muchudd* mau. **1547** *WS*, *muchudd*, gette. **16g.** Siôn Brwynog: *C* 39, Aer Mredydd, glain *muchudd* Môn, / Oes yr aer y sy'r awron. **1632** *D*, *muchudd*, gagates lapis. **1722** *Llst* 189, *muchudd*, m. jeat, agate stone. **1753** *TR*, *muchudd* . . . A river in Glamorganshire is called *Muchudd* (cf. *Mychydd*, *EANC* 64), because its waters are of a jetty or blackish colour, as flowing from coal-mines. **1785** E. Barnes: *MH* 50, [y] Gwddf Ifori, ar ba un y dylifodd y *Fuchudd* fodrwyog. **1803** *P.*

Amr.: **muchwydd, mychwydd.** **16g.** *Pen* 76, 49, 106, 122, 133, 140. **17g.** *Pen* 49, 128.

Gw. hefyd mywydd.

muchweg [gair geir.; ?elf. anh. + *chweg*] *a.* Melys, gorfelys: *sweet, luscious.*

Dchr. **17g.** *J* 10, 32b, *muchweg*, melus. **1632** *D*, *muchweg*, idem quod Chweg. **1722** *Llst* 189, *muchweg*, sweet, lushious.

muchwydd, muchydd, gw. muchudd.

mud[1] [bnth. Llad. *mūtus*, cf. Llyd. C. *mut*, Llyd. Diw. *mud*, H. Wydd. *mút* 'llythyren fud'] *a.* ll. *-ion*, *-iaid*, a hefyd fel *eg.*

(*a*) Yn methu siarad, heb y gallu i siarad, dileferydd; heb air, distaw, tawedog, di-ddweud; diystyr; yn llosgi'n araf heb fflamau (am dân, &c.); parhaol boenus ond heb fod yn llym; aneglur (am sain), dwl, heb atsain; ?cudd (am glefyd), heb ei ddangos ei hun; hefyd yn *ffig.*: *dumb, mute, speechless; wordless, silent, taciturn; meaningless; smouldering; dull* (*of pain, sound*); *?latent* (*of disease*); *also fig.*

13g. *C* 20. 7–9, Pa roteiste otholud kin muill moll *mud.* **13g.** *LlDW* 120. 11–12, Dyn *mud* ny telyr ydau . . . saraet . . . kany deueyt ehun y deleu. **14g.** *T* 8. 9–10, Mal peireint anreith yn *uut.* *id.* 37. 12, ef llafar ef *mut* [i'r gwynt]. **1346** *LlA* 6, Yr holl annyueileit *mut* aessynnyant. **14g.** *GDG* 34, Pob meistrolrwydd a wyddud, / Poened fi er pan wyd *fud* [marwnad Llywelyn ap Gwilym]. *c.* **1400** *R* 1353. 37–8, vn odisgyblon *mutyon* madawc. *c.* **1400** *MM* 16, Pedeir teirthon yssyd . . . teirthon *uut*, a theirthon gryt, a bratgyfaruot, ar twymyn. **1547** *WS*, *mud* diymadrodd, dombe. **1551** W. Salesbury: *KLl* lviiib, yn mynet at delweu *mution.* **1567** *LlGG* [xviii], nid ytynt wy Ceremoniae tywyllion na *mution.* **1567** *TN* 258a, nyd oes vn o hanynt [lleisiau] yn *vut* [:- aflafar]. *Diw.* **16g.** *WLB* 54, gad iddo [pabwyryn] losgi yn *fud* heb fflam. **1588** 2 *Esd* vi. 48, Y dwfr *mud* ac heb fywyd . . . a ddygodd anifeiliaid. **1606** E. James: *Hom* iii. 106, [C]ristion *mud*, heb gyfaddef ei ffydd yn gyhoeddus. **1615** R. Smyth: *GB* 4, efe sy'n ddall a *mud* yn i orchwilion. **1630** R. Vaughan: *YDd* 611, Y Sawl a ddelant i ymmweled a'r clâf, y mae'n rhaid iddynt gymmeryd prif ofal na safant yn *fud* i lygaid rythu yn wyneb y dyn clwyfus. **1632** *D*, *mûd*, mutus, elinguis, tacitus. **1710** *CBGEL* 2, yn fy modloni fy hûn a *mûd* Grediniaeth (*silent Belief*) o hyn [dyfodiad Crist]. **1759** T. Thomas: *WWDd* 343, ei fod . . . yn *fûd* o ran y fâth ymadrodd diolchgar. **1768** Risiart ap Robert: *CB* 389, [c]olyn cydwybod . . . yn *mud* gnoi. **1803** *P.* Ym Morg. dywedir am rywun di-ddweud 'Ma fa mor *fud* â gwŷr y North!'

(*b*) Un sy'n methu siarad, hefyd yn *ffig.*: *mute* (*person*), *also fig.*

14g. *WML* 39, neu glafwr. neu *uut.* neu ynuyt. *id.* 128, Trydyd yw *mut.* kany dyly tir net [*sic*] atteppo drostaw. kany rodir gwlat y *uut.* *c.* **1400** *R* 1196. 18–19, bud awr amodawl bydeir *mudyon.* *id.* 1264. 3, nyt hawd ymadrawd a *mut.* **1551** W. Salesbury: *KLl* lxb, yr byddair y par ef glywet, ac ir *mution* ddywedyt. **1630** R. Vaughan: *YDd* 100, Fe wnaeth Crist . . . y *mudiaid* i lefaru. *c.* **1729** S. Rhydderch: *LlCD* 430, Byddariaid, *Mudiaid*, Deilliaid daeth. *c.* **1730** *Thos. Lloyd D* (LlGC) 178a, *mudiaid*, homines muti.

(*c*) (Llythyren) heb ei chynanu; *Sein.* ffrwydrol, un o'r ffrwydrolion, gan gynnwys weithiau *h*, *ll*, *q*, *x*; un o'r ffrwydrolion neu un o'r ffritholion cyfatebol, gan gynnwys weithiau *ng*; yn perthyn i'r grŵp hwn; (am sillaf) yn gorffen mewn llythyren fud ddwbl, mewn cyfuniad o lythyren dawdd a llythyren fud ddwbl, neu yn *ll*: *mute or silent* (*letter*); *mute or plosive, one of the plosives, sometimes also including 'h', 'll', 'q', 'x'; one of the plosives or their corresponding fricatives, sometimes also including 'ng'; belonging to this group;* (*of a syllable*) *ending in a double 'mute' consonant, in a combination of a continuant and a double 'mute' consonant, or in 'll'.*

14g. *GP* 39, Rei o'r kytseinannyeit ysyd lythyr tawd, ereill ysyd lythyr *mut.* . . . Seith ysyd o'r llythyr *mut* . . . b, c, g, k, p, q, t. A sef achaws y gelwir wynt yn llythyr *mut*, rac bychanet eu sein wrth sein y bogalyeit. *c.* **1400** *id.* 1, Naw llythyren *mut* yssyd . . . b, c, g, h, k, p, q, t, x. . . . A phan uo dwy ohonunt, ual y mae bratt, yn diwed sillaf, neu un ohonunt yn diwed a llythyren dawd yn y blaen ual y mae tant, kyfryw sillaf a honno a elwir sillaf vydar neu sillaf *uut.* **16g.** *GIIV* 20, Mad yw medru yr ymadrawdd / Medru tec or *mud* ar tawdd / Y mae silldau mewn daufodd / Yscafnion *mudion* i modd. **1547** *WS* [xii], gweithe ereill yniwedd gair i tau ['e'] ac i bydd *vut.* **1567** G. Robert: *GC* 19, pa rai o honynt [cysseiniaid] sydd *fudiaid* a pharai sydd hanner seiniaid. *a.* **1575** *GP* 91, Pann vo dwy lythyrenn *vvd* vnrryw yn ol bogal nev lythyrenn dawdd, val y mae bratt nev tantt, honno a elwir ssilldaf *vvd*, nev o enw arall, ssilldaf vyddar. A phann vo ssilldaf a'i dechrav yn benngamleddf, a'i diwedd yn *vvd* nev yn vyddar, val y mae braint, honno a elwir dipton *vvd* nev vyddar. Hevyd, pob ssilldaf a'r a dervyno mewn ll, *mvd* nev vyddar y gelwir. *p.* **1584** G. Robert: *GC* [244], *mud* . . . p t c b d g ph th ch f dd. *id.* [254], y [ll]ythrennau *mudiaid.* **1778** *W*, cysseiniaid *mudion*, sef, yn yr egwyddor Gymraeg, b, c, ch, d, dd, f, ff, g, ng, p, ph, t, th d.g. *mutes, or mute letters.*

Cfn.: **mud a byddar:** *deaf and dumb, also fig.* **1722** *Llst* 189, sefyll yn *fud* ac yn *fyddar* d.g. *to mope.* **mud geni** [?< *mud yn geni*, cf. *dall geni*, *marw geni*]: *born dumb, congenitally dumb.* **1772** D. Risiart: *HFP* 50.

Gw. hefyd mudes.

mud[2] [bôn y f. *mudaf*[1]: *mudo*] *eg.*

(*a*) Nwyddau tŷ, dodrefn, meddiannau, eiddo, celfi symudol, clud; cludiant, mudiad, symudiad: *household goods, furniture, possessions, baggage; carriage, removal, a moving, motion.*

14g. *GIG* 17, Ffelaig, ysgithrddraig uthrddrud, / A phen Môn rhag ffo na *mud.* **14–15g.** *IGE*[2] 264, Nac aur, na *mud*, drud droedfedd, / Na mab iach, bellach y bedd (Siôn Cent). **15–16g.** *TA* 23, Aeth i *fud*, a'i glud, fal gwledydd—glyn Rhin, / A chertweini gwin a chario tanwydd. **1547** *WS*, *mud* ne drekys tuy, householde stuffe. **1567** *TN* 207b, cymersam ein beichiae [:- *mut*, ffardial, archenad]. **1588** 1 *Sam* xvii. 22, Dafydd a adawodd y *mûd* oddi wrtho tann law ceidwad y dodrefn. **1588** *Jud* vii. 17, eu pebyll hwynt ai *mud* hwynt a werssyllasent yn lliaws mawr iawn. **1603** W. Midleton: *Ps* 23, Yw plant y mynnant i *mud* / Duw ae gwyl ado i golud. **1632** *D*, *mûd*, migratio, deportatio. *id.* d.g. *impedimentum* . . . *impedimenta in bello, sarcina.* **1688** *TJ*, *mûd* neu gludiad: the carriage of houshold-goods upon removing from one house or place to another. **1722** *Llst* 189, *mûd*, m. a removing, motion; the carriage or train of an army. **1803** *P*, *mûd*, a removal, a pass, a move, a change of residence; what is moved, as goods, or furniture. Sonnir yn gyff. ym Mhenllyn am 'lwyth *mud*' pan fo teulu'n symud tŷ.

(*b*) Math o dreth a delid am yr hawl i symud gwartheg i le diogel yn amser rhyfel: *a kind of tax paid for the right to move cattle to a place of safety in time of war.*

1276–7 *B* xxiii. 154, [ijs.] de hominibus de Soutone de quadam certa consuetudine que vocatur *Mut* pro averiis suis in pace recipiendis. **1334** *id.* 162, quieti sint de trethforest et treth*muyt* exceptis hiis qui tempore dominorum Wallencium treth*muyt* dare solebant. **17g.** *id.* 163, na bo arnunt treth fforest na threth *mvt*, oddieithr y rai a fuant yn talu treth *mud* yn amser yr arglwyddi Cymry.

Cfn.: **ar fud:** *on a journey, on the move.* **15g.** *IGE*[2] 190.

mud[3] [bnth. Llad. C. *mūta*] *eg.* a hefyd fel *a.* Cawell i hebog (yn arbennig tra bo'n bwrw ei blu), miw; rhoddiad mewn mud; wedi bwrw ei blu mewn mud: *mew* (*cage for hawk*); *a mewing; mewed.*

13g. *LTWL* 147, Precium rubei accipitris antequam ponatur in *mut*: dimidium libre; postquam de *mut* extractus fuerit et in album mutatus, libram valet. **13g.** *LlI* 8, O'r pan dotto [y penhebogydd] er hebavc *emut* ene tenno allan. *id.* 89, llemysten kyn y mynet y*mut*, xii. k.; a guedy yd el, xxiiii. **14g.** *LlB* 54, Gwerth hebawc coch kyn *mut*, hanher punt yw; gwedy tynher o'r *mut* mal yn wen, punt a tal. **14g.** *WM* 476. 8–10, Na golwc hebawc *mut* na golwc gwalch trimut nyd oed olwc tegach nor eidi. **15g.** *LGC* 363, Medrav at drimeib Davydd, / O medr gwalch y *mud* o'r gwŷdd. **1776** *W* d.g. *mew* [*for hawks, &c.*]. **1803** *P.*

Gw. hefyd trimud.

mudactio [*mud*[1] + *actio*] *bg.* Meimio: *to mime.*

1929.

mudadwy [bôn y f. ddil. + *-adwy*] *a.bfl.* Y gellir ei symud, symudadwy: *removable, movable.*

[**1783**] *W* d.g. *removeable, or removable.* **1803** *P.*

mudaf[1]**: mudo** [bnth. Llad. *mūt(ō)*, cf. Gael. *mùth(aidh)* 'newid'] *bg.a.*

(*a*) (fel *bg.*) Symud, symud tŷ, ymfudo, ymadael, teithio: *to move, move house, migrate, emigrate, depart, journey.*

c. **1300** *H* 109a. 28–9, un llysenw a run nyd ryuet uy mod yn *mudaw* am reuet (Llywarch ap Llywelyn). *id.* 110a. 35, Pan *wuttych* oth uyd hart gyduod (Llywarch ap Llywelyn). **14g.** *WML* 81, tri dieu . . . dyd ygeissaw lle y *uudaw.* Ar eil y *uudaw.* Ar trydyd i orffowys. **14g.** *BT* (*RB*) 78, kynnullaw y holl wyr a oruc a'e holl da a *mudaw* hyt ymyneded Eryri. *c.* **1400** *R* 1387. 3–4, a gnawt rac y lu loegyr *vudaw.* **15g.** *ID* 41, y mae adar yn *mydaw* / rhag ofn drwg o fon draw. **15–16g.** *TA* 395, Ni *fudai* y nofiedydd / Mal yr âi hwn ym mlew'r hydd. **1567** *TN* 268a, ysmutaw [:- *vudo*] allan o'r corph a thrigiaw y gyd a'r Arglwydd. **1588** *Gen* xiii. 11, Lot a *fudodd* o'r Dwyrain. **1588** *Eseia* xxiv. 11, hyfrydwch y tîr a *fudodd* ymmaith. **1632** *D*, *mudo*, migrare . . . moueri. *id.* d.g. *emigro.* **1773** *W* d.g. *to emigrate, to move, to move house.* **1803** *P.* Ar lafar yn y Gogledd a Chered. am 'symud tŷ', *LGW* 153. Sonnir ym Môn am 'bysgod yn *mudo*'.

(*b*) (fel *ba.*) (Peri) symud (person neu beth) o'r naill le i'r llall, symud (peth) o'i le, newid lle (peth), dwyn i ffwrdd, trosglwyddo; ildio (tir, &c.): *to move, convey from one place to another, remove, bear away, transfer; yield* (*ground, &c.*).

13g. *HGK* 12, A *mudav* guyr Lleyn ac Arduduy ac eu da a oruc atav hyt yg cantref Meiryonnyd. **14g.** *H* 31a. 42, Chweched yw *mudaw* trefneu dy ty. *c.* **1400** *R* 1037. 10, porthaf gnif kynn *mudif* lle. **15g.** *LGC* 288, Dy briawd, Vawd! ev a *vudwyd* / Heno i'r bedd. **15g.** *GGl*[2] 99, Cryf ydoedd, ceir ei *fudaw*, / Cregyn a lŷn yn ei law [dychan i Uto'r Glyn gan Lywelyn ap Gutun]. **15–16g.** *GIF* 18, Ni'm dawr o einioes, ac ni 'mgroesaf; / ni'm dawr o olud, ac nis *mudaf*. **16g.** *WLl* 227, Mae dwr llif yn *mudo* r llaid. **1588** 2 *Sam* xv. 20, Doe y daethost ti, a *fudwn* i di heddyw i fyned gyd a ni? **1588** *Salm* lxxx. 8, *Mudaist* win-wydden o'r Aipht. **1588** *Doeth Sol* iv. 10, [yr] hwn oedd yn byw ym mysc pechaduriaid a *fudwyd* ymmaith. **1604–7** *TW* (*Pen* 228) d.g. *transfero*. **1632** *D*, *mudo* . . . deportare. **1693** *HC* 137, Doethineb pobl Dduw yw *mudo*'r pethau sydd ganddynt o'u blaen i'r nefoedd. **1793** Dafydd Ionawr: *CD* 236, i'r Aipht yr aeth [Crist]; / *Mudwyd* gan ei Fam odiaeth. **1803** *P*.

mudaf[2]: mudo [bf. o'r a. *mud*[1]; cf. Llyd. Diw. *mudañ*] *ba.* Gwneud yn fud: *to silence*.
16g. Gr. Hiraethog: *Gw* (D. J. B.) 3. 47–8, Astudiaist, *mudaist* bob min, / Uwchuwch iaith, i'ch iau a'ch hŷn.

mudaf[3]: mudo [?bnth. Llad. *mūt(iō)* 'mwmiaf, brefaf, cyfarthaf'; ansicr yw'r enghrau. a dichon mai i'r f. *mudaf*[1]: *mudo* y perthynant] *?bg.* ?Gweryru; cyfarth: *to neigh*; *bark*.
13g. *A* 19. 6, *mudyn* geinnyon ar y helw. *c.* **1300** *H* 5b. 30, knud a chnud a *vud* ymdanadut (Gwalchmai).

mudair [?*mud*[3] + elf. anh.] *a.* Mud (am hebog), yn ei lawn blu: *mewed or moulted* (*of hawk*), *fledged*.
13g. *LTWL* 200, postquam de mut extractus fuerit, si albus fuerit, id est *muter*, libram valet. **13g.** *LlI* 88, guedy bo *muteyr* a guen . . . punt a tal [am hebog]. **1730** *Leg Wall* 579. **1773** *W* d.g. *fledge*, *or fledged*.

mudallu [*mud*[2] + *gallu*] *eg.* ll. *-oedd*. Pŵer mecanyddol: *mechanical power*.
1850.

mudan [*mud*[1] + *-an*[1]] *eg.* (b. *-es*) ll. *-iaid*, *-od*, a hefyd fel *a.* (Person, &c.) mud: *dumb or mute* (*person*, *&c.*).
16g. *GIIW* 41, Y dall ath wyl duw oll ith alwan / Ag yn dafodiog i gwnaed *fudan*. **1547** *WS*, *mudan*, mute. **1567** *TN* 13a, Yn gwneythyd i *vudan* ddywedyt. *id.* 14a, nycha, wy yn dwyn attaw *vudan* cythreulic. **1588** *Ecs* iv. 11, pwy a ordeiniodd *fudan*, neu fyddar? **1588** *Eseia* xxxv. 6, Yna . . . y cân tafod y *mudan*. **1632** *D*, *mudan*, vir mutus. **1672** R. Prichard: *Gw* 539, Yn tewi sôn heb atteb nêb, / Fel *mudan* heb ei lafar. **1708** *EGE* 121, diammeu na ddeuwn ni fyth o hyd i feddyliau ein gilydd, mwy na phe bae'm *fudaniaid*. [**1740**] L. Anwyl: *NG* 8, holwch hwynt yn yr ysgrythyr, chwy-chwi a'u cewch mal *mudaniaid*. **1768** Risiart ap Robert: *CB* 62, yr oracl yn y deml a aeth yn *fudanes*. **1771** *PDPh* 71, [y] creadur claf *mudan*. **1803** *P*. Yng nghanolbarth Cered. sonnir am dywydd clòs mwll fel 'tywydd *mudan*'.

mudanaeth, gw. mudaniaeth.

mudanaf: mudanu [bf. o'r e. *mudan*] *bg.a.* Mynd neu wneud yn fud neu'n ddistaw: *to make or become dumb*, *mute*, *or silent*.
1604–7 *TW* (*Pen* 228) d.g. *obmutesco*. *Dchr.* **17g.** *J* 10, 32b, *mudanu*, immutesco. **1799** Dafydd Ionawr: *MB* 14, Diddym ydyw'n Prydyddiaeth, / *Mudanu* a nychu wnaeth. **1803** *P*.

mudanaidd [*mudan* + *-aidd*] *a.* Mud, tebyg i fudan, distaw: *mute*, *like a mute*, *silent*.
1800 C. Evans: *EJU* 43, distawrwydd *mudanaidd*. **1803** *P*, *mudanaidd*, like a mute. **1808** Twm o'r Nant: *BB* 36, Mae ganthynt [Seiri Rhyddion] ddirgelaidd, ystumiau *mudanaidd*.

mudandod [*mudan* + *-dod*] *eg.* Mudaniaeth, pall ymadrodd, distawrwydd: *muteness*, *dumbness*, *speechlessness*, *silence*.
1845.

mudanedd [*mudan* + *-edd*[1]] *eg.* Mudandod, distawrwydd: *speechlessness*, *silence*.
1809.

mudanes, gw. mudan.

mudaniaeth, mudanaeth [*mudan* + *-(i)aeth*] *eb.g.* Y cyflwr o fod yn fud, mudandod, pall ymadrodd, distawrwydd: *muteness*, *dumbness*, *speechlessness*, *silence*.
14g. *OBWV* 93, Mae danad ym *mudaniaeth*, / Bedd rwym, nid o'm bodd yr aeth (Gruffudd Gryg). *c.* **1400** *SDR* 47, os o achaws *mudanyaeth* y mab y dihenydyir. ?**15g.** Deio ab Ieuan Du, &c.: *Gw* 292, Un wedd, onid ydwy'n waeth, / Wyf â dyn 'n ei *fudaniaeth*. **15–16g.** *GRB* [13], Llawer un i'r llawr a aeth / a dynnaist o'i *fudaniaeth*. **1545** *CM* 1, 229, ynnerbyn *mudaniaeth* ar y tauod. **1632** *D*, *mudaniaeth*, dumbnesse. **1716** E. Samuel: *GGG* 139, Yr Ysprydion . . . a dawsant, a phan ofynnid iddynt yr achos o'u *mudaniaeth*, gorfu arnynt gyfaddef nad allent hwy ddim lle y gelwid ar Enw Christ. **1722** *Llst* 189, *mudaniaeth*, f. dumbness. **1793** Dafydd Ionawr: *CD* 217, Ei enau [Sachareias] gynnau oedd gaeth / A dynnwyd o'i *fudanaeth*. **1803** *P*, *mudanaeth*, m. a mute state.

mudanol [*mudan* + *-ol*] *a.* Distaw; yn perthyn i ddistawrwydd: *silent*; *pertaining to silence*.
1890.

mudanrwydd [*mudan* + *-rwydd*] *eg.* Mudandod, mudaniaeth, distawrwydd: *dumbness*, *muteness*, *silence*.
1709 H. Powel: *G* 13–14, y rhai [gwŷr duwiol] yr ymwelodd Duw . . . a *mudanrwydd*, fel Zachari Tad Ioan fedyddiwr. *c.* **1730** *Thos. Lloyd D* (LlGC) 177b, *mudanrwydd*, dumbness.

mudanwr [*mudan* + *gŵr*] *eg.* Mudan, person tawedog neu ddistaw: *a mute*, *taciturn or silent person*.
1809.

mudedig [bôn y f. *mudaf*[1]: *mudo* + *-edig*] *a.bfl.* Y gellir ei symud; wedi ei symud (ymaith): *movable*; *moved*, *removed*.
1803 *P*, *mudedig*, being moved or removed.

mudedigion [*mudedig* + *-ion*] *e.ll.* Noddedigion, efaciwîs: *evacuees*.
1939.

mudes [*mud*[1] + *-es*[1]] *eb.* ll. *-au*, *-i*, *-od*. Gwraig neu ferch fud neu ddistaw, mudanes: *dumb or silent woman or girl*.
15g. *DE* 59, dyro grist er dyw ar groc / dy *vydes* yn dafodioc. *p.* **1500** *Pen* 57, 80, moes arwydd drwg im llyddwyd / [m]adws oedd ai *mvd es* [*sic*] wyd. **16–17g.** T. Prys: *Bardd* 12, hawdd Iawn fod heddyw yn *fvdes*. **1803** *P*, *mudes*, pl. *od*, a female mute.

mudfa [bôn y f. *mudaf*[1]: *mudo* + *-fa*, *ma*] *eb.* Y weithred o fudo, mudiad, ymfudiad: *a moving*, *removal*, *migration*.
c. **1400** *R* 1357. 6–7, *mutua* oed da duw kalan. **1803** *P*, *mudva*, a remove, a removal.

mudfaeth, gw. mydfaeth.

mudfaethaf: mudfaethu [bf. o'r e. bl.] *bg.* Gwneud gwaith bydwraig, colwyno: *to act as a midwife*.
1688 *TJ*, colwyno, *mudfaethu*, chware 'r fudwraig. To play the midwife. *c.* **1730** *Thos. Lloyd D* (LlGC) 178a, *mudfaethu*, obstetricor.

mudferwaf: mudferwi [*mud*[1] + *berwi*] *bg.a.* Berwi'n araf, bod ar fin berwi, cadw ar fin berwi, lled-ferwi, goferwi: *to simmer*, *parboil*.
Ar lafar.

mudfyw [?amr. ar *madfyw*] *a.* Lledfyw, hanner marw, lled ymwybodol, anymwybodol: *half alive*, *half dead*, *semi-conscious*, *unconscious*.
20g.

mudgelfyddydau [*mud*[2] + *celfyddydau* (ll. yr e. *celfyddyd*)] *e.ll.* Mecaneg: *mechanics*.
1776 *W*, hyfedr (hyddysg) yn y *mûd-gelfyddydau* d.g. *mechanic* [*skilled in mechanics*].

mudiad[1] [bôn y f. *mudaf*[1]: *mudo* + *-iad*[1]] *eg.* ll. *-au*.

(*a*) Y weithred o symud, symudiad; y weithred o fudo o'r naill le i'r llall, ymfudiad: *a moving*, *movement*; *migration*, *emigration*.
1632 *D* d.g. *migratio*. *id.* *mudiad* o'r naill le i drigo yn y llall d.g. *transmigratio*. **1674** *B* xii. 20, [ll]ûos o bobl yn dwyn ymmaith y kerrig oddi ar y kernydd bychain, ag yn i gosod hwynt ar y kernydd mawrion, ag er y *müdiad* hyn oll nid oeddwn yn gweled y kernydd bychain yn llaihau. **1722** *Llst* 189, *mudiad*, a removing. *c.* **1730** *Thos. Lloyd D* (LlGC) 178a, *mudiad*, migratio, motio. **1773** *W* d.g. *emigration*, *migration*. **1803** *P*.

(*b*) Corff o bobl yn coleddu'r un nod neu ideoleg, yn enw. ynghylch gwleidyddiaeth neu grefydd: *movement* (*group of people*).
1908.
Cfn.: **mudiad ieuenctid:** *youth movement*. **20g. m. Llafur(ol):** *Labour movement*. **1908.**

mudiad[2] [bôn y f. *mudaf*[1]: *mudo* + *-iad*[4]] ?*a.* ?Yn symud yn ddi-baid, aflonydd: *continually moving*, *restless*.
1621 E. Prys: *Ps* 48b, Mor ansefydlog yw fy' stâd: / a'r *mudiad* geiliog rhedyn.

mudiant [bôn y f. *mudaf*[1]: *mudo* + *-iant*] *eg.* ll. *mudiannau*. Y proses o newid safle'n barhaol, mosiwn, symudiad: *motion*, *movement*.
1803 *P*.

mudlais [*mud*[1] + *llais*] *a.* Yn hymian, yn mwmian: *humming*.
1805.

mudleisiaf: mudleisio [bf. o'r e. bl.] *bg.a.* Hymian: *to hum*.
1850.

mudliw [bôn y f. *mudaf*[1]: *mudo* + *lliw*[1]] *eg.* Lliw sy'n ymddangos fel petai'n newid, symudliw; lliw brith: *shimmering colour*; *mottled colour*.
1803 *P*.

mudliwiad [*mudliw* + *-iad*[3]] *eg.* ll. *-iaid*. *Swol.* Camelion: *chameleon*.
1852.

mudlosg [bôn y f. ddil.] *a.* Yn llosgi heb fflamio, yn marwlosgi: *smouldering*.
1896.

mudlosgaf: mudlosgi [*mud*[1] + *llosgi*] *bg.* Llosgi heb fflamio, marwlosgi, hefyd yn *ffig.*: *to smoulder*, *also fig*.
1852.

mudlythyren [*mud*[1] + *llythyren*] *eb.* ll. *-lythrennau*. Llythyren nas seinir: *silent letter*, *mute*.
1862.

mudol [bôn y f. *mudaf*[1]: *mudo* + *-ol*] *a.* Mecanyddol, peirianyddol; y gellir ei symud, yn (gallu) symud; yn mudo, yn perthyn i fudo: *mechanical*, *engineering*; *movable*, *moving*, *mobile*; *migrant*, *migratory*.
1776 *W*, y galluoedd *mudawl* d.g. *mechanics*, *the mechanic powers*. **1803** *P*, *mudawl*, belonging to a removal, or change of place; movable.

mudoledd [*mudol* + *-edd*[1]] *eg.* Y gallu i symud, symudoledd: *mobility*.
20g.

mudolion [*mudol* + *-ion*] *e.ll.* Ymfudwyr, allfudwyr: *emigrants*.
1796 *Geirgrawn* 88, *Mudolion* (emigrants) tywysogaidd. *id.* 151, llawer o *fudolion* (emigrants) wedi cael eu claddu yno.

mudolrwydd [*mudol* + *-rwydd*] *eg.* Symudoledd: *mobility*.
20g.

mudrwydd[1] [*mud*[1] + *-rwydd*] *eg.* Mudandod: *muteness*, *dumbness*.
1773 *W* d.g. *dumbness*.

mudrwydd[2] [bôn y f. *mudaf*[1]: *mudo* + *rwydd*] *eg.* Symudoledd: *mobility*.
20g.

mud-sain, mudsain, gw. mutsain.

mudumiau, gw. mydumiau.

mudwarant [bôn y f. *mudaf*[1]: *mudo* + *gwarant*] *e?b.* Gorchymyn ysgrifenedig i symud crwydryn i'w blwyf ei hunan: *pass, written order to move a vagrant to his own parish.*
1778 *W* d.g. *pass* [*an order for conveying vagrants* . . .].

mudweiff [bnth. S. *midwife*] *eb.* Bydwraig: *midwife.*
1552 *Pen* 403, 47, ar *vudweif* yn edrych arnunt.
Gw. hefyd gwidwith, mydfaeth.

mudwr, mudydd[1] [bôn y f. *mudaf*[1]: *mudo* + *-wr, -ydd*[3]] *eg.* ll. *-wyr.* Ymfudwr, crwydrwr, crwydryn; un sy'n symud (rhywbeth): *emigrant, migrant, wanderer, vagabond; mover, remover.*
16g. Siôn Brwynog: *C* 23, *Mudwr* a thramwywr maes, / Maing ar winllong, mwng rhawnllaes [i ofyn march]. **1588** *Jer* xlviii. 12, pan anfonwyf *fudwŷr*, y rhai ai mudant hi. **1722** *Llst* 189, *mudwr*, a vagabond, wanderer. **1798** *WR*, *mudwr* d.g. *emigrant.*

mudwraig, gw. mydwraig.

mudydd[1], gw. mudwr.

mudydd[2] [*mud*[1] + *-ydd*[3]] *eg.* ll. *-ion.* *Crdd.* Dyfais i leihau sain, miwt: *mute* (*in mus.*).
20g.

Muggletonaidd, Muggletoniad, gw. Myglтonaidd, Mygltoniad.

mul[1] [bnth. Llad. *mūlus*, cf. Llyd. C. *mul, mules*; ansicr yw'r engh. o'r ff. *mulen* a ddyfynnir isod] *eg.?b.* (b. *mules*, ll. *-au*; bach. g. *mulyn*, b. *mulen*) ll. *-od, -(i)oedd.*

(*a*) *Swol.* Epil asyn a chaseg, bastard mul, mwlsyn, miwl; epil march ac asen; asyn, donci; hefyd yn *ffig.* ac yn ddifrïol: *mule; hinny; ass, donkey; also fig. and derog.*
13g. *BD* 158–9, adurn *muloed* (*RB* ii. 201, darmerth a chyniret *mulyoed*) a meirch. **14g.** *WM* 165. 35–6, morwyn bengrych du ar gefyn *mul* melyn. **16g.** (*LlEG*) *Mos* 158, 419b, archennad i *vules* Ef. **1547** *WS, mules* . . . a mule. **16g.** (**17g.**) *B* xviii. 32, er it yn hen *fulen* fod / eto ifank or tafod. **1551** W. Salesbury: *KLl* lxiva, asin [:– aniual nid angkeffelyp i *vules*]. **1588** *Gen* xxxvi. 24, hwn yw Ana 'r hwn a gafodd y *mulod* yn yr anialwch wrth borthi o honaw asŷnnod Sibeon. **1621** E. Prys: *Ps* 13b, Fel y march neu y *ful* na fydd, y rhai y sydd heb ddeall. **1632** *D, mûl*, mulus. *id. mules* d.g. *mula.* **1722** *Llst* 189, *mules*, f.p. *esau*, a ginnet-mare, a she-mule. **1768** (**1813**) Twm o'r Nant: *FF* 75, Mi wn o'r goreu cyn y Sul, / Dy fod ti'n rhyw *ful* o Faili. **1803** *P, mul*, an ass. *id.* d.g. *mulyn.* Ar lafar ym Môn a sir Gaern. yn yr ystyr 'asyn', *WVBD* 384, *TGG* (1908) 95.

(*b*) Pren (haearn) troed, troetbren crydd, last: (*shoe-*)*last.*
1913. Ar lafar yn y Gogledd, *WVBD* 384, hefyd am 'nailmaker's last', ac yn Llŷn am 'offeryn a ddefnyddid wrth wneud rhaff bysgota i ddod â thair cainc at ei gilydd', *BLlE* 28.

(*c*) Hors lifio: *sawing-horse.*
Ar lafar yn Arfon.
Amr.: **mŵl. 18–19g.** *Llr* C 4, 10, *mŵl*, a mule / ni feddwl y *mŵl* melyn / fis haf am addwynaf ddyn / T Prys i Eiddig.
Cfn.: *Bot.* **mul bach:** *piggyback plant, Tolmiea menziesii.* **20g. mynd i'w f. (m., &c.):** *to sulk, take the huff.* **1911.** Ar lafar mewn rhai mannau yn y Gogledd. **yn ei f. (ei m., &c.):** *sulking, in a huff.* Ar lafar mewn rhai mannau yn y Gogledd.
Gw. hefyd miwl, mwlsyn.

mul[2] [?< Clt. **mōi-lo-*, o'r gwr. **mēi-* 'mwyn', a welir yn y Gym. *mwydo, mwydion*, cf. Lithwaneg *mielas*] *a.* ll. *-ion*, weithiau gyda grym enwol.

(*a*) Syml, diniwed, diffuant, plaen, didwyll; gwylaidd, llariaidd, disyml, addfwyn, swil; ffôl, ynfyd, gwirion: *simple, innocent, sincere, plain, honest; modest, gentle, meek, shy; foolish, silly.*
13g. *Cylchg LlGC* v. 60, Mab . . . yeuanc o oet a *mvl* o synnvyr. **1346** *LlA* 40, buchedoccav awnant yn *vul* (*simpliciter*). **14g.** *B* xviii. 147, A hynn a ysgriuennvn ynheu yn *vul* (*simpliciter*) y'ch brottoryaeth chui. **14g.** *GDG* 150, *Mul* yn chwarae â chlaear, / Diful wrth y cul a'i câr. *id.* 169, Dwys iawn fydr, dos yn feudwy, / Och ŵr *mûl*! ac na châr mwy. *c.* **1400** *ChO* 10, Y cath a arwydoccai y rei *mul*, gwiryon, didrwc (*simplices*). *c.* **1400** *R* 1275. 15, *mul* y dibobles malt biblet. **15g.** *IGE*[2] 182, Y gŵr *mul* a gâr mawlair / A'i cred mal llw ar y crair [Siôn Cent i'r awen gelwyddog]. **15g.** *HCLl* 75, Mab ni châr gormod siarad, / *Mul* a doeth yw mal ei dad. / O feibion, gwŷr doethion gynt / Y *mulaf* a ganmolynt. **16g.** Wiliam Cynwal: *Gw* (G. P. Jones) 11, Y dŵr byth a dyr i bant, / O du'r *mul* y daw'r moliant. **1603** W. Midleton: *Ps* 134, Na anghofia lowna lais, / D'elynion *mulion* malais. **1632** *D, mûl*, verecundus, simplex. **1707** *AB* 219a, *mŷl*, bashful, Brec. & alibi. **1770** *W* d.g. *bashful, modest, shy.* **1777** W. Williams: *TEA* 48–9, yn rhy *ful* ac ofnus i atteb y fath gwestiwnau. **1803** *P.*

(*b*) Trist, prudd; tawedog; mud: *sad, dejected; taciturn; dumb.*
14g. *GDG* 57, Ef aeth y brydyddiaeth deg / Mal ar wystl, *mul* yw'r osteg [marwnad Gruffudd Gryg]. **15g.** *CSTB* 51, Ef a'm gwnaeth yr hiraeth hyn / Yn gul, yn *ful*, yn felyn. **1547** *WS, mul*, speche-lesse. **16–17g.** *HG* 114, ag yno ny byddai *vûl*, o chai bybŷl a chwarddo. *c.* **1600** *GDG* 224, poed kul poed *mul* poed melyn / or kur i lliw kara i llyn. **1604–7** *TW* (*Pen* 228) d.g. *mutus, tacitus. Dchr.* **17g.** *J* 10, 32a, *mul*, dumbe, mutus.

mul[3], *eg.* Treuliad (brethyn, &c.): *a fretting* (*of cloth, &c.*).
1722 *Llst* 189, *mul*, a fret or fretting (as of cloth).
Gw. hefyd mail[4].

mulaf[1]**: mulo** [bf. o'r e. *mul*[1]] *bg.a.* Sorri, pwdu, digio; ystyfnigo; ?hurtio, drysu: *to sulk, be displeased; become stubborn; ?astound, confound.*
1815. Ar lafar mewn mannau yn y Gogledd.

mulaf[2]**: mulo** [bf. o'r a. *mul*[2]] *bg.* Bod neu fynd yn wylaidd neu'n swil: *to be*(*come*) *bashful or shy.*
1803 *P.*

mulaf[3]**: mulo** [bf. o'r e. *mul*[3]] *bg.* Treulio (am frethyn, &c.): *to fray, wear* (*of cloth, &c.*).
1722 *Llst* 189, *mulo*, to fret (as cloth &c) to become almost a hole. **1773** *W* d.g. *to fret* [*be worn out, as cloth, &c.*].
Gw. hefyd meiliaf: meilio.

mulaidd[1] [*mul*[1] + *-aidd*] *a.* Tebyg i ful neu nodweddiadol ohono, ystyfnig: *like a mule or donkey, mulish, asinine, stubborn.*
1722 *Llst* 189, *mulaidd*, belonging to a mule. **1797** E. Charles: *EC* 36, [y] lleisiau *mulaidd* sydd gan y bobl yma wrth bregethu. Ar lafar, 'Dyn *muladd* iawn wyt ti na welat ti', *WVBD* 384.

mulaidd[2] [*mul*[2] + *-aidd*] *a.* Syml; gwylaidd, swil; tawedog; mud: *simple; bashful, shy; taciturn; dumb.*
1604–7 *TW* (*Pen* 228) d.g. *imperitus, mutus, taciturnus.* **1688** S. Hughes: *TSP* 133, Ys truan *mulaidd* [:– Cywilyddgar]! **1725** *SR* d.g. *bashfull, to be Bashfull.* **1803** *P.*

mulder [*mul*[2] (ac efallai *mul*[1]) + *-der*] *eg.* Gwyleidd-dra, swildod, diniweidrwydd; tawedogrwydd; salwedd: *modesty, bashfulness, shyness, innocence; taciturnity; baseness.*
14g. *RC* xxxiii. 209, ag ouynn Duw arnaw ynny *vulder.* **14g.** *GDG* 398, Mynned fab ei adnabod, / *Mulder* glew, mold ar y glod. **1604–7** *TW* (*Pen* 228) d.g. *echemythya, taciturnitas.* **1632** *D* d.g. *simplicitas, verecundia.* **1722** *Llst* 189, *mulder*, bashfulness, modesty. **1730** Iaco ab Dewi: *YL* 7, nid o *Fulder* (*baseness*) a llwfrdra.

muldra [*mul*[2] + *-dra*] *eg.* Gwyleidd-dra, swildod, diniweidrwydd: *modesty, bashfulness, shyness, innocence.*
1677 C. Edwards: *FfDd* [241], Cynwyledd, *muldra.* **1707** *AB* 219, *mŷldra*, bashfulness. **1764** Dewi Nantbrân: *CB* 71, Ffrwythau'r Ysbryd Glân . . . Muldra. **1776** Dewi Nantbrân: *AN* 6, delwch sulw ar brudd *Fuldra*, a Phwyll. **1779** D. Davies: *BDED* 96, [*m*]*uldra* a chywilydd sanctaidd. **1803** *P.*

muled[1,2], gw. mulet, mwlet.

muledd[1] [*mul*[1] + *-edd*[1]] *eg.* ?Cyndynrwydd, pengaledwch: *obstinacy, perversity.*
18–19g. *CRIM* 19, Oer enaid dirinwedd yw nyth yr annoethedd, / Llawn suredd a *muledd* a malais.

muledd[2] [*mul*[2] + *-edd*[1]] *eg.* Gwyleidd-dra, swildod: *modesty, bashfulness.*
Dchr. **14g.** *H* 116a. 37, Pan ym gwnaeth *wulet* nath uolwn uy rwyf (Llywarch ap Llywelyn).

muleiddiwch [*mulaidd*[1] + *-iwch*[1]] *eg.* Y cyflwr o fod yn fulaidd, cyndynrwydd, pengaledwch: *asininity, obstinacy, perversity.*
1916.

mulen, mules, gw. mul[1].

mulet, muled[1] [bnth. S. *mullet*] *eg.* *Pysg.* Pysgodyn môr o deulu'r *Mugilidæ*, hyrddyn: *grey mullet.*
1604–7 *TW* (*Pen* 228), *mulet* croewddwr d.g. *leuciscus. id. mulet*, pysc mor d.g. *mugil. Dchr.* **17g.** *J* 10, 32a, *muled*, penfras.
Cfn.: **mulet brych:** *grey mullet.* Ar lafar yn Arfon, '*mulat brych*', *WVBD* 384.

mulfran [elf. anh. + *brân*] *eb.g.* ll. *-od, mulfrain.* Morfran, bilidowcar, *Phalacrocorax carbo*; hefyd am amryw adar sy'n plymio i'r dŵr, fwltur, brân dyddyn, *Corvus corone*, aderyn y bwn, bwmp y gors, *Botaurus stellaris*, garan, *Megalornis grus*; hefyd yn *ffig.* ac yn ddifrïol: *cormorant; also of various diving birds, vulture, carrion crow, bittern, crane; also fig. and derog.*
14g. (*a.* **1484**) *Pen* 54, i. 65, moeluriad o baradwys / *mulvran* yr ysspryd glan glwys [Madog Benfras i'r Brawd Llwyd]. **15–16g.** *AAST* (1935) 103, Moelrhon 'rhyd yr afonydd, / *Mulfran* ymsocian y sydd [marwnad Wiliam ap Griffith ac yntau'n fyw gan Ddafydd Trefor]. **16g.** Wiliam Cynwal: *Gw* (R. L. Jones) 151, Drwm oerwas, fel Du'r Moroedd, / Twn *fulfran*, dwrstan dorstain, / Du rhwth, yn llam dwy o'r [*sic*] rhain [dychan Robart]. **1588** *Lef* xi. 13–17, A'r rhai hyn a ffieiddiwch chwi o'r adar, na fwyttewch hwynt . . . aderyn y corph, a'r *fulfran*, a'r ddylluan. **16g.** *Def Hen* 29, rheybiawg *fylfranod* (*cormorants*) yn pigo a darnguddio oddi arnom hyn oll a allon. **16–17g.** *GST* i. 519, Cigfrain a *mulfrain* Moelfre / Cau egr eu llais, coeg yw'r lle. *id.* 957, Mae Ifan, *fulfran* foelfrith,—y drewdin / A droediwyd yn dinchwith. **1604–7** *TW* (*Pen* 228) d.g. *mergus, phalacrocorax, vultur* (hefyd *D*). **1617** *Minsheu* 42b d.g. *bittour. id.* 106b d.g. *crane.* **1632** *D, mulfran*, mergulus, phalacrocorax. **1632** *D* (*Diar*), Nid glŵth ond *mulfran.* **1701** E. Wynne: *RBS* 225, ni phaid y *Fulfran* (*vulture*) hon a chnoi'r afu. **1803** *P.* Ar lafar yn y Gogledd am y bilidowcar, *WVBD* 384; hefyd yng ngodre Cered. yn y ff. *molfran, TGG* (1908) 98.
Amr.: **milfran** [drwy dybio mai *mil*[2] yw'r elfen gyntaf]. **1609** *Card* 13, 73. **1753** *TR, milfran*, a cormorant. **1789** J. Thomas: *DdS* 81.
Cfn.: **mulfran fechan:** *shag, Phalacrocorax aristotelis.* **20g. m. gopog = m. fechan. 1832. m. wen:** *gannet, Sula bassana.* **1934. m. werdd = m. fechan. 1832. m. lwyd = m. wen. 1832.**

mulgre, *eg.* Hopran (melin), twmffat, twndis, hefyd yn *ffig.* ac yn *dros.*: (*mill-*)*hopper, funnel, also fig. and transf.*
16g. (**17g.**) *CRC* 149, Ar krvd kymale / a gwewyr oi *fylgre* / a grwfio i geillie / yn gryfa ar i galler (Robin Clidro). **1604–7** *TW* (*Pen* 228), *mulgre* o ddyn d.g. *heluo. id.* d.g. *infundibulum.* **17g.** *LlGC* 13215, 383 d.g. *twnel.* **17g.** (**18g.**) *Card* 84, 418, Ag ai *fulgre* gefeilgrâff / yr hel Robin gribin graff / Gymaint o ŷd pur-ŷd pawr / A naw melin y maelawr [Edward Morris i ofyn ceffyl].

mulsyn, gw. mwlsyn.

mulwel [bnth. S. C. *mulwel* 'cod'] *e?g.* *Pysg.* Penfras, *Gadus callarias*: *cod.*
1547 *WS, mulwel*, myllwell. *Dchr.* **17g.** *J* 10, 32a, *mulwel*, codde.

mulwirion, gw. mul[2] + gwirion.

mulwr, mulydd [*mul*[1] + *-wr, -ydd*[3]] *eg.* ll. *-wyr, -yddion.* Gyrrwr mulod: *muleteer.*
1604–7 *TW* (*Pen* 228), *mulwr* d.g. *mulionius, veterinarius* (hefyd *D*). **1722** *Llst* 189, *mulwr*, a muleteer. **1728** T. Baddy: *DDG* 56, ein *Mulyddion* a ddarparasant Geffylau i ni.

mulyn, gw. mul[1].

mun[1] [gair geir.; ?adff. o *munaid* neu *dwyfun*] *eg.b.* Llond y ddwy law ynghyd, mawaid, llond deuddwrn, dyrnaid, llond llaw, llaw: *as much as can be held in two hands together, handful, hand.*

c. **1425** *B* ii. 232, *mun*, llaw. **1632** *D*, *mûn*, & munaid, dragma vtriusque manus, manipulus. **1688** *TJ*, *mun*, munaid, dyrn[a]id: a handful. **1722** *Llst* 189, *mun* . . . both the hands full. **1803** *P*.

mun[2] [amr. ar *bun* gyda *b-* ac *m-* yn ymgyfnewid; dichon fod rhai enghrau. isod yn cynnwys ff. dr. ar *bun*] *eb.* Merch, gwraig: *maiden, woman.*

1778 J. HUGHES: *BB* 129, Y gair a wnaed yn gynta, / . . . / Ae 'n gorph ynghnawd Maria mwyna *mun.* **1793** DAFYDD IONAWR: *CD* 142, Ebre *mun* wâr yn arab, / Cymmer di, mâg i mi'r mâb. *id.* 206, *Mun* dyner, mewn daioni / Coleddais a dysgais di. *id.* 217, Ei gwr oedd mewn cyflwr caeth, / Mynnai adael *Mun* odiaeth.

munaid [?elf. *mun* (cf. *dwyfun*) + *-aid*[1]; ansicr yw'r engh. gyntaf isod] *eb.* ll. *-eidiau.* Llond y ddwy law ynghyd, mawaid, llond deuddwrn, dyrnaid, llond llaw, llaw; (drwy gymysgu ystyron y geiriau Llad. *drachma* a *dragma*) wythfed ran o owns, dram: *as much as can be held in two hands together, handful, hand;* (*erron.*) *dram.*

14g. *LlB* 62, Mab bonhedic a dylyir y vagu val hyn . . . *muneit* (*LTWL* 142, monocriam; *id.* 342, manuttria; *CHDd* 62, menneit) o wenith y wneuthur iwt idaw, a charreit deu ychen o gynnut. **1632** *D*, mûn, & *munaid*, dragma vtriusque manus, manipulus. *id.* d.g. *dragma.* **1722** *Llst* 189, mun, *munaid*, f.p. *neidiau*, both the hands full. **1725** *SR* d.g. *dram, handfull.* **1740** L. MORRIS: *LW* 11, *munaid* o ddail Eidral. **1803** *P.* Ar lafar yng nghanolbarth Cered., '*myned* o flawd', *B* iv. 299.

Gw. hefyd muned[1].

muned[1] [?elf. *mun* (cf. *munaid, dwyfun*) + *-ed*[1]; ond ansicr yw'r engh. lenyddol a ddyfynnir, a hi yw ffynhonnell *P*] *?eb.* ?Llaw: *hand.*

15g. *DE* 16, na fynned aur *funed* fain / gwawr nefolys garn filain. **1803** *P*, *muned* . . . an epithet for a hand.

muned[2], gw. munud[1].

muner [?cf. Llad. *mūnus, -eris* 'swydd; gwaith; rhodd', *mūner(ō)* 'rhoddaf, anrhegaf'] *eg.* ll. (geir.) *-iaid.* Arglwydd, tywysog, pendefig, llywodraethwr; ?rhodd, anrheg; ?haelioni: *lord, prince, sovereign, ruler; ?gift, present; ?generosity.*

13g. *C* 12. 6–8, *Muner* uodauc. maer anhetauc [*sic*]. maretauc doeth. **13g.** *MA*[2] 222a. 11, Ner *muner* mynych ei roddion [marwnad Llywelyn ap Iorwerth a'i feibion gan Ddafydd Benfras]. *c.* **1300** *H* 38b. 1, Oe breityawr Oe uwynuawr *vuner* [marwnad Owain Gwynedd gan Gynddelw]. *Dchr.* **14g.** *id.* 111b. 26–7, moli haelder ner nyt anghyfle anghyflym *vuner* veirch fer fyryfne [Llywarch ap Llywelyn i Ruffudd ap Cynan]. **14g.** *GDG* 9, Ar yr hanner, *muner* mwyn, / Deau iddo, Duw addwyn, / Y mae Pedr. *c.* **1400** *R* 1214. 24–5, eurawc a munawc *muner* degradwlat. **16g.** WILIAM LLŶN: *Gw* (R. Stephens) (At.), *mvner*, arglwydd. *a.* **1587** *Y* 235, Mal dewis y' mold awen, / *Myner* parch, ym vn o'r pen. **1632** *D*, *muner*, yw Tywysog, ait [Wiliam] Ll[ŷn]. **1632** J. DAVIES: *LlR* [526], drycha vch nor ser, *muner* mynydd. **1722** *Llst* 189, *muner, neriaid*, a lord. **1759** *BC* 426, Duw yw'r *Muner* cyn bod bydoedd. **1803** *P.*

Gw. hefyd difuner.

muneraf: muneru [bf. o'r e. bl.; dichon, fodd bynnag, mai e., bnth. Llad. *mūnerātiō*, yw'r ff. *munerawd*] *ba.* Rheoli, llywodraethu: *to rule, govern.*

c. **1300** *H* 14b. 6–7, nys *muner* na fer na fynedic. nys diueirn kedeirn cad arglodic [Gwalchmai i Rodri ab Owain]. *id.* 107a. 11–12, *munerawd* y marw uy mwynyant. mal ym byw [Llywarch ap Llywelyn i Lywelyn ab Iorwerth]. **1803** *P.*

Mungal, Mungul, gw. Mongol.

munog [?*mun(er)* + *-og*; dichon mai gwall ydyw am *mynog*] *a.* ?Hael: *generous.*

c. **1400** *R* 1214. 24–5, eurawc a *munawc* muner degradwlat.

munt, gw. mwnt[2].

muntum, muntumiaf: muntumio, gw. mintim, maentumiaf: maentumio.

munud[1], **mynud**[1], **muned**[2], **myned**[3], &c. [bnth. Llad. C. *minūtum, minūta*, efallai drwy'r Ffr. neu'r S.; cf. Llyd. Diw. *munud*, Gwydd. C. *minúit*; ansicr yw'r engh. gyntaf] *eb.g.* (bach. *-yn*, &c., ll. *-nau*) ll. *-(i)au.*

1. (*a*) Trigeinfed ran o awr, trigain eiliad; ysbaid fer o amser, moment; pwynt mewn amser, ennyd; hefyd yn *ffig.*: *minute; moment; instant; also fig.*

14g. *IGE*[2] 53, Pa *funud* (*GIG* 47, ffunud) ehud ehofn / Ar ei gefn yr af rhag ofn [i ofyn march]? **15g.** *DN* 114, Wyth ganmil o stil oes dyn—mwyn ydyw / *Mynedau* y flwyddyn. *c.* **1588** *B* ii. 232, *mvnvd* . . . llawer *mvnvd* er y borav. **1604–7** *TW* (*Pen* 228), y *mynutyn* lleiaf o amser d.g. *atomus.* **1615** R. SMYTH: *GB* 113, bob *minut* oi henioes. **1661** E. LEWIS: *Drex* 189, a *munudiau* hedegog cerdd yr awr ymmaith. **1683** H. EVANS: *CTF* 5, Tragwyddoldeb hîr sy'n pwyso, / Ar ein *munud* ferr (ai wirio). **1691** T. WILLIAMS: *YB* 174, yr amser a bassiodd, a'r *mynudunau* hynny a ddiengodd oddiwrthym. **1732** *AABI* 19, Y mae eich holl ddaioni tragywyddol yn sefyll ar fyrr ac ansicr *fynedau* eich bywyd. **1768** RISIART AP ROBERT: *CB* 175, ar y *munud* diweddaf. **1768** J. ROBERTS: *R* 20, 60 *Mynud* a wna 1 Awr. **1803** *P* d.g. *mynyd.* Clywir y ff. l. *muneti* ym Morg.

(*b*) *Geometreg, Ser., a Daearydd.* Trigain eiliad, trigeinfed ran o radd: *minute (in geometry, astron. and geog.).*

1596 *Pen* 187, 38b, 23 o raddav a 30: o *fvnvdiav.* **1695** T. JONES: *Alm* 6, Pôb un or graddau hynnŷ a rannwŷd drachefen yn 60 o rannau cyffredinol, a [*sic*] rhannau hynnŷ a elwir *mynudiau.* **1724** J. JONES: *Alm* [30], dan Latitude 52 gradd, 30 *Munud.* **1784** M. WILLIAMS: *S* i. 10, a'r graddau drachefn a ddosparthir yn drugain o *funedau* neu filldiroedd. **1795** J. THOMAS: *AIC* 29[7], Llêd pob Climate yn Raddau a *Munudau.*

2. Dernyn bychan iawn, mymryn, dryllyn; hatling, hanner ffyrling: *very small piece, particle, bit; mite, half a farthing.*

1567 *TN* 72a, e ddaeth ryw wreic weddw dlawt, ac a vwriodd y mywn ddau vitym [:– *vin utyn* [*sic*]], ys ef yw hatling. **1604–7** *TW* (*Pen* 228), *minut* d.g. *minutia.* *c.* **1730** *Thos. Lloyd D* (LlGC) 175b, *minutyn*, a mite. **1803** *P*, *mynyd*, that is a small part or particle.

Cfn.: **munud (mynud, munydyn,** &c.) **awr** [cf. S. *minute of an hour*]: *minute, moment.* **15g.** *HCLl* 129. **1547** *WS*, *mynut awr*, a mynut of an houre. **1567** *TN* 87a, llai no *mynut awr.* *c.* **1585** G. ROBERT: *DC* 21a, bob *mynudun awr.* **1707** S. WILLIAMS: *ADA* 79. **am f. (awr), am un f. (m.):** *for a moment, for one moment, for a short while.* **1798** GW. MECHAIN: *D* 15, [t]ynnu eu meddyliau *am un munud*, oddiar bob peth arall. **ar funud (g)wan:** *in a weak moment.* **1866. ar funudyn:** *in a moment or instant, in a twinkling, in a trice.* **1830. ar y funud (hon, honno, yma), ar y m. (awr) hwn, ar y munudyn (yma):** *this (that) very moment or instant; at the moment.* **1632** J. DAVIES: *LlR* 459, Pa ham nas gwnâf *ar y munyd awr hwn?* **1684** H. OWEN: *DC* 68, Pam yr wyt yn mynnu oedi dy fwriad da? Côd i fynu, ac *ar y mynudyn ymma* dechreu, a dywaid. **1775** *W*, *ar y munudyn*, (*ar*) *y funud honno*, *ar* . . . [*y*] *funud hon* d.g. *instant.* *id. ar* . . . *y fynud* d.g. *just as.* **i'r funud, i'r munud(yn):** *to the minute, punctual.* **1849. mewn munud(yn) (awr, bach), mewn (o fewn) un funud (munud(yn) (awr)):** *in a moment or instant, in a twinkling, in a trice; presently, before long, soon.* *c.* **1585** G. ROBERT: *DC* 60a, bydd yno *mewn mynudun awr.* **1588** *Luc* iv. 5, diafol . . . a ddangosodd iddo holl deyrnasoedd y ddaiar, *mewn munud awr.* **1615** R. SMYTH: *GB* 51, hwn a all *mewn minut bach*, i ddifetha. **1632** J. DAVIES: *LlR* 383, *o fewn vn munyd awr* ar ol ein meirw, ni bydd arnom ni ddim gofal. **1658** R. VAUGHAN: *YPS* 40, fe ellir cydio dau bren . . . *mewn Mynudyn.* **1661** E. LEWIS: *Drex* 16, yn taflû ni a wna i lawr . . . *mewn mûnûd.* **1769** W. WILLIAMS: *FfW* iii. 26, Ti wnest fwy *mewn un funudyn* [*sic*], / Nag a wnaethai 'r byd o'i fron. **1793** DAFYDD IONAWR: *CD* 202, Yn y fan, *mewn un funud* / Tydi a fyddi yn fud. **o funud i f.:** *from moment to moment.* **1632** J. DAVIES: *LlR* 128. **dros (tros) funud(yn) (awr):** *for a (very) short while, (only) for a moment.* *c.* **1585** G. ROBERT: *DC* 5b, yn parhau *dros fynudun awr.* **1588** *Job* xx. 5, gorfoledd yr annuwiolion sydd dros ychydig amser: a llawenydd y rhagrithwŷr *dros funud awr.* **1725** T. BADDY: *CS* 64, *tros funyd* braidd distawent. **1754** E. ROBERTS: *LlLC* 14, nid yn hîr eithr *tros fynudyn* . . . y bydd ef yn ei lîd. **yn y f., y f. hon, y f. yma, yn y munud(yn), y m. hwn, y m. yma:** *at once, immediately, at this instant; presently, before long, soon; the moment (that), as soon as.* **1630** R. VAUGHAN: *YDd* 75, *yn y munyd* yr ymadawo, y mae'n bresennol yngwydd . . . Duw. **1672** J. LANGFORD: *HDdD* 94, offrymma ef i fynu *y munydyn hwn.* **1723** WM: *PGG* 235, Yr wyt yn chwennych cael dy dderbyn *y munudyn yma* i Gynnulleidfa y cyfion. *c.* **1730** *Thos. Lloyd D* (LlGC) 177b, *y funud hon*, this minute. **1775** *W*, *yn y funud* d.g. *instant, subst.* *id. y* (*yn y*) *funud hon* d.g. *now, even now.* **(yn) y funud honno (y m. hwnnw):** *at that (very) instant.* **1775** *W*, *yn* . . . *y funud honno* d.g. *instant* . . . *At that instant.* **1776** D. ELLIS: *HI* 60, Joseph . . . *y munud hwnnw* a gvmmerth ein Iachawdwr a'i Fam . . . i fyned i Wlad ddieithr.

munud[2], gw. mynud[2].

munudfys [*munud*[1] + *bys*] *eg.* Bys munud, bys bach (ar gloc, &c.): *minute hand.*

1850.

munudiad, munudiaf: munudio, gw. mynudiad, mynudiaf: mynudio.

munudiog [?*munud*[1] + *-iog*] *a.* Mympwyol, oriog: *whimsical, fickle.*

Ar lafar yn sir Ddinb.

munudiol, gw. munudol.

munudiwr [bôn y f. *munudiaf*: *munudio* + *-iwr*] *eg.* ll. *munudwyr.* Un sy'n gwneud ystumiau (digrif): *one who makes (comic) gestures or gesticulations.*

Dchr. **17g.** *J* 10, 32a, *munudiwr* . . . gesticulosus. Pantomimus. **1632** *D* d.g. *gesticulator.* **1770** *W* d.g. *antic, posture-master.* **1803** *P.*

munudol, mynudol, munudiol [*munud*[1], *mynud*[1] + *-(i)ol*] *a.* Byrhoedlog, dros dro, darfodedig; yn dangos munudau (am fys cloc, &c.): *short-lived, momentary, transient, transitory; showing minutes (of the hand of a clock, &c.).*

1630 R. VAUGHAN: *YDd* 77–8, [rh]edeg . . . ir cystuddiau yma o boenau annibennus, er mwyn meddiannu llawenydd *munudiol.* **1658** R. VAUGHAN: *PS* 403, nid mal hwnnw [difyrrwch] ar y ddauar, yn *funudiol*, yn gymysgedig. **1672** J. LANGFORD: *HDdD* 493, i ba bentwrr mynyddaidd y cyfyd fy mhechodau *munudol* tros gynnifer o flynyddoedd? **1722** *Llst* 189, *munudiol*, momentary. **1732** *AABI* 126, Nid yw plesserau pechaduriaid ymma ond *mynudawl*, ond y boen yn ol llaw sydd yn dragywyddol. **1768** J. JONES: *HC* 11, *Munudol* ddig yw dig yr Iôn. **1796** *GDTD* 124, pethau angenrheidiol at y bywyd *munudol* hwn.

munudolau [cfdds. o'r Llad. *minūtālia* 'petheuach' neu *minūtāle* 'dibwys' (+ *-au*); cf. H. Lyd. *minutolou*, gl. *sarmentis*] *e.ll.* Brigau, ysbrigau: *twigs.*

10g. (*Ox* 2) *VVB* 190, *munutolau* [*sic*], gl. *fornilium.*

munudrwydd, munudyn, gw. mynudrwydd, munud[1].

mur [bnth. Llad. *mūrus*, cf. Llyd. C. *mur*, H. Wydd. *múr*] *eg.* ac efallai *eb.* ll. *-(i)au, -(i)oedd.*

(*a*) Gwal, wal, magwyr, rhagfur, amgaer, hefyd yn *dros.* ac yn *ffig.*: *wall, rampart, fortification, also transf. and fig.*

10g. (*Juv*) *VVB* 190, *Mœnia aul*, *mur* Bethleem. **14g.** *T* 55. 15–16, Tri vgeint canhwr a seui ar y *mur.* **14g.** *DB* 93, Ylion a enwit y gan Ilius vrenin. A *muroed* honno a elwit Pergama. **14g.** *YBH* 60a, yr llyfnet vo y *mur* . . . mi a af drosti. **14g.** *GDG* 220, Rhedais, ni hir sefais i, / Gan y *mur*, gwn ym oeri. *c.* **1400** *YSG* i. 141, wynt a welynt y *muryoed* wedy syrthyaw y'r llawr. *c.* **1400** *RB* ii. 5, peri gwneuthur *muroed* mawr ehalaeth ardinas yngadarnach awnaeth ef. **1547** *WS*, *mur*, a wall. **1567** *TN* 397b, yrydoedd yddi [dinas] vagwyr [:– gaer, *vur*] vawr ywchel. *a.* **1587** *Y* 100, Muriaist ym heb ddim arian / *Mur* gwawd oedd ammvr a gwan. **1588** *Salm* li. 18, adailada *furau* Ierusalem. **1605–16**

Mos 131, 368, ag yr ydwy er a rodiais / ar un dolur dan *fur* f'ais. **1618** J. SALISBURY: *EH* 3, i deiladu Ty, rhaid yw yn gyntaf ossod y Sylfaen, ag ar ol hynny codi'r *Murie[u]* ar paradwydd i fynu. **1632** *D*, *mûr*, murus, paries, mœnia. **1773** W. WILLIAMS: *C* 161, 'Rwi fel y gwiliwr ar y *mur*, / Yn disgwyl bob yr awr, / Am weld yn gwawrio Jubil fwyn, / Fy myddugoliaeth fawr. **1803** *P*. Yn ardal Pwllheli dywedir am rywun hen iawn ei fod 'a'i gefn ar y *mur*', e.e. 'Wel ydi, ma'r hen Robat a'i gefn ar y *mur* ers tro'.

(*b*) (Un sy'n gweithredu fel) amddiffynfa neu noddfa, gwarchodwr, cynheiliad: (*one who serves as a*) *defence or protection, defender, upholder*.

13g. *C* 103. 11–12, Teulv madauc *mur* prydein. **13g.** *A* 32. 10, rector rwyvyadur *mur* pob kiwet. *c.* **1300** *H* 3a. 18, marwnad *mur* tewdor uor dylyed (Meilyr Brydydd). *id.* 114b. 12, *mur* greid kynniuyeid kynan (Llywarch ap Llywelyn). *Dchr.* **15g.** *GM* 2, *Mur* creawdyr, llywyawdyr, llyw hed, twr donyeu. **15g.** *DN* 110, Du gweddw (ysta gywyddol) / Y mae'r gerdd (a'i *mûr*, a'i gwal, / A'i gwiriondeb a'i grwndwal) [marwnad Dafydd Nanmor ac eraill gan Hywel Rheinallt]. **15g.** *GO* 119, A mi, o dai '*Mvr* oll wyf vrawd llavvr [i Siôn, Abad Llanegwest]. **16g.** WILIAM LLŶN: *Gw* 156, *Mur* oedd ef, aeth mawr ddofydd, / A muriau côr Mair a'i cudd. **1588** 1 *Sam* xxv. 15–16, A'r gwŷr fuant yn dda iawn wrthym ni, ac ni wnaed sarhaed arnom ni . . . *Mûr* oeddynt hwy i ni nôs a dydd.

Cfn.: **mur gwahaniaeth:** *partition wall*. **1722** *Llst* 189. **m. maen (main):** *stone wall, also fig.* **14g.** *YBH* 31b. **14g.** *OBWV* 77. *c.* **1400** *(SG) HMSS* i. 354, 397. **17g.** HUW MORUS: *EC* i. 14. **m. tân (o dân):** *wall of fire*. **13g.** *DB* 27. **1346** *LlA* 13. **1588** *Sech* ii. 5. **M. yr Wylo, y M. Wylofain:** *the Wailing Wall*. **20g.**

murais [bnth. S. *murage*] *eg.* Treth a godid am adeiladu neu atgyweirio muriau tref: *murage* (*tax levied for the erection or repair of town walls*).

c. **1730** *Thos. Lloyd D* (LlGC) 174b, *murais*, murage. M. 61. 62. **1776** *Pant* 22, 57a, [p]ob cyfryw doll, Stalais, Passais, Pontais, talais a *Murais*. *id.* 58b, *Murais* yw arian i gynnal muroedd a thyreu trefydd dinesig.

murdew [*mur* + *tew*] *eg.* a hefyd fel *a.* Mur cadarn; ac iddo fur(iau) cadarn: *strong wall*; *strong-walled*.

14–15g. *IGE*[2] 312, Y tŵr celffaint cyn teirawr / Ochrawg *murdew* corniawg mawr, / . . . / A mawrdy talm, a *murdew*, / Mab Gruffudd, iôn gleifrudd glew [Rhys Goch Eryri i Lys Gwilym ap Gruffudd o'r Penrhyn].

murdwrn, murndwrn [?bnth. Llad. C. *murdrum* 'llofruddiaeth' neu ryw ff. ar y S. C. *mortheren* '(to) murder'; a'r ail ff. dan ddyl. yr e. *murn*] *eg.* Llofruddiaeth (ddirgel neu gudd), bradlofruddiaeth: (*secret*) *murder, assassination*.

14g. *LlB* 130, O lofrudyaeth a vo kynllwyn ne *vurdwrn* (*LTWL* 396, murn), megys cudyaw kelein, neu lad dyn heb weli, neu yn lletrat hyt nos. **14g.** *WML* 46, Yneb awatto kynllwyn neu *uurdwrn* neu gyrch kyhoedawc. **1632** *D*, *murndwrn*, homicidium, homicidium occultum. **1670** J. HUGHES: *AP* 80, y pechodau o Odineb a *Murdwrn*. **1711** M. WILLIAMS: *LlLl* 20, y Pechodeu mwyaf erchyll ac ysgeler, sef *murndwrn*, Godineb, Meddwdod. **1722** *Llst* 189, *murdwrn*, m. a secret murder. **1730** *Leg Wall* 564, cynllwyn . . . Crediderim enim nunc *Murdwrn*, *Murdd-dwrn*, vel *Murndwrn*, potius Caedem insidiosam significare, i.e. cum quis sine vulnere, veneno, vel clandestino nocturno Tempore occiditur. **1770** *TG* iv. 11, Cambel . . . a ollyngodd [ergyd o wn]; ac felly'r *Murdwrn* truenus a ddamweiniodd. **1770** *W*, *murndwrn* d.g. *an assassination, homicide*. **1793** T. JONES: *SD* 78, y bradol a'r gwaedlyd *furndwrn* a amcanodd y Papistiaid, trwy Bowdr Gwn.

murdderwr, gw. mwrdrwr.

murddin [?*mur* + *din* (neu *dyn(n)* os yw org. yr engh. yn cynrychioli *murddyn*)] *e?g.* neu *a.* ?Amddiffynfa; caerog: *defence, fortification*; *fortified*.

13g. *HGK* 30, gwneithur perllanneu a garddeu ag eu damgylchynu o gaeau a ffossydd, a gwneithur adeiladeu *murddin*.

murddun, murddyn, &c. [?yr un â'r gair bl., gw. *OIG* 37; â'r dtb. ystyr, ?cf. *magwyri* 'adfeilion'] *eg.* ll. *-nod, -noedd, -nau.* Adeilad wedi mynd a'i ben iddo, gweddillion adeilad, adeiladwaith, &c., adfail, hefyd yn *ffig.*: *ruin* (*of building, structure, &c.*), *also fig.*

1413 *Papurau Penrhyn* (Bangor) 1599, *murthyn* gwyn. **15g.** *DE* 128, *mvrddyn* a chroes a morddwyd / a gweddi lawn a gwydd lwyd. **16g.** (*LlEG*) *Mos* 158, 56a, ynnylle I mae y ffynhonie dwr ar *murddunoedd* yn seuyll. **1604–7** *TW* (*Pen* 228), *murddun* d.g. *parietina*. **1630** R. LLWYD: *LlH* 7, wrth fath ar hên *furddunau* amharus y gellir deall mor odidawg oedd celfydd-waith, ac adeilad creadwriaeth dyn. **1632** *D*, *murddun*, rudus, ruderis. **1661** E. LEWIS: *Drex* 65, Yr ydym ni yn credu fod Babilon, Troia, Carthage, a Rhufain: Eithr nid oes agos un math ar *furddunnau* o honynt yn ymaros i beri i ni goelio fod y cyfryw ddinasoedd. **1688** *TJ*, *murddŷn*: the Ruines of any old Building. *c.* **1700** E. LHUYD: *Par* i. 122, nid oes ŷn bont yrwan ond y *myrddin* lle bŷ hi. **1703** E. WYNNE: *BC* 20, codaseint eu Plasau ar *furddynnod* ei Meistred. **1722** *Llst* 189, *murddun*, rubbidge. pl. *-ddunnod*. **[1783]** *W* d.g. *rubbish* [*ruins*] *of a fallen building, ruins* [*of a building*], *wall, a ruinous old wall*. **1803** *P*. Digwydd yn gyff. fel elf. mewn e. lleoedd yn y Gogledd.

Amr.: **merddyn.** **1757** *ML* i. 486. Ar lafar ym Mhenllyn.

Cfn.: **murddun llong:** *wreck of a ship*. **1794** *W* d.g. *the wrack* [*broken remains*] *of a ship*.

murddunnaf, murddynnaf: murddunno, murddynnu [bf. o'r e. bl.] *bg.a.* Mynd neu wneud yn furddun, hefyd yn *ffig.*: *to become a ruin, reduce to ruins, also fig.*

1803 *P* d.g. *murddynu*.

murddwr, murddwrwr, murddyn, muredig[1,2], gw. mwrddwr[2], mwrdrwr, murddun, muriedig[1,2].

muredyn [*mur* + *rhedyn*] *e.ll.* (un. b. *-en*). *Bot.* Math o redyn sy'n tyfu ar furiau, &c., rhedyn y fagwyr, *Polypodium vulgare*: *polypody of the wall*.

1722 *Llst* 189, *mur-redyn* . . . polypody of the wall.

murfuraf: murfuro, gw. murmuraf: murmur.

murfwlch [*mur* + *bwlch*] *eg.* ll. *-fylchau.* Bylchfur: *battlement*.

1867.

murffrwyth [*mur* + *ffrwyth*] *eg.* ll. *-au.* (Ffrwyth) coed sy'n tyfu yn erbyn mur: *wall-fruit* (*tree*).

1833.

murgaer [*mur* + *caer*] *eb.* Caerfur, rhagfur: *parapet, rampart*.

c. **1400** *R* 1296. 21–2, ryw vaenbost mawrgost *murgaer*.

murgalch [*mur* + *calch*] *a.* A'r muriau wedi eu gwyngalchu: *having whitewashed walls*.

15g. *LGC* 15, Gwely *murgalch* gloyw Morgan [am fedd]. *id.* 79, A'i gwrt gwyn purwyn, mewn peiriant gwyn-galch, / A'i gaerau *murgalch*. **15–16g.** *GLM* 220, llety rhydd Gruffydd i Gred, / llys *furgalch* iarlles Farged.

murganllaw [*mur* + *canllaw*] *eg.b.* ll. *-iau.* Bylchfur, murgaer, canllaw: *battlement, parapet, balustrade*.

1620 *Jer* v. 10, tynnwch ymaith ei *murganllawiau* hi [Jerwsalem]. **1722** *Llst* 189, *murganllawiau*, p. battlements. **1770** *W* d.g. *battlement, parapet*. **1803** *P*.

murglawdd [*mur* + *clawdd*] *eg.* ll. *-gloddiau.* Tomen, gwrthglawdd: *mound, earthwork*.

1859.

muriaf[1]**: murio** [bf. o'r e. *mur*] *bg.a.* Codi (mur), gwalio, cau neu amgáu â mur, amgylchu â muriau, caeru, gosod briciau neu feini, hefyd yn *ffig.*: *to build* (*a wall*), *wall,* (*en*)*close with a wall, encompass with walls, fortify, lay bricks or stones, also fig.*

16g. SIÔN BRWYNOG: *Gw* 172, Y seiri a fesurynt / I *furio* Caer Efrog gynt. *a.* **1587** *Y* 100, *Muriaist* ym heb ddim arian / Mur gwawd oedd ammvr a gwan. **1588** *Eseia* liv. 11, mi a'th *furiaf* di â Charbunculus. **1588** *Hos* ii. 6, mi a gaeaf i fynu dy ffordd di â drain, ac a *furiaf* fûr. **1588** *Jud* iv. 5, [c]ymmerasant bennau y mynyddoedd vchel, ac a *furiasant* y pentrefydd. **1632** *D*, *murio*, parietare, mœnia ædificare. *id.* d.g. *convallo*. **1632** J. DAVIES: *LlR* 255, Y mae ei galon ef wedi ei *murio* yngharchar gan arian. **1722** *Llst* 189, *murio*, to wall, build a stone-wall. **1753** D. JONES: *SD* 55, Dy Saint yn well a geidw hi / Nâ dinas wedi *murio*. **1776** *W* d.g. *to mure* [*wall*] *up, to* [*make or build a*] *wall*. **1796** T. JONES: *CCA* 342, Y mae Crist yn *murio* o amgylch ei bobl. **1803** *P*, *muriaw* . . . to wall, to build a wall. Ar lafar yn sir Benf. yn yr ystyron 'cysylltu rhwydi wrth ei gilydd ochr yn ochr i wneud un rhwyd fawr', 'cysylltu rhwyd wrth raff a redai ar ei hyd', *B* xxv. 53. Cf. J. G. JENKINS: *NC* 240.

muriaf[2]**: murio** [?yr un gair â *muriaf*[1]: *murio*] *ba.* *Cyfr.* Pennu, penderfynu, cadarnhau: (*in the Welsh Laws*) *to fix, determine, establish*.

c. **1401** *Wy* 36, 105a, oderuyd ydyn llad arall *amuryav* (*AL* i. 602, dygwydaw) galanas arnav. **1803** *P*, *muriaw*, to fix, to establish, to determine.

muriaf[3]**: murio** [?yr un gair â *muriaf*[1]: *murio*] *bg.a.* Malu awyr, clebran, rwdlian; ymhél, cyboli, ymdrafferthu: *to talk idly, gossip; bother* (*oneself*).

Ar lafar ym Môn, 'mi fyddai'n galw yn y swyddfa i *furio* hefo'r golygydd', *ISF* 56; 'Be mae o'n *murio* ('i ben) hefo'r fath beth?'

muriedig[1]**, muredig**[1] [bôn y f. *muriaf*[1]: *murio* + *-(i)edig*] *a.bfl.* Wedi ei furio, wedi ei amgáu â mur(iau), wedi ei amgylchu gan fur(iau), caerog: *walled, enclosed within a wall or walls, surrounded by a wall or walls, fortified*.

1803 *P*, *muriedig* . . . having a wall or rampart; walled.

muriedig[2]**, muredig**[2] [?bôn y f. *muriaf*[2]: *murio* + *-(i)edig*] *a.bfl.* *Cyfr.* Wedi ei bennu, wedi ei gadarnhau, gosodedig: (*in the Welsh Laws*) *determined, established, fixed*.

13g. *LlI* 61, Nyt oes gobyr *muryedyc* e uab ucheluur en dadleu namen er hen a uynher e rody. **15g.** *AL* ii. 176, kyfreith yssyd idav ef heb hynny yn *uuryedic*. *id.* 186, *muryedic* yv yny kyfreith pvy bynnac alysso yn anamser ef agyll y amser. *id.* 652, *muriedic* yw cyfreith gwerth pob anifeil. **1730** *Leg Wall* 493, mal y mae *murjedig* [al. *myredig*, JDR.] yn y Gyfraith. **1772** *W* d.g. *determined*. **1803** *P*, *muriedig*, fixed, determined.

muriog, murog [*mur* + *-iog, -og*] *a.* Ac iddo furiau, caerog; tebyg i fur, amddiffynnol: *walled, fortified; wall-like, defensive*.

1585 LLYWELYN SIÔN, &c.: *Gw* 457, yn iach y mawredd jawnwych *mvrog* [marwnad Wiliam Lewys]! **1604–7** *TW* (*Pen* 228) d.g. *muratus*. **17g.** *Brog* 3, [102], kaer *fvriog* deg hir fawrwych / kryflan wal yw r kraflwyn wych [Siôn Cain i Humphrey Johns o'r Craflwyn]. *c.* **1762–79** W. WILLIAMS: *P* 135, [t]refydd *murriog*. **1803** *P*.

muriol [*mur* + *-iol*] *a.* Yn perthyn i fur; wedi ei wneud ar fur (am lun); wedi ei gysylltu wrth fur: *mural*.

1604–7 *TW* (*Pen* 228) d.g. *muralis*. **1776** *W* d.g. *mural*. **1803** *P*.

muriwr [bôn y f. *muriaf*[1]: *murio* + *-wr*] *eg.* ll. *murwyr.* Adeiladwr muriau, bricleier, saer maen, masiwn: *waller, bricklayer, mason*.

Dchr. **17g.** *Card* 12, 477, Y saer maen a wnaeth fvr plas . . . ag erbyn gorffen y mvr hyd y top fo syrthiodd Di bensaer di saer di siwr, di orchwyl / di orchest ywr *mvriwr*. **1632** *D*, *muriwr*, parietator. **1688** *TJ*, *muriwr*: a Wall-builder, a Bricklayer, a Mason. **1773** *LlGC* 21283, 502, I Iorwerth Brydferth o Brydydd, *Muriwr* [am Iolo Morganwg].

murled, gw. martled.

murlen [*mur* + *llen*] *eb.g.* ll. *-ni.* Hysbyslen, poster, placard: *poster, placard*.

1886.

murliwn, gw. merliwn[1].

murlun [*mur* + *llun*[1]] *eg.* ll. *-iau.* Llun a beintiwyd ar fur neu bared, ffris: *a mural, frieze*.

20g.

murlwyn [*mur* + *llwyn*[1]] *eg. Bot.* Llysiau'r pared, murlys, pelydr y gwelydd, *Parietaria diffusa*: *pellitory of the wall.*
1801 *MMf* 289, Muraliwm, y *murlwyn*, pelydr y gwelydd, llysiau'r murddin. **1813** *WB* 222.

murlys [*mur* + *llys*[5]] *eg.b.* ll. *-iau. Bot.* Llysiau'r pared, murlwyn, pelydr y gwelydd, *Parietaria diffusa*: *pellitory of the wall.*
Diw. **16g.** *WLB* 59, Kymer y *furlys* peritoria a briw hwynt a chyllell. **1633** J. GERARDE: *Herball*, y *mûrlys*, pellitory of the wall. **1801** *MMf* 96, Cymmer chwerwyn y twyn, a'r *murlys* (*Llr* C 24, 263, walwort) . . . a berwa nhwy mewn aesel gwin. **1803** *P*, *murlysiau*, pelitory of the wall. **1813** *WB* 222.

murmur[1] [bnth. H. Ffr. *murmure*, efallai drwy'r S. C., neu fnth. dysg. yn uniongyrchol o'r Llad. *murmur*] *eg.* ll. *-on*, ac efallai fel *e.ll.* Sŵn isel parhaol, murmuriad, islais, sibrwd; manson, grwgnach, grwgnad: *murmur*, *a murmuring*, *undertone*, *whisper*; *muttering*, *grumble*, *grumbling.*
13g. *Brut B* 132, hyt tra edoed e son a'r *mvrmvr* hvnnv em plyth e llw. **13g.** *BD* 168, *murmur* honno [arth] a'e godvrd a lanwei y traetheu o ouyn ac ergrynedigaeth. **14–15g.** *IGE*[2] 309, *Murmur* drum uwch marmor draidd, / Fab Enog, bu fabanaidd (Rhys Goch Eryri). *c.* **1400** *RB* ii. 40, ffrydyeu . . . alithrant gan glaer sein. A *murmur* arwystyl kerd. **15–16g.** *TA* 331, Marw mawr, mawr, *murmur* moroedd, / Mwy no sawd am ynys oedd. **1567** *TN* 143a, *murmur* mawr oedd am danaw ym-plith y populoedd. *id.* 178b, e godes *murmur* [:– grwgnach] gan y Groegieit. **1588** *Nu* xvii. 5, gwnaf i *furmur* meibion Israel y rhai y maent yn murmurio i'ch erbyn beidio a mi. **1606** E. JAMES: *Hom* iii. 262, heb na grwgnach, na *murmur*, nac vn gair drwg. **1615** R. SMYTH: *GB* 68, Theophrastus a llawer erill a vnaethont [*sic*] *myrmur* ag achwyn yn erbyn natur. **1632** *D.* **1661** E. LEWIS: *Drex* 44, dyfroedd . . . wrth redeg sydd yn gwneuthur y cyfryw drwst a *murmur.* **1750** T. EVANS: *LlH* 15, Na fydded i neb rwgnach, ac i dderbyn y fendith hon gyda *murmur.* **1770** *TG* ii. 60, Y sawl a drafodant achosion y wladwriaeth, ydynt flin gan *furmur* ac anesmwythder gwastadol.
Amr.: **mwrmwr.** **16g.** (*LlEG*) *Mos* 158, 156a, 231b.

murmur[2], **murmurad,** gw. murmuraf: murmur, murmuriad.

murmuraf, murmuriaf: murmur, murmur(i)o, murmuru [bf. o'r e. *murmur*[1]] *bg.a.* a'i dilyn yn aml gan yr ardd. *yn erbyn.* Mwmian, grwgnach, sibrwd: *to murmur*, *mutter*, *grumble*, *whisper.*
15g. *MA*[2] 525b. 54–7, val yt oedynt evelly en *mwrmuriaw* [*sic*] am hynny em plith e llu. **1551** W. SALESBURY: *KLl* liva, *murmur* a wnaeth y Pharyseit ar gwyr llen. *id.* lviiia, na *vurmurwch* megis ac y *murmurasont* rei o naddunt wy. **1567** *LlGG* (*Sall*) 60b, *murmuro* [:– grwgnach, grwytho] yn ei lluestai. **1567** *TN* 90a, *murmuro* [:– grwgnach, grydiaw, ymrydwst, gythy] a wnaethant yn erbyn y ddiscipulon ef. *id.* 144a, Clywet . . . bot y bopul yn *murmuro* [:– manson] y pethe hyn am danaw. **1588** *Nu* xvii. 5, gwnaf i furmur meibion Israel y rhai y maent yn *murmurio* (**1620** *ib.* y rhai y maent yn ei *furmur*) i'ch erbyn beidio a mi. **1595** H. LEWYS: *PA* 2, felly mae 'n anweddeiddiach o lawer i ni, *furmur* . . . yn erbyn . . . ein duw. **1606** E. JAMES: *Hom* iii. 276, rhac *murmur* a dywedyd vn gair drwg yn erbyn ein tywysog. **1632** *D* d.g. *adrumo.* **1661** E. LEWIS: *Drex* 346, bydded i'm cydwybod *furmur.* **1670** J. HUGHES: *AP* 86, *Murmuro* yn erbyn Duw. **1774** *W* d.g. *to grumble.*
Amr.: **murfuro.** **1568** MORYS CLYNNOG: *AG* 44, 63. **murmurain.** **1868.**

murmuraidd [*murmur*[1] + *-aidd*] *a.* Yn murmur: *murmuring* (*adj.*).
1863.

murmuriad, murmurad [bôn y f. fl. + *-iad*[1], *-ad*] *eg.* Y weithred o furmur: *a murmuring.*
16–17g. LLYWELYN SIÔN, &c.: *Gw* 542, Marw Mari yw *murmurad*, / Mawr o gwymp o'i marw a gad.

murmuriaf: murmurio, gw. murmuraf: murmur.

murmurllyd [*murmur*[1] + *-llyd*] *a.* Grwgnachlyd: *grumbling* (*adj.*).
c. **1765** *Y Llofruddiaeth Waedlyd* 5, gydâ meddwl *murmurllyd* a gyfododd o'i wely. **1785** J. REES: *GD* 13, ni chlywodd neb erioed un gair *murmurllyd* oddi wrthynt.

murmurog [*murmur*[1] + *-og*] *a.* Yn murmur: *murmuring* (*adj.*).
1793 DAFYDD IONAWR: *CD* 210–11, Pe 'mgodwn, pe hedwn hynt / . . . / I'r tonnawg Fôr *murm'rawg* mawr.

murmurol [*murmur*[1] + *-ol*] *a.* Yn murmur: *murmuring* (*adj.*).
1855.

murmurwch [*murmur*[1] + *-wch*[1]] *eg.* Murmur: *a murmuring.*
1773 I. LEWIS: *EG* 22, Crist . . . i attal eu *mhurmurwch*, a ddywedodd wrthynt.

murmurwr [bôn y f. *murmuraf*: *murmur* + *-wr*] *eg.* ll. *-wyr.* Grwgnachwr, tuchanwr: *grumbler*, *mutterer.*
1567 *TN* 371b, Yr ei hyn [annuwiolion] ynt *murmurwyr* [:– grwgnachwyr, grwythwyr]. **1655** R. JONES: *PC* 24, *Murmurwyr* llosg.

murn, *eb.g.* ll. *-au*, a hefyd fel *a.* Twyll, dichell(ion), brad, niwed; cuddiad, gweithred gudd, cynllwyn, rhagod; dynladdiad, llofruddiaeth (gudd), bradlofruddiaeth; twyllodrus, dichellgar, ?cudd: *deceit*, *wiles*, *treachery*, *injury*, *harm*; *a concealing*, *secret act*, *conspiracy*, *ambush*; *homicide*, (*secret*) *murder*, *assassination*; *deceitful*, *wily*, *?secret.*
13g. *LTWL* 214, Kenlluyn et *murn* . . . Si non negatur, duppliciter galanas reddat et duppliciter peniteat. **14g.** *GDG* 252, Agerw fydd *murn* dolurnwyf, / Agor y ddôr, agwrdd wyf. *id.* 331, Yn celu *murn*, yn cael medd, / Encyd awr yn cydorwedd. **14g.** *OBWV* 74, Hoedl iddi huodl addurn, / Henw serch, y fireinferch *furn* (Madog Benfras). *c.* **1400** (*SG*) *HMSS* i. 387, a heb na *murn* na lletrat y las lawnslot ef. *c.* **1400** *R* 1200. 31–2, rac *mvrn* mawrbla. o benn eua. y boenovein. *id.* 1201. 25, Rac *mvrn* athwyll adogyn gymwyll. *id.* 1322. 2–3, *mvrn* dic a mab meir yndyst. *id.* 1333. 2–3, Treis twyll brat kyngen. *murn* ledrat absen. **15g.** *Cy* xxiii. 297, Ar miragl pur a'r mawredd / A'i [*sic*] marw yn fyw o'r *murn* Fedd [Meredudd ap Rhys i'r Grog yng Nghaer]. **16g.** (*Diw.* **16g.**) *Gwyn* 3, 13, Y forwyn gynt o'r *furn* gaeth / a'n dug â'i enedigaeth (Gruffudd ap Ieuan ap Llywelyn Fychan). **16–17g.** IEUAN TEW IEUANC: *Gw* 291, O'i *furn* goel a'i farn gwla / Un caled wyf yn cloi da (Bedo Hafesb). **1604–7** *TW* (*Pen* 228) d.g. *occultatio.* **1632** *D*, *murn*, est Cyfrsang, cûdd, ait [Wiliam] Ll[ŷn]. Occultum homicidium, factum furtiuum, Insidiæ. **1650** *B* xxii. 145, [t]eyrnas y nef, a golled trwy *furn* a dichell Satan. **1677** C. EDWARDS: *FfDd* 389, A'i weddi a wnaeth wir Dduw ner, / *Fyrn* le ar fryn olifer. **1722** *Llst* 189, *murn* . . . m. assassination. **1803** *P.*
Cf. difurn.

murnaf: murno, gw. murniaf: murnio.

murnaidd [*murn* + *-aidd*] *a.* Twyllodrus, dichellgar: *deceitful*, *wily.*
15–16g. DAFYDD TREFOR: *Gw* 295, Mae i bob un 'honyn hwy [gwŷr eglwysig] / *Furnaidd* firiones fowrnwy.

murndra [*murn* + *-dra*] *eg.* Llofruddiaeth (gudd), bradlofruddiaeth: (*secret*) *murder*, *assassination.*
c. **1400** (*SG*) *HMSS* i. 272, [p]rofi arnaw ynteu wneuthur twyll neu *vurndra* . . . ef aladawd vyntati. yn ffyrnic heb y rybudyaw megys twyllwr bratwr.

murndriaf: murndrio, murndwrn, gw. mwrdraf: mwrdro, murdwrn.

murnddwr [amr. ar *mwrddwr*[2] dan ddyl. yr e. *murn*] *eg.* ll. *-wyr.* Llofrudd, lleiddiad: *murderer.*
1766 T. THOMAS: *RP* 38, mewn perygl o fod yn *furnddwr* neu'n lleiddiad dyn. **1767** J. THOMAS: *A* 164, y *Murnddwyr* hyn o'r Iesu sanctaidd.

murnedig, gw. murniedig.

murnedigaeth [*murnedig* + *-aeth*] *e?b.* Llofruddiaeth (gudd), lladdedigaeth: (*secret*) *murder*, *a killing.*
16g. (*LlEG*) *Mos* 158, 645b, Yr aruthredd ar ffieiddia *vurnedigaeth* yma, o Gaynn, Ac abel.

murniad [bôn y f. ddil. + *-iad*[1]] *eg.* ll. *-au.* Llofruddiaeth (gudd), bradlofruddiaeth; ?brad, twyll; hefyd yn *ffig.*: (*secret*) *murder*, *assassination*; *?treachery*, *deceit*; *also fig.*
14g. *MA*[2] 339b. 19, Mau glwyf a mawr-nwyf *murniad* hun oheb (Hywel ab Einion Lygliw). *c.* **1400** *R* 1283. 23–4, llyw byw berth mawrnerth nyt *murnyat* y gwneir. **1603** W. MIDLETON: *Ps* 74, Gwynn i fyd i gyd yn gall a farno / *furniad* truan angall. **1604–7** *TW* (*Pen* 228) d.g. *cædes*, *trucidatio.* **1770** *W* d.g. *assassination.* **1803** *P.*
Cf. difurniad.

murniaf, murnaf: murn(i)o [bf. o'r e. *murn*] *bg.a.* Llofruddio (yn ddirgel), bradlofruddio; niweidio, rhagod, dal drwy dwyll; cynllwynio, twyllo, ffugio; cuddio, celu; hefyd yn *ffig.*: *to murder* (*secretly*), *assassinate*; *injure*, *ambush*, *entrap*; *conspire*, *deceive*, *counterfeit*; *hide*, *conceal*; *also fig.*
14g. *GDG* 176, Marth i'r budrbeth atethol, / *Murniai* fardd, mae arnaf ôl [i'r fiaren]. **14g.** *GIG* 161, Rhaid yn gyda hyn, gau ei hiad, / *Furnio* iddi ddwy farwnad [i Herstin Hogl]. *c.* **1400** *R* 1356. 7, morach y vyrnach oed y *vurnaw.* **15g.** *IGE*[2] 288, Afraid i briddyn efrydd / *Murnio* taer, a marw'n oed dydd (Siôn Cent). **15g.** *GGl*[2] 30, Marw'n tad, *murniwyd* Deheudir, / Mau fron ysgyrion os gwir [marwnad Rhys, Abad Ystrad-fflur]. **15g.** *GO* 335, *Mvrnio* bitel a chelv, / methiant ŵyl i fapsant fv. **15g.** *DE* 62, y mae arni onis *mvrniwch* / amlwg olwg mal y gwelwch. **16g.** (*LlEG*) *Mos* 158, 309b, I *vurnio* ne i vyggv Ef ynni wely. **16g.** WILIAM CYNWAL: *Gw* (R. L. Jones) 166, A rhoi'n loyw, rhan a liwir, / Farn ar gam i *furnio*'r gwir. **1607** *Rhyddiaith Gymraeg* i. 140, eu dyrnguddio, eu *murnio* a'u celcu [hen lyfrau Cymraeg]. **1632** *D*, murn . . . Hinc *Murnio*, occultare, occulte facinus patrare. Insidiari, insidias struere, *Murnio* pen ffyrdd fel lladron. I.D.R. *id.* d.g. *abscondo*, *celo*, *trucido.* **1716** IACO AB DEWI: *PTE* 7, rhag cael o hono ei *furnio* (*assassinated*)'n ddirgel. **1722** *Llst* 189 d.g. *ambush*, *to lye*, *lay*, *or be in Ambush.* **1803** *P.*

murniedig, murnedig [bôn y f. fl. + *-(i)edig*] *a.bfl.* a hefyd gyda grym enwol. Lladdedig (yn ddirgel), llofruddiedig: (*secretly*) *killed*, *slain*, *murdered.*
15g. *IGE*[2] 195, *Murniedig* ny marn ydwyf, / Marw o ddig am aur ydd wyf [Llywelyn ab y Moel i'r pwrs]. **16g.** (*LlEG*) *Mos* 158, 648b, aragydssynio arair a gweithred Ar *murnedig.* **17g.** *LlGC* 728, 8, llefain wyr owain i roedd / llef dig *myrnedig* y doedd [*sic*] [marwnad Tomas ap Morgan gan Ieuan Brechfa]. **1803** *P.*

murniwr, murnwr [bôn y f. fl. + *-(i)wr*] *eg.* ll. *-wyr.* Llofrudd (cudd), bradlofrudd; un sy'n ymguddio er mwyn rhagod, twyllwr; cuddiwr, celwr; hefyd yn *ffig.*: (*secret*) *murderer*, *assassin*; *one who waylays*, *one who ambushes*, *deceiver*; *hider*, *concealer*; *also fig.*
15g. *KAA* 15, ny ellir vyng galw yn tat ywch, namyn yn *vurnwr* (*laniator*) creulawn. **15g.** *GO* 333, Trowyr o'r meddw frodyr mav / Yw *murnwyr* llyfr fy marnav [am ddwyn llyfr o gelfyddyd]. *Diw.* **15g.** *Pen* 41, 6, O *vurnwyr* O dynion a losgo tan. **15g.** *Pen* 67, 32, *Mvrnwr* pobl yn i tai am i gwirdda e hvn Ac ysbeiliwr pen ffyrdd. **1545** *CM* 1, 95, I mae gwilled lladron a *murnwyr* yn tyrnasu. **16g.** (*LlEG*) *Mos* 158, 645a–b, [g]wasnaethwr yr hwn aoedd *vurniwr* Kyhoeddog . . . y bradychwr ar *murniwr* ysgymun agyuodes I halbart ac orttu keuyn y vo ai trewis Ef ariben. **16–17g.** T. PRYS: *Bardd* 294, ni fyddwn mor anfoddawg / ag arwain y rhain y rhawg / oddiar i gwr *murniwr* mawl / a garwn yn rhagorawl [i ddiolch am ewig ddof]. **1604–7** *TW* (*Pen* 228) d.g. *interemptor.* **1607** *Rhyddiaith Gymraeg* i. 140, y'r Bibliotaphi, y *murnwyr* ar claddwyr llyurae hyny. **1632** *D*, murndwrn . . . *Murniwr*, Insidiator. **17–18g.** IACO AB DEWI: *Gw* 295, Ni wyr gyrrwr gŵyr garwge[r]dd / *Furniwr* gwir farnu r gerdd. **1722** *Llst* 189, *murniwr*, a way-layer, slayer. **1770** *W* d.g. *an assassin*, *ruffian* [*a hired murderer*, *a murderer*, *&c.*]. **1803** *P.*

murog, murol, mur-redyn gw. muriog, muriol, muredyn.

mursen [?bnth. H. Ffr. *virgene* 'gwyry', efallai drwy'r S. C., gydag *f-* ac *m-* yn ymgyfnewid fel yn *melfed*, *micer*] *eb.* ll. *-nod*, a hefyd fel *a.* Merch sy'n cellwair caru, un sy'n chwarae â serchiadau; gwraig anniwair, hŵr, putain; (person) mursennaidd neu ferchetaidd; hefyd yn *ffig.*: *coquette, flirt; strumpet, whore; affected or effeminate (person); also fig.*

14g. *GDG* 130, Y mab llwyd wyneb *mursen* / A gwallt ei chwaer ar ei ben. *id.* 257, Dangos o'th radau dawngoeth / Nad wyd *fursen*, Ddwynwen ddoeth. *c.* **1400** *R* 1274. 36–7, Poeth *vursen* vinwen . . . putein din angkrein. **15g.** *GGl*[2] 242, Nid cariad, diymwad teml, / Ar *fursen* oer, oferseml. **15g.** *GO* 51, Sôn am gael *mursen* ar sâl / Yn gymar yt, ddyn gwamal! **15–16g.** LLAWDDEN, &c.: *Gw* 82, Ni soniaf am *fursennod.* **16g.** (*LlEG*) *Mos* 158, 17a, gwerthu hrentti y dyrnas I wyr gwacsaw *mursen* anysgedig. **[1547]** W. SALESBURY: *OSP*, *Mursen* o wr, mal o wraic. *id.* Tairgwaith y dywait *mursen* bendith ddeo yn tuy. **1561–2** *Rhyddiaith Gymraeg* i. 60, pann brofo yn wladaidd draethv Kamberaec arr lediaith i davod, ac mor *vvrssen* . . . na chroyw ddowaid iaith i wlad i hvn. **1606** E. JAMES: *Hom* ii. 127, symmud ymmaith yr holl buteiniaid, a'r coegennod, yn enwedig allan o'r lleoedd yr ydys yn eu drwgdybied yn gyhoeddus, y rhai yr arfer *mursennod* (*naughty packs*) ddyfod iddynt. **1632** *D*, *mursen*, a coy dame. **17g.** HUW MORUS: *EC* i. 326, Pob math a'r [*sic*] ddyn llawen . . . / A'm tywysai at y fflagen, fwyn *fursen* fain fer. **1683** H. EVANS: *CTF* 5, Nid yw'n weddaidd i wrwod, / Fôd yn debig ir *mursennod* [:– Coy dames]. **1703** E. WYNNE: *BC* 14, Llawer *mursen* oedd yno, na wyddei pa sutt i agor ei gwefuseu i siarad, chwaethach i fwytta. **1803** *P*, *mursen*, a coquette. Ar lafar yn Arfon fel gair difr. am wraig, *WVBD* 386.

Amr.: **mersen.** **16–17g.** *HG* 176. **16–17g.** LLYWELYN SIÔN, &c.: *Gw* 390. **1672** R. PRICHARD: *Gw* 449.

Gw. hefyd mursyn.

mursendod [*mursen* + *-dod*] *eg.* Dull mursennaidd o siarad, o wisgo, neu o ymddwyn, coegfalchder, gwag-rodres, ffugledneisrwydd, ymddygiad neu natur 'neis neis', esgus swildod; maswedd, anlladrwydd, trythyllwch: *affectation, vanity, ostentation, false modesty, prudery, coyness; ribaldry, wantonness, lasciviousness.*

1567 *TN* 314b, Ond hon syn byw, mewn *mursendod* [:– rrysedd neu trythy[ll]wch, mwytheu]. *c.* **1585** G. ROBERT: *DC* ix, Y coegni a r *mursendod* hyn yn y Cymry sy yn peri i r Saeson dybied na thal yr iaith ddim. **1606** E. JAMES: *Hom* ii. 149, *mursendod*, ie ac ond odid puteindra. *Dchr.* **17g.** *T Ch* 130, Venus . . . y naill amser yn ddic, a'r llall yn llawen, yn kymysc geirieu duon a *mursendod.* **1618** J. SALISBURY: *EH* 157–8, [g]orwagrwydd, neu *fursendod.* **1632** *D*, *mursendod*, coynesse, quaintnesse. *id.* d.g. *mollitia, muliebritas.* **1703** E. WYNNE: *BC* 140, [c]einhiogwerth o *fursendod* wedi ei gymyscu trwy falchder. **1722** *Llst* 189, *mursendod* m., coyness, niceness. **1770** *W* d.g. *affectation* [*formality or preciseness*], *coyness.* **1803** *P*.

murseneidd-dra [*mursennaidd* + *-dra*] *eg.* Anlladrwydd; ?cysêt, mursendod: *wantonness; ?fastidiousness, affectation.*

1552 *Pen* 403, 28, ni bu neb gassach ganthunt drythyllwch a *mursneiddra.* **16g.** *Def Hen* 51, i ladd pob un a gyrfyddon falchach nag ydynt, trwy'r fath ormodedd a gwag *fyrseneidd-dra* (*curiositie*). **1803** *P*.

murseneiddiaf: murseneiddio [bf. o'r a. *mursennaidd*] *bg.a.* Gwneud neu fynd yn ferchetaidd neu'n feddal, gwneud neu fynd yn fursennaidd: *to make or become effeminate or soft, make or become affected.*

1604–7 *TW* (*Pen* 228) d.g. *eneruo.* **1632** *D* d.g. *emollio.* **1722** *Llst* 189, *mursenneiddio*, to grow or make nice. **1773** *W* d.g. *effeminate, to grow effeminate.* **1803** *P*.

murseneiddrwydd [*mursennaidd* + *-rwydd*] *eg.* Mursendod, cysêt, gwag-rodres, ffugledneisrwydd, ymddygiad neu natur 'neis neis'; mercheteiddrwydd; anlladrwydd, trythyllwch: *affectation, fastidiousness, ostentation, false modesty, prudery; effeminacy; wantonness, lasciviousness.*

1545 *CM* I, 100, ynn vawr I serch . . . I bob orver [*sic*] chwareuav a ffob amryw *vursneiddrwydd.* **16g.** (*LlEG*) *Mos* 158, 22b, ymroi I kyrf I odineb a a [*sic*] ddrythyllwg a *mursneiddrwydd.* *id.* 680a, gwagedd a*mursneiddrwydd.* **1552** *Pen* 403, 102, maent yn dangos yn ole i *mursneiddrwydd* ai pholineb i hunain. **1567** *LlGG* 52a, pwy r ei . . . a ymroesont i anlladrwydd [:– *vursneiddrwydd*]. **1604–7** *TW* (*Pen* 228) d.g. *deliciæ.* **1632** J. DAVIES: *LlR* 300, mwythus *fursenneiddrwydd.* **1772** *W* d.g. *delicacy . . . affected delicacy, demureness* [*bashfulness*], *effeminacy, or effeminateness* [*womanishness; softness, or the want of those qualities which distinguish and become a man*], *prudishness.* **1803** *P*.

mursenllyd [*mursen* + *-llyd*] *a.* Mursennaidd, merchetaidd: *affected, effeminate.*

1774 *W*, *mursenllyd* wêdd wyneb d.g. *grimace* [*a distortion of the countenance from habit, affectation, &c. . . .*]. *id.* dyn *mursenllyd* d.g. *prig* [*an affectedly-nice, or conceited, person*].

mursennaf: mursennu, mursenna [bf. o'r e. *mursen*] *bg.* Ymddwyn neu siarad yn fursennaidd: *to behave or speak in an affected manner.*

1753 *TR*, *mursennu*, to be coy; to be too affected. **1776** *W* d.g. *to mince* [*affect, or behave affectedly*]. *id.* d.g. *to prim* [*be full of affectation*]. **1803** *P*.

mursennaidd [*mursen* + *-aidd*] *a.* Ffuglednais, ffugwylaidd, coegfalch, cysetlyd, 'neis neis'; merchetaidd, meddal; gwamal, gwacsaw; anllad, trythyll: *affected, coy, vain, fastidious; effeminate, soft; fickle, frivolous; wanton, lascivious.*

1552 *Pen* 403, 16, Na oddefer ir erlodes ddyscv rrimynnev na geiriau anlan serchoc Nac ymddygiad *mursennaidd* na chynhyruiad anweddaidd ar i chorff. **1592** S. D. RHYS: *Inst* [xiv], y *fursennaidd* sorod hynn o Gymry. **1606** E. JAMES: *Hom* ii. 147, rhyw buteiniaid *mursennaidd.* **1607** *Rhyddiaith Gymraeg* i. 141, [c]eryddai r Cymro *murseneidd*, pefriaith, mindlws a ddywetei estroniaith wrth ei gyt Gymro. *id.* gwneuthur vn yn wreigeidd, yn vwythus ag yn *vurseneidd* d.g. *remollio.* **1632** *D*, *mursennaidd*, effœminatus, mollicellus, Galbinus. **[1676]** *AF* 9, Lluniau anllad *mursennaidd.* **1752** G. OWEN: *L* 27, po dycnaf a diwyttaf y'i cerir [yr Awen], *murseneiddiaf* a choeccaf fyth y'i cair. **1752** J. THOMAS: *FG* 59, y mae Dynion o Feddyliau egwan a llesg yn hawdd yn blino: y mae eu Hysbrydoedd mor dyner a *mursenaidd.* **1761** *ML* ii. 381, [d]wy ferch sy'n ffalantio yn *fursenaidd* ddigon i demtio dau Wyddyl. **1803** *P*.

Amr.: **mersennaidd** [cf. *mersen*]. **1784** M. WILLIAMS: *S* i. 34.

mursennol [*mursen* + *-ol*] *a.* Mursennaidd: *affected.*

1873.

mursennwr [*mursen* + *gŵr*] *eg.* ll. *-wyr.* Person mursennaidd, coegyn: *affected person, prig.*

1780 *W* d.g. *prig* [*an affectedly-nice, or conceited, person*].

mursenrwydd [*mursen* + *-rwydd*] *eg.* Mursendod: *affectation.*

1547 *WS.* **16–17g.** *RAGR* 390, Gochelwch wantanrwydd rhianedd anhylwydd / ai cymen *forsenrwydd* [*sic*] ai tremyn.

mursneidd-dra, mursneiddrwydd, gw. murseneidd-dra, murseneiddrwydd.

mursogan [?*murs*(*en*) + *-og* + *-an*[1]] *eg.* ?Coegyn: *fop.*

14g. *GDG* 319, Tywyllban, *mursogan* Mai, / Tew irnen, rhad Duw arnai [am y fedwen].

mursyn [ff. wrywaidd ar yr e. *mursen*] *eg.* Dyn cysetlyd, coegyn, mursennwr: *affected man, fop, prig.*

1803 *P*, *mursyn*, a flighty one; a fop.

murwyll [*mur* + *gwyll*[2]; ansicr yw prth. *mvrullyn*, HUW ARWYSTL: *Gw* 383] *e.ll.* (un. *-yn*) ac *e.tf.* *Bot.* Blodau (blodeuyn) y fagwyr, melyn y gaeaf, *Cheiranthus cheiri*, hefyd am blanhigion eraill tebyg: *wallflower(s), gillyflower(s), also of other similar plants.*

18–19g. *Llr* C 19, 53, *Murwyll*, Wallflowers. **1813** *WB* 222.

Cfn.: **murwyll tewbanog arfor:** *sea stock, Matthiola incana.* **1813** *WB* 64. **m. Virginia:** *Virginia stock, Malcomia maritima.* **1851.**

murwyn [*mur* + *gwyn*[1]] *a.* (b. *-wen*). Gwyn ei furiau: *white-walled.*

15g. *LGCD* 48, A'm pen i'w lys *furwen* fo / Drwy Wynedd a dry yno. **15–16g.** LLAWDDEN, &c.: *Gw* 116, Neuadd fawr newydd *furwen.* *c.* **1730** *Thos. Lloyd D* (LlGC) 178b, Cael teyrn *Murwyn* moroedd amau. Tal.

musg, gw. mwsg.

Musgofad, Musgofiad, gw. Mwsgofiad.

musgrell, *a.* a hefyd gyda grym enwol. Llesg, llegach, methedig, eiddil, gwanllyd, araf; pŵl (am un o'r synhwyrau), dwl, hurt; diog, segur, swrth, aflêr, dilun, didoreth, anhrefnus, bratiog; hefyd yn *ffig.*: *feeble, decrepit, infirm, frail, weak, slow; dull (of one of the senses), dull-witted, stupid; lazy, indolent, idle, sluggish, slothful, slovenly, sluttish, untidy, shabby; also fig.*

14g. *Cy* vii. 143, Mal kogeil gwreic *fusgrell.* **14g.** *WM* 20. 30–2, ny bu *uuscrellach* gwr ar y ssynnwyr e hun nog ry uuost ti. *c.* **1400** *RM* 197, [c]effyl brychwelw ysgyrnic. a chyweirdabeu *musgrell* (*WM* 122. 21–2, achyweirdeb muscrelleid aghyweir) arnaw. **[1547]** W. SALESBURY: *OSP*, Hir hi edau gwraic *vusgrell.* **1547** *WS*, *muscrell*, slothfull. **1567** *TN* 331b, yn *fuscrell* [:– bwl] ych clustiau. **1615** R. SMYTH: *GB* 275, [d]eall dwl, *miscrell*, ag anifeiliaidd. **1620** *Mos* 204, 104, *Musgrellach* nar libi londa. **1632** *D*, *musgrell*, tardus, ignauus. Duw a byrth i *fusgrell.* Synwyr *musgrell*, Tardum ingenium. **1632** J. DAVIES: *LlR* 505–6, yn ddiofal, yn esgeulus, yn *fusgrell* (*lumpish*), yn llacc. **1728** *ML* i. 4, Mae mam yn rhesymol, ond ei bod yn heneiddio yn dost, ag yn *fusgrell.* **1734** M. MAURICE: *BH* 5, egwyddor *fusgrell*, ddiog a Swrth. **1740** T. EVANS: *DPO* 78, [P]obl ddi-doreth a *musgrell.* **1755** *ML* i. 333, nid chware teg oedd . . . addo'r fath daliad *musgrell.* **1778** J. HUGHES: *BB* 93, *Musgrella* ag anedwydda dyn [Adda]. **1779** *DS* [2], er gwanned a *musgrelled* ydwyf. **1803** *P*.

musgrellaf: musgrellu [bf. o'r a. bl.] *bg.* Mynd yn fusgrell, llesgáu, gwanhau, gwanychu, diffygio: *to become decrepit or feeble, weaken, languish.*

1567 *TN* 116a, y dylynt weddiaw yn 'oystat, ac eb ddefficiaw [:– *vuscrellu*]. *id.* 267b, nyd ym ni yn ymellwng [:– deffygiaw llipau, *myscrellu*]. **1803** *P*.

musgrellaidd [*musgrell* + *-aidd*] *a.* Musgrell, methedig, araf; diog, anhrefnus, bratiog: *feeble, infirm, slow; indolent, slothful, untidy, shabby.*

14g. *WM* 122. 20–2, [c]effyl brychwelw yscyrnic achyweirdeb *muscrelleid* aghyweir a danaw. **1633** *LlGC* 731, 39, grymm, i gynhorthwyo ein natiriol, an *mysgrellaidd* wendid. **1703** *CE* 15, y rhai *Musgrellaidd* mewn Daioni. **1741** *ML* i. 57, Mae'r hen bobl druain wedi mynd yn *fusgrellaidd.*

musgrelli [*musgrell* + *-i*[1]] *eg.* Llesgedd, methiantrwydd, methianusrwydd, eiddilwch, gwendid; syrthni, diogi, seguryd: *feebleness, decrepitude, infirmity, frailty, weakness; sluggishness, laziness, indolence, idleness, sloth.*

1545 *CM* I, 112, i ddilin y beiau yma I ddiogi, *musgrelli.* **16g.** *B* xv. 274, onid o'i llesgedd ac o'i *musgrelli* J hunnaint [*sic*]. **1612** *LlP* [67], [ll]ithrodd bagad o drowsedd heibio mewn diofal wch [*sic*] *musgrelli* ac anwybodaethy [*sic*] gweith-wyr. **1632** *D*, *musgrelli*, ignauia, tarditas. **1632** J. DAVIES: *LlR* 495, Y pedwerydd peth y mae diogi yn ei beri ydyw mewyd a *musgrelli.* **1677** C. EDWARDS: *FfDd* 382, Felly y mae dynion aflan wrth ymhonni o Grist yn ei wradwyddo ef, un ai o falis, neu o *fuscrelli.* **1684** H. OWEN: *DC* 387, a gwared fi o'r *musgrelli* trymlyd hwn. **1722** *Llst* 189, *musgrelli*, sloth, weakness, weariness, drowsiness. **1733** T. EVANS: *PP* 148, nid i roddi lle i Ddiofalwch a *musgrelli.* **1775** *W*, *musgrelli* d.g. *indolence, or indolency.* **1803** *P*.

musgrellni [*musgrell* + *-ni*] *eg.* Llesgedd, methiantrwydd, methianusrwydd, eiddilwch, gwendid; syrthni, diogi, seguryd; hefyd yn *ffig.*: *feebleness, decrepitude, infirmity, frailty, weakness; sluggishness, laziness, indolence, idleness, sloth; also fig.*

1547 *WS*, *muscrellni*, slouthe. **1631** O. THOMAS: *CC* 96, myfi bechadur truan llawn *muscrellni*, ac anwybodaeth. **1723** WM: *PGG* 290, Madde . . . bôb Methiantrwydd a *Musgrellni.* **1733** T. EVANS: *PP* 198, [D]iofalwch a seguryd a *musgrellni.* **1759** *BC* 293, Daw henaint a *Mysgrellni*, / Fel gauaf oer iw gyfri. **1762** *ML* ii. 448, am beswch, ac oerfel, a thrafferthion, a *musgrellni*, nid oes mor help am danynt. **1768** J. ROBERTS: *R* iv, nid wyf yn meddwl fod y Llyfr hwn heb lawer o feiau . . . Rhwng fy *Mysgrellni*, a bod yr Argraphwyr, heb fedru gair o Gymmraeg. **1803** *P*.

musgrelltod [*musgrell* + *-dod*] *eg.* Seguryd, diofalwch: *slothfulness, carelessness.*
1798 *WR* d.g. *segnity.*

musgrellwch [*musgrell* + *-wch*[1]] *eg.* Musgrellni, llesgedd: *feebleness.*
1595 H. Lewys: *PA* 61, gwendid i ddeall, methiantrwydd a *muscrellwch* i nerth.

musical [bnth. S. *musical*] *a.* Cerddorol: *musical.*
16g. (*LlEG*) *Mos* 158, 427a, ymrauaelion sain *mussickal.*

musig, musigol, musigyddiaeth, gw. miwsig[1], miwsigol, miwsigyddiaeth.

muslin, mustard, gw. mwslin, mwstard.

mustraf, mustriaf: mustr(i)o, gw. mwstraf: mwstro.

musus, gw. misus.

mutant, mutantaf: mutantu, gw. mwtant, mwtantaf: mwtantu.

mutsain [*mud*[1] + *sain*[1]] *eb.g.* ll. *-seiniaid, -seiniau,* a hefyd fel *a.* *Sein.* Un o'r ffrwydrolion neu un o'r ffritholion cyfatebol, gan gynnwys weithiau *ng* ac *h*; yn perthyn i'r grŵp hwn; llafariad lusg: *a 'mute' (consonant), one of the plosives or their corresponding fricatives, sometimes including 'ng' and 'h'; 'mute', belonging to this group; epenthetic vowel.*
1592 S. D. Rhys: *Inst* 131, A''r *mutsain* yssydd i'r hain oll yn vnig, sef, B, c, d, g, h, p, t. **1722** *Llst* 189, *mud-sain,* f.p. *-seiniau,* a mute (letter). *c.* **1730** *Thos. Lloyd D* (LlGC) 177b, *mutsain,* obscurisonus. *id.* 178a, y *Fudsain,* vocalis obscura ante finales F. L. N. R. et præcedente alia consonante. Gwddf. **1778** *W, mud-seiniaid,* llythyrennau *mudsain* . . . sef, yn yr egwyddor Gymraeg, b, c, ch, d, dd, f, ff, g, ng, p, ph, t, th d.g. *mutes, or mute letters, in Grammar.* **1803** *P, mudsain,* a mute sound: a mute letter.

muth, mutholeg, mutholegol, muthos, gw. myth, mytholeg, mytholegol, mythos.

muws, muwsiad, muwsic, gw. miws, miwsiad, miwsig[1].

mw [gair yn dynwared sŵn, cf. S. *moo*] *eg.* Brefiad buwch neu ru tarw: *moo, lowing of cow or bellow of bull.*
18–19g. *Llr* C 4, 265, Tarw, Bw—*Mw,* Bwhŵ. Ar lafar.
Gw. hefyd bw[3].

mŵaf: mŵan [bf. o'r e. bl.] *bg.* Brefu, beichio: *to moo, low.*
Ar lafar yn ne-ddwyrain Morg.

mwaren, gw. mwyar.

mwc[1], gw. mẁg.

mwc[2], **myc** [bnth. S. *muck*] *eg.* Baw, hefyd yn *ffig.*: *muck, also fig.*
20g. Ar lafar yn ardaloedd glofaol y De am y cymysgedd o faw, cerrig, a chlai a geir yn aml yn yr wythïen lo, *Geir Glo* 55.

mwca [?gair a fathwyd gan Iolo Morganwg o *mwg* + elf. anh., ?cf. *-hai*] *eg.* Huddygl, peth du: *soot, black thing.*
18–19g. *Llr* C 4, 141, Macca Diawl lliw'r *mwcca* dû, Lang Lewis i'r frân. *ib. mwcca,* peth du, hiddigl, a mwg.

mwcai, gw. macai.

mwcaidd [cfdds. o'r S. *muc(ous)* + *-aidd*] *a.* Tebyg i fwcws, yn secretu mwcws, gludiog, llysnafeddog: *mucous.*
20g.

mwcet [bnth. S. *mugget,* cf. S. taf. (sir Benf.) *mocket*] *eg.* Perfeddion llo: *a calf's intestines.*
1722 *Llst* 189, *Mwccet* llo, a calf's mucket. Ar lafar yn ne-ddwyrain Morg. yn y ff. '*mwgits* (*mwgij*) (llo)'. Yn ngorllewin Morg. clywir y ff. '*bwced* (llo)'.

mwci [amr. ar *bwci* gyda *b-* ac *m-* yn ymgyfnewid, cf. *bargen, margen*] *eg.* Ellyll, bwci: *goblin.*
18–19g. *Llr* C 4, 97, y *mwcci* mallt, the Devil. **1803** *P, mwci* . . . a sprite, or goblin.
Cfn.: **(y) mwci mallt:** *the devil.* **18–19g.** *Llr* C 4, 97. **1803** *P,* mallt . . . Paid a galw ar y *mwci mallt* val hyn, do not call on the evil spirit in this manner. Sil. This *mwci mallt* is a term made use of to mince matters, instead of calling on the devil plainly. Ar lafar yn Nantgarw dywedir *mwnci mallt* am blentyn drwg distrywgar. ''Na *fwnci mallt* o blentyn yw 'wnna, ôs dim yn cæl llonydd ginto', *B* xvi. 99.

mẁcilag [bnth. S. *mucilage*] *eg.* ll. *-au.* *Biol.* Carbohydrad cymhleth gludiog a geir mewn rhai planhigion: *mucilage.*
20g.

mwcilaginus [cfdds. o'r S. *mucilagin(ous)* + *-us*] *a.* *Biol.* O'r un ansawdd â mwcilag, tebyg i fwcilag: *mucilaginous.*
20g.

mwclis, myclis, miwglis [bnth. S. *bugles* 'beads', gyda *b-* ac *m-* yn ymgyfnewid, cf. *bargen, margen*] *e.ll.* (un. b. *mwclen*). Gleiniau, paderau, hefyd yn *dros.*: *beads, also transf.*
1816. Ar lafar mewn rhannau o'r Gogledd yn y ff. *mw(n)clis, myclis,* yng ngogledd Cered. yn y ff. *mwngli(n)s* (*ng* ≡ *n-g*), ac yng ngodre Cered. yn y ff. *miwglis, TGG* (1907–8) 107; ym Môn hefyd yn yr ystyr 'egroes' (ond cf. *mwcog*).

mwcno, *bg.* Mynd yn ddrwg (am gig): *to go bad (of meat).*
Ar lafar yn sir Gaerf.

mwcog [?cf. Gwydd. C. *mucor,* Gwydd. Diw. *mucóir, mucóid* 'egroes'; ?cf. hefyd *afalau'r bwci*] *e.ll.* ac *eg.* *Bot.* Egroes, afalau'r bwci, ogfaen; rhosyn burnet, *Rosa pimpinellifolia*: *rose-hips; burnet rose, Scotch rose.*
c. **1730** *Thos. Lloyd D* (LlGC) 177b, *mwcog,* hips. **1813** *WB* 222, *Mwccog*; Rosa spinosissima; Burnet Rose. Ar lafar ym Môn ac Arfon am 'egroes', *ISF* 56, *WVBD* 381. Digwydd yn yr e. lle *Brynmwcog,* Llaneugrad, Môn. Cf. **1539** *Y Rhwyd* lxxi. 12, tir bryn y *mwkoc.*

mwcsant [*mwg* + *sant*] *eg.* Arogldarth, persawr: *incense, perfume.*
1604–7 *TW* (*Pen* 228), gwaeddawt perfacul ne *vwcsant* d.g. *recrementum.* *id.* gwneuthur *mwgsant* d.g. *thurifico.* *Dchr.* **17g.** *J* 10, 35b, *mwgsant,* perarogl.

mwcws, mwcus [bnth. S. *mucus*] *eg.* Sylwedd llysnafeddog a secretir gan bilen fwcaidd: *mucus.*
20g.

mwch, gw. moch[2].

mwchlaf, mwchnaf: mwchlo, mwchno, *ba.* Dobio, dwbio, iro (dros), plastro; taflu driphlith draphlith: *to daub (over); jumble together.*
18–19g. *Llr* C 30, 186, *mwchno, mwchlo,* to daub over [Glam]. **1803** *P* d.g. *mwchlaw, mwchnaw.*

mwchwl [anodd gwybod beth yw perthynas ff. megis *Mwloch, Trialmwchl* (S. D. Rhys: *Inst* 300), *triamlwch,* a *trimwchl* (Wiliam Cynwal: *Gw* (G. P. Jones) 54, Torrwyd gwraidd, diarwaidd da, / *Trimwchl* yn y tir yma), a dichon mai *trimwch(w)l* oedd y ff. wr.] *eg.b.* ll. (diw. a phrin) *mychylau.* *Crdd.* Enw cwlwm neu ganiad arbennig yn y system gerddorol Gymreig gynt: *the name of a particular air in the native Welsh musical system.*
c. **1523** *Trans Liverpool WN Soc* (1904–9) 94, os Telynor raid iddaw wybod tri *mwchwl* odidoc Y kwlm a raddiwyd gyvuwch a dec kwlm a 40. *id.* 99, Tri *mwchwl* odidoc a dal dec kwlm a deugain. **1561–2** *B* i. 152–3, Rrol vessurau Telynnior yw hwnn . . . Tri *mwchl* was Mair . . . Tri *mwchl* odidoc . . . Tri *mwchl* newydd. **1592** S. D. Rhys: *Inst* 298, o 's Telynior fydd y Cerddawr, rhaid iddo 'wybod y tri *Mwchwl* odidawc (*Musica* [121], y Tair *mwchwl* godidog [*sic*]); yr hwnn a raddiwyd yn gyfuwch â 'r pedair Colofn: a' phôb Colofn o 'r pedair, a raddiwyd yn ddêc Cwlwm bôb vn; y tri (*ib.* tair) *Mwchwl* newydd, a raddiwyd yn gyfuwch o râdd â 'r pedair Cadair; a' 'r pedair cadair yn bump Cwlwm bôb vn. **16–17g.** *B* i. 146, llyma henwae Clymeu ac eu pennæu yn canlyn, aû mesureu: . . . Tri *mwchwl* newydd, Tri *mwchwl* odidoc—Corfiniwr. **1794** E. Jones: *MPR* 30, *mwchwl,* this famous piece of music, it seems, was acquired only by a pencerdd, or Doctor of Music of the Harp. **18–19g.** R. Davies: *DB* 66, Dysgu pob *mwchwl* dwysgerdd, / Crychiadau, tagiadau 'r gerdd. **1803** *P, mwchwl,* s.m. . . . a term for a kind of musical composition.

mwd[1] [?bnth. S. C. *voute* 'vault', gydag *f-* ac *m-* yn ymgyfnewid, fel yn *felfed, melfed*] *eg.* (bach. g. *-an, -yn,* b. *-en*) ll. *-au, mydau.* Nenfwd neu do bwaog, hefyd yn *dros.*; canopi, gortho, bwa; seler (ac iddi do bwaog), daeargell; (geir.) crib tŷ: *vault, vaulted ceiling or roof, also transf.; canopy, arch; (vaulted) cellar, vault; (dict.) ridge of a roof.*
15g. *Pen* 67, 100, ar y vric keric kwarel / ac ynny *vwd* gwin nev vel [Hywel Dafi am blasty]. **15–16g.** *TA* 396, Cerddediad carw i'm arwain, / Cryno fal *mŵd,* carnfil main [i ofyn ebol]. **1547** *WS, mwd* vch ben, a volte. *Dchr.* **17g.** *J* 10, 35b, *mŵd* . . . Siling. Testerne . . . Testudo. **1632** *D, mŵd,* tectum, laquear. *id.* d.g. *arcus, camera, concameratio, fornix.* **1688** *TJ, mŵd,* Crib tŷ, Cronglwyd: the Roof of a House. **1722** *Llst* 189, *mŵd,* m.p. *mydau,* an arch, arched or vaulted roof. **1734** G. Nesta Evans: *Religion and Politics in Mid-eighteenth Century Anglesey* (1953) 9–10, today Carpenters took down ye old *mood* in Llanfechell Church. **1800** *TY* 369, Yn y gwagle, meith-le *mŵd* [:– Nen, Cronglwyd], / Gemwaith wybrenol gwmmwd. **1803** *P.*

mwd[2] [bnth. S. *mood*] *eg.* Cyflwr meddwl neu deimlad llywodraethol ar adeg arbennig, hwyl, tymer, naws, ysbryd: *mood, temper, prevailing spirit.*
1917.

mwd[3], gw. bwd.

mẁd [bnth. S. *mud*] *eg.* Llaid, llaca, llifwaddod, hefyd yn *ffig.*: *mud, mire, dirt, alluvium, also fig.*
1718 *Llsgr R. Morris* 174, gwedi ymdroi mewn *mwd* a chlai. **1761** *ML* ii. 413, bod agos i dair wythnos mewn *mwd* a llwch ac aflwydd. *c.* **1762–79** W. Williams: *P* 260, y *mwd* sydd yn dyfod gyda'r afon [Nil], sydd yn gwneud y tir yn rhyfeddol ffrwythlon. **1784** M. Williams: *S* i. 174, mae'r afon Nile . . . yn gadael o'i hol y fath gyflawnder o *fwd* bras. Ar lafar yn gyff., 'Os tywli di ddicon o *fŵd,* ma peth yn siwr o lynu'.
Amr.: **mwda.** **1730** L. Morris: *LW* 105, Pryf [cacimwci] ar lun Chwilen yn hedeg y nos, ag yn syrthio i'r *mwda* yn swrth bendrwm. **1762** *ML* ii. 516. **1763** *DT* 144. Ar lafar ym Môn. **mwt.** **1824.** Ar lafar yng ngodre Cered. a sir Benf., *EEW* 233.

mwdan, mwdarch, mwden, gw. mwd[1], madarch, mwd[1].

mwdfen [*mwd*[3] + *ben*[1], *men*[1]] *eb.* ll. *-nau, -ni.* Carafán: *caravan.*
1853.

mwdlan [bnth. S. (*to*) *muddle*] *bg.* Gweithio mewn ffordd gymysglyd, anhrefnus, ac aneffeithiol, bwnglera, potsian, stompio: *to mess about, blunder.*
20g.
Cf. bwdlan (At.).

mwdlen [*mwd*[1] + *llen*] *eb.g.* ll. *-nau, -ni.* Canopi, gortho, nenlen, hefyd yn *dros.*: *canopy, also transf.*
1828.

mwdlyd [*mẁd* + *-lyd*] *a.* Llawn mẁd neu laid, lleidiog, llaceilyd, heb fod yn glir, afloyw, a'r gwaddod ynddo wedi ei gynhyrfu (am ddŵr), hefyd yn *ffig.*: *muddy, miry, oozy, not clear, opaque, turbid (of water), also fig.*
1805.

mwdog, mwtog [*mẁd, mwt* + *-og*] *a.* Lleidiog: *muddy.*
1824. Ar lafar yng ngogledd Cered. yn y ff. *mwdog.*

mwdra, mwdradd, gw. mwdral.

mwdral, mwdril, &c., *e?g.* Swm mawr, llawer iawn, 'wmbredd', 'hylltod': *a lot, a great deal, a large number, quantity, or amount, 'loads', 'lots'.*

Ar lafar yn y Gogledd yn y ff. *mwdra, mwdradd, mwdredd, mwdral, mwtral, mwdril, mwtril, mwdrol,* &c., e.e. "Roedd gin 'y nhaid [b]eth *mwdra* o straeon'; 'Mae 'na beth *mwdril* wedi mynd hefo'r trên heiddiw'; "Rodd *mwdral* byd ohonyn nhw'; 'yn *fwdral* ulw', *WVBD* 381.

Cf. wmbredd.

mwdran [amr. ar *bwdran* gyda *b-* ac *m-* yn ymgyfnewid, cf. *bargen, margen*; ansicr yw ystyr yr engh. yn *GDG*; dichon mai yma y perthyn rhai o'r enghrau. treigledig a ddyfynnir d.g. *bwdran*] *eg.* Bwdran, llymru, sucan gwyn, brwchan, ffwrment: *kind of caudle or thin flummery, washbrew, frumenty.*

1604–7 *TW* (*Pen* 228), *mwdran*: mon d.g. *pulmentarium. id. mwdran* d.g. *puls.* **1605–18** *GDG* 417, *Mwdran* mwllgamlan mwllgymale—lliw ffordd / llyffant kastell myrdd / mab ehengwag sik sak syrdd / wik bola wik wig wag wyrf. **1632** *D, mwdran,* puls, pultis. **1688** *TJ, mwdran,* (ffyrmenti:) Furmity. **1722** *Llst* 189, *mwdran,* m. budram, oat-caudle. **1725** *SR* d.g. *flumry, furmentry* [*sic*]. **1753** *TR, mwdran,* washbrue, a sort of meat made of oat-meal being for some time steep'd in water. **1761** *ML* ii. 286, Gresyn na fedrai hyswïod Môn wneuthur *mwdran* fal y gallwn i ac eraill besychwyr swyno rhag y pâs . . . rhag ofn drwg mae fal y rhowch i gyngor par fodd i wneuthur *mwdran* yn ol eich defod chwi. **1803** *P.*

Amr.: **mwtran. 1832. mwydran** [dan ddyl. y f. *mwydaf: mwydo*]. **1604–7** *TW* (*Pen* 228) d.g. *puls.* **1632** *D,* mwdran . . . vid. an *Mwydran,* à Mwydo.

Gw. hefyd bwdran, pwdran.

mwdredd¹, gw. mwdral.

mwdredd², *eg.* Hen dom a lleisw: *old dung and stagnant urine.*

Ar lafar yn sir Benf., *GDD* 201.

mwdril, mwdrol, mwdrwy, gw. mwdral, modrwy.

mwdwal [*mwd*+(*g*)*wal,* ?ar ddelw'r S. *mud wall*] *e?b.* a hefyd gyda grym ansoddeiriol. Gwal bridd, gwal glom: *mud wall, cob wall.*

1762 T. Williams: *HHO* 9, Gwnawn Briddfeini, darparwn *fwdwal* wedi, Gwnawn Ddinas a Thwr inni. *id.* 93, Hwy wnânt Briddfeini *mwdwal* i weithio'n Sinar Dwr, / A'i uchtwr hyd y Nefoedd rhag ofn ail Ddiluw-ddwr.

mwdwl, mydwl, *eg.* (bach. *mydylyn, mydylan*) ll. *mydylau* (*mwdwlau*), (prin) *mwdylau.* Pentwr (crwn) o wair ac weithiau o ŷd, &c., a adewir yn y cae cyn ei gywain, cocyn (mawr), twmpath; tas (wair, &c.); pentwr; hefyd yn *dros.* ac yn *ffig.*: *mound of hay and sometimes of corn, (large) (hay)cock; mow, (hay-)rick, (hay)-stack; heap, stack, pile; also transf. and fig.*

14g. *GDG* 165, Dawn ym dy fod yn *fwdwl,* / Digrifwas pengrychlas pŵl. **14g.** *GIG* 158, Anardd oedd, ni ŵyr ef ddim / Mwy no *mwdwl* moel madarch [i'r Brawd Llwyd]. *c.* **1400** *R* 1343. 35–6, palamdrwm uleid orchwydueid arch. pwl penn *mydwl* pwnn madarch. *c.* **1400** *YCM²* 68, ny mynnei y goreu onadunt a digonei, y vot yno yr *mwtwl* o eur koeth idaw ehun. **15g.** *BB* 196, [yr adar] a wnaethant wyntev ehedec hyt yn to y tei yny dinas. ac yr deisiev. ac yr *Mydylev.* **15g.** *GTP* 42, Mae o hyd cu, meudwy cŵl, / Mwyedig fal pren *mwdwl* [dychan Ieuan Brydydd Hir]. **15g.** *HCLl* 122, Moes *fwdwl,* cadfwl fal cist, / Clustdrwm, llopandrwm, pendrist [i erchi ceffyl diog]. *Dchr.* **17g.** *J* 10, 35b, *mwdwl,* reeke or cocke of hay, fœnile. **1632** *D, mwdwl,* acervus, strues, congeries. **1688** *TJ, mwdwl*: a Cock or Stack of Hay, &c. **1722** *Llst* 189, *mwdwl,* m.p. *dylau,* a cock of hay, mow of corn. **1758** *ML* ii. 72, Mi wranta fod aml lanc a llances yn dianc rhagddo [cwsg], ynghysgod *mwdwl* yn ymguddiaw i gael chwareu. **1773** *W* d.g. *goff, hay-cock.* **1803** *P, mwdwl,* s.m. pl. *mydylau,* a round stack, cock, or heap. *id.* d.g. *mydylan, mydylyn.* Ar lafar yn gyff., *LGW* 90–1; ym Morg. clywir hefyd y ff. l. *myndyla.* Cf. John Owen: *Cofiant y Parch. Griffith Ellis* (1923) 81, wedi eich gwneud yn *fwdwl* cyn bod yn gocyn.

Amr.: **modwl¹** (ll. *modylau*). **1545** *CM* 1, 3, Ac yw gossod wynt [aeron a ffrwythau] mewn tai a *modyle* yw kadw wynt hrag llwgwr glaw a gwynt. **1604–7** *TW* (*Pen* 228) d.g. *acervus, fœnum.* **1725** *SR* d.g. *a cock of hay, a reek or rick, a rick of corn, a stack of hay.* Ar lafar yn ardal Llanfair Caereinion.

Cfn.: **mwdwl,** &c., **bach, m. bychan:** (i) *small haycock of two or three forkfuls left overnight in the field to dry.* **1574** *LlGC* 15542, 154a. Ar lafar yn gyff. (ii) (*in pl.*) *small clouds.* Ar lafar yn sir Gaerf., '*mwdwle bach*', *TGG* (1904) 51. **m. o goed:** *stack of wood, 108 cubic feet.* **1827. m. eithin:** *beacon (on hill, &c.).* **16g.** *LlGC* 722, 78, *mwdwl eithin* mor [i'r llong]. *c.* **1700** E. Lhuyd: *Par* i. 5, Bŷ *mwdwl eithin* ar Vynydd a elwir pen y *mwdwl eithin* yn ystratgwyn [pl. Tal-y-llyn, Meir.]. *id.* ii. 69, *Mwdwl eithin* ar vryn heilog [pl. Llangywer, Meir.]. **1725** *SR* d.g. *a Beacon.* Digwydd fel e. mynydd ym mhl. Cerrigydrudion, sir Ddinb. **m. gwair, m. o wair:** *haycock.* **14g.** *GDG* 165. *c.* **1400** *ChO* 17, *mydwl o weir.* **1800** W. Owen[-Pughe]: *CP* 59. **m. pen rhaca:** *small haycock.* Ar lafar yn y De. **m. (o) ŷd:** *rick of corn.* **16g.** (*LlEG*) *Mos* 158, 576a, *Modylau* o yd. **1725** *SR, modwl* neu ddâs *o ŷd* d.g. *a rick of corn.*

mwdwlaf, mwdylaf: mwdwlo, mwdwlu, mwdylu, gw. mydylaf: mydylu.

mwdyn, gw. mwd¹.

mwdyrwort, mwdyrwrt, medyrwrth [bnth. S. C. *moderwort, medewourth*] *e?g. Bot.* ?Erwaint, brenhines y weirglodd, *Filipendula ulmaria*; y feidiog lwyd, llysiau Ieuan, *Artemisia vulgaris*: *meadowsweet; mugwort.*

14g. *ACL* i. 44, Regina . . . *medyrwrth.* *c.* **1400** *Études* vii. 56, regina, *mwdyrwort.* *Diw.* **15g.** *Pen* 326, sypyn 6, [10a], yvamoc yw *mwdyrwrt.*

mweraf: mwera, mweren, mweryn, gw. mwyaraf: mwyara, mwyar.

mwesin [bnth. S. *muezzin*] *eg.* ll. *-iaid.* Swyddog mosg sy'n cyhoeddi amser gweddïo, fel rheol o finarét: *muezzin.*

1866.

mwfaeth [bôn y f. ddil. + *-aeth*] *e?g.* Symudiad, cyffro: *movement, stir, a stirring.*

Ar lafar ym Morg., 'Dera, bachgan, do's dim *mwfath* yr un gro'n a ti', 'Ffor' ma' hi yco'n awr, o's tipyn o *fwfath* yn y gw'itha gyda chi?', *LlGC* 1171, 56; 'sdim *mwfath* yno fe', *B* xv. 263.

mwfaf¹, myfiaf: mwfo, mwfyd, myfio [bnth. S. (*to*) *move*] *bg.a.* Symud, symud (tŷ), mudo: *to move, move (house).*

16–17g. (*Gesta Rom*) *LlGC* 13076, 30b, yny ddaüth achos ir marchog hynn i *mwvo* kwrt yr amherawdr. Ar lafar ym Morg. a dwyrain sir Gaerf. yn y ff. *mwfyd, LGW* 153; ac yng ngogledd Cered. yn y ff. *myfio.*

Gw. hefyd mofiaf: mofio.

mwfaf²: mwfo, gw. myfaf: myfo.

mwff, myff [bnth. S. *muff*] *eg.* ll. *myffs.* Silindr penagored o ffwr, &c., i gadw'r dwylo'n gynnes: *(fur, &c.) muff.*

c. **1730** *Thos. Lloyd D* (LlGC) 178b, *mwff,* a muff. Ar lafar.

mwffadîs, myffadîs [?bnth. S. *muffetees* 'worsted cuffs worn on the wrist'] *e.ll.* Mitenni: *mittens.*

Ar lafar yn y Gogledd.

mwffgi [?*mwff* + *ci*] *eg.* ?Cynffongi, yn ddifrïol: *lap-dog, derog.*

1766 *CM* 46, 20, yn grog bo yr *mwffgi* anhirion.

mwffin, myffin [bnth. S. *muffin*] *eg.* ll. *-au, -s.* Math o fynnen gron wastad a wneir â burum: *muffin.*

Ar lafar.

mwfflaf, myfflaf: mwfflo, myfflo [bnth. S. (*to*) *muffle*] *bg.a.* Lapio (dillad, sgarff) yn dynn (am), mygydu: *to muffle (up), wrap up (with clothes).*

1770 *TG* iv. 83, bod y dug yn dyfod yn fynych wedi *mufflo* i dŷ'r arglwyddes yn y wlad. **1776** *W,* troi mewn gorchudd . . . vulgò *mwfflo* d.g. *to muffle, or muffle up* [*wrap the mouth, face, &c. in a covering*].

mwffler, mwfflar, myffler, myfflar [bnth. S. *muffler*] *eg.b.* ll. *-s, mwffleri.* Math o sgarff a wisgir am y gwddf a'r wyneb: *muffler.*

?**16g.** Gr. Hiraethog: *Gw* (D. J. B.) 117. 22 (amr.), i mae i daro am i dvrvn / *mwffler* yw Am ffleirio vn [i ddychanu'r cadach wyneb]. Ar lafar yn gyff., cf. D. J. Williams: *STG* 67, wele ffermwr trwsiadus . . . mewn legins carsimêr, cot fawr drom, a *mwffler*—tri anhebgor Blaenor, Cynghorwr Sir, ac Ustus Heddwch o'r safon briodol. Fe'i clywir hefyd yng Nghered. a sir Gaerf. yn yr ymad. 'Milgi, *mwfflar* a myn yffarn i' am wŷr Morgannwg, M. Wiliam: *DY* 91.

Cfn.: **m. sidan gwyn (wen):** *white silk muffler.* **1916.**

mwfflerog [*mwffler* + *-og*] *a.* Yn gwisgo mwffler: *wearing a muffler.*

20g.

mwfflyn [?cf. S. taf. (Cernyw a Dyfnaint) *muffle* 'freckle'] *eg.* ?Tamaid, iot: *bit, jot.*

Ar lafar yn sir Benf. yn yr ymad. 'cystled pob *mwfflyn*', cf. *Wês wês* 16, [y]n canu Calon Lân . . . cystled pob *mwfflyn* â'r bachan nesa.

mwffti, myffti [bnth. S. *mufti*] *eg.* ac *e.ll.* Barnwr sy'n dehongli cyfraith Islâm; arweinydd y gymuned grefyddol yn yr Ymerodraeth Otomanaidd: *mufti.*

c. **1762–79** W. Williams: *P* 251, [yr] archoffeiriaid yr hwn yn Twrci elwir *Myffti,* ac yn Persia y Sadre. *id.* 256, Y *Mwffti* yw archoffeiriad eu crefydd hwynt. **1770** *TG* iv. 21, Y *Mufti,* (h.y. archoffeiriaid, neu ddeonglwyr pennaf yr Alcoran) a'r gwyr eglwysig.

mwg [Crn. Diw. *mooge,* Llyd. Diw. *mog, moug* 'tân' (cf. Llyd. C. *moguet,* Llyd. Diw. *moged* 'mwg'), H. Wydd. a Gwydd. Diw. *múch*: o'r gwr. IE. **smeug-* 'mwg', cf. Armeneg *mux,* S. *smoke*] *eg.* (bach. *mwgach*) ll. (prin) *mygau.* Y sylwedd llwydlas, du, neu wyn sy'n cynnwys nwyon, carbon, &c., a gyfyd o ddefnydd yn llosgi neu'n mudlosgi, weithiau ynglŷn ag ysmygu baco; ager, stêm, tawch, anwedd; hefyd yn *ffig.*: *smoke, sometimes with ref. to smoking tobacco; fumes, steam, vapour; also fig.*

13g. *LlI* 7, E lety [pen-hebogydd] yv escubavr y brenhyn, rac dale *mvc* ar e adar. **13g.** *BD* 189, *mvc* teruysc a chyghoruynt a tywyllavs medvl dy uryt ti. **14g.** *T* 29. 19–20, rac rynawt tan dychyfrwy *mwc.* **1346** *LlA* 53, kannys *ymwc* agyffry yllygeit ywylaw. *c.* **1400** *Études* viii. 88, [Y] *mwc* ohonunt [cennin] a ymdrycheif y'r penn ac a lesteira yr olwc. *c.* **1400** *DB* 51, tywyllwch *mwc* yssyd yndi [uffern]. *c.* **1400** [*RB*] *WM* 494. 29, wynt awelynt *vwc* mawr. **15g.** *GGl²* 277, Am gynnal fal *mwg* ennaint / Gŵyl ei hun, mae'n gul o haint [dychan i Uto'r Glyn gan Syr Rhys]. **16g.** (*LlEG*) *Mos* 158, 638a, iij ne iiij o *vygau* ynnkyuodiarunwaith [*sic*] ir wybyr. **1547** *WS, mwc,* smoke. **1567** *TN* 382a, *mwg* yr erogley ynghyd a gweddie yr Saint, y ddyrchafysant gair bron Dyw. **1588** *Salm* cii. 3, fy nyddiau a ddarfuant fel *mŵg.* **1615** R. Smyth: *GB* 68, [g]weled nad iw philosophyddiaeth y paganiaid ddim, onid breuddwydion, newl [*sic*], ne *fwg.* **1632** *D, mŵg,* fumus. **1701** E. Wynne: *RBS* 67, mynd yn gaethwas i fwyd a diod neu i *fŵg.* **1718** *Cân o Senn* 4, Saig nym mhagau [*sic*] sygno *mwgach,* / weithiau dylach waith y dail. **1740** T. Evans: *DPO* 106, y Bradwr du a'i hanrhegodd a Thussw o Flodau Briallu, a *mwg* Gwenwyn marwol wedi anadlu arnynt. **1803** *P.* Ar lafar dywedir fod rhywun neu rywbeth yn 'mynd fel (y) *mwg*' pan fydd yn symud yn gyflym, a bod rhywun 'yn *fwg* ac yn dân' pan fydd yn llawn brwdfrydedd dros dro. Digwydd hefyd yn y ddihar. 'Does dim *mwg* heb dân'; ac yn y rhigwm '*Mwg* yn syth, tywydd sych; / *Mwg* yn gam, glaw ym mhobman'. Mewn rhai ardaloedd yn y Gogledd sonnir am 'gario *mwg* hefo fforch' neu 'hel *mwg* i sacha' i ddisgrifio tasg amhosibl.

Cfn.: **mwg aur:** *nimbus, halo, aureole, also transf. and fig.* **15g.** Bedo Aerddrem, &c.: *Gw* 172. **15–16g.** *TA* 74. **16g.** Lewys Morgannwg: *Gw* 179. **16g.** *Cy* xxiii. 320. *Bot.* **m. y ddaear:** *(common) fumitory, Fumaria officinalis; erron. puff-ball, Lycoperdon, &c.* **14g.** *ACL* i. 40. *c.* **1400** *Études* vii. 52. **1632** *D* (*Bot*). **1773** *W* d.g. *earth-smoak* [*a kind of fungus*]. **1813** *WB* 222. *Bot.* **m. y ddaear afreolus:** *ramping fumitory, Fumaria capreolata.* **1813** *WB* 68. *Bot.* **m. y ddaear gafaelgar:** *white climbing fumitory, Corydalis claviculata.* **1813** *WB* 68. **m. euraid** = **m. aur. 15g.** *DN* 83. **m. main:** *thin stream of smoke.* Ar lafar yn Arfon ynglŷn â thlodi, 'tŷ bach un corn, *mwg main*', *WVBD* 285; mae 'bwthyn y *mwg main*' yn golygu 'priodas'. **m. taro:** *smoke blowing back down the chimney.* Ar lafar yn y Gogledd, *WVBD* 381. **mynd fel m. tatws (m. ffarmwrs):** *to go like the clappers.* **1882.** Ar lafar yn Arfon.

Gw. hefyd mygyn.

mŵg, mŷg [bnth. S. *mug*] *eg.* ll. *myg(i)au.* Llestr silindraidd ychydig yn fwy na chwpan i yfed diod ohono: *mug*.
1722 *Llst* 189, *mwg*, m.p. *myggau*, a mug. **1753** G. OWEN: *L* 42, *mwgg* o ddiod a phibellaid. **1776** *W* d.g. *mug*. Ar lafar; yng nghanolbarth a godre Cered. yn y ff. *mwc*, *EEW* 160.

mwgach, mwgaf: mwgu, mwgaid, gw. mwg, mygaf[1]: mygu, mygaid.

mwgan [cf. *mwgwd*] *eg.* Mwgwd: *mask*.
16g. *B* xviii. 330, aniuer mawr o'i ardderchogion mewn *mwggan* ne vassk. **1615** R. SMYTH: *GB* 5, [t]ynnu'r *mwgan* oddiar i llygaid.
Cfn.: **mwgan dall:** *blind-man's buff*. *a.* **1595** *GST* i. 374, Eglwys Rufain . . . / Chwarae ddoe, yn chwerw ddeall, / Mig un dwyll â'r *mwgan dall*; / A'n pennau'n eu cau mewn cwd / Am ein magu mewn mwgwd [i ofyn Beibl Cymraeg]. **1620** *Mos* 204, 41, Chware *mwgan dall*.

mwgarogl [*mwg+arogl*] *eg.* Arogldarth, perarogl: *incense, perfume*.
1632 *D* d.g. *suffimen*. **1722** *Llst* 189, *mwg-arogl*, m. perfume, incense. **1778** *W* d.g. *perfume*.

mwgdarth, mwgdarthaf: mwgdarthu, mwgdarthiad, gw. mygdarth, mygdarthaf: mygdarthu, mygdarthiad.

mwgdarthus [*mygdarth+-us*] *a.* O natur mygdarth neu anwedd, yn cynnwys mygdarth neu anwedd: *fumy, vaporous*.
1725–6 *Madd Ed* 145, [D]ŷn meddw, yn bwrw heibio o'r diwedd ei *fwgdarthus* Gwmmwl (*the cloud of his fumes*). *c.* **1730** *Thos. Lloyd D* (LlGC) 178b, *mwgdarthus*, fumy.

mwgdwll, gw. mygdwll.

mwgddewiniaeth, mygddewiniaeth [*mwg+dewiniaeth*] *eb.* Dewiniaeth drwy fwg: *capnomancy, divination by smoke*.
1852.

mwgiaid, mwgits, mwglyd, mwglys, mwgni, gw. mygaid, mwcet, myglyd, myglys, mygni.

mwgri [cf. y gair dil. ac o bosibl S. sathr. *like buggery* 'vigorously, cruelly'] *eg.* Gwaith prysur, prysurdeb: *busy work, busyness*.
Ar lafar ym Môn, 'Mae'n *fwgri* yma heddiw', 'yn *fwgri* ar *fwgri*', *ISF* 56.

mwgro [?cf. S. sathr. (*to*) *bugger about, b. around*] *bg.* Gwneud rhywbeth yn anhrefnus, gweithio'n ddiamcan: *to do something untidily, work aimlessly*.
1893. Ar lafar ym Môn ac Arfon.

mwgrwch [?*mwg*+elf. anh.] *eg.* Mwg tew du: *thick black smoke*.
Ar lafar yn sir Benf., *GDD* 201.

mwgsychaf: mwgsychu [*mwg+sychu*] *ba.* Sychu mewn mwg, mygu: *to smoke, smoke-dry*.
[**1783**] *W* d.g. *to smoke-dry* [*dry in smoke*]. **1798** *WR* d.g. *to infumate*. **1803** *P*.

mwgwd [cf. *mwgan*] *eg.* ll. *mygydau*. Masg, ffugwyneb, gorchudd dros y llygaid, gorchudd pen sy'n cuddio'r llygaid, miswrn, mwsel, hefyd yn *dros.* ac yn *ffig.*: *mask, blindfold, hood covering the eyes, visor, muzzle, also transf. and fig.*
16g. *THSC* (1923–4) (At.) 58, [p]oeri yn y llygaid [Iesu], ai gyraw a dyrnav, a roi *mwgwd* am y benn. **16–17g.** *GST* i. 374, A'n pennau'n eu cau mewn cwd / Am ein magu mewn *mwgwd*. **1604–7** *TW* (*Pen* 228) d.g. *obductio*. *Dchr.* **17g.** *J* 10, 35b, *mwgwd*, hoodwinke, vizarde. **1632** J. DAVIES: *LlR* 3, y mae yn hawdd ir hebogydd ddwyn llawer o weilch lle y mynno, tra fo y *mwgwd* ar eu llygaid. **1653** *MLl* i. 234, cadw *mwgwd* y cnawd ar lygaid. **1667** C. EDWARDS: *FfDd* 29, tynnodd Anghrist y *mwgwd* oddiar ei wyneb; gan ymddangos ir byd, y Twrc yn rheibus yn y dwyrain. **1707** *AB* 219a, *mwgwd*, a mask. D. **1722** *Llst* 189, *mwgwd*, a veil, hood or covering to blindfold with, a hawk's hood, mask, vizard. **1751** *ML* i. 174, nid y'm ond megys dynion ag *amhugwd* neu *ymhugwd*, *myhugwd*, *mwhwgwd*, neu rywbeth dros eu llygaid. **1795** J. THOMAS: *AIC* 141, Torr *fwgwd* du 'r gynfigen: / Rhag y llid, rhŵyg a [*sic*] y llen. **1798** T. ROBERTS: *CG* 42, Y cyfreithiau yma a wnaed pan oedd *mwgwd* ar lygaid y bobl. **1803** *P*.
Amr.: **mwhwgwd.** **1751** *ML* i. 174. **1763** *DT* 120. **1774** HUW AB HUW: *RBD* 88.
Cfn.: **mwgwd (y) dall:** *blind-man's buff*. **1770** *W* d.g. *blind, to play at blind and buffet, hide-man's blind*. **m. du (dall) = m. dall.** **1604–7** *TW* (*Pen* 228) d.g. *myinda, obductio*. **1707** *AB* 219a. **1803** *P*. **m. (yr) ieir = m. dall.** **1707** *AB* 219a. **1770** *W* d.g. *blind, to play at blind and buffet, hide-man's blind*. **1803** *P*. Ar lafar yn y Gogledd, *WVBD* 230. **m. nwy:** *gas mask*. **1939. m. tebot:** *tea-cosy*. **20g. mynd i'w f. (i'w m., &c.):** *to sulk*. **1891.** Ar lafar yn y Gogledd.

mwgwdaf: mwgwdu, gw. mygydaf: mygydu.

mwgwd-ddawns, mygyd-ddawns [*mwgwd+dawns*] *eb.* ll. *-iau*. Dawns a'r dawnswyr yn gwisgo mygydau, dawns fwgwd: *masquerade*.
1818.

mwgwrt [bnth. S. *mugwort*] *eg.* *Bot.* Y feidiog lwyd, llwydlys, *Artemisia vulgaris*: *mugwort*.
c. **1730** *Thos. Lloyd D* (LlGC) 174b, *mwgwrt*, Q 265, mugwort. **18g.** *Llr* C 24, 303, Cymer y *Mwgwrt* y rhaini yw y llysseu llwydon.

mwgydaf: mwgydu, mwgyn, gw. mygydaf: mygydu, mygyn.

mwng [H. Lyd. *mogou*, gl. *comas*, Llyd. C. *moe*, Llyd. Diw. *moue*, *moueng*, H. Wydd. *mong*: o'r un gwr. IE. **mon-* 'gwddf, gwar' ag a welir yn *mŵn*[1], *mwnwgl*; cf. H. Nor. *makki*, Daneg *manke*] *eg.* (bach. b. *myngen*, ll. *-nau*) ll. *myng(i)au*, ?*myng*. Y blew hir ar war ceffyl, llew, &c., hefyd yn *dros.* ac yn *ffig.*: *mane, also transf. and fig.*
13g. *A* 11. 17–18, a dalwy *mwng* bleid heb prenn. ene law. **13g.** *Études* v. 101, gwaeo trvy blug trvy *wug* truy wordrwyt [*sic*] (Cynddelw). **13g.** *LlI* 83, Guerth y *ug* [march], un werth a'e fruyn. *c.* **1300** *H* 58b. 26, wedy cad wosut mawr mygyrvut *mig* (Cynddelw). **14g.** *WM* 31. 25–7, [c]rauanc . . . yn ymauael ar ebawl geir y *uwng*. **14g.** *DGG*[2] 137, Ei *mwng* a fwrw am angor, / Ymennydd merweryd môr [Gruffudd Gryg i'r don]. **14g.** *GIG* 106, Dos ymaith rhag dwys amarch, / Do gên fel bôn *myngen* march [i'r farf]! *c.* **1400** [*RB*] *WM* 233. 10–11, [p]alffrei . . . a *mygen* burgoch idaw. **15g.** *GGl*[2] 206, Calennig, nid cael anardd, / Clog o *fwng* ceiliog i fardd [i ofyn ffaling]. **15g.** *DE* 46, Vwch *fyngen* o chaf fengil / a chwyno fyth na chawn fil [i'r cusan]. **15–16g.** *TA* 404, *Myngau* rhain, am angor hir, / Mordidau mawr y dodir [am re o gesig]. **1632** *D*, *mwng*, iuba. **1681** S. HUGHES: *AC* 34, Ostler . . . yn rhwbio fy ngheffyl, gan blethu ei gynffon a'i *fwng* ef. **1722** *Llst* 189, *myngen*, f.p. *ennau*, the crest of a horse. **18g.** L. MORRIS: *LW* 144, marchog[th] ceffylau & plethu *myngiau*. **1803** *P*. Ar lafar, 'Dyna *fynga* o wallt sy gin grots 'eddi'.

mwngialaf: mwngial, mwngialus, mwngialwr, gw. myngialaf, myngial, myngialus, myngialwr.

mwngliaf: mwnglian, mwnglws, mwnglyd, gw. myngialaf: myngial, wmlys, mynglyd.

mwhwgwd, gw. mwgwd.

mwjaf: mwjyd [bnth. S. (*to*) *budge*, gyda *b-* ac *m-* yn ymgyfnewid, cf. *bargen*, *margen*] *bg.a.* Syflyd, symud: *to budge, move*.
Ar lafar yn y De, ''Rown i'n ffaelu *mwjyd* o'r fan'; ''Does dim *mwjyd* arno fe'.
Gw. hefyd bwjaf: bwjyd (At.).

mwl[1] [bnth. S. *mull* 'particles, dust, ashes, mould, rubbish'] *eg.* Malurion, rwbel, ysbwrial, ysgubion, mân welltach, us, manus: *debris, rubble, rubbish, sweepings, bits of straw, husks, chaff*.
17g. *LlGC* 13215, 350, *mwl*, rudus. **1707** *AB* 219a, *mwll* [*sic*], sweepings, of houses and channels, &c. **1722** *Llst* 189, *mwl* . . . m. sweepings, chaff. **1722** *Llst* 190, [2], *mwl*, the bruised straw in thrashing. **1794** *W* d.g. *sweepings*. Ar lafar yng Nghered. a sir Benf., *B* iv. 299, xiii. 141, xiv. 280, *GDD* 202, 294.

mwl[2] [dichon mai *mŵl* yw'r ff. iawn, ac os felly, cf. *bŵl*] *eg.* (bach. *-yn*) ll. *-od*. Crynswth, talp: *mass, lump*.
1803 *P*, *mwl*, a concrete; a mass, a lump. *Mwlod* a cheryg llathraidd, lumps and well-shaped stones, say the masons.

mŵl, mwlafon, gw. mul[1], molafon.

mwlet, mwled, molet, mylet, &c. [bnth. S. *mullet*, *molet* 'heraldic device in the shape of a star'] *eb.g.* ll. *-au*. *Her.* Dyfais ar lun seren (ac iddi, fel rheol, bum pwynt): *mullet* (*in her.*).
15g. *Med H* 76, tair *mwlet* o ariann a bordr rassyt o aur. **16g.** GR. HIRAETHOG: *Gw* (D. J. B.) 2. 51–4, Ei chlod, ŵyr Rotbert iach lydan,—a gaid / I gadw arfau cyfan, / Yw mal tair *mwlet* arian / Ar sabl, glod orsibiol glân. *id.* 77. 70, Tair *mwlet* o aur melyn [am arfau Ifan ap Rhys o Fryndafydd]. **16g.** *Llst* 40, 93, drwy dan amelan *mwled* label kroes / kresawnt harri wythved. **16g.** *Mos* 113, 55, tri *molet* aür. *id.* 59, tri *Mwlet* o aür. **16g.** *Pen* 134, 308, iii *mylet*. **16g.** *TCHSDd* (1968) 69, *mwleddau* [*sic*] o. 5 pwynt. *id.* 75, kressent yr ail mab . . . *mwled* y trydydd. *c.* **1562** *Pen* 138, 100, tair *muled* aur. *c.* **1730** *Thos. Lloyd D* (LlGC) 178b, *mwlet*, a mullet.

mwlsyn, mulsyn [bnth. S. *mules*+*-yn*] *eg.* (b. *-en*) ll. *-nod*, *mwlsod*. Mul; asyn; yn aml yn *ffig.*: *mule; donkey; often fig.*
c. **1762–79** W. WILLIAMS: *P* 199, dywedasant . . . Mai y pryd hynny y byddai Cresus mewn perygl, pan y byddai *Mwlsyn* yn teyrnasu ar y Mediaid. *ib.* Cyrus oedd y *Mwlsyn* ag oedd yr oracl yn ei feddwl, am ei fod ef yn dyfod allan o ddwy genedl o bobl. Ar lafar, yn aml am berson twp neu ystyfnig, ''Dos dim i erfyn gan *fwlsyn* on(d) cic', *TGG* (1904) 56; '(H)en *fwlsyn* yw (h)wnna'; hefyd yn y ff. *mulsyn*, *WVBD* 384.
Gw. hefyd miwl, mul[1].

mwltus [amr. ar *bwltus*, gyda *b-* ac *m-* yn ymgyfnewid, cf. *bainc*, *mainc*] *eg.* Lili ddŵr felen, *Nuphar lutea*: *yellow water-lily*.
16g. (**1763**) W. SALESBURY: *LlM* 150, gwreiddin y *mwltus*. *Dchr.* **17g.** *J* 10, 35b, *mwltus*, alaw, Nymphæa Lutæa.

mwlwg [bnth. S. *mullock*] *eg.* Malurion, rwbel, ysbwrial, sorod, ysgubion, llwch, manus, gwelltach, budreddi, hefyd yn *ffig.*: *debris, rubble, rubbish, refuse, sweepings, dust, chaff, bits of straw, filth, also fig.*
[**1547**] W. SALESBURY: *OSP*, Kais yn y *mwlwc*. **1567** *LlGG* (*Sall*) 16a, a vydd i'r llwch [:– *mwlhwc*] dy glodvory? **1588** *Eseia* xli. 15, gosodi hefyd y brynnau fel *mwlwg*. **1604–7** *TW* (*Pen* 228) d.g. *erudero, rudus*. **1632** *D*, *mwlwg*, exverræ, sordes, quisquiliæ. **1677** R. JONES: *BB* 175, Prif offeryn dichell Diafol yw . . . Codi *mwlwg* o amrafael (*dust of controversie*) yn y bŷd. **1688** *TJ*, *mwlwg*, ysgubion: Sweepings. **1737** *ML* (Add) 53, *Mwlwg* the British word is Sordes. **1753** *TR*, *mwlwg*, the sweepings of houses and channels, filth. **1773** J. JENKIN: *P* 4, [c]ynnifer o drueiniaid gresynnol a chwythwyd i'r awyr drwy ennynad y powdr, neu a gladdwyd dan *fwlwg* y tŷ. **1803** *P*. Ym Meir. sonnir fod rhywbeth yn 'hen *fwlwg*' yn yr ystyr 'rhwystr', e.e. os yw'n cuddio'r olygfa o ffenestr.
Cfn.: **mwlwg mawn:** *pulverized peat*. **1803** *P*. **1814** W. DAVIES: *Agric* . . . *S. Wales* ii. 164.

mwlyn, gw. mwl[2].

mwll [tywyll yw ystyr *moll*, *C* 20. 8] *a.* (b. *moll*) ll. *myllion*. Clòs (am y tywydd), trymaidd, mwrn, llethol, myglyd; niwlog; mws, drewllyd, pwdr; difywyd (e.e. am dân); hefyd yn *ffig.*: *close* (*of weather*), *heavy, sultry, oppressive, muggy, stuffy; foggy; musty, stinking, rotten; lifeless* (*e.g. of fire*); *also fig.*
1547 *WS*, *mwll*, smoldery. **16g.** WILIAM CYNWAL: *Gw* (R. L. Jones) 668, Melltith i'th leugrys mellten, / *Mwll* wywa sur, mallwas hen [i'r llwynog]. **1595** H. LEWYS: *PA* 150, [m]yned allan or cyfryw leoedd, ar ydynt *fwll* a thywyll. **16–17g.** *Bl N* 206, Cilfach trymafiach tir *mwll* (Siôn Phylip). **1632** *D*, *mwll*, vapidus, tepidiusculus. fœm. *Moll*. **1677** C. EDWARDS: *FfDd* 310, Y pechodau ni chanfyddid yn y cynhesrwydd llwyddianus, a'r maswedd *mwll*, a ymddangosant cyn amled a'r sêr pan ddel oerni calon. **1684** T. JONES: *Alm* [30], tua 'r 24 dydd, *mwll* a gwresog. *Diw.* **17g.** *Mos* 96, 60, Llydnes neu Iddewes ddig, / *Fwll* dew gôd felltigedig. **1688** *TJ*, *mwll*: somewhat hot or warm. **1722** *Llst* 189,

mwll, f. *moll*, p. *myllion*, somewhat hot or warm, casting an hot stinking smell. **1723** J. Jones: *LlA* 113, Dichon Trawst pwdr fod wedi ei oreurio oddi allan; ac etto yn *fwll* oddi fewn. **1753** *ML* i. 232, gobeitho [*sic*] fod y tywydd *mwll* yma wedi eich gwneuthur . . . yn holliach. [**1754**] *Gron* 48, Llawer mynnyn, milyn *mwll*. **1803** *P*. Ar lafar yn y Gogledd; hefyd yn ddifr. am berson, 'Yr hen greadur *mwll*'.

mwllaidd, mwlltra, gw. myllaidd, mylltra.

mwllwch [?*mwll* + -*wch*[1]; ond cf. *mwrllwch*] *e?g*. ?Myllni: *sultriness*.

17g. *DCR* 233, J modrwye avr gloywber ai ffein ffan o ffvther . . . / yn cadw i hwyneb rhag *mwllwch* wrth gerdded. Ar lafar yn y Gogledd, *WVBD* 381.

mwm[1] [bnth. S. *mum* 'inarticulate sound'] *eg*. ?ll. *mwmis*. Sŵn bloesg neu furmur, yn enw. un a wneir a'r gwefusau yng nghaead, lleferydd aneglur; (mewn cyd-destun neg.) gair o'i ben, (heb ddweud) na bw na be; taw, tawelwch, distawrwydd, tawedogrwydd, mudandod; math o chwarae neu actio dileferydd, masg, sioe fud; math o chwarae neu ymryson sy'n gofyn am ddistawrwydd; hefyd yn *dros*.: *mum, hum, inarticulate sound made with closed lips*; (*in negative context*) *word, sound*; *silence, stillness, quiet, tranquillity, taciturnity, muteness*; *mummery, masque, dumb show*; *kind of game or contest in which silence was required*; *also transf*.

15g. *DE* 132, synwyr mab sy'n orav *mwm* / synwyr duw sy'n orav dim. *a*. **1587** *Y* 76, Doedyd, fal yn dawêdog, / *Mwm* a gwad ym am y gog. *a*. **1595** *GST* i. 374, Gelyniaeth a wnaeth un wedd / Eglwys Rufain, gloes ryfedd. / Chwarae â ni'n chwerw a wnaeth, / Chwarae *mwm*, chwerwa' mamaeth. **16–17g**. Llywelyn Siôn, &c.: *Gw* 371, a throi n llonn at wennonwy,—/ *mwm, mwm*, ny ddwedai mwy mwy (Huw Roberts Lên). *Dchr*. **17g**. *Mos* 147, 437, pvlpvd eiraf gai afawr [*sic*] / *mwm* gloyw maith mam y glaw mawr [Wiliam ap Siôn ap Dafydd i'r wybren]. **1634** *AAST* (1937) 112, J lost 6[d] at *Mwm*. **17g**. *LlGC* 10249, 39, kydiodd ynof, fel kidwm / oi fodd mwy, ni feiddiaf *mwm*. *id*. 94, Arglwydd frenin, di brinwaith / Arglwydd *mwm*, pob Arglwydd maith. *id*. 159, Na ddel ffydd krefydd kaerrüfen, mwy yma / ai *mwmis* offeren. *id*. 208, gyrrü *mwm*, ar y gwŷr mawr (Wmffre Dafydd ab Ifan). **17g**. *LlGC* 13215, 350, *mwm*, mudaniaeth. **1759** *BC* 198, Yn feudwy môd heb ddweudyd *mwm*. **1771** *Hop M* 351, buan y diflanant / iw *mwm* oer a marw wnant [marwnad Lewis Hopkin].

Gw. hefyd mwming.

mwm[2] [bnth. S. *mum* 'kind of beer'] *eg*. Math o gwrw cryf a fewnforid o'r Almaen i Brydain yn yr 17g. a'r 18g.: *mum, kind of strong beer imported from Germany into Britain in the 17th and 18th c*.

1696 *GGTY* 39, os arferwn y *mwm* neu ryw nôdd coch arall yn lle ffrwyth y winwydden. **1736** S. Rhydderch: *Alm* [11], Ffrwyth neu Gynnyrch pennaf Germany . . . *Mwm*, Gwin Rhenish.

mwmblaf, mwmbliaf: mwmbl(i)an, mwmbl(i)o, gw. mwmlaf: mwmlan.

mwmeiddiaf: mwmeiddio [*mwm*(*i*) + -*eiddio*] *ba*. Eneinio (corff) ar gyfer ei gladdu, yn enw. yn null yr Eifftiaid gynt: *to mummify*.

1916.

mwmi, mymi [bnth. S. *mummy*] *eg*. ll. -*s, mwmïod, mwmïau, mymïod, mymïau*. Corff wedi ei eneinio ar gyfer ei gladdu yn null yr Eifftiaid gynt, hefyd yn *ffig*.: *mummy, also fig*.

1615 R. Smyth: *GB* 272, Cnawd dyn gwedi i gymyscu a balm, yr hwn yr ydym yn i alw *Mwnian* [*sic*] (*que nous appelons Mumie*). **1759** *BC* 195, Nid addoli *mwmi* Mammon, Darfodedig yssig friwsion, / Yn lle golud gwlâd Angylion. **1854** *Traeth* x. 67, Dynwareda y dysgyblion Seisnig . . . briod-ddull eu hathrawon Germanaidd o lefaru ac ysgrifenu, gan wneuthur math o *fwmïod* o honynt eu hunain.

mwmiaf: mwmian, mwmial, mwmio [bnth. S. (*to*) *mum* 'to make an inarticulate sound with closed lips'] *bg.a*. Gwneud sŵn aneglur neu floesg, myngial, llefaru neu adrodd yn anghroyw neu'n floesg, yn enw. wrth fynegi petruster, gryngian, murmur, grymial, tuchan; hymian: *to make an inarticulate vocal sound, speak indistinctly, mutter, utter indistinctly, esp. in expressing hesitation, murmur, mumble, complain, grumble*; *hum*.

17g. *BL Add* 14890, 101b, Ün byddar ni chlowaü / Fel müdan fyrr *mwmian* may. **1696** *CDD* 290, Heb ddywedŷd dim ond *mwmial*, / Ar anadl hithe'n gaeth. **1722** *Llst* 189, *mwmmial* for mwngial. [**1768**] (**1841**) Twm o'r Nant: *CTh* 49, Mi'th glywaf di'n *mwmian*, ond ni waeth i ti dewi. **18g**. Twm o'r Nant: *CO* 30, Mi wn heb *fwmian* mai fi yw dy fameth. **1789** Twm o'r Nant: *TChB* 4, Y mae'n gywilyddus clywed carpiau / Yn lladd ag yn *Mwmian* ar iaith eu Mamau.

Cfn.: **mwmian (mwmial) canu:** *to hum* (*a tune*); *make inarticulate noises* (*of a baby*). **1824**.

mwmialaf: mwmialu [bf. o'r be. *mwmial*] *bg.a*. Mwmian, murmur: *to mutter, mumble, murmur*.

1839.

mwmianaf: mwmianu [bf. o'r be. *mwmian*] *bg.a*. Mwmian, murmur: *to mutter, mumble, murmur*.

1841.

mwming [bnth. S. *mumming*] *e?g*. Perfformiad o fath o chwarae neu actio dileferydd, sioe fud: *a mumming, performance of mummers, mummery*.

16g. (*LlEG*) *Mos* 158, 278a, i digwyddodd ir brenin ddyuod mewn dawns *mwming* gwedi ymddinodi ymysg i. deulu yr hrain oll a oedd mewn archennad gwedi wneuth[ur] o liain pygedig. *id*. 283b–284a, ymkanodd y barwniaid . . . i ladd Ef mewn *mwming*. **1589–90** *Pen* 168, 212a, kytünodd rhai o Ieirll a dügied Lloegr i wneuthür chwaryeth *mwming* ynn y deüddec niwyrnod.

mwmis[1,2], gw. mwm[1], mwmi.

mwmlaf, mwmliaf, mwmbl(i)af: mwm(b)l(i)an, mwm(b)l(i)o [bnth. S. (*to*) *mumble*] *bg.a*. Siarad yn aneglur neu'n floesg, myngial, dweud (rhywbeth) dan ei anadl, llefaru neu adrodd yn anghroyw neu'n floesg, murmur, mwmian, siarad drwy'r trwyn: *to mumble, murmur, mutter, speak nasally*.

1547 *WS, mwmblio*, mumbyll. **1574** *LlGC* 15542, 243b, fo . . . a ofynnoedd iddi pam y fentrie hi chwerthin . . . hi a fyn *mwmlian* yn hir or diwedd hi a ddwad. **16g**. *Def Hen* 49, [g]wrthnysig wasnaethwr . . . pen i galw i feister arno a ddaw yn chwrnllyd . . . yn *mwmlian* padr y ci. **1630** R. Vaughan: *YDd* 224, yn rhuo ac yn *mwmlio* . . . nifer o Aue Mariau, a Phater Nosterau. **1725** *SR, mwmlian* d.g. *nose, to speak through the nose*. **1727** RE: *CDd* 167, gobeithio bod yn gadwedig . . . trwy ei weithredoedd da . . . ymprydio, *mwmlan* eu paderau. *c*. **1730** *Thos. Lloyd D* (LlGC) 178b, *mwmblio* . . . mussito. *ib. mwmlian* . . . to snuffle. *c*. **1762–79** W. Williams: *P* 222, nid oeddynt ond *mwmlan* eu gweddiau . . . yn hytrach na'u dywedyd. Ar lafar yn gyff., "Odd 'i'n *mwmlan* rwpath dan 'i 'anal', 'Mae o'n *mwmblan* wrtho fo'i hun drw'r dydd'. Yn y De-ddwyrain clywir y ff. *mwmlach*.

mwmlws, mwmps, mwmpwy, gw. wmlys, mymps, mympwy.

mwn, gw. gwn: gwybod—mi wn.

mŵn[1] [H. Lyd. *mun*, Gwydd. C. *muin*: o'r un gwr. IE. **mon*- 'gwddf, gwar' ag a welir yn *mwnwgl*] *eg.b*. Gwddf; gwddf gwaywffon lle mae'r llafn a'r paladr yn ymgysylltu; soced (unrhyw erfyn, e.e. bwyall), crau nodwydd; (geir.) maneg: *neck*; *neck of spear*; *socket* (*of axe, &c.*), *eye of needle*; (*dict.*) *glove*.

14g. *WML* 125, Tri gwanas gwayw kyfreithawl yn dadleu . . . Eil yw gwan ypen ymywn twyn hyny gudyo *ymwn*. *c*. **1400** *R* 1364. 41–2, arweiruul . . . ae *mwn* mal aerwy march meilyoric. *c*. **1400** *YCM*[2] 70, Ascanard a ymwanawd yn erbyn Rolant . . . a thorri y wayw yn y *vwn*. *id*. 148, vn ohonunt a duc ruthur y Oliuer a gossott arnaw a gwayw yn y *uwn*. **15–16g**. *TA* 55, Y mae'r fynwes im ar *fŵn* y saeth, / Heb f' ystôr wyliau, heb feistrolaeth. **1547** *WS, mwn* lle menybr, the soket. **1604–7** *TW* (*Pen* 228) d.g. *foramen, manubrium* (hefyd *D*). **1632** *D, mŵn*, Idem quod Crau. Alijs Maneg. **1688** *TJ, mŵn* . . . a Glove, also the Eye of a Needle, &c. **1803** *P*.

Gw. hefyd gwrmwn.

mŵn[2], gw. mwyn[2].

mwnach, gw. mwyniach[2].

mwnai [bnth. Ffr. Lloegr *muneie*] *e.tf*. ac *eb*. ll. *mwneion*.

(*a*) Arian bath, arian treigl, darn(au) arian, pres, cyfoeth, trysor, hefyd yn *ffig*.: *coinage, currency, coin*(*s*), *money, wealth, treasure, also fig*.

14g. *BT* 226, y gwnaeth edward vrenhin symudaw y *vwnei* (*BT* (*RB*) 268, ffuraw *mwnei* newyd) ac y gwnaethpwyt ydimai ar fyrdling yn grynnyon. **14g**. *YBH* 9a, lluruc . . . yr hon ny fwysei dec arugein o *fwnei* y wlat. **14g**. *GDG* 24, Y dydd y deuthum o'i dai / Â'i fenig a'i ddwbl *fwnai*, / . . . / Menig gwynion tewion teg, / A *mwnai* ym mhob maneg. / Aur yn y llaill . . . / Ac ariant, moliant miloedd, / O fewn y llall, f'ennill oedd. *id*. 67, Anfones ym iawn *fwnai*, / Glas defyll glân mwyngyll Mai. *c*. **1401** *AL* ii. 468, deg swllt aur neu arian o *vwnai* da o iawn vath goronawg Edward vrenin Lloegyr. **15g**. *IGE*[2] 279, Heb osai, heb *fwnai* fân, / Heb aros ffair, heb arian (Siôn Cent). **15g**. *GGl*[2] 105, Er torri'r llaw o'r tarw llwyd, / A'i *fwnai* hi gyfannwyd [i law arian Siôn Dafi]. *Diw*. **15g**. *Pen* 41, 7, O dynion alykro *mwnei* oi chneiviaw nev ev [*sic*] diuodi. **15–16g**. *TA* 302, Mae 'n y nef yn *mwnai* ni, / Mae 'r rhodd cwbl ym mhridd Cybi [marwnad Rhys ap Llywelyn o Fodychen]! **1547** *WS, mwnei*, money. **1632** *D, mwnai*, moneta, numus. *id*. d.g. *pecunia*. **1766** I. Brydydd Hir: *Gw* 203, Nid oes yma ddim *mwnai* i'w gael. **1803** *P*.

(*b*) (gyda'r ll. *mwneion*; mae dyl. *mŵn*[2] ar yr ystyr hon) Mwyn, mŵn: *mineral*.

Diw. **16g**. *WLB* 92, dwfr . . . a syrthio ar ddauar llei bo *mwnai* ynddi . . . ef a ddyleir i ochel.

Amr.: **monai**. **1567** *TN* 41b. *id*. 72a, po'dd y bwriei y bopul arian [:– bath, *monei*]. **mwynai** [dan ddyl. *mwyn*[2]]. **1638** *Pen* 151, 23b, *Mwynai* (*GTP* 24, Mwnai) fal offrwm Mynyw. **1688** W. Foulkes: *EGE* 98.

mwnaidd [*mŵn*[2] + -*aidd*] *a*. Mwynol; tebyg i fwyn; ffosilaidd: *mineral* (*adj*.); *like a mineral*; *fossil*.

1722 *Llst* 189, *mwnaidd*, mineral. **1803** *P*.

mwnarc, gw. monarc.

mwnbwll, gw. mwynbwll.

mwnc [bnth. S. *monk*] *eg*. Mynach, hefyd yn *dros*.: *monk, also transf*.

15–16g. *TA* 423, Ar i dorr, fo roed arian, / Pais *mwnc* yn gwmpasau mân [i'r march glas]. **16g**. Huw Arwystl: *Gw* 232, *mwnk* a lyn mewn kevlan mor [i ofyn angor]. *id*. 246, *mwngk* brauch fras mewn hug brychfrith [i'r gwalch]. *id*. 275, *mwnck* heiddwallt mewn hvg gwyddel [i'r tarw]. *id*. 277, dvll *mwnk* yn diwyllio maes / dyrnav r henllew draw n Rownllaes [i'r tarw]. **1583** *LlGC* 716, 12a, Awstin y *mwnck* hwn. **16–17g**. (**17g**.) *CC* 113, dŵg siwrnai o fenai *fwncg* / dua Lisbwrn dilysbwncg [Tomas Prys i'r llamhidydd]. *Dchr*. **17g**. *Mos* 147, 505, kyn seiriol i konsuriwyd / Ryw *fwngk* a [ll]iw yr afangk llwyd [i ofyn siacanâp].

Amr.: **monc** (ll. -*s*). **1763** *DT* 196, roedd pob Eglwysi'n llawnion / o Ffreiers a *Mongcs* duon.

mwnci[1], **mynci**[1], **monci** [bnth. S. *monkey*] *eg*. ll. *mwnciod, mwncwn, myncwn, mwncis*, ll. dwbl *mwncwns, myncwns*.

(*a*) *Swol*. Mamolyn o ddosbarth y *Primates*, yn enw. un o'r rhai bach cynffonnog, hefyd yn *ffig*., yn *dros*., ac yn ddifr.: *monkey, also fig., transf., and derog*.

16g. Huw Arwystl: *Gw* 380, *Mynki* ofnddvll mewn kefnddwr / mae n was gwael am einioes gwr [i'r bad]. *Diw*. **16g**. M. Kyffin: *DFf* 277, afank hy rhyw *fyngki* hen / bradwr iddew kern bryden. **1604–7** *TW* (*Pen* 228), *monci* d.g. *cæbus, cercopithecus*. *c*. **1762–79** W. Williams: *P* 90, Racoons ydynt ryw fath o *Fwnciod*. **1776** *W*, mâth ar âb neu eppa losgyrnog . . . vulgò *mwngci* d.g. *monkey*. **1793** J. Thomas: *U* 3, Mae agos gan bob *mwngci* o Ddyn ryw amcan / Iw effol 'i hûn o uffern. Ar lafar, '*mwnci, mynci* . . . pl. *mwncis, mwncwns, myncwn, myncwns*', *WVBD* 382; hefyd yn ddifr. 'rhyw *fwnci* o ddyn', 'a sulky fellow'; '*mwnci* gwirion', *ib*.

(*b*) Cafn cymrwd, caseg forter: (*bricklayer's or stonemason's*) *hod*.

20g. Clywid y gair *mwnci* ym Morg. gynt yn yr

ystyr 'math o stôl dair coes uchel i ddal sosban, &c., uwchben y tân', ac fe'i clywir yn Llŷn am 'offeryn a ddefnyddid gan bysgotwyr wrth wneud rhaffau er mwyn rhoi tro neu dwist ynddynt', *BILlE* 28.

Cfn.: **mwnci (mynci) ar ben pric:** *monkey on (up) a stick (a kind of toy).* Ar lafar, *WVBD* 382.

Gw. hefyd mwci—m. mallt, myncast.

mwnci², mynci² [?*mwng* neu *mŵn*¹ + elf. anh.; ?cf. H. Wydd. *muince* 'coler (fetel), gyddfdorch addurnol'] *eg.* (bach. *mwncyn, myncyn*) ll. *myncïau, myncïod.* Rhan o harnais ceffyl gwedd, sef dau ddarn bwa-og (gan amlaf o fetel ond hefyd gynt o bren wedi ei wisgo â metel) sy'n ffitio rhig-ol bwrpasol oddi amgylch ymyl allanol y goler; cysylltir y ddeuddarn â'i gilydd yn y gwaelod â bach a chadwyn fel rheol, ac yn y brig â charrai ledr; ar y naill a'r llall o'r darnau y mae bach i dderbyn y tresi tynnu; coler ceffyl neu anifail gwedd arall; gyddfdorch addurnol, torch; hefyd yn *dros.* ac yn *ffig.*: *hames; collar (of horse or other draught animal); ornamental collar, torque; also transf. and fig.*

10g. (*Juv*) *VVB* 186, *minci*, gl. *monile.* **15g.** *GTP* 47, A'r panel llwm, trwm, tramawr, / A'r tresi a'r *mynci* mawr. **15g.** *GGl*² 214, *Mynci* anadl min cynydd / Mal tarth pan fai'n ymlid hydd [i ofyn corn canu]. **15–16g.** *TA* 447, Mab a wisg ym mhob ysgwydd / *Mynciau* cyrn mewn cig gŵydd [i ofyn gwalch]. **15–16g.** *GLM* 81, Aeth coler, dros haner Sieb, / o wrych henaur i'ch wyneb: / mae'n cyrredd *mynci* euraid [i Owain Tudur Fychan]. *id.* 310, Mae eich gwar—mwyhewch gariad—/ mewn aur tawdd, mynwair y tad: / mwnwgl a'i gwisg, myn gael gair, / *mynci* Eudaf, mewn cadair [i Syr Rhisiart Herbart]. **16g.** (*LlEG*) *Mos* 158, 598b, dadklymur kesig yn hrydd oi tressi Ac ai *mynkiav* ami gyddue. **1547** *WS*, *mynki*, hames. **1632** *D*, *mynci*, helcium, tomex. **1660** *Cylchg LlGC* viii. 27, Duw Tad . . . / ardeiniodd, i'ch cosbi, / fod Mwngc i osod *myngci* / a chyrt am eich gyddfau chwi (Wiliam Phylip). **1688** *TJ*, *mynci*: a Horse-Collar made of Wood. **1753** *TR*, *mwngci*, and *Mwngcin*, a collar to set about a horse's neck. *id. mynci*, and *Myncyn*, a horse-collar whereby he draws in a sledge or cart. **1803** *P.* Ar lafar yn gyff.

Cfn.: **mwnci gwellt:** (i) *horse collar made of straw.* Ar lafar gynt ym Morg., *LlGC* 1171, 57. (ii) *ring of plaited straw used under a pan, esp. while cooling milk during cheese-making.* Ar lafar gynt yn sir Benf.

mwncïaidd [*mwnci*¹ + *-aidd*] *a.* Yn perthyn i fwnci, tebyg i fwnci, epaaidd: *simian, monkeyish, apish.*
1837.

mwnci-cat, mynci-cat [*mwnci*¹ + *cat*] *eg.* Mwnci, hefyd yn ddifr. am berson: *monkey, also derog. of person.*

c. **1730** *Thos. Lloyd D* (LlGC) 177b, fel pen *Mwnci cat* mewn cwter. **1746** *W Ballads* 123, [6], [F]el *mwngci catt* y nghwaelod [*sic*] ffos. *c.* **1757** *Bangor* 1733, 30, gwilia wuneb *mynci c[a]t* / rhoddi rhun ffatt ond tynu. Ar lafar yng Nghered. a Meir.

mwncieiddiaf: mwncieiddio [bf. o'r a. *mwncïaidd*] *bg.a.* Peri (i rywun, &c.) ymddangos yn debyg i fwnci neu'n chwerthinllyd: *to make (someone, &c.) appear like a monkey or seem ridiculous.*
1845.

mwnci-siaced, mwnci-jeced, mynci-jaced [bnth. S. *monkey-jacket*] *eb.* Siaced fer dynn: *monkey-jacket.*
1910.

mwnclis, mwncyn, gw. mwclis, mwnci².

mwnd, mwnt¹ [bnth. Ffr. Lloegr *mount* 'mynydd' (o bosibl drwy'r S. C.); elf. mewn e. lleoedd ydyw yn rhai o'r enghrau. isod] *eg.* Mynydd, bryn, bryncyn, tomen: *mountain, hill, hillock, mound, motte.*

14g. *GIG* 112, Yno bydd . . . / Lefain ym *Mwnd* Olifed. **15g.** (**17–18g.**) *Llst* 133, 377b, A chreu tan o'i chariad hi / A wna'r *mwnd* yn Normandi (Dafydd Gorlech). **15g.** *DN* 41, Marw y maen' hyd y Môr *Mwnt* / Ddav nowmil am ddwyn Iemwnt. **15g.** *HCLl* 129, Gwyliwch na ddêl ar elor / At Edmwnd o'r *mwnd* i'r môr. **15–16g.** Llawdden, &c.: *Gw* 173, Am i ffriw siwrl mae ffris hyll, / Arth y *mwnt*, ar waith mentyll [i ofyn tarw]. **15–16g.** *TA* 9, Tëyrn wyt . . . / Hyd ym *Mwnt* Sain Michel. *id.* 90, Mewn tes, oen *Mwnt* y Sina [i esgob Llanelwy]. **16g.** Lewys Morgannwg: *Gw* 190, Y tarw or *mwnt* eryr Mon [i Harri VIII]. **16g.** Rhisiart Fynglwyd, &c.: *Gw* 140, *Mwnt* a gwal, maint y'u gweler, / Mynwes hwn ym min y sêr. *ib.* Rhismwnt yw'r *mwnt* ar war môr. **16g.** Huw Arwystl: *Gw* 392, Santes Katrin *mwnd* seina. **1803** *P* d.g. *mwnt.* Digwydd mewn e. lleoedd, *Eglwys y Mwnt, Traeth y Mwnt,* ym mhl. y Ferwig, Cered.

Amr.: **mownt**¹**, mawnt** [dichon mai e. lle gwahanol ei drdd. a geir yn yr engh. gyntaf]. **16g.** Wiliam Cynwal: *Gw* (G. P. Jones) 87, *Mawnt* i roi, megis maint Rôn, / Mawr goel a muriau gwelwon [i dŷ newydd Catrin Wyn]. **16–17g.** E. P. Roberts: *TUB* 22, Mwy na'r rhain oedd intrain iach / *Mownt* Siôn mewn tes sy hayach [Siôn Phylip i Wedir]. *c.* **1700** E. Lhuyd: *Par* i. 43, ii. 57.

mwnda, gw. mynta.

mwndiaf: mwndio [?bnth. S. (*to*) *mount*] *bg.* ?Codi, esgyn, dringo, hefyd yn *ffig.*: *to rise, climb, also fig.*

16g. Gr. Hiraethog: *Gw* (D. J. B.) 154. 3–4, *Mwndia* di hwnt i'r mawndir; / Gad y Mars i gyd i mi. **16g.** Dafydd ap Llywelyn, &c.: *Gw* 193, Dechrau *mwndio* a rhifo'r rhain / A rhegi tri ar hugain [i'r cardiau]. *a.* **1587** *Y* 180, Na chais ochel, fo'th welwyd, / Mendia'r iaith os *mwndio*'r wyd.

mwndill [cf. S. *mundle* 'stick used for stirring'; â'r *-ll*, cf. *macrell, rhidyll*] *eg.* ll. *-iau.* Mopren, uwtffon, ysbodol, lletwad: *potstick, porridge-stick, spatula, ladle.*

c. **1400** *R* 1359. 37–8, llawdyr mwndac lledyr *mwn/dill* cor iar. **1707** *AB* 219a, *mwndill* Vid. modbren. **1753** *TR*, *mwndill*, a ladle, a stirrer, &c. The same as Modbren. **1803** *P*, *mwndill*, a spattle, a stirrer; a ladle.

Gw. hefyd myndl.

mwndir, mwndl, gw. mwyndir², myndl.

mwndlws [*mŵn*¹ + *tlws*] *eg.* ll. *myndlysau.* Addurn a wisgir am y gwddf, gyddfdorch, gyddfdlws, neclis: *torque, necklace.*

1803 *P*, *mwndlws*, pl. *myndlysau*, a neck ornament; a necklace.

mwndoddaf: mwndoddi, gw. mwyndoddaf: mwyndoddi.

mwndoddwr, mwndoddydd, gw. mwyndoddwr.

mwndoddyddiaeth, gw. mwyndoddyddiaeth.

mwndwl, mwndwll, mwnddwfr, gw. myndl, mwyndwll, mwynddwfr.

mwnedef [*mŵn*² + *edef*] *eb.* (bach. *-yn*). Gwifren, weiar: *wire.*
1848.

mwneiol [*mwnai* + *-ol*] *a.* Mwynol: *mineral (adj.).*
1851.

mwnfa, mwnfaol, mwnglawdd, gw. mwynfa, mwynfaol, mwynglawdd.

mwngler, mongler [amr. ar *bwngler, bongler,* gyda *b-* ac *m-* yn ymgyfnewid] *eg.* Gweithiwr aflêr neu anghelfydd, un trwsgl, bwnglerwr, dallgeibiwr: *bungler.*

16g. *GIlV* 19, Nag aed *mwngler* i glera / A gwanddysc [*sic*] o gofyn dda. **1704** T. Jones: *Alm* [52], Sion goger *mongler* mîn-glôff.

Gw. hefyd bwngler.

mwngli(n)s, gw. mwclis.

mwngloddfa, mwngloddiaeth, mwngloddiaf: mwngloddio, mwngloddiol, mwngloddiwr, gw. mwyngloddfa, mwyngloddiaeth, mwyngloddiaf: mwyngloddio, mwyngloddiol, mwyngloddiwr.

mwngrel, myngrel [bnth. S. *mongrel*; cf. *TW* (*Pen* 228), haner Ci, haner costoc, *mwngrel* y geilw'r Sais d.g. *bigeneris*] *eg.* ll. *-iaid, -s.* Ci cymysgryw, hefyd weithiau am anifail arall, ac yn ddifr. am berson neu beth: *mongrel (esp. a dog), sometimes derog. of a person or thing.*

c. **1730** *Thos. Lloyd D* (LlGC) 178b, *mwngrel*, a mongrell. **1736** (**1812**) *YRW* v, Nid yw'r gwr na Sais na Chymro, / Ond rhyw *fwngrel* a ddaeth i'r fangre. **1853** W. Rees: *AFR* 81, 'Mae'r bechgyn gwybodus yma bob amser yn rhai . . . anodd eu trin,' ebe rhyw *fwngrel* anolygus. Ar lafar, '*mwngral* . . . applied esp. to one who cannot speak either Welsh or English correctly; also confused with "bwnglar"', *WVBD* 381.

mwngrelaidd [*mwngrel* + *-aidd*] *a.* Cymysgryw, lledryw, yn aml yn ddifr.: *of mixed breed, mongrel, hybrid, often derog.*
1929.

mwni, ff. daf., gw. mynydd.

mwniaf: mwnio [bf. o'r e. *mŵn*²] *ba.* Mwyno (defaid): *to mark (sheep) with raddle.*

1604–7 *TW* (*Pen* 228), mwyn y *vwnio* deueit d.g. *rubrica.*

Gw. hefyd mwynaf: mwyno.

mwnofydd [*mwn*² + *ofydd*] *eg.* Mwynyddwr: *mineralogist.*
1858.

mwnofyddiaeth [*mwnofydd* + *-iaeth*] *eb.* Mwynyddiaeth: *mineralogy.*
1858.

mwnofyddol [*mwnofydd* + *-ol*] *a.* Yn perthyn i fwynyddiaeth, mwynyddol: *mineralogical.*
1858.

mwnog, mwnol, gw. mwynog², mwynol².

mwnsiaf: mwnsian, mwnsiach [bnth. S. (*to*) *munch*] *ba.* Bwyta neu gnoi (bwyd) yn swnllyd: *to munch.*

Ar lafar, '*mwnsian* sleisen o dost', ''Odd a'n *mwnsiach* afal man 'yn'.

mwnt¹**,** gw. mwnd.

mwnt², munt [?cf. S. (*a*)*mount*] *eg.* ?Can mil: *one hundred thousand.*

15g. *Pen* 50, 149, Degmil yn y vyrdd. Dec [mu]rdd yn y [*mu*]*nt* (*Llst* 187, 162, *mwnt*). Dec *munt* (*ib. mwnt*) yn y riallv (gthg. *Mos* 129, 323, myrdd ddengwaith a wna rhiallv). **1803** *P*, *mwnt* . . . one hundred thousand.

mwntaf: mwnto [bnth. S. (*to*) (*a*)*mount*] *ba.* Bod yn werth (swm neilltuol, &c.): *to amount to or be worth (a certain sum, &c.).*

c. **1588** *Rhyddiaith Gymraeg* ii. 83, 'Py beth oedd y gelein ayrdorchog hwn? A ffyr beth a *vwntey* e?' Ag y dwedey ynte y taley pob mwdrwy ayr ag oedd yn y gymaley ef ranswm brenin.

Gw. hefyd mowntiaf¹: mowntio.

mwntan [bnth. S. *mountain*] *eg.* Tir garw grugog (heb fod o angenrheidrwydd yn ucheldir): *heath (not necessarily of high elevation).*

Ar lafar yn sir Benf., *SC* vi. 122.

mwnur [*mŵn*² + *-ur*] *e?g.* Mwyn (sylwedd): *a mineral.*
1864.

mwnurol [*mwnur* + *-ol*] *a.* Mwynol: *mineral (adj.).*
1871.

mwnwaith [*mŵn*² + *gwaith*¹] *eg.* ll. *mwnweithydd, mwnweithiau.* Mwynglawdd: *mine.*
1833.

mwnwgl, mwnwg, mynwgl [Gwydd. C. *muinél* 'gwddf': < Clt. **moniklo-*; o'r un gwr. IE. **mon-* 'gwddf, gwar' ag a welir yn *mŵn*¹] *eg.* ll. *mynyglau (mwnwglau).*

(*a*) Gwddf, hefyd yn *dros.*; rhan fewnol y gwddf, corn gwddf, llwnc: *neck, also transf.; throat.*

13g. *HGK* 17, Gruffud . . . [g]wr kymedraul y veint . . . a baryf wedus, a *mwnugyl* crwnn. **13g.** *B* x. 24, erodes y gyssygredic wyry e dwylav yg kylch e *uwnvgyl.* **14g.** *WML* 35, [t]ri golwyth or *mynwgyl.* kymhibeu. Callon. *id.* 84, gwascer gwyalen ar eu *mynygleu* . . . hyt pan uwynt ueirw [gwyddau]. *c.* **1525** *TA* 727, Fal gwin oll neu fêl y gwnâi / Lais *mwnwgl* Eos Menai [marwnad Tudur Aled gan Ruffudd ap Ieuan ap Llywelyn Fychan]. **16g.** *Llst* 6, 144, allariaidd gorff gweddaidd gwy[n] / amlwc a *mwnwc* mainwyn. **16g.** (*LlEG*) *Mos* 158, 35b, [g]wyneuthud I Rai neidio dros y bonntt I dori I *mynglef* [*sic*]. **1547** *WS* [xv], i bot hwy [Saeson] yn traythy yr gh / eiddunt yn yscafndec o ddieythyr y *mwnwgyl* a ninneu yn pronwnsio yr ch / einom o eigawn yn gyddwfeu. *id. mwnwgyl*, throte. **16g.** *THSC* (1923–4) (At.) 26, mewn dwr hyd y *mynygle*. **1567** *LlGG* (*Sall*) 7a, Bedd agored yw ei *mwnwg* (*TN* 225b, *mwngl* [*sic*] [:– gwddwc]). **1615** R. Smyth: *GB* 73, [t]eccau i byssydd a modrwyiau, i *mwnwglau*, a thlysau. **1632** *D*, *mwnwgl*, collum, guttur. **18g.** E. Richard: *E* 16, Fel Castell gwyn amlwg . . . / Neu gadwyn i *fwnwg* afonydd [i bont Rhydfendigaid]. **1803** *P* d.g. *mwnwg*, *mwnwgyl*. *Pont Mwnwgl-y-llyn* yw enw'r bont ym mhen dwyreiniol Llyn Tegid, cf. W. Camden: *B* 662.

(*b*) Cefn y troed: *instep*.
Dchr. **17g.** *J* 10, 35b, *mwnwgl* . . . curvatura pedis. **1722** *Llst* 189, *mwnwgl* . . . instep of a foot.

(*c*) (yn y ll.; geir.) Coler, gyddfdlws, neclis: (*in pl.*; *dict.*) *collar*, *necklace*.
1707 *AB* 147c.
Cfn.: **mwnwg(l) (mynwgl) (y) troed** [cf. Ffr. *cou-de-pied*]: *instep*. **1346** *LlA* 95, o *vynwgyl ytraet* hyt ymlaen yvyssed. **1547** *WS*, *mwnwgyl troet*, the instep. *Diw.* **16g.** *WLB* 7, [*m*]*wnwg troed*. *id.* 45, [*m*]*ynygle traed*. **1803** *P* d.g. *mwnwgyl*. Ar lafar yn y Gogledd, *TGG* (1904) 46.

mwnwgldlws, gw. mynygldlws.

mwnwglwair [*mwnwgl* + *gwair*²] *e?b.* Gyddfdorch, coler: *torque*, *collar*.
1547 *WS*, *mwnwgylwair* ne vynwair, coller.
Cf. mynwair.

mwnwr, gw. mwynwr².

mwnws, mynws, *e.tf.*

(*a*) Cyfoeth, golud, arian, budrelw: *wealth*, *riches*, *money*, *filthy lucre*.
c. **1300** *H* 5a. 1, kyuarws *mynws* men y kaffwyf (Gwalchmai). **15g.** *BB* 207, achynnal ryvic yndunt o hyder ev *mynws* val y gwna pob milein. **1567** *TN* 315b, chwant-*mwnws* [:– bath, mwnei]. **16g.** Wiliam Cynwal: *Gw* (R. L. Jones) 166, Ein golud, yn ddigelwydd, / A *mwnws* fel manus fydd. *Dchr.* **17g.** *J* 10, 35b, *mwnws*, money. **1696** *CDD* 187, Pa chwant brwnt sŷ'n gyrru dynion, / I bentyrru *Mwnws* [:– golud] budron. [**1740**] L. Anwyl: *CA* 114, Oh! ynfydrwydd ffiaidd i ddynion oddef syched, newyn a noethni, yn hyttrach na'g ymadael â'u *mwnws* niweidiol a hudol. **1752** *ML* i. 205, gwarrio llawer o *fwnws*. **1753** *TR*, *mwnws*, pelf, riches. **1803** *P*.

(*b*) Llwch, llythrod, dernynnau, teilchion, gweddillion diwerth, gwaddod, sorod, mân us, casnach, ysbwrial, malurion, rwbel, hefyd yn *ffig.*: *dust*, *particles*, *smithereens*, *worthless remains*, *trash*, *dregs*, *dross*, *refuse*, *chaff*, *fluff*, *rubbish*, *detritus*, *debris*, *rubble*, *also fig.*
1346 *LlA* 166, ydygant . . . vs a *mynws* a gwrysc sych a[c] yr enynnant ycoet gylch ogylch. **14g.** *Pen* 5, 9b, kymryt cledeu achladu *ymynws*. aguedy cladu vgein troetued y cauas teir croc. *c.* **1400** *R* 1337. 24, llws [drll.] *mynws* menestyr anheilic. **16g.** *Hop M* 197, nyd yw ny bronn, aür melynon / ond *mwnws* bach, ne beth salwach. **1597** *Rhyddiaith Gymraeg* ii. 159, lludw a llwch, a phylor a mwg, a *mwnws* a lluthrod. **1604–7** *TW* (*Pen* 228) d.g. *quisquiliæ*, *retrimentum*, *rudus*. **1617** *Minsheu* 479b d.g. *the sweepings of a house or chamber or of anie other place*. **1722** *Llst* 189, *mwnws*, straw bruised small in thrashing. *id.* yn *Fwnws*, all to pieces. **1725** *SR* d.g. *baggage*, *trumpery*, *or Lumber*. **1759** *ML* ii. 144, Gellir cyffelybu'r casgliad i farclodiaid o *fwnws* a gasglai ryw ddyn mewn murddyn . . . ac yn y *mwnws* ambell ddarn o lwy wedi toddi. [**1761**] W. Davies: *RMB* 77, maer chwyn ai Hadau yn trigo yn y Dom a'r hên *mwnws* [*sic*] fydd oddi amgylch. **1794** *W* d.g. *trash*. **18–19g.** *Llr* C 55, 403, *mwnws*, dust, rubbish. Glam. **1803** *P*, *mwnws*, small particles; dross, refuse, dust. Ar lafar, *WVBD* 381, *B* xiv. 280. Cf. D. J. Williams: *STC* 26, llygod bach ym *mwnws* y bondo.
Cfn.: **mwnws (mynws) (y) byd, m. bydol:** *worldly wealth*, *temporal riches*. *c.* **1400** *R* 1386. 2, a vo *mynws byd* yny bydyaw. **1551** W. Salesbury: *KLl* lviiib, Mammon [:– golud *mwnws y byd*]. **1580** *GGN* 33, gwell genych *vwnws Bydol* na thyrnas nef. **1603** E. Kyffin: *Ps* [v], am ddarfodedig *fwnws y byd* hwnn. ?**1767** *ML* (Add) 691. **m. daear(ol) = m. byd.** **16–17g.** *CRC* 5, Duw ni lwydda ferch a gar / *fwnws dayar* o flaen dyn. **1658** R. Vaughan: *PS* 448, [e]i feichiau o *fwnws dauarol*. **m. eithin:** *sticks of dry gorse used to kindle fire*. Ar lafar ym Môn, *ISF*² 91. **m. mawn:** *peat dust*. **16–17g.** *RWM* i. 723, llythrod mawn .i. *mwnws mawn*.

mwnydd, mwnyddiaeth, mwnyddol, gw. mwynydd, mwynyddiaeth, mwynyddol.

mwnyddaf: mwnydda [bf. o'r e. *mwnydd*] *bg.* Mwyngloddio: *to mine*.
1891.

mwnyddwr, gw. mwynyddwr.

mwnygldlws, mwnygldorch, gw. mynygldlws, mynygldorch.

Mŵr, Môr [bnth. S. *Moor*] *eg.* ll. *Mwr(i)aid*, *Moriaid*, *Mŵrs*. Aelod o bobl Fwslimaidd o dras gymysg Arab a Berber sy'n byw yng ngogledd-orllewin Affrica; Mwslim, yn enw. un tywyll ei groen; dyn du, negro: *Moor*; *a Muslim*, *esp. one with dark skin*; *black man*, *negro*.
1604–7 *TW* (*Pen* 228), gwyrgam tuag y vynu, mal trwynæ r *Morieit* d.g. *resimus*. **1606** E. James: *Hom* iii. 302, gan agored lle trwy hyn i'r *Mwraid* a'r anghredadwy i ddyfod i feddiannu . . . gwledudd Christionogaidd. **1672** R. Prichard: *Gw* 239, Ar felldith hon, s'eb fyned etto, / O grwyn y *Mŵrs* y ddaeth o hano. *id.* 467, Yr Haul a lusc y *mŵr* [:– Dyn dû] o'r India. *c.* **1762–79** W. Williams: *P* 125, y *Mwriaid* mahometanaidd.
Amr.: **Moerys** (ff. l.). **1672** R. Prichard: *Gw* 63, Cyn ddued a'r *Moyrys* [:– Blackmoors. Dynion duon]. *id.* 106.

mwrai, gw. mwrrai.

Mwraidd [*Mŵr* + *-aidd*] *a.* Yn perthyn i'r Mwriaid neu'n nodweddiadol ohonynt: *Moorish*.
1834.

mwran, gw. moron¹.

mwrdra, mwrdd-dra, mwrddra [cfdds. o'r S. *mur*(*der*), *murth*(*er*) + *-dra*; tebyg mai symleiddiad o *mwrdd-dra* yw *mwrddra*] *eg.* Llofruddiaeth, lladdiad: *murder*, *a killing*.
c. **1689 (1802)** L. William: *Sherlyn Benchwiban* 16, *Mwrdd-dra* mawr a thyngu anudon. **1728** J. Thomas: *GDN* 9, [y] Chweched Gorchymmyn, sy'n gwahardd *Mwrdd-dra*. **1733** T. Evans: *PP* 199, meddwl dyn yn rhedeg ar Ledrad, neu *Fwrdra*. **1740** T. Evans: *DPO* 33, rhac y gelwid ei nai i gyfrif am y *Mwrdd-dra*, a dioddef Cosp Cyfraith. *id.* 104–5, Emrys Ben-aur . . . a laddwyd yn y *Mwrdra* creulon. **1747** T. Evans: *DDM* 3, Fod cassau ein Brawd yngolwg Duw cynddrwg a *mwrddra*. **1775** E. Griffiths: *GF* 201, Pa *fwrdd-dra* echryslon a fu'r bobl yn euog o hono? **1789** M. J. Rhys: *D* 13, y mae pob un o'r personau hynny yn euog o'r *mwrddra*. **1799** A. ab D. Sion: *CR* 18, profi . . . nad yw lladd yn *fwrdd-dra*.

mwrdrad, mwrdriad, mwrddr(i)ad, &c. [bôn y f. ddil. + *-iad*¹, *-ad*] *eg.b.* ll. *-au*. Llofruddiaeth, lladdiad, hefyd yn *ffig.*: *murder*, *a killing*, *also fig.*
16g. Gr. Hiraethog: *Gw* (D. J. B.) 71. 29–30, Nid â'r un heb ddien drwg / Wedi'r *mwrddrad* a'r mawrddrwg [marwnad y Barwn Lewys ab Owain]. **1672** R. Prichard: *Gw* 17, Ar mawrddrwg ar *mwrddrad* [:– llofryddiaeth], ar ffalstedd ar lledrad. *id.* 259, Duw ddatguddia *fwrddrad* [:– Lladdiad] Abel. **1696** *GGTY* 45, gallasent dybied y byddent hwy . . . mewn perigl oi bywyd, je gan ei alw ef yn *fwrdd-drad* [*sic*]. **1721** *W Ballads* 44, 6, Dilyn irad *fwrdd*[*r*]*iad* fowrddig. *c.* **1730** *Thos. Lloyd D* (LlGC) 178b, *mwrdriad* CW 223. *c.* **1762–79** W. Williams: *P* 120, nid wyf yn deall pa'm nad yw *mwrddrad* yn dda, pan mae'r enaid . . . mewn anifail baich. **1790** Twm o'r Nant: *GG* 50, Gwaedd fawrdrist ga'dd *fwrdriad*. Cf. D. Owen: *GT* 206, Beth ydyw eich syniad chi, Doctor, am *fwrdrad* Dafydd Ifans?

mwrdraf, mwrdriaf, mwrddr(i)af: mwrdr(i)o, mwrddr(i)o [bnth. S. (*to*) *murder*, *murther*] *ba.*, weithiau gyda grym enwol i'r be. Llofruddio, lladd, bradlofruddio, hefyd yn *ffig.*: *to murder*, *kill*, *assassinate*, *also fig.*
16g. Gr. Hiraethog: *Gw* (D. J. B.) 71. 22, *Mwrddrio* gŵr mor dda ag oedd [marwnad y Barwn Lewys ab Owain]. **16g.** *Rhyddiaith Gymraeg* ii. 135, nid oes mwy trai yn y gamwedd yma nag ar y sydd mewn lladrad, godineb, a *mwrddrio*. **16g.** *Hop M* 172, cleddyvau plain syn *mwrddro*. **1606** E. James: *Hom* iii. 249, i ladd ac i *fwrdrio* eu cymmydogion. **1615** R. Smyth: *GB* 27, Alecsander Fawr . . . a *fwrddriodd* i physygwr. **1667** C. Edwards: *FfDd* 20, Dyna'r peth y wnaeth i Herod garcharu a *mwrdro* Ioan Fedyddiwr. **1672** R. Prichard: *Gw* 51, *Mwrddro* [:– Lladd] 'r meddyg. [**1724**] G. Wynn: *YGD* 16, prin y ceid gwybod fod Emerodr wedi ei ddewis yno, cyn y byddai wedi ei *fwrdro*. *c.* **1730** *Thos. Lloyd D* (LlGC) 178b, *mwrddro*, to murther, slay. **1747** T. Evans: *DDM* 2, yn annog Cain i *fwrddro* ei frawd gwirion Abel. **1774** H. Jones: *CH* 48, Pa sawl pen-teulu sydd yn *mwrddro* eneidieu 'i [*sic*] plant a'u gweinidogion: ie eu hunain hefyd. **1795** *R. Crusoe* 113, mi a *fwrddrais* fy nhâd tirion. Ar lafar yn y ff. *mwrdro*, *WVBD* 382.
Amr.: **murndrio** [?dan ddyl. y f. *murniaf*: *murnio*]. **1670** J. Hughes: *AP* 129, 131. *c.* **1730** *Thos. Lloyd D* (LlGC) 178a.

mwrdredig, mwrddredig [bôn y f. fl. + *-edig*] *a.bfl.* Llofruddiedig, hefyd yn *ffig.*: *murdered*, *also fig.*
1822.

mwrdriad, mwrdriaf: mwrdrio, mwrdriwr, gw. mwrdrad, mwrdraf: mwrdro, mwrdrwr.

mwrdrwr, mwrdriwr, mwrddr(i)wr, &c. [bôn y f. fl. (ac o bosibl gfdds. o'r S. *murder*(*er*), *murther*(*er*)) + *-*(*i*)*wr*] *eg.* ll. *mwrd*(*d*)*rwyr*, *mwrdr*(*i*)*wrs*. Llofrudd, lleiddiad: *murderer*, *killer*.
16g. (*LlEG*) *Mos* 158, 40a, [p]ob trauttur a *mwrddrer*. **1606** E. James: *Hom* iii. 294, Barabas *murdderwr* [*sic*] terfyscus. **1615** R. Smyth: *GB* 45, [g]yrru ofn ar lyaswyr a *murddwrwyr* [*sic*] gwaedlyd. *id.* 46, y brenin a wnaeth ymorol am y *mwrdriwr*. *id.* 173, y cyfryw wenwyn . . . nas gwaithia ond fel y bytho y *mwrddriwr* 'n mynny. **1672** R. Prichard: *Gw* 182, Gwaeth nâ lleidyr, gwaeth nâ *mwrddrwr* [:– Llofrudd], / Gwaeth nâ neb yw 'r godinebwr. *id.* 361, Fe ddaeth Angeu megis *mwrddrwr* [:– lleiddiad]. **17g.** Huw Morus: *EC* i. 211, Fel *mwrdrwr* pen-isel, heb gyfarch na ffarwel. **1688** *TJ*, llawrŷdd, llofrŷdd (*mwrdwrwr*:) a murderer, a man-slayer. **1703** E. Wynne: *BC* 58, Drwgwladwyr, a Gorthrymwyr, a rhai o'r *Mwrdrwyr*. **1716–18** *Llsgr R. Morris* 33, Hi goda yn i heiste dan ddoedud llwur gwae fi / os daeth y *mwrdriwrs* duon tu fewn i gulch ynhu [*sic*]. Ar lafar yn y ff. *mwrdrwr*, ll. *mwrdrwrs*, *WVBD* 382.
Gw. hefyd mwrddwr².

mwrdwr, mwrddwr¹, &c. [bnth. S. *murder*, *murther*] *eg.* Llofruddiaeth, lladdiad: *murder*, *killing*.
1547 *WS*, *mwrdyr*, murdre. **1567** *TN* 384a, Ac ny chymersont hevyd etifeyrwch, am y *mwrddwr* (**1588** *Dat* ix. 21, eu llofruddiaeth). **16–17g.** *GST* i. 170, Yn wir nid *mwrdwr* a wnaeth, / Na thro taer, na thraeturiaeth. **16–17g.** *HG* 122, pob nydonrwydd pob peth dig, pob melldigedig gynfedd / a phob *mwrdder* mawr di drain [*sic*], holl wraiddaür hain yw balchedd. **1699** J. Morgan: *EBG* 43, llâdd un arall trwy bwyll, a bwriad . . . a elwir yn arferol yn *Fwrdwr* gwirfodd. **1747** T. Evans: *DDM* 2, cynddrwg a *mwrddwr* gwaedlyd. Ar lafar yn y ff. *mwrdwr*, *WVBD* 382.

mwrdwrwr, gw. mwrdrwr.

mwrdder, mwrddiwnau, gw. mwrdwr, myrddiwn.

mwrddrad, mwrddraf: mwrddro, mwrddredig, mwrddrer, gw. mwrdrad, mwrdraf: mwrdro, mwrdredig, mwrdrwr.

mwrddriad, mwrddriaf: mwrddrio, mwrddriwr, gw. mwrdrad, mwrdraf: mwrdro, mwrdrwr.

mwrddrwg, gw. mawrddrwg.

mwrddrwr, mwrddwr¹, gw. mwrdrwr, mwrdwr.

mwrddwr² [?amr. ar *mwrddr*(*i*)*wr* drwy ddadf.] *eg.* ll. *-wyr*, *-s*. Llofrudd, lleiddiad, bradlofrudd: *murderer*, *killer*, *assassin*.
16–17g. *Cer RC* 119, Iddo fo [Parma], a'r eiddo, yn siwr, / Y dêl pob *mwrddwr* penna'. **1615** R. Smyth: *GB* 47, yn arwyddocau fod duw yn phiaddio *mwrddwyr* cymeint. **1718 (1721)** S. Thomas: *HB* 81, yn Odinebwyr ac yn *Furddwyr*. **1724** T. William: *OL* 69, Gwrtheyrn . . . a roddodd y

mwrddwr i farwolaeth. **1747** T. EVANS: *DDM* 3, nad oes i un lleiddiad dyn (neu *Fwrddwr*) fywyd tragywyddol yn aros ynddo. *a.* **1791** W. WILLIAMS: *GP* 900, Dyma'r *mwrddwr* sydd yn tynnu / Myrdd o gewri i'w ei garu. **1793** *Cylchg* 180, y maent yn dywedyd fod llywodraeth Lloegr yn ymddwyn yn deilwng o *fwrddwyr* tu ag attynt. Ar lafar yn y De, *GDD* 202.

Gw. hefyd murnddwr.

mwren [bnth. S. *murrain*] *eb.g.* Math o afiechyd heintus ar wartheg: *murrain.*

1875. Ar lafar yn sir Ddinb., *B* i. 40.

mwrins [bnth. S. *moorings*] *e.?ll.* Angorfa: *moorings.*

Ar lafar ym Môn, *LlLlM* 107.

mwrl, *eg.* a hefyd fel *a.* Niwl; niwlog, ?llaith; brau; maen brau: *fog; foggy, ?damp; crumbly; crumbling stone.*

1647 *NBSF* 471, a gwarchau glain ag arch glos / ir marl oer *mwrl* i aros (William Phylip). **1803** *P*, *mwrl*, s.m. a crumbling stone. *id. mwrl*, a. crumbling, friable. Tîr *mwrl*, a loose crumbling soil. Ar lafar yng nghanolbarth Cered., '*mwrl*: niwl. Sonnir am ddiwrnod tywyll, niwlog, fel dwarnod *mwrl*', *B* iv. 299.

mwrlaidd [*mwrl* + *-aidd*] *a.* Niwlog, tarthlyd, llaith: *foggy, hazy, damp.*

1791 J. ROBERTS: *C* 13, Teg arafaidd / a hin *fwrlaidd.* Ar lafar ym Meir., *B* iii. 197.

mwrllwch [?cf. *mwllwch*] *eg.* a hefyd fel *a.* Niwl a mwg yn gymysg, tarth, tawch, mygdarth, caddug, tywyllwch, hefyd yn *ffig.*; niwlog, mygdarthol: *smog, fog, mist, vapour, murkiness, gloom, also fig.*; *foggy, vaporous.*

1703 E. WYNNE: *BC* 13, [ll]awer o *fwrllwch* diffaith oedd yn codi o'r Ddinas. *id.* 56, lle *mwrllwch* oerddu gwenwynig, llawn niwl afiach [diwyg.] a chwmylau cuwchdrwm ofnadwy. **1716** E. SAMUEL: *GGG* 8, Lle mae Gwybodaeth eglur heb ei chaddûgo â *Mwrllwch* Pabyddiaeth. **18g.** *Beirdd y Berwyn* 61, Gresyndod oedd ganfod rhai hynod ar i hynt / Mewn *mwrllwch* dwyllwch [*sic*] a gwyllt anialwch gynt. **18g.** *Hop M* 318, Mewn tywyllwch *fwrllwch* fodd, / Diau yr ymadawodd. **1754** G. OWEN: *L* 92, mygfeydd gwenwynig y Ddinas fawr, *fwrllwch* yna. **1803** *P.*

Gw. hefyd morllwch.

mwrmwr, gw. murmur[1].

mwrn [?amr. ar *bwrn*, ac ystyr (*c*) dan ddyl. y f. ddil. o bosibl] *a.* ac efallai fel *eg.*

(*a*) Trymaidd, mwll, clòs: *oppressive* (*of weather*), *sultry, close.*

1716 T. EVANS: *DPO* 289, f'eneinid y Christion a mêl, ac a'i dodid a'r [*sic*] ben Canghen o bren ar ddiwrnod *mwrn*, fal y gallai'r Gwybaid a'r Cilion ei ladd ef. **1753** *TR*, *mwrn*, hot, sultry. A word used in S. W. and only of the weather. **1770** *TG* [iv], 75, [yr] hin teg, hyfryd, a'r tywydd *mwrn* oedd arferol yr un amser o'r flwyddyn. **1773** *W*, tywydd *mwrn* d.g. *faint* [*sultry*] *weather.* **1803** *P.*

(*b*) ?Trwm; baich: *heavy; burden.*

14–15g. *IGE*[2] 304, Rhybuddiaw draw ar y drum, / *Mwrn* noeth, y môr a wneuthum (Rhys Goch Eryri). **15g.** *id.* 259, Croyw emau, modrwyau *mwrn*, / Cadwynau, nwysau nawswrn (Siôn Cent). **16–17g.** *GST* i. 273, Pwrs cybydd dan drennydd draw / Clo *mwrn* â'i lymgwlm arnaw.

(*c*) Tywyll a henaidd (am ddillad, &c.): *dark and old-fashioned* (*of clothes, &c.*).

Ar lafar yn nwyrain Morg., "Odd yr 'en fynŵod yn gwishgo dillad *mwrn*—du, ran fynycha".

Gw. hefyd bwrn.

mwrnad, myrniad [bôn y f. ddil. + *-iad*[1]] *eg.* Y weithred o alaru: *a mourning.*

1575 (1587) W. MIDLETON: *B* 54, mae'r nâd oi hachos, *myrniad* 'hwechant [marwnad Iarlles Penfro].

mwrnaf[1], mwrniaf, myrnaf[1], myrniaf[1], mowrniaf: mwrn(i)o, myrn(i)o, mowrnio [bnth. S. (*to*) *mourn*] *bg.a* Galaru (ar ôl), bod yn drist, gwisgo dillad galar: *to mourn, be mournful, wear mourning.*

16g. DAFYDD BENWYN: *Gw* 191, *myrnwch* oll (mawr fv'r kolled), / mwyfwy gri, mwyaf o Gred. **1596** OWAIN GWYNEDD: *Gw* 209, *Myrnio* braw mawr iawn heb rôl / Mae Powys ymhob heol. **16–17g.** HUW CEIRIOG, &c.: *Gw* 134, Am dy absen, chwerwben chwimp, / *Mwrnia* draw, mae arnad remp [Thomas Evans i Ieuan Llafar]. **16–17g.** LLYWELYN SIÔN, &c.: *Gw* 473, llin mathav a Rhyn mewn gefyn a gad, / llin G[wily]m o went, *mwrnent* or marwnad. *id.* 479, llin fflemin fflemwych, llwyth morgan glan glych, / llawer wae mawrnych, llwyr y *mwrned.* **17g.** EDWARD DAFYDD, &c.: *Gw* 228, Ochais, *mwrnais*, mae arnaf / Hiraeth neu alaeth am naf. **1672** R. PRICHARD: *Gw* 83, A gwna ir yspryd brûdd dristhau, / Edifarhau a *mwrno* [:– galaru]. *id.* 376, Cymru, Cymru, *mwrna, mwrna*, / Gâd dy bechod, gwella, gwella. **1722** *Llst* 189, *mwrno*, to loure. **[1768] (1841)** TWM O'R NANT: *CTh* 50, A glywi di'r Tafarnwr, ni wiw iti *fowrnio.* *c.* **1770** *LlGC* 352, 53, mi fydd acw *fowrnio* garw. **1774** H. JONES: *CH* 5[7], A'r bydol ni arbedir, / O'r farn eiff, dan *fwrnio* 'n wir! Ar lafar, "Ôt ti'n gorffod *mwrno*, 'slawar dydd ar ôl dy dylwth i'r nawfad æch!"

mwrnaf[2], myrnaf[2], myrniaf[2]: mwrno, myrn(i)o [bf. o'r a. *mwrn*] *bg.* Mynd yn drymaidd; ?mygu: *to become sultry; ?stifle.*

1794 *W*, *myrno, mwrno* d.g. *sultry, to be . . . sultry.* **18–19g.** *Llr* C 30, 181, *mwrno*, to stifle. **1803** *P* d.g. *mwrnaw, myrniaw.* Ar lafar yn nwyrain Morg., 'Ma 'i'n *mwrno* gwres', sef 'yn dywyll a thrymaidd o flaen gwres mawr'.

Cfn.: **mwrno'r gloch** [dichon mai *mwrnaf*[1]: *mwrno* a welir yma]: *to muffle the bell* (*on the day of a funeral*). Ar lafar gynt ym Morg., *LlGC* 1171, 59.

mwrnaidd [*mwrn* + *-aidd*] *a.* Mwll: *sultry.*

1815. Ar lafar yn y De.

mwrnder, myrnder [*mwrn* + *-der*] *eg.* Myllni: *sultriness.*

1774 *W*, *myrnder* d.g. *heat, sultry heat.* *id.* *myrnder, mwrnder* d.g. *sultriness.* **1803** *P* d.g. *mwrnder, myrnder.*

mwrndra, myrndra [*mwrn* + *-dra*] *eg.* Myllni: *sultriness.*

1753 *TR*, *mwrndra*, sultry heat. **1774** *W*, *myrndra, mwrndra* d.g. *heat, sultry heat.* *id.* *myrndra* d.g. *sultriness.* **1803** *P* d.g. *mwrndra, myrndra.*

mwrnedd, myrnedd [*mwrn* + *-edd*[1]] *eg.* Myllni: *sultriness.*

1794 *W*, *myrnedd* d.g. *sultriness.* **1803** *P* d.g. *mwrnedd, myrnedd.*

mwrniaf: mwrnio, gw. mwrnaf[1]: mwrno.

mwrning, mwrnin, mowrnin(g) [bnth. S. *mourning*] *eg.* Galar; dillad (rhuban, &c.) i ddangos galar: *mourning; mourning-dress, mourning-band.*

c. **1770** *LlGC* 352, 60, mi wnaed acw *fowrning* Embyd. **1792** *AE* 24, ymwisgodd mewn galarwisg neu *fwrning.* Ar lafar; hefyd yn yr ymad. '*m*(*o*)*wrnin* du', *GDD* 202.

mwrnllyd [*mwrn* + *-llyd*] *a.* Mwll: *sultry.*

Ar lafar yn Arfon.

mwrrai [bnth. S. C. *murrei*] *a.* a hefyd fel *eg.* Cochddu, lliw aeron y morwydd, coch tywyll, porffor; brethyn o'r lliw hwn, galarwisg (gochddu): *murrey, mulberry-coloured, dark-red, purple; cloth of this colour,* (*dark-red*) *mourning-dress.*

c. **1400** *R* 1261. 7–8, mat oed meu wisgoed *mwrrei* wascawt. **15g.** *OBWV* 104, Mwyn y gosodes Iesu / Am eiry dâl y *mwrrai* du [i wyneb lleian]. **15g.** *DGG*[2] 43, A dwbwl gwell no deuban, / Mawr ei glod, o'r *mwrrai* glân [i'r ceiliog mwyalch]. **15g.** *ID* 22, mae ar hon liw *mwrai* hed / llwyn aur ai flaen j wared [i ferch]. **15–16g.** *TA* 387, Mil a'u geilw mal y gwylain, / *Mwrai* rhudd am warrau 'r rhain. *id.* 462, Y Maer Du, 'n gymrawd ewyn, / Mair a wnêl y *mwrai* 'n wyn. **15–16g.** *GLM* 78, yma'r âi glog *mwrai* glân / du trosti wedi Trystan. **15–16g.** *GIF* 39, I gyd y mae'r byd heb wart ym *mwrai* / marw Syr Water Herbart. **16–17g.** *GST* i. 218, *Mwrai* mil a mwyar mân, / Mesyryd mewn maes arian [i ofyn bwcled]. **16–17g.** EDWARD URIEN, &c.: *Gw* 196, Och efô addas fod achos iddi, / Wawr, am oer dristwch roi *mwrrai* drosti. **1604–7** *TW* (*Pen* 228), *mwrrei* d.g. *burrhum.* **18–19g.** *Iolo MSS* 34, Llywelyn ap Hywel fawr . . . efe a ddug arian, chwech pen saeth o'r *mwrai* au blaenau'n waedlyd.

mwrren, mwrs, gw. mwren, mora.

mwrthol, mwrthwl, &c., gw. morthwyl.

mwrthwliaf: mwrthwlio, mwrthwyliad, &c., gw. morthwyliaf: morthwylio, morthwyliad, &c.

mwrw [amr. ar *bwrw*] *eg.* Grŵp neu uned o dri wrth gyfrif llechi, penwaig, afalau, &c.: *group or unit of three used in counting slates, herrings, apples, &c.*

1866. Ar lafar yn y Gogledd, *WVBD* 382, *B* xxv. 53, *ISF* 56.

Gw. hefyd bwrw.

mwrwst, gw. ymwrwst.

mwrys-peic, gw. morys-peic.

mws[1] [Crn. C. *mosek* 'drewllyd', Llyd. C. *mous* 'tom' (cf. H. Lyd. *admosoi* 'a ddifwynai'), Gwydd. C. *mosar* 'baw, drewdod', *mosach* 'brwnt, drewllyd': o'r gwr. IE. **meu-* 'llaith'] *a.* a hefyd gyda grym enwol. Heb fod yn ffres neu newydd, hen, hendrwm, wedi llwydo, llaith, drycsawrus, drewllyd: *stale, rank, musty, mouldy, damp, stinking, fetid.*

14g. *GDG* 220, Ciliais yn swrth i'm gwrthol / I'r drws, a'r ci *mws* i'm ôl. *c.* **1400** *R* 1348. 10, Llyssenw einyawn moelrawn *mws.* **16g.** WILIAM CYNWAL: *Gw* (R. L. Jones) 668, Elainfwyn [*sic*] cigddwyn coegdder, / Ŵŷll hanc *mws*, yn llyncu mêr [dychan i'r llwynog]. **16–17g.** *HG* 188, Gwedi hynn fal rhyw beth *mws* / Is cil y drws yn llwydo. **1604–7** *TW* (*Pen* 228) d.g. *maleolens.* *Dchr.* **17g.** *J* 10, 35b, *mws*, muste. **1632** *D*, *mŵs*, fœtidus, putidus, vapidus, rancidus, spurcus, hircosus. **1677** C. EDWARDS: *FfDd* 113, [c]awsant ddwfr y bywyd yn loiwfach yn y ffynnonau nag yn llestri *mŵs* y Pab. **1722** *Llst* 189, *mŵs*, damp, mouldy, stinking. **1773** *W* d.g. *goatish, rancid, stale.* **18–19g.** IEUAN LLEYN: *C* 82, Abadty hardd . . . / Ar fin mor, ymogor *mws* [i Enlli]. **1803** *P*, *mŵs* . . . an effluvia. *id.* *mŵs*, of a strong scent, rank.

mws[2] [bnth. S. *moose*] *eg.* ac *e.ll.* Math o garw mawr, *Alces alces*, elc: *moose, elk.*

c. **1762–79** W. WILLIAMS: *P* 447, elks-deer . . . *mws*, pecaree.

mwsel [bnth. S. Diw. Cyn. *moozzell, moosel* 'muzzle'] *eg.* ll. *-i.* Dyfais a roddir am geg ci, arth, &c., i'w rwystro rhag brathu, neu am drwyn mochyn i'w atal rhag turio, genfa, hefyd yn *ffig.*; safn a thrwyn anifail: *muzzle* (*for a dog, &c.*), *also fig.*; *muzzle, jaws and nose of an animal.*

15–16g. *TA* 71, Dechreu erioed chware 'r arth,—/ Dêl cof, o daw ail cyfarth; / O chai roi baet, ewch â'r bêl, / At un maes, tynn y *mwsel!* **1547** *WS*, *mwsel*, mousell. **16g.** GR. HIRAETHOG: *Gw* (D. J. B.) 117. 21–2, Mynnu dwyn i'r man y dêl / Miswrn, fal arth â *mwsel* [i ddychanu'r cadach wyneb]. **1604–7** *TW* (*Pen* 228) d.g. *capistrum.* *Dchr.* **17g.** *J* 10, 35b, *mwsel*, mousell, gwenfa, genva. **1688** *TJ*, bola croen, (*mwsel*). A muzzle. *c.* **1730** *Thos. Lloyd D* (LlGC) 178b. Ar lafar.

mwselaf: mwselu, gw. mwsliaf: mwslio.

mwsg [bnth. S. *musk*] *eg.* a hefyd fel *a.* Sylwedd persawrus a geir yn chwarennau'r carw mwsg gwryw ac a ddefnyddir wrth wneud peraroglau, perarogl, persawr, persawredd, hefyd yn *ffig.*; carw mwsg, *Moschus moschiferus*; *Bot.* unrhyw blanhigyn o'r tylwyth *Mimulus*, hefyd am blanhigion persawrus eraill; persawrus, melys, hyfryd: *musk, perfume, fragrance, scent, also fig.*; *musk-deer; mimulus, musk* (*plant*), *monkey-flower, also used of other sweet-scented plants; sweet-smelling, sweet, pleasant.*

15g. *DE* 37, bwliwns tec oedd yn egin / blwch *mwsc* yw balch ymysc gwin. *id.* 51, vrddoniant vel avrddonen / o *fwsg* avr oedd wefys gwen. **15–16g.** *GLM* 145, mae, ym mynwes mam Wynedd, / *mwsg* a bawm ymysg y bedd. *id.* 331, Myfyrdod o'i dafod aeth / ymysg byd, *mwsg* wybodaeth. **15–16g.** *GIF* 47, myn dy ran o sidan Sais / a *mwsg* ym, Tomas Gemais. *c.* **1525** *TA* 741, Canu *mwsg* fawl ebawlfeirch, / Cwyraidd i fodd, carodd feirch [marwnad Tudur Aled gan Forus Gethin]. **16g.** *IICRC* iii. 339, Nyd *mwsg* a fferaydd hiliey / All achyb ych eneidiey. *Diw.* **16g.** *WLB* 99, sawyr kamomil, a *mwsk*. **1615** R. Smyth: *GB* 60, Gwelwch yma 'r mwgdarth, y *mwsc*, a 'r svfet. **1632** *D*, anifail tebyg i iwrch o'r hwn y daw 'r *mwsg* d.g. *gazella*. **17g.** Huw Morus: *EC* ii. 2, Y perl *mwsg* o'r parla-ment. **1696** *CDD* 326, Deffro ddŷn o'th hûn a'th gwsc, / Oddiar dy ddown, a'th welŷ *mŵsc*. **1722** *Llst* 189, *mwsg*, musk, perfume. **1763** *DT* 149, Eglur yw 'r per Aroglau, / A *Mwsg* ar y Gwisgoedd mau. **1784** M. Williams: *S* i. 161, [y] creaduriaid hynny ac sy'n cynnwys *mwsg*. **1803** *P*.

Cfn.: **mwsg y ddaear** [gwall am *mwg y ddaear*]: *fumitory, Fumaria officinalis*. **1688** *TJ* (*Bot*). **1725** *SR* d.g. *fumitory*. **m. yr epa:** *monkey-flower, Mimulus guttatus*. **20g.**

mwsgadél, mwsgedél, mwsgidél, &c. [bnth. S. C. *muscadel(le)*] *eg.* Math o win gwyn melys cryf, hefyd yn *ffig.*: *muscatel, muscat (wine), also fig.*

15g. (**16g.**) *Llst* 7, 42, kael kamplit kalet. kappric ryvic kret / klaret a dwsset a *mwsk ydel* [*sic*]. *id.* 176, Drag[ow]ydd davydd *mwsgedel* a brynn (Lewis Glyn Cothi). **15g.** *LGCD* 52, Gwin Bwrdios, a gwin Rhosiel, / Ymysg dau win *Mwsgadél*. **16–17g.** *DCR* 237, beth yw hynt y seck ar sywgyr / *mwsgedel* a mawnse hefyd. **16–17g.** *CRC* 206, Raspi a seck a mawnseu / a *mwsgidel* o'r goreu. **16–17g.** (*Gesta Rom*) *LlGC* 13076, 80a, vn ddracht o *vwsgidel*. *id.* 81a–b, [b]od vy mlentynaiddrwydd [*sic*] j yn *vwsgidel*, hynny yw, mor veddalaidd, ag mor jevank. **1632** *D*, gwin *mwscadel* d.g. *Falernium vinum*. **1722** *Llst* 189, *mwscadel*, m. muscadel wine. *c.* **1730** *Thos. Lloyd D* (LlGC) 177b, *mwsgidel*, muscadine wine.

mwsgaidd, gw. mysgaidd.

mwsgath [*mwsg* + *cath*] *eb.* ll. *-od*. Mamolyn cigysol o deulu'r *Viverridae*, yn enw. *Civettictis civetta* o ganolbarth Affrica y ceir ohono sylwedd persawrus a ddefnyddir at wneud peraroglau, cath fwsg: *civet(-cat), musk cat*.
1835.

mwsged, mwsget, mosgat[2] [bnth. S. *musket, mosquet*] *eg.b.* ll. *-i, -au, -iaid*. Gwn llaw ar gyfer milwyr traed gynt: *musket*.

16–17g. (**17g.**) *CC* 49, praff ym[w]askv prwff *mwsced* [Thomas Prys i ofyn pâr o arfau gwynion]. **1615** R. Smyth: *GB* 98, o'r opher yma y mae'r canoniaid . . . a'r *moscatiaid* yn diellu. **17g.** Huw Morus: *EC* i. 65, A'i *fwsged*, fwya' asgen, / Bawl a bâr a'i bel i'w ben. **1681** S. Hughes: *AC* 34, swn ergydion llawer o *fwscedi*. **1727** L. Morris: *LW* 88, fe gocia un ei *fwsged* heb arbed llyffant brych. *c.* **1730** *Thos. Lloyd D* (LlGC) 177b, *mwsged*, a musket. **1731** T. Lewys: *BMA* 236, fe'i saethwyd a bwlet *Mwsged*. **1746** *ML* (Add) 866, nhwy ollyngasant y *Mwsgedi* i lawr oblegid na fedrant moi harfer neu eu Trin wrth ymladd. **18g.** E. T. Rhys: *DA* 107, Nad oes mo'u gwell yn cerdded, / I handlo *mwsged* hir. **18g.** *W Ballads* 151, [3], Heb yllwng lloned *mwsged* main. *id.* [4], A phawb ai *Fwsged* ar i Gefn. *c.* **1762–79** W. Williams: *P* 130, saethu'r Ffusee, sef math o *fwsget*. **1784** M. Williams: *S* i. 121, Eu hoff[t]er milwraidd [trigolion Hwngari] yw cleddyf llydain [*sic*], bwyall, a *mwsgedi*.

mwsgedél, gw. mwsgadél.

mwsgedwr, mwsgedydd [*mwsged* + *-wr*, *-ydd*[3]] *eg.* ll. *-wyr, -yddion*. Milwr wedi ei arfogi â mwsged: *musketeer*.

1728 T. Baddy: *DDG* 43, amddiffynnwyr o bedwar neu bump o *Fwscedyddion*. *c.* **1730** *Thos. Lloyd D* (LlGC) 177b, *mwsgedydd*, musketeer. **1776** *W*, *mwsgedwr* d.g. *musketeer*. *id.* minteian . . . o *fwsged-wŷr* d.g. *platoon*.

mwsget, mwsgidél, gw. mwsged, mwsgadél.

mwsgl [?bnth. S. C. *muscle* 'mussel'; ansicr yw prth. *mwsgylgryc*, *R* 1345. 3] *e?g.* ?Cragen las: *mussel*.

?**14g.** (*a.* **1577**) *Pen* 49, 6, kerdda att eiddig dy gar / kyfliw *mwsgl* kofl ymysgar [?Madog Benfras i'r frân].

Cf. misgl.

mwsglyd [*mwsg* + *-lyd*] *a.* Yn arogleuo o fwsg, ac arno aroglau tebyg i fwsg: *musky*.
20g.

mwsglys, gw. mysglys.

Mwsgofaidd, Mosgofaidd [cfdds. o'r S. *Muscov(ite), Moscov(ite)* + *-aidd*] *a.* Yn perthyn i Fwsgofi, Rwsiaidd: *Muscovite (adj.), Russian*.
1866.

Mwsgofiad, Mwsgofad, Mosgofiad [cfdds. o'r S. (*a*) *Muscov(ite), Moscov(ite)* + *-iad*[3], *-ad*] *eg.* ll. *-(i)aid*. Brodor o Fwsgofi, Rwsiad: *a Muscovite, Russian*.

1706 T. Jones: *Alm* [35], y *muscofeit* hefŷd ydŷnt yn aflonŷdd. **1724** T. William: *OL* 4, Mesech, oddiwrth ba un y daeth y *Musgofiaid*.

mwsgwls [bnth. S. Diw. Cyn. *muscules*] *e.ll.* Cyhyrau: *muscles*.

1545 *CI* 19, *Mwsgwls* ne'r ffiletts [drll.]. *id.* 119, Yr amaruer a'r llauur gorau j drauaelio'r *mwsgwls* [drll.] ne gregin y korf ydiw aruer o ddall yr anadyl ynn hir.

mwsgych, mosgych [*mwsg*, **mosg* (cf. Llad. C. *moscus* a Llad. Diw. *moschătus*) + *ych*[1]] *eg.* ll. *-ychen* (*-ychain*). *Swol.* Math o ych gwyllt blewog ac arno aroglau mysgaidd sy'n byw yng ngogledd eithaf America a Grønland, *Ovibos moschatus*: *musk-ox*.
1854.

mwshrwm, mwsiarŵm, mwsiarŵn, gw. masiarŵm.

mwsig, gw. miwsig[1].

mwsliaf, mwslaf, mwselaf, mysliaf: mwsl(i)o, mwselu, myslio [bnth. S. (*to*) *muzzle*] *bg.a.* Rhoddi mwsel neu benwar am safn (anifail), hefyd yn *ffig.*: *to muzzle, also fig.*

1567 *TN* 315a, Na *vwslia* (**1588** 1 *Tim* v. 18, na chae safn) yr ych sy'n dyrnu r yd. *c.* **1730** *Thos. Lloyd D* (LlGC) 174b, *mwselu*, to muzzle. Ar lafar yng ngogledd Cered. yn y ff. *mwslo* ac yn sir Ddinb. yn y ff. *mwselu*, *Cymru* xlvii. [141]. Ym Môn sonnir am gi 'yn *myslio*', sef 'yn gwthio ei safn allan'.

Mwslim, Moslem [bnth. S. *Muslim, Moslem*] *eg.* ll. *-iaid*. Un o ddilynwyr Islâm a'r Proffwyd Mwhamad (Mahomet, c. 570–632 O.C.): *a Muslim*.
1926.

Mwslimaidd, Mwslemaidd, Moslemaidd [bnth. S. *Muslim, Moslem* + *-aidd*] *a.* Yn perthyn i Islâm neu i'r Mwslimiaid, Islamaidd: *Islamic, Muslim*.
1856.

mwslin, myslin [bnth. S. *muslin*] *eg.* Math o gotwm main: *muslin*.

c. **1762–79** W. Williams: *P* 57, Sidanau, *Muslin*, a Chalicoes o'r East India. **1776** *W*, mâth ar we gottymmaidd . . . vulgò *mwslin* d.g. *muslin*. **1800** *Eurgr* 14, gan wynned a *Mwslin*.

mwsogl, mwsog, mwswg(l) [cf. *mwswm*] *eg.* ll. *-ydd, -au, -ion*. *Bot.* Planhigyn o ddosbarth y *Musci* sy'n tyfu ar gerrig, creigiau, coed, daear laith, &c., mwswm, weithiau am blanhigion eraill tebyg, a hefyd yn *ffig.*: *moss, also fig.*

1547 *WS*, *musocul*, mosse. *Diw.* **16g.** *WLB* 70, Kymer *fwssogl* a dyf ar goed. **1604–7** *TW* (*Pen* 228), rhywogaeth *vwsoc* d.g. *spica Nardi* (At.). **1615** R. Smyth: *GB* 30, gan sengi *mwsogl*. **1632** *D*, *mwsogl*, muscus. **1747** *ML* i. 124, dymuno arnaf gasglu iddo *fwsoglydd* a gwmonydd. **1778** J. Hughes: *BB* 271, Ni thâl o wrth olwg, / I fyw ar *fwswg* mo r ddwy fesen. **1803** *P* d.g. *mwswg*, *mwswgyl*.

Amr.: **misyg** [nid oes sicrwydd mai yma y perthyn]. *c.* **1400** *MM* 22. **mysog(l).** **1545** *CM* 1, 299, gwlych gottwn gwyn ne *vysogyl*. **16g.** *LBS* iv. 403. **1604–7** *TW* (*Pen* 228), rhywogaeth *vysoc* d.g. *phyllon*.

Cfn.: **mwsogl,** &c., **y cypryswydden:** *cypress-moss*. **1682** E. Lhuyd: *LL* 72. **m. y ffynhonnau:** '*spring moss*', *Mnium*. **1813** *WB* 108. **m. y ffynidwydd:** *unidentified kind of moss*. **1682** E. Lhuyd: *LL* 72, *Mwswgl y ffyn[i]dwydd*. **m. y geifr:** *unidentified kind of moss growing on oak trees*. **1742** *ML* (Add) 117, a whole grove of oak quite covered . . . with a kind of whitish moss which we call in Anglesey *mwssogl y geifr* (i.e. goat's moss, because they eat it). **1760** *ML* ii. 184. **m. Gwenfrewi:** ?'*St. Winifred's hair*', *Jungermannia asplenioides*. *Dchr.* **17g.** *J* 10, 98a, *Mwsogl Gwwenvrewi* [*sic*]. Cf. *LBS* iii. 191. **m. minfoel:** *gymnostomous or beardless moss*. **1813** *WB* 100. **m. y môr:** (i) *sea-wrack, esp. sea moss, coralline*. **1604–7** *TW* (*Pen* 228) d.g. *muscus marinus*. **1725** *SR* (*Bot*) d.g. *coralline*. [**1783**] *W* d.g. *scawrack* [*sic*]. (ii) *sponge*. **1688** *TJ* d.g. *ysbwrn*. **1725** *SR* d.g. *spunge*. Gw. hefyd *môr-fwsogl*.

Gw. hefyd mwswm.

mwsoglaf: mwsogli, &c. [bf. o'r e. bl.] *bg.a.* Casglu mwsogl (oddi ar), mynd yn fwsoglyd, bod wedi ei orchuddio â mwsogl, hefyd yn *ffig.*; llanw (tyllau mewn mur neu do) â mwsogl: *to gather moss (from), become mossy, be covered with moss, also fig.*; *fill (gaps in a wall or roof) with moss*.

1595 *Egl Ph* 42, Y maen a dreigla, ni *fwssogla*. *Dchr.* **17g.** *T Ch* 68, o'i vynych blanny / nis gall dim dyfy, / na charreg *vwsogli* / a dreuglir rhyd perthi. *Dchr.* **17g.** *J* 10, 35b, *mwsogli*, muscor. **1632** *D*, *mwsogli*, muscosus fieri. **1688** *TJ*, *mwsogli*: to grow mossie. **1776** *W*, *mwsogli*, *mwsygli* d.g. *moss, to gather moss, or grow mossy*. Ar lafar gynt yn Uwchaled am grefft y mwsoglwr; gw. d.g. *mwsoglwr*.

Amr.: **mysogli.** **1620** *Mos* 204, 165. **mwsygla** [*mwswgl* + *-ha* (At.)]. **1839. mysyglu.** **1803** *P*.

mwsoglaidd, mwswglaidd [*mwsogl*, *mwswgl* + *-aidd*] *a.* Mwsoglyd: *mossy*.
1846.

mwsoglog, mwsyglog, mysoglog, mysyglog [*mwsogl*, *mwswgl* + *-og*] *a.* Mwsoglyd: *mossy*.

13g. *B* iii. 24, Nybit *mysoclauc* (*D* (*Diar*), *mysyglawg*) mayn oyuynych kywyn. **15g.** Deio ab Ieuan Du, &c.: *Gw* 115, Caws sur, caws eglur, caws *mysoglog*. **16g.** (**1763**) W. Salesbury: *LlM* 156, ef a Dyf rhyd y cerig [diwyg.] *mwsoglog*. *id.* 171, phrwyth o gnapie *mwsoglog*. **1632** *D*, *mwsoglog* d.g. *lanuginosus, muscosus*. **1776** *W*, *mwsoglog*, *mwsyglog* d.g. *mossy*. **18–19g.** R. Davies: *DB* 111, *Mysyglog* hen ffynnonau. **1803** *P* d.g. *mysyglawg*.

mwsoglwr [bôn y f. fl. + *-wr*] *eg.* ll. *-wyr*. Un sy'n casglu mwsogl ac yn ei ddefnyddio i lanw tyllau ym muriau a thoeau tai, un sy'n mwsogli: *one who gathers moss and uses it to fill gaps in walls and roofs*.

1913. Ar lafar gynt yn Uwchaled. Cf. H. Evans: *CE* 102, Crefft arall . . . sydd wedi llwyr ddarfod bellach . . . oedd mwsoglu [*sic*]. Yr oedd llawer o'r hen dai wedi eu hadeiladu heb forter—tyllau yn y muriau, a'r to heb ei deirio, os llechau a fyddai, ac felly yn oerion iawn. Anfonid am y *mwsoglwr* cyn dechrau'r gaeaf. Âi yntau i'r mynydd i hel mwswg, lle y câi beth hir a gwydn; ac yna gyda darnau bychain o haearn tebyg i gynion ac o wahanol dewdwr, gwthiai'r mwsogl i'r tyllau gan ei guro'n galed gyda gordd fechan, yn union fel y gwneir bwrdd llong gyda charth.

mwsoglyd, mwsyglyd [*mwsogl*, *mwswgl* + *-lyd*] *a.* Wedi ei orchuddio â mwsogl, llawn mwsogl, mwsoglog, mwsoglaidd: *mossy*.

1632 *D*, *mwsoglyd*, muscosus. **1688** *TJ*, *mwsoglŷd*: mossie. **1696** *CDD* 65, Duw 'nâd [*sic*] fi'n aflawen, i droi'n wŷsc fy nghefen, / I Sodom, ar siglen *fwsoglŷd*. **1753** *TR*, *mwsoglyd*, mossy or full of moss. **1770** *TG* ii. 30, tir *mwsoglyd*. **1776** *W*, *mwsyglyd* d.g. *mossy*.

Amr.: **mysoglyd.** **1604–7** *TW* (*Pen* 228) d.g. *muscosus*. **mysyglyd.** **1765** *Cyf C* 116, Mewn lle *mysyglud* ar war Siglen. **1776** H. Jones: *GC* 68, A llawer Ty cryno, *mysyglyd* yn siglo.

mwst [bnth. Llad. *mustum*, o bosibl drwy'r H. Ffr. neu'r S. C.] *eg.* Gwin newydd: *must*.

c. **1400** *R* 1247. 2, gwr breisctreul med a *mwst* [diwyg.]. **1604–7** *TW* (*Pen* 228) d.g. *mellatum*. **1772** *IMCY* 223, Dylif yn peri Doloch / Dyli *mwst* anadl y moch [i'r niwl].

mwstard, mwstart [bnth. H. Ffr. *moustarde*, o bosibl drwy'r S. C.] *eg.* (bach. g. *mwsterdyn*, b. *mwstarden*). *Bot.* Enw ar blanhigion o'r tylwyth *Brassica* (neu *Sinapis*), yn enw. yn rhai y melir eu hadau i wneud past a ddefnyddir at roddi blas ar fwyd, at wneud powltis, &c.; y blaslyn a geir o'r proses hwn; hefyd yn *ffig.*: *mustard, also fig.*

14g. *ACL* i. 44, Sinapus uel Sinapium. *mwstard*. *c.* **1400** *MM* 102, *Mwstart*. Da yw y waret gwlybwr

annwydawc. *c.* **1400** *Études* vii. 58, *Mustard*, gwress-awc a sych yw. **1547** *WS*, *mustard*, mustarde. **1567** *TN* 55b, Cyffelyb yw [teyrnas nef] i' ronyn *mustard*, yr hwn . . . yw'r lleiaf o'r oll hadae . . . e dyf i vynydd, a' mwyaf yw o'r oll llysae. **16–17g.** *Cer RC* 155, Ymhob gwlad y megir glew: / Gwneuth-um it' *fwstard* rhylew! **1630** R. VAUGHAN: *YDd* 556, Mae 'r fammaeth gariadus yn rhoi wermod neu *fwsdard* ar ei mynwes, i beri i'r plentyn yn hytrach gashau y fron. **1632** *D*, *mwstard*, sinapi. **1728** T. BADDY: *DDG* 60, [b]onyn o'r Co[e]d *Mwstard* a thair Cangen arno. **18g.** *Llsgr R. Morris* lxxviii, A chida'r cig melusber, / Rhowch *fwstart* mân mwyneiddber. **1765** J. EVANS: *CPE* 206, felly yn ddiau y twf *mwstarden*. **1765** J. JOHN: *HY* 9, Mae Teyrnas nêf fel Hedyn crwn o *Fwystard* [*sic*]. **1778** J. HUGHES: *BB* 56, [yr] hedyn *mwsterdyn*. **1787 (1812)** TWM O'R NANT: *PG* [3], digon o *fwstard* gydâ'ch bwyd.
Amr.: **mwstardd. 1801** *MMf* 97. **1803** *P.* **1813** *WB* 223. **mwstarth. 1801** *MMf* 159.
Cfn.: **mwstard(d) a berw(r):** *mustard and cress.* **1834. m. a chars = m. a berw.** Ar lafar yn y De-ddwyrain. **m. cyffredin:** *black mustard, Brassica (or Sinapis) nigra.* **20g. m. gwyllt:** *wild mustard, charlock, Brassica kaber (or Sinapis arvensis).* **1848. m. gwyn:** *white mustard, Brassica hirta (or Sinapis alba).* **1851.**

mwstarden, mwstardd, mwstarth, gw. mwstard.

mwstás(h) [bnth. S. *moustache*] *eg.b.* (bach. b. *mwstas(i)en*) ll. *mwstas(h)ys.* Blew sy'n tyfu rhwng y wefus uchaf a'r trwyn ar wyneb gŵr, trawswch, weithiau hefyd am anifail: *moustache, sometimes also with ref. to an animal.*
1907. Yn Nantgarw clywid y ff. *mystósh.*

mwstasiog, mwstasog [*mwstás* + *-(i)og*] *a.* A chanddo fwstás: *moustached, with a moustache.*
20g.

mwsterdyn, gw. mwstard.

mwstr, mwstwr[1] [bnth. H. Ffr. *moustre* 'cynulliad o filwyr', o bosibl drwy'r S. C.] *eg.* ll. *mwstrau, mwstroedd.* Cynulliad (o filwyr, &c.), llu (arfog); sŵn, twrw; cynnwrf, stŵr, cyffro, ffwdan; ffrae; hefyd yn *ffig.*: *muster, a gathering, (armed) force; noise, clamour; commotion, uproar, stir, bustle, fuss; row; also fig.*
15g. *IGE*[2] 284, A meistr oedd [Lusiffer] ym *mwstwr* Iôn / Yng ngolwg yr engylion (Siôn Cent). **15g.** *GGl*[2] 27, *Mwstr* anant, meistr awenydd, / Mael Maelenydd [*sic*], mawl ymlyniad [i Abad Ystrad-fflur]. **15–16g.** *GIF* 58, Meistr y gwŷr, a'u *mwstr* i gyd, / Mawnsel gwyn, mae'n salw gennyd. **16g.** (*LlEG*) *Mos* 158, 196b, kymerai ef wyr i gyulowni yr aniuer yn y *mwsdwr*. *id.* 569a, *mwstur* o sawdwyr kallais. **1547** *WS*, *mwstyr*, mustre. **16g.** DAFYDD BENWYN: *Gw* 594, Elsbedd, aür hoyw-edd, wawr hael, / merch y Maestr, mawr ywch *mwstroedd*. **17g.** *LlCy* iii. 104, nyd bychan y *mwstwr* ay trebel ay dwnndwr. **1710** *LlGG* (*Gos*) 13, Na oddefer . . . y Wardeiniaid Swpperau . . . Cwestau llŷg, *Mwstrau* (*Lustrationes militum*) nac un arall halogedig Arferiad o'r Eglwys. **1752** *ML* i. 207, [b]od chwigs Lerpwl agos wedi lladd Mr. Vychan . . . am ei fod yn Dori; bu *fwstr* gerwin or achos. **1753** *TR*, *mwstr*, stir. **18g. (1870)** TWM O'R NANT: *CO* 42, Wel, tewi a raid ryw adeg / Ar bob *mwstwr* a swn grymusdeg. **1790** T. JONES: *TOS* 146, prin y canfyddir grâs yn symmud nac y clyw-ir ei lais, gan *fwstwr* y llygredigaeth hon. Ar lafar yn gyff., 'Peidiwch â gwneud *mwstwr*', 'cadw *mwstwr*', *WVBD* 382.
Amr.: **mwstwrf** [drwy ei gysylltu â'r e. *twrf*[1]]. **1850.**

mwstrad, mwstriad [bôn y f. ddil. + *-iad*[1], *-ad*] *eg.* Cynulliad (o filwyr, &c.), y weithred o fwstro, hefyd yn *ffig.*: *a mustering, gathering, also fig.*
15g. *GGl*[2] 27, Gwin fenestri ag aur lestri, / Gwalchmai'r festri, gweilch mawr *fwstrad* [i Abad Ystrad-fflur]. **16g.** MORUS DWYFECH: *Gw* 16, Gwnaeth trwsiad *mwstriad* fy meistres—Dor'thi / . . . / I rodio gwlad . . . / Fwy nag unwaith fi'n gynnes. **1633** *LlGC* 731, 254, fel i mae *mwstriad* llû o wŷr, yn arŵyddo fod rhyfel chwerw-dost yn canlyn.

mwstraf, mwstriaf, mystr(i)af: mwstr(i)o, mystr(i)o [bf. o'r e. *mwstr*] *bg.a.* Cynnull (milwyr, &c.), i'w harolygu neu i'w trefnu i'r frwydr, byddino, galw yng-hyd, trefnu, casglu, hefyd yn *ffig.*; ymgynnull (am filwyr, torf, &c.); mynd ati, brysio, ymysgwyd, ei siapio hi, paratoi; peri ymysgwyd, brysio (rhywun); bygylu, bygwth, dwndro; bod yn swnllyd, cadw stŵr: *to muster, arrange for battle, marshal, assemble, bring together, collect, also fig.; muster, come together or assemble (of soldiers, crowd, &c.); set to, hurry (up), bestir oneself, get a move on, prepare; cause (someone) to bestir himself; hector, browbeat; be noisy, make a row.*
15g. *GGl*[2] 12, *Mwstra* ni, meistr yn Nwy-went, / Mal dy dad yn ymyl dy dent. **15g.** *Pen* 67, 84, Meistr tomas wynyas onnwydd / meistr o sais yn *mwstro* sydd (Hywel Dafi). **15–16g.** *TA* 51, Ag aur lestri a'r ffenestri, / Ar y festri aur a *fystried*. *id.* 138, Meistr Rheinallt, *mwstria* Wynedd, / Mynn, i gyd, mewn iau, a gwedd! *id.* 164, *Mwstrio* 'i wŷdd, meistri oeddynt, / Os meistri gwaith Wes-mestr gynt [am dŷ Hywel ap Gruffudd ap Rhys]. **16g.** (*LlEG*) *Mos* 158, 265a, pa Ryw bobyl a oedd yn *mwsdrio* garbron y kasdell. **16g.** *Llst* 40, 32, pwy dros gred ssydd ail predyr / pwyn *mwstro* gwawd pennmeistr gwyr (Syr Siôn Teg). **16–17g.** *CRC* 427, O doe gomissiwn i *fwstrio* / vn amsser ir wlad honno. **1672** R. PRICHARD: *Gw* 366, Mae'r gweision mor ddainti, na fynnant hwy gorphi / Ond gwyn fara eu meistri, neu *fustro* [:– Cadw stwr] a wnant. *id.* 367, Gelwaist dy weision, *mwstraist* [:– Rhifaist] d'Angelion. **1751** *ML* i. 169, rwy wedi bod yn segur drwy'r wythnos yma felly rhaid gweithio a *mwstrio* yn ffyrnig. **1759** *id.* ii. 110, rwyf wedi myned yn bur deneu finnau wrth *fwstrio* gormod o bethau yn fy ymenydd ar unwaith. **1770** *W* d.g. *to bounce* [. . . *to hector and bully*], *to rumble* [*as the intestines*]. **1789** TWM O'R NANT: *TChB* 12, Os y fi a fydd y feistres mi wnaf i chwi *fwstro*. Ar lafar yn gyff., '*Mwstrwch* nawr, mae'n mynd yn hwyr', *SC* vi. 122.

mwstriad, mwstriaf: mwstrio, gw. mwstrad, mwstraf: mwstro.

mwstrin, mwstring [bnth. S. (*a*) *mustering*] *e?g.* Cynulliad (o filwyr), mwstr, y weithred o fwstro, mwstrad: *muster, a mustering.*
15g. *GDLl* 106, Darogan brân yn ddi-brin / Gyda meistri gwaed a *mwstrin*. **15g.** GWILYM TEW: *Gw* 458, N'ai [*sic*] helmau ostrys yn nhâl *mwstring*. **15–16g.** LLAWDDEN, &c.: *Gw* 57, Gorau iarll, ei gaer a'i win, / Goreu meistr gwŷr a *mwstrin*.

mwstriwr, gw. mwstrwr.

mwstr-meistr, mwstwr-master [cfdds. a bnth. S. *muster(-master)*(+ *meistr*)] *eg.* Swyddog a oedd yn gyfrifol am gywirdeb rhestr aelodaeth rhyw adran o fyddin: *muster-master.*
c. **1730** *Thos. Lloyd D* (LlGC) 174b, *mwstr-meistr*, a muster-master. **1763** *DT* 110, Bum yn Arddwr, *Mwstwr master.*

mwstrog [*mwstr* + *-og*] *a.* Swnllyd: *noisy.*
1839. Ar lafar ym Morg., 'creatur *mwstrog*'.

mwstrwr, mwstriwr [bôn y f. fl. + *-(i)wr*] *eg.* ll. *mwstrwyr.* Un sy'n mwstro (milwyr), arweinydd milwrol: *one who musters (soldiers), military leader.*
1586 (17g.) *Llst* 49, 13, Tir Cymru yn lliwddu aeth pen las / *Mwstriwr* y Mr Wiliam Tomas. **16–17g.** SIÔN MAWDDWY: *Gw* 131, Siôn Salbri'n codi uwch cedyrn—nerthog, / *Mwrstrwr* [*sic*] cadog, meistr cedyrn. *p.* **1630** *LlGC* 16, 185, nid meistr gwr nid *mwstriwr* gwych / nid llowydd ond duw yn llewych.

mwstwr[1,2], gw. mwstr, mystwyr.

mwstwrf, mwstwr-master, gw. mwstr, mwstr-meistr.

mwsw, gw. mwswm.

mwswg, mwswgl, gw. mwsogl.

mwswglaidd, gw. mwsoglaidd.

mwswm, mwswn(g) [cf. *mwsogl*] *eg.* ll. (prin) *mwswnau. Bot.* Mwsogl; cen; hefyd yn *ffig.*: *moss; lichen; also fig.*
1546 *YLlH* [10], Y mis hwnn tynn y *mwsswng* o ddyar dy goed ffrwyth. **1714** D. LEWYS: *CN* 15, Fy Ngwinllan sydd yn llesccau'n drwm, / Pob pren a *mwswm* garw. **1722** *Llst* 189, *mwsswm*, moss. **1725** D. LEWIS: *GB* 231, fod rhai Llysieu, megis Tafod yr Hŷdd, Rhedyn, a *Mwsswm* yn dwyn Miliwn o hadeu. **1732** J. JONES: *C* 50, Ni thŷf *Mwswm* ar y Garreg a dreiglir. **1776** *W*, *mwswn* d.g. *moss.* **1784** M. WILLIAMS: *S* i. 101, Yn yr haf, mae'r creaduriaid hyn [ceirw Llychlyn] yn byw ar ddail a glas wellt; ac yn y gauaf ar *fwswn*. **1803** *P.* Ar lafar yn y De, *B* iv. 299, *TGG* (1908) 81.
Amr.: **mwsw. 1924.** Ar lafar yng ngogledd sir Gaerf.
Gw. hefyd mwsogl.

mwswmog, mwsynog, mysymog, mysynog [*mwswm, mwswn* + *-og*] *a.* Mwsoglyd: *mossy.*
1790 M. WILLIAMS: *BM* [29], rhwygwch eich porfeydd *mwsynog* ac ogedau.

mwsyglaf: mwsygla, &c., **mwsyglyd, mwsynog, mwt,** gw. mwsoglaf: mwsogli, mwsoglyd, mwswmog, mŵd.

mwtagen [bnth. S. *mutagen*] *eg.* ll. *-au. Biol.* Sylwedd, &c., sy'n fwtagenaidd: *mutagen.*
20g.

mwtagenaidd [cfdds. o'r S. *mutagen-(ic)* + *-aidd*] *a. Biol.* Sy'n gallu achosi mwtaniad: *mutagenic.*
20g.

mwtan, mwtant, mutant [bnth. a chfdds. o'r S. *mutant*] *eg.* ll. *-au. Biol.* Ffurf fwtanaidd: *a mutant (in biol.).*
20g.

mwtanaf, mwtantaf, mutantaf: mwtan(t)u, mutantu [bf. o'r e. bl.] *bg.a. Biol.* Newid drwy fwtaniad, peri mwtaniad (i): *to mutate (in biol.).*
20g.

mwtanaidd, mwtantaidd [*mwtan(t)* + *-aidd*] *a. Biol.* Yn perthyn i fwtaniad, yn codi drwy fwtaniad: *mutant (adj.) (in biol.).*
20g.

mwtaniad, mwtantiad [bôn y f. fl. + *-iad*[1]] *eg.* ll. *-au. Biol.* Newid genetig sy'n peri amrywiad etifeddadwy pan drosglwyddir ef i'r epil: *mutation (in biol.).*
20g.

mwtant, mwtantaidd, mwtantiad, gw. mwtan, mwtanaidd, mwtaniad.

mwtgell [*mwd*[1] + *cell*[1]] *eb.* Daeargell, fôt; alcof: *vault; alcove.*
1794 *W*, *mŵd-gell* y meirw d.g. *vault* [*a repository for the dead* . . .].

mwting [bnth. S. C. *muting* 'a disputing; discussion'] *e?g.* Trafodaeth, dadl: *discussion, debate.*
15g. *IGE*[2] 191, Gwneuthud cyn pwlfryd apêl / *Fwting* cyn cyrchu'r fatel. / Dodi'n hamcan ar rannu / Proffid o lleddid y llu (Llywelyn ab y Moel).

mwtlai, motlai, &c. [bnth. S. C. *motle(i)*] *a.* ll. (geir.) *mwtleion, motleion,* a hefyd fel *eg.* Cymysgliw, brith, amryliw, amliwiog; defnydd (brethyn, lliain) cymysgliw; gwisg o wahanol liwiau (yn enw. gwisg ffŵl neu groesan); hefyd yn *dros.* ac yn *ffig.*: *motley, of diversified colours, variegated, dappled, particoloured, varicoloured, multicoloured; varicoloured fabric; pied, particoloured dress (esp. as worn by fool or jester); also transf. and fig.*
14g. *GDG* 168, *Mwtlai* wyd di, mae't liw tyg [i'r bioden]. **15g.** *DGG*[2] 584, Dy lifrai o'r *mwtlai* main [i'r ceiliog coed]. **15g.** *GTP* 23, Odd yno'r af, eiddun ran, / At Lowri, *fwtlai* arian. **15g.** *Pen* 109, 89, Tew o let *motlei* ydyw [Lewis Glyn Cothi am gylched]. **15–16g.** *TA* 395, Mae crys iwrch i'm carw serchog, / *Mwtlai* glân, metel i glog [i ofyn ebol]. **1547** *WS*, *mwtlei*, moteley. **16–17g.** *Llst* 30, 375, Mae tal a gwallt *mwtlai* gwych / mewn tywyllfronn mantellfrych [Siôn Ceri i ofyn tarw]. **16–17g.** *Cer RC* 63, 'Roedd i lifrai o'r gwyrdd *modlai*; / Fo gostiase ddeg o noble. **1632** *D*, *mwtlai*, polymitus. **1688** *TJ*, *motlai*, *mwtlai*, o amrŷw Liwiau: of divers Colours. **1722** *Llst* 189, *motlai*, *p. leion. id.* *mwtlai*, *p. leion.* **18g. (1818)** R. JONES: *GP* 99, A chlai lle bu *mwtlai* mân.

mwtog, mwtradd, gw. mwdog, mwdral.

mwtraf: mwtro, mwtrin [?bnth. S. taf. (*to*) *mutter* 'to crumble', ?a'r ff. *mwtrin* yn fnth. S. **muttering*] *bg.a.* Stwnsio, cymysgu, gweithio ((rhywbeth) rhwng bys a bawd), peri dadfeilio; malurio (am bridd); sengi, sathru dan draed, symud (traed) yn aflonydd: *to mash, mix, work ((something) between finger and thumb), cause to disintegrate; crumble (of soil); trample, tread underfoot, fidget (with the feet).*

Ar lafar yn y Gogledd, 'tatws wedi *mwtro*', '*mwtro* calch', '*mwtro*'r clai rhwng y blew', 'Mae'r glaw yn *mwtro*'r clai i lawr', *WVBD* 382–3; '*mwtrin* y tatws', *BILlE* 29.

mwtral, mwtran, mwtri, mwtril, gw. mwdral, mwdran, mwtrin[1], mwdral.

mwtrin[1] [cf. *mwtrin*[2]] *eg.* Llysiau wedi eu stwnsio, yn enw. tatws a llysieuyn arall wedi eu stwnsio ynghyd, stwmp, stwns(h), pots(h), pons(h): *mashed vegetables, esp. potatoes mashed together with another vegetable.*

Ar lafar yn sir Gaern. a gorllewin Meir., *Cymru* lxii. 72, *LGW* 175; hefyd yn y ff. *mwtri*, *WVBD* 382.

mwtrin[2], gw. mwtraf: mwtro.

mwtrwr [bôn y f. fl. + -*wr*] *eg.* Stwnsiwr, stwmpiwr, pwnner: *masher (for mashing potatoes, &c.).*

1936. Ar lafar yn y Gogledd.

mwtsiaf: mwtsian, gw. mitsiaf: mitsio.

mwtwn, mytn (*y* ≡ *ə*) [bnth. S. *mutton*] *eg.* Cig gwedder, cig dafad: *mutton.*

17g. *CLl* 221, Anrheg gwartheg yn eu gwêr, / A *mwttwn* oedd y matter (Gruffudd Bodwrda). **1716–18** *Llsgr R. Morris* 133, Ach *mutton* da nodidog / sudd beredd a llysseuog. Ar lafar clywir y ff. *mytn.*

mwth[1], *a.* ll. *myth(i)on, myth.* Buan, cyflym, parod; hael: *swift, fast, ready; generous.*

13g. *A* 1. 2, meirch *mwth* myngvras. *c.* **1300** *H* 101a. 31, *mythyon* ueirch fwyr tyweirch fortawl (Llywarch ap Llywelyn). *id.* 105b. 13, *mwth* y ryt arwyt y gwasgar (Llywarch ap Llywelyn). *id.* 113b. 40, caeth faeth y ueirt maeth *mwth* ner [marwnad Gruffudd ap Cynan gan Lywarch ap Llywelyn]. **14g.** *T* 61. 7, gochawn marchawc *mwth* molut gwryon. *id.* 80. 17–18, Marchawc *mwth* misterin. *c.* **1400** *R* 1332. 35–6, Methyant glythineb. *mwth* vurn godineb. **16g.** Wiliam Llŷn: *Gw* (R. Stephens) (At.), *mwth*, bvan. **16–17g.** *Pen* 94, 66, maith yw'n llid *mython* yw'n llû / maith yr ydym yn methû. **1632** *D*, *mwth*, est Buan . . . Citus, pernix, velox, celer. **1688** *TJ*, *mŵth*, Buan: quick, swift. **1763** *B* vi. 17, Ar feirch *mythion* i'm llonni. **18–19g.** *Iolo MSS* 247, Gwendonn Riain, / a'i thwf mirain / *myth* draed elain. **1803** *P.* Ar lafar yn sir Benf., 'of a person who eats little, and that little in as short a time and with as little ceremony as possible', *GDD* 203.

Cf. chwimwth.

mwth[2], mwthaf: mwtho, gw. mwyth[1], mwythaf[2]: mwytho.

mwthl [rhoddir yr ystyron isod ar sail y geir., ond dichon mai ymgais i ddeall yr engh. gyntaf yw'r cynigion, drwy gysylltu'r gair â *mwth* a *mwthlan*] *a.* Buan; chwyddedig: *swift; swollen.*

14g. *OBWV* 92, Duw gwae ni, gul oerni gwlad, / *Mwthl* orn, o gael methl arnad [Gruffudd ab Adda i'r fedwen]. *Dchr.* **17g.** *J* 10, 35b, *mwthl*, buan. **17g.** *LlGC* 13215, 350, *mwthl*, turgidus.

mwthlach [?cf. Gwydd. C. *mothlach* 'blewog, garw'] *eg.* Enw difrïol ar berson: *term of abuse.*

1729 L. Morris: *LW* 334, Grippiach greppiach / Dal d'afael yn y wrach, / Hi aeth yn rhowyr faglach, / Mi eis i i'r *mwthlach.* Ar lafar yn Arfon, 'yr hen *fwthlach* gwirion', *WVBD* 383.

mwthlan [?cf. *mwthlach*] *eb.g.* a hefyd fel *a.* Person neu beth tew neu chwyddedig; chwyddedig; meddal, tyner, moethus: *fat or bloated person or thing; swollen; soft, tender, delicate.*

15g. Huw Cae Llwyd, &c.: *Gw* 137, Eira yn blât, oer iawn blu, / *Mwthlan* a roed i'm methlu (Gwerful Mechain). **1604–7** *TW* (*Pen* 228), *mwthlan* tew [wedi ei ddileu] d.g. *fœnum.* **1632** *D*, *mwthlan*, mollicellus. **17g.** *LlGC* 13215, 350, *mwthlan*, turgidulus. **1722** *Llst* 189, *mwthlan*, dainty, delicate. **1772** *W* d.g. *delicate* [*soft, tender, effeminate* . . .]. Ar lafar ym Môn ac Arfon am 'a fat plump woman: yr hen *fwthlan* dew . . . also an endearing expression used to babies: O '*mwthlan* annwyl i', *WVBD* 383.

Amr.: **mwythlan** [drwy dybio mai *mwyth*[2] yw'r elf. gyntaf]. **1803** *P.*

mwy [Crn. C. *moy*, H. Lyd. a Llyd. Diw. *mui*: < Brth. **māi̯ūs* o'r gwr. IE. **mē-* 'mawr', cf. H. Wydd. *mó(u), má(a), máo*, Gwydd. Diw. *mó*] *a.* (gr. gmhr.), weithiau gyda grym enwol neu adferfol, a hefyd fel *adf.* Heb fod mor fychan (o ran maint), yn rhagori (o ran maint), heb fod cyn lleied (o ran nifer neu swm), uwch (o ran gradd, ansawdd, sŵn, &c.), hwy (am amser neu bellter): *bigger, larger, greater, more, louder, longer, further.*

9g. (*Ox* 1) *B* v. 246, is *moi* hinnoid .uiiii unciae. **13g.** *C* 33. 7, handid *muy.* vy llauuridet. *id.* 87. 15–88. 1, *Mui* y dinwassune gunaune eddwaeth. **13g.** *BD* 29, *mwy* poen (*RB* ii. 67, *mwy* boen) yw coffau kyuoeth a phrytuerthvch guedy y koller nogyt dyodef aghanogtit heb ordyfneit prytuerthvch kyn no hynny. **14g.** *T* 28. 23–4, py pren a vo *mwy.* noget daronwy. *id.* 67. 24–5, Nyt oed *uwy* noc et [*sic*] kysceit. **14g.** *LlB* 23, ny dyly dryssawr mynet y vrth y drws *moy* no hyt y vreich a'e wialen. **14g.** *WM* 44. 8–11, bot yn tebygach ganthunt cael kywilid a uei *uwy* no chael iawn a uei *uwy.* **14g.** *YBH* 46a, mi a enilleis o redec vy march *mwy* noc noc [*sic*] yd enillwys vy holl kenedel ar vor. *id.* 55b, *mwy* yw y gorff ef. *c.* **1400** *R* 1155. 38–9, *mwy* oed o wraged. *id.* 1364. 44, ys mis a*mwy* no blwydyn. **15g.** *GGl*[2] 127, Os dy borth a'th gynhorthwy / A gaf, ni ddymunaf *mwy.* **1588** 2 *Sam* xviii. 8, [d]ifethodd *fwy* o'r bobl. **1588** 2 *Cr* ii. 5, canys *mwy* yw ein Duw ni na'r holl dduwiau. **1618** J. Salisbury: *EH* 2, Paham y mae pedair, heb na *mwy*, na llai? **1632** *D*, *mwy*, maior. **1703** E. Wynne: *BC* 20, *mwy* o Godeu llownion, a Bilieu. *id.* 21, Pendefigion urddasol . . . yn *fwy* Lladron na 'Speilwyr-ffyrdd. *id.* 88, sŵn arall *mwy* na'r cwbl. **1803** *P.* Ar lafar, 'yn *fwy* na fi o ran taldra', 'gweiddi'n saith *mwy*', ''Dw' i'n siarad *mwy* o Gymraeg 'rŵan', *WVBD* 383. Mewn rhai mannau yn y De a'r Gogledd gwahaniaethir rhwng '*mwy* dyn, &c.' (o ran maintioli) a '*mwy* o ddyn, &c.' (o ran ansawdd, &c.), gw. *Treigladau* 49–50. Cf. J. Roberts: *Methodistiaeth Galfinaidd Cymru* (1931) 56, y corff yn myned yn *fwy* corff ac yn *fwy* o gorff.

Fel *adf.* (*a*) I raddau uwch (o flaen a., i ffurfio'r radd gmhr. beriffrastig, hefyd o flaen a. cmhr.): *more, more greatly (before an adj.).*

1567 *LlGG* (*Sall*) 10b, barnae yr Arglwydd gwirionedd . . . *Mwy* deisyfydic ynt nag aur. **1595** H. Lewys: *PA* 13, *mwy* dialeddus cospedigaeth, trymach dolur, *mwy* ofnadwy rhyfeloedd, carchar *mwy* aneirif i oddef. **17g.** Huw Morus: *EC* i. 7, Mae gwŷr sir (*mwy* garw son) / Fflint yn waeth na phlant noethion. **1743** D. Rowland: *T* 128, yn anfeidrol *mwŷ* melusach. **1759** T. Thomas: *WWDd* 153, yn tarddu oddiar *fwy* ardderchog Egwyddor. **1769** E. Roberts: *GN* 19, Rydw i'n gweled fal person y plwu, / Fod natur 'n *fwu* netiach. **1776** *W*, yn *fwy* enwedigol d.g. *more* [*Adv.*] . . . *more especially.* **1792** H. Harris: *H* 138, yn *fwy* llymmach. **1803** *P.* Ar lafar, '*mwy* tawal, *mwy* darfodedig', *WVBD* 383.

(*b*) Mwyach, bellach, eto, o hyn ymlaen, o hyn allan, ar ôl hyn; o hynny ymlaen, o hynny allan, ar ôl hynny: *any more, any longer, again, henceforth, henceforward, from now on, after this; from then on, after that.*

c. **1400** *ChO* 17, ny lauuryawd ef vyth *mwy* y geissaw daly partrissot. **1551** W. Salesbury: *KLl* xlixa, Etwa ar ben ychydic, ar byd ny'm gwyl yno [:- *mwy*]. **1567** *TN* 397a, ny bydd dim myrfolaeth *mwy.* **1588** 1 *Sam* i. 18, ni bu morr athrist *mwy.* **1588** *Am* v. 2, Israel a syrthiodd, ac ni chyfyd *mwy.* **1588** 2 *Esd* x. 27, nid ymddangosodd y wraig i mi *mwy.* *ib.* 42, ni's gweli *mwy* lun y wraig. **1699** T. Jones: *TP* 9, ni welodd Cristion mono *mwŷ.* **1764** W. Williams: *Th* 7, Pob ardal bu e'n teithio fe adewodd ynddynt hwy, / Ryw newydd beth a barai i gofio am dano *mwy.* **1774** *W* d.g. *henceforth, longer* . . . *any longer.* **1803** *P.* Ar lafar, ''Welwn ni mohono byth *mwy*'.

(*c*) (a'i ddilyn gan *na, no*) Rhagor, yn hytrach, yn amgen: *any more, rather.*

c. **1300** *B* ii. 29, cany wyr gwreic atnabot yawn *mwy* no cham. *id.* 30, na thebic panyw amdanat ti y byder yn dywedut *mwy* noc am ereill. **1346** *LlA* 18, Paham yffoes yr eifft *mwy* noc ywlat arall. **14g.** *YBH* 7b, ny ddodei y baed sylw arnun *mwy* noc ar y pertris cwtta. **14g.** *B* v. 199, Y Mab a anet o'r Tat ehunan . . . ac ny chrevyt *moe* no'r Tat. *c.* **1585** G. Robert: *DC* vii, heb wybod . . . beth yw Crist *mwy* nag anifeilieid. **1592** S. D. Rhys: *Inst* [xvii], A' phêth sydd i mi yn *fwy* nog i chwitheu ymyrreth a''r 'Rammâdec Cymraec. **1593** W. Midleton: *B* 2, Kymhariad penkerddiaidd yw, pann fytho rhyw orchest ar y kymhariad *mwy* nag ar y ddaû ûchod. **1606** E. James: *Hom* i. 41–2, nid ffydd ydyw hi yn awr, *mwy* nag y mae gŵr marw yn ŵr. **1677** C. Edwards: *FfDd* 300, nis gall beidio â meddylied, *mwy* nag y gall yr afon beidio â rhedeg. Ar lafar, 'Pam wyt ti'n gofyn i mi, *mwy* (*fwy*) nag iddo fo?'.

Amr.: **moe.** **9g.** (*Ox* 1) *B* v. 246. **14g.** *T* 66. 21. **14g.** *LlB* 23. **15g.** *LHDd* 65.

Cfn.: **mwy gan (ganddo,** &c.**)**: *to prefer.* *a.* **1587** *Y* 49, *Mwy cenyf*, Wiliam Cynwal, / Moldio serch a mawl di-sal / Na barnv, o bai oernych, / Ran Duw a roes ar vn drŷch. **1703** E. Wynne: *BC* 85. **1722** *Llst* 189, mwy, bod yn *Fwy gan*, to prefer. **m. na (no) digon:** *too much, excessive.* **1604–7** *TW* (*Pen* 228), yfet *mwy no digon* d.g. *superbibo.* Ar lafar. **m. no maint:** *innumerable, excessive.* **13g.** *C* 72. 3. *c.* **1400** *YCM*[2] 201. **m. na (no) mwy:** *a lot, a great deal, very many, more and more; too much, too many; greatly, exceedingly, excessively.* *a.* **1587** *Y* 220, Mae rhai'n gwybod yn nodawl / *Mwy na mwy*, minav a'i mawl. **1587** *id.* 236, Mynnwn, nid awgrym anardd, / *Mwy na mwy* rym yn 'y mardd [marwnad Wiliam Cynwal]. **16–17g.** *CRC* 4, Mae glan ddynion *mwy na mwy* / n gla or vn klwy soweth. **1604–7** *TW* (*Pen* 228), *mwy no mwy* d.g. *quantus maximus.* **1632** *D* d.g. *immodicus, impendiò.* **1675** R. Jones: *HCh* 57, Er meddu o ddŷn *fwy nâ mwy* o dda 'r bŷd ymma. **1679** C. Edwards: *GGG* 153, Ynteu na fydd ddeffygiol; eithr gweddia *fwy na mwy.* **1766** W. Williams: *FfW* ii. 34, Boed oesedd meithion *fwy na mwy*, / Heb rif, heb ddarfod arnynt hwy. *id.* 64, Ac oddifewn mae *mwy na mwy*, / O nwydau croes i'th farwol glwy. **1773** D. Morys: *CPC* 14. Ar lafar, 'eisie *mwy na mwy*'. **m. na pha un:** *whether.* **1716** Iaco ab Dewi: *LlCB* 32, O mor rhyfedd yw'r Bywyd hwnnw sydd yn dragwyddol . . . Mor annhraethadwy, *mwy na pha un* y treulir ef ai mewn llawenydd a'i [*sic*] mewn poen! **1717** Iaco ab Dewi: *MN* 31, rhaid bod Dyfodiad y Messiah yn ôl y Gorchymmyn am adeiladu 'r Ddinas; *mwy na pha un* y dyallwn ni hyn ai am Gyhoeddiad a Gorchymmyn Cyrus . . . neu 'r hwn a wnaeth Darius. *Gram.* **m. na (no) pherffaith:** *pluperfect.* **14g.** *GP* 44. **1592** S. D. Rhys: *Inst* 86. Cf. *WS* [xii], amserau perphaith amperphaith a mwy nag amherffaith. **m. na thebyg:** *more than likely, probably.* Ar lafar yn gyff. **m. na phwy:** *whoever.* **1723** J. Jones: *LlA* 49, *mwy na phwy* (*whosoever*) a wellhaer gan ein doniau ni, colledig fyddwn ni er hynny o's heb Râs fyddwn. *id.* 151, *mwy na phwy* (*whoever*) sydd a'r Ffydd hon ganddo, cristion yn wîr ydyw. **m. neu lai:** *more or less.* **1778** *W* d.g. *over or under* [*more or less*]. **bod yn f. gan,** gw. *m. gan.*

Am *mwy na heb*, *m. na mesur*, gw. heb[1], mesur[1].

Gw. hefyd canmwy, deufwy, mwyfwy.

mwyach [*mwy* + -*ach*[1], engh. o ychwanegu trf. cmhr. at ff. ac iddi eisoes rym cmhr., cf. *gwellach, lleiach*; Llyd. Diw. *muioc'h*] *adf.* Mwy, bellach, eto, o hyn ymlaen, o hyn allan, ar ôl hyn; erbyn hyn; o hynny ymlaen, o hynny allan, ar ôl hynny; erbyn hynny: *any more, any longer, again, henceforth, henceforward, from now on; by now; from then on, after that; by then.*

1551 W. Salesbury: *KLl* lvia, Angeu nyd argl[w]yddiaytha arno ef *mwyach.* **1567** *TN* 145b, cerdda ac na phecha *mwyach.* **1588** *Eseia* ii. 4, ni ddyscant ryfela *mwyach.* **1588** *Hos* xiv. 8, beth sydd i mi *mwyach* a wnelwyf ag eulynnod? **1588** *Joel* iii. 17, nid aiff dieithriaid trwyddi *mwyach.* **1620** *Io* xv. 15, Nid ydwyf *mwyach* (**1588** *ib.* mwy) yn eich galw yn weision. **1722** *Llst* 189, *mwyach*, any more, hence-forth. *c.* **1730** *Thos. Lloyd D* (LlGC) 178b, *mwyach*, amplius . . . diutius. **1774** *W* d.g. *hence-forth, longer* . . . *any longer.* **1803** *P.*

mwyad [*mwy* + -*ad*[2], trf. han.; gair geir.; tebyg mai'r llinell a ddyfynnir yn *TW* (*Pen* 228) yw ffynhonnell y gair yn y

geir.] *eg.* ll. *-au.* Y weithred o wneud yn fwy, cynnydd: *an increasing, increase.*
1604–7 *TW* (*Pen* 228), *mwyad*, rhodaû ym *mwyadau* (LLAWDDEN, &c.: *Gw* 178, weadau) mydr. Rhes Nanm. d.g. *magnitudo.* **1632** *D*, *mwyadau*, auctiones, augmenta, q.d. maiorationes. **1722** *Llst* 189, *mwyadau*, increasings. **1803** *P.*
Gw. hefyd mwyhâd.

mwyadur [*mwy* + *-adur*] *eg.* ll. *-on.* Microsgop, hefyd yn *ffig.*; telesgop: *microscope, also fig.*; *telescope.*
1849.
Gw. hefyd mwyhadur.

mwyadurol [*mwyadur* + *-ol*] *a.* Microsgopig; yn mwyhau, yn chwyddo: *microscopic; magnifying.*
1850.

mwyadwy [*mwy* + *-adwy*] *a.* Gormodieithol: *hyperbolical.*
1595 *Egl Ph* 44, Yn ôl y Gymmhariad *fwyadwy* honn; y gellir dywedyd gwnnach no'r eiry. *c.* **1730** *Thos. Lloyd D* (LlGC) 174b, *mwyadwy*, hyperbolical, excessive.

mwyaf [Crn. C. *moygha, mogha, moghya, moghye*, H. Lyd. *meham*, Llyd. C. *muyhaff*, Llyd. Diw. *muiañ*: < Brth. **mā̆isamos*, cf. *mwy* a H. Wydd. *máam, moam*] *a.* (gr. eithaf), weithiau gyda grym enwol neu adferfol, a hefyd fel *adf.*

(*a*) Mwy o ran swm, maint, nifer, gradd, pwysigrwydd, &c., na phawb neu bopeth arall (h.y. y gwrthwyneb i 'lleiaf'), yn tra rhagori ar bawb neu bopeth arall, a fo y tu hwnt i'r holl rai eraill (mewn maintioli, awdurdod, dylanwad, nifer, &c.), uchaf (o ran gradd, ansawdd, sŵn, &c.), hwyaf (am amser neu bellter), pennaf, pwysicaf: *biggest, largest, greatest, most, loudest, longest, most important, chief, major.*
13g. *C* 73. 15–16, Pedridauc heul. *Muyhaw* y treul. vchel kylchwy. *id.* 102. 12, Vgnach *mvihaw* y alaw. **13g.** *A* 35. 22–36. 1, guannannon guirth med guryt *muihiam* [*sic*]. **13g.** *B* ix. 148, ac ene lle hvnv gan *uwyaf* anryded e cladwyt. **13g.** *LlI* 4, E lety yv y ty *mvyhaf* en e tref. *id.* 28, os moruen uyd, y chowyll a'e haguedy en e ueynt *uuyhaf* e deleho. *id.* 77, henne *uuyhaf* y coyllya guyr Guyned ydau. **14g.** *T* 67. 9, Un duw uchaf dewin doethaf *mwyhaf* aued. **14g.** *WM* 17. 27–8, y gwr *mwyhaf* agery. *id.* 140. 24–5, y wreic *uwyhaf* a garei. *c.* **1400** (*SG*) *HMSS* i. 228, drwy amot dewissaw ohonat y *vwyaf* agerych ohonam ni yn dwy. *id.* 388, kanys efo *vwyaf* ae gorthrymassei. *c.* **1400** *MM* 106, ef a wybyd pa un *vwyhaf* or gwlybyreu hynn a ragorho. **15g.** *FfBO* 44, Y gwyr *mwyaf* (*maximi*) a chryuaf ynt. **1551** W. SALESBURY: *KLl* xxiia, Ac aeth ymryson ryngtynt pwy vn o naddynt a dybygit i vot yn *vwyaf.* **1567** *TN* 55b, Cyffelyb yw [teyrnas nef] i' ronyn mustard, yr hwn . . . yw'r lleiaf o'r oll hadae . . . e dyf i vynydd, a' *mwyaf* yw o'r oll llysae. **1632** *D*, y *mwyaf* ac a all fod d.g. *summum. id.* d.g. *summus, supremus, vltimus.* **1670** J. HUGHES: *AP* 162, [y] pethau y mae dy natur *fwyaf* yn gwrthwynebu eu cyhoeddi. **1760** WLL: *SAC* v, fel y mae *mwya* cywilydd i ni. **1803** *P.* Digwydd fel elfen yn enwau planhigion i wahaniaethu rhwng dau debyg ond gwahanol eu maint (cf. *lleiaf*, Llad. *major*, a'r S. *greater*), e.e. perfagl *mwyaf*, trwyn y llo *mwyaf.*

(*b*) *Crdd.* Mwy o hanner tôn na'r un cyfatebol lleiaf (am gyfwng, e.e. trydydd mwyaf, megis C–E); yn cynnwys trydydd mwyaf rhwng y gwreiddyn a'r ail nodyn (am gord cyffredin neu driad); a'r trydydd yn fwyaf yn ei berthynas â'r tonydd (am gywair, modd, neu raddfa), llon: *major* (*in mus.*), *as applied to an interval, common chord or triad, key, mode, or scale.*
1832.

Fel *adf.* I'r radd uchaf (o flaen a., i ffurfio'r radd eithaf beriffrastig): *most* (*before an adj.*).
1730 (1755) E. WYNNE: *PAC* iii, fel y bo *mwya* buddiol iddynt. **1759** T. THOMAS: *WWDd* [99], Y mae Difinyddion yn *fwyaf* cyffredinol yn barnu. **1763** W. WILLIAMS: *FfW* i. 67, Yr Enw *mwya* mawr. **1776** *W*, yn *fwyaf* arferol d.g. *most commonly or usually.* **1777** W. WILLIAMS: *DN* 16, y ffordd *mwya* rhyfedd [*sic*]. **1778** J. HUGHES: *BB* 110, Fe ŷlch yr anghyfiowna, sy a'r dolur *mwya* du. Ar lafar, '*mwya*' torc'lonnus', *WVBD* 383.
Cfn.: **fwyaf (a) ellych (allom, &c.):** *as much or as many as you (we, &c.) can.* **1679** C. EDWARDS: *GGG* 61, 159, 188. **1691** T. WILLIAMS: *YB* 344. **ar y m.:** *too much or too many, excessively, to excess.* **1772** *W*, yfed *ar y mwyaf* d.g. *cup, to take a cup too much.* Ar lafar, "Dach chi wedi rhoi *ar y mwyaf* o halen yn y tatws'. Cf. D. OWEN: *RL* 315, Dichon fy mod wedi sôn *ar y mwyaf* am Wil Bryan. **yn f. (oll):** *mostly, chiefly.* **1592** S. D. RHYS: *Inst* [xv], diameu na's dichon yr iaith 'adel ddim o'i gwc . . . onyd *yn fwyaf oll* arnynt hwy. **1632** *D*, *yn fwyaf* d.g. *apprimè, maximè.* **1753** *TR*, mwyaf . . . *yn fwyaf* . . . mostly. **1759** T. THOMAS: *WWDd* 351–2, y mae'r Rhagrithwr yn myned at ei ddyledswydd, *yn fwyaf*, er mwyn llonyddu a distewi ei Gydwybod. **1803** *P*, mwyav . . . *yn vwyav* . . . mostly, in the greatest degree.

mwyafiaeth [*mwyaf* + *-iaeth*] *eg.b.* Mwyafrif; uchafbwynt, uchafswm, macsimwm, mwyafswm; gwargred, nifer dros ben, rhagor: *majority; maximum; surplus, excess.*
18–19g. *Llr* C 70, 89, *mwyafiaeth*, maximum, maxima.

mwyafiant [*mwyaf* + *-iant*] *eg.* Mwyafrif; uchafbwynt, uchafswm, macsimwm, mwyafswm: *majority; maximum.*
1840.

mwyafnod [*mwyaf* + *nod*[1]] *eg.* *Crdd.* Y nodyn hwyaf mewn nodiant cynnar: *a large or double long* (*longest note in early mus. notation*).
1817–19.

mwyafrif [*mwyaf* + *rhif*] *eg.* ll. *-au, -oedd.* Y rhan fwyaf neu'r nifer mwyaf o rywbeth; nifer y pleidleisiau (y seddau, &c.) sy'n gosod ymgeisydd (plaid, &c.) ar y blaen; y blaid fwyaf neu'r grŵp mwyaf sy'n pleidleisio gyda'i gilydd (mewn cynulliad, &c.), carfan sy'n wahanol i garfan lai sy'n gysylltiedig â hi: *majority, largest* (*larger*) *part or number*; (*electoral, parliamentary, &c.*) *majority; majority party or group.*
1841.

mwyafswm [*mwyaf* + *swm*] *eg.* Uchafbwynt, uchafswm, macsimwm: *maximum.*
1885.

mwyaid, gw. bwyaid (At.).

mwyalch [H. Grn. *moelh*, gl. *merula*, Crn. Diw. *mola*, Llyd. C. *moualch*: < Brth. **mesalkā* neu **misalkā*, cf. Llad. *merula*, H. Alm. *amusla, amsala*; nid yw'r brth. â Gwydd. C. *smólach* 'bronfraith' yn eglur] *eb.* (bach. *-en*) ll. *mwyalchod, mwyeilch, mwyelchi.* Aderyn Ewropeaidd cyffredin o deulu'r fronfraith sy'n nodedig am ei gân, aderyn du, *Turdus merula*, hefyd yn *dros.*: *blackbird, also transf.*
13g. *B* iv. 9, Geneu *mwyalch* ac arch bleid. **14g.** *GP* 49, Chwerdit *mwyalch* mywn kelli. **1346** *LlA* 165, Eirth gwynnyon. A *mwyeilch* gwynnyon. **14g.** *GDG* 87, Mwy ar ddyn ael blu *mwyalch* / No llinyn saer ar gaer galch. *c.* **1400** *R* 1031. 5, gnawt *mwyalch* ymplith drein. *c.* **1400** [*RB*] *WM* 490. 2–3, Kerdet aorugant racdunt hyt att *vwyalch* gilgwri. **15g.** *IGE*[2] 273, Trioed y *fwyalch* falchdeg / Ar y ddâr, uwch daear deg (Siôn Cent). **15g.** *OBWV* 104, *Mwyalchod* teg ym mylch ton, / Mentyll didywyll duon [am aeliau merch]. **15–16g.** *GIF* 70, Anfalch bronfraith i'n iaith ni, / anfalchach ŷnt *fwyelchi.* **1547** *WS*, *mwyalch*, an osell. **1632** *D*, *mwyalch*, & *mwyalchen*, merula, turdus. **1696** *CDD* 269, Ar *fwŷalch* hitheu ar unwaith, / Ar wennol chwaith ni thai [*sic*]. **1770** *W* d.g. *black-bird.* **1803** *P.* Ar lafar; hefyd ym Morg. gynt yn y ff. *molchan*, *GWG* 288.
Amr.: **bwyalchen.** **1785** E. BARNES: *MH* 33. **gwyalch** (bach. *-en*). **1803** *P*, mwyalch . . . It is also called *gwyalch.* Ar lafar yng ngodre Cered. a sir Benf. yn y ff. (*g*)*wialchen*, *GDD* 155; hefyd yn y Gogledd yn y ff. '*gialchan, galchan*; *gialch* . . . pl. *gialchod.* With the article y *wialchan*', *WVBD* 149.
Cfn.: **mwyalchen fronwen = m. y graig.** Ar lafar yn y Gogledd, H. E. FORREST: *FNW* 74. **m. (mwyalch) y graig:** *ring ouzel, Turdus torquatus.* **1695** W. CAMDEN: *B* 667. **1753** *TR.* **1803** *P.* Ar lafar yn y Gogledd, H. E. FORREST: *FNW* 74. **m. ddŵr (y dŵr), mwyalch y dŵr:** *dipper, water ouzel, Cinclus cinclus.* **1547** *WS*, *mwyalch y dwr*, a cote. **1632** *D.* **1803** *P.* Ar lafar yn y Gogledd yn y ff. *mwyalchen ddŵr*, H. E. FORREST: *FNW* 101. **m. felen:** *golden oriole, Oriolus oriolus.* **20g.** **m. y mynydd:** *ring ouzel, Turdus torquatus.* Ar lafar yn y Gogledd, H. E. FORREST: *FNW* 74.

mwyalchaidd [*mwyalch* + *-aidd*] *a.* Yn perthyn i fwyalch: *pertaining to a blackbird.*
1696 *CDD* 113, Ffarwel i ti o'r diwedd yr heden *fwialchedd* [i'r fwyalchen].

mwyar [H. Grn. *moyr*(*bren*), gl. *morus*, Crn. Diw. *môr*, Llyd. C. a Diw. *mouar* (cf. e. lle H. Lyd. *Moiaroc*), Gwydd. C. *smér*; gw. hefyd *mieri*] *e.ll.* (un. b. *-en*, *mwaren*) ll. dwbl *-au.* Aeron porfforddu bwytadwy sy'n tyfu'n glystyrau ar fieri, mafon duon, *Rubus fruticosus* a *R. cæsius*; mieri; aeron: *blackberries, dewberries; brambles, briers; berries.*
14g. *DGG*[2] 131, Muchudd o liw gyfliw ged, / Moreiddfyw *mwyar* addfed (Gruffudd Gryg). *c.* **1400** *YSG* i. 57, march tec kyn duet a'r *mwyar. id.* 81, marchawc urdawl du mawr, kyn duet a *mwaren. c.* **1400** *Études* viii. 92, *Mwyar*, oer ynt yn y rad gyntaf a gwlyb yn yr eil. *c.* **1400** *R* 1032. 26, Marchwyeil dryssi a*mwyar* erni. **15g.** (*Diw.* **16g.**) *Gwyn* 3, 197, llam-wr buwch lliw *mwyar* bais [Hywel Dafi am darw du]. **15g.** *LGC* 409, *Mwyar* heb rwym ar y brig, / Yn y dail y Nadolig. **16g.** *GIDW* 59, Golwg gwar lliw *mwyar* llwyn / Gloywddu a mwnwgl addwyn. **1547** *WS*, *mwyar*, blacke bery. **1615** R. SMYTH: *GB* 256, yn lle Inc . . . yr oeddynt yn arfer sugun *mwyar.* **17g.** HUW MORUS: *EC* i. 190, Yr Oen oedd mewn *mwyaren.* **1707** *AB* 271b d.g. *a berry.* **1753** *TR* (*Bot*), *mwyar, mwyaren*, a dew-berry, bramble-berry or blackberry. **1803** *P.*
Amr.: **mwyer** (un. b. *mweren*; g. *mweryn*). **1707** *AB* 271b–c, *mweryn* d.g. *a berry.* **1712** T. WILLIAMS: *CDdG* 387. Ar lafar yng nghanolbarth Cered., *B* xiv. 280. Clywir y ff. un. *mweran* ym Morg.
Cfn.: **mwyar Berwyn:** *wild raspberries, Rubus idæus; cloudberries, Rubus chamæmorus.* **1632** *D* (*Bot*), *mwyar Berwyn* . . . ar ferwyn y tyfant. **1682** E. LHUYD: *LL* 74. **1753** *TR* (*Bot*). **1803** *P.* **1813** *WB* 223. **m. y brain:** *bilberries, whimberries, whortleberries, Vaccinium myrtillus.* **1813** *WB* 223. **m. y ddaear:** *dewberries, Rubus cæsius; cloudberries, Rubus chamæmorus.* **18–19g.** *Llr* C 4, 269, *mwyar y ddaiar*, dewberries. **1803** *P*, mwyar . . . *mwyar y ddaiar*, cloudberries. **m. Doewan:** *wild raspberries, Rubus idæus; cloudberries, Rubus chamæmorus.* **1604–7** *TW* (*Pen* 228) d.g. *rubus* . . . *rubus idæus.* **1632** *D* (*Bot*). **1707** *AB* 141c. **1753** *TR* (*Bot*). **1813** *WB* 223. **m. du(on):** *blackberries, Rubus fruticosus.* **1604–7** *TW* (*Pen* 228), *mwyaren ddu* d.g. *hysg*[*i*]*num* (At.). *id.* llwyn y *mwyar duon* d.g. *rubus.* **1803** *P.* **m. Ffrengig (Ffreinig):** *mulberries, Morus; ?blackberries, Rubus fruticosus. c.* **1400** *YCM*[2] 74, duach oed nor *mwryar* [*sic*] *Ffreghic* duhaf. **1803** *P*, mwyar . . . *mwyar ffreinig*, mulberries. **m. glas (gleision):** *dewberries, Rubus cæsius.* **1801** *MMf* 108. Ar lafar yn sir Benf., *GDD* 203. **m. Mair:** *mulberries, Morus; dewberries, Rubus cæsius.* **1763** *DT* 113. **1803** *P*, mwyar . . . *mwyair* [*sic*] *mair*, mulberries. **1813** *WB* 223, *Mwyaren Mair*; Rubus c[æ]sius; Dewberry. **m. y mynydd:** *name of an unidentified plant or its fruit.* **1682** E. LHUYD: *LL* 72. **m. pêr:** *sweet-briers, eglantine, Rosa rubiginosa. Diw.* **19g.** *SE MS* 315a, *mwyaren ber*—sweet briar. **m. ysgyfarnog:** *dewberries, Rubus cæsius.* Ar lafar yn nwyrain sir Gaerf.
Gw. hefyd mieri, mwyeri.

mwyaraf: mwyara [bf. o'r e. bl.] *bg.* Hel mwyar duon, hefyd yn *ffig.* segura, diogi: *to gather blackberries, also fig. be idle.*
1592 S. D. RHYS: *Inst* [xx], [m]yned i gylôra; ac o's mynnei i *fwyâra*, ynn lle ei gyfreithwra. **1722** *Llst* 189, *mwyara*, to gather black-berries. **1793** DAFYDD IONAWR: *CD* 342, Rhyfedd son! y dynion da! / Oh Fair! ewch i *fwyara.* **1803** *P. Diw.* **19g.** *SE MS* 315a, *mwyara*, to idle one's time. Ar lafar; hefyd yn nwyrain Morg. yn y ff. *mwera*, *GWG* 289.

mwyarbren [*mwyar* + *pren*; cf. H. Grn. *moyrbren*, gl. *morus*] *eg.* ll. *-iau.* Morwydden; llwyn mwyar duon, miaren: *mulberry bush; blackberry bush, bramble.*
1604–7 *TW* (*Pen* 228), [y] grawn ar y *mwyarbren* d.g. *batinum.* **1632** *D* d.g. *morus, sycaminea.* **1688** *TJ*, morwŷdd, *mwŷar-brenniau*: Mulberry-trees. *c.* **1730** *Thos. Lloyd D* (LlGC) 178b, *mwyarbren*, Sycaminea morus. **1813** *WB* 223, *Mwyarbren.* edr. *Morwydden.*

mwyarliw, gw. mwyar + lliw[1].

mwyarllwyn [*mwyar + llwyn*[1]] *eg.* Llwyn mwyar duon, miaren: *blackberry bush, bramble.*
16g. HUW ARWYSTL: *Gw* 351, Cricied *mwiar llwyn* crwca [am y dryw]. **1587** *GP* 188, Ni thal-ai'r iarll *fwyarllwyn.* **1604–7** *TW* (*Pen* 228) d.g. *rubus.* **1722** *Llst* 189, *mwyarllwyn,* m. a black-berry bush. **1813** *WB* 50.

mwyarol [*mwyar + -ol*] *a.* O liw mwyar-en, tywyll, du: *blackberry-coloured, dark, black.*
15g. *GO* 63, Y Vvn *vwyarol* olwc, / Vanwyaidd iawn, vwynaidd ŵc.

mwyd [bôn y f. *mwydaf*: *mwydo*; ansicr yw ystyr yr engh. gyntaf isod] *eg.* a hefyd gyda grym ansoddeiriol. Mwydiad, gwlychiad, trwythiad, lleithiad; yr hyn a drwythir; hylif y trwythir peth ynddo: *a steeping, soaking, moistening; that which is steeped or soaked; liquid used to steep or soak something.*
1603 W. MIDLETON: *Ps* 34, A'm holl esgyrn migyrn *mwyd* / Eilwaith a ddigymalwyd. *Dchr.* **17g.** *J* 10, 35a, *mwyd,* infusio, maceratio. **1632** *D, mwyd,* humectatio, insuccatio, madefactio, macera-tio. *id.* gwin neu lynn arall y bu beth ym *mwyd* ynddo d.g. *dilutum.* *id.* rhoi ym *mwyd* d.g. *imbuo.* **1703** T. BADDY: *PCh* 86, O rhoddwch eich calon ym *mwyd* yn y gwaed hwn, a phrofwch onid gwaed yn meddal-hau ydyw. **1722** *Llst* 189, *mwyd,* m. a putting in steep. **1770** *TG* iii. 52, Yn bedair o droedfeddau, i ddewis cammau mannau *mwyd* [am ffon]. **1801** *MMf* 296, *mwyd,* bwrw oer neu ferw o ddwr neu arall o lynn ar a blyddhao, ag a elo ynghymysg ar [*sic*] gwlyb a fwrer arno. **1803** *P, mwyd,* that is swelled or puffed up: that is moistened, soaked, or steeped. Ar lafar yn y Gogledd, 'rhoi dillad ym *mwyd* dros nos', *WVBD* 383.
Gw. hefyd mwydyn.

mwydaf, mwydiaf: mwyd(i)o [cf. *mwyd-yn*] *bg.a.* Gosod peth mewn dŵr neu hylif arall i wlychu drwodd, rhoddi yng ngwlych, trwytho, sucio, socian, gwlypáu, dyfrhau, lleithio; (peri) meddalu neu ystwytho drwy wlychu, tyneru; hefyd yn *ffig.*: *to steep, soak, infuse, wet, water, moisten; soften (by steeping), become soft; also fig.*
1545 *CM* 1, 217, *mwydo* bara. *id.* 353, ffranckin-sens . . . a myrr . . . a Saalavmoniack . . . [d]od wynt oll 1 *vwydo* mewn galwyn o winegyr. *Diw.* **16g.** *WLB* 44, llanw wydyr or briwion hwnw . . . ai adel i *fwidio* 6 wythnos. **1588** *Salm* lxv. 10, yr ydwyt yn ei *mwydo* hi [daear] â chafodau. **1588** *Esec* xxxii. 6, *Mwydaf* hefyd dy dir llaith a'th waed. **16–17g.** *PCWG* 199, *mwydo* yn gyddfe ag oyl yr yspryd glân. **1604–7** *TW* (*Pen* 228), grawnwin wedy *mwydo* mewn dwr d.g. *acinaceus.* *id.* bara wedy wlychu mewn gwin ai *vwydo* ynddo d.g. *vipa.* **1632** *D, mwydo,* madere, madescere, humectari. Item Humectare, madefacere, insuccare, irrigare. **1675** R. JONES: *HCh* 122, ti a ddylit *fwydo* dy feddyliau yn y myfyrdod am chwerw farwolaeth Crist. **1759** J. EVANS: *PF* 29, *Mwydwch* y Fron ac ef [camomil a dail yr hocys] rhwng dwy Wlanen. *id.* 61, Gadewch iddo *fwydo* yntho tros bedair awr ar hugain. **1775** *W* d.g. *to infuse an herb, to macer-ate* [*steep in some liquid*], *to soften* [*make soft: also to grow soft*]. **1795** J. THOMAS: *AIC* 362, *Mwydu* nhw'n aml mewn dŵr wedi berwi Alwm ynddo. **1803** *P* d.g. *mwydaw.* Ar lafar yn y Gogledd; hefyd yn yr ystyr 'rhoddi (dillad) mewn dŵr idd-ynt fod yn haws eu golchi', *LGW* 335; ac yn nwyrain Morg. am 'ychwanegu ychydig o win at y gweddill yn y botel tra'r oedd yn gweithio', *Geir Geg* 109.

mwydedig, mwydiedig [bôn y f. fl. + -(*i*)*edig*] *a.bfl.* Wedi ei wlychu drwodd, wedi ei roddi yng ngwlych, wedi ei drwytho, hefyd yn *ffig.*: *steeped, soaked, also fig.*
1770 *W* d.g. *bathed, imbrued, macerated, soaked.* **1803** *P.*

mwydiad [bôn y f. fl. + -*iad*[1]] *eg.* Y weithred o fwydo mewn dŵr, &c., gwlych-iad, suciad, sociad, trwythiad, dyfrhad, lleithiad; trwyth a gynhyrchir drwy fwydo; ?powltis: *a steeping, soaking, water-ing, moistening; infusion produced by steep-ing; ?poultice.*
1604–7 *TW* (*Pen* 228) d.g. *maceratio.* **1632** *D* d.g. *rigatio.* **1775** *W, mwydiad* llysiau mewn mwygl-lynn d.g. *infusion* [*in Medicine* . . .]. *id.* d.g. *a soak or soaking.* **1803** *P.* **1813** *WB* 154, *Mwydiad* o'r llysieuyn . . . sydd dra llesol.

mwydiar [amr. ar *bwydiar,* gyda *b-* ac *m-* yn ymgyfnewid, cf. *bainc, mainc*] *e?g.* Plât pren, dysgl bren: *wooden plate, trencher.*
c. **1588** *B* ii. 232, *mwydiar,* desgil bren a ddwg fwyd i fwrdd.
Gw. hefyd bwydiar, foeder.

mwydig [*mwyd + -ig*[2]] *a.* Llawn nodd neu ddŵr, ir, dyfrllyd: *full of juice or water, sappy, watery.*
1773 *W* d.g. *flashy* [*waterish, &c.*]. **1793** R. POWELL: *ADV* 9, *Mwydig* [:- Ir, neu lawn o nôdd] lysiau, mâd a glwysion.

mwydion, gw. mwydyn.

mwydionaf: mwydioni [bf. o'r e. ll. *mwydion*] *ba.* Trwytho, mwydo; briws-ioni: *to soak, steep; crumble.*
1850.

mwydionaidd [*mwydion + -aidd*] *a.* Llawn mwydion neu bwlp, bywynnog: *pithy, pulpy.*
1780 *W* d.g. *pithy* [*full of pith, &c*]. **1803** *P.*

mwydionllyd [*mwydion + -llyd*] *a.* Llawn mwydion neu bwlp, bywynnog: *pithy, pulpy.*
1780 *W* d.g. *pithy* [*full of pith, &c*]. **1803** *P.*

mwydionog [*mwydion + -og*] *a.* Llawn mwydion neu bwlp, bywynnog: *pithy, pulpy.*
1604–7 *TW* (*Pen* 228) d.g. *carnosus.* **1780** *W* d.g. *pithy* [*full of pith, &c*]. **1803** *P* d.g. *mwydion-awg.*

mwydlyd [*mwyd + -lyd*] *a.* Wedi ei fwydo, soeglyd, swga: *steeped, soggy.*
1688 *TJ,* soegen, soeglud, *mwydlud*: moist, that is steeped or watered.

mwydlyn [*mwyd + llyn*[2]] *eg.* Trwyth, godrwyth: *tincture, infusion.*
1794 *W* d.g. *tincture or infusion.*

mwydod, mwydon, gw. mwydyn.

mwydol [*mwyd + -ol*] *a.* Yn dyfrhau, yn lleithio: *watering, moistening.*
1803 *P* d.g. *mwydawl.*

mwydraf, moedraf: mwydro, moedro [bnth. S. (*to*) *moider*] *bg.a.* Peri dryswch neu benbleth meddwl i (rywun), drysu neu gymysgu('n feddyliol), poeni, cy-thryblu; (bod wedi) drysu('n feddyliol), ffwndro, gwirioni, hurtio; gwirioni (ar): *to bewilder, confuse (mentally), perplex, worry, trouble, bother; be (mentally) con-fused, become bewildered or foolish; be ob-sessed (with).*
18g. *Beirdd y Berwyn* 83, A dysgu'n glir yfed bir yn brysur heb ruso; / Hyn o ynfydrwydd, rhag inni *foedro* / O ran oferedd rwy'n i fario. **18g.** *W Ballads* 142, 7, Pan ddelo fo i symblo ag eich *moedro* wrth deimlo'n wr dwys. **1770** J. PRYS: *Alm* 8, Fyth i *foedro*'r fath ynfydrwydd, y fi nid aethwn. **1789** TWM O'R NANT: *TChB* 53, Mae 'n bryd inni bellach bwyllo / Ynfydrwydd inni ddal i *foedro.* **1790** TWM O'R NANT: *GG* 64, Ond nattur anwir wynias, / . . . / Yw 'mwneuthur trwy weneithio, / I hudo a *moedro* merch. **1794** W. THOMAS: *AGG* 64, O pa hyd y gallant eistedd, a throi eu llyfrau, a *moedro* eu ymennyddau. Ar lafar; hefyd yn aml mewn ymad. fel '*mwydro* pen', e.e. 'Paid â *mwydro* dy ben am hynny'; cf. D. OWEN: *RL* 189, rhyw syniade wyt ti wedi 'u cael yn yr hen lyfrau Saes-neg ene sydd wedi *mwydro* dy ben di'.
Amr.: **moeddran** [bnth. S. (*to*) *moither*]. Ar lafar yn y De, 'Paid â *moeddran* dy ben â'r hen bethe 'na'.

mwydran, gw. mwdran.

mwydrus, moedrus [bôn y f. fl. + -*us*] *a.* Dryslyd, cymysglyd, ffwndrus: *bewildered, perplexed, confused.*
1859.

mwydwr, mwydydd [bôn y f. *mwydaf*: *mwydo* + -*wr,* -*ydd*[3]] *eg.* ll. *mwydwyr, mwydyddion.* Un sy'n mwydo neu'n soc-ian: *one who steeps or soaks.*
[1783] *W, mwydwr, mwydydd* d.g. *soaker.* **1803** *P* d.g. *mwydwr, mwydydd.*

mwydyn [?cf. Llyd. C. *boedenn* 'sylwedd meddal, mêr', H. Wydd. *moith* 'meddal', Llad. *mītis* 'tyner, aeddfed', o'r gwr. **mēi-* 'mwyn, meddal'; dichon fod mwy nag un gair wedi eu cynnwys yma; ?cf. *abwyd(yn)*] *eg.* ll. *mwyd(i)on* (bach. *mwyd-ionyn,* ll. -*nau*), *mwydod, mwydynnod*; ll. dwbl *mwydionach.*

(*a*) Rhan fewnol feddal neu dyner peth (e.e. torth, planhigyn, ffrwyth), cnewyll-yn, bywyn, pabwyryn, briwsionyn; sylw-edd meddal soeglyd, pwlp; rhuddin (pren); cartilag, madruddyn y cefn; y cnawd rhwng yr asennau; hefyd yn *ffig.*: *soft inner part (e.g. of loaf, plant, fruit), kernel, pith, crumb; pulp; heart (of wood); cartilage, spinal cord; intercostal flesh; also fig.*
c. **1400** *Études* viii. 384, Teir nych gweli ynt: kymal glin, a *mwydon* assen, ac ysgeueint. **15g.** *DE* 46, Mal gwin a mel yw genav / nev *fwydion* kynhwyll-ion knav. **1547** *WS* [vi], [p]orthi o honawch chwith-eu yr anyscedic a *mwydion* ych goruchelddysc. **16g.** *LlGC* 4581, 85a, phrwyth a chnawd ne *vwyd-ionyn* iddo [am eirinen]. **1604–7** *TW* (*Pen* 228), madruddyn, ne'r *mwydionyn,* megys or trwyn ne'r glust d.g. *cartilago.* *id.* y Galon genol, pabwyryn, *mwydionyn* ne vywiolaeth y prenn d.g. *medulla.* **1632** *D, mwydion,* medulla, vt *Mwydion* bara, Medulla panis. **1725** D. LEWIS: *GB* 94, Y mae Twll yn rhedeg trwyddo [asgwrn y cefn] i'r *Mwydyn* gael ei gadw. *c.* **1730** *Thos. Lloyd D* (LlGC) 168a, *mwydionach.* **1759** *DG* 52, Llun oreu gwedd ilanw yr geg / A *mwydion* y gramadeg. **1780** *W, mwydionyn* d.g. *pith.* *id. mwydion* d.g. *pulp.* **1781** J. JONES: *LlA* 26, megis Afal â chroen têg a *mwydion* pwdr. **1800** W. OWEN[-PUGHE]: *CP* 125, teflir ynddo . . . saffrwm, i roddi i *fwydion* (*paste*) y caws y lliw melyn hŵnw à hoffai. **1803** *P, mwyd-yn,* a pith or crumb.

(*b*) Pryf genwair, hefyd yn *ffig.*: *earth-worm, also fig.*
c. **1588** *B* ii. 232, *mwydon,* prygenwer. **1604–7** *TW* (*Pen* 228), Abwyt y ddala pyscot ne adar . . . *mwydyn,* deeuperthic d.g. *esca.* **1722** *Llst* 189, *mwydyn, mwydion,* an earthworm. **1725** D. LEWIS: *GB* 176, *Mwydon* a Gelod, Llynger a Malwod. **1738** G. JONES: *GOG* 23, [y] *mwydon* a ymlusgant ar hŷd wyneb y llaid. **1773** D. MORYS: *CPC* 11, Cyd-ymdeimla . . . / 'N awr â minnau *fwydyn* gwael. **1790** M. WILLIAMS: *BM* [11], Y *mwydod* man a'r malwed. Ar lafar yn gyff. yng Nghered., sir Benf., a'r De, *LGW* [248], hefyd yn y De-ddwyrain am 'gala'. Clywir yno hefyd y dywediad 'Mae *mwytyn* yn troi wrth gæl 'i ddansial ('i erlid) o 'yd'. Cf. *TM* 161, 'R wy'n ishte yma 'sgetyn / Yn dishgwl am bysgotyn / Ond nid yw'r gŵr â'r gynffon ffiat / Yn moyn dod at y '*mwytyn.*

(*c*) Y gŵys denau gyntaf a dorrir wrth godi cefn: *the first thin furrow of a ridge.*
1890. Ar lafar yng Nghered., sir Benf., a'r De.
Cfn.: **mwyd(i)on asen:** *intercostal flesh.* *c.* **1400** *Études* viii. 384. *Diw.* **16g.** *WLB* 20. **m. bara:** *the crumb (of a loaf), breadcrumbs.* *c.* **1566** *B* xv. 118. **1632** *D.* *c.* **1740** *LIM* 3, [45]. **mwydyn (mwydionyn) (y) cefn (fy nghefn,** &c.): *spinal cord.* **1725** D. LEWIS: *GB* 83. Ar lafar yn y De. **mwydion coed:** *wood-pulp.* **1938.** **mwydon (mwydynnod) y ddaear:** *puff-balls, Lycoperdon; ?earthworms.* **18g.** *Llr* C 24, 290, [*m*]*wydon y ddayar.* *id.* 298, [*m*]*wydynod y ddayar.* **1813** *WB* 223, *Mwydon y Ddaear;* Lyco-perdon; Puff-ball. **mwydion papur:** *paper-pulp, papier mâché.* **1828.** **mwydyn pladur:** *rim of a scythe.* Ar lafar yn sir Benf. a godre Cered, *GDD* 203. **m. torth** = **m. bara.** **1604–7** *TW* (*Pen* 228) d.g. *medulla panis.* Ar lafar yn sir Ddinb. **m. y traeth:** *lugworm, sandworm.* **20g.** **m. y trwyn:** *nasal cartilage.* *c.* **1762–79** W. WILLIAMS: *P* 60.
Gw. hefyd abwyd, amwyd[2], mwyd.

mwyedig [*mwy + -edig*; ansicr yw'r engh. gyntaf isod] *a.* ll. -*ion,* a hefyd gyda grym enwol. Wedi ei fwyhau neu ei ledu, wedi ei estyn neu ei helaethu, wedi ei gynyddu neu ei luosogi, helaeth, lluos-og; ffrwythlon, toreithiog, cnydfawr, cyn-hyrchiol; *Crdd.* estynedig (am gyfwng):

made larger, greater, or wider, extended, increased, multiplied, ample, numerous; fruitful, abundant, productive; augmented (of an interval in mus.).

14g. *T* 72. 11–12, Ar lleg kaw *mwyedic* uein dreic amgyffreu. 15g. (*Diw.* 16g.) *Gwyn* 3, 201, Madog wych, *mwyedig* wedd / iawn genau Owain Gwynedd (Meredudd ap Rhys). 15g. *GTP* 42, Mae o hyd cu, meudwy cŵl, / *Mwyedig* fal pren mwdwl. 16–17g. *NBSF* 61, Ar daith hyder duw ith adael / heb ymadael byw *mwyedig* (Siôn Phylip). 16–17g. *PhA* 290, karedic *fwyedic* faint / kordiawc aer kar dy geraint. 1604–7 *TW* (*Pen* 228) d.g. *ferax, fructuosus.* 1632 *D*, *mwyedig*, auctus, multiplicatus, q.d. Maioratus. 1722 *Llst* 189, *mwyedig*, p. *digion*, made greater or wider, increased. 18–19g. *Llr* C 48, 166, dau air neu fwy ynghyd yn ungair, A geiriau *mwyedigion*. 1803 *P*.

mwyedigaeth [*mwyedig* + *-aeth*] *eb.g.* Cynnydd, ychwanegiad, estyniad, helaethiad, lluosogiad: *a growing or increasing, addition, expansion, augmentation, multiplication.*

c. 1600 L. Dwnn: *HV* i. 7, rag roi or gwr anvwiol *mwyedigaeth* na lleiedigaeth yn yr achoedd. 1604–7 *TW* (*Pen* 228) d.g. *excessus.* 1632 *D*, *mwyedigaeth*, multiplicatio, auctio. 1661 E. Lewis: *Drex* 294, ei Auxesis ef (sef ei angwhanegiad) neu ei gynnyddiaeth ef a *mwyedigaeth*. 1722 *Llst* 189, *mwyedigaeth*, f. an augmentation. 1770 *W* d.g. *an augmentation or an augmenting.* 1803 *P*.

mwyedigaf: mwyedigo [bf. o'r a. *mwyedig*] *bg.* Amlhau, cynyddu, lluosogi: *to abound, increase, multiply.*

1567 *TN* 228a, rhat Duw, a'r dawn drwy rat, yr hwn 'sy trwy vn dyn Iesu Christ, a *vwyedigawdd* [:– amylhaodd] i lawer. 1803 *P*.

mwyer, gw. mwyar.

mwyeri [*mwyar* + *-i*[2], o bosibl dan ddyl. *mieri*; dichon mai 'mwyaren' yw'r ystyr yn *J* 10 isod] *e.ll.* (bach. *mwyerïen*). Mieri, hefyd yn *ffig.*: *blackberry bushes, brambles, also fig.*

c. 1400 *J* 1, 1070, Kas gan uaharen *mwyeri.* 16g. Huw Arwystl: *Gw* 383, mawr yw gwrysg *mvieri* yw gwraidd. *Diw.* 16g. *Pen* 168, 46a, drain a *mwyeri.* *Dchr.* 17g. *J* 10, 30a, merien, *mwyerien*, Morus viatica [*sic*]. 1632 *D*, mieri . . . Potiùs *Mwyeri*, à Mwyar. 1735 *Llsgr R. Morris* cxvii, Bwganod, hynod, heinus / *Mwyeri* 'rhain, mawr eu rhûs [am feiliaid]! 1759 J. Evans: *PF* 49, [Ll]onaid Llâw o Ddail *mwyeri.* 1770 *W* d.g. *bramble.* 1803 *P*.

Gw. hefyd mieri, mwyar.

mwyfwy, mwy fwy [ff. ddwbl ar *mwy*, cf. *gwaethwaeth, gwellwell, lleilai*, &c., a'r Llyd. Diw. *muioc'h-mui*] *a.* ac *adf.* a hefyd gyda grym enwol. Yn mwyhau neu'n cynyddu'n gyson, ar gynnydd, mwy a mwy o hyd: *steadily enlarging or increasing, more and more, greater and greater, larger and larger.*

13g. *C* 59. 6–7, Na chlat de redkir nac iste. *wiuuy* [*sic*]. 13g. *MA*[2] 221b. 41, Neud *mwyfwy* galar gwanar gweinion (Dafydd Benfras). 13g. *B* ix. 148, moli duw *uwy uwy* a orugant wynteu. 14g. *WM* 458. 27–9, yd yt uo mwyhaf y kyuarws a rothom. *Mwyuwy* uyd yn gwrdaaeth ninheu. 14g. *GDG* 138, *Mwyfwy* y clwyfai ar naid, / Cof ynof, cyfyw f'enaid. *c.* 1400 *Études* viii. 372, Os *mwyfwy* vyd yr arwydon heb dewhau, hir heint vyd. 15g. *LGC* 357, Ev â avon yn *vwyvwy* / Hyd y môr ac nid â mwy. 15g. *GGl*[2] 295, *Fwyfwy*, fal y brif afon, / Fo'i urddas ef a'r ddau Siôn. 16g. (*LlEG*) *Mos* 158, 6b, tyuodd *mwy vwy* o anghariad hryngtho Ef ar pennaethiaid Seisnig. 1551 W. Salesbury: *KLl* xvia, ynte a lefawdd *vwyvwy*. 1567 *TN* [xxvii], O hyn allan leilai fu ey rhwysc, a *mwyfwy* eu gorthrymder. 1615 R. Smyth: *GB* 70, cawn weled fod i drueni beunydd yn chwanegu *fwyfwy*. 1632 *D*, *fwy-fwy* d.g. *impendiò.* 1682 E. Llwyd: *EI* 55, gwna fi . . . *fwy-fwy* i fod yn un gida thydi. 1703 E. Wynne: *BC* 45, Pa nesa yr awn atti *mwyfwy* y rhyfeddwn. 1759 T. Thomas: *WWDd* 332, y mae yn gweled *fwy fwy* o ddrwg pechod. 1803 *P*.

mwygl, *a.* ll. *-on.*

(*a*) Cynnes, claear, llugoer, yn *ffig.* heb fod yn frwdfrydig, difater; clòs, mwll, mwrn, trymaidd; meddal: *warm, tepid, lukewarm, fig. unenthusiastic, indifferent; close, muggy, sultry; soft.*

14g. *GIG* 166, Baw a gold, *mwygl* bogeldew, / Bara rhudd, bryd bore rhew [dychan i'r Gwyddelyn]. *c.* 1400 *R* 1360. 18–19, rugyl ffugyl ffagyl magyl *mwygyl* refreu. *c.* 1400 *MM* 84, a gat ar y tan ef [halen ac arment] yny uo ual kwyr yn *vwygyl.* *id.* 92, taraw dyrneit a hanner or betonica ar dwfyr *mwygyl.* 16g. Gr. Hiraethog: *Gw* (D. J. B.) 113. 81–2, Ef a glyw i'w *fwygl* eol / Fal seims yn felys i'w ôl [am fadyn]. 16g. Huw Arwystl: *Gw* 385, megis wrth drin himp krinion / *mwygl* gode o brysg magl goed bronn [dychan i'r gwybed]. 1567 *TN* 377a, Mi adwen dy weithredoedd . . . can dy vod yn lled-twym [:– *vwygl*]. 16g. Wiliam Cynwal: *Gw* (R. L. Jones) 766, *Mwygl* y'm gwisgir a'm gwely i'm gwasgu / Yma i gul gasged, a'm galw i gysgu. *Diw.* 16g. *WLB* 30, yfed yr isgell uchod yn *fwygul.* 16–17g. *GST* i. 457, Cyffuriau, maglau *mwyglon*, / Ceibiau dan geseiliau Siôn [i ofyn ffyn baglau]. *c.* 1600 *IGE* 218, *Mwygl* ei fodd, maglai fyddin, / Môr sych yn ymaros hin [i'r niwl]. 1632 *D*, *mwygl*, tepidus. 1722 *Llst* 189, *mwygl*, lukewarm, qualmy, sultry. 1776 *W* d.g. *muggy.* 1803 *P*. Ar lafar yn y Gogledd yn yr ystyr 'clòs, mwll, trymaidd', *Cymru* lxii. 72.

(*b*) Masw, ofer, gwamal: *foolish, vain, frivolous.*

14g. *GDG* 405, Mawl ni bu mal y buost, / 'Mogel di fod, *mwygl* dy fost [ymryson â Gruffudd Gryg]. 15g. *IGE*[2] 240, Arwydd tangnefedd eirian, / A maddau'r *mwygl* eiriau mân [Ieuan ap Rhydderch i'r offeren]. *a.* 1587 *Y* 150, Haervd ddoe im, hwyrwaud ddv, / Dyddiwr *mwygl*, dy ddirmygv. *c.* 1730 *Thos. Lloyd D* (LlGC) 168a, rhag i chwi wyr *Mwyglon* eu maglu. BM 221.

Gw. hefyd gwygl.

mwyglaf, mwygliaf: mwygl(i)o [bf. o'r a. bl.] *bg.a.* Bod, mynd, neu wneud yn glaear neu'n llugoer, gwneud neu fynd yn boeth, cynhesu; crasu neu galedu (dillad); mynd neu wneud yn feddal, mwydo; hefyd yn *ffig.*: *to make or be(come) tepid or lukewarm, make or become hot, warm; air (clothes); make or become soft or mushy, soak; also fig.*

13g. *DB* 57, Pan gerdo y duuyr trwy y lleoed guressauc . . . henne y twymna . . . Odena tra y pellao, y *muycla* (*tepescit*) o bell, eilchuyl y urth henne y daw yn oeruel. *c.* 1400 *MM* 20, ae *vwyglaw* [wermod a dŵr] kynn y yuet. 15g. *IGE*[2] 239, Dyn wrthi, Duw a'i nertho, / Ni hena, ni *fwygla* fo [Ieuan ap Rhydderch i'r offeren]. *c.* 1543 *Rhyddiaith Gymraeg* i. 43, pan gymerer bwyd y *mwygla* hwnnw ac i llwgr o'r gwlybyrev hynny ac ni wna vn lles i'r corff. *Diw.* 16g. *WLB* 32, dodi ychydig o hono mewn krogen lâs ai *fwyglo* ar fororyn neu ar ganwyll. 16–17g. Huw Machno: *Gw* 3, Mwg dyfrllyd trwy fyd a drodd, / Mygliw ennaint a *mwyglodd* [*sic*]. 1632 *D*, *mwyglo*, tepere, tepefacere. 1722 *Llst* 189, *mwyglo* d.g. *to Air by the fire.* *c.* 1740 *LlM* 46, gadewch iddynt [wynwyn a pherlysiau] *fwyglo* neu Stiwio'n ymddenol. 1772 *W* d.g. *to digest* [*in Chemistry, to soften by heat &c.*]. 1798 W. Jones: *LlG* 45, Magu a *mwyglo*, cam gyhuddo, / A diawl yn chwyddo'r chwant. 1803 *P*. Ar lafar yn sir Ddinb. a Meir. yn yr ystyr 'mwydo', *Cymru* lxii. 72, ac ym Môn sonnir am '[d]e wedi *mwyglio* . . . h.y. wedi stiwio', *ISF* 57. Yn Arfon fe'i clywir am datws, 'Gloyfwch y dŵr odd' ar y tatws neu mi fyddan' nhw wedi *mwyglo*', *WVBD* 384; ac yn ddifr. am feddwyn, 'Mae o'n *mwyglo* mewn diod'.

mwyglaidd [*mwygl* + *-aidd*] *a.* a hefyd gyda grym enwol. Masw, ofer, gwamal: *foolish, vain, frivolous.*

1790 Twm o'r Nant: *GG* 183, Menywod anian fydd yn denu, heb rith o g'wilydd weithie i'r gwely; / Can's hawdd i'w [*sic*] maglu'r *mwyglaidd*, Malwennaidd, i aml wall. Cf. Huw Arwystl: *Gw* 368, Mogel wedd drwch mwygleidd drem [*sic*] / Mesyth o lid mae saeth lem [dychan i'r llymysten].

mwyglder [*mwygl* + *-der*; cf. Crn. Diw. *mygilder*] *eg.* Cynhesrwydd, claerineb, yn *ffig.* diffyg brwdfrydedd, difaterwch: *warmth, tepidity, fig. lack of enthusiasm, apathy.*

c. 1400 *YE* 15, Llesged yw *mwygylder* medwl. 1604–7 *TW* (*Pen* 228) d.g. *tepor.* 18g. *Llr* C 24, 354, Amryw Afiachys benydiawl Glefydoedd a fag . . . Mogiant A*mwylgylder* [*sic*] Calon.

mwygldwym, mwygldwymn [*mwygl* + *twym(n)*] *a.* Llugoer, claear: *lukewarm, tepid.*

16g. *AP* 53, Bwyd o fara Rhyg Mylldew, a photysfwyd *mygldwym* [*sic*; *CD* 41, *mwygldwymn*]. 17g. *Llst* 82, 105–6, powdr . . . gida gwin koch *mwygldwym* a dyro ir klaf y yfed.

mwygledd [*mwygl* + *-edd*[1]] *eg.* Gwres, cynhesrwydd, claerineb; ager, stêm, anwedd, tawch; myllni; oferedd: *heat, warmth, tepidity; steam, vapour; sultriness; vanity.*

Dchr. 17g. *J* 10, 35a, *mwygledd*, tepor. 1632 *D* d.g. *vapor.* 17g. *BL Add* 14890, 205, Tynn dy ddialedd *mwygledd* maith / A chynllwyn o fachynllaith [Wmffre Dafydd ab Ifan am y pla]. 1722 *Llst* 189, *mwygledd*, m. heat, steam. 18–19g. R. Davies: *DB* 244, Mae'r cwrw fel agoriad, / Fe wna ddattodiad dyn / Yn rhydd i chwantau maglau *mwygledd*, / A llygredd o bob llun. 1803 *P*, *mwygledd*, tepidity; sultriness.

mwyglen [*mwygl* + *-en*; ansicr yw drll. ac union ystyr y dfn. cyntaf] *eb.* ll. *-nod.* Putain neu hwren (fach): *(little) prostitute, tart, or strumpet.*

16g. *Llst* 7, 195, mair a gatwo vym yd / *mwyglen* ni wyr ym veglyd. 1632 *D*, *mwyglen*, tepidula, meretricula. *id.* d.g. *meretrix.* 1722 *Llst* 189, *mwyglen*, f.p. *glennod*, a doxy, young quean. 1753 *TR*, *mwyglen*, a warm wench, a little whore. 1770 *W*, carn-buttain . . . galwad gwaradwyddus pa un . . . yw llithio a thynnu [a]tti lawer *mwyglen* a symlogen, i'w cadw er digoni afrëolus chwantau dynion anifeilaidd d.g. *baud* . . . [*procuress*]. 1803 *P*.

mwyglhaf: mwyglhau [*mwygl* + *-hau*] *ba.* Cynhesu: *to warm.*

16–17g. Huw Machno: *Gw* 78, O'r Deau yn *mwyglhau* yr hin, / Garw y lle, a'r Gorllewin.

mwygliaf: mwyglio, gw. mwyglaf: mwyglo.

mwyglyd [*mwygl* + *-lyd*] *a.* Masw, ofer, gwamal: *foolish, vain, frivolous.*

1736 (1812) *YRW* 27, Taer yw'r cythraul a thra busy, / Yn ein temptio i bob drygioni, / Yn gosod trapiau a maglau *mwy-glud* [*sic*], / I ddifa'r corff a'r enaid hefyd. 1759 *BC* 148, efe a chwarddai, / Am ben Tobeccyn myglyn *mwyglyd*.

mwyhad [bôn y f. ddil. + *-ad*[2]] *eg.* Y weithred o wneud yn fwy, cynnydd; *Math.* lluosiad; chwyddiad; gormodiaith: *an enlarging, enlargement, increase; multiplication (in math.); magnification; exaggeration.*

1632 *D* d.g. *magnitudo.* 1651 Siôn Treredyn: *MDD* 289, hên gais [rheswm] o amrywiaeth o bethau, dymunol, neu o *fwyhâad* o bethau amgyffredol. 1773 *W* d.g. *exaggeration.* 1803 *P*, *mwyâad*, an increasing or augmenting. 1829 *CBYP* ix, gwaranred ar bob newydd a fernid yn gynnydd a *mwyhad* ar wybodau gwiwgais.

Gw. hefyd mwyad.

mwyhadur [bôn y f. ddil. + *-adur*] *eg.* ll. *mwyaduron.* Dyfais electronig a ddefnyddir i fwyhau cryfder foltedd neu gerrynt; dyfais o'r fath a ddefnyddir i fwyhau cryfder sŵn mewn radio, peiriant chwarae recordiau, &c.: *amplifier.*

20g.

Gw. hefyd mwyadur.

mwyhaf: mwyhau [*mwy* + *-hau*] *bg.a.*

(*a*) (fel *bg.*) Mynd yn fwy (o ran maint, nifer, nerth, dwyster, &c.), cynyddu, amlhau, dwysáu: *to become larger or greater (in size, number, strength, intensity, &c.), increase, multiply, intensify.*

13g. *DB* 65, Ny leihaa hi [y lleuad] heuyt, ac ny *muyhaa*, ac ny thyf, ac ny chilya. *c.* 1400 *ZCP* xiii. 84, Gwelet dwy loer neu avei . . . vwy, dy allu yn *mwyhau.* 15–16g. *TA* 105, *Mwyhewch* yma, mae chwemil, / Er lleihau ereill a'u hil. *id.* 498, Lleihau ymddiddanau 'dd ŷch, / *Mwyhau* arnaf mae hirnych. 1545 *CM* 1, 24, Ac I maerawdur yn dangos naall yr wybrenoedd wneuthud yr vn orddau oi nattur I hun na*mwyhav* na lleihav. 16g. Huw Arwystl: *Gw* 113, mae ei rhodd yn mowrhav vddynn / mae r rhent yn *mwyhav* er hynn. 1588 *Job* ii. 13, gwelent *fwyhau* ei ddolur ef yn ddirfawr. 1604–7 *TW* (*Pen* 228) d.g. *adaugesco, augesco, extendo.* 1632 *D*, *mwyhau* . . . augeri, q.d. . . . maiorari. *id.* d.g. *increbresco, incresco, succresco.* 1725 D. Lewis: *GB* 100, Rhyfedd hefyd, gan fod pob Peth yn tyfu mywn Dŷn, nad yw'r Gwydr yn y Llygad, yn tyfu nac yn *mwyhâu* dim. *id.* 369, Y mae Pwys, Gwrês, a Goleuni yn wastad yn *mwyhau* neu yn lleihau, yn gyfattebol i Bellder neu Agosder Petheu. **1770** *W* d.g. *to augment, or be augmented.* **1803** *P.*

(*b*) (fel *ba.*) Gwneuthur yn fwy neu beri ymddangos yn fwy (o ran maint, nifer, nerth, dwyster, &c.), cynyddu, helaethu, dwysáu, chwyddo (hefyd mewn *Ffis.*), chwyddo cryfder (foltedd neu gerrynt), lluosogi, *Math.* lluosi; mawrhau, mawrygu; defnyddio gormodiaith ynglŷn â, gorliwio: *to make (actually or apparently) larger or greater (in size, number, strength, intensity, &c.), increase, augment, enlarge, intensify, magnify (also in physics), amplify (also in electronics), multiply (also in math.); praise; exaggerate.*

1346 *LlA* 94, yr aeleu arymranheu yn *mwyhav* eglurder pob vn onadunt arygilyd. *c.* **1400** *RB* ii. 190, gan *vwyhau* grym a llafur . . . [y] brytanyeit. **15g.** *BB* 191, Pan gigleu arthur hynny *mwihau* y lit a oruc. **15–16g.** *TA* 115, *Mwyhau* seigiau'r Twysogion, / Ar i gwledd, merch Arglwydd Môn. *a.* **1575** *GP* 136, Tri pheth a wna overgerdd: methv, a llygrv ssynnwyr, a *mwyhav* pechod. **1604–7** *TW* (*Pen* 228) d.g. *amplifico, amplio, augeo, augmento, cumulo, exaggero, intendo, multiplico.* **1609** R. SMYTH: *CAC* 46, yn addef fod y'r [*sic*] un rhyw forwyn [Mair] gwedi i *mwyhau* trwy rinwedd duw. *Dchr.* **17g.** *BM* 17, 265, A mi ath wnaf di yn frenin. a *mwyhaa* dithev vinheu or kyfoeth. **1632** *D*, *mwyhau*, augere . . . q.d. Maiorare. **1769** J. GRIFFITH: *A* 124. Pob calon a ŵyr am ei chwerwder ei hun, ac y mae yn rhy barod i'w *fwyhau.* **1773** *W* d.g. *to enlarge* [*make or render larger*], *to exaggerate* [*heighten by description* . . .], *to magnify, in optics.* **1795** J. THOMAS: *AIC* 143–4, Nid y'w [y gwagnod] un math o rifedi . . . [y]n ddim ynddi ei hûn, ond ei bod yn *mwyhau* rhifedi 'r Ffugur nesaf atti . . . Sef ei wneud yn ddêg Cymmaint a'i briodol rifedi ei hûn. **1803** *P.*

mwyhaol [bôn y f. fl. + *-ol*] *a.* Yn mwyhau, cynyddol, *Ffis.* yn chwyddo; *Gram.* cryfhaol: *increasing, magnifying (in physics); intensive (in gram.).*

1803 *P*, *mwŷâawl.* augmenting, increasing.

mwyl¹ [bnth. S. Diw. Cyn. *muyle*, amr. ar *mule*] *eg.b.* ll. *-od.* *Swol.* Epil asyn a chaseg, (bastard) mul: *mule.*

16g. (*LlEG*) *Mos* 158, 268a, [k]ardnal o Eglwys bedyr . . . ac ai hroddasant ef ar *vwil* gwyn. *c.* **1585** *Llst* 178, 30b, pan ydoedd ef yn tybied i diange ar gefn i *vwyl.* *c.* **1600** L. DWNN: *HV* ii. 18, Dros iarlleth Wylshir, *mwyl* wen. **1784** M. WILLIAMS: *S* i. 67, mae rhywogaeth hynod o *fwylod* mawrion, o ran eu caledrwydd, a'u sicerwydd ar draed, yr ydys yn ei harferyd i drafaelu dros fynyddau.

Gw. hefyd miwl, mul¹.

mwyl², gw. moel².

mwylaf¹: mwylo [bnth. S. (*to*) *moil* 'to soil, dirty; ?maul, mangle'] *ba.* Baeddu, difwyno; curo, dyrnu: *to dirty, soil; beat (up), strike.*

16–17g. (*Gesta Rom*) *LlGC* 13076, 27b, kans be bysychwi yn dwyn ych klog, ny bysai y glaw, yn *mwylo* ych dillad chwi. **18–19g.** *Llr* C 68, 19, *mwylo*, to hurt, mae wedi cael ei *fwylo*'n dost, Glam. he has been sorely moiled, sedgemoor. **18–19g.** *Llr* C 25, 330, *mwylo*, Glam. to beat &c.

mwylaf²: mwylo [bf. o'r e. *mwyl²*] *bg.* Defnyddio mwyl neu foel: *to use a moyle.*

Ar lafar yng ngorllewin Morg., *Geir Glo* 90.

mwylsiwr [bnth. S. *mulse* 'liquor made with honey' + *-iwr*] *eg.* Un sy'n yfed neu'n darparu diod wedi ei gwneud â mêl: *a drinker or provider of mulse.*

15g. *GTP* 92, O bai'n y wlad, banel us, / *Mwylsiwr* mawr mal Syr Morys—, Gŵr a gân i rianedd / Geiriau mawl, ac a ry'r medd [dychan i Dudur Penllyn gan Ieuan Brydydd Hir].

mwyll [tywyll yw ystyr *muill C* 20. 8] *a.* (geir.) Meddal: *soft.*

c. **1700** E. LHUYD: *Par* ii. 105, Radnor . . . *Mwyll* soft. **1803** *P.*

mwyn¹ [H. Grn. *muin*, gl. *gracilis*, Crn. C. *mon* 'main', H. Lyd. *moin*, gl. *dulcis*, Llyd. C. a Diw. *moan* 'main', taf. Gwened *moén*; ?cf. H. Wydd. *min* 'llyfn; mwyn, tirion, tyner'] *a.* ll. *-(i)on*, a hefyd gyda grym enwol. Tyner, tirion, addfwyn, hawddgar, cariadus, caredig, cymwynasgar, cwrtais, bonheddig; teg, hyfryd, persain; meddal; esmwythaol: *tender, mild, gentle, meek, amiable, loving, kind, obliging, courteous, noble; fair, pleasant, sweet-sounding, melodious; soft; soothing.*

Dchr. **14g.** *H* 125b. 31, *mwyn* worwyn hundwyn hoenddygyn gystec (Casnodyn). **14g.** *WM* 32. 23–4, mab ydynnyon *mwyn* yw. **14g.** *GDG* 67, Tadmaeth beirdd heirdd, a'm hurddai, / Serchogion *mwynion*, yw Mai. *id.* 68, Pyllog, gorau pe pallai, / Y gaeaf, *mwynaf* yw Mai. *c.* **1400** *R* 1054. 12–13, Pa uessur *mwynaf*. aoruc adaf. *Dchr.* **15g.** *GM* 18, Ar uchelter yn uch no'r ser, Muner *mwynon.* **15g.** *IGE²* 287, Seithfed dial, ynial oedd, / Mae'n y Bibl, *mwynion* bobloedd (Siôn Cent). **1567** *TN* 219a, Paul . . . yn cahel yr estron genedl yn *vwyn* ac yn gymmwynasgar. **1588** *Salm* lxxxi. 2, telyn *fwyn.* **1632** *D*, *mwyn*, clemens, vrbanus, comis, lenis. **1632** J. DAVIES: *LlR* 45, pa fâth wr yw ei feistr ef, ai esmwyth ai tôst, ai *mwyn* ai garw. **17g.** HUW MORUS: *EC* i. 44, Gweithred dost fu'r gaethrwyd hon, / Gau'r min ar y geiriau *mwynion.* **1754** G. OWEN: *L* 91, byddwch cyn *fwyned* a gyrru imi weithiau ambell Glogyrnach llithryg [*sic*], neu ryw hên fesur *mwyn* arall. [**1762**] E. POWELL: *HEI* 54, [c]ymmeryd Bresych . . . a'u pwno oni b'ont yn Bwltis *mwyn.* **1770** *W* d.g. *bland, gentle, kind, mild, soft* [*apply'd to language, &c.*]. **1790** T. JONES: *TOS* 224, bydd ef [dyn nefolaidd] yn *fwyn*, wrth gofio mor *fwyn* yw'r Iesu. **1803** *P.*

Gw. hefyd mwynen¹, mwynyn.

mwyn², mŵn² [?cf. Gwydd. C. *méin* 'mwyn (metel)'; ond cf. *mwyn³*] *eg.* ll. *mwynau, -i, -ydd, mwnau, mynau.*

(*a*) Un o ddosbarth o sylweddau solet anorganig naturiol sydd fel rheol yn risialaidd eu ffurf ac yn homogenaidd eu cyfansoddiad cemegol, un o'r sylweddau hyn (yn enw. un metelaidd) a fwyngloddir; mwynglawdd, cloddfa: *mineral, ore; mine.*

14g. *BY* 8, ef a vu gof ar ysgwthyr *mwyneu.* **14g.** *SC* viii/ix. 189, [p]ob vn or pylleu hynny oed lawn o amgen *vwyn* yn tawd brwt. *c.* **1400** *YCM²* 191, gwely . . . heb amryw *vwyn* yndaw amgen noc eur a mein gwerthuawr. **15g.** *LGC* 291, Un cwr o vryn y Caerau / *Mŵn* a ddwg yma, neu ddau; / Un vettel o aur melyn,/ A bû yr ail ar y bryn. **15g.** *DE* 40, a *mwyn* yr aur mewn yr iad / au lliw megis y llauad [am wallt melyn]. **15–16g.** *TA* 6, Aur mint o'r *mwyn*, a'r grâbs o'r Grwyn. *a.* **1587** *Y* 182, Y gwalch sûr, o golchais i / garreg *fŵn* o'r graig feini, / Dull a modd, nid ai lliw *mŵn* / Yn well er poen a allwn. **1632** *D*, *mwyn*, & *mŵn*, metallum quodlibet fossile rude & non præparatum. **1632** J. DAVIES: *LlR* 374, megis y gall dyn . . . wrth gael gwythen bach o aur, ddyfod o hyd i'r holl *fwyn.* **1667** C. EDWARDS: *FfDd* 84, Pair Duw yw'r brofedigaeth danllyd i ddangos rhagor rhwng Sothach a *mwyn* da. **1688** S. HUGHES: *TSP* 210, [B]ryn bychan, a elwyd Elw; ac yn y Bryn hwn yr oedd *Mwyn* Arian. **1745** *ML* i. 87, Rwyn disgwyl llythyr bob post oddiwrth y brawd Llewelyn a hanes da o'r *mwyn.* *c.* **1762–79** W. WILLIAMS: *P* 76, Craig galed yw, a'r *mwyn* mor galed, fel y maent yn ei dorri ef a mwrthwlion. **1776** *W*, *mwyn*, *mŵn* d.g. *mineral* [*any body dug out of the earth* . . .]. *id.* *mwyn* d.g. *ore* [*unrefined metal*]. **1790** T. JONES: *TOS* 303, Pa amrywiaeth a buddioldeb mewn llysieu, ffrwytheu a *mwynydd*? **1795** J. THOMAS: *AIC* 279, [D]ŵ'r Sy'n rhedeg o *fwynau* Coppr. **1803** *P* d.g. *mŵn.*

(*b*) Mein (ffrwydrol): (*explosive*) *mine.* **1927.**

Amr.: **moen** [?cf. *moe*, *mwy*]. *Dchr.* **17g.** *J* 10, 33a. **17g.** *LlGC* 13215, 349. **1753** *TR.*

Cfn.: **mwyn (mŵn) arian:** *silver ore; silver mine.* **1586 (1604)** *B* v. 320, 321. **1632** *D* d.g. *mwyn.* **1688** S. HUGHES: *TSP* 210. **1718 (1721)** S. THOMAS: *HB* 22. **1803** *P* d.g. *mŵn.* **m. aur:** *gold ore; gold mine.* **15g.** *GGl²* 160. **1632** *D* d.g. *mwyn.* *c.* **1700** E. LHUYD: *Par* i. 82. **1803** *P* d.g. *mŵn.* **m. cellt:** *quartz.* **1851.** **m. coch:** *any of a number of red ores used for marking or colouring, e.g. red lead, red ochre (raddle); haematite.* **1604–7** *TW* (*Pen* 228) d.g. *cicerculum, rubricosus.* *id.* wedy vwyno a *mwyn coch* d.g. *rubricatus.* **1632** *D* d.g. *miniaria, minium, rubrica, sinopis, synopis.* **1765** JM: *DDdC* 21, Dwfr yr un lliw a *mwyn coch.* **1778** *W* d.g. *oker, red oker.* **m. copr:** *copper ore; copper mine.* **1795** J. THOMAS: *AIC* 279, 282. **m. du:** *blacklead, graphite.* **1722** *Llst* 189. **m. efydd:** *copper ore; copper mine.* **1728** T. BADDY: *DDG* 61. **1803** *P* d.g. *mŵn.* **m. haearn:** *iron ore.* **1604–7** *TW* (*Pen* 228) d.g. *strictura.* **1699** T. JONES: *Alm* [6], y dŵfr sŷ'n dyfod oddiar *fŵn Haiarn.* Ar lafar yn ne-orllewin Morg. a sir Gaerf. yn y ff. *mwyn harn.* **m. melyn:** *yellow ochre.* **1778** *W* d.g. *oker, yellow oker, or oker-de-lace.* **m. plwm:** *lead ore; lead mine.* *c.* **1700** E. LHUYD: *Par* i. 3. **1763** *DT* 121, 122. **1775** *W* d.g. *lead-ore.* **1803** *P* d.g. *mŵn.* **m. pres:** *copper pyrites; zinc oxide.* **1604–7** *TW* (*Pen* 228) d.g. *chalcitis.* *Dchr.* **17g.** *J* 10, 35a. **m. tawdd:** *soluble mineral.* **20g.**

Gw. hefyd mwnai, mwynen², mwyniach².

mwyn³ [?cf. H. Wydd. *main*, *moín* 'rhodd, budd; trysor'; ond cf. *mwyn²*; nid oes sicrwydd mai yma y perthyn yr engh. gyntaf isod na chwaith yr enghrau. fel ardd.] *eg.* ll. *-au*, a hefyd fel *ardd.* Budd, lles, gwerth, elw; trysor, cyfoeth; meddiant, mwyniant, defnydd: *benefit, advantage, value, profit; treasure, wealth; possession, enjoyment, use.*

9g. (*Ox* 1) *VVB* 189, *muin.* **13g.** *B* iv. 6, Cant *mwyn* map yn ty. **14g.** *T* 15. 11–12, ny byd y vedyc *mwyn* or awnaant. **14g.** *WML* 20, Pan tygho ypenkynyd. tyget yuwyn ygwn ae gyrn ae gynllyuaneu. *c.* **1400** *J* 1, 1070, Keneu milgi amorwyn ny cheiff y *uwyn* ae macko. **15g.** *LGC* 24, I'r goron tirion wyt wr, yn llawn *mwyn*, / Lle ni mynaist favwr. **15–16g.** *TA* 521, Rhoi teganau, *mwynau* mân, / Rhoi cae Esyllt, rhoi cusan. [**1547**] W. SALESBURY: *OSP*, Kenau milgi a morwyn, ae macko, ny chaiff i *mwyn.* **1632** *D*, *mwyn*, fruitio, vsus, beneficium alicuius rei. Commodum. **1632–44** *Brog* 11, 147, Ni wybyddir *mwyn* y ffynnon (onid êl yn hêsp). Non cognoscitur commodum (vtilitas) fontis, (donec fuerit exiccatus). **1655** R. JONES: *PC* 39, Call Iosuah hên cyn marw'n dwyn / ar gof eu *mwyn* [:– mwyniant]. **1722** *Llst* 189, *mwyn* (sub) m. a benefit, enjoyment. **1803** *P.* Ar lafar yng ngodre Cered., "Does dim *mwyn* ynto fe', *B* i. 42.

Fel *ardd.* Myn: *by (in oaths).*

a. **908** (*Diw.* **14g.**) *Cormac* 72, Modebroth . . . *muin* Duiu braut . . . A *mmuin* didiu is meus, a nDuiu is ed Deus, in braut is iudex. **13g.** *Llst* 1, 65, *mwyn* hercvlff ep ef o vn kenedyl ed henym ny. Ar lafar mewn ymad. fel '*mwyn* dyn', '*mwyn* Duw', *B* xxvi. 420; gw. hefyd y *Cfn.*

Cfn.: **er (yr) mwyn (er (yr) ei f., &c.):** (i) *for the sake of, for the good of, for the benefit of, on behalf of.* **14g.** *WM* 17. 27–8, *yr mwyn* y gwr mwyhaf agery arho ui. **1588** *Gen* xii. 13. **1588** *Job* v. 27. **1708** *EGE* d.d., *Er mwyn* a llês Escobaeth Llanelwy. [**1783**] *W* d.g. *sake.* (ii) *on account of, because of, by reason of.* **14g.** *GDG* 167, A mi'n glaf *er mwyn* gloywferch. **1588** *Jer* xliv. 3. **1615** R. SMYTH: *GB* 80. **1723** E. SAMUEL: *PDdC* 30. (iii) *in order to, so that.* **1592** S. D. RHYS: *Inst* [xv], *er mwyn* gallu o honynt . . . gáel beieu ynn y llyfr. **1595** *Egl Ph* 42, [d]istewi *er mwyn* dywedyd chwedl i'r byddar. **1770** R. JONES: *YC* 7. **1778** *W* d.g. *order, in order to.* **1778** J. HUGHES: *BB* 267. (iv) *inasmuch as, forasmuch as, because, since.* **16g.** *THSC* (1923–4) (At.) 25, velly y kenvigennodd y kythrel wrthynt *er mwyn* y gweled hwynt mewn llawenydd. **1595** M. KYFFIN: *DFf* [61], *er mwyn* nad oedd y Cristnogion yn medry cytuno pawb a'i gilydd. *id.* [106], *er mwyn* iddynt eyn galw ni yn Hereticiaid. **(er) m. daioni:** *for goodness' sake.* **1853.** **(er) m. Duw:** *for God's sake.* *c.* **1730** *Thos. Lloyd D* (LlGC) 178b. **(er) m. dyn:** *for goodness' sake.* **1754** *Gron* 246. **1756** *id.* 324. **er m. ei (fy, dy, &c.) enw:** *for one's name's sake.* **1551** W. SALESBURY: *KLl* lxxiib, lxxxiva. **1567** *LlGG* (*Sall*) 12b, 13b, 16a. **1588** *Esec* xxxvi. 21, arbedais hwynt *er mwyn fy enw* sanctaidd. **1620** *Act* ix. 16. **(er) m. tad:** *for goodness' sake.* Ar lafar.

mwyn⁴, gw. ymofynnaf: ymofyn.

mwynach, gw. mwnach.

mwynaf: mwyno [bf. o'r e. *mwyn²*] *ba.* Rhoddi nod (ar ddafad) â mwyn coch: *to mark (sheep) with raddle.*

1604–7 *TW* (*Pen* 228), wedy *vwyno* a mwyn coch d.g. *rubricatus.* **1759** *Cofnodion Sesiwn Fawr P* 2164, (papurau Protonotari sir Frych.) mi, Y Lleidir James . . . Cneivest hî [dafad], ag ti nodest hi, ag ti *mwynest* hi (*didst* . . . *Raddle mark it*). Ar lafar ym Morg., 'Mae e wedi promiso dod i 'elpu i *fwyno*'r defaid'.

Gw. hefyd mwniaf: mwnio.

mwynai, gw. mwnai.

mwynaidd [*mwyn¹* + *-aidd*] *a.* Tyner, tirion, addfwyn, hawddgar, caredig, cymwynasgar, cwrtais; teg, hyfryd; heb fod yn sur na chwerw; esmwythaol: *tender, mild, gentle, meek, amiable, kind, obliging, courteous; fair, pleasant; mild (of taste); soothing.*

15g. *DN* 120, Lloer vainael, bwyllair *vwynaidd*. 15g. *GO* 63, Y Vvn vwyarol olwc, / Vanwyaidd iawn, *vwynaidd* ŵc. 1588 *Can* i. cs., *Mwynaidd* a hyfryd ymddiddannion rhwng C[r]ist ai eglwys mewn serch ysprydol. 16–17g. *CRC* 210, Rai y fydd *mwynaydd* a serchog / Rai yn afrwyog waeth waeth. 1606 E. JAMES: *Hom* i. 195, trwy fod yn arafaidd, yn llaryaidd, ac yn *fwynaidd* wrth atteb. 1632 *D* d.g. *comis, generosus, humanus, indulgenter, suavis*. 1632 J. DAVIES: *LlR* 226, [c]ymmar hynaws *mwynaidd*. 1732–3 J. OWEN: *GB* 19, O nid teg a *mwynaidd* yw'r Hanes hon, a'i chael gan Wr ag a fyn ei alw yn Weinidog Cristianus! 1751 *GIA* 94, cariad annherfynol y goreu a'r *mwyneiddiaf* gyfaill. 1753 *Gron* 35, *Mwyneiddiach* yw'n mynyddoedd, / Lle mae awen ddiweniaith, / Gelfydd ym mhob mynydd maith. 1763 *DT* 122, *Mwynaidd* oedd gaffael Meinir, / I fod Nos dan Fedwen ir. 1790 T. JONES: *TOS* 180, Byddwch *fwynaidd* wrthynt [pobl], fel y caront chwi. 1793 DAFYDD IONAWR: *CD* 115, Ni welais o un alwad / Fath lariaidd wr *mwynaidd* mâd. 1803 *P*.

mwynair [*mwyn*[1] + *gair*[1]] *eg.* ll. *-eiriau*, a hefyd fel *a.* Gair mwyn neu garedig, llef-erydd mwyn: ***gentle or kind word, gentle speech.***

14g. *GDG* 336, Meddai fy chwaer ym dran-noeth, / Meinir deg a'i *mwynair* doeth. *c.* 1400 *R* 1385. 32–3, *mwyneir* om plegyt heb plyc arnaw. 15g. *GO* 39, Mvnvd a ddowaid *mwynair* / Heb wybod, rac athrod gair. 15g. *DE* 1, dy *fwyn air* er dy fonedd / dy fin fal diod o fedd. 16g. *WLl* 230, Ni chair na *mwynair* na maeth / Na hael air na helwriaeth. 1604–7 *TW* (*Pen* 228) d.g. *facetia*. 1803 *P*, *mwynair*, a kind word.

Fel *a.* Teg ei eiriau, hynaws; yn denu neu'n hudo â theg eiriau: ***smooth-tongued, affable; enticing or alluring with fair words.***

16–17g. *GST* i. 544, Ni hepgorwn hwn [diod], hy oedd, / *Mwynair* ddyn, mwy na'r ddannoedd. 1632 *D* d.g. *blandus*. 17g. EDWARD DAFYDD, &c.: *Gw* 262, Gwraig ddiwair *fwynair* i m'fi, / Hoyw-ffawd, hawdd i'w hoffi. 17g. HUW MORUS: *EC* i. 146, Er gallu o ddynion estron rwystro, / I'm gael dy gellwair, eirda *mwynair* er dymuno. 1770 *W* d.g. *affable, alluringly, fair-spoken*.

mwynant, gw. mwyniant.

mwynas [?ffrwyth rhannu yr e. *cymwyn-as* yn *cy-* + *mwynas*] *eb.* Tro da, caredig-rwydd, cwrteisi, cariad: ***good turn, kind-ness, courtesy, love.***

c. 1588 *B* ii. 232, *mwynas*: kariad. *Dchr.* 17g. *J* 10. 35a, *mwynas*, beneficium. 1707 *AB* 219a, *mwynas*, love. V. A good turn. S. 1753 *TR*. 1776 DEWI NANTBRÂN: *AN* 308, Saith dyblyg dawn Tyred o'th Râs, / Nertha'r gwan a'th Dadol *fwynas*. 1803 *P*, *mwynas*, s.f. kindness, courtesy.

mwynaws [?*mwyn*[1] + *naws*; ond cf. *mwyn-as*] *e?b.* Cariad: ***love.***

16–17g. *LlGC* 732, 90, *mwynaws*, kariad.

mwynber [*mwyn*[1] + *pêr*[1]] *a.* Hyfryd, dymunol, peraidd, persain; peraroglus: ***pleasant, pleasing, sweet, sweet-sounding, melodious; fragrant.***

1630 R. VAUGHAN: *YDd* 66, ymadroddion *mwynbêr* a phrydferthlais cerddwriaeth. 1696 *CDD* 56, Mae rhai yn ein hamser, yn meddwl mai ofer, / ŷw canu Cerdd *fwŷn-ber*. 1721 J. P. PRYS: *DC* 105, Mor llaryedd a *mwynber* fydd Dŷn ac jaith dyner. 1753 D. JONES: *SD* 253, Fel yma ar ben Aaron len / Y rh'ow'd yr ennaint *mwynber*. 1763 *DT* 122, Och weled *mwynber* Seren, / Dêg ei grudd, dan Wr prudd pren. 1780 *W* d.g. *pleasant* [*grateful*] *to the ear*. 1793 DAFYDD IONAWR: *CD* 194, Y rywiog *fwynber* awen / Yn daer a'm hudai 'n diriawn. *id.* 197, I'r Ddaear, yn ddiaros, / Hedd *fwynber* yn dyner dos. *id.* 205, O'r un *mwynber* dymmer da / Dedwyddol a'i Dâd Adda.

mwynbleth [*mwyn*[1] + *pleth*] *a.* Wedi ei blethu'n hyfryd, yn gain, neu'n dyner, hefyd yn *ffig.*: ***pleasantly, finely, or gently woven, also fig.***

c. 1400 *R* 1266. 13–14, Bud diueth *mwynbleth* manbleit mein sidan mywn arian maen eureit.

mwynbur [*mwyn*[1] + *pur*] *a.* Mwyn a phur, tirion, hyfryd: ***gentle and pure, ten-der, lovely.***

17g. EDWARD DAFYDD, &c.: *Gw* 261, Da 'dewir o *fwynbur* faeth / Foddol ac etifeddiaeth. 1785 E. BARNES: *MH* vi, Seraphiaid, ac Angylion, a dyn-ion yn ddi dawl [*sic*], / A'u crêd yn Arglwydd nattur, rhônt byth yn *fwynbur* fawl. 1793 DAFYDD IONAWR: *CD* 11, Ar Adda, *fwynbur* wiwddyn, / Naf gwynn y lwysnef gannaid, / Yr Ion cu'n gwenu a gaid.

mwynbwll, mwnbwll [*mwyn*[2], *mŵn*[2] + *pwll*] *eg.* ll. *-byllau.* Siafft mewn gwaith mwyn: ***mine-shaft.***

1837.

mwyndaith [*mwyn*[1] + *taith*] *a.* Dymunol: ***pleasant.***

16g. HUW ARWYSTL: *Gw* 122, mynd ith gaf *mwyndaith* gyfarch / Morgan byth ymrig iawn bar[c]h. 16–17g. *GST* i. 25, Y fendith fawr, *fwyndaith* fan, / Yma treiddia 'Motryddan. *id.* 416, Y fendith, ferch *fwyndaith* fodd, / I hon oll a'i henillodd. 1603 W. MIDLETON: *Ps* 193, Yr Arglwydd iawn awydd ner / *Fwyndaith* a wnaiff gyfiownder.

mwyndeb [*mwyn*[1] + *-deb*] *eg.* Mwynder, addfwynder; mwyniant: ***mildness, gentle-ness; pleasure.***

16g. GR. HIRAETHOG: *Gw* (D. J. B.) 113. 44, *Mwyndeb* rhwydd, dymuniad Prys [i ofyn pedwar daeargi dros Siôn Prys]. 1759 *BC* 307, Ffrwyth enau mewn ffraethineb, / Yn atteb *mwyndeb* Mai.

mwyndeg [*mwyn*[1] + *teg*] *a.* Tirion a theg, tyner, rhadlon, hynaws: ***gentle and fair, tender, genial, affable.***

16g. *GILlV* 60, Anrheg i ddyn *fwyndeg* fu / A roes deheulaw'r Iesu. 16g. *WLl* 83, Ac ar *fwyndec* gwawr veindec / Gwna ddiwedd da Gwenddydd dec. *id.* 258, Dy gefnder wr tyner teg / Cefnder ith wraig gu *fwyndeg*. 1615 R. SMYTH: *GB* 230, gair-ia[u] *mwyndeg* gweniathys [*sic*]. 17g. E. MORUS: *Gw* 47, Caer urddol neu brennol brith, / Cost *fwyn-deg*, cist y fendith [am blas]. 18g. E. T. RHYS: *DA* 8, Ac fyth ei gariad *mwyndeg*, / A'i radau, sy'n doeth redeg / Dros ei weithredoedd [am Grist]. 1790 TWM O'R NANT: *GG* 145–6, Duw'n *fwyndeg* a roddo, / Rhâd a hêdd. 1793 DAFYDD IONAWR: *CD* 148, Hael *fwyndeg* hil y fendith, / Wyr da, ni bu pla i'w plith. *id.* 190, Cu *fwyndeg* Haul Cyfiawn-der / A gyfyd, goleubryd glân. Digwydd hefyd fel e. prs., e.e. P. C. BARTRUM: *WG* ii. 539, *Mwyndeg* ap Bel ap Dafydd.

mwynder [*mwyn*[1] + *-der*] *eg.* ll. *-au,* (prin a diw.) *-on.* Yr ansawdd o fod yn fwyn, tynerwch, tiriondeb, addfwynder, hawddgarwch, caredigrwydd, hynawsedd, lledneisrwydd, boneddigeiddrwydd, cwr-teisi, moesgarwch; tegwch, hyfrydwch, perseinedd; (yn y ll.) hoff bethau, pleser-au: ***mildness, tenderness, meekness, gentle-ness, gentility, amiability, kindness, genial-ity, humanity, urbanity, courtesy, civility; fairness, pleasantness, melodiousness;*** (*pl.*) ***delights, pleasures.***

1455–6 *Llst* 28, 206, ai holl *mwynder* [eirth] a vydd rrac ofn o gwnan ddim yn erbyn y keidwad y dielir arnynt. 16g. *Llst* 6, 175, main yw del [*sic*] mwyn yw dolwc / *mwynder* ydrem y wna drwc [i ferch]. 1547 *WS*, *mwynder*, gentelnes. 1567 *TN* 219b, [y] Barbarieit a ddangosesant yni hawddgar-wch [:– ddyngarwch, *mwynder*] nid-bychan. *id.* 288a, [t]irionder [:– lledneisrwydd, *mwynder*] mewn dyoddefgarwch. 1588 *Sech* vii. 9, gwnewch *fwyn-der*, a thrugaredd bob vn iw gilydd. 1604–7 *TW* (*Pen* 228) d.g. *affabilitas, benignitas, humanitas, lepor*. 1632 *D*, *mwynder*, clementia, vrbanitas, comitas, lenitas. 1661 E. LEWIS: *Drex* 81, fel ped fai yn [e]llyn i bob boneddigeidd-dra a *mwynder* ym-ad[ro]dd. 1696 *CDD* 159, Gwrandawed pawb o'r teulu pêr, / Ar *fwŷnder* tyner tannau. 1703 E. WYNNE: *BC* 78, Gadel Pleser *mwynder* mêl, / A gadel uchel achau. 1772 *W* d.g. *civility, clemency, courtesy, gentleness, kindness, sweetness*. 1793 DAFYDD IONAWR: *CD* 121, Garw gur ar ol gwir gariad! / Chwerwder ar ol *mwynder* mâd! 1803 *P*. Digwydd yn yr ymad. '*mwynder* Maldwyn', '*mwyn-der* Morgannwg', '*mwynder* Meirionnydd'; y mae'r olaf hefyd yn enw alaw. E. JONES: *MPR* 124.

Gw. hefyd mwyndra.

mwyndir[1] [*mwyn*[1] + *tir*] *eg.* a hefyd gyda grym ansoddeiriol. Tir mwyn, tirion, neu hyfryd: ***fair, gentle, or pleasant land.***

16–17g. E. PRYS: *Gw* 372–3, A'r ddaear / Mor glaear / Yn gynnar a'r gwenith, / A'r llwyndir, Mor *fwyndir*, / Lle y rhoddir y mawr fendith. 16–17g. *PhA* 479, Ond fy mynd neidfa *mwyndir* / amhwyll daith y mhell o dir. 16–17g. *GST* i. 585, Ymend-iwn cyn mynd o'r *mwyndir* bydol, / Duw enwog rasol fo'n dawn groesir.

mwyndir[2], **mwndir** [*mwyn*[2], *mŵn*[2] + *tir*] *eg.* Tir ac ynddo fwyn(au): ***land rich in mineral(s).***

15g. *GGl*[2] 160, Mwy fy rhent lle mae fy rhi / No'r *mwyndir* yn Normandi. 16g. GR. HIRAETH-OG: *Gw* (D. J. B.) 5. 16–17, Marldir, ytir, *mwyn-dir*, glodir, / Maestir, coetir, gweirdir gwych. *c.* 1730 *Thos. Lloyd D* (LlGC) 177b, *mwyndir*, mines.

mwyndlws [*mwyn*[1] + *tlws*] *a.* (b. *-dlos*). Mwyn neu dirion a thlws, pert, hardd, hyfryd: ***gentle and fair, pretty, good-looking, handsome, delightful.***

14g. *GIG* 101, A deintws *mwyndlws* a min / Digrif-wymp diagr yfwin. 1603 W. MIDLETON: *Ps* 273, A châdw di ddrws *mwyn-dlws* mau / O fesur fyngwef[u]sau. 1604–7 *TW* (*Pen* 228) d.g. *lepi-dus, pulchellus*. 1774 *W* d.g. *handsome* [*apply'd to Compliments, &c.*].

mwyndoddaf, mwndoddaf: mw(y)n-doddi [*mwyn*[2], *mŵn*[2] + *toddi*] *bg.a.* Tynnu (metel) o (fwyn) drwy ei boethi, smeltio: ***to smelt (metal, ore).***

1850.

mwyndoddwr, mwndoddwr, mwn-doddydd [*mwyn*[2], *mŵn*[2] + *toddwr, toddydd*] *eg.* Un sy'n toddi mwyn, smeltiwr; cemeg-ydd: ***one who smelts ore; chemist.***

1722 *Llst* 189, *mwn-doddydd* neu goethwr, a re-finer of mettals. *id.* d.g. *an alchymist*. 1772 *W* d.g. *chymist*.

mwyndon [*mwyn*[1] + *tôn*] *a.* A chanddo lais mwyn, persain: ***sweet-voiced, melodious.***

16–17g. *PhA* 170, ag er mynd y gwr *mwyndon* / ar eurwych wawd ir arch hon.

mwyndra [*mwyn*[1] + *-dra*] *eg.* Mwynder, tiriondeb, mwyneidd-dra, cwrteisi; mwyn-iant, pleser: ***mildness, gentleness, courtesy; enjoyment, pleasure.***

p. 1584 G. ROBERT: *GC* [111], *mwyndra*, mwynder. 16g. *Def Hen* 36, J mae hwynt [*sic*] . . . yn arfer drwy gyfrwyddyd ag euraid reswmmau ddysyfy wrth i *mwyndra*. 16–17g. *Cer RC* 51, Moeswch, rhoddwch, feirddion byd, / Ych penne ynghyd trwy *fwyndra*. 17g. E. MORUS: *Gw* 46, Campau da mewn *mwyndra* mawr. 1703 T. BADDY: *PCh* 177, Y Manna *mwyndra* maeth. 1776 H. JONES: *GC* 25, Gadawed fydol *fwyndra*, yn gynta gwaith. 18g. TWM O'R NANT: *CO* 47, A diolch . . . / . . . am eich *mwyndra* a'ch cariad. 1790 TWM O'R NANT: *GG* 72, [g]wr odiaeth ei *fwyndra*. 1803 *P*.

Gw. hefyd mwynder.

mwyndrem [*mwyn*[1] + *trem*] *a.* Teg neu hyfryd yr olwg, hardd: ***fine-looking, beau-tiful.***

1768 J. JONES: *HC* 75, Caersalem *fwyndrem* fanol, / Gwaith Pensaer celfydd.

mwyndro, gw. mwyn[1] + tro[1].

mwyndud [*mwyn*[1] + *tud*] *eb.* Gwlad neu bobl hyfryd, bro deg neu dirion: ***pleasant country or people, fair region.***

c. 1300 *H* 96a. 12–13, mur llafyndur lluoet edmyc. *mwyndud* llawr mab mawr meuryc (Y Prydydd Bychan). *Dchr.* 14g. *id.* 78b. 26–7, yssymy gyweill . . . llaw hir llary mynut dreic *mwyndut* mon.

mwyndwll, mwndwll [*mwyn*[2], *mŵn*[2] + *twll*] *eg.* ll. *-dyllau.* Siafft (mewn gwaith mwyn, pwll glo, &c.): ***mine-shaft.***

1822.

mwynddwfr, mwnddwfr [*mwyn*[2], *mŵn*[2] + *dwfr*] *eg.* ll. *-ddyfroedd.* Dŵr mwynol: ***mineral water.***

1771 *PDPh* 18, Y mae Selters mineral water, neu *fwyn ddwfr* yn dda rhagorol.

mwynddyn [*mwyn*[1] + *dyn*] *eg.b.* Person caredig, addfwyn, neu radlon: ***kind or gen-ial person.***

16g. *Llst* 6, 165, *Mwynddyn* oes yn gair man-ddail / nac enwr ddyn gwen arddail. 16–17g. LLYWELYN SIÔN, &c.: *Gw* 401, *mwynddyn* oedd-yd mewn manddail / estyddie i ddaüd is tew ddail / i garv bvn gywair barch [Gronw Wiliam i Domas Llywelyn o'r Rhigos]. 16–17g. E. PRYS: *Gw* 210, Pob rhyw goeth, feinddoeth *fwynddyn*, / Dyner, glaer, ei denu i'r glyn (Huw Machno). *Dchr.* 17g. *Card* 12, 479, Rhys wyn rhys *fwynddyn* rhoes fawl. 17g. HUW MORUS: *EC* i. 142, Gwell i ti . . . / *Fwynddyn* serchog, na gwr tiriog ar gowrt euraid.

1752 *Gron* 20, Trwsa 'n difwyno traserch; / Athrywyn *mwynddyn* a merch [i'r farf]. **1771** D. JONES: *CDB* 33, Câr dy gymmydog fel dy hun, / Bydd gyfiawn *fwynddyn* ffyddlon. **1803** *P*.

mwynedig [*mwyn*^{1} + *-edig*] *a*. Mwyn, addfwyn, tirion, rhadlon, hawddgar: *gentle, meek, genial, amiable*.
16g. SIÔN BRWYNOG: *Gw* 67, Wiliam yn eidol lew *mwynedig* [moliant i Wiliam Glyn]. **16–17g**. *HG* 115, krist yn gwir brynwr . . . vo kaidwad tragwyddol, *mwynedig*. **17g**. *HCRC* iii. 8, bün rial *fwynedig*, bün rassol i ffrüd. **18g**. *LlGC* 5474, 862, Pum can mil o stil oes Dyn *Mwynedig* / Yw Mynydau y Flwyddyn. **1803** *P*.

mwynedus [?*mwyn*^{3} + *-ed*^{1} + *-us*] *a*. ?Proffidiol: *profitable*.
15g. *Pen* 57, 27, Bum yn oet bei *mwynedus* / Agwenn ar ddrem lawen lus (Ieuan Gethin). *c*. **1585** *Llst* 178, 52a, pan ddel y cigwr ai ladd ef yno may ef yn *fwynedys (he yields profit)* am i fod ef yn drwydded.

mwynedd [*mwyn*^{1} + *-edd*^{1}] *eg*. ll. *-au*. Mwynder, tiriondeb, caredigrwydd: *mildness, gentleness, kindness*.
1793 *Ll* xii. (1933) 140, Yna'n rhes daw'r gynnes gân / o *fwynedd* dy fyw anian [Thomas Jones i'r aderyn bronfraith]. **18–19g**. *CRIM* 109, Tyfiad paradwys, mamwys *mwynedd*. **1803** *P*.

mwyneddus [*mwynedd* + *-us*] *a*. Mwynaidd, tyner: *mild, gentle*.
1803 *P*.

mwyneiddber, mwyneiddbryd, mwyneidd-deg, mwyneidd-dlws, gw. mwynaidd + pêr^{1}, pryd^{2}, teg, tlws.

mwyneidd-dra [*mwynaidd* + *-dra*] *eg*. Mwynder, tynerwch, tiriondeb, caredigrwydd, rhadlondeb, hynawsedd, cwrteisi; cwmnïaeth: *gentleness, tenderness, kindliness, kindness, geniality, affability, courtesy; companionship*.
1567 *TN* 236a, Gwyl am hyny *vwyneidddra*, a' thostedd Duw. **1588** *Act* xxviii. 2, A'r Barbariaid a ddangosasant i ni *fwynedd-dra* [*sic*] nid bychan. **1588** *Gal* v. 22, ffydd, *mwynedd-dra* [*sic*], dirwest. **1630** R. VAUGHAN: *YDd* 484, fel y ddoedd ei gofal a'i *mwyneidd-dra* hwynt yn haeddu. **1632** *D* d.g. *comitas*. **1632** J. DAVIES: *LlR* 411, *Mwyneidd-dra*, pan roer achos i ddigio. **1649/50** *Cylchg LlGC* i. 144, eich cyfeillach ffyddlon chwychwi ach gwrol fwyn frawd eich *mwyneidd-dra* yn hoffi march gwalch a milgi. **1696** *CDD* 42, Bŷm or ofera yn dilŷn *mwŷneidd-dra*, / Nid dŷn or cynhila, canolig y chwaith. *c*. **1730** *Thos. Lloyd D* (LlGC) 174b, *mwyneidddra*, good fellowship. **1777** W. WILLIAMS: *DN* 34, os arferwn ond cariad, *mwyneidd-dra*, a doethineb, ni wnawn bron yr holl fyd yn gaethweision i ni. **1803** *P*. Digwydd *Mwyneidd-dra* fel enw ar gainc, *BC* xxvii.

mwyneidd-dro, mwyneiddfardd, mwyneiddfodd, mwyneiddgu, gw. mwynaidd + tro^{1}, bardd, modd, cu.

mwyneiddgar [*mwynaidd* + *-gar*] *a*. Tyner, tirion, mwyn: *tender, gentle, genial*.
16–17g. *RAGR* 308, drwy dreüthü ymadroddion *mwyneiddgar*. **1759** *BC* 119, Yr Eos *fwyneiddgar*, mae'n llefain mo'r [*sic*] llafar.

mwyneiddiaf: mwyneiddio [bf. o'r a. *mwynaidd*] *bg.a*. Gwneud neu fynd yn fwyn, tirioni, tyneru: *to make or become mild, gentle, or tender*.
1633 *LlGC* 731, 280, mor barod ydyw dynion, i gynhennû . . . fel nad eill dim, moi *mwyneiddio*. **17g**. *HCRC* iii. 79, pob mab anwyl fe *fwyniddia* [*sic*]. **1752** J. THOMAS: *FG* 145, [rh]ywiogi a *mwyneiddio* ein Cyndynrwydd. **1803** *P*.

mwyneiddiant [*mwynaidd* + *-iant*] *eg*. Mwynder, tiriondeb; hyfrydwch, mwynhad: *gentleness; pleasantness, enjoyment*.
1855.

mwyneiddiol [*mwynaidd* + *-iol*] *a*. Tirion, tyner: *gentle, mild*.
1759 *BC* 519, Cewch glywed yn *fwyneiddiol*, Gantorion Iôr / Byth bythol.

mwyneiddlais, gw. mwynaidd + llais.

mwyneiddlan [*mwynaidd* + *glân*] *a*. Addfwyn a hardd, caredig, hawddgar, hynaws, rhadlon, hyfryd: *gentle and fair, kind, amiable, affable, genial, delightful*.
1604–7 *TW* (*Pen* 228), yn hygar *vwyneiddlan* d.g. *salse*. **1632** *D* d.g. *perhumanus, perurbanus*. **1632** J. DAVIES: *LlR* 2[3]7, ddarllennydd *mwynaiddlan*. **1701** E. WYNNE: *RBS* 45, Dyro i mi gydwybod tyner, ymwareddiad [*sic*] synhwyrol *mwyneiddlan* (*affable*), llednais a dioddefgar. **18g**. *CLlC* v–vi. 69, Ar merched *mwyneiddlan* a redan' yn rhwydd. **1758** *W Ballads* 74, 6, Y Cymru *mwyneiddla*[*n*]. **1772** *W* d.g. *civil* [*courteous, well-bred, humane, obliging*].

mwyneiddlef, mwyneiddlon, gw. mwynaidd + llef^{1}, llon.

mwyneiddrwydd [*mwynaidd* + *-rwydd*] *eg*. Addfwynder, caredigrwydd, hynawsedd, rhadlondeb: *kindliness, affability, geniality*.
1632 *D* d.g. *generositas*. **1796** *Geirgrawn* 181, o ran rhywiowgrwydd a *myneiddrwydd* [*sic*].

mwyneiddwalch, mwyneiddwyn, gw. mwynaidd + gwalch, gwyn^{1}.

mwynen^{1} [*mwyn*^{1} + *-en*] *eb*. Merch ieuanc addfwyn a charedig, llances hynaws; peth dymunol, hyfrydwch: *gentle and kind young woman, sweet girl; pleasant thing, delight*.
15g. *HS* 30, *mwynen* pan ddoethym yno / meddai ni fynai y fo. **15g**. *DE* 49, manna a geidw ym einioes / minavn rrwym *mwynnen* ai roes. *id*. 51, nyddv o awenyddiaeth / *mwynen* ym oi min a wnaeth. **15g**. *ID* 33, *mwynen* rodd mynwn yr ail. **15–16g**. LLAWDDEN, &c.: *Gw* 98, Caru, och Iesu, na chaid / *Mwynen* yn fwy no'm enaid. *id*. 99, Danfonaf o byddaf byw / At *fwynen*, latai fenyw. **1605** *Mos* 131, 27, miniwn gwawd, a *mwynen* gwydd [am eos]. **1632** *D*, *mwynen*, vrbanula. **17g**. HUW MORUS: *EC* i. 126, Gwèn eneth fel gwenynen, a'i min yw *mwynen* mêl. **1722** *Llst* 189, *mwynen*, a kind young woman. **1758** *ML* ii. 77, ynta a ddiylch i chwitha fil canwaith os *mwynen* a fydd hi [am gainc neu alaw]. **1803** *P*. Digwydd yn gyff. yn rhan o enwau alawon, e.e. *Mwynen Gwynedd, Mwynen Mai*, a hefyd weithiau yn enw ar fuwch.

mwynen^{2} [*mwyn*^{2} + *-en*] *eb*. ll. *-ni*. Mwyn (sylwedd), mŵn: *a mineral, ore*.
18–19g. *Llr* C 55, 163, *mwynen*, a mineral—*mwyneni*. Ar lafar yn ardaloedd glo y De am 'ddarn o fwyn a ymddangosai yn y[r] wythïen', *Geir Glo* 55.

mwynfa, mwnfa [*mwyn*^{2}, *mŵn*^{2} + *-fa, ma*] *eb*. ll. *-feydd*. Mwynglawdd, cloddfa, pwll (glo, &c.): *mine, (coal-, &c.) pit*.
1870.

mwynfab, mwynfad, mwynfalch, gw. mwyn^{1} + mab, mad^{1}, balch^{1}.

mwynfaol, mwnfaol [*mwynfa, mwnfa* + *-ol*] *a*. Yn perthyn i fwyngloddio: *pertaining to mining*.
20g.

mwynfardd, gw. mwyn^{1} + bardd.

mwynfawr [*mwyn*^{3} a *mwyn*^{1} (cf. *TYP* 344) + *mawr*] *a*. a hefyd gyda grym enwol. Cyfoethog, goludog, â meddiannau lawer; cwrtais: *wealthy, rich, opulent; courteous*.
13g. *A* 5. 2–3, blaen ar e bludue dygollouit vual ene *vwynvawr* vordei. *c*. **1300** *H* 58a. 14, mynw tra glew llew llaur *mwynuawr* mesprenn (Cynddelw). *id*. 69b. 25, Maelogyg *mwynuawr* mynw gyuoc y gad (Cynddelw). *id*. 97a. 33, Colli llywelyn llew argae *mwynuawr* (Y Prydydd Bychan). **14g**. *T* 63. 10, Val mor *mwynuawr* yw vryen. *c*. **1400** *R* 1054. 12, y uab meir *mwynuawr*. *c*. **1400** *B* ii. 128, Deu *vwynuawr* y ogawr byt. *Diw*. **15g** *Pen* 53, 15, gwysc eureit Owein damchwyneu *mwynvawr*. *Diw*. **19g**. *SE MS* 31b, [*mwynvawr*], courteous. Digwydd mewn e. prs., e.e. *Elidir Mwynfawr, Mynyddog Mwynfawr*.

mwynferch, mwynfodd, gw. mwyn^{1} + merch^{1}, modd.

mwynfoes [*mwyn*^{1} + *moes*^{2}] *a*. a hefyd fel *eg*. Moesgar, cwrtais; moesau da neu hyfryd, cwrteisi: *mannerly, courteous; good or pleasant manners, politeness*.
16g. MORUS DWYFECH: *Gw* 6, Na ddwg . . . wraig . . . / Dy gymydog *mwynfoes*. **1595** *Egl Ph* [viii], i ddodrefnu ymddiddanion *mwynfoes*.

mwynfron, gw. mwyn^{1} + bron^{1}.

mwynfudd^{1,2}, gw. mwyn^{1,3} + budd.

mwynfun, mwynfyd, gw. mwyn^{1} + bun, byd^{1}.

mwynffals, mwynffalst [*mwyn*^{1} + *ffals*(*t*)] *a*. ll. *mwynffeils*(*t*). Yn hudo â geiriau teg, gwenieithus, rhagrithiol, dauwynebog: *dissembling, flattering, hypocritical, two-faced*.
1552 *Pen* 403, 82, ac nid trwy wenwlydd a *mwynffals* veddwl. **1603** W. MIDLETON: *Ps* 17, A *mwynffals* y dwedant. *id*. 144, *Mwyn-ffals* a thafod min-ffûg. **1604–7** *TW* (*Pen* 228), dyn *mwynfals*, digyphelypwr d.g. *dissimulator*. **1630** R. LLWYD: *LlH* 181, yn erbyn rhagrithwyr dau wynebog, a gwenhieithwyr *mwynffeilst*.

mwyngaled [*mwyn*^{1} + *caled*] *a*. Caled a thirion: *hard and gentle*.
1747 *ML* i. 129, Gwr o'r mwyna, ond ei fod fal dadi yn wr *mwyn galed*. Ni bydd neb llyfn heb ei anaf. Ar lafar yng Ngwynedd, 'said of one who is hard to move though outwardly suave and gentle', *WVBD* 384. Cf. *PBA* lxxiii. 572, '*Mwyngaled*' is a term traditionally applied to Arfonians—they are regarded as hard (caled) and gentle (mwyn). Thomas Parry combined both qualities in his character—he could be both hard and gentle, hard in his opposition to every form of injustice, and gentle with anyone who needed assistance or encouragement.

mwyngall, mwyngan, gw. mwyn^{1} + call, cân^{1}.

mwyngar [*mwyn*^{1} + *-gar*] *a*. Tirion, tyner, addfwyn, dymunol: *gentle, tender, mild, agreeable*.
17g. EDWARD DAFYDD, &c.: *Gw* 257, Yn iach gâr *mwyngar* i mi, / Yn iach, ar d'ôl 'dd wy'n ochi. **1696** *CDD* 267, Chwi welwch mai rhinweddgar, / yw'r hawddgar *fwŷngar* Fai. **17–18g**. O. GRUFFYDD: *Gw* 39, Am wr di-somgar *fwyngar* fu.

mwynged, mwyngeirdd, gw. mwyn^{1} + ced, cerdd.

mwyngellwair [*mwyn*^{1} + *cellwair*] *eg*. Cellwair caredig, arabedd, ffraethineb, ysmaldod; *Rhet*. gair teg neu goegni ar ffurf cellwair: *banter, jest, pleasantry; euphemism or irony expressed in jocular form, charientism*.
1604–7 *TW* (*Pen* 228) d.g. *antismos*. **1632** *D* d.g. *facetia, urbanitas*. **1722** *Llst* 189, *mwyn-gellwair*, m. facetiousness. **1725** *SR* d.g. *drollery*. **1771** *W* d.g. *charientism, clinches, conceit, merry, pleasant or pretty conceits, jest, a merry jest*. **1771** J. REES: *H-A* 54, mewn ffordd o *fwyn-gellwair*.

mwyngerdd, gw. mwyn^{1} + cerdd^{1}.

mwynglawdd, mwnglawdd [*mwyn*^{2}, *mŵn*^{2} + *clawdd*; ?cf. e. lle Crn. *Mongleath*; cf. hefyd *maenglawdd*] *eg*. ll. *-gloddiau*. Cloddfa yn y ddaear lle codir mwynau megis aur, arian, haearn, &c., pwll, siafft, hefyd yn *ffig*.: *mine, pit, shaft, also fig*.
1588 1 *Mac* viii. 3, *mwyn-gloddiau* arian ac aur. **1604–7** *TW* (*Pen* 228), *mwynglawdd*, neu gloddfa pres d.g. *aeraria*. **1632** *D*, *mwynglawdd*, fodina metalli. **1688** *TJ*, *mwŷnglawdd*: a Mine. **1701** E. WYNNE: *RBS* 247, [g]weithio yn y *mwynglawdd*. **1703** E. WYNNE: *BC* 136, y *mwynglawdd* cyntaf i gael Arian. **1706** *Cyf Cym* 36, *mwyn-gloddiau* yr India. **1716** E. SAMUEL: *GGG* 94, i gaethweithio 'n galed yn y *Mŵyn-gloddiau*. **1732** *AABI* 130, y Gair sydd *fwynglawdd* i'ch cyfoethogi. *c*. **1762–79** W. WILLIAMS: *P* 156, *mŵyn-gloddiau* Diamonds. **1795** J. THOMAS: *AIC* 287, Ceir yr Aur mewn *Mwyngloddiau*. **1803** *P* d.g. *mwnglawdd*. Y mae *Mwynglawdd* yn enw ar blwyf a phentref yn sir Ddinb. a adwaenir hefyd fel 'Minera'.
Amr.: **moenglawdd** [*moen* + *clawdd*]. *Dchr*. **17g**. *J* 10, 33a.

mwyngloddfa, mwngloddfa [*mwyn*^{2}, *mŵn*^{2} + *cloddfa*] *eb*. ll. *-faoedd, -fâu, -feydd*. Mwynglawdd, pwll (glo, &c.): *mine, (coal-, &c.) pit*.
1803 *P* d.g. *mwngloddva*.

mwyngloddiaeth, mwngloddiaeth [bôn y f. ddil. + *-iaeth*] *eg*. Y weithred o fwyngloddio, gwaith mwyngloddiwr;

gwyddor mwyngloddio: *mining; mining science.*
1870.

mwyngloddiaf, mwngloddiaf: mw(y)ngloddio [*mwyn*[2], *mŵn*[2] + *cloddio*] *bg.a.* ac weithiau gyda grym enwol i'r be. Tyllu neu gloddio'r ddaear i chwilio am fwynau; cloddio (mwyn) o'r ddaear: *to mine (for ore); mine (ore).*
1742 *ML* i. 71, mae wedi cymryd lease i *fwyngloddio.* **1763** *id.* ii. 535, Rhad Duw ar eich gwaith yn *mwyn-gloddiaw.* **1803** *P* d.g. *mwngloddiaw.*
Cfn.: **mwyngloddio brig:** *opencast mining.* **20g.**

mwyngloddiol, mwngloddiol [*mwynglawdd* a bôn y f. fl. + *-iol*] *a.* Yn perthyn i fwynglawdd neu i fwyngloddio, yn mwyngloddio; lle yr arferir mwyngloddio (am ardal, &c.): *mining (adj.).*
1836.

mwyngloddiwr, mwngloddiwr [bôn y f. fl. + *-wr*] *eg.* ll. *mw(y)ngloddwyr.* Un sy'n cloddio am fwyn, mwynwr: *miner.*
1703 E. WYNNE: *BC* 24, Eurych, a Lliwydd, a Gof, *Mwyngloddiwr.* **1761** *ML* ii. 413, Mi wranta' fod Sion Dwyran yn ddigon cowir, os cowir *mwyngloddiwr.* **1766** *CD* 166, Na'r *mwyn Gloddiwr* glewddâ. **1776** *W* d.g. *miner.* **1803** *P* d.g. *mwngloddiwr.*

mwyngu, gw. mwyn[1] + cu.

mwynhad [bôn y f. ddil. + *-ad*[2], trf. han.] *eg.* ll. *-au.* Y weithred o fwynhau, mwyniant, pleser, boddhad, difyrrwch; yr hyn sy'n peri mwynhau; meddiant a defnydd o beth, pleser neu fantais sy'n deillio o hyn: *enjoyment, pleasure, satisfaction, delight; source of enjoyment or gratification; possession and use of anything, pleasure or advantage derived from this.*
1632 *D* d.g. *auctoritas.* **1711** H. POWEL: *TY* 98, [c]ynnig y *mw[y]nhad* (*enjoyment*) o honi [swydd] yn ammodol. **1757** E. EVAN: *GB* 151, yn y *mwynhâd* o Bleser parhaus. **1773** *W* d.g. *enjoyment* [*possession, fruition, use, pleasure*], *an enjoying.* **1790** T. JONES: *TOS* d.d., *Mwynhad* O Dduw Yn Y Nefoedd. *id.* 42, a'n llonni . . . a gwin diddanus *mwynhad* digyfrwng. **1790** *Prif Crist* 3, y rheswm neu'r achos o gymmaint o annuwioldeb ym mhlith Crist'nogion . . . [c]ymmaint proffes heb *fwynhad.* **1791** GW. MECHAIN: *Rh* 1, Rhyddid . . . ydyw *mwynhaad* dymuniad yr ewyllys. **1803** *P* d.g. *mwynâad.*

mwynhaf: mwynhau [*mwyn*[1] a *mwyn*[3] + *-hau*] *bg.a.*

1. (fel *ba.* a hefyd yn *abs.*) (*a*) Cael pleser (mwynhad, boddhad, budd, mantais) oddi wrth, ymhyfrydu yn, (en)joio; meddu (rhywbeth sy'n rhoddi boddhad neu sydd o natur fanteisiol), cael meddiant o; bod â'r hawl i ddefnyddio, gwneud defnydd o, defnyddio, manteisio ar, elwa ar: *to enjoy, take delight in, relish; enjoy the possession of, own, obtain possession of; be entitled to use, make use of, use, avail oneself of, benefit from.*
13g. *LlI* 34, *Muenhaa* ty euo [anifail marw], a mynheu a'e talaf etty euo mal e dywetto keureyth. *id.* 51, onyt edyu testyon er haulur en e maes *muynhaer* rey er amdyffynnur. *id.* 57, Puybynnac a dyodeuo *muynhau* e tyr un dyd a bluydyn. **14g.** *T* 40. 8–9, As kynnull gwenyn ac nys *mwynha.* *ib.* 10–12, Lleaws creadur . . . A wnaeth duw . . . Rei drut rei mut ef ae *mwynha.* *c.* **1400** *YSG* i. 162, yr esgob yna a gymerth Corff yr Arglwyd ac a'e roes idaw, ac ynteu a'e *mwynhaawd.* *c.* **1400** *R* 1381. 6, trawswalch ner muner ae *mwynhaa.* **15–16g.** *TA* 212, Dy dad a wnaeth dy dai'n wych, / Dyma nhwy, da *mwynhëych.* **1547** *WS*, *mwynhau*, use. **1567** *TN* 316a, Duw byw, (rhwn syn rroi i ni pop peth . . . yw *mwynhau*). **1595** H. LEWYS: *PA* 15, cael, a *mwynhau* ohonot (*thou hast had and enjoyed*), berl mor wrthfawr. **1605–10** *IICRC* iii. 18, ffrwyth vyngweithred a *vwynheis.* **1606** E. JAMES: *Hom* i. 29, rhaid wrth dri pheth i *fwynhau* (*to the obtaining*) y cyfiawnder hwn. *id.* iii. 67, ni ffrwytha marwolaeth Christ . . . onis *mwynhawn* hi (*unless we apply it to ourselves*) yn y modd yr ordeiniodd Duw. **1632** *D*, *mwynhau*, frui, uti, gaudere. *id.* d.g. *habeo, possideo, teneo.* **1688** *TJ*, *mwynhâu*, meddiannu: to enjoy. **1803** *P* d.g. *mwynâu.*

(*b*) Treulio (bwyd), toddi neu chwalu (hiwmor corfforol): *to digest (food), resolve or disperse (bodily humour).*
1545 *CI* 66, haws vydd didgiestio kig y bwng no chig y grryr, a chig y siwfflard y sydd hauws [*sic*] j *vwynhau* nog yr vn o'r ddau eraill. *id.* 67, Kig penig niueiliaid . . . y sydd . . . annodd j didgiestio . . . etto y kylla a vo mor gryff ac allo j *mwynhau* wynt yn ebrwydd. *id.* 139, [y] kyuriw lyshieuoedd a serttein o bethau eraiill [*sic*], yr hrain . . . a lannweidthia [*sic*] ne a *vwynhaa* amlder o suddoedd ynn vnig.

2. (fel *bg.*) (*a*) Mwyneiddio (am y tywydd), tecáu, hinoni, codi'n braf: *to become mild (of the weather), clear up, become fine.*
1770 *W* d.g. *to break up* [*as the weather*].

(*b*) Bod o werth neu o les, tycio, ateb y diben, gwneud y tro: *to avail, be of use, serve the purpose.*
14g. *WM* 482. 33–4, Ny *mwynha* y gwaet onyt yn dwym y keffir. *id.* 484. 14–15, ny *mwynha* hitheu [cynllyfan] yn uarw canys breu vyd. *c.* **1400** *R* 1175. 4–5, y adaf adef ny *vwyna.*
Cfn.: **ei fwynhau ei hun,** &c.: *to enjoy oneself.* Ar lafar, *WVBD* 384.

mwynhaol [bôn y f. fl. + *-ol*] *a.* Hawdd ei fwynhau, yn rhoddi mwynhad, hyfryd, pleserus, dymunol; yn mwynhau; llesiannol: *enjoyable, delightful, pleasant, pleasurable; enjoying; beneficial.*
1759 W. WILLIAMS: *SFf* 42, Teimlad sydd yn ymarferyd ynghylch Pethau ydys yn ei gweled, ac mewn Meddiant *mwynhaol.* **1803** *P* d.g. *mwynâawl.*

mwynhaus [bôn y f. fl. + *-us*] *a.* Hawdd ei fwynhau, yn rhoddi mwynhad, hyfryd, pleserus, dymunol; yn mwynhau: *enjoyable, delightful, pleasant, pleasurable; enjoying.*
1932.

mwynhawr [bôn y f. fl. + *-wr*] *eg.* ll. *-wyr.* Un sy'n mwynhau (meddiant o beth, &c.): *one who enjoys (possession of something, &c.).*
1773 *W*, *mwynhäwr* d.g. *enjoyer.* **1803** *P* d.g. *mwynâwr.*

mwyniach[1], gw. mwyn[1] + iach[1].

mwyniach[2], **mwnach, mynach**[2] [*mwyn*[2], *mŵn*[2] + *-iach* (At.), *-ach*[2]] *e.ll.* ac *eg.* Gweithfeydd mwyn (plwm); gwehilion, ysbwrial; mwyn (sylwedd): *(lead-)mines; refuse, rubbish; ore.*
c. **1730** *Thos. Lloyd D* (LlGC), 178b, *mynach.* mwyn. oar. Lh. **1762** *ML* ii. 489, Yr wyf yn ofni na adawodd henaint a diogi a *mwyniach* . . . i chwi erioed edrych drwy'r holl betheua oedd yn y goflwch. **1763** *id.* 562, Par sut sydd ar y *mwyniach* yna, ai gwanhychu maent? **1795** T. LEWIS: *CD* 23, Cwyd y manna, gad y *mwnach.*

mwyniad [*mwyn*[1] neu *mwyn*[3] + *-iad*[1]] *eg.* ll. *-au.* Mwynhad, pleser: *enjoyment, pleasure.*
1712 T. WILLIAMS: *CDdG* 589, [d]erchafu eu Calonnau i glowed blâs ar *fwyniadau* (*Enjoyments*) Ysprydol. [**1738**] E. JONES: *CE* 93, pob pleserau a *Mwyniadau* eraill. *id.* 186, [ll]eihau ei awydd ef i *Fwyniadau* amserol.

mwyniaith [*mwyn*[1] + *iaith*] *eb.* a hefyd fel *a.* Iaith neu barabl pêr, geiriau teg, gweniaith; mwyn ei ymddiddan, teg ei eiriau, gwenieithus: *sweet or pleasant language or speech, fair or ingratiating words, dissembling speech, flattery, blandishment; conversing pleasantly, sweet-spoken, smooth-tongued, flattering.*
15g. *IGE*[2] 240, Pam y cyfodir . . . / I fyny—neud mau *fwyniaith*—/ Ym mhob lle pan ddarlleer, / Fyngial pwyll, efengyl pêr [Ieuan ap Rhydderch i'r offeren]? *p.* **1500** *Pen* 57. 50, oessobaith [*sic*] *mwyniaith* imi [*sic*] / Dy g[a]el wen dec ylenì. *Diw.* **16g.** *Gwyn* 3, 277, Cain fein-ael cu iawn *fwyn-iaith* / Cangen hael cyngan ei hiaith (Wiliam Cynwal). **16–17g.** LLYWELYN SIÔN, &c.: *Gw* 536, am gydymaith *mwynjaith* mawr. *id.* 587, dwedwch ailwaith, *fwyniaith* fav. **1604–7** *TW* (*Pen* 228), hawdd ymddiddan ag ef, *mwyniaith* d.g. *affabilis.* *id.* a geiriae tec, a *mwyniaith* d.g. *blande.* **1632** *D* d.g. *suauiloquens, suaviloquentia.* **1722** *Llst* 189, *mwyniaith* (sub.), f. fair or love-language, dissimulation. **1759** *BC* 170, Ymhlith cwmnhiaeth *fwyniaith* fawr. **1780** *W* d.g. *pleasant, speaking . . . pleasantly.*

mwyniannaf, mwyniantaf: mwyniannu, mwynianna, mwyniantu [bf. o'r e. dil.] *bg.a.* Mwynhau, meddiannu, ennill, cael, sicrhau; bod o fudd: *to enjoy, possess, obtain, acquire; be of use.*
c. **1585** *Rhyddiaith Gymraeg* i. 98, ffolineb yw i neb dybiaid i gall ef gael *mwyniany* (*to possesse and enjoy*) gwir ddedwyddyd . . . 'ny byd yma. *c.* **1585** *Llst* 178, 19b, *mwyniany* (*enjoyed*) coron babilon. *id.* 39b, gan obaithio i *mwyniana* ef ffrwyth y borfa. **1604–7** *TW* (*Pen* 228), *mwyniantû* d.g. *affero.* **1803** *P.*

mwyniant, mwynant [*mwyn*[1] neu *mwyn*[3] + *-iant, -ant*[2]] *eg.?b.* ll. *mwyniannau, mwyniantau.* Mwynhad, pleser, hyfrydwch; defnydd, iws, budd, lles, daioni, gwerth, mantais; llog; cynnyrch, nwydd: *pleasure, enjoyment, joy, delight; use, profit, benefit, good, advantage; interest (on money); produce, commodity.*
13g. *LlC* 28, [y] cubyl o'r tyr hun a'r dayar . . . guarchadu ue pryodolder yd uyf a *muynnant* arnau. **13g.** *MA*[2] 220a. 12, *Mwyniant* llu tra fu yn ei fywyd [marwnad Llywelyn ap Iorwerth gan Ddafydd Benfras]. **13g.** *HGK* 16, en arver o *uwynnyant* y vrenhinyaeth. **13g** *LlI* 33, os anyueyl blyth neu ych a ardho ryuryvs, roder y'u perchennauc keuryu kestal ac ef e wneythur keuryu *uuenyant* ac a wnelhey a'r eydau ehun. **14g.** *B* xiv. 261, pa *vwynnant* yv i chui ellung guaet guiryon. **14g.** *WM* 42. 1–3, anfuruaw y ueirych ac eu llygru hyt nat oed un *mwynyant* a ellit o honunt. *id.* 62. 18–20, Achyn bo enwedigaeth y kyuoeth y mi bit y *mwynant* y ti a riannon. *c.* **1400** *J* 1, 1016, Nywybydir *mwynyant* ffynnawn ynyel yndispyd. **1567** *TN* 255b, Megis y mae aelodae corph dyn yn gwasanaethu er *mwyniantcu* eu gylydd. *id.* 340b, [c]ael *mwyniant* [:– hyfrydwch] pechawd tros amser. **1604–7** *TW* (*Pen* 228), monei wedy pwyntio y ryw *vwyniant* neullduol . . . Arian secur heb roi ar *vwyniant* onyd yn sefyll d.g. *pecunia.* *id.* hwn y caphom ei *vwyniant* ag nyt y priotolder or peth d.g. *usuarius.* **1632** *D*, *mwyniant*, vsus fructus. **1700** D. MAURICE: *AC* 74, [*M*]*wyniantau* o'r Byd tlawd hwn. **1760** WLL: *SAC* 27, ond am y wir *fwyniant* a'r meddiant, y mae ynghadw i ni yn y Nêf. **1773** *W* d.g. *enjoyment* [*possession, fruition, use, pleasure*], *possession* [*the having in one's hands or power*]. **1784** M. WILLIAMS: *S* i. 242, *Mwyniant* y wlad hon yw, cocoa, ananas, neu afalau pein. **1803** *P.*

mwynieithus [*mwyniaith* + *-us*; ansicr yw'r engh. gyntaf isod] *a.* Mwyn ei iaith, hyfryd ei sain, persain: *pleasant (of language), sweet-sounding, euphonious.*
16g. *Llst* 117, 85, mis medi minioc pylaned / *mwyn hevthus* (*Pen* 155, 146, *mwynheithvs*) mor affryved. **1595** *Egl Ph* 2, areithwyr hyodlaidd a 'wrthodasont y geiriau priodawl: yr rhei nid oeddent . . . na *mwynieuthus*, nag espyssawl. *c.* **1730** *Thos. Lloyd D* (LlGC) 168a, *mwynieithus*, blandiloquus. couth.

mwynlais, mwynllais [*mwyn*[1] + *llais*] *eg.* a hefyd fel *a.* Llais mwyn neu dirion, sain hyfryd; pêr ei lais, seinber, persain: *soft or gentle voice, pleasant sound; sweet-voiced, melodious.*
16g. MORUS DWYFECH: *Gw* 180, Cadı, fun feinllun *fwynllais.* **16g.** HUW ARWYSTL: *Gw* 364, trwssjwr pob *mwynlais* trasserch. **1567** G. ROBERT: *GC* 4, perbynciau'r eos, ne *fwynlais* bronfraith. **16–17g.** LLYWELYN SIÔN, &c.: *Gw* 372, kiw mainllwyd kü a *mwynllais.* **1604–7** *TW* (*Pen* 228), ederyn *mwynlais* d.g. *brinthus* (At.). *c.* **1753** *Gron* 80, Adda Dad . . . / Hoffai lef eu cerdd Nefawl, / Ac adlais *mwynlais* eu mawl [am y sêr]. **1773** H. SIÔN: *AH* 10, Clybuwyd *mwyn-lais* llednais llon, / Y durtur dirion.

mwynlan [*mwyn*[1] + *glân*] *a.* Addfwyn a dymunol, hawddgar a phrydweddol, rhadlon, hynaws, hyfryd: *gentle and pleasant, kindly and fair, genial, affable, lovely.*
14g. *GDG* 67, Dyw Calan mis *mwynlan* Mai. **16g.** *Llst* 6, 144, kael kysan *mwynlan* val medd. ?*Diw.* **16g.** *CRC* 186, fo na ir taiog tyn afrowiog / fod yn *fwynlan* yn y dafarn [am y cwrw]. **1604–7** *TW* (*Pen* 228) d.g. *affabilis.* **1607** *Rhyddiaith Gymraeg* i. 138, yr hygar ar *mwynlan* ddarlleydd. **1684** H. OWEN: *DC* [xv], Y Cyfieithydd at y Cymro *mwynlan.* **1736 (1812)** *YRW* 63, swn y clychau *mwynlan.* **18g.** E. T. RHYS: *DA* 95, Yno'n

cadw'r miwsig *mwynlan*. **1763** *DT* 122, *Mwynlan* yw Gwen, feinwen falch. **1770** *W* d.g. *accessible* [*easy to be spoken with*], *affable*. **1798** R. DAVIES: *CG* 39, Pwy rioed sy ry aflan i'r *mwynlan* Iôr maith. **1803** *P*.

mwynle [*mwyn*[2] + *lle*[1]] *eg*. Mwynglawdd, cloddfa: *mine*.
1706 *Cyf Cym* 138, y *mŵyn-le* or fan y daeth [aur ac arian].

mwynlef, mwynlon, gw. mwyn[1] + llef[1], llon.

mwynllais, gw. mwynlais.

mwynllef, mwynoes, gw. mwyn[1] + llef[1], oes[1].

mwynofydd [*mwyn*[3] + *dofydd* neu *ofydd*] *eg*. Arglwydd cyfoethog: *wealthy lord*.
c. **1300** *H* 55a. 8, *Mwyn ouyt* y ueirt y ueith goeluein rann (Cynddelw).

mwynog[1] [*mwyn*[1] + *-og*; ansicr yw'r engh. gyntaf isod] *a*. Addfwyn, caredig: *gentle, kind*.
Dchr. **17g**. *J* 10, 35a, *mwynog*. **17g**. *LlGC* 10249, 225, Wrth bob gwŷch llowych, wrth allüawg hael / wrth bob kûl *mwynawg*.

mwynog[2], **mwnog** [*mwyn*[2], *mŵn*[2] + *-og*] *a*. Mwynol, yn cynnwys mwyn(au), yn perthyn i fwyn(au): *mineral, consisting of or pertaining to ore or minerals*.
1803 *P* d.g. *mwnawg*.

mwynol[1] [*mwyn*[1] + *-ol*] *a*. Mwyn, addfwyn, tirion, tyner, hynaws, rhadlon; dymunol, hyfryd: *gentle, tender, kindly, genial; pleasant, delectable*.
c. **1400** *R* 1303. 5–6, *mwynawl* hawl nefawl keffyr mawl meu. **1803** *P* d.g. *mwynawl*.

mwynol[2], **mwnol** [*mwyn*[2], *mŵn*[2] + *-ol*] *a*. O natur mwyn, yn cynnwys mwyn(au), yn perthyn i fwyn(au): *mineral, consisting of or pertaining to ore or minerals*.
1776 *W*, *mwnawl* d.g. *mineral, adj*. **1803** *P* d.g. *mwnawl*.

mwynsaig, mwynserch, mwynwaed, gw. mwyn[1] + saig, serch, gwaed.

mwynwaith [*mwyn*[1] a *mwyn*[3] + *gwaith*[1]] *eg*. a hefyd gyda grym ansoddeiriol. Gwaith cywrain neu ddymunol: *exquisite or pleasant work*.
14g. *GDG* 92, Rhoes Duw ar hon [gerlant] . . . / Bob gwaith a *mwynwaith* manaur. *c*. **1400** *R* 1342. 18–19, barnet weilch cret ket kerdeu. bathweith eur *mwynweith* ywr meu. **17g**. *NBSF* 486, hwnn ni vyn yn i *fwynwaith* / wrthwyneb i nêb on iaith (Siôn Cain). **1657** T. POWEL: *CI* [iii], Powel *fwynwaith* maith i'n mysg y peraist / pûryd yw dy gymmysg (Rowland Vaughan). **17g**. HUW MORUS: *EC* ii. 382, O's Taliesin fin *fwynwaith*—ydwyf fi.

mwynwalch, gw. mwyn[1] + gwalch.

mwynwar [*mwyn*[1] + *gwâr*[1]] *a*. Addfwyn a charedig, tyner a rhadlon: *gentle and kind, tender and genial*.
17g. HUW MORUS: *EC* i. 125, Ail Fenws, oleu *fwynwar*, lon glauar lawn o glôd. **1754** *Gron* 42, Feinais *fwynwar*, / E'th gais a'th gâr. **1763** *DT* 149, A phlu Adar *mwynwar* mân. **1793** DAFYDD IONAWR: *CD* 176, Y mynn a'r llewpard *mwynwâr*.

mwynwas [*mwyn*[1] + *gwas*[1]] *eg*. Gŵr ieuanc tirion neu fonheddig, gwas addfwyn: *gentle or noble young man, gentle servant*.
14g. *GDG* 313, dywed na byddaf, / *Fwynwas* coeth, fyw onis caf. **15g**. *IGE*[2] 196, Llafuria, bygythia gaith, / Llon *fwynwas*, llanw fi unwaith [Llywelyn ab y Moel i'r pwrs]. **15g**. *DE* 14, hi ni fynn yw hen *fwynwas* / honni i cherdd hyn yw i chas. **1793** DAFYDD IONAWR: *CD* 200, Zâcharias, *mwynwas* mâd, / Hoff wr, ydoedd Offeiriad.

mwynwawd [*mwyn*[1] + *gwawd*] *e?g*. Cân hyfryd (o fawl): *sweet song (of praise)*.
c. **1400** *R* 1262. 24–5, didlawt traws *vwynwawt* tros von. **15g**. *GGl*[2] 65, Os minnau, eos *mwynwawd*, / Sy fran rhwng Tomas a'i frawd. *id*. 68, Pwrs i minnau, pris *mwynwawd*, / A roes merch un ras â Mawd.

mwynwawr [*mwyn*[1] + *gwawr*; ansicr yw'r engh. gyntaf isod] *eb*. a hefyd fel *a*. Gwawr hyfryd, goleuni teg; ?ysblennydd, gwych: *sweet dawn or light; ?radiant, glorious*.
Dchr. **14g**. *H* 89b. 46, nos galan yonor *mwynwawr* medwyt (Phylip Brydydd). **1776** H. JONES: *GC* 69, Anfonir am finne' [*sic*]. Nos-gadarn Gysgode', / I fod yn derfyne' ar dy *fwynwawr*. **1793** DAFYDD IONAWR: *CD* 102, Dyma'r *mwynwawr* wr wawr [*sic*] mâd. *id*. 105, Mae enw y Llywydd *mwynwawr* / Drwy gaerau'r Nef olau fawr. *id*. 241, Y *mwynwawr* Arglwydd mawr mau. *id*. 281, Myned gyd a'r gwyr *mwynwawr*.

mwynwedd [*mwyn*[1] + *gwedd*[1]] *eb*. a hefyd fel *a*. Wynepryd hardd; dymunol, hyfryd: *beautiful countenance; pleasant, lovely*.
1603 W. MIDLETON: *Ps* 7, Gwared rhaid fenaid *fwynwedd*. **17g**. (*Diw*. **18g**.) *LlGC* 18, 245, Wiliam enwog Lew *mwynwedd* (Edward Morris). **18g**. L. HOPKIN: *FG* iv, A rhyfedd iawn *fwynwedd* fodd, / cynnil a doeth y canodd.

mwynwes, gw. mynwes.

mwynwiw, gw. mwyn[1] + gwiw.

mwynwr[1] [*mwyn*[1] + *gŵr*] *eg*. ll. *-wyr*. Gŵr bonheddig, gŵr mwyn, bonheddwr; gŵr tirion: *gentleman, nobleman; gentle man*.
c. **1400** *R* 1317. 2, eryr *mwynwyr* mon. **17g**. HUW MORUS: *EC* i. 338, Mae'ch oed yn dangos achos ichwi, / Y *mwynwr* tyner, syber sobri. **1696** *CDD* 294, Os gofŷn un *mwŷnwr* dewr awdwr da ei wraidd, / Pwŷ ganodd mor arw i'r cwrw brâg haidd. **1754** *Gron* 48, Y *mwynwr* er dymuned, / Rhowch i'm gryn gosyn o ged. *id*. 60, A gwr wyt, y *mwynwr* mau, / Gwir fwyn, a garaf finnau. **1756** G. OWEN: *L* 172, Rhyfedd na chlywid oddiwrth Ieuan Owain *fwynwr*, os yw'n fyw. **1759** *BC* 218, Fe a ddyru y Gwr, a bia'r Dwr, / I *fwynwr*, a fynno. **1763** *DT* 114, Cadarn ar gadarn yw'r Gwr, / I Weinion meinion, *mwynwr*. **1767** *Gron* 118, Teiroes i'r *mwynwr* tirion / o râs Nef a roesai'n Ion. **1790** TWM O'R NANT: *GG* 132, Cariadus cywir ydoedd. / Y mannau'r ae, *mwynwr* oedd. **1793** DAFYDD IONAWR: *CD* 11, *Mwynwr*, cyn it ddymunaw, / Arfaethais . . . / Gymmar hygar ei hagwedd. **1803** *P*.

mwynwr[2] [*mwyn*[2] + *-wr*] *eg*. ll. *-wyr*. Un sy'n gweithio mewn gwaith mwyn, cloddiwr (yn enw. un a gloddiai dan gestyll, &c., wrth ryfela gynt): *miner, sapper (esp. one who undermined castles, &c.)*.
13g. *Brut B* 120, galv ty de *wuymwyr* attat, ac arch vdvnt kladv e dayar eman. **14g**. *BT* 137, wedy anuon *mwynwyr* yr dayar achlodyaw y dan ykastell. *id*. 161, yr oed saethydyon ac albrysswyr yn bwrw ergydyeu a *mwynwyr* yn kladu amarchogyon . . . yn gwassnaethu. **15g**. *Pen* 109, 39, Mal klawd y *mwynwyr* mal kled minioc (Lewis Glyn Cothi). **15g**. *GGl*[2] 160, Mawr yw'r dysg, yno mae'r da, / *Mwynwyr* o wlad Sermania. *ib*. A mwy fy nghyflog bob mis / No dau *fwynwr* hyd Fenis. **16g**. (*LlEG*) *Mos* 158, 596b, danuones y brenin l gyrchu y *mwynwyr* o gornwal a deuynshieir. **1604–7** *TW* (*Pen* 228) d.g. *cunicularius*. **1752** *ML* i. 190, Dyma fi wedi prynnu ir Tew, well na thunnell o gaws i borthi'r *mwynwyr* gwancus. **1763** *DT* 121, *Mwynwr* wy'n awr, mewn llawr llaith. *id*. 122, *Mwynwr* ydwyf, mwyn rediad, / Yn cael Mwyn o Lwyn y Wlad. **1768** W. WILLIAMS: *HTS* 14, y *mwynwr* a gloddia i ddyfnder y byd. **1776** *W* d.g. *miner*.
Amr.: **moenwr** [*moen* + *-wr*]. *Dchr*. **17g**. *J* 10, 33a. **mwnwr** [*mŵn*[2] + *-wr*]. **1830**. Ar lafar yng ngogledd Cered.

mwynwych [*mwyn*[1] + *gwych*] *a*. Hardd ac ysblennydd: *splendid and beautiful*.
15g. DEIO AB IEUAN DU, &c.: *Gw* 183, Canmlwydd fych, *fwynwych* fwnai, / Cynnydd y gwinwydd a gai. **16g**. *Pen* 76, 63, dyn *vwynwych* di wan vonedd. *a*. **1587** *Y* 67, Edrych y *fwynwych* fonwent, / Hanes enw cerdd hên Sion Kent. **17g**. HUW MORUS: *EC* i. 285, Mawr a *mwynwych*, hoff iawn ydych, a ffynadwy. **1754** *Gron* 66, *Mwynwych* oedd (y mae'n chwith!) / Digyrrith da ei giried. *c*. **1785–90 (1829)** *CBYP* 139, Duw! rho ffydd lonydd lanwych—a fo raid / I'm enaid Iôr *mwynwych*. **1793** DAFYDD IONAWR: *CD* 187, Bu hon yn Fanon *fwynwych*.

mwynydd, mwnydd [*mwyn*[2], *mŵn*[2] + *-ydd*[3]] *eg*. Un hyddysg mewn mwynyddiaeth, mwynyddwr: *mineralogist*.
1776 *W*, *mwnydd*, *mwynydd* d.g. *mineralist*.

mwynyddiaeth, mwnyddiaeth [*mwynydd*, *mwnydd* + *-iaeth*] *eb*. Gwyddor mwyn(au); mwyngloddiaeth, y weithred o fwyngloddio, gwaith mwyngloddiwr; gwyddor mwyngloddio: *mineralogy; mining; mining science*.
1816.

mwynyddol, mwnyddol [*mwynydd*, *mwnydd* + *-ol*] *a*. Yn perthyn i fwyn(au), mwynyddiaeth, neu fwyngloddiaeth: *mineral (adj.), mineralogical, mining*.
1833.

mwynyddwr, mwnyddwr [*mwynydd*, *mwnydd* + *-wr*] *eg*. ll. *-wyr*. Un hyddysg mewn mwynyddiaeth, mwynydd: *mineralogist*.
1833.

mwynyn [*mwyn*[1] + *-yn*] *eg*. Darn o waith cain, cyfansoddiad persain; person hardd neu garedig: *finely wrought piece of work, melodious composition; good-looking or kind person*.
14g. *GDG* 153, Fy nillyn, *mwynyn* manwallt, / Fy nghrair ni chair yn ochr allt. **15g**. *DN* 80, Cae a eiliodd fal calon. / . . . / *Mwynyn* o wŷdd mân a wnaeth [i'r cae bedw]. **15g**. *DE* 13, *mwynyn* yw meinion wiail / meinwen rodd mynwn yr ail. *Diw*. **16g**. **(1794)** E. JONES: *MPR* 49, *Mwynyn* ar y Delyn dlôs, / Maelor yw mal yr ëos [Edward Kyffin i Robert Maelor]! **1803** *P*, *mwynyn*, a kind one.

mwyriaf: mwyrio, gw. moeriaf: moerio.

mwyrif [*mwy* + *rhif*] *eg*. Mwyafrif: *majority*.
1842.

mwys[1] [bnth. Llad. *mē(n)sa*, H. Grn. *muis*, gl. *mensa*, Crn. C. *mo(y)s* 'bwrdd', ?H. Lyd. *moys*, gl. *catenum*, Llyd. C. *meux* 'saig', Llyd. Diw. *meuz* 'saig', H. Wydd. *mías* 'bwrdd, hambwrdd, dysgl'; ansicr yw perthynas ystyr 2 isod â'r S. *mease* 'a measure for herrings' (cf. Man. *meaish, meays dy skeddanyn*)] *eb.g*. ll. *-i*.

(*a*) Basged, cawell, dysgl; ?bwrdd; hefyd yn *dros*.: *basket, hamper, dish; ?table; also transf*.
9g. (*MC*) *VVB* 189, *muiss*, gl. *disci*. *c*. **1300** *H* 12a. 35, lliaws bart a borthid ar y [*v*]*wys* [marwnad Madog ap Maredudd gan Walchmai]. **14g**. *T* 42. 10–11, kant kalan kynnwys. kant car am *yuwys*. **14g**. *WM* 481. 26–31, *Mwys* gwydneu garanhir pob tri nawyr pei delhei y byt oduchti. bwyt a uynho pawb wrth y uryt a geiff. yndi. **14g**. *GIG* 148, Mwy a dâl ei mâl na morc, / *Mwys* gyrgam ymwasgargorc [i'r llong]. *c*. **1400** *R* 1040. 20–1, Anoeth byd brawt bwyn kynnwys amgyrn buelyn am[*u*]*wys*. **15–16g**. *TA* 23, A *Mwys* Gwyddno lwys, luosydd—gwindai, / A phrin i dai o pharhaen un dydd! **16g**. WILIAM CYNWAL: *Gw* (R. L. Jones) 211, Os mawr yw pwys ei *fwys* fo, / Ar y peusyd mae'r pwyso [am faen melin]. **16–17g**. *TYP*[2] 240, *Mwys* Gwyddno Garanir: bwyd i un gwr a roid ynddo, a bwyd i ganwr a gaid ynddo pan agoryd. **1632** *D*, *mwys*, vas quoddam. **1722** *Llst* 189, *mwys*, (sub) m. a certain vessel. **1770** *W* d.g. *basket*. **1803** *P*, *mwys* . . . a kind of covered basket, pannier or hamper.

(*b*) Mesur ar gyfer ysgadan neu benwaig gynt, fel arfer yn gyfartal â phum cant (hir), ond yn amrywio o ardal i ardal: *a former measure of herrings, usually equal to five (long) hundreds, but varying from area to area, mease, cade*.
1606 *Pen* 297, 203a, *Mwys*, o skadan rrif 160 or pennweig. **1632** *D*, *mwys* . . . *mwys* o ysgadan, yw 500. **1722** *Llst* 189, *mwys* . . . *mwys* (f) o ysgadan. A maize or mease of herrings. **1771** *W* d.g. *cade of herrings*. *id*. ugain *mwys* (deng-mil) o ysgadan d.g. *a last [20 cades] of herrings*. **1803** *P*, *mwys* . . . *Mwys* o ysgadain, five score, or 630, of herrings. **1814** W. DAVIES: *Agric* . . . *S. Wales* ii. 295, I have heard of a maize of herrings (*mwys* o scadan bwrw), or thirty score, and one thrown in upon every score, in all 630, being sold formerly, in Cardigan Bay. Ar lafar yn sir Benf., cf. E. LL. WILLIAMS: *Crwydro Sir Benfro* i. (1958) 51, A gwyddai ef am yr hen fesur gwerthu sgadan, sef chwe sgadenyn = Bwrw. Ugain bwrw = Cant

(gydag un bwrw dros ben ran amlaf). Pum cant = *Mwys*.

Cfn.: **mwys bara:** *bread basket*. **1604–7** *TW* (*Pen* 228) d.g. *panarium*. **1722** *Llst* 189. **1770** *W* d.g. *basket, a bread basket*.

mwys² [cf. *amwys*] *a*. ll. *-ion*, a hefyd fel *eg*. ll. *-au*. Amwys, daueiriog, amheus, tywyll; cywrain, medrus, huawdl, ffraeth; persain, hyfryd, teg; gair amwys, gair mwys, mwysair: *ambiguous, equivocal, unclear*; *skilful, clever, eloquent, witty*; *euphonious, melodious, sweet-sounding, pleasant, fair*; *ambiguous word, equivocation, pun*.

16g. GR. HIRAETHOG: *Gw* (D. J. B.) 39. 55–6, Ac ar aflen digrifiwys / Athro math eiriau a *mwys* [i Wiliam ap Robert, Archddiacon Meirionnydd]. **16g.** WILIAM CYNWAL: *Gw* (G. P. Jones) 118, Medrai 'rioed, mydriwr ydoedd, / *Mwys* ar air a mesur oedd [marwnad Dafydd Maenan Delynior]. *a*. **1587** *Y* 49, Cleimio ir wyd gael clymv'r iaith / A mesuro *mwys* araith. *id*. 67, Os ydifar, *fwys* dafod, / O rwym y glêr, roi i mi glod. *id*. 99, Ag nid amcan berw gân bur, / Athro *mwys*, eithr y mesur! **1621** E. PRYS: *Ps* 21a, A'm clust gwrandawaf ddameg ddwys / â'm llais cerdd *fwys* a ganaf. **1632** *D*, *mwys*, vel Amwys, amphibolum, æquivocum. **1688** *TJ*, *mwŷs* neu amwŷs, amheuŷs, gair dau dewll [*sic*]: doubtful, equivocate. **1716–18** *Llsgr R. Morris* 45, Llettu ir gerdd Llettu ar gân / i thida *mwus* blethiade mân. **1770** *TG* iii. 78, Duw'r hedd *mwys* rinwedd moes rad. **1790** TWM O'R NANT: *GG* 138, Lleisiau twrf, lliaws a'i tôn, / Pob Miwsic Pibau *mwysion*. *id*. 172, Nid oes dim achos rhyfel, / Neu fatel *fwys*, na barn o bwys. **1803** *P*. Ar lafar ym Morg. sonnir am 'nuthur *mwysa*'.

mwysaf: mwyso [bf. o'r e. bl.] *bg*. Mwyseirio, chwarae ar eiriau: *to pun*.

1803 *P*. Ar lafar ym Morg.

mwysaidd [*mwys²* + *-aidd*; ansicr yw ystyr yr engh. gyntaf isod] *a*. Amwys, daueiriog, amheus, tywyll; ?hyfryd: *ambiguous, equivocal, unclear*; *?pleasant*.

15g. DEIO AB IEUAN DU, &c.: *Gw* 114, A'i laeth da helaeth, dihalog,—*mwysaidd*, / A'i faidd croyw hyfaidd fal crio hafog. **1621** E. PRYS: *Ps* 15a, Rhai'n rhagrithwyr, rhai'n watworwyr / torrent hwy eiriau *mwysaidd*. **1630** R. VAUGHAN: *YDd* 545, os digwydda i ddim yn ei ewyllys ef fod yn *fwysaidd* neu yn amheuus, fe ddylid ei ddirnad y ffordd orau. **1722** *Llst* 189, *mwysaidd*, equivocal, doubtfull. *c*. **1730** *Thos. Lloyd D* (LlGC) 174b, yn llariaidd a *Mwysaidd* fal Moesen. CW 109. **1773** *W* d.g. *equivocal* [*ambiguous, of uncertain meaning, doubtful*]. **1803** *P*.

mwysair [*mwys²* + *gair¹*] *eg*. ll. *-eiriau*, a hefyd gyda grym ansoddeiriol. Gair amwys, gair mwys, gair neu ymadrodd ac iddo fwy nag un ystyr; ymadrodd huawdl, gair hyfryd; hefyd yn *ffig*.: *ambiguous word, equivocation, pun*; *eloquent expression, pleasant word*; *also fig*.

1588 *Salm* xxxv. 16, Ym mysc y rhag-rithwŷr yr oedd gwattwarwyr *mwys-air* (**1567** *LlGG* (*Sall*) xix, ffeilson; **1620** *Salm* xxxv. 16, rhagrithiol) yn escyrnygu eu dannedd arnaf. **1604–7** *TW* (*Pen* 228) d.g. *aequivocum, amphibolia, homonymia*. **17g.** *BL Add* 14890, 65b, Fy mowlair fy *mwysair* fy messias mawr. **17g.** HUW MORUS: *EC* i. [113], Fy seren *fwys eiriau* [*sic*] fwyn finau fain ferch. **17–18g.** IACO AB DEWI: *Gw* 293, Mirain gynnyrch llewyrch llen / Mewn *Mwys-air*, mwy na Moesen / Yn dyst cywir geirwir gwâr. **1725** *SR* d.g. *equivocation*. **1778** T. JONES: *TGEL* 200, *mwys-eiriau*, ystrywiau, a chyfrwysddadlau. **1800** T. PRICE: *RT* 123, mae'n foddlon i *fwys-air* [:– gair a dau ystyr iddo], i goel-brawf yn unig. **1803** *P*.

mwysedd [*mwys²* + *-edd¹*] *e?g*. Amwysedd, defnydd (bwriadol) o eiriau amwys: *ambiguity, equivocation*.

1721 RD: *CFf* [79], Y mae Llw i'w gymmeryd yn ystyr gyffredin ag eglur y Geiriau, heb *Fwysedd* na dyall dauddyblyg. **18–19g.** *Llr* C 4, 40, mwys . . . *mwysedd* . . . Sierallt o'r glŷn.

mwyseidd-dra [*mwysaidd* + *-dra*] *eg*. Amwysedd: *ambiguity*.

1851.

mwyseiriad [bôn y f. ddil. + *-iad¹*] *eg*. Amwysedd, defnydd (bwriadol) o eiriau amwys: *ambiguity, equivocation*.

1833.

mwyseiriaf: mwyseirio [bf. o'r e. *mwysair*] *bg.a*. Geirio rhywbeth neu siarad yn amwys, yn gyfrwys, yn dwyllodrus, neu'n gelwyddog; chwarae ar eiriau: *to equivocate; play on words, pun*.

1815. Cf. D. OWEN: *GT* 194, Pan gyhuddir ni o anniweirdeb, o *fwyseirio*, a pheidio dweyd y gwir yn onest a syth.

mwyseiriog [*mwysair* + *-iog*] *a*. Yn defnyddio neu'n cynnwys geiriau neu ymadroddion amwys (mewn dadleuon, &c.), amwys, daueiriog; yn chwarae ar eiriau: *using or containing ambiguities or equivocations* (*in arguments, &c.*), *equivocating, equivocal; playing on words, punning*.

1773 *W* d.g. *equivocator, Jesuitical*. **1803** *P*.

mwyseiriol [*mwysair* + *-iol*] *a*. Yn defnyddio neu'n cynnwys geiriau neu ymadroddion amwys (mewn dadleuon, &c.), amwys, daueiriog; yn chwarae ar eiriau: *using or containing ambiguities, equivocations* (*in arguments, &c.*), *equivocating, equivocal; playing on words, punning*.

1860.

mwysel [amr. ar y gair *bwysel* gyda *b-* ac *m-* yn ymgyfnewid; dichon mai ff. dreigledig ar *bwysel* a geir yn yr engh. gyntaf ac felly nad yma y perthyn] *eg*. Bwysel: *bushel*.

1632 *D*, llâd . . . deuddeg *mwysel* o geirch yn y llâd, ac 8 o'r rhŷg a'r gwenith. **1747** *ML* i. 113, *Mwysel* might be made from Bwysiel as modfedd from Bawd.

mwysiaith [*mwys²* + *iaith*] *eb*. Iaith amwys, chwarae ar eiriau; iaith huawdl: *ambiguous language, play on words; eloquent language*.

[*c*. **1752**] *Gron* 25, Pan ddel i ryfel yr iaith. / I ymosod â *mwysiaith*.

mwyslefaraf, mwyslafaraf: mwyslefaru, mwyslafaru [*mwys²* + *llefaru, llafaru*] *bg.a*. Geirio rhywbeth neu siarad yn amwys, yn gyfrwys, yn dwyllodrus, neu'n gelwyddog, mwyseirio: *to equivocate*.

1773 *W* d.g. *to equivocate*.

mwysol [*mwys²* + *-ol*] *a*. ?Huawdl: *?eloquent*.

a. **1666** *NBSF* 137, Byrddio y cawn trwy ddawn trig / Bardd *mwysawl* Beirdd a musig (Gruffudd Phylip).

mwystard, gw. mwstard.

mwyster¹ [*mwys²* + *-der*] *eg*. Amwysedd; ?medrusrwydd; ?hyfrydwch: *ambiguity; ?skilfulness; ?pleasure*.

1702 T. JONES: *Alm* [45], *Mwusder* call, a meister cerdd. **1803** *P*.

mwyster² [bnth., o bosibl drwy'r S., o'r Ffr. *mystère* 'drama firagl', ?dan ddyl. yr e. bl.] *e?g*. ll. *-au*. Drama firagl: *miracle play*.

1848.

mwystroaf: mwystroi [*mwys²* + *troi*] *ba.g*. Chwarae ar ystyron gwahanol homoffonau neu eiriau tebyg eu sŵn, yn aml er mwyn doniolwch, chwarae ar eiriau: *to pun*.

1780 *W* d.g. *to pun* [*play upon words, or pervert their meaning in a fanciful manner*]. **1803** *P*.

mwyswch, gw. moes¹.

mwytsgin [bnth. S. *mutchkin*] *e?g*. Mesur gwlyb, sef tua thri chwarter peint: *mutchkin, liquid measure of about three-quarters of a pint*.

c. **1548** *CM* 1, 731, a berw ef mewn hanner *mwydsgin* o oel olif.

mwyth¹ [?yr un gair â *mwyth²*; ond cf. *gormwyth*] *eg*. (un. b. *-en*) ll. *-au*, a hefyd gyda grym ansoddeiriol. Twymyn, cryd, y ddeirton, y wrach; arwyddion cyntaf afiechyd, pwl (o salwch); hefyd yn *ffig*.: *fever, ague; first signs of a disease, bout or attack* (*of illness*); *also fig*.

15–16g. *GIF* 63, Mae wedy Morgan arnom anach / Mathau, ar ei ôl mae *mwyth* y wrach. **16g.** GR. HIRAETHOG: *Gw* (D. J. B.) 118. 63–4, *Mwythau*'n wir am waith y nos / Yw garw goddiant gwrageddos. **1683** H. EVANS: *CTF* 51, Os gorfydd im ei ddarllen, fe wna'n dy galon *fwyth*. **1722** *Llst* 189, *mwyth*, (sub) m. an hot fit (of an [a]gue &c), paroxysm. **1740** T. EVANS: *DPO* 88, Hir adwyth a *mwyth* a maithder o ddig. **1753** *TR*, *mwyth*, an ague, an intermitting fever. **1760** E. WILLIAMS: *UYB* 121, attal llawer cwrp neu *fwyth* o'r marwol wenwyn. **1762** *ML* ii. 475, Mae ei *mwyth* hi [y wrach] yn fy esgyrn i y munyd yma o achos oeri tippyn yn'r ardd. **1774** *W* d.g. *the grudge of a disease*. **1801** *MMf* 92, Rhag Y Cryd A'r *Mwyth* Ar Blentyn. *id*. 235, Amwyn Rhag *Mwythen* Yn Attardd Dail. **1803** *P*. **1824** *Bl D* 351, Rhyw styfftra rhyfedd maith a *mwyth* [am henaint].

Cfn.: **mwyth brith:** *miliary fever*. **1803** *P*. **m. du:** *black fever, typhus*. **1801** *MMf* 212, 233, 235. **m. gryd yr eilddydd = m. y tridiau.** **1801** *MMf* 103. **m. penddar:** *migraine*. **1801** *MMf* 138. **m. y tridiau:** *intermittent fever, tertian ague*. **1801** *MMf* 260. **m. drydedydd = m. y tridiau.** **1801** *MMf* 179.

Gw. hefyd gormwyth.

mwyth² [cf. *esmwyth*; ansicr yw'r ddwy engh. gyntaf fel a.] *e?g*. (gan mwyaf yn y ff. l.) ll. *-au*, a hefyd fel *a*. ll. *-ion*. Moeth, moethusrwydd, esmwythyd, byd da, hawddfyd, pleser; dantaith, danteithfwyd, moethusfwyd; coledd, maldod, anwes; chwant, glythineb; hefyd yn *ffig*.: *luxury, ease, life of ease, pleasure; delicacy, dainty or choice food; a cherishing, indulgence, pampering, caress; lust, greediness; also fig*.

14g. *GDG* 144, Hoedl i'r fun hudolair fawl / A geidw ym, drefn erddrym draidd, / Fy *mwythau* yn famaethaidd. **15g.** *GGl²* 261, Iolo Goch, ni welai gael / Rhyw *fwythau* yn nhref Ithael. **15–16g.** *TA* 55, Heb aml ffrwythau, heb *fwythau*, heb faeth. **1567** *TN* 314b, hon syn byw, mewn mursendod [:– rrysedd neu trythylwth [*sic*], *mwy/theu*], marw ydiw cyd bo yn byw. **1588** *Deut* xxviii. 56, Y wraig dyner a'r foethus . . . yr hon ni phrofodd osod gwadn ei throed ar y ddaiar, gan *fwythe* a thynêrwch. **1588** *Ecclus* xviii. 33, Na ymlawenycha yn dy fawr *fwythau*. **1595** H. LEWYS: *PA* 35, y plant, trwy oddefgarwch a gormod *mwytheu* (*cherishing*), a ant yn anhywedd. **1604–7** *TW* (*Pen* 228), yn ymroi y *vwythæ* ag esmwythdra d.g. *voluptarius*. **1615** R. SMYTH: *GB* 27, *mwythau* (*la friandise*) Adda ag Efa . . . a fu achos gau pyrth paradwys rhagomni. **1632** *D*, mwyth . . . *mwythau* . . . delitiae. *id*. d.g. *mollitia*. **1684** H. OWEN: *DC* 79, [y] sawl a ddilynodd ddrythyllwch a *mwythau*'r cnawd. **1696** *CDD* 176, Rhyfŷg, rhodres, balchder, *mwŷth*, / A phôb anesmwŷth bleser. **1722** *Llst* 189, *mwythau*, delicious dainties; voluptuousness. **18g.** E. T. RHYS: *DA* 59, Nes llyncu'r tri'n ddisymwyth, / Rhwng gwynt a *mwyth* y môr.

Fel *a*. Meddal, llyfn, tyner, addfwyn, moethus; trythyll; merchetaidd: *soft, smooth, tender, gentle, luxurious; wanton, voluptuous; effeminate*.

Dchr. **14g.** *H* 95b. 19, *mwyth* doryf derwyn eha[g]dwr [marwnad Owain ap Gruffudd gan y Prydydd Bychan]. *Dchr*. **14g.** *id*. 116a. 1, Castell mathraual *mwyth* werin wythawc (Llywarch ap Llywelyn). **1632** *D*, *mwyth*, mollis, ait D[avid] P[owel]. **1688** *TJ*, *mwŷth*, meddal, moethus: soft, delicate. **1773** *W* d.g. *effeminate*. **1803** *P*.

Gw. hefyd moeth.

mwythaf¹: mwytho [bf. o'r e. *mwyth¹*; ansicr yw'r engh. gyntaf] *bg.a*. Bod â'r dwymyn arno; hel am (salwch), clafychu: *to have a fever; sicken for* (*an illness*).

1585 LLYWELYN SIÔN, &c.: *Gw* 462, kri y dadmeithi, *mwythed*—pob mamaeth, / klaf jas waew galaeth, klwyfais oi glywed [marwnad Edward Mawnsel]. **1753** *TR*, *mwytho*, to have an ague, to be sick of an ague. **1803** *P*. **1813** L. HOPKIN: *FG* 99, Yr oedd ef wedi *mwytho*'r dydd hwnnw. Ar lafar ym Morg., "Wi'n meddwl 'i fod a'n *mwytho*'r frech'; "Odd 'i'n dishgwl fel 'ta 'i'n *mwytho* i ryw dostrwydd'.

mwythaf²: mwytho [bf. o'r e. *mwyth²*] *bg.a*. Anwesu, anwylo, llochi, pratio; rhoddi maldod neu foethau i, maldodi, difetha; hefyd yn *ffig*.: *to caress, embrace, pet, pat, fondle; pamper, indulge, spoil; also fig*.

1589–93 *Rhyddiaith Gymraeg* ii. 138, Nid ydiw ddrwg cadw yr gyfraith, ag onis *mwthir* [*sic*] hi,

mae hi yn erlyniad. **1803** *P*. Ar lafar, *WVBD* 380. Yn Nwyrain Morg. mae'n golygu 'trwytho (dillad) mewn dŵr', a hefyd 'tylino('r corff neu ran ohono) i esmwytháu poen'.
Gw. hefyd moethaf: moethi.

mwythan [*mwyth*[2] + *-an*[1]] *eg*. ll. *-au*. Cartilag: *cartilage*.
1803 *P*.

mwythblu, mwythbluf [*mwyth*[2] + *plu(f)*] *e.ll.* a hefyd gyda grym ansoddeiriol. Plu meddal hwyaid o'r tylwyth *Somateria*: *eider-down*.
18g. *Pant* 19, 100, hwyad *fwyth blu*, the eider duck.

mwythder [*mwyth*[2] + *-der*] *eg*. ll. *-au*. Moethusrwydd, dantaith, hefyd yn *ffig*.: *luxury, delicacy, also fig*.
1831.
Gw. hefyd moethder.

mwythdew [*mwyth*[2] + *tew*] *a*. Llyfndew, pwyntus: *sleek, plump*.
1754 *Gron* 18, Mythder i'r ceinych *mwythdew*. Cf. R. WILLIAMS PARRY: *CG* 74, *Fwythdew* fytheiaid! Fflachiog yw eu paent / Yng nghynebryngau'r broydd [am foduron].

mwytheiriol [*mwyth*[2] + *geiriol*] *a*. O natur gair teg: *euphemistic*.
1852.

mwythen, gw. mwyth[1].

mwythfoddiaf: mwythfoddio [*mwyth*[2] + *boddio*] *bg.a.* Ymroddi i bleser, &c.; boddio, porthi: *to indulge*.
1822.

mwythfoddiant [bôn y f. fl. + *-iant*] *eg*. Ymroddiad i bleser, &c., hunanfoddhad: *self-indulgence*.
1885.

mwythlan, gw. mwthlan.

mwythlyd [*mwyth*[2] + *-lyd*] *a*. Yn ymroddi i bleser, &c., hunanfoddhaol; maldodus, yn rhoddi maldod neu foethau; glwth: *self-indulgent; doting, indulgent; gluttonous*.
1851. Ar lafar yn Arfon yn yr ystyr 'glwth'.
Gw. hefyd moethlyd.

mwythog [*mwyth*[2] + *-og*] *a*. Cartilagaidd; wedi ei fwytho, hefyd yn *ffig*.: *cartilaginous; pampered, also fig*.
1803 *P*.

mwythol [*mwyth*[2] + *-ol*] *a*. Yn ymroddi i bleser, &c.: *(self-)indulgent*.
1696 *CDD* 33, Cês faethiad, cás *fwŷthol*, a 'r [*sic*] bechod ebychiol. **1712** T. WILLIAMS: *CDdG* 247, hwy [dymuniadau diniwed] a ddeuant . . . drwy ei [*sic*] hir arferu yn *fwythol* (*by long use and indulgence*) i ennil[l] cymmaint o Awdurdod trosom. *c.* **1730** *Thos. Lloyd D* (LlGC) 177b, *mwythol*, indulgent.

mwythus [*mwyth*[2] + *-us*] *a*. a hefyd gyda grym enwol. Llawn moethau, moethus, drudfawr, helaethwych, hyfryd; danteithiol, amheuthun; tyner, gwanllyd; hoff o foethau, yn arddangos moethusrwydd, hunanfoddhaol; wedi ei ddifetha, wedi ei faldodi: misi, dicra, merchetaidd: *luxurious, costly, sumptuous, lovely; delicate or dainty (of food); tender, delicate, dainty; fond of luxury, displaying luxury, self-indulgent; spoiled, pampered; fastidious, fussy, effeminate*.
14g. *GDG* 368, Gwisg, na ddiosg wythnosgwaith, / Gwasgawd *mwythus* lyfngnawd maith. **15g.** *CSTB* 42, Gorwedd a wna' o gariad / Fyth os gwen *fwythus* a'i gad. **15g.** *Pen* 57, 86, *Mwythus* liw mathiass lan / aiago rrai diocan [am lun o'r Swper Olaf]. **15–16g.** *TA* 108, Mae i'th ais, mab *mwythus*, main, / Oes, breuder Ynys Brydain [i Siôn Salbri]. **16g. (1763)** W. SALESBURY: *LlM* 203, ar pren yma [ffigysbren] sy un or rhai tyneraf a *mwyathusaf* [*sic*] or y sydd a gelynieth Iddo rew ne oerfel. *a.* **1587** *Y* 236, *Mwythus* oeddwn am iaithoedd, / Math hon wawd amhaethvn oedd. **1588** *Luc* xvi. 19, [gŵ]r goludog . . . yn gwisco porphor a sidan main, ac yn cymmeryd ei fyd yn ddainteithol ac yn *fwythus* beunydd. **1595** H. LEWYS: *PA* 114, y rhai oeddynt . . . ry *fwythus* (*too fond*) ar fwyd a diod. **1632** *D*, mwyth . . . *Mwythus* . . . Mollicellus, delicatulus . . . Nid *mwythus* ond bele. **1701** E. WYNNE: *RBS* 60, Mae ar bob ystyr yn rhydd achlesu cylla *mwythus* a gwann. *id.* 269, difarwhâd a *mwythus* (*effeminate*) yn fy muchedd. **1723** WM: *PGG* 117, nid y Balch ar [*sic*] *Mwythus*, ond y truan a'r Dioddefus a geiff ei goroni yn Nheyrnas Nef. **1772** *W* d.g. *dainty* [*delicate; tooth-some, pleasant to the taste, &c.* . . .], *dainty* [*apply'd to persons, not easily pleased with food, of a nice or delicate taste* . . .], *delicate* [*nice in the choice of food;—elegant, or nice in one's dress, &c.* . . .], *delicate* [*soft, tender, effeminate, unable to bear hardships, &c.*]. **1803** *P*. Ar lafar yn Arfon a sir Ddinb. yn yr ystyr 'wedi ei ddifetha' (am blentyn), *WVBD* 380, *Cymru* xlvii. 141.
Gw. hefyd moethus.

mwythusol [*mwythus* + *-ol*] *a*. Helaethwych, hyfryd: *sumptuous, pleasant*.
1597 *CRC* 341, Gwin meddyglyn bragod bir / kwrw a sir *fwythvsol*.

mwythusrwydd [*mwythus* + *-rwydd*] *eg*. Dicräwch, meddalwch; pereidd-dra, blasusrwydd; maldod: *fastidiousness, softness; deliciousness; a pampering*.
1772 *W* d.g. *daintiness, delicacy* [*daintiness, or taste shewn in eating*], *delicacy* [*softness, tenderness, &c.*], *deliciousness* [*daintiness, toothsomeness, sweetness, pleasantness*]. **1803** *P*, *mwythusrwydd*, pamperedness.
Gw. hefyd moethusrwydd.

mwythuster [*mwythus* + *-der*] *eg*. Moethusrwydd; dicräwch, meddalwch, mercheteiddiwch; pereidd-dra, blasusrwydd: *luxury; fastidiousness, softness, effeminacy; deliciousness*.
1632 *D* d.g. *mollitia*. **1672** J. LANGFORD: *HDdD* 183, fe ddichon fôd yn *fwythusder* ac yn drythyllwch i rai fôd yn rhodresgar yn y pethau y rhai mewn rhyw fesur sydd angenrheidiol i wendid Cylla glwyfus. **1701** E. WYNNE: *RBS* 6, [T]rythyllwch a Gwrhydri, *Mwythusder* (*softness*) a Maswedd. *id.* 11, gochel *Fwythusder* (*delicacy*) a phôb Manyldra yn dy Ddillad a'th Ymborth. **1718** E. SAMUEL: *HDdD* 283, mam dda a ddylai . . . gochel drygu ei Dyn bach, o herwydd ei diogi a['i] *Mwythusder* (*niceness*) [am fwydo ar y fron]. **1772** *W* d.g. *delicacy* [*daintiness, or taste shewn in eating*], *delicacy* [*softness, tenderness, &c.*], *deliciousness* [*daintiness, toothsomeness, sweetness, pleasantness*], *effeminacy*. **1803** *P*, *mwythusder*, delicateness. **1807** *MA* iii. 278, Tri pheth a weddant ar bob gwraig dda . . . *mwythusder* didwyll iaith ac ymadrawdd.
Gw. hefyd moethuster.

mwythustra [*mwythus* + *-dra*] *eg*. Moethusrwydd; maldod; meddalwch, dicräwch, mercheteiddiwch; trythyllwch, cnawdolrwydd; hefyd yn *ffig*.: *luxury; a pampering; softness, fastidiousness, effeminacy; voluptuousness, sensuality; also fig*.
1604–7 *TW* (*Pen* 228) d.g. *obsequium*. **1701** E. WYNNE: *RBS* 54–5, [C]nawdolrhwydd moethus a choeg ddyfyrrwch . . . Mae'n ddir i'r *Mwythusdra* hwnnw fôd yn bennaf rhwystr i Ferthyrdod am fôd hwn yn greulondeb a hwnnw yn Anwes i'r cnawd. *id.* 60, pôb grâdd o *fwythusdra* yn râdd o anghymmedroldeb. *id.* 187, dyma fanylder a *mwythusdra* (*niceness*) Cariad Duw. **1718** E. SAMUEL: *HDdD* 172, euog o rodres a *mwythusdra* (*luxury*). **1803** *P*, *mwythusdra*, delicateness, softness, effeminacy; a pampered state.
Gw. hefyd moethustra.

my, gw. fy[1], hun[2], hunan.

myail, myc, gw. miwail, mwc[2].

mycâf: mycáu [*mwg* + *-hau*] *bg*. Mygu, ageru: *to smoke, give off steam or vapour*.
13g. *BD* 109, cameu brvnstanavl . . . y rei a *uyccaant* (*fumabunt*; *RB* ii. 149, awnant mwc) o deudyblyc flam. **1575–6** *B* vi. 318, Assen . . . Lle hebodno e *vykka* (*ubi cacat, ibi fimat*). *id.* 319, Ni hir *vycka* baw llo.
Gw. hefyd mygaf[1]: mygu.

myceliwm [bnth. S. *mycelium*] *eg*. ll. *mycelia*. *Bot*. Y rhan lystyfol o ffyngoedd, sef mân diwbiau edafog gwynion sy'n ymledu drwy'r is-haen maethlon: *mycelium*.
20g.

Mycenaeaidd, Mycenaidd [e.'r ddinas *Mycen(ae)* (*Mycen(ai)*) + *-aidd*] *a*. Yn perthyn i ddinas Mycenai yng ngwlad Groeg gynt, nodweddiadol o'i gwareiddiad, ei diwylliant, ei chelfyddyd, &c.: *Mycenaean*.
1936.

myclis, gw. mwclis.

mycoleg, meicoleg [cfdds. o'r S. *myco-l(ogy)* + *-eg*[1]] *eb*. *Bot*. Gwyddor ffyngoedd: *mycology*.
20g.

mycolegydd, meicolegydd [*mycoleg, meicoleg* + *-ydd*[3]] *eg*. *Bot*. Astudiwr ffyngoedd, un hyddysg yn yr wyddor honno: *mycologist*.
20g.

mycosis, meicosis [bnth. S. *mycosis*] *eg*. *Meddyg*. Clefyd ffwng: *mycosis*.
20g.

mycsantaf: mycsantu [bf. o'r e. *mwcsant*] *ba*. Perarogli: *to perfume*.
Dchr. **17g.** *J* 10, 28b, *mygsantu*, suffio.

mycsych [*mwg* neu fôn y f. *mygaf*[1]: *mygu* + *sych*] *a*. Wedi ei sychu mewn mwg: *smoke-dried*.
1722 *Llst* 189, *mygsych*, dried or hardened in smoke.

mycsomatosis, myctarth, gw. micsomatosis, mygdarth.

myctod, myctwll, gw. mygdod, mygdwll.

mychâf: mycháu, gw. ymiachâf: ymiacháu.

mychdeyrn, mychdeyrnged, mychdyn, gw. mechdeyrn, mechdeyrnged, mechdeyrn.

mychedyn [gair geir.] *eg*. Yr haul, pelydryn o haul: *the sun, sunbeam*.
1592 S. D. RHYS: *Inst* [xii], merè Cymraeca . . . sunt iudicanda huiusmodi omnia . . . Phelaic . . . *Mychêdyn* . . . Quorum significata hæc sunto: Imperator . . . sol. **17g.** *LlGC* 13215, 348, *mychedyn*, sol. **1803** *P*, *mychedyn*, a sun beam.

mychiad, mychnân, gw. meichiad, mechnân.

mychweg [gair geir.; cf. *chweg*] *a*. Melys (iawn), cyfoglyd o felys, pêr, hyfryd, dymunol: *(very or nauseously) sweet, luscious, pleasant*.
c. **1588** *B* ii. 232, *mychwec*: melus. *Dchr.* **17g.** *J* 10, 28b. **17g.** *LlGC* 13215, 348, *mychweg*, suavis. **1707** *AB* 219a, *mychweg*, sweet. [S]. **1776** *W* d.g. *luscious* [*cloyingly, or nauseously, sweet*]. **1803** *P*.

mychwydd, myd, gw. muchudd, mid[1].

mydaf: mydu [bf. o'r e. *mwd*[1]] *ba*. Toi neu orchuddio â nenfwd bwaog, nenfydu (tŷ, ystafell), cronglwydo: *to cover with an arched or vaulted roof, provide (house, room) with a ceiling*.
Dchr. **17g.** *J* 10, 28b, *mydu*, concamero. **1707** *AB* 219a, *mydy*, to vault or seil, to make an arch'd roof. **1772** *W* d.g. *to ciel* [*with plaister, or mortar*], *to over-arch, to roof a house, to vault* [*shape like, or cover with, an arch*]. **1803** *P*.

mydarch, mydarchen, gw. madarch.

mydedig [bôn y f. *mydaf*: *mydu* + *-edig*] *a.bfl*. Ac iddo gronglwyd neu nenfwd bwaog, ar lun bwa maen: *having an arched ceiling, vaulted*.
1771 *W* d.g. *camerated, cieled*. *id.* daeargell . . . *fydedig* d.g. *vault* [*an arched cellar or cavern*]. **1803** *P*.

mydfaeth, mudfaeth [cfdds. o'r S. *mid-(wife)* + *maeth*[1], ?dan ddyl. *mamaeth*; cf. *mudweiff, mydwraig*] *eb*. ll. *-od*. Bydwraig: *midwife*.
1685 *Art* 14, Pysygwyr, Meddygon a *Mydfaethod*. *id.* 15, arferu Meddyginiaeth, neu swydd *Mydfaeth*. **1688** *TJ*, esgorwraig, (*Mŷdfaeth*). A Midwife. **1725** *SR*, a midwife . . . *mudfeth*. *c.* **1730** *Thos. Lloyd D* (LlGC) 168a, *mydfaethfod* [*sic*]. AL. 136. Midwives. *c.* **1770** *LlGC* 352, 27, Dowch fy *Mydfaeth* odiaeth

'I / rwi 'n ofni 'r cyni ar cwynion. **1777** E. ROBERTS: *DG* 71, Physygwr Meddyg A *Mudfaeth*.
Gw. hefyd gwidwith, mudweiff.

mydgard, mytgard [bnth. S. *mudguard*] *eg*. Gorchudd dros ran o olwyn (beic, &c.), er mwyn atal llaid neu ddŵr rhag tasgu ohoni: *mudguard*.
Ar lafar, *EEW* 232.

mydiad [bôn y f. *mydaf*: *mydu* + *-iad*[1]] *eg*. Gwneuthuriad ar lun bwa maen neu gronglwyd: *an arching or vaulting*.
1771 *W* d.g. *cameration* [*a vaulting or arching*]. **1803** *P*.

mydlyd, gw. mwdlyd.

mydr [?bnth. Llad. *metrum*, cf. H. Wydd. *metur*] *eg*. ll. *-au*, *-oedd*, a hefyd gyda grym ansoddeiriol. Unrhyw ffurf reolaidd benodol ar rythm (mewn barddoniaeth neu gerddoriaeth), mesur; cyfansoddiad mydryddol, cân, cerdd, barddoniaeth, prydyddiaeth: *metre (in poetry or music)*; *metrical composition, poem, poetry, verse*.
13g. *HGK* 21, kyn huotlet a Thullius vard ym prol ac a Maro vard en traethaut *mydyr*. **14g.** *GP* 46, *Mydyr* neu brydyat yw kyuansodyat ymadrodyon perfeith kyuyawn . . . a hynny ar gerd dauawd ganmoledic. **14g.** *H* 118a. 15, tras *ymydyr* traws ymadrawd (Dafydd ap Gwilym). **14g.** (*Dchr.* **17g.**) *Cy* xxvi. 135, Gwr gwiwlys . . . / Ail Arthur mo[d]ur *mydr* orfoledd [Einion Offeiriad i Rys ap Gruffudd]. **14g.** *GDG* 53, Bu ddewr hy, ni bydd y rhawg, / Ormail *mydr*, ŵr mal Madawg / O fedru talm o *fydroedd*, / O gerdd dda, ac arwydd oedd [marwnad Madog Benfras]. **15g.** *IGE*[2] 181, Hon [awen] a gafas yn rasawl / Proffwydi a meistri mawl, / Angylion saint yng nglyn Seth / Ar dyfiad y *mydr* difeth (Siôn Cent). **15g.** *GGl*[2] 23, Prydaist ar *fydr* priodawl. **15–16g.** *TA* 284, Gwnâi *fydr* am gae neu fodrwy [marwnad Dafydd ab Edmwnd]. **1547** *WS*, *mydyr*, meter. **1604–7** *TW* (*Pen* 228), troet ne vesûr mewn *mytr* ne'r pros d.g. *anapæstus*. *id.* d.g. *carmen*. **1632** *D*, *mydr*, metrum. **1716** E. SAMUEL: *GGG* 39, y *Mydrau* a elwid . . . Caniadau Orpheus. [**1783**] *W*, *mydr* (mesur) a chynghanedd d.g. *rhythm*. *id.* braich o bennill (mewn *mydr*) d.g. *verse* [*a line in Poetry*]. **1803** *P* d.g. *mydyr*.

mydraeth [*mydr* + *-aeth*] *eb.g*. Mydryddiaeth, celfyddyd prydyddu, prydyddiaeth: *versification, poetry*.
1803 *P*.

mydraethaf: mydraethu [bf. o'r e. bl.] *bg*. Mydryddu, prydyddu: *to versify, compose poetry*.
c. **1785–90 (1829)** *CBYP* 5, y cyfryw drywyllt ag oferwag *fydraethu* a dall brydyddu. **1803** *P*.

mydraf: mydru [bf. o'r e. *mydr*] *bg.a*. Trosi (cyfansoddiad llenyddol, &c.) i fydr, mydryddu; cyfansoddi barddoniaeth, barddoni, prydyddu; hefyd yn *ffig*.: *to versify (literary composition, &c.)*; *compose in verse, write poetry*; *also fig*.
1780 *W*, celfyddyd *mydru* d.g. *prosody*.

mydraidd [*mydr* + *-aidd*] *a*. Ar fesur cerdd, mydryddol, rhythmig: *metrical, rhythmic*.
1798 *WR* d.g. *rhythmical*.

mydrchwilen, gw. modrychwilen.

mydredd [*mydr* + *-edd*[1]] *eg*. Barddoniaeth, prydyddiaeth: *poetry, verse*.
1772 *Hop M* 359, Un oedd ef heb Awen ddig, / A roddai sennau rhyddig. / Ni fedrai'r anwiw *fydredd* ; Milawg lais sy mal y clêdd [marwnad Lewis Hopkin gan Iolo Morganwg].

mydriad [*mydr* + *-iad*[1]] *eg*. ll. *-au*. Mydryddiad, celfyddyd mydryddu: *a versifying, versification, prosody*.
1605–16 *Mos* 131, 699, O medri dewi mewn *mydriad* / gydwedd gida medrv siarad / o medr gwr hynn mydr gwiwhad / fo vedr gwr vyw drwy gariad. **1632** *D* d.g. *versificatio*. **1794** *W* d.g. *a versifying*. **1803** *P*.

mydriaith [*mydr* + *iaith*] *eb*. a hefyd gyda grym ansoddeiriol. Celfyddyd mydryddu, mydryddiaeth, iaith neu ddullwedd fydryddol neu farddonol, barddoniaeth: *prosody, versification, metrical or poetic form or language, poetry*.
14g. (*Dchr.* **17g.**) *Cy* xxvi. 136, Medrddawn hael arglwydd / *Mydriaith* gyfarwydd [Einion Offeiriad i Rys ap Gruffudd]. **14g.** *GDG* 61, Cyfraith *fydriaith* ni fedrai [dychan i Rys Meigen]. *c.* **1400** *R* 1311. 30–1, erglyw Arglwyd nef tref trawsglwyd ymyr matrwy am wr *mydrieith*. **15g.** *GDLl* 78, Mi a fedraf, mau *fydriaith*, / Prydu, tynghedu yn faith. **15g.** DEIO AB IEUAN DU, &c.: *Gw* 210, Gwaith yw a *mydriaith*, Medrod—y'th alwaf (Gwilym ap Ieuan Hen). *Dchr.* **17g.** *Mos* 147, 522, kwyno yn wir nid kanv awnaf / naws *mydriaith* am nas medraf (Syr Robert Powel). **18g.** I. BRYDYDD HIR: *Gw* 63, Addefai na fedrai fo / . . . / Ddeall erioed ddull yr iaith, / Nac ymadrodd gwe *mydriaith*.

mydrigan [?*mydr* + *-ig*[1] + *-an*[1], dan ddyl. S. *madrigal*] *eb*. Madrigal: *madrigal*.
18–19g. *Llr* C 51, 274, *Mydrigan* . . . (Madrigal) Tho.[s] Lewys, o Lechau. *Diw.* **19g.** *SE MS* 274b, *Mydrigan* (fr. mydr, with the terminations -ig (adj.) and -an, dim.) is used by Thomas Lewys o Lechau, and recommended by Iolo Morganwg, for Madrigal.

mydriwr, gw. mydrwr.

mydrochaf: mydrochi, gw. ymdrochaf: ymdrochi.

mydrog [*mydr* + *-og*] *a*. Yn mydryddu, yn cyfansoddi ar gân neu fydr, mydryddol: *versifying, metrical*.
18–19g. *Beirdd y Bala* 27, Ymadrodd y beirdd *mydrawg* (Rowland Huw). **1813** L. HOPKIN: *FG* iv, Gweddus ymadrodd, gwyddys a *mydrog* (William Moses).

mydrol [*mydr* + *-ol*] *a*. Mydryddol, ar fydr, unol â gofynion mydr, rhythmig: *pertaining to prosody, metrical, rhythmical*.
1587 *Y* 235, Yn iaith i fam nithiai fawl / Yn fedrus ag yn *fydrawl* [marwnad Wiliam Cynwal]. **1604–7** *TW* (*Pen* 228) d.g. *rhythmicus*. *c.* **1730** *Thos. Lloyd D* (LlGC) 178b, *mydrol*, metricus, rhythmicus. **1765** I. BRYDYDD HIR: *Gw* 88, Caled yw colli colofn, / . . . / A fedrai yn wiw *fydrawl* / Holl gampau mesurau mawl [marwnad Lewis Morris]. **1776** *W* d.g. *metrical, rhythmical*. **1803** *P*.

mydrondeb, mydrondod, gw. madrondeb, madrondod.

mydroriaeth [*mydr* + *-oriaeth*] *e?b*. Geiriadur odlau, odliadur: *rhyming dictionary*.
18–19g. *Llr* C 45, 269, *Mydroriaeth* (cf. *id.* 333, Meidradur Iolo Morganwg).

mydrudd, mydruddog, mydruddyn, gw. madruddyn, madruddog, madruddyn.

mydrwaith [*mydr* + *gwaith*[1]] *eg*. Cyfansoddiad mydryddol, gwaith barddonol, barddoniaeth, prydyddiaeth: *metrical composition, poetical work, poetry*.
17g. *Llr* B 1, 597b, medrai r holl gampav *mydrwaith* (Watgyn ap Hywel). **1738** *Beirdd y Bala* 15, Mwyn y medri mewn *mydrwaith* / Iawn hwylio ac eilio gwaith. **1770** J. PRYS: *Alm* 13, Sôn am Fictore, godre, merched, ymadrodd *mydrwaith*. **18–19g.** IEUAN LLEYN: *C* 61, Bu'm yn darllen . . . / *Mydrwaith* addien, dy awen.

mydrwawd [*mydr* + *gwawd*] *eg*. Cyfansoddiad mydryddol, cerdd foliant, barddoniaeth: *metrical composition, (praise) poem, poetry*.
16g. D. R. THOMAS: *DS* 51, gwir fawl . . . a ganwy'n owdl gan o newydd / . . . / A medry dyfais *mydrwawd* ofydd / i euro gwinwalch er i gynnydd [awdl foliant i'r Esgob Richard Davies gan Robert Middleton]. **16–17g.** LLYWELYN SIÔN, &c.: *Gw* 598, Honno a sôn mal tôn tant, / Y *mydrwawd* fal y medrant. **1604–7** *TW* (*Pen* 228), gwreicuardd . . . yn medru canu a gwneuthur . . . ynglynion ne'r *mydrwawd* d.g. *poetria*. **1605–10** *GP* 206, Kerdd yw kyssonn blethiad ymadrodd mewn *mydrwawd* pereiddvwyn. **19g.** *Gron* 132, Celfydd dafodrydd *fydrwawd*,—lais anwyl / A seiniodd â'i dafawd [Dewi Wyn o Eifion i Oronwy Owen].

mydrweithiaf: mydrweithio [*mydr* + *gweithio*] *ba*. Cyfansoddi ar fydr: *to compose in verse*.
1587 *Y* 235, Cyffrois benrhaith yn iaith ni / . . . / I geisio *mydrweithio* mawl / Am y bwrdd a mab vrddawl [marwnad Wiliam Cynwal].

mydrwhilyn, gw. modrychwilen.

mydrwr, mydriwr, mydrydd [*mydr* + *-(i)wr*, *-ydd*[3]] *eg*. ll. *mydrwyr*. Mydryddwr, bardd, prydydd, hefyd yn *dros*.: *versifier, poet, also transf*.
15g. *DGG*[2] 44, *Mydriwr* wyd a broffwydais, / Medrud sôn uwch Medrod Sais [i'r ceiliog bronfraith]. **15g.** *LGC* 221, Naw o *vydrwyr* ni vedrynt / Heb Ronwy Goch roi barn gynt. **15g.** *LlCy* iii. 109, Gruffudd, *mydrydd* o'm hoedran (Llywelyn Goch y Dant). **15g.** *GGl*[2] 235, Rhys . . . / Ydiw'r nod . . . / Ap Dafydd, *mydrydd* a'i medr, / A gwawd y tafawd hyfedr. **16g.** (*LlEG*) *Mos* 158, 111a, prydydd ne *vydrwr* o sais. **1547** *WS*, *mydrwr*, a versyfyer. **16g.** GR. HIRAETHOG: *Gw* (D. J. B.) 124. 1–2, Mal *mydrwr*, aml ym edrych / Mewn difai lyfr Mawndfil wych. **16g.** WILIAM CYNWAL: *Gw* (G. P. Jones) 118, Medrai 'rioed, *mydriwr* ydoedd. / Mwys ar air a mesur oedd [marwnad Dafydd Maenan Delynior]. **1604–7** *TW* (*Pen* 228), *mydrydd* d.g. *versificus*. **1632** *D*, *mydrwr*, metrificator, versificator. **17g.** *CC* 6, henwau y *mydrwyr* or Bryttanniaid. **1755** *Gron* 103, Nid *mydrwr* ond a'i medro [yr iaith Gymraeg]. *c.* **1785–90 (1829)** *CBYP* 81, Iawn awenydd, / . . . / Fedrus *fydrydd*. **1803** *P*.

mydrwy, gw. modrwy.

mydrydd[1,2]**,** gw. mydrwr, madruddyn.

mydryddaf: mydryddu [bf. o'r e. *mydrydd*[1]] *bg.a*. Cyfansoddi ar fydr, llunio (cerdd), barddoni, prydyddu; trosi (cyfansoddiad llenyddol, &c.) i fydr: *to compose poetry, write (a poem)*; *versify (literary composition, &c.)*.
c. **1785–90 (1829)** *CBYP* 27, [*m*]*ydryddu* Cerdd, sef trefnu a llunio mesur ar bennill. **1803** *P*.

mydryddiad [bôn y f. fl. + *-iad*[1]] *eg*. Y weithred o fydryddu, trosiad (salm, &c.) i fydr: *a versifying, versification*.
1803 *P*.

mydryddiaeth [bôn y f. fl. + *-iaeth*] *eb.g*. Celfyddyd mydryddu, system fydryddol; prydyddiaeth: *metrics, prosody; verse*.
1780 *W* d.g. *prosody*. *c.* **1785–90 (1829)** *CBYP* 40, [p]erffeithgamp gyfansoddiad ar y Iaith a'r *Mydryddiaeth*. *id.* 45, Tri anhepcor *Mydryddiaeth*: Colofn, Cynghanedd, ag Awdl. **18–19g.** *Llr* C 41, 20, [Ll]yfr Llawrol *Mydryddiaeth*. **1803** *P*.

mydryddol [bôn y f. fl. + *-ol*] *a*. Yn perthyn i fydryddiaeth, ar fydr neu ar gân: *pertaining to prosody, prosodical, metrical*.
1829 *CBYP* iv, llithrigrwydd melusber, a gloywder *mydryddawl*, y pennillion cynnrych.

mydryddwaith, gw. mydrydd + gwaith[1].

mydryddwr [bôn y f. *mydryddaf*: *mydryddu* + *-wr*] *eg*. ll. *-wyr*. Prydydd, bardd, rhigymwr: *versifier, poet, rhymester*.
1911.

mydumiau, mudumiau [?trsd. o *mynudiau* (ll. yr e. *mynud*[2]), neu o bosibl ff. ar *amneidiau* (ll. yr e. *amnaid*)] *e.ll*. Ystumiau: *gestures*.
1765 *BDG*U 35, Pei clowechi yr Witsh rodresgar, / Yn chware, Dear, Dear, / A gwneuthur *Mydimie* y bydd y Fam, / A galw i Mam yn, Mother.
Gw. hefyd mynud[2], ymdum.

mydwaledd, medwaledd, modwaledd, &c. [mae *Medwaledd* (Bedwalley) yn enw trefgordd ym mhlwyf Bugeildy, sir Faesd., a dichon mai dyna a geir yn rhai o'r dyfyniadau; tywyll yw'r rhan fwyaf o'r enghrau. llenyddol isod, a seilir y diff. ar y geiriaduron] *e?g*. Tafod, tafodiaith, iaith; rhwyddineb ymadrodd, huodledd: *tongue, dialect, language; eloquence*.
14g. (**16–17g.**) *LlGC* 6496, 248a, gwnaed heddwch didrwch didrais / a serch rrwng kymro a sais / mvgr *vydwaledd* hedd hawddgar / mabsant vn dyfiant a dar [Sypyn Cyfeiliog i'r hen Harri Salbri]. **15g.** (**16–17g.**) *Pen* 313, 10, *Modwaledd* llaredd llury llurion mysb / a Mysban vab Maon. *ib.* hy mydwely *modwaledd* (Dafydd Epynt). **15g.** BEDO AERDDREM, &c.: *Gw* 104, Devrvdd ffwg o gydwgawn / dewredd *mydwaledd* ai dawn [Bedo Brwynllys i ofyn milgi]. *c.* **1562** *B* ii. 232, *mydwalledd* [*sic*]: tafol [*sic*]. **16g.** WILIAM LLŶN: *Gw* (R. Stephens)

(At.), *madwaledd*, tavod. *c.* **1588** *B* ii. 232, *medwaledd*: tavod. **16–17g.** *ib. modwaledd*: tafol [*sic*]. **1604–7** *TW* (*Pen* 228), *medwaledd*, tauot, tauodiaith, Aëc d.g. *lingua*. *Dchr.* **17g.** *J* 10, 34b, *modwoledd*, tavod. **1632** *D*, *medwaledd*, & *Modwaledd*, & *Mydwaledd*, locutio, eloquentia, lingua. **1722** *Llst* 189, *medwaledd*, m. eloquence, oratory. **1773** *W* d.g. *eloquence*. **1795** J. THOMAS: *AIC* 138, Mwy dâl ffriw *mydwaledd* ffraeth: / Nod di elw [*sic*], na duwioliaeth. **1803** *P*, *mydwaledd*, fluency of expression.

Amr.: **meddwaledd.** *c.* **1730** *Thos. Lloyd D* (LlGC) 172a. **modwaeledd.** **1688** *TJ* d.g. *modwaeledd*. **myddwaeledd.** *c.* **1730** *Thos. Lloyd D* (LlGC) 178b.

mydwl, gw. mwdwl.

mydwraig [cfdds. o'r S. *mid(wife)*+*gwraig*] *eb.* ll. *-wragedd.* Gwraig sy'n gweini ar wragedd wrth esgor, colwynwraig, esgorwraig, gwidwith, hefyd yn *ffig.*: *midwife, accoucheuse, also fig.*

1547 *W'S*, *mydwraic*, a mydwyfe. **1604–7** *TW* (*Pen* 228) d.g. *obstetrix*. **1630** R. VAUGHAN: *YDd* 408, *Mydwragedd* i gynnorthwyo gwraig wrth escor. **1632** *D*, *mydwraig*, Corruptè pro Bydwraig. **1722** *Llst* 189. **1773** J. ROBERTS: *GY*.

Amr.: **mudwraig** [dan ddyl. *mud*¹]. *c.* **1588** *B* ii. 232, *mudwraic*: yn saissonaec mydwyfe. am iddi fod yn trin petheu nid ti wladaidd [*sic*] i hadrodd. **1615** R. SMYTH: *GB* 56. **1789** *BDG* 165, Hug dorllaes *mudwraig* daerllyd, / A dŷn bob oen o boen byd [dychan i'r frân].

Gw. hefyd bydwraig.

mydylaf, mwdylaf: mydylu, mwdylu [bf. o'r e. *mwdwl*] *bg.a.* Gwneud (gwair, &c.) yn fwdwl ar y cae, cocio (gwair), curnennu, tasu; storio (maip, &c.) yn bentwr, crugo, pentyrru; weithiau'n *ffig.*: *to cock or stack (hay, &c.); pile up (turnips, &c.) in storage, pile or heap; sometimes fig.*

1567 G. ROBERT: *GC* 57–8, mwdwl . . . *mydylu*. **16g.** *Def Hen* 23, fel i mae pechod ag anyffyd-dod [*sic*] yn chwannegy, felly i mae cospedigaeth a cham yn *mydyly* y naill ar y llall. **1604–7** *TW* (*Pen* 228), *mydylû* d.g. *fœnum in fœnificij cumulum addere*. **1632** *D*, *mwdylu*, acuerare, in struem cogere. **1688** *TJ*, *mwdylu*: to make a Cock or Stack. **1753** *TR*, *mwdylu*, to make hay, &c. into cocks, to cock up hay. **1770** *W*, *mwdylu* d.g. *to accumulate, build [pile, or heap up]*. **1793** R. POWELL: *ADV* 16, Mâd eilwaith ei *mydylant* oddi draw [am wair]. **1800** W. OWEN[-PUGHE]: *CP* 20, Ceidw yr Erfin hyn yn dda hyd Fai, a gellir eu *mydylu* yn llwyr ddiofal. **1803** *P*. Ar lafar yn gyff., *WVBD* 386, hefyd yn y ff. *mwdwlu, mwdwlo, myndylu*.

mydylan, gw. mwdwl.

mydylch, gw. madarch.

mydyliad [bôn y f. fl.+*-iad*¹] *eg.* Y weithred o fydylu (gwair, &c.): *a putting (hay, &c.) into cocks or stacks, a cocking or stacking.*

1803 *P*, *mydyliad*, a making stacks.

mydylwr [bôn y f. fl.+*-wr*] *eg.* ll. *-wyr.* Un sy'n mydylu (gwair, &c.): *one who cocks or stacks (hay, &c.).*

1803 *P*. *mydylwr*, pl. *mydylwyr*, one who makes stacks, or mows.

mydylyn, gw. mwdwl.

mydd, midd [?bnth. Llad. *modius* 'llestr mesur'; mae'n bosibl mai engh. o *mit* a geir yn y dfn. cyntaf isod] *eg.* ll. *-au.* Llestr, dysgl, celwrn, llestr (diod) mawr; mesur gwlyb cyfwerth â 64 o alwyni (yn ôl Iolo Morganwg); hefyd yn *ffig.*: *vessel, dish, tub, large (drink) vessel; liquid measure equal to 64 gallons (according to Iolo Morganwg); also fig.*

14g. *WML* 57, alloneit *mid* o gwrwf. **15g.** DEIO AB IEUAN DU, &c.: *Gw* 113, A chanol dydd *mydd* meiddgaws, / A phrynhawn ni a gawn gaws. *ib.* Ei lwyau arian i liaws.—ei *fydd*, / Ei feddgyrn ymannaws. **15g.** *GO* 333, Gwilim hir, meddir, 'wna 'r *myddav* 'n hysbydd, / Anosbarth y gwleddav. **16–17g.** SIÔN MAWDDWY: *Gw* 381, Mawddwy 'wengist, *mydd* [drll.] iawngerdd, / Mawr o un corff, merion cerdd. **1632** *D*, *mydd*, & mitt, tina. **1688** *TJ*, *mŷdd*, mitt: a Tub. **1753** *TR*, *mŷdd*, and mitt . . . A great bowl. **1801** *MMf* 295. Pedwar galwyn a wna un celwrn. Pedwar celwrn a wna un grenn. Pedwar grenn a wna un *mydd*. Pedwar *mydd* a wna un myddi.

Gw. hefyd mit.

myddar [amr. ar *byddar* drwy ymgyfnewid *b-* ac *m-*] *a.* Myglyd a difywyd (am dân): *dull and smoky (of fire).*

Ar lafar yn Arfon, 'hen dân *myddar* ydi hwn-[n]a, neith o ddim cynna', *B* i. 99.

myddi [cf. *mydd*] *eb.* ll. *myddïau.* Casgen fawr, baril, hefyd yn *ffig.*; hocsed (mesur); mesur gwlyb cyfwerth â 256 o alwyni (yn ôl Iolo Morganwg): *hogshead, barrel, also fig.; hogshead (measure); liquid measure equal to 256 gallons (according to Iolo Morganwg).*

Dchr. **17g.** *J* 10, 28b, *myddi*, cerwyn. **17g.** *LlGC* 13215, 348, *myddi*, cerwyn. **1707** *AB* 219a, *myddi*, a hogshead. S. **1725** *SR* d.g. *a Hogshead*. **1725–6** *Madd Ed* 137, Rhyw Ddŷn a orfoledda, y dichon ef yn ei Wrolder cwpanol yfed ar sawl a fynno . . . nid yw ef ond Myddi *fawr*, neu Gafan budreddus. **1770** *TG* iv. 26, cant a thrugain o *fyddiau* (hogsheads) yn llawn hen gwrw. **1774** *W* d.g. *hogshead*. **1801** *MMf* 295, Pedwar galwyn a wna un celwrn. Pedwar celwrn a wna un grenn. Pedwar grenn a wna un mydd. Pedwar mydd a wna un *myddi*. **1803** *P*, *myddi*, s. f. pl. t. *au*, a hogshead.

myddigiad, gw. dail—d. y fendigaid.

myddw, myddwaeledd, gw. meddw, mydwaledd.

myddyges, myddyginiaethaf: myddyginiaethu, myddygyn, gw. meddyges, meddyginiaethaf: meddyginiaethu, meddygyn.

myddylgar, myddylgarwch, myddyliaf: myddylio, myddyliwr, gw. meddylgar, meddylgarwch, meddyliaf: meddwl, meddyliwr.

myddyriaf: myddyrio, gw. myfyriaf: myfyrio.

myfaf, mifaf, mwfaf²: myfo, mifo, mwfo [bnth. S. taf. (*to*) (*re*)*move* 'to reshoe a horse with the old shoes'] *ba.* Ailbedoli ceffyl â'r hen bedolau: *to reshoe a horse with the old shoes.*

1780 *W. Evans George* (LlGC) 3684, 1 bedol newydd *myfo* 1 = 0·1¼ 1 eto a *myfo* 3 = 3¼. **1781** *id.* 3737, *mifo* pedolion. Ar lafar yn sir Benf. yn y ff. *mwfo*, *SC* vi. 122.

myfi, fyfi [*mi*¹+*mi*¹; Cym. C. *mifi, fifi, myfy, fyfy*; ar y sillaf olaf y mae'r acen bellach, ond gynt gallai fod ar y goben] *rh. prs.* annib. dwbl, 1 un., a hefyd fel *eg.* ll. *myfïau.* Mi (gyda phwyslais), mi (yn wrthgyferbyniol i rywun neu rywbeth arall), mi (o'm rhan) fy hunan: *I (me) (with emphasis), I (me) (in contrast to someone or something else), I (me) (for my part), I (me) myself.*

13g. *C* 100. 6–7, *mi.wi.* wiw. vintev. y bet. **13g.** *HGK* 15, *Mivi* a'm bydin a ruthraf udunt hwy. **1346** *LlA* 3, Mi ae gwnaf . . . val na orthrymo y llauur hwnn *vivi*. **14g.** *WM* 121. 16–17, pwy a ryfu yma gwedy *mifi*. **14g.** *GDG* 244, Clo a roed ar ddrws y tŷ, / Claf wyf, fy chwaer, clyw *fyfy*. *id.* 252, A *myfy* yn ymafael / Â chwr fy hun, fy chwaer hael. **14–15g.** *IGE*² 213, *Fyfi* a gwen, fwyfwy a gaid / Yn difwynaw'n dau enaid (Sypyn Cyfeiliog). *c.* **1400** *YCM*² 14, *Myui* Turpin, Archesgob Remys, a ellygwn y bobyl. **15g.** *DE* 8, *my vi* af i ymovyn / *my vi* ni wn mae fy nyn. **1551** W. SALESBURY: *KLl* lxxvia, *Myvy* yw'r ffordd, a'r gwirionedd, ar bywyd. **16g.** WILIAM LLŶN: *Gw* (R. Stephens) 485, *Fyfi* a wnaeth, bennaeth byd, / Faich o nerth, fachwyn wrthyd. **1688** S. HUGHES: *TSP* 2, nid yn unig *myfi*, ond tyditheu hefyd fy ngwraig. **1778** J. HUGHES: *BB* 265, At wyr: A wnel syberwyd bur, / *Myfi* ddanfona, 'r cymhelliad yma. **1803** *P*, *myvi*. I, me, myself.

Fel *e.* Yr hunan, ego: *ego, self.*

1888.

Amr.: **mau fi.** **1588** *Jer* l. 44, pwy sydd fel *mau fi*? **m'fi** [ff. gyw. sy'n digwydd ar ôl llaf., cf. *m'finnau*, amr. ar *myfinnau*]. **1588** *Gen* xxviii. 20. **17g.** EDWARD DAFYDD, &c.: *Gw* 262. **1657** *MLl* ii. 19. **1688** S. HUGHES: *TSP* 7. **1778** J. HUGHES: *BB* 259. **y fi** [? < *fyfi*; cf. *y hi* < *hyhi*, gw. *Treigladau* 453]. **1661** E. LEWIS: *Drex* 362–3, Nid *y fi*, eithr St Paul y pregethwr sydd yn dywedyd hynny. **1767** J. THOMAS: *TFFf* 76, 170. Ar lafar yn gyff., *WVBD* 581. Cf. *BCh* xxv. 127, *Y Fi! y Fi!* pwy'n debyg i fi! Cf. ymhellach *TN* 262a, val y delo at *y vi*. Am *y fi fawr*, gw. *fi*.

myfïaeth [*myfi*+*-aeth*] *eb.g.* Egoistiaeth, hunanbwysigrwydd, hunanoldeb; *Moes.* damcaniaeth sy'n trafod hunan-les fel sylfaen moesoldeb: *ego(t)ism, self-importance, selfishness; egoism (in ethics).*

1773 *W* d.g. *egotism*. **1803** *P*.

myfiaf: myfio, gw. mwfaf¹: mwfo.

myfïaf: myfïo [bf. o'r rh. *myfi, fyfi*] *bg.* Siarad neu ysgrifennu yn fyfïol, gorddefnyddio 'myfi', &c., wrth siarad neu ysgrifennu: *to speak or write egoistically, egotize.*

1592 S. D. RHYS: *Inst* 82, Pa *fyfiaw*, id est, pa faint o ddywedyd fyfi, yw hynn? **1773** *W*, *myfio* d.g. *to egotize*. **1803** *P*, *myfiaw*, to egotize, to talk of self.

myfinnau [*mi*¹+*minnau*] *rh. prs.* pwysleisiol, 1 un. Myfi hefyd, hyd yn oed myfi, myfi fy hunan, myfi (o'm rhan fy hun): *I (me) also, I (me) myself, even I (me), I (me) (for my part).*

15–16g. *GIF* 82, Mi fynnwn i *myfinne* / fod ogúwch hefyd ag e. *c.* **1689 (1802)** L. WILLIAM: *Sherlyn Benchwiban* 22, *Myfinnau* a wela'r ŵan, / Na fedd o geiniog fechan. *id.* 41, *Myfinneu* a gyweiria'n addas, / Fy Ffidl at y pwrpas. **1725** T. BADDY: *CS* 65, Myfi, *myfinneu*—â'm holl Dŷ. **1768 (1813)** TWM O'R NANT: *FF* 13, *Myfinneu* sydd yn trefnu Pleser. *ib.* *Myfinnau* yw Elw, i'm galw heb gilwg. **1793** DAFYDD IONAWR: *CD* 192, Diau *myfinnau* wnaf fost. *id.* 279, Mewn eirian lân Lawenydd / Chwithau a *Myfinnau* fydd. **1803** *P*, *myvinnau*. I also, I likewise; and I.

Amr.: **m'finnau** [ff. gyw. sy'n digwydd ar ôl llaf., cf. *m'fi*, amr. ar *myfi*]. **1793** DAFYDD IONAWR: *CD* 158.

myfïol [*myfi*+*-ol*] *a.* Yn rhoddi'r lle blaenaf i'r hunan a'i les (ar draul eraill), egoistaidd, hunanganolog, hunanol: *egoistic, egocentric, selfish.*

1820.

myfïwr, myfïydd [*myfi*+*-wr*, *-ydd*³] *eg.* ll. *myfïwyr, myfiyddion.* Person myfïol; *Moes.* un sy'n arddel myfïaeth: *egoist (also in ethics).*

1773 *W*, *myfiwr*, *myfiydd* d.g. *egotist*. **1803** *P*, *myviwr*, s. m. pl. *myviwyr*, an egotist. *id.* *myviydd*, s. m. pl. t. *ion*, an egotist.

myfyr¹ [bnth. Llad. *memoria*, H. Lyd. *memor*, Llyd. C. *euor*, Llyd. Diw. *eñvor*, H. Wydd. *mebuir*, a *membræ*, gl. *tumulo*, Ogam *memor*, Gwydd. Diw. *meabhair*] *eg.* ll. *-iau, -ion*, a hefyd fel *a.*

(*a*) Myfyrdod, ystyriaeth, meddwl; cof, coffa, coffadwriaeth; ?pryder, gofid: *meditation, consideration, thought; memory, remembrance, commemoration; ?anxiety, anguish.*

13g. *MA*² 235b. 27–8, Rhuthr a ddug fy llyw aeth tra llyr ei glod / Ei glybod bu *myfyr* [Gwgon Brydydd i Lywelyn ap Iorwerth]. **13g.** *C* 13. 1–2, *mywir* covein. mirein anoeth. *c.* **1300** *H* 26b. 27–8, a mi mal athro ethrylithawc. *Myfyr* yw ynof cof cadeiryawc (Llygad Gŵr). **15–16g.** *GLM* 182, mab i Rys am a brisiwn, / mwyfwy rhawg, *myfyr* yw hwn. *Diw.* **16g.** *Gwyn* 3, 256, holl ffraingc a'i gŵyr *fyfyr* fodd / a'i hafnau oll a'i hofnodd. **1611** R. SMYTH: *SG* 126, drwy *fefyriau* a gwe[dd]iau dwyfawl. **1759** T. THOMAS: *WWDd* ii, Gwêl Lyfr, o'm *myfyr* melus: Fu i mi, fel mêl moethus. **1793** DAFYDD IONAWR: *CD* 107, Bu 'r brodyr mewn *myfyr* maith. **1803** *P*.

(*b*) Carreg goffa, cofadail beddrodol, esgyrndy, bedd, man claddu: *memorial stone, mausoleum, ossuary, grave, burial place.*

c. **1400** *R* 1046. 25–6, Y drefwenn ynyt hymyr [*sic*] y hefras yglas *vyuyr*: y gwaet adan draet y gwyr. **1604–7** *TW* (*Pen* 228) d.g. *heroum, mausoleum, monimentum*. *Dchr.* **17g.** *J* 10, 28b, *myvur*, ossuaria. **1696** *AAST* (1973) 185, Er bod ei gorff gwiwlwys yn gorffwys tan gudd / Ym *Myfyr* Llaneilian heb chwimiad un dydd. Digwydd fel elf. mewn e. lleoedd, a dichon mai dyna ydyw yn yr engh. gyntaf uchod.

(*c*) Llyfrgell, myfyrgell: *library, study*.
1749 *ML* i. 148, I have wrote in my *myfyr* (library or study). ?**1763** *id.* ii. 594, O'm *myfyr*, yr Hen Dd. Calan Gauaf. *a.* **1765** L. MORRIS: *CR* 162, There is in the church [Llanelian] . . . an appartment which to this day is called *myvyr*, which is an antiquated word for a library [ond gw. (*b*) uchod]. **18–19g.** *Llr* C 2, 290, *myfyr*, a room so called in Llanelian church, ym Mon, a study, a Library. **1803** *P*, *myfyr* . . . *myfyr* Elian, the study of Elian, in mona.

Fel *a*. Meddylgar, myfyriol, adfyfyriol, synfyfyriol, prudd; hoff o astudio, ysgolheigaidd, dysgedig; yn cofio (am), cofus; cyfarwydd, trwyadl, ar gof; rhydd, byrfyfyr, o'r frest (am weddi): *thoughtful, reflective, pensive, grave; studious, scholarly, erudite; mindful (of), remembering; familiar, thorough, by heart; extempore (of prayer)*.
1346 *LlA* 58, kannys ef awybyd yrholl geluydodeu. Ar ysgrythur yn *vyuyr* (*memoriter*). **14g.** *GDG* 35, Gwae fi, Grist Celi, calon doll—yw'r fau, / Wyf *fyfyr* am ddygngoll. **16g.** *Llst* 6, 158, *myfyr* y gwn may vawr gawdd / ychwegair ach baichiogawdd. **1545** *CM* 1, 71, I hroddes y Kaldeans Ar Edgiypshians Ar y dechreuad I holl lauur i Esdudio ynn *vyuyr*. **16g.** (*LlEG*) *Mos* 158, 472a, [g]wr huodyl *myuyr* ar y tair Iaith penna. **16g.** *B* x. 287, areithiau a gweddiau y neb a wrandewis ac a nodes Dgiunw yn *vyuyr* yn i chalon. **1567** *LlGG* (*Sall*) 64b, *mevyr* [:– ef agofia] vydd yn tragywyth am ei ddygymbot. **1567** *TN* 169a, [d]anuonawdd yddwynt yr Yspryt glan, gan ddangos wrth hynny, nad oedd ef yn vnic yn *vevyr* am ei Eccles, anyd hefyt y byddei yn ben arnei. *p.* **1584** G. ROBERT: *GC* [204], myfyriwch chwithau y pethau hynn . . . minnau a chwiliaf orau y gallwyf am phordd iw dwyn hwynt i lwybr rhwydd . . . mal y galler i deallt yn hawdd, i gwybod yn *fyfyr*. **16–17g.** *B* viii. 113, pan ddarpho iddo ei darllen yno yn *fyfyr* (*familiariter*) ai gwybod. **1632** *D*, *myfyr*, meditabundus. *id.* d.g. *deliberabundus*. **1765** J. EVANS: *CPE* 494, a hwythau yn *fyfyr* ac yn drwm eu calon. **1803** *P*, *myfyr*, contemplative, musing, thoughtful, pensive.

Cfn.: **myfyr (yw) gennyf (ganddynt,** &c.**)**: *I (they, &c.) remember, I am (they are, &c.) mindful (of), I (they, &c.) have in mind*. **14g.** *BT* 34, ygwyr yr rei a oed yn *vyvyr gan* y brytannyeid. **14g.** *Bren Saes* 12, dysgws ydunt marchogaeth ac ymdwyn arueu . . . ual y bei *vyvyr ganthunt* ar ryuel. *c.* **1400** *R* 1358. 43–4, *Myuyr yw gennyf* kineweis yng kaer. *id.* 1363. 26–7, *Myvyr oed gantaw* rac antur ymlad. *id.* 1433. 27–9, *myuyr gennyf* men yd amygant med antymyr.

myfyr[2], gw. myfyriaf: myfyrio.

myfyrbwyll [*myfyr*[1] + *pwyll*] *eg.* Meddwl myfyriol neu ddwysystyriol: *studious or contemplative mind*.
18–19g. *Llr* C 48, 223, Tri pheth a bair Gwybodaeth lle nas bu cynno; ymselwi a phob peth, Athraw cyfallwy, a *myfyrbwyll* ystig. **1803** *P*.

myfyrdod [*myfyr*[1] + *-dod*] *eg.b.* ll. *-au*. Y weithred o fyfyrio, gwrthrych neu destun myfyrio (dwys), ystyriaeth, adfyfyrdod, meddwl, astudiaeth (ddiwyd), traethawd myfyrgar ar bwnc crefyddol, adfyfyrdod ar bethau ysbrydol fel ymarfer defosiynol; cof, coffa: *meditation, object or theme of meditation, consideration, reflection, contemplation, thought, (diligent) study, meditative discourse on a religious subject, contemplative devotional exercise; memory, remembrance*.
14g. *GP* 18, Tri anhepkor kerdawr ynt: ehutrwyd parabyl y datkanu kerd, a *meuyrdawt* kerdwryaeth rac y bot yn gam, ac ehofynder y atteb ar a ovynner idaw. *c.* **1400** *R* 1245. 23–4. Kigleu kynndifieu defawt kyntevin: kant auar *vyuyrdawt*. **15g.** *GGl*[2] 241, Dwyn ar *fyfyrdod* ein dau / Drioedd ac ystoriau. *c.* **1525** *TA* 727, Mowrddysc oedd am urddas gwawd, / Mwy fu irder *myfyrdawd* [marwnad Tudur Aled gan Ruffudd ap Ieuan ap Llywelyn Fychan]. **1547** *WS*, *myfyrdawt*, memorie. **1567** *LlGG* (*Sall*) 70b, can ys dy destolaethae ynt vy *mevyrdawt*. **1593** W. MIDLETON: *B* d.d., Barddoniaeth . . . y llyfr kyntaf: . . . trwy *fyfyrdod* Capten William Midleton. *a.* **1595** *GST* i. 376, Cei glod o *fyfyrdod* fawr, / A da'i dylid hyd elawr. **1630** R. VAUGHAN: *YDd* [xvii], na ddaethym erioed ir rădd i fod yn areithydd parabl-ber i harddu fy *myfyrdod* ag ymadroddion cymmen. **1632** *D* d.g. *contemplatio, deliberatio, lucubratio, meditamen*. **1661** E. LEWIS: *Drex* [xx], [Il]enwi dy enaid yn llawn â'r *myfyrdodau* a'r meddyliau hyn. *id.* 106, [p]a beth yw gweithrediad a diben y *Fyfyrdod* hon? **1677** O. THOMAS: *DDMB* 234, *Myfyrdod* a bwriad yr Anghristion sydd yn vnig yn ddrygionus bob amser. **1683** H. EVANS: *CTF* 2, Am *fyfyrdod* boreuol a hwyrol. *c.* **1730** *Thos. Lloyd D* (LlGC) 175a, nid oes haiach o weithredoedd mewn *Mefyrdod*. II. 180. **1799** M. WILLIAMS: *HHG* 15–16, Yr oedd dau fath o honynt [Eseniaid] . . . y rhai'n cael eu galw'r ymarferol. Y lleill oeddent yn arferyd eu hunain i *fyfyrdodau*, am hynny yn cael eu galw yr Esseniaid myfyrdodol. **1803** *P*.

myfyrdodol [*myfyrdod* + *-ol*] *a.* Myfyriol, adfyfyriol, yn ystyried yn ddwys, myfyrgar, meddylgar; yn hyrwyddo myfyrdod neu ddwys ystyriaeth; meddyliol, dyfaliadol: *meditative, reflective, contemplative, thoughtful; conducive to meditation; mental, speculative*.
1676 W. JONES: *GB* 32, dy drythyllwch *myfyrdodol* (*speculative wantonness*), ie dy fynych aflendid brwnt gweithredol. **1724** S. WILLIAMS: *ADA* 171, Pan glywoch y newydd am farwolaeth eich Cyfeillion . . . ewch yno, er nid yn gorphorol, etto'n *fyfyrdodol*, yn eich prŷd a'ch meddyliau. **1774** H. JONES: *CH* [28], gellir sugno llawer o bereidd-dra a meluster *myfyrdodawl* o honi [y ddaear]. **1797** B. EVANS: *CG* [7], yn y modd mwyaf mantaisiol i feddwl *myfyrdodol*. **1799** M. WILLIAMS: *HHG* 15–16, Yr oedd dau fath o honynt [Eseniaid] . . . y rhai'n cael eu galw'r ymarferol. Y lleill oeddent yn arferyd eu hunain i fyfyrdodau, am hynny yn cael eu galw yr Esseniaid *myfyrdodol*. **1803** *P*.

myfyrdodus [*myfyrdod* + *-us*] *a.* Myfyriol, adfyfyriol, yn ystyried yn ddwys, myfyrgar, meddylgar: *meditative, reflective, contemplative, thoughtful*.
20g.

myfyrdotgar [*myfyrdod* + *-gar*] *a.* Myfyriol, myfyrgar, yn ystyried yn ddwys: *meditative, contemplative*.
1684 H. OWEN: *DC* 253, Dymma'r achos nad oes nemmor o ddynion *myfyrdodgar* i'w cael. *c.* **1730** *Thos. Lloyd D* (LlGC) 178b, *myfyrdodgar*, contemplativus.

myfyrdoty [*myfyrdod* + *tŷ*] *eg.* Stydi, myfyrgell: *study*.
1777 W. DAVIES: *CHL* 42, nid yn eich *myfyrdodŷ* (study) yn unig y bydd y cyfyngderau hyn yn eich cymmeryd.

myfyrdraeth [*myfyr*[1] + *traeth*[2]] *eg.* ll. *-au*. Ymson, monolog: *soliloquy, monologue*.
1889.

myfyrdy [*myfyr*[1] + *tŷ*] *eg.* Stydi, myfyrgell, llyfrgell; amgueddfa: *study, library; museum*.
1678 *Mos* 149, 346, yr Orator . . . yr hwn ni fase fawr allan oi *fyfyrdy*. **18–19g.** *IAW* (LlGC) 129, 31, myfyrgell, Myfyrbarth, *Myfyrdy*, a Study, a Library. *ib.* *myfyrdy*, Myfyrllys, a Museum.

myfyrfa [*myfyr*[1] + *-fa*, *ma*] *eb.* ll. *-feydd*. Stydi, myfyrgell, llyfrgell: *study, library*.
1814.

myfyrgar [*myfyr*[1] + *-gar*] *a.* Myfyriol, yn tueddu i fyfyrio, yn perthyn i fyfyrdod, adfyfyriol, yn ystyried yn ddwys, meddylgar, synfyfyriol; dyfaliadol, damcaniaethol; yn ymroddi i astudio, astudgar, llafurus: *meditative, meditational, reflective, contemplative, thoughtful, pensive; speculative; studious, plodding*.
1605–10 *Haf* 24. 382–3, Mi a wllyssiwn . . . ar y darllewr myvyrvs, ddarllain yn *vyfyrgar*. *c.* **1730** *Thos. Lloyd D* (LlGC) 178b, *myfyrgar*, meditabundus. **1772** *W* d.g. *cogitative, considering* [*full of thought*], *contemplative, pensively, plodding, speculative* [*given to speculation*], *studious* [*addicted . . . to study*]. **1799** A. AB D. SION: *CR* 24, Eraill etto sy'n ymneillduo oddi wrth yr eglwys sefydledig, o herwydd pethau o ddadlwriaeth amheus, tybiau *myfurgar* [*sic*] (*speculative opinions*), ffurfiau, a seremoniau. **1801** *MMf* 275, y rhan fwyaf o'r bobl a font duegawl . . . hwynt [a] fyddant astudawl, a myfyrllyd, a *myfyrgar*. **1803** *P*.

myfyrgarwch [*myfyrgar* + *-wch*[1]] *eg.* Yr ansawdd neu'r cyflwr o fod yn fyfyrgar, meddylgarwch, hoffter o astudio: *contemplativeness, studiousness*.
1772 *W* d.g. *contemplativeness, studiousness*. **1803** *P*.

myfyrgell [*myfyr*[1] + *cell*[1]] *eb.* ll. *-oedd*. Ystafell ar gyfer astudio, darllen, ysgrifennu, &c., stydi, llyfrgell: *study, library*.
1658 R. VAUGHAN: *PS* 115, y maent [defosiynau] yn derchafu mwy ar ei duwioldeb, pan fyddo y cwbl . . . yn ymgyfarfod mewn vn *fyfyrgell*. *id.* 359–60, na fydd di yn dy *fyfyrgell* (cappel bychan Duw) pryd y bô eraill yn y mwyaf (yr Ecclwys). **1745** E. JONES: *DPB* [xvi], O'm *Myfyr Gêll* yn y Transh gerllaw Pont y Pool. **1794** *W* d.g. *study* [*a closet to study in*]. **18–19g.** *IAW* (LlGC) 129, 31, *myfyrgell* . . . a Study, a Library.

myfyriad[1] [bôn y f. ddil. + *-iad*[1]] *eg.* ll. *-au*, *-iaid*. Y weithred o fyfyrio, myfyrdod, ystyriaeth ddofn a dyfal, adfyfyrdod, astudiaeth (ddiwyd): *a meditating, meditation, contemplating, contemplation, musing, reflection, (diligent) study*.
c. **1585** G. ROBERT: *DC* [2a], ni wna credu bod nef ag vphern . . . ddim lles i ni, nes i ni feddwl, a mefyrio arnynt . . . yno i gwna gwres defosiwn a *mefyriad*, iddin yn troi oddiwrth bechode, an dwyn i ddaioni. **1604** R. HOLLAND: *BD* 12a, Brenin da . . . a warria i holl *fyfyrriad* au [*sic*] drafael . . . i ynnil yw werin wnfyd. **1606** E. JAMES: *Hom* i. 176, trwy *fyfyriadau* duwiol. **1630** R. VAUGHAN: *YDd* 396, P[a]n ddechreuo 'r gwasanaeth gâd ymmaith dy neillduol *fyfyriadau*. **1728** S. RHYDDERCH: *GC* d.d., O Gasgliad *Myfyriad* ac Argraphiad John Rhydderch. **1741** S. THOMAS: *DY* vi, Scientia theoretica . . . neu Wybodaeth o *Fyfyriad*. **1769** D. ROWLAND: *CG* 56, *myfyriad* pwyllog. **1776** *W* d.g. *a meditating*. **1803** *P*.

myfyriad[2] [bôn y f. ddil. + *-iad*[3]] *e?b.* *Chwedl. Glasurol.* Miws: *one of the nine Muses*.
c. **1621** *RWM* i. 490, Y naw *myfyriad*. **1758** *ML* ii. 93, Beth a ddywedwch wrth y naw *myfyriad*?

myfyriaeth [*myfyr*[1] + *-iaeth*] *eb.g.* ll. *-au*. Myfyrdod, ystyriaeth, adfyfyrdod, astudiaeth, cyfnod o astudio: *meditation, contemplation, reflection, period of study*.
16g. SIÔN BRWYNOG: *C* 158, Hwn a fu farwn, *fyfyriaeth*—heb dwn, / Hwn fu ar filiwn, hun farfolaeth. **1591** *Rhyddiaith Gymraeg* i. 76, yn erchi anghwanegu *myfyriaeth* y ffydd. **1605–10** *GP* 206, Dychymig yw *myfyryaeth* defnyddyeu kerdd o destyn a geirieu kymwys. **1655** WL: *DP* 155, wastadol *fyfyriaeth* am farwolaeth. **1691** T. WILLIAMS: *YB* 2, y defnydd goreu or *fyfyriaeth* sydd o'm blaen. **1803** *P*.

myfyriaf: myfyrio, myfyried, myfyriaid [bf. o'r e. *myfyr*[1]] *bg.a.* a hefyd gyda grym enwol i'r be.

(*a*) Meddwl yn ddwys (am), dal sylw neu graffu (ar), adfyfyrio ar bethau ysbrydol, yn enw. fel gweithred grefyddol, ystyried yn ddwfn ac yn ddyfal, troi a throsi (peth) yn y meddwl, meddylu, pensynnu; llunio (bwriad, cynllun, &c.), dyfeisio: *to meditate (upon), contemplate (esp. in religious sense), reflect, muse, ponder; form (intention, plan, &c.), devise*.
c. **1300** *H* 26a. 33, Ar oleu ys meu *myuyryaw* y gert (Llygad Gŵr). *c.* **1400** *DB* 21, a'r petheu a gablont ar gyhoed a *veuyryant* dan gel. *c.* **1400** *R* 1293. 20–1, *mevyryaw* wers am overed. **15–16g.** LLAWDDEN, &c.: *Gw* 242, Am Fair yw fy *myfyriaid* / Uwch Rys ei nerth a chroes naid. *c.* **1585** G. ROBERT: *DC* xxvii, Yr Scrithur laan yn canmawl *fyfyriaw* ar betheu sprydol. *id.* 16a, *myfyriwch* para gariad a diolwch sy ddylyedus i dduw. **1588** *Salm* xxxix. 3, tra y *myfyriais*, enynnodd tân. *id.* lxxvii. 12, *Myfyriaf* hefyd am dy holl weithredoedd. **1599** **(1677)** R. HOLLAND: *AB* 49–50, a'u calonnau . . . yn *myfyrio* ynghylch pethau eraill. **1603** W. MIDLETON: *Ps* [iii], fôd y llyfr hwnnw [Llyfr y Salmau] yn wir-angen-rheidiol i bawb oll iw *fyfyrio*. **1618** J. SALISBURY: *EH* 306, gwedi ymgau eihun mewn Cell . . . i *fyfyrio* petheu nefawl. **1620** *Diar* xxiv. 2, eu calon a *fyfyria* anrhaith. **1632** *D*, *myfyrio*, meditari, euoluere, recolere, præcogitare. **1712** T. WILLIAMS: *CDdG* 460, rhagoriaeth rhwng *Myfyrio*, ar peth a alwn ni studio. **[1740]** D. LLWYD: *YDD* [ix], yn ddisymmwyth heb *fyfyried*. **1751** *GIA* x, *myfyrio* yn neddfau Duw. **1772** *W*, *myfyrio* (dwysfyfyrio, dal manol sylw) ar d.g. *to contemplate* [*gaze upon or consider attentively*]. **1803** *P*.

(*b*) Astudio, efrydu: *to study*.
1545 *CM* 1, 72, [y] genedlaeth gynnta ir moed ar a Roddes I llauur ai bry[d] I geissio Ac I *vyuyrio* y gyluyddyd Ar Seiens hon. **16g.** (*LIEG*) *LlGC* 5276, 353b, hi a driglodd [*sic*] I holl ueddyliau I *veuyrio* I chyluyddodau. **1709** H. POWEL: *G* 53, y rhai sydd yn *myfyrio* y Gyfraith. **1794** *W* d.g. *to study* [*be engaged with books in the pursuit of learning and knowledge*]. **1798** *WR*, *myfyrio*, dysgu d.g. *con. id. myfyrio* wrth oleu canwyll d.g. *lucubrate*.
Amr.: **myddyrio. 16g.** WILIAM CYNWAL: *Gw* 232. **myfyr². 1621** E. PRYS: *Ps* 61b, Rhag y dyn drwg, rhag y gwr traws, / sy'n *myfyr* lliaws faglau. **myfyrian. 18–19g.** *CRIM* 50, A minnau'n hwyr *myfyrian* [*sic*] yn unig wrtho i'm hunan.
Cfn.: **myfyrio trosgynnol:** *transcendental meditation*. **20g.**
Gw. hefyd synfyfyriaf: synfyfyrio, ymfyfyriaf: ymfyfyrio.

myfyriant [bôn y f. fl. + *-iant*] *eg.* ll. *-iannau*. Myfyrdod: *meditation*.
1803 *P*.

myfyriedig [bôn y f. fl. + *-iedig*] *a.bfl.* Wedi ei astudio, wedi ei fyfyrio: *studied, meditated*.
1794 *W* d.g. *studied*. **1803** *P*.

myfyriedigol [*myfyriedig* + *-ol*] *a.* Damcaniaethol, dyfaliadol, tybiedig: *theoretical, speculative, hypothetical*.
[**1783**] *W* d.g. *speculative* [*theoretical*]. **1803** *P*.

myfyriol [*myfyr¹* + *-iol*] *a.* O natur fyfyrgar, yn tueddu i fyfyrio, a nodweddir gan fyfyrdod, adfyfyriol, yn ystyried yn ddwys, meddylgar, synfyfyriol; yn cofio, cofus; yn ymroddi i astudio, astutgar; wedi ei ystyried yn ddwys, rhagfwriadol; meddyliol, yn y meddwl: *meditative, meditational, reflective, contemplative, thoughtful, pensive*; *mindful*; *studious*; *pondered upon, premeditated*; *mental, in the mind*.
1568 MORYS CLYNNOG: *AG* 34, doedyd fy *myfyriawl* a'm llefawl [dd]yfosiwnau eraill amcalon [*sic*] ag am tafod. *id.* 62, gweddi *fyfyriawl*, oratio mentalis. **1574** *Beirn* iii. 232, O daw 'morol pwy wnai'r carol / Mwyn *myfyriol* newydd. **16–17g.** *Cer RC* 56, Ag yn unrhyw gyfraith rydd / Mae beunydd yn *fyfyriol*. **1604–7** *TW* (*Pen* 228), yr hwn a wna gloss ne sponiat *myvyriawl* ar Liuer d.g. *glossematicus*. **1632** *D* d.g. *cogitabundus, deliberabundus, meditabundus, meditatè*. **1672** R. PRICHARD: *Gw* 495, Bod yn Dduwiol ydyw adnabod Duw . . . i gofio ef yn *fyfyriol*. *c.* **1730** *Thos. Lloyd D* (LlGC) 178b, *myfyriol*, pensive, thoughtfull, reflexive, considerate, deliberate. **1731** E. SAMUEL: *AE* [vi], dy annog i ddarllen . . . yn fynych ac yn *fyfyriol*. **1772** *W* d.g. *contemplative* [*given to contemplation, studious, thoughtful*]. **1803** *P* d.g. *myvyriawl*.

myfyriwr [bôn y f. fl. + *-iwr*] *eg.* (b. *myfyrwraig*) ll. *myfyrwyr*. Un sy'n astudio (yn enw. bynciau mewn coleg, prifysgol, &c.), efrydydd; un sy'n myfyrio neu'n ddwys ystyried: (*college, &c.*) *student*; *one who meditates*.
15g. *GO* 343, Dysgwr, *myfyriwr* maith [marwnad Gutun Owain]. **1588** 2 *Mac* ii. 26, Ein gofal oedd gael o'r rhai a ewyllysient ddarllen diddanwch, a bôd i'r *myfyrwŷr* yn haws eu coffa. **1630** R. VAUGHAN: *YDd* 134, Y rhai sydd yn sychedu am wybodaeth, byddant hiraethus am fod yn *fyfyrwyr* o'r ffynnon ddyfnddysc yma. **1683** T. JONES: *Alm* d.d., O wneuthyriad [*sic*] Tho. Jones *Myfyriwr* yn Sywedyddiaeth. *c.* **1730** *Thos. Lloyd D* (LlGC) 178b, *myfyriwr*, a student. [**1740**] L. ANWYL: *MW* 65, [p]ôb *Myfyriwr* Duwiol. **18g.** *W Ballads* 106, 2, Yr hen Bechadur difir daith *myfyriwr* maith oferedd. **1794** *W* d.g. *student* [*one given to books and study*]. **1803** *P*.

myfyrllyd [*myfyr¹* + *-llyd*] *a.* Myfyriol, meddylgar: *meditative, thoughtful*.
1801 *MMf* 275, y rhan fwyaf o'r bobl a font duegawl . . . hwynt [a] fyddant astudawl, a *myfyrllyd*, a myfyrgar.

myfyrus [*myfyr¹* + *-us*] *a.* Myfyriol, adfyfyriol, yn ystyried yn ddwys, myfyrgar, meddylgar: *meditative, reflective, contemplative, thoughtful*.
1605–10 *Haf* 24, 382–3, Mi a wllyssiwn . . . ar y darllewr *myvyrys*, ddarllain yn vyfyrgar. *id.* 571–2, Y Theatyr ne yr Yskaffold . . . nis kanhiadwyd ir rhai *myvyrys*. **1803** *P*.

myfyrwaith [*myfyr¹* + *gwaith¹*] *eg.* Gwaith sy'n ffrwyth myfyrdod; maes astudio: *work produced by study; field of study*.
1814.

myfyrwawd, gw. myfyr + gwawd.

myfyrwraig, gw. myfyriwr.

myff, myffadîs, myffin, myfflaf: mymfflo, gw. mwff, mwffadîs, mwffin, mwfflaf: mwfflo.

myfflar, myffler, gw. mwffler.

myffti, gw. mwffti.

myg [?cf. *edmygu*, *mygr*, a'r Llad. *micāre* 'symud yn gyflym; fflachio, disgleirio'; ansicr yw'r engh. gyntaf isod] *a.* Gogoneddus, anrhydeddus; sanctaidd, cysegredig, bendigaid: *glorious, revered*; *holy, sacred, blessed*.
Dchr. **14g.** *H* 91b. 12, Rys *uyg* loegyr westyng lary westi. toruoet (Phylip Brydydd). **14g.** *T* 61. 25, na choch nac ehoec *vyc* mor llawr. *c.* **1400** *R* 1341. 32–3, llavyn angaw braw bro gynffic. llyw lleidyat gwlat magyat *myc*. **1632** *D*, *myg*, honoratus, gloriosus. *c.* **1753** *Gron* 99, Crist *fyg* a fo'r Meddyg mau. **1795** *CLl* 244, Nid oes hedd rhinwedd na rhan / Ddawn *fyg* i ddyn fo egwan. **1799** DAFYDD IONAWR: *MB* 18, A'i wêdd lân ddielyniaeth, / Wr *myg*, o ddirmyg ydd aeth. **1803** *P*.

mŷg, gw. mŵg.

mygaf¹: mygu [bf. o'r e. *mwg*; cf. H. Wydd. *ru mūgsat*, gl. *suffuderunt* [*sic*], Gwydd. C. *múchaid*] *bg.a.*

1. (*a*) Cynhyrchu neu achosi mwg (am dân, &c.), gollwng mwg, taflu (bwrw) mwg, ager, neu anwedd, anweddu, hefyd yn *ffig.*: *to smoke, produce or emit smoke, steam, or vapour, vaporize, also fig.*
c. **1400** *R* 1365. 17–18, Hi avu yn *mygu* ynghylch meginledyr. **1547** *WS*, *mygy* val tan ne beth gwresoc, smoke. **1567** *LlGG* (*Sall*) 58b, ef a gyfwrdd ar mynyddedd, a' hwy *vygant*. **1588** *Deut* xxix. 20, yna y *mŷga* digllonedd yr Arglwydd. **1588** *Eseia* xlii. 3, ni ddiffuddd efe lin yn *mygu*. **1632** *D*, *mygu*, fumare. [**1761**] *GGJ* 27, doro iddo dwymniad trwyddo, yr hwn a wna'r Mercury neu'r Quick Silver i *fygu*, neu hedeg ymaith. **1762** D. ROWLAND: *PA* 12, pob allor genhedlig yn *mwgu* o waed. **1768** W. WILLIAMS: *HTS* 20, screchfau ofnadwy oedd yn *mygu* allan o'i safn ef. **1803** *P*.

(*b*) Paratoi bwydydd megis cig, pysgod, &c., ar gyfer eu cadw drwy eu sychu a'u pereiddio mewn mwg, ciwrio: *to cure* (*food*) *by smoking*.
1632 *D*, *mygu*, sychu yn y mŵg d.g. *infumo*. *c.* **1740** *LlM* [44], Y ffordd i grogi i fynu. neu *fygu* Cig Eidion. **1759** J. EVANS: *PF* 16, Pôb Ymborth wedi ei biclo, ne'i *fygu*, ne'i halltu.

(*c*) Mygdarthu, tryfygu, gyrru allan (e.e. wenyn) â mwg; perarogli (ystafell, tŷ, &c.) â mwg thus: *to fumigate, smoke out* (*e.g. bees*); *perfume with incense*.
1773 *W* d.g. *to fumigate* [*smoke, scent, or perfume by vapours*]. **1793** R. POWELL: *ADV* 23, Ac yn union gwenynau / O'r ddivyr vodrydavau / A *vygant* mewn trachwantau. **18–19g.** *Llr* C 67, 47, *Myga* dy berllan ar y cil yn Ebrill.

(*d*) Llosgi (arogldarth, &c.) er mwyn cynhyrchu mwg: *to burn* (*incense, &c.*) *to produce smoke*.
14–15g. *IGE²* 311, *Mygu* sens yn ei magwyr [Rhys Goch Eryri am lys Gwilym ap Gruffudd o'r Penrhyn]. **16g.** (**1763**) W. SALESBURY: *LlM* 228, Llywga yr leir ond *mygy* y Llysie hyn tanyn. **1672** R. PRICHARD: *Gw* 420, Ni rŷ 'r Thus Sent, nes ei *fygu*.

(*e*) Ysmygu: *to smoke* (*tobacco*).
1814. Ar lafar ym Morg., '*mycu* pib'.

2. Mogi, llethu; diffodd, diddymu, atal; hefyd yn *ffig.*: *to smother, suffocate, asphyxiate, stifle*; *extinguish, quash, suppress*; *also fig.*
15–16g. *TA* 520, Megais gariad fal adyn, / Magiad yw yn *mygu* dyn. **1547** *WS*, *mygy* rhac diffic anadyl, smolder. **1567** G. ROBERT: *GC* 1, Canys yno'r oedd . . . myllni (o eisiau awyr a gwynt) ddygon i *fygu* dynnion. *id.* 3–4, chwi a *fygwch* gen fyllni. *c.* **1600** (**1681**) *Rhyddiaith Gymraeg* ii. 166, cystal yw bwytta'r cig ac yfed y cawl, brawd yw *mugu* [*sic*] i dagu. **1615** R. SMYTH: *GB* 67, am na *fugesyd* [*sic*] ef ymmol i fam. **1632** *D*, *mygu*, suffocare. **1698** T. JONES: *Alm* [ii], mae llawer o Siopwŷr Cymru yn ceisio *mygu* a diddymmu'r Gymraeg. **1738** *W Ballads* 119, 7, Ne gâth mewn magal gaeth yn *mygu*. **1776** I. BRYDYDD HIR: *P* i. 127, pob rhybudd a gwaharddiad yn erbyn calon galedwch . . . os gwrthwynebwn ag os *mygwn* ni hwynt mewn anghyfiawnder. [**1783**] *W* d.g. *to smother* [*stifle or suffocate*]. **1790** T. JONES: *TOS* 87, myfi a *fygwn* yr argyhoeddiadeu hyn oll. **1803** *P*.
Amr.: **mygio. 1816.**
Gw. hefyd mogaf: mogi.

mygaf²: mygu [?cf. y f. *ermygaf*: *ermygu*; ansicr iawn yw'r enghrau. a roddir isod, a dichon fod mwy nag un gair gwahanol yma] *bg.a.* ?Darparu, paratoi: *to provide, prepare*.
c. **1300** *H* 108²b. 16–17, Ny mag nac neges amollid. Ny *myc* rot yn rann edewid (Llywarch ap Llywelyn). **14g.** *T* 58. 19, yt *vyc* yt vac yt lad ynrac. **14g.** *H* 90b. 12–13, Gordyfneis *mygeis* Magyat llwyth katuor (Llywelyn Ddu ab y Pastard).

mygaid, mygiaid, mwg(i)aid [*mŵg*, *mŷg* + *-aid¹*, *-iaid²*] *eg.* Cynnwys neu lond mŵg: *mug*(*ful*).
1776 *W*, *myggaid* d.g. *a mug* (*mugful*) *of ale*. Ar lafar yn y ff. *mygia*(*i*)*d*, *mwg*(*i*)*aid*.

mygalaw [*myg* + *alaw²*] *eb.* *Crdd.* Oratorio: *oratorio*.
1862.

mygawd [bôn y f. *mygaf¹*: *mygu* + *-awd⁴*] *eg.* Mogfa, mygfa: *suffocation*.
1803 *P*.

mygdarth, mwgdarth [*mwg* + *tarth*; ?adff. o'r e. *mygedorth* (cf. yr amr. *mygdarth*, &c.); mae tystiolaeth yr enghrau. yn gryf yn erbyn y sillafiad *myctarth*] *eg.* ll. *mygdarthau*, *-ion*, *mygdeirth*.

(*a*) Mwg, tarth (neu gymysgedd o'r ddau), mwrllwch, niwl, caddug, tawch, tes, anwedd, hefyd yn *ffig.*; anwedd corfforol, yn enw. y math afiach y credid gynt ei fod yn codi o'r stumog i'r ymennydd; nwy gwenwynig sy'n dueddol i grynhoi mewn hen weithfeydd, mewn pyllau glo, yn nyfnder pydewau, chwareli, ogofeydd, &c.: *smoke, fume, smog, fog, mist, haze, vapour, also fig.*; *bodily exhalation or vapour, esp. that of a morbid nature formerly supposed to rise from the stomach to the brain*; *choke-damp*.
1567 *TN* 172a, A' dodaf ryveddodae yn y nef vchod, ac arwyddion yn y ddaiar isod, gwaed a' than, a *mug-darth* (**1588** *Act* ii. 19, a tharth mwg). **16g.** (**1763**) W. SALESBURY: *LlM* 64–5, y *mwgdarth* gwlyb (*ichor, aquosúsve humor*) a chwso or blagur ac o vrigynne y gwinwydd wrth ei llosgi. **1588** *Salm* cxxxv. 7, yn codi *mwgdarth* (**1620** *id.* tarth) o eithafoedd y ddaiar. **1604–7** *TW* (*Pen* 228), *mygdarth* d.g. *anhelitus, exhalatio, vapor*. *id.* melancholi gwyntoc . . . dan y byrhasæ, or hwnn y *mygdarth* du'n codi, a gythrybla'r medd[w]l d.g. *hypochondriaca melancholiæ* (At.). *id.* mandyllæ . . . drwy rhai y cerdda'r chwys ar *mygdarthæ* allan or croen d.g. *pori*. **1703** E. WYNNE: *BC* 121, Rhostiwch y Cyfreithwyr wrth eu parsmant . . . ac i dderbyn y *mygdarth* hwnnw, crogwch y Cyrtwyr ceccrys uwch ei ben. **1718** (**1721**) S. THOMAS: *HB* 16, yn gymmyscedig a rhyw fath o *Fŵg-darth* y mae gwres yr haul yn derchafu o'r Ddaiar. **1727** J. JONES: *DFF* [xiv], [y] Fâth *Fwgdarth* o Dybiau gweigion ag sydd yn rhai Llyfrau. *id.* 115, chwi a wenwynasoch . . . eich ymmennyddiau â *mwgdarth* gormodyfed [*sic*]. **1759** *ML* ii. 118, aros yma [yn Llundain] . . . i anadlu *mygdarth* yn lle awyr beraidd. **1803** *P*.

(*b*) Arogldarth: *incense*.
1567 *LlGG* (*Sall*) 80a, Cyfeirier vy-gweddi yn dy olwc val *mugdarth* (**1588** *Salm* cxli. 2, arogldarth). **1567** *TN* 80b, allor y *mugdarth*. **1588** *Esec* viii. 11, niwl y *mwg-darth* oedd yn derchafu. **1615** R. SMYTH: *GB* 60, [y] *mwgdarth*, y mwsc, a'r svfet, a'r hwn i darfu i natur ornvddv dyn. *id.* 198, yn lle' ch *mwgdarthau*, ach aroglau melysber. **1620** *Ecclus* xlv. 16, i offrymmu . . . *mwgdarth*, a phêrarogl er coffadwriaeth.
Gw. hefyd mygedorth.

mygdarthaf, mygdarthiaf, mwgdarthaf: mygdarthu, mygdarthio,

mwgdarthu [bf. o'r e. bl.] *bg.a.* Defnyddio mwg, anwedd, nwy, &c., i ddiheintio (ystafell, &c.) neu i ladd pryfed, &c., tryfygu; llosgi (arogldarth), arogldarthu, perarogli, arogli; anweddu; mygu; hefyd yn *ffig.*: *to fumigate; burn (incense), cense, perfume, scent; evaporate, vaporize; smoke; also fig.*

1567 *TN* 80b, y daeth o ran iddaw [Sachareias] *vwgdarthy*-y-peraroglae. *ib.* A'r oll lliaws popul oedd allan yn gweddiaw, tra oeddit yn *mygdarthy* y peraroglae. **16g. (1763)** W. SALESBURY: *LlM* 9, Iscell y wermod gyda'r dagre a *fygdartho* o hono a wared y Dolur or Dannedd. **1588** *Diar* vii. 17, Mi a *fwgdarthais* fyng-hyfugl â myrh. **1588** *Eseia* lxv. 7, y rhai a *fwg-darthasant* ar y mynyddoedd. **1588** *Jer* xi. 13, allorau i *fwg-darthu* i Baal. **1615** R. SMYTH: *GB* 123, y cwrtwyr yma . . . yn sathru ag yn sengu ar felfet a sidan gwedi ei *mwgdarthu* yn rhyfigys a myr ag enaintiau aroglys. **1681** T. JONES: *Alm* [29], *mŵgderthwch* eich Ystafellau . . . a Ffûg [*sic*] ar Dân Glô bôb boreu. **1701** E. WYNNE: *RBS* 25, Y Deml yw calon dyn â Christ yw'r Archoffeiriad, sy'n *mygdarthu* o honi bêr-arogleu Gweddiau. **1714** D. LEWYS: *CN* 8, Nyni *fwgdarthwn* fawl a chlôd, I't am dy fod mor hawdd-gar. **1773** *W* d.g. *to evaporate* [*exhale, or breathe out in vapours, &c.*], *to fumigate.* **1798** *WR* d.g. *exhale.* **1803** *P.*

mygdarthiad, mwgdarthiad [bôn y f. fl. + *-iad*¹] *eg.* a hefyd gyda grym ansoddeiriol. Anweddiad, allyriant anwedd; y weithred o fygdarthu (ystafell, &c., i'w diheintio, &c.); perarogl, arogldarthiad; hefyd yn *ffig.*: *evaporation, vaporization, emission of vapour; fumigation; perfume, a burning incense; also fig.*

1604–7 *TW* (*Pen* 228), *mygdarthiat* d.g. *euaporatio, suffimen.* **1632** *D, mwgdarthiad* d.g. *euaporatio.* **[1725]** *TS* 83, Mwg yr Arogl-darth hwn oedd beraidd . . . yn debyg i *Fygdarthiad* (*perfume*) hyfryd. **1732** *AABI* 55, yn ol i ychydig o *fwgdarthiad* (*evaporated*) funedau gael eu treulio mewn difyrrwch, y mae y Corph yn y man yn pallu y meddwl. **1773** *W* d.g. *elevation* [*in chemistry*], *vaporation* [*the act of emitting vapours*]. **1803** *P, mygdarthiad*, a throwing out vapor; a fumigating; a burning of incense.

mygdarthiaf: mygdarthio, gw. mygdarthaf: mygdarthu.

mygdarthog [*mygdarth* + *-og*] *a.* Anweddog: *vaporous.*

1794 *W* d.g. *vaporous* [*abounding in vapours*].

mygdarthol [*mygdarth* + *-ol*] *a.* Anweddog, o natur anwedd; ?i'w arogldarthu; yn peri anweddiad: *vaporous, consisting of vapour; ?to be burnt as incense; vaporizing, causing vaporization.*

1604–7 *TW* (*Pen* 228), allawr . . . ar yr hon y lloscid Thûs *mygdarthol* d.g. *acerra.*

mygdawch, gw. mwg + tawch.

mygdod, myctod [bôn y f. *mygaf*¹: *mygu* + *-dod*; ynglŷn â'r org. *-gd-*, cf. *mygdarth* uchod] *eg.b.* Diffyg ocsygen yn y gwaed yn sgil rhwystro'r anadl, mygfa, caethdra'r frest, asthma, mogfa, hefyd yn *ffig.*: *asphyxia, suffocation, asthma, also fig.*

1916.

mygdwll, mwgdwll [*mwg* + *twll*; ynglŷn â'r org. *-gd-*, cf. *mygdarth* uchod] *eg.* ll. *mygdyllau, mwgdyllau.* (Corn) simnai, twll y mwg, ffliw (mewn tas wair): *chimney, chimney-stack, flue* (*in a haystack*).

1814.

mygddail [*mwg* + *dail*] *e.tf.* Baco: *tobacco.*

17g. E. MORRIS: *B* 83, Cist *fygddail*, cêst y fagddu.

mygddewiniaeth, gw. mwgddewiniaeth.

mygddwyn [*mwg* + *dwyn*¹] *a.* Yn cynhyrchu mwg neu ager, yn mygu, myglyd: *producing smoke or steam, smoking, smoky.*

1604–7 *TW* (*Pen* 228) d.g. *fumifer* (hefyd *D*). **1722** *Llst* 189, *mygddwyn*, smoking, smoky.

myged [*myg* + *-ed*¹; cf. *annifyged*] *eg.b.* a hefyd fel *a.* Anrhydedd, urddas, parch, gogoniant; anrhydeddus, urddasol, parchedig, gogoneddus: *honour, dignity, respect, glory; honoured, honourable, dignified, noble, respected, glorious.*

13g. *Études* v. 95, Grym erdrym aerdreyc ae dyly. glyu *vyget* gleu wgeyl kymry (Cynddelw). *c.* **1300** *H* 19a. 16–17, kedwis duw urtas. yn wr ac yn was y uab eneas eurwas *uyged* (Llywelyn Fardd). *id.* 25b. 14–15, hywel am madawc ny mad doded. y mywn mynwes llawr mygyrwawr *myged* (Llygad Gwr). **14g.** *GIG* 22, Eithefigion, iaith *fyged*, / Gwynedd, pedwar cydwedd ced [moliant i feibion Tudur o Fôn]. *c.* **1400** *R* 1341. 4–5, Ar dir morgannwc mawr gynnyd *myget* lle y megir llewenyd. *id.* 1392. 5–6, tat mat magawt gwawt gwaewrud. tat maeth *myget* maredud. **16g.** WILIAM LLŶN: *Gw* (R. Stephens) (At.), *Myged*, vrddas. **1632** *D, myged*, est Vrddas, Honor, gloria. Et adiectivè Honoratus, gloriosus. Gwawr *myged*, rhodd *fyged*, mynwent *fyged*, peues *fyged*, cerdd *fyged*, Cymru *fyged*. **1722** *Llst* 189, *myged*, m. honour, glory. *id. myged* (adj.) . . . honoured, honourable. **18g.** I. BRYDYDD HIR: *Gw* 18, O Fair, y ddiwair Forwyn, / Fe aned Mab *myged* mwyn. **1803** *P, myged*, s.f., respect, reverence, honour; . . . glory.

Amr.: **mygedd** [ffrwyth camddeall hen org.]. **1799** DAFYDD IONAWR: *MB* 5.

mygedig¹ [bôn y f. *mygaf*¹: *mygu* + *-edig*] *a.* Wedi ei drin gan fwg, yn mygu, yn mudlosgi; wedi ei fygu neu ei dagu (am lais, chwerthiniad, &c.), fel petai mewn mwgwd, anghroyw, aneglur: *smoked, smoking, smouldering; stifled, choked, suppressed, or kept back* (*of voice, cry, laugh, &c.*), *muffled, indistinct.*

18g. E. T. RHYS: *DA* 168, Ni thyr [Duw] mo'r gorsen ysig, / Ni ddiffydd lin *mygedig*. **1770** *W* d.g. *besmoked.*

mygedig² [*myged* + *-ig*²] *a.* a hefyd fel *eg.* ll. *-ion.* Person parchedig, parchus: *respected* (*person*), *revered.*

1803 *P.* **1807** *MA* iii. 281–2, Tri *mygedigion* cyntav pob cyvarch syberwyd ac addwynder: benyw, gwr wrth ddysg a gwybodau, a gwr wrth vraint ac urddas gwlâd.

mygedigaeth [*mygedig*¹ + *-aeth*] *e?b.* Mygfa, mogfa: *suffocation.*

1794 *W* d.g. *suffocation* [*a being suffocated*].

mygedog [*myged* + *-og*; tebyg nad yma y perthyn *Cy* ix. 161, gueiht. *moce tauc* [*sic*], gw. *BT* (1952) 132] *a.* Urddasol, anrhydeddus: *noble, dignified, honourable.*

13g. (17g.) *B* xxiii. 313, eilywed Gattraeth fawr *vygedawc*. *c.* **1300** *H* 51b. 34, *megedawc* uarchawc veirch yn ehed (Cynddelw). *id.* 58a. 12, *mygedauc* y hoedyl hoed ar orfen (Cynddelw). *Dchr.* **14g.** *id.* 72a. 39–40, Eurwas kyn lleas yn llyssoet enwawc *mygedawc* magadoet (Cynddelw). **1632** *D, myg[e]dawg*, honoratus. **1688** *TJ, mygedawg*, Urddasol: honoured. **1725** *SR* d.g. *honourable.* **1803** *P.*

mygedol [*myged* + *-ol*] *a.* A ddelir neu a roddir fel anrhydedd yn unig, heb y dyletswyddau neu'r breintiau arferol (yn enw. am swydd, teitl, &c.), er anrhydedd; yn gwasanaethu'n ddi-dâl (am ysgrifennydd, trysorydd, &c.); yn dal y fath swydd; urddasol, anrhydeddus: *honorary; noble, dignified, honourable.*

13g. *C* 99. 3–4, *mygedaul*. kein adygei treis. **1774** *W, mygedawl* . . . An honorary degree, Grâdd *fygedawl* d.g. *honorary.* **1803** *P.*

mygedorth, mygodorth, mygydorth, &c. [?**myged* (cf. Llyd. C. *moguet* 'mwg') + *orth* (cf. *adorth, cynnorth, eorth*); tebyg mai ffrwyth camddeall y dfn. o *R* yw ystyr (*b*)] *eg.b.* a hefyd gyda grym ansoddeiriol.

(*a*) Tarth, niwlen, cwmwl o lwch neu ager; *Meddyg.* anwedd afiach y credid gynt ei fod yn codi o'r stumog i'r ymennydd, gwynt yn y cylla; anweddiad; thus, arogldarth: *vapour, mist, cloud of dust or steam; morbid vapour supposed to rise from the stomach to the brain* (*formerly in med.*), *flatulence; evaporation; frankincense, incense.*

13g. *A* 8. 4–5, heessyt onn o bedryollt y law. y ar veinnyell *vygedorth*. *id.* 33. 3, y ar vein erch *mygedorth*. **13g.** *TYP* 109, y edrych ar *vygedorth* llu Gvendoleu. **14g.** *T* 29. 17, *Megedorth* run yssef a'wc. **14g.** *GDG* 185, *Mygedorth* cylch Mai goedydd. *c.* **1400** *MM* 96, [*m*]*ygydorth* yr amysgar. *c.* **1400** *Études* viii. 90, Berwr . . . todi y fleuma a wnant a'r *vygodorth* drom a wnant. *c.* **1400** *R* 1042. 27, Ynllongborth gweleis i *vygedorth*. *Diw.* **15g.** *Pen* 27, ii. 24–5, val y kerddai y *megedorth* ar drwc or kolvddion. *Diw.* **15g.** *RWM* ii. 39, gostwng *mygedorth* a fferi vrin a blodev awna ef. **16g.** *Mos* 113, 23, fal i bydd ysbrydoedd y galonn, ynn bwrw gwres natûriol trwy *vygodorth* meddyliaû. *Diw.* **16g.** *WLB* 84, gwedi y gwasgarer y *fygedroth* [*sic*] yn yr aelodau. **1803** *P* d.g. *magodorth, mygodorth.*

(*b*) Tanllwyth angladdol: *funeral pile, pyre.*

1803 *P, mygedorth*, a funeral pile.

Amr.: **megedarth, mogodarth, mygydarth,** &c. [dan ddyl. yr e. *tarth*; cf. *mygdarth*]. **15g.** *Med H* 12, [*m*]*ygydarth*. **16g.** *Llst* 6, 23, *mo gadarth*. **16g.** RHISIART FYNGLWYD, &c.: *Gw* 82, *Mogodarth*. *Diw.* **16g.** *WLB* 84, *megedarth*. *id.* 86, *megadarth*. **1632** *D, mygydarth* . . . vapor, suffitus, suffimentum. *id. mygydarth* d.g. *thus.* **1803** *P, mygoddarth*. **mygedwrdd.** *Dchr.* **17g.** *J* 10, 28b. **17g.** *LlGC* 13215, 348.

Gw. hefyd mygdarth.

mygedwrdd, mygedd, gw. mygedorth, myged.

mygfa¹ [*mwg* + *-fa, ma*] *eb.* Corn simnai, twll y mwg: *chimney-stack, flue.*

1604–7 *TW* (*Pen* 228) d.g. *caminatus, fumarium, infumibulum.* **1722** *Llst* 189, *mygfa*, the tunnel of a chimney. **1771** *W* d.g. *chimney, tunnel of a chimney.*

mygfa² [bôn y f. *mygaf*¹: *mygu* + *-fa, ma*] *eb.* ll. *-feydd.* Asthma, mogfa, diffyg anadl, caethder; mygiad, marwolaeth neu laddiad drwy fygu; mygdarth neu fwg (sy'n tagu): *asthma, shortness of breath; suffocation;* (*suffocating*) *fumes or smoke.*

1703 E. WYNNE: *BC* 88, tarawodd y fâth archfa fi o *fygfeydd* a thagfeydd ac a'm gorphenasei. *id.* 91, yna'n ôl i anferth lifeiriant o frwmstan berwedig, iw trochi mewn lloscfeydd, a *mygfeydd*, a thagfeydd o ddrewi anaelef. *c.* **1730** *Thos. Lloyd D* (LlGC) 178b, *mygfa* . . . infumibulum. **1754** G. OWEN: *L* 92, meddwl yr wyf nad oes nemmawr o'r gwŷr a faccer yn y wlad a eill oddef *mygfeydd* gwenwynig y Ddinas fawr, fwrllwch yna. **1761** *ML* ii. 405, y *fygfa* yw'r pen clwyf o honynt i gyd, —diffyg anadl a'r fygydfa y gelwir ym Mon, ac asthma yn Lloegr. *id.* 423, rwy'n beth gwell ar ol cymeryd Mr. Turner's æther . . . I have faith it will cure me of this vertigo and *fygfa*. **1762** *id.* 528, par fodd y mae rhyngoch ar peswch ai gares y *fygfa*? **1803** *P.*

Gw. hefyd mogfa, mygydfa.

mygfaen [*mwg* + *maen*¹] *eg.* ll. *-feini.* Sylffur, brwmstan: *sulphur, brimstone.*

1604–7 *TW* (*Pen* 228) d.g. *sulphur.* *Dchr.* **17g.** *J* 10, 28b, *mygvaen*, brwmstan. **1745** *CM* 463, 23a, y Pyg, y Tarr, neu'r *Mygfaen*. **1771** *W* d.g. *brimstone.* **1803** *P.*

mygiad¹ [bôn y f. *mygaf*¹: *mygu* + *-iad*¹] *eg.* ll. *-au.* Marwolaeth oherwydd diffyg ocsygen (e.e. yn sgil rhwystro'r anadl neu anadlu nwyon gwenwynig); mogiad, mygfa, diffyg anadl, caethder; y weithred o fygu (bwyd); y weithred o fygu (gwenyn); tafliad mwg: *suffocation, a suffocating or stifling, difficulty in breathing; a smoking* (*of food*); *a smoking* (*of bees*); *production of smoke.*

16g. (1763) W. SALESBURY: *LlM* 8, fe [y wermod] a weryd ar ferched y *mygiadc* a ddaw o fwytta bwyd y Llyffaint. **1584** R. WHITE: *C* 58, oer fegin ac ayr *fygiad* / gwyddiad vn mae go oedd i tad. **1604–7** *TW* (*Pen* 228) d.g. *suffocatio.* **[1783]** *W* d.g. *a smoking, a smothering.* **1803** *P.*

Gw. hefyd mogiad.

mygiad², gw. mygaid.

mygiadol [*mygiad* + *-ol*] *a.* Yn peri mygiad neu dagiad; asthmatig: *suffocating, stifling; asthmatic.*

1851.

mygiaf, mygiaid, gw. mygaf¹: mygu, mygaid.

mygiant¹ [*myg* + *-iant*] *eg.* Anrhydedd, parch: *honour, respect.*

1876.

mygiant² [bôn y f. *mygaf¹*: *mygu* + *-iant*] *eg.* Pwl o asthma: *asthma attack.*
1877.
Gw. hefyd mogiant.

mygiedydd [bôn y f. *mygaf¹*: *mygu* + *-iedydd*] *eg.* Peth sy'n taflu mwg (e.e. dyfais i fygu gwenyn): *something which emits smoke (e.g. bee-smoker).*
[1783] *W* d.g. *smoker.* **1803** *P.*

myginrefr, gw. meginrefr.

mygíwl, *eb.* Gwraig ffôl: *foolish woman.*
Ar lafar yn nwyrain Morg., 'Mae a wedi cal gafal mwn 'itha 'en *fygiwl*'.

myglawn [*mwg* + *llawn*] *a.* Myglyd: *smoky.*
16g. WILIAM CYNWAL: *Gw* (R. L. Jones) 239, 'Mogelwn, dig *myglawn* daith, / Mynd i uffern, man diffaith. *id.* 265, 'Mogelwn, drud *myglawn* dro, / Mwygl ateb y magl eto.

mygldwym, gw. mwygldwym.

mygliw [*mwg* + *lliw¹*] *a.* a hefyd fel *eg.* O liw mwg, tywyll, melynfrown, brown tywyll; lliw myglyd: *smoke-coloured, dark, swarthy, dark brown; smoky colour.*
1575–6 *B* vi. 315, dwy hossan o vrethyn sache *mygliw* hyd am hanner j ddwy pholen. **16g.** WILIAM CYNWAL: *Gw* (G. P. Jones) 52, Magla ffals, *mygliw* y ffon, / Mogel, garw, maglu gwirion. **16–17g.** HUW MACHNO: *Gw* 3, Mwg dyfrllyd trwy fyd a drodd, / *Mygliw* ennaint a mwyglodd. **1604–7** *TW* (*Pen* 228), *mygliw* melyn d.g. *insuasum.* **1722** *Llst* 189, *mygliw*, dark-brown, swarthy. *c.* **1730** *Thos. Lloyd D* (LlGC) 178b, *mygliw*, fuscus.

Myglتonaidd [yr e. prs. *Muggleton* + *-aidd*] *a.* Yn perthyn i sect y Mygltoniaid: *Muggletonian.*
1799 M. WILLIAMS: *HHG* 164, Y dychwelwyr *Muggletonaidd* hyn sy'n wasanaethgar iawn i'r offeiriaid Pabaidd.

Mygltoniad [yr e. prs. *Muggleton* + *-iad³*] *eg.* ll. *-iaid.* Aelod o sect Gristionogol anuniongred a sylfaenwyd *c.* 1651 yn Lloegr gan Ludowicke Muggleton a John Reeve: *Muggletonian.*
1724 S. RHYDDERCH: *DP* 5, y *Muggletoniaid* sy 'n deilliaw o Lodowick Muggleton a John Reves Taeliwr a Phobydd. Hwy gredant yn Nuw; eithr hwy a'i gwadant mewn Effaith. **1795** J. THOMAS: *AIC* 113, Pa'm y gelwir hwynt *Muggletoniaid*? . . . Am mai Lodwick Muggleton oedd Enw 'r un a ddechreuodd y Sect honno. **1799** M. WILLIAMS: *HHG* 164, nid yw'r *Muggletoniaid* yn yr oes bresennol yn gwneuthur cyfrif neu arddeliad o ffydd na dyledswyddau. *ib.* ni a wyddom am lawer o Fethodistiaid a droisant yn *Fuggletoniaid. id.* 165, Rhai o'r *Muggletoniaid* a roddwyd yn awr yng ngharchar, eraill mewn cyffion.

myglyd, mwglyd [*mwg* a bôn y f. *mygaf¹*: *mygu* + *-lyd*] *a.* (b. *-led*). Llawn mwg, anwedd, &c.; yn mygu (am dân, simnai, &c.); tebyg i fwg, mygliw, tywyll gan fwg, ac arno ôl neu flas mwg; tarthog, niwlog; yn mygu, yn mogi; wedi mygu, wedi mogi; fel petai mewn mwgwd, anghroyw, aneglur; asthmatig; hefyd yn *ffig.*: *full of smoke, vapour, &c., smoky; smoking; like smoke, smoke-coloured, smoky, smoke-darkened, tasting of smoke; misty, foggy; suffocating, stifling; stifled; muffled, indistinct; asthmatic; also fig.*
c. **1400** *R* 1213. 11–12, lludyawd deruyn dyn ydan *myglyt* hir. *c.* **1400** *MA²* 337a. 43, haid *fygled* (Goronwy Ddu). **15–16g.** *TA* 542, Mogel di, ddyn *myglyd* wallt, / O'r berth rhag dy daro â bollt. *Dıw.* **16g.** *WLB* 91, Gwin or gwenith ar haidd Gwlybyre drwg *myglyd* a wna. *c.* **1590** *EWGP* 37, Mis Ionawr, *myglyd* dyffryn. *c.* **1600** *IGE* 218, *Myglyd* wên yn maglu dydd [i'r niwl]. **1604–7** *TW* (*Pen* 228) d.g. *fumeus, fumidus, fumosus.* **1653** *MLl* i. 220, Pwy yw y rheini sydd yn byw yn y cnawd yn ôl y cnawd? . . . yr offeiriaid mudion, y llefarwyr *myglyd*, y gwrandawyr cysglyd. **17g.** HUW MORUS: *EC* i. 84. Safn *fyglyd*, soeglyd siglen, / Seler brag, a'i sail ar bren [i olyn cerwyn ddarllaw]. **1688** S. HUGHES: *TSP* 239, yr oedd y Lle oddifewn yn dywyll ac yn *fwglyd* iawn [am ogof]. **1751** *ML* i. 181–2, Dyma fi wedi bod yn ystyccio fy ngoreu glas, tippyn o haidd i wneuthur brâg, a hwnnw yw ddarllaw'n gwrw rhwydd fain gô *fÿglyd* i ymbesgi arnaw. **1766** *CD* 136, Yn lle Tân mae i ti ffagl, / O wair gwlŷb, *mŷglyd* gagl. *a.* **1791** W. WILLIAMS: *GP* 714, 'Chaiff mo'r danllwyth *fwglyd* ddisgyn / Fythoedd ar ei eiddo ef. **1803** *P.* Ar lafar yn Arfon yn yr ystyr 'asthmatig', *WVBD* 386; a hefyd yn sir Gaerf. yn yr ystyr 'niwlog, tarthog', *TGG* (1904) 51. Clywir y dywediad 'Tŷ *mwglyd*, gwraig bwdlyd', M. WILIAM: *DY* 40.
Gw. hefyd moglyd¹.

myglydrwydd [*myglyd* + *-rwydd*] *eg.* Y cyflwr o fod yn fyglyd; niwlogrwydd; mwrndra, myllni: *smokiness; fogginess; sultriness, oppressiveness (of weather).*
1722 *Llst* 189, *myglydrwydd*, m. smoakiness. **1773** *W*, *myglydrwydd* . . . hin, mwrndra d.g. *faintness of weather.* **1803** *P*, *myglydrwydd*, smokiness; fogginess.

myglys, mwglys [*mwg* + *llys⁵*] *eg.* (un. b. *-en*, ll. *-nau*) ll. *-iau.* Baco, tybaco; sigarét, sigâr; *Bot.* mwg y ddaear, *Fumaria*; liwsérn, *Medicago sativa*: *tobacco; cigarette, cigar; fumitory; lucerne, alfalfa.*
1707 *AB* 99a, *myglys* d.g. *nicotiana. id.* 160b d.g. *tabacum.* **1722** *Llst* 189, *myglys*, m. tabacco. **1791** GW. MECHAIN: *Rh* 101, pe byddai cwrw a'r Indiaidd *fyglys* [:- Tobacco] yn ddi-dreth, byddai tylodi a drygioni wedi llwyr ddinystrio y rhan fwyaf o'r gwerinos. **1813** *WB* 223, *Mwglys*; Nicotiana Tabacum; Tobacco.

myglysa, myglysu [bf. o'r e. bl.] *bg.* Ysmygu baco: *to smoke tobacco.*
1850.

myglysnur [*myglys* + *nur*] *eg.* Nicotîn: *nicotine.*
1857.

myglysol [*myglys* + *-ol*] *a.* Yn perthyn i faco: *relating to tobacco, nicotian.*
1903.

myglyswr, myglysydd [*myglys* + *-wr*, *-ydd³*] *eg.* ll. *-wyr.* Un sy'n ysmygu baco neu'n ei gnoi, ysmygwr; gwerthwr baco: *smoker (of tobacco), one who chews tobacco; tobacconist.*
1819.

mygn, gw. mign.

mygni, mwgni [bôn y f. *mygaf¹*: *mygu* + *-ni*] *eg.* Asthma, mogfa, diffyg anadl, caethder: *asthma, shortness of breath.*
1836. Ar lafar yn Arfon yn yr ystyr 'asthma', *WVBD* 386.

mygodarth, gw. mygedorth.

mygodfa [*mygawd* + *-fa*, *ma*] *eb.g.* Asthma, mogfa: *asthma.*
1803 *P.*
Gw. hefyd mygydfa.

mygodorth, gw. mygedorth.

mygol [*mwg* neu fôn y f. *mygaf¹*: *mygu* + *-ol*] *a.* Yn mygu; myglyd: *asphyxiating, suffocating; smoky.*
1852.

mygonu, gw. mygoria.

mygoria [?cf. *mygr*] *a.* (geir. yn wr.) Teg: (*orig. dict.*) *fair.*
1707 *AB* 219a, *mygoria*, fair. **1725** *SR*. *mygonu* [*sic*] d.g. *fair.*

mygr [?< Brth. **mik-ro-*, cf. *myg*, a'r e.p. Gal. *Micra*] *a.* a hefyd gyda grym enwol. Hardd, teg, gwych, ysblennydd, mawreddog, gogoneddus; gloyw, disglair, clir: *beautiful, fair, magnificent, splendid, majestic, glorious; bright, shining, clear.*
13g. *A* 21. 22, bu gwr gwled od uch med *mygyr* o bann. **13g.** *MA²* 220b. 16, *Mygr* fadawc wayw roddawc ruddgreu (Dafydd Benfras). *c.* **1300** *H* 32a. 33–4, meirch ar geirch yn garcharoryon. meith gerted *mygyr* gydred geidryon (Cynddelw). **14g.** *GDG* 13, *Mygr* ateb, ddihaereb ddôr. *id.* 68, *Mygr* irgyll mân defyll Mai. *id.* 213, O *fygr* synnwyr i fagu. *id.* 300, *Mygr* swyn gerllaw magwyr sêr. **14–15g.** *IGE²* 151, Magwyr lân, *mygr* oleuni, / Mawr yr ymddengys i mi (Gruffudd Llwyd). *c.* **1400** *R* 1221. 36–7, Molet pob lliwet llyw arglwydi: *mygyr* wawr nef allawr mab mawr mari. **16g.** GR. HIRAETHOG: *Gw* (D. J. B.) 48. 25–7, A phan fo, coel curo cledd, / Ymofyniad am fonedd / Y *mygr* o Onennau Meigiawn. **1632** *D*, *mygr*, pulcher, splendens, sp[l]endidus. **18g.** E. T. RHYS: *DA* 115, Llwybyr wybyr, *mygyr*, mawr. **1803** *P.*

mygrddrud, gw. mygr + drud¹.

mygredd [*mygr* + *-edd¹*] *eg.* Ysblander, gogoniant, ardderchowgrwydd, mawredd: *splendour, glory, excellence, majesty.*
18–19g. R. DAVIES: *DB* 91, Galwodd Senedd, *mygredd* maith, / Uwch unlle yn Machynllaith. **1803** *P*, *mygredd*, majesty, grandeur; splendor; glory.

mygrfan, mygrwawr, gw. mygr + ban¹, gwawr.

mygsantaf: mygsantu, mygsych, gw. mycsantaf: mycsantu, mycsych.

mygwern [*mwg* + *gwern*, os nad yw'n wall am *mignwern*] *e?b.* Mign fyglyd: *smoking bog.*
c. **1400** *R* 1162. 5–6, Poenedic gethern. pobyl mywn *mycwern.*

mygwr [bôn y f. *mygaf¹*: *mygu* + *-wr*] *eg.* ll. *-wyr.* Ysmygwr (baco); un sy'n mygu rhywun arall: *smoker; one who suffocates another.*
c. **1730** *Thos. Lloyd D* (LlGC) 178b, *mygwr*, a choaker. **[1783]** *W* d.g. *smoker.* **1803** *P.*

mygydaf, mwgydaf, mwgwdaf: mygydu, mwgydu, mwgwdu [bf. o'r e. *mwgwd*] *ba.* Atal (person neu anifail) rhag gweld drwy orchuddio'r llygaid â mwgwd, &c., hefyd yn *ffig.*; cau llygaid (hebog, &c.) drwy bwytho'r amrannau; gorchuddio, cuddio: *to blindfold, hoodwink, mask, hood, also fig.; seel (a hawk, &c.); cover, hide, mask.*
1551 W. SALESBURY: *KLl* xxxiiia, gweddy [*sic*] daroedd ydynt guddio y olwc e [:- y *vygydy* ef] [Iesu]. **1567** *TN* 76b, a chuddiaw ei wynep [:- *vygydy*]. **1632** *D*, *mwgydu* d.g. *obnubo.* **1661** E. LEWIS: *Drex* 286, y maent yn cau eu clustiau a'i llygaid, ac yn rhedeg megis gwedi eu *mwgydu* yn y ffordd sydd yn arwain i farwolaeth. **1703** E. WYNNE: *BC* 28, dyma'r druan Weddw, wedi ei *mwgydu* rhag edrych mwy ar y byd brwnt yma. **1725** *SR* d.g. *to Hood Wink.* **1727** J. JONES: *DFF* 113, A fedrech chwi wobrwyo a *mwgwdu* Cydwybod. **1759** *BC* 496, ni a gawsem / Ein traflyncu, yn gwbl a'n / *Mygydu* yn un ar gâd. **1776** *W* d.g. *to mask, to seel a hawk.* **1803** *P.*

mygydarth, mygyd-ddawns, gw. mygedorth, mwgwd-ddawns.

mygydfa [?*mwgwd* neu **mygyd* (sef amr. ar yr elf. *myged* a welir yn yr e. *mygedorth*) + *-fa*, *ma*] *eb.* Asthma, mogfa, diffyg anadl, caethder; tarth niweidiol sy'n codi o'r ddaear: *asthma, shortness of breath; mephitis.*
16–17g. (*c.* **1648**) *RWM* ii. 634, Mwyglfa *mygydfa*, mi gwyr, im devtv (Huw Machno). **1604–7** *TW* (*Pen* 228) d.g. *mephitis.* **1722** *Llst* 189, *mygydfa*, the stink of the earth. *c.* **1740** *LlM* 13, Rhag y *fygydfa* neu Ddiffyg Anadl. **1757** *ML* i. 458, Dyma'r eiddoch . . . yn . . . besychlyd, ar *fygydfa* ymron fy ninistrio. *id.* 459, Dyma fi gefn y nos newydd fwytta afalau a llaeth im swpper rhag y *fygydfa.* **1761** *id.* ii. 323, It is a family *mygydva.* and a fault in the constitution originally, perhaps in the glands, perhaps in the lungs . . . A correspondent . . . is to send me . . . æther . . . good for asthmas. *id.* 405, diffyg anadl· a'r *fygydfa* y gelwir ym Mon, ac asthma yn Lloegr.

mygydiad [bôn y f. fl. + *-iad¹*] *eg.* Y weithred o orchuddio'r llygaid â mwgwd, gorchuddiad: *a blindfolding, covering.*
1604–7 *TW* (*Pen* 228) d.g. *obductio.* **1803** *P*, *mygydiad*, a blindfolding.

mygydorth, gw. mygedorth.

mygydd [bôn y f. *mygaf¹*: *mygu* + *-ydd³*] *eg.* ll. *-ion.* Ysmygwr; diffoddwr, diffoddydd: *smoker; extinguisher.*
1773 *W* d.g. *extinguisher, smoker.*

mygyddol [*mygydd* + *-ol*] *a.* Yn perthyn i ysmygu, sy'n ysmygu: *smoking.*
1888 D. OWEN: *S* 20, Mae y frawdoliaeth *fygyddol* yn brin bore heddyw.

mygyn, mwgyn [*mwg* + *-yn*] *eg.* Y weithred o ysmygu baco, ysmygiad, smôc; hoe i ysmygu; baco; mwg, pwff o fwg, hefyd yn *ffig.*: *a smoke* (*of tobacco*), *whiff*; *break for a smoke*; *tobacco*; (*puff of*) *smoke, also fig.*

1686 FFOULKE OWEN: *Cerdd-lyfr* 57, Toppiwch y teppyn na cheisiwch ymofyn, Am *fygyn* sef gelyn y golwg. **1703** E. WYNNE: *BC* 143, Beth a deliti Cerberus a'th *fygyn* tramor, oni bai fod Mammon yn d'achlesu. **1755** *Gron* 20, *Mygyn* o'r cettyn cwtta. **1770** *TG* iii. 13, Ni chwytha un *fwgyn* o'i fagwyr. **1772** D. RISIART: *HFP* 3, mi a welais fod annogaeth i rai gweinion, a'r cyfryw nad oedd ganddynt ond *mwgyn* o wir ddymuniad. **1854** *Gardd Aberdar* 109, trodd i'r 'Lamb and Flag' er cael 'peint a *mygyn*'. Ar lafar yn y Gogledd yn y ff. *mygyn*, *WVBD* 386; yng Nghered. a'r De yn y ff. *mwgyn*, ac ym Morg. yn y ff. *mwcyn*, 'câl *mwcyn*'; 'Thyn y shimla yma ddim *mwcyn* ta beth sy' arni!', *LlGC* 1171, 56.

Cfn.: **mwgyn gweld:** *a break for a chat and a smoke taken by colliers in order to get used to the darkness.* Ar lafar gynt ym Morg., *mwcyn gweld*, *Geir Glo* 141.

myngdwn [*mwng* + ?*twn*; oherwydd amwysedd yr org., ansicr iawn yw'r cysylltnig isod, a dichon mai *dwn* yw'r ail e.f. yn rhai o'r enghrau.] *a.* a hefyd gyda grym enwol. ?A'i fwng wedi ei dorri neu ei hacio, hefyd yn *dros.*: *having a cut or hacked mane, also transf.*

c. **1300** *H* 12b. 17, lliws du a dwnn a *mygdwn* melyn (Gwalchmai). *id.* 55a. 20, ny hirgeidw ar geirch meirch *mygdwn* (Cynddelw). *ib.* 28–9, Nys crawn ked esgud rac ysgwn. na thaeawc mygawc na *mygdwn* (Cynddelw). **14g.** *WM* 183. 34–5, Guyn *mygtwn* march guedw. **1803** *P.*

myngen, gw. mwng.

myngfras [*mwng* + *bras*] *a.* A'i fwng yn hir neu'n drwchus, hefyd yn *dros.*: *long- or thick-maned, also transf.*

13g. *A* 1. 2, meirch mwth *myngvras*. *c.* **1300** *H* 92b. 29, gwychyr lym dreic eil meic *myguras* (Y Prydydd Bychan). **14g.** *T* 9. 1, Atwyn march *myg-vras* man gre. *c.* **1400** *R* 1329. 13, car varwein karw mein *myngvras*. **1803** *P.*

myngialaf, mwngialaf: myngial(u), mwngial(u) [?bf. o elf. **mwng*, sef gair yn dynwared y sŵn (cf. *myngus*)] *bg.a.* a hefyd gyda grym enwol. Siarad yn aneglur neu'n isel, mwmian, sisial, murmur: *to mumble, speak quietly, mutter, buzz, murmur.*

14g. *GDG* 172, Cerdd wamal fu'r *mwngial* mau. **15g.** *IGE*[2] 240, Ym mhob lle, pan ddarlleer, / *Fyngial* pwyll, efengyl pêr [Ieuan ap Rhydderch i'r offeren]. **1632** *D*, *mwngial*, mutire, mussitare, murmurillare; mussitatio, murmur. **1688** *TJ*, *mwngial*, grwgnach: to mutter, to murmur. **1722** *Llst* 189, *mwngial*, a murmuring. *id.* *mwngial* fel gwenhynen d.g. *to buz* (*as a bee*). **1776** *W* d.g. *low, to speak low, to mumble, to mutter.* **18–19g.** IEUAN LLEYN: *C* 58, Ce's rymial a *myngial* mall. **1803** *P* d.g. *myngial, myngialu.*

Amr.: **mwnglian** [drwy gyw.]. **1864.** Ar lafar yn Arfon, 'Paid â *mwnglian* celwydd', *WVBD* 382.

Cfn.: **myngial ganu:** *to hum.* **1774** *W* d.g. *to hum a tune over to one's self.*

myngialus, mwngialus [bôn y f. fl. + *-us*] *a.* Yn myngial, yn mwmian: *muttering, mumbling.*

1722 *Llst* 189, *mwngialus*, grumbling. *id.* *myngialus*, muttering. **1776** *W* d.g. *mumblingly*. **1803** *P.*

myngialwr, mwngialwr [bôn y f. fl. + *-wr*] *eg.* ll. *-wyr.* Un sy'n mwmian: *mumbler.*

1776 *W*, *mwngialwr* d.g. *mumbler.*

mynglwyd, gw. mwng + llwyd.

mynglyd, mwnglyd [**mwng* (cf. *myngial*) + *-lyd*] *a.* Aneglur ac anghroyw (am leferydd); gyddfol: *indistinct* (*of speech*); *guttural.*

1803 *P.*

myngog [*mwng* + *-og*] *a.* a hefyd gyda grym enwol. A chanddo fwng, hefyd yn *dros.*: *maned, also transf.*

c. **1300** *H* 1b. 31, Perchen peuuer ystre or re *uygawc* (Meilyr Brydydd). *id.* 55a. 28–9, Nys crawn ked esgud rac ysgwn. na thaeawc *mygawc* na mygdwn (Cynddelw). *Dchr.* **14g.** *id.* 85b. 22, nath orsseif na moel na *myghawc* (Llywarch ap Llywelyn). **1547** *WS*, *myngoc*, meaned [*sic*]. **1563** *WLl* 144, Tri cheiliawc *myngawc* aur man. **1604–7** *TW* (*Pen* 228) d.g. *iubatus*. **1632** *D.* **1803** *P.*

myngrel, gw. mwngrel.

myngus [**mwng* (cf. *myngial*) + *-us*] *a.* Aneglur (am leferydd, sain, &c.), yn myngial, yn mwmian, ac atal dweud arno, anghroyw ei fynegiant, mud: *indistinct* (*of speech, sound, &c.*), *mumbling, muttering, stammering, inarticulate, mute.*

14g. *MA*[2] 318b. 4–5, Tudur Wiawn lon lun eidion *myngus* / Reidus ys digus i ostegion (Iorwerth Beli). **1547** *WS* [xiv], e, a draythir yn *vungus* [*sic*] neu val yn y, [*sic*] ni: . . . dyches deitsys / ffossydd. **1567** G. ROBERT: *GC* 44, ng. mae .g. yno yn peri i .n. fod yn *fyngus* i sain. **1592** S. D. RHYS: *Inst* 16, -ng- . . . Hunc sonum vernaculè Sain [*f*]*yngus* vocant . . . ng verò suffocatorium sonum format . . . Sain *fyngus* appellatum. *Dchr.* **17g.** *J* 10, 28b, *myngus*, dumbe, mutus. **1632** *D*, *myngus*, mussitans, mussitanter. *id.* d.g. *adhæsè, balbus.* **1776** *W* d.g. *mumblingly, muttering.* Ar lafar yn Arfon, 'siarad yn *fyngus*', *WVBD* 387.

myngwair[1] [*mwng* + *gwair*[1]] *e.tf.* Ffeg, ffôg: *coarse grass, fog.*

1800 W. OWEN[-PUGHE]: *CP* 16, darfu ddifa y *myngwair* (*fog*), a gwellâu y gwellt.

myngwair[2], **myngwar,** gw. mynwair.

myngwellt [*mwng* + *gwellt*] *e.tf.* Ffeg, ffôg: *coarse grass, fog.*

1773 *W* d.g. *fog* [*after-math, after-grass*].

myngwyn [*mwng* + *gwyn*[1]] *a.* (b. *myngwen*). Gwyn ei fwng, hefyd yn *dros.*: *white-maned, also transf.*

15g. *TYP* 200, Teir Aniweir Wreic Ynys Prydein . . . Essyllt *Fyngwen*. **1803** *P* d.g. *myngwen, myngwyn.*

myharen, Myhefin, myheriaf: myherian, myhifi-myhafar, gw. maharen, Mehefin, ymheriaf: ymherio, mihifir-mihafar.

myhugwd, gw. mwhwgwd.

myhun, myhunan, gw. fy[1], hun[2], hunan.

myhyr, gw. mehyr.

myldar [?bnth. S. *moulder* 'clay; dust'] *e?g.* Calchfaen hawdd ei dorri: (*white*) *freestone.*

18–19g. *Llr* C 2, 350, *myldar*, Glam, freestone, the white calcareous freestone.

myldardd [?cf. *myldar*] *eg.* Tywodfaen neu galchfaen hawdd ei dorri; porffyri: *free-stone*; *porphyry.*

1803 *P*, *myldardd* . . . maen *myldardd*, freestone.

mylet, mylgre, mylisia, gw. mwlet, mulgre, milisia.

myltys [amr. ar *bwltus*, *bwltys*] *eg.* *Bot.* Lili felen y dŵr, *Nuphar lutea*: *yellow water-lily.*

1707 *AB* 219a, *myltys*, nymphæa lutea. **1753** *TR*, *myltys*, corruptly for Bwltws, the yellow water lilly. **1813** *WB* 223.

mylynog, mylystod, mylystotaf: mylystota, gw. melynog, moelystod, moelystotaf: moelystota.

myll (*y* ≡ *ə*) [bôn y f. *mylliaf*: *myllio*] *eg.* Gwylltineb, tymer ddrwg: *impetuosity, bad temper.*

Ar lafar yn Arfon, 'cael y *myll*', 'gwneud rhywbath yn 'i *fyll*'.

myllaf: myllu [bf. o'r a. *mwll*] *bg.* Mynd yn boeth; drewi: *to become hot*; *stink.*

1594–6 *B* iii. 170, Ny hir *vylla* (*id.* vi. 319, vycka) baw llo ba le bynac y bo. **1604–7** *TW* (*Pen* 228), *myllu* d.g. *fœteo, tepido.* **1803** *P*, *myllu*, to become sultry.

Gw. hefyd mylliaf: myllio.

myllaidd, mwllaidd [*mwll* + *-aidd*] *a.* Mwll, clòs: *sultry, close.*

1803 *P.* **1853** W. REES: *AFR* 147, Yr oedd tranoeth yn ddiwrnod tesog, *mwllaidd*.

myllen, gw. mill[1].

mylliaf: myllio [?amr. ar y f. *ymhyllaf*: *ymhyllu*] *bg.* Cynddeiriogi, ffyrnigo: *to become very angry, fly into a passion.*

Ar lafar mewn rhannau o'r Gogledd, "Roeddwn i wedi *myllio* ac yn gweiddi".

myllni [*mwll* + *-ni*] *eg.* Yr ansawdd neu'r cyflwr o fod yn fwll neu'n glòs, gwres (llethol neu grasboeth), cynhesrwydd; (geir., dan ddyl. *mellni*) malltod (ar ŷd, &c.): *sultriness, closeness,* (*oppressive or scorching*) *heat, warmth*; (*dict.*) *blast* (*disease of corn*).

1567 G. ROBERT: *GC* 1, yno'r oedd gwres anosparthus i'n poeni, a *myllni* (o eisiau awyr a gwynt) ddygon [*sic*] i fygu dynnion. *id.* 3–4, os aros a wnewch yn ty, chwi a fygwch gen *fyllni*. **1604–7** *TW* (*Pen* 228) d.g. *aestus.* **17g.** *LlGC* 13215, 348, *myllni*, mwlldra D[avid] P[owel], tepor. **1722** *Llst* 189, *myllni*, parching heat, blast on corn &c. **1757** *ML* i. 494, yn fawr fy lludded yn ymdeithiaw drwy bedair o siroedd Cymru, mewn *myllni* ddigon.

Gw. hefyd mellni.

myllt[1,2], gw. mollt, mellt.

mylltan, gw. melltan.

myllter [*mwll* + *-der*] *eg.* Myllni, gwres (llethol): *sultriness,* (*oppressive*) *heat.*

Dchr. **17g.** *J* 10, 28a, *myllder*, mylldra. **1714** D. LEWYS: *CN* 11, Heb hyn fe heneiddia 'r Gwin, / Mewn *myllter* hin fe wyddis.

mylltra, mwlltra [*mwll* + *-dra*] *eg.* Myllni, gwres (llethol), hefyd yn *ffig.*: *sultriness,* (*oppressive*) *heat, also fig.*

Dchr. **17g.** *J* 10, 28a, myllder, *mylldra*. *ib.* *mylldra*, soultrie [*sic*], tepor. **17g.** *LlGC* 13215, 348, *mylldra*, *mwlldra* D[avid] P[owel], tepor.

mylltyn, gw. mollt.

myllyn, myllynnen, gw. mill[1].

mymbo-jymbo [bnth. S. *mumbo-jumbo*] *eg.* Truth defodol diystyr, iaith (grefyddol) a ddefnyddir i greu argraff o ddirgelwch: *mumbo-jumbo.*

20g.

mymi, mymiaf: mymio, gw. mwmi, mwmiaf: mwmian.

mymps, mwmps [bnth. S. *mumps*] *e.ll.* Clwyf pennau, y dwymyn doben: *mumps.*

Ar lafar yn y De-ddwyrain, y Canolbarth, a'r Gogledd-ddwyrain, *LGW* 489.

mympwy [cf. *dympwy*, *ympwy*] *eg.b.* ll. *-on.* Syniad ffansïol byrhoedlog, opiniwn personol (yn enw. un byrbwyll), ffansi'r funud, chwilen, chwiw, chwim, tyb hynod; bodd, ewyllys, hunanewyllys: *fancy, whim, caprice, fad*; *will, self-will.*

14g. *WM* 26. 28–30, a menegi udunt y llonydit pawb o honunt wrth y uod ay *uympwy*. *id.* 78. 6–8, En llawen arglwyd gwna dy *uympwy*. **1547** *WS*, *mympwy*, frewyll. **1551** W. SALESBURY: *KLl* 34b, ag Ieshu roddes ef yw ewy/llys [:- *vympwy*] wy. **1604–7** *TW* (*Pen* 228), d.g. *voluntas, voluptas.* **1632** *D*, *mympwy*, arbitrium, opinio, beneplacitum. *id.* *mympwy* gadarngref am dda neu ddrwg d.g. *hæresis.* **1675** R. JONES: *HCh* 41, drwy borthi e[i]n *mympwy* neu'n phansi neu'n tŷb. **1688** S. HUGHES: *TSP* 7, pan y derbyniant rhyw *Fympwy* [:- Opiniwn] iw pennau. *c.* **1730** *Thos. Lloyd D* (LlGC) 168a, cadw *Mympwy* i un . . . to humour on[e]. **1791** GW. MECHAIN: *Rh* 158, yn deongli geiriau yn ol archwaeth eu *mympwy* eu hunain. **1795** J. THOMAS: *AIC* 136, [y] *mympwy* (oppinion [*sic*]; gwyr-gam hwn. **1803** *P.*

Amr.: **mwmpwy. 1659** *GIA* 36, ni chedwiff efe *fwmpwy* ir anghredadwy. *id.* 59, rhaid yw porthi ei *fwmpwy* ef mewn bwydydd diod a dillad. **1677** *TC* 7a. **1773** *W* d.g. *fancy* [*humour; opinion, notion, imagination, &c.*].

Gw. hefyd dympwy, ympwy.

mympwyaeth [*mympwy* + *-aeth*] *eb.g.* Y cyflwr o fod yn fympwyol; mympwy, ffansi, penchwibandod: *arbitrariness*; *fancy, capriciousness.*

1803 *P.*

mympwyaidd [*mympwy* + *-aidd*] *a.* Mympwyol; ffansïol: *arbitrary*; *whimsical.*

1839.

mympwyol [*mympwy* + *-ol*] *a.* Yn cael ei benderfynu gan fympwy neu hap, yn cael ei ddewis yn ôl mympwy neu hap; ffansïol, penchwiban, anghyson: *arbitrary*; *whimsical*, *capricious*, *fanciful*, *inconstant*.
1711 M. MAURICE: *YAD* 379, Y mae'n tueddu i Aflywodraeth, gan osod Gallu *Mympwyol* ymhob Aelod. **1803** *P*.
Gw. hefyd ympwyol.

mymryn [**mymr* (bnth. Llad. *membrum* 'aelod; rhan, darn', cf. H. Wydd. *membur* 'aelod', Gwydd. Diw. *meamar*) + *-yn*] *eg.* (bach. *-nyn*; ll. *mymrynnach*) ll. *-nau*, *-nod*. Y swm lleiaf posibl, y dim lleiaf, tameidyn, gronyn, temig, tipyn (bach), ychydigyn, iod, brycheuyn, llychyn; ychydig amser neu bellter, ennyd fer: *smallest possible amount*, *least bit*, *scrap*, *particle*, *atom*, *whit*, *jot*, *mote*, *speck*; *short while or distance*, *instant*.
14g. *GDG* 230, Ni roud di erof fi faint / Y *mymryn*, gwenddyn gwynddaint. **1592** S. D. RHYS: *Inst* [xvi], hyd pann . . . y gallont ymmholi . . . a' phôb *mymryn* o'r llyfr. *id.* [xvii], na ryfêdded ef vn *mymryn*. *Dchr.* **17g.** *J* 10, 28b, *mymryn*, mote, atomus, minutia. **1615** R. SMYTH: *GB* 118, *mymryn* o amser. **1617** *Minsheu* 308b d.g. *a minute, or Moment*. **1632** *D*, *mymryn*, atomus, minutum, minutia. **1661** E. LEWIS: *Drex* 291, *mymrynnau* ym mhelidr yr haul. **1672** R. PRICHARD: *Gw* 295, Na ledratta *fymryn* [:– Y gronyn lleiaf]. **1722** T. EVANS: *PS* 59, nid ynt un *mymryn* yn llai hoffaidd. *c.* **1762–79** W. WILLIAMS: *P* 90, nid oedd ganthynt *fymryn* o halen. **1764** W. WILLIAMS: *Th* 13, Does *fymryn* le i oedi ymddangos ger ei fron. **1775** *W* d.g. *jot*, *minim* [*a very small thing or person*], *mite* [*a very small particle*]. **1776** I. BRYDYDD HIR: *P* i. 118, awdurdod arbennig oddiwrth [Dd]uw, am bob *mymryn* ac ir oedd yn ei ddyscu iddynt. **1803** *P*. Ar lafar; hefyd yn Arfon yn ddifrïol am berson, 'Cau dy geg, y *mymryn*'.
Amr.: **memryn.** **16g.** *AP* 6. *Diw.* **16g.** *B* ix. 120, 122.
Cfn.: **(y) mymryn (memryn) lleiaf:** (*the*) *smallest particle*. *Diw.* **16g.** *B* ix. 120. **1683** H. EVANS: *CTF* 54. **1705** T. WILLIAMS: *PD* 8. **1722** *Llst* 189, Heb *y mymryn lleiaf* o, without ye least measure or mixture of. **1775** *W* d.g. *jot*, *measure*, *without the least measure of*. **i'r mymryn:** *exactly*, *to a T*. **1870.**

mymtimiaf: mymtimio, gw. maentumiaf: maentumio.

myn[1] [?ff. ddidreiglad gynnar ar y rh. bl. *fy*, cf. *ym*[3]; neu o bosibl cf. Gr. *μά*, *μήν*] *ardd.*
(*a*) (Mewn llw o flaen yr hyn y tyngir iddo): *by* (*in oaths*).
14g. *WM* 234. 2–3, *Myn* llaw vygkyfeillt wreicda heb y kei. **14g.** *YBH* 47b, *myn* y wirioned. *id.* 57a, *Myn* vymphen heb y bown. **15g.** *CSTB* 34, *Myn* dail gwŷdd a delw y gog. **1567** *TN* 7b, Na thwng . . . nag ir nef . . . nag ir [:– *myn*] ddaiar. **1588** *Gen* xlii. 16, *myn* enioes Pharao. **1620** *Jud* ii. 12, *myn* gallu fy mrenhiniaeth. **1630** R. VAUGHAN: *YDd* 608, yr wyf yn tyngu *myn* fy mywyd. **1632** *D*, *myn*, aduerbium iurandi, per. **1703** E. WYNNE: *BC* 29, *Myn*, *myn*, *myn*, eb yr Arglwydd. *id.* 72, *myn* y Goron Ufferno[l]. **1703** *NThDd* 27, megis *myn* yr Haul, *myn* y Gog, ar Cyfryw. **1769** E. ROBERTS: *GN* 8, O ran y rydwi gystal *myn* gwaed y gog, / Anemor [*sic*] o rog am regi. **1771** *W* d.g. *by* [*in forms of swearing*, *or protestation*]. **1803** *P*, *myn* . . . *myn* y nos. Ar lafar, e.e. '*myn* deryn . . . *myn* jaist i . . . *myn* gafr, *myn* cancar', *WVBD* 386–7, '*myn* asen i', '*myn* brain i', '*myn* coblyn i'.
(*b*) (enghrau. o fyd crefydd: *exx. with ref. to religion*)
13g. *LlI* 35, *Men* y kreyr esyd ena. **14g.** *WM* 137. 36–138. 1, Je *myn* vygcret. *id.* 416. 16–17, *myn* uyghyffes y dyw. **14g.** *YBH* 44a, *Myn* vy ffyd. **14g.** *GDG* 335, Un dewr cryf, *myn* Duw a'r crair. *id.* 360, *Myn* y Gŵr a fedd heddiw, / Mae gwayw i'm pen am wen wiw. *c.* **1400** *R* 1278. 19, *myn*sein simon. *c.* **1400** *YCM*[2] 44, *Myn* Mahumet. **15g.** *CSTB* 35, *Myn* Dwynwen, ni bûm gennyd! / (*Myn* Mair o nef, mae'n 'y mryd!). **15g.** *HCLl* 131, *Myn* y Wir Grog, mannau'r Groes. *c.* **1590** *RC* xlvi. 71, *myn* y gwr ywch ben. **1595** *Egl Ph* 24, Ie *myn* bacul Gadfan. **1703** E. WYNNE: *BC* 76, *myn* Diawl. *id.* 117, *myn* bawd y Pâp. **1733** T. EVANS: *PP* 74, pa ddyn bynnag sydd yn arfer o fyrrbwyll dyngu, *Myn* ei Dduw. **1803** *P*, *myn* . . . *Myn* duw . . . *Myn* fy ffydd. Ar lafar, e.e. '*myn* diawl', *WVBD* 386, '*myn* yffarn i'.
Gw. hefyd mwyn[3], ym[3].

myn[2] [H. Grn. *min*, gl. *hedus*, Llyd. C. *menn*, Gwydd. C. *menn*] *eg.* (bach. g.b. *-nan*; g. *-nyn*; b. *-nen*, ll. *-nod*) ll. *-nau*, *-nod* (*-nawd*). Epil yr afr, llwdn gafr, gafr ieuanc: *young goat*, *kid*.
13g. *LlI* 6, e man escrebyl; sef yv y rey henny, e deueyt a'r vyn a'r *mynneu*. *id.* 90, Vn werth yu yurch a buch a gauyr ac yerchell a *myn* ac eleyn. **14g.** *T* 21. 4, pan yw baruawt *myn*. **1346** *LlA* 61, yrei gwirion megys deueit . . . Arei ennwir megys *mynnev*. **14g.** *GDG* 124, Mynyddig wâl, benial byllt, / *Mynnen* aelodwen ledwyllt. **15g.** *LGC* 313, Pob hydd o'r mynydd; pob *mŷn* ewigaidd. **15g.** DEIO AB IEUAN DU, &c.: *Gw* 114, Iechyd i Fadog achaws—ei fonedd, / Ei *fynnod* a'i felgaws. **15g.** *GDLl* 156, Na *myn* brith, na mân na bras. **15–16g.** DAFYDD TREFOR: *Gw* 139, Cael rhawd o *fynnawd* o Fon, / O gai'r bleth a geifr blithion. **1567** *TN* 112b–113a, erioed ny's roist i mi *vynn*. **1588** *Tob* ii. 13, o ba le y daeth y *mynnyn*? **16–17g.** *CRC* 403, Pyd fai o bonheddig ai *fynod* ai adar. **1632** *D*, *mynn*, hœdus. *id.* *mynnyn*, & *Mynnen*, hœdulus, & Hœdula. **1722** *Llst* 189, *mynnen*, *nennod*, a she-kid. *c.* **1730** *Thos. Lloyd D* (LlGC) 180a, *mynnan*, hœdulus. **1758** *ML* ii. 73, cig baccwn 3½d. y pwys, *myn* yn ei gorpholaeth am 6d. neu 9d. **1803** *P* d.g. *myn*, *mynan*, *mynen*, *mynyn*.
Cfn.: **myn gafr:** *young goat*, *kid*. **1547** *WS*. **1588** *Gen* xxvii. 9, 16. **1714** R. PRYDDERCH: *GD* 128. **1775** *W* d.g. *kid*. **m. magod:** *fatted or pet kid*. **15g.** *IGE*[2] 210, Megaist fal y *myn magod* / Mefl o fewn, mau ofal fod [Llywelyn ab y Moel i'r tafod]. **15–16g.** *TA* 428. [**1547**] W. SALESBURY: *OSP*, mal *myn magot*. **1604–7** *TW* (*Pen* 228) d.g. *alitus*, *hœdillus*. **1722** *Llst* 189, *mynn Magod*, a sucky-kid.

myn[3], gw. man[1].

myn[4] [bôn y f. *mynnaf*: *mynnu*; ansicr yw'r engh. gyntaf] *eg.* Ewyllys, dymuniad, chwenychiad: *will*, *wish*, *desire*.
1488–9 *BSM* 19, Marthin a ddoeth yr wledd y naill ai wrth*vyn* yr amerodr ai gorvod o hono ef a Resswm (*uictus uel ratione uel precibus*). *Dchr.* **17g.** *J* 10, 30b, *myn*, voluntas. **1796** *MA* iii. 201, Tri pheth anhebgor i bob gorchwyl: modd, medr, a *myn*. *id.* 216, serch, deall, a *myn*. **1803** *P*.

myn[5] [?cf. H. Wydd. *mind*] *e?g.* ll. *-nau*. Coron, coronbleth o flodau, cae: *crown*, *wreath of flowers*, *clasp*.
9g. (*MC*) *VVB* 186, *minn*, gl. *sertum*. *id.* 187, *minnou*, gl. *serta*, *stemmata*.

myn[6], gw. mynnaf: mynnu.

mynach[1], **manach** [bnth. Llad. *monachus*, H. Grn. *manach*, gl. *monachus*, Llyd. C. *manach*, Gwydd. C. *manach*] *eg.* ll. *-od*, *-iaid*, *mynaich*, *meneich*, *mynych*, *menych*. Aelod gwryw o gymdeithas grefyddol ymneilltuedig sydd wedi addunedu i fyw mewn tlodi, diweirdeb, ac ufudddod, weithiau hefyd am aelod o un o'r urddau cardod: *monk*, *sometimes also of friar*.
12g. *LL* 202, bet inant i*meneich*. **13g.** *C* 56. 13, A *myneich* Aobrin beich obechodev. **13g.** *Pen* 14, 17, *Manach* oed e mevn menachloc. **13g.** *LlI* 40, Llawer o denyon ne dele menet en uach . . . nyt amgen, *menach* (*LlDW* 48. 26, a*manach*) ac eremyduur a den agkyuyeith. *id.* 49, ae vynteu en *ueneych* (*LlDW* 54. 28, *venich*) neu en athraon. **14g.** *BT* 206, mywn kabl dyldy [*sic*] y *menych*. **1346** *LlA* 120, Ac ymrodi ehun yn disgybyl ac yn *vynach* y veuno sant. **14g.** *GDG* 373, Bwbach ar lun *mynach* moel. **15g.** *OBWV* 106, Paid, er Mair, â'r pader main, / A chrefydd *menych* Rhufain. *c.* **1585** G. ROBERT: *DC* 4a, [y] *manachied* ereill. **1589–93** *Rhyddiaith Gymraeg* ii. 136, y *manachod* twyllodrys yn yr hên amser. **1632** *D*, *manach*, monachus. *id.* *mynach*, &c. vid. *Manach*. **1661** E. LEWIS: *Drex* 78, rhyw fath ar *fynachod*. **1677** C. EDWARDS: *FfDd* 156, [m]wy na dwyfil o *fynych*. **1754** G. OWEN: *L* 139, a'r *Manach* yn rhoi prawf ar wyrthiau'r efengyl. **1773** *W*, *manach* o ryw Urdd neu Frawdoliaeth d.g. *friar*. *id.* *mynach*, *manach* d.g. *monk*. Digwydd mewn e. lleoedd megis *Rhosmanach*, Llaneilian, Môn, *Cwm Tirmynach*, Llanfor, Meir., a *Tirymynach* (gynt *Tirymynaich*) yng ngogledd Cered. Ym mhlwyf Cwmrheidol a Llanfihangel y Creuddyn Uchaf, Cered., ac ym mhlwyf Llanfor, Meir., mae afonydd o'r e. *Mynach*.
Amr.: **monach.** **1684** H. OWEN: *DC* 347. **1703** E. WYNNE: *BC* 33. **1798** *WR* d.g. *monk*.
Cfn.: **m. Carmelaidd:** *a Carmelite*. **1858.** **m. du:** *Black Friar*, *Dominican*. *c.* **1400** *YCM*[2] 20. **1798** *WR* d.g. *blackfriars*. Gw. hefyd *mynachdy*. **m. gwyn:** *a Cistercian*; *a Carmelite*. **14g.** *BT* 185, y *menych gwynnyon* yn ystrat flur. **1346** *LlA* 155. **16g.** LEWYS MORGANNWG: *Gw* 126.

mynach[2], gw. mwyniach[2].

mynachaeth, manachaeth, mynachiaeth [*mynach*[1], *manach* + *-(i)aeth*] *eb.g.* Y gyfundrefn neu'r mudiad mynachaidd, buchedd mynach, &c.: *monasticism*.
1776 *W*, *manachaeth* d.g. *monachism*, *monkery*. **1803** *P*, *mynachaeth*, s.m. monachism.
Amr.: **monachaeth.** **1798** *WR* d.g. *monachism*.

mynachaidd, manachaidd [*mynach*[1], *manach* + *-aidd*] *a.* Yn perthyn i fynaich, lleianod, mynachlogydd, &c., neu'n debyg iddynt, o natur mynach neu fynachaeth: *monastic*.
1611 R. SMYTH: *SG* [2]69, ymroi i hunain yn hollawl i santaidd ufudddod . . . ag ymhob peth dylyn buchedd *fanachaidd*. *c.* **1658** R. VAUGHAN: *E* 87–8, Y rhai [addunedau] a wnaethom . . . a allai ein dal mewn ffordd vnion, (heb osodiadau pellach on gwaith ein hunain neu ailgyfraith *Fynachaidd*). **1735** S. THOMAS: *HP* 20, un o'r clwyfau mwya a gafodd y Grefydd Gristnogol, ydoedd oddiwrth y Broffes *Fonachaidd*. **1762** D. ROWLAND: *PA* 153, nid oes neb mor *fynachaidd*, nas [*sic*] sylwodd mai arferol yw i blant ymgynnyll i'r farchnadfa. **1776** *W* d.g. *monkish*, *or monk-like*.
Amr.: **monachaidd.** **1725** I. HARRI: *RD* 428. **1735** S. THOMAS: *HP* 18.

mynachdy, manachdy [*mynach*[1], *manach* + *tŷ*; cf. Llyd. C. *manachty*, Llyd. Diw. *manati*] *eg.* ll. *-dai*. Mynachlog, abaty: *monastery*, *abbey*.
1604–7 *TW* (*Pen* 228), *manachduy* d.g. *monasterium*. **1632** *D*, manachlog, & *Manachdy*, coenobium, monasterium. *id.* *mynachdy* d.g. *cœnobium*, *monasterium*. **1722** *Llst* 189, *manachdy*, a monastery. **1728** T. BADDY: *DDG* 10, cyfyngwyd ef [Sion Bunnel] i'r *Mynachty* hwn. **1770** P. WILLIAMS: *BS* iv, dechreuwyd adeiladu *manachdai* yng Nghymru. **1770** *W* d.g. *abbey*, *convent*, *minster*, *monastery*. Digwydd fel e. lle, 'fel rheol, enw tŷ fferm a berthynai i fynachlog', I. WILLIAMS: *ELl* 55, a hefyd fel e. ar fesur cerdd (?gwall am *Fynach Du*), *BC* xxvii, *Monachdŷ*. Black Fryars; *id.* 171, [m]esur a Elwir *Mynachdŷ*.
Amr.: **monachdy.** **1688** *TJ* d.g. *manaches*. **1718 (1721)** S. THOMAS: *HB* 119, nid oes Drêf na Gwlad . . . heb rai *monach-dai* yn perthyn i ryw un neu gilydd o'r Sectau hyn. **1797** D. DAVIES: *SEG* 222, ysgaru pan y bo'r gwr neu'r wraig yn gweled yn gymmwys i fyned i'r *monachdŷ* (Cloister). Digwydd fel e. fferm, e.e. *Monachty*, Llanbadarn Trefeglwys, Cered.

mynaches, manaches [*mynach*[1], *manach* + *-es*[1]; cf. H. Grn. *manaes*, gl. *monacha uel monialis*, Llyd. C. *manaches*, Llyd. Diw. *manac'hes*, Gwydd C. *mainches*] *eb.* ll. *-au*. Lleian, hefyd yn *ffig.*: *nun*, *also fig.*
13g. *B* x. 21, pan oed e *manachesseu* en eu cabidwl. **13g.** *BD* 101, y mae yn *uynaches* ym plith *mynachesseu* ereill yn eglvys Bedyr. **14g.** *BT* 223, achynn oed y gwnaethpwyt hi oy hanuod yn *vanaches*. **14g.** *Bren Saes* 24, ef a berys gwneithur dwy vanachloc, vn y venych . . . ac arrall y *vanachesseu* yn Sschefteburi. **14g.** *GDG* 298, A chŵyn maint yw'r achwyn mau. / A chais ym *fynachesau*. **14g.** *GIG* 140, Ymddŵyn yn forwyn, Fair f'arglwyddes, / Morwyn cyn ymddŵyn, fwyn *fynaches*. *c.* **1400** *YSG* i. 2, nachaf yn dyuot attunt teir *manaches*. *Diw.* **16g.** *LBS* iv. 406, dechreuassant y gwisgaw ynn *vynachessaü* ar ol y crefydd. *id.* 411, [c]llostyr y *mynachessaü*. **1632** *D*, *manaches*, monacha. *c.* **1762–79** W. WILLIAMS: *P* 606, am ei bod hi un waith yn *fynaches*, ac wedi hynny torri ei hadduned. **1803** *P*.
Amr.: **monaches.** **1718 (1721)** S. THOMAS: *HB* 135, 136. *c.* **1762–79** W. WILLIAMS: *P* 69.

mynachesty [*mynaches* + *tŷ*] *eg.* ll. *-tai*. Lleiandy: *convent*, *nunnery*.
1823.

mynachglos [*mynach*[1] + *clos*[1]] *eg.* Clos neu glawstr mynaich: *monks' cloister*.
14g. *GDG* 179, Mynychglap, mewn *mynachglos*, / Melin ŵyll yn malu nos [i'r cloc].

mynachiaeth, gw. mynachaeth.

mynachlog, manachlog [*mynach*[1], *manach* + *llog*[2]] *eb.* ll. *-ydd, -oedd.* Annedd cymuned o fynaich, &c., mynachdy, weithiau am leiandy ac am gwfaint o frodyr, abaty, minstr: *monastery, also of convent or friary, abbey, minster.*

13g. *B* ix. 337, abat *manachloc* clunei . . . ae venet . . . allan or *vanachloc.* **13g.** *BD* 31, Maes Margan, yn y lle y mae *Manachloc* Uargan. *id.* 157, dvy eglvys arbennic . . . a *mynachloc* guerydon yndi, a'r llall . . . a *mynachloc* canonwyr yndi. *id.* 190, a *manachlogoed* llawer yn y rei yd oedynt kenueinyoed dvywavl yn talu deduavl wassanaeth yn herwyd eu hurdas y Duv. **14g.** *Bren Saes* 24, ef a berys gwneithur dwy *vanachloc*, vn y venych . . . ac arrall y vanachesseu yn Sschefteburi. **15g.** *LHDd* 64, kyntaf yw kadw breint *vanachlogoed.* **1488–9** *BSM* 2, ai vryd ar *vynachlogoedd* ac eglwysi. **16g.** *Yst Kym* 141, yna i llas ef ym *menachlog* y Brodyr. **1606** E. JAMES: *Hom* ii. 163, mewn *manachlogydd* a phriordai. **1632** *D, manachlog* . . . cœnobium, monasterium. *id. mynachlog* d.g. *monasterium.* **1707** *AB* [xx], A fwybinag a chwilie skrivnade'r *Mynachlogydd.* **1753** *TR, manachlog* . . . a monastery or abbey, a convent. **1803** *P.* Digwydd mewn e. lleoedd, e.e. *Mynachlog-ddu*, sir Benf., *Mynachlog Nedd*, Dyffryn Clydach, Morg.

Amr.: **monachlog.** **1604–7** *TW* (*Pen* 228) d.g. *cœnobium.* **1718 (1721)** S. THOMAS: *HB* 118, Monachod . . . St Bennet . . . dechreuwyd . . . adeiladu *Monachlogydd* neu Dai mawrion, megis Coledges, i'w cynnwys. *a.* **1791** W. WILLIAMS: *GP* 915.

Cfn.: **mynachlog (manachlog) gwragedd:** *convent, nunnery. c.* **1400** *YSG* i. 1. *c.* **1400** *RB* ii. 230.

mynachlogaidd [*mynachlog* + *-aidd*] *a.* Mynachaidd: *monastic.*

1661 E. LEWIS: *Drex* 78, a chwanegwyd [y] seiliad *Mynachlogaidd* newydd a hynod o Acæmiaid. **1803** *P.*

Amr.: **monachlogaidd.** **1721** RD: *CFf* 80, Adduned-au *Monachlogaidd* Pabaidd. *c.* **1762–79** W. WILLIAMS: *P* 487, offeiriaid *Monachlogaidd*, a elwir Caloirs.

mynachlogol, manachlogol [*mynachlog, manachlog* + *-ol*] *a.* Mynachaidd: *monastic.*

c. **1570** *Llst* 195, 123, Roes ef y mab hynaf . . . ymanachloc . . . ynghaer wynt yw feithrin ac i gymryd *manachlogawl* vrddas. **1684** H. OWEN: *DC* 89, tan drefn *manachlogol.* *c.* **1730** *Thos. Lloyd D* (LlGC) 171b, *manachlogawl*, monachalis.

Amr.: **monachlogol.** *c.* **1730** *Thos. Lloyd D* (LlGC) 177a.

mynachlys, manachlys [*mynach*[1], *manach* + *llys*[1]] *eg.* Mynachlog, abaty, minstr: *monastery, abbey, minster.*

15g. *GGl*[2] 26, Rhys abad, tyfiad Dafydd, / Rhys *fynachlys* fynychwledd. **1604–7** *TW* (*Pen* 228), *mynachlys* d.g. *monasterium.* **1740** E. DAVIES: *Alm* [12], Dechreu a Diwedd y Termau Cyfreth yn y Gorllewinol *fynachlus.* **1776** *W* d.g. *minster, monastery.* **1793** T. JONES: *SD* 37, Fe gafodd ei ddygiad i fynu . . . ym *Mynachlys* Bangor is y Coed.

Amr.: **menychlys** [ff. l. *menych* + *llys*[1]]. **16g.** LEWYS MORGANNWG: *Gw* 126, *Menychlys* a llys Lleision. **monachlys.** **1788** M. WILLIAMS: *BM* [3]. **myneichlys** [ff. l. *mynaich* + *llys*[1]]. **15g.** *GGl*[2] 21. **1604–7** *TW* (*Pen* 228) d.g. *monachium.*

mynachol, manachol [*mynach*[1], *manach* + *-ol*; tebyg mai gwall am *vanachlawc* yw *vanachol, LlA* 110] *a.* Mynachaidd: *monastic.*

15g. *Haf* 2, 92b, rodes ef constans emap hynaf ydaw em mynachloc amphybalvs eg Kaer Wynt oy veythryn ac y kymryt *mynachawl* vrdas. **16g.** (*LlEG*) *Mos* 158, 585b, ynnibwrw wynt allan oi *mannachawl* greuydd. **1710** *CBGEL* 112, eu dychymmygion eu hunain, megys, Buchedd *Fynachol*, Dwfr Bendigaid, Ymgroesi. **1776** *W* d.g. *monachal, monastic.* **1803** *P.*

Amr.: **monachol.** **1863.**

mynachyddiaeth, monachyddiaeth [*mynach*[1], *monach* + *-yddiaeth*] *e?b.* Mynachaeth: *monasticism.*

1746 T. RICHARDS: *CER* 55, yn Watworgerdd ac yn Ddigrifwch i *Fonachŷddiaeth* a Choelgrefŷdd.

mynafaf: mynafu, mynafyd, gw. ymanafaf: ymanafu.

mynafus, gw. ymanafus.

mynag, manag [Llyd. Diw. *meneg*; ceir engh. bosibl o ff. *mynaig* yn *T* 59. 18] *eg.b.* ll. *-au.* Hysbysrwydd, newyddion, hanes, neges, cenadwri, tystiolaeth, datganiad, mynegiant, dangosiad, arwydd; *Cyfr.* hysbysiaeth neu gyhuddiad fod rhywun yn lleidr, lliw; adroddiad (ysgrifenedig); mynegiad, awgrym, inclin gair, arwydd, dangosydd, mynegai; *Math.* indecs: *information, news, account, message, communication, evidence, declaration, expression, a showing, sign; information or charge that someone is a thief (in law); (written) report; indication, hint, sign, indicator, index; index (in math.).*

13g. *LTWL* 124, De furto numquam sit contentio, nisi prius sit super aliquem *manac* cum iuramento in tribus locis. **13g.** *B* iv. 2, Arwaessaf y leider y *vanac.* *id.* ix. 338, menac a weleist ac a glyweist . . . ene bei honnedic e *manac* hvnnv. **13g.** *Ll* 22, o cheyff ef anyueyl ar keueyllyorn en urun o'r rey henne, ef a dele gaffael pedeyr keynnyauc *manac.* **14g.** *LlB* 124, Ni dyly neb rodi reith gwlat am ledrat heb vn o'r *manageu* hynny yn y erbyn. **14g.** *B* xiv. 266, Goleuat ar *vanac* (*ad revelationem*) y kenedloed. **14g.** *Bren Saes* 114, Ac yno y doeth *manac* y'r brenhyn ry lad o gedymeithion Owein vab Cadogan William de Braban. *c.* **1400** *DB* 111, ny ellynt wy eissoes eu menegi wy yn berffeith y leygyon, na gallu o leygyon y deall yr a ellit o *uanac* arnunt. *c.* **1400** *R* 1418. 25, penn veneit heb *vanac* arnaw. *c.* **1400** *RC* xxxiii. 448, ual y keffit *manac* ar ved arth[r]. y gossodassant wy y groes ar llythyr yndi. **1551** W. SALESBURY: *KLl* via, A llyma r *manac* (**1567** *TN* 363a, y genadwri) a glwsam ganto ef, ac ydd ym yn vanegy i chwithe. **1632** *D, mynag*, narratio, indicatio. *id.* d.g. *indicium, monstratio, nunciatio, nuncium, renunciatio.* **1740** T. EVANS: *DPO* 231, Y ddau Esgob a dramwyasant oddiyno tua Chymru; y mae *Mynag* goleu eu bod hwy tua Croes-oswallt [*sic*]. **1791** GW. MECHAIN: *Gw* i. 263, *Mynag* i'w gosod mewn gau gysur. **1796** T. JONES: *CCA* 273, Os na chaiff ei *fynag* (*hint*) oddi wrth achosion naturiol. **1803** *P.*

Amr.: **myneg** (ll. *-au, -(i)on, -oedd*). **1743** J. JONES: *LlAW* 139. **1759** *DG* 163.

Cfn.: **m. cenhadol:** *missionary report.* **1851.**

mynagaf: mynegi, mynagbost, mynagedig, gw. mynegaf: mynegi, mynegbost, mynegedig.

mynagfys, mynagiad, mynaginiaeth, mynagol, mynagon, mynagwraig, gw. mynegfys, mynegiad, meddyginiaeth, mynegol, mynogan, mynegwr.

mynaich[1,2]**,** gw. mynach, mynych.

mynaifaf: mynaifad, mynaifwr, gw. ymnofiaf: ymnofio, ymnofiwr.

mynaig[1,2]**,** gw. mynag, mynegaf: mynegi.

mynas [bôn y f. ddil. neu fnth. S. *menace*] *eb.* Bygwth, bygythiad: *menace, threat.*

1803 *P, mynas*, s.f. a menace, a threat.

mynasaf: mynasu [bnth. H. Ffr. *menacier*, o bosibl drwy'r S. C.] *ba.* Bygwth: *to threaten, menace.*

14g. *Bren Saes* 108, Madauc a'y vraut a Llywarch ac Vchtryt a doethant hyt yng kastell Ryt Coruonec a *mynnassu* kyrchu kyrch nos. *id.* 120, yna y *manesseynt* diva holl Kymre. *id.* 166, ef [y brenin] a doeth yno a *mynnassu* gwneithur castell yno. **14g.** *BB* 25, yn *mynassu* y gyrchu ar vwyall. **1803** *P, mynasu*, to menace, to threaten.

mynawyd, myniawyd, &c. [Crn. Diw. *benewas, benewez*, Llyd. C. *menauet*, Llyd. Diw. *menaoued, minaoued*, Gwydd. C. *menad*, Gwydd. Diw. *meana*] *eg.* ll. *myn(a)wydydd, mynawydau, mynewydau,* &c. Offeryn bychan pigfain a ddefnyddir i dyllu pren, lledr (yn arbennig gan gryddion), &c., pegol, bwytgyn, hefyd yn *ffig.*: *awl, bradawl, bodkin, also fig.*

1547 *WS, mynawyd*, an alle. **1574** *LlGC* 15542, 136a, mor amhosib y vn o honyn hwy giddio y ddrygioni ag ydyw y ddyn giddio *minawed* mewn kwd. *a.* **1587** *Y* 216, Yr owron, dyma'r arwydd, / Vwchben gwŷr lle rhowch bin gwydd / O fawl barch, fo wŷl y bŷd / Mae nayadd y *mynawyd.* **1588** *Deut* xv. 17, cymmer *fynawyd*, a dod trwy ei glust ef. *Dchr.* **17g.** *J* 10, 28a, *mynawyd* . . . *Mynwydydd* . . . subula. *Dchr.* **17g.** *CRC* 160, Ac oddiar pedleriaid / dwyn y twccae / a llafne *mynwydydd* / a chyllill dimeve. **17–18g.** *NBSF* 519, Gan ryw hyllddyn sydyn sydd / Ofnadwy ai *fanwydydd* (Owen Gruffudd). **1703** E. WYNNE: *BC* 55, na chaffo'r Hunlle byth orphws ond ar flaen *mynawyd.* **1717** *Llsgr R. Morris* viii, 8 o foxes prenia . . . carna *mynawududd.* **1722** *Llst* 189, *mynawyd*, m.p. *wydau*, an awl. **1732–3** J. OWEN: *GB* 65, Wedi myned o Bethau cynddrwg arnynt a hyn, Rhyhwyr oedd iddynt hwy ddodi eu *Minewydau* i gadw. **18g.** *Wy* 4, 49, och och mae riwbeth yn ymrhocio / ai tybed ddarfod i rhwyn [*sic*] fy witsio / mae fel *minawyd* yn minafy. **1757** *ML* ii. 22, The worst of it is I have very few tools except *mynawyd*, twcca, ffeil, morthwyl, a phlyers. **1794** *W*, myned o'r *mynawyd* drwy'r cŵd d.g. *to take wind or air* [*as a report*]. **1803** *P.* Ar lafar mewn ymad. megis 'gwthio *mynawyd* i swigen rhywun' am dorri crib rhywun hunanbwysig. Yn y De-ddwyrain clywir y ff. *myniawad*, ll. *myniewid.* Digwydd yn yr e. lleoedd *Cae'r Mynawyd, Carn Mynawyd*, Môn, ac yn enw'r afon *Myn(i)awyd*, Meir.

Amr.: **bin(i)ewid, binawad, byniawid** [gyda *b-* ac *m-* yn ymgyfnewid; cf. Crn. Diw. *benewas, benewez*]. **1707** *AB* 157b, Mynawed krŷdd, (Dimet. *binewid*) d.g. *subula.* Ar lafar yn y De a'r Gogledd. Dywedir 'fel bita reis â *binewid*' am waith llafurus ac araf, *TGG* (1907–8) 60. Digwydd gynt yn yr e. lle *Porthbinawid* (cf. G. OWEN: *DP* ii. 516), heddiw Porthmynawyd, sir Benf. **pinewid.** Ar lafar yng nghanolbarth a godre Cered., *TGG* (1907–8) 99.

Cfn.: *Bot.* **mynawyd (byniawid) y bugail:** (i) *any plant of the genus Geranium, crane's-bill, esp. herb Robert, Geranium robertianum.* **1632** *D* (*Bot*). **1688** *TJ* (*Bot*). **1803** *P.* **1813** *WB* 223. Ar lafar yn Arfon yn y ff. *byniawid y bugail.* (ii) *cultivated pelargonium.* **20g.**

mynawydaf: mynawydu, mynawydo [bf. o'r e. bl.] *ba.* Tyllu â mynawyd: *to pierce with an awl.*

1803 *P* d.g. *mynawydaw.*

mynawydaidd [*mynawyd* + *-aidd*] *a.* Ar lun mynawyd: *awl-shaped.*

1813 *WB* 45, Troellig *mynawydaidd.*

mynawydlys [*mynawyd* + *llys*[5]] *eg.* *Bot.* Planhigyn anghyffredin gwyn ei flodau sy'n tyfu mewn llynnoedd, *Subularia aquatica*: *awlwort.*

1813 *WB* 223.

myncast [*mync(i)*[1] + *gast*] *eb.* Mwnci benywaidd, hefyd yn ddifrïol: *female monkey, also derog.*

1787 E. ROBERTS: *PCF* 28, O ewch i gârdotta at wrage[dd] Morgan; / Lle buoch yn bwrw'ch amser fore a hwyr / Hên *fyngcest* [*sic*] llwyr ddi amcan [*sic*].

mynci[1,2]**, mynci-cat, mynci-jaced,** gw. mwnci[1,2], mwnci-cat, mwnci-siaced.

myncog [?elf. anh. + *-og*] *eg.* *Bot.* Grug, ling; eithin: *heather, heath, ling; gorse.*

Diw. **15g.** *B* ii. 232, *myngcog*, gryg. **1604–7** *TW* (*Pen* 228), *myncoc* . . . yr Eog yr *myncoc* man / nag oet merch y goet Marchan d.g. *erix.* **1632** *D, myncog*, idem quod Grûg. **1688** *TJ, myngog* [*sic*], Grûg: Heath, or Ling. **1707** *AB* 292b, †*mynkog* d.g. *erica.* **1722** *Llst* 189, *myncog*, heath. **1725** *SR* d.g. *whins.* **1803** *P.*

myncorn [bnth. S. *mongcorn* 'a mixture of two kinds of grain (usually wheat and rye) sown together'] *e?g.* Amyd, siprys, cymysgyd: *mongcorn, mixed corn, maslin.*

1814.

myncyn, gw. mwnci[2].

mynd, gw. af: mynd (hefyd At.).

myndaf, gw. mynta.

myndl, mwndl ($y \equiv ə$) [bnth. S. taf. *mundle* 'stirring-stick'] *e?g.* Math o ffon (gan amlaf o bren onnen, a'r naill ben iddi'n llydan a fflat) at droi uwd, llymru, hufen, &c., pren llymru, mopren, uwtffon; ffon at droi dillad wrth eu berwi, doli: *mundle (wooden stick used to stir porridge, flummery, cream, &c.), stirring-stick, porridge-stick, flummery-stick, &c.; dolly, stick used to stir clothes while boiling them.*

Ar lafar yn y Canolbarth yn y ff. *myndl, m(o)wndwl, TGG* (1904) 46, *Folk Life* xii. 35, *Geir Geg* 142. Ar lafar yn nwyr. sir Drefn. am 'ffon at droi dillad wrth eu berwi', *Cymru* lii. [211].

Amr.: **myngl** [cf. S. taf. *mungle*]. Ar lafar yn sir Drefn.

Gw. hefyd mwndill.

myndopaf: myndopi, gw. ymdopaf: ymdopi.

myndlysau, gw. mwndlws.

myndy [*myn*[2] + *tŷ*] *eg.* Tŷ mynnod: *kid house.*
1632 *D, mynn-dy* d.g. *hœdile.* **1722** *Llst* 189, *mynndy*, a kid-house. **1775** *W* d.g. *kid-house.*

myndylaf: myndylu, myndylau, gw. mydylaf: mydylu, mwdwl.

mynebr, mynecbost, mynech, mynechaf: mynechu, gw. menybr, mynegbost, mynych, mynychaf: mynychu.

mynechdid, menechdid, &c. [*mynach*[1], *manach* + *-did*] *eb.* Mynachaeth; mynachlog; ?mynaich; (geir.) plwyf: *monasticism*; *monastery*; ?*monks*; (*dict.*) *parish.*
13g. *Llst* 1, 113, ny chaffat nep a kymerey arnav vrdav constans en vrenyn vrth y dwyn or *venechtyt* ef. **13g.** *BD* 87, a'e tennu yn diannot o'r *uynechtit* a'e wisgav o urenhinavl dillat. *c.* **1400** *R* 1055. 42, da ynggnif porthi *menechtit.* *id.* 1366. 23, llyna bedwared med *mynechtit* wedi or pader ved nan pydit. *c.* **1400** *B* iii. 15, nyt *menechtit* maeryoni. *c.* **1730** *Thos. Lloyd D* (LlGC) 173b, *menechtid*, a parish. **1803** *P, mynechdid*, a monastery. Digwydd yn yr e. lle *Efenechdyd* (*Y Fenechdid*), sir Ddinb.

mynechi, menechi [*mynach*[1], *manach* + *-i*[1]] *e?g.* Mynachaeth; ?mynachlog: *monasticism*; ?*monastery.*
c. **1400** *R* 1149. 25–6, ar duw yn gollwg gwall *vynechi.* *c.* **1456** *Pen* 26, 47, llan dydoch cloch *menechi.* Digwydd fel e. lle yn sir Benf. (**12g.** *LL* 124, *Menechi* arglan ritec iuxta pennalun).

myned[1], gw. af: mynd (hefyd At).

myned[2,3], gw. munaid, munud[1].

mynedfa [*myned*[1] + *-fa*, *ma*] *eb.* ll. *-feydd*, *-fâu.* Tramwyfa, coridor, alai, drifft; ffordd i mewn neu allan, allanfa, cyntedd, lobi; ffordd drwodd, bwlch; mynediad (i le neu at berson); cylchrediad (gwaed); y weithred o fynd neu gychwyn: *passage*, *corridor*, *aisle*, *drift*; *entrance*, *exit*, *vestibule*, *lobby*; *way through*, *passage*, *pass*; *access*; *circulation* (*of blood*); *a going or setting off.*
1588 *Esec* xliv. 5, gosot dy feddwl ar ddyfodfa y tŷ, ac ar bob *mynedfa* allan o'r cyssegr. *c.* **1730** *Thos. Lloyd D* (LlGC) 178b, *mynedfa*, exitus. **1778** *W* d.g. *passage.* **1803** *P, mynedva*, departure, a setting off.

mynediad[1] [*myned*[1] + *-iad*[1]] *eg.* ll. *-au.* Y weithred o fynd (allan neu heibio), tramwyad, hefyd yn *ffig.*; diwedd, tranc, marwolaeth; yr hawl neu'r modd i fynd i le neu at berson; ffordd (i mewn), caniatâd i fynd i mewn; tâl am fynd i mewn i le; ffordd (allan), dihangfa; ffordd drwodd; gorymdaith: *a going* (*out*), *passing* (*by*), *also fig.*; *end*, *demise*, *death*; *access*; *way* (*in*), *entrance*, *admittance*; *charge for admission*; *way* (*out*), *escape*; *passage*; *procession.*
1346 *LlA* 21, gwedy y gymryt [Iesu] or wybyr. yny ffuryf yd ymdangosses yny mynyd. oe *vynedyat* ar nef. *id.* 52, Pa delw ygwnneir am *vynedyat* (*exitum*) yrei drwc. **14g.** *B* xiv. 270, yn y *venedyat* (*exitu*) ef y agheu. *Dchr.* **15g.** *GM* 23, Duw a geidw dy dyuotyat / Yn dragwydd, a'th *uynetyat.* **15g.** *GGl*[2] 181, *Mynediad* lleuad i'r llawr. **1567** *LlGG* (*Sall*) 36b, ac i'r Arglwydd Ddew y perthyn *mynediadeu* angae. **1588** *Salm* lxviii. 24, Gwelsant dy *fynediad* . . . *mynediad* fy Nuw . . . yn y cyssegr. **1588** *Esec* xliii. [1]1, y tŷ ai lun, ai *fynediadau* allan, ai ddyfodiadau i mewn. **1606** E. JAMES: *Hom* ii. 60, y *mynediad* i mewn i Eglwys S. Petr yn Rufain. **1681** S. HUGHES: *AC* 7, a rydd iddo [llyfr] *fynediad* rhwydd a diddadl, i gael ei dderbyn i Grediniaeth y Darllenwyr manolaf. **1730** A. MORGAN: *CES* [vi], dan fy llaw a ngofal i, yw lythrennol ad-gyweirio a'i olygu yn ei *fynediad* drwy'r Argraphwasc [am lyfr]. **1776** *W* d.g. *a marching.* **1803** *P.*
Cfn.: **Mynediad Trosodd:** *Passover.* **1567** *TN* 123b, Pasc [:– y *Mynediat trosodd*].

mynediad[2] [*myned*[1] + *-iad*[2]] *eg.* ll. *-iaid.* Un sy'n mynd: *one who goes*, *goer.*
Dchr. **15g.** *GM* 27, Y *mynetyeit* (*euntes*) aent ac wyleint.

mynediad[3], gw. mynudiad.

mynediant [*myned*[1] + *-iant*] *eg.* Y weithred o fynd neu ymadael, mynediad; gorffennol: *a going*, *departure*; *past.*
1803 *P, mynediant*, a going; a departure.

mynediw, gw. menediw.

mynedol [*myned*[1] + *-ol*] *a.* a hefyd fel *eg.* ll. *-ion.* Yn perthyn i'r weithred o fynd neu ymadael; yn perthyn i ymsymudiad, ymsymudol; wedi mynd heibio, gorffennol; yn mynd heibio; ysbeidiol; cynyddol; *Ser.* yn symud o'r gorllewin i'r dwyrain (am y planedau): *pertaining to going or leaving*; *locomotive*; *past*; *passing*; *intermittent*; *progressive*; *direct* (*in astron.*), *not retrograde.*
1803 *P, mynedawl*, relating to going or departure.

Fel *e.* Gorffennol; teithiwr: (*the*) *past*; *passenger.*
1814.

mynedwr, mynedydd [*myned*[1] + *-wr*, *-ydd*[3]] *eg.* ll. *-wyr*, *-yddion.* Un sy'n mynd neu'n teithio: *one who goes*, *goer*, *traveller.*
1773 *W, mynedwr, mynedydd* d.g. *goer.*

mynedd, myneg, gw. amynedd, mynag.

mynegadwy [bôn y f. ddil. + *-adwy*] *a.bfl.* Y gellir ei fynegi neu ei draethu, traethadwy; yn mynegi neu'n dangos; *Gram.* mynegol: *expressible*; *expressive*, *indicative*; *indicative* (*in gram.*).
1773 *W* d.g. *expressible.* **1803** *P.*

mynegaeth, gw. mynegiaeth.

mynegaf, menegaf, manegaf, managaf, &c.: **mynegi (-u), menegi, manegi (-u),** &c. [bf. o'r e. *manag*, cf. Llyd. Diw. *menegiñ*] *bg.a.* Cyfleu (meddwl, syniad, &c.) mewn geiriau, &c., dweud, sôn am, crybwyll, adrodd, traethu, datgan, cyhoeddi, datguddio, dangos, dynodi, rhoddi gwybod am; ateb (pos neu ddychymyg), datrys, esbonio: *to express*, *utter*, *tell of*, *state*, *mention*, *refer to*, *narrate*, *report*, *relate*, *declare*, *proclaim*, *reveal*, *show*, *point out*, *indicate*, *inform on*; *answer* (*a riddle*), *solve*, *expound*, *explain.*
13g. *Brut B* 43, gwedy *mynegy* ydav reorescyn o Vely . . . y kyvoeth. **13g.** *HGK* 6, *managei* y vamm idav beunyd pwy . . . oed y dat. *id.* 8, [m]*ynegi* chuedyl hyrwyd. **13g.** *B* ix. 338, *menac* a weleist ac a glyweist. **13g.** *LlI* 69, *menegy* e den a ladher e'r nep a'e lladho. **13g.** *BD* 195, dewin . . . a adnabydei . . . y damweinyeu a delhei . . . a hynny a *uynagei* (*predicebat*) . . . y Edwin. **14g.** *LlB* 35, am dyn a *vanacco* lleidyr. **1346** *LlA* 2, Ny *mynegeis* ynhev vy enw vyhvn. *id.* 28, ny *venyc* ygwas fford yr mab avo argyfueilornn. *id.* 57, pann *vannacker* (*revelatur*) peth adel rac llaw. **14g.** *WM* 43. 22–3, *menegwch* idaw. ef a geif march iach. **14g.** *YBH* 53a, weithon tewi awnawn am bown. a *menegi* am sabaot. *c.* **1400** *DB* 47, Kann kerdassam ranneu yr Affric, *mynagwn* weithon yr ynyssed. *Dchr.* **15g.** *GM* 1, A'm geneu a *uenyc* (*Pen* 191, 1, *vyneic*) dy volyant. **15g.** *FfBO* 48, y gallo *managi* (*referre*) y ryw beth a welo. **1547** *WS, manecy*, declare. *id. menegy*, tell. **1551** W. SALESBURY: *KLl* xxxiiib, *manegwch* angeu'r Arglwydd. **1567** *TN* 24b, Deongl [:– Esponia, *Manec*] yni y parabol hwn. *id.* 83b, nycha y *menagaf* (**1588** *Luc* ii. 10, yr wyf yn *mynegu*; **1620** *ib.* yn *mynegi*) ywch' lewenydd mawr. *a.* **1587** *Y* 38, Mynni gael, *mynaig* eilwaith, / Yn dy ran bennodi'r iaith. **1588** *Barn* xiv. 12, os gan *fynegu* y *mynegwch* ef [dychymyg] i mi. **1588** *Eseia* xliv. 7, Pwy hefyd fel fi a eilw, a *fynega*, ac a esyd hyn yn drefnus o'm blaen i. **1595** *Egl Ph* 41, Cadernid y prenn, oedd yn *manegu* ei allu. **1672** R. PRICHARD: *Gw* 25, Ac i *faneg* [:– Gyhoeddu] i bawb hefyd. *id.* 203, Duw ddatguddia dy holl gwnsel, / Ac y *faneg* [:– Ddatguddia] dy ymddygiad. **1803** *P.*
Cfn.: **ei fynegi ei hun(an),** &c.: *to express oneself*, *say what one means.* **20g.**

mynegai [bôn y f. fl. + *-ai*[2]] *eg.b.* ll. *mynegeion.* Rhestr yn nhrefn yr wyddor (gan amlaf ar ddiwedd llyfr) o enwau, pynciau, &c., ynghyd â chyfeiriadau atynt, rhestr gyffelyb o'r llinellau cyntaf (mewn cyfrol o gerddi, llyfr emynau, &c.), dangoseg, dangoseb; rhestr o lyfrau gwaharddedig (yn Eglwys Rufain gynt); taflen neu dabl yn nodi penodau a chynnwys llyfr, cynhwysiad, tudalen cynnwys; mynegair, concordans; adroddiad; arwydd, cyfeirnod, mynegfys (wrth argraffu); dygwr newyddion, hysbysydd, adroddwr; bwi; hefyd yn *ffig.*: *index*; *the Index* (*formerly in R. C. Church*); *table of contents*; *concordance*; *report*; *sign*, *index*, *hand* (*in printing*); *bringer of tidings*, *reporter*, *informer*, *narrator*; *buoy*; *also fig.*
1632 *D, mynegai*, index, narrator. *id. mynegai llyfr* d.g. *elenchus.* **1688** *TJ, mynegai*, dangoswr, dangoseg: he that declareth or reporteth, also an Index. **1722** *Llst* 189, *mynegai*, f.p. *negeion*, a declarer, reporter; the sum or argument of a discourse; an index, table. *id.* d.g. *a bringer of tidings.* **1725** *SR* d.g. *a boy of an anchor.* **1754** G. OWEN: *L* 116, Dyma i chwi *Fynegai* o ddechreu pob Awdl. **1769** J. GRIFFITH: *A* 90, Rhaid caniattau hyn oddi wrth nattur ffydd gadwedigol ac oddi wrth *fynegai* pendant gair Duw. **1770** P. WILLIAMS: *BS* [xvii], Y mae'r *Mynegai* yn Hyspysiad byrr o Gynhwysiad y Bibl. **1771** *W, mynegai*'r misoedd d.g. *calendar* [*an almanac, or table containing the months* . . .]. *id.* d.g. *concordance* [*an index or dictionary to the Scriptures* . . .], *narrator.* **1803** *P.*
Amr.: **mynegau**[2] [ffrwyth cymysgu rhwng *-ai*[2] ac *-au*]. **1754** *LlGC* 5475, 5, *Mynegau* yr Ysgriflyfr hwnn O Farddoniaeth Dafydd ab Gwilim.
Cfn.: **mynegai awduron:** *author index.* **20g.** **m. ar gardiau,** gw. *m.* cardiau. **m. cadwyn:** *chain index.* **20g.** **m. cardiau, m. ar gardiau:** *card index.* **20g.** **m. cronedig:** *cumulative index.* **20g.** **m. cyfeirio(l):** *citation index.* **20g.** **m. cyfrifiadur(ol):** *computer-generated index.* **20g.** **m. dosbarthol:** *classified index.* **20g.** **m. enwau:** *name index.* **20g.** **m. lleoliad:** *location index.* **20g.** **m. llinellau (m. i linellau) cyntaf:** *first-line index.* **20g.** **m. ôl-gydgysylltiol:** *post-coordinate index.* **20g.** **m. rhag-gydgysylltiol:** *pre-coordinate index.* **20g.** **m. teitl, m. i deitlau:** *title index.* **20g.**

mynegair [bôn y f. fl. + *gair*[1]] *eg.* ll. *mynegeiriau.*

(*a*) Rhestr yn nhrefn yr wyddor o'r geiriau neu'r pynciau mewn llyfr (yn enw. y Beibl), ynghyd â chyfeiriadau atynt a dyfyniadau o'r cyd-destunau lle y digwyddant, concordans, mynegai, hefyd yn *ffig.*; ?adroddiad: *concordance* (*esp. of the Bible*), *index*, *also fig.*; ?*narration.*
1771 P. WILLIAMS: *GWM* [24], Diammau fod *mynegeir* Cymraeg yn angenrheidiol. **1772** D. RISIART: *HFP* 122, [G]wr doeth a galluog yn yr Ysgrythurau . . . yr oedd megis *Mynegai'r* [*sic*] (Concordance) . . . fel mai prin y gellid enwi un Ysgrythur wrtho, na allai ddywedyd ymha lyfr, pennod ac adnod y byddai i'w chael. **1789** TWM O'R NANT: *TChB* 7, *Mynegair* y Chware[u]. **1791** W. RICHARDS: *TDB* 14, ei *Fynegair* cywrain i'r Testament Groeg. **1794** *Cylchg* 265, cadwyn o adnodau o'r ysgrythur, wedi eu sych-bigo allan o'r *mynegair.*

(*b*) Dangosair, cipair: *catchword.*
1771 *W* d.g. *catch-word* [*in Printing*].

(*c*) *Gram.* Berf: *verb.*
1881.
Cfn.: **mynegair Beiblaidd = m. ysgrythurol.** **1938.** **m. ysgrythurol:** *biblical concordance.* **1771** P. WILLIAMS: *GWM* [24]. **1791** *Dialogous* 16.

mynegau[1,2], gw. mynag, mynegai.

mynegbost, mynecbost, mynagbost [bôn y f. fl. + *post*[1]] *eg.* ll. *-byst.* Post a osodir ar groesffordd, &c., ac arwydd neu enw arno i ddynodi'r cyfeiriad, arwyddbost, hefyd yn *ffig.*: *signpost*, *finger-post*, *pointer*, *also fig.*
1701 E. WYNNE: *RBS* [viii], craffa arnynt megis y deuddeg *Mynag-byst* o ddeutu'r brif-ffordd i'r Brenhinllys nefol. **1770** P. WILLIAMS: *BS, Deut* xix., a chodi *myneg-byst* i gyfarwyddo 'r diangydd. **1780** *W, mynag-bost* d.g. *post* [*a piece of timber set up erect, &c.*] . . . *A directing-post.* **1792** *AE* 30–1, Dynion a dynnent nefoedd . . . o bob peth . . . maent wedi eu gosod yn siamplau i chwi, ac fel cynnifer

o *fyneg-byst* yn dywedyd wrthych, 'Dyma'r ffordd, rhodiwch ynddi'.

mynegedig, mynegiedig, mynagedig, managedig, manegedig [bôn y f. fl. + -*(i)edig*] *a.bfl.* Wedi ei fynegi, datganedig; *Gram.* mynegol: *expressed, declared; indicative (in gram.).*

14g. *GP* 43, Pymp mod beryf ysyd, nyt amgen, *managedic*, archedic . . . anteruynedic. *Managedic* yw hwnn a vanako peth, val y mae 'mi a garaf'. *c.* **1455** *id.* 71, Pvm modd beryf ysydd . . . *mynagedic*. **1592** S. D. Rhys: *Inst* 90, Modd *Manegedic*. **1772** *W*, *mynegedig* d.g. *declared, expressed*. **1803** *P* d.g. *mynegedig*.

mynegeiaf: mynegeio [bf. o'r e. *mynegai*] *bg.a.* ac weithiau gyda grym enwol i'r be. Llunio mynegai (i gyfrol, &c.), rhestru (gair, enw, &c.) mewn mynegai: *to index.*

1942.

Cfn.: **mynegeio awtomatig:** *automatic indexing.* **20g. m. cyfeirio(l):** *citation indexing.* **20g. m. cysyniadol:** *concept indexing.* **20g.**

mynegeiriaf: mynegeirio [bf. o'r e. *mynegair*] *bg.a.* Llunio mynegair neu goncordans (i): *to compile a concordance (of).*

1927.

mynegeiwr, mynegeiydd [bôn y f. *mynegeiaf*: *mynegeio* + -*wr*, -*ydd*[3]] *eg.* ll. -*wyr*. Lluniwr mynegai: *indexer.*

1937.

mynegfys, mynagfys, managfys, manegfys [bôn y f. *mynegaf*: *mynegi*, &c. + *bys*] *eg.* ll. -*edd*. Y bys nesaf i'r bawd, y bys cyntaf, y bys blaen, bys yr uwd; llun llaw a'r bys blaen yn estynedig (☞) a ddefnyddir wrth argraffu er mwyn cyfeirio sylw'r darllenydd at rywbeth neilltuol; bys cloc, deial, neu glorian, &c.; mynegbost, arwyddbost; hefyd yn *ffig.* ac yn *dros.*: *forefinger, index finger; hand (in printing); hand (of clock), gnomon, pointer (of dial, balance, &c.); signpost, finger-post; also fig. and transf.*

15g. *Pen* 51, 39, O bydd llin y bowyd chwyddedig a llidiog rrwng y vawd ar *managvys*. **16g.** *Llst* 117, 92, O daw llin y vord ir *mynagyvys* [*sic*]. **1562** *B* ii. 232, *mynagvys*: bys yr uwd. *c.* **1566** *id.* i. 144, y *manegfys* sydd yn cadw y gogywair ar bragod gywair. **16g.** R. White: *C* 35, y vawd sydd yn ben y dawn / i Ddvw y gwnawn gyfflybieth / ar *manegfys* ir enaid mwyn / i Ddvw sy yn dwyn gwrogaeth. **1632** *D*, *mynagfys*, index digitus. **1684** H. Owen: *DC* 255, [y] weithred . . . (yr hon yw *mynegfys* yr eisiau nerth oddimewn). **1688** *TJ* (At.) [27], (☞) Y *Mynegfŷs* neu'r llaw, a osodir yn arferol wrth ymŷl y ddalen mewn llyfr: ac fe fŷdd y Bŷs yn pwŷntio tua rhŷw ddefnŷdd neu Air, neu barabliad pwŷsfawr, a gofidog, neu ar a fytho yn rhŷw fôdd yn llesol iawn i'r diben y gwnaethpwŷd y Traethawd Erddo. **1722** *Llst* 189, *mynagfys*, m. the fore-finger; the hand of a dial. **1773** *W* d.g. *gnomon* [*of a dial*]. **1788** J. Roberts: *AR* 21–2, *Mynegfys* neu law, Index or hand . . . arferir yn fynnych iawn yr amser a aeth heibio; i gyfeirio llygaid y Darllenŷdd at ryw bêth pwŷsig. **18–19g.** *GABC* 36, Fel *mynegfys* i lan neu lys, / Hi ddengis beth fydd dda. **1803** *P*, *mynegvys*, pl.t. *edd*, the pointing finger, the fore-finger.

mynegiad, managiad[1]**, manegiad** [bôn y f. *mynegaf*: *mynegi*, &c. + -*iad*[1]] *eg.* ll. -*au*.

(*a*) Y weithred o fynegi, cyflead (meddwl, syniad, &c.) mewn geiriau, &c., datganiad (barn, ffeithiau, &c.), gosodiad, adroddiad (hanes, newyddion, &c.), naratif, cyhoeddiad, hysbysiad, amlygiad, arwydd, arweiniad, cyfarwyddyd; adroddiad ffurfiol neu swyddogol eglwys, cymdeithas, pwyllgor, comisiwn, &c.; datganiad ffurfiol o gredo grefyddol; mynegai; *Math.* cyfuniad o symbolau sy'n mynegi mesur; hefyd yn *ffig.*: *expression (of thought, idea, &c.) in words, &c., utterance, statement (of opinion, facts, &c.), a relating, narration, narrative, report, declaration, announcement, notification, intimation, indication, direction, guidance; formal or official report of a church, society, committee, commission, &c.; formal declaration of religious belief; index; expression (in math.); also fig.*

1567 *TN* 1b, y mae ynteu [Ioan] hefyd weithieu yn traethu or historiawl *vanagiad*. **1599 (1677)** R. Holland: *AB* 45, proffwydoliaethau . . . a *mynegiad* o'r farn ddiweddaf. **16–17g.** *HG* 130, gwnaeth i'r holl broffwydi llen, a dafydd hen *vanegiad* / ddoedd yn prynwr wedi rhoi, yn jechyd oi ddevodiad. **1606** E. James: *Hom* ii. 31, ni allodd . . . [y] *mynegiad* golau (*the plain declaration*) . . . beri i ni ei ddeall [gair Duw]. **1632** *D*, *mynegiad* d.g. *descriptio, indicatio, nuncupatio, ostentus, relatio, repetitio*. **1658** R. Vaughan: *LlB* 38, ail adroddiad arbennig neu *fynegiad* or cyfammod cyntaf. **1688** *TJ*, mynag, adroddiad, *mynegiad*, Cyhoeddiad: a Narration, a Report of a thing. **1696** *GGTY* 359, nad oes na gorchymyn . . . na'r *mynegiad* lleiaf (*the least intimation*) . . . am wneuthur felly. **1712** T. Williams: *CDdG* 65, ar *mynegiad* (*phrase*) honno [*sic*] sef y bydd ir Dwyrain orchfygu. **1731** E. Samuel: *AE* 72, yn arwyddion ac yn *fynegiadau* o feddyliau . . . yr Enaid oddimewn. **1769** Twm o'r Nant: *TChD* 4, *Mynegiad* y Chware. **1773** I. Lewis: *EG* 25, llefaru yn ol *Mynegiad* yr Yspryd. **1784** M. Williams: *S* i. iii, hanes neilltuol o bob articl . . . [b]od y tu dalen gyntaf, a thabl *mynegiad* helaeth yn ddigon i ddangos hynny. **1800** W. Owen-[-Pughe]: *CP* 26, Y ddau hyfforddiad canlynol . . . allan o *Fynegiadau* Amaethyddol swydd Nottingham. **1803** *P*. **1839** L. Edwards: *Am Natur Eglwys* 32, Yr wyf yn deall fod rhai yn pwyso llawer ar y gwahaniaeth rhwng y geiriau *mynegiad* a chyffes; ac yn dweyd fod *mynegiad*, neu declaration, yr hyn yw enw llyfr yr Annibynwyr, yn cynwys mwy o ryddid na chyffes.

(*b*) *Gram.* a *Rhes.* Dibeniad, traethiad: *predicate (in gram. and logic).*

1851.

mynegiadaeth [*mynegiad* + -*aeth*] *eb.* Dull o fynegiant yn y celfyddydau lle ceisir cyfleu profiad emosiynol yn hytrach na realiti allanol: *expressionism.*

20g.

mynegiadol [*mynegiad* + -*ol*] *a.* Yn perthyn i fynegiad; yn mynegi, datganiadol, hysbysol, dangosiadol, llawn mynegiant, yn amlygu teimladau (yn enw. am wyneb person), yn 'dweud' llawer, awgrymog; *Gram.* mynegol; yn perthyn i fynegiadaeth, wedi ei greu yn ôl dulliau mynegiadaeth: *expressional; declaratory, informative, demonstrative, expressive (esp. of the face), suggestive; indicative (in gram.); expressionistic.*

1803 *P*, *mynegiadawl*, declaratory.

mynegiaeth, mynegaeth, myneigiaeth, &c. [bôn y f. *mynegaf*: *mynegi*, &c. + -*(i)aeth*] *eg.b.* ll. -*au*. Datganiad, cyhoeddiad, adroddiad (newyddion), gwybodaeth, hysbysrwydd; sôn, cyfeiriad; mynegiant geiriol, &c.; adroddiad swyddogol: *declaration, announcement, report, information, notification; mention, reference; verbal expression; official report.*

15g. *LGCD* 15, Mae'n wagach Cymru o'r *myneigiaeth* (*LGC* 496, *mynegiaeth*; *Gwyn* 3, 223, *manegiaeth*) [marwnad Emwnt Iarll Rhismwnt]. **1599 (1677)** R. Holland: *AB* [9], Fo aiff allan . . . at ryw ddewin . . . i gael *manigaeth* [*sic*] am ei dda. **1604–7** *TW* (*Pen* 228), *myneigiaeth* d.g. *indicium*. **1711** M. Maurice: *YAD* 349, [g]wneuthur *mynigaeth* [*sic*] o honaw ir Diaconiaid. **1722** *Llst* 189, *mynegiaeth*, f.p. *aethau*, tidings. **1733** T. Evans: *PP* 110, ond i'r Angylion gael ond y *mynegiaeth* leiaf [*sic*] oddiwrth yr Arglwydd, ac yn ddioed hwy ânt ynghylch y gwaith. **1740** T. Evans: *DPO* 269, nid oes dim *mynegiaeth* yngair Duw bod yn eu Gallu [y seintiau] wneuthur un math o Gymmorth i ni. **1743** G. Jones: *HWI* ii. 84, A oedd dim *mynegaeth* wedi ei roddi ym mlaen llaw am Esgynniad Crist i'r Nefoedd? **1746** *id.* iii. 98, Trwy *fynegaeth* ei gwâs yr aeth Abigail i ostegu digofaint Dafydd. **1772** D. Risiart: *HFP* 157, [c]adw y carcharor nes cael pellach *mynegaeth*. **1796** *Geirgrawn* 197, nid oedd . . . *mynegaeth* o brofiad crist'nogol . . . yn ofynol fel ammod. **1798** M. Jones: *DG* 23, darllen *mynegaethau* am Ynysoedd Môr y Deheu. **1803** *P*, *mynegiaeth*, s.m. a recital.

mynegiannol [*mynegiant* + -*ol*] *a.* Llawn mynegiant, yn 'dweud' neu'n golygu llawer, amlygiadol, arwyddocaol; yn ymwneud â mynegiant, mynegiadol; yn perthyn i fynegiadaeth: *expressive, significant; expressional; expressionist(ic).*

1852.

mynegiannus [*mynegiant* + -*us*] *a.* Yn mynegi teimladau (am wyneb, edrychiad, &c.); datganiadol, mynegiadol: *expressive (of face, look, &c.); declaratory.*

1803 *P*, *mynegiannus*, declaratory.

mynegiant, manegiant [bôn y f. *mynegaf*: *mynegi*, &c. + -*iant*] *eg.* ll. (prin) *mynegiannau*. Y weithred o fynegi, mynegiad, datganiad (ffeithiau, &c.), lleisiad neu draethiad (barn, &c.); dull o draethu; defnydd unigolion o iaith, o'i gyferbynnu â'r system ieithyddol, disgwrs; gwedd wyneb, ystum, &c., o'u hystyried yn amlygiad o dymer, emosiynau, neu gymeriad person; cyflead gan berfformiwr o naws a theimlad darn o gerddoriaeth; *Math.* mynegiad: *expression, indication, declaration, statement (of facts, &c.), a voicing (of opinion, &c.); mode of expression; parole, discourse (in linguistics); facial or bodily expression; expression (in the execution of music); expression (in math.).*

c. **1785–90 (1829)** *CBYP* 46, Tair Rhagorgamp ar Gerddor; cyflawn ddynodiant ar bob peth, cyflwyr *fanegiant*, a chyflwys Ganiadaeth. **1803** *P*, *mynegiant*, a declaration.

mynegiedig, myneginiaeth, gw. mynegedig, meddyginiaeth.

mynegol, mynagol, manegol [bôn y f. *mynegaf*: *mynegi*, &c. + -*ol*] *a.* a hefyd gyda grym enwol. Yn mynegi, yn datgan, datganiadol, yn dynodi, dangosol, hysbysol, penodol, pendant, eglur, agored; yn amlygu teimladau (am wedd neu edrychiad rhywun), awgrymog, arwyddocaol, symbolaidd; *Gram.* yn mynegi rhywbeth fel ffaith neu'n holi ynglŷn â ffaith (am fodd berf, &c.), yn wrthgyferbyniol, e.e., i ddymuniad neu orchymyn: *declaratory, indicative, specific, manifest; expressive (of face or look), suggestive, significant, symbolic; indicative (in gram.).*

a. **1575** *GP* 139, Pa niver voddion ssydd i air? Pvmp, y *mynegawl*, y gorchymynawl, y damvnawl, y kyssylldiol, a'r annhervynol. Y *mynegawl* vodd a vynaic ryw ymadrodd, val y mae karaf, nev a hola, val y mae a geri di? *id.* 140, Y *manegawl* vodd. *p.* **1584** G. Robert: *GC* [109], *Mynagawl*, indicatiuus. **1604–7** *TW* (*Pen* 228), yr hwn yr eglurer, ne 'mynager peth wrtho: *mynagawl* d.g. *indicatiuus*. **1755** *CBB* 31, derbyn Crist . . . yn dystiolaethol yn y Gydwybod . . . yn broffesedig a *mynegol* o flaen y Byd. **1760** E. Williams: *UYB* 43–4, Er nad oedd yn hoff ganddo [Crist] gyhoeddi ei Ddwywoliaeth yn rhy *fynegol*, etto nis gwnae chwaith yn ammheus. **1765** J. Evans: *CPE* 120, cymmerodd Duw y dwfr . . . fel y byddai hynny yn arwydd *mynegol* o waed Crist, y wîr ffynnon iechydwriaeth. **1772** *W*, *mynegawl*, *mynagol* d.g. *declarative, expressive*. *id.* *mynegawl* d.g. *declaratory, indicative*. **1774** IG: *AF* 31, amryw o bethau . . . cyffredin ym mhlith dynion, y rhai a arferwyd . . . ganddynt [Crist a'i apostolion] fel hyfforddiadau *mynegol* (*symbolical instructions*) mewn dyledswyddau moesol. **1778** T. Jones: *TGEL* 278, fe all [drygair] gael ei drosglwyddo . . . mewn arwyddion tywyll, ymarweddiadau *mynegol* (*expressive Gestures*), ie neu ddistawrwydd tawel. **1796** *Geirgrawn* 7, Nid yw llinellau'r llyfr hwn, er eu bod yn brydferth, a *mynegol* ynddynt eu hunain, yn fuan yn ddarllenadwy i ddyn syrthiedig. **1803** *P*.

mynegres [bôn y f. *mynegaf*: *mynegi* + *rhes*] *eb.* ll. -*i*. Rhestr, cofrestr, catalog: *list, register, catalogue.*

1887.

mynegrif [bôn y f. *mynegaf*: *mynegi* + *rhif*] *eg.* ll. -*au*. Indecs, rhif sy'n mynegi perthynas (â safon neilltuol); *Math.* indecs, esbonydd: *index (number); index, exponent (in math.).*

1930.

mynegwr, managwr, &c. [bôn y f. *mynegaf*: *mynegi*, &c. + -*wr*] *eg*. (b. *mynagwraig*) ll. -*wyr*. Un sy'n mynegi (yn ôl amrywiol ystyron y f. honno), datganwr (ffeithiau, &c.), adroddwr (newyddion, &c.), dangoswr, dynodwr; *Cyfr*. hysbyswr (fod rhywun yn lleidr): *one who expresses, indicates, or states (facts, &c.), declarer, relater, reporter, one who reveals or points out; informer, one who lays information or a charge that someone is a thief (in the Welsh Laws)*.
13g. *LlC* 21, y mae yaun y'r *managur* deuennu attau y colledyc a'r effeyryat ac aent y drus er egluys. **14**g. *LlB* 36, tyget yr offeirat . . . gwelet y *managwr* a'e glybot yn kadarnhau y vanac. *c*. **1401** *AL* ii. 328, Tri dyn y degemir udunt: offeirat; ac ygnat; a*managwr*. **1604–7** *TW* (*Pen* 228), cyfloc *mynagwr* d.g. *menytrum*. *id*. *mynagwraic* d.g. *nuncia*. **1617** *Minsheu* 482b, *menegwr*, ne ddirgel kyhvddwr d.g. *a tell-Tale, or priuie accuser*. **1632** *D*, *mynegwr* d.g. *monstrator, nuncius*. **1688** *TJ*, datceiniad, datcanwr . . . *mynegwr*. A singer, a speaker. *c*. **1730** *Thos. Lloyd D* (LlGC) 167b, *managwr*, informer. **1770** *W*, *mynegwr* d.g. *an advertiser, declarer, reporter*. **1803** *P*.
Gw. hefyd mynegydd.

mynegydd, manegydd [bôn y f. *mynegaf*: *mynegi*, &c. + -*ydd*^{3}] *eg*. ll. -*ion*. Mynegwr, traethwr, cyhoeddwr, dygwr newyddion, &c., hysbyswr, dangoswr, eglurwr; *Cyfr*. hysbyswr; mynegai, dangosydd, dangoseg, tabl cynnwys, catalog: *one who expresses, indicates, or declares, bringer of tidings, &c., one who makes known; informer (in the legal sense); index, indicator, table of contents, catalogue*.
1551 W. Salesbury: *KLl* lxxviib, Ar y mynyth uchel dring di Tsiion [diwyg.] *vanegydd* daoni, dyrcha dy lef yn wrol Caerselem *vanegydd* (**1567** *LlGG* 96a, Ha Tsion genadwraic vad . . . â Gaerusalem, *vanegydd* daoni; cf. **1588** *Eseia* xl. 9, yr efangyles Sion . . . ô efangyles Ierusalem). **1588** *Eseia* xli. 26, nid oes *mynegudd*, nid oes traethudd ychwaith. **1604–7** *TW* (*Pen* 228), tabul . . . yn dangos lleoedd wrth Lythrenæ, *mynegydd* d.g. *elenchus*. *id*. hwn achwyno ne a gyhuddo vn arall, *mynegydd*, yspysswr d.g. *index*. **1632** *D* d.g. *nunciator*. **1760** *ML* ii. 193, diolch iwch am y *manegydd*, os *manegydd* ydyw. **1761** *id*. 417, Dyma fi wedi roi [*sic*] deuswllt am lyfr 'General Contents of the British Museum' . . . *Mynegydd* yw, yn cymeryd un gerfydd ei law o'r naill ystafell i'r llall drwy'r holl dŷ. **1771** *W*, *mynegydd* d.g. *bringer of tidings, declarer, index, informer* [*one that gives intelligence, or information; &c.*]. **1803** *P*.
Cfn.: **mynegydd ysgrythurol:** *biblical concordance*. **1770** *TG* i. [iv]. **1790** *Prif Crist* 22.
Gw. hefyd mynegwr.

myneichlys, gw. mynachlys.

myneifaf: myneifad, myneifwr, gw. ymnofiaf: ymnofio, ymnofiwr.

myneigiad, managiad^{2} [bôn y f. *mynegaf*: *mynegi*, &c. + -*iad*^{2}] *eg*. ll. -*iaid*. Mynegwr, dangoswr, dynodwr, hysbyswr; *Cyfr*. hysbyswr (fod rhywun yn lleidr): *one who indicates, shows, points out, or makes known; informer, one who lays information or a charge that someone is a thief (in the Welsh Laws)*.
c. **1300** *LTWL* 355, gollwg tyst oe tystolyaeth; a gollwg *myneigyad* (*LlB* 119, managwr) oe uanac. *c*. **1400** *R* 1271. 33–6, llwybyr hard y brifuard brofi obennllyn gofyn ryt odyn ae reit oedi . . . heb *vyneigyeit* ffyrd heb vynegi. *id*. 1310. 33–4, Kledlym eil edlym litlavyn kat ymwrd kalet vin agwrd clot *vanagyat*. **15**g. *AL* ii. 436, Teir golwc adygir yghyfreith . . . Eil yw golwc *managiat* oe vanac. *c*. **1730** *Thos. Lloyd D* (LlGC) 167b, *managiad*, managwr.

myneigiaeth, gw. mynegiaeth.

mynennafr, gw. myn^{2} + gafr.

myner, mynestr^{1,2}, gw. muner, menestr, ministr.

mynfer [?*mŵn*^{1} neu *myn*^{5} + elf. anh.; ?cf. *mynwair* ac o bosibl *dimynver*, *AH* 30; tebyg mai e. lle a welir yn *T* 61. 16, kat yn ryt alclut kat y*mynuer*] *e?g*. ?Coron, talaith, torch, hefyd yn *ffig*.: *crown, diadem, torque, also fig*.
13g. *C* 88. 4–6, Kyuo[e]thauc duu douit. Aperis lleuver lleuenit. hael. *vynver* heul in dit. **14**g. *T* 14. 1–2, gwedy rin dilein keith y*mynuer*.

mynfwch [*myn*^{2} + *bwch*] *eg*. Bwch gafr, yn ddifr. am ddyn: *billy-goat, derog. of a man*.
c. **1400** *R* 1347. 10, Min tarandin toryndwll. *myn vwch* llwyt. **16–17**g. T. Prys: *Bardd* 232, a gedwch y *mynfwch* mawr / I byrthyn i chwi n borthawr.

mynfyr, minfer, menfyr [bnth. Ffr. Lloegr neu S. C. *men(i)ver*] *eg*. Math o ffwr gwyn ar gyfer gwisg seremonïol, ffwr, hefyd yn *dros*.: *miniver, fur, also transf*.
14g. *GIG* 102, Ffêr fain is ffwrri *fenfyr*, / Ffurfeiddwen droed cyd boed byr [i ferch]. **14–15**g. *IGE*^{2} 122, Medd *fynfyr*, mwy oedd f'anfoes / A gwaeth dros fy maeth fy moes [Gruffudd Llwyd i Owain Glyndŵr]. **15**g. *GGl*^{2} 106, Mae'n gapten lle bu'r henwr, / *Mynfyr* gylch, mae nef i'r gŵr [i Ddafydd Cyffin]. **15–16**g. Llawdden, &c.: *Gw* 65, *Mynfyr* ei lliw [alarch] mae'n fawr lladd, / Meibion wyau 'mhob neuadd. **15–16**g. *TA* 413, Fo âi'r mab, dan *fynfyr* main, / Be profai, yn Bab Rhufain. **16**g. Gr. Hiraethog: *Gw* (D. J. B.) 102. 69–70, Harnais tew haearn nis tyr, / A'i flew manfwyn fal *mynfyr* [i ofyn sircyn o groen moelrhon]. **16–17**g. *HG* 9, gwawn grest gwyn ner gra, *mynnfyr* lliw ma[nn]a. **16–17**g. *GST* i. 578, Maent allan mewn mantellau / *Minfer* gwyn manfrig i wau [i ofyn ŵyn]. **1632** *D*, *mynfyr*, genus quoddam pellitij. **1722** *Llst* 189, *mynfyr*, a kind of fur or skin.

myngalchad [bôn y f. ddil. + -*ad*^{2}, trf. han.] *eb*. Y weithred o wyngalchu: *a whitewashing*.
Ar lafar yn nwyrain Morg., 'Fe gas y glowti *fyngalchad* bert y tro dwetha'.

myngalchaf: myngalchu [amr. ar *gwyngalchu*] *ba*. Gwyngalchu: *to whitewash*.
Ar lafar yn nwyrain Morg., '*myngalchu*'r wal gefen'.

myngalchog [bôn y f. fl. + -*og*] *a*. Wedi ei wyngalchu: *whitewashed*.
Ar lafar yn nwyrain Morg.

myngalchwr [bôn y f. fl. + -*wr*] *eg*. Un sy'n gwyngalchu: *whitewasher*.
Ar lafar yn nwyrain Morg.

myngan [*mwng* + *can*^{1}] *a*. Gwyn ei fwng: *white-maned*.
c. **1300** *H* 101a. 7–8, meirch breischir uch brasgeirch hafluc. Mwth *myggann* hir llam haerlluc (Llywarch ap Llywelyn). Digwydd hefyd fel e.p., *TYP* 467.

myngl, gw. myndl.

mynglywaf: mynglywed, myngofiaf: myngofio, myngog, myngrel, gw. ymglywaf: ymglywed, anghofiaf: anghofio, myncog, mwngrel.

myngul [*mŵn*^{1} + *cul*] *a*. Cul ei wddf: *narrow- or slender-necked*.
14g. *WM* 470. 13–14, Essyllt vynwen. Ac essyllt *uyngul*. Digwydd yn e. *Llyn Myngul*, Tal-y-llyn, Meir.

mynharen, myni, ff. taf., gw. maharen, mynydd.

myniar [*myn*^{2} + *iâr*^{1}] *eb*. ll. -*ieir*. *Adar*. Gïach, gafr y gors, sneipen, *Gallinago gallinago*: *common snipe*.
1803 *P*.
Cfn.: **myniar goesgoch:** *knot, Calidris canutus*. **1832.** **m. leiaf:** *jack-snipe, Lymnocryptes minimus*. **1832.** **m. fwyaf:** *great snipe, Gallinago media*. **20**g. **m. y traeth:** *knot, Calidris canutus*. **20**g.

myniawyd, gw. mynawyd.

myniedydd [bôn y f. *mynnaf*: *mynnu* + -*iedydd*] *eg*. ll. -*ion*. Un sy'n cael, caffaeliwr; procurator (yn yr Ymerodraeth Rufeinig); *Egl*. proctor: *procurer, obtainer; procurator (in the Roman Empire); proctor (eccl.)*.
1780 *W*, *mynniedydd* peth i un d.g. *procurator* [*one that transacts business for another*]. **1803** *P*.

myniw [?cf. yr e. lle *Mynyw*] *a*. Yn ymwthio allan, wedi ei wneud yn benrhyn: *jutting out, peninsulated*.
1803 *P*.

myniwle [*myniw* + *lle*^{1}] *eg*. Penrhyn: *peninsula*.
1818.

mynnaf: mynnu, mynnyd [Crn. C. *mynnas*, Llyd. C. *mennat*, Llyd. Diw. *mennout*; cf. *gofynnaf*: *gofyn*] *bg.a*. a'r be. hefyd fel *eg*.
(*a*) Dymuno, eidduno, chwennych, ewyllysio, bod yn fodlon; cael, hawlio, ceisio; maentumio, honni, haeru, pwyso'n daer: *to want, wish, desire, will, be willing; obtain, procure, get, claim, demand, insist upon (having, obtaining, &c.), seek; maintain, insist*.
9g. (*LlSC*) *LL* xliii, grefiat gwedig nis *minn* tutbulc hai cenetl in ois oisou. **13**g. *C* 44. 4, Ban *winnvis* gochel y deli. **13**g. *MA*^{2} 221b. 11, O *mynnwch* chwerddwch mi ni chwarddaf [marwnad Gruffudd ap Llywelyn gan Ddafydd Benfras]. **14**g. *BT* 228, wynt a . . . *vanassant* goresgin arvon. **1346** *LlA* 6, Sef y*mynnawd* (*voluit*) ef. ybop vn yvoli. **14**g. *WM* 73. 26–30, mi a *wynhaf* uedi honn a uory . . . E bore glas dranoeth dyuot y *uynnu* medi y grofd. *id*. 452. 34–6, harchaf it na *mynnych* wreic hyt pan welych dryssien deu peinawc ar uym bed. *c*. **1400** *YCM*^{2} 12, Aigolant, ynteu, a seith mil gantaw yn eu hymlit wynteu y *vynnu* llad Chyarlys. **15**g. *DGG*^{2} 42, Main dy goes, *myn* di gusan [i'r eryr]. **1606** E. James: *Hom* i. 90, Abraham . . . a ofynno[d]d gan ei was lw ar *fynnu* (*procure*) gwraig i'w fab. **1620** *Esec* xx. 3, ni *fynnaf* gennych ymofyn â mi. **1632** *D*, *mynnu*, velle. **1716** E. Samuel: *GGG* 103, Jaco, yr hwn oedd naill ai'n Apostol, ai fel y *mynn* rhai, yn Gâr agos ir Jesu. **1803** *P* d.g. *mynu*. Ar lafar; yng ngodre Cered. a'r De yn y ff. *mynnyd*.
(*b*) (yn y modd dib.) (Bod a) wnelo (â); (a) fyddo: (*in subj. mood*) (*it*) *has to do with*, (*it*) *concerns*, (*it*) *is one's business; may (be)*.
1747 T. Evans: *DDM* 11, efe a fynn ymddial, deuad a *fynno* o'i Enaid anfarwol. **1760** T. Evans: *P* 13, Bydded yr Achos beth a *fynno*. **1798** M. Jones: *DG* 36, yr oedd [cenhadwr] â'i olwg mor brudd a sûr, nad oedd *fynnai*'r trigolion âg ef. Cf. E. Mathews a J. C. Jones: *Cofiant J. Harris Jones* (1886) 76, Ond, bid a *fyno*, y mae yn ddigon gwir fod yr hen bobl . . . yn gosod ceryg mawrion, geirwon, arni; H. Lewis: *DIG* 24, Nid oes a *fynnom* ni ryw lawer â'u helyntion hwy; *Tal* xx. 18, Efallai bod a *fynno*'r peth â'r ffaith fod siaradwyr y Gymraeg yn y De yn amlwg yn brinnach na siaradwyr y Gymraeg yn y Gogledd yn ystod fy ieuenctid i; M. R. Williams: *Doctor Alun* (1977) 142, [c]list i gadw pob cronicl a *fynno* [â]'r ardal. Ar lafar yng nghanolbarth Cered., ''Sdim '*fynnw*' i ag e', 'I do not like him, I loathe him'.
Fel *e*. Ewyllys, dymuniad: *will, wish*.
13g. *BD* 11, dir yv in wneuthur avch *mynnu* chvi rac colli yn buched. **14**g. *YBH* 15a, reit yw imi . . . vot wrth dy *vynnu* di ath ewyllus. **14**g. *HMSS* ii. 83, nat oes dim oe *vynnu* ef ny bei eu *mynnu* hwynteu. a *mynnu* pawb onadunt wynteu yn yr eidaw ynteu. *c*. **1400** *YCM*^{2} 63, gwnaethosti yr awrhonn vy *mynnu* i. **1632** *D* d.g. *voluntas*. **1684** H. Owen: *DC* 355, mae'r vn meddwl a'r vn *mynnu* ganthynt. **1722** *Llst* 189, *mynnu* (sub) m. one's will, pleasure, desire.
Cfn.: **mynnu allan:** ?*to draw out*. *c*. **1400** *Études* viii. 360, kymryt sud yr eidra [*sic*] a'e bwrw drwy von asgell yn y froen[e]u, ac ef a *vynn allan* y gwlybwr. **mynno na fynno (mynno) (mynnych na mynnych, mynnai na fynnai,** &c.): *willy-nilly*. **13**g. *LlI* 28, *menno na uenho*. **14**g. *SC* viii/ix. 170, *Mynnych na mynnych*. *c*. **1400** *YCM*^{2} 111, *mynnei* ynteu *na vynnei*. **1684** H. Owen: *DC* 114, *mynni na fynni*.

mynnan, mynnen, gw. myn^{2}.

mynnig, gw. mennig^{1}.

mynno [?ff. gywasgedig ar ymad. megis *boed a fynno*] *gn*. Geiryn a ddefnyddir i ddynodi anghyflawnder neu anfanyldeb datganiad, i leddfu datganiad rhy bendant, neu i nodi saib neu drobwynt mewn naratif, beth bynnag, ta beth: *anyhow, anyway*.
Ar lafar yn sir Benf., *GDD* 198, *minno*, *menno*; 'Beth ôn ni'n weud ôn nw? Vat oen nw yn Saesneg *minno*', 'Sai'n cofio'n iawn beth oen ni'n neud wedyn. Ôn ni'n codi fe finny *minno* i cawslys', *B*

xxi. 21; 'Doedd hi ddim yn neud 'ny? Na. Ddim in ing amser i *minno*', *id.* 22.

Gw. hefyd no².

mynnyn, gw. myn².

mynochen, gw. monochen.

mynod, *a.* (geir.) Teg: (*dict.*) *fair.*
c. **1588** *B* ii. 232, *mynod*, tec.

mynog [cf. yr e. prs. H. Grn. *Conmonoc* a'r e. prs. H. Lyd. *Lios-monoc-us, Anaumonoc, Bud-monoc, Kar-monoc*] *a.* a hefyd fel *eg.* Pendefigaidd, tywysogaidd, urddasol, bonheddig, enwog, coeth; cwrtais, llariaidd; arglwydd, tywysog: *noble, princely, dignified, aristocratic, eminent, elegant; courteous, gentle; lord, prince.*
12g. *MA²* 156b. 31–2, Marchawc balch bwlch y aesawr / Meirch anvonawc *mynawc* mawr (Cynddelw). **13g.** *A* 12. 9, nyt wyf *vynawc* blin. *id.* 19. 14–15, *mynawc* am rann kwynhyator. c. **1300** *H* 50b. 16, Am madawc *mynawc* mynw haeloni (Cynddelw). *id.* 114a. 12, *mynawc* llary y mynwes llawr (Llywarch ap Llywelyn). *Dchr.* **14g.** *id.* 85a. 32, dy ueirt ynt heirtyon ut mon *mynawc* (Llywarch ap Llywelyn). **14g.** *GDG* 292, *Mynog* wedd, mwyn yw a gwiw. *id.* 303, Manag, edn *mynog* adain, / Mae dy chwŷl? c. **1400** *R* 1196. 23, Gwaredawc *vynawc* vanon. **15g.** *DN* 91, Mwnwgl aur gaer *mynoc* lys, / A bron wengron dan wyngrys. c. **1562** *B* ii. 232, *mynnawg*, araf. **1632** *D*, *mynawg*, mitis, generosus, comis. **1722** *Llst* 189, *mynawg*, courteous, gentle, meek. **1772** *Hop M* 362, Oedd wr serchog *mynog* maws, / Oedd Gristion union hynaws [marwnad Lewis Hopkin gan Iolo Morganwg]. **1803** *P.*

mynogan, mynagon [gair geir.; ?yr e. prs. *Mynogan* (gw. *TYP* 282; cf. hefyd yr a. bl.) fel e.c.] *a.* a hefyd fel *eg.b.* Distaw, llonydd; person cwrtais: *silent, calm; courteous person.*
c. **1562** *B* ii. 232, *mynogan*, tawel. **1707** *AB* 219a, *Mynagon*, silent, calm. V. **1771** *W* d.g. *calm.* **1803** *P*, *mynogan*, s. c. dim., a courteous one.

mynogen, gw. manogen.

mynogi [*mynog* + *-i*¹] *eg.* Ymddygiad neu natur bendefigaidd, gwychder, urddas, enwogrwydd; cwrteisi, boneddigeiddrwydd, addfwynder: *nobleness, grandeur, dignity, renown; courtesy, courteousness; gentleness.*
13g. *C* 12. 8–9, Medel visci mel vartoni—*mynogi* gvyth. c. **1300** *B* iv. 120, Gwendyd wenn benn *mynogi* / ys dywedaf yn difri. c. **1300** *H* 2b. 34, canawon mordei *mynogi* ryt (Meilyr Brydydd). *id.* 20b. 18, hydraws hydreit maws a *mynogi* (Llywelyn Fardd). *id.* 50b. 17, medel glyw glewdraws maws *mynogi* (Cynddelw). *id.* 82a. 29, *mynogi* a pherchi a pharch beinkeu (Gwynfardd Brycheiniog). *id.* 102a. 4–5, Gwynn deyrn prydein prawf uy llochi. ath eur rut ath wut ath *uynogi* (Llywarch ap Llywelyn). *id.* 107a. 33–4, yr yueisy win o e [*sic*] ualch vuelin. ae wisgoet eurin ar *uynogi* (Llywarch ap Llywelyn). c. **1588** *B* ii. 232, *mynogi*, gwybodau. **1632** *D*, *mynogi* . . . comitas, generositas, humanitas. **1688** *TJ*, mynawgrwŷdd, *mynogi*, mwŷnder: courteousness, generosity, mildness. **1722** *Llst* 189, *mynogi* . . . m. civility, meekness. **1803** *P.*

mynogrwydd [*mynog* + *-rwydd*] *eg.* Ymddygiad neu natur bendefigaidd, cwrteisi, addfwynder: *nobleness, courtesy, gentleness.*
13g. *LlDW* 31. 20, och am ner mwner *mwnogruyd* [*sic*]. **1632** *D*, mynogi, & *mynogrwydd*, comitas, generositas, humanitas. **1688** *TJ*, *mynawgrwŷdd*, mynogi, mwŷnder: courteousness, generosity, mildness. **1722** *Llst* 189, mynogi, [*my*]*nogrwydd* . . . m. civility, meekness. **1803** *P.*

mynor [?bnth. Llad. *minārium, mināria* 'mwynglawdd'] *eg.* (bach. b. *-en*, g. *-yn*) ll. *-ion, -au*, weithiau gyda grym ansoddeiriol. Marmor; marblen: *marble; a marble.*
14g. *GDG* 57, Tost o chwedl gan fun edlaes / Roi 'nghôr llawn *fynor* Llanfaes / Gymain dioer . . . / O gerdd ag a roed i gyd [marwnad Gruffudd Gryg]. **14–15g.** *IGE²* 310, Pwy pôr y gaer *fynor* fawr / A'i neuaddlys newyddlawr (Rhys Goch Eryri). *id.* 316, Pan aeth ef, mawr fu'r llefain, / I gôr dan fedd *mynor* main (Rhys Goch Eryri). c. **1400** *R* 1318. 35–6, Adeilywyt bed gwed gwiwder. veneit yth gylch o *vynor.* *id.* 1327. 42–3, Neut hiraeth oergaeth y argel *mynor* mynet balchdrut howel. ?**15g.** *IGE²* 110, O daw man hyd y *mynawr* / Gaer i roi cad farchnad fawr. **15g.** *LGC* 269, Ni ddervydd mynydd, na môr, / Na maen diemwnt, na *mynor.* a. **1587** *Y* 200, Avr a mŵn o ryw *mynawr*, / A llysiav maes, er llês mawr. *Dchr.* **17g.** *J* 10, 28a, *mynor*, marble. marmor. **1760** *ML* ii. 251, y mae carreg o faen *mynor* du wedi ei gosod ar y pared. **1765** J. Evans: *CPE* 401, A bod hyd yn oed y meini yn ei pharŵydydd hi [teml] yn rhagorol dros ben; yn naddfeini *mynor* gwynion. **1776** *W*, *mynor* . . . bedd-lech . . . *fynor* d.g. *marble, Adj.* *id.* *mynorion*, sing. *mynoryn* d.g. *marble* . . . *marbles* [*that children play with*]. **1793** Dafydd Ionawr: *CD* 100, *Mynor* ei Lys dymunawl, / Disgleirbryd, i gyd fel gwawl! **18–19g.** *Llr* C 37, 249, Tri arwyddion Tir . . . *mynorau.* **1803** *P* d.g. *mynor, mynoren.*

mynoraf: mynori [bf. o'r e. bl.] *bg.a.* (geir.) Peri i (bapur, &c.) ymddangos fel marmor; addurno â marmor; mynd yn farmor: (*dict.*) *to marble; decorate with marble; become marble.*
1776 *W* d.g. *to marble* [*paint or stain with veins, &c. in imitation of marble*]. **1803** *P*, *mynori*, to incrust with marble; to become marble.

mynoraidd [*mynor* + *-aidd*] *a.* Wedi ei wneud o farmor, yn perthyn i farmor, tebyg i farmor, marmoraidd: *marble, marmoreal.*
1776 *W* d.g. *marmorean.* **1803** *P.*

mynoren, gw. mynor.

mynorfaen [*mynor* + *maen*¹] *eg.* Marmor; carreg goffa farmor: *marble; marble memorial stone.*
1604–7 *TW* (*Pen* 228) d.g. *marmoratum.* **1632** *D* d.g. *marmorosus.* **1776** *W* d.g. *marble.* **18–19g.** R. Davies: *DB* 95, lle y gosodwyd *Mynorfaen* parchus gan ei gyfeillion yn Gofarwydd ar ei ol. Cf. *R* 1350. 25, Gwasgwyt cor o vynor vaen.

Gw. hefyd maen¹—m. mynor.

mynorglai [*mynor* + *clai*] *eg.* Gypswm: *gypsum.*
1850.

mynoriad [*mynor* + *-iad*¹] *eg.* Adeiladwaith marmor: *marble structure.*
1604–7 *TW* (*Pen* 228) d.g. *marmoratio.* **1803** *P*, *mynoriad*, s.m. marmoration.

mynorlech [*mynor* + *llech*¹] *eb.* Llech neu garreg goffa farmor: *marble slab or memorial stone.*
1776 *W* d.g. *marble* . . . *A marble tomb or monument, slab, a slab of marble, or a marble-slab.*

mynorog [*mynor* + *-og*] *a.* Marmoraidd, (wedi ei wneud) yn debyg i farmor; llawn marmor: *marble, marbled; abounding in marble.*
1776 *W* d.g. *marble, Adj.*, *marbled.* *id.* paentio yn *fynorog* d.g. *to marble* [*paint or stain with veins, &c. in imitation of marble*]. **1803** *P*, *mynorawg*, abounding in marble.

mynorydd [*mynor* + *-ydd*³] *eg.* Saer marmor: *marble-mason.*
1885. *Mynorydd* oedd ffugenw'r cerflunydd a'r cerddor William Davies (1826–1901).

mynoryn, gw. mynor.

mynrhain [*mŵn*¹ + *rhain*²] *a.* Syth ei wddf: *taut-necked.*
13g. *C* 64. 9–10, A. goruytaur maur *minrein.*

mynstr, mynstriaf: mynstrio, mynt, gw. minstr, ministriaf: ministrio, mintys.

mynta, myndaf, &c. [?cf. *mwnt*²] *eb.* ll. *-oedd.* Rhif enfawr amhenodol, miliwn: *large indefinite number, million.*
18–19g. *Llr* C 75, 337, *myndaf*, Brëon—Catyrfa —gwrmwnt. **1803** *P*, *mynta*, s.f. . . . a million; also called Buna. Deg rhialles yn y *vynta.* Ten hundred thousand in a million.
Amr.: **mwnda. 1859.**

myntai¹,², gw. mintai, meddaf².

mynteiniaf: mynteinio, myntimiaf: myntimio, gw. maentumiaf: maentumio.

myntum, myntumiad, myntumiaeth, myntumiaf: myntumio, myntumiol, myntumiwr, gw. mintim, maentumiad, maentumiaeth, maentumiaf: maentumio, maentumiol, maentumiwr.

mynud¹, gw. munud¹.

mynud², **munud**² [bnth. Llad. *minūtus* 'mân', o bosibl drwy'r H. Ffr.; cf. Crn. C. *munys, menys* 'mân', Llyd. C. *munut*; am y datblygiad ystyr o 'gwrteisi' i 'ystum', cf. S. *courtesy* a *curtsy*] *eg.* ll. *-iau, -ion*, a hefyd fel *a.* Cwrteisi, boneddigeiddrwydd, moesau da, moesgarwch; ?haelioni; ymddygiad, ffordd; defod, seremoni; ystum, mosiwn, arwydd, amnaid, symudiad, cast digrif; golwg (ar wyneb), gwep, clem(au): *courtesy, gentility, good manners, etiquette; ?generosity; demeanour, manner; ceremony; gesture, motion, sign, nod, a beckoning, movement, antic; (facial) expression, grimace.*
13g. *A* 21. 17, yspar llary yor. molut *mynut* mor. **14g.** *T* 76. 25, keithiawn eilyassaf *mynut* ryffreu. **14g.** *WM* 128. 23, yr dyscu moes a *mynut.* **14g.** *GDG* 147, Pan wnelych, lliw distrych llif, / F'enaid glwys *fynudiau* glan / Farchwriaeth ddrwg, ferch eirian. *id.* 214, Ei chwerthiniad, gariad gael, / A'i *mynud* ar ei meinael. *id.* 280, Meinir a ŵyr fy *mynud*, / Mynnu gwynfydu yn fud. **14–15g.** *IGE²* 157, A mynnu cerdd, mwyn a'i câr, / *Mynudiau* trebl mân adar (Rhys Goch Eryri). c. **1400** *R* 1338. 11–12, lle heb uoes llom oorloes lleithic. na*mynut* na menestyr restric. **15g.** *GO* [37], Ti a wyddost, wyt addwyn, / Dywedyd ar y *mynyd* mwyn. **15g.** *Pen* 57, 6, Troell golwc rruddell gwyl / *Vynut* ar ddrem dyn veinael. **15–16g.** *TA* 418, I glustiau *mynudiau* a wnânt, / Modfeddau fy mawd fyddant [i ofyn march]. **1547** *WS*, *munutie* yr eclwys, cerimonies. **1583** *LlGC* 716, 4b, i goec seremoniae a-i fryddwyt-ol *mynvdion.* **16–17g.** Huw Machno: *Gw* 82, Y fronfraith deg, fwyniaith fodd, / Da *fynud*, a ofynnodd. **1604–7** *TW* (*Pen* 228) d.g. *præstigiæ.* **1618** J. Salisbury: *EH* 336, Mingammu a gwneuthur *munudiæ* anweddol. **1632** *D*, *munud*, nutus, gestus, ceremonia, mos. *id.* d.g. *signum.* **1703** E. Wynne: *BC* 14, yn gwneud *munudie* 'ac [*sic*] ystumieu. **1770** *W* d.g. *an antic.* **1803** *P.*

Fel *a.* Cwrtais, moesgar, boneddigaidd; ?hael; ?caboledig, llyfn; ?briw, toredig: *courteous, civil, courtly; ?generous; ?polished, smooth; ?shattered, broken.*
13g. *C* 96. 13–14, yiscuid oet *mynud* erbin cath paluc. **13g.** *A* 12. 5, oed *mynut* wrth olut ae kyrchei. c. **1300** *H* 42a. 28, Ath uolir ath welir ath welaf yn *uynud* (Cynddelw). *id.* 114a. 4–5, gruffut mynawc ut *mynud.* *Mynud* wrth uolud wrth uilwyr bu gwrt (Llywarch ap Llywelyn). **14g.** *id.* t. 350, tud menwyd *mynud* wrth wangar. **14g.** *MA²* 340a. 25, Fynawg riain fain *funud* (Hywel ab Einion Lygliw). c. **1400** *R* 1031. 19, golwc *vynut* ar agar. *id.* 1227. 34, aerdreic llann rystut *vynut* voned. *id.* 1235. 6–7, Tra *mynut* trwm ynof ychwant. c. **1588** *B* ii. 232, *mynüt*, araf. **1803** *P.*

Gw. hefyd mynudydd, mynudyn², ymdumiau.

mynudiad, munudiad [bôn y f. ddil. neu *mynud*², *munud*² + *-iad*¹] *eg.* ll. *-au.* Amnaid, ystum: *a beckoning, gesture.*
c. **1400** *R* 1310. 15–16, Twr gwiw mwyn ydiw *mynutyat* y ryt tew aestrom ynggryt tywi ystrat. **1803** *P*, *munudiad*, a making a gesture, a beckoning.

mynudiaf, munudiaf: mynudio, munudio [bf. o'r e. *mynud*², *munud*²] *bg.a.* Amneidio, gwneud arwydd neu ystum; efelychu, dynwared: *to beckon, gesture, gesticulate; imitate, mimic.*
?**15g.** (**17g.**) *Pen* 49, 192, Ni wnawn oed nev *fynvdiaw* / Arnad a llygad na llaw. *Dchr.* **17g.** *J* 10, 32a, *munudio*, gesticulor. **1803** *P*, *munudiaw*, to make a gesture; to nod, to beckon; to mimick.

Gw. hefyd ymdumiaf: ymdumio.

mynudol, gw. munudol.

mynudrwydd [*mynud*² + *-rwydd*] *eg.* Cwrteisi, moesau (da), moesgarwch; ystumiau: *courtesy, (good) manners, etiquette; gestures.*
c. **1400** *RM* 201, moes ac aruer y gwladoed ae *mynutrwyd.* c. **1400** *R* 1406. 19, Maeth madawc mynawc *mynutrwyd* wrth lyw. c. **1400** *SDR* 43, y dyscu moesseu a deuodeu a *mynutrwyd* a magyat da. **1632** *D*, *mynudrwydd*, mores. **1688** *TJ*, *mynudrwŷdd*, moesau: manners. **1770** *W*, dynwared *mynudrwydd* . . . rhai eraill d.g. *to act* [*mimic, imitate*]. **1803** *P.*

mynudydd [*mynud*[2] + *-ydd*[1] neu *-ydd*[2]] *eg.* neu *e.ll.* ?Cwrteisi: *courtesy.*

c. **1300** *H* 80b. 3, Nyd oes yn cadw oes a moes a *mynudyt* (Gwynfardd Brycheiniog).

mynudyn[1], gw. munud[1].

mynudyn[2], **munudyn**[2] [*mynud*[2], *munud*[2] + *-yn*] *eg.* ll. *-nau.* Ystum, mosiwn, arwydd, amnaid, symudiad; golwg (ar wyneb); ymddygiad, ffordd: *gesture, motion, sign, nod, a beckoning, movement; (facial) expression; demeanour, manner.*

14–15g. *IGE*[2] 143, Mwyn ydyw pob *munudyn* / Muchudd ael uwch deurudd dyn (Gruffudd Llwyd). **1547** *WS*, *munutun*, a becke. **1574** *LlGC* 15542, 109b, ny doedd *mynedyn* [*sic*] na gweithred . . . na doedd . . . yn hysbysy ag yn dangos yni grist. *p.* **1584** G. ROBERT: *GC* [192], taflodiad sydd rann o'madrodd, yn arwyddhau ysmudiad disymwth, ne *fynudyn* disyfyd ar feddwl. **16–17**g. *GST* i. 868, Y mae'n dy garu'n fwyaf dyn / Ar ei gair a'i *munudyn*. **1632** *D*, *munudyn*, nutus. **1653** (**18**g.) *Pant* 8, 34, y Baalitiaid gwenwinog malpai wrth eu hallorau newydd-grair yn gwneuthur *munudynnau* Beirdd pennpastwn. **1688** *TJ*, munud, *munudyn*, amnaid: a Nod or Beck. **1803** *P* d.g. *munudyn. id. mynudyn*, a gesture, a deportment, or conduct.

mynw [?cf. Llyd. Diw. *meno* 'barn', H. Wydd. *menmae* 'meddwl; ysbryd', Gwydd. Diw. *meanma*: o'r gwr. IE. **men-* 'meddwl', cf. Sans. *mánman-* 'meddwl; ysbryd'] *e?g.* ?Natur, anian, ysbryd: *nature, disposition, spirit.*

c. **1300** *H* 37a. 18, y *uynw* y uyned am dirmyc (Cynddelw). *id.* 47b. 17–18, delw ym peirch a meirch mygyr hydeith. *mynw* eilon mal gwyllon gwellueith (Cynddelw). *id.* 50b. 16, Am uadawc mynawc *mynw* haeloni (Cynddelw). *id.* 52a. 16, y myw *mynw* aches buches beirtyon (Cynddelw). *id.* 55a. 6, *mynw* ehofyn colofyn kyfwyrein (Cynddelw). *id.* 58a. 14, *mynw* tra glew llew llaur mwynuawr mesprenn (Cynddelw). *id.* 68b. 35, *mynw* tonn tremid y dygyrch (Cynddelw). *id.* 69b. 25, Maelogyg mwynuawr *mynw* gyuoc y gad (Cynddelw).

mynwair [*mŵn*[1] + *gwair*[2], a'i gysylltu'n ddiweddarach â'r e. *gwair*[1]; ?cf. *mynfer*, a gw. *PKM* 249; ansicr yw prth. engh. DEIO AB IEUAN DU, &c.: *Gw*] *eb.?g.* ll. *mynweir(i)au*, a hefyd gyda grym ansoddeiriol. Torch, coler, plethdorch, coler ceffyl neu anifail tynnu arall, coler ci, hefyd yn *dros.*: *torque, collar, wreath, collar of a horse or other draught animal, dog-collar, also transf.*

14g. *T* 35. 4–5, Bum mynawc *mynweir*. **14**g. *WM* 81. 11–13, A riannon a uydei a *mynweireu* yr essynn wedy bydyn yn kywein gueir am y mynwgyl hitheu. **14**g. *GDG* 144, *Mynwair* fuont ym unwaith [i freichiau Morfudd]. *id.* 158, Mawl dyfiant, gwiw foliant gwŷdd, / *Mynwair* o dewfrig manwydd. **14–15**g. *IGE*[2] 175, Ffloch gadwyn gold mold a'i medd / Ffloyw ei *mynwair*, fflam unwedd [Rhys Goch Eryri i yrru'r ddraig goch]. **15**g. *LGC* 371, Makfast dur unmab Urien, / *Mynwair* am y min a'r ên. **15**g. DEIO AB IEUAN DU, &c.: *Gw* 182–3, Rhoes llawer o'r *mynwer* mau / O gorfydd meirch ac arfau, / A rhoist y punnoedd i'r rhain / Lifreioedd ar lyfr Owain. **15**g. *CSTB* 6, Mân wyran fal *mynweiriau* / A roed ar wen wedi r' wau [am wallt merch]. **15–16**g. *GLM* 203, Dy war, haeddaist ei rhuddaw, / â *mynwair* drom, yn aur draw [i Syr Tomas Salbri]. *id.* 341, Na fyn ŵr . . . / . . . / na dyn a'i grys ond yn grair / am ei fwnwgl yn *fynwair*. **1547** *WS*, mwnwgylwair ne *vynwair*, coller. *Dchr.* **17**g. *J* 10, 28a, *mynwair*, horsecoller. Digwydd fel e.p. yn *WM* 81. 17.

Amr.: **myngwair**[2] [dan ddyl. yr e. *mwng*]. **1604–7** *TW* (*Pen* 228) d.g. *collare, helcium.* **1632** *D*, mynwair, vid. an *Myngwair*, helcium. **18**g. L. MORRIS: *LW* 220. **1794** *W* d.g. *hay-* . . . *Hay-collar* [*i.e. a horse-collar made of hay*]. **myngwar** [cf. *myngwair*; ?dan ddyl. yr e. *gwar*]. **1851. mynwar** [?dan ddyl. yr e. *gwar*]. **1803** *P*. **mynwaur** [?dan ddyl. yr e. *aur*]. **14**g. *GDG* 88, Rhy wnaeth rhiain fain *fynwaur*, / Rhwydd yw hi, rhoddi ei haur. *id.* 199. **1632** *D*, *mynwaur*, vid. an myngwair, helcium. **1688** *TJ*, mynwair . . . *mynwaur*. **1722** *Llst* 189, *mynwaur*, a horse's drawing collar, hambrough. **1774** *W*, myng-wair (vulgò *mynwaur*) d.g. *hay-* . . . *Hay-collar* [*i.e. a horse-collar made of hay*]. **mynwor. 15**g. *DE* 42, avr melyn am ewyn mor / tresi man tros i *mynwor* [am wallt merch]. **1803** *P*.

mynwed [?*mynw* + *-ed*[1], cf. *mynwyd*; ansicr iawn yw'r ystyr a gynigir isod] *e.* ?Natur (dda): *(good) nature.*

c. **1300** *H* 109b. 20, Ae eur rut ae vut ae *uynwed* (Llywarch ap Llywelyn).

mynwen, gw. mynwyn.

mynwent [bnth. Llad. *mon(u)mentum* (neu o bosibl y ff. l. *mon(u)menta*) 'cofadail, bedd'] *eb.* ll. *-ydd, -i, -au, mynwennoedd, mynwenni.* Lle ar gyfer claddu'r meirw, claddfa, corfflan; bedd, beddrod; cyntedd (teml); hefyd yn *ffig.*: *graveyard, churchyard, cemetery, burial-ground; grave, tomb; court(yard) (of temple); also fig.*

13g. *C* 63. 10–11, tarv torment. y*mynwent* corbre. **13**g. *B* x. 32, nachaf gabriel archangel en trossi e maen y ar drws e *vynwent*. *c.* **1300** *H* 81a. 13–14, A el y medrawd *mynwent* dewi. nyd a yn uffern bengwern boeni (Gwynfardd Brycheiniog). *id.* 105a. 51–2, Kyn plygu rodri rwyd esgar y mon. *mynwenhoet* bu branar (Llywarch ap Llywelyn). **14**g. *B* xiv. 262, ae ossot yn y *vynwent* (*monumento*) newyd ehun. a dorassei yn y garrec. **14**g. *GDG* 356, Côr hylwydd cywir haelion, / Cyfannedd, *mynwent* medd Môn. *c.* **1400** (*SG*) *HMSS* i. 259, ar *mynwennoed* yn llawn o vedeu. **15**g. DEIO AB IEUAN DU, &c.: *Gw* 292, A'i [*sic*] addef yt fal 'ddwyf, wen, / Ai f'einioes êl i'r *fynwen*'. *Diw.* **16**g. *B* ix. 123, *Mynnwennoedd* y rhai a aethant or blaen a dangossant yt pa ryw beth a lwgwr y corph rhac llaw. **16–17**g. *HG* 23, yr eglwysi, ar *mynwenti* / diffrwyth koedydd, ag avonydd. **1655** WL: *DP* 183, *Mynwenti* a elwyd 'Cœmiteria', hynny yw, Hunfanneu. *c.* **1730** *Thos. Lloyd D* (LlGC) 180a, pl. *mynwentydd*. *c.* **1762–79** W. WILLIAMS: *P* 302–3, fe feddylir am y deml ei hun a'r holl gynteddau, neu *fynwentau* o ddautu iddi. **1771** *W* d.g. *burial place, cemetery, church-yard, monument.* **1803** *P* d.g. *mynwen, mynwent. Diar.* Gaeaf glas, *mynwent* fras, *WVBD* 377.

Amr.: **monwent. 13**g. *LlC* 34, O deruyd guneuthur egluys en tref gayth a canu efferen endy a cladu corforoed en y *monwent*. **1550** W. SALESBURY: *BPI* [15], *monweni*. **1551** W. SALESBURY: *KLl* xiib, *monwenti*. **1615** R. SMYTH: *GB* 219. **1778** J. THOMAS: *HB* 440. **1803** *P*.

Cfn.: **mynwent geir:** *car dump.* Ar lafar yn Arfon.

mynwenta [*mynwent* + *-ha* (At.)] *bg.* Ymweld yn aml â mynwentydd, hel mynwentydd: *to frequent graveyards or cemeteries.*

20g.

mynwentaf: mynwentu [bf. o'r e. bl.] *ba.* Claddu, hefyd yn *ffig.*: *to bury, also fig.*

1856.

mynwentaidd [*mynwent* + *-aidd*] *a.* Yn perthyn i fynwent, tebyg i fynwent: *pertaining to or similar to a cemetery or graveyard, cemeterial.*

1874.

mynwentol [*mynwent* + *-ol*] *a.* Mynwentaidd; yn darogan marwolaeth fuan (am beswch, &c.): *pertaining to or similar to a cemetery or graveyard, cemeterial; portending approaching death (of cough, &c.).*

1858.

mynwes, monwes, *eb.* ll. *-au.*

(*a*) Bron, dwyfron, brest; y rhan o ddilledyn sy'n gorchuddio'r ddwyfron, y lle rhwng y ddwyfron a'r dilledyn sy'n ei gorchuddio; y lle a amgaeir rhwng y ddwyfron a'r breichiau; croth: *breast, bosom; breast of dress, space between breast and dress; space enclosed by the arms and breast; womb.*

c. **1300** *LTWL* 373, Tri argae gwaed yssyt: *mynwes*, a gwregys peruet, a gwregys llawdwr. **14**g. *GDG* 144, *Mynwes* gylchyniad mad maith, / Mynwair fuont ym unwaith [i freichiau Morfudd]. *c.* **1400** (*SG*) *HMSS* i. 315, Apharedur ae kymerth [brethyn] ac ae roes wrth y wyneb. a gwedy hynny ae roes yn y *vynnwes*. **15**g. *HS* 1, gwae fi nad myfi a fu / yn ol wrth i anelu / i ddwylaw leidr a ddalíwn / i saeth nid ai y*monwes* hwn [marwnad Watgyn Fychan a laddwyd â saeth]. **16**g. *Llst* 6, 78, pwy amgen onyd pymgair / afaichioges *mynwes* mair. **1567** *TN* 156a, Yno ydd oedd vn o ei ddiscipulon yr hwn a ogwyddei ar *vonwes* yr Iesu. **1588** *Eseia* xl. 11, âi fraich y cascl ei ŵyn, ac ai dŵg yn ei *fonwes*. *c.* **1658** R. VAUGHAN: *E* 55, curo ein *monwesau* . . . o herwydd ein gau galondyd an troseddau. **1687** (**1715**) J. OWEN: *TB* 41, tynnodd allan o'i *fonwes* ysgryfenniad y Cyfammod. **1688** S. HUGHES: *TSP* 91, efe a chwilio[dd] yn ei *fonwes* am ei blyg-lyfr. **1718** E. SAMUEL: *HDdD* (Gweddïau) 25, descyniad cyntaf pa un oedd i *fonwes* y Forwyn. **1803** *P*.

(*b*) (enghrau. *ffig.* a *thros.*: *fig. and transf. exx.*).

c. **1300** *H* 4a. 1, ac am y mynwent *mynwes* heli (Meilyr Brydydd). *id.* 25b. 14–15, hywel am madawc ny mad doded. y mywn *mynwes* llawr mygyrwawr myged [marwnad Hywel ap Madog gan Lygad Gŵr]. *id.* 33b. 16, Rwg aruon peues a *mynwes* mor (Cynddelw). *id.* 51a. 6, Neus gwarchae mynwent y *mynwes* daear (Cynddelw). **14**g. *WM* 145. 31–2, y*mynwes* y coet y gwelei tei duon mawr anuanawl eu gweith. **14**g. *GDG* 380, Ystorm o *fynwes* dwyrain / A wnaeth gur hyd y mur main. *c.* **1400** *R* 1229. 41, gwr odoethyon mon *mynnwes* eigyawn. *c.* **1400** [*RB*] *WM* 219. 11, ar vreich deheu idaw [march] hyt y*mynwes* y garn. **15**g. *LGCD* 56, Nofio, myn Pedr, nis medrais / Ym *mynwes* hafn, mwy no Sais. **1604–7** *TW* (*Pen* 228), *mynwes* rhwyt d.g. *sinus.* **1615** *IICRC* iii. 133, f'enaid a fowntia i *fonwes* Jehofa. **1618** J. SALISBURY: *EH* 207, Llith yw, pan fo'r cythreul yn gwthio i mewn, rhyw feddwl aniweir i *fynwes* y galon. **1653** *MLl* i. 143, fod Crist yn byw ynom ni, ag yn rheoli drosom, yn oleuni . . . ag yn nerth yn *monwes* yr enaid. **1658** R. VAUGHAN: *YPS* 19, allan a [*sic*] *fonwes* Duw, a breichiau yr Ecclwys. **1717** IACO AB DEWI: *MN* [283], A'i Olewydd a lwydda / Ym *mynwes* Dydd mywn Naws da [i Iesu]. **1793** DAFYDD IONAWR: *CD* 114, *monwes* Nêr, dyner Dâd. **1810** T. LEWIS: *HPF* 197, y mae rhai o'r Jesuits yn arwain y carcharorion, ac yn pregethu ar iddynt droi yn ol i *fonwes* yr eglwys.

(*c*) Eisteddle'r teimlad, y serch, yr ewyllys, a'r deall; y dyn mewnol, enaid, ysbryd: *seat of feeling, affection, will, and intellect; one's inmost being, soul, spirit.*

1574 *LlGC* 15542, 245a, ym *monwes* hon y roedd kythrel. **1588** *Deut* xxviii. 54, wrth wraig ei *fynwes*. **1588** *Job* xxxi. 33, gan guddio fy anwiredd yn fy *monwes*. **1672** J. LANGFORD: *HDdD* [ix], yn ein *monwesau*, ni, y mae fo [y Gelyn] yn wastad yn agos attom ni. *id.* 94, na chroesawu, na lletteua ûn pechod yn dy *fonwes*. **1675** R. JONES: *HCh* 28, am ein pechodau anwyl, am bechodau ein *mynwes*. **1677** R. JONES: *BB* 164, bydded gennych yn gyfaill eich *mynwes*, un a'ch cynnheso pan fyddoch oer. **1703** T. BADDY: *PCh* 99, oh, y modd y cynhyrfa cariad yn eich *monwesau*. **1740** T. EVANS: *DPO* 39, ysbryd o ymddial yn brydio yn ddi-orphwys ym *Monwesau* y Gwyr mawr. **1747** T. EVANS: *DDM* 2, malais ym *monwes* dyn fileinig a chwerw. **1759** T. THOMAS: *WWDd* 249, ac a dâl y pwyth i'w gaseïon, ïe tâl i'w *mynwes*, i'r rhai sydd yn gwneuthur drŵg. **1776** I. BRYDYDD HIR: *P* ii. 20, y gelynion yma sydd yn ein *monwesau* ein hunain. Ar lafar yn nwyrain Morg., 'Ma' (h)wnna yn 'y *mynwas* i es cetyn'.

Amr.: **bynwes, bonwes. 1672** R. PRICHARD: *Gw* 135, *bynwes*. **1704** T. JONES: *Alm* [52], *bonwes*. **1709** H. POWEL: *G* 44, agorwn ein *bynwessau* i dderbun eu gwiliau caredig. **1759** *BC* 267. **mwynwes. 1609** R. SMYTH: *CAC* 22.

Cfn.: **mynwes,** &c., **Abraham:** *Abraham's bosom* (*with ref. to Luke xvi. 22*). **1551** W. SALESBURY: *KLl* liib. **1606** E. JAMES: *Hom* i. 117. **1630** R. VAUGHAN: *YDd* 93, 131. **m. (yr) ewin:** *?nail root, nail bed, base of the nail.* **14**g. *WM* 182. 23–4. **16**g. (*LlEG*) *Mos* 158, 494b. **1604–7** *TW* (*Pen* 228) d.g. *radix vnguis.* **m. y Tad:** *bosom of the Father* (*with ref. to John i. 18*). **1567** *TN* 133b. **1691** *ESGG* 11.

mynwesaf, monwesaf: mynwesu, monwesu [bf. o'r e. bl.] *bg.a.* Cofleidio, coleddu, neu ddal (syniad, barn, teimlad, &c.); cymryd at y fynwes; rhoddi (e.e. syniad) ym meddwl, calon, &c., rhywun, ymdreiddio i feddwl, calon, &c., rhywun neu ymwthio i gymdeithas eraill drwy ddichell; ymchwyddo ar ffurf mynwes: *to embrace, cherish, or hold (an idea, opinion, feeling, &c.); take to one's bosom; insinuate (idea, oneself, itself); swell out in the form of a bosom.*

1604–7 *TW* (*Pen* 228), *monwesu* d.g. *sinuo. Dchr.* **17**g. *J* 10, 28a, *mynwesu*, sinuo. **1632** *D* d.g. *insinuo.* **1722** *Llst* 189, *mynwesu*, to insinuate. **1725–6** *Madd Ed* 261, mae'n . . . digwydd, fod Dynion drwg . . . yn cael Mantais i *fynwesu* ei Manyldra (*advantage of insinuating their curiosities*). *id.* 299, rhyw Wŷr jeuaingc ofer . . . a'u *mynwesent* eu hunain i'w Gyfeillach ef. **1743** D. ROWLAND: *T* 132, a fyddai iddunt *fynwesu* Meddwl y byddai iddunt gael eu cyfiawnhâu? **1765** J. POPKIN: *Ll* 86, Os nad ydym yn deimladwy o natur ddamnedig yr Egwyddor honno, fel ag y mae yn cael ei *mynwesu* ynom ein hunain. **1769** J. GRIFFITH: *A* 155, yn *mynwesu* rhyw anwiredd dirgel yn eich calonnau. **1770** *W* d.g. *bosom, to put into one's bosom.* **1779** D. DAVIES: *BDED* 45, nid all fyth *fynwesu* unrhyw amcan hunanol. **1799** M. WILLIAMS: *BM* 23, nad oes fawr boddlonrwydd yn meddiannu calonnau rhai pobl; ond yn hytrach bod llid, eiddigedd, a digofaint yn *mynwesu*, er nad oes fawr le i ddangos mo hono. **1803** *P*, *mynwesu*, to put to the bosom.

mynwesfrwd [*mynwes* + *brwd*] *a.* Brwdfrydig, twymgalon: *enthusiastic, warm-hearted.*
1832.

mynwesiad, monwesiad [bôn y f. fl. + *-iad*[1]] *eg.* ll. *-au.* Ymdreiddiad; cofleidiad: *an insinuating; embrace.*
1725–6 *Madd Ed* 347, nid yw . . . *mynwesiadau* (*insinuations*) gau Athrawiaeth yn eu siglo hwynt [dynion daionus]. **1728** J. THOMAS: *GDN* 154, gau Apostolion oeddent ddyfal jawn i leihau ei Hawl a'i Enw da [am Paul] . . . ac a dycciasant ormod trwy eu *monwesiadau.* **1803** *P*, *mynwesiad*, a putting to or in the bosom.

mynwesig, monwesig [*mynwes, monwes* + *-ig*[2]] *a.* Mynwesol: *close to one's heart.*
1658 R. VAUGHAN: *PS* 148, Gochel ym mhlaen [*sic*] y pechod *mynwesig.* *c.* **1658** R. VAUGHAN: *E* 69, Cynnal pechodau *mynwesig.* *id.* 75, pechod *monwesic.* **1721** J. P. PRYS: *DC* [xi], er ei fôd gynt yn Gyfaill *Mynwesig.*

mynwesol, monwesol [*mynwes, monwes* + *-ol*] *a.* Agos i galon dyn, annwyl, hoff; yn perthyn i'r fynwes, yn y fynwes, thorasig: *close to one's heart, dear, favourite, bosom (of a friend); pertaining to the bosom, in the bosom, thoracic.*
1718 E. SAMUEL: *HDdD* 60, i'th bechod *my[nw]esawl* dy hun. **1725–6** *Madd Ed* 91, rhai . . . a gadwant ryw Bechod *monwesol* yr hwn sydd mor anwyl ganddynt a'u Llugad [*sic*] dehau. **1767** J. THOMAS: *TFfJ* 176, cymundeb ai *mynwesol* gyfaill gorau. **1769** J. GRIFFITH: *A* 158, Nid yw fy nghalon yn fy nghondemnio am . . . ddim anwiredd *mynwesol.* **1770** *W* d.g. *bosom* [*any thing near and dear to a person, or that which he is peculiarly fond of*]. **1793** DAFYDD IONAWR: *CD* 267, Hwn yw fy Mab, cynfab, cu, / *Monwesol*, eich mwyn Iesu. **1797** W. THOMAS: *CC* 11, Cydwybod yw swyddog Duw a'th *fynwesol* rybuddiwr dithau. **1797** JAC GLAN-Y-GORS: *TD* 14, brawdgarwch, a *mynwesol*, gyfeilliach. **1803** *P*, *mynwesawl*, belonging to the bosom.
Amr.: **bynwesol.** **1711** H. POWEL: *TY* 357.

mynweta, mynwgl, gw. menyweta, mwnwgl.

mynwol, menwol [?*mynw* + *-ol*; dichon fod *-e-* yn cynrychioli *-y-* yn yr engh. gyntaf isod] *a.*
(*a*) ?Hyfryd: *delightful.*
c. **1300** *H* 9b. 24, Ac amdawd [*sic*] o wun [*u*]*enwawl* defnyt (Gwalchmai). *id.* 15b. 8, Gweled yn myned *mynwawl* detfeu (Einion ap Gwalchmai). **1803** *P*, *menwawl* . . . tending to happiness, or bliss.
(*b*) Personol; deallusol: *personal; intellectual.*
1791 GW. MECHAIN: *Rh* 78, Mor werthfawr ydyw *mynwawl* Ryddid [:– Personal Liberty]. **1803** *P*, *menwawl*, intelligential, intellectual. *id.* *mynwawl* . . . personal.

mynwor, mynws, gw. mynwair, mwnws.

mynwyd, menwyd [?*mynw* + *-yd*[1]; cf. *mynwed* a'r H. Lyd. *menguet* (*loc*), gl. *donarium*; dichon fod *-e-* yn cynrychioli *-y-* yn yr enghrau. cynnar] *eg.*
(*a*) ?Natur (dda), anian; llawenydd, hyfrydwch, difyrrwch: *(good) nature, disposition; joy, delight, pleasure.*
13g. *A* 29. 19–20, collwyd. medwyd *menwyt.* **13g.** *Études* v. 98, ardvy kedernyt *wenwyt* wuner (Cynddelw). **13g.** *MA*[2] 220a. 10–11, Braidd yw yn ein byw ynghynnen byd / Wedi brys haelder muner *menwyd* [marwnad Llywelyn ap Iorwerth gan Ddafydd Benfras]. *c.* **1300** *H* 7a. 11, arthur gedernyd *menwyd* medrawd (Gwalchmai). *id.* 34a. 14, Nyd af y gennhyd *mynwyd* mynyor (Cynddelw). *id.* 57b. 25, run *venwyd* riryd rut y onnenn (Cynddelw). *id.* 69b. 9–10, Llary einnyawn lluchdawn llochessid ueirtyon. uab kynon clod *venwyd* (Cynddelw). *id.* 73a. 47, cas cart kertoryon *uenwyd* (Gwilym Ryfel). *id.* 113b. 43, yn llwry ysb a *menwyd* (Llywarch ap Llywelyn). *Dchr.* **14g.** *id.* 29a. 25, wab madawc wynawc *wenwyt* diorchud (Bleddyn Fardd). **14g.** *T* 54. 8–9, Molaf inheu presswyl toruoed adef *menwyt.* **14g.** *GDG* 144, *Mynwyd* fy myd heb fy mâr, / Mynwyn y'm gwnaeth braich meinwar. *c.* **1400** *R* 1168. 33, Diwahard y vard y *vennwyt.* *id.* 1247. 21–2, Da vu uorwyn vwyn *venwyt* arbennic. *c.* **1470** *B* ii. 232, *mynwyd*, llywenydd. **1632** *D*, *menwyd*, est Llawenydd. G[wily]m T[ew]. Gaudium, lætitia, festiuitas, lepor, sales, facetiæ. **1772** *IMCY* 234, Gwae fi'r haf wyf glaf i'm gloes, / A *menwyd* [:– mwyniant] byrr i'm einioes. **1803** *P* d.g. *menwyd.*
(*b*) Meddwl, deall, deallusrwydd: *mind, intellect, intelligence.*
1803 *P* d.g. *menwyd.*
Amr.: **benwyd.** *Dchr.* **17g.** *J* 10, 138a. **1632** *D*, menwyd . . . Mendosè *Benwyd.* **1793** *P.* **mynwydd**[2] [ff. eir. wallus]. **1707** *AB* 219a, *mynwydd*, joy, mirth. V. **1753** *TR.*

mynwydydd, gw. mynawyd.

mynwydd[1] [*mŵn*[1] + *gŵydd*[2]] *eg.* Teclyn (e.e. bachyn crwm) ar fŵm cwch sy'n ei gysylltu â'r hwylbren ac yn ei alluogi i symud yn rhydd: *goose-neck (on boom of boat).*
20g.

mynwydd[2], gw. mynwyd.

mynwyn [*mŵn*[1] + *gwyn*[1]] *a.* (b. *mynwen*). Gwyn ei wddf: *white-necked.*
14g. *WM* 470. 13–14, Essyllt *vynwen.* **14g.** *GDG* 144, *Mynwyn* y'm gwnaeth braich meinwar. *c.* **1400** *R* 1050. 9–10, traws arovyn dreic *mynnwyn* mynneu.

mynybr, mynyc, gw. menybr, mynag.

mynych [Crn. C. *meno(u)gh*, H. Wydd. *menic*, Gwydd. Diw. *minic*: o'r gwr. IE. **menegh-* 'helaeth', cf. S. *many*] *a.* ll. *-(i)on*, weithiau gyda grym adferfol. Aml, helaeth, niferus; ?hael: *frequent, often, abundant, numerous; ?generous.*
13g. *C* 8. 6–8, Awna *mynich* enuuyret. Ordivet aserlinho. *id.* 47. 10, a mineich in *vynich* in varchogion. **13g.** *A* 36. 22–3, oed *menych* guedy cwyn i escar i cimluin. **13g.** *MA*[2] 222a. 11, Nêr muner *mynych* ei roddion (Dafydd Benfras). *c.* **1300** *H* 81b. 7–8, Dewi mawr ar y mor *mynych* noted. Ry gelwir ar y tir rac dywrthred (Gwynfardd Brycheiniog). **14g.** *T* 11. 21–3, Oed *mynych* kyfar chwerw yrof am kefynderw. Oed *mynych* kyryscwydat yrof y am kywlat. Oed *mynych* kyflafan. yrofi ar truan. **14g.** *BT* 181, o achaws y*mynychyon* gyrcheu adygynt amben y kymry. **14g.** *WM* 175. 8–9, *Mynychach* it wneuthur drwc no da. *c.* **1400** *B* ii. 14, *Mynych* edrych dy da. kanys bo *mynychaf* yd edrychych diwyttaf y gwneir. **15g.** *ID* 1, *mynych* am eiliw manod / i bum wan ni wybu y mod. *c.* **1585** G. ROBERT: *DC* [v], yn Rhufain, lle i byddei yr Emherawdr yn preswyl ag yn trigo *fynychaf.* **1588** *1 Tim* v. 23, arfer ychydig wîn, er mwyn dy gylla a'th *fynych* wendid. **1608** *Pen* 217, 32, i sychv y rvddyev ay lygeit or *mynychon* ddagrev a wylei. **1632** *D*, *mynych*, frequenter. *c.* **1658** R. VAUGHAN: *E* 189, wrth eu *mynych* adrodd. **1703** E. WYNNE: *BC* 64, Na *fynych* dramwy lle bo mwya dy groeso. *id.* 113, maent yn *fynych* yn cael cennad i fynd i'r Awyr. **1803** *P.*
Amr.: **mynaich**[2]. *Dchr.* **14g.** *H* 125b. 34, *myneich* (*R* 1239. 36, mynych) lle llewych lliw ehoec ym (Casnodyn). **14g.** *YBH* 16a, 24b. **mynech.** **1547** *WS* [xv], [xxi–xxii]. **1604–7** *TW* (*Pen* 228) d.g. *percurso.* **1679** C. EDWARDS: *GGG* 173.
Cfn.: **mynych,** &c., **o amser:** *often.* **1547** *WS* [xv], yn mogelud traythy ch, yn *vynech o amser.* **1722** *Llst* 189.

mynychaf: mynychu [bf. o'r a. bl.] *bg.a.*
(*a*) Ymweld (â lle) yn aml neu'n rheolaidd, mynd yn aml (i), cyrchu (i); mynd i (gyfarfod, &c.), ymweld (â): *to frequent; attend, visit.*
13g. *Brut B* 107, megys ed oed kyndevavt kanthav *mynychv* y'r dynas hvnnv. **14g.** *BT* (*RB*) 66, namyn moyvwy yn y kyuoeth y *mynychynt.* *c.* **1400** (*SG*) *HMSS* i. 424, y marchawc or galis yr hwnn yssyd yn *mynnychu* yr mor. *c.* **1400** *B* xiv. 187, Ac ual y *mynychei* yr eglwys yd arganuu morwyn ieuanc gyuoethawc. *c.* **1400** *RB* ii. 61, Ac velly y bu yn *mynychu* attei seith mlyned. *Dchr.* **15g.** *B* viii. 136, Or *mynychawd* y dauarneu. **15g.** *Pen* 57, 40, heb *vynychv* llann. *c.* **1514** *B* v. 11, *mynychu* ac esgob y dinas a orugant. *Diw.* **16g.** *LBS* iv. 399, da oedd ganthünt *fynychü* o honi at y gwr da. **1710** *LlGG* [vii], [g]wneuthur eu goreu ar *fynychu* i'w Heglwys blwyf. **1803** *P.*
(*b*) Gwneud yn aml, arfer (gwneud rhywbeth), gwneud defnydd aml o (rywbeth); ailadrodd; amlhau, lluosogi: *to do frequently or repeatedly, be in the habit (of doing something), make frequent use of (something); repeat, reiterate; increase, multiply.*
13g. *Cylchg LlGC* v. 62, ene *mynychei* eissyoes rat a chlot gvyrthyeu e sant. **14g.** *BT* 68, o achaws yr anesmwythdra a *vynychei* wyr keredigyawn y wneuthur vdunt. *id.* 110, a *mynychu* lladuaeu a llosc ac anreithyeu ar y flandryswyr. **14g.** *WM* 34. 1–4, yny gigleu gan lawer oluossogrwyd or a delei yr llys *mynychu* cwynaw truanet damwein riannon ay phoen. *c.* **1400** *R* 1149. 21, mat *mynycha* dyn dwywawl wedi. *id.* 1382. 38–9, gwystlon y rwyf mon ry *mynycha.* **15g.** *BB* 144, yno y *mynychei* . . . vod. *Dchr.* **16g.** *Pen* 127, 254, a *mynychv* a wna o liw nos vyned ir eglwyssi. **1567** *LlGG* [xi], ymarver or dywededic wasanaeth, a'i *vynychu* (*put the same in use*) erwydd yr Act hon. **1609** R. SMYTH: *CAC* 15, ni a *fynychwn* ddoedyd yn ddiarswyd yn enw'r tad a'r mab a'r ysbryd glan. **1740** T. EVANS: *DPO* 136–7, peris efe ysgrifennu tri Llyfr o'r Gyfraith . . . a'r trydydd yn Llys Dinefwr, modd y gallai y tair Talaith eu harfer a'i *mynychu* pan fyddai achosion. **1765** J. EVANS: *CPE* 494, mor ofnadwy yw *mynychu* pechod gwirfodd. [**1783**] *W* d.g. *to repeat* [*do more than once*]. **1803** *P.*
Amr.: **mynechu.** *c.* **1730** *Thos. Lloyd D* (LlGC), 178b.

mynychâf: mynycháu [*mynych* + *-hau*] *ba.* Mynychu; ailadrodd: *to frequent; repeat.*
13g. *BD* 23, Ac y uelly y bu yn *mynychau* attei seith mlyned. *id.* 104, a seithved bugeil Caer Euravc a *uynychaa* y teyrnas Lydav. **1753** *TR*, Mynychu, and *Mynychau*, to frequent, to iterate or repeat often. [**1783**] *W* d.g. *to repeat* [*do more than once*].

mynychder [*mynych* + *-der*] *eg.* ll. *-au.* Y cyflwr o fod yn fynych neu'n gyffredin, cyffredinolrwydd, amlder, lluosogrwydd, ailadroddiad neu ddefnydd mynych; *Ffis.* a *Math.* amledd: *frequency (also in physics and math.), commonness, abundance, frequent repetition or use.*
1604–7 *TW* (*Pen* 228) d.g. *crebritas.* **1722** *Llst* 189, *mynychder* . . . commonness, oftenness. **1772** *W* d.g. *commonness, frequency* [*oftness, often-ness; commonness*]. **18–19g.** *Iolo MSS* 162, cwyn ar ol cwyn a wnai Eidiol. oni leihâes ei *fynychder.*
Cfn.: **mynychder defnydd:** *frequency of occurrence, frequency of use.* **20g.**

mynychdra [*mynych* + *-dra*] *eg.* Mynychder, cyffredinolrwydd, amlder; (geir.) tyrfa fawr: *frequency, commonness; (dict.) large crowd.*
Dchr. **17g.** *J* 10, 28a, *mynychdra*, frequentia. **1672** J. LANGFORD: *HDdD* 132, ûn dŷdd yn yr wythnos . . . deued cyn nessed at y *mynychdra* hwnnw ac y bo possibl iddo. **1701** E. WYNNE: *RBS* 68, na phennwyd i bawb yr un grâdd pennod-ol o *fynychdra* neu o chwant i'r gwaith. **1703** T. BADDY: *PCh* 11, *Mynychdra* 'r disgwiliad ar Dduw. **1723** J. JONES: *LlA* 233, nac yn ein barnu ni yn ôl *Mynychdra* ein Cyflawniadau. **1724** E. WELLS: *CC* 58, *Mynnychdra* neu Amserau Gweddi. *c.* **1762–79** W. WILLIAMS: *P* 482, y *mynychdra* o ba arfer a fagodd ymhen amser y fath gynnefindra. *id.* 496, wedi cael prawf o *fynychdra*'r fath fflangell. **1771** L. REES: *RCG* 7, Wrth *fynychdra* ac ebrwyddeb eich cymmwysiadau o Grist. **1773** *W* d.g. *frequency* [*oftness, often-ness; commonness*]. **1797** B. EVANS: *CG* 98, o ran amser, lle, *mynychdra*, a threfn.

mynycheb [*mynych* + *-eb*] *eg.* Ailadrodd diangen, tawtoleg: *unnecessary repetition, tautology.*
1858.

mynychedig [bôn y f. *mynychaf*: *mynychu* + *-edig*] *a.bfl.* A llawer o gyrchu iddo, mawrgyrch; wedi ei ailadrodd: *(much) frequented; repeated.*
1803 *P*, *mynychedig*, being frequented.

mynychedd [*mynych* + *-edd*[1]] *eg.* Mynychder, cyffredinolrwydd, amlder, lluosogrwydd, ailadroddiad neu ddefnydd mynych: *frequency, commonness, abundance, frequent repetition or use.*

1773 *W* d.g. *frequency* [*oftness, often-ness; commonness*]. **1803** *P*.

mynychiad [bôn y f. *mynychaf*: *mynychu* + *-iad*[1]] *eg*. ll. *-au*. Ailadroddiad neu ddefnydd mynych, mynychder, cyffredinolrwydd, amlder, lluosogrwydd: *frequent repetition or use, frequency, commonness, abundance*.

1722 *Llst* 189, mynychder, [*my*]*nychiad* . . . commonness, oftenness. **1773** *W* d.g. *a frequenting, or frequentation*. **1803** *P*, *mynychiad*, iteration, a rendering frequent; frequentation.

mynychiaeth [*mynych* + *-iaeth*] *eb*. Mynychder, cyffredinolrwydd: *frequency, commonness*.

1675 R. Davies: *PY* 95, yr oeddynt yn gwneuthur eu gweddiau . . . gydâ phob *mynychiaeth*, a gwresog gwttogrwydd; eu gwe[dd]iau oeddynt fynych, a byrrion. **1722** *Llst* 189, mynychder . . . *Mynychiaeth*, commonness, oftenness.

mynychiaith [*mynych* + *iaith*] *eb*. Ailadrodd diangen, tawtoleg: *unnecessary repetition, tautology*.

1632 *D* d.g. *battologia*, *frequentamentum*. *c*. **1730** *Thos. Lloyd D* (LlGC) 174b, *mynychiaith*, frequentamentum, warbling.

mynychnod [*mynych* + *nod*[1]] *eg*. *Crdd*. Arwydd yn dynodi y dylid ailadrodd rhan o ddarn o gerddoriaeth, marc ailadrodd: *repeat* (*mark*) (*in mus.*).

1824.

mynychol [*mynych* + *-ol*] *a*. Mynych, lluosog, wedi ei ailadrodd; ?hael; *Gram*. yn dynodi agwedd ferfol a ddefnyddir i fynegi gweithred arferiadol neu un a ailadroddir: *frequent, multiple, repeated*; *?generous*; *frequentative, consuetudinal* (*in grammar*).

16g. *Hop M* 176, trais a lledrad ocr dü, a chelwydd rhü *vynychol*. **1594–6** *AP* 34, vy *mynychawl* garedic eûrverch. *c*. **1700** *DDdA* d.d., i annog dynion yn *fynychol* i dderbyn Sacrament Swpper yr Arglwydd. **1705** T. Williams: *PD* 4, Pan fo'r achos yn gyffredinol, ac yn *fynychol* hefyd, ac yn arferol. **1712** T. Williams: *CDdG* 457, wrth yn *mynychol* ymprydiau. [**1738**] E. Jones: *CE* 6, dylai y Gweddiau fod fath a'r Ocheneidiau byrrion, taerddwys, a *mynychol*. **1759** *BC* 222, A thaer weddi am faddeuant, / Yn *fynychol* heddol haeddiant. **1786** Twm o'r Nant: *PCG* 50, Y gwr a gerydder yn *fynychol*. **1803** *P*, *mynychawl*, frequentative.

mynychrwydd [*mynych* + *-rwydd*] *eg*. Mynychder, cyffredinolrwydd, amlder, lluosogrwydd, ailadroddiad neu ddefnydd mynych: *frequency, commonness, abundance, frequent repetition or use*.

1803 *P*.

mynychwr, mynychydd [bôn y f. *mynychaf*: *mynychu* + *-wr, -ydd*[3]] *eg*. ll. *-wyr, -yddion*. Un sy'n mynychu (lle, yn enw. addoldy): *one who frequents or attends* (*esp. a place of worship*).

1803 *P* d.g. *mynychwr*, *mynychydd*.

mynydd [H. Grn. *menit*, gl. *mons*, Crn. C. *meneth*, H. Llyd. *monid*, Llyd. C. a Diw. *menez*: < Brth. Diw. **monido-* (cf. e. prs. *Monedo*(*rigi*), Picteg *monid* (mewn e. lleoedd), Gael. *monadh* 'mynydd, rhostir') < **monijo-*, o'r gwr. IE. **men-* 'estyn allan', cf. Llad. *mōns* 'mynydd'] *eg*. (bach. *-yn*) ll. *-oedd, -au, -e*(*dd*).

(*a*) Codiad tir mawr neu uchel a serth, bryn (mawr); hefyd yn *ffig*. ac yn *dros*., pentwr mawr, swm mawr o rywbeth: *mountain,* (*large*) *hill; also fig. and transf., large pile, great amount*.

12g. *LL* 78, trans *iminid* inhiaun ipenn nant eilon. **13g**. *A* 22. 18–19, penn grugyar vreith o *venyd*. **13g**. *HGK* 9, A Gruffudd a'e niuer a'e hemlynvs enteu trwy vaestired a *mynyded* hyt ar gyfinyd e wlat e hun. **1346** *LlA* 61, Glynn yw ybyt hwnn. a*mynyd* yw ynef. **14g**. *WM* 50. 36–51. 2, *mynyd* mawr gyr llaw y coet a hwnnw ar gerdet. **14g**. *Bren Saes* 132, ar ben *mynyd* yd oed y castell ac ar lan avon Ystwyth. *c*. **1400** *DB* 45, o dinas Cerocemus a *mynyde* Cathalamus. *Diw*. **15g**. *Bren Saes* 236, ymgadw a orvgant yn y *mynyddoedd* a'r ynialwch. **1551** W. Salesbury: *KLl* lxxviia–b, a phop *mynyth* a bryn eu gestingir. **1567** *LlGG* (*Sall*) 58a, yr ei a gerddant rhyng y*mynyddeu*. **1632** *D*, *mynydd*, mons. **1725** D. Lewis: *GB* 131, y mae rhai *Mynyddoedd* yn y Bŷd, mor uchel, nas gellir yn jawn anadlu, na byw yn hîr arnynt. **1728** T. Baddy: *DDG* 22, nid yw *Mynydd* Calvary mo'r uchel, mal y gallid ei galw hi yn *Fynydd*, eithr yn hyttrach Craig Bicca. **1776** *W*, *mynyddyn* d.g. *mountain, a little mountain, mountainet*. **1803** *P* d.g. *mynydd, mynyddyn*. *Diar*. Cynt y cyferfydd dau ddyn na dau *fynydd*. Haws dweud *mynydd* na mynd drosto. Ar lafar clywir yr ymad. 'mor fawr â *mynydd*' am rywun mawreddog.

(*b*) Comin(s), tir heb ei gau, mynydd-dir, tir mynydd, rhostir; tir amaethyddol; gwastatir: *common, unenclosed land, mountain land, moorland; agricultural land; plain*.

c. **1400** *B* v. 22, Ar *vynyd* salysbri y mae mein mawr. **1754** *Cy* xv. 22, Esgair y mwyn mine is on the *Mynydd* (or Common). *id*. 25, ye great boundary fence between Llwyn y mwyn and the *Mynydd* or Commons where Esgair y mwyn stands. **1814** *Seren Gomer* i. 19, Y maent yn myned i'r *mwni* â'r gwartheg, i'r *mwni* i aredig, i'r *mwni* i hau, ac i'r *mwni* i fedi [am sir Benf.]. *ib*. *mynydd* y gelwir pob trofa gyffredin (common) [ym Morg. a rhannau o sir Gaerf.]. Ar lafar yn sir Benf., yng ngodre Cered., a gorllewin sir Gaerf. yn y ff. *mini*, *TGG* (1908) 80, ac yn sir Benf. yn y ff. *myni*, *id*. (1904) 64, a *mwni*, 'Ma Jâms wedi myn'd i'r *mwni* i redig', *GDD* 202.

(*c*) Un o'r talpiau cnodiog ar gledr y llaw (mewn llawddewiniaeth): *mount* (*in palmistry*).

16g. *Llst* 117, 92, obydd llin ybowyd o vewn *mynydd* yllaw. *c*. **1730** *Thos. Lloyd D* (LlGC) 172b, *mynydd* y mynagfys. G 308. [*mynydd*] yr hirfys. Ib.

Amr.: **monydd, monyth** [?dan ddyl. y Llad. *mōns*] **1567** *LlGG* 34a. **1567** *TN* 6b, 27a, 181a. **myny,** &c. **18–19g**. *Llr* C 8, 200, Corruptions of pronunciations in the . . . Dimetian Dialect . . . y *mwni*. **1803** *P* d.g. *myny*. Gw. hefyd *fyny* ac adran (*b*) uchod.

Cfn.: **y Mynyddoedd (Mynyddau) Creigiog (Creigaidd, Creiglyd):** *the Rocky Mountains*. **1823**. **mynydd gwlân:** *mountain where women went wool-gathering*. **1939**. Ar lafar yng ngodre Cered. **m. (o) iâ:** *iceberg; ice-mountain, ice-hill*. **1725** D. Lewis: *GB* 280. **m. llosg:** *volcano, also fig*. **1588** *Jer* li. 25. Cf. *llosgfynydd*. **m. llosgedig = m. tân.** **1687 (1715)** J. Owen: *TB* 85. **1795** J. Thomas: *AIC* 276. **m. tân:** *volcano; fiery mountain*. **18g**. *W Ballads* 106, 2, rhaid ini heddiw 'n loew lan ymado ar Aiphdied fawr Aman, nid eir Trw[u]'r mor ar *mynudd Tan*, i ganan mewn drygioni. **m. tanllyd = m. tân.** *c*. **1762–79** W. Williams: *P* 124. **1774** W. Williams: *AB* [3].

Gw. hefyd fyny.

mynydda [*mynydd* + *-ha* (At.)] *bg*. a hefyd gyda grym enwol i'r be.

(*a*) Dringo a cherdded mynyddoedd: *to climb mountains, go mountain walking, engage in mountaineering*.

1930.

(*b*) Aredig a llyfnu: *to plough and harrow*.

Diw. **19g**. *SE MS* 276a, Dywedir *mynydda* yn Nyffryn Troed yr Aur am aredig a llyfni ond aredig yn unig feddylir yma wrth maesa.

mynyddaidd [*mynydd* + *-aidd*] *a*. Mynyddig, tebyg i fynydd: *mountainous, like a mountain*.

1672 J. Langford: *HDdD* 493, i ba bentwrr *mynyddaidd* y cyfyd fy mhechodau munudol tros gynnifer o flynyddoedd?

mynyddbarth [*mynydd* + *parth*] *eg*. Ardal fynyddig: *mountainous region*.

1870.

mynydd-dir [*mynydd* + *tir*] *eg*. ll. *-oedd*. Tir mynyddig, rhostir: *mountainous country, hill-country, moorland*.

14g. *GIG* 23, Môn yr af, dymunaf reg, / *Mynydddir* manweyeidd-deg. **15g**. *GO* 83, Heliwr wyf, hely ar arael, / Heldir y' *mynydd-dir* Mael [i ofyn cŵn]. **15g**. *Pen* 67, 104, bywyd ynn lle bo dannedd / brodir a *mynydddir* nedd (Hywel Dafi). **15–16g**. *TA* 229, *Mynydd-dir*, coetir, ti a'u cai, / Ytir, gweirglodddir, gwledd-dai. **16g**. **(1763)** W. Salesbury: *LlM* 191, mewn *mynydddir* ag mewn glynnoedd. **1588** *Deut* xi. 11, y tîr . . . sydd *fynydd-dîr*, a dyffryn-dir. **1604–7** *TW* (*Pen* 228), or maes, or *mynydddir* d.g. *agrios*. **1632** *D*, *mynydd-dir*, regio montana. **1704** E. Samuel: *BA* [iv], yn anturio i oerfelog *fynydddir* Gwynedd. **1753** *TR*, *mynydd-dir*, the hill-country, mountainous ground. **1776** *W* d.g. *moreland* [*sic*]. **1790** Twm o'r Nant: *GG* 146, Mewn *mynydd-dir* mân-rûg. **1803** *P*.

mynyddfawr [*mynydd* + *mawr*] *a*. Enfawr fel mynydd: *huge like a mountain*.

1842.

mynyddig [*mynydd* + *-ig*[2]] *a*. Llawn mynyddoedd, bryniog; yn perthyn i fynyddoedd; yn byw yn y mynyddoedd; tebyg i fynydd; gwyllt; gwladaidd: *mountainous, hilly; pertaining to mountains; living in the mountains, highland; like a mountain; wild; rustic*.

14g. *GDG* 124, *Mynyddig* wâl, benial byllt / Mynnen aelodwen ledwyllt [am ysgyfarnog]. **15g**. *LGC* 285, Hwy gryman' iddo, 'r gwŷr *mynyddig* [i Rydderch ap Rhys]. **15g**. *ID* 53, minaweddwr [*sic*] *mynyddic*. **16g**. *Cylchg LlGC* iii. 155, y Kymru dissas, *mynnyddig*. **1567** *TN* [81a], Mair . . . aeth ir wlad *vynyddic*. **1595** H. Lewys: *PA* 109, Ych 'rhwnn a ymbawr ar dir *mynyddig* a sofludd geirwon. **1604–7** *TW* (*Pen* 228), dyn *mynyddic* d.g. *agr*[*e*]*stis, substant*. *id*. d.g. *rusticus*. **1632** *D* d.g. *montanus, montosus, syluester*. **1718 (1721)** S. Thomas: *HB* 94, i'r Parthau mwya anghyfannedd a *mynyddig* o honi, sef Cymru. **1752** *ML* i. 202, newyddion i ddifyrru tippyn ar boblach sydd fal pettai wedi eu claddu yn fyw yn y gongl *fynyddig* yma. **1770** *W* d.g. *boor, mountain, mountainous or mountany, savage*. **1803** *P*. Ar lafar yn Arfon fe'i clywir yn yr ystyr 'gwladaidd', *WVBD* 387.

mynyddigion [*mynyddig* + *-ion*] *e.ll*. Trigolion y mynydd-dir: *inhabitants of the mountains*.

1834.

mynyddog [*mynydd* + *-og*; cf. Llyd. Diw. *meneziek* a'r e. prs. Cym. *Mynyddog*, gw. *CA* 96, *TYP* 467] *a*. Mynyddig, bryniog, hefyd yn *ffig*.: *mountainous, hilly, also fig*.

1776 *W* d.g. *mountainous*. **1803** *P*.

mynyddol [*mynydd* + *-ol*] *a*. ll. *-ion*, hefyd gyda grym enwol. Mynyddig, hefyd yn *ffig*.; yn byw yn y mynyddoedd: *mountainous, also fig.; living in the mountains, highland*.

13g. *BD* 112, Er ych *mynydawl* a gymer penn bleid. *ib*. Irllonhau a wna y *mynydawl*. **1632** *D* d.g. *montanus*. **1722** *Llst* 189, *mynyddawl* . . . hilly, mountainy. **1803** *P*, *mynyddawl*, of the mountain.

mynyddres [*mynydd* + *rhes*] *eb*. ll. *-i, -au*. Cadwyn o fynyddoedd, hefyd yn *ffig*.: *mountain range, also fig*.

1851.

mynyddwr [*mynydd* a bôn y be. *mynydda* + *-wr*] *eg*. ll. *-wyr*. Un sy'n byw yn y mynyddoedd neu'r ucheldiroedd; un sy'n dringo neu'n cerdded mynyddoedd: *mountain dweller, highlander; mountaineer*.

1798 *WR* d.g. *mountaineer*. **1803** *P*.

mynyddyn, mynyginiaeth, gw. mynydd, meddyginiaeth.

mynygldlws, mwnwgldlws, mwnygldlws [*mwnwgl, mynwgl* + *tlws*] *eg*. ll. *-dlysau*. Gyddfdorch, neclis, coler neu yddfdorch addurnol, fel rheol un aur emog: *necklace, carcanet*.

1604–7 *TW* (*Pen* 228), *mynygldlws* d.g. *monile* (hefyd *D*). **1722** *Llst* 189, *mynygl-dlws*, m. a necklace, a carkanet. **1771** *W*, *mynygl-dlws* d.g. *brooch* [*necklace* . . .]. *id*. *mwnygl-dlws* d.g. *carkanet, necklace*. **1803** *P*, *mynygldlws*, s.m. pl. *mynygldlysau*, a neck ornament.

mynygldorch, mwnygldorch [*mwnwgl, mynwgl* + *torch*] *eb*. ll. *-dyrch*. Coler: *collar*.

1632 *D*, *mynygldorch* d.g. *collaria*. **1771** *W*, *mynygl-dorch* d.g. *cape* [*neck-piece*], *collar* [*a ring of metal, &c. for the neck*], *collar* [*of a garment*]. **1803** *P*, *mynygldorch*, s.f. pl. *mynygldyrch*, a collar or wreath for the neck.

mynyglgae [*mwnwgl, mynwgl* + *cae*] *eg*. (geir.) Brôtsh neu wäeg ar gyfer cydio deupen sgarff am y gwddf: (*dict.*) *brooch or clasp used to secure a scarf about the neck*.

1632 *D* d.g. *segmentum*. **1725** *SR* d.g. *a kerf*.

mynyglion, mynyglog[1], gw. manyglion, manyglog.

mynyglog[2] [*mwnwgl* + *-og*; cf. Gwydd. C. *muinélach* 'a chanddo wddf (?tew)'] *eb.* Cwins, ysbinagl, hychgrug; (geir.) penysgafnder: *quinsy*; (*dict.*) *dizziness.*
13g. *LTWL* 156, Si quis vendiderit sues, debet esse sub tribus languoribus . . . morbo *menyclauch* [*sic*] tribus diebus et tribus noctibus. **13g.** *Ll I* 87, Teythy huch: na bo baedredauc, ac nat esso y perchyll, a'e goruot teyr nos a thry dyeu rac e *uynyglauc.* **14g.** *LlB* 93, Y neb a wertho moch, bit y danunt rac y *vynyglawc*, tri diwarnawt. **14g.** *WML* 77, y ulwydyn ybei y*uynyglawc* ar ymoch. **16g. (1763)** W. SALESBURY: *LlM* 233, a gyda Iscell phicus ymae ef [isop] yn ore dim I olchy o vewn y gwddw rhag y *vynygloc.* **1632** *D*, *mynyglog*, & Y *fynyglog*, angina. **1688** *TJ*, *mynyglog*, clefŷd gwddw: a Disease in the Throat, called the Quinzy. **1699** T. JONES: *Alm* [7], Y *fynyglog*, a elwir hefŷd yr Hychgrug, yr Yspinagl, ŷw Dolur a fage . . . mewn gwddw dŷn. **1722** *Llst* 189, y *fynyglog*, the quinzy: dizziness. **1725** *SR* d.g. *dizzyness*. **1803** *P*.

mynyglwisg [*mwnwgl* + *gwisg*] *eb.* (geir.) Dilledyn a wisgir am y gwddf, e.e. crafat, cadach gwddf: (*dict.*) *a piece of clothing worn round the neck such as a cravat, neckerchief.*
1632 *D* d.g. *amictorium, strophium.* **1722** *Llst* 189, *mynyglwisg*, f. a neck-cloth, cravat, band. **1803** *P*.

mynystr, gw. ministr.

mynywaid, mynywod, gw. menyw.

myopia, myopig, gw. meiopia, meiopig.

mŷr[1], **myrr**[2] [H. Grn. *menpionen* [?*sic*], gl. *formica*, Crn. Diw. *mwrrian*, H. Lyd. *moriuon*, Llyd. C. *meryenenn*, Llyd. Diw. *merien, merienenn*, Gwydd. C. *moirb*: o'r gwr. IE. **moru̯i-* 'morgrugyn', cf. e. lle Lladin Prydain *Morionio*; dichon fod y ff. un. yn adff. o'r ll.] *eb.* ll. *myrion* (bach. g. *myrionyn*, b. *myrionen*). Morgrugyn: *ant.*
1632 *D*, morgrug . . . est potiùs Tuberculum formicarum, quod Dem. Myrdwyn, à *Myr*, Formicæ, & Twyn. Nam Mor & *Myr* est Formica. Pl. Morion, & *Myrion.* **1688** *TJ*, *mŷr* . . . morgrugun . . . Ant or Pismire. **1722** *Llst* 189, *mŷr*, f. an ant, emmet. **1753** *TR*, *myr*, an ant or pismire. The pl. *Myrion* is now of common use in Glamorganshire. **18–19g.** *Iolo MSS* 156, *Myrionen* a fu'n ddiwyd tra fu'r haf i gynnal ei ossymaith . . . Dos, ebe'r *Myrionyn.* **1803** *P* d.g. *mŷr, myrion, myrionen.* Ar lafar yn ne-ddwyrain Morg. yn y ffurfiau *myrion, myrionan*, *PGICC* ii. 76; 'Ma nyth o 'en *firion* dan garrag y drws'.
Gw. hefyd mor[2].

mŷr[2], **myranedd,** gw. môr[1], maran[4].

myrdwyn [*mŷr*[1], *myrr*[2] + *twyn*] *eg.* ll. *-au.* Twmpath morgrug: *anthill.*
1632 *D*, morgrug . . . est potiùs Tuberculum formicarum, quod Dem. *Myrdwyn*, à Myr, Formicæ, & Twyn. **1722** *Llst* 189, *myrdwyn*, m.p. *dwynau*, an ant-hill. **1753** *TR*, *myrdwyn*, an ant-hillock. **1803** *P*.

myrdd [?bnth. dysg. o'r Llad. Diw. *mȳriad-*, bôn traws yr e. *mȳrias*] *rhif.* ac *eg.b.* ll. *-(i)oedd, -ion.* Deng mil; nifer neu faint mawr amhenodol, llu: *ten thousand, myriad*; *a large indefinite number or amount, host.*
13g. *C* 104. 10–11, Rwy. *mirt* kyrt. kertorion. wobeith. **13g.** *MA*[2] 220a. 55, Ei *fyrddoedd* cyhoedd cawsynt edgyllaeth (Dafydd Benfras). **13g.** *WM* td. 94b. 7–9, O achaus enteu gwneithur caer eno o *vyrd* o wyr e gelwir hitheu caer verdin. *c.* **1400** *R* 1403. 15–16, Hydyn lywelyn hydolawc y veird ae *vyrdyoed* lluossawc. **15g.** *LGC* 159, Ugain *myrdd* a chweugain mil. **1567** *TN* 203b, pemp *myrdd* [:– dec mil a daugain] o vathæ ariant. *id.* 342b, [c]wmpeini milf[yr]dd [:– *myrddion*, aneirif] o angylion. **1588** *Esr* ii. 64, Yr holl dyrfa yng-hyd oedd bedair *myrdd*, dwy fil (**1620** *ib.* dwy fil a deugain), try-chant, a thri vgain. **1658** R. VAUGHAN: *YPS* 7, vwchlaw *myrdd* o fydoedd. **1703** E. WYNNE: *BC* 14, Gwŷr mawr a Bonheddigion *fyrdd.* *id.* 28, dyma Ganhebrwng yn mynd heibio, a *myrdd* o wylo ac ochain. **1751** *GIA* 62, *myrdd* fyrddiwn o Angylion. **1764** W. WILLIAMS: *C* 12, Mil o filoedd, *myrdd* myrddiynau / O gwmpeini hardd eu gwedd. **1803** *P*, *myrdd*, s.m. pl. t. *odd*, infinity; a myriad, or ten thousand.

myrddail [*myrdd* + *dail*, ar ddelw'r Llad. Diw. *Myriophyllum*] *eg. Bot.* Tylwyth o blanhigion tanddwr ac iddynt ddail pluog a blodau bach ar bigau, *Myriophyllum*: *water milfoil.*
1813 *WB* 223, *myrddail*; Myriophyllum;—Water Milfoil.

myrddiwn [?*myrdd* + elf. *-iwn* ar ddelw *miliwn*] *rhif.* ac *eg.b.* ll. *myrddiynau, myrddiwnau, mwrddiwnau, myrddiynoedd.* Deng mil, myrdd; miliwn; nifer neu faint mawr amhenodol: *ten thousand, myriad*; *million*; *a large indefinite number or amount.*
1588 *Esr* ii. 69, Rhoddasant yn ôl eu gallu i dryssordŷ'r gwaith chwe *myrddiwn*, a mil (**1620** *ib.* vn fil a thriugain) o ddracmonau aur. **1588** *Neh* vii. 66, Yr holl gynnulleidfa yng-hyd oedd bedair *myrddiwn*, dwy fil (**1620** *ib.* ddwy fil a deugain), trychant, a thri vgain. **1588** *Esec* xvi. 7, Yn *fyrddiwn* i'th roddais fel gwellt y maes. **1595** H. LEWYS: *PA* [xvi], Sawl a Laddo[dd] i fil, a Dafydd i ddengmil ne i *fyrddiwn.* **1632** J. DAVIES: *LlR* 94, aneirif o *fyrddiwnau* Angylion yn ei gylch. *Diw.* **17g.** *B* iii. 97, Iupiter sydd oddiwrth y Ddaiar dri *myrddiwn* . . . o filldyroedd. **1722** *Llst* 189, myrdd, f. *Myrddiwn* . . . ten thousand, a million. **1732** *RE* 57, *mwrddiwnnau* o bechadyriaid mwyaf. **1733** T. EVANS: *PP* 178, Swmm fawr jawn o arian, ac yn ôl ein cyfrif ni yn agos i ddau *Fyrddiwn* o Bynnau. **1741** G. JONES: *HWI* i. vi, *myrddiynau* yn parhâu . . . yn niadnabyddïaeth [*sic*] . . . o'r pethau hyn. **1751** *GIA* 62, myrdd *fyrddiwn* o Angylion. **1791** Gw. MECHAIN: *Rh* 100, Blynyddawl lôg pa un oedd yn rhagor i wyth *myrddiwn*, un cant a deg a deugain o filoedd, dau gant a naw a thri ugain o bùnau . . . 8, 150, 269. **1793** DAFYDD IONAWR: *CD* 150, Miloedd a *myrddiynoedd* ant, / Mewn rhydid mwyn y rhodiant. **1803** *P*, *myrddiwn*, s.m. pl. t. *myrddiynau*, a million.

myrddiynfed [*myrddiwn* + *-fed* (At.)] *rhif.* ac *eg.* Miliynfed: *millionth.*
1803 *P*, *myrddiynfed*, s.m. a millionth. a. millionth. **1807** *MA* iii. 272, Tri pheth ni wyr neb y *myrddiynved* rhan o'u maint yn eu heithavodd.

myrerid, myrfolaeth, myrierid, myrion, myriones, gw. mererid, marwolaeth, mererid, mŷr[1], meiriones.

myrllyd[1] [*myrr*[1] + *-llyd*] *a.* Wedi ei gymysgu â myrr: *myrrhy, mixed with myrrh.*
1551 W. SALESBURY: *KLl* xxxa, ac a roesont win *myrllyd* [:– wedy i gymyscy a myrrh] iddo yw yved. **1722** *Llst* 189, *myrllyd*, mingled with myrrh.

myrllyd[2] [?amr. ar *merllyd*[1] neu **myrnllyd* (cf. *mwrnllyd*)] *a.* Mwrn, mwll, trymaidd; llonydd a merfaidd (am ddŵr): *sultry, oppressive*; *stagnant.*
Ar lafar yn Nantgarw, Morg.

myrn, myrnaf[1,2]**: myrno, myrnder, myrndra, myrndwrn, myrnedig,** gw. murn, mwrnaf[1,2]: mwrnio, mwrnder, mwrndra, murdwrn, murniedig.

myrnedd, myrniad, myrniaf[1,2]**: myrnio, myroren, myroryn,** gw. mwrnedd, mwrnad, mwrnaf[1,2]: mwrno, moron[1], marwor.

myrr[1] [?bnth. Llad. *myrrha*, cf. Crn. C. *myr*, Llyd. C. *mirr*, Gwydd. C. *mirr*; cf. hefyd *myrwydd*] *eg.* (Enw ar blanhigion o'r tylwyth *Commiphora*, yn enw. *C. myrrha*, sy'n rhoddi) ystor a ddefnyddir mewn persawr, arogldarth, a meddyginiaeth, hefyd yn *dros.*: *myrrh* (*plant and resin*), *also transf.*
13g. *Cylchg LlGC* v. 61, eu hirav [traed] a *mir* ac a phob kyfryv ireit gverthvaur. **1346** *LlA* 97, [p]er arogleu . . . ygymeint ac nat oed neb ryw arogleu . . . na *mirr* na gwtt na bam . . . ae keffylypei. *c.* **1400** *R* 1152. 28, *Myrr* ac ystor. ardunyant cor. kerd rinwedeu. *id.* 1295. 25–6, Doeth teir anrec dec adwyn euhunein gan vrenhinoed advwyn. eur a*myrr* thuss yr mwyn. **15g.** *IGE*[2] 190, Tithau lwyn bedw gorhoenus, / Tew glwyd Mawrth, wyd *myrr* a thus [Llywelyn ab y Moel i'r bedwlwyn]. **15g.** *DN* 42, Val y doeth Siasbar arall / A'r *myr* gynt i Fab Mair gall. **15g.** *DE* 29, may r min val *myr* a manna. *id.* 36, velly i kaf or yfallen / *vyr* a thvs val gwefvs gwenn [am afal]. **1567** *LlGG* (*Sall*) 25b, Arogl *myrr*, ac aloe, a chassia, ys y ar dy oll ddillat. **1588** *Can* i. 13, Fy anwylyd sydd i'm yn bwysi *myrh.* **1615** R. SMYTH: *GB* 123, gwedi ei mwgdarthu yn rhyfigys a *myr* ag enaintiau aroglys. **1632** *D* d.g. *myrrha.* **1771** *PDPh* 19, dodwch lwyaid o *Fyrr* ynddo.
Cfn.: **coed myrr**: *myrrh-trees, erron. for myrtle trees.* **1588** *Sech* i. 11, Angel . . . oedd yn sefyll rhwng y *coed myrr* (**1620** *ib.* coed myrt).
Gthg. mir[1].

myrr[2], gw. mŷr[1].

myrsiandi, myrsiandwr, gw. marsiandi[1], marsiandwr.

myrt [bnth. S. *myrt*] *eg. Bot.* Myrtwydden: *myrtle.*
16g. *LlGC* 4581, 40a, E geidw y gwallt rhac syrthio o chymyscir a Ladanwn a ei ddodi ar y penn gyd ac oleo *myrt.* **1604–7** *TW* (*Pen* 228), [y] *myrt* gwynn gwyllt d.g. *abrungi* (At.). *id.* am ei benn goronbleth or *mirt* d.g. *ouatio.* **1632** *D* d.g. *myrtatus, myrteus, myrtosus.*
Cfn.: **coed myrt:** *myrtle trees.* **1620** *Sech* i. 11.

myrtill [bnth. S. *myrtle*; â'r *-ll*, cf. *macrell, rhidyll*] *eg. Bot.* Myrtwydden: *myrtle.*
1604–7 *TW* (*Pen* 228), *myrtill* gwyllt d.g. *acaros.*

myrtlwydden [bnth. S. *myrtle* + *gwydden*] *eb. Bot.* Myrtwydden: *myrtle.*
18g. *Hop M* 230, Fel *Myrtlwydden* beraidd Lafinia oedd yn wir.

myrtwydd [*myrt* + *gwŷdd*[1]] *e.ll.* (un. *-en*). *Bot.* Coed o'r tylwyth *Myrtus*, yn enw. *M. communis*, sef llwyn a chanddo ddail bytholwyrdd, blodau persawrus pinc neu wyn, ac aeron dulas: *myrtles.*
1588 *Neh* viii. 15, [c]angau y *myrt-wŷdd.* **1588** *Eseia* lv. 13, yn lle danadl y cyfyd *myrt-wydd.* **1620** *Sech* i. 8, yr oedd efe yn sefyll rhwng y *myrtwŷdd* (**1588** *ib.* myr-wŷdd). **1632** *D*, *myrtwydden* d.g. *myrtus.* **1771** *PDPh* 13, bustl gafr a llaeth benyw wedi eu cyd-dymmeru â mêl a sudd *Myrtwydd.* **1773** J. ROBERTS: *GY*, *Myrtwydd*, Prennau y mai'r [*sic*] Arglwydd yn ei faethu [*sic*] mewn lle mwya diffrwyth.
Gw. hefyd myrwydd.

myrth, myrthw(y)l, myrthw(y)liaf: myrthw(y)lio, gw. merth, morthwyl, morthwyliaf: morthwylio.

myrthyr, myrthyraf: myrthyru, myrthyri, mŷr-wenyg, myrwerydd, gw. merthyr[1], merthyraf: merthyru, merthyri[2], môr-waneg, merwerydd.

myrwydos, gw. marwydos.

myrwydd [*myrr*[1] + *gwŷdd*[1], cf. 1588 *Sech* i. 11, coed myrr] *e.ll.* Coed myrr, yn wallus am fyrtwydd: *myrrh-trees, erron. for myrtle trees.*
1588 *Sech* i. 8, ac efe yn sefyll rhwng y *myrwŷdd* (**1620** *ib.* myrt-wŷdd).

myrydd[1,2], gw. merydd[2,3].

mysangaf: mysengi, gw. ymsangaf: ymsengi.

mysain, gw. mws[1] + sain[1].

mysb, mysw [gair geir.] *eg.* Môr, llyn; carreg fawr: *sea, pool*; *large stone.*
c. **1470** *B* ii. 232, *myssw*, mor. *c.* **1562** *ib.* *mysb*, mer [*sic*]. **1592** S. D. RHYS: *Inst* [xii], merè Cymraeca seu Cambrobrytannica sunt iudicanda huiusmodi omnia . . . Phelaic . . . *Mysb* . . . Quorum significata hæc sunto: Imperator . . . saxum. **16–17g.** *Pen* 313, 10, Modwaledd llaredd llury llurion—*mysb* / a Mysban vab Maon / brut esgyr esgor ior ion / bro a bre de a deon. *Dchr.* **17g.** *J* 10, 30b, *mysb*, môr. **1632** *D*, *mysp*, mare, ait G[wilym] T[ew] Nusquam legi. **1722** *Llst* 189, *mysp*, m. the sea.

mysg [Crn. C. *mesk, mysk* 'plith', Llyd. Diw. *mesk* 'plith; cymysgedd; anhrefn', Gwydd. C. *mesc* 'plith; anhrefn': o'r gwr. IE. **meik-* 'cymysgu'; cf. Llad. *misceō*] *eg.* a hefyd fel *a.*
(*a*) Cymysgiad, cymysgedd, anhrefn, tryblith; wedi ei gymysgu, cymysg, dryslyd:

a mixing, *mixture*, *confusion*; *mixed*, *confused*.
c. **1400** *R* 1206. 27–8, tervysc *mysc* mawrgwyn. dioer dwyn dewrdar. *id.* 1247. 11–12, adysc glot ffysc heb *vysc* vu. *id.* 1337. 7–8, Adysc *mysc* ymysgwfyl ffyrnic. **1632** *D*, *mysg*, mixtio. **1688** *TJ*, *mysg*, cymysg: a mixture, mixt. *c.* **1689 (1802)** L. WILLIAM: *Sherlyn Benchwiban* 11, Y Pab o Rufain trwy lawn *fysg*, / Oes eisiau dysg ar hwnnw? **1722** *Llst* 189, *mysg*, m. a mixture. **1778** *W*, dysglaid *fysg* d.g. *oglio* . . . [*a Spanish dish, made up of a great variety of meat, fowl, &c.*].

(*b*) (mewn cfn. ac yn eir. yn unig) Plith: *midst*.
1803 *P*. Gw. *ymysg*, a'r Cfn. isod.
Cfn.: **ar fysg:** *amongst*. **1707** *AB* 239a, vysc. Ar vysc, after: Ar vysc (cf. *TYP* 77) y Kessaryeit, After the Romans. Unless we should rather read it, *Ar fysc* y Cessaryeit, Amongst the Romans. **1803** *P* d.g. *mysg*. **i f. (i'n m., i'w m., &c.)** [i[2]+ *mysg*; am enghrau. o i[3]+*mysg*, gw. *ymysg*, ond dichon fod rhai o'r enghrau. isod yn perthyn yno]: (*in*)*to the midst of, amongst*. *c.* **1400** *R* 1286. 1–2, bwrw dysc *yn mysc* ynuyt crynua. **1547** *WS* [xxi], er pan ddoeth kelfyddyt print *yw mysc*. **17g.** HUW MORUS: *EC* i. 332, O's ei *i fysg* dy hen gyfeillion. **1703** E. WYNNE: *BC* 121. **18g.** *Hop M* 292. **1759** T. THOMAS: *WWDd* 345. Ar lafar, *WVBD* 386. **o f.:** *from the midst of, from* (*amongst*). **1588** *Gen* xvii. 14, torrir ymmaith yr enaid hwnnw *o fysc* ei bobl. **1588** *Doeth Sol* iv. 14, yr aeth efe ar frŷs *o fysc* drygioni. **1632** *D*, tynnu *o fŷsg* d.g. *intertraho*.
Gw. hefyd ymysg.

mysgaf[1]: mysgu [bf. o'r e. bl.; Llyd. Diw. *meskañ*, H. Wydd. *mescaim*; cf. Llad. *misceō*] *bg.a.*

(*a*) Datod, datglymu, datrys, tynnu pwythau, dadblethu, tynnu'n ddarnau, llaesu, llacio; ymddatod; dinistrio, dymchwel, torri, dryllio; chwalu, gwasgaru, ymwasgaru; hefyd yn *ffig.*; ?siarad: *to undo, untie, unpick, unravel, disentangle, take apart, loosen; come apart; destroy, overthrow, break* (*in pieces*); *break up, scatter, disperse; also fig; ?speak*.
15g. *LGC* 227, A mi yn crynu i'm un croenyn / A'm esgyrn yn vriw braidd na *mysgyn*'. **15g.** *HCLl* 49, Yr haelion gwychion pan gad—eu clymu / Cloi yma yr hollwlad. / Eu *mysgu* oedd lygru'r wlad, / Os llwgr yw eisiau llygad [marwnad Dafydd Mathew]. **15–16g.** *GRB* 37, Mogel nerth y magl a wnânt, / *mysgu* rhwymau 'mysg rhamant. **1567** *LlGG* (*Sall*) 20b, a' ei bwae a ddryllir [:– *vyscir*]. **1567** *TN* 134a, Goyscerwch [:– Dinistriwch, *Myscwch*] y Templ hon. *c.* **1585** G. ROBERT: *DC* [1b], 'Rydym wedi syppio a rhwymo ynghyd pyngcie eyn phydd . . . rhaid yw i *myscu* a'i dattod. **1606** E. JAMES: *Hom* i. 177–8, oh pa fodd y *myscwyd* [:– dattodwyd] ac y chwalwyd pais Christ. **1632** *D*, *mysgu*, Demetis est quod Venedotis Dattod, soluere, dissoluere. **1681** S. HUGHES: *AC* 33, ni welem y gwely wedi ei *fyscu*, a'i daflu i lawr. **1711** TP: *CG* 59, gwallt y dyn, yn cael eu [*sic*] glymmu, yn anneiryf droeon yn y nos nes byddau [*sic*] t[r]anoeth yn gorfod ei torri [*sic*] ymaith o herwydd nad allyt, [*sic*] ei *fysgu*. **18g.** *Hop M* 292, Daeth Will Hopkin flin aflonydd—i'n mysg, / Er *mysgu*'n llawenydd. *c.* **1762–79** W. WILLIAMS: *P* 651, yn ol i'r parlament *fysgu*, amryw o arglwyddi a phendefigion pennaf y deyrnas a gyfarfuasant. **1766** *CD* d.d., yn Cynnwys Crynhodeb Araithyddiaeth yr hên Frutaniaid yn *mysgu* Brythonaeg iw gilydd. **1771** *PDPh* 69, unig ddefnydd y Rywel yw *mysgu* chwyddaint caled. Ar lafar ym Morg. a Brych. yn yr ystyr 'datod, ymddatod', *LGW* 517, e.e. '*misgu* 'sgitsia', 'llyfr yn *misgu*'; sonnir hefyd am 'gwrdd yn *misgu*'; defnyddir yr ymad. '*misgu* tŷ', am 'roddi'r gorau i'r cartref a rhannu neu werthu'r celfi'.

(*b*) Cymysgu (ynghyd), rhoddi ynghyd (blith draphlith): *to mix, mingle, jumble*.
1604–7 *TW* (*Pen* 228) d.g. *conturbo*. **1632** *D*, *mysgu*, miscere. **1688** *TJ*, *mysgu*, cymysgu: to mix. **1753** *TR*, *mysgu*, to mingle or to mix, to blend or jumble, to put together. **1803** *P*.

mysgaf[2]: mysgu [bnth. S. (*to*) *mask* 'to mash, brew'] *bg.a.* Paratoi (cwrw, &c.), macsu, bragu, darllaw, hefyd yn *ffig.*: *to brew, also fig.*
1722 *Llst* 189, *mysgu* . . . brew drink. *id.* *mysgu*'r gerwyn, to mash ye kieve. *id.* d.g. *ale, to brew ale.* **1771** *W*, *mysgu* (corruptly macsu) d.g. *to brew*. *id.* d.g. *to mash* [*in brewing*].
Gw. hefyd macsaf: macsu.

mysgaidd, mwsgaidd [*mwsg*+-*aidd*] *a.* Mwsglyd, hefyd yn *ffig.*: *musky, also fig.*
1776 *W*, *mwsgaidd* d.g. *musky*.

mysgariaf: mysgario, gw. misgariaf: misgario.

mysgedig [bôn y f. *mysgaf*[1]: *mysgu*+ -*edig*] *a.bfl.* Wedi ei gymysgu, cymysg: *mixed*.
1803 *P*.

mysgedd [bôn y f. *mysgaf*[1]: *mysgu*+ -*edd*[1]] *eg.* Cymysgedd: *mixture*.
1803 *P*, *mysgedd*, the state of being mixed.

mysgfa [bôn y f. *mysgaf*[1]: *mysgu*+-*fa*, *ma*] *eb.* Chwalfa, gwasgariad: *a breaking up, dispersal*.
Ar lafar ym Morg., '*misgfa* tŷ', sef 'y weithred o roddi'r gorau i'r cartref a rhannu neu werthu'r celfi'.

mysgi [*mysg*+-*i*[1]] *eg.* Cythrwfl, cyffro: *turmoil, tumult*.
13g. *C* 66. 18, Pell y *vysci* ac argut. *id.* 66. 19–67. 1, Pell y *vysci* ac anau. **13g.** *A* 16. 17–18, gwrhyt arderchawc varchawc *mysgi*. **1803** *P*.

mysgiad [bôn y f. *mysgaf*[1]: *mysgu*+ -*iad*[1]] *eg.*

(*a*) Y weithred o ddatod, hefyd yn *ffig.*: *an undoing, also fig.*
1651 SIÔN TREREDYN: *MDD* 105, Nid yw marwolaeth, onid dattodiad, neu *mysciad* [*sic*] o pheth [*sic*] cymmyscedig (*a dissolution, or untying of a compound*). *id.* 138, Y peth cyntaf sydd iw wneuthur cyn y deloch at Christ yw *mysciad* o'r cwbl oll ar y wnaethoch eusys [*sic*].

(*b*) Y weithred o gymysgu, cymysgiad: *a mixing*.
1803 *P*.

mysgl, mysglaf: mysglu, gw. misgl, masglaf: masglu.

mysglys, mwsglys [*mwsg*+*llys*[5]] *e.tf.* *Bot.* Planhigion bychain cyffredin mwsglyd ac iddynt flodau gwyrdd golau, *Adoxa moschatellina*: *moschatel*.
1813 *WB* 223, *Mwsglys*; Adoxa Moschatellina; Tuberous Moschatel.

mysgol [*mysg*+-*ol*] *a.* Wedi ei gymysgu, cymysg: *mixed, blended*.
1803 *P*.

mysgran [*mysg*+*rhan*] *eb.* ll. -*nau*. Cynhwysyn: *ingredient*.
1851.

myshrwm, mysiarŵm, gw. masiarŵm.

mysiff, mysîn, myslan, mysliaf: myslio, myslin, gw. misiff, masîn, byslen, mwsliaf: mwslio, mwslin.

mysni [*mws*[1]+-*ni*] *eg.* Y cyflwr o fod yn fws neu'n hendrwm, diffyg ffresni: *mustiness, rancidness, staleness*.
[1783] *W* d.g. *rancidness*.

mysog[1] [*mws*[1]+-*og*] *a.* ?Drewllyd: *stinking*.
c. **1400** *R* 1273. 28–9, Crimogawc *myssawc* massw gerbyt divlas. *id.* 1343. 7–8, Rywyach it ymlit amlwc warn geidyawc du *vyssawc* di vassarn. *id.* 1354. 30–1, Kyngladur traetur messur *myssawc*.

mysog[2], mysogl, gw. mwsogl.

mysoglaf: mysogli, mysoglog, mysoglyd, gw. mwsoglaf: mwsogli, mwsoglog, mwsoglyd.

mysorig [?*mws*[1]+*gôr*+-*ig*[2]] *a.* Gorllyd, clwc, hefyd yn *ffig.* ynglŷn â'r ymennydd: *addled, also fig. of brain*.
1773 *W*, wy *mysorig* d.g. *egg, addle egg*. **18–19g.** *Llr* C 30, 188, wy *mysorig*, an addled egg, ymhenydd *mysorig*, addle brain. **1803** *P*. Ar lafar ym Morg.

mysrwm, gw. masiarŵm.

mysteri, mystri [bnth. S. *mystery*] *eg.* Dirgelwch (crefyddol): (*religious*) *mystery*.
16g. (*LlEG*) *Mos* 158, 676a, gwnaethantt twy vara ohonnav ef [grawn], yr hwn wrth i vwytta aoedd ynvlasus ac ynndda . . . y kyuri[w] betth ac i maer *mystri* hwn ynniarwyddockau, Ir ydisyniadel ynunig i dduw i hun yw ddihogongli [*sic*]. **1567** *TN* 285b, egorodd i ni ddirgelwch [:– *mysteri*] ei wyllys. **1574** *LlGC* 15542, 229a, am y bod yn fydol ny allen ddeyall pethe ysbrydol, ond y *mysteri*, yn gimmint sydd yn ffolineb.
Amr.: **myster.** **1609** R. SMYTH: *CAC* 14, y dirfawr ddirgeledd *myster* a'r daioni a gyflawnwyd ar y groes.

mystiad, gw. ministr.

mystical, mysticol [bnth. a chfdds. o'r S. *mystic*(*al*)(+-*ol*)] *a.* *Diwin.* Cyfriniol: *mystical* (*in theol.*).
1611 R. SMYTH: *SG* 78, *mystical* ne gyfrinacha[w]l gorph. Crist. **1684** H. OWEN: *DC* 421, nid yr Oen *mysticawl* (neu'r dirgeleddus) ond dy dra sanctaidd Gorph.

mystig, mystic [bnth. a chfdds. o'r S. *myst*(*ic*)+-*ig*[2])] *eg.* a hefyd fel *a.* Cyfriniwr; cyfriniol: (*a*) *mystic*.
1807.

mystraf: mystro, gw. mwstraf: mwstro.

mystres, mystri, mystriaf: mystrio, gw. meistres, mysteri, mwstraf: mwstro.

mystrolaf: mystroli, gw. meistrolaf: meistroli.

mystrwng [?bnth. S. C. *moustring*; ?dan ddyl. be. yn -*wng*, e.e. *gollwng, hebrwng*] *ba.* ?Casglu ynghyd: *to gather together*.
c. **1400** *ChO* 11, a'r engylyon, yn edrych ar y kythreuleit yn eu *mystrwng* wynteu.

mystrych [?*mws*[1]+elf. *(*s*)*trych* (cf. *distrych*)] *eg.* a hefyd fel *a.*

(*a*) Aflendid, yn aml yn ddifr. am berson, a hefyd yn *dros.*; aflan: *filth, often derog. of a person, and also transf.; filthy*.
14g. *GDG* 331, Dyfod a wnaeth, noethfaeth nych, / Dan gri, rhyw feistri *fystrych* [i'r rhugl groen]. **14–15g.** *IGE*[2] 186, Gwybydd di, *fystrych* gwych gwydn, / Golesg Ieuan wag elydn [ateb Rhys Goch Eryri i ddychan Siôn Cent]. *c.* **1400** *ChO* 6, diawl . . . yr hwnn yssyd oll yn dommen vudyr ac yn *vystrych* drewedic. **15g.** DEIO AB IEUAN DU, &c.: *Gw* 129, Gyrrer Siôn, estron *fystrych*,—Llanidloes, / Groes ynghroes dwygoes oni degych [dychan i'r lleidr a ddug wartheg y bardd]. *c.* **1475** *B* xiii. 178, Vn Duw o'r Nef . . . a disgyn . . . a gwrthwynebu y'r angel *mysdrych* a'r dwy genedlaeth uchot ysgymunedic. **15–16g.** *GRB* 68, Nid elych *fystrych* i fedd, / na'th annedd yn iaith Wynedd. **1567** *TN* 338b, Tra dygid chwi allan weithiau trwy wradwyddeu a gorthrymdereu, y fod yn ddrychioleth [:– *vysdrych*]. **16g.** DAFYDD BENWYN: *Gw* 630, Ail i'r Proll, veistrol *vystrych*, / at vwrdd a brest wyt, vardd brych [i Siencyn Morgan]. **1592** S. D. RHYS: *Inst* 270, *Mysdrych* yn Gwrthrych gwarthrudd. **1604–7** *TW* (*Pen* 228), dyn dyfyrllyt, *mystrych* d.g. *nebulo*. **17g.** **(1759)** *BC* 476, Cwmni medd-dod yn rhy fynych, A wnaeth / Lawer, Gloyw Feister, fel gwael *fystrŷch* (Huw Morus). **1706** T. JONES: *Alm* 48, Fo â Scribliodd yn ei *fystrŷch* am y flwyddŷn 1705 fy môd if . . . yn dyfeisio llawer o gelwyddau.

(*b*) Misglwyf: *menses, period*.
1604–7 *TW* (*Pen* 228) d.g. *menstrua*. **1632** *D*, *mystrych*, menstruum. **1776** *W* d.g. *flowers*.
Amr.: **mistrych** [dan ddyl. *mis, misglwyf*, &c.]. *Dchr.* **17g.** *J* 10, 31b, *mistrych*, floures, menstruum. **1725** *SR*, blodeu *misdrych* d.g. *flower*, *Womens Flowers*. **1776** *W* d.g. *flowers*.

mystwyr [bnth. Llad. Diw. *mon*(*a*)*stērium*, cf. H. Wydd. *monister*, Gwydd. C. *mainister*] *eg.* Mynachlog: *monastery*.
12g. *LL* 207, cum tribus modius terrę mathenni. *mustuir* mur [*sic*] cum omni sua libertate. Digwydd o bosibl fel elf. mewn e. lleoedd, gw. *GCH* ii. 485b–6b.

mystynnaf: mystyn, gw. ymestynnaf: ymestyn.

mysuriaf: mysurio, mysurwr, gw. mesuraf: mesur, mesurwr.

mysw, myswr, gw. mysb, miswrn.

myswrn[1], *eg.* ll. *mysyrnau* (*mwswrnau*). Offeryn bychan miniog; siswrn: *small sharp tool; scissors*.
1803 *P*.

myswrn[2], gw. miswrn.

myswynog, *eb.* ll. *-ydd, -ion, -au.* Buwch a gedwir heb lo, hefyd yn *ffig.*: *barrener, farrow cow, also fig.*
15g. Deio ab Ieuan Du, &c.: *Gw* 103, A'i flew yn glyd, fal yn glog / Sinobl ar fy *myswynog* [i ddiolch am darw coch]. **16g.** Huw Arwystl: *Gw* 281, Er llechu r gwas minlas mawr / ai *fyswynog* fis Ionawr [i ofyn tarw]. *a.* **1587** Huw Ceiriog, &c.: *Gw* 38, Yntau a gâr, hynt y gog / Sôn am lefrith *myswynog* [am Wiliam Cynwal]. *Diw.* **16g.** *WLB* 41, ac yna kymmer lefrith *mysswynogydd* os kai. *Dchr.* **17g.** *J* 10, 28b, *myswynog* . . . taura. **1632** *D*, *myswynog*, vacca. **17g.** E. Morus: *Gw* 39, Y *fyswynog* fis Ionawr / Iddo fydd ddyweddi fawr [i ofyn tarw]. *c.* **1689 (1802)** L. William: *Sherlyn Benchwiban* 31, Er cynnydd llaeth i'm cynnog, / A chael pris am hên *fyswynog.* **1753** *TR*, *myswynog*, a cow that hath been one year without calving. **1763** *DT* 163, A *Myswynog* i roi Llaeth, / A hon nid gwaeth na Cheffyl (Lewis Morris). **1769** Twm o'r Nant: *TChD* 39, Dwy hên *Fyswŷnog* oedd i Buches heini / A rhainy'n wâg hyllig, ai Cyrn mron colli. **1787 (1812)** Twm o'r Nant: *PG* 51, Dyna lle'r oedd y Dealers hyny mor dalog, / Yn ysgwyd dwylo a chusanu gydâ'r hen *fyswynog.* **1803** *P*, *myswynog*, s.f. p. *-au*, a farrow cow, a cow that has passed a season without calving, and has milk through the winter. Ar lafar yn gyff. yn y ff. *myswynog* (*myswinog*), *byswynog* (*byswinog*), &c. (ll. *mysnogydd*, *bys(w)nogydd*, &c.), *TGG* (1904) 47, 56, *id.* (1908) 97, *B* iv. 290.
Amr.: **swynog. 1881.** Ar lafar, weithiau yn yr ymad. 'buwch *swynog*' (?cf. *byswynog*), *WVBD* 66.

myswynogi [be. o'r e. bl.] *b?a.* Cadw (buwch) fel myswynog: *to keep (a cow) as a barrener or farrow cow.*
c. **1730** *Thos. Lloyd D* (LlGC) 174b, *myswynogi*, to keep without bulling.

mysygandod [elf. anh. (?cf. y f. *syganaf*: *syganu*) + *-dod*] *eg.* Maldod: *doting fondness.*
1722 *Llst* 189, *mysygandod*, m. foolish fondness. **1773** *W* d.g. *fondness, or fond language* [*of doting old men, of nurses*, &c.]. **1803** *P.*

mysyglaf: mysyglu, mysyglog, mysyglyd, gw. mwsoglaf: mwsogli, mwsoglog, mwsoglyd.

mysymog, mysynog, gw. mwswmog.

mysyryd, mytgard, mytn, mytwith, mytyn, gw. mesyryd, mydgard, mwtwn, gwidwith, meityn.

myth[1] [bnth. S. *myth*] *eg.b.* ll. *-(i)au.* Stori, fel rheol un draddodiadol, sy'n esbonio neu'n disgrifio digwyddiadau naturiol neu hanesyddol fel gweithredoedd duwiau, arwyr, neu fodau uwchddynol eraill; stori, thema, credo, &c., sy'n ymgorffori delfrydau neu emosiynau grŵp, cymdeithas, cenedl, &c.; mythos; stori neu syniad ffug neu gyfeiliornus, person neu beth na fu erioed yn bod: *myth*; *mythos.*
20g.

myth[2], *eg.* Tawch afiach: *miasma.*
1803 *P.*

myth[3], gw. mwth.

mythaidd [*myth*[1] + *-aidd*] *a.* Yn perthyn i fyth: *mythic(al).*
20g.

mythder [*mwth* + *-der*] *eg.* Cyflymder: *swiftness.*
1754 *Gron* 18, *Mythder* i'r ceinych mwythdew; / Daint hirion llymion i'r llew. **1803** *P.*

mythfarch [*mwth* + *march*] *eg.* ll. *mythfeirch.* Ceffyl cyflym: *swift horse.*
13g. *A* 12. 21–2, gnawt ene neuad *vythmeirch* gwyar a gwrymseirch.

mythig [*myth*[1] + *-ig*[2]] *a.* Yn perthyn i fyth: *mythic(al).*
20g.

mythineb [*mwth* + *-ineb*] *e?g.* Cyflymder: *swiftness.*
c. **1400** *R* 1332. 36, *mythineb* kideb kadw vysylwed.

mytholeg [cfdds. o'r S. *mythol(ogy)* + *-eg*[1]] *eb.* Corff o fythau, chwedloniaeth; gwyddor mythau: *mythology.*
20g.

mytholegol [*mytholeg* + *-ol*] *a.* Yn perthyn i fytholeg, chwedlonol: *mythological.*
20g.

mytholegwr, mytholegydd [*mytholeg* + *-wr, -ydd*[3]] *eg.* ll. *-wyr.* Un sy'n astudio mytholeg: *mythologist.*
20g.

mythos [bnth. S. *mythos*] *eg.* Y credoau, y gwerthoedd, yr ymagweddau, &c., sydd gyda'i gilydd yn nodweddu grŵp neu gymdeithas arbennig: *mythos.*
20g.

mythras [bathiad Iolo Morganwg o ?*my* + *tras*] *e?g.* Perthynas drwy briodas: *relationship by marriage.*
18–19g. *Llr* C 1, 248, Dau ryw Geraint y sydd Ceraint o waed a Cheraint *mythras* . . . a cheraint *mythras* o ddau gyff amrafaelion ag a fyddant o briodas rhwng eu cydtylwythau, sef yw *mythras*, perthynas a fydd rhwng Ceraint y gwr a Cheraint y wraig achaws y briodas rwng y gwr hynny ar wraig honno.

mythyddiaeth [*myth*[1] + *-yddiaeth*] *e?b.* Mytholeg: *mythology.*
1866.

mywiliau, gw. mefilia.

mywion [amr. ar *bywion*] *e.ll.* (un. g. *-yn*, b. *-en*). Morgrug, hefyd yn *dros.*: *ants, also transf.*
1545 *CM* 1, 166, Modd arall i ddistyllio blode ac wye *mowion.* **16g.** (*LlEG*) *Mos* 158, 206a, Ir ydoedd y ddaiar y kwchwuan o bobyl megis y twmpath *mowion.* *Diw.* **16g.** *CRC* 262, pen fo y *mowionyn* . . . mewn klyd letty / heb na gwynt na glaw yny ddrygy. **16–17g.** *GST* i. 578, *Mywion* gwynion mewn gweunydd, / A'u llawen fwyd meillion fydd [am ŵyn]. **1604–7** *TW* (*Pen* 228), *mowion* gwenwynic d.g. *salpiga.* **1632** *D*, *mywion*, formicæ. Sing. *Mywionyn.* potiùs Bywion. **1688** *TJ*, *mywion*, morgrug: ants, Pismires. **1803** *P.* Ar lafar yn sir Ddinb., *Cymru* xlvii. [141].
Cfn.: **mywion asgellog:** *unidentified flying insects.* **1588** *Jer* li. 14.
Gw. hefyd bywion.

mywn, myws, gw. mewn, miws.

mywydd [?amr. ar *muchudd*, cf. *muchwydd*] *e?g.* ?Muchudd: *jet (mineral).*
14g. *GDG* 122, Duach yw'r gwallt, diochr gwŷdd, / No mwyalch neu gae *mywydd.*

mywyliau, gw. mefilia.

mywyn [amr. ar *bywyn*] *eg.* Bywyn, mwydionyn: *pith, pulp.*
1803 *P.*
Gw. hefyd bywyn.

N

n, cytsain, a'r ail lythyren ar bymtheg yn yr wyddor Gymraeg; ar ddechrau gair digwydd fel cts. gsf., ac fel tr. trwynol *d*, e.e. *dant*, *fy nant*; hefyd weithiau mewn rhai tafodieithoedd fe'i treiglir yn *nh*, e.e. *nain*, *ei nhain hi*; digwydd *nh* fel tr. trwynol *t*, e.e. *tant*, *fy nhant.*

'n[1,2,3,4,5], gw. ein, yn[1,2,3], fy[1].

na[1], **nad**[1] [Crn. C. *na(g)*, H. Lyd. *na(c)*, H. Wydd. *nă(ch)*; cf. *na*[2]; â'r *-d*, cf. *neud*, *od*[2], *ped*] *gn. a chys. neg.* (o fl. llaf. gysefin yn y ff. *nad* gan amlaf) sy'n peri tr. lls. i *p*, *t*, *c*, a thr. ml. i *b*, *d*, *g*, *ll*, *rh*, *m*, er bod *b*, *ll*, *m*, weithiau'n gwrthsefyll treiglo.

(*a*) Mewn cymal enwol: (*in a noun clause*) *that . . . not.*
13g. *C* 108. 14, och kindilic *na*buost gureic. **13g.** *A* 10. 1–2, ny thraethei *na* wnelei kenon kelein. *c.* **1300** *H* 101b. 23–4, Nyd adawaf hael o hil beli. *na* bwyf bwyll sarruc o bell sorri (Llywarch ap Llywelyn). **14g.** *BT* 57, agouyn ydaw pa le yr oed vadawc y nos honno adechreu gwadu a wnaeth ef *na* wydad pa le yr oedd ac yny diwed wedy y gymell ef a adefawd y vod yn agos. **14g.** *WM* 27. 32–4, yn ouyn ni yw *na* byd it etiued or wreic yssyd gennyt. **14g.** *GIG* 60, Bo a fo ym, aflym wyf, / Ai syrthio, ai *na* syrthiwyf. *c.* **1400** *R* 1286. 35, Gwnn *nam* kery. *c.* **1400** *YCM*[2] 118, dywawt ynteu *na* well wedei y neb. **1567** *TN* 239a, Da yw *na* vwytaer cig, ac *nad* yfer gwin. **1723** WM: *PGG* [xxv], Ond er hynny yr wyf yn gobeithio . . . *na* chollais ddim . . . o Rym na'c Egni'r Awdwr. **1753** G. Owen: *L* 41, rwy'n tybio *na* wiw disgwyl dim da gan y Bangor yna. **1778** J. Hughes: *BB* 260, Gobeithio yn hyn o eirie, / *Na* 'gorais i mo'n gene, i ganu 'n segur. **1798** T. Roberts: *CG* 31, mae . . . yn bodloni dynion, *na* wiw gofyn, *na* wiw ceisio, ac *na* wiw curo. Ar lafar, 'Ella *nad* eith o ddim', *WVBD* 389.

(*b*) Mewn cymal perthynol: (*in a relative clause*) (*who(m)*, *which*, *that*) . . . *not.*
9g. (*MC*) *VVB* 191, *Na*toid guocelesetic, gl. *nulla titillata.* **13g.** *C* 50. 3–4, aghev aduc paup. pa rac *nam* kyueirch. **13g.** (**17g.**) *LlGC* 4973, 14a, Tri chlwyf *nad* ydynt fal cynt Cynon [marwnad Llywelyn ap Iorwerth a'i feibion gan Ddafydd Benfras]. **13g.** *DB* 57, Paham *na* chyffry er Mor Marw yr y gwynnyeu, a *na* diodef endau dim byu? *Dchr.* **14g.** *H* 29a. 9, gwr bwlch *nat* ydiw gwayw briw brwydyrgar [marwnad Dafydd ap Gruffudd ap Llywelyn gan Fleddyn Fardd]. *c.* **1400** *B* ii. 20, Ar neb a vo beius ac *nas* gwypo neb namyn ef e hun. *id.* 21, dynyon gwenyeithus o ymadrawd ac *nas* cwplaont oe gweithret. *ib.* Y neb a ymwnel ar y eir yn gedymdeith ytt ac *na* bo ffydlawn o gallon. **15g.** *LGC* 81, A oes man o Ismynydd / *Nas* cerddo cyn darfo'r dydd? **15g.** *ID* 74, Llywelyn ni fyn e fo [*sic*] / Fod [die]ithr *na* fwytaeo. **1588** 2 *Sam* xvii. 22, nes goleuo 'r bore, fel nad oedd vn yn eisieu a'r *nad* aethe dros yr Iorddonen. **1588** *Job* iii. 11, Pa ham *na* bum farw wrth ddyfod o'r bru? *na* threngais pan ddaethum allan o'r groth? **1631** O. Thomas: *CC* 23, Ym mysc y Saeson ni chewch, ond odid, nêb *na* fedro ddarllain. **1653** *MLl* i. 192, A'r Sawl *na* ddringo vwch ei law ei hun, ni eistedd fyth yn y nefoedd. *c.* **1730** *Thos. Lloyd D* (LlGC) 182a, a cheisio ffordd i'r byd *Na* dderfydd. **1753** G. Owen: *L* 47, Gyrrwch imi ryw un neu ddau o'r mesurau *na*'s adwaen ymhob llythyr. **1759** T. Thomas: *WWDd* vii, y Dyrfa fawr, yr hon *na*'s gall nêb ei rhifo. *id.* 157, y rhai ni chyfiawnhâwyd, ac *na*'s cyfiawnheir byth. **1925** J. Morris-Jones: *CD* 25, Y mae i'r eiriadaeth farddonïaidd ei thraddodiad, *na* wiw i'r bardd . . . ei ddïystyru. Ar lafar, ''Toes neb *nad* oes ryw fai arno fo', *WVBD* 389; weithiau treiglir *p*, *t*, *c*, yn feddal ar lafar, *Treigladau* 363.

(*c*) Mewn cymal adferfol: (*in an adverbial clause*) *not.*
13g. *C* 22. 2–3, Andeid iglethuir guerth *na*buost vffil. **13g.** *A* 31. 16–17, ath uodi gwas nym gwerth *na* thechut. **13g.** *B* x. 23, wynt a geissyassant eu clochyd. a guedy *nas* cavssant, wynt a doethant er avon. *c.* **1300** *H* 48a. 32, Nyth wnaf ernywed yr *nath* gaffwyf (Cynddelw). **1346** *LlA* 26, ef avyd kadarnn pob rinwed awnnelont. pryt *na* bont wyntev. **14g.** *B* x. 55, yr hwnn [Duw] . . . a ossodes teruyneu y'r moroed megis *na* delwynt uyth dros y orchymyn. **14g.** *WM* 80. 19–21, bei *na* metrut hynny heb ef. Ef a doy am dy benn cwbyl or gouut. *c.* **1400** *RB* ii. 224, pei *nar* gyfarffei ac ef. *c.* **1400** *YCM*[2] 30, Mal *na* anet Adaf . . . y gan neb . . . velly ny anet Duw Dat y gan neb. **1551** W. Salesbury: *KLl* xviib, Yn ew dwylaw yth ddygant ti pan *na* bo yt daro [d]y droed. **1568** Morys Clynnog: *AG* [iii], a llauer o eiriau, a fu raid i harfer er *nad* oeddynt arferedig trwy Gymru. **1620** *Marc* iv. 12, Fel yn gweled y gwelant, ac *na* (**1588** *ib.* ni) chanfyddant; ac yn clywed y clywant ac ni ddeallant. **1632** J. Davies: *LlR* [iv], o herwydd *nas* gall na myfi na neb arall o'm galwedigaeth, ond eich dysgu chwi a'ch annog. **1658** *Examen* 35, Ond fel *nam* lluddier yn y peth, / . . . / Moes im dy gymmorth Duw ar frys. **1670** J. Hughes: *AP* 11, glanha fy-ngwefusau . . . fel *nas* agoro fy-ngeneu fyth, ond i'th foliant di. **1703** E. Wynne: *BC* 71, hwy a gânt yno uniondeb er *nas* gwnaethant. **1730 (1755)** E. Wynne: *PAC* 10, A chan *nad* all un dŷn ar aned gwbl ochelŷd drallodeu. Ar lafar, 'os *nad* oes', 'os *na* frysiwch', *WVBD* 389.

(*d*) Yn cyflwyno cymal adferfol canlyniad: (*introducing an adverbial clause of result*) *so that . . . not*.
13g. *MA*[2] 189. 18, Nis gwna pawb *na* bo pennaf (Cynddelw). *Dchr.* **14g.** *H* 116a. 37, Pan ym gwnaeth wulet *na*th uolwn uy rwyf (Llywarch ap Llywelyn). *c.* **1400** *R* 1381. 40–1, gwnaeth tyreu trefdraeth. *nat* ynt trada. **1567** *LlGG* (*Sall*) 10b, Cadw hefyt dy was y wrth pechatae ryvygus, *na* arglwyddiaethant arnaf. **1606** E. JAMES: *Hom* i. 46, yddoedd eu hymddiried hwy cymmaint ynnuw, *nad* oeddynt yn priso ar vn peth bydol. **1653** *MLl* i. 199–200, Ond pa fodd y daeth yr Adar . . . a'r dynion i ymladd, ac i ymrafaelio ai gilydd *na* fedr nêb gytuno yn yr vn byd? *id.* 234, mae Luciffer yn cadw mwgwd y cnawd ar lygaid meddyliau Dyn, *na* chaiff ef ganfod mo hono ei hun nes i bod hi yn rhŷhwyr. **1703** E. WYNNE: *BC* 46, a'r Eglwys oddi mewn mor oleu danbaid, *nad* oedd wiw i Ragrith ddangos yno mo'i hwyneb.

(*e*) ?(yn cyflwyno cymal adferfol amod) Oni: (*introducing a conditional clause*) *unless*.
14g. *T* 57. 12–13, ny bydif yn dirwen. *na* molwyf i vryen. *id.* 69. 3–4, kerydus wyf *na* chyrbwyllwyf am rywnel da.

(*f*) O flaen berf amherffaith (ddibynnol) neu orberffaith, mewn cystrawen sy'n mynegi dymuniad cadarnhaol (gan amlaf gyda'r ebychiadau *o*, *och*): (*before an imperfect* (*subjunctive*) *or pluperfect verb, expressing a positive wish, usu. with the interjections* '*o*', '*och*') *would that, if only*.
1567 *TN* 283a, Och dduvv *na* thorit ymaith yr ei ach aflonyddant. **1588** *Deut* xxxii. 29, Oh *na* baent ddoethion. **1588** *Job* xix. 23, Oh *nad* yscrifennid fyng-eiriau yn awr: ô *na* orgrephid hwynt mewn llyfr. *id.* xxiii. 3, Oh *nas* adwaenwn, ac *nas* cawn ef. *id.* xxix. 2, Oh *na* bawn i fel yn y misoedd o'r blaen. **1588** *Eseia* lxiv. 1, Oh *na* rwygit y nefoedd. **1588** *Jer* ix. 1, Oh *na* bydde i mi mewn anialwch lettŷ fforddolion. **1653** *MLl* i. 193, O *na* wele hi y goleuni mewn cariad! **1761** *ML* ii. 325, Och *na* chaech weled y Doctor Owen yn ei dy. **1793** DAFYDD IONAWR: *CD* 53, Oh *na* ddoi'n ol fy ffoledd. / Oh *na* bawn i yn y bedd! **1794** *W*, och Dduw *na* bai d.g. *would, would God.* **1803** *P*, na . . . *Na* buasit ti yno! O that thou hadst been there! Cf. R. WILLIAMS PARRY: *CG* 4, Och! *na* pharhaent. Cf. ymhellach *C* 108. 14, och kindilic nabuost gureic.

(*g*) O flaen berf ddibynnol bresennol sy'n mynegi dymuniad negyddol: *before a present subjunctive verb expressing a negative wish*.
14g. *T* 18. 20–1, *Na* cheisswynt lyfrawr nac agawr brydyd. **1551** W. SALESBURY: *KLl* lxb, a yw'r gyfreith yn erbyn addeweidion Deo? *Na* ettit [:– *na* ato Deo]. **1620** *Mos* 204, 105, *Na* adwo christ imi gallyn ond ei ffordd ev. *id.* 106, *Na* bo gwell ei ddyhenydd. **1703** E. WYNNE: *BC* 55, Wel', ebr fi, *na* ddêl byth nôs i Lan-gwsc, ac *na* chaffo 'r Hunlle byth orphws . . . oni ddygwch fi 'n ôl lle i'm cawsoch. **1753** G. OWEN: *L* 72, Byth *nas* caffo! **1764** W. WILLIAMS: *C* 145, *Na* byddo gwrthnebiadau 'r bŷd, / Na chroesau o unrhyw, / I'm hoeri nag i sugno mryd / Un dim oddiwrth fy Nuw. **1794** *W*, *na* bô i mi einioes mwy . . . os gwn i . . . *Na* bwyf byw (marw a wnelwyf), os gwn i d.g. *would, would God . . . Would I might never live, if I know.*
Amr.: **nag**[1]. **1632** J. DAVIES: *LlR* 383, och Dduw deg *nag* ystyriai y rhai bydol hyn yma. Ar lafar, 'os *nag* a' i', *WVBD* 389; 'y dyn 'na *nag* odd ddim yn gallu wilia Cymræg'; 'Fe ŵyr *nag* os dim wedi dicwdd'.
Cfn.: **na(d) sy(dd):** *who* (*which, that*) *is* (*are*) *not.* **1908.**
Gw. hefyd nad[2].

na[2], **nac**[1] [Crn. C. *na(g)*, H. Lyd. *na(c)*, H. Wydd. *nă(ch)*; cf. yr e. *nâg* a'r Llad. *neque, nec*] *gn. neg.* (o fl. llaf. gysefin yn y ff. *nac* gan amlaf) sydd fel arfer yn peri tr. lls. i *p, t, c*, a thr. ml. i *b, d, g, ll, rh, m*.

1. (o flaen berf orchmynnol) Paid (peidiwch) â: (*before an imperative verb*) (*do*) *not*.
9g. (*Juv*) *B* vi. 102, *na*mercit mi nep leguenid henoid. **13g.** *C* 59. 7–8, *Na* achar waes. *Na*char. warvy. *c.* **1300** *H* 15a. 26, *na*m gad y gythreul (Einion ap Gwalchmai). **1346** *LlA* 142, Eil geir dedyf yw. *na* chymer enw duw yn orwac. **14g.** *WM* 35. 12–13, *nac* ewch bellach hynny. **14g.** *GIG* 18, *Na* ynganer yng Ngwynedd. / *Na* ddalier ych dan wych wedd / . . . / *Na* hëer mwy yn nhir Môn. *c.* **1400** *B* ii. 13, *Na* werth dy sofyl y ar dy dir. **1551** W. SALESBURY: *KLl* lvb, *Nag* ofna, yn ol hyn y byddy yn dala dynion. **1567** *TN* 237b, *Na* 'orchfyger-di gan ddrwgioni. *id.* 238a, *Na* wna 'odinep, *Na* ladd, *Na* ledrata, *Na* dwc [*sic*] gamdestiolaeth, *Na* chupydda. **1588** *Jer* xii. 23, *Nac* wylwch . . . *na* ymofidiwch. **1679** C. EDWARDS: *GGG* 207, *na* ofna mor marw. **1718** E. SAMUEL: *HDdD* 20, *na* byddwch mor ddireswm. **1723** WM: *PGG* 4, Gan hynny *na'g* ymfalchia o herwydd dysg. **1754** G. OWEN: *L* 91, Da chwithau *na* ymheliwch ddangos m'oni i neb. **1759** T. THOMAS: *WWDd* 179, *na* wrando ar nêb. **1778** J. HUGHES: *BB* 42, O's awn i'r nef *na* thybiwn lai, / Na mynd trwy grai cyfyngder. **1778** *W*, *Na* ddôs gyd ag ef . . . *Nac* ymyrr ag ef d.g. *not, Adv.* **1803** *P* d.g. *na, adv., nac, adv.*

2. Mewn ateb neu ymateb negyddol i gwestiwn, gorchymyn, neu osodiad: *in negative reply or response to a question, command, or statement*.

(*a*) (o flaen berf: *before a verb*).
14g. *WM* 13. 24–7, aoes ohonawch i a adnappo y uarchoges. *nac* oes arglwyd heb wynt. *id.* 39. 34–6, A uyn ef dyuot yr tir. *na* uynn arglwyd heb wynt. *id.* 62. 21–3, A phei mynhut gyuoeth eiryoet ad uyd [*sic*] y caffut ti hwnnw. *Na* uynhaf unben heb ef. *id.* 76. 26–9, aphaham y gouynhy di arglwyd heb ef. *Na* weleis heb ef neut seith mlyned un dyn yma. *id.* 121. 20–2, a ryfu ef genhyt ti. *na* ryfu myn vyg cret heb hi. *id.* 431. 22–4, Pa barth . . . y tybygy di y uynet ef. *Na* vn heb ynteu. **14g.** *YBH* 54b, Syr heb y terri mi a af gyt athi. *nac* ey yscuir heb y bown. *c.* **1400** *R* 1026. 33–5, awdost ti pwy adyweit . . . *na* wnn onys dywedy. *c.* **1400** (*SG*) *HMSS* i. 176, a gyfaruu a thydi yr amherawdyr arthur. *Na* chyfaruu heb ef. *c.* **1400** *ChO* 18, 'mi a ehedwn yn vn dyd mwy noc a gerdut ti yn dec diwarnawt.' '*Nac* ehedut, am gyngwystyl'. **15–16g.** *TA* 316, Ni bu farw tarw anturiaeth, / *Na* fu, ddim —i nef ydd aeth! **1551** W. SALESBURY: *KLl* xxxviib, Anyd wyt tithe yn vn oe ddiscipulon ef? . . . *Nag* wyf. **1588** 1 *Br* ii. 30, fel hyn y dywedodd y brenin, tyret allan: yntef a ddywedodd, *na* ddeuaf. **1588** *Sech* iv. 5, oni wyddost beth yw y rhai ymma? . . . *na* wn fy Arglwydd. **1653** *MLl* i. 170, A fuost ti erioed yn i mysg nhwy . . . ? . . . *Na* fûm. *id.* 180, a wyti dy hun yn ei deall? *Nag* ydwyf yn iawn. *id.* 196, a losgir y nêf ar ddayar yn lludw . . . ? . . . *Na* wneir. **1778** *W*, A oes nêb yma? *Nag* oes d.g. *no, responsive or responsory.* Ar lafar, ''Gymwch chi chwanag?' '*Na* chyma''; ''Wnewch chi ddŵad?' '*Na* ddo'', *WVBD* 389.

(*b*) (o flaen rhannau ymadrodd eraill: *before other parts of speech*).
13g. *RC* xxxiii. 245, Ae mivi hep yr yessu ath vyryvs di. *Na* thi argluyd heb e zeno. **14g.** *WM* 84. 14–17, ae guell y gwna neb uy neges i wrthyt ti no mi uu hun. *Na* well heb ynteu. *id.* 425. 19–21, ae drwc gennyt ti ouyn pa le pan deuy ditheu. *na* drwc heb ynteu. *id.* 458. 21–5, Am kawd kei myn llaw uyghyueillt bei gwnelhit uygkhyghor. i. nythorit kyfreitheu llys yrdaw. *Na* wir kei wynn. **14g.** *YBH* 24b, dywedwn y taw ti oed bown. *na* vi heb ynteu. *c.* **1400** *YSG* i. 30–1, 'Ae byw y uerch honno etto?' heb y Galaath. '*Na* vyw, arglwyd'. **15g.** *FfBO* 36, Seint ynt, seint; kamwed yw eu kodi . . . *Na* sant hwnn, yn wir, heb ef. **1552** *Pen* 403, 73, ai hoff genyti weled vn yn vvdyr ac yn sothachlyd *na* hoff yn wir. *p.* **1584** G. ROBERT: *GC* [267], ai da'r gynghanedd yma? . . . *na* dda ddim. **1594–6** *B* iii. 275, 'Cysgu ydd wyt ti, Marcol.' '*Na* chysgu', heb ef. **1630** R. LLWYD: *LlH* 171, Onid cyfreithlon i ni dyngu yn ein ymadrodd cyffredin? *Na* chyfreithlon ddim. **1703** E. WYNNE: *BC* 55, Och, ebr finneu, ai rhaid i mi farw? *Na* raid. Ar lafar, ''Waeth i chi fynd, na waeth?' '*Na* waeth', *WVBD* 390.

(*c*) (yn annibynnol: *independent usage*).
1630 R. VAUGHAN: *YDd* 428, A'r cyfryw ddifrifol ymbil a thaerni ei blant mewn gweddi, y bodlonir ein Tâd nefol. *Na*, pryd y byddont yn ffrwythau ei Ysprydd ef . . . ni ellir moi anfodloni ef ynddynt. **1653** *MLl* i. 194, *Na*. Nid yw hyn i gyd ond bygythion a breuddwyd y golomen. Ar lafar, ''Gymwch chi chwanag?', '*Na*, 'dw i wedi cael digon', *WVBD* 389.

3. Yn cyflwyno cwestiwn negyddol: *introducing a negative question*.
Ar lafar, ''Tewch chi ddim 'fory, *nag* ewch?', *WVBD* 389; ''Waeth i chi fynd, *na* waeth?', *id.* 390; 'Fiw i chi ddeud pob peth wrtho fo, *na* fiw?', *id.* 566; '*Næ* welast ti fa?'; '*Næg* os neb miwn?'; 'Ma' John 'ma, *nag* yw e?'; ''Smo John 'ma, *nag* yw e?'.

4. (yn cyflwyno gosodiad negyddol mewn prif gymal) Ni(d): (*introducing a negative statement in a main clause*) *not*.
Ar lafar yng ngorllewin Morg., '*Nag* yw John yn mynd'.

5. P'un ai (a) . . . ai peidio; ac (eto) nid: *whether . . . or not; and* (*yet*) *not*.
13g. *C* 62. 15–16, A mi dysgoganawe gwydi henri. breenhin *na* breenhin (*R* 580. 33, *na* vrenhin) brithwyd dybi. **13g.** *A* 12. 12, o gatraeth werin. mi *na* vi aneirin. ys gwyr talyessin. **13g.** *LlI* 27–8, a guede ganher e mab, hytheu byeu e ueythryn ef eylweyth hyt em pen e ulueden, menno *na* uenho. **14g.** *LlB* 115, Tri phrenn a dyly pob adeilwr maestir y gaffel y gan y neb pieiffo y coet, mynho y coetwr *na* mynho. **14g.** *BT* (*RB*) 72, Joruerth a wnaeth kyureith hyt na bei a veidei dywedut wrthaw ef dim am Uadawc na menegi dim ymdanaw, gwelit *na* welit. **14g.** *HMSS* ii. 25, ynychaf y marchawc a vuassei varw yn dyuot attaw nosweith. ac ef yn cysgu *na* chysgu. ac ymdangos idaw. *c.* **1400** *R* 1038. 35–7, Naphwyll na madawc ny bydynt hirhoedlawc ordewawt agetwynt. rodyn *na*rodyn kygreir vyt [*sic*] nyserchynt. *c.* **1400** *SC* viii/ix. 170, Mynnych *na* mynnych, reit yw ytti vynet hyt yno. *c.* **1400** *YCM*[2] 111, a mynnei ynteu *na* vynnei, ef a aeth y'r llawr yn annwar. **15g.** *LHDd* 121, rwymedic yw y sefyll wrth y arddelw llwydo *na* lwydo. **15g.** *BB* 32, yna ydywedir yn ynys brydein brenhin *na* vrenhin (*Rex est. & rex non est*). **15–16g.** *TA* 538, Lle bu Deon Du, dyn doeth—arbennig / . . . / Deon *na* ddeon a ddoeth. **16g.** *Pen* 76, 56, twyllaist vi veinwar aravl / twyllaist *na*thwyllaist nith havl / dy gost [*sic*] vynghof wrth dovwy / nis dwg merch ar osteg mwy. **16g.** R. WHITE: *C* 43, Rrai ar vachav a rrodav dvr / yn troi mewn kvr aniben / dechrav meirw chwyth *na* chwyth / ni chan hwy vyth mor gorffen. **16–17g.** (**17–18g.**) *Llst* 133, 198b, A phan fynon rhon yn rhydd / Eu Cwrt gwae r faingc o i hortio / Barwn *na* farwn a fo (Simwnt Fychan). **1719** IACO AB DEWI: *TG* 44, yn dyfod *na* ddyfod, yn fy Nyfodiad (*so indifferent in my coming*), fel i ddywedyd y gwir, nad wyf yn gwybod y gellir galw y fath Ddyfodiad ac sy gennyf yn Ddyfodiad at Grist.
Gw. hefyd naddo, nage.

na[3], **nag**[2] [?yr un gair â *na*[4], cf. S. taf. *nor* 'than'] *cys.* (yn y ff. *nag* o flaen llaf.) sy'n peri tr. lls. Yn cyflwyno ail elfen mewn cymhariaeth ar ôl y radd gmhr.: *than*.
16g. *Pen* 76, 216, gwell yw gorvedd val gwirion / *na* byw yn hir yn y boen hon. *a.* **1561** *B* vi. 49, na odro hwynt. ymhellach *nac* Awst. **1567** *LlGG* [xvii], ydd oeddent yn gwaradwyddaw, ac yn tywyllu, yn hytrach *nac* yn datcan ac yn eglurheu caredigrwydd Christ. **1567** *TN* 122b, cyn *na* hyn oll, y dodant ei dwylo arnoch. **1588** 1 *Br* ii. 32, [d]au ŵr cyfiawnach, a gwell *nag* ef ei hun. **1593** W. MIDLETON: *B* [i], rhoi allan mwy o reolau a samplau *nag* sydd gann un prydydd ynghymry. **16–17g.** *GST* i. 1010, Ofni 'Nuw yn fwy *na* neb. **1653** *MLl* i. 235, mae'r dyn arall yn ofni ei gyscod yn fwy *na* Duw. **1691** T. WILLIAMS: *YB* 29, nid oes amgenach tystiolaeth *n'a* byrder ein henioes. **1701** E. WYNNE: *RBS* [ix], hyd onid â'n anhaws o'r diwedd gennit eu hebcor *nac* oedd gennit ar y cyntaf eu goddef. **1703** E. WYNNE: *BC* 6, na wnaent [sipsiwn] âs lai *na*'m lladd i iw swpper, a'm llyncu yn ddihalen. *id.* 9, gwelwn betheu mewn modd arall, eglurach *nac* erioed or blaen. **1778** J. HUGHES: *BB* 24, Gwell yw Barabbas, *na*'r Mesias, / Gwell troyad rhediad traed Herodias, / *Na* phen Elias lon. Ar lafar, ''Waeth gin i aros *na* pheidio', 'Mae o'n hynach *na* fi', *WVBD* 389.
Gw. hefyd no[1].

na[4], **nac**[2] [Crn. C. *na(g)*, Llyd. C. *na(c)*; cf. H. Wydd. *nă, nach*; ansicr weithiau yw'r ffin rhwng yr adrannau isod] *cys.* (yn y ff. *nac* o fl. llaf.) sy'n peri tr. lls.

1. (*a*) Neu, a(c): *or, and*.
13g. *BD* 101, Pa achavs . . . yd amryssony di a miui *nac* y kynnenny? *c.* **1400** *Études* vii. 74, Rac y clevyt mawr *nac* atwyth arall gwneuthur ysgriuen yn y mod hwn. **15g.** *KAA* 4, Apha beth bynnac a wnelych, *nac* a dywettych, *nac* a vedylyych. *id.* 24, Pwy a gigleu *nac* a welas eryoet tat a ladei y veibyon oe gwbyl vod. **16g.** (*LlEG*) *Mos* 158, 147a, a dal pob kyuriw ddyn diethyr ar a geffid ynn gorllwyn garllaw ffynnon *nag* aber. **1567** *LlGG* 11a, Teilyngy o hanot gadw pawb a'r sydd yn ymddeith ar vor *na* thir . . . ac y ty dosturio wrth pawb a vo mewn caethywet *na* charchar. **1592** S. D. RHYS: *Inst* [xv], o byddei . . . gann rywrai o honynt ddim cynhildeb, *na* chywreindeb. *id.* [xvii]

Hynn oll . . . a ddylyssech . . . ei gwpláu; pei byssei ddim anian da, *na* chwaith syberwyd mywn rhai o honoch'. **1593** W. MIDLETON: *B* 3, Os. bydd vogal yn ateb i gytsain . . . fal hynn. . . . *Na* vogal yn ateb i amryw fogal arall fal hynn. **1620** *Rhuf* ix. 11, cyn geni y plant etto, *na* gwneuthur o honynt dda *na* drwg. **18g.** L. HOPKIN: *FG* 1, Cyn creu *na* llunio y byd ac sydd ynddo. **1769** W. WILLIAMS: *FfW* iii. 44, I'r Jesu boed y clod, / Tra fyddo bod *na* byd. **1830** P. JONES: *CH* 75, Cyn gosod haul, / *Na* lloer, *na* sêr uwch ben.

(*b*) (enghrau. mewn cyd-destun negyddol, &c.: *exx. in a negative, &c., context*) (*n*)*or, and* (*not*).

13g. *B* x. 22, A gwybyd . . . na byd diboen er nep a eistedo ene gadeir honn either tidi *na* guisgav e wisc honn. **14g.** *T* 36. 25–37. 1, Ny daw oe odeu yr ofyn *nac* agheu. *id.* 53. 14, Nyt oes ludet *nac* eissywet. **14g.** *WM* 64. 31–4, ny welynt neb ryw dim na thy *nac* anuieil. *na* mwc. *na* than. *na* dyn. *na* chyuanhed. *id.* 166. 28–9, ac ny ofynneisti eu hystyr *nac* eu hachaws. *c.* **1400** *R* 1338. 13–14, lle heb win kenneuin keinmic: *na* med ymmadull gwaedyedic. *c.* **1400** *YCM*[2] 17, paham y goreskynnut ti tir ny pherthynei ytt . . . *nac* y'th dat, *nac* y'th hendat, *nac* y'th orhendat. **1564** GR. HIRAETHOG: *Gw* (D. J. B.) iii. 19–20, Ni welais gam o'th dramwy / Er ys mis *nac* er ys mwy [marwnad Gruffudd Hiraethog gan Wiliam Llŷn]. **1588** *Rhuf* viii. 38–9, Canys y mae yn ddiogel gennif nad oes nac angeu, *nac* enioes, *nac* Angelion, *na* thwysogaethau, *na* meddiannau, *na* phethau presennol, *na* phethau i ddyfod, *Nac* uchter, *na* dyfnder, *nac* vn creatur arall a all ein yscar oddi wrth gariad Duw. **1588** *Gal* i. 1, Paul Apostol, nid o ddynion, *na* thrwy ddŷn, eithr trwy Iesu Grist. **1588** *Dat* v. 4, mi a ŵylais lawer, o achos na chȃed nêb yn deilwng i agoryd, ac i ddarllen y llyfr, *nac* i edrych arno. **1653** *MLl* i. 193, y pechod *na* faddeuir mono yn y bŷd ymma, *nag* yn y byd a ddaw. **1703** E. WYNNE: *BC* 68, a chewch weled na phrisia hwnnw *na* minneu yng ngraddeu 'ch mawrhydi eithr yngraddeu 'ch drygioni. **1778** *W*, Na hithau, *na* chwithau chwaith d.g. *neither, Conj* . . . *Not she, nor you neither.* Ar lafar, "Weles i ddim bachgen *na* merch yno'.

2. (*a*) Naill ai, p'un ai: *either, whether.*

13g. *BD* 92, canys amser reit ym vrthivch yr dodyvch, *na* duv ar a'vch dycco na pheth arall. **1346** *LlA* 71, wynt awybydant pob dyn orauo yny nef. neu yny dayar . . . Ae gweithredoed *nac* ynn da nac yn drwc. **14g.** *RC* xxxiii. 197, A phan gysgei Iessu *nac* y nos nac yn dyd eglurder duw a dywynnei arnaw. **14g.** *WM* 465. 3–5, pan dycco beich, *na* mawr na bychan uo, ny welir uyth. **14g.** *BT* (*RB*) 64, A phy beth bynnac a geffynt *nac* o treis nac o ledrat, y tir Jorueth y dygynt. **14g.** *Cy* xvii. 138–9, y penkerd adyly pedeir arugeint idaw. Ac a del o bob douot *nac* o erchi nac o gyuarws neithawr Rann deu wr *Nac* ef auo yny lle Nac ef ny bo ageiff os gouyn. *c.* **1400** *Études* vii. 72, yny lle y gnotaont dyuot, *nac* y dy nac y vuarth. **1567** G. ROBERT: *GC* d.d., i un a chuennychai *na* doedyd y gymraeg yn dilediaith, nai scrifennu'n iawn. **1599 (1677)** R. HOLLAND: *AB* 34, canys y mae llawer, pan ddêl *na* chroes na chlefyd arnynt, nhwy a weddiant. **1632** J. DAVIES: *LlR* 103, os ni a'i mesurwn *nac* wrth eu pris a'i gwerth eu hunain, nac wrth gariad y galon . . . hwy a ddylent ein cynhyrfu ni yn fawr. **1703** E. WYNNE: *BC* 27, ni aem lle chwenychem er *na* doreu na chloieu. *id.* 98, Os bydd yno *nac* Ebol tlŵs, na Buwch foddgar, rhaid i Meistres eu cael. **1759** J. EVANS: *PF* 73, pan bo 'ch yn nesau at *na* Phobl na Lleoedd afiach. **[1783]** *W*, un a fo'n gwasanaethu *na* gwrryw na benyw fyddo d.g. *servant.*

(*b*) (enghrau. mewn cyd-destun negyddol, &c.: *exx. in a negative, &c., context*) (*n*)*either.*

13g. *C* 22. 4–5, Ni phercheiste creirev *na* lloc na llanev. **13g.** *HGK* 5, nyt oed o'r holl Wydyl a allei *na* gurthuynebu na cheffylybu idav en y neit. *c.* **1300** *H* 107b. 25–6, ny chelir *nae* wir nae wrhydri (Llywarch ap Llywelyn). **14g.** *WML* 124–5, petwar dyn nyt oes nawd udunt rac y brenhin. *nac* yn llys nac yn llan. **14g.** *T* 31. 17–18, Nyt arbet *na*nawt. nachefynderw na brawt. *id.* 71. 3–4, nyt estwg yneb *na* chymry na Saesson. **14g.** *WM* 135. 12–14, ny rodei vyn tat inheu om hanuod *nac* idaw nac y neb. **15g.** *LGC* 13, Cybydd a ymgudd ac a ymgêl; / Ni chais Maredydd *na* chudd, na chêl. **1592** S. D. RHYS: *Inst* [xvi], heb *nag* Eisteddfôdeu . . . ganthynt, na chwaith Breinieu. **1620** *Math* vi. 28, nid ydynt *nac* yn llafurio, nac yn nyddu. **1661** E. LEWIS: *Drex* 3, Yn y nef nid oes *na* gofid, na thristwch. **1689** E. MORUS: *RC* 3, nid oes ganddynt *nag* amser i ddarllain llyfrau mawrion, nag arian i'w prynnu. **1764** W. WILLIAMS: *Th* 18, yr oedd e'n profi . . . / . . . / Nad oedd *na* gair, na gweithred . . . / Heb fod mewn cydsein gyngrair yn erbyn Duw ei hun.

na[5], gw. mai[1].

'na, gw. yna.

nabiaf: nabio [bnth. S. (*to*) *nab*] *ba.* Dal (drwgweithredwr) wrth iddo droseddu, cipio, restio: *to nab.*

1885.

nabl [bnth. S. *nable*] *eb.g.* ll. *-au.* Offeryn cerdd tebyg i delyn, hefyd yn *ffig.*: *nebel* (*harplike musical instrument*), *also fig.*

1567 *LlGG* (*Sall*) 31b, Dyffro vy tavot, dyffro *nabel* a' thelyn. **1588** 2 *Cr* ix. 11, [t]elynau, a *nablau* i'r cantorion. **1588** *Am* v. 23, ni wrandawaf buroriaeth dy *nablau*. *Dchr.* **17g.** *J* 10, 20b, *nabl*, nablium. **1621** E. PRYS: *Ps* 13b, Ar y *nabyl* gywair ei thon, / ac ar y gyson ddectant. *c.* **1658** R. VAUGHAN: *E* 271, Da yw moliannu r Arglwydd . . . ar ddectant, ac ar y *nabl*, ac ar y delyn. **1722** *Llst* 189, *nabl*, f.p. *nablau*, a lute, psaltery. **18g.** I. BRYDYDD HIR: *Gw* 11, Clywch dôn o'r eigion rywiogaidd,—mal *nabl* [i'r gloch].

nablaf: nablu [bf. o'r e. bl.] *bg.a.* Canu nabl; canu (cerddoriaeth): *to play a nebel; play* (*music*).

1793 DAFYDD IONAWR: *CD* 137, Telynu a *nablu* wnant.

nabod, gw. adwaen: adnabod.

nabodistiaeth [cfdds. o'r S. *nepotism* dan ddyl. y be. *nabod*] *eb.* Neiedd, nepotistiaeth: *nepotism.*

1989.

nac[1,2], gw. na[2,4].

nac[3] [bnth. S. *knack*] *eb.g.* Y gallu i wneud rhywbeth yn fedrus: *knack.*

1897. Ar lafar.

naca, gw. nacaf: naca.

nacâ, gw. nacâf: nacáu.

nacâd, necâd, nacad [bôn y ddwy f. ddil. + *-ad*[2], trf. han.] *eg.* Y weithred o nacáu, gwrthodiad, gomeddiad, gwaharddiad, gwarafuniad, gwadiad; *Gram., &c.*, negyddiad, negyddol: *refusal, veto, prohibition, a forbidding, denial; negation, negative* (*in gram., &c.*).

1693 J. OWEN: *BP* 177, etto ni chymmerei hi *neccâd*, eithr gweddiodd . . . a gorchfygodd. **1715** W. JENKINS: *GOZ* 7, Deddfau a Gorchmynion . . . rhai yn y *nacad* . . . yn gwahardd i gwneuthur eraill yn cadarnhau. **1725** I. HARRI: *RD* 142, Gof[ynIad]. I Bwy y caiff y Bŷd a ddaw ei ddarostwng? At[eb]. 1. Yn y *Neccâd*; nid i'r Angelion. *c.* **1730** *Thos. Lloyd D* (LlGC) 180a, *naccâd*, deniall. *naccad. ib. nagcaad*, negatio. **1730** J. LEWIS: *CCPG* 14, mwy mewn ffordd o *neccaâd* beth nid yw [ysbryd], nac mewn ffordd o ganiataâd beth ydyw. **1752** J. THOMAS: *FG* 76, Dedwyddwch o *Necâd*, neu'r Dedwyddwch o Orphwysfa a Llonyddwch. **1764** W. WILLIAMS: *Th* 156, O dysc fi garu yn anwyl, heb ragfarn, heb *neccâd*. **1769** J. GRIFFITH: *A* 49, pa un ai bod fy *naccad* yn amheuon afreidiol cydwybod, neu ynteu rhybuddion oddi wrth Dduw. **1770** *W*, *nagcad* d.g. *abnegation*. *id. naccâd* d.g. *a denying*. **1789** B. EVANS: *LlG* 97–8, Un *Neccad* [*sic*] o'u heiddo [Bedyddwyr] yw, 'na enwir mo honynt [babanod] yn y Bibl, yn Ddeiliaid Bedydd.' . . . A'r ail *neccâd* yw, 'nad oes ganddynt y Cymmwysiadau anghenrheidiol o Ffydd ac Edifeirwch, i'w bedyddio'. **1803** *P*, *nacâad*, s.m. abnegation; a refusal.

nacaf: naca [*nâg* + *-ha* (At.), cf. H. Lyd. *naco*, gl. *non admittat*, Llyd. C. *nacat*, Llyd. Diw. *nakañ*, *nakat*] *bg.a.* a'r be. fel *eg.* ll. *-on.* Gwrthod, gomedd, gwahardd, gwarafun, gwadu; gwrthodiad, nacâd; *Gram., &c.*, negydd, negyddiad: *to refuse, prohibit, forbid, deny; refusal; negative* (*in gram., &c.*).

13g. *C* 34. 8–9, Rec aarchawe nim *naccer*. **14g.** *T* 19. 2–3, haelon am *nacco*. nys deubi arotho. **14g.** *BT* 48, ynteu ay *nakawd* ef ac nys rodes ydaw. **14g.** *GIG* 122, O gardod drwy gywirdeb, / O lety ni *necy* neb. **16–17g.** *Cer RC* 120, Y sawl sy gartre, a'i fyd yn dda, / Na 'naed mo'r *naca* wrth gledi. **1620** *Ecclus* xxix. 7, Llawer . . . a *naccassant* fenthyccio. **17g.** HUW MORUS: *EC* i. 140, O's rhoi im' *nacca*, gwyna' 'i gwedd, / O's chwerwaidd fyddwch chwi. **1696** *CDD* 38, Trô chwŷpp at yr Jesu, rhag iddo dy daflu, / A'th *nacca* di 'foru o edifeirwch. **18g.** *W Ballads* 160, 5, Fo *naccodd* ddwŷ waith. **1753** *ML* i. 252, Mae o'n *nacca* ystwytho i wneuthur dim. **1754** G. OWEN: *L* 139, Pa'r sut y disgwyliwch gael Odlau (meddwch) tra bo'ch i'm *nacca* o Gywydd? **1758** *ML* ii. 65, Ni fedraf fi mor *nacca* y bobyl ymma. **1764** *W Ballads* 79, 5, [P]an ddelo fe nesa, bydd anhawdd ei *nacca*. **1772** *W* d.g. *denial*. **1803** *P*. **1808** W. OWEN[-PUGHE]: *CIG* 40, ammodau, gofyniadau a *nacâon*. Ar lafar yn y Gogledd, "Fedar o ddim *naca* fo o ddim', "Ddaru o 'rioed *naca* dim 'ddaru mi ofyn iddo fo', *WVBD* 391.

Gw. hefyd nacâf: nacáu, nagaf: nagu.

nacâf, necâf: nacáu, necáu [*nâg* + *-hau*] *bg.a.* Gwrthod, gomedd, gwahardd, gwarafun, gwadu: *to refuse, prohibit, forbid, deny.*

13g. *BD* 34, guedy y *naccau* o Ueli o pob peth o hynny. *id.* 93, a pha beth bynnhac a erchych ny'th *necceir* ohonav. *Dchr.* **14g.** *H* 116b. 8–9, ny wn o wawt e wohep. ny wybu *nakau* nep (Llywarch ap Llywelyn). **14g.** *BT* 96, erchi awnaethpwyt yn lut ydaw ykastell. gweithyeu drwy vygythyeu garw gweithyeu ereill drwy lyaws rodyon ac ynteu ay *nakahawd*. **14g.** *WM* 83. 23–4, Ef a ryeill ych *necau* heb ynteu. *c.* **1400** *YSG* i. 100, yr awr y *nackeych* di hi, hi a vyd marw. *c.* **1400** *YCM*[2] 159, na *nackaa* ditheu uinneu, Arglwyd, o vadeu vym pechodeu. **15g.** *DE* 30, anoc gwr yw i *nekau* / i geissiaw i negessav. **1488–9** *BSM* 15, syrthiodd Titradius ar i lin . . . ac ervyn iddo [Marthin] ddyvod yr ty . . . Marthin yna a *nekaodd*. **15–16g.** *TA* 158, Ni *nacêist* un o naw cant. **1588** *Jer* xxxviii. 5, ni ddichon y brenin *necau* dim i chwi. **1604–7** *TW* (*Pen* 228), *negaû* [*sic*] d.g. *invideo*. **1615** R. SMYTH: *GB* 275, y pethau angenrhidiawl a *necadd* natur iddo. **1632** *D*, *naccau*, negare, inficiari, inficias ire. **1675** R. JONES: *HCh* 59, am hynny ni *neccâ* ef chwi o Ymborth. **1679** C. EDWARDS: *GGG* 153, Bydd daer ar Dduw am roddi iti ffydd iachusol, beth bynnag a *nacaffo* efe iti. **1777** W. WILLIAMS: *DN* 40, *necau* iddo fwynhau defodau cariad. **1790** T. JONES: *TOS* 68, onid cyfiawn *naccau* iddynt y peth a wrthodent. **1803** *P*. Ar lafar yn y Gogledd, 'Mae'r tecell yn *nacáu* berwi', 'Mi *nacaodd* ag ateb', *WVBD* 246; fel arfer yn y ff. '*cau*, 'Mae'r drws yn '*cau* cau'.

Amr.: **nacâ** [*nâg* + *-ha* (At.), cf. *nacaf*: *naca*]. **1706** *Cyf Cym* 6, Mae Christ yn anfon allan i weision, vnwaith, dwywaith, tairgwaith megis na fynnei mor [*sic*] *nacâ*.

nacaol, necaol [bôn y f. fl. + *-ol*] *a.* Yn nacáu, negyddol; wedi ei wrthod; *Gram., &c.*, negyddol: *negative; refused; negative* (*in gram., &c.*).

[1710] GW. AB IERWERTH: *SB* 7, [d]angosaf i chwi yn *negcaol*, pa beth nid ydyw'r pechod hwn. **1719** *EGBG* 2, Beth ydyw gogoneddu Duw? . . . Yn *neccaol*, nid rhoddi dim gogoniant chwanegol i Dduw . . . Canys y mae Duw . . . yn anfeidrol berffaith a gogoneddus. **1759** T. THOMAS: *WWDd* 156, Yn *neccäol*, nid ffydd wrthiol . . . yw hi [ffydd gyfiawnhaol]. **1762** D. ROWLAND: *PA* 29, pobl dda yn *naccaol* (*negatively good people*), 'rhai ni wnant niweid i neb. *id.* 115, naill a'i yn gadarnhäol neu yn *neccaol*. **1764** J. POPKIN: *ABG* 58, Gorchymmyn . . . mor *neccaol* a phennodol a'r gorchymmyn am y Ffrwyth gwaharddedig. **1769** J. GRIFFITH: *A* 169, rhaid ei atteb yn *naccaol* ac yn gadarnhaol. **1773** G. RHYSIART: *MACP* 19, Nid yw Brenhin y Gogoniant yn naccau dim ag sydd dda . . . pe byddai'n sicr yn dda, ni buasai yn *naccaol* im'. **1775** *EDPP* 22, Pethau *neccaol* . . . Pethau cadarnhaol . . . Mewn pethau *neccaol*; hynny yw, yr hyn ni ddylai dyn cyfiawn fod. **1778** *W*, *naccäol* d.g. *negative, Adj.* **1784** P. WILLIAMS: *YC* 79, y mae hithau yn curo . . . ond atteb *naccaol* a roddir iddi. **1789** B. EVANS: *LlG* 97, nid ydynt yn gallu ymhonni o un Gorchymyn na Rheol Bendant . . . Y mae eu holl Wrthwynebiad . . . yn cael ei seilio ar Resymmau *Neccaol*. **1790** *Prif Crist* 39, Hyd ymma yn *naccäol*. Ynawr, yn gadarnhäol. **1808** W. OWEN[-PUGHE]: *CIG* 41, Y goreiriau *nacâawl* sef ni, nid.

nacaus [bôn y f. fl. + *-us*] *a.* Wedi ei wrthod neu ei wadu; negyddol: *denied; negative.*

1722 *Llst* 189, *naccaus*, denyed, negative. **1778** *W* d.g. *negative, Adj.* **1803** *P*.

nacer [bnth. S. *knacker*] *eg.* ll. *-i.* Un sy'n prynu hen geffylau i'w lladd: *knacker.*

20g.

naci, gw. nage.

nacw, gw. hwn—h. acw.

nachaf, nacha, nycha(f), *adf.* Wele, dyma: *behold, lo.*
13g. *B* ix. 335, ac en deissyuyt *nachaf* aruther sein e mor en eu dygyrchu. **13g. (1641)** *HGK* 25, A thrannoeth, *nachaf* trwy weledigaeth Duw llynges vrenhinawl . . . yn ymddangos. **13g.** *BD* 101, *nachaf* y guelynt bvrn o weissyon yeueinc yn guare yn drvs porth y dinas. **14g.** *BT* 71, *nychaf* varchawc llurygawc yn keissyaw y bont. **14g.** *GDG* 173, Nychu'r grudd yw, *nacha*'r gras [i'r ffenestr]. *c.* **1400** *YCM*[2] 24, A thrannoeth . . . *nachaf* groes goch ar ysgwyd y neb a ledit. **15g.** *GGl*[2] 240, *Nychaf*, deallaf dy well, / Nudd ac Iestus Nedd gastell [i Rys ap Siancyn o Lyn Nedd]. **1551** W. SALESBURY: *KLl* xiib, A *nycha*, wynt a vloyddiasant. **1567** *TN* 79a, *nycha* [:– wele, llyma] y man lle y dodesent wy ef. *id.* 94b, *Nacha* ddyn glwth. **1632** *D*, *nycha*, en, ecce. **1722** *Llst* 189, *nycha*, behold, here or there is. **1793** R. POWELL: *ADV* 6, *Nycha*'r Haul, araul ei wêdd, / A'i lygad gloyw ei agwedd. **1803** *P* d.g. *nycha*.
Amr.: **enachaf, enycha** [yn ôl pob tebyg *e*≡*y* yn yr engh. gyntaf]. **13g.** *Brut B* 20, Ac ena vrth henny *enachaf* Corynevs hep wybot vdvnt en dyvot. **17g.** *LlGC* 13215, 336, *enycha*. **1803** *P*. **ynychaf.** **14g.** *BT* 187. **15g.** *BB* 161. **1527** *B* ii. 204.
Gw. hefyd ycha.

nachwaith [*na*[4] + *chwaith*[2]] *adf.* (Y)chwaith: (*nor . . .*) *either.*
Ar lafar yn sir Benf., ''Sarna' i ddim eisie dillad newy', 'leni, na 'sgidie *nachwaith*, *GDD* 204.

nad[1], gw. na[1].

nad[2] [cf. *nad*[1]] *gn. neg.* Yn negyddu cymal isradd heb ferf ddechreuol: (*negating a dependent clause headed by a part of speech other than a verb*) *that* (*it is*) *not.*
13g. *MA*[2] 223a. 3, Dolur yw *nad* byw llyw arllechwedd [marwnad Dafydd ap Llywelyn gan Ddafydd Benfras]. *c.* **1300** *H* 21b. 9–10, Am rotes meirch re rewyt a danaf neud *nad* ef ae dyryt (Daniel ap Llosgwrn Mew). *id.* 73a. 14, Tros *nad* digrif ym am was hael (Bleddyn Fardd). *Dchr.* **14g.** *id.* 84a. 24–5, Men *nad* yawn troi trwy anghallder na cheissyaw tramdaw yny trymder (Llywelyn Fardd). *c.* **1400** *R* 1039. 40–1, Penn a borthaf am porthes: neut atwen *nat* yr vy lles. **15g.** *HS* 1, gwae fi *nad* myfi a fu / yn ol wrth i anelu. **1588** *Neh* vi. 12, gwybûm *nad* Duw ai hanfonase ef. **1595** M. KYFFIN: *DFf* 42, Diau *nad* ofer mo'r ffydd honno. **1653** *MLl* i. 253, a chofia, *Nad* digon i ddyn fyned i ffordd dda. **1703** E. WYNNE: *BC* 7, Ni chawn i attreg *nad* dyma fi'n ymyl yr anferth Gastell. **1760** WLL: *SAC* 111, er mai *nad* hyn oedd y pwngc hwnnw o ffydd a feddylir yn y fan honno. Ar lafar, 'Mae o'n deud *nad* 'i frawd odd o, ond 'i gefndar', *WVBD* 389.
Cfn.: **nad do:** *not* (*to avoid repetition of a negative noun clause containing a verb in the past tense, or in a similar context*). **1567** *TN* 107b, A' dybiwch ddyuot o hanovi y roddy tangneddyf ar y ddayar: dywedaf y chwi, *nad do* eithyr yn hytrach ymryson. **1618** J. SALISBURY: *EH* 299–300, arwydd i gael gwybod, a ddringodd dyn yr yscal hon, yntau *nattô*. **1672** J. LANGFORD: *HDdD* 2, a wnaethont, y peth a ddylesynt hwy . . . ai *nat do*. **1679** C. EDWARDS: *GGG* 131, pa vn a wnaethpwyd ai'th ddwyn at Grist ai *nat do*. **1684** J. DAVIES: *LlR* 204, a gwelwch pa vn a wnaethant a'i cael rhan o honaw, ai *nad do*. **1689** E. MORUS: *RC* 45, a fu eich gofal chwi i fyw yn y cyfryw Sanctaidd a daionus fuchedd, ai *nad dô*. **1751** *GIA* 39, A ddychwelais i, ai *nad do*? *id.* 138, A waharddodd ef i chwi weddio arno ef mwy nag i eraill? Chwi a wyddoch *nad dô*. **nad e:** *not* (*to avoid repetition of a negative noun clause*). **1588** *Gen* xxvii. 21, ai ty di yw fy mâb Esau, ai *nad e*. **1703** E. WYNNE: *BC* 38, os trwsiadus, balch; os *nadè*, mochyn. **1712** T. WILLIAMS: *CDdG* 457, Ai pwrpas yr Eglwys yw rhwymo ei haelodau i ymprydio yr holl ddeugain nhiwrnod yn gyfan? Yr wyf yn meddwl *nadè*.

nad[3], gw. gan[1]—g. nad beth.

nâd[1] [cf. Gwydd. C. *nath*] *eb.g.* ll. *nadau, -oedd.* Cân, cerdd, barddoniaeth; bloedd, llef, cri, ysgrech; wylofain, cwynfan; trwst: *song, poem, poetry; shout, cry, screech; wailing, lament;* (*loud*) *noise.*
13g. *A* 23. 13–14, nu neut ysgaras *nat* a gododin. *c.* **1300** *H* 20a. 8–9, Mor yawn ym om dawn ac om dirnad. dedwyt goffau douyt om newyt *nad* (Llywelyn Fardd). **14g.** *T* 60. 24, Ar[m]af yblwydyn *nat* wy kynnyd. **14g.** *GDG*[2] 56, Ni chân neb, gan ochain, *nâd* / Er pan aeth, alaeth olud, / I dan fedd i dewi'n fud [marwnad Gruffudd Gryg]. **15g.** *IGE*[2] 208, Rhuo a wna â rhyw *nâd*, / A briw ferw a breferad (Llywelyn ab y Moel). **1488–9** *BSM* 8, ef a glywai gri A chwynvan vawr gan bobloedd. A govyn a oruc Marthin pa ryw *nad* oedd honno. **16g.** (*LlEG*) *LlGC* 5276, 236b, Ac o owri a *nadoedd* y bobyl yn syrthio yn y dwr ar doriad y bontt. **1592** S. D. RHYS: *Inst* 246, Sant Sant a ganant ganiad, / Sain o nêf sy yn vn *nâd*. **1632** *D*, *nâd*, sonus, sonitus, strepitus, clamor. *id.* d.g. *ejulatio, ululatus.* **1661** E. LEWIS: *Drex* 45, Yr wylofain a'r cwynofain, yr ubain a'r *nad*. **1716** *Llsgr R. Morris* 18, Fellu chwitha bawb or wlad / su yn godde *nâd* eich gwragedd. **1795** *R. Crusoe* 16, ni a welsom ddau greadur bwystfilaidd ynrhedeg [*sic*] tu a glan y mor, i ymolchi ag i ymoeri gan wneuthur *nadau* ofnadwy. **1803** *P*. Ar lafar yn yr ystyr 'llef, cri', 'Paid â gwneud dy *nade* drwg', *WVBD* 390.

nâd[2], gw. nadaf[2]: nadu.

nâd[3] [?bôn y f. *nadaf*[2]: *nadu*] *eb.* Arfer (ddrwg): (*bad*) *habit.*
1722 *Llst* 189, *nâd*, f. . . . habit. Ar lafar yng Nghered., sir Benf. a'r cyffiniau, 'Ma'r gaseg wedi disgu *nâd* ddrwg', *GDD* 204; 'Ma rhyw hen *nâd* fel'na gydag e'.

nadaf[1]: nadu [bf. o'r e. *nâd*[1]] *bg.?a.* Bloeddio, llefain, crio, wylo, cwynfan; udo, brefu, rhuo; crawcian: *to shout, cry, wail, lament; howl, bray, roar; croak.*
16g. *Pen* 76, 108, och vi karnboyri i bydd / pvssvchv *nady* anedwydd. **1527** *B* ii. 228, A ffann gigleu y brain y varn, y varan [*sic*] hen a hedawdd ymmayth dan *nadv* wrth j nattur. **1547** *WS*, *nady* lleisio, showte. **16g.** *CLl* 151, Ni choeliaf, *nadaf* nodau,—'n anrheithio / O fyr obeithio i ofer bethau (Huw Llŷn). **16g.** *WLl* 182, Pwy byth an edwyn pob bath *naded* / Pawb a gar kanu pob gwr kwyned. **1595** H. LEWYS: *PA* 67–8, bydde i bawb i vfuddhau ai darostwng i hunain i dduw, *nadu* ac vdo am ei pechodae. **1604–7** *TW* (*Pen* 228), *nadu*'n debyc yr Tiger d.g. *ranco*. **1630** R. LLWYD: *LlH* 195, gadael eu gwragedd truain, a'u plant gartref i *nadu* [:– lefain neu i floeddio] am fara i dorri eu newyn. **1632** *D* d.g. *ejulo, fremo, increpito, obstrepo.* **1677** C. EDWARDS: *FfDd* 234, trawodd rhuthrwynt ystormus wrth ffenestr . . . a fwriodd yr yscrifen waedlyd i mewn attynt, y pryd y *nâdodd* diafol yn arw, orfod iddo roddi yr fond i fynu heb allu cymmeryd y dyledwr. **1753** G. OWEN: *L* 82, disgwyl iddi drengi bob pen awr, ac wylofain a *nadu* o'i phlegid. **1803** *P*. Ar lafar, *WVBD* 390, *B* xiv. 280.
Amr.: **nado.** **18–19g.** *LlGC* 606, 5, Prydydd Priodas diamcan dwl / O Natir yn *nado* fal adfwl. Ar lafar yng ngogledd Cered.

nadaf[2]: nadu, nadael [bf. o'r ff. orch. *nâd* (= *n'ad* < *na*[3] + *gad*, sef 2 brs. un. gorch. y f. *gadaf*: *gadu*)] *bg.a.* Rhwystro, atal, peidio â chaniatáu, gwahardd, lluddio, llesteirio; ?peidio â gadael (ar ôl); nogio (am geffyl): *to prevent, restrain, not to allow, forbid, obstruct, hinder; ?not to leave; jib* (*of a horse*).
15g. *BDG* 295, O Dduw gwyn, feddyg einioes, / *Nad* i ferch newidio f'oes. **15g.** *GTP* 41, *Nedwch* iddo'ch hudo chwi / Am wlân degwm yleni. **15g.** *GGl*[2] 190, Och Wynedd, *nedwch* yna! / Yntau i'r Deau nid â [dychan i Ddafydd ab Edmwnd]. **15–16g.** *CH* 241, *N'edwch* yn d'ôl, adolwg, / Ynti o'i mewn un tŷ â mwg (Rhys Nanmor). **15–16g.** HYWEL RHEINALLT: *Gw* 4, Am dy berson y soniwn, / *Nâd* i haint newidio hwn. **1547** *WS*, *nad* dros na ad, let not. **16g.** WILIAM CYNWAL: *Gw* (R. L. Jones) 339, Er gadu, 'i *nadu* ni newidia—i'r drwg, / I drigo'n y boethfa. *Diw.* **16g.** W. MIDLETON: *B* 80, *nedwch* ich kylch ond ach kar (Edward Maelor). **16–17g.** *Cer RC* 81, Nid oedd aplach imi gael / Y feinir hael i'w phrofi / Na dal adar yr holl fyd / . . . / Neu *nadu*'r lloer i rewi. **1672** R. PRICHARD: *Gw* 59, Er i Satan entro i'th lettu, / Ai orescyn heb ei *nadu*. *id.* 140, *Nedaist* Satan im difethu, / *Nedaist* ddynion im gorthrymmu, / *Nedaist* dân a gwynt fy speilio, / Nac anhunedd im dihuno. **1688** S. HUGHES: *TSP* 165, *nadant* [:– Rhwystrant] iddo iawn farnu ynghylch y matter. **1722** *Llst* 189, *nadael*, to hinder, restrain. **1763** *DT* 174, A'r Gowt sydd ym Modiau ei Draed, / Yn *nadu* ei Waed ef redeg. *c.* **1800** E. ROBERTS: *NLl* 11, nid oes ganddo fo ddim gallu i *nadel* y pechadur mwya at Grist. **1803** *P* d.g. *nadael, nadel*. Ar lafar, ''Chei di ddim mynd, mi *nadith* dy fam di', *WVBD* 390, *B* iv. 299; hefyd yng ngogledd Cered. yn y ff. *nadel*.
Amr.: **nadio.** **1766** *CCF* 14.
Cfn.: **nâd-fi'n-angof:** *forget-me-not, Myosotis.* **1852.**
Gw. hefyd hadaf[2]: hadel.

nade, gw. nad[2].

nâd-fi'n-angof, gw. nadaf[2]: nadu—nâd-fi'n-angof.

nadir [bnth. S. *nadir*] *eg.* Y pwynt yn y ffurfafen sy'n union islaw'r sylwedydd a chyferbyn â'r senith, hefyd yn *ffig.*: *nadir, also fig.*
1722 *Llst* 189, y *nadir*, m. the nadir, the point of heaven that is directly underneath us. **1778** *W* d.g. *nadir*.

Nadolig, Nodolig [bnth. Llad. llafar *Nātālicia*, cf. Crn. Diw. *Nadelik*, e. prs. H. Lyd. *Notolic*, Llyd. C. *Nedelec*, Llyd. Diw. *Nedeleg*, Gwydd. C. *Notlaic*, Gwydd. Diw. *Nollaig*] *eg.b.* Gŵyl eglwysig flynyddol (25 Rhagfyr) sy'n coffáu geni Iesu Grist (hefyd yn ehangach am y cyfnod rhwng 24 Rhagfyr a 6 Ionawr), gŵyl a ddethlir yn ehangach drwy gyfnewid cyfarchion ac anrhegion; dydd genedigaeth, pen blwydd: *Christmas*(*-tide*); *birthday.*
13g. *LlC* 8, un o'r teyr guyl arbennyc, ay *Nodolyc* ay Pasch ay Sulguyn. *c.* **1300** *H* 37a. 4, hart y uart y uwrt *nadolyc* (Cynddelw). *id.* 113a. 6, Aele *nodolyc* yr ae dyly lloegyr (Llywarch ap Llywelyn). **14g.** *BT* 232, ef a doeth hyt en amwythic y *nodolic* hwnw. *id.* 234, ar *nodolic* honno y doeth yarll warat o vordoes. **14g.** *LlB* 21, A'r *Nadolyc* y deuant y gyt y gymryt eu breint ac eu dylyet y gan y brenhin. *c.* **1400** *R* 1251. 17–19, duw *nydolic*. nydidolyd. gan enryded gein ediued. geni douyd. **15g.** *LGC* 15, *Nadolig*, pa'm nad wylwn? / Hevyd y Pasc vod heb hwn [marwnad Maredydd ap Morgan ap Syr Dafydd Gam]. *Diw.* **15g.** *B* v. 102, A mynet a wnaeth kyfenw i digwyl Jeuan ebostol yn wythnos y *nodolic*. **1632** *D*, *Nadolig*, natale, natalicia. **18g.** L. HOPKIN: *FG* 7, ar Ddydd *Nadolig* Crist. **1771** *W* d.g. *Christ-mas*. Ar lafar yn gyff., yn aml yn y ff. '*Dolig*.
Amr.: **Natalic, Natalig** [ar ddelw'r Llad. *Nātālicia*]. **1551** W. SALESBURY: *KLl* iiib, Die-*natalic*. **1567** *TN* 22b, dydd genedigaeth [:– *natalic*] Herod. **16–17g.** *DCR* 265, dvw mor ddiddig bob *Natalig*. **1670** J. HUGHES: *AP* 2, *Natalic*. **1712** T. WILLIAMS: *CDdG* 59, *Natalic* ein Harglwydd neu dydd [*sic*] Genedigaeth Crist a elwir yn gyffredin Dydd *Natalic*. **1722** *Llst* 189, *Natalic* (dydd), Christmas day; one's birth-day. **Natolic, Natolig** [cf. *Natalic, Natalig*]. **1547** *WS*, dyw *Natolic*, Christmas day. **18g.** L. HOPKIN: *FG* 106, *Nattolig*.
Cfn.: **Nadolig Llawen:** *Merry Christmas.* Ar lafar yn gyff.

Nadoligaidd [*Nadolig* + *-aidd*] *a.* Yn perthyn i'r Nadolig: *pertaining to Christmas.*
20g.

nadraidd [*nadr*(*edd*) + *-aidd*] *a.* Tebyg i neidr; yn perthyn i'r *Ophidia*, sef is-urdd y nadredd: *snakelike; ophidian.*
1722 *Llst* 189, *nadraidd*, of or like an adder. **1734** S. THOMAS: *AD* 8, melltithiodd Duw yr holl rywogaeth *Nadraidd* . . . i ddangos ei fawr Anfodlonrwydd i'r drwg a wnaethai y Cythrel trwy wneuthur y Sarph yn offerynnol i'w gyflawni.

nadredd, gw. neidr.

nadreddaf: nadreddu [bf. o'r e. ll. *nadredd*] *bg.a.* Symud fel neidr, dolennu, ymnyddu: *to snake, wind, worm.*
20g.

nadreddaidd [*nadredd* + *-aidd*] *a.* Tebyg i neidr: *snakelike.*
1575–6 *B* vi. 316, golwg ysdyfnig *nadreddaidd* yn i phen.

nadreddog [*nadredd* + *-og*] *a.* Yn ymdebygu i ffurf neidr, troellog; ac iddo natur neidr; llawn nadredd: *resembling a snake, sinuous; having the nature of a snake; full of snakes.*
[1783] *W* d.g. *snaky.* **18–19g.** *Llr* C 2, 340. **1803** *P*, *nadreddawg*, abounding with snakes.

nadur, gw. natur.

nadwr [bôn y f. *nadaf*[1]: *nadu* + *-wr*] *eg.* ll. *-wyr.* Un sy'n nadu, bloeddiwr, llefwr: *howler, shouter, crier.*
Dchr. **17g.** *J* 10, 20b, *nadwr*, crepax. **[1745]** W.

ROBERTS: *FfM* 50, Ai dyna lle rwyt ti 'r hen Butteiniwr, / Yn udo fel drwg *nadwr*. **1803** *P*.

nadd [bôn y f. ddil.; cf. yr e. lle Crn. *Carricknath*] *eg.b.* ll. *-ion*, *-iau*, a hefyd fel *a*.

(*a*) Rhywbeth wedi ei gerfio, cerfiad, toriad; siafin, asglodyn, crafionyn, pilionen; hefyd yn *ffig.*: *something carved, a carving, cut; a shaving, chip, scraping, paring; also fig.*

14g. *GDG* 231, Y delyn a adeilwyd / O radd nwyf, aur o ddyn wyd; / Mae arni *nadd* o radd rus, / Ac ysgwthr celg ac esgus. *c.* **1400** *R* 1236. 41–1237. 1, Gormail pridlad nyt *nat* nedyf. *Diw.* **15g.** *Pen* 53, 22, Dwc brediddyon. yn wyr ryddyon. awenyddyon. o wiw*naddyeu* (Ieuan ap Rhydderch). *a.* **1587** *Y* 31, Pwy lyfna'i *nadd* mewn addysc. *id.* 174, Aeth Cynwal a'i gerdd sâl siêd / Heb drefn, a'i ddodrefn ddadred / Yn ddi-ordr, a'i *nadd* wyrdraws. **1604–7** *TW* (*Pen* 228), *naddion* d.g. *resegmen*. **1632** *D*, *naddion*, asglodion d.g. *concædes*. **1722** *Llst* 189, *naddion*, p. chippings, parings. **1778** *W*, *naddion* d.g. *the parings of the nails*. **1803** *P*.

(*b*) Lint, lliain clwyf, lliain nadd: *lint*.

[**1762**] E. POWELL: *HEI* 12, Cymmer Lïain cryn dêg a chrâf ef a Chyllell hyd oni chrafech *Nâdd* o hono. *ib.* rho'r *Nâdd* neu'r Llin sydd o'r Eli ar ol hyn, a Phlaste[r] ar y cyfan a rhwyma fel arferol. **1770** *TG* ii. 8, fe brofwyd fod olew Tobacco, wedi ei ddiferu ar *nadd*, a'i ddodi wrth y dant, yn gwneuthur lles. **1776** *W*, *nâdd* (pl. *naddion*) lliain . . . *nâdd* d.g. *lint*. **18–19g.** *Llr* C 30, 182, *nadd*, lint [Glam].

Fel *a*. Naddedig, cerfiedig; wedi ei grafu; hefyd yn *ffig.*: *cut, hewn, carved; scraped; also fig.*

14g. *GDG* 348, Carnedd foel fal caer *nadd* fawr. *c.* **1400** *RC* xxxiii. 448, nyt ymywn ysgrin o vaen *nad*. **15g.** *LGC* 192, Y byd o ddynion val i'r badd a â / Oddiyno i'r noddva *nadd*. *id.* 366, I Ieuan y mae neuadd / I gyd yn un o goed *nadd*. **15g.** *GO* 251, Brynn Evryn val bro nowradd / Brenin nef, o brenav *nadd*. *a.* **1587** *Y* 102–3, Soniais . . . / . . . / Nad yw'r ddeddf heb eisteddfod / Roi grâdd gerdd *nâdd*, gwyraidd nôd. **1588** *Salm* cxliv. 12, Fel y byddo . . . [ei]n merched fel congl-/faen *nadd* yn adailadaeth teml. **1588** *Eseia* ix. 9, Y priddfeini a syrthiasant, ond â cherric *nadd* yr adailadwn. **1604–7** *TW* (*Pen* 228), llein *nadd* d.g. *linamentum*. **1803** *P*.

naddad, gw. naddiad.

naddaf: naddu, naddial [Gwydd. C. *snaidid*: < Clt. **snad-*; cf. H. Uchel Alm. *snatta* 'craith'; gw. hefyd *neddyf*] *bg.a.* Torri (ag offeryn miniog, e.e. cŷn), cymynu, hacio, tocio, cerfio, ysgythru; siapio, ffurfio, llunio (yn enw. barddoniaeth), caboli: *to cut (with a sharp instrument, e.g. chisel), hew, chip, whittle, trim, carve, engrave; shape, form, fashion (esp. poetry), refine.*

14g. *GP* 46, Manngre grawnvaeth, saeth seithuc, / Mein a'y *nad* yn Hiraduc. Gwilim Ryuel a'y kant. *c.* **1400** *MM* [138], [c]ymer dwst a *nadder* o las uaen. *c.* **1400** *SDR* 62, A diwarnawt yd oed yn *nadu* paladyr. **15g.** *HS* 30, *naddwn* benillion iddi. *c.* **1500** *GO* [341], *Naddu* y mae'r awenyddion, / Mewn gwawd fry, mân goed y fronn. / 'Fo *naddai*, pann ganai'r goc, / Brasgoed owdwl braisc odidoc [marwnad Gutun Owain]. *c.* **1525** *TA* 738, Awen fu'r awch yn i fron / Yn *naddu* cynghaneddion; / Fy llyfr oedd a'i fwyall frau, / Fy saer i'r holl fesurau [marwnad Tudur Aled gan Lewys Morgannwg]. **1547** *WS*, *naddyal* ne *naddy* a chyllell, thwyte. **1567** *TN* 47b, [m]onwent newydd, yr hwn a drychesei [:– doresei, *naddasei*] ef mewn craic. *a.* **1587** *Y* 68, Gwyddost di, nid gweddus dy air, / Rimynnv i roi i mi anair, / Er na wyddost, o oer *naddial*, / Am weithio dig, ddim o'th dâl. **1588** *Ecs* xxviii. 9, Cymmer hefyd ddau faen Onix: a *nadd* ynddynt enwau meibion Israel. **1632** *D*, *naddu*, asciare, dolare. *Naddial*, Frequentatiuum. **1677** C. EDWARDS: *FfDd* 348, A chan fod yr Eglwys yn golofn y gwirionedd, *neddir* oddiwrthi hi bôb garwder anweddus. **1759** J. EVANS: *PF* 41, rhoddwch ddernun o Bren Licquorice wedi *naddu* 'r Croen oddiarno. **1803** *P*, *naddu*, to work or cut into form. Ar lafar yn gyff.; hefyd ym Môn a sir Gaern. am 'geisio cael (gwybod) rhywbeth heb ofyn yn blaen', e.e. '*naddu* am le', sef 'ceisio cael gwaith heb ofyn ar ei ben', *ISF* 57; dywedir am rywun yng ngafael gwaeledd difrifol fod 'i wyneb wedi('i) *naddu*'.

naddai, gw. neddyf.

naddedig, naddiedig [bôn y f. fl. + *-(i)edig*] *a.bfl.* Wedi ei naddu, wedi ei dorri, cerfiedig, hefyd yn *ffig.*: *cut, hewn, carved, also fig.*

15g. *LGC* 257, Mae'n wŷdd adail, mae'n *naddedig*; / Mae'n wàl adail, mae'n weledig. *id.* 285, O Dywyn ddidoll, dai *naddiedig*, / Y dêl ei arddelw i Dalerddig. **1728** T. BADDY: *DDG* 49, Ogof helaeth, yno yr oedd amryw leoedd *naddedig* o'r Graig ynghymesur i gynnwys Arch. **1803** *P*.

naddfaen [*nadd* + *maen*[1]; ceir engh. bosibl arall yn *H* 78a. 3, *naduein* [?drll.]] *eg.* ll. *-fain*, *-feini* Maen nadd(edig), carreg nadd, tywodfaen: *hewn stone, free-stone, sandstone.*

15g. *LGC* 180, Llawer gwàl *naddvaen* i'r gwr addvwyn. *id.* 415, Ei dai *naddvain* yw Sain Siam, / Duw doniodd ei dai dinam. **15g.** *GO* 185, Divai *naddvain* devnyddvawr, / A derw tir mewn dortvr mawr. **15–16g.** *GIF* 65–6, Mynnodd i'w dai main nadd da / . . . / *Naddfain* a geidw'n niweddfyd / newyddfawr borth, noddfa'r byd [i Wiliam Mathau a'i blas]. **16g.** *GILlV* 54, Waethwaeth saerniaeth newydd—ar *naddfaen* / O rinwedd fodd celfydd. **1602** *GST* i. 907, Mae newyddfedd mewn *naddfain* [marwnad Siôn Tudur gan Siôn Phylip]. **1765** J. EVANS: *CPE* 401, A bod hyd yn oed y meini yn ei pharŵydydd hi [teml] yn rhagorol dros ben; yn *naddfeini* mynor gwynion. **1790** TWM O'R NANT: *GG* 108, Mur maith clô cyd-waith, cliciadwy; *Naddfaen* / Noddfa uwch rhyferthwy [i Bont yr Allt Goch]. **1803** *P*.

naddiad [bôn y f. fl. + *-iad*[1]] *eg.b.* ll. *-au*. Y weithred o naddu, yr hyn a neddir, toriad, cerfiad, ysgythriad, hefyd yn *ffig.*: *a cutting or hewing, cut, carving, engraving, also fig.*

14g. *GDG* 13, *Naddiad* arf aergad ar faergor—Einglgawdd, / Nawdd, mŷr a rwyfawdd, Mair ar Ifor. *id.* 319, Tyfiad heb *naddiad* neddyf, / Tŷ, ar un piler y tyf [bedwen]. **14g.** *GIG* 36, Peunydd, nid *naddiad* gwŷdd gwern, / Pensaerwawd paun y Sirwern. **1562** *GST* i. 538, Naddodd y cynganeddion, / Ni wyddiad swrn *naddiad* Siôn [marwnad Siôn Brwynog]. *a.* **1587** *Y* 77, Ceisio mantunio mewn tâl / Dy reswm, *naddiad* rysal. **1588** *Sech* iii. 9, wele fi yn naddu ei *naddiad* hi. **1620** *Ecs* xxviii. 11, A gwaith naddwr mewn main fel *naddiadau* sêl, y neddi di y ddau faen. **1630** R. VAUGHAN: *YDd* 359, o'r meddwl hwn y mae 'r holl scrifennyddion newyddion, *naddiad* buraf. **1649/50** *Cylchg LlGC* i. 144, fy mrâs *naddiad* o ganmoliaeth. **17g.** HUW MORUS: *EC* ii. 374, Y Prif Ieiner pêr purwych—rhinweddus, / A'r *naddiad* manylwych. **1759** *DG* 50, Deunydd dull dy *naddiad* art / Darn odiaeth mewn dwrn Edwart [i ddiolch am ffon]. **1803** *P*. Ar lafar yn y ff. *naddad* yn ardaloedd glofaol Morg. a sir Gaerf. am 'yr hyn a fyddai'n cael ei naddu o ben y fraich [post pren trwchus]', *Geir Glo* 72.

naddial, *be.*, gw. naddaf: naddu.

naddlïain [*nadd* + *lliain*] *eg.* Lint, lliain clwyf, lliain nadd: *lint*.

1816.

naddo, na ddo [*na*[2] + *do*[1], ?cf. H. Wydd. *nathó*] *adf.*

(*a*) Yn cyfleu ateb negyddol i gwestiwn sy'n dechrau â berf yn yr amser gorffennol neu berffaith: *expressing a negative answer to a question headed by a verb in the past or perfect tense.*

c. **1400** *YSG* i. 65, 'A vwyteeist di dim hediw?' '*Nado*', heb ynteu. *c.* **1400** (*SG*) *HMSS* i. 370, Arglwyd heb hi a vriweist di yndrwc. A unbenes heb ynteu *nado*. **1551** W. SALESBURY: *KLl* xxxiia, a vu arnowch chwi eisie dim? Ac wynt a ddywetsont *Na ddo* (**1588** *Luc* xxii. 35, *naddo*) ddim. **1588** 2 *Esd* v. 33–4, a geraist di hwynt yn fwy na'r neb ai gwnaeth hwynt? A dywedais wrtho ef, *na ddo* fy arglwydd. **1643** *MLl* i. 202, Oni welaisti na choed, na chawr . . . ai pennau vwchlaw'r dwfr? *Na ddo* vn. **1703** E. WYNNE: *BC* 67, A gadwasoch i nêb . . . o fynd i'r Eglwys, ha? *Na ddo*, ebr un arall. **1778** *W* d.g. *no* [*when it is the answer to a question . . . in any of the preter tenses*]. Ar lafar, ''Welest ti e neithiwr?' '*Naddo* fi'; ''Wyt ti wedi bod yn siopa?' '*Naddo*'.

(*b*) Ar ôl gosodiad sy'n cynnwys berf yn yr amser gorffennol neu berffaith (neu mewn cyd-destun cyffelyb) i arwyddo cytundeb neu anghytundeb (weithiau gyda phwyslais): *after a statement containing a verb in the past or perfect tense (or in a similar context) to denote agreement or disagreement (sometimes with emphasis).*

14g. *WM* td. 213. 13–15, Mi atebygaf na bu da dy ansawd neithwyr . . . *na do* yrofi a dyw heb Gereint. **15g.** *HS* 26, ni throes i gefn ar efnys / *na ddo* erioed led i droed rys. **1567** *TN* 93b, Dywedaf ychwi, na chefais gymeint ffydd, *na ddo* yn yr Israel. **1588** 1 *Mac* vii. 46, ni adawed neb o honynt hwy, *na ddo* vn. **1588** *Luc* xii. 51, A ydych chwi yn tybied fy nyfod i i roddi heddwch ar y ddaiar? *na ddo* meddaf i chwi ond ymrafael. **1632** J. DAVIES: *LlR* 96, ni bu erioed etto, *naddo* ym mysg yr anifeiliaid direswm, galon mor greulon ac nas gellid ei hynnill. **1689** E. MORUS: *RC* 10, Na thybiwn farw o Grist dros ein pechodau . . . *Na ddô*, eithr efe a ddaeth i'n gwared. **1703** E. WYNNE: *BC* 36, Ni welaisti etto, eb yr Angel, *na ddo* 'mysc yr anghred, ddigywilydd-dra mor oleugyhoedd a hwn. **1714** R. PRYDDERCH: *GD* 134, Ni waharddodd Crist i blant Weddio Hosana. *Na ddo*, fel y Gogoneddyd [*sic*] Enw Duw. **1723** E. SAMUEL: *PDdC* ii. 79–80, pwy a ŵyr na ddarfu iddynt wadu eu bedydd, ac ymwrthod ar [*sic*] Grefydd Grist'nogol? Hwy a allant ysgatfydd ddywedyd *nas do*. **1754** *ML* i. 300, Mi welaf yn y llythyr yma eich bod yn tybiaw ei fod wedi derbyn y 50 a ddaeth gyda rhai y Mr. Ellis. *Naddo*, *naddo*, na chlywed dim son am danynt. Ar lafar, 'Mi weles i chdi yn dre' neithiwr.' '*Naddo*, wir'. Digwydd hefyd yn ofynnol, e.e. ''Weles i mono fo.' '*Naddo*?', *WVBD* 389; yng Nghered. a'r De clywir '*naddo* fe' yn y gst. hon.

naddwaith, gw. nadd + gwaith[1].

naddwawd [*nadd* + *gwawd*] *eb.* Barddoniaeth goeth neu gaboledig: *refined or polished poetry.*

1581 *B* ix. 105, gwyddiad pob ssyniad pawb sson / kaing *naddwawd* kynganeddion (Lewys Dwnn). *a.* **1587** *Y* 76, Di ni wyddost a *naddwawd* / Pannad yw gaeth, pennod gwawd. *id.* 122, Yn brifeirdd heb orafvn / Ar *naddwawd* barawd bôb vn. **16–17g.** *GST* i. 608, Nawdd Dduw gwyn rhag naddu gwawd / I'r rhai ni weddai *naddwawd*. **1603** W. MIDLETON: *Ps* 150, A dad-canwn (doed cein-oes) / Dy folawd *nadd-wawd* i'n oes.

naddwr, naddydd [bôn y f. fl. + *-wr*, *-ydd*[3]] *eg.* ll. *-wyr*. Un sy'n naddu, torrwr (pren neu garreg), cymynwr, cerfiwr, cerfluniwr, hefyd yn *ffig.*: *cutter (of stone or wood), hewer, carver, sculptor, also fig.*

14g. (**15g.**) *Pen* 57, 38, Gwilym nvddrym *naddwr* aer (Llywelyn Goch ap Meurig Hen). **15g.** *IGE*[2] 168, *Naddwr* cerdd awenyddaidd (Llywelyn ab y Moel). **15g.** *Pen* 67, 112, hywel sy vchel y son / davi *naddwr* defnyddyon. *a.* **1587** *Y* 100, Neddi ar dôn, *naddwr* dig, / Rhai coed yn rhy hackiedig. **1588** 2 *Cr* ii. 18, efe a wnaeth o honynt hwy ddengmil, a thri vgain yn glud-wŷr, a pedwar vgain mil yn *nadd-wŷr* yn y mynydd. **1632** *D* d.g. *lignarius*. *c.* **1730** *Thos. Lloyd D* (LlGC) 180a, *naddwr*, dolator. **1738** *W Ballads* 119, 6, ni welai un Crefftwr / Iw alw *naddwr* yn ail iddo. **1803** *P*.

Amr.: **neddydd.** **1794** *W* d.g. *stone-cutter*.

Cfn.: **naddwr cerrig:** *stone-cutter, (monumental) mason.* **1604–7** *TW* (*Pen* 228) d.g. *lapicida*. **1632** *D* d.g. *lithotomus*. **1725** *SR* d.g. *cutter, stone-cutter* (hefyd *W*).

naead, naiad [bnth. S. *naiad*] *eb.* ll. *-au*. *Chwedl. Glasurol.* Nymff sy'n byw mewn llyn, afon, ffynnon, &c.: *naiad*.

1905.

nael [bnth. S. *nail*] *e?g.* Hoelen: (*metal*) *nail*.

1547 *WS*, *nael*, a nayle. *Dchr.* **17g.** *J* 10, 20a, *nael*, hoel.

naf, *eg.*

(*a*) Arglwydd, pennaeth, meistr: *lord, chief, master.*

9g. (*Juv*) *B* vi. 102, dou *nam* riceus unguetid. **13g.** *C* 79. 10–11, assuinaf ar wut *naw*. naut. *c.* **1300** *H* 104a. 24–5, Ardwyreaf *naf* ut neirthyeid prydein. prif deyrn kynnifyeid (Llywarch ap Llywelyn). **14g.** *GDG* 17, O roddion aml a rhwyddaf, / Ofer naw wrth Ifor *naf*. *c.* **1400** *R* 1378. 11–13, llit trystan dewrder ner nerth. yw gruffud nud *naf* disswrth. **15g.** *GGl*[2] 16, Yntau *naf* yn ein tŷ ni / A gladdwyd rhwng arglwyddi [marwnad Llywelyn ab y Moel]. **16g.** RHISIART FYNGLWYD, &c.: *Gw* 61, *Naf* ywch mewn enw, y Fychan, / Ac imp o waed heb gamp wan. **16g.** WILIAM CYNWAL: *Gw* (G. P. Jones) 4, Nen sir oedd, enwi sy raid, / *Naf* ynys, nef i'w enaid. *a.* 1587 *Y* 32, Ai rhaid i *naf* / cerdd dafawd / Roi dim i neb ar dwymn wawd. 1632 *D* d.g. *dominus.* 1776 *W* d.g. *lord.*

(*b*) (yn cyfeirio at Dduw: *with ref. to God*).

c. 1300 *H* 16b. 30–1, ardunedic duw ardelw o honawd. a wnaf arglwyt *naf* nerth pob kiwdawd (Einion ap Gwalchmai). 14g. *GP* 50, Llauaru a wnaf llywyawdyr nef a'y *naf*, / Llary nerth y galwaf, geluyd aruer. *c.* 1400 *R* 1196. 9–12, Duc o gaeth alaeth uaeth alon ovit. y bobyl y rydit bibyl arodyon . . . *naf* arwrawl nef eryron. *Dchr.* 15g. *GM* 11, Trugarhaa, *Naf* Nef trugaroccaf, / Wrth bobyl plant Adaf, adurn gynnyd. 16g. Dafydd ap Llywelyn, &c.: *Gw* 246, Credu i'r *Naf*, Creawdr o Ne', / A Duw Iesu dieisie. 16g. Wiliam Cynwal: *Gw* (R. L. Jones) 218, A'i henaid aeth, hynod oedd, / Â gair *Naf* i gôr Nefoedd. *a.* 1587 *Y* 47, Pur Nêr *Naf* a gaf gyfarch, / Por yw, golav fyw, a glyw f'arch. 1592 S. D. Rhys: *Inst* 247, 'Yn Pôr puraf, / J'r côr y câf, / 'Yn Jôr a''n *Nâf*, / Nêr ny wâd. 1632 *D* d.g. *deus.* 1672 R. Prichard: *Gw* 347, A fynegaf dy wir fy *Nâf*, / Pan byddaf gwedi trengi? 1793 Dafydd Ionawr: *CD* 10, Duw Nef, gan faint yw dy nawdd, / Finnau braidd na ofynnwn; /—Oh fy *Naf*! y fi ni wn. 1803 *P*, *nâv* . . . the Lord.

Gw. hefyd neifion¹.

nafaf: nafu, gw. anafaf: anafu.

nafi¹ [bnth. S. *navy*] *e?b.* Llynges: *navy.*

1752 *ML* i. 193, Erchyll meddwch o'r drafferth sydd arnoch yn trin dyled y *Navi* . . . ffeindiach gorchwyl o lawer trin gardd. *id.* 194, Mi welais eich enw dydd arall yn y rhestr argraphedig or Clarkod yn y *Nafi.* 1755 G. Owen: *L* 155, Ein Tad yr hwn wyt yn y *Nafi.*

Gw. hefyd nefi.

nafi² [bnth. S. *navvy*] *eg.* ll. *-s*, *nafwyr.* Labrwr sy'n gwneud y gwaith caib a rhaw wrth adeiladu ffyrdd, rheilffyrdd, &c.: *navvy.*

1886. Ar lafar; sonnir yn gyff. am 'fyta fel *nafi*'.

nafigasion, nafigasiwn [bnth. S. *navigation*] *eg.* Llongwriaeth; mordaith; hefyd yn *ffig.*: *navigation*; *sea-voyage*; *also fig.*

1807.

nafod, nafus, gw. anafod, anafus.

nafftha, naffta, naptha [bnth. S. *naphtha*] *eg.* Olew ysgafn hylosg a ddistyllir o sylweddau organaidd fel petrolew, glo, siâl, &c., hefyd gynt mewn ystyr ehangach: *naphtha.*

1588 *Tri Llanc* i. 46, ni orphywysodd gwenidogion y brenin . . . a phoethi'r ffwrn â *naphtha* (1620 *id.* i. 22, â *naphtha* [:– âg ystor. *Naphtha* yw mâth ar glai brâs, tebig i frwmstan llaith]), â ffŷg, â charth, ac â briwydd.

nafftalên [bnth. S. *naphthalene*] *eg.* Sylwedd gwyn grisialog hedegog ($C_{10}H_8$) a wneir o gôl-tar: *naphthalene.*

1937.

nag¹,², gw. na¹,³.

nag³ (*à*) [bnth. S. *nag*] *eg.* (bach. *negyn*). Ceffyl neu ferlyn bychan: *nag.*

15g. *LGC* 310, Yn winau ac yn uniawn, / Yn *Nag* tew yn gwta iawn [i ofyn march]. 1547 *WS*, *nag*, a nagge. 16g. Dafydd Benwyn: *Gw* 82, a'i sgidie, *nagg* esgydwych, / o haearn draw, hwyrn yw'r drych [i ofyn ceffyl]. *id.* 262, Ow! rho *nag* a rhynegwyd, / o rann lles, i wr hen llwyd [i ofyn march]. 17g. *IICRC* iii. 194, Da gan bawb farchogeth *negŷn*. *ib.* Kedwch y *nag* ai hwse drosto / rowch bedole krefion dano. 17g. Huw Morus: *EC* i. 294, Pan gaffo fo 'r *Negyn*, / Fe a'i ceidw 'n ddi-newyn. 1759 *BC* 403, Gadw Ffwtmon Dyn di-râs, / Neu Gi, neu Geiliog, neu *Nag* [:- Ceffyl] glâs.

nâg [Llyd. C. *nac* 'gwadiad'; cf. *nac¹*] *eg.* Ateb negyddol, gwadiad, nacâd, gomeddiad, gwrthodiad, gwaharddiad, gwarafuniad; gwrthddywediad, croesddywediad; negyddiad: *negative answer*, *denial*, *refusal*, *rejection*, *prohibition*, *a forbidding*; *contradiction*; *negation.*

c. 1300 *H* 81b. 21–2, Ny cheffid gan naf *nac* oe eneu. ny chaffad gwrthep namwyn gwyrtheu (Gwynfardd Brycheiniog). 14g. *GDG²* 345, Coelia fy *nâg* yn agos, / Cyni a wna cŵn y nos. *c.* 1400 *R* 1055. 37, gwell *nac* no geu edewit. *c.* 1400 [*RB*] *WM* 498. 26–8, Gwedy lleueryd *nac* udunt. kyuodi aoruc bedwyr. 15g. *GO* 117, Ynyd Iâl y Nodolic / Yw'r nef lle ni welir *nâc*. 15g. *DE* 30, dav addaw nid ai vddvn / dav *nac* in gwnevthud yn vn. *a.* 1587 *Y* 196, Os dywaid beirdd, ystod ball, / Yn y gair, vn *nag* arall. 1606 E. James: *Hom* ii. 239, buddiol fydd i ni ystyried . . . pa bethau a allwn yn gyfraithlon eu gofyn oddiar law Dduw, heb ofn cael *nâg* [:– pall]. 1620 *Nu* xxii. cs., Cennadon cyntaf Balac yn cael *nâg* gan Balaam. 1632 *D*, *nâg* . . . negatio, inficias, repulsa. 17g. Huw Morus: *EC* i. 85, Cwrw ceir o's ceir cerwyn / Os ceir *nâg*—fe dâg y dyn. 1676 W. Jones: *PGG* 3, Fe ddywedir fôd Duw yn Yspryd . . . Trwy *nâg*, i arwyddoccâu nad yw efe gorph. 1701 E. Wynne: *RBS* 207, nid â dy obaith yn ofer er na chaffech mo'r petheu ni's addawed yn hollawl, am y trŷ'r *nâg* yn fendith i ti cystal a'r rhodd. 1778 *W* d.g. *nay* [*implying a denial or refusal*]. 1803 *P.* Ar lafar yn nwyrain Morg. clywir ymad. megis 'Paid o nuthur *næg* o fi!', 'Don't contradict me!'

nagaf, nagiaf¹: nagu, nagio [bf. o'r e. bl.] *bg.a.* Gwrthod, gomedd, gwahardd, gwarafun, gwadu, llesteirio, nogio; pallu (am nerth, &c.): *to refuse*, *prohibit*, *forbid*, *deny*, *hinder*, *jib*; *fail* (*of strength*, &c.).

c. 1400 *R* 1176. 6–7, Crist kulwyd poet rwyd ym ranghwy. om rang lles neges nam *nagwy*. 16g. Huw Arwystl: *Gw* 248, Rhoi neges nid rhyw *nagio* / ar ofyn fyth a fyn fo. 1722 *Llst* 189, nagcau, *nagu*, to deny, refuse, disavow, say nay, gainsay. 1768 J. Jones: *HC* 24, Pan bo'm yn *nagu* dysgu dim, / Ein cosp a fydd y cystudd llym. *id.* 36, Nac ofna'r hwn sy'n *nagu*'r iawn. 1803 *P*, *nagu*, to refuse, to deny; to hinder. Ar lafar yn y ff. *nagu* yng ngogledd sir Gaerf. yn yr ystyr 'nogio'.

Amr.: **naga.** 1778 J. Hughes: *BB* 281, Ond ceisio eu rhoddion cês o'r rhwydda, / Heb osio fy *naga* am fy nigwydd.

Gw. hefyd nacaf: naca.

nage, nac ef [*nac¹* + *ef*] *adf.*, weithiau gyda grym enwol.

(*a*) Ateb negyddol i gwestiwn nad yw'n dechrau â berf ac a gyflwynir gan amlaf â'r geiryn gofynnol *ai*, *onid*, &c.: *negative reply to a question not headed by a verb, which is usually introduced by one of the interrogative particles 'ai', 'onid', &c.*

14g. *WM* 32. 12–13, Arglwydes heb ef ay kyscu yd wyt ti. *nac ef* arglwyd heb hi. *id.* 434. 11–14, ay o anwybot ay ynteu o ryuyc y keissut ti colli ohonof. i. uy mreint athorri uyghynedyf. *Nac ef* heb y gereint. 14g. *RC* xxxiii. 231, Ae myvy ath vyrryod di yr llaur. Ynteu a dywot *Nac ef* argluyd. *c.* 1400 *ChO* 22, 'Ae y paun yw dy vab di, neu y glomen?' '*Nac ef* yn wir'. 15g. *BB* 109, panyd tydi yssyt yn medu y vrenhiniaeth y wneithur a vynnych ydaw. *Nagef* ym kyffes heb ef. 15g. *DE* 60, O poened dy gorff uniawn / para glwy ai perigl iawn / Ai crug blaen brrug [*sic*] Berwyn / ai cryd yw *nage* caru dyn. 1551 W. Salesbury: *KLl* iii, Ai Helias wyt ti? medd ynte, *Nag ef.* 1567 *TN* 8a, bid eich ymadrodd chwi, Ie, ie: *nag ef*, *nag ef.* 1703 E. Wynne: *BC* 102, Gofynnais i'm Twysog ai Cwcwaldiaid oedd gyda 'r Diawliaid? *Nage* ebr ef, mae y rheiny mewn cell arall. 1778 J. Hughes: *BB* 109, A'i dyna swydd ieuengctyd, sydd yno 'n fintai, / *Nage*: Os ceiff y gwir ei le. Ar lafar.

(*b*) Yn arwyddo anghytundeb neu gytundeb â gosodiad blaenorol neu mewn cyddestun cyffelyb; yn arwyddo anghytundeb â gorchymyn: *signifying disagreement or agreement with a previous statement or in a similar context*; *signifying disagreement with a command.*

13g. *BD* 202, dywawt Catwallavn panyv o achavs y uot yn glaf. '*Nacef*, arglvyd', heb y Peanda, nyt o'r achavs hvnnv na doeth. 14g. *WM* 161. 12–15, Arowch vi yma mi aaf y ymwelet ar pryf. *Nac ef* arglwyd heb wynt awn y gyt y ymlad ar pryf. 14g. *YBH* 13b, moysswch y llythyr am march am cledyf im. *nac ef* heb yr ermin. 15g. *KAA* 22, 'Arglwyd,' heb Amic, 'ny bu neb, namyn mi yn gwediaw, ac yn ymbil a duw dros vympechodeu.' '*Nac ev*, yrov a duw', heb yr jarll. 1567 *TN* 114b, Mae ganthwynt Moysen a'r Prophwyti, gwrandawant arnynt wy. Ac ef a ddyvot, *Nag e*, y tat Abraham. *id.* 187a, Ac e ddaeth llef attaw, Cyvot Petr: lladd, a' bwyta. A' Phetr a ddyvot, *Nage*, Arglwydd. 1588 *Gen* xxiii. 9–11, rhodded hi [ogof] i mi . . . yna Ephron yr Hethiad a attebodd Abraham . . . *nage* fy arglwydd clyw fi. 1588 *Jos* xxiv. 20–1, O gwrthodwch yr Arglwydd . . . yna efe a ddychwel, ac a'ch dryga chwi . . . A'r bobl a ddywedodd wrth Iosuah: *nage*, eithr ni a wasanaethwn yr Arglwydd. 1588 *Ruth* i. 13, a ymarhosech chwi am danynt hwy heb ŵra? *nage* fy merched. 1630 R. Vaughan: *YDd* 81, [c]ei glywed y fâth alar . . . *na-gê* wrth glywed yr oernad yma, ti a debygit dy fod yn vffern cyn dy fod yno. 1653 *MLl* i. 158, Cigfran. Ni ddaw hi i'n cwmni ni rhag ofn, ac ni feiddia hi ddywedyd ei meddwl lle bwyfi. Eryr. *nage.* Rhaid wrth gyngor y golomen. *id.* 163, Cigfran. Ond fel y waethaf y mae nhwy i gyd bes gwyddit. Eryr. *Nage.* Onid y nhwy yw'r adar gwirion. *id.* 178, Cigfran . . . Gâd i mi fyned bellach. Eryr. *Nage*, nid ei di oddi yna nes dywedyd mwy o'th feddwl. 1688 S. Hughes: *TSP* 7–8, dychwel, a bydd gall. *Nage*, ebe Cristion, eithr Tyred ti Cyndyn. 1699 T. Jones: *TP* 188, A ydŷnt hwŷ . . . mewn ofn fod eu cyflwr yn beryglus . . . *Nage*, attebwch y cwestiwn hwnnw eich hunan. 1703 E. Wynne: *BC* 7, yma dechreuasant roi barn arnai; awn âg e 'n anrheg i'r Castell, ebr un; *nage* crogyn ystyfnig taflwn ef i'r Llynn. *id.* 16–17, y Twrc a'i geilw ei hun Duw' r ddaiar . . . *Nagè*, meddei Frenin Ffrainc, myfi pieu honno. 1725 D. Lewis: *GB* 32–3, Y mae'r Diafol yn dra doeth, ond nid yn gwbl Ddoeth; *nagê*, nid yw ei Ddoethineb ef, ond Cyfrwystra. 1798 T. Roberts: *CG* 29, Yr wyf yn credu, (*nage* yr wyf yn gwybod). Ar lafar. Digwydd hefyd yn ofynnol, 'Nid y fo sy wedi'i gneud hi.' '*Nace*? (*naci*?)', *WVBD* 389; yng Nghered. a'r De clywir '*nage* fe' yn y gst. hon.

(*c*) Nid (yn negyddu cymal heb ferf ddechreuol): *not* (*negating a clause headed by a part of speech other than a verb*).

Ar lafar ym Morg. a'r cyffiniau, '*Næci* 'wn yw a?'; 'Menyn yw 'wn, cofiwch, *næci* marjarîn'; '*Nace* dyna sy'n bwysig'.

Amr.: **naci.** Ar lafar yn y Gogledd, *WVBD* 389, ac ym Morg.

Cfn.: **nage ddim:** *no indeed.* 1346 *LlA* 48. 1567 *TN* 199a. 1778 *W* d.g. *nay.* Ar lafar.

Gw. hefyd nac¹.

nagiaf¹: nagio, gw. nagaf: nagu.

nagiaf²: nagio [bnth. S. (*to*) *nag*] *bg.a.* Poeni (rhywun) yn barhaus, blino (rhywun), becsio (rhywun), dwrdio, bigitian: *to nag.*

Ar lafar.

naglyd [*nâg* a bôn y f. *nagaf*: *nagu* + *-lyd*] *a.* Hoff o dynnu'n groes, gwrthwynebol; chwannog i nogio (am geffyl); chwannog i nogio a bigitian: *contrary*, *antagonistic*; *jibbing* (*of a horse*); *given to nagging.*

18–19g. *Llr* C 8, 228, Dyn *naglyd*, one fond of contradicting, or objecting to every thing. Ar lafar yn y De, 'Hen fenyw gwynfanus *naglyd* yw hi'.

nai¹ [H. Grn. *noi*, gl. *nepos*, Llyd. C. *ny*, Llyd. Diw. *ni*, Ogam *niotta* (gen. un.), Gwydd. C. *nia* 'mab chwaer': < IE. **nepōt-* 'ŵyr, nai', cf. Llad. *nepōs*, *nepōtis*] *eg.* ll. *neiaint*, *nyaint*, *neiod*, *neiaid.* Mab brawd neu chwaer, mab cefnder neu gyfnither, weithiau mewn ystyr letach, hefyd yn *ffig.*: *nephew*, *first cousin's son*, *sometimes in a wider sense*, *also fig.*

13g. *LlI* 2, Ef a dely bot yn uab neu yn *ney* y'r brenhyn. *id.* 3, aylodeu y brenhyn, y ueybyon a'y *neueynt* [*sic*] a'y keuyndyrv. *id.* 71, braut a keuenderu a keuerderu a keyuyn a gorcheyuen a gorchau a *ney* uab gorchau. 13g. *BD* 31, kyuodes y deu *nyeint* yn y herbyn. 14g. *LlB* 32, Aelodeu yr achoed hynny ynt: *nyeint* ac ewythred y llofrud neu y lladedic. 14g. *WML* 38, *Nei* yw. mab brawt neu vab whaer. neu gefynderw. neu gyferderw. neu gyfnitherw. 14g. *H* 77b. 30, llaw gadarn dichwith dros nith dros *nei.* 14g. *WM* 58. 20–2, Ny uynhei gaswallawn y lad ynteu y *nei* uab y geuynderw oed. *c.* 1400 *R* 1037. 43, Oed gwr vy mab oedisgwen [*sic*] hawl. ac oed *nei* y vryen. *c.* 1400 *YCM²* 15, Rolant . . . *nei* Charlymaen, mab y'r Duc Milo o Angyer o Bertha, chwaer Chyarlys. 15–16g. Hywel Rheinallt: *Gw* 53, Ni aned un i'w enw a dâl / Nas arhôi *nai* Syr Hywal. 1547 *WS*, *nai*, neuewe. 1620 *Mos* 204, 121, Nid cenedl heb *neiaint.* 1632 *D*, *nai*, nepos, fratris vel sororis filius. *c.* 1730 *Thos. Lloyd D* (LlGC) 180a, *neiaid*, et *Neiaint*, nepotes. 1757 *ML* i. 483, nid oedd ganddo na phlentyn nag etifedd ond o ddeutu hanner cant o *neiod* a nithod. 1762 *id.* ii. 401, Chwyldon oedd enw ei *naif* [*sic*]. 1803 *P.*

Cfn.: **nai fab brawd:** *nephew* (*brother's son*). 14g. *WM* 394. 38, *Nei uab prawt.* 14g. *BT* (*RB*) 130, ysbeilawd Ywein Gwynned [*sic*] Guneda vab Catwallawn, y *nei ap Y vrawt*, o'e lygeit. 1588 *Tob* i. 22. **n. fab chwaer:** *nephew* (*sister's son*). 13g. *BD* 146, *Nei uab chuaer.* 14g. *WM* 52. 28, dy *nei* ditheu *uab* dy *chwaer*. *id.* 82. 3–4, *nyeint ueibon y chwaer*. *c.* **1400** *YCM*[2] 103. **1567** *TN* 211b.

nai[2], naiad, gw. na[4], naead.

naid[1] [< Brth. *natiā (?cf. Gal. *duscelinatia*) < IE. *(s)nə-t-, o'r un gwr. *snā- 'nofio' ag a welir yn yr e. *nawf*, cf. Llad. *natāre* 'nofio', a gw. hefyd *neidiaf*: *neidio*; dichon mai i adran (*a*) y perthyn yr engh. o *Pen* 53 yn adran (*c*)] *eb.g.* ll. *neid(i)au, neidion*.

(*a*) Y weithred o neidio, llam, crychnaid, llamsach, sgip, brasgam, hefyd ynglŷn â chytgnawd ac yn *ffig*.; rhwystr i'w neidio: *leap, jump, bound, skip, stride, also with ref. to copulation and fig.; jump, obstacle to be jumped*.

13g. *C* 83. 6, Ystarnde wineu hir y *neid*. **14g.** *H* 77b. 21–2, gorwyd ahylwyd hwyl uarchogei. gorhoffyon *neidieu* uch clodyeu klei. **14g.** *YBH* 21a, ar march ar y *neit* kyntaf a vyryawd dec troetued ar hugein yn y dwfyr. **15g.** *GGl*[2] 35, *Naid* hydd yw y nod heddiw, / Natur hydd neitio i'r rhiw. **15g.** *GO* 75, Dwyn gŵr val edyn a gariai, / Dwy *naid* yn vnaid a wnai [i ofyn march]. **1547** *WS*, *naid* llam, a skyppe. **1632** *D*, *naid*, saltus. **17g.** HUW MORUS: *EC* i. 48, Cry' yw y cwrw—crec arian, / Craff ei *naid*, a'r corff yn wan. **1772** *W*, rhoi *naid* i d.g. *to cover* [*as a horse the mare*]. *id.* d.g. *jump*. **1803** *P*. Ar lafar; hefyd yn nwyrain Morg. yn yr ystyr 'bwa (pont)', 'pont pump *naid*'.

(*b*) *Cyfr.* Mesur hyd, sef naw troedfedd: *measure of length equal to nine feet (in the Welsh Laws)*.

13g. *LlI* 59, A'r messur hunnu a uessurus Deuenwal . . . teyr motued en llet e palyf . . . try throetued en e cam; try cham en e *neyt*; try *neyt* en e tyr. Cf. *B* xiv. 264, Yn ôl un o drigolion hynaf Abergeirw 'lled grwn ydi tair naid', a'i hyd yn amrywio yn ôl hyd y cae.

(*c*) Tynged, ffawd, siawns, lwc, (an)ffortun; amddiffyniad, noddfa, lloches: *destiny, fate, chance, luck, (mis)fortune; protection, sanctuary, refuge*.

c. **1300** *H* 5a. 34–5, a Gwae ni or *neid* yn rydoded. yn rygnawd pechawd pall gynired (Gwalchmai). **14g.** *GDG* 194, Ni chair yr ail gair gennyf, / Am f'enaid, brad *naid* bryd Nyf. *c.* **1400** *R* 1385. 24–7, Y gwr am prynwys ny prit werth galet. . . . a wnel yw eneit gwir *neit* gwaret. *Diw.* **15g.** *Pen* 53, 28, korf krogedic. kul krynedic. kysswynedic. kas y *neideu* (Ieuan ap Rhydderch). **15–16g.** *TA* 128, F'argel yn drwm fo'r glyn draw, / Fy *naid* oedd fyned iddaw! **1547** *WS*, *naid* ne nawdd, protection. **16–17g.** LLYWELYN SIÔN, &c.: *Gw* 450, oeri awnaeth or vn *naid* / y Rhes aür or Rhosseraid. **1632** *D*, *naid*, idem quod Nawdd, refugium, asylum, protectio. **1722** *Llst* 189, *naid*, m.p. *neidion*, a sanctuary. *c.* **1730** *Thos. Lloyd D* (LLGC) 180a, yn oer iawn ei *Naid* . . . Sorry plight. [**1783**] *W* d.g. *refuge*. **1803** *P*.

(*d*) *Crdd.* Cyfwng (cymharol fawr): (*relatively large*) *interval, leap* (*in mus.*).

1933.

Cfn.: **naid ac adlam:** *jump with a rebound*. **20g. n. ar led:** *astride jump*. **20g. n. gwrcwd:** *crouch jump*. **20g. n. y ffroga:** *leap-frog*. **1775** *W* d.g. *leap-frog*. **n. stond:** *standing jump*. **1896.** Ar lafar, *WVBD* 392. **n. wib:** *running jump*. **1896.** Ar lafar, *WVBD* 392. **ar (ei, &c.) n.:** *at once, immediately, in a twinkling, at a stroke, at one leap, jumping, leaping, per saltum; salient (in her.)*. **14g.** *GDG* 138, 340. *c.* **1400** *R* 1434. 41. *Dchr.* **15g.** *GM* 4. **15g** *IGE*[2] 239, 293. **16g.** *Pen* 127, 249, *ar vn naid* i bydd varw. **1632** *D* d.g. *saltuatim*. **1718 (1721)** S. THOMAS: *HB* 57. **1725–6** *Madd Ed* 270. [**1783**] *W* d.g. *saliant*.

naid[2] [?ffrwyth camgopïo *nâd*[1]] *e?g.* Llef, sŵn: *cry, noise*.

1632 *D*, *naid*, idem quod Nâd. Clôch ddŷdd annedwydd ei *naid*. D.G. **1789** GW. MECHAIN: *Gw* i. 392, Bacwn, a Newtwn groch *naid* [:– *Naid*, nad, rumour or noise].

naïf [bnth. S. *naïve*] *a.* Diniwed, syml, gwirion, dirodres: *naïve, artless, simple, innocent, unaffected*.
1928.

naïfder [*naïf* + *-der*] *eg.* Y cyflwr o fod yn naïf: *naivety*.
20g.

naïfrwydd [*naïf* + *-rwydd*] *eg.* Naïfder: *naivety*.
20g.

naill [*y naill* < *y neill* < *yn*[5] + *eill (cf. *ail*[1], *all-*) drwy gamraniad, cf. Crn. C. *an n(e)yl(l)*, Llyd. C. *an eil* 'yr un'] *rh.* ll. (prin) *neillion*.

(*a*) (yn annib.) Un (o ddau neu ragor), hwn, hon: *one (of two or more), this*.

14g. *YBH* 29a, na chaf [*sic*] ddeu lew . . . y llewot a doethant o bobparth idaw ar *neill* ae lladawd ef ac ae llewas. ar llall y varch. *id.* 43b, deu vab . . . ar *neill* aelwit gi. ar llall miles. **14g.** *WM* 38. 27–31, ar *neill* or gueisson hynny gwas da oed. ef abarei tangneued . . . Y llall abarei ymlad. **15g.** *Pen* 109, 111, *Naill* yn bost yn llan bisteir. / . . . / Llall yn biler cruc eryrr (Lewis Glyn Cothi). **1588** *Pr* vii. 14, Duw ei hûn sydd yn gwneuthur y *naill* yngwrthwyneb y llall. **1595** *Egl Ph* 26, Y *naill* sy gwilidd: y llall sy bechod. **1632** J. DAVIES: *LlR* 32, mor anghenrhaid ac na wna lles y *naill* heb y llall. **1703** E. WYNNE: *BC* 13, a llawer un yn byw ymhôb un o'r tair Stryd ar gyrsieu . . . a mynych iawn y mudant heb fedru fawr aros yn y *naill*, gan ddäed ganddynt Dwysoges Stryd arall. **1735** S. THOMAS: *HP* 2, Lle byddo'r *naill*, yno hefyd y bydd y llall; pan ballo'r *naill*, yna yn ganlynol y bydd Terfyn o'r llall. **1778** *W* d.g. *one, or the one* [*in reference to the other*]. **1862** *Barddas* i. 228, fal y gwyper y *naillion* oddiwrth y lleillion. Ar lafar, "Todd y ddau ddim yn siarad y *naill* hefo'r llall', *WVBD* 390.

(*b*) (o flaen e.) Un, hwn, hon: *one, this (before a n.)*.

13g. *B* x. 27, claf ar *neill* droet idav en lloski. **14g.** *WML* 80, Yscyfarnawc . . . y *neill* mis y bydei wryw ar llall y bydei venyw. **14g.** *GP* 54, dyly awdyl y *neill* bennill byrr vot yn vnsillafawc, ac awdyl y llall yn llyaws sillafawc. **14g.** *B* v. 201, malpei vot y *neill* person yn Duv a'r llall yn dyn. *c.* **1400** *YSG* i. 27, Am nat oed kyn diogelet y *neill* fford a'r llall. **15g.** *Pen* 67, 55, dyrchaf *ynaill* dywarchenn / a dwyn y llall dan y llen (Hywel Dafi). **1567** *TN* 92a, i hwn ath trawo ar yn *aill* gern, cynic hefyd y llall. **1632** *D*, cau'r *naill* lygad d.g. *collimo*. **1672** J. LANGFORD: *HDdD* 205, Syrthio o'r *naill* Anwiredd i' r llâll. **1687 (1715)** J. OWEN: *TB* 27, Thomas Stanion . . . a watwarodd Roger Naylor, hen wr cloff, gan ei ddynwared ef trwy gerdded ar y *naill* glûn ar ei ol ef. **1719** *TDP* 64, y Cyfiawn a'r Anghyfiawn, y *naill* fath a ddelir y[n] Garcharorion, ar fath arall a Gyfaethogir. Ar lafar, 'y *naill* don ar ôl y llall yn curo arnoch chi', *WVBD* 390.

(*c*) (enghrau. ynghyd â'r cysylltair *ai*: *exx. in conjunction with 'ai' (meaning 'either')*).

14g. *WM* 153. 34–154. 1, Gwna y*neill* peth y gwr du . . . Ae diost [*sic*] dy arueu y ymdanat. Ae titheu a rodych arueu ereill im y ymlad a thi. *id.* 162. 10–11, Mae y *neill* peth. Ae tydi yn wr o bell. ae titheu yn ynuyt. *c.* **1400** *YSG* i. 51, ef a synnyawd Peredur ar y gwely yn gyn graffet ac y gwydyat vot yndaw y *neill* ae gwr ae gwreic. **15g.** *BDG* 149, Gwnaed y *naill*, gwŷna dyn yw, / . . . / Ai dwyn f'enaid . . . / Ai meddylio gado ei gwr. **15g.** *LGC* 399, *Naill* yr wyv ai 'n allawr Rôn, / Ai y'ngwely 'r engylion. **15–16g.** *TA* 525, Aed i'w nofio'r dyn afiach, / Ef âi 'r *naill* ai'n farw ai'n iach. **15–16g.** *GIF* 79, Mae'n gwylio, f'athro, ryw fan; / mae *naill* ai i mewn ai allan. **1546** *YLlH* [4], ar perigloryon . . . y *naill* ae nys medran, ae nys mynnan ddangos yw plwyfogyon y petheu. *id.* [26], pan geisio gwr y *naill* ay petheu anvad, ay petheu y vai drwc ar y les ehun. **1588** *Math* vi. 24, Ni ddichon neb wasanaethu dau arglwydd, canys *naill* ai efe a gasâ'r naill, ac a gâr y llall, ai efe a ymlyn wrth y naill, ac a esceulusa'r llall. **1593** W. MIDLETON: *B* 3, Vnodli, yw bod sillafau or unrhyw yn kydateb yw gilydd: *naill* ae mewn perfedd braich, neu yn y brifodl. **1595** M. KYFFIN: *DFf* [91], yr vn agwedd a lleidr, ar ol iddo vnwaith frathu y vewn ty gwr arall, ag y *naill* ai gwthio allan, ai ynte lladd perchen y ty. **1632** *D*, naill . . . *Naill* ai hwn ai hwnnw, Aut hic aut ille. **1703** E. WYNNE: *BC* 37, ond *naill* ai methent ei gael, ai blinent ar y ffordd. **1730 (1755)** E. WYNNE: *PAC* 6, maent wedi i llunio fellŷ, fôd yn rhaid iddŷnt gymerŷd *naill* ai da ai drwg. **1756** *ML* i. 431, Oni ddywedais i chwi *naill* ai ddoe neu echdoe, neu ychydig cyn hynny, fod yma ryw ddyn yn myned i Afon Gaer. **1803** *P*. Ar lafar, '*Naill* ai 'wyt ti'n mynd, neu 'dw' i'n mynd'. Yn nwyrain Morg. '*neill* ni' sy'n cyfateb, '*Neill* ni wyt ti'n mynd ni fi æf i'.

(*d*) (enghrau. ynghyd â'r ardd. *â* neu'r cys. *a*: *exx. in conjunction with the prep. 'â' or the conj. 'a'*).

1759 T. THOMAS: *WWDd* 135, *naill* a bodloni cyfiawnder, neu wneuthur cam ag ef. *id.* 188, mi a dybygwn, nad oedd Cyfiawnder yn gofyn ond *naill* â hwy â'u Machnïydd. *id.* 251, *naill* ag efe a gymmer Duw gyfiawnder Crist yn unig ar dy ran di, neu ni chymmer efe ddim oll. *id.* 347, mae 'n rhaid i ti Enaid, *naill* a chael dy buro yma trwy râs, neu i ti gael dy boeni yn Nhragywyddoldeb.

(*e*) Un ai: *either*.

1617 R. PRICHARD: *CE* [9], Bydd y speilwr, da eglwysig, / *Naill* dim plant, neû plant methedig. *c.* **1700** E. LHUYD: *Par* ii. 22, [p]adere krynnion go velynnion *naill* o oliphant ai o gwral. Ar lafar yn y De, 'Mae e *naill* yn mynd i 'neud e, ne' 'dyw e ddim'.

Cfn.: **naill adain:** *one-winged, used fig. of someone losing a partner*. Ar lafar yn y De, 'Druan fach, *naill aden* fydd hi 'nawr, wedi colli'i gŵr'. **(y) n. hanner:** *(the) one half*. **13g.** *LlDW* 79. 6. **14g.** *Bren Saes* 4, deu hanner, *y neill hanner* y Cridintone a'r hanner arall y Seint German. *c.* **1400** *YSG* i. 114. **1585–90** *B* xviii. 357, yr oedd *y naill haner* yn ddyn ar nall yn bysg. **1759** J. EVANS: *PF* 18. Cf. J. MORRIS-JONES: *WS* 134, '*y naill hanner*, generally used to mean 'about a half'. **n. lygad:** *one-eyed*. **1896.** Ar lafar yn y De. **(y) n. y llall:** *each other, one another*. **1615** R. SMYTH: *GB* 152, bwytasont *y naill y llall*. **1718 (1721)** S. THOMAS: *HB* 31. **1722** *Llst* 189, llall . . . *naill y llall*, one another. **1798** T. ROBERTS: *CG* 21. **n. ochr:** *(to or on) one side; on either side*. **1800** W. OWEN[-PUGHE]: *CP* 95, y caws á gasgler i *naill ochyr* y llestyr, ac á wesgir yn drwm. Ar lafar, 'y bobl sy'n byw *naill ochr* inni'; a hefyd yn y De, 'Dod 'wn *naill ochor* nes yfory'. **y n. rai:** *some*. **13g.** *LlDW* 55. 4–12, duy pleit yeu testion . . . Ac . . . bot en vell testion *eneill rei* noe gilit. **14g.** *BT* (*RB*) 38, ual yd oedynt ynn ymsaethu, *y neill rei* o'r mor a rei ereill o'r tir.

Gw. hefyd **lleill[1], neillaw, neillbarth, neillfraich, neilltu.**

naillochrog [*naill* + *ochrog*] *a.* Unochrog; o'r neilltu: *one-sided; (set) apart*.
1844.

nain [?< Brth. *nanī, gair plant, cf. Gr. νάννα 'modryb', Sans. *nanā-* 'mam'] *eb.* ll. *neiniau*. Mam tad neu fam, mam-gu, hefyd yn *ffig.*, ac fel gair difr. am berson: *grandmother, also fig., and derog. of a person*.

14g. *GDG* 60, Cor oediog, neb nis credai, / Cur adain, heb *nain*, heb nai [dychan i Rys Meigen]. **14–15g.** *IGE*[2] 136, Hyhi'n wych aur feinwych fau, / Efo'n anfwyn, fau *neiniau* (Gruffudd Llwyd). **15g.** *GGl*[2] 75, Hywel ieuanc, hil Owain, / Yw'r ail nerth ar ôl ei *nain*. **15–16g.** *TA* 219, Dy daid, gwaed oddiog iawn, / Dy *nain* o'r Deau'n uniawn. **1547** *WS*, *nain*, grandame. **1567** *TN* 317a, dy *nain* [:– vam-gu] Lois. **1595** *Egl Ph* 6[5], Aer i ddwy *nain* harddiawn yw. **1632** *D*, *nain*, auia. **1740** *ML* i. 46, prin y gwybuant erioed eisiau eu mam gan eu bod dan asgell yr hen *nain*. **1803** *P*. *Dihar.* Cân di bennill mwyn i'th *nain*, mi gân dy *nain* i titha, *WVBD* 239. Ar lafar yn y Gogledd, *LGW* [64], 307; hefyd yn ddifr. am ddyn, 'Rêl hen *nain* o rwbath ydi o'; 'rwyt ti fel *nain* gonni' (am rywun di-lun), *ISF*[2] 91.

nainyddiaeth [*nain* + *-yddiaeth*; cf. y ddihar. a ddyfynnir d.g. *nain*] *eg.b.* Canmoliaeth ffuantus, yn enw. er mwyn ennill ffafr neu glod: *flattery, 'soft soap'*.
1906.

nais, gw. neis.

naith, gw. neith[1].

nall [?amr. ar y rh. *llall* dan ddyl. y rh. *naill*] *rh.* (Y) llall: *(the) other*.

c. **1466** *CH* i. 143, Y naill fin llym, ail llafn Llŷr, / . . . / A'r *nall*, mae 'neall yn ôl, / Wrth fawd y gyfraith fydol. **1585–90** *B* xviii. 357, yr oedd y naill haner yn ddyn ar *nall* yn bysg. **16–17g.** *HG* 24, mi welaf un, yn troi, m, herbyn / ny wnn na bo, r, *nall* yn grwdgio. **1672** R. PRICHARD: *Gw* 350, Vn heb gyfraith oll i gyd, / *N'all* dan drwm lwyth gyfraith Foesen. **1721** B. MEREDITH: *PJ* 64–5, na ddo (medd ef) . . . Bendigedig fyddo Duw am ei râs (medd y *nâll*). *a.* **1791** W. WILLIAMS: *GP* 924, I briodasau nefol, bo'r ddau ddyn yn ddiball, / Yn caru Crist yn gynta', a charu naill y *nall*. Ar lafar yn y De, *GWG* 294, *TGG* (1907–8), 81.

nam[1], *eg.* ll. *-au.* Bai, diffyg, breg, gwall, ffaeledd, amherffeithrwydd, aflunieiddrwydd, anaf, niwed, cam, camwedd, pechod: *flaw, fault, defect, failing, weakness, imperfection, deformity, blemish, harm, injustice, transgression, sin*.

c. **1300** *H* 99b. 6, yg gweithas *nam* nym bo uyned. *Dchr.* **14g.** *id.* 88a. 37, heb digoni cam heb *nam* arnaf (Llywelyn Fardd). *id.* 115b. 75, ny wneuthostdi *nam* y neb dadyl (Llywarch ap Llywelyn). *c.* **1400** *R* 1233. 41, Trauael *nam* oegam gwaelflam ae gwan. *id.* 1386. 31–2, Gwr ny gaffat *nam* yn dim yn dim [*sic*] arnaw. **15g.** *HS* 30, onim treissir *nam* trasyth / ni cheiff llowdden fwynwen fyth. **16–17g.** *HG* 130, ag er gwaethyr [*sic*] hynny o *nam*, proffwydoedd am i bryniad [am gwymp Adda]. **1632** *D*, *nam*, culpa, delictum. **1672** R. PRICHARD: *Gw* 102, Na lysenwa nêb er *nam* [:– O herwydd diffig, neu amrhydferthwch]. *id.* 176, Oni cheidw Duw rhag *Nam* [:– Cwdwn], / Fe drippia 'r ferch lle trippio'r fam. **1717** IACO AB DEWI: *MN* [283], Llu Abr'am a'i holl obrwy / Ni chân *Nam* na chwyno'n hwy. **1722** *Llst* 189, *nam*, m.p. *nammau*, a blame, fault. **1746** T. RICHARDS: *CER* 56, er eu bod [cyfreithiau] yn cael eu gwyrdroi . . . i wasanaethu cam-ddibenion . . . [D]ŷnion neillduol . . . ni ddichon hyn ddim bod yn *Nam* cyfiawn yn eu herbyn hwynt. **1793** DAFYDD IONAWR: *CD* 98, Rhag pob rhyw ddrwg, Duw dwg di, / Heb *nam*, fy meibion, immi! **1803** *P*.

Cfn.: **nam ar y lleferydd:** *speech impediment.* **20g.** Ar lafar, 'Mae *nam ar 'i leferydd*, mae'n dweud "eth" am "es"'. **n. cynhwynol:** *congenital deformity.* **20g.**

nam², **namn** [ff. dalf. ar *namyn* yw *namn*, cf. *cans* < *canys*, *ond* < *onid*; â *namn* > *nam*, cf. *twymn* > *twym*; dichon mai fel *namyn* y dylid estyn yr engh. gyntaf ac mai gwall am *namyn* yw'r engh. olaf fel ardd.] *ardd.* a hefyd fel *cys.* ac *eg.* ll. *nam(i)au.* Namyn, oddieithr, ar wahân i, ac eithrio; (gyda'r neg.) (dim) ond: *except*, *excepting*, *apart from*, *but*, *save*; (*with neg.*) *only*, *nothing* (*none*) *but.*

9g. (*LlSC*) *LL* xliii, tres uache nouidligi *na'* [drll.] ir ni be câs igridu dimedichat guetig bit did braut. **14g.** *T* 54. 24, *nam* seith (cf. *id.* 55. 7, namyn seith) ny dyrreith o gaer sidi. **14g.** *GIG* 93, Ond cywydd cethlydd coethlef, / Ni myn neb gywydd *namn* ef. **15–16g.** *TA* 143, Ni mynn rwn *namn* yr uniawn. *a.* **1587** *Y* 198, Ni elli, *namn* ewyllys, / A gwawd yrhawg mo gadw Rys. **1632** *D*, namyn, & *namn*, nisi, excepto. **1766** *CD* 25, nid oes yddynt ymborth o'r byd yr ennyd hynny *namn* (*W Best* 17, ond (amr. namyn)) gwlîth Wybrol.

Fel *cys.* Ond: *but.*

13g. *Brut B* 98, na doeynt . . . y kymryt blynder . . . *nam* kymerynt ehvneyn dysc ac arvev. *c.* **1400** (*SG*) *HMSS* i. 209, disgynnu a wnaethant. *nam* gwalchmei ny adawd heb gof gymryt y march. **1488–9** *BSM* 9, Nid oedd neb yn berchennoc da yno *nam* pob peth yn gyffredin oedd Rynghthvnt.

Fel *e.* Eithriad, amod: *exception*, *proviso.*

Dchr. **17g.** *J* 10, 20a, *Nam*, exception. **1632** *D*, *nam*, exceptio. Vnde Dinam, Exceptione maior, certus. **1710** *LlGG* (*Gos*) 7, drwy ddigon o gyfryw ragocheliadau a *namiau* (*exceptionibus*) rhag pob Coelgrefydd ac amryfusedd Pabaidd. *id.* 15, *Nàm* am y Gweddwon. **1722** *Llst* 189, *nam*, m.p. *nammau* . . . an exception, proviso. **1803** *P*.

Gw. hefyd namyn.

namen, gw. namyn.

namiaf: namio [bf. o'r e. *nam²*] *ba.* Eithrio: *to except.*

1710 *LlGG* (*Gos*) 14, y cyfryw achosion neilltuol yn unig a *namiwyd* (*extra casus speciales*) . . . ac a gadwyd allan.

namn, gw. nam².

namwy [?*na²* + *mwy*, H. Wydd. *nammá(a)* 'yn unig' (yn llythr. 'nid mwy')] *adf.* Yn unig: *only.*

10g. (*Juv*) *VVB* 191, honit *nammui*, gl. *tantum ne unquam.*

Cfn.: **nid namwy . . . namyn:** *not only . . . but.* **13g.** *Brut B* 46, Ac *nyt namwy* (*non solum*) y kanthav ef ehvn, *namyn* (*set*) y gan holl tywyssogyon Ffreync. **13g.** *Llst* 1, 195, *nyt namwy* (*non solum*) e pechavt hvnnv *namyn* (*set*) er holl pechodev. *ib.* Ac *nyt na mwy* [*sic*] (*non solum*) e dynyon byt. *namyn* (*set*) kenveynt dyw e hwn.

namyn, namwyn [*yn²* + *amwyn¹*, *amyn*] *ardd.* a hefyd fel *cys.*

(*a*) Oddieithr, ar wahân i, ac eithrio; (gyda'r neg.) (dim) ond: *except*, *excepting*, *apart from*, *but*, *save*; (*with neg.*) *only*, *nothing* (*none*) *but.*

12g. *LL* 120, ryd rac brennin a rac paup *namyn* dy teliau a yeccluys lantam (*nisi ecclesiae Landauiae*). **13g.** *C* 21. 10–11, gobuill o nebaud *namuin* y trindaud. **13g.** *A* 6. 20–1, ny diengis *namyn* tri o wrhydri. **14g.** *T* 55. 12–13, *namyn* seith ny dyrreith o gaer rigor. **1346** *LlA* 8, Medylyev dynyon . . . nys gwyr nep *namyn* duw ehun. **14g.** *WM* 135. 18–20, Sef aoruc ynteu ryfelu arnafi agorescyn vyg kyfoeth *namyn* (*RM* 207, eithyr) yr vn ty hwnn. *c.* **1400** *MM* 100, Kymer llyffant du ny allo *namyn* cropyan. *c.* **1400** [*RB*] *WM* 499. 32–3, *namyn* a gawssant odrwc y gantaw. ny chawssant dim o da. *c.* **1400** *YCM²* 28, 'Ny ellir uym brathu i', heb y kawr, '*namyn* y'm bogel'. *c.* **1400** *B* ii. 16, ny bydy ar y collet. *namyn* ychydig. **1551** W. SALESBURY: *KLl* ia, Na ddylewch ddim i neb *namyn* hyn. **1754** G. OWEN: *L* 122, diau . . . na fedrasai neb arall ei chyweirio fal hyn, *namwyn* chwychwi.

(*b*) Minws, ond (gyda rhifolion): *minus*, *less*, *save* (*with numerals*).

14g. *T* 12. 26–13. 1, trychan mil blwydyned *namyn* vn oric. *c.* **1400** *RB* ii. 397, *namyn* vn vlwyd trugein oed pan vu uarw. **15g.** *BB* 62, hwnnw a wledychaud *namyn* yn [*sic*] vlwydyn vgeint. **1551** W. SALESBURY: *KLl* liva, a ny ad ef y *namyn* vn pempucain yn y diffeith? **1620** *Io* v. 5, rhyw ddŷn yno, yr hwn a fuasei glaf *namyn* dwy flynedd deugain. **1688** *NDE* d.d., Y *namyn*un-deugain Erthyglau Crefydd Eglwys Loegr. **1754** G. OWEN: *L* 92, Echdoe y derbyniais yr eiddoch, o'r *namyn* un ugeinfed o'r Mis sy'n cerdded.

Fel *cys.* Ond, i'r gwrthwyneb, (ond) yn hytrach; sef: *but*, *except*, *save that*, (*but*) *on the contrary*, *rather*; *namely.*

13g. *C* 98. 14–15, Nid y tawue nessaw alawaraw urthid. *namvin* y tawue eithaw. **13g.** *BD* 26, Ac ny bu ydav un mab, *namyn* teir merchet. *c.* **1300** *H* 79a. 9–10, Nyd ef y canaf can digyofeint. uym mryt. *namwyn* mi ae pryd kywyd kywreint (Gwynfardd Brycheiniog). *Dchr.* **14g.** *id.* 71a. 22–3, Nyd yr da y hvfa hen. *namyn* yr maws ym y hun. y molaf .i. uletyn uleit trin (Cynddelw). **14g.** *GP* 14, Nyt bei ar eglyn kael o arall eglyn a uo gwell noc ef, *namyn* or byd yr eglyn heb un o'r beieu kyfreithawl uchot arnaw . . . barner ef yn da. **1346** *LlA* 4, yna ydywedir nat hyyn duw nor kreaduryeit herwyd amser. *namyn* herwyd teilygdawt. *c.* **1400** *MM* 98, Y rei ny allant kynnal na bwyt na diawt *namyn* y chwydu. *c.* **1400** *SDR* 57, Llyma y chwedyl . . . *Namyn* dinas kyfoethawc kadarn a oed yn y dwyrein. *c.* **1400** *YCM²* 36, Yn Yria ny ossodes ef vn escop, *namyn* y bot y dan Compostella. **1595** M. KYFFIN: *DFf* [63], nid oblegid eyn bod ni'n odinebwyr . . . *namyn* yn vnig er mwyn eyn bod ni'n cyfaddef Efengyl Iesu Grist. **1599 (1677)** R. HOLLAND: *AB* 82, er hynny, nhwy a gant weled achosion . . . iddynt hwy ofidio a galaru am danynt; *nammyn* (*namely*), ammherffeithrwydd y gwaith. **1754** G. OWEN: *L* 106, nis gwyddai fy mod i'n adwen yr un o'r ddwylyw, *namyn* mai Cymro oeddwn.

Amr.: **namen** [?*e≡y*]. **13g.** *A* 1. 15, 15. 18. *id.* 17. 7–9, hu mynnei eng kylch byt. eidol anant . . . *namen* ene delei o vyt hoffeint. kyndilic aeron wyr enouant. *id.* 19. 18. **13g.** *LlDW* 110. 12. **13g.** *HGK* 22. **yn amyn, 'n amyn.** **1567** *TN* 69. *id.* 165b, yr hwn oedd ddiscipul yr Iesu, '*n amyn* yn ddirgel rac ofn yr Juddaeon. *id.* 305b, [309b].

Cfn.: **namyn un mab:** *only son.* *c.* **1400** [*RB*] *WM* 224. 29–30, *Namyn vn mab* mam a that oedwn i.

Gw. hefyd amyn, nam².

nan [bnth. S. *nan*, ff. dalf. ar *anan*, *anon* 'I beg your pardon', ?a'i ddefnyddio fel adf. o dan ddyl. y S. *anon*] *rh. gof.* a hefyd fel *adf.* Beth?, sut?: *what?*, *pardon?*

1803 *P*, *nan* . . . what, what now. Wele *nan*, well what now, or well what do you want. Ar lafar yn sir Benf., '*nan*', 'beg pardon!', *GDD* 205.

Fel *adf.* Yn awr, yrŵan: *now.*

1819 W. OWEN[-PUGHE]: *CG* 176, O brofedigion *nan* mewn pyd. **19g.** ISLWYN: *Gw* 441, Mwynhau yr hen gofion yw'm gorchwyl *nan* / Wrthyf f' hun! wrthyf f' hun! Fy Ann! fy Ann!

nani [bnth. S. *nanny*] *eb.* ll. *-s.* Nyrs plentyn: *nanny.*

20g.

nannaill [gair geir.; ffrwyth trafod y ff. Lyd. *nanneil* yn *D* d.g. *naill* fel gair Cym.] *rh.* Nid yr un o'r ddau, nid y naill na'r llall: *neither* (*of the two*).

1688 *TJ*, *nannaill*, nid yr un orddau [*sic*]: neither. **1725** *SR* d.g. *neither of the 2.*

nano- [bnth. S. *nano-*] *rhgdd.* yn dynodi ffactor o 10^{-9}.

nanoeiliad [*nano-* + *eiliad¹*] *eb.g.* ll. *-au.* Milfiliynfed ran o eiliad: *nanosecond.*

20g.

nanometr, nanomedr [*nano-* + *metr*, *medr²*] *eg.* ll. *-au.* Milfiliynfed ran o fetr: *nanometre.*

20g.

nant [H. Grn. *nans*, gl. *uallis*, Crn. Diw. *nance*, *nans*, *nantz* 'cwm', Llyd. Diw. *ant* 'cwys' ('cwm' mewn e. lleoedd), Gal. *nanto*, gl. *valle*: < IE. **nm̥-tu-*, o'r gwr. IE. **nem-* 'plygu', cf. Sans. *natah* 'wedi ei blygu', o'r f. *nâmati* 'plygu'; ansicr yw dosbarthiad rhai o'r enghrau. isod] *eb.g.* ll. *nentydd*, *naint*, (prin) *nannau*, *neintydd*, (diw.) *nantau*, *nennydd.*

(*a*) Afon, afonig, afon fechan, ffrwd, hefyd yn *dros.* ac yn *ffig.*; ffrydlif, llifeiriant; ffos: *river*, *stream*, *brook*, *rivulet*, *also transf. and fig.*; *torrent*; *ditch.*

c. **1188** GIRALDUS CAMBRENSIS: *IK* 37, *Nant* etenim rivus dicitur aquæ decurrentis: unde et usque hodie ab accolis locus iste lingua Kambrica Landewi *Nant*hotheni vocatur, hoc est, ecclesia David super rivum Hotheni. **13g.** *Llst* 1, 92, ar glan *nant* bychan . . . llad pennev er rvueynwyr . . . vrth henny e gelwyr e *nant* hvnnv eg kymraec *nant* gallgvn. **1346** *LlA* 163, velle heuyt y daw *nant* or ffynnyawn. **14g.** *GDG* 188, Ac mewn *naint* llifeiriaint llwyd, / A llawn sôn mewn afonydd. **1567** *TN* 144a, allan oi vru ef y llifa avonydd [:– ll[i]feiriaint, aberoedd, *naint*] o ddwfr byw. *id.* 162a, dros garoc [:– avon, *nant*] Cedron. **1588** *Gen* xxx. 38, Ac a osododd y gwiail y rhai a ddirisclase efe yn y *nentydd*, o fewn y cafnau dyfroedd. *c.* **1600** *IGE* 219, Swmer anwychder echdoe, / Bych ennaint blaen *naint* Noe [i'r niwl]. **1632** *D* d.g. *amnis*, *rivus*, *torrens.* *c.* **1700** E. LHUYD: *Par* i. 35, Pont velin y Traeth ar Riw *nant* bychan sy'n redeg trwy ganol y plwy. **1728** T. BADDY: *DDG* 62, ei hamryw *Neintydd* hyfryd a llwyni, a Gelltydd serchogaidd. **1803** *P*, *nant*, s.m., a mountain torrent, a brook. Digwydd yn dra chyffredin mewn enwau lleoedd. Ceir enghrau. lle mae'r elf. *llan* wedi disodli *nant*, e.e. *Llancarfan*, Morg., gynt *Nant Carfan*, *Llantarnam*, Myn., gynt *Nant Teyrnon*, gw. *EANC* 47–50.

(*b*) Cwm, glyn, dyffryn; ceunant, hafn: *valley*, *glen*, *dale*; *ravine*, *gorge.*

c. **1200** *VSB* 54, principale sancti Cadoci oppidum a priscis Brittonum colonis *Nant* Caruguan, id est, Uallis Ceruorum, inde Nancarbania, ex ualle scilicet et ceruo, uocabulum accepit. **14g.** *T* 11. 17–18, dy vynet yn du hynt yn *nanheu* yn tywyll heb leuuereu. **16g.** *Pen* 76, 75, a mi gynnar yn aros / gwen yn y *nant* gan y nos (Robin Leiaf). **16g.** *B* x. 296, oni ddadseinniai yr holl vynyddoedd a *nenttydd* yn i hamgylch. **16g.** (*LlEG*) *Mos* 158, 443b, ar lethyr bron vwch ben *nantt* ar hyd yr hwn Ir ydoeth aber o ddwr hredegog ynn llithro. **16g.** R. WHITE: *C* 16, Di byryglach oedd i ddyn/ . . . / vod yn gorfedd ar lawr *nant* / y mysg naw kant o sarthod. **1588** *Esec* vi. 3, dywedodd yr Arglwydd Dduw wrth fynyddoedd, ac wrth frynnau, wrth *nentydd*, ac wrth ddyffrynnoedd. **16–17g.** *GST* i. 764, Im yn gaead mewn gwiail / Mae *nant* ddofn a mynwent ddail. *c.* **1700** E. LHUYD: *Par* i. 150, Y *Nentydd*: The Valleys. **1803** *P*, *nant*, s.m. pl. *nentydd*, a hollow formed by water, a ravine.

Gw. hefyd nentig.

nanti, naon, gw. anti (At.), nawn.

nap [bnth. S. *nap*] *eg.* (bach. g. *-yn*, *nepyn*). Amrantun, cyntun: *nap*, *doze.*

1909. Ar lafar ym Morg. a dwyrain sir Drefn. yn y ff. *nepyn*, *Cymru* lii. [211], ac yn sir Gaerf. a Chered. yn y ff. *napyn.*

napalm [bnth. S. *napalm*] *eg.* Hylif trwchus hyfflam a wneir fel arfer o betrol a sebonau aliwminiwm ac a ddefnyddir mewn bomiau tân, &c.: *napalm.*

20g.

napar [bnth. S. *napper* 'pen'] *e?g.* ll. *-s.* Pen (yn ddifrïol): *head* (*derog.*).

Ar lafar yn nhref Caernarfon, *B* xvii. 273; hefyd yn yr ymad. 'Cae dy *napar*!', 'Cae dy ben!'.

naper¹ [gair geir.] *a.* Cas, ffiaidd: *nasty*, *odious.*

?**1498** (**16–17g.**) *LlGC* 732, 90, *naper*, kas. **1707** *AB* 219b, *naper*, odious. V. & alii. *c.* **1730** *Thos. Lloyd D* (LlGC) 182a, *narper* [*sic*], câs. P. 50.

naper² [?bnth. S. C. *naperie* 'household linen'; ansicr yw'r engh. gyntaf] *e?g.*

Rhyw fath o liain tŷ: *some sort of household linen.*
c. **1400** *R* 1346. 30–1, dwp dap ae glap ae *napper.* **1606–8** *Pen* 223, 252–3, llyma enwev dodrefn . . . V[e]larium . . . *Naper.*

napgorn, gw. mapgorn.

napgyn [bnth. S. *napkin*] *eg.* ll. *-au.* Darn sgwâr o liain, sidan, papur, &c., a ddefnyddir i sychu'r bysedd neu'r gwefusau wrth fwyta neu i arbed y dillad rhag difwyno; hances, cadach poced, cwrsi; lliain bach, tywel (bach), cadach: *napkin, (table-)napkin, serviette; (hand)kerchief; (small) towel, cloth.*
1547 *WS,* kwrsi llaw ne *napkyn,* a handkercher. *id. napkyn,* napkyn. **16g.** *IICRC* iii. 313, Mi asychais wyneb gwyn / Am *napkin* y archollay. **1551** W. SALESBURY: *KLl* xlia, ar ffunen [:– *napkyn*] a vysei ar ei ben. **16g.** HUW ARWYSTL: *Gw* 392, ni wna ych bedd os gwin heddiw / neb akw n gamp *napkyn* gwiw / ossod iowngrefft sidangrwn / ar evrwedd hardd arwydd hwnn. **1567** *TN* 203b, yd pan ddugit y wrth y gorph ef ir cleifion, gwrsie nai *napcynae.* **16–17g.** *GST* i. 759, Danfon *napcyn,* da iawnfath, / Dug ni fedd degan o'i fath. **1728** T. BADDY: *DDG* 51, gwelsom yr holl Henaduriaid, a *Napcynau* ou blaen, yn golchi'r Dysclau. **1739** D. ROWLAND: *LlY* 18, y gwas a gyddiodd ei dalent mewn *Napgin* yn y ddaiar. **1779** *DS* 18, rwbia fi yn lân a'r *napcyn* / Fu gan Paul ynghylch ei gorphyn. **1792** H. HARRIS: *H* 54, fy llindagu gan fy nhynnu erbyn fy *Napcyn* (Handkerchief).
Cfn.: **napgyn poced:** *pocket handkerchief.* **1838.**
Gw. hefyd macyn[1].

napsac [bnth. S. *knapsack*] *eb.* Bag (milwr) a ddefnyddir i gario angenrheidiau neu eiddo personol ar y cefn, pac milwr: *knapsack.*
1830.
Amr.: **napsach** [dan ddyl. yr e. *sach*]. **1856.**

naptha, gw. nafftha.

napyn, gw. nap.

nar, gw. na[1] + rhy[2].

nâr[1] [cf. *casnar, gwanar, nêr*] *eg.?b.* ll. *naredd.* Arglwydd, pennaeth, arweinydd: *lord, chief, leader.*
13g. *A* 11. 2–3, *nar* od uch gwyar fin festinyawr. *id.* 16. 9, eil nedic *nar.* **14g.** *T* 62. 23, bit vy *nar* nwyhachar kymryeu. **1562** *B* ii. 232, *naredd,* arglwyddi [drll.]. **16g.** WILIAM LLŶN: *Gw* (R. Stephens) (At.), *naredd,* arglwyddi, vy llyw llywiawr *naredd,* Jolo goch. **16–17g.** HUW CEIRIOG, &c.: *Gw* 27, Tair *nâr* hael, llawnfael wellhau, / Trwy gariad i'r tri gorau [am wragedd tri mab Gruffudd Siôn ap Lewis]. **1707** *AB* 219b, *naredd,* lords.
Gw. hefyd nâr[2], nêr.

nâr[2] [dichon mai i *nâr*[1] y perthyn yr engh. gyntaf] *eg.* (b. *nares,* ll. *-od;* bach. g. *neryn*) ll. *narod.* Corrach, cor, dyn tila neu wan, ewach, edlych: *dwarf, pygmy, puny person, weakling.*
14g. *GDG* 411, Ef a eill tafawd, nawd *nâr,* / Gwan unben, a gwenwynbar / Dygyfor y digofaint / Dan ei fron a dwyn ei fraint. **1547** *WS, nar,* an elfe. **16g.** WILIAM CYNWAL: *Gw* (G. P. Jones) 28, Pwyo â'i ddwrn a chwyrnu; / Pa *nâr* o'i fath? Poenwr fu [am Eiddig]. *c.* **1585** *Llst* 178, 59b, addwedais fal hyn o fydredd ohanafi o *nar* o erthyll o netwith o ffol o ynfyd trallodedig (*O wretch, O Asse, O miserable Fool*). **16–17g.** T. PRYS: *Bardd* 137, *narresod* warriau issel / noddog llv difiog lle i del [am gesig]. **1604–7** *TW* (*Pen* 228) d.g. *homulus, nanus. id. neryn* d.g. *proculus.* **1632** *D, nâr,* nanus, pumilio, pusillus. *id. narod* d.g. *stilpones.* **1688** *TJ, nâr,* Corr: a dwarf. **1707** *AB* 133a, *nâr* d.g. *pygmæus.* **1722** *Llst* 189, *nâr,* m.p. *narod,* a dwarf. **1794** *W* d.g. *weakling.* **1803** *P, nar* . . . a dwarf, a puny thing.

naratif [bnth. S. *narrative*] *eg.b.* a hefyd fel *a.* Hanes, stori, adroddiad (am ddigwyddiadau, profiadau, &c.); y rhan o waith llenyddol sy'n adrodd hanes; yn adrodd hanes, yn ymwneud ag adrodd hanes: *narrative* (*n. and adj.*).
20g.

narcosis [bnth. S. *narcosis*] *eg.* Anymwybodolrwydd a achosir gan gyffuriau narcotig neu anesthetigion cyffredinol, trachwsg: *narcosis.*
20g.

narcotig [cfdds. o'r S. *narcot(ic)* + *-ig*[2]] *eg.* a hefyd fel *a.* Cyffur megis opiwm neu forffin sy'n peri diffyg teimlad a syrthni ac a gymerir i leddfu poen neu am ei effeithiau pleserus; yn peri'r effeithiau hyn; hefyd yn *ffig.*: *narcotic* (*n. and adj.*); *also fig.*
20g.

nard [bnth. S. *nard*] *eg.* ll. (prin) *-ydd.* (Planhigyn o'r India, *Nardostachys jatamansi* neu'i debyg a ddefnyddir i wneud) eli neu ennaint peraroglus drudfawr, sbicnard, hefyd yn *ffig.*: *(spike)nard (plant), also fig.*
1574 *Llst* 171, 51, diraid oedd ymi drayl gwerth saith igain pynt o *nard* gwerthfawr. **1588** *Io* xii. 3, Yna y cymmerth Mair bwys o enaint *nard* gwlyb, gwerthfawr. **16–17g.** *IMCY* 228, Yma y cair chwegrawn gwinoedd, *nardydd,* amomydd. **1722** *Llst* 189, *nard,* nardus, m. nard; spikenard. **1778** *W* d.g. *nard* [*a fragrant ointment* . . .].
Amr.: **nardd. 18–19g.** *Llr* C 2, 338. **1801** *MMf* 289, Nardus, *nardd,* yr eliog, gwrthlys yr ardd.
Gw. hefyd nardus, nardd, sbicnard, ysbignardd.

nardus [bnth. dysg. Llad. *nardus*] *eg.* (Sbic)nard: *(spike)nard.*
1551 W. SALESBURY: *KLl* xxvib, [b]lwch alabastr o oleo gwyrthvawr a oedd iawn *nardus* [:– lauand]. **16g. (1763)** W. SALESBURY: *LlM* 246, [lafant] . . . vn addwyn a mwy ei arogle ag nid llai na *nardus.* **1588** *Can* i. 12, fy *Nardus* i a roddodd ei arogl. *id.* iv. 13, Camphir, a *Nardus.*
Gw. hefyd nard.

nardd, gw. nard.

naredd[1], ff. l., gw. nâr[1].

naredd[2] [*nâr*[2] + *-edd*[1]; dichon mai *naredd*[1] a welir yn yr engh. gyntaf] *e?g.* (geir.) Bychandra, eiddilwch: *smallness, littleness, puniness.*
Dchr. **17g.** *J* 10, 20a, *naredd.* **17g.** *LlGC* 13215, 346, *naredd,* parvitas.

nares, gw. nâr[2].

narith, gw. aruthr.

narsisaeth, gw. narsisiaeth.

narsisaidd [cfdds. o'r S. *narciss(istic)* + *-aidd*] *a.* A diddordeb eithriadol ynddo ei hun, yn enw. o ran ei gorff neu ei bryd a gwedd: *narcissistic.*
20g.

narsisiaeth, narsisaeth [cfdds. o'r S. *narciss(ism)* + *-(i)aeth*] *eb.* Y cyflwr o fod yn narsisaidd, hunangariad: *narcissism.*
1927.

nas[1], gw. na[1] + -s[1].

nas[2], gw. na[1] (At.).

Nasaread, Nasareiad, Nasariad [cfdds. o'r Llad. *Nazar(æ(us))* + *-iad*[3], *-ad*] *eg.* ll. *Nasare(i)aid, Nasariaid.* Nasiread; brodor o Nasareth, tref yng Ngalilea; enw Iddewig cynnar ar Gristion; aelod o sect gynnar Iddewig-Gristionogol: *Nazirite; Nazarene, native of Nazareth; Nazarene, early Jewish term for Christian; Nazarene, member of an early Jewish-Christian sect.*
1567 *TN* 4a–b, ef [Iesu] . . . a drigawdd mewn dinas a elwit Nazaret . . . gelwit ef yn *Nazaraiat* (**1588** *Math* ii. 23, *Nazaread*). *id.* 213a, cawsam y gwr hwnn [Paul] . . . yn brifnerthwr ar yr heresi y *Nazarieit.* **1588** *Nu* vi. cs., Cyfraith y *Nazareaid. ib.* 2, pan ymnailltuo gŵr neu wraig i addo adduned *Nazaread.* **1588** *Barn* xvi. 17, *Nazaread* Duw ydwyfi o grôth fy mam. **1588** *Galarn* iv. 7, Glânach oedd ei *Nazareaid* hi na'r eira. **1588** *Am* ii. 11–12, mi a gyfodais . . . o'ch gwŷr ieuaingc rai yn *Nazareaid* . . . Ond chwi a roesoch i'ch *Nazareaid* wîn iw yfed. **1704** E. SAMUEL: *BA* 68, yno y galwyd y disgyblion gyntaf yn Gristianogion . . . *Nazareiaid* yr enwid hwynt. *c.* **1730** *Thos. Lloyd D* (LlGC) 180a, *Nazaread,* Nazaræus.
Gw. hefyd Nasiread.

Nasareaeth [*Nasare(ad)* + *-aeth*] *eb.* Y cyflwr o fod yn Nasiread: *Naziriteship.*
1588 *Nu* vi. 2–6, pan ymnailltuo gŵr neu wraig i addo adduned Nazaread, gan ymnailltuo i'r Arglwydd . . . Holl ddyddiau ei *Nazareaeth* ni chaiff fwytta o ddim oll a wneir o wînwydden . . . Holl ddyddiau adduned ei *Nazareaeth,* ni chaiff ellyn fyned ar ei ben . . . Holl ddyddiau ei ymnailltuaeth i'r Arglwydd na ddeued at gorph marw.
Amr.: **Nasareadaeth** [*Nasaread* + *-aeth*]. **1722** *Llst* 189, *Nazarëadaeth,* f. Nazariteship.

Nasareaidd [*Nasare(ad)* + *-aidd*] *a.* Yn perthyn i Nasareaeth: *Naziritic.*
1807.

Nasareiad, gw. Nasaread.

Nasareniad [cfdds. o'r Llad. *Nazarēn(us)* + *-iad*[3]] *eg.* ll. *-iaid.* Nasaread, enw Iddewig cynnar ar Gristion: *Nazarene, early Jewish term for Christian.*
1588 *Act* xxiv. 5, sect y *Nazareniaid* (*TN* 213a, Nazarieit).

Nasariad, Nasi, Nasïaeth, Nasïaidd, nasion, gw. Nasaread, Natsi, Natsïaeth, Natsïaidd, nasiwn.

Nasiread [cfdds. o'r S. *Nazir(ite)* + *-ad*[2], trf. prs., dan ddyl. yr e. *Nasaread*] *eg.* Asgetig Iddewig yng nghyfnod yr Hen Destament, Nasaread: *Nazirite.*
20g.

nasiwn, nasion [bnth. S. C. *nacioun, nation* 'nation'; cf. Crn. C. *nascyon, nascon(n),* Gwydd. C. *náisión,* Gwydd. Diw. *náisiún*] *eb.g.* ll. *-au, nasiynau.* Cenedl, pobl, gwerin, hil; math: *nation, people, folk, race; kind.*
14–15g. *IGE*[2] 265, Och Gymry . . . / . . . / Pennaf *nasiwn,* gwn gwmpas, / Erioed fuom ni o ras (Siôn Cent). **15g.** *LGC* 463, Mae chwedl mai dwy genedlaeth / Iso 'n un *nasiwn* a aeth; / A'r ddwy 'n un, un radd, un wedd, / Oedd genedl Nordd a Gwynedd. **15g.** *GGl*[2] 268, Oes neb o'r ddwy *nasiwn* wiw / Mor rhwydd am eu haur heddiw. **16g.** *Llst* 6, 92, hwch ddafydd hewddwch [*sic*] oedd hon / noswaith hi hi ay *nasiwn* / ny dai hi y dy o hwn (Ieuan Tew). **1545** *CM* 1, 146, ymysg I Kenedlaethav oi gwladoedd ai *nashiwn* I hun. **1547** *WS, nasiwn,* nacion. **16g.** *THSC* (1923–4) (At.) 70, yr oedd yng harissalem bobyl o bob *nassiwn* yn ffo yr eglwyssi. **1567** *TN* [xxx], oll *nasioneu* Cred. *id.* 240a, ym-plith y Cenetloedd [:– *nasiwne,* y werin]. **1567** G. ROBERT: *GC* [204], o'r lladin . . . ond saesnigaidd yw'r modd, y lluniwyd nhwy, megis . . . *nasiwn.* **16–17g.** *HG* 56, Mae tri *nasiwn* ny mryson, pan ddarffo ir kriston drengi. *Dchr.* **17g.** *B* xxii. 135, Y ddraig coch sy'n arwyddoccav *nasiwn* y Brvtanied. **1670** J. HUGHES: *AP* 114, pôb *Natiwn* Crêd. **1688** S. HUGHES: *TSP* 177, ond bod y Brittaniaid, a rhyw *Nasiwnau* [:– Bobloedd] eraill, yn dibrissio 'r Marsiandiaeth hynny. **1766** *CD* 197, Ynghylch y Bobl a'r *Nasiwne* / Oedd mewn amryw Deyrnase. Ar lafar yn sir Benf. a'r De mewn ystyr ddifr. 'torf, ciwed, mob', *B* viii. 323–4.

Natalic, gw. Nadolig.

nato, gw. nadaf[2]: nadu.

natron [bnth. S. *natron*] *e?g.* Mwyn gwyn neu felyn wedi ei gyfansoddi o sodiwm carbonad hydradol ($Na_2CO_3{\cdot}10H_2O$): *natron.*
1848.

Natseaidd, gw. Natsïaidd.

Natsi [bnth. S. *Nazi*] *eg.* ll. *Natsïaid.* Aelod o Blaid Gweithwyr Sosialaidd Cenedlaethol yr Almaen, a sefydlwyd yn 1919, ac a ddaeth i rym yn 1933 o dan Adolf Hitler, gan reoli'r wlad tan 1945, hefyd yn *ddifr.*: *a Nazi, also derog.*
1938.
Amr.: **Nasi. 1940.**

Natsïaeth [*Natsi* + *-aeth*] *eb.* Athrawiaeth dotalitaraidd hiliol ffasgaidd y Natsïaid: *Nazism.*
1939.
Amr.: **Nasïaeth** [cf. *Nasi*]. **1936.**

Natsïaidd [*Natsi* + *-aidd*] *a.* Yn perthyn i Natsïaeth: *Nazi (adj.).*
1938.

Amr.: **Nasïaidd** [cf. *Nasi*]. **1937.**

natsian, gw. atseiniaf: atseinio.

Natsïeiddiaf: Natsïeiddio [bf. o'r a. bl.] *ba.* Gwneud yn Natsïaidd: *to Nazify.* **1940.**

natur [bnth. H. Ffr. neu S. C. *nature*, cf. Crn. C. *natur*, Crn. Diw. *natyr*, *nature*, Llyd. C. *natur*, Gwydd. C. *nádúir*] *eb.g.* ll. -(*i*)*au*.

1. Priodoleddau neu ansawdd (hanfodol) rhywbeth, anianawd, cyneddfau cynhenid neu gyfansoddiad sy'n nodweddu hanfod rhywbeth, cyflwr; rhinwedd (moddion, &c.), nerth; cymeriad neu anian (gynhenid); tymer (ddrwg, &c.), hwyliau; tuedd, tueddiad, tueddfryd; twts, teimlad, pwl: (*essential*) *attributes or qualities of something*, *inherent properties*, *characteristics*, *or constitution of something*, *state*, *condition*; *healing properties* (*of medicine*, *&c.*), *strength*; (*innate*) *character or nature*; (*bad*, *&c.*) *temper*, *temperament*, *disposition*; *aptitude*, (*natural*) *inclination*, *propensity*; *touch*, *feeling*, *attack*.

(*a*) (enghrau. am bethau difywyd, cysyniadau haniaethol, &c.: *exx. used of inanimate objects*, *abstract concepts*, *&c.*).

14g. *GDG* 309, Noter wybr *natur* ebrwydd, / . . . / Sych *natur*, creadur craff [i'r gwynt]. **1527** *RWM* ii. 101, *Natturrie* y saith Blanned: Sattwrnnws y sydd sych ac oerr. **1547** *WS* [xi], *Natur* a sain y llythyreu vchod yn Saesnec . . . A Seisnic fydd vn *natur* ac (a) gymreic. *a.* **1561** *B* vi. 48, *natyr* y marl yw kodi a *natyr* y dom yw gostwng oherwydd anian. *ib.* nac ardd dy dir tail yn ry gynnar, namyn gad y gael peth o *natyr* gwres y vlwyddyn. *a.* **1575** *GP* 91, Tri Reolaeth ssilldaf: i hyd, i phwys, a'i *natvr*. *Diw.* **16g.** *WLB* 27, Rhag chwydd a dwfr a gwenwyn rhwng kig a chroen—o *natur* dropsi. *ib.* Kymer dair ewin garllec . . . ef a red y *natur* ai sawyr hyd y glust arall. **1661** E. Lewis: *Drex* [v], trwy fy mod yn adnabod *Natur* eich ewyllysgarwch. **1759** J. Evans: *PF* 13, gadewch fod rhyw *natur* (*quality*) yn y Cyffurun ne'r Feddiginiaeth, ac eisiau ei lareiddio. **1765** JM: *DDdC* 20, Wrth *natur* y Dwfr y gellir adnabod beiau corph dyn. **1778** *W* d.g. *nature* [. . . *inherent quality*]. **1790** *Prif Crist* iv, y Traethawd byrr hwn, am *nattur* a rhinwedd Goleuni Crist o fewn dyn. Ar lafar yn gyff. Sonnir am '*natur* rhew ynddi' neu '*natur* glaw yn y gwynt, &c.'.

(*b*) (enghrau. am Dduw, personau, ac anifeiliaid: *exx. used of God*, *persons*, *and animals*).

1346 *LlA* 6, Deu ryw *natur* yn bennaf aoruc duw. vn ysbrydawl. ac arall corfforawl. **14–15g.** *IGE²* 275, Tydi ddyn, tew dy ddoniau, / Trais taer yw'r *natur* traws tau (Siôn Cent). **15g.** *LGC* 478, Tarw dig a wna tòri dur, / Tro i neitiaw tri *natur* [i Siasbar Tudur]. **15g.** *GGl²* 183, *Natur* i hen, yno y trig, / [Dd]wyn oes mewn tref ddinesig. **15–16g.** *TA* 164, Tŷ gwas dewr teg i storia, / Tŷ'r dawn a'r *naturiau* da [i Hywel ap Gruffudd ap Rhys]. **1527** *B* ii. 208, A ffan weles ef drwy i gylvydid nad oydd y mab o *nnaturrie* y brennein nar vrenhinnes. *a.* **1561** *id.* vi. 49, A'y *natur* yw kael lle sych yn y gwal a chysgy yn hir [am foch]. **16g.** Huw Arwystl: *Gw* 125, nit ta I wr gael *natur* gwylld / nai anwydav yn waedwylld. **16–17g.** *B* viii. 115, fal y mae *nattvr* a synwyr dyn (*more humani ingenii*). **1632** *D* (*Diar*), *Nattur* yr hŵch fydd yn y porchell. **1659** *GIA* 20, Ar *natur* neu 'r gogwyddiad llygredic hon [*sic*] gennym in genir ni oll yn awr ir byd. **1712** T. Williams: *CDdG* 172, y ddwy *Natturau* [*sic*] sef y Duwiol ar ddynol. **1768 (1813)** Twm o'r Nant: *FF* 11, I ddangos eich *natur*, a'ch gwewyr, a'ch gwanc. **1773** *W*, *natur* dda d.g. *good nature*. **1778** J. Hughes: *BB* 284, Pleser Hael yw gwneud haelioni, / Dyna *natur* hwn a'i ffansi. **1789** Twm o'r Nant: *TChB* 24, rwi mewn *natur* hagar. **1790** T. Jones: *TOS* 5, Mae gweddillion yr hên *natur* yn gwanhau llawer ar y dymuniadeu hyn. *Diar.* 'Mae *natur* y cyw yn y cawl'. Ar lafar yn gyff., ''Roedd y *natur* 'na yna' i', 'I had a natural inclination in that direction', 'Ma gin' i *natur* fanodd', 'I have a touch of toothache', ''R annwyd yn dylanwadu ar 'i *natur* i gyd', *WVBD* 391; 'Fi geso i *natur* llewyg'. Fe'i clywir yn aml yn ystyr 'tymer ddrwg', e.e. 'pan godiff 'i *natur* o', 'when his blood is up', *ib.* 'Mae *natur* ym mhawb sy â gwallt coch', ''Odd *natur* ofnadw arno fe pan glywodd e hynny'.

2. (yn aml wedi ei phersonoli) Y grym a ganfyddir yn rheoli'r byd naturiol, deddfau'r bydysawd, moesoldeb naturiol, y drefn naturiol; y cread, y bydysawd, y byd (naturiol); perthynas o ran gwaed: *nature*, *the force perceived to control the natural world*, *the laws of nature*, *natural morality*, *the natural order*; *creation*, *the universe*, *the* (*natural*) *world*; *blood relationship*, *consanguinity*.

c. **1400** *B* ii. 20, *natur* ath wnaeth ditheu yn jeuangk yn dlawt. **1546** *YLlH* [8], Plini yn y lyuyr o ystoria *nattur*. **1595** H. Lewys: *PA* 142, nineu 'rhai ym i blant ef (nid trwy *natur*, eythr trwy fabwysiad . . .). **1615** R. Smyth: *GB* 10, Eraill yn barnu ynn phyrnicach ar waithredoedd *natur*, a ddechreuasont i chablu, gan i galw yn llysfam, lle i dylasau fod yn fam raslawn. **1657** *MLl* ii. 126, Pam i llosgi ran or sc[r]ythur / Sydd yn Sôn am Arglwydd *natur*? **1661** E. Lewis: *Drex* 16, Y wraig wreigaidd, bwyllog, benllwyd yw *Natûr*. *id.* 276, pan ddalio marwolaeth ni am gyfiawn ddyled *natur*. **1672** J. Langford: *HDdD* 357, y mae ef [cariad] cymmhelled tu hwynt iddi hi [rhagrith], ac y mae *Natur* tu hwynt i gelfyddid. **1709** H. Powel: *G* 28, golygus alluoedd *nattyr*. **1714** R. Prydderch: *GD* 113, Oni ddylei Grist[nog]ion ffieiddio yr hyn y mae Cenhedloedd tywyll wrth oleuni *natur* yn ei ffieiddio? **1723** WM: *PGG* 194, Nid edrych *Natur* ond ar y Dŷn oddiallan, ond mae Grâs yn chwilied y Dŷn oddimewn. **1751** *GIA* xxi, Oni welwch chwi yn Rheol *natur* bob peth wedi ei gymhwyso ir defnydd y mae ef iddo? **1759** J. Evans: *PF* 4–5, un prif Ragflaenŷdd . . . wedi ei nôdi allan gan Awdur mawr *Natur*. **1763** *ML* ii. 563, O mor hyfryd yw *natur* yn ei boreuwisg, ie, ac iachused ydyw codi rhwng 4 a 5. **1778** *W* d.g. *nature* [*the power whence all other powers are derived* . . .], *nature* [*the world or universe*]. **1797** J. Owen: *GAE* 5, Ei Philosophyddion a ddywedent nad oes un Duw ond *nattur*.

3. Math, teip, siort, rhywogaeth: *kind*, *type*, *sort*, *species*.

15g. *FfBO* 45, pob ryw *natur* (*genera*) o anifeilyeit ac adar. **1567** *TN* 348a, Cans holl *natur* ynifeiliaid, ac adar, ac ymlusciaid . . . a ddofir . . . can *natur* ddyniol. *Diw.* **16g.** *WLB* 27, Rhyw chwydd a dwfr a gwenwyn rhwng kig a chroen—o *natur* dropsi. **1693** J. Owen: *BP* 182, er nad ydyw [diystyru genedigaeth-fraint] or un radd ai bechod ef [Esau], y mae o'r un *natur*. **1722** *Llst* 189, *natur* . . . sort. **1759** J. Evans: *PF* 11, yn yr oes ddiweddaf rhyw beth o'r *natur* ymma a wnaed. **1771** *PDPh* 35, Dodwch blaister o *nattur* i gryfhau wrth y main-gefn. **1778** *W* d.g. *nature* [*a distinct species or kind of being*], *nature* [*sort, or species*].

Amr.: **nadur.** **1545** *B* vii. 9. **nawter.** **1803** *P.* **notur.** **1803** *P.*

Cfn.: **natur ddrwg:** (*bad*) *temper*. **1772** D. Risiart: *HFP* 69. **1774** *W* d.g. *ill-nature*. **1790** T. Jones: *TOS* 166. Ar lafar yn gyff. **n. dyn(ion):** *human nature*; *the human condition*. **1776** *W*, *natur dyn* d.g. *mortality* [*human nature*]. **1778** J. Hughes: *BB* 157, Ag fellu fyth mae *natur dynion*. **(y) n. ddyn(i)ol:** *human nature*; *the human condition*; *mankind*, *the human race*. **1567** *TN* 348a, holl natur ynifeiliaid . . . a ddofir . . . can *natur ddyniol* (**1588** *Iago* iii. 7, *natur ddynol*). **1693** J. Owen: *BP* 192. **1776** *W*, *natur* (*y natur*) *ddynol* d.g. *mortality* [*human nature*]. **n. fawr:** (*bad*) *temper*. **1937.** Ar lafar yng Nghered. Cf. D. J. Williams: *ChHO* 27. **ail n.:** *second nature*. **1703** E. Wynne: *BC* 28, wedi mynd yn *ail natur*. Ar lafar yn gyff. **trwy n.:** *naturally*; *by blood*. **1595** H. Lewys: *PA* 142. **1672** J. Langford: *HDdD* 2. **wrth n.:** *naturally*, *by nature*, *instinctively*. **1760** T. Evans: *P* 7, *wrth Natur*, heb Gymmorth Grâs. **1778** *W* d.g. *naturally*. Cf. D. Owen: *D* 3, Crydd ydyw *wrth natur*.

natureg [*natur* + -*eg¹*] *e?b.* Athroniaeth naturiol: *natural philosophy*. **1879.**

Amr.: **notureg** [*notur* + -*eg¹*]. **1828.**

naturegol [*natureg* + -*ol*] *a.* Yn perthyn i athroniaeth naturiol: *relating to natural philosophy*. **1899.**

Amr.: **noturegol** [*notureg* + -*ol*]. **1828.**

naturiaeth [*natur* + -*iaeth*, cf. Crn. C. *natureth*, Llyd. Diw. *naturiezh*] *eb.g.* ll. -*au*.

1. Priodoleddau neu ansawdd (hanfodol) rhywbeth, anianawd, cyneddfau cynhenid neu gyfansoddiad sy'n nodweddu hanfod rhywbeth, cyflwr; gallu, nerth; cymeriad neu anian (gynhenid), natur; tuedd meddwl, tueddiad, tueddfryd; tymer, hwyliau: (*essential*) *attributes or qualities of something*, *inherent properties or characteristics of something*, *state*, *condition*; *power*; (*innate*) *character or nature*; *aptitude*, (*natural*) *inclination*, *propensity*; *temperament*, *disposition*.

(*a*) (enghrau. am bethau difywyd, cysyniadau haniaethol, &c.: *exx used of inanimate objects*, *abstract concepts*, *&c.*).

16g. *Pen* 127, 245, nattur saith vaen gwyrthvawr a gymerant i lliwiev a Ryw *natturiaethev* gann yr vn planedev. *c.* **1585** G. Robert: *DC* [15a], nyd oes rhagoriaeth tegwch rhwng enaid ar llall, o ran *naturiaeth* yr enaid. **1588** *Doeth Sol* xix. 19, a'r dwfr a anghofiase ei*naturiaeth* [*sic*] i ddiffoddi. **1588** 2 *Mac* vii. 23, yr hwn a luniodd anedigaeth dŷn, ac a gafodd *naturiaeth* pôb peth. **1595** *Egl Ph* 2, pan oedd eisiau geiriau i lunhoeddu [*sic*] *naturiaeth*, a phriodoliaethau pethe amrafael. **1605–10** *Haf* 24, 622, vo a ddiflina r ysbryd ac a gynydda yr nerth: ac a adrydd holl *naturiaeth* ir corff. **1615** R. Smyth: *GB* 3, sylwed [*sic*] a *naturiaeth* pob peth. **1653** *MLl* i. 116, Rhyw un sy'n ymofyn, am *naturiaeth* yr haul ar lleuad. **1661** E. Lewis: *Drex* 294, nad oedd geiriau yn y byd yn ddigon i egluro *naturiaeth* Tragwyddoldeb. **17g.** Huw Morus: *EC* i. 291, *Naturiaeth* pob impyn / Ddwyn ffrwyth ar ei frigyn. **1725** D. Lewis: *GB* 133, Ni soniaf yn awr ond ychydig . . . am Drefniad a Gwasanaeth Petheu, gan feddwl . . . [d]ala sulw mwy manol ar eu *Nhatturiaetheu*. **1759** J. Evans: *PF* 10, llaweroedd o rai tramor [cyffuriau], nad oedd eu cydwladwyr yn deall na'u henwau na'u *naturiaethau*.

(*b*) (enghrau. am Dduw, personau, ac anifeiliaid: *exx. used of God*, *persons and animals*).

14–15g. *IGE²* 165, Nid ydym, anhy y doedaf, / Lywelyn, Wenwynwyn naf, / Nid gwell er hynny, nid gwaeth, / Enaid taer, un *naturiaeth* (Rhys Goch Eryri). **15g.** *LGC* 478, Da vu Dduw, i dwv ydd aeth, / Droi 'n y tarw dri *naturiaeth* [i Siasbar Tudur]. *a.* **1587** *Y* 145, Dwyn ir wyd, ni hir wadwn, / Doreth caeth, *naturieth* cwn. **1588** 2 *Esd* xiv. 14, diosc y *naturiaeth* wann. **16–17g.** *Cer RC* 69, Cais di ferch â chalon helaeth, / Yn llawn dysg a *naturiaeth*, / Synhwyrol ag ysmonaeth. **1606** E. James: *Hom* iii. 35–6, Mae'r Scrythur lan yn ein dyscu ni yn oleu fod ein harglwydd a'n Iachawdwr Iesu Grist o ddwy *naturiaeth* wahanredol. **1630** R. Vaughan: *YDd* 11, Dau *naturiaeth* y duwdod ar dyndod ydynt mor ddiymmod wedi eu cysylltu ynghyd. **1632** J. Davies: *LlR* 457, fel y mae ymarfer yn mŷned yn *naturiaeth*. **1675** R. Jones: *HCh* 153, *naturiaeth* Plant yw dilyn eu Rhieni. **1684** J. Davies: *LlR* 385, anfon ei fâb ei hûn . . . i'r byd i gymmeryd ein *naturiaeth* ni arno [Crist]. **1759** T. Thomas: *WWDd* 68, nid Dyn fel y mae 'n Greadur, a'i natur yn wahanol oddi wrth *naturiaethau* Creaduriaid eraill. **1767** J. Thomas: *TFf* 78, Gorseddfa llygredigaeth yr Hen-ddyn neu yr cnawd nid yw unig [*sic*] yn ein natur, eithr hefyd ein gwir *Naturiaeth* ni ei hunan ydyw. **1773** *W* d.g. *genius* [*one's temper* . . . *disposition, or particular turn of mind*]. Ar lafar yn Arfon, e.e. 'cybyddlyd o *naturiath*', 'miserly by nature', *WVBD* 391, '*naturiath* teulu = nearly "heredity"', *ib.*

2. (yn aml wedi ei phersonoli) Natur, y grym a ganfyddir yn rheoli byd natur, deddfau natur, moesoldeb naturiol, y drefn naturiol; y cread, y bydysawd, y byd, byd natur, hanes naturiol; perthynas o ran gwaed: *nature*, *the force perceived to control the natural world*, *the laws of nature*, *natural morality*, *the natural order*; *creation*, *the universe*, *the* (*natural*) *world*, *natural history*; *blood relationship*, *consanguinity*.

16g. *THSC* (1923–4) (At.) 30, [d]ialedd ar yr holl vyd am bechod godineb ac yn enwedic yn erbyn *natyriaeth*. **1588** 1 *Cor* xi. 14, Ond yw *naturiaeth* yn dysgu hŷn i chwi, os gwallt-laes a fydd gŵr mai anhardd yw iddo. **1595** *Egl Ph* [viii], er mwyn gallu o ddyn adrodd yn drefnus ei amcanion . . . vrddo *naturiaeth* a oruc y gelfyddyd honn [amresymeg]. **1604** R. Holland: *BD* 12, bod wynebau dynion a ddug duw trwy *naturiaeth* i'r byd yn wahanedig vn oddiwrth i gilidd. **1604–7** *TW* (*Pen* 228), yr hwn a aner heblaw cyrch *natûriaeth* d.g. *agnatus*. **1618** J. Salisbury: *EH* 16, ei fod ef hefyd yn dâd i'r holl rai da, nyd trwy *naturieth*, ond trwy addewisiad. *id.* 98, Y Deyrnas o *naturiæth*, yw'r hon lle mae Duw yn rheoli, ag yn llywodraethu'r holl greaduriaid. *id.* 342, Pechod cnowdol yn erbyn rhyw, a *naturiæth*. **17g.** E.

MORRIS: *B* 45, Ei fam pan esgorodd *naturiaeth* a synodd. **1701** E. WYNNE: *RBS* 60, wrth ddewis ein bwyd rhaid yw mesur . . . wrth angenrheidieu *Naturiaeth.* **1716** E. SAMUEL: *GGG* 26, mae hyn yn dangos mae Meddwl doeth-ragorawl yw Cywreingraff Bensaer *Naturiaeth. id.* 79, mae *Naturiaeth* yn dyscu pobl i fod yn garedig ac yn gymdeithgar ai gilydd. *id.* 83, Y mae ychydig [o gyfoeth] yn ddigon i fodloni *naturiaeth.* **1778** *W* d.g. *nature* [*the power whence all other powers are derived* . . .], *nature* [*the world or universe*].

3. Math, teip, siort, rhywogaeth: *kind, type, sort, species.*
15g. *Cy* iv. 118, Y pedwery dyyd [*sic*] ardec ygwethillyon aydewir o *naturyayth* dyn ynuyw auythant veirw. **1574** *LlGC* 15542, 74a, yn erbyn pob *natyriaeth* o wir ddolyr hwy a ddymunan y bod yn ddim. **1588** *Doeth Sol* vii. 3, syrthiais ar yr vn *naturiaeth* ddaiar. **1609** R. SMYTH: *CAC* 7, [y]n vn, ag yn symlig mewn sud ne *naturiaeth* yn wahanedig mewn tri pherson [Duw]. **1718 (1721)** S. THOMAS: *HB* 20, Megys y mae y Creaduriaid a ordeiniodd Duw i breswylio a'r [*sic*] y Ddaiar o amryw *naturiaethau.* **1778** *W* d.g. *nature* [*a distinct species or kind of being*].

4. Naturiolaeth (mewn llenyddiaeth): *naturalism* (*in literature*).
1939.
Cfn.: **naturiaeth dyn:** *human nature, the human condition; mankind, the human race.* **15g.** *Cy* iv. 118. *c.* **1585** G. ROBERT: *DC* 2b. **1609** R. SMYTH: *CAC* 11. **1664** J. DAVIES: *Art* [4]. **1759** T. THOMAS: *WWDd* 9[9]. **n. (d)dynol, dynol n.:** *human nature, the human condition.* **1609** R. SMYTH: *CAC* 49, yn gyfranol o'r un *naturiaeth dynawl.* **1649/50** *Cylchg LlGC* i. 143, gwrthwynebus i *ddynol naturiaeth.* **1773** J. JENKIN: *P* 27, y fath gyndynrwydd . . . mewn *naturiaeth ddynol.* **ail n.:** *second nature.* **1629** R. LLWYD: *P* 55. **1672** R. PRICHARD: *Gw* 106. **o('i, &c.) n. (ei hun, &c.):** *naturally, by nature, spontaneously.* **16g.** *B* xxiii. 35, *o natyriaeth* ef [uncorn] a gwymp y'r llawr. **1632** *D, o'i naturiaeth ei hun* d.g. *sponte.* **1784** M. WILLIAMS: *S* i. 165, pob peth yn dyfod *o'i naturiaeth ei hun.* **trwy n.:** *naturally; by blood.* **1604** R. HOLLAND: *BD* 12. **1618** J. SALISBURY: *EH* 16. **1793** DAFYDD IONAWR: *CD* 36. **wrth n.:** *naturally, by nature, instinctively. a.* **1587** *Y* 212. **1632** J. DAVIES: *LlR* 46. **1778** *W* d.g. *nature* [*disposition* . . .] . . . *By nature.* Ar lafar yn nwyrain Morg., 'canu *wth naturiath*', 'canu'n naturiol, heb hyfforddiant'. **yn ôl n. = o n.** **1608** *CRC* 210. *c.* **1700** D. MAURICE: *CGG* [iii], 15.

naturiaethaidd [*naturiaeth* + *-aidd*] *a.* Naturiol: *natural.*
1658 R. VAUGHAN: *PS* 427, Y mae pechod wedi ei gorpholi i mewn, yr Humorau heb eu diwreiddio, yn driganol, *naturiaethaidd.*

naturiaetheg [*naturiaeth* + *-eg*[1]] *eb.* Astudiaeth o fyd natur, hanes naturiol: *natural history.*
20g.

naturiaethol [*naturiaeth* + *-ol*] *a.* Naturiol, ffisegol, anianol; metaffisegol: *natural, physical; metaphysical.*
1782 M. WILLIAMS: *BM* 14, edrych arnynt [Goleuni'r Gogledd] . . . megis rhan dueddol o oleuadau *naturiaethol.* **1784** M. WILLIAMS: *S* i. d.d., Rhyfeddodau *naturiaethol* a gweithrediadol.

naturiaetholdeb [*naturiaethol* + *-deb*] *e?g.* Naturiolaeth (mewn llenyddiaeth): *naturalism* (*in literature*).
20g.

naturiaethwr, naturiaethydd [*naturiaeth* + *-wr, -ydd*[3]] *eg.* ll. *-wyr, -yddion.* Arbenigwr mewn bioleg a swoleg; athronydd naturiol, ffisegwr; ?creawdr: *naturalist; natural philosopher, physicist; ?creator.*
1657 *MLl* ii. 87, Nid iw naturiaeth ond cysgod y *naturiaethwr.* **1762** D. ROWLAND: *PA* 15, Fe dd'wed y *naturiaeth-ŵyr*, mae ar dorriad Dŷdd mae hi 'n oestad dwlla. **1778** N. WILLIAMS: *D* 35, Yr wyf yn addef dy fod di, Philosophus, yn *natturiaethwr* da. *id.* 47, Aristotl . . . er ei fod yn *natturiaethwr* mawr. **1792** W. THOMAS: *MRB* 21, Nid yw *naturiaethwyr* yn gwybod beth yw enaid. **1796** T. JONES: *CCA* 273, ni a'i cyfrifem ef [y diafol] yn *Naturiaethwr* dysgedig. **1810** DAFYDD DDU: *CG* 221, I bob 'Sophydd, *Naturiaethydd*, / Ti sydd fel dedwydd dad. *Diw.* **19g.** *SE MS* 326a, natyriol doethion [*sic*] sef y *natyriaethyddion* y rhai a dyallant natyriaeth ag anian a thrynaws pethau bydol . . . Traith ar Arfau y Brytaniaid Llanover Ms 1.

naturiaf: naturio [bf. o'r e. *natur*] *ba.* Rhoddi natur arbennig i: *to invest with a particular nature.*
15g. (16g.) *Pen* 76, 123, kymhessyr ith *natvriwyd* / glana wedi adda wyd (Hywel Swrdwal). **15g.** *GO* 239, Tir hwn a *naturia* hael [marwnad Hywel ap Goronwy].

naturiol, naturol [*natur* + *-(i)ol*] *a.* a hefyd gyda grym enwol ac adfl.

(*a*) Arferol, normal, (fel sydd) i'w ddisgwyl, priodol, yn unol â threfn arferol pethau, yn unol â'r natur ddynol; cynhenid, heb ei ddysgu, a chanddo allu cynhenid; tueddol, chwannog; heb drais na drwgweithred (am farwolaeth): *usual, normal,* (*as is to be*) *expected, appropriate, according to the natural order of things, according to human nature; innate, untaught, untutored, with innate ability; prone, inclined; by natural causes* (*of death*).
15g. *AL* ii. 418, deu beth yssyd deuthineb [*sic*] o gyfreith yghyd nid amgen dysk a deuthineb [*sic*] *natyryol.* **15g.** *GGl*[2] 33, Nid *naturiol* ym foli / Onid hael o'th annwyd di [i Ddafydd ap Tomas]. *c.* **1585** G. ROBERT: *DC* [5a], mae callon dyn mor *naturiol* i betheu bydol, ag ydiw oerfel ir dwr, ag mor annaturiol i betheu nefol ag yw y gwres ir dwr. *Diw.* **16g.** *WLB* 87, Kig lloye ac wyn . . . Epil mam sych, *naturiol* a fydd yn i oedran. **1593** W. MIDLETON: *B* 13, os kynghanedd sain fydd, yr honn sydd *naturiolaf* yn y mann hynn, fo ellir goddef y gwant lle fynner. **1632** *D, naturiol* i oeri d.g. *refrigeratorius.* **1632** J. DAVIES: *LlR* 132, y cariad *naturiol* sydd gan bawb o honom ni arnom ein hunain. **1693** J. OWEN: *BP* 195, Mae'n *naturiol* i blant ganlyn eu rhieni. **1718** E. SAMUEL: *HDdD* [iii], *naturiolach* gennym ei dalu [parch] i ŵr dâ Parchedig o'n Gwlâd . . . ein hunain. **[1725]** *TS* 121, Y mae yno [y nefoedd] Berffeithrwydd *natturiol*, a felly y mae Ceiniog cyn *Natturioled* Arian ag ydyw'r Swllt. **1729** S. RHYDDERCH: *Alm* [5], Tywydd . . . *naturiol* i Wlawio. **1792** H. HARRIS: *H* 161, marw o farwolaeth *naturiol.* **18–19g.** *Llr* C 55, 397, *naturol, naturiol.* Ar lafar yn gyff.

(*b*) Yn perthyn o ran gwaed, wedi ei genhedlu gan ei rieni, diledryw, cyfreithlon (am blentyn), hefyd yn *ffig.*; brodorol (o ran tras, iaith, &c.), genedigol: *having a blood relationship, consanguineous,* (*of a child*) *begotten by its parents, true-born, legitimate, also fig.; native* (*of origin, language, &c.*), *vernacular, indigenous.*
1527 *B* ii. 228, gwedi gadel j gwlad *natturiol* o eissie da. **1567** *TN* 311a, At Tymotheus fy mab *naturiol* yn y ffydd. **1567** G. ROBERT: *GC* [vi], siarad wrthyn bob vn yn i iaith *nat[u]riol. id.* [xv], yn adolwg i bob *naturiol* gymro dalu dyledus gariad i'r iaith gymraeg. **1595** H. LEWYS: *PA* 40, nid yw hyn ddim, ond anwes tad *naturiol*, caredigaidd. **16–17g.** *Cer RC* 46, Yno fal y tostur tad / Wrth ei had *naturiol.* **1604–7** *TW* (*Pen* 228) d.g. *filius naturalis vel legitimus, indigenitalis.* **1606** E. JAMES: *Hom* i. 115, Iesu Grist ei vnic *naturiol* fab ef. **1724** T. WILLIAM: *OL* 25–6, Brutus a osododd ei fab Camber yn frenin ar *naturiol* bobl y wlâd. **1766** *CCF* 13, ein bwrw o'n *naturiol* wlad.

(*c*) Mwyn, addfwyn, caredig, tirion, hawddgar, dymunol, hynaws, dirodres; ffôl, gwirion, twp: *gentle, mild, kindhearted, kindly, likeable, pleasant, unaffected; foolish, simple, stupid.*
16g. *Pen* 76, 169, kai hwsmon tirion *natvriol* / llawen a llawer oi ganmol. **16g.** GR. HIRAETHOG: *Gw* (D. J. B.) 15. 73–4, Rhan i chwi'u rhoi hwy'n eich ôl, / Rholant dewr, hael *naturiol. id.* 107. 23–4, Grasol, *naturiol*, tirion / Gras hael Duw i groesi hon. **16–17g.** *HG* 75, jesü vab mair, vorwyn ddiwair / bydd *natüriol*, wrth dy bobol. **16–17g.** E. PRYS: *Gw* 231, Carw tal ieuanc cwrtlïaidd; / Un wyt araf, *naturiawl* [Siôn Phylip i ofyn cymod rhwng Edmwnd Prys a Huw Machno]. **16–17g.** *RAGR* 325, Mi gefais Wraig *Naturiol* lonŷdd. **1632** *D* d.g. *pius.* **1688** *TJ, natturiol* . . . good humoured. *c.* **1689 (1802)** L. WILLIAM: *Sherlyn Benchwiban* 47, Yr holl liwdeg fwyn gynlleidfa, prysur ammod, / Pawb sydd yma fel *naturiola* teulu. **1736 (1812)** *YRW* 16, Os merch *naturiol* rwydd ei llaw, / Rhydd i mi braw' o'i browes. **1749** J. OWEN: *PG* 14, ni allwn alw un *Naturiol* neu Idiad ffôl felly. **1760** *ML* ii. 176, Llengcyn mwyn *naturiol* cowraint, anianol. Ar lafar yn yr ystyr 'dymunol, dirodres'.

(*d*) Yn perthyn i fyd natur, wedi ei gynhyrchu gan natur, anianol, ffisegol, heb ei wneud na'i weithio, heb ei gael drwy brosesau artiffisial: *of the natural world, produced by nature, physical, not made or manufactured, not obtained by artificial processes.*
Dchr. **16g.** *Pen* 127, 243, ac i iachav hynny [mygydarth] y geilw nattur y gwres *natturiol.* **1588** *Iago* i. 23, tebyg yw hwnnw i ŵr yn edrych ei wyneb-pryd *naturiol* mewn drych. **1604–7** *TW* (*Pen* 228), lliw *naturiol* o wlan ne vrethyn heb Liwo d.g. *mutinensis color.* **1618** J. SALISBURY: *EH* 229, mae'n rhaid cael gwir ddwfr *naturiol.* **1632** J. DAVIES: *LlR* 175, yn rhagori ar holl greaduriaid y byd hwn; mewn gwybodaeth *naturiol* [am angylion]. **1688** S. HUGHES: *TSP* 144, eu hanwybodaeth a'i hanneallgarwch hwy, ym mhob math o Ddysceidiaeth *naturiol.* **1725** D. LEWIS: *GB* 322, Nid gwaith yr Ysgrythur yw dysgu i ni Betheu *naturiol*, ond Petheu crefyddol. **1759** T. THOMAS: *WWDd* 176, Bendigedig yw'r hwn na welodd, ac a gredodd; hynny yw, a welodd trwy ffŷdd, er na welodd a'i Lygaid *Naturiol.*

(*e*) Ac iddynt sail yng nghyfansoddiad arferol pethau, e.e. mewn math. am logarithmau (i'r bôn *e*) a rhifau (sef cyfanrifau positif), am gyfnodau o amser: *having a basis in the normal constitution of things, e.g. of* (*Napierian*) *logarithms and numbers, of periods of time.*
1612 *LlP* [32], Dydd *naturiol* sydd 24, o orrieu. Dydd celfddgar [*sic*] sydd 12. o orrieu. **1618** J. SALISBURY: *EH* 46, y diwrnod *naturiol* sy'n dechreu fin y nos. **1768** J. ROBERTS: *R* 20, 24 Awr a wna 1 Diwrnod *naturiol.*

(*f*) *Crdd.* (Nodyn) sydd heb fod yn llonnod nac yn feddalnod, nodyn gwyn (ar allweddell piano, &c.), heb gynnwys llonodau na meddalnodau (am raddfa, cywair, harmoni); arwydd hapnod (♮) sy'n diddymu llonnod neu feddalnod blaenorol: *natural* (*note*) (*in mus.*); *natural, accidental* (♮) *cancelling a previous sharp or flat.*
1832.
Amr.: **noturiol** [*notur* + *-iol*]. **1803** *P, noturiawl*, natural, genial.

naturiolaeth, naturioliaeth, naturol(i)aeth [*natur(i)ol* + *-(i)aeth*] *eb.g.* ll. *-au.*

(*a*) Natur, anian; athroniaeth naturiol; perthynas naturiol: *nature; natural philosophy; natural relationship.*
1595 *Egl Ph* [viii], o fe[d]ru terfynu *naturiolaeth* pethau elfennol. **1605–10** *GP* 203, *Naturyolyaeth* a ddengys anian pob rrywogaeth pob peth naturiol. *id.* 204, *Naturyolyaeth* sydd anyanol, aranyanol, arddangossol. **1773** I. LEWIS: *EG* 17, nid cydsyniad yn unig i Wirionedd o Destun yn y Dealltwriaeth naturiol, ond yr Enaid yn glynu at Dduw, mewn *naturiolaeth* rhwng Crist a'r Enaid. **18–19g.** *Llr* C 2, 134, Traethiadau ar amrafaelion Destunau, sef moesoldeb, Llenfeirniadaeth, Hynafiaeth, *natturiolaeth.*

(*b*) *Athr.* Golwg ar y byd sy'n gwrthod y goruwchnaturiol a'r ysbrydol: *naturalism* (*in philos.*).
1856.

(*c*) Dull neu arddull mewn llenyddiaeth, celfyddyd, &c., sy'n glynu'n agos at natur neu realiti: *naturalism* (*in literature, art, &c.*).
1931.

naturiolaethol [*naturiolaeth* + *-ol*] *a.* Yn perthyn i naturiolaeth, a nodweddir gan naturiolaeth, naturyddol (mewn athr., llenyddiaeth, &c.): *naturalistic* (*in philos., literature, &c.*).
1933.

naturiolaethwr [*naturiolaeth* + *-wr*] *eg.* ll. *-wyr. Athr.* Un sy'n arddel naturiolaeth: *naturalist* (*in philos.*).
1911.

naturiolaf: naturioli [bf. o'r a. *naturiol*] *ba.* Mabwysiadu (gair, &c.) fel rhan naturiol o iaith arall, cymathu; sefydlu (planhigyn, anifail, &c.) mewn gwlad neu ardal wahanol; esbonio (rhywbeth anarferol) drwy gyfeirio at natur (yn hytrach na'r goruwchnaturiol); gwneud yn naturiol neu'n real, gwneud yn ail natur; *Crdd.* gwneud (nodyn) yn naturiol: *to adopt (word, &c.) as a natural part of another language, assimilate; naturalize (plant, animal, &c.); explain (something unusual) by reference to nature (rather than the supernatural); make natural or real, render second nature; make (a note) natural (in mus.).*

1688 *TJ*, nawsio, (*naturioli*), to naturalize. **1724** S. Williams: *ADA* 99, O waith mai meddwl yn ddwfn, yn ddifrifol ac yn ystyriol am Angau a'r Bêdd a'i *naturiola* (*realize*), ac a'i gesyd ger bron, cyn nessed a phe bae wrth y drws. **1725** *SR*, greddfu, *naturioli*, nawseddu d.g. *to naturalize.* **1733** W. Williams: *TC* 55, Pob cydsynniad newydd a phechod sy'n cadarnhau ein tueddau drygionus . . . byddant megis ail Natur . . . [b]od ein pechodau wedi ei [*sic*] *Naturioli* ini. **1778** *W* d.g. *to naturalize* [*make easy as if taught by nature*].

naturiolaidd [*naturiol* + *-aidd*] *a.*

(*a*) Naturiolaethol, naturyddol (mewn athr., llenyddiaeth, &c.): *naturalistic (in philos., literature, &c.).*

20g.

(*b*) ?Mwyn, cariadus: *gentle, loving.*

[**1775**] H. Jones: *HGS* 27, Ow f anwylyd doich [*sic*] Cowleidio, / Yn *naturioledd* iawn trwy Wylo.

naturioldeb, naturoldeb [*natur(i)ol* + *-deb*] *eg.* Y cyflwr o fod yn naturiol, cyflwr naturiol; natur, anian; cariad (naturiol), caredigrwydd: *naturalness, natural state; nature, disposition; (natural) love, affection.*

1567 *TN* 271, ydd wyf, yn provi rywiowgrwydd [:– *naturioldep*] (**1588** 2 *Cor* viii. 8, gwirionedd) eich cariat. **1595** H. Lewys: *PA* 235, fal pei bae ef . . . yn dangos mwy cariad, a *naturioldeb* (*favour*), ac 'n gyfannol ac yn gwneuthur mwy lles, i'r anwir, nac i'r duwiol. **1633** *LlGC* 731, 165, fe ellir doedyd . . . fel i doedpwyd or blaen, am *naturioldeb* mam, nis gŵr neb, faint yw cariad tâd, ond tâd. **1681** T. Jones: *Alm* [iv], yr wifi yn gobeithio . . . y bydd *naturioldeb* pôb Cumro [*sic*] i dderbyn yn groesafus boen a gwaith yr hwn sydd yn ymegnio er ei fwyn. **1721** J. P. Prys: *DC* [vii], o Rann Elusendod yn cymmeryd eu *Naturioldeb* hwy yn ddigelfyddyd. *c.* **1730** *Thos. Lloyd D* (LlGC) 181a, *naturioldeb*, natural affection. Ar lafar yn yr ystyr 'diffyg rhodres'.

naturioleiddiaf: naturioleiddio [bf. o'r a. bl.] *ba.* Rhoddi dinasyddiaeth i (estronwr), brodori, hefyd yn *ffig.*: *to naturalize (a person), also fig.*

1846.

naturioliaeth, gw. naturiolaeth.

naturiolrwydd [*naturiol* + *-rwydd*] *eg.* Naturioldeb: *naturalness.*

1778 *W* d.g. *naturalness, or naturality.*

naturiolwch [*naturiol* + *-wch*^{1}] *eg.* Natur, anian; naturioldeb; cariad, caredigrwydd: *nature, disposition; naturalness; love, affection.*

1728 S. Rhydderch: *GC* [iv], wrth ystyried fod amryw 'n gyfrannol ac yn Athrylithgar hefyd eu *Naturiolwch* tuag at Brydyddiaeth, mi a feddyliais fod yn Angenrheidiol i'r rheiny wrth Rammadeg Cymraeg. *c.* **1730** *Thos. Lloyd D* (LlGC) 181a, *naturiolwch*, natural disposition. [**1738**] E. Jones: *CE* 26, Y mae rhai yn drugarog wrth y Tlawd o naturiol Dynerwch Calon, a'r unrhyw *naturiolwch* a'u gwnâ nhwy yn hawdd eu tynny ar gyfeiliorn. *a.* **1771** *LlGC* 351, 15, mae ynddai bob hyfrydwch / ach llenwa o *naturiolwch* / os canu dawnsio di cei o yn rhad / Drwu gari[a]d a hawddgarwch.

naturiolwr [*naturiol* + *-wr*] *eg.* ll. *-wyr. Athr.* Un sy'n arddel naturiolaeth; un sy'n arfer dulliau naturiolaeth (mewn llenyddiaeth): *naturalist (in philos.); naturalist (in literature).*

1910.

naturol, naturolaeth, naturoldeb, naturoliaeth, gw. naturiol, naturiolaeth, naturioldeb, naturiolaeth.

naturus [*natur* + *-us*; ansicr yw'r engh. gyntaf isod] *a.* Drwg ei dymer, mewn hwyliau drwg, blin, hefyd yn *ffig.*; ?rhywiog: *bad-tempered, ill-tempered, irritable, also fig.; ?fine.*

Dchr. **17g.** *Pen* 77, 425, coroned hari carw *natvrûs* (*Pen* 97, 166, anturus). **1863–5** D. Owen: *WBC* 98, Jacks a Wilod oedd y gau athrawon y mae yr Apostolion yn cwynfan mor athrist o'u plegid . . . dywedir ym mhellach am danynt eu bod yn waedwyllt, ac y mae pob Jack a Wil yn *naturus.* Cf. *SE MS* 325b, *naturus*, full of temper or passion; ill-tempered, passionate, easily moved to anger, irritable, violent (the reverse of naturiol).

Gw. hefyd annaturus.

naturwr, naturydd [*natur* + *-wr*, *-ydd*^{3}] *eg.* ll. *-wyr, -yddion.* Athronydd naturiol; *Athr.* naturiolwr; naturiolwr (mewn llenyddiaeth, celfyddyd, &c.): *natural philosopher; naturalist (in philos.); naturalist (in literature, art, &c.).*

14g. *RC* xxxiii. 190, Ny chlywyt eirioet kyfryw a hynn na chan ramadegwr na chan *naturwr.* **15g.** *Med H* 10, y mae awdurieid a *naturwyr* yn i varnu ef [du] yn ail liw pennaf o urddas ac anrrydedd.

Amr.: **noturydd** [*notur* + *-ydd*^{3}]. **1828.**

naturyddiaeth [*natur* + *-yddiaeth*; tebyg mai gwall am *naturyolyaeth* yw *naturyddyaeth*, *GP* 203] *eb.* Naturiolaeth (mewn athr., llenyddiaeth, celfyddyd, &c.): *naturalism (in philos., literature, art, &c.).*

1908.

naturyddol [*natur* + *-yddol*] *a.* Naturiolaethol (mewn athr., llenyddiaeth, celfyddyd, &c.); ffisegol: *naturalistic (in philos., literature, art, &c.); physical.*

1848.

naw^{1} [Crn. C. *naw*, H. Lyd. a Llyd. C. *nau*, Llyd. Diw. *nav*, *nao*: < Brth. **nau̯an* < Clt. ?**nou̯n̥* (cf. H. Wydd. *noi n-*) < IE. **neu̯n̥* 'naw'; cf. Llad. *nouem*, Sans. *náva*; weithiau pair dr. trwynol i *b-*, *d-* (*naw* mlynedd, *naw* niau), a thr. ml. i *g-* (*naw* radd)] *rhif.* a hefyd fel *eg.* ll. *-(i)au*, *-oedd*, ac fel *adf.*

(*a*) Un yn fwy nag wyth neu un yn llai na deg, a gynrychiolir gan y symbolau 9, IX, ix; (yn y ll. *nawiau*) nonau: *nine; (pl.) nones (in Roman calendar).*

13g. *C* 96. 11–12, Kei a guant *nav* guiton. **13g.** *LTWL* 244–5, Quot modis novennarius numerus dicitur in lege (cf. *AL* ii. 344–6, Llyma *nawoed* kyfreith). Novem occisionis pertinentie, id est, *nau* affeith galanas; *nau* affeith ledrat; *nau* affeith tan. *Nau* tauodiauc. *Nau* pynuarch. *Nau* kynywedi teithiauc . . . Novem verba disceptationis, id est, *nau* geir kyngheusset. *Nau* nos guesti. *Nau* diheu teruyn. *Nau* ugeint diwat. *Nau* moduet. *Nau* dyr[n]uet. *Nau* troytuet. *Nau* cam. *Nau* gurhit. *Nau* mis tymp. **13g.** *LlI* 23, *Nau* tey a deleant byleynnyeyt e brenhyn e wneythur. *id.* 25, tryccet hy . . . hyt ym pen e *nau* nyeu a'r *nau* nos en e ty. **13g.** *BD* 14, A gwedy dyweut hynny ohonaw *naw* weith. *c.* **1300** *B* iv. 127, ar vwyt y tri y porthir y *naw.* **14g.** *WML* 43, yny sarhaet ytelir tri *naw* mu athri *naw* vgeint aryant. **1346** *LlA* 6, yny *naw* ybyd tri deirgweith. *c.* **1400** *R* 1306. 43–4, Pan ymken amlan *naw* mlyned drossof. **15g.** *IGE*^{2} 236, Gwiw ddeall yn gweddïaw / Ar Dduw nef a'i urddau *naw* (Ieuan ap Rhydderch). **15g.** *LGCD* 110, Enwer hon [offeren], a'i *naw* rhinwedd, / I un a fo yn ei fedd. **1551** W. Salesbury: *KLl* lxiia, Any lanhawyd dec? A pha le may'r *naw*? **1588** *Jos* xiii. 7, rhanna y wlâd hon yn etifeddiaeth i'r *naw* llwyth hynn. **1618** J. Salisbury: *EH* 47, wyth awr, neu *naw*, o'r Sûl. **1722** *Llst* 189, *naw*, m.p. *nawau*, nine. **1725** D. Lewis: *GB* 27, Nyth Aderyn . . . a *naw* o rai bach yntho. **1778** *W*, *nowiau* d.g. *nones* [*the next day after the Calends* . . .]. **1795** J. Thomas: *AIC* 47, mae ffordd gelfydd i 'Sgrifennu a Ffugurau yn lle Llythyrennau, Er nad oes ond 9 Ffugur o unigol Rifedi a 3 o *Nawiau* o lythyrennau yn yr 'wyddor. **1803** *P*, *naw*, s.m. . . . nine, or the number nine. Digwydd hefyd mewn rhifolion cyfansawdd megis *naw ugain, naw ar hugain, naw a deugain*, &c. Ar lafar; hefyd gyda'r ll. *nawia* ym Môn ac Arfon yn yr ystyr 'stwc dros dro', cf. *WVBD* 391, a stook consisting of nine sheaves, six standing and three laid on the top . . . a more temporary arrangement than a 'stwc', the latter being used when bad weather is expected. With every tenth *naw* the tithe was paid.

(*b*) (yn cyfeirio at y Nawyr Teilwng: *referring to the Nine Worthies of the World*).

15g. *DN* 70, Un dyn yw a dyn dan iau, / Un gweryl â'r *naw* gorau. **16g.** Dafydd ap Llywelyn, &c.: *Gw* 23, Ti a roddut aur uddun', / Traul *Naw* a'r Triael yn un. *id.* 203, Nodyn wedi *naw* ydwyd, / Dwg fywyd iarll, degfed wyd. **16g.** Gr. Hiraethog: *Gw* (D. J. B.) 103. 11–12, Mewn hapuswaed mae'n pwysaw, / Mab Siôn ym a bwysai *naw* [i Huw Pilstwn]. *c.* **1600** W. Midleton: *B* 95, *naw* a gwngcweriodd yniaith. **1607–11** *TYP* 122, Llyma henwae y *naw* milwr gwrolaf, ag urddasaf or holl vyd . . . Y tri Pagan: Egtor o Droia. Alexander mawr. Julius Caesar. Y tri Iddew: Davydd broffwyd. Judas Makabeus. duwk Josua. Y tri Christion: Arthur. Siarlys. Godffre de bwlen. Gw. hefyd *nawnyn*, *nawyr*, a'r *Cfn.* isod.

Fel *adf.* Naw gwaith: *nine times.*

14g. *GDG* 428, Tristach weithian bob cantref, / Bellach *naw* nigrifach nef. **15g.** *Pen* 67, 101, nawoes yr verch ai fferchen / *naw* hwy no bywyd noe hen (Hywel Dafi). **15–16g.** *TA* 124, Newyddu, hwnt, neuadd hen, / *Naw* ehangach no 'Hangwen [i Sieffre Cyffin, Abad Maenan]. **16g.** *WLl* 18, *Naw* anos i un anael / Kaled dic ynnill klod hael.

Cfn.: *Cyfr.* **naw affaith galanas:** *nine abetments of homicide (in the Welsh laws).* **13g.** *LTWL* 121. **13g.** *LlI* 69. *c.* **1401** *AL* ii. 344. *Cyfr.* **n. affaith lledrad:** *nine abetments of theft (in the Welsh laws).* **13g.** *LTWL* 123. **13g.** *LlI* 74. *c.* **1401** *AL* ii. 344. *Cyfr.* **n. affaith tân:** *nine abetments of fire (in the Welsh laws).* **13g.** *LTWL* 123. **13g.** *LlI* 80. *c.* **1401** *AL* ii. 344. **n. ban,** gw. *nawban.* **n. byw(yd) cath:** *the nine lives of a cat.* Ar lafar, *WVBD* 391. **n. cant,** gw. *nawcant.* **(y) N. Cwncwerwr:** *(the) Nine Worthies of the World.* **15g.** *GGl*^{2} 168, Cwncwerwyr oedd y gŵyr gynt, / Un radd â'r naw-ŵyr oeddynt: / Mae, myn Oswallt, yn Halltun / *Y naw cwncwerwr* yn un. *id.* 169, Mae glewder *naw cwncwerwr* / Mewn ei gorff, mae ynni gŵr [i Siôn Hanmer]. *c.* **1510** *RWM* i. 775, Enwev *y naw kwngkwerwr* ai harvev . . . Ector . . . Duc Josue . . . Dd: broffwyd . . . Alexander mawr . . . Judas Maccabeus . . . Iulius sisar . . . Arthur .·. . Iarls brenhin ffrainc . . . Godffred di bwlen. Gw. hefyd adran (*b*) uchod. **n. chwyth cath** = **n. byw cath.** Ar lafar yn y De. Cf. D. J. Williams: *ChHO* 100. **n. deg, n. nyn,** gw. *nawdeg*, *nawnyn.* **y N. Gorchfygwr** = **y N. Cwncwerwr.** **1766** *CD* 4. **n. gradd, n. radd,** gw. *nawradd.* **n. wŷr,** gw. *nawyr.* **n. llith:** *nine lessons (in Matins for the dead).* **15g.** *LGCD* 110. *Diw.* **15g.** *B* v. 103, 107. **n. llith a charol,** gw. *llith*^{1} —*naw ll. a charol.* **n. math o oel:** *name of a patent medicinal oil.* Ar lafar yn y Gogledd, hefyd yn y ff. *naw oel.* Cf. D. Owen: *GT* 97, Mae yna dipyn o '*naw-math-o-oel*' yn y stabal, a mi ffeia i y ca i'ch braich ch'i i hwyl cyn y bore. **n. mis,** gw. *nawmis.* *Chwedl. Glasurol* **(y) n. Miws(ys) (Muws) (Miwsig):** *(the) nine Muses (in classical myth.).* **15g.** Deio ab Ieuan Du, &c.: *Gw* 279, A'r *naw Muws* sy'n yr un modd / Yn mawr gwynfan marw gwenfodd. **18g.** *Beirdd y Berwyn* 45, A galw'n foesol am *naw Miwsus.* **1759** *BC* 249, I garu a thrafod gyd a Llaw, / Mewn moesau a'r *naw Miwsig.* **1766** *CD* 4, *y Naw Miwsic*, sef, Calliope, Clio, Erato, Thalia, Melpomene, Terpsichore, Euterpe, Polyhymnia, Urania. **n. modd:** *nine times.* **14g.** *WM* 481. 17–18, Mel auo chwechach *naw mod* no mel kynteit. *id.* 484. 20. **n. môr:** *(the) nine seas.* **15g.** *LGCD* 59. **15g.** *LGC* 263, 486. Gw. hefyd *heli—h. nawmor.* *Chwedl. Glasurol* **y n. Myfyriad** = **y n. Miws.** *c.* **1621** *RWM* i. 490. **1758** *ML* ii. 93. **n. nos,** gw. *nawnos.* **n. oel,** gw. *n. math o oel.* **y N. Teilwng** = **y N. Cwncwerwr.** **20g.** **n. wfft (i):** *to hell with (it, &c.)!* **1878.** Ar lafar yn gyff., J. Jones: *Gwerin-eiriau*^{2} 195. **ar y n.:** *very, terribly, extremely; 'real', 'hopeless', 'terrible'.* Ar lafar yn y Gogledd, *WVBD* 391; ''Dw i'n cofio helynt *ar (y) naw* yn fan 'na', 'Hen foi clyfar *ar y naw*', 'Mae hi'n oer *ar y naw*', 'Mae gen ti ŵr *ar y naw*'.

Gw. hefyd deunaw.

naw^{2,3}, gw. nawdd, nawf^{1}.

nawais, nawaith, gw. naw^{1} + gwais, gwaith^{2}.

nawban, naw ban [*naw*^{1} + *ban*^{1}] *a.* a hefyd fel *eg.* *c.d.* (Ac iddi) naw sillaf (am linell o farddoniaeth, &c.): *(having) nine syllables (of a line of poetry, &c., in Welsh prosody).*

14g. *GP* 50, Kyhyded *nawbann* a vyd o bennilleu byrryon oll o naw sillaf. *p.* **1584** G. Robert: *GC* [302], O'r messurau owdlig mewn rhai e fydd ymhob braich naill ai . . . Naw sillaf, mal: *nowban.* *id.* [324], nid oes yr un a naw sillaf trwy'r holl bennill ond cyhydedd *nowban.* **1803** *P*, *nawban*, s.m. . . . that consists of nine verses, a term in prosody. a. Of nine parts or verses.

Cfn.: *c.d.* **naw ban a thoddaid:** *measure consisting*

of nine-syllable lines and a 'toddaid' (in Welsh prosody). **1925** J. Morris-Jones: *CD* 341.

Gw. hefyd cyhydedd—c. nawban.

nawcant, nawcan, naw can(t) [*naw*[1] + *cant*[1], *can*] *rhif.* a hefyd fel *eg.* Naw o gannoedd; lluosog, niferus: *nine hundred; many, numerous.*

14g. *BT* 6, *Nawkan* mlynedd oedd oed [krist]. *c.* **1400** *R* 1226. 8–9, llwydit y rydit orat ufud llewenyd *naw cant* prif volyant prud. *id.* 1375. 15, llwyr garaf naf *nawcan* punt. *c.* **1400** *RB* ii. 387, Vn vlwydyn a *naw cant* oed oet crist. *id.* 392, Pymtheng mlyned athrugeint a *nawcant* oed oet crist. **15g.** *LGCD* 51, Canllaw yw hil Siancyn Llwyd, / Cynheiliawdr *nawcan* haelwyd. **15g.** *GGl*[2] 169, Un yw'r gŵr â'i enw ar gant, / A'r enwocaf o'r *nawcant* [i Siôn Hanmer]. **15–16g.** *TA* 184, Derw a brics ar dorr y bryn; / *Nawcan* dôr, *nawcan* derwen, / *Nawcan* post yn cau un pen. *id.* 217, Traul *nowcant* trwy Lanecil, / Trwy law'r ferch nis treuliai'r fil. **1588** *Gen* v. 8, holl ddyddiau Seth oeddynt ddeuddeng mhlynedd, a *naw-can* mhlynedd. **1632** *D, nowcant* d.g. *nongenti.* **1707** *AB* 100a, *nowkant.* S. W. *Naw cant* d.g. *nongenti.*

nawd[1] [?bnth. Llad. *nātiō* 'llwyth; math, dosbarth', gw. *Beirn* vi. 275–6; ond dichon mai'r un gair yw â *gnawd* (cf. *(g)naws*) neu mai i'r gair hwnnw y perthyn rhai o'r enghrau.] *eg.b.* ll. (prin a diw.) *-iau.* Anian, natur, ansawdd, cynneddf, nodwedd; arfer, arferiad; ?tylwyth, perthynas o ryw fath: *nature, quality, trait; custom, habit; ?kin, some sort of relation.*

14g. *T* 31. 17–18, Nyt arbet na*nawt.* nachefynderw na brawt. **14g.** *GDG* 14, *Nawd* braisg Ercwlff waisg wisg borffor—lathrsiamp / A Nudd oreugamp neddair agor. *id.* 411, Ef a eill tafawd, *nawd* nâr, / Gwan unben, a gwenwynbar. **14–15g.** *IGE*[2] 323, Adu'r cnawd aur *nawd* ar naid / Yno o gyl'ch ei enaid [Rhys Goch Eryri i Feuno]. *c.* **1400** *R* 1218. 18–20, Trwy dy varn gadarn ath gadeu dydbrawt. trwy dy briawt ffawt *nawt* eneityeu. *id.* 1317. 20–1, *nawt* ffawt ffydlawnrwyd. nud bud boet kanmlwyd. *id.* 1325. 20–2, och rac goual mal molawt. am eryr mawrvud nud *nawt.* *id.* 1376. 4, *Nawt* llywarch clut barch clot bell cled. *Dchr.* **15g.** *IGE*[2] 191, *Nawd* salw, anodus helynt, / Ninnau, wedi'r geiriau gynt (Llywelyn ab y Moel). *Dchr.* **15g.** *GM* 10, A dynawl giwdawt, y *nawt* newyd. **15g.** *Pen* 57, 12, Nyt gwiw y ti *nawt* gwyw tec. **16–17g.** *HG* 64, a heb veddwl am yn brawd, wrth hynn mae *nawd* dialedd. **1803** *P, nawd,* s.f. . . . nature; a character, trait. **1828** *Y Brud a Sylwydd* 81, ar ol bod yn gaethweision i'w *nawd* (habit) bumpddeg [*sic*] neu ugain mlynedd.

Gw. hefyd caethnawd, gnawd, gwychnawd, lluchnawd.

nawd[2], gw. nawdd.

nawd[3] [gair geir.; cf. *marwnawd*] *eg.* Cri, sŵn: *cry, noise.*

1632 *D, nawd* etiam dicebant antiqui pro Nâd. **1688** *TJ, nawd* neu nâd: a cry, a noise. **1722** *Llst* 189, *nawd,* m. a cry, noise.

Gw. hefyd nâd[1].

nawd-dduw, nawd-ddyn, gw. nawdduw, nawddyn.

nawdeg, naw deg [*naw*[1] + *deg*] *rhif.* a hefyd fel *eg.* ll. *-au.* Deg a phedwar ugain neu naw o ddegau a gynrychiolir gan y symbolau 90, XC, xc; (yn y ll.) y blynyddoedd rhwng 90 a 99 mewn canrif neu ym mywyd person, tymheredd rhwng 90 a 99 o raddau: *ninety; (pl.) nineties (in a century or as a range of a person's age or of temperature).*

1632 *D, naw deg* d.g. *nonaginta.* **1694** *CDD* 11, Un Cant a'r Bymtheg a nodi'r [*sic*], a *naw-deg,* / A phedair ychwaneg, ar adeg yr wŷl. **1803** *P, nawdeg,* s.m. ninety, nine tens.

nawdir, nawdwr, gw. nawdd-dir, nawddwr.

nawdd [bôn y f. *noddaf: noddi,* cf. e.p. H. Lyd. *Nodhail, Nodhoiarn,* &c.] *eg.b.* ll. *nodd(i)au.*

(*a*) Amddiffyn, amddiffyniad; (hawl brenin, arglwydd, eglwys, &c., i roddi) amddiffyniad rhag pob proses cyfreithiol o fewn ardal arbennig neu am gyfnod penodol, noddfa, lloches, seintwar; cefnogaeth neu gynhaliaeth (ariannol, ysbrydol, &c.) a roddir gan berson neu sefydliad i berson neu sefydliad arall (fel arfer i hybu rhyw weithgarwch arbennig), nawddogaeth; (geir.) (cyhoeddiad) ysbaid o ddistawrwydd; (geir.) bendith; hefyd yn *ffig.*: *protection, defence; (the right of a king, lord, church, &c., to afford) protection against all legal processes within a specific area or fixed period, refuge, shelter, sanctuary; patronage, support, maintenance, sponsorship; (dict.) (proclamation of a) period of silence; (dict.) blessing; also fig.*

12g. *LL* 120, odorri *naud* (*de refugio uiolato*) ynnlann hac yndieythyr lann. **13g.** *C* 14. 5–7, Ry hait itaut. Ry cheidv y*naut.* Rac caut gelin. *id.* 71. 6, *naut* meir gwiri arguériton. *c.* **1300** *H* 10a. 26, a dillad y noeth *nawt* rac anwyd (Gwalchmai). **14g.** *LlB* 6, O'r pann safho y distein yn y neuad, a dodi *naud* Duw a'r honn y brenhin a'r vrenhines a'r gwyrda, ac eu tagnef, ar y llys a'r nyuer, a torro y tagnef honno, nyt oes ydaw *nawd* yn vn lle, kannys y *nawd* oll yn gyffredin yw honno; ac y ar *nawd* (*CHDd* 4, *nodyeu*) paub, *nawd* y brenhin yn benhaf. Ac wrth hynny nyt oes *nawd* idaw y gann vn ohonunt, nac y gan creireu, nac y gann eglwys. **1346** *LlA* 115, Honn yw nodua dewi ybawp ora vo yn dinas rubi yn *nawd* dewi ac adan y amdiffynn. **15g.** *LHDd* 90, Yr *nawdd* hwnnw. **1547** *WS,* naid ne *nawdd,* protection. *ib. nawdd,* defence. **1595** *Egl Ph* [vii], gida' chennad, a *nawdd* pob hyryw Gymro dyscedig. **1604–7** *TW* (*Pen* 228), dodwr *nawdd* d.g. *proclamator.* *id.* dodi *nawdd* d.g. *proclamo.* **1632** *D, nawdd,* protectio, refugium, asylum, priuilegium . . . Item præconizatio, silentii indictio. Pl. *Noddiau.* *id.* d.g. *benedictio.* **1733** T. Evans: *PP* 136, tydi yw fy *nawdd* a'm hamddiffynfa. **1803** *P.*

(*b*) Maddeuant, pardwn, trugaredd: *forgiveness, pardon, mercy, quarter.*

13g. *A* 1. 11–12, ny rodei *nawd* meint dilynei. **14g.** *WM* 126. 11–14, peredur ae byrywys hyny uu dros pedrein y varch yr llawr. *Nawd* aerchis y marchawc. **14g.** *YBH* 57b, gossot a oruc ar iuor ac ynteu a erchis y *nawd.* ac erchi y dala ac na ledit. **15g.** *GGl*[2] 221, Crio *nawdd* rhag rhoi a wnânt. **1595** H. Lewys: *PA* 176, pan gaffom *nawdd* gann dduw am ein pechodae. **16–17g.** *CRC* 279, ych *nawdd* fy chwaer. **1618** J. Salisbury: *EH* 114, *nawdd,* pardwn, a maddeuant o'r camweddæ a wnaeth ef yn erbyn Duw. **1632** *D, nawdd* . . . venia. **1632** J. Davies: *LlR* 152, Caewyd porth pob trugaredd, a phob *nawdd* a phardwn. **1682** R. Llwyd: *LlH* 308, Eich *nawdd,* attolwg Syr. **1688** *TJ, nawdd,* maddeuant . . . pardon. **1751** *GIA* 92, Yr wyt ti yn sefyll ar ei *Nawdd* ef, ath hoedl sydd yn ei ddwylaw. **1798** T. Roberts: *CG* 40, Yr wyf yn gofyn eich *nawdd,* Gymru anwyl.

Amr.: **naw**[2]. **15g.** (*Diw.* **16g.**) *Gwyn* 3, 205, *naw* Duw rhag myned Ieuan (Meredudd ap Rhys). **1632** *D, Naw* Duw rhag hynny d.g. *papæ.* **nawd**[2] [?drwy gamddeall hen org.]. **1632** *D, nawd,* [nawdd]. **1688** *TJ, nawd,* nawdd: Refuge. **18g.** I. Brydydd Hir: *Gw* 49.

Cfn.: *Cyfr.* **nawdd y brenin:** *the king's peace or protection.* **14g.** *WML* 13. *c.* **1400** *CHDd* 4. **n. cymdeithasol:** *social security.* **20g.** **n. (naw) D(d)uw (ar, rhag):** *God's protection, God preserve, God forbid!; hail!; God's mercy.* **13g.** *C* 79. 11, Assuinaw *naut duv* diamhev. y daun. **14g.** *WM* 473. 18, *nawd dyw ragoch.* **14g.** *DGG*[2] 139, Drimis, ni cheisiwn dramwy, / *Nawdd Dduw* a Mair, un dydd mwy (Gruffudd Gryg). **15g.** *GGl*[2] 83, *Nawdd Duw arnad!* **16g.** *GILlV* 28, *nawdd dduw rag* hyn. *Diw.* **16g.** *LBS* iv. 420, Ac yna y gollwng ar *nawdd düw.* **1632** *D* d.g. *hui, profusio, salue, vah.* Gw. hefyd *naw*[2] yn yr *Amr.* uchod. **n. yr eglwys:** (*ecclesiastical*) *sanctuary.* **14g.** *BT* 46. *c.* **1400** *RB* ii. 295. **(ffoi, dianc,** &c.**) ar n.:** (*to flee, escape, &c.*) *in search of sanctuary.* *c.* **1300** *H* 80a. 2–3, Ac o bleid douyt diheuart [*sic*] wyf. Ac *ar nawt* dewi y *diaghwyf* [Canu i Ddewi gan Wynfardd Brycheiniog]. **14g.** *BT* 45, adiffeithyaw rei or a*foassei ar nawd* y lan badern. **14g.** *BT* (*RB*) 84, ny allawd amgen no *chyrchu* eglwys Aber Daron *ar nawd.* **tan ((o) dan) n.:** *under the protection or auspices (of), under the aegis (of).* *Dchr.* **15g.** *GM* 40, Dan dy *nawd.* **17g.** Huw Morus: *EC* i. 65, [*t*]*an* ei *nawdd.* *c.* **1730** *Thos. Lloyd D* (LlGC) 180a, *dan nawdd,* protectus.

nawddaeth, gw. nawddiaeth.

nawddborth [*nawdd* + *porth*[3]] *eb.* Porthladd sy'n rhoddi lloches, hefyd yn *ffig.*: *haven, port of refuge, also fig.*

1897.

nawdd-dir [*nawdd* + *tir*] *eg.* Tir lle ceir nawdd, noddfa, seintwar: *land affording protection or refuge, sanctuary.*

1346 *LlA* 115, Ar dyd hwnnw yrodet ydewi ynoduaeu. Ac amdiffynn ybop kyuryw dyn orawnnelei drwc or affoei y*nawdir* dewi. **15g.** *GGl*[2] 229, O'm cleddir, *nawdd-dir* yn yw. **15–16g.** (**17g.**) *LBS* iv. 375, gorav *nawdddir* ar dir da / llenn ag ardal llann Gawrda (Hywel Rheinallt). **1604–7** *TW* (*Pen* 228) d.g. *asylum* (hefyd *D*). *Dchr.* **17g.** *J* 10, 23a, *nowdir & nowdddir,* noddva. **1722** *Llst* 189, *nowdddir,* nowddle. m. see Noddfa.

Amr.: **nawdir** [*naw*[2] + *tir*]. **1346** *LlA* 115. *Dchr.* **17g.** *J* 10, 23a.

Gw. hefyd nodd-dir.

nawdd-dy [*nawdd* + *tŷ*] *eg.* ll. *-dai.* Noddfa, lloches, hostel, gwallgofdy: *refuge, shelter, hostel, lunatic asylum.*

1763 *DT* 139, Ac yn *Nawdd-dai,* Hendai, hwn, / Hoffusol, y gorphwyswn [i Nannau].

Gw. hefyd nodd-dy.

nawdd-dduw, nawdd-ddyn, gw. nawdduw, nawddyn.

nawddedig [*nawdd* + *-edig*] *a.* a hefyd fel *eg.* *Egl.* Rhydd, annibynnol, heb fod dan awdurdod esgob (am sefydliad crefyddol); person a noddir: *exempt (of religious establishment); protégé.*

1567 *LlGG* [x], yngystal mewn lleoedd esempt [:– diethredic, *nawddedic*], ac anesempt o vewn eu Escopaethe.

Gw. hefyd noddedig[1].

nawddfa [*nawdd* + *-fa, ma*] *eb.* ll. *-fâu, -feydd.* Lloches, noddfa; amddiffyniad, amddiffynfa; hefyd yn *ffig.*: *shelter, refuge; defence, protection, safeguard, stronghold; also fig.*

1588 *Deut* xix. cs., Duw sy yn gorchymyn gosod trefydd i fod yn *nawddfeudd* (**1620** *ib.* Dinasoedd y noddfa). **1588** *Salm* ix. 9, Yr Arglwydd hefyd sydd amddeffyn i'r truan, a *nawddfa* (**1620** *ib.* noddfa) mewn prŷd, sef mewn cyfyngder. **1606** E. James: *Hom* i. 61, fe fydd ffydd nyth a noddfa (*safeguard*) i'w cywon hwy, hynny yw *nawddfa* (*safeguard*) i'w gweithredoedd hwy fal na chollant eu holl wobr. *id.* iii. 307, yr hwn wyd yn teyrnasu yn y nef yw twr, cadernyd, a *nawddfa* dy Eglwys. **1612** *LlP* 216, Porth a *nawddfa* ydwyt ti o nefol Dad ir sawl a wir alwant arnat.

Gw. hefyd noddfa.

nawddfawr [*nawdd* + *mawr*] *a.* Mawr ei amddiffyniad, amddiffynnol, gwarchodol: *affording great protection, protective, protecting, guarding.*

1621 E. Prys: *Ps* 49a, Cans Arglwydd *nawddfawr* yw i ni, / llawn o dosturi grasol.

Gw. hefyd noddfawr.

nawddfeddiannwr [*nawddfeddiant* + *-wr*] *eg.* ll. *-wyr.* *Cyfr.* Deiliad tir drwy gopihowld: *copyholder (in law).*

p. **1858.**

nawddfeddiant [*nawdd* + *meddiant*] *eg.* *Cyfr.* Deiliadaeth gopihowld: *copyhold (in law).*

1851.

nawddgiliaf: nawddgilio [*nawdd* + *cilio*] *bg.* Apelio: *to appeal.*

1595 M. Kyffin: *DFf* [183], yna 'r Esgob Cristnogol Athanasius a *nawdd-giliodd* (*provocavit; appealed*), nid at y Gymanfa-Gyngor gyffredin . . . eithr at ei ddyscedigion a 'i bobl ei hunan. *c.* **1730** *Thos. Lloyd D* (LlGC) 180a, *nawddgilio,* provoco, to appeal.

nawddgoll [*nawdd* + *coll*[1]] *a.* a hefyd fel *eg.b.* Ar herw; herwr: *outlawed; outlaw.*

1722 *Llst* 189, *nawddgoll,* c. an outlaw. **1760** E. Williams: *UYB* 158, mewn cymmaint o enbydrwydd, â dyn *nawdd-goll* neu dan scymmundod. **1778** *W,* un *nawdd-goll* d.g. *outlaw.*

nawddiaeth, nawddaeth [*nawdd* + *-(i)aeth*] *eb.* Nawdd(ogaeth); amddiffyniad: *patronage; protection.*

1844.

Gw. hefyd noddaeth.

nawddiant [*nawdd* + *-iant*] *eg.* Nawdd, cefnogaeth: *patronage, support.*
a. **1587** *Y* 193, Pedwarcant, o *nawddiant* Nêr, / Oes henw Iesu, a haner.
Gw. hefyd noddiant.

nawddle [*nawdd* + *lle*¹] *eg.* ll. *-oedd.* Noddfa, seintwar, lloches, hostel, gwallgofdy; amddiffynfa; cylch nawdd(ogaeth); hefyd yn *ffig.*: *refuge, sanctuary, shelter, hostel, lunatic asylum; stronghold; sphere of patronage; also fig.*
1604–7 *TW* (*Pen* 228) d.g. *asylum* (hefyd *D*). **1688** *TJ*, noddfa, *nawddlê*, ymdd[i]ffynle: a Refuge, a Sanctuary. **1760** E. Williams: *UYB* 202, Os crymmant 'lawr, fel Pechwyr gwael, / I ddrws y *nawddle*, d' Aberth hael. **1770** *W* d.g. *an asylum, a privileged-place, refuge.*
Cfn.: **n. gwallgofiaid (i wallgofiaid):** *lunatic asylum.* **1836. n. lloerig(ion) = n. gwallgofiaid. 1835.**
Gw. hefyd noddle.

nawddlong [*nawdd* + *llong*¹] *eb.* Llong arfog sy'n gwarchod llongau eraill mewn confoi: *escort ship (of convoy).*
1774 *W* d.g. *guard-ship.* **1799** *TY* i. 56, fe drefnwyd *nawdd-long* (convoy) yn ddïoed.

nawddlu [*nawdd* + *llu*] *eg.* ll. *-oedd.* Llu amddiffyn, milwyr gwarchod, gosgordd: *escort (party).*
1858.

nawddlynges [*nawdd* + *llynges*] *eb.* Llynges warchod: *escort fleet.*
1772 *W* d.g. *convoy* [*attendance for protection, a guard or escort*].

nawddog [*nawdd* + *-og*] *eg.* Amddiffynnwr, tribwn: *protector, tribune.*
1725 *SR*, *nowddog*, neu swyddog y cyffredin d.g. *a Tribune.* *c.* **1730** *Thos. Lloyd D* (LlGC) 182b, *nowddog*, protector.

nawddogaeth [*nawddog* + *-aeth*] *eb.* Nawdd; *Egl.* yr hawl i gyflwyno person i fywoliaeth eglwysig; amddiffyniad: *patronage (also eccl.), sponsorship; protection.*
1848.

nawddogaf: nawddogi [bf. o'r e. *nawddog*] *bg.a.* Rhoddi nawdd neu gefnogaeth i, noddi, cefnogi, gwarchod buddiannau; trafod mewn ffordd nawddoglyd, bod yn nawddoglyd (at): *to sponsor, patronize, support, protect the interests of; patronize, behave in a patronizing manner (towards).*
1885.

nawddoglyd [*nawddog* + *-lyd*] *a.* Yn cymryd arno agwedd noddwr, yn ymostwng (yn ddifr.): *patronizing, condescending.*
1942.

nawddogol [*nawddog* + *-ol*] *a.* Cefnogol, amddiffynnol; nawddoglyd, yn ymostwng (yn ddifr.): *supportive, protective; patronizing, condescending.*
1868.

nawddogwr [bôn y f. fl. + *-wr*] *eg.* ll. *-wyr.* Noddwr, nawddsant: *patron, patron saint.*
1892.

nawddol [*nawdd* + *-ol*] *a.* Amddiffynnol, gwarchodol: *protecting, protective.*
1621 E. Prys: *Ps* 11b, Ac arwain fi o'th *nawddol* râd / yn wastad ar yr vnion. **17g.** *LlGC* 13215, 347, *nowddol*, tutelaris. **1722** *Llst* 189, *nawddol*, protecting, succouring. **1733** J. Owen: *TBG* 61, y mae efe yn Arglwydd ar yr eneidiau sydd i'w galw a'u casglu i mewn at Grist . . . y fâth berwyl *nawddol* a gogoneddus. **1753** D. Jones: *SD* xvii, Gras . . . *nawddol* ac adferol. **1794** *W* d.g. *tutelar.*
Gw. hefyd noddol.

nawddosgordd [*nawdd* + *gosgordd*] *eb.* Llu amddiffyn, milwyr gwarchod, llong warchod: *escort (party).*
1772 *W* d.g. *convoy* [*attendance for protection, a guard or escort*]. **1803** *P*, *nawddosgordd*, s.f. a retinue of protection.

nawddroddiad [*nawdd* + *rhoddiad*] *eg.* *Egl.* Yr hawl i gyflwyno person i fywoliaeth eglwysig, nawddogaeth, y weithred o roddi bywoliaeth eglwysig: (*eccl.*) (*gift of*) *patronage, bestowal of a living.*
1834.

nawddsant [*nawdd* + *sant*] *eg.* (b. *-es*) ll. *-seintiau.* Sant a ystyrir yn amddiffynnwr eglwys, gwlad, galwedigaeth, &c., neilltuol, mabsant, hefyd yn *ffig.*: *patron saint, also fig.*
1862.

nawdduw [*nawdd* + *duw*¹] *eg.* (b. *-ies*) ll. *-iau.* Duw gwarcheidiol neu amddiffynnol, yn enw. dros berson neu le arbennig: *tutelary god, patron deity.*
1794 *W*, *nawd-dduw* d.g. *the tutelar divinity of a place.* **1800–2** W. Richards: *PA* iii. 12, Jupiter . . . *nawdd-dduw* eu dinas [Lystra].
Amr.: **nawd-dduw** [*nawd*² + *duw*¹]. **1794** *W* d.g. *the tutelar divinity of a place.*

nawddwr [*nawdd* + *gŵr* ac *-wr*] *eg.* (b. *-wraig*) ll. *-wyr.*
(*a*) *Cyfr.* Un sy'n derbyn nawdd, ffoadur: *person taking sanctuary, refugee (in the Welsh laws).*
c. **1300** *LTWL* 337, *nawtwyr*, qui ab abbate et presbiteris refugium accipiunt. **14g.** *LlB* 43, Y ryw ran honno a uyd rwg yr abat a'r kanonwyr o'r ymlad a wnel y *nawdwyr* a gymeront nawd y gan yr abat a'r offeireit. *id.* 50, *Nawdwr* brenhin, wheugeint vyd y ebediw. **14g.** *WML* 6, Nawd y porthawr yw kadw ydyn hyt pan del y penteulu trwy yporth parth ae lety. Ac yna kerdet y *nawdwr* yn diogel. *Diw.* **15g.** *Pen* 41, 11, Nit amgen dwyn y *nawdwr* (*felo*) hyt ar y drws yr eglwys A dangos y pyrth ido or cwrner.
(*b*) Noddwr, amddiffynnwr, ceidwad, cefnogwr, cynorthwywr: *patron, protector, defender, preserver, supporter, helper.*
1567 *LlGG* 70a, Duw, *nawddwr* pawb oll y syd yn amddiriet ynot. *a.* **1587** *Y* 25, Mawr *nawddwr*, merion addysc, / Mwy stor dda, a meistr o ddysc. **1606** E. James: *Hom* i. 55, Duw sydd raid bod yn ymddiffynnwr ac yn *nawddwr* (*defence and protection*) i ni yn erbyn pob profedigaeth anwiredd a phechod. **1632** *D*, *nawddwr* d.g. *conservator, deprecator, protector.* *id.* *nowddwr* d.g. *defensor, tribunus.* **17–18g.** *Llst* 133, 48b, Nudd Rhydderch *nowddwr* rhoddiad / Morda coel aur eirda cad. **1710** *LlGG* [145], *nawdd-wr* (*helper*) pawb a gilia attat am gynhorthwy. **1722** *Llst* 189, *nawddwr*, m. a defender, protector. *id.* d.g. *nowddwr.*
(*c*) *Cyfr.* Cleient: *client (in law).*
1844.
Amr.: **nawdwr** [*nawd*² + *-wr*] **17g.** Huw Morus: *EC* ii. 48.
Gw. hefyd noddwr.

nawddyn [*nawdd* + *dyn*] *eg.* ll. *-ion.* Person sydd o dan nawdd person arall; *Cyfr.* cleient; hefyd yn *ffig.*: *client, person under another's protection; client (in law); also fig.*
1772 *W*, *nawd-ddyn* d.g. *client* [*in Law, one who retains a Lawyer, &c. to plead his cause*].
Amr.: **nawd-ddyn** [*nawd*² + *dyn*]. **1772** *W* d.g. *client* [*in Law, one who retains a Lawyer, &c. to plead his cause*].

nawed, gw. nawfed.

nawell¹ [*naw*¹ + *gwell*¹; dichon mai yma y perthyn *nawell*²] *a.* Naw gwaith gwell (na), gwell o lawer: *nine times better (than), better nine-fold, much better.*
13g. *MA*² 221a. 30, Trais gymmell tri *nawwell* no Nudd (Dafydd Benfras). *Dchr.* **14g.** *id.* 235b. 31–2, Rhuthr a ddug fy naf *nawell* yw or gwyr / Nor goreu or dilyw (Einion Wan). *c.* **1400** *R* 1206. 19–20, Traws ud nud *nawell.* *id.* 1378. 21–2, eurgarw clot bell *naw well* nud. *Dchr.* **15g.** *IGE*² 206, Ni eill hi, *nawell* yw hyn, / Eillio hon â min ellyn (Llywelyn ab y Moel).

nawell² [dichon mai engh. o *nawell*¹ a geir yma] *a.* ?Gloyw, aeddfed, clir: *bright, mature, clear.*
9g. (*Juv*) *B* vi. 102, cet iben med *nouel.*
Gw. hefyd anawell.

nawf¹**, naw**³ [Llyd. C. *neuf*, Llyd. Diw. *neuñv*, Gwydd. C. *snám*: o'r gwr. IE. **snā-* 'nofio', cf. Llad. *nō* 'nofiaf', Sans. *snāmi* 'ymdrochaf'] *eg.* ll. *nofion*, a hefyd fel *a.* Nofiad, arnofiad, y weithred o nofio neu o hedfan, y gallu i nofio; lle ar gyfer nofio; *Pysg.* pledren awyr neu nofiwr pysgodyn; ?nofiwr; yn nofio; hefyd yn *dros.* ac yn *ffig.*: *swim, a swimming, floating, flying, ability to swim; a place for swimming; swimming-bladder, air-bladder, sound (in ichthyology); ?swimmer; swimming, floating; also transf. and fig.*
?**13g.** *B* vi. 135, Manred gymmined ei feddyliaw / Myned i Fenei cyn nim bai *naw.* **14g.** *T* 7. 23, Val ymsawd yn llyn heb *naw.* *c.* **1400** *YCM*² 195, yna y gwyl Hu y niver ar vawd, ac ereill ar *nawf.* **1567** *TN* 168a, bwriodd y hun [:– neitiodd, a gymerth y *naw* yn y] ir mor. *Dchr.* **17g.** *J* 10, 20a, *nawv*, swyming, natatus. **1632** *D*, *nawf*, natatio. *id.* pysg . . . a'i *nawf* yn erbyn y ffrwd d.g. *acipenser.* *id.* d.g. *fluctuatio.* **1722** *Llst* 189, *nawf*, m. a swimming. **1754** *Gron* 18, Rhoes i bysg *nawf* ym mysg myr. **1793** R. Powell: *ADV* 11, A bâch, chwerw aviach, i'r avon, / Drwy gymhell o'i ddichellion ei abwyd, / Anavwyd y *novion.* *c.* **1800** *IMCY* 225, A *nawf* i bysg ymysg myrdd / O'i glwysion ddyfroedd glaswyrdd. **1803** *P*, *nawv*, s.m. pl. *novion*, a swim. *Nawf* pysgodyn, the swim or wind bladder of a fish. **19g.** Owain Lleyn: *Gw* 63, O'i llech oedd yn ei llochi,—yn hoewfalch / Ei *nawf* aeth i'r weilgi [am long].
Cfn.: **ar naw(f):** *afloat, floating, flying, also fig.* ?**14g.** (**17g.**) *Pen* 49, 67, Diddwyla[w] *ar naw* i'r nef [i'r brithyll]. *c.* **1400** *YCM*² 195, 201. **1747** J. Richard: *HF* 2, 3. *a.* **1791** W. Williams: *GP* 18, 74, 136.
Gw. hefyd nofyn.

nawf²**,** gw. nofiaf: nofio.

nawfddawns [*nawf*¹ + *dawns*] *e?b.* Miniwét: *minuet.*
1776 *W* d.g. *minuet* [*a sort of swimming dance so called*].

nawfed [Crn. Diw. *nawhwas*, Llyd. C. *nauuet*, *naovet*: < Brth. **naumetos* (cf. *naw*¹ a *-fed* (At.)), cf. H. Wydd. *nómad*, Gal. *na(u)metos*] *rhif.* a hefyd fel *eg.b.* ll. (diw.) *-au.* (Yn dynodi) yr olaf mewn cyfres o naw, un rhan o naw, neu un o naw; (yn y ll.) nonau: *ninth (part), one of nine; nones (in Roman calendar).*
13g. *LlI* 11, A *navuet* dyd kalan gayaf e mae yavn ydav ef mynet y hely moch coet. *id.* 55, na dyffyd y pryodolder ef hyt e *nauuet* dyn. *c.* **1300** *LTWL* 326, pan yw *nawued* tauodyawc yw ygnad ar y urawd a uarnho. *c.* **1300** *H* 48b. 9, *Nawued* rann ym poen yr pan aned [Rhieingerdd Efa gan Gynddelw]. *id.* 66a. 29–66b. 1, Wythued . . . *Nawued* . . . Decued (Cynddelw). **14g.** *WM* 466. 18–20, maer kernyw a dyfneint *nawuet* a estoues catgamlan. **14g.** *BT* (*RB*) 234, gellygawd y *Nawuet* Gregorij Bap Cadwgawn . . . o'e escobawt. **1588** *Luc* xxiii. 44, a thywyllwch a fu ar yr holl ddaiar hyd y *nawfed* awr (W. Salesbury: *KLl* xxxvb, awr nawn [:– *nawet* awr]; **1988** *Luc* xxiii. 44, hyd dri o'r gloch y prynhawn). **1617** R. Prichard: *CE* [6], Y *nawfed* ran a roddodd Duw. **1632** *D*, *nawed*, & *Nawfed*, nonus. **1730 (1755)** E. Wynne: *PAC* 35, Y *Nawfed* Orchymŷn. **1778** *W* d.g. *ninth.* **1798** W. Richards: *CC* 45, dydd iau y *nawfed* o Fawrth. **1803** *P*, *nawved*, s.m. a ninth. a. Ninth. Digwydd mewn trefnolion cfns. megis *nawfed ar hugain.*
Amr.: **nawed. 15–16g.** *TA* 310. **1545** *CM* 1, 144. **1609** R. Smyth: *CAC* 21. **1632** *D.* **1803** *P.*
Cfn.: **y nawfed ach:** *ninth degree of consanguinity, ninth generation.* **1753** *TR*, ach . . . we commonly say, Nid yw efe yn perthyn iddo o'r *nawfed âch.* **18–19g.** *Iolo MSS* 194. Ar lafar ym Morg. 'o'r *nawfad ach* ('yd anga)' am berthynas bell iawn. Sonnir hefyd am berthynas 'hyd *y nawfed ach*'. Cf. *LlB* 32, kyntaf ach o'r naw yw tat a mam . . . nawuet, gorchawon. **(y) n. ton (don):** (*the*) *ninth wave, popularly believed to be more powerful than the others.* *c.* **1875** Islwyn: *Gw* 220, Rhyw newydd lais, fel *nawfed ton* y mor [marwnad John Jones, Blaenannerch]. Ar lafar, e.e. 'yn llefen fel *y nawfed ton*'; cf. J. Jones: *Llên Gwerin* 106, fod y tonau brigwynion yn ddefaid iddi [Gwenhidwy] ac mai'r *nawfed dòn* oedd ei hwrdd. Gw. hefyd *B* xxiv. 449–50, a *ton*¹—*t. nawfed.*

nawfetydd [*nawfed* + *dydd*] *eg.* ll. *-iau.* Nawfed dydd; cyfnod o naw diwrnod: *ninth day; period of nine days.*
13g. *LlDW* 34. 23, os iaunt e guahan o pen e *.ix. uettit.* *id.* 92. 4–5, ed/le darckauael ar nau [*sic*] *nauuetyt* chuefraur. **13g.** *LlC* 34, keureyth a deweyt nat reyt aros *nauuetyt* am rody braut amdanau. **14g.** *WML* 48, E Neb auynho kyffroi hawl am tir . . . kyffroet yn vn or deu *nawvetdyd.*

Ae *nawuetdyd* racuyr ae *nawuetdyd* mei. **14g.** *LlB* 111, ni dylyir y oedi am tref y vam, nac aros *nawuettydyeu* ynn y erbyn. *id.* 130, velly y gwedir cleis a trikyo o tri *nawuettyd*. **14g.** *HMSS* ii. 247, ympen y *nawuettyd* y doeth y vynyd. *c.* **1400** *R* 1277. 22–4, yr rengi bod duw y ryngoch y byd. ryd kynn *naw uettyd* y nef attoch. **1803** *P* d.g. *nawfeddydd*.

nawfetyn [*nawfed* + *dyn*] *eg.* Nawfed dyn: *ninth man.*
13g. *LlC* 35, na dyly dyffody y pryodolder hyt e *nau*[*u*]*etyn* . . . O deruyd y'r *nauuettyn* deuot y ouyn tyr, dyffodedyc yv pryodolder.

nawfle [*nawf*¹ + *lle*¹] *eg.* Lle ar gyfer nofio: *a place for swimming.*
1632 *D* d.g. *natatorium.* **1722** *Llst* 189, *nawfle*, m. a swimming place. **1794** *W* d.g. *a swimming-place or -pool.*
Gw. hefyd nofle.

nawfnod [*nawf*¹ + *nod*¹] *eg.* Bwi: *buoy.*
1866.
Gw. hefyd nofnod.

nawfydd [*nawf*¹ + *-ydd*³] *eg.* (b. *-es*) ll. *-ion.* Nofiwr: *swimmer.*
1803.
Gw. hefyd nofiwr.

nawfyneg [*nawf*¹ + *myneg*] *e?g.* Bwi: *buoy.*
1823.

nawff, ff. daf., gw. awff.

nawgradd, gw. nawradd.

nawgwaith, gw. naw¹ + gwaith².

nawgwryw [*naw*¹ + *gwryw* ar ddelw'r Llad. Diw. *enneandria*] *a.* *Bot.* Ac iddo naw briger, yn perthyn i ddosbarth yr *Enneandria* yn ôl cynllun Linnaeus: *having nine stamens, enneandrous.*
1813 *WB* 40, Cenedl ix. Enneandria.—*Nawgwr-ryw.* *id.* 95, Ordo vi. Enneandria.—Llwyth vi. *Nawgwrryw.*

nawiaf: nawio [bf. o'r e. *naw*¹] *bg.* Gosod ysgubau mewn 'nawiau': *to place sheaves in 'nawiau'.*
Ar lafar yn Arfon, *WVBD* 391.

naw-math-o-oel, gw. naw¹—n. math o oel.

nawmil, gw. naw¹ + mil¹.

nawmis, naw mis [*naw*¹ + *mis*] *eg.*, weithiau gyda grym ansoddeiriol. Naw o fisoedd (yn enw. am gyfnod beichiogrwydd gwraig): *nine months (esp. of human gestation period).*
c. **1401** *AL* ii. 346, *Naw mis* tymp. **15g.** *CLlG* i. 216, Ymladd a lladd heb wellhau, / *Nawmis* [diwyg.] nid rhaid in' amau (Robin Ddu). **15–16g.** *TA* 408, Mwya swydd *nowmis* uddun / Beintio 'i liw a'i bwynt a'i lun [i ofyn march Gwasgwyn]. **16g.** *Llst* 117, 86, Mi avum *nowmis* haiach / ymol krebidwen [*sic*] wrach. **1588** 2 *Esd* xvi. 39, Fel gwraig wrth escor yr hon a ddwg fâb ym mhen y *naw-mis*, pan ddêl yr amser i escor. **1618** J. SALISBURY: *EH* 31, fal y doeth Mâb Duw i faes allan o groth ei fam, ym-mhen y *nowmis*. **1632** J. DAVIES: *LlR* 183, nid yw'r *nawmis* bywyd ynghroth y fam cyn lleied wrth oes dyn yn y byd hwn. **1672** R. PRICHARD: *Gw* 238, Ai [*sic*] gwaed hi'th borthodd yno *nawmis*. **1759** *BC* 227, Fe fu *nawmis*, Dan ei gwregis, / Ac etto Mair, oedd yn ddiwair. **1767** G. OWEN: *L* 197, weithiau fe fydd Llythyr *now mis* neu flwyddyn yn ymlwybrain 30 milltir o ffordd. **1803** *P*, *nawmis*, s.m. nine months. a. Of nine months. Cyd celer nawnos, ni chelir *nawmis*.
Cfn.: **nawmis y cebystrau:** '*the nine months of the halters*', *expression used in vaticination.* **17g.** *CRC* 230, 232. **1768** *RBM* 6.

nawmlwydd [*naw*¹ + *blwydd*] *a.* a hefyd fel *e.ll.* Naw mlwydd (oed): *nine years (of age).*
14g. *GDG* 336, Amarch i'w chorpws *nawmlwydd*. **15g.** *Pen* 67, 6, arglwydd o *nawmlwydd* yn jav.

nawmor, gw. heli—h. nawmor.

nawn [bnth. Llad. *nōna* (*hōra*) 'nawfed awr', cf. Gwydd. C. *nóin*, S. *noon*] *eg.* ll. *-(i)au.* Y nawfed awr o'r dydd, sef tua 3 o'r gloch y prynhawn; *Egl.* gwasanaeth a gynhelir tua'r un pryd; hanner dydd, canol dydd; y prynhawn; hefyd yn *ffig.*: *the ninth hour of the day, approx. 3 o'clock in the afternoon; ecclesiastical office of nones; midday, noon; afternoon; also fig.*
13g. *LlI* 89, Os hanner dyd e lledyr [hydd], y adu hyt guedy *naun* hep ulygyau; os guedy *naun*, gatter hyt guedy gosper. *c.* **1300** *H* 35a. 3, Toruoet amniuer am ner am *nawn* [arwyrain Owain Gwynedd gan Gynddelw]. *id.* 50a. 8, Gwedy gwawr kymry kymreisc gwrth *nawn* [marwnad Cadwallon ap Madog gan Gynddelw]. **14g.** *WM* 466. 39–467. 1, gwest hyt *nawn* a diotta hyt nos. **14g.** *Pen* 5, 7b, o aur hanner dyd hyt yn aur *naon* y doeth tywylluch ar y daear oll. *c.* **1400** *R* 1197. 2–3, ny phlygir *nawn* a phlygein. *id.* 1252. 29, Dedyf gannerth nerth *nawn*. **1547** *WS*, *nawn* ne han/ner dydd, noone. **1632** *D*, *nawn*, tempus vespertinum. **1688** *TJ*, *nawn*, prŷdnawn: the Afternoon. **1722** *Llst* 189, *nawn*, m.p. *nawnau*, the evening. **1803** *P*.
Gw. hefyd prynhawn.

nawnarn, gw. naw¹ + darn.

nawnbryd [*nawn* + *pryd*¹] *eg.* Cinio hwyr, swper: *evening meal, dinner, supper.*
18–19g. *Llr* C 41, 438, *nawnbryd*, diner. **1814** W. DAVIES: *Agric* . . . *S. Wales* ii. 312, In Wales, we have no vernacular terms at present, save for two meals: ciniaw, the morning meal, and *nawnbryd*, the evening meal [:– . . . dinner is called . . . [in] Meirionydd, &c. in North Wales, *nawnbryd*, and tautologically, pryd nawn bryd.].
Gw. hefyd prynhawnbryd.

nawnddydd [*nawn* + *dydd*] *eg.* Prynhawn; hanner dydd, canol dydd; min nos, gyda'r nos, noswaith; hefyd yn *ffig.*: *afternoon; midday; evening; also fig.*
1864.

nawnef [*naw*¹ + *nef*] *e.?ll.* Naw nef (yn ôl cosmograffeg gynnar), nefoedd: *nine heavens (according to early cosmography), heaven.*
c. **1300** *H* 99b. 20, *naw* (*R* 1172. 38, nawd) *nef* noted. **15g.** *GGl*² 161, Ni aned, myn y *nawnef*, / Marchog ŵr mor wych ag ef. **15g.** *ID* 26, ond vn enw dann y *nownef* / gruddiav y nyn a graddav nef. **15–16g.** *GLM* 234, Tynnu anadl at *Nawnef*; / tydi'n oen y Tad o Nef. **15–16g.** *GIF* 52, Llif Noe yw'r llef oni wnair, / llu *nawnef* felly'n unair. **16–17g.** E. P. ROBERTS: *TUB* 40, Ond un a wnaeth dan y nef / Tŵr â'i nen tua'r *nawnef* (Siôn Phylip). **1661** E. LEWIS: *Drex* [xxvi], Prynwch unionwch *nownef* / Yn iawn dragwyddoldeb nef. *c.* **1730** *Thos. Lloyd D* (LlGC) 182b, *nownef* . . . the 9 Spheres.

nawnegant [?< Brth. **nau̯andekan-t-* < **naun̥dekm̥-t-*, cf. H. Lyd. *naudecant*; neu ynteu **nawneg* (cf. Crn. Diw. *noundzhak*, H. Lyd. *naudec*, Llyd. C. *nauntec*, Llyd. Diw. *naontek*, taf. Gwened. *nandek*, *nauzek*; cf. hefyd *deuddeg*, *pymtheg*, Cym. C. *undec*) + *-ant*² neu *cant*²] *e?g.* Cylch neu gyfnod o bedair blynedd ar bymtheg: *cycle or period of nineteen years.*
10g. (*Cpt*) *B* iii. 256, ir nider uid hinn. hou nit bloidin salt hai bid im guar phenn circhl *naunecant*.

nawnfwyd [*nawn* + *bwyd*] *eg.* Cinio (?prynhawn neu hwyr): *(?afternoon or evening) dinner.*
16–17g. *RAGR* 380, heb na chinio na swper na *nawnvwyd*. **18–19g.** *Llr* C 41, 438, *nawnfwyd*, diner.

nawngwaith [*nawn* + *gwaith*²] *eg.* Prynhawn: *afternoon.*
c. **1873.**
Gw. hefyd prynhawngwaith.

nawngylch [*nawn* + *cylch*] *eg.* *Daearydd.* a *Ser.* Nawnlin, meridian: *meridian (in geog. and astron.).*
18–19g. *Llr* C 4, 36, [*Na*]*wngylch*, yᵉ meridia[n].

nawnlin [*nawn* + *llin*¹] *eb.g.* ll. *-au.* *Daearydd.* Un o'r llinellau dychmygol sy'n cysylltu pegynau'r De a'r Gogledd gan ffurfio ongl sgwâr â llinell y cyhydedd, ac a ddynodir mewn graddau hydred o o° (yn Greenwich) i 180°, un o'r cyfryw linellau ar fap, meridian; *Ser.* y cylch mawr sy'n mynd trwy begynau wybrennol y De a'r Gogledd a thrwy senith a nadir y sylwedydd: *meridian (in geog. and astron.).*
1850.

nawnlinell [*nawn* + *llinell*] *eb.* ll. *-au.* *Daearydd.* Nawnlin, meridian: *meridian (in geog.).*
1850.

nawnol [*nawn* + *-ol*] *a.* Yn perthyn i nawnlin; prynhawnol: *meridional; pertaining to, or occurring in, the afternoon.*
1803 *P.*

nawnos, naw nos [*naw*¹ + *nos*] *e.ll.* ac *eb.* Naw nos(on): *(the space of) nine nights.*
13g. *LTWL* 245, *Nau nos* guesti. **13g.** *LlI* 25, tryccet hy . . . hyt em pen e nau nyeu a'r *nau nos* en e ty. **14g.** *GDG* 173, Petem, fi a'm dlifem dlos, / Wyneb yn wyneb *nawnos*. **15g.** *DE* 19, ir ywenn awn inav r nos / yno vnawr yw *nownos*. **15g.** *ID* 10, *nownos* braidd nam gwenwynan. **1803** *P*, nawmis . . . Cyd celer *nawnos*, ni chelir nawmis.
Cfn.: **(y) nawnos (naw nos) olau:** *(the) nine clear nights (associated with the harvest moon).* **1816.** Ar lafar.
Gw. hefyd lleuad—ll. naw nos(on) olau.

nawnosig [*nawnos* + *-ig*²] *a.* Naw nos oed: *nine nights old.*
Diw. **16g.** *WLB* 69, pan fo y lleuad y [*sic*] *nawnossic*.

nawnred [*nawn* + *-red*] *eb.* *Daearydd.* a *Ser.* Nawnlin, meridian: *meridian (in geog. and astron).*
1852.

nawnsh, gw. hansh¹.

nawnydd, gw. naw + dydd.

nawnyn, naw nyn [*naw*¹ + *dyn*] *e.ll.* Naw gŵr, weithiau'n cyfeirio at y Nawyr Teilwng: *nine men, sometimes referring to the Nine Worthies of the World.*
14g. *LlB* 37, *naw nyn* a gredir, pob vn yn dwyn y tystyolaeth gan tygu. **15g.** *BB* 156, y *naw nyn* a wnaethpwyt o adaf. **15g.** *LHDd* 3, trwy lw *nawnyn* y gwedir. **15g.** *GGl*² 168, Undyn a *nawnyn* unair / A naw ac un yn un gair. **15–16g.** *TA* 371, Mae iawn teg am enaid dyn, / Am un einioes, mae *nawnyn*. **16g.** DAFYDD AP LLYWELYN, &c.: *Gw* 104, Ni buont hir eu bywyd / *Nawnyn* bioeddyn' y byd.
Cfn.: **y Nawnyn Union:** *the Nine Worthies of the World.* **15g.** *GGl*² 159.
Gw. hefyd naw¹ (*b*).

nawol [*naw*¹ + *-ol*] *a.* Seiliedig ar y rhif naw, yn perthyn i naw: *nonary.*
1604–7 *TW* (*Pen* 228), y vlwyddyn enbydus ne beryclus am vywyt dyn, seithawl a *nawawl* d.g. *climactericus.*

nawpin [*naw*¹ + *pin*] *eg.* Un o nifer o rolbrenni mewn chwarae y ceisir eu bwrw i lawr drwy rolio pêl bren atynt, ceilys: *ninepin, skittle.*
1775 *W*, *naw-pin* . . . chwarae d.g. *kettle-pins.*

nawplyg [*naw*¹ + *plyg*] *a.* Wedi ei blygu naw o weithiau, yn cynnwys naw plygiad: *ninefold.*
1722 *Llst* 189, *naw-plyg*, nine-fold. **1778** *W* d.g. *nine-fold, or nine fold.* **1803** *P.*

'nawr [talf. o'r ymad. *yn awr*] *adf.* Yn awr, y pryd hwn, yrŵan; yn y man; hefyd heb rym amseryddol fel gair llanw sydd weithiau'n ategu grym teimladol brawddeg: *now; shortly, presently; also without temporal force, as an expletive sometimes reinforcing the emotive import of a sentence.*
1603 W. MIDLETON: *Ps* 31, Gwnn *nawr* ir arglwydd wiwrwydd wared. *id.* 54, Na gwared *nawr* y kawr ku. *id.* 269, Ond dydi *nawr* heb fawr fôst. *Dchr.* **17g.** *J* 10, 20a, *nawr*, nunc. *c.* **1730** *Thos. Lloyd D* (LlGC) 180a, ynghylch deng mlynedd i *Nawr*. Ar lafar yn y De a Chered., *LGW* 532–3. Gall hefyd olygu 'gan' mewn brawddeg fel "*Nawr* ych bod chi wedi dod fe leicien i gâl ych barn chi ar y papur wal 'ma'.
Cfn.: **'nawr ac eilwaith:** *now and then.* Ar lafar yn sir Benf. yn y ff. '*nawr ag lweth*'. **'n. ac yn y man** = **'n. ac eilwaith.** **1897.** Ar lafar yn y De a Chered. **'n. fach:** *presently; a moment ago.* Ar lafar yng ngodre Cered. a sir Benf. **'n. hyn:** *before long, shortly.* Ar lafar ym Morg., 'Fi fydda'n ôl '*nawr 'yn*'.

'n. jest (jwst): *just now*. Ar lafar. **'n., 'nawr!:** *now, now!* Ar lafar yn y De a Chered. **'n. 'te:** *now then*. Ar lafar yn y De a Chered.

Gw. hefyd awr¹—yn a.

nawradd, nawgradd, naw (g)radd [*naw*¹ + *gradd*] *eb.* a hefyd fel *a.* Naw o raddau (angylion, carennydd, &c.); ?ardderchog, bonheddig: *(the) nine orders or degrees (of angels, kinship, &c.); ?splendid, noble.*

13g. *C* 42. 5–6, Teilygdaud wascaud. osgort *navgrad* new. **13g.** *DB* 84, Eno [y nef] e mae pressuylua guedy rylunyethu yn *naurad* (*per novem ordines*). *c.* **1300** *H* 103a. 25, yn *naw grat* yn dewret gwiryon [Llywarch ap Llywelyn i Rodri ab Owain]. **14g.** *WML* 38, Ual hyn yd enwir *naw rad* kenedyl adylyant talu galanas ae chymryt. **1346** *LlA* 101, *Nawrad* . . . or egylyonn. nyt amgen. Engylyon. Archegylyon. Kadeiryev. Arglwydiaetheu. Tywyssogaetheu. Medyannev. Nerthoed. Cherubin. Aseraphin. **15g.** *HS* 21, Denwi bur eryr euraid yn oreu / o *nawradd* gwaed dugiaid. **15g.** *LGCD* 1, Brenin mawr ar y *nawradd* [i Dduw]. **15g.** *LGC* 462, Ym Mryn Euryn mae 'r *nawradd*, / A vu yn nev, o vain nadd; / Ac ym mhob gradd o naddynt / Gwin a pharch a gawn a phunt. **15g.** *DE* 41, *naw radd* wrth i vrynarv / ar iad y verch auraid vu. **15g.** *Pen* 67, 9, Tommas waew llifeidlas llym / mer e ginyn [*sic*] mawr gennym / ar groc o aber gwiw radd / hodni eirw hyd y *nawradd*. *id.* 100–1, *Naw gradd* yw enain baddon / *naw radd* yw nevadd yn Jon. **15–16g.** *TA* 54, Bu adladd *nowradd* o'n nerth. **1575 (1587)** W. MIDLETON: *B* 55, Yw hangladd *nowradd* hyn a wiriant, / herods ai hordr y modd i cordiant. **16–17g.** *GST* i. 609, Eryr yn eryr *nawradd*. **1759** *BC* iv, A'r *nowradd* oll yn addef, / Gun teg ei ogoniant ef. **1803** *P.*

Cfn.: **nawradd,** &c., **(y) nef(oedd):** *the nine angelic orders of heaven.* **13g.** *C* 42. 5–6, osgort *navgrad new*. *c.* **1300** *H* 19b. 5, *naw rat nef* (Llywelyn Fardd). **15g.** (*Diw.* **16g.**) *Gwyn* 3, 285, *nawradd nefoedd* (Lewis Glyn Cothi). **1605–10** *IICRC* iii. 13, Am lawenydd *naw gradd ne*. **1803** *P*, *naw radd y nev* d.g. *naw*.

nawr(h)an, nawr(h)yw, gw. naw¹ + rhan, rhyw.

naws, gnaws [H. Wydd. *gnás*: ?o'r gwr. IE. **gnō-* 'adnabod, gwybod'; cf. hefyd *gnawd*, *nawd*¹; ansicr yw union brth. Gwydd. C. *nós*, Llyd. C. *neuz*] *eb.g.* (bach. *nawsyn*) ll. -(*i*)*au*, -*ion*, -*ydd*.

(*a*) Natur, anian, tymer (hefyd am fetel), anianawd, dull; arlliw; blas, sawr; teimlad, hwyl, ysbryd, awyrgylch; trwyth: *nature, disposition, temper (also of metal), temperament, form; tinge; savour, aroma; feel or feeling, mood, spirit, atmosphere; tincture.*

c. **1300** *H* 10b. 9–10, *gnaws* etyn adnabod bore. *gnaws* am bann bennyal ystre (Gwalchmai). *Dchr.* **14g.** *id.* 89a. 20, *gnaws* gaeaf alaf yng godo (Phylip Brydydd). **14g.** *GDG* 283, Os arnaf, gwn *naws* hirnwyf, / Y mae'r bai, poed marw y bwyf! *c.* **1400** *R* 1317. 18–19, *naws* maws moes dyvynwal. **15g.** *GGl*² 293, Galw'dd wyf arglwydd, a'i ofyn, / Yn fy swydd, fy *naws* yw hyn. **16g.** *LlGC* 4581, 164, had triochr duy a *naws* rhyddgochedd yntho ac oy mewn yn wyn [am y lleulys]. *id.* 170, eithr nad da *naws* suc yr vn or ddeuryw. *p.* **1584** G. ROBERT: *GC* [284], Dangosswch bellach *naws* cowydd deufraich hirion. **16–17g.** *CRC* 109, *naws* tan gwnias pan lidier / *naws* yr ia pan dristaer. **16–17g.** *GST* i. 709, Ni bydd da synnwyr, ni bu, / *Naws* bêr iawn, nes ei brynu. **1632** *D*, *naws*, natura. **17g.** HUW MORUS: *EC* i. 18, Lle 'r oedd haf, a llariaidd hin, / Llai *naws* haul yn Llan Silin! **1722** *Llst* 189, *naws* d.p. *Nawsydd*, a nature, temper, melination, state. **1763** D. JONES: *DP* 42, Y Nos sy'n hir a'i *naws* hi'n oer. **18g.** I. BRYDYDD HIR: *Gw* 96, Yr awron, fal yr Yri, / Mae *naws* oer i'm mynwes i. **1794** *W* d.g. *temper* [*of metal, of an edge-tool, &c.*]. **1803** *P.* Fe'i clywir ar lafar am awyrgylch neilltuol lle, cyfarfod, &c., ''Odd *naws* 'yfryd yn y cwrdd 'eno', ''Wi'n cretu bo' nhw wedi bod yn ffraeo, 'deimlast ti *naws* y lle?'

(*b*) Ychydig, gronyn, dim (gyda'r neg.): *a little, whit, nothing (with the neg.).*

1757 *ML* ii. 40, ond erbyn e[i] hagor [cist] nid oedd ynddi *naws* o ddim ond llyfrau. **1760** E. WILLIAMS: *UYB* 117, nid yw'r diafol yn berchen *naws* onid marwolaeth. **1776** *LlCy* i. 252, heb feddwl *naws* am ddaioni a lles eu gwlad. **1794** E. JONES: *MPR* 72, Yr un nic haro [*sic*] Dôn, a Chaniad, / Ni chair ynddo *naws* o Gariad. Ar lafar yn gyff., 'Chliwes i *naws* sôn am hiny', *GDD* 205; ''Stim ots da fi *naws*', *TGG* (1907–8) 81; 'Ydi o'n sur?', 'Dim ond ryw *naws*', *WVBD* 391. Yn Arfon gall olygu 'ychydig chwant', 'Ma' 'na' i ryw *naws* bwyd', *ib.*

Cfn.: **naws (y) gwaed:** *blood temperature.* **1801** *MMf* 182. Ar lafar yng Nghered. a'r De. **n. gwell:** *no better.* Ar lafar yng nghanolbarth a godre Cered., sir Benf., a'r De, ''Fyddwch chi *naws gwell* o fynd 'nawr, ma'r siop wedi cau'. **ni wn i (ŵyr ef, &c.) n.:** *I know (he knows, &c.) nothing.* Ar lafar.

nawsaf: nawsu, nawso, gw. nawsiaf: nawsio.

nawsaidd [*naws* + -*aidd*] *a.* Hynaws, caredig, rhadlon, llariaidd, moesgar; meddal, tyner; hyfryd, braf, mwynaidd (am y tywydd); yn (ceisio) cyfleu naws neilltuol: *genial, kind, good-natured, gentle, courteous; soft, tender; pleasant, fair, mild (of weather); evoking or intended to evoke a particular mood, atmospheric.*

c. **1585** *Llst* 178, 45b, gwely esmwyth *nawsaidd*. **1604–7** *TW* (*Pen* 228), *nawseidd*, llarieidd d.g. *temperatus*. **1632** *D*, *nawsaidd*, ingenuus. Demetis Mollis. **1651** SIÔN TREREDYN: *MDD* 274, plentyn newydd eni . . . a egyr ei safn am luniaeth, ie a nid am un math o luniaeth amgen, nac â cyttuno [*sic*] a'i gorph *nawsaidd* dyner. **1722** *Llst* 189, *nawsaidd*, good-humoured, mild. *id.* d.g. *bred, well-bred*. **1735** J. EVANS: *YMS* 62, [t]oddi fy nghâlon i dristwch *nawsaidd*. **18g.** E. T. RHYS: *DA* 159, Caru'r merched teg eu gwedd, / Yw'r gorchwyl *nawsaidd* nesa'. **1770** SIÔN LLYWELYN: *DD* 6, Nid rhy *nawsaidd* na rhy galad. [**1783**] *W* d.g. *soft* [*not hard, tender, &c.*]. **1793** DAFYDD IONAWR: *CD* 126, *Nawsaidd* ymddiddanasant / Feddalion hên gofion gant. **1803** *P.*

nawsedig [bôn y f. fl. + -*edig*] *a.bfl.* Wedi ei dyneru; wedi ei dymheru; wedi ei drwytho, mwydedig, dirlawn: *made tender; tempered; impregnated, steeped, saturated.*

1803 *P.*

nawsedd [*naws* + -*edd*¹] *eg.* Natur, anian, tymer; gwres, tymheredd: *nature, disposition, temper; temperature.*

16–17g. *Cer RC* 94, Minne'n rhyfeddu howddgared oedd Wengu, / Wrth gofio, myn Iesu, am i *nowsedd* hi gynt. **1704** T. JONES: *Alm* [36], Gwarth *nawsedd* gwrthnysig. **1803** *P*, *nawsedd* . . . temperature.

nawseiddaf: nawseiddo, gw. nawseiddiaf: nawseiddio.

nawseidd-dra [*nawsaidd* + -*dra*] *eg.* Mwynder, tynerwch, tiriondeb, meddalwch: *mildness, gentleness, tenderness, softness.*

1739 *AGN* 26, bywyd o *nawseidd-dra*, Bydolrwydd, a Phleserau cnawdol. **1739** *NEN* 15, *Nawseidd-dra* a Thenerwch [*sic*] Nat[u]r (*softness and tenderness of mere nature*). **1803** *P.*

nawseiddiad [bôn y f. ddil. + -*iad*¹] *eg.* Y weithred o fwyneiddio, meddaliad: *a making or becoming mild, softening.*

1803 *P.*

nawseiddiaf, nawseiddaf: nawseidd(i)o [bf. o'r a. *nawsaidd*] *bg.a.* Meddalhau, meddalu, llarieiddio, esmwytho, lleddfu, lliniaru, tymheru, cymedroli; treiddio (drwy), trwytho, mwydo, dirlenwi: *to make or become soft, soften, soothe, ease, allay, assuage, temper, moderate; pervade, permeate, imbue, steep, saturate.*

c. **1585** *Llst* 178, 116b, cariad perffaith . . . fo irha ag a *nawsaiddia* y galon. **1606** E. JAMES: *Hom* i. 3, i feddalhau, ac i *nawseiddio* ei galon ef (*mollify or soften him*). **1632** *D* d.g. *emollio*. **1711** H. POWEL: *TY* 120, tyred gyd a ni i'n gwneuthur yn well, i'n *nawsseiddio*, ac i faddeu i'n [*sic*]. **1722** *Llst* 189, *nawseiddio*, to moderate, qualifie. **1748** P. PUGH: *DGG* 103, yr oedd Pethau Ysbrydol yn *nawseiddio* fy Nghàlon. **1752** J. THOMAS: *FG* 127, i *nawseiddio* a thueddu ein Meddyliau at Gariad nefol. **1753** *TR*, *nawseiddio*, S.W. to wax soft. [**1762**] E. POWELL: *HEI* 12, gellir ei *nawseiddio* os mynnir, wrth roi'r 3ydd . . . ran o Olew Perth'nasol ynddo [am blastr]. **1773** *W*, a *nawseiddio* d.g. *emollient*. **1776** DEWI NANTBRÂN: *AN* 96, Pâr . . . i th [*sic*] Dosturi di *nawseiddio* 'n caledi ni. [**1783**] *W* d.g. *to soften*. **1803** *P.* Ar lafar yn y De, '*nawseiddio* menyn'; sonnir hefyd fod y 'tywydd wedi dechra *nawsiddo*', pan fyddo'n mynd yn fwynach, ac am '*nawseiddio*' (sef claearu) dŵr oer.

nawseiddiedig [bôn y f. fl. + -*iedig*] *a.bfl.* Cymysgedig, wedi ei drwytho: *mingled, impregnated.*

1860.

nawseiddiol [bôn y f. fl. + -*iol*; ansicr yw'r ystyr yn y dfn. isod] *a.* Tymherus, mwynaidd; ymdreiddiol, trwythol, mwydol: *temperate, mild; permeating, moistening.*

1803 *P*, *nawseiddiawl* . . . temperamental.

nawseiddrwydd [*nawsaidd* + -*rwydd*] *eg.* Tymerusrwydd, mwyneidd-dra: *temperateness, mildness.*

1803 *P.*

nawsiad [*naws* a bôn y f. ddil. + -*iad*¹] *eg.* ll. -*au*. Natur, anian, ansawdd; treiddiad, hidlad, llifiad araf allan: *nature, disposition, quality; permeation, filtration, an oozing.*

1803 *P.*

nawsiaf, nawsaf: naws(i)o, nawsu [bf. o'r e. *naws*] *bg.a.* Tymheru, lliniaru, mwyneiddio, meddalu; treiddio (drwy), trwytho, mwydo, dirlenwi; ?greddfu, gwreiddio; llifo allan yn araf, chwysu, godarddu, hidlo; hefyd yn *ffig.*: *to temper, mitigate, become mild, soften; pervade, permeate, imbue, steep, saturate; ?become ingrained; ooze, exude, percolate; also fig.*

15–16g. *TA* 520, *Nawsiodd* rhwng fy nwy asen / Naws magiad o gariad Gwen. **1547** *WS*, *nawsio*. **16–17g.** *CRC* 130, ynghalon ni *nowsia* i nesv lle bo [i ferch fursen]. **16–17g.** *PCWG* 80, yr ysbryd glan yr hwyn [*sic*] a *nowsia* i kalonne. **1604–7** *TW* (*Pen* 228), lle *nowsio* dwr d.g. *catarrhytus*. *id.* d.g. *tempero*. **1632** *D*, *nowsio* gwlybwr d.g. *exudo*. **1688** *TJ*, *nawsio*, (naturioli) to naturalize. **1722** *Llst* 189, *nawsio*, [to moderate, qualifie]. **1753** *TR*, *nawsio*, to leak. R. M. **1778** *W* d.g. *to ooze*. **1795** J. THOMAS: *AIC* 282, Petroleum . . . hwn Sydd yn *nawsio* alla[n] o holltau Cr eiginyn [*sic*] Provence. **1798** R. DAVIES: *CG* 20, Afon dwfr y bywyd yw, / *nawsiodd* dan orsedd Duw. **1803** *P.* Ar lafar yn Arfon, 'ryw *nowsio* glawio, rhewi, bwrw eira', 'to rain, freeze, snow very slightly', '*nowsio* rhew, eira', 'to "smell" frost, snow', *WVBD* 398. Ym Morg. a sir Gaerf. clywir y ff. *nawsu* 'to become milder (of weather)', ac yn sir Benf. *nawso* 'tymheru, meddalu', e.e. 'Wedyn ŷch chi'n *nawso* fe'.

nawsiannaf: nawsiannu [bf. o'r e. dil.] *ba.* Trwytho, dirlenwi, treiddio; ?cyrydu: *to saturate, permeate, pervade; ?corrode.*

1803 *P.*

nawsiant [*naws* + -*iant*] *eg.* Trwythiad, dirlawnder, treiddiad: *saturation, a permeating, a pervading.*

1803 *P*, *nawsiant* . . . pervasion.

nawsill, gw. naw¹ + sill.

nawsillafog [*naw*¹ + *sillafog*] *a.* Ac iddo naw sillaf: *having nine syllables.*

p. **1584** G. ROBERT: *GC* [327], oes muy a braich *nawsillafog* ynddo . . . oes Toddai[d].

nawslenwaf: nawslenwi [*naws* + *llenwi*] *bg.a.* Trwytho, dirlenwi, ymdrwytho: *to saturate, permeate, become saturated.*

1831.

nawslifiad [*naws* + *llifiad*²] *eg.* Catâr, diferwst: *catarrh.*

1831.

nawsol [*naws* + -*ol*] *a.* Naturiol; tymherus, mwyn: *natural; temperate.*

Dchr. **17g.** *Card* 12, 397, *nowsol*fwyn dylwyth. **1688** *NDE* [4], drwŷ ei *nawsol* (*natural*) Gryfder a'i ddâ weithredoedd. **1803** *P*, *nawsawl*, of a temperate nature.

nawsolaf: nawsoli [bf. o'r a. bl.] *ba.* Tymheru, meddalu, hefyd yn *ffig.*: *to temper, soften, also fig.*

1803 *P.*

nawswyllt [*naws* + *gwyllt*] *a.* a hefyd gyda grym enwol. Ffyrnig (ei natur), nwydwyllt, milain, creulon, gwyllt, anwar, afreolus, aflywodraethus: *fierce-natured, passionate, savage, cruel, wild, barbarous, unruly, ungovernable.*

14g. *GIG* 6, A gŵr gwynllwyd, Twrch Trwyd trin, / *Nawswyllt* yn rhoi farneiswin. 1604–7 *TW* (*Pen* 228), *nowswyllt* d.g. *ferox, indomitus, rigidus.* 1632 *D* d.g. *barbarus, biliosus, confidens, defrænatus, furiosus.* 1672 J. Langford: *HDdD* 157, y mae digofaint yn ein gwneuthur ni yn *nawswyllt* ac yn greulon fal Bwystfilod Gwylltion. *id.* 158, o dymher mor *Nowswyllt* (*cholerick*). *id.* 292, y creulonaf a'r *nawswylltaf* (*savagest*) o ddynion. 1688 *TJ* [vii], yr anllythrenog, a'r *nawswŷllt.* 1722 *Llst* 189, *nawswyllt*, outragious, ungovernable. 1740 T. Evans: *DPO* 146, gweled Rhai . . . mor *nawswyllt* a direswm a hwythau, y Crynwyr. 1753 L. Owen: *ADdE* 44, yr hôll Wrês *nawswŷllt* ar gynddaredd sŷdd mewn rhai yn erbyn y Gweddiau Cyffredin. 1793 Dafydd Ionawr: *CD* 330, Y *nawswyllt* a'r gwrthnysig. 1803 *P*.

nawsyn, gw. naws.

nawtawdd [*naw*[1] + *tawdd*] *a.* Wedi ei doddi naw o weithiau (am aur, dur, &c.), coeth: *nine times melted, refined.*

c. 1400 *R* 1217. 41–1218. 1, Trwyr egylyon llonn llunyeu eur *naw tawd.* 15g. (17g.) *THSC* (1899–1900) 96, Ni ladd dur ruw natur rus / *Nowtawdd* pryd ystin atus [*sic*] (Llywelyn ap Cynfrig Ddu). 16g. Gr. Hiraethog: *Gw* (D. J. B.) 16. 20, Rhyw gnot aur rhywiog *nawtawdd.* 16g. *AP* 14, rroe verched yr India naw talent o aur *nowtawdd* am un blewyn o wallt i benn. 16g. *WLl* 209, Gwalch chwyrn wyt gloch aur *nawtawdd.*

nawter, naw-well, gw. natur, nawell[1].

nawyr, naw wŷr [*naw*[1] + *gwŷr*] *e.ll.* Naw gŵr, weithiau'n cyfeirio at y Nawyr Teilwng: *nine men, sometimes referring to the Nine Worthies of the World.*

14g. *WM* 481. 26–30, Mwys gwydneu garanhir pob tri *nawyr* pei delhei y byt oduchti. bwyt a uynho pawb . . . a geiff yndi. 15g. *LGC* 88, *Nawwyr* a basarn ar eu bysedd. 15g. *GGl*[2] 168, Cwncwerwyr oedd y gwŷr gynt, / Un radd â'r *naw-wŷr* oeddynt: / Mae, myn Oswallt, yn Halltun / Y naw cwncwerwr yn un. 15g. *ID* 80, fynghred er gwyched fai r gwyr / na rown Ievan er *nawyr.* 15–16g. *TA* 260, Dy law fel un o'r *nawyr,* / Dy ffriw goch yn deffroi gwŷr. *id.* 366, Iesu gad, osawg i wŷr, / I Siôn Owain oes *nawyr.* 15–16g. *GIF* 61, yn wir gwell na'r *naw wŷr* gynt / yna oedd a wnai iddynt.

Cfn.: **y Nawyr Teilwng:** *the Nine Worthies of the World.* 20g.

Gw. hefyd naw[1] (*b*).

ne[1,2,3], gw. gne, nef, neu[1].

Neapolaidd [cfdds. o'r S. *Neapol(itan)* + *-aidd*] *a.* Neapolitaidd: *Neapolitan.* 1851.

Neapoliad [cfdds. o'r S. *Neapol(itan)* + *-iad*[3]] *eg.* ll. *Neapoliaid.* Neapolitiad: *a Neapolitan.* 1848.

Neapolitaidd [cfdds. o'r S. *Neapolit(an)* + *-aidd*] *a.* Yn perthyn i Napoli yn yr Eidal: *Neapolitan.* 1815.

Neapolitiad [cfdds. o'r S. *Neapolit(an)* + *-iad*[3]] *eg.* ll. *Neapolitiaid.* Brodor o Napoli yn yr Eidal: *a Neapolitan.* 1814.

neawdr, gw. neodr.

neb [Crn. C. *nep, neb*, H. Lyd. *nep*, Llyd. Diw. *nep, neb*, H. Wydd. *nech, nach*, Gwydd. Diw. *neach*, Gal. *nepon*: < IE. **ne-k^{u}o-s*, cfn. o'r neg. **ne* (cf. *ni*[2]) a'r rh. amhd. **k^{u}os* (cf. *pa, pwy*), cf. H. Lad. *nequis* 'dim un', Lith. *nekàs* 'fawr neb, fawr ddim', Sans. *nákiḥ* '(nid) neb'] *rh. amhd.*

1. Rhywun, unrhyw un, unrhyw berson, person: *someone, anyone, (any) person.*

(*a*) (gyda negydd, &c.: *with a neg., &c.*).

9g. (*Juv*) *B* vi. 102, namercit mi *nep* leguenid henoid. 10g. (*Juv*) *VVB* 192, Sed ne quem (*nép*) lædam. 12g. *MA*[2] 237a. 24–5, Rhag pyrth Penfro yn pebylliaw / Ni lefais *neb* (Seisyll Bryffwrch). 13g. *C* 66. 15–16, gur oet hvnnv guir y *neb* ny rotes. 13g. *A* 9. 8–9, *neb* y eu tymhyr nyt atcorsan. c. 1300 *H* 73b. 18, yth arueu nyth arueit *nep* [Gwilym Ryfel i Ddafydd ab Owain]. *id.* 81a. 20, nyd arhoynt wy *nep* namwyn dewi (Gwynfardd Brycheiniog). 14g. *T* 53. 15, ny byd escar *neb* yw gilyd. *id.* 54. 20, *Neb* kyn noc ef nyt aeth idi. 1346 *LlA* 3, Ef adywedir na wyr *neb* beth yw duw. 14g. *WM* 5. 5–6, nit oes yndi *nep* nith adnappo. *id.* 402. 32–4, may racco wenhwyuar heb *neb* gyt a hi namyn un uorwyn. 15g. *B* ii. 279, Rhag angau ni ddiainc *neb.* 15g. *GO* [319], Yr oedd aur gadair iddaw, / A chlod, heb *neb* vwch i law [marwnad Dafydd ab Edmwnd]. 1551 W. Salesbury: *KLl* lxxiia, ny weles e *nep.* 1632 J. Davies: *LlR* 286, Ac os erlidir pawb, ni ddiangc *neb.* 1681 R. Prichard: *Gw* 35, Ni orchfyga *nêb* o'r ddraig, / Ond trwy gymmorth Hâd y wraig. 1770 R. Jones: *YC* 6, na byddo *neb* yn pallu oddi wrth ras Duw. Ar lafar ''Toes *neb* yn leicio petha fel 'na', *WVBD* 392; digwydd weithiau gyda grym difr., 'Ma' hwnna yn meddwl 'i hun, ond 'tydi o *neb* chwaith'.

(*b*) (heb negydd: *without a neg.*).

13g. *A* 29. 8, Trengsyd a gwydei *neb* ae eneu. 14g. *T* 53. 16–17, karu o honawt ylan trindawt *oneb* keluyd. 14g. *WM* 133. 12–13, menegi yr *neb* penhaf dy vot titheu yny porth. *id.* 179. 37–8, aber prif auon uwyhaf a welsei *neb.* 14g. *YBH* 6b, na ellit y wahanu y wrthaw . . . yr a dywettei *neb.* c. 1400 *R* 1275. 26–7, Arodet y *neb* rod gogymeint. c. 1400 (*SG*) *HMSS* i. 227, mynet y geissyaw *neb* yn y gwely. 1567 *TN* 151a, ydd oedd vn [:– *neb*] yn glaf. c. 1600 (1681) *Rhyddiaith Gymraeg* ii. 168, rhac ofn i *neb* dybiaid nad yw hyn ond megys bugwth [*sic*] heb daro. 1770 *W*, O's dywed *neb* d.g. *any, any man, any body, or any one . . . If any shall say.*

2. (fel rhagflaenydd cym. pth.) (Y) sawl, (yr) un, (yr) hwn (hon, rhai, &c.), pwy bynnag: (*the*) *one* (*who(m)*), *he* (*she, they, &c.*) (*who(m)*), *whosoever.*

12g. *LL* 121, hay bot . . . yn yscumunetic yr *neb* aitorro. 13g. *C* 8. 1–2, ir *nep* nuyhatnappo. 13g. *A* 10. 13, e *neb* a wanei nyt atwenit. 13g. *LlC* 17, ryd ev y'r argluyd y rody y'r *neb* y menho. 1346 *LlA* 2, Mi . . . a archaf yr *neb* ae darlleo. wediaw duw drossof. 14g. *WM* 417. 30–2, y geissaw yscaualwch am y *neb* y medylyut ymdanaw. 14g. *DPh* 12, ar *neb* a oedynt yn yr ynys a anryfedassant gwelet y llyges vrenhinawl hono. c. 1400 *R* 1045. 10–11, Stauell gyndylan ys digaryat heno. gwedyyr *neb* pieuat. 1567 *LlGG* 16a, A' dedwydd yw'r *neb* [:– hwn] ny rwystrir om plegit i. 1632 J. Davies: *LlR* 91, Mawredd y *neb* yr ydym ni'n pechu'n ei erbyn. 1676 W. Jones: *GB* 6, a allwn ni feddwl am Ghrist . . . y gwrthyd efe *neb* a fo . . . yn ei geisio? 1684 H. Owen: *DC* 180, canys myfi yw'r *neb* a roddais y cwbl. 1714 R. Prydderch: *GD* [13], Nid yw'r *neb* ac nid yw'n rhodio gyd â Duw oddi allan yn meddiannu nemawr o Dduw oddi mewn. 1803 *P*, neb . . . Y *neb* a elo, whosoever that goes.

3. (a'i ddilyn gan yr ardd. *o*) Unrhyw un, un: (*followed by the prep. 'o'*) *anyone, any (one), one.*

13g. *B* ix. 337, na dele *nep* or deneon cludaw brawt dynyaul ene bo duw ehun en dangos e vrawt. c. 1300 *id.* ii. 32, na bych na llidiawc na gwythlawn wrth *nep* oth rieni. 1346 *LlA* 34, ny dichawn *nep* onadunt mynet ygkyfuyrgoll. 14g. *WM* 85. 5–10, ac yd hudwys . . . deudec torch. a deudec kynllyuan arnunt a *neb* or a guelei ni wydat na bydynt eur. 14g. *B* ix. 327, Mi a rodaf it gyuoeth ac enryded moy noc y *neb* o'm holl dylwyth. 1592 S. D. Rhys: *Inst* [xvi], rhac ymgyfarfod o *nêb* o honynt a'i gwybôdaeth . . . hwy. 1617 R. Prichard: *CE* [12], Na cham arfer *neb* or doniaû / Roes dy nefol Dad y tithaû. 1693 *PGLl* 31–2, Nid oes ynddo *nêb* [:– ûn] o'r gwâg-ymddadleuon. 1733 J. Thomas: *CGGD* 25, pan fo Dŷn wedi troseddu *neb* o Gyfreithiau Duw. 1767 W. Williams: *CAA* 62, wrth glywed *neb* o'r fath newyddion. 1768 J. Roberts: *R* iii, y Cymry . . . yn rhagori ar *neb* o'i Cymmydogion. 1798 W. Richards: *CC* 33, pallodd ef gymmeryd ei lw, gan ddweud . . . na attebei ef *neb* o'u cwestiwnau.

4. (a'i ddilyn gan e.) Unrhyw, rhyw: (*followed by a n.*) *any, some, a certain.*

13g. *C* 50. 4–5, A. guydi guendolev *nep* riev [n]im peirch [diwyg.]. c. 1300 *LTWL* 392, Or llygrir yd *nep* dyn. 14g. *BT* (*RB*) 64, nac ynn ueirch nac ynn wiscoed . . . na *neb* dim arall o'r a geffynt. 14g. *WM* 486. 18–20, ny dodyw *neb* guestei eiroet o heni ae uyw ganthaw. 1567 *TN* 103a, val yr oedd ef yn gweddiaw mewn *nep* [:– ryw, vn] lle. *id.* 294a, Ad oes *neb* [:– vn, dim] diddanwch in-Christ. 16g. (1763) W. Salesbury: *LlM* 75, ac heb *neb* arogle arnun. 16–17g. *B* viii. 115, a gorchymyn a dderbynniodd na fwytaev [*sic*] mor gwaed na gellwng gwaed *neb* ddyn i golli. 1762 G. Jones: *CFfOG* 79, Er na ddaeth genym ddim i'r bŷd, etto ni bu arnom eisiau *neb* trugareddau. 1798 W. Richards: *CC* 14, Braidd, erioed, y cafodd *neb* dynion waredigaeth mor berffaith.

5. (Nid) dim un person: *no one, nobody.*

1588 *Job* xiv. 4, Pwy a rydd beth glân o beth aflan? *neb.* 1632 *D* d.g. *nemo.* 1778 *W*, Pwy a ddichon gwneuthur hyn? *nêb* d.g. *no, Adj.* [*not any person*]. Ar lafar, 'Pwy sy 'na?' '*Neb*', *WVBD* 392.

Cfn.: **neb cyfryw:** *any.* 13g. *BD* 137, nyt oes *neb kyuryw* ford yn y byt y galler mynet ohonav. c. 1400 *RB* ii. 178, kanyt oes *neb kyfryw* rym nac ansawd y gallem ni vynet ygkylch castell tindagol. **n. llai:** *none other.* Ar lafar. **n. rai:** *some, certain (ones).* 14g. *BT* 47, oachaws *neb rei* saesson. 1346 *LlA* 30, *Nep rei* drwc aboenir yman. 1714 Iaco ab Dewi: *LlEW* 14, *neb rai* o'r ffurfiau dywededig.

Gw. hefyd nebryw, nebun.

nebawd [Crn. C. *nebes, nebas* 'ychydig, rhywbeth', H. Lyd. *nepot* 'ychydig', Llyd. C. *nebut, nebeut*: < Brth. **nepāto-*, cf. *neb*] *rh. amhd.* Neb, unrhyw un, rhywun; dim, rhywbeth; rhyw: *anyone, someone; anything, something; some.*

13g. *C* 21. 10–11, gobuill o *nebaud* namuin y trindaud. *id.* 43. 2–3, y rotion. a rothei o *nebaud.* 13g. *A* 7. 5, pan vei no llivyeu llymach *nebawt.* c. 1300 *H* 1a. 36, Ny vynnei gamhwr garu *nebawd* (Meilyr Brydydd). *Dchr.* 14g. *id.* 121b. 29, *nebawd* nossweith y byddwn nessaf iddi (Hywel ab Owain Gwynedd). 14g. *T* 22. 3–4, gogwn i *nebawt.* *id.* 41. 15, Ny digonir *nebawt.* heb gyfoeth ytrindawt. c. 1400 *R* 1040. 35, ny wyr neb *nebawt* arnaf. 1604–7 *TW* (*Pen* 228) d.g. *nemo.* 1632 *D*, *nebawd*, idem quod Neb.

nebiwla, nebula [bnth. S. *nebula*] *eg.* ll. *nebiwlâu.* *Ser.* Nifwl: *nebula (in astron.).* 1904.

neblas, gw. eples.

nebryw, nebrhyw, neb r(h)yw [*neb* + *rhyw*] *rh. amhd.*

(*a*) Unrhyw, unrhyw fath (o): *any, any kind or sort (of).*

13g. *HGK* 15, na rodynt udunt eu kefneu o *nep ryw* uod. 14g. *LlB* 64, o byd *neb ryw* hyspysrwyd ar yr enllip. 1346 *LlA* 17, Adamweinawd *nep ryw* anryuedawt pann anet krist. damweinawd seith gwahanredawl. *id.* 166, nyt argyweda *neb ryw* wenwyn. 14g. *WM* 64. 31, ny welynt *neb ryw* dim. 14g. *GIG* 76, Ni bu rydd i *neb rhyw* ddyn. c. 1400 *RB* ii. 286, na *neb ryw* dim arall. c. 1400 *YSG* i. 75, a thitheu . . . heb *neb ryw* dim arnat o'r a berthynei ar neithyawr. 16g. *THSC* (1923–4) (At.) 50, na chwenycha wraic dy gymodoc . . . na *nebryw* ddim ar a vo ar y helw. 1567 *LlGG* 136b, na ad ni yn yr awr ddiwethaf er *neb ryw,* [*sic*] boenae angau. 1592 S. D. Rhys: *Inst* [xiv], na[d] oes *nebryw* 'wybôdaeth . . . dann yr haul. 1599 (1677) R. Holland: *AB* 86, *neb rhyw* ddainteithion. 16–17g. *B* viii. 114, dau gymar o bob ehediad ar kyffelib o bob *nebryw* fwystviledd hefyd a gynhwyssodd. 1631 O. Thomas: *CC* 85, y gwybodaeth â gasclo *neb rhyw* ddyn wrth ddarllein, neu wrando Gair Duw. 1730 *CDG* 16, *nebrhyw* Ddyn. 1803 *P* d.g. *nebrhyw.*

(*b*) Neb, unrhyw un: *anyone, any one.*

1658 R. Vaughan: *LlB* [10], nad oedd rwymedig i ddangos trugaredd i *nebryw.* 1672 J. Langford: *HDdD* 94, dy Vfydd-dod i *nebrhyw* o'i Orchymynion ef. 1788 J. Thomas: *CS* 93, Nid eisiau Balm, sef gwaed Mab Duw, / 'R â *neb rhyw* i boenydio.

Cfn.: **neb r(h)yw rai:** *any (persons).* 1677 R. Jones: *BB* 201, A oes *neb rhyw rai* o blaid yn y bŷd . . . a feiddia ddywedyd yn ei erbyn? 1679 C. Edwards: *GGG* 25, Yr un Duw . . . i *neb ryw rai* o'i bobl. *id.* 134, Nid all *neb ryw rai* fod yn llestri gogoniant, ond y cyfryw ac a olcher â grâs. **n. un:** *anyone, any (one).* 1595 *Egl Ph* [viii], na esceulusswn ninnau *neb ryw vn* o'r cyfryngau. 1675 R. Davies: *PY* 73, ei fod ef yn fwy na *neb rhyw vn* oi ddeiliaid. c. 1762–79 W. Williams: *P* 144, pan y delo *neb rhyw un* i ymholi am ei dynged.

nebula, gw. nebiwla.

nebun, neb un [*neb* + *un*, cf. H. Lyd. *nepun(alall)*, Crn. C. *nep onon*] *rh. amhd.*

(*a*) Rhywun, neb, unrhyw un, rhyw berson, person, (y) sawl: *someone, anyone, somebody, (a certain) person, (the) one.*

9–10g. (*Ox* 1) *VVB* 192, *nepun*, gl. qua. 13g. *B* ix. 336, guelei *nebun* en abit gureigyaul vrenhines. *id.* x. 27, e doeth *nebun* claf . . . y chuenychu yechyt. 14g. *BT* 20, doeth *nebun* aelwid wiliam bastard tywyssawc ynormanyeid. **14g.** *BY* 55, y kyuodes *nebvn* kenedylawl o Ydumaea yn vrenhin a elwit Antipater. **14g.** *YBH* 43a, ac yna y redawd *nebun* at yr arglwydes y venegi idi chwedleu. **14g.** *GDG* 151, Nid un ddihaereb *nebun* / I'n gwlad ni â hi ei hun. *c.* **1400** *R* 1265. 14–15, hun am *neb un* ym ny byd. *c.* **1400** *RB* ii. 228, [b]rathedic gan leif *neb vn.* *c.* **1514** *Pen* 182, 94, Eithyr y phusygwyr a roddynt ddiod ir dywededig *nebun.* **1547** *WS, nebun* neu ryw un, some body. **1567** *LlGG* [viii], y *nebun* y droseddo velly . . . y ddepriver . . . oi oll bromotion-eu sprytawl. *id.* [xi], am y *nebun* pynac yn tros-eddu yn y premisseu. **1567** *LlGG* (*Sall*) 81a, yn dy olwc ny chyfiawnir *nebun* byw. **1567** *TN* 66b, nyd da *nebun* [:– vndyn] anyd vn, 'sef Duw. **1604–7** *TW* (*Pen* 228), gwr o gyfrif amrwymo dros *nebvn* gerbron Justus d.g. *præs.* **1632** *D, nebun,* aliquis, quidam. **1800** W. Owen[-Pughe]: *CP* 10, O synio yr amgylchiadau hyn oll, ymddangosai braidd yn rhyfygus i *nebun* osodi rheolau arbenig.

(*b*) (a'i ddilyn gan yr ardd. *o*) Unrhyw un, un: (*followed by the prep. 'o'*) *anyone, any* (*one*), *one.*

1604 R. Holland: *BD* 7, nas gadawsent *neb-vn* ou Dyscyblon yni hol. **1773** J. Evans: *DC* v, syrthio i *neb-un* o'r amryfuseddau. **1862** *Barddas* i. 332, peri poen . . . i *nebun* o ddyn neu nebpeth arall o fyw.

(*c*) (a'i ddilyn gan e.) Rhyw: (*followed by a n.*) *a certain.*

13g. *B* x. 23, e wynvydedic wyry a emdangosses y *nebun* yscolheic. **14g.** *BT* 52, *nebun* esgob o flandrys. **1346** *LlA* 90, *neb vn* vrawt ogreuyd. *id.* 166, *neb vn* vrenhindref yni. **14g.** *Bren Saes* 42, Ac y doeth *nebvn* diawl creulon. **14g.** *BT* (*RB*) 64, allosci tref *nep vn* wrda. *c.* **1514** *B* v. 12, mihangel a ymddangossai i *nebun* wr oedd yn trigiaw ger llaw yr ogof. **1594–6** *id.* iii. 165, anhebyg i *nebun* riain ar a welsei ef yn y blaen. **16–17g.** *id.* viii. 113, yr hwnn . . . a laddodd *nebun* wr ieuanc. **1608** *Pen* 217, 39, *Nebvn* dydd pan yttoedd Symwnt yn sevyll gar bronn Nero. **1770** *TG* iv. 103, y maent [llythyrau] ym meddiant *neb un* uchelwr.

(*d*) (Nid) dim un person, (nid) neb: *no one, nobody.*

1595 *Egl Ph* [ix], Pwy vn sy'n deall yr iaith sathredic . . .? Diau *nebun.* **1632** *D* d.g. *nemo.*

nebwr [*neb+gŵr*] *eg.* ll. *-wyr.* Un da i ddim, dyn diwerth: *a good-for-nothing, worthless man.*

18–19g. *Llr* C 30, 201, *Nebwr,* a worthless fellow, y *nebwr* brwnt *neb-wr.* Mr Nobody, he is nobody. y *nebwr* cas—y *nebwr* du. **18–19g.** *IAW* (LlGC) 23, 20, *Nebwr* brwnt gwerth'nebus [*sic*]. *Diw.* **19g.** *SE MS* 327a, *nebwr,* [neb]*wyr* . . . a . . . good-for-nothing fellow . . . Os wyt am ganu triban / O blaid i'r ferch benchwiban, / C[ân] am wirion-edd, fal y bu / Y *nebwr* du annyben. Pennill traddod-iadol (Glam).

nec [bnth. S. *neck*] *eg.* Gwddf neu war: *neck.*

1894. Ar lafar yn Arfon yn yr ymad. 'rhoi *nec* i rywbeth', 'to kill something'; hefyd yn yr ymad. 'rhoi *nec* i rywun', 'to give some one a "slap in the face", metaphorically speaking', *WVBD* 392–3.

necâd, necâf: necáu, necaol, gw. nacâd, nacâf: nacáu, nacaol.

neclaf: neclo, gw. niclaf: niclo.

neclis, neclas [bnth. S. *necklace*] *e.ll.* (un. b. *neclan*) ac *eb.* Paderau, gemau, mwclis, llinyn o'r rhain i'w gwisgo am y gwddf, hefyd yn *ffig.*: *beads, necklace, also fig.*

16–17g. *DCR* 233, i ffortlet yn gwmpas a ffres-iws ffein *neclas* ai brasletts. Ar lafar yn y Gogledd, hefyd yn y ff. *niclis* (un. *niclan*), *WVBD* 395; 'cadwen *niclis*'.

necloth, nicloth [bnth. S. *neckcloth*] *eb.g.* (bach. b. *-en*). Cadach gwddf; cad-ach poced, hances: *neckcloth, cravat, necker-chief; handkerchief.*

1759 *BC* xvi, Mynai *Necloth* am y 'ngwddw / . . . / Gwedi ei gweithio nid Oferedd, / Ond o gelfyddyd o Mwynen Gwynedd. Cf. *Hen B* 110, A'i grys brith a'i *necloth* sidan. Ar lafar yn sir Benf. (weith-iau yn y ff. *neclothen, necloth poced*) a gorll. sir Gaerf. yn yr ystyr 'cadach poced', *LGW* [304]–5.

necropolis [bnth. S. *necropolis*] *eg.* ll. *-iau.* Mynwent neu gladdfa, yn arbennig un fawr yn perthyn i ddinas o'r hen amser: *necropolis.*

20g.

necrosis [bnth. S. *necrosis*] *eg.* Marwol-aeth meinwe byw: *necrosis.*

20g.

nectar [bnth. S. *nectar*] *eg.* Neithdar (hefyd mewn chwedl. glasurol), hefyd yn *ffig.*: *nectar* (*also in classical myth.*), *also fig.*

1672 R. Prichard: *Gw* 407, Ond pe caet ti Balm a *Nectar* / . . . / Ni wnânt lês heb gael ei fendith. **1696** *CDD* 187, Lle mae *Nectar* [:– Ymborth Nefawl] ac Ambrosia / A danteithion Duw gorucha. **1714** D. Lewys: *CN* 4, Ffrwd o *Nectar* mawr ei thrydar. **1759** *ML* ii. 107, Dedwydd ydych gael *nectar* gan y dynion hynny. **1778** *W,* melysber fel y *nectar* d.g. *nectarean.*

necy, nechwyn[1], gw. nacaf: naca, echwyn[1].

nechwyn(n)af: nechwyn[2], nechwyn(n)a, -o, gw. echwynnaf: echwynna.

nedwydd, gw. nodwydd.

nedd [Crn. Diw. *nêdh,* Llyd. C. *nezenn* (un.), H. Wydd. *sned* (un.), Gwydd. Diw. *sneá*: < Clt. **snidā*; cf. H. S. *hnitu* (> S. Diw. *nit*)] *e.ll.* (un. b. *-en*). Wyau llau neu bryfed parasitaidd eraill ar ddyn, anifail, &c., y pryfed eu hunain cyn iddynt ddod i'w llawn dwf: *nits.*

14g. *GIG* 153, Geibr *nedd,* er gobr un eiddig [dychan i'r Brawd Llwyd o Gaer]. *c.* **1400** *R* 1357. 36–7, Llerra bygwl *ned* llawer bagat lleu athylleu yth dillat. **15g.** *Glam Bards* 307, Mae ar honn am rhianedd / lwyn o wallt heb lau a *nedd.* **1545** *CM* 1, 188, I ollchi Pen dyn I laadd llav a *Nedd.* **1547** *WS, nedden,* a nyt. **1575–6** *B* vi. 318, Mynych y hymgudd *nedden* mywn blew gwynnion. **16–17g.** Huw Ceiriog, &c.: *Gw* 300, A phob llarp yn ei garpiau, / Annedd oll ŷnt *nedd* a llau. **1722** *Llst* 189, *nedd,* s. *nedden* f., nits in y[e] head. **1725** D. Lewis: *GB* 178, [y] *Nedd* bach y sydd ar hyd Flew Ceffyleu. **1778** *W* d.g. *nit* [*the egg of a little insect, of a louse say some*]. **1803** *P.* Ar lafar yn gyff.

neddai, gw. neddyf.

neddair, *eb.* ac *e.ll.,* hefyd gyda grym ansoddeiriol. Llaw, ceuedd llaw; (geir.) dwylo; ysgrifen; hefyd yn *ffig.*: *hand, hollow of hand;* (*dict.*) *hands; handwriting; also fig.*

14g. *T* 35. 4–5, Bum mynawc mynweir. ygkorn ym *nedeir.* **14g.** *GDG* 14, A Nudd oreugamp *neddair* agor [am Ifor Hael]. *id.* 105, Â'i *neddair,* fy eurgrair fwyn, / Y nyddodd fedw yn addwyn. *id.* 270, Maddeuid Mair, *neddair* nawdd, / I'm lleddf wylan a'm lladdawdd. **14g.** *GIG* 107, Naw oedd ynghwr ei *neddair* / O gnau, yn gwcwallt y gwnair. *c.* **1400** *R* 1039. 26, Penn aborthaf ym [*n*]*edeir.* *id.* 1365. 34–5, swrcot anidos kylch y *ned*/*eir.* **15g.** *HCLl* 113, Fy niwedd yn y *neddair,* / Fy hynt fo'n fuan at Fair. ?**16g.** *B* iv. 328, Dawn addwyn a'i dwy *neddair* / Eîio mab olau Mair [Gutun Gyriog i Fair Fadlen]. **16g.** Wiliam Llŷn: *Gw* (R. Stephens) (At.), *neddair,* llaw. *Diw.* **16g.** *WLB* 15, yn blastr ar dorr dy *neddair.* **1632** *D, neddair,* manus. **1688** *TJ, neddair,* dwylaw: hands. **[1752]** *Gron* 37, Cywraint fysedd a *neddair*! **18–19g.** *IAW* (LlGC) 125, 24, *neddair,* llawysgrifen, medd Sion Bradfford. **18–19g.** *Llr* C 9, 237, Sion Bradford yn ei sylwadau *Neddair* ar wynddail blaen ag ol. **1803** *P.*

neddau, nedden, gw. neddyf, nedd.

neddog [*nedd+-og*] *a.* Llawn nedd, yn heigio o nedd: *full of nits.*

c. **1400** *R* 1340. 32, *Nedawc* yghenawc myn aghynell hael. **1604–7** *TW* (*Pen* 228) d.g. *lendiginosus.* **1722** *Llst* 189, *neddog,* nitty, full of nits. **1778** *W* d.g. *nitty.* **1803** *P.* Ar lafar yn nwyrain Morg.

neddydd, gw. naddwr.

neddyf, neddai, neddau [Llyd. C. *ezeff,* Llyd. Diw. (*n*)*eze*: o'r un gwr. ag a welir yn y f. *naddaf*: *naddu*; o ran ffd., cf. *cleddyf, cleddau,* a'r f. *claddaf*: *claddu*; nid oes engh. o'r ff. *neddau* cyn 1913] *eb.* ll. *neddyfau, neddeiau.* Bwyall, yn enw. bwyall gam, sef un ac iddi lafn miniog crwm wedi ei osod ar draws blaen y goes ar gyfer naddu wyneb coedyn, hefyd yn *dros.*: *adze, axe, also transf.*

10g. (*Ox* 2) *VVB* 192, *nedim,* gl. *ascia.* **13g.** *LTWL* 151, *Nedif* i denarius. **14g.** *LlB* 96, *Nedyf,* a gylyf, a cheib, a chryman, a chrib . . . keinhawc kyfreith. **14g.** *GDG* 319, Tyfiad heb naddiad *neddyf,* / Tŷ, ar un piler y tyf [am y fedwen]. *c.* **1400** *R* 1236. 41–1237. 1, Gormeil pridlad nyt nad *nedyf.* **1547** *WS, neddei* y naddy, an addys. **1632** *D, neddai, & Neddyf,* dolabella. **1688** *TJ, neddai, neddŷf, neddu* [*sic*]: a crooked Hatchet. **1716–18** *Llsgr R. Morris* 91, 1 cun 1 fwuall 1 *nedda* 1 lli. **1722** *Llst* 189, *neddai,* f. p. *ddeiau,* an addice, chip-axe. *id. neddyf,* f.p. *ddyfau,* an addice. **1740** T. Evans: *DPO* 110, Dagr garnwen, gethren gythrawl, / *Neddai* ddu a naddai Ddiawl [am gyllell]. **18g.** L. Morris: *LW* 220, Bwyall, *neddai,* ag Ebillion. **1803** *P.* Ar lafar ym Môn ac Arfon yn y ff. *nedda, ISF* 57, ac yn sir Drefn. a sir Ddinb. yn y ff. *nedde, B* xvi. 95, *Cymru* xlvii. 141.

Amr.: **naddai** [ff. wallus neu adff. o fôn y f. *naddaf*: *naddu+-ai*[2]]. **1632** *D* d.g. *ascia.* **1722** *Llst* 189, *naddai,* f. an addice, chip-axe. **nife** [gydag *-dd-* ac *-f-* yn ymgyfnewid, cf. *nwyddau, nwyfau*]. Ar lafar yn sir Benf., *GDD* 207.

Cfn.: **neddai cylchwr:** *cooper's adze.* **1816.**

nef [H. Grn. *nef,* gl. *celum,* Crn. C. a Diw. *nef,* H. Lyd. *nem,* Llyd. C. (*n*)*ef*(*f*), Llyd. Diw. (*n*)*e*(*ñv*), H. Wydd. *nem* (gen. *nime*), Gwydd. Diw. *neamh*: < Clt. **nem-*; dichon mai ff. un. draws yw *nyf* yn yr engh. o *A*] *eb.g.* ll. *-au, nyf.* Trifga Duw a'r angylion, preswylfa eneidiau'r cyfiawn ar ôl marwolaeth, nefoedd, parad-wys, gwynfa; Duw, rhagluniaeth; awyr, ffurfafen, nen, wybren; hefyd yn *ffig.*: *heaven, paradise; God, providence; sky, firmament; also fig.*

9g. (*Juv*) *B* v. 206, uuc *nem* is*nem* intcouer. **13g.** *C* 22. 7–8, Niphercheiste kiureith creaudir *new.* *id.* 73. 9, Ban aned gereint oet agored pirth *new.* **13g.** *A* 8. 14, y wlat *nef.* *id.* 31. 16–17, ath uodi gwas *nym* gwerth na thechut. **13g.** *DB* 84, Y ar y furvau-en y mae dyfred ar gyffelybruyd wybren yn groged-ic, ac ygkylch y furuauen y credir eu bot en damgylchynedic. Ac o hwnnw y dywedir y *nef* dyfraul. Y ar hwnnw e mae y *nef* ysprydaul, anet-nebydedic y'r deneon. Eno e mae pressuylua guedy rylunyethu yn naurad. Eno e mae paraduys y paraduysseu, en e lle y byd eneidyeu y seint. Hwnnw yu y *nef* a yscriuenir y greu y gyt a'r daear enn e dechreu. Empell odena y dywedir bot *nef* y neuoed, en e lle y presuyllya brenhin er engylyon. **13g.** *Ll* 38, nat erlyt keureyth e byt un den, na *nef* yd el nac uffern, namen ene el y ar y daear. **1346** *LlA* 4, Tri ryw *nef* a dywedir. nyt amgen. vn corfforawl awelwn ni. Eil yw. vn ysbryd-awl. y kredir bot yr egylyonn yny gyfuannhedv. Y trydyd yw. *nef* dyallus ynyrhwnn ymae ydrindawt. ar rei gwynuydedic wyneb yn wyneb. **14g.** *GDG* 27, Naf coedfedw, *nefau* cydfod / *Nef* a phresen, cledren clod. *c.* **1400** *YCM*[2] 1, ef a arganfu ar y *nef* mal fford o syr. **15g.** *GO* 61, Gollyngdod o'm pechodav / A *nef,* oedd dy gael yn vau. *id.* 69, Llv o saint yw gwŷr llys Siôn / I alw *nef* ar lan avon. **15g.** *Pen* 67, 35, aet ef y bob *nef* or naw (Hywel Dafi). **15–16g.** *Pen* 54, i. 259, Ni cheisiwn *nef* nai threvi / Be gwypwn nas kai hwnn hi (Hywel Swrdwal). *c.* **1590** *RC* xlvi. 55, hwy a welynt yn eglurder y *nyf* a chyfroedigaeth y sygnedd. **1599 (1677)** R. Holland: *AB* 40, yr un yw'r *nef* a pharadwys. *ib.* A'r neb sydd yn y *nêf,* y maent hwy wedi ei [*sic*] perffeithio. **1618** J. Salisbury: *EH* 20, Wrth y gair *Nef* y deuellir yr awyr hefyd a'r adar, a'r holl betheu vwch ben. **1632** *D, nef,* cœlum, supera. *id. nŷf,* pl. a *Nef,* cœli, orum. *c.* **1730** *Thos. Lloyd D* (LlGC) 180a, Dy daran rhuodd fry'n y *Ne.* **1803** *P.*

Cfn.: **nef a daear:** *heaven and earth.* **14g.** *T* 11. 8. **1567** *TN* 194b. **1618** J. Salisbury: *EH* 13. **n. a llawr = n. a daear.** **13g.** *C* 78. 6. **15g.** *LGC* 164. **1803** *P* d.g. *llawr.* **n. y nef(oedd):** *heaven of heavens.* **13g.** *DB* 84. **1588** *Salm* cxlviii. 4, *Ecclus* xvi. 18. **1766** W. Williams: *FfW* ii. 9, Rhosyn Saron, / Ti yw tegwch *Nef y Nef.*

Gw. hefyd nefoedd, neifion[1].

nefaidd [*nef+-aidd*] *a.* Nefol, wybren-nol: *celestial, firmamental.*

1609 *Rhyddiaith Gymraeg* i. 152, Yr holl philosoff-yddion sydd . . . yn dysgu vod ysbrydion. Kanys yn hwy a blannasson rai wybraidd ne *nefaidd,* y rhai sydd yn smudo'r kwmpas [:– glob].

nefail, gw. anifail.

nefanedig [*nef+ganedig*] *a.* Yn deillio o'r nefoedd, hefyd yn *ffig.*: *heaven-born, of heavenly origin, also fig.*

1790 Gw. Mechain: *Gw* i. 218, Un fwyn od-iaeth *nef-anedig* [am ddeddf]! *id.* ii. 22, O! *nef-*

anedig Ryddid. **1791** DAFYDD DDU: *A* 37, *Nefanedig* / Reddf arbenig [am wirionedd].

nefanfonedig [*nef* + *anfonedig*] *a.* A anfonwyd (megis) o'r nef, rhagluniaethol: *heaven-sent, providential.*
1896.

nefawlfab, gw. nefol + mab.

nefi [bnth. S. *navy*] *eb.g.*

(*a*) Llynges: *navy*.
Ar lafar.

(*b*) Glas tywyll (sef lliw gwisg unffurf y llynges): *navy* (*blue*).
Ar lafar.

Cfn.: **nefi bl(i)w:** (i) *navy* (*blue*). Ar lafar. (ii) *good gracious!, good heavens!* Ar lafar. **n. wen** = **n. bl(i)w** (ii). Ar lafar yn y Gogledd.

Gw. hefyd nafi[1].

nefoedd [ff. l. yr e. *nef*] *e.ll.* ac *eb.?g.* ll. *-au.* Nef, mwy nag un nef, paradwys, gwynfa; Duw, rhagluniaeth; awyr, ffurfafen(nau), nen, wybren(nau); hefyd yn *ffig.*: *heaven(s), paradise; God, providence; sky, skies, firmament; also fig.*
c. **1300** *H* 98b. 36, hyd sygnoet *nefoet* ny bu segur (Llywarch ap Llywelyn). *c.* **1400** *R* 1148. 30–1, duw *nefoed* vy nodua yn geugant. **15g.** *LGC* 69, Navarre, Aragon, dan *nevoedd* Yspaen. **15g.** *GO* 117, Ynyd Siôn Abad . . . / A wnai vyd yn *nevoed.* **1588** *Salm* xi. 4, gorseddfa yr Arglwydd sydd yn y *nefoedd.* **1595** *Egl Ph* 78, i'r nef yddaeth . . . y mae 'r prydydd yn dangos . . . nad marw a fu, eithr byw yn y *nefoedd.* **1615** R. SMYTH: *GB* 4, tan gaudawd y *nefoedd. id.* 26, mae 'r duwiav a ddanfonasont win i 'r llawr o 'r *nefoedd. id.* 252, y phyrfafen ne yr *nefoedd*, hwnn sydd breswylfa duw. **1632** *D*, y nef, y *nefoedd* d.g. *polus.* **1688** S. HUGHES: *TSP* 38, [y] *Nefoedd* (os gellir ei galw hi yn *Nefoedd*) lle mae 'r Diawl a'i Angelion ac Eneidiau 'r Damnedig yn presswylio ynthi. *id.* 301, y maent hwy yn wressog am y *Nefoedd*, yn vnic rhag ofn poenau Uffern. **1722** *Llst* 189, nef . . . *nefoedd* (s. & p.). **1751** *GIA* xiv, y *nefoedd*, yr haul, a'r lloer a'r aneirif sêr. **1759** T. THOMAS: *WWDd* 285, Y mae 'r *Nefoedd* yn llê glân. **1803** *P*, *nefodd*, the heavens.
Cfn.: **nefoedd yr adar!:** *good heavens!, good gracious!* Ar lafar yn y Gogledd. **n. annwyl!:** *good heavens!, good gracious!* Ar lafar. **y n. a'r ddaear:** *heaven and earth.* **1588** *Gen* i. 1. **n. ar y ddaear:** *heaven on earth.* **1675** R. JONES: *HCh* 98. Ar lafar ym Morg. clywir br. megis 'Mae'n *nefodd* fæch *ar y ddaear* wedi i 'wnna fynd'. **y n. a ŵyr:** *heaven knows.* Ar lafar. **n. wen:** (i) *bright or glorious heaven; God, providence.* **1747** W. WILLIAMS: *Aleluja* vi. 13, Mae'r Ffordd yn rhydd i'r *nefoedd wen.* (ii) *good heavens!, good gracious!* Ar lafar. **(y) n. fawr!:** *good heavens!, good gracious!* Ar lafar.

nefol [*nef* + *-ol*] *a.* ll. *-ion*, a'r ll. hefyd fel *e.ll.* Yn perthyn i'r nefoedd, yn y nefoedd, tebyg i'r nefoedd, o'r nef, paradwysaidd; dwyfol, sanctaidd; yn perthyn i'r awyr neu'r ffurfafen, wybrennol: *pertaining to heaven, heavenly, paradisaical; blessed, holy; pertaining to the sky or firmament, celestial.*
13g. *DB* 71, truy y planedau ryesgynnassam; kerdun weitheon y petheu *neuaul.* *c.* **1300** *H* 21b. 23, Kyuarchaf om naf om *neuawl* arglwyt (Einion ap Gwgon). *id.* 24a. 25–6, yr gwir dduw yt wyf yn erchi. yr gwyr nef om *neuawl* weti (Hywel Foel). **14g.** *GP* 16, Crefydwr a uolir o grefyd . . . ac o betheu ereill *nefolyon.* **1346** *LlA* 19, Ybaradwys *nefawl. id.* 23, velly y porthir yr eneit ovwyt *nefawl.* **14g.** *BB* 220, Agwr *nevawl* santeid oed. **15g.** *GO* 127, I arlwy *nevol* ar lann avon / Ac aur a ddyry i gerddorion [i Siôn, abad Llanegwest]. **1547** *WS*, *nefawl*, heuenly. **1567** *LlGG* 36b, *nefolion*, a' daearolion, ac y dan ddaearolion bethae. **1567** *TN* 109a, [d]yvod yn sanctaidd ac yn lan ir duwywolaf [*sic*] a' *nefolaf* wledd. *id.* 342b, Caerselem *nefawl.* **1632** *D*, *nefol*, cœlestis. **1661** E. LEWIS: *Drex* 15, yn ol fel y bo symmudiad yr wybren *nefol* (*celestial globe*). **1679** C. EDWARDS: *GGG* 136, Bydded i blant y Goruchaf fyw yn *nefol.* **1716** E. SAMUEL: *GGG* 77, fel yr ymdderchafo 'n meddyliau 'n siriolach . . . at bethau *Nefol*, ysprydol. **1803** *P*.

Fel *e.* Preswylwyr y nefoedd; nefoedd: *celestial or heavenly beings; heavens.*
c. **1400** *R* 1333. 32–3, lle mae *nefolyon* lliaws vrdolion. *Dchr.* **15g.** *GM* 18, Mawr anryded, mirein uawred, yw'r *nefolyon.* **1567** *TN* 286a, dodawdd ar ei ddeheulaw yn y nefoedd [:- *nefolion*]. **1696** *CDD* 70, Clywch ganiad Angylion, gogoniant gwir union, / I Dduw y *Nefolion*, mae'n felus eu tôn. *c.* **1730** *Thos. Lloyd D* (LlGC) 182a, *nefolion*, the heavenly host. **[1740]** L. ANWYL: *NG* 37, [d]edwyddwych *Nefolion*, a thrueni Uffernolion. **18–19g.** R. DAVIES: *DB* 7, Mae *nefolion* / Uffernolion / A dynolion, / dan ei alwad.

nefolaf: nefoli [bf. o'r a. bl.] *ba.* Gwneud yn nefolaidd, sancteiddio, cysegru; canoneiddio: *to make heavenly, sanctify, consecrate; canonize.*
1632 *D* d.g. *consecro.* **1722** *Llst* 189, *nefoli*, to make heavenly or holy. **1725** *SR* d.g. *to consecrate.* **1771** *W* d.g. *to canonize.* **1775** D. ROWLAND: *TP* 11, Mae'r ddaear wedi bod yn gynnorthwyol i'r wraig, Dat. xii. etto nid oes i ni feddwl iddi gael ei *nefoli.* **1795** *LlCA* 3, A ydyw'r serch wedi ei *nefoli.*

nefolaidd [*nefol* + *-aidd*] *a.* Yn perthyn i'r nefoedd, nefol, tebyg i'r nefoedd, paradwysaidd, hudol, rhyfeddol; dwyfol, sanctaidd; yn perthyn i'r awyr neu'r ffurfafen, wybrennol: *pertaining to heaven, heavenly, paradisaical, alluring, wonderful; divine, holy; pertaining to the sky or firmament, celestial.*
1615 R. SMYTH: *GB* 237, holl greaduriaid duw sef iw *nefawlaidd*, angelai[dd], a daearawl. **1675** R. JONES: *HCh* 3, cymmer bôb achlysur o sanctaidd a *nefolaidd* fyfyrdodau. **1696** *CDD* 185, Dymma'r wlâd *nefolaidd* dirion. **1711** H. POWEL: *TY* 370, Eneidiau *nefolaidd.* **1722** *Llst* 189, nefol, [*ne*]*folaidd*, heavenly, divine. **1752** J. PRYS: *Alm* [4], [y] Goleuadau *nefolaidd.* **1760** D. WILLIAM: *GFf* 7, Ceir etto Hâf *nefoledd.* **1787** M. WILLIAMS: *BM* [14], y rhyw yma o Gyrph *nefoledd* y Ffurfafen. **1803** *P*. Ar lafar yn yr ystyr 'hyfryd iawn', 'Ma' blas *nefolidd* ar 'wn'.

nefolain [*nefol* + oldd. tybiedig *-ain* (cf. *mirain*)] *a.* Nefolaidd: *heavenly.*
1843.

nefolanedig [*nefol* + *ganedig*] *a.* Yn deillio o'r nefoedd: *heaven-born, of heavenly origin.*
1707 S. WILLIAMS: *ADA* 37, Aed eich eneidiau *nefol-anedig* ym mhob dyledswydd. **1798** J. THOMAS: *CIC* 69, [yr] enaid *nefol-anedig.*

nefoldeb [*nefol* + *-deb*] *eg.* Yr ansawdd neu'r cyflwr o fod yn nefol, nefolder, natur nefol, sancteiddrwydd: *heavenliness, heavenly nature, sanctity.*
1693 *DQM* 28, yn fywyd . . . o'r cyfryw ffrwythlonder a *Nefoldeb.* **1761** J. EVANS: *BHNO* 32, a *nefoldeb* yn ymddangos yn ei wyneb. **1792** *AE* [3], Fy neisyfiad yw, a'r [*sic*] roddi o honoch i fynu eich calonnau a'ch bywydau, i ogoneddu Tad, Mab, ac Yspryd, eiddo pa rai ydych, trwy'r sancteiddrwydd a'r *nefoldeb* o honynt. **1803** *P*.

nefolder [*nefol* + *-der*] *eg.* Nefoldeb, natur nefol, sancteiddrwydd: *heavenliness, heavenly nature, sanctity.*
c. **1400** *GP* 15, Duw a dyly y uoli o dwywolder . . . a *nefawlder.* **1547** *WS*, *nefolder*, heuenlynesse. **1632** *D*, *nefolder*, οὐρανιότης. **1786** B. FRANCIS: *A* ii. 134, *Nefolder* Ysbryd. **1803** *P*.

nefoledig [*nefol* + *-edig*] *a.* Yn perthyn i'r nefoedd, nefol, nefolaidd; yn perthyn i'r awyr neu'r ffurfafen, wybrennol: *pertaining to heaven, heavenly; pertaining to the sky or firmament, celestial.*
16–17g. *CRC* 374, Mi a wna ganiad messurol / im dywies fwyn ddayarol / Sidanen *nefoledig. Diw.* **17g.** *B* iii. 111, Drwy yr arwyddion *nefoledig* / . . . / weithie ynghyd a chlip y lleuad. **1770** *TG* iii. 80, Aeres draw, eres a drig, / Yn flodeu *nefoledig.* **1790** TWM O'R NANT: *GG* 115, Mêl a redodd . . . / . . . / O flodau *Nefoledig*; / Nid brau grochanau a chîg, ond Manna.

nefoleidd-dra [*nefolaidd* + *-dra*] *eg.* Nefoldeb, sancteiddrwydd: *heavenliness, sanctity.*
1849.

nefoleiddiaf: nefoleiddio [bf. o'r a. *nefolaidd*] *bg.a.* Gwneud neu fynd yn nefolaidd, sancteiddio, dyrchafu, pereiddio, puro: *to make or become heavenly, sanctify, elevate, sweeten, purify.*
1827.

nefoleiddrwydd [*nefolaidd* + *-rwydd*] *eg.* Nefoldeb, sancteiddrwydd: *heavenliness, sanctity.*
1803 *P*.

nefolfryd [*nefol* + *bryd*] *a.* Duwiol, duwiolfrydig: *devout.*
1774 *W* d.g. *heavenly-minded.* **1803** *P*.

nefolfrydedd [*nefolfryd* + *-edd*[1]] *eg.* Tueddfryd duwiol neu ysbrydol: *devout disposition, spirituality.*
1803 *P*.

nefolfrydig [*nefolfryd* + *-ig*[2]] *a.* Duwiolfrydig, duwiol, crefyddol: *devout, godly, pious.*
1856.

nefolrwydd [*nefol* + *-rwydd*] *eg.* Nefoldeb, duwioldeb, sancteiddrwydd: *heavenliness, piety, sanctity.*
1677 R. JONES: *BB* 218, Sancteiddrwydd, *Nefolrwydd*, ac Ymwadu â chwi eich hunain. **1732–3** J. OWEN: *GB* 47, *Nefolrwydd* ei Feddyliau. **1791** J. THOMAS: *CFf* 7, a *nefolrwydd* ei defnydd [am yr Ysgrythur]. **1797** D. DAVIES: *SEG* 145, mewn *nefolrwydd* ac ysprydolrwydd meddwl. **1803** *P*.

nefolus [*nefol* + *-us*] *a.* Nefolaidd, paradwysaidd: *heavenly, paradisaical.*
15g. *DE* 16, na fynned aur funed fain / gwawr *nefolys* garn filain. **1803** *P*.

neffritis, neffreitus [bnth. S. *nephritis*] *eg. Meddyg.* Llid ar yr arennau: *nephritis.*
20g.

neg (*è*) [bôn y f. ddil.] *e?g.* a hefyd gyda grym ansoddeiriol. Y weithred o analluogi: *a disabling.*
18–19g. *Llr* C 2, 375, *negg*, a disabling . . . [Glam]. Ar lafar yn nwyrain Morg. yn yr ymad. 'ergyd *neg*', 'Oni bai i Twm ni nido a dala 'i fraich a mwn pryd, fe fasa wedi rhoi ergyd *neg* i'r crwtyn o'r mwrthwl'.

negaf, negiaf: neg(i)o, *ba.* Anafu, analluogi, andwyo, distrywio: *to maim, disable, ruin, destroy.*
18–19g. *Llr* C 2, 375, *neggo*, to disable [Glam]. **1803** *P*, *negiaw*, to disable . . . Mae arnav eisieu ei *nego* ve, I am in want to disable him. Sil. Ar lafar yn y ff. *nego* yng ngodre Cered., *Cymru* xxxv. 192, ac ym Morg. 'Ma'r anap 'na wedi'i *nego* fa, 'cheriff a byth mwy'; ''Wyt ti wedi *nego*'r tân wrth ddoti gormodd o lo mân arno fa'.

negar, gw. niger.

negatif [bnth. S. *negative*] *a.* a hefyd fel *eg.*

(*a*) Negyddol, nacaol: *negative.*
20g.

(*b*) *Ffis.* Ac iddi'r un polaredd â gwefr electron (am wefr o drydan), ac iddo wefr o'r fath, ac iddo ormod o electronau; *Math.* yn dynodi rhif, swm, gwerth, &c., sydd yn llai na sero; *Meddyg.* (am brawf diagnostig) yn dangos absenoldeb rhyw afiechyd neu gyflwr meddygol arall: *negative* (*of electricity or electric charge*); *negative* (*of number, value, &c.*); *negative* (*of medical diagnostic test*).
1930.

(*c*) (Darn o ffilm neu blât ffotograffig wedi ei ddatblygu ac arno ddelwedd) o chwith o ran lliw neu dôn, hefyd yn *ffig.*: *negative* (*in photography*), *also fig.*
20g.

negedydd [cfdds. o'r S. *negat*(*ive*) + *-ydd*[3]] *eg.* Geiryn negyddol, negydd; negyddiad: *a negative* (*word or particle*); *negation.*
1836.

Cf. negidydd.

neges [bnth. Llad. *necesse*; Crn. C. *negys, neges*] *eb.g.* ll. *-au, -i, -*(*i*)*on*, ll. dwbl *-euau, -euon.*

(*a*) (Taith ynglŷn â) gwaith neu dasg arbennig a ymddiriedir i rywun, mater angenrheidiol i'w drin, achos, mater, busnes, swydd, gorchwyl; pwrpas, diben; cais, arch: *errand, mission, affair, matter, business, office, task; purpose, point; request, petition.*
13g. *C* 66. 3–4, pvy vynt vy pvy eu *neges.* **13g.**

A 13. 14, ny hu wy ny gaffo e *neges*. **13g.** *LlDW* 8. 22–4, pob ynseyl agoret . . . arodher am tyr adayar a*neghesseu* ereyll maur. **13g.** *BD* 35, yny oed euo a lunyeithei *negesseu* y tyrnas. *c.* **1300** *H* 108[2]b. 16, Ny mag nac *neges* amollid (Llywarch ap Llywelyn). **14g.** *WM* 39. 36–40. 1, negessawl yw wrthyt ti onyt y*neges* a geif. *id.* 143. 13–14, Adeu wr adoeth kyn no mi ar yr vn *neges* honno. **14g.** *DPh* 3, ymhoelut adref . . . yn llawen gwedy kael eu *neges*. **15g.** *KAA* 2, *neges* yd oedynt yn mynet oe geissaw. **1567** *TN* 318a, *negeseuon* y vuchedd hon. **1632** J. DAVIES: *LlR* 246–7, a phwy y mae 'r annuwiol yn ymgynghori yn ei *negeseuau* (*affayres*) a'i betrusder. **1693** *HC* 4, pan gipier ef [plentyn] o'r tân nid oes *neges* roddi iddo degan. **1764** DEWI NANTBRÂN: *CB* 1, Pa beth yw'n *Neges* pennaf yn y Byd hwn? **1776** I. BRYDYDD HIR: *P* i. 251, *Neges* yr efengyl a'i gweinidogion ydoedd, agoryd llygaid dynion. **1776** *W* d.g. *matter* [*an affair, a business, a concern, &c.*]. **1788** IOAN SIENCIN: *MTLl* [2], A'r *negeson* f'aent yn geisio. **1803** *P*.

(*b*) Gair llafar neu ysgrifenedig oddi wrth berson, grŵp, &c., cenadwri; byrdwn, gwers, neu sylwedd (pregeth, araith, &c.): (*written or spoken*) *message*; *import* (*of sermon, speech, &c.*).

1346 *LlA* 101, Engylyon avanagant ydynyon *negesseu* bychein. **14g.** *WM* 183. 13–15, o achaws nachaffant genhyt na *neges* nac atteb. **1588** *Diar* xxvi. 6, Y neb a yrro *negesau* gyd ag vn angall. **1615** R. SMYTH: *GB* 267, i fynegi iddynt rhyw *neges au* [*sic*] angenhraidiawl. **1632** *D*, *neges*, nuncium. **1768** RISIART AP ROBERT: *CB* 46, [d]aeth y prophwyd yn un-swydd â'r *neges* hwn at y brenin Ahaz. **1776** *W*, *neges*, cennadwri, cennadwriaeth, gair d.g. *message*. Ar lafar yn gyff., "Gest ti'r *neges* anfones i 'da dy frawd?'; "Roedd e'n pregethu'n dda, ond 'on i ddim yn teimlo bod gydag e' *neges* chwaith'.

(*c*) Peth(au) a brynir, nwydd(au): *article*(*s*) *bought, groceries*.

Ar lafar yn y Gogledd, *WVBD* 392.

(*d*) Cyrch milwrol, ymgyrch, rhuthr: *military expedition, raid*.

13g. *C* 89. 9, nida kedwir oe *neges*. *id.* 101. 2–3, Yssim edivar oe *negessev*. **13g.** *A* 4. 3–4, bu truan gyuatcan gyvluyd. e *neges* ef or drachwres drenghidyd. *id.* 17. 3–4, ar *neges* mynydawc mynawc maon.

Cfn.: **negesau (negeseuau, negeseuon) bydol:** *worldly affairs*. **1567** *LlGG* 108a. **1672** J. LANGFORD: *HDdD* [xxi]. **1790** T. JONES: *TOS* 235. **neges gardys:** *important errand*. Ar lafar yn sir Benf., '*neges gardis* . . . when a country woman goes to market and has some special business to transact . . . she ties one garter much tighter than the other . . . [to] remind her', *GDD* 206. **n. llinyn:** *important errand* (*lit. string errand, with ref. to a string tied round one's finger as a reminder*). Ar lafar yng Nghered. **ar n.:** *on* (*someone's*) *business, on an errand; on a military expedition*. **13g.** *A* 17. 3–4. **14g.** *WML* 30. **1798** W. RICHARDS: *CC* 12. Ar lafar, 'mynd *ar neges*', 'to run an errand'. **gwneud (gwneuthur) n. (negesau, negeseuau):** *to perform a duty, run an errand, conduct* (*one's, &c.*) *affairs, do* (*one's, &c.*) *shopping*. **13g.** *LlI* 9. *c.* **1400** (*SG*) *HMSS* i. 394, mi a*wnawn neges* yr unbennes wrthaw. **1751** *GIA* 198. **mynd i n. (negesau, negeseuau):** *to go on an errand or quest, conduct* (*one's, &c.*) *affairs*. **13g.** *LlI* 4. *c.* **1400** *YCM*[2] 117. **1588** 1 *Esd* iv. 11. **1792** H. HARRIS: *H* 161. Ar lafar yn Arfon, *WVBD* 392.

negesaeth, negesiaeth [*neges* + -(*i*)*aeth*] *eb.g.* Neges, busnes: *errand, business*.

1803 *P*, *negesiaeth*, s.m. a commission.

negesaf: negesa [bf. o'r e. *neges*] *bg.* Mynd ar neges, gwneud neges, ymwneud â gorchwylion: *to go on a message, run an errand, conduct* (*one's, &c.*) *affairs*.

17g. HUW MORUS: *EC* i. 288, Sion synhwyrol, wrol, ara'—/ O cheiff lân anrheg, a fyn gaseg, i *negesa*. **1746** G. JONES: *HWI* iii. 61, Gweithio, siwrneia, neu *negesa*. **1803** *P*.

negesed, gw. negos.

negeseuaeth [*negesau* (ll. yr e. *neges*) + -*aeth*] *eb.* Neges, busnes, ymwneud, trafodaeth: *errand, business, dealing*(*s*), *negotiation*.

1809.

negeseuaf: negeseua [bf. o'r e. *negesau* (ll. yr e. *neges*)] *bg.a.* Masnachu, marchnata, delio (yn fasnachol); trafod, trin, ymwneud (â); mynd ar neges, gwneud neges, ymwneud â gorchwylion; ?bod ynglŷn â: *to trade, carry on business, deal* (*commercially*); *negotiate, deal* (*with*); *go on a message, run an errand, conduct* (*one's, &c.*) *affairs*; ?*be involved in*.

1588 *Gen* xxxiv. 10, a'r wlad fydd o'ch blaen chwi, trigwch a *negeseuwch* ynddi. **1604–7** *TW* (*Pen* 228), *negeseüa* d.g. *negotior*. **1672** J. LANGFORD: *HDdD* 254, Twyll . . . y mae cynnifer o Rannau o hwn ac sydd o achosion i'r naill ddŷn i *negeseua* a'r llall. **1710** *CBGEL* 13, *negeseua* a'r Pâb ag Escobaeth Rufain. **1718** E. SAMUEL: *HDdD* 47, i farchnatta, ac i *negeseua* gyda'n cymmydogion. **1722** *Llst* 189, *negeseua*, to be imployed, deal, trade. **1753** *TR*, *negeseua*, to go on messages; also, to traffick, to trade in. **1759** W. WILLIAMS: *SFf* 8, Awdurdod . . . i *negeseua* ein Hachosion. *id.* 76, mi anturiaf ddwedyd ymhellach, fod ffyddlondeb dwyfol gymmaint wedi ei rwymo yn yr Addewid, fel y mae hyd yn oed ei hanfod ef yn *negesseua* ynddo. **1772** *W* d.g. *to deal* [*trade, traffick, transact business &c.*]. **1796** *Geirgrawn* 281, anfon gwr i Paris ac awdurdod cyflawn i *negeseua*. *id.* 286, Arglwydd Malmsbury . . . [c]ennad o Loegr i Ffraingc i *negeseua* heddwch. **1803** *P*.

Amr.: **negeseuo** [?ff. wallus]. **1725** *SR* d.g. *to negotiate, to traffick*.

negeseuol [*negesau* (ll. yr e. *neges*) + -*ol*] *a.* Yn dwyn neges, yn cynnwys neges; diplomyddol: *bearing or containing a message*; *diplomatic*.

1836.

negeseuwr, negeseuydd [bôn y f. fl. + -*wr*, -*ydd*[3]] *eg.* (b. -*wraig*) ll. -*wyr*. Un sy'n mynd ar neges, negeswr, cennad, llysgennad, hefyd yn *ffig.*; masnachwr, dyn busnes: *one who runs errands, messenger, emissary, ambassador, also fig.*; *merchant, businessman*.

1588 *Neh* xiii. 20, y *negesseu-wŷr*, a gwerth-wŷr pôb peth gwerthadwy. **1630** R. LLWYD: *LlH* 83, [d]iafol cnawdol . . . a chanddo y fâth gaeth-weision, a *negeseuwyr* tano. **1632** *D*, *neges*(*s*)*euwr* d.g. *emissarius, ii, legatus*. **[1723]** J. THOMAS: *LlDG* 25, *Negeseuwr* Duw yn yr Enaid ydyw [y gydwybod]. **1797** E. CHARLES: *EC* 17, Y mae'r pregethwyr hyn yn dal allan, mai *negeseuwyr* ydynt yn Seion. **1803** *P* d.g. *negeseüwr*, *negeseuwraig*.

negesiaeth, negesiwr, gw. negesaeth, negeswr.

negesog [*neges* + -*og*] *eg.* Negeswr, un sy'n cyflawni gorchwyl dros arall: *messenger, one who performs a task for another*.

c. **1300** *H* 2a. 3, eilweith yt eithum yn *negessawc* (Meilyr Brydydd). **1803** *P*, *negesawg* . . . a messenger.

negesol [*neges* + -*ol*] *eg.* ll. -*ion*, a hefyd fel *a.* Negeswr, llysgennad; eirchiad, un a gais ffafr, anrheg, &c.; masnachwr, gŵr busnes; a chanddo neges neu gais, ar neges; yn perthyn i fasnach neu fusnes: *messenger, ambassador*; *petitioner, suppliant*; *trader, businessman*; *having a message, task, or request, on an errand*; *pertaining to trade or business*.

14g. *Cylchg LlGC* vi. 174, Ynna y dyvat eua vrthi ehun. Guae vi poe a vyd *negessaul* ymi ar vy arglwyd adaf. **14g.** *WM* 23. 22–3, *negessawl* wyf wrthyt. craessaw wrth dy neges. *id.* 39. 34–40. 1, A uyn ef dyuot yr tir. na uynn arglwyd heb wynt *negessawl* yw wrthyt ti onyt yneges a geif. *id.* 143. 10–11, *negessawl* wyf ygan arthur attat. **14g.** *GDG* 306, Cyflymaf wyd cofl lemain, / *Negesawl* cywyddawl cain. / Rho Duw, iwrch, rhaid yw erchi / Peth o lateieth i ti [i'r carw]. *c.* **1400** *R* 1325. 12–15, Kadarn uchaf naf kadyr nefawl arglwyd. erglyw lef *negessawl*. am loryf koryf kiwdawt gwawt gwawl. *c.* **1400** (*SG*) *HMSS* i. 398, Arglwydes heb y lawnslot *negessawl* wyf i yr awrhonn. kanys keissyaw medeginyaeth y varchawc urdawl yd wyf. **15g.** *DN* 79, Danvonwn o'r memrwn mav / Lwyth eryr o lythyrrav, / J geissio yn *negessol* / Vn awr dda ar Wenn o'r Ddôl. **1604–7** *TW* (*Pen* 228) d.g. *negotialis*. **1632** *D*, *negesawl*, negotiator, nuncius. **1722** *Llst* 189, *negesawl* . . . an ambassador, messenger; an agent, factour. **1763** *DT* 253, O byddi im', heini hawl, / Enwog aes erw *negesawl* [i ddanfon y golomen ag annerch]. **1803** *P*, *negesawl*, a. missionary. *Negesolion*, missionaries.

negeswaith [*neges* + *gwaith*[1]] *eg.b.* Mater, busnes, achos, neges: *matter, business, affair, errand*.

1740 G. JONES: *HOG* 2, y *negeswaith* pwysfawr sydd gennym. **1799** *TY* 24, hefyd cyd-driniaeth mewn *negeswaith* bydol.

negeswas [*neges* + *gwas*[1]] *eg.* ll. -*weision*. Negeswr, un sy'n mynd ar neges, cennad, asiant: *messenger, one who runs an errand, envoy, agent*.

1346 *LlA* 164, ani a adnabuam drwy yn *negeswas* ni ymynnut ti a[n]uon yn ni petheu brywys a rei digryf. **14g.** *B* xiv. 258, yna yd erchis y raglav yr *negessvas* mynet allan y gyrchu iessu. *c.* **1400** *YCM*[2] 66, Ac yna y peris yr amherawdyr ysgriuennu llythyreu, ac anuon y *negessweisson* a hwy dros y holl amherotraeth. *c.* **1400** *B* iv. 35, pwy bynnac a vynno gwassanaethwr kywir neu *negesswas* idaw. **1604–7** *TW* (*Pen* 228) d.g. *angarus, internuntius, tabellarius*. **1632** *D*, *negesweision*, nuncij. **1770** *W* d.g. *agent* [*who acteth for another*], *envoy*. **1803** *P*, *negeswas*, an errand-boy.

negeswr, negesydd [*neges* + -*wr*, -*ydd*[3]] *eg.* (b. -*wraig*) ll. -*wyr* (-*wrs*), -*yddion*. Un sy'n dwyn neges, rhedwas, cennad, conswl, llysgennad, hefyd yn *ffig.*; un sy'n mynd ar neges; masnachwr, dyn busnes, asiant, adfocad, un sy'n pledio (achos), ymarferydd yn y gyfraith: *messenger, courier, emissary, consul, ambassador, also fig.*; *one who runs an errand*; *dealer, trader, businessman, agent, advocate, legal practitioner*.

a. **1390** *B* iii. 45, Terra Cadwgan *Negessor*. **15g.** *DGG*[2] 41, Brysia dithau, gorau gŵr, / Wyn ei gesail *negeswr* [i'r alarch]. **15g.** *Pen* 67, 125, y geissi mae *negesswyr* / yr lle keissiwyd mab llwyt llyr (Hywel Dafi). **16g.** *WLl* 153, Gwas i rai *negesswr* wyf. **1567** *TN* 363b, y may y ni ymddiddanwr [:– ddadlewr, *negeswr*] y gyd a'r Tat. **1587** *BM* 29, 18, a gossod pob *negessydd* / oi giwdawd ef i gadw dydd. **1604–7** *TW* (*Pen* 228), *negesydd* d.g. *negotiator*. *id.* *negeswr* yn y gyfreith d.g. *pragmaticus*. **1615** R. SMYTH: *GB* 165, gan ddanfon masnachwyr a *negeswyr* dan law i beri prisio da 'r bobl druain. **1617** *Minsheu* 9a, *negeswr* d.g. *an agent, a dealer, or factor*. **1632** *D*, *negeswr* d.g. *internuncius, legatus, negotiator*. *id.* *negesydd* d.g. *angarus*. **1701** E. WYNNE: *RBS* 194, cennadwri oddi wrth Dduw a'r Gweinidog megis ei Angel neu ei *Negeswr* ef. **1703** E. WYNNE: *BC* 134, dyma orchymyn i'r hôll *negesyddion* . . . fynd allan. **1791** GW. MECHAIN: *Gw* 263, *Negesyddion* / A fu gweision fywiog Iesu. **1793** DAFYDD IONAWR: *CD* 225, Pwy weithian, medd Satan, sydd / O'n gweision â'n *Negesydd*. **1803** *P* d.g. *negeswr, negeswraig, negesydd*. Ar lafar yn nwyrain Morg. yn y ff. *negeswr* am un sy'n mynd ar neges.

Amr.: **negesiwr** [*neges* + -*iwr*]. **1792** P. WILLIAMS: *DD* 15, angel . . . yn *negesiwr* dros Dduw.

negeswriaeth [*negeswr* + -*iaeth*] *eb.g.* ll. -*au*. Masnach, busnes, ymwneud masnachol; cenhadaeth, cenadwri; gorchwyl, galwedigaeth; neges, trafodaeth, gohebiaeth: *trade, business, commercial dealings*; *mission*; *task, vocation*; *message, negotiation, correspondence*.

15g. *GGl*[2] 65, Ys hir o *negeswriaeth*, / Es mis ni bu eisiau maeth. **1604–7** *TW* (*Pen* 228), prynnu a gwerthu, masnach, *negeswriaeth* d.g. *negotior*. **1701** E. WYNNE: *RBS* 150, Am *Negeswriaeth* neu Fargeinion bydol. *id.* 252, Diwrnod i'th enaid yw hwn, diwrnod o *Negeswriaeth* a Chyd-fasnach â 'r Nef. **1718** E. SAMUEL: *HDdD* 233, achosion i ymgystlwng a *negeswriaeth* rhwng y naill Ddyn ar llall. **1722** *Llst* 189, *negeswriaeth*, f. business, employm[t]. **1793** DAFYDD IONAWR: *CD* 161, Cennad lon yn union aeth / A'r siriol *negeswriaeth* / At Saul. **1796** *Geirgrawn* 254, Y Cyfarwyddwyr cyflawniadol a roddasant orchymyn . . . i Weinidog y *Negeswriaethau* pellenig. *id.* 281, [g]osod ar droed *negeswriaethau* tu ag at adferu heddwch. **1803** *P*, *negeswriaeth*, s.m. the business of a man who transacts for another.

negesydd, gw. negeswr.

negesyddiaeth [*negesydd* + -*iaeth*] *eg.* ll. -*au*. Swydd negesydd, cenhadaeth, llysgenhadaeth; ?busnes: *envoyship, mission, ambassadorship, embassy*; ?*business*.

1562 *B* ii. 144, herodraeth, *negesyddiaeth*. *c.* **1730** *Thos. Lloyd D* (LlGC) 182a, *negesyddiaeth*, negotiatio, herodraeth. **1789** *Cylchg LlGC* xiv. 252, fod y Saeson yn galonog ac ardderchog eu Hymgais i lunio a sefydlu Golofyddiaethau, Ymgynglyniadau, *Negesyddiaethau* a Dychymygion. **1803** *P*, *negesyddiaeth*, s.m. the business of a messenger.

negiaf: negio, gw. negaf: nego.

negidydd [cfdds. o'r S. *negat(ive)* + *-ydd*³] *eg. Gram.* Geiryn negyddol, negydd: *a negative (in gram.).*
1839.
Cf. negedydd.

nego¹,², gw. ecoaf*: eco, negaf: nego.

negodaf, negydaf: negodi, negydu [cfdds. o'r S. *(to) negotiate*] *bg.a.* Trafod ((pris, cyflog, &c., â rhywun) er mwyn cyrraedd) cytundeb neu gyfaddawd: *to negotiate.*
20g.

negodol [cfdds. o'r S. *negot(iable)* + *-ol*] *a. Cyfr.* Y gellir trosglwyddo'r teitl iddo o un blaid i'r llall (am siec, nodyn cyfnewid, nodyn addewid, &c.): *negotiable (in law).*
20g.

negos, &c. [adff. o'r graddau cymhariaeth *nes, nesed,* &c., dan ddyl. y radd gsf. *agos*; geir. yn unig yw'r radd gsf. *negos*] *a.* Agos: *near.*
Dchr. **17g.** *T Ch* 103, a *negessed* kleddef kreulon / er dy fwyn di at 'y nghalon. *id.* 112, At y Groegwyr genn yn bod yr owran kyn *negesed.* **1618** J. Salisbury: *EH* 55, yr hwn ddydd [ni] wyr neb na'i *negosed,* na'i belled. **1630** R. Vaughan: *YDd* 197, Na freuddwydia am fyned i'r nef rhyd ffordd *negosach* neu hawsach na 'r hon a linynniodd Duw i ni yn ei Air. *id.* 263, dy fod yn *negosach* i'th ddiwedd o ddiwrnod. *id.* 559–60, Canys fel Arch Noah pa vchaf y curid ef gan y llifeiriant, *negossaf* yr oedd ef yn ymgyfodi tu ag at y nefoedd. *id.* 567, Na osod mo ddydd marwolaeth ymhell oddiwrthit: ni wyddost ti er hyn ei gyd, *negossed* ydyw garllaw. *id.* 632, Ni buost erioed *negossach* i fywyd tragwyddol. *id.* 682, pa ham na chai y lleidr arall, yr hwn oedd yn crogi cyn *negossed* ac yntau attat, feddiannu yr vnrhyw drugaredd? *id.* 684, Fel y gellit ti gael ffordd i ddyfod yn *negossach* at fy nghalon. **1633** *LlGC* 731, 174, ar ceraint *negosaf,* ac anwylaf. *c.* **1658** R. Vaughan: *E* [viii], cyn *negosed* i allor Duw. **1722** *Llst* 189, *negos* . . . as agos.

Negro [bnth. S. *Negro*] *eg.* (b. *Negr(ö)es,* ll. *-au*) ll. *-aid, -s.* Aelod o unrhyw un o bobloedd croenddu brodorol Affrica neu un o'u disgynyddion mewn mannau eraill: *a Negro.*
1774 W. Williams: *A* 22, Fe câr y *negro* tywyll du / E'n hyfryd maes o law. **1784** M. Williams: *S* i. 237, Y rhan arall o'r trigolion [yn Ne America], yw, cymmysgiad o 'Spaenwyr, Indiaid, a *Negroaid.* **18–19g.** *Beirdd y Bala* 59, Dros anial dir *negroaid* du. **1800** *TY* 320, Myrdd o'r *Negroes,* estron lu, / Dônt yn fuan. **1853** W. Rees: *AFR* 10, a'i mam yn *negröes.* Ar lafar ym Môn defnyddir yr ebd. '*Negro* wen!' ar ddelw 'nefoedd wen'.

Negroaidd [*Negro* + *-aidd*] *a.* Yn perthyn i Negro neu'r Negroaid, nodweddiadol o Negro: *Negro (adj.), Negroid.*
1836.

negromans, gw. nigromans.

negus [bnth. S. *negus,* a dichon mai fel yn S. yr yngenid y gair] *e?g.* Diod boeth o win, &c., fel arfer wedi ei sbeisio a'i felysu: *negus.*
1787 (1812) Twm o'r Nant: *PG* 51, Yn rhoi i ni bunch, a *negus,* a liquors yn ffri.

negydaf: negydu, gw. negodaf: negodi.

negydd [bôn y f. *nagaf*: *nagu* + *-ydd*³] *eg.* (bach. *-yn*) ll. *-ion, -au,* a hefyd gyda grym ansoddeiriol.

(*a*) Gwadwr, gwrthodwr, un crintachlyd: *denier, refuser, mean person.*
13g. *LlI* 35, ac os *negyd* uyd e kennogen ydau, deuet ar e uach a holet e uach a dywedet bot e kynnogen en *negyd* ydau. *id.* 41, O byd *negyd* enteu o wneythur un o henne rodet e mach e vystel e'r haulur. **14g.** *Cy* xvii. 139, pan uo y gar yn *negyd* yr llourud oe rann or alanas. **15g.** *GO* 161, Y bo 'n Llanegwest heb vn llaw *negydd.* **15g.** *GGl*² 78, Ni bu Rodn, nai Beredur, / *Negydd* o'i win nac o'i ddur. **15–16g.** *TA* 233, Nid wyd o win yn dy dŷ, / Nag o ddim *negydd* ymy. **1632** *D,* nâg . . . *negydd* . . . negator, inficiator. **1688** *TJ, negŷdd,* negŷf, negyfaeth: gwadwr, yr hwn a wado: a Denier. **1722** *Llst* 189, *negydd,* m.p. *yddion,* a denyer. *c.* **1730** *Thos. Lloyd D* (LlGC) 181a, *negydd,* negator, a niggard. **1803** *P.*

(*b*) Nacâd, datganiad neu beth negyddol, gwaharddiad; *Gram.* elfen ieithyddol ac iddi ystyr negyddol; *Rhes.* gweithredydd negyddol: *negation, negative statement or thing, a forbidding; a negative (in gram.); negative operator (in logic).*
1682 *CWE* [17], O'r Gorchymmynion rhai a osodir allan yn *Negyf,* neu waharddol, ac sy' yn gwahardd pechodau. **1712** T. Williams: *CDdG* 626, Y pethau hynny oll y mae Cyfraith Duw yn ei gwahardd, y rhai a elwir Gorchymmynnion *negyf.* [**1791**] J. Thomas: *GB* 8, *negydd* neu naccad y weithred honno.

(*c*) Negatif (ffotograffig): *negative (in photography).*
1937.
Amr.: **anegydd** [gydag *a-* brosthetig]. *c.* **1400** *R* 1270. 40. **15g.** *LHDd* 70. **negyf** [gydag *-dd* ac *-f* yn ymgyfnewid, cf. *Caerdydd, Caerdyf*]. **13g.** *LlC* 5, 6. **1632** *D,* negydd, & *Negyf.* **1688** W. Foulkes: *EGE* 58. **1803** *P.*

negyddaf, negyddiaf: negyddu, negyddio [bf. o'r e. bl.] *ba.* Gwrth-ddweud, nacáu, dirymu, diddymu; *Gram.* troi (gair, ymadrodd, brawddeg, &c.) yn negyddol: *to negate; make negative (in gram.).*
1868.

negyddiad [*negydd* + *-iad*¹] *eg.* ll. *-au.* Y weithred o negyddu, gwrthodiad, gwadiad; *Gram.* negydd: *negation, refusing, denying; a negative (in gram.).*
1803 *P, negyddiad,* denying, refusing.

negyddiaeth [*negydd* + *-iaeth*] *eb.g.* ll. *-au.*

(*a*) Gwrthodiad, gwadiad, gwrthwynebiad, gwaharddiad; datganiad negyddol: *refusal, denial, opposition, prohibition; negative statement.*
13g. *LlI* 36, O deruyd bot mach adeuedyc ar peth a bot *negydyaeth* gan y kennogen am talu, yaun yu e'r mach rody guestel keureythyaul. **14g.** *AL* i. 608, abot *negydyaeth* gany dyn y talu y da. **15g.** *LHDd* 44, kanys vch oed y *negydyaeth* ar tremic kyntaf nor vuylldawd gwedy hynny. **1604–7** *TW* (*Pen* 228) d.g. *negatio, repulsus, abnegatiua* (At.). **1632** *D,* nâg . . . *negyddiaeth* . . . idem quod Nâg, & Nagca. **1696** *GGTY* 129, Nid oes dim achos mewn ewyllys newydd, yn ewyllys neu Destament diweddaf crybwyll am *negyddiaethau* . . . nid y peth nis adawyd, eithr y peth adawyd. *ib.* Yr ydych yn erchi iddynt alw am scrythur . . . sydd yn gwrthwynebu eu arferiad mewn modd o *negyddigaeth* [*sic*], sef yr hon sydd yn gwahardd cymmundeb eglwysig plant. **1722** *Llst* 189, *negyddiaeth,* f. a denial, a refusal. **1770** *W* d.g. *abnegation, refusal.* **1803** *P, negyddiaeth,* s.m. a denial, a refusing.

(*b*) Agwedd neu ddull o feddwl sy'n amau neu'n gwadu cred, syniad, &c., heb gynnig dim byd cadarnhaol yn ei le, beirniadaeth negyddol anadeiladol; yr ansawdd o fod yn negyddol: *negativism; negativeness.*
1887.
Amr.: **anegyddiaeth** [*anegydd* + *-iaeth*]. *c.* **1401** *AL* ii. 456, 458. **negyfaeth, negyfiaeth** [*negyf* + *-(i)aeth*]. **12g.** (**17g.**) *LlGC* 4973, 35a. 21, cyfraithgar ni gar *negyfiaeth* [Elidir Sais i Rodri ab Owain Gwynedd]. *c.* **1300** *H* 115a. 12, ne [*sic*] uaeth *negyuaeth* y neb [marwnad Hywel ap Gruffudd gan Lywarch ap Llywelyn]. **15g.** *AL* ii. 568, ef a ellir profi *negyfiaeth* lle bo. **1632** *D, negyfaeth* d.g. *negantia, repulsus.* **1803** *P* d.g. *negyviaeth.*

negyddiaf: negyddio, gw. negyddaf: negyddu.

negyddol [*negydd* + *-ol*] *a.* Yn mynegi neu'n golygu gwrthodiad, gwadiad, gwrthwynebiad, &c., heb fod yn gadarnhaol, nacaol; heb fod ganddo feddylfryd cadarnhaol, wedi ei nodweddu gan ddiffyg brwdfrydedd, diddordeb, optimistiaeth, &c.; a chanddo duedd wrthwynebus; *Gram.* (am elfen ieithyddol) yn cyfleu nacâd, gwrthddywediad, gwaharddiad, &c.; *Ffis.* a *Math.* negatif: *negative (also in gram., phys., and math.).*
1725–6 *Madd Ed* 59, nad ydyw mor ddiriaid a gerwyn a'n rhwymo ni yn *nagyddol* [*sic*], hynny yw, na byddo i n[i] wneuthur dim ond y mae ef yn ei Orchymmyn. *c.* **1730** *Thos. Lloyd D* (LlGC) 182a, *negyddol,* negative. Q 59. **1778** *W* d.g. *negative.* **1803** *P.*

negyddydd [*negydd* + *-ydd*³] *eg. Gram.* Geiryn negyddol; un sy'n arddel negyddiaeth: *negative particle (in gram.); negativist.*
1863.

negyf, negyfaeth, negyfiaeth, gw. negydd, negyddiaeth.

negyn, gw. nag³.

nehedd [gair. geir.; cf. *ymnheddaf*: *ymnhedd*] *eg.* Ymbil, gweddi: *entreaty, prayer.*
Dchr. **17g.** *J* 10, 22a, *nehedd,* entreatie. **17g.** *LlGC* 13215, 346. **1707** *AB* 219b, *nehedd,* prayer, intreaty. S. **1803** *P.*

neidaf: neido, gw. neidiaf: neidio.

neidfa [bôn y f. ddil. + *-fa, ma*] *eb.* ll. *-oedd.* Naid, llam, neidiad, hefyd yn *ffig.*; camfa, sticil: *a jump, jumping, also fig.; stile.*
15g. Dafydd Llwyd: *Gw* 287, Yn dy waelod, nod *neidfa,* / Fo ddyle fod deg-grod da [i'r pwrs]. **16–17g.** *PhA* 479, Ond fy mynd *neidfa* mwyndir / amhwyll daith y mhell o dir. *id.* 481, Os naid ir ynys nodol / Bell a rois doe bwyll ar ol / Neidiais heb geisio un adwy / Nad fi yw math *neidfa* mwy [mawl i'r gwin]. **18–19g.** *Llr* C 30, 176, *Neidfa,* a place to pass a hedge a kind of rude stile.

neidiad [bôn y f. ddil. + *-iad*¹; ansicr yw'r ddwy engh. gyntaf isod] *eg.* ll. *-au.* Naid, llam, herc, hefyd yn *ffig.*; dychlamiad (y galon); ?ymosodiad; *Crdd.* naid: *jump, leap, hop, also fig.; palpitation; ?attack; leap (in mus.).*
c. **1400** *R* 1325. 33, hydyr *neidyat* gwengat gwingar. **15g.** *HCLl* 88, Un o adar a *neidiad,* / Nef ar lawr i nofio o'r wlad. **1632** *D* d.g. *saltatio.* [**1724**] G. Wynn: *YGD* 38, *neidiad* aderyn bach y Tô i fynu ac i wared. *c.* **1730** *Thos. Lloyd D* (LlGC) 181a, *neidiad* . . . hopping. **1775** *W* d.g. *a jumping, a leaping. id.* curiad (. . . *neidiad* . . .) y gàlon gan ddychryn neu'r cyffelyb d.g. *palpitation.* **1803** *P.*

neidiaf, neidaf, neit(i)af: neid(i)o, neit(i)o [bf. o'r e. *naid*¹, cf. Crn. C. *nyge* 'hedfan', Crn. Diw. *nyidzha* 'nofio', Llyd. C. *nigal* 'hedfan', Llyd. Diw. *nijal,* taf. Gwened *neijal*] *bg.a.*

(*a*) Symud i fyny neu ymlaen o'r llawr neu arwyneb arall drwy blygu ac estyn y coesau, &c., yn sydyn, symud yn sydyn neu'n egnïol (fel petai) â naid, llamu, ysboncio, adlamu; llamu dros; dawnsio; pistyllio, tasgu; hedfan; gwneud symudiad sydyn anfwriadol o achos ofn, cyffro, llawenydd, &c., gwingo, dychlamu; hefyd yn *ffig.* ac yn *dros.*: *to jump, leap, bound, rebound, bounce; jump over; dance; squirt, spurt; fly; start (with fright, surprise, joy, &c.), twitch, throb; also fig. and transf.*
13g. *B* x. 22, Ene diwed ef a *neidyvs* ar grist. **14g.** *WM* 105. 35–106. 2, ac ar guenwynwayw y uwrw ay uedru yny ystlys yny *neita* ypaladyr o honaw. Athrigyaw ypenn yndaw. *id.* 177. 10–12, Ac val y byryei peredur y gwr du yr llawr. Y*neidei* ynteu yny gyfrwy trachefyn. **14g.** *GDG* 155, *Neitio* cur, nad da caru / Gwas dewr fyth, a gwst oer fu. *c.* **1400** *YCM*² 60, taraw Otuel ryuelwr ar warthaf y helym, yny *neitywys* y tan o'r cledyf ac o'r helym. *id.* 84–5, Erapater a drewis Girart o Orliens a chledyf . . . yny *neidywys* y emennyd a'e lygeit y maes o'e benn. *id.* 95, Ef a wasgwys hagen, y pennluruc yn gymeint ar y benn ac y *neitywys* y gwaet trwy y modrwyeu y uynyd. *c.* **1400** *ChO* 20, Yna y dywawt llygoden y ty wrth y llall, '*Neitta* racco . . .'. *c.* **1400** *(SG) HMSS* i. 344, y glo tanllyt hwnnw yn *neidyaw* ar draws y ty. **15g.** *LGC* 195, Pedair privgamp o'i hydab, / A wnai evo er yn vab; / Saethu, *neidio* tyno teg; / Yn nwvr rhŷd noviaw; rhedeg. **1567** *TN* 17a, Canasam chwibanoc ywch', ac ny *neidiesoch* [:- ddawnsiesoch]. *id.* 136a, ffynnon o ddwfr, yn tarddu [:- boglynu, *neitio*] i'r bywyt tragyvythawl. **1574** *LlGC* 15542, 221b, fo *nitiodd* [*sic*] bwell . . . o ddiar y throed. **1632** *D, neidio,* salire, saltare. **1687 (1715)** J. Owen: *TB* 15, yr hyn a wnaeth iddo *neidio* allan o'r gwely mewn Syndod mawr. **1759** J. Evans: *PF* 96, *neidio* yn ei gwsc. **1775** *W* d.g. *to leap, to leap [as the heart].* **1803** *P, neidiaw,* to leap, to jump; to pulse.

Ar lafar ym Morg. sonnir am 'y galon yn *nido* o'r wishg gin fraw'.

(*b*) Ymosod, disgyn: *to attack, pounce.*
14g. *WM* 254. 28–30, affan geissyei y llew vynet odyno y *neityei* y sarff idaw. *c.* **1400** *RB* ii. 30, ac *yneidawd* achel y droilus ac y lladawd. *c.* **1400** *ChO* 20, Ac ar vrys *neitaw* a oruc y cath idi. **1588** 1 *Mac* iii. 23, efe a *neidiodd* yn ddiarwybod arnynt hwy: felly y ddifethwyd Seron ai werssyll oi flaen ef. **1632** *D, neidio* am ben vn d.g. *assulto.* **1655** WL: *DP* 185, Collodd Angeu ei golyn yn ystlys Crist, ac er i fôd yn *neidio*-arnom [*sic*], ni allwn i yscydwydymaith [*sic*].

(*c*) Llamu mewn cytgnawd, ymgydio â('r fenyw): *to spring upon (the female) in copulation, mount, cover.*
1722 *Llst* 189, *neitio* . . . buwch d.g. *to Bull a cow* (hefyd *W*). **1772** *W* d.g. *to cover* [*as a horse the mare*], *to leap, or leap upon* [*as the male upon the female*].
Cfn.: **neidio ar Grist:** *?to embrace Christ (in death).* **13g.** *B* ix. 148. *id.* x. 22. **n. caseg felen:** *to play leap-frog.* Ar lafar ym Môn, *ISF* 58. **n. cortyn (trwy gortyn, trwy'r cortyn):** *to skip (with a skipping rope).* Ar lafar yn Arfon, *WVBD* 286. **n. cwinten:** *to do the high jump.* Ar lafar gynt yn Nyfed. **n. i'r adwy:** *to come to the rescue, step into the breach.* **1903. n. i ben (rhywun):** *to jump down (someone's) throat, bite someone's head off.* Ar lafar yn Arfon. **n. mulod:** *to play leap-frog.* Ar lafar ym Môn. **n. o (gan) lawenydd:** *to leap or jump for joy.* **14g.** *YBH* 17a, *o lewenyd y neidawd.* **1688** S. HUGHES: *TSP* 81, Christion a lammodd [:– *neidiodd*] dair gwaith *o lawenydd.* **1775** *W, neidio . . . gan neu o lawenydd* d.g. *to leap for joy.* **n. (o) stond:** *to jump from a standing position.* **1547** *WS, neitio o stond,* jump. **n. ymlaen:** *to do a long jump.* Ar lafar yn Arfon, *WVBD* 392.

neidiog [bôn y f. fl. + *-iog*] *a.* Yn neidio, llamsachus: *jumping, leaping.*
1794 *W* d.g. *subsultive or subsultory* [*bounding; leaping,* &c.].

neidiol [bôn y f. fl. + *-iol*] *a.* Neidiog, llamsachus; yn dychlamu: *jumping, leaping; throbbing.*
1803 *P, neidiawl,* leaping, springing; throbbing.

neidiwr, neitiwr, neidydd [bôn y f. fl. + *-iwr, -ydd*³] *eg.* ll. *neidwyr, neidyddion.* Un sy'n neidio, llamwr; ?ymosodwr; llysenw ar Fethodistiaid ac Anghydffurfwyr eraill a arferai neidio wrth addoli; plymiwr: *jumper, leaper; ?attacker; jumper, nickname for Methodists and other Nonconformists who jumped during worship; diver.*
14g. *GDG* 309, *Neitiwr* gwiw dros nawtir gŵydd [i'r gwynt]. **15g.** *GO* 209, Ŵyrion Edward yw'r *neidwyr.* **15–16g.** *TA* 414, *Neidiwr* dros afon ydoedd, / Naid yr iwrch rhag y neidr oedd [i ofyn march]. *id.* 428, Goreu *neidiwr* grwn ydyw [i ofyn march]. **16–17g.** LLYWELYN SIÔN, &c.: *Gw* 501, gwr vü glodav vuych aelodav, / gun ywch nodav, gwynn jach *naidydd.* *Dchr.* **17g.** *Mos* 147, 197, *naidydd* dros afon ydyw. **1632** *D, neitiwr* d.g. *desultor.* *id. neidiwr* d.g. *saltator.* *c.* **1730** *Thos. Lloyd D* (LlGC) 181a, *neidydd,* saltator. **1798** *WR, neidwyr* crefyddawl!—Yn mhlith y Cymry yn unig y mae y rhywogaeth hon o broffeswyr crist'nogrwydd i'w chael: y mae y diafol, y mae'n debyg, yn methu twyllo un genedl arall i fod mor rhyfygus a gwallgofus yn addoliad Duw; na neb pregethwyr 'chwaith ond yr eiddo y Cymry, i anturio i annog dynion i'r fath beth.—Y Methodistiaid a'r Bedyddwyr yw y pencampwyr yn y gwaith gwrthun a hynod hwn d.g. *jumpers.* **18–19g.** J. THOMAS: *EG* 118, I'r gwr Hafod Efan rhoist dafod pur gâs, / Ei alw fe'n *neidiwr,* da floeddiwr di flas [*sic*; i Jac Glan-y-gors]. **1803** *P.*

neidr [H. Grn. *nader,* gl. *vipera vel serpens vel anguis,* Llyd. C. *azr* (cf. H. Lyd. *natrolion,* gl. *pithis*), Llyd. Diw. (*n*)*aer,* H. Wydd. *nathir* (gen. *nathrach*): o'r gwr. IE. **nētr-* 'neidr', cf. Llad. *natrix*] *eb.* (bach. g. *-yn*) ll. *nadredd* (un. b. *nadredden*), *nadroedd.* Unrhyw ymlusgiad o is-urdd y *Serpentes* neu'r *Ophidia* a nodweddir gan gorff cennog silindrog diaelod, sarff, hefyd yn *ffig.*: *snake, serpent, also fig.*
13g. *C* 32. 2–3, Meithrin corph. y lyffeint a *nadret.* **13g.** *A* 25. 11, Pubell peleidyr pevyr pryt *neidyr.* o lwch *nadred.* **13g.** *BD* 114, *Neidyr* Caer Lincol a damgylchyna y llywynavc, a'e chyndrycholder o laveryon o *nadred* a dystir o aruthyr chwibanat. **1346** *LlA* 132, Eua adywat yna *yneidyr* heb yr hi awnaeth ym wneuthur ygweithret hwnnw. **14g.** *GIG* 79, A *neidr* yn fyw ni adai [am Badrig]. *c.* **1400** *R* 1360. 10–11, Dos dwc anglot not *neidryn* dryw hy agyr drahaus symyl gorryn. *c.* **1400** *Études* vii. 50, Rac brath *neidyr* neu gi claf, ysgriuenna y geireu hynn. **15g.** *GDLl* 60, Tyfodd, fal o nant afon, / *Neidr* yn sarff o'r deyrnas hon. / Mae son am *neidr* anfeidrol, / Fwyfwy'r â *neidr* fawr ar ôl [am y mab darogan]. **15g.** *LGC* 41, Tair *neidr* at yr un oedran [i dri mab Syr Thomas ap Rhosier]. *id.* 46, Gwna wledd a'th *nadredd* noetha odre Lloegr. **15–16g.** *TA* 245, Ager y sarff a'i gwrês oedd, / O'r un edryd a'r *nadroedd.* **1567** *TN* 4b, A genedleth gwiperoedd [:– *nadroedd*]. **1595** *Egl Ph* 6, fo ddarfu ei troi hwynt [ffyn] yn *nadrodd.* **1617** R. PRICHARD: *CE* [2], Casâ valchedd megis *Nidir.* **1632** *D, neidr,* coluber, anguis. **1703** E. WYNNE: *BC* 101, Yscowliaid, wedi mynd yn gan erchyllach na *Nadroedd* yn cnoi fyth dy-rinc, dy-rinc au colyn gwenwynig. *c.* **1754** *W Ballads* 161, 6, Gofyna[i]'r Ffermwr fel y *neidar* / Ple mae dy anwyl Briod howddgar. **1803** *P* d.g. *neidyr.* Ar lafar yn gyff.; gynt yn y Gogledd am y neidr wenwynig *Vipera berus, WVBD* 392, H. E. FORREST: *FNW* 423; yn nwyrain Morg. fe'i defnyddir am 'fenyw wenwynig sbeitlyd', ''En *nidir* odd 'i wraig a, yn allws 'i gwenwn ar bawb'. Clywir weithiau ar lafar yn y De y ff. l. *neidiriaid.*
Amr.: **anadredd** [ff. l., gydag *a-* brosthetig]. *c.* **1400** *YCM*² 30.
Cfn.: **neidr fraith** (ll. *nadroedd brithion*): *grass snake, ringed snake, Natrix natrix, also fig.* **14g.** *T* 23. 25–6, 26. 20. **15g.** *LGC* 478, Nid divraw 'r engl, nid hyvryd, / *Neidr vraith* a wna 'r gwaith i gyd. **16–17g.** *HG* 118, er bod gantun olud maith, ir *naidr vraith* i kredson / ag am hynny pymoes byd, i uffern ddibryd eithon / o waith Eva gynt yn mam, wnaethyr kam waithredon. **1672** R. PRICHARD: *Gw* 253. **18g.** *Pant* 19, 88. **1803** *P* d.g. *neidyr.* **n. gantroed:** *centipede.* *Diw.* **19g.** *SE MS* 327b. Ar lafar yn gyff. **n. goch** = **n. ddu.** Ar lafar yn sir Benf. a sir Gaerf. **n. gynffondrwst:** *rattlesnake.* **[1783]** *W* d.g. *rattle-snake.* **1793** N. WILLIAMS: *HM* i. 65. **1798** *WR* d.g. *rattlesnake.* **n. ddefaid (ddafad):** *slow-worm, Anguis fragilis.* **1830.** Ar lafar yn y Gogledd, *WVBD* 392, H. E. FORREST: *FNW* 421. **n. ddu:** *adder, viper, Vipera berus.* **18g.** *Pant* 19, 88. **1803** *P* d.g. *neidyr.* Ar lafar yn y Gogledd, H. E. FORREST: *FNW* 423. **n. y dŵr (dwfr):** *water-snake; eel.* **1547** *WS.* **1632** *D.* **[1783]** *W* d.g. *snake, water-snake.* **nadroedd y geifr:** *adders, vipers.* *c.* **1700** E. LHUYD: *Par* ii. 23, *Nadrodd y Geivr* i.e. Vipera. **neidr lwyd:** *grass snake, ringed snake, Natrix natrix.* Ar lafar yn sir Benf. a sir Gaerf. **n. fôr (y môr):** (i) *gunnel, butterfish, Pholis gunnellus.* Ar lafar yn y Gogledd, *WVBD* 392, H. E. FORREST: *FNW* 459. (ii) *sea-snake, sea serpent.* **1835. n. y tomennydd (y domen):** *grass snake, ringed snake, Natrix natrix.* **18g.** *Pant* 19, 88. **1803** *P* d.g. *neidyr.* Ar lafar yn y Gogledd, H. E. FORREST: *FNW* 422, ac ym Morg., '*nidir y doman*', *GWG* 296. **n. dorchog:** *grass snake, ringed snake, Natrix natrix.* **1672** R. PRICHARD: *Gw* 253. Ar lafar, H. E. FORREST: *FNW* 422.

neidraidd [*neidr* + *-aidd*] *a.* Tebyg i neidr: *snake-like, snaky.*
[1783] *W* d.g. *snaky.* **18–19g.** *Llr* C 2, 340, *Neidraidd.* **1803** *P.*
Gw. hefyd nadraidd.

neidrlys, neidrllys [*neidr* + *llys*⁵] *eg. Bot.* Llysiau'r ddraig, *Dracunculus vulgaris*; llysiau'r neidr, *Polygonum bistorta*: *dragon arum, dragons, dragonwort; bistort, adderwort.*
14g. *ACL* i. 39, dragantea. y *neidyrlys.* **1604–7** *TW* (*Pen* 228), *neitrlys* d.g. *bistorta* (At.). **1610** *Brog* 9, Droconlys, *neitrlys,* llysa'r [*sic*] sarph d.g. *aaron, vel Arum.* **18g.** *Llr* C 24, 366, dragantea, y *neitrlys.* **1803** *P, neidrllys* . . . snakewort.

neidrwydd, gw. eneidrwydd.

neidydd, gw. neidiwr.

neiedd [*nai*¹ + *-edd*¹] *eg.* Ffafriaeth at berthnasau neu gyfeillion agos (yn enw. ynglŷn â swyddi): *nepotism.*
20g.

neieintgarwch [*neiaint* (ll. yr e. *nai*¹) + *-garwch*] *eg.* Neiedd: *nepotism.*
1798 *WR, neiaintgarwch* d.g. *nepotism.*

neifatwr, gw. nofiadwr.

neifion¹ [?*nef* (neu *naf*) + ?*-ion,* trf. ll., neu *iôn*; engh. bosibl arall yw *ueinyon* [*sic*], *H* 52b. 22] *e.?ll.* ?Nef(oedd); arglwydd(i): *heaven(s); lord(s).*
c. **1300** *H* 4a. 29–30, vndec deir person uch archegylyon vn donyon *neiuyon* nerth heb dreghi (Gwalchmai). *id.* 32b. 13, Can doruoet niueroet *neiyuon* (Cynddelw). **18–19g.** *Llr* C 4, 38, *neifion* plur a nâf . . . Prŷd. bychan.
Amr.: **neifon** [cf. *ceil(i)og, cein(i)og*]. **14g.** *T* 24. 3–4, gelwyssit ar *neifon* argrist o achwysson.

neifion² [?ffrwyth camddeall *neifion*¹ drwy dybio cysylltiad â'r f. *nofiaf*: *nofio,* &c.] *e.ll.* ac *eg.* Moroedd, dyfroedd; duw môr y Rhufeiniaid; yr wythfed blaned o ran pellter oddi wrth yr haul: *seas, waters; Neptune (Roman god of the sea); Neptune (planet).*
15g. *Pen* 109, 15, ef a yrr nifer i uor *neifion* (Lewis Glyn Cothi). **15g.** *DE* 7, y nofiad a wnaeth *neifion* / o droya vawr draw i von. **1632** *D, neifion,* aquas & maria videtur significare, vt in quibus res natant. **1767** *Gron* 120, O fro y nifwl i for *Neifion.* **1803** *P, neivion,* s.m. . . . the name of a person in the British mythology, probably the same with Neptune.

neifon, gw. neifion¹.

neilon [bnth. S. *nylon*] *eg.* ll. *-s.* Polymer synthetig cryf, ysgafn, a lastig iawn a ddefnyddir i weu defnydd sidanaidd ac mewn diwydiant, y defnydd hwn; (yn y ll.) hosanau hir wedi eu gwneud (yn wreiddiol) o'r defnydd hwn: *nylon; (in pl.) nylon stockings, nylons.*
20g.

neillaw, neill-law, naill law [*naill* + *llaw*¹] *eb.* gan amlaf yn y cfn. *ar neillaw.* Un ochr, naill ochr, un llaw: *one side, one hand.*
13g. *B* ix. 337, Sef a wnaei e conuers gwynvydedic honn . . . sallwyrav or *neillav.* a llavuryau or llav arall. **16g.** (*Diw.* **16g.**) *Gwyn* 3, 52, Ynill nef i'r *neill-llaw*'n wâr / I'r llaw ddeau 'r holl ddaiar [Lewys Morgannwg i Harri VIII]. *a.* **1587** *Y* 76–7, Tebig yw dy attebion / I wraig cynt pan oedd grêg hon: / I gadw i gair am gnydwair gnaif / A'i *naillaw* a wnai wellaif. **18–19g.** R. DAVIES: *DB* 43, Pob rhodd ddylifodd o'i law / Yn hollol gudd i'r *neill-law.*
Cfn.: **ar neillaw (naill law):** *on one side (of), on the one hand.* **13g.** *LlI* 21, penkerd . . . E le yu *ar neyll lav* yr egnat llys. *Dchr.* **14g.** *H* 86a. 45, *ar neillaw* krist keli (Llywarch ap Llywelyn). **14g.** *WM* 83. 34–5, *Ar neillaw* pryderi ygossodet guydyon ynos honno. *id.* 130. 12–13, *Ar neill law* y ewythyr yd eistedawd peredur. **14g.** *YBH* 5b, dodi y dwylaw am vynwgyl y wreic aoed *ar y neillaw.* **15g.** *DN* 18, Am roi f'arglwydd rhwydd, lle'i rhodded—i stad / *Ar neillaw* i dad. **1774** *W, ar y naill law* d.g. *hand, on the one hand.*

neillbarth, naill barth [*naill* + *parth*] *e?g.* gan amlaf yn y cfn. *o'r neillbarth.* Un ochr, naill ochr: *one side.*
14g. *BT* 207, ywein goch a dauyd y vrawt or *neillparth.* allywelyn or parth arall. **14g.** *WM* 107. 4–7, Awney di heb y gugydyon y rof i nat agorych y creu yny uwyf i yn *yneillparth* yr creu ygyt athi. *c.* **1400** [*RB*] *WM* 202. 24–5, a gwrwrach yn ryuelu ar y *neillparth.*
Cfn.: **o'r neillbarth (naill barth):** *on one side; from one side.* **14g.** *BT* 207. **14g.** *WM* 5. 36–6. 1, y urenhines *or neillparth* idaw ef. ar iarll . . . or parth arall. *c.* **1400** *DB* 25, A'r dwy gymherued yssyd ardymheredic o'r gwres *o'r neillparth* a'r oeruel o'r tu arall. *c.* **1400** *YCM*² 23, *O'r neill parth* y doeth Ernald de Belland . . . ac o barth arall yr Iarll Estult.

neillfraich, naill-fraich [*naill* + *braich*] *a.* A chanddo un fraich yn unig: *one-armed.*
Diw. **19g.** *SE MS* 329, *neillfraich,* one-armed, having but one arm. Ar lafar ym Morg. a sir Gaerf. yn y ff. *naill-fraich.*

neilliaf: neillio [bf. o'r rh. *naill*] *ba.* Gwneud yn amrywiol, amryfalu; ailadrodd: *to diversify, vary; repeat.*
1803 *P, neilliaw,* to vary, to diversify.

neillig [*naill* + *-ig*²] *a.* ll. *-ion,* a hefyd gyda grym enwol. Unigol, gwahanredol; *Gram.* priod: *individual, respective; proper (in gram.).*
1828.

neillioग, gw. neillog.

neilliogaeth [*neilliog*+*-aeth*] *eg.* Amrywiaeth: *variation.*
c. **1785–90 (1829)** *CBYP* 160, os o golofn adlaw y daw, a rhai o'r bannau o hynny yn neilliogi ar eraill; cofier cynnal yr [*sic*] cyfryw *neilliogaeth* yn yr un mannau ym mhob un arall o'r pennillion. **1803** *P, neilliogaeth,* s.m. a variation.

neilliogaf: neilliogi [bf. o'r a. *neilliog*] *bg.* Amrywio: *to vary.*
c. **1785–90 (1829)** *CBYP* 160, os o golofn adlaw y daw, a rhai o'r bannau o hynny yn *neilliogi* ar eraill; cofier cynnal yr [*sic*] cyfryw neilliogaeth yn yr un mannau ym mhob un arall o'r pennillion. **1803** *P, neilliogi,* to diversify.

neill-law, neillni, gw. neillaw, naill.

neillog, neilliog [*naill*+*-(i)og*] *eg.* ll. *-ion,* a hefyd fel *a.* Posibiliad dewis (yn enw. rhwng dau beth), un o'r dewisiadau hyn; yn rhoddi dewis (yn enw. rhwng dau bosibiliad); *Gram.* rhagenwolyn sy'n dynodi dewis; a ystyrir yn amgen (am dechnoleg, &c.); amrywiol: (*an*) *alternative; pronominal indicating alternative* (*in gram.*); *alternative* (*of technology, &c.*); *varied.*
1803 *P, neilliawg,* diversified, varied.

neilltu, naill du, &c. [*naill*+*tu*] *eg.* gan amlaf yn y cfn. *ar neilltu, o'r neilltu.* Un ochr: *one side.*
13g. *LlI* 86, Os y *neyll tu* yd ard . . . ac nat ardho y tu arall, xv. pob bluydyn a tal. **16–17g.** E. PRYS: *Gw* 259, Y *neilltu,* mae hi'n wylltion / Un garw hyll, hwn a gur hon [am Eiddig]. **1632** *D, nailldu,* alter duorum laterum. **1803** *P, neilldu,* s.m. one of two sides, one side.
Cfn.: **ar (y) neilltu (naill du):** *on or to one side, on the one hand; aside, alone, apart, separately, individually, privately, by itself* (*himself, herself, &c.*). **13g.** *LlC* 31, O deruyd bot testyon er haulur en y maes, yaun ev eu dangos y'r egnat *ar neylltu.* **1346** *LlA* 64, Aduw auyd llewenyd ybawp ygyt. Ac ybawp *arneilltu.* Aphawp *arneilltu* agaffant lewenyd *arneilltu.* *c.* **1400** *B* ii. 15, Dot dy veheryn *ar neilltu* a dyro udunt weir bras. *c.* **1400** *YSG* i. 81, yr oed yn rwymedic o bedeirfford . . . o fforestyd diffeith *ar neill tu,* a dwy greic a oed o pob parth idaw, ac avon dovyn beriglus a oed yno. **15g.** *KAA* 2, rodi a wnaeth [y Pab] y bob un o nadunt ffiol . . . Ac or ae gwelei *ar neilltu,* nyt oed yn vyw yn [*sic*] dyn a wypei wahan y ryngthunt. **1588** *Gen* xxi. 28, Abraham a osododd saith o hespinod o'r praidd *ar y naill du.* **1691** *ESGG* 28, Mae'r pedwerydd Gorchymyn yn gofyn i ni neullduo holl ddydd yr Arglwydd iw wasanaeth ef, ar gyhoedd ac *ar nailldu.* **1725** D. LEWIS: *GB* 228, Ffrwyth a Dail rhai Coed sydd ynghyd, ond rhai eraill *ar nailldu.* **1730 (1755)** E. WYNNE: *PAC* 62, Pam y cymerir y bara ar gwîn *ar neilldu*? **o'r neilltu (naill du) = ar neilltu.** **13g.** *LlC* 7, urth henny y mae ouer e uechny *o'r neyll tu.* **14g.** *WM* 400. 40–2, *or neilltu* y ereint yd eistedawd y iarll ieuanc. **1547** *WS, or neilltu,* a lone [*sic*]. *Diw.* **16g.** *WLB* 4, bwytaed y llysseu *or neilltu* ac yfed y maidd *or neilltu.* **1588** 2 *Mac* xv. 40, y mai yn ddrwg yfed gwin *o'r nailldu,* a gwedi hynny trachefn ddwfr. **1595** H. LEWYS: *PA* 8, yr unionder yr hwn y mae duw *or naill du* yn i erfyn arnom, a holl gwrs ein buchedd nineu, or tu arall. **1632** J. DAVIES: *LlR* 53, [b]arn neilltuol, wrth yr hon y mae pob dyn ar ei ben ei hun . . . yn cael barn *o'r neilltu.* **1651** SIÔN TREREDYN: *MDD* 256, ammeu nad oedd yr addewid honno yn perthynu i chwi *o'r nailltu* (*in particular*). **1677** R. JONES: *BB* 62, ar osteg, ac *o'r neulltu* (*in public and in private*).
Gw. hefyd eilltu.

neilltuad [bôn y f. ddil. + *-ad*[2], trf. han.] *eg.* ll. *-au.* Y weithred o roddi o'r neilltu, cysegriad; dewisiad, penodiad; gwahaniad, ymraniad; gwahaniaeth, gwahaniaethiad; enciliad, ymneilltuad; y cyflwr o fod ar wahân, arwahaniad, ynysiad; secretiad: *a setting aside, dedication; selection, appointment; separation, division; difference, distinction, discrimination; retreat, secession, withdrawal; segregation, isolation; secretion.*
1604–7 *TW* (*Pen* 228) d.g. *exemptio, partitio, secretio, vacatio.* *Dchr.* **17g.** *J* 10, 21a, *neilltuad,* secessio, secretio. **1632** *D* d.g. *discidium, discretio.* **1658** R. VAUGHAN: *PES* 5, ein rhwygiadau an *neullduadau.* **1675** R. DAVIES: *PY* 4–5, wele y mae Christ yn y diffaethwch, hynny yw, mae Christ, neu ei wir Eglwys . . . yn y *neillduad,* ac ym mysg y rhai sydd yn eu neillduo eu hunain oddiwrth wasanaethwyr cyhoedd Duw yn yr Eglwysi. *id.* 202, Eu athrawiaeth o *neillduad,* ac mai hwy [Cwaceriaid] yw'r vnig bobl Sanctaidd. **1722** *Llst* 189, *neillduad* . . . a setting apart, division, distinction. **1727** M. MAURICE: *WE* d.d., byr hanes Eglwys Rhydyceished yn eu *nheulltuad* o Henllan. **1732–3** J. OWEN: *GB* 86, y *Neillduad* gweithredol y mae efe yn sôn am dano. **1765** J. POPKIN: *Ll* 244, y mae Cariad yn diystyru yr holl *neilltuadau* bychain sy rhwng pleidiau. **1777** W. WILLIAMS: *DN* 40, ac nad oes iddi mewn un dull necau iddo fwynhau defodau cariad, ond yn nyddiau ympryd, a *neillduad* gwragedd. **1788** B. EVANS: *LlG* 32, y mae Bedydd yn Ordinhâd o *neulltuad.* **1803** *P, neillduad,* a going aside; a putting aside; a separating, separation.

neilltuaeth [bôn y f. ddil. + *-aeth*] *eb.g.* ll. *-au.* Enciliad, ymneilltuad; y cyflwr o fod ar wahân, arwahaniad, ynysiad, unigedd, alltudiaeth; *Gwleid.* arunigedd; gwyliau'r Senedd; gwahaniaeth, gwahaniad, ymraniad, sgism; Anghydffurfiaeth, Ymneilltuaeth; hynodrwydd; secretiad: *retreat, secession, withdrawal; isolation, solitude, exile; isolationism* (*in politics*); *recess* (*of Parliament*); *difference, separation, division, schism; Nonconformity, Dissent; peculiarity; secretion.*
1588 *Lef* xvi. 22, Canys dwg y bwch eu holl anwiredd hwynt arno ef i dir *nailldueth* am hynny hebrynged efe y bwch i'r anialwch. **1588** *id.* xviii. 19, na nessâ at wraig yn *naillduaeth* ei haflendid. *Dchr.* **17g.** *J* 10, 21a, *neilltueth,* separation. **1630** R. VAUGHAN: *YDd* 80, Ewch oddiwrthif] dyna *neullduaeth* (*separation*), oddiwrth bob gorfoledd a dedwyddwch. **1632** *D* d.g. *diremptio.* **1658** R. VAUGHAN: *YPS* d.d., Ymddiffyniad Rhag pla o Schism neu Swyn gyfaredd yn erbyn *neullduaethau* yr Amseroedd. **1677** R. JONES: *BB* 134, Mi a wn y dywedwch, nad Duwioldeb, ond *neulltuaeth* (*singularity*), neu wmpwy . . . yr ydych chwi yn ei gwrthwynebu. **1693** *DQM* 42, mor alarus ydyw 'r *naillduaeth* ac ymbleidio sydd yn ein plith ni. **1722** A. THOMAS: *DR* 21, Yn ei ddyfnaf *neillduaith* ai enciliad. **1725** D. LEWIS: *GB* 86, Yn yr Afu y nailldur y Bustl Chwerw . . . Poer yn y Geneu. Ac felly yn gyffelyb betheu eraill yn y Corph a phe bai'r *Naillduaeth* ymma yn methu mywn un Man agos, byddai Marwolaeth yn canlyn ond odid. **1728** T. BADDY: *DDG* 142, yr hyn y fu yn fuan ar ôl hynny yn Arwydd o *neillduaeth* rhwng y Credadwy ar Rophim. **1798** M. JONES: *DG* 12, ei ewyllysgar *neillduaeth* oddi wrth ei wlad, ei deulu, a'i gyfeillion. **1803** *P.*

neilltuaf: neilltuo [bf. o'r e. *neilltu*] *bg.a.*
(*a*) Rhoddi o'r neilltu, cadw o'r neilltu, cysegru; dewis, penodi; didoli, ysgar, gwahanu, gwahaniaethu rhwng, gwneud rhagor rhwng; cadw ar wahân, unigo, arwahanu, ynysu; ?cadw (gwybodaeth, &c., oddi wrth); secretu: *to set aside, reserve, dedicate; choose, select, appoint; single* (*out*), *separate, remove, distinguish, differentiate, discriminate* (*between*); *keep apart, segregate, isolate;* ?*keep* (*information, &c., from*); *secrete.*
13g. *LlI* 51, Os rey er haulur a uyd en e maes, yaun yu eu dangos e'r egneyt ac eu *neylltuau.* **1346** *LlA* 36, Duw awnnaeth pob peth oravyd. Agwedy hynny ef a*neillduawd* (*distinxit*) pob peth. **14g.** *WM* 88. 34–6, Egwyr hynny a *neilltuwyt.* ac a dechreuwyt gwiscaw amdanunt. *c.* **1400** *YCM*[2] 127, ny mynnaf i *neilltuaw* vyg kyghor y wrthyt ti o hynn allan. **16g.** (*LlEG*) *Mos* 158, 495a, modd i *neillduo* ac I ysgar y vrenhines ar brenin. **1567** *TN* 22a, Yr Angelion a ant allan, ac a *nailltuant* [:– ddidolant] yr ei drwc o blith yr ei cyfiawn. **1588** *Rhuf* i. 1, Paul gwasanaethwr Iesu Grist, yr hwn a alwyd yn Apostol, ac a *nailltuwyd* i Efengyl Dduw. **1595** H. LEWYS: *PA* 55, Pann ddyrnir yr yd, y gronyn sydd ynghymysc ar vs, a gwedi hynny i *nailldu-ir* hwy ar gwagr ne ar gwyntell. **1599 (1677)** R. HOLLAND: *AB* 57–8, megis y sancteiddiwyd y Deml, sef, y *neilltuwyd* hi i arfer sanctaidd bendigedig; ac y sancteiddiwyd yr offeiriaid, sef, y *neulltuwyd* hwy i wasanaeth Duw. **1611** *Pen* 217, 428–9, Nid er dilev priodas nai thywyllv ydd ym ni yn dywedvd geni mab i vorwyn eithyr *neilldvo* ydd ym ni i gaffaeliad ef. **1618** J. SALISBURY: *EH* 63, gadawyd i'r trydydd person, megys yn briodawl, yr henw cyffredin, i'w *neulltuo* oddiwrth y ddau eraill. **1631** O. THOMAS: *CC* 33, I bawb oll heb ddieithro, na *neillduo* nêb mwy na'i gilydd. **1632** *D,* naill . . . *neillduo,* separare, secernere. **1655** WL: *DP* 95, dydd wedi i gyssegru i'th wasnaethu, a'i *neilltuo* i'th folianu di. **1725** D. LEWIS: *GB* 72, bydd rhan o'r Peth fyddo yn dyfod i'r Gwaed, yn cael ei *nailldo* gyd â'r Dwfr i'r Bledren. *id.* 86, Yn yr Afu y *nailldur* y Bustl Chwerw. **1803** *P.*
(*b*) Mynd o'r neilltu, ymneilltuo, encilio, cilio'n ôl: *to go aside, retire, withdraw, secede, retreat.*
c. **1400** *YCM*[2] 98, *neilltuwys* Sarascin o Dwrc y wrth y llu. **15g.** *LGC* 484, Yno ill dau ni *neillduynt* / I roi y gad i wyr gynt. **1604–7** *TW* (*Pen* 228) d.g. *abscedo.* **1657** *MLl* ii. 120, Dynion pruddion yw plant Saturn / . . . / Pobloedd unig yn *neillduo.* **1733** T. EVANS: *PP* 6–7, pa mor ddisail yw gwaith rhai pobl yn *neillduo* oddiwrth yr Eglwys. **1753** *TR,* naill . . . *neillduo* . . . to go aside, to retire. **1803** *P.*

neilltuaidd [*neilltu*+*-aidd*] *a.* Neilltuol; preifat: *particular; private.*
1813.

neilltuedig [bôn y f. fl. + *-edig*] *a.* Wedi ei roddi o'r neilltu, ar wahân; unigol; wedi ei ddewis neu ei benodi, dethol, arbennig, neilltuol; cysgodol, diarffordd, arunig, ynysig; preifat; Anghydffurfiol, Ymneilltuol; swil, encilgar; haniaethol; idiopathig: *set apart or aside, separated, reserved, separate; individual, single; chosen or appointed, select(ed), choice, special, particular; sheltered, secluded, isolated; private; Nonconformist, Dissenting; shy, retiring; abstract; idiopathic.*
13g. *Llst* 1, 158, archassey ef y arthvr dyvot i *neylltvedyc* ymlad ac ef. **13g.** *BD* 135–6, ac yno y gossodes ef Octa ac Eossa y geuynderv yg carchar, a guyr *neilltuedic* y eu cadv. *id.* 184, gossot a wnaeth Arthur y lu ynteu trvy nav bydin, a thywyssogyon *neilltuedic* doeth y bob un onadunt. *c.* **1400** *RB* ii. 178, galw attaw aoruc wlphin or ryd garadawc kedymdeith *neilltuedic* achyt varchawc idaw. **1548** *Pen* 163, ii. 71, am bob peth ar a wnaethbwyd o vewn tervynav yn fforestydd ni *neilldvedic* a chadw yni yr vn tiroedd hynn. **1588** *Neh* x. 28, a phawb a'r a oedd *nailldueddic* oddi wrth bobl y gwledydd. **1632** *D* d.g. *discretus.* **1717** IACO AB DEWI: *CS* 85, A aeth ei Enaid *neillduedig* (*separate Soul*) ef i Baradwys? **1775** *CY* 19, y mae holl Weinidogion *neillduedig* . . . yn rhwym i gymmeryd y llwon o ffyddlondeb ac o uchafiaeth y Brenin. **1788** B. EVANS: *LlG* 34, fe ganlyn mae *neulltuedig,* fel Deiliaid Cyfammod Duw, a feddylir wrth y Gair Sanctaidd. **1803** *P* d.g. *neillduedig.*

neilltuedigaeth [*neilltuedig*+*-aeth*] *eg.* ll. *-au.* Y weithred o wahanu neu neilltuo, gwahanrwydd: *a setting aside, separation.*
[**1783**] *W* d.g. *separation* [*the being separated*], *sequestration* [*the state of being lay'd or set aside*]. **1803** *P, neillduedigaeth,* s.m. pl.t. *-au,* the state of being put aside or separated; sequestration.

neilltuedd [*neilltu*+*-edd*[1]] *eg.* Y cyflwr o fod ar wahân, ynysiad, arwahanrwydd, unigedd; ymneilltuad, enciliad; nodwedd: *isolation, separateness, solitude; withdrawal, retreat; characteristic.*
1632 *D* d.g. *solitudo.* **1714** IACO AB DEWI: *CB* 13, [y]r hôll Weddieu a'r Myfyrdodau a allai hi ond odid gael eu mwynheu yn y *Neillduedd* dirgelaf y Bŷd [*sic*]. **1722** *Llst* 189, *neillduedd,* recess; solitude. **1725–6** *Madd Ed* 408, na osododd Duw hwynt [Angylion] mewn *neilltuedd,* ond iddo wneuthur amryw Raddau a chymdeithiasau o honynt. **1776** DEWI NANTBRÂN: *AN* 60, Teilyngu ohonot ganiattau i ni 'r Grâs i fwynhau pob trallod, a gormesol [diwyg.] golled, a fo yn gwasgu yn dynn arnom, megis cyflè o *neilltuedd,* megis ac[h]lysur cyfaddas i Weddi. [**1783**] *W* d.g. *retirement.* **1803** *P* d.g. *neillduedd.*

neilltuog [*neilltu*+*-og*] *a.* Pleidiol, unochrog; ar wahân, unig: *partial, one-sided; apart, solitary.*
1589–93 *Rhyddiaith Gymraeg* ii. 138, trigaredd heb gyfiownder, *neylltyog* fydd yn eglyr. **16–17g.** *B* ii. 242, ysgyfala .i. *neillduog.* **1609** *Rhyddiaith Gymraeg* i. 150, yr hwnn [natur cerdd] a welir yn eglur yn . . . y ffenix, yr eos, yr alarch ac yn llawer o adar eraill ar sydd yn byw yn neilltyol. Yr adar *neilltuawc* yma sydd genthynt gyfnewidiad ac ymrafael ganhiadau.

neilltuol [*neilltu*+*-ol*] *a.* ll. *-ion,* a hefyd gyda grym enwol ac adferfol. Yn perthyn i un person, peth, dosbarth, &c., yn arbennig, penodol, priod, unigol, unigryw, hynod, anarferol; partïol, tueddol; wedi ei wahanu, ar wahân, diarffordd, unig, preifat; swil, encilgar, anghymdeithasol; ystyfnig, hunanewyllysgar, hunanol: *particular, special, specific, proper, individual, unique, singular, peculiar, unusual; partial, biased; separate, apart, secluded, solitary, private; shy, retiring, unsociable; wilful, self-willed, selfish.*

1547 *WS*, *neulltuol* val dyn, selfewylled. 1567 G. Robert: *GC* 5, [g]yrrid nhwy ar darfysc i ryw gilfach *neulltuawl* i dario. 1567 *TN* 35[9]b, na does vn proffedoliaeth yn yr scrythyr ac iddi ladmeriaeth *neilltuol* [:– o angerdd priawd, o awenydd dynawl]. 1588 *Eseia* xiv. 31, ni bydd neb *neulltuol* (1620 *ib.* vnig) yn ei amseroedd nodedic ef. 1595 M. Kyffin: *DFf* [39], gan gadw, a chynnal, *neulltuol*-fferenneu (*privatas missas*). 1618 J. Salisbury: *EH* 93, gwell yw gweddi gyffrêdin, na'r *neulltuol*. 1631 O. Thomas: *CC* 84, Ai rhŷdd i ddynion llûg . . . esponnio . . . yr Scry[t]hyrau yn eu teiau eu hun yn *neill-tuol*. 1632 *D*, naill . . . *neillduol*, separatus, solitarius, minùs socialis. 1672 J. Langford: *HDdD* 64, trwy dybied o ddynion ein bod yn *neillduol* (*singular*), ac ynfyd-ffol, yn rhodio megys mewn llwybr ar ein pennau ein hunain. 1677 C. Edwards: *FfDd* 43, Nid yw 'r Christianogion *neillduol* oddiwrth ddynion eraill, nac o ran gwlad, nac jaith. 1693 J. Owen: *BP* 167, Nid oes un gorchymyn *neullduol* am gadw y dydd Cyntaf or wythnos yn Sabbath. 1723 J. Jones: *LlA* 152, mewn cyffredinolion Bethau, nid mewn *neillduolion* Bethau. 1723 WM: *PGG* 51, Ond os gwnei hyn, nid hwyrach a dywaid rhai mai Dyn Sarrig *neullduol* wyt. 1759 T. Thomas: *WWDd* 124, nid yn unig, yn rhŷdd fel person *neulltüol*; ond hefyd fel Pen-cynnrycholwr i'w holl bobl. 1784 M. Williams: *S* i. 177, i roddi hanes am bob un yn *neillduol* sydd orchwyl amhosibl. 1803 *P* d.g. *neillduawl*. Ar lafar, ''Toes dim *neilltuol* yni hi', *WVBD* 394; hefyd gyda grym adferfol, 'yn oer *neilltuol*', *ib.*; 'Mae'n *neilltuol* o ddæ'.

Gw. hefyd eilltuol, neilltuolion.

neilltuolaeth, neilltuoliaeth [*neilltuol* + -*(i)aeth*] *eg.b.* ll. *-au.* Ymraniad, gwahaniad, sgism; nodwedd, hynodrwydd; unigedd; *Diwin.* yr athrawiaeth fod gras dwyfol yn gyfyngedig i'r etholedig: *division, separation, schism; characteristic, peculiarity; solitude; particularism (in theol.).*

1658 R. Vaughan: *YPS* 6, Am hynny y *neullduolaethau* presennol, ar gwahaniadau . . . ydynt yn eglur wrthun. 1708 T. Jones: *Alm* [19], Awdwŷr *neillduoliaeth* a dderbynniant eu haeddedigol gyflog. *c.* 1730 *Thos. Lloyd D* (LlGC) 181a, *neilltuoliaeth*, separation. 1803 *P*, *neillduolaeth*, s.m. the state of being separated; discrimination.

neilltuolaf: neilltuoli [bf. o'r a. bl.] *ba.* Crybwyll yn neilltuol, manylu, rhestru'n unigol; didoli, gwahaniaethu (rhwng); rhoddi o'r neilltu, neilltuo (o blith): *to particularize, specify, itemize; separate, differentiate; set aside, single (out).*

1658 R. Vaughan: *GA* 45, [rh]oddant hwy [gweddiwyr] gyfrif ar lawr yn neullduol iddo ef [Duw] oi mân angenrhei[d]iau. Ac yngwirionedd tan liw o *neullduoli*. *id.* 46, Oes vnrhyw ddyn a ellir *neullduoli* yr holl bethau ydynt reidiol iddo. 1778 *W* d.g. *to particularize.* 1786 W. Williams: *I* 37, ac felly yn ei *neillduoli* Ef oddi wrth yr holl Brophwydi sanctaidd. [1788] *EDP* 39, pechadur yn cael ei wneuthur i'w glywed ef . . . mewn modd gwahanol, yn *neilltuoli* allan (*singling out*) y person. 1798 *WR* d.g. *specify.* 18–19g. *Llr* C 11, 192, *neillduoli*, to seperate. 1803 *P.*

neilltuoldeb [*neilltuol* + *-deb*] *eg.* Penodolrwydd, arbenigrwydd, gwahanredoldeb; gwahaniaeth; uniondeb, didwylledd; neilltuolrwydd (am bobl Dduw): *particularity, specialness, distinctiveness; distinction, difference; straightforwardness, sincerity; condition of being the special property of God (with ref. to his people).*

1599 (1677) R. Holland: *AB* 28, vndeb, a *neulltuoldeb* (*distinction*) y tri pherson yn y Drindod, sef vndeb o ran y Duwdod, a *neulltuoldeb* (*distinction*) o ran y personau yn y Duwdod. 1658 R. Vaughan: *PS* 437, Y galon, yr hon sydd iddi a [*sic*] *neullduoldeb* (*singleness*) i Dduw, a edrych ar y byd megis ar hudol diafol. 1696 *GGTY* [v], [y] cyfammod honno [*sic*] o *neilltuoldeb* (*Covenant of Peculiarity*), yr hon a wnaeth Duw ag Abraham a'i hâd naturiol ef. 1711 H. Powel: *TY* 146, bod Prynnedigaeth yn Gyffredinol, ac etto bod *neilltuoldeb* ynddo. 1725 D. Lewis: *GB* 190, A ydyw Eneidieu, neu Fywydeu Anifeiliaid, yn dyfod o ryw Elfen ddieithr i ni; ac yn dychwelyd yno eilwaith, pan fyddont feirw, gan golli ei *Nheillduoldeb*? 1764 J. Popkin: *ABG* 23–4, *neilltuoldeb* y Genedl Iuddewig yn y Gwaharddiad o Fwydydd. 1765 *Rhed Y* 33, [m]eddyliau am ragorol *Neilltuoldeb* (*rareness*) y Lle. *c.* 1785–90 (1829) *CBYP* 98, braint nerth o Barth odl y sydd ar Driban Milwr a Thriban Morganwg, ag o hynn y daw'n bennaf *neillduoldeb* y mesur. 1803 *P.*

neilltuolder [*neilltuol* + *-der*] *eg.* Nodwedd, hynodrwydd: *characteristic, peculiarity.*

c. 1785–90 (1829) *CBYP* 79, llymma nodau *neillduolder* . . . pob mesur. 18–19g. *Llr* C 73, 490–1, [p]edwar Ansawdd ar hugain ar fesur . . . a *neillduolder* braint ar bob un o'r mesurau.

neilltuoledd [*neilltuol* + *-edd*[1]] *eg.* Nodwedd; ymraniad: *characteristic; division.*

1704 J. Morgan: *B* 15, [p]echodau cyfeillach a chyd-wneuthuriad y cyfryw yw putteindra, meddwdod, gwrthryfelgarwch, *neillduoledd* mewn crefydd.

neilltuoliaeth, gw. neilltuolaeth.

neilltuolion [ll. yr a. *neilltuol* fel e.] *e.ll.* Nodweddion, nodau angen, hynodion; manylion: *characteristics, distinguishing marks, peculiarities; details.*

1839.

neilltuolrwydd [*neilltuol* + *-rwydd*] *eg.* Arbenigrwydd, penodolrwydd, nodwedd, nod angen, hynodrwydd, odrwydd; y cyflwr o fod yn eiddo arbennig i Dduw (am ei bobl); ymwahaniad oddi wrth bobl eraill neu eu safonau, ymraniad, sgism; y cyflwr o fod yn ddiarffordd neu anhygyrch, arwahanrwydd, unigedd: *peculiarity, particularity, specificness, characteristic, distinctiveness, remarkableness, oddness; condition of being the special property of God (with ref. to his people); singularity, division, schism; seclusion, inaccessibility, separateness, solitude.*

1620 *Pr* iv. cs., Bod trais, a chynfigen, a seguryd, a chybydd-dod, a *naillduolrwydd* . . . yn chwanegu ar wagedd dyn. 1632 *D* d.g. a garo *neillduolrwydd* d.g. *phileremus.* 1658 R. Vaughan: *GA* 47, yr hon [Gweddi'r Arglwydd] yn ei chyffredinrhwydd a gynwys yr holl *neillduolrwydd.* 1658 R. Vaughan: *PS* 359, y mae [addoli Duw gartref pan fydd pawb arall yn yr eglwys] yn ymddangos mal yn burdeb a sancteiddrwydd, eithr yn awr, *neullduolrwydd* (*singularity*) a hyfdra. 1658 R. Vaughan: *PES* 7, y pwngc o Schism neu yn gymraeg loiw *neullduolrhwydd.* 1675 R. Jones: *HCh* 41, Canys adeg neu odfa'r cythrael yw *neillduolrwydd* (*seclusion*). 1696 *GGTY* [vii], er fod y peth yn eglur yn y gyfammod o *neilltuolrwydd* (*Covenant of Peculiarity*) honno a wnaethpwyd ag Abraham. 1701 E. Wynne: *RBS* 76, [c]ariad perffaith . . . yw morwyndod yr enaid, fel mai Purdeb a *neilltuolrwydd* (*separation*) yw morwyndod y corph. 1719 T. Evans: *CDW* 15, er bod y Geiriau yn gyffredinol, etto dylid eu dyall gyda *neilltuolrwydd.* 1725 D. Lewis: *GB* 45, Dewiniaid . . . a'i Heneidiau yn mynd allan o'i Cyrph . . . yn dangos Anfarwoldeb yr Enaid; neu o'r hyn lleiaf, ei *Naillduolrwydd* Hanfodol. *c.* 1762–79 W. Williams: *P* 497, yn cadw eu mherched gyd â'r fath *neillduolrwydd* oddiwrth bob cwmpeini gwr-rywod. 1778 *W* d.g. *peculiarity, singularity* [*an affected way of being singular or particular*]. 1803 *P.*

neilltuolwr [*neilltuol* a bôn y f. fl. + *-wr*] *eg.* ll. *-wyr.* Un sy'n achosi sgism, un sy'n perthyn i blaid sgismatig, ymwahanwr, sectwr; Anghydffurfiwr, Ymneilltuwr; arbenigwr: *schismatic, separatist, sectarian; Nonconformist, Dissenter; specialist.*

1658 R. Vaughan: *YPS* 16, *neullduolwyr* a ymddangosant yn Seinctiau, eithr nid ydynt. 1658 R. Vaughan: *PES* 11, y mae yn rhoi hyspysrwydd a character or *neullduolwyr* hynny. 1703 O. Lewis: *ADC* 37, a rheini o Eglwys Loeger yn erbyn y Puritans, brownists a *neullduolwyr* eraill.

neillturwydd [*neilltu* + *-rwydd*] *eg.* Arbenigrwydd, hynodrwydd; unigedd; ystyfnigrwydd, hunanewyllys, hunanoldeb: *peculiarity, strangeness; solitude; wilfulness, self-will, selfishness.*

[1547] W. Salesbury: *OSP* [ix], a bydd vn ddiareb o hanynt mor tywyll (yn aill ai y can heneint yr iaith, ai o ran llediaith y vro, ai o *neullturwydd* synnwyr y dychymygydd kyntaf . . .). 1567 *TN* 243a, yn gymeint a bot balchedd, a' *neullturwydd* yn achos ir drigae hyny. 1604–7 *TW* (*Pen* 228), *neillturwydd* d.g. *contumacia, solitudo.* *id.* carwr *neillturwydd* d.g. *phileremus.* *c.* 1730 *Thos. Lloyd D* (LlGC) 181b, *neillturwydd*, selfishness . . . self-ends, private view.

neilltuwr [bôn y f. *neilltuaf*: *neilltuo* + *-wr*] *eg.* ll. *-wyr.* Anghydffurfiwr, Ymneilltuwr; ymwahanwr, sgismatig; un sy'n anghytuno (â rhywun arall); ciliwr o'r byd: *Nonconformist, Dissenter; separatist, schismatic; one who disagrees (with someone else); one who retreats from the world.*

1658 R. Vaughan: *PS* 359, *neullduwr* er tecced yr ymddangoso yn Sanct, nid yw ond vn oi weision ef [y Diafol]. 1718 (1721) S. Thomas: *HB* 119, Y Cil-wyr neu'r *Neilldu-wŷr* yma, sef y Monachod gan ymneilltuo fel hyn oddiwrth gyfeillach dynion. 1722 *Llst* 189, *neillduwr* . . . a separatist, dissenter. 1724 E. Wells: *CC* 9, y *Neilldu-wyr* neu Ddi-dolwyr oddiwrth Egwys [*sic*] Lloegr. [1740] L. Anwyl: *CA* 127, Disenter neu *Neilltuwr.* 1771 L. Rees: *RCG* 8, eich addfwynder tu ag at eich *neilltuwyr.* 1791 Gw. Mechain: *Rh* 123, y *neillduwyr* o bob enwau á ddaliwyd yn y rhwyd hon yn gysylltedig a'r pabyddion. 1795 J. Thomas: *AIC* 103, Mae 'r gair protistaniaid, yn Arwyddocau *nailltuwyr*, y Cyfryw enw Sydd gan y papustiaid ar bob Sect. 1803 *P.*

neina [ff. anwes ar *nain*, cf. *ewa*, *bopa*, *teida*] *eb.* Enw anwes ar nain neu famgu: *term of affection for a grandmother, gran(ny), nan(na).*

1803 *P*, *neina*, a grandnanny.

neintiaf: neintio, neintyrch, gw. eneiniaf: eneinio, entyrch.

neirthiad, neirthad, nerthiad[1] [bôn y f. *nerthaf*: *nerthu* + *-iad*[2], *-ad*; dichon mai e. prs. a welir yn yr engh. gyntaf, cf. *Nertat*, *Arch Camb* lxxxvii. (1932) 236] *eg.* ll. *-iaid.* Nerthwr, cynhaliwr, cynorthwywr: *strengthener, sustainer, helper.*

13g. *A* 4. 1, neus goreu deu bwyllyat *neirthyat* gwychyd. 13g. *MA*[2] 222b. 9, Rhyfeddaf o'm naf o'm *neirthiad* (Dafydd Benfras). *c.* 1300 *H* 53a. 6, Dychanaf ym naf ym *neirthyad* ywein (Cynddelw). *id.* 104a. 24–5, Ardwyreaf naf ut *neirthyeid* prydein. prif deyrn kynnifyeid (Llywarch ap Llywelyn). *Dchr.* 14g. *id.* 75b. 55, o *neirthyad* ner nenn lledneis (Einion Wan). 14g. *T* 74. 9, achrist v*yneirthat.* *id.* 79. 9–10, Gvolychaf vyn tat. vyn duw vyn *neirthat.* 14g. *BT* 99, agwedy llad llu y *neirthyeit* ef yg kwnsyllt ffo a harugant. 14g. *GDG* 13, *Neirthiad* (*Llst* 6, 9, *nerthiad*) fo Efô ar fôr—a llawrlen, / Nen y ffurfafen, i ffyrf Ifor. *id.* 42, *Neirthiad* a gefais didrais dwydraidd. *c.* 1400 *R* 1390. 7–8, Caraf y *neirthyat* naf a nertho vyndull. 1803 *P* d.g. *neirthiad*, a strengthener.

neis [bnth. S. *nice*] *a.* a hefyd fel *adf.* Hyfryd, dymunol, del, pert, dillyn, weithiau'n ddifr.; blasus, ffein; twt, union, manwl; misi, dicra: *nice, pleasant, pretty, dainty, sometimes derog.; tasty; tidy, exact, precise; fastidious, finicky.*

18g. *W Ballads* 155B, 7, Er imi ymwisgo gynt mor *neis.* 1768 *W Ballads* 86, 5, Ni welodd fy llygad un fenniw gar [*sic*] fwynad / Howddgarad a *neisiad* a nansi. 1808 Twm o'r Nant: *BB* 7, Ac felly 'r oedd y merched, a'u traed bach mor *neisied.* Ar lafar, weithiau fel adf., 'yn oer *neis*', 'nice and cold'; ym Morg. yn yr ystyr 'misi, dicra', 'Un *neis* iawn yw'r grotan fach 'na—'fytiff 'i ddim ond beth wêl 'i'n dda'.

Amr.: **nais.** 1848. Cf. *Cymru* x. [334], Y cawr ieuanc yw'r hoew-wych / *Nais* wr J. Morris Jones wych.

Cfn.: **neis neis:** *overnice (derog.), genteel, refined.* 1913.

neisi [bnth. S. taf. *nicey* 'sweet(s)'] *eb.* ll. *-s.* Losinen: *sweet.*

Ar lafar yn sir Benf., *LGW* 204, *SC* vi. 122.

neisied [cf. S. Diw. Cyn. *nycette* 'kind of kerchief'] *eb.g.* ll. *-i*, *-au.* Cadach poced, hances; penlliain; cadach gwddf:

handkerchief; kerchief; neckerchief, cravat, neckcloth.
1753 *TR*, neisiad, a kerchief. Glam. **1770** *W*, *neisiad* d.g. *band, a neck-band, kerchief, hand-kerchief.* **1801** *MMf* 184, dod *neisied* (*Llr* C 24, 324, gwrsi) am dy benn. **1803** *P*, *neisiad*, s.m. a kerchief. Ar lafar yn y De yn y ff. *n(e)isied, nisiad, nisier*, *LGW* 304; hefyd gynt yn sir Ddinb. yn yr ystyr 'cadach gwddf', *Cymru* xlvii. 141.
Cfn.: **neisied boced (poced):** *handkerchief.* **1907.** Ar lafar yn y De, hefyd yn y ff. *nishad boc.* **n. wlanen:** *small flannel shawl, turnover.* Ar lafar yn neddwyrain Morg.

neisrwydd [*neis* + *-rwydd*] *eg.* Yr ansawdd neu'r cyflwr o fod yn neis; manylder, gofal: *niceness; nicety, punctiliousness.*
1850.

neitiaf: neitio, neitiwr, gw. neidiaf: neidio, neidiwr.

neitr, neitrad, neitrig, neitrogen, neitroglyserin, gw. nitr, nitrad, nitrig, nitrogen, nitroglyserin.

neith[1]**, naith** [?adff. o *neithior*] *eg.* ll. *-ion.* Cred, ffydd: *belief, faith.*
1707 *AB* 219b, *neith*, belief. V. **1753** *TR*, *neith*, belief. **1770** *W* d.g. *belief.* **18–19g.** *Llr* C 4, 25, *naith* belief, troth, hinc neithiawr. gwendid yw newid dy *naith*. Lewis Morganwg. **1803** *P*, *naith*, s.m. . . . troth, faith.

neith[2] [amr. ar **nith*, sef bôn y f. *nithiaf*: *nithio*; cf. *neithiwr*[2]] *e?g.* ?Nithion: *winnowings, siftings.*
1768 (1813) Twm o'r Nant: *FF* 27, Mae Belial fel gŵr yn trin llawr ei ysgubor, / Y *neith* na ddalier yn y rhidyll fo a'i cair yn y gogor.
Gw. hefyd nithion.

neithar, neitharwyr, gw. neithior, neithiorwr.

neithdar [cfdds. o'r S. *nectar*] *eg.* Hylif siwgraidd a gynhyrchir yn neithdarleoedd blodau ac a gesglir gan wenyn, pryfed, ac adar; *Chwedl. Glasurol.* diod y duwiau; hefyd yn *ffig.*: *nectar (also in classical myth.), also fig.*
a. **1841.**

neithdaraidd [cfdds. o'r S. *nectar(ous)* + *-aidd*] *a.* Yn perthyn i neithdar, tebyg i neithdar: *nectarous, nectareous.*
1835.

neithdaren [cfdds. o'r S. *nectar(ine)* + *-en*] *eb.* ll. *-nau.* Math o eirinen wlanog ddi-flew: *nectarine.*
1858.

neithdarfa [*neithdar* + *-fa, ma*] *eb.* ll. *-fâu.* Neithdarle: *nectary.*
20g.

neithdarle [*neithdar* + *lle*[1]] *eg.* ll. *-oedd.* Organ (mewn planhigyn neu flodeuyn) sy'n secretu neithdar: *nectary.*
20g.

neithdarol [*neithdar* + *-ol*] *a.* Neithdaraidd: *nectarous, nectareous.*
1876.

neithiaf: neithio [?bf. o'r e. *neith*[1]] *ba.* Pasio (cynnig, gwelliant, &c.): *to pass (motion, amendment, &c.).*
1803 *P*, *neithiaw*, to pass, to complete; to confirm.

neithiar, neithiawrwyr, gw. neithior, neithiorwr.

neithior, neithor [?< Brth. **noxtiāria*, bnth. Llad. *nuptiālia* neu'n air cytras Brth.] *eb.g.* ll. *-(i)au.* Gwledd briodas, hefyd yn *ffig.*; priodas; gwledd: *wedding-feast, also fig.; wedding, marriage; feast.*
13g. *A* i. 6–7, kynt y waet elawr nogyt y *neithyawr*. **13g.** *Brut B* 75, mynnvs gwnevthvr en clotvavr . . . e lle kyntaf e kyscvs kenthy . . . kadv kof e *neythyavr* honno hyt dyd bravt. **13g.** *BD* 182, gan lygru kyureith dvywavl *neithoryeu*. *c.* **1300** *H* 98a. 24, Gwrth yoli keli kynn *neithyawr* daear. **14g.** *BT* (*RB*) 268, yno y priodes [Llywelyn Elinor]. A'r nos honno y gwnaethbwyt y *neithawr*. **14g.** *YBH* 3b–4a, ni awnawn yn priodas an *neithyawr*. **14g.** *GDG* 315, Nid *neithior* arf barf mab aillt. *c.* **1400** *B* xiv. 188, yd ymbriodassant. Ac y gwnaethpwyt gwled uawr yn eu *neithawr* a'r brenhin arnei. **15g.** *GTP* 28, Y mae *neithior* yfory / A mwnai fraisg ym Môn fry, / A'r ail, drennydd, a fydd fwy, / A'r drydedd *neithior* dradwy. **15g.** *GO* 333, Vn yw'r Gvtyn Glyn â gliniav bonkyff, / Benkerdd koeg *neithiorav.* **15g.** *GGl*[2] 288, Aeth eraill o'r glêr i *neithiorau.* **15–16g.** *TA* 312, Cyntaf neuadd y'm graddwyd / Fu oror llys f'eryr llwyd; / Am dri chof y'm drychafodd / Yn *neithior* hwn, â thair rhodd. **15–16g.** *GLM* 354, *Neithiorau* borau heb arian i neb / ni wybydd ond secstan; / heb gynnig na chig na chan, / na chwrw uchod, na chrochan. **1567** *TN* 35a, Damec y *neithior* [:– briodas]. **18g.** I. Brydydd Hir: *Gw* 153, *Neithior* mawr; ni thewir mwy [i Ddydd Brawd]. **1774** B. Francis: *A* 54, O deu'd yr orfoleddus awr, / A'r *neithior* fawr drag'wyddol. **1803** *P*, *neithiawr* . . . a wedding; a wedding feast, in some parts, which is kept on a fixt day after the wedding, generally the following Sunday, when the guests bring presents to the newly married couple. Ar lafar yn rhannau o Bowys, *LTMW* 235. Ar lafar gynt yng Nghwm Llwchwr am '[f]ath o "meat tea" . . . a gynhelid bob noswaith waith am bythefnos neu fwy ar ôl priodas yn nhŷ rhieni'r eneth er mwyn helpu'r pâr ifanc i brynu dodrefn neu 'stafell', *YBH* 78.
Amr.: **neithiar.** *a.* **1587** *Y* 141. **1618** J. Salisbury: *EH* 213. **1766** *CD* 126. Ar lafar gynt yn Arfon yn y ff. *neithar* am wledd y gwneid casgliad ar ei chyfer ymlaen llaw, i ddathlu achlysur, e.e. dychweliad rhywun adref ar ôl absenoldeb maith, *WVBD* 392.
Cfn.: **neith(i)or frenhinol:** *royal or grand wedding-feast.* **15g.** *KAA* 18. **1592** S. D. Rhys: *Inst* 304, *Neithior Frenhînawl*, a fydd pann briôder vn o 'waed y Tywyssawc. Ac vwydydn a' blwyddyn o rybydd a fydd i Wyr wrth Gerdd i baratói i ddyfod yno. **16–17g.** *B* v. 30, ymrysson arall rhwng penceirddieid nev ddyscyblon. am gael rhagoriaeth gwedy cael ev graddiaw o'r blaen mywn eisteddfodev nev *neithorev brenhinawl* am flaen. **n. reiol (riol)** = **n. frenhinol.** *c.* **1523** *Trans Liverpool WN Soc* (1904–7) 102. **1555** *RWM* i. 530, Bid hysbys vod *neithior yr eiol* [*sic*] yn y plas yn riwedog rhwng Wiliam llwyd . . . ag Elssbeth verch Owain ap John . . . ddvw svl yr igeinfed dydd o fis hydref, oed krist M V a lv . . . llymar gostegion a wnaethbwyd yno y dydd vchod. *c.* **1566** *B* i. 155, *neithorau Riolion.*

neithioraf: neithiora, neithiori [bf. o'r e. bl.] *bg.a.* Mynychu neithior(au); cynnal neithior (person); hefyd yn *ffig.*: *to frequent a wedding-feast (wedding-feasts); celebrate a (person's) wedding-feast; also fig.*
15g. *LGC* 300, Od av, val ydd av, am dda, / Un wyth awr i *neithiora*. **1803** *P* d.g. *neithiora, neithiori.*

neithiorol, neithorol [*neithior, neithor* + *-ol*] *a.* Yn perthyn i briodas: *nuptial.*
1803 *P*, *neithiorawl* . . . relating to marriage solemnity.

neithiorwr, neithorwr [*neithior, neithor* + *-wr*] *eg.* ll. *-wyr.* Gwestai priodas (a weithredai fel tyst yn y Cyfreithiau Cymreig), hefyd yn *ffig.*: *wedding-guest (who acted as a witness in the Welsh Laws), also fig.*
13g. *LlI* 26, ket keyssyo ef e wadu, os e uorven a'e gyrr credadve yu, canys ena e mae nauuet tauodyauc, ac urth henne e mae credadve hy, urth nat oes *neythyaurwyr* (*WLW* 166, Can duc ef hihi y'r lle nyt oed *neithawrwyr*). *ib.* O rodyr moruen y vr . . . Os kyuody a wna enteu en dyannot guedy as caffo en llygredyc ar e *neythyaurwyr* a'e gale en e seuyll, a thestu udunt hue er regaffael hy en llygredyc ac na kesco egyt a hy hyt trannoeth, ny dele hy trannoeth dym y ganthau ef. **14g.** *WM* 480. 5–6, yn uwyd a llynn yth *neithawrwyr*. *id.* 482. 12–13, y verwi bwyt dy *neithawrwyr*. **15g.** *HCLl* 123, A thrwy'r fâl *neithiorwr* fydd [Ieuan ap Huw Cae Llwyd i erchi ceffyl diog].

neithiwr[1]**, neithwr, neith(i)wyr** [?Crn. C. *newer*, ?Crn. Diw. *nehuer*, Llyd. C. *neyzo(u)r*, Llyd. Diw. *neizheur, neizhour*, taf. Gwened *nihour*: ?< Brth. **noxtiēr-*, o'r gwr. IE. **nekᵘt-* 'nos' (cf. *nos* a'r elf. *noeth* yn *henoeth, beunoeth, trannoeth*, &c.)] *adf.* a hefyd fel *eb.g.* (Yn ystod) y noswaith ddiwethaf, ddoe gyda'r nos: *last night, yesterday evening.*
13g. *C* 56. 16–57. 1, a portheise *neithuir* o anhunet. **14g.** *WM* 399. 42–400. 1, y lle y bum *neithwyr* yd af heno. **14g.** *GDG* 381, Ai'r gwynt a wnaeth helynt hwyr? / Da y nithiodd dy do *neithiwyr*. **16g.** Dafydd Benwyn: *Gw* 678, Gweled y'm hvn, kred, kvr oedi, *naithwyr*, / a wneythym fy ffannsi. **1588** 2 *Br* ix. 26, onid celanedd Naboth, a chelanedd ei feibion ef a welais i *neithwyr*. **16–17g.** *GST* i. 424, Duw a wnaeth doe a *neithwyr* / Ein hadladd a'n lladd yn llwyr. **1632** *D*, *neithiwyr*, heri vesperi, hesterna nocte, nocte præterita. **1688** S. Hughes: *TSP* 223, fe ddarfu i chwi *Neithiwr* drespassu arnafi. **1688** *TJ*, *neithiwŷr*, *neithiwr*: last night, yesterday in the evening. **1793** Dafydd Ionawr: *CD* 207, *Neithiwyr*, yn yr hwyr, bu hyn. **1803** *P*, *neithiwyr* . . . adv. last night, yesterday evening.
Fel *e.* Y noswaith ddiwethaf, doe gyda'r nos: *last night, yesterday evening.*
14g. *WM* 10. 21, yr blwydyn y *neithwyr*. **14g.** *GDG* 252, Draean noswaith hyd *neithiwyr*, / Drwm lwc, hun drymluog hwyr. *c.* **1400** *YSG* i. 72, o doe y bore hyt *neithywyr*. *Diw.* **15g.** *Pen* 67, 37, Nid oes gof na dysc a ŵyr / ar a wnaethost er *neithwyr* (Hywel Dafi). **1722** *Llst* 189, *neithiwyr, Neithwyr*, f. last night. **1796** *Geirgrawn* 9, Clywais y *neithwr* dy fod ar gychwyn tu a gwlad dy enedigaeth. **1803** *P*, *neithiwyr*, s.m. the evening past.
Cfn.: **Neithiwr ac Echnos:** *the name of a Welsh air.* **1759** *BC* xxvii, 285. **18g.** *W Ballads* 242. **n. ddiwethaf (yn y byd):** *last night, as recently as last night.* Ar lafar yn gyff.

neithiwr[2]**, neithor, neithorol, neithorwr,** gw. nithiwr, neithior, neithiorol, neithiorwr.

neithr [< *yn eithr*] *cys.* a hefyd fel *ardd.* Ond, i'r gwrthwyneb i, yn hytrach: *but, on the contrary, rather.*
16g. *B* x. 285, [c]ymrud eddigedd mawr ynn i chalon . . . *Neithyr* yn gymen y hi a gedwis J semblantt. **16g.** *Cylchg LlGC* iii. 154, megis ac J mae'r Kronnickyl Seisnig yn dangos: *neith[yr]* y Kronnick Kymreig y sydd ynn dangos mae Shioned . . . a briodes ef. **1551** W. Salesbury: *KLl* xviia, Na rown echlusur drigioni i nep . . . *neithyr* ympop peth ymddygwn enhunain mal gweinidogion Deo. *id.* xxxiia, ond na vydwch [*sic*] chwi velly, *neithyr* y mwyaf ych plith chwi, byddet megys yr iangaf. **1707** *AB* 219b, *nithr*, but.
Fel *ardd.* Oddieithr, namyn, ac eithrio, ond, ar wahân i, heblaw: *except, excepting, save, but, beside.*
1604–7 *TW* (*Pen* 228), pwy *neithyr* ein penaethryw / Owein ap Gruffudd budd yn byw d.g. *nisi.*

neithwr, neithwyr, gw. neithiwr[1].

nêl[1] [bnth. S. *nail*] *eb.* Yr unfed ran ar bymtheg o lathen, sef dwy fodfedd a chwarter: *nail, the sixteenth part of a yard.*
1688 *TJ* (At.) [25], $^1/_{16}$—Un hoel, neu *nêl*. *ib.* $^3/_{16}$—Tair hoel, neu dair nêl. Ar lafar yn Llŷn am 'ran uchaf coes hosan', *BILlE* 30.

nêl[2]**,** gw. gwnaf: gwneuthur—y mae a wnelwyf â.

nêl[3]**, nelaf**[1]**: nelu, nelaf**[2]**: nelo,** gw. annel, anelaf: anelu, aneliaf: anelio.

nelar [bnth. S. *nailer*] *eg.* ll. *-s.* Gof hoelion, hoeliwr: *nail-maker, nailer.*
1896.

nele, *e.* *Bot.* Eirinllys, *Hypericum*: *St John's wort.*
Diw. **16g.** *WLB* 34, Kymer . . . wilffydd a llysse *nelle* [*sic*] ar fragranc. **1632** *D* (*Bot*), *nele*, hyperica. **1688** *TJ* (*Bot*), *nele*: St. Johns wort. **1813** *WB* 223.

neleth, nelfeth, gw. llyfeliaeth.

neliaeth, nelog, gw. aneliaeth, anelog.

nelson, nelsn [?cf. S. *nelson knife* 'knife for a one-handed person'] *e?g.* Stand a wesgir yn erbyn y bol i ddal dril wrth wneud twll yn y glo: *a stand pressed against the belly to hold a drill when drilling a hole in the coal.*
1934. Ar lafar ym Morg. a sir Gaerf., '*nelsn* a thrôwr', *Geir Glo* 79.

nelle, gw. nele.

nematod [bnth. S. *nematode*] *eg.* ll. *-au.* *Biol.* Unrhyw fwydyn ansegmentaidd o ddosbarth y *Nematoda*: *nematode.*
20g.

nemawr, gw. nemor.

nemesis [bnth. S. *nemesis*] *e?b*. (Cyfrwng) dialedd, ad-daliad drwg, cwymp (haeddiannol): *nemesis*.
20g.

†nemheunaur [? ≡ *nemhewnawr* < *neb* + *mewn* + *awr*[1]; cf. *nemor*; â'r *-mh-* cf. ff. fel *Amheredydd* < *ap Meredydd*] *?ymad. adfl.* ?Yn fuan, o gwbl: *soon, at all*.
9g. (*Juv*) *B* vi. 102, niguorcosam *nemheunaur* henoid.

nemonig, gw. mnemonig.

nemor, nemawr [*neb* + *mawr* (cf. *nepell*, *nepeth*); Crn. C. *namur*, Llyd. C. *nemeur*, *nep mur*, Llyd. Diw. *nemeur*, H. Wydd. *nach mór*] *rh. amh.* a hefyd fel *adf.*

(*a*) Llawer; dim, unrhyw beth, unrhyw (un); (gyda negydd) fawr (ddim, neb), (dim) ond ychydig: *much, many; anything, any (one); (with a neg.) hardly any, scarcely any, but few, but little.*
c. **1585** G. Robert: *DC* [xiv], Amherthynas wrth hynn a fuassei ymarfer o araith heb *nemor* yn ei ddeallt. *Diw.* **16g.** *WLB* 5, ni ddaw *nemnor* ir wyneb. **1588** *Io* xiv. 30, ni ddywedaf *nemmawr* wrthych. **1606** E. James: *Hom* i. 77, nid oedd honynt *nemmor* a wyddai . . . a feiddiai ddywedyd y gwirionedd. *Dchr.* **17g.** *J* 10, 21b, *nemawr* . . . much. *ib. nemmor*, many. **1764** W. Williams: *Th* 19, Ac fe aeth Philadelphus i mewn i deyrnas Nef, / Heb wybod *nemawr* arall ond am ei gariad ef. **1768** J. Roberts: *R* iv, fod hwn yn Rhagori yn ol ei faintioli a'i Bris ar *nemawr*.

(*b*) (a'i ddilyn gan yr ardd. *o*: *followed by the prep.* 'o').
1346 *LlA* 154, ny weleiste eto *nemawr* o boenev vffernn. **14g.** *YBH* 39b, llad y bobyl heb diagk y *nemawr* o nadunt. **14g.** *HMSS* ii. 35, hep vwrd hep liein hep *nemawr* o vwyt nac o diawt. **15g.** *GDLl* 88, Mae'r wadd heb *nemor* o wŷr. *Diw.* **15g.** *Pen* 67, 26, *nemor* o Jevaingk nim arhoan. *Diw.* **16g.** *WLB* 62, perygl yw roi *nemor* or llysse hynn [mandragora] mewn meddyginiaeth. **1607** *Rhyddiaith Gymraeg* i. 139, na chefeis *nemawr* o gymhorth gann vngwr o'm gwlad haeach. **1703** E. Wynne: *BC* 44, Oes yma *nemor* tano ef o benneu coronog? *id.* 62, a oes y rwan *nemor* o'r rheiny ar y Ddaiar? **1714** R. Prydderch: *GD* [63], Nid yw'r neb ac nid yw'n rhodio gyd â Duw oddi allan, yn meddiannu *nemawr* o Dduw, oddi mewn. **18g.** L. Morris: *LW* 336, [c]yfieithu *nemawr* o lyfr mathematicaidd. **1769** E. Roberts: *GN* 8, O ran y rydwi gystal myn gwaed y gog / *Anemor* [*sic*] o rog am regi. **1777** W. Williams: *DN* 43, nid oes gan ŵr honno *nemawr* o waith ond ei charu. **1800** *Eurgr* 33, Nid wyf yn tybied y cair mor gair Musig yn *nemor* o'r geir-lyfrau Cymraeg. Ar lafar yn Arfon, ''Toes 'na *nemawr* o wahaniath rhyngthyn nw', *B* i. 99, ac yn nwyrain Morg., 'Odd *nymor* o ddim celfi gintyn' nw'.

(*c*) (a'i ddilyn gan e.: *followed by a n.*).
c. **1400** *YCM*[2] 200, A heb *ynemawr* gohir ef a gytyawd a hi bymtheg weith. **16g.** Gr. Hiraethog: *Gw* (D. J. B.) 77. 15–16, Aros ni wnaf yr awron—/ Am ei ryw fydd *nemor* sôn. **1631** O. Thomas: *CC* 31–2, er na bu ym mysc cymru *nemmawr* arfer o flino eu pennau . . . hyd yn hyn ynghylch yr Scrythyrau. **1670** J. Hughes: *AP* [iii], gan nad oes *nemmor* air . . . yn ddieithr iddynt hwy. **18–19g.** R. Davies: *DB* 82, Ni fu gynt mwy na'r hynt hon / *Nemawr* ras mewn ymryson.

(*d*) (geir.) Ychydig: (*dict.*) *few*.
Dchr. **17g.** *J* 10, 21b, *nemawr*, few. **1632** *D*, *nemmawr*, non multum, non multi. **1803** *P* d.g. *nemawr*, *nemor*.

Fel *adf.* (*a*) (gyda negydd) Fawr (ddim), (dim) ond ychydig: (*with a neg.*) *much, hardly at all, only a little*.
14g. *YBH* 54a, ac ny bu hwyrach y pyscodwr *nemawr* noc ynteu. **15g.** *CSTB* 9, A'r fun [o] liw ton ar fôr / Ni fyn imi fyw *nemor*. **1620** *Io* xiv. 30, Nid ymddiddanaf â chwi *nemmawr* bellach. **1717** Iaco ab Dewi: *MN* 207, na bydd gwaeth gan Ddŷn *nemmor* ei alw yn Ddiafol na 'i alw yn Gelwyddog. **1770** *TG* ii. 32, tir . . . y llwydwyn ni thal *nemawr* iawn. **1789** *BDG* 438, Ni chai fy myd enyd awr, / Dan ammod, rodio *nemmawr*.

(*b*) (heb negydd) Yn fawr, lawer; ers amser: (*without a neg.*) *much, greatly, a lot; (for) a long time*.
c. **1400** (*SG*) *HMSS* i. 247, A bery hitheu *yn emawr* [*sic*] ual hynn . . . Pery hyt y bont nessaf a gyfarffo athi. **1551** W. Salesbury: *KLl* xxxb, [g]ovynnodd iddo, oedd *nemor* er pan vysei ef varw. **1701** E. Wynne: *RBS* 9, gwilied adel i fudrswyddau bydol ormesu *nemor* ar ei orchwyl. **1703** E. Wynne: *BC* 100, Ond cyn mynd *nemor* ymlaen.

(*c*) (a'i ddilyn gan a. yn y radd gmhr.) Fawr: *much (with comp. adj.)*.
1764 W. Williams: *C* 44, 'Dyw'm pechodau o'r dechreuad / Etto *nemawr* llai eu grym. **1798** Gw. Mechain: *D* 4, nid ydynt *nemmawr* well.
Amr.: **nymor, nymawr** [cf. *ynymawr*]. **1567** *LlGG* 62a. **16g.** *Hop M* 195. **1709** H. Powel: *G* [111]. Ar lafar ym Morg., hefyd yn y ff. *ymor*. **ynemawr** [gydag *y-* brosthetig, cf. *ynymawr*, *yn nepell*]. *c.* **1400** *YCM*[2] 200. *c.* **1400** *YSG* i. 25. *c.* **1400** (*SG*) *HMSS* i. 247. **ynymawr** [cf. *nymor*, *ynemawr*]. *c.* **1400** *YCM*[2] 83.
Cfn.: **nemor,** &c., **(i) ddim:** *next to no(thing), hardly any(thing), hardly at all.* **1888. n. un:** (*with neg.*) *hardly any(one); ?any other.* *c.* **1730** *Thos. Lloyd D* (LlGC) 180a, Nid oes *Nemmawr un.* Ar lafar yn Arfon, 'Ma'r drws yn gridwst ar i hinjis yn gystal a *nemawr un*', ''Toes na *nemawr un* rŵan i chi', *B* i. 99, ac ym Morg. yn y ff. (*n*)*ymor un*. **cyn (pen) n. (o):** *within a few (days, months, &c.), within a short time or period, very soon, before long.* **15g.** *LGC* 19, A rhai'n, *cyn nemawr o* hav. **1551** W. Salesbury: *KLl* xlviia, *kyn pennemor* [*sic*] *o* ddyddieu. **1567** *LlGG* 62a, cyn *pen ny-mawr o* ddyddiae. **1618** J. Salisbury: *EH* 97, *cyn nemor o* ennyd. **1703** E. Wynne: *BC* 76, a *chyn pen nemor*, cododd pwff o gorwynt. Ar lafar yn Arfon, '*cyn pen nemawr o* amsar', *B* i. 99.

nen [?cf. H. Lyd. *ninou*, gl. *laquearibus*, Llyd. Diw. *nein* 'copa', Gwydd. C. *ninach* '?ac iddo do neu ganopi'] *eb.g.* ll. *-nau, -noedd*.

1. (*a*) To, crib to, pen adeilad, nenfwd, hefyd yn *dros.*; pen, iad, corun, top, brig, copa, ?lle uchel; bwrdd neu ddec (llong): *roof, ridge of roof, top of building, house-top, ceiling, also transf.; head, crown of head, top, summit, ?high place; deck (of ship)*.
13g. *LlI* 91, Neuad mab ucheluur, xx. ar pob gauael o'r a kynhalyo y *nen* . . . a lx. ar y *nen*. **14g.** *OBWV* 91, Cyd bych cyfannedd, meddant, / Dy le, bren, gwell *nen* y nant [Gruffudd ab Adda i'r fedwen yn bawl haf]. **14–15g.** *IGE*[2] 279, Yn noeth ei *nen*, a'i benguwch, / A'r llaw a aeth fal y lluwch (Siôn Cent). *id.* 285, Dwy leg oedd hyd, bryd bradwr, / Ei *nen* o'r talcen i'r tŵr [am Dŵr Babilon]. *c.* **1400** *R* 1044. 40–1, Kyndylan kae di y *nenn*. ynydaw lloegyrwys drwy dren. *id.* 1045. 6, Stauell gyndylan ystywyll y *nenn*. *id.* 1299. 40, pan vo dolur penn yn *nenn* yn yat. **15g.** *GDLl* 112, Pysgod yn dyfod o'r don / Yn *nen* tir o'r naint oerion. **15g.** *GGl*[2] 52, Od â eryr i Darren, / Ni wna'i nyth ond yn y *nen*. **1488–9** *BSM* 13, Redec a oruc [Marthin] a dringo i *nenn* y ty a sevyll Rwng y tai ar tan. **15–16g.** *TA* 34, I'n amser, larder ar lawr—dy gegin, / Deg ugain tywarchawr, / Mae'r lladdfa mor lluyddfawr / Na ain o fewn y *nen* fawr. **16g.** Gr. Hiraethog: *Gw* (D. J. B.) 38. 53–4, I'w gwal main, heb gael ei mwy, / I'r *nen* cawn dderw Nanconwy [am neuadd y Foelas]. **1588** *Eseia* xxxvii. 27, [g]las-wellt ar *nennau* (**1620** *ib.* bennau) tai. *Diw.* **16g.** *Gwyn* 3, 92, Dod gwl-bren ar *nen* ei ael / o lonaid dy law fein-ael. **1632** *D*, *nenn*, tectum. **1685** *Art* 12, ei *Nenn* wedi ei Doi yn dda. **1716–18** *Llsgr R. Morris* 192, mae yma borckun yn y *nen* / yn bedar llen rhagorol. **1722** *Llst* 189, *nenn*, f.p. *nennau*, the ridge or top of an house. *c.* **1730** *Thos. Lloyd D* (LlGC) 180a, chwyrnu ar y *Nen*, upon Deck. **1803** *P*, *nen*, s.f. pl. t. *odd*, the inside top of a vault or canopy; the cieling, roof, or top; a roof; a vault or canopy.

(*b*) (enghrau. *ffig.*, yn aml am arglwydd: *fig. exx., often of a lord*).
13g. *C* 42. 8–10, Vy maurhidic *nen*. vy perchen. vy parch. *c.* **1300** *H* 98b. 40, pob *nenn* ym pressen yn ampryssur. *id.* 108[1]b. 43, Ardwyreaf dreic dragon *nenn* prydein [Llywarch ap Llywelyn i Ruffudd ap Llywelyn]. *Dchr.* **14g.** *id.* 116a. 34, ar gymry yt wyd *nenn* [Llywarch ap Llywelyn i Ruffudd ap Hywel]. **14g.** *GDG* 43, Nid byw fal fy llyw gloywryw glew-wraidd / *Nen* dan y seren, dawn oes wraidd [i Hywel ap Goronwy, Deon Bangor]. **14g.** *GIG* 78, Onid Duw naf, ti yw'n *nen*, / A'n mabsant yma i'w absen [i Ieuan, Esgob Llanelwy]. *c.* **1400** *R* 1210. 34, gweryt nyn gweryt *nenn* gwyr [marwnad Tudur ap Goronwy gan Ruffudd ap Maredudd]. *id.* 1317. 31–2, *nenn* vrdas gwanas gwy[r] gwyned [i Dudur ap Goronwy]. **15g.** *GGl*[2] 114, Trawst ein iaith trosti a'i *nen* [i Ddafydd Llwyd ap Dafydd]. **16g.** Huw Arwystl: *Gw* 139, *Nenn* braff yn y beryw wyd [i Nicolas Pursel]. **1618** J. Salisbury: *EH* 295, nys dyfod i *nen*, a brig perffei[th]rwydd.

(*c*) Wybren, ffurfafen; nefoedd: *sky, firmament; heaven*.
14g. *T* 28. 14–15, Agheu uch an pen yslledan y lenn. Vch nef noe *nen*. **14g.** *GDG* 181, Nis diffydd gwynt hynt hydref, / Afrlladen o *nen* y nef [i'r seren]. *id.* 324, A dyrchafel yr aberth / Hyd y *nen* uwchben y berth. *c.* **1400** *R* 1295. 22–3, claer seren o *nenn* y not [i Iesu]. *id.* 1299. 8, duw *nenn* or prenn an prynawd. **15g.** *DGG*[2] 63, Cuddiaw golwybr yr wybren, / Codi niwl cau hyd y *nen* [i'r niwl]. **15g.** *DN* 25, Aed *nenn* ffyrfaven fferf fawr,—a'r dŵr oer / Ar i ol, a'r lloer, a'r haul i'r llawr [marwnad Tomas ap Rhys o'r Tywyn]. **1696** *CDD* 116, Un math ar greadur dan awŷr y *nenn*. **1789** *BDG* 528, Nid oes *nen*, er a genyw, / I Ddyn—ond trugaredd Dduw! **1793** Dafydd Ionawr: *CD* 193, E ddoi'r nos i dduo'r *Nen*. **1803** *P*, *nen* . . . the heavens.
Gw. hefyd nenfwd.

nenbren [*nen* + *pren*, H. Grn. *nenbren*, gl. *laquear*] *eg.* ll. *-nau, -ni*.

(*a*) Darn o bren sy'n gorwedd ar hyd crib to i gysylltu pen uchaf y trawstiau, hefyd yn *dros.*; tulath, ceibren, trawst: *ridge-piece, ridge-tree, ridge-pole, also transf.; rafter, beam*.
13g. *LTWL* 130, tria edificii ligna debet habere . . . *nenpren* et dwe nenforch. **14g.** *WML* 101, dec a deugeint ary/ant y [*sic*] atal *ynenpren*. A dec ar hugeint atal pop forch agynhalyo y *nenpren*. *id.* 117, Pob adeilwr maestir adyly kaffel tri phren y gan y neb bieiffo y coet . . . *nenpren*. A dwy nenforch. **14–15g.** *IGE*[2] 289, Rhy isel fydd ei wely, / A'i dâl wrth *nenbren* ei dŷ; / A'i rwymdost bais o'r amdo, / A'i brudd grud o bridd a gro (Siôn Cent). **15–16g.** *TA* 547, A'i phared heb offeren,—heb na chôr, / Heb na chŵyr na *nenbren* [am eglwys Llangollen wedi ei llosgi]. [**1547**] W. Salesbury: *OSP* [viii], pa beth amgenach yw diarebion mewn iaith . . . na thuylathe a *nenbrenni* mewn tuy. ?**16g.** **(1789)** *BDG* 361, Mwy no chred y llygoden, / A syrthiodd oddiar *nenbren*. **1632** *D*, *nenbren*, vertex, laquear. **1688** *TJ*, *nenbren*: the uppermost Beam in a Roof. **1696** *CDD* 89, Gwnai Hamon gŷnt grocpren, oedd gyfuwch a'r *nenbren*. **1722** *Llst* 189, *nenbrenn*, m. the crest-timber. **1753** *TR*, *nenbren* . . . the beam or rafter at the top. **1803** *P*. Ar lafar yn Arfon yn y ff. *nembran*, *WVBD* 393.

(*b*) (enghrau. *ffig.*, yn aml am arglwydd: *fig. exx., often of a lord*).
c. **1300** *H* 11a. 33, O *nennbren* powys o dreic dragonwys [marwnad Madog ap Maredudd gan Walchmai]. *Dchr.* **14g.** *id.* 83b. 25–6, handwyf mor ehofyn diofyn dilis. or *nenbrenn* a deily y deu ystlys [Llywelyn Fardd i Lywelyn ap Iorwerth]. *c.* **1400** *R* 1167. 39–40, Tissilyaw teyrned *nen/brenn*. **15g.** *GHC* 14, Ef aeth dros ben, *nenbren* yw, / Ar y sydd o'r oes heddyw. **15–16g.** *GIF* 24, Nerth at wŷr North wyd, Harri, / *nenbren* ieirll, nai'n brenin ni. **15–16g.** *GLM* 327, *nenbren* pob awen pe byw [marwnad Rhys Nanmor]. **15–16g.** *TA* 55, Fy Mhen a'm perchen a'm *nenbren*, aeth, / A'm hoedl wedi, a'm hadeiladaeth [marwnad Syr Thomas Salbri]. **1564** Gr. Hiraethog: *Gw* (D. J. B.) ii. 7–8, Draw bu ben a *nenbren* iaith, / Dewr teilwng, ar dair talaith [marwnad Gruffudd Hiraethog gan Wiliam Cynwal]. **16–17g.** *GST* i. 144, Brenhinbren yw'n *nenbren* ni, / Braisg lân, uwchben brysglwyni [i Dudur ap Robert]. **17–18g.** *Pen* 198, 49, Hyfrydwch harddwch vrddas ein bro / Iw r Saith Brelatt addas / Colofnaü *nenbrenaü* bras / O gadernid i'r Dyrnas (Edward Morris). **1796** T. Pennant: *HWH* 55, The *nen-bren*, or top beam, was in all times a frequent toast, whenever the master of the [Mostyn] house's health was drank; and 'Iached y [*sic*] *nen-bren* y ty,' was the cordial phrase.
Cfn.: **tan (o dan) (y) nenbren:** *under the roof (of), indoors.* **1912.**

nenbwnc [*nen* + *pwnc*] *eg.* ll. *-bynciau*. *Ser.* Senith, anterth, hefyd yn *ffig.*: *zenith, also fig.*
1794 *W* d.g. *the vertical point*. Cf. Gw. Mechain: *Gw* ii. 271, Seren Syr Rhys ab Cadwaladr . . . Pan y byddai ei phen yn ymachludaw is dibyn daiaren, byddai ei llosgwrn yn parhau i gyrhaedd y *nenbwnc* uwch ben, deg a phedwar ugain o raddau.

nendo [*nen* + *to*[1]] *eg.* To, nenfwd: *roof, ceiling*.
20g.

nendwr [*nen* + *tŵr*] *eg.* Tŵr bach; cwpola, cromen: *turret; cupola, dome*.
1722 *Llst* 189, nenn-dy, *nenn-dwr*, a turret or small room on a house-top. **1772** *W* d.g. *cupola*, *turret*.

nendy [*nen* + *tŷ*] *eg.* Pinacl, tŵr bach: *pinnacle, turret.*
1632 *D* d.g. *pinnaculum.* **1722** *Llst* 189, *nenn-dy* . . . a turret or small room on a house-top. **1780** *W* d.g. *pinnacle* [*a turret, or high spiring point*].

nene, gw. hwn—h. yna, hyn—h. yna.

nenfaen [*nen* + *maen*¹] *eg.* To bwaog: *vaulted roof.*
1632 *D* d.g. *fornicatio.* **1722** *Llst* 189, *nenfaen,* m. a vaulted roof.

nenfwd, nen-fwd [*nen* + *mwd*¹] *eb.g.* ll. *nenfydau, -fwdau.* (Leinin mewnol to sy'n ffurfio) arwyneb uchaf ystafell, seilin, to (bwaog), cromen, hefyd yn *dros.* ac yn *ffig.*: *ceiling, (vaulted) roof, dome, also transf. and fig.*
1770 *W*, lle *nen-fŵd* d.g. *alcove.* *id. nen fŵd* d.g. *cieling, roof, a vaulted . . . roof.* **1803** *P*, *nenvwd,* s.f. a ceiling arch. Cf. D. OWEN: *D* 137, Yr oedd *nenfwd* yr ystafell lle y cysgai y ddau gyfaill yn hynod o isel.

nenfydaf, nenfwdaf: nenfydu, nenfwdu [bf. o'r e. bl.] *ba.* Rhoddi nenfwd ar (ystafell), plastro nenfwd: *to provide (a room) with a ceiling, plaster a ceiling, ceil.*
1772 *W*, *nenfydu* d.g. *to ciel* [*with plaister, or mortar*]. **1803** *P.*

nenfydiad [bôn y f. fl. + *-iad*¹] *eg.* Y gwaith o blastro nenfwd; nenfwd: *plastering a ceiling; ceiling.*
1830.

nenffenestr [*nen* + *ffenestr*] *eb.* ll. *-i.* Ffenestr do: *skylight.*
1858.

nenfforch [*nen* + *fforch*] *eb.* ll. *-ffyrch.* Pâr o gyplau neu brennau at gynnal y nenbren mewn adeilad gynt: *a pair of crucks.*
13g. *LTWL* 130, tria edificii ligna debet habere . . . nenpren et dwe *nenforch.* **14g.** *WML* 117, Pob adeilwr maestir adyly kaffel tri phren y gan y neb bieiffo y coet . . . nenpren. A dwy *nenforch.* *Diw.* **18g.** *AL* ii. 562, Tri anhebgor bwd havodwr: nenbren; *nenfyrch*; a bangor.

nengrwm [*nen* + *crwm*] *a.* Ar ffurf bwa: *bowed, arched.*
1632 *D* d.g. *subuexus.* **1770** *W* d.g. *bowed like an arched roof.*

neniar [gair geir.; *nen* + elf. anh.] *eb.* Nenbren: *ridge-piece.*
1632 *D*, nenbren . . . Y Nennawr, aliàs *Nenniar.* **1770** *W* d.g. *beam, the ridge-beam.* **1803** *P.*

Nenifiad, gw. Ninefead.

nenlen [*nen* + *llen*] *eb.* ll. *-ni.* Canopi, gortho, hefyd yn *dros.*; wybren, ffurfafen: *canopy, also transf.*; *sky, firmament.*
1850.

nenlofft [*nen* + *lloft*] *eb.* ll. *-ydd.* Ystafell neu le o dan do tŷ, atig, croglofft, garet: *attic, garret.*
1850.

nennaf: nennu [bf. o'r e. *nen*] *ba.* Rhoddi nenfwd ar (ystafell), toi, hefyd yn *dros.*: *to provide (a room) with a ceiling, roof, also transf.*
[**1783**] *W* d.g. *to roof a house.* **1803** *P.*

nennawr [*nen* + elf. anh., ?*-awr*² neu *mawr* (drwy **nenfawr*, cf. *Llannor* < *Llanfawr*)] *eb.* Atig, croglofft, garet; nenbren; wybren; hefyd yn *ffig.*: *attic, garret; ridge-piece; sky; also fig.*
1632 *D*, nenbren, vertex, laquear. Y *Nennawr,* aliàs Nenniar. **1755** *Gron* 57, A lle i'm pen tan *nennawr,* / Ryw fath, drichwe' llath, uwch llawr. **1755** *ML* i. 359, Fe wnaeth gywydd yn y *Nennawr* y dydd arall (i.e., the Garret). **1770** *W* d.g. *beam, the ridge-beam.* **1793** DAFYDD IONAWR: *CD* 377, Terwyn follt pob taran fawr / Ennynna drwy'r ddu *nennawr.* **18–19g.** IEUAN LLEYN: *C* 18, Llawr dan ei *nenawr* o'r mynawr manawg. **1803** *P*, *nenawr,* s.f. an upper story, or garret.

nenne, gw. hwn—h. yna, hyn—h. yna.

nennig, gw. nentig.

nennol [*nen* + *-ol*] *a.* Fertigol; yn perthyn i nenfwd, cromen, neu do: *vertical; pertaining to a ceiling, vault, or roof.*
1794 *W* d.g. *vertical.* **1803** *P*, *nenawl,* appertaining to a vault, roof or ceiling.

nennor, gw. nennawr.

neno, gw. enw—yn e.

nenrodfa [*nen* + *rhodfa*] *eb.* Teras: *terrace.*
1814.

nentig, nennig [*nant* + *-ig*²] *eb.* Nant fechan: *small stream.*
18–19g. *Iolo MSS* 174, yn yfed dwfr o *nenig.*

nenw, gw. enw—yn e.

nenwol, *H* 9b. 24, gw. mynwol.

neo- [bnth. S. *neo-*] *rhgdd.* sy'n golygu 'newydd, diweddar, adferedig'.

Neo-Blatonaidd, Neo-Platonaidd [*neo-* + *Platonaidd*] *a.* Yn perthyn i Neo-Blatoniaeth: *neo-Platonic.*
1915.

Neo-Blatoniaeth, Neo-Platoniaeth [*neo-* + *Platoniaeth*] *eb.* System athronyddol Plotinus (*c.* 205–70 O.C.) a'i ddilynwyr, sy'n cyfuno syniadau Platonaidd a chyfriniaeth y Dwyrain: *Neo-Platonism.*
1915.

Neo-Calfiniaeth, neoclasuriaeth, neoclasurol, gw. Neo-Galfiniaeth, neoglasuraeth, neoglasurol.

neodr, neawdr [bnth. dysg. o'r Llad. *neutrum*] *a.* a hefyd gyda grym enwol. *Gram.* Diryw (ei genedl); heb fod yn weithredol nac yn oddefol, cyflawn (am f.); haniaethol (am e.); ac iddo rym enwol (am a.); *Sein.* canolig (am lafariad); heb fod yn wryw na benyw, heb fod y naill na'r llall: *neuter (in gram. gender); neuter (of vb.), intransitive; abstract (of n.); substantival (of adj.); neutral (of vowel); neuter, neither male nor female, neither the one nor the other.*
c. **1455** *GP* 68, 'hwnn' i'r masgl, 'honn' i'r ffemal, 'hynn' i'r *neodr.* *id.* 69, Pvmp kenedl ysydd i henw, nid amgen, gwrw, a banw, a *neodr,* a chyffredin, ac anwybod . . . *neodr* yw pann vo henw gwann yn dyvod mewn grym henw kadarn mewn adrodd, val y mae 'da mawr sydd i Ieuan'. *p.* **1500** *Pen* 57, 81, anwybod wyd gog lwyd vain [*sic*] / *aneawdr* wyd yn yd [*sic*] drain. *a.* **1575** *GP* 95, 'da mawr ssydd i Ievan'. Y 'da' yssydd *neawdr,* ac a dreiglir a 'hynn'. *ib.* 'da nerth kryfdwr gwychder haelioni dewrder llewenydd' *neodr* ynt ai kyffelyb. *p.* **1584** G. ROBERT: *GC* [136–7], [y] ferf *neodr*; honn weithiau a arwyddha bod, mal: wyf, mae . . . weithiau arall mae hi yn arwyddhau gwneuthuriad, ond ni bydd centhi un derbyniawl . . . mal: mi a gochais . . . mi a brifiais. Etto mae rhai o'r berfau *neodr,* a gant rai oi cyfnesseifiaid ijhun weithiau, yn ddyerbyniawl iddynt, mal: mi a gysgais gyntyn, mi a wylais lawer deigr. Mae berfau *neodr* eraill, y bydd yr un peth yn dderbyniawl [*sic*] ag yn wneuthuriol i ddynt [*sic*]. O'r na[tu]riaeth yma y mae pob berf ganmwyaf, sydd a'r sillaf, ym, yn i dechrau, mal: ymadferth se recuperare . . . Odid un ferf weithredol na thry i'r naturiaeth yma pan ddoder, ym, oi blaen ynglyn ahi. **16–17g.** *GP* 156, Tair kenedl yssydd i rragenw, val i mae 'hwnn', massglin, 'honn', ffemin, 'hynn' yw'r *neawdr.* **1632** *D*, *neodr,* neutrum. **1688** *TJ*, *neodr,* nid yr un o'r ddau: neither. **1778** *W* d.g. *neuter gender.*

neodron [cfdds. o'r S. *neutron,* ?dan ddyl. yr e. bl.] *eg.* *Ffis.* Niwtron: *neutron.*
20g.

Neo-Ffasgiaeth, Neo-Ffasgaeth [*neo-* + *Ffasg(i)aeth*] *eb.* Ffasgiaeth newydd: *Neo-Fascism.*
20g.

Neo-Galfiniaeth, Neo-Calfiniaeth [*neo-* + *Calfiniaeth*] *eb.* *Diwin.* System ddiwinyddol a ddechreuodd yn yr Iseldiroedd yn niwedd y 19g., fel adwaith yn erbyn Rhyddfrydiaeth, gan ailbwysleisio rhai o athrawiaethau clasurol Calfiniaeth: *Neo-Calvinism.*
1943.

neoglasuraeth, neoglasuriaeth, neoclasuriaeth [*neo-* + *clasur(i)aeth*] *eb.* Arddull yn y celfyddydau, mewn pensaernïaeth, &c., yn y cyfnod diweddar wedi ei seilio ar fodelau clasurol: *neo-classicism.*
20g.

neoglasurol, neoclasurol [*neo* + *clasurol*] *a.* Yn perthyn i neoglasuraeth, nodweddiadol o neoglasuraeth: *neo-classical.*
20g.

Neo-Gothig [*neo-* + *Gothig*] *a.* Nodweddiadol o arddull a seiliwyd ar arddull Gothig: *Neo-Gothic.*
20g.

neolithaidd [cfdds. o'r S. *neolith(ic)* + *-aidd*] *a.* Neolithig: *neolithic.*
1923.

neolithig [cfdds. o'r S. *neolith(ic)* + *-ig*²] *a.* Yn perthyn i Oes Newydd y Cerrig, a nodweddid gan offer ac arfau o garreg gaboledig gan mwyaf: *neolithic.*
1928.

neologaidd, neologiaidd [cfdds. o'r S. *neolog(istic)* + *-(i)aidd*] *a.* *Diwin.* A nodweddir gan neologiaeth, yn perthyn i neologiaeth: *neologistic (in theol.).*
1837.

neologiaeth [cfdds. o'r S. *neolog(ism)* + *-iaeth*] *eb.* *Diwin.* Tueddiad at syniadaeth newydd: *neologism (in theol.).*
1837.

neologiaidd, gw. neologaidd.

Neominiaeth, gw. Neonomiaeth.

neon [bnth. S. *neon*] *eg.* a hefyd fel *a.* Elfen nwyol ddi-liw ddiarogl anadweithiol (symbol Ne; rhif atomig 10) sy'n digwydd yn hybrin yn yr atmosffer ac a ddefnyddir mewn goleuadau; yn cynnwys neon: *neon.*
1937.

Neonomaidd, gw. Neonomiaidd.

Neonomiaeth [cfdds. o'r S. *Neonom(ianism)* + *-iaeth*] *e?b.* *Diwin.* Y gred fod yr Efengyl yn ddeddf hollol newydd sy'n llwyr ddisodli'r hen ddeddf Foesenaidd: *Neonomianism.*
1832.
Amr.: **Neominiaeth.** **1765** J. POPKIN: *Ll* 113, na allwn ni ddim bod yn rhy ofalus . . . i ymgadw ymhell oddiwrth bob rhyw, a gradd, o *Neominiaeth* [:– dal mae Cyfraith newydd yw'r Efengyl] ac Antinomiaeth. **1850** *Traeth* vi. 144. **Neonominiaeth. 1824.**

Neonomiaidd, Neonomaidd [cfdds. o'r S. *Neonom(ian)* + *-(i)aidd*] *a.* *Diwin.* Yn perthyn i Neonomiaeth: *Neonomian.*
1832.

Neonominiaeth, gw. Neonomiaeth.

neoplasm [bnth. S. *neoplasm*] *eg.* ll. *-au.* *Meddyg.* Tyfiant newydd annormal: *neoplasm.*
20g.

Neo-Platonaidd, Neo-Platoniaeth, gw. Neo-Blatonaidd, Neo-Blatoniaeth.

Neoramadegwyr [*neo-* + *gramadegwyr* (ll. yr e. *gramadegwr*), ar ddelw'r S. *neo-grammarians* a'r Alm. *Junggrammatiker*] *e.ll.* Aelodau o ysgol o ieithyddion ar ddiwedd y 19g. a ddaliai fod cyfnewidiadau seinegol yn ddeddfau dieithriad: *neo-grammarians, Junggrammatiker.*
20g.

Neosgolasticiaeth [*neo-* + *sgolasticiaeth*] *eb.* System athronyddol sy'n ceisio cymhwyso egwyddorion sgolastig i'r oes fodern: *Neoscholasticism.*
1934.

Neosgolastig [*neo-*+*sgolastig*] *a.* Yn perthyn i Neosgolasticiaeth: *neoscholastic.*
1934.

nêp[1] [bnth. S. *neap*] *e?g.* Llanw isel, llanw bach, iselfor: *neap-tide.*
1916.

nêp[2] [bnth. S. C. *nēp*, cf. *maip*] *e.tf.* ac *eb.* ?Maip, erfin: '*neep(s)*', *turnip(s).*
16g. *LlGC* 5280, 59b, Cynamon ffenigyl mwstard *nep* winiwn kenin. *c.* **1609** *Pen* 254, iii. (2), 38, rosmari, *nep* . . . ai berwi. *Dchr.* **17g.** *Pen* 170, 79, ffenigl . . . lafant teim . . . *nep.*
Cfn.: **nêp gwyllt (wyllt):** '*wild neep(s)*', *white bryony, Bryonia dioica, or another of the Curcubitaceæ.* **16g. (1763)** W. SALESBURY: *LlM* 70. **18g.** *Llr* C 24, 344. **n. rhial** [cf. S. C. *neppe ryall* 'raphanus']: *horehound.* **16g.** *Pen* 207, 15a, horhwnt eraill ai geilw y *nep Rhial.*

nepell, yn nepell, &c. [*neb*+*pell*; Crn. C. *nep pel, na pel,* Llyd. C. *nep pell*; ag *yn nepell*, cf. *ynemor, ynymor*] *adf.*

1. (fel rheol gyda'r negydd) (*a*) Yn bell (i ffwrdd): *far (away), far off, at a distance.*
c. **1400** (*SG*) *HMSS* i. 219, A ydyw ef *yn epell* yr awrhonn heb hi. Ydiw arglwydes . . . yn bellach no phedeir milltir odyma. **1551** W. SALESBURY: *KLl* liib, gweles e Abraham, *yn y pell* [*sic*] o yno. **1567** *TN* 71b, Nyd wyt *yn e pell* ywrth teyrnas Duw. **1588** *Gen* xliv. 4, nid aethent *nepell.* **17g.** *LlGC* 13215, 346, *nepell* . . . procul. **1688** S. HUGHES: *TSP* 5, nid aethai fo *'n-nepell* oddiwrth ei Dŷ ei hun. **1701** E. WYNNE: *RBS* 65, Bydd galed yn gosod i ti dy hun fesureu, ac . . . na throsedda'*n neppell* dy derfyneu gosodedic. **1703** E. WYNNE: *BC* 87, [c]yn trafaelio *neppell* yno. **18g.** E. T. RHYS: *DA* 166, Nid all y traed mo'r myn'd *yn nepell.* **1735** G. OWEN: *L* 159, yntef . . . heb lyfasu . . . myn'd *neppell* iwrth y cutt. **1772** *W*, Nid yw efe *neppell* d.g. *distant, far-distant . . . He is not far-distant.*

(*b*) (am amser) Yn hir, yn bell i ffwrdd: (*of time*) (*for*) *long, far off, far away.*
14g. *YBH* 28b, kymeint yw vy newyn ac na allaf bot yn vyw *y nepell* rac y veint. *id.* 67a, claf iawn wyf. ac ni pharhaaf *nepell.* *c.* **1400** *YCM*[2] 104, brathwyt Rowl o Belueis . . . ual na bydei vyw *ynepell.* **15g.** *Pen* 109, 133, Ni hapia i uot *neppell* heb gerdawr (Lewis Glyn Cothi). **1714** IACO AB DEWI: *CB* 6, ni pharhânt *yn nepell* yn fy Nghyrchu. **1735** S. THOMAS: *HP* 10[9], ni bu *neppell* ar ol hynny, hyd onis darfu i'w Heresi ef gael ei throsglwyddo i'r Ynys hon. **1740** T. EVANS: *DPO* 240, ni bu *neppell* nes cael o honynt Brofiad gresynol o'i Hynfydrwydd.

2. Heb fod yn bell: *not far away.*
1803 *P*, *nebpell* . . . at no distance, not far.
Amr.: **(yn) hepell.** **16–17g.** **(17–18g.)** *Llst* 133, 146, Nid af *yn heppell* na'm cymhellon (Siôn Phylip). **1672** R. PRICHARD: *Gw* 131. **1775** D. JONES: *HCY* 239, ambell hyfryd Oedfa . . . Ni phery'r rhai'n *yn nheppell* iawn. **1790** W. RICHARDS: *LlA* 22.

nepeth [*neb*+*peth*; Crn. C. *nep peyth, nepith, napyth*] *eg.* Rhywbeth, dim: *anything.*
c. **1300** *B* ii. 30, Arbet aruer or pethev keissiedigion hyt na thrango *nepeth* ytti. **1862** *Barddas* i. 332, peri poen . . . i nebun o ddyn neu *nebpeth* arall o fyw.

nepian [?bnth. S. (*to*) *knap* 'to utter smartly; snap'] *bg.* Iepian, hefyd yn *dros.*: *to yap, also transf.*
Ar lafar yn Arfon, J. JONES: *Gwerin-eiriau* 42; '*nepian* cyfarth', 'Paid ti â *nepian* arna' i', *WVBD* 393.

neples, gw. eples.

nepotiaeth [cfdds. o'r S. *nepot(ism)*+ *-iaeth*] *eb.* Neiedd: *nepotism.*
1850.

nepotistiaeth [bnth. S. *nepotist*+*-iaeth*] *eb.* Neiedd: *nepotism.*
20g.

nepyn, gw. nap.

nêr [Gwydd. C. *ner* 'baedd gwyllt', e. duw Gal. *Nerios*: < IE. **ner-* 'gŵr', cf. Llad. *neriōsus* 'resistens, fortis', e. prs. Llad. *Nerō*, Wmbreg *nerf* 'principes', Osgeg *ner* 'gŵr', Gr. ἀνήρ 'dyn', Skr. *nar-* 'dyn, gŵr'] *eg.* ll. (geir.) *-edd*, (geir.) *nŷr.* Arglwydd, pennaeth (yn aml am Dduw): *lord, chief (frequently of God).*
13g. *MA*[2] 218b. 13, O wythlonder *ner* nerth a gedwy [Dafydd Benfras i Lywelyn ap Iorwerth]. *c.* **1300** *H* 55b. 22, Drud uannyar druduar drudualch *ner* [Cynddelw i Owain Cyfeiliog]. **14g.** *GDG* 13, *Nêr* bryd byd wryd bedeiror—giwdawd [i Ifor Hael]. **14g.** *GIG* 84, Nid oes ond eisiau arfer / O arfau, prydferth nerth *nêr.* *c.* **1400** *R* 1045. 12–13, Stauell gyndylan nyt esmwyth heno. arbenn carrec hytwyth. heb *ner.* heb niuer. heb amwyth. *Dchr.* **15g.** *GM* 10, Llywya wynt, Nef *Ner*, Llywyawdyr vchelder. **1547** *WS*, *ner* arglwydd, lorde. **1595** H. LEWYS: *PA* [248], Doethost or nef *ner* Dethawl. **1632** *D*, *nêr*, dominus. Pl. *Neredd*, & *Nyr.* Ys rhyfeddaf o dy *nŷr* (*B* ii. 272, o tu myr). **1672** R. PRICHARD: *Gw* 336, Fy Nuw, fy *Ner* [:– Arglwydd], o dere im helpu. **1764** W. WILLIAMS: *Th* 15, Does un o rhai'n heb esgyn i'r lan i glustiau 'm *nêr.* **1803** *P.*

neran [?amr. ar *geran*] *bg.* a hefyd fel *eg.b.* Nagio, rhygnu; un sy'n nagio neu rygnu: *to nag, harp; a nag, one who harps continuously.*
Ar lafar yn Arfon, '*neran* o hyd am yr un peth', 'hen *neran* ydi o', *WVBD* 393.

nerco, gw. hanercof.

nerf [bnth. S. *nerve*] *eb.g.* (bach. *-yn*) ll. *-au.* Ffibr neu fwndel o ffibrau sy'n trosglwyddo ysgogiadau synhwyraidd neu fotor rhwng yr ymennydd neu fadruddyn y cefn a rhan arall o'r corff, hefyd yn *ffig.*; gewyn, tendon; hyder, glewder, dewrder, hyfdra, haerllugrwydd; (fel arfer yn y ll.) cyflwr meddwl a nodweddir gan bryder neu anghydbwysedd meddyliol, nerfusrwydd: *nerve* (*in body*), *also fig.*; *sinew, tendon*; *nerve, assurance, confidence, valour, courage, impudence, cheek*; (*usually in pl.*) *nerves* (*mental state*), *nervousness.*
1756 W. WILLIAMS: *GDC* 95, Gynifer *Nerf* a Gewin gwthien Arteri, / Yn deall am ei Lleodd yn ddistaw yn y Bru. Cf. *Ll* ii. (1923) 1, Pan fadro'r *nerfau*, ni theimlir clwy (T. H. Parry-Williams). Ar lafar, 'Mae *nerfe*'r hen foi'n racs'.
Amr.: **nyrf** (ll. *-s*). **1908.** Ar lafar.

nerfeg [*nerf*+*-eg*[1]] *eb.* Niwroleg: *neurology.*
20g.

nerfegol [*nerfeg*+*-ol*] *a.* Yn perthyn i niwroleg: *neurological.*
20g.

nerfgell [*nerf*+*cell*[1]] *eb.* ll. *-oedd.* Niwron, cell nerfol: *neurone, nerve-cell.*
20g.

nerfol [*nerf*+*-ol*] *a.* Yn perthyn i nerf(au), yn effeithio ar y nerfau, yn cynnwys nerfau, hefyd yn *ffig.*: *neural, nervous, also fig.*
1919.

nerfoleg [*nerfol*+*-eg*[1]] *eb.* Niwroleg: *neurology.*
1938.

nerfos, gw. nerfus.

nerfus [cfdds. o'r S. *nerv(ous)*+*-us*] *a.* Pryderus, ofnus, anesmwyth; a achosir neu a nodweddir gan nerfusrwydd; nerfol; hefyd yn *ffig.*: *nervous, anxious, apprehensive, timid, uneasy; caused or characterized by nervousness; neural; also fig.*
1873.
Amr.: **nerfos.** **1895** D. OWEN: *SP* 104. **nerfws.** **1930. nyrfus. 20g.**

nerfusrwydd [*nerfus*+*-rwydd*] *eg.* Cyflwr meddyliol a nodweddir gan anesmwythyd, pryder, ofn, &c., ac a briodolir i gyflwr y nerfau: *nervousness.*
1916.

nerfws, gw. nerfus.

nerfwst [*nerf*+*gwst*[1]] *eg.* ll. *nerfystau.* Niwrosis; niwrasthenia, gwendid nerfol: *neurosis; neurasthenia, nervous debility.*
1944.

nerfyn, gw. nerf.

nero [enw *Nero*, ymherodr Rhufain 54–68 O.C., fel e.c.] *eg.* Dyn cas neu greulon: *hateful or cruel person.*
Ar lafar, 'yr hen nero', *Cymru* xlvii. 141.

nerob, gw. hanerob.

Neronaidd [cfdds. o'r S. *Neron(ian)*+ *-aidd*] *a.* Nodweddiadol o Nero, ymherodr Rhufain 54–68 O.C., neu debyg iddo, cas, creulon; yn perthyn i Nero neu i'w gyfnod: *Neronian.*
20g.

nerth[1] [Crn. C. *nerth*, H. Lyd. *nerth*, gl. *robur*, Llyd. C. *nerz*, H. Wydd. *nert*, Gwydd. Diw. *neart*, e. lle Gal. *Nerto(briga)*: < Clt. **ner-to-* o'r un gwr. IE. **ner-* 'gŵr' ag a welir yn *nêr*; dichon mai ff. un. yw *nyrth* a restrir isod fel ff. l.] *eg.b.* (bach. g. *-yn*) ll. *-oedd, -au,* ?*nyrth,* a hefyd fel *a.*

(*a*) Grym, cryfder, neu allu (corfforol neu ffisegol), pŵer, ynni, egni, ffrwyth (aelod); caledwch (wyneb): (*bodily or physical*) *force, strength, or power, might, energy, vigour, use* (*of a limb*); *hardness* (*of countenance*).
13g. *LlI* 25, E wreyc byeu kemeynt ac a allho e dven o ulaut erug *nerth* e dve lau a'e deu glyn o'r kell hyt e ty. **14g.** *WM* 435. 7–9, llidiaw a oruc gereint a galw attaw y *nerthoed.* *c.* **1400** *R* 1160. 4–5, ef yn wann truan law tryuer heb *nerth.* *id.* 1316. 19, Ryvelgat nerthyat *nertheu* katwaladyr. *c.* **1400** *MM* 142, nyt oes *nerth* ony byd iechyt. **15g.** *GO* 79, Gŵr nod o Hywel gawr *nerth.* **1588** *Ecs* xiv. 27, dychwelodd y môr cynn y borau iw *nerth.* **1588** *Diar* xx. 29, Harddwch gwŷr ieuaingc yw eu *nerth.* **1588** *Pr* vii. 30, doethineb gŵr a lewyrcha ei wyneb, a *nerth* ei wyneb ef a newidir. **1591** *Rhyddiaith Gymraeg* ii. 129, [c]olli o honaw *nerth* vn o'i ddwylaw. **1632** *D*, *nerth* gewynnau d.g. *neruositas.* **1672** J. LANGFORD: *HDdD* 147, Pa nifer o Greaduriaid sydd yn myned tu hwynt o lawer i ddŷn mewn *nerth* a chyflymder? **1759** J. EVANS: *PF* 5, y fâth a'r Mesur o Ymborth, ac y mae Profiad yn ddangos fod fwyaf cytunol ac Jechyd a *Nerth.* **1794** *W* d.g. *strength* [*vigour of body, &c.*]. **1800** W. OWEN[-PUGHE]: *CP* 88, pwysi neu ryw *nerth* arall etto á ddodir arno [cosyn]. *Diw.* **19g.** *SE MS* 329b, *nerthyn* . . . Nid oes un *nerthyn* ynddo—there is not an atom of strength in him. Cer[edigion].

(*b*) Grym, cryfder, neu allu (ysbrydol, meddyliol, moesol, &c.), rhinwedd, effeithiolrwydd, effeithlonrwydd; rhagoriaeth neu gryfder (person); gweithred nerthol, gwyrth; gwerth (llythyren, symbol, &c.); ffrwythlondeb, calon (am dir): (*spiritual, mental, moral, &c.*) *force, strength, or power, virtue, efficacy; forte* (*of person*); *mighty work, miracle; value* (*of letter, symbol, &c.*); *fertility* (*of land*).
13g. *DB* 69, Vegys henne y byd kyvansodyat an ansaud ninheu; y corff o'r petwar defnyd, a'r eneit o dri *nerth* (*tribus viribus*). *Dchr.* **14g.** *H* 116b. 18, Derwyn yn amwyn am *nerth* teyrned (Llywarch ap Llywelyn). *c.* **1400** *R* 1143. 21–2, *nerthoed* gwyth gweithredoed ambu. gweith detwyd yw dadolychu. **15g.** *GGl*[2] 123, Mwrog â'i lyn, miragl oedd, / A wnâi wyrthiau a *nerthoedd.* **1546** *YLlH* [5], y ddangos *nerth* pob llythyrenn. **1547** *WS* [xix], Th o saesnec a chymraec a vydd gyfodyl ac vn *nerth.* **1567** *TN* 97b, mi a wn vynet *nerth* [:– rhinwedd] allan o hanof. **1595** *Egl Ph* 50, Cyfieuad . . . er mwyn . . . angchwanegu grym, a *nerth* yr ymadrodd. **1620** 1 *Esd* iii. 17, *nerth* y gwin. **1620** *Marc* vi. 2, fel y gwneid y cyfryw *nerthoedd* (**1588** *ib.* wyrthiau) trwy ei ddwylaw ef. **1632** *D*, tynnu *nerth* tir d.g. *defrugo.* **1773** *W* d.g. *efficacy, strength of liquor, virtue* [*a power producing effects* . . .].

(*c*) Ffynhonnell grym neu gryfder; cymorth, cynhaliaeth: *source of power or strength; help, support.*
13g. *C* 73. 11, Duv in kymhorth in *nerth* in porth. **13g.** *MA*[2] 223a. 42, Colofn nef dy *nerth* a archaf (Dafydd Benfras). *c.* **1300** *H* 16b. 31, arglwyt naf *nerth* pob kiwdawd (Einion ap Gwalchmai). *id.* 104b. 26, yn gymynher ner *nerth* pob reid (Llywarch ap Llywelyn). *id.* 108[2]b. 15, mab duw nef boed *nerth* wy rydid (Llywarch ap Llywelyn). *Dchr.* **14g.** *id.* 115b. 50, *nerth* kymry ae gwrhyd (Llywarch ap Llywelyn). **14g.** *YBH* 53b, dyuot attat ti y erchi *nerch* [*sic*] yr duw. **14g.** *Bl B XIV*, 24, Arglwydd Crist culwydd, calon—gyflawnrad, /

Argleidriad, neirthiad, *nerth* engylion (Iorwerth Beli). *c.* **1400** *ChO* 15, na allaf ymrydhau heb *nerth.* **1588** *Neh* viii. 10, llawenydd yr Arglwydd yw ein *nerth* ni. **1632** *D, nerth* . . . Auxilium, subsidium. **1803** *P, nerth* . . . aid, help, or succour.

(*d*) Llu, corff milwrol, byddin, atgyfnerthiad neu gymorth milwrol; (yn y ll.) y seithfed o raddau'r angylion, weithiau am y chweched, sef meddiannau; (yn y ll.) grymoedd neu awdurdodau cosmig: *host, military force, army, military reinforcement or support*; (*pl.*) *virtues* (*seventh order in the hierarchy of angels*), *sometimes used of the sixth order, powers or potentates*; (*pl.*) *cosmic forces or authorities.*

13g. *C* 68. 6–7, Bet talan. talyrth yg kinhen teir cad. kymynad pen pop *nyrth.* **14g.** *BT* 32, achubeid eu kestyll a orugant ay kadarnhau agalw *nerthoed* attunt o boptu. **1346** *LlA* 101, Nawrad . . . or egylyonn. nyt amgen. Engylyon. Archegylyon. Kadeiryev. Arglwydiaetheu. Tywyssogaetheu. Medyannev. *Nerthoed.* Cherubin. Aseraphin. **14g.** *YBH* 26a, bot brenhin arall allu praf ganthaw yn ymlad ac ef. ac ony chai *nerth* yn ebrwyd. y goruydit. *id.* 35a, minheu a rodaf yt yn *nerth* pumpcant marchawc yn gyweir. **14g.** *Bren Saes* 94, yna y killiws y gwyr y ev kedernyt, a gwahaud *nerthoed* attadunt. *c.* **1400** *YCM[2]* 10, doeth yn *nerth* y Charlys pedwar gwyr idaw o'r Eidal, a phedeir mil gantunt o wyr ymlad. *Dchr.* **15g.** *GM* 5, Arglwyd y *nerthoed* yw brenhin gogonyant. **15g.** *KAA* 28, anvon *nerth* o wyr a meirch gyt ar kardinal. **1551** W. Salesbury: *KLl* iia, *nerthoedd* y nefoedd a genyrfer. **1567** *TN* 300a, espeiliawdd y Tywysogaethae, a'r *Nerthoedd* (**1620** *Col* ii. 15, awdurdodau). **1670** J. Hughes: *AP* 241, yr Arglwyddiaethau yn dy addoli, y *Nerthoedd* yn dychrynnu gan dy ofn. Y Nefoedd a Rhinweddau y nefoedd, a'r bendigedig Seraphim . . . yn dy anrhydeddu.

Fel *a.* (yn y radd gmhr. *nerthach*) O gymorth mwy: *of greater help.*

14g. *DPh* 22, Telepus . . . a dywawt wrth Achil bot yn *nerthach* (*plus adiuvaturum*) yr llu rodi bwyllwrw o wenith . . . no mynet y ymlad ohonaw y Droeaf.

Cfn.: **(hyd) nerth esgyrn ei ben (asgwrn fy mhen, asgwrn pen,** &c.**):** *as loudly as possible, at the top of one's voice.* **1798** T. Roberts: *CG* 24, [b]loeddio . . . a hynny *hyd nerth esgyrn eu penau.* **(yn) n. braich (ei fraich, eu breichiau,** &c.**):** *with all one's might.* **1722** *Llst* 189, nerth . . . Tarawodd ef *yn Nerth ei fraich.* He struck him with all his might. Ar lafar, *WVBD* 393; hefyd yn yr ymad. '*nerth braich* ac esgyrn (asgwrn)', '*nerth* bôn *braich*', ac yn nwyrain Morg. yn yr ymad. '*nerth braich* a bando'. Cf. *Pen* 109, 55, wrth waew a bronn a nerth braich (Lewis Glyn Cothi). **(o, drwy, wrth, gyda, yn) n. braich ac ysgwydd:** *with all one's might; by physical force, by violence.* **1604–7** *TW* (*Pen* 228), bwrw y lawr *drwy nerth braich ag ysgwydd* d.g. *ago. id.* gyrru allan *o nerth braich ag ysgwydd* d.g. *quatefacio. id.* dygiat *wrth nerth braich ag ysgwydd* d.g. *rapina.* **1707** *AB* 102c, S.W. *o nerth braich ag ysgwydd* d.g. *obnixè.* **1714** R. Lewys: *HDdC* 22. **(o, yn) n. (y) carnau (ei garnau,** &c.**):** *at full gallop,* (*at*) *full pelt.* **1752** *ML* i. 205, adre *yn nerth y carna'.* **1753** G. Owen: *L* 80, fe ddaw attoch chwithau i Lundain *o nerth y carnau.* Ar lafar, 'mynd *nerth y carna*', *WVBD* 242. **n. ei geg (ei cheg,** &c.**):** *as loudly as possible, at the top of one's voice.* Ar lafar, *WVBD* 393. **n. ei goesau (ei choesau,** &c.**):** (*at*) *full pelt.* Ar lafar. **n. enaid a chorff:** *with all one's might.* Ar lafar yn Arfon, *WVBD* 284; hefyd yn y ff. *n. corff ac enaid.* **n. ewin ac esgyrn:** *tooth and nail.* Ar lafar yn Arfon, *WVBD* 127. **n. ei afael (ei gafael,** &c.**):** *with all one's might.* Ar lafar yn Arfon, *WVBD* 144. **(o) n. (y) pen (ei ben, eu pennau,** &c.**):** *as loudly as possible, at the top of one's voice.* **14g.** *YBH* 42a, y dywawt Sabaot *o nerth y ben.* **15g.** *Cy* iv. 128, yn rodi garmeu aruthredigyon *o nerth ypenneu.* *c.* **1475** *B* xiii. 181, clywir yr etholedigyon . . . *o nerth eu penn* yn rodi gawr o diruawr lewenyd. **1740** T. Evans: *DPO* 86, gan lefain *o nerth pen,* Aleluja. **1798** *WR, nerth y pen* d.g. *amain.* Ar lafar, *WVBD* 393. **n. ei (eu,** &c.**) sodlau:** *as fast as one's feet can carry one,* (*at*) *full pelt.* Ar lafar. **(o, yn) n. (y) traed (ei draed, ei thraed,** &c.**):** *as fast as one's feet can carry one,* (*at*) *full pelt.* **14g.** *YBH* 65b, *o nerth traet* eu meirch. **16g.** *B* xi. 86, *o nnerth I traed.* **1671** C. Edwards: *FfDd* 208, Rhedir ir drwg *yn nerth y traed.* **1722** *Llst* 189, nerth . . . *yn Nerth traed* ei geffyl, as fast as his horse could carry him, full speed. **[1783]** *W,* dïangc *o nerth traed* d.g. *to run for it.* Ar lafar, *WVBD* 393, *TGG* (1907–8) 81. **n. yn rhedeg:** *haemorrhage, esp. at childbirth.* Ar lafar yn nwyrain Morg., 'Fe fu rhaid 'elcyd y doctor yn rwydd, waith 'odd 'i *nerth* 'i *yn ritag*', ac yn sir Benf., *GDD* 206. **o n.:** *by the power of, by, through, with the help of.* *c.* **1300** *H* 99b. 31, *o nerth* duw ae cread (Llywarch ap Llywelyn). *Dchr.* **14g.** *id.* 84a. 30, nyd ef yd eir nef *o nerth* llonder (Llywelyn Fardd). *Dchr.* **15g.** *GM* 40, *o nerth* y chyfrwgdarostygedigaeth hi y kyuottom ni o'n henwiredeu. **1740** T. Evans: *DPO* 109, Eidiol . . . a ddiangodd . . . *o nerth* Trosol. **o n. ei lef (ei llef,** &c.**):** *as loudly as possible, at the top of one's voice.* **16g.** *B* x. 291. **(mynd) o n. i n.:** (*to go*) *from strength to strength.* **1567** *LlGG* (*Sall*) 47b. Ar lafar. **drwy (trwy) n.:** (i) *by the power of, by, through, with the help of.* **14g.** *YBH* 21a, *athrwy nerth* y wedi . . . drwod yd aythant. *c.* **1400** *MM* 92, ef a vyd iach *drwy nerth* Duw. **15g.** *FfBO* 55, y rei *trwy nerth* Iessu Grist, a rinwed y gic a'e waet a yrrant gythreuleit o dynyon. . . . Ac wynteu *trwy nerth* Duw a'e iachaant, ac eu bedydant. *Diw.* **15g.** *Pen* 41, 23, *drwy nerth* (*per auxilium*) y llys. **1551** W. Salesbury: *KLl* iia, ehelaythy o honowch mewn gobeith *drwy nerth* yr yspryt glan. *id.* lxxxiia, wynt ae gorchvygysont ef *drwy nerth* gwaet yr oen a thrwy air eu tystiolaeth. **1568** Morys Clynnog: *AG* 52, *drwy* rinwedd a *nerth* y geiriau y mae'r bara yn troi yn gorph [Crist]. **1774** *W, trwy nerth* Duw d.g. *help, by God's help.* (ii) *by physical force, by violence.* **1604–7** *TW* (*Pen* 228), bwrw . . . oddywrth *drwy nerth* a chryfdwr d.g. *exturbo.* **1632** *D,* dwyn oddi ar vn *drwy nerth* d.g. *detraho. id.* d.g. *occupo, perrumpo.* **1722** *Llst* 189, nerth . . . *trwy nerth,* forcibly. **drwy (trwy) n. arfau:** *by force of arms.* **1632** *D,* gwlad bell a oresgynner ac a gadwer *drwy nerth arfau* d.g. *prouincia.* **yn ei n. (nyrth) (eu n.,** &c.**):** (i) *in every respect* (*with ref. to inherited family characteristics*), *at its* (*their,* &*c.*) *most characteristic.* **1756** *ML* i. 41b, Wil ab y Doctor . . . Dyn trwyddo fal y doctor ei hun . . . un penddu ac nid gwinau fel Huwsiaid Cwyllog. Rhywogaeth Dol y Garreg *yn eu nerth.* Ar lafar, "I daid ydi o *yn 'i nerth*'. (ii) *at its height* (*e.g. of a flood*), *in his* (*their,* &*c.*) *prime*; ?*completely.* **14g.** *B* x. 56, llyngkod y daear ef [Satanas] *yn y nyrth.* *c.* **1400** [*RB*] *WM* 217. 33–4, brein yn dwyn y gwyr *yn eu nyrth* yr awyr. Ar lafar, *WVBD* 393.

nerth[2], gw. nerthaf: nerthu.

nerthaf: nerthu [bf. o'r e. *nerth[1]*; Llyd. C. *nerziff,* Llyd. Diw. *nerzhañ,* H. Wydd. *nertaid* 'cryfha; anoga, cymhella'; dichon mai *nerthâ* a gynrychiolir gan rai enghrau. o *nertha* isod] *bg.a.* Gwneud yn (fwy) nerthol, atgyfnerthu, cryfhau, grymuso, cynorthwyo; annog, cymell; mynd yn (fwy) nerthol, cryfhau: *to make strong*(*er*), *reinforce, strengthen, fortify, aid, help; exhort, urge; become strong*(*er*).

9–10g. (*Ox* 1) *VVB* 192, *nerthi* ti, gl. *hortabere.* **13g.** *C* 82. 7, y gur am creuyse am *nerth.* **14g.** *T* 53. 20, Nyt ef *nerthas* ony chafas dy gerenhyd. **14g.** *BT* (*RB*) 108, diffeithassant y ran vwyhaf o gyuoeth Llywarch ap Trahayarn o achaws *nerthu* ohonaw veibon Gruffud ap Kynan. *c.* **1400** *R* 1382. 18–19, dwyn kedewyng dec. duw ae *nertha.* *c.* **1400** *MM* 156–8, Kanys hynny a *nertha* y corf. *Diw.* **15g.** *B* v. 106, pa efferen vwya . . . a *nertha* yr eneidieu or purdan. **1588** *Act* xix. 20, mor gadarn y tyfodd gair yr Arglwydd, ac y *nerthodd.* **1606** E. James: *Hom* i. 74, er eu holl gyfoeth ni allent *nerthu* na thâd na mam na neb eraill ac oedd wir anghenus dlodion. **1632** *D, nerthu,* auxiliari, corroborare. **1719** *TDP* 93, yr unrhiw Angel a *Nerthiff* Israel, fel na ddel ef i ddiwedd drwg. **1803** *P.* Ar lafar ym Mhenllyn yn yr ystyr 'ymdrechu'n galed wrth gael y corff i lawr neu wrth esgor'.

Gw. hefyd nerthâf: nertháu.

nerthâf: nertháu [*nerth[1]* + *-hau*; Gwydd. C. *nertaigid* 'cryfha'] *bg.a.* Nerthu, atgyfnerthu, cryfhau, grymuso, helpu, cynorthwyo: *to make strong*(*er*), *reinforce, strengthen, fortify, help, aid.*

10g. (*Juv*) *VVB* 192, Armant i. *nérthéint* i. gaudia. **13g.** *Brut B* 63, Dyw yn ev *nerthav.* **14g.** *BT* 82–3, dyffeithassant lawer o gyfoeth llywarch vab trahayarn o achaws *nerthau* ohonaw parthret meibyon gruffud vab kynan. *id.* 188, erchi vdunt *nerthahu* yn lle y gwelynt berygyl. **1346** *LlA* 26, Omolir y drwcweithredoed. nev *onertheir* (*auxiliantur*) wynt. **14g.** *BT* (*RB*) 210–12, [K]ynullaw holl gedernyt y kytaruollwyr y gyt y vynet y *nerthav* y castellwyr. **14g.** *RC* xxxiii. 196, paham na *nerthey* di y gwr a oed un henw a thi. *c.* **1400** *MM* 96, *Nerthau* dynyon y del gwaetlin udunt a wnant. **15g.** *KAA* 16, *nerthau* a chanmawl kywirdeb tlodyon. **1595** *Egl Ph* 9, Mynych iawn yr arferir y droell hon [trawsenw'r achosedig] yn ganmoladwy; oblegyd ci bod yn *nerthau*'r araith yn rymmys.

Gw. hefyd nerthaf: nerthu.

nerthawgrwydd, gw. nerthogrwydd.

nerthedig [bôn y f. *nerthaf*: *nerthu* + *-edig*] *a.bfl.* Nerthol, cryf; wedi ei gryfhau: *strong; strengthened.*

16–17g. *HG* 115, krist yn gwir brynwr, yn grasol jachawdwr / yn diwall waithredwr, *nerthedig.* **1794** *W* d.g. *strengthened.* **1803** *P.*

nerthedd [*nerth[1]* + *-edd[1]*] *eg.* Nerth: *strength.*

1803 *P.*

nerthfawr [*nerth[1]* + *mawr*; Gwydd. C. *nertmar,* e. prs. Gal. *Nertomarus*] *a.* Nerthol, grymus, cryf; ?mawr neu nerthol ei fyddin; rhyfeddol; effeithiol, effeithlon: *powerful, mighty, strong*; ?*having a great or powerful army*; *wonderful*; *efficacious.*

c. **1300** *H* 64a. 22, Esid ym arglwyt aer glwyf ner *nerthuawr* [Cynddelw i Wenwynwyn]. **15–16g.** *TA* 240, Ych eurllys, ferch iarlles fawr, / O goed Northfolc, gwaed *nerthfawr.* **1595** H. Lewys: *PA* 170, ei ras, ai *nerthfawr* drigaroc law. **17g.** Huw Morus: *EC* ii. 311, Nid oes ond gwaed Iesu, oedd *nerthfawr* i'n prynu. **1696** *CDD* 173, Milwrieth *nerth-fawr* Arthur. **1759** *BC* 501, a'u *nerthfawr* / Werthfawr wrthiau. **1793** Dafydd Ionawr: *CD* 272, Y Cyngawr *nerthfawr* a wnaeth / Dyrru at eu Bradwriaeth. **1803** *P.*

nerthfawrus [*nerthfawr* + *-us*] *a.* ll. *-ion.* Grymus, nerthol: *mighty, powerful.*

1346 *LlA* 98, ymwrthot Agwydyeu. Ac aruer or kampeu *nerthuawrussyon.* **1803** *P, nerthvawrus,* of a powerful nature.

nerthi [*nerth[1]* + *-i[1]*] *e?g.* Nerth, grym, grymuster: *strength, might, force.*

Dchr. **17g.** *RC* xlviii. 59, Lladd gormessiaid a chowri / A wnaeth gwyr o filwri / . . . / Eraill am ynnill meistri / Wrth antur grym a *nerthi.*

nerthiad[1], gw. neirthiad.

nerthiad[2] [bôn y f. *nerthaf*: *nerthu* + *-iad[1]*] *eg.* ll. *-au.* Y weithred o nerthu, atgyfnerthiad: *a strengthening, reinforcement.*

1794 *W* d.g. *a strengthening.* **1803** *P.*

nerthiant [bôn y f. *nerthaf*: *nerthu* + *-iant*] *eg.* Nerthiad, atgyfnerthiad: *a strengthening, reinforcement.*

1617 *Cat* 11, *Nerthiant,* ac adnewyddiant ein eneidieû. **1803** *P.*

nerthineb [*nerth[1]* + *-ineb*] *eg.* Gallu, effeithiolrwydd, effeithlonrwydd: *power, efficacy.*

1803 *P.*

nerthocâf: nerthocáu [*nerthog* + *-hau*] *ba.* Nerthu, atgyfnerthu, helpu, cynorthwyo: *to strengthen, reinforce, help, aid.*

c. **1400** *RB* ii. 357, [c]ynullasant holl gedernit lloegyr ygyt ac wynt y uynet y *nerthockau* (*BT* (*RB*) 212, nerthav) y castellwyr. *id.* 364, adaw y lu ygkilgerran y gynal y gweith dechreuedic. ac y *nerthockau* (*BT* (*RB*) 224, nerthav) y lle y gwelynt berigyl. *c.* **1400** *YSG* i. 66, [t]itheu a dylyut *nerthocau* pob morwyn o'r a dreissit o orthrech. *id.* 148, mynet y *nerthockau* y gwrda racko. **1595** *Egl Ph* 96, rhac bod o'r attebion yn wann . . . canys pei hynny, gwannycheu [*sic*] ei achos eihun, ac a *nerthoccai* fwriad gwrthawlydd. **1803** *P.*

nerthog [*nerth[1]* + *-og*] *a.* Nerthol, grymus, cryf, cadarn, galluog; ?mawr neu nerthol ei fyddin; rhyfeddol; effeithiol; yn rhoddi nerth, cryfhaol: *strong, mighty, powerful, potent*; ?*having a great or powerful army*; *wonderful*; *efficacious*; *giving strength, strengthening.*

c. **1300** *H* 13b. 29, gorset y luoet gorsaf *nerthawc* [Gwalchmai i Rodri ab Owain]. *Dchr.* **14g.** *id.* 85a. 13, ry arueitaf naf *nerthawc* dy gyrchu [Llywarch ap Llywelyn i Lywelyn ap Iorwerth]. **14g.** *GDG* 257, Brychan Yrth breichiau *nerthawg.* **15g.** *GGl[2]* 161, Nid *nerthog* un dyn wrthaw. **1567** *LlGG* 75a, Can ys i vn y rhoddir trwy'r yspryt ymadrodd doethinep . . . ac i arall weithredy gweithredoedd-*nerthawc* [*sic*]. **16g.** *LlGC* 4581, 110, Hocys y garddæ . . . pwy sychaf *nerthockaf* ynt. *Diw.* **16g.** *WLB* 88, kig a ferwer gida chig arall mawr i mâg a *nerthawg* yw i lawer o ddynion. **1595** *Egl Ph* 77, Mae'r ddull hon yn goamllau [*sic*] 'r araith, drwy osod geiriau *nerthoccach* ynddi. **1632** *D, nerthog* . . .

potens, fortis, validus, robustus. **1741** *Gron* 54, Gellaist (i'th *nerthog* allu—nid yw boen) / Wneud y byd a'i brynu. **1790** TWM O'R NANT: *GG* 12, Yr holl Gyfoethog *nerthog* Wyrthiau. **1803** *P*.

nerthogaf: nerthogi [bf. o'r a. bl.] *bg.a.* Gwneud neu fynd yn (fwy) nerthol, cryfhau: *to make or become strong(er), strengthen.*

1595 *Egl Ph* 29, er mwyn cryfau yn bybyr, a *nerthogi* yn rymmusawl gyfaddas ddirgoel, a phyrflondeb. *c.* **1730** *Thos. Lloyd D* (LlGC) 182a, *nerthogi* . . . to strengthen, corroboro. **1803** *P*.

nerthogrwydd [*nerthog* + *-rwydd*] *eg.* Nerth, gallu: *strength, power.*

1567 *LlGG* (*Sall*) 34b–35a, Efe a ffyrfá y mynydde gan ei gadernit ac y wregysir a *nerthawgrwydd*. **1567** *TN* 286a, gweithrediat ei gadr-nerth [:– gadarn *nerthowgrwydd*]. *id.* 296a, erwydd y *nerthowgrwydd* [:– yn ol y grymuster]. *id.* 317b, Can na roddes Duw i ni yspryt ofnusrwydd, anyd yspryt *nerthowgrwydd* [:– meddiant]. **1780** *W*, *nerthogrwydd* d.g. *powerfulness*. **1803** *P*.

nerthol [*nerth¹* + *-ol*] *a.* ll. *-ion.* Llawn nerth, cryf, grymus, pwerus, galluog; ?mawr neu nerthog ei fyddin; rhyfeddol; yn rhoddi nerth, cryfhaol: *strong, mighty, powerful, potent; ?having a great or powerful army; wonderful; giving strength, strengthening.*

c. **1400** *R* 1318. 25, *nerthawl* arwrawl eryr. *c.* **1400** *YE* 17, Sef yw da ysprytawl ratlawn, *nertholyon* gampeu ysprydolyon a rodo yr Yspryt Glan y dyn. **15–16g.** *TA* 437, Ffroen arth a'i ffriw yn *nerthol*. **1567** *TN* 22b, am hynny y weithredir weithredoedd-*nerthol* [*sic*] [:– meddianne, gwrthiae] ganthaw. **16g.** *LlGC* 4581, 141a, Y Redic dofion sy wresoc yn y drydy radd a sych yn yr ail. Y gwyllt sy *nertholach* ym pob vn or ddwy radd. *c.* **1585** G. ROBERT: *DC* 10a, achosion *nerthol* a grymus i ch dwyn i ofni Duw o flaen dim. **1588** *Barn* vi. 12, yr Arglwydd fydd gyda thi ŵr cadarn *nerthol*. **1618** J. SALISBURY: *EH* 9, yr vnic a'r *nertholaf* fodd neu gyfrwng. **1632** *D*, nerthog, & *Nerthol*, potens, fortis, validus, robustus. **1676** W. JONES: *GB* 103, Pan deimlech dy lygredigaethau yn *nerthol*-weithio ac yn ymgynhyrfu ynot. **1688** S. HUGHES: *TSP* 296, y maent yn ddewr [:– *Nerthol*] yn ymdrechu i [*sic*] mogu a'u llethu hwynt. **1723** E. SAMUEL: *PDdC* ii. 47, Or Bwydydd oll Bara sydd fwya' *nerthol*. **1790** T. JONES: *TOS* 179, pregethwr *nerthol* a deallus. **1803** *P*. Ar lafar, 'Mae uwd yn beth *nerthol*', *WVBD* 393.

nertholaf: nertholi [bf. o'r a. bl.] *ba.* Cryfhau, atgyfnerthu: *to strengthen, reinforce.*

1803 *P*, *nertholi*, to render powerful.

nertholdeb, nertholdab [*nerthol* + *-deb*, *-dab*] *eg.* Nerth, grym, gallu: *strength, might, power.*

1551 W. SALESBURY: *KLl* lxviiia, yn ôl y *nertholdab*, trwy'r hwn e gall ddarestwng pop peth y dano ehunan. **1604–7** *TW* (*Pen* 228), *nertholdeb* d.g. *vis*. **1722** *Llst* 189, *nertholdeb*, strength, might. **1740** G. JONES: *HOG* xxv, grymmusdra a *nertholdeb* bywjol galluoedd yr Enaid. **1770** *W* d.g. *ability* [*strength*], *powerfulness*. **1803** *P*.

nertholrwydd [*nerthol* + *-rwydd*] *eg.* Nerth, grym, gallu; effeithiolrwydd, effeithlonrwydd: *strength, might, power; efficacy.*

1773 *W* d.g. *efficacy*, *powerfulness*, *robustness*. **1803** *P*.

nerthowgrwydd, gw. nerthogrwydd.

nerthus [*nerth¹* + *-us*, Llyd. C. *nerzus*] *a.* ll. *-ion.* Nerthol, galluog, grymus; effeithiol: *strong, powerful, mighty; efficacious.*

c. **1400** *YE* 5, Geugrevyd yw kudyaw gwarchaedigyon wydyeu drwy gamardangos *nerthussyon* gampeu heb eu bot. **16g.** WILIAM CYNWAL: *Gw* (R. L. Jones) 725, Yn ustus *nerthus* y'th wnaed, / Oes gŵr well?—ysgwiair wyd [i Rys ap Huw o Faesypandy]. **1803** *P*, *nerthus*, efficacious, potent.

nerthusrwydd [*nerthus* + *-rwydd*] *eg.* Nerth, grym, gallu; effeithiolrwydd, effeithlonrwydd: *strength, force, power; efficacy.*

1803 *P*, *nerthusrwydd*, efficaciousness.

nerthwch [*nerth¹* + *-wch¹*] *eg.* Nerth, cryfder, grym, gallu: *strength, intensity, might, force, power.*

1718 (1721) S. THOMAS: *HB* 30, Tes a *nerthwch* gwres yr Haul a drodd eu Lliw. **1735** J. EVANS: *YMS* 52, [g]ortrechu unol *nerthwch* fy ngelynion pleidiog. **1803** *P*.

nerthwr, nerthydd [bôn y f. *nerthaf*: *nerthu* + *-wr*, *-ydd³*] *eg.* ll. *nerthwyr.* Un sy'n nerthu neu'n atgyfnerthu, cadarnhawr, cynhaliwr, cefnogwr, cynorthwywr: *one who strengthens or reinforces, fortifier, supporter, helper.*

13g. *A* 4. 8–9, pan dyvu dutvwlch dut *nerthyd*. **14g.** *BT* 136, adiruawrlu ganthaw a*nerthwyr* llawer ydaw. **15g.** *DGG²* 41, Gwrando f'achwyn, addwyn ŵr, / Wrthyd, a bydd im *nerthwr* [i'r alarch]. **15–16g.** *TA* 49, Mab Mair fo dy *nerthwr*. **16g.** RHISIART FYNGLWYD, &c.: *Gw* 139, Pa Ruffudd? *Nerthydd* i ni. **16g.** *WLl* 35, *Nerthwr* tlawd a thruan. **1606** E. JAMES: *Hom* i. 48, [g]obaith . . . y byddai fe yn Dduw iddyn hwy, yn ddiddanydd, yn helpwr, yn *nerthwr*. **1632** *D*, *nerthwr* d.g. *opitulator*. **17g.** HUW MORUS: *EC* ii. 426, A'th rinwedd—*nerthwr* ini, / I fynu dwg f' enaid i. **1803** *P* d.g. *nerthwr*, *nerthydd*.

nerthyd [*nerth¹* + *-yd¹*] *eg.* Nerth, grym, gallu: *strength, force, power.*

16–17g. *BL Add* 14984, 121, trugarog wrthiog *nerthyd* tûd a mor / tad a mab ag ysbryd.

nerthydd, nerthyn, gw. nerthwr, nerth¹.

neryn, gw. nâr².

nes [Crn. C. *nes*, Llyd. C. *nes* 'agosach', Llyd. Diw. *nes* 'agos', H. Wydd. *nesso*, *nessa* 'agosach': < IE. **nezd-* 'agos', cf. Afesteg *nazd-yah-* 'agosach'; gw. hefyd *nesaf*] *a.* (sef gradd gmhr. yr a. *agos*) a hefyd fel *ardd.* ac fel *cys.* Heb fod cyn belled, agosach, mwy agos (mewn gofod neu amser, o ran perthynas, at nod, &c.): *nearer (in space or time, in relationship, to one's end or purpose, &c.).*

10–11g. *DGVB* 233, issid *nes*, gl. *inferiora*. **13g.** *LlI* 51, e mae yaun ydau dody un o'r try pung esyd keureythyaul en e erbyn: ae tyrdra ae gelynyaeth ae kerennyd *nes* e'r haulur noc ydau ef. **14g.** *WM* 139. 12–13, nyt *nes* inni erbyn ydyd an dianc noc an llad. *id.* 188. 34–7, blwydyn y bu yr amherawdyr wrth y gaer. nyt oed *nes* idaw ychaffel nor dyd kyntaf. *c.* **1400** *MM* 158, gwressogach yw gwaelawt y kylla noe warthaf, kanys *nes* yw yr avu. *c.* **1400** *YSG* i. 53, na dos a vo *nes*, kan nys dylyy. **15–16g.** *TA* 17, Un yn *nes* i ddawn na nos i ddydd, / Ef a fo bennaf, fwyfwy beunydd [i Ddafydd, Abad Ystrad Marchell]. *a.* **1587** *Y* 234, *Nes* di-wraedd, nos da i Rydderch [marwnad Wiliam Cynwal]. **1606** E. JAMES: *Hom* iii. 77, ni buasem ni *nês* (*it should not avail us*) er ein gwared oddiwrth angau, oni buasai iddo gyfodi eilwaith. **1632** *D*, *nês*, propior, propinquior. *id.* dyfod yn *nes* d.g. *advento*. **1703** E. WYNNE: *BC* 110, mi a gâ fwrw fy llîd yn îs ac yn *nês* attaf. **18g.** L. HOPKIN: *FG* 43, Nid yw les, nid *nes* i ni, / Wylo y dw'r yn heli. **1778** *W* d.g. *nearer*. **1803** *P*. Ar lafar, 'Mi eish i'n *nes* ato fo', *WVBD* 393.

Fel *ardd.* Tan, hyd, hyd nes; i'r fath raddau fel y digwydd(odd, &c.) (canlyniad neilltuol), gyda'r canlyniad: *until, till; (so) that, to such an extent as to cause or result in (something specified), to the point of.*

14g. *WM* 167. 16–17, ny chysgaf hun lonyd *nes* gwybot a allwyf ellwg y vorwyn. *id.* 484. 38–485. 2, Ny helir twrch trwyth uyth *nes* kaffel anet ac aethlem. *c.* **1400** (*SG*) *HMSS* i. 185, Ny ro duw ymi nawd . . . os myui a ryd nawd ytti *nes* dial yr hynn aallwyf. *c.* **1400** *B* ii. 19, Na chret guhudet dy wreic yn greulawn ar dy wassanaethweissyon *nes* gwybot (*id.* 29, yny wyppych) gwirioned ohonat am a dywetto wrthyt. **15g.** *LHDd* 63, nas dylyeu *nes* y vod yn yr ysgymyndawd vn dyd a mis. **15g.** *LGC* 445, Tost na bu 'n cusanu saint / Huw a Sioned *nes* henaint. **1567** *TN* 222b, Can ys bot yn hiraethus genyf *nes* eich gwelet. **1588** 1 *Sam* xiv. 9, arhoswch *nes* i ni ddyfod attoch chwi. **1588** 2 *Cr* viii. 16, er y dydd y seiliwyd ty'r Arglwydd *nes* ei orphen. **1675** R. DAVIES: *PY* [x], [c]ancr . . . Yr hwn sydd yn myned o'r naill aelod ir llall, ac yn llygru vn rhan ar ôl ei gilidd, *nes* iddo o'r diwedd, ddifa 'r galon, ar [*sic*] bywyd. **1703** E. WYNNE: *BC* 83, daliasant im blino, *nes* imi wrth fanwl ymresymmu ystyried nad oes un weledigaeth ond oddiuchod. **1708** *EGE* 112, na arfered neb felly eu gilydd, fel pe baent yn ŵr ac yn wraig, *nes* wedi eu priodi. **1792** H. HARRIS: *H* 29, dechreuasant . . . fy lluchio â choed a cherrig, *ne's* [*sic*] i'r Arglwydd fy ngwared allan o'u dwylaw hwynt. **1803** *P*, *nês* . . . until. Ni chei glod *nes* marw. Ar lafar, '*nes* iddyn' nhw ddŵad yn 'u hola', *WVBD* 393. Cf. D. J. WILLIAMS: *STG* 115, chwarddodd *nes* bod y dŵr yn rhedeg o'i llygaid.

Fel *cys.* (a'i ddilyn weithiau gan y gn. *y(r)*) Tan, hyd, hyd nes; i'r fath raddau (fel): *until, till; to the point that, with the result that, so that.*

15g. *GDLl* 38, *Nes* dêl llew o'r gorllewin, / Marchog traws tarianog trin. **1632** *D*, *nês* . . . Donec. **1653** *MLl* i. 172, Mae'n rhaid i ni barhau *nes* y caffom gan Noah wrando. **17–18g.** *CC* 211, Gorwedd yn y bedd y budd o hungwump / . . . / Dan gel *nes* y del y dudd. *c.* **1700** E. LHUYD: *Par* i. 5, Dywlas sy'n . . . tervyni'r [*sic*] ddwy Shir *nes* yr elo i Ddyvi. **1703** E. WYNNE: *BC* 63, ni cheir byth Wir lle bo llawer o Feirdd . . . *nês* y caffer Iechyd lle bo llawer o Physygwyr. **1710** *LlGG* (*Gos*) 15, na chynnwyser y cyfryw Droseddwyr hynod i'r Cymmun sanctaidd *nes* y gwellháont. **1716** T. EVANS: *DPO* 187, Rhuthrasant a'r [*sic*] y trigolion o'r Dwyrain i'r Gorllewin, *nes* oedd y maesydd yn ewynnu gan waed. **1770** R. PRICHARD: *CC* 59, Gwnaed Pawb y gore ag allont, *nes* cedwer hwy gan Grist. Ar lafar, ''Na i aros 'fan 'ma *nes* dowch chi'n ôl', 'Mi drawis 'y mhenelin *nes* mae 'y mraich wedi cyffio', *WVBD* 393.

Amr.: **nis³, nys.** *c.* **1588** *Rhyddiaith Gymraeg* ii. 79, mel na allwn i gael rhwyf na gorffowys *nys* dwad hyn yma. **1618** J. SALISBURY: *EH* 28, nad yw arferol i'r tîr ddwyn yd, *nys* cael yn gyntaf ei arddu. *id.* 38, *nys* iddo ddiodde hefy[d] a marw er eyn mwyn. **17g.** *IICRC* iii. 263, ni safodd y ffowler / *nis* myned ir seler. **1714** D. LEWYS: *CN* 25, *Nis* ydyw yn agos trengu. Ar lafar yn nwyrain Morg., 'Aros yma *nis* daw a'.

Cfn.: **nes draw:** *further away, further on; stand back!; stiffness (of manner).* Ar lafar; yn Arfon hefyd mewn br. fel ''Fu o 'rioed *nes draw* rhyngthaf i a fo', *WVBD* 393–4. **n. (pen)elin nag arddwrn:** '*blood is thicker than water*', '*taking care of number one*' (*lit. the elbow is nearer than the wrist*). **13g.** *B* iii. 27, Esnes elyn noc ardurn. **[1547]** W. SALESBURY: *OSP*, *Nes elin nac arddwrn*. Ar lafar, '*Nes penelin nag arddwrn*, *WVBD* 142, 393. **n. hwnt:** *further away*. **1722** *Llst* 189, hwnt, Myned yn *nês Hwnt*, to move farther. Ar lafar yn y De, 'Cera'n *nes 'wnt*'. **n. n.,** gw. *nesnes*. **n. ymlaen:** *later on; further forward*. Ar lafar yn gyff. **n. yn ôl:** *further back*. Ar lafar yn gyff. **beth wyf (yw, &c.) n.?:** *what good does it do me (him, &c.)?, what does it avail me (him, &c.)?, how much better off am I (is he, &c.)?* **1703** E. WYNNE: *BC* 109, Ond *beth ydys nês?* tyfu a wnai'r Pren pan dorrid ei geincieu. **1798** R. DAVIES: *CG* 89. Ar lafar.

nesâd [bôn y f. *nesâf*: *nesáu* + *-ad²*, trf. han.] *eg.* ll. *nesadau.* Y weithred o nesáu, dynesiad, dyfodiad: *an approach(ing), a coming.*

1604–7 *TW* (*Pen* 228) d.g. *admotio*. **1632** *D* d.g. *accessus*. **1672** J. LANGFORD: *HDdD* 231, bydd ofalus . . . ar *nessâad* cyntaf yr ymdeithudd bradychus hwn [malais]. *id.* 492, y *nessaad* ymma tu ac at angeu. **1675** R. JONES: *HCh* 108, ar ei *nesaad* at fwrdd yr Arglwydd. **1687 (1715)** J. OWEN: *TB* 6, pan deimlodd yn ei gorph *nessâd* marwolaeth. **1713** R. LLWYD: *YG* 2, Edrychwch yn dda at bob cam a gymeroch yn eich *Nesaâd* at annherfynedig Fawrhydi Duw. **1716** R. LLOYD: *LlGG* 11, Ar *Nessâad* yr Hâf. **1722** *Llst* 189, *nessäad*, m. an approaching. **1752** J. THOMAS: *FG* 29, *Nesâd* agosach at y Cyflwr nefol. **1803** *P*.

nesaf¹ [*nes* + *-af¹*; Crn. C. *nessa* (cf. H. Grn. *nesheuin*, gl. *propincus* [*sic*]), H. Lyd. *nesham*, Llyd. Diw. *nesañ*, H. Wydd. *nessam*, cf. Gal. *neđđamon* 'cymdogion' (gen. ll.), Osgeg *nessimas* 'proximae'] *a.* (sef gr. eithaf yr a. *agos*) a hefyd gyda grym enwol.

(*a*) Lleiaf pell, mwyaf agos (wrth law), agosaf (mewn gofod neu amser, o ran perthynas, &c.) (at): *nearest, closest, next (to).*

13g. *C* 98. 14–15, Nid y tawue *nessaw* alawaraw urthid. namvin y tawue eithaw. **13g.** *DB* 65, Lleuat . . . sef achaus . . . y guelir hi en uwy no'r lleill [y sêr a'r planedau], urth y bot en *nessaf* e'r daear. **14g.** *WML* 52, uelly y keiff ytir os ef auyd *nessaf* kar yr marw. **14g.** *WM* 48. 26–8, yurodyr maeth ar gwyr *nessaf* gantaw ynlliwaw idaw hynny. *c.* **1400** *MM* 38, Kymryt y risc *nessaf* yr prenn eidorwc. *c.* **1400** *YCM²* 181, eistedawd . . . a'e wyrda ual yd oed eu breint . . . o *nessaf* y *nessaf* idaw. *c.* **1400** *YSG* i. 14, gwedy eu dyuot y'r fforest *nessaf* a oed attunt. **15g.** *CSTB* 3, Anghynnes yw fy *nesa*' / Fal pe gwisgwn ŵn o iâ! **1588** 1 *Esd* iv. 42, [t]i a gei eistedd yn *nessaf* attafi. **17g.** *IICRC* iii. 8, yn hynod mi a draytha, yn *nessa* ag i medra. **1672**

J. LANGFORD: *HDdD* 123, po *nessaf* y deuwn ni atto ef, dedwyddach a fyddwn ni. **1703** E. WYNNE: *BC* 17, i wascu i penneu 'nghŷd, pa fodd *nesa* y gallent ddifa y Stryd groes accw. **1725** D. LEWIS: *GB* 142, Pe buasem yn *nesaf* yr Haul, buasem yn cael ein Llosgi. **1803** *P*. Ar lafar yn y De clywir y ff. '*nesag* at'.

(*b*) Yn dilyn yn syth (mewn trefn neu gyfres): *next* (*in order or series*), *immediately following*.
14g. *BT* 234, difiew *nessaf* gwedi dyw gwyl mihangel. **1346** *LlA* 116, yr wythnos *nessaf* yssyd yndyuot. **1567** *TN* 207a, ni a ddaetham . . . i ynys Coos, a'r dydd *nesaf* i Rodos. **1588** *Salm* lxxviii. 4, mynegwn i'r oes *nesaf* foliant yr Arglwydd. **1618** J. SALISBURY: *EH* 17, fal y mae'r geiriau *nessaf* oll yn dywedyd. **1631** O. THOMAS: *CC* 114, cadw ni hefyd y dydd heddiw fel i bo i ni y nos *nessa* dy foliannu di am dy fendithion. **1672** R. PRICHARD: *Gw* 488, Un y ddywaid mi Repenta, / Fy meiau gyd y flwyddyn nessa; / Beth medd Christ, o'r daiff [*sic*] dy enaid, / Heno *nessa* gan gythreiliaid? **1699** T. JONES: *TP* 61, A'r boreu *nesaf* hwŷ a aethant ag ef i Nen y Tŷ. **1703** E. WYNNE: *BC* 75, Yn *nesa*, galwyd Bwriadwr Dyfeisieu, alias, Siôn o bob Cref[f]t. *id.* 127, Wel', ebr Satan, oedd yn sefyll *nesa* ond un at Lucifer. **1771** *PDPh* 76, rhowch ei hanner i'r fuwch un bore, a'r hanner arall y bore *nesaf*. **1778** *W*, ar ôl (yn *nesaf* at) yr esgob y mae'r dëon d.g. *next* [*Adv.*] . . . *Next to* [*after*] *the bishop is the dean*. **1790** T. JONES: *TOS* xii, a byddai pob enaid yn gymmwys i fywyd neu angeu, i'r byd hwn neu'r *nesaf*. Ar lafar, 'y mis *nesa*'', 'y tro *nesa*'', 'y tala' *nesa*' i Siôn', *WVBD* 394.
Cfn.: **nesaf o flaen:** *immediately preceding, next before*. **1551** W. SALESBURY: *KLl* xxia, Y Sul *nesaf o vlayn* die-pasc. **1567** *LlGG* xxxvia. **1723** E. SAMUEL: *PDdC* ii. 12. **y n. peth (peth n.) i ddim:** *next to nothing*. Ar lafar yn gyff., *WVBD* 393–4. **i'm (i'th, &c.) n.:** *next to me* (*you, &c.*). **15g.** *CSTB* 43, Y nos y bûm *i'w nesaf* / Oedd nos gefnfer hanner haf. **15–16g.** *TA* 514. **16g.** MORUS DWYFECH: *Gw* 16, Mân i'w osod *im nesa'*. **yn fy (dy, &c.) n. = i'm n.** **15–16g.** *GLM* 66, Archiagon hir, chweugain haf / yn dwyn Iesu'*n dy nesaf*.

nesaf[2]: nesu, nesyd [bf. o'r a. *nes*] *bg.a.* Nesáu, agosáu, dynesu; peri nesáu; symud: *to draw near, come nearer, approach; bring near, cause to approach; move*.
13g. *BD* 114, E pymhet a *nessa* y'r lladedigyon. **15g.** *DGG*[2] 45, *Nesa* at fy llinosen, / A bwrw naid ger ei bron wen [i'r eog]. *c.* **1585** G. ROBERT: *DC* [61a–b], [g]wr da mewn crefydd . . . fe *nessodd* yn nes ag aeth dan y pren. **1588** *Gen* xliii. 19, Yna y *nesasant* at y gŵr. *id.* xlvii. 29, dyddiau Israel a *nesasant* i farw. **1588** *Barn* xx. 24, meibion Israel a *nessasant* at feibion Beniamin yr ail dydd. **1632** *D*, *nessu* . . . appropinquare, appropinquare facere. **1672** R. PRICHARD: *Gw* 350, Diwedd pob peth oedd yn *nessid* [:- Nesau]. **1688** *TJ*, *nessu* . . . to draw near, to approach. **1696** *CDD* 48, Chwaer y tlŵs fabi, a *nesodd* tuag-atti. **1803** *P*. Ar lafar yn y De, '*Neswch* lan'; hefyd pan fo rhywun ar fin marw dywedir ''i fod a'n *nesu* at y terfyn'. Cf. hefyd *PT* 53, Hiraeth, hiraeth, cilia, cilia, / Paid a phwyso'n rhy drwm arna', / *Nesa* dipyn at yr erchwyn, / Gad i mi gael cysgu gronyn.
Cfn.: **nesu (nesyd) hwnt:** *to stand back, move up, make way, get out of the way*. *Dchr.* **15g.** *IGE*[2] 205, *Nesa hwnt*, flew danas hen [Llywelyn ab y Moel i'r farf]. **1588** *Gen* xix. 9, Yna y dywedasant, *nessa hwnt*. Ar lafar yn sir Gaerf.

nesâf: nesáu [*nes* + -*hau*; cf. Llyd. C. *nessat*, Llyd. Diw. *nesaat*] *bg.a.* Dod yn agos, agosáu, nesu, dynesu; peri agosáu, dod â (rhywbeth) yn nes; symud: *to draw near, come nearer, approach; bring near, cause to approach; move*.
13g. *Études* ii. 46, pan *nessaws* tervyn e buched. **13g.** *BD* 59, gwedy *nessau* Gueirid parth a heneint. **14g.** *WM* 7. 20–3, y deu urenhin a *nessayssant* ygyt am perued y ryt. *id.* 438. 34–6, arch y arthur . . . *nessau* y bebyll ar y ford. **14g.** *SC* viii/ix. 182, bot y llawenedigaetheu mwyhaf ar y rei y *nesseir* y arnunt trwy gyfyawnder yr lle pennaf. **14g.** *GDG* 288, Yn caru, *nesáu* serch, / Er anfodd pawb, yr unferch. *c.* **1400** (*SG*) *HMSS* i. 336, wynt *anessaassant* tu ar castell. *id.* 359, arthur agwalchmei a lawnslot a *nessaassant* or neilltu. *id.* 429, ef a *nessaawd* ar gyuoeth arthur. **1547** *WS*, *nessau*, drawe nere. **1588** *Nu* xvi. 9, Ai bychan gennych nailltuo o Dduw Israel chwi oddi wrth gynnulleidfa Israel: gan eich *nessau* chwi atto ei hun. **1588** *Salm* lxxiii. 28, Minne, *nessaû* at Dduw sydd dda i mi. **1588** *Eseia* xlvi. 13, *Nesseais* fyng-hyfiawnder. **1632** *D*, nessu, & *Nessau*, appropinquare, appropinquare facere. **1661** E. LEWIS: *Drex* 181, yr ydwyf bob dydd . . . yn *nesau* nes nes i Dragwyddoldeb. **1725** D. LEWIS: *GB* 356, wrth *neshau* neu bellhau oddiwrth yr Haul. **1803** *P*.

nesag, gw. nesaf[1].

nesaol [bôn y f. fl. + -*ol*] *a.* Yn nesáu: *approaching*.
1803 *P* d.g. *nesâawl*.

nesed [*nes* + -*ed*[3]] *a.* (sef gr. gfrt. yr a. *agos*), weithiau gyda grym enwol. Agosed, mor agos (â): *as near as, so near, how near*.
13g. *MA*[2] 220b. 8–9, Gwae ni hael mor wael mor woleu / Weled yn *nes*[*e*]*d* ein eisiau [marwnad Gruffudd ap Llywelyn gan Ddafydd Benfras]. **13g.** *LlI* 42, en kyn *nesset* ac e deleho talu galanas egyt ac ef. **14g.** *DB* 103, lleuat . . . vrth hynny y gwelir yn vwy no'r lleill, rac y *nesset* y dayar. **14g.** *GDG* 78, A drwg yw yn dragywydd / *Nesed* Awst, ai nos ai dydd, / A gwybod o'r method maith, / Euraid deml, yr aut ymaith [i'r haf]. *c.* **1400** *DB* 53, y byd gwylltach y llanw o *nesset* y lleuat. *id.* 108, herwyd y *nesset* [y lleuad] mwy y gwressaei. *c.* **1400** *YCM*[2] 88, dyuot yn kyn *nesset* idaw ac y kaei y daraw. **15–16g.** *TA* 146, Cans dy wart, cyn *nesed* oedd / Â'r ymerodr i'r muroedd! **1604–7** *TW* (*Pen* 228), pan vachluto seren, am ei bot cyn *nesset* at yr haul d.g. *heliacus, heliacus occ*[*a*]*sus* (At.). **1672** J. LANGFORD: *HDdD* 132, ún dŷdd yn yr wythnos . . . deued cyn *nessed* at y mynychdra hwnnw ac y bo possibl iddo. **1711** H. POWEL: *TY* 226, nid oedd Duw mor *nesed* i un Genhedl ag iddynt hwy. *c.* **1730** *Thos. Lloyd D* (LlGC) 180b, *nesed*, tam propinquus.

neseifiad [*nesaf*[1] + -*iad*[3]; ?olff. o *cyfneseifiaid* (ll. yr e. *cyfnesaf*[1])] *eg.* ll. -*iaid*. Perthynas (i rywun); olynydd; person nesaf at (rywun): *a relative; successor; person next to* (*someone*).
1803 *P*, *neseiviad*, s.m. pl. *neseiviaid*, a relative.

nesh [bnth. S. *nesh*] *a.* Tyner, gwanllyd, yn teimlo'r oerfel: *delicate, susceptible to cold*, '*nesh*'.
1909. Ar lafar yn sir Drefn., *Cymru* lii. 211.

nesiad [bôn y f. *nesaf*[2]: *nesu* + -*iad*[1]] *eg.* Nesâd, dynesiad: *a drawing near, approach*(*ing*).
1798 *WR* d.g. *appulse*. **1803** *P*.

nesnes, nes nes [ff. ddwbl ar *nes*, cf. *lleilai, mwyfwy*, &c.] *a.* a hefyd fel *adf.* Agosach ac agosach o hyd: *nearer and nearer*.
14g. *T* 33. 14, dyfot yn diheu agheu *nessnes*. **14g.** *WM* 431. 33–5, A hi a welei yny hol tarth a nywl mawr. A *nesnes* attei y gwelei. *c.* **1400** *J* 1, 1074, *nesnes* y lleuein yr dref. **14–15g.** *IGE*[2] 267, *Nesnes* mae cerdd Daliesin, / Wrawl ei ffydd ar ael ffin. / Mair o nef! *nesnes* mae'r nod, / Difai mae'r gwaith yn dyfod (Siôn Cent). *c.* **1400** *YSG* i. 53, A chyn chwannocket vu ef y welet yr hynn a weles ac y denessawd *nesnes*. **15g.** *IGE*[2] 234, *Nesnes* o achles wychlyw, / Wyt ti, o addewid Duw (Ieuan ap Rhydderch). **1574** *LlGC* 15542, 102a, Val y Gallon ddwad *nesnes* at yn pwrpas. **1661** E. LEWIS: *Drex* 181, yr ydwyf bob dydd . . . yn nesau *nes nes* i Dragwyddoldeb. **1688** S. HUGHES: *TSP* 12, y mae fo 'n ymdynnu *nesnes* at Grist. **1701** E. WYNNE: *RBS* 281, O bid fy mlynyddoedd fel cynnifer o risiau i mi ddringo *nesnes* attati. *c.* **1730** *Thos. Lloyd D* (LlGC) 180b, *nesnes*, nearer & Nearer. **18g.** E. T. RHYS: *DA* 184, I bwyso *nes-nes* ar ei gynhes fynwes fanwl. **1753** D. JONES: *SD* 126, Ond dyfod *nesnes* attat ti, / Fy Nuw, fydd fy melus-waith i. *a.* **1791** W. WILLIAMS: *GP* 860, Yr y'm yn *nes-nes* awn ar frys, / I mewn i'r llys yn gryno. **1803** *P*.

nester [*nes* + -*der*] *eg.* Agosrwydd: *nearness, proximity*.
1545 *CM* 1, 61, O herwydd *nesder* kysylldiad y naill gleimatt ar llaall. **1604–7** *TW* (*Pen* 228) d.g. *propinquitas*. **1632** *D* d.g. *vicinitas*. **1672** J. LANGFORD: *HDdD* 123, po nessaf y deuwn ni atto ef, dedwyddach a fyddwn ni, gan fôd Llawenydd te[y]rnas Nêf yn tarddu allan o'n *nesder* ni at Dduw. *id.* 294, y perthynasau hynny . . . a gydnabyddir gan bawb i fod o'r *nesder* mwyaf. **1677** R. JONES: *BB* 173–4, [d]eall am fyrdra eich amser, am *nesder* tragywyddoldeb. **1710** S. WILLIAMS: *UOY* 3–4, Y mae'r Gair Brodyr yn arwyddocâu *Nesder* ac Anwylder Carennydd. **1718 (1721)** S. THOMAS: *HB* 13, [y] Lleuad o achos ei Hagosder a'i *Nesder* attom. **1722** *Llst* 189, *nesder*, m. nearness. **1778** T. JONES: *TGEL* 104, nid yw pawb . . . yn meddiannu yr un rhâdd a mesur o *nesder* atto ef [brenin].

nestig [tywyll yw'r enghrau. isod a dichon mai gwall am *uestig* ≡ *festig*, ff. dr. ar yr e. *mestig*, a welir yn rhai ohonynt].
c. **1195** *MA*[2] 241b. 29–30, Colofn nef *nestig* meidraeth [*sic*] / Meidradur llafur pob llaw[u]aeth [marwnad Rhodri ab Owain gan Elidir Sais]. **14g.** *T* 4. 4–5, naw rad nef *nestic* toruoed. *c.* **1400** *R* 1174. 8–9, Aryf haf naf *nestic* hynauyaeth.

Nestoraidd, Nestoriaidd [yr e. prs. *Nestor*(*ius*) (cf. *Nestoriaeth*) + -(*i*)*aidd*] *a.* *Diwin.* Yn arddel Nestoriaeth, yn perthyn i Nestoriaeth neu i'r Nestoriaid, o natur Nestoriaeth: *Nestorian* (*adj.*).
1848.

Nestoriad [yr e. prs. *Nestor*(*ius*) (cf. *Nestoriaeth*) + -*iad*[3]] *eg.* ll. -*iaid*. *Diwin.* Un sy'n arddel Nestoriaeth: *a Nestorian*.
1728 T. BADDY: *DDG* 20, y *Nestoriaid*, rhai ydynt gaeth W[e]ision i'r Twrc.

Nestoriaeth [yr e. prs. *Nestor*(*ius*) + -*iaeth*] *eb.* *Diwin.* Athrawiaeth Nestorius (patriarch Caergystennin, 428–431 O.C.) a honnai fod gan Grist berson dynol a pherson dwyfol ar wahân: *Nestorianism*.
1858.

Nestoriaidd, gw. Nestoraidd.

nestra [*nes* + -*dra*] *eg.* Agosrwydd: *nearness, proximity*.
1718 E. SAMUEL: *HDdD* 119, ein *nesdra* ni at Dduw.

nesyd, *be.*, gw. nesaf: nesu.

net[1] [bnth. S. *net* 'clear (of profit, &c.)'] *a.* Yn aros ar ôl unrhyw dyniadau angenrheidiol (am gyflog, treuliau, elw, colled, &c.), gwir, clir: *net* (*of profit, loss, &c.*).
20g.

net[2] [bnth. S. (*a*) *net*] *eb.* ll. -*s*. Defnydd rhwydog (e.e. ar gyfer llenni), gwrthrych wedi ei wneud o'r defnydd hwnnw, gwrthrych rhwydog (e.e. i gadw'r gwallt yn ei le): *net, e.g. hair-net, net curtain*.
Ar lafar.

nêt, net[3] [bnth. S. *neat*] *a.* Da, gwych, ffein, neis, caredig; boddhaol, addas, iawn, taclus; cymwys, union: *good, fine, nice, kind; satisfactory, suitable, proper, neat; exact, precise*.
17g. E. MORUS: *Gw* 68, Ac yno doe bencerdd o bynciwr glân *nêt*. **17g.** E. MORRIS: *B* 102, Os trowch, bun wen-gall, *net* irwen at arall. **1716–18** *Llsgr R. Morris* 168, i brynnu stwff trefnus *net* tacclus yn tu. **18g.** *Beirdd y Berwyn* 11, Nid oes yr un eill help i mi, / *Netia* dynes, ond tydi. *c.* **1730** *Thos. Lloyd D* (LlGC) 181a, *net* . . . neat. **18g.** *LlGC* 9, 659, Attad Seren *nett* wiw Siriol. **1766** *CD* 166, Dae'r Tailiwr *nêt* hylaw. **1769** E. ROBERTS: *GN* 19, Rydw i'n gweled fal person y plwu, / Fod natur 'n fwu *netiach*. **18g.** TWM O'R NANT: *CO* 21, Rhai'n canu hefo'r tane, rhai'n dawnsio'n *nêt* union. **1788** E. ROBERTS: *CD* 62, Y Teulu *nêt* hylwydd yn ofon yr Arglwydd. **1790** TWM O'R NANT: *GG* 72, Mwy gwisgi a *nêt* 'nôl gwisgo'n iawn. Ar lafar yng nghanolbarth a godre Cered. ac yn y De, 'Bachan *nêt* yw Jac', ''Ych chi'n gwbod beth wy'n feddwl yn *nêt*', 'Mae ceiniog fach *nêt* ganddi hi', 'Odw, 'wi'n cofio'n *net*'.

netin, neting [bnth. S. *netting*] *eg.* Weiar, &c., rwydog: (*wire, &c.*) *netting*.
1938.
Cfn.: **netin ffowls:** *chicken-wire*. Ar lafar. **n. weiar:** *wire netting*. **1938.**

netlaf: netlo [?cf. S. (*to*) *grasp the nettle* 'to attack a difficulty boldly'] *bg.* Ymroddi (i rywbeth), mynd (ati): *to set to*.
Ar lafar yn nwyrain sir Drefn., *Cymru* lii. 211. Cf. D. J. WILLIAMS: *ChHO* 200, 'R oedd yn gas gan Dafydd flas ambell gwrw, ond fe *netlai* ati fel dyn.

netur, gw. natur.

neu[1] [H. Wydd. *nó, nú*: ?< IE. *ne-u̯e neu cf. Hetheg *naššu*] *cys.* sydd fel arfer yn peri tr. ml., ac eithrio weithiau i ferfau.

(*a*) (Rhwng dau neu ragor o ddewisiadau, weithiau yn dynodi ansicrwydd): *or* (*between two or more alternatives, sometimes denoting uncertainty*), *or even, or at least, or rather.*

13g. *C* 88. 8–10, Athrydit ryuet. yv merwerit mor. cv threia. cud echwit. Cv da. cvd ymda. Cv treigil. Cvthrewna. Pa hid. a. *Nev* cud vit. 13g. *LlI* 8, Ef a dele llemesten keurves *neu* hvyedyc hebavc e gan e penhebogyd. 1346 *LlA* 16, Paham nat anuones ef padriarch *nev* bropphwyt [*sic*]. *id.* 20, Paham na chyuodes ef yr awr ybu varw. *nev* nat ymarhoes yntev avei hwy am gyuodi. 14g. *WM* 226. 13–14, duw nadolic *ne* (*RM* 164, *neu*) duw pasc. 14g. *GDG* 401, Dewis, Dafydd, ai dywaid / Ym beth a fynnych *neu* baid. *c.* 1400 *YCM²* 169, ef a wybyt pa sawl maen a uo yndaw, *neu* y gyniuer dafyn dwfyr a uo yn y ffiol, *neu* o lynn arall, *neu* y gyniver keinawc a vo yn y das aryant, *neu* y gyniuer gwr a vo yn y llu. *c.* 1400 *Études* viii. [66]–8, kymer verdrudyn . . . *neu* gymer sud y kenhin. 15g. *GGl²* 102, Bod moelrhon i'm dwyfron deg / *Neu* f'ellyll yn y falleg. 1567 *TN* 84a, par o turturon *nei* ddeu gyw colombenot. 1588 *Eseia* xli. 22, mynegwch . . . *neu* traethwch (1620 *ib. neu* draethwch) i ni y pethau a ddeuant. 1588 *Math* xviii. 20, Canys ym mha le bynnac yr ymgynhullo dau *neu* dri yn fy enw i, yno 'r ydwyf yn eu mysc hwynt. 1592 S. D. RHYS: *Inst* [xvi–xvii], rhyw Ddospartheu ynn amrywio . . . oddiwrth yr Esampleu; *neu* ryw Sampleu ynn ymddieithro . . . oddiwrth y Dospartheu; *neu* ynteu pôb un o'r ddeubeth arr gamm. 1615 R. SMYTH: *GB* 38, dros ddau ddydd *ne* dri. 1630 R. VAUGHAN: *YDd* 622, [c]erydd dy Dâd *neu*'th fam. 1725 D. LEWIS: *GB* 91, Gwrthbrofed hwynt, *neu* Dawed. 1760 *ML* ii. 244, Coeliwch fi *neu* beidiwch ni bu mo'r fau galon cyn llawened er ys llawer dydd.

(*b*) Fel arall (ar ôl gorchymyn, gosodiad, &c., yn cyflwyno canlyniad peidio â'i gyflawni neu ei wireddu), onid e: *or* (*else*) (*after a command, statement, &c., introducing the consequence of its not being fulfilled or realized*), *otherwise, if not.*

13g. *LlI* 8–9, o dychavn e den hvnnv prouy bot en cam e uravt a uarnvs er egnat, collet e tauavt *neu* enteu a'e prynno e gan e brenhyn. 14g. *YBH* 14b, Darllein y llythyr hwn heb olud *neu* minneu a lado dy penn ar cledyf hwn. 15g. *KAA* 19, erchi yr gweisson . . . adaw y kyvoeth . . . *neu* wynteu a vynnynt varw yn diannot. 1718 E. SAMUEL: *HDdD* 112, Achub Arglwydd, *neu* darfu am danaf. Ar lafar, 'Mi ddyla gychwn *ne* mi eith yn nos arno fo', *WVBD* 392.

(*c*) A elwir fel arall (rhwng dau air neu ymad. sy'n dynodi'r un peth), hynny yw: *or* (*between two words or phrases denoting the same thing*), *otherwise called, that is.*

10g. (*Juv*) *VVB* 196, *Nou* inn guotricusegeticion. 13g. *HGK* 4, [y] ran o Freinc a elwir Brytaen, *neu* Lydav. 14g. *WM* 192. 13–14, y gelwit hi lundein *neu* ynteu lwndrys. 1567 *TN* [xxxii], Bedydd a' Chymmun, *ne* val y gailw S. Paul Swper yr Arglwydd. 1567 G. ROBERT: *GC* 1, Y Prylog *ne*'r Rhagddodiad. 1651 SIÔN TREREDYN: *MDD* 43, yn ei ewyllys *ne* Destament ddiwaethaf.

(*d*) Naill ai (wrth gyflwyno'r cyntaf o ddau ddewis neu ragor), boed: *either, whether.*

1771 W. WILLIAMS: *GIE* i. 8, Mae'r holl greadigaeth faith ynghyd, / *Neu* yn y mor neu yn y byd, / Yn eitha eu rhwysg, eu rhif, eu rhyw. *a.* 1791 W. WILLIAMS: *GP* 781, Rhag im' golli, *neu* trwy ryfyg, / Neu anghredu, neu trwy flys; [*sic*] / Help fy Nuw. *id.* 801, Ac yn credu caf fyn'd trwodd, / *Neu* lifeiriant, neu yntau dân. *id.* 808, *Neu* ar y llawr, neu ar y lan, / Os byddaf ddydd na nos; / Gad i mi orphwys yna tan / Ddiferion gwaed y gro's.

Amr.: **ni³**. Ar lafar ym Morg., 'Bachgan *ni* ferch yw noco?'.

Gw. hefyd †nou¹.

neu², **neud** [cf. *nu¹* a'r H. Wydd. *no, nu*; â'r *-d*, cf. *nad¹,²*, *nid¹,²*, *od²*, *ped*, ?ac *yd¹*; am drafodaeth ar y gair hwn, gw. *Celtica* xi. 278–85] *gn.*

1. (*a*) (O flaen bf.: *before a vb.*).

12g. *MA²* 154b. 40, Ym maes bryn actun canhun *neu* rifais (Cynddelw). 13g. *C* 7. 8–9, *Neur* uum y dan un duted a bun dec. *id.* 67. 8, *Neum* duc. i. elffin. y prowi vy bartrin. *id.* 70. 1–2, Cantreghis wiguisc amhoen. oAmryues *neus* adwaen. 13g. *A* 12. 13, *neu* chein[t] e ododin. *id.* 33. 21, *Neut* eryueis y ued. 13g. (1641) *HGK* 27, *neu* ry ddaroedd iddaw . . . kynullaw holl wrachiot mantach. *c.* 1300 *H* 9b. 18–19, *Neu* dreitysy tra lliw lleudinyawn dreuyt. *neu* dremyrth eurawc caer ar deryt (Gwalchmai). *id.* 49a. 19, *Neum* rydraeth hiraeth uetuaeth uaccwy (Cynddelw). *id.* 108¹b. 20, gwaet a gwlad *neuth* ganlyn (Llywarch ap Llywelyn). *id.* 115a. 16, *neun* gwneir uegys gweir uab gwestyl (Llywarch ap Llywelyn). 14g. *T* 26. 9–10, *neu* bum yn yscor. *id.* 27. 1–2, *neu* gorwyf gwaetlan. 14g. *B* ix. 328, *Neu* ym kylchenavd i kvnn llawer. 1567 *TN* 393a, E [:– *Neur*] syrthioedd . . . Babylon. *Diw.* 16g. *Gwyn* 3, 126, *neu* thyrr fy mron (*GDG* 44, Nid â o'm bron) eithr fy mrad. 1632 *D, neu, neu'r,* & *neud,* næ, affirmandi. 1756 *Gron* 28, *Neut* wyt gyfeillgar, car cywirdeg—ddyn. 18–19g. *CLlC* v–vi. 45, *Neu'm* (*CRIM* 67, E'm) daw cur yn amdo caeth.

(*b*) (enghrau. gyda'r neg.: *exx. with the negative*).

13g. *C* 51. 3–4, Nv *nev* nachyscafe. 13g. *AL* ii. 138, o buost priodaur ty ema *neut* nat eduyt. *c.* 1300 *B* iv. 124, *Neut* nam diw gwall. 14g. *T* 12. 24, *neu* nyt atwen drut. *c.* 1400 *R* 1227. 34–6, *Neut* nam (*MA²* 275b. 39, nim) dyhud bud . . . *Neut* nam dawr duw.

2. (*a*) (O flaen rhannau ymadrodd eraill: *before other parts of speech*).

13g. *C* 4. 7–9, *Neu* gueith arywderit pan vit y deunit. *id.* 12. 5, minhev *nev* frav. *id.* 56. 9, *neud* dit golev. *id.* 64. 12, *Neud* ew hun bet kintilan. *c.* 1300 *H* 18a. 12, *Neud* llauar adar *neud* gwar gweilgi (Einion ap Gwalchmai). *id.* 49b. 32, *Neud* meu oe agheu dagreu digrawn (Cynddelw). *Dchr.* 14g. *id.* 31a. 14, gwael *neut* bed. gwae wi nat byw (Bleddyn Fardd). *id.* 89a. 34, *neut* ual drych gwrthrych gwrth a welaf (Phylip Brydydd). 14g. *T* 17. 4–5, *Neu* vreint an seint pyr ysaghyssant. *neu* reitheu dewi pyr ytorrassant. *id.* 55. 2, *Neu* peir pen annwfyn. *id.* 59. 25, *neut* vryen aoruyd. *id.* 71. 7–10, *Neu* vi luossawc yn trydar . . . *Neu* vi tywyssawc yn tywyll. 14g. *LlB* 8, Pwy bynnac ohonunt y torrer y naud, *neut* sarhaet idaw. 14g. *WM* 8. 12–13, *neut* teruynedic angheu y mi. *id.* 76. 27–8, Na weleis heb ef *neut* seith mlyned un dyn yma. 14g. *GDG* 40, *Neud* Mai, *neud* erfai adarfeirdd traeth, / . . . / *Neud* heb anwylyd, *neud* bron alaeth. *c.* 1400 *R* 577. 18, *neu* gwedy ynteu kwd aw. *id.* 1054. 3, *neu* y dan tytwet. *id.* 1429. 11–12, *Neut* aflawen wyf. *neut* aflauar drist. 15g. *IGE²* 240, *neud* mau fwyniaith (Ieuan ap Rhydderch). 18–19g. *Hop M* 350, Awen gain *neud* ergain oedd.

(*b*) (enghrau. gyda'r negydd: *exx. with the neg.*).

c. 1400 *R* 1036. 32, *neut* nat mi eukyuadas. *id.* 1227. 37, *neut* nat ryd vy llyw llew tref garned. 1754 G. OWEN: *L* 89, *Neud* nid llyth na llesg faccwy.

3. (*a*) (O flaen rh. prs. annib. a ddilynir gan ferf (naill ai gyda rh. prth. neu hebddo): *before an independent prs. pn. followed by a vb.* (*with or without a rel. pn.*)).

c. 1300 *H* 48b. 31, *neud* wy ae gofwy nyd gouyged (Cynddelw). *id.* 99a. 11, Caret ym ynni *neud* mi ae maeth. 14g. *T* 61. 2, *neu* ti rygosteis. *id.* 62. 5–12, *neu* vi erthycheis yn eis rachwyd . . . *neu* vi aweleis wr ynbuarthaw . . . *Neu* vi gogwn ryfel yd argollawr . . . *neu* vi neu [*sic*] yscenhedeis. *id.* 71. 8, *Neu* vi aelwir gorlassar. *ib.* 12, *Neu* vi aamuc vy achlessur. 14g. *GDG* 40, *Neud* mi a'i heurodd, neud mau hiraeth. 1756 *Gron* 28, *Neu* mi nym dorfu [*sic*] dyrfa ddichweg.

(*b*) (engh. gyda'r negydd: *ex. with the neg.*).

c. 1300 *H* 21b. 9–10, Am rotes meirch re rewyt a danaf *neud* nad ef ae dyryt (Daniel ap Llosgwrn Mew).

Gw. hefyd †nou¹.

neuad¹, **neuadd²** [?gwall am *meuedd, meufedd*] *eg.* Cyfoeth, golud, hefyd yn *ffig.*: *wealth, riches, also fig.*

16g. WILIAM LLŶN: *Gw* (R. Stephens) (At.), *nevadd*, golvd. 1632 *D, neuad,* diuitiæ, opes. [Wiliam] Ll[ŷn] & D[avid] P[owel]. 1688 *TJ, neuad,* Cyweth: Wealth, Riches. 1722 *Llst* 189, *neuad,* m. riches, wealth.

neuad² [?bôn y f. *neuaf*: *neuo* + *-ad²*, trf. han.] ?*eg.* ?Achwyniad, yn *ffig.*; hiraeth, dymuniad: *a moaning, fig.*; *longing, desire.*

15g. *GGl²* 214, Llysywen hardd, llas naw hydd, / Lleuad *neuad* o newydd [i ofyn corn canu]. 18–19g. *IMCY* 238, A mab *neuad* ei dad oedd / Breuddwydiwr a Bardd ydoedd [am Joseff].

neuadd¹ [< *nouodd (cf. H. Gym. *nouodou*) ?< *nofodd < Brth. *nom-o-d-; ?cf. *nef, nyfed,* H. Gym. *nom,* gl. *templa*] *eb.* ll. *-au, -awr.* (Ystafell fawr mewn) adeilad ar gyfer cynulliad o bobl; hostel (i fyfyrwyr, &c.); preswylfod, tŷ annedd, tŷ brenin, pendefig, neu dirfeddiannwr, palas, plas, llys; *Beibl.* cyntedd; prif ystafell castell, &c.; hefyd yn *ffig.*: *hall*; *hall* (*of residence*), *hostel*; *dwelling, residence, house of a king, noble, or landed proprietor, palace, mansion, court*; (*bibl.*) *courtyard*; *hall, main room of a castle, &c.*; *also fig.*

9g. (*MC*) *VVB* 196, *nouodou*, gl. *palatia*. 13g. *A* 23. 1–2, ny magwyt yn *neuad* a vei lewach noc ef. 13g. *LlI* 23, Nau tey a deleant byleynnyeyt e brenhyn e wneythur: *neuad* . . . buetty. *c.* 1300 *H* 1a. 28, nur [drll.] cadeu *neuateu* o ystyllawd [marwnad Gruffudd ap Cynan gan Feilyr Brydydd]. *Dchr.* 14g. *id.* 90a. 30, Goreu yw gennyf y gorwed *neuadawr* (Phylip Brydydd). 14g. *T* 8. 17, wyf bard *neuad*. 14g. *WM* 180. 33–4, ef a welei *neuad* dec yn y gaer. *c.* 1400 *R* 1199. 10–11, Temyl yr mab rat. *neuad* garyat. nawd ac eiryawl [i Fair]. 1547 *WS, neuadd,* a halle. 16g. *THSC* (1923–4) (At.) 69, yr oeddynt mewn *noyadd* wac yn eistedd. 1567 *TN* 76b, val yr oedd Petr yn y *nauadd* (1620 *Marc* xiv. 66, llys; 1975 *ib.* cyntedd). 1632 *D, neuadd,* aula. 17g. *RWM* ii. 170, Am henwav taü . . . llys—Emer[od]r neü frenin . . . *Nevadd* Marchog neü esgwier. 1759 T. THOMAS: *WWDd* 301, mae Satan yn cadw ei *Neuadd*, yn ei galon ef. 1803 *P.* Digwydd mewn enwau lleoedd, e.e. *Neuadd-lwyd*, pl. Henfynyw, Cered., *Neuadd yr ynys*, ger Taliesin, Cered. (*Nouadd* ar lafar).

Amr.: **neuodd.** 16g. *Yst Kym* 82, yn *neuoedd* [*sic*] y brenin. 1615 R. SMYTH: *GB* 53, 183. 1677 C. EDWARDS: *FfDd* 334, yn ei *neuawdd*. 1777 H. JONES: *M* 76. Ar lafar yn y Gogledd, *P Tal* 99, ac yn sir Benf., *TGG* (1904) 61, yn yr ystyr 'ystafell fwyta i'r teulu ar ffarm fawr'. **yneuadd** [gydag *y-* brosthetig]. 14g. *LlB* 23. 14g. *WM* 5. 11, 98. 26.

Cfn.: **neuadd goffa:** *memorial hall.* 20g. **n. gynnull:** *assembly room.* 1933. **n. y gweithwyr:** *working-men's hall.* 20g. **n. les (lesiant):** *welfare hall.* 20g. **n. bentref:** *village hall.* 20g. **n. breswyl:** *hall of residence.* 20g. **n. (y) dref, n. tref:** *town hall.* 1784 M. WILLIAMS: *S* i. 224, Mae pob cwarter o'r ddinas yn cynnwys ysgwar o wyth erw o dir, ac yn y canol mae scwar . . . yn cael ei amgylchynu a *neuadd-dref* ynghyd â llawer o adeiladau cyfleus eraill.

neuadd², gw. neuad¹.

neuaddaid [*neuadd¹* + *-aid¹*] *eb.* Llond neuadd: *hallful.*

16g. LEWYS MORGANNWG: *Gw* 540, ny byddai athrist bae ddieithriaid / y rai ni weddai r vn *neuaddaid* [marwnad Ieuan ap Dafydd ap Siencyn]. 16g. *Pen* 110, 45, naw gwin a naw vgeinwyr / nawdd duw ar y *nevaddaid* wyr (cf. *TA* 178, i'r neuadd a'i wŷr).

neuadd-dy [*neuadd¹* + *tŷ*] *eg.* ll. *-dai.* Plasty, maenordy, palas, llys; neuadd tref (dinas, &c.); neuadd breswyl; hefyd yn *ffig.*: *mansion, manor-house, palace, court; town hall, guild-hall; hall of residence; also fig.*

Dchr. 15g. *IGE²* 198, Fy mabsant, a'm gwarant gwir, / Fy *neuadd-dŷ*, fy nodd-dir [Llywelyn ab y Moel i Goed y Graig Lwyd]. 15g. *Pen* 109, 140, I nawd a gawn lle noder. / I *neuaddei* ywr nowddir [Lewis Glyn Cothi i Hywel ap Dafydd ap Tomas]. 1604–7 *TW* (*Pen* 228) d.g. *basilica, curia municipalis, gymnasium, palatium, scena, scenos.* 1688 S. HUGHES: *TSP* 69, Llŷs gwych, a phrydferth . . . wrth edrych ar y *Neuadd-dy* hwn. 1728 T. BADDY: *DDG* 47, *Neuadd-dy* Herod, ynawr yn adfeiliedig.

neuaddlys, neuadd-lys [*neuadd¹* + *llys¹*] *eb.* Prif ystafell castell, llys, &c.: *hall, main room of a castle, court, &c.*

14–15g. *IGE²* 310, Pwy pôr y gaer fynor fawr, / A'i *neuaddlys* newyddlawr (Rhys Goch Eryri). 1788 J. THOMAS: *CS* 189, Mae'n rhaid cael Duw i'r canol, / Awelon Yspryd gras, / Cyn troi'r cryf arfog allan, / O'i *neuadd-lys* i maes. 18–19g. *Llr* C 54, 253, dwg ef [Crist] i mewn i'r *neuaddlys* honn.

neuaddol [*neuadd¹* + *-ol*] *a.* Yn perthyn i neuadd: *pertaining to a hall.*

1803 *P.*

neuaddwys [*neuadd¹* + *-wys¹*] *e?b.* Neuadd: *hall.*

14g. *T* 9. 13, Ar[all] at[wyn] enefyd yn *neuadwys.*

neuaf: neuo [?cf. *newyn*] *bg.?a.* Cwyno, achwyn, gofidio, grwgnach; (?geir.)

hiraethu, dymuno, chwennych: *to complain, moan, grieve, grudge*; (?*dict*.) *long, desire, covet*.

c. **1300** *H* 6b. 25, kyn y uar arnaf *neuaf* nam llas (Gwalchmai). *id*. 51a. 9, *neuaf* nas gwelaf ual ym gweles [marwnad Cadwallon ap Madog gan Gynddelw]. *id*. 57a. 31, eryr glyw glewaf *neuaf* na daw [marwnad Rhirid Flaidd gan Gynddelw]. **14g**. *YB* xiii. 149, *Neuaf* o'r Gïen bennon, / Nod gwallaw medd, neud gwell Môn (Gruffudd Gryg). **1632** *D*, *neuo*, vid. an Hiraethu. **1688** *TJ*, *neuo*, hiraethu: to long, to covet, to desire earnestly. **18–19g**. *Llr* C 40, 135, *neuo* gwasbren ac ysbryd / a berwi gwawl mewn brig yd. **1803** *P*.

neud, gw. neu[2].

neued, neuedd, neufedd [bôn y f. fl. + *-ed*[1], *-edd*[1]; cf. Gwydd. C. *neóit* 'cybydd-dod, crintachrwydd'; â'r ff. *neuedd*, *neufedd*, cf. *meuedd*, *meufedd*, a dichon mai ffrwyth camddarllen ff. ar y gair hwnnw yw rhai o'r enghrau. isod] *e?g*. Prinder, angen, eisiau; (?geir.) hiraeth, dyhead, chwant: *scarcity, need*; (?*dict*.) *longing, desire*.

c. **1300** *H* 3a. 23–4, pan gaffo penn gwyr peuer ymdired. gan egylyon voes nym oes *neued* (Meilyr Brydydd). *id*. 4b. 4, kredaf grist neuoet *neuet* gannwyll (Gwalchmai). *id*. 18b. 2, Gwael *neuet* maenwet mynwent iti [marwnad Nest ferch Hywel gan Einion ap Gwalchmai]. *id*. 51a. 8, Er pan llas llyw ked neud *neued* nes (Cynddelw). *id*. 56a. 29, yny mae yued heb *neued* heb nac (Cynddelw). *Dchr*. **14g**. *id*. 90a. 33, canu kerd am borth am byrth *neufed* (Phylip Brydydd). **14g**. *WM* 468. 27–8, lluchet a *neuet* ac eissywed. **14g**. *Cy* vii. 151, Hir *neuet* giwet gymry. *c*. **1400** *R* 1147. 5, nybo drwc *neued* amgoruedho. *id*. 1166. 8, Beird *neuet* niuerawc orsed. **1632** *D*, *neued*, *Neuedd* & *Neufedd*, vid. an Hiraeth. **1688** *TJ*, *neued*, *neuedd*, *neufedd*, hiraeth: a longing, or earnest desire. **1803** *P*.

Cf. afneued.

neulltu, &c., gw. neilltu, &c.

neuodd, gw. neuadd[1].

neur, gw. neu[2] + rhy[2].

neuralgia, neuron, neurosis, &c., gw. niwralgia, niwron, niwrosis, &c.

neus, gw. neu[2] + -s[1].

neutrino, neutron, &c., gw. niwtrino, niwtron, &c.

newid[1] [H. Lyd. *nouitiou*, gl. *nundinae*; gw. *cyfnewid*] *eg.b*. ll. *-iau*, *-ion*.

(*a*) Y weithred o newid, gwahaniaeth; newid (dillad); trosiad o'r hen i'r newydd (am y lleuad), (yn y ll.) gweddau; hefyd yn *ffig*.: *change, alteration, difference*; *change* (*of clothes*); *change* (*of the moon*), (*pl*.) *phases*; *also fig*.

c. **1300** *H* 10a. 13, ny llutywn y neb *newid* breutwyd (Gwalchmai). *id*. 48a. 23, Ym pwyllad *newid* neud adwyf am vun (Cynddelw). *Dchr*. **15g**. *IGE*[2] 195, Bellach, sothach a'm sythawdd, / Bu *newid* tost, byw nid hawdd [Llywelyn ab y Moel i'r pwrs]. **15g**. *GGl*[2] 163, Newidio ôl un a dau, / Anwadal yw *newidiau*. **15–16g**. *TA* 93, Y *newid* aeth yn y dur, / Ni newitia 'n i natur. **16–17g**. *GST* i. 47, Newidiais fyd, iawn ydoedd, / *Newid* wych i'm henaid oedd. **1632** *D*, *newid*, mutatio. **1752** J. Thomas: *FG* 219, chwildroi yn wastadol fel Ceiliog-gwynt i le arall ar bob *Newid* Gwynt. **1757** J. Thomas: *TC* 61, fel y lleuad yn lleiaf ei goleuni pan y bo a'r [*sic*] y *newid*. **1767** *Gron* 120, Nodau'r lloer a'i *newidion*. **1771** *W* d.g. *change* [*alteration*]. **1803** *P*. Ar lafar, 'Ma' *newid* mawr yng ngolwg y tŷ'.

(*b*) Cyfnewid (ariannol, masnachol, &c.); nwydd(au); arian mân; arian a ddychwelir i berson sy'n talu am rywbeth, sef y gwahaniaeth rhwng yr hyn a delir a'r hyn sy'n daladwy; hefyd yn *ffig*.: (*monetary*, &*c*.) *exchange*, (*business*) *transaction*; (*piece of*) *merchandise, goods*; *change* (*of coins*); *change* (*balance in monetary transaction*); *also fig*.

13g. *LTWL* 243, Teir *newit* a doant tracheuyn: scilicet, vitulus leprosus; et tria prohibita villano ne vendat absque domini licentia; et furtum. **13g**. *LlI* 83, o lluycca [march] atuerher e traeanguerth tracheuen a'r *newyt* ual kynt, canyt yaun atnewyt. *c*. **1300** *H* 108[2]b. 2, llas ioruerth aeruerth eur *newid* a char (Llywarch ap Llywelyn). **14g**. *BT* (*RB*) 158, na allei y llogeu a *newidyeu* yndunt uordwyaw attunt y gayaf. **14g**. *GDG* 266, Cyd bai brid ein *newid* ni, / Prid oedd i'r priod eiddi [Morfudd]. *c*. **1400** *R* 1253. 30, Eruit *newit* nwyf. aruer cler am clwyf. *id*. 1356. 40–1, ef amgeliwir [*sic*] am siwan gwaedan gwaeth y *newidyeu*. **15g**. *DN* 54, Llyma un adail lle mae *newidion*, / Llys rydd, a'n lle sydd yn y wenllys hon. **15–16g**. Llawdden, &c.: *Gw* 123, Ni roddwn *newid* warau / I Iarll y Mers o'r lle mau. Ar lafar, "Oes gynnoch chi *newid* swllt?', *WVBD* 394, 'Faint o *newid* 'n ôl gest ti?'.

(*c*) Bargen (o safbwynt y prynwr), pris isel, y cyflwr o fod yn rhad: *bargain* (*from buyer's point of view*), *low price, cheapness*.

c. **1400** *B* ii. 14, A brynych o anieueileit . . . pryn rwng y pasc ar sulgwyn. kanys goreu yw y *newit* yn yr amser hwnnw arnunt. **15g**. *FfBO* 33, Yno y keffir *newit* tec ar bartrissot. **1547** *WS*, *newid* da ne rad, good chepe. *c*. **1585** G. Robert: *DC* 73b, [c]ael gystal *newid* ar pethe [*sic*] bydol. **1615** R. Smyth: *GB* 120–1, llawer o figailiaid . . . gorchmynasont ynthwy [defaid] i ficariaid truain anyscedig, ag yn fynycha i'r rhai a gaent orau y *newid* (*à meilleur marchée*). **1631** O. Thomas: *CC* 4, [Beiblau] . . . yn dda'r *newid* arnynt, ac yn hawdd i'r tlawd eu cael. *id*. 28, y mae llyfrau ddigon i'w cael, a *newid* fawr arnynt. **1632** *D*, *newid* . . . Item precium vile. **1632** J. Davies: *LlR* 204–5, gwerthai efe iddynt aur pûr yn well *newid* (*at a lower price*). **1672** R. Prichard: *Gw* [xxi], Ba fwya brintier mw[y] fydd y *newyd* [*sic*] arnynt. *c*. **1762–79** W. Williams: *P* 161, gan fod cymmaint o *newid* ar ymborth . . . fel yr oeddwn yn byw, wrth geiniog y dydd. *id*. 451, mae ffrwythau a meddiannau pob gwlad arall . . . yn cael eu prynu i mewn ag eithaf *newid*, a'u gwerthu allan yn eithaf drud. **1770** *TG* [iv.] 119, y mae genym achos i ddisgwyl *newid* fawr ar y wâr honno y leni. **1770** *W*, efe a gâs *newid* arno d.g. *bargain* . . . *he had a bargain of it*. Ar lafar yn sir Benf., 'we *newid* arni', 'it was cheap', *GDD* 206; hefyd yn y Gogledd, 'Mae o wedi cael *newid* arno fo', 'He has had a good bargain', *WVBD* 394.

Cfn.: **newid aer**: *change of air*. **1946**. **n. bywyd**: *change of life, menopause*. **20g**. **(mae, a) n. y ci arno** [cf. S. *dog cheap*]: (*it's*) *dirt cheap*. **1883**. **n. (d)dillad**: *change of clothes*. **1588** *Sech* iii. 4, gwiscaf di hefyd â *newid ddillad* (**1620** *ib*. *newid dillad*). **1759** T. Thomas: *WWDd* 140. Ar lafar yn nwyrain Morg. yn y ff. '*newition dillad*'. **n. y lleuad**: *change of the moon*. **1771** *W* d.g. *change* [*alteration*], *moon, the change of the moon*. **(mae, a) newid y penwaig arno**: (*it's*) *dirt cheap*. **1604–7** *TW* (*Pen* 228), *a newit y penweic arno* d.g. *vilis*. Ar lafar gynt yn sir Gaern., J. Jones: *Gwerin-eiriau* 131.

Gw. hefyd newidiaf: newid, newidyn.

newidadwy, newidaf: newid[2], gw. newidiadwy, newidiaf: newid.

newidenw [*newid*[1] + *enw*] *e?g*. *Rhet*. Lledenwad, arallenwad: *antonomasia*.

1552 W. Salesbury: *Gw* 326, Antonomasia *Newidenw* id pan ddyweter y Bardd a meddwl Taliesin. **1595** *Egl Ph* [xix], 38.

newidfa [bôn y f. ddil. + *-fa*] *eb*. ll. *-faoedd*, *-feydd*. Cyfnewidfa (fasnachol, ariannol, &c.); lle i newid dillad; hefyd yn *ffig*.: *exchange*; *place for changing clothes*; *also fig*.

1771 *W* d.g. *change* [*where merchants meet*], *royal, the royal exchange*.

newidfeirch [*newid*[1] + *meirch* (ll. yr e. *march*)] *e.ll*. Cyflenwad o geffylau ffres i gymryd lle rhai blinedig: *relay* (*of horses*).

[**1783**] *W* d.g. *relay of horses*. **1798** *WR* d.g. *relay*.

newidiad [bôn y f. ddil. + *-iad*[1]] *eg*. ll. *-au*. Y weithred o newid, newid, cyfnewid, adnewidiad; *Crdd*. amrywiad; newid (am y lleuad); taliad cyflogau mewn nwyddau yn lle arian; *Rhet*. troad ymadrodd, sef cyfnewid perthynas arferol yr elfennau, e.e. 'porthor y ddôr ddig'; *Gram*. colon, gorwahannod: *change, changing, alteration, modification*; *variation* (*in mus*.); *change* (*of the moon*); *truck* (*method of payment*); *hypallage* (*in rhet*.); *colon* (*in gram*.).

16g. (*LlEG*) *Mos* 158, 61a, y kornnel nergongyl deeg yr hon ò *n*[*e*]*widiad* yr iaith a alwn I heddiwi [*sic*] tegeingyl. **16g**. Dafydd ap Llywelyn, &c.: *Gw* 203, Nid wyd gaeth, *newidiad* gŵr, / Ond impren o nod emprwr, / Nodyn wedi naw ydwyd, / Dwg fywyd iarll, degfed wyd. **1567** *TN* [xxxi], Duw nit oes ynthaw *newidiat*, nac anwadalwch. **1588** 2 *Mac* iii. 16, ei wynebpryd, a *newidiad* ei liw oedd yn dangos cyfyngder ei galon. **1604–7** *TW* (*Pen* 228) d.g. *adulterium, commutatio, mutatio*. **1629** R. Llwyd: *P* 17, [y] *newidiad* hwn sydd nid o ran sylwedd, a hanfod corpholedd, ond o ran rhinweddau, a chynneddfau y meddwl. **1675** R. Jones: *HCh* 76, [rh]esymmau am *newidiad* y Sabboth o'r dydd olaf o'r wythnos i'r cyntaf. **1691** T. Williams: *YB* 352, Mae gwir edifeirwch . . . yn gofyn *newidiad* meddwl. **1693** E. Morgan: *HRD* 20, am *newidi*[*a*]*d* y lleyad kais prif, [*sic*] y flwyddyn agedrych [*sic*] tiar llaw dde yn gymws. **1710** *LlGG* [xii], y cyfryw *newidiadau* a ddygwyd attom. **1751** *GIA* 35, Oni fedrwch fynegi dydd neu wythnos eich *newidiad* (*change*) . . . a ydych chwi yn cael fod y gwaith wedi ei wneuthur? **1763** *DT* 256, Och i'r Byd hyll serfyll sal, / A'i *Newidiad* anwadal. **1803** *P*.

Cfn.: **newidiad awyr**: *change of air*. **1888**. **n. calon (y galon, o'r galon)**: *change of heart*. **1676** W. Jones: *PGG* 22, Edifeirwch ydyw'r fâth *newidiad o'r galon* ac a bair fuchedd newydd. *c*. **1688** *SCG* 22, y fath *newidiad calon* ac sydd yn ymddangos trwy newydd-deb buchedd. **1693** *HC* 15, Dychweliad ynteu ar ychydig eiriau yw cwbl *newidiad y galon*, a'r fuchedd. **n. o ddillad**: *change of clothes*. **1789** B. Evans: *LlG* 88, 99. **1790** W. Richards: *LlA* 109.

newidiadwy, newidadwy [bôn y f. ddil. + *-*(*i*)*adwy*] *a.bfl*. Y gellir ei newid, tueddol neu chwannog i newid, anwadal, ansefydlog, cyfnewidiol; ymgyfnewidiol: *changeable, alterable, subject to change, mutable*; *interchangeable*.

1595 *Egl Ph* 79, Gorsedd y brenhin sydd 'ogoneddfawr; eithr yn *newidadwy*. **1710** *LlGG* [xii], ffurfiau gosodedig o Wasanaeth Duw; a'r cynneddfau, a'r Ceremoniau pwyntiedig i'w harfer yn bethau indiffrent a *newidiadwy*. **1712** T. Williams: *CDdG* 479, y mae fy meddyliau da i yn anwadal ac yn *newidiadwy*. **1722** *Llst* 189, *newidiadwy*, changeable, alterable. **1803** *P*.

newidiaeth [bôn y f. ddil. + *-iaeth*] *eb.g*. ll. *-au*. Newid; cyfnewid (arian neu nwyddau); yr ansawdd o fod yn newidiol, ansefydlogrwydd: *change*; *exchange* (*of money*), *barter*; *changeability, instability*.

1764 Dewi Nantbrân: *SAG* 84, *Newidiaeth* cyhoedd o Foesau er gwaeth. **1776** Dewi Nantbrân: *AN* 62, yr aml Rwygiadau a *newidiaethau* mewn Crefydd. *id*. 248, *newidiaeth* Buchedd.

newidiaf, newidaf: newid[2], **newid(i)o** [bf. o'r e. *newid*[1]; cynhwysir enghrau. cynnar o'r ff. *newid* dan yr e. hwnnw] *bg.a*.

1. (fel *bg*.) Troi i ffurf neu ansawdd neu gyflwr gwahanol, altro, trawsnewid, gweddnewid; ymgyfnewid, cyfnewid, ffeirio; gwisgo dillad gwahanol; trosi o'r hen i'r newydd (am y lleuad): *to change, alter, transform*; *exchange, swap*; *change clothes*; *change* (*of moon*).

1588 *Doeth Sol* xii. 20, gan roddi amser a modd i *newidio* oddi wrth ddrygioni. **1588** *Ecclus* xxvii. 11, a'r angall a *newidia* fel lleuad. **1604–7** *TW* (*Pen* 228), *newitio* benbenn d.g. *permuto*. **1661** E. Lewis: *Drex* 290, y mae yr amser yn *newidio* yn ddisymmwth, a *newid* a wna 'r don. **1733** T. Evans: *PP* 206, Nad yw efe ddim yn *newid*, eithr, ei fod efe gynt megis y mae efe ynawr.

2. (fel *ba*. ac yn *abs*.) (*a*) Troi i ffurf neu ansawdd neu gyflwr gwahanol, altro; cyfnewid, ffeirio; symud; symud o un cerbyd neu drên i'r llall; cyfnewid (arian) am arian mewn unedau gwahanol neu am arian tramor: *to change, alter*; *exchange, commute, swap*; *move*; *change* (*from one vehicle or train to another*); *change* (*money*).

14g. *GDG* 214, *Newidio* drem ni wadaf, / A'm chwaer, dim amgen ni chaf. *c*. **1400** *YSG* i. 117, na vit neb mor ehovyn ac y *newittio* ym na gwregis nac arwest. *id*. 123, A'r kangheu a blannwyt . . . ny *newityassant* dim o'e gwynder. **15–16g**. *GLM* 107, Nato Duw byth—iti bid—/ i'n gwlad ni gael dy *newid*. **16g**. *Pen* 76, 33, *newidio* avr awna dall / dros arian ar draws arall. **1567** *TN* 99b, val yr oedd ef yngweddiaw, y *newidiwyt* [:- ysmutwyt arallwyt] gwedd y wynepryd. *Diw*. **16g**. *WLB* 5, [t]ra fych yn i *newidio* [meddyglyn] or llystr ir llall. **1609** *CRC* 82, ai hvdo i [*sic*] o ddiyno ir llwyn tew glas / i *newid* kvsane kvsonedd da i blas. **1615** R. Smyth: *GB* 60–1, llysfamau creulon . . . sy'n fynych yn i *newydio* [plant] a rhoi eraill yn lle ynthwy. **1691** T. WILLIAMS: *YB* 260, *newidio* 'r Nef am bleserau. **1719** *TDP* [vi], nis *newidie* efe derfynau tir un dyn. **1764** DEWI NANTBRÂN: *CB* 47, Pa fodd y *newidiir* y Bara a'r Gwin i Gorph a Gwaed Christ?

(*b*) (enghrau. ynglŷn ag ymladd: *exx. concerning fighting*).

13g. *Llst* 1, 40, pob eylwers en ryvelv ar y gylyd ac en *newydav* aerva (*qui sese mutuis cladibus infestabant*). **14g.** *T* 78. 10–11, Yn wir dedeuhawr ae lu ae longawr ae taryf yscwytawr ae *newityaw* gwaywawr. *c.* **1400** *RB* ii. 183, yny lle gwrthwynebu awnaeth y saeson vdunt. a chyrchu y brytanyeit gan *newidyaw* agheu obop parth (*mutuam necem utrobique conficiunt*). *id.* 208, y rei a rodwn inheu tra *newitywn* an deheuoed ygyt an gelynyon. **15g.** *LGC* 183, *Newidio* gwewyr pan gyffröid, / Darnu ei weywyr wedi'r newid. Cf. y cfn. *n. dyrnodau* isod.

Cfn.: **newid(io) aer:** *to have a change of air*. **1885. n. amdanaf (amdanat,** &c.**):** *to change one's clothes* (*shoes*). Ar lafar, '*Newid amdanat* gynta medri di'. **n. byd:** (i) *to get married*. Ar lafar, 'Maen' nhw wedi *newid byd* yn ddiweddar'. (ii) *to change places*. Ar lafar, ''Sen i ddim yn *newid byd* ag e'. (iii) *to change one's world, die*. **15g.** *OBWV* 141, Efô a gaiff ei fywyd, / Ond o'u barn *newidio byd* [marwnad Siôn Eos gan Ddafydd ab Edmwnd]. **15–16g.** *TA* 296, Nid marw ef, nid mawr ofyd, / Ond byw, a *newidio byd*. **16g.** RHISIART FYNGLWYD, &c.: *Gw* 116. **17–18g.** *HVN* 513. **n. bywyd (hoedl, oes):** *to* (*cause to*) *die* (*cf. E.* '*to change one's life*'). ?**15g.** *BDG* 295, O Dduw gwyn, feddyg einioes, / Nad i ferch *newidio f'oes*. **16g.** (*LlEG*) *Mos* 158, 377b, or kleuyd ir ydoedd yr arglwydd dyledog yn gyffelib i *Newidio* i *vowyd*. **1588** 2 *Mac* vi. 27. *c.* **1730** *Thos. Lloyd D* (LlGC) 152a, *newid Hoedl*. Eff 5. vitam cum morte commutare. **n. ei (dy,** &c.**) gân:** *to change one's tune*. Ar lafar. **n. ei (dy,** &c.**) ddillad:** (i) *to change one's clothes*. **1588** *Gen* xli. 14, 2 *Sam* xii. 20. Ar lafar. (ii) *to disguise* (*oneself*). **1588** 1 *Br* xiv. 2, 2 *Cr* xxxv. 22. **n. dydd:** *to die*. **15–16g.** *TA* 316. *Dchr.* **17g.** *Mos* 147, 69. *c.* **1730** *Thos. Lloyd D* (LlGC) 180b, *newidio dydd* . . . diem obire. Vitâ cedere. **n. dyrnod(i)au:** *to exchange blows*. **13g.** *Brut B* 62, *newydyav dyrnodev*. *c.* **1400** *RB* ii. 198. **15g.** *BB* 69, [c]reulon *dyrnodieu* a *newidiassant*. **n. gêr:** *to change gear* (*of a car, &c.*). Ar lafar. **n. hoedl,** gw. *n. bywyd*. **n. lliw:** *to change colour*. **1588** *Dan* v. 6. **1687 (1715)** J. OWEN: *TB* 22. **1715** T. EVANS: *CCG* 21. **n. fy (ei,** &c.**) meddwl:** *to change one's mind*. *c.* **1400** (*SG*) *HMSS* i. 420. **1615** R. SMYTH: *GB* 13. **1620** *Act* xxviii. 6. **n. oes,** gw. *n. bywyd*. **n. ôl:** *to change track or course*. **15g.** *LGC* 427. **15g.** *GGl*[2] 163, 164.

newidiedig [bôn y f. fl. + *-iedig*] *a.bfl.* Wedi (ei) newid, wedi altro: *changed, altered*.

1725 I. HARRI: *RD* 178, [yr] Adgyfodedig a'r *newydiedig* Sainct yn cael ymddangos gydag ef [Crist] mewn Gogoniant. **1770** *W* d.g. *altered*. **1803** *P*.

newidiog [*newid*[1] + *-iog*] *a.* Amrywiol, gwahanol: *various, varying*.

16–17g. *Cer RC* 170, Profiadau, / Caniadau, / Rhyw bynciau *newidiog*. **1803** *P*.

newidiol, newidol [*newid*[1] + *-(i)ol*] *a.* ll. *-ion*. Cyfnewidiol, cyfnewidiog, negodol, amrywiol, anghyson, anwadal, wedi newid: *changeable, mutable, negotiable, variable, varying, inconsistent, inconstant, changed*.

16–17g. T. R. ROBERTS: *EP* 245, Tra fych gadr a ffladr a fflwch—*newidiol*, / Na oeda 'difeirwch. **1604–7** *TW* (*Pen* 228) d.g. *alternatus, varius, versutus*. **1632** *D*, *newidiol*, mutabilis. **1651** SIÔN TREREDYN: *MDD* 281, onid oes ryw arall o ddynion . . . yn rhy *newidiol* yn eu gwasanaeth, a'u hymarferau o dduwioldeb. *id.* 282, ymarferau corphorol yn *newidiol* yn ol amryw opinionau a meddyliau dynion. **1656 (1745)** *MLl* ii. 182, mor ynfŷd yw 'r hwn . . . a glymmo ei Deall [*sic*] wrth gadair ddayarol *newidjol* niweidjol y Pâb. **1688** *TJ*, *newidiol*: changeable, mutable. **1720** *App DP* 43, nis gellid e'u [*sic*] creu [angylion] yn Anghyfnewidiol . . . am hynny 'r oeddent yn *newidiawl*. **18g.** TWM O'R NANT: *CO* 39, Ran nid oes dim hould [*sic*] ar bobol, / Roeddynt mor anwadal a *newidiol*; / Byddent heddyw hefo fi, yforu hefo'r llall. **1798** *WR*, *newidawl, newidiawl* d.g. *negotiable*. **1803** *P*, *newidiawl*, changeable, mutable.

newidiolder [*newidiol* + *-der*] *eg.* Cyfnewidioldeb: *changeability*.

1632 *D* d.g. *mutabilitas*. **1722** *Llst* 189, *newidiolder*, changeableness. **1770** *W* d.g. *alterableness*. **1803** *P*.

newidiolrwydd [*newidiol* + *-rwydd*] *eg.* Cyfnewidioldeb: *changeability*.

1803 *P*.

newidiwr, newidydd [bôn y f. fl. + *-iwr*, *-ydd*[3]] *eg.* ll. *-wyr, -yddion*.

(*a*) Un sy'n newid, cyfnewidiwr; marsiandwr, masnachwr, brocer, cyfnewidiwr arian: *changer, exchanger; merchant, broker, money-changer*.

13g. *Brut B* 73, Ena ed oed porthloed a dyscynva adas y llonghev, ac ena llawer o longhev *newytwyr*. **14g.** *GDG* 13, *Newidiwr*, trwsiwr trysor—a moliant [i Ifor Hael]. **15g.** *GO* 85, Nod ar wawd, *newidiwr* wyf, / Newidied, a'i nai ydwyf. **15g.** *DE* 85, dafydd *newidiwr* devfyd / digio r beirdd ai duc or byd. *Diw.* **15g.** *Pen* 41, 6, *newitwyr* a bryno nev a wertho kic lledrat gan i wybot. **1632** *D* d.g. *campsor*. **1803** *P*, *newidiwr*, a changer.

(*b*) (yn y ff. *newidydd*) *Ffis.* Cyfarpar i leihau neu i gynyddu foltedd cerrynt eiledol: *transformer*.

20g.

(*c*) (yn y ff. *newidydd*) *Gram.* Ffurf dreigledig neu affeithiedig (cytsain neu lafariad): *mutated or affected form* (*of a cons. or vowel*).

1808.

Cfn.: **newidiwr (newidydd) arian:** *money-changer*. **1567** *LlGG* 14b, *newydwyr-arian*. **1776** *W*, *newidiwr* (*newidydd*) *arian* d.g. *money-changer*. Gw. hefyd *arian-newidiwr*. *Ffis.* **newidydd gostwng:** *step-down transformer*. **20g.** *Ffis.* **n. codi:** *step-up transformer*. **20g.**

newidliw [*newid*[1] + *lliw*[1]] *a.* a hefyd fel *eg.* Ac iddo liw sy'n newid; lliw sy'n newid: (*of*) *a changeable colour*.

1604–7 *TW* (*Pen* 228) d.g. *versicolor* (hefyd *D*). **1722** *Llst* 189, *newidliw*, changeable colour.

newidlong [*newid*[1] + *llong*[1]] *eb.* ll. *-au*. Llong fasnach: *merchant ship*.

13g. *Llst* 1, 80, [llawe]r o *newytlonghev*. *c.* **1400** *R* 1331. 30–1, Na wna wyned vonhedic. yn waeth no *newitlong* wac.

newidol, gw. newidiol.

newidwriaeth [bôn y f. fl. + *-wriaeth*] *eb.g.* Masnach, cyfnewid, newid: *trade, commerce, barter, exchange, commutation, change*.

14g. *B* ix. 225, yna yd athoed dyn o wlat iudea . . . y borthmonaeth neu *newituryaeth* o wlat i wlat. **14g.** *GDG* 230, Gwiwddyn wyd, Gwaeddan ydwyf, / Gwaethwaeth *newidwriaeth* nwyf. **1632** *D*, *newidwriaeth*, mutatio, commercium. **1722** *Llst* 189, *newidwriaeth*, f. an exchange. **1798** *WR* d.g. *barter, truck*. **1803** *P*.

newidydd, gw. newidiwr.

newidyn [*newid*[1] + *-yn*] *eg.* ll. *-nau*.

(*a*) Ffactor neu faint sy'n gallu newid, nodwedd neu elfen gyfnewidiol, amryweb: *variable*.

20g.

(*b*) Plentyn newid: *changeling*.

1860.

newmatig, newmoconiosis, newmonia, newmothoracs, gw. niwmatig, niwmoconiosis, niwmonia, niwmothoracs.

newnaf: newnu, newnog, gw. newynaf: newyn, newynog.

newralgia, newrasthenia, newritis, newroleg, newrolegol, newron, newrosis, newrotig, &c., gw. niwralgia, niwrasthenia, niwreitis, niwroleg, niwrolegol, niwron, niwrosis, niwrotig, &c.

Newtonaidd [yr e. prs. *Newton* + *-aidd*] *a.* Yn derbyn daliadau Isaac Newton (1642–1727), tebyg i'r cyfryw, yn perthyn i Newton, o'r math a ddyfeisiwyd gan Newton (am delesgop): *Newtonian*.

1866.

newtral, newtralaf: newtralu, newtraleiddiad, newtraleiddiaf: newtraleiddio, newtraliaeth, gw. niwtral, niwtralaf: niwtralu, niwtraleiddiad, niwtraleiddiaf: niwtraleiddio, niwtraliaeth.

newtrino, newtron, gw. niwtrino, niwtron.

newydd [Crn. C. *nowyth, newyth*, H. Lyd. *nouuid*, Llyd. Diw. *nevez*: < Brth. **nou̯ii̯o-*, o'r gwr. IE. **neu̯o-* 'newydd', cf. e. lleoedd Gal. *Nouio*(*dunum*), *Neuio*(*dunum*), H. Wydd. *núa*(*e*), *nóe*, Llad. *novus*, H. S. *nēowe* (> S. Diw. *new*); gw. hefyd †*nouidligi*] *a.* ll. *-ion*, a hefyd fel *eg.* ll. *-ion*, *-(i)au*, ac *ardd.*, a hefyd gyda grym adfl. Heb fod o'r blaen, diweddar, wedi ei ddarganfod, wedi ei wneud, neu wedi ei ddyfeisio yn ddiweddar, wedi tyfu'n ddiweddar, modern, ac iddo newydd-deb; wedi (ei) newid, gwahanol i'r hyn a oedd o'r blaen (weithiau i wahaniaethu rhwng pethau o'r un fath); a welir gyntaf fel cylchyn cul (am y lleuad); heb ei ddefnyddio, ffres, fel petai'n newydd: *new, recent, newly-grown, modern, late, novel; changed, different; new* (*of the moon*); *unused, fresh, like new*.

c. **1100** *Cy* ix. 168, Gueith dinas *neguid*. **13g.** *LlI* 59, Hewel guedy henne a wnaeth keureythyeu *newyd*. *c.* **1300** *H* 73a. 6–7, Oet tringar an car cof *newyt* an peir perygyl hiraeth peunyt [marwnad Dafydd Benfras gan Fleddyn Fardd]. **14g.** *T* 3. 2–3, wyf hen wyf *newyd*. **14g.** *WML* 75, hyny gaffont . . . i guala or guellt *newyd* y guanhwyn. **1346** *LlA* 65, Ef awna duw nef *newyd*. adayar *newyd*. **14g.** *WM* 9. 21–4, ni wybuyssynt i eisseu ef. ac ni bu *newydach* ganthunt ydyuodyat no chynt. *id.* 188. 17–18, yna y gwnaethant wynteu amherawdyr *newyd*. *c.* **1400** *ChO* 22, esgityeu *newyd* y vab ef. *c.* **1400** *B* iv. 34, pwy bynnac a gei yndaw vrath *newydd* ac na bei angheuawl. *c.* **1400** *YSG* i. 16, ef a'e keiff hi [tarian] vyth yn gyn *newydet* ac yn gyn decket ac y mae yr awr honn. *id.* 146, Gwedy y Pasc, yn yr amser *newydaf* o'r vlwydyn . . . yna y dechreu y coet deilyaw. *id.* 149, gwreic . . . yn dwyn idaw dillat lliein *newydyon*. **15–16g.** *GLM* 322, Y dull ry hen dwyllai rai, / yn *newyddach* y naddai [marwnad Dafydd ab Edmwnd]. **1547** *WS*, *newydd*, newe. **1588** *Pr* i. 9, nid oes dim *newydd* dann yr haul. **1607** *Rhyddiaith Gymraeg* i. 137, Casglfa ddiruawr o eiriae cymraeg, henion a *newyddion*. **1632** *D*, *newydd*, nouus, recens, nouitius. *c.* **1740** *LlM* 45, Torrwch eich Golwython o Ffilet o Gig Llo . . . a ffriwch hwy mewn Ymenyn *newydd*. **1775** *W* d.g. *late* [*modern, or recent*], modern, novel or new. **1803** *P*.

Fel *e.* (yn aml yn y ll.) Adroddiad am ddigwyddiad(au) diweddar, neges; peth newydd, newyddbeth: *news, tidings, message; new thing, novelty*.

c. **1585** G. ROBERT: *DC* 8b, llythyr wedi gay ai selio, llei mae n y scrifenedig *new*[*y*]*ddion* mawr o lywenydd ne dristwch. **1588** *Diar* xxv. 25, *newyddion* da ô wlâd bell. **1588** *Act* xvii. 21, yr holl Atheniaid . . . nid oeddynt yn cymmeryd hamdden i ddim arall, ond y naill ai i ddywedyd, ai i glywed rhyw *newydd*. **1606** E. JAMES: *Hom* i. 146, fe a aeth at Ddafydd, gan dybiaid y cai ddiolch mawr gan Ddafydd am ei *newyddiau*. **1632** *D*, *newydd* . . . Nouitas. *id.* *newyddion* d.g. *nuncium*. **17g.** EDWARD DAFYDD, &c.: *Gw* 172, Gyrrwyd am fy llew gwrol / Drymion *newyddion* 'n ei ôl; / Iddi blaid, *newyddau* blin / A fu oered i farwin. **1661** E. LEWIS: *Drex* 108, Ni a ymofynnwn pa *newydd* o'r Ital, neu o Ffraingc. **1688** *TJ*, *newŷdd*: News. **1696** *CDD* 20, Nid ydŷw ddychymŷg, na dyfais dŷn diddig, / . . . / A gewchi 'n ofalgar am *newŷdd* diweddar. **1723** WM: *PGG* 209, [mae] Meddylie Dynion mor anwadal ac yn wastad yn rhedeg ar ôl *Newyddion* (*some fresh Object*). **1759** *ML* ii. 149, nis gwn i fawr oddiwrth gwrs y byd yrwan, nid oes genyf ddim amser i ddarllain *newyddion*. **1803** *P*. Ar lafar yn gyff., *WVBD* 394.

Fel *ardd.* a hefyd gyda grym adf. (*a*) Wedi (ei wneud, &c.,) yn ddiweddar iawn, yn y gorffennol agos: *newly, recently, just* (*done, &c.*).

13g. *LlI* 31, llenllyeyn wen adanadunt *newyd* olchy. **1346** *LlA* 67, yr eiry *newyd* odi. **14g.** *YBH* 20a, kanys effeirat yw *newyd* vrdaw. *c.* **1400** *RB* ii. 135, edrych y marchogyon *newyd* dyuot. *id.* 212, ny welei dim eithyr gwrach vawr yn eisted vch benn bed *newyd* gladu. *c.* **1400** (*SG*) *HMSS* i. 371, capel bychan *newyd* wneuthur. **15g.** (*Diw.* **16g.**) *Gwyn* 3, 206, Och Fair pam na chae [e]fo / long o groen *newydd* flingo (Meredudd ap Rhys). **1703** E.

WYNNE: *BC* 97, dau o bendefigion *newydd* ddyfod yn dadleu. **1710** *LlGG* (*Gos*) 16, cyn tyngu'r Wardeiniaid a'r Ystlyswyr *newydd* ddewis. **1759** J. EVANS: *PF* 39, Crafwch Wraidd Blodeu 'r Brenin *newydd* eu codi. Ar lafar, hefyd yng Ngwynedd mewn ymad. megis '*newydd* iddo fynd', *Treigladau* 38. Cf. **1620** *Doeth Sol* xi. 18, anifeiliaid dieithr, llawn o ddig wedi ei *newydd* greu; S. HUGHES: *TSP* 246, yr oedd y gwr da wedi *newydd* ddihuno o'i gwsc. Cf. ymhellach ymad. llafar megis 'Dw i'n cael coffi wedi *newydd* 'i falu', *WVBD* 394.

(*b*) (enghrau. ar ôl *yn*: *exx. preceded by 'yn'*).

1346 *LlA* 78–9, ymplith yrei hynny yd oed pawl yn *newyd* dyuot ygret. *c.* **1400** [*RB*] *WM* 204. 10–11, ae varyf yn *newyd* eillaw. *c.* **1400** (*SG*) *HMSS* i. 372, delweu yn *newyd* wneuthur. **1661** E. LEWIS: *Drex* 35, Gwaed Grist pan oedd ef yn *newydd* dywallt (*newly poured out*).

(*c*) (enghrau. gyda'r f. *wyf*: *bod*: *exx. with the vb. 'to be'*).

c. **1400** *YSG* i. 120, A'r prenn . . . a oed wynnach noc eiry pan vei *newyd* odi. *c.* **1400** (*SG*) *HMSS* i. 177, yr eglwys yna aoed *newyd* fwndeaw. **1687 (1715)** J. OWEN: *TB* 78–9, Yr oedd Dafydd *newydd* godi oddiar ei wely. **1710** *LlGG* (*Gos*) 16, [y] rhai a fo *newydd* ddyfod i'r Swydd. **1753** *HFfS* 3, pryd nad ydoedd gogoneddus Haul yr Efengyl ond *newydd* gyfodi yn Europe. **1760** WLL: *SAC* 8, [p]ed fae'r peth ei hun *newydd* ei wneuthur neu yn ei wneuthur. Ar lafar, ''Rodd o *newydd* fod', 'He had just been', 'Mae o *newydd* fynd', 'He has just gone', *WVBD* 394.

Cfn.: **newydd grai:** *brand-new.* **1632** *D* d.g. *crai.* **1803** *P.* **n. fflam** [cf. Llyd. *nevez-flamm*, S. taf. Cernyw *flam-new*, S. *brand-new*, *fire-new*]: *brand-new.* **1878.** Ar lafar yng ngodre a chanolbarth Cered. ac yn sir Benf. **n. eni, n. ei (dy, &c.) eni:** *new-born, neonate, also fig.* **1346** *LlA* 123, gwreic amab *newyd eni* ynyharffet. **14g.** *Pen* 5, 26b, ar mab *newydyeni* yn keissaw bronneu yvam. **1567** *TN* 353a, mal rrai bychain *newydd eni* byddwch chwannoc y laeth didwyll y gair. **1712** T. WILLIAMS: *CDdG* 62, [y] Tywŷsog yr hwn oedd *newydd ei eni.* **1766** *CD* 98, A rhai fydd yn hên ddiheini, / A rhai yn *newydd eni.* **1778** *W*, *newydd-eni* d.g. *new born.* **n. loer,** gw. *newyddloer.* **n. sbon (danlli (grai))** [cf. S. (*brand-*)*span-new*]: *brand-new.* **1853.** Ar lafar, '*newydd sbon danlli grai*', *WVBD* 291. **n. danlli(w), n. tanlli(w)** [cf. S. *fire-new, brand-new*]: *brand-new.* **1547** *WS*, *newydd tanlliw*, fyre newe. **1632** *D*, newydd . . . *Newydd tanlliw*, Recens, ab igne calens, splendens. **1755** *ML* i. 387, hanes *newydd tanlli.* **1766** *CD* 80, Ac ir hafod lom: / *newydd ddanlli* [*sic*] dinllom. **1803** *P.* **ar ei (eu, &c.) n. wedd:** *transformed, transfigured, revamped, revised.* **1841. o('r) newydd:** *anew, afresh; recent, new, fresh.* **13g.** *BD* 35, cadarnhau a oruc kyureitheu y tat a gossot ereill *o newyd.* **14g.** *WM* 386. 21–3, a oys chwedleu *o newyd* gennyd ti. **1771** *PDPh* 37, gwneled hynny *o'r newydd* dri neu bedwar diwrnod cyn newydd-loer. **1798** *WR*, *o'r newydd* d.g. *afresh, anew.*

Gw. hefyd newyddyn, †nouidligi.

newyddaf: newyddu [bf. o'r a. bl.] *bg.a.* Gwneud yn newydd, adnewyddu, adfer; cael ei adnewyddu neu ei adfer; newid, diwygio, moderneiddio, newyddiannu: *to renew, renovate, restore; be renewed or restored; replace, change, reform, modernize, innovate.*

15g. *GHC* 26, Ifan Fychan, nef uchod, / I feirdd a wnaeth fyrddau nod. / Hywel ei fab, haela' fo, / A'u *newyddodd*, ynn eiddo. **15g.** *GGl*[2] 300, *Newyddodd* i Feneddig / Ei dŷ fry a'i do a'i frig [i Ddafydd, Abad Llanegwest]. **15–16g.** LLAWDDEN, &c.: *Gw* 146, Blynyddedd balchedd ni bu / Boen Adda' heb *newyddu.* *c.* **1560–87** *GP* 184, Tri pheth a lwybra kynghanedd, kyfanssoddi ymadroddion, prydu i'r iaith, *nywyddu* myddyliau. **1567** *LlGG* [xvii], megis y chwenychent *newyddy* pop peth. **1595** M. KYFFIN: *DFf* [xi–xii], newid trefn, a *newyddu* llwybr y scrifennyddiaeth gymreig, drwy ddychymmig o wyr ryw fath ddieithr ar lythrennu ag yscrifen. **1632** *D* d.g. *innovo, novo.* **1672** R. PRICHARD: *Gw* 530, Rhaid i Grist ein Adgenhedlu, / A'n ail greo a'n *newyddu.* **1722** *Llst* 189, *newyddu*, to make new, alter. **18g.** *Llr* C 24, 339, dyro y gwraidd mewn llaeth geifr a dod Mewn Vinegar . . . a *newydda* y Vinegar dair gwaith. **1798** *WR* d.g. *innovate.* **1803** *P.*

newyddaidd [*newydd* + *-aidd*] *a.* Braidd yn newydd, newydd, diweddar, modern, ffasiwn newydd; ffres, wedi ei adnewyddu: *newish, new, modern, newfangled; fresh, renewed.*

c. **1585** *Llst* 178, 77b, i offrwm y ddüw ysbryd *newyddaidd* (*renewed spirit*) a chalonn bywraidd gyfiawn. **16g.** *Def Hen* 33, yn dadwrdd a brotsio a *newyddaidd* ynfydwayth. **1661** E. LEWIS: *Drex* 22, y mae 'r Bendigedig bob amser yn dechreu Bywyd bendigedig, ac yn orllawn bob amser o *newyddaidd* ddifyrrwch (*new pleasures*). **1759** *BC* 300, Mae'r goedwig mo'r gauadwedd / A'i gwrs yn addas *newyddedd.* **1768** RISIART AP ROBERT: *CB* 330, efe [Pedr] a roddes ei reswm a'i lef yn eu plith fel un cyd-radd â hwynt, pan oedd ei orchwyl ef megis *newyddaidd* ac amheus. **1803** *P.*

newydd-anedig, newydd-enedig [*newydd* + *ganedig, genedig*] *a.* a hefyd gyda grym enwol. Newydd ei eni, hefyd yn *ffig.*: *new-born, neonate, also fig.*

1630 R. VAUGHAN: *YDd* 160, Y toster (*rigour*) . . . sydd yr awrhon gwedi ei dymmeru gan yr Ys[p]ryd i'r *newydd-enedig.*

newyddbeth [*newydd* + *peth*] *eg.* ll. *-au.* Peth newydd, arferiad neu ddull newydd neu ddieithr, newydd-deb: *something new, innovation, novelty.*

1591 *CM* 16, 13, Henafiaeth yr hwn dieu nas dichon . . . dichell *newyddbeth* (*novelty*) nai siommi na'i hudo. **[1703]** *YGDB* 3–4, bŷdd hyspŷs i chwi, nad iw hŷn *newŷdd-beth*; Ond ei fôd eisus wedi ei ddosbarthu er ys talm o flynyddoedd. **1710** *LlGG* [xiii], y mae Rhai . . . a [dd]irmygant yr hen cymmhelled na fydd dim wrth eu bôdd hwy, ond y sy *newydd-beth* (*that is new*). **1778** *W* d.g. *novelty.* **1803** *P.*

newydd-deb [*newydd* + *-deb*] *eg.* Y cyflwr o fod yn newydd, ffresni, gwreiddioldeb, modernrwydd; newyddbeth(au); ?diwygiad: *newness, novelty, freshness, originality, modernity; a novelty, innovation(s); ?amendment.*

1567 *LlGG* 71b–72a, mal y cyvodwyt Christ o ywrth veirw . . . velly bod i nineu hefyt rodiaw mewn *newyddtep* buchedd. **1567** *TN* 229b–230a, in rhyddhawyt ywrth y Ddeddyf . . . val y gwasanaethem yn *newyddeb* [*sic*] yspryt, ac nyd yn hendeb y llythyren. **1595** H. LEWYS: *PA* 85–6, dyger yr anuwiol i edifeirwch, *newydd-deb* (*amendment*) a gwellant buchedd. **1632** *D* d.g. *nouitas.* *c.* **1658** R. VAUGHAN: *E* 88, ein gwendyd sigledig an hysfa yn ol *newydddeb.* **1714** *PYHFf* 14, *Newydd-deb* eu ffydd a ymddenghys [*sic*] fyth ymhellach pan ystyriom yr amser y lluniwyd ei hamryw byngciau. **1764** DEWI NANTBRÂN: *SAG* 22, Perygl *Newydd-deb* a Chyfeiliorni. **1778** *W* d.g. *newness.* **1803** *P.*

newydd-der [*newydd* + *-der*; cf. H. Lyd. *en neuidteruo*, gl. *me[n]sis nouorum*] *eg.* ll. *-au.* Newydd-deb, ffresni; newyddbeth: *newness, novelty, freshness; a novelty, innovation.*

13g. *BD* 116, E gureid a'r cangeu a ymchuelant eu chuyl, a *newydder* y gueithret a uyd anryuedavt. **14g.** *BT* 121, marwolaeth . . . o achaws *newydder* ydiaruearedigyon vwydeu. **1595** M. KYFFIN: *DFf* [77], ni ellid dychymmig rhemp mor erchyll, na bae'r bobl yn ei goelio yn ebrwydd, o ran *newydd-der* a dieithrwydd y peth. **1632** *D* d.g. *nouitas.* **1711** L. EVANS: *LlW* 40, ymhoffi fwyaf mewn *Newydd-der* mewn gweddiau. **1790** W. RICHARDS: *LlA* 43, gweinidogaeth yr efengyl . . . rhyw beth allanol, yn wastad, yw . . . ei *newydd-der* (*novelty*). **1796** *Geirgrawn* 258, wedi ei llenwi o gariad at *newydd-derau*, ac yn dueddol i gymmeryd eu cam-arwain. **1798** *WR* d.g. *freshness.* **1803** *P.*

newydd-dod [*newydd* + *-dod*] *eg.* Newydd-deb: *newness.*

1595 M. KYFFIN: *DFf* [26], eu cwbl harwain i bob ffordd gwirionedd, i *newydd-dod* holl fuchedd.

newydd-dra [*newydd* + *-dra*] *eg.* Newydd-deb, ffresni; newyddbeth: *newness, novelty, freshness; a novelty, innovation.*

15g. (*LlDB*) *LlGC* 7006, 263, bu veirw llawer o wyr y brenin Rai o newyn eraill o *newydddra* bwydav. **1611** R. SMYTH: *SG* 105, megis y dylemrodio [*sic*], mewn *newyddtra* bowyd. **1654** *LlCy* iii. 102, Hwy y dron y Clonne oddiar y gwir lwybre / I ddilin opinione *Newydddra.* **1658** R. VAUGHAN: *YPS* iii, Antidot . . . yn erbyn y *newydd-dra* Schismatigaidd a Phabeidd-dra. **1803** *P.*

newydd-ddeddf, gw. newyddeddf.

newydd-ddyfodiad [*newydd* + *dyfodiad*[2]] *eg.* ll. *-iaid*, a hefyd fel *a.* (Un sydd) newydd ddod, mewnfudwr, dyn dod, glasfyfyriwr: (*one who has*) *recently arrived, newcomer, immigrant, in-migrant, stranger who has settled in a district* (*as opposed to a native*), *fresher.*

1615 R. SMYTH: *GB* 100, un dieithr neu un *newydd ddyfodiad.*

newyddeb [*newydd* + *-eb*] *eg.* ll. *-au.* Newyddbeth, newydd-deb: *novelty, innovation.*

1933.

newyddedd [*newydd* + *-edd*[1]] *eg.* Newydd-deb; newyddbeth: *newness; novelty.*

1803 *P.*

newyddeddf [*newydd* + *deddf*] *e?b.* Y Testament Newydd; yr oruchwyliaeth newydd: *the New Testament; the new dispensation.*

1346 *LlA* 51, drwy tri y dyellir *newydedyf* o achos ffyd ydrindawt. Athrwy dec ydyellir hen dedyf . . . dyellir bethbynnac abechawd dyn yny missoed yn erbyn hendedyf. *anewydedyf.* **14g.** *B* xviii. 147, Haussaf peth yv y'r Argluyd Hollgyuoethauc yn *Newydedyf* eilhweithyav [*sic*] y gwyrtheu a oruc yn Henn Dedyf. **14g.** *Pen* 5, 6b, hwnn yv vygvaet .i. *ynewyde[d]yf.* a ellygir dros lauer. *id.* 9b, yn dyaall yn yr ysgrythur lan o hendedyf ac o *nevyd dedyf* (*per vetus et novum Testamentum*).

newydd-enedig, newydd-eni, gw. newydd-anedig, newydd—n. eni.

newyddfawr, gw. newydd + mawr.

newyddfriw [*newydd* + *briw*] *eg.* Clwyf neu ddolur newydd: *new wound or sore.*

16g. *LlGC* 4581, 4, E iachaa [y wermod] archollion *newyddfriw.* *c.* **1730** *Thos. Lloyd D* (LlGC) 182a, *newyddfriw*, a green wound.

newyddfyd, gw. newydd + byd[1].

newyddgar [*newydd* + *-gar*] *a.* Hoff o bethau newydd: *fond of novelty.*

1567 *LlGG* [xvii], y mae yr ei mor *newyddgar*, megis y chwenychent newyddy pop peth. **1604–7** *TW* (*Pen* 228) d.g. *apsicorus.*

newyddgoeg [*newydd* + *coeg*] *a.* Ffasiwn newydd (a di-fudd): *newfangled* (*and useless*).

1722 *Llst* 189, *newyddgoeg*, new-fangled. **1773** *W* d.g. *fangled*[,] *or new-fangled* [*vainly invented of late*].

newyddhaf: newyddhau [*newydd* + *-hau*] *ba.* Gwneud yn newydd, newyddu, adnewyddu; newid, newyddiannu: *to make new, renew, renovate; change, innovate.*

15g. *BB* 80, y nawuet ulwydyn y dywat feryll am gnawdoliaeth crist. ac am *newydhau* kenedyloyd nef. *id.* 127, Mynygleu y rei avrefwynt a orthrymant o gadwinave a henavion amseroed *anewidhant.* **1595** M. KYFFIN: *DFf* [93], newid a *newyddhau* lawer peth yn y Grefydd. **16–17g.** *GST* i. 320, I *newyddhau*'r neuadd hon / Rhwydd y daw rhodd y Deon. / Oer to gwellt i ŵr teg iach, / Ysglatys y sy glytach. **1604–7** *TW* (*Pen* 228) d.g. *nouans, reficio.* **1617** *Minsheu* 327a d.g. *new, to make new.*

newydd-hen [*newydd* + *hen*] *a.* Newydd a hen (drwy adferiad, trwsiad, neu ddynwarediad): *new-old.*

20g.

newyddiad[1] [bôn y f. *newyddaf*: *newyddu* + *-iad*[1]] *eg.* ll. *-au.* Newyddbeth, adnewyddiad, cyfnewidiad: *innovation, renewal, alteration.*

1567 *LlGG* [xviii], cary yn vwy vndap a chydgordiat, na *newyddiadae* a chyfnewidnwyf. **16g.** *Def Hen* 50, [c]ymysciad a chefnewidiad o fathe ar gadache apaidd, pob dydd yn ymrwfflio a *newyddiad* o ddieithrwydd i ddifathy gwneythyriad Duw yn i cyrff. **1632** *D* d.g. *nouatio.* **1658** R. VAUGHAN: *PS* 8, oni eill yr Adgyweiredig ddychwelyd oddiwrth y llygredigaethau ar *newyddiadau* hynny ir hên burdeb? **1670** J. HUGHES: *AP* 151, y Traethawd Euraid a scrifennodd ef yn erbyn *Newyddiadau* mewn Ffydd. *c.* **1730** *Thos. Lloyd D* (LlGC) 180b, *newyddiad*, renovatio. **[1740]** D. LLWYD: *YDD* 182, yn gymmaint *newiddiad* a throseddiad o rheol [*sic*] y Sgrythur. **1775** *W* d.g. *innovation.* **1803** *P.*

newyddiad² [bôn y f. *newyddaf*: *newyddu* + *-iad²*] *eg*., gan amlaf yn y ll. *-iaid*.

(*a*) Un hoff o newydd-deb a newid, newyddwr, modernydd: *one fond of novelty and change, innovator, modernist*.

c. **1658** R. VAUGHAN: *E* 157, athrawiaeth or Drindod fendigedig: yr hyn gan y *Newyddiaid* yn eu rhydd-dyd i brophwydo, a wrthwynebir. **1658** R. VAUGHAN: *GA* d.d., Yr Arfer o Weddi yr Arglwydd. A Ymddiffynnir yn erbyn dadleuon y *newyddiaid* or amseroedd yma. *c*. **1730** *Thos. Lloyd D* (LlGC) 180b, *newyddiad*, novator, innovator.

(*b*) Newydd-ddyfodiad: *newcomer*.

1860.

newyddiadur [*newydd* + *-iadur*] *eg*. ll. *-on*. Cyhoeddiad sy'n ymddangos yn ddyddiol neu'n wythnosol gan amlaf, ac sy'n cynnwys newyddion, hysbysebion, erthyglau amrywiol, &c., papur newydd, hefyd yn *ffig*.: *newspaper, also fig*.

1815.

newyddiadura [be. o'r e. bl.] *bg*. Dilyn galwedigaeth newyddiadurwr, ysgrifennu ar gyfer y wasg neu un o'r cyfryngau torfol eraill: *to be a journalist, write for the press or one of the other mass media*.

1913.

newyddiaduriaeth, newyddiaduraeth [*newyddiadur* + *-(i)aeth*] *eb*. Gwaith sy'n ymwneud ag ysgrifennu, golygu, &c., ar gyfer y wasg neu un o'r cyfryngau torfol eraill: *journalism*.

1893.

newyddiadurllyd [*newyddiadur* + *-llyd*] *a*. Newyddiadurol, nodweddiadol o bapur newydd, weithiau'n ddifr.: *journalistic, sometimes derog*.

20g.

newyddiadurol [*newyddiadur* + *-ol*] *a*. Yn perthyn i newyddiaduraeth, yn perthyn i newyddiadur neu newyddiaduron: *journalistic, relating to a newspaper or newspapers*.

1836.

newyddiadurwr, newyddiadurydd [*newyddiadur* + *-wr*, *-ydd³*] *eg*. (b. *-wraig*) ll. *-wyr*. Person a gyflogir gan bapur newydd neu un o'r cyfryngau torfol eraill i ysgrifennu neu i wneud gwaith golygyddol: *journalist*.

1828.

newyddiaeth [*newydd* + *-iaeth*] *e?b*. ll. *-au*. Newydd-deb, newyddbeth; newyddion: *newness, novelty, innovation; news*.

1591 *Rhyddiaith Gymraeg* i. 76, henafiaeth a chyffredinrwydd y ffydd Gatholic yn erbyn anuwiol *newyddiaeth* pob heresi. *Dchr*. **17g**. *B* xxii. 136–7, nad oes yn i genhedliad nag yn ei mddygiad yn y frv ddim yn eisiav o *newyddieth* gwrthiav. **1617** *Minsheu* 327a d.g. *newes*.

newyddian, newyddien [*newydd* + elf. anh. (?ff. ar fôn y f. *ganaf*: *geni*, neu ?cf. *clorian*)] *eg*. ll. *-ianod*, *-ianiaid*, a hefyd fel *a*. Nofis, un sydd newydd gael tröedigaeth i grefydd, disgybl ieuanc, dechreuwr; plentyn neu anifail newydd-anedig neu ieuanc, baban; newyddiannwr; ?newydd-deb; newydd-anedig, newydd, diweddar; hefyd yn *ffig*.: *novice, neophyte, tyro, beginner; child, neonate, baby, infant, young or new-born animal; innovator; ?novelty; new-born, new, recent; also fig*.

16g. GR. HIRAETHOG: *Gw* (D. J. B.) 113. 33–4, Ni ad fyn bach, dewfwyn bân, / Neu ŵydd nac oen *newyddian* [i ofyn pedwar daeargi]. **1567** *TN* 180b, [p]arawdd yddynt vwrw allan ei plant *newyddian*. **1604–7** *TW* (*Pen* 228), oen *newyddien* d.g. *auilla*. **1620** 1 *Tim* iii. 6, Nid yn *newyddian* yn y ffydd. **1632** *D*, *newyddien*, nouitius. *id*. *newyddian* d.g. *nouitius, recens*. *id*. ebol *newyddien* d.g. *hippomanes*. *id*. rhyfelwr *newyddien* d.g. *neoptolemus*. *id*. dwyn *newyddien* i'r byd d.g. *pario*. **17g**. HUW MORUS: *EC* ii. 92, Duw, Ysbryd goleulan, fo i'm trefnu o hyn allan, / Fel maban *newyddian* yn weddus. **1688** W. FOULKES: *EGE* 132, bydded dy iawnus aberth . . . bôb amser yn *newyddian* yn fy nghoffadwriaeth. **1710** *LlGG* (*Gos*) 12, Ninneu gan hynny'n dilyn . . . hên arfer Eglwys Loegr, ac yn gobeithio am y *newyddian* (*novitas*) sy ynGwisgiad rhai terfysgus y diflanna o hono'i hun. **1722** *Llst* 189, *newyddian*, [*ne*]*wyddien*, the young of any thing; a novice. **1733** J. OWEN: *TBG* 86, [y] sawl sydd yn *nëwyddjan* a draderchafir yn ebrwydd. *c*. **1762–79** W. WILLIAMS: *P* 215, Y 10 mlynedd cyntaf byddent yn *newyddian* yn dysgu Ser[e]moniau [am wyryfon Vesta]. **1777** W. DAVIES: *CHL* 106, Nid rhyfedd fyddai pe bai chwi yn dal sulw fy mod yn ysgrifennu fel *newyddian*. **1778** *W* d.g. *a new beginner*. **1798** *WR* d.g. *neoteric, novice, tyro*. **1803** *P*.

newyddianaeth, newyddianiaeth [*newyddian* + *-(i)aeth*] *eb.g*. Nofisiaeth; newydd-deb: *noviciate; innovation*.

1778 *W* d.g. *noviciate, or noviceship*. **1803** *P*.

newyddiannaf: newyddiannu [bf. o'r e. *newyddiant*] *bg.a*. Adnewyddu; dyfeisio neu gyflwyno syniad(au), arfer(ion), &c., newydd (mewn): *to renew; innovate, introduce innovations (in)*.

1803 *P*.

newyddiannol [*newyddiant* + *-ol*] *a*. Yn newyddiannu; yn perthyn i gyflwr newydd: *innovative, innovatory; pertaining to a new state*.

1803 *P*, *newyddiannawl*, appertaining to a new state.

newyddiannus [*newyddiant* + *-us*] *a*. Yn newyddiannu: *innovative, innovatory*.

1803 *P*.

newyddiannwr [bôn y f. fl. + *-wr*] *eg*. ll. *newyddianwyr*. Un sy'n newyddiannu, newyddwr: *innovator*.

1861.

newyddiant [*newydd* + *-iant*] *eg*. ll. *-iannau*, *-iaint*.

(*a*) Newydd-deb, newydd-der, newyddbeth, adnewyddiad: *novelty, newness, innovation, renewal*.

c. **1785–90 (1829)** *CBYP* 46, Tri hoffder Cerdd; ei godidog *newyddiant*, yr hawsder o'i deall, ai chywrain Brydyddiaeth. **1803** *P*, *newyddiant*, a rendering new.

(*b*) Nofel, ffuglen: *a novel, fiction*.

1848.

(*c*) Newyddian, nofis: *novice*.

1852.

newyddiawdwr [bôn y f. *newyddaf*: *newyddu* + *-iawdwr*] *eg*. ll. *-iawdwyr*. Newyddiannwr, newyddwr: *innovator*.

1768 RISIART AP ROBERT: *CB* 328, rhaid inni uno â hi [yr Eglwys Lân Gatholig], yn erbyn pob *newyddiawdwyr* terfysgus a gwahanwyr.

newyddien, newyddiol, gw. newyddian, newyddol.

newyddlen [*newydd* + *llen*] *eb*. ll. *-nau*, *-ni*. Newyddiadur, papur newydd: *newspaper*.

1814.

newydd-leuad [*newydd* + *lleuad*] *eb*. ll. *-au*. Lloer neu leuad newydd, adeg y lleuad newydd; gŵyl a ddethlid gan yr Hebreaid gynt ar adeg y lleuad newydd: *new moon, the time of the new moon; festival celebrated by the ancient Hebrews at the time of the new moon*.

1588 *Hos* ii. 11, Gwnaf hefyd i'w holl orfoledd hi, ei gwyliau, ei *newydd-leuadau*, ai Sabbothau, ai holl uchel-wyliau beidio. **1657** *MLl* ii. 110, Os côch fydd blaen*newydd-leuad* [*sic*] / Gwynt tymhestloedd Hwde attad.

newyddlif [*newydd* + bôn y f. *llifiaf¹*: *llifio*] *a*. Newydd ei hogi, newydd ei finio: *newly sharpened, freshly sharpened*.

14g. *YBH* 40b, Sef awnaeth yr amherawdyr yna. ar gyllell *newydlif* oed yn y la[w]. bwrw carfus a hi. **14g**. *GDG* 250, Cyllyll a rhew defyll dioer / *Newyddlif* yn niweddloer [i'r rhew]. *c*. **1400** [*RB*] *WM* 215. 12–14, Ynllaw ymackwy ydoed paladyr braf vrith uelyn. A phenn *newydlif* arnaw.

newyddloer, newydd loer [*newydd* + *lloer*] *eb*. ll. *-au*. Lloer neu leuad newydd, adeg y lleuad newydd; gŵyl a ddethlid gan yr Hebreaid gynt ar adeg y lleuad newydd: *new moon, the time of the new moon; festival celebrated by the ancient Hebrews at the time of the new moon*.

1546 *YLlH* [10], haya dy ffa . . . mewn tir sych yn y *newydd loer*. **1567** *TN* 300a, die-gwyl, neu leuad-newydd [:– *newydd-loer*]. **1588** *Eseia* lxvi. 23, Bydd hefyd o *newydd-loer* i *newydd-loer*, ac o Sabboth i Sabboth i bob cnawd ddyfod i addoli ger fy mron. **1620** *Jud* viii. 6, hi a ymprydiodd holl ddyddiau ei gweddwdod, oddieithr y . . . dydd cyn y *newydd-loerau*, a'r *newydd-loerau*. **1632** *D*, amser y *newyddloer* d.g. *neomenia*. *c*. **1730** *Thos. Lloyd D* (LlGC) 180b, *newyddloer*, novilunium. **1771** *PDPh* 37, Cymmerwch un wns o Barc Peru . . . gwneled hynny o'r newydd dri neu bedwar diwrnod cyn *newydd-loer* a llawn-loer. **1776** *W* d.g. *moon, the new moon*. Cf. D. OWEN: *RL* 14, Fel *newyddloer* â'i dau big i fyny.

newyddol, newyddiol [*newydd* (?a bôn y f. *newyddaf*: *newyddu*) + *-(i)ol*] *a*. ll. *-ion*, a hefyd gyda grym enwol. Newydd, newyddaidd, wedi ei adnewyddu; yn peri newid, newyddiannol: *new, newish, renewed; causing change, innovative, innovatory*.

16g. *Hop M* 180, ymhroi ir arglwydd mawr, a gwlychyr llawr on dagrau / a byw n *newyddol* yn lan, a rhwygo n van yn clonau. **1679** C. EDWARDS: *GGG* 205, Mi y ddangosais i chwi gyflwr *newyddol* (*renewed estate*) y ffyddloniaid. **18g**. *Wy* 8, 18a, Nid rhedeg yn anrhefnus [*sic*], / A nwyfus i'r wledd nefol, / Heb fod mewn Gwisg Briodas / Un addas a *newyddiol*. **18–19g**. *Llr* C 48, 357, Tri *newyddolion* Cerdd, Cadwynawdl—cynghanedd—a Chymmeriad. **1803** *P*.

Gw. hefyd llaeth—ll. newyddol.

newyddoldeb [*newyddol* + *-deb*] *eg*. Newydd-deb: *newness, novelty*.

1844.

newyddor [*newydd* + *-or*] *eg*. ll. *-ion*, *-au*. Newyddiadur, papur newydd: *newspaper*.

18–19g. *Llr* C 39, 331, *newyddor*, a newspaper plur. *newyddorau -ion*.

newyddrith [*newydd* + *rhith*] *a*. Ffasiwn newydd, ar ei newydd wedd: *newfangled, revamped*.

1630 *YDd* 421, fod yr Eglwys *newydd-rith* (*upstart*) o Rufain . . . yn dyscu y gwrthwyneb yn vnion ir hyn a ddyscodd yr Apostol.

newyddrwydd [*newydd* + *-rwydd*] *eg*. Newydd-deb, diweddarwch: *novelty, recentness*.

[**1783**] *W* d.g. *recentness*. **1803** *P*, *newyddrwydd*, newness, recentness.

newyddur, newyddyr [*newydd* + *-ur*, *-yr*] *eg*. ll. *-on*. Newyddiadur, papur newydd: *newspaper*.

1839.

newyddwaith, gw. newydd + gwaith¹.

newyddwawd [*newydd* + *gwawd*] *eg*. Arawd, araith: *declamation, oration*.

1632 *D* d.g. *declamatio*. **1722** *Llst* 189, *newyddwawd*, m. an oration. **1772** *W* d.g. *declamation*.

Newyddwawr [*newydd* + *gwawr*] *a*. a hefyd fel *eb*. *Drg*. (Yn perthyn i) adran isaf ond un y cyfnod neu'r system Dertiaidd, Eosen: *Eocene (in geol.)*.

1916.

newyddwch [*newydd* + *-wch¹*] *eg*. Newydd-deb: *newness, novelty*.

1551 W. SALESBURY: *KLl* lvia, mal y cyuodwyt Christ o veirw, velly y nyny hefyd rodiaw mewn *newyddwch* buchedd. **1595** M. KYFFIN: *DFf* [116], Diau na ellir doedyd dim atcassach yn erbyn crefydd Dduw no'i gyhuddo o *newyddwch*, fal peth newydd ddyfod. *id*. [119], eyn hathrawiaeth ni . . . y mae hi cym-mhelled oddi wrth *newyddwch*, a darfod i Dduw (yr hynaf o'r cwbl) . . . ei gadel hi 'ni yn yr Efengyl. **1604–7** *TW* (*Pen* 228) d.g. *nouitas, renouatio*.

newydd-weddog [*newydd* + *gweddog*] *a*. Newydd briodi: *newly married*.

16g. (*LlEG*) *Mos* 158, 500a, kyuodes anvndeb mawr hrwng y duwk o norffok ar duwk o suffok ai gwragedd ynghylch ordeinio yw haarglwyddesau vynned i ddisgwyl ar y vrenhines *newydd weddog*. **1567** *LlGG* 131a, Y dynion *newydd weddoc* (y dydd ei prioder) rait yyddynt gymryd y Commun. **1604–7** *TW* (*Pen* 228) d.g. *coniugus*. **1632** *D*, gŵr *newydd weddog* d.g. *neogamus*. **1722** *Llst* 189, merch *newydd weddog*, a bride. **1740** T. EVANS: *DPO* 69, Gwr jeuangc . . . yn bryssio adref i ymweled a'i Briod *newydd-weddawg*. **1753** *TR*, gweddawg . . . *newyddweddawg*, newly married. Card. and Caerm. **1777** W. WILLIAMS: *DN* 56, gwrageddos ieuaingc *newydd weddog*. **1798** *WR*, un *newyddweddawg* d.g. *neogamist*.

newydd-weddol [*newydd* + *gwedd*² + *-ol*] *a*. Newydd briodi: *newly married*.
1527 *B* ii. 222, Hen varchoc . . . a beirriodes [*sic*] vorwyn jevank . . . digwyddodd ir verch *newyddweddol* gyvarvod ai mam.

newyddwin, newyddwisg, gw. newydd + gwin, gwisg.

newyddwr, newyddydd [bôn y f. *newyddaf*: *newyddu* a *newydd* + *-wr*, *-ydd*³] *eg*. ll. *-wyr*. Un sy'n newyddu neu'n newyddiannu, modernydd; nofelydd; taenwr newyddion: *one who renews, innovator, modernist; novelist; newsmonger*.
c. **1658** R. VAUGHAN: *E* 60, vndab y mab ar Tad, yr hyn y mae y *newyddwyr* yn gwneuthur dadl o hono. **1746** *ML* i. 100, darfu'r *newyddwyr* gamgymeryd ynghylch pris y llongau . . . os gwnant 10 or pedwar canmil da fydd y gwaith. **18g.** *Hop M* 261, Noddwr cerdd, *newyddwr* cân. **1764** DEWI NANTBRÂN: *SAG* v, nad ydyw Haeriad y *Newyddŵyr* o'r Ysgrythur Lân . . . ddim ont [*sic*] Lliw, Hûd, a Thwyll. *id*. 18, y *Newyddŵyr* hyn [Protestaniaid], a ddeuthant i'r bŷd bymtheg cant o flynyddoedd rhŷ hwyr, i fod o Grefydd neu Eglwys Crist. **1775** *W*, *newyddydd* d.g. *innovator*. **1803** *P*, *newyddwr*, one who makes new; an innovator.

newyddwyn [*newydd* + *gŵyn*] *eg*. ll. *-iau*. Ysfa i ddilyn ffasiwn newydd, cyfnewidnwyf: *craving for novelty*.
1710 *LlGG* xiii, Innofasionau, a *newydd-wyniau*. **1722** *Llst* 189, *newydd-wyniau*, new-fangleness. **1773** *W*, *newydd-wŷn* (pl. *newydd wyniau*) d.g. *fangled, new-fangledness*.

newyddydd, gw. newyddwr.

newyddyn [*newydd* + *-yn*] *eg*. Newyddian, nofis: *novice*.
20g.

newyddyr, gw. newyddur.

newyn [< Brth. **nouinio*-, cf. H. Grn. *naun*, gl. *famis*, Crn. C. *nown*, Llyd. C. *naffn*, Llyd. Diw. *nao(u)n*, H. Wydd. *núna*, *noine*: o'r gwr. IE. **nāu*- 'marwolaeth; ymlâdd', cf. H. S. *nē(a)d*, *nēod* (> S. Diw. *need*) ac o bosibl *neuaf*: *neuo*, *neued*] *eg*. ll. *-au*. Chwant neu awydd bwyd, gwylder, diffyg ymborth, gwir brinder bwyd, hefyd yn *ffig*.: *hunger, hungriness, starvation, famine, also fig*.
12g. *LL* 143, pull *neuynn* yGuy. **13g.** *B* x. 29, Gwywaw e daear. bychydic egin a hep dim yt. tyvu *newyn* ene bobyl. **1346** *LlA* 62, pan uu *newyn* arnnaf. chwi arodassawch ym vwyt. **15g.** *Cy* iv. 108, crynnant dayar. *anewyneu*. **1547** *WS*, *newyn*, honger. **1551** W. SALESBURY: *KLl* lxxvib, byddei *newyn* [:– drudaneth] mawr tros yr oll ddayar. **1567** *TN* 6b, Gwyn ei byt yr ei [*sic*] 'sy arnwynt *newyn* a 'sychet am gyfionder. *id*. 69a, yr oedd arno [Iesu] *newyn* [:– chwant bwyt]. **1632** *D*, *newyn*, fames, esurias, inedia. **1790** T. JONES: *TOS* 173, Mor greulon fyddai'r dyn a oddefai i'w blant . . . farw o *newyn* yn yr heol. **1803** *P*.
Cfn.: **newyn ci** [Llyd. *naon ki*]: *bulimia, canine hunger*. **1775** D. ROWLAND: *TP* 40.

newynaf: newynu [bf. o'r e. bl.; cf. Llyd. C. *naffnyaff*, Llyd. Diw. *naoniañ*] *bg.a.* Dioddef newyn, clemio, llwgu, starfo; peri newyn i, cadw heb fwyd, lladd drwy newyn; hefyd yn *ffig*.: *to hunger, be famished, be starving; starve, cause to starve, deprive of food, starve to death; also fig*.
15g. *GO* 335, I blas heb waed edn na'i blv / A wna i weiniaid *newynv*. **1567** *LlGG* 31b, gwedy iddaw vmprytiaw dd'augain diernot a dau'gain nos, yn ol hyny y *newynawdd*. **1588** *Gen* xli. 55, Felly y *newynodd* holl wlad yr Aipht. **1588** *Deut* viii. 3, Am hynny i'th ddarostyngodd, ac i'th *newynodd* di, ond efe a'th fwydodd. **1632** *D*, *newynu*, fame tabescere, fame enecare. **1657** *MLl* ii. 88, Pam yr wyti yn porthi dy gnawd i *newynu* dy enaid? **1680** J. THOMAS: *UN* 8, ynfyd yw yr hwn a *newyna* ei gorph, eisieu ei ymborthi. **1689** E. MORUS: *RC* 18, yr oeddynt . . . [yn] *newynu* am yr arian a ddifrododd yr Hwsmyn . . . yn y dafarn. **1803** *P*. Ar lafar mewn rhai mannau yn y De, *LGW* 179, weithiau yn y ff. *nwnu*, *B* iv. 299.
Amr.: **newnu** [cf. *newnog*]. **16g.** *Yst Kym* 60, amgylchu y mynydd a wnaethant i geissio *newnu* y Bryttaniaid.

newyndod [*newyn* + *-dod*] *eg*. Newyn, y cyflwr o fod yn newynog, hefyd yn *ffig*.: *hunger, hungriness, famine, starvation, also fig*.
1547 *WS*, *newyndot*, hongrynesse. **1604–7** *TW* (*Pen* 228) d.g. *esuries*. **1632** *D*, *newyndod* . . . Inedia. **1688** *TJ*, *newŷndod* . . . Hunger, Scarcity, Famine. **1739** D. ROWLAND: *LlY* 13, gair Jechadwriaeth [*sic*] yw [Llaeth ysbrydol]: ac y mae yn achyb llawer enaid rhag *newyndod*. **1769** *DRh* 36–7, hwy erlidiasant, hyd yn oed i *newyndod* ei hun, y rhai sydd yn gwir gredu. **1803** *P*.

newynglwyf [*newyn* + *clwyf*] *eg*. Clefyd a nodweddir gan wanc anniwall am fwyd: *bulimia*.
1604–7 *TW* (*Pen* 228) d.g. *bouiana fames*. *id*. d.g. *caninus* . . . *caninus appetitus*. **1774** *W* d.g. *the hungry evil or disease*. **1793** N. WILLIAMS: *HM* i. 27, i buro'r gwaed . . . i dorri *newyn-glwyf*, a'r gwynt a fo'n annog cnofa.

newynhaf: newynhau [*newyn* + *-hau*] *bg*. Newynu, yn *ffig*.: *to hunger, fig*.
1583 *LlGC* 716, 3a, nid ydiw y-yn Calonae y-n *newyn-hay* ar i-ol ef [Crist].

newynllyd [*newyn* + *-llyd*] *a*. a hefyd gyda grym enwol. Newynog, yn dioddef gan newyn, llwglyd, a nodweddir gan newyn; nad yw'n diwallu newyn (am fwyd), heb fod ynddo ddigon o faeth, llwm (am dir); hefyd yn *ffig*.: *hungry, starving, ravenous, famine-stricken; that does not satisfy hunger (of food), lacking in nutrients, poor (of land); also fig*.
1615 R. SMYTH: *GB* 162, yr oeddynt . . . yn ym/lenwi i boliau megis moch *newynllyd*. **1620** *Job* xviii. 12, Ei gryfdwr fydd *newynllyd* (**1588** *ib*. newynog). **1632** *D* d.g. *esuritor, famelicus, iejunus*. **1672** R. PRICHARD: *Gw* 192, fell [*sic*] llew *newynllyd*. *id*. 221, Torr dy fara ir *newynllyd*, / Fe fendithia Duw dy olud. *id*. 435, Na wna bris o'th fwyd *newynllyd*, / Mae 'mharadwys bren y bywyd. **1691** T. WILLIAMS: *YB* 25, [b]lŷs diattreg, a blinder *newynllyd*, hiraethlawn dros dragywyddoldeb. **1699** T. JONES: *Alm* [37], Y gaiaf ar ddechreu'r flwŷddŷn a fŷdd yn ddigon oerllŷd a *newŷnllŷd*. **1709** H. POWEL: *G* 47, dewch gan hynnu yn *newynllyd* at yr ymborth Ysprydol. **1784** M. WILLIAMS: *S* i. 59, [y]r tir hefyd yn *newynllyd* fel nad yw hwn byth yn dyfod idd ei iawn berffeithrwydd. **1803** *P*.

newynog [*newyn* + *-og*] *a*. ll. *-ion*, a hefyd gyda grym enwol. Yn dioddef gan newyn, llwglyd, a nodweddir gan newyn; heb fod ynddo ddigon o faeth, llwm (am dir); hefyd yn *ffig*.: *hungry, starving, ravenous, famine-stricken; lacking in nutrients, poor (of land); also fig*.
13g. *C* 84. 8–9, Ro vyd. y. *newy*[*n*]*auc*. a dillad ynoeth. **13g.** *B* iii. 28, Werdyt mab noyth, nywerdyt [m]ab *newynauc*. *c*. **1400** *YCM*² 47, Kynhebic oed y lew *newynawc*. **15g.** *LGC* 48, Ev â i Wynedd o Ddyvynog / Ovn ei anadl, cawn hav *newynog*. **1547** *WS*, *newynoc*, hongrye. **1567** *TN* 82a, Ef a lanwodd y *newynogion* a da bethae. **1588** *Job* xviii. 12, Ei gryfdwr ef a fydd *newynog*. **1632** *D* d.g. *famelicosus, famelicus, impastus*. **1658** R. VAUGHAN: *YPS* 14, cylla *newynog*. **1740** T. EVANS: *DPO* 98, [g]wlad dda frâs odidog . . . yn rhagori ar y Cornel llwmm *newynog* oedd ganddynt hwy gartref. **1759** T. THOMAS: *WWDd* 183, O'r fâth fwyd blasus y mae efe yn ei brofi ef i'w Enaid *newynog*! **1773** M. RHYS: *G* 6, O doed y tlawd a'r *n'wynog* gwael. **1803** *P*.
Amr.: **newnog** [cf. *newnaf*: *newnu*]. **16g.** *Yst Kym* 131.

newynol [*newyn* + *-ol*] *a*. Newynog: *hungry*.
1759 *BC* 333, Bu'm *newynol* noeth anianol, / Sychedig athrist a dieithrol. **1803** *P*.

newynwr [bôn y f. *newynaf*: *newynu* + *-wr*] *eg*. ll. *-wyr*. Un sy'n newynu; un sy'n peri newyn: *one who is hungry; starver, one who causes starvation*.
1803 *P*, *newynwr*, s.m. pl. *newynwyr*, one who hungers; a famisher.

newyrth, gw. ewythr.

nhorob, gw. hanerob.

nhw [yn wr. ff. ddiacen ar *nhwy*] *rh. prs*. syml annib. a dib. ôl ategol (3 prs. ll.). Hwy: *they, them*.
(*a*) (fel rh. annib. ac fel gn. rhagferfol: *as independent pron. and preverbal particle*).
1599 (**1677**) R. HOLLAND: *AB* 1, ymadroddion ein Achubwr Crist . . . fel y gwnaeth ac a [*sic*] dywedodd Crist *nhw*. **1677** *TC* [xii], yr agoriadau sydd wedi brinto gyda *nhw*. **1762** *ML* ii. 492, Os hynny a fydd, *nhw* yrran' nhw wâs a cheffyl iw nhol. **1790** GW. MECHAIN: *Gw* i. 213, *Nhw*'n rhyddion, dewrion arwyr, / Ninnau'n gaethion waelion wŷr. **1803** *P*, *nhw*, they, or them.
(*b*) (fel rh. dib. ôl yn ategu rh. bl., rh. m., neu ff. 3 prs. ll. bf. neu ardd. rhed.: *as dependent affixed pron., supplementing prefixed pron., infixed pron., or 3rd pers. pl. form of vb. or conjugated prep*.).
1599 (**1677**) R. HOLLAND: *AB* 43, gallwn ni weddio yn erbyn pechodau . . . ein gelynion, ond nid yn erbyn eu personau *nhw*. **1656** W. JONES: *TPG* 5, fel y mae *nhw* yn llawn drygioni, felly mae *nhw* yn agos i ddestriw. **1672** J. LANGFORD: *HDdD* [iii], mi a wnaf fy ngoreu i'w hannog *nhw* i ymarfer un Ddled-swydd gyffredinol. **1699** T. JONES: *TP* 108, y Sawl a appwŷntiwŷd iw Holi *nhw*. **1712** T. WILLIAMS: *CDdG* 17, gan ei [*sic*] bod *nhw* yn ei ddynabod ef yn well wrth yr henw hwnnw. **1778** J. HUGHES: *BB* 266, Ymweled a'r trueinied, / Pan fo [*sic*] *nhw* tan gaethiwed hir. Cf. *CDD* 89, mewn dig meddant hŵ.
Amr.: **y nhw** [cf. *y nhwy*, *yntwy*, a hefyd *y fi*, *y hi*, &c.]. **1527** *B* ii. 211, vn or gwyr a ovynnodd paham jr oyddynt wy yn i dal *ynhw* vegis trayturiaid. **1536** *Rhyddiaith Gymraeg* i. 40, da ddigon yw i trwsiad *yn hw* o'r rryw drwsiad ac ydiw. **1712** T. WILLIAMS: *CDdG* 124–5, *ynhw* a ddywedent iddo ef ple y byddei.

nhwy [gw. *hwy*¹, a cf. *nhw* a *'ntwy*] *rh. prs*. syml annib. a dib. ôl ategol (3 prs. ll.). Hwy: *they, them*.
(*a*) (fel rh. annib. ac fel gn. rhagferfol: *as independent pron. and preverbal particle*).
1567 *TN* 64a, Ac a'n *hwy* [*sic*] yn descend i lawr o'r mynyth. *id*. 93a, Yno ydd aeth yr Iesu y gyda *n wy* [*sic*]. **1568** MORYS CLYNNOG: *AG* [vii], *nhwy* a gaant . . . y pethau sydd angenrhei/diol iw gwybod. **1618** J. SALISBURY: *EH* 20, am hynny y gelwir *nhwy* yn y lladin, adar y nêf. **1696** *CDD* 9, *Nhwŷ* daflwŷd o Eden, i gloddio'r Ddauaren. **1725** D. LEWIS: *GB* 44, *nhwy* a ddônt, a nhwytheu a gânt yn fynych chwedleua â *nhwy*. **1728** T. BADDY: *DDG* 75, etto 'r Juddewon eu hunain a ymwrthodasant a'*n hwy* [*sic*]. *c*. **1730** *Thos. Lloyd D* (LlGC) 180b, '*nhwy*, illos, as. **1747** W. WILLIAMS: *Aleluja* vi. 13, *Nhwy* haedden gael eu dwyn ar Go'. **1803** *P*, *nhwy*, they, or them. Ar lafar yn sir Benf.
(*b*) (fel rh. dib. ôl yn ategu rh. bl., rh. m., neu ff. 3 prs. ll. bf. neu ardd. rhed.: *as dependent affixed pron., supplementing prefixed pron., infixed pron., or 3rd pers. pl. form of vb. or conjugated prep*.).
1567 G. ROBERT: *GC* 50, i pennau, i cappiau, i clustiau *nh*[*w*]*y*. **1618** J. SALISBURY: *EH* 156, A'r Angylion a beyntir yn rhith gwyr iefenc; o ran eu bod *nhwy* bôb amser yn dêg eu pryd. **1675** R. JONES: *HCh* 6, y llygredigaeth fydd yn eu calonnau *nhwy*, ac y fydd yn eu tueddu au gogwyddo *nhwy* i bôb mâth o bechod. **1680** J. THOMAS: *UN* 13, mae *nhwy* yn dywedyd na lefys nêb yngwlâd Prester John bassio heibio ir Deml. **1685** *Art* 16, pa fodd y darfu ei [*sic*] dosbarthu *nhwy*? **18g.** I. BRYDYDD HIR: *Gw* 38, a'r llew anfad rhuadwy, / Pawen hyll, i'w pwyo *nhwy*! Cf. *OBWV* 114, Cilchwyrn lleuad celadwy, / Cynhwyllion hinon ŷn' hwy [y sêr]. Ar lafar yn sir Benf., *CyCC* 132–3.
Amr.: **y nhwy** [cf. *yntwy*, *y nhw*, a hefyd *y fi*, *y hi*, &c.]. **1588** *Jer* xiv. 16, *y nhwy* (**1620** *ib*. hwynt / hwy), ai gwragedd, ai meibion. **1599** (**1677**) R. HOLLAND: *AB* 59, Nid *y nhwy* yn vnig, ond ninne hefyd a ddyscassom y wers hon. **1784** M. WILLIAMS: *S* i. 185, Y benywaid sy'n gwneuthur yr holl hwsmonaeth . . . *y nhwy* sy'n palu.

nhwyntau [amr. ar (*h*)*wyntau*, cf. *nhw*(*y*)] *rh. prs*. cysylltiol annib. a dib. ôl ategol (3 prs. ll.). Hwythau, hwy yn ogystal, hwy hefyd; hwy o'u rhan eu hunain; hwy hyd yn oed; hwy ar y llaw arall: *they (them) too, they (them) also; they (them) for their part; even they (them); they (them) on the other hand, they (them) on the contrary.*

(*a*) (fel rh. annib.: *as independent pron.*).
1681 R. Prichard: *CC* 6, Rwyt ti'n rhoi dy ddegwm iddyn, / Par i *nhwyntau* dorri'th newyn. Ar lafar yng Nghered. a'r De.

(*b*) (fel rh. dib. ôl yn ategu rh. bl., rh. m., neu ff. 3 prs. ll. bf. neu ardd. rhed.: *as dependent affixed pron., supplementing prefixed pron., infixed pron., or 3rd pers. pl. form of vb. or conjugated prep.*).
1683 H. Evans: *CTF* 17, Ond cyn belled y bo *nhwynte* / Yn Ddilynwyr prûdd ir Iesu.

nhwythau [amr. ar *hwythau*, cf. *nhw(y)*] *rh. prs.* cysylltiol annib. a dib. ôl ategol (3 prs. ll.). Hwythau, hwy yn ogystal, hwy hefyd; hwy o'u rhan eu hunain; hwy hyd yn oed; hwy ar y llaw arall: *they (them) too, they (them) also; they (them) for their part; even they (them); they (them) on the other hand, they (them) on the contrary.*

(*a*) (fel rh. annib.: *as independent pron.*).
1595 M. Kyffin: *DFf* [74], megis y galle'r rheini *nhwytheu* ddiffoddi goleu'r Efengyl. *Dchr.* **17g.** *J* 10, 119b, hwythe, *nwthe.* **1630** R. Vaughan: *YDd* 602, gwaed Iesu Grist . . . a'th lanhâ di a'*n hwythau* [*sic*]. **1661** E. Lewis: *Drex* 29, darfu i'r addolwyr delwau *nhwythau* addef Tragywyddoldeb. *id.* 307, a *nhwythau* fyddant gwedi myned ymmaith. **1672** R. Prichard: *Gw* [xxiv], nid ydynt hwy yn ymgyfeillachu âr [*sic*] gyffredin bobl, na'r gyffredin bobl â *nhwythau.* **1696** *CDD* 21, Gwŷr y Côr *nhwŷthe*, diamme ydŷw hŷn. **1725** D. Lewis: *GB* 44, nhwy a ddônt, a *nhwytheu* a gânt yn fynych chwedleua â nhwy. **1778** J. Hughes: *BB* 102, Nid oes gan yspryd natur, / I'w wneuthur mwy na *nhwythe*, / Ond cwestiwno ag ymrwstro. **1790** Twm o'r Nant: *GG* 64, Gwaith dynion drwg yn denu, / Sy'n tynnu rhei-'ny'n rhwydd; / A *nwythau* . . . / Osywaeth at y Swydd. **1803** *P*, *nhwythau*, they also. Ar lafar yn gyff.

(*b*) (fel rh. dib. ôl yn ategu rh. bl., rh. m., neu ff. 3 prs. ll. bf. neu ardd. rhed.: *as dependent affixed pron. supplementing prefixed pron., infixed pron., or 3rd pers. pl. form of vb. or conjugated prep.*).
1599 (1677) R. Holland: *AB* 39, ein bod ninne yn gyfrannogion . . . o'u gweddie *nhwythe.* **1618** J. Salisbury: *EH* 151, yr ydym [n]inneu yn cofio am eu anrhydeddu *nhwythau.* **1656** W. Jones: *TPG* 17, hwy a ddyscant ei [*sic*] plant *nhwythau.* **1696** *CDD* 140, Eu gwaith *nhwŷthau* gwae ni eu [*sic*] gŷd, / A ddŷg i'r Bŷd farwolaeth. **1776** I. Brydydd Hir: *P* ii. 148, hwy a gyflawnant eu rhan *nhwythau* o'r cyfammod.
Amr.: **y nhwythau** [cf. *y nhwy, hwynt-hwythau*]. **1567** G. Robert: *GC* [123–4], minnau, tithau, yntau, efyntau, [n]innau, chwithau, *ynhwithau, ynhwythau*, yntwythau, hwyntau.

ni[1] [Cym. C. *ni, ny (ne)*, Crn. C. *ny*, Crn. Diw. *n(e)i, ny*, H. Lyd., Llyd. C. a Diw. *ni*, H. Wydd. *sni, (s)ni*, Gal. *sni*: < Clt. **snīs* < **snēs*, o'r gwr. IE. **nes-* 'ni', cf. Llad. *nōs*, Skr. *naḥ*] *rh. prs.* syml annib. a dib. ôl ategol (prs. 1 ll.). Y person sy'n llefaru neu'n ysgrifennu ynghyd â pherson arall neu bobl eraill, nyni: *us, we.*

(*a*) (fel rh. annib. ac fel gn. rhagferfol: *as independent pers. pron. and preverbal particle*).
9g. (*MC*) *VVB* 193, nouni, gl. *nostrum.* **13g.** *C* 44. 9–10, Turr guir gwydi *ny.* a dav y geissav in guesti. **13g.** *A* 33. 4–5, gwae *ni* rac galar. ac avar gwastat. **1346** *LlA* 160, Rydhaa di *ni* arglwyd ygann y drwc. **14g.** *B* xiv. 258, *Ni* a welsam nu hun hep yr ideon. **14g.** *YBH* 10a, *ni* a gawssam dechreu da. *c.* **1400** *R* 1368. 33–4, *Ni* awnawn nebun odyn grededun. **1567** *TN* 198a, A' gwedy y batyddio hi, ai thuylwyth, ydd ervyniawdd y *ni.* **1632** *D*, *ni* . . . nos, nosmet. **1675** R. Davies: *PY* 58, os darllenwn histori Pabau Rufain, *ni* gawn weled iddynt hwy gyfeiliorni yn y ffydd. **1703** E. Wynne: *BC* 7, ymaith â *ni* fel y Gwynt. **1803** *P.*

(*b*) (fel rh. dib. ôl yn ategu rh. bl., rh. m., neu ff. prs. 1 ll. bf. neu ardd. rhed.: *as dependent affixed pron. supplementing prefixed pron., infixed pron., or 1st pers. pl. form of vb. or conjugated prep.*).
13g. *C* 23. 3, nin cred *ni* nep. *id.* 30. 1–2, Teyrn uron. tanc y rom*ne.* *id.* 30. 12–31. 1, Gulad it im *ne.* ysagro y massvet. *Dchr.* **14g.** *H* 87a. 38, kawssam *ny* ut pennaf pan yth aned (Llygad Gŵr). **14g.** *T* 55. 11–12, Tri lloneit prytwen yd aetham *ni* ar vor. **1346** *LlA* 147, Yn tat *ni* yrhwn ysyd yn y nefoed. *c.* **1400** *YCM[2]* 91, a'th nertho, a diodefwys yrom *ni* y boeni yn y groc. **15–16g.** *GLM* 107, Nato Duw byth—iti bid—/ i'n gwlad *ni* gael dy newid. **1568** Morys Clynnog: *AG* d.d., yn harglwydd *ni* Iesu Grist. **1588** 1 *Tim* vi. 7, Canys ni ddugasom *ni* ddim i'r byd. **1632** J. Davies: *LlR* 139, gan ein bod *ni* weithian yn deall yn gyffredinol. **1703** E. Wynne: *BC* 37, ni bu etto yn ein plith *ni* ddim llawenydd o'i droedigaeth ef. **1747** W. Williams: *Aleluja* 8, 'Rym *ni* yma mewn Lludded, gan dwymed yw'r Dydd. **1793** Dafydd Ionawr: *CD* 232, I'w ddilys fwyn addoli, / Mwyn Ior, i hyn deuem *ni.*

Gw. hefyd ny[1], nyni.

ni[2], nid[1] [Cym. C. *ny(t)*, Crn. C. *ny(ns)*, Crn. Diw. *ny(ng)*, H. Lyd. *ni(t)*, *ne(t)*, Llyd. C. *ne((n)d)*, H. Wydd. *ni, ní*, Gal. *ne-*: o'r gwr. IE. **ne* 'nid'; â'r *-d*, cf. *hud[1,2], nad[1,2], neud, od[2], ped[1]*, ac o bosibl *yd[1]*] *gn. neg.* (o fl. llaf. gysefin yn y ff. *nid* gan amlaf) sy'n peri tr. llaes i *p, t, c*, a thr. ml. i *b, d, g, ll, m, rh*, er bod *b, m* weithiau'n gwrthsefyll treiglo; am olion system dreiglo hŷn mewn Cym. C., gw. *GMW* 61–2.

1. (mewn prif gymal) O fl. y f.: *not (before the vb. in a main clause).*

(*a*) (ar ddechrau'r cymal: *at the head of the clause*).
9g. (*Juv*) *B* vi. 102, *ni*canā*ni*guardam *ni*cusam henoid. *id.* 206, *nit* arcup betid hicouid canlou. *ib.* *ni*sacup *nis* arcup leder. **9g.** (*Ox* 1) *B* v. 234, *ni* choilam hinnoid. **10g.** (*Cpt*) *B* iii. 256, haccet. *ni*tegid. di. a. **13g.** *C* 22. 7–8, *Ni*phercheiste kiureith creaudir. **13g.** *A* 10. 5, *Ny* wnaethpwyt neuad mor anvonawc. **13g.** *B* ix. 339, Ac *ny* bu hir e diodeuaud mam e drugared y vlinav ef o wedieu. **14g.** *T* 26. 14, *nyt* ynt hyn *nyt* ynt ieu no mi. **14g.** *WM* 470. 18–19, *ny* rygiglef. i. eir moet y uorwyn a dywedy di. *c.* **1400** *R* 1036. 39, *Ny*m kar rianed *ny*mkenniret neb. *id.* 1162. 20–1, *Ny* bwyf lwth diawc. *ny* bwyf lesc ofynnawc. **15g.** *GGl[2]* 308, *Ni* bu dir yn y byd well, / Bwyd meirch lle bu ŷd Marchell. **1588** *Job* v. 21, ac *ni* ofni rhac dinistr pan ddelo. **1588** *Salm* cxix. 60, Bryssiais, ac *nid* oedais gadw dy orchymynnion. **1759** T. Thomas: *WWDd* 252, O Enaid, er cymmaint a ŵnïech ti, *ni* chydiant hwy ddim byth. **1778** J. Hughes: *BB* 252, Ar achos mo r [*sic*] glir, *ni* arbedaf yn wir, / Ddim tai perchen tir, da gwelir i'w galw.

(*b*) (heb fod ar ddechrau'r cymal: *not at the head of the clause*).
9g. (*LlSC*) *LL* xliii, grefiat guetig *nis* minn tutbulc hai cenetl in ois oisou. **13g.** *C* 89. 15, mi *ni*daw. anaw *ni*mgad. **14g.** *WM* 10. 11–12, ac attep *ny* chauas ef genthi hi yn hynny. *id.* 27. 13–17, or gwyr goreu ar gwraged goreu na gwr na gwreic o hynny *nyt* edewis riannon heb rodi rod enwauc idaw. *id.* 47. 17–18, Aneb *ny* dienghis odyna namyn ef ae wreic. *c.* **1400** *R* 1029. 15, hiraeth am uarw *ny* weryt. **1588** *Salm* i. 5, Am hynny yr annuwolion *ni* safant yn y farn. **1595** M. Kyffin: *DFf* 47, a'r bobl . . . *ni* wyddant pa'r Saint ore iddynt ymgais ag ef. **1595** H. Lewys: *PA* 37, Ar natur honn *ni* newidia 'r anewidiol dduw byth. *id.* 38, ac etto i dad *ni* chosbiff . . . ddim o honaw. **1606** E. James: *Hom* i. 54, a'r gwirionedd *nid* yw ynddo. *id.* ii. 61, ac byth *ni* chymmodwyd rhynghynt [*sic*]. **1629** R. Llwyd: *P* 44, Ymmaith oddi ymma y mae yn rhaid i bawb fyned, pa cyn gynted *nis* gŵyr neb. **1730 (1755)** E. Wynne: *PAC* 55, felly Conffimasiwn [*sic*] *ni* arferir ond unwaith.

2. (O fl. y f. mewn cymal pth.): *who(m) (which, that) . . . not (before the vb. in a rel. clause).*
13g. *C* 72. 5–6, En llogporth gueleise gottoev. a guir *ny*gilint rac gvaev. **13g.** *BD* 39, Ac yna y trigvs Bran yn amheravdyr yn Ruuein yn guneuthur yr arglvydiaeth *ny* chlywyt kyn no hynny y chreulonder. *id.* 147, A guedy dechreu ymlad o bob parth, aerua *ny* bu uechan a wnaethant o'r Brytanyeit. **1346** *LlA* 3, bot yn dywyll a doli [*sic*] yr hynn *nys* gwddam. *id.* 164, yndaw ymae petheu newyd. aphetheu *ny*chlywyspwyt yn llyureu ereill eiroet. **14g.** *WM* 5. 5–6, nit oes yndi nep *ni*th adnappo. *id.* 59. 12–13, y drws *ny* dylywn ni y agori. *id.* 83. 5–8, mi a gigleu dyuot yr deheu yryw bryuet *ni* doeth yr ynys honn eiroet. *id.* 230. 29–30, ny byd vn dalen ar y pren *nyr* darffo yr kawat y dwyn. *c.* **1400** *R* 1382. 35, mae yn y deurud dawn *ny* chilya. *id.* 1386. 23–4, gwae *ny* vo deduawl y dyd adaw. *c.* **1400** *YCM[2]* 64, llyna beth *nys* gwrthodaf i. *c.* **1400** *B* ii. 11, llesc yw y march neu yr ych *nyt* el oe gartref deir milltir a dyuot y nos honno adref. **1588** *Lef* xi. 47, I wneuthur gwahan rhwng . . . yr anifail a fwytteir, a'r anifail yr hwn *nis* bwytteir. **1588** *Salm* i. 1, Gwyn ei fyd y gŵr *ni* rodiodd yng-hyngor yr annuwolion, ac *ni* safodd yn ffordd pechaduriaid. **1588** *Math* xxiv. 44, canys yn yr awr *ni*'s tybioch y daw Mâb y dŷn. **1675** R. Davies: *PY* 17, nid rhaid i mi ofni ei fod yn fantell fer *nid* all guddio dau. **1759** T. Thomas: *WWDd* 238, dywed y gair, Nad oes Dŷn ar y Ddaear, *ni* phecha.

3. (Mewn cymal adfl.): *not (in an adv. clause).*

(*a*) (yn dilyn y cys. yn uniongyrchol: *immediately following the conj.*).
9g. (*LlSC*) *LL* xliii, namin ir *ni* be câs igridu. **10g.** (*Cpt*) *B* iii. 256, Oraur. *ni* hois. ir loc guac hinnith. *ib.* cen *nit* boi loc guac inter o. et a. *c.* **1300** *H* 48b. 23, A che*nym* caro nam keryted uyth (Cynddelw). **14g.** *WM* 2. 35–8, achyn*nyt* ymdialwyf athi . . . mi awnaf o anglot itt guerth can carw. *c.* **1400** *B* ii. 20, Na vyd chwedleugar rac dy gaffel ar gelwyd, kanys *nyt* argyweda tewi. **1567** *TN* 9a, cesclwch yw'ch tresore yn y nef . . . lle *ny*'s cloddia r llatron trywodd. **1670** J. Hughes: *AP* 60, cymmeryd arnynt fod yn Offeiriaid, lle *nid* ydynt ond gwyr llwyr llyg. **1681** S. Hughes: *AC* 11, fel pe *ni* baent yn credu. **1723** WM: *PGG* 51, os *nid* ydym yn ei dderbyn, rhaid ini gyfadde mai ein Bai ni ein hunain ydyw. **1759** T. Thomas: *WWDd* 220, os *nid* attebodd efe i'r gyfraith, fe attebodd ei Fachnïydd ef iddi'n gyflawn.

(*b*) (heb fod yn dilyn y cys. yn uniongyrchol: *not immediately following the conj.*).
14g. *B* x. 54, Ac os titheu *ny*'m gwarendeu i uyng kledeu a orueda ar dy gnawt. *Dchr.* **15g.** *id.* vii. 371, Y neb ae hysgymunawd a dyly y ollwng. kanys yn y ryw achaws hwnnw *ny* dichawn y offeiryat ehun y ollwng ef. **1551** W. Salesbury: *KLl* 53a, od en calon *ny* varn arnom, yno ydd ym an gobeith ar ddeo. **1567** *LlGG* (*Sall*) 75a, As yr Arglwydd *nid* adaeilat y tuy, over y llavuria ei adeilatwyr.

4. Nid (yn negyddu elf. amgen na'r f.): *not (negating any element other than the vb.).*
9g. (*Juv*) *B* vi. 206, *ni* guor gnim (gthg. *ib.* nitguorgnim) molim trintaut. **12–13g.** *MA[2]* 240b. 20, *Ni* nawd nid llonydd a llwyfin (Elidir Sais). **13g.** *C* 70. 10, *Ny* naud y direid imioli a duv. **13g.** *MA[2]* 220a. 1, *Ni* raid a warawd wyr yn hywydd (Dafydd Benfras). *c.* **1300** *H* 23b. 7, *ny* gnawd oe ardal na thal na thwg (Einion ap Madog). **14g.** *T* 37. 24–5, *Ny* nawt vyd aradyr. heb heyrn heb hat. **1346** *LlA* 135, *ny* thebic idaw byth caffel madeueint. **16g.** *EWGP* 41, trychni *ni* hawdd i ochel. **1630** R. Vaughan: *YDd* 287, *ni* waeth ganddynt. **1691** T. Williams: *YB* 12, pethau . . . a haeddant, *ni* hwyrach sôn am danynt. **1701** E. Wynne: *RBS* 180, Ni all ac *ni* raid un briodoliaeth arall. **1703** E. Wynne: *BC* 42, *ni* wiw i chwi gynnyg mynd trwodd. **1803** *P*, *ni*, adv. . . . *ni* waeth er hyny.
Amr.: **'d** [o flaen llaf.]. **1764** W. Williams: *C* 44, '*D*yw'm pechodau o'r dechreuad / Etto nemawr llai eu grym. **1787 (1812)** Twm o'r Nant: *PG* 17, '*D*oes fatter er bod rhaid i rai fyw'n fain. **1789** Twm o'r Nant: *TChB* 48, '*D* oedd dim wnae'r tro fesur dau ar tri [*sic*], / Ond Arian yn ddi, Ooraeth [*sic*]. Ar lafar yn gyff., ''*D* wn i ddim', *WVBD* 395; mewn rhai mannau yn y Gogledd yn y ff. '*t*, *ib.* **nis[2]** [defnydd o *nis[1]* (sef *ni[2]* + *-s[1]*) yn gyfystyr â *ni[2]*; ni chynhwysir yma enghrau. anafforig neu broleptig, cf. *WG* 278]. **1604** R. Holland: *BD* 2, *Nis* daw efe heb i alw attoch. **1629** R. Llwyd: *P* 43, oni chynnyrfa hwn ni i edifarhau, os hwn *nis* iachâ ni, yna yr ydym yn llwyr efryddion. **1701** E. Wynne: *RBS* 27, y Seinctieu nefol y rhai *ni*'s gallant bechu. **1703** E. Wynne: *BC* 23, os gwir, os celwydd, *nis* gwaeth. **1778** J. Hughes: *BB* 98, O's Crist a lan ddilynwn, *nis* rhodiwn mewn tywyllwch. **1803** *P*, *nis*, adv., not. It is synonymous with 'Ni', and used before words with consonant initials, and preserving them in their radical form: as '*nis* doi', for 'ni ddoi' . . . or '*nis* gweli', for 'ni weli' . . . and the like.

Am *ni ŵyr D(d)uw*, gw. niwr D(d)uw.
Gw. hefyd nid[2], nwy[4], oni[1].

ni[3], gw. neu[1].

-ni [H. Lyd. *-ni* (*glethni*), Llyd. C. a Diw. *-ni* (*kozhni*): < Brth. *-nīsā*] *oldd. enw.*, e.e. *cochni*, *glesni*, *glythni*.
Gw. hefyd -oni.

nib (*i*) [bnth. S. *nib*] *eg.b.* ll. *-iau*. Blaen neu big dur, &c., pin ysgrifennu: *nib*.
20g.

nic [bnth. S. *nick*] *eg*. Rhigol fechan ar ymyl neu arwyneb peth, rhic, bwlch, hefyd yn *ffig.*: *nick*, *groove*, *notch*, *also fig.*
1547 *WS*, *nick*, nycke. *Dchr.* **17g.** *J* 10, 22b, *nic*, nocke. **1754** G. Owen: *L* 122–3, deg i un nad yw [llawysgrif] bellach gan faned ag us o waith y gwellaif, a'r hyn diweddaf o honaw'n eirionyn mesur o'r culaf, yn barod i'w droi heibio rhag na ddalio un *nicc* ychwaneg.

nicaf: nico, nicars, nicasbôl, gw. niciaf¹: nicio, nicers, licris (At.).

Niceaidd [e. dinas *Nic*(*a*)*ea* yn Bithynia gynt + *-aidd*] *a*. Yn perthyn i un o ddau Gyngor yr Eglwys Gristionogol a gynhaliwyd yn Nicaea (325 a 787 O.C.) neu i Gredo sy'n seiliedig ar yr un a gyhoeddwyd yn y Cyngor cyntaf: *Nicene*.
1814.

nicel [bnth. S. *nickel*] *eg*. Elfen fetelaidd hydwyth a chryf (symbol Ni; rhif atomig 28); darn o arian bath cyfwerth â phum sent a ddefnyddir yn UDA a Chanada: *nickel* (*metal and coin*).
1851.

nicers, nicars, nicyrs [bnth. S. *knickers*] *e.ll.* Clos sy'n ddilledyn isaf i ferch: *knickers*.
20g. Ar lafar; weithiau defnyddir y ff. *nicar*, &c., i gyfeirio at un pâr, a'r ff. *nicyrsiau* at nifer o barau.

niciaf¹, nicaf: nic(i)o [bnth. S. (*to*) *nick* 'to cut'; dichon mai i'r f. ddil. y perthyn yr engh. gyntaf] *bg.a.* Torri, endorri, rhicio; taflu rhif ar y dis sy'n cyfateb i'r maen mewn gêm o hasard: *to cut*, *make an incision*, *notch*; *nick* (*the main*) (*in a game of hazard*).
1547 *WS*, *nickio*, nycke. **16–17g.** (**17g.**) *CC* 40, mynd ir dissiau n frau iawn fro / trwy oglais dechreu treiglo / a galw ar six ar glawns wann / . . . / hwn accw y maen a *nicciodd* (Thomas Prys).

niciaf²: nicio [?bnth. S. (*to*) *nick* 'to deny, to answer no'] *bg*. ?Gwrthod, nacáu: *to refuse*, *deny*.
16g. Wiliam Cynwal: *Gw* (R. L. Jones) 559, Ni *nicia* draw, ni necy druan, / Na chloi ei gaerwych, lew a garwn.

niclaf, neclaf: niclo, neclo [bnth. S. taf. (*to*) *nickle*, amr. ar S. (*to*) *knuckle*] *bg.a.* Saethu (marblen, &c.) a ddelir rhwng blaen y bawd a'r bys cyntaf; chwarae marblis: *to knuckle* (*a marble*, *&c.*); *play marbles*.
1838. Ar lafar yng Nghered. a'r De.

niclasbôl, niclis, nicloth, gw. licris (At.), neclis, necloth.

niclwr [bôn y f. fl. + *-wr*] *eg*. Un sy'n niclo (marblen), un sy'n chwarae marblis: *one who knuckles* (*a marble*), *one who plays marbles*.
1897.

nicnacs [bnth. S. *knick-knacks*] *e.ll.* Addurniadau neu deganau rhad: *knick-knacks*.
1939.

nico, nicol [bnth. S. taf. *nickle*] *eg.b.* ll. *-s*. *Adar*. Aderyn cân lliwgar o deulu'r *Fringillidæ*, teiliwr Llundain, eurbinc, *Carduelis carduelis*: *goldfinch*.
1895. Ar lafar yn y Gogledd, '*nico*, pl. *nicols*', *WVBD* 395; hefyd yn nwyrain sir Drefn. yn yr ystyr 'llinos' (*Acanthis cannabina*), *Cymru* lii. 211.
Cfn.: **nico benddu:** *bullfinch*, *Pyrrhula pyrrhula*. Ar lafar. **n. bengoch:** *goldfinch*, *Carduelis carduelis*. Ar lafar.

nicotîn, nicotin [bnth. S. *nicotine*] *eg*. Hylif di-liw chwerw gwenwynig sy'n troi'n felynfrown mewn aer a golau, sef y prif alcaloid mewn tybaco a ddefnyddir hefyd fel pryfleiddiad amaethyddol: *nicotine*.
1859.

nicsbôl, nicyrs, nid¹, gw. licris (At.), nicers, ni².

nid² [Cym. C. *nyt*.; cf. *nid¹*] *gn. neg.* (Yn negyddu elf. amgen na'r f.: *negating any element other than the vb.*).
9g. (*Juv*) *B* vi. 102, mitelu *nit* gurmaur. *id.* 206, *nit*guorgnim (gthg. *ib.* ni guor gnim) molim map meir. **13g.** *C* 86. 9–13, *Nid* ew ym crevis dews diffleis. yr guneuthur. amhuill . . . *Nid* ew duhunaur ahandeneis. *Nid* ew rotir new. ir neb nvy keis. **13g.** *A* 9. 12, *nyt* mab mam ae maeth. *c.* **1300** *H* 25b. 30–1, Trist yn goruc krist kred nyd ymchwel treis dirgwyn ac *nyd* treis dirgel (Llygad Gŵr). *Dchr.* **14g.** *id.* 84a. 26–30, *nyd* ef an diffyn nac an differ yna dywedud traha trwe gam ober. *nyd* ef an gweryd gwyd gorwacter . . . *nyd* ef yd eir nef o nerth llonder (Llywelyn Fardd). **14g.** *T* 8. 3–4, *Nyt* ef caraf amryssonyat. *id.* 24. 23, *nyt* yry lyfyrder. namyn yry vawred. *id.* 32. 3, *Nyt* mi wyf kerd vas. *id.* 43. 6–7, *nyt* ef eu defawt bot yn galet. *id.* 65. 12, *Nyt* reit im hoffed. **14g.** *WM* 83. 24–5, *Nit* drwc uyn trawscwyd i. *id.* 96. 23–5, Ynteu a lunywys yr esgidyeu ac *nit* wrth y messur namyn yn uwy. *c.* **1400** *R* 1056. 14–15, *nyt* eglur edrych yntywyll. **15g.** *GGl²* 208–9, Ac *nid* gwaeth gennyd a gwell / A chwr cist na chaer castell. **1588** *Salm* cxv. 1, *Nid* i ni ô Arglwydd, *nid* i ni, onid i'th enw dy hun dod ti ogoniant. **1632** J. Davies: *LlR* 63, myned yn ôl *nid* possibl iddo, a myned ym mlaen nid ydyw abl iw ddioddef. **1778** J. Hughes: *BB* 226, I dir di doriad di fudd [*sic*] dyfiad, / *Nid* gwiw gyrru ôg nag arad.
Cfn.: **nid eto:** *not yet*; *not again*. **1604–7** *TW* (*Pen* 228) d.g. *nondum*. **1778** *W* d.g. *not yet*. **nid yn unig:** *not only*. **1592** S. D. Rhys: *Inst* [xvii]. **1595** H. Lewys: *PA* 12. *c.* **1730** *Thos. Lloyd D* (LlGC) 180b. Ar lafar. **mai n.:** *that . . . not*. **1796** *Geirgrawn* 187. **1798** W. Richards: *CC* 32.
Am *nid amgen*, *n. amgenach*, gw. amgen.
Gw. hefyd ni¹, onid².

nid³ [?cf. *ho*[*y*]*wnid*, *H* 123a. 14] *e?g.* ?Gloywder, llewyrch: *brightness*, *radiance*.
c. **1300** *H* 108²a. 26–7, Am parabyl oth dawn ym perid. parhawd o nebawd y *nid* (Llywarch ap Llywelyn).

nid-myfi [*nid²* + *myfi*] *eg*. *Athr*. Yr hyn sydd ar wahân i'r hunan, yr hyn nad yw'n oddrychol neu'n bersonol: *not-I*, *not-me* (*in philos.*).
1866.

nidr [yn ôl *B* ii. 303, < **snītro*, cf. Gr. νῆτρον 'cogail', o'r un. gwr. IE. *(*s*)*nē*- 'nyddu, gwnïo' ag a welir yn *nodwydd*, *nyddaf*: *nyddu*] *eg.* ll. *-au*, a hefyd fel *a*. Rhwystr, llestair, magliad; oediad; wedi ei faglu, wedi ei rwystro, wedi ei lesteirio; yn oedi, araf; hefyd yn *ffig.*: *hindrance*, *impediment*, *entanglement*; *delay*; *entangled*, *hindered*, *impeded*; *delaying*, *lingering*, *slow*; *also fig.*
14g. *OBWV* 94, Nid oes dydd . . . / . . . na roddych, / Awch *nidr* o ucheneidiau, / Ai mil ai teirmil o'r tau. *id.* 95, Ni ddeuym, cyd nofym nef, / Drychaf *nidr*, drachefn adref [Gruffudd Gryg i'r lleuad]. **14g.** *DGG²* 147, Pob cloch blygain damwain dig, / . . . / O thyr heb *nidr* ei thidraff, / A'i thafawd proffwydawd praff (Gruffudd Gryg). **15g.** *IGE²* 230, Da y gwn, nodwn heb *nidr*, / Dabl Denis dyb elw dinidr (Ieuan ap Rhydderch). ?**16g.** *B* ix. 2, Anwybod wyd, gog lwydfain, / A *nidr* (*Pen* 57, 81, aneawdr) wyd yn y drain. **1587** *BM* 29, 183a, mud glud glodrudd treiddydd tref / *nidr* nid ai yr un adref (Madog ap Gronw Gethin). **1632** *D*, *nidr*, impedimentum, cunctatio, implicatio. Cunctabundus, implicitus, a, um, implicitè. **1688** *TJ*, [*n*]*idr*, nidri, attal, Rhwystr: intangling, hindering. **1722** *Llst* 189, *nidr*, entangled, hindered: delaying, slow. *id. nidr* . . . m. hindrance; delay. **1773** *W* d.g. *embarassed*, *embarasment* [*perplexity or confusion arising from some difficult affair*], *entanglement*. **1803** *P* d.g. *nidyr*.

nidraf, nidriaf: nidr(i)o [bf. o'r e. bl.; ansicr yw prth. ac union ystyr yr enghrau. o'r f. *nidriaf*: *nidrio*, ?cf. *nidrol¹*] *bg.a.* Rhwystro, llesteirio, atal; maglu, nydd-droi, ymnyddu; cyfrodeddu, bod yn gyfrodeddog; oedi, petruso; hefyd yn *ffig.*: *to hinder*, *impede*, *stop*, *delay*; *ensnare*, *entangle*, *entwine*; *become entangled or entwined*; *delay*, *hesitate*; *also fig.*
14g. *GDG* 176, *Nidrodd* ynghylch fy neudroed [i'r fiaren]. **15g.** *DE* 47, vo gae r vvn hygar fav / vy *nidro* i chvssan adrav. *c.* **1570** *Llst* 195, 82, *nidrio* A orvc llyr a myned mewn hennaint. *a.* **1575** *GP* 138, Y Ryw nidrol a *nidria* ymadrodd oi wrth y gwrw a'r banw, val pann ddyweter 'hynn' heb yngan am yr vn o'r ddevryw. **1632** *D*, *nidro*, implicare, implicari. *id.* d.g. *alterno*. **1688** *TJ*, *nidro*, Rhwŷstro: to intangle, to incumber. **1716–18** *Llsgr R. Morris* 127, ymwisgo rwi yn wuch gyferbun ar druch / a mynuch yn edruch heb *nidro*. **1722** *Llst* 189, *nidro*, to incumber, stop, delay. *c.* **1785** *BELl* 16, Ond mae er hynny ryw ben yn raenio. / Oes un am y tro heb *nidro* wnaen / Yr wythnos o'r blaen bu ei lunio. **18–19g.** *Hop M* 348, i *nidro*'n dysgc mwyn hydrefn / a throi'n barddoniaeth o'i threfn. **1803** *P*.

nidras [*nidr* + *-as²*] *eb.* ll. *-au*. Drysfa, labrinth: *maze*, *labyrinth*.
1852.

nidri [*nidr* + *-i¹*; gair geir. yn wr., ffrwyth camddarllen engh. o *nidr*] *eg*. Dryswch, magliad, rhwystr, oedi: *entanglement*, *ensnaring*, *hindrance*, *delay*.
1632 *D*, *nidri*, implicatio, O *nidri* (*BM* 29, 183a, nidr) nid ai vn adref. M[adog ap] Gr[onw] G[ethin] i ddyfrdwy am y saeson. **1688** *TJ*, [n]idr, *nidri*, attal, Rhwystr: intangling, hindering. **1722** *Llst* 189, nidr *Nidri*, m. hindrance; delay. **1753** *TR*, *nidri*, an intangling, incumbrance, intanglement. **1773** *W* d.g. *embarasment* [*perplexity or confusion arising from some difficult affair*]. **18–19g.** *IMCY* 231, A gyrr ail ymgais a'r gân / Y *nidri* o'm hên oedran. **1803** *P*, *nidri*, entanglement; perplexity; obstruction, hinderance.

nidriaf: nidrio, gw. nidraf: nidro.

nidrol¹, nidriol [?cfdds. o'r Llad. *neutrālis*, ?dan ddyl. y f. fl.] *a*. *Gram*. Diryw; na'r naill na'r llall: *neuter* (*in gram.*); *neither*.
a. **1575** *GP* 138, Pa ssawl rryw yssydd i enw? Pvmp, nid amgen, y gwrryw, y banw, y kyffredinryw, y Ryw *nidrol*, a'r Ryw amhevvs . . . Y Ryw *nidrol* a nidria ymadrodd oi wrth y gwrw a'r banw, val pann ddyweter 'hynn' heb yngan am yr vn o'r ddevryw. *id.* 142, Termaü a newidiwyd . . . *Nidriol* dros neodr. *Dchr.* **17g.** *J* 10, 22b, *nidrol*, newtre. **1707** *AB* 219, *nidrol*, neither. S.

nidrol² [*nidr* + *-ol*] *a*. Yn drysu neu'n maglu; yn oedi: *entangling*; *dilatory*.
1803 *P*.

nidrwr [bôn y f. *nidraf*: *nidro* + *-wr*] *eg.* ll. *-wyr*. Maglwr, rhwystrwr, oedwr: *an ensnarer*, *hinderer*, *delayer*.
Dchr. **15g.** *IGE²* 167, Hylysg ydd wyd i'm holi, / Myn Duw, Rys, ac ni'm dawr i, / *Nidrwr* pob anniwydrwydd, / Nid amgen, o'r awen rwydd [Llywelyn ap y Moel i Rys Goch Eryri]. **1632** *D*, *nidrwr*, cunctator, implicator. **1722** *Llst* 189, *nidrwr*, a delayer, hinderer. **1803** *P*.

nifail, nife, gw. anifail, neddyf.

nifeiriaf: nifeirio, nifeiriant, nifeiriog, nifeiriol, gw. niferaf: niferu, niferiant, niferog, niferol.

nifer [bnth. Llad. *numerus*, Crn. C. *nyver*, *never*, H. Lyd. *nimer*, Llyd. C. *niuer*, *nyuer*, *nifver*, Llyd. Diw. *niver*, Gwydd. C. (*n*)*u*(*i*)*mir*, Gwydd. Diw. *uimhir*] *eg.b.* ll. *-oedd*, *-i*, *nifeiri*.
(*a*) Swm neu faint (penodol neu gyfrifadwy o unedau), rhifedi: *number*.
9g. (*Ox* 1) *B* v. 238, immit cel *ir*nimer bichan gutan irmaur *nimer*. *c.* **1400** *ChO* 17, arganuot *niuer* maur o bartrissot a oruc. **15g.** *LGC* 45, Cymer di *niver* o vanerau. **1547** *WS*, *nifer*, a nombre. **1551** W. Salesbury: *KLl* xxa, Ac ydd eisteddent yncylch *nyueiri* pum-mil o wyr. *id.* xliib, Ac aeth *niuer* [:– serten] or rei oyddynt gyd a nyny yr vonwent. *id.* lxxiiia, [t]yrva [:– *niver*] yr enweu oedd yncylch cant ar [*sic*] ucein. **1567** *TN* 175a, *niuer* [:– rrivedi] y gwyr oedd yn-cylch pemp-mil. **1588** 2 *Cr* xii. 3, nid oedd *nifer* ar y bobl y rhai a ddaethant gyd ag ef o'r Aipht. **1604–7** *TW* (*Pen* 228), perthynol y geluyddyt *niueroedd* figureidd

d.g. *cossicus* (At.). **1607** *Rhyddiaith Gymraeg* i. 138, ag amryw *niueroedd* o eiriae detholedic. **1661** E. LEWIS: *Drex* 17–18, yn y modd yma y byddwn ni yn arfer o fwrw *nifer* peth ar amcan. *id.* 118, [d]efynynnau yr mor mawr . . . y mae i'r rhain *nifer* a mesur . . . Eithr y mae dagrau 'r damnedig yn rhagori ar bob *nifer* a mesur. *id.* 203, Y *Nifer* o Dragywyddoldeb sydd tros ben ei gael allan. **1681** S. HUGHES: *AC* 12, nid oes ond *nifer* fechan o'r Byd yn byw felly. **1764** DEWI NANTBRÂN: *CB* 79, A raid i chwi gredu fod rhyw rinwedd yn y *nifer* hyn o Pater, ac Ave? **1776** *W*, y *nifer* lleiaf (o'r ddau) d.g. *minority* [*the less or smaller number opposed to majority*]. **1803** *P*.

(*b*) Llu, cwmni, mintai, teulu, gosgordd, tyrfa: *host, company, retinue, troop, crowd.*

13g. *C* 2. 5–7, Moch guelher y *niuer* gan elgan. *id.* 68. 9–10, Bet gur gurth y var. llachar llyv *niver*. **13g.** *BD* 175, *niuer* mor uychan a hvnnv a gavssei uudugolyaeth o'r savl elynyon hynny. **14g.** *T* 5. 23–4, *NJfer* seint ynys prydein. **14g.** *LlB* 6, O'r pann safho y distein yn y neuad, a dodi naud Duw a'r honn y brenhin a'r vrenhines a'r gwyrda, ac eu tagnef, ar y llys a'r *nyuer*, a torro y tagnef honno, nyt oes ydaw nawd yn vn lle. **14g.** *WM* 19. 14–16, [c]yrchu awnaeth ef parth ae teulu ae *niuer*. *id.* 448. 32–4, dyuot a orugant yr holl *niueroed*. **15g.** *FfBO* 52, Pan varchokao ef o wlat y gilyd, y *niuer* a rennir yn betwar llu. **15g.** *GDLl* 35, Iesu aeth â'n dewiswyr / I nef fry a'i *nifer* wŷr. *Diw.* **15g.** *Pen* 41, 10, A dyvynner *niver* y pedeir tref nessa[f yr] dref i bo y gelein yndi. **1551** W. SALESBURY: *KLl* xxxivb, Ar oll *niuer* a criawdd ar vn waith. *Diw.* **16g.** *CRC* 288, fal ymay ith drnas [*sic*] di / ymysc *nifeiri* nefol. **17g.** *CC* 327, y nghyfrif *niferi* naf. **1716** E. SAMUEL: *GGG* 95, nid oes ond ychydig o honynt au henwau 'n ysgrifennedig yn Llyfrau 'r Merthyron, wrth y *Niferoedd* a ddioddefasant gospedigaethau or achos hwnnw. **1798** R. DAVIES: *CG* 95, Yn foreu iawn,—*Niferoedd*, / Torf lawen y Nef wen oedd. **1803** *P*. Ar lafar ym Morg. yn yr ystyr 'teulu, tylwyth', 'Mae un o *nifer* Ynys y Gwâs yn dechra prygethu', *LlGC* 1171, 77.

(*c*) *Gram.* Rhif: *number* (*in gram.*).

a. **1575** *GP* 138, Pa ssawl *niver* ssydd i enw? Dav, nid amgen, vnic a lliossoc. Yr *niver* vnic a ymadrodd am vn peth, val y mae 'llyfr'. Yr *niver* lliossoc a ymadrodd o vwy noc vn, val y mae 'llyfrav'. *id.* 142, Termaü a newidiwyd . . . *Niver* dros Rif.

Amr.: **annifer** [?*a-* brosthetig + *nifer*; dichon nad yma y perthyn, gan mai *-nn-* sydd yn yr holl enghrau.]. **14g.** *WM* 65. 3–5, mae yniuer y llys ac yn *anniuer* ninheu namyn hynn. **16g.** (*LlEG*) *Mos* 158, 6a, y vo a gymerth *anniuer* mawr or pendeuigion seisnnig. **16g.** *Cylchg LlGC* iii. 155, *anniuer* bychan ohonaunt.

Cfn.: **(y) Nifer Euraid:** (*the*) *Golden Number, Prime.* **1670** J. HUGHES: *AP* [xxii].

Gw. hefyd annifeiri, annifer[1], enifer, ynifer.

niferadwy [bôn y f. ddil. + *-adwy*] *a.bfl.* Y gellir ei gyfrif; ?niferus: *countable*; ?*numerous*.

1604–7 *TW* (*Pen* 228) d.g. *numerabilis*.

niferaf, nifeiriaf: niferu, nifeirio [bf. o'r e. bl.] *ba.* Rhifo, cyfrif: *to number, enumerate, count.*

1547 *WS*, *nifery* . . . nomber. **1588** 1 *Br* xx. 27, meibion Israel a gyfrifwyd, ac a *niferwyd*. **1604–7** *TW* (*Pen* 228), *niueirio* d.g. *dinumero*. **1803** *P*, *niveru*, to number.

niferai [bôn y f. fl. + *-ai*[2]] *eg.b.* ll. *nifereion*. *Math.* Rhifiadur: *numerator* (*in math.*).

1803 *P*, *niverai*, s.c. pl. *nivereion*, a numerator.

niferedig [bôn y f. fl. + *-edig*] *a.bfl.* Wedi ei gyfrif, wedi ei rifo; wedi ei gyfrif yn un (o): *counted, numbered*; *counted as one* (*of*).

1551 W. SALESBURY: *KLl* lxxiiib, ydd oedd ef yn *niveredic* y gyda a nyny. **1604–7** *TW* (*Pen* 228) d.g. *numeratus*. **1803** *P*.

niferiad [bôn y f. fl. + *-iad*[1]] *eg.* Y weithred o rifo neu gyfrif, cyfrifiad; rhifyddeg; cyfrifiad (poblogaeth): *a numbering or counting, numeration*; *arithmetic*; *census*.

1604–7 *TW* (*Pen* 228) d.g. *arithmetica, numeratio*. **1803** *P*, *niveriad*, s.m. a numbering.

niferiaeth [bôn y f. fl. + *-iaeth*] *eg.* Y weithred o rifo neu gyfrif, cyfrifiad; rhifyddeg: *a numbering or counting, numeration*; *arithmetic*.

1604–7 *TW* (*Pen* 228), Arithmetic, *niueriaeth* d.g. *logistice*. **1803** *P*, *niveriaeth*, s.m., numeration.

niferiant, nifeiriant [bôn y f. fl. + *-iant*] *eg.* Y weithred o rifo neu gyfrif, cyfrifiad; ?llu: *a numbering or counting, numeration*; ?*host*.

18g. I. BRYDYDD HIR: *Gw* 241, Gollyngdod pechod yw'r puchiant—mau, / A llys nef orau, lles *nifeiriant*. **1803** *P*, *niveriant*, s.m. numeration.

niferog, nifeiriog [*nifer* + *-(i)og*] *a.* Niferus, lluosog; a chanddo luoedd, minteioedd, &c.: *numerous, abundant*; *having hosts, troops, retinues, &c.*

12g. *MA*[2] 237a. 32, Blaidd traidd trymder tra *niferawg* [Seisyll Bryffwrch i'r Arglwydd Rhys]. *c.* **1300** *H* 79b. 25–6, Ar duw a dewi deu *niuerawc*. yd gallwnn bressen bresswil vodawc (Gwynfardd Brycheiniog). *Dchr.* **14g.** *id.* 85a. 35, Dy gert dy ganaf [*sic*] naf *niuerawc* [Llywarch ap Llywelyn i Lywelyn ap Iorwerth]. **14g.** *GIG* 81, Da iawn fu Fordaf, naf *niferog* (*RWM* ii. 906, *nifeiriawg*). *c.* **1400** *R* 1166. 8, Beird neuet *niuerawc* orsed. **15g.** *Glam Bards* 212, yn ol dwyn i wn varwn *niverog* (Llywelyn ap Hywel). **16g. (1763)** W. SALESBURY: *LlM* 10, hade eiddilion *niferog*. **1617** *LBS* iv. 428, Llowddog *niferog* o'i fodd / yn lle Duw a'i neillduodd. **1704** E. SAMUEL: *BA* 10, haig *niferog* o bysgod. **18–19g.** *Iolo MSS* 204, aeth Beirdd yn *niferog* yng Nghymry. **1803** *P*.

niferogrwydd [*niferog* + *-rwydd*] *eg.* Lluosogrwydd: *numerousness*.

1722 *Llst* 189, *niferogrwydd*, m. numerousness. **1778** *W* d.g. *numerosity, or numerousness*. **1803** *P*.

niferol, nifeiriol [*nifer* + *-(i)ol*] *a.* Niferus, lluosog; yn perthyn i rif, rhifiadol; *Gram.* yn perthyn i rif, yn dynodi rhif; a chanddo luoedd, minteioedd, &c.: *numerous, abundant*; *numeric, numerical*; *pertaining to number* (*in gram.*); *having hosts, troops, retinues, &c.*

14g. *DGG*[2] 146, A lladd iarll, aed yn llaw ddiawl, / Neu farwn balch *nifeiriawl* (Gruffudd Gryg). *p.* **1584** G. ROBERT: *GC* [125–6], Ei [*sic*] cyfansoddir hefy[d] a henw *niferawl* megis, yma. Fyhun . . . ihun, ihunan, ynhunain . . . ychdeuwedd . . . yn trioedd. *id.* [177–8], pessawl arwyddhad sydd i ragferf? . . . *Niferawl*, vnwaith, dwywaith, dengwaith. **1604–7** *TW* (*Pen* 228), *niueiriawl* d.g. *numeralis*. **1767** J. THOMAS: *A* 130, trwy goffâd 'Sgrythurau, mor *nifeiriol* ag ydynt bêll oddi wrth ei Amcan. *c.* **1793** E. BARNES: *HBF* d.d., [t]rueni corph *nifeirol* o gyd greaduriaid. **1799** *TY* 29, er pwys ei bechodau *nifeiriol*. **1803** *P*, *niverawl*, relating to number; numerical, numeral.

niferus [*nifer* + *-us*, ?ar ddelw'r S. *numerous*] *a.* Lluosog: *numerous*.

1909.

niferwch [*nifer* + *-wch*[1]] *eg.* Lluosogrwydd: *numerousness*.

13g. *Études* v. 96, Tangnefed am naud am*nyfervch* ryf ryallu (Cynddelw). *Diw.* **19g.** *SE MS* 332a, *niferwch*, s.m. numerousness, numerosity. Mawr hoffi a orugyn ddianwadalrwydd ffydd y bobl hon yn y Drindawd, a *niferwch* o saint mewn perffeith-lun fywyd. MS. (Brit. Mus).

nifwl [amr. ar *niwl*; ?ffrwyth cais i'w gysylltu â'r Llad. *nebula*] *eg.* ll. *nifylau, nifylion, nifwlion*.

(*a*) Niwlen, niwl, caddug; cwmwl; hefyd yn *ffig.*: *mist, fog*; *cloud*; *also fig.*

1547 *WS*, *nifwl*, myste. **1604–7** *TW* (*Pen* 228) d.g. *caligo*. **1632** *D*, *nifwl*, idem quod Niwl. *id.* d.g. *nebula*. **1722** *Llst* 189, *nifwl*, m. . . . see Niwl. **18g.** *Beirdd y Bala* 23, Oer ddwl oedd *nifwl* y nos, —a minnau / Am ennyd o ddiddos. **1793** DAFYDD IONAWR: *CD* 81, *Nifwl* o'i gylch sy'n nofiaw. *id.* 311, Dan gwmmwl *nifwl* y Ne'. **1803** *P*, *nivwl*, s.m. a mist; a cloud.

(*b*) *Ser.* Cwmwl o nwyon a llwch yn y gofod rhwng y sêr: *nebula* (*in astron.*).

1851.

Cfn.: **nifwl troellog:** *spiral nebula*. **1898.**

Gw. hefyd niwl, nyfel.

nifwlaidd [*nifwl* + *-aidd*] *a.* *Ser.* Yn perthyn i nifwl; niwlog, aneglur: *nebular* (*in astron.*); *nebulous, vague.*

1851.

nifwlog, nifylog [*nifwl* + *-og*] *a.* Niwlog; *Ser.* nifwlaidd: *misty, foggy*; *nebular* (*in astron.*).

1547 *WS*, *nifwloc*, mysty. **1632** *D*, *nifwlog*, idem quod Niwlog. **1803** *P*.

niger [bnth. S. *nigger*] *eg.* ll. *-s, nigriaid*. Negro, dyn du, person croenddu: *negro, black person.*

1855. Ar lafar yn y ff. *nigar*, *nigyr* (*y* ≡ *ə*), ac yn nwyrain Morg. yn y ff. *negar*, 'gwitho fel *negar*', 'gweithio'n galed iawn'. Cf. **1759** *BC* 149, Yna dae syr Moorus Nigr.

nigromans, nigromawns, nigmars, &c. [bnth. H. Ffr. *nigromance*] *eg.* Dewiniaeth, dewindabaeth, y gelfyddyd ddu, marddewiniaeth, hefyd yn *ffig.*: *magic, sorcery, necromancy, also fig.*

13g. *BD* 26, A'r Bleydud hvnnv a dysgvs *nigromans* (*necromantiam*) yn gyntaf yn yr ynys hon. **14g.** *DGG*[2] 157, Pedeirhawl, fuddugawl fyd / A gynnwys ym fod gennyd; / . . . / *Nicmars* [*sic*] dy fardd ysgarsyw / Poed awr dda, pedwerydd yw (Llywelyn Goch ap Meurig Hen). *c.* **1400** *DB* 33, Yno gyntaf y kaffat keluydyt *nigromans* (*ars magica*). *c.* **1400** (*SG*) *HMSS* i. 332, yr oedynt deu wr wedyr wneuthur o elydyn drwy geluydyt *nigromawns*. **15g.** *FfBO* 51, mae o *nigromawns* neu o geluydyt dan y daear oed hynny. **1527** *B* ii. 212, gwnaeth Feryllt, drwy gylvyddyd *nigyrmanse*. **1707** *AB* 237c, *nigromavns*, necromancy. **1770** *W* d.g. *art, the black* [*magic*] *art*.

Amr.: **igrmars, igma(r)s** [cf. H. Ffr. *igrmance*]. *c.* **1400** *SDR* 59, [c]eluydyt *igyrmars*. **15g.** *IGE*[2] 230, Rhod y dynghedfen a'i rhan / A rhyw *igmars* (*IGE* 222, *igmas*) a rhagman (Ieuan ap Rhydderch). **1753** *TR* d.g. *igrmars*. **migmars, migma(n)s** [?dan ddyl. yr ymad. *chwarae mig*]. **1544–52** *SDR* 97, *migymars*. **1609** R. SMYTH: *CAC* 53, arferu *migmars*, hudolieth, a dewiniaeth. **1756** G. OWEN: *L* 166, Ond yw'n beth diflas fod Bwyd y Cwn yn chware *migmars*, ac yn naccau Dyn o honi ['Y Delyn Ledr'] cŷd a chŷd o amser? Ar lafar yn y Gogledd yn y ff. *migma(n)s* gyda'r ystyr 'ystumiau', 'gneud ryw *figmas* arno fo gal iddo fo fynd allan', *WVBD* 374.

nigromansi [bnth. S. C. *nigromancye*; dichon mai be. oedd y ff. *nigromansu* isod yn wr.] *eg.* Dewiniaeth, dewindabaeth, y gelfyddyd ddu: *magic, sorcery.*

16g. *B* x. 285, y kyuriw seiensys ac J mae y bobyloedd ynn i henwi Soffri a *Nigromansi*. *id.* 287, llauurlodd hi beunoeth ynn y ddwy seiens, yr hrain y sydd y'w hennwi *Nigromanshi* a Soffri, o'r hrain Jr ydoedd hi ynn dra cheluydd, ac o enttshiawnttmen neu huud ne ledrud. **16g.** WILIAM CYNWAL: *Gw* (R. L. Jones) 247, Witsio bydd, gwae fo'r dydd du, / Mwg mawrswyn *nigromansu*. **16g.** *Yst Kym* 16, A'r brenin Bleiddydd a ddug *nigramancie* [*sic*] yn gynta i'r ynis hon.

nigromanswr, nigromawnswr [*nigromans, nigromawns* + *-wr*] *eg.* Un sy'n ymarfer dewiniaeth neu ddewindabaeth, dewin: *sorcerer*.

c. **1400** *YSG* i. 65, *Nigromawnswr* oed, yr hwnn a wnaei o'r vn parabyl deudec, heb dywedut vn geir gwir vyth. **1609** *Pen* 217, 163, ac yn y ddinas honno yr oedd dav *nigromanswr*.

nigromawns, nigromawnswr, gw. nigromans, nigromanswr.

nigus [?cf. S. C. *nig, nigard, nigoun*, a S. 16g. *niggish* 'niggardly'; nid oes sicrwydd beth yw union ystyr 'gwagsaw' yn R. WILLIAMS: *CB*] *a.* ac efallai fel *eg.* neu *e.ll.* ?(Person(au)) crintach; (geir.) crych, rhychiog; (geir.) cul, cyfyng: ?*niggardly* (*person(s)*); (*dict.*) *wrinkled, crumpled*; (*dict.*) *narrow, confined.*

14g. *GDG* 24–5, Ni wisgaf fenig *nigus* / O groen mollt i grino 'mys; / Gwisgaf, ni fynnaf ei fâr, / Hyddgen y gŵr gwahoddgar [i Ifor Hael]. **1632** *D*, *nigus*, rugatus. **1688** *TJ*, *nigus*, crŷch, crychog, ffrwmpiedig: wrinkled, crumpled, rivled. **1722** *Llst* 189, *nigus*, crumpled, shriveled. *c.* **1793** R. WILLIAMS: *CB* 7, Myn'd a'r wir gân, mwynder y wawr gynnyrch, / I wâr *nigys* Eryri anhygyrch. *id.* 8, *nigys*, gwagsaw. **1803** *P*, *nigus*, strait, narrow, confined. Cf. R. JONES: *GP* 247, Ni wisgaf naws ysgafn wedd / Menig igys mewn gwagedd; / Gwisgaf am fy ngwddw'n gysgod, / Dy freichiau cain, glain y glod.

nihiliaeth [cfdds. o'r S. *nihil(ism)* + *-iaeth*] *eb.g.* Ymwrthodiad llwyr ag awdurdod, sefydliadau, a syniadau sefydledig; *Athr.* sgeptigiaeth eithafol sy'n ymwrthod ag unrhyw werthoedd, cred mewn bodolaeth, posibilrwydd cyfathrebu, &c.; athrawiaeth plaid chwyldroadol yn Rwsia'r 19–20g. a arddelai ddefnyddio terfysgaeth er mwyn dymchwel y drefn: *nihilism.*
1896.

nihilist [bnth. S. *nihilist*] *eg.* ll. *-iaid.* Nihilydd: *nihilist.*
1911.

nihilistaidd [*nihilist* + *-aidd*] *a.* Nodweddiadol o nihiliaeth: *nihilistic.*
20g.

nihilistiaeth [*nihilist* + *-iaeth*] *eb.g.* Nihiliaeth: *nihilism.*
1887.

nihilistig [*nihilist* + *-ig*[2]] *a.* Nihilistaidd: *nihilistic.*
20g.

nihilydd [cfdds. o'r S. *nihil(ist)* + *-ydd*[3]] *eg.* Un sy'n arddel nihiliaeth: *nihilist.*
20g.

nildws, niltws [bnth. S. **neld-house*, amr. ar *needle-house*] *e?g.* Cas nodwyddau: *needle-case.*
1547 *WS*, *nildws*, a nedleouse. **1762** T. WILLIAMS: *HHO* 152, Nydwydda dur, a *niltws* melyn.

nilla, nillai [gair geir.] *eg.b.* ll. *nilleion.* Cryman, pladur: *sickle, scythe.*
Dchr. **17g.** *J* 10, 22b, *nilla*, falx. **1707** *AB* 219b, *nilla*, a sith or sickle [S]. **1803** *P*, *nillai*, s.c. pl. *nilleion*, a sickle.

nimbostratws [bnth. S. *nimbostratus*] *eg.* Haen o gwmwl glaw isel tywyll: *nimbostratus.*
20g.

nimbws [bnth. S. *nimbus*] *eg.* Halo, eurgylch; cwmwl glaw: *nimbus*, *halo*; *rain-cloud.*
20g.

nimff, gw. nymff.

Nimrod [yr e. prs. *Nimrod* (gw. *Gen* x. 9) fel e.c.] *eg.* ll. *-au*, *-iaid.* Heliwr mawr, un sy'n hoff o hela: *a Nimrod, a great hunter, one who is fond of hunting.*
1730 IACO AB DEWI: *YL* 171, Cŵn hely y *Nimrodeu* ymma.

Ninefead, Ninife(i)ad, Ninifad [e. dinas *Ninefe*, *Ninif(e)* + *-iad*[3], *-ad*] *eg.* ll. *-aid.* Un o drigolion Ninefe, sef prifddinas Assyria gynt: *Ninevite.*
1567 *TN* 104b, mal y bu Jonas yn sign ir *Ninivieit* (**1588** *Luc* xi. 30, *Ninifeaid*). **16g.** *Hop M* 190, vel i cad plaid, o *neniviaid* [*sic*] / trwy air sionas bardwn a gras. **1588** *Jona* iii. cs., edifeirwch y *Ninifeaid.* **1588** *Tob* i. 19, Yna'r aeth vn o'r *Ninifeaid.* **1611** R. SMYTH: *SG* 135, Dauid y *Ninifaid* [*sic*]. **1630** R. VAUGHAN: *YDd* 432, megis y gwyddai y *Ninifeiaid* yn dda. **1632** J. DAVIES: *LlR* 6, diangodd y *Ninifeaid* wrth gymmeryd rhybydd gan Ionas.

nini, gw. nyni.

Ninifeit, Ninifit, Ninifid [bnth. S. *Ninevite*] *eg.* ll. *-iaid.* Ninefead: *Ninevite.*
1595 H. LEWYS: *PA* 181, o gwnawn ni fal y gwnaeth y *Ninifeitieit*, ef a ddichon yn gwaredu a'n arbed nineu, fal y gwnaeth ef y *Ninifeitieit.* **1611** R. SMYTH: *SG* 234, Daniel a'r *Ninifidiaid.* **1630** R. VAUGHAN: *YDd* 195, edifarhâ am dy bechodau fel gwir *Ninifit.* Cf. *B* ix. 147, angreifft pobyl e niniuite pechaduryeit.

ninnau [?adff. o'r rh. *ni*[1], cf. *hwyntau*, *minnau*, *yntau*] *rh. prs.* cysylltiol annib. a dib. ôl ategol (prs. 1 ll.). Ni hefyd, ni'n ogystal; ni hyd yn oed; ni ar y llaw arall; ni o'n rhan ein hunain: *we (us) too, we (us) also; even we (us); we (us) on the other hand, we (us) on the contrary; we (us) for our part.*
13g. *LlI* 53, O holant huenteu nyny, neu *nynheu* vynteu, cayedyc uyd. *c.* **1300** *H* 82b. 25, Dychefer-uytwn *ninheu* am drugaret (Gwynfardd Brycheiniog). **14g.** *T* 53. 11, Anawd *ninheu* rac adwydeu uffern anwar. *id.* 54. 14–15, An dwy[n] *ninheu* y nef kaereu kynnwys genhyt. **1346** *LlA* 149, madeu di arglwyd yn pechodeu yni . . . megys ymadevn *nynhev* yereill. **14g.** *WM* 644. 26–7, *nynne* arglwyd a/ wn ygyda athi. *c.* **1400** *DB* 21, wedy eu gwneuthur ynom, a *ni[n]heu* heb adnabot dim. *c.* **1400** *R* 1367. 2–3, gwnawn *ninneu* vadeu. **1588** *Nu* xii. 2, oni lefarodd trwom *ninnau* hefyd? **1592** S. D. RHYS: *Inst* [xiv], Eithr *ninheu* y Cymry . . . rhai o honon' ynn myned morr ddiflas. **1688** S. HUGHES: *TSP* [iv], mi a agorais eiriau Gwyr Gwynedd â'n geiriau ni o Ddeheubarth; a'n geiriau *ninne*, âi [*sic*] geiriau nhwythau. **1778** J. HUGHES: *BB* 65, Wrth wisgo'n cnawd a'n hamhur, [*sic*] natur ni, / Er mwyn gwneud ffordd i *ninne*, / I wisgo ei natur ynte. **1803** *P.*

nionyn, gw. wynwyn.

niper [bnth. S. *nipper*] *eg.* ll. *-i.* Math o efel neu binsiwn i dorri neu i ddal rhywbeth: *nipper, (pair of) nippers.*
1910. Ar lafar yn y De.
Cfn.: **niper siwgr:** *sugar cutter.* Ar lafar ym Morg.

nipiaf: nipio [bnth. S. (*to*) *nip* 'to rebuke'] *bg.* Ceryddu'n hallt: *to rebuke.*
c. **1580** *THSC* (1948) 373, Dychan i wr bonheddic a fydde yn *nippio* ne yn doydvd geiriau dvon wrth y klerwyr a ddele ato.

nipis, gw. ipis.

nir, gw. ni[2] + rhy[2].

nirfana [bnth. S. *nirvana*] *e?b.* Gwaredigaeth derfynol o gylch ailymgnawdoliad a gyrhaeddir drwy ddileu unigoliaeth a phob chwant (yn ôl Hindŵaeth a Bwdïaeth): *nirvana.*
20g.

nis[1], gw. ni[2] + -s[1].

nis[2,3], **nisier,** gw. ni[2], nes, neisied.

nitr, neitr [bnth. S. *nitre*] *eg.* *Cem.* Solpitar, halen y graig, potasiwm nitrad; sodiwm carbonad, natron: *nitre, saltpetre, potassium nitrate; sodium carbonate, natron.*
1588 *Diar* xxv. 20, Yr hwn a dynno ymmaith wisc oddi am ddŷn ar amser oerfeloc, sydd fel finegr ar *neitr* (**1620** *ib. nitr*), neu vn yn cânu caniadau i galon drist. **1620** *Jer* ii. 22, pe byddei it ymolchi â *nitr* (**1588** *ib.* nitrwm), a chymmeryd it lawer o sebon. **1632** *D*, *nitr* d.g. *nitrum.* **1688** *TJ* (At.) [24], *Nitr*, neu mâth ar halen. **1722** *Llst* 189, *nitr*, m. nitre, salt-peter. *c.* **1762–79** W. WILLIAMS: *P* 453, [mwyngloddiau] arian-byw, *nitr*, ocre a sulphur. *id.* 455, y fapour yr hwn sydd o natur *nitr* rai prydiau a gymmer dân. **1770** *TG* ii. 16, *Nitr*, neu Salt Petr. **1778** *W* d.g. *nitre.*

nitrad, neitrad [cfdds. o'r S. *nitr(ate)* + *-ad*[1], trf. e.] *eg.* ll. *-au*, hefyd gyda grym ansoddeiriol. *Cem.* Halwyn neu ester o asid nitrig; gwrtaith yn cynnwys halwynau nitrad: *nitrate.*
1931.
Cfn.: **nitrad soda:** *sodium nitrate.* **1931.**

nitraidd, neitraidd [*nitr*, *neitr* + *-aidd*] *a.* *Cem.* Nitrus; nitrig: *nitrous; nitric.*
1816.

nitrid [bnth. S. *nitride*] *eg.* ll. *-au*, hefyd gyda grym ansoddeiriol. *Cem.* Cyfansoddyn deuaidd o nitrogen: *nitride.*
20g.

nitrig, neitrig [cfdds. o'r S. *nitr(ic)* + *-ig*[2]] *a.* *Cem.* Yn cynnwys nitrogen, o nitrogen: *nitric.*
20g.

nitrogen, neitrogen [bnth. S. *nitrogen*] *eg.* *Cem.* Elfen nwyol ddi-liw, ddiarogl, a chymharol anadweithiol (symbol N; rhif atomig 7) sy'n ffurfio tua 78 y cant o'r atmosffer ac sydd i'w chael mewn llawer o gyfansoddion; mae hefyd yn ansoddyn hanfodol mewn proteinau ac asidau niwclëig: *nitrogen.*
1892.

nitrogenaidd [*nitrogen* + *-aidd*] *a.* *Cem.* Yn cynnwys nitrogen neu gyfansoddyn o nitrogen: *nitrogenous.*
1846.

nitrogenig [*nitrogen* + *-ig*[2]] *a.* Nitrogenaidd: *nitrogenous.*
20g.

nitroglyserin, neitroglyserin [bnth. S. *nitroglycerin*] *eg.* *Cem.* Sylwedd hylifol ffrwydrol a wneir o glyserol ac asidau nitrig a sylffwrig ac a ddefnyddir mewn ffrwydron ac ym meddyginiaeth: *nitroglycerin.*
20g.

nitrus [cfdds. o'r S. *nitr(ous)* + *-us*] *a.* Yn deillio o nitrogen, yn cynnwys nitrogen, yn enw. mewn cyflwr o falensi isel: *nitrous.*
1937.

nitrwm [bnth. dysg. Llad. *nitrum*] *e?g.* Sodiwm carbonad, natron: *sodium carbonate, natron.*
1588 *Jer* ii. 22, Pe bydde it ac ymolchi â *nitrwm* (**1620** *ib.* nitr), a chymmeryd it lawer o Borith.

nityddiaf: nityddia, gw. oetyddiaf: oetyddio.

nith [H. Grn. *noit*, gl. *neptis*, H. Lyd. *nith*, gl. *nepta*, Llyd. C. *nyz*, *nizes*, Llyd. Diw. *niez*, *nizez*, H. Wydd. *necht*: < IE. **neptī-* 'wyres, nith', cf. Sans. *naptī* 'wyres, disgynyddes', Llad. *neptis* 'wyres, nith', H. Uchel Alm. *nift*, H. Nor. *nipt*] *eb.* ll. *-oedd*, *-od.* Merch brawd neu chwaer, weithiau mewn ystyr letach, hefyd yn *ffig.*: *niece, sometimes in a wider sense, also fig.*
13g. *BD* 171, tristau a oruc Howel yn uavr o agheu y *nith.* **14g.** *H* 77b. 30, llaw gadarn dichwith dros *nith* dros nei [i Ieuan Llwyd ap Ieuan]. **14g.** *WM* 93. 11–12, Aranrot uerch don dy *nith* uerch dy chwaer. **14g.** *BT* (*RB*) 160, ganet map y'r Arglwyd Rys o verch Uaredud ap Gruffud, y *nith* uerch y vrawt. **14g.** *GDG* 45, Pefr *nith* haul, pa fron ni thyr [marwnad Angharad]? *id.* 113, Ni wnâi hocrell afrywiog / A wnaeth â'i gair, *nith* y gog. **15g.** *AAST* (1935) 100, Awn â thus i *nith* Iesu [Syr Dafydd Trefor i Ddwynwen]. **15–16g.** *GIF* 48, Ni wnaethost o gost a gwin / neithior brin, *nith* i'r brenin [i wraig Tomos Gamais]. **1547** *WS*, *nith* o gerennydd, nese. **16g.** WILIAM LLŶN: *Gw* (R. Stephens) 365, Wylo'n ei ôl, mor lân oedd, / Oll a wnaeth ei holl *nithoedd* [marwnad Edwart Almor]. **1606** E. JAMES: *Hom* ii. 68, mor garedig *nith* oedd hi i ewythredd ei gŵr. **17g.** HUW MORUS: *EC* i. 17, Chwerw a thost i chwaer ei thaid, / Mae 'n waith oer am *nith* euraid [marwnad Barbara Miltwn]. **1803** *P.*

nithad, nithaf: nitho, gw. nithiad, nithiaf: nithio.

nithiad, nithad [bôn y f. ddil. + *-iad*[1], *-ad*] *eg.* Y weithred o nithio, gwyntylliad, gogryniad, hefyd yn *ffig.*: *a winnowing, sifting, also fig.*
14g. *GDG* 386, Deg *nithiad*, doe y gwneuthum, / Dyw Llun, oed â bun, y bûm. **15–16g.** *GLM* 322, Nithio cerdd o'n iaith y'i cad: / ni rôn, wythoes, ryw *nithiad* [marwnad Dafydd ab Edmwnd]. **16–17g.** *HG* 91, o flaengan rhyddlan y rhad / y ethawl eglyr *nithad.* **16–17g.** EDWARD URIEN, &c.: *Gw* 239, Grym a rhwysg, gorau mawrhad, / Gwenithen deg ei *nithiad* [i wraig Antni Stanli]. **1632** *D* d.g. *ventilatio.* **1719** *EGBG* [39], Glanhâd yr awyr a *nithiad* y ddaear ag adenydd y gwynt, heb-yr [*sic*] hwn mywn rhyw wledydd tra gwresog ni allai y trigolion fyw. **1722** *Llst* 189, *nithiad*, m. a winnowing. **1740** *LlWS* 4, Rhyngodd bodd i Arglwydd y Cynhaeaf ein bendithio ag amser o Gynhylliad, ac yn ddi[a]mau Amser o *Nithiad* a ddaw, mae ei Wyntyll yn ei Law. **1759** T. THOMAS: *WWDd* 366, Hymn, am y Cynhauaf, a'r *Nithiad* diweddaf. **1803** *P.*

nithiaf, nithaf: nith(i)o [Llyd. Diw. *nizañ*, *nizat*, *niat*; ?cf. yr elf. *-nith* yn *gwenith*, a *-necht* yn H. Wydd. *cruithnecht* 'gwenith': ?< IE. **neik-* 'gwyntyllio, nithio', cf. Gr. νικᾷ λικμᾷ 'nithia', Lithwaneg *niekóti* 'nithio'] *bg.a.* Gwahanu (grawn) oddi wrth us, gwyntyllio, gogrynu, hefyd yn *ffig.*: *to winnow, sift, also fig.*
13g. *C* 84. 12–13, ystir *nithiau* ny bo pur. **14g.** *GDG* 25, Fy mendith gwedy'i *nithiaw* / I dai Ifor Hael y daw. *id.* 289, Ni bu wenith na *nithid* / Wrth

hon pan fai lon o lid [i'r uchenaid]. *id.* 381, Ai'r gwynt a wnaeth helynt hwyr? / Da y *nithiodd* dy do neithiwyr [i'r adfail]. *id.* 384, *Nithiodd* y gaeaf noethfawr, / Dyli las, y dail i lawr. *Dchr.* **15g.** *IGE*^{2} 208, Ni thau gwynt yn *nithiaw* gwawd (Llywelyn ab y Moel). **15g.** *GHC* 45, Y gŵyr y darfu'n un naid / Eu *nithio* yn benaethiaid. *Diw.* **15g.** *Pen* 67, 111, chwythic gennwch waith kannwr / eithr y gerdd a *nithio*r gwr (Hywel Dafi). **15–16g.** *GLM* 322, *Nithio* cerdd o'n iaith y'i cad: / ni rôn, wythoes, ryw nithiad [marwnad Dafydd ab Edmwnd]. **1547** *WS*, *nithio*, wynnowe. **1588** *Ruth* iii. 2, wele efe yn *nithio* yn llawr dyrnu'r haidd. **1588** *Jer* li. 2, mi a anfonaf i Babilon nith-wŷr, a hwynt ai *nithiant* hi. **1595** H. LEWYS: *PA* 55–6, Pann ddyrnir yr yd, y gronyn sydd ynghymysc ar vs, a gwedi hynny i nailldu-ir hwy ar gwagr ne ar gwyntell: felly y bobl yn yr eglwys . . . pan *nithir* ne pan wyntellir y ddau. **1606** E. JAMES: *Hom* i. 127, gofidiau . . . angau . . . gwialen ein tad nefol, trwy 'r hon y mae fe yn ein *nitho* ac yn ein puro ni. **1773** *W*, gwyntyllio ŷd, *nithio*, *nitho*, *nithiaw*, *nithaw* d.g. *to fan* [*winnow*] *corn*. **1795** *R. Crusoe* 73, Trannoeth mi a'i rhoddais i ddyrnu, a *nithio* peth yd. **1803** *P*.

nithiedig [bôn y f. fl. + *-iedig*] *a.bfl.* Wedi ei nithio neu ei wyntyllio, wedi ei ogrynu, hefyd yn *ffig.*: *winnowed, sifted, also fig.*
16g. *WLl* 189, Y gwiw ragoriau / . . . / A wnaeth i hadau / yn *nithiedig* [i'r esgob Richard Davies]. **16–17g.** *PhA* 171, i farn nid oedd fer na dig / a wnaeth ddadal [*sic*] yn *nithiedig*. **1604–7** *TW* (*Pen* 228) d.g. *euelatum* (At.). **17g.** *Llr* B 23, 3a, [c]ryg o wenîth *nîthiedig* mewn Eskybor. **17g.** E. MORUS: *Gw* 21, Hen iaith ydwyf [y Gymraeg] *nithiedig*. *c.* **1730** *Thos. Lloyd D* (LlGC) 180b, *nithiedig*, winowed. **1803** *P*.

nithiol [bôn y f. fl. + *-iol*] *a.* Yn nithio, yn gogrynu, hefyd yn *ffig.*: *winnowing, sifting, also fig.*
1803 *P*.

nithion [bôn y f. *nithiaf*: *nithio* + *-ion*] *e.tf.* Gwastraff nithio neu ogrynu: *winnowings, siftings.*
1794 *W* d.g. *winnowings*. Ar lafar yn sir Benf., '*nithion*, rubbish winnowed out of corn, apart from the chaff proper', *GDD* 207.
Gw. hefyd neith^2.

nithiwr, nithydd [bôn y f. fl. + *-iwr*, *-ydd*^{3}] *eg.* (b. *nithwraig*) ll. *nithwyr*. Person sy'n nithio neu'n gwyntyllio, hefyd yn *ffig.*; peiriant nithio: *winnower, also fig.*; *winnowing-machine.*
14g. *GDG* 309, Ni'th ddeil swyddog na theulu / I'th ddydd, *nithydd* blaenwydd blu [i'r gwynt]. **15g.** *Glam Bards* 281, Y *nithwraig* ar y noethwraidd / nad ir hwch vyned o'r haidd (Ieuan Du'r Bilwg). **1588** *Jer* li. 2, mi a anfonaf i Babilon *nith-wŷr*, a hwynt ai nithiant hi. *Dchr.* **17g.** *J* 10, 22b, *nithiwr*, excussor. **1632** *D* d.g. *ventilator*. **1643** *MLl* i. 68, Pregethwr, *nithiwr* a wna i filioedd / foliannu Jehova. **1798** *WR* d.g. *winnower*. **1803** *P*. Ar lafar, 'Amser ôn' nhw'n troi'r *nithiwr* odd yr us yn myn' mas trw'r drws'.
Amr.: **neithiwr**^{2} [?ff. wallus; ond cf. *neith*^{2}]. **1808** TWM O'R NANT: *BB* 58, Pan fo'r *neithiwr* yn ethol, y llafur derbyniol.

nithlen [bôn y f. fl. + *llen*; ?cf. Crn. C. *nothlennow* (ll.)] *eb.* ll. *-ni*. Llen a ddefnyddir i greu gwynt wrth nithio, carthen, hefyd yn *ffig.*: *winnowing-sheet, also fig.*
13g. *LTWL* 237, *Nithlen* iiii denarii legales. **14g.** *LlB* 97, a noe, a *nithlen*, a phadell troedawc. **1346** *LlA* 26, yny del duw ehun Ar *nithlen* (*ventilabro*) gantaw y dethol y grawn o blith y peisswynn. **14g.** *DGG*^{2} 158, *Nithlen*, ni ad un noethlwybr [Llywelyn Goch ap Meurig Hen i'r eira]. **15–16g.** *GIF* 94, Bwrud y *nithlen* wennaul, / bai law trwm, ar belydr haul [i San Ffraid]. **1547** *WS*, *nithlen*, a wynwyng shete. **1632** *D*, *nithlen*, linteum ventilatorium; Purgaria [*sic*]. **1688** *TJ*, *nithlen*, Cynfas nithio: a Fan or Sheet to winnow Corn with. **1763** *DT* 102, Rhowch i'r Cleiriach afiach hen, / Noethlwm, ddarn o ryw *Nithlen*. **1785** E. BARNES: *MH* 46, Eich godidowgrwydd, wedi ei wisgo mewn *Nithlen*. **1803** *P*, *nithlen*, s.f. pl.t. *i*, a winnowing sheet. Ar lafar ym Môn am '[l]en, wedi ei gwneud yn aml o sachau wedi eu hagor, ar gyfer cario sypyn o wair ynddi, neu len a osodid dros drol foch', *ISF* 58.

nithlennaid [*nithlen* + *-aid*^{1}, yn ffig.] *eb.* Peth neu swm mawr, clamp, wmbreth: *something of considerable size, a considerable amount of.*
18–19g. *LlGC* 13224, 60, Da chwithau gyrrwch *nithlenaid* o Lythyr attaf gynta' ag alloch. **1869** DEWI WYN: *BA* 54, *nithlenaid* o ragymadrodd.

nithod^1 [bôn y f. fl. + *ôd*^{1}] *eg.* Manod, eira wedi ei nithio: *fine snow, winnowed or sifted snow.*
14g. *DGG*^{2} 158, *Nithod* o'r cribad a'r crwybr, / Nithlen, ni ad un noethlwybr [Llywelyn Goch ap Meurig Hen i'r eira].

nithod^2, *ff. l.*, gw. nith.

nithr, gw. neithr.

nithraw [bôn y f. fl. + *rhaw*] *eb.* Rhaw a ddefnyddid wrth nithio, hefyd yn *ffig.*: *winnowing-shovel, also fig.*
1842.

nithwraig, nithydd, gw. nithiwr.

niw, niwaid, gw. nwy^4, niwed.

niwc [bnth. S. sathr. *nook*, *nyock* 'penny'] *eb.* ll. *-s*. Ceiniog: *penny.*
Ar lafar yn Arfon, *WVBD* 395, *B* xvii. 273.

niwclear, niwcliar [bnth. S. *nuclear*] *a.* Yn perthyn neu'n ganlyniad i ynni a greir o ymholltiad neu asiad niwcleysau atomig; yn perthyn i niwclews atom; *Biol.* yn perthyn i gnewyllyn cell neu wedi ei gynnwys ynddo; yn perthyn neu'n debyg i unrhyw fath arall o niwclews: *nuclear* (*also in biol.*).
20g.

niwclëig—asid n., gw. asid (At.).

niwclews [bnth. S. *nucleus*] *eg.b.* ll. *niwcleysau*, *niwclei*. *Ffis.* Rhan ganolog atom, sy'n cynnwys protonau a niwtronau; *Biol.* organyn crwn neu hirgrwn sy'n cynnwys cromosomau; *Ser.* rhan ganolog pen comed: *nucleus* (*also in physics, biol., astron.*).
1938.

niwcliar, gw. niwclear.

niwed [amr. ar *eniwed* drwy golli'r llafariad gyntaf; dileer y tarddiad dan y gair hwnnw] *eg.* ll. *niweidion*, *niweidiau*, a hefyd fel *a.* Drwg, afles, anaf, gallu i niweidio, cam, drygioni: *injury, harm, hurt, damage, ability to hurt, wrong, evil.*
16g. *GIlIV* 30, Nid *niwed* trwg ond un tro / Na bai witwn byw etto. **1547** *WS*, *niwed*, scathe. **1567** *TN* [79b], a's yfant ddim marwol, ny wna *niwet* [:– argywedd] yddynt. **16g.** *LlGC* 4581, 88b, dyffoddy a wna [bresych] pop surphet ne *niweidion* a ddelont o achos gwin. *p.* **1584** G. ROBERT: *GC* [384], nid er gwneuthur *n*[*i*]*weidion* / yr elid ti, i'r wlad honn. **1588** *Galarn* iii. 38, Onid o enau y Goruchaf y daw *niwed* a daioni. **1632** J. DAVIES: *LlR* 4, nis gall y pethau hynny byth wneuthur dim *niwed* iddo, ond hwy allant wneuthur iddo fawr lles. **1717** IACO AB DEWI: *CS* 47, Ai Effeith pechod yw hôll *Niwed* (*hurtfulness*) y Creadurieid? **1759** J. EVANS: *PF* 3, nid oedd dim o'r t[u] allan a wnai *Niwed* iddo. **1803** *P*, *niwed*, s.m. pl. *niweidiau*, harm, hurt, damage.
Fel *a.* (yn y ff. gmhr.) Mwy niweidiol: *more harmful.*
1677 C. EDWARDS: *FfDd* 242, Beth sydd *niweidiach* i'th iechyd ti nag oeri yn ddisymwth ar ol chwysu?
Amr.: **niwaid** [adff. o'r ll. neu o fôn y f. *niweidiaf*: *niweidio*]. **1632** *D*, *niweid*, noxa, damnum, læsura. **1661** E. LEWIS: *Drex* 98, yr hwn sydd yn ofni y *niweid* lleiaf, a gaiff ddioddef a fo mwy. **1826** TWM O'R NANT: *GG* (Rhuthun) 80.
Gw. hefyd eniwed.

niwedaf: niwedu [bf. o'r e. bl.] *bg.a.* Niweidio, brifo: *to harm, injure, hurt.*
p. **1584** G. ROBERT: *GC* [355], ai wirthred [*sic*] heb *niwedu* / Dyn tlawd na'r cymrawd cu. **1796** *MA* iii. 222, Tri nod creulondeb: *niwedu* gwirion, anymdawr ag à weler, ac ymgellwair â thrallodus. **1801** *MMf* 259, a bair wared dwr o'r corph heb *niwedu*'r gwysigen. **1803** *P*. **1807** *MA* iii. 261, Tri arwydd dedwydd: gwneuthur daioni, gochel *niwedu*, a myvyriaw dwyvoldeb.
Gw. hefyd niweidiaf: niweidio.

niwededig [bôn y f. fl. + *-edig*] *a.bfl.* Wedi ei niweidio: *harmed, hurt.*
1794 E. JONES: *CP* 96, pwy bynnag a feddylio ei hun yn *niwededig* wrth gauad y cyfryw ffordd.
Gw. hefyd niweidiedig.

niweid, gw. niwed.

niweidiad [bôn y f. ddil. + *-iad*^{1}] *eg.* Niwed, niwsans: *damage, nuisance.*
1794 E. JONES: *CP* 104, Mae yn angenrheidiol yn y cwyn bennodi y lle a'r fan, lle mae y *niweidiad* yn bod. **1803** *P*.

niweidiaf: niweidio [bf. o'r e. *niwed*] *bg.a.* Peri niwed (i), amharu (ar), anafu: *to* (*cause*) *harm, damage, hurt, injure.*
1595 H. LEWYS: *PA* 4, pa bryd bynac . . . y bydd i dowydd stormus, *niweidio* ne ladd yd, a ffrwyth y ddaear. **1632** *D*, *niweidio*, nocere, lædere. **1688** *TJ*, *niweidio*: to hurt, to damnifie. **1716** E. SAMUEL: *GGG* 200, nad ofnant y sawl a allant *niweidio*'r Corph yn unig. **1759** J. EVANS: *PF* 18, ef a *niweidia* (*impair*) eu Hiechyd. **1771** J. THOMAS: *TA* 205, Ein cariad i'r creadur brau, / Mewn 'nwydau mae'n *niweidio*. **1798** W. RICHARDS: *CC* [3], Colledwyd a *niweidiwyd* hwynt yn ddirfawr. **1803** *P*.
Gw. hefyd eniweidiaf: eniweidio, niwedaf: niwedu.

niweidiedig [bôn y f. fl. + *-iedig*] *a.bfl.* Wedi ei niweidio, wedi ei anafu: *harmed, hurt, injured.*
c. **1793** E. BARNES: *HBF* v, i ddial cam ei gyfiawnder *niweidiedig*. **1803** *P*.
Gw. niwededig.

niweidiog [*niwaid* neu fôn y f. fl. + *-iog*] *a.* Niweidiol: *harmful, injurious.*
1778 *W* d.g. *noxious*. **1803** *P*.

niweidiol [*niwed* neu fôn y f. fl. + *-iol*] *a.* a hefyd gyda grym enwol. Yn (gallu) peri niwed, yn peri anaf, (yn gwneud) drwg: *harmful, injurious, detrimental, evil.*
1567 *LlGG* (*Sall*) 81b, yn achup Dauid ei was rac y cleddyf anvad [:– drwc, *niweidiol*]. **1588** *Lef* xxvi. 6, gwnaf i'r bwyst-fil *niweidiol* ddarfod o'r tîr. **1588** *Esr* iv. 15, [d]inas wrthryfelgar, *niweidiol* i frenhinoedd, a thalaithau. **1588** *Ecclus* xxxix. 29, Pethau da a grewyd . . . i'r rhai da, a phethau *niweid*[*io*]*l* i bechaduriaid. *Dchr.* **17g.** *J* 10, 22b, *niwediol* [*sic*], noysome . . . Infestus. **1630** R. VAUGHAN: *YDd* 638, Y gwaethaf gan hynny o farwolaeth, sydd yn gynnorthwy ac nid yn beth *niweidiol*. **1632** *D*, *niweidiol*, noxius, nociuus, nocuus. **1684** H. OWEN: *DC* 51, os o ran blinedd ysprydd a diogi neu ddiofalwch y gadewir yn hawdd ryw waith da heb ei wneuthur, digon beius y fydd [*sic*], collecdic a *niweidiol* y clywir. **1703** E. WYNNE: *BC* 142, Tobacco . . . gormodedd yn *niweidiol* i bob corph, heb sôn am yr enaid. **1703** T. BADDY: *PCh* 89, Mae'r diniwed yn gwaedu tros y *niweidiol*. **1771** *PDPh* 92, Creadur *niweidiol*, ysglyfaethus, cyndyn, caled, anhawdd ei reoli yw mochyn. **1803** *P*.
Gw. hefyd eniweidiol.

niweidiolrwydd [*niweidiol* + *-rwydd*] *eg.* Y cyflwr o fod yn niweidiol: *harmfulness.*
1778 *W* d.g. *perniciousness*. **1803** *P*.

niweidiwr [bôn y f. fl. + *-iwr*] *eg.* ll. *niweidwyr*. Un sy'n peri niwed: *harmer, injurer.*
17g. HUW MORUS: *EC* i. 96, Cyfle cas yw dinas diawl, / Pentre gwaedd, poen trag'wyddawl; / Nid yw'r traws *niweidiwr* trwch, / Yn troi i ystyr y tristwch. **1775** *W* d.g. *injurer*. **1803** *P*, *niweidiwr*, s.m. pl. *niweidwyr*, one who hurts or injures.

niweidrwydd [*niwaid* neu fôn y f. fl. + *-rwydd*] *eg.* Niweidiolrwydd: *harmfulness.*
c. **1658** R. VAUGHAN: *E* 103, Am eu bod yn ddiangol rhag briwiau a *niweidrwydd*. **1722** *Llst* 189, *niweidrwydd*, m. hurtfulness. **1803** *P*.

niweidus [*niwaid* neu fôn y f. fl. + *-us*] *a.* Niweidiol: *harmful, injurious.*
1567 *TN* [315b], i lawer o drachwantay ffolion a' *niweidus*. **1629** *RGYC* [11], ysprydion drygionus, a *niweidus*. **1630** R. VAUGHAN: *YDd* 230, i ymddiffyn dy enaid rhag profedigaethau *neweidus* [*sic*].

niwl [< *nywl*; digwydd hefyd enghrau. deusill; Crn. Diw. *niul*; ?bnth. ff. ar Lad. *nūbilus*; ansicr yw union berthynas H. Wydd. *nél*; gw. hefyd *niwlen*] *eg.* (bach.

-yn) ll. *-oedd*, (prin) *-ydd*, (prin) *-ion*. Defnynnau mân o anwedd dŵr cyddwys sy'n hongian yn yr awyr yn agos i wyneb y ddaear ac sy'n tywyllu'r awyrgylch, tarth, caddug, tawch, cwmwl (cymylau); hefyd yn *ffig*. ac yn *dros*.; golwg aneglur: *fog, mist, vapour, haze, cloud*(*s*); *also fig. and transf*.; *obscured eyesight*.

13g. *C* 24. 3–5, Oetun *ny ul* [*sic*] ar mynit yn keissau ketonhit [*sic*]. **13**g. *DB* 63, Y *nyul* enteu yu gulybur anyanaul. **14**g. *WM* 64. 25, llyma gawat o *nywl*. *id*. 431. 33–4, hi a welei yny hol tarth a *nywl* mawr. **14**g. *GDG* 185, Ac ni ddaw, poen addaw pŵl, / Lloer na sêr Nêr ar *nïwl*. **1567** *TN* 37[3]b, y may ef yn dyvod gydar *nywl* [:– wybreneu]. *Diw*. **16**g. *WLB* 7, Rhag *niwl* mewn llygad. **1588** *Ecs* xiii. cs., y golofn *niwl* a'r golofn dân. **1588** *Jer* li. 16, mae efe yn codi y *niwloedd* o eithaf y ddaiar. *c*. **1600** *IGE* 218, Aml yw *niwl* ymlaen nant. **1632** *D*, *niwl* . . . nebula, caligo. Venedotis est monosyllabum, Demetis dissyllabum. **1764** W. Williams: *Th* 131, Fe yrrodd *niwlydd* sawrllyd yn ddigon pell o'i flaen. **1798** *WR* d.g. *haze*. **1803** *P*. Ar lafar yn Arfon clywir ymad. megis "Rôn i wedi mynd i'r *niwl* yn lân', 'I didn't have any idea'.

Amr.: **nywyl** [cf. *nywylen* a'r enghrau. deusill o *nywl*, *niwl*]. **14**g. *DB* 102, A'r gwlith a daw o'r awyr. A'r *nywyl* o'r daear.

Gw. hefyd nifwl, niwlen, nyfel.

niwlach [< *nywlach*, sef *nywl* + *-ach*^{2}] *eg*. ac *e.ll*. Niwl (annymunol), cwmwl (cymylau), hefyd yn *ffig*. ac yn *dros*.: (*unpleasant*) *fog or mist, cloud*(*s*), *also fig. and transf*.

15g. *LGC* 387, Yr awel a'u gwnel gan' *niwlach* gwinau, / Ond yr eglwysau, yn dir glasach [dychan gwŷr Caer]. **15**g. Deio ab Ieuan Du, &c.: *Gw* 32, Ni welaf onid *niwlach*, / Nid yfa' win, nid wyf iach. **15**g. *ID* 90, man a welo mewn *niwlach* / mae n i dyb o maendai bach. **16**g. Dafydd Benwyn: *Gw* 286, ynialwch, a *nywlach* yw, / y sydd ar y blas heddyw [marwnad Moris Mathe]. *c*. **1600** *IGE* 218, Fy sâl yw cael dyfalu / *Niwlach* llwyd, ni wlych llu [i'r niwl].

Amr.: **niwliach** [*niwl* + *-iach*^{2} (At.)]. **1803** *P*, *niwliach*, scattered clouds of mist.

niwlaf, niwliaf: niwl(i)o [digwydd hefyd y ff. *nywlo*; bf. o'r e. *niwl*, *nywl*] *bg.a*. Mynd neu fod yn niwlog neu'n gymylog; gwneud yn niwlog neu'n gymylog; hefyd yn *ffig*.: *to be*(*come*) *misty, foggy, or cloudy*; *to make misty, foggy, or cloudy*; *also fig*.

c. **1585** *Llst* 178, 85a, [g]wr or ffarisiaid gwedy i *nywlo* mewn oferedd. **17**g. Huw Morus: *EC* ii. 244, Fy nghanwyll a doddodd, diffoddodd ei phen, / A'm trigfa a dywyllodd, du *niwliodd* hyd nen. **1688** *TJ*, caddugo, *niwlo*. Grow misty or foggy. **1722** *Llst* 189, *niwlo*, to grow or make cloudy. **1769** D. Rowland: *CG* 13, [y] Camni yng Nghoelbren llawer o eneidiau disglair yw eu bod yn cael eu cymhylu, eu *niwlo* a'u tywyllu. **1788** J. Roberts: *C* 8, Glaw neu *niwlio* / hawdd yw dotio. **1790** *id*. 9, Tuedd[u] i wlawio / ychydig neu *niwlio*. **1803** *P* d.g. *niwliaw*.

niwlen [< *nywlen*, sef *nywl* + *-en*, cf. Llyd. Diw. *nivlenn*] *eb*. ll. *-nau*.

(*a*) Niwl (tenau), cwmwl o niwl, tarth, neu dawch; haenen gymylog, cymylogrwydd; hefyd yn *ffig*. ac yn *dros*.: (*thin*) *mist, patch of mist or haze*; *a cloudy film, cloudiness*; *also fig. and transf*.

1346 *LlA* 26, am rywaret *nywylen* (*nubilo*) annwybot yarnafi. *c*. **1400** *Études* viii. 374, o'r byd lliw colera arnaw [troeth], a'e vot yn dew a *nywlen* wenn arnaw . . . hir nychdawt a arwydockaa. **1567** *TN* 361a, *niwlenne* a ymchwalar tymestyl. **1632** *D*, niwl, & *Niwlen*, nebula, caligo.

(*b*) Magl ar lygad, pilen neu ruchen ar y llygad: *cataract or web* (*of the eye*), *albugo*.

16g. **(1763)** W. Salesbury: *LlM* 127, sug yr oinion gyda mel sy dda I Iro Llygaid rhag *niwlen* o ddellni. *id*. 239, a rhag *niwlen* a phoethfa or Llyged. **1604–7** *TW* (*Pen* 228), *niwlen* wenn d.g. *leucoma*. **1630** R. Llwyd: *LlH* 11, nes bod dynion fel rhai a *niwlen* tros eu llygaid yn tybied eu bod yn amgenach nac ydynt. **1722** *Llst* 189, *niwlen* wenn arolwg [*sic*], a web or film on the eye.

Amr.: **nywylen** [*nywyl* + *-en*]. **1346** *LlA* 26.

niwlgorn [*niwl* + *corn*, ar ddelw'r S. *fog-horn*] *eg*. Offeryn mecanyddol a seinir i rybuddio llongau mewn niwl: *fog-horn*.

1860.

niwliach, niwliaf: niwlio, niwliog, niwliogrwydd, gw. niwlach, niwlaf: niwlo, niwlog, niwlogrwydd.

niwlog, niwliog [< *nywl*(*i*)*awg*, sef *nywl* + *-*(*i*)*og*] *a*. ll. *-ion*. Tywyll gan niwl, llawn niwl, cymylog, hefyd yn *ffig*.; heb fod yn glir neu'n dryloyw (am hylif): *foggy, misty, cloudy, also fig*.; *unclear* (*of liquid*).

14g. *BT* (*RB*) 156, amser *nywlyawc* oed. *c*. **1400** *R* 1359. 5, *nywlawc* kornawc kornir wyndeis. *c*. **1400** *MM* 108, o byd *nywlawc* y trwnc a gwyrd. *c*. **1400** *YCM*^{2} 171, diwarnawt anhegar *nywlawc*. **16**g. Gr. Hiraethog: *Gw* (D. J. B.) 88. 12, Glaw *niwlog* yw glan Alun. *c*. **1585** *Llst* 178, 106a, heb chwilio nag ymofyn *nywlogion* bethe düw. **1588** *Ecs* x. 22, bu dywyllwch *niwloc* drwy holl wlad yr Aipht. *Dchr*. **17**g. *J* 10, 22b, *niwlog*, obscurus. **1632** *D*, *niwlog*, nebulosus. **1656 (1745)** *MLl* ii. 171, mor dywŷll yw'r Nos a'r *niwlog* Anwŷbodaeth sŷdd ar bób Meddwl cnawdol ynghŷlch Gair Duw. **1772** J. Roberts: *C* 7, Dyddiau *niwlog* a chymmylog. **1803** *P*, *niwliawg*, covered with mist, misty.

niwlogrwydd, niwliogrwydd [*niwl*(*i*)*og* + *-rwydd*] *eg*. Y cyflwr o fod yn niwlog, hefyd yn *ffig*.: *fogginess, mistiness, also fig*.

1776 *W*, *niwlogrwydd* d.g. *mistiness*. **1803** *P*, *niwliogrwydd*, mistiness.

niwlwe [*niwl* + *gwe*] *eb*. ll. *-oedd*. Meinwe, defnydd rhwyllog: *gauze*.

1773 *W* d.g. *gauze*.

niwmatig, newmatig [cfdds. o'r S. *pneumat*(*ic*) + *-ig*^{2}] *a*.

(*a*) A weithredir gan aer cywasg neu gan wactod (am beiriant), yn cynnwys aer cywasg (am deiar, &c.): *pneumatic* (*of machine, tyre, &c*.).

20g.

(*b*) *Diwin*. Yn perthyn i'r ysbryd neu i'r enaid neu i'r Ysbryd Glân: *pneumatic* (*in theol*.).

1886.

niwminaidd, nwminaidd, numinaidd, &c. [cfdds. o'r S. *numin*(*ous*) + *-aidd*] *a*. *Diwin*. Ysbrydol, dwyfol, yn cyfleu neu'n awgrymu presenoldeb dwyfol: *numinous*.

1924.

niwmoconiosis, newmoconiosis [bnth. S. *pneumoconiosis*] *eg*. Unrhyw glefyd ar yr ysgyfaint neu'r bronci a achosir gan anadlu gronynnau metelaidd neu fwynol, clefyd y llwch: *pneumoconiosis*.

20g.

niwmonia, newmonia [bnth. S. *pneumonia*] *eg*. Llid yr ysgyfaint, a nodweddir gan anhawster i anadlu oherwydd bod yr alfeoli'n llanw â hylif: *pneumonia*.

1936.

Cfn.: **niwmonia dwbl**: *double pneumonia*. **20**g.

niwmothoracs, newmothoracs [bnth. S. *pneumothorax*] *eg*. Presenoldeb annormal aer yng ngheudod y plewra sy'n achosi ymgwympiad yr ysgyfaint (hefyd am dechneg feddygol sy'n peri ymgwympiad yr ysgyfaint yn y fath fodd): *pneumothorax*.

20g.

niwralgia, newralgia [bnth. S. *neuralgia*] *eg*. Poen sbasmodig ddifrifol ar hyd un neu ragor o nerfau: *neuralgia*.

1931.

niwrasthenia, newrasthenia [bnth. S. *neurasthenia*] *eg*. Gwendid nerfol: *neurasthenia, nervous debility*.

20g.

niwr Duw, niwr Dduw, ni ŵyr D(d)uw, &c. [*ni*^{2} + *gŵyr*^{2} + *Duw*, *duw*^{1}; cf. *dioer*^{1}, *Duw a ŵyr*] *adf*. neu *ymad. adfl*. Nid yw Duw yn gwybod, gŵyr Duw na(d), y mae'n sicr na(d), diau na(d): *God knows not, God knows that . . . not, it is sure or certain that . . . not*.

14g. *GDG* 398, *Ni ŵyr Duw* (amr. *nis gŵyr Duw*; *ni wrdduw*) ym, loywrym lais, / Wadu gair a ddywedais. *c*. **1400** *YSG* i. 44, [p]renn ffigys deilyawc . . . dim o'r ffrwyth eissyoes nyt oed arnaw . . . Edrych ditheu [Lawnslot] a wyt tebic di y'r prenn hwnnw; nac wyt yn wir, namyn gwaeth etto . . . [p]an doeth Seint Greal attat ti, *ny wyr Duw* gael vn deilyen arnat. *id*. [70], Gwnn . . . panyw tydi yw yr hwnn yr ymdangosses Seint Greal idaw, ac yr hynny *ny wyr Duw* ytti symudaw vn cam o'r lle yr oedut. **15**g. *ID* 2, *nvwrddvw* yr vn or ddwyais / heb lun bob un ar y bais. **15–16**g. *TA* 79, Gawr o rhoddynt, garw rhuddaur, / Gwnaut ôl â dwrn, gawntled aur; / *Ni ŵyr Dduw* un o'r ddwy ynys / Nad oes ar ieirll nod Syr Rhys! *id*. 274, *Ni ŵyr Dduw* ond un o'r ddeuair—/ Ai trin, ai tewi ar air. **16**g. Huw Arwystl: *Gw* 2, treier o ble tyf traha / *nvwr ddvw* a dyf o wraidd da. *id*. 10, os gallv os rhwysg wellwell / ir ddav dir *niwrddvw* dy well. *id*. 80, *Niwr Dduw* Ieuan ar ddayar / Ddyn a dyf wrth ddwyn dy var. **16–17**g. *RAGR* 386, *Niwrdduw* im geissio bydd im ran / nac aur nac arian gleission. *c*. **1621** *CRC* 135, Hi amkanasse gael y klôs / bob dydd a nôs yw wisgo / *niwrddvw* a gafodd hi ond y bais / ag ymbell glais dann honno.

niwreitis, newritis [bnth. S. *neuritis*] *eg*. Llid y nerfau: *neuritis*.

20g.

niwrig, niwrigl [?amr. ar *iwrwgl*, *iorwg*(*l*)] *e?g*. *Bot*. Eiddew, eiddiorwg, iorwg, *Hedera helix*: *ivy*.

1882. Ar lafar yn Arfon yn y ff. *niwrigl*, *WVBD* 395.

niwroffisioleg [cfdds. o'r S. *neurophysiol*(*ogy*) + *-eg*^{1}] *eg*. Astudiaeth o ffisioleg y system nerfol: *neurophysiology*.

20g.

niwroffisiolegydd, niwroffisolegydd [*niwroffisioleg* + *-ydd*^{3}] *eg*. ll. *-egwyr*. Arbenigwr mewn niwroffisioleg: *neurophysiologist*.

20g.

niwroleg, newroleg [cfdds. o'r S. *neurol*(*ogy*) + *-eg*^{1}] *eb.g*. Astudiaeth o anatomi'r system nerfol, ei ffisioleg, a'i chlefydau: *neurology*.

20g.

niwrolegol, newrolegol [*niwroleg*, *newroleg* + *-ol*] *a*. Yn perthyn i'r system nerfol; yn perthyn i niwroleg: *neurological*.

20g.

niwrolegydd [*niwroleg* + *-ydd*^{3}] *eg*. ll. *-egwyr*. Arbenigwr mewn niwroleg: *neurologist*.

20g.

niwron, newron [bnth. S. *neurone*] *eg*. ll. *-au*. Cell sydd wedi ei neilltuo i ddargludo ysgogiadau nerfol, nerfgell, cell nerfol: *neurone*.

20g.

niwrosis, newrosis [bnth. S. *neurosis*] *eg*. ll. *niwroses*, *newroses*. Cyflwr meddwl a nodweddir gan symptomau megis hysteria, pryder, iselder ysbryd, neu ymddygiad obsesif, hefyd yn *ffig*.: *neurosis, also fig*.

1932.

niwrotig, newrotig [bnth. S. *neurotic*] *a*. Yn perthyn i niwrosis; yn dioddef gan niwrosis, ansefydlog ei emosiynau, gorbryderus: *pertaining to neurosis*; *neurotic, emotionally unstable, over-anxious*.

1934.

niws [bnth. S. *news*] *e?g*. Newyddion: *news*.

1692 *BM* 49, 89b–90a, mi draetha'r gwir yn hysbys / yn cwyno am y person huws / pan daeth y *nuws* cyhoeddus / mae ym mhlwyf llann Carfan rhai / sy berchen tai cyfrifus. Ar lafar.

niwsans [bnth. S. *nuisance*] *eg*. (Peth neu berson sy'n achosi) trafferth, poendod, blinder, &c.; *Cyfr*. rhywbeth diawdurdod sy'n atgas gan y gymuned neu gan unigolyn neu'n niweidiol iddynt: *nuisance* (*also in law*).

1930.

niwt [bnth. S. *newt*] *e?g.* Madfall amffibus o'r tylwyth *Triturus*: *newt.*
20g.

Niwtonaidd, gw. Newtonaidd.

niwtral, newtral [bnth. S. *neutral*] *a.* a hefyd fel *eg.* ll. *-iaid.* Heb gefnogi'r naill ochr na'r llall (mewn rhyfel, anghydfod, dadl, &c.), amhleidiol, diduedd; person, gwlad, &c., sy'n ymagweddu felly; heb fod o ansawdd neu fath penodol, amhenodol, heb fod iddo nodweddion arbennig; *Ffis.* heb fod yn bositif nac yn negatif; *Cem.* heb fod yn asid nac yn alcalïaidd; safle'r gêrs lle na bo'r peiriant wedi ei gysylltu â'r trawsyriant: *neutral (also in phys. and chem.)*; *neutral (gear).*
1933.

niwtralaf, newtralaf: niwtralu, newtralu [bf. o'r a. bl.] *ba.* Niwtraleiddio: *to neutralize.*
20g.

niwtraleiddiad, newtraleiddiad [bôn y f. ddil. + *-iad*[1]] *eg.* Y weithred o niwtraleiddio (hefyd mewn ieith.): *neutralization (also in linguistics).*
20g.

niwtraleiddiaf, newtraleiddiaf: niwtraleiddio, newtraleiddio [cfdds. o'r S. (*to*) *neutral(ize)* + *-eiddio* (At.)] *ba.* Gwneud yn niwtral; *Ieith.* dileu cyferbyniadau mewn cyd-destunau penodol: *to neutralize (also in linguistics).*
20g.

niwtraliaeth, newtraliaeth [*niwtral, newtral* + *-iaeth*] *eb.* Y cyflwr o fod yn niwtral (yn enw. mewn rhyfel, anghydfod, dadl, &c.): *neutrality.*
20g.

niwtraliti [bnth. S. *neutrality*] *eg.* Niwtraliaeth: *neutrality.*
20g.

niwtrino, newtrino [bnth. S. *neutrino*] *eg.* ll. *-au, -eon.* *Ffis.* Gronyn elfennol niwtral sad heb fàs: *neutrino.*
20g.

niwtron, newtron [bnth. S. *neutron*] *eg.* ll. *-au.* *Ffis.* Gronyn elfennol niwtral ac iddo fàs tebyg i eiddo'r proton; mae'n bresennol ac yn sad yn niwclews pob atom ac eithrio hydrogen cyffredin ond mae'n dadfeilio pan fo'n rhydd: *neutron.*
1936.

no[1], **nog**[1], *cys.* (yn y ff. *nog* o fl. llaf.) sy'n peri tr. llaes. Na, nag: *than.*
13g. *C* 22. 1–2, moe y dinwassutte mer/werit. *no* phregeth evegil. *id.* 24. 2–3, llei vy nruc *nom* da. *id.* 76. 2, Guell yv *noc* vy. **13g.** *A* 28. 12–14, *Noc* a dele gwr mynet y emlad heb arveu. ny dele bard mynet e amrysson heb e gerd honn. *c.* **1300** *H* 80b. 5, Gwell pob un duun dewr *noe* gilyt (Gwynfardd Brycheiniog). *Dchr.* **14g.** *id.* 31a. 23–6, *Noc* a wnaeth agheu aghyffret auel am ddwyn hael wael weithret. ny weles uolud am get. ny weleis dreis gyn drymet (Bleddyn Fardd). **14g.** *T* 47. 21, awel uchel uch *no* phop nyfel. **1346** *LlA* 3, yr rei ysyd yn wastat degach seithweith *nor* heul. **14g.** *WM* 33. 3–4, breiscach oed *no* mab teir blwyd. *id.* 42. 26–7, ny duc neb kyrch waeth *nor* dugum ymma. *c.* **1400** *R* 1378. 2–3, dewr kein gwell *no* thrugeinseis. *c.* **1400** *YCM*[2] 53, March a ducpwyt idaw, oed gynt y redei *noc* y kerdei y kwarel. **15g.** *LGCD* 78, Mwy *no* mil o feudwyaid. **1551** W. Salesbury: *KLl* xixa, dyweddat y dyn hwnw vydd gwaeth *no* eu ddechreat. *a.* **1561** *B* vi. 47, gwell y llafyriant *noc* aradr mayrch oll. **1592** S. D. Rhys: *Inst* [xiv], amrr fursennaidd, ac (yn amgênach *nog* vn bobl arall o'r byd) morr benhoeden. **1632** *D* d.g. *quàm.* **1754** G. Owen: *L* 122, Mwy yw hyn *nog* a welais i ermoed o'r blaen. **1800** W. Owen[-Pughe]: *CP* 12, yn salach *no* chynt. **1803** *P* d.g. *no, noc, nog.*

Am *cyn no(g)*, gw. cyn[1].
Gw. hefyd na[3], nag[2], nogyd.

no[2] [?talf. o *mynno* drwy golli'r sillaf gyntaf; gw. *B* xxxi. 17–30] *gn.* Geiryn a ddefnyddir i ddynodi anghyflawnder neu anfanyldeb datganiad, i leddfu datganiad rhy bendant neu i nodi saib neu drobwynt mewn naratif, beth bynnag, ta beth: *anyhow, anyway.*
Ar lafar yn sir Benf., godre Cered. a sir Gaerf., 'Sana i'n dŵad, *no*', *GDD* 207; 'bara menyn 'dag e wê nhad yn fyta wastod *no*', *B* xxxi. 21; 'Wel ôdd 'i'n neisach, wynnach bara. 'Na beth ôn ni'n feddwl *no*', *id.* 22.

Gw. hefyd mynno.

'no, gw. yno.

nobiliti [bnth. S. *nobility*] *e.* Urddas, mawredd: *nobility, nobleness.*
1935.

nobl[1] [bnth. S. *noble*] *a.* ll. *-ion.* Gwych, rhagorol, braf, da, dymunol, urddasol; praff, cydnerth: *splendid, excellent, fine, good, pleasant, dignified, noble*; *stout, well-built.*
1736 (1812) *YRW* 54, Meistr Whittington, wr *nobl.* **1759** *BC* 403, Pob marchog mawr pob *Nobl* Ysgwîr / Pob Gwr bonheddig perchen Tir. Ar lafar, 'Mae hi'n fuwch *nobl*', 'Mi fasa cawod yn *nobl* i ystwn y llwch', *WVBD* 396; 'Siwd ŷch chi?' '*Nobl*, diolch'; hefyd am berson cydnerth neu gorffol, e.e. 'Mae Mrs Jones yn ddynes *nobl*'.

nobl[2] [bnth. S. *noble* '6s. 8d.'; dichon mai gair gwahanol ei drdd. a gynhwysir yn adran (*b*), cf. S. taf. (*k*)*nobble, nobbling*, 'small lump'] *eb.* (bach. b. *-en*, g. *-yn*) ll. *-au.*

(*a*) Uned ariannol a darn o aur bath gynt a oedd gan amlaf yn gyfwerth â thraean punt, hefyd yn *dros.* ac yn *ffig.*: *noble (former monetary unit and coin), also transf. and fig.*
14g. *OBWV* 94, *Nobl* o wydryn wyneblas, / Noeth loer, ar fryd dyn, neu'th las [Gruffudd Gryg am y lleuad]. *c.* **1400** *R* 1376. 6–9, Gwell ymhell . . . yw no neb am win a*nobyl.* Y *nobleu* yn veu. **15g.** *IGE*[2] 225, Dlif blyg gynhebyg i *nobl,* / Dloslaes iawn, dlysliw sinobl [Ieuan ap Rhydderch i wallt merch]. *id.* 227, Aur, f'annwyl, ni rof finnau / Er *noblen* cneuen o'r cnau (Ieuan ap Rhydderch). **15g.** *Pen* 109, 9, Bual glew a *nobl* y glynn (Lewys Glyn Cothi). **15g.** *LGC* 243, O'i law ev a aeth, ar ol ei vèn, / O ern i Weblai lawer *noblen.* **15g.** *HCLl* 134, Gruddiau fy lloer garueiddwen / Mor rhudd â'r *noblau* aur hen. **15–16g.** *GLM* 78, Ym Môn wen —i mi'n annwyl—/ y bu le, gynt, *noblau* gŵyl. **1547** *WS*, *nobyl* ne fflorin, a noble. **16g.** Dafydd ap Llywelyn, &c.: *Gw* 126, Un llun yw'r tir meillionaur, / Wyneb y wlad, â *nobl* aur. **16–17g.** *Cer RC* 63, Fo gostiase ddeg o *noble.* **17g.** E. Morris: *B* 28, *Noblau* cost yn [ei] blu cain, / Planedau ymhob blaen adain [i ofyn paun a pheunes]. **1778** *W*, *nobl, nobl* aur . . . vulgò *nobol* d.g. *noble, in Coinage.*

(*b*) Sleisen gron, darn tew o groen (llysiau neu ffrwythau): *a round slice, thick piece of (vegetable or fruit) skin or rind.*
1722 *Llst* 189, *nobl* f.p. *noblau* . . . a round slice of any root. **[1762]** E. Powell: *HEI* 29, Cais Afal mawr blodwy, a thorr *Nobl* o'r Talcen uchaf, a thyn ei Galon allan a chadw'r ochrau yn gyfan, a llanw ei geudod a Bloneg Mochyn, a rho'r Cap neu'r *Nobl* yn ei lê. *Diw.* **19g.** *SE MS* 332a, *noblyn* . . . a thin round slice (C.S.).

noblaf[1]**: noblo** [bf. o'r e. bl.; cf. S. taf. (sir Benf.) (*to*) *nobble* 'to peel turnips or potatoes; to take the bark off a piece of stick'] *ba.* Torri croen (llysiau neu ffrwythau) (yn drwchus) yn hytrach na'u crafu; tafellu neu sleisio (llysiau neu ffrwythau): *to peel (vegetables or fruit) (thickly) as opposed to scraping them; slice (vegetables or fruit).*
1722 *Llst* 189, *noblo*, to slice an apple or root. Ar lafar yng nghanolbarth a godre Cered., sir Benf., a sir Gaerf., *GDD* 207, *B* iv. 299, *Geir Geg* 10.

noblaf[2]**: noblo** [bnth. S. (*to*) *nobble*] *ba.* Ymyrryd â (cheffyl rasio, &c.) i'w atal rhag ennill; sicrhau pleidgarwch (person) drwy ddulliau amheus: *to tamper with (race-horse, &c.) to prevent its winning; secure partiality of (person) by underhand means.*
Ar lafar yn y De, 'Ma'r ceffyl 'na wedi câl 'i *noblo*'; ''Rodd agwedd y diawl bach yn profi fod rhywun wedi'i *noblo* fe cyn iddo fynd i'r cyfarfod'.

noblen, gw. nobl[2].

noblrwydd [*nobl*[1] + *-rwydd*] *eg.* Y cyflwr o fod yn nobl: *nobility, nobleness.*
1934.

noblyn, gw. nobl[2].

nobyn [bnth. S. *knob* + *-yn*] *eg.* ll. *-nau, nob(i)au, nobs.* Bwlyn, yn enw. un y gellir cydio ynddo i agor a chau drws, drâr, &c., neu i weithio radio, teledu, &c., dryntol, dwrn, handlen: *knob.*
1898. Ar lafar; hefyd weithiau yn ddifr. am berson, 'Y *nobyn* gwirion'.

nocer [bnth. S. *knocker*] *eg.* ll. *-s.* Cnocer (ar ddrws); pastwn pren a ddefnyddir i ladd pysgodyn wedi ei ddal yn y rhwyd, cnocer, pren lladd, ciler, huwcyn; cnociwr (mewn gwaith mwyn): *door-knocker*; *knocker, killer, priest (stick used to kill fish caught in a net)*; *knocker (goblin in mine).*
1929.

noctern, nocturn [bnth. S. *nocturn*; ansicr yw union ystyr yr engh. gyntaf] *e?g.* Un o saith adran Llyfr y Salmau yn ôl un rhaniad: *nocturn (of Book of Psalms).*
16g. (*LlEG*) *Mos* 158, 522a, i vod ef ynn barod I ddarllain *nogttern* or beibyl yn saesneg. **1567** *LlGG* [xiv], cyd byddei i'r hen Dadae barthu y Psalmae yn saith ran, a phob vn o hanaddynt a elwyt *Nocturn.*

noctwrn [bnth. S. *nocturne*] *eg.* ll. *noctyrnau.* Cyfansoddiad cerddorol breuddwydiol ei natur, yn enw. un ar gyfer y piano: *nocturne.*
1929.

nochd [bnth. S. C. *no(u)ght* 'an evil; nothing, an insignificant person'] *e?g.* ?Drwg, drygioni; (un) diddim: *an evil*; *nothing, an insignificant person.*
14g. *GDG* 408, Nychdawd i'th sarugwawd sur, / *Nochd* ydwyd; yn iach, Dudur (Gruffudd Gryg).

nod[1] [bnth. Llad. *nota*, Crn. Diw. *noz*, H. Lyd. *not*, H. Wydd. *not*, Gwydd. Diw. *nod*; dichon mai bnth. Llad. *nōtus* neu fôn y f. ddil. yw *nod* fel a.; ansicr yw'r ddwy engh. gyntaf yn adran (*a*)] *eg.b.* (un. *-an*) ll. *-(i)au, -ion*, a hefyd fel *a.*

(*a*) Targed, gôl, amcan, diben, pwrpas, terfyn, diwedd pen draw: *target, goal, aim, object, objective, purpose, end.*
13g. *C* 10. 9–10, keren hit [*sic*] *nod* clod achvbiad. **13g.** *A* 1. 17, e amot a vu *not* a gatwyt. **14g.** *GDG* 103–4, Saethydd a fwrw pob sothach / Heb y *nod* a heibio'n iach, / Ac ergyd hefyd difai / Yn y *nod*, pand iawn a wnâi? *id.* 411, Saethu y mae, wae wahawdd, / Pob *nod*, nid rhydd i'r Pab nawdd. *c.* **1400** *YCM*[2] 99, yny golles gwarthafyl y droet deheu idaw, a doti *not* arnaw ynteu. **15g.** *LGC* 432, Evo rhedeg â'i vwa / Rhwng dau o *nodau* a wna. **1588** 2 *Esd* x. 16, os berni *nôd* a diwedd Duw i fôd yn dda. **1588** *Phil* iii. 14, Yr ydwyf yn cyrchu at y *nôd.* **1618** J. Salisbury: *EH* 275, er mwyn cerheuddyd y *nôd*, yr ydym yn ceisio cyfeirio atto. **1696** *CDD* 175, Er ieuenged ŷw fy oed, / Mae dŷdd fy *nôd* yn tynnu. **1700** *TDP* 125, Dioddefodd [Joseff] mae da i ddyfod / Ir saintaidd yn niwedd y *nod.* **1714** D. Lewys: *CN* 25, O mynnwn afael ar y *nôd*, / Serch gorfod bod mewn cledi. **1803** *P.*

(*b*) Enwogrwydd, bri; enwog, nodedig; *Cyfr.* wedi ei ddynodi (am dyst); amser penodedig; penodedig (am amser): *fame, renown, notoriety*; *famous, notable*; *designated (of compurgator, in Welsh law)*; *appointed time*; *appointed (of time).*
13g. *C* 3. 5–7, Tryuir. *nod* maur eu clod. gan elgan. **13g.** *A* 8. 12, achubei gwarchatwei *not.* **13g.** *LlI* 52, Reythur *not* a dele tygu tebygu bot en glan llw e den e tygo egyt ac ef. *id.* 75, hanner henne en wyr *not* a'r hanner arall o'r guyr a gaffer o wyr aduuyn. **15g.** *GGl*[2] 241, A'n ffair *nod* yn Nyffryn Nedd. **15–16g.** *TA* 116, Llew *nod* Llyweni ydwyd. **1567** *LlGG* (*Sall*) 46a, yn yr amser *nod* [:– nodedic, gosodedic]. *c.* **1730** *Thos. Lloyd D* (LlGC) 182b, pan ddel y *Nôd* . . . appointed time. **1769** J. Griffith:

A 51, i broffeswyr crist'nogaeth fod yn chwareuwyr cardiau cyhoeddus sydd yn wradwydd gyd â *nôd*.

(*c*) Marc, arwydd, symbol; nodwedd, nod angen; atalnod, marc diacritig, symbol mathemategol, &c.; nodyn cerddorol (arwydd a sain); nodyn neu allwedd (ar biano, organ, &c.); marc (e.e. clustnod) ar anifail, llosgnod; stamp (post): *mark, sign, symbol; feature, characteristic; punctuation mark, diacritic mark, mathematical, &c., symbol; musical note* (*sign and tone*); *key* (*of piano, organ, &c.*); *mark* (*e.g. earmark*) *on an animal, brand*; (*postage*) *stamp*.

14g. *LlB* 82, Pwy bynhac a torro *not* ar ffin rwg deu tir neu dwy tref, talet gamlwrw y'r brenhin. **1551** W. SALESBURY: *KLl* lxiib, ydd wyf yn dwyn yn vyccorph *note* yr Arglwydd Ieshu. **1568** MORYS CLYNNOG: *AG* 8, Paryw *nod*, ne arwydd sydd i adnabod Cristion wrtho? *c.* **1585** G. ROBERT: *DC* [xxv], Gan na fedrem gael D. ag L. a *nodæ* danynt . . . chwychwi a gewch, D. ag L. wedy eu nodi yn eu penneu. **1588** *Gen* iv. 15, a'r Arglwydd a osododd *nôd* ar Gain. **1588** *Deut* xiv. cs., Gwahardd y mae i Israel dorri vn *nôd* yn eu cnawd tros y meirw. **1603** W. MIDLETON: *Ps* [iii], ag a rois *nôdau* yn-nhâl y llyfr, iw canu h[wy]nt [y Salmau]. **1608** *GP* 222, A phan ddelych i'r *nod* hwnn ['.'], ti a ddyli orffowys peth i gymeryd dy anadl yn hwy noc i gorffennaist yn yr un o'r pwyntieu eraill, kanys hwnn a elwir y pwynt kyflawn. *Dchr.* **17g.** *J* 10, 23a, *nodau*, notula. **1618** J. SALISBURY: *EH* 231, fel . . . y gwyddis, pwy pia'r ceithion, neu'r anifeiliaid, wrth *nôd*, a marc y perchennog. **1630** R. LLWYD: *LlH* xvi, *Nodau* plant Duw, a *nodau* y rhai gwrthodedig. **1672** *Catec* v–vi, Y mae'r *nód* hyn (ˆ) uwch ben llythyren yn arwyddocaus fôd y sŵn yn ddyfn, megis yn y gair môr. **1688** *TJ* (At.) [16], Nid ydŷw'r ddau *nôd* yma sef (?) a (!) ond attalion o Hirder anhyspŷs. **1760** *ML* ii. 245, mi rof fi gennad i dorri carrai dan fy nghlust ddeau a dau fwlch tan yr asswy. *Nôd* Morus Owen o Fodafon gynt, a *nôd* Bentrerianell hefyd. **1789** *BDG* 523, Cawn *nodiau* cywion adar. **1803** *P*.

(*d*) Nodyn, sylw beirniadol, sylw ychwanegol, datganiad esboniadol, neu gyfeiriad (mewn llyfr, erthygl, &c.); cofnod byr o ffeithiau, &c. (ar gyfer llyfr, adroddiad, &c.); papuryn arian; adnod: *note* (*in book, article, &c.*); *note* (*for book, report, &c.*); *banknote*; *verse* (*in the Bible*).

16–17g. E. PRYS: *Gw* 345, Dewishwyd [*sic*] *nod* o Esay / *Nod* a gai enaid y gwaith. **1604–7** *TW* (*Pen* 228), cyfrifæ, neû bapyræ, neû *notæ* d.g. *aduersaria, orum*. **1606** E. JAMES: *Hom* ii. 87, Zephirus, yn ei *nodau* ar ymddiffynniad Tertulian. **1687 (1715)** J. OWEN: *TB* 105, pan losgodd ei wraig ei holl *nodau* a fuasei efe wyth mlynedd yn ei casglu. **1757** E. EVAN: *GB* 23, Y *Nodau* ydynt yn helaeth mewn rhai mannau, ac allant roddi Cynnorthwy i'r Cateceisjwr. **1765** J. JOHN: *HY* 43, I weled beth elwasent oll, / rhag bod un *nôd* o'i gôd ar goll. **1774** W. WILLIAMS: *A* 6, at ba rai [llyfrau] y chwanegais Ragymadroddion a *Nodau*. **1790** W. RICHARDS: *LlA* 12, y *nod* ganlynol, ar odre dal. 18.

Cfn.: **nod acen, n. acan:** *accent mark, diacritic*. **1632** *D* d.g. *apex*. **n. adnabod:** *identification mark, distinguishing feature*. **20g. n. angen:** *distinguishing, essential, or necessary feature*. **1834. n. amcan:** *aim, objective*. **1911. n. amgen:** *distinguishing feature*. **20g.** *Crdd.* **n. arweiniol:** *leading note* (*in mus.*). **1832. n. (y) banc:** *banknote*. **1762** *ML* ii. 448. **1763** *id.* 570. *Gram.* **n. bannog:** *article* (*in gram.*); *demonstrative pronoun*. *c.* **1455** *GP* 68, A ffa sawl *nod bannoc* y treiglir henw? A thri, nid amgen, 'hic, haec, hoc', 'hwnn, honn, hynn': 'hwnn' i'r masgl, 'honn' i'r ffemal, 'hynn' i'r neodr. *id.* 71, Beth yw beryf? Rann araith . . . a dreiglir heb achos na *nod bannoc*. **1632** *D* d.g. *articulus*. **1795** J. THOMAS: *AIC* 11, 14. **n. Beuno:** *mark or slit sometimes found in the ears of calves and lambs*. **1784** T. PENNANT: *TW* ii. 219. **1806** TWM O'R NANT: *H* 74. Cf. *LBS* i. 217, Till a little over a hundred years ago it was usual to make offerings of calves and lambs which happened to be born with a slit in the ear, popularly called *Nôd Beuno*, or Beuno's Mark. **n. clust** (ll. *nodau clust(iau)*): *earmark* (*on animal*), *distinguishing mark*. **1688** *TJ*, canwyr, *nôd clûst*, canwe. **1693** J. OWEN: *BP* 64. **1696** *GGTY* 115. **1776** *W* d.g. *mark* [*a note, or character, where-by a thing may be known and distinguish'd from another, &c.*] . . . *an ear mark*. Gw. hefyd *WVBD* 396, *B* xiv. 290, xxxiv. [78]–87. **n. coch (goch):** *raddle, red ochre*. **15g.** *Glam Bards* 307, gwynnach na [diwyg.] gwer meherin / o glust hyd goruwch ei glin / lliw *nod coch* ei dwyfoch deg / o wrid pan el i redeg [Ieuan Gethin i ferch]. **17g.** HUW MORUS: *EC* i. 312. *c.* **1762–79** W. WILLIAMS: *P* 33–4, a'r Benwod [yn America] yn gweneid [*sic*] spotiau côchjon arnynt eu hunain a *nôd coch*. Ar lafar, *GDD* 207. **n. cyfeiriad (cyfeirio):** *reference mark*. **1688** *TJ* (At.) [28–9], Pump sŷdd o *nodau cyfeiriad* . . . y Seren . . . y Bidag . . . y Bêr . . . y Rheol ddwŷblŷg . . . y Wahaniad. Nid oes dim Rhagor ddeunŷdd rhwng y pedwar nodau [*sic*] cyntaf (sef * † ‡ ‖) canŷs fe a wneir yr un defnŷdd o honŷnt ôll, sef hynnŷ ydiw i gyfarwŷddo 'r darllennŷdd i rŷw fan ar oror y ddalen. **1691** T. JONES: *Alm* [40], *nodau cyfeirio*. **1788** J. ROBERTS: *AR* d.d. **1795** J. THOMAS: *AIC* 18. **n. cyfeiriol** (i) = **n. cyfeiriad. 1722** *Llst* 189. **1808** R. DAVIES: *GC* 101. (ii) *reference* (*note*). **1838. n. cyfrin:** *secret or mystic symbol*. **1866. nodau cynghlo:** *square brackets*. *c.* **1785–90 (1829)** *CBYP* 58. **nod derbyniad:** *receipt*. **1794** E. JONES: *CP* 16, 132. **n. du:** *black mark, mark of disapproval*. **1718** E. SAMUEL: *HDdD* 236. **1793** T. JONES: *SD* 19. **n. dyfyn:** *quotation mark*. **1862. n. glas:** *blue substance for marking sheep*. **1814** W. DAVIES: *Agric* . . . *S. Wales* 95. **n. (y) gorllanw:** *high-water mark*; (*dict.*) *estuary*. **15–16g.** LLAWDDEN, &c.: *Gw* 175. **16g.** (*LlEG*) *Mos* 158, 286b. **1604–7** *TW* (*Pen* 228) d.g. *aestuarium* (hefyd *D*). **1722** *Llst* 189. **n. gwahan:** *distinguishing feature or mark; punctuation mark; boundary* (*marker*); *brand* (*on animals, &c.*). **1604–7** *TW* (*Pen* 228) d.g. *character*. **1632** *D* d.g. *distinguo, interpunctio, terminus*. **1770** *W* d.g. *brand*, [*a badge, or mark of infamy*], *to point or stop* [*distinguish a sentence* . . .]. **n. gwlân:** *woolmark, sheep-mark*. **1929. n. haearn:** *brand* (*on animals, &c.*), *also fig.* **1604–7** *TW* (*Pen* 228) d.g. *inuro, stigma, stigmosus*. **1711** TP: *CG* 33, Pitchmark neu *Nôt-haiarn* y Diafol. **1770** *W* d.g. *to brand cattle*. Gw. hefyd *notarn*. **nodau meddyginiaeth:** *medicinal characters*. **1688** *TJ* (At.) [23]. **nod o holedigaeth:** *question mark*. **1688** *TJ* (At.) [16]. **n. o ryfeddod:** *exclamation mark*. **1688** *TJ* (At.) [16]. **nodau rhifo:** *figures, numerals*. **1688** *TJ* (At.) [25]. **nod rhyfeddu:** *exclamation mark*. **1749** *An C* 5. **1788** J. ROBERTS: *AR* 18, 19. **n. sylw:** *reference mark; sign, signal*. **1688** *TJ* (At.) [26], O *Nodau sulw* i mae chwêch a arferir mewn llyfrau . . . §—Dosparth-nôd. / ¶—Gwhan-nôd. / ☞—y Mynegfŷs, neu'r llaw. / "—Rhagwahan-dro. / ( )—ymsang, neu ymwasg. / [ ]—Cromfachau. **1722** *Llst* 189. **1760** E. WILLIAMS: *UYB* 72. **n. terfyn:** *boundary* (*marker*). **1632** *D* d.g. *terminus*. **1722** *Llst* 189. **n. tir:** *landmark*. **1717** IACO AB DEWI: *MN* 140. **1725** *SR* d.g. *a land mark*. **n. ymofyniad:** *question mark*. **1788** J. ROBERTS: *AR* 18, 19. **1793** *Cylchg* 58. **1796** J. GRIFFITHS: *H* 73. **n. ymsathr:** *apostrophe*. **1604–7** *TW* (*Pen* 228) d.g. *apostrophus* (hefyd *D*). **1722** *Llst* 189 d.g. *an apostrophe* (hefyd *W*).

Gw. hefyd nodach, nodyn.

nod² [?yr un gair â *nod¹*, ond ?cf. S. C. *node* 'knot or lump in the flesh' (cf. *nod³*)] *eg.* ll. *-au.* (fel rheol yn y ll.) Pla (du), haint y nodau; llid a chwydd nod lymff, yn enw. yn y gesail neu gesail y forddwyd (fel symptom o'r pla du): (*usu. in pl.*) (*bubonic*) *plague*; *bubo*.

15g. *Glam Bards* 9, rhith diwraidd rhwth diareb / rhoi *nod* ni wna rhan a neb / nid oes drugaredd gwedd gwiw / gan y *nod* gwenwyn ydiw / y *nod* a ddug eneidiau / y dillynion mwynion mau (Ieuan Gethin). **1545** *CM* 1, 274, ac ynny modd hwnw I mae dileu'r *nod*. **16g.** GR. HIRAETHOG: *Gw* (D. J. B.) 5. 52–3, Rhag plagau'r oes, rhag pêl gron, / Y *nod*, a phob niweidion. **16g. (1763)** W. SALESBURY: *LlM* 190, a nhwythe yn meirw or *node* yno y pryd hynny. *Diw.* **16g.** *WLB* 23, y kornwyd ne y plag ne y *nodau*. **1595** H. LEWYS: *PA* 1, newyn, drudaniaeth, *nodeu*, rhyfel, carchar, ag angeu. **16–17g.** *GST* i. 240, Rhag cryd oer symud ar Siôn, / Rhag *nod*, a rhag niweidion. **1604–7** *TW* (*Pen* 228) d.g. *infectio aeris, pestifer, pestilens, pestilentia*. **1620** *Math* xxiv. 7, fe fydd newyn, a *nodau* (**1588** *ib.* heintiau). **1630** R. LLWYD: *LlH* 123, Efe â eilw am haint y *nodeu*, ac wele y *nodeu*. **1696** *CDD* 66, Ac ofnwn ddrŵg 'nwŷdau fel *nodef* [*sic*]. **1712** T. WILLIAMS: *CDdG* 370, neu y sawl a fuddei [*sic*] farw yn amser y *Nodau* wrth drîn eu cyd-Gristianogion. **1773** J. JENKIN: *P* 13, Duw a ymwelodd â'r ynys hon . . . â phla, haint a *nodau*.

Cfn.: **nod(au) gwyllt(ion):** (*bubonic*) *plague*. **16–17g.** T. PRYS: *Bardd* 46. **1604–7** *TW* (*Pen* 228) d.g. *angelica, pestis*.

nod³ [bnth. S. *node*] *eg.* ll. *-au, -ion.*

(*a*) *Ser.* Croestorfan rhwng orbit ac ecliptig planed, neu rhwng dau gylch mawr y sffêr wybrennol; *Ffis.* llinell neu bwynt disymud mewn corff sy'n dirgrynu; *Math.* pwynt lle bo dwy gangen cromlin yn croestorri: *node* (*in astron., phys., and math.*).

1809 M. WILLIAMS: *BM* 21, mae cylch y Lleuad yn cro[e]si'r diffiglain mewn dwy fan ac elwir gan astromyddion y *nodau*.

(*b*) *Bot.* Chwydd ar wreiddyn neu goesyn planhigyn, pwynt ar goesyn planhigyn lle mae tyfiant newydd yn egino, cymal; *Meddyg.* chwydd naturiol, e.e. mewn dwythell lymff: *node* (*in bot. and med.*).

1924.

Cfn.: *Ser.* **nod disgyn:** *descending node* (*in astron.*), *dragon's tail*. **20g.** *Ser.* **n. esgyn:** *ascending node* (*in astron.*), *dragon's head*. **20g.** *Meddyg.* **n. lymff:** *lymph node* (*in med.*). **20g.**

'nod, gw. hyd—h. yn oed.

nòd [bnth. S. *nod*] *e?g.* Amnaid â'r pen: *a nod*.

1806.

nodach [*nod¹* + *-ach²*] *e.ll.* Nodiadau byrion; petheuach, pethau dibwys: *short notes, jottings; odds and ends, trifles*.

1803 *P*, *nodach*, sundry articles.

nodachdy [*nodach* + *tŷ*] *eg.* ll. *-dai.* Basâr: *bazaar*.

1850.

nodachfa [*nodach* + *-fa, ma*] *eb.* ll. *-feydd.* Basâr: *bazaar*.

1850.

nodadwr, gw. nodiadwr.

nodadwy [bôn y f. ddil. + *-adwy*] *a.bfl.* Y dylid ei nodi, yn haeddu sylw, hynod, nodedig; y gellir dal sylw arno, amlwg: *noteworthy, notable, remarkable; noticeable, conspicuous*.

c. **1585** G. ROBERT: *DC* [xxvii], Dangosiad rhifedi pennodæ y Rhan gyntaf o r llyfr, a r petheu *nodadwy* ymhob pennod. **1595** *Egl Ph* 1, Mae dwy gainghc yn tyfu o'r gelfyddyd ymma, megys rhannau arbennig *nodadwy*. **1599 (1677)** R. HOLLAND: *AB* 5, dyma eiriau *nodadwy* i ni ddal sulw arnynt. *id.* 91, [d]yscu i ni orphwys . . . ar i dadol ddaioni ef. Y mae hyn yn *nodadwy* (*this is noted vnto us*) ac i'w weled . . . Lle y gorchymynnesid i bobl yr Israel, nas casclent hwy ddim mwy o'r Manna. **1604–7** *TW* (*Pen* 228) d.g. *notabilis*. **1693** *DQM* 49, sefyll mewn pellder mwy *nodadwy* (*more observable*) oddiwrth proffesswyr [*sic*] cyffredinol Cristianogrwydd. *c.* **1700** D. MAURICE: *CGG* 16, Chwedl . . . yr hwn sŷdd mor *nodadwy* na fedraf fyned heibio iddo ef. **1733** J. OWEN: *TBG* 29, Y mae arnom ni läwer o ddyled i'w gweddïau . . . a'u dïoddefjadau *nodadwy*. **1800** C. EVANS: *EJU* 59, Yn ol athrawiaeth *nodadwy* ein dadleuwr parablus. **1803** *P*.

nodaf¹, nodiaf²: nodi(o) [bf. o'r e. *nod¹*] *ba.*

(*a*) Gosod nod ar, marcio, llosgnodi, gwarthnodi, selio, hefyd yn *ffig.*; gwneud nodyn o, dal sylw ar, cofnodi, crybwyll, mynegi, dynodi, arwyddo; enwi, pennu, penderfynu, penodi: *to mark, make a mark on, brand, seal, also fig.*; *note, record, mention, express, denote, signify; designate, specify, determine, assign*.

13g. *C* 76. 6–7, Ny dav metic hid orphen bid. hid y *nottwy*. **14g.** *WM* 187. 14–17, ynteu a erchis idi *nodi* y hegwedi. Ahitheu a *nodes* ynys prydein yw that. *id.* 459. 26–7, ti a geffy kyuarws a *notto* dy benn athtauawd. *id.* 479. 33–5, pan gaffwyf inheu a *nottwyf* arnat ti titheu a geffy uy merch. *Nod* a *nottych*. *Nodaf*. **14g.** *GDG* 220, Neidiodd, mynnodd fy *nodi*, / Ci coch o dwlc moch i mi. **15g.** *FfBO* 41, brenhinyaeth . . . Sumilta; yn yr honn y *nodant* y gwyr a'r gwraged yn eu hwynebeu. **15g.** *DN* 57, I gleddav, val gloew oddaith, / A *nodes* groen. Nid oes graith! **15g.** *LGC* 128, Ac yr oedd brig arwyddion / Ar y ddwy, mal ar dda Mon; / Bwaau, yn gyrn bual, / A *noded* yn eu dau dâl [i ofyn dwy fuwch]. **1547** *WS*, markio *nodi*, marcke. **1567** *TN* d.d., pop gair a dybiwyt y vot yn andeallus . . . wedi ei *noti* ai eglurhau ar 'ledymyl y tu dalen gydrychiol. *id.* 310a, arwyddocewch [:– *nodwch*] ef trwy lythyr. *id.* 381a, yni sely [:– *nodi*] gwasanaethwyr yn Dyw ni yn y talceni. **1604–7** *TW* (*Pen* 228), *notio* d.g. *notandus*. **1615** R. SMYTH: *GB* 147, i'r oedd yr awyr gwedi i halogi, cymeint megis fod pawb . . . gwedi i *nodi* a chroes goch. **1632** *D*, *nodi*, notare, signare, insignire. **17g.** *CC* 324, ys dvw a *nododd* oes dyn / ber ne hir lle barno hwn. **1693** J. OWEN: *BP* 64–5, er ir bugail gneifio'r defaid, ai *nodi* hwynt. **1722** *Llst* 189, *nodi*, to appoint, denote, mark, sign, seal. **1759** J. EVANS: *PF* 4–5, un prif Ragflaenŷdd . . . wedi ei *nôdi* allan gan Awdur mawr Natur. **1803** *P*.

(*b*) Sylwi (ar), craffu ar, ystyried: *to note, take note of, observe, consider*.

14–15g. *IGE*^{2} 148, Na chymered, *noded* nâg, / Dyn oer enw Duw'n orwag (Gruffudd Llwyd). **1547** *WS* [xix], *Nota* hyn hefyd y darlleant th val t. *c*. **1585** G. ROBERT: *DC* [xxxii], I ddyall y Dafulen yma . . . *nodwch* fod y rhif cyntaf a r [*sic*] y llaw ddeheu. **1604–7** *TW* (*Pen* 228), *notio*'n escutlym ddiesgeulus d.g. *perspecto*. **1618** J. SALISBURY: *EH* 163, *Nodwch* hefyd y gwneir yr addewid hon i Dduw. **1768** J. ROBERTS: *R* 62, er mwyn egluro hyn yn well *nodwch* y Sylwiadau canlynol.

Cfn.: **nodi arfau:** *to grant arms*. **16g**. *Med H* 42, 64. **n. diwrnod** = **n. dydd. 1588** *Act* xxviii. 23. **n. dydd:** *to appoint a day*. *Diw*. **15g**. *Pen* 67, 13, Ni ddoi hwnn i ddi hennydd [*sic*] / onyt i dduw *nodi ddydd* (Hywel Dafi). *Dchr*. **17g**. *J* 10, 23a, **1696** *CDD* 89.

nodaf^{2}: nodo, gw. nodiaf^{1}: nodio.

nodair [*nod*^{1} + *gair*^{1}] *eg*. Symbol; term technegol; ?bri neu enw (da, &c.): *symbol; technical term; ?reputation*.

16g. HUW ARWYSTL: *Gw* 144, ith warr i del aerwy melynn / ni bvr gwaed heb aerwy gwynn / aerwy rvdd kyw r eryr henn / yw r *nod air* arnad owen. *a*. **1587** *Y* 111, Nid erot ti, *nôdair* twn, / Na therm wâg, na'th ddirmygwn. **1794** *W* d.g. *symbol*.

nodan, gw. nod^{1}.

nodarwydd [*nod*^{1} + *arwydd*] *eg*. ll. *-ion*. Insel, sêl, hefyd yn *ffig*.: *seal, also fig*.

16g. *Rhyddiaith Gymraeg* ii. 38, sailfan Duw a sai, ag iddaw i may'r *nodarwydd* (*TN* 319a, insel; **1588** 2 *Tim* ii. 19, sêl) hwn: 'Fo a edwyn yr Arglwydd y rhai sy yn eiddaw Ef'. **1618** J. SALISBURY: *EH* 231, mae Bedydd yn gadel yn yr enaid, fath ar *nôd-arwydd* ysbrydol, yr hwn ni ellir byth i dynnu ymeith. *id*. 237, Mae hi [bedydd esgob] 'n bathu *nod-arwydd* megis stampedig yn yr enaid.

nodeb [bôn y f. *nodaf*^{1}: *nodi* + *-eb*] *eb.g*. ll. *-au*.

(*a*) Uned gystrawennol neu fydryddol: *syntactical or metrical unit*.

1595 *Egl Ph* 55, Rhaid yw bod yn 'ofalus ymma ar roddi'r gair adgymeredig yn y *nodeb* gryfa, a chadarnaf o'r ddwy. *ib*. O fod i'r gair a-fo yn dyweddu'r *nodeb* araithiawl flaenorawg, eilchwyl ddechreu'r vn a ddylyn . . . Engraff . . . Yn y dechreuad yr oedd y gair; a'r gair oedd dduw; a duw oedd y gair.

(*b*) Nodwedd, natur; *Math*. nodweddrif (mewn logarithmau): *character, characteristic, trait, nature*; (*logarithmic*) *characteristic*.

1759 *BC* 354, Am ei ffyddlondeb, cadd gasineb, / A gerwindeb, *nodeb* nŷch. **1803** *P*.

(*c*) Adroddiad: *report*.

1848.

nodebaf: nodebu [bf. o'r e. bl.] *ba*. Nodweddu: *to characterize*.

1847.

nodedig, nodiedig [bôn y f. *nodaf*^{1}: *nodi* + *-(i)edig*] *a.bfl*. ll. *-ion*, ac weithiau gyda grym adf. Wedi ei nodi, wedi ei farcio; gosodedig, penodedig, penodol; arbennig, y dylid ei nodi, yn haeddu sylw, hynod, enwog: *noted, marked; appointed, set, specified, specific; special, notable, noteworthy, remarkable, famous, notorious*.

14–15g. *IGE*^{2} 98, Y marw . . . / . . . / Nid edwyn yn *nodedig* / Na phlaid drom, na ph'le y trig. **15g**. *LGC* 257, Teml baradwys; teml buredig; / Teml wèn ydyw teml *nodedig*. **1510** *THSC* (1943–4) 60, [g]wr kryf, ffyddlawn, ac yn *nodedic* ymhob peth. **1527** *B* ii. 205, y vaink, yr hon a oydd *nodedic* jr ymerrodyr j eisde arnai. **1567** *TN* 191a, ar ddyddgwaith *nodedic*, ydd ymwiscodd Herod yn-gwisc brenhinawl. **1592** S. D. RHYS: *Inst* [xvii], cyrch i ymgyfarfod a mi mywn rhyw *nodedigion* fanneu. **16–17g**. *CRC* 426, Ag o bai vn ffwl *nodedig* / a chantho arian yw kynnig. **1620** 2 *Mac* vi. 28, Yna y gadawaf i'r rhai ieuaingc siampl *nodedic* i farw yn ewyllysgar ac yn ŵrol. **1632** *D* d.g. *notabilis, splendidus*. **1676** W. JONES: *GB* 10, ein Jachawdr drwy adrodd yr Athrawiaeth hon [ailenedigaeth] . . . sydd yn *nodedig*-gadarnhau y gwirionedd hyn. **1688** S. HUGHES: *TSP* 100, Llawer o bethau eraill a welais i ar y ffordd; ond vn peth oedd fwyaf *nodedig*. **1694** T. JONES: *Alm* [7], *Nodedigca* pêth yn yr ail Addurn ŷw gosodiad y blaned mercher yn y pedwaredd [*sic*] tŷ. **1712** T. WILLIAMS: *CDdG* 64–5, o achos prophwydoliaeth *Nod*[*e*]*d*[*i*]*g* (*celebrated*) yn y scrythyrau. **1716** E. SAMUEL: *GGG* 130, Drwg-weithredwyr Echryslon *nodedig* oeddynt. **1716–18** *Llsgr R. Morris* 20, Os ewch at ferch fonheddig / a phorsiwn da *nodedig*. **1722** *Llst* 189, *nodedig*, appointed . . . Also, as Nodol [remarkable, famous]. **1728** T. BADDY: *DDG* 15, [c]arreg yn *nodedig* a thraed a phen Eliniau Crist. **1776** *W* d.g. *marked, noted*. **1803** *P*.

nodedigrwydd [*nodedig* + *-rwydd*] *eg*. Yr ansawdd o fod yn nodedig, arbenigrwydd, hynodrwydd: *distinction, remarkableness*.

1799 M. WILLIAMS: *HHG* 29, Nid yw hwn [Banian] ddim titl o waradwydd, ond gair ag sy'n arwyddo dwysder, anrhydedd, a *nodedigrwydd*.

nodenwaf: nodenwi [*nod*^{1} + *enwi*] *ba*. Labelu: *to label*.

20g.

nodiad [bôn y f. *nodaf*^{1}: *nodi* + *-iad*^{1}] *eg*. (bach. g. *nodiedyn*) ll. *-au*. Y weithred o nodi neu farcio, yr hyn a nodir neu a fercir, nodyn, cofnod, sylw, marc; priodoledd (arbennig), nodwedd, hynodrwydd; llafarnod (Hebraeg, &c.): *a noting, marking, that which is noted or marked, note, annotation, record, observation, mark*; (*special*) *attribute, characteristic, distinction; vowel-point*.

c. **1401** *AL* ii. 338, ar gwyr hynny nyt oes *nodyat* arnunt namyn y bot yn oreugwyr or genedyl. **16g**. GR. HIRAETHOG: *Gw* (D. J. B.) 3. 152–3, Dodiad hynodiad, henwedig *nodiad*, / Dewr â chyfodiad dyrchafedig [i Elis Prys o Blas Iolyn]. **16–17g**. SIÔN MAWDDWY: *Gw* 109, A gwenithyn wyt gan waith *nodiad* [i Siôn Salbri o Leweni]. **1604–7** *TW* (*Pen* 228) d.g. *annotatio, notatio, signatio*. **1696** *GGTY* 188, [g]orphennasant *nodiadau* Mr. Pool. **1710** *LlGG* (*Gos*) 7, ein Hyfforddiadau a'n *Nodiadau* hyn a ganlyn. **1768** J. ROBERTS: *R* 95, i geisio Gwreiddin eu Ysgwar Nodwch uwch ben lle'r Unau ar [*sic*] Cannoedd, felly bob Ail Ffugur oll; yna ceisiwch yr Ysgwar fwya yn y *Nodiad*, nesaf, [*sic*] i'r llaw aswy. **1770** *W*, *nodiadau* eglurhâol d.g. *annotations*. *id*. d.g. *a marking, notation, a noting*. **1775** J. THOMAS: *NBAF* [ii], [C]opi o'r *Nodiadau* canlynol. **1803** *P*.

nodiadol [*nodiad* + *-ol*] *a*. Nodweddiadol; hynod; ar gyfer marcio (am bensel); wedi ei lafarnodi (am Hebraeg, &c.): *characteristic; remarkable; for marking* (*of pencil*); *pointed* (*of Hebrew, &c.*).

1803 *P*, *nodiadawl*, characteristical.

nodiadur [*nod*^{1} + *-iadur*] *eg*. ll. *-on*. Notari; esboniwr, anodiadwr; llyfr nodiadau: *notary; commentator, annotator; notebook*.

1778 *W* d.g. *notary*. **1803** *P*, *nodiadur*, an annotator.

nodiadwr [*nodiad* + *-wr*] *eg*. ll. *-wyr*. Esboniwr, anodiadwr: *commentator, annotator*.

1696 *GGTY* 28, ein *Nodadwyr* [*sic*] diweddar, y rhai a ddywedant wrthych; fod y gair neu'r term holl yn cael eu [*sic*] ddywedyd yma ddwywaith. **1775** J. THOMAS: *NBAF* [ii], Y mae'r Pregethwr a'r *Nodiadwr* wedi myned i orphwys ys llawer blwyddyn. *id*. 10, mae'r *nodiadwr* yn dywedyd, mai addewidion oedd y rhai'n yn perthyn i ddyddiau 'r Efengyl.

nodiaf^{1}, nodaf^{2}: nod(i)o [bnth. S. (*to*) *nod*] *bg.a*. Gostwng a chodi('r pen) (i gyfleu cydsyniad, i gydnabod cyfarchiad, wrth bendwmpian, &c.), amneidio (â'r pen), hefyd yn *dros*.: *to nod, also transf*.

1853.

nodiaf^{2}: nodio, gw. nodaf^{1}: nodi.

nodiannaf: nodiannu [bf. o'r e. *nodiant*] *bg.a*. Nodi, sylwebu, disgrifio, nodweddu: *to note, comment, describe, characterize*.

1803 *P*, *nodiannu*, to characterize.

nodiannol [*nodiant* + *-ol*] *a*. Nodweddiadol: *characteristic*.

1803 *P*, *nodiannawl*, characteristic.

nodiannus [*nodiant* + *-us*] *a*. Nodedig; nodweddiadol: *notable; characteristic*.

1803 *P*, *nodiannus*, characteristical.

nodiant [bôn y f. *nodaf*^{1}: *nodi* + *-iant*] *eg*. Unrhyw gyfres o arwyddion neu symbolau a ddefnyddir i gynrychioli meintiau neu elfennau mewn system arbenigol, e.e. cerddoriaeth neu fathemateg: *notation*.

1803 *P*, *nodiant*, a notation, a noting.

nodidog [ff. ar (*g*)*odidog* drwy gamraniad (cf. *neithr*), ?dan ddyl. *nodedig*] *a*. Godidog, rhagorol, nodedig: *excellent, splendid, notable*.

16–17g. *RAGR* 336, Y seren gynffonnog sidd Arwudd *nodidog* / Odduwrth y duw Enfog da aniall i fodd. **17g**. E. MORRIS: *B* 57, Mae Amser *nodidog* y [*sic*] twyso'r Haf tesog. **1672** J. LANGFORD: *HDdD* 24, Y mae i' ni esampl *nodidog* (*notable*) o hyn yn Jacob. **17g**. HUW MORUS: *EC* ii. 108, Yr uchaf ei geiniog, / A geiff ferch gyfoethog, / Neu aeres *nodidog*—un dedwydd! **1716–18** *Llsgr R. Morris* 69, Rhowch fy anerch at farchog tra gwrol trugarog / ai arglwuddes lan enwog *nodidog* a da. **1757** *ML* (Add) 893, Hanes y Pendefig *nodidog* hwnw. **1768** RISIART AP ROBERT: *CB* 77, dwyryw gynneddfau *nodidog* . . . sef anrhydedd a bydol fantais. **1783** H. JONES: *PN* 6, Caradog, *nodidog* ei dadau.

nodiedig, gw. nodedig.

nodiedydd [*nodiad* + *-ydd*^{3}] *eg*. Cofnodwr, croniclwr, anodiadwr, glosiwr, esboniwr, disgrifiwr; llofnodwr, notari; atalnodwr: *recorder, chronicler, annotator, glossator, commentator, describer; signatory, notary; punctuator*.

[**1783**] *W* d.g. *signer*. **18–19g**. R. DAVIES: *DB* 22, Celfydd ddysgedydd gwiwda, / Cofiedydd, *nodiedydd* da [i Siôr III]. **1803** *P*, *nodiedydd*, one who characterises; one who remarks; a notary.

Cfn.: **nodiedydd cyhoedd(us):** *notary public, public notary*. **1851**.

nodiedyn, gw. nodiad.

nodlyfr [*nod*^{1} + *llyfr*^{1}] *eg*. ll. *-au*. Llyfr nodiadau, cofnodlyfr, dyddlyfr, llyfr cyfrifon, hefyd yn *ffig*.: *notebook, commonplace book, day-book, account-book, also fig*.

1632 *D* d.g. *adversaria*. **1661** E. LEWIS: *Drex* 15, hen wr yn eistedd gyferbyn, ac yn dal sulw yn ddyfal ar ei *nôd-lyfr*. **1722** *Llst* 189, *nod-lyfr*, m. a note-book, day-book. **1770** *W* d.g. *a book of accounts, a memorandum-book, table-book*. **1771** J. REES: *H-A* 80, Gwnewch i fynu *Nodlyfr* [:– Common-Place Book], yn ol trefn Mr Locke. *id*. 81, chwi a ddygwch *Nodlyfr* gwastadol yn eich côf. **1803** *P*.

nodog^{1} [*nod*^{1} + *-og*] *a*. A nod neu farc arno; wedi ei nodi: *marked; noted*.

1803 *P*, *nodawg*, having a mark or sign; noted.

nodog^{2} [*nod*^{2} + *-og*] *a*. Yn perthyn i haint y nodau: *bubonic*.

1721 G. P. JONES: *NH* 74, Cornwyd *nodog*, Haint lliniorog / Duw Galluog ai gwellhâ.

nodol [*nod*^{1} + *-ol*] *a*. Nodedig, hynod, enwog; penodedig, penodol, nodweddiadol, arbennig; wedi ei dynghedu; ac iddo nodau neu allweddi (am biano, organ, &c.): *noted, notable, remarkable, famous, ?notorious; specified, specific, particular, characteristic, special; destined; keyed*, (*having a*) *keyboard* (*of piano, organ, &c.*).

16g. *WLl* 36, O Dalgarth diwarth deuant—yn *nodol*. *id*. 129, Brau *nodol* dibrin ydoedd / Brau a dewr o bai raid oedd [marwnad Robert Morgan]. **16g**. WILIAM CYNWAL: *Gw* (R. L. Jones) 255, Tir *nodol*, tirion ydoedd. *a*. **1587** *Y* 91, Y mae arnad brelad brav, / Wers *nodol*, siars eneidiav. **16–17g**. *GST* i. 887, Ar dduw Pasg, arwydd hap oedd, / Ei *nodol* derfyn ydoedd. **1611** R. SMYTH: *SG* 69, gall yr Eglwys gael i rheol[i] drwy gyfraithiau *nodawl* rhai drwy y scrifen, rhai heb i scrifenu. **1632** *D*, *nodol*, notatus, notandus, notabilis. *id*. d.g. *conspicuus, insignis, nobilis, spectabilis*. **1675** R. DAVIES: *PY* 128, Offeiriaid Baal, Gweision *nodol* Anghrist. **1722** E. LLOYD: *MC* 12, bod pob dyn yn *nodol* i farw unwaith. **1728** S. RHYDDERCH: *GC* 162, Iaith hên ydyw Iaith *nodol*. **1787** (**1812**) TWM O'R NANT: *PG* 13, A hwythau'r offeiriaid yn gollwng i'r diawl, / Mor *nodawl* yr eneidiau. **1799** M. WILLIAMS: *HHG* 89, y fath ddyn wedi cael ei holi . . . iddynt hwy chwilio beth oedd ei *nodol* ymarweddiad. **1803** *P*, *nodawl*, tending to characterize, or to mark; marked, notable, eminent; considerable.

nodoldeb [*nodol* + *-deb*] *eg*. Nodwedd: *characteristic*.
1803 *P*.

nodolrwydd [*nodol* + *-rwydd*] *eg*. Nodedigrwydd, hynodrwydd, enwogrwydd; nodwedd: *notableness, distinction, eminence; characteristic*.
1773 *W* d.g. *egregiousness, eminence*. **1803** *P*.

nodwedd [*nod*[1] + *gwedd*[1]] *eb.g*. ll. *-ion*, *-au*. Ansawdd neu briodoledd gwahanredol neu hynod, nod angen, un o deithi (person, &c.), cymeriad, natur; gwedd wyneb: *characteristic, attribute,* (*essential*) *feature, trait, character, nature; feature* (*of face*).
1803 *P*.
Cfn.: **nodwedd caffael:** *acquired characteristic*. **20**g. *Biol*. **n. encil(iol):** *recessive trait*. **20**g. **n. (g)wahaniaethol:** *distinguishing feature*. **1839**. *Biol*. **n. l(l)ywodraethol:** *dominant trait*. **20**g.

nodweddaf: nodweddu [*nod*[1] + *gweddu*] *bg.a*. Bod yn nodwedd ar, hynodi; disgrifio (cymeriad neu nodweddion); cael ei nodweddu; *Gram*. goleddfu: *to be characteristic of, characterize, distinguish; characterize, describe* (*character*(*istics*) *of*); *be characterized; qualify* (*in gram*.).
1595 *Egl Ph* 54, Y rhagoriaeth . . . a ganfyddwch, os dehellwch fod Gogysswllt yn *nodweddu* a rhacwahannod; eithr honn sy'n *nodweddu* a gwahannod neu a chyfannod. *c*. **1730** *Thos. Lloyd D* (LlGC) 182b, *nodweddu*, distinguo. **1803** *P*, *nodweddu*, to characterize.

nodweddedig [bôn y f. fl. + *-edig*] *a.bfl*. Wedi ei nodweddu: *characterized*.
1803 *P*.

nodweddiad [bôn y f. fl. + *-iad*[1]] *eg*. ll. *-au*. Nodwedd, priodoledd, natur, cymeriad, gair (da neu ddrwg); y weithred o nodweddu: *characteristic, feature, nature, character, reputation; a characterizing, characterization*.
c. **1548** *WLB* vii, Prolog am *nodweddiad* y Phesygwr. Or achos j mae ynn ddledus jr kyurw bobyl dwyn j buechedd [*sic*] ynn laan ac ynn ddiogann. **1803** *P*, *nodweddiad*, a characterizing.

nodweddiadol [*nodweddiad* + *-ol*] *a*. a hefyd gyda grym adf. Ac arno nodwedd(ion) neilltuol (teip neu ddosbarth), ac iddo gymeriad penodol: *characteristic, typical*.
1823. Cf. D. Owen: *D* 19, bum yn meddwl yn fynych fod rhywbeth hynod o *nodweddiadol* o Fethodistiaeth Gymreig mewn round of beef; *Traeth* lix. (1904) 421, y mae llawer o gymeriadau Daniel Owen yn *nodweddiadol* Gymreig.

nodweddol [*nodwedd* + *-ol*] *a*. Nodweddiadol: *characteristic*.
1803 *P*.

nodweddolaf: nodweddoli [bf. o'r a. bl.] *ba*. Nodweddu: *to characterize*.
1851.

nodweddus [*nodwedd* + *-us*] *a*. Nodweddiadol: *characteristic*.
1803 *P*.

nodwisg [*nod*[1] + *gwisg*] *eb*. ll. *-oedd*. Lifrai: *livery*.
1746 G. Jones: *HWI* v. 25, Sacrament oeddyd yn galw *Nôd-wisgoedd* (neu Lifrai) gweision Gwŷr mawrjon.

nodwr, nodydd [bôn y f. *nodaf*[1]: *nodi* + *-wr*, *-ydd*[3]] *eg*. ll. *-wyr*, *-yddion*. Un sy'n nodi, marciwr, arwyddwr, anodiadwr, esboniwr; sylwedydd, un sy'n sylwi; ?un sy'n penderfynu: *noter, marker, signatory, annotator, commentator; observer, one who remarks; ?one who decides*.
a. **1587** *Y* 208, Rhyfeddod gan bob *nodwr* / O down i gŷd o vn gwr. **1604–7** *TW* (*Pen* 228), *notwr* d.g. *animaduersor*. **1696** *CDD* 82, Nes dyfod o'n Safiwr oddiuchod, heddychwr, / Etholwr a *nodwr* eneidie. *c*. **1730** *Thos. Lloyd D* (LlGC) 181b, *nodydd*, notator. Observer. remarker. CW. 44. **1767** J. Thomas: *A* 17, Ni haera un *Nodwr* pwyllog, i Hiliogaeth y Crediniol . . . gael eu rhoddi felly gan y Tad. **1776** *W*, *nodwr*, *nodydd* d.g. *marker, signer*. **1789** Twm o'r Nant: *TChB* 18, Tafarnwr Bragwr trychwr trwm / Ar *nodwr* llwm, Anwydog. **1798** *WR*, *nodwr* d.g. *annotator*. **1803** *P*, *nodydd*, s.m. pl.t. *ion*, a noter; a marker.

nodwydd, nydwydd [Crn. C. *nasweth*, Crn. Diw. *nadzhedh*, Llyd. C. *nadoez*, Llyd. Diw. *nadoz*, taf. Gwened *nadoé*, cf. H. Wydd. *snáthat*, Gwydd. Diw. *snáthaid*: o'r un gwr. IE. *(*s*)*nē-* 'nyddu, gwnïo' ag a welir yn y f. *nyddaf*: *nyddu*] *eb*. ll. *-au*.

(*a*) Darn bychan main o ddur, &c., ac un pen iddo'n flaenllym a chrau ar gyfer edau yn y pen arall, a ddefnyddir i bwytho, pin, hefyd yn *dros*.: *needle, pin, also transf*.
10g. (*Ox* 2) *VVB* 195, *notuid*, gl. *acus*. **14**g. *LlB* 59, gwenigawl . . . sef vyd honno, gwreic wrth y *notwyd*. *id*. 115, Tri pheth or keffir ar fford nyt reit y neb atteb ohonunt: pedol, a *nottwyd*, a cheinnawc. *ib*. Teir *nottwyd* kyureithawl yssyd: *nottwyd* gwenigyawl y vrenhines; a *nottwyd* y medyc y wniaw gwelioed; a *nottwyd* y pennkynyd y wniaw y kwn rwygedic. *c*. **1400** *RB* ii. 387, yw uerchet y peris ef aruer o gogeil a gwerthyt a *nytwyd*. *Dchr*. **15**g. *IGE*[2] 195, Arwain sorod a *nodwydd* / A gaf drimis haf i'm swydd (Llywelyn ab y Moel). **15**g. *OBWV* 115, *Nodwyddau*, mi a'u diddawr, / Gwisg pen y ffurfafen fawr [i'r sêr]. **1547** *WS*, gwniaw a *nodwydd*, sowe. *id*. *nodwydd*, a pynne. *c*. **1548** *CM* 1, 782, ai gouid wynnt a vydd ynn tymigo megis pigiad ne vrathe *nodwdde*. **1567** *TN* 67a, Haws/ach yw i gamel vyn'd drwy grau'r *nodwydd*, nag i 'oludawc vyn'd y mewn teyrnas Duw. **1615** R. Smyth: *GB* 114, yr ydoedd [cadair y Pab] 'n llawn drain pigog, a'r fantell werthfawr a oedd am dano ef, yn llawn *nodwyddau* pigog blaenllymion. **1632** *D*, *nodwydd*, acus, acicula. **1753** *TR*, *nodwydd*, a pin, in Anglesey . . . R[hysiart] M[orys]. **1803** *P* d.g. *nydwydd*. Ar lafar; hefyd am offeryn pren i weu rhwydi, *B* xxv. 53. Dywedir fod rhywun 'fel *nodwydd*' sef 'yn glir ei feddwl ac yn ysgafn ei droed'.

(*b*) Bys neu bwyntil cwmpawd, deial, &c., hefyd yn *ffig*.: *the needle or pointer of a compass, dial, &c., also fig*.
15g. *LGCD* 48, Un osod wyf â'r *nodwydd* / Yn y blwch, er yn ddyn blwydd, / A'i phen, lle mae'r diemwnt, / Yn arwydd hyd y Nordd hwnt. **1604–7** *TW* (*Pen* 228), *notwydd* compas llong, y maen ar *nytwydd* y wybot gwletydd a thueddæ: *nytwydd* deial d.g. *versoria*. **1725** *SR* d.g. *a Diall, the Pin of a diall*. **1730** A. Morgan: *CES* [iv], y Llongwr, tra fo ei gylch a'r *Nodwydd* yn gweithio, a hwylio tua Thir. Y *Nodwydd*, a'r [*sic*] ôl ei hogi neu gyffwrdd ei blaen wrth y maen tynnu, a weithia ac a geidw ei blaen tua'r Gogledd. [**1740**] T. Baddy: *DDGH* 119, *nodwydd* Cwmpas. **1752** J. Thomas: *FG* 128, eu Tueddrwydd cryfaf, fel Tueddiad *Nodwyddau* wedi ei cyffrôi, beunydd atto ef y Tynfaen bendigedig. **1772** *W* d.g. *dial, the hand* [*pin, gnomon*] *of a dial*. *id*. *nodwydd* . . . y compod d.g. *needle, the mariner's needle*.

(*c*) Cynhalbren ysgaffaldau; ?enw ar declyn a ddefnyddid mewn gwaith mwyn: (*scaffolding-*)*needle, putlog; ?name of an item of mining equipment*.
1753 *TR*, nodwydd . . . And they call the wooden pins, which are fixed in a wall, to bear up scaffolds in building, *Nodwyddau*, in Glamorganshire. **1760** *ML* ii. 217, ebillion, a *nodwyddau*, a ramerau, a cherwyni golchi . . . a llawer o ryw fân bethau sy'n perthyn i waith mwyn. **1780** *W* d.g. *purlock or purlog, putlogs*.

(*d*) (defnydd o'r gair i enghreifftio peth diwerth: *exx. of the word as typifying a worthless object*).
14g. *YBH* 19a, ny chey om da yn dragywyd werth vn *notwyd*. *c*. **1400** (*SG*) *HMSS* i. 201, ny thal *nytwyd* dy esgussot ti drostaw ef. *id*. 393, Gwyr y wlad . . . ny roynt *nytwyd* yr neb onyt yr lawnslot. *Dchr*. **15**g. *IGE*[2] 165, A'r gair, genwair Dôl Gynwal, / Nid oedd deg, *nodwydd* a dâl (Llywelyn ab y Moel). **15**g. *CSTB* 7, Noswyl Luc, heb unnos lwydd, / Y'm newidid am *nodwydd*! **1682** R. Llwyd: *LlH* 115, ni thâl y cwbl *nodwydd*. **1736** (**1812**) *YRW* 51, Gelwch Whittington yn fuan, / I gym'ryd deliverance o hono ei hunan; / Ni chaiff ef gam am werth y *nodwydd*. [**1745**] W. Roberts: *FfM* 31, Nad ydem ni 'n hidio dwy *Nodwydd*. **1769** Twm o'r Nant: *TChD* 53, Ni waeth geni o *nodwydd*, ac nid ydwi'n hidio.
Amr.: **nedwydd. 1788** M. Williams: *BM* 36, *Nedwydd* Ddur. Ar lafar yng Nghered., sir Gaerf., a Morg.; yng ngodre Cered. a sir Benf. yn y ff. *nedwy*.
Cfn.: **nodwydd (nydwydd, &c.) atynnol:** *magnetic needle*. **1854. n. fach:** (*sewing-*)*needle*. Ar lafar yn y De. **n. frodio:** *embroidery needle, crewel needle*. **20**g. *Bot*. **n. (ddur) y bugail:** *shepherd's needle, Venus's needle, wild chervil, Scandix pecten-veneris, sometimes* (*?erron*.) *of other plants*. **1604–7** *TW* (*Pen* 228), *nydwydd ddur y bugeil* d.g. *scandix*. **1688** *TJ* (*Bot*), *nodwŷdd y bugail*, shepherd's-Needle, venus-comb. **1753** *TR* (*Bot*), *nodwydd y bugail*, shepherds needle, wild chervile, storksbill. **1803** *P* d.g. *nydwydd*. **1813** *WB* 223. **n. greithio:** *darning-needle*. **19–20**g. *SE* d.g. *creithio*. **n. gron:** *darning-needle*. Ar lafar gynt yn sir Benf. '*nedwy-gron*', *GDD* 206. **n. ddur:** *needle*. **15**g. *LGC* 201, I Domas, o waed amhur, / Nid oedd werth y *nodwydd ddur*. **1547** *WS*, *nodwydd ddur*, a nedyll. **1753** *TR*, nodwydd . . . *nodwydd ddûr*, a needle, in Anglesey. R[hysiart] M[orys]. **1803** *P* d.g. *nydwydd*. Ar lafar, *WVBD* 399. **n. ddur hosanau:** *darning-needle*. Ar lafar yn Arfon, 'brodio sanna hefo *nydwy ddur sanna*', *WVBD* 57. **n. (edau) wlân:** *darning-needle*. Ar lafar yng nghanolbarth Cered. a'r De. **(fel) (ceisio, chwilio) n. mewn tas wair:** (*like*) (*seeking, looking for*) *a needle in a haystack*. Ar lafar, *WVBD* 399. *Pysg*. **n. y môr, n. fôr:** *?garfish, needlefish, Belone belone*. *c*. **1730** *Thos. Lloyd D* (LlGC) 180b. Cf. *môr-nodwydd*. **n. (y) morwr:** *compass*. **1778** *W* d.g. *needle, the mariner's needle*. **n. ben:** *pin*. **15–16**g. Dafydd Trefor: *Gw* 299. **1604–7** *TW* (*Pen* 228) d.g. *acicula* (hefyd *D*). **1618** J. Salisbury: *EH* 321. **n. bren:** *instrument used in thatching*. Ar lafar, *WVBD* 399. **n. (drwsio) sachau:** *a special kind of needle, flat and slightly curved at the pointed end, used for repairing hessian sacks, &c*. Ar lafar yn y Gogledd.
Gw. hefyd nodwyddig.

nodwyddaf, nydwyddaf: nodwyddo, nydwyddo [bf. o'r e. bl.] *ba*. Gwnïo, pwytho, hefyd yn *ffig*.; chwistrellu; pigo â phin neu nodwydd, acwbigo: *to sew, stitch, also fig.; inject; prick with a pin or needle, practise acupuncture on*.
1803 *P*, *nydwyddaw*, to needle.

nodwyddaid, nydwyddaid [*nodwydd*, *nydwydd* + *-aid*[1]] *eb*. Tamaid o edau i'w ddefnyddio mewn nodwydd: *needleful*.
1722 *Llst* 189, *nodwyddaid*, f. a needle-full. *c*. **1730** *Thos. Lloyd D* (LlGC) 180b. **1778** *W*, *nodwyddaid* o edau d.g. *a needle-ful of thread*. Ar lafar; hefyd yn y ff. ''*dwyddiad* o eda', *WVBD* 106.

nodwyddes, nydwyddes [*nodwydd*, *nydwydd* neu fôn y f. fl. + *-es*[1]] *eb*. ll. *-au*. Gwniadwraig: *needlewoman, seamstress*.
1803 *P*, *nydwyddes*, a needlewoman, a seamstress.

nodwyddiad[1] [bôn y f. fl. + *-iad*[1]] *eg*. ll. *-au*. Acwbigiad: *acupuncture*.
20g.

nodwyddiad[2], gw. nodwyddaid.

nodwyddig, nydwyddig [*nodwydd*, *nydwydd* + *-ig*[2]] *eb*.

(*a*) Nodwydd fechan: *small needle*.
1604–7 *TW* (*Pen* 228), *nyddwyddic* [*sic*] d.g. *acuncula*. **1632** *D*, *nodwyddig* d.g. *acuncula*. **1722** *Llst* 189, *nodwyddig*, f. a little needle.

(*b*) *Bot*. Creithig, crib Gwener, *Scandix pecten-veneris*: *shepherd's needle, Venus's needle, wild chervil*.
1604–7 *TW* (*Pen* 228), y *nydwyddic*, o bleit yr had ynt ar weith nodwyddæ mewn gweiniæ hirion d.g. *scandix*. *Dchr*. **17**g. *J* 10, 20b.

nodwyddwaith [*nodwydd* + *gwaith*[1]] *eg*. ll. *-weithiau*. Gwaith nodwydd, gwniadwaith: *needlework*.
1831.

nodwyddwr, nydwyddwr [*nodwydd*, *nydwydd*, a bôn y f. fl. + *-wr*] *eg*. ll. *-wyr*. Gwneuthurwr nodwyddau neu binnau; gwnïwr, pwythwr, teiliwr: *needlemaker, pinmaker; sewer, stitcher, tailor*.
1604–7 *TW* (*Pen* 228), *nodwyddwr* d.g. *acicularius*. **1778** *W*, *nodwyddwr* d.g. *needle-maker*. **1803** *P*, *nydwyddwr*, pl. *nydwyddwyr*, a needleman.

nodydd, gw. nodwr.

nodyddiaeth [*nod*¹ + *-yddiaeth*] *eb. Crdd.* Nodiant: (*musical*) *notation.*
1862.

nodymgais [*nod*¹ + *ymgais*] *e?b.* ?Nod, amcan: *aim, objective.*
1896.

nodyn [*nod*¹ + *-yn*] *eg.* ll. (prin) *-nau.*

(*a*) Targed, nod, amcan, diben: *target, aim, object, objective.*
15g. *HS* 18, chwi fel Lawnslod ywr *nodyn* / uwch pawb i dowch awch pob dyn [mawl Syr Rosier]. **16g.** HUW ARWYSTL: *Gw* 80, Ni bv'n dy waith i neb dwyll / *Nodyn* gwyn wyd yn gannwyll. *id.* 100, *nodyn* gwlad Ebram ydoedd [Joseff]. *id.* 122, pvr *nodyn* prenn yw ydwyd. *id.* 487, Nod beirddion . . . / . . . / *nodyn* teg an dawn wyt ti. **1728** T. BADDY: *DDG* 145, un o'i ddewisiad eu hunan; yr hyn oedd ar iddo ef sefyll yn noethlymyn, ai osod yn *nodyn* neu Farc o flaen ei saethyddion hylaw.

(*b*) Marc, arwydd, symbol: *mark, token, sign, symbol.*
1728 T. BADDY: *DDG* 166, efe a Orchymmynasai i'r Juddewon wisgo rhyw *nodyn* hynodol o'r tu allan i'w Dillad. **1732** J. JONES: *C* xv, Holiad o attelir a'r *Nodyn* hwn (?). **1732–3** J. OWEN: *GB* 7, y cyfryw Gamsyniad dinistriol ag sydd yn *Nodyn* eglur ar Rwygwyr. *id.* 83, mae efe yn eu dodi tan *Nodyn* du, i'w pennu allan megis Dynion ag y fyddai a Ffurf Duwioldeb yn unig ganddynt. **1733** J. OWEN: *TBG* 63, St Paul, y Gweithjwr hynod hwnnw . . . Ymma y mae yn eglur . . . *nodyn* ar Weithiwr cywir. **1803** *P*, *nodyn* . . . a mark, a sign.

(*c*) Sylw beirniadol, sylw ychwanegol, datganiad esboniadol, neu gyfeiriad (mewn llyfr, erthygl, &c.); cofnod byr o ffeithiau, &c. (ar gyfer llyfr, adroddiad, &c.); llythyr neu adroddiad byr, erthygl fer: *note* (*in book, article, &c.*); *note* (*for book, report, &c.*); *short letter, report, or article.*
1852.

(*d*) *Crdd.* Sain gerddorol ac iddi amledd neu draw penodol, symbol neu arwydd ysgrifenedig i gyfleu traw a hyd sain o'r fath; allwedd neu fys (piano, organ, &c.): (*musical*) *note* (*tone and sign*); *key or note* (*of piano, organ, &c.*).
1862.

(*e*) *Bot.* Stigma: *stigma* (*in bot.*).
1839.

nodd [?cf. Gael. *snodhach* (ac o bosibl Gwydd. C. *snúad* 'llif'); ansicr yw'r engh. gyntaf] *eg.* ll. *-ion.* Toddiant o halwynau mwynol, siwgrau, &c., sy'n cylchredeg mewn planhigion, hylif bywydol, sug, sudd, rhinflas, gwlybwr, gwlybaniaeth, maeth, hefyd yn *ffig.*: *sap, juice, essence, moisture, nourishment, also fig.*
1595 *Egl Ph* [xiv], Yno nyddid awen *noddion* / Ag ansoddion gwiw naws heddog (Wiliam Midleton). *Dchr.* **17g.** *J* 10, 23a, *nôdd* . . . dwr o vewn derwen y torrir trwch énddi. **1632** *D*, *nodd*, succus arborum vel herbarum. *id.* d.g. *liquor.* **1688** *TJ*, *nodd*, sugŷn coed neu Lysiau: the Sap or Juice of Trees or Herbs. **1718 (1721)** S. THOMAS: *HB* 13, y *Nodd* sydd ymhob math o blanhigion tyfedig. **1741** G. JONES: *HWI* i. 25, trwy *nôdd* y pren y mae'r gangen yn ffrwythlon. **1771** *PDPh* 44, *nodd* tew coch . . . yn rhedeg o bren. **1778** J. HUGHES: *BB* 91, [']R un ffunud y mae ynteu [Adda] / . . . / Yn wreiddyn yn ein llygru, / 'N rhoi *nodd* i'r drwg gynyddu. **1787 (1812)** TWM O'R NANT: *PG* 30, Rhaid gwasgu'r grawnwin llawn, cyn delo eu *nodd* yn iawn. **1793** R. POWELL: *ADV* 22, Ervai llewychus yw'r avallachau / A'r tirvion, a llawnion avallenau / A rhywiawg *nôdd*, ail i'r rhai Gwenddolau. **18–19g.** *Llr* C 8, 221, Nôf, Sil. North Wales *Nodd* the sap of trees. **1800** W. OWEN[-PUGHE]: *CP* 15, [g]wimon wedi ei wneyd yn domenydd . . . nid yw yn atteb gystal â phan fo yn mysg tail a phrîdd; canys y rhai hyn a yfant y cwbyl o *noddion* a redant oddiwrtho. *id.* 108, *noddion* yr hwn [llo] â fo wedi treulio a sychu drwy amyl waedu. **1803** *P.* Ar lafar; hefyd yng nghanolbarth a godre Cered. a sir Benf. yn yr ystyr 'maeth', 'Ma' mwy o *nodd* yn llath gafar', ac yn Arfon yn yr ystyr 'sudd'.

Gw. hefyd nof¹.

noddaeth [bôn y f. ddil. + *-aeth*] *eb.g.* Nawdd, nawddogaeth, cefnogaeth: *patronage, support.*
1849.

Gw. hefyd nawddiaeth.

noddaf, noddiaf¹**: noddi, noddio** [H. Wydd. *snā(i)did-*; gw. hefyd *nawdd*] *bg.a.* Rhoddi nawdd (i), nawddogi, cynnal, cefnogi, diogelu, gwarchod, amddiffyn, llochesu: *to act as patron to, patronize, sponsor, sustain, support, preserve, protect, defend, shelter.*
13g. *C* 8. 11–12, Ny *naut* ucheneid rac guael. **13g.** *A* 1. 19–20, ny *nodi* nac ysgeth nac ysgwyt. **13g.** *B* iv. 3, A *nodo* Duw ry*nodir.* *c.* **1300** *H* 2b. 17, Ny *notes* mawret eu merweryt (Meilyr Brydydd). **14g.** *GDG* 108, Diau yw hyn, y daw hi / I'th nawdd, a Duw i'th *noddi.* **15g.** *BB* 189, ny *nodei* aruev or byt racdaw. *Dchr.* **17g.** *J* 10, 23a, *noddio* . . . sospito. **1632** *D*, *noddi*, protegere, defendere, asylum præbere. **1661** E. LEWIS: *Drex* [xiii], byddwch chwi . . . yn amddiffynfa iddo i'w *noddi* rhag geiriau . . . absenwyr. **1728** T. BADDY: *DDG* 7, Pennadur y Gwfaint neu 'r Fynachlog, yr hwn sydd yn *noddi* yr holl Bererinion. **1803** *P.*

noddaidd [*nodd* + *-aidd*] *a.* Llawn nodd neu sudd, noddlyd: *juicy.*
1795 J. THOMAS: *AIC* 360, mwyaf ôll o Sugn Sŷdd ynddo . . . mwya ôll o nerth a deifl i'r ffrŵyth, i'w gwneud yn fawrion ac yn *noddaidd.*

nodd-dir [*nawdd* + *tir*] *eg.* Lle y ceir nawdd ynddo; lloches, noddfa, nodded, seintwar: *place of patronage*; *shelter, refuge, asylum, sanctuary.*
16g. RHISIART FYNGLWYD, &c.: *Gw* 22, Y neuadd fal Llyn Baddon, / *Nodd-dir* hael, nawdd Duw ar hon. **1604–7** *TW* (*Pen* 228) d.g. *refugium, sanctuarium.* **17g.** *CC* 204, holl wragedd Gwynedd ai gwyr / ith borth gidath aberthwyr / ath *nodddir* ath neuaddai / i bawb i rhoi r [*sic*] i bob rhai. **17–18g.** *LlGC* 6499, 571, ni bydd i leidr *nodddir* yn vnlle.

Gw. hefyd nawdd-dir.

nodd-dy [*nawdd* + *tŷ*] *eg.* ll. *-dai.* Tŷ lle ceir nawdd; lloches: *house of patronage*; *a shelter.*
16g. HUW ARWYSTL: *Gw* 435, gwnblad adeilad elwir: *nodd dy* gwawd.

Gw. hefyd nawdd-dŷ.

nodded [*nawdd* + *-ed*¹; cf. H. Lyd. *nodet*, gl. *sacellum*, Gwydd. C. *snádud* 'amddiffyn'] *eb.* Noddfa, lloches, seintwar, amddiffyn, amddiffyniad; nawdd, cefnogaeth; hefyd yn *ffig.*: *refuge, shelter, sanctuary, protection, defence*; *patronage, support*; *also fig.*
13g. *C* 16. 7–8, Cor waradred. kenetyl *noted.* **13g.** *BD* 77, yd oedynt pavb ar fo, rei y'r kestyll . . . ereill y wladoed y byt, y geissyav *nodet* am eu heneideu. *c.* **1300** *H* 81b. 2, A uynnho *noted* kyrched dewi (Gwynfardd Brycheiniog). *c.* **1400** *R* 1195. 36–7, Ennwawc arderchawc archaf y *nodet.* **15g.** *GDLl* 47, Llawer gweddi rhag llwyr godded, / A blin oeddyn' heb le *nodded.* **1567** *LlGG* 85b, Duw eyn *noddet* a'n cedernit. **1567** G. ROBERT: *GC* [iii], Yr Iaith Gymraeg yn erchi gan dduw, lwyddiant [*sic*] . . . iw hanrhydeddussaf bennadur, ai diball *nodded* Viliam [*sic*] Harbart. **1595** H. LEWYS: *PA* 165, Y brenin Pharao a fygythiodd [F]oeses yn aruthr . . . eythr duw ai ymddeffynnodd ef tann i *nodded.* **1620** *Salm* xciv. 22, yr Arglwydd sydd yn amddeffynfa i mi, a'm Duw yw craig fy *nodded.* **1632** *D*, *nodded*, asylum, protectio, refugium. **1753** *TR* xx, Fe anrhegodd Mr. Salisburi ei Lyfr i'r Brenin Harri . . . a'r Gwaith hwn a brintiwyd yn Llundain, dan ei *Nodded* frenhinol Ef. **1759** T. THOMAS: *WWDd* 177–8, [yr] Arglwydd oedd ei Noddfa . . . i ffoi atto trwy ffŷdd am *nodded*, rhag dïalydd y gwaed, sef y gyfraith. **1803** *P.*

noddedaf: noddedu [bf. o'r e. bl.] *ba.* Noddi, nawddogi, cynnal, cefnogi, gwarchod, llochesu: *to patronize, sponsor, sustain, support, protect, shelter.*
1822.

noddedig¹ [bôn y f. *noddaf*: *noddi* + *-edig*; cf. H. Lyd. *nodetic*, gl. *fultus*] *a.bfl.* a hefyd fel *eg.* ll. *-ion.* Wedi ei noddi neu ei lochesu; un sy'n derbyn nawdd neu loches, efaciwî, ffoadur; (un sydd) yn rhoddi nawdd neu loches, noddwr, llocheswr: *patronized, sheltered*; *one who receives patronage or shelter, evacuee, refugee*; *giving or affording patronage or shelter*; *patron, shelterer.*
16–17g. *PhA* 501, *noddedic* un wedd ydun / a thy dduw ni fethodd un [i'r tai coed yng Ngwedir]. **1730** IACO AB DEWI: *YL* 17[2], y ffordd i ffynio trwy *Noddedigion* (*clients*) yw, arfer Cydwybod onest ac union. Ac i'r *Noddedig* (*client*) onest moes i mi roddi i ti y Cyngor ymma: a wyti yn caru dy Heddwch? **18–19g.** *Iolo MSS* 52, cynnal rhagorsedd . . . er dangos i Awenyddion a *noddedigion* y petheu a ddylynt eu dysgu.

Gw. hefyd nawddedig.

noddedig² [bôn y f. *noddiaf*²: *noddio* + *-edig*] *a.bfl.* Wedi ei atafaelu: *confiscated.*
Dchr. **17g.** *J* 10, 23a, *noddedig*, confiscatus.

noddedig³ [*nodd* + *-edig*] *a.* Noddlyd, iraidd, llaith: *succulent, moist.*
1795 J. THOMAS: *AIC* 259, Arogliad Sŷdd fath o Darth teneu yn Derchafu oddi ar bethau *Noddedig* ac yn ehedeg gyda'r Awel i'n Ffroenau.

noddes [bôn y f. *noddaf*: *noddi* + *-es*¹] *eb.* ll. *-au.* Noddwraig: *patroness.*
1885.

noddfa [*nawdd* + *-fa, ma*] *eb.g.* ll. *-fâu, -faeau, -feydd.* (Lle sy'n rhoddi) cysgod neu amddiffyniad rhag erlid, perygl, helynt, &c., lloches, seintwar, amddiffynfa, hefyd yn *ffig.*: (*place of*) *refuge, shelter, sanctuary, protection, also fig.*
13g. *HGK* 14, er aur hon en urthladedic ac en foedic . . . yd wyf en emdirgelu en e *nodua* honn. **13g.** *BD* 32–3, rodi *noduaeu* a wnaeth y'r dinassoed ac y'r temleu, mal y gallei pavb o'r a uei reit udunt cyrchu y diogelvch. **14g.** *Bren Saes* 126, [c]yrchu eglwys Aber Daron a chael y *nodua.* *c.* **1400** *R* 1383. 2–3, can duw nef yny vawr *nodua.* ys caffo ef drugared adiwed da. **15g.** *GTP* 36, Lle y gwnaeth ef fis Mehefin / Allor y gerdd gerllaw'r gwin. / Llyna *noddfa* newyddfalch, / Llathau coed a llwythau calch. **16g.** (*LlEG*) *Mos* 158, 335a, gwneuthud plwyfuau Kymrv ai bordorau yn *nodduaeyav* [*sic*]. **1547** *WS*, kyssegyr neu *noddfa*, sentuary. **1588** *Jos* xx. cs., Y *noddfeudd* y rhai a barodd yr Arglwydd eu gosod yn y wlâd. **1588** *Eseia* viii. 13–14, Arglwydd y lluoedd . . . efe a fydd yn *noddfa* . . . i ddau dŷ Israel. **1595** H. LEWYS: *PA* 153, Eythr ef . . . a saif yn dragwyddol dann ascell a *noddfa* duw. **1632** *D*, *noddfa*, asylum. *id.* d.g. *refugium, sanctuarium.* **1672** J. LANGFORD: *HDdD* [xxi], Y *noddfa* diwaethaf a ellwch [c]hwi ei ddisgwyl yw Trugaredd Dduw. **1703** E. WYNNE: *BC* 13, Yr oedd yno fyrdd o'r fâth blasau gwrthodedig, a allasei . . . fod . . . yn *Noddfa* i'r gweiniaid. **1707** *GREE* [vi], Hyn a'm gyrrodd ac am hannogodd i gynnig . . . y Traethawd syn canlyn i ch *Noddfa.* **1776** I. BRYDYDD HIR: *P* i. 101, [p]e digwyddai y gwaethaf ini, y bêdd a fyddai yn *noddfa* ag amddiffynfa ddiogel. **1803** *P.*
Cfn.: **ar noddfa**: *receiving shelter or sanctuary.* **13g.** *HGK* 8. Gw. hefyd *nawdd—ar n.*

Gw. hefyd nawddfa.

noddfan [*nawdd* + *man*¹] *e?b.* Noddfa: *refuge.*
1869.

noddfawr [bôn y f. *noddaf*: *noddi* a *nawdd* + *mawr*] *a.* Mawr ei amddiffyniad, amddiffynnol, gwarchodol: *affording great protection, protective, protecting, guarding.*
1768 J. THOMAS: *NSGG* 20, Pob ysbryd mawr, / A syrth i lawr, / Wrth *noddfawr* borth y ne'. **1789** J. THOMAS: *DdS* 78, [c]ael bod dan ei hymgeledd *noddfawr* hi [Seion]. **1793** DAFYDD IONAWR: *CD* 138, Daw Iesu cu D'wysog hedd, / . . . / I lawr, Dduw *noddfawr*, o Nef.

Gw. hefyd nawddfawr.

noddfur [*nawdd* + *mur*] *eg.* Morglawdd: *breakwater.*
1850.

noddiad¹ [bôn y f. *noddaf*: *noddi* + *-iad*¹; ansicr yw'r engh. gyntaf] *eg.* Amddiffyniad: *protection.*
14g. *T* 7. 25–6, anclut yscrut escar *nodyat.* **1803** *P*, *noddiad*, a giving refuge[,] a protecting.

noddiad² [bôn y f. *noddiaf*²: *noddio* + *-iad*¹] *eg.* Atafaeliad: *confiscation.*
1604–7 *TW* (*Pen* 228), *noddiat* da d.g. *publicatio.* *Dchr.* **17g.** *J* 10, 23a, *noddiad* da, publicatio.

noddiad[3] [*nodd + -iad*[1]] *eg.* Blas; hylif corfforol: *flavour*; *body fluid*.
1795 J. Thomas: *AIC* 254, Arogli[a]d a *Noddiad* (*Odour and Sapours*).

noddiaf[1]**: noddio,** gw. noddaf: noddi.

noddiaf[2]**: noddio** [dichon fod mwy nag un f. wedi ei chynnwys yma] *bg.a.* Gorchymyn (i); atafaelu, fforffedu: *to command*; *confiscate*, *forfeit*.
1567 *TN* 307a, Ydd wyf yn ych *noddio* [:- tyngu, gorchymyn] . . . ar vot ddarllen yr epistol hwn. **1604–7** *TW* (*Pen* 228), *noddio* da d.g. *confisco*, *publico*. *id.* hwn sy'n attauaela ne'n arrestio ag yn *noddio* d.g. *pignerator*. *Dchr.* **17**g. *J* 10, 23a, *noddio*, to charge.

noddiant [bôn y f. *noddaf*: *noddi* a *nawdd + -iant*] *eg.* Nawdd, cefnogaeth; noddfa: *patronage*, *support*; *refuge*.
16g. Morus Dwyfech: *Gw* 24, Rhai eraill . . . / . . . / Na pheidiant, i'w *noddiant* Nêr, / Â nwyfus dyngu'n ofer. **16–17**g. *HG* 309, Gras ffyniant a *noddiant* cynyddys: hapged / Thomas hopgyn lewys. **1803** *P*.
Gw. hefyd nawddiant.

noddle [*nawdd + lle*[1]] *eg.* Gwallgofdy; lloches, noddfa, hefyd yn *ffig.*: *lunatic asylum*; *shelter*, *refuge*, *also fig.*
1850.
Gw. hefyd nawddle.

noddlyd [*nodd + -lyd*] *a.* Llawn sudd neu nodd, iraidd, llaith, gwlybyrog, maethlon, hefyd yn *ffig.*: *juicy*, *sappy*, *succulent*, *moist*, *nourishing*, *also fig.*
1800 W. Owen[-Pughe]: *CP* 108, bydd y cîg yn *noddlyd* hefyd, o flâs da. **1803** *P*, *noddlyd*, of a juicy nature, sappy. Ar lafar yn Llŷn, 'ma'r dorth gyraints yma'n *noddlyd*', *BILlE* 30.

noddog [*nodd + -og*] *a.* Noddlyd, iraidd: *juicy*, *succulent*.
1840.

noddol [*nawdd + -ol*] *a.* Yn noddi, amddiffynnol, gwarchodol, cysgodol: *giving patronage*, *protecting*, *defending*, *sheltering*.
16–17g. *PhA* 458, Y Gyfraith berffaith gwaith bygythiol/ . . . / nid byw un heddyw yn heuddol o ras / ai ceidw n Addas fel cadwyn *noddol*. **18**g. *W Ballads* 2B, 2, Creawdwr eu [*sic*] radol, wiw *noddol* y nê. **1754** *Gron* 47–8, Er mai gormodd, wr *noddawl*, / Yw rhif deg rhof fi a diawl, / Deuddeg o chaf ni'm diddawr, / Ni'ch difwyn y gwr mwyn mawr [i ofyn ffrancod]. **1780** *W* d.g. *protecting*. **1803** *P*.
Gw. hefyd nawddol.

noddreg, gw. noddwr.

noddsant [*nawdd + sant*] *eg.* Nawddsant, mabsant: *patron saint*.
1934.

noddus [*nawdd + -us*] *a.* Amddiffynnol, cysgodol: *protecting*, *sheltering*.
1780 *W* d.g. *protecting*. **1803** *P*.

noddwr [bôn y f. *noddaf*: *noddi + -wr*] *eg.* (b. *noddwraig* (*noddreg*), ll. *-wragedd*) ll. *-wyr*. Un sy'n noddi, cymwynaswr, cefnogwr, amddiffynnwr, gwarcheidwad, ceidwad, gwarchodwr, gwyliedydd, llocheswr, nawddsant, mabsant: *patron*, *benefactor*, *sponsor*, *defender*, *protector*, *preserver*, *guardian*, *guard*, *harbourer*, *patron saint*.
15g. *GHC* 41, Ein unmeistr wyd yn Ninmael / A Nudd Rhos, a *noddwr* hael. **15**g. *DE* 95, Rywliwr reg *noddwr* hv gynyddion. **1603** W. Midleton: *Ps* 30, Fymhrynnwr *noddwr* yn nyddiau kaled. **1604–7** *TW* (*Pen* 228), *noddwr* d.g. *conseruator*. *id. noddwraic* d.g. *conseruatrix*. *Dchr.* **17**g. *LlGC* 970, [71], Y grog hüalog hoelion / gwryd fraen agored fronn / merthyr benadür ydwyd / prynwr a *noddwr* ynn wyd. **1632** *D*, *noddwr* d.g. *hyperaspistes*, *protector*. *id. noddwraig* d.g. *patrona*. **1684** H. Owen: *DC* 389, fy Nuw i, *Noddwr* fy enaid, Cryfhewr [*sic*] pob gwendid dynol. **1696** *CDD* 126, Hwn ydŷw'n achubwr garedig Greawdwr, / Jesu deŷrnaswr iawn *noddwr* or nêf. **1725** S. Rhydderch: *Alm* [11], *noddwr* neu Ymddiffynnwr i'r Brenhin. **1770** *W*, *noddwr* d.g. *benefactor*, *patron*, *protector*. *id. noddwraig* d.g. *benefactress*, *patroness*, *protectrix*. **1803** *P*, *noddwr*, s.m. pl. *noddwyr*, one who gives refuge; a protector.
Gw. hefyd nawddwr.

noddydd [bôn y f. *noddaf*: *noddi + -ydd*[3]] *eg.* (b. *-es*). Noddwr, amddiffynnwr, cefnogwr: *patron*, *defender*, *supporter*.
1838.

noddyn [amr. ar *anoddun*, *anoddyn*] *eg.* Affwys, pwll dwfn, hefyd yn *ffig.*: *abyss*, *deep pool*, *also fig.*
16g. Lewys Morgannwg: *Gw* 442, ynys vorgylch nos vawrgoll / wrddno aeth yn *noddyn* oll. **1603** W. Midleton: *Ps* 134, Di osodaist dwys ydoedd / Dayar-derfyn (*noddyn* oedd:). *Dchr.* **17**g. *J* 10, 23a, *noddyn*, abyssus. **1753** *TR*, *noddyn*, a pit or deep pool. **1803** *P*.

noe [Llyd. Diw. *nev*: < Brth. **nāu̯iā* (cf. H. Wydd. *nau* 'cwch'), o'r gwr. IE. **nāu-* 'cwch', cf. Llad. *nāvis* 'llong', *nāvia* 'llestr'] *eb.g.* (bach. *-en*) ll. *-au*, *-ydd*, weithiau gyda grym ansoddeiriol. Llestr (pren) ar gyfer trin ymenyn, tylino toes, halltu cig moch, &c., dysgl fas, powlen, padell, basn, golchlestr, cafn pren, hefyd yn *dros.*: *(wooden) vessel used in making butter*, *kneading dough*, *salting pork*, *&c.*, *shallow dish*, *bowl*, *pan*, *basin*, *laver*, *wooden trough*, *also transf.*
13g. *LTWL* 237, Budei iiii denarii legales. *Noe* tantumdem. **14**g. *WM* 49. 9–11, meithryn ederyn drydwen a wnaeth hitheu [Branwen] ar dal y *noe* gyt a hi. **14**g. *GIG* 147, Lled *noe*, llun lleuad newydd, / Lletpai fal hen fuddai fydd [i'r llong]. **16**g. *Llst* 6, 107, ffair llyn achoffor holl wyned / ffiol *noe* braff o lynedd. **1547** *WS*, *noe*, llestyr. **1588** *Ecs* xxx. cs., Y *noe*, neu yr golch-lestr prês. **1588** 1 *Br* vii. 40, Gwnaeth Hiram hefyd *noeau*, a rhawiau a chawgiau. **1632** *D* d.g. *labrum*, *luter*, *sinum*, *trulla*. **18**g. *Beirdd y Berwyn* 76, Mit llaeth sur, a gordd i gorddi, / *Noe* i gweirio yr ymenyn, / A photie pridd i ddal yr enwyn. **1759** *DG* 6, Na ddoed hên Ddiogenes / A'i durnen *noe-en* yn nês. **1777** E. Roberts: *DG* 49, Bydd Gŵr ar fôch fawr a fydde'n Jouo / . . . / ar fynd yn gynddeiriog ai wefle *noe* / o eisio joe o Dobaco. **1803** *P*, *noe*, any shallow vessel; a platter, or flat wooden dish; a tray. Ar lafar yn y Gogledd fel eb. (ll. *noea*, *nwya*, *no(e)dd*) yn yr ystyr 'dysgl bren at gweirio menyn', *WVBD* 398, ac yn sir Benf. yn y ff. *nŵe* (eg.) yn yr ystyr 'cafn pren o ryw chwe throedfedd o hyd a throedfedd a hanner o led', *Geir Geg* 142–3.
Cfn.: **noe bobi:** *kneading-trough*. **16**g. *GRCG* 34. **1632** *D* d.g. *artopta*. **1803** *P*. **bod wrth n.:** *?to be dependent upon*. **13**g. *D Col* 23, e dyly e mab *bot urth noe* y tat a'y ureynt. *id.* 49, a'y uot en arguyd ar y gwreyc a'y ueybyon ac ar eu da hyt tra delewynt wy *uot urth* e *noe* ef. **13**g. *LlI* 65, O'r pan anher y mab ene uo pedeyr bluyd ar dec e dele *bot urth noe* e tat, a'e tat en argluyd arnau. *id.* 66, Merch . . . O'r pan anher ene uo deudeg bluyd e dele *bot urth noe* y that . . . ac ny dele *bot urth noe* y that o henne allan onyt ef ehun a'e men. **1730** *Leg Wall* 579, noe . . . *Bod wrth noe* ei thad, Esse in patria potestate.

noeaid [*noe + -aid*[1]] *eb.* ll. *noeeidiau*. Llond noe, cynnwys noe, dysglaid: *dishful*.
17g. Huw Morus: *EC* i. 354, Cael sucan cryn *noeaid*. **1803** *P*.

noefaf, noefiaf: noefad, noefio, gw. nofiaf: nofio.

noefwraig, gw. nofiwr.

noes [bnth. S. *noise*; ansicr yw'r engh. gyntaf] *e?b.* Sŵn, llef: *noise*, *shout*.
c. **1400** *R* 1338. 7–8, lle divrawt rwyfwawt ryuic nys dalyant. *noes* dylwyth tranghyedic. **15**g. *GGl*[2] 251, Dolef hyd y nef a wnânt, / A llafurio holl Ferwyn, / Llef a'i *noes* yn llyfnu ynn [i erchi ychen]. **16**g. Gr. Hiraethog: *Gw* (D. J. B.) 103. 79–80, Cair brig iaith, croyw bregethiad, / Cogor *noes* ceg orau'i nâd [i ofyn ceiliog bronfraith]. **16**g. *GSOG* 63, A llif gwyn ddolydd a llef gan ddeiliaid / A naws gŵyn oerchwedl a *noes* gan eirchiaid [marwnad Siencyn ap Siôn). **16–17**g. Siôn Mawddwy: *Gw* 346, Hir yw dy *noes*, ŵr di-nam, / Hois deirgwaith iaith ystwyrgam [i ddannod i Lywelyn Siôn fod yn grier]. **17**g. Huw Morus: *EC* ii. 200, Gwagedd yw agwedd dy faswedd di foes, / Yn galw ar y marw yn arw dy *noes*. *c.* **1730** *Thos. Lloyd D* (LlGC) 181b, *noes*, noise. **1759** *BC* 441, Ystyria am dy hoedl, mo'r Uchel yw'r ôch / A rydd y rhai meddwon yn eirwon eu *noes*. **1769** Twm o'r Nant: *TChD* 54, O ni wiw iti aros yma i gadw *Noes*, / Os tynni di ryw groes Gwestiwne.

noesiaf: noesio, noesi [bf. o'r e. bl.] *bg.a.* Gweiddi, llefain, nadu: *to shout*, *cry*, *wail*.
17g. *CRC* 231, Tair o finydde hirion di chware / llawer mewn eisie yn *noysi* bob dydd. **17**g. *LlGC* 10249, 199, hon llefodd, *noesiodd* oer nâd. *c.* **1730** *Thos. Lloyd D* (LlGC) 181b, *noesio*, to make a noise. **1736 (1812)** *YRW* 33, Ac a'i cadwaf [cath] yn fy nghist yn glôs, / Dan y nos i *noesi*. **[1745]** W. Roberts: *FfM* 33, A lleisio oni bo'ch di 'n rhusio rhai, / Wrth *noesi* yn y Tai nesaf.

noeth [Crn. C. *noeth*, *no(y)th*, H. Lyd. *noit*, Llyd. C. *noaz*, Llyd. Diw. *noazh*, H. Wydd. a Gwydd. Diw. *nocht*: < Clt. **noxtos*, o'r gwr. IE. **nogᵘ̯-* 'noeth'; cf. Llad. *nūdus*, H. S. *nacod* (> S. Diw. *naked*] *a.* ll. *-(i)on*, a hefyd gyda grym enwol.

(*a*) Heb ddillad, penwisg, esgid, &c., amdano, wedi ymddiosg, wedi ei ddinoethi; llednoeth, gwael ei wisg; hefyd yn *ffig.*: *naked*, *nude*, *undressed*, *stripped*, *bare*; *half-naked*, *ill-clad*; *also fig.*
13g. *C* 84. 8–9, Ro vyd. y. newy[n]auc. a dillad y*noeth*. **13**g. *A* 26. 9–10, ny byd ehovyn *noeth* en ysgall. **13**g. *BD* 7, Canys paravt oed wyr Tro ac eu harueu yn gyweyr wysgedyc ymdanadunt, a gvyr Groec *noethon* dyaryf oedynt. **1346** *LlA* 66, Ae yn *noethyon* Ae yn wisgawc ybydant wy. **15**g. **(1594)** *BY* 6–7, gwedy gwneuthur vddûnt gwiscoedd o'r dail, a rhac anweddusset gantûnt eû *noethet*. **15**g. *LGC* 438, yn *noethach* ym gwnaethant / No'r gleisiad yn noviad nant [i ofyn huling gwely]. **1488–9** *BSM* 14, estynnodd i benn y[n] *noeth* tv ac atto. **1547** *WS*, *noeth*, diddillad, naked. **1551** W. Salesbury: *KLl* xxviiia, Ac yddoedd vn gwas ieuank wedy'r amwiscaw o liein ar y *noeth* (**1588** *Marc* xiv. 51 ar ei gorph *noeth*). **1588** *Job* i. 21, *noeth* y daethum o grôth fy mam, a *noeth* y dychwelaf yno. **1632** *D*, *noeth*, nudus. **1632** J. Davies: *LlR* 61, tywysogion a gwyr mawr, yn sefyll yno yn *noethion* yngŵydd holl greaduriaid Duw. **1762** *ML* ii. 434, plant *noethion* yn gwaeddi am fwyd, shocking to behold! **1803** *P*.

(*b*) Heb ddim o'r gorchudd arferol arno, moel neu agored (am dir, &c.), llwm, noethlwm (am dymor); heb orchudd (am fwrdd, llawr, &c.); heb wallt, penfoel, heb flew; wedi bwrw ei dail neu heb ffrwythau arni (am goeden); gwag (am dudalen); wedi ei dynnu o'r wain (am gleddyf, &c.); wedi colli'r croen (am gnawd); hefyd yn *ffig.*: *deprived of its normal covering*, *bare or exposed* (*of land*, *&c.*), *bleak* (*of season*); *uncovered* (*of table*, *floor*, *&c.*); *bald*, *bald-headed*, *hairless*; *bare* (*of tree*); *blank* (*of page*); *unsheathed* (*of sword*, *&c.*); *raw* (*of flesh*); *also fig.*
14g. *WM* 176. 12–14, yfet y byscotlyn yny diawt agadu y pyscawt yn *noeth*. *c.* **1400** *SDR* 56, deuth lladron y'r prenn a'e yspeilaw o'e ffrwyth . . . ky *noethet* a hynny y gedeu doethon Rufein ditheu o ffrwyth dy deyrnas. *c.* **1400** *YCM*[2] 39, Rac bronn y gadeir yn wastat . . . y dygit cledyf *noeth*. *id.* 133, bu dir udunt bebyllyaw ar y *noeth* ueyssyd. **15**g. Deio ab Ieuan Du, &c.: *Gw* 279, Mae'n oerddig am wen eirddoeth, / Mae'r haf fal yn aeaf *noeth*. **15**g. Gwilym Tew: *Gw* 519, Mae'r ffaldiaid ddefaid oedd iau / Yn *noethion*, gwen yw hithau. *Diw.* **16**g. *WLB* 51, yna i dda ef [cnawd] yn gig *noeth* fal kefn rhydi march a drewi a wna. **1588** *Job* xxvi. 6, Y mae uffern yn *noeth* ger ei fron ef: ac nid oes dô ar ddestruw. **1588** *Heb* iv. 13, pob peth sydd yn *noeth* ac yn agored iw lygaid ef. **1679** C. Edwards: *GGG* 214, mor *noeth* ydym i ddigofaint Duw. **1698** T. Jones: *Art* 9, [p]en wedi ei eillio, ac yn *noeth* . . . neu heb ddim gwallt. **1704** *AS* 16, y tu cyntaf o'r ail ddalen lle a gwelwch bapur *noeth*. **1800** W. Owen[-Pughe]: *CP* 97, [c]awsellt *noeth* heb lian. Ar lafar, 'Lle *noeth* iawn ydi Niwbwrch', *WVBD* 398.

(*c*) Prin, (yn) unig, heb ddim arall, syml, pur, plaen, diaddurn, heb gymorth arbennig; wyneb-galed, digywilydd: *bare*, *mere*, *simple*, *pure*, *plain*, *unadorned*, *unaided*, *naked* (*of eye*); *bare-faced*, *shameless*.
1606 E. James: *Hom* i. 57, byw yn segurllyd heb weithredoedd da (gan dybied fod ffydd *Noeth* yn ddigon iddynt . . .). *id.* 59–60, nid ydys yn mesur gorchwylion da wrth y gweithredoedd *noethion*. **1618** J. Salisbury: *EH* 169, nyd anawdd gochêlyd y pechod hwn . . . gan nad ydyw arfer o ddwyn gydag ef na llês na difyrrwch i'n llithio . . .

ond drigioni'r pechod megys yn *noeth*. **1630** R. Vaughan: *YDd* 493, Nid y gwybodaeth *noeth* or Scrythurau . . . ydyw gwir ffydd. **1672** J. Langford: *HDdD* 111, bôd yn gwbl Eir-wir yn dy holl ymadroddion, fal y Credo pób Dyn dydi ar dy Air *noeth*. **1696** *CDD* 123, Y gŵr a gollasom am *noeth* waith a wnaethom, / Hwn eilwaith a gawsom yn gysur. **1703** E. Wynne: *BC* 69, galwyd hwy yno wrth eu henwau *noethion*, Meddwyn a Phuttain. **1709** H. Powel: *G* 46, nid Cyffelybiaeth *noeth* . . . sydd ymma yn unig. **1725** D. Lewis: *GB* 227, yn weledig i'r Llygad *noeth*. **1747** T. Evans: *DDM* 9, er iddo fod yn Gelwydd *noeth*. **1759** T. Thomas: *WWDd* 340, nid y cyflawniad *noeth* o'r ddyledswydd, a rŷdd fodlonrwydd iddo ef. **1790** T. Jones: *TOS* 297, Llawenhau yn petheu na wel'som erioed . . . a hyn ar addewid *noeth* yn y Bibl. Ar lafar i ddisgrifio person heb flewyn ar ei dafod, 'Un *noeth* iawn ydi o'.

Cfn.: **noeth lymun (luman, lumun, lyman, &c.)** [est. o *noethlwm* yn ôl *OIG* 98, ond mae'r dystiolaeth amseryddol yn erbyn hynny] (ll. *-iaid, -ion, -od*; b. *noeth lumanes*): *stark naked (person), also fig.* *c.* **1400** *YSG* i. 106, pan weleist vi yn *noethlumyn*. *Diw.* **15**g. (**15–16**g.) *B* xvii. 85, fecis hen llvman cyleirch yn *noeddlvmvn* (Y Nant). **1547** *WS*, *noeth lymyn*, stryp naked. **1552** *Pen* 403, 90, *noeth lvmvniaid*. **1588** *Am* ii. 16, *noeth-lymmun*. **1604–7** *TW* (*Pen* 228), *noethlumvnieit* d.g. *aliptes*. **1632** *D*, noeth . . . *Noethlummyn*, totus nudus, A Noeth, & Llwm. **1703** E. Wynne: *BC* 7, *noeth lumman*. **1716** E. Samuel: *GGG* 128, *noethlumynniaid*. **1718 (1721)** S. Thomas: *HB* 30, yn ddiddillad ac yn *noeth lymynion* agos. **1754** *ML* i. 298, Mae'r ddau hogyn wedi mynd yn *noeth lumaniaid* . . . ni fedd yr hynaf grŷs am ei gefn. **1803** *P* d.g. *noethlyman*. *c.* **1807** *LIGN* 6, Os breuddwydia gwraig ei bod yn gorwedd yn *noeth lumanes* ym mreichia [*sic*] ei gwr. Ar lafar, hefyd yn y ff. *noeth lymun groen (gorn)*, *noeth lymun stitsh*. Gw. hefyd *hoeth—h. lymun* (At.).

Gw. hefyd hoeth.

noethaf: noethi[2] [bf. o'r a. bl.] *bg.a.* Dinoethi, dadwisgo, diddilladu, diosg, tynnu (dillad, gorchudd, &c.) oddi ar (rywun neu rywbeth), dadorchuddio, datguddio, amlygu, egluro; moeli; amddifadu (o); gwneud (tir) yn llwm; tynnu (cleddyf) o'r wain: *to bare, undress, denude, remove (clothing, covering, &c.) from, strip, uncover, expose, make plain or clear; go bald, make bald; deprive (of); lay bare; draw or bare (a sword).*

13g. *Brut B* 48, ena *noethy* y dwy vron a gwnaeth. **14**g. *LlB* 95, Or *noethir* gayafty, trayann y werth a telir drostaw. **1346** *LlA* 81, kymryt y corff oe olchi . . . Aphann dechreuassant *ynoethi* y tywynnawd o diruawr eglurder. **14**g. *GDG* 91, Mai truan, anniddan oedd / *Noethi* bedw 'n eithaf bydoedd. *c.* **1400** *RB* ii. 190, *noethi* caletuwlch aoruc. *c.* **1400** *YCM[2]* 191, *noethi* byrdeu oc eu llieineu. *c.* **1400** *YSG* i. 18, A phan welych ditheu na ellych dianc, yna *noetha* ditheu y groes honn. **15**g. *LGC* 46, Gwna wledd a'th nadredd *noetha* odre Lloegr. **1551** W. Salesbury: *KLl* xxivb, wynt ae *noethasont* or vantell. **1632** *D*, *noethi*, denudare. **1689** E. Morus: *RC* 20, disgwil ei ddialedd ef i gwympo arnynt, ac i'w *noethi* hwynt o'i holl gyssur. **1770** *TG* iii. 46, Mewn iaith heb ei *noethi* [:- hegluro]. **1798** R. Davies: *CG* 97, Maes-trefi lle 'mesyd Rhyfel / *Noethir* yr holl dir lle del. **1803** *P*. Ar lafar yn Arfon yn yr ystyr 'moeli', '*noethi* ar yr ael'.

Cfn.: **noethi cleddyf:** *to draw or bare a sword.* *c.* **1400** *RB* ii. 213. **15**g. *BB* 137. **n. dannedd (ei ddannedd, &c.):** *to bare the teeth, to snarl.* **1815. n. pen (ei ben, eu pennau, &c.):** *to bare one's head.* *c.* **1400** *YCM[2]* 184. **1653** R. Jones: *TTN* 25.

Gw. hefyd noethi[1].

noethaidd [*noeth* + *-aidd*] *a.* Llednoeth; llwm, noethlwm; plaen, heb flewyn ar dafod, eglur, amlwg: *half-naked; bare, bleak; plain, candid, clear, evident.*

1746 *W Ballads* 123, 2, ffwrn *noethedd* uffarn Eitha. **18**g. *W Ballads* 9, 3, na roe ronyn ir tylodion . . . ud na blawd i frawd na chefnder er i danedd / i chwaer *noethedd* na chyfnither / llauth na maidd na dim. **18**g. *W Ballads* 199, 4, haid o Ellyllon . . . / Mewn ffau o Anhynedd *noethedd* nyth. **1770** J. Prys: *Alm* 5, Cerdd oth wiwlan waith a welais / . . . / Roedd heb gelu a barn go galed / A lled *noethedd* am benaethied.

noethas, gw. nwythas[2].

noethder [*noeth* + *-der*; Llyd. C. *noazder*] *eg.* Noethni, moelni, hefyd yn *ffig.*: *nakedness, bareness, also fig.*

1567 *TN* 377a, gwisco amdanad a dillad gwnion . . . mal nad ymddangoso cywilydd dy *noethter* di. **1588** *Gen* xlii. 12, i edrych *noethder* y wlâd y daethoch. **1632** *D*, llymder a *noethder* ac eiddilwch ymadrodd d.g. *iejunitas*. *id.* d.g. *nuditas*. **1672** R. Prichard: *Gw* 65, Fe guddia 'n holl *noethder* â'i ddillad ei hun. **1722** *Llst* 189, noethni, *noethder*, m. nakedness. **1723** J. Jones: *LlA* 91, cyfiawnder gwael i guddio gwarth eu *noethder*. **1759** T. Thomas: *WWDd* 181–2, ni allai efe anturio 'n hŷderus, ger bron Duw (wedi iddo gael golwg iawn, ar ei *noethder* ffiaidd ei hun). **1790** T. Jones: *TOS* 225, ni, sy'n galw ein hunain yn blant iddo, yn ymborthi ar sorod y byd, a gwisgoedd ein heneidieu fel *noethder* y byd.

noethdir [*noeth* + *tir*] *eg.* ll. *-oedd*. Tir llwm neu agored: *bare or exposed land.*

15g. *CSTB* 27, Y goedwig, rhag ei gadaw, / Yn *noethdir* oll a wnaeth draw. *Diw.* **19**g. *SE MS* 332b, *noethdir, -oedd*, s.m. exposed land.

noethedig, noethiedig [bôn y f. fl. + *-(i)edig*] *a.bfl.* a hefyd gyda grym enwol. Wedi ei noethi, dinoethedig, hefyd yn *ffig.* ac yn *dros.*: *naked, bared, also fig. and transf.*

15g. *BB* 134, Hwnnw a lewhaa a dan emunogeu [*sic*] ydreic; ac a mayd oe dyrchauedig llosgwrn y *noethedic*. *id.* 136, Y *noethedic* corff yd eisted ar y gevyn [sarff]. **1803** *P*, *noethedig*, a. being made bare.

noethedd [*noeth* + *-edd[1]*] *eg.* Noethni, llymder, hefyd yn *dros.*: *nakedness, bareness, also transf.*

1604–7 *TW* (*Pen* 228) d.g. *nuditas*. **1803** *P*.

noethfaes, noethfrig, gw. noeth + maes[1], brig.

noethgig [*noeth* + *cig*] *eg.* Cig noeth: *raw flesh.*

16–17g. *HG* 137, dim ond bywyd yn brawd, a briwa i gnawd yn *noeddgig* [*sic*] / ai waed yn lliwio i groen gwyn, ag ef er hyn oedd ddiddig. **[1783]** *W* d.g. *raw* [*bare*] *flesh*. Ar lafar yn Nantgarw yn y ff. *oegig*.

noeth-hadog [*noeth* + *hadog[1]*] *a.* *Bot.* Hadnoeth: *gymnospermous.*

1813 *WB* 56.

noethi[1] [*noeth* + *-i[1]*; dichon fod rhai enghrau. o'r be. *noethi[2]* wedi eu cynnwys yma] *eg.* Noethni; diffyg cysgod (rhag y tywydd): *nakedness; exposure (to weather).*

13g. *C* 43. 15–44. 2, Ryv duted edmic. o gyllestic guisc. a guiscvis imdeni. Periw new aperis idi. imperuet ychiwoeth y *noethi*. *c.* **1400** *R* 1027. 8–9, dyro dillat rac *noethi*. *c.* **1400** *GP* 18, Tri pheth a anysturya kerdwr: *noethi*, ac eisseu kerdwryaeth, ac nat adnaper. **15**g. *KAA* 20, kymeint yw y newyn ar *noethi* arnam . . . ninneu a ffown rac y varwolaeth honn parth ar lle y kaffom vwyt a diawt. **15**g. *LGC* 84, Sidan a wisgasan' gynt, / Heb sidan beisiau ydynt. / Mae nhwy weithion mewn *noethi* / Heddyw mewn aur ydd ŷm ni. **16**g. Rhisiart Fynglwyd, &c.: *Gw* 105, Y fun aeth o fewn *noethi* / I herwa, mae'n hir wae i mi. **1551** W. Salesbury: *KLl* xivb, mewn newyn a sychet: mewn vmpridieu yn vynych: mewn oervel a *noethi*. **1567** *TN* 232a, [c]yfyngder, nei ymlid, nei newyn, neu [*sic*] *noethi*, nei pericul, nei gleddyf. **1598 (1594–1610)** *B* iv. 331, gedwchwi y Saint yr arglwydd veirw o newyn, a sychet a *noethi*. **1604–7** *TW* (*Pen* 228) d.g. *nuditas*.

noethi[2], noethiedig, noethlem, noethlom, gw. noethaf: noethi, noethedig, noethlym, noethlwm.

noethluman, gw. noeth—n. lymun.

noethlwm [*noeth* + *llwm*] *a.* (b. *-lom*) ll. *-lymion, -lymiaid*, weithiau gyda grym enwol. Noeth, diddillad, gwael ei wisg; noeth neu foel (am goeden, ardal, &c.), llwm, anial, agored, diffaith; moel (e.e. am wybodaeth); hefyd yn *ffig.*: *naked, unclothed, ill-clad; bare (of tree, region, &c.), bleak, desolate, exposed, barren; bare (e.g. of information); also fig.*

16g. Gr. Hiraethog: *Gw* (D. J. B.) 72. 9–10, *Noethlwm*-unig fydd brig bron—/ Brysg-goed heb dderi breisgion. **16**g. *LlGC* 4581, 57b, gwreiddyn . . . nyd arfoelwm nei *noethlwm* eithyr adafeddoc nei walltoc. **1588** *Eseia* xx. 2, dos a dattod y sach-liain oddi am dy lwynau . . . efe a wnaeth felly gan rodio yn *noeth-lwm*, ac heb escidiau. **1595** M. Kyffin: *DFf* [110], [g]air sanctaidd, pur . . . a elwch'i hwnnw ddim amgen no llythyren *noeth-lom* farw. **1670** J. Hughes: *AP* 63, Cyn *noethlymmed* a gwag ydynt Vsurpyrwyr y Swydd sacraidd honno . . . o'r Gras Duwfawl priodol iddi. **1672** J. Langford: *HDdD* 248, Dledswydd pób dŷn mewn dylêd yw . . . ei ddinoethi ei hún o'r cwbl, a'i daflu ei hún drachefn yn *noethlwm* ar Ragluniaeth Duw. **1675** R. Jones: *HCh* 122, Y coffa ymma am farwolaeth Crist yn y Sacrament, ni wasanaetha iddo fod yn *noethlwm* goffâd Historiawl. **17**g. Huw Morus: *EC* i. 322, A'r *noethlwm* ymwelwch, daw drwstan o'i dristwch. **1727** J. Jones: *DFF* 117, mor *noethlwm* y diosgai yr Angau chwi o'r cwbl. *id.* 143, sefyll yno yn ddiosgedig ac yn *noethlymmion* o'u holl Feddiannau. **18**g. *Gron* 107, Eiddil henwrach grebach grom, / Nythlwyth o widdon *noethlom*. **1788** R. Jones: *DA* 62, yn y tymmor *noethlwm* a ddaw. **1803** *P*.

noethlwybr, gw. noeth + llwybr.

noethlyd [*noeth* + *-lyd*] *a.* Noeth, gwael ei wisg; llwm, agored; moel (e.e. am wybodaeth), plaen, diaddurn; hefyd yn *ffig.*: *naked, ill-clad; bleak, exposed; bare (e.g. of information), plain, unadorned; also fig.*

1595 M. Kyffin: *DFf* [108], y mae y gwyr hyn . . . yn arfer o'u galw [ysgrythurau] yn Lythyren *noethlyd*, amheuys, ddiles, fud. **1672** R. Prichard: *Gw* 6, O pâr Christ i ffeirad *noethlyd*, / Dy rybuddio wella 'th fywyd, / Rwyti 'n rhwym i wneuthur archo. **1677** O. Thomas: *DDMB* 237, Yr Anghristion sydd *noethlyd*, heb ddim gantho i guddio gwarth ei noethni . . . y Gwir gristion sydd gwedi cael y wisc wen sef Cyfiawnder. **1719** *TDP* 82, mi a ddygais Ddillad yn ddirgel allan om Ty, ac ai rhoddais ir Dyn *noethlyd*. **1764** Dewi Nantbrân: *SAG* 37, nyni a'u beiwn am ei gymerid fal Coffa *noethlyd* . . . a dodi heibio neu adaw i maes y Sylwedd. **1765** *W Ballads* 82, 6, Ystyria hyn o falet *noethlyd* / Yn dy galon gyda i dwedyd. **1800** W. Owen [-Pughe]: *CP* 74, gwyddis fod fy nhyddyn i yn bur uchel . . . bydd falch genyf ddangos mor wiw y cynnyddws fy mhraidd ar y lle *noethlyd (exposed)* yma. Ar lafar yn nwyrain Morg. yn yr ystyr 'heb ddim ond dillad ysgafn amdano', 'Dyna *nothlyd* odd y plentyn 'eb got fawr na dim'.

noethlym [*noeth* + *llym*] *a.* (b. *-lem*). Noeth, moel, noethlwm; llym: *naked, bare, bleak; harsh.*

Dchr. **17**g. *J* 10, 22b, *noethlym*, nudus. **1732–3** J. Owen: *GB* 52, Nid dim llai na'r cyfryw Gyffroadau a allasai weithio gyd â mi, i beri mi llefaru [*sic*] am dano mor *noethlym*. **1752** H. Lloyd: *H* 3, Mae'r seren bŷr yn *noethlem*.

noethlyman, gw. noeth—n. lymun.

noethlymder [*noethlwm, noethlym* + *-der*] *eg.* Noethni; moelni, llymder: *nakedness; bleakness, bareness.*

1826.

noethlymun, gw. noeth—n. lymun.

noethlymunaf: noethlymuno [bf. o'r a. *noeth lymun*] *bg.a.* Dinoethi, ymddiosg, ymddihatru, tynnu amdano, hefyd yn *ffig.*: *to strip, take off one's clothes, also fig.*

20g.

noethlymunder [*noeth lymun* + *-der*] *eg.* Llymder, moelni: *bareness, bleakness.*

1887.

noethlymundod [*noeth lymun* + *-dod*] *eg.* Noethni: *nakedness.*

20g.

noethlymunwr [*noeth lymun* + *-wr*] *eg.* (b. *-wraig*) ll. *-wyr*. Un sy'n arfer noethni, yn enw. am resymau iechyd, crefydd, &c., un sy'n tynnu ei ddillad o flaen cynulleidfa fel adloniant erotig, un sy'n rhedeg yn noeth lymun drwy fan cyhoeddus: *nudist, naturist, stripper, streaker.*

20g.

noethni [*noeth* + *-ni*] *eg.* Y cyflwr o fod yn noeth, diffyg dillad neu orchudd, moelni, llymder, diffyg cysgod (rhag y tywydd), hefyd yn *ffig.*; organau rhywiol allanol: *nudity, nakedness, bareness, bleakness, exposure (to weather), also fig.; external genitals, pudenda.*

c. **1585** G. Robert: *DC* 15b, lliein a brethyn i guddio *noethni*. **1588** *Jer* ii. 25, Cadw dy droed rhag *noethni*. **1588** *Hab* ii. 15, Gwae a roddo ddiod iw gymydog gan gyd-osod dy gostrel, ai feddwi hefyd er cael gweled eu [*sic*] *noethni*. **1588** 2 *Cor* xi. 27, mewn newyn a syched, mewn ympryd yn fynech, mewn annwyd a *noethni* (W. SALESBURY: *KLl* xivb, noethi). *Dchr*. **17g.** *J* 10, 22b, *noethni*, privities. **1632** *D* d.g. *nuditas*. **1632** J. DAVIES: *LlR* 376, yr achos y dyfeisiwyd dillad, oedd, i guddio ein *noethni* ni a'n cywilydd. **1688** S. HUGHES: *TSP* 150, [y] fath ddiffyg sydd arnom am Gyfiawnder Iesu Grist, i guddio ein *noethni* ysprydol ni. **1699** T. JONES: *TP* 44, yr hugan yna am dy gefn di . . . i guddio dy *noethni* cywilyddus. **1701** E. WYNNE: *RBS* 63, Egyr meddwdod hôll Gyssegroedd Natur, gan ddangos *noethni*'r enaid yn ei wendid. **1722** *Llst* 189, *noethni*, noethder, m. nakedness. **1798** *WR* d.g. *nakedness, nudity, pudenda*. **1803** *P*.

noethwynt [*noeth* + *gwynt*] *eg*. Gwynt deifiol: *biting wind*.

14g. *GDG* 249, Neithiwyr ynghanol *noethwynt* / A rhew, och mor oer fu'r hynt. **15–16g.** *GIF* 77, Us a nithiaist is *noethwynt* / yw dy gerdd rhwng ŷd a gwynt. **1789** *BDG* 500, Mewn eithin rhag min *noethwynt*.

nof [?amr. ar *nodd*, gydag *-dd* ac *-f* yn ymgyfnewid, cf. *Caerdydd, Caerdyf*] *eg.b.* Nodd, sudd, hefyd yn *ffig.*: *sap, juice, also fig.*

16g. *Hop M* 187 ve ddiffla[n]a r gair on cof, o ddiffig *nof* cydwybod / heb ddwyn ir enaidau ffrwyth, lle preswyl llwyth o bechod. **1651** SIÔN TREREDYN: *MDD* 226, yn sugno *nôf* allan o wreiddiau Christ. **1667** C. EDWARDS: *FfDd* 202, Ar *nôf* lygredig o fôn y pren, (sef Adda) a chwerwodd y canghennau oll. **1709** H. POWEL: *G* 41, Y mae yn pereiddio ac yn gwellhau y *nôf* yr hwn y mae yn ei dderbyn oddiwrth y pren. **1711** H. POWEL: *TY* 115, yn rhoddi *Nof* a bywiogrwydd iddi eu holl ganghennau. **1767** J. THOMAS: *TFf* 28, Fe ei gosodir allan trwy yr undeb rhwng Pren a'i ganghenau, y rhai sydd yn byw o herwydd ei bod yn y Pren, ac yn cynny[dd]u trwy yr *nof* y maent yn ei dderbyn o honaw. **1771** J. THOMAS: *TA* 141, O hono ef, derbyniant bob yr un, / O'r nefol *nôf*, sydd ynddo ef ei hun. **18–19g.** *Llr* C 8, 221, *Nôf*, Sil. North Wales Nôdd the sap of trees. **1803** *P*.

Gw. hefyd nodd.

nofa [bnth. S. *nova*] *eg*. ll. *nofâu*. Seren sy'n ffrwydro a mynd yn llawer disgleiriach ac yna'n dychwelyd i'w disgleirdeb gwreiddiol ymhen rhai misoedd neu flynyddoedd: *nova*.

20g.

Nofasiad, Nofataniad, gw. Nofatiad, Nofatianiad.

Nofatiad, Nofasiad [cfdds. o'r S. *Novat(ian)* + *-iad*³] *eg*. ll. *-iaid*. Nofatianydd: *Novatianist*.

1719 T. EVANS: *CDW* 67, y *Novasiaid*, Donatistiaid. **1725–6** *Madd Ed* 307, Athrawiaeth y *Novatiaid* a ymdannodd yn helaeth jawn yn y Prif amseroedd, yr hon a neccae Edifeirwch i'r rhai a bechent wedi Bedydd; . . . tybygir i amryw o Ddynion Sanctaidd . . . oedi eu Bedydd cyhyd ag a gallent [*sic*] . . . [er mwyn] myned o'r Golchiad hwnnw yn ddifrycheulyd allan o'r Bŷd. **1788** B. EVANS: *LlG* 26, Sectau y *Nofatiaid*, y Donatystiaid, yr Ariaid.

Nofatianiad, Nofataniad [cfdds. o'r S. *Novatian(ist)* + *-iad*³] *eg*. ll. *-iaid*. Nofatianydd: *Novatianist*.

1731 E. SAMUEL: *AE* 74, Gau-grediniaeth y *Novataniaid*, y rhai a haerant am Ddynion a fo'nt gwedi eu derbyn unwaith yn Rasusol gan Dduw, a'u Corpholaethu ynghorff Ei Fâb Ef Christ Jesu, os syrthiant wedi hynny i Wrthodedigaeth, neu i ryw feiau anfad afreolus Eraill, nad all fod fŷth obaith mwyach am drugaredd iddynt.

Nofatianydd [cfdds. o'r S. *Novatian(ist)* + *-ydd*³] *eg*. Aelod o sect a sylfaenwyd gan Novatianus, presbyter Rhufeinig yng nghanol y drydedd ganrif: *Novatianist*.

20g.

nofel [bnth. S. *novel*] *eb*. ll. *-au*. Gwaith estynedig o ryddiaith ffuglennol neu rannol ffuglennol yn ymwneud â chymeriad, gweithred, meddwl, &c., yn enw. ar ffurf stori: *a novel*.

1771 J. ROWLANDS: *PGW* 8, Pe bai yn beth cyffredin i fod yn Fethodist oddeutu llys y Brenhin, fe fyddai mor gyffredin i fyned yno â bibl neu lyfr hymnau, ag yw hi nawr i fyned . . . yno â *nofel* neu hen ddychmygion.

Cfn.: **nofel iasoer:** *thriller*. **20g.**

nofela [*nofel* + *-ha* (At.)] *bg*. Ysgrifennu nofel(au): *to write a novel or novels*.

1903.

nofelaidd [*nofel* + *-aidd*] *a*. Yn perthyn i nofel(au), nodweddiadol o nofel(au): *novelistic*.

1913.

nofelét [bnth. S. *novelette*] *eb*. ll. *nofeletau*. Nofel fer ysgafn, yn enw. un ddibwys, sentimental, &c.: *novelette*.

20g.

nofeletaidd [*nofelét* + *-aidd*] *a*. Nodweddiadol o nofelét (yn ddifr.): *novelettish*.

20g.

nofelig [*nofel* + *-ig*¹] *eb*. ll. *-au*. Nofelét, stori-fer hir: *novelette, novella*.

1899.

nofelistaidd [cfdds. o'r S. *novelist(ic)* + *-aidd*] *a*. Nofelaidd: *novelistic*.

20g.

nofelti [bnth. S. *novelty*] *eg*. Newyddbeth; newydd-deb: *novelty*.

1930.

nofelydd [*nofel* neu gfdds. o'r S. *novel(ist)* + *-ydd*³] *eg*. (b. *-es*, ll. *-au*) ll. *nofelwyr, -yddion*. Un sy'n ysgrifennu nofelau, awdur nofel(au): *novelist*.

1861.

nofelyddiaeth [*nofelydd* + *-iaeth*] *eb*. Y weithred o ysgrifennu nofelau: *novel-writing*.

20g.

nofelyddol [*nofelydd* + *-ol*] *a*. Nofelaidd: *novelistic*.

1902.

nofiad¹ [bôn y f. ddil. + *-iad*¹] *eg*. ll. *-au*. Y weithred o nofio, o arnofio, neu o hedfan; cludair, fflôt: *a swimming, swim, a floating, flight; raft, float*.

c. **1400** *R* 1310. 5, vy llef hyt ynef ehut *nofyat*. **15g.** *DN* 5, Ni bv mor ebrwydd gorŵydd garwyn, / Na charw o'r yd, ne iwrch o redyn, / Na *nofiad* gleisiad glaswyn—ar fordrai, / Fal y kyrch pob rrai'r tai o'r Towyn. **16g.** GR. HIRAETHOG: *Gw* (D. J. B.) 97. 33–5, Cywion ifainc i nofiaw / Yn ei groyw lyn gar ei law, / A chnefin â gwych *nofiad*. **16g.** *WLl* 112, E nofia r gleissiad *nofiad* nwyfawr. **1604–7** *TW* (*Pen* 228) d.g. *natatio, natatus*. **1620** *Mos* 204, 101, Mi a vedrav *noviad* y Ci. **1698** T. JONES: *Alm* [43], Ar ol llifeiriant *nofiad* nwŷfiant. **1721** J. JONES: *Alm* [11], Fe [Duw] wnaeth yr Haul grymusol. / A 'r Lleuad *nofiad* Nefol / A'r Sêr I oleuo yn siriol, / Naturiol yw eu taith. **1722** *Llst* 189, *nofiad*, m. a swimming, floating. **18g.** *Beirdd y Berwyn* 93, Cymer hediad *nofiad* nerth. **[1740]** L. ANWYL: *NG* [ii], I Ni uwch Cenlli wŷch Ganllaw, Nefawl / Ai *Nofiad* yn hylaw / Hi'n dwg i Drê Wenn deg draw, / Hoffusawl i 'Orphwysaw. *c.* **1762–79** W. WILLIAMS: *P* 134, ar hyd yr afonydd a'r caneli hyn yr ydys hefyd yn dwyn rhifedi aneirif o floatau, neu *nofiadau* o goed. **1803** *P*.

nofiad², gw. nofiaf: nofio.

nofiadaeth [*nofiad*¹ neu *nofiad*² + *-aeth*] *eg*. Y weithred o nofio: *a swimming*.

1803 *P*.

nofiadol [*nofiad*¹ neu *nofiad*² + *-ol*] *a*. Yn nofio neu'n arnofio, hynawf; yn perthyn i nofio: *swimming, floating, buoyant; pertaining to swimming*.

1763 *DT* 250, Cestyll *nofiadawl* cystlwyn, / Cestyll nid ar serfyll swyn [am longau]. **1771** *W* d.g. *buoyant*. **1796** N. WILLIAMS: *HM* ii. 107, ynghroen wisg [*sic*] *nofiadol* y Llygaid. **1803** *P*.

nofiadoldeb [*nofiadol* + *-deb*] *eg*. Hynofedd: *buoyancy*.

1803 *P*.

nofiadolrwydd [*nofiadol* + *-rwydd*] *eg*. Hynofedd: *buoyancy*.

1771 *W* d.g. *buoyancy*.

nofiadur [bôn y f. ddil. + *-iadur*] *eg*. ll. *-iaid*. Nofiwr, hefyd yn *ffig.*; bwi; *Pysg.* pledren awyr pysgodyn, nofiwr: *swimmer, also fig.*; *buoy*; *swimming-bladder, air-bladder (in ichthyology)*.

14g. *GDG* 239, Llygaid, *nofiaduriaid* nwyf. *id.* 350, Trech llafur, *nofiadur* nwyf, / No direidi. **1753** *TR*, *nofiadur* pysgodyn. **1803** *P*, *noviadur* pysgodyn, nawv pysgodyn, the swim or wind bladder of a fish.

nofiadwr [*nofiad*¹ + *-wr*] *eg*. ll. *-wyr*. Nofiwr: *swimmer*.

16–17g. *GST* i. 39, Ni thyr gwal unwaith er gwynt, / Na thŵr er a wnaeth oerwynt. / Ni fudai y *nofiadwr*, / Na neb dim yn wyneb dŵr. **1759** W. WILLIAMS: *SFf* 97, *Nofiadwyr* anghyfarwydd . . . a anturiant i'r Dyfnder, os chwi a ymrwyma i ddal eu Pennau hwynt i fynu. Ar lafar yn nwyrain Morg. clywir y ff. *neifatwr* (b. *neifatrig*).

Gw. hefyd nofiedydd.

nofiadwy [bôn y f. ddil. + *-iadwy* (At.)] *a*. Y gellir ei nofio, mordwyol; yn (gallu) nofio, yn arnofio, hynawf: *swimmable, navigable; (capable of) swimming, floating, buoyant*.

1588 *Esec* xlvii. 5, codasse y dyfroedd yn ddyfroedd *nofiadwy*. **1588** *Doeth Sol* xix. 18, Pethau daiarol a droed yn bethau o'r dwfr, a phethau *nofiadwy* a aethant ar y ddaiar. **1800** C. EVANS: *EJU* 115, afon *nofiadwy*. **1803** *P*, *nofiadwy*, capable of swimming.

nofiadydd, gw. nofiedydd.

nofiaf: nofio, nofiad², **?nawf**² [bf. o'r e. *nawf*¹; cf. Llyd. Diw. *neuñviñ, neuñvial*, &c., a gw. hefyd *nawf*¹; dichon mai i'r e. hwnnw y perthyn rhai o'r enghrau. o'r ff. *nawf* a ddyfynnir isod] *bg.a.* (Peri) symud drwy ddŵr neu hylif arall heb gyffwrdd â'r gwaelod drwy symud y corff a'r aelodau, croesi (afon, darn o fôr, &c.) yn y dull hwn, (peri) arnofio; cerdded (drwy ddŵr, &c.); (peri) hwylio neu arnofio (am gwch, &c.); symud yn llyfn (drwy), llithro (dros), hedfan; bod dan (ddŵr, &c.), gorlifo (â dŵr, &c.); hefyd yn *ffig.*: *to swim, float; walk (through water or other liquid); sail or float (of boat, &c.); glide (through or over), fly; be swimming (with or in a liquid), overflow; also fig.*

13g. *DB* 59, wrth henne yd eheta endau adar, ual y *nouya* y pyscaut en e duuyr. **13g.** *BD* 112, Gvrychyon y gynneu a symudir yn eleirch, y rei a *nouyant* yn y sychdvr megys yn auon. **14g.** *YBH* 38a, bwrw neit yn y mor . . . a dechreu *nofyat*. affan vyd y velly yn *nofyaw*. ef a wyl llog. *c.* **1400** *J* 1, 1077, *nawf* mein hyt y gwaelawt. *c.* **1400** *DB* 31, Yno y mae seirff . . . ac y *nofyant* y mor. *c.* **1400** *YCM*² 23, Kyn amlet oed y gwaet yna ac y gallei y budugolyon *nouyaw* yndaw hyt eu mynygleu. *c.* **1400** (*SG*) *HMSS* i. 212, yd oed bat bychan . . . ac aaeth yndaw. ac a *nofyawd* yny doeth y bysgotlyn. **15g.** *LGC* 438, Ac yn noethach ym gwnaethant / No'r gleisiad yn *noviad* nant. **15g.** *GGl*² 98, Boddi wnaeth ar draeth heb drai, / Mae'n y nef am na *nofiai* [dychan i Uto'r Glyn gan Lywelyn ap Gutun]. **15–16g.** *GLM* 14, Nef farcio'i win o fur cau, / Nef i'r siwgr *nofio*'r seigiau. **15–16g.** *TA* 423, Amler yw mal yr ewig, / A *nofiai* rwn yn i frig. *c.* **1600** *IGE* 218, Unwedd tawch yn *nofiaw* tir. **1604–7** *TW* (*Pen* 228), yn *nofiaw*, yn cadw i *nawf* yn y dwr d.g. *nans*. **1632** *D*, *nofio*, natare. **1672** R. PRICHARD: *Gw* 486, Wyla nes bo'th welu 'n *nofiad*. **1683** *LlP* 60b, gan [a]del ir pin *nofio* rhyd y papyr yn [y]sgafn. **1688** S. HUGHES: *TSP* [xi], gâd i'th enaid *nofio* mewn myfyrdodau duwiol. **1696** *CDD* 5, A'u codwm cywilyddus mewn môdd pechadurŷs, / Dros bawb yn anafus a *nofiodd*. **1725** D. LEWIS: *GB* 252, O herwydd Achosion cyffelyb i'r rhai hyn, y mae bod y Cymhyleu yn *nofio* yn yr Awyr. **1729** S. RHYDDERCH: *Alm* [31], fel y gorfu arno *Nofio* ei Geffyl trwodd. **18g.** E. T. RHYS: *DA* 175, Yn llong ddeheuaf *nofiodd* ddŵr. **1798** R. DAVIES: *CG* 95, Dôs a *nawf*, Duwies y nèn. **1800** W. OWEN[-PUGHE]: *CP* 96, digon [o ddŵr a maidd] i *nofio* y cawsion. **1803** *P*, *noviaw*, to swim; to cause to swim. . . . Dwr a *novia* long, water that will swim a ship. Ar lafar yn y ff. *nofio, nofiad, (m)ofiad, (m)oefad*, *LGW* [290]; hefyd yn y ff. *moddiad* (godre Cered.), *meifad* (Morg.). Sonnir ym Môn am ymenyn hallt yn '*nofio*' yn y pot, sef 'yn troi ac yn codi', *Geir Geg* 109. Yn nwyrain Morg. gwahaniaethir rhwng *nofio* a *myneifad*,

''Dwy' i ddim yn un dæ i fyneifad, ond wi'n gallu *nofio* ar 'y ng'efan yn y dŵr yn nêt'.

Amr.: **anoefad.** **16–17g.** (*Gesta Rom*) *LlGC* 13076, 46b, 47a. **noefio, noefad.** **16g.** *Hop M* 207, *noevio*. **16–17g.** *HG* 129, *noevad*. *Dchr.* **17g.** *HVN* 505, ny *noevia* (*GIF* 11, nofia) yn vn avon / bon dar yn erbyn y donn. Ar lafar yn y ff. *noefad*, *LGW* [290]. **nofian.** **1851.** **nofied.** **1826** TWM O'R NANT: *GG* (Rhuthun) 54, Fod dyfroedd a gwinoedd i'r gweiniaid, / I *nofied*, er trymed eu traed.

Gw. hefyd ymnofiaf: ymnofio.

nofiannol [*nofiant* + -*ol*] *a.* Yn arnofio, hynawf, hefyd yn *ffig.*: *floating*, *buoyant*, *also fig.*
1803 *P.*

nofiant [bôn y f. fl. + -*iant*] *eg.* Y weithred o nofio neu o arnofio: *a swimming or floating.*
1803 *P.*

nofied, gw. nofiaf: nofio.

nofiedig [bôn y f. fl. + -*iedig* (At.)] *a.bfl.* Yn arnofio, wedi ei alluogi i arnofio, wedi ei gynnal yn y dŵr, hefyd yn *ffig.*: *floating*, *buoyed up*, *also fig.*
1803 *P.*

nofiedydd [bôn y f. fl. + -*iedydd*] *eg.* ll. -*ion*. Person, creadur, neu beth sy'n nofio neu'n arnofio, nofiwr, hefyd yn *ffig.*; *Pysg.* pledren awyr pysgodyn, nofiwr: *person, creature, or thing that swims or floats, swimmer, also fig.*; *swimming-bladder*, *air-bladder* (*in ichthyology*).

15–16g. LLAWDDEN, &c.: *Gw* 207, Uwch fydd, *nofiedydd* ydwyd, / Tir no dŵr, teyrnwaed wyd. **15–16g.** *TA* 395, Ni fudai y *nofiedydd* / Mal yr âi hwn ym mlew 'r hydd. **16g.** *Llst* 40, 99, I tarian hwynt tirion hydd / traw n vydol tri *noviedydd*. *Diw.* **16g.** W. MIDLETON: *B* 61, *nofiedydd* pennaf ydwyd [i'r dolffin]. **1588** *Eseia* xxv. 11, fel yr estyn *nofiedudd* ei ddwylo i nofio. **16–17g.** T. PRYS: *Bardd* 77, *nofiedydd* o nef ydwyd / nofia sias gwr nwyfvs wyd [i yrru'r llamhidydd yn gennad]. **1632** *D* d.g. *natator*. **1722** *Llst* 189, *nofiedydd*, m. p. *dyddion*, a swimmer. **1759** *ML* ii. 121, Mi fydda finnau sydd waeth *nofiedydd* yn yslottian bob yn awr ynddo [y môr]. **1793** DAFYDD IONAWR: *CD* 379, Niwl wybren, anniben wyt, / *Nofiedydd* y Nef ydwyt, / Gwasgara i'th gwsg oror, / Dy loches yw mynwes môr [i'r daran]. **1803** *P.*

Amr.: **nofiadydd.** **1725** D. LEWIS: *GB* 194, yn gyffelyb i *Nofiadudd* y Pysgodyn. *id.* 219, Un Peth rhyfeddol jawn mywn Pysgod yw 'r *Nofiadydd*, neu'r Bledren wynt.

Gw. hefyd nofiadwr.

nofiog [bôn y f. fl. + -*iog*] *a.* Yn arnofio: *floating.*
1822.

nofiol [bôn y f. fl. + -*iol*] *a.* Yn arnofio, hynawf; yn perthyn i nofio: *floating*, *buoyant*; *pertaining to swimming.*
1839.

nofis, &c. [bnth. H. Ffr. *novice*, o bosibl drwy'r S. C.] *eg.b.* ll. -*iaid*. Person a dderbynnir i dŷ crefydd ar brawf am gyfnod nes gwneud ei addunedau; dechreuwr dibrofiad, newyddian: *novice*, *probationer in a religious community*; *novice*, *inexperienced person*, *tyro*.

14g. *GDG* 99, Ni bûm *nofis* un mis Mai. *id.* 411, Is gil eto ys gwelwyf, / Esgeulus fydd *nofus* nwyf. **15g.** *GGl*[2] 299, Os offis *nofis* a wnaf, / Os meudwy, nid sysmudaf. **15–16g.** *TA* 5, Yn *nofus* heb annefod, / Yn fynach, un i fyned / O'th iawn obaith yn Abad. *c.* **1525** *GLM* 331, ymroi i Dduw, marw ydd oedd, / yn sut *nofys* at Nefoedd [marwnad Tudur Aled]. **16g.** (*LlEG*) *Mos* 158, 50a, a hroddi keniad Iddo ef I vynne[d] Ir ysgol ac I vod yn*nouis* or plaas. **16g.** D. R. THOMAS: *DS* 151, nid *nofis* fydd efo rhag chwyddo mewn balchder. **1684** H. OWEN: *DC* 70, *Nofisiaid* daionus ymmhob [*sic*] moesau ac arferau rhagorol.

nofisiaeth [*nofis* + -*iaeth*] *eb.* Y cyflwr o fod yn nofis, cyfnod prawf fel nofis: *noviciate.*
1922.

nofiwr, nofydd [bôn y f. fl. + -*wr*, -*ydd*[3]] *eg.* (b. *nofwraig*, *nofyddes*) ll. *nofwyr*, *nofyddion*. Person, creadur, neu beth sy'n nofio neu'n arnofio, nofiedydd: *person, creature, or object that swims or floats, swimmer.*

15g. (*Diw.* **16g.**) *Gwyn* 3, 204, *nofiwr* o groen anifail [Meredudd ap Rhys i'r cwrwgl]. **16–17g.** *PhA* 94, A fu erioed ar for iach / *Nofyddes* wenn ufuddach [i'r wylan]. **1604–7** *TW* (*Pen* 228), *nofwraic* d.g. *urinatrix*. **1632** *D*, *nofiwr* d.g. *natator*. **1693** *HC* 40, fel y neidia'r *nofiwr* o longddrylliad ir môr ai freichiau ar lêd. **1794** *W*, *nofydd* d.g. *swimmer*. **1795** *R. Crusoe* 14, Ond fel yr oedd yn *nofiwr* da. **1803** *P*, *noviwr*, pl. *novwyr*, a swimmer. Ar lafar yn sir Benf. yn y ff. *nofiwr* yn yr ystyr 'pledren awyr (pysgodyn)', *GDD* 207.

Amr.: **noefwraig** [bôn y f. *noefiaf*: *noefio* + -*wraig*]. **15g.** *Pen* 57, 35, Y newyddlong neuadlawn / *noefwreig* wyd niferawg iawn.

Cfn.: **nofiwr tanddwr:** *frogman*. **20g.**

Gw. hefyd nawfydd.

nofle [*nawf*[1] neu fôn y f. fl. + *lle*[1]] *eg.* ll. -*oedd*. Lle ar gyfer nofio, pwll dŵr, pwll nofio: *place for swimming*, *pond*, *swimming-pool.*

Dchr. **17g.** *J* 10, 23a, *novle*, natatile. *c.* **1730** *Thos. Lloyd D* (LlGC) 181b, *nofle*, a pond, natatorium. **1803** *P.*

Gw. hefyd nawfle.

noflithraf: noflithro [*nawf*[1] neu fôn y f. fl. + *llithraf*: *llithro*] *bg.* Mynd gyda llif y dŵr, arnofio: *to drift*, *float.*
1918.

nofnod [*nawf*[1] neu fôn y f. fl. + *nod*[1]] *eg.* Bwi: *buoy.*
1850.

Gw. hefyd nawfnod.

nofus, nofydd, gw. nofis, nofiwr.

nofyn [*nawf*[1] neu fôn y f. fl. + -*yn*] *eg.* ll. -*nau*. Bwi: *buoy.*
1850.

nofys, nog[1], gw. nofis, no[1].

nog[2] (?*ò*) [?amr. ar *nòd*] *eg.* Ystum, amnaid, nòd: *gesture*, *nod.*

1881 D. OWEN: *D* 201, Gan fod safn Jim yn dygwydd bod yn llawn ar y pryd, nis gallai ateb, ond rhoddodd *nog*, ystyr yr hwn oedd all right. *ib.* Rhoddodd Jim *nog* arwyddocäol arall, gan roddi extra supply yn ei safn.

Gw. hefyd nogiadau[2].

nog[3] (*ò*) [bôn y f. ddil.] *eg.* Y weithred o nogio neu jibio, palliad: *a jibbing*, *failing.*

Ar lafar yn Arfon, ''Rodd 'na ryw *nog* yn y ceffyl', *WVBD* 397.

nogaf: nogo, noged, gw. nogiaf[1]: nogio, nogyd.

nogiad[1] [bôn y f. ddil. + -*iad*[1]] *eg.* ll. -*au*. Y weithred o nogio neu jibio, nog: *a jibbing*, *failing.*
20g.

nogiad[2], gw. nogiaid.

nogiadau[1], gw. nogiad[1].

nogiadau[2] [bôn y f. *nogiaf*[2]: *nogio* + -*iad*[1] + -*au*] *e.ll.* Ystumiau, amneidiau: *gestures*, *nods.*
1881.

nogiaf[1], **nogaf: nog(i)o** [ansicr yw'r ddwy engh. gyntaf a ddyfynnir isod] *bg.* Sefyll a gwrthod symud ymlaen (am geffyl), jibio, pallu, diffygio, hefyd yn *ffig.*: *to jib*, *balk*, *stall*, *fail*, *tire*, *also fig.*

c. **1730** *Thos. Lloyd D* (LlGC) 182b, *noggio*, to nog. **1736 (1812)** *YRW* 22, Mynychach gweled tan y gwydd, / Pob nasiwn bydd ernesio / Nag sy'n myn'd a'i boliau yn wag, / I'r eglwys, nac heb *nogio*. Ar lafar yn y Gogledd, 'Mae'r ceffyl yn *nogio*', *WVBD* 397; hefyd am dân nad yw'n cynnau, 'Mae'r tân yn *nogio*', *ib.*, ac am berson sy'n diffygio, ''Roedd y llanc wedi *nogio* 'mhell cyn cyrraedd pen y rhiw', *B* xiv. 291. Fe'i clywir hefyd ar lafar ym Morg. yn y ff. *nogo*.

nogiaf[2]**: nogio** [bf. o'r e. *nog*[2]] *ba.* Amneidio, nodio: *to nod.*
1879.

nogiaid [*nog*(*yn*)[1] + -*iaid*[2]] *eg.* Llond neu gynnwys cwpan neu nogyn: *a cupful.*

Ar lafar yn Arfon, '*nogiad* o fwyd', *Geir Geg* 164.

nogin, gw. nogyn[1].

noglyd [bôn y f. *nogiaf*[1]: *nogio* + -*lyd*] *a.* Yn nogio, chwannog i nogio, jibog: *jibbing*, *refractory.*

1872. Ar lafar yn y Gogledd, *WVBD* 397.

nogyd, noged [?*nog*[1] + elf. anh. (?cf. *yd*[1]), cf. Crn. C. *ages*, *agis*, *es*, H. Lyd. *hacet*, Llyd. C. *eguet*, Llyd. Diw. *eged*, taf. Ouessant *negit*] *cys.* Na (mewn cmhr.): *than.*

13g. *A* 2. 9–10, kynt y gic e vleid *nogyt* e neithyawr. kynt e vud e vran *nogyt* e allawr. **13g.** *LlDW* 82. 5, yn gynt *nogyt* (*LlI* 78, noc) y colles. **14g.** *T* 36. 24–5, Ny byd hyn ny byd ieu. *no get* [*sic*] ydechreu. **1346** *LlA* 101, hun arall dribrwyt avo perach ac arafach *nogyt* yrei ereill. **14g.** *WM* 172. 26–8, Ny byd gwaeth dy wely ath ansawd *noget* vn y brenhin. **14g.** *Cy* vii. 141, Gwell yw gwyalen a blycko. *nogyt* y wialen a dorro. *c.* **1400** *R* 1039. 30, gwell y vyw *nogyt* yued.

nogydd [?ff. adf. ar *no*[1], *nog*[1]; ond mae'r hyn a gynigir isod yn dra ansicr] ?*adf.* ?Mewn cymhariaeth: *in comparison.*

14g. *T* 53. 23–4, Selyf ygnat agennis gwlat. bu gwell *noc yd*. *c.* **1400** *R* 1040. 31, Ac vn oed well *nogyt*.

nogyn[1], **nogin** [bnth. S. *noggin*] *eg.* Chwarter peint: *noggin*, *quarter pint.*

1768 J. ROBERTS: *R* 17, 4 *Nogin* a wna Bint. Ar lafar ym Môn yn yr ystyr 'llymaid o ddiod gadarn fel arfer', *ISF* 58; ac yn sir Drefn. am '[g]an llaw a dolen ar un ochr iddo. Fe'i rhoid rhwng y ddwy goes i odro llaeth y fuwch iddo. Byddai'n dal rhyw ddau chwart o hylif', *Geir Geg* 143.

nogyn[2] [bnth. S. *nog* 'pen, pin, or block of wood' + -*yn*, neu fnth. S. *noggin*(*g*)] *eg.* Post mawr (mewn pwll glo): *large post* (*in coal-mine*).

Ar lafar yn ardal Rhydaman, 'pren mawr unigol ac iddo fwy o drwch na phost cyffredin', *Geir Glo* 73.

nogyn[3], **noifad,** gw. dogyn (At.), nofiaf: nofio.

nolaf, noliaf: nôl [drwy gymryd *yn ôl* fel be.; am ddatblygiad yr ystyr, cf. enghrau. fel 'aeth gweisson *yn ol* y varch', *WM* 150. 36–151. 1] *ba.* Ymofyn, cyrchu, hercyd, hôl, dwyn, dod â: *to fetch*, *bring* (*in*, *back*, *&c.*).

16g. *WLl* 120, Da i awen aeth Duw yw *nol* / Da i ddysc val diwedd ysgol [marwnad Siôn Brwynog]. *c.* **1570** *Llst* 195, 75, dyrchafael I fwyall a tharo svadvs ar wartha i ben oni fv y fwyall hyd yllawr drwyddo ac yn gyflym myned i *nol* y llaill Dan droi i fwyall a Gwnevthvr Aerfa fawr. O honvnt. *id.* 153, anfon kenad I *nol* gwrlais a Orvc Uthr. *a.* **1587** *Y* 232, Ag yno i drin y ganwyr / A sain gwawd, Seina a'i gŵyr, / Gyrrv i'w *nôl*, gwr ni welem, / Gynwal i ŵydd a'i gân lem. **1595** M. KYFFIN: *DFf* 161, Cyrillus a scrifennodd lythyreu, i *nol* rhai drach-gefn oddiwrth Cymanfa-Gyngor. **16–17g.** *Cer RC* 4, Ac oddiyno y daw fo i '*nôl* / Y sawl sy ddeffoledig. *c.* **1600** W. MIDLETON: *B* 98–9, iawn i ddvw dad dygiad da / yrrv i *nol* yr anwyla [marwnad Wiliam Midleton]. **17g.** E. MORRIS: *B* 89, A'r lleill yn *nol* burym, i'w roi yn y bara. **17g.** HUW MORUS: *EC* ii. 61, Ei weision a *nolodd* ei anwylyd ger bron. **18g.** *W Ballads* 160, [1], Y Pen siriff ei hun ai *nolodd* atti. **1762** *ML* ii. 492, Os hynny a fydd, nhw yrran' nhw wâs a cheffyl iw *nhol*. **1770** *TG* iii. 110, Carolau a driau'n drwch, / A '*nolodd* o'r anialwch. **1803** *P.* Ar lafar, *LGW* [534].

Amr.: **noli.** *Dchr.* **17g.** *J* 10, 23a, *noli*, to fetche. **1803** *P.*

Gw. hefyd holaf[2]: hôl.

noled [?cf. S. taf. (*k*)*noll*(*er*) 'a blow'] *e?g.* Dyrnod: *punch.*

1885 D. OWEN: *RL* 179, 'Ga i roi *noled* iddo fo?'.

nolff [?bnth. rhyw ff. ar S. *oaf*, *au*(*l*)*f*(*e*) drwy gamraniad (?cf. S. taf. *nauf*, *naowf*)] *eg.* (bach. -*yn*) ll. -*iaid*. Hurtyn, penbwl: *oaf*, *stupid man.*

1752 *ML* i. 206, *nolff* o ddyn meddwa a gwagca a roes erioed wenwisc am dano. **1753** *TR*, *n*[*ol*]*ff*, an awff, a stupid fellow. R[hysiart] M[orys]. **1758** *ML* ii. 89–90, Chwi welwch mal y mae'r tri *nolff* wedi ei llygad tynnu. **1773** J. PRYS: *Alm* 20, Bwrw eu Naws 'n buaion [*sic*] *Nolff*.

noliaf: nôl, noli, gw. nolaf: nôl.

†**nom** [yn ôl *VVB* 194–5, *DGVB* 271, gair sy'n golygu 'teml; cylchfa'; am y farn mai gwall copïo am †*nou*[1] a geir yma, gw. *B* xxx. 20–9 (lle trafodir hefyd rai enghrau. ychwanegol posibl)].
9–10g. (*Ox* 1) *VVB* 194, *Nom* irbleuporthetic, gl. *lanigeræ templa.* **10–11g.** *DGVB* 224, i(n) *nom* ir guecrissou, gl. *hapsidum.*

nomad [bnth. S. *nomad*] *eg.* ll. *-iaid.* Aelod o bobl neu lwyth sy'n symud o le i le er mwyn dod o hyd i borfa a bwyd: *nomad.*
1852.

nomadaidd [*nomad* + *-aidd*] *a.* Nomadig: *nomadic.*
1860.

nomadig [*nomad* neu gfdds. o'r S. *nomad(ic)* + *-ig*[2]] *a.* Yn perthyn i nomadiaid a'u ffordd o fyw, nodweddiadol o'r cyfryw: *nomadic.*
1933.

nominaliaeth [cfdds. o'r S. *nominal(ism)* + *-iaeth*] *eb.* *Athr.* Enwoliaeth: *nominalism.*
1932.

nomnadio [bnth. dysg. o'r Llad. *nōminātiō*] *eg.* *Gram.* Cyflwr enwol, hefyd yn *ffig.*: *nominative case, also fig.*
c. **1455** *GP* 70, Chwech achos ysydd nid amgen, *nomnadio*, genedio, dadio achwysiaid, bogaid, aplliaid. *Nomnadio* a henwa ac a ddaw o vlaen beryf. **15–16g.** *TA* 406, Pwy yn dwyn traul pendant draw, / Iawn im nodi'n *nomnadiaw.* *c.* **1730** *Thos. Lloyd D* (LlGC) 180b, *nomnadio*, casus nominativus.

nomniad [*nomn(adio)* + *-iad*[1]] *eg.* *Gram.* Cyflwr enwol: *nominative case.*
Diw. **16g.** *GP* cvi, myvi sydd mav vas weddi / *nomniad* achvsiad yw chwi (Dafydd Benfras). *c.* **1730** *Thos. Lloyd D* (LlGC) 182b, *nomniad*, nominativus casus.

nonau [cfdds. o'r S. *nones*] *e.ll.* Y seithfed diwrnod o Fawrth, Mai, Gorffennaf, a Hydref, a'r pumed diwrnod o bob mis arall (yn ôl y calendr Rhufeinig): *nones (in Roman calendar).*
1778 *W* d.g. *nones* [*the next day after the Calends* . . .].

nonsens [bnth. S. *nonsense*] *eg.* Ffiloreg, truth, lol, dyli, gwiriondeb: *nonsense.*
1742 *ML* i. 64, Mi faswn i wedi gyrru i chwi ryw *nonsens* cyn hyn. **1787** E. ROBERTS: *PCF* 8, Er cael ein cyfri yn ein sens / Mewn eitha *nonsens* weithie. Ar lafar.

nopiog [*nop(yn)* + *-iog*, ac o bosibl S. C. *nop(pe)* 'nap (of cloth)' + *-iog*] *a.* Cnapiog, boglynnog; smotiog, dotiedig; a chanddo arwyneb cwrs neu flewog (am frethyn): *lumpy, knobbed; spotted, dotted; napped, nappy, having a coarse or hairy surface (of cloth).*
a. **1587** *Y* 175, Nodai feirdd yn i wawd fo, / A'i hanwastad hoen ysto', / Gnapiav megis gwe *nopiawg*, / Y rhain ni thynnir yrhawg. **17g.** *NBSF* 743, Llurig liw y lloerig lŷs / *noppiog* i gŷw anhappŷs [Rowland Vaughan i ofyn hugan].

nopyn [bnth. S. *knop* a S. *knob* + *-yn*; ansicr yw union ystyr yr engh. gyntaf] *eg.* ll. *nop(i)au, nopynnau.* Blaguryn; llinoryn, ploryn, tosyn; smotyn, dot: *bud; pustule, pimple; spot, dot.*
1547 *WS*, *nopyn*, a noppe. **1725** D. LEWIS: *GB* 229–30, Y mae Coed wedi eu cymhwyso o ran eu Gwneuthuriad, i ddwyn llawer mwy o Ffrwyth nag y maent. 1. Y mae pob Cangen yn dwyn llawer o *Noppeu.* 2. Y mae pob *Noppyn* i fynd yn Gangen. 3. Y mae pob Cangen eilwaith i fynd megis yn Bren; ac felly yn y blaen i ddwyn Miloedd o Gangheneu, *Nopeu*, a Ffrwytheu. *c.* **1762–79** W. WILLIAMS: *P* 126, blodau, *nopau* a ffrwŷthau sydd i'w cael ar y coed bob amser. *id.* 131, mae'r ffrwythau yn tyfu fel swppiau grawn ar flaenion y canghenau, mae'r *noppyn* yn wynn, yna troi yn wŷrdd, yna yn goch. **1771** *PDPh* 29, y mae *noppynnau* cochion bychain fel pigiad chwain yn ymddangos dros yr holl gorph. *id.* 35, Y mae *Noppynnau*, neu Grawnau bychain cochion . . . yn torri allan gyntaf yn y pen-elinau.

Nordig [cfdds. o'r S. *Nord(ic)* + *-ig*[2]] *a.* Yn perthyn i isddosbarth o'r hil Gawcasaidd sy'n trigo yng ngogledd Ewrop, yn enw. yn Llychlyn, ac a nodweddir gan daldra, gwallt melyn, llygaid glas, a phennau hir: *Nordic.*
1936.
Gw. hefyd Norddig.

nordd, north [bnth. S. C. *north*] *eb.* ll. *-ion.* (Pobl y) gogledd, fel arfer gynt yn cyfeirio at ogledd Lloegr, bellach at ogledd Cymru: *(people of the) north, usually formerly with ref. to the north of England, now to north Wales.*
14g. *BT* 111, aholl *north* ar gogled. a hyt groesosswallt y doeth. **14g.** *GDG* 266, Gwraig ryw benaig, Robin *Nordd.* *Dchr.* **15g.** *IGE*[2] 199, Llad eirffyrdd, lle diarffordd, / Lle'r nos ni thramwy llu'r *Nordd* (Llywelyn ab y Moel). **15g.** *GDLl* 29, Wedi gwenwyn dig unwaith, / A gwynt *Nordd* mae gantyn' waith. **15g.** *LGCD* 18, Ac anadl Herbard, myn delw Gynin, / Yr oedd yng nghefn y *Nordd* anghyfion. **15g.** *GGl*[2] 85, Troi i Stafford, traws diffaith, / Tua'r *Nordd*, gwatwar ein iaith. **15g.** *ID* 55, da ywr ystod ay drystynn / dwyn ū *north* ar deay n vn. *Diw.* **15g.** *Pen* 67, 81, anwiredd vawr y *nordd* vaith (Hywel Dafi). **1547** *WS*, *nordd* y gogledd, northe. **16g.** *Pen* 137, 18, ef avydd lindys o hil yn *orddion* [*sic*]. **16g.** DAFYDD BENWYN: *Gw* 595, Llew ynn wyd rhag llü y *nordd.* **1583** *LlGC* 716, 186b, mewn man yn y *north* a elwir Heuenfield. **16–17g.** HUW CEIRIOG, &c.: *Gw* 171, O'r deau i'r *nordd*, Duw, o'r nâd! / Dellais gan liw y dillad. **16–17g.** *CRC* 385, Ond nis gwnn i gamm or ffordd / Par un ai'r *Nordd* ai'r Dŵyrain. **17g.** HUW MORUS: *EC* i. 91, I dir angel y dringai, / Pe cae ffordd o'r *nordd* i'r ne'. **1684** T. JONES: *GG* 34, Oddiyno i'r Gorllewin dewis y llwybre, / Drwy *north* Gymru a nerth gre. Ar lafar yn y De, 'Un o'r *North* yw e'.
Gw. hefyd Northyn.

Norddig [cfdds. o'r S. *Nord(ic)* (dan ddyl. *nordd*) + *-ig*[2]] *a.* Nordig: *Nordic.*
1923.
Gw. hefyd Nordig.

Norddman [bnth. S. C. *Northman*] *eg.* ll. *Norddmyn, Norddmain, Norddmaniaid.* Norman; Llychlynnwr: *Norman; Norseman.*
13g. *C* 58, Ban diffon *nortmin.* y ar llidan llin. **13g.** *Pen* 14, 9, e tywyssauc kentaf or *nordmannyeit.* *c.* **1300** *H* 22a. 21–2, kyfrann tonn a glann glasdir gwylein. golud mor yskrud ysgryd *nortmein* (Einion ap Gwgon). *id.* 32b. 36–7, llafyn yn llaw a llaw yn llat pennein. llaw ar llafyn ar llafyn ar llu *nortmein* (Cynddelw). **14g.** *Bren Saes* 24, y doeth y *Nordmannieit* Duon drachevin hyt ar Gwinn. *c.* **1730** *Thos. Lloyd D* (LlGC) 181b, *norddmyn*, estron genedl.
Gw. hefyd Northman.

Norddwyr [*nordd* + *gwŷr*] *e.ll.* Gwŷr y Gogledd, sef gogledd Lloegr ?a'r Alban: *men of the North, i.e. the north of England ?and Scotland.*
15g. *LGC* 465, Y Nordd a ddarllean' I, / Y *Norddwyr* a wna erddi. **15–16g.** LLAWDDEN, &c.: *Gw* 181, Brân urddol yn bwrw *Norddwyr.*

norm [bnth. S. *norm*] *eg.b.* ll. *-au.* Yr hyn sy'n arferol neu'n nodweddiadol, safon neu batrwm (o gywirdeb, ymddygiad, &c.): *norm.*
1899.

normadol [cfdds. o'r S. *normat(ive)* + *-ol*] *a.* Yn gweithredu fel norm, yn gosod norm, yn perthyn i norm: *normative.*
1930.

normal [bnth. S. *normal*] *a.* Yn cydymffurfio â norm, yn ffurfio safon, rheolaidd, arferol, nodweddiadol, naturiol; ar gyfer hyfforddi athrawon (am goleg, &c.); *Math.* perpendicwlar: *normal; normal, for training teachers; perpendicular (in math.).*
1925.

normalaidd [bnth. S. *normal* + *-aidd*] *a.* Ar gyfer hyfforddi athrawon (am goleg, &c.): *normal, for training teachers.*
1847.

normaliaeth [*normal* + *-iaeth*] *eb.* Normalrwydd: *normality.*
20g.

normalrwydd [*normal* + *-rwydd*] *eg.* Y cyflwr o fod yn normal: *normality.*
20g.

Norman [bnth. S. C. *Norman*] *eg.* ll. *-iaid, -od, -wyr, Normeiniaid, Normyn.* Un o frodorion Normandie, disgynnydd o oresgynwyr Llychlynnaidd y wlad yn y ddegfed ganrif a'r Ffrancwyr brodorol; Llychlynnwr: *a Norman; Norseman.*
14g. *BT* 6, diffeithyawd y *normanyeid* loygyr abrycheinyawc agwent agwynnllywc. *id.* 20, doeth nebun aelwid wiliam bastard tywyssawc *ynormanyeid.* **14g.** *BT* (*RB*) 114, y kymerth y Flemisseit a'r *Normanyeit* fo herwyd eu harueredic deuawt. *c.* **1400** *RB* ii. 260, Ac yna y deuth y *normanyeit* duon eilweith y gastell baldwin. ?**15g.** *B* i. 306, Cyrn aur Môn, cur *Normanwyr.* **15g.** DAFYDD LLWYD: *Gw* 257, Hwn yw'r man rhwng *Normanwyr* / Lle y trig Warwig a'i wŷr. **15g.** *GO* 287, Newidio hêtt neidiav hydd / *Normanwyr* a wna'r Mynydd. **16g.** (*LlEG*) *Mos* 158, 9b, a seuydlu y *normanwyr* ynn lloygyr. **16–17g.** *GST* i. 379, Gwnaeth mawredd y ddyweddi / Yn un *Normanwyr* a ni [i'r Frenhines Elisabeth]. **1707** *AB* [xvi], amser y *Normannied.* **1794** E. JONES: *CP* 143, cyn gormesiad y *Normanod.* **18–19g.** *Llr* C 13, 85, efe a ysgrifennodd hanes y *Normeiniaid.*

Normanaidd [*Norman* + *-aidd*] *a.* Yn perthyn i'r Normaniaid neu'r Normaneg, nodweddiadol o'r rhain: *Norman (adj.).*
1810.

Normaneg [*Norman* + *-eg*[1]] *eb.* Hen Ffrangeg y Normaniaid a siaredid hefyd yng ngwledydd Prydain; math o Ffrangeg a siaredir gan drigolion Normandie ac Ynysoedd y Sianel: *Anglo-Norman; Norman French.*
1707 *AB* [xvi], na hên Saesneg na Llychlyneg na *Normàneg.*

norob, gw. hanerob.

Norseg [bnth. S. *Norse* + *-eg*[1]] *eb.* Iaith neu ieithoedd Llychlyn (yn enw. Norwy) a Gwlad yr Iâ o *c.* 700 hyd *c.* 1350: *(Old) Norse.*
1930.

Norsmyn [bnth. S. *Norsemen*] *e.ll.* Llychlynwyr: *Norsemen.*
20g.

nortr [bnth. S. Diw. Cyn. *norter*, amr. ar *nurture*] *eb.* Ymarweddiad cwrtais neu foneddigaidd, moes, cwrteisi, moeswedd: *breeding, manners, courtesy, etiquette.*
16g. LEWYS MORGANNWG: *Gw* 177, roi gwleddfaeth rhoi arglwyddfwyd / roi trwy ddysg a *nortr* y ddwyd. *id.* 253, gwyl yt arfer glod dirfawr / *nortr* a moes yn nhy r tarw mawr. *id.* 395, maner trwy awchiaith mewn *nortr* wychaf. *id.* 419, ni ochelud wych heiliwr / van or traul vai *nortr* i wr. *id.* 498, tri chyfoeth wyt dra chyfiawn / ar tri yw dysg *nortr* a dawn. *id.* 601, tri a rhoe wyr at i ras / tra gerddych *nortr* ag urddas. **16g.** RHISIART FYNGLWYD, &c.: *Gw* 58, Dwyn gwedd pob dawn ac addysg / O'r tir yw dwyn *nortr* a dysg.

north, gw. nordd.

Northen, Northes, gw. Northyn.

Northman [bnth. S. *Northman*] *eg.* ll. *Northmyn.* Gŵr o ogledd Cymru, Northyn: *North Walian.*
1898. Ar lafar yn y De.
Gw. hefyd Norddman.

Northyn [*North* + *-yn*] *eg.* (b. *-en, -es*). Gŵr o ogledd Cymru, Gogleddwr: *North Walian.*
20g. Ar lafar yng Nghered. a'r De, gan amlaf gydag awgrym o ddirmyg, '*Northyn* yw e!'; ''En *Northen* odd 'i'; 'Ma' fa'n briod â *Northas*'.

Norwead, Norweaidd, gw. Norwyad, Norwyaidd.

Norwegaidd [cfdds. o'r S. *Norweg(ian)* + *-aidd*] *a.* Norwyaidd: *Norwegian (adj.).*
1837.

Norwegiad [cfdds. o'r S. *Norweg(ian)* + *-iad*³] *eg.* ll. *-iaid.* Norwyad; Llychlynnwr: *a Norwegian; Norseman.*
1814.

Norweiad, Norweiaidd, gw. Norwyad, Norwyaidd.

Norwyad [e.'r wlad *Norwy* + *-ad*², trf. prs.] *eg.* ll. *-aid.* Brodor o Norwy, un o drigolion Norwy: *a Norwegian.*
1936.
Amr.: **Norwe(i)ad** [e. S. y wlad *Norway* + *-ad*², trf. prs.]. **1816.**

Norwyaidd [e.'r wlad *Norwy* + *-aidd*] *a.* Yn perthyn i Norwy: *Norwegian (adj.).*
20g.
Amr.: **Norwe(i)aidd** [e. S. y wlad *Norway* + *-aidd*]. **1838.**

Norwyeg [e.'r wlad *Norwy* + *-eg*¹] *eb.* Iaith trigolion Norwy: *Norwegian (language), Norse.*
1881.

noryn, ff. laf., gw. llinor.

nos [H. Grn. *nos*, gl. *nox*, Crn. C. *nos*, H. Lyd. a Llyd. C. *nos*, Llyd. Diw. *noz*: o ff. olddodiadol yn *-stu-* ar IE. **nokʷt-*, o'r gwr. **nekʷt-* 'nos', cf. *henoeth*, H. Wydd. *in-nocht*, Llad. *nox, noctis*] *eb.* ll. *-(i)au, -oedd, -ydd,* a hefyd gyda grym adfl. Yr ysbaid o dywyllwch rhwng diwedd un dydd a dechrau'r nesaf, yn enw. rhwng machlud a chodiad haul (yn wrthwyneb i ddydd), y cyfwng rhwng un dydd a'r dydd dilynol; min nos, diwedydd; tywyllwch (y nos); gwylnos (gŵyl grefyddol, &c.); hefyd yn *ffig.*: *night; evening; darkness (of the night); vigil (of religious festival, &c.); also fig.*
10g. *(Cpt) B* iii. 256, aries. hithou tra *nos* in eircimeir loc guac. **13g.** *C* 90. 14, Hir *nos* llum ros lluid riv. **14g.** *T* 28. 1, Awdosti cwd uyd *nos* yn arhos dyd. **1346** *LlA* 19, Pa hyt ygorwedawd ef yny bed. Dwy *nos* a diwarnnawt. **14g.** *YBH* 18a, Ac edrych yn y gylch awnaeth affan edrych yd oed yn *nos* (*oscure nuyt*) affawb yn kysgu. *c.* **1400** *[RB] WM* 494. 23–4, Ar morgrugyn cloff adoeth ahwnnw kynn y *nos*. *id.* 507. 10–11, Ar *nos* honno y kyscwys kulhwch gan olwen. *Dchr.* **15g.** *GM* 39, Drychefwch yn y *nossyd* ar y seint awch dwylaw. **15g.** *GDLl* 118, Y *nosau* golau gilwg. **15g.** *LGC* 179, A'i ddaed ev i nyddu dart, / *Nosiau* da i'n ysdiwart. **15g.** *ID* 28, Mae'r *nos* dan vy mron aswy / A gwen nis mag un *nos* mwy. *Diw.* **15g.** *Pen* 53, 13, yngwastattyr heldyr hen lysoedd *nosoedd*. **1567** *LlGG* 4b, Chwychwi *nosiau* a dyddiau bendithiwch yr Arglwydd. **1588** *Gen* i. 5, A Duw a alwodd y goleuni yn ddydd, a'r tywyllwch a alwodd efe yn *nôs*. **1699–1700** E. LHUYD: *SH* 56, i helpy gwr i droi, a dichw[e]lyd ir môr y *nôs*. **1790** T. JONES: *TOS* 42–3, 'Nôl treulio o honom hîr *nos* dywyll yn y byd hwn. **1803** *P.*
Cfn.: **nos a bore:** *night and morning.* **15g.** *HCLl* 13. **1631** O. THOMAS: *CC* 40. **1661** E. LEWIS: *Drex* [xiv]. **n. a dydd:** *night and day, day and night, always.* **13g.** *LlDW* 67. 22. **15g.** *LGC* 480. **15–16g.** *TA* 318. *p.* **1584** G. ROBERT: *GC* [357]. Gthg. **1567** *TN* 274b, nos a' dydd y bum yn y dwfn-vor. **y n. arall:** *the other night.* **14g.** *GDG* 121. **1703** E. WYNNE: *BC* 130. **n. Galan (Ionor):** *New Year's Eve. Dchr.* **14g.** *H* 89b. 46, *nos galan yonor* mwynwawr medwyt (Phylip Brydydd). **14g.** *T* 43. 18–19. Ar lafar, *WVBD* 397. **n. Galan Gaeaf:** *Hallowe'en. c.* **1600 (1681)** *Rhyddiaith Gymraeg* ii. 169. Ar lafar. **n. Galan Gaeaf Hen:** *Hallowe'en (according to the Old Style).* **1762** *ML* ii. 516. **n. Galan Mai (G(a)lanmai, Glamai):** *May-day Eve.* **14g.** *WM* 31. 2. **16g.** *Yst Kym* 53. **1687 (1715)** J. OWEN: *TB* 52. **n. da:** *good night, good evening.* **14g.** *GDG* 350. **1632** *D* d.g. *salue.* Ar lafar. **n. daed, n. daet** [< *nos da yd (yt)*; cf. *dydd daed*]: *good night (to thee), good evening (to thee).* **15g.** *LGC* 480, Gruffydd! nos a dydd *nos daed*, / Gwalch hael o'r gloew uchelwaed. **15g.** *DE* 58, nostawch y verch nys dichon / *nostaed* ti nys dywaid hon. **1567** *TN* 44a, Henpych-well [:– *nos dayt*] Athro. **n. dawch:** [< *nos da ywch*; cf. *dydd dawch*]: *good night (to you).* **15g.** *DE* 58. **1691** T. WILLIAMS: *YB* 64. **1780** E. JONES: *RAS* 30. Ar lafar, *WVBD* 397. **n. ŵyl,** gw. noswyl. **(y) n. heno:** *this very night, tonight.* **1588** *Tob* vi. 15. **1794** *AUA* 78. Cf. RH. IFANS: *SR* 127, Wrth ddŵad tag yma / *Nos heno* ['Cân y Fari Lwyd']. Cf. hefyd *BD* 8, pan vo nos heno. **n. Nadolig:** *Christmas Eve.* **14g.** *LAL* 188. **15g.** *(Diw.* **16g.**) *Gwyn* 3, 200. **1547** *WS.* Ar lafar, *'nos 'Dolig'*, *WVBD* 99; yn nwyrain Morg. gwahaniaethir rhwng 'nos cyn 'Dolig' 'Christmas Eve' a *'nos Nadolig'* neu *'nos y 'Dolig'* 'Christmas Night'. **(y) n. o'r blaen:** (i) *party held the night before a wedding.* **1862** *Y Brython* 23, yr oedd gwahoddwr yn cael ei anfon trwy y gymmydogaeth i wahodd dynion i'r briodas a'r neithior; neu, fel y geilw rhai o honynt y peth, *'nos o'r blaen'*, neu 'taith'. (ii) *the other night.* **1778** *W* d.g. *overnight.* **n. Basg (Pasg):** *Easter Eve, Easter Vigil.* **14g.** *LAL* 188, *nos* sadwrn *Pasc.* **14g.** *BT (RB)* 121. *Dchr.* **16g.** *THSC* (1943–4) 36. **1547** *WS.* **1567** *LlGG* 53a. **n. Basg Bychan:** *the night before Low Sunday, the Saturday after Easter.* **16g.** *(LlEG) Mos* 158, 550b, [d]uwsadwrn . . . ne *nosbasg b/ychan.* **n. Sadwrn bach:** *Wednesday night (lit. little Saturday night).* Ar lafar yn Arfon, *CyCC* 93. **n. Ystwyll:** *Twelfth Night.* **15g.** *LGC* 106. **16–17g.** T. PRYS: *Bardd* 18. **1703** E. WYNNE: *BC* 132. **mynd yn n.:** *to fall (of night), also fig.* **15g.** *HCLl* 78, Bu olau eich byw, Wilym, / *Aeth yn nos* fyth weithiau ym. **1588** *Ecclus* xxxvi. 26, dŷn nid oes ganddo nyth . . . lleteu ym mha le bynnac yr *elo* hi *yn nos* arno ef. Ar lafar, 'Mi *eith yn nos* arno fo cyn iddo fo ddŵad', *WVBD* 18; 'Pan ddechreuodd hi siarad Ffrangeg, mi *aeth yn nos* arna' i'.

Gw. hefyd noson, noswaith, noswyl.

nosaf: nosi [bf. o'r e. bl.] *bg.* Mynd yn nos, hefyd yn *ffig.*: *to become night, fall (of night), also fig.*
14–15g. *IGE*² 253, Yna y *nosa*, myn Iesu, / Einioes y dyn yn nos du (Siôn Cent). *c.* **1400** *(SG) HMSS* i. 394, a gwedy *nossi* ef a glywei dynyon debygei ef yngkylch y vynnwent. **1547** *WS, nosi,* waxe nyght. **16g.** GR. HIRAETHOG: *Gw* (D. J. B.) 65. 35–6, *Nosi* bryn y sy heb ras / Nos rewlyd yn oes Rhiwlas [marwnad Elis ap Cadwaladr o'r Rhiwlas]. **16g.** MORUS DWYFECH: *Gw* 197, A'i ddwyn, rasol ddawn rosyn, / A *nosodd* ar ei nasiwn. **1632** *D, nosi,* noctescere. **1688** S. HUGHES: *TSP* 94, Mor debygol yw hi, i *nossi* arnafi yn fy nhaith o'th achos di! *id.* 231, gwedi iddi *nossi*, a myned o meistres Anhyderus a'r Cawr ei Gwr iw gwely. **1696** *CDD* 206, Ar hon mal Goshen, er prŷd *nosi*, / Llewŷrch Duwdab, a goleuni. **[1740]** L. ANWYL: *NG* 10, gall hi *nosi* arnat, a thitheu ymhell oddiwrth dy lettu. **1798** W. RICHARDS: *CC* 36, yr oedd hi yn *nosi* pan y daeth ef o dŷ John Griffiths gerllaw y tŷ cwrdd. **1803** *P.*

nosâf: nosáu [*nos* + *-hau*; ansicr yw ystyr yr engh. gyntaf] *bg.* Nosi, hefyd yn *ffig.*: *to become night, fall (of night), also fig.*
16g. LEWYS MORGANNWG: *Gw* 454, seren i Siambrlen *noshau* / draw sy dowyll dros deau. **1643** *MLl* i. 64, ym mynydd Gilbo rhaid *noshau* / ymddadlau a rhyfeloedd / llei yr oedd pawb yn gwneuthur plaid / yn danbaid yn i hoesoedd. **1728** T. BADDY: *DDG* 29, gadawyd ni yn unic yn Niffaethwch gwyllt Arabia . . . a hi yn *nôshau* ein dau dywysyddion a'n Dromedariaid wedi myned ymaith.

nosaidd [*nos* + *-aidd*] *a.* Tebyg i'r nos, hefyd yn *ffig.*: *nightlike, also fig.*
1859.

nosdawchiaf: nosdawchio, nosdydd, nosdyddiaf: nosdyddio, nosddydd, gw. nostawchiaf: nostawchio, nostydd, nostyddiaf: nostyddio, nostydd.

nosfran [*nos* + *brân*] *eb.* Aderyn anhysbys y tybid ei fod yn crawcian yn y nos ac yn arwyddo drwg, brân nos: *night-crow.*
1604–7 *TW (Pen* 228) d.g. *cicuma.* **1653** *MLl* i. 230, *nôs frân,* a'r fulfrân . . . adar aflan ydynt oll. *c.* **1730** *Thos. Lloyd D* (LlGC) 182b, *nosfran* . . . nycticorax.

nosgainc [*nos* + *cainc*] *eb.* Serenâd, hwyrgan: *serenade.*
[1783] *W*, canu *nôs-gainc* (nôs-gerdd) i'w gariad d.g. *to serenade.*

nosgan [*nos* + *cân*¹] *eb.* Serenâd, hwyrgan: *serenade.*
1850.

nosgerdd [*nos* + *cerdd*¹] *eb.* Serenâd, hwyrgan: *serenade.*
[1783] *W*, canu nôs-gainc (*nôs-gerdd*) i'w gariad d.g. *to serenade.* **1798** *WR* d.g. *serenade.*

nosgerddwr [*nos* + *cerddwr*²] *eg.* ll. *-wyr.* Un sy'n cerdded yn ei gwsg: *sleep-walker.*
1858.

nosion, gw. nosiwn.

nosionol [*nosion* + *-ol*] *a.* Tybiannol, heb ei seilio ar ffaith neu brofiad: *notional, speculative, non-experiential.*
1788 J. GRIFFITH: *DCC* 52, y rhannau *nosionol* o Grefydd.

nosiwn, nosion [bnth. S. *notion*] *eb.* ll. *nosiwnau.* Tybiant, tybiaeth, syniad, dyfaliad: *notion, hypothesis, idea, speculation.*
1709 H. POWEL: *G* 8, na byddoch yscafn a moethus, yn serchu *nosiunnau* [*sic*] a ffansiau gorwag. **1711** H. POWEL: *TY* 90, y fath *Nosiunnau* [*sic*] diflas anhrefnus. *id.* 137, rhag i *Nosiwnau* eich twyllo am eich Gwobr. **1732** *AABI* 40, Profiadau mewn Crefydd ydynt uwchlaw *Nosion* a Thraethiadau. **1746** T. RICHARDS: *CER* 24, Bellach pwy Ddiogelwch ddichon fòd i Dywysog mewn Stâd neu Wladwriaeth lle y llenwir Pennau Pobl a'r fâth *Nosiwnau* a hyn. **1748** P. PUGH: *DGG* iv, fel pe b'ai hi [crefydd] ddim ond *Nosiwn* a Siarad. **1767** J. THOMAS: *TFFf* 29, Y ffydd hono trwy ba [u]n y mae Crist a'r credadyn yn un nid yw mewn *nosiwn*, neu ddeall yn unig yn ei gylch ef. **1775** E. GRIFFITHS: *GF* 65, yn dyb neu *nosiwn* gyffredin. **1790** W. RICHARDS: *LlA* 87, ei *nosiwn* o oruchwiliaeth anweledig y cyfammod gras. **1797** D. DAVIES: *SEG* 36, anghysson â'r *nosiwn* am y Duwdod.

nosog [*nos* + *-og*] *a.* Tebyg i'r nos, tywyll, hefyd yn *ffig.*: *nightlike, dark, also fig.*
1837.

nosol¹ [*nos* + *-ol*] *a.* ll. *-ion.* Tebyg i'r nos; yn perthyn i'r nos, yn digwydd yn y nos neu bob nos, nosweithiol: *nightlike; nocturnal, nightly.*
13g. *Llst* 1, 93, mavrhavs er hollkyvoethavc dyw y trvgared ef em ply[th] e brytanyeyt rac ev tewyllav wynt o *nossavl* tewyllvc aghev. **13g.** *BD* 106, O *nossolyon* dagreuoed y gvlypaa yr enys. *id.* 110, O *nossolyon* leuein y geilv yr adar. **14g.** *BT (RB)* 170, drwy *nosawl* urat a thwyll. **14–15g.** *IGE*² 336, Ag wybr *nosawl*, er gobrwy, / Dros bob un ohonun' hwy (Rhys Goch Eryri). **1594–6** *B* iii. 280, dyddiawl lawenydd, *nosawl* solas. **1632** *D* d.g. *nocturnus.* **1718 (1721)** S. THOMAS: *HB* 191, Ymddangosiadau *nosawl.* **1778** *W* d.g. *nightly, nocturnal.* **1803** *P.*

nosol², gw. noson.

noson [*nos* + *hon*, cf. *dwthwn*; dichon mai enghrau. o achub y blaen a welir yn y ddau ddfn. cyntaf isod, gw. *BD* 134, nodyn godre 5] *eb.* Diwedydd, noswaith, min nos, gyda'r nos, hwyrnos; nos: *evening; night.*
13g. *BD* 138, A'r *nos hon* hono kysgu a wnaeth y brenhin. *id.* 139, A'r *nos hon* honno y cauas hitheu ueichogi. **1551** W. SALESBURY: *KLl* xxxiiib, y *noshon* y bradychwyt ef. **1567** *TN* 211b, Ar *noshon* nesaf savawdd yr Arglwydd wrtho. **1588** *Dan* v. 30, Y *nosson* honno y lladdwyd Balthasar brenin y Caldeaid. **1620** *Esth* vi. 1, Y *noson* honno, cwsc y brenin a giliodd ymmaith. **1696** *CDD* 118, I foli y Mâb tirion a anesid y *noson*, / A phawb yn wîr ffyddlon ni ffaelie. *id.* 338, Ein dyled a dalwŷd yn rhyddion fe'n rhoddwŷd; / Y *noson* pan anwŷd pen i ni. **1704** E. SAMUEL: *BA* 36, yr Offeiriaid jddewig . . . a 'u daliasant yn garcharorion y *noson* honno. **1778** *W* d.g. *a night, or a nights time.* **1803** *P.*
Amr.: **nosol**². **1527** *B* ii. 205, Ar *nossol* honno y dyvod yr ymerrodres wrth yr ymerrodyr y geirrie hyn. **16g.** *id.* xv. 269. *c.* **1588** *Rhyddiaith Gymraeg* ii. 78, A chwedy y dyfod hi adref y *nossol* hono.
Cfn.: **noson waith:** *weekday evening, week-night.* **1903. n. weu (bilio, bluo):** *an evening when neighbours would come together to knit (peel rushes, pluck poultry) and for amusement.* **20g. n. lawen:** *an evening of informal entertainment (e.g. formerly in a wake, a welcoming-home party, &c.) consisting of singing, story-telling, dancing, &c. (now usually arranged as a concert and held in a public place).* **1856.** Ar lafar; hefyd yn Arfon yn yr ystyr 'a feast made on behalf of some one', *WVBD* 397. **n. (loergan) l(l)euad:** *(bright) moonlight night.* **1913.** Ar lafar yn Arfon, *'noson leuad'*, *WVBD* 348.

nostalgaidd, nostalgia, nostalgig, gw. nostaljaidd, nostalja, nostaljig.

nostalja, nostalgia [bnth. S. *nostalgia*] *eg.* (Pwl o) hiraeth (am y gorffennol): *nostalgia.*
1929.

nostaljaidd, nostalgaidd [cfdds. o'r S. *nostalg(ic)* + *-aidd*] *a.* Hiraethus (am y gorffennol); yn peri nostalja: *nostalgic*.
20g.

nostaljig, nostalgig [cfdds. o'r S. *nostalg(ic)* + *-ig*²] *a.* Nostaljaidd: *nostalgic*.
20g.

nostawchiaf: nostawchio [bf. o'r ymad. *nos dawch*] *bg.* Dweud 'nos dawch': *to say 'good night'*.
20g.

nostydd, nosddydd [*nos* + *dydd*] *eg.* Cyfnod o noson a diwrnod: *a night and a day*.
16g. *AP* 59, *Nosddydd* tywylllawn [*sic*]. **1764** G. Howel: *DB* 46, Hiraethu'r wyf a'm bronnau'n brudd / Bob *nos dydd* am 'madael.

nostyddiaf: nostyddio [bf. o'r e. bl.] *bg.* Treulio cyfnod o noson a diwrnod: *to spend a night and a day*.
1567 *TN* 274b, nos a' dydd y bum yn y dwfnvor [:– *nosdyddiais* yn yr eigiawn].

noswaith [*nos* + *gwaith*², Crn. C. *noswyth*, Llyd. C. *nosvez*, Llyd. Diw. *nozvezh*; cf. *dyddgwaith*] *eb.* ll. *-weith(i)au*, *-weithi*, a hefyd gyda grym adfl. Diwedydd, noson, min nos, gyda'r nos; nos: *evening*; *night*.
13g. *B* x. 22, Ac val yd ytoed e manach hvnnv *nosweith* en mynnv kerdet e guplau ewyllys e gnavt. *Dchr.* **14g.** *H* 121b. 28–9, pei chwaerei y but yr barddoni. nebawd *nossweith* y byddwn nessaf iddi (Hywel ab Owain Gwynedd). **14g.** *WM* 31. 4–5, Sef awnaeth teirnon ymdidan *nosweith* ay wreic. **14g.** *SC* viii. 184, [t]rigyaw yndi [ogof] dydgweith a *nosweith*. **15g.** *KAA* 21. 23–4, megys yd oed *nosweith* . . . yn kysgu. **15g.** *LGC* 426, Yn Mhenrhos, lawer *noswaith*, / Y bum i, a phawb o'm iaith. **16g.** (*LlEG*) *Mos* 158, 25a, yr hon [seren] a ymdangoses [*sic*] gymaint a ffumnnos ar hugain o *nosweithiau*. **1588** *Esth* vi. 1, Y *Noswaith* honno cwsc y brenin a giliodd ymmaith. **1687 (1715)** J. Owen: *TB* viii, Mae'n arferol mewn rhai manneu yn Ghymru treulio'r hir *nosweithieu* gayaf yn dywedyd a gwrando hen chwedleu celwyddog. **1725** D. Lewis: *GB* 23, Daeth Cymmydogion ynghŷd un *Noswaith*. **1751** *GIA* 110, Ni feiddiech chwi gyscu yn esmwyth *noswaith* ymhellach. **1790** T. Jones: *TOS* 300, eistedd wrth eu cardieu a'u disieu *nosweithieu* a dyddieu ynghyd. **1803** *P*, *noswaith*, a certain night, a night.
Cfn.: **noswaith ganu** = **n. lawen.** **1799** *TY* 31, Ar nosau Sadwrn, yn enwedig yn yr haf, y byddai ieuenctyd, meibion a merched, yn cadw y pethau a elwid, *Nosweithiau canu*, ac yn difyrru eu hunain, wrth ganu efo 'r Delyn a'r ddawns, hyd dorriad y wawr ddydd Sabbath. **n. dda:** *good evening, good night*. *c.* **1600 (1681)** *Rhyddiaith Gymraeg* ii. 165. **1778** *W* d.g. *night, To bid, or wish, one a good night's rest*. **n. olau (o leuad):** *moonlight night*. **1795** *R. Crusoe* 108. Ar lafar yn sir Drefn. yn yr ymad. 'gwneud *noswaith olau*', h.y. ymadael â chartref, ardal, &c., yn sydyn o dan amgylchiadau amheus, *Mont Coll* xi. 295; cf. yr ymad. S. 'to do a moonlight flit'. **n. waith:** *weekday evening, week-night*. Ar lafar yng Nghered. a'r De. **n. wau:** *an evening when neighbours would come together to knit and to amuse themselves*. **1931.** **n. lawen:** *evening of informal entertainment (e.g. formerly in a wake, on the eve of a patron saint's day, &c.), consisting of singing, dancing, &c.* **1609** *CRC* 353, noswyl garddern *noswaith lawen* / i bydd gwylfa yn eglwys assa. *c.* **1759** *LlGC* 57, ii. 1. **1770** *W* d.g. *bout, a merry bout, to merrimake, wake* [*a night-diversion, i.e. a sitting up for merry-making*]. **n. loergan l(l)euad:** *(bright) moonlight night*. **1914.**
Gw. hefyd nos, noson, noswyl.

nosweithiol [*noswaith* + *-iol*] *a.* Yn perthyn i noswaith neu nos, yn digwydd yn ystod y noswaith neu'r nos; yn digwydd, &c., o noswaith i noswaith, bob nos: *nocturnal*, *(of the) evening*; *nightly*.
1691 T. Williams: *YB* 172, fel breuddwydion *nosweithiol*. **1712** T. Williams: *CDdG* 577, Ond pan ddaeth y Cyfarfod *Nôsweithiol* hwn [y noswyl] iw gam-arferu cymmhelled na ddichon gofal yn y bŷd i gadw rhag amryw afreolau Anrhefnus [*sic*]. *c.* **1730** *Thos. Lloyd D* (LlGC) 181b, *nosweithiol*, nocturnus. **1753** D. Jones: *SD* 254, Duwiolder beunyddiol a *nosweithiol*. *c.* **1762–79** W. Williams: *P* 270, 4 gweddi *nosweithiol* yr hon sydd yn gofyn 4 [ymgrymiad]. *id.* 279, y prydnhawnol a'r *nosweithiol* weddiau. **1775** D. Jones: *HCY* 131, Y rhed eu Munudau *nosweithiol* o hyd. **1799** *TY* 32, y mae cyfarfod i gyd-waû yn arferiad *nosweithiol* yn y wlad hon.

noswyl, nos ŵyl [*nos* + *gŵyl*¹; cf. *dygwyl*] *eb.g.* ll. *-iau*. Noswaith (o ymprydio, gweddïo, &c.) o flaen gŵyl eglwysig (hefyd o flaen y Sul), gwylnos; cyfnod o orffwys ar ôl gorffen gwaith am y dydd, noswaith; hefyd yn *ffig.*: *vigil or eve of religious feast (also of Sunday)*; *period of rest after finishing the day's work, evening*; *also fig.*
14g. *BT* 227, *nosswyl* veir sannfreid y kanawd tomas esgob mynyw yr efferen gyntaf a gant yny esgobot. **15g.** *LGC* 360, *Noswyl* Ddewi, Gwenllian / I'r byd a roi'r bwyd a ran. **15–16g.** *TA* 112, Pum *noswyl* a phumŵyl ffydd. **16g.** *Llst* 6, 164, dyw gwener ydiwr dydd daf / *noswyl* dyw sadwrn nesaf. **[1547]** W. Salesbury: *OSP* [53], *Noswyl* iar gwae ae car. **16g.** *WLl* 138, Gwaith a gwyl *nosswyl* ith Dduw yssydd. **1604–7** *TW* (*Pen* 228), *noswyliæ*, myuiliæ o ulaen dyddiæ gwylion d.g. *prӕcidanea feriӕ* (At.). **1618** J. Salisbury: *EH* 212, Ymprydio'r Grawys, y Catgoriæ, a phôb *noswyl* gorchmynedig. **1675** R. Jones: *HCh* 83, dibenner hwynt [negeseuon bydol] mewn amser cyfaddas ar y *noswyl* o flaen y Sabbath. **1718 (1721)** S. Thomas: *HB* 129, Wedi treulion [*sic*] o honynt *Nos-wyl* y mabsanct . . . yn gwylio ac yn ymprydio, fe fydde iddynt a'r y diwrnod trannoeth, yr un a elwŷd Dydd-gwyl y mabsanct, ymroddi yn llwyr i Lawenydd. **1787** E. Roberts: *PCF* 4, a *noswyl* ange yn nesu. **1803** *P*, *noswyl*, the eventide, the nightfal, the time of leaving off work at eve; a vigil. Ar lafar yn Arfon, 'cael *noswyl* ar ôl chwech o'r gloch', 'to get the night off after six', *WVBD* 397.
Cfn. (detholiad yn unig): **noswyl (nos ŵyl) Andras:** *St. Andrew's Eve, 29th November*. **14g.** *BT* 236. **16g.** *AP* 18. **n. Gybi:** *St. Cybi's Eve, 4th, 5th, 6th, or 7th November*. **16–17g.** *Cer RC* 178. **n. Ddewi:** *St. David's Eve, 28th or 29th February*. **15g.** *LGC* 360. **n. Ddwynwen:** *St. Dwynwen's Eve, 24th January*. **15g.** *CSTB* 7. **16g.** *AP* 18. **n. Iago:** *St. James' Eve, 24th July*. **15g.** *GDLl* 124. **n. Ieu(w)an (hanner haf):** *St. John's Eve, Midsummer Eve, 23rd June*. **14g.** *BT* 231, *nos wyl jeu/wan hanner haf*. **15g.** Deio ab Ieuan Du, &c.: *Gw* 241, Ffagl olau *noswyl Ieuan*. **1789** *BDG* 14. **n. Ifan** = **n. Ieuan.** **15g.** *CSTB* 7. **n. (Sain) Luc:** *St. Luke's Eve, 17th October*. **14g.** *BT* 218. **15g.** *CSTB* 7. **n. Luwsi (Forwyn):** *St. Lucy's Eve, 12th December*. **16g.** *AP* 30. **16–17g.** *CRC* 423. **n. Fair y Canhwyllau:** *Candlemas Eve, 1st February*. **14g.** *BT* (*RB*) 268. Cf. *BT* 227, nosswyl veir sannfreid; **15–16g.** *GIF* 95, a'th ŵyl osodes Iesu, / noswyl Fair, uwch no Sul fu [i San Ffraid]. **n. Farc:** *St. Mark's Eve, 24th April*. **1852.** **n. Fathew:** *St. Matthew's Eve, 20th September*. **14g.** *BT* (*RB*) 266. *Diw.* **15g.** *Bren Saes* 274. **n. y Meirw:** *31st October*. **1790** J. Thomas: *DY* 9, y Nos ddiwaethaf o fis Hydref, yr hon nôs a elwir yn gyffredin gan lawer *Noswyl y Meirw*. **n. Fihangel:** *St. Michael's Eve, 28th September*. **1755** *ML* i. 383. **n. Nadolig:** *Christmas Eve, 24th December*. **1776** Dewi Nantbrân: *AN* 107. **n. y Pasg:** *Easter Eve, Easter Vigil*. **20g.** **n. Sant Nicolas:** *St. Nicholas's Eve, 5th Dec.* **1568** Morys Clynnog: *AG* [ix]. **n. (y) Sulgwyn:** *Whitsun Eve, Whit Saturday*. **14g.** *BT* 146. **1683** *LlP* 38. **n. Domas (Tomas) Ebostol:** *St. Thomas's Eve, 20th December*. **14g.** *BT* 168, 217.
Gw. hefyd nos, noson, noswaith.

noswyliad [bôn y f. ddil. + *-iad*¹] *eg.* Gwylnos, noswyl; y weithred o orffen gwaith (ar ddiwedd y dydd); hefyd yn *ffig.*: *vigil, watch*; *a cessation of work (at the end of the day)*; *also fig.*
1684 H. Owen: *DC* 59, a digrif *noswyliad* yn gwneuthur boregwaith prydd. **1803** *P*, *noswyliad*, a leaving off work at eve; a keeping vigils.

noswyliaf, noswylaf: noswyl(i)o [bf. o'r e. *noswyl*] *bg.*
(*a*) Gorffen gwaith (ar ddiwedd y dydd), gorffwys gyda'r hwyr ar ôl diwrnod o waith, mynd i'r gwely, hefyd yn *ffig.*; dweud 'nos da': *to finish work (at the end of the day), rest in the evening after a day's work, go to bed, also fig.*; *say 'good night'*.
1630 R. Vaughan: *YDd* 384, *Noswylio* (*give over working*) mewn pryd y noson o'r blaen. **1632** *D*, *noswylio*, ab opere feriari. **17g.** *IICRC* iii. 263, penn ddoeth [Siôn Grythor] ir plas tyner / ni safodd y ffowler / nis myned ir seler ag yno *noswyliodd*. **17g.** Huw Morus: *EC* ii. 97, Nid allwn barhâu, yn hir heb wanhâu, / A gorfod *noswylio*, llaes gilio, a llesghâu. **1688** *TJ*, *noswŷlio*: to leave work for that day. **1709** Huw Morus: *EC* i. 108, Mewn daear, bu alar blin, / Lle *noswyliai* 'n Llan Silin [marwnad Huw Morys gan Edward Samuel]. **1716** R. Lloyd: *LlGG* 7, ac Etto nid yw'r Pladurwr ymma [Angau] yn *Nôs wylio*. **1737** *W Ballads* 24, 7, Ar y Nôs Sadwrn diau, / Er Duw *noswyliwch* chwithau. **18g.** *W Ballads* 103, 7, Mae'r diwrnod gwedi pasio mae'n rhaid dan go, / *Noswylio* n syth. **1759** *BC* 444, Yn gynar *Noswyliwch* a gwelwch bob gwâs, / Nad yw Cwrw coelio iw flysio wrth ei flâs. **1803** *P*, *noswyliaw*, to give over work at eve. Ar lafar yn yr ystyr 'gorffen gwaith am y dydd', ''Ych chi'n *noswylo*'n gynnar'; hefyd yn yr ystyr 'mynd i'r gwely', 'Bydd rhaid *noswylio*'n gynnar heno gan fod rhaid i ni godi'n gynnar 'fory'.
(*b*) Cadw gwylnos ar y noson cyn gŵyl eglwysig; gweithio liw nos yng ngolau cannwyll: *to keep vigil on the eve of a religious feast*; *work at night by candlelight*.
Dchr. **17g.** *J* 10, 23a, *noswilio*, lucubro. **1632** *D*, *noswylio* . . . festi vigiliam agere. **1773** *W* d.g. *eve, to keep, or celebrate, the eve of a holy-day*. **1803** *P*, *noswyliaw* . . . to keep a vigil.
Amr.: **swylio, swilio.** Ar lafar yn Arfon a Meir., *WVBD* 398.

noswyliol [*noswyl* + *-iol*] *a.* Nosweithiol: *evening (adj.)*.
1860.

noswyliwr¹ [bôn y f. fl. + *-iwr*] *eg.* ll. *-wylwyr*. Un sy'n noswylio (yn ôl amrywiol ystyron y f. honno): *one who finishes work (at the end of the day), one who goes to bed*; *one who keeps vigil*.
1803 *P.*

noswyliwr² [*nos* + *gwyliwr*] *eg.* ll. *-wylwyr*. Un sy'n gwarchod (adeilad, &c.) yn ystod y nos: *night-watchman*.
1848.

not [bnth. S. *knot*] *eb.* ll. *-iau*. Uned gyflymder, sef 1,852 o fetrau yr awr: *knot (unit of speed)*.
20g.

nôt¹ [bnth. S. *note*; ansicr yw union ystyr y gair yn y dfn. cyntaf yn adran (*b*)] *eg.* (bach. *notyn*) ll. *notau*, *nôts*.
(*a*) Nodyn (cerddorol) (sain ac arwydd): *(musical) note (tone and sign)*.
16g. (*LlEG*) *Mos* 158, 464a, ynn yr amser Ir ydoedd y Kanttori[o]n o gappel y Kardnal . . . ynn lleuain gwasaneth y prossessi mewn *noott* a mydyr hyd y ffuruauen. **16–17g.** Edward Urien, &c.: *Gw* 341, Seiniwyd *nôts* hynod o nef, / Sain dewislais, yn d'oslef. **1747** *ML* i. 122, nid oedd y cantor ddim yn sicr na ddigwyddai iddo fynd *nôt* oi flaen wrth diwnio. **1753** D. Jones: *SD* ix, Fe a fyddai'n ddymunol hefyd, na bai i ni aros cyhyd ar bob *Nôt* sengl. **1759** *ML* ii. 111, y mae'r mab mau yn ffidler eisioes, yn canu wrth *nôts*. **1768** W. Williams: *HTS* 34, dyma 'r *nôt* yr oedd ei fwa yn chwarae arno fwyaf. Ar lafar ym Meir. yn yr ymad. 'mynd wrth y *nôts*', h.y. cerdded, symud, neu weithio yn araf iawn, *B* xiv. 289.
(*b*) Nodyn (ysgrifenedig neu wedi ei argraffu); atalnod, symbol mathemategol, &c.: *(written or printed) note*; *punctuation mark, mathematical symbol, &c.*
c. **1600** *CRC* 177, Dwede hwnnw yn dda i fyd / Rhowch *not* oi benyd arno. **1604** R. Holland: *BD* 12–13, hwy . . . a dynnasant *notau* o hono [llyfr], gan gymmeryd y naill ran a gado allan y llall. *c.* **1621** *CRC* 143, Mi a ddyga o flaen i wyneb / fy *nôt* or holl gyttvndeb. *c.* **1625** *Cal Wynn Papers* 222, Ond ni alla i wneythyr yn berffey[th] mor Indentur i ledio yws y ffyne o herwydd nad oes mor *noat* i ddangos [drll.] pwi faint a bassiodd o ackre yn y ffein i chwi. Onid ydyw yr *noat* [drll.] bach a dynes ne a scrivenes i at Wmffrey Jones gida chwi, ni alla i ddibenny mor Indentur nes kael coppy or *noat* hwnw. **1688** *TJ*, pwngc, blaen, (*nôt*:), a point, a note. **1744** D. Rowland: *RY* 281, Ar 'Sgrifen neu 'r *Nôt* cyntaf ydoedd i'm Harglwydd Maer. **1747** *ML* i. 126, A fynnwch i mi yrru'r *nôt* yn ôl? **1756** W. Williams: *GDC* vi–vii, mi adroddaf *Nôt* sydd gan Mr. Harfe yn y Folum gyntaf . . . ei *Nôt* ef ar hynny . . . sydd fel hyn. **1768** J. Roberts: *R* 62, Noda fod y 2 *Not* hyn (:) yn arwydd[o]cau i; Ar 4 *Not* hyn (::) yn arwyddocau, Felly mae.

nôt², gw. nod.

notâf: notáu [*nod*^{1} + *-hau*] *bg.a.* Enwi, crybwyll; dangos: *to name, specify, mention; show, point out.*
c. **1400** *RM* 88, A hynny a gawssant ual y *notteynt* (*WM* 186. 19, notynt). *c.* **1400** [*RB*] *WM* 497. 20–3, Nyt y kwn a *nottayssei* yspad[ad]en ar g[u]lhwch aladawd y baed. namyn kauall ki arthur ehun. **1595** *Egl Ph* [ix], i adeilad y gelfyddyd hon . . . a'i *notay* yn anghenrhaid er lleswedd cydieithyddion.

notari [bnth. S. *notary*] *eg.* ll. *notarïaid.* Swyddog cyhoeddus a awdurdodir i weinyddu llwon, ardystio cytundebau, &c.; clerc, ysgrifennydd: *notary (public); clerk, secretary.*
Dchr. **16**g. *Med H* 42–4, cans pob *notari* a gymero arwydd *notari* arall sydd yn gwneuthur anghywirdeb. **16**g. (*LlEG*) *Mos* 158, 375b, dau *nottari.* **1604–7** *TW* (*Pen* 228) d.g. *actuarius. id. notarieit* d.g. *rogatarij.*
Cfn.: **notari cyhoeddus:** *notary public.* **20**g.

notarn [*nod*^{1} + *harn*] *eg.* ll. *noteyrn.* Llosgnod; haearn llosgi: *brand (on animals, slaves, &c.); branding-iron.*
1588 (1692) *CLlC* ii. 10, A'r holl blant dan *nottarn* brynt / Yn flin eu hynt yn yr ynys. **1791** SIÔN LLYWELYN: *DD* 21, Mae'r byd ai *nodharn* arnyn. Cf. *Barddas* i. 154, llosgi 'r Cyrfeni a *noteyrn*, sef haearn i bob llythyren ai boethi 'n goch ag a hwnnw llosgi ar ebill neu astell a fai achos.
Gw. hefyd nod^{1}—n. haearn.

noter [bnth. H. Ffr. *notaire*, efallai drwy'r S. C.] *eg.b.* ll. *-iaid.* Notari (cyhoeddus); clerc, ysgrifennydd, hefyd yn *ffig.*: *notary (public); clerk, secretary, also fig.*
14g. *GDG* 309, *Noter* wybr natur ebrwydd, / Neitiwr gwiw dros nawtir gŵydd [am y gwynt]. **15–16**g. *GLM* 179, Batsler, *noter*, awn atoch: / be gwelych le, bagl a chloch. *Dchr.* **16**g. *THSC* (1943–4) 36, ar thomas hwnnw a wnethpwyt yn Effeiriad yn Ruvein ar nos basc, ac yn *Notter* ir pab. **16**g. WILIAM CYNWAL: *Gw* (G. P. Jones) 49, A'i natur, iawn *noter* oedd. Ar lafar yn yr ystyr 'un sy'n medru darllen cerddoriaeth'.
Cfn.: **noter pyblig:** *notary public.* **14**g. *GIG* 133, *Noter pyblig* un natur / Â phin a du â phen dur.

notiaf: notio [bnth. S. (*to*) *note*; ansicr yw'r engh. gyntaf isod] *bg.a.* Sylwi (ar), dal neu graffu ar, ystyried; dangos, tynnu sylw at; cofnodi ar ffurf nodyn: *to note, notice, take note, consider; show, draw attention to; record in note form.*
15g. *GGl*^{2} 17, Ni fynnaf ataf lle'i *notier*—gywely, / Gwyliaf ddynion ofer / Na Guto (hyd pan goter) / O'r Glyn, nac un o'r glêr. **1583** *LlGC* 716, 31b, *notia* . . *id.* 34a, mae eini yn anwedic dav peth [*sic*] ei *notio*, allan o'r llefr. ?**17**g. *Cylchg LlGC* viii. 29, arfer y ci ysbïo, *notio* yr fan, ei natur fo, / bydd llawer brad hwyaden, gan hwn efo yr gwn hen. **17**g. *IICRC* iii. 6, nid gwiw i neb *nottio* kwerylon.

notis [bnth. S. *notice*] *eg.b.* Rhybudd o fwriad i newid trefniant neu derfynu cytundeb (hefyd am y cyfnod rhwng rhoddi'r rhybudd a dyddiad terfynu'r cytundeb); hysbysiad (cyhoeddus); sylw: *notice (of intent to end arrangement, contract, &c.), period of notice; (public) notice; attention, heed.*
1684 H. OWEN: *DC* 413, heb fod rhai eraill yn cymmeryd *notis* ohono. *c.* **1730** *Thos. Lloyd D* (LlGC) 182b, na chymmer mo'r *Nottis* . . . Notice. **1769** E. ROBERTS: *GN* 42, Cymerwch *notus* am galun [*sic*] natur. Ar lafar, yn enw. yn yr ymadroddion 'rhoi *notis* (i mewn)', 'mis o *notis*', 'cael *notis*'.

notisiaf, notisaf: notis(i)o [bf. o'r e. *notis*] *ba.* Sylwi (ar): *to notice.*
Ar lafar, *WVBD* 398.

notiwr, notwr [*nôt*^{1} + *-(i)wr*] *eg.* Un a fedr ddarllen cerddoriaeth; un sy'n copïo cerddoriaeth: *one who can read music; music copyist.*
Ar lafar yn nwyrain sir Drefn., '*notiwr*, un fedr ddarllen cerddoriaeth, sef canu oddiwrth y "notes"', *Cymru* lii. [242], ac yn sir Benfro, 'The best local musician who had the neatest hand was usually assigned the task of copying, and came to be known as the *notwr* of the district', *GDD* 208.

notmyg, gw. nytmeg.

notsh [bnth. S. *notch*] *eg.* (bach. *-yn*). Rhic, rhint, hecyn, hefyd yn *ffig.*: *notch, also fig.*
1928.

notsiaf: notsio [bf. o'r e. *notsh*] *ba.* Gwneud rhic neu notsh yn (rhywbeth): *to notch.*
Ar lafar ym Morg. a Myn., *Geir Glo* 73.

notur, notureg, noturegol, noturiol, noturydd, gw. natur, natureg, naturegol, naturiol, naturydd.

notwr, gw. notiwr.

notyddia, notyddio, notyn, gw. oetyddiaf: oetyddio, nôt^{1}.

†**nou**^{1} [?ff. H. Gym. ar *neu*^{1} neu *neu*^{2}; am y farn mai gn. gramadegol sy'n cyflwyno'r cyflwr genidol a geir yma, gw. *B* xxx. 20–9, lle ceir hefyd restr gyflawn o'r enghrau. ynghyd â rhai ff. ychwanegol posibl].
9g. (*MC*) *VVB* 196, *Nou* irguirdglas, gl. *sali resplendentis.*

†**nou**^{2}**, noued,** gw. neu^{1}, noeaid.

†**nouidligi** [ff. H. Gym., sef ff. ar yr a. *newydd* + ff. (?l.) ar yr e. *llo*; cf. *cyflo* ?a hefyd Wydd. C. *nuidlech* 'buwch sydd newydd ddod â llo'] *a.*?*ll.* Newydd ddod â llo: *newly-calved.*
9g. (*LlSC*) *LL* xliii, tres uache *nouidligi.*

now, nowcant, &c., gw. naw^{1}, nawcant, &c.

nowdir, gw. nawdd-dir.

nowddol, nowddwr, &c., gw. nawddol, nawddwr, &c.

nowmenaidd [cfdds. o'r S. *noumen(al)* + *-aidd*] *a.* Ac iddo ansawdd neu natur nowmenon: *noumenal.*
1932.

nowmenon [bnth. S. *noumenon*] *eg.* ll. *nowmenau, nowmena.* *Athr.* Gwrthrych sythwelediad heb briodoleddau ffenomenaidd (yn athr. Kant; gthg. *ffenomen*): *noumenon.*
1932.

nowradd, nowsaidd, nowsiaf: nowsio, &c., gw. nawradd, nawsaidd, nawsiaf: nawsio, &c.

'ntwy, gw. hwynt-hwy.

nu^{1} [Gwydd. C. *nu(u)*, *nú*, Gal. *nu*: o'r gwr. IE. **nu-* 'yn awr' (sy'n perthyn i'r gwr. **neu̯o-* a welir yn *newydd*), Llad. *nunc*, Gr. *νῦν*, Goth. *nu*; yn ôl *WG* 431, *nu* ≡ *nw*, ond nid oes yr un engh. a sillefir felly] *adf.* Yn awr: *now.*
13g. *C* 50. 1–2, *Nu* nym cari guendit Ac nimeneirch. *id.* 51. 2–4, *Nv* nev nam guy. guall. gan wylleith a guyllon. *Nv* nev nachyscafe ergrinaf. wynragon. *id.* 53. 18, y dan vyguerid rut *nv* neud araf. **13**g. *A* 23. 13–14, *nu* neut ysgaras nat a gododin. **13**g. *AL* ii. 166, Ema *nu* ny re wadus er amdyffynnur er hyn ry dodes er haulur arnau. *c.* **1300** *H* 2a. 9, *anu* neud gweryd yn warweidyawc (Meilyr Brydydd). *id.* 3a. 8, Nym ditoles *nu* ny bu gelwyt (Meilyr Brydydd). **14**g. *T* 19. 25–6, *nu* ny chwenychvat trwy gogyuec an gwawt. *id.* 29. 15–16, pan wnel kymry kamualhau. keir aralluro pwy karo *nu.* **14**g. *WM* 400. 1–3, Cany uynhy dy wahawd *nu.* ti auynhy diwalrwyd [*sic*] or a allwyf.i. y beri it. *id.* 413. 23–8, Je heb y gereint. om bod.i. ny rodut ti medyant dy gyuoeth ym llaw i. yr awron . . . Yth law di *nu* y rodaf. i. *id.* 429. 2–4, Nyt anigrif . . . gennyf. i. *nu* gerdet y ford y kerdo ynteu. *id.* 430. 26–8, Beth bynnac *nu* adylyych kymer yr un march ar dec ar un arueu ar dec. *id.* 433. 34–5, os y uelly y gwney *nu* y keffy gywilid a gwarthaet. *id.* 434. 21–2, Myn llaw arthur *nu* heb ef mi a uynaf iawn y gennyt. *id.* 437. 25–7, kymmer dy uarch *nu* heb y kei a ffeth oth arueu. *id.* 486. 1, kerda *nu* ragot.

nu^{2}, gw. ny^{1}.

nuclear, nucleus, &c., gw. niwclear, niwclews, &c.

nudd [ansicr yw'r engh. gyntaf isod, gw. *BD* 260] ?*eg.b.* (bach. b. *-en*, *nydden*, g. *nyddach*) ?ll. *-iau.* Niwlen, caddug, tarth, niwl, hefyd yn *ffig.*: *mist, haze, fog, also fig.*
15g. *Haf* 2, 117b, yny vyryont wenwynic *nudyew* (*donec uenenatum ciphum proiecerint*). **1722** *Llst* 189, *nyddach*, m. fog, mist. **1773** *W*, *nŷdd, nyddach* d.g. *fog* [*a mist, or collection of vapours*]. **1803** *P*, *nudd*, s.m. a fog, or mist. Ar lafar yn y De yn y ff. *nudden, nydden*; digwydd hefyd yn yr ymad. '*Nidden* lâs, menwent frâs', *GDD* 207.

nuddaf, nyddaf^{2}**: nuddo, nyddo, nyddu** [amr. ar *anhuddaf*: *anhuddo* drwy golli'r llaf. ddchr. ddiacen] *ba.* Gorchuddio (tân) â glo mân, lludw, &c., er mwyn iddo fudlosgi heb ddiffodd, huddo, stwmo, hefyd yn *ffig.*: *to bank up (fire), also fig.*
1863. Ar lafar, *LGW* 163; hefyd yn Nantgarw am 'osod y tân'. Yn ardal y Rhigos clywir *nyddo* yn yr ystyr 'difetha tân trwy roddi gormod o lo mân arno', ac yn *ffig.* 'difetha' (e.e. teisen). Yn Nghwm Rhondda clywir 'wedi *nyddo*' yn yr ystyr 'dan ei sang'.

nugiaf: nugio [?o est. yn *-k-* ar y gwr. IE. < **neu-* 'nodio', cf. Gr. *νεύω* 'amneidiaf, nodiaf'; ?cf. yr e. lle *Rhyd Nug* yng Nghlwyd; ansicr yw'r engh. isod o *R*] *bg.a.* Ysgwyd, siglo; crynu: *to shake; quiver.*
14g. *Pen* 5, 7b, Ac aelei hebeiav [*sic*] yn guatuaru ydan *nugyav* ypenneu arnav [Iesu]. *c.* **1400** *J* 1, 1075, *Nugyaw* gan y kawn. *c.* **1400** *R* 1358. 34–5, Ac yny mvgarch y *nugyeis* danni. **1803** *P*, *nugiaw*, to shake; to quiver; to ripple.

numenaidd, numff, numinaidd, gw. niwminaidd, nymff, niwminaidd.

nur [?e. prs. yn wr. (?cf. *Casnur*, *Cawrnur*, a *BM* 56, 148a, Cap[el] Nur. q.d. nurius R[uins] ym Modedern), a dichon mai dyna ydyw yn rhai o'r enghrau. isod; dichon hefyd mai *nu*^{1} + *ry* a welir yn *T* 72. 14; tebyg mai ffrwyth camddehongli *nur* yn *R* 1241. 29 yw'r ystyr 'hanfod'] *eg.* ?Arglwydd, arwr, gwron; hanfod: ?*lord, hero; essence.*
c. **1300** *H* 1a. 28, *nur* [drll.] cadeu neuateu o ystyllawd (Meilyr Brydydd). *id.* 98b. 39, Pob naf oe niuer pob ner pob *nur.* **14**g. *T* 34. 19–20, ym plith goscord *nur. id.* 72. 14, *nur* yth iolaf. *c.* **1400** *R* 1241. 29–30, am *nur* pur ual peir kerituen. *id.* 1243. 20–1, Hydur *nur* cur kaer. hydysc ffysc mysc maer. *id.* 1247. 5–6, gosgeidic *nur* eilic ner. *id.* 1314. 5–6, llit *nur* dur deifyrgryt. **1803** *P*, *nur*, a pure body or being; essence.

nurddaf: nurddo, gw. anurddaf: anurddo.

nus [Gwydd. C. *nús*, cf. Llyd. Diw. (*leaz*) (*l*)*usen*] *e*?*g.* Llaeth cyntaf ar ôl dod â llo, llaeth newydd, llaeth tor, llaeth mysg: *first milk after calving, beestings.*
c. **1400** *MM* 56, ac yuet *nus* buch eil al.

nutmeg, nutmig, nutmug, nutmwg, gw. nytmeg.

nuws, nw, gw. niws, nu^{1}.

nwdl [bnth. S. *noodle*] *eg.* ll. *-au, -s.* Stribed neu linyn hirgul o does a wneir o flawd ac wyau ac a fwyteir fel arfer gyda saws neu mewn cawl: *noodle.*
20g.

nwmenaidd, nwminaidd, gw. niwminaidd.

nwnaf: nwnu, gw. newynaf: newynu.

nwncwl, gw. wncwl.

nwtmig, nwtmyg, gw. nytmeg.

nwthe, gw. nhwythau.

nwy^{1}**, nwy**^{2}, gw. nwyf^{1}, nwydd.

nwy^{3} [?elf. dyb. *ny* (cf. *P*, *ny*, that is spreading, pervasive, or universal) + *gwy*] *eg.* ll. *-on, -au, -oedd.* Unrhyw lifydd sy'n hollol hydwyth ac yn debyg i aer o ran ei ffurf (fel arfer am lifyddion hydwyth sy'n aros felly ar dymheredd atmosfferig arferol); tanwydd ar ffurf nwy: *gas*; (*natural, coal, &c.*) *gas*.

1828 *Y Brud a Sylwydd* 34, Y mae chwyf yn fwyaf hynod mewn sylweddau gogyrfol neu nwyol [:– Nwyol, gaseous; from gwy, ny-gwy, *nwy*. Gwy, a liquid fluid; *nwy*, a fluid more subtil or rare than a liquid: gas.] . . . Yn nesaf at *nwyon*, (gases) y mae gwyon, (liquids) yn fwyaf eu chwyf yn gyffredinol.

Cfn.: **nwy dagrau:** *tear-gas*. **20g. n. glo:** *coal gas*. **20g. n. gwyn:** *carbon monoxide*. **1892. n. naturiol:** *natural gas*. **20g. n. potel:** *bottled gas*. Ar lafar. **n. tanllyd:** *firedamp*. **1878.**

nwy[4], **nyw**[1] [?*nwy* < Brth. **nē-* < **ne* (gw. *ni*[2]) + rhagenw; *nwy* > *nyw* drwy drawsosod; digwydd fel arfer mewn cymal pth., ond ceir hefyd enghrau. mewn prif gymal, e.e. *R* 1244. 37] *gn. neg.* ynghyd â *rh.m.* (3 prs. un. neu l.). Nas; nis: *neg. prt. with infixed 3 prs. sing. or pl. pron.*, (*that, who*) . . . *not* . . . (*him, her, it, them*).

13g. *C* 7. 3–8. 2, Breuduid a uelun neithwir. ysceluit ae dehoglho. Ny ritreithir y reuit. nis guibit ar *nuy*gelho . . . Nid cur llauur urth din da. Ae coffa ar*nuy*dalho. Guaeth. vygniw odiuattep. ir nep *nuy*hatnappo. *id.* 86. 12–13, Nid ew Rotir new. ir neb *nvy* keis. *c.* **1300** *H* 9a. 11, argoed *nwy* asswe asserw yndaw (Gwalchmai). *id.* 51b. 18–19, y loegrwys hwysgynt ledkynt neud llei. can llas llid aerlew llew *nwy* llochei (Cynddelw). *Dchr.* **14g.** *id.* 124a. 35, kanon atepyon ef *nyw* tybyir (Llywelyn Brydydd Hodnant). **14g.** *T* 62. 23, bit vy nar *nwy*hachar kymryeu. **14g.** *GDG* 35, Gwae fi fod, elw clod ail Clud—*nyw* ballai, / Heb allael dywedud, / Gwn ofal dalm gan ofud, / Gawr eiriau mawr am ŵr mud. *c.* **1400** *R* 1244. 37, hi a wnaeth keli ac *nyw*kelaf. *id.* 1293. 8–9, ageimyeit ewch chwi ef *nyw* gomed. *id.* 1294. 23, Pwyll druan kwynvan *nyw* kel. **1567** *TN* 42a, ny's [:– *ny'w*] gwnaethoch i minef. *id.* 150a, ny's [:– *ny'w*] treisia nep wy. **1605–10** *B* iv. 220, Yn ystlys *niw* lludd. **1803** *P*, *niw* . . . Ni chyll *niw* dyvydd. Adage.

nwy[5], gw. nhwy.

nwyd [?adff. yw'r un. o'r ll. *nwydau*, sef talf. yn wr. o *anwydau*, ff. l. yr e. *annwyd*[1]; tebyg y dylid diwygio 'â *nwyd*', *LGC* 227, ac 'A *nwydau*', *GGl*[2] 242, i *annwyd* ac *anwydau*] *eg.b.* ll. *-au, -i, -ydd.*

(*a*) Emosiwn neu deimlad (angerddol), angerdd; anian, tueddfryd; (fel rheol yn y ll.) tymer ddrwg: (*passionate*) *emotion or feeling, passion*; *temperament, bent*; (*usu. in pl.*) *bad temper*.

1595 *Egl Ph* 29, arferir y droell honn . . . er mwyn cynnyrfu *nwydau*'r gwrandawyr. *id.* 80, *nwydau*, fegys ofn, digllonrwydd, galar, neu wylder. **1630** R. Llwyd: *LlH* 382, Oh na bai gennym lygaid i weled y pethau hyn, a chalonnau i ymwrando a hwynt, a *nwydau* [:– A chalondid] (*affections*) i dosturio am danynt. **1672** R. Prichard: *Gw* 176, Cais wraig ddistaw, dda ei *nwydeu*. *id.* 363, Gwrando di'n Gweddi, Madde'n drwg *nwydi*, / A chymmorth ein Tlodi, a'n hadfyd. **17–18g.** O. Gruffydd: *Gw* 58, Treuthur eu mawl breiniawl bryd, / Wych fonedd, ni chaf ennyd, / Gan ryw hyll-ddyn sydyn sydd / Ofnadwy, a fy *nwydydd*, / I'm brathu, trwy gethru tro. **1759** J. Evans: *PF* 20, Y mae gan y *Nwydau* fwy o effaith ar y Iechyd nag y mae llawer yn feddwl . . . Pob *Nwydau* byrbwyll, poethlyd, ac angerddol sy'n tueddu at . . . fwrw pobl i Glefydau awch-lym. . . . Hyd oni bo'r *Nwyd* a barodd y Clefyd wedi ei thawelu, ofer yw arfer Meddyginiaeth. *c.* **1762–79** W. Williams: *P* 195, nid oedd o'r diwedd un cystudd o'r corph, nag un *nwyd* o'r enaid, nad oedd rhyw dduw yn llywodraethu arnynt. **1771** W. Williams: *GIE* i. 54, Rho fy *nwydau* fel cantorion / Oll yn chwareu eu bysedd cun, / Ar y delyn sydd yn seinio / Enw Iesu mawr ei hun. **1778** *W*, '*nwydau* d.g. *passion, or affection*. **1803** *P*, *nwyd* . . . bent of the mind, or passion. Ar lafar, 'Mae ei *nwyda* wedi goncro fo', *WVBD* 398.

(*b*) Dull, ffasiwn: *manner, fashion*.

Dchr. **17g.** *J* 10, 23b, *nwyd*, mos. **1707** *AB* 219b, *nwyd*, a manner or fashion. S. *c.* **1730** *Thos. Lloyd D* (LlGC) 180b, *nwyd*, mos, modus. **1753** *TR*, *nwyd*, a manner or fashion. **1803** *P*, *nwyd* . . . a way, or manner.

Cfn.: **nwydau drwg:** *bad temper*. **1803** *P*, nwyd . . . *nwydau drwg*, bad tricks. **nwyd famystaidd (famwstaidd):** *hysteria*. **1816. mynd i nwydau (drwg):** *to lose one's temper*. **1855.** Ar lafar ym Morg., '*Mynd i* ryw '*en nwyda* dwl am y peth nesa' i ddim'.

nwydlawn [*nwyd* + *-lawn*] *a.* Llawn nwyd, nwydus: *passionate*.

1863.

nwydlyd [*nwyd* + *-lyd*] *a.* Llawn nwyd, nwydus: *passionate*.

1891.

nwydog [*nwyd* + *-og*] *a.* Drwg ei dymer, croes, blin, cynhennus; llawn nwyd, nwydus: *bad-tempered, irritable, cantankerous*; *passionate*.

1803 *P* d.g. *nwydawg*.

nwydogrwydd [*nwydog* + *-rwydd*] *eg.* Yr ansawdd o fod yn nwydus: *passionateness*.

1883.

nwydol [*nwyd* + *-ol*] *a.* Angerddol, nwyfus, emosiynol, cnawdol, erotig; ?milain, cas: *passionate, spirited, emotional, sensual, erotic*; ?*vicious, nasty*.

1788 B. Evans: *LlG* 4, y fath Hediadau *nwydol*.

nwydus [*nwyd* + *-us*] *a.* Angerddol, tanbaid, nwyfus, emosiynol, cnawdol, erotig, hefyd yn *ffig.*: *passionate, ardent, spirited, emotional, sensual, erotic, also fig.*

1725–6 *Madd Ed* 146–7, wedi ei roddi ei hun yn '*nwydus* i ryw un . . . o'r Gwrth-drychon bydol. **1727** J. Jones: *DFF* 152, [b]od ganddynt Gariad ar Dduw mewn Lliw, neu ysgatfydd ymbell waith *nwydus* Odywyn Calon tan Ordeinhâd (*a passionate glow of heart upon an ordinance*). **1803** *P*.

nwydwyllt [?ff. ar *anwydwyllt* drwy golli'r sillaf gyntaf, neu *nwyd* + *gwyllt*] *a.* Angerddol, eiddgar, tanbaid; byrbwyll; afreolus, ffyrnig: *passionate, eager, ardent*; *impulsive, impetuous*; *unruly, fierce*.

1794 W. Richards: *YDY* 18, eu hymladdfeydd *nwyd-wyllt* ac anifeilaidd. **1796** T. Jones: *CCA* 271, y dymmer *nwydwyllt* a'r dïal, a ymgynhyrfodd ym meibion Zebedeus. **1798** *WR* d.g. *passionate*. **1803** *P*. Ar lafar yn Arfon.

nwydwylltedd [*nwydwyllt* + *-edd*[1]] *e?g.* Angerdd; byrbwylltra; ffyrnigrwydd: *passion*; *impetuousness*; *ferocity*.

1839.

nwydy [*nwy*[3] + *tŷ*] *eg.* Adeilad lle gwneir nwy, yn enw. nwy glo, gwaith nwy: *gasworks*.

1860.

nwydd, nwyf[2] [tebyg mai'r un gair yw *nwyf*[1] a *nwyf*[2] yn wr., ac mai amr. arno yw *nwydd*, cf. *Caerdyf, Caerdydd, nof, nodd*, &c.] *eg.b.* (bach. *nwyddyn*, ll. *-nau*) ll. *-au*. Peth i'w brynu neu ei werthu, marsiandïaeth, wâr; defnydd, brethyn; (yn y ll.) bagiau, clud; cyfoeth; hefyd yn *ffig.*: *article of commerce, merchandise, ware*; *material, cloth*; (*pl.*) *luggage*; *wealth*; *also fig.*

1722 *Llst* 189, *nwif* [*sic*], m.p. *nwyfau*, ware, goods. **1724** E. Wells: *CC* 50, megis trwy dderbyn, celu, neu osod ymmaith *Nwyf* Lledrad (*stolen goods*). **1727** RE: *CDd* 125, onid yw y wâr ar *nwyf* (**1657** *id.* 230, farsiandieth) honno i'w drwg-dybied yn fawr? . . . yr hon y fynei y gwerthwr ei gwthio ar y prynwr. **1732–3** J. Owen: *GB* 51, Beth a ydyw efe yn tebygu y caiff efe Gennad agoryd ei Gŵd a gwerthi ei *Nwyf* adwythig, ar hyd yr Hollwlad. **1753** *TR*, *nwyf*, is also used in S. Wales for any kind of ware or merchandise. Plur. *Nwyfau*, goods, commodities. **1770** *TG* ii. 56, ac a ddug allan fath *nwydd* o borfa ffrwythlon, tebyg i Treffoil. **1772** D. Rowland: *PP* 75, Pob gwas neu brentis cywir a rydd yr arian a dderbyniodd am *nwyf* ei feistr. *id.* 92, yn hytrach yn rhoddi allan, ei *nwyfau* dieflig. **1772** *W* d.g. *commodity* [*in Commerce, any thing that is the object of trade*], *goods* [*in Commerce* . . .], *ware, pl. wares* [*goods, &c.*]. **1796** *Geirgrawn* 254, y trysorfeudd a'r *nwyfau* a gemmerodd y Ffrangcod. **18–19g.** *IAW* (LlGC) 101, 8, *Nwydd*, deunydd, Glam. sometimes *nwyf*. **1803** *P*, *nwydd* . . . stuff, substance, or materials; commodity, effects; wealth, riches. Mae *nwydd* da yn yr esgidiau yma, there is good stuff in these shoes. Sil. Ar lafar yn nwyrain Morg. yn y ff. l. *nwydda*', 'Ma' 'u *nwydda*' nw'n ddicon sîêp'.

Amr.: **nwy**[2]. **18–19g.** *Llr* C 2, 377.

Cfn.: **nwyddau crai:** *raw materials*. **1938. n. rhedeg:** *smuggled goods*. **1852.**

nwyddaidd [*nwydd* + *-aidd*] *a.* ?O ansawdd da: ?*of good quality*.

18g. *Beirdd y Berwyn* 54, Pan ddelo 'r gwaith *nywddedd* [*sic*] mor lluniedd i'r llan, / Bydd part o gwsmeried mor rhwydded i'm rhan. **1798** W. Jones: *LlG* 24, A gown *nhwyddaidd* [*sic*], a chrys gwyn iraidd.

nwyddbwn, gw. nwyfbwn.

nwydd-dy, nwyfdy [*nwydd, nwyf*[2] + *tŷ*] *eg.* ll. *nwydd-dai*. Warws, siop: *warehouse, shop*.

1794 *W*, *nwyf-dy* d.g. *ware-house*.

nwyddfa [*nwydd* + *-fa, ma*] *e?b.* ll. *nwyddfeydd, -âu*. Warws, adran nwyddau, ?siop: *warehouse, goods department*, ?*shop*.

1841.

nwyddfannwr [*nwydd* + *man*[1] + *-wr*] *eg.* Un sy'n gweithio mewn warws: *warehouseman*.

1871.

nwyddol [*nwydd* + *-ol*] *a.* Materol, sylweddol; yn perthyn i nwyddau: *material, substantial*; *pertaining to goods*.

17–18g. O. Gruffydd: *Gw* 24, Yn dragwyddol iawn gu radol, ag i gredu / Y rhoi bob rheidiol *nwyddol* roddion. **1803** *P*, *nwyddawl*, material, substantial.

nwyddredaf: nwyddredeg [*nwydd* + *rhedeg*] *bg.* Smyglo: *to smuggle*.

1850.

nwyddredwr, -ydd, nwyfredwr, -ydd [*nwydd, nwyf*[2] + *rhedwr, rhedydd*] *eg.* ll. *-wyr, -yddion*. Smyglwr: *smuggler*.

[**1783**] *W*, *nwyf-redydd* d.g. *smuggler*.

nwyddres [*nwydd* + *rhes*] *e?b.* Anfoneb: *invoice*.

1856.

nwyddrestr [*nwydd* + *rhestr*] *eb.* Rhestr drefnedig (o nwyddau, &c.), llechres, hefyd yn *ffig.*: *inventory, also fig.*

1851.

nwyeiddiaf: nwyeiddio [bf. o'r e. *nwy*[3]] *ba.* Cynhyrchu nwy o (lo, &c.): *to gasify*.

1916.

nwyf[1] [cf. Gwydd. C. *niam, níab* 'disgleirdeb; ?ynni, ysbryd': o'r gwr. IE. **nei-* 'bod wedi ei gyffroi; disgleirio'] *eg.* ll. *-au, -ion*, a hefyd gyda grym ansoddeiriol. Teimlad (cryf), angerdd, chwant (cnawdol); llawenydd, dedwyddyd; asbri, bywiogrwydd, ynni, egni: (*strong*) *feeling, passion*, (*carnal*) *desire*; *joy, bliss*; *zest, vivacity, vitality, vigour, energy*.

c. **1300** *H* 18b. 31–2, ac yny goteu gweti a dodaf. am dodes *nwyf* ym adoedi [marwnad Nest ferch Hywel gan Einion ap Gwalchmai]. **14g.** *GDG* 213, Canu a wnaf, cyd cwynwyf, / A'm calon fyth yw nyth *nwyf*. *id.* 267, Nid oes na gwraig benaig *nwyf*, / Na gŵr cymin a garwyf. *c.* **1400** *R* 1038. 27, Pyll wynn pell cunic [*sic*] y glot. handwyf *nwyf* yrot. **15g.** *ID* 26, o ryw *nwyf* i rwyf afiach / gwen o gwnae oed am gwnae n iach. **15–16g.** *TA* 392, Ehedydd dolydd a dail, / O ferw *nwyf* yw'r anifail [i ofyn march]. **16g.** Dafydd Benwyn: *Gw* 45, Oed Krist pann aeth ef y nef, o'y *nwyvionn*, / oedd fil a hanner, gweler argoelion. **1632** *D*, *nwyf*, vigor, viuacitas, impigritas, lasciuia. **17g.** *CC* 327, yn ol gwrol ragorav bydol / dod ym dragwyddol nefol *nwyfav*. **1651** Siôn Treredyn: *MDD* 117, ceisiais i ddofi fy *nwyfau*, a gweddu yn ewyllysgar i ewyllys Duw. **1672** R. Prichard: *Gw* 447, Nawr heb *nwyf*, yn noeth, yn issel, / Rwyfi'n gorwedd dan y trestel. **1677** C. Edwards: *FfDd* 339, Yr ydoedd yntef hefyd ym mlôdau ei ieuenctid, a'i *nwyf* naturiol yn ei nerth. *id.* 371, Rhag *nwyf* pechadurus cospa a darostwng dy gorph drwy ympryd. **1764** W. Williams: *Th* 17, Holl *nwyfau* brwnt anlladrwydd oedd ynddo ef o'r bla'n. **1803** *P*.

Amr.: **nwy**[1]. **14g.** *GDG* 401. **1618** J. Salisbury: *EH* 286. **1803** *P*. **nyw**[2]. **18–19g.** *Llr* C 7, 191, *Nyw*. Caerm. vigour, spunk. **1803** *P*.

nwyf[2], gw. nwydd.

nwyfaf: nwyfo [bf. o'r e. *nwyf*[1]; cf. Gwydd. C. *níabaid* 'cynhyrfa'] *bg.a.* Bod neu fynd yn anllad, ymdrythyllu, gwneud yn drythyll neu'n nwydus, cynhyrfu,

cyffroi, annog, bywiogi, hefyd yn *ffig.*: *to be or become wanton, make lascivious, impassion, excite, incite, enliven, also fig.*
c. **1300** *H* 48a. 21–2, Goruelyn called kolledic wyf. colleis gall attep y nep am *nwyf* (Cynddelw). *c.* **1400** *R* 1048. 11–12, Ymbyw ehedyn ehedyei. dillat yn aros gwaedvei. ar glas vereu naf *nwyfei*. **16g.** *Pen* 76, 48, hynt a wnaf hwnt a *nwyfo* / may natur iwrch yn y tro. **16–17g.** *LlCy* ix. 217, Dau hen fardd a'i dihunai fo / Ac un ifanc yn *nwyfo* (Gruffudd Hafren). **16–17g.** EDWARD URIEN, &c.: *Gw* 6, I'm Duw credaf, Naf, a'm *nwyfodd*, / I'm holl einioes Ef a'm lluniodd. *id.* 344, Mae'r llygad, tro anllad draw, / Eto'n ifanc at *nwyfaw*. *c.* **1624** *Card* 19, 556, pob llangc yn Ifangc a *nwyfa* fel llew. **1632** *D* d.g. *lasciuio*. **1722** *Llst* 189, *nwyfo*, to dally, play ye wanton. **1803** *P*.

nwyfaidd [*nwyf*¹ + *-aidd*] *a.* Bywiog: *lively.*
1609 *Haf* 24, 577, nid holl gerdd onid yn vnic meddalaidd *nwyfaidd* enethaidd gerddwriaeth. **1686** FFOULKE OWEN: *Cerdd-lyfr* 102, Jevengctid hefyd hafaidd, / Dyfiad nofiad *nwyfaidd*.

nwyfant, gw. nwyfiant.

nwyfawr [*nwyf*¹ + *mawr*] *a.* Bywiog iawn, mawr ei nwyf: *very lively, full of vivacity.*
16g. *WLl* 112, E nofia r gleissiad nofiad *nwyfawr*. **1638** *Pen* 151, 54b, vn arial yw yn orwyllt / vn ferw ag iwrch *nwyfawr* gwyllt [i ofyn march].

nwyfbwn, nwyddbwn [*nwyf*², *nwydd* + *pwn*] *eg.* ll. *nwyddbynnau*. Bwrn, bwndel (o nwyddau): *bale, bundle (of goods).*
1770 *W*, *nwyf-bwnn* d.g. *bale* [*goods packed up*].

nwyfchwant [*nwyf*¹ + *chwant*] *eg.* Trachwant, anlladrwydd: *desire, lust.*
1632 *D* d.g. *cupido*. **1722** *Llst* 189, *nwyfchwant*, m. lasciviousness. **1729** A. THOMAS: *LlB* 30, cynghora dy dylwyth jeuengc yn wastad, i ymwrthod a phob *nwyfchwant* Bachgennaidd.

nwyfchwaraeaf: nwyfchwarae [*nwyf*¹ + *chwarae*] *bg.* Prancio; ymddwyn yn nwyfus neu'n anllad, ymdrythyllu: *to frolic; behave passionately or wantonly.*
1773 *W* d.g. *fool, to play the fool, to frisk, to play the wanton.*

nwyfdy, gw. nwydd-dy.

nwyfddawns [*nwyf*¹ + *dawns*] *eb.* Dawns a nodweddir gan gamau rhedegog neu lithrig; miniwét: *courante; minuet.*
1852.

nwyfgan [*nwyf*¹ + *cân*¹] *eg.* Math o gân ar gyfer tri neu ragor o leisiau, canig: *glee (song).*
1858.

nwyfgar [*nwyf*¹ + *-gar*] *a.* Nwyfus, bywiog, hoenus: *lively, vivacious.*
17g. E. MORUS: *Gw* 10, Mi garia 'n wyllysgar at Fenws haul howddgar, / Y Cymro da *nwyfgar*, dy neges.

nwyfiad [bôn y f. *nwyfaf*: *nwyfo* + *-iad*¹] *eg.* ll. *-au*, a hefyd gyda grym ansoddeiriol. Nwyf, bywiogrwydd, angerdd, chwant: *vivacity, liveliness, passion, desire.*
16g. HUW ARWYSTL: *Gw* 440, ni roed blaidd breisgaidd brwysgach—*nwyfiadav* / ar ddvr ddolenav rwydd rodd lanach [i ofyn march]. **16g.** *WLl* 193, Gwe o *nwyfiad* gwynofain / A friwe n fud y fron fain. **16–17g.** *GST* i. 73, Os rhyw yw tros y rhyd draw / I'r hwyad *nwyfiad* nofiaw. **1609** *CRC* 35, llyna ddav lygad nefol i *nwyfiad* / gan fy myn gariad galon / golwc serchoc bowioc balch. **1638** *Pen* 151, 76a, ebol gwych bywiol gychwyn / yn llawn nerth yn y llaw'n wâr / *nwyfiad* i nofio daear [Watgyn Clywedog]. **17g.** *DCR* 202, yn i krwydrys wamal *nwyfiad* / pawb a edwyn i ymwareddiad [*sic*]. [**1703**] *YGDB* 39, Jeuangc a hên, er *nwŷfiad* bydol, / anianol annynad; / fe a'i siomma ei hun, hoewyn hâd, / y dyn ni ofno Duw'n wastad. **1803** *P*.

nwyfiaeth [bôn y f. *nwyfaf*: *nwyfo* + *-iaeth*] *e?b.* Nwyf, ynni, angerdd; ?miri: *liveliness, vigour, passion; ?festivity.*
15–16g. *TA* 251, O Gwlen, tri galawnt draw, / Un a'i oed yn newidiaw; / Yr hwn iefaf, rhyw *nwyfiaeth*, / I offrwm Mair yn ffrom aeth. **16g.** HUW ARWYSTL: *Gw* 372, Mentrau'r edn wyf im *nwyfiaeth* / Du ni syfl er deunaw saeth. **1603** W. MIDLETON: *Ps* 130, Oes gwybodaeth *nwyfiaeth* naf / Orevchwedl ir gorvchaf.

nwyfiannaf: nwyfiannu [bf. o'r e. *nwyfiant*] *bg.a.* Mynd neu wneud yn fywiog; bywiogi, cyffroi: *to become lively; enliven, excite.*
c. **1785–90 (1829)** *CBYP* 125, Yngngardd [*sic*] Gwenrïain lle'n gywrain agorodd; / Ei arogl o'i lwyn yn fwyn a'm *nwyfiannodd*. **1803** *P*.

nwyfiannus, nwyfiantus [*nwyfiant* + *-us*] *a.* Bywiog, nwyfus; yn peri bywiogrwydd; trachwantus: *lively, vivacious; animating; lustful.*
1604–7 *TW* (*Pen* 228), ouerserch *nwyfiantus* d.g. *amor, cupiditas*. **1803** *P*, *nwyviannus*, animating.

nwyfiant, nwyfant [bôn y f. *nwyfaf*: *nwyfo* + *-(i)ant*] *eg.* Angerdd, chwant (cnawdol), anlladrwydd; llawenydd, dedwyddyd; asbri, sioncrwydd, bywiogrwydd, bywyd, ynni, egni: *passion, (carnal) desire, lust; joy, bliss; zest, animation, vivacity, vitality, vigour, energy.*
c. **1300** *H* 110b. 20–1, llawer ucheneid ym reid dy re. llwybrant om *nwyuyant* uch nor nwyure (Llywarch ap Llywelyn). *Dchr.* **14g.** *id.* 123a. 4, medyant pop *nwyfyant* naw gofid am treul (Iorwerth Fychan). **14g.** *GDG* 81, Pob llais diwael yn ael nant / A gân ef o'i gu *nwyfiant* [i'r ceiliog bronfraith]. **14–15g.** *IGE*² 283, A'r rhai da, fal rhyw dyaid, / I'r nef y cyrchant ar naid. / A nef sydd yn llawn *nwyfiant* / Yn dragywydd, cynnydd cant (Siôn Cent). **16g.** GR. HIRAETHOG: *Gw* (D. J. B.) 92. 67–8, Nofio—ni chêl nwyf na chwant—/ A fu 'nifail fwy'i *nwyfiant* [i ofyn march]? **1567** *TN* 276a, ny chymeresont edieuirwch am yr aflendit, a'r godinep, a' *nwyfiant* [:- andiweirdep, anlladrwydd, drythyllwc], a wnaethant. **16–17g.** LLYWELYN SIÔN, &c.: *Gw* 396, dawnso wnaf, dyn sy a *nwyvant*, / a merched ym gweled gant. **1632** *D*, *nwyfiant* d.g. *lasciuia, salacitas*. **1672** R. PRICHARD: *Gw* 108, Edifara am dy wendid, / A 'th holl *nwyfiant* [:- Drwg chwantau] yn dy ieungctid. **1675** R. JONES: *HCh* 29, troer tân *nwyfiant* cnawd[o]l i dân uffern. **1759** *BC* 439, Os Ceri di'r Nefoedd, a'r *nwyfiant* ymâd, / Na chyffwrdd ac efo rhag digio dy Dad. **1803** *P*.

nwyfiantus, gw. nwyfiannus.

nwyflamaf: nwyflamu [*nwyf*¹ + *llamu*] *bg.* Crychlamu, prancio: *to leap, frolic.*
1773 *W* d.g. *to gambol.*

nwyflawn, nwyflon [*nwyf*¹ + *-lawn, -lon*] *a.* Llawn nwyf: *full of vigour.*
1867.

nwyfoed [*nwyf*¹ + *oed*] *eg.* (Man) cyfarfod cariadon: *lovers' meeting(-place).*
14g. *GDG* 81, Adwaen ef o'i fedw *nwyfoed*, / Awdur cerdd adar y coed. **15g.** *IGE*² 226, Os câr, gad yna is coed, / Am y nifer o'm *nwyfoed*, / Saith gneuen (Ieuan ap Rhydderch). **1803** *P*.

nwyfog [*nwyf*¹ + *-og*] *a.* Nwyfus, bywiog; trachwantus: *passionate, lively; lustful.*
15–16g. *AAST* (1935) 96, Rhai'n hen a greden i'r grog, / Rhai'n ifanc, yn rhy *nwyfog* (Dafydd Trefor). **16–17g.** T. PRYS: *Bardd* 140, yn olygvs wilogod / yn serchog *nwyfog* i naid [i ofyn pedair caseg]. **1803** *P*.

nwyfol [*nwyf*¹ + *-ol*] *a.* Angerddol; llawen; bywiog, grymus: *passionate; joyous; lively, vigorous.*
15g. *GO* 43, Â min *nwyvol* ymanevais, / Aml a gevais fal mêl gavad. **15–16g.** *TA* 414, Yn i fryd, nofio'r ydoedd, / *Nwyfawl* iawn anifail oedd [i ofyn march]. **16–17g.** E. PRYS: *Gw* 210, A weddai i fardd, haeddai fawl, / Dyn ifanc hynod *nwyfawl*. *p.* **1638** *Llst* 125, 45, *nwyfol* iawn iw folianv / a llaw gref wyllt yn lloegr fv. **1791** J. HARRIS: *Alm* 38, A'i ffrwythau amserol sydd ymborth rhagorol, / I 'nifail tra *nwyfol* tro'r newyn. *id.* 39, Mae hon [derwen] yn bren *nwyfol* at bethau rhagorol. **1803** *P* d.g. *nwyvawl*.

nwyfre, *eb.g.* ll. *-oedd*. Awyr, wybren, ffurfafen, aer, awyrgylch, hefyd yn *ffig.*; *Ffis.* (gynt) yr ether: *sky, firmament, air, atmosphere, also fig.; the ether (formerly in phys.).*
c. **1300** *H* 110b. 20–1, llawer ucheneid ym reid dy re. llwybrant om nwyuyant uch nor *nwyure* (Llywarch ap Llywelyn). **14g.** *T* 8. 26–7, Atwyn heul yn ehwybyr yn *nwyfre*. **14g.** *WM* 445. 2–3, gwelyn y rygthunt ar *nwyure* ar eu hol peleidyr gweywyr. *c.* **1400** *R* 1035. 7–8, Gordyar adar gwlyb traeth. eglur *nwyvre* ehelaeth tonn. **1803** *P*, *nwyvre*, s.f. the etherial sphere; the firmament, the atmosphere. Digwydd yn yr e. prs. *gwynn mab nwywre* a *fflam mab nwywre*, *WM* 462. 19–20; gw. hefyd *TYP*² 423–4.

nwyfredwr, nwyfredydd, gw. nwyddredwr.

nwyfreol [*nwyfre* + *-ol*] *a.* Yn yr aer neu'r awyr, yn perthyn i'r aer neu'r awyr, wybrennol; yn perthyn i'r nwyfre neu'r ether; aruchel, ysbrydol, etheraidd, ansylweddol, annelwig: *atmospheric, aerial; pertaining to the ether; lofty, spiritual, ethereal, insubstantial, vague.*
1851.

nwyfserch [*nwyf*¹ + *serch*] *eg.b.* Chwant cnawdol, trythyllwch, anlladrwydd: *lust, lechery.*
1632 *D* d.g. *amor, cupiditas*. **1688** *NDE* [7], yr hŷn a gyfiaetha rhai, doethineb, rhai yn anlladrwŷdd, rhai yn *nwŷfserch*, a rhai eraill yn ddeusyfiad y Cnawd. **1722** *Llst* 189, *nwyfserch*, f. leachery. **1803** *P*.

nwyfus [*nwyf*¹ + *-us*] *a.* Llawn nwyf, nwydus, anllad, trythyll; hoenus, bywiog, llawn bywyd, grymus, egnïol; aflonydd, anystywallt: *passionate, lustful, wanton, lascivious; spirited, lively, vivacious, vigorous, energetic; restless, unruly.*
15–16g. *TA* 535, Gutun Owain, sain swynion—gwrachïod, / Gŵr a chywydd gwirion; / *Nwyfus* yw, anafai i son, / Eithr gweddai â chwthr gwiddon. **1595** H. LEWYS: *PA* 45, Pann roddo marchog ceffyl, i farch ifanc, hoew, *nwyfus*, ormod or ffrwyn, e fydd gwylld a thrythyll. **16–17g.** *B* i. 318, anystywallt, *nwyvus*. **1604–7** *TW* (*Pen* 228) d.g. *acolastus*. **1606** E. JAMES: *Hom* ii. 207, parottoi ein hunain mewn gwychder hoyw i ymddygiad *nwyfus*, drythyll, drygionus ac anniwair. **1632** *D*, *nwyfus*, lasciuus, salax, vegetus, viuax, vigens, impiger, alacer. **17g.** HUW MORUS: *EC* ii. 195, Y gwyr *nwyfus* gwirion afiaeth, / Iach ar olwg, wych wroliaeth; / Nerthol gyrph mewn grym gwasgwychder,—/ Ar eich hoedyl na ro'wch hyder. **1696** *CDD* 133, Y dŷn ifangc *nwŷfus*, meddwl yn bwŷllus, / Y daw henaint di-hoenus, anrymmus i'r iâch. *id.* 355, Gwnawn ddilŷs gân *nwŷfus* yn ufudd. **1707** S. WILLIAMS: *ADA* 154, Y mae llawer enaid truan, fel y Ceiliog-rhedyn *nwyfus*, yn neidio a llammu, chwarae a chanu tra paro'r Haf. **1759** *DG* 56, Yngwyliau yr por angylion, llu nef / Llawn *nwyfus* gantorion. **1803** *P*.

nwyfusrwydd [*nwyfus* + *-rwydd*] *eg.* Y cyflwr o fod yn nwyfus, nwyd, anlladrwydd; asbri, bywiogrwydd, hoenusrwydd, grymuster: *passionateness, lustfulness, wantonness; zest, liveliness, vivacity, vigour.*
1770 *W* d.g. *beastliness, buxomness.* **1803** *P*, *nwyvusrwydd*, sprightliness, vivacity; wantonness.

nwyfwas [*nwyf*¹ + *gwas*] *eg.* Un sy'n sicrhau i berson arall y cyfrwng i foddhau ei nwydau rhywiol: *pander, pimp.*
1916.

nwyfweini [*nwyf*¹ + *gweini*] *bg.* Sicrhau i berson arall y cyfrwng i foddhau ei nwydau rhywiol; porthi (nwydau, &c.): *to pander (to).*
1850.

nwyfwyllt [*nwyf*¹ + *gwyllt*] *a.* Angerddol: *passionate.*
1796 *MA* iii. 275, Tri brodyr syrvddandod: carwr *nwyvwyllt*, campiwr awenboeth, a hên wr cilpentan.

nwyntiaf: nwyntio, gw. anwyntiaf: anwyntio.

nwyol [*nwy*³ + *-ol*] *a.* Yn perthyn i nwy, ac iddo nodweddion nwy: *gaseous.*
1828.

nwyts, nwys [bnth. S. C. *nouche* 'gwäeg, tlws', o bosibl yn uniongyrchol o'r Ffr.] *eg.* ll. *-au*. Gwäeg, tlws, hefyd yn *ffig.*: *clasp, brooch, also fig.*
14–15g. *IGE*² 259, Croyw emau, modrwyau mwrn, / Cadwynau, *nwysau* nawswrn (Siôn Cent). **15–16g.** LLAWDDEN, &c.: *Gw* 161, *Nwyts* gwisgiad pwyts gwisgiad pen. **16g.** *GSOG* 7, Dyna troi'n

waeth dwyn tri *nwyts* [marwnad meibion Gruffudd Dwnn]. **16g.** SIÔN BRWYNOG: *C* 114, Ei bolacs fal mab Elen / A'r *nwyts* aur o Rinwts Hen. **16g.** WILIAM LLŶN: *Gw* (R. Stephens) 584, Y mae Wiliam fal maeler, / Â *nwyts* a phwyts hyd ei ffêr.

nwyth [nid yw union ystyr y gair yn y dfn. cyntaf yn eglur] *eg.* ll. *-au, -ion.* Mympwy, odrwydd, hynodrwydd: *whim, oddity, eccentricity.*
18–19g. *Llr* C 42, 195, *nwyth*, achreth, aspri. **1803** *P*, *nwyth* . . . whim, an oddity, a prank . . . Mae *nwythau* rhyvedd yn y dyn yna, there are odd freaks in that man. Sil. *Diw.* **19g.** *SE MS* 335b, *nwyth*, pl. *nwythau*. Glam. The actions, freaks, follies, impertinences, oddities, &c., of a wild, passionate, or foolish person (IGl).

nwythas[1] [?cais gan *P* i egluro *nwythas*[2] fel *nwyth* + *-as*[2]] *eb.* Odrwydd, hynodrwydd: *oddity, eccentricity.*
1803 *P.*

nwythas[2], **noethas** [?elf. anh. + *-as*[2]] *e?b.* ?Rhagoriaeth, rhinwedd, uchafiaeth: *excellence, merit, pre-eminence.*
c. **1300** *H* 108[1]a. 31, dygymer pob ner pob *nwythas* deyrn [Llywarch ap Llywelyn i Lywelyn ap Iorwerth]. **14g.** *T* 32. 5–6, kamp ym pop *noethas.*

nwythau, gw. nhwythau.

nwythig [*nwyth* + *-ig*[2]] *a.* Od, hynod, mympwyol: *odd, eccentric, whimsical.*
1803 *P.*

nwythol [*nwyth* + *-ol*] *a.* Hynod, mympwyol: *eccentric, whimsical.*
1803 *P* d.g. *nwythawl.*

nwythus [*nwyth* + *-us*] *a.* (weithiau gyda grym enwol). Od, hynod, mympwyol, oriog, cyfnewidiol, hefyd yn *ffig.*: *odd, eccentric, whimsical, fickle, also fig.*
1803 *P.*

nwythusrwydd [*nwythus* + *-rwydd*] *eg.* Hynodrwydd: *eccentricity.*
1803 *P.*

ny[1], **nu**[2] [?amr. ar *ni*[1] o flaen *hun(ain)*, a'r ail ff. drwy gmth.] *rh. prs.* (prs. 1 ll.), sy'n digwydd yn y cfn. *ny hun(ain).* (Ni) ein hun(ain): *(we (us)) ourselves; our own.*
13g. *Brut B* 93, my a vynnaf en llwyr dystryw e kenedyl hon ohoney, a'e llenwy o an kenedyl *nvhvneyn.* **14g.** *B* v. 216, ni wydem ni uot neb y'th ystauell namyn *nyhunein.* **14g.** *WM* 29. 24–6, ny adwn ni drwc arnam *nyhunein* yr dyn yny byt. **14g.** *B* xiv. 258, Ni a welsam *nu hun.* *c.* **1400** *R* 1368. 33–4, Ni awnawn nebun odyn grededun. ar yn llun *nyhun.* **15g. (1594)** *BY* 5, Gwnawn ddyn ar yn delw a'n cyphelybrwydd *nyhûn.* **1568** MORYS CLYNNOG: *AG* 34, a'n cymydog megis nyni *nyhunan* [*sic*]. *id.* 35, gwneuthur iddo ef hyny a fynem i ni *nyhun.* **1611** R. SMYTH: *SG* 142, yn testiolaethu yn bod yn cassau yn hen fuche[dd], ag yn diysteru *ny hunain.* *c.* **1730** *Thos. Lloyd D* (LlGC) 180b, *ny hunain*, nosmet.
Gw. hefyd ni[1].

ny[2], **ny**[3], gw. ni[1], ni[2].

nych [Llyd. C. a Diw. *nec(')h* 'gofid', ?cf. Gwydd. C. *ness* 'clwyf'] *eg.* a hefyd fel *a.* Poen (meddwl), gofid, poendod, loes, blinder, dihoenedd, nychdod, llesgedd, eiddilwch, cystudd, afiechyd, salwch; clwyf, dolur; gofidus, dolurus, cystuddiol: *(mental) pain, grief, torment, anguish, suffering, languishing, pining, languor, feebleness, affliction, sickness, illness; wound, sore; grievous, sore, afflicted.*
14g. *GDG* 201, Cyfryw *nych* cyfrinachwr, / Lledrad gorau cariad gŵr. *c.* **1400** *Études* viii. 384, Teir *nych* gweli [*sic*] ynt: kymal glin, a mwydon assen, ac ysgeueint. ?**15g.** *IGE*[2] 105, Yn ddiddolur dda ddilyth, / Yn iach a byw o *nych* byth [i Ffynnon Wenfrewi]. **16g.** *GIlIV* 60, Dwfr a gwaed hyd i frig oedd / Cainc o *nych* acw yn y cnawd / Kyn f'elor yn knoi f aelawd. *a.* **1587** *Y* 95, Nid oes drygchwedl nag edliw / . . . / Na chariad anfad vnferch, / Na chas oer, na *nych* o serch. **1632** *D*, *nŷch*, languor, tabes, tabitudo, tabum. **17g.** *CC* 52, y brenin heb air anwyl . . . / a ddug arnynt ddig oernych / gam dystion anudon *nych.* **18g.** E. T. RHYS: *DA* 120, Gwnaeth rai'n wych mewn *nych* f'ai'n ochain. **1791** GW. MECHAIN: *Rh* 4, nid yw holl ddyddiau ei einioes, ond gwastadol hirnos o *nych*, gofid a blinder. **1803** *P.*

nycha, nychaf[1], gw. nacha.

nychaf[2]: **nychu** [bf. o'r e. *nych*; Llyd. C. *neichif*] *bg.a.* Gwanychu, edwino, clafychu, gwaelu, llesgáu, dihoeni, darfod; gwneud yn wan, peri edwino; peri gofid (i), poeni (rhywun), poenydio; hefyd yn *ffig.*: *to grow weak, become feeble, sicken, become ill, languish, pine, waste away; make weak, enfeeble; cause grief or pain (to), torment; also fig.*
14g. *GDG* 173, Ni chefais elw fal Melwas, / *Nychu*'r grudd yw, nacha'r gras. *id.* 291, Yn *nychu* yn wan achul, / O serch yr addfeinferch ful. *c.* **1400** *R* 1262. 21, *nychwyt* anavuyt niuer. *Dchr.* **15g.** *IGE*[2] 194, *Nychais* heb glais a heb glwyf, / Ni chred mai *nychu*'r ydwyf (Llywelyn ab y Moel). **15g.** *BB* 137, Ymdywynwgrwid [*sic*] yr heul a *nycha* (*RB* ii. 155, a wanha) lectrin mercurius. **15g.** *ID* 31, mynnaist fy*nychv* meinwen. **1547** *WS*, *nychy*, consume, langwysshe. **1632** *D*, *nychu*, tabescere, marcescere, languere. **1687 (1715)** J. OWEN: *TB* 41, Yr ail a *nychodd* ymmaith o glefyd Ffiaidd. **1703** E. WYNNE: *BC* 55, beth a wneuthum i'ch erbyn pan ddygech y wyddan yna i'm *nychu*? **1735** S. THOMAS: *HP* 144, darfu iddo *nychu* a wastio bob yn ychydig hyd o ni [*sic*] bu farw. **1799** DAFYDD IONAWR: *MB* 14, Diddym ydyw 'n Prydyddiaeth, / Mudanu a *nychu* wnaeth. **1803** *P.* Ar lafar, '*nychu*'n hir', *WVBD* 399; digwydd yng ngogledd Cered. yn yr ystyr 'blino neu boeni (rhywun, &c.)', 'Paid â *nychu*'r gath 'na'; ac yn nwyrain Morg. weithiau yn yr ystyr 'cymryd arno fod yn glaf', ''En griadur sy wedi *nychu* ar 'yd 'i oes yw a, a os dim yn bod arno'.
Amr.: **nychial.** **1632** *D* d.g. *oblanqueo.* **1722** *Llst* 189. **1803** *P.*
Cfn.: **nychu am:** *?to pine for, yearn for.* **1615** R. SMYTH: *GB* 105.

nychbeth [*nych* + *peth*] *eg.* Person nychlyd; person sydd wedi nychu (o newyn): *sickly person; one who has wasted away (from hunger).*
1621 E. PRYS: *Ps* 37b, Truan ymron marwolaeth wyf, / mewn trymglwyf o'm ieuenctyd: / A'th ofni bum yn *nychbeth* gwael, / gan ammau cael mo'r iechyd. **1722** *Llst* 189, *nychbeth*, m. a starvling. *c.* **1730** *Thos. Lloyd D* (LlGC) 180b, *nychbeth* . . . tabidum.

nychdod [*nych* + *-dod*] *eg.b.* Afiechyd, salwch, clefyd, darfodedigaeth; gwendid, eiddilwch, llesgedd, dihoenedd, cystudd, gloes; hefyd yn *ffig.*: *sickness, illness, disease, consumption; weakness, feebleness, languor, a pining, affliction, anguish; also fig.*
13g. *LlI* 33, O deruyd e den . . . wneythur bryu e del *nychtaut* e'r anyueyl ohanau . . . yaun yu e'r den a'e brywho kemryt er anyueyl attau o'e uedegynyaethu. **14g.** *GDG* 256, Gwna fi'n iach, weddusach wawd, / O'm anwychder a'm *nychdawd.* *c.* **1400** *Études* viii. 370, O'r byd tew y trwngk, a bras . . . *nychtawt* a gwander corf a arwydocaa. **16g.** *Pen* 76, 68, may kvr ymhob kwr im hais / may gorwedd am a gerais / ni ad *nychdod* ym godi. **1547** *WS*, *nychdot*, consumption. **16g. (1763)** W. SALESBURY: *LlM* 38, da Iawn ynt [dail yr Acantha] rhag ysictod i ddryllio o mewn nei allo grybycho rhag ptisic nei *nychdod.* **1588** *Ecclus* xxx. 17, Gwell yw marwolaeth nag enioes chwerw, neu *nychtod* barhaus (**1620** *ib.* *nychdod* parhaus). **1632** *D*, *nychdod*, idem quod *Nŷch.* **1672** R. PRICHARD: *Gw* 159, Yn ein trallod, yn ein gwynfyd, / Yn ein *nychdod*, yn ein iechyd. **1803** *P.* Ar lafar yng Nghered. a'r De, 'Fe ddæth ryw *nychdod* arno, a 'withws a byth mwy'; hefyd yng ngogledd Cered. yn yr ystyr 'poendod, niwsans', 'Paid â bod yn *nychdod* iddo fe'.

nychedig, nychiedig [bôn y f. fl. + *-(i)edig*] *a.bfl.* Wedi nychu, llesg, gwael, sâl, a'r ddarfodedigaeth arno; cystuddiedig, arteithiedig; ?yn peri salwch neu boen; hefyd yn *ffig.*: *wasted, debilitated, sick, ill, consumptive; afflicted, tortured; ?causing sickness or pain; also fig.*
c. **1400** *R* 1156. 5–6, ef a vu uedic yr claf *nychedic.* *id.* 1216. 34–7, Kynn mynet yr maenued hirdric. kynn gwely gwaelawt pryuyedic. kynn gwelet gwales *nychedic.* **1615** R. SMYTH: *GB* 210–11, yn menydd sy'n drwbleidig, yn ysbryd sydd glwyfus a *nychedig.* *c.* **1730** *Thos. Lloyd D* (LlGC) 180b, *nychedig*, consumptive. **1803** *P*, *nychedig*, tortured, or afflicted.

nychfagaf: nychfagu [*nych* + *magu*] *bg.a.* Magu'n wael, rhoddi maeth sâl i, hefyd yn *ffig.*; dioddef gan ddiffyg maeth digonol: *to nurture badly, nourish poorly, also fig.; suffer from malnutrition.*
1862.

nychglefyd [*nych* + *clefyd*] *eg.* Afiechyd maith, salwch sy'n peri nychdod: *lingering disease, debilitating illness.*
1808.

nychglwyf [*nych* + *clwyf*] *eg.* Salwch sy'n peri nychdod, llesgedd; darfodedigaeth, twbercwlosis: *debilitating illness, languor; consumption, tuberculosis.*
1606–23 *AP* 12, Lle drwc oedd i ddyn arwain *nychglwyf* o gariad yr unbennes, kans ni allai i dwyn oi hanvodd ni chae yntau hithau oi bodd.

nychiad [bôn y f. fl. + *-iad*[1]] *eg.* Y weithred o nychu neu gurio, salwch, clwyf, dolur, hefyd yn *ffig.*; poendod: *a pining or wasting away, illness, wound, sore, also fig.; torment.*
16g. *WLl* 193, Gwastad gwayw *nychiad* gwn ochain—gwae r ais / Gwyr Iessu mor filain. **17g.** *Cylchg LlGC* vii. 196, [D]yffryn Sylattyn sy lesg / dan ddialedd a doe 'n ddilesg. / Heiddiw loes am hydd y wlad / hwyr yn iach oi hir *nychiad.* **17–18g.** *CC* 225, gwaela yngwynedd wedd wann / *nychiad* o dre ocho druan [i dref Cricieth]. **1759** *BC* 201, Celu yn hîr seren Sir, gerydd gwir gariad. / Yn deg a'i ddwyn, er dy fwyn, heb achwyn fy *nychiad*; / A'm gwnaeth i'n glâ. **1803** *P*, *nychiad*, s.m. a languishing; a causing pain, a tormenting.

nychial, gw. nychaf[2]: nychu.

nychiant [bôn y f. fl. + *-iant*] *eg.* Nychdod, llesgedd; poen: *long illness, debility; pain.*
1803 *P.*

nychiedig, gw. nychedig.

nychlyd [*nych* + *-lyd*] *a.* (b. *nychled*) a hefyd gyda grym enwol. Afiach, sâl, claf, gwael; gwan, gwanllyd, eiddil, llesg, dihoenllyd; yn peri nychdod, aflesol; poenus o faith (am afiechyd, &c.); hefyd yn *ffig.*: *sick, ill, diseased, poorly; weak, sickly, feeble, languishing, pining; causing illness, unwholesome; lingering (of disease, &c.); also fig.*
14g. *GDG* 219, Cynnar *nychled* yn cwynaw / Ei chlun, drwg ei llun, a'i llaw [am wrach]. **1527** *B* ii. 208, Gwedi dyvod ohonnaw j lyys y brenin a gwelled y mab yn *nychlyd* . . . perris ef roi kic eidion iddo ai borth vwydydd kryf. **1588** *Jer* xvi. 4, O angeu *nychlyd* y byddant feirw. *Dchr.* **17g.** *J* 10, 20b, *nychlud*, pining, tabidus. **1632** *D*, *nychlyd*, languidus. **1661** E. LEWIS: *Drex* 231, Y mae mil o ffyrdd i ddyfod a dyn i'w ddiwedd, ni sonniaf am farwolaethau *nychlyd* (*lingring Deaths*), o flaen yr rhain rhyw rybudd a ddaw. **1672** R. PRICHARD: *Gw* 411, Awdur iechyd, Pen dedwyddwch, / Gwrando waedd pechadur *nychlyd.* **1703** E. WYNNE: *BC* 25, Cuwpid . . . yn ergydio gwenwyn *nychlyd* a elwir blys. **1752** J. THOMAS: *FG* 342, cryfhâ fy Ffydd wan amheus, gosod fywyd yn fy Ystyriaethau oer *nychlyd.* **1759** T. THOMAS: *WWDd* 213, os ydwyt ddŷn esgeulus diofal . . . na ryfedda dy fod di yn *nychlyd* yn dy Enaid. **1790** T. JONES: *TOS* 7, Nid oes yno nag wyneb llwyd, na chorph llesg . . . nag anwydeu drwg, nag afiechyd blin a *nychlyd.* **1803** *P.*

nychmer [*nych* + elf. anh.] *eg.* ll. *-iaid.* Person eiddil neu wan, truan; nychdod neu lesgedd (yn sgil twymyn): *weakling, wretch; debility (after a fever).*
?**16g.** *LlGC* 1560, 550, etifedd kynrhycha *nychmer* methfaeth ['geirie . . . sathredig yn Sîr Drefaldwyn']. **1606** E. JAMES: *Hom* ii. 295, pa faint mwy y dlyem ni, *nychmeriaid* truain . . . ofni yn wastadol. *Dchr.* **17g.** *J* 10, 38a, sychmer, *nychmer*, marasmus. *c.* **1700** D. MAURICE: *CGG* 19, os syrth coelbren y Cristion ar fynydd Gilboah, ni ddisgwil yr Arglwydd mor cimmaint gantho ef, ond efe a ystyria y cyfriw *nychmer* (*weaklings*), mewn grâs, sŷdd felly mor egwan o ddiffig ymborth ysprydol. **18–19g.** *Llr* C 59, 181, *Nychmar*, a weakling, dyn eiddil.

nychni [*nych* + *-ni*] *eg.* Nychdod, dihoenedd; ing: *sickness, debility; anguish.*
1637 *IICRC* iii. 110, dyna r ffordd union a ddug lawer glan galon / i *nychni* gofalon ag anglod. **17g.** HUW MORUS: *EC* ii. 230, Ca'dd gyfion ddisgyblion, etholion cryfion Crist, / Eu tori trwy boeni, byr *nychni* trychni trist!

nychol [*nych* + *-ol*] *a.* Nychlyd; yn peri nychdod, llesgedd, neu loes: *sickly; causing sickness, debility, or suffering.*
1650 *B* xxii. 147, chwedi briwo'n farfol gan zel hetgyllaeth a hoen Cupit . . . yn curio gan wres sych *nychol* sy'n magu o'r tu mewn i'r afu. **1803** *P* d.g. *nychawl.*

nychus [*nych* + *-us*] *a.* Nychlyd, llesg: *sickly, debilitated.*
1615 R. SMYTH: *GB* 66, Beth a dal bywyd i'r dyn dolyrys / Ne'r goleuni i'r truan *nychys.*

nychwayw [*nych* + *gwayw*] *eg.* (Salwch neu boen sy'n peri) nychdod neu lesgedd: (*illness or pain causing*) *debility.*
16g. *GIIV* 62, Dwy arch im drwy iach amod / Iechyd ym om *nych waew* dwys / Am rhoi wedy ymmharadwys. **1604–7** *TW* (*Pen* 228), *nychwaew* asgwrn d.g. *ostocopos. Dchr.* **17g.** *J* 10, 20b, *nychwajw*, adwyth. **1803** *P.*

nyd[1,2], **nydwedd,** gw. ni[2], nid[2], nyddwedd.

nydwydd, nydwyddaf: nydwyddo, nydwyddaid, nydwyddes, nydwyddig, nydwyddwr, gw. nodwydd, nodwyddaf: nodwyddo, nodwyddaid, nodwyddes, nodwyddig, nodwyddwr.

nydd[1] [bôn y f. *nyddaf*[1]: *nyddu*] *eg.* a hefyd fel *a.*

(*a*) Y weithred o nyddu, nydd-dro, hefyd yn *ffig.* croesni, cyndynrwydd, cyffro, helynt: *spin, twist, also fig. perverseness, obstinacy, agitation, difficulty.*
14g. *GDG* 228, Nid oes dwyn na dwys dyno . . . / Nas medrwyf o'm nwyf a'm *nydd* / Heb y llyfr, hoywbwll Ofydd. **1672** R. PRICHARD: *Gw* 176, Cais wraig dduwiol o'r iawn ffydd, / O grefydd Ghrist, heb nag, heb *nŷdd* [:– Gyndynrwydd]. **1803** *P.*

(*b*) *Bot.* Gwyddfid, *Lonicera*: *honeysuckle.*
18–19g. *Llr* C 4, 77, *Nydd*, woodbind.

Fel *a.* Nyddedig, yn *dros.*: *spun, transf.*
15g. *CTC* 184, Tai gwin grudd, to ugain gradd; / Tai ynt a wnaeth fel tent *nydd* (Llywelyn Goch y Dant).
Cfn.: **ar nydd:** *twisted.* **1881.**

nydd[2], **nyddach,** gw. nyddaf[1]: nyddu, nudd.

nyddaf[1]**: nyddu** [Crn. C. *nethe*, Llyd. C. *nezaff*, Llyd. Diw. *nezañ*: < Brth. **nii-*, ?o'r un gwr. IE. *(*s*)*nē-* 'nyddu, gwnïo' ag a welir yn yr e. *nodwydd*, cf. Gwydd. C. *sníïd*, Llad. *neō*, Gr. *νέω*] *bg.a.* Troi (ffibr megis gwlân, llin, cotwm) yn un darn hir o edafedd drwy ei dynnu o'r rholyn a'i gyfrodeddu, cynhyrchu (edafedd), troelli, nydd-droi, troi, hefyd yn *dros.* ac yn *ffig.*: *to spin* (*wool, &c., yarn*), *twist, wind, also transf. and fig.*
13g. *RC* xxxiii. 240, Hi hagen a lavuryei y *nydu* gwlan. *c.* **1400** *RB* ii. 387, yw uerchet y peris ef aruer o gogeil a gwerthyt a nytwyd. A dyscu *nydu* a gwniaw udunt. *c.* **1400** *YCM*[2] [155], ef a dywanod ar Sarascin . . . a'e dala a oruc. A *nydu* pedeir gwialen a gwneuthur pedwar reuawc, a'e rwymaw wrth brenn. **15g.** *GGl*[2] 143, Un a gynnail cogeilyn; / Arall a *nydd* dydd pob dyn. / Trydedd yn torri edau / Er lladd iarll a'r llu dduw Iau. **15g.** *CSTB* 12, Y winwydden a *nyddir*, / Yn egwan iawn ac yn ir, / Pan êl yn hen gangen gu, / Ni oddef mwy o'i *nyddu*. **1547** *WS*, *nyddy*, spynne. **1632** *D*, *nyddu*, nere, torquere, filare. *id. nyddu'r* gwir allan o vn d.g. *extorqueo.* **1661** E. LEWIS: *Drex* 142, *nyddu* ei edafedd main, eu gweu hwynt yn eu gilydd [am bryf copyn]. **17g.** HUW MORUS: *EC* i. 23, Oferedd mwy i feirdd mân, / Groes *nyddu* gwers anniddan! **1721** J. P. PRYS: *DC* 126, Os gwan a diallu bydd daer ar ymdeuru, / Ni fynn e moi drechu na'i *Nyddu* gan neb. **1740** T. EVANS: *DPO* 277, Rhai yn *nydda* [*sic*], rhai yn cribo, a rhai yn gweu Hosan. *c.* **1762–79** W. WILLIAMS: *P* 175, rhai o honunt [ffaciriaid] fydd a'u llaw ddeheu tros eu hysgwydd asswy, a'r asswy tros yr ysgwydd ddeheu, ac yn ymglymmu ynghyd ymlaen ar eu mynwesau, a chledr eu dwylo wedi eu troi allan, yr hyn ni's gellir wneud heb *nyddu*'r breichiau yn gylch, a gyrru o'u lle esgyrn yr ysgwydd. *id.* 465, yr offeiriaid pabaidd sy'n *nyddu* eu hunain i mewn i bob lle. **1803** *P.*
Cfn.: **nyddu dwylo (ei ddwylo, &c.):** *to wring* (*one's*) *hands. c.* **1740** E. WILLIAMS: *HJI* 6. **n. gwden (gwdyn):** *to twist a withe* (*withes*). **1547** *WS.* **1703** E. WYNNE: *BC* 94. **n. gwddf:** *to twist* (*some*)*one's neck.* **14g.** *GDG* 404. **1684** T. JONES: *GG* 9. **n. i fyny:** *to draw to an end.* **18g.** E. RICHARD: *E* 4.

nyddaf[2]**: nyddo, nyddair,** gw. nuddaf: nuddo, neddair.

nydd-dro [*nydd* + *tro*[1]] *eg.* Y weithred o nydd-droi, tro, dirdro, hefyd yn *ffig.*: *twist, turn, wrench, writhe, also fig.*
[**1783**] *W* d.g. *spire* [*a winding, screw-like, turn*], *a turning, or winding, a twist or writhe, a wring.*

nydd-droad [bôn y f. ddil. + *-ad*[2], trf. han.] *eg.* ll. *-au.* Nydd-dro, dirdyniad, hefyd yn *ffig.*: *twist, contortion, also fig.*
1885.

nydd-droaf: nydd-droi [bf. o'r e. *nydd-dro*] *bg.a.* Troi gan nyddu, cyfrodeddu, troelli, sgriwio, troi, dolennu, dirwyn o gwmpas, ymnyddu, dirdroi: *to wind, twist, twirl, screw, turn, curve, entwine, writhe, wrench.*
1794 *W* d.g. *to turn . . . or writhe, to twine* [*itself*] *about, to wrench.*

nydd-droëdig [bôn y f. fl. + *-edig*] *a.bfl.* Wedi ei nydd-droi, cyfrodeddog, troellog, hefyd yn *dros.*: *twisted, convoluted, spiral, also transf.*
[**1783**] *W* d.g. *spiral, writhed.*

nydd-droell [*nydd* + *troell*] *eb.* ll. *-au.* Sgriw, troell: *screw, spiral.*
[**1783**] *W* d.g. *screw.*

nydd-droellog [*nydd-droell* + *-og*] *a.* Troellog: *spiral.*
[**1783**] *W* d.g. *spiral.*

nydd-drool [*nydd-dro* + *-ol*] *a.* Yn nydd-droi, troellog: *twisting, spiral.*
1837.

nydd-dy [*nydd* + *tŷ*] *eg.* ll. *nydd-dai.* Gweithdy nyddwr (?a gwneuthurwr rhaffau): *spinner's* (?*and rope-maker's*) *workshop.*
1588 *Tob* ii. 11, Anna fyng-wraig a weithie mewn *nydd-dai* gwragedd. **1722** *Llst* 189, *nydd-dy*, m. a spinning-house. **1770** *TG* iv. 97–8, llosgwyd, —Ynghylch 150, neu 160 o angor-raffau, holl 'stor môr y seiri llongau . . . y *'nydd-dŷ*, a'r 'stordŷ hir, y bloc-lofft . . . a'r holl hwylbrennau mawrion oedd ynddynt. [**1783**] *W* d.g. *a spinning-house.*

nyddedig [bôn y f. *nyddaf*[1]: *nyddu* + *-edig*] *a.bfl.* Wedi ei nyddu, wedi ei gyfrodeddu, cyfrodedd, hefyd yn *ffig.*: *spun, twisted, also fig.*
1604–7 *TW* (*Pen* 228) d.g. *tortilis.* **1803** *P.*

nydden, gw. nudd.

nyddes [bôn y f. *nyddaf*[1]: *nyddu* + *-es*[1]] *eb.* ll. *-i, -au.* Nyddwraig: *female spinner.*
1865.

nyddfa [bôn y f. *nyddaf*[1]: *nyddu* + *-fa, ma*] *eb.* ll. *-feydd, -faoedd.* Nydd-dy: *spinner's workshop.*
[**1783**] *W* d.g. *a spinning-place or spinning-room.* **1803** *P.*

nyddiad [bôn y f. *nyddaf*[1]: *nyddu* + *-iad*[1]] *eg.* ll. *-au.* Y weithred o nyddu, cyfrodeddiad, nydd-droad; edafedd wedi eu nyddu; hefyd yn *dros.* ac yn *ffig.*: *a spinning* (*of fibre*), *twist, wringing; spun thread or yarn; also transf. and fig.*
a. **1587** *Y* 31, Blin addef, heb le *nyddiad*, / Ag wrth y gwyr, gwarth yw gwâd. *Dchr.* **17g.** *J* 10, 21a, *nyddiad*, torsio. **1632** *D*, *nyddiad* gwlân d.g. *lanificium.* **1661** E. LEWIS: *Drex* 141, y mae [pryf copyn] yn treulio ei hunan yn lliaws o edafedd main ei *nyddiad.* **1672** R. PRICHARD: *Gw* 365, Mae'r gwragedd yn gado eu *nyddiad* a'u cribo, / Eu gwayad, a'i gwnio, i dwymo Dwr. *c.* **1730** *Thos. Lloyd D* (LlGC) 182b, *nyddiad*, a wringing. **1769** D. ROWLAND: *CG* 8, Y mae *nyddiadau* yngwialen cyfyngder. **1790** TWM O'R NANT: *GG* 186, 'Roedd pris y llîn a'i *nyddied* [*sic*], / Yn llawer iawn o golled. **1803** *P.*
Cfn.: **nyddiad dwylo:** *a wringing of hands.* **1759** D. ROWLAND: *A* 21.

nyddiadur [bôn y f. *nyddaf*[1]: *nyddu* + *-iadur*] *eg.* Ffrâm nyddu, peiriant nyddu: *spinning-jenny, mule.*
1858.

nyddiedydd [bôn y f. *nyddaf*[1]: *nyddu* + *-iedydd*] *eg.* ll. *-ion.* Nyddwr, hefyd yn *ffig.*: *spinner, also fig.*
1826.

nyddig [*nydd* + *-ig*[2]] *a.* ?Trofaus, oriog: *devious, fickle.*
14g. *GDG* 404, Gwahawdd nawdd, *nyddig* fuost, / Gwahardd, du fastardd, dy fost.

nyddiwr, gw. nyddwr.

nyddlin [*nydd* + *llin*[1]] *eg.* Sbiral, troell: *a spiral.*
1860.

nyddoes [*nydd* + *oes*[1], ?drwy gamddehongli'r S. *spinage* (ff. ar *spinach*)] *e.tf. Bot.* Pigoglys, sbinaets: *spinach.*
1633 J. GERARDE: *Herball*, *Nyddoes*, Spinage. *c.* **1730** *Thos. Lloyd D* (LlGC) 180b. **1813** *WB* 223.

nyddog [*nydd* + *-og*] *a.* Wedi ei nyddu, cyfrodeddog; yn dolennu, yn troelli, yn troi; hefyd yn *ffig.*: *spun, twisted; winding, spinning, turning; also fig.*
1823.

nyddol [*nydd* + *-ol*] *a.* Yn nyddu, yn troelli, troellog, hefyd yn *ffig.*: *spinning, twisting, spiral, also fig.*
1803 *P* d.g. *nyddawl.*

nyddreg, gw. nyddwr.

nyddwaith, gw. nydd + gwaith[1].

nyddwedd, nydwedd [*nydd* + *gwedd*[1]] *eg.b.* Maint yr edafedd wrth nyddu: *the size of yarn in spinning.*
1722 *Llst* 189, *nydwedd*, m. the size of a thread in spinning. [**1783**] *W*, *nydwedd* (*nydd-wedd*) d.g. *spinning, the size of thread, or yarn, in spinning.* **1803** *P*, *nyddwedd*, s.f., the size of yard in spinning.

nyddwr, nyddiwr [bôn y f. *nyddaf*[1]: *nyddu* + *-(i)wr*] *eg.* (b. *nyddwraig* (*-reg*), ll. *-wragedd*) ll. *nyddwyr.*

(*a*) Person sy'n nyddu, hefyd yn *ffig.*; peiriant nyddu: *one who spins* (*yarn*), *spinner, also fig.; spinning-machine.*
15g. *LlCy* iii. 109, Tor, yr haf, dir, â'th dafawd, / newydd ar gerdd, *nyddwr* gwawd (Llywelyn Goch y Dant). *a.* **1587** *Y* 197, Os doeth o drefn ystyrwyth drwm / Ysto' Rys, os da'r rheswm, / A ddaw'r vn *nyddwr* anwe / I ben y lan byw'n i le? **1604–7** *TW* (*Pen* 228), *nyddwr* geiriæ d.g. *cauillator. id. nyddwraic* edauedd gwlan d.g. *lanifica.* **1632** *D*, edefyn wrth yr hon y noda'r *nyddwragedd* hyn a nyddont yn y dydd d.g. *forago.* **1725** *SR*, *nyddwraig* d.g. *a spinster. c.* **1730** *Thos. Lloyd D* (LlGC) 182b, *nyddiwr* gwawd Q. 274. **1778** J. HUGHES: *BB* 366, Ceisiwch ryw *nydd-wraig* gyson, / Iawn dda hwyl i nyddu hon. **1803** *P* d.g. *nyddwr, nyddwraig.*

(*b*) *Adar.* Aderyn nos canolig ei faint a hir ei adenydd a'i gynffon, troellwr, *Caprimulgus europæus*; (yn y ff. *nyddreg*) aderyn bychan pryfysol, *Locustella nævia*, a'i gân yn debyg i sŵn ceiliog y rhedyn: *nightjar; grasshopper warbler.*
1860. Ar lafar, '*nyddwr* . . . nightjar', *WVBD* 399, *GDD* 207.
Cfn.: *Adar.* **nyddwr bach:** *grasshopper warbler, Locustella nævia.* Ar lafar yn y Gogledd, H. E. FORREST: *FNW* 98.

nyddyn [*nydd* + *-yn*] *eg.* ll. *-nau. Biol.* Organ mewn pryf copyn, pryf sidan, &c., sy'n cynhyrchu edafedd: *spinneret* (*in biol.*).
1851.

nyf[1] [cf. Gwydd. C. *snige* 'diferu, bwrw (glaw, eira, &c.)', Llad. *nix, nivis* 'eira': o'r gwr. IE. **sneig*[u]*h-* '(bwrw) eira'; ?o ran ff., cf. hefyd Gwydd. C. *nige* 'golchi'

< *nig^u-; digwydd hefyd fel e. prs. ar ferch, *GDG* 344, 537, *TYP*[2] lxxxii, a dichon mai dyna ydyw yn rhai o'r enghrau. isod] *eg.* Eira, ôd: *snow.*
14g. *GDG* 232, Cymer, brad nifer, bryd *nyf,* / Gannwyll Gwlad Gamber, gennyf. **14g.** *GIG* 153, Ti a gwynaist, teg ener, / Wrthyf am liw *nyf,* fy nêr. **14–15g.** *IGE*[2] 336, Am roi tydwedd ar gleddyf / Noeth cyn ddisgleiried â *nyf* (Rhys Goch Eryri). *c.* **1400** *R* 1287. 7–8, ym nwyf gwynnbryt *nyf* kynn dattawd. *id.* 1321. 32–3, Areil bryt *nyf.* eur eir gledyf. yor arglwydi. **15g.** *DE* 32, dycked hyn a fo dickia / deuliw *nyf* i dal a wnaf. **1632** *D, nŷf* . . . Et vid. an Niuem significet. **1803** *P, nyv,* snow. It is more generally called eiry, eira, and od.

nyf[2], **nyfadwch, nyfadd,** gw. nef, anfadwch, nyfaeth[2].

nyfaeth[1], *e?b.* ?Llu, tyrfa: *host, throng.*
16g. DAFYDD BENWYN: *Gw* 298, ym mis Mawrth, y'm oes, em aeth / y nefoedd at y *nyvaeth* [marwnad Mari Fflemin]. **17g.** EDWARD DAFYDD, &c.: *Gw* 105, llawn gwg morgannwg gwaegwyd—mewn alaeth, / *enyfaeth* [*sic*] anafwyd. *id.* 106, yn jor enifer, yn orau *nyfaeth,* / yn llawn daioni, gwinllan dewiniaeth [marwnad Siôn Powel]. *Diw.* **17g.** *id.* 246, Un ifanc mes ei *nyfaeth,* / Caredig fwynedig faeth [marwnad Tomas Powel gan Ddafydd o'r Nant]. *id.* 255, Rhoddwyd Llangynwyd yn gaeth, / Anafwyd am ei *nyfaeth* [marwnad Siôn Powel gan Ddafydd o'r Nant].

nyfaeth[2] [?i'w gysylltu ag *anhyfaeth,* neu ddefnydd difr. o'r e. bl.] *eb.g.* ac *e.tf.* Rapsgaliwn(s), lowt(iaid), haid (o bersonau) (yn ddifr.); defnydd gwael, peth gwael: *rapscallion(s), lout(s), mob; poor stuff, poor thing.*
18–19g. *IAW* (LlGC) 140, 18b, *Nyfaeth.* Glam . . . swd *nyfaeth,* rhyw *nyfaeth* (tlawd iawn), stuff—poor stuff. Ar lafar yn y ff. *nyfath, nyfadd, nyfeth* ym Morg. a Mynwy, *LlGC* 1171, 81, *TGG* (1906) 14.

nyfed [ansicr yw'r enghrau. llenyddol isod, gw. *CA* 274, *PKM* 298–300; rhoddir yr ystyr isod ar gyfer yr eirfa farddol yn unig] *e?b.* Nerth: *strength.*
13g. *A* 17. 13, Dyfforthes meiwyr molut *nyuet.* *c.* **1400** *R* 1144. 5–6, erglywet gwar *nyuet* nefawl. **15g.** *RWM* i. 400, *nyved,* nerth.

nyfel [?bnth. Llad. *nubila < nūbila 'cymylau'] *eg.* ?Cwmwl; (yr) ether: *?cloud; (the) ether.*
14g. *T* 47. 21–2, uch awel uchel uch no phob *nyfel.* mawr y anyfel. **1803** *P, nyvel,* s.m., a subtil element.

nyfelwy [*nyfel* + *-wy*[1]] *e?g.* (Yr) ether: *(the) ether.*
1912.

nyfeth, gw. nyfaeth[2].

nyfiad [bôn y f. ddil. + *-iad*[1]] *eg.* Cawod (o eira), hefyd yn *ffig.*: *a fall (of snow), also fig.*
1803 *P.*

nyfiaf: nyfio [bf. o'r e. *nyf*[1]] *bg.* (geir.) Bwrw eira, odi: *(dict.) to snow.*
1803 *P.*

nyfytwch [?ff. lafar Morg. ar yr e. *anhyfrydwch*] *eg.* Bryntni, baw; llau, pryfetach; cymysgedd annymunol: *dirtiness, filth; lice, vermin; unpleasant concoction.*
Ar lafar yn y De-ddwyrain, ''Odd e'n wæd ag yn *nyfytwch* i gyd'; ''On i ddim yn lico bod a'n dod miwn, achos bod a'n llawn *nyfytwch*'; ''On' nw'n byta ryw *nyfytwch*; 'odd a'n troi arno' i i ddishgwl arno'.

nylaf: nylu, nylon, gw. enylaf: enylu, neilon.

nymawr, gw. nemor.

nymbar, nymbyr [bnth. S. *number*] *eg.* ll. *-s.* Rhif: *number.*
1892.

nymff [bnth. S. *nymph*] *eb.* ll. *-iaid, -au, -od.*

(*a*) *Chwedl.* Un o ysbrydion natur sy'n ymddangos fel merch ieuanc hardd: *nymph.*
16–17g. *Cer RC* 92, Fy nuwies a'm howddgarwch, / *Nimff* o herwydd tegwch. **1609** *RWM* ii. 161, *Nimff* o Jda foddol fedrvs. *c.* **1730** *Thos. Lloyd D* (LlGC) 182b, *numphiaid,* nymphæ. AF. 46.

(*b*) *Biol.* Larfa pryfyn megis gwas y neidr, sy'n debyg i oedolyn bach heb nac adenydd nac organau cenhedlu iawn: *nymph (in biol.).*
20g.

nymor, nynfa, gw. nemor, enynfa.

nyni [*ni*[1] + *ni*[1]; Cym. C. *nini*; fe'i hacennid weithiau ar y sillaf gyntaf, cf. *myfi*] *rh. prs.* dwbl annib. a dib. ôl ategol (prs. 1 ll.).

(*a*) Ni (gyda phwyslais), ni (yn wrthgyferbyniol i rywun neu rywbeth arall), ni (o'n rhan) ein hunain: *we (us) (with emphasis), we (us) (in contrast to someone or something else), we (us) (for our part), we (us) ourselves.*
1346 *LlA* 38, A*nini* adylywn karu yn gelynnyon. **14g.** *WM* 144. 23–4, Mwy a wna ef oe eireu tec no *nini* o nerth an harueu. **14g.** *GDG* 134, Ni wna nemor o dwyllfreg, / No *nyni*'n dau, fy nyn deg. *c.* **1400** *YCM*[2] 18, Kanys *nini* a gadwn dedfeu Duw, a chwitheu, gorwac orchymynneu dyn. **15g.** *HS* 22, Anna a wnaeth i *nyni* / gael wyneb y goleuni. **15g.** *DE* 65, ni wnaem ennllib aniben / ni wnai r byd *nyni* ar benn. **1551** W. SALESBURY: *KLl* xliib, aeth niuer or rei oyddynt gyd a *nyny* yr vonwent. **1618** J. SALISBURY: *EH* 25, nyd *ny-nî* ddynion yn vnic; ond Angylion y Nef hefyd. **1632** *D,* ni, & *Nyni,* nos, nosmet. **1696** *CDD* 115, Rhad Jesu Grist hyfrŷd, a phur serch Duw hefŷd, / . . . / A fo gyda *nyni* bŷth bythoedd in llenwi. **1778** J. HUGHES: *BB* 56, Mae pechod wedi cael ei eni, / Yn gnawd anianol gyda *nyni.* **1803** *P.*

(*b*) (fel rh. dib. ôl yn ategu rh. m.: *dependent affixed pron. supplementing infixed pron.*).
1621 E. PRYS: *Ps* [vii], Y rhoe nawdd i'n tadau *nyni,* / a chofio'i sanct ddygymod.
Amr.: **y ni** [cf. *y fi, y hi,* &c., gw. *Treigladau* 453]. **1672** J. LANGFORD: *HDdD* 13, mor raslawn y derbyn ein Tâd nefol nyni . . . os *y ni* a ddychwelwn atto êf a gwîr ofid. **1716** J. MORGAN: *MB* 7, Nid hwyrach nad *y ni* a gaiff y Dyfyn nesaf. **1760** *W Ballads* 77B, 7, *Y ni* nîd allwn mo'r Rhyfela. Ar lafar yn gyff., *WVBD* 579.

nynïaeth [*nyni* + *-aeth*] *eb.* Gofal hunanol dros fuddiannau grŵp (dosbarth, enwad, &c.) y mae rhywun yn aelod ohono; gorddefnydd o'r rhagenw 'ni (nyni, &c.)': *selfish regard for the interests of one's own group (class, denomination, &c.); too frequent use of the 1st pers. pl. pron., nosism.*
1847.

nyninnau [*ni*[1] + *ninnau*] *rh. prs.* pwysleisiol (prs. 1 ll.). Nyni hefyd; hyd yn oed nyni; nyni ein hunain, nyni (o'n rhan ein hunain): *we (us) also; even we (us); we (us) ourselves, we (us) (for our part).*
Diw. **16g.** *B* ix. 119, *Nyninne* hagen bawb yn ol ei gilydd a ddoethom o ddefnydd dielw budyr. **1774** H. JONES: *CH* 33, *Nyninnau* sy n' [*sic*] rhyfygu / Deusyfu am iti ein safio. **1790** TWM O'R NANT: *GG* 52, *Nyninnau* hefyd cyn b'o hîr, / A Fwrir yn Farwol. **1803** *P, nyninnau,* we also.

nynnaf: nynnu, gw. enynnaf: ennyn.

nyr, gw. ni[2] + rhy[2].

nyrddaf: nyrddo, nyrddol, nyrf, gw. anurddaf: anurddo, anurddol, nerf.

nyrs ($y \equiv ə$) [bnth. S. *nurse*] *eb.g.* ll. *-ys, -iaid, -od.* Person sy'n gofalu am gleifion, plant, &c. (yn enw. un sydd wedi ei hyfforddi ar gyfer y gwaith), mamaeth, gweinyddes, hefyd yn *dros.* ac yn *ffig.*; planhigfa o goed ieuainc: *nurse, also transf. and fig.; nursery plantation of trees.*
1828. Ar lafar yn gyff., hefyd fel teitl o flaen e. prs., '*Nyrs* Jinkins odd *nyrs* yr ardal'.
Cfn.: **nyrs (yr) ardal:** *district nurse.* Ar lafar. **nyrs (o) goed:** *nursery plantation of trees.* **1922.** *Pysg.* **n. wen:** *stickleback.* **20g.**

nyrseri, nyrsri [bnth. S. *nursery*] *eb.* Meithrinfa; meithrinfa blanhigion: *nursery; nursery for plants.*
1828.

nyrsiaf: nyrsio [bf. o'r e. *nyrs*] *bg.a.* Gweithio fel nyrs, gofalu am (glaf, &c.): *to (work as a) nurse.*
1863.

nyrsri, nyrth, nys, gw. nyrseri, nerth[1], nes.

nyten [bnth. S. *nut* + *-en*] *eb.* ll. *nytiau, nyts.* Darn bach o fetel, pren, &c., ac ynddo edau sgriw fewnol fel y gellir ei droi ar follten, hefyd yn *ffig.*: *(metal, &c.) nut, also fig.*
1936.
Cfn.: **nyten asgellog:** *wing-nut.* **20g.** **n. chwimwth:** *quick-action nut.* **20g.** **n. gastell:** *castle-nut.* **20g.** **n. gloi:** *lock-nut.* **20g.** **n. hecsagonal:** *hexagonal nut.* **20g.** **n. sgwâr:** *square nut.* **20g.** **n. slot:** *slotted nut.* **20g.**

nytmeg, nytmig, &c. [bnth. S. C. *notemige,* &c., a S. Diw. *nutmeg*] *eg.* (bach. b. *nytmegen, nytmigen*) ll. *-s.* (Pren trofannol, *Myristica fragrans,* ac iddo) hedyn caled persawrus tua modfedd o hyd a ddefnyddir fel sbeis ac mewn meddygaeth, cneuen pen, cneuen yr India, pergneuen, cneuen y mas: *nutmeg (spice and tree).*
c. **1460** *Pen* 204, 42, knav mvc nev *notmygys.* **1545** *CI* 27, Y kyuriw bethav ac a wna mawr lees i'r peen. Ydiw'r hain . . . *nwttmygis,* mwsg, rosmarei. **1547** *WS, nwtmic,* nu[t]mygge. **1586 (1604)** *B* v. 308, roedd yn tyfu yn urddedig / yno y sinsir ar *nytmig.* *Diw.* **16g.** *WLB* 45, Rhag pysychu sychoer . . . Kymer jd. o gingir, jd. o *nuttmwg,* jd. o sinamwn ai gwneuthur oll yn bowdr. *id.* 56, kymer ddau alwyn neu dri o gwrwf . . . ai ddodi mewn llestr a rhoi ynddo *nuttmigs.* *id.* 65, Kymer *nuttmic* a chlofes. **1604–7** *TW* (*Pen* 228), *nûtmic* d.g. *caryon myristicon.* *Dchr.* **17g.** *Pen* 170, 98, *nyt mek* poeth Siwgwr oer a glyb. **[1762]** E. POWELL: *HEI* 24, [c]ymer gymmaint a *Nutmigen* o hono. **1771** *PDPh* 6, Heath Valerian, ac wns a hanner o Conserve Orange Pee! . . . a rhoddwch gymmaint a *Nutmegen* i'r claf bob pedair awr. Ar lafar yn gyff. yn y ff. *nytmeg*; hefyd ym Morg. yn y ff. *nytmig, nytmic.*

nyth [H. Grn. *neid,* gl. *nidus,* Crn. C. *nyth,* Llyd. C. *ne(i)z,* Llyd. Diw. *neizh* (ac o bosibl H. Lyd. *nith auis,* gl. *domicilium*), H. Wydd. *net,* Gwydd. Diw. *nead*: < IE. *nizdo-, o'r gwr. *ni 'i lawr', a *sed- 'eistedd'; cf. Llad. *nīdus,* H. S. a S. Diw. *nest*] *eg.b.* (bach. *-yn, -an*) ll. *-od, -(i)au.*

(*a*) Lle a ddewisir neu adeiladwaith a wneir gan aderyn fel lloches ar gyfer dodwy a deor wyau a magu cywion, hefyd am loches neu fagwrle rhai creaduriaid eraill: *(bird's, &c.) nest.*
13g. *LTWL* 147, Precium *nyd* y llemesten: xxiiii[or] denarii. **13g.** *LlI* 7–8, e penhebogyd a dele er hvyedygydyon, ac a dele *nythot* er hebogeu a'r llamestennot a uo ar tyr e brenhyn. **14g.** *GDG* 213, Gwylltion adar claear clod / Anian uthr a wna *nythod.* *c.* **1400** *R* 1031. 18, Gnawt *nyth* eryr ymblaendar. **1547** *WS, nyth,* a neste. **1588** *Salm* lxxxiv. 3, Aderyn y tô hefyd a gafodd dŷ, a'r wennol *nŷth* iddi. **1604–7** *TW* (*Pen* 228), *nythan* d.g. *nidulus.* **1632** *D, nyth,* nidus. **1725** D. LEWIS: *GB* 27, *Nyth* Aderyn a elwir y Finch, a naw o rai bach yntho. **1803** *P* d.g. *nŷth, nythyn.* Ar lafar ym Môn dywedir 'yn sych fel *nyth* cath'.

(*b*) (enghrau. *ffig.* a *thros.*: *fig. and transf. exx.*).
14g. *GDG* 29, Nid af byth o'm *nyth* gan wŷd—i gerddor / A gerddodd cylch y byd. *id.* 213, Canu a wnaf, cyd cwynwyf, / A'm calon fyth yw *nyth* nwyf. *id.* 309, Ni'th wŷl drem, noethwal dramawr, / Neu'th glyw mil, *nyth* y glaw mawr [i'r gwynt]. *c.* **1400** *R* 1048. 1, Ny sanghei wehelyth ar *nyth* kyndylan. **15g.** (*Diw.* **16g.**) *Gwyn* 3, 205, heliwr ni ddichon hwyliaw, / ar *nyth* brân, wr noeth heb raw [Meredudd ap Rhys i'r cwrwgl]. **16g.** HUW ARWYSTL: *Gw* 343, mewn mwnwgl trafel mae n magu / yn eitha dant ai *nyth* du [i'r ddannodd]. **1588** *Ecclus* xxxvi. 26, dŷn nid oes ganddo *nyth* . . . lletteu ym mha le bynnac yr elo hi yn nos arno ef. **1588** *Job* xxix. 18, byddaf farw yn fy *nŷth.* **1632** *D, nyth* . . . domicilium. **1661** E. LEWIS: *Drex* 12–

13, Digwydda i wr weithiau . . . gael yn ei galon *nythod* seirph lawer. **1705** *ESGG* 56, yn *nythiau* ac yn bydewau o bob math o ffieidd-dra. **1735** S. THOMAS: *HP* 180, y mae ganthynt [Arminiaid] *Nythau* ymma ac accw, trwy amryw Gyrrau or Wlad hyd heddyw. **1757** *ML* i. 469, My wife is moving to Penbryn . . . ag fe fydd yno *nyth* clyd. Ar lafar yn Llŷn ac Eifionydd sonnir am '[dd]yn heb *nythod* llygod ynddo' 'dyn gonest heb fan gwan yn ei gymeriad', *BILlE* 30.

Cfn.: *Bot.* **nyth (yr) aderyn (ederyn):** *wild carrot, Daucus carota.* **1604–7** *TW* (*Pen* 228), *nyth yr Ederyn* d.g. *daucus* . . . *daucus Syluestris.* **1632** *D* (*Bot*), *nŷth yr aderyn.* vid. Moron y maes. **1813** *WB* 223, *Nyth Aderyn.* **n. brân:** *small bundle of sticks.* Ar lafar yn ardal Nantgarw. **n. y frân:** *crow's-nest* (*on ship*). **20g. n. cacwn:** *hornet's nest* (*lit.* and *fig.*). Ar lafar, *WVBD* 399; hefyd mewn ymad. fel 'cicio *nyth cacwn*', 'tynnu *nyth cacwn* yn 'i ben'. **n. caseg:** *mare's nest.* **1885** D. OWEN: *RL* 175, '*Nyth caseg*! dydi Bob ddim wedi dwad.' . . . Ceisiai y glöwyr fy nghysuro trwy fy sicrhâu y deuai Bob gyda'r trên nesaf. **n. corryn:** *spider's web.* Ar lafar yn ardal Efail-wen, sir Gaerf., *TGG* (1907–8) 81. **n. cwhwrw (gwhwrw):** *mare's nest.* Ar lafar ym Morg., *LlGC* 1167, 85, ac yn sir Benf., 'At the nesting season a lad tells . . . a number of younger boys that he has found a *nyth cwhwrw* . . . leads them miles away . . . till at last . . . he arrives at the nest, which turns out to be nothing but a fresh heap of horse dung', *GDD* 208. Digwydd hefyd yn sir Gaerf. yn y ff. *nyth y gwrw gwrw*, D. PARRY-JONES: *WCGP* 122. **n. y cythraul:** *the devil's nest, used as a comparison for an extremely untidy place.* Ar lafar ym Meir., ''Waeth pryd ewch chi i'r tŷ, mae'r lle fel *nyth y cythrel*'. **mynd (ehedeg) dros y n., gadael y n.:** *to leave the nest* (*lit.* and *transf.*), *leave home for good.* **1763** *ML* ii. 596, *ehedeg dros y nyth.*

nythaf: nythu [bf. o'r e. bl.] *bg.* Gwneud nyth, cartrefu mewn nyth, gorwedd yn glyd, hefyd yn *dros.* ac yn *ffig.*: *to nest, nestle, lie snugly, also transf.* and *fig.*

15g. *BB* 134, Ar muroed caer loew y *nythaha* [*sic*] ttulluan [*sic*]. ac yn y nyth ef y crehir assen. **1547** *WS*, gwenfol ederyn a *nytha* yny tai, a swalowe. *id.* *nythy*, neste. **1567** *LlGG* (*Sall*) 58a, Mal y *nytha* yr adar ynaw: yr ederyn-cyfiawn y ffynidwydd yw ei duy. **1632** *D*, *nythu*, nidificare, nidulari. **1710** *CBGEL* 60, gall y cyfryw gau-Opinionau *nythu* a chael eu croesawu yn eu plith. **1711** T. JONES: *Alm* [35], Etto gobeithio na bydd dim Cydfradwriaeth yn *nythu* ymronnau y bobl anesmwyth. **1725** D. LEWIS: *GB* 212–13, Peth rhyfedd arall mywn Pryfed yw eu Mhedr i *Nythu.* **1803** *P.* Ar lafar; digwydd y be. *nytho* a *nytha* mewn rhai mannau yn y De.

nythaid [*nyth* + *-aid*¹] *eg.* ll. *-eid(i)au.* Llond nyth (o gywion, &c.), deoriad, hefyd yn *ffig.*: *nestful* (*of chicks, &c.*), *brood, also fig.*

14g. *GIG* 48, A'i blant a ddeuant bob ddau, / *Nythaid* teg o benaethau. **1567** *TN* 109b, [c]asglu dy blant di ynghyt, yr vn modd ac y cascl yr iar hi *nytheid* [:– chywdot] y dan y hadane[dd]. *a.* **1587** *Y* 183, Noethais yt na thewi a sôn / *Nythaid* chwedlav anoethion. **1632** J. DAVIES: *LlR* 401, y mae Esay yn ei gyffelybu i *nythaid* o nadroedd yn llâdd yr aderyn a'i dycco i'r byd. **1688** *TJ*, nythlwyth, *nythed*: a Nest full. *c.* **1730** *Thos. Lloyd D* (LlGC) 180b, *nythaid* . . . a nestfull, brood. **1778** *W* d.g. *nide, or nest* [*of pheasants*]. **1803** *P.* Ar lafar yn y Gogledd yn y ff. *nythiad, nythied*, ac yn y De yn y ff. *nythed, nythid*, *CyCC* 35.

nythan, gw. nyth.

nythfa [*nyth* + *-fa, ma*] *eb.* ll. *-oedd.* Lle i nythu ynddo, hefyd yn *ffig.*: *nesting-place, also fig.*

1604–7 *TW* (*Pen* 228), *nythfa*, lle nytha'r adar d.g. *nidamentum.* **1803** *P.*

nythgyw [*nyth* + *cyw*] *eg.* ll.*-ion.* Cyw nad yw'n ddigon hen i adael y nyth, neu un sydd newydd ei gadael, hefyd yn *ffig.*: *nestling, fledgling, also fig.*

1778 *W* d.g. *a nestling* [*a bird that hath but just quitted the nest*]. **1803** *P.*

nythiad [bôn y f. fl. + *-iad*¹] *eg.* Y weithred o wneud nyth: *a nesting.*

1778 *W* d.g. *nidification.* **1803** *P.*

nythle [*nyth* + *lle*¹] *eg.* ll. *-oedd.* Lle i nythu, gwâl, lloches, hefyd yn *ffig.*; cloer, blwch: *nesting-place, lair, shelter, also fig.*; *pigeon-hole, box.*

1718 E. SAMUEL: *HDdD* (Gweddïau) 7, Fy nghalon a ddylai fod yn breswylfod i'th Ysprŷd, a wnaed yn *nythle* i Adar aflan. **1770** *W*, *nyth-lëoedd* d.g. *boxes for grocers.*

nythlwyn, gw. nyth + llwyn¹.

nythlwyth [*nyth* + *llwyth*¹] *eg.* ll. *-au, -i.* Nythaid (o wyau, cywion, &c.), deoriad, hefyd yn *dros.* ac yn *ffig.*: *nestful* (*of eggs, chicks, &c.*), *brood, also transf.* and *fig.*

14g. *LlB* 117, Tri thorllwyth vn werth ac eu mamau yssyd . . . torllwyth hwch ar y thyle, a *nythlwyth* hebawc. **14g.** *GDG* 289, O *nythlwyth* cofion bron brid, / Anathlach o anoethlid. **1545** *CM* 1, 277, Kymer *nythlwyth* oadar piogod. **1604–7** *TW* (*Pen* 228) d.g. *nidus.* **1632** *D*, *nythlwyth*, auium partus. **1632** J. DAVIES: *LlR* 401, y mae'r aderyn a eisteddo ar wyau neidr neu asp, wrth eu deor a'i torri hwy, yn esgor ar *nythlwyth* peryglus. **1651** SIÔN TREREDYN: *MDD* 22, pa fath *nythlwyth* o bechodau. **1661** E. LEWIS: *Drex* 12–13, Digwydda i wr weithiau . . . gael yn ei galon nythod seirph lawer a chyfan *nythlwythau* o wiberod. **1688** *TJ*, *nythlwyth*, nythed: a Nest full. **18g.** *Gron* 107, Eiddil henwrach grebach grom, / *Nythlwyth* o widdon noethlom. **1770** *W* d.g. *an airy* [*in Falconry*]. *id.* *nythlwyth* . . . o wragedd d.g. *bevy* [*company of women, &c. in burlesque*]. *id.* d.g. *brood of chickens.* **1803** *P.*

nythwy [*nyth* + *wy*¹] *eg.* ll. *-au.* Wy (ffug) a roddir mewn nyth i ddenu iâr i ddodwy, neu i ddodwy yn y nyth yn hytrach nag allan, wy addod, wy llestr, wy potyn, wy tsieni (tseina), hefyd yn *ffig.*: (*imitation*) *egg placed in nest to induce a hen to lay, or to lay in the nest rather than outside, nest-egg, also fig.*

Ar lafar ym Morg. a Brych.

nythyn, gw. nyth.

nyw¹,², gw. nwy⁴, nwyf¹.

nywl, nywlaf: nywlo, gw. niwl, niwlaf: niwlo.

nywliog, nywlog gw. niwlog.

nywyl, nywylen, gw. niwl.

O

o, llafariad, a'r ddeunawfed lythyren yn yr wyddor Gymraeg.

o¹ [H. Lyd. *o*, H. Wydd. *ó, úa*, Gwydd. Diw. *ó*: ?o'r gwr. IE. **apo-* 'ymaith'; cyfansoddir y ff. prs. â *hân*¹, *hôn*²; dichon fod enghrau. o *o*⁶ = *go*¹ wedi eu cynnwys isod; gw. hefyd *a*⁴] *ardd. rhed.* (weithiau yn y ff. *og* o fl. llaf., yn enw. o fl. y rh. prs. dib. bl. ll.) gyda'r ff. prs. cfns. *ohonof* (Cym. C. *ohonof, ohonaf*), *ohonot* (Cym. C. *ohonot, ohonat, ohonawt, ohonawd*), *ohono* (Cym. C. *ohonaw*), *ohoni* (Cym. C. *ohonei*), *ohonom* (Cym. C. *ohonam*), *ohonoch* (Cym. C. *ohonawch*), *ohonynt* (Cym. C. *ohonunt, ohonun, ohonu*); am rai ff. rhed. eraill, gw. yr *Amr.* isod. Ei ddilyn gan y tr. meddal, ac yn eithriadol gan y tr. llaes, gw. *Treigladau* 349–50.

1. (*a*) (Yn dynodi man cychwyn symudiad); allan o (le caeedig, adeilad, &c.); hefyd yn *ffig.*: *from* (*place whence movement is made*); *out of* (*enclosed space, building, &c.*); *also fig.*

13g. *C* 25. 1–2, A daduirein *o* bet gudyi hir gorwet. *id.* 55. 9–10, Ban diholer taguistil inhir *o* tir guinet. *id.* 57. 9–10, Ban kyhuin llu aer *o*kaer wyrtin. **13g.** *Études* v. 101, Ef gunyat *o* gat ny gylyvyt (Cynddelw). **14g.** *T* 26. 11, yn deu wayw anchwant *o* nef pan doethant. *id.* 41. 8, dydyccawr *o* gell. **14g.** *YBH* 55a, Y barwneit . . . adeuthant racdunt *oc* eu stauelloed. **1588** *Math* viii. 1, wedi ei ddyfod efe i wared *o'r* mynydd. **1588** *Luc* viii. 49, fe a ddaeth vn *o* dŷ llywodraethwr y Synagog. **1592** S. D. RHYS: *Inst* [xv], arwain iaith morr odîdoc . . . allan *o'r* dygn dywylli. **1595** H. LEWYS: *PA* 7, gann i hel ai ymlid allan *oi* deyrnas. **1699** T. JONES: *TP* 9, Os gallafi ond diangc *o'r* llê hwn yn fŷw. **1703** E. WYNNE: *BC* 18, O'r Stryd fawr hon, ni aethom i'r nesa. **18g.** E. T. RHYS: *DA* 162, Mi roes y Gofal *o* fy llaw. Ar lafar, 'dŵad â fferins *o'r* ffair', 'mynd *o'i* go'', 'mynd *o'r* golwg', *WVBD* 400.

(*b*) (Yn dynodi'r lle y cyfeirir gweithred ohono): *from* (*denoting a place whence an action is directed*).

13g. *Études* v. 104, Ket can/wyf *o* dwuyn o dofyn awen (Cynddelw). **1588** *Hab* ii. 11, y garrec a lefa *o'r* mûr. **16–17g.** *C* 46. 22–3, Cerdd tra wamal gyfalau / gynt *o* goed a gant o i gau. **17g.** HUW MORUS: *EC* i. 83, Cawr dewr yn curo *o'i* dŷ, / Cynhwynol pan fo cynhenu. Ar lafar, 'Fe waeddodd y bachgen *o'r* llofft', 'gweld popeth *o'i* safbwynt 'i hun'.

(*c*) (Yn dynodi safle, hefyd yn *ffig.*: *denoting position, also fig.*).

13g. *LlI* 20, ef [y porthor] a dele e tyr en ryd a'e ty *o* uevn e porth. **1551** W. SALESBURY: *KLl* xxxiiia, Or amser hyn y bydd map y dyn yn eistedd *o* ddeheu i nerth Deo. **1762** G. JONES: *CFfOG* 17, Duw *o* agos . . . yw'r Arglwydd ein Duw ni. Ar lafar, 'Mi safa' i *o* d'ochor di', 'sgwrsio *o'i* hochor hi', *WVBD* 402. Gw. hefyd *eisteddaf*: *eistedd—o e., gorweddaf*: *gorwedd—o'm g., hirbell—o h., maes*¹*—o f., mewn—o f., ôl—o ôl, pell—o b., plaid —o b., tu—o'r tu blaen*, &c., a'r cfn. *o flaen, o'r blaen.*

(*d*) (Yn dynodi ffynhonnell); oddi wrth, oddi ar, gan; hefyd yn *ffig.*: *from* (*denoting source*); *from* (*a person*), *by*; *also fig.*

13g. *C* 41. 2, Or croc crevled y deuth guared ir vedissyaud. **13g.** *HGK* 5, Maelmorda . . . oed vab y'r vrenhines honno *o* Vwrchath, brenhin Laine. *c.* **1300** *H* 1a. 15, Ny duc neb keinyad nac *o* honawd [marwnad Gruffudd ap Cynan gan Feilyr Brydydd]. *id.* 58b. 15, *o* benn talyessin bartrig beirtrig (Cynddelw). *Dchr.* **14g.** *id.* 87b. 20, *o* honaf hanpych well ruffut (Llygad Gŵr). **1346** *LlA* [3], Or tat. A thrwy ymab. Ac ynyr ysbryt glan. ybyd pob peth. **14g.** *WM* 27. 33–4, na byd it etiued *or* wreic yssyd gennyt. **14–15g.** *IGE*² 254, Crist ni dderbyn *o'r* crastan / Enaid i'w law ond yn lân (Siôn Cent). **15g.** *GGl*² 106, Mae'n ei galon wreichionen / *O* fetel meistr Hywel hen. **16g.** (*LlEG*) *Mos* 158, 25b, oherwydd yr an ffortun [*sic*] ar golled a gowsai ef *oi* voneddigion ac *oi* gyffredin. **1588** *Esec* xxvii. 7, Lliain main *o'r* Aipht. **1691** *ESGG* d.d., Egwyddorion, A Sylfeini'r Grefydd Gristnogol Wedi eu crynhoi allan *or* Catechism. **1703** E. WYNNE: *BC* 72, O'n Brenhinllys ar sugnedd yn y Fall-gyrch eirias yn y Flwyddyn o'n Teyrnasiad 5425. **1719** *TDP* [1], ymroi i bleserau *o* helwriaeth. Ar lafar, ''Rodd gynno fo wyth o blant *o'i* wraig gynta'', *WVBD* 400.

(*e*) (Yn dynodi'r man cychwyn wrth grybwyll pellter neu ymestyniad, yn enw. rhwng dau le, dau wrthrych, &c.): *from* (*denoting the starting-point in referring to distance or extent, esp. between two places, objects, &c.*).

9g. (*Ox* 1) *B* v. 246, *hor* elin cihutun hi torr usque ad artum pugni. **12g.** *LL* 72, Finis eius *or* nant dylicat nant yreguic. *id.* 78, Odugleis hit icimer. Ycimer ynniaun bet inant luit. **13g.** *C* 100. 5–6, lle llas milvir pridein. *or* duyrein ir goglet. **13g.** *LlI* 59, Ef a uesserus er enys hon *o* Penryn Blathaon em Pryden hyt em Penryn Penwaed eg Kernyu; sef yu henne, nau can mylltyr . . . *o* Grugyll ym Mon hyt en Sorram. *c.* **1300** *H* 54b. 5, *O* vangor hyd uangeibyr dydoch (Cynddelw). **14g.** *T* 18. 4–5, *o* vynaw hyt lydaw yn eu llaw yt vyd. *id.* 22. 6–7, Pwy uu fforch hwyl *o*dayar hyt awyr. *c.* **1400** *YCM*² 4, kerdwys yr holl Yspaen *o'r* mor py gilyd. **1592** S. D. RHYS: *Inst* [xvi], yr holl lyfr *o'i* ddechreu hyd ei ddiwedd. **18g.** I. BRYDYDD HIR: *Gw* 67, *O* Gybi Mon i Gaerdydd.

(*f*) (Gydag *i* neu *pwy* (*py*) gan ailadrodd e. neu gyda *cilydd* i ddynodi dilyniant neu newid lle): *from* (. . . *to*) (*used with repetition of n., &c., to denote succession or change of place*).

c. **1400** *RB* ii. 234, wynt ae gyrrassant ef ar ffo *o* dinas pwy gilyd. **1551** W. SALESBURY: *KLl* lvib, Megys ac y roddysoch ych aylode yn weison y aflendit ac anwiredd *or* anwiredd bwygyldyd. **1588** 1 *Cr* xvii. 5, bûm *o* babell i babell, ac *o* bresswylfod i bresswylfod. **1592** S. D. RHYS: *Inst* [xvii], gorfu imi ddilyn rhai o honoch' *o* fann pwy gilydd. **1703** E. Wynne: *BC* 7, dechreuasant sibrwd *o* glust i glust. *id.* 15, prin y gallei ymlwybran *o* glun i glun. **1718** M. Williams: *P* 6, gan grwydro *o* Wlad bigilydd. *a.* **1735** *W Ballads* 64, 8, i fynd *o* ddrŵs bwy gilydd. **1778** J. Hughes: *BB* 282, Bendithion fel y gwlith gafodydd, / Fo 'n eich calyn *o* un bwygilydd.

(*g*) (Yn dynodi pellter yn statig, ar ôl geiriau sy'n mynegi (ymestyniad) pellter, absenoldeb, &c.): *from (denoting distance or absence statically, after words indicative of extent of distance, remoteness, absence, &c.).*

c. **1300** *H* 7b. 6, pell *o* uon uein. yduyti dwythwal werin (Gwalchmai). **1567** *LlGG* (*Sall*) 57a, Cy bellet ac yw'r Dwyrein *o*'r Gorllewyn. **1689** E. Morus: *RC* 39, eich bod yn absennol, *o*'r Eglwys. **1753** L. Owen: *ADdE* 19, hwy a ddylent yn ddiau gyflawni eu habsenn *o*'r Gwasanaeth cyhoedd drwy ryw ddirgel Weddiau. **1759** T. Thomas: *WWDd* 346, Ond pêll jawn, [*sic*] *o* fod fel hyn, yw llawer *o* Ddynjon. **1778** J. Hughes: *BB* 108, Yn apsen Grist *o*'i winllan. **1795** *R. Crusoe* 120, Wedi bod yn absennol *o* Loegr. Ar lafar, 'Mae Aberaeron tua phymtheg milltir *o* Aberystwyth'.

(*h*) Allan o (yn dynodi gwrthrych y tynnir rhywbeth ymaith ohono neu allan ohono); (*Math.* yn dynodi'r rhif neu'r swm y tynnir ohono wrth rifo); hefyd yn *ffig.*: *from, out of (denoting object from which something is removed or subtracted); from (in subtraction in math.); also fig.*

10g. (*Juv*) *VVB* 197, *O* discl, gl. *lance.* **13g.** *C* 72. 6–7, ac yved gvin *o* guydir gloev. *id.* 97. 9–10, attinvis y ligad *oe* penn. **13g.** *LlI* 6, Ef a dely dec keynnyauc *o* pob punt. **14g.** *BB* 30, adan y vediant ydivlanna rydit *o* rydit. **14g.** *RC* xxxiii. 187, tynnawd ef ouyn *oc* eu kalonneu hwy. *c.* **1400** *YCM*[2] 1, eu dwyn [gwledydd] *o* law Sarascinyeit. **1567** *TN* 32b, A ellw[ch] yvet *o*'r cwpan ydd yfwy vi *o hanaw*? **1588** *Nu* xx. 8, a thynn dithe iddynt ddwfr *o*'r graig. **1632** *D*, tynnu *o*'r wain d.g. *euagino.* **1768** J. Roberts: *R* 22, Lleihad. Y Rheol hon sy'n addysgu, pa fodd i gael y Rhifedi lleiaf allan *o*'r mwyaf. Ar lafar, 'tynnu dŵr *o*'i ddannadd o', *WVBD* 559; 'Tynnwch bump allan *o* ddeg'.

(*i*) (Yn dynodi cyflwr, amgylchiad, &c., y newidir ohono): *from (denoting state, circumstance, &c., from which a change occurs).*

13g. *C* 57. 5, Achivod hirell *oe* hir orwet. **14g.** *T* 40. 15, ydillwg elphin *o* alltuted. ?**15g.** *IGE*[2] 105, Yn iach a byw *o* nych byth [i Ffynnon Wenfrewi]. **1588** *Io* v. 24, efe a aeth trwodd *o* farwolaeth i fywyd. **17g.** Huw Morus: *EC* ii. 279, Troi'r gwyllt *o* gynddaredd i rinwedd di-rus. **1675** R. Davies: *PY* 54, a fwriodd Paul i lawr *o* fod yn Escob yn Constantinopl. **1703** E. Wynne: *BC* 49, mineu a ddeffrois *om* cŵsc. *id.* 115, felly *o* ymdaeru i ymdaro *o* eirieu i arfeu. **1715** T. Evans: *GC* 9, [c]yfodi Plant yr Adda cyntaf *o*'i cyflyrau marwol. Ar lafar, 'mynd *o* ddrwg i waeth'.

(*j*) (Yn dynodi'r iaith y cyfieithir ohoni): *from (denoting the language from which a translation is made).*

1346 *LlA* 160, yr neb ae troes *o* ladin ygkymraec. *c.* **1400** *B* iv. 34, Jeuan ae troeis wynt *o* Arabic yn Lladin. **1618** J. Salisbury: *EH* 348, hyn o gyfieithiad *o*'r Italaeg. **1633** *LlGC* 731, xxvii, cyfeithio . . . *or* naill iaith, i iaith arall. **1691** *ESGG* d.d., Gwedi eu cyfieithu *or* Saesonaec ir Gamberaec.

2. (*a*) Yn hanfod o (wlad, &c., am berson), yn perthyn i (lwyth, cenedl, &c.), yn disgyn o: *from (denoting person's origin), belonging or pertaining to (tribe, nation, &c.), of, descended from.*

13g. *C* 54. 2–3, Rac offin pimp penaeth *o* nortmandi. *id.* 77. 7–8, Ri reith kywir. *o* hil morgant. **13g.** *A* 8. 8, Issac anuonauc *o* barth deheu. **13g.** *B* ix. 146, gur ysgymvn *o* genedel evrei. *c.* **1300** *H* 48a. 2, kymraec laesdec *o* lys dyfrynt [Cynddelw i Efa ferch Madog]. *id.* 58b. 21, *o* gadell ener *o* gadellig (Cynddelw). *id.* 72a. 18–19, a hyn kyndelw uawr kawr kyrt. *o honu* ny heniw beirt [ymryson Cynddelw a Seisyll Bryffwrch]. **14g.** *T* 28. 19–20, Ar gwr an gwnaeth *or* wlat gwerthefin. **14g.** *WM* 3. 10–11, A pha wlat yd hanwyt titheu *o heni* (*RM* 2, *o honei*). **14g.** *B* ix. 47, Pilatus *o* Ynys y Bont. *Dchr.* **15g.** *id.* vii. 371, dyn *o* blwyfedigaeth arall. **1588** *Io* xix. 19, Iesv *O* Nazareth. **1592** S. D. Rhys: *Inst* [xv], i edrych a 'welwn nêb *o* breswylfod Cymry. [**1740**] L. Anwyl: *NG* d.d., Gan L.A. Gweinidog *o* Eglwys Loegr. Ar lafar, 'dyn *o*'r Sowth', *WVBD* 400.

(*b*) Yn perthyn i (le, &c., drwy ddwyn teitl yn deillio ohono): *of, belonging to (a place, &c., in the sense of bearing a title derived from it).*

16g. *B* xi. 87, ynn yr amser J gwnaethbwyd ef ynn urenin *o* ddinas Thibes. **1567** G. Robert: *GC* [ii], [W]iliam Harbart, Iarll *o* Benfro, ag Arglwydd *o* Gaer [d]ydd. **1595** H. Lewys: *PA* [iii], Archiagon *o* Fydlesex. [**1763**] JE: *AHS* 5, [y] Duwc *o* Cumberland.

(*c*) Yn perthyn i (le drwy fod wedi ei leoli yno, yn gysylltiedig ag ef, neu'n deillio ohono): *of, belonging to (a place in the sense of being located there, being connected with it, or deriving from it).*

12g. *LL* 120, Lymma y cymreith ha bryein eccluys Teliau *o* lanntaf. **14g.** *H* td. 357, Eglynyon. agant. dauid. llwyd. uab. gwilim. gam yr groc *o* gaer. **1594** *BY* lvi, Allan or llyuer Gwynn *o* H[ergest]. **1630** R. Vaughan: *YDd* 667, yr Eglwys newydd-rith *o* Rufain . . . yn dyscu y gwrthwyneb yn vnion ir hyn a ddyscodd yr Apostol. **1633** *LlGC* 731, 27, nid wyt ti ddim hwy, yn wr *o*'r bŷd, prysura, ymâd, rhaid iti ar fyrder farw. ?**17g.** *Cylchg LlGC* xv. 104, y llyfr du *or* w[aun]. **1655** WL: *DP* 68, y ddwy Brif-Ysgol *o*'r deirnas hon. **1722** T. Evans: *PS* 8, yr Eglwys hon *o* Loegr.

(*d*) Yn perthyn i (beth neu berson drwy fod yn gysylltiedig ag ef neu'n deillio ohono): *of, belonging to (something or someone in the sense of being connected with it (him, her) or deriving from it (him, her)).*

16g. (*LlEG*) *Mos* 158, 11a, o eglwysi a manachlogoedd ac o dai *o* greuydd. *id.* 13b, [d]ywedud y fferenn *o* Vair. *c.* **1566** *B* i. 143, wrth ddamvniad pedwar pencerdd *o* delyn a chrwth. **1591** *Rhyddiaith Gymraeg* ii. 128, Vstusiaid *o* heddwch. **1675** R. Jones: *HCh* 9, Darllen sanctaidd fucheddau . . . nid yn unic megis matterion *o* histori, ond megis ecsamplau iw dilyn. **1685** *Art* 4, yr Act *o* Barliament ddiwaethaf. **1703** E. Wynne: *BC* 61, Gwr *o* Gyfraith a Phrydydd. **1709** H. Powel: *G* 53, mewn ymryssonfa *o* Gyfraith.

3. (*a*) Er, oddi ar (yn dynodi pwynt cychwynnol mewn amser); (yn dynodi pwynt cychwynnol mewn amser wrth nodi dechrau a diwedd cyfnod): *from, since (denoting a starting point in time); from (denoting the starting point when stating the beginning and end of a period of time).*

12–13g. *MA*[2] 235b. 31–2, Rhuthr a ddug fy naf nawell yw or gwyr / Nor goreu *or* dilyw (Gwgon Brydydd). **13g.** *A* 14. 5, *o* lychwr y lychwr. *id.* 19. 19, *O* gollet moryet ny bu aessawr. **14g.** *T* 72. 19, *o* heu hyt vedi. **1346** *LlA* 132, *or* dydd hediw allann. **14g.** *Bren Saes* 20, Aeluryt . . . a dechreuwis yr ymlad *o* hir bylgeynt yn wychyr creulon. **14g.** *B* x. 57, o'r awr honno dileer eu pechodeu. *c.* **1400** *id.* ii. 15, dot y kic *or* bore hyt hanner dyd y mywn dwfyr. **1567** *LlGG* (*Sall*) 75a, llawer gwaith im cystuddiesont *om* ieuenctit. **1588** *Math* i. 17, Yr holl oesoedd gan hynny *o* Abraham i Ddafydd ydynt bedair cenhedlaeth ar ddêc. **1632** J. Davies: *LlR* 24, treulio'r dydd *o*'r pen bwygilydd. **1773** *W*, *o*'r amser hwnnw d.g. *from . . . from thence.* **1778** J. Hughes: *BB* iv, Pan oeddwn ynghylch 15 oed ac *o* hynny hyd yn 20. Ar lafar, '*o* fy mebyd', *WVBD* 400; ''Roedd e wrthi *o* naw o'r gloch y bore tan chwech o'r gloch y nos'.

(*b*) (Gydag *i*, *pwy* (*py*), neu *hyd*, gan ailadrodd e. neu gyda *cilydd* i ddynodi dilyniant neu rywbeth sy'n digwydd drachefn a thrachefn): *from (. . . to) (used with repetition of n., &c., to denote succession or recurrence at intervals).*

Diw. **15g.** *Pen* 41, 4, *O* benn y mis pwy gilydd (*de mense in mensem*) i gwneir datlev sir yny lle y mynno y brenhin. **1567** *TN* 337a–b, aberthay . . . y byddant *o* flwyddyn bigilidd yn ystig yn y offrymu. **1588** *Esec* iv. 10, A'th fwyd yr hwn a fwyttei wrth bwys vgain sicl yn y dydd y bwyttei ef, *o* amser hyd amser. **1592** S. D. Rhys: *Inst* [xiv], Nyd oes nemor *o* iaith . . . na's cafas ei hymgelêddu . . . *o* amser i gilydd. *ib.* [Y]'r ieithoedd hynn oll a gyfarfûant *o* amser i amser a' Ieithyddion. *id.* [xv], [c]áel beieu ynn y llyfr *o* amser py gilydd. *ib.* vn gelfyddyd . . . yn ôl ei dechymygu, a'e' dechreu, oddyna *o* bryd i bryd ei chwanêgu hî. **1595** H. Lewys: *PA* 152, ein gorthrymderon a chwanegant, ac a gynyddant *o* ddydd i ddydd. **1604–7** *TW* (*Pen* 228), *o* ddydd bwygilydd d.g. *quotidie.* **1689** E. Morus: *RC* 9, [D]uw ein Tad, yr hwn yngyntaf a roes fywyd i ni, ac sydd yn oestad *o* ddŷdd bwygilydd yn ei hwyhâu.

4. (*a*) Gan (yn dynodi goddr. neu wthr. be. bl.): *by (denoting the subj. or agent of a preceding vn.).*

13g. *C* 58. 1, Kin caffael *ohonautte* y coed reddaud. dychuis. **13g.** *B* x. 23, gvedy elad ef *oe* elynyon. *id.* 28–9, tyngu *or* idew . . . na ry gaussei dim oe da. **1346** *LlA* 38, [y] gwenith adygit yn lledrat ae heu *o* leidyr. **14g.** *WM* 12. 2–4, diolwch y dyw caffael *o honot* (*RM* 8, *o honat*) y gydymdeithas honno. *c.* **1400** *RB* ii. 4, darestwg troea ynwaratwydus a hynny *o* wyr groec. *c.* **1400** *YCM*[2] 1, Charlymaen . . . gwedy y vlinaw *o* wrthrwm lauur. *id.* 18, ryethol *oc* an Harglwyd ni, Iesu Grist . . . an kenedyl ni. *c.* **1400** *YSG* i. 14, Ac yn eu kynghor y kawssant ymwahanu *o* bop vn onadunt y wrth y gilyd. **1567** *TN* 151b, pan gigle hi ddyvot *o*'r Jesu. *id.* 169a, Actae y Sainct Apostolon wedi'r escriveny y gan [:– *o*] S Luc Euangelwr. **1604–7** *TW* (*Pen* 228), wedy 'dnabot ai welet *o* bawb d.g. *peruulgatus.* **1612** *LlP* d.d., yw dyscu i blant, ac iw [h]arfer *o* bob dyn Duwiol. **1618** J. Salisbury: *EH* 36, yr oedd yr ammarch a'r camwedd yn gofyn, bod *o*'r iawn-dal hefyd yn anfeidrol ddi-fesur. **1683** J. Jones: *TG* 112–13, Tan yssol yn erbyn pechod . . . trwy'r gwres hwnnw y daw 'r Gau Addoliadau oll . . . i gael eu toddi *o* wir wres. **1701** E. Wynne: *RBS* [v], Cadw *o* hwnnw [yr Arglwydd] chwi. **1764** W. Williams: *Th* 12, wrth esgyn *o hono* o'r nef.

(*b*) Gan (yn dynodi gwthr. bf. amhrs. neu a. bfl.): *by (denoting the agent of an impers. vb. or vbl. adj.).*

12g. *LL* 120, y cymreith ha bryein eccluys Teliau . . . amcytarnedic *o*audurdaut papou rumein. **13g.** *C* 23. 1–2, Neu rimartuad *o*thlaur kiueithad. *id.* 62. 5, Megittor *oc* ev guir. vy. hir alanas. **13g.** (**1641**) *HGK* 26, rhei yn vrathedig *o* ergydyeu y Llychlynwyr. **14g.** *T* 55. 1, *O*anadyl naw morwyn gochyneuit. **1346** *LlA* 171, Y discwylua honn a gynnhelir *o* vn post. **14g.** *Bren Saes* 48, dibobylat (*vastata est*) Mynyw *o* genedyl anffydlawn. *c.* **1400** *DB* 21, dy uot titheu yn damgylchynedic *o* diruawr oleuat doethineb. **15g.** *BB* 127, yny bo ef wisgedic *oy* dad. **1752** *Gron* 27, Ni pharchwyd gradd *onaddun*, / Mawr oedd cas Horas ei hun.

(*c*) (Yn dynodi gwrth. bf. neg. neu wrth. rhesymegol be. neg.: *denoting the obj. of a neg. vb. or the logical obj. of a neg. vn.).*

14g. *WM* 482. 22–3, Nyt ymdiredaf y neb *o* gadw yr yskithyr. **1551** W. Salesbury: *KLl* xxb, ny wyl ef byth *o* angeu. **1672** R. Prichard: *Gw* 355, Lle na chawn *o*'r hir arhosfa. **1681** *id.* 17, Rym ni'n farw yn ein pechod, / Heb weled *o*'n cas na'i ganfod. *id.* 35, Ni orchfyga nêb *o*'r ddraig, / Ond trwy gymmorth Hâd y wraig. *id.* 53, Ni thorrir *o*'r groglath, ni'n tynnir ni maes, / Nes tynno 'r hael Jesu, â'i Rym ac â'i râs. **1721** J. P. Prys: *DC* 63, ni chofir *o*'i camwedd. **1725–6** *Madd Ed* 270, er na chyflawner byth *o*'r Bwriad hwn. **1759** T. Thomas: *WWDd* 356, fe dybygid . . . na ch'odai pechod byth *o*'i bèn. **1775** D. Jones: *HCY* 17, Ni threulir byth *o*'r fath Tref-tâd. **1781** W. Williams: *RhHN* 11, Yn trachtio cariad pur dilyth, / Heb deimlo fyth *o*'i ddiwedd. Ar lafar yn gyff. ar ôl *byth* ac *erioed*, ''Weles i erioed *ohono* fe', ''Wneith e byth *o* hynny'. Gw. hefyd *dim—d. o, mo.*

(*d*) (dichon fod rhai o'r enghrau. yn perthyn i adran 6 (*h*)) (Yn dynodi goddr. bf. neg.: *denoting the subj. of a neg. vb.*).

1764 W. Williams: *Th* 17, Na fu yn eiddo natur er dechreu'r byd *o*'u bath. **1777** W. Williams: *TEA* 8, nid oes *o*'r un boethder yn y tân. *id.* 53, nid oes *o*'r Yspryd Glân yn peri eu torri hwy allan. **1787** W. Williams: *RhHN* 6, Yn mynwes f' Arglwydd mawr y mae, / Gwlêdd i barhau, nad oes *o*'i hail. **1788** J. Thomas: *CS* 14, Er maint yw'r brad sydd yma'n bod, Ni newid byth *o* gariad Duw, / At ddynol ryw, sydd dan ei nôd. *a.* **1791** W. Williams: *GP* 602, Fel na chaiff *o*'r pechod atgas, / Mwg a tharth y pydew mawr, / I fy nallu ar y llwybr. Ar lafar mewn cystrawennau megis ''*Sana* i'n gwbod', ''*So* fe'n dwp'. Gw. hefyd *dim—d. o, mo.*

(*e*) (Yn dynodi'r goddr. mewn cst. debyg i'r fr. enwol bur: *denoting the subject in a construction similar to that of the noun-predicate sent.*).

c. **1585** G. Robert: *DC* 58a, Mawr *o* r llywenydd . . . wrth weled Mair wenn, etto can mil mwy llewenydd weled dynolieth Crist. **1681** R. Prichard: *Gw* 14, ond awchys *o*'r cri. **1753** G. Owen: *L* 81, Gwych *o*'r newydd a glywaf genych ynghylch Iarll Pywys. **1753** *ML* i. 243, Gerwin *o*'r glaw ar gwynt a wnaeth yma heddyw. *id.* 251, Ond dynion digrif *o*'r John Hughes a'r Will Jones? *id.* 254, Dyn meddw *or* tad. Ar lafar, 'truan *ohono*', *WVBD* 552.

(*f*) (Yn dynodi gwrth. neu wrth. eilradd (rhesymegol) bf. neu fe. cdrn.: *denoting the (logical) obj. or secondary obj. of a pos. vb. or vn.*).
c. **1300** *H* 17a. 11, erglyw *om* gweti keli kulwyt (Einion ap Gwalchmai). **14g.** *WML* 1, Achyntaf y gwnaethant *o* gyfreitheu llys (*LlI* 1, A'r llys a gymyrth dechreu; *LlB* 2, Kyntaf y dechreuis y brenhin kyfreith y lys beunydyawl). **14g.** *LlB* 60, Pedeir bu a phetwar vgeint aryant a telir dros sarhaet teuluwr brenhin, os *o* hynny yd ardelw. **14g.** *WM* 396. 8–10, A ffony edy ditheu vrda y mi ardelw *or* uorwyn racco. **14g.** *B* xiv. 257, ereill or ideon a doethant . . . ynn erbynn iessu y guhudav *o* laver o guhudeiton drvc. *c.* **1400** *YCM*[2] 56, Ac odyna a erchis udunt wynteu ymlad, pann vynnhynt *o* hynny. **15g.** *BB* 76, a mynneu a dylywn kystal ac ef *o* ynys brydein. *id.* 160, klywssei bod y ffichtieit . . . yn keisiaw *or* gaer. **1551** W. Salesbury: *KLl* xxixa, Ar archoffeirait ae kyhuddynt *o* lawer o betheu.

(*g*) (Ar ôl e. sy'n mynegi gweithred, yn dynodi gwrth. neu wrth. eilradd y weithred: *after a n. expressing action, denoting the obj. or secondary obj. of the action*).
14g. *T* 35. 22–3, Ren rymawyr titheu. kerreifant *om* karedeu. **14g.** *BT* 88, [c]yffes ac ediuarwch *oy* bechodeu. *c.* **1400** *YCM*[2] 2, y gymryt madeueint *oc* eu pechodeu. **16g.** (*LlEG*) *Mos* 158, 492a, I bwrid Edliwiaeth vawr *o honnaw* Ef ar ddannedd y Kymru. **1676** W. Jones: *GB* 68, [g]wneuthur dewis *o* Ghrîst a'm [*sic*] dy Arglwydd. **1679** C. Edwards: *GGG* 162, Y mae 'r pedwar peth hyn, sef cyfnewidiad *o*'r deall, ac *o* gynghorion y galon . . . iw cael ym mhob un gwir edifeiriol. **1704** J. Morgan: *B* 46, rhaid iddo fod yn edliwiant ofnadwy *o*'n anheilyngdod, pan ddŵg y barnwr eu hun dystiolaeth in herbyn. **1710** *LlGG* [xii], [y] cyfieithiadau rhagoraf *o*'r Ysgrythyr-lan ei hun. **1739** D. Rowland: *LlY* [iii], ni wnant gyfrif *o hon*[*a*]*w*. **1788** J. Thomas: *CS* [iii], pan yr oeddwn dan brofiad *o* lewyrch ei wyneb. **1790** T. Jones: *TOS* d.d., [D]edwydd Gyflwr Y Saint Yn Eu Mwynhad *O* Dduw Yn Y Nefoedd.

(*h*) (Ar ôl e. gweithredydd, yn dynodi gwrth. neu wrth. eilradd y weithred: *after an agent-noun, denoting the obj. or secondary obj. of the action*).
1630 R. Vaughan: *YDd* 9, gweithredyddion digyfrwng *or* gorchwylion hynny. **1681** S. Hughes: *AC* 2, [C]yfieithwr *o* Lyfrau rhai eraill. **1714** R. Prydderch: *GD* [iii], Mae'r Awdur Parchedig *o*'r llyfran hwn mor Enwog. [**1740**] D. Llwyd: *YDD* 123, y cyfieithwyr goreu *o* orchymynnion Duw.

5. (*a*) (Yn dynodi'r defnydd, y sylwedd, neu'r elfennau y mae peth wedi ei wneud ohono (ohonynt)): (*out*) *of* (*denoting the material, substance, or elements of which something is made*).
9g. (*MC*) *VVB* 83, Orcueeticc cors, gl. *ex papyro textili*. **10g.** (*Cpt*) *B* iii. 256, Or bissei pan diconetent ir. oithaur hinnith. **13g.** *C* 23. 9, *O* seith lauanad. ban im se suinad. **14g.** *T* 36. 4, ahudwys gwreic *o* vlodeu. **14g.** *WM* 95. 36–96. 1, *or* guimon ar delysc hudaw cordwal awnaeth. **15g.** *FfBO* 55, y mae tule gwedy y wneuthur *oc* eur ac aryant. **1592** S. D. Rhys: *Inst* [xv], ddyfod o'r llyfreu . . . i ddwylo Plantos o'i rhwygo, ag i 'wneuthur babiod *o honynt*. **1703** E. Wynne: *BC* 65, *O* escyrn morddwydydd Dynion y gwnelsid holl bilereu'r neuadd. **1786** W. Williams: *I* 4, Ni bydd Creadigaeth pob peth *o* ddim. Ar lafar, 'rwbath wedi 'neud *o* goed', *WVBD* 400.

(*b*) (enghrau. rhwng dau enw, a'r ail yn dynodi'r defnydd neu'r sylwedd y mae'r cyntaf wedi ei wneud ohono: *exx. between two nouns, where the second denotes the material or substance of which the first is made*).
14g. *WM* 5. 21–2, [g]wiscaw eurwisc *o*bali amdanaw. **1588** 2 *Tim* ii. 20, ni bydd yn vnic llestri *o* aur, ac arian, ond hefyd *o* bren a phridd. **1670** J. Hughes: *AP* 311, Twr *o* ifori Gweddia trosom ni. **1685** *Art* 12, A oes gennych chwi . . . fflagen *o* Bewter neu *o* fettel purach ir gwîn. **1778** *W*, tŷ *o* goed . . . pyrth . . . *o* brês d.g. *of, coming before the matter or materials whereof any thing is made*.

(*c*) (enghrau. sy'n dynodi person neu beth sy'n troi yn rhywun neu'n rhywbeth arall: *exx. denoting person or thing that becomes someone or something else*).
13g. *C* 51. 18–19, Aguneuthur guar. *o.* willt. *o* gwallt hirion. **13g.** *MA*[2] 218a. 10, Gwr a wnaeth *or* dwfr y gwin (Dafydd Benfras). **13g.** *HGK* 15, Gucharki Wydel a wnaeth bacwn *ohonav* [Trahaearn] ual o hwch. *c.* **1300** *H* 32a. 26, am gwnaeth *o* burawr yn brydyt (Cynddelw). *Dchr.* **14g.** *id.* 116b. 35–6, Am wnic treissic y traws iolaf duw. a ddigawn yach *o* glaf (Llywarch ap Llywelyn). *id.* 123b. 51, gwenlliant am gwnaeth rygaeth *o* ryd (Iorwerth Fychan). **14g.** *T* 19. 7, gwnaei *o* varw vyw. *c.* **1400** *R* 1277. 3, gwnae *o*eingyl gwaetlin. Ar lafar, "Rwyt ti wedi gwneud ffŵl *ohono*' i'.

(*d*) Wedi ei gyfansoddi neu wedi ei ffurfio o (unedau neu elfennau): *composed, made up, consisting, or formed of* (*units or elements*).
13g. *C* 46. 8, Cuytin y can keiwin llv *o*carant. *id.* 78. 9–10, athturuf *o*th tarianogion. athtoryf *o*th teern meibon. **14g.** *GP* 52, Awdyl gywyd a vyd *o* bennilleu hiryon oll *o* bedeir sillaf ar dec. **14g.** *WM* 56. 21–2, yr wydwic honn *o*wyr ynys y kedyrn. *id.* 452. 14–15, meichad yn cadw kenuein *o* uoch. **1547** *WS*, gyr *o* warthec, a droue. **1588** *Barn* xiv. 8, wele haid *o* wenyn a mêl yng-horph y llew. **1681** S. Hughes: *AC* 13, a'r Heidiau eraill *o*'r pechodau hynny. **1703** E. Wynne: *BC* 31, [c]ynulleidfa *o* rai Mudion. **1740** T. Evans: *DPO* 76, mor ddidrugaredd ac y llarpia Haid *o* Eryrod Ddiadell *o* wyn. Ar lafar, 'rhes *o* binna', *WVBD* 401.

(*e*) Yn cynnwys: *containing*.
13g. *C* 55. 10–11, Dybit seith gan llog *o*ynt gan wint goglet. **13g.** *LlI* 4, [t]ry chorneyt *o*'r llyn goreu. **14g.** *WM* 21. 29, lloneit y got *o*uwyt. *c.* **1400** *MM* 62, yf deir ffioleit *o* win. *p.* **1500** *Pen* 57, 47, llwyaid *o* vel. *Diw.* **16g.** *WLB* 42, dwy fawaid ne well *o* haidd glan. **1653** *MLl* i. 140, dyscled *o* fwyd. **1672** R. Prichard: *Gw* 252, Na ddôd wîn mewn Casc [:– Llester neu faril] *o* bechod. **1703** E. Wynne: *BC* 24, aelwyded *o* fflagenni tolciog. **1730** (**1755**) E. Wynne: *PAC* 64, y gwppan *o* wîn a roesai Efe . . . iddŷnt. **1758** *ML* ii. 70, dau gyched *o* bobyl. **1795** *R. Crusoe* 14, [t]ri llestr *o* ddwfr glan. **1800** W. Owen[-Pughe]: *CP* 108, Gwydraid bach *o* ddistyll. Ar lafar, 'cwpanad *o* de', *WVBD* 307.

6. (*a*) O blith, allan o (yn dynodi perthynas rhan â'r cyfan): (*out*) *of, from* (*amongst*) (*denoting the relationship of a part to the whole*).
c. **1300** *H* 56b. 2, mor wyf hygleu uart *o* ueirt ogyruen (Cynddelw). *Dchr.* **14g.** *id.* 115b. 32–3, Meu gynnelw yr elwyr [*sic*] alaf gan dreic *o* dragon modrydaf (Llywarch ap Llywelyn). *Dchr.* **15g.** *B* viii. 136, degwm *o* bop peth. **15–16g.** *GLM* 58, Mae'r ysglodion *ohoni* [cangen] / yn fawrddrwg yn d'olwg di. **1592** S. D. Rhys: *Inst* [xvi], i rai *o naddynt*. **1600** *Card* 3.240, [371b], y 30 o orffennaf oedran krist 1600, o dernasad Elzabeth . . . 42. **1658** *Examen* 5, adgofia bôb diwrnod '*om* [*sic*] einioes. **1679** C. Edwards: *GGG* 96, Jesu . . . Gair Hebraec yw . . . Christ . . . Gair *o* Roeg yw, ac yn arwyddoccau Enneiniog. **1703** E. Wynne: *BC* 5, Ar ryw brydnhawngwaith têg *o* hâ hir felyn tesog. **1790** Twm o'r Nant: *GG* 130, Darn *o* nerth Edeirnion oedd. **1800** W. Owen[-Pughe]: *CP* 12, y parthau hyny *oc* y wlâd. Ar lafar, 'y rhan ucha' *o*'r drws', *WVBD* 458.

(*b*) (enghrau. ar ôl (*d*)*dim*, gan gynnwys enghrau. lle mae (*d*)*dim* yn gwasanaethu fel neg.: *exx. following* '(*d*)*dim*', *including exx. where* '(*d*)*dim*' *serves as a neg.*).
13g. *LlDW* 38. 9, heb kolly dym *or* eydhy. **13g.** *LlI* 9, Ny dele nep dym *o*'r guadavt namyn e penguastravt. **1346** *LlA* 110, kanyt oed dim yny dinas *o*dwfyr. *id.* 112, y kannvet dyn *or* gynnulleidua hon . . . nychlyw dim *or* bregeth. *id.* 164, osit arnat ti eisseu dim *o*betheu a berthynont ar lywenyd. **14g.** *WM* 28. 23–6, edrych a orugant y lle y dodyssynt y mab. ac nyt oed dim *o honaw* yno. *id.* 53. 11–12, ny warandawei dim *or* attep a aeth y genhym ni attaw ef. *id.* 155. 24, dim *oc* awch da nys mynnaf. *c.* **1400** *RM* 141, a oes dim weithon *or* anoetheu. *c.* **1400** *RB* ii. 6, wrth na wydynt hwy dim *o*e ewyllys ef. **1547** *WS* [vi], na sathrant val moch dim *o*ch gemau. **1592** S. D. Rhys: *Inst* [xv], a phei byssei yr Awdur . . . heb ddim *o*'i 'eni erioed. **1703** E. Wynne: *BC* 64, nis gwn i ddim *o*'u storiâu. *id.* 119, ni haeddwn ni ddim *o*'r fâth beth. **1759** T. Thomas: *WWDd* 355, Ni laddwyd dim *o* elynion Israel i gŷd. **1798** W. Richards: *CC* 17, Ond nid oedd dim *o* bawb yn foddlon i adael y peth felly i orphwys yn llonydd. Gw. hefyd *dim*—*d. o, mo*.

(*c*) (enghrau. ar ôl e. neu r. sy'n dynodi maint, swm, nifer, rhifedi, &c.: *exx. after a n. or pron. denoting amount, sum, number, quantity, &c.*).
9g. *DGVB* 269, ni rincir i les. cimperet illiausauc *o* i rei. **13g.** *C* 70. 13, gormot *o* cam syberwid. **13g.** *A* 14. 22, seith gymeint *o*loegruys aladasant. *id.* 33. 12–13, rwy e ry golleis y *o*m gwir garant. **13g.** *LlI* 25, kubel *o* henne a kyll. **13g.** *BD* 93, bychydic *o* wyr dy teyrnas a'th gar. *c.* **1400** *R* 1155. 38–9, mwy oed *o* wraged noc awelat wrth uwytta. *c.* **1400** *RB* ii. 401, delit llawer *oc* eu barwneit. *c.* **1585** *Llst* 178, 61a, ychydig *o* vel. **1592** S. D. Rhys: *Inst* [xvi], lle nyd oes nemor *o* Gynghânedd. **1630** R. Vaughan: *YDd* 126, [c]ynifer *o* ddifyrrwch godidog. **1703** E. Wynne: *BC* 14, 'r oeddem yn cael digon *o* le. *id.* 67, aneirif *o* edafedd aur. **1759** T. Thomas: *WWDd* 338, mor lleïed *o* ffrwythau dâ. Ar lafar, 'lladd llawerodd *ohonyn*' nhw', *WVBD* 343; "Dw' i'n siarad mwy *o* Gymraeg 'rŵan', *id.* 383.

(*d*) (enghrau. ar ôl rhif prifol neu drefnol ac e.: *exx. following a cardinal or ordinal number and a n.*).
13g. *A* 1. 15, pan atcoryei namen vn gwr *o* gant eny delhei. **13g.** *B* ix. 335, vn defnyn . . . *or* eigyavn. **14g.** *T* 4. 24, Dwy vil veib *o* plant llia. **14g.** *GP* 52, y dwy geing gyntaf *o* brydydyaeth. **1346** *LlA* 112, y kannvet dyn *or* gynnulleidua hon. **1592** S. D. Rhys: *Inst* [xiv], y ganfed rann *o*'r ddieithriaith. **1768** W. Williams: *HTS* 43, Y trydydd rhyw *o*'i brofiadau bellach.

(*e*) (enghrau. ar ôl e. sy'n dynodi mesuriad arbennig: *exx. after a n. denoting a particular measurement*).
14g. *LlB* 28, a their lladh *o* liein. **14–15g.** *IGE*[2] 306, Na dwyn un galwyn *o*'i gwin (Rhys Goch Eryri). *c.* **1400** *R* 1272. 9–10, ny med akyr *o*dirda. *c.* **1400** *B* ii. 12, gwerth deudec keinawc *o* wellt. **15g.** *LGC* 195, Wyth *o* erwydd wrth warae, / *O* wenith coch yn wyth cae. **1510** *THSC* (1943–4) 58, [t]ri bwyssel *o* vodrwyev oddiar vyssedd y rai meirw. **16g.** (**1763**) W. Salesbury: *LlM* 8, pum owns *o* Iscell. **1588** *Gen* xxxv. 16, yr oedd etto megis milltir *o* dîr i ddyfod i Ephrath. **16–17g.** *GST* i. 448, Dynn lathen *o* bren breiniol [am fwa]. **1676** W. Jones: *GB* 90, i gasclu briwsion yr amser, pob modfedd *o hono*. **1725** D. Lewis: *GB* 90, 21 Cant *o* Blwm. [**1783**] *W*, maen *o* wl[â]n d.g. *stone* [*14 Lb. or in some places 21 Lb.*] *of wool*. Ar lafar, 'pwys *o* de', *WVBD* 449.

(*f*) (enghrau. gyda rhif prifol neu drefnol, o flaen e. neu r. pen., neu yn ei ff. prs.: *exx. with a cardinal or ordinal number, before a def. n. or pron., or in its prs. forms*).
13g. *LlI* 5, torry un *o*'r pedeyr colouyn. *id.* 17, Kentaf yv *o*'r rey henne e guastravt awen. **14g.** *T* 72. 19, Seithuet *o heni* y weryt dros li. **14g.** *WML* 9, wheugeint yw gobyr pop vn *oc* eu merchet. **14g.** *GDG* 130, Pla ar holl ferched y plwyf! / Am na chefais . . . / *Onaddun*' yr un erioed. *c.* **1400** *R* 1280. 7–8, am syrthyaw om serthed hyder ymhob vn *ohonun* henwer. **15g.** *LGC* 14, Lleia' tâl, pe gellid hyn, / Oedd gael deuddeg *o*'i elyn. **1600** *Card* 3.240, [371b], y 30 o orffennaf oedran krist 1600. **1703** E. Wynne: *BC* 44, ni all un *o honynt* oll symmud bŷs llaw. **1768** W. Williams: *HTS* 6, etto dau *o honynt* oedd o'r un yspryd. Ar lafar, 'chwech ne saith *ohonyn*' nhw', *WVBD* 401.

(*g*) (enghrau. gyda rhif prifol, o flaen e. neu r. amhd.: *exx. with a cardinal number, before an indef. n. or pron.*).
14g. *T* 6. 6, Seith vgeint seith vgeint seith cant *o* seint. **1588** *Gen* x. 25, i Heber y ganwyd dau *o* feibion. **1588** 1 *Sam* x. 3, vn yn dwyn tri *o* fynnod. **1595** H. Lewys: *PA* 13, a haeddasont fil filioedd *o* weithiau, mwy dialeddus cospedigaeth. **1703** E. Wynne: *BC* 34, [p]edwar *o* rai moelion eraill. **1725** D. Lewis: *GB* 27, Nyth Aderyn . . . a naw *o* rai bach yntho. Ar lafar, 'pedar *o* chwiorydd', *WVBD* 401.

(*h*) Peth (o), dim (o), rhywfaint (o), neb (o), rhai (o), &c.: *of, some* (*of*), *anyone of, any* (*of*), *&c.*
14g. *WM* 2. 20–2, ac atuyd. y mae arnat *o* anryded ual nas dylyei. *id.* 13. 24–6, aoes *ohonawch* i a adnappo y uarchoges. *id.* 29. 10, nyt oes *ohonam* ni namyn cleisseu a dyrnodeu yn ymdaraw a thi. *c.* **1400** *SDR* 61, bot *o* eur ydan y golofyn. *c.* **1400** *YCM*[2] 61, nat oed gantunt *oc* eu taryanev kymeint ac a gudei eu dyrneu. *id.* 128, nyt oes *o* heneint arnaw ef. *c.* **1400** *ChO* 1, Kymryt *o* esgyll y paun, ac *o* adaned y golomen. **15g.** *FfBO* 56, mi a welais *o* gyrff meirw hyt nas credei neb. **1567** *TN* 40b, Rowch i ni *o*'ch oleo chwi. **1588** *Math* xxvi. 29, yr

ydwyf yn dywedyd i chwi, nad yfaf o hyn allan *o* ffrwyth hwn y winwydden. **1588** *Io* vi. 51, Os bwytu neb *o*'r bara hwn, efe fydd byw yn dragywydd. **17–18g.** *LlGC* 6499, [50], Mi a fûm yn rhodio bythod, Heb gael *or* pethe. *c.* **1730** *Thos. Lloyd D* (LlGC) 187a, nid oes it ymma *o* amser . . . CW 213. Gw. hefyd adran 4 (*d*).

(*i*) (enghrau. mewn cym. pth. o fl. e. (neu yn ei ff. prs.) sy'n rhan o ragflaenydd y cym.: *exx. in a rel. clause before a n.* (*or in its prs. forms*) *which forms part of the antecedent of the clause*).

13g. *A* 17. 3–5, or a aeth gatraeth *o* eur dorchogyon . . . ny doeth en diwarth o barth vrython. ododin wr bell well no chynon. **13g.** *B* x. 21, Eilweith yd anvonet ereill or rei ae kyhudassei *o* wyr a gvraged yv phroui. *c.* **1300** *id.* ii. 27, Dioddef yn da beth bynnac a rodo duw arnat *o* boen. **14g.** *WM* 1. 36, Or awelsei ef *o* helgwn y byt. ny welsei cwn un lliw ac wynt. *id.* 5. 10–13, yny llys. ef a welei hundyeu . . . ar ardurn teccaf awelsei neb *o* adeiladeu. *id.* 92. 9–11, A chwitheu yr un a uu baed coet *o honawch* yrllyned. bit bleidast yleni. *c.* **1400** *YCM²* 190, Nyt oed hawd y neb traethu . . . y gyniver amryw drythyllwch a oed yno *o* vwyt a llynn. *c.* **1400** *B* ii. 13, ar ny bo reit itt *o*th wellt ystrea yn y ffaldeu. *id.* 17, [c]yngor yr sawl a warandawei vynghyngor i *ohonunt.* **1568** MORYS CLYNNOG: *AG* [v], a maint sydd *o* eissie cyfrwiddid ar phordd Grist. **1592** S. D. RHYS: *Inst* [xvi], a' chymeint ag a 'welwch' *o* degwch a' Phrydferthwch. **1703** E. WYNNE: *BC* 117, amhossibl yw myned yn ôl . . . a maint sy *o* Elltydd [diwyg.] heirn tanllyd ar y ffordd.

(*j*) (enghrau. mewn cst. debyg i adran (*i*) uchod, ond bod rhagflaenydd y cym. heb ei fynegi) Y cwbl o, cynifer o: (*exx. in a similar construction to section* (*i*) *above, except that the antecedent is not expressed*) *all of, as many . . . as*.

13g. *C* 30. 3–4, Diwyccomne a digonhom *o* gamuet. **14g.** *T* 79. 3, arywelei aryweleis *o*aghyfyeith. **1346** *LlA* 80, tegach oed noc auu eiroet *o* eira na mettel nac aryant. **14g.** *WM* 46. 33, dyuyn a oed *o* of yn iwerdon yno. *id.* 78. 36, mi a rodaf it awely *o*uarch (*RM* 57, *o* veirch). *id.* 457. 9–11, ac yssyd *o* wreic ueichawc yn y llys honn methawd eu beichogi. *id.* 504. 11–12, ae ragot yno ac aoed *o* vilwyr prouedic ynyr ynys honn. **14g.** *B* x. 57, Yr a wnelont *o* oleuat yn uy eglwys i . . . ni chyuet liwer [*sic*] ac wyntuy eu pechodeu. **14g.** *GDG* 233, Treuliais a gefais *o* gae. *c.* **1400** (*SG*) *HMSS* i. 193, achaws y vrenhines y llas y brenhin . . . ac y llas yssyd *o* benneu yn y gadeir. *c.* **1400** *B* ii. 14, A brynych *o* anjueileit . . . pryn rwng y pasc ar sulgwyn. **1703** E. WYNNE: *BC* 15, gweli faint sy *o* rai ffolion yn ei cheisio, a'r gwaela 'n abl, er sy arni *o* gaffaeliad.

(*k*) (enghrau. mewn cfn. â'r rh. 'r o fl. cym. pth.: *exx. in combination with the pron.* ''*r*' *before a rel. clause*).

13g. *BD* 6, llaver *o*'r a dyanghey. *c.* **1300** *H* 60b. 15, Nyd oet ny gaffwn *or* a gaffaei hael (Cynddelw). **14g.** *T* 48. 25, *O*ryssyd is awyr. *id.* 51. 2, bu haelhaf berthaf *or* ryanet. **14g.** *WML* 19, ny cheiff neb *or* ae holho penkynyd atteb ygantaw. **1346** *LlA* 4, pob creadur *or* awnaethpwyt. **14g.** *WM* 1. 36, *or* a welsei ef o helgwn ybyt. *id.* 144. 13, ympob gwlat *or* y ryfuum. **14g.** *B* x. 56, Ny warandawafi . . . un geir *o*'r a del o'th benn di. *c.* **1400** *YCM²* 132, blwydyn vyd gennyf i bob awr *o*'r y hoetter am agheu Rolant. **15g.** *BB* 127, Ayrua nyt bychan *or* a wrthneppo a wnant. **1551** W. SALESBURY: *KLl* ib, Ar torfoedd *or* oyddynt yn myned yr blayn. **1592** S. D. RHYS: *Inst* [xv], yn gyfrannol o ddim *o*'r a fei ynddynt. *id.* [xvii], mal y gwyr pôb vn o honoch' *o*'r y bûm yn ymgeisio ac ef.

(*l*) (enghrau. tebyg i adran (*k*) uchod, ond bod yr ardd. yn y ff. *oc* a rhagflaenydd y cym. pth. heb ei fynegi: *exx. similar to section* (*k*) *above, except that the prep. takes the form 'oc' and the antecedent of the rel. clause is not expressed*).

14g. *LlB* 86, pob iar *oc* a uo yn y ty. **1346** *LlA* 160, [p]awb *oc* ae darlleo. **14g.** *YBH* 51a, vn geinawc *oc* yssyd yn y dref. *c.* **1400** *RM* 62, am bob lle *oc* y dylyei (*WM* 85. 11, pob lle y dylyei) hayarn uot arnunt. *c.* **1400** *YSG* i. 102, y manach goreu y greuyd *oc* yssyd yny ty hwn. *c.* **1400** (*SG*) *HMSS* i. 241, dim *oc* awelych.

(*m*) (enghrau. gyda gr. eithaf a.: *exx. with a superl. adj.*).

13g. *C* 77. 3, Gorev breenhin *or* gollewin. hid in llundein. **13g.** *Études* v. 102, Vn a fu haelhaf *o* haelon kymry. **14g.** *T* 10. 2–3, Aduwynhaf *or* aduwyndawt. *c.* **1400** *R* 1038. 3–4, Pedwarmeib arhugeint ambu . . . oed gwen goreu *onadu*. *c.* **1400** *YCM²* 12, a'r gwyr pennaduryaf *onadunt*. **15g.** *FfBO* 45, mwyaf brenhin yw hwnnw *o*'r holl vyt. **1551** W. SALESBURY: *KLl* lixb, myvy yw'r lleiaf *or* Apostolon. **1592** S. D. RHYS: *Inst* [xiv], Ieithymgeleddwyr hawddgâraf *o* 'r byd. **1658** R. VAUGHAN: *YPS* 41, y gorau ar gwaethaf *o hono*. **1680** J. THOMAS: *UN* d.d., Y gwaelaf . . . *o* weision Crîst. **1701** E. WYNNE: *RBS* [x], y clettaf a'r tostaf *o* gynghor. **1703** E. WYNNE: *BC* 58, yr Angeu gwaetha 'i liw *o*'r cwbl. **1739** *ML* i. 10, a pha un sydd oreu *o naddynt*. **1778** J. HUGHES: *BB* 86, *O honom* mae rhan fwya, heb ddygiad dan ostyngfa. **1778** *W*, y doethaf *o* ddynion d.g. *of, after partitives* (*i. e. Adjectives implying a part and not the whole*). Ar lafar, ''r ucha' *o*'r ddau yna', 'y tala' *o*'r bechgyn', *WVBD* 400.

(*n*) (enghrau. ar ôl e. ac o fl. y fan. ac a. yn y r. eithaf: *exx. after a n. and followed by the def. art. and a superl. adj., corresponding to English 'one* (*some*) *of the best, &c., . . .*').

c. **1400** *R* 1270. 20–1, Arch esgyrn achyrn acharneu deueit ac ireit *o*rgoreu. **15g.** *LGC* 19, A rhai'n cyn nemawr o hav, / A ry maes *o*'r grymusav. **16g.** (**17g.**) *CRC* 148, J roedd hi n gath *or* ore / i gadw ysgyborie. *c.* **1585** G. ROBERT: *DC* 15a, Er bod gen y pholied hyn eneidieu *o* r glanaf. **1632** J. DAVIES: *LlR* 22, yna diammeu ei fod yn ddyn *o*'r happusaf ac *o*'r dedwyddaf. **1658** R. VAUGHAN: *YPS* 8, yn torri ac yn yssu yr Ecclwysydd oll yn ddarnau. Pechod *or* vchaf. **1672** R. PRICHARD: *Gw* 28, Ac fe wnaeth ir gwreigyn grwcca, / Godi chefen *o*'r vniawna. **1683** H. EVANS: *CTF* 17, Gostyngeiddrwydd a mwyneidd-dra / Ddŷg it glôd *o*'r godidocca. **1731** *ML* (Add) 16, ar lûn cerdd *o*'r lawna'. **1731** E. SAMUEL: *AE* 24, Talent *or* werthfawroccaf. **1753** G. OWEN: *L* 50, Y mae'r gwr yn edrych yn wr *o*'r mwynaf. *id.* 160, Mynych y bum lawen gael llythyr oddiwrthych, ond y gwrthwyneb wyf *o* ddarllen hwn, ac nid heb achos *o*'r mwyaf. **1755** *ML* i. 341, fe wna fywoliaeth *o*'r gorau. **1760** M. RHYS: *CH* 24, rhaid rhyfela, / A Gelynion *o*'r creulona. **1777** D. WILLIAM: *DFfI* 20, ac iddo ferch *o*'r glanaf. **1788** J. THOMAS: *CS* 21, Pechadur *o*'r gwaelaf ei ryw.

7. (*a*) (rhwng dau e. mewn cyfosodiad, a'r cyntaf yn fwy cyffredinol na'r ail) Sef, ar ffurf, ym mherson: (*between two nouns in apposition, where the first is more general than the second*) *namely*, (*consisting*) *of, in the form of, in the person of*.

13g. *C* 43. 15–16, Ryv duted edmic. *o* gyllestic guisc. *id.* 84. 14, Riwiraud *o* vet. *c.* **1300** *H* 47b. 16, nyd molyant *o* uriwyeith (Cynddelw). **14g.** *T* 29. 16, Llemeis i lam *o*lam eglwc. **1346** *LlA* 53, pryfet annvarwawl *o*seirff adreigeu. *c.* **1400** *RM* [1], [ll]annerch yn y coet *o* uaes gwastat. **15g.** *BB* 88, achwanegu rodyon yr eglwyssev *o* dir adaear. **15g.** *LGC* 85, Ni welir Sais diddirwy, / Na Saison mewn Sessiwn mwy; / Na dyn *o* Sais yn dwyn swydd. **1545** *CM* 1, 53, [c]ymaint a ii vi[ll]dir *o* villdyroedd lloygyr. **1593** W. MIDLETON: *B* [1], Barddoniaeth yw kelfyddyd, [*sic*] *o* ganu kerdd dafawd yn dda. **1618** J. SALISBURY: *EH* 30, y weithred honn *o*'r ymgnawdolieth. **1629** R. LLWYD: *P* 48, y farn ofnadwy *o* felldith. **1630** R. VAUGHAN: *YDd* 687, Pilât Pennaeth *o* Rufeinydd. **1651** SIÔN TREREDYN: *MDD* 291, yn nghanol y tywllwch mwyaf *o* absen Duw. **1670** J. HUGHES: *AP* 60, y Swydd . . . *o* wrando Cyffes. **1675** R. JONES: *HCh* 143, Er bod tân *o* gynnen wedi ennyn gartref. **1696** *CDD* [3], yn llawn beiau *o* Gymraeg anghywir. **1703** E. WYNNE: *BC* 26, dysgu'r oeddid . . . wersi *o* gymhendod. *id.* 118, Meistr y gelfyddyd fonheddigaidd *o* dyngu a rhegu. **1731** E. SAMUEL: *AE* [iii], Tywysogion *o* Brotestanniaid. **1759** T. THOMAS: *WWDd* 355, yr hên ddŷn *o* bechod.

(*b*) (Rhwng dau e. mewn cyfosodiad, a'r cyntaf yn llai cyffredinol na'r ail neu'n ei ddiffinio: *between two nouns in apposition, where the first is less general than the second or defines it*) *of*.

1346 *LlA* 15, [p]ei kymerei ef pechadur *o* dyn (*peccatorem hominem*) yn diboen yg ogonyant. **14g.** *GDG* 360, Am aur *o* ddyn marw ydd wyf. **1567** *TN* [xxxiv], [d]yscu i gristion *o* ddyn. **1592** S. D. RHYS: *Inst* [xiv], Eithr nyd yw y fursennaidd sorod hynn *o* Gymry . . . onyd gohilion. **1618** J. SALISBURY: *EH* 94, [y] Saint *o* Ddynion. **1703** E. WYNNE: *BC* 13, 'hangle *o* Blasdy penegored mawr. *id.* 97, Palff *o* 'Sceir. **1754** G. OWEN: *L* 106, [y]n ymgomio a rhyw leban *o* Sais. Ar lafar, 'lwmp *o* ddyn tew', 'cwilydd *o* beth', *WVBD* 401; 'Mae'n dwll *o* le!'

(*c*) ((weithiau gyda'r fan.) Rhwng a. neu ymad. a. ac a. arall y mae'n ei oleddfu: (*sometimes with the def. art.*) *between an adj. or adj. expression and another adj. modified by it*).

17g. HUW MORUS: *EC* ii. [286], A'r gelyn i'w cynllwyn oedd resyn *o* ddrwg. **1755** G. OWEN: *L* 153, Gwych *o* hardded yw arfau Llywelyn. **1778** *W*, hynod *o* dda d.g. *notably well.* **1793** T. JONES: *SD* 61, eich cyfrif yn Eglwyswr rhagorol, a 'sgrifenydd dyrchafedig *o*'r da. **1798** T. ROBERTS: *CG* 24, fe a'u cospoedd [*sic*], a rhyw gospedigaeth hynod *o*'r creulon. **1800** *TY* [254], Y mae llygredd dynolryw . . . [y]n anghyffredin *o*'r cryf. *ib.* y mae amryw o farnedigaethau Duw ar y ddaear yn anghyffredin *o*'r llïosog. Ar lafar, 'fel haearn Sbaen *o* galad', 'anhraethol *o* rad', *WVBD* 401; 'fel slej *o* dwp', 'fel casgen *o* dew', 'fel y fatsen *o* dene'.

(*d*) (Rhwng a. ac e. y mae'n ei gymhwyso: *between an adj. and a n. qualified by it*).

13g. *C* 3. 4–5, llas haelon *o* dinon tra uuan. **14g.** *BT* (*RB*) 212, diuessur *o* lyges gantunt. **14g.** *GDG* 386, Ddyfod i eilwydd ofyn / Lle ni ddoeth llawen *o* ddyn. *c.* **1400** *RB* ii. 248, y wyrda a fuassynt wasgaredic drwy hir *o* amser (*multo tempore*). **1527** *B* ix. 315, Bwriadau a thwyll a brad drwy hir *o* gwnsel a byr *o* rybudd. **1588** *Rhuf* vii. 24, Ys truan *o* ddyn wyfi. **1631** O. THOMAS: *CC* 22, Y mae llyfrau eraill da, a Duwiol a osodwyd allan yn ddiweddar *o* amser yn ein plîth ni. **1632** J. DAVIES: *LlR* 33, gellir gweled . . . mor berffaith *o* greadur (*what a perfect creature*) ydyw Christion da. *id.* 506, mor fawr ac mor beryglus *o* rwystr (*how great and dangerous an impediment*) ydyw'r esgeulusdra. **1672** J. LANGFORD: *HDdD* 394, [t]rwy gymmeryd hwy *o* amser. **1701** E. WYNNE: *RBS* 9, Anffortunus *o* ddynion ydych *o* darfu i gam-rwysc eich hieuenctid eich lluddias. **1703** E. WYNNE: *BC* 24, [d]angos ynddo 'i hun wrthuned *o* beth yw meddwdod. **1759** T. THOMAS: *WWDd* 263–4, yn gosod rhŷ fach *o* bris ar Air Duw. **18g.** I. BRYDYDD HIR: *Gw* 55, Cul wyf *o* wr, coelia fi. Ar lafar yn gyff., 'Da *o* beth yw gweld pobl yn cydweithio'.

(*e*) (O flaen rhai e. sy'n dynodi categori, dosbarth, teip, dull, &c.: *before certain nouns denoting category, class, type, way, &c.*).

14g. *WML* 118, *O* whe fford y gwahan dyn ae da. **1346** *LlA* 6, A dyn *o* vn rad. **15g.** *LGCD* 85, Hywel o'i fath hael yw fo. **1547** *WS* [ix], Gwyddor *or* vath vwyaf ar lythyreu. *Diw.* **16g.** *WLB* 27, Rhag chwydd a dwfr a gwenwyn rhwng kig a chroen—*o* natur dropsi. **1588** 2 *Br* xxiii. 4, offeiriaid *o*'r ail radd. **1593** W. MIDLETON: *B* 3, Unodli, yw bod sillafau *or* unrhyw yn kydateb yw gilydd. **1658** R. VAUGHAN: *YPS* d.d., Ac *o* ba fath gynneddf melldigedig ddamnedig ydyw y gwyr a demptia. **1703** E. WYNNE: *BC* 14, [M]erched *o* bob gradd. *id.* 71, saith Garcharor *o*'r saith rywogaeth ddihira 'n y Byd.

(*f*) (Ar ôl rhai e. sy'n dynodi categori, dosbarth, teip, dull, &c.: *after certain nouns denoting category, class, type, way, &c.*).

1618 J. SALISBURY: *EH* 166, y mae chwech math *o* gabl. **1672** R. PRICHARD: *Gw* 366, pob rhyw *o* alwad. **1675** R. JONES: *HCh* 56, Er nad yw Duw yn gobrwyo neb drwy ffordd *o* haeddiant. **1679** C. EDWARDS: *GGG* 217, Y môdd *o* garu ein cymydog. **1736** S. RHYDDERCH: *Alm* [9], amryw rywogaeth *o* winoedd. **1778** J. HUGHES: *BB* 152, A'r gauaf oer naturieth, / Yn deip *o*'r gyfreith gaeth. **1800** W. OWEN[-PUGHE]: *CP* 7, dull bwyllog *o* ddiwylliad. Ar lafar, 'pob math *o* gastia', 'dull gwlad *o* siarad', *WVBD* 401.

8. (*a*) Gyda golwg ar, o ran, yn: *with regard to, as regards, in respect of, as to, in*.

c. **1300** *H* 101b. 18, kywychyawn am dawn *om* dielwi (Llywarch ap Llywelyn). **14g.** *Bren Saes* 32, ef a ragores rac paub o'e hennavieit *o* ovynhau Duw. **14g.** *GDG* 53, Bu ddewr hy, ni bydd y rhawg, / Ormail mydr, ŵr mal Madawg / *O* fedru talm *o* fydroedd, / *O* gerdd dda, ac arwydd oedd. **15g.** *BB* 13, reid yw ytti gwneithur vyngorchymyn *o* pob peth. **15g.** *KAA* 20–1, o herwyd nat oes yn vyw un dyn a wypo gwahan y ryngthunt, nac *o* veint nac *o* liw. **1567** *TN* 1a, cyd byddent bedwar *o* ni[u]er. **1588** 1 *Esd* i. 34, pan oedd efe dair blwydd ar hugain *o* oed. **1691** T. WILLIAMS: *YB* 26, *O honofi*, Dwl, swrth a synn fydde hyn ag arwydd *o* feddwl a bwriad salw llibyn. **1740** T. EVANS: *DPO* 105, Emrys *o honaw* ef, oedd ar Farch rhygyngog yn gyrru megis mellten o Restr i Restr i osod calon yn ei wyr. **1784** M. WILLIAMS: *S* i. 107, mae pob ffarmwr . . .

yn gorfod cadw milwr *o* fwyd, diod, a dillad. Ar lafar, 'Sais *o* genedl', 'Cymro *o* waed', *WVBD* 401.

(*b*) (enghrau. o fl. e., gan ffurfio ymad. sy'n goleddfu a. neu ymad. a.: *exx. before a n., forming a phrase modifying an adj. or adj. expression*).

13g. *B* x. 23, Ysgolheic oed . . . ysgavyn *oe* annwyt. *c.* **1300** *id.* ii. 31, Byd syberw *o* wybot a chwilawc *o* eiriev a gweithredoed. *c.* **1400** *Études* vii. 64–6, yn gymhedrawl y lef *o* vraster a meinder. *c.* **1400** *B* ii. 21, ffydlawn *o* gallon a gweithret. *Dchr.* **15g.** *id.* vii. 374, yn direol *o* wybodeu. **1547** *WS*, bore ne gynar *o* ddydd, yerly. **1551** W. SALESBURY: *KLl* lxxiiia, cans gwaredigennus wyf, ac isel *o* yspryt. **1588** 2 *Sam* ix. 3, [c]loff *oi* draed. **1588** *Job* xxxii. 4, yr oeddynt hwy yn hynach nag ef *o* oedran. **1588** 2 *Mac* iii. 26, [d]au wr ieuaingc eraill, nodedig *ô* nerth. *c.* **1600 (1681)** *Rhyddiaith Gymraeg* ii. 165, hi a aeth yn bell *o*'r nos wrth chwedleua. **1609** *CRC* 51, rhiw fvn gvlael gain *o* ffryd. **17g.** HUW MORUS: *EC* i. [75], Wyd addas *o* waed iddyn'. **1701** E. WYNNE: *RBS* 4, A fo manwl *o*'i amser (*choice of his time*) a fydd manwl *o*'i gwmpeini . . . a manwl . . . hefyd *o*'i weithredoedd. **1703** E. WYNNE: *BC* 14, Tai têg iawn, rhyfeddol *o* uchder. *id.* 69, a hithe 'n Ferch fwyn, ne 'n rhwydd *o*'i chorph. **1778** J. HUGHES: *BB* 110, Fel gwallt fy mhen *o* amledd, / Mo'r rhyfedd yw eu rhi.

(*c*) (enghrau. o fl. rhai e. (e.e. *hyd, lled*) sy'n pennu'r categori y mae mesuriad arbennig yn perthyn iddo: *exx. before certain nouns specifying the category* (*e.g. length, breadth*) *to which a measurement refers*).

14g. *LlB* 71, vn ieu ar pymthec a wnant yr erw *o* hyt. *c.* **1400** [*RB*] *WM* 98. 39–40, par uessuraw yr ynys *oe* hyt ae llet. **15g.** *FfBO* 49, seith milltir *o* let. *a.* **1561** *B* vi. 47, daigain llath *o* hyd. **1685** T. JONES: *Alm* [40], Ceffyl . . . ynghylch peda'r dyrnfedd arddêg *o* uchder. **1725** D. LEWIS: *GB* [254], 20 Modfedd *o* Ddyfnder. **1764** W. WILLIAMS: *GDC* 38, 895134000 o Filltiroedd *o* Drwch. **1771** *W*, *o* lêd d.g. *broad-wise*. **1775** M. WILLIAMS: *MC* 10, O's bydd Pren yn 22 o Droedfeddi *o* hyd, ac yn 66 Modfedd *o* Amgylchiad . . . pa sawl Troedfedd a fydd ei Faintiolaeth? **1795** *R. Crusoe* 51, pum trodfedd *o* drŵch wrth y boncyff. Ar lafar, 'tua modfadd *o* drwch', 'about an inch thick', *WVBD* 401; 'Mae o dros ddwy lath *o* daldra', *id.* 521.

9. (*a*) Am, ynghylch, parthed: *about, concerning, of*.

c. **1400** *Études* vii. 64, Aristotiles y Alexander Mawr *o* adnabodigaeth corf dyn. *Diw.* **15g.** *Pen* 41, 7, *O* dynion a herwo (*De malefactoribus*) ar barkev nev bysgotlynnev y brenhyn. *ib. O* dynion a lykro mwnei. **1698** T. JONES: *Art* 11, *O* fywion yn myned i'r clustiau.

(*b*) (enghrau. mewn cst. â bf.: *exx. in a construction with a vb.*).

13g. *C* 30. 10–12, Ny chisgaw gobuyllaw *om* diwet. *id.* 41. 15–16, *O* pechaud kin braud pryderaw. **13g.** *A* 4. 16, Ovreithyell gatraeth pan adrodir. **13g.** *Llst* 1, 85, ny bv darpar kenymny traethv *oc* ev hystorya wynt. **15g.** *BSK* 31, yr hyn adywedaf ywch. *or* wyry vendigeit aelwir seint ykatrin. **15g.** *BB* 3, na choffaassant *or* brenhinet a vuant. **16g.** *THSC* (1923–4) (At.) 33, pregethoedd yr abad y enairif *o* bobloedd *or* edifairwch hwnn ac *o* drygaredd dduw. **1551** W. SALESBURY: *KLl* xxxviib, Ar archoffeiriat a ymofynnodd ag Ieshu *oe* ddisciplon, ac *oe* ddysceidaeth. **1588** *Io* v. 32, Arall sydd yn testiolaethu *o honofi*. **1672** R. PRICHARD: *Gw* 126, Ni ŵyr neb ond Duw *o*'n cyflwr. **1675** R. DAVIES: *PY* 7, ymffrostia . . . *or* gwirionedd. **1679** C. EDWARDS: *GGG* 2, Yr ydym . . . wrth natur yn tybied yn dda *o honom* ein hunain.

(*c*) (enghrau. mewn cst. ag e.: *exx. in a construction with a n.*).

13g. *B* x. 29, [c]eissyav . . . diheurwyd *o* varwolaeth mam an argluyd ni. **14g.** *T* 54. 26–55. 1, yg kynneir *or* peir pan leferit. **1567** *LlGG* [xi], testimonial ganto *o* hyny y dan ddywededic sel yr Ordinari. *c.* **1585** G. ROBERT: *DC* [x], *or* daioni yma ymae vn Pennod i r rhann gyntaf or llyfr. **1588** 2 *Br* (teitl), Yr ail llyfr *o*'r Brenhinoedd. **1679** C. EDWARDS: *GGG* 1, gan fod Duw yn rhagori ar bob peth, rhaid yw i wybodaeth *o honaw* ef fod yn rhagorawl. **1691** T. WILLIAMS: *YB* 263, fe roddasai ein Hiachawdr iddynt rybudd *o* hyn *o*'r blaen.

(*d*) (enghrau. mewn cst. ag a.: *exx. in a construction with an adj.*).

c. **1300** *H* 50a. 6–7, Am eryr mawr wyr meruynyawn yt wyf. *O* diua uy rwyf yn ry dristlawn (Cynddelw). **14g.** *T* 7. 8, *o* ryret pressent pan wyf dic. *c.* **1400** *ChO* 1, dyn a vo balch *o*'e adurn. **1651** SIÔN TREREDYN: *MDD* 243, gwybyddwch eich bod wedi trosseddu cyfraith Christ . . . a'i fod yn ddig *o honoch* (*he is angry with them*) oblegid. **1753** *W Ballads* 194, 5, [yn] falch *oi* ddonia. **1786** W. WILLIAMS: *I* 3, fel na byddom yn anwybodus *o*'i Enw. **1798** GW. MECHAIN: *D* 2, Gan i mi gael fy ngeni yngwlad rhydd-did, yr wyf yn anwyl *o honni*. Ar lafar, "Tydw i ddim yn hoff iawn *ohono* fo'.

10. Yn ôl, yn unol â: *according to, in accordance with*.

13g. *HGK* 16, Grufud enteu, *o*'e gnotaedic deuaut, en vudugaul a'e hemlynvs wynteu. *id.* 18, gvnaeth kestyll . . . *o* deuaut y Freinc. *id.* 26, ymladdassant yn llurygawg, ag eistedd ar eu meirch *og* eu defawt. *c.* **1300** *H* 48b. 21, Gwaruart wyf iti *o* dylyed (Cynddelw). *c.* **1300** *B* ii. 27, pan rodych gynghor y dyn y rodi *o* dihewyt dy vryt mal na phallo. *Dchr.* **14g.** *H* 85a. 15, am prydest dyllest ar [*sic*] *o* dull donnyawc (Llywarch ap Llywelyn). **14g.** *WM* 32. 32–3, bedydyaw y mab *or* bedyd awneit yna. *c.* **1400** *YCM*[2] 41, Ar llyuyr hwnn a ymchoeles Madawc ap Selyf o Ladin yg Kymraec, *o* adolwyn a deissyf Grufud vab Maredud. **15g.** *KAA* 24, y lad y vab *o* arch yr angel. **1567** *LlGG* xiiib, ar yr hwn [Duw] y perthyn *o* gyfiownder gospi pechaturieit. **1696** *GGTY* 314, y maent hwy *o*'u gwîr ddewisiad yn ei chymeryd hi arnynt.

11. (*a*) Â (yn dynodi offeryn, &c.): *with* (*denoting an instrument, &c.*).

9g. (*Ox* 1) *VVB* 67, *O* ceenn, gl. *murice*. **13g.** *HGK* 20, y drychu y Freinc llurugauc a helmauc *o*'e uwyall deuvinyauc. **13g.** *B* x. 24, dy aelodeu guraul e rei e pecheist *onadunt*. **1346** *LlA* 61, deffroi ymeirw *o* lef ac *o* gornn. **14g.** *WM* 104. 7, nit hawd uy llad i . . . *o* ergyt. *c.* **1400** *RB* ii. 144, [c]reu tan *oc* eu hanadyl. **15g.** *BB* 119, ac *or* vn trossaul hwnnw. ef aladawt deng wyr athrugeint. *a.* **1561** *B* vi. 49, Par wlychy taisenon . . . a thylly y rai hyny *o*'th vys yn y llaill wyneb. *c.* **1585** *Llst* 178, 44b, [g]own *o* felfed coch gwedy ddyblo *o* chrwyn beleod. *id.* 46a, ystafell . . . gwedy ithrefny *o* amgylch *o* brethyn avr. *id.* 61a, myny roi dy wenwyn yddwyd yny gyddio ef *og* ychydig *o* vel. **1588** *Diar* xxviii. 19, Y neb a wrteithio ei dîr a ddigonir *o* fara. **16–17g.** *HG* 105, chwipwch hwnt *o* chorden. **1759** T. THOMAS: *WWDd* 249, [y]r Arglwydd . . . ymaflyd *o*'i law mewn Barn. Ar lafar ym Morg., "i sychu fe *o* glwtyn', 'torri'r pren *o* gylleth', *Treigladau* 349.

(*b*) Drwy (gyfrwng): *by* (*means of*), *through*.

9g. (*LlSC*) *LL* xliii, diprotant gener tutri *o* guir. **13g.** *HGK* 5, yr hvnn a enillws dwy rann *o* Ywerdon . . . *o*'e dewred. *c.* **1300** *B* ii. 31, Darystwng yth gedymaith . . . kanys etelijr kyueillyon da *o* wassanaeth (*obsequio*). *c.* **1300** *H* 47a. 12, Ardwyreaf dreic *o* drud/veith awen (Cynddelw). **14g.** *WML* 53, Otri mod yd holir tir adayar. *o* gam werescyn. ac *o* datanhud. ac *o* ach ac etrif. **14g.** *WM* 100. 26–8, keisswn inheu . . . *oc* an hut an lledrith hudaw gwreic idaw ynteu or blodeu. *c.* **1400** *YCM*[2] 51, Rolant . . . a'e dillygwys *o* seith morc o aryant. *id.* 52, yny gymhellwyf arnat tewi, ae *o*'th oruot ae *o*'th lad, ae *o* beri ytt ymchoelut ar ffyd gatholic. *c.* **1400** *DB* 45–7, y Mor Mwyhaf, yssyd yn berwi yn wastat ual callawr *o* wres yr haul. *Dchr.* **15g.** *B* vii. 371, yny drosser [pechadur] *oe* angkreifft ef. **1604–7** *TW* (*Pen* 228), gyrru allan *o* nerth braich ac ysgwydd d.g. *quatefacio*. **1776** *W*, *o*'th waith di d.g. *means . . . by thy means*.

(*c*) Gan (ar ôl rhai geiriau sy'n dynodi llawnder, cyflawnder, &c.): *of, with* (*after certain words denoting fullness, plenitude, &c.*).

1346 *LlA* 31, yn lle ygwledeu y llenwir wynt *or* wermot. **14g.** *WM* 393. 30–2, na welsei . . . uorwyn gyflawnach *o* amylder pryd a gosked. *id.* 414. 21–2, kyflawnder *o* lywenyd a gogonyant. **14g.** *YBH* 6a, llog . . . lawn *o* sarasinieit kreulawn. **1588** *Ecs* viii. 3, A phob afon a heigia *o* lyffaint. **1588** 2 *Mac* vi. 14, pan ddelont i lawndra *oi* pechodau. **1630** R. LLWYD: *LlH* 152, y mae'r byd yn heidio *o* Bapistiaid. **1716** J. MORGAN: *LlT* 11, pan oedd yn berwi'n fyw *o* Bryfed. **1738** G. JONES: *GOG* 86, gwneuthur dynjon yn gyforog *o* olud yn y bŷd hwn. **1763** *ML* ii. 574, Llong arall yn llwythog *o* rum.

12. (Yn dynodi maint y gormodedd neu'r cynnydd, yr israddoldeb, neu'r lleihad (mewn maint, swm, nifer, hyd, pwysau, parhad, mynychder, ansawdd, &c., ar ôl cymhariaeth)): *by, to the extent of* (*denoting the amount of excess or increase, inferiority or diminution* (*in quantity, amount, number, length, weight, duration, frequency, quality, &c., following a comparison*)).

14–15g. *IGE*[2] 105, Gwirod pobl gred gyffredin, / Gwell yw *o*'r hanner na'r gwin [i ffynnon Wenfrewi]. **1567** G. ROBERT: *GC* 1, Mae yn esmwythach arnom *o* beth . . . er pan ddoethom ir winllan hon. **1672** R. PRICHARD: *Gw* 322, Rwyt ti'n nes y leni i'th ddiwedd, / *O* vn flwyddyn nag y llynedd. **1684** H. OWEN: *DC* 129, ac *o* bafaint mwy gogoneddus, mwy gostyngedic *o* hynny ydynt. **1703** E. WYNNE: *BC* 28, ni waeth ganddi *o* frwynen. **1771** *W*, Uwch yw'r tyrau nâ'r caerau *o* ddêg *o* droedfeddau . . . Y mae efe *o*'i ben yn uwch nâ chwi d.g. *by* [*after Adjectives of the comparative degree, denoting the difference*]. *id.* Y mae'n rhy brid *o* geiniog d.g. *of* [*after, cheap, dear, &c.*]. Ar lafar, 'yn ddrutach *o*'r hannar', 'yn 'sgafnach *o* ddecpwys', 'mwy *o* hannar coron', 'yn 'fengach na 'nhad *o* flynyddodd', *WVBD* 402. Cf. *hanner—o'r h., hyd—o h. y bwa*, a'r cfn. *o lawer*.

13. Â, yn (o fl. e., &c., gan ffurfio ymad. adfl.): *with, in* (*before a n., &c., forming an adv. phrase*).

9g. (*LlSC*) *LL* xliii, *ho* diued diprotant gener tutri *o* guir. **13g.** *A* 22. 22, neum dodyw angkyvwng *o* angkyuarch. **13g.** *B* x. 23, canu er antem honn . . . *o* dihewydys vryt. *c.* **1300** *id.* xiv. 262, y tityl a yscriuennassei ehun *o* lythyr eurey. a groec. a lladin. **14g.** *T* 16. 3–4, heb talet *o*dynget meint ageffyn. **1346** *LlA* 88, karv duw . . . *o*holl gallonn. *o* holl eneit. **15g.** *BSK* 38, yna ydywawt y gwyr drwc *o* vn llef. **15g.** *FfBO* 37, y mae Kadi *o*'e holl ynni yn keisyaw awch dinustyr. **1547** *WS* [vi], ni chymysced dim or geirieu . . . val y damwyniai vddunt syrthio ym meddw[l] *or* tro kyntaf. **1672** R. PRICHARD: *Gw* 353, 'Rhaul ecclipsodd *o*['r] Tywylla. **17g.** HUW MORUS: *EC* ii. 302, A siomi 'r oes yma, *o*'r tryma' bob tro. **1699** T. JONES: *TP* 23, 'Rwi'n ewŷllysgar ebŷr Ewŷllyssiwr Dâ, *o*'m hôll galon. **1785** D. LLWYD: *GP* 8, Mi'ch megais *o*'r tirionaf, / Mi'ch cerais *o*'r anwylaf. **1800** W. OWEN[-PUGHE]: *CP* 51, yn rhagori hefyd *o* amryw foddion oddiwrth bob rhai à ddyfeisied etto. Gw. hefyd *anfodd—o a., cwbl—o g., chwith—o ch., chwithig—o ch., damwain—o dd., deau—o dd., difrif—o dd., diwedd—o dd., gair*[1]*—o un g., gorau—o'r g.*, &c.

14. (*a*) Oherwydd, o achos, yn ganlyniad i, ar gyfrif, allan o (yn dynodi rheswm, achos, cymhelliad, &c.): (*because*) *of, as a result or consequence of, on account of, for, from, out of* (*denoting reason, cause, motive, &c.*).

9g. (*Ox* 1) *B* v. 241, isit petguared pard guor frit nim̄ *ho* hinnoid. **13g.** *C* 21. 6–7, Ny pherchciste guener *oth* vaur etyllter. *id.* 23. 3–4, nin cred ni nep. *oth*tremint trvyted. *id.* 85. 3–6, *O* kyuodi pilgeint adeueint duhunau . . . id keiff. pop cristaun. kyrreiueint. **13g.** *A* 32. 9–10, yth elwir *oth* gywir weithret. rector rwyvyadur mur pob kiwet. **13g.** *HGK* 10, llawenhau a oruc *o* dyvu er anvundep hvnnv y rung Gruffud a'e wyr. **14g.** *GP* 55, Meir . . . a volir . . . *o*'y bot yn vam y drvgared. **1346** *LlA* 33–4, Adaw dim *o* damwein. ni daw. Namyn pob peth *o* lunyeith duw. *c.* **1400** *RB* ii. 130, dywedei panyw gwrtheyrn ry wnathoed y drwc hwnnw. Ac nas gwnaei y fichteit *oc* eu dychymic ehunein. *id.* 180, Doluryaw aoruc *o* agheu gwrlois. *c.* **1400** *DB* 43, Longobardia—*o* hyt eu baruev y gelwir uelly. *c.* **1400** *ChO* 3, *o* diruawr ofyn ac ergryn roi llef uchel a oruc. *id.* 6, Er eryr gynt a gleuychawd *o* dolur y lygeit. **16g.** (*LlEG*) *Mos* 158, 377b, *or* kleuyd ir ydoedd yr arglwydd dyledog yn gyffelib i Newidio i vowyd. **1592** S. D. RHYS: *Inst* [xvi], rhac i rai ohonynt gáel cywîlydd *o*'r goganwaith. **1699** T. JONES: *TP* 40, [C]ristion a neidiodd dair gwaith *o* lawenŷdd. **1701** E. WYNNE: *RBS* [viii], Addoli Duw *o* ufudd-dod i Grist. **1703** E. WYNNE: *BC* 9, *O* hir graffu, gwelwn Hi yn dair Stryd fawr tros ben. **1760** WLL: *SAC* 87, *O*'r achos hyn y mae'r Prophwyd . . . yn Prophwydo . . . y dygai'r Apostolion ai Dilynwyr . . . Genhedlaethau o bob cyrrau y Ddaiar.

(*b*) (enghrau. gydag e. neu ebd.: *exx. with a n. or int.*).

13g. *C* 2. 7, Och *oe* leith. *id.* 54. 8, bid divisci. *o* ymlat mab a thad. *id.* 81. 5–7, *O* losci ecluis . . . vy penhid. ystrum kynhi. *c.* **1300** *H* 57a. 26, kwynaf ym ermoed hoed *o honaw* (Cynddelw). **14g.** *T* 66. 10, bu dinas edryssed. *o* gamp achymwed. **1346** *LlA* 67, Owi orgwynnvydedicrwyd. **14–15g.** *IGE*[2] 97, Hud ar ddyn hyder *o*'i dda. *c.* **1400** *R* 577. 42, gwae brydein *or* diwarnawt. *c.* **1400** *ChO* 3, Owi *o*'r kedernyt! **1567** *LlGG* 32a, yr hwn wyt yn gwelet nad oes genym ddim meddiant *o*'n nerth eyn hunain. **18g.** L. HOPKIN: *FG* 38, Y cnawd sydd beunydd mewn byd—och *o*'i hynt. **1752** G. OWEN: *L* 18, Gwae fi *o*'r cyflwr!

(c) (enghrau. gydag a. neu ymad. a.: *exx. with an adj. or an adj. expression*).

13g. *C* 49. 14, Guin ev bid ve kymri *or* arowun. 13g. *B* iii. 24, Nybit mysoclauc mayn *o*yuynych kywyn. *id.* ix. 147, a phaub en vuyd idav *o* ovyn ac ergryn. 13g. *HGK* 5, en y bo canmoledic Gruffud vrenhin *o* vonhed bydaul. *c.* 1300 *H* 47a. 21, Pell y glod *o* gludaw anreith (Cynddelw). 14g. *GP* 50, Gwann wyf *o* glwyf. 1595 H. Lewys: *PA* 5, [y] peth yr ym yn ddledus iddaw *o honaw*. 1771 *PDPh* 54, Fe all Ceffyl fod yn iach er ei fod yn euog *o*'r pedwar peth hyn. 1797 B. Evans: *CG* 259, ni phrofwyd fod y brawd hwn yn feddwyn. Ei fod yn euog *o* feddwi sy wir.

15. (Yn dynodi gwaredu, rhyddhau, ac amddifadu): *from* (*denoting liberation and privation*).

(a) (enghrau. mewn cst. â bg.: *exx. in a construction with an intr. vb.*).

13g. *C* 19. 6–7, Onid imwaredit. *or* druc digonit. 14g. *LlB* 48, gwaredet y brenhin arnaw *o* rodi bilaeneit idaw. *c.* 1400 *RB* ii. 187, ny orffowyswys . . . *oc* eu hymlit. 1604–7 *TW* (*Pen* 228), pallu *o* gwplau'r hynn a dyngodd vn d.g. *periuro*. 1651 Siôn Treredyn: *MDD* 21, Efe a gymmerodd Dduw yn ofer, trwy pallu *o* credu. *id.* 27, pan y peidiodd ef *o* cadw r ammodau. 1764 W. Williams: *Th* 13, Dihetrwch *o*'ch pleserau. 1772 *W*, ymryddhau . . . *o* d.g. *to deliver one's self from or out of*. Ar lafar ym Morg. gyda'r f. *peidio*, 'Paid *o* dorri bara'.

(b) (mewn cst. â ba.: *in a construction with a tr. vb.*).

9g. Nennius: *Hist Brit* 204, ipse primus separavit Deur *o* Birneich. 13g. *C* 58. 16, Neb *o*haelonaeth nididolaur. *id.* 92. 11–12, Y gur arithao duv. *o* rigaeth carchar. 13g. *Cylchg LlGC* v. 60, y emdivadu *oe* holl leuver. *Dchr.* 14g. *H* 116b. 8, ny wn *o* wawt e wohep (Llywarch ap Llywelyn). 14g. *B* ix. 225, iessu grist . . . a anuonassei duv . . . y iachau kenedyl dyn *oc* eu pechodeu. *c.* 1400 *MM* 8, O waet a llosceu y gwaredir y tonn. *Dchr.* 15g. *GM* 4, ef a'm glanheir *o*'r kameu mwyaf. 1595 H. Lewys: *PA* 138, fe ai difuddir *oi* enw da. *id.* 234, yr anioddefgar . . . a yspailir, ac a anrheithir fwyfwy *o* bob daioni. 1672 R. Prichard: *Gw* [30], hwy stripient Christ *o*'i ddillad. 1672 J. Langford: *HDdD* 392, Fe waccáodd Crist ei hun *o*'r holl ogoniant hwnnw. 1703 E. Wynne: *BC* 8, ith achub *o* gigweiniau Plant Annwfn. *c.* 1762–79 W. Williams: *P* 614, yn dadlwytho 'r deiliaid *o* bob taliadau a threthi.

(c) (mewn cst. ag a.: *in a construction with an adj.*).

12g. *LL* 120, yholl cyfreith didi hac dy thir. hac di dair. ryd *o* pop guasanaith breennin bydaul. 13g. *B* ix. 146, ene oed anreithyedic ef *oe* synnvyr en gvbyl. *c.* 1300 *H* 15a. 30, godlawd ny bytaf *o*th gyureitheu (Einion ap Gwalchmai). *c.* 1300 *id.* 106b. 42–4, wytt ditawl *o* bob chwant. *O* borfor *o* bryfwn uliant. *O* bali ac eur ac aryant (Llywarch ap Llywelyn). 14g. *RC* xxxiii. 217, hwnnw a wna yn iach *oc* eu pechodeu. *c.* 1400 *DB* 85, y byt; yr hwnn yssyd . . . gwahannedic *o*'r defnydyeu megys wy. *c.* 1400 *SDR* 54, y wely yn wac *o*'e gymar. *c.* 1400 (*SG*) *HMSS* i. 242, bot yn gynlanet arglwyd y llys honno *o* bop pechawt. 1703 E. Wynne: *BC* 25, mynd yn iâch *o*'r Clwy. 1727 J. Jones: *DFF* 143, sefyll yno yn ddiosgedig . . . *o*'u holl Feddiannau. [1788] *EDP* 152, y mae'r ci neu'r llew a fyddo yn hela yn ddi-feddiant *o* Ymysgaroedd a thrugaredd. Ar lafar, 'amddifad *o* rwbath', *WVBD* 402.

(d) (mewn cst. ag e.: *in a construction with a n.*).

14g. *T* 4. 22, *o*dwfynueis affwys abret. 14g. *YBH* 53a, dyuot gwaret idaw *oe* gleuyt. 15g. *GGl*² 78, Ni bu Rodn, nai Beredur, / Negydd *o*'i win nac *o*'i ddur. 1618 J. Salisbury: *EH* 315, gelyniaeth rhyngom a Duw, a difeddiant *o*'r grâs a amcanesid i ni. 1651 Siôn Treredyn: *MDD* 19, llwyr difuddiad [*sic*] *oi* holl ddaio[n]i ddechreuol. 1701 J. Owen: *YE* 61, enwaediad yn arwydd *o* ddiosciad *o* pechodau [*sic*]. Ar lafar, 'cael llonyddwch *o* 'sbrydion drwg', *WVBD* 402.

16. (a) At, i (ar ôl e. neu a. sy'n dynodi gallu, awydd, parodrwydd, bwriad, tebygolrwydd, haeddiant, &c.): *for, of, to* (*after a n. or adj. denoting ability, desire, willingness, intention, likelihood, merit, &c.*).

13g. *C* 21. 2–3, Prit prinudech[w]ant. *o*thriit ageugant. *id.* 84. 14, Rietillter. *o.* gynaud. 13g. *HGK* 12, llynges gyweir *o* reidwyf. 1346 *LlA* 26, nyt yrei yssyd yn gwnneuthur ydrwc ehun yssyd teillwng *o* anghev. namyn agytssynnyo ac wynt. 1551 W. Salesbury: *KLl* lvia, pwy bynac a laddo, euoc vydd *o* varn. 1588 *Deut* xxviii. 66, ni byddi siccr *o*'th enioes. 1592 S. D. Rhys: *Inst* [xvii], hyd y bewn inheu 'allûoc *o* ddeall i fedru derbyn 'ych athrâwaeth. 1649 E. Roberts: *SCG* 38, hiraeth-serch ac a wydd [*sic*] *o* bethau nefol. 1670 J. Hughes: *AP* [ii], dangos dy ewyllys da *o*'ch bodloni. *c.* 1730 *Thos. Lloyd D* (LlGC) 185a, yn Debyg *o*'th beryglu di. 1784 M. Williams: *S* i. d.d., llawer o Bethau nodedig eraill haeddiannol *o* ddal Sylw arnynt. Ar lafar, 'Mae hi'n bownd *ohono* fo [afiechyd]', *WVBD* 51; 'Mae o'n siŵr *o* fynd', *id.* 402.

(b) I, wrth (ar ôl bf. neu fe. sy'n dynodi cynorthwyo, &c.): *to, in* (*following a vb. or vn. denoting assistance, &c.*).

14g. *LlB* 30, Seithuet yw kymorth y llofrud *o* lad y dyn. *c.* 1400 (*SG*) *HMSS* i. 204, [p]lump marchawc. o wyr prudd yn y nerthockau *o* gynnal y chastell. 15g. *BB* 55, a hi a gymorthes y brenhin *o* lywiaw y vrenhinyaeth. 1488 *Rhyddiaith Gymraeg* i. 4, Duw a'i hanvonasai hwy i yrrv y peganiaid ar ffo ac y'w nerthv yntav *o* losgi y demyl a'i distrywio. 1632 J. Davies: *LlR* 464, y rhai y mae'r Scrythur lân yn eu dysgu i bechaduriaid, i'w helpio *o* droi at Dduw.

17. Ac ystyried mai . . . ydyw (ydynt, &c.), ac yntau (hithau, &c.) yn: *considering that he is* (*they are, &c.*), *for*.

c. 1730 *Thos. Lloyd D* (LlGC) 183a, rhesymol teg *o*'r amser *o*'r flwyddyn, for. Ar lafar, 'tal *o*'i oed', '*O* ddyn ifanc 'rodd *o*'n pregethu'n rhagorol', *WVBD* 402.

18. Os (am), i, wedi (yn mynegi amod (o fl. be.)): *if, being, having been* (*before past part.*) (*expressing a condition* (*before a vn.*)).

14g. *WM* 181. 26–182. 2, morwyn awelei yn eisted rac y vron . . . yn teccaf golwc *o* dyn *o* edrych arnei. 15–16g. *GIF* 46, Mal ŵyn bach—miliwn *o*'u bod—/ mul yw'n llu ymlaen llewod. *ib.* Llwyr wŷs hyd Bowys *o*'i bod, / llwyrfaes ni allai'i orfod. 1620 *Math* i. 23, hwy a alwant ei enw ef Emmanuel, yr hyn, *o*'i gyfieithu (1588 *ib.* os cyfieithir), yw, Duw gyd â ni. 1677 *TC* 121, pa wâg bethau yw pop peth *o*'u cyffelybu ir rhain (*in comparison of them*). 1696 *CDD* 67, Mae'r gyfraith *oi* chalŷn, fel rhwŷdau prŷ' coppŷn. 1699 T. Jones: *TP* 15, ac *o* ddywedŷd wrthŷt ti 'r gwîr, fe a ddichon dy gynnorthwŷo di. 1711 H. Powel: *TY* 160, Yr hyn oll *o*'i ystyried sy yn dangos yr Achos oedd i Ghrist ddioddef dros ei Etholedigion. 1725 I. Harri: *RD* 17, Y Grâdd hwnnw o oleuni Sgrythurol sy'n awr yn llewyrchu yn y Bŷd *o*'i gydmaru ir Goleuni a lewyrcha etto'n ôl, nid yw ond fel y Lleuad. 1807 *MA* iii. 51, *O* geisiaw cais heddwch. Ar lafar, '*O* brynu tŷ, mae eisiau gofal', '*O*'i wneud e, mae eisiau 'i wneud e'n iawn'. Gw. hefyd y cfn. *o ddywedyd* (*y*) *gwir* isod.

19. Yn gwisgo, yn cario, â, gyda: *wearing, carrying, with*.

13g. *C* 95. 11, Oet guychir yn annuyd. *o* cletyw ac yscuid. *c.* 1300 *H* 55b. 30, Gwr osgeth *o* wisc borforun [Cynddelw i Owain Cyfeiliog]. 14g. *WM* 139. 20–2, A chyfodi yn gyflym aoruc peredur *oe* grys ae lawdwr. 14g. *YBH* 11a–b, gwell yw genyf tydi vnben *oth* vnbeis no bei kawn brenhin auei eidaw dec vrenhinaeth. *id.* 25b, onym key yn vorwyn *om* vn crys gyr vi ymdeith.

20. Ac yntau (hithau, &c.) yn (gyda be.): (*corresponding to English*) *while he* (*she, &c.*) *is* (*was, &c.*) (*with pres. part.*).

14g. *WML* 30, Or serheir y righyll *oe* eisted yn dadleu y brenhin. *c.* 1400 *MM* 60, edrychet arnei *oe* heisted ac *oe* seuyll. 16–17g. *BDG* 100, A llun 'y mun uwch 'y medd / I mi garu *o*'m gorwedd.

21. Sydd â, a chanddo (chanddi, &c.), ac iddo (iddi, &c.) (ansawdd, nodwedd, neu nod angen): *having, with, of* (*a quality, characteristic, or feature*).

13g. *HGK* 7, Robert Rudlan, barwn enwavc, dewr, *o* gedernyt. *id.* 23, un llong ar bymtheg *o* gyfareu hirion. 14g. *T* 34. 3, teir kenedyl gwythlawn *o* iawn teithi. 14g. *YBH* 58a, Peth . . . a gymery di *o* werth drossof i. *c.* 1550 *B* xi. 87, [c]ymrud y bobyl *o* serttain o oedrann. 1588 *Esec* xxvii. 7, Llîain main . . . *o* symmud-liw. 1620 *Dat* xvii. 3, [b]wystfil *o* liw ysgarlad. 1630 R. Llwyd: *LlH* 42, grâs enwedigol oddiwrth dduw mewn gwŷr *o* ddoniau rhagorol. 1675 R. Jones: *HCh* 31, Duw *o* anfeidrol fawrhydi. Ar lafar, 'dyn *o* dymar ansefydlog', 'pysgodyn *o* faint dyn' 'a fish of the size of a man', *WVBD* 401.

Amr.: **honaf (honawd, &c.).** *Dchr.* 14g. *H* 27b. 8, *honaf. id.* 84b. 22, *honawd.* 16–17g. *NBSF* 464, *honyn.* 1621 E. Prys: *Ps* 116, *honynt. id.* 35b, *honwynt.* 1630 R. Vaughan: *YDd* 212, *honof. c.* 1730 *Thos. Lloyd D* (LlGC) 150b, *honaw.* **odd¹** [?cf. *odd³*, *idd¹*]. 16g. Wiliam Llŷn: *Gw* (R. Stephens) 290, Ni ddaw lloer wen *odd* lle'r aeth. *id.* 335, Âi i fro Duw, *odd* fry y doeth. 1800 W. Owen[-Pughe]: *CP* 17, nis peidiwch byth *odd*ei gynnyddu yn ol eithaf gallu. 1803 *P*, *odd*, from, out of; by. **ohanaddynt, ohanaddwynt.** 1567 *TN* 1a, *o hanaddwynt. id.* 62a, *o hanaddynt.* **ohanaf (ohanof, ohanawd, &c.).** 13g. *A* 31. 12, *ohanav.* 13g. *BD* 8, *ohanavt* tytheu. *id.* 176, *ohanam. c.* 1300 *H* 73a. 39, *o hanawd* (Gwilym Ryfel). 14g. *WM* 3. 8, *o heni. c.* 1400 *RB* ii. 189, *o hanawch. c.* 1400 *YSG* i. 11, *ohanei.* 15g. *GP* 35, *ohanunt.* 15g. *FfBO* 32, *ohenei.* 1567 *TN* 139a, *o hanof* vy hunan. *id.* 149b, *o hanwynt.* 16g. Dafydd Benwyn: *Gw* 147, *ohanad. id.* 278, *ohanynn. id.* 505, *ohanynt.* 1595 H. Lewys: *PA* 84, *o hanom* ni. 1606 E. James: *Hom* i. 3, *o hano* ei hun. 1803 *P*, *ohan . . . ohanov . . . ohanot . . . ohani . . . ohano . . . ohanom . . . ohanoch . . . ohanynt.* **ohonaddunt.** 14g. (*LlDB*) LlGC 7006, 42. **onaddunt (onaddu(n'), onaddynt, &c.).** 13g. *HGK* 10, *onadunt.* 14g. *T* 74. 7, *Onadu.* 14g. *GDG* 130, *Onaddun'. c.* 1500 *CH* 258, *Oneiddun.* 1567 *TN* 71a, *o naddynt.* 1803 *P* d.g. *onaddu, onaddynt.* **onof (onot, &c.).** 15g. (*LlDB*) LlGC 7006, 201, *onam.* 1567 G. Robert: *GC* [v], *onof. id.* 9, *onoch. id.* 37, *onynt. p.* 1584 *id.* [94], *onom. id.* [95], *onofè.* 1595 M. Kyffin: *DFf* [72], *oni.* 16–17g. *BL Add* 14984, 265, *onyn. c.* 1730 *Thos. Lloyd D* (LlGC) 185a, *onof, Onot, Onaw, Onom, Onoch, Onynt.* 1803 *P* d.g. *onynt.* Gw. hefyd *mo.*

Cfn.: **o flaen (o'i flaen, o'n blaen(au), &c.):** (i) *before* (*of place, position*), *in front of, ahead of.* 13g. *LlI* 15, ef [canhwyllydd] a dele mynet a chanhvyll ganthav *o'e ulaen.* 14g. *WM* 1. 28–9, ef awelei carw *oulaen* yr erchwys arall. *id.* 431. 12, [y]r Jarll dwnn oed *oc eu blaen.* 1568 Morys Clynnog: *AG* [iii], *O flaen* y traethiad e gair y pynciau hynottaf. (ii) *before* (*of time*). 14g. *WML* 49, breint y brawt hynhaf yw kymryt datanhud cwbyl dros yvrodyr. a chyt delhont wy *oe vlaen* ef ny chaffant wy datanhud o gwbyl. 1551 W. Salesbury: *KLl* lxxxva, velly yr erlynysont ar y prophwyti *och blayn* chwi. 1567 *TN* 161a, *o vlaen* bot y byt. 1740 T. Evans: *DPO* 146, *o flaen* myned ynghylch unrhyw weithred bwysfawr. 1798 *WR*, *o flaen* y byd d.g. *antemundane.* (iii) *before* (*in choosing, stating preference, &c.*), *rather than, more than.* 1588 *Gen* xlviii. 20, efe a ossododd Ephraim *o flaen* Manasses. 1676 W. Jones: *GB* [iii], dewis nef *o flaen* uffern. 1751 *GIA* 53, A'r wraig a goeliodd y Cythraul *oflaen* [*sic*] Duw. (iv) *before, in comparison with.* 1751 *GIA* vi, Tywyllwch yw yr haul ei hun *o flaen* gogoniant y Mawrhydi hwnnw. **o flaen ei adeg (ei hadeg, &c.):** *ahead of one's time.* 1914. **o flaen dim:** *above all* (*things*), *more than anything else, most of all.* 1604–7 *TW* (*Pen* 228) d.g. *maximè.* 1632 *D* d.g. *præcipuè.* 1651 Siôn Treredyn: *MDD* 72, mae ein cyfammod . . . yn addo Christ a'i fendithion oll yn bennaf, ac *o fl[a]en dim.* **o flaen ei ddydd (ei dydd, &c.):** *ahead of one's time.* 1914. **o flaen y gwynt:** *before the wind.* 1836. **o flaen llaw:** *beforehand, in advance; formerly, previously.* 1595 *Egl Ph* 47, y peth sydd angenrhaid iw 'wybod *o flaen llaw.* *c.* 1600 (1681) *Rhyddiaith Gymraeg* ii. 171–2, Dymma fel yr ydoedd gwasanaethwyr Duw *o flaen llaw*, ac y mae Cristnogion da yr owran. 1703 T. Baddy: *PCh* 112, Ni ddarfu iddynt gan weddio gweddio, ond yn yscafn at Dduw *o flaen llaw* (*before hand*). **o flaen ei oes (ei hoes, &c.):** *ahead of one's time.* Ar lafar. **o'r blaen:** (i) *ahead, in front.* 13g. *LlI* 25, aet e da *o'r blaen*, ac ar ol e keynnyauc dywethaf aet ehun. 1346 *LlA* 114, gollwng y kennadeu *or blaen.* 1684 H. Owen: *DC* 355, heb ddim haeddiant ohonynt euhun yn myned *o'r blaen.* (ii) *formerly, previously, before, ago; in advance, beforehand; previous, former, earlier.* *c.* 1400 *B* ii. 9, Achaws eu bot yn buchedockau heb ymachub *or blaen.* heb lywodraeth iawn eithyr treulaw a distriw *or blaen.* mwy noc a tal eu hystent yn y vlwydyn. 1588 *Ecs* xxi. 36, os dangoswyd mai ŷch hwylioc ydoedd efe *o'r blaen*, ai berchennog heb ei gadw ef . . . bydded y marw eiddo ef. 1615 R. Smyth: *GB* 8, yr oesedd eraill a aethont *o 'r blaen.* 1751 *GIA* xvi, galarasent am eu holl bechodau *o'r blaen.* 1798 *WR* d.g. *before, before-hand.* Ar lafar, 'pythefnos *o'r blaen*', 'y tro *o'r blaen*', *WVBD* 40. Digwydd yn gyff. hefyd ar lafar ar ôl 'y dydd, y nos, yr wythnos, &c.' i gyfleu syniad amhendant am faint o amser sydd wedi mynd heibio, e.e. ''r wsnos *o'r blaen*', 'the other week', *ib.* **o cartref (gartref):** *away from home.* 1777 W. Williams: *DN* 37, sisial, a chleber gwragedd *o cartref* am eu gwŷr. *id.* 58, ei difa hi gartref, a'i ddifa yntau *o gartref.* **o ddim:** *at all, in any way.* *c.* 1300 *H* 5b. 11, Ry gwneuthum *o dim* o dryc weithred (Gwalchmai). 14g. *BT* (*RB*) 72, ot ymgyffredinei a'e nei *o dim.* 14g. *YBH* 52a, heb trugarhau wrthunt *o dim.* *c.* 1400 *RM* 166, ny bo llei *o dim* no deuwr o wyr y byt hwnn. **o ddywedyd (y) gwir:** *to tell the truth.* 1630 R. Llwyd: *LlH* 42, Ac *o ddywedyd gwir*, dymma vn o'r peiriannau rhyfel. 1699 T. Jones: *TP* 15, ac *o ddwedŷd* wrthŷt ti'r *gwir*, fe a ddichon dy gynnorthwŷo di. **1703** E. WYNNE: *BC* 27, ac o *ddywedyd y gwir*, ni choelia 'i na walliasei 'r fan yma finneu. **o gan:** *from*. **1800** W. OWEN[-PUGHE]: *CP* 3, [c]rynôi y crybwylliadau canlynol *o gan* yr ysgrifyddion goreu. Gw. hefyd *oddi—o. gan*. **ohono (ohano) ei hun(an) (ohonof fy hun(an), ohonynt eu hun(ain),** &c.): *of oneself, of one's own accord, of one's own volition, without the instigation or aid of another, for oneself, by oneself, alone*. **1567** *TN* 139a, Ny alla vi wneuthur dim *o hanof vy hunan*. **1606** E. JAMES: *Hom* i. 3, Duw mor ddaionus ydyw *o hano ei hun*. **1632** J. DAVIES: *LlR* 28, fel y gallo pob Christion farnu *o honaw ei hun*. **1676** W. JONES: *GB* 5, rhai yn wir aethant ymaith *o honynt eu hunain*. **1770** *W* d.g. *accord . . . of it's own accord, it . . . of it-self, mind . . . of one's own mind or accord*. **o hyn:** (i) *henceforward, henceforth, from now on, from this time on*. **14g.** *GDG* 169, Na bydd iddi hi *o hyn* / Nac wy, dioer, nac ederyn [i'r biogen]. *Dchr*. **15g.** *GM* 26, *O hyn* yn dragywyd vyth, ac yn oes oessoed. **1696** *CDD* 34, A gwellha fy muchedd *o hŷn* hŷd y diwedd. (ii) *on account of this, for this reason*. **15g.** *B* ii. 280, Gwynfydedig *o hyn* fyddy. **o hyn achos:** *for this reason*. **1655** WL: *DP* 190, *O-hyn-achos* y Cenhedloedd a ddywedant. *id*. 238–9, Mae Crist yn farnwr garw . . . *O-hyn-achos* y crynna y Sainctiau goreu. **o hyn allan** = **o. hyn** (i). *Diw*. **15g.** *Pen* 67, 26, a hwn a wellwell *o hynn a llan* [*sic*] (Hywel Dafi). **1588** *Salm* cxv. 18, nyni a fendithiwn yr Arglwydd *o hyn allan* yn dragywydd. **1773** *W* d.g. *forth . . . from this time forth*. Ar lafar, '*O hyn allan* bydda' i'n fwy gofalus'. **o hyn i maes** = **o hyn** (i). **1773** *W* d.g. *forth . . . from this time forth, from . . . from hence-forth*. **1782** D. WILLIAM: *GMS* 16, A bery byth *o hyn i ma's*. Ar lafar yn y ff. *o hyn mas*. **o'r hyn hwyaf:** *at the most*. **1618** J. SALISBURY: *EH* 147, nad ydiw dyn . . . arfer o fyw, ond i weled ei arwyrion [*sic*], neu *o'r hyn hwyaf*, ei orescennydd. **o'r hyn lleiaf**, gw. *o leiaf*. **o'r hyn mwyaf**, gw. *o'r mwyaf*. **o'r hyn pellaf:** *at the latest*. **1806. o hynny:** *from that, on that account*. **9g.** (*Ox* 1) *B* v. 241, isit petguared pard guor frit nimer *ho hinnoid*. **14g.** *WM* 56. 30–3, Ac *o hynny* y bu y meint goruot a uu y wyr ynys ykedyrn. Ny bu oruot *ohynny* eithyr diang seithwyr. **o hynny allan:** *from then on, thenceforward, afterwards*. **13g.** *HGK* 3. **1632** *D* d.g. *dein, exin*. **1722** *Llst* 189, hynny, *o Hynny allan*, then, thence, afterward. **o hynny i maes** = **o hynny allan.** **1735** S. THOMAS: *HP* 70. **1773** *W* d.g. *from . . . from thence-forth*. **o i ar:** *from, off*. **15g.** *LGC* 454. **1547** *WS*, discyn val ederyn o ehedic [*sic*] ne ddyn *o yar* varch, lyght. **1567** *TN* 47a. *Diw*. **16g.** *LBS* iv. 416. Gw. hefyd *oddi—o. ar*. **o i arnadd:** *above, beyond*. **15–16g.** *TA* 117, Doe'r ai â llu, ar fedr lladd, / I Gornwal ag *o iarnadd*. Gw. hefyd *oddi—o. arnodd*. **o isod:** *below*. **1551** W. SALESBURY: *KLl* lxxixa, ar pyrth *o isot* ny orchvygant arnei. **1592** S. D. RHYS: *Inst* 106. Gw. hefyd *oddi—o. isod, oddisod*. **o i wrth:** (*away*) *from*. **15g.** *FfBO* 56, eu bwrw *oywrthyf*. **15g.** *GGl*[2] 185, Ac nid af eb gennad un / I werthu cerdd *oi wrthun'* [diwyg.]. **1547** *WS*, *o ywrth*, fro, from. **1595** M. KYFFIN: *DFf* [51], [g]wahardd yr holl gyffredin-bobl *oywrth* Sacrament ei waed ef. Gw. hefyd *oddi—o. wrth*. **o law hyn:** *from now on, henceforth*. **14g.** *SC* viii/ix. 193, o bydy . . . glan dy uuched *o law hynn* diogel yw ytt caffel y gorffwys hwnn. *c.* **1400** *YCM*[2] 199, ny lywyo Hu Gadarn deyrnas *o law hynn*. *c.* **1475** *B* xiii. 176, Llymma *o law hynn* y treithir o Antkrist. **o law i law** [ynglŷn ag aceniad yr engh. gyntaf, gw. *WG* 62]: *from hand to hand*. **14g.** *GDG* 255, Hoff wyd, dilynwyd dy lun / *O-law-i-law*, loyw eilun. *c.* **1400** *CHDd* 124, a'e gymryt [mab] ohonaw erbyn y law deheu a'e rodi yn llaw yr eil gwr nessaf idaw, ac *o law y law* hyt y gwr diwethaf. **1547** *WS*, *o law i law*, from hande to hande. **1774** *W*, rhoi . . . *o law i law* d.g. *to hand a thing from one to another*. *id*. trosglwyddo . . . *o law i law* d.g. *to hand a thing down to posterity*. **1827** *AUA* 225, Ysgrifenais lythyr atad *o law i law*, fe allai na chefaist hwnw. Mae *O Law i Law* yn deitl nofel gan T. Rowland Hughes (1943). **o lawer (byd):** (i) *by far, by a great deal, much*. *Dchr*. **15g.** *IGE*[2] 199, Gwell *o lawer* no chlera / . . . / Dwyn Sais, a'i ddiharneisio (Llywelyn ab y Moel). **1567** *TN* 9b, ny's gwna vwy *o lawer* erochwi. *id*. 270a, llawenach *o lawer* mwy [:– *byt*] oeddem ni. **1632** J. DAVIES: *LlR* 464, yn anhaws *o lawer byd* i ni wneuthur hynny. **1759** T. THOMAS: *WWDd* 208, rhŷ fynych *o lawer*. **1776** *W*, yn fwy . . . *o lawer* d.g. *much more*. (ii) (*with the neg.*) *at all*. **1889. o (o'i,** &c.) **le:** *out of* (*its*) *place or order, wrong, inappropriate*. **1604–7** *TW* (*Pen* 228), bwrw *oi le* d.g. *remolior*. *c.* **1730** *Thos. Lloyd D* (LlGC) 186a, *o'i le*, out of his place. Ar lafar, ''Does dim *o('i) le* efo'r awgrym yna'. Gw. hefyd *allan* (At.)—*a. o le*. **o le i le:** *from place to place, from one place to another*. **15g.** *B* xiii. 179. **1632** *D* d.g. *translator, transmoueo, transporto*. **1771** *W*, dwyn *o le i le* d.g. *to carry from place to place*. **o'r lle (hwnnw):** *here and now, there and then, immediately*. **14g.** *WM* 49. 26–7, dechreu *or lle hwnnw* peri anuon kennadeu. *id*. 401. 34–6, a uo yma or a dylyo uod yn vr y ynywl gwrhaed itaw *or lle*. *c.* **1400** *YSG* i. 41, dywet ym *o'r lle*. **o leiaf, o'r (hyn) lleiaf:** (i) *at least, at any rate*. **15g.** *GDLl* 124, Pe cawsai *o'r hyn lleiaf* / Drigo'n ei hwyl drigain haf. *c.* **1585** G. ROBERT: *DC* 37a, *Or lleia* hyn sy ddigon diogel. **1707** *AB* 143c, *o leia, o'r lleiav, o'r hyn lleiaf* d.g. *saltem*. **1800** W. OWEN[-PUGHE]: *CP* 21, arfer ac iddi *o leiaf* rîth diofalwch. (ii) *in the least, in the smallest or slightest degree*. **1728** T. BADDY: *DDG* 146, heb amau *or lleia* pa beth y wnae [*sic*]. **o faes (maes) (i)** [Crn. C. *aves*, Llyd. Diw. *a-vaez*]: (i) *outside, on the outside of*; (*on the*) *outside, externally*. **14g.** *LlB* 43, O ymlad a wnelher y mywn mynwent . . . os *o vaes* yn y nodua. **1346** *LlA* 166, o vywn ac *o vaes* yr coet (*extra nemus*). *c.* **1400** *SC* viii/ix. 152, ae o atteb eu kytwybot y mywn, ae ual y dangosso eu gweithredoed *o vaes* (*exterius*). **1764** W. WILLIAMS: *Th* d.d., pa sawl ton, / O mewn *o maes* a redodd yn genllif tros fy mron. (ii) *outside* (*of time*). **14g.** *LlB* 73, *o vaes* i'r dydyeu hynny. (iii) *unless, except*. **1733** J. THOMAS: *CGGD* 24, nid oes ddim arall a ddichon esgusodi Dŷn . . . rhag rhoddi Ufudd-dod i Gyfreithiau . . . *o maes* o'i fod, meddaf, yn gallu dangos . . . fod Duw ei hun yn gofyn y gwrthwyneb ganddo. **o fôr i fôr:** *from sea to sea*. **1753** D. JONES: *SD* 123, Ei Deyrnas â *o for i for*. **1763** W. WILLIAMS: *FfW* 74, *O for i for* gylch cwmpas bŷd. **o'r (hyn) mwyaf, o fwyaf:** *at the most*. *Diw*. **16g.** *WLB* 44, o fewn .2. ddydd ne .3. *or hynn mwyaf*. **1620** *Ecclus* xviii. 9, Rhifedi dyddiau dŷn ydynt gan mhlynedd *o'r mwyaf*. **1771** *PDPh* 66, Y mae pint neu gwart *o fwyaf* ar unwaith yn ddigonol. **1776** *W*, *o fwyaf* d.g. *most, at most*. **o yma:** *from here, hence*. **1551** W. SALESBURY: *KLl* liib. **1803** *P* d.g. *oÿma*. Ar lafar, 'Cer *o 'ma*'. Gw. hefyd *oddi—o. yma, oddyma*. **o yma draw:** *from a distance*. **1740** T. EVANS: *DPO* 124, y Corgwn . . . a safant o hirbell, gan edrych *o yma draw*. Ar lafar, ''Fuas i ddim yn siarad efo fo, dim ond i weld o *o'ma draw* 'nas i', *B* xiv. 291. **o yna:** *from there, thence*. **1551** W. SALESBURY: *KLl* liib. **1803** *P* d.g. *oÿna*. Ar lafar, 'Dos *o 'na*'. Gw. hefyd *oddi—o. yna, oddyna*. **o yno:** *from there, thence*. **1551** W. SALESBURY: *KLl* [lvib]. **1803** *P* d.g. *oÿno*. Gw. hefyd *oddi—o. yno, oddyno*. **sydd (oedd,** &c.) **ohoni:** *present, contemporary* (*sometimes derog*.). **1595** M. KYFFIN: *DFf* [72], yr amser *sydd oni'*rowron [*sic*] (*his moribus et temporibus*), pan yw buchedd dynion a phob peth wedi llugru. **17g.** *LlGC* 5269, 522, ar y byd *sy o honi* nid yw fo wr.

Gw. hefyd a[4], hân[1].

o[2], O [cf. S. *O, oh*, Ffr. *ô, oh*, Llad. *ō(h)*; dichon fod yr enghrau. yn adran 2 (*b*) isod yn perthyn i *o*[1]] *ebd*. a hefyd gyda grym enwol.

1. (O fl. geiriau cyfarchol): *O* (*before vocative words*).

13g. *B* x. 27, *Or* argluydes waredoccaf wyry veir pa ham yd wyf adawedic. **14g.** *YBH* 56a, *O* bown heb ef. mawr yw dy glot. *c.* **1400** *R* 1359. 23–4, *o* veir pwy a beir ym beis. *c.* **1400** *RB* ii. 212, *O* dydi direitaf wr or dynyon. *c.* **1400** *YCM*[2] 3, *O'r* gwynuydedic Iago, os yn wir yd ymdangosseist ym, par ym y gaer honn. *id*. 157, A thydi y lledir y Sarassinyeit . . . *O'r* cledyf hawssaf ymdiret yndaw! *O'r* goreu! *O'r* llymaf o'r cledyfeu! **1588** 2 *Sam* i. 19, *Oh* ardderchawgrwydd Israel. **1588** *Salm* lxii. 5, *Oh* fy enaid ymlonydda yn Nuw. **1588** *Jer* xxi. 12, *O* tŷ Ddafydd. **1588** 1 *Esd* iii. 24, *Oh* hawŷr onid trechaf yw gwin. **1588** *Luc* xviii. 11, *ô* Dduw yr wyf yn diolch i ti nad ydwyf fel dynion eraill. **1588** *Gal* iii. 1, *Oh* y Galatiaid angall. **1661** E. LEWIS: *Drex* [xvii], Serch ddiffuant i'th Jechydwriaeth *O* ddarlleydd . . . am annogodd i i gyfieithu . . . y llyfr hwn. **1778** *W*, *O* Arglwydd d.g. *O* [*Adv. of calling*]. Digwydd 'Y 15 *O*' fel e. ar Bymtheg Gweddi San Ffraid, gw. *B* xvi. 256.

2. (*a*) (Yn dynodi dymuniad, syndod, edmygedd, ofn, digofaint, &c. (yn ôl goslef y llais)): *O!, oh!* (*expressing a wish, surprise, admiration, fear, anger, &c*.).

1567 *LlGG* (*Sall*) 19a, Na ddywetant yn ei calon, wi [:– *O*] ein enaid bydd lawen (**1588** *Salm* xxxv. 25, *ô* ein gwynfyd). **1588** *Esec* vi. 11, *ôh* rhac holl ffieidd-dra drygioni tŷ Israel. **1588** *Joel* 1. 18, *Oh* o'r griddfan y mae'r anifeiliaid. **1588** *Am* v. 16, ym mhob priffordd y dywedant, *oh, oh*. **1617** R. PRICHARD: *CE* [7], *O* tal dy ddegwm. **1618** J. SALISBURY: *EH* 29, *O*, nyd gŵir yw hynny. **1630** R. VAUGHAN: *YDd* 83, *O* fal y bydd dy ddealltwriaeth ar bigau dûr. **1632** J. DAVIES: *LlR* 130, *Oh* dedwydd . . . yw y rhai sy yn byw fel na bo rhaid iddynt ofni'r dydd hwnnw. **1658** *Examen* 25, *O* gan hynny rhag i ddialedd dy orddiwes. **1676** W. JONES: *PGG* 48, *Oh* leied o boen a gofal a gymerasom. **1688** S. HUGHES: *TSP* 318, *oh*! pa bin . . . sydd yn abl datgan, eu Gogoneddus Lawenydd hwynt. **1703** E. WYNNE: *BC* 8, gwelwn ryw Oleuni o hirbell yn torri allan, *oh* mor brydferth. *id*. 59, mi welwn aneirif *oh*! aneirif o gyscodion Dynion. **1706** *Nat Con* 14, *Oh* bydded . . . dy lan Ysprvd gyda mi. **1778** J. HUGHES: *BB* 66, *O* ceisiwn oll ymgadw, / Rhag pob gweithredoedd meirw.

(*b*) (enghrau. a ddilynir gan y fannod ac ansoddair: *exx. followed by the def. art. and an adj*.).

a. **1587** *Y* 199, Dyrys wyd (a Duw, *o'r* sûr!). **16–17g.** E. PRYS: *Gw* 269, Duw, *o'r* hardd wyt, ŵr hirddawn. *id*. 284, Duw gwyn *o'r* dig wy' innau. **17g.** *LlGC* 727, 253, Och wae ni fyth achwyn fv / *or* dwys yw soriad iessv. *c.* **1730** *Thos. Lloyd D* (LlGC) 183a, *O'r* cul yw llawer calon. Q. 125.

Amr.: **io.** **15g.** *GTP* 54, '*Io* ddyn, ai caniadu'dd wyd / I Dudur ai nad ydwyd?'. Cf. *oi—oi o*.

Cfn.: **O am:** *O for, O that I, &c., could, if only I, &c., could*. **1567** *LlGG* (*Sall*) 67b, *O am* gyfeirio vy ffyrdd, er mwyn cadw dy gynneddfae. **1588** *Job* xxxi. 35, *Oh am* vn a'm gwrandawe. **1764** W. WILLIAMS: *C* 7, *O Am* Nerth i dreulio'm Dyddiau, / Ynghynteddoedd Tŷ fy Nhâd. **18–19g.** *HAG* 90, 106, 110, 118, 140. **o bach:** *term of endearment used when stroking an animal; a pat or stroke*. Ar lafar yn y Gogledd, 'dywedir "*o bach*" wrth dynnu llaw dros ben ci, &c. Weithiau fe'i defnyddir yn gyfystyr ag "anwes" (Dyro "*o bach*" i'r hen gi druan)', *B* xiv. 193. **O diar (dier)!:** *oh dear!* **20g.** Ar lafar. **(bod yn) o how gan:** (*to be*) *very sorry or sad*. **1755** *Gron* 312, 'Roedd [telyn] yn dra hoff ganddo o'r blaen, ond weithion, *mae yn o how gantho* ei gweled. Ar lafar ym Môn, '"*mi fasa'n o how gin* 'i fam 'i weld o", h.y. yn chwith garw ganddi', *ISF* 58. **O na(d):** *O that, would that, if only*. **1588** *Nu* xx. 3, *ô na* buasem feirw. Gw. hefyd *na*[1], adran (*f*).

Am *o'r annwyl*, gw. annwyl.
Gw. hefyd ho[1], how[1], oi.

o[3], od[2] [?*o*[1] fel cys.; cf. Crn. C. *a* 'pe', H. Wydd. *ó* 'pan, oddi ar'; digwydd *od* o flaen llaf. (cf. *hud*[2], *nad*[1,2], *neud, nid*[1,2], *ped*[1], ?ac *yd*[1]) a hefyd yn y cfn. *od gwn*; ansicr yw rhai o'r enghrau. fel gn.] *cys*. yn cyflwyno cym. amod, a'i ddilyn yn aml gan y tr. llaes (gw. *Treigladau* 374–5); a hefyd fel *gn. gof*.

(*a*) Os (o flaen bf. yn y modd myn.): *if* (*before a vb. in the indicative mood*).

13g. *C* 70. 8, Otreinc mab din heb imdiwin a duv. **13g.** *Études* v. 95, Llyv kemeys *oth* godeys yth gvyn (Cynddelw). *c.* **1300** *H* 102a. 18, *O* chygein hael ut hwyl ym ynni (Llywarch ap Llywelyn). *c.* **1300** *B* ii. 33, rac dyuot drwc oc eu dywedut neu gewilyd. Kanys *os* dywedy ereill ath gappla. **14g.** *WM* 188. 21–9, *o* deuy ti ac *o* deuy di byth y rufein . . . *ot* af inheu y rufein ac *ot* af. *c.* **1400** *R* 1226. 22–3, *o*thrigyy vy rwyf mywn rwyl gaeat. *id*. 1259. 40–1, riuo dy wledeu ryued *o* gellir. *c.* **1400** *Études* viii. 82, *o* tyf yr heint o'r sanguis. *c.* **1400** *YSG* i. 158–9, Ac *ot* ewch y lys yr amerawdyr Arthur, annerchwch ef y gennyf i . . . a Lawnslot vyn tat, *os* gwelwch. **15g.** *KAA* 23, na wnn pa le yd av *om* gyrry. **1547** *WS*, *od* . . . yf. **16g.** *WLl* 250, *O* cedwaist yn wr cadarn / Cefn y fainc mewn cyfion farn. **1592** S. D. RHYS: *Inst* [xvi], *o* damchwain cáel ynn y llyfr yma betheu yn nghamm. **1603** W. MIDLETON: *Ps* 80, Ni throdd oe hol deddfol don / Ni *on* koeliwch na 'n kalon. *a.* **1791** W. WILLIAMS: *GP* 546, *od* oes dim o tan y nef. **1800** W. OWEN[-PUGHE]: *CP* 28, *o* bydd yr hîn yn dymherus. **1803** *P* d.g. *o, conj*.

(*b*) (enghrau. o flaen bf. yn y modd dib.: *exx. before a vb. in the subj. mood*).

9g. (*Ox* 1) *B* v. 234, *hou* bein atar ha beinn cihunn. *id*. 246, *hou* boit cihitun ceng ir esceir is moi hinnoid. **14g.** *WM* 103. 33–5, goualu am dy angheu di *ot* elut yn gynt no miui. **14g.** *YBH* 6b, athygu *o* chrettei y vahom na ellit y wahanu y wrthaw. *id*. 25b, athitheu yd vyt seith mlyned . . . gyt ac iuor dy wr ac *o* beut vorwyn yr hyt honno ryuedawt mawr yw. *c.* **1400** *R* 1049. 41, Gweith cors uochno. *o*diangho (*Cy* vii. 126, a diagho). bydawt detwyd. *id*. 1279. 10–11, Morgat wrth reit y bop eneit *o* bei boeneu. *id*. 1293. 30–2, arglwyd a wnaei diuei dut. *o* bei aneird beird y byt. *c.* **1400** *MM* 90, *Ot* [e]ll sarff yg geneu dyn. **1632** J. DAVIES: *LlR* 37, esamplau . . . a allai beri i ddyn ryfeddu a dychrynu ac ofni (*o* bai nac ofn na dychryn yn ei galon ef).

Fel *gn. gof*. A (yn cyflwyno cwestiwn anuniongyrchol): *if* (*introducing an indirect question*), *whether*.

14g. *GDG* 345, Dywed di, fardd diwyd da, / Er Duw ym, *o* doi yma. *c.* **1400** (*SG*) *HMSS* i. 210, nyt reit govyn na ryuedu *ot* oedynt lawen y nos honno. neu *ot* yttoedynt yn anrydedu gwalchmei. *Dchr*. **15g.** *B* vii. 374, gouynnet yr offeiryat *or* bu brofedigaeth arnaw. *id.* 377, Ny dylyir govyn namyn o bell *os* gwnaeth.

Amr.: **a**[8], **ad.** **1567** *TN* 104a, Ac *a'd* yw vi [*sic*] (**1588** *Luc* xi. 19, Os trwy Beelzebub yr wyfi) yn bwrw allan gythraulieit trwy Ueelzebub. *id.* 111b, eithyr *a* (**1588** *Luc* xiv. 34, o) diflasa'r halen. **or** [*o*[3] + -*r*, ff. ar *rhy*[2]; ni cheir tr. ar ei ôl]. **13g.** *C* 53. 3–4, Ac *or* diaghune. ny chuinune in lluted. **13g.** *Brut B* 6, rac ovyn gorvot arnadvnt rody e ty *or* na ellynt y kynnal. **14g.** *LlB* 12, *Or* ymlad deuwr. **1346** *LlA* 29, *or* (*si*) gwnant da. wynt agaffant dal amdanaw. **14g.** *WM* 458. 10–11, *or* bu (*RM* 104, Os) ar dy gam y dyuuost y mywn. **14g.** *GDG* 319, Da y gweddai 'medwendai mwyn, / *Or* delai'r edn i'r deilwyn. *Dchr.* **15g.** *B* vii. 371, *or* bei glaf. neu *or* bei yn mynet. **16g.** *THSC* (1923–4) (At.) 25, *or* mynnwch chwi brofi hynny. **1688** S. HUGHES: *TSP* 184, *o'r* doedd [:– Os ydoedd] gan neb ddim i ddywedyd. *id.* 204, Ac *o r* [:– Os] bydd Tymmer y bobl yn gofyn iddo newid rhai o'i Wyddorion. **1753** *TR*, *or*, the same as Os, if.

Cfn.: **od gwn:** *indeed, truly, assuredly, surely.* **14g.** *WM* 12. 4–8, Ar arglwydiaeth a gaussam ninheu y ulwydyn honno nys attygy y gennym *otgwnn.* **14g.** *GDG* 135, 245, 362. **15g.** *GDLl* 118. Gw. hefyd *os*[3]—*o. gwn.*

Gw. hefyd oni[1], onid[2], os[2], os[3].

o[4] [amr. ar *fo* (gw. *efô*) wedi colli *f*-, cf. *i*[1], amr. ar *fi*] *rh. prs.* annib. syml a dib. ôl ategol (3 prs. un. g.). Ef: *he, him, it.*

1689 E. MORUS: *RC* 15, yr un rheswm . . . a'u cadwai hwynt oddiwrth fedydd, pe bae *o* etto i'w wneuthur. **18g.** *W Ballads* 8, 8, O eisiau i gael *o'n* lan i galon. **18g.** *W Ballads* 167, [2], Yr oedd *o* yn ffermwr mawr arianog. **1753** *TR*, *o*, pronoun for Efo; as, *O* ddywedodd wrthyf. **1777** H. JONES: *M* 42, O's cawsom nerth ac jechyd yn ein bywyd, treuliwn *o* yngwasanaeth y goruchaf Dduw. **1778** J. HUGHES: *BB* 88, Fe i gelwir *o* yn y sgrythyr, / Cyhuddwr bradwr brodur. *id.* 90, Fe gwympodd *o* [Adda] a ninnau. *id.* 170, A gaffo ei gyflwr fellu ei waith *o* wedi hynny yw i wadu ei hunan. *id.* 262, Wrth hyn: Nid rhyfedd . . . / Ei fod *o'n* wasgwr caled ddeliwr. **1800** W. OWEN[-PUGHE]: *CP* 9, Os tanir *o* [calch] gynted ag y gwnelir ei yslacio. *id.* 126, mae *o* [caws] eisoes wedi cael cymmaint o ddwysdra. **1803** *P* d.g. *o*, *pron.* Ar lafar yn y Gogledd, 'Mi welodd *o*', 'Mi gwelis i *o*', ''i dad *o*', *WVBD* 402–3.

o[5] [< **ddo* < Clt. **dō* (cf. *di*[1]); ni ddigwydd ond mewn cfn. â rh. prs.] *ardd.* I: *to.*

13g. *C* 40. 2–3, Duu a dyfu. *oe* garcharu gan vuildaud. *id.* 89. 9, nid a kedwir *oe* neges. *c.* **1300** *H* 100a. 17, y eur rut *yn* rot *oe* geinyad (Llywarch ap Llywelyn). **14g.** *WM* 192. 34–5, ystyr y neges y dothoed *oe* cheissaw. **14g.** *Cy* vii. 125, nyt ymdiret neb *oe* gilid. **14g.** *GDG* 91, A bun atebodd *oe* bardd. *c.* **1400** *YCM*[2] 48, Hwnnw a gynneil Ffreinc yn ryd dagneuedus idaw ac *o'e* etiued. **15g.** *BSK* 32, ny chredei *oe* duw ef. **1551** W. SALESBURY: *KLl* lxviib, A chan nad oedd canto ddim *oeu* taly. **1567** G. ROBERT: *GC* 13, [p]ump peth pyrthynassol i lythyren *oi* draethu. *p.* **1584** *id.* [131], Yn sir garnarfon ni sylf [*sic*] y rhaghenw, ond, i, yr arddodiad, a dry yn, *o*, mal: e ddymchwelodd *oi* wlad, redijt in suam patriam. **16–17g.** *Cer RC* 168, Yno y gwaeddodd mam Iesu / Ar gael rhyw ferch *o'i* helpu. **1612** *LlP* [5], [p]etheu nodedic cymwys i bawb *ou* gwybod ac anghenrhaid i lawer *o'u* cofio. **1632** J. DAVIES: *LlR* 299, fel y mae cystudd yn dwyn y goleuni yma i ni i weled ein diffygion, felly y mae yn helpio *o'i* tynnu hwy ymaith ac *o'i* hiacháu.

Amr.: **og**[3] [cf. *og*[2] (gw. *o*[1])]. **14g.** *RC* xxxiii. 208, yn anvon annerch . . . *oc* eu karediccaf vraut. wy. *c.* **1400** *RB* ii. 286–7, ach rodi . . . yn llaw y brenhin *oc* awch carcharu neu *oc* awch llad (*BT* (*RB*) 66, y'wch carcharu neu y'wch llad). neu ych dihenydyaw. *c.* **1400** *YCM*[2] 131, deuth . . . *oc* eu hanuon [gwystlon] y Chyarlys. *Dchr.* **15g.** *B* vii. 377, kyfyt yr holl dynyon . . . *oc* eu barnu. **wy**[3] [cfn. â'r rh. prs. 3 prs. un. a ll., sef amr. ar y ff. Gym. C. *oe*; cf. *mwy* / *moe*, *oeth*[2] / *wyth*]. *c.* **1300** *H* 4b. 14, hi yn wam *wythad* (Gwalchmai). *id.* 81a. 3, Rwyf radeu bieu beirt *wy* voli (Gwynfardd Brycheiniog). **1803** *P*, *wy*, pronom. prep. . . . to the third person.

o[6], gw. go[1].

-o[1], **-io** [Cym. C. -(*y*)*aw* (*damunaw, diffygyaw*), Crn. C. -*e* (*guyske*), Llyd. C. -*aff* (*guisquaff*), Llyd. Diw. -*a*(*ñ*) (*gwiska*(*ñ*)): < Brth. **ā-m-*] *oldd. be.*, e.e. *blino, curo, euro, bwydo, gweithio.*

-o[2] [Cym. C. -(*h*)*o*, Crn. C. a Llyd. C. -*o*] *trf. bfl.* 3 prs. un. pres. dib., e.e. *caro, maco, bo.*

-o[3] [< -*aw* (Cym. C. *iddaw*) < -*awdd* (H. Gym. *itaut*)] *trf. prs. ardd. rhed.* 3 prs. un. g., e.e. *arno, ohono, wrtho.*

oasis [bnth. S. *oasis*] *eg.* Llecyn glas mewn diffeithwch, gwerddon, hefyd yn *ffig.*: *oasis, also fig.*

1930.

obadeia, obadïa [yr e. prs. *Obadeia* fel e.c., o dan ddyl. S. *idea*] *e?g.* Syniad, amcan: *idea.*

Ar lafar yn y Gogledd yn yr ymad. ''Does gen i ddim *obadeia* (*obadïa*)'.

obain, gw. ubaf: ubain.

obediens [bnth. S. C. *obedience*, neu'n uniongyrchol o'r H. Ffr.] *e?g.* Ufudddod: *obedience.*

Dchr. **15g.** *B* vii. 376, ffrwyth eu reol . . . am *obediens* ac am briodolder. ac am diweirdeb. **1567** *Rhyddiaith Gymraeg* ii. 24, rhyddhau pawb oddi wrth *obediens* i[dd]i [y frenhines Elisabeth] dan boen yscymundod.

obediw, gw. ebediw.

obelisg [bnth. S. *obelisk*] *eg.* ll. -(*i*)*au.* Piler o faen sgwâr neu hirsgwar ar ei draws sy'n meinhau tua phen pyramidaidd: *obelisk.*

1926.

ober, oberaf: oberu, gw. gober, goberaf: goberu.

obeutu [*o*[1] + *peutu*; ?dan ddyl. S. *about*] *ardd.* a ddilynir weithiau gan y tr. ml., a hefyd fel *adf.* O boptu; tua; ar fin, bron â; am, ynglŷn â, ynghylch; o gwmpas, o amgylch: *on both sides; about, approximately; nearly, almost; about, concerning; around, about.*

1800 W. OWEN[-PUGHE]: *CP* 19, *o beutu* deg a deugain certaid o dail. **1803** *P*, peutu . . . *O beutu* yr avon, on each side of the river. Ar lafar yng Nghered. a'r De mewn nifer o ff. megis *obithdu, obothdu, obythdu, oboutu, ymboutu,* (*o*)*butu, bwtu, bytu*; '*obutu* filltir', 'cerdded *oboutu*', 'Ma'r bwyd *bytu* bod yn barod'.

oblaid, gw. plaid—o b.

oblegid [*o*[1] + *plegid*; ansicr yw'r engh. gyntaf fel cys. isod] *ardd.* a hefyd fel *cys.*

(*a*) Oherwydd, o achos; ar ochr, o du, ar ran; o ochr (tad, mam, &c.); ar gyfer, er mwyn: *because of, on account of; on the side of, on behalf of; on* (*one's father's, mother's, &c.*) *side; for, for the sake of.*

14g. *BT* (*RB*) 224, y gwr yd oed gadwryaeth y kestyll gantaw *oblegyt* y brenhin. *c.* **1400** *YSG* i. 77, A chwbyl o'r rei a oedynt a'r arueu duon ymdanunt a oedynt *oblegyt* y kastell; a'r rei a'r arueu gwynnyon a oedynt *oblegyt* y fforest. *c.* **1400** (*SG*) *HMSS* i. 276–7, Brenhin y castell marw . . . aovynnawd idaw *oblegyt* pwy yr oed ef yn dwyn yr arueu hynny. *Oblegyt* vyntat heb y paredur. *id.* 347, yr awr y roet y gorff yndi. ef aathpwyt ac ef ymeith. ni wnn i ae *oblegyt* duw. ae *oblegyt* diawl. **15g.** *FfBO* 37, Ewch odymma *o blegyt* Duw (*cum gratia Dei*). *id.* 48, ar bob pont y mae keitweit yn gwarchadw *o blegyt* yr Amherawdyr Kan (*pro magno Cane*). **15g.** *KAA* 23, Raphael angel . . . *o blegyt* duw, a doeth attav. **15g.** *BB* 121, Taw di hep y neill mab wrth y llall . . . canys bonhedic wyffi; *o blegyt* mam athat. Athitheu nyt oes ytt vn tat. **1632** *D*, *o blegid* hynny d.g. *propterea.*

(*b*) (enghrau. o flaen be. neu gymal berfenwol: *exx. before a vn.* (*clause*)).

c. **1400** *YSG* i. 102, *oblegyt* eu bot yn wraged bonhedigyon. *id.* 122, Ac *oblegyt* y vot yn wynn, hynny a arwydockaei vot a'y dugassei yno, yn wyry pan yrrasit o Baradwys. *c.* **1400** (*SG*) *HMSS* i. 240, [b]renhin . . . aberis berwi y mab ae roi y vrenhinyaeth oe vwyta . . . Ac *oblegyt* mynnu bot pawb yn un vedwl ac ynteu y goruc ef uelly. **1588** 2 *Sam* ii. 6, minne hefyd a dalaf i chwi am y daioni hwn, *o blegit* i chwi wneuthur y peth hyn. **1595** *Egl Ph* 9, Mynych iawn yr arferir y droell hon [trawsenw'r achosedig] yn ganmoladwy; *o blegyd* ei bod yn nerthau'r araith yn rymmys. **1595** M. KYFFIN: *DFf* [58], megis *oblegid* darfod i'r ddau ymma anghytuno yn rhyw beth, am hynny y dylem-[n]i goelio eu bod nhwy'll dau mewn amryfusedd. *id.* [70], *oblegid* ddarfod i'r Ioannes hwnnw dderbyn Efengyl Iesu Grist. **1620** *Luc* ix. 53, Ac ni's derbyniasant hwy ef, *oblegid* fôd ei wyneb ef yn tueddu tu a Ierusalem. **1620** 2 *Cor* xi. 7, A wneuthym i fai wrth fy ngostwng fy hun, fel y derchefid chwi; *oblegid* pregethu o honof i chwi Efengyl Dduw yn rhâd? **1691** *ESGG* 16, *Oblegid* i Dduw . . . eich ethol chwi i jechydwriaeth.

(*c*) Ynghylch, ynglŷn â, ym mater, am: *concerning, with respect to, in the matter of, about.*

14–15g. *IGE*[2] 170, Rhaid yn sôn, cerddorion cain, / *Oblegid* awen blygain (Rhys Goch Eryri). *c.* **1400** *YCM*[2] 38, o deruyd damweinyeu ny aller eu teruynu, ae *oblegyt* byt, ae *oblegyt* Eglwys. *c.* **1400** (*SG*) *HMSS* i. 385, Megys y bydei arthur diwarnawt yn bwyta ae vilwyr o bopparth idaw. ac yn tybyeit kael llonydwch *oblegyt* ryuel. **1552** *Rhyddiaith Gymraeg* i. 52, mi a draethaf etto beth *o blegit* aroglev. **1606** E. JAMES: *Hom* ii. 237, Y drydedd ran o'r bregeth *o blegid* (*concerning*) gweddi. **1651** SIÔN TREREDYN: *MDD* 196, ni a ddylem . . . feddwl a dywedyd yn barchedig *oblegid* y gyfraith. *id.* 197, y mae Musculus yn scrifennu *oblegid* y dec gorchymmyn. **1718 (1721)** S. THOMAS: *HB* 7, fe fydd i'm ddywedyd ŷchydig *o blegyd* y Bydoedd o blanedau. **1735** S. THOMAS: *HP* 13, *O blegid* Pelagius, ei Enw, Gwlad ei Enedigaeth, ei Radd a'i Broffes. **1740** T. EVANS: *DPO* 78, Nid oes . . . ddim Hanes neillduol *oblegid* pa Ddrygau a wnaeth y Brithwyr. **1743** J. JONES: *LlAW* vi, Nid rhaid i chwi mo'ch rhwymo eich hun wrth unrhyw drefn osodedig *oblegid* geiriau yn y fath ymbiliau. **1800** W. OWEN[-PUGHE]: *CP* 35, Buais yn dra manwl *oblegyd* y pwnc yma. Ar lafar ym Morg.

Fel *cys.* Oherwydd, o achos, gan, canys: *because, since, for.*

c. **1300** *H* 51b. 11, *O blegyt* beirt byd bieuuytei [marwnad Cadwallon ap Madog gan Gynddelw]. *c.* **1400** *YSG* i. 93, hi a ovynnawd ae *oblegyt* na ranghei vod idaw eu bwyt hwy nas kymerei. **1545** *CM* 1, 134, bydd y konsdelassiwn ynn wresog ac yn sych *oblegid* nall y lleuad oi dav annian seuyll ynnerbyn iiii Annian. **1568** MORYS CLYNNOG: *AG* 3, *oblygid* pan ail enir ni, mae croes yr arglwydd yn bressenol. **1588** *Gen* vi. 3, nid ymrysona fy ysbryd i a dŷn yn dragywydd, *oblegit* mai cnawd yw efe. **1588** *Salm* cii. 13–14, Ti a gyfodi, ac a drugarhei wrth Sion . . . *O blegit* y mae dy weision yn hoffi ei meini. **1588** *Math* i. 21, a thi a elwi ei enw ef Iesu: *o blegid* efe a achub ei bobl. **1588** *Act* ii. 34, *O blegit* ni dderchafodd Dafydd i'r nefoedd. **1691** *ESGG* 23, Canys nid oes arnaf gywilydd o Efengyl Christ, *oblegit* gallu Duw yw hi er jechydwriaeth i bob un. **1703** E. WYNNE: *BC* 6, Sefais ennyd ar fy nghyfyng gyngor . . . *oblegid* ofnais . . . mai haid oeddynt o Sipsiwn. *id.* 37, [p]e collwn i'r cwbl . . . pa'r golled yw? *O blegid* be' sy yn y Byd mor ddymunol, oni ddymunei ddyn dwyll a thrais, a thrueni. *id.* 144, ychydig a dalei Falchder heb Anlladrwydd, *oblegid* Bastardiaid yw'r deiliaid amla a ffyrnicca a fedd fy Merch Balchder yn y byd.

Gw. hefyd plegid—o'i b.

obligasiwn, obligasion [bnth. S. C. *obligacio*(*u*)*n*, neu'n uniongyrchol o'r H. Ffr.; tebyg mai org. S. a welir yn ff. *TW* (*Pen* 228)] *e?g.* ll. -*au.* Rhwymedigaeth (hefyd *Cyfr.*): *obligation* (*also in law*).

15g. *AL* ii. 422, Tri goresgyn yssyd ni dylir kaffel mwynant o honynt . . . goresgyn y bo ymrwym aphoen arnaw er hyd y bo yndo megis *obligassion* neu esgrifen arall. **15–16g.** *GLM* 91, ac ni ddyfod tafod hwn / blyg is nog *obligasiwn* [marwnad Ieuan ap Llywelyn]. **16g.** (*LlEG*) *Mos* 158, 80a, gwnneuth[ur] *obleigassiwne* [*sic*] ac Enddenturie hryngtheuntt twy ar brenin. *id.* 380b, i gyulowni i vargen ai *obligassiwn.* **16g.** *Hop M* 208, *obligasiwn* abl gwiwsad / yw dair o lwg da ir wlad. **1604–7** *TW* (*Pen* 228), quitans *obligation* ne rwymedigaeth a wneler ar dafawd d.g. *acceptilatio.* *id.* *obligationæ* d.g. *tabulæ.*

Amr.: **bligasiwn** [drwy golli'r llaf. gyntaf; engh. arall bosibl yw *blygaswn*, LLAWDDEN, &c.: *Gw* 203]. **16–17g.** *GST* i. 614, Ni sôn am ffydd na synnwyr, / Sôn am *blygasiwn* a ŵyr [i'r usuriwr]. **1672** R. PRICHARD: *Gw* 54, Christ y gwnnodd ein *Bligassiwn.* *id.* 370, Rhwyga 'n *bligassiwn* [:– Rhwym], a doro i ni bardwn.

oblong [bnth. S. *oblong*] *eg.* ll. -*au*, a hefyd fel *a.* (Ffigur neu wrthrych sy'n) hirsgwar: *oblong* (*n. and adj.*).

1925.

oblygiad, gw. goblygiad.

obo[1] [bnth. S. *oboe*] *eg.* ll. -*i*, -(*e*)*au.* *Crdd.* Chwythbren corsen-ddwbl trebl: *oboe.*

1938.

Amr.: **oboi** [cf. S. *hautboy*]. **1863.**

obo[2], *ebd.* Ebychiad i yrru ci, &c., i ffwrdd, hefyd i fynegi syndod, &c.: *exclamation used to drive a dog, &c., away, also to express surprise, &c.*

Ar lafar yn sir Benf., '*Obo*'r ci!' 'Get away dog!', '*Obo*'r dyn wr!' 'What is the matter with the man!', *GDD* 209.

ob-ob [gair yn dynwared sŵn; ?cf. *hwbwb*, *hobob*] *ebd.* O! o!: *oh! oh!*

1603 W. MIDLETON: *Ps* 142, Enynnodd fflamiodd yn fflwch, / Yn Jacob *ôb-ôb* ebwch. **1672** R. PRICHARD: *Gw* 269, Bydd ddioddefgar megis Job, / Trech yn glâf, na lef *ôb ôb*. *c.* **1730** *Thos. Lloyd D* (LlGC) 180b, *ôb ôb* . . . Dolentis vox.

Gw. hefyd wb.

oboi, gw. obo[1].

obry [*o*[1] + *bry*, ff. draws ar *bre*, cf. *fry*] *adf.* a hefyd fel *eg.* ll. *-on.* Isod, oddi tanodd, islaw; i lawr, i waered: *down below, underneath, beneath; down(wards).*

14g. *WM* 441. 14–16, dos heb ef at yr unbennes yssyd yna *obry*. **14g.** *YBH* 4b, cadw vy wyn i yny weirglawd *obry*. **15g.** *IGE*[2] 254, Ai lle bo'r frawd i'r llwybr fry, / Ai i'r llwybr arall *obry* (Siôn Cent). **15g.** *GGl*[2] 76, Barwn ar y nasiwn wyd, / A brawdwr *obry* ydwyd. **1547** *WS*, *obry*, benethe. **1567** *TN* 137b, dyred i wared [:– *obry*] cyn marw vy map. *Diw.* **16g.** *B* viii. 206, eiste *obry* islaw'r cyntedd. **1588** *Diar* xv. 24, Ffordd y bywyd sydd frŷ i'r synhwyrol, i ochel vffern *obrŷ*. **1632** *D*, *obry*, infra, inferius. **1701** E. WYNNE: *RBS* 57, Wedi'r ehetto dy Enaid frŷ, ac edrych i wared *obrŷ* ar bleserau bydol. **18g.** E. T. RHYS: *DA* 129, Fe roed . . . Ei gorff i'w gladdu / Mewn daear *obry*. **1785** D. LLWYD: *GP* 5, Mae holl nattur faith o bobtu, / Llu'r ffurfafen, adar wybren, a dae[r] *obry* / Yn eilio mawl o foesawl fiwsig. **1790** T. JONES: *TOS* 38, Buaswn heddyw yn y fflammeu *obry*, pe cawswn fy ffordd fy hun. **1803** *P.* Ar lafar yng nghanolbarth a godre Cered.

Fel *e.* Lle neu bwynt isaf, nadir: *lowest place or point, nadir.*

1814.

obseddu, gw. oseddu.

obserfasiwn [bnth. S. *observation*] *e?g.* Y weithred o sylwi, sylw: *observation.*

1700 D. MAURICE: *AC* 73, bod i chwi wneuthur *Obserfasiwn* arnoch eich hunain. **1763** *DT* 152, Fel y caffo heno hwn [morwr], / Fesur ei *Observasiwn*.

obsesif [bnth. S. *obsessive*] *a.* Ac iddo obsesiwn, wedi ei nodweddu gan ymddygiad obsesiynol: *obsessive.*

20g.

obsesiwn [bnth. S. *obsession*] *eg.* ll. *obsesiynau.* Syniad, teimlad, &c., sy'n llanw'r meddwl a'i feichio'n barhaus; *Meddyg.* (gweithred sy'n codi o) syniad neu gymhelliad sy'n ymwthio'n barhaus i'r ymwybod, yn enw. un sydd ynghlwm wrth bryder neu afiechyd meddwl; cyflwr meddyliol a nodweddir gan hyn: *obsession (also in med.).*

20g.

obsesiynol [*obsesiwn* + *-ol*] *a.* Yn perthyn i obsesiwn, o natur obsesiwn, wedi ei achosi gan obsesiwn, wedi ei nodweddu gan obsesiwn: *obsessional.*

20g.

obsgiwrantaidd, obsgwrantaidd [cfdds. o'r S. *obscurant(ist)* + *-aidd*] *a.* Yn gwrthwynebu diwygiad neu gynnydd mewn gwybodaeth: *obscurantist (adj.).*

1933.

obsgiwrantiaeth, obsgwrantiaeth [cfdds. o'r S. *obscurant(ism)* + *-iaeth*] *eb.g.* Gwrthwynebiad i ddiwygiad neu gynnydd mewn gwybodaeth: *obscurantism.*

1911.

obstetreg [cfdds. o'r S. *obstetr(ics)* + *-eg*[1]] *eb.* *Meddyg.* Cangen o feddygaeth sy'n ymwneud â phob agwedd ar enedigaeth, hefyd yn *ffig.*: *obstetrics, also fig.*

20g.

obstetregydd [*obstetreg* + *-ydd*[3]] *eg.* ll. *obstetregwyr.* *Meddyg.* Arbenigwr mewn obstetreg: *obstetrician.*

20g.

ocar, gw. ocr[2].

ocasion [?ymgais i gyfieithu'r S. *accusation* dan ddyl. Llad. *occāsiō*] *e?g.* Cyhuddiad: *accusation.*

1567 *LlGG* [xi], y gymeryd *occasioneu* (*accusations*) ac informationeu am oll a' phop petheu y goffawyt ucho . . . a' phoeni [:– chospi] yr unryw can rybudd, escommundot . . . ac eraill censurae.

ocasiwn [bnth. S. *occasion*] *e?g.* Achlysur: *occasion.*

1670 J. HUGHES: *AP* 83, hola pa hyd y parheaist yn y pechod hwnnw: ac os cwympaist iddo ar bob arfod neu *occasiwn*.

oced [bnth. S. *awkward*] *a.* Lletchwith: *awkward.*

Ar lafar yn siroedd Brych., Cered., a Chaerf., *Cy* vi. 119.

ocident [bnth. H. Ffr. *oc(c)ident* neu Lad. *occident(em)*; ansicr yw grym seinegol y *-cc-*] *e?g.* Gorllewin: *occident, west.*

14g. *Cylchg LlGC* vi. 174, Eua a dechreavd kerdet parth a *occident* yn trist doluryus. *c.* **1400** (*SG*) *HMSS* i. 380, ac osit y vrenhin magdalans allu mawr y ryuelu arnat ti tu ar *occident*.

Ocitaneg, gw. Ocsitaneg.

oco, gw. acw.

†**ocoluin**, gw. agalen.

ocopïaf: ocopïo, gw. ocupeiaf: ocupeio.

ocr[1] [bnth. S. C. *oker* 'usury'] *eg.* ll. *-au.* Usuriaeth, ocraeth; llog (ar arian); hefyd yn *ffig.*: *usury; interest (on money); also fig.*

1346 *LlA* 40, porthmyn . . . odwyll. Ac annudonev. ac vsur. Ac *ockyr* (*lucris*) ykeissynt pob peth hayach oe kynnull. **14g.** *GDG* 242, Llary bryd, hi yw lloer ei bro, / Lluniaeth *ocr*, lle ni thycio. *c.* **1400** *YCM*[2] 131, Gwenwlyd . . . a'e diolches yn vawr y'r vrenhines, ac adaw . . . yd attebei ynteu o'e hanryded hi ac o'e rodyon gan ragor *okyr*. **15g.** *IGE*[2] 293, Ni chais cybydd ddydd o'i dda / Onid *ocr* neu edwica (Siôn Cent). **15g.** *GGl*[2] 242, A nwydau gŵr anwadal, / *Ocr* ei serch, yw caru sâl. **1567** *TN* 119a, Pa am gan hyny na roddyt' vy arian i'r vord, val y gallwn pan ddelwn, ei gofyn y gyd ac elwant [:– vsur, *ocr*, mantais]. **16–17g.** *HG* 28, chwaethach golüdion lawer, ag a gaskler drwy *okre* / a chael i kynull gan bwyll, trwy dwyll ag anude. *id.* 97, kynfigen kas, *okr* diras / nodi r karde, kogo r dise. **1632** *D*, *occr* . . . fœnus, vsura. **1632** J. DAVIES: *LlR* 3, Felly y dychryna efe yr occrwr rhag darllein vn llyfr a fo'n dysgu iddo dalu 'r llôg ar *occr* yn ei ôl. **1722** *Llst* 189, *occr* . . . p. *Occrau*, usury, interest, increase. **1759** *BC* 399, Os wyt Gybydd mawr ei Stôr, Ac *occor* Elw. **1803** *P* d.g. *ocyr*.

ocr[2] [bnth. S. *ochre*] *eg.* Pridd sy'n cynnwys mwyn haearn amhûr ac a ddefnyddir i liwio: *ochre.*

1547 *WS*, *ockyr* lliw coch, occurre. **1778** *W* d.g. *ochre*. Ar lafar yn Arfon clywir yr ymad. 'yn felyn fel *ocar*'. Digwydd mewn e. lleoedd, '*Rocar*, *Parc yr Ocar*, sir Gaern., *ElISG* 42.

Cfn.: **ocr coch:** *red ochre.* **1604–7** *TW* (*Pen* 228) d.g. *sandix*. **1771** *PDPh* 94, madr . . . neu [diwyg.] *Occer coch*. Ar lafar yn Nantgarw, Morg. clywir *ocwr coch* 'yellow ochre'.

ocra, gw. ocro.

ocraeth, ocriaeth [*ocr*[1] + *-(i)aeth*] *eg.b.* Usuriaeth; llog (ar arian), graddfa log; arian benthyg; hefyd yn *ffig.*: *usury; (rate of) interest; borrowed money; also fig.*

?**1581–2** *GST* i. 172, Cas gan Arglwydd nef hefyd / *Ocreth* a chybyddieth byd. **1588** *Lef* xxv. 36, Na chymmer ganddo [brawd] *occreth*. **1588** *Ecclus* xviii. 34, Na ddos yn dlawd tros wledda ar *ocreth* heb ddim yn dy bwrs. **1589–93** *Rhyddiaith Gymraeg* ii. 135, Rhai a chwenych gochli i *hoccriaeth* trwy werthiad marchnadoedd twyllodrys. **1604–7** *TW* (*Pen* 228), *ocræth* ne vsuriaeth o betwar yn y cant d.g. *trientarius*. **1615** R. SMYTH: *GB* 165, trawsedd ag anwiredd chwant ag *occreth* melldigedig. *id.* 184, natur yn llysfam, hon a wnaeth i ddyn dalu cymeint o *occreth* am i fywyd ai hoedl a chymmeint o ardreth am i odidawgrwydd ai ragoriaeth. **1632** *D*, occr, & *Occraeth*, fœnus, vsura. *c.* **1688** *SCG* 12, Trwy *occreth* neu lôg anghyfiawn. **1722** *Llst* 189, occr, *Occraeth*, f. . . . usury, interest, increase. **1728** T. BADDY: *DDG* 156, Juddewon . . . au melldigedig Gybydd dod [*sic*] a thrachwant, au *Hoccreth* gorthrymmus. **1803** *P.*

ocri, gw. ocro.

ocriad, hocriad [*ocr*[1] neu fôn y be. dil. + *-iad*[1]] *eg.* Usuriaeth; llog (ar arian): *usury; interest (on money).*

1589–93 *Rhyddiaith Gymraeg* ii. 135, os y benthygiwr a gymer mwy nag a roes allan, yn ynill, *hoccriad* ydiw. *ib.* dwy ffordd . . . i yffern, y naill wrth roi benthig ar *occriad*, a'r llall heb nechwyno oll. **1803** *P.*

ocriaeth, gw. ocraeth.

ocro, ocrio, ocru, ocri, ocra [be. o'r e. *ocr*[1](+ *-ha*); ansicr yw'r engh. gyntaf] *bg.a.* Arfer usuriaeth, benthyca ar log (gormodol): *to practise usury, lend at (exorbitant) interest.*

16g. *Hop M* 191, trais ag *ocro*, ag ysglawndro. **16–17g.** *HG* 101, dyn a garko i dda ai dir, a ffwedd yn wir i kaffo / ag ai kasgla oll ynghyd, ai vryd ar gael i *hokro*. **1604–7** *TW* (*Pen* 228), *ocrû*, Ll[yfr] G[wyn] H[ergest] lloci arian d.g. *fœnero*. **1608** *CRC* 214, Rai yn weission yr Gofyd / Arhai [*sic*] y fydd yn *okra*. **1632** *D*, *occri* d.g. *fœnero*. **1672** R. PRICHARD: *Gw* 377, Ac wrth renti'n dost, ac *occra*, / Yn eu gyrru hwy [i] gardotta. *c.* **1689** **(1802)** L. WILLIAM: *Sherlyn Benchwiban* 31, *Occro* arian wrth y mis. **1692** *DCR* 272, ymrodded y bydoedd i ynnill y nefoedd / a pheidied y bobloedd ai *hoccro*. **1722** *Llst* 189, *occri*, to put to use, lend at interest. **1803** *P* d.g. *ocru*.

ocrus [*ocr*[1] + *-us*] *a.* Yn arfer usuriaeth: *usurious.*

1633 *LlGC* 731,[28–9], pob gorthrymmwr *occrus*, cofiwch winllan Naboth.

ocrwr, hocriwr, (h)ocrydd [*ocr*[1] + *-(i)wr*, *-ydd*[3]] *eg.* ll. *ocrwyr.* Usuriwr: *usurer.*

1346 *LlA* 153, yr *ockyrwyr* awnaethant vsur ac ockyr. *c.* **1475** *B* xiii. 182, Wrth yr *ockyrwyr* y dyweit: 'Chwitheu a rodassawch awch da ar usur ac ockyr y'r eissywedigyon a'r reidussyon yr kaffel trwy amhot diruawr gyuodyat yr eu benffic'. **16g.** DAFYDD BENWYN: *Gw* 647, Yr *okrwr*, grogwr, gorwagach no'r hap, / vn y roed y ymgeintach. *id.* 662, *Okrwyr*, vdonwyr yw'r dynnion, lawer: / ynt lvoedd yn ffailston. *Diw.* **16g.** *CRC* 258, hawdd yw hepgor y troseddwyr / Ar holl ladron ar *okrwyr*. **1588** *Ecs* xxii. 24, na fydd fel *occrwr* iddynt, na ddod ti vsuriaeth arnynt. **1589–93** *Rhyddiaith Gymraeg* ii. 135, Rhai yn ymochlyd a henw *occrwr* a wrthodan nechwyno dim oll . . . ac yn lle *hoccriwr* nhwy a ddont yn lladdwyr celain. **1618** J. SALISBURY: *EH* 195, am fod y llogydd a'r *ocrwr*, yn gofyn yn gyhoedd fwy nag a fenthygiodd. **1632** *D*, *ocrwr* d.g. *danista*, *fœnerator*, *vsurarius*. **1632** J. DAVIES: *LlR* 3, Felly y dychryna efe yr *occrwr* rhag darllein vn llyfr a fo'n dysgu iddo dalu 'r llôg ar occr yn ei ôl. **1670** J. HUGHES: *AP* 100, Bôd yn *occrwr* trwy gymmeryd llôg anghyfreithlon. **1696** *CDD* 264, Cybŷdd, Llofrŷdd, *Hocrŷdd*, Tyngwr. **18g.** IOAN SIENCYN: *Gw* 228, Ni chynnig mwy un *ocrwr* diffeth, / I'ch Parlwr purwyn nag i'ch Cegin i'ch Marchogaeth. **1803** *P* d.g. *ocrwr*, *ocrydd*.

ocsian, gw. ocsiwn.

ocsid [bnth. S. *oxide*] *eg.* ll. *-(i)au.* *Cem.* Cyfansoddyn o ocsygen ac elfen arall: *oxide.*

1937.

ocsideiddiad [bôn y f. ddil. + *-iad*[1]] *eg.* *Cem.* Ocsidiad: *oxidization.*

20g.

ocsideiddiaf: ocsideiddio [cfdds. o'r S. (*to*) *oxid(ize)* + *-eiddio* (At.)] *bg.a.* *Cem.* Ocsidio: *to oxidize.*

20g.

ocsidiad [bôn y f. *ocsidiaf*: *ocsidio* + *-iad*[1]] *eg.* ll. *-au.* *Cem.* Y weithred neu'r proses o ocsidio: *oxidation.*

20g.

ocsidiaf: ocsidio [bf. o'r e. *ocsid*] *bg.a.* *Cem.* Cyfuno ag ocsygen (am elfen gemegol), ffurfio haen o ocsid metelaidd, e.e. wrth rydu; peri i (elfen gemegol) gyfuno ag ocsygen: *to oxidize.*

1937.

Ocsitaneg, Ocitaneg [bnth. S. *Occitan* + *-eg*[1]] *eb.g.* a hefyd fel *a.* Iaith Romawns

a siaredir yn neheudir a chanolbarth Ffrainc a rhannau cyffiniol o Sbaen a'r Eidal; yn perthyn i'r iaith honno, yn ysgrifennu neu wedi ei ysgrifennu, &c., yn yr iaith honno: *Occitan*.
20g.

ocsiwn, ocsion, ocsian [bnth. S. *auction*] *eb.* ll. *ocsiynau*. Arwerthiant, acsiwn, acsion: *auction*.
1777 E. ROBERTS: *DG* 61, neu fe rydd ŷ Rocsiach y tir ar *OXiwn* [*sic*]. Ar lafar yn gyff., 'Mae'r tŷ yn mynd ar *ocsiwn*'; 'Mae fel *ocsiwn* 'ma' (am le prysur).
Gw. hefyd acsiwn[2].

ocsiwnïer, ocsiwnïar, ocsiwnêr, ocsiwnîr [bnth. S. *auctioneer*] *eg.* ll. *-s*. Un sy'n trefnu neu'n cynnal ocsiwn, arwerthwr: *auctioneer*.
1890.

ocsygen [bnth. S. *oxygen*] *eg.* Elfen nwyol ddi-liw ddiarogl (symbol O; rhif atomig 8), yr elfen fwyaf cyffredin ar y ddaear, sy'n hanfodol i fywyd, ac sy'n cyfuno â dwywaith cymaint o hydrogen i ffurfio dŵr, ufelai: *oxygen*.
1914.

ocsygeneiddiaf: ocsygeneiddio [cfdds. o'r S. (*to*) *oxygen(ize)* + *-eiddio* (At.)] *ba.* Cyflenwi (gwaed, dŵr, &c.) ag ocsygen: *to oxygenate, oxygenize*.
20g.

octaf[1] [bnth. S. *octave* (of feast)] *e?g.* Yr wythfed diwrnod ar ôl dydd gŵyl; cyfnod o wyth niwrnod sy'n dechrau ar ddydd gŵyl: *octave* (*of feast*).
c. **1762–79** W. WILLIAMS: *P* 407, o *octaf* y sulgwyn hyd yr adfent. **1776** DEWI NANTBRÂN: *AN* 179, Ar y Sul oddifewn *Octaf* Dydd Nadolig. *id.* 188, Ar y Sul oddifewn *Octaf* y Dyrchafael.

octaf[2], octef, octif [bnth. S. *octave* (in mus.)] *eb.* ll. *-au*. *Crdd.* Wythfed: *octave* (*in mus.*).
1899.

octopws [bnth. S. *octopus*] *eg.* *Biol.* Un o amryw fathau o folysgiaid môr o'r tylwythau *Octopus*, *Eledone*, &c., sydd â chorff meddal hirgrwn ac wyth coes â sugnolynnau, wythgoes, hefyd yn *dros.* ac yn *ffig.*: *octopus, also transf. and fig.*
1939.

octopwsaidd [*octopws* + *-aidd*] *a.* Tebyg i octopws: *octopus-like*.
20g.

ocupeiaf, ocopïaf, ocwpïaf, &c.: **ocupeio, ocopïo, ocwpïo,** &c. [bnth. S. C. (*to*) *occupi(e)*, *ocwpie* 'to have the use of, use, employ; practise (craft, &c.); keep busy'] *ba.* Defnyddio, gwneud defnydd o, cael defnydd, mwynhau; bod ynglŷn â (gwaith, masnach, crefft, &c.), ymarfer; cadw'n brysur: *to use, make use of, enjoy the use of; be engaged or occupied in* (*work, trade, craft, &c.*), *practise; keep busy*.
1547 *WS*, *ockupeio*, occupye. *c.* **1566** *B* i. 155, Ag er hyny hyd heddiw yr ydym ni yn *ocypeio* ag yn ymarfer y plaensong. **1567** *TN* 394a, A phob llonglywydd, ar holl pobl ysydd yn *occopio* [:– trino] llongey. **1580** *GGN* 55, chwi ay *okopiech* ef [cwpan] yr gwaith yma dros hanner blwyddyn. *c.* **1585** G. ROBERT: *DC* 48b, Er bod y pethe hyn i gyd wedy gwneuthur i wasnaethu dyn: etto nid yw dynion yn *occwpio* y ganfed ran ir petheu hyn. **1600** *Card* 3.240, 51b, düw a barodd i voesen i lanhae pob peth a gawsant yny maes, kyn i *okywpio*. **1604–7** *TW* (*Pen* 228), da ne arian a rodder yn llaw vn yw vwynhau, ei *occupeio*, ag y brynnu ag y werthu d.g. *peculium, peculium aduentitium*. *id.* mae'r meddwl yn cael ei *occupeio*'n ddyual d.g. *peruoluor, vt peruoluitur Animus*. *c.* **1730** *Thos. Lloyd D* (LlGC) 180b, *occupio* . . . occupo, employ.

ocupeiwr, ocupïwr [bôn y f. fl. + *-wr*] *eg.* ll. *ocupiwyr*. Un sydd ynglŷn â gwaith, masnach, crefft, &c., arbennig, gŵr wrth grefft, marchnatwr: *one who is engaged in a certain work, trade, craft, &c., tradesman, merchant*.
1547 *WS*, *occupeiwr*, an occupyer. **1604–7** *TW* (*Pen* 228), cyfryw vythot ac a wnant *occupiwyr* wrth werthû yn y marchnatoedd d.g. *attegiæ*. *id.* *occupeiwr* gwaith llaw: gof: Saer d.g. *mechanicus, ci*. *c.* **1730** *Thos. Lloyd D* (LlGC) 183a, *occupeiwr*, an occupier.

ocwlt [bnth. S. *occult*] *eg.* Materion neu ffenomenau y tybir eu bod yn codi yn sgil dylanwadau goruwchnaturiol cudd: (*the*) *occult*.
20g.

ocwm [bnth. S. *oakum*] *e?g.* Ffibr rhydd a geir gan amlaf drwy ddatod hen raffau ac a ddefnyddir i galcio llongau pren: *oakum*.
1894. Ar lafar yn Arfon, *WVBD* 404.

ocwpïaf: ocwpïo, ocwr, gw. ocupeiaf: ocupeio, ocr[2].

ocyn, iocyn[2], (i)ogyn [*og*[1] + *-yn*[1]] *eg.* Tro gyda'r og (cyn hau): *a turn with the harrow* (*before sowing*).
Ar lafar yn y Gogledd, "Fasa'n well rhoi *iogyn* drosto eto', 'rhoid *ocyn* o flaen hau', *B* i. 99; gw. hefyd *Môn* (Gwanwyn, 1954) 9, *LlLlM* 100.

ocypeiaf: ocypeio, ocypïaf: ocypïo, gw. ocupeiaf: ocupeio.

och [cf. Crn. C. *ogh*, Llyd. C. *ach*, Llyd. Diw. *ac'h*, H. Wydd. *uch*, Gwydd. C. *ach, och*] *ebd.* a hefyd fel *eb.g.* ll. *-ion*.

(*a*) Gwae!, aha!, O!: *woe!, alas!, O!, oh!*
12–13g. GIRALDUS CAMBRENSIS: *DRG* 90, *Och, och*, noli dicere scire sed custodire: vana, vana est scire nisi custodire. **13g.** *C* 91. 6, *och* gindilic. na buost gureic. *Dchr.* **14g.** *H* 116a. 15, *och* ar ny llas yn llid (Llywarch ap Llywelyn). **14g.** *WM* 71. 5–6, *Och* uy arglwyd heb hi beth a wney di yma. **14–15g.** *IGE*[2] 265, *Och* Gymry fynych gamfraint! / *Och* wŷr o'r dynged, awch haint! / *Och* faint fu'n wrsib uchod! / *Och* ddechrau claer ddyddiau clod (Siôn Cent)! *c.* **1400** *R* 1318. 41–2, *och* wenhwyvar dec. dygyn ynof dy alar. *c.* **1400** (*SG*) *HMSS* i. 396, *Och* lawnslot . . . dy druttet ti. **1567** *TN* 394a, Gwae ni, gwae ni [:– *Och*, Wban], y gaer vawr hono. **1606** E. JAMES: *Hom* ii. 202–3, Ond, *ôch*, yn y dyddiau hyn nid gwaeth gan ddynion am eu cyrph na'u heneidiau. **1632** *D*, *och*, oh, vae. **1676** W. JONES: *PGG* 48, *och* leied a wnaethom ni am ein heneidiau. **1693** J. OWEN: *BP* 189, yr ydych yn ofalus i gasclu cyfoeth iddynt, *och*! Pa lesád i ddŷn os ynnill ef yr holl fŷd, a cholli ei enaid ei hun? **1759** T. THOMAS: *WWDd* 107, *O'ch*, Cwppan oedd hwn, yn llawn o bob Cymmysgedd chwerw, bystlaidd. **1803** *P*, *och*, oh! Alas! woe!

(*b*) (o flaen enw Duw (Crist, &c.) neu sant, mewn llw: *before the name of God* (*Christ, &c.*) *or a saint, in an oath*).
13g. *C* 50. 13, *Och* iessu. na dyffv wy nihenit. *c.* **1300** *H* 26a. 8, *och* ueir *och* uihagel (Llygad Gŵr). *Dchr.* **14g.** *id.* 30b. 43, *och* wab duw dy leas (Bleddyn Fardd). **14g.** *DGG*[2] 123, Uchel, o lin gwehelyth, / Y chwardd bun, *och* wirdduw byth (Madog Benfras). *c.* **1400** *R* 583. 24, *och* duw wynt aduant. **15g.** *OBWV* 156, *Och* Fair fyw farw y ferch fwyn (Dafydd Nanmor). **15g.** *GGl*[2] 118, *Och* wir Dduw, mi a chwarddwn. *id.* 143, (*Och* Fair!) gnodach fu arwain / Aerwy mawr o aur a main. **1567** *TN* 283a, *Och* dduw na thorit ymaith yr ei ach aflonyddant. **1632** J. DAVIES: *LlR* [35], *ôch* Dduw, leied o Gristianogion sydd . . . yn gwrthwynebu drwg feddyliau. **1722** *Llst* 189, *Och* Dduw!, alass, good God! *c.* **1730** *Thos. Lloyd D* (LlGC) 183a, *Och* Fair! Alass! Alack! *Diw.* **19g.** *SE MS* 336b, *Och* Duw! would to God!

Fel *e.* Ochenaid, griddfaniad, hefyd yn *ffig.* trallod, tristwch: *a sigh, a moan, also fig. grief, sorrow*.
13g. *C* 46. 5–6, Ad oet bryger coch. ac *och* ar dant. *id.* 54. 5–6, Ac arfev coch. ac *och* indi. *id.* 59. 12–13, Advit bore *och*. Ac *och* ofuy. *c.* **1300** *H* 108[2]b. 2–3, llas ioruerth aeruerth eur newid a char. *och* yrdaw nyd odid (Llywarch ap Llywelyn). **14g.** *WM* 255. 20, ef a glywei *och* wawr. *c.* **1400** *R* 1052. 38, Ac *och* ympob tref ac adef trueni. **15g.** *DN* 24, amyl rhyngom *och* drom dramawr—anoddef. **15g.** *GO* 291, *Och* lwyr dros y byd ychlân: / Gwaglaw 'r aeth gwâr glêr weithan [marwnad Siôn Edward o'r Waun]. **16–17g.** EDWARD URIEN, &c.: *Gw* 295, Hir ydyw'n *och* rhoi dan iâ / Holl waed Iemwnt Llwyd yma. **1609** R. SMYTH: *CAC* 43–4, canmol y ferch a fu'r ail efa i ni, gan iddi . . . dyn u [*sic*] ymaith . . . yr *och* melldigedig, a ddug yr [Efa] gyntaf i'r byd. **1632** *D*, *ôch*, gemitus. **1714** D. LEWYS: *CN* 10, Na chael cur ac *och* ddiweddar. **1803** *P*, och, s. m. . . . a moan, a groan.

Cfn.: **och a:** *Oh!, woe!* (*expressing sadness, pity, &c.*). **14g.** *WM* 170. 15, *Och a* truan heb ef. *id.* 439. 19–20, *Och a* enyt heb ef. *c.* **1400** *RB* ii. 212, *och* agrist trist adyghetuen. **1703** E. WYNNE: *BC* 104, *och a*'r olwg anrhaethadwy oedd arnynt. **1803** *P* d.g. *ocha*. Gw. hefyd *o.* (*a*) *fi*!, *o.* (*a*) *finnau*! **o. am:** *woe* (*on account of*), *alas for*. *c.* **1300** *H* 26a. 2, 3, 4, 5. *Dchr.* **14g.** *id.* 30b. 50, 53. **14g.** *BT* 139. **15g.** *Pen* 57, 2. **o. (y, a, o) fi!:** *woe is me!* **14g.** *GDG* 51, *Och fi*, ddäed awch ei fin. **1588** 2 *Br* vi. 5. **1684** H. OWEN: *DC* 24, Eithr *och y fi*. **1803** *P* d.g. *ocha*. **o. (y, a, o) finnau!** = **o. fi!** **15g.** *GGl*[2] 143, *Och finnau* (*Gwyn* 3, 225, *och y finnau*). **16g.** *Pen* 76, 28, *ocha vinne*. **18g.** *W Ballads* 150, 7, *och o fine*. **o. (g)wae!:** *woe!* **1632** J. DAVIES: *LlR* 109, *ôch gwae* finneu. **17g.** *LlGC* 727, 253, *Och wae* ni fyth. **1651** SIÔN TREREDYN: *MDD* 168. **18g.** I. BRYDYDD HIR: *Gw* 47. **o. i:** *woe to*. **14g.** *GDG* 178. **15g.** *DGG*[2] 63. **15g.** *GO* 261. **o. na(d):** *O that, would that, if only*. **13g.** *C* 50. 13, *Och* iessu. *na* dyffv wy nihenit. *c.* **1300** *H* 62b. 39, *och nad* byw keinllyw kynlleith (Cynddelw). **1567** *TN* 283a, *Och* dduvv *na* thorit ymaith yr ei ach aflonyddant. **1761** *ML* ii. 325. Cf. R. WILLIAMS PARRY: *CG* 4, *Och! na* pharhaent. **o. o:** *woe* (*on account of*), *alas for*. **13g.** *C* 2. 7. *c.* **1400** *R* 1418. 12. **1699** T. JONES: *TP* [8]9. Gw. hefyd *o.* (*o*) *fi*!, *o.* (*o*) *finnau*! **och! och! (och!):** *woe! woe!* (*woe!*). **12–13g.** GIRALDUS CAMBRENSIS: *DRG* 90. **1346** *LlA* 154, yna ydywat pawl. *och. och. och*. gwae wynt ypechaduryeit ygeni. **14g.** *GDG* 36. **1595** H. LEWYS: *PA* 11. **1703** E. WYNNE: *BC* 111, cododd y fâth *och, och, och*! a 'r fâth wae ac udfa gyffredin. **1759** *DG* 102. **o. o (a, y) druan!:** *poor thing* (*man, &c.*)! **14g.** *WM* 170. 15, *Och a truan*. **16–17g.** E. PRYS: *Gw* 303, *och y druan*. **1629** R. LLWYD: *P* 38, *och y druein*. **1677** R. JONES: *BB* 65, *Och o druein*! **1699** T. JONES: *TP* 25, *ocho druan* Gŵr. **1703** E. WYNNE: *BC* 63. **1759** *BC* 477. Cf. *WM* 170. 15, Och a truan. **o. rhag:** *woe* (*on account of*), *alas for*. **14g.** *GDG* 358. **1588** *Joel* i. 15. *c.* **1730** *Thos. Lloyd D* (LlGC) 183a. **o. yn** = **o. i.** **1761** *ML* ii. 325, *Och ym* moliau'r mileiniaid a yfodd fy hanner hogshead o rym i gynt . . . *och yn* eu perfeddau, am ceg inneu'n sychu y dydd heddyw o'r achos. *id.* 395, *Och yn*hrwyn pob menyw diddaioni [*sic*]! Ar lafar ym Meir., '*Och yn* i galon o!'
Gw. hefyd ach[3], rhoch, ŷch[2].

-och[1], *trf. prs. ardd. rhed.* 2 brs. ll., e.e. *arnoch, ohonoch*.
Gw. hefyd -awch[1].

-och[2], *trf. bfl.* 2 brs. ll. grff. myn., e.e. *aethoch, dysgasoch*, ac 2 brs. ll. pres. myn. rhai berfau afreolaidd, e.e. *adwaenoch, gwyddoch*.
Gw. hefyd -awch[2].

-och[3], *trf. bfl.* 2 brs. ll. pres. dib., e.e. *dysgoch, eloch*.

ochaf: ochain[1], ochan[1], ochi, &c. [bf. o'r ebd. bl.; cf. Gwydd. C. *ochan* 'ochenaid'] *bg.?a.* a'r be. hefyd gyda grym enwol. Ocheneidio, griddfan, cwynfan, wylofain: *to sigh, moan, groan, bewail*.
c. **1300** *H* 21a. 15–19, *Ochafy* duw o dyuod y leith . . . *ochaf* duw na daw ef eilweith (Daniel ap Llosgwrn Mew). **1346** *LlA* 154, Ac yna ydywat yr angel vrth bawl. paham yd *ochy* di pawl. **14g.** *GDG* 344, Uchel y bûm yn *ochi*, / Echnos y bu hirnos hi. **14–15g.** *IGE*[2] 157, Uchel yr wyf yn *ochain* / A chroch fal ariangloch fain [marwnad Gruffudd Llwyd gan Rys Goch]. *c.* **1400** *J* 1, 1082, Rac trymuryt *ochit* y chenavc [*sic*]. *c.* **1400** *R* 1154. 10–11, griduana *ocha* ual ych yn beichaw. *id.* 1287. 38–9, a chwyn gwyllt *ochein* a gwae. **15g.** *LGC* 15, Bwrw llew glew val mab iarll glân / A bair *ochi*'n nhir Brychan. **15g.** *GO* 217, Y tŷ derw to dayarenn / A *ocha* byd vwch i benn [marwnad Tudur ap Ieuan Llwyd]. **1547** *WS*, *ochain*, wayle. **1567** *TN* 393b, brenhinoedd y ddayar y *ochant* [:– wylan] amdeni. **1599 (1677)** R. HOLLAND: *AB* 36, iw ddyscu ef i weddio trwy duchain ac *ochain* y galon. **1632** *D*, *ochain*, & *Ochi*, gemere, plangere, suspirare. **1632** J. DAVIES: *LlR* 63, ger llaw iddynt y bydd yr holl eneidiau colledig yn *ochain* ac yn cwynfan. **1696** *CDD* 286, Ar Enaid bâch yn gruddfan, / Yn achwŷn ac yn *ochan*. **1798** R. DAVIES: *CG* 74, I nythu'n uchel-noeth yn *ochen*. **1803** *P* d.g. *ochain, ochan, ochi*.
Amr.: **ochain[2]** (ff. 2 un. grch. a ff. 3 un. pres. myn.). **1588** *Esec* xxi. 6, *Ochain* dithe fab dŷn am yssigtod dy lwyni. **1620** *id.* xxx. 24, efe a *ochain* o'i flaen ef.

ochan[2] [Gwydd. C. *uchán*, *uchan*, *achan*] *ebd.* Gwae, och: *woe* (*to*), *alas* (*for*).

14g. *GDG* 216, *Ochan* fi, drueni drum, / Heb ohir, na wybuum / Garu cyn oedran gwra / Hocrell fwyn ddiell fain dda. *id.* 345, *Ochan*! Nid pell y gelli, / A chynt wyf finnau no chi. *c.* **1400** *R* 1434. 20, *Ochan* grist mor wyf drist. *c.* **1400** (*SG*) *HMSS* i. 193, *Ochan* gei heb yr arthur milyeinyeid oed vynghynghori i uelly. **1632** *D*, *ochan*, idem quod Och; Væ, oh. **1760** *ML* ii. 180, *Ochan*fi, pa beth a wneir am ffrencyn i sgrifennu at y bobl? **1770** *W* d.g. *alack*, *or alack-a-day*. **1803** *P* d.g. *ochan*, interj.

ochenaid [amr. ar *uchenaid* dan ddyl. *och* ac *ochain*, a'i gysylltu hefyd ag *enaid* yn adran (*b*) isod; trafodir y ff. *echenaid* ac *ychenaid* d.g. *uchenaid*] *eb.g.* ll. *och*(*e*)*neidiau*, *och*(*e*)*neidion*.

(*a*) Y weithred o ocheneidio, griddfaniad, cwynfan, hefyd yn *ffig.* trallod, tristwch: *sigh*, *groan*, *moan*, *also fig. grief*, *sorrow*.

16g. DAFYDD BENWYN: *Gw* 685, Briwiais, rhy giriais, mewn rrygorion, fyn, / o ddwy fil *ocheneidion*. **1588** *Rhuf* viii. 26, y mae yr Yspryd ei hun yn eiriol trosom ag *ocheneidiau* annhraethadwy. **1620** I *Sam* xxv. 31, Yna ni bydd hyn yn *ochenaid* (**1588** *ib.* gwymp) i ti, nac yn dramgwydd calon i'm harglwydd. **1630** R. LLWYD: *LlH* 384, griddfan . . . a chwynfanus *ocheneidion*. **1630** R. VAUGHAN: *YDd* 92, Pan fo ymadrodd ei dafod ef yn pallu, y bydd *ocheneidiau* ei galon yn llefaru yn vwch at Dduw. **1696** *CDD* 259, Trist *ochneidion* a'i trŷ'n surder. **1790** T. JONES: *TOS* 322, ein hên achwynion, ein griddfanneu ac *och'neidieu* anoddefgar. **1803** *P*. Ar lafar, '*ochenad* drom', *WVBD* 404.

(*b*) Gweddi fer (yn enw. mewn argyfwng), saethweddi: *short prayer* (*esp. in an emergency*), *ejaculation*.

1672 J. LANGFORD: *HDdD* 429, gweddus iawn fydd iddo, heb law'r amserau gosodedig hyn o Weddi, dderchafu ei Enaid yn fynych yn y dydd trwy *Ocheneidiau* byrrion disymwth. **1701** E. WYNNE: *RBS* 41, diwedda'r cwbl â'r *Ochenaid* hon. *id.* 299, *Ocheneidiau* iw harferu 'r pryd a fynnech o'r dwthwn ar ol y Gwasanaeth. **1703** E. WYNNE: *BC* 8, Wrth iddynt sôn am Weddi, mi a riddfenais ryw *ochenaid* tuac i fynu am faddeuant a help. **1733** J. THOMAS: *HYB* 64, [C]asgl o Weddiau a Defosiynau, ac amryw *Ocheneidiau*. [**1740**] L. ANWYL: *MW* 42, *Ochenaid* Duwiol ir Diwrnod.

Gw. hefyd uchenaid.

ocheneidiaf, ochneid(i)af: ocheneidio, ochneid(i)o [amr. ar *ucheneidiaf*: *ucheneidio* dan ddyl. *och* ac *ochain*] *bg.* Anadlu yn ddwfn ac yn glywadwy fel mynegiant o flinder, tristwch, rhyddhad, &c., ochain, griddfan: *to sigh*, *moan*, *groan*.

16g. *Llst* 6, 144, *ochnaidio* a briwio bron / hollti n gan gwelir galon. **1588** *Diar* xxix. 2, pan fyddo 'r annuwiol yn llywodraethu y bobl a *ocheneidiant*. **1588** *Sus* 22, Yna 'r *ocheneidiodd* Susanna. **1588** *Marc* vii. 34, A chan edrych tu â'r nef efe a *ocheneidiodd*. **1588** 2 *Cor* v. 4, nyni y rhai sy yn y babell hon ydym yn *ocheneidio*, ac yn llwythog. **1688** S. HUGHES: *TSP* 72, yr oedd efe yn *ocheneidio*, fal pettaisai [*sic*] ef ar dorri ei galon. **1703** E. WYNNE: *BC* 28, tan leisio'n wann, ac *och'neidio* 'n llêsc. **1722** *Llst* 189, *ocheneidio*, to sigh. **1764** W. WILLIAMS: *Th* 18, *Ochneidio* o'r hwyr i'r boreu, o'r boreu hyd brydnhawn. **1790** T. JONES: *TOS* 202, pob carcharwr yn *ochneidio* am rydd-did. **1803** *P*. Ar lafar ym Morg. yn y ff. *ochnido*.

Gw. hefyd ucheneidiaf: ucheneidio.

ocheneidiol, ochneidiol [amr. ar *ucheneidiol* dan ddyl. *och* ac *ochain*; trafodir y ff. *echeneidiol* d.g. *ucheneidiol*] *a.* Yn ocheneidio, hefyd yn *ffig.*; sydyn a byr (am weddi): *sighing*, *also fig.*; *short and sudden* (*of prayer*), *ejaculatory*.

16g. (*c.* **1749**) *AP* 29, Adrodd y geiriau hyn yn *ochneidiol* lle i Câr. **1651** SIÔN TREREDYN: *MDD* 65, a pheri iddint hiraethu yn *ochneidiol* am Ghrist yr hâd addawedig. **1738** G. JONES: *GOG* 145, Deisyfiadau byrrion a distaw, neu Weddïau *ocheneidiol*. **1803** *P* d.g. *ocheneidiawl*.

Gw. hefyd ucheneidiol.

ocheneidiwr [amr. ar *ucheneidiwr* dan ddyl. *och* ac *ochain*; trafodir y ff. *echeneidiwr* d.g. *ucheneidiwr*] *eg.* ll. *ocheneidwyr*. Un sy'n ocheneidio: *one who sighs or groans*.

1803 *P*.

ocheneidus, ochneidus [*ochenaid* + *-us*] *a.* Ocheneidiol: *sighing*.

c. **1730** *Thos. Lloyd D* (LlGC) 187a.

ochlef [*och* + *llef*[1]] *eb.* Llef o wae: *cry of woe*.

1760 E. WILLIAMS: *UYB* 228, Rhag *Och-Lef* gaeth.

ochneidiaf: ochneidio, ochneidiol, ochneidus, gw. ocheneidiaf: ocheneidio, ocheneidiol, ocheneidus.

ochodyn [< *a chwedyn*] *adf.* Beth bynnag, ta' beth: *in any case*, *anyhow*.

p. **1875**. Ar lafar yn sir Benf. a sir Gaerf.

ochr [?bnth. Gwydd. C. *och*(*a*)*ir*, cf. H. Lyd. *occrou*, gl. *hirsutis* . . . *dentibus*, Gr. ὄκρις 'copa', H. Lad. *ocris* 'mynydd caregog': < IE. **okri-*, o'r gwr. **ak-* 'miniog'] *eb.g.* ll. *-au*.

(*a*) Arwyneb gwrthrych, yn enw. arwyneb (fertigol) mewn gthg. â'r top neu'r gwaelod, ac weithiau hefyd â'r tu blaen neu'r tu cefn (hefyd am y rhan gyfan sy'n ffurfio'r arwyneb hwnnw), tu; un o ddau arwyneb (papur, brethyn, &c.), arwyneb mewnol neu allanol; llinell sy'n ffurfio rhan o berimedr gwrthrych neu ffigur; rhan o wrthrych, lle, &c., sydd ar y dde neu'r chwith (yn ôl safbwynt un sy'n edrych arno); rhan o wrthrych, lle, &c., sy'n wynebu cyfeiriad penodol; safle'r naill du neu'r llall i linell wahaniaethol; hanner fertigol (de neu chwith) i gorff dyn neu anifail, ystlys; (rhan neu ardal agos i'r) ymyl, min; llethr (bryn, mynydd, &c.); cyfeiriad; (weithiau yn y ll.) parthau, ardal: *side* (*as opposed to top or bottom, and sometimes also to front or back*); *one of two sides* (*of paper, cloth, &c.*), *inner or outer surface*; *side* (*denoting part of the perimeter of an object or figure*); *side of object, place, &c., lying on the right or left* (*from an observer's viewpoint*); *side of object, place, &c., facing a particular direction*; *side* (*denoting position on either side of a dividing line*); (*left or right*) *side of man's or animal's body*; (*part or area close to*) *edge*, *rim*; *slope*, (*hill or mountain*) *side*, *&c.*; *direction*; (*sometimes in pl.*) *region*, *area*.

12g. *LL* 141, arhit yr*ochyr* bet ar cyueyr blain Cynbran. **14g.** *WM* 145. 35–6, ef awelei *ochyr* carrec lem. **14g.** *GDG* 153, Fy nghrair ni chair yn *ochr* allt. *c.* **1400** *R* 1215. 12, neu hyd awr echwyd yn *ochor* creicuerr. **15–16g.** *GLM* 266, yn *ochr* y Waun no Chaer Wynt. **1547** *WS*, *ochr*, edge. **1588** *Esec* i. 17, Pan elent [olwynion], aent ar ei pedwar *ochr*. **1632** *D*, *ochr*, latus . . . Margo, ora, ora acuta. **1688** *TJ*, *ochr*: an Edge or Rim of any thing, also the side of a Hill. **1722** *Llst* 189, *ochr*, d., p. *ochrau*, a side, margin, border. **1774** H. HARRIS: *CHH* 21, y ddau *ochr* i mi. *c.* **1791** *CM* 284, 10a, Dwy *ochr* y wlad, dowch i'r wledd. **1803** *P*, *ochyr*, s. m. a side, edge, or rim. Ar lafar, *WVBD* 404; digwydd ym Mhenllyn yn yr ystyr 'plowplat, lanseid', *B* iii. 199.

(*b*) Plaid neu du (mewn brwydr, dadl, cystadleuaeth, &c.), tîm; llinach (tad neu fam); agwedd (ar gwestiwn, problem, &c.); safbwynt, agwedd (at fywyd, &c.); ffafriaeth: *party or side* (*in battle, debate, competition, &c.*), *team*; (*mother's or father's*) *side*, *lineage*; *aspect* (*of question, problem, &c.*); *point of view*, *attitude* (*to life, &c.*); *favouritism*.

14g. *DGG*[2] 148, Did aur, *ochr* Dudur, awcharf [marwnad Rhys ap Tudur gan Ruffudd Gryg]. **1651** SIÔN TREREDYN: *MDD* d.d., Cyd-ymddiddaniad rhwng. Evangelista. Gwenidog yr Efengyl. Nomista. Deddfwr, neu wr yn dal o *ochor* y [g]yfraith. Antinomista. Deddf-wrthwynebwr. **1681** R. PRICHARD: *CC* 150, Cais ei nerth, a'i help, a'i gyngor; / Di gei bôb rhai ar dy *ochor*. **1688** S. HUGHES: *TSP* 183, am hudo rhai o'r ffair i fod o'u *hochr* hwynt [:- Ar ei rhan]. **1696** *CDD* 253, Mwŷ o lês fŷdd i bôb *ochor*; / Ond i'th hun bŷdd mwŷaf gwobor. **1711** H. POWEL: *TY* 211, Y mae gennych chwi bob peth ar eich *ochor*. **1761** J. EVANS: *BHNO* 11, ond i'r oedd y Gwynt o'n *hochr*. **1767** W. WILLIAMS: *CAA* 71, fe ddaeth trwy gonsent rhai o'r ddau *ochr*. **1784** M. WILLIAMS: *S* i. 179, o herwydd fod ganddynt awdurdod fawr, ac *ochr* y wlad o'u plaid. **1790** T. JONES: *TOS* 150, a'th fod ar *ochr* y nêf. Ar lafar, 'Mi safa' i o d'*ochor* di', *WVBD* 402. Digwydd yn gyff. mewn ymad. ynglŷn â pherthynas deuluol, 'Teulu Pantyffynnon yw e *ochr* 'i dad', 'Cefndar i ti o *ochr* dy nain ydi Wil'.

Cfn.: **ochr chwith o. faes:** *inside out*. Ar lafar yn y De, *LGW* 459. **(yr) o. draw:** (*the*) *other side* (*also fig. for the afterlife*). **1747** W. WILLIAMS: *Aleluja* v. 13, A gweled 'rwyf y dawel Hêdd / Sy'r Saint *yr Ochor draw* i'r Bedd. *id.* vi. 13, Trwy Rinwedd hwn fe'n dwg yn jach / I'r *Ochor draw* 'mhen Gronyn bâch. **o. fewn o. faes:** *inside out*. Ar lafar yn y De, *LGW* 459. **o. pen:** *clout* (*on side of head*). Ar lafar yn siroedd Dinb. a Meir. **o. (y) tywydd:** *weather side*. Ar lafar, *B* xv. 29. **o. yn o.:** *side by side*, *abreast*. *c.* **1762–79** W. WILLIAMS: *P* 135. **1798** *WR* d.g. *abreast*. Ar lafar. **ei h. (hi), o'i h. hi:** *with gusto*, *flat out*, *full pelt*, '*for all one is worth*'. **1885** D. OWEN: *RL* 94, Yr oeddynt yn ysmocio *ei hochr hi*. Ar lafar.

ochraf: ochri, ochro [bf. o'r e. bl.; ansicr yw union ystyr yr engh. gyntaf isod] *bg.* (a'i dilyn yn aml gan yr ardd. *â*, *gyda*) a hefyd weithiau fel *ba*.

(*a*) Bod o blaid (rhywun), cefnogi (ochr, plaid, &c.), pleidio, bod yn bleidiol; tueddu (at): *to side* (*with someone*), *support* (*side*, *party*, *&c.*), *favour*, *be partial*; *tend* (*towards*).

16g. RHISIART FYNGLWYD, &c.: *Gw* 79, Gŵr ir draw a garai'r drin, / Gwth wayw Syr Rhisiart Gethin. / *Ochrwn* faes, ni chryn [e]f[ô], / Ŵr byw odiaith, er Bedo. **1718** M. WILLIAMS: *P* 7, fe wyddys fod y Goruchwilwyr yn fynych yn . . . *ochri* gyd â'r Cyfoethogion. **1720** *App DP* 30, i fyned yn Groes i'r Llywodraeth, i *ochro* gyda Duw. **1722** *Llst* 189, *ochri* . . . to side with. **1746** G. JONES: *HWI* iii. 137, gan *ochri* at rai yn fwy nag eraill. **1749** J. OWEN: *PG* 7–8, pawb a Oleuwyd, wedi ei Goleuo trwyddo ef, trwy hyn nid yn unig yn cyfyngu a chamarferyd y Testyn, ond gan fwriadu bod Duw yn *Ochri* i [r]ai . . . megis i adel y rhann fwyaf o'r Byd mewn tywyllwch. **1752** J. THOMAS: *FG* 263, trwy *ochri* yn ewyllysgar gyd â'n Gelynion yn ei erbyn ef. **1770** *TG* iv. 80, [ll]osgasant deiau llawer ag oedd yn *ochri* at y Ffrangcod. **1775** E. GRIFFITHS: *GF* 182, llawer o'r Iuddewon gwrthgiliedig a *ochrodd* gydag ef. **1778** J. THOMAS: *HB* 203, Darfu iddo ef a rhai eraill o'r aelodau *ochro* gydâ'r rhai a elwyd Arminiaid. **1790** T. JONES: *TOS* 189, Paham ynte . . . yr *ochri* i'r cnawd, ag y cydgwyni ag ef. **1798** T. ROBERTS: *CG* 19, fe *ochroedd* [*sic*] y Rheithwyr . . . mal y maent yn gwneud yn gyffredinol. **1803** *P*, *ochri* . . . to side, to take a side. Ar lafar, ''Oedd 'y mrawd yn *ochro* 'da da-cu'.

(*b*) Symud neu droi i un ochr, troi ar ei ochr; rhoddi min ar, minio, gwneud ymyl neu fin; hefyd yn *ffig.*: *to move or turn to one side*, *sidle*, *turn on one's side*; *sharpen*, *make an edge or rim*; *also fig.*

1632 *D*, *ochri*, oras acuere, acuminare. **1688** *TJ*, *ochri*: to make a Rim, or Edge. **1803** *P*, *ochri*, to make a sharp side, ledge, edge, or rim . . . Mae o yn *ochro* am y vron, he is turning on one side for the breast. Ar lafar yn Arfon yn yr ystyr 'troi ar un ochr', e.e. wrth nofio, *WVBD* 404.

ochrgamaf: ochrgamu [*ochr* + *camaf*[1]: *camu*] *bg.* Camu o un ochr i'r llall (yn enw. mewn rygbi), osgamu, hefyd yn *ffig.*: *to side-step* (*esp. in rugby*), *also fig.*

20g.

ochriad [bôn y f. *ochraf*: *ochri* + *-iad*[1]] *eg.* Y weithred o ochri: *a siding*.

1803 *P*.

ochrog [*ochr* + *-og*; cf. Gwydd. C. *ochrach* 'ac iddo ymylon neu gorneli'] *a.*

(*a*) Miniog ei ochr(au) neu ei ymyl(on), awchlym, onglog; ac iddo ochrau; bryniog, llethrog; i'r naill ochr, (yn symud) wysg ei ochr (e.e. am granc); o'r ochr (e.e. am edrychiad, gwynt); ar un ochr, ar yr ochr, wrth yr ochr (e.e. am ystafell); ochr yn ochr; hefyd yn *ffig.*: *sharp-sided or -edged*, *sharp*, *angular*; *having sides*, *sided*; *hilly*, *sloping*; *to one side*, (*moving*) *sideways* (*e.g. of crab*); *sideways* (*of glance, &c.*), *from the side* (*of wind, &c.*); *on one side*, *on the side, side- (e.g. of room); side by side; also fig.*

14–15g. *IGE*² 172, A chrio clod, *ochrawg* gledd, / Awch ym mrwydr, a chymrodedd (Rhys Goch Eryri). *id.* 312, Y tŵr celffaint cyn teirawr / *Ochrawg* murdew corniawg mawr [Rhys Goch Eryri i lys Gwilym ap Gruffudd o'r Penrhyn]. *c.* **1400** *R* 1322. 15–16, *ochroc* helym och rac galar. **15g.** *DN* 65, A phen awchrudd i'w ffonn *ochroc.* **15g.** *LGC* 48, Ev â wna echrys a'i lavn *ochrog.* **16g.** (*LlEG*) *Mos* 158, 683b, [c]enllysg . . . yr hrain aoedd yn g/nappie *ochrog.* **1586 (1604)** *B* v. 318, mae yno ynifel elwir lanhoren / a thri chorn yn i dalken / ar rheini sydd yn *ochrog* / fal kledde llym daufiniog. **1604–7** *TW* (*Pen* 228), llawn congleû, *ochroc,* congloc d.g. *angulosus.* **1632** *D, ochrog,* acuminatus. **17g.** Huw Morus: *EC* ii. 109, A'r byd yn grwn *ochrog,* cwmpasog, cwymp och. **1778** J. Hughes: *BB* 104, A chraig o rwystyr *ochrog* ryw. **1798** R. Davies: *CG* 98, I chwareu cledd *ochrawg* glas. **1803** *P* d.g. *ochrawg.* Ar lafar yn sir Gaern. yn yr ystyr 'llethrog', 'lle *ochrog* ydi o', *WVBD* 404.

(*b*) Pleidiol, yn dangos ffafriaeth: *partisan, showing favouritism.*

18–19g. *Llr* C 2, 351, *Ochrog,* partial to. Glam.

ochrol [*ochr* + *-ol*] *a.* Yn perthyn i ochr, i'r ochr, ar yr ochr, o'r ochr; *Sein.* o natur yr ochrolion: *lateral, to or on the side, from the side; lateral (in phonet.).*

1803 *P* d.g. *ochrawl.*

ochrolion [*ochrol* + *-ion*²] *e.ll.* (un. b. *ochrolen*). *Sein.* Seiniau llafar (megis *l, ll*) a gynhyrchir drwy gyfyngu ar lif yr anadl yn y geg (a'r tafod yn cyffwrdd â'r dannedd, y gorfant, neu'r daflod) a'i gyfeirio tuag at ochr neu ochrau'r tafod: *laterals (in phonet.).*

20g.

ochrwr [bôn y f. *ochraf*: *ochri* + *-wr*] *eg.* ll. *-wyr.* Un sy'n ochri â'r naill blaid neu'r llall (mewn dadl), pleidiwr: *one who takes sides (in an argument), partisan.*

18–19g. *LlGC* 13225, 115, Mae *Ochrwr* godidog rhull enwog gerllaw. **1803** *P, ochrwr,* s. m. pl. *ochrwyr,* a sider.

ochus [*och* + *-us*] *a.* Cwynfanllyd, yn ochain: *moanful, sighing.*

1752 H. Lloyd: *H* 15, Pan byddo rhai *ôchŷs,* sy'n uchel eu rhôd, / Yn gweiddi gwae' geni i'r ddaiar erjod.

od¹ [bnth. S. C. *odde*] *a.* a hefyd gyda grym enwol.

(*a*) Anarferol neu hynod o ran gwedd, cymeriad, &c., rhyfedd, ecsentrig; arbennig, gwych, rhyfeddol: *odd, strange, eccentric; special, excellent, wonderful.*

14g. *GDG* 153, Ni ŵyr gwen, un oriog yw, / Nid edwyn mor *od* ydyw. **15–16g.** *TA* 475, Mae'n *od,* Wen, mwyn dy annerch, / Marw neu fyw am yr un ferch. **15–16g.** Hywel Rheinallt: *Gw* 3, Dylud aur, *od* y dalaith, / Dwynwen, uwch no dyn o'n iaith. **16g.** Wiliam Cynwal: *Gw* (R. L. Jones) 158, Ni wnâi drin, rhôi win yrhawg, / Neu gam *od* â'i gymydawg. **16–17g.** *NBSA* 156, Braens *od* o lwyth, brinswaed lin, / Barch hael fron, Brochwel Frenin. **1632** *D, od,* excellens, prestans, egregius. **1722** *Llst* 189, *od* (adj), excellent, charming, rare. **1770** *TG* iii. 23, Caem fywyd hyfryd mewn hedd —o'r *odaf* / Aeserwaf ddi suredd [*sic*]. **1790** T. Jones: *TOS* 179, 'Rwyf yn cyfaddef, y byddwch wrth hyn yn *od,* byddwch yn *od* hefyd yngogoniant, 'canys nid llawer o rai galluog . . . a alwyd.' **1793** T. Jones: *SD* 22, Y mae'r pedwarydd o'r darluniadau . . . yn fwy *od* a chymmysglyd nag yr un etto. **1803** *P, od,* a., notable; excellent; singular, odd.

(*b*) *Math.* Na ellir ei rannu â dau heb weddill (am gyfanrif), amniferog, anghynifer; yn dynodi swm amhendant sy'n fwy na'r swm a fynegir mewn ffigurau crwn; dros ben, sbâr: *odd (of integers or amounts); surplus, spare.*

1547 *WS, od* amynifer, odde. **1589–90** *Rhyddiaith Gymraeg* ii. 124, Canys ynn y amser ef (sc. Seisyllt), sef 4500 ac *od* o vlynyddoedd wedi dechreu y byd. **1632** *D, od* . . . Reliquus. **1722** *Llst* 189, *od,* over and above, the overplus. **1768** J. Roberts: *R* 12, os na hannerant rhowch yr 1 *od* tan Ddegau 'r Sylltau. *id.* 56, yw gyssylltu gyd â'r ffigur *od,* os bydd un. *id.* 80, Yna Lliosogwch y Ffigurau dorwyd ymaith âg 20, gan gymeryd y Sylltau *Od* i mewn. *id.* 91, Pan fyddo y Sylltau, yn *Od* Lliosogwch hwy â 5.

Cfn.: **od ar:** *better than or excelling (all others in a certain class).* **15–16g.** *GLM* 15, Huw, *od ar* bawb, hyder byd. **16–17g.** Llywelyn Siôn, &c.: *Gw* 553, ty *od ar* y tai ydyw. **17g.** Huw Morus: *EC* i. 22, Bardd *od, ar* y beirdd ydoedd. **1762** *ML* ii. 529, rhaid iw blant o fod yn *od ar* bob plant eraill. **od o:** *very, exceedingly.* Ar lafar, 'Mae hi'n *od o* siarp', 'Mae hi'n *od o* braf tra parith yr haul', *WVBD* 403.

od², gw. o³.

ôd¹ [bôn y f. ddil.] *eg.* (bach. *odyn*) a hefyd fel *a.* Eira (sy'n syrthio), plu eira; ?yn bwrw (am genllysg); llathrwyn, claerwyn: *(falling) snow, snowflakes; ?pouring (of hail); shining white.*

14g. *GDG* 162, Mewn eiry er ei mwyn aros, / A rhyn *ôd* a rhew y nos. *id.* 244, Nid mwy y glaw, neud mau glwyf, / No'r *ôd,* dano yr ydwyf. **14g.** *IGE*² 213, A'r tâl a gynnal ei gwisg, / Mold hyfryd, mal *ôd* difrisg (Sypyn Cyfeiliog). *c.* **1400** *R* 1201. 40–1, Ae*hot* genllysc. ae hir deruysc [am uffern]. **15g.** *LGC* 351, Cynt wyv at ddau vab Ieuan / Noc awel wynt i ben glàn; / No'r *ôd* gwŷn ar hyd gweunydd. **15g.** Gwilym Tew: *Gw* 494, Y rhwyf ar iaith, rif yr *od,* / A orweddodd ar waddod. **15g.** *HCLl* 127, Ewig oedd im â gwedd *ôd.* **15–16g.** Llawdden, &c.: *Gw* 195, Chwi a gawsoch eich gosod / Uwchlaw ieirll, a choler *ôd.* **1547** *WS, od* glaw wedy keulo. **1632** *D, ôd,* nix cadens, nix dum ningit. **17g.** E. Morris: *B* 25, Eich achau aur gangau gynt, / Neu'r *ôd* aneiri ydynt. **1759** *BC* 329, Am bob Defnyn glaw neu *ôdyn.* **1798** R. Davies: *CG* 99, A chenllysg cymysg ac *od.* **1799** Dafydd Ionawr: *MB* 66, Er bôd ein beiau rif yr *ôd.* **1803** *P, od* . . . the falling snow, snow.

ôd²,³, gw. god, odaf: odi.

-od¹, trf. ll. e., e.e. *llewod, menywod, Gwyddelod, murddunod, plorod.*

-od²,³,⁴, gw. -awd³,⁴,⁶.

odaf: odi¹ [?o'r un gwr. IE. **pet-* 'rhuthro, ehedeg' ag a welir yn y f. *ehedaf: ehedeg*; cf. Gr. πτωτός, Afesteg *tāta-* (< **ptātā-*) 'yn disgyn (am law)'] *bg.a.* Bwrw (eira neu eirlaw), disgyn (am eira); lluchio, hefyd yn *ffig.*: *to snow or sleet, fall (of snow); hurl, also fig.*

10–11g. *DGVB* 279, *ot* ti, gl. *tolle.* **13g.** *C* 90. 2–3, *Ottid* eiry. guin goror mynit. *id.* 92. 3, Kin *ottei* eiry hid in aruul melin. **14g.** *WM* 140. 16–18, yd oed kawat o eira gwedy ry*odi* y nos gynt. *id.* 477. 20–3, Meglyt a oruc yspadaden penkawr yn un or tri llechwayw gwenhwynic a oed ac y law. Ae *odi* ar eu hol. **14g.** *GDG* 122, Gwaed yr edn gwedy r'*odi,* / Gradd haul, mal ei gruddiau hi. *c.* **1400** *R* 1272. 2, lliw aryen ydiw eiry yn*odi.* **15g.** *CSTB* 4, Anwydog pan fai'n *odi,* / A'i heol oedd fy hwyl i. **15–16g.** *TA* 470, Ar y mynydd fry, ymannos, / *Odi* a wnaeth hyd y nos. **1547** *WS, odi,* snowe. **16g.** Wiliam Cynwal: *Gw* (G. P. Jones) 98, Lliw brig *odi,* llwybr Gwydian, / Lle brith hau oll, wybr a thân. **1632** *D, odi,* ningere, ninguere. **17g.** Huw Morus: *EC* ii. 159, Rhewi, ac *odi,* a lluwchio, / A rhuo 'r oedd yr hin. **1722** *Llst* 189, *odi,* to snow, sleet. **[1783]** *W* d.g. *to sleet.* **1803** *P, odi,* to snow; for which bwrw eira, is commonly used. Ar lafar yn siroedd Fflint a Dinb.

Amr.: **odif.** **13g.** *C* 7. 11–8. 2, Guaeth. vygniw *odiu* attep. ir nep nuyhatnappo. **14g.** *WM* 477. 25, 478. 17.

odalisg [bnth. S. *odalisque*] *eg.* ll. *-iaid.* Caethferch neu ordderch yn y Dwyrain gynt, yn enw. yn llys y Swltan yn Nhwrci, hefyd yn *ffig.*: *odalisque, also fig.*

1921.

odfa, gw. oedfa.

odfael [*od*¹ + *mael*¹] *e?b.* ll. *-ion.* Budd neu elw ysbeidiol a geir dros ben cyflog arferol: *perquisite.*

1850.

odi¹,², gw. odaf: odi, wyf: bod.

odiaeth [*od*¹ + *-iaeth*; ansicr yw dosbarthiad y ddwy engh. gyntaf fel adf.] *a.* a hefyd fel *eg.?b.* ll. *-au,* ac fel *adf.* Gwych, rhagorol, rhyfeddol, anghyffredin, eithriadol; rhagoriaeth; gwahaniaeth, hynodrwydd; hefyd yn *ffig.*: *excellent, splendid, wonderful, unusual, exceptional; excellence, superiority; difference, peculiarity; also fig.*

15–16g. *GLM* 182, aeth *odiaeth,* pennaeth ydyw: / eryr aur wrth yr ieir yw. **15–16g.** Hywel Rheinallt: *Gw* 61, Gwalch drud o hil Syr Tudur, / Gŵr *odiaeth* fu'r pennaeth pur. **1547** *WS, odiaeth,* oddes. **16g.** Morus Dwyfech: *Gw* 45, Cyff'lybiaeth yw d'*odiaeth* di / I'r llyn a'r môr yn llenwi. **16g.** Huw Arwystl: *Gw* 8, eroi dduw n hir addwyn hawg / ith waed *odiaeth* odidawg / aed ith bwyll *odiaeth* bellach / yr *odiaeth* oedd ar dwyth ach. *id.* 141, ysdad hoyw ysdod howel / owen i thwrn vnwaith el / kael yr *odiaeth* klay r ydwyd / kei fawl gwalch kyfeiliog wyd. **1588** *Doeth Sol* xiv. cs., Athrawiaeth *odiaeth* am ddelwau. **1631** O. Thomas: *CC* 51, er eu bôd o ddoniau ragorawl, ac yn dwyn *odiaeth* ar lawer . . . etto nid oedd eu llygaid mor eglur, a chrâff ac y canfyddent bôb peth. **1632** *D, odiaeth* . . . excellens, &c. Idem quod Od. **17g.** *CC* 17, dau ar vnwaith draw onyn / roed yn llawr llanfawr yn llyn / ar trydydd or tri *odiaeth* / ir vn llann yn y fan fo aeth. **17g.** Huw Morus: *EC* i. 38, Dau wyth gant, *odiaetha* gwr, / Oedran Iesu, deyrnaswr. **1701** E. Wynne: *RBS* 66, *Odiaeth* o gyngor (*a good advice*) oedd i ti . . . gofio derchafu dy enaid. **1739** *ML* i. 15, diau mae *odiaeth* oedd clywed eich geiriau'ch deuwedd. **1803** *P, odiaeth,* s. m. a peculiarity; that is notable, rare, or precious. Ar lafar yn Arfon, 'Mae'n *odiath* o dda', *WVBD* 403.

Fel *adf.* Tra, iawn, i'r eithaf, rhyfeddol o: *very, extremely, exceedingly, wonderfully.*

16g. Dafydd Benwyn: *Gw* 600, merch Edwart, mawrwych *odieth,* / ap Sion, vniawn sson, o Seth. **16g.** Wiliam Cynwal: *Gw* (G. P. Jones) 3, Brau *odiaeth* obry ydoedd, / Bôn yr iaith, yn ben ir oedd. **1588** *Gen* xxiv. 16, A'r llangces oedd dêg *odieth* yr olwg. **1588** *Esec* xxxvii. 1–2, sychion *odieth* oeddynt [esgyrn]. **1632** J. Davies: *LlR* 185, cyflwr hoyw *odiaeth* o iechyd (*a most florishing estate of health*). **1715** T. Evans: *GC* 10, Oblegid fod y fath Nêf, a'r llawenydd yno, yn gweddu yn dda *odiaeth* a'r fath Adgyfodiad. **1747** T. Evans: *DDM* 10, rhai . . . sy yn ymchwyddo o Ddysc a Gwybodaeth (er eu bod yn dda, yn dda *odiaeth* yn eu Rhyw). Ar lafar yn Arfon, 'Mae o'n dda *odiath*', *WVBD* 403.

odiaethol [*odiaeth* + *-ol*] *a.* a hefyd gyda grym adfl. Gwych, rhagorol, rhyfeddol, eithriadol: *excellent, splendid, wonderful, exceptional.*

1630 R. Vaughan: *YDd* 296, yr *odiaethol* fodd ar weddi, yr hon a ddyscodd Crist ei hunan i ni. **1632** *D,* odiaeth, *odiaethol,* excellens, &c. Idem quod Od. **17g.** Huw Morus: *EC* i. 145, Teg a thlws fel seren forau, / A glân *odiaethol,* gwelan' dithau. **1696** *CDD* 29, Rwŷ'n gweled argoelion, na chlywai ar fy 'nghalon / Roi câs am fendithion *odiaethol.* **1728** S. Rhydderch: *GC* 163, Iaith *odiaethol* Iaith od weithiau. **1762** *ML* ii. 482, Mae hi heddy . . . yn dywydd têg *odiaethol.* **1774** H. Jones: *CH* 15, Pa *odiaethol* gristnogion a fyddem ni, ped faem mor ofalus am brofeidio ein hunain erbyn gauaf marwolaeth. **1800** W. Owen[-Pughe]: *CP* 98, Yr ydym ni yn gwneyd caws rhostiô *odiaethol.* **1803** *P.*

odiaf: odio [bf. o'r a. *od*¹] *ba.* Gwneud (person, &c.) yn od neu'n rhyfedd: *to make (person, &c.) odd.*

20g.

odid [H. Wydd. *óthad, úathad,* 'ychydig': ?< Clt. **au-tītos,* cf. H. Wydd. *tinaid,* gl. *euanescit,* ?a Gr. ἀποφθίμην] *eg.* a hefyd fel *a.* a chyda grym adfl.

(*a*) (Peth neu berson) prin, eithriadol, neu ryfeddol: *rare, exceptional, or wonderful (person or thing).*

c. **1300** *B* ii. 27, Kyuedach yn *odit* (*conuiuare raro*). k[ystal] y[w] h[ynny] a[c] e[rchi] y[tt] nat yuych ormod o lynn. **14g.** *T* 28. 26, *odit* ae gwypwy. **14g.** *GP* 58, Teir sillaf *odit* ganyat ysyd, nyt amgen: diptonn dawdledyf, a dipton wibledyf, a diptonn dalgronnledyf. **14g.** *Cy* vii. 144, *Odit* da diwarafun. **14g.** *IGE*² 220, *Odid* iddo ruo rhawg / O wyrthiau main mawrweirthiawg [Iorwerth ab y Cyriog i ddiolch am gae]. *c.* **1400** *J* 1, 1080, *Odit* edewit adel. **15g.** *GO* 147, Ar Basc, *odid* awr y bwyf, / A Nodolic, nad wylwyf. *Diw.* **15g.** *Pen* 67, 52, *Odid* borav yth nevadd / na chafat gleissiat o gladd (Hywel Dafi). **15–16g.** *TA* 102, Byw it, ŵr, be oed derwen, / *Odid* byw wedi dy ben. **1595** M. Kyffin: *DFf* [55], ag *odid* dyfu peiswyn heb yd. **16–17g.** *CRC* 2, *Odid* fab a blan i gariad / ar na grydd nag ael na llygad. **1631** O. Thomas: *CC* 15, Chwi a wyddoch mai *odid* gweled yn lloygr . . . na gwraig, na mâb, na merch . . . heb fedru darllain. **1632** *D, odid,* vix, rarus, infrequens. **1701** E. Wynne: *RBS* 55, yr hwn a orchfyger â phrawf bychan o boen, *odid* iawn iddo fodloni i golli ei fywyd mewn arteithiau. **1754** G. OWEN: *L* 117, *odid* i ddyn awenyddgar gyfeiliorni'n gywilyddus. **1803** *P*.

(*b*) (enghrau. ynghyd â'r f. *wyf*: *bod*: *exx. with the vb.* '*wyf*: *bod*').

13g. *A* 38. 8–9, oed *odit* imit o barth urython gododin o bell guell no chenon. *c.* **1300** *B* ii. 29, kanys *odit* yw kaffael dyn or byt yn gyn fydlonet oe weithret ac oe eir. **14g.** *T* 80. 14, Byt mor yw *odit*. **14g.** *GDG* 82, *Odid* ydoedd i adar / Paradwys cyfrwys a'i câr / O dro iawngof drwy angerdd / Adrodd a ganodd o gerdd. *c.* **1400** *R* 1038. 25–6, ys *odit* llywyr ytlecher. yndaw. *c.* **1400** *YCM*² 60, *Odit* oed onadunt hwy, hagen, a adnappei Otuel. **15–16g.** *TA* 350, Mae 'n *odid*, am un adwy, / Arnom wên ar enau, mwy. **16g.** DAFYDD BENWYN: *Gw* 170, *Odid* oedd gael, heb oedi, / yn byth hwnt, vn o'y bath hi. **1606** E. JAMES: *Hom* i. 181, *odid* yw cael neb a ymdaero ag ef ei hûn.

Amr.: **godid** [ff. eir.; cf. *godidog*]. *Dchr.* **17g.** *J* 10, 93b. **1800** *P*.

Cfn.: **odid a** = **o. y.** **1703** E. WYNNE: *BC* 94, pe dywedasit hyn y dydd arall, *odid a* ddaethwn i yma. Cf. **1701** E. WYNNE: *RBS* [viii], odid oes un drysorfa gyfoethoccach . . . na'r llyfran hwn. **o. fyth, o. byth:** *hardly ever*. **15–16g.** *TA* 338, *Odid fyth*, er daed fai, / Y caid dyn a'i cyd tynnai. **o. (i) ddim:** (*with a neg.*) *hardly any*(*thing*). **1760** WLL: *SAC* iv. **o. i:** *hardly any*. **1861. o. na(d):** *it is probable that, it usually happens that.* **1631** O. THOMAS: *CC* 82. **1703** E. WYNNE: *BC* 62. **1717** M. WILLIAMS: *Cofrestr* [3], Ac *odid* mawr *nad* edrych y cyfryw Ddynjonach ar y Gorchwyl bychanigyn ymma megis Gwrthwaith ac Anoberi. **1778** *W* d.g. *odds*, '*Tis odds but.* **o. neb:** *hardly anybody, hardly anyone.* **1888. o. o:** (*sometimes with a neg.*) *hardly any*(*one*); *almost any*. **14g.** *T* 38. 15, *Odit o* gymry ae llafaro. **1346** *LlA* 165, *odit o*r rei hynny ysyd yn gristonogyon. *c.* **1400** *B* ix. 114, a charyat kyuan a uyd rwng *odit o* dynyon. **1632** J. DAVIES: *LlR* 12, nad oes *odid o* vn ym mysg mil yn ystyried y pethau hyn. **1716** E. SAMUEL: *GGG* 5, mae Goleuni yr Efangyl yr awrhon yn llewyrchu cyn ddiscleiried YnGhymru ag mewn *odid o* wlad arall. **o. oni** = **o. na.** **1740** T. EVANS: *DPO* 253, pe buasai efe yn Gymro, *odid* fawr *oni* fuasai'r gwaith yn ormod o Dasc iddo. **1747** T. EVANS: *DDM* 9, Ond chwedl drwg, gan ddyn maleisus, *odid oni* fydd byth ryw Goffâ [*sic*] am dano. **o. os (o(d))** = **o. y.** **14g.** *GIG* 18, Ni chollai wan, gwinllan gwŷr, / Tref ei dad tra fu Dudur; / . . . / *Odid od* wtlëid tlawd. **15g.** *Pen* 109, 58, *odit o* chyrch oi adwy. / vn sais aber marleis mwy (Lewys Glyn Cothi). **1735** S. THOMAS: *HP* 221, *odid os* ydynt yn cael eu derbyn i'r Nef. **o. (yr, i) un:** *hardly one, hardly any*; *almost any*(*one*). **17g.** HUW MORUS: *EC* ii. 380, *Odid un* a'i dymunodd / Yr aeth ei fyd wrth ei fodd. **1774** *W*, *Odid yr un* y sydd d.g. *hardly* [*scarcely*] . . . *There is hardly any.* Cf. *c.* **1400** *B* iii. 15, odit undyn dianaf. **o. unrhyw:** *almost any*. **1921. o. y:** *it is improbable or unlikely that, it does not often happen that, it scarcely happens that.* **14–15g.** *IGE*² 294, *Odid y* medd dan do main / O'u llanw llawer llenlliain [Siôn Cent i'r cybydd]. **1684** H. OWEN: *DC* 291. **1752** G. OWEN: *L* 12, 28. Cf. D. J. WILLIAMS: *HW* 63, *Odid y* cefais gymaint blas ar ddim ysgrifenedig, na chynt na chwedyn.

ododog, odidowgrwydd, gw. godidog, godidowgrwydd.

odl [ff. ar *awdl*; cynhwysir enghrau. o'r ff. l. *odlau* yn ystyr adran (*b*) d.g. *awdl*] *eb.* (bach. g. *-yn*) ll. *-au*.

(*a*) Cyfatebiaeth gyflawn (ffonemig) rhwng diwedd dwy sillaf (e.e. *hyn—llyn*, *twyll—cannwyll*, *gwybod—datod*, *trwyn—wyneb*, *mannau—llannau*), hefyd am gyfatebiaeth anghyflawn (gw., e.e., *odl enerig*, *o. Wyddelig*, yn y *Cfn.* isod): *rhyme*.

14g. *GP* 53, Yn y tri lle ar gerd y gellir beiaw, nyt amgen, yn y kymeradeu, a'r kynganed, a'r *odleu*. *ib.* Bei ar gerd yw gormod *odleu*. **1547** *WS* [xiii], able, fable, twyncle, wryncle, thondre, wondre, yr hyn eirieu ac ereill a deruynant yn vn *odyl*. *p.* **1584** G. ROBERT: *GC* [211–12], y sain ddiwaethaf ymhob braich, a'r cysseiniaid os byddant, ar i hol, a elwir, *odl*, mal: . . . A'r trydydd dydd wr tradoeth / O fru'r ddaear ddu e ddoeth. Yr *odl* yw ,oeth, yn y ddau fraich, canys ni chyfrifir mo'r cysseiniaid, sy o flaen y sain, yn rhann o'r *odl*. **1632** *D*, *odl*, terminatio rhythmica. **1696** *CDD* 27, Er bôd y brydyddiaeth, a'r Awdwr yn ddiffaeth, / Mae'r testŷn yn odiaeth, iawn *odle* bôb prŷd. [**1783**] *W* d.g. *rhyme* [*the similarity of sound at the end of two verses, &c.*] **1808** TWM O'R NANT: *BB* 82, Bydd rhai mor orchestol, yn dyblu 'r un *odol*.

(*b*) Cân; awdl, cerdd; rhigwm; llinell (o farddoniaeth), pennill: *song*; *ode*, *poem*; *rhyme*, *rhymed stanza or verse*; *line* (*of verse*), *verse*.

1567 *TN* [xliii], gwers ney *odl* oi waith. *Diw.* **16g.** (**1605**) *GP* 210, Braych yw *odl* neu ddarn pennill heb newid kynghanedd ynddo. **16–17g.** *IGE* 208, Gangen *odl* (*Wy* 1, 210, owdl) gyngan adlaes / Gofl aur modd gyfliw eiry maes. **1604–7** *TW* (*Pen* 228) d.g. *oda*. **1630** R. VAUGHAN: *YDd* 282, Meddwl yr hên *odl* hon: Nudus in hunc mundum veni, quoque nudus abibo. **1655** R. JONES: *PC* [xxiv], *Odl* i gofio llyfrau'r Hên Destament. **1722** *Llst* 189, *odl*, a verse, copy of verses. **1758** *ML* ii. 91, Gwych y canodd y Llew yw nai a thragwych yr *odl* a roddasoch ar ei fedd. **1763** I. BRYDYDD HIR: *Gw* 173, Llyma yr *odl* gyntaf, sef Cerdd Owain Cyfeiliog.

Cfn.: **odl gudd:** *rhyme occurring as a result of liaison between two words.* **1808** R. DAVIES: *GC* 150. Cf. J. MORRIS-JONES: *CD* 252, '*Odl gudd*' y gelwir cyfatebiaeth a geir trwy gysylltu â diwedd gair ddechreu'r gair a'i dilyno; hi ddigwydd mewn cynghanedd sain a chynghanedd lusg. **o. gyfochr** = **o. ddwbl.** **1621** *D* (*R*) 216. *c.* **1730** *Thos. Lloyd D* (LlGC) 186a. Gw. hefyd *cyfochrawdl*. **o. gyrch:** *rhyme between the end of one line and the caesura of the next.* **1923.** Cf. J. MORRIS-JONES: *CD* 327, Gwneir clymiad 'awdl gywydd' o ddwy linell o 7 sillaf yr un, a diwedd y gyntaf yn odli â gorffwysfa'r ail . . . gelwir hyn yn '*odl gyrch*'. Cf. hefyd *CBYP* 97, ymgadwyno'n . . . odlgyrch. Gw. hefyd *awdl* (At.), *cyrchodl*. **o. ddwbl:** *double rhyme*. **1923. o. ewinog:** *rhyme occurring as a result of the unvoicing of a voiced plosive at the end of a word.* **1925** J. MORRIS-JONES: *CD* 253, Anghyffredin yw *odl ewinog*, sef odl lle bydd mud galed ar ddiwedd gair yn cyfateb i un feddal wedi ei chaledu gan flaensain ar ei h[ô]l, megis *-d* gan *h-*, *d-*, neu *t-*. **o. enerig:** *generic rhyme* (*i.e. between syllables with identical vowels followed by phonetically similar consonants, e.g. plosives or nasals*). **20g.** Cf. *lledodl*. **o. Wyddelig** = **o. enerig.** **1938. o. fewnol:** *internal rhyme*. **20g.**

Gw. hefyd awdl.

odlad, gw. odliad.

odlaf: odli¹ [bf. o'r e. bl.] *bg.a.* Bod yn odl, ffurfio odl; peri bod yn odl, defnyddio fel odl; ymffurfio'n batrwm o odlau; cael ei drefnu'n (batrwm o) odlau; llunio (cerdd, &c.), cyfansoddi barddoniaeth; pyncio neu ddatgan (barddoniaeth, &c.): *to rhyme*; *compose* (*a poem, &c.*), *compose poetry, &c.*; *sing or recite* (*poetry, &c.*).

16g. *WLl* 134, Gwrdd *odlaist* y gerdd ddidlawd / Uwch benn gwedd ych bon y gwawd. **1567** *TN* 290a, gan ganu, a' psalmu [:– *odli*] ir Arglwydd yn eich calonæ. **1587** *GP* 193, Bai yw gormod *odli*. **1605–10** *B* iv. 220, Gorchest y Beirdd a vessurir o ddec silldaf ar hugain . . . ai gynganeddu ai *odli* bob pedair silldaf. **1632** *D*, *odli*, similiter terminare, similiter cadere. **17g.** E. MORRIS: *B* 75, A Dafydd fu'n *odli*, dan foli Duw'n fawr. **1688** *TJ*, *odli*, Cysoni, Cŷdleisio: to sound alike. **1696** *CDD* 123, Un odlais iawn *odlwn*. [**1783**] *W* d.g. *to rhyme*, *V.N.* [*agree in sound, as the ends of two verses, &c.*]. **1803** *P*.

odlaw [*ôd*¹ + *glaw*] *eg.* Eirlaw: *sleet*.

16g. (*LlEG*) *Mos* 158, 519b, [c]enllysg ac *odlaw*. **16g.** WILIAM CYNWAL: *Gw* (R. L. Jones) 670, Dugost ei wyddau degwm / Drwy'r *odlaw* draw o'r ydlam. **16–17g.** EDWARD URIEN, &c.: *Gw* 291, Lle'r aeth o'i drip llwyrwaith draw, / Llanidloes oll yn *odlaw*. **1684** T. JONES: *Alm* [26], gwlaw oer, ag *odwlaw*. **1693** *Arch Camb* vi. (1860) 238, nives humidiores: (Wallice *odlaw*). **1774** G. HOWEL: *Alm* [27], Yr Eira gwynn, a'r dryccyn draw, yr *Od'law*, eir'law oer. **1782** M. WILLIAMS: *BM* [18], ac *odlaw* di-adliw. **1803** *P*, *odwlaw*, sleet; also called eirwlaw.

odledig [bôn y f. fl. + *-edig*] *a.bfl.* Wedi ei odli, mewn odl: *rhymed, in rhyme*.

c. **1785–90** (**1829**) *CBYP* 183, diarheb *odledig* gyffredin.

odlef [?*od*¹ + *llef*¹] *eg.b.* ?Cân neu gerdd hynod, llafar ardderchog: *remarkable song or poem, excellent utterance*.

1765 *Cyf C* 1, Gair Duw bendigedig ai henwiff hi'n unig, / Yn gynta o bob miwsic tôn eyrfrig tan nêf, / Mawr ydoedd bwriadau [*sic*], gwneyd hon i gyd tynnu, / I fedru cynhedlu cain *odlef*. *id.* 137, Cowir odieth Iôn caredig, / Aur ag oesol wr eglwŷsig; / Sef *od-lef* doeth sefydledig. **1772** J. PRYS: *Alm* 15, Cyd ganwn *odlef* gyson ffraethlon ffri.

odli¹, gw. odlaf: odli.

odli² [ansicr yw ystyr yr enghrau. llenyddol isod; cynigir y diff. ar sail y geiriaduron yn unig] *a.* a hefyd fel *bg.* Rhagorol; rhagori: *excellent*; *to excel*.

1603 W. MIDLETON: *Ps* 2, Heddyw y mab hawdd om ais / Gain *odli* ith genedlais. *id.* 147–8, Fel llys vchel ei wel-lydd / Ei Gyssegr-fa seil-fa sydd: / Fel y ddayar gronn-war grê / Saif *odli* iw sefyd-le. *id.* 203, Yn wir y rhoe dîr i'r rhai dall *odli* / Y cenedloedd angall. *id.* 28[4], I bêri gwedi gadoedd a dywad / Dial ar i bobloedd: / Ag i ddofi cosbi coedd / Accw '*n odli*' r cenedloedd. **1604–7** *TW* (*Pen* 228), rhagori, blaenori, *odli*, gwneuthur rhagoriaeth d.g. *excello*. *c.* **1605** *CRC* 42, na Philades [*sic*] vwyngv / Orestes ffrind *odli* / ac ydwy n dy garv / yn ynghalon. **17g.** *BM* 47, 49a, pyn gelwyd am gyfri bydde fagad yn kodi / yn gweld yn bryd *odli* y fynd adre / fy nobol i felly heb help ond fy ng[w]dy / ag eraill yn taly deg grotte. **1722** *Llst* 189, *odli*, excellent. *c.* **1729** S. RHYDDERCH: *LlCD* 325, Be tai wr mor *odli*, a chwympio at Gwmpeini, / I geisio ein stopi ni clyw. **1773** *W* d.g. *ex*[*c*]*ellent*.

odliad, odlad [bôn y f. *odlaf*: *odli* + *-iad*¹, *-ad*] *eg.* ll. *-au*. Y weithred o odli, odl, hefyd yn *ffig.*: *a rhyming, rhyme, also fig.*

a. **1575** *GP* 125, Dybryd Ssain a vydd mewn kynghanedd ssain, pann vo y sseiniad y'r *odliad* diwaethaf o'r gynghanedd yn prostiaw a'r brifawdl val y bo dybryd i glywed. *c.* **1785–90** (**1829**) *CBYP* 170, *odlad*, ag acceniad. **1803** *P*.

odliadol [*odliad* + *-ol*] *a.* Yn odli, mewn odl; yn perthyn i odl: *rhyming, rhymed, in rhyme*; *pertaining to rhyme*.

1872.

odliadur [bôn y f. *odlaf*: *odli* + *-iadur*] *eg.* ll. *-on*. Geiriadur sy'n dosbarthu geiriau yn ôl diweddebau sy'n odli: *rhyming dictionary*.

20g.

odlig¹ [*odl* + *-ig*¹] *eb.g.* Awdl fer: *short ode*.

1768 *ML* (Add) 736, yr wyf yn gyrru i chwi . . . Cywydd yr haul, ac *Odlig* alarus waith ein diweddar Fardd ni John Powel. **1803** *P*.

odlig² [*odl* + *-ig*²] *a.* *c.d.* (am gytsain neu gytseiniaid) Yn digwydd ar ôl y llafariad ym mhrifodl llinell o gynghanedd: (*of a consonant or consonants*) *occurring after the vowel in the main rhyme in a line of* '*cynghanedd*'.

p. **1584** G. ROBERT: *GC* [222], y cysseiniaid a font yn yr odl, ar ol y sain, a elwir cysseiniaid *odlig*. *id.* [229], Cydgysgu, cyd brynnu braint . . . Nt, sy *odlig*, ond nid oes onid, n, yn cael i chynglo yn'r orddarn.

odliw [*ôd*¹ + *lliw*¹] *a.* O liw'r eira, gwyn fel eira: *of the colour of snow, snow-white*.

1765 *Cyf C* 3, Trefnyslais, caeodlais, cû *odliw*. **18–19g.** *CLlC* iii. 33, Mae twf ar benn gwenn gain eiliw, / Modd llaes hirllaes Iarlles *odliw* (Iolo Morganwg). *Diw.* **19g.** *SE MS* 338a, *odliw*, of the colour or hue of snow; snow-white.

odlog [*odl* + *-og*] *a.* Yn odli, mewn odl; yn defnyddio odl: *rhyming, rhymed, in rhyme*; *using rhyme*.

1722 *Llst* 189, *odlog*, rythmical, metrical. **1792** R. WILLIAMS: *LlA* 74, A bro Gwynedd heb air i ganu, / Nag enwawg iawn *odlawg* anadlu. **18–19g.** IEUAN LLEYN: *C* 66, Ddwys edlin dduwies *odlawg* [am yr awen]. **1803** *P* d.g. *odlawg*.

odlydd, odlwr [bôn y f. *odlaf*: *odli* + *-ydd*³, *-wr*] *eg.* ll. *-wyr*. Bardd, prydydd (weithiau'n ddifr.); odliadur: *poet, rhymester*; *rhyming dictionary*.

c. **1400** *R* 1344. 29–30, gerd odlawt gard *odlyd*. **15g.** *LGC* 118, odlau *odlydd* ddwyvil i Ddavydd. **16g.** DAFYDD BENWYN: *Gw* 243, By dda *odlwr*, by ddidlawd, / braya gwalch, yn berwi gwawd. **18–19g.** *IMCY* 238, Wyt awdur itti ydwyf / Yn brydydd a'th *odlydd* wyf.

odlyddol [*odlydd* + *-ol*] *a.* Yn cynnwys rhestr o eiriau wedi eu dosbarthu yn ôl odl (am eiriadur): *rhyming* (*of dictionary*).

1893.

odlyn, gw. odl.

odrif [*od*¹ + *rhif*] *eg.* ll. *-au*. Rhif od, amnifer, anghynifer: *odd number*.

1925.

odrwydd [*od*¹ + *-rwydd*] *eg.* ll. *-au*.

Ansawdd neu nodwedd od neu hynod; y cyflwr o fod yn od, hynodrwydd: *oddity*; *oddness, eccentricity*.
1778 *W* d.g. *oddness, singularity* [*an affected way of being singula*[r] *or particular*].

ods, gw. ots.

odwalch [*od*[1] + *gwalch*] *eg.* Milwr neu arwr rhagorol neu hynod: *splendid or remarkable soldier or hero*.
16–17g. LLYWELYN SIÔN, &c.: *Gw* 444, *odwalch* holl wlad forgann. *id.* 500, *odwalch* sir frychainiog. *id.* 524, a da *odwalch* a dedwydd. **17–18g.** *Llst* 133, 122a, Pa wr y sydd piau'r Sain / Pwy'n pyr *odwalch* pen Prydain.

odwedd [*od*[1] + *gwedd*[1]] *eb.g.* ll. *-ion.* Golwg, ymddangosiad, neu wynepryd rhagorol; odrwydd, hynodrwydd: *splendid sight, appearance, or countenance*; *oddness, eccentricity*.
16–17g. LLYWELYN SIÔN, &c.: *Gw* 525, ydoedd y gwalch, *odwedd* gwych. **17g.** *BL Add* 14890, 99b, Dedwydd iw r dŷn da *odwedd* lawen.

odwlaw, gw. odlaw.

odwr [?bôn y f. *odaf*: *odi* + *-wr*] *eg.* ?Un sy'n derbyn eiddo lladrad; (geir.) cynghorwr: ?*receiver of stolen goods*; (*dict.*) *adviser*.
13g. *LlC* 20, Nau affeyth lladrat ev hynn ema . . . Chechet [*sic*] ev bot en *odur* ac erbennau e lladrat. *Diw.* **15g.** *Pen* 27, ii. 89, nid gwell yr *odwr* nor lleidr.
Amr.: **goddwr** [ffrwyth camddiweddaru]. **1730** *Leg Wall* 571, *Goddwr*, Idem quod Cynghorwr. **1753** *TR*, *goddwr*, the same as Cynghorwr, he that giveth counsel or advice. **1770** *W* d.g. *adviser* [*one giving advice*]. **1803** *P*.

odwych [*od*[1] + *gwych*] *a.* Rhyfeddol neu hynod o wych: *unusually or remarkably splendid*.
16g. LEWYS MORGANNWG: *Gw* 622, siankyn edn syn kau n *odwych* / seirff kan gwymp sierffawkwn gwych. **16–17g.** LLYWELYN SIÔN, &c.: *Gw* 514, glan *odwych*, mal glain ydoedd. *id.* 524, da wladwr, diwael *odwych*. *id.* 531, pryd *odwych*, priod ydoedd.

Odydd [*od*[1] + *-ydd*[3], ar ddelw'r S. *Oddfellow*] *eg.* ll. *-ion.* Aelod o gymdeithas ddyngarol a brawdgarol a sefydlwyd yn Lloegr yn y 18g.: *Oddfellow*.
1842.

Odyddiaeth [*Odydd* + *-iaeth*] *e?b.* Egwyddorion a threfniadaeth yr Odyddion: *Oddfellowship*.
1842.

odyddiaf: odyddio, gw. oetyddiaf: oetyddio.

Odyddol [*Odydd* + *-ol*] *a.* Yn perthyn i Odyddiaeth: *pertaining to Oddfellowship*.
1842.

odyn[1] [yr e. lle H. Grn. *Oden*(*colc*), H. Wydd. *áith* (gen. *átho*) 'ffwrnais, ffwrn'; fe'i terddir weithiau o'r gwr. IE. **āter*- 'tân'] *eb.* ll. *-au.* Ffwrn fawr ar gyfer llosgi, sychu, neu brosesu defnydd megis calch, priddfeini, &c., cylyn, hefyd yn *ffig.*: *kiln, also fig*.
12g. *LL* 143, bet *otyn* Lunbiu. Or *otyn* dyrguairet hyt yclaud. **13g.** *LlI* 63, Guyr e uaertref a deleant guneythur *odyn* ac yscubaur e'r brenhyn ac eu dywallu pan uo reyt. *id.* 81, Puybynnac a adawo tan en *odyn*, ket boet gan arall y llosco, ac na kemero gret y gan e nep a crasso arney wedy ef, talet e traean o weythret e tan hunnu. *c.* **1400** *R* 1270. 3, kwsc o vywn *odyneu*. *id.* 1364. 10, llef cath mywn *odyn*. **15–16g.** *GLM* 196, Ni ddeil sias, Tomas wyt ynn, / lle doud, mwy no gwellt *odyn*. **16g.** *EWGP* 37, gwac buches, diwres *odyn*. **1632** *D*, *odyn*, fornix, vstrina. **1671** C. EDWARDS: *FfDd* 236, enynniff y fâth *odyn* wressog yn eu Cydwybodau. **1693** *HC* 78, pe gallwn . . . agor dorau yr *odyn* uffernol fawr. **1768** J. ROBERTS: *R* 146, Gan wr yr oedd *Odyn*, ac arian ysbâr, / Un droedfedd ar bymtheg chwe modfedd ysgwar: / Pa faint raid ei Ehengi, mynegwch mewn pryd, / I Grâsu ar un waith, Dri chymmaint o Yd. **1784** M. WILLIAMS: *S* i. 160, peth yn cael ei sychu yn naturiol, a pheth ar *odynau*. **1803** *P*. Digwydd yn gyff. mewn enwau caeau, e.e. *cae'r odyn*, *wrglo'r o.*, *allt yr o.*, *weun yr o.* Gw. hefyd *GDD* 209–10.
Cfn.: **odyn frag (fragu):** *malt-kiln*. **17g.** *LlGC* 434, 152, *odyn fragu*. **1776** *W*, *odyn frâg* d.g. *malt kiln*. **1803** *P* d.g. *odyn*. **o. galch** [yr e. lle H. Grn. *Oden-colc*]: *lime-kiln*. **15–16g.** *GLM* 256. **1588** 2 *Sam* xii. 31, *odynau calch*. **1604–7** *TW* (*Pen* 228), *odyn galch* d.g. *fornax* . . . *fornax Calcarea*. **1653** *MLl* i. 137. **1803** *P* d.g. *odyn*. **o. wellt:** *kiln for drying oats* (*on a layer of straw*). **1931. o. faes (maes):** *field-kiln*. **1803** *P* d.g. *odyn*. **o. fwny** = **o. faes.** Ar lafar gynt yn sir Benf., *GDD* 209. **o. biben:** *kiln using a pipe or flue to conduct heat from the fire*. *c.* **1300** *LTWL* 378. **14g.** *WML* 102. Ar lafar gynt yn sir Benf. **o. briddfaen (briddfeini):** *brick-kiln*. **1588** *Jer* xliii. 9, *odyn briddfaen*. **1775** *W*, *odyn briddfeini* d.g. *kiln* . . . *a brick-kiln*. **o. deils:** *kiln for drying oats* (*on tiles*). **1931.**

odyn[2], gw. ôd[1].

odynaid [*odyn*[1] + *-aid*[1]] *eb.* Cymaint o ŷd, ceirch, priddfeini, &c., ag a gresir mewn odyn ar y tro, llond odyn: *kilnful, clamp* (*of bricks*).
1772 *W* d.g. *a clamp of bricks*. **1803** *P*, *odynaid*, f. a kiln-full. Ar lafar yn y ff. *dyned*.

odyndy [*odyn*[1] + *tŷ*] *eg.* (Adeilad sy'n cynnwys) odyn; (geir.) becws, tŷ popty, crasty: *kiln, kiln-house*; (*dict.*) *bakehouse*.
14g. *LlB* 9, Llety y pennkynyd a'r kynnydyon gantaw yw *odynty* y brenhin. **14g.** *WML* 103, Y neb a gyneuho tan ymywn *odynty*. **15g.** *LHDd* 12, Nawtai a dyly y bileiniaid eu hadeiliad yr brenhin . . . capel yscubawr *odyndy* ystabyl kynhordy. **15–16g.** *TA* 536, Eu cares oedd, lle ceir sôn, / Uwch *odyndy*, wrach dindon. **1632** *D*, *odyndy*, furnaria. **1688** *TJ*, *odŷndŷ*, Tŷ pobbi: a Bakehouse. **1722** *Llst* 189, *odyndy*, m. a kiln-house. **18g.** *GDG* 420, Gwilim Gam yn crasu haidd ar *odyndy* uwchlaw Melin y Prior. **1803** *P*.

odynwr [*odyn*[1] + *-wr*] *eg.* ll. *-wyr.* Person sy'n gweithio mewn odyn: *kiln-man*.
1892.

odd[1], *ardd.*, gw. o[1].

odd[2], ff. lafar ar *oedd*, gw. wyf: bod.

odd[3], gw. oddi.

-odd[1] [< *-awdd*; am darddiadau posibl, gw. *WG* 338, *Ériu* xxxvii. 127–31] *trf. bfl.* 3 prs. un. myn. grff., e.e. *atebodd*, *cerddodd*, *disgynnodd*, *lladdodd*.

-odd[2] [digwydd mewn Cym. C. yn y gair *trwodd*, a lledodd drwy gydweddiad i ff. adf. eraill] *trf. adf.*, e.e. *arnodd*, *tanodd*, *trosodd*, *trwodd*.

oddáin, gw. dain, eddëin (hefyd At.).

oddeithr, oddeutu, gw. oddieithr, deutu —o ddeutu.

oddf [H. Wydd. *odb*, Gwydd. Diw. *fadhb*; ?cf. Gr. ὀσφύς 'morddwyd', Sans. *ásthi* 'asgwrn'] *eg.* (bach. *-yn*, ll. *-nau*, (prin) *-nod*) ll. *-au.* Chwydd neu dyfiant caled (ar gnawd, e.e. ploryn, cornwyd, corn), crwbi, crwmp; cnepyn (ar gorn carw, &c.); twddf caled (ar goeden, &c.), cainc neu gwlwm (mewn pren); cloronen, bwlb (planhigyn); cnepyn, lwmpyn, talp; *Ser.* nod; hefyd yn *dros.* ac yn *ffig.*: *hard swelling or growth* (*in flesh, e.g. pimple, boil, corn*), *hump*; *knob* (*on horn of deer, &c.*); *hard excrescence* (*on tree, &c.*), *gall, burl, knot* (*in wood*); *tuber, bulb*; *knob, lump*; *node* (*in astron.*); *also transf. and fig.*
15g. (**16–17g.**) *Pen* 93, 29, ai twddf ssy vt ai *oddfyn* / ai toroc lost gvto r glyn (Dafydd ab Edmwnd). **1547** *WS*, *oddwf* neu *oddyfyn*. **16g.** *GGH* 348, Yn ddeufaen crwn *oddfyn* craig [i ofyn meini melin]. *id.* 365, Hiliwr defaid wehelyth, / *Oddfyn* siâd, a'i wddf yn syth [am hwrdd]. **16g.** WILIAM LLŶN: *Gw* 220, Nid un *oddfyn* deunyddfawr / Yw draenen â mesbren mawr. **1604–7** *TW* (*Pen* 228), *oddfyn* d.g. *bruscum*, *nodus arboris*, *tuber*, *conarium* (At.). **1632** *D*, *oddf*, & *oddfyn*, tuberculum, struma, gibbus, bruscum. *id.* *oddfyn* d.g. *centrum*, *clavus*, *molluscum*, *panus*. **1633** *LlGC* 731, 26, mynych gofio, am ei ddiwedd, yr hyn yw *oddfyn*, sail, a chnwyllin ei holl amcanion . . . ai . . . orphwysfa byth. **1688** *TJ*, *oddf*, *oddfyn*, hwrrwg, hefŷd siobŷn: a Wheal or Pimple, a Bunch. **1722** *Llst* 189 d.g. *blemish*, *a great Blemish*, *boss*, *burr* (*knob of a deer's horn*). **1725** *SR*, *oddfyn* pren d.g. *a Bunch*, *or not of a tree*. **1770** *W* d.g. *agnail* [*corn growing on the toes*], *carnosity*, *tubercle* [*a small swelling or excrescence*]. **1803** *P*, *oddyv*, s. m. a knob, an excrescence; a wen; a corn; a botch.

oddfog [*oddf* + *-og*] *a.* Cnapiog; yn chwyddo allan fel cloronen; a chanddo grwba neu grwmp: *knobbly*; *bulbous, tuberous*; *having a hump*.
1722 *Llst* 189, *oddfog*, bunched, bunchy, knobby. **1770** *W* d.g. *bossed*, *embost work*, *protuberant*, *wranglands* [*ill grown, stunted trees, that will never become timber*]. **1803** *P*.

oddfyn, gw. oddf.

oddfynnog [*oddfyn* + *-og*] *a.* Yn chwyddo allan fel oddf, oddfog: *bulbous, tubercular, tuberous*.
1850.

oddi [*o*[1] + *di*[2] (gw. *i*[4]) fel yr elf. fl. mewn ardd. ac adf. cfns.; adff. diw. yw'r gair annib.; awgrymwyd mai dylanwad camrannu *oddieithr* a welir yn y ff. cfns., gw. *Treigladau* 399] *ardd.* O, allan o (fel arfer mewn ardd. ac adf. cyfansawdd): *from, out of* (*usually in compd. preps. and advs.*).
14g. *B* ix. 230, Nac *ody*vynyd. nac *ody*waeret. **14g.** *YBH* 37b, na allei neb dyfot allan . . . onyt agorit *ody* allan. **17g.** *LlGC* 13215, 339, *oddi* x *odd*, utrumque extra compositionem non invenitur. *odd* præcedit vocalem. *Oddi* vero Consonantem ut *Odd*allan & *oddi* vaes, foris. *c.* **1730** *Thos. Lloyd D* (LlGC) 186a, Gwenddydd a ofyn *Oddi* Ferddyn. **1800** W. OWEN[-PUGHE]: *CP* 33, *Oddi* y cydiad ucho y croger plymen. **1803** *P*, *oddi*, prep. out of, from; off.
Amr.: **odd**[3] [ff. dalf. ar *oddi*; dichon nad dyna a welir yn *oddis*, *odduch*, gw. *Études* v. 466]. *c.* **1550** *B* vi. 49, *odda*rnynt. **1595** *Egl Ph* 30, *odd* wrth. **17g.** *LlGC* 13215, 339, oddi x *odd*.
Cfn.: **oddi (odd) acw:** *thence, from there, from that place*. **1592** S. D. RHYS: *Inst* 106, *oddaccw*. **1632** *D*, *oddi accw* d.g. *hinc illincque*. *id.* *oddiaccw* d.g. *illinc*. *c.* **1730** *Thos. Lloyd D* (LlGC) 186a. **1753** *TR*. Ar lafar yn y ff. *oddco* yn nwyrain Morg. **o. agos (i):** *near*(*by*), *near* (*to*). *c.* **1730** *Thos. Lloyd D* (LlGC) 186a, *oddi agos i*. **1778** J. HUGHES: *BB* 98, Nid Crist o bell i'w henwi, ond Crist *oddiagos* ydi. *id.* 184, Sef y gwir Shilo gore ei sylwedd, / Fab *oddi agos* heb eiddigedd. **o. allan (i):** *from outside, externally, outwardly*; *outside, external, outward*. **14g.** *BT* (*RB*) 196, ac *ody allann* (amr. odieithyr) yd oed saethydyon ac arblastwyr . . . yn ymlad ac wynt. **14g.** *YBH* 37b, na allei neb dyfot allan . . . onyt agorit *ody allan*. **1567** *TN* 224b–225a, Can nad ywef yn Iuddew, yr hwn 'sy yn vnic *o ddyallan*. **1592** S. D. RHYS: *Inst* 106, *oddallan*. **1630** R. VAUGHAN: *YDd* 162, fod Duw yn ymhoffi mwy yn y meddwl oddifewn, nac yn y dŷn *oddiallan*. **1632** *D* d.g. *extra*, *extrà*, *forinsecus*, *fōris*. Ar lafar yn y Gogledd; hefyd yn y ff. *odd allan*, *WVBD* 403. **o. am:** *off, from*. **16g.** (*LlEG*) *LlGC* 5276, 369b, nees agori or geuynn *o ddiam* i draed Ef. **1588** *Galarn* v. 16, Syrthiodd y goron *oddi am* ein penn. **1632** *D*, croen anifail wedi ei dynnu *oddiam dano* d.g. *exuviæ*. **1800** W. OWEN[-PUGHE]: *CP* 89. Ar lafar yn y ff. *odd*(*i*) *am*, 'Mi dynnis 'i golar *odd am* ei wddw fo'; ''Ddaru mi ddim tynnu 'nghot *oddi amdana*''; weithiau collir *odd*(*i*) yn llwyr, ''Ddaru mi ddim tynnu *amdana*' neithiwr', *WVBD* 403. **o. amgylch (i):** *around, about, approximately*; *round about, surrounding*. **1567** *TN* 4b, a'r oll wlat *o ddi amgylch* Iorddanen. *id.* 314b, rodio *oddamgylch* o ty i dy. *c.* **1585** *Llst* 178, 55b, yr oedd moat ney glawdd rhyfeddfawr . . . *oddiamgylch yr* llys. **1632** *D*, dwyn *oddiamgylch* d.g. *obduco*. **1725** D. LEWIS: *GB* 23, Nid oedd ond y Cerrig yn llawn yn y Tŷ, ac *oddiamgylch iddo*. *c.* **1762–79** W. WILLIAMS: *P* 46, Ond a'r [*sic*] un fâth yw y Baganiaeth ag sydd trwy holl Guinea a hyn? . . . *Oddiamgylch* yr un peth. **o. amgylch ogylch:** *surrounding, round about*. **1855. o. ar:** (i) *from* (*on*), (*away*) *from*, *off*; *off* (*the coast of*). *c.* **1400** *YSG* i. 120, mi a drossaf ychydic *odi ar* vy fford vyhun ac *odyar* defnyd y kyfarwydyt. **15g.** (*Dchr.* **17g.**) *LBS* iv. 436, Mi af i lvnaw vy medd / ir ynys *oddiar* wynedd [Hywel Dafi am Enlli]. *c.* **1550** *B* vi. 49, megis ydd el ol y gwelle *oddarnynt* [defaid] erbyn gayaf. **1595** H. LEWYS: *PA* 15, gan i ni dderbyn cymeint o lesant *oddi-ar* law dduw. **16–17g.** *Cer RC* 56, *Oddar* wyneb daear faith / Gan yrwynt daith a chwelir. **1632** *D*, dwyn *oddiar* d.g. *priuo*. Ar lafar yn gyff., 'Mae'r niwl yn codi *odd ar* y barrug'; 'Mae o wedi cael cymyd 'i eiddo *odd arno* fo'; 'Mi gymerodd y llythyr *oddi ar* 'i frawd'; hefyd yn y ddihareb 'Anodd tynnu dyn *odd ar* 'i dylwyth', *WVBD* 403. (ii) *above, over, more than*; *beyond*. **1588** *Neh* viii. 5, Esdras a agorodd y llyfr yng-ŵydd yr holl bobl, canys yr oedd efe *oddi ar* yr holl bobl. **1606** E. JAMES: *Hom* ii. 43–4, Mae Duw *oddiar* ddyn, ac ni osodwyd ef isod. **1632** *D*, *oddiar* d.g. *hypæthrius*, *suprà*, *Præpos*. **17g.** HUW

MORUS: *EC* i. 168, Ni bu fo *oddiar* deirawr yn dirwyn y llall. *c.* **1700** E. LHUYD: *Par* i. [1], Pont Llan Elltyd ar Vowddach . . . a chwarter milldir *oddiar* i haber. **1710** *LlGG* (*Gos*) 16, ni chaiff Cofiadur un Llŷs lle y cyflwyner hwy, *oddiar* rôt (*supra quatuor denarios*) mewn un flwyddyn. *c.* **1730** *Thos. Lloyd D* (LlGC) 183a, peth *Oddiar* reswm AZ 12. **1740** T. EVANS: *DPO* 321, yr oedd yno amryw stafelloedd, un *oddiar* y llall. (iii) *since* (*of time*). **1858.** Ar lafar; hefyd yn y ff. (*'dd*) *ar*, 'Mae e'n dwlu am iwso geire hir *'dd ar* mae e'n mynd i'r isgol fowr', *Wês wês* 12; 'Ma cro'n 'y nhîn i ar 'y nhalcen i byth *ar* hinny', *id.* 15. (iv) *from or on* (*a Scriptural text*). **1827.** Gw. hefyd *o*[1] —*o i ar*. **o. ar ffordd:** *out of the way, off the way.* **15g.** *GTP* 14, Y tŷ ni ffy *oddi ar ffordd*, / Wedi'i orffen ar deirffordd. *c.* **1785–90 (1829)** *CBYP* 37. **1803** *P.* Cf. *diarffordd.* **o. arnodd (arnadd):** *above.* **15g.** *GTP* 14, *Oddi arnadd* fal neuadd Non / Nen o gann nherwen hirion. **1588** *Ecs* xxvi. 24. **1588** *Deut* iv. 39, yn y nefoedd *oddi arnodd*, ac ar y ddaiar oddi tanodd. **1618** J. SALISBURY: *EH* 20, y naill *oddiarnodd* . . . a'r llall odditanodd. **1632** *D* d.g. *suprà.* **1632** J. DAVIES: *LlR* 140, a'r nef a ddywedir ei bod i fynu *oddiarnodd.* **o. ar ôl:** *from* (*behind*). **1588** *Salm* lxxviii. 71, *Oddi ar ôl* (**1567** *LlGG* (*Sall*) 45a, o ol; cf. W. MIDLETON: *Ps* 148, *Oddar-ôl*) y defaid cyfebrion y daeth ag ef i borthi Jacob ei bobl. **1588** *Am* vii. 15. *c.* **1730** *Thos. Lloyd D* (LlGC) 186a. **o. ar pan:** *since* (*the time when*). **1891.** **o. ar ei (dy, &c.) draed:** *on one's feet, standing up.* **1761** *ML* ii. 306, Dyma fi wedi eillio 'marf *oddiar fy nhraed.* **o. cartref (gartref):** *away from home, abroad, also fig.* **1488–9** *BSM* 7, Ac ni bu hir oni glyvychodd hwnnw o drwm haint a Marthin *o ddigarttref.* **1588** 2 *Cor* v. 6, yr ydym . . . yn gŵybod tra fôm gartref yn y corph, ein bôd *oddi cartref* oddi wrth yr Arglwydd. **1632** *D* d.g. *abnocto, peregrè.* **1661** E. LEWIS: *Drex* 53, Yr oeddynt yn fawreddûs . . . mewn trafferthion dinasaidd a milwriaeth, gartref ac *oddi gartref.* **1803** *P.* Gw. hefyd *o*[1]—*o cartre(f)*, ac *oddi tre(f)* isod. **o. gylch:** *from around.* *c.* **1730** *Thos. Lloyd D* (LlGC) 183a. **1803** *P.* **o. draw (i):** (*from*) *afar,* (*from*) *the other side* (*of*). *c.* **1400** *YCM*[2] 70, Mi a welaf tri marchawc *ody draw* yn brathu meirch. *c.* **1730** *Thos. Lloyd D* (LlGC) 186a, *oddidraw*, a longè. **1753** *TR*, *oddi-draw*, from the other side. As *Oddi-draw* i'r môr. **1793** R. POWELL: *ADV* 16, Mâd eilwaith ei mydylant *oddi draw.* **o. fry:** (*from*) *above.* *c.* **1400** *Llst* 27, 129b. **1703** E. WYNNE: *BC* 12. **1725** D. LEWIS: *GB* 74, 228. **1803** *P.* **o. fyny:** *from above.* **1567** *TN* 344b. **1632** *D* d.g. *desuper.* **1703** E. WYNNE: *BC* 47. **1803** *P.* **o. fynydd = o. fyny.** **14g.** *B* ix. 230. **1567** *TN* 345b, 348a. **1803** *P.* **o. ffwrdd:** *from away.* Ar lafar yn gyff., e.e. 'Ordro blode *oddi ffwrdd*'; 'Prynu tarw *oddi ffwr*' mae'r ffarmwr, nid 'i fagu o'. **o. gan:** *from* (*someone*). **15g.** *BB* 18, o breyd diang-hassant *odi ganthunt.* **1588** *Barn* viii. 24, gofynnaf arch *oddi gennwch.* **1740** T. EVANS: *DPO* 18, neu Eiriau Estronaidd y rhai a fenthycciodd y Gwyddel-od *oddigan* y Skuidiaid. **1803** *P.* Gw. hefyd *o*[1]—*o gan.* **o. ger:** (*away*) *from.* **1594–6** *B* iii. 165, 272. Gw. hefyd *oddigerth.* **o. gerbron, o. ger (gar) dy, &c., fron:** *in your, &c., presence, from the presence of.* **1588** *Job* i. 12, Satan a aeth allan *oddi ger bron* yr Arglwydd. **1603** W. MIDLETON: *Ps* 12, Gorau wyd o fraint *o ddigar dy fronn.* **1750** *RBHM* 6, [d]aeth allan *oddigerbron* ei Dâd. **o. waered (wared):** *from below.* **14g.** *B* ix. 230, Nac odyvynyd. nac *odywaeret* (*Llst* 27, 129b, ody obry) y tremyno llongeu yr auon honno. *c.* **1730** *Thos. Lloyd D* (LlGC) 186a, *oddiwared.* **1803** *P.* **o. hwnt:** *from afar, from yonder.* *c.* **1400** *DB* 86. **17–18g.** *Llst* 133, 51b. **1803** *P.* **o. isod:** (*from*) *below,* (*from*) *beneath.* **1588** *Ecs* xx. 4, y ddaiar *oddi isod.* Gw. hefyd *o*[1]—*o isod, oddisod.* **o. lawr:** *from below, from beneath.* **1803** *P.* **o. maes (faes):** (*from*) *outside.* **14g.** *YBH* 37b, milys *odyuays* a gayawd y porth . . . hyt na allei neb dyfot allan . . . onyt agorit oddy allan. **1567** *TN* 248a, beth 'sy i mi a wnelwyf ar varnu hefyt yr ei sy *o ddy* allan [:- *vaes*]? **1632** *D* d.g. *extrà, Aduerb.* **1684** H. OWEN: *DC* 148, gwedi eu cau i bethau *oddimaes.* **1803** *P.* **o. mewn (mywn, meawn, fewn, fywn, &c.) (i):** (i) (*from*) *inside,* (*from*) *within, internal(ly).* **14g.** *YBH* 52a, Y gyscu yd aethant *ody vywn* paleis brenhinawl. *id.* 64a, a gi *ody vywn* a chyt ac ef mil o varchogyon clotuorus. **14g.** *GDG* 242, Gwae a oerddeily gwayw erddi / *Oddi fewn*, mal ydd wyf fi. **1620** *Math* xxiii. 26–7, glanhà yn gyntaf yr hyn sydd *oddi fewn* (**1588** *ib.* y tu mewn) i'r cwppan . . . hefyd yr hyn sydd oddi allan iddynt . . . ond *oddi mewn* sydd yn llawn o escyrn y meirw. **1630** R. VAUGHAN: *YDd* 162, fod Duw yn ymhoffi mwy yn y meddwl *oddifewn*, nac yn y dŷn oddiallan. **1632** *D* d.g. *internus.* **1803** *P.* Ar lafar, e.e. ''Y chi'n agor y drws *oddi fiawn*, ag y fi oddi allan', *WVBD* 403. (ii) *within* (*a period of time*). **14g.** *YBH* 51b–52a, ony chaffaf gyuot ar Josian *ody vywn* y seith mlyned hynn. **1546** *YLlH* [9], gwna hynn yn enwedig *o ddyuewn* pedwar nywarnod y ddiwe[dd] y lleyad. **o. obry:** (*from*) *beneath,* (*from*) *below.* *c.* **1400** *Llst* 27, 129b, Nac ody vry nac *ody obry* (*B* ix. 230, odywaeret) y tramwyho llongeu yno. **1725** D. LEWIS: *GB* 74, 228. **1803** *P.* **o. r(h)wng:** (*from*) *between.* **14g.** *WM* 490. 5–7, uabon uab modron. Aducpwyt ynteir nossic *ody rwng* y vam ar paret. **1588** *Salm* civ. 12, Adar y nefoedd . . . a leisiant *oddi rhwng* y cangau. **17g.** *LlGC* 13215, 339, *oddirwng*, e medio. **1803** *P.* **o. tan (dan):** (*from*) *under,* (*from*) *below, underneath.* *Dchr.* **15g.** *IGE*[2] 198, Yn dyno *oddi danaf* [Llywelyn ab y Moel i goed y Graig Lwyd]. **16g.** (*LlEG*) *LlGC* 5276, 354a, [g]wnneuthud mor ddiddos o ddiarno ac *oddidano* [cwrwgl Gwion]. **1588** *Ecs* xx. 4, y dwfr *oddi tann* y ddaiar. **1599 (1677)** R. HOLLAND: *AB* 67, i'n rhyddhau *oddi tan* ddwylo Satan. **1632** *D, oddidan* d.g. *subter.* *id. odditan* d.g. *infrà, præpos.* **1655** WL: *DP* 284, *Odditanynt*, Llync-Lyn uffern yn egoryd. *c.* **1700** E. LHUYD: *Par* i. 19, *Oddi deni* mae hi yn bŷr lwvn [*sic*]. **1703** E. WYNNE: *BC* 9, gwelwn y Ddaiar fawr gwmpasog megis pellen fechan gron ymhell *odditan-om.* **1759** T. THOMAS: *WWDd* 259, y mae Crist wedi cael ei wneuthur dan y Ddeddf i'r diben i ryddhau 'r pechadur *oddi tanni* hi. **1803** *P.* **o. tanodd (danodd):** (*from*) *below, beneath, underneath.* **1588** *Deut* iv. 39, yn y nefoedd oddi arnodd, ac ar y ddaiar *oddi tanodd.* **1632** *D, oddidanodd* d.g. *infernus, infrà, subtùs.* *id. odditanodd* d.g. *subedo.* **1632** J. DAVIES: *LlR* 140, Yn lladin y gelwir ef Infernvs, hynny ydyw, lle *odditanodd*, neu tan y ddaiar. **1770** *W, oddi-tanodd* d.g. *below, from below.* **o. tre(f), o. dre(f):** (*away*) *from home.* **1766** W. WILLIAMS: *FfW* ii. 21, Treulio'm dyddiau gwerthfawr goreu, / Bob munudyn *oddi'tre.* **1800** W. OWEN[-PUGHE]: *CP* 64, 10 i 50 milltir *oddidref.* **1803** *P* d.g. *oddidrev.* **o. tros:** *from beyond,* (*from*) *over.* **1588** *Job* i. 19. *c.* **1730** *Thos. Lloyd D* (LlGC) 186a. **1803** *P.* **o. uch, o. uchben,** gw. *o. uwch, o. uwchben.* **o. uchod:** (*from*) *above.* **1588** *Ecs* xx. 4, *Io* viii. 23. **1703** E. WYNNE: *BC* 83, 131. **1803** *P.* Gw. hefyd *o*[1]—*o uchod, odduchod.* **o. uwch, o. uch:** *above, over, overhead; from above, from over.* *c.* **1400** [*RB*] *WM* 504. 25–7, Ae gleicaw ohonunt yn hafren. yny yttoed yn llenwi *o dyuchtaw.* *Diw.* **15g.** *Pen* 53, 17, yn ychel *o dyuwch* (*R* 1155. 9, oduchom; *Pen* 67, 119, o ddywch) lloer y llyfera. **1753** *TR, oddiuwchdaw*, from above him. **1803** *P, oddiuwch*, from above. Gw. hefyd *odduch.* **oddi uwchben (uchben):** *from above; on, concerning.* **1606** E. JAMES: *Hom* i. 94, y bydd y gŵr a dyngo llawer yn llawn o bechod, ac nad ymâd gwialen Duw *oddi vwch ben* ei dŷ ef. [**1725**] *TS* 137, *oddiuchben* honno [cafell y deml] y chwedleuaf a thi. Gw. hefyd *odduchben.* **o. wrth** [Crn. C. *a thyworthyf* (prs. 1 un.)]: (i) *from, away from.* ?**15g.** *IGE*[2] 95, Y gŵr oedd gorau o'r iaith, / O'r deml a yrrwyd ymaith, / A ddug ei ddynion a'i dda, / Wrth hyn *oddi wrth* Anna. **1595** *Egl Ph* 30, pan ddigwydd descennedig *odd wrth* y cyssefinawl. **1632** *D, oddiwrth*, a, ab, abs. **1679** C. EDWARDS: *GGG* 160, byddai naws *oddiwrtho* ar ein calonnau. **1803** *P.* Ar lafar yn y ff. *odd wrth, or w(r)th;* dichon mai talf. *o oddi wrth* a geir yn y ff. lafar *wrth*, e.e. ''Ges i air *wrth* 'mrawd y bore 'ma'. (ii) (*as*) *compared with.* *c.* **1729** S. RHYDDERCH: *LlCD* 326, Nid ydynt hwy debyg eu proffid a'u mael, / *Oddiwrth* y llawenydd sydd etto i ni yw gael. *c.* **1730** *Thos. Lloyd D* (LlGC) 183a, *oddiwrth*, in comparison of. Ar lafar yn nwyrain Morg., 'Ma'i iaith e'n gyfoethog *orwth* 'i 'iaith 'i'. (iii) *from, as a result of.* **1679** C. EDWARDS: *GGG* 132, Os yw ein cyfiawnhâd ni yn vnic *oddiwrth* râd râs, pa fodd y dywedir ei bod er mwyn cyfiawnder Christ. *id.* 156, Y mae' n tristwch am bechod yn dduwiol, pryd y delo *oddiwrth* ofid ynom am ddigio Duw mor ddaionus. (iv) *about, concerning.* **1658** *Examen* 7, ni chlowodd ef mwy *oddiwrth* y peth. Gw. hefyd *o*[1]—*o i wrth, wrth.* **o. yma(n):** (*away*) *from here, hence.* *c.* **1400** *YSG* i. 7, *ody yma* y kychwynnant y sawl a vynnont vot yn geissyeit ar Seint Greal. **1588** *Luc* xvi. 26, fel na allo y rhai a fynnent dramwy *oddi ymma* (W. SALESBURY: *KLl* liib, o yma; *TN* 104b, o ddyma) attoch chwi na dyfod oddi yna ymma. **1632** *D, oddiyma* d.g. *illinc.* *id. oddi yma, oddi yman* d.g. *hinc.* **1778** *W* d.g. *off* [*hence, or from hence*]. Ar lafar yn y De yn y ff. *odd 'ma.* Gw. hefyd *o*[1]—*o yma, oddyma.* **o. yna:** *from there, thence.* **1588** *Luc* xvi. 26, fel na allo y rhai a fynnent dramwy oddi ymma attoch chwi na dyfod *oddi yna* (W. SALESBURY: *KLl* liib, o yna; *TN* 104b, o ddyna) ymma. **1753** *TR.* **1803** *P.* Gw. hefyd *o*[1]—*o yna, oddyna.* **o. yno:** *from there, thence.* **1588** *Math* v. 26, na ddeui *oddi yno* (W. SALESBURY: *KLl* lvib, o yno; *TN* 7b, o ddynow [*sic*]) oni thelech yr hatling eithaf. **1632** *D* d.g. *inde, indidem, illinc, istinc.* **1740** T. EVANS: *DPO* 231. **1803** *P.* Gw. hefyd *o*[1]—*o yno, oddyno.*

oddiarffordd, gw. oddi—o. ar ffordd.

oddieithr [*o*[1] + *dieithr;* dileer y cfn. *o ddieithr, o ddieithr modd* d.g. *dieithr*] *ardd.* a hefyd fel *cys.* ac *adf.*

(*a*) Y tu allan i, oddi allan i, y tu hwnt i, uwchlaw: *outside, without, beyond, above.*

13g. *BD* 45, y myvn eigyavn *odieithyr* y byt yn pressvylav. **14g.** *B* xiv. 258, pan yv *odieithyr* priodas y ganet hvnn [Crist]. *c.* **1400** *SDR* 44, Ac adeilat ty a wnaethpwyt udunt ar lan auon Tyber *odieithyr* Rufein. *c.* **1400** *YCM*[2] 196, wyth milltir *odieithyr* y dinas. *c.* **1400** *BDe* 3, 'Dos di,' heb y sant, '*odieithyr* yr eglwys'. *c.* **1400** *YSG* i. [45], tri marchawc urdawl gwerthuawr, y rei a geiff y glot *odieithyr* pawb. *id.* 94, A hitheu a duc deuodeu drwc y'r wlat, ac a wnaeth llawer o weithredoed *odieithyr* kyfyawnder ual y kolles [y brenin] gwbyl o'e wyr ac o'e tir. **15g.** *BB* 72, na allant an gadu yn hedwch ymperygleu gweilgioed *odieithyr* byt y diodef an gouyd.

(*b*) Ac eithrio, ar wahân i, heblaw, namyn, onid, ond, oni bai; ?yn annibynnol ar: *with the exception of, apart from, except, besides, save, but, unless; ?independently of.*

c. **1401** *AL* ii. 354–6, [p]erchnogaeth tir a dosperthit *odieithyr* gweithret gorsed gyfreithawl. *Diw.* **15g.** *B* v. 106, pa ryw orieu vwya a nerthant yr eneidieu *odieithyr* efferenneu. **15–16g.** *TA* 308, Y wraig wen, oreu, gannoes, / *Oddieithr* gwraig a ddaeth a'r Groes. **1592** S. D. RHYS: *Inst* [xiv], neu ryw iaith alltûdaidd arall parywbynnac a fô honno *oddieithr* Cymráec. **1632** *D, oddieithr* . . . excepto. **1703** E. WYNNE: *BC* 37, nid oedd fawr iawn yn mynd trwodd, *oddieithr* un dyn wynebdrist. **1722** *Llst* 189, hynny . . . oni bai (*oddieithr*) Hynny, were it not for that matter.

(*c*) (enghrau. o fl. be. neu gymal berfenwol: *exx. before a vn.* (*clause*)).

1551 W. SALESBURY: *KLl* lib, *oddieithyr* i vn i eni (**1588** *Io* iii. 5, *oddi eithr* geni dŷn) or dwfyr ar yspryt ni ddychon ef vynet y mewn y teyrnas Deo. **1591** *Rhyddiaith Gymraeg* ii. 129, fel y mae yn gyffelybol ei lwyr fethu, *oddi eithr* ei gynnorthwyo. **1683** J. JONES: *TG* 109, gwae hwynt un diwrnod, *oddieithr* iddynt . . . symmyd y pwysau a'r beichiau hyn. **1703** E. WYNNE: *BC* 67, *oddieithr* bod ymbell Sul wedi gwasanaeth yn y tafarn-dy tan dranoeth.

Fel *cys.* Heblaw, oni (bai); ond, eithr: *except, unless; but.*

1604–7 *TW* (*Pen* 228) d.g. *ni, nisi.* **1703** E. WYNNE: *BC* 88, *oddieithr* unwaith yr estynnais fy nhrwyn allan o'r llen-gêl, tarawodd y fâth archfa fi . . . ac a'm gorphenasei. **1803** *P, oddieithyr*, conj. except, unless.

Fel *adf.* (Ar) y tu allan, oddi allan: (*on the*) *outside, externally.*

13g. *BD* 90, A phan weles ynteu hynny, megys tristau *o ddieithyr* ac vylav. Ac eissyoes ny buassei lavenach ynteu eiryoet o uywn noc oed yna. **1346** *LlA* 37, Dyn alanhaeir ovewn. ac *odieithyr* drwy vedyd. *id.* 148, pethev traghedic *odieithyr.* *id.* 150, pann vo bryt dyn yn tangnouedus. Ac nachwennycho dim bydawl *odieithyr.* **14g.** *RC* xxxiii. 219, gerllaw drus yr ogof *odieithyr* y maent yn seuyll. *c.* **1400** *YCM*[2] 191–2, Yn drws yr ystauell yd oed *odieithyr* maen mawr kev. *c.* **1400** *YSG* i. 40, ef a'th wnaeth Duw di yn ragorussach o bryt . . . herwyd y tebygit wrthyt wrth a welir arnat *odieithyr.* *c.* **1400** *YE* 11, Angkewilyd yw ardangos anniweirdeb medwl ar arwydyon *odieithyr.* *Dchr.* **15g.** *B* viii. 134, am beth a vei eidaw o vywn neu *odieithyr.* **1632** *D* d.g. *extrà, Aduerb.*

Amr.: **oddeithr.** **1567** *TN* [115b]. **oddierth.** **1547** *WS* [xvi], L, Ll, yn saesnec nid ynt dim tebyc eu hansawd in ll, ni: an ll, ni ny ddysc byth yn iawn dyn aralliaith i thraythy *o ddierth* yny vebyd. **1603** W. MIDLETON: *Ps* [iv], y rhai sy debig i gael ei claddu . . . *oddierth* ei hachub hwynt drwy brintio. *c.* **1700** E. LHUYD: *Par* i. 45, Nid oes ymma ddim kerrig kalch, na mawn *oddierth* Tywyrch. **18–19g.** *Llr* C 55, 51, Rhai *oddierth*, [Glam], Strangers. **oddieth(r).** **1567** *TN* 164b, Nyd oes y ni Urenhin *o[dd]iethr* Caisar. **1574** *LlGC* 15542, 171a, yn yr amser hwnw rydoedd y gwledydd yma y gid yn anffyddlon . . . *oddieth* yn gwlad ni. **1595** H. LEWYS: *PA* 59, ni ddyl ofni am danaw i hun, *oddiethr* i brofi ai gaffael ef . . . yn ffyddlon. **1612** *LlP* [83], y rhan honno a wahaned o ddiwrth y synwyr *o ddiethr.*

Cfn.: **oddieithr mesur:** *beyond measure.* *c.* **1400** *YSG* i. 66, 123. **o. modd = o. mesur.** *c.* **1400** *YCM*[2] 113.

Gw. hefyd oddigerth.

oddierth, oddieth(r), gw. oddieithr.

oddifewnol [*oddi fewn* + *-ol*] *a.* Mewnol, tufewnol; yn perthyn i'r meddwl, enaid, &c., goddrychol: *inner, internal; pertaining to the mind, soul, &c., subjective.*

1793 DAFYDD IONAWR: *CD* 339, I'w fonwes *oddifewnol*, / Mae'r Dydd annedwydd yn ol.

oddigaeth, oddigeithr, gw. oddigerth.

oddigerth [amr. ar *oddierth* (gw. *oddieithr*); ansicr yw'r engh. gyntaf] *ardd.* a hefyd fel *cys.* Oddieithr, ac eithrio, ar wahân i, heblaw, namyn, onid, ond, oni (bai): *with the exception of, apart from, except, besides, save, but, unless.*

16g. *RC* xlviii. 66–7, Pum achos ysydd i urddasu merch ymylaen mab: Yn gynta: Merch a wnaethbwyt o vewn paradwys a gwr a wnaethbwyt *oddiger* [*sic*] paradwys. **1595** *Egl Ph* 50, heb ddim cyfrwng rhwngthwynt, *o ddigerth* rhagwahannod. **1604** R. HOLLAND: *BD* 6, *oddigerth* iddynt ddywedyd fym-mod yn fyng wrthnebu fy hun. **1618** J. SALISBURY: *EH* 201, *oddigerth* yscatfydd iddo fod yn bechod maddeuol. **1699** T. JONES: *TP* 2, *o ddigerth* i ni gael . . . rhŷw ffordd i ddiengŷd fel i'n gwaredir. *id.* 195, *oddigerth* i ryfeddol râs Duw eu hachub. **1715** T. EVANS: *GC* 18, pawb *oddi gerth* hwy eu hunain. **1803** *P*, *oddigerth*, prep. except; beside. Cf. D. OWEN: *D* 167, nid oedd tyfiant yn cymeryd lle mewn un rhan o'i gorff na'i feddwl, *oddigerth* yn ei goesau; D. OWEN: *GT* 215, Yr oedd y druanes . . . wedi ei boycotio gan bawb *oddigerth* Gwen ac Elin Wyn.

Fel *cys.* Heblaw, oni (bai): *except, unless.*

1741 G. JONES: *HWI* i. 83, yr un ag yw Eglwys Crist . . . mewn Gogoniant; *oddigerth* nad yw Eglwys Crist ar y ddaear ond y rhan leïaf. **1803** *P*, *oddigerth*, conj. except, unless.

Amr.: **ddigerth, digerth. 16–17g.** *RAGR* 224, *ddigerth.* c. **1601** *DCR* 178, *ddigerth.* **1801** *MMf* 297, *digerth.* **oddigaeth** [?adff. o *oddigeth*]. **1672** J. LANGFORD: *HDdD* 59. **oddigeithr** [cf. *oddigerth*]. **17g.** *BL Add* 15058, 59a. **oddigeth. 1574** *LlGC* 15542, 97a, *o ddigeth.* c. **1585** G. ROBERT: *DC* [2a], Megis i dwed y physygwr na wna physygwrieth ddim lles ir claf, *oddigeth* iddo i fwytta ef. *id.* [6a], Etto ni wela i ddim ynill . . . *o ddigeth* i ti gyfri vphern yn lle ynill. **oni ddigerth** [?*oni* + *ddigerth*]. **1765** *BDGU* 12. **1787** E. ROBERTS: *PCF* 31.

Gw. hefyd oddieithr.

oddigerthaf: oddigerthu [bf. o'r ardd. bl.] *ba.* Eithrio: *to except.*

1794 E. JONES: *CP* 121, Pwy bynnag (oddigerth y rhai o'r blaen a *oddigerthwyd*) a geir yn eisteddian gan lymeitian.

Gw. hefyd digerthaf: digerthu.

oddigeth, gw. oddigerth.

oddis [?*odd*^{3} + *is*, cf. H. Lyd. *dis* 'o dan; yn is'; ansicr yw union brth. y ffurfiau yn *add-* a ddyfynnir isod o *LL*, gw. *B* xiii. 4; *addisti* (3 prs. un. b.) yw'r unig ff. brs.] *ardd.* a hefyd fel *adf.* O dan, islaw: *under, below.*

12g. *LL* 241, maliduc ipant artraus *adhis* guaissaf liguallaun. *id.* 242, di penn irinis adhuchti ha penn irall *adisti* . . . arhit irriu. ibron ir all *adis* ireccluis nissien. c. **1300** *H* 70b. 36, *o dis* llaw llys bennart (Cynddelw). **14g.** *LlB* 11, Or gat y brenhin vn o'r teulu ar var y gantaw hyt *odis* y penntan. **14g.** *SC* viii/ix. 183, Ar peth a gredir y vot vffernn y dan y daear. nev *odis* kyuet y daear megys carchar. **14g.** *GDG* 375, O ddysg Hildr *oddis* cildant, / Gormodd cerdd, gŵr meddw a'i cant. **14–15g.** *IGE*^{2} 335, Addurn plaid euraid araul, / *Oddis* compod rhod yr haul (Rhys Goch Eryri). c. **1400** *R* 1356. 1–2, *Odis* blaen barre. byrrwch ffleiryaw. c. **1400** [*RB*] *WM* 210. 28–30, neurdisgynnassei arthur aelu y kedyrn *od is* kaer vadon. c. **1400** *YCM*^{2} 39, dec [marchog] oduch y benn, a dec *odis* y draet [Siarlymaen].

Amr.: **ddis. 15g.** *Pen* 57, 34. **1617** *Minsheu* 306b.

oddisod [?*odd*^{3} + *isod*] *adf.* (Oddi) isod: (*from*) *below*, (*from*) *beneath.*

1547 *WS* [xxii], Yn y Gwydhor hon *o ddisot* y kynwyssir sum a chrynodeb yr holl ruwls vchot. **1567** *TN* 146a, Chwichwi 'sy *o ddisod*: mivi 'sy o ddvchod. **1592** S. D. RHYS: *Inst* 106, *oddisod.* **1606** E. JAMES: *Hom* iii. 94, dlyem ni . . . dderchafu ein meddyliau . . . a gadael heibio y pethau *oddisod* dayarol ymma. **1803** *P*, *oddisod*, from below, from beneath.

Gw. hefyd o^1—o isod, oddi—o. isod.

odduch, odduwch [?*odd*^{3} + *u*(*w*)*ch*; cf. Crn. C. *a vgh, a hugh*, Llyd. C. *a dy-ouch*, Llyd. Diw. *a zi-oc'h*; ansicr yw union brth. y ff. yn *add-* yn y dfn. cyntaf isod, gw. *B* xiii. 4; prin yw'r enghrau. o'r ff. prs. (3 prs. un. g. *odduwchtaw*, 3 prs. un. b. *odduchti, adduchti*, 1 prs. ll. *odduchom*)] *ardd.* a hefyd fel *adf.* Uwchben, uwchlaw, dros; o safle uwchben, oddi uchod, oddi fry: *above, overhead, over; from above, from over.*

12g. *LL* 242, di penn irinis *adhuchti* ha penn irall adisti. **12g.** (**17g.**) *LlGC* 4973, 43a, ar llan *odd uch* llys Fadawg (Cynddelw). **13g.** *A* 9. 10–11, blwydyn *od uch* med mawr eu haruaeth. *id.* 11. 2–3, nar *od uch* gwyar fin festinyawr. **13g.** DAFYDD BENFRAS: *Gw* 443, Nid oes, is daear, od ystyriaf. / Nac *odduwch* daear, ddyn o mynnaf / Heno a allo hyn a allaf. **14g.** *T* 34. 11–13, Arffynhawn ffrwythlawn yssyd *oduchti* [Caer Siddi]. ys whegach nor gwin gwyn yllyn yndi. *id.* 60. 18–19, dyrchafwn eidoed *oduch* mynyd. Ac am porthwn wyneb *oduch* emyl. **14g.** *WM* 481. 26–30, Mwys gwydneu garanhir pob tri nawyr pei delhei y byt *oduchti*. bwyt a uynho pawb wrth y uryt a geiff. c. **1400** *SDR* 64, nyt oed namyn morwynwreic ieuanc yn eisted *oduch* bed newyd gladu. c. **1400** *R* 1034. 41–2, Yny vann *odywch* llonn dar. yde[n]deweis i leis adar. *id.* 1155. 9–10, heul aehwyla. yn uchel *oduchom* (*Pen* 53, 17, o dyuwch; *Pen* 67, 119, *o ddywch*) lloer lleuuera. c. **1400** *YCM*^{2} 196, val y'm gweler *oduch* yr holl adar. **15g.** *GGl*^{2} 109, Ieuan hael a rôi win hawdd / *Odd uwch* rhiw a ddechreuawdd. *Diw.* **15g.** *Pen* 53, 31, *o ddywch* y ddayar ac is y ddaear.

Gw. hefyd oddi—o. uwch, o. uwchben, odduchben.

odduchben, odduwchben, oddu(w)ch ben [?*odd*^{3} + *uchben, uwchben* ac *odduch, odduwch* + *pen*^{1}] *ardd.* a hefyd fel *adf.* Uwchben, uwchlaw, dros; o safle uwchben, oddi uchod, oddi fry: *above, overhead, over; from above, from over.*

13g. *C* 67. 6–7, *otuch pen* bet alltud. *id.* 108. 9–10, *o.duch pen* bet kinlluc. **14g.** *T* 60. 20, dyrchafwn peleidyr *oduch pen* gwyr. **14g.** *GDG* 429, Na ddos gam, na ddysg omedd, / Ywen, *odduwch ben* y bedd. c. **1400** *DB* 106, pan dywynho heul ar lestyr llawn o dwfyr, y gwrthwyneppa *yduchbenn* [*sic*] y llestyr yn nen y ty. a. **1587** *Y* 195, Wrth ddeall avrwaith awen / Oedd awch y beirdd *oddiwch ben.*

Amr.: **dduwch ben. 1567** *TN* 393b, marsiantwyr y ddayar y wylant ac y cwynant *ddywch* [:– uch] y *phen.*

Cfn.: **oddu(w)ch dy ben (ei ben,** &c.**):** *above you* (*him*, &*c*.), *over you* (*him*, &*c*.). **14g.** *YBH* 17b, torri y raf ar cledeu yn vchaf y gallei *o duch y benn.* **14g.** *GDG* 101, Ceiliog bronfraith cyweithas / *Odduwch fy mhen* ar len las. c. **1400** *YCM*^{2} 39, dec [marchog] *oduch y benn*, a dec odis y draet [Siarlymaen].

Gw. hefyd oddi—o. uwchben.

odducho [?*odd*^{3} + *ucho*] *adf.* Oddi uchod, oddi fry: *from above.*

1632 *D*, dyfod i wared *odducho* d.g. *devenio.* **1803** *P*.

odduchod [?*odd*^{3} + *uchod*] *adf.* (Oddi) uchod, (oddi) fry: (*from*) *above.*

1551 W. SALESBURY: *KLl* lxxiva, yn yr uchelder *o dduchot.* **1567** *TN* 135b, Hwn a ddaeth *o dduchod*, ysyd goruwch pawp oll. *id.* 146a, Chwichwi 'sy o ddisod: mivi 'sy *o ddvchod.* **16g.** *Hop M* 204, Pob dawn gwiw gyfiawn y gysyod [*sic*] o ddüw / ag y ddaw *o ddychod.* **1606** E. JAMES: *Hom* iii. 77, dinesyddion nef *odduchod.* **1632** *D*, *odduchod* d.g. *desuper, super, superintono, supernè.* **1658** R. VAUGHAN: *PS* 45, Os bydd fynghodau oddisod yn wâg byddant yn llawn *odduched* [*sic*]. **1696** *CDD* 39, Ordeiniad *odd-uchod*, bŷdd gyda'r bwŷstfilod. **1722** *Llst* 189, *odduchod*, from above.

Gw. hefyd o^1—o uchod, oddi—o. uchod.

odduwch, odduwchben, gw. odduch, odduchben.

oddwr, gw. odwr.

oddwrth, gw. oddi—o. wrth.

oddyma, oddyman [?*odd*^{3} + *yma, yman*] *adf.* Oddi yma, o'r fan hon: *from here, hence, from this place.*

12g. *MA*^{2} 236a. 7–8, Ar ol erbylu cyrdd nid coelfain ei ddwyn / *Oddyma* hyd Rufain (Seisyll Bryffwrch). **13g.** *C* 108. 15, Pell *otima* (*R* 1039. 1, *odyman*) aber llyv. pellach yn duy kyuetliw. **13g.** *LlI* 47, A thytheu, o buost ty yma, yn kyureythyaul yd eythost *odyma.* **1346** *LlA* 107, Amser heb yr angel yw [y] dauyd sant vynet *odyma.* **14g.** *WM* 389. 38–40, Ni a glywwn *od yma* heb hi pan ellynger y cwn. **14g.** *YBH* 17a, vy rydhau inheu *odyma.* *id.* 27a, ni a vydwn ymhell *o dyman.* c. **1400** *R* 1155. 14–15, Gwres odyhwnt ac oeruel *odyma.* **15g.** *GGl*^{2} 197, Af dduw Mawrth, af *oddyma*, / Af beunydd at Ddafydd dda. **1658** *Examen* 34, Eyngalw [*sic*] *o dd'yma* yno. c. **1730** *Thos. Lloyd D* (LlGC) 186a, *oddyma*, hinc, Oddi ymma? **1803** *P* d.g. *oddyma, oddyman.*

Gw. hefyd o^1—o yma, oddi—o. yma(n).

oddyna [?*odd*^{3} + *yna*] *adf.* Oddi yna, o'r fan honno; o'r pryd hynny, o hynny allan, wedyn, yna: *from there, thence; thenceforth, from then, afterwards, then.*

12g. *LL* 78, *O dina* hit irhebauc mein . . . *O dina* bet imblain isceuiauc . . . *O dina* icil ir adar. **13g.** *LlI* 58, ony cheyff o henuaes, ardet er hun rydyosces y koet e arnau pedeyr blened. Ac *odyna* allan gadet y'u uraut kystal ac ydau ehun ohonau. *id.* 76, tyget en gyntaf ar drus er egluys, a'r eyl llv en e gagell, a'r trydyd ar er allaur. Ac *odyna* doet er effeyryat ar e raglau. **14g.** *WML* 19, *Odyna* hyt nawuetdyd oracuyr nys kyfranant ac ef. **14g.** *YBH* 55a, Ac *odyna* y galwassant ar swper. **14g.** *WM* 47. 17–18, A neb ny dieghis *odyna* (*RM* 33, odyno) namyn ef ae wreic. **14g.** *GDG* 103, Oni ddêl . . . / . . . hyd frig fry. / *Oddyna* y bydd anawdd / Disgynnu rhag haeddu cawdd. c. **1400** *R* 581. 11–13, Kyuarchaf ym ehalaeth urawt aweleis yn ueduaeth. *odyna* pwy auyd pennaeth. c. **1400** *MM* 20, Ac *odyna* kymryt y dwfyr ar llysseu ac eu dodi yn yr enneint. c. **1400** *RB* ii. 134, Ac *odyna* ethol y lle kadarnaf a allwys. **15g.** *BB* 135, *Odena* y daw llew ofnawc. **1551** W. SALESBURY: *KLl* lxxia, Ac *o ddyna* ydd aeth e ymaith. **1592** S. D. RHYS: *Inst* [xvii], yscrifennu cyfiawnion . . . Ddospartheu . . . ac *oddyna* danfon y cyfryw betheu hynny oll yn yscrifennêdic attaf'. **1803** *P*.

Amr.: **oddynaeth** [?*odd*^{3} + *ynaeth*] c. **1400** *R* 581. 41–2, pwy wledych *odynaeth* (*B* iv. 118, a vyd ynaeth). **1803** *P*.

Gw. hefyd o^1—o yna, oddi—o. yna.

oddyno [?*odd*^{3} + *yno*] *adf.* Oddi yno, o'r fan honno; y pryd hynny, yna: *from there, thence; then.*

13g. *LlI* 29, ny dele kechwyn *odyno* hyt e nauuet dyd. **14g.** *YBH* 20b, arglwyd duw . . . a diodefawd agheu . . . ay gladu ac *o dyno* yd aeth y anreithaw uffern. **14g.** *WM* 484. 27, ny hebcorir ef *odyno.* **14–15g.** *IGE*^{2} 281, Duw *oddyno* y dywaid / Wrth y rhai da, blaena' blaid (Siôn Cent). c. **1400** *MM* 52, A chyn kyuodi y dyn *odyno.* c. **1400** [*RB*] *WM* 501. 7–9, Or pandeuth arthur y kychwynnwys twrch trwyth *odyno* hyt ympresseleu. c. **1400** *B* ii. 13, Na werth dy sofyl y ar dy dir. ac na symut *odyno.* **1567** *TN* 65a, wy a ymadawsan *o ddyno.* **1630** R. VAUGHAN: *YDd* 30–1, Duw yn y nefoedd . . . *oddyno* yn arferol y mae ef yn tywallt ei fendithion ai farnedigaethau. **1803** *P*.

Amr.: **oddynoedd.** [?*odd*^{3} + *ynoedd*] **14g.** *T* 19. 17.

Gw. hefyd o^1—o yno, oddi—o. yno.

-oe, *trf. bfl.* 3 prs. un. pres. dib. mewn Cym. C., e.e. *creddoe* [≡ *cretoe*].

o'e, gw. o^1, o^5 + ei^1, eu^1.

oecach, ff. lafar, gw. oedaf: oedi.

oed [H. Lyd. *oit, oet*, Llyd. C. *oat*, Llyd. Diw. *oad*: ? < **ai-to-* 'cyfran', o'r gwr. IE. **ai-* 'rhoddi, rhannu'; cf. Osgeg *aeteis* 'partis', Gr. αἶσα 'cyfran, tynged', ac *oes*^{1}] *eg.b.* ll. *-au.*

1. (*a*) (Ystod gyfyngedig o) amser, cyfnod, ysbaid (o amser); cyfnod cyhyd â bywyd neu barhad gweithgarwch person, oes; cyfnod arbennig a rhyw nodweddion neilltuol yn perthyn iddo; (geir.) blwyddyn: *time, period, space* (*of time*); *period contemporary with the life or activities of a person, age; period characterized in some respect;* (*dict.*) *year.*

10g. (*Cpt*) *B* iii. 256, ir hat bid *oit* guor mod in ir salt. **1346** *LlA* 111, padelw yr anuonafi gennat yno mor vyrr yr*oet* ac ymae. *id.* 116, Ychwedyl eissoes yn *oet* vn dyd aaeth drwy yr holl ynys honn. **14g.** *GDG* 362, O cheraist eiliw ewyn, / Lliw papir, *oed* hir hyd hyn. c. **1400** *RB* ii. 237, Ac ymplith y brytanyeit ydoedynt ffyd gatholic a christonogyon yn grymhau yr yn *oet* (*a tempore*) eleuterius bap. c. **1400** *YCM*^{2} 40, ual y seuis yr heul, yn vn dyd, *oet* tri diwarnawt y dial y Gristonogyon ar y Sarassinyeit. *Diw.* **15g.** *Pen* 41, 33, yn yr vnvet vlwydyn ar dec o *oet* yn brenhinaeth ni (*regni*). **16–17g.** *HG* 169, y tyrasaf [*sic*] or trawsionn / orau sydd ynyr *oed* honn. **1632** *D*, *oed* deufis d.g. *bimensis.* **1707** *AB* 289c d.g. *a Year.* **18g.** (**1818**) R. JONES: *GP* 17, Taer weddi'r cyfiawn, mewn un *oed*, / Ni cha'dd erioed mo'i gwrthod [Hymn i Ddydd Sul y Bore]. **1803** *P*, *oed*, s. m. process of time.

(*b*) Parhad (naturiol) bywyd, oedran, oes: (*natural*) *duration of life, life-span*.

13g. *A* 3. 14–15, dygymyrrws eu *hoet* eu hanyanawr. **15g.** *LGC* 361, I hwn dda, i hon ddwyoes; / I hon *oed*, i hwnw oes. **16g.** *WLl* 158, *Oed* hir val ir gaterwenn / Dawn y byd ith ro Duw n benn.

(*c*) Hyd yr amser neu nifer y blynyddoedd, &c., y mae person neu anifail wedi byw neu y mae peth wedi bodoli, oedran: *age*.

14g. *WM* 117. 10–11, nyd oed *oet* ydaw uynet y ryuel nac ymlad. **14g.** *BT* (*RB*) 266, rodes Paen Lywelin ap Ywein yn vap yg kadwryaeth o achos diffyc *oet*. *c.* **1400** *RB* ii. 13, Troilus gwr mawr tec oed greduawl a chadarn ar y *oet*. *id.* 82, nyt oed *oet* ar un o nadunt ual y gellit y wneuthur yn urenhin. *c.* **1400** *YCM*[2] 116–17, yr hwnn a dangossei y lwydi a'e *oet* a'e brudder, y uot yn dosparthus. **1547** *WS*, *oed* ne oedran, age. **1632** *D*, march heb golli y dannedd y gwybyddir ei *oed* wrthynt d.g. *abolus*. **17g.** Huw Morus: *EC* i. 338, Mae 'ch *oed* yn dangos achos ichwi, / Y mwynwr tyner, syber sobri. **18g.** *W Ballads* 106, 2, ni wiw ir cryfa ddŷn fu erioed / roi ar i *hoed* fawr hyder.

(*d*) (enghrau. gyda geiriau'n dynodi cyfnod o amser i gyfleu oedran penodol: *exx. with words denoting a period of time to express a particular age*).

1567 *TN* 176a, dauugain blwydd *oed*. **1588** *Rhuf* iv. 19, ei gorph ei hunan oedd weithian wedi marweiddio, ac yng-hylch can-mlwydd *oed*. **1632** *D*, glaslangc o 12 *oed* i 21 d.g. *adolescens*. *id.* blwydd *oed* d.g. *anniculus*. Ar lafar yn gyff, e.e. 'hen wraig yn dair blwydd i gant *oed*', 'an old woman of ninety-seven', *WVBD* 42. Cf. y cfn. *o oed* isod.

(*e*) Rhan neilltuol o fywyd dyn, amser neu gyfnod mewn bywyd; pobl o oedran neilltuol; blynyddoedd aeddfedrwydd neu synnwyr neu yr hyn a bennir felly gan gyfraith neu arfer; newid bywyd; henaint: *a particular period or part of a person's life, time, period, or stage of life, age; people of a particular age; years of maturity or discretion or that which is fixed as such by law or custom, age; menopause*; (*old*) *age*.

12–13g. *MA*[2] 241b. 20–1, Ys bwyf yn *oed* dyn dengmlwydd ar hugain (Elidir Sais). **1346** *LlA* 58, Ely Ac enoc . . . Ympa *oet* (*Quali aetate*) ydaw yrei hynny. Ynyr *oet* ykymerwyt wynt or byt hwnn. *c.* **1400** *R* 1041. 38, Maenwynn tra vum yth *oet*. *c.* **1400** *DB* 86, [p]wy bynnac a ysso o'e ffrwyth, byth y byd yn yr *oet* (*uno statu*) hwnnw. **1632** *D*, heb ddyfod i'w *oed* d.g. *depubis*. *id.* pydru gan *oed* d.g. *fraceo*. **1703** E. Wynne: *BC* 79, Yn ngrymmus *Oed* eich blodeu. *id.* 138, [m]yrdd o bob *oed* a grâdd o ddynion.

2. (*a*) Pryd, adeg, amser penodedig, dyddiad (a bennir i wneud rhywbeth), term penodol: *time, appointed time, allotted time*, (*due*) *date, fixed term*.

13g. *B* x. 28, Ef a doeth hagen *oet* e tal. **13g.** *LlI* 35, Sef yu *oet* e reyth honno, vythnos o'r Sul rac uynep. *id.* 40, e keureyth a dyweyt e dygued guestyl o lau try dyn en e *oet*. . . . a dyguydau er *oet* en y teyr guel arbennyc. *id.* 43, O deruyd e den kemryt arall ar e oruodogaeth ac *oet* arnau, a chyn no'r *oet* dylessu o'r llourud e goruodauc, talet e goruodauc trostau kubel. **13g.** *BD* 3, gvedy dyuot *oet* y'r vorwyn y escor. *Dchr.* **14g.** *Cy* xvii. 133, O deruyd dylyu da y dyn Ac am y da hwnnw roddi *oet* idaw. Achyn yr *oet* caffel or kynogyn y da ae gynnic idaw. kyureith adyweit na dyly y wrthot Cany roddir *oet* Namyn yr keissaw y da. Pwybynhac arodher *oet* idaw Neut eidyaw yr *oet*. Agwnaet ynteu auynho ae arhos yr *oet*. Ae talu kyn yr *oet*. **14g.** *BT* (*RB*) 156, A rodi *oet* a oruc y brenhin idaw am y gwystlon ereill a dylyei Rys y talu y'r brenhin. *Diw.* **15g.** *Pen* 41, 11, A herwyd lle i bo y porthloed ai pell ai agos roder *oet* ido i ado y dyyrnas. *Diw.* **15g.** *Pen* 67, 86, *oet* oedd ddyfod o ddavydd / gam wr yn rroi gymrv n rrydd (Hywel Dafi). **15–16g.** *TA* 155, O gŵyl gŵr gael y gorau, / *Oed* i'r gŵr hwn drugarhau [i Forys ap Ieuan o Langedwyn]. **1632** *D*, *oed* . . . tempus constitutum venturum, status dies futurus. **1803** *P*, *oed* . . . a set time, appointed time, a set day to come.

(*b*) Cytundeb (yn enw. gan gariadon) i gyfarfod, cyfarfod (yn enw. un cyfrinachol) rhwng cariadon, pwyntmant: *appointment, tryst, assignation*, '*date*'.

13g. *BD* 193, guedy gossot *oed* dadleu y rygthunt . . . ar glan Dulas. **14g.** *WM* 4. 15–17, Blwydyn . . . y heno y mae *oet* y rof i [Arawn] ac ef [Hafgan] ar y ryt. **14g.** *BT* (*RB*) 134, gossot *oet* brwydyr a'r brenhin a wnaeth. **14g.** *GDG* 147, Gwydn wyd yn gwadu'n *oedau*. *id.* 359, A geidw bun rhag *oed* â'i bardd. *c.* **1400** (*SG*) *HMSS* i. 336, ydoed *oet* rwng y meudwyeit y dyuot y gyt. **15g.** *GGl*[2] 23, Torri 'dd wyf, terydd afael, / *Oedau* â Rhys, awdur hael. **15g.** *GO* 305, *Oedav* Ivor a Davydd / A rrwymav serch rrôm y sydd. **16–17g.** *CRC* 401, dyn a fy gynt yn kadw *oed* / dan forest koed glynkynon. **1696** *CDD* 318, Ni cheiff un-dŷn dewr doeth . . . / Na merch lon ddwŷ-fron ddoeth, am gyfoeth ffafar nac *oêd* [*sic*]. **1789** *BDG* 518, Nid oes gelfan min llannerch, / Im' i gynnal *oed* a merch. **1803** *P*, *oed* . . . a day of assignation.

3. Oediad, gohiriad; arafwch; seibiant, cadoediad; *Cyfr.* gohiriad gwrandawiad achos llys (er mwyn cael amser i ddod o hyd i dystion, tystiolaeth, &c.): *delay, postponement, procrastination*; *slowness*; *respite, truce*; *postponement of a court hearing* (*in order to find witnesses, evidence, &c.*) (*in the Welsh laws*).

13g. *LlI* 78, roder *oet* a deleho ydau e keyssyau e arwaessaf. Ac esef yu er *oet*, o byd en un kymhut, try dyeu; o byd en lle arall, pytheunos. **14g.** *LlB* 40, *Oet* mach y parattoi tal, vn dyd ac wythnos. **14g.** *WML* 119, *Oet* tyston neu warant gorwlat. pethewnos. *Oet* tyston neu warant kywlat. naw diwarnawt. **14g.** *WM* 135. 28–30, nyt oes *oet* bellach auory yny del yr iarll ae holl allu am pen y lle hwn. **14g.** *DGG*[2] 141, Am Grist yno bu'r tristedd, / Pan roed heb *oed* yn y bedd (Gruffudd Gryg). *c.* **1400** *YCM*[2] 16–17, yna yd erchis *oet* y Chyarlymaen y dyuot y lu oll o'r gaer. **1588** 2 *Pedr* iii. 9, Nid ydyw 'r Arglwydd yn oedi ei addewid, (megis y tybia rhai am *oed*). **1632** *D*, *oed* . . . Tardatio, procrastinatio, dilatio temporis. **17g.** Huw Morus: *EC* ii. 173, Ni chânt na chêl, nag *oed*, na gwadu, / Na dadleuwr, aflan oeswr, o flaen Iesu. **1722** *Llst* 189, *oed*, delay, stay. **1772** Ioan Wallter: *DB* 40, Eu gwrth-ddadl . . . yn erbyn siccrwydd dyfodiad ein Harglwydd . . . a gymmerant oddi-wrth ei *oed*, ei ohiriant, a'i hwyr-frydigrwydd i ddyfod. **1803** *P*, *oed* . . . a delay, or put off of time.

Cfn.: **oed yr addewid:** *allotted span, three score years and ten* (*with ref. to Psalm xc. 10*). **20g.** **o. Crist (O.C.):** *Anno Domini* (*A.D.*), *the year of our Lord, the year of Grace*. **14g.** *BT* 1, Pedwar vgein mlynedd a chwechant ac vn oyd *oed krist* pan vv varwolaeth vawr. *Diw.* **16g.** *Pen* 81, 127, [d]uw Svl yr igeinfed dydd o fis hydref *oed Krist* M V a lv. Gw. hefyd *o. Iesu* (*Grist*). *Cyfr.* **o. cyfreithiol:** *legal age*. **13g.** *LlI* 31, plant . . . eu mynet en *oet keureythyaul*, talhent ehun trostunt o henne allan. **o. darllen:** *reading age*. **20g.** **o. Duw** = **o. Crist.** *a.* **1595** *GST* i. 373, Mil a chwechant, tyfiant teg, / *Oed Duw* oedd, onid deuddeg. **o. (y) dydd, oetydd** (ll. *oetyddiau*): (i) *appointed day, appointed time, appointment, assignation, tryst, the course of the day*. **13g.** *C* 41. 16, Erbin *oed y dit*. y del paup oe Bet. **14g.** *WM* 396. 8–11, A ffony edy ditheu vrda y mi ardelw or uorwyn racco yssyd uerch ititheu yn *oet y dyt* y uory. **14g.** *YBH* 1a, parei hitheu yr iarll vynet yn *oet y dyd* hwnnw. *id.* 62a, [g]orchymyn udunt dyuot attaw yn *oet dyd* byrr. ac yn yr *oet dyd* ef a deuth attaw petwar duces. **14g.** *GDG* 153, F'enaid teg, ni fyn *oed dydd*. **15g.** *BB* 98, gyssot llawer o *oet dydiev* ryngthunt [tri ymherodr]. **1574** *Llst* 171, 98, gosod *oytŷdd* awnaeth hi ag ef a myned yr gwely rwng y gwr ar wal. *a.* **1587** *Y* 73, Nodid hwn nid ai i *oed dydd*: / Nôd llwfrwas mewn dvll efrydd. **1753** *TR*, oed . . . *oed dydd*, a set day. (ii) *adjournment, delay, respite*. **1604–7** *TW* (*Pen* 228), *oet tydd* d.g. *dilatio*. **1722** *Llst* 189, *oed dydd*, damuno *Oed dydd*, to beg for respite. *id.* d.g. *an adjourning, adjournment*. **1780** *W* d.g. *prorogation*. **o. dydd cariad** [?cf. S. C. *love-dai*, Lladin Lloegr *diēs amōris*, Ffr. Lloegr *jour damour*]: *period of time for reconciliation, truce, ?appointed day for reconciliation; ?tryst*. **15g.** *BB* 25, gyssot *oet dyd cariat* ryngthunt. *Diw.* **15g.** *Pen* 67, 44, galw am *oet dydd karyat* i heddychv ar blaid a hynny a gaiff hyt y llys yn olhynny. **o. dydd terfynedig:** *appointed day* (*for payment, meeting, &c.*). **14g.** *YBH* 1a, erchi idaw dyuot yn *oet dyd teruynedic* y fforest ynyal. **15g.** *BB* 118, kymmryt *oed dyt teruynedic* yny lle ymynneynt or ynys. *Diw.* **15g.** *Pen* 41, 12, a vo arno o da hyd yn *oet dyd tervynedic* A baro Justus y venegi. Gw. hefyd *o. terfynedig*. **o. gwas:** *the age of a youth*. **12–13g.** *MA*[2] 217b. 27, Bar llychwr gwr yn *oed gwas* (Llywarch ap Llywelyn). **13g.** *A* 1. 1–2, Gredyf gwr *oed gwas*. *c.* **1300** *H* 115a. 28, huysgwr yn *oed gwas* (Llywarch ap Llywelyn). **o. Iesu (Grist)** = **o. Crist.** *c.* **1400** *YCM*[2] 171, y bedwared vlwydyn ar dec ac wyth cant o *oet Ieussu* [*sic*] *Grist*. **17g.** E. Morris: *B* 19, Os chwenych un chwanog, *oed Iesu* Dywysog, / Ceiff ateb godidog, byrr enwog, a brau, / At fil, deuddeg ugien, a phum naw heb amgen, / I'w gorphen, rhoed ddeugien o ddegau. **17g.** Huw Morus: *EC* i. 9, *Oed Iesu*, a'i dewisawdd, / A roes yn hwn ras yn hawdd, / Dau wythgant, moliant miloedd, / Wyth ddeg, a deuddeg, Duw oedd. **o. terfynedig:** *set time, appointed time*. *c.* **1400** *KedAA* 9, ony bei barawt yn yr *oet teruynedic*, wrth weledigaeth y brenhin a'e gynghor. *Diw.* **15g.** *Pen* 41, 14, gwneuthur *oedev tervynnedic* yny lleoed y duhuno ef ai gyngor i dervynv datleuoed ynghymry. Gw. hefyd *o. dydd terfynedig*. *Cyfr.* **o. wrth borth:** '*delay for aid*', *respite from legal action for defendant to seek legal advice, gather evidence, &c.* **13g.** *LlI* 41, Ny deleyr rody *oet urth porth* en haul uach a chynogen. *c.* **1401** *AL* ii. 106, pa dyn bynnac a geisso *oet wrth borth*. **1730** *Leg Wall* 579, *oed wrth borth* . . . Tempus ad auxilia conquirenda. **ar oed(au):** *on credit*. **16–17g.** *CRC* 420, prynv degwm prynv koed / a ffob peth ar a gawn *ar oed*. **16–17g.** *RAGR* 390, na fyddwch fynych brynwr *ar oede*. *c.* **1688** *SCG* 12, Gorthrymmu trwy farchnad galed, megis gwerthu *ar oed* neu ddydd o herwydd angen y tlawd. **1803** *P*, oed . . . gwerthu *ar oed*, to sell upon credit. **ar oed byr:** *in a short space of time, in a little while*. *c.* **1300** *B* ii. 27, edrych ar y rei kyuoethawc yn mynet yn dlawt *ar oet byrr*. **14g.** *THSC* (1919–20) 124, kouodes teir gwialen *ar oet byrr*. **14g.** *WM* 445. 42, *ar oet byrr* vynt adoethant. **bod (yn) o.:** *to be* (*high*) *time*. *c.* **1400** *YCM*[2] 123, pan *oed oet* y bawb onadunt orffowys. **15g.** *HCLl* 100, Wedi cwyn *oed yw* canu. **1606** E. James: *Hom* i. 110, y *mae 'n oed* gweiddi. Gw. hefyd *llawnoed*. **cyn (bod yn) o.:** *before coming of age*; *prematurely* (*of birth*). **13g.** *BD* 104, Crotheu y mameu a rvygir, a'r meibyon a enir *kynn oed*. **14g.** *BT* 223, *achynn oed* (*BT* (*RB*) 264, a *chynn* amser *oet*; *RB* ii. 381, A *chyn bot ynoet*) y gwnaethpwyt hi oy hanuod yn vanaches. **o o.:** *of age, old*. **1588** 1 *Esd* i. 34, pan oedd efe dair blwydd ar hugain *o oed*. **1710** *LlGG* (*Gos*) 16, chweblwydd ar hugain *o oed* o leiaf. **tan o., dan o., dan ein (eu, &c.) hoed:** *under* (*legal, &c.*) *age*. **1632** *D*, merch *tan oed* d.g. *pupilla*. *id.* etifedd *dan oed* d.g. *pupillus, tutela*. **1764** D. Jones: *DP* 14, Plant ydym etto *dan ein Ho'd*, / Yn disgwyl am y Stâd. **1776** *W* d.g. *minor, Subst.* **yn o.:** *during, in the course of, in the space of*. **14g.** *GDG* 68, Pwy o ddail a'i hadeilai / *Yn oed* y mis onid Mai? **15g.** *GGl*[2] 73, A dynnodd *yn oed* unawr / Y llys ar warthaf i'r llawr. **1710** *LlGG* (*Gos*) 6, Na oddefed . . . ddim Segurwyr i aros nac yn y Fonwent nac ym Mhorth yr Eglwys, *yn oed* Gwasanaeth Duw neu'r Bregeth (*tempore Divini cultus*). **1774** H. Jones: *CH* [28], gellir sugno llawer o bereidd-dra . . . myfyrdodawl . . . *yn oed* y tymmor hwn [y gaeaf]. Gw. hefyd *hyd—h. yn oed*. **yn ei o. (ei h., &c.):** *flourishing*. **1793** *Cylchg* 20, Yn Rhufain mae anghrist *yn ei oed*, yn ben arglwydd, a'i goron dri phlyg ar ei ben. **yn ei o. a'i amser (ei h. a'i hamser, &c.):** *in the flower of one's years*. Ar lafar yn y Gogledd, 'hogan *yn 'i hoed a'i hamsar*'.

oedach, gw. oedaf: oedi.

oedaf, oediaf: oedi(o) [bf. o'r e. *oed*] *bg.a.*

(*a*) (fel *bg.*) Gohirio; loetran, ymdroi, tin-droi, sefyllian, gwag-symera, segura; bod yn hirymarhous: *to delay, procrastinate; linger, loiter, dally, dawdle, idle*, '*hang about*'; *be forbearing*.

1346 *LlA* 51, arei hynny *aoedassant* (*differunt*) am benydyaw y pechodev. **14g.** *GDG* 31, Lle chwery esbyd byd heb *oedi*. *c.* **1400** *KedAA* 9, Ac *oedi* a oruc y brenhin; ac erchi udunt . . . dangos pwy a uei ar yr jawn. **1588** *Neh* ix. 30, Er hynny ti a *oedaist* a hwynt flynyddoedd lawer. **1588** *Ecclus* xiv. 12, Cofia nad *oeda* angeu. **1618** J. Salisbury: *EH* 111, trwy *oedi* hyd tranoeth, ni a gollem y pryd a'r amser cyfaddas. **1632** *D*, *oedi*, comperendinare, procrastinare, protrahere . . . differre, prolongare, tempus trahere. **1676** W. Jones: *GB* 34, nid oes ddim gobaith i *oedi* vn dydd yn hwy. **1790** T. Jones: *TOS* 314, Pa *oedi* a gohirio. **1803** *P*.

(*b*) (fel *ba.*) Gohirio, peri oedi, (peri) bod yn araf (yn gwneud rhywbeth); estyn, hwyhau; cadw, arbed; aros wrth; caniatáu gohiriad i: *to delay, postpone, defer, put off, adjourn, prorogue*, (*cause to*) *be slow* (*in doing something*); *prolong*; *keep, spare, save*; *wait for*; *grant a respite to*.

14g. *LlB* 40, O teir ffordd yd *oedir* mach a chynnogyn. **14g.** *YBH* 57a, kany *oedwn* ni vynet tu a mwnbrawnd. **14g.** *GDG* 30, Ac undyn ydyn' ni'm *oedaint*—am fudd. *id.* 67, Digrinflaen goed a'm *oedai*, / Duw mawr a roes doe y Mai. *id.* 194, Y don bengrychlon grochlais, / Na ludd, goel budd, ym gael bais / I'r tir draw, lle y daw yn dâl, / Nac *oeta* fi, nac atal. **14–15g.** *IGE*[2] 293, Gwell gantho, bur *oedio* barn, / Y dwfr no gwin o'r dafarn (Siôn Cent). *c.* **1400** *R* 1254. 19–21, Kynnal gywirdeb. ac enw ac wyneb. yr neb ryw atteb nam ry *oetta*. **15g.** *DN* 67, Nid âi vn i adwedd ond âi vn a *oedud*. **15–16g.** *TA* 370, Anaml iawn . . . / Iddaw lidiaw at ddledwyr; / . . . / Yn credu câr, a'i *oedi* [marwnad

Ieuan ap Tudur]. **16g.** *WLl* 13, Duw biau *oedi* bywyd. **1567** *TN* 29b, *oeda* [:– gohiria] dy ddigoveint wrthyf. **1588** *Diar* xix. 11, Synnwyr dŷn a *oeda* ei ddigofaint. **1588** *Eseia* xiii. 22, [e]i hamser sydd yn agos i ddyfod, ai dyddiau nid *oedir*. **1588** 2 *Pedr* iii. 9, Nid ydyw'r Arglwydd yn *oedi* ei addewid. **1606** E. JAMES: *Hom* i. 145, [d]ŷn a gedwid ac a *oedid* . . . i'w gospi ac i'w farnu gan Dduw ei hun yn vnig. **1632** *D*, *oedi* . . . tardare. **1722** *Llst* 189, *oedi* . . . prorogue, adjourn. **1728** J. THOMAS: *GDN* 108, *Oedi'*r Achos, a pharhau'r Carcharwr mewn Cadwriaeth. **18–19g.** R. DAVIES: *DB* 250, Efelly'r ydym wrth naturiaeth / Yn dewis *oedi* dydd marwolaeth. **1803** *P*.

Amr.: **oedach.** Ar lafar yn nwyrain Morg., '*oetach* (*oecach*) abothdu', 'crwydro'n ddiamcan'.

Cfn.: **oedi'r amser:** *to prolong the time, delay, procrastinate.* **1588** *Dan* ii. 8, mi a wn yn hysbys mai *oedi'r amser* yr ydych chwi. **1630** R. VAUGHAN: *YDd* 73. **1632** *D* d.g. *procrastino.* **1661** E. LEWIS: *Drex* [xviii], na *oeda yr amser.*

oed-dyddiaf: oed-dyddio, gw. oetyddiaf: oetyddio.

oedfa, odfa [?bôn y f. *odaf*: *odi*[1] + -*fa*, *ma*; a'r ff. *oedfa* a'r ystyron diw. dan ddyl. yr e. *oed*; dichon mai dau air gwahanol sydd yn adrannau 1 a 2 isod; am y dtb. ystyr, cf. *moddion* (*gras*) ac o bosibl *cyfle*] *eb.* ac yn eithriadol *eg.* ll. -*faon*, -*feydd*, -*feuon*, -*fâu*, *odfŷdd*.

1. Cuddfan; ?man cyfarfod: *hiding-place, hide-out*; ?*meeting-place*.

c. **1400** *R* 1208. 11–12, Neut *otua* troua trauyn kanwled beirdyon. *c.* **1400** (*SG*) *HMSS* i. 303, y mae udunt wy ryw *otua* (*recest*) yny fforest honn yn y lle y rodynt wy eu lletrat ac eu hyspeil. **15g.** *Pen* 109, 137, Rac *otua* llatron rac aduyt. gwydel. / Rac gweywyr ryuel rac rai heuyt (Lewys Glyn Cothi).

2. (*a*) Cyfle, amser, achlysur; adeg, cyfnod, ysbaid, ennyd, (ennyd o) hamdden; achos, enghraifft: *opportunity, time, occasion*; *period, moment*, (*moment of*) *leisure*; *case, instance, example*.

1567 G. ROBERT: *GC* 83, am na wy[dd]om pa bryd y cawn rhyw fath *odfa* drachefn a chimaint o seibiant i'mddiddan [*sic*]. **1618** J. SALISBURY: *EH* 287, yr amser, a'r *odfa*, y cyfle, y modd gwiw, a chymwys i'w geisio. **1630** R. VAUGHAN: *YDd* 257, Gortrechiad a bair i'r rhai a ortrechir ddisgwyl *odfa* (*advantage*) i fyned oddi dan yr iau. **1632** *D*, *odfa*, opportunitas, occasio. **1672** J. LANGFORD: *HDdD* 20, fe fydd hyfryd gennyn'i gael 'r *Odfau* hyn i neshau atto êf. **17g.** HUW MORUS: *EC* i. 228, Fe ddigwydd i'r gwycha', pan êl i ryfela, / Yn fynych gael *odfa* o galedfyd. **1675** R. JONES: *HCh* 5, bydd ofalus am gymmeryd yr *odfa* gyntaf, i fyned o'r neulltu ith stafell. *id.* 70, bod cystuddiau yn *odfeydd* enwedigol o ran elw ysprydol. *id.* [173], hamdden, *odfa*, lesser. **1683** J. JONES: *TG* 169, y rhai a ddeunyddiant yr *Odfeydd* hynny o'u cyfarfod felly i wneuthur y fath ffieidddra. **1683** H. EVANS: *CTF* 4, Pôb llŷs gwâg neu segur *odfa*, / Llanw rheini megis Cristion, / A rhyw weithrediadau graslon. **1688** *TJ*, *odfa*, Cyfleusdra, ennŷd: opportunity. **1701** E. WYNNE: *RBS* 19, o herwydd y dichon ar lawer *odfa* (*many cases*) dy galon dy dwyllo. *id.* 55, na chroesawom un *odfa* o demtasiwn (*instances and temptations*) i ddyfyrrwch cnawdol. **1704** J. MORGAN: *B* 62, anobaeth heb *odfaau* o obaith. **1716–18** *Llsgr R. Morris* 123, gan ddewis *odfa* deg ir daith. **1728** T. BADDY: *DDG* 7, yn cael *odfa* cymmwys. **1730 (1755)** E. WYNNE: *PAC* 66, anghofio y fâth dra ryfeddol *Odfa* o Gariad Duw ac a ddangosodd . . . wrth dywallt ei Werthfawroccaf Waed. **1733** T. EVANS: *PP* 117, beth bynnag y mae efe yn ei ordeinio i ni, er nad ŷm dros yr *odfa* bresennol yn fodlon iddo (*though it be not to our present liking*). **1733** J. OWEN: *TBG* 14, *Odfâon*, amserau cyfaddas, neu adegau i wneuthur unrhyw orchwyl arnunt. **1769** *Hop M* 299, Cymmerai bwyll, didwyll, da, / Prydferth, ar bob rhyw *odfa*. **1803** *P*.

(*b*) Cyfarfod (crefyddol), gwasanaeth crefyddol (ymhlith Ymneilltuwyr), cwrdd: (*religious*) *meeting, religious service* (*among Nonconformists*).

1777 W. WILLIAMS: *DN* 22, nid wyf yn cofio am *odfa* ag a dynnodd euogrwydd arnom wrth ymadael. **1779** D. DAVIES: *BDED* 3, os cadwant *odfaon* addoliad yn eu pryd. **1786** B. FRANCIS: *A* ii. 131, Dy ddirfawr hedd i mi a rydd / Orphwysfa ddedwydd sanctaidd, / Tymmherau dwys, *odfaeon*, / Gwir felus, a gorfoledd ['Hymn . . . Perthynol i Nos Sabbath, wedi cael Sabbath anghysyrus']. **1800** *TY* 275, rhwng yr *odfa* am ddau a'r bregeth am chwech o'r gloch. **1803** *P*, *oedva*, s. f. . . . a meeting. **1808** TWM O'R NANT: *BB* 81, pregethwyr . . . / . . . / Bydd rhai 'n dechreu *odfa*, mewn ymddygiad ysmala. Cf. D. OWEN: *RL* 124, y bobl yn myned heibio o *odfa'r* bore.

Cfn.: **odfa'r gamed:** *place or appoinment for courting, 'date'*. Ar lafar yn nwyrain Morg. **odfeydd gras, o. o ras:** *means of grace, religious services or meetings.* **1676** W. JONES: *GB* 34, [g]wneuthur defnydd gwell o'r moddion ac *odféydd o râs.* **1679** C. EDWARDS: *GGG* 89, ein doethineb ni yw gwneuthur yn awr iawn ddefnydd o foddion ac *odfeydd grâs.* *c.* **1730** *Taith C* 39, y maent yn cyrchu . . . at *odfeydd Grâs.* **1771** J. THOMAS: *TA* 197, A'n holl *odfydd* a dderfydd, / O grefydd ac *o râs.* Cf. *modd—moddion gras.* **o. iechydwriaeth (iachawdwriaeth):** *means of salvation.* **1740** G. JONES: *HOG* 35, Gosodwyd i ni *odféydd jechydwriaeth.* **1762** G. JONES: *CFfOG* 18, Ti . . . a roddaist i ni foddion grâs ac *odfêydd Jachawdwriaeth.* **1776** I. BRYDYDD HIR: *P* i. 255, pan yw dynion yn esceuluso moddion ag *odfeydd iechydwriaeth.* Cf. *modd—moddion iechydwriaeth.*

oedfawr [*oed* + *mawr*] *a.* ll. *oedforion.* Hen, mewn oed mawr, oedrannus: *old, of great age, aged.*

18–19g. *Iolo MSS* 78, yn ei *oedforion* ddyddiau. *Diw.* **19g.** *SE MS* 339a, *oedfawr*, a. of great age.

oedfreiniad [*oed* + *breiniad*] *eg.* Y pensiwn a roddir i rywun sy'n cael ei ryddhau o'i waith oherwydd oedran; y weithred o oedfreinio: *superannuation.*

1850.

oedfreiniaf: oedfreinio [*oed* + *breinio*] *ba.* Pensiynu (rhywun) sy dros oedran arbennig, hefyd yn *ffig.*: *to superannuate, pension off, also fig.*

1814.

oedfreiniol [*oed* + *breiniol*] *a.* Wedi ei ryddhau o'i waith ar bensiwn ar ôl cyrraedd oedran arbennig: *superannuated.*

1815.

oediad [bôn y f. *oedaf*: *oedi* + -*iad*[1]] *eg.* ll. -*au.* Y weithred o oedi, gohiriad, gohiriant, seibiant, ataliad: *delay, postponement, a putting off, deferring, procrastination, adjournment, prorogation, respite, suspension.*

1632 *D* d.g. *procrastinatio, prolatio.* **1661** E. LEWIS: *Drex* 214, pa beth sydd mor aml a chyffredinol na'r [*sic*] *oediad* o edifeirwch tan y foru. **1672** J. LANGFORD: *HDdD* 163, erfyn maddeuant gan Dduw mewn prŷd . . . gan fôd pôb *oediad* o hynny yn anghwanegu 'r pechod yn ddirfawr. **1728** S. RHYDDERCH: *GC* 106, A Llywiawdwr allu *Oediad*, / Am ei rediad Ymerawdwr. *c.* **1730** *Thos. Lloyd D* (LlGC) 183a, *oediad*, respite. **1769** J. GRIFFITH: *A* 128, A ydych chwi . . . yn wan eich calon, o herwydd *oediad* eich gobaith? **1798** *WR* d.g. *adjournment, crastination, cunctation, delaying, procrastination, prorogation.* **18–19g.** R. DAVIES: *DB* 78, Ein bywydon heb *oediad* / Rhown dros freiniau, gleiniau'n gwlad. **1803** *P*, *oediad*, s. m. pl. t. *au* . . . a delaying; procrastination, cunctation; a postponing.

oediaf: oedio, gw. oedaf: oedi.

oediedig [bôn y f. *oedaf*: *oedi* + -*iedig*] *a.* *bfl.* Wedi ei oedi, wedi ei ohirio; hwyrfrydig: *delayed, retarded, postponed, deferred; dilatory.*

1778 *W*, *oediedig* d.g. *delayed.* **1803** *P*, *oediedig* . . . being procrastinated or delayed.

oediog, oedog [*oed* + -(*i*)*og*] *a.* hefyd gyda grym enwol ac fel *eg.* ll. *oedogion.* Hen, oedrannus, hynafol; hirhoedlog, hir ei barhad; yn oedi, wedi ei oedi, wedi ei ohirio; araf, hamddenol, hwyrfrydig: *old, aged, ancient*; *long-lived, long-lasting*; *lingering, suspended, delayed*; *slow, leisurely, dilatory.*

13g. *RC* xxxiii. 240, ar hyn ny allei wraged *oedyauc* y wneithur. **14g.** *SC* viii/ix. 183, ef a deuth attaf . . . gwr *oedawc* moel gwedy dygwydaw y wallt o heneint. a llescu yn vawr. **14g.** *GIG* 105, Pais draenog *oediog* ydyw, / Pwn ar ên fal penwar yw [i'r farf]. *c.* **1400** *R* 1277. 28–9, Eidyon y gelwynt *oedawc* marw dywen. **15g.** *GGl*[2] 44, Byth ni ad (bython *oediawg*!) / Duw ar y rhif dorri'r rhawg [moliant meibion Edward ap Dafydd]. *id.* 281, Medd *oediog* ym ydd ydoedd, / Meddai Syr Rhys, maidd sur oedd. **15g.** HUW CAE LLWYD, &c.: *Gw* 135, Wrth hud a chyfraith *oediog* / Y bwrien' Grist mewn barn grog (Gwerful Mechain). **1547** *WS*, *oedioc*, aged. **1595** H. LEWYS: *PA* 203, a hauddent fawr glod . . . am i ymynedd *oidawg*, ai gweidd-dra. **1632** *D* d.g. *vetustus.* **1721** J. P. PRYS: *DC* 13, Dadlwythwch eich beichiau ach *oediog* bechodau. **1728** S. RHYDDERCH: *GC* 164, Iaith dda riwiau, a Iaith dda rywiog, / Iaith hynoda, a Iaith hen *oediog* (Rhys Morgan). **1763** *DT* 217, Dilladu 'r Noeth, Dall, *Oediog.* **18–19g.** *Beirdd y Bala* 20, Tre'r Bala, llonna llannerch,—tre *oediog.* **1803** *P*, *oedawg*, full of delay; dilatory. *id. oediawg*, having a long process of time, of a long time; stricken in years, aged. Cf. R. WILLIAMS PARRY: *H* 18, uwchlaw / Ei untroed *oediog* dwy sefydlog fflam / Ei lygaid arnom [i'r llwynog].

Fel *e.* (yn y ff. *oedog*) Oedolyn: *adult.*

1828.

oedol [*oed* + -*ol*] *a.* Yn oedi, yn gohirio; hamddenol: *delaying, procrastinating*; *leisurely.*

1803 *P*, *oedawl*, tending to delay, procrastinating.

Gw. hefyd oedolion.

oedolaeth, oedoliaeth [*oedol*(*ion*) + -(*i*)*aeth*] *e?b.* Y cyflwr o fod yn oedolyn: *adulthood.*

20g.

oedolion [*oed* + -*ol* + -*ion*[2]] *e.ll.* (un. g. *oedolyn*). Pobl wedi dod i oed, creaduriaid aeddfed llawn-dwf: *adults.*

1848.

oedran [*oed* + *rhan*] *eg.* ll. -*nau.*

(*a*) Hyd yr amser neu nifer y blynyddoedd, &c., y mae person neu anifail wedi byw neu y mae peth wedi bodoli: *age.*

c. **1400** (*SG*) *HMSS* i. 365, yr oed yn was tec herwyd y *oetran.* *c.* **1400** *Études* vii. 316, arver o'r bwydeu a vont gymhedrawl wrth y *oedran* a[e] anyan. **15g.** *LGC* 41, Tair neidr at yr un *oedran* [i dri mab Syr Thomas ap Rhosser]. **1547** *WS*, oed ne *oedran*, age. **1588** *Gen* xxxv. 29, yn hên, ac yn gyflawn o *oedran.* **1588** *Job* xv. 10, Y mae yn ein mysc ni hên, ac oedrannus hefyd: hynach o *oedran* na'th dâd ti. **1699–1700** E. LHUYD: *SH* 64, Dywedant vôd gan y prŷ llwyd dwll yn i dîn am bôb blwydd oi *oedran.* **1791** GW. MECHAIN: *Rh* 23, Pa faint yw eu *hoedran*? **1803** *P*, *oedran* . . . duration of life . . . age. Ar lafar yn gyff., e.e. 'mynd i dipyn o *oedran*' 'to be getting on in life', *WVBD* 221. Yn nwyrain Morg. clywir y ff. *oedron* (*oetron*), 'Ma *oedron* (*oetron*) mawr arno fa'.

(*b*) (enghrau. gyda geiriau'n dynodi cyfnod o amser i gyfleu oedran penodol: *exx. with words denoting a period of time to express a particular age*).

16g. *Pen* 86, [194], Jachvs fydd hi oni fo xvi *oedran.* **1632** *D*, *oedran* pedeirblwydd d.g. *quadrimatus.* *id.* pum mlwydd *oedran* d.g. *quinquennis.* **1653** R. JONES: *TTN* 8, Jesu'n ddêg ar higiain *oedran.* Cf. y cfn. *o'i o.* isod.

(*c*) Rhan neilltuol o fywyd dyn, amser neu gyfnod mewn bywyd, oed; blynyddoedd aeddfedrwydd neu synnwyr neu'r hyn a bennir felly gan gyfraith neu arfer, oed; henaint: *a particular period or part of man's life, time, period, or stage of life, age*; *years of maturity or discretion or that which is fixed as such by law or custom, age*; (*old*) *age.*

13g. *BD* 23, gvedy guelet o Wendoleu Madavc y mab yn *oedran* y gallei bot yn urenhin. **1346** *LlA* 18, na dysco yny del yr *oetran* deduawl. *id.* 65–6, Ym pa oet neu ympa vessur ybydant wy [y saint] . . . yn wyr. Ac yn wraged yny *hoedran* Ac yny messur ehun. **14g.** *BT* (*R*) 82, yr hwnn a athoed yn y vabawl *oetran* . . . hyt yn Jwerdon. **14g.** *GDG* 216, Ochan fi . . . / . . . na wybuum / Garu cyn *oedran* gwra / Hocrell fwyn ddiell fain dda. *c.* **1401** *AL* ii. 348, Trydyd yw peth adysco ormebyt . . . ny dyly y datcanu yny vo mywn synnwyr ac *oetran*, affrudder. **15g.** *BB* 107, [y] deu ereill nyt ottoedynt yn *oedran* . . . ev tatmaeth alywiev [*sic*] y dyrnas drostunt yny vythynt yn *oedran.* **1567** *LlGG* 132a, *oedran* [:– henaint]. **1604–7** *TW* (*Pen* 228), *oetran* geneth d.g. *virginitas.* **1606** E. JAMES: *Hom* i. 3, Mae yno bôb peth ac y sydd addas i bob *oedran.* **1607** *Rhyddiaith Gymraeg* i. 138, [fy] ysgwyddau amdrymion i gan heneint, goual ag amryw heiniae damweiniawl y *oetran.* **1615** R. SMYTH: *GB* 199, megis i bod [llecheden cariad] gwedi i thanu ai goscaru ymhlith yr holl *oedranau.* **1618** J. SALISBURY: *EH* 270, nad ydiw hi [sagrafen urddau] yn perthyn i bawb; ond yn vnic i wyr a fo ag *oedran* a dysceidiaeth genthynt. **1620** 2 *Cr* xxxvi. 17, [y]r hwn oedd yn cammu gan *oedran.* **1632** *D*, tros *oedran eppilio* d.g. *defœtus*. **1675** R. JONES: *HCh* 133, yr amryw *Oedrannau* oth einioes. **1693** *HC* 95, anwireddau dy jeuengctid ath *oedran*. **1793** DAFYDD IONAWR: *CD* 112, Mab glân ei hên *oedran* oedd. **1803** *P*, *oedran*, s. m. time of life . . . Mae hi o *oedran* priodi, she is of age for marrying. Ar lafar, e.e. '*oedran* siâr' am yr oedran pan fyddai bachgen ifanc yn cael ei ystyried yn weithiwr cyflawn (Morg., sir Gaerf.), *Geir Glo* 143. Cf. y cfn. *tan o.* isod.

(*d*) Parhad (naturiol) bywyd, oes, oed: (*natural*) *duration of life, life-span.*

15g. *LGC* 10, I henaint yr êl hono, / A'i *hoedran* ar Vorgan vo [i Wenllïan, gwraig Morgan ap Rhys]. *id.* 338, *Oedran* dâr â 'n dy ràn di [i Hywel ap Henri]. *id.* 406, Ni ddêl *oedran* i anhael, / Nid â yn hen ond un hael [i Ruffudd ap Rhys ap Ieuan]. **15g.** *GO* 155, Ŵyr Ierwerth a orevrir, / Aed ar yn hydd *oedran* hir. *id.* 165, *Oedran* Addaf ar Ddavydd / Y rroer, a'r vwyalch, a'r hydd [i Ddafydd, Abad Llanegwest]! **16–17g.** LLYWELYN SIÔN, &c.: *Gw* 492, yth vnaw naf, aer ddafydd, / o dri jon hen, *oedran* hydd [i Wiliam Powel].

Cfn.: **oedran yr addewid:** *allotted span, three score years and ten* (*with ref. to Psalm xc. 10*). **20g.** **o. yr Arglwydd, ein Harglwydd (Duw):** *Anno Domini, the year of our Lord, the year of Grace.* **1546** *YLlH* [21], [*O*]*edran yr ar/glwydd*, ney rif y blynyddeu. m. d. xlvii. **1591** *Rhyddiaith Gymraeg* ii. 130, yn y flwyddyn o *oedran ein Harglwydd Duw* 1591. **1661** E. LEWIS: *Drex* 78, yn y flwyddyn o *oedran ein Harglwydd* pedwar cant deg a deugain a naw. **1685** *Art* [3], y flwyddyn o *oedran yr Arglwŷdd* 1562. **o. Crist = o. yr Arglwydd.** **16g.** *Med H* 2, Hoell ap Syr Mathe a'i hysgrifennodd, *oedran Krist* mil a ffumkant ac un a thrigaint. **1609** *Haf* 24, 636, y 9 die o Awst yn *oedran krist* 1609. **1615** R. SMYTH: *GB* 146, y flwyddyn o *oedran Crist* 1528. **o. gŵr:** *adulthood, manhood,* (*legal, &c.*) *age, also fig.* **14g.** *YBH* 7a, [p]an elych yn *oetran gwr* mi ath vrdaf yn varchawc vrdawl. **15g.** *GO* 99, Aed aur yn gylch *oedran gŵr*, / Oes yr hydd dros y rhoddwr. **1776** *W* d.g. *majority* [*the being of age*]. **o. llawn = cyflawn o. 1843.** **o. pwyll (a synnwyr), o. synnwyr:** *age of discretion, age of responsibility, age of reasoning.* **1567** *LlGG* 122b, pan ddel plant mewn *oedran synwyr*. **1730 (1755)** E. WYNNE: *PAC* 51, y Sawl a fedyddiwyd ac a ddaethant i *oedran Pwyll a Synwŷr*. *ib.* Gweinidog y plwyf a eilw ynghŷd gynnifer oi blwyfolion a fo mewn *oedran pwyll*, na chawsant eisioes mo'u conffirmio. **1799** T. JONES: *DEW* [3], yn pledio yn erbyn bedydd y rhai oedrannol, (neu, bobl mewn *oedran synwyr*). **o. teg:** *a ripe old age.* **1588** *Barn* viii. 32, Gedeon . . . a fu farw mewn *oedran têg*. **1700** *TDP* 77. *c.* **1730** *Thos. Lloyd D* (LlGC) 183a, mewn *Oedran teg*, in a good old age. **cyflawn o.:** *adulthood, maturity,* (*legal, &c.*) *age.* **1551** W. SALESBURY: *KLl* lxxva, yn wr cwbyl, hyd ym mesur *cyflawn oedran* Christ. **1632** *D*, yr hwn sy 'n ei *gyflawn oedran* d.g. *adultus*. **1776** *W*, yn . . . ei *gyflawn oedran* d.g. *mature* [*of age*]. **llawn o. = cyflawn o.** **1604** R. HOLLAND: *BD* 4, pan ddel i *lawn oedran* yn gystal a phan ddelo i feddiannu i ettifeddiaeth. **1696** *GGTY* 373, [b]edydd y cyfryw ac sydd o *lawn oedran*. **mewn o. = o o.** **1588** 2 *Mac* v. 24, [g]orchymmyn iddynt ladd pawb a'r oedd *mewn oedran*. **1588** *Io* ix. 21, y mae efe *mewn oedran* (*TN* 148b, o oedran). **1798** *WR*, un *mewn oedran* d.g. *adult*. Gw. hefyd *o. pwyll, o. teg.* **o o. (a synnwyr):** *of* (*legal, &c.*) *age, adult* (*adj.*), *mature.* **1567** *TN* 148b, y mae ef *o oedran*. **1693** J. OWEN: *BP* 172, nid oedd oen y Pasc yn perthyn ond i rai *o oedran*. **1790** T. JONES: *TOS* ix, fel y gwna gŵr *o oedran a synwyr* ddiystyru teganeu babanod. **o'i o. (o'i h., &c.):** *of one's life.* **1725** D. LEWIS: *GB* 122, Daniel Fraser oedd Fud a Byddar, hyd y 17 *o'i Oedran*. **1792** H. HARRIS: *H* 110, yn y 60 flwyddyn *o'i oedran*. **tan o., dan o.:** *under* (*legal, &c.*) *age.* *c.* **1700** E. LHUYD: *Par* i. 128, Ty'n y maelydd Heires *tan oedran*, merch i Sion ap Dd Sion Tommas. **1714** R. PRYDDERCH: *GD* 117, A Oes un ensampl . . . i briodi Plant *dan oedran*? **1776** *W* d.g. *minor, Subst.*

oedrannol [*oedran* + *-ol*] *a.* a hefyd gyda grym enwol. Oedrannus, hen; wedi dod i oed, llawn-dwf, aeddfed: *old, elderly; adult, mature.*

Dchr. **15g.** *IGE*² 168, Rhaid fydd i'r hydd ar y rhiw, / Rhuddfrych *oedrannol* rheiddfriw (Llywelyn ab y Moel). **1799** T. JONES: *DEW* [3], yn pledio yn erbyn bedydd y rhai *oedrannol*, (neu, bobl mewn oedran synwyr). **1800** C. EVANS: *EJU* 116, lle y byddent yn bedyddio, neu drochi yr *oedrannol* ar broffes o'u ffydd.

oedrannus [*oedran* + *-us*] *a.* a hefyd gyda grym enwol. Hen, henaidd; wedi dod i oed, llawn-dwf, aeddfed; yn perthyn i oedolion: *old, elderly, veteran; adult, mature; relating to adults.*

14g. *AL* i. 520, or oed aeduet hi o vronneu achedor adyuot teithi gwreic *oetranus* (*LlB* 64, oetran gwreic) idi. *c.* **1400** *ChO* 14, pan vo idaw [eryr] veibyon adar, pan vont yn digawn *oedranus*, ef a'e drycheif wynt uch y nyth y edrych yn erbyn yr heul. **15g.** *LGCD* 9, Dug meddiannus / Un llwyddiannus / Du *oedrannus* / Nis didreinir [am Ruffudd ap Nicolas]. **1567** *TN* 332a, y bwyd ffyrf a berthyn irei *oedrannus*. **1588** *Gen* xxiv. 1, Abraham oedd hên, wedi myned yn *oedrannus*. **1588** *Job* xv. 10, Y mae yn ein mysc ni hên, ac *oedrannus* hefyd: hynach o oedran na'th dâd ti. **1588** *Doeth Sol* iv. 9, henaint *oedrannus* yw buchedd ddihalog. **1631** O. THOMAS: *CC* 27, Chwy-chwi bobl hën: ac *oedrannus* . . . madws i chwi brynu llyfruau [*sic*]. **1632** *D*, *oedrannus*, ætate prouectus. **1672** R. PRICHARD: *Gw* [xix], ni ddichon rhai pobl *oedrannus*, er arferid spectals, ddarllen y Biblau o brint mân. **1672** J. LANGFORD: *HDdD* 61, gan ein bod ni yn derbyn y Sacrament o Fedydd yn Blant, na ddisgwylir ini wne[u]thur . . . y pethau hynny a ofynnwyd gan y rhai [a] Fedyddwyd yn *oedrannûs*. **1688** *TJ*, *oedrannus*: aged, antient. **1719** T. EVANS: *CDW* 53, Bedydd *oedrannus*, a Bedydd mabanaidd. **1751** *GIA* 192, [y] Gweiniaid a'r *Oedrannus*. **1798** *WR* d.g. *veteran*. **1803** *P*, *oedranus* . . . being in years, stricken in years; aged, elderly.

oedranusrwydd [*oedrannus* + *-rwydd*] *eg.* Henaint; aeddfedrwydd: *old age; maturity.* **1852.**

oedwr [*oed* a bôn y f. *oedaf*: *oedi* + *-wr*] *eg.* ll. *-wyr.* Un sy'n oedi, gohiriwr, un sy'n sefyllian neu'n loetran; credydwr: *delayer, procrastinator, loiterer, lingerer; creditor.*

15–16g. *TA* 343, Marw *oedwr* am aur ydoedd [marwnad Syr Niclas ap Huw Elis, person Llaneilian]. **16–17g.** *GST* i. 126, Gorau *oedwr*, gariadwalch [marwnad Morys Wyn o Wedir]. **16–17g.** *PhA* 512, Dyfeisiodd mynodd mwynwr yw tomas / ni chotyma i *oedwr* (Rhisiart Phylip). **1603** W. MIDLETON: *Ps* 20, Ni newidiai yno yn *oedwr*. **1604–7** *TW* (*Pen* 228) d.g. *creditor*. **1632** *D*, *oedwr*, longanimus, tardator, procrastinator, cunctator. **1703** E. WYNNE: *BC* 92, yr *Oedwyr*, a fyddei bôb amser yn addo gwellâu, heb fyth gwplâu. **1722** *Llst* 189, *oedwr*, a delayer, lingerer. **1776** I. BRYDYDD HIR: *P* i. 178, y segur *oedwr*, yr hwn sydd yn esceuluso gorchwyl ei enaid. **1803** *P*, *oedwr* . . . a procrastinator, a delayer; a loiterer.

oedydd, gw. oed—o. dydd.

oedd, ff. 3 prs. un. amhff. myn. y f. *wyf*: *bod*; mewn Cym. C. fe'i hychwanegir at fôn y grff. i ffurfio 3 prs. un. grb. e.e. *gwna(e)thoed*; ac at ff. amhrs. grff. i ffurfio amhrs. grb., e.e. *archadoed, dywedadoed, ganadoed*, ac o bosibl 3 prs. un grb., gw. *GMW* 128.

-oedd¹, *trf. ll. e.*, e.e. *cannoedd, mynyddoedd.*

-oedd², amr. ar *-odd¹*.

oeddwn, ff. prs. 1 un. amhff. myn. y f. *wyf*: *bod.*

oef [amr. ar *wyf*, cf. *moe, mwy, -oef, -wyf*] ff. prs. 1 un. pres. myn. Cym. C. y f. *wyf*: *bod.*

-oef [amr. ar *-wyf*, cf. *moe, mwy, oef, wyf*; cf. hefyd *-of²*] *trf. bfl.* prs. 1 un. pres. dib. Cym. C., e.e. *taloef.*

oefad, gw. nofiaf: nofio.

oegig, gw. noethgig.

oel¹, oil [bnth. H. Ffr. *oile*, o bosibl drwy'r S. C.] *eg.* ll. *-ion, -oedd, -(i)au.* Olew, sylwedd olewaidd; olew eneinio, crism; ennaint, eli, eneinlyn; paent olew (ar gyfer arlunio); hefyd yn *ffig.*: *oil, oily substance; holy oil, chrism; ointment, unguent, liniment; oil-paint, oil-colour; also fig.*

c. **1400** *Études* vii. 270, kymer y rut a chumin . . . a berw mywn gwin gwynn ac *oyl*. **15g.** *GGl*² 286, Nac *oel* gwyrdd, nac eli gwan / Nis ceisiaf yn oes cusan. **15–16g.** *TA* 5, Mae arnad *oel*, myrr neu dus, / O'r nefoedd, er yn nofus. **16g.** *GP* 201, talaithaw pob tywyssoc kynn i fod yn deilwng i gael coron ac *oel* trwy radd. **16g.** *Med H* 38, mynychu a wna [y dylluan] liw nos vyned i'r temlau a'r eglwyssi i ymlenwi ar yr *oel* o'r lampeu. **1567** *LlGG* (*Sall*) 52b, mi enneinir ac oleo [:– *oyl yyl*] irwydd. *Diw.* **16g.** *WLB* 37, hwnw sydd oreu *oyl* or *oeloedd*. **1604–7** *TW* (*Pen* 228), *oelion* d.g. *cosmiana vnguenta*. **17g.** *CC* 327, rhag drwg dvw dolwg dod *oelav* dy rad. **1672** R. PRICHARD: *Gw* 2, Eli gwych rhag pob rhyw bechod, / *Oyl* i ddofi gwûn cydwybod [am Air Duw]. **1759** *BC* 20, Heb weddi, nac eli, nac *oŷlion*. **1771** *PDPh* 63, Os cynghora 'r march-feddyg chwi i rwbio ei goes ag *oilau* cryfion. Ar lafar, *WVBD* 409.

Amr.: **yyl.** **1567** *LlGG* (*Sall*) 52b. **1567** *TN* 74a, 113b, 393b.

Cfn.: **oel (oil) almonau (pêr):** *oil of* (*sweet*) *almonds.* **1759** J. EVANS: *PF* 44, *Oyl Almonau*. *id.* 68, *Oyl Almonau pêr*. **1771** *PDPh* 9, *oil Almonau*. **o. briwiau:** *ointment* (*for cuts*). Ar lafar ym Meir. a sir Ddinb. **o. crai:** *crude oil.* **20g.** **o. dy bae (dy baes, y bae(s), &c.)** [bnth. S. *oil-de-bay* (*-baies*)]: *oil of bay* (*laurel*). *Diw.* **16g.** *WLB* 75, *oyl de bay*. *c.* **1740** *LlM* 25, *Oel Dybaes* a Mar Oel. *id.* 38, *Oel y Baes*. **18g.** *Llr* C 24, 289, *oyl y bae*. Ar lafar yn sir Benf. yn y ff. *oil o bai* 'a mercurial ointment used in destroying lice on pigs', *GDD* 211, *SC* vi. 122. **o. gwallt:** *hair oil, Macassar oil.* **20g.** Ar lafar. **o. lamp:** *lamp oil, paraffin.* **1933.** Ar lafar. **o. llysiau:** *vegetable oil.* **20g.** **o. o bai,** gw. *o. dy bae.* **o. olewydd (oliwydd):** *olive oil.* **1604–7** *TW* (*Pen* 228), yr Ail oelwasc, ne'r *oel oliwydd* or ail gwasciat d.g. *iteratio*. **o. olif (olifs, oliff, dolif)** [bnth. H. Ffr. *oille d'olive* yw'r ff. *o. dolif*, o bosibl drwy'r S. C.]: *olive oil.* *c.* **1400** *Études* vii. 278, *oyl dolyf*. **1545** *CM* 1, 208, *Oel Olif*. *Diw.* **16g.** *WLB* 16, *oyl olifs*. *id.* 74, *oyl oliff*. *c.* **1740** *LlM* 5, *oel Oliff*. **o. o ros, o. rhos (cochion), o. rosys:** *oil of roses.* *c.* **1400** *Études* vii. 300, *oyl o ros*. **16g. (1763)** W. SALESBURY: *LlM* 26, *oel rhos*. **1604–7** *TW* (*Pen* 228), *oel Rhos Cochion* d.g. *rosaceum*. *c.* **1740** *LlM* 40, *Oel Rosis*. **o. traul (treuliau):** *lubricating-oil.* Ar lafar ym Meir. a sir Ddinb. **o. twrbant (twrpant):** *turpentine.* **1725** D. LEWIS: *GB* 72, *Oyl Twrpant*. **18g.** *Llr* C 24, 289, *oyl Twrbant*.

Gw. hefyd oelach, olew, ul.

oel², gw. ôl¹.

oelach, oeliach [*oel¹* + *-(i)ach²*] *e.tf.* Oel(iau); ystaeniau olew: *oil(s); oil-stains.*

20g. Ar lafar yn y De yn y ff. *oilach*.

oelaf: oelo, gw. oeliaf: oelio.

oelcloth [bnth. S. *oilcloth*] *eg.* Brethyn neu ddefnydd wedi ei drin ag olew i'w wneud yn ddwrglos, yn enw. fel gorchudd bwrdd; linolewm, leino: *oilcloth; lino*(*leum*). **1916.**

oeliach, gw. oelach.

oeliaf, oelaf: oel(i)o [bf. o'r e. *oel¹*; engh. arall bosibl yw *o elio*, *CRC* 126] *bg.a.* Rhoddi olew ar, iro ag olew; eneinio ag olew; hefyd yn *ffig.*: *to oil, lubricate; anoint with oil; also fig.*

1655 R. JONES: *PC* 134, Christ, *oeliwyd* ef. Cf. *Wês wês* 82, Ond gida'r nos wê Tomos / Yn nhafarn Westward Ho, / A'i dafod wedi *oilo*.

oeliog, oelog [*oel¹* + *-(i)og*] *a.* Olewaidd, olewog: *oily.*

1604–7 *TW* (*Pen* 228), *oelawc* d.g. *oleosus*. *id.* *oelioc* d.g. *unctiusculus, unctus, unguinosus*. Cf. H. JONES: *MD* 170, Pe byddai i feddyginiaethau *oeliog* brofi yn wrthwynebus.

oelment, oelmentaf: oelmentu, gw. wylment, wylmentaf: wylmentu.

oelog, gw. oeliog.

oelwasg, gw. oel + gwasg.

oen [H. Grn. *oin*, gl. *agnus*, Crn. C. *o(a)n, oyen*, ll. *ey(e)n*, Crn. Diw. ll. *ean, ennes*, Llyd. C. *oen, oan* ll. *eynn*, Llyd. Diw. *oan*, ll. *ein*, taf. Gwened *oén*, H. Wydd. *úan*: < Clt. *$og(^{u})nos$ (ll. *$og(^{u})n\bar{i}$): < IE. *$ag^{u}(h)no$- 'oen', cf. Llad. *agnus*, Gr. ἀμνός, H. S. *éanian* 'wyna'] *eg.b.* ll. *ŵyn.* Epil dafad, hefyd yn *ffig.*, yn enw. am Iesu Grist: *lamb, also fig., esp. of Jesus Christ.*

13g. *LlI* 6, e man escrebyl; sef yv y rey hynny, e deueyt a'r *vyn* a'r mynneu a'r yrch a'r alaned. *id.* 79, nac *oen* na myn na porchell. **1346** *LlA* 23, o achos yberthv drossom ni megys *oen*. **14g.** *YBH* 5a, vy moti doe yn vab iarll kyuoethawc a hediw yn wugeil *wyn*. **15g.** *GDLl* 99, *Oen* y drin a ennyn draw / Llew eilwaith a llu aelaw. *a.* **1547**

GGH 423, *Oen* y gŵr a wna gwarant, / Un gair gwir a gau ar gant (Siôn Brwynog). **1547** *WS, oen,* a lambe. **1588** *Io* xxi. 15, portha fy *ŵyn.* **1588** *Dat* xvii. 14, Y rhai hyn a ryfelant â'r *Oen,* a'r *Oen* a'u goruchfyga hwynt, canys efe ydyw Arglwydd arglwyddi. **1595** H. Lewys: *PA* 105, Paul . . . a drawyd i lawr megys blaidd rhuadus, rheibus, eythr ef a gyfododd i fyny cyn vfudded ag *oen.* **1632** *D, oen,* agnus, agna, pl. *Wyn.* **18g.** *Llr* C 24, 270, [g]wlan *Oen* ddu. **1760** Wll: *SAC* 49, y rhai . . . nas gallasant fwyta'r *Oen* yn 'Ghaersalem. **1803** *P.* Ar lafar; yn sir Benf. clywir y ff. ll. *wyne, GDD* 324, ac *wyni.* Digwydd mewn e. lleoedd, e.e. *Rhyd yr Ŵyn,* Llannarth, Cered.; a hefyd yn yr ymad. 'yr *oen* yn dysgu'r ddafad (i bori)', *WVBD* 409; ac yn yr hen bennill 'Mae gyn amled ar y farchnad / Groen yr *oen* â chroen y ddafad', *Hen B* 35.

Cfn.: **oen bach:** *new-born lamb, little lamb.* Ar lafar. **o. benyw (fenyw, menyw):** *ewe lamb.* **1773** *W, oen fenyw* d.g. *ewe . . . an ewe-lamb.* Ar lafar yn Arfon clywir y ff. l. *ŵyn beinw.* **o. blwydd (blwyddiad):** *yearling lamb.* **15g.** *CSTB* 40, Dichwerthin ydyw'r min mau / Mal *oen blwydd* ymlaen bleiddiau. **1588** *Ecs* xxix. 38, dau *oen flwyddiaid.* **1588** *Lef* xii. 6, *oen blwydd.* Cf. *SE,* blwyddiad . . . *Oen blwyddiad* (pl. *ŵyn blwyddiaid, ŵyn blwyddi*), a yearling lamb; a lamb of the first year. **o. cwlin (cwlins, cwrlins):** *culled or draught lamb.* **1929.** Ar lafar yn nwyrain Morg. *Bot.* **o. y diweirdeb, yr o. diwair:** *chaste tree, Vitex agnus-castus. Diw.* **15g.** *Pen* 326, sypyn 6, 10a, *oen y diweirdeb.* **1604–7** *TW* (*Pen* 228), *yr oen diweir* d.g. *vitex* (*agnus castus*). **O. Duw:** *the Lamb of God, the Saviour; saviour.* **15g.** *Pen* 109, 86, Eryr doeth ar wyr ei dat, / *oen duw* eilweith yn dwywlat (Lewys Glyn Cothi). **16g.** Huw Arwystl: *Gw* 14, *oen dvw* gweinion nad gynwys / ronyn bach ar wann yn bwys. **1588** *Io* i. 29, wele *oen Duw* yr hwn sydd yn tynnu ymmaith bechodau'r bŷd. **o. gwirion(af) (o'r gwirionaf):** (*most*) *innocent lamb, usu. fig. of a person, esp. with ref. to Jesus Christ.* **15–16g.** *GIF* 14, Yr un gair â'r *oen gwirion* / drwy'r Sieb sy yd, Rys ap Siôn. **1609** R. Smyth: *CAC* 12, er i fod yn ddifagul, ag megis *Oen gwirionaf* oll ag hefyd yn dduw anfarw[e]digawl. **1630** R. Vaughan: *YDd* 291, Iesu Grist, dy *oen gwirion.* **1675** R. Davies: *PY* [vii], [d]ifant lawer o *wyn gwirion* Christ. **1696** *CDD* 23, Y dygid e i'r lladdfa fel *oen or-gwiriona.* **1759** *BC* 11, Yn Raslon *oen gwirion* i'n gwared. **o. gwryw:** *male lamb.* Ar lafar; clywir y ff. ll. *ŵyn gyrwod, ŵyn gyfrod* (Arfon), *WVBD* 168, *ŵyn gyrfod* (Môn), *Môn* (Gwanwyn, 1954) 8, *ŵyn gyrfed, ŵyn gyrfad* (Meir.), *B* xiv. 285. **o. hwrdd:** *ram lamb.* **1932.** Ar lafar ym Mhenllyn. Gw. hefyd *oenwrdd.* **o. llaw(f)aeth:** *hand-reared lamb, orphan lamb, pet lamb, also fig.* **15g.** *GGl*[2] 53, Yn llew y cair yn lle caeth, / Yn llyfn fal yr *oen llawfaeth.* **16g.** Lewys Morgannwg: *Gw* 249, wyf un llef y *oen llawfaeth* / erglyw dduw fy arglwydd aeth. **16–17g.** Ieuan Tew Ieuanc: *Gw* 32, *Oen llawfaeth,* ennill hefyd / Er Duw ar barch, air da'r byd. **o. llyw(a)eth = o. llaw(f)aeth.** **1632** *D,* lloweth, Vt *Oen lloweth* . . . Corruptè pro Llawfaeth, manu nutritus. **17g.** Huw Morus: *EC* ii. 243, Mae 'ch afiaeth ysywaeth, *oen llowaeth* yn llai. *id.* 255, Hil *ŵyn llywaeth* a wellhâ'. **1722** *Llst* 189, *Oen lloweth* . . . a mally-lamb. **1787** **(1812)** Twm o'r Nant: *PG* 34, Och! o'r achos ni cha'r ychen, / Na'r *ŵyn llywaeth* awr yn llawen. Ar lafar yn y ff. *oen ll(y)wath* (*ll(y)weth*) yn y Gogledd, *Môn* (Gwanwyn, 1954) 9, *WVBD* 353, *LGW* 271, a hefyd yn sir Gaerf. **o. llwdn** (ll. *ŵyn llydnod*): *young lamb.* **1932.** Ar lafar yng nghanolbarth Cered. yn y ff. *ôn llwden.* **o. llydnes:** *ewe's first lamb.* Ar lafar yn Môn, *Môn* (Gwanwyn, 1954) 9. **o. Melangell:** *hare.* **1852.** **o. menyw,** gw. *o. benyw.* **o. newyddian (newyddien):** *new-born lamb, sucking lamb.* **16g.** *GGH* 370, Ni ad fyn bach, dewfwyn bân, / Neu ŵydd nac *oen newyddian* [am gadno]. **1604–7** *TW* (*Pen* 228), *oen newyddien* d.g. *auilla.* **1722** *Llst* 189, *oen newyddien,* a lamb newly yeaned. **o. parthau:** *pet lamb.* Ar lafar ym Morg., '*ôn partha*—pet lamb. (a lamb reared on "parth")', *GWG* 304. **o. Pasg:** *paschal lamb* (*lit. and fig.*). **1346** *LlA* 43. **1675** R. Davies: *PY* 26. **1723** WM: *PGG* 310. **o. pasgol = o. Pasg.** **1611** R. Smyth: *SG* 118. **1776** Dewi Nantbrân: *AN* 346. **ŵyn pori:** *store lambs.* Ar lafar yn sir Gaerf. **ŵ. stôr = ŵ. pori.** Ar lafar ym Mhenllyn. **oen sugno:** *unweaned lamb, sucking lamb.* **1775** *W* d.g. *lamb, a sucking lamb.* Ar lafar yng ngogledd sir Gaerf. **o. swci (swca):** *orphan lamb, pet lamb, also fig.* **1722** *Llst* 189, *Oen* lloweth neu *swcci,* a mally-lamb. **1771** *W, oen swcca* d.g. *cade* [*house-*] *lamb.* Ar lafar yn gyff. yn y Canolbarth a'r De, ac mewn rhai mannau yn y Gogledd, *LGW* 271; hefyd yn y ff. *oen swca(d), oen shwcan, ib.*

Gw. hefyd oenes, oenig, oenyn, wynos.

oenaf: oena, oeni [bf. o'r e. bl.] *bg.* Wyna, bwrw oen: *to lamb, yean.*
1845.

Gw. hefyd wynaf: wyna.

oenaidd [*oen* + *-aidd*] *a.* Tebyg i oen, fel oen, addfwyn, mwynaidd, diniwed: *lamb-like, meek, mild, innocent.*

1604–7 *TW* (*Pen* 228) d.g. *agninus.* **1773** *SBS* 89, Yspryd gostyngedig, isel, llariaidd ac *Oenaidd.* **1803** *P.*

oenban [*oen* + *pân*[1]] *eg.* Gwlân oen: *lamb's-wool.*

1722 *Llst* 189, *oen-ban,* m. lambs' fur. **1771** *W* d.g. *budge* [*lamb's furr*]. **1803** *P.*

oenen, gw. oenyn.

oenes [*oen* + *-es*[1]] *eb.* (bach. *-an*). Oen benyw, hesbin, mamog ifanc, hefyd yn *ffig.*: *ewe lamb, young* (*breeding*) *ewe, also fig.*

15–16g. *GIF* 56, myn Mair, mae yn awr i mi / *oenes* weddw, einioes iddi [i ofyn maharen]. *c.* **1586** W. A. Bebb: *CT* 216, O gwathirodd ddvw didryth / fod Cymru byth ai *hoynes* [i'r Frenhines Elsbeth]. **1773** *W* d.g. *ewe . . . an ewe-lamb. id. oenesan* d.g. *ewe . . . a little ew-lamb* [*sic*]. **1803** *P, oenes,* an ewe lamb, a young ewe. Ar lafar yn nwyrain Morg. clywir *oenas* yn yr ystyr 'mamog sydd wedi bwrw ei hoen cyntaf'.

oengen [*oen* + *cen*[1]] *eg.* Gwlân oen; croen oen: *lamb's-wool; lambskin.*

1722 *Llst* 189, *oen-gen,* m. lambs' skin. **1771** *W* d.g. *budge* [*lamb's furr*]. **1803** *P, oengen,* s. m., a lamb's skin.

oengig [*oen* + *cig*] *eg.* Cig oen: *lamb* (*meat*).

c. **1877.**

Gw. hefyd cig—c. oen.

oengroen [*oen* + *croen*] *eg.* ll. *-grwyn.* Gwlân oen; ?croen oen: *lamb's-wool; ?lambskin.*

1858.

oenig [*oen* + *-ig*[1]] *eb.* Oen benyw (bach): (*small*) *ewe lamb.*

1588 2 *Sam* xii. 3, [g]an y tlawd nid oedd dim onid vn *oenic* fechan. **1632** *D, oenig,* agnella. **1688** *TJ, oenig:* a little Ewe-Lamb. **1696** *CDD* 76, Am gobeth yn gyfan, Duw cymer fi weithian, / Yn *oenig* i'th gorlan gywir-lwŷs. **18g.** *W Ballads* 3, [3], Fel yr *Oenig* tan y gwelle. **1773** *W* d.g. *ewe . . . an ewe-lamb.* **1803** *P.*

-oent, *trf. bfl.* 3 prs. ll. pres. dib. mewn Cym. C., e.e. *deloent, dywedoent, mynnoent.* Gw. hefyd -ont, -wynt.

oenus [*oen* + *-us*] *a.* Oenaidd: *lamb-like.*

1712 T. Williams: *CDdG* 512, dy amynedd ddiflin, dy addfwynder *oenus,* dy ddiniweiddrwydd [*sic*] difrycheulyd. *c.* **1730** *Thos. Lloyd D* (LlGC) 185a, *oenus* . . . lamb-like. Agninus.

oenwrdd [*oen* + *hwrdd*[1]] *eg.* Oen hwrdd: *ram lamb.*

c. **1400** *R* 1346. 11, broch moelgloch meilgloc *oenhwrd.* **1605–18** *Mos* 131, 584, krynn anaf val kyrn *oenwrdd* / knafri ffol kneifier i ffwrdd.

Gw. hefyd oen—o. hwrdd.

oenyn [*oen* + *-yn*[1]] *eg.* (b. *-en*). Oen bach, hefyd yn *ffig.* ac yn ddifr.: *lambkin, little lamb, also fig. and derog.*

c. **1400** *R* 1360, Anurdaf anaf *oenyn* o brelat. **15g.** *IGE*[2] 331, Dos i'r Ddôl, dewis iâr dda, / Ac *oenyn* a gei yna [Rhys Goch Eryri i'r llwynog]. **1547** *WS, oenyn,* a sory lambe. **1594–6** *B* iii. 174, A gusanai'r *oenyn* a garai y molltyn. **1630** R. Llwyd: *LlH* 382, Oni byddei ddrŵg gan galon dyn weled *oenyn* truan yn safn y llew? **1632** *D* d.g. *agnellus.* **1696** *CDD* 325, Dy air, a'th galon ni chydtŷn, / Mwŷ na'r blaidd ar *oenŷn* gwŷn. **1722** *Llst* 189, *oenyn,* a young he-lamb. **1762** *ML* ii. 489, Aie *oenyn* gwych oedd gan ddafad swcci? **1775** *W* d.g. *lambkin, lamb, A little lamb.* **1793** Dafydd Ionawr: *CD* 76, Er hyn, mae'r *oenyn*? pwy sydd / Ddifai Aberth i Ddofydd? **1801** *MMf* 106, dod mewn chwistrell yn glaiar, ai yrru'n y clust ar wlan *oenen* ddu, ac iach y bydd. **1803** *P.* **19g.** *Beirdd y Bala* 75, Glynu'r wyf, mal *oenyn* llywaeth, / Wrth hen wlad fy ngenedigaeth.

oer [H. Grn. *oir,* gl. *frigidam,* H. Wydd. *úar,* Gwydd. Diw. *fuar,* enw mis Gal. *Ogron-*: < Clt. **ougro-*; cf. Armeneg *oic*] *a.* ll. *-(i)on,* a hefyd fel *eg.* ll. *-(i)on.*

(*a*) Cymharol isel ei dymheredd (am wrthrych, hinsawdd, &c., yn enw. i'r synhwyrau dynol), yn teimlo effaith oerfel (am berson, &c.), heb fod yn dwym, heb fod iddo fawr wres, wedi colli ei wres, heb fod yn ddigon poeth (e.e. am fwyd): *cold, cool.*

12g. *LL* 265, arhit irford part gulleuin bet finnaun *Oir.* **13g.** *C* 89. 6–7, *Oer* guely pisscaud ygkisscaud iaen. **14g.** *T* 66. 16–17, myned yny trefyn ymplith *oer* gethern hyt yg waelawt vffern. **14g.** *YBH* 35b, Yna y byryawd ef neit yny gerwyn yn llwrwf y deudroet. ac *oer* iawn oed y dwfyr. **14g.** *DB* 97, y mae ffynnawn kyn *oeret* y dyd ac na eill neb y hyuet, a chyn vryttyet y nos ac na eill neb mynet yn y chyvyl. *c.* **1400** *MM* 160, kanys bo *oera* vo y tywyd, gorev y treula y kylla. *c.* **1400** *R* 1056. 18, *oer* gaeafrawt tlawt morua. *c.* **1400** (*SG*) *HMSS* i. 213, [m]ynet y ffynnawn . . . ar dwfyr yn *oerach* noc a vu eiryoet o eiry. **15g.** *DE* 91, tebig loegr gerig *oerion* / i for tawch ydoedd fryd hon [rhag priodi Saesnes]. **1547** *WS, oer,* colde. **1588** *Diar* xxv. 25, Fel dyfroedd *oerion* i enaid sychedig. **1632** *D, oer,* frigidus, gelidus, algidus. **1746** T. Richards: *CER* iv, a'u bôd yn gorfod cilio . . . i Fynyddoedd *oeron.* *a.* **1791** W. Williams: *GP* 725, Nid 'wi'n abl dala gwyntoedd / *Oeron,* cryf y gogledd draw. **1803** *P.* Am ymad. fel 'digon *oer* i rewi tegell ar ben tân', 'digon *oer* i rewi'r botel ddŵr poeth', gw. *LlG* xix. 19, 24; ac am ddywediadau ynglŷn â thywydd oer, gw. *Mont Coll* xlvii. 72–84.

(*b*) Trist, digalon, isel ei ysbryd; yn peri tristwch neu iselder, annymunol, anhyfryd; ?ysgeler; heb fod yn agos atoch, dideimlad, oeraidd (am deimladau, perthynas bersonol, &c.); heb frwdfrydedd neu ymroddiad, difater, difraw, llugoer; heb ymateb rhywiol; oeraidd, a'i natur dan lywodraeth 'oerfel' (yn ôl ffiseg neu ffisioleg yr Oesoedd Canol): *sad, dejected, miserable; causing sadness or dejection, unpleasant, disagreeable; ?wicked; cool or cold* (*of feelings, personal relations, &c.*), *reserved, unfeeling; unenthusiastic, apathetic, indifferent, lukewarm; frigid* (*sexually*); *cold* (*according to the physics or physiology of the Middle Ages*).

13g. *MA*[2] 220b. 42, Bu *oer* ym aros y chwedlau [marwnad Gruffudd ap Llywelyn gan Ddafydd Benfras]. **14g.** *GDG* 36, Gair *oer* am y gorau oll [marwnad Llywelyn ap Gwilym]. **14–15g.** *IGE*[2] 182, Y gŵr mul a gâr mawlair / A'i cred mal llw ar y crair. / O Dduw, pwy *oeraf* o'r ddau, / Ai'r gŵr ai'r prydydd gorau [Siôn Cent i'r awen gelwyddog]? *c.* **1400** *R* 1163. 26, Ar kythreuleit. euherbynnyeit. *oeron* boeneu. *id.* 1417. 2–3, *Oer* gallon dan vronn o vraw allwynin am vrenhin derwin dor aberffraw. *c.* **1400** *Études* vii. 60, Gwinegyr, *oer* yw yn yr eil rad a sych yn y bedwared. Wrth hynny rac gwannet y oeruel ef ebrwyd yd a drwy y korff y'r lleoed eithaf. *ib.* Kic perchyll, gwlybach ac *oerach* yw. **15g.** *DN* 94, Y'r lle kair barnv'r llu kall, / A'r llv *oer* y llaw arrall. / Dyn *oer* drvd, enwir, a drwc, / Aed allan i dywyllwc. **1588** *Dat* iii. 15, Mi a adwen dy weithredoedd, nid ydwyt na thwymn, nac *oer.* **1595** *Egl Ph* 9, Pan yw'r Prydydd yn dywedyd Larwm *oer* nid ydoedd yn meddwl fod diasbad lais larwm yn oer ohoni eihun; eithr gyrru ar ddallt y mae, mai'r larwm oedd yn peri oerni yng nghallonnau'r werin. **1595** H. Lewys: *PA* 80, pan fyddo gwr yn byw mewn llwyddiant, ni weddia ef ond ychydig, neu hynny, yn *oer,* ac yn araf. **16–17g.** *HG* 13, gwainiaid llavüriaid, ai llevaü *oeron.* **1632** *D* d.g. *frigens.* **1672** J. Langford: *HDdD* 473, fy Enaid *oer* marwaidd i. **1703** E. Wynne: *BC* 151, Cael blâs *oer* ar bôb plesereu. **1803** *P, oer* . . . repulsive. *Diw.* **19g.** *SE MS* 339a, *oer* . . . (applied to sound) dismal. Ar lafar yn gyff. yn yr ystyr 'dideimlad'.

Fel *e.* Oerfel, oerni; (yn y ll.) llysiau, ffrwythau, &c. oer, salad: *cold*(*ness*), *chill*; (*in pl.*) *cold vegetables, fruit, &c., salad.*

c. **1740** *LlM* 21, [c]ymmer Gwart o Lefrith wedi torri ei *oer.* Cf. *SE MS* 339b, *oerion,* spl. (vulgò *oeron.* Iolo writes Aeron) any vegetable, fruit, leaf, or root, eaten cold or raw; raw or cold fruit; salad (Glam.).

oerad, gw. oeriad.

oeraf: oeri [bf. o'r e. *oer*; dichon mai i adran (*b*) y perthyn yr engh. gyntaf isod] *bg.a.*

(*a*) Gwneud neu fynd yn oer(aidd), hefyd am y corff ar ôl marwolaeth: *to make or become cold, or cool, also of the body after death.*

14g. *GDG* 35, Gwae'r nai a *oerai* a ery,—gweled, / Gwaelod cof a'm deffry, / Y llys fraith yn llaesu fry, / A'r Llystyn yn arlloesty [marwnad Llywelyn ap Gwilym]. c. 1400 MM 158, Nac yf dwfyr gyt ath vwyt kanys oeri a wna y kylla. 15g. GHC 38, Duw a ŵyr maint, o dri modd, / Poen ei wŷr er pan oerodd [marwnad Siôn Amhadog Pilstwn]. 15g. GO 57, Oyri yr wy' val ar yr ia. 15g. DE 7–8, er dy fwyn yr ydwyf vi / mewn eira yma yn oeri / dyred vyn raed [sic] a oerais / dyro dy benn drwy dy bais / ath law yn vn oth lewys / ac ar llall egor y llys. 1547 WS, oeri, coole. 1551 W. Salesbury: KLl liib, oni drocho vlayn eu vys [sic] mewn dwfr, ac oyry vym tavod. 1615 R. Smyth: GB 144, i oeri 'r gwres aruthrawl a oedd yn llosci i cyrph o'r tu mewn. 1632 D, oeri, frigere, frigescere, frigefieri. Item Frigefacere, infrigidare, refrigerare. 1677 C. Edwards: FfDd 242, Beth sydd niweidiach i'th iechyd ti nag oeri yn ddisymwth ar ol chwysu? 1759 J. Evans: PF 19, Llafuriaeth . . . cymeryd gofal ar ei ol am oeri'n raddol rhag cael yr Anwyd. 1803 P.

(b) Mynd yn oer neu'n lledoer (am deimladau, argyhoeddiadau, bwriadau, &c.), (peri) colli sêl, brwdfrydedd, cariad, &c.; lleihau, gostegu, darostwng; gwneud neu fynd yn ddigalon neu'n ddiflas: *to grow cold or cool (of feelings, convictions, intentions, &c.), (cause to) lose zeal, enthusiasm, love, &c.; lessen, subside, subdue; make or become depressed or dismal.*

c. 1400 (SG) HMSS i. 341, [p]an oerawd y dolur hwnnw [ar ôl marwolaeth Llachau]. 15g. (Diw. 16g.) Gwyn 3, 187, Rhyngthynt er bod ethrod-wŷr / nid oera 'r gwaed dewr yw 'r gwŷr (Deio ap Ieuan Du). 15g. GO 295, Duw oeres, o dayarwyd, / Galonav klêr glannav Klwyd [marwnad Tomas Salbri Hen]. 16g. B v. 120, Trystan gynheddfav mowrgall / kar dy genedl nithwg gwall / nid oera rrwng kar ar llall. 1567 TN 39a, ef a oera cariat llawerion. 1595 M. Kyffin: DFf [66], nid oerasai etto gynddeiriowgrwydd y traws-Bennaethied. 1630 R. Llwyd: LlH 46, pe gosodent eu calonnau oflaen duw . . . hynny a'i hoerei hwynt, ac a'i gostyngei yn ddigon issel. 1632 D d.g. deferveo, deflagro. 1672 J. Langford: HDdD 389, y mae ein hamcanion ni yn oeri, ac heb ddyfod byth i ben. 1688 S. Hughes: TSP 301, megis y bytho eu hystyriaeth am Uffern ac ofn damnedigaeth yn oeri, ac yn lleihau: felly y mae eu dymuniadau i'r Nefoedd ac Jechydwriaeth, yn oeri hefyd. 1716 E. Samuel: GGG 187, darfu ir Gwir ddiragrith Dduwioldeb . . . ddechreu oeri a diflannu. 18g. W Ballads 104, 3, mae'r gelyn cas / yn dy oeri 'n ddi ras arw. c. 1762–79 W. Williams: P 571, esgob Winchester . . . a oerodd y brenhin at dywysogion Germany. 1777 W. Williams: DN 51, fel yr oersom at ein gilydd ym mhob ystyr.

Cfn.: **oeri'r badd**: *to (grow) cool (of Bath or its baths, with ref. to a disaster foretold in the Prophecy of Merlin).* 15g. GDLl 43, 48, 93. Cf. BD 109, Ena yd oerant eneint Badvn, a'e dyured yachvydavl a uagant agheu; GDLl 32, Bydd bur, mae'r badd heb oeri. **o. cawl (ei gawl, &c.)**: *to beat about the bush, hum and haw (lit. to cool (one's) soup).* Ar lafar yn y De, cf. SE, cawl . . . oeri ei gawl . . . to talk in a dilatory or round-about way; to hum and haw . . . to beat about the bush; Wês wês 44, wrth 'i fodd yn dispatsho pobol o'r hen fyd 'ma a hwtro'r fargen ar y Brenin Mowr ond yn oeri 'i gawl yn ombeidus mewn priodas. **o. trwch cot**: *to be cold enough to wear a coat.* Ar lafar yn y De, 'Mae wedi oeri trwch cot heno'.

oeraidd [*oer* + *-aidd*] *a.*

(a) Braidd yn oer, oerllyd, lledoer: *rather cold, cool(ish), cold(ish), chilly.*

1689 E. Morus: RC 18, mewn ceudwll oeredd drewllyd. 1749 J. Prys: Alm [20], gwynt lled oeredd. 1777 M. Williams: BM [25], Gwynt oeredd . . . a thebyg i rewi. 1784 M. Williams: S i. 242, Mae'r aer yn y wlad hon [Amazonia] yn fwy oeredd nag ellid feddwl ei bod mewn lle mor agos i'r gyhydedd. 1803 P. Ar lafar yn gyff.

(b) Heb frwdfrydedd neu ymroddiad, difater, difraw, llugoer; heb fod yn agos atoch, dideimlad, oer (am deimladau, perthynas bersonol, &c.); diflas, trist; oer (yn rhywiol); oer, a'i natur dan lywodraeth 'oerfel' (yn ôl ffiseg neu ffisioleg yr Oesoedd Canol): *unenthusiastic, apathetic, indifferent, lukewarm; cool or cold (of feelings, personal relations, &c.), reserved; dismal, sad; frigid (sexually); cold (according to the physics or physiology of the Middle Ages).*

16g. WLl 151, Ac yn ol haelder mae pryderwch / A byd yn oeraidd heb dynerwch [marwnad Tomas Mostyn]. Diw. 16g. WLB 90, Rhai or gwin a fydd da Rai a fydd ouraidd [sic]. 1677 R. Jones: BB 113, yn esceulus ac oeraidd ynghylch y cyfryw bethau mowrion a phwysfawr. 1691 T. Williams: YB 1, iw bodloni e'u hunain a' rhyw oeredd, anystyriol wasanaeth (cold and formal devotions). 1696 CDD 47, Lle'r oedd ei chwaer anwŷl, o hir-bell yn disgwyl, / Gael gweled ei arwŷl, gôf oeraidd [am Foses yn yr hesg]. c. 1700 D. Maurice: CGG 6, yn ymfodloni mewn proffeis oeredd (formal). 1723 WM: PGG 27, yn gyntâ yr ŷm yn meddwl yn oeredd ac yn ddifater am dano [pechod]. 1731 E. Samuel: AE 22, Dynion . . . pan fo'nt yn erfyn am bethau Ysprydol, a deisyfiadau oeraidd, ac a meddyliau gwibiog Cyfeiliornus. [1738] E. Jones: CE 19, Na chai yr hyn a elwir ac a gyfrifir yn Fuchedd grefyddol, yn yr oes hon, ei cyfrif [sic] yn nyddiau'r Apostolion . . . ond difrawaidd ac oeredd. 1759 BC 479, Cymerwch chwithau'r Aur a'r Arian; y Cybydd / Oeraidd: Brwnt Crŷch henaidd i chwich hunan. 1759 DG 148, Mewn egwyl oeredd a galarus. 1768 Risiart ap Robert: CB 151, efe a ddichon wneuthur yn oeraidd rhyngom a dynion. 1787 (1812) Twm o'r Nant: PG 5, rhai sy'n buraidd / I'r enw a'i ddoeth wirionedd, / O'i du ef y maent yn glau, / Er maint sydd o eiriau oeraidd. 1790 Twm o'r Nant: GG 109, A'i hoeredd waedd o'i herwydd ef. Ar lafar yn gyff. yn yr ystyr 'heb fod yn agos atoch', e.e. 'Bydde gair caredig gan 'i thad wedi bod o help, ond 'odd hwnnw'n un mor oeredd a phell'.

oerchwedl [*oer* + *chwedl*[1]; cf. hefyd *chwedl oer*, *H* 96b. 13] *eg.* ll. (prin) *-au.* Newyddion drwg neu drist; ?dial: *bad or sad news; ?vengeance.*

14g. GIG 33, Llyma oerchwedl cenhedlawr, / Llas pen Cymry nen yn awr [marwnad Syr Rhys ap Gruffudd o Fôn]. c. 1400 R 1240. 1–3, Bv oerchwedyl kenedyl kwyn ennwawc tristlawn. camp meirchawn kwymp marchawc. 15g. GGl[2] 144, dydd oerchwedl i genedloedd / diwrnawd ail dydd brawd oedd. 15g. ID 93, i mae v oerchwedl am varchog [marwnad Syr Rhisiart Herbert]. 1547 WS, veinsians oer[ch]wedyl, vengeaunce. 16g. Siôn Brwynog: Gw 221, Cloi'n rhew yn calonnau rhawg, / Can mwy oerchwedl cŵyn marchawg. 1632 D, oerchwedl, nuncium triste. id. d.g. infortunium. 1688 TJ, oerchwedl, drŵg newŷdd: an ill news. 1772 W, Un a ddywed ei fod yn credu fod Duw, eithr a wâd Grefydd ddadguddiedig . . . O Dduw pa beth a ddeuai o [dd]ŷn, pe gwîr fyddai oer-chwedl anghyssurus hwn d.g. deist. 1803 P, oerchwedyl, s. m. pl. oerchwedlau, a sad story, bad tidings, ill news.

Cfn.: **oerchwedl i (chwi, &c.)**: *a curse on (you, &c.), woe betide (you, &c.).* 15g. LGCD 31, Och i'r Sais ucho / O'u caer nis caro, / Ac oer chwedl iddo'r / Cymro nis câr. 1604–7 TW (Pen 228), oerchwetl yddaw d.g. malum, Interiect. 1770 W, oer-chwedl . . . i chwi d.g. beshrew your heart.

oerdeb [*oer* + *-deb*] *eg.* Oerfel, oerni, hefyd yn *ffig.*: *cold(ness), cool(ness), also fig.*

16g. WLl 115, Ir deau bu oerdeb wedd / Yr holl anap yr llynedd. 1803 P.

oerder [*oer* + *-der*] *eg.*

(a) Oerfel, oerni, fferdod, hefyd fel symptom o afiechyd: *cold(ness), cool(ness), chill, also as a symptom of illness.*

16g. THSC (1923–4) (At.) 26, hyd pan oedd y knawd kyn wrddet ar gwydyr o oerder. 1574 (1604) Rhyddiaith Gymraeg ii. 205, Yno [yn uffern] yr ydys yn myned o oyrder yr eira y wres y tan. Diw. 16g. WLB 37, rac klefyd y kymhibeu ac oerder or galon . . . ac oerder or arrenau. id. 45, Rhac gwewyr ac oyrder a diffrwythdra mewn glinieu. 1588 Diar xx. 4, Y diog 'r hwn nid ardd o herwydd oerder y gaiaf. 1632 D, oerder, frigiditas, frigedo. 17g. E. Morus: Gw 13, Tydi ydyw'r chwarter penna mewn uchder / O'r pedwar bob amser, dewr oerder dirus [i anfon y gaeaf yn gennad]. 1677 C. Edwards: FfDd 241, byddai'r naill ran o'r ddaiar yn anffrwythlon gan boethder, ar llall yn anghyfaneddol gan dywyllwch, ac oerder. 1792 T. Jones: GE 71, mae'r bugail yn gorfod gwilio ei braidd yn oerder y nôs. 1803 P.

(b) Diffyg sêl, ymroddiad, neu frwdfrydedd, llugoeredd, difaterwch; iselder ysbryd, digalondid, tristwch; yr ansawdd o fod yn oer(aidd) (o ran teimladau, perthynas bersonol, &c.), diffyg agosatrwydd, diffyg teimlad neu emosiwn: *lack of zeal or enthusiasm, indifference, apathy; weariness of spirit, dejection, sadness; coldness or coolness (of feelings, in personal relations, &c.), lack of feeling or emotion.*

16g. Llst 40, 80, [tr]ymder ac oerder i gyd / trwm ym yw term ymywyd [marwnad ei ddwy ferch gan Ruffudd Dwn]. 17g. Pen 89, 119, oerder i bawb rodio r byd / oer gwynion awr ag ennyd. 1672 J. Langford: HDdD 422, maddeu gyfeiliorni ac oerder yr erfynion hyn. 1694 O. Gruffydd: Gw 76, Oerder maith ar dir a môr / A bery drwy bob oror [marwnad Mari II]. 1696 CDD 300, I wneuthur y ddiod ni roddwŷd erioed, / Na brâg, na hopŷssŷn . . . / . . . / Na dim o naws oerder, na surder yn hon [diod iechydwriaeth]. 1701 E. Wynne: RBS 252, Rhaid i ti . . . gofio pa amrafaelion neu ddrwgdŷb sy rhyngot â neb arall, ac ail-gynhesu pôb oerder, atgyweirio pob anghydfod, ac ymgymmodi âu gilydd. 1711 M. Williams: LlLl 20, mi glywa rai Gweddillion yr hên Ddŷn ynof, rhai Gwynieu dirfawr afreolus . . . peth Oerder mewn Cariad perffaith. 18g. (1818) R. Jones: GP 83, Mwyfŵy oerder myfyrdawd, / Gladdu gŵr ymgeledd gwawd. 1790 T. Jones: TOS 271, Nid oedd dim oerder na phelldra rhyngddynt.

oerdra [*oer* + *-dra*] *eg.* Oerfel, oerni, hefyd yn *ffig.*: *cold(ness), cool(ness), also fig.*

1609 Haf 24, 628, pen vo r gwlyddeidddra gwedi rhewi ynghyd trwy dynereiddwch oerdra r penn. 1803 P.

oerdranc, gw. oer + tranc.

oerddrws [*oer* + *drws*] *eg.* ll. *-ddrysau.* *Daearydd.* Bwlch cul (sych) ar ben mynydd neu gefnen, bwlch gwynt, adwy wynt: *wind-gap.*

20g. Cf. yr e. lle Bwlch Oerddrws, pl. Brithdir ac Islaw'r-dref, Meir.

oeredig [bôn y f. fl. + *-edig*] *a.bfl.* Wedi (ei) oeri, oer: *(made) cold, cooled.*

1803 P.

oeredd [*oer* + *-edd*[1]] *eg.* Oerni, fferdod: *coldness, chill.*

c. 1400 R 1293. 9–10, Eres yw yn gwelet oered andechryn. 16–17g. E. Prys: Gw 355, Bydd oeredd ar henwyr i'w byddaru. 1778 J. Roberts: C 11, Gwynt ac oeredd . . . / hyd y diwedd. 1803 P.

oerew, gw. oer + rhew.

oerfa [*oer* + *-fa, ma*] *eb.g.* ll. *-fâu.* Lle oeraidd, cysgod (rhag yr haul): *cool place, shade.*

Diw. 15g. (15–16g.) B xvii. 88, tat yr ychen cirwon yn cvrchvr oerfa (Y Nant). 1604–7 TW (Pen 228) d.g. aestiua, refrigerium. 1632 D, oerfa, locus refrigerij. 1722 Llst 189, oerfa, m., a cooling room; shade. 1803 P. Ar lafar ym Morg. yn yr ystyr 'tywydd oer'. Digwydd yn gyff. mewn e. lleoedd am dir uchel oer.

Cf. gooerfa.

oerfad, gw. oer + bad[1].

oerfel [*oer* + elf. anh., cf. *poethfel*] *eg.b.* ll. (prin) *-oedd, -on.*

(a) Oerni, fferdod, hefyd fel symptom o afiechyd, ac yn *ffig.*: *cold(ness), chill, also as symptom of illness, and fig.*

13g. C 64. 2–3, Bet run mab pyd inergrid avon. in oervel ig gverid. c. 1300 H 25b. 32, am draws/ walch aerualch oeruel y golli [marwnad Hywel ap Madog gan Lygad Gŵr]. 1346 LlA 152, amylder o dagreu. Achwynnvan callonn. Ac oeruel mawr drwy losgedigaeth eneideu. 14g. SC viii/ix. 190, nyt oed oeruel kyffelyb yr oeruel yr auon honno. c. 1400 DB 45, Y tu hwnt . . . y mae y mor rewedic ac oeruel tragywyd. Dchr. 15g. GM 14, Bendigwch . . . Oeruel y gayaf a haf hywres. 1547 WS, oerfel, coulthe. 16–17g. IMCY 229, Y main yn damgylchynv yr vchelgaer a yrrant ymaith yr oerfeloedd taer er cryfed ev haweloedd. 1606 E. James: Hom iii. 5, mor feddylgar a fythom i wisco am danom ein dillad . . . i'n cadw rhag oerfel. 1632 D, oerni, & Oerfel, frigus, algor. 1742 ML i. 72, Mi ges anwyd ag oerfel i'm hesgyrn. 1759 T. Thomas: WWDd 338, Mae hefyd yn galaru oblegid oerfel a chulni ei galon a'i serchiadau. 1803 P, oervel, s. f., pl. t. on, cold air, cold weather.

(b) Un o bedwar ansawdd mater (ynghyd â gwlybaniaeth, sychder, a gwres) yn ôl ffiseg a ffisioleg yr Oesoedd Canol; yr ansawdd hwn fel rhan o natur y corff, bwyd, &c.: *coldness (one of the four qualities of matter according to the physics and physiology of the Middle Ages).*

c. 1400 Études vii. 60, Gwinegyr . . . rac gwannet y oeruel ef ebrwyd yd a drwy y korff y'r lleoed eithaf. id. 62, llyma reol natur yr anifeileit a symud complexiwn rwng gwres ac oeruel a sychdwr a gwlybwr. id. 66, gwallt llyfyn hynaws a arwydockaa hynawster ac *oeruel* y'r emennyd. Gw. hefyd *DOC* 106–8.

Cfn.: **oerfel i (chwi,** &c.): *a curse on (you, &c.), woe betide (you, &c.).* **14g.** *GDG* 98, 129, 332. **15–16g.** *GIF* 15. **1789** *BDG* 509. Cf. *SE MS* 339a, *Oerfel iddi*—ill-luck attend her.

oerfelgarwch [*oerfel* + *-garwch*] *eg.* Diffyg sêl, ymroddiad, neu frwdfrydedd, llugoeredd, difaterwch; diffyg agosatrwydd, oerder (o ran teimladau, perthynas bersonol, &c.); oerni, oerfel: *lack of enthusiasm or zeal, indifference, apathy; coldness or coolness (of feelings, in personal relations, &c.); cold(ness), chill.*

1737 J. EINNON: *HR* 144, [m]intau [*sic*] aneirif o'm pechodau . . . sef *oerfelgarwch* mewn dyle[t]swyddau Sanctaidd, a'r diffyg oedd arna' o gariad at Dduw. **1742** H. HARRIS: *SDS* 5, y mae Dieithrwch yn canlyn rhwng Duw an Heneidiau, ynghyd ag *Oerfelgarwch* a Sychder. *c.* **1762–79** W. WILLIAMS: *P* 290, ac yntef [Malachi] sydd yn eu hargyhoeddi am anffyddlondeb, ac *oerfelgarwch* mawr. **1767** J. THOMAS: *TFFf* 110, *oerfelgarwch* dy gariad tu ag at Dduw a dyn. **1770** *W* d.g. *backwardness* [*slowness, lateness, slackness*]. **1777** W. WILLIAMS: *DN* 8, pa fodd daeth satan i wneud y fath ysgar rhyngoch a'ch gilydd? mae yna *oerfelgarwch* nad oes ond anaml o'i fath. **1784** M. WILLIAMS: *S* i. 216, Cyfrwystra'r creaduriaid hyn, yn adeiladaeth eu cabanau, a'u parottoad erbyn *oerfelgarwch* y gauaf sy'n dran [*sic*] rhyfeddol. **1790** T. JONES: *TOS* 265, Os doi mewn duwiol fyfyrdod yn agos at Grist, a gwresogi dy galon wrth dan ei gariad, etto os na ddoi ond anfynych, dy *oerfelgarwch* gynt a ddychwel yn fuan.

oerfelog [*oerfel* + *-og*] *a.*

(*a*) Oer (am y tywydd, &c.), fferllyd, hefyd yn *ffig.*; yn gostwng gwres y corff (am foddion) neu ffisig: *cold (of the weather, &c.), chilly, also fig.; cooling (of medicine).*

13g. *C* 93. 9, *oeruelawc* tonn. brith bron mor. **13g.** *DB* 69, Y bop vn onadunt [planedau] y mae y briaut liw . . . yr *oervelocaf* (*frigidior*) en wyrd, y guressocaf en goch. *Dchr.* **14g.** *H* 72a. 25–7, Bed pyll puyll enwir enwauc . . . dan llen ddirgel *oeruelauc* (Cynddelw). *c.* **1400** *R* 1418. 1–2, o leith llywelyn cof dyn nymdaw. *oeruelawc* callon dan vronn o vraw. **15g.** *FfBO* 32, Y dinas hwnnw [Azaron] yssyd dra*oeruelawc*, ac ysef achaws yw, ywch y mae yn seuyll no dinas arall o'r holl vyt. *c.* **1575** *GGN* lii, Doe r oedd ar filoedd ddydd *oerfelawg* mawr / am wyr Sion Amhadawg. **1588** *Diar* xxv. 20, Yr hwn a dynno ymmaith wisc oddi am ddŷn ar amser *oerfeloc*, sydd fel finegr ar neitr. *c.* **1600** *AP* 52, diwarnawd eglûrloew, gorheûloc, divrwydrwynt, *oervelawc*, ag amlwlith cyfuwchglaer, a niwlgrwybr ar gychwyn. **1632** *D*, *oerfelog*, frigorosus. **17g.** E. MORRIS: *B* 54, *Oerfelog* iawn yw hirnos gaua, / A gogleddwynt oerwynt eira. **1716** E. SAMUEL: *GGG* 90, [y] Grefydd Grist'nogol . . . gwedi ei rhanu a'i dyscu trwy holl Europa, hyd yn oed cilfachau anhygyrch y Gogledd *oerfelog*. **1798** R. DAVIES: *CG* 68, Ryw anserchog, / Ry *oerfelog*, arw fales. **1803** *P.*

(*b*) Oer, a'i natur dan lywodraeth 'oerfel' (yn ôl ffiseg neu ffisioleg yr Oesoedd Canol): *cold (according to the physics or physiology of the Middle Ages).*

c. **1400** *MM* 152, Or byd corff *oeruelawc* bwydeu *oeruelawc* a berthynant idaw, Heuyt y gorf gwlyborawc neu gorf sych y annyan, bwydeu *oeruelawc* a wahardir. *c.* **1400** *Études* vii. 58, Mel, gwressawc yw a sych. Da yw y dynyon *oeruelawc* gwlyborawc hen. **16g.** (**1763**) W. SALESBURY: *LlM* 29, y palantan o artemper cymyscedig ac am hynny y mae yn *oerfelog* ac yn sych ar unwaith. *id.* 231, 3 ne 4 or Dail wedy curo a yfir mewn gwin rhag y crydie *oerfeloc*. *Diw.* **16g.** *WLB* 88, Pysgod hallt sychion Gwresoc a sychion fyddant ar rhai hynny a wna i ddynion *oerfeloc* gwlybyrawg.

oerffwyr [*oer* + *ffwyr*] *a.* Dychrynllyd, arswydus, ofnadwy; ?colled arw, dychryn: *frightful, awful; ?sad loss, dread.*

14g. *GIG* 30, *Oerffwyr* y cawsant orffen, / O hud waith, eu hedau wen [marwnad meibion Tudur Fychan]. *id.* 154, Ni bo well, hen gawell gŵyr, / Y darffo i'r Brawd *oerffwyr* / No'i ddal . . . / . . . / A'i gwfl llwyd mewn gafl llodur / Cynhaig o Seisnigwraig sur [dychan i'r Brawd Llwyd]. *id.* 163, Gwain gweirfforch, gwaneg *oerffwyr*, / Gwae ni ei marw hi mor hwyr. *id.* 171, Safnog digorffog daeog *oerffwyr*,—lleibr / Cyhoeddgeibr, ci hyddgwyr.

oergell [*oer* + *cell*[1]] *eb.* ll. *-oedd.* Cell i gadw bwydydd, diodydd, &c., yn oer, rhewgell; cell oer, yn *ffig.* am y bedd: *refrigerator, freezer; cold cell, fig. of grave.*

1840.

oergrai [*oer* + *crai*] *a.* Diflas, digysur, anghynnes; trist, digalon: *dismal, cheerless; sad, dejected.*

14g. *GDG* 62, Anaeargryf oen *oergrai* [dychan i Rys Meigen]. **14g.** *DGG*[2] 139, Llyma fyd ergryd *oergrai*, / Llawn a thrist yw lluniaeth rhai (Gruffudd Gryg). *c.* **1400** *R* 1045. 22, Stauell gyndylan ys*oergrei* heno. **1803** *P.*

oergrynedig [*oer* + *crynedig*] *a.* Ofnadwy, dychrynllyd; oer a rhynllyd; a nodweddir gan oerfel a chryndod (am lesmair): *awesome, tremendous; cold and shivering; characterized by cold shivering (of a fit).*

1609 R. SMYTH: *CAC* 17–18, [d]escenof [*sic*] Crist drachefn o'r nef goruchaf mewn cnawd dyn yn ustus *oergrynedig* i farnu'r hollfyd.

oergwymp [*oer* + *cwymp*; nid yw union ystyr *oergwymp* yn y cfn. *o. galanas* yn eglur] *eg.* Cwymp trist, marwolaeth resynus: *sad fall, lamentable death.*

13g. *LTWL* 122, *Oyrcu*[*y*]*mp* galanas. **15–16g.** *GIF* 39, mae'n *oergwymp* am ein eurgart, / mal cwymp pan ymhoelo cart. **1803** *P.*

Cfn.: *Cyfr.* **oergwymp galanas:** (*in the Welsh Laws*) *term used for a type of 'galanas' where the homicide himself is killed, and the case is thus regarded as a particular misfortune for his kindred; ?murder.* **13g.** *LTWL* 122, *Oyrcu*[*y*]*mp galanas* est cum alicui imponitur se hominem occidisse, et ille aut ex indignatione aut ex superbia non inficiatur. Si ille interficitur a gente occisi, parentes eius nichil pro eo recipient; sed cadaver eius contra cadaver prioris dimittitur. **13g.** *LlI* 71, O deruyd na bo nac o'r keynnyauc palader nac o'e da ehun y tal en kubyl ganthau, keny bo namen un keynnyauc en eyssyeu, a'e lad ef o'e elynyon am honno, ny dygonsant un agkeureyth, cany ellyr kubyl o agkubyl. A chet lladher enteu ny dywygyr na'r da rydywedassam ny uchot nac enteu ehun o'y genedel, ac urth henne e geylu keureyth er hen rydywedassam ny uchot *oer guymp galanas*. *c.* **1300** *LTWL* 335, *Oergwymp galanas* yw cum occisor alicuius a gente non occisi occiditur; parentela tamen ipsius pro primo interfecto galanas reddet, nec minus in margine ipsum cognatum amittet. **14g.** *LlB* 33, *Oergwymp galanas* yw, pan ladho dyn dyn arall a dodi oet am wneuthur iawn drostaw, a'e lad ynteu o dyn o genedyl arall nys dylyho; *oergwymp galanas* y gelwir hynny, rac trymet y golli ef, ac adaw y gyflafan a wnaethoed ar y genedyl, a goruot y thalu. **1770** *TG* iv. 14, Gobeithio . . . y bydd i *oergwymp galanas* y Bonheddig hwnnw [llofruddiaeth Wiliam Pywel] gael effaith dda ar swyddogion a phobl ein gwlad.

oeriad, oerad [bôn y f. fl. + *-iad*[1], *-ad*] *eg.* Y weithred neu'r proses o oeri: *a cooling.*

1632 *D*, *oeriad* d.g. *refrigeratio*. **1722** *Llst* 189, *oerad*, m. a cooling. **1803** *P* d.g. *oeriad*.

oerias [*oer* + *ias*] *e?b.* a hefyd fel *a.* Oerfel (eithafol); teimlad arswydus, ymdeimlad o dristwch (ofn, dychryn, &c.); yn peri ias, iasoer, annaearol; ?oer iawn, fferllyd, rhynllyd: *(extreme) cold; sense of sadness (fear, &c.); chilling, eerie, creepy; ?very cold, chilly.*

Diw. **17g.** EDWARD DAFYDD, &c.: *Gw* 250, Dwyn Tomas, *oerias*, wiwrym, / Dyna ŵr oedd dyn o rym (Dafydd o'r Nant). **1729** S. RHYDDERCH: *Alm* [45], Eira blin, garwa blâs, / Dŵ gerwin, â dig *oerjâs*. **1769** *Gron* 141, Llan Andrëas, / Rwygiad rŷ-gas, / Bwriwyd *oer-ias* / bridd daearen [marwnad Goronwy Owen].

oeriedydd [bôn y f. *oeraf*: *oeri* + *-iedydd*] *eg.* ll. *-ion.* Oergell; sylwedd a ddefnyddir mewn system oeri, &c., oerydd: *refrigerator; cooler, coolant.*

1850.

oerig [*oer* + *-ig*[2]] *a.* ?Wedi oeri, oeraidd; trist: *?made cold, coldish; sad.*

16–17g. LLYWELYN SIÔN, &c.: *Gw* 337, karw hoff iawn ydoedd, korff ffyniedig, / karv gwirionedd, rhinwedd *oerig*. **16–17g.** E. PRYS: *Gw* 349, Llin Juda'n frenin hyd frig, / Llin Aron ein llen *oerig*.

oerin, oerlaw, oerlef, gw. oer + hin[1], glaw, llef[1].

oerllyd, oerlyd [*oer* + *-llyd*, *-lyd*] *a.* (b. *-lled*). (Braidd yn) oer, oeraidd, lledoer, hefyd yn *ffig.*: *(rather) cold, chilly, cool, also fig.*

1630 R. VAUGHAN: *YDd* 61, pa rifedi o biccellau gofidus y mae efe yn ei ergydio trwyddo: sef gwaiw, doluriau . . . poerion *oerllyd* (*flegme*), cnofeydd, gwewyr. **1632** *D*, *oerllyd* d.g. *algidus*. **1672** R. PRICHARD: *Gw* 247, Cwyn y galon, deffro 'r yspryd, / Nynn â'th ras ein hawen *oerllyd*. **17g.** HUW MORUS: *EC* i. 90, Gŵyr ddarllen o gerdd *oerllyd*, / Gwers i bawb am gwrs y byd. **1716** IACO AB DEWI: *LlCB* 18–19, Angeu . . . Oni ddaw ef a thorri i lawr y Corph, a'i osod ef yn y ddaiar *oerlled*? **1722** *Llst* 189, *oerllyd*, cold, chilly. **1733** T. EVANS: *PP* 36, Y rhai sy'n dyfod o flaen Duw ond o ran defod ac arfer . . . y mae eu gwaith . . . yn ymddangos oddiallan mor glaiar ac *oerlyd*. **1754** *ML* i. 295, mae pob peth mal arferol ffordd yma, ond ei bod hi'n dal yn *oerllyd*. **1780** *W* d.g. *phlegmatic*, *remiss* [*slack, &c.*]. **1784** M. WILLIAMS: *S* i. 93, Mae'r rhan fwyaf o'r Dutsh yn bobl fawrion . . . o ran eu tymmerau maent yn fwy *oerllyd* na chenhedloedd eraill. *id.* 256, Nid yw'r lle hwn [Grønland] ond gwlad llwm [*sic*], *oerllyd*, heb ddim trigolion, na fawr o greaduriaid a ffrwythau'r ddaear yn tyfu. **1803** *P.* Ar lafar yn gyff., 'Mae'n o *oerllyd* heiddiw', *WVBD* 410; hefyd yn y De yn yr ystyr 'iasoer, treiddgar' (am sŵn), 'y llisia mwya' *orllyd*'.

oernad [*oer* + *nâd*[1]] *eg.b.* ll. *-au*, a hefyd gyda grym ansoddeiriol. Llef drist, alarus, neu arswydus, cwynfan, wylofain, sgrech; galargan: *sad, lamenting, or terrible cry, lamentation, wail, screech; threnody.*

16g. *GIIV* 29, Barwn *oernad* ai barn arni. **16g.** SIÔN BRWYNOG: *C* 111, A oes *oernad* am siwrnai / Eithr y ferch aeth o Wŷr-fai. **16g.** *TRP* 196, Ssiosseff vy nghalon *oernad* / ryfedd na thyr yn wastad. **1588** *Am* viii. 10, Trôf hefyd eich gŵyliau yn alar, a'ch holl ganiadau yn *oer-nad*. **1630** R. VAUGHAN: *YDd* 81, wrth glywed yr *oernad* yma, ti a debygit dy fod yn vffern cyn dy fod yno. **1632** *D*, *oernad*, threnus, lamentum. **1700** T. JONES: *Alm* [1], Wrth weled yr ysprydion uffernol drŵg eu sawŷr, / Yn gwneuthŷd *oernâd* creulon. **1724** S. WILLIAMS: *ADA* 170, *oer-nadau*'r damnedig. **1740** T. EVANS: *DPO* 102, Nid oedd . . . ddim ond yr Wbwb gwyllt, ac *Oernad*. **1775** *W* d.g. *lamentable*, *a lamentable cry*. **1803** *P.* Ar lafar yng ngorllewin Morg., ''Does dim pwynt imi ollwng *oernade*'.

oernadaf: oernadu [bf. o'r e. bl.] *bg.a.* Cwynfan, dolefain, wylofain, udo, sgrechain: *to complain, lament, wail, howl, screech.*

1567 *TN* 94b, Ys cwynvanesam [:– *eirnadesam* [*sic*]] y chwy. **1671** C. EDWARDS: *FfDd* 110, Diangodd y gweddillion . . . gan *oernâdu* fal hyn, Rhoddaist ni fel defaid iw bwytta. **1767** E. THOMAS: *HR* 74, dy daer leisiau a'th *oernadu* yn ei glustiau, nid ydynt hyfryd ganddo.

oernadol [bôn y f. fl. + *-ol*] *a.* Sgrechlyd, udol; dolefus: *screeching, howling; plaintive.*

1831.

oernadus [bôn y f. fl. + *-us*] *a.* Sgrechlyd, udol; ?dolefus: *screeching, howling; ?plaintive.*

1765 J. EVANS: *CPE* 401, rhyw ŵr gwreng a'i enw Jesu, a ddechreuodd brophwydo yngŵyl y Pebyll, a llefain yn *oernadus* ar hyd yr heolydd.

oerni [*oer* + *-ni*] *eg.* Oerfel, fferdod, tywydd oer, hefyd yn *ffig.*: *cold, coldness, chill, cold weather, also fig.*

Dchr. **15g.** *IGE*[2] 210, Minnau, ys gwir, ni mynnwn, / *Oerni* byth, i'r neb a wn, / . . . / Gael twyll, myn goleuad Duw (Llywelyn ab y Moel). **15–16g.** *TA* 338, Nid â *oerni* o Edeirnion / Ni thywyn haul, fyth, yn hon [marwnad Hywel ap Rhys]. **1547** *WS*, *oerni*, colde, coldnesse. **1588** *Job* xxiv. 7, Gwnant i'r tlawd leteu yn noeth heb ddillad: ac heb wisc mewn *oerni*. **1604** R. HOLLAND: *BD* 6a, anghynefinol *oerni* tu ac at dduw. **1615** R. SMYTH: *GB* 43, y gog . . . sy'n cydnabod ai dirfawr wendid, o herwy[dd] *oerni* i naturiaeth, megis na all eistedd ar i wiau. **1632** *D*, *oerni* . . . frigus, algor. **1661** E. LEWIS: *Drex* 36–7, Plant y deyrnas . . . yn wylofain o ran gwres, yn rhingcian o ran *oerni*. **1675** R. JONES: *HCh* 5, ti ddylit ymegnio yn wastadol yn erbyn marweidd-dra ac *oerni* a chrwydraidd feddyliau mewn gweddi. **1753** *TR*, *oerni* . . . cold, chilness, cold weather. **1759** J. EVANS: *PF* 84, Gwynt, ac *oerni*, a Gwayw yn y Cylla. **1795** *R. Crusoe* 97–8, Yr oedd Gwener druan wedi dychrynnu yn ddirfawr pan welodd fynyddoedd wedi eu cuddio ag eira, a phan deimlodd *oerni* 'r hin. **1803** *P.*

oerog [*oer + -og*] *a.* Oer, oeraidd, hefyd yn *ffig.*: *cold, chilly, also fig.*
1853.

oerol [*oer* a bôn y f. *oeraf*: *oeri + -ol*] *a.* Yn oeri, fferrol, oer, hefyd yn *ffig.*: *cooling, chilling, cold, also fig.*
1803 *P* d.g. *oerawl*.

oerwaed [*oer + gwaed*, ar ddelw'r S. *cold blood, cold-blood(ed)*] *a.* Didostur, dideimlad; *Biol.* a chanddo dymheredd corff sy'n amrywio yn ôl tymheredd ei amgylchfyd, poicilothermig: *cold-blooded*; *cold-blooded (in biol.)*, *poikilothermic*.
1847.

oerwr [*oer + gŵr*, a bôn y f. *oeraf*: *oeri + -wr*] *eg.* ll. *-wyr*. Dihiryn, cnaf, ffŵl; person oer neu ddideimlad; ?truan; person neu beth sy'n oeri: *scoundrel, rascal, fool; cold or indifferent person*; ?*wretch*; *cooler*.
14g. *GDG* 401, O'm nwy nid arhowy'r haf / A chael fy mun, o chiliaf / Er unbardd, *oerwr* enbyd, / Droedfedd na modfedd ym myd (Gruffudd Gryg). **14g.** *GIG* 155, Rhoed arall yn rhaid *oerwr*, / Ffonnod yn gardod i'r gŵr [dychan i'r Brawd Llwyd o Gaer]. **15g.** *GGl²* 107, Cadarn a gwan, ceidw ran gŵr, / Gwâr wrth wâr, garw wrth *oerwr*. **15g.** *Pen* 57, 52, llebvr dail ar gwiail gynt / mayreira ymar or yr wynt [*sic*] / *oyrwr* wy ar war yr allt / yni hаross wen hir wallt. **16g.** Huw Arwystl: *Gw* 329, ni ddoi *oerwyr* yn ddewrion / i geisio swydd gwas I sion. **16g.** R. White: *C* 57, ni bu'n Europ yn *oerwr* / ar faeth gynt o fath y gwr / od oes ei fath diswydd fo / llwyddiant i'r neb ai lladdo. **16–17g.** *GST* i. 672, Seren a gafas *oerwr*, / Siwgr yw gwen, a soeg yw'r gŵr, / Hwn sy lowt, a hon sy lân. **1603** W. Midleton: *Ps* 122, *Oerwr* heb neb i aros / Yn y diddos nae dyddyn. **1604–7** *TW* (*Pen* 228) d.g. *improbus*. **1632** *D* d.g. *homulus*. **17g.** *CC* 62, cêst ogo i guddio gwygr / câs y darren cîst *oerwyr*. **17g.** Huw Morus: *EC* i. 168, Ag arall ymrwymai, rhoes eiriau rhy siwr . . . / Ffei *oerwr* a'm ffeiriodd, drwy ffarwel y ci! **1722** *Llst* 189, *oerwr*, a cooler. **1803** *P*, *oerwr*, s. m. pl. *oerwyr*, a cold man.

oerydd [bôn y f. *oeraf*: *oeri + -ydd³*] *eg.* ll. *-ion*. Sylwedd a ddefnyddir mewn system oeri, &c.; dyfais sy'n oeri (awyr, hylif, &c.), rheiddiadur (i oeri peiriant), system oeri: *coolant*; *device for cooling (air, liquid, &c.)*, *radiator (for cooling engines)*, *cooling-system*.
20g.

oeryn [*oer + -yn¹*] *eg.* a hefyd gyda grym ansoddeiriol. Dihiryn, cnaf; person trist, truan; person oer neu ddideimlad: *scoundrel, rascal; sad person, wretch; cold or indifferent person*.
14g. *GDG* 224, Gorau gan Eiddig *oeryn*, / Gi du, na bai deg y dyn. *id.* 236, Gwra y mae gorau merch / Eleni, bun ail Luned, / Oroen crair; *oeryn* a'i cred. *id.* 388, Eres i Ddafydd *oeryn* / Fab Gwilym Gam, ddinam ddyn / Gwas trahy, cywely cawdd, / Gwewyr ganwaith a'i gwywawdd (Gruffudd Gryg). **16g.** *Llst* 6, 105, pon tryan penyd trioch / y bod yn briod abroch / nac y *oyryn* y gwra / nay roi wr vn ryw a ja. **16g.** *Llst* 169, 25, henaint a ddaw fal hwynyn / drwy dwyll i efryddy dyn / nid ery anwyd *oeryn* / fengtid i ddilid i ddyn. **16g.** Wiliam Cynwal: *Gw* (R. L. Jones) 323, A gyrru'r gŵr, digiwr dwys, / Drwg *oeryn* i dre' Gaerwys. **1803** *P*, *oeryn*, a cold person.

oes¹ [H. Grn. *huis*, gl. *seculum*, Crn. C. *oys*, Crn. Diw. *ûz*, H. Wydd. *áes*, *aís*, *óes*, *ois*: ? < **ait-tu-*, o'r gwr. IE. **ai-* 'rhoddi, rhannu'; cf. *oed*] *eb.* ll. *-au*, *-oedd*, *-ydd*.
(*a*) Cyfnod hir amhenodol; canrif: *age, long indefinite period; century*.
9g. (*LlSC*) *LL* xliii, grefiat guetig nis minn tutbulc . . . in *ois oisou*. *c.* **1300** *H* 3a. 1, Gwelant glyw powys y bell *oessyt* (Meilyr Brydydd). **14g.** *T* 4. 21–2, hyt pym *hoes* byt. **1346** *LlA* 84, pob peth . . . awnneuthost kynn *oessoed* yn berffeith. **14g.** *B* v. 200–1, yr *oes* gyntaf o'r *oessoed* a barhavd o Adaf hyt ar Noe . . . a'r wythuet *oes* vyd o dydbraut yn tragywyd heb diwed arnei. *c.* **1400** *DB* 23, kynn amseroed ac *oessoed* (*saecularia*) yd oed holl ffuryf y byt ymedwl Duw. **15g.** *Cy* iv. 114, holl cryadur-yeid ydayar daruod mywn hir amser o *oysseu* ytwyllaw. *Diw.* **15g.** *Pen* 67, 28, chwech *oes* byd. **1599 (1677)** R. Holland: *AB* 121, Weithie y mae 'r gair *oes* yn arwyddoccau amser cant o flynyddoedd. **1632** *D*, *oes*, æuum, seculum. **1740** T. Evans: *DPO* 286, tair Gradd o Swyddau Eglwysig er dyddiau'r Apostolion; sef drwy gydol y tair *Oes* cyntaf [*sic*] pan oedd Crefydd yn ei phurdeb. **1803** *P*. Ar lafar, 'ers *oesa* (*oesodd*) lawer' 'for many ages', 'Mae'r *oes* wedi mynd yn gallach' 'the age has become wiser', *WVBD* 410.
(*b*) Cyfnod arbennig a rhyw nodweddion neilltuol yn perthyn iddo; cyfnod cyhyd â bywyd neu barhad gweithgarwch person, amser, dydd(iau): *period characterized in some respect; period contemporary with the life or activities of a person, age, time, day(s)*.
13g. *HGK* 19, [g]wneithur colledeu yn *oes* yr yarll Hu, megys Dauid . . . en *oes* Saul vrenhin. **13g.** *LlI* 59, [y] keureythyeu a wnaeth ef [Dyfnwal Moelmud] a parhaassant hyt en *oes* Hewel Da. **14g.** *T* 17. 16–17, Saesson o pop parth y gwarth ae deubyd. ry treghis eu *hoes*. **14g.** *WM* 81. 32–5, goewin uerch pebin . . . teccaf morwyn oed yny *hoes* or awydit yno. *c.* **1400** *R* 1295. 34–5, O arch iessu barch berchen. saer *oessoed* y sarassin. *c.* **1400** *YCM²* 1, y Galissyeit . . . a ymadawassant ac eu cret hyt yn *oes* Charlymaen. **1551** W. Salesbury: *KLl* xxvia, [d]aeth ynghof Israel am ddyddie *oes* Moesen ae popul. **1630** *YDd* viii, yr *oes* anghrefyddol hon.
(*c*) *Drg.* Cyfnod o amser byrrach nag adran, weithiau am gyfnod neu adran: *age (in geol.)*, *sometimes used for period, epoch*.
20g.
(*d*) Rhan neilltuol o fywyd dyn, amser neu gyfnod mewn bywyd, oed, oedran: *a particular period or part of a person's life, time, period, or stage of life, age*.
c. **1400** *DB* 21, gwedy gorffenno *oessoed* y uuched honn . . . kytwledychu gyt a'r Tat. **1547** *WS*, henaint ne hen *oes*, olde age. **1696** *CDD* 131, Y cynhaua ffwdanllŷd, anhyfryd ei fraint; / Sŷdd yn debygus, i ganol *oes* boenus. *id.* 360, Ac yno cynydde ein gwir Iesu ar bob *oese*, / Mewn dŷall a donie, synhwŷre Sain hêdd. **1766** *CCF* 8, Y pryd hyn [Dydd y Farn] mae dy *oesau* a'th gyfammodau ynghyd gwedi eu gorphen.
(*e*) (Parhad (naturiol)) bywyd, hoedl, einioes: ((*natural*) *duration of*) *life, lifetime, life-span*.
13g. *LlI* 57, Ny dele e tat defnydyau delyet e mab am tyr a daear namyn en e *oes* ehun. **1346** *LlA* 106, ny mynnawd hi [lleian] vwyt namyn bara adwfuyr yny *hoes*. **14–15g.** *IGE²* 138, Carol maenol o'r mynydd / Canmlwydd a'i swydd fydd *oes* hydd (Gruffudd Llwyd). *c.* **1400** [*RB*] *WM* td. 100, hyt yndiwed y *oes* yn hedwch . . . y llywyawd llud uab beli ynys prydein. *c.* **1400** *YCM²* 109, ni a wdam na bydy fydlawn vyth, dyd o'th *oes*. **15–16g.** *TA* 171, Ni wys am aur, yn *oes* medd, / Na thyfasant i'th fysedd. **1588** *Gen* xxxv. cs., *Oes*, a marwolaeth Isaac. **1588** *Salm* xxi. 4, Gofynnodd *oes* gennit. *id.* lxxxix. 47, Cofia pa *oes* sydd i mi. **1606** E. James: *Hom* iii. 190, y rhai sydd drwy eu *hoesoedd* yn eu rhoddi eu hunain . . . i esmwythder. **1632** *D*, *oes* . . . vita, vitæ curriculum. **17g.** Huw Morus: *EC* i. 48, Lle b'wy 'n [*sic*] bod, y ddïod dda, / Yn *oes* arian, ni sura. **1803** *P*. Ar lafar, ''Neish i 'rioed y fath beth yn f'*oes*', 'Mi gafodd 'i alw felly am 'i *oes*', *WVBD* 410.
(*f*) Cenhedlaeth, to: *generation*.
1551 W. Salesbury: *KLl* viib, [Y]r oll *oesoedd* o Abraham hyd Dauid, ynt pedeir *oes* ar ddec. **1567** *TN* 38b, y genedlaeth [:– yr *oes*] hon. *id.* 82a, ym gailw yr oll *oesoe*[*dd*] vi yn wynvydedic. *id.* 123a, na bydd i'r *oes* [:– to] hon vyned heibio. **1588** *Gen* xv. 16, yn y bedwaredd *oes* y ddychwelant [*sic*] ymma. **1588** *Ecs* xxxiv. 7, yr hwn a ymwel ag anwiredd y tadau ar y plant, ac ar blant y plant hyd y drydedd, a'r bedwaredd *oes*. **1588** 1 *Cr* xvi. 15, y gair a orchymynnodd efe i fil o *oesoedd*.
Cfn.: **oes yr arth a'r blaidd:** *a prehistoric age (usu. used of an old-fashioned person or thing)*. **1913.** Ar lafar, 'Mae'r gôt ffyr 'na fel rwbath allan o *oes yr arth a'r blaidd*.' Digwydd yn enw'r llyfr *Yn Oes yr Arth a'r Blaidd* (1913) gan T. Gwynn Jones. **yr O. Atomig:** *the Atomic Age*. **20g.** **(yr) o. aur:** (*the*) *golden age*. **1716** E. Samuel: *GGG* 40, O hyn y lluniwyd Dychymmygion y Beirdd ynghylch *yr Oes Aur*. **(yr) o. Awstaidd:** (*the*) *Augustan age*. **1851.** **yr Oesoedd (Oesau) Canol:** *the Middle Ages*. **1712** T. Williams: *CDdG* 368, dim hanes o hyn, yn gynt nac yn[*o*]*esau canol* yr Eglwys. **1740** T. Evans: *DPO* 158, Ym mysc Doctoriaid yr *oesoedd canol*. *Drg.* **(yr) oes Garbonifferaidd:** (*the*) *Carboniferous period*. **20g.** **O. y Cerrig:** *the Stone Age*. **20g.** **yr O. Gerrig (Garreg) Newydd, O. Newydd y Cerrig:** *the Neolithic period*. **20g.** **o. ci hela = o. mul.** Ar lafar yn nwyrain Morg. **yr O. Efydd, O. yr Efydd:** *the Bronze Age*. **20g.** **(yr) o. euraid(d):** (*the*) *golden age*. **1733** J. Owen: *TBG* 36, [y]r hên chwedlau . . . ynghylch *Oes Euraidd*. **1820** Gw. Mechain: *Gw* i. 191, Yn *oes euraid* ein cun canaid [marwnad Siôr III]. **oesau ffydd, oesoedd ffydd:** *the age of faith*. **1942.** **yr O. Haearn, O. yr Haearn:** *the Iron Age*. **20g.** **o. (yr) iâ:** (*the*) *ice age*. **20g.** **o. mochyn = o. mul.** Ar lafar. **o. mul, o. mwlsyn:** *donkey's years*. Ar lafar. **O. Newydd y Cerrig,** gw. *yr O. Gerrig Newydd*. **o. oesoedd (oesau):** *for ever and ever, age of ages*. **14g.** *T* 15. 15–16, *oes oesseu* eu tretheu nys escorant. **15g.** *LGC* 103, A dwy *oes oesoedd* i gadw Sisil. **1803** *P*. Gw. hefyd *ers o. oesoedd*, *yn o. oesoedd*. **yr O. Bres, O. y Pres:** (*the*) *Bronze Age*. **20g.** **o. pys = o. mul.** Ar lafar. **ers o. Adda:** *since the time of Adam*. Ar lafar. **ers (er yn) o. oesoedd:** *from the beginning of time*. **1567** *TN* 174b, *er yn oes oesoedd* [:– o ddechrae yr byt]. **1618** J. Salisbury: *EH* 8, cyn gwneuthur y byd, ie *er's oesoesoedd*. **1670** J. Hughes: *AP* 77, Duw wedi predestino rhai, *ers oes oesoedd* i gadwedigaeth. Gw. hefyd *yn o. oesoedd*. **yr Hen O. Gerrig (Garreg), Hen O. y Cerrig:** *the Palaeolithic period*. **20g.** **yn fy myw o.:** *for the life of me*. **1853** W. Rees: *AFR* 316, faswn i *yn y myw oes* yn cael egwyl i ddwad. Ar lafar yn sir Ddinb. **yn (yr) o. oesoedd, yn o. oesau:** *for ever and ever*. **9g.** (*LlSC*) *LL* xliii, grefiat guetig nis minn tutbulc . . . *in ois oisou*. **13g.** *HGK* 31, a'e gyfyawnder ynteu a bara *yn oes oessoedd*. **1346** *LlA* 85, bit dyrchauedic dy enw di . . . *ynyr oes oessoed*. **1760** Wll: *SAC* vi, i'r hwn y byddo y Gogoniant *yn oes oes*[*o*]*edd*. Gw. hefyd *ers o. oesoedd*. **yn oesoedd:** *for ever*. **13g.** *B* x. 32, dyrchavedic y gyt ar tat ar yspryt glan *en oesoed*. **1551** W. Salesbury: *KLl* lxxivb, [t]eyrnasa ar tuy Iaco *yn oesoedd* [:– tragywydd]. **1567** *TN* 372a, yr owrhon ac *yn* oll *oesoedd* [:– 'sef tragwyddol]. **yn oesoedd oesau = yn oes oesoedd.** **1567** *TN* 321a, ir hwn y bo gogoniant yn *oesoedd oeseu*.
Gw. hefyd oesach.

oes², 3 prs. un. pres. myn. y f. *wyf*: *bod*.

oesach [*oes¹ + -ach²*] *e.ll.* Cyfnodau mewn bywyd: *ages*.
1672 R. Prichard: *Gw* 195, Meddwl mae gwell vn diwrnod, / Yn gwasnaethu 'r sanctaidd Drindod, / Nâ'th holl ddyddiau, a'th holl *oesach*.

oesad, gw. oesiad.

oesaf: oesi [bf. o'r e. *oes¹*] *bg.a.* Byw (bywyd), treulio oes, bodoli, goroesi; estyn oes: *to live, lead a life, spend a life, exist, survive; prolong the life of*.
c. **1400** *R* 1271. 8–10, gwr kadyr rud baladyr mal rod beli mawr. gwawr dan dew aessawr duw yw *oessi*. **1547** *WS* [ix], Dyscwch nes *oesswch* Saesnec / Doeth yw e dysc da iaith dec. **16g.** Wiliam Llŷn: *Gw* (R. Stephens) 76, Nid er tir a phlas y prifiasoch; / . . . / Ond gallu'r Iesu lle'r *oesoch*. *id.* 79, Tra fo dŵr ym Menai, / Y rho Iesu, hir *oesai* / Y wraig a'r gŵr o Gaer-gai. *id.* 81, Pob dim i *oesi*, pob da meysydd, / Pob ffrwythau, llynnau a pherllennydd. **1632** *D*, *oesi*, viuere vitam, ætatem agere. *id.* d.g. *duco* . . . *ducere vitam*. **17g.** *CC* 16, Mari wiliams mawr alwad / . . . / heddiw nid oes yn *oesi* / o wuyth [*sic*] frig tylwyth ond hi. **17g.** Huw Morus: *EC* ii. 111, Rhaff deir-cainc ni ddryllir / Cyn hawsed, fe 'i *hoesir* / Yn hir, o cyhydeddir cred iddi. **1721** J. P. Prys: *DC* 99, Ystyriwn haelioni da anian Duw i ni, / Pa fodd i ni *oesi*'n an esmwyth [*sic*]. **1759** *DG* 97, Ni cheiff mor marw er iddi y morol [*sic*] / Ond tynn *oesi* mewn tan ysol. **1803** *P*.

oesawd [?*oes¹ + -awd³*] *e?g.* ?Bywyd: *life*.
c. **1400** *R* 1269. 36, coffau iessu ochaf *oessawt*.

oesawdr [*oes¹* neu fôn y f. fl. + *awdr* neu *-awdr*] *eg.* ?Un sy'n rhoddi bywyd: *one who gives life*.
15–16g. Llawdden, &c.: *Gw* 254, O Iesu, Iesu, *oesawdr* tragwyddawl / Ail marwawl ymherawdr. **16g.** *Llst* 6, 46, Kreawdr dyw *oysawdr* di isel doysawdr / y drychawdr wydr ychel (Wiliam Egwad). **16g.** Wiliam Llŷn: *Gw* (R. Stephens) 16, Creawdr, Duw, *Oesawdr*, dewisael—D'wysog / Wyd, Iesu o'r Israel. *id.* 87, Och, Greawdr, *Oesawdr* Iesu,—ddwyn Gwiwnudd / Ac enaid holl Gymru.

oesawr [*oes¹* neu fôn y f. fl. + *-awr³*] *eg.* ?Un sy'n rhoddi bywyd; ?un sy'n byw: ?*one who gives life*; ?*one who lives*.
15g. *GO* 343, Y mae eisiau am *oesawr* / Kerdd dafod, mefyrdod mawr [marwnad Gutun Owain]. **16g.** (*Diw.* **16g.**) *Gwyn* 3, 16, [y] gwiwlwydd *oessawr* (*GIlIV* 25, oesswr) a gladdasson / y trydydd gloiwddydd rhyglyddion obaith / y bu fyw eil-waith heb ofalon [Gruffudd ap Ieuan ap Llywelyn Fychan i'r Grog]. **16g.** Wiliam Llŷn: *Gw* (R. Stephens) 26,

Nai Syr Rhys yn *oesawr* wyd / O roi gwin ac o ryw gwaed.

oesged, oesgyd [*oes^1* + *ced*; dichon mai gwall yw *oesgyd*; ansicr yw'r ystyr a gynigir isod] *e?b.* ?Rhodd dragwyddol: *eternal gift.*

Dchr. **14g.** *H* 29a. 33, gwr golut esgut *oysgyt* byddinawr (Bleddyn Fardd). *id.* 91b. 64, *oes ket* kyrd kard wosgud (Phylip Brydydd). **14–15g.** *IGE^2* 287, Rhag myned, *oesged* asgen, / Aswy â mi, Iesu. Amen (Siôn Cent). *c.* **1400** *R* 1317. 16, Kiriet *oesget* wyst.

oesiad, oesad [bôn y f. fl. + *-iad^1*, *-ad*] *eg.* Bywyd, parhad oes: *life, lifetime, life-span.*

16g. Morus Dwyfech: *Gw* 79, Dyfeisiodd, da fu'i *oesiad*, / Dull di-lesg, deall ei wlad [marwnad Rhisiart Meurig, Bodorgan]. **16–17g.** Llywelyn Siôn, &c.: *Gw* 484, Archwn y jessü arch jawn *oessad* / . . . / yn gadw y feibion ddewron ddvriad. **16–17g.** T. Prys: *Bardd* 241, ofer yw tevly fawr ataliad / ofer yw gweision o fric *oesiad.* **1803** *P* d.g. *oesiad.*

oesir, gw. oes^1 + hir.

oeslyfr [*oes^1* + *llyfr^1*] *eg.* ll. *-au.* Cronicl: *chronicle.*

1716 T. Evans: *DPO* 111, fal y mae'r *oes-lyfrau* oll yn tystio. **1724** T. William: *OL* d.d., *Oes Lyfr*, yn dair Rhan, I. Rhan sydd Gôf Lyfr Ysgrythurol. II. Am Frenhinoedd y Bryttaniaid, a Thywysogion Cymru. **1771** *W* d.g. *chronicle.*

oesoesol [*oes^1* + *oesol*] *a.* Tragwyddol, bythol, yn parhau neu i barhau ar hyd yr oesoedd: *everlasting, eternal, age-old.*

1897.

oesoffagws [bnth. S. *oesophagus*] *eg.b.* ll. *oesoffagi.* Y rhan o'r bibell faeth rhwng y ffaryncs a'r cylla, y llwnc: *oesophagus, gullet.*

20g.

oesog [*oes^1* + *-og*] *a.* Hen, oedrannus, hynafol, hirhoedlog, hiroesog, bythol, tragwyddol: *old, aged, ancient, long-lived, long-lasting, age-old, eternal, perpetual, everlasting.*

c. **1300** *H* 92b. 41, *oesawc* uarchawc ueirch gydneid [Y Prydydd Bychan i Faredudd ab Owain]. **15g.** *LGC* 102, Bwa Yw *oesawg*, a llavn Basil [i Risiart Twrbil]. **15g.** *HCLl* 47, Ef a'i dwg Iesu a fo digasog, / A fynno'r Iesu ef â'n ŵr *oesog.* **15–16g.** Llawdden, &c.: *Gw* 219, Pum aberth *oesawg*, pum brath Iesu. **16g.** Lewys Morgannwg: *Gw* 210, raddau *oesog* hwy a urddessaist [i Harri VIII]. **16g.** *WLl* 253, Caead *oesawg* cyd waewsyth / Paid a gorwedd mewn bedd byth [marwnad y gŵr o Fadryn]. *a.* **1587** *Y* 12, Disgwyliaist, *oesawg* alarch, / Dwyn dy iach i bellach barch. **1632** *D*, *oesog*, longæuus. **1650** *B* xxii. 143, am eu [*sic*] fod [Arthur] mor *oesawg* a hir hodlog [*sic*] y gelwir ef yr hen wr gwyn. **1722** *Llst* 189, *oesog* . . . of a great age, aged, long-lived. **1759** *BC* 211, Fe a fydd edifar gennych etto, / *Oesog* wythen eisiau gweithio. **1778** J. Hughes: *BB* 114, Oni welw[n] hyn yn oleu . . . / Fod ynom ni 'n teyrnasu, / Elynion Iesu yn *oesog.* **1803** *P.*

oesol [*oes^1* + *-ol*] *a.* Hen, oedrannus, hynafol, hirhoedlog, hiroesog, bythol, tragwyddol; (geir.) yn ymwneud ag oes benodol: *old, aged, ancient, long-lived, long-lasting, age-old, eternal, perpetual, everlasting*; (*dict.*) *relating to a particular age.*

1588 *Hab* iii. 6, mynyddoedd tragywyddol hefyd a ddrylliwyd, a brynnau *oesol* a grymmasant. **1635** *NBSG* 132, Y ddau, fel eu heiddo fu, / Fydd *oesol* wrth fodd Iesu (Watcyn Clywedog). **17g.** *LlGC* 13215, 339, *oesol*, antiquus. **17–18g.** O. Gruffydd: *Gw* 51, Mae'n amser iawn ymosod / Am *oesol* ddinas. *ib.* Trag'wyddol *oesol* Iesu, / Fab breiniol, a fu i'n prynnu, / Pur union gariad. **1722** *Llst* 189, oesog, *Oesol* . . . of a great age, aged, long-lived. **1753** *TR*, *oesol*, ancient. **1759** *DG* 69, Aneuryn Bleddyn a'i blaid / I Huw nuf [*sic*] oedd hynafiaid, / Taliesin Teulu *oesawl* / Oedd i Huw'n addo ei hawl. **[1783]** *W* d.g. *secular* [*belonging to, also performed once in, an age or century*]. **1803** *P.*

oesolaf: oesoli [bf. o'r a. bl.] *ba.* Anfarwoli: *to immortalize.*

1836.

oesrestrol [*oes^1* + *rhestrol*] *a.* Cronolegol: *chronological.*

1818.

oestad [amr. ar yr a. *gwastad* dan ddyl. yr e. *oes^1*] *a.* sy'n digwydd gan amlaf yn yr ymad. adfl. *yn oestad.* Cyson, rheolaidd, parhaus, parhaol, gwastadol, di-baid, di-dor, bythol, tragwyddol, yn digwydd o hyd neu bob amser: *constant, regular, lasting, continual, without a break, permanent, perpetual, eternal, always occuring.*

1567 *TN* 49a, ydd wyf vi gyd a chwychwi yn *'oystat* [:– yr oll ddyddiau] yd diwedd y byt. *id.* 151a, ef arosawdd ddau ddydd yn *'oystat* yn y lle ydd ydoedd. *id.* 399a, Yr vn ysydd anghyfiawn, bid anghyfiawn eto [:– yn *oystat*]. **1591** *CM* 16, 15, yn ei gyhoeddi mewn ysgrifen . . . yn ei ddysgu yn *oestad.* **1595** H. Lewys: *PA* 209, Troer maen pedwarochrog ffordd y fynner, ac fe a sai er hynny yn *oestad.* **1615** R. Smyth: *GB* 39, gwelwch yr haul yn ysmydo yn *oystad*, ag nad iw'r lleuad fyth yn gorphowys. **1630** R. Vaughan: *YDd* 398, myned i'r yscol yn *oesdad* heb ddyscu vn twrn da. **17g.** *LlGC* 13215, 339, *oestad*, semper. **17g.** E. Morris: *B* 15, Gogoniant mawr hyfryd i'r Tad a'r Mab hefyd, / . . . / Fel 'roedd o'r dechreuad, mae'r awron yn *oestad*, / Ac felly heb ddiweddiad, bydd iddo. **1747** *ML* i. 112, Here are two *oestads* together, that sound ill. Say for ye first bob amser. **1753** *TR*, *oestad* . . . constant, constantly, always. **1799** M. Williams: *HHG* 33, [c]yfraith Moses, yr hyn a ddengys, fod crefydd nattur yn *oestad* yr un peth, ymhob oes.

Cfn.: **yn oestad teg:** *always, continually.* **1755** *ML* i. 327, [y]r awen yn berwi yn ei ben *yn oestad teg.*

oestadol [amr. ar yr a. *gwastadol* dan ddyl. yr e. *oes^1*] *a.* Cyson, rheolaidd, parhaus, parhaol, gwastadol, di-baid, di-dor, bythol, tragwyddol, yn digwydd o hyd neu bob amser: *constant, regular, lasting, continual, without a break, permanent, perpetual, eternal, always occurring.*

1567 *TN* 296b, Llawenhewch yn yr Arglwydd yn *'oystadawl* (W. Salesbury: *KLl* iiia, yn wastat). **1588** 2 *Br* iv. 9, yr hwn sydd yn cynniwer heibio i ni yn *oestadol.* **1588** 1 *Esd* vi. 29–30, rhoddi dogn allan o deyrn-ged . . . yn *oestadol* bob blwyddyn. **1595** M. Kyffin: *DFf* [18], hyn ydoedd yn *oestadol* arferedig . . . genthyn-nhwy. *id.* [116], holl henafiaeth ag *oestadol* (*continual*) gytundeb yr holl oesoedd. **1595** H. Lewys: *PA* 89, Y corff rhwn sy[dd] yn *oestadawl* 'n segur. **1618** J. Salisbury: *EH* 15, peth ysprydol yw Duw: yr hwn a fu yn *oestadol*, ag a fydd byth-bythol. **1631** O. Thomas: *CC* 93, eiriol ar Dduw drwy daer *oestadol* weddiau. **1667** C. Edwards: *FfDd* 76, y ffydd . . . mewn hir *oestadol* feddiant ymysc y Cenhedloedd. **1675** R. Jones: *HCh* 78, [y] dydd cyntaf o'r wythnos . . . yw'r gwir Sabbath . . . a ellir ei gymmeryd oddiwrth *oestadol* arfer yr Eglwys a Phobl Dduw. **1696** *CDD* 321, yn fŷwiol arwain fi, / I'r ffordd dragwŷddol, fy nhâd nefol, / I fŷw'n *oesdadol* gyda-thi. **1712** T. Williams: *CDdG* 99, efe a ordeiniodd y Cymmun Bendigedig . . . i fod yn rhwymyn *Oestadol* (*perpetual*). *id.* 241, Gweddi oedd ei orchwyl *oestadol* (*constant*) ef. **1716** E. Samuel: *GGG* 30, [rh]yw hên Draddodiad *oestadol.* **1728** T. Baddy: *DDG* 39, y mae yno yn byw ynghylch Dêg neu ddauddeg o Henaduriaid yn *oestadol.* *id.* 111, na's bodlon au [*sic*] y Rhesymmau hyn mo'r Gymanfa, eithr trigai rhyw amheuon yn *oestadol* ynddynt ynghylch Crist. **1753** *TR*, oestad and *Oestadol*, constant, constantly, always. **1760** WLl: *SAC* 7, gallo'r dirgelwch roddi dangosiad presennol ac *oestadol*, i'r ffyddloniaid. **1799** M. Williams: *HHG* 51, mae ef yn *oestadol* ofalu am ei holl greaduriaid.

Amr.: **ostadol.** **1792** H. Harris: *H* 104, 108, 197.

oestr, oestren, gw. wystrys.

oestrij, gw. ostrits.

oestrwydd, oestrywydd [cfdds. o'r Llad. *ostrya* '?Carpinus betulus' + *gwŷdd^1*] *e.ll.* (b. *-en*). *Bot.* Coed bychain collddail sy'n dwyn cywion gwyddau, *Carpinus betulus*: *hornbeam.*

1813 *WB* 224.

oestrys, gw. wystrys.

oestryswr, oestrywydd, gw. wystryswr, oestrwydd.

oeswr, oesydd [bôn y f. *oesaf*: *oesi* + *-wr*, *-ydd^3*; dichon mai i adran (*a*) y perthyn rhai o enghrau. adran (*b*)] *eg.* ll. *oeswyr.*

(*a*) Person byw, un sy'n byw; cyfoeswr; person oedrannus, henwr, hynafgwr: *living person, one who lives; contemporary; aged person, old man.*

14–15g. *IGE^2* 132, O'r hyna'i gyd a rhan gŵr / Y dôi Seisyllt, oes *oeswr*; / O'i waed a'i goff, da y gwn, / Gruffudd hyna' gorhoffwn [Gruffudd Llwyd i Ruffudd ap Ieuan Llwyd]. **15g.** *LGC* 9, Un Duw rhoed ddawn gyvlawn gwych / I'r ddau *oesydd* urddaswych [i Forgan ap Rhys a'i wraig]. **15g.** *GGl^2* 72, Torri'r nos, tirion o ŵr, / Trwy faswedd tra fu *oeswr.* *id.* 262, Y sirif fyth, *oeswr* fo, / A swyddau'r wlad sy eiddo. *Diw.* **15g.** *Pen* 67, 99, darogan . . . / y gwelir byd gwaglaw r bairdd / yn oes gwilym nis gwelir / Jessu ai rro n *oeswr* hir (Huw Dafi). **15–16g.** *TA* 436, Os i roi fo, *oeswr* fych, / Os ar werth, ni syrr wrthych [i ofyn march]. **16g.** Huw Arwystl: *Gw* 67, *oeswyr* fv dri garwyr [*sic*] gynt / adda noe moeswn [*sic*] oeddynt. **16g.** Wiliam Llŷn: *Gw* (R. Stephens) 132, Os ar far *oeswr* a fych, / Da i'th ddadl, a doeth ydych [i Ddafydd Llwyd o Ddolobran]. **16g.** Wiliam Cynwal: *Gw* (G. P. Jones) 125, Er i'r gŵr ar war gweryd, / Wedi ei barch, newidio byd, / Yn y ne', gwiw enwog wart, / *Oeswr* ydyw Syr Edwart. **1630** R. Vaughan: *YDd* 354, Methusalem yr *oeswr* hwyaf (*longest liver*) o feibion dynion. **1632** *D*, *oesydd*, *Oeswr*, viuens . . . Longæuus. **17g.** Huw Morus: *EC* i. 45, Glendid ifienctid a fu, / Deg *oeswr*, fe 'i dug Iesu. *id.* ii. 173, Ni chânt na chêl, nag oed, na gwadu, / Na dadleuwr, aflan *oeswr*, o flaen Iesu [i wraig weddw]. **1803** *P.*

(*b*) Un sy'n rhoddi bywyd (am Dduw ac Iesu): *one who gives life* (*with ref. to God and Jesus*).

c. **1400** *R* 1296. 12–13, cam oed y iudas yn car. cussanu iessu *oesswr.* **15g.** *GO* 295, Deon Assa, Duw 'n *oesswr* / Dod i gorff,—a daed y gŵr [marwnad Tomas Salbri Hen]. **16g.** *GILlV* 22, Yno r ai Sioseb ni russasson / a mair i dario ymro dirion / I fagu *oesswr* a fagasson. *id.* 25, Ar gwiw lwydd *oesswr* (*Gwyn* 3, 16, oessawr) a gladdason' / Ar trydydd gloywddydd rhyglyddon—obaith / Y bu fyw eilwaith heb ofalon [Gruffudd ap Ieuan ap Llywelyn Fychan i'r Grog]. **16g.** Wiliam Llŷn: *Gw* (R. Stephens) 125, Iesu, ŵr cryf, *Oeswr* Cred. *id.* 392, O sorri Duw, *Oeswr* dyn. *id.* 527, rhoed Iesu, rhad *Oeswr*, / Ar rwysg iarll yd deiroes gŵr [i Siancyn Gwyn o Lanidloes]. **1759** *BC* 168, Drŷ gariad o'i drugaredd, mwy rhinwedd yw mawrhau / Gwiwlan gyflwr gwir Gymmuṅwr, / I fyw yn Jesu hyfwyn *oeswr.*

oeta, ff. 2 brs. un. grch., gw. oedaf: oedi.

oetydd, gw. oed—o. dydd.

oetyddiaf: oetyddio, oetyddia [bf. o'r cfn. *oed dydd*; ansicr yw ystyr y ddwy engh. isod] *bg.a.* a grym enwol weithiau i'r *be.* Gofyn i rieni merch am ganiatâd i'w phriodi (am dad ar ran ei fab); ?gwneud cytundeb, cymodi: *to ask a girl's parents for her hand in marriage* (*of a father on behalf of his son*); ?*make an agreement, reconcile.*

16–17g. *HG* 151, [c]lymer vi o wresgyn, a meddiant y gelyn / *oetyddia* vi or tyddyn, kolledig / . . . / i gorlan dy ddevaid, glanedig. **18–19g.** *Iolo MSS* 229, Dyna mi'n parlas wyrlan irlen / *Oed tyddiaw*'n wir, hir anniben, / Hir aros bun yn boen immi / A bair i'r galon dirion dorri.

Amr.: **notyddia** [ffrwyth camraniad]. **1931.** Ar lafar yng nghanolbarth Cered. **odyddia.** **1727** J. Jones: *DFF* 149, [y] môdd y bu'r Arglwydd yn *Odyddia* (*the treaties which the Lord did make with them*), yn masnach a hwynt trwy ei Air a'i Ysbryd . . . [y] Wêdd y dygbwyd eu calonnau hwy tu ag at yr Arglwydd yn yr *Odyddia* (*treaties*) ymma. **retyddia, rityddia.** **1896** W. J. Davies: *HPLl* 240, ele tad y bachgen a chyfell iddo i *rityddia*, hyny yw, i gisho am y ferch. **tyddia** [ff. affetig]. **1911.** Ar lafar ym Mrych.

oetyddiwr [bôn y f. fl. + *-iwr*; cf. *dyddiwr*] *eg.* ?Cymodwr: *reconciler.*

15g. *DE* 82, *oed tyddiwr* ar fyd heddwch / ag yn y drin i gwnai drwch [marwnad Dafydd ab Ithel Fychan].

oeth^1 [cf. *anoeth*, *cyfoeth*; engh. bosibl o ff. l. yw *hoitou*, (*Ox* 1) *B* v. 237] *e?g.* a hefyd fel *a.* ?Peth anodd ei gael neu ei gyflawni, anhawster, rhyfeddod; rhyfedd, rhyfeddol: *something difficult to obtain or achieve, difficulty, wonder; strange, wonderful.*

c. **1300** *H* 9a. 6–7, a minheu om cof keueis defneis. deuawd oe atawd *oeth* ysdiffleis (Gwalchmai). *id.* 9b. 29, hynoeth *oeth* dybytaf o dybwyf ryt (Gwalchmai). *id.* 10a. 11, am bost cad ked goeth *oeth* ym uthrwyd (Gwalchmai). **14g.** *GIG* 29, Ni wŷl dim mwy no niwl du, / Eithr eilun *oeth* uthr olwg. *c.* **1400** *R* 1243. 26–7, uthyrlawn dawn iawn ior. *oeth* doeth goeth gynghor. Digwydd hefyd fel e.p., *C* 66. 4, *WM* 458. 4.

oeth², gw. wyth.

of [H. Wydd. *om*: o'r un gwr. IE. **om-* 'amrwd' ag a welir yn *efydd*; cf. Gr. ὠμός, Sans. *āmáḥ*, Armeneg *hum*; engh. arall bosibl yw *of*, *T* 41. 10] *a.* ll. *-ion*, a hefyd fel *eg.* Crai, heb ei drin, heb ei goginio, amrwd; ?chwerw, llym; gwrthwyneblyd, cyfoglyd; peth amrwd neu heb ei drin; gronyn: *crude, untreated, uncooked, raw*; ?*bitter, sharp*; *nauseating, sickly*; *something raw or crude*; *particle*.

c. **1400** *MM* 22, kymryt ychydic o uel *of*, neu aual . . . y dwyn blas oe eneu. *c.* **1400** *RM* 111, Pan elhynt y west nyt edewynt wy . . . na sur. na chroew. nac ir na hallt. na brwt. nac *of*. *c.* **1400** *Études* viii. 364, kymysc wynn wy yn *of* a vinegyr a bwrw yn y eneu. **15g.** *FfBO* 45, Yn honno [ynys Bodin] y mae y dynyon gwaethaf, y rei a ymborthant ar gic *of* (*crudas*). **15g.** *Pen* 109, 89, cyssgu awr o kwsc erof. / Estynu uwch sidan *of* (Lewys Glyn Cothi). **15g.** *HCLl* 84, Y ffiol *of* a gofiynt, / A fu'n dwyn y gwenwyn gynt [i'r creiriau yn Rhufain]. **16g.** Dafydd Benwyn: *Gw* 1, byd *of* ar vardd nav ofyn, / byd tost, mae'n vyrr bywyd tyn. **1707** *AB* 237c, *of*, raw. **1722** *Llst* 189, *of* . . . *ofion*, raw, green (or not thoroughly rosted &c), wallowish. **18g.** *Llr* C 24, 338, plaister ymraint Tred, ond y fod yn *of* y ddolyrie a fo yn llosci. **1800** W. Owen[-Pughe]: *CP* 28, [p]riddlyd a halus ddefnyddion [:– neu *ofion* priddin a helaidd]. **1803** *P*.

-of¹, *trf. prs. ardd. rhed.* prs. 1 un., e.e. *ohonof*, *trwof*, *ynof*.

-of², *trf. bfl.* prs. 1 un. pres. dib. Cym. C., e.e. *delof*, *gwiscof*, *bof*.

ofaf: ofi [bf. o'r a. bl.] *bg.a.* Dadelfennu, briwsioni, malurio; dadansoddi: *to decompose, crumble*; *analyse*.

1803 *P*, *ovi*, to decompose . . . to moulder, to crumble. Mae y gareg hon yn dechreu *ovi*, this stone is beginning to crumble. Sil.

ofaidd [*of* + *-aidd*] *a.* Amrwd; gwrthwyneblyd, cyfoglyd, di-flas: *raw*; *nauseating, sickly, insipid*.

1722 *Llst* 189, of, *ofaidd* . . . raw, green (or not thoroughly rosted &c), wallowish. **1803** *P*, *ovaidd* . . . of a crude or raw tendency. Ar lafar yn sir Benf. a'r cyffiniau, 'we blas *ofedd* arno', *TGG* (1907–8) 81.

-ofain, *oldd. enw.* a *be.*, e.e. *cwynofain*, *digofain*, *poenofain*, *wylofain*.

-ofaint, -ofiaint, *oldd. enw.*, e.e. *digof(i)aint*, *poenof(i)aint*.

ofalgafana, ofalgarfana, &c., gw. ofergarfanau.

ofan, gw. ofn.

ofargafana, ofargarfana, &c., gw. ofergarfanau.

ofari [bnth. S. *ovary*] *eg.* ll. *ofarïau*. *Biol.* Wyfa: *ovary*.

20g.

ofarol, gw. oferol.

ofer [Crn. C. *ufer*, Llyd. Diw. *euver* 'diflas' (?a H. Lyd. *homer*), H. Wydd. *óbar*, *úabar*, gl. *inanis*: ?< Clt. **au-ber-*] *a.* ll. *-(i)on*. Diwerth, diffrwyth, di-fudd, di-les, dibwrpas, dianghenraid, afreidiol, seithug, gwastraffus, afradlon, aflesol, diffaith, gwamal: *worthless, vain, useless, needless, unnecessary, futile, wasteful, prodigal, unprofitable, dissolute, frivolous*.

13g. *C* 51. 14–16, Afallen peren apren fion . . . Kid keisseer *ofer* vit heruit y haton. **13g.** *LlI* 39, Cane men ef muenhau e mach esyd ydau ar e peth e kemyrth, ac nat oes uach e'r llall ar er aryant a kemhello ydau e kefnewyt, urth henne e mae *ouer* e uechny o'r neylltu. **14g.** *BT* (*RB*) 46–8, gwedy llad llawer o'e gwyr, yd ymhoelassant adref yn llaw wac. Ac eilweith yd ymladassant a Chilgerran yn *ouer*, hep gael y castell. *Dchr.* **15g.** *GM* 28, Onyt yr Arglwyd a adeilya y ty / *Ouer* uyd llafur yr adeilwyr, a gweckry. **16g.** *GIIIV* 30, *Over* oedd pan fu wr iach / Ackw yn farw kan *oferach*. **1547** *WS*, *ofer*, vayne. **16g.** *Llst* 181, 19, gorwac feddyliav kellweyrvs gredav *oferion* (*Llst* 122, 73, *oferon*) lyvay geiri[a]v giriad. **1615** R. Smyth: *GB* 71, bydd rhaid . . . scythru ymaith y blagur a 'r canghenau *ofer* os ydych yn amcanu cynill phrwyth. **1620** *Ecclus* vii. 14, nac *ofer*-ail-draetha dy ymadrodd yn dy weddi. **1632** *D*, *ofer*, vanus, inanis, cassus, irritus, friuolus. **1632** J. Davies: *LlR* 366, Peth rhyfedd yw ystyried mor *ofer* ydyw anrhydedd y byd hwn. **1701** E. Wynne: *RBS* 8, Yr amser yr wyt titheu yn e[i] fwrw'n *ofer* . . . i edifarhau y rhoddwyd ef i ti. **1759** T. Thomas: *WWDd* 337, (Meddyliau *ofer* a gaseais, ebe Dafydd), ac hefyd, yr hên eiriau *ofer* llygredig, ac annuwiol. **1803** *P*.

Cfn.: *Bot.* **ofer garu (gwyllt):** *heartsease, Viola tricolor*; *field pansy, Viola arvensis*. **1850.** Ar lafar yn sir Benf. a'r cyffiniau, *Cymru* xliii. [144], *GDD* 210, *TGG* (1907–8) 81. Gw. hefyd *caraf: caru— c.'n ofer* (At.). **o. gerddor:** *frivolous or scurrilous poet or musician*. *a.* **1575** *GP* 136, Tri *over gerddor*: klerwr, a bardd y blawd, a hvdol. **1592** S. D. Rhys: *Inst* 303, Pedwar *Ofergerddawr* . . . Pibydd. Hudawl. Tabrer. Phidler . . . A' Rhôdd pôb un o'r pedwar hynn, sef yr *Ofergerddorion* yw ceiniawc, a' chanu o e' sefyll. *c.d.* **o. golofn:** *worthless metre (in Welsh prosody)*. *c.* **1785–90 (1829)** *CBYP* 159, [C]olofn Gotta . . . a'r un orllaes . . . y rhain a elwir yn *ofergolofnau* . . . am nas gellir pennill cyfarddun ernynt. **o. wagedd:** *empty vanity*. **1588** *Salm* xxxi. 6. **1606** E. James: *Hom* ii. 218. **1792** H. Harris: *H* 177. **o. hela:** *undirected or undisciplined hunting (used with ref. to untrained hounds)*. **13g.** *LTWL* 147, Precium catuli molosi regis . . . quamdiu sit in cassa venatione, id est, *ouer hele*, dimidium libre . . . Precium cattuli leporarii optimatis est . . . in kynlus[t] xx[ti]iiii[or] denarii, in *ouer hele* xl[a]viii[to] denarii. **14g.** *WML* 34, Keneu gellgi brenhin . . . Yny *ouer hela*. wheugaint atal. **1730** *Leg Wall* 579, *oferhela*, yn ei *oferhela*, Dum venari discit. Dicitur de Catulis venaticis, qui nondum ad venandum idonei sunt. **1753** *TR*. **o. lw(f), oferlw:** *profane oath, blasphemous curse*. **1346** *LlA* 142, pob ryw annvdon. Ac *ouerlw*. **16g.** *Llst* 181, 73, *oferon lyfav* (*Pen* 82, 115, *oferion lyav*). **1568** Morys Clynnog: *AG* 61, Yn erbyn blasphemau, anudon, ag *ofer lyfau*. *Diw.* **16g.** *WLB* 22, pob *over lwf* a dyngo. **1617** R. Prichard: *CE* [3], O'r Diawl y dai[t]h holl *ofer lwe*. **1630** R. Llwyd: *LlH* 163, bod yn arswydus ganddynt ruo allan y cyfryw *ofer-lwon* ac y byddant arferol o dyngu. **1703** E. Wynne: *BC* 146, ni sonir am Dduw oddieithr mewn *ofer lyfon*. **1713** J. Lewis: *CE* 26, ammherchi Enw Duw drwy *ofer-lwon*. **o. llaeth,** gw. *oferllaeth*. **o. fechni:** *vain or useless suretyship*. **13g.** *LlI* 39, Teyr *ouer uechny* esyd: un yu onadunt pan brynno den peth e gan arall er aryant a chemryt mach arnaw ac na chymerer mach ar er aryant, a bot en edyuar gan perchen er aryant e kefnewyt. . . . Er eyl yu o deruyd e den rody mach e arall ar peth anylys en ryth dylys, a deuot perchennauc e da y'u anylessu . . . Tredyd yu: nyt mach mach gureyc. *c.d.* **o. fesurau:** *strict metres not included in the accepted twenty-four strict metres (in Welsh prosody)*. *a.* **1575** *GP* 113, Yr ynglynion eraill, nid amgen, ynglyn o'r hen ganiad, ynglyn garr hir, ynglyn milwr, ac ynglyn kil dwrn, *over vessurau* ynt, ac nid ydynt yn y pedwar messur ar hugain. **1603** W. Midleton: *Ps* 7. **1605–10** *B* iv. 217. **o. sain,** gw. *ofersain*. **mynd yn o.:** *to go to waste*. **1672** J. Langford: *HDdD* 373. Ar lafar, *WVBD* 408.

oferaf: ofera [bf. o'r a. bl.] *bg.a.* Ymddwyn neu fyw yn ofer, gwamalu, gwag-symera, segura, diogi, loetran; gwastraffu, afradu: *to behave frivolously, live dissolutely, trifle, idle, laze, loiter*; *waste, squander*.

1588 *Job* xxvii. 12, a pha ham yr ydych chwi felly yn *ofêra* mewn oferedd? **1604–7** *TW* (*Pen* 228), *ouera* ne vynet ynghylch peth yn araf ddivrys d.g. *muginor*. **1632** *D*, *ofera*, otiari. **1688** *TJ*, *ofera*: to be idle, to follow vanity. **1722** *Llst* 189, *ofera*, to be idle, dally, loiter. **1725–6** *Madd Ed* 209, Darfu i myfi *ofera* yn rhy hîr eisioes . . . nid oes gohirio yn hwy mewn gorchwyl o'r natur hyn. **1751** *GIA* 214, [c]ysgu ac *ofera* ac ymlenwi. **1778** J. Thomas: *HB* 145, Mae diffyg anadl ar lawer pan ddelo angeu, y rhai a *oferasant* eu hanadl yn e[u] heinioes. **1790** T. Jones: *TOS* 115, yr ym yn siarad, yn cellwair, ac yn *ofera* ymaith ein hamser. *id.* 188, gwell ini gael ein chwipio i'r eithaf tuag adref yn hytrach nag *ofera* (*loiter*) fel y morwynion ffôl. **1803** *P*. Ar lafar ym Morg., *GWG* 302; hefyd yn sir Benf. yn y ff. *oferdda*, *GDD* 210.

Amr.: **oferu. 1933.**

oferaidd [*ofer* + *-aidd*] *a.* Ofer, aflesol, diwerth: *vain, frivolous, unprofitable, worthless*.

16g. D. R. Thomas: *DS* 168, may rhai yn anhowaith: *overaidd* eu siarad: hudolion y meddwl. *id.* 171, questiwne ffolion ag achaû ag ymrafaylion . . . gad heibio hwynt: Cans amhroffidiol ydynt ac *overaidd*. **1609** R. Smyth: *CAC* 53, [p]ob gwan, ag *oferaidd* goel.

oferbeth, oferchwedl, gw. ofer + peth, chwedl¹.

oferdid [amr. ar *ferdid*] *eg.* Dedfryd (llys barn); barn neu orchymyn (y meddyg): *verdict (of court)*; *(doctor's) opinion or orders*.

Ar lafar yn ne-ddwyrain Morg., 'dan *oferdid* y doctor', '*oferdid* y cwrt'.

oferdod [*ofer* + *-dod*] *eg.* Oferedd, afradlonedd, gwagedd, peth ofer: *vanity, prodigality, dissipation, frivolousness, vain thing*.

c. **1785–90 (1829)** *CBYP* 152–3, bwrw ar esgyll holl wyntoedd yr wybren yr holl goeg-fesurau . . . fal a'u chwythit ymaith . . . gyda phob *oferdod* arall. *Diw.* **18g.** **(1816)** E. Evan: *AA* 48, A gochel pob *oferdod* / Trwy afrad bwyd a diod. **18–19g.** *CRIM* 98, Ac o'th arian difa'r cyfan, / Myned yn dlawd o'th *oferdawd*.

oferdraul, oferdyb, gw. ofer + traul, tyb.

oferdyfaf: oferdyfu [cfdds. o'r S. (*to*) *over(grow)* + *tyfu*] *bg.* Gordyfu, tyfu'n rhy gyflym: *to overgrow, grow too quickly*.

1869. Ar lafar yn y Gogledd yn y ff. *ofardyfu*, *WVBD* 408.

oferdda, gw. oferaf: ofera.

oferddyn [*ofer* + *dyn*] *eg.* ll. *-ion*.

(*a*) Person gwacsaw di–ddim, person diffaith, oferwr, afradwr, gwastraffwr, gwag-symerwr, segurwr: *vain dissolute person, good-for-nothing, squanderer, waster, idler*.

c. **1585** G. Robert: *DC* 29a, ei gernodio ef [Crist] ai fonclustio megis *oferddyn* gwael. **1588** *Job* xi. 11, efe a edwyn *ofer ddynnion*. **1604–7** *TW* (*Pen* 228), *overddyn* gariat [*sic*] d.g. *amatorculus*. **1632** *D*, *oferddyn* . . . otiator, nugator. **1683** H. Evans: *CTF* 31, Pam y caiff *oferddyn* digar, / Lwyr ddifetha dy holl labar? **1688** S. Hughes: *TSP* 191, Mr. *Ofer-ddyn* (*Mr Live-loose*). **1688** *TJ*, *oferddyn*, oferwr: an idle drunken sottish fellow. **1718** E. Samuel: *HDdD* 26, *Oferddyn* afradlon diofal. **1774** *W* d.g. *idler* [*one that is idle, or spends his time in idleness*]. **1803** *P*.

(*b*) Bardd (crwydr), clerwr; ?bardd doniol, digrifwr, person digrif: *(wandering) poet*; ?*comic poet, jester, humorous person*.

15g. *Pen* 109, 11, Wrth wynn pob *ouerdynn* vyd. / I dro ef drwyr holl drefyd (Lewys Glyn Cothi). *id.* 130, Be eirchiat dengwlat pop dyn. / Ba bei uard bob *overdyn* (Lewys Glyn Cothi). **15g.** *LGC* 427, Myned i dai y Bedo / A wnav, i vrig hyn o vro. / Nid ai *overddyn* diwyl / I dŷ yn y Sir hyd nos ŵyl. **15g.** Deio ab Ieuan Du, &c.: *Gw* 42, Pŵl fydd cerdd pob *oferddyn*. **15g.** *GO* 49, O Ddvw, drwg oedd swydd y ddyn / A fai ordderch *oferddyn*. **15g.** *GGl²* 25, Cair ei fwrdd, câr *oferddyn* / Cryf urddol, carai feirddion [am Abad Ystradfflur]. **15–16g.** *GLM* 336, ni wrendy gerdd *oferddyn*. *a.* **1587** *Y* 9, Pob hardd fardd, pob *oferddyn*, / Aeth drwy sir i'th dai, Rys Wyn. **16–17g.** Ieuan Tew Ieuanc: *Gw* 142, Gwae fardd a gwae *oferddyn*, / Gweddwi Siân, gwawr Ieuan Gwyn.

oferddysg, gw. ofer + dysg.

oferedd [*ofer* + *-edd¹*; Crn. C. *vfereth*, *euereth*] *eg.* ll. *-au*, *-ion*.

(*a*) Peth(au) gwag, diwerth, neu ddisylwedd, gwagedd, gwag-ogoniant, coegbeth(au), ffoledd, gwiriondeb, afradlondeb: *vanity, unsubstantiality, emptiness, vainglory, trifle(s), frivolity, folly, dissipation*.

14g. *WM* 153. 21–2, kyt dywetto efo *ofered* abrwysked a meddawt. **14g.** *GDG* 10, A'i farw [Crist], nid oedd *oferedd*. **14–15g.** *IGE²* 257, Yfory mewn *oferedd* / A thrennydd bydd yn y bedd (Siôn Cent). **1547** *WS*, *oferedd*, vanytie. **1588** *Mal* iii. 14, Dywedasoch, *oferedd* yw gwasanaethu Duw. **1606** E. James: *Hom* ii. 155, y mae genau Duw . . . yn eu galw hwy yn *oftereddau*. **1615** R. Smyth: *GB* 5, [g]weled i pholineb i gwagedd ai *oferedd*. **1630** R. Vaughan: *YDd* 70, fel y diystyrwn y byd hwn ai *oferedd*. **1632** *D*, *oferedd*, vanitas, inanitas, nugæ. **1703** E. Wynne: *BC* 84, *oferedd* a gwallco 'r holl Fyd. **1759** T. Thomas: *WWDd* 46, dywedyd maswedd ac *oferedd*. **1797** J. Owen:

GAE 12, Mrs Evans ai cynghorodd hi . . . am beidio a mynd i'r play nag î ddim *oferedd* arall. **1803** *P.*

(*b*) Ychydig, mymryn, nifer bach: (*a*) *little, trifling amount, small number.*
1762 *ML* ii. 492, Nid rhaid i chwitha ond talu rhyw *oferedd* am ei bwrdd a'i hymgeledd. Ar lafar gynt yn y Gogledd yn y ff. *feredd*, 'rhyw *feredd* bach o bobl'.

oferen, gw. oferyn.

oferfardd [*ofer* + *bardd*] *eg.* ll. *-feirdd.* Bardd gwamal neu ddifrïol; bardd crwydr, clerwr: *frivolous or scurrilous poet; wandering poet.*
Dchr. **13g.** *TYP* 21, Tri *Overveird* Enys Prydein: Arthur, A Chatwallavn mab Catuan, A Rahaut eil Morgant. **14g.** *GDG* 114, Gwiw Forfudd, gwae *oferfardd* / Gwan a'i câr, gwen hwyrwar hardd. **14–15g.** *IGE*[2] 129, Gynt nag y cad, tyfiad hardd, / O farf Arthur *oferfardd* (Gruffudd Llwyd). **15g.** *GGl*[2] 172, Trywyr a ddug tair awen / Y tri *oferfardd* hardd hen. **15g.** *ID* 18, *Overfardd* a gyvarfu / ar ddyn vwyn awr dda yn vu. **1803** *P.*

oferfawl, oferfyw, oferffrost, gw. ofer + mawl, byw, ffrost.

ofergad [*ofer* + *cad*[1]] *eb.g.* ll. *-au.* Brwydr ddi-les neu ddibwrpas: *futile battle.*
15g. *TYP* 206, Tri *Ouergat* Ynys Prydein . . . [C]at Godeu . . . Gweith Arderydd . . . Camlan . . . Sef achaws y gelwit y rei hynny yn ouer: vrth y gwneuthur o achavs mor ddiffrvyth a hvnnv. **15–16g.** *TA* 266, Tair *ofergad* trwy fawrgas, / Tri amhwyll hen, trwm y llas! **1576** *TYP* 206, Cad godau. sef yr achaws y gellwid yn *overgadau* o achos yr ast ag i wrch [*sic*] ffechwys a chornugyll.

ofergais, ofergall, ofergamp, ofergan, gw. ofer + cais, call, camp, cân.

ofergarfanau [?*ofer* neu fnth. S. *over* + *carfanau* (ll. yr e. *carfan*)] *e.ll.* Ffrâm neu fframiau pren a osodir ar gert fel y gallo gario llwythi mwy (o wair, &c.), ysgolion: *wooden frame(s) attached to a cart to extend its carrying capacity, thripples, cart-ladders, lead-trees, shelvings, raves.*
c. **1730** *Thos. Lloyd D* (LlGC) 185a, *ofergarfanau,* thripples. Ar lafar yn y Gogledd mewn amryfal ff. megis *oferga(r)fane,* (*h*)*ofargarfane,* (*h*)*ofalgafana,* (*h*)*ofargarfana, olegyfane,* &c.

oferged, ofergerdd, oferglod, gw. ofer + ced, cerdd[1], clod.

ofergoel [*ofer* + *coel*[1]] *eb.* ll. *-ion,* a hefyd gyda grym ansoddeiriol. Cred anrhesymol, yn enw. mewn perthynas â'r goruwchnaturiol neu'r anwybod, a seilir gan amlaf ar anwybodaeth neu ofn, gweithred neu ddefod wedi ei seilio ar y fath gred, geugoel, gau grefydd: *superstition, vain belief, false religion.*
1567 *TN* [xxvii], pob gau-ddywiaeth, delw-addolaeth, arddigonedd, *ofergoel,* a' gauffydd. **1568** MORYS CLYNNOG: *AG* 38, gaudduwiæth, *ofergoelion* a pholineb erai[ll] o'r fath. **1588** *Nu* xxiii. 23, nid oes *ofer-goel* yn Jacob, na dewiniaeth yn Israel. **1606** E. JAMES: *Hom* i. 55, pob amryfysedd, *ofergoel,* delwaddoliad, a phob drygioni. **1630** R. VAUGHAN: *YDd* 223, y Papisdiaid, yn eu *hofergoel* dywyll. **1632** *D, ofergoel,* superstitio. **1670** J. HUGHES: *AP* 85, Witsgreft neu *Ofergoel.* **1704** E. SAMUEL: *BA* 209, hên *ofer-golion* [*sic*] y wlad. **1722** *Llst* 189, *ofergoel* . . . a wrong belief, false faith, superstition. **1728** T. BADDY: *DDG* 153, megys Pharisead mor *Ofergoel,* nad oedd dim awnai [*sic*] fwy llygredigaeth yn ei Addoliant, na chyffwrdd neu ddyfod o Gristion yn agos atto. **1757** *ML* i. 491, [c]elwyddau ag *ofergoelion,* dewiniaeth, hen chwedlau ynghylch ysprydion. **1764** DEWI NANTBRÂN: *CB* 34, Pob Heresi, *Ofergoelion,* darllen neu ofyn ein Tesni. **1803** *P.*

ofergoelaeth, gw. ofergoeliaeth.

ofergoelaidd [*ofergoel* + *-aidd*] *a.* Ofergoelus: *superstitious.*
1630 R. VAUGHAN: *YDd* 224, crefydd *ofergoelaidd. id.* 363, Ein Heglwys ni a ddiddymmodd . . . holl ddelwaddolaidd ac *ofergoelaidd* wyliau. *c.* **1658** R. VAUGHAN: *E* 50–1, Plygu ar enw yr Iesu, sefyll ar y credo . . . a fyn rhai eu bod yn *ofergoelaidd* ym aroglu [*sic*] o babeiddrwydd . . . Y canolbwngc . . . sydd rhaid ei gadw rhwng ceremoniau gwarantedig, ac ynfydroau *ofergoelaidd.* **1799** M. WILLIAMS: *HHG* 79, seremoniau a daliadau *ofer-goelaidd.* **1803** *P.*

ofergoeledd [*ofergoel* + *-edd*[1]] *eg.* Cred ofergoelus, coelgrediniaeth, ansawdd neu gyflwr ofergoelus: *superstition, superstitiousness.*
1803 *P, overgoeledd,* s. m. superstitiousness.

ofergoeliad[1] [bôn y f. ddil. + *-iad*[1]] *eg.* Cred ofergoelus, coelgrediniaeth, coelgrefydd: *superstition, vain belief, false religion.*
1658 R. VAUGHAN: *PS* 220, gwneuthur dy groes . . . yn ddelw ac yn bren o *ofer-goeliad. c.* **1658** R. VAUGHAN: *E* 68–9, y rhai hyn . . . iw gwrthwynebu yn ofalus: 1. Meddyliau gwibgrwydrus . . . *Ofergoeliad.* **1803** *P.*

ofergoeliad[2] [bôn y f. ddil. + *-iad*[2]] *eg.* ll. *-iaid.* Person ofergoelus: *superstitious person.*
1838.

ofergoeliaeth, ofergoelaeth [bôn y f. ddil. + *-(i)aeth*] *eb.* Ofergoel, coelgrediniaeth: *superstition, vain belief.*
1836.

ofergoeliaf: ofergoelio [bf. o'r e. *ofergoel*] *bg.a.* Credu'n ofer, credu'n anghywir, credu'n ofergoelus: *to believe in vain, believe falsely or wrongly, believe superstitiously.*
1588 *Lef* xix. 26, nac *ofer-goeliwch,* ac nac arferwch hudoliaeth. **1618** J. SALISBURY: *EH* 143, rhai o'r hain syn addoli'r peth diffaeth, y fall . . . gan ymgredu ag ef a[g] *ofer-/goelio* y gallant drwy ei gyfrwng a'i gynhorthwy ef ddewino. **1798** *WR,* sarph a *ofer goelir* ei bod yn cael ei chenhedlu o wy ceiliawg d.g. *cockatrice.*

ofergoeliol [*ofergoel* + *-iol*] *a.* Ofergoelus: *superstitious.*
1842.

ofergoeliwr, ofergoelwr [bôn y f. fl. + *-(i)wr*] *eg.* ll. *ofergoelwyr.* Person ofergoelus, un sy'n credu'n anghywir: *superstitious person, one who believes falsely or wrongly.*
1803 *P.*

ofergoelus [*ofergoel* + *-us*] *a.* Yn credu mewn ofergoel(ion), yn gweithredu yn unol ag ofergoel(ion), wedi ei seilio ar ofergoel(ion), yn perthyn i ofergoel(ion) neu goelgrefydd: *superstitious, pertaining to superstition or false religion.*
1606 E. JAMES: *Hom* ii. 263, yr holl arferion delw-addolaidd *ofergoelus.* **1685** *Art* [3], A oes nêb yn bwrw fod y ffurf o Addoliad duw yn Eglwŷs Loegr . . . yn halogedig' [*sic*] *ofergoelus.* **1710** *LlGG* (*Gos*) 13, Achosion *ofergoelus.* **1764** DEWI NANTBRÂN: *CB* 79–80, A raid i chwi gredu fod rhyw rinwedd yn y nifer hyn o Pater, ac Ave? . . . Na raid yn ddiau: Hyn a fyddai greduniaeth *ofer-goelus.* **1770** R. JONES: *YC* 8, Papist *ofergoelus.* **1803** *P.*

ofergoelwr, gw. ofergoeliwr.

ofergroes [*ofer* + *croes*] *eb. Cyfr.* Arwydd ar lun croes yn dynodi gwaharddiad neu hawl heb rym cyfreithiol: *cross-shaped token of prohibition or claim without legal force* (*in the Welsh laws*).
15g. *AL* ii. 270, nyt oes gosp yr arglwyd yr tori troyt lwybr kanys vn or tayr *overgroes* yw kroes ar lwybr. *id.* 718, Teir croes ny chyngein dial am danut [*sic*], y teir *ofergroes*: croes ar ben llwybyr rhac y gerdded, canys ef a gerddir mal cynt yr hynny; a chroes ar eissinbren gorweiddioc yngcoet; a chroes ddihebrwng allu; canys onys gyrrir yn cyfreithiawl ny bydd dial yr y thorri. **15g.** *LHDd* 79, Teir *ofer groes*: kroes risk pren: Achroes a wahardo llwybyr: Achroes ni hepryger a llaw: Am yr vn or teir hyny ny dylir na difwyn na dial.

oferholiaf: oferholio [bnth. S. (*to*) *overhaul*] *ba.* Archwilio (rhywbeth) yn drylwyr a'i drwsio lle bo angen; chwilio (materion pobl eraill), busnesa; hefyd yn *ffig.*: *to overhaul; pry into* (*someone else's business*); *also fig.*
1855. Ar lafar yn y Gogledd, '*ofarholio* petha pobol erill a troi a trosi nw', *WVBD* 408.

oferiaith [*ofer* + *iaith*] *eb.* Gwagiaith, gwag-siarad, coegiaith, baldordd: *vain language, idle talk, tittle-tattle, balderdash, prattle.*
1604–7 *TW* (*Pen* 228) d.g. *logi. c.* **1785–90 (1829)** *CBYP* 15, gwilied y Bardd nad arfero fyth a . . . geiriau o'r Saes'neg, nag o'r Ffrangeg, nag o un wagiaith ag *oferiaith* arall. **1803** *P, overiaith,* useless idle talk.

oferieithus [*oferiaith* + *-us*] *a.* Gwag-siaradus, baldorddus, clebrog, tafodrydd: *talking idly, prattling, chattering, locquacious.*
1567 *TN* 314b, yn *ofeiriaithus* [*sic*] (**1588** 1 *Tim* v. 13, *ofer-ieithus*) [:– yn llawn berw, dadurddus].

oferlaeth, gw. oferllaeth.

oferlapiaf, oferlapaf: oferlap(i)o [bnth. S. (*to*) *overlap*] *bg.a.* Gorgyffwrdd (â): *to overlap.*
1932 *Traeth* lxxxvi. 24, y naill beth neu weithred yn rhan o'r nesaf ac yn *oferlapio*'i gilydd (T. H. Parry-Williams). Ar lafar, 'Gna'n siŵr bod y llechen 'na'n *oferlapo*'r llall'.

oferlw, gw. ofer—o. lw.

oferllaeth, oferlaeth, ofer llaeth [*ofer* + *llaeth*] *eg. Cyfr.* Llaeth diwerth neu ddi-fudd, llaeth na ellir ei ddefnyddio gan ddyn: *worthless or useless milk* (*in the Welsh laws, of milk not used by man*).
13g. *LlI* 88, Pob anyueyl buder, e traeanguerth yu e teythy, canys *ouerllaeth* uyd. **14g.** *WML* 126, Tri *ofer llaeth* yssyd. llaeth kassec. Allaeth gast. Allaeth kath. **1730** *Leg Wall* 579, *oferlaeth,* dicitur de Animalibus quorum lac nihil valet. **1753** *TR, oferllaeth* . . . it is spoken of such animals whose milk is nothing worth. **1803** *P, overlaeth,* useless milk.

ofernaws, gw. ofer + naws.

oferol, ofyrol [bnth. S. *overall*] *eg.b.* ll. *-s.* Dilledyn a wisgir dros ddillad arferol i'w harbed wrth weithio; (yn y ll.) trywser gwaith ac iddo ddarn sy'n ymestyn dros y frest a gysylltir â'r cefn â strapiau, math o legins dwrglos hir, dilledyn gwaith lle y bo'r trywser a'r siaced yn un darn: *overall(s).*
1896. Ar lafar yn y ff. *ófyrol, ofyrôl,* &c.

ofersain, ofer sain [*ofer* + *sain*[1]] *eb.* ll. *ofer seiniau.* Oferiaith, gwagiaith, gwagsiarad, coegiaith, baldordd: *vain or empty talk, tittle-tattle, babble, balderdash, prattle.*
1588 1 *Tim* vi. 20, gan droi oddi wrth halogedig *ofer-sain.* **1588** 2 *Tim* ii. 16, Gwilia halogedic *ofer-sain* (*TN* 318b, halogion wag-airieu). **1722** *Llst* 189, *ofer-sain,* f. a false report. **1731** E. SAMUEL: *AE* 10, *ofer-sain* neu ddwndwr Ofer. **1765** J. POPKIN: *Ll* 117, heb ddim gwag-ymffrost, *ofer-sain,* na choeg-ymddangosiadau. *Diw.* **19g.** *SE MS* 341b, *oversain, seiniau,* vain empty, or useless talking or babbling.

oferson [*ofer* + *sôn*[1]] *eg.* Gwag-siarad, cleber, baldordd: *idle talk, chatter, prattle.*
1567 *TN* 311b, ag a droysont at *oferson.* **1632** *D* d.g. *inaniloquium.*

oferswydd [*ofer* + *swydd*] *eb.* ll. *-au.* Gwaith neu orchwyl di-fudd, coegwaith, swydd segur: *vain or trifling work or employment, idle or trivial pursuit, sinecure.*
1701 E. WYNNE: *RBS* 8, na chymmer un *ofer-/swydd* . . . i fwrw'r amser heibio. **1703** E. WYNNE: *BC* 98, a'u llurgynio i bôb *oferswydd* yn eu byw. **1773** *W* d.g. *employment* . . . *a trifling employment.* **1795** JAC GLAN-Y-GORS: *SG* 31, y llefydd a'r *oferswyddau* ag y mae y rhan fwyaf o'r aelodau [seneddol] yn eu cael.

oferteciaf, ofertecaf: ofertec(i)o [bnth. S. (*to*) *overtake*] *bg.a.* Mynd heibio (i), pasio, goddiweddyd: *to overtake.*
20g. Ar lafar.

oferwael, gw. ofer + gwael.

oferwag [*ofer* + *gwag*] *a.* ll. *-weigion.* Ofer neu ddibwrpas a gwag, disylwedd, difudd, dielw: *vain and empty, unsubstantial, of no use or profit.*
1630 R. LLWYD: *LlH* 289, y mae eich hyder yn *ofer-wâg.* **1701** E. WYNNE: *RBS* 211, [p]etheu diles *oferwag.* **1710** *LlGG* sig. †2v, Yn lle bod hyn

oedd o bapur gweddill . . . yn gwbl weili ac *oferwag*. **1723** WM: *PGG* 236, a thithe yn Ddŷn *ofer-wag* di-ddeunydd. **1728** *GMJ* 119, Mae mebyd a jeuengctid yn parhau yn *ofer-wag*. **1731** E. Samuel: *AE* 161, nad rhyw ddefod *ofer-wâg* ydyw [sacrament Swper yr Arglwydd]. **1778** *W* d.g. *nugatory*. *c.* **1785–90 (1829)** *CBYP* 135, y sill cyntaf o'r fraich gyntaf yn unodli a phrifodl y pennill; yr hynn beth ym marn rhai a ddylai fod; eithr barn *oferwag* yw hynny. *Diw.* **19g.** *SE MS* 339b, *oferwag*, *-weigion* . . . vain + empty.

oferwaith [*ofer* + *gwaith*[1]] *eg.* Gwaith neu orchwyl di-fudd neu ddibwys, ymdrech ofer neu ddibwrpas, gwastraff; gwaith barddonol ysgafn, gwamal, neu ddiwerth, testun barddonol nodweddiadol o'r glêr: *vain or trifling work or task, vain effort, waste; light, frivolous, or worthless poetic composition, poetic subject characteristic of the wandering poets*.

14g. *GDG* 141, Nid oes bechawd . . . / Marwol mwy ei *oferwaith* / No thrigo . . . / Mewn llid. *id.* 247, Yn lluniwr berw *oferwaith*, / Yn llawen iawn, yn llawn iaith. **15g.** *GO* 49, Er dy ferw a'th *oferwaith*, / I ti ni choeliaf i chwaith. **15–16g.** *TA* 284, Neb ni chân o'i ben ychwaith, / Er i farw, ar *oferwaith* [marwnad Dafydd ab Edmwnd]. *p.* **1584** G. Robert: *GC* [341], trwy arfer mewn *oferwaith* / henw da duw hynod idaith [*sic*]. **16–17g.** *GST* i. 93, Saif aradr sy *oferwaith*, / Mae'r iau'n wag am ŵr o'n iaith. **1604–7** *TW* (*Pen* 228), dyn yn gwneuthur arabedd ag *ouerweith* d.g. *nugor*. **1630** R. Llwyd: *LlH* 22–3, Dewisent bob rhyw *oferwaith*, yn hyttrach na gwrando, neu ddarllain gair duw. **1632** *D*, *oferwaith*, opus frustraneum. **1706** T. Jones: *Alm* [48], *ofer-waith* a diffrwyth ddychan Sion Rhydderch. **1793** Dafydd Ionawr: *CD* 17, Gwn, perffaith *oferwaith* fydd / Wrth rym y traws Orthrymmydd. **1803** *P*.

oferwas [*ofer* + *gwas*[1]] *eg.* ll. *-weision*. Oferwr, coegwr; cnaf, dihiryn: *waster; knave, rascal*.

16–17g. *Cer RC* 14, Hefyd na fydd *oferwas*; / Gochel dorri dy briodas. **1610** *GDG* 421, ai fwyttan fara a wna *oferwas*. **1780** *W* d.g. *rake* [*a gay, giddy-headed, lavish, disorderly, and vicious fellow*]. **1803** *P*, *overwas*, s. m. pl. *overweision*, a worthless chap.

oferwawd, gw. ofer + gwawd.

oferwch [*ofer* + *-wch*[1]] *eg.* Oferedd, gwagedd, afradlondeb: *vanity, futility, dissipation*.

1703 E. Wynne: *BC* 140, ac yn ei hiaith hi [Rhagrith] Llawenydd diniweid yw *Oferwch*. **1721** J. P. Prys: *DC* 154, I gynnal digrifwch neu i fyw mewn *oferwch*. **1787** E. Roberts: *PCF* 46, [Troi] o *oferwch* i chwante bydol.

oferweithiaf: oferweithio [cfdds. o'r S. (*to*) *over*(*work*) + *gweithio*] *bg.* Gorweithio: *to overwork*.

Ar lafar, *WVBD* 409.

oferwr [*ofer* + *gŵr*] *eg.* ll. *-wyr*. Person gwacsaw diddim, person da i ddim, segurwr; gŵr neu fardd gwamal, bardd crwydr, clerwr, digrifwr: *waster, good-for-nothing, idler; frivolous person or poet, wandering poet, jester*.

c. **1400** *R* 1225. 5–6, Gwynvyt clerwyr ac *overwyr*. aphaderwyr hyffawt arwein. **15g.** *Pen* 109, 45, I *ouerwyr* byt yn iuoreid. / I rodi eirchieit yn rydercheid (Lewys Glyn Cothi). *id.* 351, *Overwr*, llawn o variaeth, / I Sion wyv; rosyn y iaith! **15g.** *GGl*[2] 101, Myfyrio mae *oferwr* / 'Y marwnad i, marw'n y dŵr. **15–16g.** *GIF* 47, Bwrw d'oes lle bo rhaid i ŵr: / na fwrw yn rhaid *oferwr*. **[1547]** W. Salesbury: *OSP*, Gwae *ouerwr* yn cynayaf. **1588** *Diar* xii. 11, y neb a ganlyn *ofer-wŷr* anghall yw. **1632** *D*, oferddyn, & *Oferwr*, otiator, nugator. *id.* mintai o *oferwyr* a drwgddynion d.g. *sentina*. **1668** *CC* 451, Nid clerwr *oferwr* fi / o waith orchwŷl ith erchi. **1703** E. Wynne: *BC* 19, Tafarnwyr sy'n yspeilio Teuluoedd yr *oferwyr* o'u dâ. **1728** S. Rhydderch: *GC* 63, *Oferwr* herwr dihira, (gleiriach) / Clerwr gwael ynfytta. **1763** *DT* 124, A thros Nos nid arhosawdd [ceiniog] / Yn Nhy *Oferwr*, yn hawdd. **1803** *P*.

oferyn [*ofer* + *-yn*[1]] *eg.* (b. *-en*) ll. *-nau*. Person neu beth ofer neu wamal, oferwr, segurwr: *vain or frivolous person or thing, waster, idler*.

15g. *GO* 45, Wyd *oferen*, anadl beren [i ferch wriog]. **15g.** *CSTB* 51, *Oferyn* fydd dyn heb dad / Oferach wy' o fwriad. **16g.** *GRCG* 65, Oferedd cael i *oferun* / Pob metel da, fo matria'r dyn.

ofiad, -ofiaint, gw. nofiaf: nofio, -ofaint.

oflyd [*of* + *-lyd*] *a.* Llygredig (fel rheol yn foesol neu'n ysbrydol), pwdr, ffiaidd, gwrthwyneblyd, cyfoglyd; brau, briwsionllyd, meddal; llym, gerwin (am y tywydd): *corrupt* (*usu. with moral or spiritual ref.*), *rotten, foul, nauseating, sickly; brittle, friable, soft; raw, rough* (*of weather*).

1672 R. Prichard: *Gw* 21, Llawn o bechod, tlawd o râs, / Aflan, *oflyd*, dwl, diwybod. *id.* 84, [m]wrno . . . / Am dan dy bechod *oflyd*. *id.* 270, Gwel mor fyrr yw plesser *oflyd*. **1718** *PGAD* 15, Gwae 'r Anlladwr, cas Butteiniwr; / Sy 'n byw'n *oflyd* mywn Aflendyd. *c.* **1729** S. Rhydderch: *LlCD* 395, Y Galon sydd Drigfan, pob *oflyd* Fryd aflan. **1772** D. Rowland: *PP* 81–2, [b]wyd brâs a iachus, wedi ei goginio yn odiaeth . . . os cyffwrdd rhyw beth ag ef ac a f'o yn *oflyd* i gylla egwan, ni â efe ddim i lawr. **1774** *W* d.g. *green* [*apply'd to flesh-meat, raw, not thoroughly done*]. *id.* rhoi powdr pann ar bapur *oflyd* a gwagsaw, i'w sad-hâu a'i beri yn ddurfing d.g. *to pounce paper* [*cure it's sinkingness with pounce*]. **1803** *P*, *ovlyd*, apt to decompose . . . apt to moulder. Ar lafar yn sir Gaerf. yn yr ystyr 'raw (applied to the weather)', *TGG* (1904) 51; hefyd yng nghanolbarth Cered. yn yr ystyr 'gwrthwyneblyd, cyfoglyd', 'clywed blas *oflyd* ar y bwyd'; digwydd yno hefyd yn y ff. *noflyd*, *B* xiv. 279.

Amr.: **goflyd. 1794** J. Morgans: *CN* 3.

ofn[1] [Crn. C. *own*, Llyd. C. (*a*)*oun*, Llyd. Diw. *ao*(*u*)*n*, H. Wydd. *omun*, *ómun*, Gwydd. C. *úamun*, Gwydd. Diw. *uamhan*, cf. e.p. Gal. (*Ex*)*obn*(*us*), (*Ex*)*omn*(*us*) (gw. *eofn*)] *eg.* ll. *-au*, *-awr*, (prin) *-ion*.

(*a*) Teimlad annymunol a achosir gan berygl, drwg, &c., y credir ei fod ar ddyfod, arswyd, braw, dychryn, pryder: *fear, terror, dread, fright, trepidation, apprehension, anxiety*.

13g. *A* 3. 10–11, trauodynt eu hed eu *hovnawr*. **1346** *LlA* 28, megys ydwc *ofuyn* (*timor*). karyat yr teyrnnas. **14g.** *YBH* 20b, heb vn*ofyn* yna arnaw y kerdawd racdaw. **15g.** *LGCD* 17, Ef a wna Herbart *ofn* â'i hirbar. **1547** *WS*, *ofyn*, drede. **1551** W. Salesbury: *KLl* liia, Nyt oes *ofn* yn-cariat: eithyr cariat perfeith a vwrw allan *ofn*, o bleit mewn *ofn* y may cythrwbyl. **1567** *TN* 270a, ymladdae oddy allan, ac *ofnion* oddy mywn. **1588** *Salm* lv. 5, *Ofn*, ac arswyd a ddaeth arnaf. **1588** *Math* xiv. 26, drychiolaeth ydyw, ac hwy a waeddasant rhag *ofn*. **1595** H. Lewys: *PA* 31, vn [*sic*] hyderus, heb *ofn*. **1615** R. Smyth: *GB* 7, marw yn disumwth [*sic*] o *ofn*. **1699** T. Jones: *TP* 16, crynodd ef gan *ofon*. **1795** *R. Crusoe* 6, a'm cyfaill a chwarddodd wrth fy *ofnau*. Ar lafar yn y De yn y ff. *ofan*, *ofon*. Yn Arfon a Meir. fe'i defnyddir yn lled ferfol mewn ymad. megis ''Dach chi *ofn*?', *WVBD* 409.

(*b*) (enghrau. lle mynegir achos yr ofn: *exx. where the cause of fear is expressed*).

c. **1300** *H* 7a. 17, yr *ofyn* herwyr yn herw ystawd (Gwalchmai). *c.* **1400** *R* 1294. 26–7, ac *ovyn* uffern gwymp govit. *c.* **1400** [*RB*] *WM* 499. 14–15, bu *ouyn* mawr ac ergryn racdaw yn Jwerdon. **15g.** *Pen* 109, 93, I mae d*ofn* yma dd' (Lewys Glyn Cothi). **1567** *LlGG* (*Sall*) 30a, arswyddion [*sic*] [:- *ofnion*] angae. **1725** D. Lewis: *GB* 51, y mae *Ofn* Angeu, yn un o'r Anwydau cryfaf mywn Dŷn. *id.* 188, Nid oes un Anifail . . . heb ryw faint o *Ofn* Dŷn arno.

(*c*) Parch ofnus, parchedig ofn: *awe, reverential or respectful fear*.

14g. *WML* 112, Pvmp allwed ygneitaeth yssyd. Vn yw *ofyn* dy athro ac garu. **1346** *LlA* 91, ytat yw o nef adylyir y ofynhav o vabawl *ouyn*. *a.* **1561** *B* vi. 47, edrych di yn vynych arnynt [gweision], a gwell y gwnant a mwy vydd y *hofon*. **1588** *Gen* xx. 11, nid oes *ofn* Duw yn y lle hwn. **1588** 1 *Sam* xi. 7, *ofn* yr Arglwydd a syrthiodd ar y bobl. **1588** 2 *Cr* xix. 7, bydded *ofn* yr Arglwydd arnoch chwi. **1588** *Job* xxviii. 28, wele *ofn* Duw sydd ddoethineb. **1588** *Heb* xi. 7, Noe . . . yn llawn o *ofn* parchedig, a ddarparodd long i achub ei deulu. **1595** H. Lewys: *PA* 22, fal y byddai i weddi, ffydd, *ofn* duw . . . a rhinweddae eraill dyfu. **1672** J. Langford: *HDdD* 22–3, Y Pedwerydd Dled-swydd i Dduw ydyw *Ofn* . . . Nid ydyw 'r *Ofn* hwn ddim amgen ond y fath Brisiad parchedig ô Dduw, ac an ceidw ni rhag ei anfoddhau ef . . . nid yn [*sic*] ydyw hyn ond cyffatebol [*sic*] i'r *Ofn* Gyffredinol [*sic*] sydd gennym ni tu ag at Ddynion. **1790** Twm o'r Nant: *GG* 9, Ni byddai raid i Erthyglau Newydd, / Fod hyd Parwydydd Tai; / . . . / Pe dae wir *ofn* Duw. Cf. *parchedig—p. ofn*.

(*d*) Cyflwr o ofn; amgylchiadau arswydus: *state of fear; frightful circumstances*.

12g. *MA*[2] 236b. 18, Oedd colofn yn *ofn* an dyfnig [*sic*] [Seisyll Bryffwrch i Owain Gwynedd]. *c.* **1300** *H* 68a. 17, kyrch ehofyn yn *ofyn* yn yg (Cynddelw). **1618** J. Salisbury: *EH* 316, yr *Ofn*, yr arswyd, a'r peryglon yr ydym ynddynt. **1740** T. Evans: *DPO* 81, [y] rhai a ddiangasant i Ogfeydd . . . oeddent o hyd yn eu *Hofn*, rhac i'r Brithwyr ddyfod am eu pennau. **1751** *GIA* xii, mewn *ofn* y gorweddwn, mewn *ofn* y cyfodwn, mewn *ofn* y byddwn fyw.

(*e*) Achos ofn: *cause of fear*.

c. **1300** *H* 102a. 12, Gogwyr doethyon dwfyn nad *ofyn* tlodi (Llywarch ap Llywelyn). **14g.** *WM* 27. 32–4, yn *ouyn* ni yw na byd it etiued or wreic yssyd gennyt. **1567** *TN* 237b, Can nad yw tywysogion yn *ofn* i weithredoedd da.

Cfn.: **ofn yn ei din (fy nhin, &c.)** = **o. trwy ei din.** Ar lafar yng ngogledd Cered. **o. trwy ei din (fy nhin, &c.) (ac allan):** *to be frightened, scared, or beside oneself with fear*. Ar lafar yn y Gogledd ac yn sir Benf., 'Wêdd *ofon* cŵn *trw'i dîn* arno fe', *Wês wês*, 21. **o. trwy waed ei galon, yn ei galon (fy nghalon, &c.)** = **o. trwy ei din.** Ar lafar, 'M'arno fo *ofn trwy waed 'i galon*', *WVBD* 175. **bod o. ar:** *to be afraid* (*of*). **14g.** *YBH* 17b, nyt oed un *ofyn* yno *arnaw*. *id.* 20a, na *bydei arnaw* wedi hynny *ofyn* neb. **15g.** *B* ii. 16, ystyryeit pedwarpeth. un yw karu y arglwyd. Eil yw *bot* y *ofyn arnaw*. **1792** J. J. Evans: *MJRhA* 26, yr *oedd ofan arnai* yn ei gylch. **bod o. ei gysgod (ei chysgod, &c.) ar:** *to be afraid of one's shadow*. Ar lafar.

Gw. hefyd unon.

ofn[2], gw. ofnaf: ofni.

ofnad [bôn y f. ddil. + *-ad*[2], trf. han.] *eg.* Ofn, pryder; cyflwr o ofn neu bryder; achos ofn neu bryder: *fear, anxiety; state of fear or anxiety; cause of fear or anxiety*.

16g. *CLl* 189, *Ofnad* at fwriad a fu, / I'th hoedl a wnaeth ei wadu [Lewys Daron i Sant Pedr]. **1552** *Pen* 403, 45, pob dyn y sydd gymaint i *ofnad* rrac dwyn imaith y peth mawrwrthioc. *id.* 80, [c]lodes arni *ofnad* pan ganvv wyneb gwr. **1753** *ML* i. 223, Fy *ofnaid* [*sic*] mwya ydoedd iddo . . . daraw neu ladd rhywun. *id.* 281, Bum innau ennyd yn ofni am Oronwy, ag fe weddai nid oedd eich *ofnad* chwi a minnau yn ddiachos. **1755** G. Owen: *L* 164, [c]ymmerwch gysur; nid wyf i mewn *ofnad* yn y byd yn eu cylch [llyfrau, &c., a aeth ar gyfeiliorn]. **1759** *ML* ii. 120, Gobeitho ei fod yn fyw, mae fy *ofnad* i yn fawr am tano. **1761** *id.* 428, Duw a wnel ei fod yn ddiangol oddiwrth y parlys, dyna fy *ofnad* i bellach.

ofnadwy [bôn y f. ddil. + *-adwy*] *a.* a hefyd fel *eg.* ll. *-on*, ac *adf.*

(*a*) Yn peri ofn neu arswyd, i'w ofni, arswydus, dychrynllyd, brawychus; yn peri parchedig ofn: *terrible, fearful, frightful, dreadful, formidable; awesome*.

15g. *HS* 9, cadarn *ofnadwy* ydwyd / ceneu llew o Watcyn llwyd. **1567** *LlGG* (*Sall*) 79b, Clodvoraf dydy, can ys yn *ofnadwy* [:- ofnus] ac yn ryvedd im gwnaethpwyt. **1588** *Gen* xxviii. 17, morr *ofnadwy* yw yr lle hwn. **1588** *Salm* xlvii. 2, yr Arglwydd goruchaf sydd *ofnadwy*. **1599 (1677)** R. Holland: *AB* 50, erchyll neu *ofnadwy* iawn yw gweddiau o'r fâth hyn. **1630** R. Vaughan: *YDd* 203, Gwna bob peth . . . megis yngwydd yr *ofnadwy* Dduw. **1632** *D*, *ofnadwy*, terribilis, timendus. **1632** J. Davies: *LlR* 47, mwg *ofnadwy* yn codi o'r mynydd. *id.* 152, y dammeg *ofnadwy* am y glŵth goludog. **1672** J. Langford: *HDdD* [viii], y mae gwiliadwraeth a diwydrwydd gelyn yn ei wneuthur ef yn fwy *ofnadwy*. **1683** H. Evans: *CTF* 32, Na fydd hefyd Arglwydd creulon, / Nac ith Deulu'n Ddyn echryslon [:- *ofnadwy*]. **1776** I. Brydydd Hir: *P* i. 98, digofaint Duw yw 'r peth mwyaf *ofnadwy* yn yr holl fyd. **1803** *P*.

(*b*) Yn mynegi ofn, ofnus: *expressing fear, fearful*.

1588 2 *Esd* iii. 3, dechreuais ddywedyd wrth y Goruchaf eiriau *ofnadwy*.

Fel *e*. Un i'w ofni; (yn y ll.) dychryniadau, arswydion: *one who is to be feared; (pl.) terrors*.

1588 *Salm* lxxvi. 11, dygwch anrheg i'r *ofnadwy*. **1620** *Jer* xv. 21, [rh]yddhâf di o law yr *ofnadwy* (**1588** *ib.* y cedyrn).

Fel *adf.* Iawn, dros ben, d(d)ychrynllyd: *very, exceedingly, terribly, awfully.*
1860. Ar lafar yn gyff., 'Mae'r siwgwr yn brin *ofnadw* yn y te 'ma'.
Amr.: **ofnatsen, ofnats(i)an, afnatsen, afnatsan.** **1860.** Ar lafar yn y Gogledd, 'Mae hi'n brysur *ofnatsan* yn y siop acw'. Clywir weithiau *ofnatsan las*, *WVBD* 409.

ofnadwyaeth [*ofnadwy* + *-aeth*] *eb.g.*
(*a*) Gallu i beri (parchedig) ofn, erchylltra: *capacity to inspire fear or awe, dreadfulness, awfulness, horror, terror.*
1866.
(*b*) Ofn, dychryn, parchedig ofn: *fear, dread, terror, awe.*
1858.

ofnadwyedd [*ofnadwy* + *-edd*[1]] *eg.*
(*a*) Parchedig ofn: *awe.*
1900.
(*b*) Gallu i beri parchedig ofn: *capacity to inspire awe.*
1926.

ofnaf: ofni [bf. o'r e. *ofn*[1]; cf. Llyd. Diw. *aoniñ*] *bg.a.*
(*a*) Cael ofn neu fraw (ynglŷn â), arswydo neu ddychryn (rhag); bod â pharchedig ofn (rhag), parchu, anrhydeddu: *to fear, be afraid, frightened, or terrified (of), dread; hold in awe, respect, revere.*
14g. *B* xxv. 265, nac *ovynna* di. namyn cret yn gatarnn. *c.* **1400** *R* 1308. 3–4, Dieres goethynt dros gothi dulas y vedyfnych blas heb vod *ofni*. **1567** *LlGG* 12b, nyd *ofnaf* ddrwc. **1567** *TN* 79a, ny ddywedesont ddim wrth nebun: canys *ofnesynt*. *id.* 290b, bid ir wraic *ofni* hei gwr. **1588** *Lef* xix. 3, *Ofnwch* bôb vn ei fam, ai dâd. **1606** E. JAMES: *Hom* i. 174, nad *ofno* ef am boenau [:– Rhag poenau] tân vffernol. **1618** J. SALISBURY: *EH* 83, heb *ofni*, nag arswydo dim. **1632** *D*, *ofni* . . . timere, metuere, pauere, reformidare. **1703** E. WYNNE: *BC* 6, *ofnais* yn fy ffwdan mai haid oeddynt o Sipsiwn. **1723** WM: *PGG* 204, *Ofna* Dduw ac nid rhaid iti *ofni* nêb arall. **1771** *ML* (Add) 777, Rwy'n *ofni* yn fy nghalon fod y Goronwy yntau wedi marw. **1803** *P.*
(*b*) Peri ofn i, dychryn, gyrru braw ar, codi arswyd ar, brawychu: *to frighten, make afraid, terrify, scare.*
15g. *DGG*[2] 80, Drwg fu'r daran ymannos, / Dwyn dlif ac *ofni* dyn dlos. **15g.** *HCLl* 66, Y dialwr rhwng dwywlad / A fyn â'i gledd *ofni* gwlad [i Feredudd ap Syr Morgan Gam]. **1567** *TN* 122a, [p]an glywoch son am ryveloedd a' thervyscoedd, nac *ofner* chwi. *id.* 273a, ich*ofni* chwi [:– gyru ofn arnoch] a llythyrae. **16g.** WILIAM CYNWAL: *Gw* (R. L. Jones) 739, Aud i *ofni*'r beilch, y dwfn a'r bas [i Rys Gruffudd o'r Penrhyn]. **1588** 2 *Cr* xxxii. 18, iw *hofni* hwynt, ac iw brawychu. **1588** *Dan* iv. 5, Gwelais freuddwyd, a hwnnw a'm *hofnodd*. **1588** *Act* x. 4, yntef yn craffu arno ef, ac wedi ei *ofni*. **1595** H. LEWYS: *PA* 31, ei [*sic*] caloneu . . . a gynhyrfir, ac a *ofnir* mor ddirfawr. **1604–7** *TW* (*Pen* 228), [y] rhyw sprytoedd a bwbachot y bydd mamethot yn *ofni* babiot y beri vddunt beitiaw a chrio d.g. *maniæ*. **1632** *D*, *ofni* . . . Terrere, terrefacere, metum incutere. **1632** J. DAVIES: *LlR* 305, yn peri i eraill ei ddychrynu a'i *ofni* ef. *a.* **1791** W. WILLIAMS: *GP* 751, Nis gallant / . . . / Na 'm *ofni* ar fy siwrnau 'chwaith. **1803** *P.*
Amr.: **ofn**[2] [ansicr yw union brth. yr enghrau. hyn]. **14g.** *YBH* 28a–b, na bo reit y neb *ofyn* y vygwth byth wedy hynny. *id.* 28b. Ar lafar yng ngogledd Cered., 'Wy'n *ofan* mynd'.
Cfn.: **ofni ei (fy, &c.) gysgod:** *to be afraid of one's shadow.* Ar lafar.

ofnatsan, ofnatsen, ofnatsian, gw. ofnadwy.

ofnedig [bôn y f. fl. + *-edig*] *a.bfl.* A ofnir, ofnadwy, brawychus, dychrynllyd, erchyll, arswydus; ofnus: *feared, terrible, dreadful, awful, terrifying, frightful, frightening; fearful, worried.*
15g. *B* v. 105, kyuaruot kythreulieit yn *ofnedic* delweu. **16g.** SIÔN BRWYNOG: *Gw* 121, Y wlad oll a wŷl y dig, / O fewn ydynt *ofnedig*. **1567** *LlGG* 133a, yn amser yr ddicllon varn *ofnedic*. **16g.** *Def Hen* 62, I mae yn dyfod a llais udcorn *ofnedig*. **16–17g.** *HG* 138, [c]ymiswn detholedig / i holi ffect yn baion, an kadw yn *ovonedig*. **1604–7** *TW* (*Pen* 228) d.g. *absterritus, attonitus, ferus, tartareus.* **1710** *W Ballads* 173, 6, I rydwi'n *ofnedig*, am feinir fonheddig, / nad digon iw chydig iw chadw. **1730** IACO AB DEWI: *YL* 92, Myfi a geisieis bob Amser fôd yn garedig i'r Duwiol; ac yn *ofnedig* (*feared of*) i'r Annuwiol. **1772** *W* d.g. *dreaded, feared.* **1803** *P.*

ofnedigaeth [*ofnedig* + *-aeth*] *eg.* Ofn, dychryn: *fear, dread.*
1689 E. MORUS: *RC* 23, cael ei benydio . . . âg *ofnedigaeth* digofaint Duw.

ofnedydd [bôn y f. *ofnaf*: *ofni* + *-edydd*] *eg.* Un i'w ofni: *one who is to be feared.*
1567 *LlGG* (*Sall*) 42a, ducant anregion ir ofniawdr [:– *ofnedydd*]. **1603** W. MIDLETON: *Ps* 137, I frenhinoedd bydoedd bydd, / Ofnadwy wir—*ofnedydd.*

ofngar [*ofn*[1] + *-gar*] *a.* Ofnus, gwyliadwrus: *fearful, wary.*
17g. E. MORRIS: *B* 71, Pob balch bydded *ofngar*, edifar ei dôn. [**1783**] *W* d.g. *shy.*

ofnhad [bôn y f. *ofnhaf*: *ofnhau* + *-ad*[2], trf. han.] *eg.* Ofn, arswyd; (geir.) y weithred o beri ofn: *terror, dread*; (*dict.*) *a terrifying.*
1567 *TN* 268a, can y ni wybot *ofnhad* yr Arglwydd. *c.* **1730** *Thos. Lloyd D* (LlGC) 186a, *ofnhâd*, terror. **1803** *P*, *ovnâad*, a terrifying, a frightening; intimidation; a becoming frightened.

ofnhaf: ofnhau [*ofn*[1] + *-hau*] *bg.a.*
(*a*) Ofni, cael ofn neu fraw (ynglŷn â), arswydo neu ddychryn (rhag); ofni â pharchedig ofn: *to fear, be afraid, frightened, or terrified (of), dread; hold in awe.*
13g. *HGK* 16, *ofynhav* brat o barthret Gruffud a oruc Rys. *id.* 29, *ofynhaws* y brenhin y ddigwyddaw yn llaw Ruffudd. **13g.** *B* ix. 227, nat *ofynhaut* ti lad mab duv. *id.* 337, urth henne *ouynhau* a oruc er abat. **14g.** *BT* 117, y brenhin a *ofynhaod* sentens pab rufein. **1346** *LlA* 91, ytat yw o nef adylyir y *ofynhav* o vabawl ouyn. **14g.** *BT* (*RB*) 98, Nac *ofnehwch* [*sic*] . . . achaws bydinoed y Flemisseit ynt. *c.* **1400** *YCM*[2] 122, yd oed y gwyrda yn *ovynhau* amdanaw. *c.* **1400** *B* ii. 18, *Ovynhaa* dy athro. *c.* **1400** (*SG*) *HMSS* i. 295, nyt reit ytti *ovynhau* yma o dim. *Diw.* **15g.** *Pen* 67, 68, Dwyn rrac kamwedd dy gleddav / devfin hir a wna d*ofnhav* (Hywel Dafi). **16g.** *LBS* iv. 402, A phawb . . . a *ofnhaodd* yn vawr. **1632** *D*, ofni, et interdum *Ofnhau*, timere, metuere, pauere, reformidare. **1803** *P.*
(*b*) Peri ofn i, gyrru braw ar, codi arswyd ar, dychryn, brawychu: *to frighten, make afraid, terrify, scare.*
c. **1400** *RB* ii. 395, Enryded a wnaei y bawp or deyrnas. ac *ofynhau* estrawn genedyl. **15g.** *BSK* 37, mi a baraf ytt beiryant . . . ae *hofynhao* hi yn vawr. **15–16g.** *GIF* 26, *Ofnhau* pawb dros hafnau pell / a wna Herbart yn hirbell. **1632** *D*, ofni, & interdum *Ofnhau* . . . Terrere, terrefacere, metum incutere. **17g.** HUW MORUS: *EC* i. 68, O chwerylir, cewch Rolant, / 'Fewn y plwyf, i *ofnhâu* plant. **1773** *W* d.g. *fear, to put in fear.* **1803** *P.*

ofniawdr [bôn y f. *ofnaf*: *ofni* + *-iawdr*] *eg.* Un i'w ofni: *one who is to be feared.*
1567 *LlGG* (*Sall*) 42a, ducant anregion ir *ofniawdr*.

ofnocâf: ofnocáu [*ofnog* + *-hau*] *bg.a.*
(*a*) Ofni, cael ofn neu fraw (ynglŷn â), arswydo neu ddychryn (rhag): *to fear, be afraid, frightened, or terrified (of), dread.*
14g. *B* x. 54, Duw . . . yr hwnn a *ofnakant* [*sic*] yr holl oessoed. *id.* iii. 87, Reid yw ini, urodyr, karu digriuwch paradwys, ac *ouynocau* poeneu uffern. **14g.** *YBH* 5b–6a, Sef awnaeth y mab yna *ofnocau* rac kyuaruot trallawt. *c.* **1475** *B* xiii. 183, wrth nas gwnaethawch chwithau [edifarhau] kyn angheu ac nat *ofynacawssawch* [*sic*], y dyd hediw yd ywch golledic. **17g.** *id.* x. 53, ef a allei hy *ofnokau* o'm korff yn ormod.
(*b*) Peri ofn i, dychryn, gyrru braw ar, codi arswyd ar, brawychu: *to frighten, make afraid, terrify, scare.*
c. **1400** [*RB*] *WM* td. 97. 9–12, diaspat . . . ae *hofnockaei* yngymeint ac ycollei ygwyr eulliw ac eunerth.

ofnog [*ofn*[1] + *-og*; cf. Crn. C. *ownek*, Llyd. Diw. *aonek*, Gwydd. C. *omnach, ómnach, úamnach*, Gwydd. Diw. *uamhnach, uaimhneach*] *a.* a hefyd fel *eg.* ll. *-ion.*
(*a*) Llawn ofn, ofnus, pryderus; llawn parchedig ofn: *fearful, afraid, timorous, timid, apprehensive, anxious; full of awe, awestruck.*
13g. *A* 10. 8, glew dias dinas e lu *ovnawc*. **13g.** *Cylchg LlGC* v. 60, e kyuodes [bachgen cloff] en *ofnauc* ac en yach. **13g.** *Brut B* 47, ena e doeth recdy en ergrynnedyc *ovynavc*. *c.* **1300** *B* iv. 122, mineu wyf *ofynawc* amgelawc amdanat. **1346** *LlA* 132, [p]awp or a [*sic*] / athwelo avyd *ofynnawc* ragot. *c.* **1400** *R* 1162. 21, ny bwyf lesc *ofynnawc*. *c.* **1400** *YCM*[2] 144, aryneigyaw yn uawr a orugant . . . ual y mae deuawt gan rei *ofynnawc*. *a.* **1587** *Y* 56, *Ofnog* wyd a fv'n gadarn. **1595** H. LEWYS: *PA* 30, mewn *ofnawg* ac amheus gydwybod. **1632** *D*, ofnus, & *Ofnog*, timidus, meticulosus, formidolosus, pauidus. **1661** E. LEWIS: *Drex* 192, yn rhy *ofnog* lle dylem fod yn hy. **1773** *W* d.g. *fearful, timid.* **1790** T. JONES: *TOS* 206, yr ydym yn *ofnog* yn achos Crist. **1803** *P.*
(*b*) Yn peri ofn, ofnadwy, dychrynllyd, arswydus, brawychus: *dreadful, terrifying, frightful, terrible, awful.*
13g. *BD* 114, llew aruthyr, *ouynavc* o diruavr dywalrvyd. **1346** *LlA* 152, lle *ofuynawc* yw vffern. *c.* **1400** *MM* 98, gwelet breudwydon aruthyr *ofynawc*. **16g.** *Def Hen* 63, y brawdwriaeth *ofnog* hwnw a goheiddir yddynt gen i Brawdwr digllon. **17g.** E. MORUS: *Gw* 81, Ces freuddwyd anhunog, fe gofia'r fron ddrylliog / Hyn yma o beth *ofnog* bythefnos. *c.* **1730** *Thos. Lloyd D* (LlGC) 186a, *ofnog*, timendus.
Fel *e.* Person ofnus, llyfrgi: *timid or fearful person, coward.*
13g. *Llst* 1, 19, Pa peth a ffowch chwy *ofynogyon* ergrynnedyc. [**1547**] W. SALESBURY: *OSP*, Anhyderus pop *ofnoc*. **1567** *TN* 397b, Ond yr *ofnoc*, ar anghredadwy.

ofnogaf: ofnogi [bf. o'r a. bl.] *bg.a.*
(*a*) Ofni, mynd yn ofnus: *to fear, become timid.*
1803 *P*, *ovnogi*, to become timid.
(*b*) Dychryn: *to frighten.*
1809.

ofnogrwydd [*ofnog* + *-rwydd*] *eg.* Ofnusrwydd: *fearfulness, timidity.*
1632 *D* d.g. *timiditas.* **1722** *Llst* 189, *ofnogrwydd*, m. fearfulness. **1796** T. JONES: *CCA* 299, Pe buasai wedi gwadu'r ffydd trwy *ofnogrwydd*. **18–19g.** *MA* iii. 213, Tri pheth à ddivwynant awen . . . ysmalâwch, *ovnocrwydd*, ac anynadrwydd. **1803** *P.*

ofnol [*ofn*[1] + *-ol*] *a.* Yn peri ofn, ofnadwy, dychrynllyd, arswydus; yn mynegi ofn; yn perthyn i ofn: *dreadful, terrifying, frightful, awful; expressing fear; pertaining to fear.*
16g. (*LlEG*) *Mos* 158, 641b, [d]yrnod tarann yr hwn a vu mor *ovynol* ac mor Erchyll. *p.* **1584** G. ROBERT: *GC* [193], [taflodiad] *Ofnawl*; oh. **1803** *P.*

ofnus [*ofn*[1] + *-us*] *a.* a hefyd fel *eg.* ll. *-ion.*
(*a*) Llawn ofn, ofnog, llwfr, pryderus, nerfus: *fearful, afraid, timorous, timid, cowardly, apprehensive, anxious, nervous.*
c. **1400** (*SG*) *HMSS* i. 182, Drwc vu gan . . . arthur ac *ofnus* am na allei vynet y mywn. **1567** *LlGG* 140a, y gallai eraill . . . drwy y esempl hwy [pechaduriaid] vod *ofnusach* y wneuthyd ar gam. **1588** *Deut* xx. 8, Pa ŵr bynnac sydd *ofnus*, a meddal galon. **1588** *Doeth Sol* xvii. 10, peth *ofnus* yw drygioni. **1588** *Math* viii. 26, pa ham yr ydych yn *ofnus* ô chwi o ychydig ffydd. **1615** R. SMYTH: *GB* 106, mor *ofnys* megis na feiddiant roddii [*sic*] bwyd yn i safnau cyn i un i tastio o'r blaen. **1620** 2 *Mac* viii. 13, Y rhai . . . a oedd yn *ofnus* . . . ffoi a wnaethant. **1630** R. VAUGHAN: *YDd* 92, Nid yw ei enaid yn *ofnus*, eithr yn hyderus. **1632** *D*, *ofnus* . . . timidus, meticulosus, formidolosus, pauidus. **1703** E. WYNNE: *BC* 25, yn *ofnus* fel 'Scolheigion yn dangos eu Tâsc iw Meistr. **1731** E. SAMUEL: *AE* 149, Mor *ofnus* yw Dynion rhag Troseddu yn erbyn Rheolau Gweddeidd-dra. **1803** *P.*
(*b*) Yn peri ofn, i'w ofni, ofnadwy, dychrynllyd, arswydus, brawychus: *dreadful, to be feared, frightful, terrible, awful.*
15g. *ID* 1, os adwyth *ofnys* ydyw. **15g.** BEDO AERDDREM, &c.: *Gw* 214, Os addef vynghwys iddi / *ofnus* yw hyn na vyn vi. **1547** *WS*, *ofynus*, dredfull. **1567** *LlGG* 141a, Peth *ofnus* yw syrthio yn dwylaw Dyw byw. **1567** *LlGG* (*Sall*) 79b, Clodvoraf dydy, can ys yn ofnadwy [:– *ofnus*] ac yn ryvedd im gwnaethpwyt. *c.* **1585** G. ROBERT: *DC* 7b, o gweli ddim *ofnys* yn y byd yma, meddwl am vphern. **1606** E. JAMES: *Hom* i. 105, pan fytho 'n danfon ei *ofnus* blaau . . . arnom. *id.* 140, tywysogion nid ydynt *ofnus* i weithred-ŵyr da. **1615** R. SMYTH: *GB* 182, i farnadigaeth ef sydd mor echryslon, ag mor *ofnys*. **1651** SIÔN TREREDYN: *MDD* 111, y mae yn *ofnus*, fod llaweroedd . . . yn gwneuthur yn amgen. **1722** E. LLOYD: *MC* 32, y peth *ofnussa*, o bob peth *ofnus*. **1762** D. ROWLAND: *PA* 30, Os

nas gwelsom hwn [Crist] erioed, *ofnus* yw ein bod yn ceisio dringo i'r Nef wrth Râff o Dywod.

Fel *e*. Person ofnus: *a timid person*.

Dchr. **15g**. *GM* 36, Pery y *ofynussyon* y trugared o etiued dynawl.

ofnusrwydd [*ofnus* + *-rwydd*] *eg*. Yr ansawdd neu'r cyflwr o fod yn ofnus, nerfusrwydd: *fearfulness, timidity, nervousness*.

1567 *TN* 317b, Can na roddes Duw y ni yspryt *ofnusrwydd*. **1773** *W* d.g. *fearfulness, timidity*. **1803** *P*.

ofnuster [*ofnus* + *-der*] *eg*. Ofnusrwydd: *fearfulness, timidity*.

18–19g. *Llr* C 48, 224, Tri Gwrthymred Celfyddyd . . . Byrbwyll, Coegbwyll, ac *ofnusder*. **18–19g**. *MA* iii. 271, Tair arwydd cydwybod wallbwyll . . . annoethineb, *ovnusder*, ac anynadrwydd.

ofnwr [bôn y f. *ofnaf*: *ofni* + *-wr*] *eg*. ll. *-wyr*.

(*a*) Un sy'n ofni: *one who fears*.

1604–7 *TW* (*Pen* 228) d.g. *cultor* (hefyd *D*). **1803** *P*.

(*b*) Un sy'n peri ofn: *one who inspires fear*.

16–17g. *GST* i. 78, Heb gosbwr, heb *ofnwr* balch, / Heb aer Rug, heb rywiogwalch [marwnad Siôn Salsbri o'r Rug]. *c*. **1730** *Thos. Lloyd D* (LlGC) 186a, *ofnwr*, a Terrifyer.

ofon, ofonedig, gw. ofn, ofnedig.

oful, ofum, gw. ofwl, ofwm.

ofwl, oful [bnth. S. *ovule*] *eg*. ll. *-au*. *Bot*. Corff bychan mewn planhigyn hadog sy'n cynnwys yr wygell ac sy'n datblygu'n hedyn ar ôl ei ffrwythloni: *ovule*.

20g.

ofwm, ofum [bnth. S. *ovum*] *eg*. *Biol*. Gamet benyw, wygell fenywaidd: *ovum*.

20g.

ofydd [enw'r bardd Llad. *Ofydd* (sef bnth. dysg. (*Pūblius*) *Ovidius* (*Nāso*) (43 C.C.–?17 O.C.)) fel patrwm o fardd, o garwr (ar gyfrif ei *Ars Amātōria*), ac o feistr ar gelfyddyd; tebyg fod dyl. yr e. *dofydd* (a ff. cfns. yn *-(dd)ofydd*) ar ystyron adran 1 (*b*), gw. *B* xv. 198–200; cafwyd ystyron adran 2 drwy uniaethu'r gair â'r *ὀυατεῖς*, *vātēs* yng Ngâl a grybwyllwyd gan Strabo] *eg*. (b. *-es*, ll. *-au*) ll. *-ion*.

1. (*a*) Bardd (serch), prydydd, llenor; carwr, cariad, anwylyd: (*love*) *poet, littérateur; lover, sweetheart, darling*.

14g. *GDG* 99, Ni bydd dy *Ofydd* difai, / Ni bûm nofis un mis Mai. *id*. 378, Ciliawdr nid wyf, wyf *Ofydd*, / Calon serchog syberw fydd. *id*. 392, Cywair ddelw, cywir ddolef, / Cywydd gwiw *Ofydd*, gwae ef [ymryson â Gruffudd Gryg]! **14g**. *GIG* 94, Prifeistr cywydd *Ofydd* oedd [marwnad Llywelyn Goch ap Meurig Hen]. **15g**. *GTP* 41, Call fydd dy *Ofydd* difost / Canu gwawd, cwynaw ei gost. **15g**. *GGl*[2] 203, *Ofydd* yw mab Gruffudd gryf / I'r ferch hon ar farch anyf [i Wladus Hael]. **15g**. *GO* 193, *Ovydd* wrth annerch merched, / A Beli oedd o bai lid [i Phylip ap Madog]. **1767** *Gron* 123, Ef oedd *Ofydd* . . . hil y Brython [marwnad Lewis Morris]. **1824** *Bl D* 132, Cain, addwyn, y cynnyddo, / *Ofydd* hardd, a Bardd y bo [i fab newyddanedig y Parch. D. L. Jones].

(*b*) Meistr, pencampwr: *master, champion*.

14g. *GDG* 16, *Ofydd* cad a faidd cedyrn, / Ofer chwech wrth Ifor chwyrn. **15g**. *Pen* 57, 37, Iawn yt gael afael *ofydd* / yth law dy rann oth wlad rydd. **16g**. WILIAM LLŶN: *Gw* (R. Stephens) 449, A'i fedd, gwalch *Ofydd* y gwin, / A seiliwyd yn Llansilin [marwnad Siôn Ifans].

2. (*a*) Aelod o ddosbarth o feirdd a uniaethwyd yn ddiweddarach ag aelod o radd isaf Gorsedd y Beirdd a nodweddir gan wisg werdd: *a member of a class of poets later identified with a member of the lower order in the Gorsedd of Bards characterized by the wearing of a green robe, ovate*.

1723 H. ROWLANDS: *MAR* 65, different Classes and Fraternities; which as Strabo . . . reckons, were three, that is *Δρυΐδαὶ* . . . *Ουατεῖς* . . . *Offyddion*; and *Βαρδοὶ* . . . Of these, says Strabo, the Bardi were Singers; the Ouvates, Priests and Physiologers. *id*. 251, their Ovates . . . must express some Name they had at that Time on one of their Orders, sounding like *Ovydd* or *Offydd*. **1784** E. JONES: *MPR* 2, The Derwydd, Bardd, and *Ovydd*, or . . . the Druid, Bard, and Ovade . . . *Ovydd* means a Noviciate; or a holy one set apart . . . the *Ovydd* . . . was considered as a disciple, and consequently conducted the lightest and most trivial duties appertaining to the spreading temple of the Oak. **18–19g**. Gw. MECHAIN: *Gw* i. 240, Gwiw i foddiaw beirdd ac *ofyddion*. **1803** *P*, *ovydd*, s. m. pl. t. *ion*, one who is initiated into first principles or elements . . . the name for a member of the scientific class, in the bardic system, an ovate. *id*. *ovyddes*, s. f. pl. t. *au*, a female member of the scientific class of bards.

(*b*) Gwyddonydd: *scientist*.

1803 *P*, *ovydd* . . . a scientific person; a natural philosopher; a teacher of science.

Amr.: **offydd**. **1723** H. ROWLANDS: *MAR* 65, 251. **1740** T. EVANS: *DPO* 154.

Gw. hefyd dofydd, gofydd.

ofyddfardd [*ofydd* + *bardd*] *eg*. ll. *-feirdd*. ?Bardd mewn cariad; ofydd, aelod o radd isaf Gorsedd y Beirdd: *?love-stricken poet; ovate*.

1605–10 *AP* 30, val yr oedd *Ovyddfardd* anhunfryd galarbwyll . . . yn dyfod . . . i geissio ymddiddan . . . ar forwynverch. **1803** *P*, *ovyddvardd*, s. m. pl. *ovyddveirdd*, a bard of science.

ofyddiaeth [*ofydd* + *-iaeth*] *eb.g*.

(*a*) Barddoniaeth (serch); carwriaeth, serch: (*love*) *poetry; courtship, love*.

14g. *GDG*[3] 40, Gwrddgae yw'r lle mae, mi a'i rhydraeth, / Gwarae o feddiant, gwir *ofyddiaeth* [i Ieuan Llwyd]. *id*. 57, Gwawd graffaf gwedy Gruffudd / Gwaethwaeth heb *ofyddiaeth* fydd [marwnad Gruffudd Gryg]. **16g**. *AP* 30, llesmair *ovyddiaeth* yn llesteiriaw kysgu. **1632** *D* d.g. *poetica*. **1722** *Llst* 189, *ofyddiaeth*, f. poetry. **1754** *LlGC* 5475, 3, [Ll]ywelyn ab Gwilym . . . ei Athraw ef [Dafydd ap Gwilym] yng Nghelfyddyd *Ofyddiaeth*. **1800** *Eurgr* 32, Ofydd . . . o achos pa ham y galwai, [*sic*] ein hynafiaid bob nwyfus gywreinrwydd yn *ofyddiaeth*. **1803** *P*, *ovyddiaeth*, s. m. what is taught by an ovate. **1810** DAFYDD DDU: *CG* 294, Pan aeth pen *Ofyddiaeth* fawr, / Ow Roland ar ei Elawr [marwnad Rowland Hugh].

(*b*) Gwyddoniaeth: *science*.

1824.

ofyddio, ofyddu [be. o'r e. *ofydd*] *bg.a*. Canu barddoniaeth (am), prydyddu (am): *to sing poetry* (*about*).

1803 *P*, *ovyddu*, to exercise ovatism.

ofyddol [*ofydd* + *-ol*] *a*.

(*a*) Celfydd, artistig; barddonol; yn perthyn i ofydd: *artistic; poetic; pertaining to an ovate*.

1803 *P*, *ovyddawl*, relating to the functions of an ovate.

(*b*) Gwyddonol: *scientific*.

1803 *P*, *ovyddawl* . . . scientifical.

ofyddu, gw. ofyddio.

ofyddus [*ofydd* + *-us*] *a*. ?Celfydd, artistig: *artistic*.

1595 *Egl Ph* 42, Y mae deu beth yn angenrheidiawl i ddiheureb . . . Yn ail bod o honi yn synnwyrawl ac yn *ofyddus*, i gael ei hadnabod yn wiwnodus, rhagor ymadrodd sathredig.

ofyrol, gw. oferol.

off [bnth. S. *off*] *adf*. I ffwrdd, ymaith, i bant; heb ei gysylltu, yn rhydd; i ffwrdd, oddi ar y pris; wedi ei ganslo, heb fod ar gael; yn brysur anarferol, yn helyntus: *off, away; off, not attached; off* (*the price*); *cancelled, not available; unusually busy, troublesome*.

Ar lafar yn gyff., '*Off* â ni os yw pawb yn barod', 'Fe ges i ddwybunt *off* pan brynes i hwn', 'Ma'r disgo *off* o achos yr eira', 'Dere di nôl yn feddw heno 'to, a bydd hi *off* 'ma', 'Ma 'i *off* 'ma heddi—ma'r adeiladwyr wedi dod i fendio'r to'.

offeirad, offeiradaeth, gw. offeiriad, offeiriadaeth.

offeiradol, gw. offeriadol.

offeiriad, offeirad, effeir(i)ad [bôn yr e. *offeren*[1], *efferen* + *-iad*[2], *-ad*; cf. H. Grn. *oferiat*, gl. *presbiter*] *eg*. ll. *-(i)aid, -au, -edd, -on*.

(*a*) Un a ordeiniwyd (mewn eglwysi esgobol) i'r ail urdd eglwysig (islaw esgob ac uwchlaw diacon) i weinyddu ordinhadau addoliad cyhoeddus, pregethu, &c., clerigwr; (geir.) henuriad: *priest, clergyman*; (*dict*.) *elder*.

13g. *C* 84. 2–3, Mi aegowinneis y *offereid* [*sic*] bid. ae hesgip ae higneid. **13g**. *LTWL* 279, Naut *efeirat*. **13g**. *Ll I* 22, e *effeyryat*, urth uendygav e uuet a chanu efferen. *id*. 23, talet ydy [mameglwys] pedeyr punt ar dec: er hanner e'r abbat . . . a'r llall erug er *effeyryeyt* a'r clas. **14g**. *T* 37. 25–6, Ny byd *effeirat*. ny bendicco auyrllat. **1346** *LlA* 117, vcheneideu ymeudwyot neur *offeireit*. *id*. 119, y kymerth vrdeu ac y bu *offeirat*. **14g**. *YBH* 39a, erchi *effeirat* awnaeth. ac *yffeirat* a gauas. **15g**. *IGE*[2] 240, pam y dywaid / Yr *offeiriad* ei bader / Yn ôl dyrchafael corff Nêr (Ieuan ap Rhydderch)? **1547** *WS*, *effeirad*, a preest. **1632** *D*, *offeiriad*, sacerdos, presbyter. **1667** C. EDWARDS: *FfDd* 56, [b]od *offeiriadau* yr Eglwys Gatholic . . . yn siomedig. **1686** WJ: *TR* 36, o herwydd mai *Offeiriadeu* ag nid gwyr llyg oedd yr Apostolion. **1778** *W*, *offeiriaid* d.g. *clergy*. **1798** W. RICHARDS: *CC* 17, yr *offeiriadon* parchedig. **1803** *P*. Digwydd mewn e. lleoedd, e.e. *Rhydoffeiriad* ger Nanhyfer, sir Benf., *Sarnyroffeiriad* ger Dolwyddelan, sir Gaern., *Pomprenffeirad* ger Ysbyty Cynfyn, Cered.

(*b*) (enghrau. am Grist neu am grediniwr: *exx. used of Christ or of a believer*).

1567 *TN* 331b, Tydi *effeiriad* wyt yn dragwddawl. *id*. 379a, yn gwnaethost yn Vrenhinoedd ac yn *Effeiried* yn Dyw. **1618** J. SALISBURY: *EH* 84, y gwynfydedig Saint . . . bod yn Frenhinoedd a *'ffeiriadau* ysprydawl yn dragywydd. **1630** R. VAUGHAN: *YDd* 651, nid oedd yr vn gwir *offeiriad* yn y Testament Newydd, ond Crist yn vnig. **1756** W. WILLIAMS: *GDC* 28, A Jesu fy Ngyfryngwr sydd felly oll o'm Tâd, / . . . / Ei Wâs ef yw a'i Frenin, ei *'Ffeiriad* mawr difêth. **1760** WLL: *SAC* 93, y mae'r holl Gristianogion . . . yn myned yn *Offeiriadau*.

(*c*) Un a awdurdodwyd i gyflawni defodau cysegredig (mewn crefyddau cyn-Gristionogol neu rai nad ydynt yn Gristionogol): *priest* (*in pre-Christian or non-Christian religions*).

13g. *DB* 75, Chuechet sygyn yu y wyry . . . Origona verch Icar *effeiryat* (*sacerdotis*). **14g**. *BY* 17, Amram . . . ohonaw y doeth llin yr *Effeiryeit*. **14g**. *YBH* 14b, ef a glywei y mywn temyl [yn Namascus] yn canu amcan y vil o *yffeireit*. *ib*. taraw vn or *effeireit*. *c*. **1400** *RB* ii. 15, dathoed *offeirat* troea calax y enw. **15g**. *FfBO* 45, y mab a a at yr *offeiryat* y'r synagoc. **1588** *Gen* xiv. 18, Melchisedec . . . efe oedd *offeiriad* i Dduw goruchaf. **1615** R. SMYTH: *GB* 115, ystyriwn . . . beth oedd *opheriaid* [*sic*] y paganiaid a'r cenedloedd. **1632** *D*, *offeiriad* . . . mystes. **1688** S. HUGHES: *TSP* 41, Y mae Crist gwedi llwyr osod heibio a dileu y Gyfraith Ddefodawl, canys nid oedd yr *Offeiriadau*, a'r Aberthau, a'r Golchiadau . . . ond Cyscodau o honaw ef. *c*. **1762–79** W. WILLIAMS: *P* 42, y Ffidaiaid Pobl Teyrnas fawr jawn o Guinea . . . *Offeiriaid* . . . i wasnaethu iddynt. **1795** J. THOMAS: *AIC* 101, geill eu *Hoffeiriadau* trwy eu gweddiau a[r] Mars eu gwaredu. **1798** *WR*, *offeiriaid* yn mysg yr Indiaid d.g. *Bramins*.

Amr.: **affeiriad** [cf. *afferen*, amr. ar *offeren*[1]]. **16g**. *Cy* ix. 365. **ffeir(i)ad** [cf. *fferen*, amr. ar *offeren*[1]]. *Diw*. **15g**. *Pen* 67, 19, o da *ffeiriat* i fferen (Hywel Dafi). **16–17g**. *HG* 3, ag ny chred y, r, *ffairad* ally / or gairau gna, [*sic*] gnawd or bara. **1617** R. PRICHARD: *CE* [9], O Ddûw, coffa am y camwedd, / Syn dyfwyino dy *feiradedd*. **1618** J. SALISBURY: *EH* 84, *'ffeiriadau*. **1696** *CDD* 15, *Ffeiriadau* a phrophwŷdi, hiliogaeth plant Lefi.

Cfn.: *Cyfr*. **offeiriad (offeirad**, &c.) **y frenhines, o. brenhines**: *queen's priest* (*in the Welsh Laws*). **13g**. *LlI* 15, *effeyryat y urenhynes*. **14g**. *LlB* 13, *offeirat brenhines*. *c*. **1400** *CHDd*[2] 2. **o. byd**: *secular priest*. *c*. **1400** *R* 1156. 31. Gthg. *C* 84. 2–3, Mi aegowinneis y offereid [*sic*] bid. ae hesgip ae higneid. **o. corunfoel**: *tonsured priest*. **1667** C. EDWARDS: *FfDd* 52. **1683** H. EVANS: *CTF* 47. *c*. **1762–79** W. WILLIAMS: *P* 610. *Swol*. **o. du**: *cockchafer, maybug, Melolontha*. Ar lafar yn y ff. *ffeirad du*, D. PARRY-JONES: *WCGP* 58. **o. gwreigiog**: *married priest*. **15g**. *AL* ii. 204. **o. lleyg(ol)**: *secular priest*. **1816**. **o. offerenllyd (fferenllyd)**: *mass-priest*. **1595** M. KYFFIN: *DFf* [31], fal y mae'r *offeiriadeu offerenllyd* yr amser hwn yn arfer. *id*. [44], nid gwaith yr *o ffeiriad* [*sic*] *fferenllyd*, eithr eyn ffydd eyn hunain. **o. plwyf**: *parish priest, parson*. **13g**. *B* x. 25. **1611** R. SMYTH: *SG* 81. **1752** *ML* i. 197. **o. teulu**: *priest of the household*. **13g**. *LTWL* 110, *offeyrat teylu*. **13g**. *LlI* 5. **1283** HADDAN & STUBBS: *Councils* i. 550, *Offeyriat Teulu*. **1803** *P*.

Gw. hefyd offeiriades, offeiriedyn.

offeiriadach [*offeiriad* + *-ach*[2]] *e.ll.* Offeiriaid ieuainc, yn ddifr.: *priestlings.*

1630 R. Llwyd: *LlH* 150, y dihirwyr hyn . . . ni rusant eu galw hwynt yn Breladiaid coeg-feilchion, Personiaid arfoelion, *Offeiriadach* diffaith.

offeiriadaeth, offeiradaeth, effeir(i)adaeth [*offeir(i)ad, effeir(i)ad* + *-aeth*] *eb.g.* Swydd, urddau, neu swyddogaeth offeiriad, hefyd ynglŷn â chredinwyr a henaduriaid, ac yn *ffig.*; offeiriaid fel corff, clerigaeth; bywoliaeth eglwysig; offeiriadyddiaeth, yn ddifr.; clerigoliaeth: *priesthood, also with ref. to believers and presbyters, and fig.*; *priests (collectively), clergy; benefice; sacerdotalism (derog.), priestism, priestcraft; clericalism.*

14g. *LlB* 112, kymryt o'r yscolheic vrdeu *offeiradaeth.* **14g.** *BY* 21, ymrysson ohonaw ac Aaron am *effeiradaeth.* **1346** *LlA* 25, Yveibon ygeilw ef [Duw] wy o achos y *hoffeiradaeth.* **15g.** *DE* 102, ffyniant a meddiant a maeth / a ffryd ag *y ffeiriadaeth* [*sic*]. **1547** *WS, effeiradaeth,* preesthod. **16g.** D. R. Thomas: *DS* 153, y rhodd sydd ynott . . . drwy roddi dwylo arnat trwy a[w]durdod *effeiriadaeth* (*TN* 314a, Henafiaeth [:– presbyterij]). **1567** *TN* 353a, chwithau . . . yn *effeiriadaeth* santaidd y offrymmu aberthau ysprydol. *id.* 353b, chwichwi cenhedlaeth etholedic ytych, brenhinawl *effeiriadaeth.* *a.* **1587** *Y* 91, Ni elli gael, ffael sy i'th ffydd, / *Offeiriadaeth* a phrydydd. *id.* 162, I maent hwy o rym nôd teg / D'*yffeiriadaeth,* ffair rydeg. **1588** *Ecs* xl. 15, byddo eu henneiniad iddynt [meibion Aaron] yn *offeiriadaeth* dragywyddol. **1595** M. Kyffin: *DFf* [27], yr holl Escobion or vn oruchafiaeth ag o'r vn fath *offeiriadeth.* **1617** R. Prichard: *CE* [6], Y lwyth Leui pan y rhoddodd / *Yfeiradeth* [*sic*] Arglwydd nefodd. **1632** *D, offeiriadaeth,* sacerdotium, presbyterium. **1731** E. Samuel: *AE* 88, [y]r *Offeiriadaeth* yn Eglwys Rhufain. **1755** *ML* i. 330, mae'n gwaeddi am *offeiriadaeth* ym Mon. **1756** *id.* 424, Rwy'n ofni am Ronwy ei fod yn cael ei droi allan oi *offeiriadaeth.* **1803** *P, ofeiriadaeth,* s. m. a priesthood.

Amr.: **ffeir(i)adaeth** [cf. *ffeiriad,* amr. ar *offeiriad*]. **16g.** *RWM* ii. 502. **16g.** *WLl* 27. *Dchr.* **17g.** *Y* 28.

offeiriadaf: offeiriadu [bf. o'r e. *offeiriad*] *bg.a.* Cyflawni swydd offeiriad, gwasanaethu fel offeiriad, gweinidogaethu (i), gwasanaethu (i): *to discharge priestly office, serve as priest, officiate, minister (to).*

15–16g. Llawdden, &c.: *Gw* 23, A gosod ffonnod a ffin / A *ffeiriadu*'r cyffredin [i'r Arglwydd Fferis]. *p.* **1584** G. Robert: *GC* [197], o'r uerf offero . . . *opheiriadu* i, fungi sacerdotis mun/ere. **1588** *Ecs* xl. 13, Aaron . . . sancteiddia ef i *offeiriadu* i mi. **1588** *Nu* iii. 3, yr offeiriaid eneinioc y rhai a gyssegrodd efe i *offeiriadu.* **1588** 1 *Cr* xxiv. 2, Eleazar, ac Ithamar a *offeiriadasant.* **1722** *Llst* 189, *offeiriadu,* to minister, officiate. **1762** *ML* ii. 483, Pwy oedd yma yn *offeiriadu* . . . ond yr Hirfardd. **1803** *P.*

Amr.: **ffeiriadu** [cf. *ffeiriad,* amr. ar *offeiriad*]. **15–16g.** Llawdden, &c.: *Gw* 23.

offeiriadaidd, effeiradaidd [*offeiriad, effeirad* + *-aidd*] *a.* Yn perthyn i swydd neu urddau offeiriad, yn ymwneud â'r offeiriadaeth, nodweddiadol o offeiriad neu'n gweddu iddo, tebyg i offeiriad: *priestly, sacerdotal, priest-like.*

15–16g. *TA* 52, Yn breladaidd, *offeiriadaidd,* / Iaith abadaidd a'th wyboded [i'r Abad Siôn]. **1547** *WS, effeiradaidd,* preestlyke. **1588** 1 *Esd* v. 45, [c]ant o *offeiriadaidd* wiscoedd. **1592** S. D. Rhys: *Inst* 147, Ei dri gorchest [prydydd] . . . canu . . . Yn brelâdaidd neu yn *opheiriâdaidd* i 'wr eglwysig. **1651** Siôn Treredyn: *MDD* 66, yr holl ddeddfâau *Offeiriadaidd.* *id.* 267, Christ yn cyflawni ei swydd *offeiriadaidd* ynoch. **1675** R. Davies: *PY* 98, y llyfr *Offeiriadaidd* hwn [y Llyfr Gweddi]. **1722** *Llst* 189, *offeiriadaidd,* priestly, ministerial. **1770** P. Williams: *BS, Esec* viii, benywaid *offeiriadaidd* yr Aipht. **1772** *W* d.g. *clergy* . . . *Of, or belonging to the clergy, clerical, priestly, or priest-like.* **1803** *P.*

Cfn.: **ffeiriadaidd** [cf. *ffeiriad,* amr. ar *offeiriad*]. **16g.** *GGH* 129.

offeiriades [*offeiriad* + *-es*[1]] *eb.* ll. *-au.* Merch sy'n offeiriad, hefyd yn *ffig.*; merch sy'n ddiacon neu'n flaenor: *priestess, also fig.*; *female deacon or elder.*

1604–7 *TW* (*Pen* 228) d.g. *sacerdotissa* (hefyd *D*). **1722** *Llst* 189, *offeiriades,* a deaconess, presbyteress, pl. *-desau.* *c.* **1762–79** W. Williams: *P* 42, Offeiriaid ac *Offeiriaidessau* [*sic*]. *id.* 49, g[wn]eud y trigolion yn ofnog . . . i Briodi *Offeiriades.* **1773** J. Roberts: *GY,* Gwneuthur Godineb gydâ'r *Offeiriadesau* d.g. *tammus.* **1780** *W* d.g. *priestess.*

offeiriadol, offeiradol [*offeir(i)ad* + *-ol*] *a.* Yn perthyn i offeiriad neu i'r offeiriadaeth, nodweddiadol o offeiriad neu'n gweddu iddo, clerigol, tebyg i offeiriad, a nodweddir gan offeiriadaeth: *priestly, sacerdotal, clerical, priest-like, characterized by a priesthood.*

16g. (*LlEG*) *Mos* 158, 588a, [p]roffwydoliaeddther, *yffeririadawl* [*sic*] bobyl. **1701** J. Owen: *YE* 185, wedi diddymmu 'r Cyfammod *offeiriadol.* **1704** E. Samuel: *BA* 247, swydd *offeiriadol* Jesu Grist. *c.* **1730** *Thos. Lloyd D* (LlGC) 185a, *offeiriadol,* sacerdotalis. *c.* **1762–79** W. Williams: *P* 49, nis caniataen i'w gwragedd i gymeryd arnynt swydd *Offeiradol.* *id.* 407, ar ol i'r offeiriad wisgo ei hun yn ei holl *offeiriadol*-wisgoedd. **1772** *W* d.g. *clerical, priestly.* **1794** E. Jones: *CP* 4, y gwisgoedd *offeiriadol.* **1800** W. Richards: *PA* ii. 10, medd rhyw areithydd *offeiriadol* a phoblogaidd. **1803** *P.*

offeiriadolaeth [*offeiriadol* + *-aeth*] *e?b.* Offeiriadyddiaeth, yn enw. yn ddifr.: *sacerdotalism, esp. derog., priestism, priestcraft.*

1845.

offeiriadwisg [*offeiriad* + *gwisg*] *eb.* Dillad a wisgir gan offeiriad wrth ei swydd neu yn ôl y ganon: *canonicals.*

1850.

offeiriadyddes [*offeiriad* + *-ydd*[3] + *-es*[1]] *eb.* Offeiriades: *priestess.*

1861.

offeiriadyddiaeth [*offeiriad* + *-ydd*[3] + *-iaeth*] *eb.* Cyfundrefn, egwyddorion, a dulliau'r offeiriaid, yn enw. yn ddifr.: *sacerdotalism, esp. derog., priestism, priestcraft.*

1849.

offeiriadyddol [*offeiriad* + *-ydd*[3] + *-ol*] *a.* Yn perthyn i offeiriadyddiaeth, yn enw. yn ddifr.: *sacerdotal, esp. derog.*

1849.

offeiriadyn, gw. offeiriedyn.

offeiriaint [bôn yr e. *offeren*[1] neu'r e. *offeiriad* + *-iaint*] *e?g.* ?Gweinyddiad yr Offeren; offeiriadaeth: *celebration of mass; priesthood.*

c. **1400** *R* 1166. 20–1, Ae balch offeiryat ae *hoffeiryeint.*

offeiriant, offeriant [*offer* + *-iant*] *eg.* ll. *offeriannau.* Adeiladau ac offer, &c., a ddefnyddir wrth ddwyn ymlaen fusnes ddiwydiannol neu wrth gynhyrchu rhyw nwyddau arbennig: (*industrial or manufacturing*) *plant.*

20g.

offeiriatgor [*offeiriad* + *côr*[1]] *e?g.* *Egl.* Siapter: *chapter.*

1848.

offeiriatgrefft [*offeiriad* + *crefft,* ar ddelw'r S. *priestcraft*] *eb.* Ystrywiau'r offeiriadaeth: *priestcraft (derog.).*

1712 T. Williams: *CDdG* 609, nad ydyw pob Crefydd a Ddatcuddwyd . . . ddim amgenach nac *Offeiriad Greft*? *c.* **1730** *Thos. Lloyd D* (LlGC) 185a, *offeiriadgrefft,* priestcraft. **1769** J. MacGowan: *OWY* d.d., *Offeiriadgrefft* wedi Ymddiffin. **1797** B. Evans: *CG* 280, ymgynddeiriogant yn erbyn yr holl eglwysi fel yn llawn *offeiriad-grefft.* **1800** C. Evans: *EJU* 78, ffug chwedl, neu ran o'ch *offeiriad-grefft* chwi, ŵr tlws.

offeiriedyn, offeiriadyn, effeiriedyn [*offeiriad, effeiriad* + *-yn*[1]] *eg.* Offeiriad ieuanc, bychan, neu ddi-nod (yn ddifr.): *priestling, young, little, or insignificant priest.*

c. **1400** *R* 1360. 12, vygcret yr *effeiryedyn.* **16–17g.** E. Prys: *Gw* 226, Ffei, leidr cerdd, ffladr acw yn, / Ffei rodol *offeiriedyn* (Huw Machno). **17–18g.** *LlGC* 6499, 402, am kyngor dymor wr da / *offeiriedyn* na ffrioda (Siôn Prys). **1703** E. Wynne: *BC* 25, A'r goreu o'r rhain am gwrw rhudd, / *Offeiriedyn* a Phrydydd. **1722** *Llst* 189, *offeiriadyn,* a little priest. **1740** T. Evans: *DPO* 267, ar ôl i'r Pâb . . . alw Cymanfa i gadarnhau Breuddwyd yr *Offeiriedyn* [Eugubinus]. *id.* 293, yr *Offeiriadyn* a alwyd ger bron y Faingc. **1763** *ML* ii. 547–8, fo ddaeth Watts yr *offeiriedyn* yma i geisiaw benffyg llyfyr. **1780** *W* d.g. *priest, a little* [*sorry, contemptible,* &c.] *priest.* **1787** (**1812**) Twm o'r Nant: *PG* 40, Now, Mr. Rondol, ewch er un dyn, / I settlo a phriodi at ryw *offeiriadyn.* **1795** Jac Glan-y-gors: *SG* 7, [y]r achos na chymmerai ryw *offeiriedyn* y geiriau . . . yn Destyn i'w Bregeth. **1798** T. Roberts: *CG* 13, *Offeiriedyn* tlawd yn cael ugiain neu bum punt ar hugiain yn y flwyddyn. **1803** *P.*

Amr.: **ffeiriedyn, ffeiredyn, ffeiradyn,** &c. [cf. *ffeir(i)ad,* amr. ar *offeiriad*]. **1574** *LlGC* 15542, 233b, hwy a ddistyran y *ffiredyn* tryan. *Diw.* **16g.** (**1648**) *RC* xlviii. 87, Ni ffriodai *'ffeiriedyn* / Yn enw Duw yn anad dyn. **18–19g.** *Cymru* xxix. 48, *ffeiradyn.*

offendiaf: offendio [bnth. S. (*to*) *offend*] *ba.* Tramgwyddo: *to offend.*

1568 Morys Clynnog: *AG* 34–5, dy/lemi yn gynt odde marfoleth nai *ophendio* ef.

offer [?cf. *offeren*[1]; ond nid yw'r dtb. semantig yn amlwg] *e.ll.* a hefyd fel *eb.* ll. dwbl *-(i)au, -i, offrau* (bach. *offerach*).

(*a*) (Un o'r) gêr neu'r taclau a ddefnyddir gan weithiwr, crefftwr, &c., wrth wneud gorchwyl neu ddilyn ei grefft, teclyn(nau) neu arf(au) a ddefnyddir i wneud gwaith manwl neu gain, offeryn(nau), taclau, cyfarpar; organau rhywiol: *tool(s), instrument(s), tackle, equipment, implement(s), apparatus; genitals.*

13g. *LlI* 94, *Offer* gof, cxx. **13g.** *BD* 131, a chymryt *offer* medyc. *c.* **1400** *R* 1270. 14, Byd gyweir ar ffeir keis *offereu* claf. **15g.** *AL* ii. 676, na ellir damdwng creiryeu eglwys nay llyfreu nay *hoffer.* *Dchr.* **16g.** *Pen* 127, 205, Cans *offer* gwehyddion yw gwenholiaid. *id.* 249, Corvnav a baglev ac *offer* esgobawl eraill. **1547** *WS, offer,* toole. **1588** *Esec* xii. 3, gwna it *offer* caethfud. **1588** *Jona* i. 5, bwriasant yr *offer* y rhai oeddynt yn y llong i'r môr. **16–17g.** *CRC* 420, prynv yr arad ar ogav / a ffrynv pob *offerav* (*GST* i. 806, pob cyfreidiau). *Dchr.* **17g.** *id.* 154, Mi a neidiais gae cornel / i ganol pwll barcer / drwy i grwyn ai *offer.* **1632** *D, offer,* Sing. Offeryn, instrumentum. *id. offer* ac addurn llong d.g. *aplustre.* **1655** R. Jones: *PC* 15, Mynn seiri gwych, i wneuthur gwaith / y Babell faith ai *hoffrau.* **1722** *Llst* 189, *offer* . . . implements . . . tackle. **1724** S. Williams: *ADA* 132, Crogbrennau Olwynion, Pigau dur . . . ac *Offer* gwaedlyd eraill. **1770** *W* d.g. *accoutrements.* Ar lafar gynt clywid '*offer(i)*' yn yr ystyr 'harnais y gwŷdd, y casgliad a'r pleidiau' mewn ffatri wlân, *B* xvi. 94.

(*b*) (enghrau. *tros.* a *ffig.,* weithiau yn yr ystyr 'cyfryngau (cyfrwng), modd(ion)': *transf. and fig. exx., sometimes with the meaning 'means'*).

15–16g. *TA* 89, Ni phery 'mysg *offer* mân / Air drwg i ŵr darogan [i Ddafydd ab Owain, esgob Llanelwy]. **1606** E. James: *Hom* i. 4, galw gairiau'r Scrythyr lân yn airi[a]u y bywyd tragwyddol: o herwydd *offer* Duw ydynt. *id.* iii. 293, y rhai hyn [offeiriaid Pabyddol] yw *offerau* a gwenidogion . . . y diawl. **1615** R. Smyth: *GB* 274–5, yr oedd yn angenrhaidiawl iddo [Duw] gael . . . y *ophyriae* [*sic*] . . . iweithio [*sic*] pethau yn gowrainiach. **1630** *YDd* 334, fel na byddo fy holl aelodau ddim ond *offerau* i weithredu ac i ddangos dy gynhyrfiadau di. **1630** R. Llwyd: *LlH* 484, fel y byddont ôll yn *offerau* dy law di i helaethu teyrnas dy Fâb. **1675** R. Jones: *HCh* 153–4, megis ac yr oeddynt hwy [rhieni] yn *offerau* iw cenhedlu hwynt yn y cnawd, y gallant hwy felly fôd yn *offerau* iw cenhedlu hwynt yn y ffŷdd. **1676** W. Jones: *GB* 11, [Y] Corph, a'i holl rannau a'i aelodau a wneir yn *offerau* parod i gyflawni bwriadau daionus y meddwl. **1685** G. Griffith: *GA* 1, Pennaf peth mewn gwir grefydd y'w Gweddio . . . Dyfodfa at Dduw, *Offer* iechydwriaeth. **1688** W. Foulkes: *EGE* 125, [b]ôd yn Foddion dedwyddol, ac *Offer* i gywain dy râs i ni. **1716** Iaco ab Dewi: *PTE* 6, gan Gyfryngau dynol, ac *Offer* ddynol.

(*c*) Arfau (ymladd, rhyfel, &c.), arfogaeth: *weapons, arms, engines of war, armament(s).*

13g. *A* 8. 9–10, men yth glawd e *offer* e bwyth madeu. **14–15g.** *IGE*[2] 327, Oni bydd abl, digabl daith, / Ei *offer,* orau affaith / I gynnal, brwydr arial bryd, / Golau fodd, ei gelfyddyd [Rhys Goch Eryri am heliwr]. **15g.** *GHC* 12, Gŵr, â'i *offer,* yw Gruffudd / A wnâi drin yn adwy rudd. **15–16g.** *TA* 160, *Offer* y cawr, Ffaracûd, / A'th wayw nowllath, ynillud [i Syr Gruffudd ap Rhys]. **1588** *Gen* xxvii. 3, cymmer attolwg dy *offer,* dy gawell saethau, a'th fwa. **1615** R. Smyth: *GB* 98, o'r *opher* yma [gynnau], y mae'r canoniaid, y sacrariaid, phawconiaid

. . . yn diellu. **1722** *Llst* 189, *offer* . . . armament, weapons. **1770** *W* d.g. *arms.*

(*d*) Offeryn(nau) cerdd: *musical instrument(s).*

13g. *LlDW* 128. 8–10, ebrenyn byeu keysyau *ofer* ydau [pencerdd] nyd amken atelyn yhun acrud yarall apybeu yr tredyt. **15g.** *GGl*^{2} 215, Sieffrai, moes *offer* y min, / Siôn a'i cân, myn Sain Cynin [i ofyn corn canu]. **1547** *WS*, kany telyn ne vath *offer*, play. **1661** E. Lewis: *Drex* 45, Tympan, neu ryw *offer* uchelsain arall. **1703** E. Wynne: *BC* 58, [m]yrdd o bob *offer* a llyfreu muwsic. [**1740**] D. Llwyd: *YDD* 10, arferiad *Offerau* ymmoliannau Duw . . . Molwch ef a Thympau . . . a Thannau, ag Organ.

(*e*) Gêr ceffyl (neu ryw anifail arall), harnais: *harness of a horse* (*or other animal*).

15g. *ID* 44, ysgraffay n gwisgo r *offerr* / heb rwyff [*sic*] un yn bwrw y verr [i ofyn ychen]. **15–16g.** *TA* 442, At ewinallt y tynnyn, / O pharhâi *offer* i hyn [i ofyn ychen]. **1588** 1 *Br* xix. 21, efe . . . a gymmerth gwpl o ŷchen, ac ai lladdodd, ac ag *offer* yr ŷchen efe ai berwodd hwynt. **1620** *Gen* xxxi. 34, Rahel a gymerasei y delwau, ac ai gosodase hwynt yn *offer* (**1588** *ib.* sadell) y camel. **1632** *D*, *offer* march tynnu d.g. *helcium.* **1718** E. Samuel: *HDdD* 141, [ll]wytho Assyn ag Aur . . . neu ei wisgo ag *offêr* werthfawr. **1753** *TR*, *offer* . . . traces of draught-horses. **1793** Dafydd Ionawr: *CD* 101, Mawrwych od y meirch ydynt, / A blodau'r Wlad eurad ynt, / Caerog addurnwaith cywrain' / O aur coeth yw 'r *offer* cain. **1803** *P*, *ofer* . . . gear, traces. Ar lafar yn sir Gaerf., *TGG* (1904) 51.

Cfn.: **offer yr arffed:** *genitals.* **1488–9** *Mos* 88, 26. **o. awch:** *edge-tool.* **1784** M. Williams: *S* i. 23. **o. ganu** = **o. cerdd.** **1672** R. Prichard: *Gw* 586. **o. cart:** *harness.* Ar lafar yng nghanolbarth a godre Cered. **o. ceffyl** = **o. cart.** Ar lafar yng ngodre Cered. **o. (offerau) cerdd, o. (y) gerdd, o. gerddgar:** *musical instruments.* **1588** 2 *Cr* xxiii. 13, [y] cantorion ag *offer gerddgar.* **1588** *Pr* ii. 8, [p]ôb rhyw *offer cerdd.* **1661** E. Lewis: *Drex* 44, yn clywed *offerau cerdd.* **1715** T. Evans: *CCG* 22, parodd i Gerddorion ddyfod i ganu ag *offer-gerdd.* **1732–3** J. Owen: *GB* 44, *Offer y Gerdd.* **1776** *W* d.g. *musical . . . Musical instruments.* **o. clyweled:** *audio-visual equipment.* **20g.** **o. cydio, o. gydiol, o. i gydio:** *genitals.* **16g.** *Mos* 113, 29, *opher i gy*[*d*]*io.* **16g.** *LlGC* 4581, 126b, cornwydydd ar yr *opher gydiol.* **1632** *D*, *offer cydio* yr anifeiliaid d.g. *nebrundes.* **1773** *W*, *offer cydio* d.g. *genitals.* **o. chwyth:** *wind instruments.* **1770** P. Williams: *BS*, *Salm* v. **o. dafad:** *sheep-fetter.* Ar lafar yng nghanolbarth a godre Cered. **o. gof:** *blacksmith's tools.* **13g.** *Ll1* 94. **14g.** *LlB* 98. **15g.** *LHDd* 41. **o. gwaith:** *work-tools.* **1899.** **o. llafurwaith:** *agricultural implements.* **1848.** **o. rhyfel:** *weapons, arms, engines of war, armaments, also fig.* **1547** *WS*, gwnn vn o *offer Ryfel*, a gonne. **1632** *D* d.g. *murices.* **1724** S. Williams: *ADA* 41, yn erbyn y rhai y mae Angau wedi parattoi ei *offer rhyfel.* **o. (offerau) saer:** (*carpenter's*) *tools.* **1667** C. Edwards: *FfDd* 24, descynnodd tân o'r nefoedd i losci *offerau'r Seiri.* Ar lafar yng nghanolbarth a godre Cered., '*offer sâr*'. **o. siafft:** *harness.* Ar lafar yn Nyffryn Wysg. **o. dân:** ?*firearm*(*s*). *c.* **1762–79** W. Williams: *P* 160, mae Elephantiaid yn ymladd o'i flaen ef [y Mogul] . . . ac oni b'ai eu bod yn cael e[u] gwasgaru oddiwrth eu gilydd yn hanner eu hymgyrch, trwy ryw *offer dân* pwrpasol [*sic*], fe fyddai iddunt gornio a chlwyfo un y llall yn aruthur. **o. tannau:** *stringed instruments.* **1620** *Hab* iii. 19. *c.* **1730** *Taith C* 180. **1775** *W*, offeryn (pl. *offer*) *tannau* d.g. *instrument . . . a stringed instrument.* **o. taro:** *percussion instruments.* **1858.**

Gw. hefyd offeryn.

offerach, gw. offer.

offeraf: offeru [bf. o'r e. *offer*] *bg.a.* Cyflenwi neu gyweirio ag offer, taclau, &c., darparu gêr; arfogi; llythrennu neu addurno (lledr, &c.) ag offerynnau; harneisio (ceffyl, &c.); llyffetheirio (dafad); hefyd yn *ffig.*: *to equip or furnish with implements, tools, &c.; arm; tool* (*leather, &c.*); *harness* (*horse, &c.*); *shackle* (*sheep*); *also fig.*

1632 *D*, *offeru*, i[n]struere, instrumenta parare. **1688** *TJ*, *offeru*: to make Instruments, to furnish with Instruments. **1722** *Llst* 189, *offeru*, to arm, accoutre, furnish. **1753** *TR*, *offeru*, to put horses in the traces, to furnish with tools, to provide implements. **1773** *W* d.g. *to equip* [*furnish a horse-man with furniture for riding* . . .], *to harness* [*a horse or horses*]. **1793** *Cylchg* 147, Ni phaid yr offeiriaid *offeru*—Eneidiau. **1803** *P.*

offeren^1, efferen [bnth. Llad. C. *offerenda* 'offrwm', cf. Crn. C. *oferen*, Llyd. C. *offeren*, Gwydd. C. *oifrend*, *aiffrend*, Gwydd. Diw. *aifreann*] *eb.* ll. *-nau.* Gwasanaeth sy'n cynnwys yr Ewcharist neu weinyddiad y sacrament neu'r ordinhad o Swper yr Arglwydd (yn enw. bellach yn ôl trefn yr Eglwys Gatholig Rufeinig); y litwrgi a ddefnyddir yn y gwasanaeth hwn; gosodiad cerddorol o rannau o'r gwasanaeth hwn; (geir.) gwasanaeth dwyfol; hefyd yn *ffig.*: *mass*; (*dict.*) *divine office; also fig.*

13g. *Ll1* 5, er effeyryat teylu . . . Ef a dely offrum e brenhyn ar *efferen* beunyd. *c.* **1300** *H* 79b. 10, cared *efferen* len lawerawc (Gwynfardd Brycheiniog). **1346** *LlA* 107, dysgwyt idaw ef [Dewi Sant] seilym yr holl vlwydyn Ae llithion ar *offerennev.* **14–15g.** *IGE*^{2} 290, O'r trychan punt yn untal / A gawsant ar swyddiant sâl, / Balch fydd ei genedl dros ben / O pharant dair *offeren* (Siôn Cent). *c.* **1400** *R* 1332. 39–40, Colli pregetheu. ac *efferenneu.* **15g.** *LGC* 90, Da yw'r *oferen* drwy'r offeiriaid. **1547** *WS*, *efferen*, masse. **1568** Morys Clynnog: *AG* [viii], wrth aros y gwasanaeth, ne ar osteg *ypheren.* **16–17g.** *GST* i. 596, Ar elor heb fawr wylaw, / Ac i'r llan yma gerllaw; / A pheri un *offeren.* **1606** E. James: *Hom* ii. 163, trwy ddirmygus brynu a gwerthu, [*sic*] corph a gwaed Christ yn yr *offeren.* **1630** R. Vaughan: *YDd* 479, yr hên *opheren* bapisdaidd. **1632** *D*, *offeren*, missa, officia diuina. **1687 (1715)** J. Owen: *TB* 144, y geiriau hyn o'r *offeren*, responde, [*sic*] mihi, atteb fi. *c.* **1762–79** W. Williams: *P* 393, Sacrament yr *offeren* neu'r Mass sanctaidd. **1803** *P.*

Amr.: **afferen** [cf. *affeiriad*, amr. ar *offeiriad*]. **16g.** (*LlEG*) *Mos* 158, 87b, 429b. **fferen** [cf. *ffeiriad*, amr. ar *offeiriad*]. **14–15g.** *IGE*^{2} 274. **1618** J. Salisbury: *EH* 71. **1793** *Cylchg* 147.

Cfn.: **offeren (efferen, &c.) fach (fechan):** *low mass.* **1858.** **o. fore:** *morning mass.* **14g.** *SC* viii/ix. 185. **o. y (o'r) meirw:** *requiem mass.* *Diw.* **15g.** *B* v. 106, os dros lawer i can neu dros yr holl eneitieu canet *efferen or meirw.* **1764** Dewi Nantbrân: *CB* 98, yn '*Fferen y Meirw.* **o. fawr:** *high mass.* **14g.** *GIG* 76. **16g.** (*LlEG*) *Mos* 158, 87b, yr *a*/*fferenn* vawr. **o. neilltuol, neillduol o.:** *private mass.* **1595** M. Kyffin: *DFf* [39], clywed son am *offeren neullduol* yn y byd. *ib.* [c]adw, a chynnal, *neilltuol-fferenneu.* **1630** R. Vaughan: *YDd* 654, y Mas neu *opheren neillduol.* **o. Sul:** *Sunday mass.* **1346** *LlA* 151. **15g.** *B* ii. 280. Cf. *LlA* 144, [c]ymryt bwyt nev lynn kynn offeren dyw sul; *HG* 114, ny chyrchai fferen ddüw syl.

offeren^2, gw. offeryn.

offerendy [*offeren*^{1} + *tŷ*; am engh. arall bosibl, gw. *GGl*^{2} 347] *eg.* ll. *offerendai.* Eglwys, mynachlog, &c., lle gweinyddir yr Offeren, weithiau'n ddifr.: *church, monastery, &c., where mass is celebrated, sometimes derog. mass-house.*

15g. *GTP* 79, *Offerendai* dyffryndir / A choed a haul, iechyd hir [i Ddafydd, abad Aberconwy].

offerenflwch [*offeren*^{1} + *blwch*] *eg.* *Egl.* Blwch y Cymun, pics: *pyx.*

1916.

offerengrys [*offeren*^{1} + *crys*; dichon mai engh. o *yfferengrys* a welir yn y dfn. cyntaf] *eg.* ll. *-au.* *Egl.* Gwenwisg; gwenwisg offeiriad, alb; gwenwisg esgob: *surplice; alb; rochet.*

16g. *Cy* ix. 365, paham y gwisc yr affairiad yr *ifferengris* [*sic*] am dano. **1722** *Llst* 189, *offerengrys*, m. a mass-priests albe. **1725** *SR* d.g. *a surplise.* **1763** R. Thomas: *HR* 5, yr oeddwn wedi fy meddiannu yn y fath Fodd gan Ysbryd coel-grefyddol, fel yr addolwn Fŵrdd y Cymmun, yr Offeiriad, y Clochydd, yr *Offeren-grŷs.* **1770** P. Williams: *BS*, *Act* xvi, rhai a ymgynhennant ynghylch gwisg, *offeren-grys*, &c. **1775** *CY* 56–7, offeiriaid is-radd, pa bryd bynnag y byddont yn darllain gweddiau . . . yn rhwymedig i wisgo yr *offeren-grys.* [**1783**] *W* d.g. *rochet* [*a bishop's surplice*], *surplice.*

Amr.: **fferengrys,** &c. [cf. *fferen*, amr. ar *offeren*^{1}]. **16g.** *Cy* ix. 365, paham y gwisc yr affairiad yr ifferengris [*sic*] am dano . . . paham y maer gwregis ar ycha *yfferengris* [*sic*] . . . [d]au diped amliw ar odre y *fferengris.* **1753** *TR*, *ffringrys*, a surplice. q.d. Offerengrys. **1781 (1834)** *Y Drysorfa* iv. 64, Gŵn, a bond, a chap. a '*ffrengrys.* **1785** W. Williams: *MA* 11, mae'r gwr a'r *ffrengrys* gwyn. Ar lafar yn nwyrain Morg. yn y ff. *ffengrys(h)*, '*ffengrysh* ffirad'.

offerenlyfr, gw. offerenllyfr.

offerenllyd [*offeren*^{1} + *-llyd*] *a.* Sy'n gweinyddu'r Offeren: *who celebrates mass.*

1595 M. Kyffin: *DFf* [31], [g]wrando dirgel gyffes . . . fal y mae'r offeiriadeu *offerenllyd* yr amser hwn yn arfer.

Amr.: **fferenllyd** [cf. *fferen*, amr. ar *offeren*^{1}]. **1595** M. Kyffin: *DFf* [44], gwaith yr o ffeiriad [*sic*] *fferenllyd.*

offerenllyfr, offerenlyfr [*offeren*^{1} + *llyfr*^{1}] *eg.* *Egl.* Llyfr offeren, misal, hefyd yn *ffig.*: *mass-book, missal, also fig.*

14g. *GIG* 78, Priodor, gyfaill prydydd, / Prydlyfr, *offerenllyfr* ffydd [i Ieuan, esgob Llanelwy].

offerennaf, efferennaf: offerenna, offerennu, efferennu [bf. o'r e. *offeren*^{1}, *efferen*; cf. Llyd. C. *offerennaff*, Llyd. Diw. *oferenniñ*, *oferennañ*] *bg.* Gweinyddu'r Offeren, hefyd yn *ffig.*; ?mynychu'r eglwys; bedyddio a chladdu; (geir.) cynnal gwasanaeth: *to celebrate mass, also fig.*; ?*attend church; christen and bury*; (*dict.*) *perform divine service.*

14g. *WML* 51, eglwys . . . Ac effeirat yn *efferennu* yndi. *c.* **1400** *R* 1358. 35, Ac yny fferi *offerenneis.* *p.* **1584** G. Robert: *GC* [197], o'r uerf offero . . . *opherennu.* *c.* **1700** E. Lhuyd: *Par* i. 81, Mae nhw yn *offerenna* vulgo *Fyrenna* [*sic*] yn y plwy ymma; sef bydyddio a chladdy. **1803** *P*, *oferena*, to do the duty of the church in general; to celebrate mass. *id.* *oferenu*, to perform divine service; to say mass.

Amr.: **fferennu, fferenna,** &c. [cf. *fferen*, amr. ar *offeren*^{1}]. **15g.** *LHDd* 29, eglwys . . . Ac effeiriad y *fferenny* yndi. **15g.** *Pen* 109, 72, Prenn defnyd lle *fferennwnn.* / Duw ywr saer a dorres hwnn [marwnad Hywel Goch gan Lewys Glyn Cothi]. *c.* **1700** E. Lhuyd: *Par* i. 15, Ma[e] hevyd dre brŷs yn '*ferenna* ymma [Ysbyty Ifan] ag yn perthyn meddant hwy i Gorwen. *id.* 81, offerenna vulgo *Fyrenna* [*sic*].

offerennol [*offeren*^{1} + *-ol*] *a.* Yn perthyn i'r Offeren neu i addoliad cyhoeddus: *relating to mass or divine service.*

1803 *P*, *oferenawl*, belonging to divine service; belonging to the service.

offerennwr [bôn y f. fl. + *-wr*] *eg.* ll. *-wyr.* Offeiriad (sy'n gweinyddu'r Offeren), offeiriad yn yr Eglwys Gatholig Rufeinig: (*mass-*)*priest, Roman Catholic priest.*

15g. *GGl*^{2} 95, Er pan aeth, gwaeth ydyw'r gwŷr, / A phrinnach *offerenwyr* [marwnad Syr Bened, person Corwen]. **1604–7** *TW* (*Pen* 228) d.g. *liniger, sacrificulus* (hefyd *D*). **1754** G. Owen: *L* 100, ni ddichon dyn fyth fod yn rhy ddiwyd . . . o herwydd fod yr *offerenwyr* Pabaidd yn rhy barod i ymwthio i mewn ar bob achlysur. **1776** *W* d.g. *mass-priest, priest.* **1803** *P.*

Amr.: **fferennwr** [cf. *fferen*, amr. ar *offeren*^{1}]. **15–16g.** *GLM* 279, Doe ffrwynodd Duw '*fferennwr* / ni ffrwynai gynt ffriw un gŵr [marwnad Syr Morys].

offerenwisg [*offeren*^{1} + *gwisg*] *eb.* ll. *-oedd.* *Egl.* (Un o'r) dillad a wisgir gan offeiriad wrth weinyddu'r Offeren: (*priest's*) *mass-vestment(s).*

?**14g.** (**1730**) *Leg Wall* 333, Offeirad . . . yn ei *offerenwisg* (*AL* ii. 578, wenwisg) uch ben ei Allawr. *c.* **1400** *ZCP* xiii. 65, Dy welet yn gwisgaw *offerenwisc.* **1722** *Llst* 189 d.g. *an albe.* **1770** *W*, y pilyn cyntaf (isaf) o'r *offeren-wisg* d.g. *amess, or amice.* *id.* *offeren-wisg* borffor-liw d.g. *casule, or chasuble.* [*a mass-priests'* [*sic*] *vestment*]. *id.* d.g. *mass-weeds or mass-dress.* **1803** *P*, *oferenwisg*, s. f. pl. t. *-odd*, a vestment worn in celebrating mass.

Amr.: **fferenwisg** [cf. *fferen*, amr. ar *offeren*^{1}]. **1798** *WR*, pilyn isa'r *fferen-wisg* d.g. *amess.*

offeriant, gw. offeiriant.

offertori [bnth. S. *offertory*] *eg.* *Egl.* Offrwm neu offrymiad fel rhan o'r Offeren neu wasanaeth y Cymun; anthem a ddywedir tra derbynnir hwn: *offertory* (*in mass or communion service*); *offertory anthem.*

1567 *LlGG* 114a, Collecte y'w dywedyd yn ol yr *Offertori.*

Amr.: **offotori** [cf. S. Diw. Cyn. *offytorie*]. **1550–75** *B* xvi. 90, yr *offotori* ydis yn y ddwedyd dros y gwragedd a ddaythant ac wyntment y offrwm y gorff yr arglwydd. **offratori** [bnth. S. Diw. Cyn. *offratory*]. **16g.** (*LlEG*) *LlGC* 5276, 277b, yvo aor deiniodd [*sic*] yr *offrattori* ymlaen yr aberth.

offerth [?bnth. dysg. Llad. C. *offerta* 'offrwm'] *eb.* Aberth, offrwm, Ewcharist: *sacrifice, oblation, Eucharist.*

1611 R. Smyth: *SG* 115, [ei]n prynwr goruchaf yr hwn yr ydym [diwyg.] yn credu i fod in Bresenol yn yr *opherth.* *ib.* A'run Crist sydd i ninau yn yr *opherth* nid yn farwowl [*sic*] ond yn ddifarwawl. *id.* 117, hon yw'r *opherth* yr opheren ag a [e]llwir sacrificium, lytwrgia. *ib.* a'r *opherth* greulon waedlyd . . . ar y groes. *c.* **1730** *Thos. Lloyd D* (LlGC) 183a, *offerth* . . . aberth.

offerthaf: offerthu [bf. o'r e. bl.] *ba.* Aberthu, offrymu: *to sacrifice, offer.*
1611 R. SMYTH: *SG* 112, y pedwarydd ynghylch i aberthualias[*sic*] i *opherthu*, ne i ophrwmu. *id.* 116, Beth y sydd yw gredu ynghylch *opherthu*'r y [*sic*] rhinwedd yma. *id.* 148, i cysegru [*sic*] ag i *opherthu* sacrafen yr allor. *c.* **1730** *Thos. Lloyd D* (LlGC) 183a, *offerthu*, offrymmu.

offeryn [*offer* + -*yn*^{1}] *eg.* ll. -*nau.*

(*a*) Teclyn neu erfyn a ddefnyddir i wneud gwaith manwl neu gain, teclyn neu erfyn a ddefnyddir gan weithiwr, crefftwr, &c., wrth wneud gorchwyl neu ddilyn ei grefft; peth, llestr: *instrument, tool, implement; thing, vessel.*
1588 *Lef* xiii. 49, Os gwyrdd-las, neu gôch fydd yr anafod yn y dilledyn . . . neu mewn vn *offeryn* croen, anafod y gwahan-glwyf yw efe. *id.* xv. 4, aflan fydd pob *offeryn* yr hwn yr eisteddo efe arno. **1588** *Nu* xxxv. 16, os ag *offeryn* haiarn y tarawodd ef. **1588** *Hos* viii. 8, fel *offeryn* heb hoffter ynddo. **1604–7** *TW* (*Pen* 228), *opheryn* y bydd merchet yn . . . plethû eû gwallt d.g. *acus, us, ui. id.* rhyw *opheryn* y dyllû ag ef d.g. *cæstrum.* **1632** *D*, offer, Sing. *Offeryn*, instrumentum. **1681** S. HUGHES: *AC* 35, [m]odrwy aur . . . a'r *offeryn* a'r hwn yr oedd yn ei dala hi. **1688** *TJ*, *offeryn*: an Instrument, or tool. **1699** T. JONES: *TP* 143, [rh]ŷw *offerŷn* i agorŷd y clo ag ef. **1760** *ML* ii. 193, Gadewch glywed hanes eich *offerynau* chwitheu [am offer gardd]. *id.* 227, gosoded ar flaen corn un o'm dwy simnai, *offeryn* a wnawd o bridd. **1798** *WR*, *offeryn* i fesur uchder d.g. *theodolite.* **1803** *P.*

(*b*) (yn *ffig.*) Cyfrwng neu foddion, person a ddefnyddir gan un arall i ddwyn ei fwriadau i ben, asiant: (*fig.*) *means, medium, instrument, tool, agent.*
1588 *Ecclus* xliii. 2, yr haul . . . *offeryn* rhyfedd yw gwaith y Goruchaf. **1599 (1677)** R. HOLLAND: *AB* 19, Luther (yr hwn a welodd Duw yn dda ei wneuthur yn *offeryn* godidawg . . .). **1606** E. JAMES: *Hom* iii. 144, er bod yr *offeryn* (*minister*) weithiau yn gwneuthur yn ddrwg yn ei orchwyl ef sydd yn dyfod o genfigen. **1658** R. VAUGHAN: *LlB* 29, ffydd yn vnig yw r *offeryn* cymwys i amgyffred. **1675** R. JONES: *HCh* 25, dynion annuwiol . . . *offerynnau*'r cythrael ydynt hwy. **1676** W. JONES: *GB* 15, Yr achos neu 'r *offeryn* arferol trwy ba vn y mae Duw yn ei weithio, ydyw Ei Air ef. **1709** H. POWEL: *G* 17, [p]regethu . . . yr *Offeryn* mawr a arferir i droi Eneidiau. **1751** *GIA* 87, ystyriwch . . . trwy ba *offerynau* . . . y mae'n gwneuthur hyn. **1775** *W*, a fo'n *offeryn* (foddion) i ddwyn peth i ben neu ym mlaen d.g. *instrumental* [*conducing as a mean to some end* . . .]. *id.* d.g. *tool* [*a mercenary person employ'd in the execution of some design*]. **1803** *P*, *oferyn* . . . agent.

(*c*) Arf (ar gyfer ymladd, rhyfel, &c.): *weapon.*
1588 *Eseia* liv. 17, Ni lwydda vn *offeryn* a lunier i'th erbyn. **1768** J. JONES: *HC* 58, On'd tost yw gwel'd y waywffon, / *Offeryn* hyll, yn tyllu ei fron. **1776** I. BRYDYDD HIR: *P* i. 101, ni ellir llunio un arf neu *offeryn* mor gelfyddgar a allont eu trywanu. **1797** J. OWEN: *GAE* 8, [Paris y]n llifo gan waed, mae yno *offerynnau* ag arfau Marwolaeth.

(*d*) Unrhyw ddyfais neu fecanyddwaith ar gyfer cynhyrchu nodau cerddorol: *musical instrument.*
1588 *Salm* lxxi. 22, Minne a'th foliannaf ô Dduw ar *offeryn* nabl. **1770** R. JONES: *YC* 7, *offeryn* pwrpasol . . . sef math a [*sic*] udgorn, neu gorn gwaeddi. Ar lafar yn gyff. am 'organ, piano, &c.', yn enw. mewn capeli Anghydffurfiol, ''Ddaw rhywun ymlaen at yr offeryn?'.

(*e*) Cynneddf neu eisteddle cynneddf: *faculty.*
1725 D. LEWIS: *GB* 35–6, Tra fo'r Enaid mywn Corph, ni all weithio ond trwy *Offeryneu*'r Corph; ac fel y bo'r *Offeryneu*, felly y bydd y Gwaith. **1824** *Bl D* 341, Mae'r holl synwyrau yn llesgâu, / A'u *hofferynau*'n pylu.

(*f*) *Cyfr.* Dogfen gyfreithiol ffurfiol: (*legal*) *instrument.*
1877.
Amr.: **offeren**^{2} (*eb.* ll. -*nau*). **1712** T. WILLIAMS: *CDdG* xx, 244, 245. **1719** *EGBG* 80.
Cfn.: **offeryn awch:** *edge-tool.* [**1762**] E. POWELL: *HEI* 53. **o. cerdd:** *musical instrument.* **1718 (1721)** S. THOMAS: *HB* 197. **1775** *W* d.g. *instrument* . . . *a musical instrument.* **1798** *WR* d.g. *harpsichord, lute.* **o. chwyth:** *wind instrument.* **1863. o. musig:** *musical instrument.* *c.* **1762–79** W. WILLIAMS: *P* 636. **o. tannau (tant):** *stringed instrument.* **1775** *W*, *offeryn* . . . *tannau* d.g. *instrument* . . . *a stringed instrument.* **o. taro:** *percussion instrument.* **20g.** *Cyfr.* **o. ystatudol:** *statutory instrument.* **20g.**
Gw. hefyd offer.

offeryndod [*offeryn* + -*dod*] *eg.* Offerynoliaeth, cyfrwng, moddion: *instrumentality, medium, means.*
1733 J. OWEN: *TBG* 70, Ni welwn nad yw Duw ar fedr gorphen ei waith ei hunan . . . heb arferu cyfryngau oddi allan; eithr trwy *offeryndod* dynjon. **18–19g.** *MA* iii. 217, Tri *oferyndawd* pob gweithred: serch, câs, ac ymbrawv.

offeryngarwch [*offeryn* + -*garwch*] *eg.* Offerynoliaeth, cyfrwng, moddion: *instrumentality, medium, means.*
1809.

offeryniaeth, offerynnaeth [bôn y f. ddil. + -(*i*)*aeth*] *eb.* ll. -*au.*

(*a*) Offerynoliaeth, cyfrwng, moddion: *instrumentality, medium, means.*
1794 J. THOMAS: *AD* 16, Mae gwaith y greadigaeth yn ymddangos o'r fath nattur, nad oedd yno ddim lle i *offerynaeth* neb. **1798** *WR*, *offerynaeth* d.g. *instrumentality.*

(*b*) *Crdd.* Gosodiad neu drefniant cerddoriaeth i'w berfformio gan offerynnau: *orchestration,* (*musical*) *instrumentation.*
1883.

(*c*) Y gwaith o gynllunio, adeiladu, neu ddarparu offerynnau ar gyfer mesur, rheoli, &c.: (*mechanical*) *instrumentation.*
20g.

offerynnaf: offerynnu [bf. o'r e. *offeryn*] *bg.a.*

(*a*) (Peri) bod yn offeryn; trefnu; cyflawni: *to make or be instrumental; organize; accomplish.*
1711 M. MAURICE: *YAD* 309–10, Efe ai *Hofferynnodd hi* (*he organized it*), ac os felly, gwnaeth swyddwyr Catholic. *id.* 348, angenrhaid . . . gogyfer a Dyledys *Offerynnu* Eglwys. *id.* 372, Y mae ganthynt Awdyrdod i *Offerynnu* ei hunain a Swyddwyr. [**1725**] *TS* 147, Efe a *offerynnodd* (*accomplished*) yr holl Ran gyntaf o'i Offeiriadaeth mewn llai nag yspaid deugain Mlynedd. **1803** *P*, *oferynu*, to act as an instrument; to be instrumental.

(*b*) *Crdd.* Gosod neu drefnu (cerddoriaeth) ar gyfer ei pherfformio gan offerynnau, sgorio: *to orchestrate.*
1919.

offerynnaidd [*offeryn* + -*aidd*] *a.* Offerynnol: *instrumental.*
1675 R. DAVIES: *PY* 34, oblegid eu bod yn achosion *offerynnaidd* o gyfrannogiad corph, a gwaed Christ. *c.* **1730** *Thos. Lloyd D* (LlGC) 185a, *offerynnaidd*, instrumental.

offerynnol [*offeryn* + -*ol*] *a.*

(*a*) Yn gwasanaethu fel offeryn neu gyfrwng (i wneud rhywbeth), yn perthyn i offer; effeithiol, effeithlon; organaidd, wedi ei drefnu; bwriadol: *instrumental; effective, efficient; organic, organized; intentional.*
1711 M. MAURICE: *YAD* [xx], fel y byddo i ni fod . . . [y]n *offerynawl* i ennill eraill. *id.* 344, Pa beth yw Eglwys *Offerynnawl* (*Organical*)? A. Cynylleidfa . . . gwedy ei . . . Haddurno a Swyddwyr. **1719** T. EVANS: *CDW* iv, O's gwel Duw yn dda wneud y Moddion . . . yn *offerynnol* tu ag at droi un . . . i undeb Eglwys Crist. **1735** S. THOMAS: *HP* 46, fod y Cythraul yn gwneuthur eu Geneuau hwy yn *offerynol* i ddywedyd Cabledd. **1751** *GIA* [vi], y rhwymedigaeth sydd arnoch i'r rhai fu'n *offerynol* i roddi yn eich plith chwi, y llyfr hwn a rhai llyfrau buddiol eraill. **1752** J. THOMAS: *FG* 167, y Dyledswyddau *offerynnol* hynny, trwy'r Arfer o ba rai yr ydym i orchfygu Anhawsdra y Rhinweddau nefol. **1759** T. THOMAS: *WWDd* 359, geiriau Duw . . . yn *offerynnol* i weithio o'r gwir fywyd trag'wyddol yn yr enaid. *c.* **1761** *CBF* 9, Ffydd yn unig sydd yn cyfiawnhau yn *offerynnol.* *c.* **1762–79** W. WILLIAMS: *P* 405, [yr] holl bechodau fu'r Aelodau hyn *offerynol* o wneuthur. **1790** *Prif Crist* iv, Fel ac na' byddo ymweliad trugarog Duw . . . yn ddigyfrwng ac yn *offerynnol* . . . gael ei hesgeuluso mwyach. **1793** M. WILLIAMS: *BM* 33, colledion trwy dan, naill ai 'n ddigwyddiadol, neu'n *offerynol.* **1794** *W* d.g. *instrumental* [*conducing a mean to some end* . . .]. **1803** *P.*

(*b*) *Crdd.* Wedi ei gyfansoddi i'w berfformio ar offeryn(nau) (am ddarn o gerddoriaeth, gthg. *lleisiol*), yn cael ei berfformio ar offeryn(nau): *instrumental* (*of music*).
1720 *App DP* 27, Eich gwaith yn canu 'ch *offerynol* gerddoriaeth sydd ddefod wir Iddewig. *c.* **1762–79** W. WILLIAMS: *P* 619, music llafar ac *offerynol.* **1775** *W* d.g. *instrumental* [*not vocal*]. **1799** M. WILLIAMS: *HHG* 189, yn canu mawl yn eneuol ac yn *offerynol.*

offerynnwr, offerynnydd [*offeryn* neu fôn y f. fl. + -*wr*, -*ydd*^{3}] *eg.* ll. *offerynwyr.* Un sy'n canu offeryn cerdd: (*musical*) *instrumentalist.*
1865.

offerynoldeb [*offerynnol* + -*deb*] *eg.* Offerynoliaeth, cyfrwng, moddion: *instrumentality, medium, means.*
1803 *P*, *oferynoldeb*, instrumentalness.

offerynoliaeth [*offerynnol* + -*iaeth*] *eb.g.* Yr ansawdd neu'r cyflwr o fod yn offerynnol, cyfrwng, moddion: *instrumentality, medium, means.*
1821.

offerynolwr [*offerynnol* + -*wr*] *eg.* ll. -*wyr.* *Crdd.* Offerynnwr: (*musical*) *instrumentalist.*
20g.

offis, &c. [bnth. S. C. *office*] *eb.* ll. -*ys*, -*oedd.*

(*a*) Swyddfa: *office.*
16–17g. (*c.* **1647**) *Llst* 53, [536], nid af i gwrt difai gwern / nag *offis* mwy nag vffern (Thomas Prys). **1604–7** *TW* (*Pen* 228), *offis* Recordæ a hen gofion petheu d.g. *tablinum. id. offis* y cancellwriaeth ne'r Exscecer d.g. *tabularium.* **1747** *ML* i. 128, Mae'n debyg mae rhyw oriau penodol sydd yn eich *offis* chwi fal yn y dollfa, o 9 i 12 ag o un i bedwar. **1754** G. OWEN: *L* 106, Ofni 'rydis mai y Llwyd o *offis* y Rhyfel a gyll. [**1762**] *ML* ii. 477, Ceisiwch le yn barod iddo ymhen y flwyddyn yn rhai o'r *offisys* mowrion yna, chwi welwch y gwna fo glercyn ryw dro. Ar lafar, *B* viii. 219.

(*b*) Swydd (o awdurdod neu gyfrifoldeb); dyletswydd(au) (sy'n perthyn i ryw swydd), gwaith, gorchwyl, gwasanaeth: *position* (*of authority or responsibility*), *post; duty or duties* (*pertaining to a certain position*), *work, task, service.*
15g. *GGl*^{2} 299, Os *offis* nofis a wnaf, / Os meudwy, nid ysmudaf. **16g.** (*LlEG*) *Mos* 158, 6b, or achos I dyrchauodd Ef I genedlaeth I hun I swyddau ac I *offissoedd* y treui. **1574** *LlGC* 15542, 233a, y *offis* ef [pechadur] a fydd sefyll allan, a chay drws yr egluys. **16–17g.** *HG* 172, roi *offis* a ddewiswn / i gnaf kaeth i gnivio kwn. **16–17g.** *GST* i. 412, Seiens â'r march, Sain Siôr Môn, / Wisgi *offis* â gwaywffon [moliant Wiliam Lewys]. **16–17g.** T. PRYS: *Bardd* 24, orffiws aeth ar *offis* wael / i ffwrn dref vffern drafael. **1604–7** *TW* (*Pen* 228) d.g. *duumviratus, imperium, munus.* **1617** *Minsheu* 182a, kyflowni rhyw siars ne *offis* d.g. *execution.* **17g.** *CLlC* ii. 21, Y mae o'n awr mewn *office* fawr / A hithe'n Leger Lady dda. **17g.** (**18g.**) *CM* 42, 58, pob gofernor pob Capteiniad a phob *offis* / dan y Rwmp sy'n byw 'n Gariss. **1710** T. JONES: *Alm* [43], Gydag *Offus* tra fawr glodus, Trefi a gwledydd[,] / Gyda phob rhyw alwedigaeth. **1718 (1721)** S. THOMAS: *HB* 35, y mae pump neu chwech o Offeiriaid Pabaidd, y rhai wrth eu *Hoffis* a elwir Inquisitors. **1754** *ML* i. 276, yn fy ngwneuthur yn water bailiff a fy mod hyd yn hyn yn cadw'r *offis* anrhydeddus honno. *id.* 290, ynghylch yr *offis* o Bostmaster General yr Iwerddon. **1786** TWM O'R NANT: *PCG* 23, Pe cawn i ryw *offis* fechan, / Rhag i mi newynu yn anian.

(*c*) *Egl.* Gwasanaeth, gwasanaeth dyddiol y brefiari (yn yr Eglwys Gatholig Rufeinig); yntred: *service,* (*divine*) *office; introit.*
15g. *IGE*^{2} 238, Offeren dan nen i ni, / . . . A'i *hoffis* aml ddewiso / I bawb o'r deunydd y bo (Ieuan ap Rhydderch). **16g.** (*LlEG*) *Mos* 158, 429b, ynn kannv *offis* yr afferenn. **16g.** *B* xviii. 318, gwrandewis y ddwy vrenhines yr afferen, yr honn a oedd i *hoffis* o'r Ysbryd Glaan, megis y mae arver yr eglwyswyr o'i wneuthur ar dduw Sul y Sulgwyn. **16g.** *THSC* (1923–4) (At.) 23, ac val y mae *offis* yr yfferen heddiw . . . yn dysgv y bob dyn da gyleted yw angav. **1670** J. HUGHES: *AP* 88,

Esgeuluso dywedyd yr *Offis* Dduwfawl. **[1745]** W. ROBERTS: *FfM* 4, Ar ol gorffen dweyd yr *Offis*.
Cfn.: **offis y gwaith:** *works office*. Ar lafar, *B* viii. 219.

offisal, offisel, gw. offisial.

offiser [bnth. S. *officer*] *eg.* Swyddog (yn y fyddin, yr heddlu, &c.), hefyd wrth gyfarch plisman: (*army, police, &c.*) *officer, also as a form of address to a policeman.*
20g.

offisial, offisal, offisel [bnth. S. C. *official*, neu efallai'n uniongyrchol o'r H. Ffr.] *eg.* ll. *-iaid, -s.* Swyddog: *official.*
14g. *GIG* 78, Conffesor, can *offisial* / Sy i ti, Asa a'u tâl [i Ieuan, esgob Llanelwy]. **15g.** *GGl*^{2} 107, Pwy yn Llanelwy neu Iâl? / A phwy sydd fwya *offisial* [i Ddafydd Cyffin]? *id.* 280, *Offisial* a chyffeswr / A meddyg ym oedd y gŵr. **15–16g.** *TA* 197, Ni roed y dawn ar dy dâl, / Na phwysut naw *offisial*. *id.* 201, *Offisial* praff, sy ail pren. **1547** *WS*, *offisial*, an officyall. **16g.** **(1605–7)** *LlGC* 7007, 263, archddiagoniaid, nev ddeaniaid, neu *offisialiaid*. **16g.** DAFYDD BENWYN: *Gw* 332, Ym Morgannwg mae'r gyneddf, / a'th ddysc odidoc, a'th ddeddf, / *offisal* rhial, benn-rhaith, / da i weled düwoliaith [i Mr Wiliam Evans o Landaf]. *c.* **1730** *Thos. Lloyd D* (LlGC) 186a, *offisial* . . . pl. *-iaid*. *id.* 187a, rho dan gel y ffŷs yn llawr *Offissel*. Q. 164. *c.* **1785–90 (1829)** *CBYP* 204, Arch-Ddiagoniaid, neu *Officialyeid*, a Biccaryeid. Ar lafar, yn enw. am 'swyddog mewn gwaith glo'.

offotori, offratori, gw. offertori.

offrwng, gw. offrwm^1.

offrwm^1 [< *offrwng* (gw. yr *Amr.*); am *-ng* ac *-m* yn ymgyfnewid, cf. *Trallwng, Trallwm*] *eg.* ll. *offrymau, offrwmau, offrwmion.*

(*a*) Yr hyn a offrymir (mewn gwasanaeth crefyddol); aberth; hefyd yn *ffig.*: *offering, offertory, oblation; sacrifice; also fig.*
13g. *LlI* 2–3, edlyg . . . y holl treul o goffrys y brenhyn, hyt en oet y *offrvm*. *id.* 5, er effeyryat teyly . . . Ef a dely *offrum* e brenhyn ar efferen beunyd ac *offrum* y svydwyr achlan. **14g.** *BY* 50, am vwyta onadunt *offrwm* Bel yn lledrat. **14g.** *THSC* (1919–20) 121, edrychywys [*sic*] yr arglwyd ar *offrymev* auel. ac nyt edrychwys ar *offrymev* kayn. **14g.** *B* v. 220, gwedy offrymv y'r allawr o *offrwm* teilwng. **14g.** *GIG* 122, O rhoddes, hael i'r Hoywdduw, / *Offrwm* a'i ddegwm i Dduw. *c.* **1400** *R* 1345. 10–11, Craff y heirch y cleirch clerswm mwn geillged mangylleill ei *offrwm*. *c.* **1400** (*SG*) *HMSS* i. 182, gwedy daruot roi y mab yn *offrwm*. *id.* 361, [y] capel . . . Gwalchmei yna aaeth ar kylch eur yn *offrwm*. **15g.** *GTP* 20, I Ddewi *offrwm* a addawaf,—a Non. **15g.** *DE* 48, y verch yn *offrwm* a vv / achos iawnn i chussannv. **1547** *WS*, aberth ne *offrwm*, sacryfyce. *id. offrwm*, an offryng. **1567** *TN* 236b, roddy . . . eich cyrph yn aberth [:– *offrwm*] byw. **1615** R. SMYTH: *GB* 118, gwedi iddynt ddiweddv ei *ophrwmau* ai ceremoniau. **1632** *D*, *offrwm*, oblatio, sacrificium. **1635** *Cylchg LlGC* iii. 69 (y llun gyferbyn), Y rhoddion ar *ophrwmion*. **1661** E. LEWIS: *Drex* 62, yr *offrwm* tra hynod hwnnw o ufudd-dod a gweddi. **1764** DEWI NANTBRÂN: *CB* 50, Pa beth yw Aberth? A. *Offrwm* a wnair i'r Hollalluog Dduw. **1803** *P*. Ar lafar mewn rhai mannau i gyfeirio at y casgliad mewn gwasanaeth crefyddol; yn y Gogledd yn yr ystyr 'a contribution in money made at a funeral and generally placed on the altar or a table provided for the purpose, immediately after the service held in the church', *WVBD* 403, gw. T. M. OWEN: *WFC*^{3} 178–9, a hefyd am rodd a ddanfonir cyn yr angladd, *id.* 191–2.

(*b*) Melltith: *curse.*
1830.

Amr.: **offrwng** [bnth. H. S. *of(f)rung*] (ll. *offryngau*). **14g.** *Bren Saes* 174, y brenhin . . . a rodas yn *offrwg* deu cantelcop o bali. **15g.** *Cy* iv. 126, ychwitheu adreissassoch vyeclwys oy iawn ay dylyed megys oy degemmeu *offryngeu*. **offrwn.** **16–17g.** *RAGR* 292.
Cfn.: **offrwm bwyd:** *food offering.* **1588** *Joel* i. 9. **1588** *Am* v. 22, *offrymmau bwyd*. Gw. hefyd *bwydoffrwm*. **o. cwhwfan:** *wave offering.* **1588** *Ecs* xxxv. 22. **1718 (1721)** S. THOMAS: *HB* 99. **o. diod:** *drink offering.* **1588** *Joel* i. 9. Gw. hefyd *diodoffrwm*. **o. dyrchafael:** *heave offering.* **1588** *Lef* vii. 32. **1588** *Nu* v. 9. **1798** *WR* d.g. *heave-offering.* **o. hedd:** *peace offering.* **1620** *Ecs* xx. 24. **1771** *WE* d.g. *peace-offering* (hefyd *W*). Gw. hefyd *heddoffrwm*. **o. pen pâl:** *offering given to the sexton after a funeral.* Ar lafar yn Arfon. **o. poeth:** *burnt offering, holocaust.* **1588** *Heb* x. 8, aberth ac offrwm, ac *offrymmau poeth*, a thros bechod, ni's mynnaist. Gw. hefyd *poethoffrwm*.

offrwm^2, offrwmiad, offrwn, gw. offrymaf: offrymu, offrymiad, offrwm^1.

offrymadwy [bôn y f. ddil. + *-adwy*] *a.bfl.* Y gellir ei offrymu: *offerable.*
1834.

offrymaf: offrymu, offrwm^2, offrymo [bf. o'r e. *offrwm^1*] *bg.a.*

1. Cyflwyno (aberth, rhodd, gweddi, &c.) i Dduw neu i dduw, &c. (yn aml at gynnal yr Eglwys neu ar achlysur arbennig), aberthu; cynnig: *to offer up, sacrifice; offer.*
13g. *B* ix. 339, rac bronn er allavr honno *offrymv* lamp kyflavn o ireit gverthvaur. **13g.** *HGK* 3, o henne allan y kymerassant yr holl Daenysseit evo [Alyn, brenin Denmarc] yn sant . . . a'r mordwywyr . . . a aberthant idav ac a *offrymant* idav llawer o rodyon pan beryclont en e mor. **14g.** *YBH* 49b, yr eglwys a gyrchawd ac y *offrwm* yd aeth. *c.* **1400** *RB* ii. 328–9, *offrymaw* awnaeth y brenhin . . . deu gappann cor o bali ar vedyr cantoryeit y wassanaethu duw. **15g.** *BB* 16, mynet y *offrymhu* yr dwyweu. **15g.** *LGC* 381, *Offrymen'* [beirdd] ddalen, bob ddau, / Neu ddeg, iddi 'n gywyddau [marwnad Gwerful, ferch Madog]. **1547** *WS*, *offrymy*, offer. **16g.** *THSC* (1923–4) (At.) 35, dos di yr mynydd ath vab . . . ac *offrwm* ef. **1588** *Gen* xxii. 2, cymmer yr awran dy fâb . . . Isaac, a dos rhagot i dîr Moriah, ac *offrymma* ef yno yn boeth offrwm. **16–17g.** *Cer RC* 155, Fe *offrymiff* pawb i enaid. **1632** *D* d.g. *sacrifico*. **1651** SIÔN TREREDYN: *MDD* 38, pan yr *offrwmmodd* Christ ei hun trwy 'r yspryd tragwyddol yn ddifai i Dduw. **1699** T. JONES: *TP* 108, yn Tyngu, ac yn Rhegu, ac yn eu *hoffrwm* eu hunain ir Diawl. *c.* **1700** E. LHUYD: *Par* i. 35, Arver oedd yn ddyweddar *offrwm* yn yr Eglwys ymma i St Ffraid er mwyn y Gwartheg ar devaed. **1730 (1755)** E. WYNNE: *PAC* 65, Nid ydŷs yn *offrwm* un Aberth yno. **1757** *ML* ii. 50, Nid oes neb yn *offrwm* i mi oddigerth ymbell subpœna. **1763** *id.* 547, Dyma lythyr . . . i *offrwm* cyfieithiad, ac englynion, &c. **1803** *P* d.g. *ofrwm, ofrymu*. Ar lafar yn Arfon yn yr ystyr 'cyfrannu arian mewn angladd', *WVBD* 404.

2. Melltithio: *to curse.*
1772 *W*, gorchymmyn (*offrymmu*) i ddiafol d.g. *to curse to the pit of hell.* Ar lafar yn Arfon.
Amr.: **ffromio.** **1716–18** *Llsgr R. Morris* 13. **ffrymu** [ff. affetig, cf. *ffeiriad*]. **1861.** Ar lafar yn Arfon, *WVBD* 137, 404.

offrymedig [bôn y f. fl. + *-edig*] *a.bfl.* Wedi ei offrymu; wedi ei aberthu: *offered up; sacrificed.*
1567 *LlGG* 112b, trwy y offrwmiat ei hun yn *offrymedic* vnwaith. **16–17g.** E. PRYS: *Gw* 350, Unwaith dros holl gred bu *offrymedig*. **1630** R. VAUGHAN: *YDd* 495, Ni ellir bwyta mor *offrymedig* di-frycheulyd oen Pasc, gyd â lefain malis a drygioni. **1703** *CE* 16, ei *Offrymmedig* Gorph a'i Waed. **1722** *Llst* 189, *offrymmedig*, offered, devoted. *c.* **1729** S. RHYDDERCH: *LlCD* 362, Drwy'r Bendigedig fuddiol Feddyg, / Hoff orau Ammodau'n *Offrymmedig*. **1740** *DDF* 13, ei Waed ef yn *offrymedig*. **1768** RISIART AP ROBERT: *CB* 229, dangos ei gorph *offrymmedig*.

offrymedigaeth [*offrymedig* + *-aeth*] *eb.* Offrwm, offrymiad; aberth: *offering, oblation, offertory; sacrifice.*
1567 *LlGG* 50b, trwy offrymiat [:– *offrymedigeth*] corph Iesu Christ. **1710** *id.* sig. Ggggg2r, ein diffuant *offrymmedigaeth* o honom ein hunain. **1722** *Llst* 189, *offrymmedigaeth* . . . f. . . . an offering, sacrifice; offertory.

offrymfa [bôn y f. fl. + *-fa, ma*] *e?b.* Offrwm, offrymiad; elusenfa: *offertory, offering; almonry.*
1567 *LlGG* 114a, Collecte y'w dywedydd [*sic*] yn ol yr Offertori [:– *offrymfa*]. **1778** *W*, yr offrymiad, yr *offrymfa* . . . yr offrymgell . . . yr *offrymfa* . . . elusenfa d.g. *offertory*.

offrymgell [*offrwm^1* + *cell^1*] *eb.* Y man (mewn eglwys) lle yr offrymir elusen ac y cedwir y cyfryw, elusenfa: *place (in a church) where the offering is made and kept, almonry.*
1778 *W* d.g. *offertory*.

offrymiad, offrwmiad [bôn y f. fl. + *-iad^1*] *eg.* ll. *-au.* Y weithred o offrymu, offrwm, yr hyn a offrymir, offrwm fel rhan o'r Offeren neu wasanaeth y Cymun; anthem a ddywedir tra derbynnir hwn; aberth: *offering, oblation, offertory; offertory anthem; sacrifice.*
1551 W. SALESBURY: *KLl* xxxvia, in santeiddiwyt . . . drwy *offrymiat* (**1567** *TN* 337b, *offrymiat* [:– aberthiat]) corph Ieshu Christ. **1567** *LlGG* 112b, trwy y *offrwmiat* ei hun yn offrymedic vnwaith. **1567** *LlGG* (*Sall*) 29a, poeth offrwm ac *offrymiat*. **1567** *TN* 240a, val y byddei *offrymiat* y Cenetloedd yn gymradwy. **1588** *Deut* xii. cs., *offrymmiad* plant. *id.* xxvi. cs., *Offrymmiad* y blaen-ffrwyth. **1603** E. KYFFIN: *Ps* [7], Aberthwch i dduw ebyrth pêr / Cyfiawnder (gwiw-*offrymiad*). **1632** *D*, *offrymiad* d.g. *sacrificatio*. **1651** SIÔN TREREDYN: *MDD* 38, trwy ei *offrwmiad* yn aberth tros pechod Adda. *id.* 90, dan credu [*sic*] eu bod hwy wedi cwblhau eu dyled yn hollawl ar eu *hoffrwmmiadau*. **1670** J. HUGHES: *AP* 215, deg rhan nodedic o'r Offeren, sef . . . 4. Yr *Offrymiad*. **1691** *ESGG* 25, Gweddi yw *offrymmiad* on dymuniadau i Dduw. **1710** *LlGG* sig. Kk2r, Yna y dychwel yr Offeiriad at Fwrdd yr Arglwydd, ac a ddechreu yr *Offrymmiad*. *id.* sig. Nn2r, yr Arian a roddwyd ar yr *offrymmiadau*. **1722** *Llst* 189, offrymmedigaeth . . . [*o*]*ffrymmiad*, m. an offering, sacrifice; offertory. **1778** *W* d.g. *offertory*. **1803** *P*.

offrymiadaeth [*offrymiad* + *-aeth*] *eb.* Offrwm, offrymiad; aberth: *offering, oblation, offertory; sacrifice.*
1678 *LlGG* [36], dylech chwithau gymmeryd y Cymmun er cof am *offrymiadaeth* ei angeu ef. **1722** *Llst* 189, offrymmedigaeth . . . [*o*]*ffrymmiadaeth*. f. . . . an offering, sacrifice; offertory. **1723** E. SAMUEL: *PDdC* 63, fod ir Offeiriad ddarllen pob peth wrth yr Allor ag sydd wedi ei ordeinio iw ddarllen wrth finistrio Swpper yr Arglwydd, hyd yn ol yr *Offrymiadaeth*. *id.* 136, Sentensiau neu Ymadroddio[n] Ysgrythyrawl yr *Offrymmiadaeth*. *c.* **1730** *Thos. Lloyd D* (LlGC) 186a, *offrymmiadaeth*, oblatio.

offrymiaeth [*offrwm^1* + *-iaeth*] *eb.* Offrwm, offrymiad; aberth: *offering, offertory; sacrifice.*
1710 *LlGG* sig. Ss2v, rhaid yw gofyn Gostegion pob rhai a brioder . . . bryd Gwasanaeth Duw, yn ebrwydd o flaen y Sentensiau i'r *Offrymmiaeth*. **1722** *Llst* 189, offrymmedigaeth, [*o*]*ffrymmiaeth* . . . f. . . . an offering, sacrifice; offertory.

offrymol [*offrwm^1* + *-ol*] *a.* Aberthol; wedi ei offrymu neu ei gysegru: *sacrificial; offered, dedicated.*
16g. SIÔN BRWYNOG: *Gw* 52, Ail Abram o'i ffram *offrymol*—fy Siôn / Ag ar dylodion gwr dyledol. *Diw.* **16g.** *LBS* iv. 425, [p]wy bynnac a fo *ophrymol* yr guynfydedic Jevann ni wna pryf gwenwynic y niwed iddaw. **1696** *CDD* 29, i Dduw . . . aberthaf fy 'nghaniad / Am serch yn hôff rwŷmiad *offrŷmol*. **1722** *Llst* 189, *offrymmawl*, sacrificatory. **1803** *P*.

offrymwr, offrymydd [bôn y f. fl. + *-wr, -ydd^3*] *eg.* ll. *-wyr.*
(*a*) Un sy'n offrymu, aberthwr: *offerer, sacrificer.*
1588 *Mal* ii. 12, *offrymmudd* bwyd offrwm. **1604–7** *TW* (*Pen* 228), *ofrymwr* d.g. *victimarius*. **1722** *Llst* 189, *offrymmwr*, [*o*]*ffrymmydd*, an offerer, sacrificer. **1741** S. THOMAS: *DY* 72, nas gwyr i ba le yr a . . . tuac at gael gwaredigaeth . . . Y cyfryw oedd cyflwr yr holl *Offrymwyr* cyn marwolaeth Crist. **1803** *P* d.g. *ofrymwr, ofrymydd*.
(*b*) Melltithiwr: *curser.*
1830.

offt, gw. grofft.

offthalmia [bnth. S. *ophthalmia*] *eg.* *Meddyg.* Llid y llygad neu'r gyfbilen, clwy'r llygaid: *ophthalmia.*
20g.

offthalmig [cfdds. o'r S. *ophthalm(ic)* + *-ig^2*] *a.* Yn perthyn i'r llygad, agos i'r llygad: *ophthalmic.*
20g.

offthalmoleg [cfdds. o'r S. *ophthalmo-l(ogy)* + *-eg^1*] *eb.* Cangen o feddygaeth sy'n ymwneud â'r llygad a'i afiechydon: *ophthalmology.*
20g.

offthalmolegwr, offthalmolegydd [*offthalmoleg* + *-wr, -ydd^3*] *eg.* ll. *-wyr.* Arbenigwr mewn offthalmoleg: *ophthalmologist.*
20g.

offthalmosgop [bnth. S. *ophthalmoscope*]

eg. ll. *-au.* Offeryn i archwilio'r tu mewn i'r llygad: *ophthalmoscope.*
20g.

offus, offydd, gw. offis, ofydd.

og[1] [< Brth. **okā*, cf. *oged*] *eb.* ll. *-(i)au*, ll. dwbl *-euon.*

(*a*) Offeryn amaethyddol ar lun ffrâm ac iddi ddannedd haearn, &c., a lusgir dros dir âr i dorri tywyrch, lladd chwyn, gorchuddio had, &c., oged: *harrow.*
13g. *LlI* 82, Gueynytuarch a lusco karr ac *oc*, try ugeynt yu y werth. *c.* **1400** *J* 1, 1082, Tra retto yr*oc* yret ydraenglwyt. *id.* 1083, Tra retto yr*oc* redet y vreuan. 15g. *LGC* 487, Curaw'r ais val cŷrau 'r *ôg*, / Cnoi y cylla cnocellog [i Henri ap Gwilym]. 15g. *GGl*[2] 216, Yn troi megis daint yr *og* [dychan i Harri Gruffudd]. 15g. *DE* 12, ystol megys y delyn / ar svd *oc* a roes y dyn [i gae bedw]. **1547** *WS*, llyfny ag *oge*, harowe. **1588** *Eseia* xxviii. 27, nid ag *og* y dyrnir ffacbys. 17g. *CC* 63, dwy *ôg* wael a di-wâg wedd / a dynir yn llawn dannedd (Thomas Prys). **1777** H. Jones: *M* 15, [e]i fod yn arferol o wneuthur Eryd, *Ogiau*, Jeuau. **1795** *R. Crusoe* 49, yn lle aradr yr oeddwn yn arferyd rhaw, ac yn lle *ôg*, byddwn yn llusgo canghennau coed ar hyd y tir. **1803** *P. Dihar.* 'Cyntaf ei *ôg*, cyntaf ei gryman'. Ar lafar yn y Gogledd, *WVBD* 404.

(*b*) (enghrau. *tros.* a *ffig.*: *transf. and fig. exx.*).
14g. *GDG* 382, Dannedd *og* rhywiog o'r rhew. 14g. *GIG* 148, *Og* yn gorllyfnu eigiawn / Ewig y môr ogam iawn [i'r llong]. 15g. *DE* 133, Ai aradr breugadr ai bar *ogau* llymion / yn llamv dros gwysau / ar llaw gam ag ar llwf gau / y tyrh vin y tervynau [am dyngu anudon]. 15–16g. *TA* 246, *Ôg* yr hydd a gyrhaeddych [i Syr Risiart Herbert]. 17g. *GDG* 421, gŵr balch ag *og* ar i ben [i'r carw].

(*c*) Porthgwlis: *portcullis.*
15g. *GO* 65, Yr wyf rrwng y porth a'r *ôc.* 15–16g. *TA* 75, Iarll y Cawg arall y caf; / Iarll yr Îa a'r Llew a'r *Ôg* [i Syr Rhys ap Tomas]. 16g. Wiliam Llŷn: *Gw* (R. Stephens) 13, Gorau' r llew o rym, gâr Iarll yr *Og* [i Elise ap Wiliam Llwyd].

Cfn.: **og cwlis, o. gwlis:** *portcullis, also fig.* 15–16g. *GLM* 4, Yr *og-cwlis* rhag ciliaw / fuost i ieirll ar faes draw [i Huw Bwlclai]. **1632** *D*, *og cwlis* d.g. *cataracta.* **1780** *W*, *og gwlis* d.g. *portcullis.* **o. cŵyr, o. gŵyr:** *hearse of wax, framework carrying lighted tapers over a bier or coffin.* 15–16g. *TA* 307. 15–16g. *GLM* 6, 145. 16g. Siôn Brwynog: *C* 68. **o. haearn:** *iron harrow.* 14g. *GDG* 250, Cryn hoelion, ddiferion farn, / Cyhyd â rhai *og haearn.* / Pinnau serthau pan syrthynt, / Pob un ia pibonwy ŷnt. **1588** 2 *Sam* xii. 31, Ac efe a ddûg ymmaith y bobl y rhai oedd ynddi, ac ai gosododd tan lifau, a than *ogau heirn*, a than fwyll heirn. **o. lincs:** *chain-harrow.* Ar lafar ym Môn. **o. lyfnu:** *harrow.* **1604–7** *TW* (*Pen* 228) d.g. *rastellum, rastri.* **rhwng yr o. a'r mur:** *between the portcullis and the wall* (*a reference to the Romance of 'Owain'*). 15–16g. *TA* 479. 16–17g. *CRC* 14. Gw. hefyd *porth*[2]*—rhwng* (*y*) *p. a'r og.*

Gw. hefyd ogan[1].

og[2,3], gw. o[1,5].

-og, -iog [*-(i)awg*, H. Grn. *-oc*, Crn. C. *-ek*, H. Lyd. *-oc*, Llyd. C. *-ek*, Llyd. Diw. *-ek*, H. Wydd. *-ach*, Gwydd. Diw. *-ach*: < IE. **-āko-*] *oldd. a.* ac *enw.* a chwanegir at enw neu fôn berf.

ogaf: ogi [bf. o'r e. *og*[1]] *bg.a.* Llyfnu: *to harrow.*
1803 *P*, *ogi*, to use the harrow, to harrow. Llyfnu, to smooth, is popularly used.

Cf. hogaf: hogi.

ogalen, gw. hogalen.

ogam [bnth. S. *og(h)am*] *e?g.* Hen wyddor Geltaidd a ddefnyddid yn Iwerddon a Phrydain gynt ac iddi ugain llythyren ar ffurf llinellau wrth llinell syth hir arall neu ar ei thraws, y system ysgrifennu a ddefnyddiai'r llythrennau hyn, arysgrif yn y llythrennau hyn: *ogham.*
1891.

ogamaidd [cfdds. o'r S. *og(h)am(ic)* + *-aidd*] *a.* O natur ogam, mewn llythrennau ogam: *oghamic, in ogham.*
1889.

ogan[1] [*og*[1] + *-an*[1]] *eb.* Og fach: *a small harrow.*
17g. *LlGC* 13215, 339, *ogan*, rastellum. **1692** *GST* i. 822, Cael a wneuthum beth arian / A phrynu aradr ac *ogan.* **1803** *P*, *ogan*, s. f. a little harrow.

ogan[2], gw. gogan.

ogau[1,2], ff. ll., gw. og[1], ogof.

ogawr, gw. gogor[1].

oged [Llyd. C. *oguet*, Llyd. Diw. *oged*: < IE. ?**okitā*, o'r gwr. **ok-*, amr. ar **ak-* 'miniog'; cf. *og*[1], H. Uchel Alm. *egida*, Llad. *occa*] *eb.* ll. *-i*, *-au*, *ogeidiau.* Og: *harrow.*
10g. (*Ox* 2) *VVB* 197–8, *ocet*, gl. *raster.* *c.* **1400** *B* ii. 12–13, Os kwysseu llydan a uyd pan deler y lyfnu. yr *oget* a tynn yr hat yr tir byw. ac yr rych o achaws y drycar. **1672** R. Prichard: *Gw* 162, Gwell yw gweddi gydâg *oged*, / I gael llafyr [:– yd] ar ei ganfed, / Nâ chwech arad ac *ogedi*, / Lle na byddo sôn am weddi. **1707** *AB* 104b, ôg . . . S.W. *Oged* d.g. *occa.* **1722** *Llst* 189, *oged*, f.p. *gedau*, an harrow. **1770** I. Brydydd Hir: *Gw* 20, Yn bladuriau dur curant / Sychau ac *ogeidiau* gant. **1803** *P.* Ar lafar yng Nghered. a'r De, *B* iv. 299, *TGG* (1904) 51.

Cfn.: **oged ddrain:** *bush harrow.* Ar lafar yn y De, *TGG* (1907–8) 82. **o. siaen, jaen:** *chain-harrow.* Ar lafar ym Morg. a sir Benf., *LlGC* 1171, 88. **o. traed hwyad (hwyaid):** *harrow with triangular-tipped tines.* Ar lafar gynt yng ngodre a chanolbarth Cered.

ogedaf: ogedu [bf. o'r e. bl.; cf. Llyd. Diw. *ogediñ*] *bg.a.* Llyfnu, hefyd yn *dros.*: *to harrow, also transf.*
18–19g. *Llr* C 2, 351, *ogedu*, to harrow, Glam. **1803** *P.*

ogfaen [Llyd. C. *hoguen*, *eugenn*, ll. *hoginn*, Llyd. Diw. *hogan*, ?cf. S. taf. Cernyw *hog(g)an* 'haw'] *e.ll.* (un. b. *-en*, g. *-yn*) (ac *eb.* yn eir.), ll. dwbl *ogfain*, *ogfeini.* *Bot.* Criafol y moch; egroes, criafol y bwci, afalau'r bwci; (yn y ff. *ogfaenen*) ogfaenllwyn; hefyd yn un. (yn eir.) ac yn *dros.*: *haws*; *(rose-)hips*; *hawthorn or dogrose (bush)*; *also sing.* (*dict.*) *and transf.*
13g. *B* iii. 28, *ocuanen* egeneu henuch. 15g. *OBWV* 105, Dail ffion grynion eu gwraidd, / Dwy *ogfaenen* deg fwynaidd [i wyneb lleian]. 15–16g. *GIF* 33, Bwrw, eginyn brig Ionawr, / Brytaen fal *ogfaen* i lawr. **1547** *WS*, *ocfaynyn*, haue. 16–17g. *GST* i. 760, Llawen weled llen alawnt, / Llwyth *ogfain* ar liain lawnt [i ddiolch am napgyn wedi ei frodio]. **1604–7** *TW* (*Pen* 228) d.g. *baccula, cynosbatus.* **1632** *D*, *ogfaen*, Sing. *Ogfaenen*, morum sentis, Zura. **1632** *D* (*Diar*), Mal y llwynog am yr *ogfaen* (*J* 1, 1073, egroes). **1722** *Llst* 189, *ogfaen*, s. *faenen*, f. the hawes of white-thorn. [**1724**] G. Wynn: *YGD* 29, Wele mae'r Plannhigion a'r Coed yn dwyn Blodeu *Ogfain* (*haws*), a ffrwythydd. **1803** *P*, *ogvaen*, s. f. pl. *ogvain*, hip or the fruit of the dog-rose. It is also called crawel y moch, bwyd y moch. *id. ogvaenen*, a single hip. *Diw.* 19g. *SE MS* 343b, *ogfaenen*, the shrub or bush (Powys).

Amr.: **cyfoenen** (*eb.*). *Dchr.* 17g. *J* 10, 62a. **1632** *D*, *cyfoenen*, mendose pro Ogfaenen. **egfaen** (ll. dwbl *egfain*). 16g. Huw Arwystl: *Gw* 235, awydd y ffol oedd i ffaen / Ag i wagvwth ag *Egvaen* [am faedd]. **1803** *P*, *egvaen* s. m., pl. *egvain*, the haw, or white thorn berry. **1813** *WB* 186. **egfan.** 15–16g. *GRB* 54, Gwayw yn y dwrn a gâi'n d'alch / gwisg o *egfan* gwas gwagfalch [marwnad Hywel Fychan]. **1707** *AB* 216c. **1774** *W* d.g. *haw, berries, white-thorn-berries.* **ogfan** (un. b. *-en*). 13g. *B* iii. 28. **1707** *AB* 10a. **ogwan.** *Dchr.* 17g. *J* 10, 62a, cyfoenen, *ogwan.* Ar lafar yn sir Benf. yn y cfn. dil.

Cfn.: **ogwan y moch:** *haws.* Ar lafar yn sir Benf., *GDD* 211.

ogfaenllwyn [*ogfaen* + *llwyn*[1]] *eg.* ll. *-i.* *Bot.* Draenen wen, *Cratægus monogyna*; marchfiaren, *Rosa canina*: *hawthorn*; *dog-rose.*
15g. *Glam Bards* 278, llwynog wyf mewn llwyn o goed / os llechu n vwyn yn rwyn riw / *ogfaenllwyn* a gaf unlliw (Ieuan Du'r Bilwg). *c.* **1730** *Thos. Lloyd D* (LlGC) 185a, *ogfaenllwyn* . . . hawthorn bush. **1803** *P*, *ogvaenllwyn*, s. m. pl. t. *i*, a bush of dogrose thorns. **1813** *WB* 224, *Ogfaenllwyn*; Rosa canina; Dogrose.

Amr.: **egfaenllwyn** [*egfaen* + *llwyn*[1]]. 16g. Huw Arwystl: *Gw* 260, *egfaen llwyn* ar gefn llannerch / egroes mawr ar gwrs merch.

ogfaenog [*ogfaen* + *-og*] *a.* Ac iddo lawer o egroes: *abounding with (rose-)hips.*
1803 *P*, *ogvaenawg*, abounding with hips.

Amr.: **egfaenog** [*egfaen* + *-og*]. 18–19g. *Iolo MSS* 226, Blwyddyn *egfaenog* blwyddyn arianog.

ogfan, gw. ogfaen.

ogiad [bôn y f. *ogaf*: *ogi* + *-iad*[1]] *eg.* ll. *-au.* Y weithred o ogi: *a harrowing.*
1803 *P*, *ogiad*, s. m. pl. *au*, a harrowing.

ogl, oglau, ogleuaf: ogleuo, ogliad, oglog, gw. arogl, aroglau, arogleuaf: arogleuo, arogliad, aroglog.

ogof, gogof [Crn. Diw. *googoo* (hefyd yn y ff. *ogo* mewn enwau lleoedd), taf. S. Cernyw *gug*] *eb.* (bach. *ogofig*) ll. *-âu*, *-au*, *-ydd*, *og(o)feydd.* Ceudod neu gell naturiol tanddaearol y gellir mynd iddo, groto; agen; ceudod; ffau: *cave, cavern, grotto*; *cleft*; *cavity*; *den, lair.*
12g. *LL* 32, crucguernen. *guocof.* nant baraen. *id.* 157, Ecclesia Elidon et *Guocof* . . . *Guocob.* 13g. *BD* 104, E *gogoueu* a achub y dreic wenn. 14g. *Pen* 5, 9a, Ac yna yd erchis hy ydodi ef ymywn *gogof* o le sych . . . Ac ympen y seith/uet nywarnaut llef mawr adodes or *ogof.* 14g. *SC* viii/ix. 184, dangos idaw *gogof* gronn a thywyll. 14g. *YBH* 28b, *gogof* braf a meith yw dan y ddayar. 14–15g. *IGE*[2] 274, Nac yfed mewn *gogofydd* / Gyda'r ffeils, a gwadu'r ffydd (Siôn Cent). 15g. *Cy* iv. 118, gwethillyon ycryaduryeid oy *gygouew.* **1545** *CM* 1, 141, I kaiff y poshiwns . . . Enyd I weithio I natturiol orchwylion . . . I lannhau *gogouudd* kelliavr korf. *id.* 197, [g]wna *gogouudd* y penn ynn lan o suddoedd aviachus. 16g. *Yst Kym* 10, gwneithur seler ne *ogo* iddi hi o fewn Troia Newydd. **1588** *Gen* xix. 30, [t]rigodd mewn *ogof.* **1588** 1 *Sam* xiii. 6, y bobl a ymguddiasant mewn *ogfeudd.* **1588** 2 *Esd* xvi. 29, y rhai a ymguddiant yn y perthi, ac yn *ogofydd* (**1620** *id.* 28, *ogfeydd*) y creigiau. **1606** E. James: *Hom* iii. 25, Pan oedd Daniel gwedy ei gau yn*gogof* y llewod, fe ddarparodd Duw fwyd iddo. **1632** *D* d.g. *cavum.* **1661** E. Lewis: *Drex* 58, Yr oedd ganddynt fath ar *ogofeydd* tan y ddaear gwedi eu hadeiladu â bwâau meini. *c.* **1762–79** W. Williams: *P* 131, yr amrywiol *ogfeydd* tanllyd sydd yn gwneud daear-grynfau yn fynych iawn yn yr ynŷsoedd yma [Banda] yn ofnadwy. **1784** M. Williams: *S* i. 115, Mewn rhai o fynyddau Poland, yn enwedig gerllaw Russia, mae math o *ogofau* (grottos) dan y ddaear. **1803** *P* d.g. *gogof, ogof.* Ar lafar yn sir Benf. yn y ff. *oga*, *GDD* 211. *Ogof Arthur* oedd testun cystadleuaeth yr awdl yn Eisteddfod Genedlaethol 1934, a enillwyd gan William Morris. Ceir fersiwn o'r chwedl yn *Y Brython* i. 162.

Amr.: **ogau**[2] (*e.ll.*). 16g. *Def Hen* 35. **1615** R. Smyth: *GB* 22, 274.

Cfn.: **ogof l(l)adron:** *den of thieves.* **1551** W. Salesbury: *KLl* 1b, Vym tuy i a elwir yn tuy y gweddio, eithyr chwi ae gw[n]aethoch yn *ogof llatron.* **1595** M. Kyffin: *DFf* [98], [g]wneuthyr *ogof-ladron* o dy Dduw.

ogofaidd [*ogof* + *-aidd*] *a.* Tebyg i ogof: *cave-like, cavernous.*
1934.

ogofaog [**ogofa* (cf. y ff. ll. *ogofâu*, *ogofeydd*) + *-og*] *a.* Tebyg i ogof; llawn ogofeydd: *cave-like, cavernous*; *full of caves.*
1835.

ogofaol [**ogofa* (cf. y ff. ll. *ogofâu*, *ogofeydd*) + *-ol*] *a.* Tebyg i ogof; yn perthyn i ogof: *cave-like, cavernous*; *pertaining to a cave.*
20g.

ogofdy [*ogof* + *tŷ*] *eg.* ll. *-au*, *ogofdai.* Groto: *grotto.*
1838.

ogofog, gogofog [*(g)ogof* + *-og*] *a.* Llawn ogofeydd; tebyg i ogof; yn perthyn i ogof: *full of caves*; *cave-like*, *cavernous*; *pertaining to a cave.*
a. **909** Asser: *LKA* 24, Snotengaham adiit (quod Britannice 'Tig*guocobauc*' interpretatur, Latine autem 'speluncarum domus'). *c.* **1400** *DB* 53, dayar Cicilia yssyd *ogouawc* (*cavernosa*) a chyflawn o anyan brwnstan a than. **1632** *D*, *gogofawg* d.g. *cauernosus.* **1722** *Llst* 189, *gogofawg*, belonging to a cave or den. *id. ogofawg*, cave-like, hollow. **1803** *P*, *gogovawg*, cavernous; full of caves. *id. ogovawg*, abounding with caves.

ogofol, gogofol [*(g)ogof* + *-ol*] *a.* Tebyg i ogof; yn perthyn i ogof; yn byw mewn ogof: *cave-like, cavernous*; *pertaining to a cave*; *troglodytic.*
1803 *P*, *gogovawl*, like a cavern.

ogog [*og*[1] + *-og*] *a.* A'i gyrn yn debyg i og (am garw): *having antlers like a harrow.*
15–16g. *TA* 62, Ceirw *ogawg* creigiau.

ogor, gw. gogor[1].

ogrfen, &c., *e?b.* ?Awen, ysbrydoliaeth; barddoniaeth: *muse, inspiration; poetry.*
13g. *C* 9. 6–7, autyl kyrridven. *ogyr ven* amhad. *id.* 14. 8–9, Ry chynis gretyw. rac lletyw *ogyrven.* 13g. *Études* v. 103, mor oef hyglev uard o veyrd *ogyruen* (Cynddelw). *c.* 1300 *H* 54a. 10, mi gyndelw gert *ogyruen* (Cynddelw). 14g. *T* 20. 6, Seith vgein *ogyruen* yssyd yn awen. *id.* 33. 10–12, handit ryd vyn tafawt yn adawt gwawt *ogyrwen.* Gwawt *ogyrwen* uferen rwy digones arnunt. *id.* 35. 3–4, Ban pan doeth o peir. *Ogyrwen* awen teir.
Gw. hefyd gogyrfen.

ogwan, ogylch, ogyn, ogyrfen, &c., gw. ogfaen, gogylch, ocyn, ogrfen.

ongl[1] [bnth. S. C. *a(u)ngle*, neu o bosibl yn uniongyrchol o'r H. Ffr.; ansicr yw union ystyr yr engh. gyntaf] *eb.g.* ll. *-au*, (prin) *yngl*, ?a hefyd â grym ansoddeiriol. Gofod rhwng dwy linell neu ddau blân sy'n cyffwrdd, aroledd dwy linell i'w gilydd; cornel, congl; y pwynt neu'r safbwynt y mae rhywun yn gweld gwrthrych neu bwnc ohono, agwedd: *angle; corner; angle (between two lines or planes), aspect.*
14g. *GDG* 409, Da y tybiodd gael, gafael gall, / Llysg *ongl* ar ddyn llesg angall (Gruffudd Gryg). 1545 *CM* 1, 69, I mae *ogyl* [*sic*] negornel ydd [*sic*] ddaiar yn vnion ar gyuair y lle ar man i bydd yr haul ar hanner dydd. 1632 *D, ongl*, angulus. 1688 *TJ, ongl*, Congl: an Angle or Corner. 1722 *Llst* 189, *ongl*, f.p. *onglau.* 1754 G. OWEN: *L* 120, The plural of *ongl* would be *yngl* or *onglau* as from corph, cyrph, from mor, myr &c. 1770 R. PRICHARD: *CC* 279, Y mae hi [Caersalem]'n sefyll yn y Nefoedd, / Yn bedair *ongl* ei hamgylchoedd. 1784 M. WILLIAMS: *S* ii. 11, yn oleddu at blaen ei thro blynyddol mewn *ongl* o 66 a hanner o raddau. 1795 J. THOMAS: *AIC* 215, Ar ôl Cael 2 *Ongl*, (Angle) gwna yn yr un moddion i gael y trydydd, am bethau eraill. 1803 *P, ongyl*, s. f. pl. *onglau*, a corner, an angle.
Cfn.: **ongl aflem:** *obtuse angle.* 20g. **o. atblyg:** *reflex angle.* 20g. **o. weld:** *angle of view.* 20g. **o. lem:** *acute angle.* 1850. **o. sgwâr:** *right angle.* 20g. **o. syth:** *straight angle.* 20g. **o. union:** *right angle.* [1783] *W* d.g. *right-angle.*

ongl[2] [bnth. H. Ffr. *ongle* neu'r Llad. **ung'la* < *ungula*] *eg.* Y drydedd bilen ar lygad ceffyl, &c., yn enw. pan fo'n llidus, gwilameg, gorasgwrn: *haw (in horse's, &c., eye), esp. when inflamed.*
14g. *WM* 469. 15–17, Gwiawn llygat cath aladei *ongyl* ar lygat y gwydbedyn heb argywed yr llygat. 1547 *WS*, yr *oncyl.* 1632 *D*, ongl . . . Yr *ongyl*, Vngula in oculo. *id.* d.g. *vnguis.* 1722 *Llst* 189, yr *Ongyl*, m. the hawes [*sic*] in horse's eyes. 18g. *Llr* C 24, 109, Rhag yr Haw ar y llygaid yr hwn a elwir yr *ongle* [*sic*]. 1803 *P, ongyl*, . . . yr *ongyl*, the haw, a disorder in the eye so called.

onglad, gw. honglad.

onglaeth [*ongl*[1] + *-aeth*] *e?b. Math.* Trigonometreg: *trigonometry.*
1849.

onglaf: ongli [bf. o'r e. *ongl*[1]] *bg.a.* Gwneud ongl; gwneud yn onglog: *to make an angle; make angular.*
1803 *P, ongli*, to make an angle; to make angular.

onglaidd [*ongl*[1] + *-aidd*] *a.* Onglog: *angular.*
1803 *P.*

ongldai [*ongl*[1] + *tai* (ll. yr e. *tŷ*)] *e.ll. Serdd.* Y pedwar tŷ ar bwyntiau cardinal y cwmpawd: *angles (the four houses on the cardinal points of the compass in astrol.).*
1752 J. PRYS: *Alm* [7], *Ongl-dai*'r addurn sydd sefydlog a chyffredin. 1777 M. WILLIAMS: *BM* 29, Mi a debygwn fod y tremiadau yma rhwng y prif blanedau o'r *ongl-dai*, ac o'r arwyddion penigawl. 1779 *DS* 11, Y blaned . . . mercher sy 'n rheoli *ongldai* tri o addurnau 'r flwyddyn hon.

ongliad [bôn y f. fl. + *-iad*[1]] *eg.* Y cyflwr o fod yn onglog; ongl: *angularity; angle.*
1803 *P.*

onglo, gw. chwynnogl (hefyd At.).

onglog [*ongl*[1] + *-og*, a'r ff. *anguloc* dan ddyl. Llad. *angulus*] *a.* Ac iddo ongl(au), conglog, ac iddo lawer o gorneli, llym ei onglau, hefyd yn *ffig.*; wedi ei fesur yn ôl ongl neu yn ôl y raddfa y mae ongl yn newid: *angular, also fig.*
16g. *LlGC* 4581, 57b, yn hwy no phedwar cubit: Palatr *anguloc* nei ochroc. 1632 *D* d.g. *angulatus.* 1722 *Llst* 189, *onglog*, angular, full of corners. 1770 *W* d.g. *angular.* 1803 *P.*

onglogrwydd [*onglog* + *-rwydd*] *eg.* Y cyflwr o fod yn onglog, hefyd yn *ffig.*: *angularity, also fig.*
1852.

onglos, gw. gwylnos (hefyd At.).

onglydd, onglwr [bôn y f. fl. + *-ydd*[3], *-wr*] *eg.* ll. *onglyddion, onglwyr.* Offeryn i fesur neu ddarlunio onglau wrth dynnu llun: *protractor.*
20g.

onglyr [*ongl*[1] + *-yr*] *e?g.* ll. *-on.* Cwadrant; secstant; (geir.) onglydd, cwmpawd; hefyd yn *ffig.*: *quadrant; sextant; (dict.) protractor, compass; also fig.*
1850.
Cfn.: **onglyr yr uchder:** *quadrant of altitude.* 1854.

onglyrol [*onglyr* + *-ol*] *a.* Ac iddo siâp chwarter cylch: *quadrantal.*
1850.

oh, gw. o[2].

ohanaddynt, ohanaf, oheni, &c., gw. o[1].

oherwydd [*o*[1] + *herwydd*[1]] *ardd.* a hefyd fel *cys.*

(*a*) Oblegid, o achos: *because of, on account of.*
13g. *Llst* 1, 100, *o herwyd* hwylyev e dyskynnassant em porth hamwnt. 16g. *GIDlV* 23, Ef *o herwydd* Efa ai hwyrion / I gur dygn dros i garedigion. 16g. (*LlEG*) *LlGC* 5276, 293b, trewis fflam o gariad bronwen ynghalon y brenin *oherwydd* I ffryd ai gwedd . . . ai medrusrwydd hi. 1588 *Heb* ii. 9, yr Iesu wedi ei goroni . . . *o herwydd* dioddefaint marwolaeth. 1595 H. LEWYS: *PA* 11, *o herwydd* ein pechodae ni, ag anwireddau ein tadau ni, i dinistriwyd Caersalem ai phobl. 16–17g. *Cer RC* 92, Fy nuwies a'm howddgarwch, / Nimff *o herwydd* tegwch. 1691 *ESGG* 4, Gof. Pa ham y credwch fod yr scrythyrau yn air Duw? Att. *O herwydd* tystiolaeth cydsynniawl eglwys Dduw. 1760 WLL: *SAC* 88, Aberth Crist, er nad oedd yn gynhwysedig ond mewn ychydig oriau . . . *o herwydd* y dioddefaint.

(*b*) (enghrau. o flaen be. neu gymal berfenwol: *exx. before a vn. (clause)*).
c. 1400 *Ked AA* 6, *oherwyd* awch bot yn barawt . . . y diodef trallawt . . . keissywch . . . dial awch gwaet. *id.* 11, erchi idaw na ffoei, *oherwyd* idaw ef kaffel y vudugolyaeth. *id.* 14, Iawn . . . y gwrthebeist, *oherwyd* y Duw dy wneuthur yn gyfeillt y'r engylyon. 15g. *GDLl* 172, Haeraist arnaf *oherwydd* / Oganu'r faith (gwenwyn fydd) / Fy llew drud, fwyall y drin. 1620 *Gen* viii. 21, *o herwydd* bod bryd calon dyn yn ddrwg oi ieuenctid. 1620 *Heb* ii. 9, Iesu yr hwn a wnaed ychydig yn îs nâ'r Angelion, *o herwydd* dioddef marwolaeth. 1630 R. VAUGHAN: *YDd* 189, *o herwydd* ddyfod o honynt yn rhyhwyr i guro. 1679 C. EDWARDS: *GGG* 1, Y mae gwybodaeth o Dduw yn dra angenrheidiol . . . *O herwydd* ei bod yn odidoocaf [*sic*]. 1691 *ESGG* 20, Mae pob pechod, *o herwydd* ei fod yn droseddiad o gyfraith Dduw . . . yn haeddu ei ddigofaint. *id.* 24, *o herwydd* ei bod mewn cyfammod a Duw, fe dylid eu bedyddio hwy. 1718 E. SAMUEL: *HDdD* 125, *o herwydd* greu a phrynu o honaw'r naill. 1770 *W, o herwydd* iddo wneuthur y peth hyn d.g. *because.*

(*c*) Yn ôl, yn unol â: *according to, in accordance with.*
14g. *B* v. 195, y troy yr Credo hvnn . . . *o heruyd* y synnvyr a rodes Duv ymi. *c.* 1400 *YSG* i. 22, O'r achaws y dywawt Dauyd Broffwyt gynt *oherwyd* proffwydolyaeth am Iessu Grist: 'Ef a vyd gwaetlyt hyt ar angheu'. *Diw.* 16g. *WLB* 2, Kymer ymenyn ne oyl ne pa ryw bynnag arall o likr a vo, *o herwydd* pwys ne fesur arall. 1630 R. VAUGHAN: *YDd* 593, os wyt ti yn gwir edifarhau, ac yn rhoddi yn ôl, *o herwydd* dy allu, y mae'r Arglwydd gwedi addo bod yn drugarog wrthyt.

(*d*) Ynghylch, ynglŷn â, am, o ran: *concerning, with respect to, in respect of, as regards, about.*
1591 *CM* 16, 2, y sawl bethau o'r a ddysgais . . . *o herwydd* y wir lân ffydd Gatholic. 1630 R. VAUGHAN: *YDd* 85, gwybodaeth am fywyd dŷn, *o herwydd* grâdd ei adgenedliad trwy Grist. 1707 *AB* 53b d.g. *de.* 1728 T. BADDY: *DDG* 38, Groegwr oedd ef *o herwydd* ei Genedl a'i Grefydd. [1740] L. ANWYL: *CA* [i], eich esgeulustra *o herwydd* eich plant. 1800 W. OWEN[-PUGHE]: *CP* 74, Cymmerais i gryn lawer o boen *o herwydd* gwartheg.

Fel *cys.* Oblegid, am, gan: *because, for, since.*
c. 1400 *Ked AA* 13, mi adyngwn . . . mae hi yssyd yn llaw'r claf yn y porth, *oherwyd* nat oes yn vyw un dyn a wypo gwahan y ryngthunt. *id.* 21, *oherwyd* na mynnei wahanu eu kyrff. 16g. (*c.* 1749) *AP* 28, *o herwydd* na thycciai iddo ei boen. 1588 *Gen* xxix. 15, ai *o herwydd* mai fyng-harwr wyt ti i'm gwasanaethi yn rhad. 1588 1 *Br* xx. 36, *o herwydd* na wrandewaist ar lais yr Arglwydd. 1615 R. SMYTH: *GB* 3, *o herwydd* nad oedd yn ystyrio. 1620 1 *Br* iii. 2, y bobl oedd yn aberthu mewn vchelfaoedd, *o herwydd* (1588 *ib.* canys) nad adeiladasid tŷ. 1620 *Luc* xix. 44, ni adawant ynot faen ar faen: *o herwydd* (1588 *ib.* am) nad adnabuost amser dy ymweliad. 1691 T. WILLIAMS: *YB* 18, *O herwydd* nid oes dim. 1746 G. JONES: *HWI* iv. 16, Pa ham y'n dysgir i alw Duw yn Dâd . . . *O herwydd* y dylem ni ymgais am fod yn Blant mabwysiol i Dduw.
Amr.: **o erwydd** [cf. *erwydd*[2]]. 1595 H. LEWYS: *PA* 220. 1784 M. WILLIAMS: *S* i. 65.
Cfn.: **oherwydd (o erwydd) hyn(ny):** *because of this or that, therefore, for this or that reason.* 1617 *Cat* 5, *o erwydd hyn*, ve vendithiodd yr Arglwydd. 1632 *D, oherwydd hynny* d.g. *eò, idcirco, proin, propterea, quapropter, quatenus.* 1722 *Llst* 189, *o Herwydd hyn* d.g. *herwydd.*
Am *o herwydd paham, o'i herwydd, o'r herwydd*, gw. herwydd[1].

ohonaddunt, ohoni, ohono, ohonoch, ohonof, ohonom, ohonot, ohonynt, gw. o[1].

oi, hoi, *ebd.* a'i ddilyn yn aml gan yr ebd. *a*[7], ?a hefyd gyda grym enwol yn y ff. l. *hoiau.* O!, ha!: *O!, oh!*
13g. *C* 56. 5, Oian aparchellan hoian *hoiev.* 13g. *Llst* 1, 76, *Oy* a dyw anryved kenedyl e brytanyeyt. 14g. *WML* 142, *Ojar* brawdwr auarn y brodyeu na uit uwy genhyt werth keinhawc no guerth duw. 14g. *WM* 56. 20, *Oy* a duw heb ef guae ui. 14g. *YBH* 8a, Ac yna y dywot hithe *oi* vahom glew abeth yw bown. *id.* 44b, *oy* athro. heb y bown duw a diolcho iti. *c.* 1400 *YCM*[2] 197, *Oya* vrenhin kyssegredic! . . . paham, yr peth gorwac diffrwyth, y bydy lidiawc di? *c.* 1400 *GP* 5, Geireu ereill . . . a arwyddockaant tristyt, val y mae 'och', neu lewenyd, val y mae '*oi*'. 15g. *FfBO* 39, Yna yr amherawdyr a dywawt, '*Oia* gi creulawn'. 1567 *TN* 118b, Oi [:– Oian, wi, Divai, Tec] was da. 1632 *D, oi* . . . euax, vah, euge. 1688 *TJ, oi* . . . heiday, well done. 1722 *Llst* 189, *oi* . . . O brave, hey-day: Woe is me, alass: Out upon it, fie. 1727 J. JONES: *DFF* 148, *Oy* Fyd, hudol! *Oy* Gythraul llithiol! 1768 *GDG* 419, *Hoi, hoi* tro'r lloi or Llin. 1803 *P, hoi*, s. m. pl. t. *au*, a call of attention. *id. oi*, expressive of applause: Well.
Cfn.: **oi o, hoi o, oio:** *O!, alas (for)!; hurray!* 14g. *GDG* 239, *Oio* gariad, had hydwyll. 16g. *Haf* 22, 378, *Oi o* dad bendigedic. 18–19g. *MA* iii. 205, Tri pheth fôl eu gwneuthur: gweiddi *hoi ô*! cyn ynnill y gamp. 1803 *P, oio*, oh! dear! well!

oian, hoian [?cf. *oi* ac *ochan*[2]; ansicr yw'r engh. gyntaf yn adran (*a*) fel e.] *ebd.* a hefyd fel *eg.* ll. *-au*, ac fel *bg.a.* O!, ha!: *O!, oh!*
13g. *C* 48. 8, *Oian* a parchellan dy dau dywiev. *id.* 56. 5, *Oian* aparchellan *hoian* hoiev. *id.* 60. 1, *Ojan* aparchellan neud blodeu drein gorlas. *id.* 61. 6, *Hoian* aparchellan. Bydan avit. 1567 *TN* 118b, Oi [:– *Oian*, wi, Divai, Tec] was da. 1589–90 *Pen* 168, 100b, *Oian* a thrüan mor anrhyüedd / na bydd vn ennyd y byd ynn vnwedd. 1632 *D*, oi, & *Oian*, euax, vah, euge. 1688 *TJ*, oi, *oian*, (o brâf:) heiday, well done. 1722 *Llst* 189, oi, *oian*, o brave, hey-day: Woe is me, alass: Out upon it, fie. 18–19g. IEUAN LLEYN: *C* 31, *Oian* ddolur, huan ddilyn.

Fel *e.* (*a*) Y weithred o alw neu o weiddi; (geir.) gwrandawiad: *a calling, crying; (dict.) listening.*
18g. I. BRYDYDD HIR: *Gw* 70, Wrth ddadgan, *hoian* yw'r hawl, / Ei gerdd yt', D'wysog urddawl. 1803 *P, oian*, s. m., a listening, a hearkening.

(*b*) (yn y ll.) Enw ar gyfres o benillion

yn Llyfr Du Caerfyrddin sy'n dechrau â'r gair *(h)oian*: *(pl.) name of a series of stanzas in the Black Book of Carmarthen, each stanza beginning with the word '(h)oian'.*

1759 *ML* ii. 136, Cewch chwi'r *hoianau* cyn y bo hir.

Fel *bf.* Galw, gweiddi, erfyn: *to call, cry, implore.*

1803 *P*, *hoian*, to call attention; to implore.

Oidipaidd [e. prs. *Oidip(ws)* + *-aidd*] *a. Seic.* Wedi ei nodweddu gan gymhlethdod Oidipws, yn perthyn i'r cymhlethdod hwnnw: *Oedipal.*

20g.

oifad, oil, oilin, oinon, ointment, gw. nofiaf: nofio, oel[1], eilun, wynwyn, wyntment.

oio, gw. oi—o. o.

ôl[1] [Crn. C. *olow* (ll.), Crn. Diw. *ooll*; ?cf. H. Wydd. *ol* 'canys'] *eg.* ll. *olion, -au,* a hefyd fel *a.* Marc a adewir gan droed anifail, dyn, &c., trywydd, brisg, llwybr; marc, stamp, gweddill, mymryn, arlliw, hefyd yn *ffig.*; cefn, tu ôl; ôl-fyddin; (yn y ff. l. *olion*) manyd, gwehilion, tinion: *footprint, hoofprint, pawmark, track, trail, path; mark, stamp, remains, trace, residue, hint, also fig.; rear, back; rearguard; (in the pl. form 'olion') tail corn.*

12g. *LL* 42, di*ol*igabr. **13g.** *C* 70. 14, Ny charaw alaw *ol* difod bressuil. **14g.** *WM* 118. 17–22, tri marchawc yn dyfot ar hyt marchawcford . . . Ac owein yn kadw yr *ol*. *id.* 431. 28–9, gwelet *oleu* y meirch awnaethant. *c.* **1400** *ChO* 14, Ryw wr . . . a welei *ol* gormes o lygoden yn bwyta ac yn dinustyr y gaws. **15g.** *GGl*[2] 167, Ymryson y mae Rosier / Â thair clod wrth euraw clêr; / Ymlid a dilid *olion* / Y tri hael yw natur hon. **1551** W. SALESBURY: *KLl* xlivb, ony ddelynoch y lwybreu [:– *olion*] ef. *id.* lxxib, Any welwyf yn i ddwyla *ol* yr hoylon, a dody vymbys o vywn *ol* yr hoylion, . . . ny chredaf vi. **1588** *Doeth Sol* ii. 4, a'n henioes ni a aiff fel *ôl* niwl. **1618** J. SALISBURY: *EH* 300, heb ymdynu, nag ymdrechu a'r neb a ymwthio o'r blaen, gan eu gadel nhwy ar yr *ôl*. **1632** *D*, *ol*, vestigium. **1701** E. WYNNE: *RBS* 61, Arwyddion ac *Olion* (*Effects*) Cymmedroldeb. **1722** *Llst* 189, *ol*, m. pl. *olion*, a footstep, print, impression, mark, track, bloodstripe. *id.* yr *olion*, the tail-corn, refuse. **1803** *P* d.g. *ol, olion*. Digwydd ym Meir. yn y ff. *olion* yn yr ystyr 'gweddillion gwair', *B* xiv. 291; hefyd yn yr un ystyr ym Morg. yn y ff. *oelon*.

Fel *a.* Wedi ei leoli tua'r cefn, yn y cefn; *Gram.* yn dilyn y gair y mae'n dibynnu arno (am ragenw, bellach am ragenw ategol yn unig): *rear, back, hind, hinder; following the word on which it is dependent, affixed (of pron., in current use with ref. to auxiliary pron. only).*

14g. *YBH* 16b, y march a dyrcheif y draet *ol*. *id.* 41b, A brenhin prydein a oed yn tywyssyaw y vydin vlaen. Ar amherawdyr y vydin *ol*. **14g.** *BT (RB)* 94, Y toryf *ol* eissoes nys ymlidyawd. **15–16g.** *TA* 442, A'r grefft ar y garrau *ôl*. *a.* **1561** *B* vi. 49, ny ffaylant o thynnir y gwraidday yn ddiysic, ac vnwedic y gwraiddyn *ol*, yr hwn a elwir ysbardyn y pren. **1632** *D*, *olach* d.g. *posterior*. **1722** *Llst* 189, *ol* . . . hindmost, latter, farthest, hinder. **1803** *P*. Ar lafar, 'olwyn *ôl*', 'chwarter *ôl* mochyn', 'traed *ôl*', *WVBD* 406. Fe'i defnyddir o flaen enwau, berfenwau, ansoddeiriau, a berfau i ffurfio cyfansoddeiriau, a'i ystyr yn cyfateb i'r S. *back-, post-, after-, rear-, re-, retrospective* e.e. *ôl-darth, ôl-drosaf*: *ôl-drosi, ôl-feddiannol, ôl-foderniaeth, ôl-fyddin, ôl-ffurfiad, ôl-gyfeiriaf*: *ôl-gyfeirio.*

Amr.: **dôl[3]** [< *d'ôl*]. Ar lafar yn y Gogledd, 'Mae o wedi mynd yn *dôl*'. **gôl[2]**. Ar lafar ym Morg., e.e. 'ar 'i *gôl* hi'. Gw. hefyd *iôl*[2] isod. **hoel[2]**. Ar lafar yn y Gogledd, 'Mae *hoel* ych llaw ar y papur', '*hoel* crio mawr arno fo', *WVBD* 210. **hôl[2]**. *Diw.* **16g.** *WLB* 56, nuttmigs a *holion* sirod a finegr. Ar lafar yng ngodre Cered. a sir Benf., ac yn Arfon, 'Be' 'di'r *hôl* 'na sy ar dy wymad di?', '*hôl* bodio' 'thumb-mark', *WVBD* 210. Cf. *Wês wês* 51, Wê ddim *hôl* offer ar y ciffile leni, / Ond wê *hôl* y barlish yn 'u lliged er hinny. **iôl[2]**. Ar lafar yn sir Benf., *GDD* 173; clywir hefyd ff. l. *giole* yng Nghered. a sir Benf. **oel[2]**. Ar lafar yn sir Ddinb., 'Mae *oel* gwaith ar y llyfr 'ne'; digwydd y ff. l. *oelon* ym Morg.

Cfn.: **ôl a blaen:** *backwards and forwards, to and fro; ?completely, thoroughly.* **1607** *Rhyddiaith Gymraeg* i. 143, nes deuallu'n gyfangwbl *ol a blaen*, llwyr ag oll. **1701** E. WYNNE: *RBS* 110, ystyried *ôl a blaen*. **1767** I. BRYDYDD HIR: *Gw* 216. Gw. hefyd *yn ô. ac ymlaen*. **(yn) ô. a gwrthol:** *backwards and forwards, to and fro.* **14g.** *GIG* 24, *Ôl a gwrthol* i'r gorthir / A wnaf at Rys. **1766** W. WILLIAMS: *FfW* ii. 56. **1770** *W*, *yn ôl a gwrthol* d.g. *backwards and forwards*. **1793** J. HARRIS: *Alm* [5]. Ar lafar ym Morg., *GWG* 303. **ô. y frech:** *pock-mark(s).* *Diw.* **16g.** *WLB* 58. **1722** *Llst* 189. **1776** *W* d.g. *mark [marks] of the small pox.* Ar lafar yn gyff., "Ot ti'n gweld rai flynydda 'nôl, a *ôl y frech* arnyn' nw'n dost'. **ô. bys:** *fingerprint.* **20g.** **ô. llaw:** *mark or trace of human activity.* **1896.** **ô. troed:** *footprint, footstep, also fig.* **15–16g.** LLAWDDEN, &c.: *Gw* 111, *Olau 'y nhraed* ar lan rhiw. **1547** *WS*, *ol troed*, steppe of a fote. **1588** *Esth* (Apocr.) xiii. 10, buaswn fodlon i gussanu *ôl ei draed* ef er iechydwriaeth i Israel. **1684** H. OWEN: *DC* 48, Mae eu *hôl-traed* hwynt [y Tadau Sanctaidd], sydd etto'n parhâu, yn testiolaethu mai gwîr berffaith a sanctaidd ddynion oeddent. **ar ô.:** (i) *after (of place), behind, also fig.* **14g.** *YBH* 54b. **1588** *Gen* xxxi. cs. **1803** *P* d.g. *ol*. Ar lafar, "Dwn i ddim be' ddaw o'i flaen ne' *ar* 'i *ol* o', *WVBD* 405. (ii) *after (of time).* **14g.** *YBH* 65a, ac *ar y ol* ynteu coronhau iosian. *c.* **1730** *Thos. Lloyd D* (LlGC) 183a, *ar ol* iddo syrthio, postquam. **1770** *W*, *ar ôl* y dyddiau hynny d.g. *after . . . After those days.* Ar lafar; hefyd ynglŷn ag etifeddu, "Gei di weld be' gei di *ar ôl* d'ewyrth', *WVBD* 405. (iii) *for (used with words expressing longing, desire, wish, &c.).* **1708** *EGE* 133. **1709** H. POWEL: *G* 6. **1790** T. JONES: *TOS* 289. Ar lafar, 'Bydda i'n chwith *ar* 'ch *ôl* chi', 'Bydd yn chwith iddo *ar ôl* Bangor', 'Mae gynno fo hirath *ar* eu *hola* nw', *WVBD* 405. (iv) *after, about (used with words expressing care, concern, &c.).* **1672** J. LANGFORD: *HDdD* 50. **1762** G. JONES: *CFfOG* 24. Ar lafar, 'edrach *ar ôl* y tân', *WVBD* 405; "wêdd da fi ratach gwaith na poeni mhen *ar* 'u *giole* nhw', *Wês wês* 18. (v) *according to, in accordance with, by.* **1551** W. SALESBURY: *KLl* viiib, y rhai'n a gerddynt *ar ol* y fydd. **1567** *TN* 1a, Cysecrlan Euangel Iesu Christ, *ar ol* [:– [Ys] ef yr hon y escrivenwyt ac addyscwyt y gan Vatthew] Mathew. **1588** *Deut* i. 41. **1603** E. KYFFIN: *Ps* d.d., Rhann o Psalmae Dafydd Brophwyd Iw Canu *ar ôl* y dôn arferedig yn Eglwys Loegr. **1615** R. SMYTH: *GB* 8, i galw hwy *ar ol* i henwau priodawl. **1777** W. WILLIAMS: *DN* 39. (vi) *(left) behind; left, remaining; after, following, afterwards; backward(s); late.* **1567** *LlGG (Sall)* xxxvib, Y cantorion aent or blaen, a'r cerddorion *ar ol*. **1632** *D*, a ddêl *ar ôl* d.g. *posterus*. *id.* y dydd *ar ôl* d.g. *posterus . . . postera dies.* **1676** W. JONES: *GB* 6, yr hwn sydd yn myned *ar ôl*. **1707** *AB* 271a, backward, *ar ôl*. **1803** *P*, ol . . . myned *ar ol*. Ar lafar, 'Mae 'na un *ar ôl*', *WVBD* 405; 'Pwy sy'n dod *ar ôl*?'; "W' i *ar ôl* gyda'r gwaith tŷ 'eddi". (vii) *(left) out; wanting, lacking, deficient; out of place, wrong, defective.* Ar lafar yn Arfon, 'gadal rhyw air *ar ôl*', 'rwbath *ar ôl*', "Rodd 'i olwg *ar ôl*', *WVBD* 405. **ar ô. delw:** *in the image of, in the form of.* **1588** *Eseia* xliv. 13, *ar ôl delw* ddŷn. **1672** J. LANGFORD: *HDdD* [v], *ar ôl delw* Dduw. *id.* [xiii], wedi ein geni *ar ôl* ei *Ddelw* ef. **ar ô. llaw,** gw. *llaw*[1]—*ar ôl ll.* **ar ô. yr oes:** *behind the times, old-fashioned.* **1911.** Ar lafar, 'Mae o gymaint *ar ôl yr oes*'. **ar ô. ei synnwyr:** *out of one's senses.* Ar lafar yn y Gogledd, *WVBD* 405. **i'm h. (i'w ô., &c.):** *behind me (him, &c.), after me (him, &c.); ?for me (him, &c.) (with verbs of motion).* **13g.** *WM* td. 93b, os mivi a gar er amperauder deuot [*sic*] hyt eman *em ol*. **14g.** *GDG* 220, I'r drws, a'r ci mws *i'm ôl*. *Diw.* **16g.** *Gwyn* 3, 157, troiwch hwnt rhag tyweirch *iw ol* (*TA* 428, o'i ol). **17g.** HUW MORUS: *EC* i. 65, Gyrodd *i'w hol*, gerydd hir, / Bowdr a mellt bedair milltir. **1718** E. SAMUEL: *HDdD* (Gweddïau) 49, a thaflu dy Eiriau *i'm hol*. Gw. hefyd *yn ô.*, *olaf*[1]: *ôl.* **o ô.:** *(from) behind; after.* **13g.** *HGK* 13, a'r gvynt en hyrwyd *oc eu hol*. *Diw.* **16g.** *Gwyn* 3, 98, Sef gwnae y cî brith chwith-frwnt / o'm *hôl* ond cyfarth i'm hwnt. **1620** 1 *Mac* ix. 45. **1679** C. EDWARDS: *GGG* 239, naccâu derbyn anair yn erbyn ein cymmydog *o ôl* ei gefn ef. **1706** *Nat Con* 7. **1770** *W* d.g. *behind [at the back . . . following].* **o'r ô.:** *behind, at the rear.* **1547** *WS*. **1699** T. JONES: *TP* 187. **1770** *W* d.g. *behind [at the back . . . following].* **yn ô.:** (i) *after (of place and time), behind, following; in pursuit of (in order to prosecute).* **13g.** *LlI* 39, puebennac a dyguydho eg kam am gychwynnedigaeth y da hvnnv, byt er argluyd *en e ol*. *c.* **1300** *H* 67a. 31–2, ym blaen cadeu cadw aruod ac *yn ol* diwetwyr dyuod (Cynddelw). **1632** J. DAVIES: *LlR* 53. **[1792]** M. J. RHYS: *D* 6, *Yn ol* i'r llongau gyrhaeddyd i'r ynysoedd. (ii) *according to, in accordance with, by; after the manner of, in imitation of.* **13g.** *LlI* 65, yaunhaf barnu *en ol* e peth pennaf. *c.* **1400** *R* 1035. 37–8, Ymwng ucheneit. adyuet arnaf *ynol* vyggordyfneit. **1567** *TN* 49b, Llyma cyssecrsanct Euangel Iesu Christ *yn ol* [:– erwydd, y gan] Marc. *id.* 212a, na wna di *yn ei hol* wy. **1592** S. D. RHYS: *Inst* [xvii], danfon y cyfryw betheu . . . attaf', *yn ôl* defod ac arfer pôb Gwlâd. **1691** *ESGG* 16, trwy ba un yr adnewyddir ni yn yr holl ddŷn, *yn ôl* delw Duw. **1778** *W* d.g. *of, or according to, order, according to order.* Ar lafar, '*yn ôl* pob tebyg', '*yn ôl* pob golwg', '*yn ôl* fy marn i', *WVBD* 405. (iii) *for (used with words expressing motion, fetching, sending, &c.).* **1346** *LlA* 16, yna yd anvonet mab y brenhin or llys anrydedus *ynol* ygvas alltut. **14g.** *WM* 150. 36–151. 1, Yna yd aeth gweisson *yn ol* y varch ae arueu y arthur. **16g.** *Rhyddiaith Gymraeg* i. 80, ac na bo raid y mi ddyfod yma *yn ol* dwr. *c.* **1590** *RC* xlvi. 55, ag yvory mi a ddanfonaf *yn* y *ol* ef. Ar lafar yn Arfon, 'mynd *yn ôl* dŵr', *WVBD* 405. Gw. hefyd *holaf*[2]: *hôl*, *nolaf*: *nôl*. (iv) *after (used with words expressing longing, desire, wish, loss, &c.).* **13g.** *A* 9. 12–13, mor hir eu hetlit ac eu hetgyllaeth *en ol* gwyr pebyr. **1629** R. LLWYD: *P* 27, sychedu *yn ôl* cyfiawnder. **1788** IOAN SIENCIN: *MTLl* d.d., Cwyn galarus . . . / *Yn ol* Tomas Llwyd Yscwier. (v) *after (used with words expressing care, concern, &c.).* **1742** H. HARRIS: *SDS* 3. (vi) *at the rate of.* **1775** M. WILLIAMS: *MC* 97. Ar lafar yn gyff., 'mynd *yn ôl* trigain milltir yr awr'. (vii) *back (adv.); in the rear.* **14g.** *BT (RB)* 196, Rys Jeuanc a'e vydin yn y blaen ac Fawcoc a'e vydin yn y canawl ac Ywein ap Gruffud a'e vydin *ynn ol*. **1595** H. LEWYS: *PA* 202, na ddos *yn dol*. **1685** G. GRIFFITH: *GA* 52, rhag i ti dynnu *yn ôl*. **1753** G. OWEN: *L* 77, Yno mi gymmerais wîb adref *yn f'ol*. Ar lafar, 'Mi ddo' i'n *ôl* erbyn cinio', *WVBD* 405. (viii) *ago.* **1852.** Ar lafar, 'rhai wythnosau'*n ôl*', 'ychydig *yn ôl*', *WVBD* 405. (ix) *in return, in reply, in repayment, in retaliation, back.* **14g.** *GDG* 429, Gwna dithau, geinciau dethol, / Gywirder i nêr *yn ôl* [Gruffudd Gryg i'r ywen uwchben bedd Dafydd ap Gwilym]. **1632** *D*, ynnill *yn ol* d.g. *recupero*. *c.* **1730** *Thos. Lloyd D* (LlGC) 185a, talu *yn Ol*, to repay. Ar lafar e.e. 'talu'r pwyth *yn ôl*', *WVBD* 405. (x) *afterwards, hereafter.* **14g.** *GDG* 403. **1588** *Salm* xlviii. 13. **1723** E. SAMUEL: *PDdC* ii. 70. **1803** *P*, ol . . . yr amser *yn ol*, the time hereafter. (xi) *wanting, lacking, deficient; slow or backward (to do something).* *c.* **1400** *YCM*[2] 96, A'r iarll a vei *yn ol* o hynny ny riuit vyth yn iarll wedy hynny. **15g.** *GO* 97, Bwkled . . . / Y sy'n *ôl* i Siôn Elis. **1567** *TN* 225b–226a, can ys pechodd pawp, ac ynt *yn ol* [:– ddefficiol] am 'ogoniant Duw. **1675** R. JONES: *HCh* 3, Satan, yr hwn . . . ni bydd dim *yn ôl* o daflu ei bentewynion uffernol ith enaid. **1759** T. THOMAS: *WWDd* 9[8], Bod Dyn trwy drosseddu 'r Gyfraith . . . yn dyfod yn ddyledwr iddi neu '*nol* o dalu'r hyn a ddylassai iddi. **1803** *P*, ol . . . bod *yn ol*, to be wanting. (xii) *left, remaining; (left) behind.* **14g.** *YBH* 35b–36a, dywedut wrthaw may goganus oed idaw y hadaw hi *yny ol* ymplith tywyssogyon a marchogyon. *c.* **1400** *RB* ii. 203, treulaw yr hyn aoed *yn ol* or dyd gan diruawr lewenyd. **1632** *D*, mae '*n ol* d.g. *restat*. **1677** *TC* [vii], Ti wyddost pan ddêl Angeu, y bydd rhaid i ti adael y cwbl *yn dy ôl*. **1691** T. WILLIAMS: *YB* 160–1, ag i weled beth sydd *yn ol* heb eu [*sic*] wneuthur ai gyflawni. **1778** *W* d.g. *overplus [what is over and above].* **yn ô. a gwrthol,** gw. *ô. a gwrthol*. **yn ô. ac ymlaen, yn ô. a blaen:** *backwards and forwards, to and fro.* **1778** *W*, *yn ôl ac ym mlaen* d.g. *off and on [backwards and forwards: unsteady].* Ar lafar '*yn ôl ac ymlaen*', "*nôl a mlân*'; hefyd ym Morg. yn y ff. '*nôl a blân*. Gw. hefyd *ô. a blaen*. **yn ô. ei gefn (eu cefnau, &c.):** *backwards, back, behind.* **16g.** (*LlEG*) LlGC 5276, 61a, yn tt wy [*sic*] a droessant *ynnol I keuynav*. **1588** *Ecclus* xxi. 19, Yr anoeth ai clybu ac nid oedd fodlon ganddo ef, eithr efe ai trôdd *yn ôl ei gefn*. **1632** *D* d.g. *tergiuersor*. **yn ô. fel y,** gw. *yn ô. y*. **yn ô. hyn:** *henceforth, after this, then; following.* *c.* **1400** *Études* vii. 72, gwneuthur dwy ysgriuen o'r geireu yssyd *yn ol hynn*. **1551** W. SALESBURY: *KLl* lxxviia, *Yn ol hyn* n'ych galwaf mwy yn weison. **1632** *D* d.g. *posthàc*. **1798** *WR* d.g. *hereafter*. **yn ô. hynny:** *afterwards, after that, then.* **14g.** *YBH* 22a. **1588** *Pr* ix. 3. **1632** *D* d.g. *postmodo*. **1675** R. DAVIES: *PY* 87. **1798** *WR* d.g. *thereafter*. **yn ô. llaw:** (i) *afterwards, later, subsequently; hereafter.* **1588** *Diar* xxix. 11, Y ffôl a dywallt ei hôll feddwl: ond gŵr doeth ai hattal hyd *yn ôl llaw*. **1693** *PGLl* 20–1, megis ac y mae'n angenrhaid i ni wybod ymlaenllaw pa bêth yr ydym ar feder Gweddio am dano . . . y mae'n angenrhaid i ni *yn ôl-llaw* wybod pa bêth y ddarfu i ni ei ofyn. **1696** *GGTY* 203, fel na byddent *yn o[l]-llaw* (*henceforth*) i wasanaethu pechod. **1743** G. JONES: *AS* 16, Eu Pechodau presennol, yn gystal a'r Pechodau a wnelont *yn ôl llaw*. (ii) *late, behindhand; slow or backward (to do something).* **1595** H. LEWYS: *PA* 107, pan welo gwr fod pob peth '*n* myned '*n ol llaw* ac n i erbyn ef. **1677** R. JONES: *BB* 72, Mae 'r diog yn wastad *yn ol llaw*. **1740** T. EVANS: *DPO* 196–7, Ac yn wir ni bu y Swyddogion *yn ôl-llaw* i gyflawni Gorchymmyn gwaedlyd eu Meistr. **1797** B. EVANS: *CG* 80, yn hoffi addoliad Duw a moddion grâs, er hynny *yn ol llaw* i broffesu eu ffydd. (iii) *in arrears, bankrupt.* **1722** *Llst* 189, myned *yn ol-llaw* d.g. *to break (as a bankrupt).* **1724** S. WIL-

LIAMS: *ADA* 139, Un wedi myned *yn ôl llaw*, a llawer cant o bunnau o ddyled arno fwy nag a allo dalu. (iv) *backwards.* **1675** R. JONES: *HCh* 73, myned rhagddo ai myned *yn ôl llaw* (*backward*). Gw. hefyd *llaw[1]—ar ôl ll.*, *ôl-llaw.* **yn ô. ei ben, yn ô. y pen:** *headlong, headfirst.* **14g.** *WM* td. 217. 39–40, y byryawd Gereint ef hyny yttoed *yn ol y penn* (*id.* 434. 39–40, *yn ol y ben*) yr llawr. *id.* td. 219. 7–8, ywan dan y dwy en hyny uyd *yn ol y pen* (*id.* 437. 11, *yn ol y benn*) yr llawr. *id.* 123. 19–21, rodi bonclust idaw hyny uu *yn ol y pen* yr llawr yn y varw lewyc. **yn ô. (fel) y:** (*before a vb.*) *according as, as to how.* **1701** E. WYNNE: *RBS* 251, *yn ôl fel y* canhiado dy Achosion. **1708** *EGE* 77, bernir pob dyn, *yn ôl y* cadwodd, neu y torrodd [y gorchmynion]. **1760** WLL: *SAC* 115, dylai pob dyn . . . roi i lawr tu ac at offrymmau Duw, *yn ol y* darfu'r ûn Duw ei fendithio.

Am *ôl-yn-ôl*, gw. olynol.

Gw. hefyd olaf[3].

ôl[2], gw. olaf[1]: ôl.

-ol, -iol [Crn. *-(*y*)*el* mewn e. lleoedd (e.e. *Brannel*, gw. *CPNE* 138–9), H. Lyd. -(*i*)*ol*, Llyd. Diw. -(*i*)*el*: < Clt. *-*āl-o-*] *oldd. a.* ac *enw.* a chwanegir at enwau, bonau berfau, ac ansoddeiriau, e.e. *cywyddol*, *dynol*, *derbyniol*, *dymunol*, *negesol*, *unigol*.

olaf[1]: ôl[2] [bf. o'r e. bl.; cf. *holaf[2]*: *hôl*, *nolaf*: *nôl*, a gw. *ôl[1]—i'm h.*, *yn ô.* (adran iii); ansicr yw'r engh. gyntaf] *ba.* Ymofyn, cyrchu, hercyd, hôl: *to fetch.*

15–16g. *GLM* 210, Gwae ni Dduw oll gan ei ddwyn, / gyrchu hoedl gŵr â chadwyn. / Gyrrwyd doe i *ôl* (amr. i nôl) gŵr y tŷ. / Gwaed haels a tawo'i wely [marwnad Syr Tomas Salbri]. Ar lafar ym Morg., *GWG* 303, *LGW* 534–5; 'Cera i *ôl* glo', ''Well i fi fynd i *ôl* bara'.

Cfn.: **ôl ei (fy, &c.) hunan:** *to regain shape; come to oneself, recover, regain one's composure.* Ar lafar yn nwyrain Morg., 'Fi ddota'r ffrog 'yn i 'ongad am sbel, iddi gæl *ôl 'i 'unan*', ''Dwy' ddim wedi *ôl 'ym 'unan* yto, ar ôl yr 'oll ffwdan'.

olaf[2]: olo, gw. holaf[3]: holo.

olaf[3] [*ôl[1]* + *-af[1]*, *-haf*; H. Lyd. *olham*] *a.* (gradd eithaf) a hefyd gyda grym enwol. (Yn bod, digwydd, dod, &c.) ar ôl pob un arall, diwethaf, heb gyffelyb yn dilyn; yn y cefn, yn y tu ôl; diweddaraf; lleiaf addas (dymunol, tebygol, &c.): *last* (*of all*), *ultimate*, *final*, *only remaining*; *hindmost*; *most recent*; *least suitable* (*desirable*, *likely*, *&c.*).

14g. *WML* 115, ac ellwg gurysgen or blaenhaf ar yr *olhaf* hyny gollo y lygat. *c.* **1400** *YCM[2]* 16, Ac yn *olaf* y doeth Chyarlymaen a Rolant ac eu lluoed. **1547** *WS*, *olaf*, hyndmasse. **1551** W. SALESBURY: *KLl* xiva, Velly y bydd y rei *olaf* yn vlaynaf ar rei blaynaf yn *olaf*. **1593** W. MIDLETON: *B* 2, Kymhariad kynghaneddol llythrennol yw, pann fytho yr hanner kyntaf ir braich yn atteb mewn kroesgynghanedd ir hanner *olaf*. **1618** J. SALISBURY: *EH* 16, Ag yn *olaf*, o ran ei fod ef yn dâd i'r holl greaduriaid. **1632** *D*, *olaf*, postremus, nouissimus. **1768** W. WILLIAMS: *HTS* 6, ar awrhon yn nyddiau *olaf* y byd. *id.* 44, y blynyddau *olaf* o'i fywyd. **1775** *W* d.g. *the lag* [*he that comes last, or stays behind*], *last* [*adv.*]. **1791** W. RICHARDS: *TDB* 50, Ni a wyddom o'r blaen fod i eiriau eu hystyr *olaf*, ammhriodol, a throellog, yn gystal a'u hystyr blaenaf, priodol, a naturiol. **1803** *P.* Ar lafar yn gyff., 'Ma 'onna wastod yn y ffasiwn *ola*' i gyd'; 'Honna odd 'i sigarét *ola*' fe'; 'Fe odd yr un *ola*' fydden i wedi'i ddewis'.

Cfn.: **yn olaf y nos:** *last thing at night.* **1771** *PDPh* 47, [c]ymmeryd cymmaint a allai gyfodi ar swllt *yn olaf y nos* ac yn gyntaf y bore. **o. gwt:** *last of all.* Ar lafar yn sir Benf., 'Yr *ola-gwt* i gau y ièt', *GDD* 211.

olaf-anedig [*olaf[3]* + *ganedig*] *a.* a hefyd gyda grym enwol. A aned olaf: *last-born.*

1831.

olafiad [*olaf[3]* + *-iad[2]*] *eg.* ll. *-iaid.* Olynydd, disgynnydd, etifedd; hwyrddyfodiad: *successor*, *descendant*, *heir*; *late-comer.*

1803 *P.*

Amr.: **oleifiad.** *Diw.* **19g.** *SE MS* 343b, *oleifiaid*, spl. successors,—like hynafiaid, cyneifiaid I[olo] Gl[ossaries].

olafiaeth [*olaf[3]* + *-iaeth*] *eg.* Y cyflwr neu'r ansawdd o fod yn ddiweddarach o ran amser, trefn, &c., neu'n is ei statws: *posteriority.*

1780 *W* d.g. *posteriority.* **1803** *P*, *olaviaeth*, s. m. a successorship.

ôl-anedig [*ôl[1]* + *ganedig*] *a.* Wedi ei eni ar ôl marwolaeth ei dad: *born after the father's death*, *posthumous.*

1850.

olbran, olbrain [*ôl[1]* + *brân*, *brain*] *eg.* *Bot.* Un o amryw blanhigion o'r tylwyth *Ranunculus*, crafanc y frân, blodyn ymenyn; berwr y moch, *Coronopus squamatus*: *name for various plants of the genus Ranunculus*, *crowfoot*, *buttercup*; *wart-cress*, *swine's cress.*

16g. *Pen* 204, 54, pes corui, yr *olbran.* **1604–7** *TW* (*Pen* 228), yr *olbrain*, Crafanc y vran d.g. *ranunculus.* **1632** *D*, yr *olbrain*, pes corui, polyanthemon. **1688** *TJ*, yr *olbrain*: craw's-foot, spear-wort. **1803** *P*, *olbrain*, s. m. the herb crowfoot. **1813** *WB* 224, *Olbrain* . . . Coronopus ruellii; Wart-cress, Swine's cress.

Amr.: **olfran. 1813** *WB* 224.

Cfn.: **olbrain dafadennog:** *wart-cress, swine's cress, Coronopus squamatus.* **20g. o. gwyn:** *a plant of the genus Ranunculus, ?common water crowfoot, Ranunculus aquatilis.* **1604–7** *TW* (*Pen* 228) d.g. *polyanthemon.* **o. lleiaf:** *lesser swine's cress, Coronopus didymus.* **20g.**

olbris [*ôl[1]* + *pris*] *eg.* Gwarged, gweddill: *surplus.*

1718 *LlGG* sig. A4r, yn niffyg Taledigaeth cyn pen dêg niwrnod, i'w godi [dirwy] trwy Attafael a gwerthu Da . . . gan adferu 'r *Olbris* (*surplusage*) (**1664** *id.* sig. C2r, a fo tros ben) i'r Perchennog. **1722** *Llst* 189, yr *olbris*, m. the overplus. *c.* **1730** *Thos. Lloyd D* (LlGC) 186a, *olbris*, residuum. **1778** *W* d.g. *overplus.*

ôl-daflodol [*ôl[1]* + *taflodol*] *a.* *Sein.* A gynenir a chanol y tafod wedi ei godi i gyfeiriad rhan ôl y daflod galed: *postpalatal* (*in phonet.*).

1866.

ôl-darth [*ôl[1]* + *tarth*] *eg.* Cymysgedd o garbon deuocsid, nitrogen, ager, mwg, &c., yn sgil tanchwa mewn pwll glo, sydd weithiau'n gyfrifol am fygu glowyr, tagnwy: *after-damp.*

1874.

ôl-drem, ôl-dremiad, ôl-droaf: ôl-droi, ôl-drosaf: ôl-drosi, ôl-drosiad, gw. ôl[1] + trem, tremiad, troaf: troi, trosaf: trosi, trosiad.

oldyrán [bnth. S. *hold your hand*] *eb.* Ffonnod ar gledr y llaw fel cosb yn yr ysgol: *caning on the palm of the hand as a punishment at school.*

20g.

ôl-dywyn [*ôl[1]* + *tywyn[1]*] *eg.* ll. *-ion*, *-iadau.* Golewych neu dywyn a adewir ar ôl i olau ddiflannu, e.e. ar ôl i'r haul fachlud: *afterglow.*

1898.

ôl-ddelw [*ôl[1]* + *delw*] *eb.* ll. *-au.* Ôl-ddelwedd: *after-image.*

1924.

ôl-ddelwedd [*ôl[1]* + *delwedd*] *eb.* ll. *-au.* Synhwyriad (yn enw. un gweledol) a erys ar ôl i'r stimwlws gwreiddiol ddarfod: *after-image.*

20g.

ôl-ddilyniad [*ôl[1]* + *dilyniad[2]*] *eg.* Olyniaeth: *succession.*

1630 R. VAUGHAN: *YDd* 31, Duw . . . heb derfynau o ran rhagfynediad, neu *ol-ddilynniad* (*succession*) [:– O ran dim â aeth oi flaen neu ddêl, oi ol]. **1722** *Llst* 189, *ol-ddilyniad*, m. succession.

ôl-ddilywiad [*ôl[1]* + *dilyw* + *-iad[3]*] *eg.* ll. *-iaid.* Un a fu'n byw neu sy'n byw ar ôl y Dilyw: *post-diluvian.*

1852.

ôl-ddod [bôn y f. ddil.] *eg.* ll. *-ion.* Ôl-ddodiad; epilog neu atodiad (mewn llyfr): *suffix*; *epilogue*, *appendix*, *addendum* (*in book*).

1826.

ôl-ddodaf: ôl-ddodi [*ôl[1]* + *dodi*] *ba.* *Gram.* Chwanegu (ôl-ddodiad) ar ddiwedd gair: *to suffix* (*in gram.*).

1818.

ôl-ddodedig [bôn y f. fl. + *-edig*] *a.* *Gram.* Wedi ei ôl-ddodi: *suffixed* (*in gram.*).

1818.

ôl-ddodiad, olddodiad [bôn y f. fl. + *-iad[1]*] *eg.* ll. *-iaid.* *Gram.* Elfen a chwanegir ar ddiwedd gair neu fôn geiriol, e.e. *-au*, *-o[1,2,3]*, *-ol*, *-wr*; atodiad: *suffix*, *affix* (*in gram.*); *appendix*, *addendum.*

1828.

ôl-ddyddiaf: ôl-ddyddio [*ôl[1]* + *dyddio*] *ba.* Ysgrifennu dyddiad sydd yn y dyfodol (ar siec neu ddogfen arall); dyddio (digwyddiad, cyfnod, &c.) yn ddiweddarach na'r dyddiad a dderbynnir yn gyffredinol, neu'r dyddiad a gynigir gan berson neu garfan arall; gwneud (e.e. codiad cyflog) yn effeithiol o ddyddiad cynharach: *to post-date*; *backdate.*

1780 *W*, *ôl-ddyddio* . . . ysgrifen d.g. *to postdate a writing.* **1803** *P*, *olddyddiaw*, to post-date.

ôl-ddyled [*ôl[1]* + *dyled*] *eb.* ll. *-ion.* Dyled orddyledus (yn enw. am daliad cyson, e.e. rhent, tanysgrifiad): *arrears.*

1798 *WR* d.g. *arrear*, *arrears.*

ôl-ddylifol [*ôl[1]* + *dylif[2]* + *ol*] *a.* Yn bod neu'n digwydd ar ôl y Dilyw: *post-diluvian.*

1850.

oleander [bnth. S. *oleander*] *e?g.* *Bot.* Llwyn neu bren bytholwyrdd gwenwynig o gyffiniau'r Môr Canoldir, a chanddo flodau persawrus gwyn, pinc, neu borffor, *Nerium oleander*: *oleander.*

1934.

oleddaf: oleddu, oleffant, olegyfane, gw. goleddfaf: goleddfu, oliffant, ofergarfanau.

ôl-eiddo [*ôl[1]* + *eiddo[1]*] *eg.* Asedion (fel arfer am ystad person marw): *assets* (*usually of a deceased person's estate*).

1852.

oleifiad, gw. olafiad.

olew [bnth. Llad. *oleum* drwy'r ff. **oléŭum*, cf. *llew*, *pydew*; H. Grn. *oleu*, gl. *oleum*, Llyd. C. *oleau*, *oleo*, Llyd. Diw. *olev*, taf. Gwened *oleù*, H. Wydd. *olae*] *eg.* ll. *-on*, (prin) *-au.*

(*a*) Un o amryw fathau o hylifau gludiog llyfn ireidlyd, sydd fel rheol yn hyfflam, yn annhoddadwy mewn dŵr ond yn doddadwy mewn alcohol ac ether, ac a geir o lysiau, anifeiliaid, mwynau, a thrwy synthesis, a'u defnyddio fel ireidiau, tanwydd, bwyd, persawr, ac fel defnyddiau crai ar gyfer cemegolion; ?ennaint, eli; ?salifa, poer; hefyd yn *ffig.*: *oil*; *?ointment*, *unguent*; *?saliva*; *also fig.*

9g. (*Ox* 1) *B* iii. 2, ir hestoriou *oleu.* **13–14g.** *Cy* vii. 136, amyl vyd y gwin ar *olew.* **1346** *LlA* 17, ffynnawn o *olew* (*olei*) a dardawd or dayar. **14–15g.** *IGE[2]* 148, Peraist i'r *olew* newydd / A'r gwin i ddyfod o'r gŵydd [Gruffudd Llwyd i Dduw]. *c.* **1400** *MM* 78, llosci redyn a chymysgu y lludw hwnnw a gwynn wy, neu ynteu *olew.* *id.* 162, hynny a elly y adnabot ar dy chwant yr bwyt ar deneu rwyd [*sic*] dy *olew.* *c.* **1400** *YCM[2]* 163, iraw corff Rolant . . . ac ireideu gwyrthuawr . . . myrr, ac *olew*, a balsami. **1551** W. SALESBURY: *KLl* xxib, yd aeth gwraic attaw, ac yn hi llaw lestrait o *oleo* gwerthvawr. **1567** *TN* 74a, [b]lwch o *oleo* [:– yyl, irait, eli, wylment]. **1588** *Math* xxv. 4, [Y] rhai call a gymmerasant *olew* yn eu llestri gŷd â'u lusernau [*sic*]. **1632** J. DAVIES: *LlR* 364, Pa faint o druth a gweniaith . . . yr ydym ni yn clywed rhai yn ei ddwedyd . . . a neb heb lefain . . . ymaith a'r *olew* pechaduriaid yma ac na ddeled ar fy mhen i. **1722** *Llst* 189, *olew*, m.p. *olewon*, oil, ointment. **1756**

ymchwiliad, ymchwil: *pursuit, search, investigation, research.*
1604–7 *TW* (*Pen* 228) d.g. *inuestigatio.* **1717** Iaco ab Dewi: *MN* 168, ymegnïo i'w trefnu [meddyliau] a'i gosod yn Rhesi ac yn hyfforddus, fel y byddont yn ôl hyn yn fwy diysgog ac wrth Reol yn eu *Holrheiniadeu.* **1722** *Llst* 189, *olrheiniad,* d.p. *-niadau,* a tracing, pursuit. **1731** E. Samuel: *AE* 203, yn dysgu i ni fwy o Natur Duw nag a allesid bŷth ei ddirnad trwy'r *olrheiniadau* dyfalaf. **1769** J. Griffith: *A* 30–1, sylwiadau . . . a ddichon roddi calondid . . . a bod yn ocheliad iddynt yn eu *holrheiniad* ar ol y byd hwn. *id.* 118, gall barhau yn ei *olrheiniadau* presennol, a mwynhau cymmaint pleser ag allo, a rhoddi heibio bob meddyliau o fod yn Gristion. **1775** *W* d.g. *indagation, investigation.* **1777** W. Davies: *CHL* 180, effaith cyfrwysdra ac *olrheiniad* neu ddynwared (*effect of art and imitation*) ydyw. **1794** E. Jones: *CP* v, Ond i ddilyn y testun fae dan *olrheiniad.* **1803** *P.*

(*b*) (geir.) Trywydd, ôl: (*dict.*) *scent, trace.*
1688 *TJ* d.g. *edrywedd.* *c.* **1730** *Thos. Lloyd D* (LlGC) 186a, *olrheiniad* . . . trace, scent.
Amr.: **olrheniad** [bôn y f. *olrhenaf*: *olrhen* + *-iad*[1]]. **1604–7** *TW* (*Pen* 228) d.g. *inuestigatio.* **1688** *TJ* d.g. *edrywedd.*

olrheiniadwy [bôn y f. *olrheiniaf*: *olrhain* + *-adwy*] *a.bfl.* Y gellir ei olrhain neu ei archwilio: *traceable, investigable.*
1775 *W* d.g. *investigable.* **1803** *P.*

olrheiniaeth [*olrhain* + *-iaeth*] *e?b.* Chwiliad, ymchwil: *search, research.*
1846.

olrheiniaf, olrheaf: olrhain [*ôl*[1] + bôn *rhe-* (cf. *dere, dwyreaf*: *dwyre, dwyrain,* a'r H. Wydd. *regaid* 'bydd yn mynd'); cymerwyd *olrhain* yn fôn y f. mewn Cym. Diw.] *bg.a.* a'r be. fel *eg.* ll. *-einiau.* Dilyn (ôl), erlyn, ymlid, chwilio, ymchwilio, ceisio, fforio: *to trace, track, follow, pursue, search, investigate, seek, explore.*
13g. *B* iv. 9, Gwell cadw noc *olrein.* **14g.** *Bren Saes* 42, yntev a *olrewt* wrth y gwaet ry gollassei yny gat yn varw. **14g.** *WM* 469. 17–21, Ol mab olwyd seith mlynet kyn noe eni a ducpwyd moch y dat. Affan drychauwys ynteu yn wr yd *olrewys* y moch. **14g.** *GDG* 267, Nid oes ym, myn Duw, o swydd, / Ond *olrhain* anwadalrhwydd. **15g.** *DE* 22, ef a wnai ayaf vnos / eira f*olrrain* ar foelrros. **1547** *WS, olrhain* yscyfarnoc, trace an hare. *Diw.* **16g.** *LBS* iv. 414–15, Ef [cennad] . . . a phoes y eglwys Gwenn Vrewy y gymryd y nawdd ai elynnion ai *holrheawdd.* **1588** *Doeth Sol* vi. 22, o ddechreuad ei genedigaeth hi [doethineb] yr *ôlrheiniaf,* ac y gosodaf ei gwybodaeth hi yn amlwg. **1632** *D, olrhain* . . . indagare, inuestigare, vestigia insequi. **1704** E. Samuel: *BA* 210, hwy a *olrheiniasant* yr Apostol gydâ lliaws o wŷr arfog. **1717** Iaco ab Dewi: *CS* 2, Ai *olrhein* (*pursue*) y Byd yw'n gwaith ni? **1754** *ML* i. 293–4, [m]yned . . . i *olrhain* planhigion i'r Wyddfa. **1793** *Cylchg* 32, Pa fwyaf yr *olrheinir* am y gwirionedd, ymddengys o hyd gyd â mwy o ogoniant. **1803** *P.*

Fel *e.* Ôl, (yn y ll.) olion; chwiliad: *trace, print* (*e.g. of foot*), (*pl.*) *remains; search.*
1595 M. Kyffin: *DFf* [110], [g]wrthieu, yn y rhai y mae gwir ol, ag *olrhen,* cerddediad Crist (*the most perfect prints of Christ's own steps*). **1632** *D* d.g. *inuestigatio.* **1803** *P, olrhain,* s. m., a searching after.
Amr.: **olrheain.** **1632** *D* d.g. *olrhain.* **1722** *Llst* 189, *olrhëain*—as Olrhain. **1803** *P.* **olrheinio.** **1803** *P.* **olrhen** [cf. *darllen* < *darllein*]. **1595** M. Kyffin: *DFf* [110]. **1696** *CDD* 59, Er hŷn nid *olrhennwn* mo'u rhinwedd. **1707** *AB* [xix].
Cfn.: **olrhain achau:** *to trace a family tree or genealogy, genealogize.* **1897.** **o. allan:** *to seek out, trace.* **1588** *Job* xxviii. cs. **1631** O. Thomas: *CC* 98. **1755** *ML* i. 366.
Gw. hefyd olhaf: olhau.

olrheiniedig [bôn y f. *olrheiniaf*: *olrhain* + *-iedig*] *a.bfl.* Wedi ei olrhain, wedi ei ddarganfod, wedi ei archwilio: *traced, discovered, investigated.*
1772 *W* d.g. *discovered, elicit* [*drawn forth or out; found out or discovered by labour and application,* &c.], *investigated.* **1803** *P, olrheiniedig,* being traced out.

olrheiniedydd [bôn y f. *olrheiniaf*: *olrhain* + *-iedydd*] *eg.* ll. *-ion.* Un sy'n olrhain, archwiliwr: *tracer, investigator.*
1803 *P, olrheiniedydd,* an indagator, a scrutinizer, a tracer.

olrheiniwr, olrheinwr, olrheinydd [bôn y f. *olrheiniaf*: *olrhain* + *-(i)wr, -ydd*[3]] *eg.* ll. *olrheinwyr.* Un sy'n olrhain, chwiliwr, ymchwiliwr, archwiliwr, darganfyddwr, fforiwr; ci trywydd: *tracer, searcher, researcher, scrutineer, auditor, discoverer, explorer; tracker-dog.*
1588 *Ecclus* xiv. 22, dos ar ei hôl hi fel *ôlrhen-wr* (**1620** *ib. ôlrhein-wr*). **1632** *D,* olrhêwr, & *Olrheiniwr,* indagator, investigator. *id.* d.g. *odorisequus.* **1703** E. Wynne: *BC* 26, Wel' dyma Fardd, ebr fi, sy well *olrheiniwr* na mi. **1755** *GAGC* 8, [d]igon o waith i Gywraint *olrheiniwr* Hynafiaeth. **1772** *W, olrheiniwr, olrheinydd* d.g. *discoverer.* *id. olrheiniwr* d.g. *indagator.* *id. olrheinydd* d.g. *tracer.* **1803** *P.*
Amr.: **olrhenwr, olrheniwr** [bôn y f. *olrhenaf*: *olrhen* + *-(i)wr*]. **1588** *Ecclus* xiv. 22, *ôlrhen-wr.* **1688** *TJ, olrhenwr* d.g. *olrhewr.* **1760** T. Williams: *AD* 43a, *olrheniwr.*

olrhenaf: olrhen, olrheniad, olrhen(i)wr, gw. olrheiniaf: olrhain, olrheiniad, olrheiniwr.

olrhëwr, olrheuwr [bôn y f. *olrheaf*: *olrhain* + *-wr*] *eg.* ll. *-wyr.* Olrheiniwr, chwiliwr, darganfyddwr; ci trywydd: *tracer, searcher, discoverer; tracker-dog.*
15g. Deio ab Ieuan Du, &c.: *Gw* 244, Braw hydd dan wŷdd yn dwyn og, / Brodyr, *olrhewyr* rhywiog. / Mae milgwn cydheliwn hydd, / I minnau, awn i'r mynydd [i ofyn bytheiaid]. **1604–7** *TW* (*Pen* 228), *olrhewr* d.g. *ichnobates.* *id. olrheuwr* d.g. *odorisequus, vestigator.* **1632** *D, olrhêwr* . . . indagator, investigator. **1688** *TJ, olrhewr* . . . a diligent searcher, or seeker out, one that follows the track. **1770** *W, olrhëwr* . . . hynafiaeth d.g. *an antiquary.* *id.* d.g. *discoverer.* **1803** *P.*

olsgrif, ôl-sgrifen, gw. ôl-ysgrif, ôl-ysgrifen.

ôl-sodlaf: ôl-sodli [*ôl*[1] + *sodli*] *bg.a.* Cicio (pêl) tuag yn ôl â'r sawdl: *to (back-)heel (a ball).*
20g.

oltrad, gw. altrad (hefyd At.).

ôl-traed, gw. ôl[1]—o. troed.

oltraf: oltro, oltrasiwn, gw. altraf: altro (hefyd At.), altrasiwn (hefyd At.).

ôl-troed, gw. ôl[1]—o. troed.

ôl-warchodlu [*ôl*[1] + *gwarchodlu*] *eg.* Ôl-fyddin: *rearguard.*
1872.

olwedd [*ôl*[1] + *gwedd*[1]] *e?b.* Gwaddod, gweddillion: *dregs, remains.*
Dchr. **15g.** *B* vii. 372–3, Y gwlybyreu ereill [heblaw dŵr] pan eu dineuer megys drwy drigyan y kerdant. Ac wynt a adawant ryw *olwed* yn y llestyr. **15g.** *Pen* 109, 138, *olwed* oesseu a lud iasseu (Lewys Glyn Cothi).

ôl-weinydd [*ôl*[1] + *gweinydd*] *eg.* (b. *-es*) ll. *-ion.* Gweinyddwr (ystad person marw): *administrator (of a deceased person's estate).*
1842.

ôl-weithiad [*ôl*[1] + *gweithiad*] *eg.* Adwaith: *reaction.*
1906.

olwm, gw. olwyn[1].

olwr [*ôl*[1] + *gŵr* neu *-wr*] *eg.* ll. *-wyr.* Chwaraewr sydd gan mwyaf yn amddiffyn y tu ôl i'r blaenwyr (mewn rygbi, &c.); un sydd yn y cefn, dilynwr: *back (in rugby,* &c.); *one who is at the back, follower.*
1803 *P.*

olwyn[1], (*ŵy*) *eb.g.* (bach. ?b. *-an,* g. *-yn*) ll. *-(i)on, -(i)au, -i.*

(*a*) Disg, neu ffrâm gylchog a gysylltir wrth foth ag adenydd, sy'n troi ar echel neu werthyd ac a ddefnyddir i hyrwyddo symudiad pob math o gerbydau, ac i lu o ddibenion mecanyddol eraill, rhod: *wheel.*
9g. (*MC*) *VVB* 90, crunn*olunou,* gl. *orbiculata.* **9–10g.** (*Ox* 1) *VVB* 199, *olin,* gl. *rota.* **10–11g.** *DGVB* 213, *holoinou,* gl. *rotis.* **13g.** *DB* 65, megys pei et vei edyn en rot melin, yr edyn . . . a lavuryei en erbyn yr *olwyn* y gerdet. **13g.** *BD* 114, ac oleu y *olvyneu* (*RB* ii. 153, *olwynon*) a leinw o waet. *Diw.* **15g.** *Pen* 67, 127, llin domas a gafas gwyn / ar elor bedwar *olwyn* (Hywel Dafi). **1547** *WS, ôlwyn,* a whele. **16g.** *GGH* 304, Dwy *olwyn* fraisg 'mdrôi ar frys [i ofyn meini melin]. **16–17g.** *DCR* 247, A chweigen pise o pres / oedd gan y diwres ladron / yn kroegleisio [*sic*] yn fawr i bar / yn poiri oddiar *olwynion* [am fagnelau]. **1761** *ML* ii. 340, gyrru chaise i'w gyrchu. Torrodd un o'i *holwyni* ar y ffordd. **1776** H. Jones: *GC* 71, Na mynd ar *olwnie'* o'r Wlâd. **1794** *W, olwynan* d.g. *wheel, a little wheel.* **1803** *P.* Clywir y ff. *olwm* yng Nghwmtawe.

(*b*) (enghrau. *tros.* a *ffig.*: *transf. and fig. exx.*).
14g. *BT* (*RB*) 178, pan dores [*sic*] Agheu, yr emelltigedic vlwydyn hono, *olwyn* y Tyghetuen (amr. teghetuenneu) y gymryt yr Argluyd Rys ap Gruffud. **14g.** *OBWV* 94, A pheunoeth, lwytboeth letpai, / *Olwyn* oer, wylo a wnai [Gruffudd Gryg i'r lleuad]. *c.* **1400** *R* 1039. 29, oed *olwyn* ygkat. **15g.** *GO* 97, Ys da *olwyn,* os daliaf, / Ysgŵl y'r llaw asw a gaf [i ofyn bwcled]. **15g.** *GGl*[2] 98, Ei weled yn troi'n *olwyn* / Ar Fall Draeth a'r fwyall drwyn [dychan i Uto'r Glyn gan Lywelyn ap Gutun]. **15g.** *DE* 39, mae snoden i wenn o aur / am *olwynion* melynaur. **15–16g.** *TA* 388, I wddw eilwaith oedd *olwyn,* / A thair troell yn eitha 'r trwyn [i ofyn march]. **1588** *Diar* xx. 26, Brenin doeth a wascar yr annûwiol: ac a drŷ 'r *olwyn* arnynt. **1727** J. Jones: *DFF* 123, o ni ddarfu i chwi ragweled y troei'r *Olwyn* arnoch. **1761** *ML* ii. 415, tafod y widw ar *olwynion* gwylltion, vastly troubled with hysterics. **1770** R. Jones: *YC* 20, *olwyn* arfaeth Duw. **1778** M. Williams: *BM* 4, a'r llinell union . . . trwy ganol y ddaear o'r naill Begwn i'r llall, a elwir yn Axis neu *olwyn* y ddaear. **1793** Dafydd Ionawr: *CD* 14, E luniwyd holl *olwynion* / Y Gre'digaeth helaeth 'hon [*sic*], / O râd y mawr Greawdydd.

(*c*) Siafft (car llusg): *shaft (of slide-cart or sled).*
1753 *TR,* olwyn . . . *olwyn* carr, the beam of a dray or slead. **1803** *P.* Ar lafar yn nwyrain Morg. a godre Brych., *Medel* iii. 4. Cf. Watcyn Wyn: *Adgofion* (1907) 29, dwy *olwyn* y gelwid dwy ochr y câr, ond mai dwy *olwyn* yn llusgo oeddynt, ac nid dwy olwyn yn troi . . . Dwy bowlen hir a lled gryf oedd yn ffurfio dwy ochr y câr llusg . . . *Olwyn* câr y gelwid un ochr, ac *olwyn* car y gelwid yr ochr arall, a dwy *olwyn* y gelwid y ddwy, a sodlau y gelwid y rhan o'r *olwynion* oedd yn llusgo ar y ddaear.
Cfn.: **olwyn gocos (goc(y)s):** *cog-wheel, also fig.; brake wheel (of windmill).* **1543** *B* viii. 298, [y]r *olwyn goks* yn ry dyn wrth y gwerthydydd. **1607** *Pen* 216, 78, Mi a wyneba yr *olwyn gockys.* **1789** Twm o'r Nant: *TChB* 16, *Olwyn goccys* chwant ynrhoell naturiaeth. **1808** Twm o'r Nant: *BB* 17, fel troell, ac *olwyn gocos.* Ar lafar yn y Gogledd, '*olwyn gocos*', *WVBD* 406. **o. ddŵr (ddwfr):** *water-wheel.* **1607** *Pen* 216, 80, Mi a rwyma vreichie yr *olwyn ddwr* lle dyleon os an yn rrydd. **1632** *D* d.g. *tympanum.* **1790** Twm o'r Nant: *GG* 142, Englyn i *Olwynion dwfr* Melin Rhuthyn. Ar lafar, *WVBD* 406. **o. lywio:** *steering-wheel.* **20g.** **o. men:** *cart-wheel.* **15g.** *DN* 47. **1588** *Ecclus* xxxiii. 5, Calon y ffol sydd fel *olwyn men.* **1632** *D* d.g. *orbita.* Cf. *YCM*[2] 29, Yn olwyn y uenn y mae tri pheth. **o. (yn troi) mewn o.:** '*wheels within wheels*', *with ref. to providence* (*after Ezek. i. 16*). **1792** H. Harris: *H* 172, Trwy ffydd yn gweled *Olwyn yn troi mewn Olwyn,* i ddwyn yr Arfaeth dragwyddol ymlaen. **o. sbâr:** *spare wheel (of car,* &c.). **20g.** **o. trol:** *cart-wheel.* Ar lafar. Clywir y rhigwm 'Mi yfais inna lond 'y mol / Nes rown i'n troi fel *olwyn trol*'. **ar ei o.:** *fitly spoken (of a word).* **1685** G. Griffith: *GA* 12, bydded pob gair yn ei le, *ar ei olwyn* (cf. **1620** *Diar* xxv. 11, Gair a ddyweder mewn amser [:– Neu, yn ei lê. Heb. ar ei olwynion]). **mynd ar olwynion:** *to go on wheels, go smoothly without interruption.* **20g.**
Gw. hefyd olwynig.

olwyn[2] (*ŵy*) [*ôl*[1] + *gwyn*[1]; dichon mai *olwyn*[1] fel trosiad am farch a welir yn rhai o'r enghrau. isod, gw. *B* viii. 236–7, *TYP* 98, ac efallai yn y ff. *olwynawr, H* 123a. 9; sylwer, fodd bynnag, yn yr enghrau. barddonol isod fod odl neu broest fel arfer yn erbyn deall *olwyn*[1], gw. *LGCD* 122; cf. o bosibl yr e. prs. *Olwen*] *a.* a hefyd fel *eg.* (March) ac iddo bedrain wen; ac iddo ôl gwyn: (*horse*)

having white hind quarters; *having a white track*.
c. **1300** *H* 110b. 4, Dy gychwyn *olwyn* elwa uann gre [Llywarch ap Llywelyn i Wenllïan ferch Hywel]. **14g.** *Cy* vii. 151, Pan del gwr gwrthryn y ar *olwyn* du: y lad / lloegyr llwybyr wehyn. c. **1400** [*RB*] *WM* 219. 7–9, gwelynt uarchawc yar varch *olwyn* du penn uchel. **15g.** *GDLl* 79, Cwrs y wadd yw lladd fellŷn, / A chilio ar farch *olwyn*. **15g.** *GTP* 50, March du *olwyn*, march dulas. **15g.** *LGCD* 16, Syr Wiliam Herbart, gwrser *olwyn*—hardd, / Hil Gwilym ap Siancyn. *id.* 18, Herbart sy wrol ar farch *olwyn* / Yn mesur Cymru â'i gomisiwn. **15g.** *GGl*[2] 313, Cyfrwyodd, duriodd yn dynn, / Ŵr uchelwaed farch *olwyn*. **1605–18** *Mos* 131, 611, Mae ym ebol yn *olwyn* / ai ffroen wen ai ffriw yn wyn. **1632** *D*, *ol-wynn*, ὀπισθόλευκος, ponè albus. **1722** *Llst* 189, *olwynn*, white behind or on ye back. **1803** *P*, *olwyn*, having a white track.

olwynad, olwynaf: olwyno, olwynan, gw. olwyniad[1], olwyniaf: olwynio, olwyn[1].

olwyngar [*olwyn*[1] + *-gar*] *a.* Tebyg i olwyn neu gylch: *like a wheel or a circle*.
1657 *MLl* ii. 122, Rhai a ddwedant fod y ddayar. / Yn troi beynydd yn *olwyngar*. c. **1730** *Thos. Lloyd D* (LlGC) 186a, *olwyngar*, circularis.

olwyngarn [*olwyn*[1] + *carn*] *a.* Crwn ei garnau (am geffyl): *having round hoofs*.
14g. *GIG* 60, Neud hwn yw'r march blaenbarch blawr; / Ffroenfoll *olwyngarn* ffrwynfawr.

olwyniad, olwynad [bôn y f. ddil. + *-iad*[1], *-ad*] *eg.* Y weithred o droi fel olwyn, troad: *a wheeling or turning*.
1803 *P*, *olwynad* . . . a wheeling.

olwyniaf, olwynaf: olwyn(i)o [bf. o'r e. *olwyn*[1]] *bg.a.* Symud fel olwyn, chwyldroi, troi (ar echel), (peri) symud mewn cylch, troelli, treiglo, troi i wynebu cyfeiriad gwahanol; gwthio neu dynnu (rhywbeth) ar olwynion, cludo (mewn cerbyd) ar olwynion; symud ar olwynion, beicio; hefyd yn *ffig.*: *to wheel*, *turn* (*on an axis*), (*cause to*) *move in a circle*, *turn*, *revolve*, *roll*, *turn to face a different direction*; *wheel*, *push or pull* (*something*) *on wheels*, *carry* (*in a carriage*) *on wheels*; *move on wheels*, *cycle*; *also fig*.
1604–7 *TW* (*Pen* 228), *olwyno* d.g. *rotans*, *roto*. **1793** Dafydd Ionawr: *CD* 2, Cyn bod yr Haul di draul draw, / Wawl enwog, yn *olwynaw*. *id.* 219, Lân wyr, hwy welen' eirian / Wawl o draw 'n *olwynaw* 'n lân. **1803** *P*, *olwynaw* . . . to wheel. **1853** W. Rees: *AFR* 99, Ar hyn, gyrai Haley ymaith, sefydlodd Tomos olwg drom alarus . . . ar ei gartref . . . tra yr oedd yn cael ei *olwynio* ymaith oddiwrtho.

olwynig [*olwyn*[1] + *-ig*[1]] *eb.* Olwyn fach; beic: *little wheel*; *bicycle*.
1632 *D* d.g. *rotula*. **1722** *Llst* 189, *olwynig*, f. a little wheel. **1794** *W* d.g. *wheel, a little wheel*.

olwynog, olwyniog [*olwyn*[1], a bôn y f. fl. + *-(i)og*] *a.* Ac iddo olwyn(ion); yn troi neu'n symud fel olwyn, yn cylchdroi; tebyg i olwyn, ar lun olwyn; yn perthyn i olwyn; hefyd yn *ffig.*: *wheeled*; *turning or moving like a wheel*, *wheeling*, *revolving*; *like a wheel*, *wheel-shaped*; *pertaining to a wheel*; *also fig*.
14g. *SC* viii/ix. 191, ef a gynnydwys llet y bont val y caffei garr *olwynnyawc* mynet arnei. **16g.** **(1763)** W. Salesbury: *LlM* 162, Persli Gwyllt . . . Dail llydain . . . a thoppie crynion *olwynog*. **1632** *D*, *olŵynog*, rotas habens. *id.* d.g. *rotalis*. **1696** *CDD* 305, Pan fytho'r Haul *olŵŷnog*, / Yn ei oleini gwresog. c. **1700** E. Lhuyd: *Par* i. 97, aradr *olwynog*. **1722** *Llst* 189, *olwynog*, having wheels. **1790** J. Roberts: *C* [1], Ein daear faith gwmpasog, / Bob dŷdd sy'n troi 'n *Olwynog*. **1793** Dafydd Ionawr: *CD* 270, Meddyliant am y ddilorf / *Olwynawg* odidawg Dorf / Odiaethol fu 'nghylch Dothan / A Gwr Duw, yn Gaer o dân! / Disgwylant y gwelant Gâd / Anfarwol o'r Nef eurad, / Arfogion weision Iesu / Yn fflammawg *olwynawg* lu! **1793** R. Powell: *ADV* 4, Eu gosod [y tymhorau] mewn bôd yn bêr, i luniaw / Yr *olwynawg* Amser. **1794** *W*, clûdai *olwynog* d.g. *a wheeled carriage*. **1803** *P* d.g. *olwynawg*.

olwynol [*olwyn*[1] a bôn y f. fl. + *-ol*] *a.* Ar lun olwyn, cylchog; yn troi neu'n symud fel olwyn, yn cylchdroi; ac iddo olwyn(ion): *wheel-shaped*, *circular*; *turning or moving like a wheel*, *wheeling*, *revolving*; *wheeled*.
1855.

olwynwaith [*olwyn*[1] + *gwaith*[1]] *eg.* Rhannau symudol mecanwaith (wats, &c.), perfedd (dyfais fecanyddol), set o olwynion wedi eu cysylltu sy'n ffurfio rhan o beiriant neu ddyfais fecanyddol, hefyd yn *ffig.*: *mechanical movement* (*of watch*, *&c.*), *wheelwork*, *also fig*.
1851.

olwynwr [*olwyn*[1] a bôn y f. fl. + *-wr*] *eg.* ll. *-wyr*. Saer olwynion; beiciwr, seiclwr: *wheelwright*; *cyclist*.
1722 *Llst* 189, *olwynwr*, m. a wheel-wright. **1794** *W* d.g. *wheeler or wheelwright*. Ar lafar gynt ym Morg. yn yr ystyr 'saer olwynion'.

olydd [*ôl*[1] + *-ydd*[3]] *eg.* ll. *-ion*. Person neu beth sy'n dilyn, olynydd; disgynnydd: *person or thing which follows*, *successor*; *descendant*.
1869.
Gw. hefyd olwr.

olyf, olyfwydd, olyffant, gw. olif, oliwydd, oliffant.

ôl-ymadrodd [*ôl*[1] + *ymadrodd*[1]] *eg.* ll. *-ion*. Atodiad, ôl-ysgrif, diweddglo: *appendix*, *postscript*, *epilogue*.
1711 GJ: *LlW* 61, Yr *Olymadrodd*. **1728** T. Baddy: *DDG* 120, *Ol Ymadrodd*. c. **1730** *Thos. Lloyd D* (LlGC) 185a, *olymadrodd*, postscript. **1780** *W* d.g. *postscript*. **1803** *P*, *olymadrawdd*, s. m. pl. *olymadroddion* . . . an epilogue.

ôl-ymennydd [*ôl*[1] + *ymennydd*] *eg. Biol.* Y rhan o'r ymennydd sy'n datblygu o'r rhan ôl o'r tiwb niwral embryonig mewn anifeiliaid asgwrn-cefn; hefyd (gynt) yr ymennydd bach: *hind-brain*, *rhombencephalon*; (*formerly*) *cerebellum*.
1860.

Olympaidd, Olympiaidd [cfdds. o'r S. *Olymp(ic)* + *-(i)aidd*] *a.* Yn perthyn i Olympia yng Ngroeg gynt, lle cynhelid chwaraeon bob pedair blynedd er anrhydedd i Zeus, yn perthyn i'r chwaraeon hyn neu i'r chwaraeon modern sydd wedi eu cynnal bob pedair blynedd mewn amrywiol wledydd er 1896; yn perthyn i Fynydd Olympos, nodweddiadol o dduwiau Mynydd Olympos, mawreddog (hefyd yn ddifr.), uwchlaw pethau dibwys (yn ddifr.): *Olympic* (*of the games*); *Olympian*, *majestic*, *superior* (*of manner*), *above mundane matters* (*derog.*).
1680 J. Thomas: *UN* 16, ni chai nêb yn yr *Olympiaidd* ymdrech, mor gwobr, ond yr hwn a ymegnia yn wrol ac yn gyfreithlon. **[1740]** T. Baddy: *DDGH* 55, y campau *Olympiaidd*. **[1740]** L. Anwyl: *CA* 122, y chwareuon *Olympaidd*.

Olympiad [bnth. S. *Olympiad*] *eg.b.* ll. *-iaid*, *-iadau*. Cyfnod o bedair blynedd rhwng Chwaraeon Olympaidd a ddefnyddid gan yr hen Roegiaid i gyfrif amser: *Olympiad*.
1768 Risiart ap Robert: *CB* 38, yn yr eilfed flwyddyn o'r 77 . . . *olympiad*. **1809** M. Williams: *BM* 26, mae rhai yn cyfrif eu blynyddodd oddi wrth greadigaeth y byd: / yr hen groegiaid [*sic*] oddiwrth yr *Olympiad* pa rai a gafoedd eu dechreu 776 o flynyddau cyn geni Crist.

Olympiaidd, olynad, gw. Olympaidd, olyniad[1].

olynaf: olynu [bf. o'r bôn tybiedig *olyn-* (drwy gamrannu *olynol*)] *ba.* Dilyn, dod ar ôl fel olynydd: *to follow*, *succeed*.
1808.

olynes [bôn y f. fl. + *-es*[1]] *eb.* ll. *-au*. Olynydd benywaidd: *female successor*.
1837.

olyniad[1]**, olynad** [bôn y f. fl. + *-iad*[1], *-ad*] *eg.* ll. *-au*, *-iaid*. Olyniaeth (i orsedd, swydd, &c.), y weithred o olynu (mewn swydd, &c.); cyfres, dilyniant, trefn; canlyniad; *Crdd.* dilyniant; cylchdro (cnydau): *succession* (*to throne*, *office*, *&c.*); *series*, *sequence*, *order*; *consequence*; *sequence* (*in music*); *rotation* (*of crops*).
c. **1819.**
Cfn.: **olyniad apostolaidd:** *apostolic*(*al*) *succession*. **1851.**

olyniad[2] [bôn y f. fl. + *-iad*[2]] *eg.* ll. *-iaid*. Olynydd; disgynnydd: *successor*; *descendant*.
1824.

olyniaeth [bôn y f. fl. + *-iaeth*] *eb.* ll. *-au*. Y weithred o ddilyn mewn trefn, dilyniad, dilyniant, cyfres; yr hawl i olynu neu'r weithred o olynu (i orsedd, &c.): *succession*, *sequence*, *series*; *succession* (*to throne*, *&c.*).
1849 (1878) W. Rees: *LlHFf* 107, Beth fudde'r *lynieth* da, oni base i bod yn trysglwyddo ysbryd a charitor a donie y postolion.
Cfn.: **olyniaeth apostolaidd:** *apostolic*(*al*) *succession*. **1851.**

olyniant [bôn y f. fl. + *-iant*] *eg.* Olyniaeth (i swydd, &c.); dilyniad, dilyniant, cyfres; parhad: *succession* (*to office*, *&c.*); *succession*, *sequence*, *series*; *continuation*.
1813.

olyniawdr [?bôn tybiedig *olyn-* (drwy gamrannu *olynol*) + *-iawdr*] *eg.* Olynydd: *successor*.
Dchr. **17g.** *B* xxii. 134, yr hain . . . a draflinent frenhin Stephan a dirfawr benbleth a'i *olyniawdr* Henri a rhyfel creulon. **1650** *id.* 146, [y] Baedd rhagddoededig yma . . . yn anioddefus o heddwch a thangnhefedd . . . y bae[dd] milwrawl yma ni bydd i sygsyddwr ne i *olyniawdr* ddim tebyg iddo.

olynol, ôl-yn-ôl [*ôl*[1] + *yn*[3] + *ôl*[1]] *adf.* a hefyd fel *a.* Un ar ôl y llall, y naill ar ôl y llall, o'r bron, yn dilyn ei gilydd, yn ei dro; dilynol, canlynol; cyson, di-baid: *one after another*, *one after the other*, *in* (*unbroken*) *succession*, *successively*, *consecutively*, *in turn*; *successive*, *succeeding*, *consecutive*, *following*; *continuous*, *unceasing*.
1346 *LlA* 107, galw aoruc yr athro attaw yholl disgyblon *ol yn ol*. **14g.** *B* v. 220, eu hysgriuennv [gweithredoedd Siarlys] . . . *ol yn ol* yn dosparthus ual y buant. c. **1400** *R* 1152. 11, Pawb *ol ynol*. gwneynt trwy reol. rann wyluaev. c. **1400** *RB* ii. 81, y porrex y bu tri meib . . . Ar rei hynny awledychwys pop un *ol yn ol* (*BD* 43, wedy i gilid). c. **1400** *CHDd*[2] 46, dyly y brenhin yn hedychawl gwarandaw yn y llys amrysson y neb a wrthwynepo y'r brawdwr; ac odyna atteb y brawdwr *ol yn ol*. **15g.** *GGl*[2] 42, A dau frawd ieuaf ar ôl / O lin enwog *olynol*. *Diw.* **15g.** *Pen* 67, 132, pawb *olynnol* pobl einionn / a lywya tir y wlat honn (Huw Dafi). **1588** 2 *Sam* xxi. 1, Bu newyn yn nyddiau Dafydd dair blynedd *ôl ynol*. **1593** W. Midleton: *B* 6, [y]r oll gytsonaniaid . . . yn kydateb *olynol* ar rhai o flaen y brifodl. **1604–7** *TW* (*Pen* 228), newit, ne ddyuotiat *ol ynol* d.g. *vicissitudo*. **1704** E. Samuel: *BA* 71, ar ddau Sabboth *olynol*. **1718** E. Samuel: *HDdD* 4, mewn trefn *ol ynol*. **1722** T. Evans: *PS* 15, [b]od *ol-yn-ol* Ddyfodiad y Nôs yn ei ysgafnhau. **1740** T. Evans: *DPO* 51, er fy mod i *ol-yn-ol* o waed brenhinol. **1793** Dafydd Ionawr: *CD* 131, Y Gwr mawr hawddgar i mi / *Olynol* fu'th haelioni. **1799** M. Williams: *HHG* 50, [rh]agfynegwyd yn fanol, gan *ol-yn-ol* brophwydi Iuddewaidd. **1803** *P*, *olynol*, adv. in succession, one after another.
Cfn.: **olynol ddilyniad:** *succession*; *series*. **1794** *W* d.g. *succession to an estate, a benefice, an office, &c.* **yn o.:** *in succession*, *successively*, *in turn*. **15–16g.** *TA* 12. **1618** J. Salisbury: *EH* 313. **1710** *LlGG* (*Gos*) 9.

olynolaf: olynoli [bf. o'r gair bl.] *ba.* Olynu: *to succeed*.
1650 *B* xxii. 145, hwn a sygsydda ne a *olynola* i dad yn y deyrnas.

olynoliad [*olynol* neu fôn y f. fl. + *-iad*[1]] *eg.* Olyniaeth: *succession*.
1814–15.

olynoliaeth [*olynol* + *-iaeth*] *e?b.* Olyniaeth; dilyniant: *succession*; *sequence*.
1591 *CM* 16, 28–9, Swcsessiwn a Bendigedig *olynoliaeth* yr Apostolion.

olynwr, olynydd [bôn tybiedig *olyn-* (drwy gamrannu *olynol*) + *-wr*, *-ydd*[3]] *eg.* (b. *olynyddes*) ll. *olynwyr*. Un sy'n dilyn

un arall (mewn swydd, &c.); dilynwr: *successor; follower*.
1775 *CY* 65, [t]yngu ufudd-dod i esgob yr ordinari a'i *olynwyr*.

ôl-ysgar [*ôl*[1] + *ysgar*] *eg*. *Meddyg*. Brych, gwared, garw, placenta: *placenta, afterbirth*.
1850.

ôl-ysgrif, olsgrif [*ôl*[1] + (*y*)*sgrif*] *eb*. ll. *-au, -ion*. Ôl-nodyn: *postscript*.
c. **1730** *Thos. Lloyd D* (LlGC) 186a, *olscrif*, a postscript. **1754** *ML* i. 309, Roeddwn yn meddwl y cawsech *olsgrif* digon ei hyd y boreu foru. **1757** *id*. 454, ir brawd arall y perthyn yr *olysgrif*. **1763** *id*. ii. 598, *Ol Sgrif* yttyw hwn yman. **1780** *W* d.g. *postscript*. **1803** *P*, *olysgriv*, s. f. pl. t. *ion*, a postscript.

ôl-ysgrifen, ôl-sgrifen [*ôl*[1] + (*y*)*sgrifen*] *eb*. Ôl-nodyn: *postscript*.
1711 L. Evans: *LlW* [100], *Ol-Scrifen*. **1715** T. Evans: *GC* 16, Anghwanegiad, Neu *Ol-Sgrifen*. **1722** *Llst* 189, *ol-sgrifen*, f. a postscript. **1725** *SR*, *olscrifen* d.g. *a Postscript*. **1767** J. Thomas: *A* x, fel y nodwyd yn yr Atteb i'r *Ol-'sgrifen*. **1790** W. Richards: *LlA* 105, [yr] *olysgrifen* ar ddiwedd ei lyfr. **1790–1** H. Jones: *T* 85, *Ol-'scrifen*. Ychydig o eiriau mewn ffordd o ddefnydd a thyna fi yn diweddu. **1793** *Cylchg* 208, Y mae'n ddrwg genym fod y lle yn rhy fach . . . i gynnwys *olysgrifen* y gwr bonheddig. **1803** *P*, *olysgriven*, s. f. a postscript.

olywaf: olywo, gw. alowiaf: alowio (hefyd At.).

oll, holl[1] [Crn. C. *ol*, *oll*, Llyd. C. *oll*, *holl*, Llyd. Diw. *oll*, Gal. *ollo-*, ?cf. H. Wydd. *oll* 'mawr' ac o bosibl H. Wydd. *uile* 'cyfan', gw. hefyd *ill*; petrus yw dosbarthiad rhai enghrau. yn yr adran gyntaf isod, a dichon mai grym adfl. sydd iddynt] *rh*.

1. Y cwbl, y cyfan, popeth, pawb: *all, the whole, everything, everyone*.
14g. *LlB* 34, talet ehunan *oll* a del o'r llosc hwnnw o gollet. **14g.** *WM* 32. 19, llyma *oll* heb y teirnon. **15g.** *Pen* 109, 68, A ranu *oll* i rain win (Lewys Glyn Cothi). **15–16g.** *GIF* 118, Tapr rhullfawr, topia'r hollfyd: / top ac *oll*, ti piau i gyd [i Syr Rhys ap Thomas]. **1567** *TN* 13[1]a, *Oll* a wnaethpwyd trwy'r Gair hwnw. **1588** *Jer* viii. 16, [b]wyttasant y tir, ac *oll* a oedd ynddo. **1588** *Eff* iv. 6, Un Duw a Thâd *oll*, yr hwn sydd goruwch *oll*, a thrwy *oll*. **1672** R. Prichard: *Gw* 115, Ni fyn Christ na phen na sowdwl, / Oni chaiff ef *ôll* a chwbwl. **1703** E. Wynne: *BC* 87, o'r rhain y gwnaeth y Gair Hollalluog eich Byd chwi ac *oll* sy ynddo. **1756** G. Owen: *L* 174, oblegid fi y piau'r Tŷ, a'r Gerddi, ac *oll* sy'n perthyn iddo. **1764** W. Williams: *Th* 13, yn difa *oll* o'i flaen. **1767** J. Thomas: *TFFf* 85, A wyti yn treiglo dy *Oll* ar yr Arglwydd, yr hwn sydd i wneuthur *Oll* ac yn *Oll*? **1771** W. Williams: *GIE* i. 54, Rho fy nwydau fel cantorion / *Oll* yn chwareu eu bysedd cun, / Ar y delyn sydd yn seinio / Enw Iesu mawr ei hun. **1856** Islwyn: *Gw* 6, Mae'r *oll* yn gysegredig.

2. (*a*) Cyfan, cyflawn, cwbl, llwyr, hollol; y cwbl o, y cyfan o, i gyd; yn llwyr, yn gyfan gwbl, yn hollol: *whole, entire, complete, total; the whole of, the entire, all (the); completely, wholly, entirely*.
13g. *BD* 100, can collassei *oll* y lleoed cadarn o'e gyuoeth. **14g.** *LlB* 125, gwadu *oll* y dadyl a dotter ar dyn. **14g.** *WM* 441. 38–9, yny uyd y waet yn colli *oll*. **14g.** *DPh* 2, ac *oll* y daethant hwy yr tir. *c*. **1400** *YCM*[2] 204, ual y traethwyt uchot *oll*. *c*. **1400** *YSG* i. 58, yny losges y daryan a'e luryc o'r tu racdaw *oll*. **15g.** *BSK* 39, y ganhatau ytti *oll* yr hyn aercheist idaw. **1588** *Salm* xlv. 13, Merch y brenin sydd *oll* yn anrhydeddus (**1567** *LlGG* (*Sall*) xxvb, 'ogoneddus oll) o fewn. **1764** W. Williams: *Th* 17, Ond geiriau Theomemphus oedd *oll* fel fflamau tân.

(*b*) (enghrau. o flaen enw neu ragenw: *exx. preceding a noun or pronoun*).
10g. (*Ox* 2) *VVB* 156, Ham *hol* enep, gl. *totam meam faciem*. **12g.** *LL* 120, *y holl* cyfreith didi. **13g.** *C* 71. 4, Naut oll yr *holl* merthyri. *c*. **1300** *H* 3b. 25, Brenhin *holl* riet am gwyr nam gomet (Meilyr Brydydd). **14g.** *T* 37. 21, Vn gwr ae goreu yr *holl* greaduryeu. **14g.** *LlB* 16, guerth *holl* anyueileit dof, ac ereill gwyllt a aruerho dynyon ohonnunt. **1346** *LlA* 22, Pann gynnullo ef *oll* hynny attaw (*Cum haec omnia ad se collegerit*). *c*. **1400** *RB* ii. 1, [c]aredic oed gantaw ef *holl* bellenigyon. *id*. 219, gan adaw gobeith *holl* uudugolyaeth idaw. **15g.** *DN* 71, Llwyd hebog, *holl* Dehevbarth. **15–16g.** *TA* 41, Crynu *holl* daear, cyrn llu Deau. **1551** W. Salesbury: *KLl* lxxvib, byddei newyn [:– drudaneth] mawr tros yr *oll* ddayar. **1567** *TN* 102a, *Oll* pethe [:– Pop peth] a roddwyt i mi. **1588** *Pr* ix. 10, gwna a'th *oll* (**1620** *ib*. *holl*) egni. **1588** *Dan* vii. 14, i'r *holl* bobloedd, cenhedloedd, ac ieithoedd. **1630** R. Vaughan: *YDd* 217, Dyro i mi râs i rodio . . . mewn *oll* ostyngeiddrwydd y dydd hwn ger bron dy wyneb. *c*. **1689 (1802)** L. William: *Sherlyn Benchwiban* 47, Yr *holl* liwdeg fwyn gynlleidfa. **1703** E. Wynne: *BC* 6, fe gloes ffenestri fy Llygaid a'm *holl* Synhwyreu eraill. **1768** W. Williams: *HTS* 34, a *holl* hefyd ordinhadau hyfryd yr efengyl. **1794** *W*, yr *holl* wlâd d.g. *whole, the whole country*.

(*c*) (enghrau. ar ôl rhagenw neu drf. prs.: *exx. following a pronoun or pers. ending*).
12g. *LL* 121, ou bot *oll* yn hollaul dy escop teliau. **13g.** *B* x. 29, yeuan er hwnn anwylhyaf [drll.] idav onadunt *oll*. **1346** *LlA* 7, Paham nat yn vffern y byrit wynt *oll*. *id*. 12, Padelw ygallei paradwys gynnal hynny *oll*. **14g.** *WM* 11. 35–12. 1, A llyna y gyfranc ual y bu ae datkanu *oll* o pwyll. *id*. 75. 28, bei as caffwn *oll* mi ay crogwn. **14g.** *GDG* 8, Da y gwnêl Mab Mair, air addef, / Ein dwyn *oll* bob dyn i nef. **1567** *LlGG* (*Sall*) 65b, velly mae'r sawl *oll* y ymddiriet ynthwynt. **1588** *Eseia* liii. 6, Nyni *oll* a grwydrasom fel dafad. **1588** 1 *Cor* xvi. 24, Bydded fy serch inne i gyd â chwi *oll* yn Iesu Grist. **1703** E. Wynne: *BC* 19, Hyn *oll* o Garnlladron. **1759** T. Thomas: *WWDd* 205, y rhai *ôll* sydd heb gredu. **1770** R. Jones: *YC* 5, bydd raid i ni *oll* ymddangos ar fyrder ger bron brawdle Crist.

(*d*) (enghrau. ar ôl enw neu ansoddair: *exx. following a noun or adjective*).
12g. *LL* 120, dir escip *oll* gueti ef. **13g.** *LlDW* 23. 14, guedhyll ekanuylleu *holl* (*LlI* 17, *oll*). **14g.** *LlB* 1, tywyssawc Kymry *oll*. **14g.** *WM* 100. 24–5, a menegi ual y paryssei yr arueu idaw *oll*. *id*. 180. 38–9, Doreu y neuad atebygei eu bot yn eur *oll*. *c*. **1400** *YSG* i. 4, yr anturyeu mawr *oll* o'r Greal. *id*. 122–3, y Prenn a oed kyn no hynny ympob lle yn wynn *oll*. **15g.** *BSK* 34, gorwac *oll* yw dy ymadrawd di. **15g.** *GGl*[2] 133, I'r llys hon mae'r holl synnwyr, / A llew Gwent *oll* oll a'i gŵyr. **15–16g.** *TA* 319, Beth a dal, byth, o deliwch, / Dewrder *oll*, o dôi awr drwch. **1670** J. Hughes: *AP* 309, gwared ni rhag peryglon *oll*. **1703** E. Wynne: *BC* 148, Mae hi'n fwy na'r Ddaiar *oll* [am gawres]. **1712** T. Williams: *CDdG* 626, Y pethau hynny *oll* y mae Cyfraith Duw yn ei gwahardd, y rhai a elwir Gorchymmynnion negyf. **1794** *W*, y wlâd *oll* d.g. *whole, the whole country*.

(*e*) (enghrau. ar ôl ansoddair yn y radd eithaf: *exx. following an adjective in the superlative degree*).
10g. (*Cpt*) *B* iii. 256, diguedham *oll* in pagina regulari. *c*. **1300** *H* 120b. 12, pennhaf *oll* yny gollewin (Hywel ab Owain Gwynedd). **1346** *LlA* 72, os ti di yn llygredic etwa ac yn vreuawl a wyr hynny. mwyhaf *oll* y gwybydant wyntev. *c*. **1400** *R* 1389. 10, mein mwyaf *oll* aholldan. *id*. 1434. 6, ony daw y mewn or med goreu *oll*. *c*. **1400** *ChO* 22, y teccaf *oll* ymplith y gynnulleitua honno. *Dchr*. **15g.** *B* vii. 377, kanys y ryw betheu digrifyon hynny at vo mwyaf y dysger wy yn wahanredawl. mwyaf *oll* y kyffroant oc eu chwenychu. *Diw*. **15g.** *Pen* 67, 113, y garwaf *oll* ac arf wyd (Hywel Dafi). **1592** S. D. Rhys: *Inst* [xv], na's dichon yr iaith 'adel ddim o'i gwc a''i gelanastra, onyd yn fwyaf *oll* arnynt hwy. **1609** R. Smyth: *CAC* 12, megis Oen gwirionaf *oll*. *id*. 26, mewn blinder a lludded mwyaf *holl*. **1618** J. Salisbury: *EH* 17, fal y mae'r geiriau nessaf *oll* yn dywedyd. **1701** E. Wynne: *RBS* [x], trîn yr Enaid yw'r hwsmonaeth fuddiolaf *ôll*, felly y rwystrusaf *ôll* ydyw. **1722** *Llst* 189, *oll* (after a superl: degree) the, as. Pa ddysgedicaf gostyngeiddiaf *Oll*. The more learned the more humble. Cf. *GDLl* 65, Mae lle'r wyd, mwy holl yw'r hawl, / Yn un fedrawd anfeidrawl.

3. O gwbl (fel arfer mewn cyd-destun negyddol): *at all* (*usually in a neg. context*).
15g. *DE* 52, karu gwen vwnnwgl hirwyn / heb wybod *oll* i bob dyn. **1551** W. Salesbury: *KLl* lxxiva, mal nad ydych yn ol o vn dawn *oll*. **1591** *Rhyddiaith Gymraeg* ii. 129, gwarrio o honaw yr ychydig olud a fedde efe ei hun, a'r hyn a fedre efe ei gael gan yr eiddo iddo, a chan eraill mewn vn modd *oll*. **1693** *PGLl* 11, Canys os y Rheol hon nid yw yn cennadu ffurfio [:– Arferu un môdd yn y bŷd o Ffurf . . .] Gwasanaeth *ôll*. *id*. 22, nid ydynt ymhellach yn ymorawl yn eu cylch hwy, mwy na phe buasent heb weddio *ôll*. **1715** T. Evans: *GC* 4, heb ddim argyoeddiad *oll*. **1722** *Llst* 189, nis gallaf *Oll*, I cannot possibly. **1725** D. Lewis: *GB* 101, Plentyn . . . na lefodd *oll* er pan y Ganed. *id*. 276, heb fynd *oll* allan o'i lle. **1733** T. Evans: *PP* 161, pe baem ni yn ddiniweid a chyfiawn, ni byddai raid i ni geisio Maddeuant *oll*. **1771** *PDPh* 34, ni ddylid ei attal yn rhy fyrbwyll, os *oll*, mewn dynion o fywyd halogedig. **1800** W. Owen[-Pughe]: *CP* 12, ni ddylid *oll* mo ei gymmeryd (*ought not at all to be employed*).
Amr.: **hollt**[2], **ollt** [cf. *deallt*, *teligrafft*, &c.]. *Diw*. **16g.** *WLB* 31, mair ar *hollt* saint. **17g.** *RWM* i. 15, fal corn lantarn glan glouwa *ollt*. **1853** W. Rees: *AFR* 166, yn yr *hollt* wlad yma.
Cfn.: **oll yn o.**: *all in all*. **1567** *TN* 260b, val y bo Duw bop peth *oll yn oll*. **1599 (1677)** R. Holland: *AB* 70. *a*. **1791** W. Williams: *GP* 637. Cf. J. Hughes: *BB* 148, Mae 'n oll ag oll, i mewn ag allan yn darian [am Grist].
Gw. hefyd ill.

ollallu, ollboeth, ollddaioni, ollfydol, ollre, &c., gw. hollallu, hollboeth, hollddaioni, hollfydol, hollre, &c.

ollt, gw. oll.

ollter [*oll* + *-der*] *eg*. ll. *-au*. Cyfanrwydd, cyfan: *entirety, whole*.
1812.

olltreiddiol, ollweddog, ollysol, &c., gw. holltreiddiol, hollwedd, hollysol, &c.

-om[1], *trf*. *bfl*. prs. 1 ll. pres. dib., e.e. *elom, gwelom*.

-om[2], *trf*. *bfl*. prs. 1 ll. grff., e.e. *aethom, gwelsom*, a phrs. 1 ll. pres. myn. rhai berfau afreolaidd, e.e. *adwaenom, gwyddom*.

-om[3], *trf*. *prs*. *ardd*. *rhed*. prs. 1 ll., e.e. *arnom, ohonom*.

ombeidus, gw. enbydus.

ombwdsman, ombwdsmon [bnth. S. *ombudsman*] *eg*. ll. *-myn*. Swyddog a benodir mewn amryw feysydd i ymchwilio i achwynion gan unigolion yn erbyn y llywodraeth neu gorff cyhoeddus: *ombudsman*.
20g.

omega [bnth. Gr. ὦ μέγα] *eg*. Llythyren olaf yr wyddor Roeg, hefyd yn *ffig*., fel arfer ynghyd ag 'alpha' i gyfeirio at Dduw: *omega, also fig., usu. with ref. to God*.
1567 *TN* 37[3]b, Mi wyf α Alpha ω *Omega*. **1778** *W* d.g. *omega*. *a*. **1791** W. Williams: *GP* 426, I'r Alpha, *Omega*, i'r Drindod yn Un.

omeled, omelet, gw. omled.

omer[1], **gomer**[2] [bnth. Heb. *'ōmer*; â'r ail ff., cf. S. *gomer* neu'r Llad. *gomor*; ffrwyth cymysgu â *homer*[1] a welir yn adran (*b*) isod] *eg*. ll. *-au*.

(*a*) Uned mesur cynnwys ymysg yr Hebreaid gynt, sef degfed ran o effa (yn cyfateb yn fras i ddegfed ran o fwsiel): *omer* (*ancient Hebrew unit of capacity, approximately one tenth of a bushel*).
1588 *Ecs* xvi. 16, cesclwch o honaw [manna] bob vn yn ol ei fwyta: *Gomer* (**1620** *ib*. *Omer*) i bob vn yn ol rhifedi eich eneidiau. *id*. 18, Pan fesurasant wrth y *Gomer* (**1620** *ib*. *Omer*), yna nid oedd gweddill i'r hwn a gasclase lawer, ac nid oedd eisieu ar yr hwn a gasclase ychydig. *id*. 22, casclent ddau cymmeint o'r bara, dau *Omer* i vn. *id*. 33–6, Moses a ddywedodd wrth Aaron, cymmer vn crochan a dod ynddo loned *Gomer* o'r Manna . . . A'r *Gomer* ydoedd ddecfed rann Epha. *c*. **1720** *CIF* [102], Ynghylch y Mesurau a'r Pwy[s]au y Cry[b]wyllir am danynt yn yr Scrythyr . . . *Omer*. tri phint a hanner. **1778** *W* d.g. *omer*.

(*b*) Homer (uned mesur cynnwys ymysg yr Hebreaid gynt, yn cyfateb yn fras i ddeg bwsiel): *homer* (*ancient Hebrew unit of capacity, approximately ten bushels*).
1620 *Nu* xi. 32, yr hwn a gasglodd leiaf a gasglodd ddêc *Omer* (**1588** *ib*. Homer). *c*. **1720** *CIF* [102], Ynghylch y Mesurau a'r Pwy[s]au y Cry[b]wyllir am danynt yn yr Scrythyr . . . *Omer*. 14 Bwshel a dau chwart. **1722** *Llst* 189, *omer*, m.p. *omerau*, an homer (measure).
Gw. hefyd homer[1].

omer[2], *ID* 68, gw. omner.

omes [bnth. S. *homage*] *e?g.* Gwrogaeth: *homage.*
16g. MORUS DWYFECH: *Gw* 109, Chwe mab can' fynych *o mes* [*sic*], / A thair lloer, ni threia lles. **1568** MORYS CLYNNOG: *AG* 42, maei'r [*sic*] gwas ymddwyn tu ag at i feistr, a'r deiliwr tu ag at i arglwydd . . . mal mab tu ag at i dad dan wneuthur iddo *omes* megis i un yn le [*sic*] yn harglwydd ni.

omisiwn [bnth. S. *omission*] *e?g.* Gadawiad heibio, esgeulustra: *omission.*
1670 J. HUGHES: *AP* 41, [c]yffeswch eich pechodau igyd o feddwl, gair a gweithred neu o esgeulusder ac o *omissiwn.*

omitio [bnth. S. (*to*) *omit*] *ba.* Gadael allan, gadael heibio, esgeuluso: *to omit.*
1653 R. JONES: *TTN* [viii], ymbell bwnck nodedig . . . wedi *omittio.*

omled, omeled, om(e)let [bnth. S. *omelette*] *eg.b.* ll. *-au, -i.* Cymysgedd o wyau wedi eu curo a ffriir mewn padell fas, weithiau ynghyd â chynhwysion eraill megis caws, llysiau, &c., nes y gellir ei godi'n un darn: *omelette.*
1933.

omner [bnth. S. C. *aumener*] *e?g.* Pwrs, cod: *purse.*
c. **1400** *R* 1364. 16–17, gwdyf *omner* maelyer wrth glun milast. **15g.** *ID* 68, llaw verr or *omer* [*sic*] [amr. amner] a rann / llaw hir a vydd llai i harian. *Diw.* **15g.** *Pen* 67, 22, Dy davod ystod awstin / dy *omner* lle gwerther gwin (Hywel Dafi). *id.* 77, aur newydd a vydd ar vys oi *omner* (Hywel Dafi). *id.* 126, y mae n rrydd o *omner* hwnn / ym aur val y ky[m]erwnn (Hywel Dafi). *Diw.* **15g.** *Pen* 53, 33, Ossei ay glarei y gler / Rwmnei ay aur oy *omner* (Guto o Bowys).
Gw. hefyd almwner, alwar, amner.

omnibws [bnth. S. *omnibus*] *eg.* Bws; rhywbeth sy'n cynnwys sawl peth neu'n gwasanaethu sawl diben: *bus; omnibus.*
1939.

ompinionus, ôms, gw. opiniynus, hôms.

-on[1], -ion[1] [H. Lyd. *-on* (*hinon*), *-ion* (*erion, orion*), Llyd. Diw. *-on* (*hinon*), *-ien* (*eurien, tirien*): < Brth. **-onos*, **-onā*, cf. yr e.p. Cym. *Mabon*, Gal. *Maponos*] *oldd. enw.*, e.e. *euron, gwron, hinon, tirion.*

-on[2], -ion[2], *trf. ll. e.* ac *a.*, e.e. *llwon, dynion, duon, mawrion.*

onaddunt, &c., gw. o[1].

onaniaeth [yr e. prs. *Onan* (cf. *Gen* xxxviii. 9)+*-iaeth*] *eb.g.* Mastwrbedd; y weithred o dynnu'r gal o'r wain yn ystod cyfathrach rywiol cyn y tafliad; hefyd yn *ffig.*: *masturbation; coitus interruptus; also fig.*
1814.

onanu [bf. o'r e. prs. *Onan* (cf. *Gen* xxxviii. 9)] *bg.a.* Mastwrbio: *to masturbate.*
20g.

onc [?cf. *ionc(yn)*] *e?g.* Delff, llabwst: *oaf.*
c. **1700** E. LHUYD: *Par* ii. 105, *Onk* awff [sir Faesd.]. **1803** *P*, *onc* . . . an oaf. Radn.

onco, gw. honco[3].

ond[1] [cyw. o *onid*[3]] *ardd.* a hefyd fel *cys.*, *gn. gof.*, ac *eg.*

(*a*) Ac eithrio, ar wahân i, namyn, heblaw, oddieithr: *except (for), with the exception of, apart from, but, bar, barring.*
14g. *GDG* 363, Merch sydd decaf blodeuyn / Yn y nef *ond* Duw ei hun. / O wraig y ganed pob dyn / O'r holl bobloedd *ond* tridyn. **15g.** *DN* 33, Odid i gwelid golwg / Yn drist, *ond* yn erbyn drwg. **15g.** *DE* 90, oes a wyr medd barnwyr byd / *ond* mebyd anwyd meibion. **15–16g.** *GIF* 21, Mwya' enw *ond* y mynydd, / myn y Sul, fal Mawnsel, fydd. **1588** *Salm* lxxiii. 25, Pwy sydd gennifi yn y nefoedd *ond* ty di [*sic*]? **1595** H. LEWYS: *PA* 11, pa beth fydde hyn *ond* bod yn anfodlon i gyfiawnder duw. **1703** E. WYNNE: *BC* 10, beth yw'r Twrc a'r hên Lewis o [Ff]rainc *ond* gweision i hwn? *id.* 16, Nesa at y Porth *ond* y rhain, oedd lŷs Lewis XIV. o Ffrainc. **1723** WM: *PGG* 128, dibrisio pob peth *ond* Bywyd. **1778** J. HUGHES: *BB* 274, Bargen sâl oedd hon ysywaith, / A drutta marchnad er ei eni, / A wnaeth y Prydydd *ond* priodi. Ar lafar, 'y tŷ nesa' *ond* un', 'Mae'r noswaith yn braf *ond* 'bod hi'n oer', *WVBD* 406.

(*b*) (mewn cst. neg., yn cyfateb yn aml i 'yn unig' mewn cst. gdrn.: *in neg. construction, often corresponding to 'only' in a positive construction*).
c. **1300** *B* ii. 29, ny rodet doethinep *ont* y rei. **14g.** *GDG* 96, Yr hwn ni wna . . . / Lafur *ond* un. *c.* **1400** *MA*[2] 337a. 40–1, Nad oes o ddyn daear dyddyn duoer dudded / *Ond* tywarchen dymig bruddlem domog briddled (Gronw Ddu). **15g.** *DE* 59, Ni fynwn liw nef waneg / weled *ond* un lwydwen deg. **1595** H. LEWYS: *PA* 193, 'rhon ni ddichon ddim, *ond* petrusaw, ac anobeithaw. **1606** E. JAMES: *Hom* i. 83, na holed ef neb arall *ond* ei galon ei hun. **1661** E. LEWIS: *Drex* 254, ni bydd i neb *ond* i'r gweision da. **1675** R. DAVIES: *PY* 59, Pâb Leo y degfed nid oedd yn gwneuthur *ond* chwedl o'r Efengil. **1701** E. WYNNE: *RBS* [v], nid yw ef etto *ond* dieithr. **1703** E. WYNNE: *BC* 31, hithe'n addo cynnyscaeth a glendid heb feddu, *ond* glendid gosod. **1759** *BC* 125, Pan fwy'n y Mêdd cyfing, na rowch un Glôch ddirfing / I ganu mo'm Basing, i *ond* Besi. **1778** J. HUGHES: *BB* 103, Ag maent yn siampl heddyw, / . . . / Nad ydyw pyngciol broffes, / *Ond* anwes sydd mewn dynion. Ar lafar, ''Fedar un neud *ond* 'i ora' 'One can only do one's best', *WVBD* 406. Gw. hefyd *dim—d. ond.*

(*c*) (enghrau. o flaen cym. pth. a'r rhagflaenydd heb ei fynegi: *exx. before a rel. clause where the antecedent is not expressed*).
1595 H. LEWYS: *PA* 65, nid yw gall *ond* a gollo. **1675** R. DAVIES: *PY* 109, nid oeddynt yn gwîr wasanaethu, [*sic*] yr Arglwydd *ond* a orweddent gyd a'r gwragedd.

(*d*) Yn unig (mewn cst. tebyg i adran (*b*) uchod, ond heb y neg.): *only, just (in constructions similar to section (b) above, but without the neg.).*
1595 H. LEWYS: *PA* 11, os wylem . . . pan fo duw ddim *ond* gwneuthur cyfiawnder . . . ar i elynion (*when God doth but execute justice . . . upon His enemies*). *id.* 167, pe i baem *ond* edrych ychydic yn ein ol (*if we would but look a little backward*). **1670** J. HUGHES: *AP* 161, bydd di . . . yn fyrr, gan gyffesu (pan fo'r cwbl *ond* matterion man). **1699** T. JONES: *TP* 9, Os gallafi *ond* diangc o'r llê hwn yn fŷw. **1701** E. WYNNE: *RBS* 1, ac *ond* ychydig îs na'r Angylion (*and but a little lower than the angels*). *id.* 4, os cymmeri *ond* un o honynt. **1730 (1755)** E. WYNNE: *PAC* 28, Pa sail sŷ gennŷm ni i gredu eu bôd hwy ôll *ond* un Duw? **1740** T. EVANS: *DPO* 301, y sawl a drochwyd *ond* unwaith. **1768** W. WILLIAMS: *HTS* 8, os gallai *ond* gyrru ei fys i mewn, sicr fyddai o yrru ei law yno hefyd.

(*e*) Drwy . . . yn unig, dim ond, ar yr amod (bod) (o flaen be., yn gyfwerth gyda'i gilydd â chymal amod): *just by, on condition of (before a vn., together equivalent to a conditional clause introduced by 'if only, provided that').*
15g. *GDLl* 63, A thithau fydd, gloywydd glos, / Ymherodr *ond* ymaros. *id.* 114, Erchi'r wyf i'r Goruchaf / Arch, *ond* ei gyfarch, a gaf. **15g.** *DN* 5, Kan plas a gafas *ond* i gofyn. **15–16g.** *GIF* 14, er colli'r tir o hirynt, / y tir a gair *ond* troi'r gwynt. **1681** R. PRICHARD: *Gw* 75, Felly dithe a newidii / Dy arferion *ond* it gredu. **1759** T. THOMAS: *WWDd* 42, Mi a gâf ddiweddu'r peth hyn, *ond* dangos . . . y bûdd . . . i Gristnogion. Ar lafar, ''Dan ni wedi clŵad petha da iawn *ond* i ni ddal atyn' nhw a'u gneud nhw', *WVBD* 406.

(*f*) Oni bai (am), heb: *were it not for, without.*
1603 W. MIDLETON: *Ps* 252, *Ond* gwaith f'arglwydd . . . / Diau o nerth fod gida ni (**1588** *Salm* cxxiv. 2, Oni buase'r Arglwydd gyd a ni). *c.* **1730** *Thos. Lloyd D* (LlGC) 185a, peryglus *ond* gras Duw, without God's grace. X 304. *ib.* pawb sy'n haeddu dialedd, *Ond* trugaredd Duw . . . were it not for X. 58.

(*g*) Minws, namyn (gyda rhifolion): *minus, less, save (with numerals).*
1567 *TN* 138a, [d]yn yr hwn a vesei yn glaf n'amyn [:– *and*] es dwy vlwyddyn da'ugain. Ar lafar, 'cant *ond* dwy ôd', 'Ma cant *ond* dwy o flynydda odd' ar 'ynny', 'Ma'r llyfr yn costi pum punt *ond* pum ceiniog'.

Fel *cys.* Eithr, yn hytrach (yn cyflwyno cymal cydradd, neu'n cysylltu dwy elfen gydradd): *but, rather (introducing a coordinate clause, or connecting two coordinate elements).*
1588 *Salm* xx. 7, Ymddyried rhai mewn cerbydau . . . *ond* nyni a gofiwn enw yr Arglwydd ein Duw. *id.* cxxv. 1, mynydd Sion: yr hwn ni syfl, *ond* a beru yn dragywydd. **1588** *Io* xviii. 40, nid hwn, *ond* (W. SALESBURY: *KLl* xxxvi[ii]a, namyn) Barabbas. **1620** 2 *Br* v. 1, yr oedd efe yn ŵr cadarn nerthol, *ond* yr oedd yn wahan-glwyfus. **1657** *MLl* ii. 32, Nid meddwl Paul iw, y dylai yr ewyllys gydsynio yn chwant y cnawd, *Ond* fod pechod mor rymmus yn y cnawd. **1699** T. JONES: *TP* 4, nid aethai fe'n-nhepell oddiwrth ei Dŷ ei hun, *ond* wele 'roedd ei wraig a'i blant . . . yn gweiddi ar ei ôl ef. **1701** E. WYNNE: *RBS* 51, *Ond* a dybio awr yn ormod mae hwnnw naill ai yn rhŷ ofalus am y bŷd, neu'n rhŷ ddiofal am y Nêf. **1703** E. WYNNE: *BC* 7, Neu gadawant fi yn noeth lumman . . . ar Forfa Caer . . . *Ond* wrth feddwl fod y wynebau a adwaenwn i wedi eu claddu . . . deellais nad Witsiaid oeddynt, *ond* mai rhai a elwir Tylwyth têg. **1768** W. WILLIAMS: *HTS* 6, *ond* ewch rhagoch, mae'm hyspryd yn griddfan am newydd. *id.* 11, Nid oedd fawr yn beggian ganddo ef, *ond* yr oedd ef yn beggian gan bawb. *id.* 18–19, *Ond* hyn oll a barodd iddo wasgaru ei dda . . . fel y dechreuodd tlodi i'w gyfarch . . . *ond* er hyn oll ni ddychwelodd ef o'i ffyrdd drygionus, *ond* aeth rhagddo yn gildynnus. **1778** J. THOMAS: *HB* 331, Yr oedd y gwyr da hyn dros Fedydd plant, *ond* buant ddefnyddiol iawn i Gymru. **1778** J. HUGHES: *BB* 285, Syr, mae 'ch siarad yn disglaerio, / *Ond* gormod awydd sy 'n eich duo. **1813** L. HOPKIN: *FG* [iii], Nid ydwyf yn tybied fod y gwaith trwyddo oll yn anffaeledig . . . *ond* mae'r odlau canlynol, mor agos ag y medrais, yr un modd ag y 'sgrifenwyd hwynt. Ar lafar, ''Rodd gin' i lawar iawn o wya, *ond* 'ddaru dim un ohonyn' nw ddyor', *WVBD* 406.

Fel *gn. gof.* neg. Onid (yn cyflwyno cwestiwn o flaen elf. ar wahân i'r ferf): (*is, &c., . . .*) *not (introducing a question before any element other than the vb.).*
15g. *OBWV* 154, *On'd* un lliw y fantell hon / Â chawgiau y marchogion (Dafydd Nanmor)? **1564** GR. HIRAETHOG: *Gw* (D. J. B.) iii. 9–10, Os i ryw daith, drudfaith dro, / *Ond* hir yr wyd yn tario? **16g.** DAFYDD BENWYN: *Gw* 11, yr archiagon, wrth sonniaw, / (*ond* rhwydd?) o Benndaülwyn draw. **1588** 1 *Sam* xv. 17, *ond* pan oeddit ti yn fychan yn dy olwg dy hun y gwnaed ti yn benn ar deuluoedd Israel? **1592** S. D. RHYS: *Inst* [xvi], *On'd* gwîr yw'r ddihaereb. **1632** *D*, *ond* tostur yw d.g. *miserum, Interiectio.* **17g.** HUW MORUS: *EC* i. 186, *Ond* rhagorol yw ei swydd? **1703** E. WYNNE: *BC* 119, *ond* rhaid i trâd fyw?

Fel *e.* Gwrthwynebiad, cyfyngiad, eithriad: *a but, objection, restriction, exception.*
1856.
Amr.: **and** [cf. *anid*[1,2]]. **1567** *TN* 138a.
Cfn.: **ond antur:** (i) *almost;* (*in neg. construction*) *hardly, scarcely.* **14g.** *GDG* 84, Dail ni chrinant *ond antur* / Celyn un derfyn â dur. *id.* 389, Fod yntho gant *ond antur* / O arfau, dyrnodau dur (Gruffudd Gryg). (ii) *perhaps.* **1630** R. LLWYD: *LlH* [vii]. **1632** *D* d.g. *fortasse, forte.* **1717** *Gen* xxxii. 20. Gw. hefyd *onid*[3]*—o. antur.* **o. y dim:** (*usually in neg. construction*) *nearly, almost.* **1881** D. OWEN: *D* 46, [t]ystiai ar ol hyn na fu *ond y dim* iddo andwyo ei ddwylaw gwynion a melfedaidd. Ar lafar. **o. do?:** *was it not (so)?, didn't he (she, &c.)?* Ar lafar. Gw. hefyd *onid*[3]*—o. do.* **o. e (ontê):** (i) *if not, otherwise, else.* **1764** W. WILLIAMS: *Th* 13, Dihetrwch o'ch pleserau, *on'te* mi wela'r tân, / Yn dechreu ennyn. **1768** TWM O'R NANT: *CTh* 41, Wel ceisiwch fynd oddiyma'n ddirgel, / *Ond ê* mi ach gyra chwi yn fy llid. (ii) *is it not (so)?* **1746** *ML* i. 95, Yr hen Anne Lewis (eich mam fedydd *onte?*) . . . a gladdedd. Ar lafar yn y ff. (*yn*)*tê*, (*yn*)*dê*, '*ontefe*'. Gw. hefyd *onid*[3]*—o. e.* **o. hynny:** (*usually in neg. construction*) *any more, again.* **1595** M. KYFFIN: *DFf* [70], na fynne ef ddyfod i Rufain *ond hynny.* **1630** R. VAUGHAN: *YDd* 534, i ochel byth wneuthur y cyfryw bechodau *ond hynny* (*any more*). **1672** R. PRICHARD: *Gw* 146, ffrwyna fi rhag pechu, / Byth yn d'erbyn mwy *ond hynny.* *c.* **1730** *Thos. Lloyd D* (LlGC) 186a, *ond hynny*, diutius, any longer, amplius, any more. **1788** J. THOMAS: *CS* [12]. Cf. *byth—b. ond hynny.* **o. odid:** *perhaps; probably.* **14–15g.** *IGE*[2] 143, Un cariad cofiad ond cas—nid ydoedd / *Ond odid* i'n dinas (Gruffudd Llwyd). **1632** *D* d.g. *fortasse, forte.* **1703** E. WYNNE: *BC* 128, mae i mi air â chwi. Mae i mi un neu ddau â thitheu, *ondodid*, ebr y Fall. **1803** *P*, ond . . . *Ond odid*, nid hwyrach, peradventure. Gw. hefyd *onid*[3]*—o. odid.* **o. te,** gw. *o. e.*
Gw. hefyd onid[3], ponid[2].

ond[2] [cyw. o *onid*[1]] *cys.* a hefyd fel *gn. gof.*

Onid, os nad (o flaen bf.): *unless, if . . . not, except* (*before a vb.*).

15–16g. *TA* 102, *Ond* wyt lân, / dad haelioni, / Ni bu lân neb o'n blaen ni! **15–16g.** *GIF* 20, dywed ddau air *ond* wyd ddig. **1593** W. MIDLETON: *B* 2, Nid odiaeth un od adwen, / *Ond* ydoedd o waed Odwin. **1655** WL: *DP* 275, Yn yr hon farn nid oes gair, na syllaf . . . *ond* yw yn gerdd i'r glust.

Fel *gn. gof.* neg. Onid (yn cyflwyno cwestiwn o flaen bf.): *not* (*introducing a question before a vb.*).

15g. *DN* 65, *Ond* wyd ddoeth, a chyvoethoc, / A dewr, a glew, mewn dur gloc, / . . . / A dihavarch wrth varchoc? **1618** J. SALISBURY: *EH* 30, *Ond* oedd y Tâd a'r Mâb yn ei chyd-weithio hi? **1759** T. THOMAS: *WWDd* 143–4, *On'd* oedd gwaith Crist yn gweddio ar i'r Cwppan fyned heibio, yn arwyddo ei fod ef yn anewyllysgar i ddïoddef? **1778** J. HUGHES: *BB* 38, *Ond* ydoedd heppil Adda i gyd, / Yn ddefaid llid colledig? **1784** *GABC* 16, *Ond* oes er pan fu'r newydd rhyfedd [am eni Crist], / Fil seith-gant, wyth-deg, pedair blynedd? Ar lafar yn gyff., "Roedd e'n sâl iawn, *ond* oedd e?'.

Gw. hefyd oni^{1}.

onest, onestgalon, onestrwydd, gw. gonest, gonestgalon, gonestrwydd.

ongar, gw. ongyr.

ongyr [*onn* + elf. **cŷr* (cf. *afallgyr, efellgyr, ergyr*)] *e?b.* ac *e.ll.* Gwaywffon neu waywffyn (o bren onnen); ymosodiad neu ergyd â gwaywffon neu waywffyn; hefyd yn *ffig.*: (*ashen*) *spear*(*s*); *attack or blow with a spear or spears; also fig.*

13g. *C* 104. 16, Rut *ongir*. Bran vab llir lledieith. **13g.** *MA^{2}* 235b. 29, Rhuthr gwydd glyw gwythlawn *ongyr* (Gwgon Brydydd). *c.* **1300** *H* 33a. 15, Tryliw y *ongyr* angert rysgein (Cynddelw). *id.* 52b. 6–7, tri ergyrwaew glyw glew ganaon. tri eryr *ongyr* angertolyon (Cynddelw). *id.* 65a. 18–21, Taryanawc enwawc ennweir agkynnwys argoedwys bowys beir. a dyrr *ongyr* angert weir ac ny dyrr y deyrneir (Cynddelw). *Dchr.* **14g.** *id.* 115b. 67–8, Breenhin powys pobyl dost yn engir yn *ongyr* gorfuost (Llywarch ap Llywelyn). *c.* **1400** *R* 1289. 5, Tudur yn*ongyr* enyngat eingylgrwydyr. *id.* 1386. 38, Gnawt vot *ongyr* gwyr gwe/dy . . . gwy[r]aw. *id.* 1433. 36–7, aer gunyeit kyrcheit coch eu *hongyr*. *c.* **1514** *RWM* i. 1005, Henwau Gwayw, par, onnen, *ongyr*. **1632** *D, ongyr*, hasta, & hastæ. **1803** *P.* Cf. *GDG* 238, Arddwyd y fron ddewrlon ddwys / Onengyr ddofn yn ungwys.

Amr.: **ongar.** **16g.** WILIAM LLŶN: *Gw* (R. Stephens) (At.), *ongar*, gwaew. *c.* **1588** *B* ii. 233, *ongar* .i. gwaiw.

oni^{1}, onid^{1} [*o^{3}* + *ni^{2}*, *nid^{1}*] *cys.* (o flaen llaf. gysefin yn y ff. *onid* gan amlaf) sy'n peri tr. lls. i *p, t, c* a thr. ml. i *b, d, g, ll, m, rh*, er bod *b* ac *m* weithiau'n gwrthsefyll treiglo, gw. *Treigladau* 358–9; a hefyd fel *gn. gof.* Os na(d) (o flaen bf.): *if . . . not, unless, except* (*before a vb.*).

13g. *C* 19. 5–7, Guae ti . . . *Onid* imwaredit. or druc digonit. *id.* 57. 6–7, Ac *on* ymbit [*sic*] gan vy Ri ran trugaret. Guae wi ban imbv. *id.* 94. 4, ym ty ny doi. *ony*sguaredi. *c.* **1300** *B* ii. 26, Na dyret ar gynghor, *ony*th ellwir. *Dchr.* **14g.** *H* 84b. 43–4, ac ny uarn o dir y daered y ddyn *o nys* ry ddylyn o ddylyed (Llywelyn Fardd). **14g.** *WML* 68, *ony* byd henllwgyr arnaw . . . vn ar pymthec kyfreith atal. **1346** *LlA* 39, *Onny* uuchedoccaant wyntev [offeiriaid] ynda. Ac *onny* dyscant ynda. mwc ynt yn tywyllu ytan. **14g.** *WM* 24. 1–6, a uyd llawn dy got ti uyth . . . na uyd . . . *ony* chyuyt dylyedauc tir . . . asseghi ay deudroet y bwyt yny got. *id.* 45. 25–7, eres gynhyf [*sic*] i *ony* wdosti dim y wrth hynny. *c.* **1400** *MM* 110, *ony* daw gwaret idaw ar ben y seithuet dyd, marw uyd. **1568** MORYS CLYNNOG: *AG* [vii], pwy yw hwnnw a eill ddoedyd i fod yn gristion, *oni* wyr pa fodd y mae credu ynghrist. **1688** S. HUGHES: *TSP* 8, *Oni* choeliwch chwi fi, darllenwch yma. **1703** E. WYNNE: *BC* 8, *oni* basei i'r Angel fy nghynnal, baswn digon mân er gwneud pastai cyn cael daiar. *id.* 52, Ond mae / Un lle i ochel gwae, / . . . / Ac *onid* ei di yno / Gwae di deni [*sic*] fyth. **1759** T. THOMAS: *WWDd* 292, y maent yn meddwl y cant fyned i Uffern, *oni*'s cant fyned i'r Nefoedd. **1803** *P, oni*, conj. if not, unless, except . . . *Oni* ddoi, if thou dost not come. *id. onid*, conj. if not, unless, except . . . *Onid* eiff hi, arosed, if she will not go, let her stay.

Fel *gn. gof.* negyddol. (*a*) (yn cyflwyno cwestiwn uniongyrchol o flaen bf.): *not* (*introducing a direct question before a vb.*).

1551 W. SALESBURY: *KLl* xxxviib, *Anyd* wyt tithe yn vn oe ddiscupulon ef? **1588** 2 *Br* v. 13, pe dywedase y prophwyd beth mawr wrthit ti *onis* gwnelsit? **1588** *Salm* lxxvii. 7, *oni* bydd efe bodlon mwy? *id.* lxxxv. 6, *Oni* (**1567** *LlGG* (*Sall*) 48a, *A ny*) throi di a'n bywhau ni . . . ? *id.* xciv. 9, *Oni* (**1567** *LlGG* (*Sall*) 53a, *any*) chlyw 'r hwn a blannodd y glust? *oni* (*ib. any*) wêl yr hwn a lunniodd y llygaid? **1588** *Jer* v. 9, *Onid* ymwelaf am y pethau hyn? **1653** *MLl* i. 203, *Oni* ŵyr y pechadur pwy sydd yn aros ynddo? Na ŵyr. **1703** E. WYNNE: *BC* 119, *Oni* welsoch wreichionen o'n tân ni yn nhafodeu 'r Tyngwyr . . . *Onid* oedd llawer o'r tân aniffoddadwy ynghêg y meddwyn . . . Ac *oni* allasech weled peth o'r oerfel uffernol yngharedigrwydd yr Oferwr. **1759** T. THOMAS: *WWDd* 7[1], *oni* all yr hyn y mae'r Duwiol yn ei wneuthur . . . fod yn ddigonol i'w gyfiawnhau ef, ger bron Duw? **1778** *W*, *Oni* ddywedi (*oni*'s dywedi) wrthyf? d.g. *not* [*interrogatively used*] . . . *Wilt thou not tell me?* **1803** *P.*

(*b*) (yn cyflwyno cwestiwn anuniongyrchol o flaen bf.): *whether . . . not* (*introducing an indirect question before a vb.*).

Dchr. **15g.** *B* viii. 135, [Govynneu] Am gebydyaeth . . . *Ony* thalawd drwy y atal eu kyflogeu yw gyflocweissyon. *Onyt* echwynnawd yn llawen. *id.* 136, Am llesged [*sic*] a diogi . . . *Ony* dywawt y oryeu kanhwynawl ac ef yn vrdawl. **1595** H. LEWYS: *PA* 6, Holed, ag ecsamnied, pob dyn i hunan, *oni* ryglyddawdd ef i gospi, ai geryddu gan dduw.

Amr.: **ani, anid^{1}** [fel gn. gof. yn unig; ?dan ddyl. y gn. gof. *a^{3}*; ond cf. hefyd *a^{8}* ac *anid^{2}*, amr. ar *onid^{3}*]. **1551** W. SALESBURY: *KLl* xxxviib. **1567** *LlGG* (*Sall*) 48a, 53a. **1595** *Egl Ph* 57, *ani* wnaeth Duw ddoethlineb [*sic*] y byd hwnn yn ynfydrwydd? **1617** *Cat* 2.

Cfn.: **oni bai:** *unless it were, were it not* (*for*), *but for, except, without.* **13g.** *A* 7. 1–2, Uyg car . . . nyn gogyffrawt . . . *ony bei* o gwyn dragon du[r]awt. **14g.** *T* 39. 3, *Ony bei* acadaned yd ehettyn. **14g.** *WM* 175. 39–176. 1, nys gwely . . . *ony bei* lad gormes yn y fforest racco o honot. **14g.** *RC* xxxiii. 189, *Ony bei* uot hwnn yn duw ny syrthyassei an dwyweu ni. *c.* **1585** G. ROBERT: *DC* [21b], ny bassei ddyn farw byth, *ony baei* fwytta o Addaf yr afal ymharadwys. **1592** S. D. RHYS: *Inst* [xiv], ieithoedd eraill . . . a fedrwn eu hadrodd, *ony bei* rhac ofn 'ych trablîno. **1703** E. WYNNE: *BC* 12, Llwyr amhossibl . . . fyddei i undyn ddianc oddiyma, *oni bai* fod Immanuel . . . yn danfon ei Genhadon. *id.* 13, Yr oedd yno fyrdd o'r fâth blasau gwrthodedig, a allasei *oni bai* Falchder, fod fel cynt yn gyrchfa goreugwyr. Digwydd gyda grym enwol yn y cfn. 'heb os nac *oni bai*', gw. *os^{3}*. **o. bai am:** *but for, were it not for.* **1896.** **o. bai hynny:** *but for that, were it not for that, otherwise.* **1632** *D* d.g. *alioqui*. **1703** E. WYNNE: *BC* 108, 142. **1731** E. SAMUEL: *AE* 22. **1778** *W* d.g. *otherwise*.

Am *oni ddigerth*, gw. oddigerth.

Gw. hefyd ond^{2}, oni^{2}, poni^{1}.

oni^{2}, onid^{2} [ffrwyth cymysgu *yny* ac *oni*(*d*)^{1}] *cys.* a'i ddilyn gan y tr. ml. a'r tr. lls. Nes: *until.*

1346 *LlA* 78, gallafi vyhun paratoi dy dived di. Ath arwylant *onny* deuant attaf yr ebestyl. **14g.** *GDG* 283, Ni thybiais, ddewrdrais ddirdra, / Na bai deg f'wyneb a da, / *Oni* theimlais, waith amlwg / Yn y drych; a llyna un drwg. **1536** *LBS* iv. 378, kavas ef rrybvdd oddiwrth dduw i erchi iddo godi y bore dyranoeth a cherdded *oni* gyvarvydde ac ef varch. **1551** W. SALESBURY: *KLl* lxviiib–lxixa, erchy ar ych cyflowny o wybyddieth y ewyllys ef . . . *oni* rotioch yn teilwng or Arglwydd. **1588** *Tob* xiv. 5, Yno yr adeiladant y Deml, nid o fath y gyntaf, *oni* gyflawner cyfnodau yr byd. **1588** *Luc* v. 7, [ll]anwasant y ddwy long, *onid* oeddynt hwy ar soddi. **1608** *B* ix. 220, ni byddwn veirw *oni* el y llynn yn hysbydd oll. **1675** R. JONES: *HCh* 100, [d]arfod iddo orwedd ar Judas cyn drymmed, *onid* ymgrogodd ef. **1703** E. WYNNE: *BC* 77, ymorchestodd mor egniol, *oni* thorrodd holl gloieu Cŵsc. *id.* 91, yna cymmerei 'r Cythreuliaid wiail clymmog . . . ac ai cureint *oni* udent tros yr hôll Fagddu fawr. *id.* 108, fe guchiodd *oni* chwmylodd y Llŷs yn saith dduach nac o'r blaen. **1759** T. THOMAS: *WWDd* 57, mae Duw yn rhwym . . . i gadw'r Dŷn dan farn condemniad, *oni*'s cai ei gyfiawnder ef fodlonrwydd. **18g.** I. BRYDYDD HIR: *Gw* 40, Rhaid i'r ddau, hyd gynauaf, / Aros yn hir wres yr haf; / *Oni* ddêl y medelwyr, / I'w gwaith, a chyflogi gwŷr. **1803** *P, oni*, adv. until, to the time that. *id. onid*, adv. . . . *Onid* elo hi yno, until she goes there.

Gw. hefyd yny.

oni^{3}, gw. o^{1}.

-oni, -ioni [Llyd. C. *-oni* (*cassoni*): < Brth. **-onīsā*] *oldd. enw.*, e.e. *amseroni, barddoni, da*(*i*)*oni, drygioni, hael*(*i*)*oni.*

oniaf: onio, gw. owniaf: ownio.

onics [bnth. S. *onyx*] *eg.b.* Math o farmor sy'n cynnwys haenau o liwiau, hefyd yn *ffig.*: *onyx, also fig.*

1346 *LlA* 170, ardymherer enwired y maen *onix*. **1588** *Job* xxviii. 16, Ni chyffelybir hi i'r aur o Ophir: nac i'r *Onix* gwerthfawr, nac i'r Saphyr. **1588** *Esec* xxviii. 13, pob maen gwerth-fawr a'th orchguddie di: Sardius, Tophaz, ac Adamant, Turcas, *Onix*, ac Iaspis. **1722** *Llst* 189, *onics*, f., onyx stone. *id. onix*, m. an onyx stone. *id. onycs* d.g. *an onyx stone.*

Amr.: **onig** [?adff. un. oherwydd tybio mai ff. l. yw *onics*]. **16g.** DAFYDD BENWYN: *Gw* 413, 'n y le, y nine, maen *onig* y sydd / oen Düw y wledydd, y nai'n daliedig [marwnad William Morgan o Dredegar].

onid^{1,2}, gw. oni^{1,2}.

onid^{3} [*o^{3}* + *nid^{2}*; â'r ff. H. Gym. *hou nit*, cf. H. Gym. *hou* (gw. *o^{3}*)] *cys.* a hefyd fel *ardd.* a *gn. gof.*

(*a*) Os nad (o flaen elfen ar wahân i'r ferf): *if* (*it is*) *not, unless* (*before any element other than the vb.*).

Dchr. **14g.** *H* 90a. 40–2, ac *onyt* trech kelwyd no gwiryoned . . . ys my aweflawr or gygheussed (Phylip Brydydd). **14g.** *WML* 25, kany cheiff [meddyg] eithyr ydillat gwaetlyt *onyt* o vn or teir gweli angheuawl vyd. *id.* 33, Ny eill neb bard erchi dim . . . heb y ganhat. *onyt* bard gorwlat vyd. *id.* 61, *Onyt* ar y tir y lladawd. tyget ar y trydyd o wyr un vreint ac ef. *c.* **1400** [*RB*] *WM* 492. 11–13, *onyt* ef a wyr peth or hynn ageisswch chwi. ny wnn i neb ae gwypo. *c.* **1400** *ChO* 7, y poeni yn dragywyd o'r poen anteruynedic, *onyt* Duw a'e gweryt. **1588** 1 *Br* ii. 23, fel hyn y gwnelo Duw i mi . . . *onid* yn erbyn ei enioes y llefarodd Adonia y peth hwn. **1588** *Ecclus* xii. 2, Gwna ddaioni i'r duwiol, a thi a gei dâl, *onid* ganddo ef, etto gan y Goruchaf.

(*b*) Eithr, yn hytrach (yn cyflwyno cymal cydradd, neu'n cysylltu dwy elfen gydradd): *but, rather* (*introducing a coordinate clause, or connecting two coordinate elements*).

15g. *B* ii. 16, ychydic or swydogyon a wna y pedwar hynny. *onyt* abergofi y tri a gwneuthur y pedwyryd. **1588** *Math* v. 17, ni ddaethym i dorri *onid* i gyflawni. **1592** S. D. RHYS: *Inst* [xv], cadw a' chuddio . . . eu llyfreu . . . hyd na ddelei . . . dim elw o honynt; *onyd* gwedy angheu . . . eu ceidweid, ddyfod o'r llyfreu . . . i ddwylo Plantos. *id.* [xvi], y Prydyddion . . . ef a ddarfu iddynt nyd yn vnic ddifa 'r Iaith a''r Brydyddiaeth, *onyd* hefyd colli eu hên Fraint. *ib.* fyfi . . . a ddodrefnawdd nyd yn vnic yr holl lyfr . . . *onyd* hefyd, a ddechymygawdd . . . y Tableu. **1595** *Egl Ph* 2, [b]enthycciasont y naill beth i arwyddocau peth arall . . . *Onyd* wedi hynny, phraethineb, a'i dodrefnodd yn ddiandlawd. *id.* 33, fo ellir dywedyd, pob brawd sy garwr. *Onid* ni ellir dywedyd . . . fod pob carwr yn frawd. **1595** H. LEWYS: *PA* 2–3, gorthrymder ag ing . . . ni ddylem ni feddwl i bod yn dyfod o ddamwain . . . *onid* trwy i ragwybodaeth . . . ai bwyntmant ef. **1606** E. JAMES: *Hom* i. 43, nad ydyw y ffydd hon yn gorwedd yn farw yn y galon: *onid* mae hi yn fywiol. **1675** R. JONES: *HCh* 82, Gorphwyso oddiwrth bechod; yr hyn a ddylem ni ei wneuthur yn gymmaint ac y gallom, bob amser, *onid* yn enwedig ar Ddydd yr Arglwydd. *id.* 85, [d]arllen y Gair, a Gweddi, nid ydynt yn unic iw cyflawni yn y dirgel . . . *onid* hefyd yn eich Teuluoedd.

Fel *ardd.* (*a*) Ac eithrio, ar wahân i, namyn, heblaw, oddieithr: *except* (*for*), *with the exception of, apart from, but, bar, barring.*

10g. (*Juv*) *VVB* 156–7, *hónit* nammúi, gl. *tantumne unquam.* **1346** *LlA* 4, Aoed neb *onnyt* duw ehun. **14g.** *WM* 139. 13–15, neur deryw udunt gwerescyn adiffeithaw y kyfoeth *onyt* yr vn ty hwnn. **14g.** *GIG* 78, *Onid* Duw Naf, ti ywn nen. *c.* **1400** *R* 1156. 26, pwy *onyt* kyfrwys ae kyfriua. *c.* **1400** *MM* 26, gwahard racdaw kic eidon . . . a phob llaeth uwyt *onyt* meid twymlaeth. **1588** *Jud* vi. 2, [p]wy sydd Dduw *onid* Nabuchodonosor? *a.* **1791** W. WILLIAMS: *GP* 687, Oll a dderfydd, &c. / *Onid* swn y delyn aur.

(*b*) (mewn cst. neg., yn cyfateb yn aml i 'yn unig' mewn cst. gdrn.: *in neg. construction, often corresponding to 'only' in a positive construction*).

10g. (*Cpt*) *B* iii. 256, nider/uid hinn. *hou nit* bloidin salt. **1346** *LlA* 13, Aenit dynyon drwc ymparadwys. na enit. *onnyt* yr etholedigyonn ehunein. **14g.** *WM* 99. 17, nyt oes in gynghor *onyt* caeu y gaer arnam. **14g.** *GDG* 96, Ni chân gywydd, lonydd lw, / Nag acen *onid* 'Gwcw'.

c. **1400** *Ked AA* 4, na deuir y deyrnas nef *onyt* trwy drallawt a llauur. *c.* **1400** *B* ii. 12, [p]an vo hen y march ny cheir *onyt* y groen. *ib.* kwys lydan . . . Ac ny bo dofyn *onyt* megis y diwreud y llysseu. **15g.** *DN* 92, A thi ni vynaist i'th ddwynn / *Onid* Mair yn oed morwyn. **1547** *WS* [v], nid oes gantunt . . . *onid* medry o vraidd ddew, ddarllen iaith eu mameu. *c.* **1585** G. ROBERT: *DC* [xv], Ir hai hynn ny byssei raid *onyd* dangos y petheu yn fyrr drwy resymeu. *id.* [xvi], Ny byddei hynn iddynt *onyd* brasfwyd. *id.* [xviii], ny bydei hyn oll *onyd* gwneuthur croen newydd or tu allan. **1588** 1 *Br* viii. 9, Nid oedd yn yr Arch *onid* y ddwy lêch faen. **1592** S. D. RHYS: *Inst* [xiv], Nyd oes nemor o iaith . . . ynn Eurôpa . . . na's cafas ei hymgelêddu a''i choledd . . . *onyd* eyn hiaith ni. **1755** *Gron* 20, Nid ŷm oll *onid* y mŵg.

(*c*) (enghrau. o flaen cym. pth. a'r rhagflaenydd heb ei fynegi: *exx. before a rel. clause where the antecedent is not expressed*).

1752 G. OWEN: *L* 11, nid oes genyf ddim i fyw arno *onid* a ennillwyf yn ddrud ddigon.

(*d*) Drwy . . . yn unig, dim ond, ar yr amod (bod) (o flaen be., yn gyfwerth gyda'i gilydd â chymal amod): *just by, on condition of (before a vn., together equivalent to a conditional clause introduced by 'if only, provided that')*.

a. **1561** *B* vi. 49, deri ac afall a dyfant *onyd* y gosod yn dyfwn [*sic*] yn y dayar ynghydernyd y mis dü.

(*e*) Minws, namyn, ond (gyda rhifolion): *minus, less, save (with numerals)*.

1588 *Gen* xvii. 1, Pan oedd Abram *onid* vn mlwydd cant. **1588** *Nu* xxvi. 22, Dymma dylwyth Iuda dan eu rhif: *onid* pedair mil pedwar ugain mil a phum cant. **1588** *Esr* ii. 66, Eu meirch oeddynt saith gant, ac *onid* pedwar deugain. **1588** *Luc* xv. 7, bydd llawenydd yn y nêf am un pechadur edifeiriol, mwy nag am *onid* un pum ugain o rai cyfiawn. **1615** R. SMYTH: *GB* 26, [y]r ifienga o'r pedwar a oedd *onid* dwy trigain. **1725** *WDS*, (Flint), fy mill . . . a oedd gin i am tair punt *onid* hanner coron (*three pounds within halfe a crown*). *c.* **1730** *Thos. Lloyd D* (LlGC) 186a, *onid* un mlwydd cant, a hundred wanting one.

Fel *gn. gof.* negyddol (yn cyflwyno cwestiwn o flaen elf. ar wahân i'r ferf): (*is, &c.,* . . .) *not (introducing a question before any element other than the vb.)*.

10g. (*Juv*) *VVB* 41, *anit* arber bit, gl. *num uescitur*. **1588** *Gen* xix. 20, *onid* bechan yw hi? **1588** 2 *Sam* xv. 27, *onid* gweledudd ydwyt ti? **1588** *Io* ix. 8, *onid* hwn yw yr un oedd yn eistedd, ac yn cardotta? **1630** R. LLWYD: *LlH* 171, *Onid* cyfreithlon i ni dyngu yn ein ymadrodd cyffredin? Na chyfreithlon ddim. *id.* 188–9, Eithr *onid* rhydd dywedyd celwydd weithiau er ynnill, a mantais? Na rŷdd yn wir. **1753** *TR*, onid . . . In interrogations it is rendered by, not; as *Onid* dyn a welaf? Is it not a man that I see?

Amr.: **anid**[2] [cf. *anid*[1] (gw. *oni*[1]), *and* (gw. *ond*[1])]. **10g.** (*Juv*) *VVB* 41. **[1547]** W. SALESBURY: *OSP* [iv]. **1595** *Egl Ph* [ix], 20.

Cfn.: **onid antur:** *perhaps*. **1588** *Gen* xxxii. 20. Gw. hefyd *ond*[1]*—o. antur*. **o. do:** (i) *if not*. **1699** T. JONES: *TP* 79, myfi a wn i chwi gyfarfod a rhŷw ddrygau; *Onidto* gellir yscrifennu hynnŷ yn lle rhyfeddod. (ii) *was it not (so)?, didn't he (she, &c.)?* **1869.** Gw. hefyd *ond*[1]*—o. do.* **o. e (o. ef, onitê, ontê, anid e):** (i) *if not, otherwise, else*. **1567** *LlGG* 95a, pan yw i mi vot yn y Tat, a'r Tat yno vi: ac *anyd e*, er mwyn y gweithredoedd, credwch vi. *c.* **1585** G. ROBERT: *DC* [xix], ond credwch eirieu Duw a/r Saint, *onyd ef*, nyd ydych Gristianogion. **1588** *Dan* iii. 18, Ac *onid-ê*, bydded hysbys it frenin na addolwn dy dduwiau. **1706** *WDS*, (Court of Arches), [p]utain i bawb a dy geisio di; *onid tea* [*sic*] (*else*) dos i dre a gofun ith cymdogion. **1719** *TDP* [iii], [p]a beth yw adel iddynt pan faech yn marw, *onid te* i diwedd hwynt a fudd Galarus. **1803** *P* d.g. *onidè, onitè*. (ii) *is it not (so)?* **1632** *D* d.g. *nonne*. **1707** *AB* 100a, *onid ê* . . . Is it not so? d.g. *nonne*. **1778** *W*, *Onid ê*? *Onit te*? d.g. *not [interrogatively used]* . . . *Is it not?* **1803** *P* d.g. *onidè, onitè*. Gw. hefyd *ond*[1]*—o. e.* **o. odid:** *perhaps*. **1547** *WS* [v]. **1588** *Gen* xviii. 30, xxiv. 5, 30. **1711** L. EVANS: *LlW* [43]. Gw. hefyd *ond*[1]*—o. odid*.

Gw. hefyd ond[1], ponid[2].

onig, gw. onics.

onion, gw. wynwyn.

onis, gw. oni[1] + -s[1].

onitê, gw. onid[3]—o. e.

onn [H. Grn. *onnen* (un.), gl. *fraxus* [*sic*], Llyd. C. *ounn*, Llyd. Diw. *o(u)nn*, ?Gal. *onno*: < Clt. **onno-* (cf. H. Wydd. (*h*)*uinnius*, ac o bosibl Gwydd. C. *onn* 'pren pin, onnen') < **osno-*, o'r gwr. IE. **os* 'onnen', cf. Llad. *ornus* 'pren criafol'] *e.tf.* (un. *-en*) ll. *ynn*, (prin) *onennau*.

(*a*) Coed o'r tylwyth *Fraxinus*, yn enw. *F. excelsior*, a chanddynt ddail cyfansawdd a chlystyrau o flodau bychain gwyrdd a hadau asgellog, un o'r coed hyn, pren y coed hyn: *ash (tree(s), wood)*.

c. **1100** *Cy* ix. 165, Cat brin *onnen*. **12g.** *LL* 143, bet carn perth y*ronn*. **13g.** *C* 48. 10, Aer o saesson. ar *onn* verev. **14g.** *T* 24. 25, *onn* goreu ardyrched rac bron teyrned. **1346** *LlA* 111–12, anuones dewi yr eil rann or bara y vran aoed yn gorwed arynyth ymywn *onnen*. **14g.** *GDG* 54, Dibarch fydd bedw nis edwyn; / Da beth oedd; diobaith *ynn* [marwnad Madog Benfras]. *c.* **1400** *MM* 38, Rac byderi . . . sud yr *onn*. *c.* **1400** *YCM*[2] 10, tyuawd diruawr goet . . . llawer onadunt yn *on*. **1547** *WS*, *onnen*, an asshe. **16–17g.** *CRC* 401, *Ynn*, a derw, helic, drain, / a chyda r hain y wernen. **1771** *PDPh* 12, cymmerwch ddarn bychan o bren *Onnen* îr. **1803** *P*. Digwydd y ff. l. *onennau* yn yr e. lle *Onennau Meigiawn*, sef Six Ashes, sir Amwythig, J. E. LLOYD: *Owen Glendower* (1931) 95; cf. *DE* 5, mae yno goed mwyna gawn / megis *o nennav* [*sic*] *meigiawn*.

(*b*) Gwaywffyn (wedi eu gwneud o bren onnen): *spears (made of ash)*.

13g. *A* 8. 4–5, heessyt *onn* o bedryollt y law. *c.* **1300** *H* 68a. 30, amryliw oet y *onn* (Cynddelw). *id.* 68b. 30–2, unbyn balch bwlch *ynn* hetiw . . . rut *onnen* oe loflen law (Cynddelw). *c.* **1400** *R* 1030. 30, bit hyuagyl gwyar ar *onn*. **15g.** *DN* 22, Mwy d'*onnen*, wrth ymdynnv, / No ffrenn llong, yn ffrwyno llv. **15g.** *GO* 79, Y gŵr vngorff ag Iorvs / A wnai 'r *on* yn wewyr vs. *id.* 107, Dwyn *onn*, ŵr diwan annwyd / Mewn arest, ymwan yr wyd. **16–17g.** *GST* i. 222, Sarff Gwnias, Syr Ffwg *onnen*, / Siars a rhwysg Syr Rhosier hen. **1632** *D*, *onn*, & *Ynn*, Sing. *Onnen*, fraxinus . . . Metonymicè, hasta, lancea.

Cfn.: **onnen y ddaear:** *ashweed, ground ash, A+ egopodium podagraria*. **1774** *W* d.g. *ground-ash*. **o. wyllt:** *mountain ash, rowan, wild ash, Sorbus aucuparia*. **1604–7** *TW* (*Pen* 228) d.g. *ornus*. **1722** *Llst* 189. **1803** *P* d.g. *onen*. **o. wen:** *?whitebeam, Sorbus aria*. *c.* **1877. o. Sbaen:** *laburnum*. Ar lafar yn sir Gaerf., *TGG* (1908) 82.

ono[1,2], gw. o[1], yno.

onof, &c., gw. o[1].

onomasteg [cfdds. o'r S. *onomast(ics)* + *-eg*[1]] *eb.* Gwyddor enwau priod: *onomastics*.

20g.

onomastig [cfdds. o'r S. *onomast(ic)* + *-ig*[2]] *a.* Yn perthyn i enw(au) priod: *onomastic*.

20g.

onomatopeia [bnth. S. *onomatopoeia*] *eg.* Ffurfiad geiriau drwy ddynwared seiniau'r pethau neu'r gweithredoedd y cyfeirir atynt; dyfais lenyddol, sef defnyddio geiriau gan geisio cyfatebiaeth rhwng y sain a'r synnwyr: *onomatopoeia*.

1920.

onomatopeiaidd [cfdds. o'r S. *onomatopoe(ic)* + *-aidd*] *a.* Onomatopeig: *onomatopoeic*.

1866.

onomatopeig [cfdds. o'r S. *onomatopoe(ic)* + *-ig*[2]] *a.* O natur onomatopeia, wedi ei nodweddu ganddo, yn perthyn i onomatopeia: *onomatopoeic*.

20g.

onor [bnth. S. *honour*] *eg.b.* ll. (prin) *-s*. Anrhydedd; diweirdeb; person anrhydeddus: *honour; chastity; honourable person*.

16g. DAFYDD BENWYN: *Gw* 99, Yn wir, f'a *onor* a fedd / enw Rhydol i anrhydedd. *id.* 559, Y iarll fv aürllew, vo wys, / ywch *onors* y wych ynys. **16–17g.** *GST* i. 301, Pob merch o *onor* yn brudd orig, / Pob cwrtiwr hefyd, pob cartrefig. **17g.** HUW MORUS: *EC* i. 199, Mi a gefais anrhydedd tros lawer can' mlynedd . . . / Hawdd heddyw fy hebgor, mae ambell ysgubor, / Yn gystal am *onor* a minnau. **17–18g.** O. GRUFFYDD: *Gw* 57, Dau wr anwyl dirionwedd; / O'i iawn enwi Hugh Nannau / *Onor* ddwys, yw un o'r ddau. **1716–18** *Llsgr R. Morris* 83, doeda yr *onor* penna oedd uchel Iawn o ddusg. **18g.** I. BRYDYDD HIR: *Gw* 115, Ni chodai, meistr gwych ydoedd, / Yn ei rent, ei *onor* oedd. **1778** J. HUGHES: *BB* 300, O's yw [*sic*] chwi 'n chwennych cadw 'ch *onor*, / Derbyniwch gyngor Doctor da, / Wrth ddilyn afiaeth. **1790** TWM O'R NANT: *GG* 82, Felly'r *Onor* Aer Llyweni, / Sy'n gwneud daioni i loni'r Wlad.

Cfn.: **ei Onor:** *his Honour*. **1790** TWM O'R NANT: *GG* 81, Pawb yn unair . . . / A'i Cyfarchaf accw 'n Farchog, / Ardderchog ddoeth, ddi anoeth fydd *ei Onor*.

-ont[1], *trf. bfl.* 3 prs. ll. pres. dib., e.e. *caront, gwelont*.

-ont[2], *trf. bfl.* 3 prs. ll. grff. wedi ei ychwanegu at fôn y grff., e.e. *aethont, buont, eisteddasont*.

ontaidd [cfdds. o'r S. *ont(ological)* + *-aidd*] *a.* Ontolegol: *ontological*.

1899.

onte, gw. ynteu.

ontê, gw. ond[1]—o. e.

ontoleg [cfdds. o'r S. *ontol(ogy)* + *-eg*[1]] *eb. Athr.* Cangen o fetaffiseg sy'n ymdrin â natur bodolaeth: *ontology*.

1931.

ontolegol [*ontoleg* + *-ol*] *a. Athr.* Yn perthyn i ontoleg: *ontological*.

20g.

ontologaeth, gw. ontologiaeth.

ontologaidd [cfdds. o'r S. *ontolog(ical)* + *-aidd*] *a. Athr.* Ontolegol: *ontological*.

1923.

ontologiaeth, ontologaeth [cfdds. o'r S. *ontolog(y)* + *-(i)aeth*] *eb. Athr.* Ontoleg: *ontology*.

20g.

onwst, gw. ynwst.

onwydd, onwydden, gw. onn + gwŷdd[1].

opal [bnth. S. *opal*] *eg.* ll. *-au*. Math o silica hydradol y defnyddir ffurfiau symudliw arno fel gem: *opal*.

1916.

oparesion, operasiwn, operesion, operesiwn, &c. [bnth. S. *operation*] *eb.* Llawdriniaeth, triniaeth lawfeddygol; symudiad gwŷr arfog, &c., hefyd yn *ffig.*: (*surgical*) *operation*; (*military*) *operation, also fig*.

1927.

opera [bnth. S. *opera*] *eb.* ll. *operâu*, (prin) *operaon*. Cyfansoddiad dramatig estynedig a cherddoriaeth leisiol yn brif nodwedd arno: *opera*.

1866.

Cfn.: **opera ddigri(f):** *comic opera*. **20g. o. roc:** *rock opera*. **20g. o. sebon:** *soap opera, also fig*. **20g. o. ysgafn:** *light opera*. **20g.**

operasiwn, gw. oparesion.

operataidd [cfdds. o'r S. *operat(ic)* + *-aidd*] *a.* Operatig: *operatic*.

1866.

operatig [cfdds. o'r S. *operat(ic)* + *-ig*[2]] *a.* O natur opera, yn perthyn i'r opera: *operatic*.

1938.

operesion, operesiwn, gw. oparesion.

opereta [bnth. S. *operetta*] *eb.* ll. *-s, -u, operetâu*. Opera fer; math o opera ddigri neu ysgafn: *operetta*.

1919.

opiners, gw. orpin.

opiniadwr [cfdds. o'r S. *opin(iator), opin(iatre)* + *-iad*[1] + *-wr*] *eg.* ll. *-wyr*. Gair difrïol reciwsantaidd am Brotestant: *derog. recusant term for a Protestant*.

1574 *Rhyddiaith Gymraeg* ii. 193, nyd ydyn yn tybied fod y Kymry yn dechre . . . [b]od yn *opiniadwyr* ag yn gadel y ffydd. **1580** *GGN* 12, ny ddoe yr vn or bobyl gatholig yr Eglwys . . . am fod y hesgob yn *opiniadwr*. **1604** *LlCy* iii. 65, [d]ilyn y llwybyr bwys mawr. **1632** *D* d.g. *constituta, dictata.* **1651** SIÔN TREREDYN: *MDD* 67, llawer o ceremoniau, neu Defodau ac amryw *ordiniadau.* **1696** *CDD* 39, *Ordeiniad* odd-uchod, bŷdd gyda'r bwŷstfilod. **1713** *Llsgr R. Morris* 141, yr haul ar lleuad yn ol i *hordeiniad* / ar dudd or dechreuad yn canlun i riwliad. **1722** *Llst* 189, *ordeiniad*, m. . . . ordinance, institution. **1795** J. THOMAS: *AIC* 53, Mae Gŵr a Gwraig wedi eu cysylltu'nghŷd . . . fel nad ellir eu gwahanu . . . ond yn unig drwy *ordeiniad* barnedigaeth gyfaddas.

(*b*) Y weithred o ordeinio neu urddo (offeiriad, gweinidog, &c.); y weithred o sefydlu (clerigwr): *ordination* (*of priest, minister, &c.*); *induction or institution* (*of a clergyman*).

1774 B. FRANCIS: *A* 41, *Ordeiniad*, neu Gwrdd Gweinidogion. **1775** *W* d.g. *institution to a Living.*

ordeiniadol [*ordeiniad* + *-ol*] *a.* Yn perthyn i ordeiniad (offeiriad, gweinidog, &c.): *pertaining to ordination* (*of priest, minister, &c.*).

1838.

ordeiniaeth, ordeinaeth [bôn y f. ddil. + *-(i)aeth*] *eb.* ll. *-au.* Ordinhad, gorchymyn, gosodedigaeth, deddf; defod grefyddol a orchmynnir, yn enw. sacrament; darpariaeth, trefn(iant): *ordinance, command, decree; prescribed religious observance, esp. a sacrament; provision, arrangement, order(ing).*

16g. LEWYS MORGANNWG: *Gw* 433, aml ber o ch seler sion / aml seigiau ymhlas wgon / erioed ymhob *ordeiniaeth* / o dir a mor da yw r maeth. **16g.** RHISIART FYNGLWYD, &c.: *Gw* 100, Ni 'th wnaeth, yn d' *ordeiniaeth* di, / Un Duw rhwydd ond er rhoddi [i Syr Siors Mathau o Radur]. **16g.** SIÔN BRWYNOG: *C* 147, Gwinoedd digoni, bid lawn bodloni, / Pawb er daion[i], pob *ordeiniaeth.* *id.* 158, Nid cam, ŵr dinam, *ordeiniaeth* Abram, / Am ystôr Wiliam a meistrolaeth. **16g.** *J* 8, 72b, er maint vai *ordainiaeth* a vai yn holl lyssoed ynys [b]rydain nichaid byth ddim o honaw. **1606** E. JAMES: *Hom* i. 138, [c]ofiwn vchel allu ac awdurdod brenhinoedd a'u cyfreithiau . . . nad ydynt *ordeiniaethau* dŷn, ond *ordeiniaethau* Duw. *id.* ii. 55, Mae'r *ordeiniaeth* hon yn scrifennedig yn y llyfr a elwir libri Augustales. *id.* 262, o gwrandawant offeren . . . Ffi ar y fath watwar a dirmyg a'r [*sic*] sanctaidd *ordeiniaeth* Duw. **1672** R. PRICHARD: *Gw* 408, Yn ôl d'wllys a'th *ordeinaeth*, / Rwyfi'n cymryd physsygwriaeth. *c.* **1730** *Thos. Lloyd D* (LlGC) 185a, *ordeiniaeth* . . . ordinance.

ordeiniaf, ordeinaf, ordin(i)af: ordein(i)o, ordin(i)o, ordain[2] [bnth. S. C. (*to*) *ordein(e)* a H. Ffr. *ordiner*; dichon mai i *ordain*[1] y perthyn rhai o'r enghrau. isod] *bg.a.*

(*a*) Darparu, trefnu, tynghedu, pennu, gorchymyn, deddfu, llywodraethu, sefydlu (sacrament): *to provide, arrange, destine, determine, command, ordain, decree, govern, establish, institute* (*a sacrament*).

c. **1400** *YSG* i. 48, daruot y Vyrdin *ordinav* y Vort Gronn. **15g.** *Pen* 109, 37, mynn diua.r lladron vymhenndeuic. / *ordeinia* ereill bardwn oric. *id.* 37, *ordeinia* yn da ac na uyd dic. *id.* 121, I dwyf yn *ordeiniawr* dwy. / Dy o wair a deu aerwy [Lewys Glyn Cothi i ofyn dwy fuwch]. *Dchr.* **16g.** *Pen* 127, 239, wrth i naturiaethev Ai harverev yr *Ordeiniwyd* Ac i nodwyd i Ryvelwyr . . . arwyddion Arvev yw dwyn. **16g.** *GGH* 292, Erchi *ordain* march irdew / A'i dyco i'w wlad, hoywdeg glew. **16g.** (**17–18g.**) *Llst* 133, 57b, Dau'n cael *ordain* o'r cyd / Da rif ac adar hefyd . . . / Torri dwyn oerni arnyn / Gair chwimwth y Gorchymyn [Raff ap Robert am Adda ac Efa]. **1567** *TN* 193b, [c]yniver ac a *ordinesit* ir bywyt tragyvythawl, a gredesant. **1568** MORYS CLYNNOG: *AG* 40, [g]vrando ypheren gyfa, megis y mae'r eglwys yn *ordeinio.* *id.* 50, Pwy a *ordiniodd* y sacrafenau yma? *c.* **1585** G. ROBERT: *DC* 18b, [p]e baei vn o r planedeu yn torri tros y ll[wy]br a ddarfu i Dduw *ordeinio* iddynt. **1595** H. LEWYS: *PA* 124, y mae 'n amhossibl fod y cre[a]durieit goreu . . . gwedi i *ordeinio* ai creu i bob artaith a phenyd. **1751** *GIA* 52, Sacramentau a *ordeiniwyd*, ac a arferir. **1776** I. BRYDYDD HIR: *P* ii. 159, ir oedd Duw gwedi *ordeinio* cospi pechod yn ddiball.

(*b*) Penodi, urddo (offeiriad, gweinidog, &c.), cysegru (esgob): *to appoint, ordain* (*priest, minister, &c.*), *consecrate* (*a bishop*).

1488–9 *B* iv. 307, y dinas lle yr *ordeiniodd* ef yn esgob. *c.* **1510** *THSC* (1944) 56, *ordeiniodd* y Rvfeinwyr yn lle i brenhinoedd ddav or henafgwyr yn oruchaf arnvnt. **16g.** D. R. THOMAS: *DS* 150, ir hwn im *ordiniwyd* inaû yn bregethwr. **1684** J. DAVIES: *LlR* 382, darfod iddo ef [Crist] *ordeinio* a gosod ei Weinidogion.

Amr.: **orden** [cf. *ordain*[2]]. **17g.** HUW MORUS: *EC* ii. 361, Llaw i *orden* yn llwyrdeg. **18g.** *LlGC* 83, 13a. **ordenio. 1604** R. HOLLAND: *BD* 4. **1609** *CRC* 349. **1615** R. SMYTH: *GB* 13. **orddeinio** [?ff. wallus; ond cf. *orddinio*]. **16g.** *B* xi. 88. **orddinio** [cf. *orddinhad, orddinhaf*: *orddinhau*]. **1567** *LlGG* 64b, ef yw hwnw a *orddiniwyt* (W. SALESBURY: *KLl* xlixb, ordeiniwyd) gan dduw yn varnwr bywion a meirw.

ordeiniant [bôn y f. fl. + *-iant*; ansicr yw'r engh. gyntaf] *eg.* Ordeiniad: *ordinance.*

1556 *GST* i. 932, Ffyniant *ordeiniant* donaidd, / Ffrith y gras o ffrwythog wraidd [i Esgob Llanelwy]. **1611** R. SMYTH: *SG* 86, y mae dyscudiaeth [*sic*] ag *ordeiniant* yr Eglwys yn phrwyno rhydit ddyn [*sic*].

Amr.: **ordiniant** (ll. *ordiniannau*). **20g.**

ordeiniedig, ordeinedig, ordinedig [bôn y f. fl. + *-(i)edig*] *a.* a hefyd fel *eg.* ll. *-ion.* Wedi ei orchymyn; wedi ei dynghedu; (gweinidog, &c.) wedi ei ordeinio: *decreed; destined; ordained* (*minister, &c.*).

1567 *LlGG* [x], [p]ob Sul, a dyddieu eraill *ordinedic* ac arveredic yw cadw meis yn wiliau. **1708** *EGE* 142, Geill pethau eraill fod yn *ordeiniedig*, ond nid megis yn anghenrhaid. **1710** *LlGG* sig. bv, pa ham Ordeinier, A bid *Ordeiniedig* drwy'r Awdurdod rhagddywededig, Bod pob Sybscripsiwn . . . i sybscreibio i'r Articlau dywededig. **1710** *LlGG* (*Gos*) 11, Ymprydiau arbennig . . . sy drwy Gyfraith, neu a fydd drwy gyffredin Awdurdod yn *ordeiniedig.*

ordeiniol, ordiniol [*ordain*[1], *ordin* + *-iol*] *a.* Wedi ei orchymyn, yn perthyn i orchymyn; yn perthyn i ordeinio neu urddo (offeiriad, gweinidog, &c.); wedi ei dynghedu; wedi ei sefydlu; trefnus; cyffredin: *ordained, decreed, relating to ordering; relating to ordination* (*of a minister, &c.*); *destined; established; orderly; ordinary.*

1567 *LlGG* 130a, Pregaeth yn yr hon yn *ordeniol* . . . swydd gwr a gwraic gwedy eu priodi, a ddatcenir ynol yr yscruthyr lan. **1567** *TN* 310b, darvot y Dduw adael Gwenidogion megis yn gyffurfion *ordiniol* yn ei Eccles. **1604–7** *TW* (*Pen* 228), *ordeiniol* d.g. *comparatus, populariter.* **1615** R. SMYTH: *GB* 152, [p]rinder ag eisie fal nad oedd genthynt ddim ymborth *ordeniawl* cyphredin. **1651** SIÔN TREREDYN: *MDD* 17, vfyddhau [*sic*] o ddeall, rhwydd-ddewis, a nid trwy anghen *ordeiniol.* **1711** M. MAURICE: *YAD* 71, ei ewyllys *ordeiniol* ef yn anfeidrol . . . ei arfaeth neu ei ordinhâad ef yn dragwyddol. **1712** T. WILLIAMS: *CDdG* 361, y moddion rhadol . . . a osodwyd o'n blaen ni yn *ordeiniol* er mwyn ein nerthu. **1721** J. P. PRYS: *DC* 50, Tost wrando'n aruthrol ewch ymmaith rai anuwiol; / Ir cartre trag'wyddol *ordeininiol* [*sic*] i'r drwg. *c.* **1730** *Thos. Lloyd D* (LlGC) 185a, *ordeiniol*, ordinatus.

Amr.: **ordeniol** [cf. *orden*]. **1567** *LlGG* 130a. **1615** R. SMYTH: *GB* 152.

ordeiniwr, ordeinydd [bôn y f. fl. + *-iwr, -ydd*[3]] *eg.* ll. *ordeinwyr.* Un sy'n ordeinio neu'n gorchymyn, deddfwr, un sy'n pennu, sefydlydd, trefnwr: *one who ordains or decrees, determiner, one who institutes or establishes, arranger.*

16–17g. *GST* i. 428, Duw sydd, dan dewi â sôn, / Brynwr, *ordeiniwr* dynion. **1632** *D, ordeiniwr* d.g. *ordinator, sanctor.* **1675** R. JONES: *HCh* 76, beth bynnag a gyfenwir yn eiddo'r Arglwydd yn yr Scrythur Sanctaidd, Crist yw Awdur ac *Ordeiniwr* (*Institutor*) y peth hynny. **17–18g.** O. GRUFFYDD: *Gw* 25, Wrth gywir ward union *Ordeiniwr* y glob. *id.* 64, Am hynny mewn amynedd ymrown a rhown anrhydedd, / Dda hwylus, i Dduw haeledd, *ordeiniwr* diwedd dyn. [**1725**] *TS* 133, Crist o Ordinhâd Trugaredd . . . Trugaredd sydd oddiuchod, yr *Ordeiniwr* ydyw. **1778** *W* d.g. *orderer* [*an ordainer, or a decree-er*]. **1778** J. HUGHES: *BB* 146, Mae un o'r ddau 'n feddiannydd, / *Ordeinydd* ar bob dyn.

ordeinydd, orden, ordenans, gw. ordeiniwr, ordeiniaf: ordeinio, ordinans[2].

ordeniaf: ordenio, ordeniol, gw. ordeiniaf: ordeinio, ordeiniol.

order, gw. ordr.

ordiaf: ordio [?cfdds. o'r S. (*to*) *ordain*; tywyll yw'r ail engh. isod] *ba.* Ordeinio, gorchymyn, trefnu: *to ordain, order, arrange.*

1535 *GSOG* 10, Gwn dost hiraeth o'm maethnych: / A ŵyr Duw nef *ordio* nych [i Ruffudd Dwn]? **16g.** HUW ARWYSTL: *Gw* 87, *ordio* lle dof om gofid / elw ar i barn lowri bid. **17g.** *LlGC* 10249, 145, Rhag drygfyd, cynllwyn drygfoes / *ordia* dûw lwc, er dy loes.

ordin, ordinad, ordinaf: ordino, gw. ordain[1], ordeiniad, ordeiniaf: ordeinio.

ordinans[1] [bnth. S. *ordinance* 'decree'] *e?g.* ll. *-ys.* Ordinhad, cyfraith, deddf: *ordinance, law, decree.*

16g. (*LlEG*) *Mos* 158, 98a, menttimio yr holl *ordinansis* a oedd yn gynw/ysedig ynny shiartter. *id.* 335a, ar*ordinans* awnaethai Ef aigynggor y parlement hw/n. **1547** *WS, ordinans* ne ordinhad, ordynaunce.

ordinans[2]**, ordnans, ord(i)nawns,** &c. [bnth. S. *ord(i)nance*] *eg.* ll. *-au, -ys.* Arfau a defnyddiau rhyfel; magnelau, gynnau mawr: *ordnance, military equipment and supplies; artillery.*

15g. DAFYDD LLWYD: *Gw* 257, Yn erbyn hyn y daw haid / O'r siroedd ar gwrseriaid, / Dan un Sais, a'u *hordnawns* oll / A ddygant hyd Gaer Ddigoll. **16g.** (*LlEG*) *Mos* 158, 246a, [ll]ongau mawr aoedd yn llwythedig o *ord/inanses* ac o bob kyuriw amryw gyureidiau ar a oedd an/ghenrhaid i gymaint ac aoedd ynno o bobyl. *id.* 305a, y vo a edewis i vittel ar hran vwyaff [*sic*] oi *ordy/nans* mawr ar i ol ar y meusudd. **16g.** *B* xv. 273, nad oeth gantheunt [*sic*] twy hanner digon o bobyl . . . na degwm o arrtylerrei ac o *ordinawns* J gyulowni vn o'r treui. **1574** *Rhyddiaith Gymraeg* ii. 195, gadel y'r Kymry gael yr holl gyfoeth a'y *hordenance.*

ordinari [bnth. S. *ordinary*] *eg.* ll. *-aid. Egl.* Clerigwr, yn enw. esgob, a chanddo awdurdodaeth *ex officio* mewn achosion eglwysig: *ordinary.*

1567 *LlGG* [x], yr oll Archescyp, Escyp, ac eraill *Ordinarieit.* **1685** *Art* 4, Curat abl, wedi ei ddewis gan yr *Ordinari.* **1710** *LlGG* (*Gos*) 12, Esgob yr Esgobaeth, neu *Ordinari* y Lle. *ib.* os efe ni wellhâ a diwygio'i fai ar rybudd yr *Ordinari*, diswydder ef. **1722** *Llst* 189, *ordinari*, m.p. *nariaid*, an ordinary, bishop. **1723** E. SAMUEL: *PDdC* i. 37, rhyw achos y bo'r *Ordinari* neu Farnwr Eglwysig . . . yn ei farnu. **1760** E. WILLIAMS: *UYB* d.d., *Ordinari* y Brodyr Yn Berlin. **1775** *CY* 20, ni all un dyn gael hawl . . . i gadw ysgol . . . heb ganiatad ysgrifenedig oddiwrth yr Archesgob, neu'r Esgob, neu *Ordinari.*

ordinasiwn, ordeinasiwn [bnth. S. *ordination*] *eg.* Ordeiniad (offeiriad, gweinidog, &c.); ordinhad, gorchymyn, gosodedigaeth: *ordination* (*of priest, minister, &c.*); *ordinance, command.*

c. **1761** *CBF* d.d., [D]ydd ein *Hordeinassiwn.* *c.* **1762–79** W. WILLIAMS: *P* 539, Duw gododd Luther . . . i mofyn *ordinasiwn* eu gweinidogion o Wittenberg, yn hytrach nag o Rufain. **1775** *CY* 64, y llyfr gweddi cyffredin, a'r llyfr *ordinasiwn.* [**1794**] E. ROBERTS: *CDAA* 174, O achos dryge oedd gynt i'n plith, / Y daeth y fellith oerddu; / Wel safwn bellach oll gerbron, / Wrth *ordinasiwn* Iesu. **1797** D. DAVIES: *SEG* 266, er fod *ordinasiwn* a phriodas o appwyntiad dwyfol . . . nid oes dim o rannau hanffodol sacramentau i'w cael ynddynt.

ordinawns, ordinedig, gw. ordinans[2], ordeiniedig.

ordinhad, ordeinhad [bôn y f. ddil. + *-ad*[2], trf. han.] *eb.g.* ll. *-au.* Yr hyn a ordeiniwyd, deddf, bwl, gorchymyn, gosodedigaeth; sefydliad, y weithred o sefydlu (sacrament); defod grefyddol a orchmynnir, yn enw. sacrament; darpariaeth, trefn(iant); penodiad, ordeiniad (offeiriad, gweinidog, &c.): *ordinance, decree, edict, bull, command; institution* (*of a sacrament*); *prescribed religious observance, esp. a sacrament; provision, arrangement, order(ing); appointment, ordination* (*of priest, minister, &c.*).

15–16g. *TA* 35, Pob swydd, tŷ arglwydd y teirgwlad—yn grwn, / Pybyred yn hwn pob *ordinhad.* **1547** *WS*, ordinans ne *ordinhad*, ordynaunce. **1551** W. SALESBURY: *KLl* viia, ydd oeddem wedy'n goarsengi dan *ordeinhadau* bydol. **1567** *LlGG* 59b, ymddarostyngwch i bop ryw *ordinhat* dyn. **1567** *TN* 73b, *Ordinhat* a' ffurf cwynos ne super yr

Arglwydd. *id.* 237b, pwy pynac a wrthwynepa awdurtot, a wrthnepa *'ordinhat* Duw. *id.* 311a, Pawl apostol Jesu Christ, trwy *ordinhaad* Dyw. *id.* 321b, *Ordinhat* a' swydd gwenidogion-Ecclesic. **1588** *Dan* iv. 17, O *ordinhâd* y gwiliedyddion y mae y farn hon. **1595** M. KYFFIN: *DFf* [127], fe a ordeiniwyd . . . na bae rydd roddi i vn gwr ddwy offeiriadaeth . . . Pa le'r ow'ron y mae'r *ordinhaad* honno? **1606** E. JAMES: *Hom* ii. 69, Ac fe wnaeth Cyngor arall hefyd . . . *ordeinhâd* a chyfraith yn erbyn delwau a delw-addolwyr. *id.* iii. 183, *ordeinhâd* priodas a ordeiniodd Duw. **1611** R. SMYTH: *SG* 229, dyddiau gwylion cyphredin, y mae'r Eglwys drwy'r *ordinhad* cyphredin yn i cadarnhau. **1632** *D*, *ordinhâad* d.g. *designatio, digestio, dispositio, ordinatio.* **1675** R. JONES: *HCh* 93, ar y dydd Sabbath, ar ôl darfod yr *Ordinhadau* cyhoeddus. **1693** J. OWEN: *BP* 175, *Ordinhad* sanctaidd yw bedydd. **1711** M. MAURICE: *YAD* 71, ei ewyllys ordeiniol ef yn anfeidrol . . . ei arfaeth neu ei *ordinhâad* ef yn dragwyddol. **1772** *W* d.g. *designation, a disposing. id. ordinhad* cyhoedd d.g. *edict.* **1775** D. JONES: *HCY* 210, Ar Urddiad neu *Ordinhad* Gweinidog.

Amr.: **orddinhad** [bôn y f. *orddinhaf*: *orddinhau* + *-ad*[2], trf. han.]. **15–16g.** *GLM* 100.

ordinhadol [*ordinhad* + *-ol*] *a.* Yn perthyn i ordinhadau neu ddeddfau, o natur ordinhad: *pertaining to ordinances or decrees, of the nature of an ordinance.*

1711 M. MAURICE: *YAD* 159, Pa le y mae y Tad yn ei ddwyn . . .? Llê Cyfammodwr, gan amlygu eu [*sic*] Ewyllys *ordinhâadawl.* **1725–6** *Madd Ed* 328, nid oes un Frwydr *ordinhadol* (*decretorian*). **1799** M. WILLIAMS: *HHG* 108, yr holl gyfraith *ordinhadol* a chnawdol a syrthiasant i'r llawr.

ordinhaf, ordeinhaf: ord(e)inhau [**ordin* (bnth. H. Ffr. *ordiner*, cf. y f. *ordiniaf*: *ordinio*) ac *ordain*[1,2] neu fôn y f. *ordeiniaf*: *ordeinio* + *-hau*] *bg.a.* Darparu, trefnu, tynghedu, pennu, gorchymyn, penodi: *to provide, arrange, destine, determine, decree, appoint.*

c. **1400** *YCM*[2] 96, ual yd oed gyfrwys ar ymladeu, *ordinhau* a gossot a vnaeth y gadev. *c.* **1400** *YSG* i. [45]–6, tri marchawc urdawl . . . *ordinhaawd* Duw y tri hynny yn wahanedic. *c.* **1400** (*SG*) *HMSS* i. 317, y gret a *ordinhaawd* iessu. **15g.** *FfBO* 36, Tra yttoedynt wy yn *ordinhau* ac yn kyweiriaw y tan. *id.* 39, [t]ros y petwar brawt uchot y gwnaeth pedeir manachlawc, ac yndunt *ordinhau* (*inhabitari fecit*) effeiryeit o Sarassinyeit. *id.* 52, Y llys hynn a *ordinheir* o swyddogyon yn enrydedus. *c.* **1475** *B* xiii. 183, [y] tan poenedic parhaus . . . a *ordinhawyt* y'r kythreul a'e engylyon yr dechreu byt. **1567** *TN* [xxxii], Dau arwydd heb fwy a *ordinhaodd* Christ i bobl y testment newydd. *id.* 148b, [d]aroedd ir Juddaeon ddarparu [:– osot, *ordeinhay*] eisioes . . . bot y escommuno ef. **1594–6** *B* iii. 282, anghyfiownder oedd iti bann *ordinhaut* ti saith wragedd y ganlyn yr vn gwr. **1604–7** *TW* (*Pen* 228) d.g. *decretus.* **1630** *YDd* 23, Cariad . . . drwy'r hwn ir *ordinhaodd* iw etholedigion fod yn gadwedig.

Amr.: **orddinhau** [cf. y f. *orddiniaf*: *orddinio*; dichon fod *-d-* ≡ *-dd-* yn rhai o'r enghrau. uchod]. *c.* **1514** *B* v. 11, xviii. 135.

ordiniad, ordiniaf: ordinio, ordiniant, ordiniol, gw. ordeiniad, ordeiniaf: ordeinio, ordeiniant, ordeiniol.

ordnans, ordnawns, gw. ordinans[2].

Ordoficaidd, gw. Ordofigaidd.

Ordoficiaid [cfdds. o e. llwyth yr *Ordovic(es)* + trf. ll. *-iaid*] *e.ll.* Llwyth Brythonig a drigai yng ngogledd a chanolbarth Cymru yng nghyfnod y Rhufeiniaid: *Ordovices.*

20g.

Ordofigaidd, Ordofic(i)aidd [cfdds. o'r S. *Ordovic(ian)* + *-(i)aidd*] *a.* a hefyd gyda grym enwol. *Drg.* Wedi ei ffurfio yn ystod ail gyfnod y gorgyfnod Palaeosöig (rhwng y cyfnod Cambraidd a'r Silwraidd), yn perthyn i'r cyfnod hwnnw: *Ordovician* (*geol.*).

1899.

ordr, ordor [bnth. S. *order*] *eb.g.* ll. *ordrau, ordors.*

(*a*) Trefn; proses y gyfraith; ffurf, modd, dull: *order; legal process, process of law; fashion, form, manner.*

15g. *LGC* 299, Minnau ar draed mewn *ordr* og, / Ban ganwn, heb un geiniog. **15–16g.** *TA* 520, Eurllin *ordr* yw'r llwyn eurdeg [am wallt merch]. [**1547**] W. SALESBURY: *OSP* [ix], y diarebion hyn oll . . . mewn gwedd ac *ordr* tra threfnus. **1547** *WS* [vi], yn kadw *order* a threfyn ynto. **16g.** SIÔN BRWYNOG: *C* 132, Mae cerddor, ag *ordor* gwych / A thelynor, iaith lanwych. **16g.** *GGH* 332, O'r rhain fil, neu'r hyn a fo, / Nid oes dyn ond sy dano; / A phâr waith a wna ffrwythaw, / *Ordr* lawn, ond drwy ei law. **1567** *TN* 310a, [rh]ei yn rhotio yn eich plith yn afreolus [:– eb *ordr*]. *c.* **1585** G. ROBERT: *DC* 37a, [d]angosais i or blaen ynghylch *ordor* a modd dioddefaint Crist. **1593** W. MIDLETON: *B* [ii], newidiais yr hen *ordr* ar method. **1615** R. SMYTH: *GB* 42, dal selw ar *order* y wenol bach yn magu i chowion. **1618** J. SALISBURY: *EH* 232, [c]adw bob amser hyn o drefn, ag *ordr* dda. **1778** J. HUGHES: *BB* 89, Gobeithio y cymrwn gyngor, / I fyw mewn buchedd sobor *ordor* iawn.

(*b*) Gorchymyn, siars; *Cyfr.* gorchymyn; archeb: *order, command, charge; order* (*in law*); *order* (*esp. for goods*).

16g. (*LlEG*) *Mos* 158, 10a, I gwnaeth . . . Esgobion y dyrnas *ordyr* a deckri or modd I dylai Esgob Eisde mewn kyngor. **17g.** *IICRC* iii. 231, Doethym drwy *ordor* i ofyn dy gyngor. **1718** (**1721**) S. THOMAS: *HB* 158, Rhoddwyd hefyd orchymmyn neu *ordor* i fwrw ymmaith lun y Groes. **1761** *ML* ii. 314, y marsiandwyr . . . yn dyfod ar hyd y wlad i dderbyn *ordors* gan fonheddig a gwreng, a'u clarcod yn dyfod i hel arian. **1794** E. JONES: *CP* 27, [d]wyn cwyn yn eu herbyn i'r chwarter sesiwn, ac *ordor* y sesiwn a rwym y ddwy blaid. **18–19g.** *GABC* 121, Cymmer gyngor eur-deg *ordor*, / I fyw yn sobor yn dy swydd. Ar lafar yn gyff., *WVBD* 407, *GDD* 212.

(*c*) *Egl.* Gradd neu urdd o fewn hierarchiaeth eglwysig; un o naw radd yr angylion; Urddau Sanctaidd: (*eccl.*) *order; order* (*of angels*); *Holy Orders.*

15g. *ID* 58, deufodd a wyr Dafydd dda / dwyn i *ordor* bod yn wrda [i abad Ystrad Fflur]. **1488–9** *BSM* 5, Ef a ddamvnodd arno vod yn ddiagon . . . Ac ni vynnodd namyn i wnevthur yn ysgolhaic dwfr swyn. Ar *ordr* honno nis gwrthodes Rac gwybod i vod yn i distyrv Achos i bod yn is nor llall. **15–16g.** *TA* 124, Abad, cawn, abid canon, / Ar wyrda rhoed yr *ordr* hon [i Sieffre, abad Maenan]. *c.* **1514** *B* xviii. 135, Jessu, Vab Duw, a chidag ef *ordyr* o engylion, eisteddua o badrieirch. **1567** *TN* 331b, Tydi effeiriad wyt yn dragwddawl, ar ol *ordr* Melchi-sedec. *c.* **1585** G. ROBERT: *DC* 56b, [g]weled pob gradd o'r Saint, pawb yn i *hordor.* **1609** *Pen* 217, 189, [c]ymryd *ordyr* offeiriadaeth. **1618** J. SALISBURY: *EH* 269, hi a elwir Vrddæ, neu *Ordr* am fod yn y Sagrafen hon fagad o raddæ.

(*d*) Urdd (marchogion): *order* (*of chivalry*).

16g. LEWYS MORGANNWG: *Gw* 183, Dy lin yth vrenhin a th vron—gywiwder / gydag *ordor* marchogion / ny fy (e)rioed gradd o'r ford gron / eithr Galath o th ryw gallon. Gw. hefyd y *Cfn.* isod.

(*e*) Dosbarth (cymdeithasol): (*social*) *order, class.*

1684 H. OWEN: *DC* 31–2, Nid oes vn *Order* mor sanctaidd, nac un fann mor ddirgel, lle nid oes temptasiwnau a gwrthwynebau.

Cfn.: **ordr cyfraith:** *legal process, process of law.* **1595** H. LEWYS: *PA* 141. **1681** S. HUGHES: *AC* 43. **O. y Badd:** *Order of the Bath.* **16g.** (*LlEG*) *Mos* 158, 327a. **O. y Gardys, O. y Gart:** *Order of the Garter.* **16g.** LEWYS MORGANNWG: *Gw* 238, i chwi dyd chweched edwart / o raid i wr gwych *ordr y gart.* **16g.** (*LlEG*) *Mos* 158, 166a, *ordyr y gardys.*

ordraf, ordriaf: ordr(i)o [bnth. S. (*to*) *order*] *bg.a.* Trefnu, rhoddi trefn (ar), rheoli, trin, trafod; gorchymyn; archebu: *to arrange, order, rule, cultivate, handle; command, order; order* (*goods, &c.*).

16g. *GGH* 169, *Ordrio* weithian, mor dratheg, / Ar y tŵr fanerau teg / I chwarae dawns uwch oerwynt. *id.* 356, Y mae'n grud ym min grodir / Aradr teg i *ordrio* tir [i ofyn ychen]. **16g.** *IICRC* iii. 294, Ti aellyd falchio / pen geiti fy na yddy *hordro* / Allwyr wario fy nghyfoeth. **1580** *GGN* 12, Chwi a welwch fel yroedd y bobyl yma yn *ordrio* y hesgob, ony orfu yddo Redeg ymeth. *a.* **1587** *Y* 234, Oes gennyd, farddas Gwynedd, / Lythr na gwawd, lathr enwog wedd? / Nag oes, dim o'r neges da, / Nid *ordriwyd* yn ond dirdra. **1595** H. LEWYS: *PA* 92–3, pe i bawn vnwaith etto yn iach . . . myfi a ymddygwn, ac am *ordriwn* fy hun mal i dylwn. **16–17g.** *HG* 16, mae düw yddo, gwedy *ordro*, / poen uffernol, yn dragwyddol. **17g.** *CC* 381, Dyn enwoc da ynyniad / Dewr a glan yn *ordrio* gwlad (Huw Machno). **1672** R. PRICHARD: *Gw* 186, ni fedrant fwy nâ bechgin, / *Ordro* [:– Drefnu] eu hun, nac *ordro* eu lifing. **1696** *CDD* 281, Mae Duw a'i law'n egored, / Yn *o rdrio* [*sic*] mawr ymwared. **1761** *ML* ii. 324, Nid oes dim diwedd i fod rhyngwyfi a Ph'wel ond y peth a *ordrio*'r gyfraith. **1766** *CD* 167, Dechreuai hwn *ordrio*, / Pob peth dan fy Nwylo.

Amr.: **gordro** [cf. (*g*)*odidog*, (*g*)*onest*, (*g*)*ordd*]. Ar lafar yn y Gogledd, *WVBD* 159.

Cfn.: **ordro obeutu:** *to order about or around, bully, domineer.* Ar lafar, e.e. 'un budur i *ordro* dynon *abothdu*' (Morg.), 'Paid â'n *ordro* i *obutu*' (Cered.).

ordriad [bôn y f. fl. + *-iad*[1]] *eg.* Trefn: *order.*

16g. *GGH* 216, Pwy'n ei ôl, rasol Rosier, / O wŷr drud pob *ordriad* pêr / I feddwl llythr cyfaddas / At brins neu ateb i'w Ras? **16–17g.** HUW MACHNO: *Gw* 40, Dal yr oedd, diwael roddiad, / *Ordriad* teg ar ei dre-tad. **17g.** *CC* 359, O vonedd kyfa vniawn / O dir a dysk *ordriad* iawn (Simwnt Fychan).

ordriaf: ordrio, gw. ordraf: ordro.

ordriwr, ordrwr [bôn y f. *ordraf*: *ordro* + *-(i)wr*] *eg.* ll. *ordrwyr* (*ordrwrs*). Trefnydd: *arranger.*

16g. *GGH* 55, *Ordriwr* arfau, gorau gwart, / A fu i Rys, wyf i Risiart. *id.* 231, Ieuan, *ordriwr* hen ardreth, / Yw Siagob biau pob peth.

ordrwr, gw. ordriwr.

ordd, orddaf: orddi, gw. gordd, gorddiaf: gorddio.

orddeiniaf: orddeinio, gw. ordeiniaf: ordeinio.

orddew, orddicâf: orddicáu, gw. gorthew, arwyddocâf: arwyddocáu (At.).

orddigan, orddiganaf: orddiganu, gw. gorddigan, gorddiganaf: gorddiganu.

orddiganwr [bôn y f. fl. + *-wr*] *eg.* Un sy'n canu('r trebl): *one who sings* (*the treble*).

1604–7 *TW* (*Pen* 228) d.g. *modulator, occentor* (hefyd *D*).

orddinhad, orddinhaf: orddinhau, orddiniaf: orddinio, gw. ordinhad, ordinhaf: ordinhau, ordeiniaf: ordeinio.

orddod, ordduniant, orddwyn, orddygraff, orein, gw. gorddod, ardduniant (At.), gorddwyn, orthograffi, oraen.

Oreinaidd [*Orein(wyr)* + *-aidd*] *a.* Yn perthyn i'r Oreinwyr, nodweddiadol ohonynt: *relating to the Orangemen, Orange.*

1837.

oreins, gw. oraens[1].

Oreinwyr [cfdds. o'r S. *Orange(men)* + *-wyr* dan ddyl. yr e. *orain*] *e.ll.* Aelodau o gymdeithas wleidyddol a ffurfiwyd yn 1795 i gynnal Protestaniaeth yn Iwerddon ac sy'n arbennig o weithredol yng Ngogledd Iwerddon: *Orangemen.*

1837.

oreis, gw. oraens[1].

oren [?amr. ar *oraen*] *eb.g.* (bach. *-ig*, *-yn*) ll. *-au*, a hefyd fel *a.* Un o amryw fathau o goed citraidd, yn enw. *Citrus sinensis*, sy'n tyfu mewn gwledydd cynnes ac sy'n dwyn ffrwythau crynion bwytadwy; ffrwyth un o'r coed hyn ac iddo groen melyngoch chwerw a chnawd llawn sudd; melyngoch: *orange* (*tree, fruit, and colour*); *orange*(*-coloured*).

1905.

Gw. hefyd oraen, oraens[1].

orenaidd [*oren* + *-aidd*] *a.* (O liw) oren, melyngoch: *orange*(*-coloured*).

20g.

orenfa [*oren* + *-fa, ma*] *eb.* ll. *-feydd.* Adeilad, megis tŷ gwydr, lle tyfir coed orenau: *orangery.*

20g.

orenig, gw. oren.

orenj, orens, orents, gw. oraens[1].

1773 *W* d.g. *entertainment, a house or place of entertainment.* **1803** *P*, *ostri*, s. m.

ostrits, ostrys [bnth. S. C. *ostrice* a S. Diw. *ostrich*] *eg.b.* ?a hefyd fel *a.* Estrys; ?wedi ei addurno â phlu estrys: *ostrich*; ?*adorned with ostrich feathers.*

15g. GWILYM TEW: *Gw* 458, Ni bu well cyllell, king—gwlad Sant Denys, / N'ai [*sic*] helmau *ostrys* yn nhâl mwstring. **16g.** LEWYS MORGANNWG: *Gw* 514, mae ch brain yn y mor dainiaw / maestr Rys draig am *ostris* draw. **16g.** RHISIART FYNGLWYD, &c.: *Gw* 140, Bron *ostrits* brynnau Ystrad. *c.* **1658** R. VAUGHAN: *E* 108, ei, [*sic*] gyffelybu ir *ostrids* yr hon a âd ei hwyau yn y ddaiar. **1728** S. RHYDDERCH: *GC* 1[43], Dod *Ostrys* dyrys o deg rifedi, / Er Dewi i Wr diegr. Ar lafar yn y ff. *ostritsh*, *ostrij*.

Amr.: **oestrij. 16g.** (*LlEG*) *Mos* 158, 394b, addain *oesdridgi* [*sic*]. Cf. *WS*, oystreds ffedder, oystreche fedder.

Gw. hefyd estrys.

ostriwr [*ostri* + *-wr*] *eg.* Tafarnwr: *innkeeper.*

16–17g. (*Gesta Rom*) *LlGC* 13076, 23b, i ddoedd arnynt hwy ddylyed mawr ir *ostriwr*.

Ostrogoth [bnth. S. *Ostrogoth*] *eg.* ll. *-iaid.* Un o'r Gothiaid dwyreiniol, cenedl Diwtonaidd a oresgynnodd yr Eidal yn y 5g. a'r 6g.: *Ostrogoth.*

1808.

ostrs, ostruth, ostrys, ostryth, gw. wystrys, estrys, ostrits, estrys.

ostyngaf: ostwng, gw. gostyngaf: gostwng.

oswydd, *e.tf.* ac *e.ll.* Y gelyn, gelynion: *the enemy, enemies.*

13g. *A* 4. 5–6, ny bu mor gyssor o eidyn ysgor a esgarei *oswyd* tutvwlch hir ech e dir ae dreuyd. *id.* 15. 6–7, ef lladei *oswyd* a llavyn llymaf. mal brwyn yt gwydynt rac y adaf. *c.* **1300** *H* 2a. 28, Ny bytei diwyth y lwyth *osswyt* [marwnad Gruffudd ap Cynan gan Feilyr Brydydd]. *id.* 19b. 19, eil osuran gynan aeswan *oswyt* (Llywelyn Fardd). *id.* 21a. 47, Gwelei daryf ar dyrrua *osswyt* (Daniel ap Llosgwrn Mew). *id.* 86b. 4, yn amddiffin tir rac toryf *osswyt* (Llygad Gŵr). *id.* 108[2]a. 7, gwrth herw dyt *osswyt* oes o yaen (Llywarch ap Llywelyn). *c.* **1400** *R* 1387. 9–10, Ac ar llwyth *osswyd* gnawt llithyaw kicurein. *id.* 1404. 24, issic dyd *oswyd* oeswydyr. **1632** *D*, *oswydd*, credo significare inimicos, aduersarios, hostes. **1688** *TJ*, *oswydd*, Gelynion, Caseion: Enemies, Adversaries. **18–19g.** IEUAN LLEYN: *C* 19, A rhai arian, seirian swydd, / Cysegr Ion rhag ei *oswydd*. **1803** *P*.

osywaeth, gw. ysywaeth.

-ot, *trf. prs. ardd. rhed.* 2 brs. un., e.e. *ohonot, trosot, trwot.*

Gw. hefyd -awd[5].

Otaheitaidd [cfdds. o'r S. *Otaheit*(*ean*) + *-aidd*] *a.* Yn perthyn i Tahiti: *Tahitian.*

1798 M. JONES: *DG* 35, Peter . . . a'r llall Andrew . . . eill dau'n medru'r iaith *Otaheitaidd* yn dda.

otocrataidd, gw. awtocrataidd.

Otoman [bnth. S. *Ottoman*] *eg.* ll. *-iaid.* Aelod o bobl Dyrcaidd a oresgynnodd y Dwyrain Agos tua diwedd y 13g.: *an Ottoman.*

1855.

Otomanaidd [bnth. S. *Ottoman* + *-aidd*] *a.* Yn perthyn i'r Otomaniaid neu i'w hymerodraeth: *Ottoman* (*adj.*).

1800 *Eurgr* 17.

otomasiwn, otomatig, otonomi, &c., gw. awtomasiwn, awtomatig, awtonomi, &c.

-otor, -odor, *trf. bfl.* amhrs. pres. myn. Cym. C., e.e. *brithotor, canotor.*

otosglerosis [bnth. S. *otosclerosis*] *eg.* Sglerosis y glust: *otosclerosis.*

20g.

ots, ods [bnth. S. *odds*] *eg.* Gwahaniaeth; ?rhagoriaeth; nerthoedd grymusach neu fantais ragorach (gan un ochr mewn brwydr, dadl, &c.): *difference*; ?*excellence*; *superior forces, odds.*

1550–80 *Pen* 80, 172, athro oedd waith hiraddvc / *ods* o ddiar gambrids a ddvc. Ar lafar, 'Dim *ods* gin i', ''Toes dim *ods* be ddeudith 'i', ''Ta 'ny ryw *ods*', 'Pwy *ods* fasa fo?', *WVBD* 403; ''Stim *ots*', *GDD* 213; 'Beth yw'r *ots*?', ''Tasa *ots* i fi'. '*Otsh*' yw'r ynganiad yng ngogledd Cered.

Cfn.: **ots (ods) ar:** *more than.* *c.* **1820** *BCh* iv. 77, Danfonai 'nhad fi 'mhell dros foroedd, / *Ods ar* bum cant o filldiroedd, / Ar fy nhraed mi a'u cerddais adre, / Er mwyn Morgan Jones o'r Dole. **yn o.:** *different.* **1715** T. EVANS: *CCG* 32, A fyddaf i yn [u]nigawl? *yn ods* a'r bobol y byd [*sic*]? **18–19g.** *HVN* 595, Beth sydd yno'*n ots* nag yma? / Porfa las a dwr ffynhonna. Ar lafar yng Nghered. a'r De, 'Rhwbeth *yn ots* na'i gily'', *GDD* 213; 'Ma rhaid 'ddo fe fod *yn ots* i bawb'; ''Wetws e ddim byd *yn ots* wrthi'. **yn o. o:** *remarkably, extraordinarily.* **1881** D. OWEN: *D* 88, Mi ddeydith *yn ods o* dda ar y casgliad. Ar lafar ym Morg., 'Ma'r bachan 'co *yn ots o* gryf'. Cf. *od*[1]—*od o.*

ow, *ebd.* a hefyd gyda grym enwol. O!, och!: *oh!, alas!*

1567 *TN* 77b, Och [:– Wban, *Ow*], tydi yr hwn a ddinistryt y Templ. **16–17g.** *CRC* 6, *Ow* yngwir galon, *ow, ow, ow,* / a llawer *ow*, a genais / *ow, ow* fenaid llwyr gwae fi / dy wyneb di a gerais. **16–17g.** *CLlC* i. 11, Etto ir wyt am fi *ow* pam / yn gwneuthyr cam ar hynu. **1632** *D*, *ow*, vox dolentis, gementis, ah, heu. **1688** S. HUGHES: *TSP* 136, *Ow* meddant hwy! Crogwch e, Crogwch e. *id.* 153, *Ow!* fe dybygid ei fod ef . . . yn Ddyn gwych. **1699** T. JONES: *TP* 96, Pa ragoriaeth sŷ rhwng gwaeddi yn erbŷn pechod, a'i ffieiddio ef? . . . *Ow!* Llawer iawn. *id.* 187, Anwŷbodaeth, *Ow!* Pa hŷd? **1778** J. HUGHES: *BB* 88, Rhyw ryb[u]dd *ow!* na chymrem. **1793** DAFYDD IONAWR: *CD* 52, *Ow* Adda, meddylia 'n ddwys. **1803** *P*, *ow*, woe is me, alas, ah me!

Amr.: **ew**[1]. Ar lafar.

Gw. hefyd owi.

owa [amr. ar *ewa*] *eg.* Ewythr (enw anwes a pharch): *uncle* (*term of affection and respect*).

Ar lafar ym Morg. a sir Fyn., *TGG* (1906), 18, hefyd yn y ff. *ywa*.

Gw. hefyd ewa.

owdl, gw. awdl.

Oweniaeth [yr e. prs. *Owen* + *-iaeth*] *eb.* Athroniaeth a system gymdeithasol Robert Owen (1771–1858), y diwygiwr o'r Drenewydd, a gredai y dylid aildrefnu cymdeithas yn system o unedau cymdeithasol cydweithredol: *Owenism.*

1844.

owi, *ebd.* Ebychiad sy'n mynegi gofid, tristwch, siom, &c.; hefyd yn mynegi syndod, llawenydd, boddhad, &c.: *interjection expressing grief, sorrow, disappointment, &c.; also used to express surprise, joy, satisfaction, &c.*

13g. *B* ix. 146, *Owi* a duv nat oes dim diogel gan vrat e gelyn. **13g. (1641)** *HGK* 29, *O wi* a Duw, y gnifer gweith ydd arfaethassant yeirll Kaer gwrthwynebu y Ruffudd, ag nys gallassant! **1346** *LlA* 67, *Owi* duw ahynny . . . *Owi* orgwynnvydedicrwyd. *c.* **1400** *R* 1045. 11, *owi* a angheu byrr ymgat. *c.* **1400** *YCM*[2] 173, *Owi* a Duw! mor uolyannus ympob peth. *c.* **1400** *ChO* 3, disgwyl a oruc ar y goesseu gan dywedut, '*Owi* o'r kedernyt!'. *ib.* *Owi* a Duw tec a Seint Martin. **1632** *D* d.g. *euax, iô.* **1722** *Llst* 189, *owi*, hey-day, very well, o brave. **1725** *SR* d.g. *so ho.*

Gw. hefyd awi, ow, wi.

owmal [bnth. S. C. *aumail* 'enamel'] *eg.* a hefyd gyda grym ansoddeiriol. Sylwedd anhryloyw neu led dryloyw tebyg i wydr a doddir drwy wres i ffurfio haenen dros arwynebau metelaidd, &c., i'w haddurno neu eu hamddiffyn, hefyd yn *ffig.*: *enamel, also fig.*

14g. *GDG* 98, Er gemau, aur ac *owmal*. *id.* 119, *Owmal* y wlad, leiddiad Lŷr, / Yw penwisg fy nyn poenwyr. **15g.** *Pen* 109, 187, simant uegis kroes *owmal*. / Sinet duw yssy ny tal (Lewys Glyn Cothi). **15g.** *LGC* 471, Ol ei big lemhir, val bagl *Owmal*, / A gair yvory ar Gaer Vawrial. *id.* 481, Wyr Domas ŵryd *Owmal*. **15g.** *DN* 75, Yr eglyrbayn â'r glayrbais, / Wam[a]l o bell, [*owm*]*al* bais. **15–16g.** *TA* 390, Mal Edn, mewn *owmal* ydwyd, / Llwch Gwin, Aberllechog wyd. **16g.** *Llst* 6, 109, karw tomas o kwrt *owmal*. **1632** *D*, *owmal*, encaustice. **1688** *TJ*, *owmal*, Tân-waith: enamelling. **1722** *Llst* 189, *owmal*, m. an enamel, enamelling. **1773** *W* d.g. *enamel.*

Amr.: **owmael. 1915.**

Gw. hefyd amel, awmael.

owniaf, ownaf, oniaf: own(i)o, onio [bnth. S. (*to*) *own*] *ba.* Cyfaddef, cydnabod; arddel, cydnabod (person fel perthynas); perchen ar, perchenogi: *to confess, acknowledge; acknowledge* (*person as relation*); *own, possess.*

1786 TWM O'R NANT: *PCG* 5, Ond mi glywais fy Nain yn *onio*, / Mae goreu ydyw'r lleia siarato. **1793** J. THOMAS: *U* 26, Mae pawb yn *onnio* fel ag i'r wyfinne, / Ei grefydd iawn wrol ei hunan yn ore. **1828** *Geir Pob* 18, *onio*, *Owno*, addef, cyfaddef. Cf. D. OWEN: *RL* 346, fydda i byth yn rhy falch i *onio* fy nheulu. Ar lafar, e.e., 'Pwy sy'n *onio* hwn?', 'Neith o ddim *onio*'i fam, achos bod hi'n dlawd', *Gwerin-Eiriau Maldwyn* 59.

owns[1], **wns** [bnth. S. C. *unce, owns, ouns,* &c. 'ounce (weight)'] *eb.* ll. *-*(*i*)*au, -ys, -es, -i.* Uned bwysau yn y gyfundrefn hirbwys (sef unfed ran ar bymtheg o bwys, 28·349 gram, neu 437·5 gronyn); uned bwysau yng nghyfundrefnau'r apothecari a throy (sef deuddegfed ran o bwys, 31·103 gram, neu 480 gronyn); hefyd weithiau am unedau pwysau eraill; mesur gwlyb yng nghyfundrefn yr apothecari (sef ugeinfed ran o beint neu 28·41 mililitr); hefyd yn *ffig.*: (*avoirdupois, apothecaries', troy, &c.*) *ounce* (*weight*); (*apothecaries'*) *fluid ounce, also fig.*

c. **1400** *Études* vii. 274–6, kymer y mastic ac ystor, sandragon, canel, aloen . . . *wns* o bob vn ohonunt. **1545** *CM* 1, 171, yved *owns* or dwr. *id.* 314, Ac ynna kymer *owns* o bob vn or llyshieue hyn. **16g.** (*LlEG*) *Mos* 158, 102b, niu/er o vaan bwysau yr hrain a elwir *Ownses* Ar *ownse* A o/rdeiniasant twy i bwyso kymaint a deuddeg gronun arhugain o rawn gwennith. **1604–7** *TW* (*Pen* 228), mesur yn cynnwys dwy *wns* a haner d.g. *acetabulum.* **1632** *D*, *wns*, uncia. **1683** *LlP* 58a, *wns* neu ounce o Fustl. **1688** *TJ*, *wns*,) yr unfed ran ar bymtheg o'r pwŷs: an ounce. *c.* **1740** *LlM* 6, ac un *Wns* o Sinamond. **1768** J. ROBERTS: *R* 4, Cantoedd, Pwysau, *Wnsau*. *id.* 13, pwysau Troy . . . 20 Pwys Ceiniog a wna *Wns* . . . 12 *Wns* a wna Pwys [*sic*]. *id.* 15, Pwysau Averdupois . . . 16 Dram a wna *Wns* . . . 16 *Wns* a wna Bwys. **1772** D. ROWLAND: *PP* 56, talent o ymadrodd heb *wns* o gariad ni wna les. **1795** J. THOMAS: *AIC* 179, Deall hefyd os bydd un rhifedi yn amrywiol enw; megis punnoedd, a sylltau, fod yn rhaid eu dwyn i enw llai, sef sylltau ôll, neu geiniogau, *ownsau*, &c. **1795** *R. Crusoe* 11, mi a ddygais adref bum pwys a naw *owns* [o] lwch aur. **1813** *WB* (Rhagymadrodd) xiii, yfed hyn neu hyn o *wnsiau*. *ib.* dalier sylw fod *wns* yn cynnwys wyth dram. Ar lafar; clywir yr ymad. '*Owns* o fêl a phwys o alws'. Cf. M. WILIAM: *DY* 61, Pobl Aberdâr . . . sy'n dweud am rywun nad yw'n hollol iawn yn ei ben, ei fod 'Dwy *owns* yn sgafnach na balŵn ragman'. Yn sir Gaerf. dywedir am rywun tebyg nad yw 'ond pedair *owns* ar ddeg'. Ceid peth amrywiaeth gynt yn nifer yr ownsiau i'r pwys, cf. H. EVANS: *CE* 88, gelwid pwys o wlân yn bwysgwr . . . Dywedodd un ffatriwr wrthyf mai 'pwyscywir' oedd am fod deunaw *owns* ynddo. Yr oedd deunaw *owns* yn y pwys 'menyn yn fy nghof i.

owns[2] [bnth. S. *ounce* 'snow leopard'] *e?g.* ll. *-iaid.* Mamolyn cathaidd mawr, *Panthera unica*, sydd â'i gynefin yn ardaloedd mynyddig canolbarth Asia: *ounce, snow leopard.*

1858.

owon, gw. yrŵan.

owrangowtang, gw. orangwtang.

owran [amr. ar *awran* (gw. *awron*)] *eb.* a'i ddefnyddio fel *adf.* ar ôl y fannod. Yn awr, yrŵan, y pryd hwn: *now, at present.*

16–17g. *GST* i. 132, Tri eryr it yr *owran*, / Aur a gwyrdd ni rôi ŵr gwan. *id.* 660, Mawr air, fal y mae'r *owran*, / Y bydd tragywydd trwy gân. **17–18g.** *Llst* 133, 47b, Minnau'r *owran* mae'n riawl / Dros Huw Smyth a droses mawl (Gruffudd ap Llywelyn Fychan). *c.* **1730** *Thos. Lloyd D* (LlGC) 182b, Duw O'r oer ydwy'r *owran!*

Gw. hefyd awron, yrŵan.

owtgri [bnth. S. *outcry*] *eg.* Gwaedd o brotest, protest: *outcry, protest.*

16g. (*LlEG*) *Mos* 158, 135a, I gwnaeth ky/ffredin y dyr[n]as *owtkri* mawr. **1547** *WS*, *owtcri*, an oute crye. **16g.** SIÔN BRWYNOG: *C* 70, At gwr y glyn, *owtcri* gwlad / Wrth ollwng yr wyth wylliad!

owtil [bnth. S. *out isle*] *e?g.* ll. *-s.* Ynys gymharol bell o'r tir mawr: *out island, out isle.*

?**15g.** *B* i. 306, Rhaid yw i ti, rho Duw Tad, / Gael *Owtils* a'u galw atad. **15g.** *DN* 37, Bwav'r *Owtils*, a Bryttaen. **15g.** *LGC* 102, A byr yr ateb wyr o'r *Owtil.* **15–16g.** *TA* 29, Ni bu o'r *Owtils* neb wŷr atoch.

owtin, ywtin [bnth. S. *outing*] *eg.* ll. *-s.* Taith bleser, gwibdaith, trip; hwyl, sbri; helbul, helynt: *outing, excursion, trip; good time, fun; trouble, bother.*

Ar lafar, 'Os gwellith y tywydd pnawn 'ma fe ewn ni am *owtin* bach i'r dre'; "Odd 'i deulu fe'n câl *owtin* ofnadw 'dag e pan fydde fe'n meddwi', "Ŷn ni'n mynd acha *ywtin*'.

oyl, oystr, gw. oel[1], wystrys.

P

p, cytsain, a'r bedwaredd lythyren ar bymtheg yn yr wyddor Gymraeg; fe'i treiglir yn *ph, b, mh,* e.e. *padell, ei phadell, ei badell, fy mhadell.*

pa[1], **py**[1], **ba**[1], **by**[1] [Crn. C. *py, pe,* H. Lyd. *pi,* H. Lyd., Llyd. C., a Llyd. Diw. *pe*: ff. ar yr un bôn gof. a phth. IE. **kʷei* ag a welir yn *pwy*[1], gw. *SC* x/xi. 59–69; ynglŷn â *pa* yn gwrthsefyll treiglad, gw. *Treigladau* 441–2] *rh. gof.* a *phth.* a hefyd fel *adf.*, sy'n peri tr. ml.

(*a*) (O flaen e., be., rh., ardd., &c., i ofyn am wybodaeth ynglŷn â hunaniaeth neu ddosbarthiad rhywbeth, hefyd yn bth.); pa fath: (*before a n., vn., pron., prep., &c.*) *which* (*interrog.* and *rel.*), *what; what kind of, what sort of.*

9g. (*MC*) *VVB* 201, panepp, gl. *quis. ib.* papedpinnac, gl. *quoduis.* **10g.** (*Cpt*) *B* iii. 256, passerenn. *pi*gurth[r]et. loyr. **13g.** *C* 94. 1, *Pa* gur yv y porthaur. **13g.** *BD* 45, guedy arganuot ohonav odyno enys Prydein a gvybot ohonav *pa* tir oed. **14g.** *T* 21. 25, Gogwn *py* pegor yssyd ydan vor. **14g.** *WM* 135. 7, *py* wylaw yssyd arnat ti. **14g.** *YBH* 50b, *Py* vn wyt varchawc adfwyn . . . fforestwr wyf. A *pha* vn wyt titheu. *c.* **1400** [*RB*] *WM* td. 98. 12–14, a *phy* ymadrawd bynnac adywettei yr vn onadunt . . . ny dodei ar yr vn onadunt. *id.* 239. 11–12, *py* weidi yw hwnn. *c.* **1400** *YCM*[2] 50, o *py* wlat a *pha* genedyl pan henwyt. *Diw.* **15g.** *Pen* 67, 48, Ne[s] i eisiav'n oess oessoedd / ni wyddyai neb *py* ddyn oedd (Hywel Dafi). **16g.** *GIF* 98, *Ba* fileinfyd byw flinfardd [marwnad Iorwerth Fynglwyd gan Lewys Morgannwg]. **1567** *LlGG* 16b, i *ba* vn . . . y bo anrydedd a' gogoniant. **1658** R. VAUGHAN: *YPS* d.d., dangos . . . i *ba* gyfriw bechodau a pheryglon ofnadwy y syrthiant. *c.* **1683** *CWE* 16, ar Dêg Gorchymmyn hynny i ddwy Lêch, *pa* Ddwy a gyflownir drwy un grâs ysprydol. **18g.** I. BRYDYDD HIR: *Gw* 76, *Ba* fywyd, Gwen, *ba* fyd gwaeth? **1803** *P.*

(*b*) (o fl. be. ynghyd â bf. gynorthwyol) Pam; faint: (*before a vn. followed by an auxiliary vb.*) *why; how much.*

1567 *LlGG* (*Sall*) 70b, *Pa* garu ydd wyf ar dy Ddeddyf (**1588** *Salm* cxix. 97, Mor gu gennif)? **1567** *TN* 166b, Ha wreic paam yr wyly [:– *pa* wylo ydd wyt]? *c.* **1730** *Thos. Lloyd D* (LlGC) 186b, *pa* guddio'r wyt dy wynepbryd.

(*c*) (O flaen a. yn y radd gfrt. i ofyn am wybodaeth ynglŷn â gradd neu faint y cyflwr dan sylw); dyna (fel rhan o ymadrodd ebychiadol): (*before an equative adj.*) *how.*

14g. *WM* 154. 25–8, *py* gybellet odyma yw y cruc . . . dywedaf it *py* gybellet yw. **14g.** *YBH* 54b, A *pha*gyhyt bynnac y trigwys bown yn ciuil. ef aennillawd terri vab oe wreic briawt. *c.* **1400** (*SG*) *HMSS* i. 334, ef ae profes wynt y edrych *pa*gymeint y kerynt wy efo. *a.* **1561** *B* vi. 46, *pa* gymaint a roddych, ac y paddiw y roddych, a ffa amser y roddych. **1656** W. JONES: *TPG* 15, chwi a fedrech wybod *pa*gymment a pha fodd y dylech barchu dynion. **1677** *TC* 38, mae yn rhaid i bawb fyned, *pa* cyn gynted nis gŵyr neb. **1718** (**1721**) S. THOMAS: *HB* 55, *pa* mor fawr yw dy Ragorfraint uwch law llawer oedd [*sic*]. *c.* **1730** *Thos. Lloyd D* (LlGC) 177b, *pa* mor fawr, how great. **1765** *CBC* 19, Oh! *pa* gystal y bydd hi gyda'r Cristion, pan y caffo ef eistedd i lawr gydâg Abraham, Isaac, a Jacob. **18g.** I. BRYDYDD HIR: *Gw* i. 27, *pa* for [*sic*] frawychus i bydd y byd diofal, annuwiol. **1775** D. ROWLAND: *TP* 71, Cofiwch *pa* cyhyd y gweddiodd Abraham am fab. Digwydd hefyd o fl. a. yn y radd gmhr., e.e. *pa waeth,* gw. d.g. *gwaeth.* Gw. hefyd *pa faint* isod, *pan*[6].

(*d*) (o flaen bf.) Beth, pwy: (*before a vb.*) *what, who.*

13g. *C* 20. 6, *Pa* roteiste oth olud. **13g.** *LlDW* 120. 23–121. 1, Denyon aghefyeyt . . . ny huypuynt huenteu *pa* deuet[er] urthunt. *c.* **1300** *H* 50a. 12–14, *Py* urys kyulauan yn gwan gwaewdawn. *Py* uriw lliw llassar o lin lleissyawn. *Py* uyt glew a llew a llauyn greulawn [marwnad Cadwallon ap Madog gan Gynddelw]. *id.* 94b. 21, dwys ym bryd beirt byd *ba* wnant (Y Prydydd Bychan). *id.* 111a. 8–9, edrych pan uernych ueint uyn tras. creadur poethgur *p*ath greas [Llywarch ap Llywelyn i'r haearn twym]. *Dchr.* **14g.** *id.* 36, *py* geidw yr gorddwfyr rac pob gorddwy (Llywarch ap Llywelyn). **14g.** *T* 16. 26, gofynnant yr saesson *py* geissyssant. *id.* 28. 3–4, *py* gynheil magwyr dayar yn bresswyl. **14g.** *WM* 82. 15–16, A was heb ef *pa* deryw ytti. *c.* **1400** [*RB*] *WM* 489. 16, *py*holi di. **1488–9** *BSM* 3, ni wyddiad yntav *pa* wnai. **1551** W. SALESBURY: *KLl* xxviib, ny *pa* ewyllyswy vi, namyn *pa* yr ewyllyssych ti. **1567** *TN* 339a, *Pa* yw ffydd. **1603** E. KYFFIN: *Ps* [25], *Pa* ddoedwch wrth fy enaid prûdd. Cf. ISLWYN: *Gw* 336, O Gariad! *pa* 'n rhagori, / O'r rhiniau teg, arnat ti!

(*e*) Rhyw (ddydd, diwrnod, noswaith, &c.) yn ddiweddar, y (dydd, &c.) o'r blaen: *a certain* (*day, evening, &c.*) *recently, the other* (*day, &c.*).

Ar lafar. Cf. hefyd *pwy*[1].

Fel *adf.* Paham: *why.*

c. **1300** *H* 1a. 12, *P*edawant anant na frydant wawd (Meilyr Brydydd). *id.* 42a. 20, Or mor pwy gilyt *py* gelaf uy geir (Cynddelw). *Dchr.* **14g.** *id.* 91b. 4–6, *Pa* gessedy [*sic*] ui uodrydaf kreugar . . . pa ham ueirt adlam uleit naf (Phylip Brydydd). **14g.** *T* 13. 24–5, ny wydynt *py* treiglynt ym pop aber. **14g.** *WM* 454. 23–5, Ha uab *py* liuy ti. **14g.** *Cy* vii. 143, Ny wyr y parchell llawn *pa* wich y wag. *c.* **1400** *R* 1032. 31, duw reen *py* bereist lyvwr. **15g.** *B* ii. 272, *py* edrych eryr *py* chward. Gw. hefyd *poni*[1], *ponid*[2].

Cfn.: **pa (py, &c.) (h)achos,** gw. *achos.* **p. am,** gw. *paham.* **p. amser:** *what time, when.* **14g.** *WML* 126, kany dylyant wy bot yn vedw. wrth na wdant *py amser* y bo reit yr brenhin wrthunt. *Diw.* **15g.** *Pen* 67, 15. **1670** J. HUGHES: *AP* 4, *Pa amser* y mae'n rhydd priodi. **1674** *B* xii. 21. **p. ar,** gw. *pahar.* **p. at:** *to whom. c.* **1401** *AL* ii. 316, Menegi yn gyntaf enw priawt yr hawlwr . . . aheuyt *py att* y bo dy gwyn. **p. (h)awr:** *what hour, when.* **14g.** *T* 56. 1, *Py awr* ymeindyd y ganet perchen. **1346** *LlA* 13, *Pa hawr* y gwnaethpwyt dyn. Yn y tryded awr. **p. bynnag:** *whatsoever, whosoever.* **1684** H. OWEN: *DC* 90, vnrhyw greadur *pabynnac.* **1722** T. EVANS: *PS* 58, neb eraill *pa bynnag.* **1803** *P* d.g. *pabynag.* **p. . . . bynnag,** gw. *bynnag* (hefyd At.). **p. gyfryw:** *what kind of.* **14g.** *WM* 152. 28, *Py gyfryw* wr yw awch tat chwi. **p. ddelw:** *how,* (*in*) *what manner.* **13g.** *LlI* 34, edrech *pa delu* e deleyr guadu mach. **1551** W. SALESBURY: *KLl* lxxxvia, a *phaddelw* y gallom wybot y ffordd? **1574** *RhRC* (At.) 94b, a *ffyddelw* a fu yddo. *c.* **1730** *Thos. Lloyd D* (LlGC) 186b, *paddelw,* quomodo. **p. ddiw,** gw. *paddiw.* **p. ffurf:** *how,* (*in*) *what form.* **14g.** *GP* 55, Reit yw gwybot bellach *pa ffuryf* y dylyer moli pob peth. **1346** *LlA* 20, *Pa ffuryf* auu arnaw ef gwedy ygyuodi. **14g.** *WM* 3. 14–16, *pa furyf* y daf i dy gerennyd di. *c.* **1400** *YCM*[2] 40, a *pha ffuruf* y kerdwys y Gaerusalem. **p. waeth,** gw. *gwaeth.* **p. wedd (bynnag),** gw. *gwedd*[1]. **p. wiw,** gw. *gwiw.* **p. ham,** gw. *paham.* **p. hân,** gw. *p. hôn.* **p. har,** gw. *pahar.* **p. herwydd,** gw. *herwydd*[1]. **p. hôn, p. hân:** *how; whence.* **13g.** *LlDW* 57. 10–11, Medeleyt [*sic*] er amdifennur ena *pahon* (*LlI* 51, o *pa hon*) menno dystrihu estestion [*sic*]. *c.* **1300** *H* 52a. 30–1, Canaf yn esgud ys gwn *pa hon.* as gwtant yn dysc yn disgyblon (Cynddelw). *Dchr.* **15g.** *GM* 23, Drychefeis uy llygeit hyt ar y mynyded / O *bahon* y'm daw canhorthwy yn y diwed. *Diw.* **15g.** *B* v. 106, o *ba hon* (amr. o *ba han*) y keneis i efferen hediw . . . or yspryt glan. gwrthwyneb y dywedy achos or marw i keneis. **p. hyd,** gw. *hyd.* **p. hyr,** gw. *pyr*[2]. **p. le, p'le, b'le** [Crn. C. *py le, ple,* Llyd. C. *pe lech,* Llyd. Diw. *pelec'h*]: (i) (*to*) *where, what place.* **1346** *LlA* 44, *Pa le* ybu babel. **14g.** *WM* 132. 3–4, gofyn awnaeth y marchawc y peredur *py le* pan deuei. *c.* **1400** (*SG*) *HMSS* i. 256, *Pale* yw hwnnw? **15g.** *ID* 39, *ble* flaenaf i henwaf hyn / *ble* olaf mab lywelyn. **1703** E. WYNNE: *BC* 8, nis gwn i *p'le* yw yma. (ii) *where* (*in rel. construction*). **1687** (**1715**) J. OWEN: *TB* 38, mewn ystafell yn nhy ei dâd, *ple* cafwyd ef mewn cyflwr gresynol. **1712** T. WILLIAMS: *CDdG* 70, Yr hwn . . . a ddaeth ir bŷd *ple* nid oedd gantho le i roddi ei ben. **p. lun, p'lun:** *how.* **1743** G. JONES: *HWI* ii. 17, *Pa lun* y mae Rhagluniaeth Duw yn jawn drefnu 'r Creadurjaid? **18g.** D. J. ODWYN JONES: *DR* 170, *plyn* . . . Darfu ich gongcweror byd / *plyn* aethoch trwy'r anialwch dryd. **p. faint:** *how much, how many; how great* (*a*), *such* (*a*) *great.* **10g.** (*Juv*) *VVB* 200, *pa*mint, gl. *quam. c.* **1400** *RB* ii. 224, Ac yna *py veint* ogwynuan aoed gan wyr normandi. *c.* **1400** *ChO* 20, *pa veint* berigyl. **1551** W. SALESBURY: *KLl* lxxiib, myvy a ddangosaf iddo *pa veint* petheu a orvydd iddo y oddef. **1567** *TN* 97a, precethu . . . *pa veint* bethae a wnaethesei'r Iesu iddaw. **1774** *W* d.g. *how many, how much.* Ar lafar yn sir Ddinb. a Meir. clywir y ff. *p'aint, b'aint.* Gw. hefyd *maint*[1] (At.). **p. faint gwell,** gw. *gwell*[1]. **p. . . . ei faint (eu maint, &c.):** *what* (*a*) *great* . . . **1567** *TN* 56b–57a, [c]lyhoeddy . . . *pa* bethe *eu meint* a wnaethoedd yr Iesu yddaw. **1588** *Act* ix. 16, Mi a ddangosaf iddo, *pa* bethau *eu maint* y bydd rhaid iddo ef eu dioddef. **1630** R. LLWYD: *LlH* 138, eglurwch yn gystal *pa* bechod *ei faint* ydyw. **1733** J. OWEN: *TBG* 28, *Pa* reswm *ei faint* sydd gennych chwi i ymddarostwng i'r Awdurdodau goruchel. **p. fath:** *what manner* (*of*), *what kind* (*of*), *what sort* (*of*), *what form* (*of*). **1588** *Deut* viii. cs., Gwlâd yr addewid *pa fâth* sydd arni. **1604** R. HOLLAND: *BD* 13, *pa fath* ar lywodraeth oedd oreu. **1618** J. SALISBURY: *EH* 82, *pa fath* ddaeoni a fydd yn y bywyd tragwyddol. **1776** *W* d.g. *manner, what manner of.* **p. fodd:** *how, by what means.* **1346** *LlA* 21, *Pa vod* yd eiryawl ef drossom ni arydat. **15g.** *B* vii. 375, amgylchyon y pechodeu . . . Paham. *Pa vod.* Pa bryt. **1632** *D* d.g. *quomodò.* **1790** T. JONES: *TOS* 151, A allaf i wybod wrth chwilio fy hun yrwan *pa fodd* fydd arnaf. Gw. hefyd *p'odd.* **p. nifer:** *how many,* (*what*) *number.* **1591** *CM* 16, 103, Am y *panifer* a ddywedodd o eiriau. **1632** *D* d.g. *quoteni.* **p. beth** [Llyd. C. *pebez*; cf. Crn. C. *pyth*]: (i) *what* (*thing*). **10g.** (*Juv*) *VVB* 201, *pa*peth bi. **13g.** *C* 84. 3–4, *ba beth* orev rac eneid. **1346** *LlA* 66, *Pa beth* awnnaunt wy. **1803** *P.* (ii) ?*how, in what way.* **1346** *LlA* 7, *Pa beth* a bechawd yr engylyon ereill. Gw. hefyd *beth* ac *i b. beth* isod. **p. bryd:** *when, at what time. c.* **1400** *R* 1163. 1, *pa bryt* y daw. **15g.** *B* vii. 375, amgylchyon y pechodeu . . . Paham. Pa vod. *Pa bryt.* **1632** *D* d.g. *ecquando.* **1759** T. THOMAS: *WWDd* 44. Gw. hefyd *pryd*[1]. **p. rag** [Crn. C. *prak, prag,* Llyd. C. *perac,* Llyd. Diw. *perak*]: *why.* **13g.** *C* 50. 4, *pa rac* nam kyueirch. **14g.** *B* xiv. 270, *Pa rac* y lleuesseisti . . . y grogi ef. *c.* **1400** *RM* 126, *pyrac* y (*WM* 486. 25, pyr y) kyuerchy di. **1632** *D, parag,* h.e. rhag pa beth. **1803** *P* d.g. *pyrag.* **p. rai** [Llyd. C. *pe re*]: (i) (*interrog.*) *who*(*m*), *which* (*pl.*). **14g.** *BT* (*RB*) 106, A gofyn a oruc *pa rei* (*RB* ii. 306, *py rei*) a oedynt. *c.* **1400** *YSG* i. 131, *pa rei* ywch chwi? **15g.** *B* vii. 375, A vuost ti valch . . . ac yn erbyn *pa rei.* a phy sawl gweith. (ii) (*rel., often following a prep.*) *who*(*m*), *which* (*pl.*). **1567** *TN* 201a, ym-plith *pa rei* ydd oedd Denis Areopagita. **1721** J. P. PRYS: *DC* [viii], Egin Trythyllwch o *ba rai* mae'n tarddu allan ffrwyth buchedd gyfeiliornus. **1790** *Prif Crist* 1, Y Mae amrywiol ffyrdd o ymadrodd *pa rai* a arferasant (*ways of speaking they have been led to use*). **1798** GW. MECHAIN: *D* 4, y naill a fradychodd y llall i'r Ffrancod, *pa rai* a'u cymhellodd i gyhoeddi rhyfel. (iii) (*rel., following a n.*) *of whom, of which, whose* (*pl.*). **1588** *Doeth Sol* xii. 21, dy blant dy hun, i rieni *pa rai* y rhoddaist di lwon. **1680** J. THOMAS: *UN* 40, môch (cyhyr llygaid *pa rai* ni adawant iddynt edrych i fynu). **1786** B. FRANCIS: *A* ii. 99, wynebau *pa rai* ni chaf eu gweled. **p. ryw, para, pary, pa'r:** *what, what kind* (*of*), *what sort* (*of*). **13g.** *HGK* 6, pwy a *pha ryv* wr oed y dat . . . a *pha ryv* vrenhinyaeth a *pha ryw* dreiswyr a oed en e phresswyllyav. **14g.** *WM* 40. 2, *Byryw* neges yw yr eidaw ef. **15g.** *DE* 8, O dduw *para* vyd a ddaw. **1653** *MLl* i. 212, *pa'r y* ddyfnder yr wyti yn i feddwl. **1696** *CDD* 133, Mae llawer ffŷrdd meddan, i fynd o hwn [y byd] allan, / Ni wŷr dŷn pur anian, *par* ennŷd. **1732–3** J. OWEN: *GB* 86, *Pa ryw* Bengamrwydd . . . ŷw hyn! **1803** *P, para,* what sort, what. Digwydd 'pa ryw faint' yn y Gogledd yn y ff. *braint.* **p. ryw un, p'run, para un:** *which* (*one*). **1545** *CM* 1, 138, I mae ynn hraid I ti eddrych ynn ddisgeullus Ar natturie y plannedau . . . A *ffara un* or natturie yma avo ynn pyrthynnu I blanned. **1703** E. WYNNE: *BC* 24, dadleu . . . *p'run* oreu o'r seithryw a garei bot a phibell. **1778** J. HUGHES: *BB* 184, Mynegodd iddo . . . / *Prun* o'r tri gŵr oedd y trugarog. Gw. hefyd *p. un a, p. un ai.* **p. sawl** [Crn. C. *py su*(*e*)*l*]: *how many, what number* (*of*); ?*which* (*one*); ?*how much.* **13g.** *BD* 29, *pa savl* marchavc (*Llst* 1, 37, *pa savl* o varchogyon) a oed y gyt ac ef. **1346** *LlA* 128, *bysawl* nef yssyd. *id.* 131, *Pysawl* pechawt a oruc Adaf. *c.* **1400** *RB* ii. 14, riuedi *pysawl* dywyssawc o roec oed yno y gyt.

1631 O. THOMAS: *CC* 23, ymryson Duwiol . . . ymhlith Cristianogion *pa sawl* o honynt a ddyscei fwyaf or scrythyrau. **1696** *CDD* 340, *Pasawl* ar ein glinie o haiddiant a heudde. **1703** E. WYNNE: *BC* 70, *Pa sawl* llyfr, *pa sawl* bedd . . . a welsoch? **1803** *P* d.g. *pasawl*. Ar lafar mewn rhai mannau yn y Gogledd. Gw. hefyd *pesawl*, *sawl*. **p. sut:** *how*. **1567** *TN* 346a, ebrefugu *pa sut* ytoedd. **1632** *D* d.g. *quomodò*. **1675** R. JONES: *HCh* 44. **1803** *P* d.g. *pa*. Cf. **1630** R. LLWYD: *LlH* ix, pa ŵr ei sut ydoedd. Gw. hefyd *sut*. **p. swd = p. sut.** **18–19g.** *Llr* C 4, 98, *Pa swd* y mae'r ceiliog yn ymladd, how does the Cock fight i.e. how goes it with you ["Diarhebion Morgannwg"]. **p. dros:** *for which*. *Diw.* **15g.** *B* v. 108, [p]echawt . . . *pa dros* ni wnaethom yn penyt. **p. du** [Llyd. C. *pe du*]: *where*; *to where, whither*; *what direction*. **9g.** (*MC*) *VVB* 201, *patu*pinnac, gl. *quocumque*. **13g.** *C* 98. 2, guaur llv *py du* pandoit. **14g.** *WM* 483. 32–3, ny wys *py tu* y mae. *c.* **1400** *YCM*[2] 170, *pa du* yd eynt. **p. un, p'un:** (i) (*interrog.*) *who(m)*, *which (one)*. **14g.** *YBH* 50b, *Py vn* wyt varchawc adfwyn . . . fforestwr wyf. A *pha vn* wyt titheu. **14g.** *B* xiv. 269, *Pa vn* wyt ti. mor vaur. a mor vychan . . . *Pa vn* wyt ti pan rydheych an keith ni. *c.* **1400** *RM* 222, tra uych yn dywedut ym *pun* (*WM* 154. 9, pwy) wyt. a phwy a tynnawd dy lygat. *c.* **1400** *YSG* i. 54, Dywet titheu y minheu *pa vn* wyt ti. **1683** H. EVANS: *CTF* 55, o na ddwedit *pun*! **1688** S. HUGHES: *TSP* 113, *Pun* [:– *Pa vn*] oreu iddo ef, ai dychwelyd yn ei ôl, ai yntau sefyll ar ei Dalwrn. *c.* **1688** *YHD* 2, Bydded eich Gofalon, *Pa un* a rynga fodd i Dduw yn fwyaf: Am eich Ymrysonau, bydded iddynt fôd, *Ba un* a garo eu gilydd oreu. **1735** S. THOMAS: *HP* 178a, i ystyried *p'un* o'r ddwy Athrawiaeth oedd fwyaf dewisol. **1794** *W* d.g. *which* [*an interrogative Pronoun*]. Ar lafar, '*P'un* o'r rhain yw dy gôt di?' (ii) (*rel., often following a prep.*) *who(m), which*. **1567** *LlGG* 16b, i *ba vn* . . . y bo anrydedd a' gogoniant. **1588** *Act* xxv. 24, y dŷn hwn oblegid *pa vn* y galwodd holl dyrfa yr Iddewon arnaf. **1730 (1755)** E. WYNNE: *PAC* 54, yn anufuddhau gorchymyn 'r Eglwys, *Pa un* sy'n rhoddi rhesymmau da. **1740** T. EVANS: *DPO* 59, Gwal Sefer; am *ba un* y can rhyw hen Fardd fel hyn. (iii) (*rel., following a n.*) *of whom, whose*. **1567** *LlGG* 13a, A Ddyw Tad or Nef, drwy ddawn *pa vn* y descen y glaw. **1730 (1755)** E. WYNNE: *PAC* 56, Arglwydd Dduw, trwy Râs *Pa u[n]* im galwyd i Stât o Jachawdwriaeth. [**1740**] L. ANWYL: *MW* 82–3, [Crist] yn Enw *pa* Hôll-alluog *un*, myfi a ddiwedda fy'ngweddi. **p. un a, p'(r)un a, pa'r un a:** *whether* (*before a vb., or exceptionally before a vn.*). **1606** E. JAMES: *Hom* ii. 261, nid oedd waeth ganthynt *pa vn a* wnelent ai dyfod yno ai peidio. **1632** J. DAVIES: *LlR* 430, os rhydd ef i ti dy hoedl a'th gôf yr wythnos yma, ni wyddost ti *pa vn a* wnai ai cael ei fwynhau yr wythnos nesaf, ai nas cai. **1712** T. WILLIAMS: *CDdG* 630, *Pry'n a* wnaethom a chyflawni ein Defosionau boreuol. **1740** T. EVANS: *DPO* 297, ammheu *pa un a* ellid yn gyfreithlawn fedyddio Plant bychain cyn yr wythfed dydd. **1753** G. OWEN: *L* 78, nis gwn *pa'r un a* gaf ai ei weled byth ai peidio. **1759** T. THOMAS: *WWDd* 35, ammeu . . . *pa un a* bod gennym un rhan o'r 'sgrythur. **p. un ai, p'(r)un ai, pa'r un ai:** *whether* (*it be*) (*one thing or another*). **1653** *MLl* i. 182, dywaid i mi *pa'r vn ai* dy gydwybod, ai dy ewyllys a beru hwyaf? **1723** WM: *PGG* 188, ni waeth ganddo *pa ûn ai* Ofn ai Cariad an dinistria. **1730 (1755)** E. WYNNE: *PAC* 54, y cwestiwn ydy hwn, *prun ai* os derbŷn dŷn Râs Duw drwy ei weddieu ei hun yn unig, ai ni fydd fŷdd efe yn siccrach? **1759** T. THOMAS: *WWDd* 35, ammeu . . . pa un a bod gennym un rhan o'r 'sgrythur, a *ph'un ai* 'Sgrythur. **p. wrth** [dichon mai **pi* (cf. *piau*) + 3 prs. un. pres. myn. y f. *gwrthredaf*: *gwrthredeg* a welir yn yr engh. gyntaf isod]: *against which*; *to whom*. **10g.** (*Cpt*) *B* iii. 256, passerenn. *pigurth*[r]et. loyr. *Diw.* **15g.** *Pen* 67, 15, *pa wrth* y dywetto. **i b. beth:** *to what end, for what purpose or reason, why*. **15g.** *HCLl* 139, *I ba beth*, heb obeithiaw, / Ofyn y trist fyned draw? **1551** W. SALESBURY: *KLl* xxib, *Y ba beth* y may'r gollet yma? Gw. hefyd *peth—i beth*.

Gw. hefyd bynnag, pyr[1,2].

pa[2], gw. pe.

pa[3], **ba**[3] [ff. ar *po*[1], dan ddyl. *pa*[1]] *gn.* yn cyflwyno a. yn y r. eithaf a'i ddilyn fel arfer gan dr. ml. Po (fwyaf, &c.): *the* (*more, &c., the better, &c.*).

15g. *Pen* 109, 189, *ba* hynaf doethaf uyd dyn. / Adrodus da i wreidyn (Lewys Glyn Cothi). *Diw.* **15g.** *Pen* 67, 41, gwaethaf *ba* llawnaf vor llid (Hywel Dafi). **1551** W. SALESBURY: *KLl* lxb, Ond *pa* vwyaf e gorchymynei ef yddynt ehelaythach o lawer aros-hynny y manegasont wy. **1588** 2 *Esd* iv. 26, *pa* mwyaf yr ymofynnech, rhyfeddech [*sic*] fydd gennit. **1630** *YDd* 105, a *pha* fwyaf a fo ein cariad ni, tu ac at Grist, lleiaf a fydd ein poen ni yn cadw ei gyfraith. **1631** O. THOMAS: *CC* 40, Goref *pa* gyntaf. *id.* 80–1, *pa* fwyaf o achosion bydol fyddo i'w trin, rheittiaf o'r cwbl yw cyrchu at Air yr Arglwydd am gyfarwyddyd. **17g.** HUW MORUS: *EC* i. 169, Dau gwell *pa* fynychaf, yn awchus i'r daith, / Y cyfarfyddeu ein gilydd, heb gywilydd o'n gwaith. **1679** C. EDWARDS: *GGG* 234, A *pha* ddyfalaf y bom ni . . . mwyaf a fydd y fendith. **1688** S. HUGHES: *TSP* 90, *pa* bellaf yr elem ni, mwy a fyddai y perygl a gyfarfyddai â ni. **1703** E. WYNNE: *BC* 20, oblegid *pa* mwya sy gennit, mwya gei ac y geisi. *id.* 45, *Pa* nesa yr awn atti mwyfwy y rhyfeddwn. **1719** IACO AB DEWI: *TG* 51, Bechadur, *pa* fwyaf pechadur wyti, mwyaf yw'r Eisieu Trugaredd sydd arnati. **1759** J. EVANS: *PF* 93, *Pa* mwyaf o Ddwfr twymyn a yfoch ar ei ôl, goreu. **1797** JAC GLAN-Y-GORS: *TD* 9, *Pa* hwya y bo ryw weithred anghyfiawn wedi bod yn y byd, mwyaf angenrheidiol yw ei diddymu. **1800** W. OWEN[-PUGHE]: *CP* 14, *Pa* suraf y llaeth neu y maidd.

Amr.: **pa'r**[2] [?ar ddelw *pa'r*[1] (= *pa ryw*, gw. *pa*[1])]. **1767** J. THOMAS: *TFFf* 11, *pa'r* fwya ymae yn ymdrechu iw wellhau ei hun, mae yn ei weled ei hun yn waeth. *id.* 41, Canys *pa'r* fwya a gyrhaeddech a [*sic*] wybodaeth am yr Arglwydd Crist . . . mwya ei gyd i'th sefydlir ac i'th cadarnhair ynddo. **py**[3]. **1705** T. WILLIAMS: *PD* 19–20, A *phy* mwyaf fyth a ddangoso yntef . . . Diamme mae dymmâr modd siccrâf iddo ef i Weled Duw.

Gw. hefyd pan[5], pei[3], po[1], pwy[2].

pa[4]**—p. na(d)**, gw. poni[1], ponid[2].

pa[5] [?cf. *pae*] *e?g.* ?Gwobr, tâl: *reward, payment*.

c. **1400** *R* 1272. 14, ae barch gan gleroed ae *ba*. *id.* 1304. 5, arglwyd bud werth hylwyd *ba*.

pab [bnth. dysg. Llad. egl. *pāpa*, ?cf. Crn. C. *pap*, Llyd. C. *pap*, Llyd. Diw. *pab*] *eg.* (bach. *-an*) ll. *-au*, *-oedd*, *-iaid*. Esgob Rhufain fel pennaeth yr Eglwys Gatholig Rufeinig, hefyd weithiau am bennaeth eglwys arall, esgob, offeiriad, hefyd yn *ffig.*: *pope* (*sometimes also used of the head of a church other than the Roman Catholic Church*), *bishop, priest, also fig.*

12g. *LL* 120, Lymma y cymreith ha bryein ecclus Teliau . . . amcytarnedic oaudurdaut *papou* rumein. **13g.** *B* ix. 339, doeth neb un amperavder . . . ac adolwyn er *pab* a oed ene amser. **13g.** *BD* 190, a chan y Brytanyeit yd oed fyd gatholic gyuan didramgvyd yr yn oes Eleuterius *papp*. **14g.** *BT* (*RB*) 198, y Duw a Pheder a Phawl a'r *Pab* a'r *Pabeu* eraill yn y ol yn tragywydawl. *c.* **1400** *R* 1148. 13–14, Ef ywr tat ef ywr mat mwyhaf. ef ywr mab ef ywr *pap* pennaf. **15g.** *FfBO* 54, geu duw, yssyd yno [Tibet]. Yn y dinas hwnnw y mae preswylua y Bassis . . . eu *pab* wy. **15g.** *GO* 179, y *pab* o'r Glynn pybyr glod / Yw'n vn nod, yn enwedic. **15g.** *Pen* 57, 73, Pwy add rr ing y lad ing ffordd / nidd rr ing Mab n*aff ab* iff or[dd]. **15–16g.** *TA* 87, Poed i rai Bowls, Pedr y bych, / Pe o Rufain, y profych; / Pan fo 'r gras pennaf i'r grudd, / Pawb a ddyfyd, *Pab* Ddafydd! **16g.** (*LlEG*) *Mos* 158, 271a, ysdoriay ac addaruoedd i hysgriuen llaw[e]r or*pab-oedd* o vlaen yr amser hwn. **16g.** DAFYDD AP LLYWELYN, &c.: *Gw* 229, Hyder ni fwriaf yr hudol—o *bab*, / Rhyw bwbach daearol. **1604–7** *TW* (*Pen* 228) d.g. *papa*, *pontifex*. **1606** E. JAMES: *Hom* ii. 45, Pob escob a elwid yr amser hynny yn *Bab*. *id.* 60, histori y *pabiaid*. **1696** *CDD* 348, Mâb Duw o'r uchel-ne, nid *paban* y delwe, / Sŷ'n cadw 'goriade gwaredied. **1757** G. OWEN: *L* 192, [c]yntaf y darffo'r Gosper mi ddof attoch. Mi wnaf fy llaw at fy *mhâb* am gael y weddi yn gynt o hanner awr. **1803** *P*. Digwydd ar lafar yn yr ystyr 'offeiriad yn yr Eglwys Gatholig Rufeinig', '*Pæb* yw a, næci 'ffirad' (dwyrain Morg.).

Amr.: **pâp** [?dan ddyl. yr e. *papist*, &c.] **1703** E. WYNNE: *BC* 16, 17, 19, 20. *id.* 46, dyma Bapist oedd yn tybio mai'r *Pâp* a pioedd yr Eglwys Gatholig.

Cfn.: **Pab Rhufain:** *the Pope of Rome, also fig.* **12g.** *LL* 120. **15g.** *LGCD* 44. **1757** *ML* (Add) 308.

Gw. hefyd pabes.

pabaddolwr, pabeddolwr [*pab* + *addolwr*; anodd esbonio'r ail ff.] *eg.* ll. *-wyr*. Rhywun sy'n addoli'r pab, pabydd, yn ddifr.: *one who worships the Pope, papist* (*derog.*).

1583 *LlGC* 716, [ii], [y]r eidoliethys *Pabeddolwyr*. *id.* 183b, yr eidoliaethys *pabeddolwr* a'r ffydd-lawn Crhistion [*sic*]. **1680** J. THOMAS: *UN* 23, y *Pâb-addolwyr* ydynt eulun-addolwyr, a seinct-addolwyr. *c.* **1730** *Thos. Lloyd D* (LlGC) 187a, *pabeddolwr*, a papist.

pabaeth [*pab* + *-aeth*] *eb.g.* Swydd, safle, neu dymor gwasanaeth pab, system lywodraeth yr Eglwys Gatholig Rufeinig a'r Pab yn bennaeth arni; esgobaeth y Pab fel esgob Rhufain a phennaeth yr Eglwys Gatholig Rufeinig; Catholigiaeth Rufeinig: *papacy, popedom*; *Holy See*; *Roman Catholicism*.

1595 M. KYFFIN: *DFf* [174], ef a fwriodd ddau Bâb . . . allan o'r *Pabaeth*. **1606** E. JAMES: *Hom* iii. 121, Pa beth a ddywedwn am yr hwn a ddaeth i'w *Babaeth* (*popedom*) fel llwynog? **1632** *D*, pab . . . *pabaeth*, papatus. **1688** *TJ*, *pabaeth*, pabyddiaeth: the Papacy or Popes Dignity. **1780** *W*, y *pabaeth*, y *babaeth* d.g. *the popedom*. **1803** *P*.

Amr.: **pabiaeth** [*pab* + *-iaeth*]. **1850.**

pabaidd [*pab* + *-aidd*] *a.* Yn perthyn i'r Pab neu i'r babaeth; yn perthyn i Gatholigiaeth Rufeinig neu'n nodweddiadol ohoni, yn arddel Catholigiaeth Rufeinig, weithiau'n ddifr.: *papal*; *Roman Catholic, popish*.

1588 (1794) *Cer RC* 32, O Dduw, hir bu'r *pabaidd* waith / Mewn estron iaith 'n i dwyllo. **1604** R. HOLLAND: *BD* 8, y swrples, y cap cornelog a'r fath . . . yn arwyddion cyhoeddus o amryfuseddau *pabaidd*. *id.* 5a, Yr wy-fi yn escluso yr Apocrypha am nad wy . . . *babaidd*. **1606** E. JAMES: *Hom* ii. 72, wrth ei *babaidd* (*papal*) awdurdod fe a symmudodd lywodraeth yr Ymmerodr. *Dchr.* **17g.** *J* 10, 122a, *pabaidd*, popishe. **1630** *YDd* 411, yn ymwrthod a'r Anghristnogawl gamarfer o'r *babeidd*glust [*sic*] gyffes. *id.* 412, na eill vn offeiriad *pabaidd*, nac escymuno na rhyddhau vn pechadur yn vnion. **1710** *CBGEL* 8, Nid *Pabaidd* mor swydd Escobol. **1722** *Llst* 189, *pabaidd*, popish, papal. **1749** G. JONES: *LlDdG* 8, A thrwy Gateceisio hefyd y mae'r Pabyddiaid yn dysgu'r Grefydd *Babaidd* i'r bobl. *c.* **1762–79** W. WILLIAMS: *P* 350, maent [Iddewon] mewn rhifedi mawrion yn Germany, y rhan *babaidd* o honi. **1798** T. ROBERTS: *CG* 41, degymau a rhoddion eraill . . . i'r eglwyswyr *pabaidd*. **1803** *P*.

Amr.: **pabiaidd** [*pab* + *-iaidd*]. **1588** (*Dchr.* **17g.**) *CRC* 368. **papaidd** [?dan ddyl. S. *papal*, *papist*]. **1630** *YDd* 283.

paban[1], gw. pab.

paban[2] [amr. ar *baban*] *eg.* ll. *-od*. Baban: *baby*.

1684 T. JONES: *Alm* ii–iii, dynion ynfyd Coegfailchion sydd megis *pabbanod* a ddewisau [*sic*] brês newydd o flaen hên aur. **1710** *id.* [7], Hen ddŷn a phen *paban*, ar awen yn fechan.

paban[3] [?bnth. S. *pap* 'teat, nipple' + *-an*[1]] *eg.* ?Teth, tethan, diden, yn *ffig.*: *teat, nipple, used fig.*

15g. *CMOC* 126, *paban* ar lun kod pibydd [dychan i geilliau Guto'r Glyn gan Ddafydd ab Edmwnd]. **15g.** *DE* 49, pwyll a dry pell yw i draidd / *paban* min pob vn mwynaidd. **16g.** *GRCG* 60, pibydd yn mygu *paban* brat / Ne'n bwyta tyllu-an, / Ne gor yn tagu garan, / Gŵr oer ei gerdd, garw ei gân.

pabarchiad [*pab* + *archiad*] *eg.* ll. *-au*. Bwl (y Pab): (*papal*) *bull*.

1851.

pabeddolwr, gw. pabaddolwr.

pabeidd-dra [*pabaidd* + *-dra*] *eg.* Pabyddiaeth, yn ddifr.: *popery*.

1630 *YDd* 176, fy nhywys yngwirionedd dy air, am ymddeffyn nad ysgogwyf byth oddiwrtho i *Babeidd-dra* (*popery*), neu i ryw amryfusedd gwrthun arall, o gau addoliad. **1658** R. VAUGHAN: *YPS* iii, newydd-dra Schismatigaidd a *Phabeidd-dra*. **1722** *Llst* 189, *pabeidd-dra*, m. popery. *c.* **1730** *Thos. Lloyd D* (LlGC) 187a, *pabeidddra*, popery R. 43.

pabeiddiaf: pabeiddio [bf. o'r a. *pabaidd*] *bg.a.* Pabyddio (eglwys, person, &c.); pontifficeiddio: *to catholicize* (*church, &c.*), *convert* (*person, &c.*) *to Roman Catholicism*; *pontificate*.

1819.

pabeiddiwch [*pabaidd* + *-iwch*[1]] *eg.* Pabyddiaeth, yn ddifr.: *popery*.

1848.

pabeiddrwydd [*pabaidd* + *-rwydd*] *eg.* Pabyddiaeth, yn ddifr.: *popery*.

c. **1658** R. VAUGHAN: *E* 50–1, Plygu ar enw yr Iesu, sefyll ar y credo . . . [m]yn rhai eu bod yn ofergoelaidd ym aroglu [*sic*] o *babeiddrwydd*.

pabell, pebyll [y ff. un. *pebyll* < Llad.

*papiliō < pāpiliō, H. Wydd. *pupall*; adff. yw'r un. *pabell*, cf. *astell*, *estyll*] *eb.g.* (bach. *pabellig*) ll. *pebyll*, *-au*, *-ion*, *-oedd*, *pabellau*, *-i*, *-ion*.

(*a*) Lloches gludadwy o ganfas, plastig, &c., a gynhelir gan bolion, &c., ac a sicrheir wrth y ddaear â phegiau a rhaffau, trigfan (dros dro), lluest, gwersyll, pafiliwn, tabernacl, bwth, canopi, deildy, noddfa: *tent*, (*temporary*) *dwelling*, *portable shelter*, *camp*, *pavilion*, *tabernacle*, *booth*, *canopy*, *arbour*, *bower*, *sanctuary*.

13g. *A* I. 14–15, rac *pebyll* madawc pan atcoryei namen vn gwr o gant ny [diwyg.] delhei. **13g.** *BD* 73, Norhamtvn yn yd oed *pebylleu* Maxen a'e lu. **1346** *LlA* 32, yn lle ycarchar wynt yma. yderbynnir wyntev y*bepyllev* tragywyd. **14g.** *BT* (*RB*) 92, y kyuodes . . . Maredud ac Ywein . . . yn anssynhwyrus oc eu *pebyll* heb gyweiraw eu bydin. **14g.** *WM* 120. 17–21, yn y llanerch y gwelei *pebyll* . . . A drws y *pebyll* a oed yn agoret. *c.* **1400** *YCM*[2] 34, yno y tannwys y Cristonogyon eu *pebylleu* hyt trannoeth. *c.* **1400** *YSG* i. 66, Y mae yma y *pebyll* teckaf o'r a weleist di eirioet. Ac os mynny di, mi a baraf y dynnv allan ual y gallom eisted yndaw rac gwres yr heul. **15g.** *FfBO* 54, Gwyr y wlat honno [Tibet] a bresswylant mywn *pebylleu* o felt du. **16g.** *AP* 7, trestel gar vy mronn a lliain gwyn arno, a *phebyll* uwch i benn rhac ssyrthio brychau or nenn. **1567** *TN* 27a, gwnawn yma dri *phebyll* (**1588** *Marc* ix. 5, dair *Pabell*). *id.* 201b, ei celfyddytt ytoedd gwneythyr *pebyllion*. *id.* 396b, ymgylchynesont *pebyll* [:– c[a]stra.i. [*sic*] cestyll, lluestai] y Saint. **1588** *Deut* xvi. 7, yr ei i'th *babellau*. **1611** R. SMYTH: *SG* 157, *ymhabe[ll]ion* y rhyfelwyr. *Dchr.* **17g.** *J* 10, 122a, *pabellig*, tentoriolum. **1632** *D*, *pabell*, tentorium. *id. pebyll*, pl. a *Pabell*, interdum est sing. ?**1672** R. PRICHARD: *Gw* iii. [ii], halogi'r Sabboth (trwy fynd i'r *pebyll*, i'r Twmpath chware ac i'r Tafarne . . .). **1707** *AB* 272b, *pabell* [S.W. *Pebill*] d.g. *a Bowr*. **1722** *Llst* 189, *pabell*, f.p. *pabellau*, *pebyll*, *pebylloedd*, a tent, tilt, camp. *c.* **1762–79** W. WILLIAMS: *P* 178, eu bod yn tybied fod yr Haul, y Lloer, a'r sêr yn *bebyll*, neu drigfannau rhyw ysbrydion. **1770** *W* d.g. *arbor*. **1789** *BDG* 519, Nid oes *babell* mewn celli, / Na man fal bu gynt i mi [am y gaeaf]. **1803** *P* d.g. *pabell*, *pabellig*. Mae *Cilybebyll* yn enw ar blas, pentref, a phlwyf ym Morg.

(*b*) Mantell, clogyn: *mantle*, *cloak*:

Dchr. **14g.** *H* 121b. 26–7, ny dirper *pebyll* ny ffyll pali. nep a rwy garwy yn uwy no hi (Hywel ab Owain Gwynedd). **14g.** *GDG* 114, Gwawr y bobl, gwiwra *bebyll*, / Gŵyr hi gwatwaru gŵr hyll [i Forfudd]. *c.* **1400** *R* 1365. 28, hi a vu yn *bebyll* y hen babo.

(*c*) (enghrau. *tros.* a *ffig.*: *transf. and fig. exx.*).

14g. *OBWV* 91, Trwst y bobl tros dy *bebyll* [Gruffudd ab Adda i'r fedwen yn bawl haf]. **14g.** *GDG* 158, *Pebyll* uwch didywyll dâl [i'r het fedw]. *Dchr.* **15g.** *IGE*[2] 198, Yn drwsa dail da dien, / Yn dywyll *bebyll* uwch ben [Llywelyn ab y Moel i Goed y Graig Lwyd]. **15g.** *OBWV* 112, *Pebyll* Naf o'r ffurfafen, / Brethyn aur, brith yw ei nen [i'r llwyn banadl]. **16g.** *Pen* 76, 97, *pebyll* melwas o draserch [i wallt gwraig weddw]. **1567** *TN* 267b, Can ys gwyddam pe a's ein dayarol duy y *pebyll* [:– lluest, trigva] hyn a ddinistrir, vot i ni adailat wedy roddi gan Duw. *Diw.* **16g.** *WLB* 4, Rhag . . . [c]aethiwed *ymhebyll* y galon. **1588** 2 *Sam* xxii. 12, Efe a osododd y tywyllwch yn *bebyll* oi amgylch. **1588** *Salm* lxxxiv. 1, Mor hawddgar yw dy *bebyll* di. **1615** R. SMYTH: *GB* 231, y corph nid iw dim arall onid præswylfa eiste[dd]le ne *babell*. **1763** *ML* ii. 547, Gwlaw drwy'r dydd, yr hyn a bair i'r *babell* fau fod yn dowell ac yn anifir, yr un gnawdol wyf yn ei feddwl. Mae (*y*) *Babell* yn e. ar nifer o gapeli, e.e. yr un yng Nghwmfelin-fach, sir Fyn., lle claddwyd y bardd Islwyn (William Thomas, 1832–78); digwydd hefyd fel e. pentref ym mhl. Ysgeifiog, sir Ffl.

(*d*) Man cyfarfod neu un o gyfarfodydd cangen leol o'r Rechabiaid: (*Rechabite*) *tent*.

1841.

Cfn.: *Beibl.* **pabell y cyfarfod:** *tent of meeting*, *tent of the Presence*, *also fig.* **1588** *Ecs* xxvii. 21, xxviii. 43, xxxix. 40. **1723** E. SAMUEL: *PDdC* 21. **18–19g.** *HAG* 88, Dyma *babell y cyfarfod*. **p. lên (y B. Lên):** *literature tent*, *Literary Pavilion* (*of the National Eisteddfod*). **1931. p. o glai:** *clay tent*, *used fig. of the human body*. **1876. p. bridd = p. o glai. 1830.**

pabellaf, pabelliaf: pabellu, pabellio [bf. o'r e. bl.] *bg.a.* Gosod pabell; gwersylla, tabernaclu, preswylio; hefyd yn *ffig.*: *to pitch a tent*; *camp*, *encamp*, *tabernacle*, *dwell*; *also fig.*

1588 *Eseia* xiii. 20, ni *phabella* Arabiad yno. *Dchr.* **17g.** *J* 10, 122a, *pabellu*, to pitch a tent. *c.* **1730** *Thos. Lloyd D* (LlGC) 186b, *pabellu*, tabernaculum figo. **1789** H. JONES: *EN* 21, Efe *babellodd* ei Dduwdod mewn cnawd. **1803** *P*.

Gw. hefyd pebylliaf: pebyllio.

pabellfa [*pabell* + *-fa*, *ma*] *e?b.* Gwersyll: *camp*.

1604–7 *TW* (*Pen* 228) d.g. *castra*.

pabelliad [bôn y f. fl. + *-iad*[1]] *eg.* Y weithred o babellu, hefyd yn *ffig.*: *an encamping*, *also fig.*

1803 *P*.

pabelliaf: pabellio, pabellig, gw. pabellaf: pabellu, pabell.

pabellnos [*pabell* + *nos*] *eb.* Cyfarfod pabell y Rechabiaid: *Rechabite tent meeting*.

1841.

pabellog [*pabell* + *-og*] *a.* A gynhelir mewn pabell; tebyg i babell; ?yn perthyn i babell; ac iddo babell, llawn pebyll: *held in a tent*; *tent-like*; ?*pertaining to a tent*; *having a tent*, *full of tents*.

1604–7 *TW* (*Pen* 228) d.g. *scenicus*. **1803** *P*.

pabes [*pab* + *-es*[1]] *eb.* ll. *-au*. Gwraig sy'n bab, hefyd am wraig sy'n bennaeth eglwys amgen na'r Eglwys Gatholig Rufeinig, ac yn *ffig.*: *female pope*, *popess*, *also fig.*

1874. Cf. M. HOPKINS: *CP* 35, Er nad oes gan y pab yr un wraig, y mae yn ddiammheu fod llawer o *babesau* i'w cael ar hyd a lled y ddaear er hyny.

pabgennad [*pab* + *cennad*[1]] *eg.* ll. *-genhadon*, *-genhadau*. Llysgennad y Pab: *nuncio*, *papal legate*.

p. **1858.**

pabi, papi, popi [bnth. S. C. *popi*, *papy*, *popy*, &c.] *eg.b.* ll. *pabïau*, *papïau*, *popis*, a hefyd fel *e.ll.* *Bot.* Un o amryw fathau o blanhigion o'r tylwyth *Papaver* a chanddynt flodau coch, oren, neu wyn, a sudd llaethog, hefyd am blanhigion eraill tebyg; ?sudd pabi, opiwm; pabi coch ffug a wisgir i nodi Sul y Cofio: *poppy*; ?*poppy juice*, *opium*; *artificial Flanders poppy worn to mark Remembrance Day*.

14g. *ACL* i. 41, Zizannia. *papi*. *id.* 42, Lolium . . . *pabi*. *id.* 43, Papauer. y *papy*. *c.* **1400** *MM* 50, Briwaw grawn y *pabi* y mywn gwin y beri y dyn gyscu yn da. **15g.** *CSTB* 16, Dilwch yw d'ael, du o lir, / Dawn *popi*'n duo papur. **16g.** **(1763)** W. SALESBURY: *LlM* 35, Sug y *papi* yr hwn a Elwir Oppium. *id.* 242, had mal y *pappi* yr hwn a vydd mewn code ne gronnynnae bychain. **1604–7** *TW* (*Pen* 228), llyseun *popi*, y *papi* d.g. *miconium*. *Dchr.* **17g.** *J* 10, 122a, *pabi* . . . popie, meconis, meconium. **1759** J. EVANS: *PF* 91, [p]wltis o Lewig yr iâr a Hâd *Pabi*. **1803** *P*.

Cfn.: **pabi (papi, popi) bychan:** *long prickly-headed poppy*, *Papaver argemone*. **1924. p. coch:** *red poppy*, *wild poppy*, *corn poppy*, *Papaver rhœas*; *poppy red* (*colour*). **16g.** **(1763)** W. SALESBURY: *LlM* 147. *Dchr.* **17g.** *J* 10, 122a. **1633** J. GERARDE: *Herball*, *y Papi coch*, v. red Poppy, or corne Rose. **p. coch yr (o'r) ŷd:** *red poppy*, *wild poppy*, *corn poppy*, *Flanders poppy*, *Papaver rhœas*; *artificial Flanders poppy worn to mark Remembrance Day*. **1604–7** *TW* (*Pen* 228), *papi Coch or yyt* d.g. *papauer* . . . *erraticum*. **1632** *D* (*Bot*), *pabi côch yr ŷd*, papauer erraticum. *c.* **1730** *Thos. Lloyd D* (LlGC) 186b, *pabi coch yr yd*, wild poppy . . . red corn ros[e] G. 123. **1798** *WR* d.g. *poppy* . . . *Corn poppy*. **p. corniog:** *horned poppy*, *Glaucium*. **1604–7** *TW* (*Pen* 228) d.g. *papauer* . . . *papauer Corniculatum*. *c.* **1730** *Thos. Lloyd D* (LlGC) 187a, *pabi corniog*, Yn agos i Aber Ogwen y tyf papaver cornutum. horned Poppy. **1813** *WB* 224. **p. corniog melyn:** *yellow horned poppy*, *Glaucium flavum*. **20g. p. crynben pigog:** *round rough-headed poppy*, *Papaver hybridum*. **20g. p. Cymreig, p. Cymru:** *Welsh poppy*, *Meconopsis cambrica*. **20g. p. dof:** *poppy*, *garden poppy*; *opium poppy*, *Papaver somniferum*. **16g.** **(1763)** W. SALESBURY: *LlM* 148. **1632** *D* (*Bot*). **1798** *WR* d.g. *poppy* . . . *Garden poppy*. **p. du(on):** *black poppy*, *variety of the opium poppy*, *Papaver somniferum*. **16g.** **(1763)** W. SALESBURY: *LlM* 56, had mewn gleinie Bychedig yn Debig Ir *papi dŷ*. **1770** *TG* ii. 7, sudd y *pabi duon* (Opium). **p.'r garddau, p.'r gerddi:** *garden poppy*. **1604–7** *TW* (*Pen* 228), *papi'r garddæ* d.g. *papauer* . . . *satiuum*. **p.('r) gwenith:** *corn poppy*, *Papaver rhœas*; *corn-cockle*, *Agrostemma githago*. **1515** *Llst* 10, 38, y *pabi gwenith*. **1632** *D* (*Bot*). **1813** *WB* 224, *Pabi'r Gwenith*; Agrostemma Githago; Corn-Cockle. **p. gwyllt:** *wild poppy*, *Papaver rhœas*. **1604–7** *TW* (*Pen* 228) d.g. *argemone*. **p. gwyn(ion):** *white poppy*, *variety of the opium poppy*, *Papaver somniferum*. *c.* **1460** *Pen* 204, 43, *paby gwynn*. **1545** *CM* I, 261, Y llyshiewyn yn lloegr a he[n]wir whyte poppi, ynghymru *popi gwynion*. **1771** *PDPh* 28. **p. melyn, p. felen:** *yellow poppy*, *esp. horned poppy*, *Glaucium flavum*. **1604–7** *TW* (*Pen* 228), *papi melyn* d.g. *fabulum*. **p. opiwm:** *opium poppy*, *Papaver somniferum*. **20g.**

pabiadur [*pab* + *-iadur*] *eg.* Pontiffical: *pontifical* (*service book*).

1858.

pabiaeth, pabiaidd, gw. pabaeth, pabaidd.

pabïaidd [*pabi* + *-aidd*] *a.* Yn perthyn i'r pabi neu debyg iddo; yn perthyn i deulu'r pabi: *papaverous*, *poppy-like*; *papaveraceous*.

1778 *W* d.g. *papaverous*. **1803** *P*.

Pabiloniad, gw. Babiloniad.

pabir[1] [?bnth. Llad. *papȳrī*; gthg. *pabwyr*] *e.ll.* Canhwyllau brwyn, canhwyllau cwyr: *rushlights*, *tapers*.

13g. *A* 4. 21, ket yvem ved gloyw wrth leu *babir*. *c.* **1300** *H* 40b. 14–15, Grym gyffuryf gyfor a geffir y vut. ae uetgyrn vrth *pabir* (Cynddelw). *id.* 117a. 1, gwrt dan gloew goleu gwrtlew *babir*. *c.* **1400** *R* 1041. 28–9, Yraelwyt honn neus cud myr. mwy gordyfnassei *babir*. *id.* 1166. 41, berth y lloc wrth lleu *babir*. *id.* 1384. 34–5, neut rygwyn terwyn tyrua *pabir*. **1803** *P*, *pabir*, s. pl . . . rush-candles.

Cf. pabwyr.

pabir[2], **pabist, pabistes,** gw. papur, papist.

pabistiaidd, gw. papistaidd.

pabl[1] [gair geir. yn wr.; ?ffrwyth camddehongli engh. o *pabl*[2]] *eb.g.* Barn, barnedigaeth; medr, gallu cynhenid: *judgement*; *faculty*, *innate ability*.

1604–7 *TW* (*Pen* 228) d.g. *judicium*. **1632** *D*, **pabl*, iudicium. **1722** *Llst* 189, *pabl*, f. judgment. **1789** *AUA* 11, *Pabl* erwin oedd Pobl roe nám. **1790** TWM O'R NANT: *GG* 215, Pobl a gynnal *pabl* [:– . . . judgment] ganiad; Ond gwyrth gair, / Ior ddylai'r addoliad. **1803** *P*, *pabyl*, s. m. . . . faculty. Dwvyn *babyl*, profound faculty. **1874** *Barddas* ii. 130, gradd Beblig, gan mai wrth farn a *phabl* cadair ac Eisteddfod . . . ai gradder.

pabl[2], *a.* ll. *peibl*. ?Bywiog, byw, egnïol, yn ffynnu, yn tyfu; ffraeth, huawdl, rhugl: ?*lively*, *alive*, *living*, *vigorous*, *flourishing*, *burgeoning*; *eloquent*, *fluent*.

14g. *GDG* 78, Tydi y sydd, berydd barabl, / Tyddyn bob llysewyn *pabl* [i'r haf]. **14g.** *GIG* 101, Cegiden bebyrwen *babl* [i ferch]. *id.* 122, Pan ddangoso, rhywdro rhydd, / Pobl y byd, *peibl* lu bedydd. *c.* **1400** *R* 1304. 36–7, Hyfryt a ior wyt bor balch. hoew vreisc *pabyl* di barabylvwlch. *id.* 1309. 27–8, *Pabyl* ryderch loew serch nyn dilyssynt. *id.* 1377. 22, doeth *babyl* parabyl pereid. *id.* 1378. 6, Mod *pablaf* med y pobloed. **15g.** *IGE*[2] 228, Cyfarwydd, nid cof oribl, / Eofn *babl*, wyf yn y Bibl (Ieuan ap Rhydderch).

pablaidd [*pabl*[2] + *-aidd*] *a.* ?Bywiog: *active*.

?**15g.** *B* i. 308–9, *Pablaidd* gorff, pobloedd a gur, / Post addwyn hael, pais dewddur. **1803** *P*, *pablaidd*, active, nervous.

pablu [gair geir.; be. o'r e. *pabl*[1]] *b?a.* Barnu: *to judge*.

c. **1588** *B* ii. 233, *pablu* .i. barnu. **1632** *D*, **pablu*, iudicare. **1753** *TR*.

pabog [*pab* + *-og*] *a.* Pabyddol, pabaidd: *Roman Catholic*, *papal*.

1803 *P*.

pabogaeth [*pab* + *-og* + *-aeth*] *eb.g.* Pabaeth: *papacy*.

1595 *Egl Ph* 23, Ni yngenafi 'wenwyno o Helbrant chwech o Baboedd, i ennyll y *Babogaeth*. *c.* **1730** *Thos. Lloyd D* (LlGC) 186b, *pabogaeth*, papacy. **1803** *P*, *pabogaeth*, s. m. the papacy.

pabol [*pab* + *-ol*] *a.* Yn perthyn i'r Pab,

i'r babaeth, neu i'r Eglwys Gatholig Rufeinig: *papal, Roman Catholic.*
13g. *BD* 58, odyna y doeth [Pedr] Ruuein, ac yno y deliis teilygdavt *pabavl* esgobavt. **16g.** (*LlEG*) *Mos* 158, 85b, [y] *pabawl* anhrydedd. *id.* 618a, y doctor *pabawl.* **1722** *Llst* 189, *pabawl,* papal, pontificial. **1803** *P* d.g. *pabawl.*

pabur, gw. papur.

pabwyr [bnth. Llad. **papērus* < *papȳrus*; gthg. *pabir*[1]; ansicr yw dosbarthiad yr engh. isod o *GIG*] *eg.* ac *e.ll.* (un. b. *-en,* ll. *-nau*; g. *-yn*).

(*a*) Llinyn neu stribed o edafedd (mewn cannwyll, lamp olew, &c.) sy'n cyflenwi'r fflam â thanwydd, wic, rhan losgedig o'r wic; matsien; cannwyll frwyn; hefyd yn *dros.* ac yn *ffig.*: *wick (of candle, &c.), snuff; match; rushlight; also transf. and fig.*
13g. *C* 38. 7–12, Duu y hun . . . Auneth tuim ac oer. a. heul a lloer. a llythir. ig. Cuir a fflam im *pabuir.* **14g.** *GDG* 408, Tudur Goch glowrllyd froch glêr, / Fab Iorwerth, foly *babwyrwer* (Gruffudd Gryg). **14g.** *GIG* 171, Safn pibydd, swyfen *pabwyr,* / Safn llo, gwas a yf yn llwyr. **15g.** *DE* 121, mawr gwyn fal i mae r gannwyll / i mae duw heb ddim o dwyll / fflam a chwyr a *phabwyren* / ac vn oll yw r gannwyll wenn. **1547** *WS, pabwyr,* weke. **16g.** SIÔN BRWYNOG: *C* 51, Pwy fel Eidol, palf lydan, / *Pabwyr* y glod, pypyr glân? **16g.** WILIAM CYNWAL: *Gw* (G. P. Jones) 28, *Pabwyr* wallt, aur pybyraf, / Pelydr haul, paled yr haf [i ferch]. **1604–7** *TW* (*Pen* 228), canwyll a thri *phabwyryn* d.g. *trimyxos. Dchr.* **17g.** *J* 10, 122a, *pabwyren,* weeke, match, carthben. *Dchr.* **17g.** *LBS* iv. 395, Taprav kwyr *pabwyr* er pwyll / pibav gwin pawb ai ganwyll. **1632** *D, pabwyr,* Sing. *Pabwyren,* myxus, ellychnium. **1722** *Llst* 189, *pabwyr* s. [*pa*]*bwyryn* m. [*pa*]*b-wyren* f., wick-yarn. **[1725]** *TS* 74, rhaid i mi . . . gymmeryd ymmaith y *babwyren* (*snuff*) afreidiol . . . fel ag y gwellheir y Goleuni. **1795** *R. Crusoe* 41–2, Y lamp oedd wedi ei gwneuthur o glai ai bobi yn yr haul ai grasu ag yn lle *pabwyren* (wick) yr oeddwn yn cymmeryd (Oakum.). Ar lafar yng ngodre Cered., sir Benf., a'r De, *TGG* (1907–8) 82.

(*b*) Mwydyn (planhigyn), rhuddin; brwyn; canhwyllfrwyn, *Iuncus effusus*; yn *ffig.* am beth diwerth neu ddibwys, a hefyd am berson di-asgwrn-cefn neu beth gwan: *pith, heart (of timber); rushes; soft rush; fig. of something of no value or importance, and of a weak person or thing.*
1545 *CM* 1, 337, [t]yn y galon ner *pabwyr* allan [am bersli]. **16g. (1763)** W. SALESBURY: *LlM* 142, Y ffurf phenicl Id a chorsen hir Iddo . . . ac o mewn yn *babwyryn* gwyn chwibolog a rhiscin meddal or ty allan. *Diw.* **16g.** *WLB* 38, Kymer fodfedd o wialen ysgaw a thynn y galon ar *pabwyr* o honi. **1604–7** *TW* (*Pen* 228), mwydionyn prenn, y *pabwyryn* d.g. *enterione. id.* y vr[w]ynen veddal a *phabwyryn* ynddi d.g. *juncus.* **1632** *D, pabwyr,* Sing. *Pabwyren* . . . Arborum, plantarum & herbarum medulla. **1688** *TJ, pabŵyr*: Rushes. *id. pabwyren*: a Rush. **1722** *Llst* 189, *pabwyr* . . . the pith of a tree. **1759** *ML* ii. 113, Difyr oedd gweled llanciau cadw, a'u pibau cyrn tan eu ceseiliau ac ysgyb o *babwyr* yn eu coflaid. **1778** J. HUGHES: *BB* 286, Mae hyd y gwadan lydan leder, / Yn dippyn byrrach na thri chwarter, / A'r goes ychydig llai na llathen, / A mwy ei phybyrwch na *phabwyren.* **1803** *P.* Ar lafar yn Edeirnion clywir y ff. un. *bwyren,* 'yn syth fel *bwyren*' ac yn Arfon y ff. *pabwyr* (un. *boeran*) 'soft rushes . . . used for rush-lights', 'cyn sythed â *boeran,* fel *boeran* o syth', *WVBD* 411. Clywir yno hefyd '*pabwr* o ddyn' 'a weak man', *ib.* Digwydd *pabwyryn* yn ngogledd Cered. mewn ystyr lledddirmygus am rywun eiddil o gorff, 'Siŵt gath ryw *babwyryn* fel'na wraig mor fawr, gweda?'

(*c*) Papur: *paper.*
1595 *Egl Ph* 102, n[i]d yw'r araith, a scrifennir mywn *pabwyr,* ac felly a ddarllennir, yn gweithredu hanner cymeint yng nghallonnau'r gwrandawyr. **1759** *ML* ii. 144, Dyna i chwi gymaint o sothach ac a ddaliai neu annai'r *pabwyryn* yma.

Cfn.: **pabwyr (-en, -yn) cannwyll (y gannwyll)**: *wick (of candle).* **1604–7** *TW* (*Pen* 228), *pabwyryn* lamp ne *ganwyll* d.g. *lychnus.* **1684** J. DAVIES: *LlR* 382, *pabwyren y Ganwyll.* **1725** *SR, pabwyryn canwyll* d.g. *a wick, cotten or snuff of a candle.* **pabwyryn (y) cefn:** *spinal cord.* **1604–7** *TW* (*Pen* 228), *pabwyryn,* ne vadruddyn *y cefn* d.g. *medulla . . . medulla spinalis.* **1722** *Llst* 189, *pabwyryn y cefn,* the marrow of the back-bone. *c.* **1730** *Thos. Lloyd D* (LlGC) 186b. **pabwyryn (pabwyren) pren:** *heart (of wood). Dchr.* **17g.** *J* 10, 122a, *pabwyren pren,* pith, matrix. **1632** *D, pabwyryn prenn* d.g. *enterione.* **yn babwyryn:** *soaking wet.* Ar lafar yn nwyrain Morg., 'Ma pobman *yn babwyryn*', 'gwlychu popeth *yn babwyryn*'.

Gw. hefyd pabir[1].

pabwyra [bf. o'r e. bl.] *bg.* Casglu pabwyr, brwyna: *to gather rushes.*
1803 *P.*

pabwyraidd [*pabwyr + -aidd*] *a.* Tebyg i babwyr neu frwyn (e.e. am wallt hirllaes); meddal, gwan, gwanllyd: *rush-like (e.g. of lank hair); soft, weak, sickly.*
1775 *W* d.g. *lank* [*apply'd to hair* . . .]. **1803** *P, pabwyraidd,* like rushes. *Diw.* **19g.** *SE MS* 349a, *pabwyraidd,* soft . . . I[olo] Gl[ossaries].

pabwyrog [*pabwyr + -og*] *a.* Llawn pabwyr, brwynog; tebyg i babwyr neu frwyn (e.e. am wallt hirllaes): *rushy, abounding with rushes; rush-like (e.g. of lank hair).*
1775 *W* d.g. *lank* [*apply'd to hair* . . .]. **1803** *P* d.g. *pabwyrawg.*

pabwyrol [*pabwyr + -ol*] *a.* Yn perthyn i bapurfrwyn, wedi ei wneud o bapurfrwyn: *pertaining to or made from papyrus.*
1872.

pabydd [*pab + -ydd*[3]] *eg.* (b. *-es*) ll. *-ion, -iaid.* Aelod o'r Eglwys Gatholig Rufeinig, dilynwr y Pab, yn enw. am un sy'n credu mewn goruchafiaeth babyddol, fel arfer yn ddifr.: *a Roman Catholic, papist (usu. derog.).*
1595 M. KYFFIN: *DFf* [52], Hyn y gyd a orfydd i'r *Pabyddiaid* ddoedyd . . . fod pob cyfraeth a chyfiownder wedi ei gau a'i gloi o fewn cist-dwyfron y Pab. **1595** H. LEWYS: *PA* 30, pwy vn bynac fyddant, ai Iddewon . . . ai *Pabyddion.* **1604** R. HOLLAND: *BD* 8, [*P*]*abyddion,* gwyr sydd yn gwrthnebu crefydd. *id.* 10a, Gochelwch . . . gredu o honoch gyda'r *pabyddiaid* awdurdod yr eglwys. **1672** R. PRICHARD: *Gw* 563, Dannedd gwaedlyd y *pabyddion,* / Sydd yn gollwng gwaed cristnogion. **1704** E. SAMUEL: *BA* 243, arfer goel-grefyddol y *Pabyddion.* **1743** G. JONES: *HWI* ii. 2, eulynaddolwyr, *Pabyddjaid,* a dynjon anwybodus, yn rhoi coel i draddodiadau disynwyr eu hynafiaid. **1749** G. JONES: *LlDdG* 8, A thrwy Gateceisio hefyd y mae'r *Pabyddiaid* yn dysgu'r Grefydd Babaidd i'r bobl. **1775** *CY* 8, yr oedd y Papistiaid yn cael eu rhydddid trwy law ei Frenhines (yr hon oedd *Babyddes* dynn greulon). **1803** *P.*
Amr.: **papydd** [*pâp + -ydd*[3]; cf. *papyddiaeth*]. **1704** E. SAMUEL: *BA* 166.

pabyddaidd [*pabydd + -aidd*] *a.* Yn perthyn i'r Eglwys Gatholig Rufeinig, pabyddol, pabaidd, yn aml yn ddifr.: *Roman Catholic, papistical, popish.*
1599 (1677) R. HOLLAND: *AB* 48, y mae hyn yn bwrw i lawr pôb eilun-addoliaeth *babyddaidd.* **1687 (1715)** J. OWEN: *TB* 148, parhâodd yn Broffesswr chwannog o'r wirffydd . . . nes cyffroi digofaint yr Eglwyswyr *Pabyddaidd.* **1701** J. OWEN: *YE* 1, Dirgelwch anwiredd a lygrodd Swper yr Arglwydd yn yr Eglwys *Babyddaidd.* **1722** *Llst* 189, *pabyddaidd,* popish. **1728** T. BADDY: *DDG* 23, Hispaen Fflorenc [*sic*], a lleodd *Pabyddaidd* eraill. **1778** *W* d.g. *papistical.* **1803** *P.*

pabyddiaeth [*pabydd + -iaeth*] *eb.g.* Dysgeidiaeth, cyfundrefn, arferion, defodau, a thraddodiadau'r Eglwys Gatholig Rufeinig, Catholigiaeth Rufeinig, hefyd yn ddifr.; pabaeth: *Roman Catholicism, popery; papacy.*
1658 R. VAUGHAN: *YPS* 23, Chwychwi yr rhai a g[w]ympodd . . . I *babyddiaeth* allan or Ecclwys. **1672** R. JONES: *AB* d.d., Amdo i *Babyddiaeth.* **1687 (1715)** J. OWEN: *TB* 154, y gwr Bonheddig . . . y sy deimladwy o farn Duw ac a drôdd oddiw[r]th *Babyddiaeth* i'r wir grefydd. **1688** *TJ,* pabaeth, *pabyddiaeth*: the Papacy or Popes Dignity. **1710** *CBGEL* 8, *Pabyddiaeth,* fel yr ydys wrth hynny yn deall Camsynniadau Eglwys Rhufain. **1722** *Llst* 189, *pabyddiaeth* f., papistry, popery. **1731** E. SAMUEL: *AE* [vi], y Gwyrdâ rhagorol a fuant Cynnorthwyol i ddileu *Pabyddiaeth* ac Eulunaddoliaeth. **18g.** *Hop M* 218, I ddiffer yn amserol / Y Ffydd rhag *Pabyddiaeth* ffol. **1756** *ML* i. 416, mae'r holl awdl . . . yn sawrio yn dra chryf o *Babyddiaeth* yr oesoedd diweddar, ac mae ôl traed y mynach moel rhyd bob cwr o honi. **1794** J. MORGANS: *CN* 3, *Pabyddiaeth* greulon 'n awr y sydd / Yn colli tir o ddydd i ddydd. **1803** *P, pabyddiaeth,* s. m. popery.
Amr.: **papyddiaeth** [*papydd + -iaeth*]. **1689** E. MORUS: *RC* 52, eich tynnu chwi oddi'wrth ein Heglwys ni, naill ai i *Bapyddiaeth,* neu i neb rhyw Sect arall.

pabyddiaf: pabyddio [bf. o'r e. *pabydd*] *ba.* Troi (person, gwlad, &c.) at Gatholigiaeth Rufeinig; gwneud (eglwys, &c.) yn debyg o ran arferion, &c., i'r Eglwys Gatholig Rufeinig: *to convert (person, country, &c.) to Roman Catholicism, catholicize; make (church, &c.) like the Roman Catholic Church (with regard to ceremonies, &c.), Romanize.*
1848.

pabyddiol, gw. pabyddol.

pabyddlyd [*pabydd + -lyd*] *a.* Pabaidd, pabyddol, yn ddifr.: *papistical, popish.*
1815.

pabyddol, pabyddiol [*pabydd + -(i)ol*] *a.* Yn perthyn i'r Eglwys Gatholig Rufeinig neu i'w dysgeidiaeth, ei chyfundrefn, ei harferion, ei defodau, a'i thraddodiadau, Catholig Rufeinig, hefyd yn ddifr. pabaidd: *Roman Catholic, also derog. papistical, popish.*
1604 R. HOLLAND: *BD* 8, eraill sydd . . . yn tybiaid fod i hescobion hwy yn archwaethu o ryw oruchafiaeth *babyddiol.* **1778** *W, pabyddawl* d.g. *papistical.* **1803** *P* d.g. *pabyddawl.*

pabylliaf: pabyllio, gw. pebylliaf: pebyllio.

pabysgrif [*pab + ysgrif*] *eb.* Bwl (y Pab): *(papal) bull.*
1858.

pac [bnth. S. C. *packe*; ansicr yw'r engh. gyntaf yn adran (*b*)] *eg.* ll. *-(i)au.*

(*a*) Casgliad o bethau wedi eu sypio neu eu rhwymo ynghyd (yn enw. i'w cludo), bwndel, sypyn, pwn, llwyth, hefyd yn *ffig.*; cyff neu set o gardiau chwarae: *pack, bundle, bunch, burden, load, also fig.; pack or deck (of playing-cards).*
14g. *GDG* 328, Yr oedd . . . / Drisais mewn gwely drewsawr, / Yn trafferth am eu tri*phac.* **15–16g.** *AAST* (1935) 96, Dur yw 'i glasb a dôr gled, / A chlo acw a chlicied. / A'i *bac,* megis nyth cacwn, / Fo ein i hun o fewn hwn [Dafydd Trefor i ofyn almari]. **15–16g.** *GIF* 55, porthiant, nwyfiant, o nefoedd; / *paciau* cefn Hapacuc oedd. **16–17g.** (*Gesta Rom*) *LlGC* 13076, 67b, Gye a gavas y *pakav* hynn . . . ag yndynt i ddoedd anairif o gyvoeth. **16–17g.** *CRC* 430, Gwelwn yno bedleried / a *ffackie* ganthyn yn kerdded. **1672** R. PRICHARD: *Gw* 177, Y ffôl ei Phen y flina Gawr, / Ac anrheithia'r gwaddol mawr, / Gan lwyr droi ei *Phacc* yn Phardel [:- Gan yrru llawer yn ychydig]. **1703** E. WYNNE: *BC* 122, ugain o ddiawliaid fel Scotsmyn a *phaccieu* traws ar eu hyscwyddeu. **1759** *BC* 404, Os edrychwch a'r [*sic*] ei wâr, / Pob *pacc* pob bwndel mawr yw'r bâr. **1761** *ML* ii. 326, Dyma rwan hyn un o'r Scottiaid yn hudo fy ngwraig i brynnu gwagedd. Melldith Huw yn eu *pacciau.* **1790** TWM O'R NANT: *GG* 183, Be' cawn innau am *bac* o weniaeth . . . / Mi awn o rwydau rhadwyr ynfyd.

(*b*) Grŵp neu gynulliad o bobl sy'n cyfeillachu â'i gilydd (yn enw. ar berwyl drwg), gang, haid (yn aml yn ddifr.); nifer o anifeiliaid o'r un math, yn enw. anifeiliaid a ddefnyddir i hela, haid (o gŵn, &c.): *pack, gang, horde (often derog.); pack (of hounds, &c.).*
15g. *GTP* 21, Celanedd y cledd, coluddion— Alac, / Curwyd Wil a'i *bac* a Siac a Siôn. **1703** E. WYNNE: *BC* 101, Marchogesau, a *phacc* o lyfrgwn llechwrus o'u deutu. **1741** E. DAVIES: *Alm* [30], doi *pac* oi gyfeillion da gonest teg inion. **18g.** *W Ballads* 123, 8, Nhw droen fel *paicc* [*sic*] o ffylied ffol / I siotio'n ol yn sydyn. *c.* **1762–79** W. WILLIAMS: *P* 72, Hwy gadwent *bacc* o Waedgwn i'r diben i hela ac i dorri yn ddrylliau yr Indiaid. **1769** E. ROBERTS: *GN* 29, Trewis wrth *bac* ymhentre oferedd / Yn downsio fel gwigod ag yn canu gwagedd. **1770** J. PRYS: *Alm* 13, Yno ceir nhw'n o ddi gymysg, yn *bacc* tebycca / Aflawen Dyrfa, flin o derfysg. **1777** E. ROBERTS: *DG* 41, Mae yma un *pac* o honun er's talm yn ddechre / ac wedi dwyn ein tir an Caea. **1791** SIÔN LLYWELYN: *DD* 41, Fe 'mgasgl o'r byd ryw *bac,* / I wrando dyn didoraeth, / Mae honno'n grefydd grac. Ar lafar, 'Mân' nw fel *pac* o wenyn yn pigo

pawb', *WVBD* 412; 'mae'r merchaid 'ma'n shiarad fel *pac* o wyddau', *ISF* 59.

(*c*) Blaenwyr mewn tîm rygbi: *pack* (*in rugby*).
1938.
Cfn.: **pac o gard(i)au:** *pack or deck of cards.* **1771** *W*, cyff (*pacc*) *o gardau* d.g. *card, a pack of cards.*
Gw. hefyd pecyn.

pacaf: paco, gw. paciaf: pacio.

pacar, *a.* Parod, taclus, graenus, da ei gyflwr, cyflawn, gorffenedig; gwael: *ready, tidy, in good condition, complete, finished; bad, poor.*
Ar lafar yng ngodre Cered. a sir Gaerf., 'Mai e'n weddol *bacar* nawr' '[I]t is in a fairly good condition of repair now', *TGG* (1907–8) 82; '*pacar* o wael' 'exceedingly poor', *id.* 108; 'Ma'r cwbwl yn *bacar* i fynd'; 'Mae'r tewy wedi myn yn *bacar*' (= 'gwael'). Clywir hefyd y ff. *pacard.*

paced, pacet [bnth. S. *packet*, ?a hefyd *paced* < **pacaid*, sef *pac* + -*aid*[1]] *eg.* (bach. -*yn*) ll. *pacedi*, -*au*, *paceidi.*

(*a*) Cynhwysydd cardbord, papur, &c., bychan neu ganolig, fel arfer ynghyd â'i gynnwys, pecyn, parsel, pacedaid; pecyn pae; swm sylweddol o arian; hefyd yn *ffig.*: *packet, package, parcel, packetful; pay-packet; a 'packet' (large sum of money); also fig.*
1741 *ML* i. 59, Dyma fi wedi derbyn eich llythr heddyw ar pedwar *pacced.* **1758** *id.* ii. 73, ni waeth o'r lleied a ddelo o *baccedau*, On His Majesty's Service, mi anfonais yna un y dydd. Ar lafar ym Morg. yn yr ystyr 'torf', '*pacid* o bobl', '*pacet* o ddynon'.

(*b*) Cwch sy'n cludo post, teithwyr, nwyddau, &c., ar deithiau byr: *packet-boat.*
1895.
Cfn.: **paced pae:** *pay-packet.* **20g.**

pacedaid [*paced* + -*aid*[1]] *eg.* Llond paced, cynnwys paced: *packet(ful).*
20g.

pacedyn, pacet, gw. paced.

paciaf, pacaf: pac(i)o [bnth. S. (*to*) *pack*] *bg.a.* Gosod neu drefnu (pethau) mewn cynhwysydd er mwyn eu cludo, eu storio, eu marchnata, &c., sypio, pynio; gwasgu ynghyd, gorlenwi, cywasgu; gyrru (rhywun) i ffwrdd; mynd (ar frys); hefyd yn *ffig.*: *to pack (e.g. clothes in a suitcase); pack in, press together, cram, compress; send (someone) packing; go (hastily); also fig.*
1547 *WS*, *packio*, packe. **16–17g.** *DCR* 266, Dwedyd *paka* Chwyp o ddyna / . . . / ac onyd a ar y gair Cynta / Cerdda yn fwog Cyrch y swyddog. **1620** *WDS*, (Flint), *Packia* lidyr . . . Get thee hence thieefe. **1672** R. PRICHARD: *Gw* 103, F'orfy[dd] *paccio* [:– myned] bawb oddiymma / Llaill ai 'r nêf, ai'r twllwch eitha. **1696** *CDD* 145, Gŵyr yr Eglwŷs sŷdd eu gŵyr, / Ar ol y Bŷd yn *paccio.* **1725** *SR*, gwasgu gwlan yn dynn, *paccio* gwlân d.g. *to clack wool.* **1755** *ML* i. 360, [d]ymuno arnoch . . . *baccio*'r cregynach yr ych ar fedr eu gyrru imi, ai rhoi mewn bocs. **1756** *id.* 421, Dyma fi yn arofyn *paccio* cistiaid arall. **1769** E. ROBERTS: *GN* 11, ryw gnawes yn ma del [*sic*] ai lle, / A*baccied* [*sic*] o dre Rebeca. **1808** TWM O'R NANT: *BB* 14, A'r wraig, a'r plant gweiniaid, i ymofyn tamaid, / Ac ar ol dwëyd ei chyflwr yn nrws Mr. Ffarmwr / Cael ei *phacio* i'w chrogi.
Cfn.: **pacio allan:** *to send packing; go away.* c. **1689 (1802)** L. WILLIAM: *Sherlyn Benchwiban* 4–5, Ffwrdd furgyn diflas abo / . . . / *Pecciwch allan* syre / Yn gyflym. **1786** TWM O'R NANT: *PCG* 43, A'i *bacio*'n hollawl *allan.* **p. i fyny:** *to pack (up); pack up, finish.* **1853.** **p. i ffwrdd (i('w) ffordd):** *to send packing.* *Dchr.* **17g.** *T Ch* 109, hithe yn dywedyd fy ned [*sic*] o Diomedes â Chressyd, ac ynteu yn ei *phakio* hi *i ffordd.* **1787 (1812)** TWM O'R NANT: *PG* 17, Ni cha'dd hi dammaid, na gwerth dimmeu; / Mi a'i *peciais i'w ffordd*, ni bum i dro, / 'R hen garen, dan grio'i goreu. **paco lan** = **p. i fyny.** Ar lafar yng Nghered. a'r De.

paciog [*pac* + -*iog*] *a.* Yn cario pac neu baciau, llwythog, hefyd yn *ffig.*: *carrying a pack or packs, laden, also fig.*
1894.

paciwr [bôn y f. fl. + -*iwr*] *eg.* ll. *pacwyr.* Rhywun sy'n pacio (gwlân, &c.): *packer (of wool, &c.).*
1793 *Cylchg* 88, [g]wlan y Ddafad a droir yn foddion cynnaliaeth i'r . . . cyfrwywyr, ystarnwyr, a *phaccwyr.*

pacled, gw. paeled[2].

pacmanna [bf. o'r e. *pacman*] *bg.* Crwydro o gwmpas gan gario pac o nwyddau i'w gwerthu, pedlera: *to peddle.*
Ar lafar ym Morg.

pacmon, pacman [bnth. a chfdds. o'r S. *packman*] *eg.* ll. -*men*, -*myn* (-*myns*), *pecmyn.* Rhywun sy'n crwydro o gwmpas gan gario pac o nwyddau i'w gwerthu, pedler, hefyd yn *ffig.*: *packman, pedlar, also fig.*
1910. Ar lafar ym Morg. yn y ff. *pacman.*

pacrud [?bnth. S. *packthread*] *e?g.* Edau neu linyn cryf ar gyfer pwytho, rhwymo parseli, &c.: *strong thread for sewing, tying parcels, &c.*
1828 *Geir Pob* 18, *pacrud*, edeu bynio, edeu rwymo.

pacs [bnth. dysg. Llad. *pāx*, cf. Gwydd. C. *pács*; cf. ymhellach *pocyn* a'r Gwydd. Diw. *póg*] *eg.* Cusan, cusan heddwch, ?heddwch; *Egl.* cusanlun: *kiss, kiss of peace, ?peace; (eccl.) pax, osculatory.*
14g. *GDG* 353, Cain *bacs* min diorwacserch, / Cwlm hardd rhwng meinfardd a merch [i'r cusan]. c. **1400** *B* xviii. 144, ac odyna rodi *pax* yw ebestyl. a dywedut tangnefed ywch vrodyr. *Dchr.* **15g.** *IGE*[2] 206, Ysglyfiais *bacs* diwacsa / Is gwefl dyn, bu ysgyfl da [Llywelyn ab y Moel i'r farf fer wrthnysig]. **15g.** *id.* 235, Na weinia gledd Owain Glyn; / Pâr in *bacs* o dir Macsen, / A chwncwest Hors Hensiest hen (Ieuan ap Rhydderch). **15g.** *GGl*[2] 286, Pardwn o Eytwn ytyw. / *Pacs* o nef pob cusan yw. **15g.** *ID* 5, canaid i hwyl cennad hoyw, / cyfiownlwys *bax* cyfanloyw [i ddiolch am gusan]. **15g.** *DE* 48, *bacs* wyneb yw gusanv. **16g.** *Pen* 76, 94, ni alla hyd pen eillier / myny *paxs* nod i min per. **16g.** (*LlEG*) *Mos* 158, 521b, kusannv y *packs.* **1547** *WS*, *pags*, paxe. **16g.** *GGH* 374, Clasbysiad cariad cywraint, / . . . / Can liw'r ôd—ceinloer ydoedd—/ Cael *pacs*; rhaid celu pwy oedd. **16–17g.** *HG* 32, pan drosbwyd rryvain haibo / heb na gweddi nag ympryd / . . . / na sens na chwyr bendigaid / na *phax* nid oedd raid wrtho.

pact [bnth. S. *pact*] *eg.* Cytundeb rhwng dwy neu ragor o bleidiau, cenhedloedd, &c.: *pact.*
1936.

pacyn, gw. pecyn.

pad [bnth. S. *pad*] *eg.* ll. -*iau*, -*s.* Darn trwchus o ddefnydd meddal a ddefnyddir i eistedd neu benlinio arno, i wneud rhywbeth yn esmwyth, i roddi siâp iddo, i'w amddiffyn, &c.; nifer o ddalennau o bapur wedi eu cysylltu wrth ei gilydd ar hyd un ochr: *pad (of soft material); (writing)pad.*
1938.

padaf: pado, gw. padiaf[1]: padio.

padell [bnth. Llad. *patella*; cf. H. Grn. *padel hoern*, gl. *sartago*, Crn. Diw. *padal*] *eb.* (bach. -*an*, -*ig*) ll. -*au*, -*i*, *pedyll.*

(*a*) Llestr pridd, metel, neu blastig, fel arfer un llydan a bas, dysgl, powlen, potyn, sgelet, crochan: *pan, dish, bowl, pot, skillet, cauldron.*
9g. (*Juv*) *B* vi. 102, mi amfranc dam an*patel.* **12g.** *LL* 78, o cecin meirch nihit bet icruc *petill* bechan. **13g.** *LlI* 13, Guerth *padell* medgynyaeth [*sic*], keynnyavc. *id.* 24, E wreyc byeu e *padell* a'r trybed a'r weall ledan. **14g.** *WML* 107, fiol lyn a níthlen a*phadell* troedawc pedeir keinhawc kyfreith atal pop vn. **15g.** *GTP* 96, A'i mantell a'i *phadellan* / A'i chunnog lwyd a'i chnu gwlân, / A'i llwyau llaeth oll, a'i llin [i ddychanu gwrach]. **1547** *WS*, *padell*, a panne. **1588** 1 *Esd* i. 12, a'r offrymmau a ferwasant gyd â phêr aroglau mewn *pedill*, a chrochanau. **16–17g.** *DCR* 218, a haner gwelle / a chyllell ddime / a hen *bydellau.* *Dchr.* **17g.** *J* 10, 122b, *padellig*, ketle. **1615** R. SMYTH: *GB* 162, coginiaethu ag yn berwi *padelli* mawrion o hoccys. **1722** *Llst* 189, *padellan*, [*pa*]*dellig*, f. a little pan. **1755** *ML* i. 332, Crochan neu *badell* fawr . . . lle byddant yn berwi dyn a fyddai'n hên ag yn glwyfus, ac fe ail enid yn y pair. **1757** *id.* 469, a tinker (un yn tincian *pedyll* hyd y strŷd). **1803** *P* d.g. *padell, padellan, padellig.*

(*b*) (enghrau. *tros.* a *ffig.*: *transf. and fig. exx.*).
13g. *TYP*[2] 29, dodi . . . dvy *badell* eur a dan eu glinieu; ac vrth hynny y gelwir padellec y glin. ?**14g.** *MA*[2] 330b. 25, Ffo a wna'r Bedo oer *badell* ddrewson (?Dafydd y Coed). **15g.** (*Diw.* **16g.**) *Gwyn* 3, 203, *padell* ar ddwfr nim peidia / o groen cu eidion du da [Ieuan Fychan ap Ieuan ab Adda i ofyn cwrwgl]. **16–17g.** *GST* i. 197, A cheiliog cam uwchlaw cell / Â'i drwyn budr draw'n y *badell* [i ofyn gwn]. **1620** *Sech* iv. 2, wele ganhwyll-bren i gyd o aur, a'i *badell* ar ei ben. **1655 (1759)** *BC* 140, Cyn mynd o *Badelli*'r byd allan. **17g.** HUW MORUS: *EC* i. 49, Cawell, a *phadell*, y ffydd, / Cwd wyneb, cod awenydd [i ofyn cap]. **1780** *W*, rhoi tân-llwch . . . ym *mhadell* dryll d.g. *to prime a gun.* Ar lafar yn yr ystyr 'padell pen-glin', 'Os ceith y *badell* 'na dame' bach o ddamej, 'na gos stiff'; hefyd yn ardaloedd pyllau glo'r De am garreg fawr ar ffurf padell yn y tir uwchben yr wythïen lo, *B* viii. 219, *Geir Glo* 55.
Cfn.: **padell garreg:** *separating-trough.* Ar lafar yn y De, *Geir Geg* 144. **p. gochen, p. gwch(en)** = **p. bridd.** **1876.** Ar lafar yng Nghered., sir Gaerf., a sir Frych., *TGG* (1907–8) 82, *Geir Geg* 143. **p. ddarllaw:** *brewing-pan.* **17–18g.** *Cylchg LlGC* xvii. 194, [*p*]*adell ddarllaw.* **1760** *ML* ii. 242, [ll]oned *padell ddarllo* o gig eidion, a chig defaid. **p. dŵr:** *whirlpool.* **1688** *TJ* d.g. *gorddwfn.* c. **1730** *Thos. Lloyd D* (LlGC) 186b. **p. efydd:** *large brass pan.* **14g.** *GDG* 328. **1803** *P* d.g. *padell.* Ar lafar ym Mhenllyn, canolbarth a godre Cered., a sir Gaerf. **p. ffrio, p. ffreio:** *frying-pan.* **1545** *CM* 1, 361. **1588** 1 *Cr* xxiii. 29. **1632** *D* d.g. *frixorium, sartago.* c. **1730** *Taith C* 169, A rhai'n gwechlyd y *Badell ffreio* / Ac etto'n neidio i'r Tan i frwlio. **1773** *W* d.g. *frying-pan.* Ar lafar yn y Gogledd a Chered., *Geir Geg* 144, hefyd yn Arfon am fath o gragen, *WVBD* 411. Cf. y rhigwm 'A fuoch chwi 'rioed yn morio? / Wel do, mewn *padell ffrio*'. Gw. hefyd *o'r b. ffrio i'r tân* isod. **p. (y) glin (ei lin,** &c.**):** *kneecap, patella.* *Dchr.* **17g.** *Pen* 170, 59, *padell y glin.* **1725** *SR*, *padell glin* d.g. *the Whirle bone of the Knee.* **1762** *ML* ii. 491, *padell ei lîn.* **1803** *P* d.g. *padelleg.* **p. wely:** *warming-pan; bedpan.* **1725** *SR* d.g. *a Warming pan.* **p. haearn:** *iron pan.* **13g.** *LlDW* 100. 22. **1588** *Esec* iv. 3. Ar lafar ym Môn ac Arfon am '[b]adell fas o haearn bwrw, a dwy glust iddi, a roid, wyneb i waered, dros dorth wrth ei chrasu ar y radell neu mewn popty', *Geir Geg* 144. **p. laeth:** *milk-pan, milk-vessel.* **1776** *W* d.g. *milk-pan.* **1800** W. OWEN[-PUGHE]: *CP* 78. Ar lafar yn y De am '[b]adell o fetel . . . a ddefnyddid yn y llaethdy i gadw llaeth dros nos tra'i fod yn hufennu', *Geir Geg* 144. **p. y pen (ei ben,** &c.**):** *skull, cranium.* **1615** R. SMYTH: *GB* 200. **1617** *Minsheu* 435b. **p. pen-(g)lin,** &c.: *kneecap, patella.* **1775** *W*, *padell . . . penlin, padell pen y glîn* d.g. *knee-pan.* **1798** *WR*, *padell pen y lin* d.g. *knee-pan.* Ar lafar, *padell pen-glin*, *WVBD* 152; *padell belin*, *TGG* (1907–8) 82. **p. bres** = **p. efydd.** **1763** *DT* 164. Ar lafar, *GDD* 214, *Geir Geg* 143. Yn Nyffryn Conwy defnyddir yr ymadr. am arwydd glaw yn yr awyr. **p. bridd:** *earthenware bowl or pan.* c. **1762–79** W. WILLIAMS: *P* 35. **1795** J. THOMAS: *AIC* 362. **1803** *P* d.g. *padell.* Ar lafar, *Geir Geg* 143–4. **p. dân:** *fire-pan, pan for holding fire or for use on a fire; fire-shovel.* **1588** 2 *Br* xxv. 15, Y *pedill tân.* **1617** *Minsheu* 446b d.g. *shouell, a fire Shouell.* **1632** *D* d.g. *batillum, focaria.* c. **1740** *LlM* [47]. **p. doddion (y toddion):** *dripping-pan.* **1772** *W*, *padell y toddion* d.g. *dripping-pan.* **1803** *P*, padell . . . *padell doddion*, a dripping pan. **p. dwymo:** *warming-pan.* **1617** *Minsheu* 346b. **1798** *WR* d.g. *warming-pan.* **p. (yr) ymennydd (ei ymennydd,** &c.**)** = **p. y pen.** **1545** *CM* 1, 311, *padell yrymennydd.* **1688** *TJ*, creuan, *padell yr ymennŷdd* . . . The brain-pan the skull. **18g.** *Llr C* 24, 324, *padell ymhennydd.* **1744** D. ROWLAND: *RY* 105, [*p*]*adell ei Fennydd.* **1771** *W*, *padell yr ymennydd* d.g. *brain-pan.* **o'r b. ffrio i'r tân:** *out of the frying-pan into the fire.* **1885** D. OWEN: *RL* 373. Ar lafar yn y Gogledd a Chered. Cf. *Taith C* 169, A rhai'n gwechlyd y Badell ffreio / Ac etto'n neidio i'r Tan i frwlio; J. HUGHES: *BB* 307, Fel y pysgodyn gloyw-wyn glân, / Yn neidio i'r tân o'r badell.

padellaid [*padell* + -*aid*[1]] *eb.* ll. -*eidiau.* Llond padell, cynnwys padell, dysglaid, hefyd yn *ffig.*: *panful, bowlful, also fig.*
1545 *CM* 1, 248, berw swrnn mawr ordail yma mewn *padellaid* o ddwr glaann. **1661** E. LEWIS: *Drex* 152, Gwraig ddigywilydd yn rhedeg allan o gegin, a *phadelled* o ddwfr berwedig rhwng ei dwylaw. **1757** *ML* ii. 18, [d]yfod i yfed *padelled* o bwyns i ganu ffarwel. **1759** J. EVANS: *PF* 70, daliwch *Badelliad* o Ddwfr poeth oddi tan ei Bron. **1803** *P*, *padellaid*, s. f. pl. *padelleidiau*, a panfull.

padellan, gw. padell.

keinawc k' a dal pob vn o hynny. **1547** *WS*, *payol* pikin, a payle. **1604–7** *TW* (*Pen* 228), *paeol* odro d.g. *mulctra*. **1632** *D*, *paeol*, amula. **17g.** *CRC* 226, o duw bendod y golyd / bydd dryd *payol* o menyn. **1722** *Llst* 189, *paeol*, m.p. *olau*, a tankard. **18g.** *LlGC* 832, 74, *Pauol* o Brenn y Wengoed / Drwbler [*sic*], a Thryfer a throed. **1771** *W* d.g. *bucket*, *pail*. **1801** *MMf* 295, Pedair ffiolaid a wna un *paeol* sef chwart. Pedwar chwart neu *baeol* a wna un galwyn. **1803** *P*.

paets, &c. [bnth. S. *page*; dichon mai yma y perthyn y ff. *paes*, *R* 1342. 21] *eg.* ll. ?-*ys*. Macwy, gwas: *page*, *servant*.

1547 *WS*, *payds*, page. *c.* **1550** *B* v. 116, trysdan . . . ag esylld . . . a golwg hafddydd yn llaw forwyn iddi ar bach bychan yn *bayts* gidag ynte. **1615** R. Smyth: *GB* 202, y *pages* a'r gweision truain sy'n sigo i coesau yn rhedeg.

pafais [bnth. S. C. *paueys*] *eg.b.* ll. *pafeisiau*. Tarian amgrom fawr a amddiffynnai'r holl gorff rhag saethau, bwcled, tarian, arfogaeth, (geir.) arfau; hefyd yn *ffig.*: *pavis*, *buckler*, *shield*, *armour*, (*dict.*) *arms*; *also fig.*

Dchr. **15g.** *IGE*[2] 201, At Fredudd, Arfderydd dân, / Dur *bafais*, dewr ab Ifan (Llywelyn ab y Moel). *c.* **1425** *B* ii. 233, *paueis*, tarian. **15g.** *GTP* 80, Dyn heb ofn dan ei *bafais*. **16g.** (*LlEG*) *Mos* 158, 601a, vn ne ij olonger brenin i ddiangori ac i vynned Ir mo/or ynn *Bauais* ac ynnddiogelwch hryngthuntt twy ar ffranckod. **1547** *WS*, *pafais*, pa[u]es. **1632** *D*, *pafais*, scutum. *id.* d.g. *arma*. **1722** *Llst* 189, *pafais*, f.p. *feisiau*, a buckler. *id.* d.g. *arms* (*weapons*).

Amr.: **parfais, parfis**[2] [?ffrwyth ceisio ei gydio wrth y Llad. *parma* 'math o darian']. **16g.** Lewys Morgannwg: *Gw* 330, pyst onn pan drawon par un drwy r *parfis* / piau arfau Sioswy. *Dchr.* **17g.** *J* 10, 121b, *parvais*, tarian. **1707** *AB* 219c, *parvais*, a shield. S. A Lat. parma. **1803** *P* d.g. *parvaes*.

pafan, pafán [bnth. S. *pavan*] *eg.* ll. *pafanau*. Math o ddawns urddasol: *pavan*.

20g. Cf. *Llsgr R. Morris* 104–5, Names of tunes . . . spanish spaven [*sic*]; J. Hughes: *BB* 229, Spanish baven.

pafedig, gw. pafiedig.

pafiaf: pafio [bnth. S. (*to*) *pave*] *bg.a.* Palmantu, llorio, curo (pridd i wneud llawr): *to pave*, *floor*, *beat* (*earth to make a floor*).

1556–64 *RWM* i. 847, adail mawr . . . ac ir oedd yllawr wedi *pafio* o geric ysgwar ar lvn disie. **1589–90** *Pen* 168, 77a, Ef a beris ossot Seiri main i [w]eithiaw y phyrdd breinhinawl hynny drwy gerric a morter a'i *pafiaw* hwy. **1604–7** *TW* (*Pen* 228) d.g. *barbaricus*. **1672** R. Prichard: *Gw* 434, Mae 'n y nefoedd Aur iw ddamsian, / . . . / Aur yn *pafio* 'r holl heolydd. **1688** S. Hughes: *TSP* 320, yr Heolydd . . . wedi eu palmentu [:– Eu *pafio*] âg Aur. *c.* **1730** *Thos. Lloyd D* (LlGC) 186b, *pafio*, pavio. **1784** M. Williams: *S* i. 239, [yr] heolydd yn llydain, a chwedi eu *pafio* yn lân.

Cfn.: **pafio'r ffordd:** *to pave the way*. **1735** S. Thomas: *HP* 254. **1749** G. Jones: *LlDdG* 39.

pafiedig, pafedig [bôn y f. fl. + -*iedig*] *a.bfl.* Wedi ei balmantu neu ei lorio: *paved*, *floored*.

1589–90 *Pen* 168, 60a, daeardey teg dann y ddaear . . . ynn *bafedic* a theils ac a cherric. *c.* **1730** *Taith C* 9, y Gwaith *pafiedig* a oedd tan draed y Tywysog.

pafing, gw. pafin.

pafiliwn [bnth. S. *pavilion*] *eg.* ll. *pafiliynau*, *pafiliwns*. Adeilad mawr a godir ar gyfer achlysur arbennig ac na fwriedir iddo fod yn barhaol; adeilad ar gyfer adloniant neu arddangosfeydd; adeilad wrth ochr cae chwarae ar gyfer newid, darparu lluniaeth, &c.; pabell fawr; *Her.* llun o babell fel dyfais: *pavilion* (*also in her.*).

15–16g. *TA* 241, Siop o faelys, *pafiliwn*, / Siars y Pab tros wrsib hwn. **16g.** (*LlEG*) *Mos* 158, 244b, gosodasant twy ddau *Bauiliw*/*n* o liw gwyrdd y dail i seuyll ar y maes . . . A char bron y ddau *bauiliwns* yma I daruoedd gossod prenn hir. *id.* 254a, gosod *pauiliwn* brenin ffraink ac or tu arall I gossoded *pauiliwn* brenin lloygyr. **1547** *WS*, *pafiliwn*, pauyllyon. **16g.** *B* xviii. 324, tent ne *bauiliwn* kywaethog o vrethynn aur a sidan. Cf. *BAC*, 31 Awst 1864, [557], Credwn nad oes ond un farn am *Pavilion* Llandudno, sef ei fod . . . y goreu a godwyd erioed . . . at wasanaeth Eisteddfodol.

pafiment [bnth. S. C. *pauiment*] *eg.* Llawr, &c., wedi ei balmantu: *a paved surface*.

c. **1400** *YCM*[2] 188, [y] kwrt ar *pauiment* a oed oll o varmor. *id.* 190, eisted ar y *pauiment*. **16g.** (*LlEG*) *Mos* 158, 681b, yvo ai kladdodd Ef ynn ddwu/ynn dan *bauiyment* y seler.

pafin, pafing [bnth. S. *paving*] *eg.* ll. -*au*, -*s*. Palmant gydag ymyl stryd neu ffordd fawr: *pavement*, *sidewalk*.

1939. Ar lafar yn gyff.; yn ardaloedd y chwareli yn yr ystyr 'carreg neu grawen wastad a osodir ar lawr i hwyluso clirio rwbel oddi arno'.

pafl, paflaf: paflu, pafyn, gw. palf, palfaf: palfu, pawin.

paff [gair yn dynwared sŵn] *eb.* (Sŵn) ergyd, dyrnod, pwniad: (*sound of a*) *blow*, *stroke*, *thwack*, *thump*.

16g. *Llst* 6, 105, delw gidws dale gwden / da le *paff* ar dylar pen. **16g.** R. White: *C* 56, ai ben ir rhiw buan y rhydd / *paff* oi flaen pwff aflonydd [am ddryll]. **16g.** Huw Cornwy, &c.: *Gw* 139, Bwrw wiw deid—glân brodiad glog / pwff—i roi *paff* i'r eog [i anfon moelrhon i ladd y gleisiad]. *Dchr.* **17g.** *J* 10, 122b, *paf*. **17g.** *LlGC* 13215, 373, *paf*, pulsus. **1707** *AB* 219b, *pȧf*, a stroke. *c.* **1730** *Thos. Lloyd D* (LlGC) 186b, *paff*, a blow with a fist. **1770** *W* d.g. *blow* [*stroke indefinitely*], *thump*. **1798** *WR* d.g. *thwack*.

paffiad [bôn y f. ddil. + -*iad*[1]] *eg.* Pwniad: *thumping*.

1803 *P*.

paffiaf: paffio [bf. o'r e. *paff*] *bg.a.*, weithiau gyda grym enwol i'r be. Ymladd â'r dyrnau (yn enw. mewn menig wedi eu padio), bocsio, ymladd, cwffio, curo, dyrnodio, pwnio, hefyd yn *ffig.*: *to box*, *fight* (*with fists*), *beat*, *strike*, *thump*, *also fig.*

Dchr. **17g.** *J* 10, 122b, *paffio*. *c.* **1730** *Thos. Lloyd D* (LlGC) 185b, *paffio*. **1740** *ML* i. 36, Digri ydoedd i fy hen gadpen *baffio* gwyr Angria. **1749** *ML* (Add) 192, mae fo yn *paffio* llangcia a llangcesi oi gwmpas . . . fo neidiodd loli at y llangces ag ai *paffiodd* hi ai ffon hyd na fy hi yn farw. **1755** *ML* i. 370, 'Canlynwch eich dyrnod,' chwedl Griff. Huws . . . wrth ei dri meib pan fyddynt yn *paffio* yn Llanerchmedd er's talm. **1766** *CD* 67, Y rhain aeth dan guro, a llysbren dwy ddwylo, / Iw *baffio*, a'i ddyludo'n ddiawledig. **1770** *TG* iv. 41, o ymgeccru, hi aeth yn *baffio*. **1791** *Dialogous* 6, gan lusgo ei gelain archolledig . . . a *phaffio* ei gorph marwol dideimlad yn anhrugarog [*sic*]. **1794** *W* d.g. *to thump*. **1798** T. Roberts: *CG* 25–6, mae sôn cyhoeddus fod hwnw agos cystal paffiwr a Mendoza . . . os digwydd iddo *baffio* Meistr Grindley . . . dylai . . . gymmeryd gofal efo enaid y truain. **1803** *P*. Ar lafar yn y Gogledd, *WVBD* 411, *TGG* (1904) 46, *Cymru* xlvi. 24.

paffiwr [bôn y f. fl. + -*iwr*] *eg.* ll. *paffwyr*.

(*a*) Ymladdwr â dyrnau, bocsiwr, ymladdwr, pwniwr: *boxer*, *pugilist*, *fighter*, *thumper*.

1794 *W* d.g. *thumper*. **1798** T. Roberts: *CG* 25, mae sôn cyhoeddus fod hwnw agos cystal *paffiwr* a Mendoza. **1803** *P*.

(*b*) *Adar*. Pibydd torchog, *Philomachus pugnax*: *ruff* (*in ornith.*).

20g.

pagan [bnth. dysg. Llad. *pāgānus*] *eg.* (b. -*es*; bach. -*yn*) ll. -(*i*)*aid*, -*od*, -*s*, a hefyd fel *a*. Person nad yw'n Gristion nac Iddew na Mwslim, person nad yw'n Gristion, cenedl-ddyn, eilunaddolwr; un heb ei oleuo gan na gwybodaeth na dysg, person gwladaidd, barbariad, anwariad; paganaidd: *a pagan*, *heathen*, *gentile*, *idolater*; *unenlightened person*, *rustic*, *barbarian*, *uncivilized person*; *pagan* (*adj.*).

13g. *HGK* 9, megys yd amdiffynnvs Iudas Machabeus gulat er Israel y gan y brenhined *paganyeit*. **13g.** *BD* 95, [y] *paganes* ysgymun heb uedyd arnei. *id.* 96, nat oed havd adnabot pvy a uei cristyawn, pvy a uei *pagan*. **14g.** *BT* 3, pan ddoeth y *paganyeid* ywerddon. *id.* 131, doeth y*paganyeit* ar sarassinyeit y gaervssalem. **1346** *LlA* 63, Yrei abechawd hep varnn. megys *pagannyeit* (*pagani*). Ac Idewon. **14g.** *YBH* 86, [c]an mil o *baganneit*. *id.* 17a, dyrnawt bychan y *pagan* hwn. *c.* **1400** *R* 1362. 21–2, Nyt edewis im dim grym grymyant. or trysor trawsuyc lawdyr byc *bagan*. **1552** *Rhyddiaith Gymraeg* i. 53, ai Kristnoges yntev *paganes*? **1604–7** *TW* (*Pen* 228) d.g. *paganus*. **1632** J. Davies: *LlR* 253, Iupiter, Mars, a Hercules, y rhai am eu mawr wrolaeth a gyfrifai'r *Paganiaid* yn dduwiau. **1672** R. Prichard: *Gw* 438, Gâd i'r *Pagans* di-rinwedde, / Gâd i'r Twrcod ofni Ange. **1688** S. Hughes: *TSP* 131, *Pagan* [:– Vn na[d] yw yn proffessu [y] grefydd gristianogawl]. **1696** *GGTY* 353, [p]lant yr anghrediniol, Twrciaid a *Phaganod*. **1718 (1721)** S. Thomas: *HB* 23, *Paganiaid* di Dduw ac Eulynaddolwyr ydynt. **1735** S. Thomas: *HP* 221, Plant Juddewon, Plant y Mahometanod, Plant y *Paganod*. **1752** *ML* i. 215, Gwyn eich byd . . . ymhlith Christnogion; nid oes yma [Caergybi] ond rhyw *baganiaid*. Ar lafar yn ddifr. am berson nad yw'n mynychu capel nac eglwys.

Amr.: **pagwn** (ll. -*s*). **15g.** *CLlG* i. 217. **pegan**[1] [bnth. S. C. *paygane*]. **14–15g.** *IGE*[2] 128. **15g.** *GGl*[2] 99. *c.* **1647** *LBS* iv. 429. **pygan.** **1547** *WS*. **1604–7** *TW* (*Pen* 228) d.g. *paganus*.

Cfn.: **pagan du:** *Norseman*, *Viking*. ?**1764** *MA*[2] 686b. 24–5, 688b. 28.

paganaidd, paganiaidd [*pagan* + -(*i*)*aidd*] *a.* Yn perthyn i bagan(iaid), o natur pagan(iaid), cenhedlig, di-dduw; anoleuedig, barbaraidd, anwaraidd: *pagan*, *heathen*, *gentile*, *godless*; *unenlightened*, *barbarian*, *uncivilized*.

1606 E. James: *Hom* ii. 52, trwy ddefod ac arfer *baganaidd*. **1630** *YDd* 194, delw-addolwyr *Paganaidd*. **1672** J. Langford: *HDdD* 297, yr awdurdodau hynny yn *Baganaidd*, ac yn erlid-wŷr creulon Cristianogion. **1687 (1715)** J. Owen: *TB* 51, yr oferedd *Paganaidd* hynny [halogi'r Sabath]. **1717** Iaco ab Dewi: *CS* [ii], Ovid, Tully, ac Athrawon *Paganiaidd*, [*sic*] eraill. **1718 (1721)** S. Thomas: *HB* 92, Y Saeson, Pobl *Baganaidd*, Eulunaddolgar. **1759** J. Evans: *PF* 6, nid yn unig o Ròeg a Rhufain ond hefyd o Genhedlaethau *paganaidd*. **1773** *W* d.g. *ethnic*, *heathenish*. **1776** Dewi Nantbrân: *AN* 304, Tuedda'n rhadlawn i borth a chynnhorthwy y Christnogion, fal y drylliir . . . y *Paganaidd* a'r Mahometanaidd Bobl.

paganedd [*pagan* + -*edd*[1]] *e?g.* Paganiaeth: *paganism*, *heathenism*.

1776 Dewi Nantbrân: *AN* 57, St. Augustin, neilltuol Apostol Lloegr yn amser y Saesoniaid paganaidd, y rháin a ymchwelodd oddi wrth *Paganedd* ac Anffyddlondeb.

paganeidd-dra [*paganaidd* + -*dra*] *eg.* Paganiaeth: *paganism*, *heathenism*.

1606 E. James: *Hom* ii. 53, [g]wedi eu troi i ffydd Grist a gadwasant weddillion o'u *paganeidd-dra* heb ei gwbl lanhau. **1716** E. Samuel: *GGG* 90, *Paganeidd-dra*, un Enw'n wir ydyw, eithr nid un Grefydd. *id.* 128, Brodorion America, ac Affrica, sydd orchuddiedig ynghaddug *Paganeidd-dra*. *c.* **1730** *Thos. Lloyd D* (LlGC) 186b, *paganeidddra*, paganismus.

paganeiddiaf: paganeiddio [bf. o'r a. *paganaidd*] *bg.a.* Mynd yn baganaidd, gwneud yn baganaidd: *to become pagan*, *make pagan*, *paganize*, *heathenize*.

1653 *Wy* 12, 333a, [y]n amsser St Augustinus y dechreuodd y Cristianogion *Baganeiddio*'n hyn o beth [cysegru eglwysi].

paganeiddiwch [*paganaidd* + -*iwch*[1]] *eg.* Paganiaeth: *paganism*, *heathenism*.

1850.

paganeiddrwydd [*paganaidd* + -*rwydd*] *eg.* Paganiaeth: *paganism*, *heathenism*.

1672 J. Langford: *HDdD* 333, ymddygiad da . . . yn foddion galluog i ennill dynion o *Baganeiddrwydd* i Gristianogrwydd.

paganes, gw. pagan.

paganiaeth [*pagan* + -*iaeth*] *eb.g.* Y cyflwr o fod yn baganaidd, eilunaddoliaeth: *paganism*, *heathenism*, *idolatry*.

1687 (1715) J. Owen: *TB* 118, ni allei Paulinus, esgob duwiol . . . i droi ef [Edwin brenin Northumbria] oddiwrth ei *baganiaeth*, a'i gaudduwiaeth. **1693** J. Owen: *BP* 165, amryw wyr da a ddychwelodd oddiwrth *baganiaeth*. **1722** *Llst* 189, *paganiaeth*, f. heathenism. **1727** J. Jones: *DFF* 25, y Tywyllwch dudew o *Baganiaeth*. **1773** *W* d.g. *gentilism* [*paganism*, *or the religion of the Pagans*]. **1795** J. Thomas: *AIC* 97–8, *Paganiaeth* y'w Eulyn Addoliaeth Amryw Genhedloedd di grêd. **1797** B. Evans: *CG* 129, Yr wyf yn gwrthod *paganiaeth*, yn proffesu fy hun yn Gristion. **1798** *WR* d.g. *heathenism*.

paganiaidd, gw. paganaidd.

paganllyd [*pagan* + *-llyd*] *a.* Paganaidd; anwaraidd: *pagan, heathen; uncivilized.*
1809.

paganol [*pagan* + *-ol*] *a.* Paganaidd: *pagan.*
13g. *Llst* 1, 187, ed envynadavd [*sic*] Gyryoel pap Avstyn y enys prydeyn y pregethv yr saysson er rey a oedynt dall o *paganavl* arver.
Amr.: **pyganol** [cf. *pygan*]. **16g.** *B* xxiv. 306, y vo adeewis j *bygannawl* ffydd ac a gredoedd j Arglwydd yr Israels.

paganrwydd [*pagan* + *-rwydd*] *eg.* Paganiaeth: *paganism, heathenism.*
1834.

paganyn, gw. pagan.

pagoda, pagod [bnth. S. *pagod(a)*] *eg.b.* ll. *pagodau.*

(*a*) Teml aml-lawr nodweddiadol o'r India a gwledydd y Dwyrain Pell, sydd gan amlaf ar ffurf pyramid neu dŵr: *pagoda* (*temple*).
c. **1762–79** W. Williams: *P* 164, i ryw *bagodau*, neu ryw demlau yn agos i aberoedd yr afon fawr Ganges. **1774** Huw ab Huw: *RBD* viii, Mae Lama Fawr yn preswylio yn y lle mwyaf urddasol yr hwn a alwant nhwy [pobl Tibet] *Pagod* neu Deml. *id.* ix, mae gan lawer o honynt hwy *Bagodogau* [*sic*], neu demlau. **1799** M. Williams: *HHG* 30, maent yn cael eu derbyn gan y Bramins, a'u dwyn i mewn i'w *padogau* [*sic*].

(*b*) Darn o arian bath a ddefnyddid gynt yn ne'r India: *pagoda* (*coin*).
1755 *ML* i. 392, Wfft, a dwbl wfft, i'r *bagodas* [*sic*] ar fanams, etc., ydych yn eu clandrio.

pags, pagwn, gw. pacs, pagan.

pang [bnth. S. *pang*] *eg.* ll. *-au.* Ymdeimlad sydyn a llym (o boen gorfforol, newyn, hiraeth, &c.), gloes, gwayw, brath, pwl, hwrdd, ffit, confylsiwn; llewyg, gwasgfa, ffeintiad: *pang, pain, spasm, stab, attack, paroxysm, fit, convulsion; fainting-fit, swoon.*
1637 *HCRC* iii. 113, rhag kael ych tragwyddol *bang* / na wnewch ddim anghyfiownder. **1722** *Llst* 189, *pang*, m.p. *pangau*, a pang, fit. **1725–6** *Madd Ed* 155, Ond pan elo'r *pang* heibio, ac y bo'r anhwylus mewn Tymmer dawel. **18g.** *Llr* C 24, 303, y Ostwng *pangey* y fam. *id.* 311, Rhag y *pangeu.* **1744** D. Rowland: *RY* 19, i wadu'r hyn, yn ei *Bangau* yr oedd yn ei daeri [*sic*]. **1773** *W* d.g. *a fit of sickness, pang* [*a sudden and vehement pain*, &c.]. **1788** J. Griffith: *DCC* 64, dy ddeffroi trwy'r *pangau.* **1803** *P.* Ar lafar ym Morg. yn y ff. l. yn yr ystyr 'tymer wyllt', "Ta'r plentyn yna yn perthyn i fi, fi dynnwn i'r *panga* yna i ma's o hono drwy'i benôl', *LlGC* 1171, 98.
Cfn.: **pang cydwybod:** *pang of conscience.* **20g.**

pangaf: pango, pangu [bf. o'r e. bl.] *bg.a.* Llewygu, llesmeirio, ffeintio; cael confylsiwn neu ffit; peri poen i, brifo: *to faint, swoon; have a convulsion or fit; cause pain to, hurt.*
1803 *P*, *pangaw*, to have a convulsion fit. *id.* d.g. *pangu.* Ar lafar yng ngodre Cered. a sir Benf., *GDD* 214, e.e. '*pango*'n gwdyn, *Cymru* xxxv. 192; hefyd ym Morg. yn yr ystyr 'mynd i dymer afreolus, sgrechian mewn tymer', '*Panga* di, 'machan i, faint fynni di, 'wyt ti ddim yn 'i gæl a'.

pangfa [*pang* + *-fa, ma*] *eb.* ll. *-on, -feuon, -feydd.* Pang, poen, gloes, brath, pwl, hwrdd, ffit, confylsiwn; llesmair, llewyg, gwasgfa: *pang, pain, spasm, stab, attack, paroxysm, fit, convulsion; fainting-fit, swoon.*
1725–6 *Madd Ed* 205, Y mae rhai Dynion y gesyd . . . [rh]yw Ddamwain hynod hwynt, mewn *pangfa* o Dduwioldeb (*fit of devotion*). *c.* **1730** *Thos. Lloyd D* (LlGC) 186b, *pangfa*, fit. **1768** W. Williams: *HTS* 41, y *pangfauon*, a'r gwasgfau.
Cfn.: **pangfa (pangfeydd) angau:** *death throes.* **1833. pangfeydd cydwybod:** *pangs of conscience.* **20g. pangfa (pangfeydd) marwolaeth** = **p. angau. 1844.**

pangog [*pang* + *-og*] *a.* Anwadal; drwg neu wyllt ei dymer, nwydwyllt: *fitful; bad-tempered, hot-tempered.*
1877. Ar lafar ym Morg., *LlGC* 1171, 98.

pangol [*pang* + *-ol*] *a.* Yn perthyn i gonfylsiwn, yn peri confylsiwn, yn dioddef gan gonfylsiwn: *convulsive.*
1772 *W* d.g. *convulsive.* **1793** N. Williams: *HM* i. 37, y claf yn *bangawl.* **1803** *P* d.g. *pangawl.*

paham, pam [*pa*[1], *py*[1] + *am*[3], cf. *pahar, ham*[1]] *rh. gof.* a hefyd fel *eg.* ll. *-au.* Am ba reswm, i ba beth, â pha fwriad, ar ba dir, am ba beth; sut, pa fodd: *why, wherefore; how.*

(*a*) (Yn cyflwyno cwestiwn uniongyrchol: *introducing a direct question*).
13g. *DB* 57, *Paham* na chyffry er Mor Marw. *c.* **1300** *H* 24a. 35, *pam* na uadeu brawd y broui arall (Hywel Foel). **14g.** *WM* 139. 30–1, *paham* ygwdosti wrach mai peredur wyfi. **14g.** *GDG* 134, *Pam* y maent dau? Orddgnau ŷnt. *c.* **1400** *R* 1386. 27, *Pam* na char mab dyn duw. *c.* **1400** *ChO* 8, A *phaham* . . . na buost ti yno? **16g.** *Llst* 6, 139, *pam* . . . yw genyd . . . / vwrw drem . . . / arnaf. **1567** *LlGG* (*Sall*) 2a, *Paam* y terfysca y cenedloedd? **1567** *TN* 333b, *pam* raid ymhellach no hynny. *a.* **1587** *Y* 108, A than gof a thi yn gofyn / Ymy hawl '*Paham* yw hyn?' **1618** J. Salisbury: *EH* 33, *paham* nad achubodd ef eihunan? **1703** E. Wynne: *BC* 11, *Pam* . . . na fynn Belial yr addoliant iddo 'i hunan? *id.* 46, *pam* y rhaid i mi fwy o siccrwydd . . . na gair y Pâp. **1723** WM: *PGG* 68–9, a *pha ham* yr addewaist . . . ymwrthod â Rhodres. **1776** I. Brydydd Hir: *P* ii. 102, *Pa ham* o fy enaid . . . i rhaid imi ymollwng. Ar lafar weithiau ychwanegir amrywiol eiriau at *pam* i gryfhau ei ystyr, e.e. *pam ddiawl, pam gebyst, pam gythgam.*

(*b*) (Yn cyflwyno cwestiwn anuniongyrchol: *introducing an indirect question*).
13g. *LlI* 101, Sef *paham* y ketwyr hyt kalan gayaf. **14g.** *GDG* 134, Gwarae gau, gwyddym *paham*, / Er Eigr bryd a orugam. *c.* **1400** *R* 1026. 7, a chany wdyat *paham* oedd hynny. **15g.** *IGE*[2] 335, Da y gwn *pam*, deg wenfflam dân, / Llid draig, y lle y trigan' (Rhys Goch Eryri). **16g.** Owain Gwynedd: *Gw* 228, Mae nâd *bam* yma nad byw—/ Am na haeddem—hwn heddiw. **1740** T. Evans: *DPO* 82, Dyma *ba ham* yr oedd y Brutaniaid mor llesc ar hyn o bryd.

(*c*) O'i herwydd (mewn cyfosodiad ag *achos, rheswm*): *because of which* (*in apposition to 'achos', 'rheswm'*).
1595 M. Kyffin: *DFf* [53], neu adroddant yr achossion *pam* y gorfydd dileu. **1632** J. Davies: *LlR* 227, Achos arall *pa'm* y mae'r iau yma mor esmwyth. **1701** E. Wynne: *RBS* [viii], a'r Achosion *pa ham* y mae arnat eu gwneuthur. Cf. T. H. Parry-Williams: *Y* 7, Ond odid nad dyma'r rheswm *paham* y mae gan hen bobl gymaint o afael ar fywyd.

Fel *e.* Rheswm, achos; cwestiwn, holiad, y cwestiwn 'Paham?': *reason, cause; question, the question 'Why?'.*
14g. *GIG* 64, Ni adewais . . . / . . . / Na llan, bwhwman *baham*, / O Bowys, ffordd y buam. *id.* 102, pond trahaus ym / Dybio cael, bu hael *baham*, / Gytgwsg â'm dyn lygatgam?
Cfn.: **pam ddim?:** *why not?* Ar lafar, "Ti'm yn mynd i gael tamad arall o'r gacan?' '*Pam ddim?*'; 'Mae'n ddrwg gen i, 'dyw'r car ddim yn barod.' '*Pam ddim?*' **p. waeth?:** *what does it matter?, what difference does it make?* *a.* **1587** *Y* 157. **16–17g.** *CRC* 352. Gw. hefyd *gwaeth—pa w.* **paham (pam) hynny?:** *why is that?, why so?* **1722** *Llst* 189 d.g. *why, why so.* *c.* **1730** *Thos. Lloyd D* (LlGC) 186b. **1794** *W* d.g. *why so?* **p. lai?:** *why not?* **1858.** Ar lafar, "Wyt ti am ddod gyda fi i'r sinema heno?' '*Pam lai?*'; "Wyt ti ddim yn mynd i baentio eto, wyt ti?' '*Pam lai?*' **p. nad e(f)?** = **p. ddim? 1632** *D*, *pa ham nad ê* d.g. *quidni.* *c.* **1730** *Thos. Lloyd D* (LlGC) 186b, *pam nad ef*, cur non? **1794** *W* d.g. *why not.*

pahar, pa ar, py ar [*pa*[1], *py*[1] + *ar*[1], cf. *paham*] *rh. gof.* Ar ba beth, am ba beth: (*up*)*on what, for what.*
13g. *LlI* 33, mach ar e uechnyaeth: o byd mach adeuedyc . . . credadue yu ef *pahar* e rodet. *id.* 36, yaun yu ena e'r egnat barnu bot en deturyt e mach *pahar* e mae mach ef, ae ar beth maur ae ar beth bychan. *id.* 42, *pahar* e mae e bruduu, ae ar pedeyr ar ugeynt ae ar chuech keynnyauc. **14g.** *T* 80. 10–11, Neur byt bei syrthei. *py aryt* gwydei. **14g.** *AL* i. 608, iawn yw idaw yna enwi *pa ar* yr aeth yn vach.

pahyr, gw. pyr[2].

pai[1], ff. 3 prs. un. amhff. dib., gw. wyf: bod.

pai[2,3], gw. pae, pe.

paid[1] [?bôn y f. *peidiaf*[1]: *peidio*; ansicr yw'r engh. gyntaf isod, gw. *GDG* 504] *eb.g.* Saib, seibiant, toriad; darfodiad, cwblhad, atalfa: *pause, respite, break; a finishing, cessation, stop.*
14g. *GDG* 204, Od â â'i enaid, *baid* banw, / I'r lwydlong wyllt ar lidlanw. ?**15g.** *IGE*[2] 105, Budd a wna'r ffynnon i'r byd, / Berwi o'r llawr, heb awr *baid* [i Ffynnon Wenfrewi]. **1604–7** *TW* (*Pen* 228), seibiant, hamdden, mewn Cryt y *Baid*, *paid*, digryt d.g. *intermissio.* **1632** *D* d.g. *cessatio, vacatio.* **1725** T. Baddy: *CS* 55, Clywch nefol gân . . . heb *paid* na rhaid wrth orphwys. **18g.** E. T. Rhys: *DA* 49, Rhaid byw yn mysg annuwiol blaid, / Neu fyn'd heb *baid* o'r byd. **1772** *W* d.g. *discontinuance, or discontinuation* [*intermission, cessation, a breaking or leaving off, disruption of continuity* . . .]. **1803** *P*, *paid*, s. m., a cessation of motion; a cessation, a state of rest, quiet.

paid[2,3], ff. 2 brs. un. grch. a 3 prs. un. pres. myn., gw. peidiaf[1,2]: peidio.

pail [bnth. S. *pail*] *eg.* ll. *peilau.* Bwced: *bucket, pail.*
1907. Ar lafar yn sir Benf., *SC* vi. 122.

paill [?adff. o *peilliaid*; cf. hefyd *peillged*] *eg.* a hefyd gyda grym ansoddeiriol. Powdr sy'n cynnwys gametau gwryw ac a gynhyrchir gan antheri planhigion sy'n dwyn hadau; blawd, fflŵr, can; hefyd yn *ffig.*: *pollen; flour; also fig.*
16–17g. E. Prys: *Gw* 250, Gosododd fal gwe sidan, / I'r beirdd gerdd ar beraidd gân; / Gyrrodd fi [eryr], egorodd fawl, / At wŷr o rodd naturiawl; / Atad heb wad â'i we *baill*, / Gyd hoywrodd, ac at eraill. **1604–7** *TW* (*Pen* 228), gogr *paill* d.g. *excerniculum.* **1620** E. Prys: *Gw* 324, Da medrodd, purodd fel *paill*, / Dwys, gywrain, dysgu eraill [marwnad Siôn Phylip]. **1722** *Llst* 189, *paill*, made of fine flour. **18–19g.** *Llr* C 4, 18, *paill* flower . . . lliw *paill* a blodau maillion I[n]. Heiliarth i ferch. **1801** *MMf* 103, malu'r hâd yn *baill* iawn. *id.* 106, ychydig o fwstardd *paill.* **1803** *P*, *paill* . . . farina, flour. **1850** *Caerfallwch* d.g. *pollen.* Cf. yr e. lle *Rhydybeillen*, pl. Llannarth, Cered.
Gw. hefyd peillged.

paimaf: paimo, gw. paemaf[2]: paemo.

pair[1] [H. Grn. *per*, gl. *lebes*, Llyd. Diw. *per*, Gwydd. C. *coire*: < *k[u]ario- o'r gwr. IE. *k[u]er- 'rhywbeth ar lun powlen', cf. H. Nor. *hverr*, H. S. *hwer*] *eg.* (bach. *peiryn*) ll. *peiri, peiriau, peiron.* Crochan, callor, padell fawr, berwedydd; llestr toddi, ?ffwrnais; hefyd yn *ffig.*, yn enw. am le o brofedigaeth neu gosbedigaeth: *cauldron, large pot, boiler; melting-pot, ?furnace; also fig., esp. of place of tribulation or punishment.*
13g. *LlI* 92, *peyr* brenhyn, cxx. **13g.** *LTWL* 200, Precium lebetis regis, id est, *peir.* **14g.** *T* 19. 8–9, gwneynt eu *peiron* averwynt heb tan. **14g.** *WM* 45. 1–3, y gwr a lader hediw yt. y uwrw yny *peir* ac erbyn auory y uot yn gystal ac y bu oreu. *id.* 498. 31–3, ymdwyn *peir* arthur adodi tan ydanaw. **14g.** *GDG* 366–7, Dy serch ar y ferch feinloyw . . . / Hynny a'th bair i'r *pair* poethgroen / A byth ni'th gair o'r *pair* poen. **14–15g.** *IGE*[2] 291, Pyllau, ffyrnau uffernawl, / *Peiriau*, dreigiau, delwau diawl [Siôn Cent am uffern]. *c.* **1400** *R* 1041. 21, berwassei y *pheir* breiddin. **1588** *Esec* xxii. 22, Fel y toddir arian o fewn *pair.* **1605–10** *HCRC* iii. 16, Mae ynoo [uffern] *beiri* mwy no rri. **1632** *D*, *pair*, lebes, cacabus, ahenum. **1764** W. Williams: *C* 7, Edrych ar y *Pair* rw'i ynddo. **1775** *W*, *peiryn* d.g. *kettle, a little kettle.* Ar lafar yng ngodre Cered. am grochan haearn mawr a chlawr pren arno a ddefnyddir i ferwi tatws, swêds, &c., i'r moch.
Cfn.: **pair awen:** *cauldron of inspiration.* *c.* **1400** *R* 1144. 14, 1301. 43. **p. Ceridwen (Cyridwen):** *Ceridwen's (Cyridwen's) cauldron, the cauldron of inspiration and knowledge (a motif in the traditional Welsh tale 'Hanes Taliesin').* *Dchr.* **14g.** *H* 115b. 29–30, Duw douyt dym ryt reitun awen ber ual o *beir kyrridwen* (Llywarch ap Llywelyn). **14g.** *T* 33. 9–10, Neut amuc ygkadeir o*peir kerridwen.* *c.* **1602** *GST* i. 920, *pair Ceridwen* [marwnad Siôn Tudur]. **p. cystudd (o gystudd):** *furnace of affliction.* **1588** *Eseia* xlviii. 10, dewisais di mewn *pair cystudd.* **1740** T. Evans: *DPO* 115, yr Arglwydd a'i purodd hwy mewn *pair Cystudd.* **1762** G. Jones: *CFfOG*

d.g. *frutex*. **1770** *W*, rhai lysiau [*sic*] *paladr-freision* d.g. *balm*.

paladrgrwn [*paladr + crwn*] *a*. Crwn ei baladr, hir a chrwn: *having a rounded shaft, long and round*.
14g. *WM* 219. 27–8, Paladyr llinwyd *palatyr grwn* yny law. **1632** *D* d.g. *teres*. [**1783**] *W* d.g. *round and long*.

paladrog [*paladr + -og*] *a*. Ac iddo goes-yn (am flodeuyn, planhigyn, &c.); ac iddo nifer o goesynnau; yn taflu allan belydrau o oleuni, tywynnol, llewyrchiol, pelydrog: *having a stalk or stem* (*of flower, plant, &c.*); *having many stalks or stems; radiant, beaming, gleaming*.
1604–7 *TW* (*Pen* 228) d.g. *fruticosus*. **1632** *D* d.g. *pediculatus, radiosus*. **1722** *Llst* 189, *paladrog*, having beams as y[e] sun. **1780** *W* d.g. *radiant, stalk, having* [*that has*] *a stalk*. **1803** *P*, *paladrawg*, having a stem or shaft.
Gw. hefyd pelydrog.

paladros, gw. paladr.

paladrwr [*paladr + -wr*] *eg*. Gwneuthurwr saethau, paledrydd, ffleitsier: *fletcher*.
c. **1550** *RC* xlvi. 87, dydd gwaith ir aeth ef yni siop yn naddv paladr saeth o achos mae *paladrwr* oedd ef.
Gw. hefyd paledrydd.

paladrwym [*paladr + rhwym*] *eg*. ll. *-au*. Carrai neu ddarn ystwyth o ledr (dolen haearn yn ddiweddarach) sy'n ffurfio cysylltiad llac rhwng coes ffust a'r wialen-ffust, rhwymyn ffust, tyniad ffust: *band or caplin of flail*.
c. **1588** *B* ii. 233, *paladrwym*, tynnyad phust. **1770** *W*, *paladyrwym* (potius *paladr-rwym*) d.g. *band of a flail*. **1803** *P*, *paladrwym*, the fastening, which joins the two parts, of a flail.

paladur, paladurwr, gw. pladur, pladurwr.

palaeograffeg [cfdds. o'r S. *palaeograph(y) + -eg*[1]] *eb.g*. Gwyddor hen lawysgrifen, llawysgrifau, ac arysgrifau: *palaeography*.
20g.

palaeograffig [cfdds. o'r S. *palaeograph(ic) + -ig*[2]] *a*. Yn perthyn i balaeograffeg, palaeograffyddol: *palaeographic*.
20g.

palaeograffwr, palaeograffydd [cfdds. o'r S. *palaeograph(er) + -wr, -ydd*[3]] *eg*. ll. *-wyr*. Arbenigwr mewn palaeograffeg: *palaeographer*.
1919.

palaeograffyddol [*palaeograffydd + -ol*] *a*. Yn perthyn i balaeograffeg, palaeograffig: *palaeographic*.
20g.

palaeolithig [cfdds. o'r S. *palaeolith(ic) + -ig*[2]] *a*. *Arch*. Yn perthyn i'r Hen Oes Gerrig, a nodweddid gan offer cerrig cyntefig: *palaeolithic*.
1931.

palaeontoleg [bnth. S. *palaeontol(ogy) + -eg*[1]] *eg.b*. Gwyddor ffosilau, gwyddor bywyd yn y gorffennol daearegol: *palaeontology*.
1928.

palaeontolegwr [*palaeontoleg + -wr*] *eg*. ll. *-wyr*. Arbenigwr mewn palaeontoleg: *palaeontologist*.
20g.

Palaeosöig [cfdds. o'r S. *Palaeozo(ic) + -ig*[2]] *a*. a hefyd fel *eg*. *Drg*. (Yn perthyn i'r) gorgyfnod sy'n ymestyn o'r cyfnod Cambraidd i'r cyfnod Permaidd: *Palaeozoic*.
20g.

palaf[1]**: palu** [bf. o'r e. *pâl*[1]] *bg.a*. Torri (tir) â phâl i'w baratoi ar gyfer ei hau a'i blannu, turio, cloddio, hefyd yn *dros*. ac yn *ffig*.: *to dig* (*up*), *unearth, excavate, also transf. and fig*.
Diw. **15g.** *Pen* 67, 115, e ddarv ym *balv* r byt. **15–16g.** *TA* 313, Pa lawr a gryn? *palu*'r gro; / Pa drymder? pedwar amdo. **1546** *YLlH* [9], *Pal* dy ardd a theila hi. **1547** *WS*, *paly*, delue. **16g.** Huw Arwystl: *Gw* 138, brain a *bal* eb waelawd / yn toddi bryn hyt tydd brawd. *a.* **1587** *Y* 87, Manylv am a wnelwyf, / *Palv* yr iaith, nid pylv yr wyf. **1696** *CDD* 346, fe a'u trôdd o ardd Eden, / I *balu*'r ddaiaren. **1734** S. Rhydderch: *Alm* [8], *Pelwch* eich Gerddi. **1778** J. Hughes: *BB* 287, Mi geibiais, mi *balais* . . . / Mi heuais, mi fedais. **1795** J. Thomas: *AIC* 279, Mae 'r gair Fossils yn arwyddoccau pob peth a *balir*, neu a godir o'r Ddaear. *id.* 355, *pala* a thransia'r Tîr. **1795** *R. Crusoe* 45, Mi a *belais* ddarn o dir . . . a rhaw bren. **1808** Twm o'r Nant: *BB* 31, Ac fel mae holl deulu, [*sic*]'r capeloedd yn *palu*, / I gythryblu llawer, ar ffydd eglwys Loegr. Ar lafar yn y gyff.; yng ngodre Cered. yn yr ystyr 'cerdded yn ddyfal'.
Amr.: **palo.** Ar lafar yng ngodre Cered., *Cymru* xliii. [144].
Cfn.: **palu arni:** *to persevere*. Ar lafar. **p. celwydd(au):** *to lie profusely, concoct a lie* (*lies*). **18g.** *Wy* 4, 21, *palu celwydd* gida yr hwur. **1808** Twm o'r Nant: *BB* 22. Ar lafar yn y Gogledd, *WVBD* 251, *ISF* 59.

palaf[2]**: palu** [?bf. o'r e. *pal*[2], amr. ar *palf*; ond cf. y f. fl.] *bg*. Tynnu rhwyf: *to pull a stroke with an oar*.
Ar lafar yn Arfon, *WVBD* 412.

palaf[3]**: palo** [bnth. S. (*to*) *pall*] *bg*. Blino; mynd yn ferfaidd (am gwrw, &c.): *to become tired; become insipid* (*of beer, &c.*).
Ar lafar yng nghanolbarth a godre Cered., gorll. sir Gaerf., a sir Benf. yn yr ystyr 'blino'n llwyr', 'Wdw i wedi *palo*'n lân', *GDD* 214; *TGG* (1907–8) 82, ac yn sir Benf. hefyd yn yr ystyr 'mynd yn ferfaidd (am gwrw, &c.)', *GDD* 214.

palafar, palafro, plafru [bnth. S. *palaver*] *eb.g*. a hefyd fel *bg*. Siarad gwag, baldordd, ffregod; ffys, stŵr; baldorddi; seboni: *idle talk, prattle, rigmarole; fuss; to prattle; soft-soap*.
1850. Cf. D. Owen: *WBC* 54, Yr oedd yn llawn gweniaith at ferch tipyn o ffermwr—yn ei chanmol ac yn *palafro* iddi; D. Owen: *RL* 48, clywais y *balafar* hon rai degau o weithiau; *id.* 276, gan ddefnyddio yr enwau clasurol, a thraethu yn helaeth arnynt, yn union fel y gwnaethai garddwr proffesedig . . . Wedi iddo orphen ei *balafar* clasurol uwch ben ei ddrain. Ar lafar, '*palafar* yn ddiderfyn', *Cymru* xlvii. [141]; '*plafru* fel ff[ŵl]', *ib.* [279].

palaid[1]**, paliad**[2] [*pâl*[1] *+ -aid*[1], *-iaid*[2]] *eg.b*. ll. *paleidiau*. Y dyfnder o bridd, &c., y gellir ei gyrraedd a'i godi ar un tro â phâl, llond pâl, hefyd yn *ffig*.: *spit, spadeful, also fig*.
18g. Ioan Siencyn: *Gw* 254, I godi mân *baleidie*, roi maeth o amgylch gwreiddie. [**1783**] *W* d.g. *spit* [*the depth of earth penetrable at once by the spade*]. Ar lafar yn y Gogledd yn y ff. *paliad*, *WVBD* 412, ac ym Morg. yn y ff. *palid*, 'Dod *balid* nu ddwy o bridd i guddio'r 'ata 'na'.

palaid[2]**, palais,** gw. paladr, palas.

palalwyf [elf. anh. + *llwyf*, cf. *balalwyf*] *e.ll.* ac *eb*. (un. b. *-en*, ll. *-nau*). Gwaglwyf(en), pisgwydd(en), *Tilia*; pren un o'r coed hyn; palmwydd(en): *lime-tree(s), linden(s), teil(s); the wood of one of these trees; palm-tree(s)*.
1604–7 *TW* (*Pen* 228) d.g. *palma*. **1632** *D*, *palalwy*, & *palalwyf*, tilia arbor. *id.* pren *palalwyf* d.g. *palma*. **1688** *TJ*, *palalwŷ*, *palalwŷf*, math ar bren: a Linden or Teil-tree. **1722** *Llst* 189, *palalwy*, *lalwyf*, s. *lwyfen*, f. lime-trees, palm-trees. **1803** *P*, *palalwyv*, s. f. a lime tree. **1813** *WB* 224, *palalwyf*. edr. Palmwydden.
Gw. hefyd balalwyf, balwyf, palwyf.

palan [*?pâl*[3] *+ -an*[1]] *eb*. Gorchudd, haen: *covering, layer*.
Ar lafar yn nwyrain Morg., ''Odd a'n un *balan* o grach drosto fa', 'yn *balan* o fodrwya'.

palantori, gw. pelitori.

palar, gw. rhaw—rh. balar.

palas, palais, palis[2]**, palâs** [bnth. H. Ffr. *paleis*, S. C. *pal(e)is*, a S. Diw. *palace*, ?a'r ff. olaf dan ddyl. yr e. *plas*] *eg*. ll. *palasau, -oedd, ?palisau, ?-oedd*. Preswylfod swyddogol ymherodr, brenin, dug, cardinal, esgob, &c., llys, plas, neuadd; castell, caer; hefyd yn *dros*. ac yn *ffig*.: *palace, court, mansion, hall; castle; also transf. and fig*.
14g. *YBH* 52a, Y gyscu yd aethant ody vywn *paleis* brenhinawl. **15g.** *FfBO* 50, Yn y dinas hwnnw y mae priflys a *phalis* (*palatium*) yr Amherawdyr Kan . . . O'r tu mywn y'r *palis* hwnnw y mae mynyd. **15g.** *GGl*[2] 285, Plas dwyfol, *palis* Dafydd [i Ddafydd Cyffin, deon Bangor]. **15–16g.** *TA* 333, Prudd a gwag yw'r lle'i magwyd, / *Palis* Duw'n llawn, Pilstwn Llwyd [marwnad Robert Pilstwn]. **1547** *WS*, *palis*, a palays. **16g.** *GP* 203, Y vanegi lle y bo pawb yn trigo . . . *palis* pab, plas emperodyr neu vrenhin. *p.* **1584** G. Robert: *GC* [384], ai gwaliau, yn ddurnau'ddoedd, [*sic*] / ai phlassau ai *phalisoedd* [Siôn Tudur am Rufain]. **1588** 1 *Br* xvi. 18, [*p*]*alas* y brenin. **1588** 2 *Cr* xxvii. 4, yn y coedydd yr adailadodd efe *balâsau*, a thŷrau. **1588** *Neh* ii. 8, pyrth y *pâlas*. **1588** *Eseia* xiii. 22, *palasoedd* hyfryd. **1588** *Luc* vii. 25, mewn *palasoedd* brenhinoedd. **1594–6** *B* iii. 282, deuant oll wragedd y dinas y *balis* y brenhin . . . ac a main nid rhai bychain amdryllio pyrth a *phalisæ* (*pallacium*) y brenhin. **1632** *D*, *palâs*, palatium, regia, aula, augustale. **1653** *MLl* i. 207, diangc . . . o'r hên *balasau* plwyfol. **1761** *ML* ii. 369, ar holl *balasau*, villas, hospitals [am Ddulyn]. **1784** M. Williams: *S* i. 50, amryw *balasoedd* boneddigion.

palasaidd [*palas + -aidd*] *a*. O natur palas, yn perthyn i balas, ysblennydd: *palatial, relating to a palace, splendid*.
1851.

palasog [*palas + -og*] *a*. O natur palas, yn llawn palasau, ysblennydd; ?yn byw mewn palas: *palatial, abounding in palaces, splendid; ?living in a palace*.
1906.

palasty [*palas + tŷ*] *eg*. ll. *palastai*. Plasty: *mansion*.
1844.

palat[1,2]**,** gw. paladr, barlad (hefyd At.).

paldaruo, paldareuo, baldar(e)uo [?amr. ar *baldorddi* dan ddyl. *rhuo*; cf. *paderuo* d.g. *padereuaf*: *padereua*] *bg.a*. Siarad lol, baldorddi, clebran: *to talk nonsense, blather, chatter*.
Ar lafar yn y Gogledd, *paldaruo*, *WVBD* 31; *paldareuo*, *TGG* (1907–8) 95; *baldaruo*, *B* xiv. 193.

paled[1]**, paeled**[1] [bnth. H. Ffr. *palette* 'quoit'; yn *BD* 50 a *Brut B* 67 ceir ymgais i gyfieithu'r Llad. *palæstra*; gwelir dyl. *paladr* ar ystyr *P*] *eb*. ll. *-au*.
(*a*) Coetan; (geir.) pêl, pêl-law, tennis, pêl dennis; (geir.) paladr; (geir.) picell, gwayw, dart; ymaflyd codwm: *quoit; (dict.) ball, hand-ball, tennis(-ball); (dict.) shaft; (dict.) javelin, dart; wrestling*.
13g. *BD* 50, tyuu amrysson y rygthunt yn bvrv *palet* (*RB* ii. 88, *paelet*). *c.* **1400** *R* 1243. 22–3, het *baelet* llet llu. trychu tracham. **16g.** Wiliam Llŷn: *Gw* (R. Stephens) (At.), *paled*, pel. *c.* **1588** *B* ii. 233, *paled*, tenis. **1604–7** *TW* (*Pen* 228) d.g. *palæstra*. **1632** *D*, *paled*, pila palmaris. **1688** *TJ*, *paled*, pêl ddwylo: a Handball. **1722** *Llst* 189, *paled*, f.p. *ledau*, an hand-ball. **1770** *W* d.g. *ball, a handball, a tennis-ball*. **1803** *P*, *palad*, s. f. pl. t. *au*, a shaft; a javelin, dart.
Amr.: **parled.** **17g.** *LlGC* 13215, 373, *parled*, pêl Denis. **1707** *AB* 219b, *parled*, a tennis-ball. **1770** *W* d.g. *ball, a handball, a tennis-ball*. **1798** *WR* d.g. *tennis-ball*.
Cfn.: **chwarae (gwarae) palet (paelet):** *to play quoits; (dict.) wrestle, tilt*. **13g.** *Brut B* 64, darvu amrysson er rygthvnt ell dev en *gwarae palet* (*RB* ii. 89, *ch*[*w*]*are paelet*). **1632** *D*, *paled* . . . *Gwarae paled* apud Galf. li. 4. c. 8. est Palæstra. **1740** T. Evans: *DPO* 33, [d]ifyrru; megis i ymaflyd Cwdwm . . . taflu Coetan, *chwarae Palet*. **1803** *P*, paled . . . *Gware paled*, a tilting match.

paled[2,3]**,** gw. paeled[2], palet[1].

paledaf: paledu, gw. peledaf: peledu.

paledig [bôn y f. *palaf*[2]: *palu + -edig*] *a.bfl*. Blinedig, blinderus: *tiring*.
Ar lafar yn sir Benf., 'Gwaith *paledig* iawn yw rhwymo gwenith, mae e mor drwm', *GDD* 214.

paledn [*pâl*[4] *+ edn*] *eg*. ll. *-od*. *Adar*. Pâl,

pwffin, cornicyll y dŵr, *Fratercula arctica*: *puffin*.
1834.
Cfn.: **paledn Manaw:** *Manx shearwater, Puffinus puffinus*. **1834**.

paledrig, gw. paladr.

paledrydd [*paladr* + -*ydd*[3]] *eg*. ll. -*ion*. Gwneuthurwr bwâu a saethau, ffleitsier, bwëydd, hefyd yn *ffig*.: *fletcher, bowyer, also fig*.
1547 *WS*, fleitsier ne *baledrydd*, fletcher. *p.* **1584** G. ROBERT: *GC* [103], e gaiph . . . [g]wr i henw weithiau, gan y peth y bytho i weithred bennaf . . . mal: o'r cwn cynydd, o'r paladr, *paledrydd*. *c.* **1590** *RC* xlvi. 69, idd oedd ef yn naddv paladr saeth, o achos mae *paledrydd* oedd ef. **1604–7** *TW* (*Pen* 228), lleddfon *baledryddion* drych / lladron a vynn lle i edrych. Gr[uffudd ap] Ie[uan ap] Ll[ywelyn] V[ychan]: yr llygeit d.g. *mollitudo*. **1617** *Minsheu* 49b d.g. *a Bowyer, or maker of bowes*. **1722** *Llst* 189, *paledrydd*, m.p. *ryddion*, a maker of bows and arrowes. **1803** *P*.
Gw. hefyd paladrwr.

paledryn, paleontoleg, &c., gw. paladr, palaeontoleg, &c.

Palestinaidd, Palesteinaidd [cfdds. o'r S. *Palestin(ian)* ac e.'r wlad *Palestein(a)* + -*aidd*] *a*. Yn perthyn i Balesteina, nodweddiadol o Balesteina: *Palestinian*.
1866.

Palestiniad [cfdds. o'r S. *Palestin(ian)* + -*iad*[3]] *eg*. ll. *Palestiniaid*. Brodor o Balesteina: *a Palestinian*.
1728 T. BADDY: *DDG* 99, un o'r Pum Dinas bennaf sy'n perthyn i'r *Palestiniaid*.

palestrol [cfdds. o'r S. *palestr(al)* + -*ol*] *a*. O natur ymaflyd codwm: *wrestling (adj.)*.
Dchr. **17g.** *T Ch* 114, o'r chwaryddiaeth *palestrawl*.

palet[1]**, paled**[3] [bnth. S. *palette*] *eg*. ll. -*au*. Ystyllen hylaw denau a ddefnyddir gan arlunydd i gymysgu lliwiau; set o liwiau, yn enw. rhai a ddefnyddir gan arlunydd arbennig neu mewn llun arbennig: *palette*.
20g.

palet[2] [bnth. S. *palate*] *eg*. Taflod y genau (fel eisteddle'r archwaeth): *palate (as seat of taste)*.
16g. (*LlEG*) *Mos* 158, 649a, y *palett* . . . yssydd yn gorwedd o vewn, y nnen [*sic*], ne daulod y gennav.

paletgamp [?*paled*[1] + *camp*[1]] *eb*. ll. -*au*. Twrnamaint: *tournament*.
1858.

paletgyrch [?*paled*[1] + *cyrch*[1]] *eg*. Twrnamaint: *tournament*.
1858.

palf [bnth. Llad. *palma*, H. Grn. *palf*, gl. *palma*, Llyd. C. *palf, palv*] *eb.g.* (bach. -*en*) ll. -*au*. Cledr neu dor y llaw; llaw; pawen anifail; troed neu grafanc (aderyn); mesur hyd cyfwerth â thair modfedd; hefyd yn *dros*. ac yn *ffig*.: *palm of the hand; hand; paw; foot or claw (of bird); palm-breadth; also transf. and fig*.
13g. *LlI* 59, teyr motued en llet e *palyf*; try llet e *palyf* en e troetued. **14g.** *WM* 476. 4–6, Oed gwynnach y *falueu* ae byssed no chanawon godrwyth [am Olwen]. **14g.** *GDG* 336, Cares, drwg y'm cyweiriwyd, / Cu aran, *balf* lydan lwyd [am wydd]. *c.* **1400** *RB* ii. 154, Ae *balueu* aestyn ar y gogled [am lew]. *Diw.* **15g.** *Pen* 67, 80, pawl onn yn llawvronn y llall / *palf* eryr mewn plvf arall (Hywel Dafi). **15–16g.** *TA* 101, Mae da weddill i'm deuddwrn, / Am na ain d'aur mewn un dwrn; / Ni bu 'r *balf* i neb o'r byd / A'i llanwai'n llai o ennyd [i Syr Roser Salbri]. **1547** *WS*, *palf*, palme, paw. **1551** W. SALESBURY: *KLl* lxxixb, hon [gwraig dda] a agor i llaw ir tlawt, ac a estyn i *phalf* tu ar angenoc. **1696** *CDD* 85, I'th dynnu o *balf* Sattan an-sutiol. **1774** *W* d.g. *hand, palm, paw*. **1794** E. JONES: *MPR* 56, three modfedd, or inches, maketh a *palv* or palm of the hand. **1803** *P*, *palv* . . . a blade, as of an oar; a paw; the palm of a hand.
Amr.: **pafl.** **1853**. Ar lafar yn Arfon, '*pafl* . . . pl. *pafla*', *WVBD* 416.
Cfn.: **palf rhwyf:** *blade of an oar*. **1604–7** *TW* (*Pen* 228) d.g. *palmula, tonsa*. **1722** *Llst* 189 d.g. *blade, blade of an oar*. **1798** *WR* d.g. *blade of oar*. Ar lafar yn y Gogledd, hefyd yn Arfon yn y ff. *pal rhwyf*, *WVBD* 468. **(o) dan balf(au), ym mhalf(au):** *in the clutches of*. **15g.** *ID* 100, *dan balf* y dyn heb olwg / duw a roes ei ddrem dros i ddrwc. **1667** C. EDWARDS: *FfDd* 40, aeth y Papistiaid yn greulonach . . . wrth y Protestaniaid y fydden *dan eu palfau* hwynt. **1753** G. OWEN: *L* 43, dyma'r anifail wedi cael o honaw fi *yn* ei *balfau* dieflig. **1798** T. ROBERTS: *CG* 15, oddieithr fod dynion yn mawr ch[w]ennych byw dan orthrymder, a *than balfau* y rhai'n ag sydd ar bôb achlysur yn eu twyllo o'r hyn a feddant. Cf. *WVBD* 416, 'Mi eis i' bafla fo' 'I got into his clutches'.
Bot. **palf yr arth:** *bear's foot, stinking hellebore, Helleborus fœtidus; ?bear's breech, Acanthus mollis*. **1604–7** *TW* (*Pen* 228) d.g. *branca ursina* (At.), *spica nardi* (At.). **1813** *WB* 224. **p. y blaidd:** *stag's-horn clubmoss, Lycopodium clavatum*. **1813** *WB* 224. **p. y gath (bali,** &c.**):** *ground-pine, Ajuga chamæpitys*. **1604–7** *TW* (*Pen* 228), *palu y Cath Balic* d.g. *aiuga*. *id.* d.g. *chamæpitys*. *Dchr.* **17g.** *J* 10, 121a, *palv y gath Balig*, Chamæpitys. **1632** *D* (*Bot*), *palf y gath, palf y gâth bali*, antillys, abiga, chamæpitys. **1774** *W* d.g. *ground-pine*. **p. gŵydd (yr ŵydd):** *goosefoot, Chenopodium*. **16g.** **(1763)** W. SALESBURY: *LlM* 169, [*p*]*alf yr wydd*. **1632** *D*, *palf gŵydd* d.g. *palmipes*. **p. y llew:** *common Lady's mantle, Alchemilla vulgaris; ground-ivy, Glechoma hederacea*. **1604–7** *TW* (*Pen* 228) d.g. *alchimilla*. **1688** *TJ* (*Bot*), *palf y llew* . . . ground-ivy. **1813** *WB*, *palf y llew*, Alchemilla vulgaris, Common Ladies' Mantle.

palfa [bôn y f. *palaf*: *palu* + -*fa, ma*] *eb*. Paliad, cloddiad; ?tir wedi ei balu: *a digging, delving; ?land which has been dug*.
Diw. **16g.** *Gwyn* 3, 268, fel na chyrhaeddodd / hau 'r holl *balfa*. *Dchr.* **17g.** *Mos* 147, gwnaeth adda *balfa* i bal / ardd serchoc rowiog reial. **18–19g.** *Llr* C 43, 79, Ni ddiffyg Tâl y *Balfa*.

palfaf: palfu [bf. o'r e. *palf*] *bg.a.* Tynnu llaw dros (beth), llochi, pratio, teimlo â'r llaw, trafod â'r llaw neu'r dwylo, palfalu, ymbalfalu, swmpo (hefyd yn rhywiol); pawennu, caffio, crafu'r llawr â'r carn blaen (am geffyl); hefyd yn *ffig*.: *to stroke or feel with the hand, handle, grope (also sexually); paw, scrape ground with hoof (of horse); also fig*.
c. **1300** *LTWL* 371, Teir saraed gwreic . . . Y trydet yw y *paluu* [gwraig] oe hanuot. *c.* **1400** *CHDd*[2] 65, ae o gussan ae o vot genthi ae o'e *phaluu*. **1632** *D*, *palfu* . . . palpare. **1722** *Llst* 189, *palfu*, to feel, grope, stroke gently, chafe; claw, handle. **1774** *W* d.g. *to grope* [*feel one's way &c. in the dark*], *to palm* [*to handle, also to stroke, with the hand*], *to paw* [*stroke with the paw, lay the paw upon, &c.*], *to paw* [*fawn upon*]. **1803** *P*.
Amr.: **paflu** [bf. o'r e. *pafl*, amr. ar *palf*]. **1834**. **palfio.** **1812**.

palfais [?*palf* + *ais*, ll. yr e. *asen*[2]] *eb*. ll. *palfeis(i)au*, (prin) *palfe(i)si*. Ysgwydd, asgwrn yr ysgwydd, padell yr ysgwydd, sgapwla, ?hefyd yn *dros*.: *shoulder, shoulder-blade, scapula, ?also transf*.
14g. *GDG* 219, A dolur o'i dwy elin, / A'i *phalfais* yn glais, a'i glin [am wrach]. *c.* **1400** *YCM*[2] 58, a llithraw y dyrnawt ar y goryf vlaen, a tharaw y kyfrwy trwydaw, a'r march am y *balueisseu*. *c.* **1400** *YSG* i. 16, yny vyd y gwaew yn y *balueis* deheu idaw [marchog]. **15g.** *LGCD* 89, Ni bu Elfael un *balfais*, / Â deunaw sir i don Sais. *Diw.* **16g.** *WLB* 43, Rhag gwaew mewn assau, a *ffalfais*, ac yscwyd. **1588** *Nu* vi. 19, Cymmered yr offeiriad hefyd *balfais* o'r hwrdd wedi ei berwi. **1588** *Ecclus* vii. 33, rhodd y *palfeisiau*. **1632** *D*, *palfais*, scapula, humerus, armus. **18g.** *Llr* C 24, 279, dan y *balfais* ar ysgwydd. **1803** *P* d.g. *palves*. Ar lafar, fel arfer i gyfeirio at ysgwydd anifail, *WVBD* 412.
Cfn.: **palfais gwedder:** *shoulder of mutton*. *c.* **1730** *Thos. Lloyd D* (LlGC) 186b, *palfais gweddar*, a shoulder of mutton. Mon. Glam. et Brec. **1753** *TR*. **[1783]** *W* d.g. *shoulder*. Ar lafar ym Morg. **p. oen:** *shoulder of lamb*. Ar lafar ym Morg.

palfalaf: palfalu, palfala, palfalad [?< *palfafa(e)lu, sef *palf* + *gafaelu*] *bg.a.* Chwilio'r ffordd â'r dwylo, &c. (e.e. mewn tywyllwch), ymbalfalu; cyffwrdd, trafod â'r dwylo, teimlo â'r llaw, swmpo (hefyd yn rhywiol); hefyd yn *ffig*.: *to feel one's way (e.g. in darkness), search uncertainly; touch, handle, feel, grope (also sexually); also fig*.
13g. *HGK* 15, Trahaearn a drychut en e gymperved, eny ytoed y'r llaur en varw, en pori a'e danhed y llyssyeu ir ac en *palualu* ar warthaf er arveu. **14g.** *LlB* 111, Teir sarhaet gwreic . . . Tryded yw y *phalualu* o'e hanvod. **14g.** *RC* xxxiii. 220, gat ti y mi dy *balvalv* ual y cretuyf . . . or hynn a glywaf. **1547** *WS*, teimlo *palfaly*, handle. **1588** *Eseia* lix. 10, *Palfalasom* fe[l] deillion a'r pared. **16–17g.** *PCWG* 28, ymchwilio am ddvw a *ffalfalad* yw geisio. **1604–7** *TW* (*Pen* 228) d.g. *contrecto, palmo*. *id.* *palvalu* a llaw, troet ne beth arall d.g. *prætento*. **1632** J. DAVIES: *LlR* 303, pan fynnai Isaac *balfalu* a theimlo ei fab. **1763** *DT* 208, Pwl fawlyd wy'n *palfalu*, / Mewn trwch o Dywyllwch du. **1774** *W*, myned rhagddo dan *balfalu* d.g. *to go groping along*. **1790** J. THOMAS: *DY* 21, A gwelwch mae'n *palfala*, / Trwy 'r nôs yn yr Ardd pen isa. **1803** *P*.
Gw. hefyd ymbalfalaf: ymbalfalu.

palfaliad [bôn y f. fl. + -*iad*[1]] *eg*. Y weithred o balfalu: *a groping*.
1604–7 *TW* (*Pen* 228) d.g. *palpatio*. **1774** *W* d.g. *a groping*. **1803** *P*.

palfalwr [bôn y f. fl. + -*wr*] *eg*. ll. -*wyr*. Un sy'n palfalu neu'n ymbalfalu, un sy'n swmpo (hefyd yn rhywiol); gwenieithiwr: *groper (also sexually); flatterer*.
1604–7 *TW* (*Pen* 228) d.g. *palpator, palpor*. **1722** *Llst* 189, *palfalwr*, m. a groper; claw-back. **1774** *W* d.g. *groper*. **1789** *BDG* 505, Teimlwr, a *phalfalwr* fydd / Em wênawg dan y manwŷdd. **1803** *P*.

palfiaf: palfio, gw. palfaf: palfu.

palfod [*palf* + -*awd*[3], -*od*] *eb*. ll. -*au*. Ergyd â (chledr) llaw neu bawen, slap, cernod, bonclust; dyrnfedd, lled llaw; hefyd yn *ffig*.: *blow with (the palm of) the hand or paw, slap, smack, cuff; hand-breadth; also fig*.
13g. *LTWL* 371, Teir *paluawd* ny diwygir. **13g.** *TYP*[2] 144, Teir Gvith *Baluavt* Ynys Prydein. *c.* **1300** *H* 79a. 25, a gotef *paluawd* dernawd trameint [Gwynfardd Brycheiniog i Ddewi]. **14g.** *WM* 61. 10–12, o achaws *paluawt* branwen yr honn a uu tryded anuat *paluawt* yn yr ynys honn. **14g.** *Cy* vii. 123, yna y trewis *baluawt* arnei. *c.* **1400** [*RB*] *WM* 258. 22–4, a *phaluawt* atrewis yllew ar benn ysgwyd y gwr. **15g.** *DN* 9, Nid vn ebolfarch, nid vn *balfod*. **16g.** **(1763)** W. SALESBURY: *LlM* 235, conyn o baladr eiddil o *balfawd* nei Droedfedd o hyd. **1632** *D*, *palfod*, ictus palmæ. *id.* deg *palfod* o hŷd d.g. *decadorus*. **1722** *Llst* 189, *palfod*, f. a stroke with ye palm of the hand: a hand (in measure). **1770** *W* d.g. *slap*. **1803** *P*, *palvawd*, pl. *palvodau*, a stroke with the paw; a slap with the palm of the hand.

palfodiaf, palfodaf: palfodi(o) [bf. o'r e. bl.] *ba*. Taro â (chledr) llaw neu bawen, clewtio, hefyd yn *ffig*.: *to slap, clout, also fig*.
1773 *W*, *palfodio* d.g. *to flap* [*beat with the palm of the hand* . . .]. **1803** *P*, *palvodiaw*, to slap with the paw.

palfog [*palf* + -*og*] *a*. Pawennog; crafangog; a chanddo ddwylo mawr; troedweog, cyfandroed (am aderyn); a ffurfir o bum darn yn ymledu o bwynt canolog (am ddeilen, &c.); ?llawagored, hael: *pawed; having claws or talons; having large hands; web-footed; palmate (of leaf, &c.); ?open-handed, generous*.
15–16g. *TA* 187, Pwy a'th ddeil, pe â'th wayw onn? / Pa gaer uchel, pe gwreichion? / Pa lafn noeth, pa lefain uthr, / Pa laif, gŵr *palfog*, aruthr? **16g.** *GGH* 63, I lu rhyfel o rhifir, / Aplaf yw corff *palfog* hir. **16g.** DAFYDD AP LLYWELYN, &c.: *Gw* 16, Pwy fal y cawr *palfog* gynt? **16g.** HUW ARWYSTL: *Gw* 376, Ple fwy gwr *palfawg* irwych. **16–17g.** *GHCEM* 82, *Palfog* a chefnog eich hun, / Peistur wyt, post aur Eutun. **16–17g.** *GST* i. 328, Ple fwy gwaed? *Palfog* ydoedd, / Palfau'r sarff i'r plwfers oedd [i ofyn gosog]. **1722** *Llst* 189, *palfog*, broad-footed, pawed. **1725** D. LEWIS: *GB* 192, Nid ydynt [adar] yn drymion ac yn *balfog*. **1778** *W* d.g. *pawed* [*having paws*]. **1803** *P*, *palvawg* . . . pawed.

palff [?cf. *pwlff*] *eg*. (b. -*es*) ll. -*(i)au*, a'i ddilyn yn aml gan yr ardd. *o* mewn ymad. fel '*palff* o ddyn, *palff* o ŵr bonheddig', &c. Dyn mawr cydnerth, dyn praff llydan, clamp o ddyn, dyn tew, pwlffyn, cwlffyn; lwmp: *strapping man, well-built man, fat man; lump*.
1703 E. WYNNE: *BC* 97, *Palff* o 'Scweir. **1741** *ML* i. 61, yr hynaf yn *balffas* o lodes frongoch yr un agwedd a'i thâd . . . they are fine children. **1746** *id.* 99, mi a dybiais fod rhai or hên gyrph . . . wedi codi o feirw . . . Ond yn lle hynny wele *balf* [*sic*] o wr 'nheddig yn piccio i mewn. **1773** J. PRYS: *Alm* 20, Gwir yw bod y gwr yn *Balff* [i'r cybydd]. Cf. Gw. MECHAIN: *Gw* i. 455, un yn 'fychan, ddu fuchudd', a'r llall yn *balff*, wedi mwynhau byd da

[*sic*] hallt / rac gawr *pallt* gorthrycher. / a uo uch no thi hael dimynver arglwyd.

Cfn.: **pall cof**: *absent-mindedness, forgetfulness, lapse of memory.* **1842.** **p. synnwyr:** *insanity, imprudence.* **1701** E. Wynne: *RBS* [x]. **ar b.:** *in(to) decline, deficient, ?waning (of moon).* **15g.** *LGCD* 11, Y mae'r byd yma *ar ball* [marwnad Iarll Rhismwnt]. **15–16g.** *TA* 316, Lleuad *ar ball* ydyw'r bedd, / A llun gŵr a llew'n gorwedd [marwnad Tomas Salbri Hen]. **1621** E. Prys: *Ps* [5]a, A'r holl wirionedd *a'r* [*sic*] *ball* aeth. **1763** *DT* 224. **heb b.:** *unceasing, ceaselessly; without a mistake.* **15g.** (*Diw.* **16g.**) *Gwyn* 3, 286. **15g.** *GGl^2* 199. **1759** P. Williams: *MC* 12. Ar lafar yn y Gogledd, e.e. 'siarad *heb ball* ar 'i thafod'. **nid oes p. ar:** *there is no end (limit) to, (it) is not lacking, there's no stopping.* **1620** *Diar* x. 19, Yn amlder geiriau *ni bydd pall ar* bechod (**1588** *ib.* ni phalle fod pechod). **1681** S. Hughes: *AC* 6. Cf. D. Owen: *GT* 266, *nid oedd ball ar y* Person yn canmol Mr. Ernest. **o b. (hynny):** *in default of, failing (that).* **1834.**

pall^2 [bnth. Llad. *palla* 'mantell; llen', o bosibl drwy'r H. Ffr. *palle*] *eg.?b.* (bach. un. b. *-en*, ll. *-nau*), ll. *-au*. Mantell, llen, gorchudd; *Egl.* gwisg wlân a roddir i archesgob, &c., gan y Pab; pabell, tabernacl; gorsedd, gwely dangos; hefyd yn *ffig.*: *cloak, curtain, covering; pall (eccl.); tent, tabernacle; throne, bed of state; also fig.*

c. **1300** *H* 48a. 20, Gordawc *pall* eurawc pell nas gwelwyf (Cynddelw). *id.* 54b. 17, y bebyll y byll y *ball* coch (Cynddelw). *id.* 120b. 16–17, Eil ywr llall or *pall* pell uy min y wrthi y am orthorch eurin (Hywel ab Owain Gwynedd). **14g.** *WM* 40. 34–5, Nyt ymywn ty ydoydynt namyn ymywn *palleu*. *id.* 44. 13–16, Achyweiraw y pebylleu ar *palleu* awnaethant udunt ar ureint kyweirdeb yneuad. **14g.** *GDG* 187, Pan ddêl ar ôl rhyfel rhew, / Pill doldir, y *pall* deildew. *c.* **1400** *YSG* i. 127, ef a beris gwneuthur *pall* y'r ysgraff o syndal. **15g.** *GGl^2* 22, Nid af i'w *ball* na'i allor, / Ni'm gad y cariad i'r côr [i Rys, abad Ystrad Fflur]. **15–16g.** Llawdden, &c.: *Gw* 14, Troi'i *ball* fal lliain allor, / Tynnu'i fwng fal tân neu fôr [i ofyn march]. **1547** *WS* [xix], throne trwn *pall*. **1588** *Eseia* xxx. 22, Yna'r halogwch *balldy* [*sic*] gerf-ddelw arian. **1595** M. Kyffin: *DFf* [165], Archescobion . . . a'r Escobion, a'r Abbadeu . . . e fydd genthynt fath a'r drwssiadeu godidawg . . . *pallau* [:– Simurau]. **1604–7** *TW* (*Pen* 228), *pall* y gosotir delwae ynddaw d.g. *aedicula*. **1606** E. James: *Hom* ii. 42, gosod delwau ac eulynod mewn eglwysydd a themlau, ie ac yn eu dodi mewn *pallau* [:– Cistau] uwchben bord yr Arglwydd (*shrine them over the Lord's table*). **1632** *D*, *pall*, thronus. Yn y *pall* hwnnw y mae 'r brenin. Hist. Car. M. **1722** *Llst* 189, *pall*, f. a throne; an ornament; covering. **1746** T. Richards: *CER* 48, Yr oedd y wisg Esgobol a elwid y *Pall* yn beth arall a ddŷgai i'r Pâb Swmmau da . . . o Arian o'r Teŷrnasoedd hyn. **1770** *W* d.g. *a bed of state, state-bed.* **1790** Twm o'r Nant: *GG* 215, Pwyll y Delyn *Pall* [:– Throne or Royal Seat] adailad. **1803** *P* d.g. *pâll, pallen.*

palladwy [bôn y f. ddil. + *-adwy*] *a.bfl.* Ffaeledig, diffygiol, darfodedig: *fallible, defective, perishable.*

1723 J. Jones: *LlA* 212, o herwydd eu bod yn tyfu ar Wreiddyn *palladwy* (*fallable root*). *c.* **1730** *Thos. Lloyd D* (LlGC) 186b, *palladwy*, IDR. **1803** *P*, *palladwy*, fallible; perishable.

pallaf: pallu, *bg.a.*

(*a*) (fel *bg.*) Methu, diffygio, bod yn eisiau, gwanhau, pylu (am olwg), mynd i ddistryw, marw, darfod, peidio; gwrthod, nacáu: *to fail, run out, be lacking, weaken, become dim (of sight), be destroyed, die, perish, cease; refuse, deny.*

13g. *LlI* 51, na deleyr duen e ardelu y ganthau . . . eny *pallo* ydau e ardelu. *id.* 52, Ot edeu den kyuryf o testyon, kywyret neu *pallet*. **13g.** *A* 26. 10, pawb pan ry dyngir yt *ball*. **13g.** *MA^2* 222a. 9–10, Naf ieuangc cyn trangc treuleirchion / Ni *ballai* i bellennigion (Dafydd Benfras). *c.* **1300** *H* 4a. 24, Rybuched trined tra ny *belli* (Gwalchmai). **14g.** *BT* 18, pan *ballawdd* llynges o yweddon yn y deheu. **14g.** *SC* viii/ix. 184–5, Rei ohonvnt a doynt dracheuyn. ereill a *bellynt* (*perierunt*) yna [Purdan]. ac ny doynt. **14g.** *WM* 14. 19–23, Y uarch ef *aballwys*. a phan wybu ef ar y uarch *pallu* y bedestric ymchwelut yn yd oed pwyll awnaeth. **14g.** *GDG^2* 35, Gwae fi fod, elw clod ail Clud—nyw *ballai*, / Heb allael dywedud. *c.* **1400** *RB* ii. 147, enw yr alltudyon a *balla* (*BD* 107, env yr estronyon a aballa). *id.* 221, Y molyant nyt yttyw yn *pallu* (*BD* 176, methu) nac yn dyffygyaw. namyn yn kynydu. *c.* **1400** *Ked AA* 4, ny *phalla* y mi o dim o'r a archwyf idaw. **1588** *Lef* xxvi. 16, y rhai a wnânt i'r llygaid *ballu*. **1595** H. Lewys: *PA* 234, yr anioddefgar a *belliff* beunydd ymhob rhinweddae. **1615** R. Smyth: *GB* 15, po mwya'r oeddwn yn gorphowys ag yn segura, mwya oll yr oe[dd]wn yn methu, ag yn *pallu*. **1658** R. Vaughan: *GA* 50, Ydym ni ddiogel hyspys na *Phallwn* [:– Fethwn] ni . . . yn y matter. **1672** R. Prichard: *Gw* 421, Cais ei gymmorth, ac fei dyru, / Llef yn daer, ni feder *ballu*. **1680** J. Thomas: *UN* [vii], yr amser a *ballei* i mi i fynegi am Gideon. **1733** T. Evans: *PP* 210, ni a wyddom na *phall* dy Ddaioni byth i'r sawl sydd a'i gobaith ynot. **1735** S. Thomas: *HP* 127, yr oedd Zel mewn Crefydd wedi *pallu* a lleihau mewn mesur mawr. *c.* **1762–79** W. Williams: *P* 71, eu gyrru . . . i'r afon i'w bedyddio, dan boen o gael eu lladd os *pallent*. Ar lafar, e.e., 'Ma'i nerth yn dechra *pallu*'.

(*b*) (fel *ba.*) Gwrthod neu nacáu (i), siomi; (peri) methu, ffaelu, neu beidio: *to refuse, deny, fail; (cause to) fail or cease.*

1567 *TN* 59a, ny mynnodd ef y gommedd [:– gwrthot, throsgwyddo, *phallu*] hi. **16g.** R. White: *C* 19, Mae llawer ffordd i *ballvr* wal / i rrai syn dal ar serthy. **1588** *Ecclus* xxiv. 27, na *phellwch* fod yn gryfion yn yr Arglwydd. **1617** R. Prichard: *CE* [5], Or daeth Diues dan law Satan / Am *bally* r' [*sic*] tlawd oi dda y hûnan. **1621** E. Prys: *Ps* 28b, â'm llygaid *pellais* ganfod. **1662** E. Wynn: *TY* 99, [d]arfod i ni *ballu* cadw y dydd heddyw mor sanctaidd ac y dylasem ni. **1672** J. Langford: *HDdD* 436, Arglwydd, yr hwn ni *phelli* un amser y rhai a ymddiredant ynot. **17–18g.** O. Gruffydd: *Gw* 12, Bydd diffig weithiau . . . / Yn *pallu* llewyrch haul a lleuad. **1790–1** H. Jones: *T* 27, Nid yw yr angylion . . . i *ballu* y rhai a fyddant gadwedig. **1798** W. Richards: *CC* 33, *pallodd* ef gymmeryd ei lw. **1810** T. Lewis: *HPF* 59, alltudiwyd Goodwin a'i feibion o'r deyrnas am *ballu* ymddangos gerbron y gymmanfa. Ar lafar yng Nghered., sir Benf., a'r De yn yr ystyr 'gwrthod'.

Cfn.: **pallu â:** *to fail; refuse.* **1696** *GGTY* 360, y rhai sydd yn *pallu a* chyttuno â'r gyfammod honno. **1759** J. Evans: *PF* 7, ni *phallodd ac* iâchau nêb o'r rhai a'i cymeroddi [*sic*]. **1770** P. Williams: *BS*, *Ecs* vi. Ar lafar, *Treigladau* 467. **p. ar:** *to fail (where the agent of the vb. is governed by the prep.).* *c.* **1400** *YSG* i. 4, roi y law ar y cledyf a oruc. A *phallu* heuyt *arnaw* y dynnu. *c.* **1730** *Thos. Lloyd D* (LlGC) 186b, *pallawdd arno*, he fail'd. **p. gan:** *to fail (where the agent of the vb. is governed by the prep.).* **1574** *RhRC* (At.) 190b, [b]od gan y brenin vn faink ywchel llei gall pawb ddwyn y materion os *palla gan* y iestysied or holl wlad farny. **1743** J. Jones: *LlAW* viii, fel na *phallo gennym* yn y diwedd gyrhaeddyd dy nefawl Addewidion. **1768** Risiart ap Robert: *CB* ix, modd na *phallo genyt* roddi gostyngedig ddiolch . . . i Dduw. **1775** D. Rowland: *TP* 7. **p. o:** *to fail; cease (from); refuse.* **1588** *Lef* ii. 13, na *phalled* halen cyfammod dy Dduw *o* fod ar dy fwyd offrwm. **1604–7** *TW* (*Pen* 228), *pallu o* gwplau'r hynn a dyngodd vn d.g. *periuro*. **1672** R. Prichard: *Gw* 364, Pan gyrraist dy weision, in gwawdd ni rhai deillion / Ith swpper yn dirion, i dario 'n dy lŷs; / Ni *ballsom o*'r dwad, ni droesom ir farchnad. **1767** J. Thomas: *TFf* 108, am hynny ni *phallaent* [*sic*] byth *o* roddi ei holl ymddiried a'i hyder ynddo. **1775** *W*, *pallu o* fod ar d.g. *to be lacking from.*

pallaidd [*pall^1* + *-aidd*] *a.* Yn methu, ffaeledig: *failing, fallible.*

16–17g. *GST* i. 734, Mor afiach, bellach, mor *ballaidd* yw'r cof.

pallan [?ff. ar *cwympo allan*] *bg.* Cweryla, ffraeo, cwympo allan: *to quarrel, fall out.*

Ar lafar ym Maldwyn, 'wedi *pallan* â'i gilydd'.

palldalwr, pallder, palldod, gw. palltalwr, pallter, palltod.

palledig [bôn y f. fl. + *-edig*] *a.bfl.* Wedi methu, aflwyddiannus; ffaeledig, ofer; gwan, wedi pylu, pŵl (am olwg), diffygiol, yn dadfeilio, wedi dadfeilio, darfodedig; gwrthodedig, wedi ei nacáu: *failed, unsuccessful; fallible, vain; weak, dim (of sight), defective, decaying, decayed, transitory; refused, denied.*

13g. *LlI* 52, o palla un gur o'r guyr not *palledyc* uyd e reyth oll. **1346** *LlA* 130, [y] neb auo mwyhaf ydefnyd yndaw or dwfyr morawl. auyd . . . chwenychus am tir adayar agolut bresenawl. ahynny avyd *palledic* idaw vrth yreit ae diwed. [**1547**] W. Salesbury: *OSP* [viii–ix], pa peth amgenach meddaf yw diarebion, anyd dywediadeu byrrion synnwyrol kyngorus o rei ny chahad vn er oed yn *palledic*. **1567** *TN* 232b, ny ddychon vot mynet gair Duw yn ddirym [:– anolo, anghwbl, *balledic*]. **1588** *Salm* xxxiii. 17, *Palledig* (**1620** *ib.* Peth ofer) yw'r march i ymwared: ac nid achub efe neb drwy ei fawr-gryfder. **1588** *Bar* ii. 18, [y] llygaid *palledic*. **16–17g.** *CRC* 46, dym ddygiad [*sic*] bonheddig a geres yn ffyrnig / rydwy n *balledig* om synwyr. **1604–7** *TW* (*Pen* 228) d.g. *hebes*. **1632** *D* d.g. *defectivus, euanidus, languidus, vietus*. **1722** *Llst* 189, *palledig*, denyed; decayed; transitory; rejected. **1733** T. Evans: *PP* 48, na rydd Tâd twym-galon ball i un o'i Feibion . . . llai o lawer y byddai *balledig* un cais, pe baent oll . . . un ac arall yn cyd-ymbil arno. [**1738**] E. Jones: *CE* 32, [c]ynnal i fynu Ysprydoedd *palledig* gwŷr dâ dan eu Tristwch diachos. **1803** *P*.

palledigaeth [*palledig* + *-aeth*] *eg.b.* Methiant, gwanychiad, gwendid, colledigaeth, darfodiad; ffaeledigrwydd: *failure, a weakening, weakness, perdition, perishing; fallibility.*

14g. *RC* xxxiii. 225, an dyuot oll ar *balledigaeth* tragywydaul. *c.* **1400** *CHDd^2* 21, Deu ryw *balledigaeth* a gyngein ar vach yn seuyll wrth gyfreith. *id.* 22, Or palla, nyt reit manac arnaw namyn hynny y gymell reith gwlat y ganthaw, dyeithyr perthynu kadarnhau y *palledigaeth* trwy gof. **1719** *EGBG* [35], prophwydoliaethau . . . ym mha rai nid oes na *phalledigaeth* na byrdra. **1733** J. Owen: *TBG* 88, fel y byddo lläwenydd yr Arglwydd yn nerth ac yn gryfder iddunt, dan bôb methjant a *phalledigaeth*. **1759** *DG* 46, Cywydd . . . gida dangos *palledigaeth* yr iaith a'r achos o hynny.

pallen, pallennig, gw. pall^1, pellennig^1.

pallhaf: pallhau [*pall^1* + *-hau*] *bg.a.* Methu, darfod, peidio: *to fail, come to an end, cease.*

15–16g. *TA* 7, A'r brêms a'r brawn, a'r grâbs a'r grawn, / O bibau llawn heb i *ballhau*. **1588** *Eseia* xl. 26, drwy amlder ei rymm ef, ai gadarn allu ni *phallhâ* dim (**1620** *ib.* ni phalla vn). *c.* **1730** *Thos. Lloyd D* (LlGC) 186b, *pallhau* I.D.R.

palliad [bôn y f. *pallaf*: *pallu* + *-iad^1*] *eg.* ll. *-au*. Y weithred o fethu, methiant; dadfeiliad, dirywiad, pylni (am olwg), darfodiad, diffyg: *failure; decay, deterioration, dimness (of sight), a perishing, defect.*

1688 *TJ* [iv], I Ieithoedd cystal ag i Arglwyddia[e]thau . . . i mae amser gosodedig: hwy a gawsant eu sail . . . a'u heneidd-dra, eu difflaniad a'u *palliad* (*decayes*). *c.* **1730** *Thos. Lloyd D* (LlGC) 186b, *palliad*, decay. **1735** S. Rhydderch: *Alm* [33], *Palliaid* [*sic*] y Golwg. **1794** E. Jones: *CP* 103, Holl *balliadau* prif-ffyrdd a bresentir yn y sir y byddont ynddi. **1800** W. Owen[-Pughe]: *CP* 21, Trwy y cyfan o Gymru . . . y mae y *palliad* (*defect*) hyn yn gyffredin. **1803** *P*, *palliad*, s. m. . . . a failing . . . a perishing.

palliannol [*palliant* + *-ol*] *a.* Ffaeledig; hesb (am ffynnon): *fallible; dry (of spring).*

1803 *P*.

palliant [*pall^1* + *-iant*] *eg.* Methiant, dadfeiliad, dirywiad, peidiad; gwanychiad, gwendid, pylni (golwg), diffyg: *failure, decay, decline, deterioration, a ceasing; a weakening, weakness, dimness (of sight), defect.*

1604–7 *TW* (*Pen* 228) d.g. *defectio, deliquium, hebetatio, vitium*. **1661** E. Lewis: *Drex* 120, mae *palliant* y gyffaeliad (*the not obtaining*) o'r bywyd hwn yn cyrchu i ni farwolaeth [*sic*] Tragwyddol. **17–18g.** O. Gruffydd: *Gw* 41, Dod heb *balliant* foliant pwyllog / A pharch union i'w pherchenog. **1718** E. Samuel: *HDdD* 193, mae Cwsg megis meddyginiaeth ir blinder, ac adgyweiriad ir *palliant* (*decay*) hwnnw. **1722** *Llst* 189, *palliant*, m. failure, defect. **1723** E. Samuel: *PDdC* ii. 54, llygredigaeth yr Oes yr ŷm yn byw ynddi a mawr *balliant* (*decay*) y Grefydd Sanctaidd honno yn ein plith. **1725** *SR* d.g. *a Bereaving, or taking away.* **1727** J. Jones: *DFF* 183, na *Phalliant* na Methiant ar eu Hysbrydoedd (*no fainting nor failure of spirits*). **1752** J. Prys: *Alm* [5], [c]lynyddiad neu *Balliant* amryw Greaduriaid. **1759** *ML* ii. 148, nid oes help am *balliant* golwg dan y fath oedran mawr. **1779** *DS* [2], mae *palliant* yn ymadroddion y gwŷr doethaf. **1780** *W* d.g. *privation* [*the failure, or loss, of what a person was once in possession of*]. **1803** *P*, *palliant*, s. m. a failure . . . a perishing.

pallt, gw. pall^1.

palltalwr [*pall^1* + *talwr*] *eg.* ll. *-wyr*. Drwgdalwr: *defaulter.*

1820.

pallter [gair geir., sef *pall*[1]+*-der*] *eg.* Methiant, ffaeledigrwydd, gwanychiad, gwendid, pylni (golwg), diffyg: *failure, fallibility, a weakening, weakness, dimness* (*of sight*), *defect.*

1688 *TJ*, aball, *pallder.* Defect or Infirmity. **1725** *SR*, *pallder* golwg d.g. *dimness.* **1803** *P*, *pallder*, s. m. fallibleness.

palltod [*pall*[1]+*-dod*] *eg.* Methiant, dadfeiliad, dirywiad, peidiad; gwanychiad, gwendid, pylni (golwg), diffyg; gwrthodiad, nacâd: *failure, decay, decline, deterioration, cessation*; *a weakening, weakness, dimness* (*of sight*), *defect*; *refusal, denial.*

1621 E. PRYS: *Ps* 31a, Fy nghalon i, a'm nerth, a'm cnawd, / y sydd mewn *palldawd* beunydd. **1722** *Llst* 189, *palldod*, m. decay, defect. *c.* **1730** *Thos. Lloyd D* (LlGC) 186b, *palldawd*, defectus, deliquium. **1775** M. RHYS: *GBN* 95, Mae *palldod* yn naturiaeth trysorau'r ddaear hon. **1800** *AUA* 19–20, Lluniais . . . Bwttyn o Gywydd . . . ond gan fod rhyw *balldod* ar yr Argraphydd . . . mae arnaf ofn nad a'r gwaith yn y blaen. **1803** *P*, *palldawd*, s. m. failure; abortiveness.

pallus [*pall*[1]+*-us*] *a.* Yn methu, aflwyddiannus; ffaeledig, diffygiol: *failed, unsuccessful*; *fallible, defective, fallacious.*

15g. *AL* ii. 678, *Pallus* hagen y rheith teir punt a ddyly dalu yr brenin. **1803** *P*, *pallus*, apt to fail; fallacious.

pallwr [gair geir., sef bôn y f. *pallaf*: *pallu* +*-wr*] *eg.* ll. *-wyr.* Un sy'n methu, drwgdalwr: *failure* (*person*), *defaulter.*

1803 *P*, *pallwr*, s. m. pl. *pallwyr*, one who fails.

pam, gw. **paham.**

pâm, gw. **paen.**

pamaid [*pâm*[1]+*-aid*[1]] *eg.* ll. *pameidi.* Llond gwely (blodau, llysiau, &c.), cynnwys gwely: *bed*(*ful of plants*).

Ar lafar yn sir Benf., *GDD* 215, a'r De, e.e. 'Ma' *pamid* 'yfryd o bersli gin' i 'leni'.

pamant, gw. **paement**[1]**.**

pamffled, pamfflet [bnth. S. *pamphlet*] *eg.* (bach. *-yn*) ll. *pamffledi, pamffledau, pamffletau,* (bach.) *pamffledach.* Cyhoeddiad byr (fel arfer mewn clawr papur), yn enw. un ar bwnc dadleuol, llyfryn: *pamphlet.*

1664 *LlGG* sig. f1r-v, taned ar lled liaws o *Bamphledau* yn erbyn y Llyfr Gweddi Gyffredin. [**1753**] *ML* i. 229, Na wnaeth yr orains druan fawr niwaid heblaw pydru a drewi, oddigerth . . . niweidiaw tippyn ar y *pamphledau*, etc. **1756** *id.* 407, pwy a rôdd help llaw ir Ifans i sgrifennu'r *pamphled* Cymraeg. **1762** *id.* ii. 519, Daccw'r Gendal yn anfon i mi gryn bynnau ceffylau o *bamffledau* a phapurau newyddion er mwyn cael clywed hanes prize money.

pamffledaf, pamffletaf: pamffledu, pamffleda, pamffleta [bf. o'r e. bl.] *bg.* Ysgrifennu pamffledi, eu dosbarthu, neu eu cyhoeddi: *to pamphleteer.*

1927.

pamffledaidd, pamffletaidd [*pamffled, pamfflet*+*-aidd*] *a.* Yn null pamffled (am arddull lenyddol); ar ffurf pamffled: *pamphleteering* (*of literary style*); *pamphlet-like.*

1924.

pamffledol [*pamffled*+*-ol*] *a.* Yn null pamffled (am arddull lenyddol); ar ffurf pamffled: *pamphleteering* (*of literary style*); *pamphlet-like.*

20g.

pamffledwr, pamffletwr, pamffledydd [*pamffled, pamfflet*+*-wr, -ydd*[3]] *eg.* ll. *pamffledwyr, pamffletwyr.* Ysgrifennwr, dosbarthwr, neu gyhoeddwr pamffled(i), pamffletîr, hefyd yn ddifr.: *pamphleteer, also derog.*

1838.

pamffledyn, pamfflet, gw. **pamffled.**

pamffletaf: pamffleta, pamffletaidd, gw. **pamffledaf: pamffleda, pamffledaidd.**

pamffletîr [bnth. S. *pamphleteer*] *eg.* Pamffledwr, hefyd yn ddifr.: *pamphleteer, also derog.*

1937 (1952) R. WILLIAMS PARRY: *CG* 65, Dduw mawr! Fe droes y bardd yn *bamffletîr.*

pamffletwr, pamffletyn, gw. **pamffledwr, pamffled.**

pampa, gw. **pampas.**

pampaf: pampo [?bnth. S. (*to*) *vamp*] *ba.* Cyweirio (trywser): *to mend* (*pair of trousers*).

Ar lafar yng nghanolbarth a godre Cered., hefyd yn y ff. *ffampo.*

pampas [bnth. S. *pampas*] *e.ll.* Gwastadeddau eang di-goed (yn enw. yn yr Ariannin a'r gwledydd cyffiniol): *pampas.*

1848.

Amr.: **pampa** (ff. un. brin). **1904** ELUNED: *DA* 48, Mae'r llwythi crwydrol wedi bod yn cyniwair drwy'r *pampa* tawel er's canrifoedd.

pamser, gw. **pa**[1]**—p. amser.**

pan[1]**, ban**[3] [Crn. C. *pan*, H. Lyd. *pan*, Llyd. C. *pan, pa*, Llyd. Diw. *pa*: ?o est. yn *-n-* ar fôn y rh. gof. IE. **kᵘo-*, efallai **kᵘani*, ?cf. H. Wydd. *cuin*] *cys.* a hefyd fel *ardd.*; ei ddilyn fel arfer gan y tr. ml., ond gw. *Treigladau* 380 am enghrau. o galedu a diffyg treiglad.

(*a*) Ar (yr) adeg y, pryd (bynnag) y, cyn gynted ag y; yn yr achos neu'r amgylchiad y: *when, at the* (*a*) *time that, whenever, as soon as*; *in the case or circumstance in which.*

9g. (*Juv*) *B* vi. 206, dicones ihesu dielimlu pbetid [*sic*] / aguirdou *pan* dibu. **10**g. (*Cpt*) *B* iii. 256, bichet *pan*iu pet guarid. did di aries. **13**g. *LlI* 5, Ef a dely kerd e gan e bard teylu *pan* vynho. **13**g. *C* 19. 3–5, *Ban* wanha. y gnaud y diodrut. y isscaud. *id.* 23. 11–13, Oetun. tan. llachar. *pan* im roted par. **13**g. *A* 26. 10, pawb *pan* ry dyngir yt ball. **14**g. *WM* 38. 28–30, ef abarei tangneued y rwg y deu lu *ban* (*RM* 26, *pan*) uydynt lidyawcaf. **14**g. *YBH* 2a, *pan* ymdreiglawd parth a heneint y gwreickaawd. . . . A *ffan* dyfu amser mab aanet aelwit bown. *c.* **1400** *YCM*[2] 64, ni a'e pieifydwn . . . *pann* darfo ym lad Garsi Amherawdyr. **15**g. *Pen* 109, 56, a thomas niklas *ban* oed. / A wnaeth ofn yn eithauoed (Lewys Glyn Cothi). **1588** *Barn* xi. 7, pa ham y deuwch attafi ynawr *pan* yw yn gyfyng arnoch? **1593** W. MIDLETON: *B* 2, hynn a ddeuellir yn eglur, *pan* soniwyf am groesgynghanedd gyfan. **1595** H. LEWYS: *PA* 45, eythr *pan* (*as soon as*) fytho ef anobaithol o honom ni. **1632** *D*, dull ymadrodd *pan* fo rhan yn arŵyddoccau 'r cyfan neu 'r cyfan ran d.g. *synecdoche.* **1688** S. HUGHES: *TSP* [vii], *Pan* deffroech di gyntaf yn dy wely, bydd siccir i feddwl am yr Arglwydd. **1703** E. WYNNE: *BC* 9, *Pan* yspîais trwy hwn [ysbienddrych], gwelwn betheu mewn modd arall. **1730 (1755)** E. WYNNE: *PAC* 45, hyn a ddysgwn ni oddiwrth yr Apostol *pan* 'ŷw yn dywedŷd, Claddwyd ni gan hynnŷ gŷdag Ef. **1800** W. OWEN[-PUGHE]: *CP* 13, gwasgaru y calch ar y maes *pan* yw yn llwch.

(*b*) (enghrau. o flaen y gn. *y* ac o flaen *mae*: *exx. before the particle 'y' and before 'mae'*).

1567 *TN* 391b, er *pen* mae dynion ar y ddayar. **1588** *Neh* viii. 5, Yna Esdras a agorodd y llyfr . . . a *phan* yr agorodd, yr holl bobl a safasant. **1588** *Jer* li. 47, Am hynny wele y dyddiau yn dyfod *pan* yr ymwelwyf â delwau Babilon. *c.* **1588** *Rhyddiaith Gymraeg* ii. 78, *pyn* y kododd hi fynydd dranoeth, y kymerth hi'r ffordd. **1617** R. PRICHARD: *CE* [2], Be Grist *pan* y Iachaodd y claf / Na phecha mwy rag gwaeth anaf. **1675** R. JONES: *HCh* 29, Hon yw'r ffordd y gymmerodd Paul, *pan* yr oedd efe mewn blinder. **1712** T. WILLIAMS: *CDdG* 39, *pan* mai Cariad a fydd yn ddiwaethaf yn farnwr arnynt (*when at last they shall have love for their judge*). **1759** T. THOMAS: *WWDd* 18, [*p*]*an* y troseddodd Dŷn y Ddeddf, fe a ddaeth y felldith hon arno. *id.* 192, *Pan* y mae heb gredu, mae dan y cyfammod o weithredoedd; ac felly dan felldith. **1760** WLL: *SAC* iv, *pan* y mae ûn . . . yn dywedyd, 'ei fod yn gyfarwydd a dysgedig . . . ni ddeallodd ûn Dyn mono yn well . . .'. *c.* **1762–79** W. WILLIAMS: *P* 120, nid wyf yn deall pa'm nad yw mwrddrad yn dda, *pan* mae'r enaid . . . mewn anifail baich. **1768** W. WILLIAMS: *HTS* 38, un waith, *pan* y gwawriodd dydd arno. **1798** T. ROBERTS: *CG* 24, Duw . . . yn cymmell dynion i ddarparu dros eu diogelwch . . . *pan* y mae ef ei hun wedi gosod attaliad effeithiol ar y ffordd i hynny. Ar lafar, '*Pen* mae hi'n noson braf fel heno', *WVBD* 421.

(*c*) (enghrau. o flaen a. yn y radd eith., neu'n eithriadol yn y radd gfrt.: *exx. before a superl. adj., or exceptionally before an equative adj.*).

1716 E. SAMUEL: *GGG* 36, pan *gyntaf* y collasant gymmorth . . . y Penrheolwyr. **18**g. *W Ballads* 135B, 6, *pan* gynted y syrthias [*sic*] im Gweledigaeth. **1776** D. ELLIS: *HI* 172, *pan* gyntaf y daeth at Grist. Gw. hefyd *pan*[6].

(*d*) Tra (ar y llaw arall), lle; yn wyneb y ffaith (fod), o ystyried (bod); gan, oherwydd: *whereas, while* (*on the other hand*); *when, seeing that, considering* (*that*); *since, because.*

13g. *C* 57. 7–8, Guae wi *ban* imbv. trv vy diwet. **1346** *LlA* 84, Gwae ni *pann* yn trewit odelli. **14**g. *YBH* 4a, oi abuttein . . . a gwae uinneu *pan* (*quant*) rodes yr arglwyd duw yt y pryt ar llauyn yn gyndecket. **1551** W. SALESBURY: *KLl* viib–viiia, A*phan*ytoedd Ioseph (**1588** *Math* i. 19, am ei fod) y gwr hi yn wr kyfiawn, ac ny chwenychei ddim oe hortio hi, ond ydd oedd ae vryd ar dynny o ywrthei eb wybod. **1677** R. JONES: *BB* 65–6, A elli di ddisgwyl hyn oddi ar law Dduw, *pan* ydyw Nattur ac Yscrythur yn dy siccrhau di o'r gwrthwyneb? **1699** J. MORGAN: *EBG* 26, Eglwys yr Iuddewon, yr hyn a derfynid mewn un deyrnas yn unic . . . *pan* (*whereas*) mae 'r Eglwys Ghristnogol yn cyrraedd at yr holl Genhedloedd. **1722** T. EVANS: *PS* 101, Y mae 'r Seremoni hon . . . yn dra charcus iw harfer yn y dyddiau hyn *pan* yw cymmaint o'r fath ddynionach yn ein plith. **1733** J. OWEN: *TBG* 23, A pha fôdd y disgwylir gwell pethau, *pan* yw eu Hoffeiriaid . . . mor anwybodus? *id.* 86, ni allant . . . ddilyn eu Gwaith, *pan* na 's gallont fyned o flaen eraill yn llwybrau Cyfjawnder. **1760** WLL: *SAC* 35, y mae'n fwy nac a aller ei feddwl . . . nad eill Crist . . . gael ei ddeall yn yr un modd; *pan* yw efe ei hun, y funud nesaf gwedi hynny yn ei alw ef, ei Gorph. **1800** W. OWEN[-PUGHE]: *CP* 9, Mynai rai . . . *pan*yw ereill yn dal (*while others maintain*). **1803** *P*, *pan*, adv. . . . since; for which cause. Ceir engh. bosibl yn *YBH* 34b, ymdidan awnaeth yr esgob ae nei a dywedut y vot ef yn varchawc dewr pan enillei ef y ryw was hwnnw.

(*e*) Nes (yn cyflwyno cymal adfl. canlyniad); fel (yn cyflwyno cymal adfl. pwrpas): (*with the result*) *that* (*introducing an adv. clause of result*); *so that* (*introducing an adv. clause of purpose*).

14g. *WM* 152. 28–9, Py gyfryw wr yw awch tat chwi *pan* allo lleassu pawb uelly. *c.* **1400** *YSG* i. 107, a aethost di y maes o'th synhwyr *pan* geissych llad dy vrawt (*qui volez votre frere ocirre*). **1551** W. SALESBURY: *KLl* xviib, Yn ew [*sic*] dwylaw yth ddygant ti *pan* na bo yt daro [d]y droet. *id.* lvib, Kyt vna rot ath wrthwynebwr ar vrys, tra vych ar y ffordd ti ac ef *pan* na bo yth wrthwynebwr dy roddy yn llaw'r ynat. *id.* lviiia, Y rein oyddynt yn arwyddion y nyny *pan* na bo y nyny vod yn chwanogion i ddryc [b]etheu, megys ac y chwenychysont wy. **1567** *TN* 45a, Pa peth yw *pan* vo rei hyn yn testolaethy yn dy erbyn. **1588** *Gen* xx. 9, a pheth a bechais i'th erbyn, *pan* ddygyt bechod mor fawr arnafi. **1588** *Ecs* xxxii. 21, beth a wnaeth y bobl hyn it: *pan* ddygaist arnynt bechod morr fawr? **1588** 1 *Br* xviii. 9, pa bechod a wneuthum i, *pan* ydwyt ti yn rhoddi dy wâs yn llaw Ahab i'm lladd? **1588** 1 *Sam* xvii. 26, canys pwy yw . . . hwn, *pan* wradwydde efe (**1988** *ib.* ei fod yn herio) fyddinoedd y Duw byw? **1703** E. WYNNE: *BC* 55, beth a wneuthum i'ch erbyn *pan* ddygech y wyddan yna i'm nychu?

Fel *ardd.* (o fl. cymal be.) Wedi; o ystyried (bod), gan; wrth: (*introducing a vn. clause*) *after*; *when, considering* (*that*), *since*; *while.*

16g. *B* x. 289–90, pa beth a dyckia J mi uod . . . yn arglwyddes anhrydeddus . . . *pann* J'r dduwies Dianna vod mor greulon yn erbyn vy ywyllys J. *id.* 290, Yr hrain . . . *pan* vdduntt weled Epeklittws gwedi J laadd . . . a waeddasant yn erwin. *id.* 291, *pan* j wyr y gwledydd glywed . . . llaweroedd ohonauntt a ddiffwysodd J Athines. *id.* xi. 25, yr hwn, *pan* Jddo weled y kyuriw gynulleidfa . . . a beris J'r morrwyr hwylio yn nes J'r lan. *id.* xi. 86, A *ffan* J'r brenin ddyuod J'r maes a mwsdrio J bobyl . . . kymerth y brenin ryuig . . . ynn i galon. **1615** R. SMYTH: *GB* 200, yr wyf i'n tybied fod yr enaid truan gwedi i losci . . . *pan* ddarfod i hoen cariad i orchfygu. **1711** H. POWEL: *TY* 364, A *phan* bod yn torri ymmaith y Brigau diffrwyth gwyllltion hynny, yr ys yn amddiffin ac yn meithrin y gwir Ganghennau. Ar lafar clywir '*pan* fod', '*pan* bod' yn yr ystyr 'pan fo'.

Amr.: **pen**[2]**.** **16**g. (*LlEG*) *LlGC* 5276, 371a. **1567** G. ROBERT: *GC* 79. **1612** R. SMYTH: *COL* [ii]. **1703** E. WYNNE: *BC* 33. Ar lafar yn Arfon, *WVBD* 421; hefyd yn y ff. *pe'*, *ib.* **pyn**[2] [ceir engh. bosibl yn *R* 1360. 6]. *c.* **1588** *Rhyddiaith Gymraeg* ii. 78. **1699–1700** E. LHUYD: *SH* 74. Ar lafar yn nwyrain Morg., 'Fi gwelas nw *pyn* buon nw 'ma ddwetha'.

Cfn.: **pan fo, &c., lleiaf:** *at least.* *c.* **1400** *YCM*[2] 78, [ll]adyssant penneu cant oc an paganyeit hediw, *pan* *vo lleiaf. id.* 84, deuth attunt o baganyeit Mor a Phersawnt . . . yny yttoed cant *pan uei leihaf. id.* 97, 100, 101. **er p.**: *since (when), since the time (when).* **12g.** *GCBM* i. 96. **14g.** *GDG*[3] 34. **1567** *TN* 391b. **1612** R. SMYTH: *COL* [ii], Nid oes haiach o amser . . . *er pen* ddoeth y llythyr yma i'm llaw. **1703** E. WYNNE: *BC* 94. Ar lafar yn y Gogledd a gogledd Cered. clywir *es pan*, hefyd yn Arfon *er pen, es pen*, ''Rois i ddim clo ar y drws *es pen* eist ti ffwrdd dros y rhiniog'; '*Er pen* mae hi wedi gleuo', *WVBD* 421. **erbyn p.**: *by the time (that).* **14g.** *WM* 33. 28–9, 99. 1. **hyd p.**, gw. *hyd—h. pan.* **o'r p.**: *since (the time) when.* **13g.** *LlI* 8. **14g.** *T* 60. 8. **14g.** *WM* 10. 22. *c.* **1400** *Ked AA* 5.

Gw. hefyd **pan[4]**.

pan[2] [bôn y f. *pannaf*: *pannu*; gw. hefyd *pannordd*] *a.* a hefyd fel *eg.* Wedi ei bannu (am frethyn, &c.); (ar gyfer) y weithred o bannu: *fulled (of cloth, &c.); (for) fulling.*

1547 *WS*, melin *ban*, a fullyngmyll. *id. pann* tewychyad ar vrethyn, a thycknyng. **1632** *D*, *pann*, fullacia. **1722** *Llst* 189, *pann* (adj), fulled, tucked.

Gw. hefyd **hanner-pan.**

pan[3] [?bnth. Llad. Diw. *panna* 'dysgl'; ?cf. H. Wydd. *cann*, ?Gal. *panna*] *eg.* ll. (prin a geir.) *-nau.* Cwpan, dysgl yfed, cawg, ?crochan: *cup, drinking-bowl, basin, ?cauldron.*

13g. *A* 21. 21–3, en trin lletvegin gwin *obann.* kyn glasved a glassu eu rann. bu gwr gwled od uch med mygyr o *bann. c.* **1300** *H* 62a. 37, pan uyt kyd kedwyr am *pann* (Cynddelw). *id.* 63b. 34, gwin o *bann* rann radlawn (Cynddelw). *id.* 105b. 19, adod lloegyr llossawc am *pann* (Llywarch ap Llywelyn). **14g.** *T* 43. 14–15, ef am rodes med agwin o wydrin *ban. c.* **1400** *R* 1434. 6–7, ony daw ymewn or med goreu oll. gwirawt o *bann* dybenn vadeu. **16g.** WILIAM LLŶN: *Gw* (R. Stephens) (At.), *pann*, ffiol. **1632** *D*, *pann*, poculum. **1688** *TJ*, *pan*, Bann, (Cwppan:) a Cup. **1722** *Llst* 189, *pann*, m. p. *pannau*, a cup. **1801** *MMf* 295, Dau goccwy, hanner*pan*. Dau hanner*pan*, *pan*. Dau *ban*, ffiolaid.

pan[4], **ban[4]** [?*py*[1] + **an* (cf. H. Wydd. *an-yn an-air* 'o'r tu blaen, o'r Dwyrain', *an-dess* 'o'r dde, o'r De', *an-úas* 'oddi uchod', &c.), cf. Llyd. C. *(pe)ban*, H. Wydd. *can*] *gn. rhagferfol* a hefyd fel *adf.*

(*a*) O ba le? (o flaen bf. mewn cwestiwn): *whence?, from where? (preceding a vb. in a question).*

13g. *C* 98. 6, pebir gur *pan* iv dyechen. *id.* 102. 1, ba hid eidy a*phan*doit. **14g.** *WM* 45. 15–16, *pan* doeth yti y peir a rodeist ymi. *id.* 76. 24–5, *pan* doy di yr yscolheic heb ef. *id.* 138. 10–11, *Pan* deuy titheu vy chwaer heb y peredur. *id.* 168. 23, A*phan* doy titheu. *c.* **1400** *R* 1160. 6–7, llwyt y benn *pan* henyw y ualchder. **1803** *P*, *pan*, adv. . . . *pan* hanoeddynt? Whence were they descended[?] Ceir engh. bosibl yn *Rhyddiaith Gymraeg* i. 123, 'Vy ffrynd, ny wddost di *pan* wyf j'. 'Na wnn, yn wir . . . kans ny wnn j i mi ych gweled chwi er joed . . .'.

(*b*) (yn cyflwyno ateb i gwestiwn sy'n defnyddio *pan*[4] neu *o ba le*: *introducing an answer to a question using the interrog. 'pan' or 'o ba le').*

13g. *C* 98. 2–3, guaur llv py dv pandoit. *Ban* deuaw o kad achiminad maur. *id.* 102. 1–2, ba hid eidy aphandoit. *Ban* deuaw o caer seon oimlat ac itewon. **14g.** *WM* 76. 24–6, pan doy di yr yscolheic heb ef. *pan* doaf arglwyd oloygyr o ganu. *id.* 409. 31–4, o pa le yd ywch yn dyuot. *Pan* down . . . o gerniw. *id.* 425. 15–18, o pa le y dewy di. *pan* deuaf heb ynteu or dinas yssyd ythulaen yna. *id.* 446. 31–2, *Pan* deuaf o wneuthur negesseu or wlad. **14g.** *YBH* 36a, gofyn idaw o ba le pan hanoed. *pan*hanwyf i arglwyd offrei[n]c o gastell digon.

(*c*) Y(r) (yn dilyn ymad. adfl. (yn cynnwys yr ardd. *o*[1] neu *pa*[1], *py*[1]) ac o flaen bf.: *following an adv. phrase (containing the prep. 'o[1]' or 'pa[1], py[1]') and preceding a vb.).*

10g. (*Cpt*) *B* iii. 256, Or bissei *pan* diconetent ir. oithaur hinnith. **13g.** *LlI* 5, offrum y svydwyr achlan, a thraean eu gueyny a'r deuparth o'r lle *pan* hanuoent. **13g.** *BD* 40, guedy gouyn vdunt pa du *pan* hanoydynt. *c.* **1300** *H* 49b. 11, handid om kyuoeth om kyueirch *pan* wyf (Cynddelw). **14g.** *WML* 81, Bonhed gwenyn o paradwys *pan* yw. **14g.** *T* 25. 21–5, Nyt o vam athat *pan* ymdigonat. . . . oprid opridret *pan* ymdigonet. **14g.** *WM* 108. 2–3, ony dywedaf i eu oulodeu llew *ban* yw hynn. *id.* 132. 3–4, gofyn awnaeth y marchawc y peredur py le *pan* deuei. **14g.** *B* ix. 326–7, dywat wrthi hi, 'O ba genedyl *pan* wyt tti [*sic*]?' **14g.** *YBH* 34a, ar esgob aouynnawd y bown o ba le *pan*hanoed. o loegyr arglwyd *pan*hanwyf. ac yn lloegyr ym ganet. **14g.** *GDG*[3] 137, Ac o Wynedd *pan* henyw, / Ac ŵyr i haul awyr yw. *c.* **1400** *R* 1052. 5, o brif parch *pan* yth gyuarcher. *c.* **1400** *MM* 24, Deu ryw letywigwst yssyd: lletewigwst wleb, a lledewigwst boeth o wres yr haf *pan* hanyw lledewigwst wlep o wlybwr yr haf *pan* hanyw. *c.* **1400** *YCM*[2] 81, ae o bysgotta *pan* deuy di? **1594–6** *B* iii. 279, Ba achaws *pann* wyput ti panyw y wraic honn vydd mam yr etivedd?

(*d*) Pa fodd, sut, ?paham: *how, ?why.*

13g. *C* 92. 6–7, pelis *pan* vid kyvarwit. **14g.** *T* 20. 15–17, *pan* vyd gohoyw bryt *pan* vyd mor hyfryt. *pan* yw gwrd echen. *pan* echreuwyt uchel. *id.* 20. 25–21. 1, gogwn atrefnawr rwg nef allawr. *pan* atsein aduant. *pan* ergyr diuant. *pan* lewych aryant. *id.* 27. 18–22, *pan* yw kalaf cann. *pan* yw nos lloergan. . . . *Pan* yw gofaran twrwf tonneu wrth lan. . . . *pan* yw mor trwm maen. *pan* yw mor llym draen. *c.* **1400** *R* 1054. 7–8, *pan*daw nos adyd. *pan* uyd llwyd eryr *pann*yw tywyll nos. *pan* yw gwyrd llinos mor.

Amr.: **pen[4]**. *a.* **1587** *Y* 27, *pen* hanoedd?

Cfn.: **pan yw (oedd, &c.)**: (i) *that it is (was, &c.) (introducing a dependent clause headed by a part of speech other than a verb).* **13g.** *LlI* 6, Ereyll a deweyt *panyv* hyn yv y navd. *id.* 33, o byd mach adeuedyc a dyweduet o'r neyll bot e uechnyaeth ar peth maur a'r llall *paneu* ar beth bychan. **13g.** *A* 7. 4–5, neus adrawd gododin gwedy fossawt *pan vei* no llivyeu llymach nebawt. *c.* **1300** *B* ii. 30, na thebic *panyw* amdanat ti y byder yn dywedut mwy noc am ereill. **14g.** *T* 12. 8–9, Awledic ny wydyem. *pan oed* ti agrogem. **1346** *LlA* 160, Agwybydet bawp oc ae darlleo *pann yw*geirev yr euegyl ynt yrei ymae yllinyev ydanunt. **14g.** *WM* 43. 28–31, menegwch ydaw pa ryw wr awnaeth hynny. a *phanyw* om anuod inheu ygwnaethpwyt hynny. *Diw.* **14g.** *HMSS* ii. 254, Diheu yw *panyw* ohonunt ydwyt val y mae amlwc ar dy ymadrawd. *c.* **1400** *DB* 55, dywedir *pan yw* (*quod*) ohonunt yd henyw yssyd o ffynnawn ac auon o'r holl dayar. *c.* **1400** *YCM*[2] 28, 'Nynnheu a gredwn', heb y kawr, '*pan yw* un Duw yw Creawdyr nef a dayar, ac na bu idaw na mab na that'. *c.* **1400** *ChO* 22, medylyaw *pan yw* esguttaf oed yr ysgyuarnawc. **15g.** *Med H* 18, y mae rrai yn tybiet *panyw* kerddor oedd y dygiawdr kyntaf. **15g.** *FfBO* 35, dywawt wrthunt *pan yw* dyn oed Grist ac nat Duw. **1594–6** *B* iii. 279, 'Ba achaws pann wyput ti *panyw* y wraic honn vydd mam yr etivedd?' . . . 'Ar amliwiat ei hwyneb . . . y gwyddwn i *pan vydd* y wraic honn mam yr etivedd'. **1707** *AB* 238a, *panyv*, that is. *Panyv* margan Dwywes o annwfyn, That Margan is one of the Goddesses of the Deep. **1803** *P*, *panyw*, adv. . . . that it is; that is. Bid ddiau i bawb, *panyw* yn mynwent y vynachlog yn Ynys Avallach . . . y claddwyd Arthur. (ii) (*in a similar construction before a vn. clause, translating certain Greek particles*). **1567** *TN* 28b, canys dywedaf y chwi, *pan yw* yn y nefoedd vot y Aggelon wy bop amser yn gwelet. *id.* 30a, A'ny ddarllenasach, *pan yw* i'r vn y gwnaeth wy (**1588** *Math* xix. 4, a'u gwnaeth) yn y dechreu, yn wryw a' benyw ei gwneythyd hwy. *id.* 64a, Yn wir y dywedaf wrthych, *pan yw* bot r'ei o'r sawl 'sy yn sefyll yman, a'r ny's archwayddant o angae. *id.* 157b, Credwch vi, *pan yw* i mi vot [:– vymot] yn y Tat. *id.* 172b, mi allaf gympwyll . . . wrthych . . . am y Patriarch Dauid, *pan yw* darvot i varw a'ei gladdy. *id.* 270b, annoc Titus, *pan-yw* yddaw val y dechreawdd (**1588** 2 *Cor* viii. 6, megis y dechreuase efe), velly ac yddo 'orphen yr unryw rat yn eich plith chwi hefyt. *id.* 294a, ac a roddes yddo Enw, uch pen pop enw, *pan yw* [:– val y byddei] yn Enw'r Iesu i bop glin estwng.

Gw. hefyd **pan[1]**.

pan[5] [?*pa*[3] + '*n*[4], cf. *hwyn, pwyn*, neu o bosibl cf. *pan*[1]] *gn.* yn cyflwyno a. yn y r. eithaf a'i ddilyn gan dr. ml. Po (fwyaf, &c.): *the (more, &c., the better, &c.).*

p. **1584** G. ROBERT: *GC* [202], *pan* fyrraf fo'r gair, howssaf a fydd i gyfleu mewn penni[ll]. [**1745**] W. ROBERTS: *FfM* 39, A goreu fyth *pan* gynta, fytho. **1767** *W Ballads* 85, 7, Mewn drwg *pan* bella gwaetha'r gwerth. **1795** J. THOMAS: *AIC* 365, *pan* hwya y berwo goreu fydd. Ar lafar yn Arfon yn y ff. *pen*, 'gora *pen* gynta', 'gora *pen* fwya', *WVBD* 421.

Gw. hefyd **pa[3]**, **po[1]**.

pan[6] [cf. *pan*[5]] *gn.* a'i ddilyn gan dr. ml. (o fl. a. yn y radd gfrt., neu'n eithriadol yn y radd eith.) Cyn, mor: (*before an equative adj., or exceptionally before a superl. adj.*) *as (soon as, &c.).*

1696 *GGTY* 226, *Pan* gyntav ac y credodd hi. **1735** S. THOMAS: *HP* 164, *pan* gynted ag y darfu i Arminius . . . wasgaru ei Opiniwnau. **1760** E. WILLIAMS: *UYB* 156, *Pan* gynted ag y caffo'r eneidiau râs. *c.* **1762–79** W. WILLIAMS: *P* 443, *pan* gynted ag y daeth y milwyr i mewn, hwy a'u mwrddrasant hwynt i gyd. **1791** *Dialogous* 22, a *phan* gynted ag y dêl dyn.

Gw. hefyd **pan[1]** adran (*c*).

pan[7]—p. na(d), gw. **poni[1]**, **ponid[2]**.

pân[1] [bnth. H. Ffr. *pan(n)e*, o bosibl drwy'r S. C.] *eg.* Ffwr, ermin, manflew, croen (anifail), hefyd yn *dros.*; carlwm, cath ermin, *Mustela erminea*: *fur, ermine, down, fluff, (animal) skin, pelt, also transf.*; *stoat, ermine.*

1346 *LlA* 96, Ac vrth yr ysgin obali fflamgoch yroed *pan* or ermin manurith. **14g.** *GDG*[3] 42, Tëyrn llwyd, broffwyd hil Brân,—mae ungwr / Ym Mangor mewn gŵn *pân.* **15g.** *OBWV* 116, Ai celwydd wedi'r Calan / Wisgo o bawb wisg o *bân?* / . . . / Blawd mân yw'r *pân* ar bob pill, / Blawd wybr fal blodau Ebrill [i'r eira]. **15g.** *GGl*[2] 207, Llyna *bân* o sidan serch, / Llen Arglwyddes y Llannerch [i ofyn ffaling]. **15–16g.** *GLM* 283, Canonwr mewn ffwr a *phân*, / . . . / *pân* i'th gap, yno'th gipir. **1547** *WS*, *pan* croen, furre. *id. pan* y bele, marternes. **16–17g.** *GST* i. 578, Rhag annwyd, rhewog anian, / Hapus yw bod peisiau o *bân.* **1632** *D*, *pân*, pellitium, pili molliores. *id.* rhoi *pân* mewn dilledyn, panu d.g. *pelliculo.* **1632** J. DAVIES: *LlR* 377, Oddiar vn y dygwn ei wlân; oddiar arall ei groen; oddiar arall ei *bân.* **1670** J. HUGHES: *AP* [491], *pan*, ffwrr, blew man. **1770** *W*, math ar anifail . . . *pân* yr hwn sydd werthfawr d.g. *beaver* [*an amphibious animal* . . .]. *id.* d.g. *ermine* [*the rich and valuable fur* . . .], *minever* [*a sort of fur*]. **1796** T. JONES: *CCA* 351, Hwy a ddywedant am rai creaduriaid (y *Pân* [:– Ermin yn Saesoneg] yn un) y byddant feirw yn hytrach nâ myned i'r llaid i ddiwyno eu croen gwych.

pân[2] [cf. *panog*] *e?g.* *Bot.* Planhigyn o'r tylwyth *Eriophorum*, plu'r gweunydd, panog: *cotton-grass, bog cotton.*

Ar lafar yng Nghwmdulais, Morg., *B* vi. 152.

pân[3,4], gw. **paen, paun.**

pana, panacea, panad[1,2], gw. **poni[1]**, **panasea, poni[1]**, **ponid[2]**.

panaf: panu [bf. o'r e. *pân*[1]] *bg.* Leinio (dillad, &c.) â ffwr, gorchuddio â ffwr: *to line (clothes, &c.) with fur, cover with fur.*

1604–7 *TW* (*Pen* 228) d.g. *pelliculo.* **1632** *D*, rhoi pân mewn dilledyn, *panu* d.g. *pelliculo. c.* **1730** *Thos. Lloyd D* (LlGC) 186b, *panu*, pelliculo, to line with furr. **1803** *P*, *pànu*, . . . to cover with down or nap.

'panaid, gw. **cwpanaid.**

panasea, panacea [bnth. S. *panacea*] *eg.* Meddyginiaeth i bob clefyd, ateb i unrhyw broblem neu drafferth: *panacea.*

1929.

panasen, gw. **pannas[1]**.

panc [?cf. S. taf. (*to*) *pank* 'to beat; beat down apples from a tree'] *eg.* Dyrnod, ergyd, clewten, pwniad, cnoc: *blow, stroke, slap, thump, knock.*

Dchr. **17g.** *J* 10, 121b, *pangc*, dyrnod. **1707** *AB* 219b, *pangc*, a blow. S. **1770** *W* d.g. *blow, jerk, rap, thump.* **1803** *P*, *panc*, s. m. a sharp blow; a spank. Ar lafar yn nwyrain sir Drefn., 'Mi rôs i *banc* reit dda iddo [f]o', *Cymru* lii. [242].

pancan [*panc* + *-an*[1]] *eb.* ll. *pancins.* Curfa, cosfa, crasfa, cweir; tolc, cnoc, hefyd yn *ffig.*: *a beating, thrashing, hiding; dent, knock, also fig.*

1922. Ar lafar ym Meir., Môn, ac Arfon, 'Mi gafodd *bancan* iawn am ddweyd na 'na i', *Cymru* lxii. 73; 'Mae'r car wedi cael *pancan*'; dywedir hefyd fod rhywun 'wedi cael *pancan*' wrth fethu cael swydd, &c., yr oedd wedi rhoddi ei fryd arni.

pancecs, gw. **pancos.**

pancfa [bôn y f. ddil. + *-fa, ma*] *eb.* Curfa, cosfa, crasfa, cweir: *a beating, thrashing, hiding.*

Ar lafar yn sir Drefn., *LGW* 202.

panciaf: pancio [bf. o'r e. *panc*] *bg.a.* Cnocio, pwnio; tolcio, cael tolc: *to hit, thump; dent, be dented.*

[**1783**] *W* d.g. *to rap one, to thump.* Ar lafar yn sir Ddinb. yn yr ystyr 'tolcio', 'Mae'r car wedi *pancio*'.

pancins, pancog, gw. **pancan, pancos.**

pancos [bnth. S. *pancakes*] *e.ll.* (un b. *-en*). Crempog, cramwyth, ffroes; ffriterau, bara miod; omledau; hefyd yn *dros.* ac yn *ffig.*: *pancakes; fritters; omelettes; also transf. and fig.*

1895. Ar lafar yng ngodre Cered., sir Benf., a gorll. sir Gaerf., *Cymru* xxxiv. [121], *SC* vi. 122. Clywir y ff. *pancecs* yng nghanolbarth Cered., *B* xiv. 276, a hefyd ym Mhenllyn a sir Gaerf.. Digwydd hefyd y ff. *pancws*.

Amr.: **pancog** (un. b. *-en*; ll. dwbl *-au*, *-i*, *-od*, *pancocs*). **1722** *Llst* 189, *pancog*, *cogau*, s. *cogen*, f. pancakes, omelets. Ar lafar yng nghanolbarth Cered., *B* xiii. 139, ac yn sir Benf., *GDD* 215, *Geir Geg* 16. **ponca, ponco, bonca** [cf. *poncagau*] (*eg.* ac *e.ll.*). **18g.** *WLl* 269, bara miod, *ponca*. Ar lafar yn Arfon yn y ff. *ponco*, 'flour mixed with lard or bacon fat and then fried, sometimes eaten with bacon', *WVBD* 438; ac yn sir Drefn., 'tri *ponca*, platiaid o *bonca*', cf. *Geir Geg* 16. Ar lafar ym Mhenllyn yn *ffig.*, 'yr hen *bonca* gwirion'. **poncagau, poncacs, boncacs** [bnth. S. taf. *poncakes*] (un. b. *poncagen*, *boncagen*). **1882.** Ar lafar yn y ff. *poncagen* (ll. *poncagau* (Cered.), *poncacs* (gogledd Cered. a Brych.)), *Geir Geg* 16; hefyd yn y ff. *boncagen* (ll. *boncacs*) yng ngogledd Cered., *B* xiv. 276; 'Dydd Mawrth Ynyd, *Boncacs* bob munud', D. J. Evans: *HCS* 132; 'mor ddierth â *boncagen* i fochyn', M. Wiliam: *DY* 59.

Cfn.: **pancogi pannas:** *parsnip pancakes*. Ar lafar gynt yn sir Benf., 'This was considered a delicacy by the old people. It was made from sliced parsnip beaten into a pulp, and kneaded with wheaten flour and fresh butter', *GDD* 215.

pancreas [bnth. S. *pancreas*] *eg.* ll. *-au*. Chwarren hir feddal y tu cefn i'r stumog sy'n secretu inswlin a sugion treulio, cefndedyn: *pancreas*.
20g.

pancreatig [cfdds. o'r S. *pancreat(ic)*+ *-ig*[2]] *a.* Yn perthyn i'r pancreas: *pancreatic*.
20g.

pancws, gw. pancos.

pand[1,2], gw. poni[1], ponid[2].

pandanus [bnth. S. *pandanus*] *eg. Bot.* Coeden o'r tylwyth *Pandanus* sy'n tyfu yn Affrica, Malaysia, ac Awstralia: *pandanus*.
1841.

pandect [bnth. S. *pandect*] *eg.* ll. *-au*. Crynodeb o gyfraith sifil Rhufain a wnaethpwyd yn y 6g. O.C.: *pandect*.
1730 Iaco ab Dewi: *YL* 165, yr oedd yn y *Pandecteu* Gyfreith neilltuol.

pandemig [cfdds. o'r S. *pandem(ic)*+ *-ig*[2]] *a.* a hefyd fel *eg.* ll. *-au*. (Haint) sy'n effeithio ar bobl mewn rhan helaeth o'r byd neu'n fyd-eang: (*a*) *pandemic*.
20g.

pandemonaidd, pandimonaidd [cfdds. o'r S. *pandemon(ic)*+*-aidd*] *a.* A nodweddir gan bandemoniwm: *pandemonic*.
1864.

pandemoniwm, pandimoniwm [bnth. S. *pandemonium*] *eg.* Preswylfod cythreuliaid; lle gwyllt, anhrefn lwyr: *pandemonium* (*lit. and fig.*).
1904.

pandimonaidd, pandimoniwm, gw. **pandemonaidd, pandemoniwm.**

pandrael, pandraul [gair geir.] *e?g.* Clorian, tafol, mantol: *scales*, *balance*.
1604–7 *TW* (*Pen* 228), *pandraul* d.g. *statera*. *Dchr.* **17g.** *J* 10, 121b, *pandrael*, clorian. **1707** *AB* 219b, *pandrael*, a scale or balance. S.

pandy [bôn y f. *pannaf*: *pannu*+*tŷ*] *eg.* ll. *pandai*, ll. dwbl *pandeiau*. Adeilad ar gyfer pannu brethyn, &c., melin ban, hefyd yn *dros.* ac yn *ffig.*: *fulling-mill*, *tucking-mill*, *also transf. and fig.*
14g. *DGG*[2] 116, Lleidr eres hudoles hy, / Lleidr poendaith, nid lleidr *pandy* (Gruffudd ab Adda). **15g.** *GTP* 92, Pŵl fu y modd, palfau march, / *Pandy* mydr, pendew madarch [dychan i Dudur Penllyn gan Ieuan Brydydd Hir]. **1547** *WS*, *pandy*, a walkemyll. *Diw.* **16g.** *WLB* 18, kymer ffloks or *pandu* or brethyn. **1632** *D*, *pandy*, domus fullonica. **1716–18** *Llsgr R. Morris* 41, Yn iach imi leni wneuthur melina / na phlasdai brith enwog na *phandai* brethyna. *id.* 91, Capel dirgel daiargorph / *pandu* cywelu corph. **1761** *ML* ii. 285, Ni edy'r boblach yma mo honwyf yn llonydd . . . Rhaid iddyn' nhw gael malu yn y *pandy*! [**1783**] *W*, rhoi un . . . yn y *pandy* poeth d.g. *stive*, *to stive one up*. **1787** (**1812**) Twm o'r Nant: *PG* 54, Ow, mae nghalon yn curo fel *pandy* Glynceiriog. **18–19g.** *Llr* C 50, 219, yn y *pandy* poeth, in hot water. **1803** *P*. Digwydd fel enw ar felinau pannu mewn dogfennau ac enwau lleoedd o'r 15g. ymlaen, gw. J. G. Jenkins: *WWI* 352–65.

'paned, gw. **cwpanaid.**

panedig [bôn y f. *pannaf*: *pannu*+*-edig*] *a.bfl.* Wedi ei bannu: *fulled*.
1722 *Llst* 189, *pannedig* . . . fulled, tucked. **1770** *W*, lliain main *pannedig* d.g. *bocasine*. **1803** *P*, *panedig* . . . thickened by fulling or milling. Ar lafar yn Nyffryn Wysg, 'plancedi *panedig*'.

panel [bnth. H. Ffr. *panel* 'darn o frethyn, clustog a roddir o dan gyfrwy, darn (o unrhyw beth)', o bosibl drwy'r S. C.] *eg.* ll. *-i*, *-au*.

1. (*a*) Darn o frethyn neu glustog a ddodir o dan gyfrwy i arbed cefn ceffyl, mul, &c., leinin cyfrwy at yr un pwrpas, clustog; math o gyfrwy cyntefig di-bren, ystrodur; hefyd yn *ffig.*: *saddle-panel*, *-cloth*, *or -pad*, *cushion*; *primitive form of saddle*, *pack-saddle*; *also fig.*

13g. *LlI* 94, *Panel* kynhugyl, i.k'. *Panel* llyeyn, ii.k'. *c.* **1400** *YCM*[2] 53, Y gyfrwy oed gristal, a'r hoelon oedynt aryant, a'r *panel* yn bali mawrweirthawc. **15g.** *GTP* 47, A'r hen ystrodur a'r rhaff, / A'r *panel* llwm, trwm, tramawr, / A'r tresi a'r mynci mawr. **1604–7** *TW* (*Pen* 228), *panelæ* d.g. *dossualia*. **17g.** *CLlC* ii. 23, Y mae'r Sadler eger iawn / A stwffia gynt *banele*'n llawn. **1722** *Llst* 189, *panel*, m.p. *nelau*, a pannel for a horse's back. **1753** *TR*, *panel* . . . a pannel for an horse, a pack-saddle. **1778** J. Hughes: *BB* 319, Cyfrwyo iddo geffyl mo'r [*sic*] anwyl a'r ŵyn, / A nhwythau 'n marchogaeth ar *banel* o frwyn. **18–19g.** *LlGC* 13221, 18, *panel* in Glam signifies a cushion as *panel* cadair, cyfrwy, ysdarn &c. **1803** *P*. Ar lafar ym Môn ac Arfon yn yr ystyr 'clustog o wellt gwenith yn strodur neu goler ceffyl', *LlLlM* 100, *WVBD* 413; yn sir Ddinb. a sir Fflint am 'ystrodur mul', *Cymru* xlvi. 24.

(*b*) (enghrau. *ffig.*: *fig. exx.*).

14–15g. *IGE*[2] 331, I b'le bynnag, blew *banel* / Byrgi gwyddweli, ydd êl [Rhys Goch Eryri i'r llwynog]. **15g.** *GTP* 92, O bai'n y wlad, *banel* us, / Mwylsiwr mawr mal Syr Morys [dychan i Dudur Penllyn gan Ieuan Brydydd Hir]. **16g.** *GGH* 397, Pan welid hwn, *panel* tew, / Pwy a'i credai, pac rhydew [i Siôn Llwyd o Fodidris am ddwyn dau gi o Loddaith]? *id.* 457, Brasffrog brau boliog, byr, bawlyd—*banel*, / . . . / Bowl yw ei gorff, bol i gyd [dychan i Rufudd Hiraethog]. **16–17g.** *GST* i. 564, Cael *panel* er cloi pennill, / A chwnnu dysg, a chan dull (Edmwnd Prys). *id.* 957, Ffriw cythrel *panel* mewn pân—a chlytiau, / Chwilotwr pob cwpan [i Ifan Amhorgan, ffŵl]. **1762** H. Jones: *HCF* 41, Gadel i'r Defaid feirw'n sypie; / Ac ynte mewn diogi gwedi ymdroi, / Yn un *panel* heb droi moi penne. **1762** *ML* ii. 494, mi welaf lawer bai yn y cywyddau . . . 'Ac o gorph yn ddigon gwan. Rhyw benyd i'r hen *Banel*'. Ar lafar yn Arfon, 'hen *banel* diog'.

2. (*a*) Darn annibynnol o arwyneb rhywbeth sy'n sgwâr neu'n hirsgwar fel arfer ac a gynhwysir yn aml o fewn ffrâm, unrhyw beth tebyg o ran siâp, e.e. rhan o wensgod, darn o bren a phatrwm neu lun arno, bwrdd (mewn car, theatr, &c.) ac arno switshys, cwarel o wydr, &c.: *panel*, *window-pane*.

1725 *SR* d.g. *a Pane or pannell of glass, a Quarrel of Glass*. Ar lafar yn yr ystyr 'cwarel o wydr' mewn rhai mannau, *LGW* 147.

(*b*) Rheithgor: *jury*.

14–15g. (*Diw.* **16g.**) *Gwyn* 3, 170, Caib rhaib rhys rhwystrys, rhestra dy *banel* / cael cyn wyth fattel cwn i'th fwyta [Rhys Goch Eryri i'r llwynog].

(*c*) Grŵp o bobl (e.e. arbenigwyr, beirniaid, cystadleuwyr, &c.) a elwir ynghyd i archwilio neu i drafod rhywbeth, i ateb cwestiynau, &c.: *panel* (*of specialists*, *adjudicators*, *contestants*, *&c.*).

1930. Ar lafar.

panelaf[1]**: panelu, panelo** [bf. o'r e. bl.] *bg.a.*

(*a*) Llanw (cyfrwy, &c., â gwellt, &c.): *to stuff* (*saddle*, *&c.*, *with straw*, *&c.*).

1818. Ar lafar yng ngogledd Cered. yn y ff. *panelo*.

(*b*) Addurno â phaneli: *to panel*.

1937.

panelaf[2]**: panelu,** gw. **panylaf: panylu.**

panelog[1] [*panel*+*-og*] *a.* Wedi ei addurno â phaneli: *panelled*.

1803 *P*.

panelog[2] [gair Iolo Morganwg, drwy dybio mai tarddair o *pân*[1] yw *panel*] *a.* Mânflewog, blewog, hefyd yn *ffig.*: *downy*, *furry*, *also fig.*

1789 *BDG* 522, *Panelog*, pwy un eiliw [i'r haf]. **18–19g.** *LlGC* 13221, 18, *panelog*, from pân down. **18–19g.** *Llr* C 4, 16, pan ddêl y pawr *panelog*. / a chain gwŷdd a chân y gôg. *id.* 18, *panelog*, downy, furry, ni wêl y twrch *panel*[*o*]*g* / o'i flaen linyn graen y grôg Gw[m] Llwyd i'r wâdd.

panelog[3], gw. **panylog.**

panelwaith [*panel*+*gwaith*[1]] *eg.* (Gwaith coed ar ffurf) paneli: *a panelling*.

1937.

panelwr [*panel*+*-wr*] *eg.* (b. *-aig*) ll. *-wyr*. Aelod o banel (yn enw. ar raglen radio neu deledu): (*television or radio*) *panellist*.

20g.

panfa [bôn y f. *pannaf*: *pannu*+*-fa*, *ma*] *eb.* Y weithred o bannu; curfa, cosfa, crasfa, cweir: *a fulling*; *beating*, *thrashing*, *hiding*.

1803 *P*, *panva*, s. f. . . . the act of fulling; a banging. Ar lafar yn ne-ddwyrain Morg., e.e. 'Fi ro' i *banfa* ddæ i ti os næ wrindi di arno' i!'

panflew, pân-flew [*pân*[1]+*blew*] *e.tf.* ac *e.ll.*

(*a*) Ffwr, ffyrrau; manblu; ceden: *fur*(*s*); *down*; *nap*.

1816.

(*b*) (yn y ff. *pân-flew*) *Bot.* Papws: *pappus*.

1901.

pan-Geltaidd [cfdds. o'r S. *pan-Celt(ic)* +*-aidd*] *a.* Yn perthyn i'r gwledydd Celtaidd i gyd: *pan-Celtic*.

20g.

pangolin [bnth. S. *pangolin*] *eg. Swol.* Enw ar famolion o urdd y *Pholidota* a'u cynefin yn Affrica drofannol, de Asia, ac Indonesia, sydd â chroen cennog a durynnau hir sy'n eu cynorthwyo i fwyta morgrug a morgrug gwyn: *pangolin*.

1866.

pani, gw. **poni**[1].

panic, panig [bnth. a chfdds. o'r S. *pan(ic)*+*-ig*[2]] *eg.* ll. *panics*. Dychryn neu fraw sydyn, yn enw. pan fo'n effeithio ar grŵp o bobl: *panic*.

1867. Ar lafar, 'Mi es i *banics* gwyllt ar gownt y bil trydan'.

panid[1,2], gw. **poni**[1], **ponid**[2].

panier [bnth. S. *pannier*] *eb.* ll. *-i*, *-au*, *-s*. Basged fawr, yn enw. un o bâr a gludir gan asyn, ceffyl, &c., cawell, basged fara, hefyd yn *ffig.*: *pannier*, *basket*, *bread-basket*, *also fig.*

1547 *WS*, *panier* kawell, a pannyer. **1617** *Minsheu* 298b d.g. *a Maunde, or great basket*. **18–19g.** *Llr* C 4, 12, *panniar* Glam, lat panarium plur *panierau* . . . Cawell Bara. Yn nwyrain Morg. defnyddid *paniar* am yr iau a osodid ar gefn ceffyl, asyn, &c., i ddal y fasged.

Amr.: **paenier.** **16g.** Wiliam Cynwal: *Gw* (R. L. Jones) 671, Dy arfer, biser, *baenier* bonog, / Dwyn henwydd fawrfras, lliw ias lleuog [am lwynog].

panig, gw. **panic.**

panigl [bnth. S. *panicle*] *eg. Bot.* Math llaes ac afreolaidd o fflurgainc gyfansawdd ac iddi nifer o ganghennau fel a geir mewn ceirch: *panicle*.

1858.

paniglyd [*panig*+*-lyd*] *a.* A nodweddir gan duedd i frawychu'n sydyn ac yn afresymol: *panicky*.

1926.

panlle, gw. **pantle.**

pannaf: pannu [?bf. o'r e. *pant*] *bg.a.* Curo (defnydd) er mwyn ei lanhau a'i dewhau; mynd i mewn, tynnu ato (wrth ei olchi); curo, ffustio; gwneud pant (yn rhywbeth), tolcio; gwastatáu; hefyd yn *ffig.*: *to full* (*cloth*); *shrink* (*in washing*); *beat*; *dent*; *level* (*out*); *also fig.*

Dchr. **14g.** *H* 115b. 33–6, Meu gynnelw yr elwyr

alaf gan dreic . . . hep pant molyant milyoet naf hep *pannu* gan y pennaf (Llywarch ap Llywelyn). *id.* 122a. 26, a gwaetlen am benn a *bannet* (Hywel ab Owain Gwynedd). **14g.** *Cy* vii. 147, *pannv* breoed a brynnyeu. **15g.** *GGl*² 207, Lliw dan gnawd llydan o gnu, / Llawrodd, ffynnodd ei *phannu* [i ofyn ffaling]. **1547** *WS*, *panny*, thycke, full. *c.* **1600** *Cylchg LlGC* i. 79, Am wlan i wnevthvr pais iddi hi . . . i Sion padrick am *bannu* y bais honno . . . iiijd. **1632** *D*, *pannu*, fullare. *id. pannu*, à Pant, idem quod Pannylu. **1688** *TJ*, *pannu* . . . to be made lower, to to dent, to indent. **1740** T. EVANS: *DPO* 156, Brethyn gwynn pentan, neu fath o Frethyn eddi heb ei *bannu.* **1762** T. WILLIAMS: *HHO* 197, Maddeu'n beiau Duw'n y byd, A *phannwn* yn ffynon yr Ysprydd. **1763** *ML* ii. 603, Gwrda Elis o'r Cneugae am *bannu*'r wraig! **1784** D. JONES: *LlDI* 14, Y mae ein Croen, o'i hîr *bannu*, wedi myned yn wydyn erwinol. **1803** *P* d.g. *panu*, *pannu.* Ar lafar ym Morg. a gogledd Cered. yn yr ystyr 'tynnu ato', 'Ma'r jemper 'ma wedi *pannu*'; yn y Gogledd a Morg. yn yr ystyr 'curo, taro', *WVBD* 413, *Cymru* xlvii. [141], lii. [242], *LGW* 203; yng ngorllewin Morg. yn yr ystyr 'stwnsio, potsio', *Geir Geg* 110.

Cfn.: **pannu arni:** *to work diligently, slog.* Ar lafar yng Nghered. **p. ymlaen:** *to press on, forge ahead.* Ar lafar ym Morg., ''Fydd raid *pannu mlân* os ŷn ni'n mynd i gwpla 'eddi'.

pannars, gw. **pannas**¹.

pannas¹ [?bnth. Ffr. *panais*; cf. Crn. Diw. *panez*, *panan*, Llyd. C. *panesenn*] *e.ll.* (un. b. *panasen*). *Bot.* Planhigion a dyfir er mwyn eu gwreiddiau hir gwyn bwytadwy, *Pastinaca sativa*, gwreiddiau'r planhigion hyn, llysiau Gwyddelig, moron gwynion; moron, llysiau coch, carets, *Daucus carota*: *parsnips*; *carrots.*

1604–7 *TW* (*Pen* 228), *pannas* d.g. *pastinaca.* **1672** R. PRICHARD: *Gw* 267, Ac or ceisii Bwmps a *phannas*, / O flaen Manna, mae 'ti anras. *id.* 364, garlleg ac wyniwn, a *phannas* [:– Llysiau gwyddelig] a phompiwn, / Fel Twrchod a garwn ni'n aryth. **1707** *AB* 33a, S.W. *pannas* . . . N.W. moron gwnnion, Llysiæ Gwyddelig. *c.* **1730** *Thos. Lloyd D* (LlGC) 185b, *pannasen*, Dem. pastinaca. **[1762]** E. POWELL: *HEI* 27, Berwch *Bannas*, Moron cochion y geilw rhai hwynt. **1778** *W* d.g. *parsnips.* Ar lafar yn y De.

Amr.: **pannars** (un. b. *panarsen*). Ar lafar yn neddwyrain Morg. **pannws. 1704** T. JONES: *Alm* [51], Y *Panws*, neur [m]oron, mân byrrion bâch. **pannys** (un. g. *panysyn*). **1632** *D*, *pannys*, idem quod Moron. **1722** *Llst* 189, *pannys*, s. *nysyn*, m. parsnips. **1753** *TR.* **pennas** (un. b. *penasen*). Ar lafar yn nwyrain sir Gaerf.

Cfn.: **pannas y fuwch:** *cow parsnips, hogweed, Heracleum sphondylium.* **1809. p. y cawr = p. y fuwch. 1934. p. y dŵr:** *water parsnip, Sium, esp. S. latifolium.* **1809. p. gwyllt(ion):** *wild parsnips, Pastinaca sativa; ?cow parsnips, hogweed, Heracleum sphondylium.* **1604–7** *TW* (*Pen* 228), y *pannas gwyllt* d.g. *pastinaca* . . . *pastinaca erratica.* **[1762]** E. POWELL: *HEI* 29, [P]*anas gwylltion*, sef Panas y môch. **p. y moch:** *wild parsnips, Pastinaca sativa; cow parsnips, hogweed, Heracleum sphondylium.* **1753** *TR* (*Bot*), *pannas y môch*, wild parsnips. **[1762]** E. POWELL: *HEI* 29, [P]anas gwylltion, sef *Panas y moch.* **1801** *MMf* 290.

pannas² [?bôn y f. fl.+-*as*²; neu cf. *pannas*¹] *a.* yn yr ymad. *yn bannas*, a hefyd fel *e?g.* Llwyr; curfa, cweir: *complete*; *a beating.*

18–19g. *Llr* C 8, 218, *pannas*, entirely, Sil trwyddo'n *bannas*, ei faeddu'n *bannas*, ei dorri'n *bannas*, &c. Ar lafar yn nwyrain Morg., 'Fe wadws Dai yr 'en ddiain yn *bannas*', *B* xvi. 99. Ar lafar ym Môn yn yr ystyr 'curfa', 'Mi gafodd *bannas*', *ISF* 59.

panneg, pannel, gw. **pennyg, pannwl.**

pannog¹ [gair geir., sef bôn y f. fl.+-*og*] *a.* Wedi ei bannu: *fulled.*

1707 *AB* 219b, *pannog*, thicken'd as cloath. **1722** *Llst* 189, *pannog*, fulled, tucked. *c.* **1730** *Thos. Lloyd D* (LlGC) 186b, *pannog* . . . mill'd. **1753** *TR*, *pannog*, thicken'd as cloth, frized, furred.

pannog², gw. **pennog**¹.

pannordd [*pan*²+*gordd*] *eb.* Gordd neu forthwyl mewn pandy: *mallet or beetle in a fulling-mill, faller, fulling-stock.*

c. **1400** *R* 1346. 10–11, Brat iat iwtbrenn penn *pannord.*

pannwl [cf. *pant*] *eg.* ll. *pan(h)ylau*, (prin) *panyloedd.* Pant neu gwm bychan, ceudod, twll, rhych; twll chwerthin; hefyd yn *dros.* ac yn *ffig.*: *small or hollow valley, depression, hole, hollow, furrow; dimple; also transf. and fig.*

15g. *Glam Bards* 312, poeni n hel yn y *panhylau* / a thrwy bebyll gwyngyll gau (Rhisiart Brydydd). **1543** *B* viii. 298, Gadel tylle ne *banhyle* yn yr hidyl ynghylch y maen issa. **1545** *CM* 1, 219, Ac yvo adyf mewn *panyloedd* keuo on [*sic*] ar diroedd sych. *id.* 311, lle I bo Padell yrymennydd gwedi plygv ynn *bannwl. id.* 582, un ortrisudd [*sic*] yma gwedi kyulowni a lle[n]/wi y hrych ner *pannwl.* **16g.** SIÔN BRWYNOG: *C* 23, Traed hwn a ŵyr taro twl, / Torryn pennarth, trwyn *panwl* [am farch]. **16g.** *Celtica* v. 150, [g]ollwn waed a ffylaim or ddav *banwl* yssy o bob tv ir ygwydyle. **16g. (1763)** W. SALESBURY: *LlM* 36, blode gwnion crynion a *phannwl* nei bant bychan fel bogel dyn. **1604–7** *TW* (*Pen* 228) d.g. *vallecula. Dchr.* **17g.** *J* 10, 121b, *pannwl*, cavum, lacuna . . . striatura. **1630** *YDd* 167, [b]rynniau vchel o gyfrwysdra dichellgar . . . ac o'r tu arall *bannylau* isel, tlodi, diniweidra, a gwendid di ymwaredol. **1632** *D*, *pannwl*, locus demissior, enclasis. *id.* d.g. *ruga.* **1752** *ML* (Add) 228, Uwch ei grann y mae *pannwl.* **1803** *P*, *pannwl* . . . a dimple.

Amr.: **pannel** [gair Iolo Morganwg, sef *pant*+-*el*, cf. *gorel*] (ll. *panelau*). *c.* **1785–90 (1829)** *CBYP* 122. **18–19g.** *IMCY* 124. **1803** *P*, *pannel* . . . a small dingle.

pannwr, pannydd [bôn y f. fl.+-*wr*, -*ydd*³; ?cf. *Pangur*, e. cath mewn cerdd H. Wydd.] *eg.* ll. *panwyr*, *panwriaid*, *pannwrs*, *panyddion.* Un sy'n pannu, hefyd yn *dros.* ac yn *ffig.*: *fuller, also transf. and fig.*

1334 *HD* 110, Angharet vxor Ith' *Pannour.* **14g.** *GDG*³ 424, Penial cerdd dyfal dafawd, / Pen ar y gŵyr, *pannwr* gwawd [marwnad Dafydd ap Gwilym gan Fadog Benfras]. **15g.** *GDID* 53, Y pen a'r cyrn, *pannwr* cae / A wnai dai yn adwyau [i ofyn eidion]! **1567** *TN* 64a, ei ddillat a ddysclaeriawdd . . . mor ganneid na vedr neb *pannydd* [:– vn *pannwr*] ar y ddayar ei gwneythy'r. **16g. (1763)** W. SALESBURY: *LlM* 94, Llysie Yr Cribe . . . yr hwn a blan y *panwr* yn ei gerddi. **16–17g.** *CRC* 430, Yr oedd yno hefyd *bannwyr* / heb fod yn hanner kowir. **1632** *D*, *pannwr*, fullo. **1658** R. VAUGHAN: *GA* [vi], gwehyddion ar *panwriaid* or oes yma. **1672** R. PRICHARD: *Gw* 365, [y] tanner a'r twccwr [:– *pannwr*]. **1766** *CD* 166, Y *Pannwr* am Pwniodd, / Ni fynnwn mewn un fodd [i'r ofer ferch]. **1803** *P* d.g. *panwr.* Digwydd mewn e. lleoedd, J. G. JENKINS: *WWI* 369.

Amr.: **pennydd. 1722** *Llst* 189, *pennydd*, m.p. *nyddion*, as Pannwr.

pannws, pannydd, pannys, gw. **pannas**¹, **pannwr, pannas**¹.

panog¹ [?yr un gair â *panog*²; ?cf. *pân*²; ?cf. hefyd H. Wydd. *canach* 'deunydd gwlanog, manblu planhigion, plu'r gweunydd'] *eb.g.* (un. g. -*yn*) ll. -*iaid. Bot.* Un o amryw fathau o blanhigion tal o'r tylwyth *Verbascum*, ac iddynt, fel rheol, flodau melyn, a dail llydain mân-bluog: *mullein.*

16g. (1763) W. SALESBURY: *LlM* 233, Verbascum yn Lladin, moleyne, higges taper ne Longe wurt yn saesonaeg ar *Banoc* yn cambraec. *id.* 235, y ddau *bannogyn* ynt vlewoc. *id.* 236, ar ddau *bannogiet* a Dyfant. **1604–7** *TW* (*Pen* 228), y *Banoc* d.g. *verbascum.* **1688** *TJ* (*Bot*), y *Banog*: Dioscoridis, Higtaper, Mullein. **1813** *WB* 225, *Pannog.* edr. Sircyn Y Melinydd.

Cfn.: **panog hanner-pan (hanerpan):** *mullein.* **1725** *SR* (*Bot*), y *banog haner pan* d.g. *mullein.*

panog² [*pân*¹+*og*; tebyg mai yma, yn hytrach nag i *pannog*¹, y perthyn yr enghrau. o'r sillafiad *pannog* a ddyfynnir isod] *a.* Wedi ei orchuddio gan flew, ffwr, neu fanflew, blewog, gwlanog; wedi ei addurno (ei leinio, &c.) â ffwr: *hairy, furry, downy, woolly; furred, decorated (lined, &c.) with fur.*

p. **1570** *RWM* ii. 1040, Pinner o sidan *panog* ac escyll [i'r ceiliog]. **16g.** WILIAM CYNWAL: *Gw* (R. L. Jones) 670, Mwythus gi poenus, *pannog*—gynffon carth [dychan i'r llwynog]. **16–17g.** E. PRYS: *Gw* 298, Bol crothog dan *bannog* bais, / Llyma fol llawn o falais [i'r llwynog]. **16–17g.** *RAGR* 267, Ac fellv yn ddiofnog / yn i bais *bannog* [am ladd llwynog]. *id.* 305, oble i daethost ti madog gochrudd wn *panog.* **1604–7** *TW* (*Pen* 228), dilledyn Frisioc ne *banoc* d.g. *chimastrum.* **17g.** *LlGC* 13215, 373, *panog*, pellitus. **1722** *Llst* 189, *panog*, furred. *c.* **1730** *Thos. Lloyd D* (LlGC) 186b, twrch *Panog.* **1780** *W*, twyg *banog* d.g. *pilcher* [*a sort of gown lined with fur, &c.*]. **1803** *P.*

panogyn, gw. **panog**¹.

panorama [bnth. S. *panorama*] *eg.b.* ll. *panoramau.* Golygfa eang ddi-dor ar dirlun, hefyd yn *ffig.*: *panorama, also fig.*

1855.

panoramaidd [*panorama*+-*aidd*] *a.* Panoramig, hefyd yn *ffig.*: *panoramic, also fig.*

20g.

panoramig [cfdds. o'r S. *panoram(ic)*+-*ig*²] *a.* Ac iddo nodweddion panorama, tebyg i banorama, hefyd yn *ffig.*: *panoramic, also fig.*

20g.

pans, gw. **pants.**

pansaf: panso [?bnth. S. taf. (*to*) *panse* 'to think (of), consider'] *bg.* Cymryd gofal mawr (wrth wneud rhywbeth), ymdrafferthu: *to take pains or great care (in doing something).*

1876. Ar lafar yng Nghered., sir Benf., a'r De, ''Wên i'n *panso* i reito hwnna a wedyn weth nes i fistêc'; ''Ôn i'n *panso*'n ofnadw i 'redig'.

pansi [bnth. S. *pansy*] *eg.b.* ll. -*s*, a hefyd gyda grym ansoddeiriol. Trilliw, llysiau'r drindod, *Viola tricolor*; dyn neu fachgen merchetaidd, dyn cyfunrhywiol, yn ddifr.: *pansy*; *pansy, effeminate man or boy, homosexual (derog.).*

1905. Ar lafar yn gyff.; hefyd yn sir Gaern. yn y ff. *pansan*, 'hen *bansan* o hogyn bach', *BILlE* 31.

pant [e. lle Crn. (*Goen*)*bans*] *eg.* (bach. -*yn*, *pentyn*) ll. -(*i*)*au*, -*oedd*, *pentydd*, hefyd gyda grym ansoddeiriol, ac wedi ei dreiglo'n feddal fel *adf.* (gw. y cfn. *i bant*). Ceudod, ceuedd, glyn, hefyd yn *ffig.*; tolc: *hollow, depression, valley, also fig.; dent.*

12g. *LL* 166, dir *pant* maur. *c.* **1300** *H* 106b. 4, gwarthaf brynn a phenryn a *phant* (Llywarch ap Llywelyn). *Dchr.* **14g.** *id.* 115b. 33–6, Meu gynnelw yr elwyr alaf gan dreic . . . hep *pant* molyant milyoet naf hep pannu gan y pennaf (Llywarch ap Llywelyn). **14g.** *GDG*³ 83, Pantri cerdd uwch *pant* eiry cawdd [i'r llwyn celyn]. *c.* **1400** *YCM*² 110, ual yr oed Otuel yn marchogaeth y mywn *pant* mawr. *c.* **1400** *DrOC* 30, Y decuet dyd y gwasgerir y mynyded a'r *pentyd.* **15g.** *GGl*² 303, Wyth ganmil a'th ganmolant / O Frysto i Benfro *bant.* **15–16g.** *TA* 388, Cnyw rhwyddgyrch, cenau'r hyddgant, / Cny ffrwyn byth, cnyw â ffroen *bant.* **[1547]** W. SALESBURY: *OSP*, Ir *pant* y red y dwfyr. **1588** *Eseia* xl. 4, Pob *pant* a gyfodir. **1588** *Bar* v. 7, llenwi y *pantoedd* yn ogyfuwch a'r ddaiar. **1632** J. DAVIES: *LlR* [14], tros gynnifer o fryniau, a *phantiau.* **1655** WL: *DP* 53–4, Sainct a fuant feirw mewn tangnheddyf o'r *pant* dagrau hwn. **1722** *Llst* 189, *pant*, m.p. *pantau*, *toedd*, *pantiau*, *pentydd*, a bottom, dingle, valley. **1794** *W*, *pentyn* d.g. *valley, a little valley.* **18–19g.** *Llr* C 30, 165, *pant*, adj, lle *pant*, Cae *pant*, a low place, a low field. **1803** *P*, *pant*, s. m. pl. *pentydd* . . . a depression, or sinking in, a hollow, a dinge; a dingle; a low place, or bottom hemmed in all round. Ar lafar yn ardaloedd glofaol gorll. Morg. yn yr ystyr 'y man y glaniai'r siwrne ar waelod y ddrifft cyn iddi gael ei thynnu i'r wyneb', *Geir Glo* 7.

Cfn.: **pant (y) llaw:** *palm of the hand.* **1830. bant-â-hi:** *slapdash; unceremonious.* **20g. b. â'r cart:** *off we go.* **1915.** Ar lafar yng Nghered. a sir Benf. **pant a thalar:** *hill and dale, everywhere.* **1595** M. KYFFIN: *DFf* [193–4], ei fod ef [y Pab] yn cerdded *pant a thalar* ymhob gwlad i bregethu'r Efengyl. **ar bant a bryn:** *on (every) hill and dale, everywhere. Dchr.* **15g.** *GM* 23. **18g.** *W Ballads* 103, 7. Cf. *GM* 22, ar fryn a phant. **i bant, bant:** *away, off.* **16–17g.** LLYWELYN SIÔN, &c.: *Gw* 329, vaeth *i bant* gwarant gwerin. **1739** *ML* i. 7, os byddaf wedi mynd *i bant.* **1775** D. JONES: *HCY* 38, Gad yna *bant* Deganau'r Byd. Ar lafar yng Nghered., sir Benf., a'r De. **o bant:** *from away.* **1906.** Ar lafar yng ngodre Cered., sir Benf., a'r De, 'bobol *o bant* ŷn' nw!' **o b. i bentan:** *from beginning to end, in its entirety; everywhere, from pillar to post.* **1741** *ML* i. 50. **1763** *id.* ii. 600. Ar lafar yn Arfon, '*o bant i bentan*' 'all over the place', *WVBD* 413. **o b. i dalar = o b. i bentan. 1925.** Ar lafar yn Arfon, 'curo rŵun *o bant i dalar*'; 'deud hanas o bob peth *o bant i dalar*', *WVBD* 521.

pantaf: pantu, gw. **pantiaf: pantio.**

pantalŵn [bnth. S. *pantaloon*] *eg.* ll. -*s.* Math o drywser tyn a wisgid yn niwedd y 18g. a dechrau'r 19g.; (yn y ll.) dillad isaf (yn gellweirus): *pantaloon*; (*pl.*) *underwear, underclothes (facet.).*

1803.

pantell, pentyll, *e?g.* ll. *pentyll*, ll. dwbl *pentyllau.* Sypyn o eithin: *bundle of furze.*

Ar lafar yn sir Benf., 'peder whin-fforched neith

bantell, deugen *pantell* neith lwyth', *GDD* 215; hefyd yn y ff. un. *pentyll* (ll. *pentyllau*), Cf. *Gwyddor Gwlad* iii. 37, Byddai'r grepach yn fynych ar fy nwylo wrth gasglu'r eithin yn '*bentyllau*'. Defnyddid ambell dro '*pantell*' am yr unigol ac elai hwnnw yn '*pentyll*' yn y lluosog, ond fynychaf '*pentyll*' oedd yr unigol a '*pentyllau*' oedd y lluosog.

panter[1], **pantler, pantrer** [bnth. S. C. *panter, pantler, pantrer* 'household official in charge of bread, &c.'] *eg.* Swyddog gynt (mewn neuadd, &c.) a ofalai am y pantri ac am ddarparu bara: *former household official in charge of bread-supply and the pantry.*

14g. *GIG* 75, A'r pen cog, darpan y cad, / A'r drysor da ei drwsiad, / A'r *pantler* a'r bwtler bach. **15g.** *Pen* 109, 61, tri bwtler sewer yssyd. / Tri choc *pantrer* a chigyd (Lewys Glyn Cothi). **15–16g.** *TA* 11, Usier a *phanter* a cherfer a chôg. **16g.** DAFYDD BENWYN: *Gw* 376, doeth y osod, diwith iser, / da vyth benntre, di-veth *banntrer*. *Dchr.* **17g.** *Mos* 147, 164, ty'r gwr ai *banter* (*GGl*[2] 245, a'i bantri) ai goc.

panter[2], **pantera**, gw. **panther, panthera.**

pantiad [bôn y f. ddil.+*-iad*[1]] *eg.* Pant: *hollow, depression.*

1803 *P.*

pantiaf, pantaf: pantio, pantu [bf. o'r e. *pant*] *bg.a.* (Peri) bod neu fynd yn geuol, yn geugrwm, neu'n gafnog, ceuo, cafnio; gwneud pant (yn rhywbeth); suddo (yn y canol), sincio, sagio: *to (cause to) be or become hollow, concave, or sunken; make an impression (in something); sink (in the middle), sag.*

1722 *Llst* 189, *pantu*, as Pannylu. **1725–6** *Madd Ed* 151, y mae Gŵyn . . . yn *pantu* ei Lygaid. **1780** *W* d.g. *to pit.* **1800** W. OWEN[-PUGHE]: *CP* 126, fal y galloch bwyso â bŷs yn drwm arno, heb iddo *bantio* na gadel ôl. **1803** *P*, *pantu* . . . to depress, to bulge in; to dimple; to sink in, to become a hollow. Ar lafar yn y De yn y ff. *pantu*, 'Mwn 'en dai 'wyt ti'n amal yn gweld bod y llawr wedi *pantu*'; hefyd yn y Gogledd yn y ff. *pantio*, 'Ma bocha Siôn wedi *pantio* ers 'i salwch'.

pantiog, pantog [*pant*+*-(i)og*] *a.* Wedi pantio (e.e. am fochau), wedi suddo'n ddwfn (e.e. am lygaid); ac iddo lawer o bantiau, anwastad, ?llawn tyllau (am ffordd); yn suddo (yn y canol), yn sagio; ceuol, ceugrwm, cefnbant: *hollow (of cheeks, &c.), sunken (of eyes, &c.); having many hollows, uneven, ?pot-holed (of road); sinking (in the middle), sagging; concave, saddle-backed, hollow-backed.*

18–19g. *Llr* C 16, 181, pannelog, llawn pantau, *pantog*. **1803** *P*, *pantawg*, having a depression, a sinking in or hollow.

pantir [*pant*+*tir*] *eg.* Tir mewn pant, dyffryndir, doldir, llawr gwlad: *dale-land, valley-bottom, lowland.*

1905.

pantlawr [*pant*+*llawr*[1]] *eg.* Llawr anwastad neu geugrwm: *uneven or concave floor.*

1908 EIFION WYN: *TMM* 14, Chwareuai eu plant ar yr aelwyd, / Eu chwareu, fel wyn ar y ffridd, / Eu hoffder oedd torri eu henwau / Ar wyneb y *pantlawr* o bridd.

pantle, panlle [*pant*+*lle*[1]] *eg.* ll. *-oedd.* Pant, glyn, cwm bychan, lle pantiog, hefyd yn *dros.*: *hollow, dell, small valley, place full of hollows, also transf.*

15g. *HCLl* 54, Dof i'r wlad, difyr o le, / I fro Benllyn, frau *banlle*. **16g.** *GGH* 295, Wiliam, a fyn elw am fawl, / Penllyn wyf, *panlle* nefawl. **16g.** *Études* v. 253, Penllad, ar y *panlle* hwnn. **16g.** WILIAM CYNWAL: *Gw* 169, Hunlle' drist mewn *panlle* draw. **1632** *D*, *panlle* d.g. *valles.* **1703** E. WYNNE: *BC* 94, gwelwn ryw gwm mawr . . . Y *Pantle* yna. **1722** *Llst* 189, *panlle*, a bottom, dingle. **1770** *W*, *panlle* d.g. *bottom* [*valley*]. **18–19g.** *Beirdd y Bala* 21, Mewn mur *panlle* mae môr Penllyn.

pantler, pantnar, panto, pantog, gw. **panter, partner, pantomeim, pantiog.**

pantomeim [bnth. S. *pantomime*] *eg.* ll. *-s, -iau.* Math o ddrama a berfformir fel arfer tuag adeg y Nadolig ac a nodweddir gan ffars, cerddoriaeth, cymeriadau traddodiadol, a jôcs cyfoes; meim; hefyd yn *ffig.*: *pantomime; mime; also fig.*

1910 *T. Gwynn Jones G* 1844 (ii), A welsoch chwi fod Caernarfon yn myned i gael ei 'hanrhydeddu' ag 'arwisgiad' y Tywysog! . . . *Pantomime* ymhob man—dyna unig awydd y genedl heddyw. Ar lafar, hefyd yn y ff. *pantomein* a'r ff. dalf. *panto.*

Amr.: **pantomîm. 20g. pantomîn** [cf. *pantomîm* a'r ff. laf. *pantomein*]. **1924** S. LEWIS: *DW* 17, [*p*]*antomîn* y 'Commedia dell' Arte'.

pantomeimaidd, pantomimaidd [*pantomeim, pantomîm*+*-aidd*] *a.* Yn perthyn i bantomeim, tebyg i bantomeim: *pantomimic.*

1911.

Amr.: **pantominaidd** [*pantomîn*+*-aidd*]. **1924** S. LEWIS: *DW* 17.

pantomein, pantomîm, gw. **pantomeim.**

pantomimaidd, pantomîn, gw. **pantomeimaidd, pantomeim.**

pantrer, gw. **panter.**

pantri [bnth. S. C. *pantri*] *eg.* ll. *pantrïau.* Ystafell (fach), cwpwrdd, neu ran o dŷ, &c., lle cedwir bara (yn wr.) a bwydydd eraill, larder, cell fwyd, llaethdy, hefyd yn *dros.* ac yn *ffig.*: *pantry, larder, dairy, also transf. and fig.*

14g. *GDG*[3] 83, *Pantri* cerdd uwch pant eiry cawdd [i'r llwyn celyn]. *id.* 356, *Pantri* difydig digeirdd, / Pentan, buarth baban beirdd [i Niwbwrch]. *id.* 424, Pentref cerdd, pen trofa cad, / *Pantri* cur, puntur cariad [marwnad Dafydd ap Gwilym gan Fadog Benfras]. **14g.** *GIG* 76, Ystafell, meddgell, i mi; / Cegin, *pantri*, bwtri, bwyd / Pan fynnwyf. **14–15g.** *IGE*[2] 163, Llywelyn . . . / . . . / Pwyllfab Moel, berw ferw fawredd, / Pwyntiwr mawl, *Pantri* y medd (Rhys Goch Eryri). **15g.** *GGl*[2] 245, Tŷ'r gŵr a'i *bantri*, a'i gog, / Yw'r tri-dawn, gwrtiwr oediog. **15g.** *DE* 114, pavn gwynedd gyvannedd ged / pavn trevor *pantri* yved. **15g.** *CSTB* 27, Pand truan *pantri* o wiail / Na chaent ddwyn eu chwant o ddail. **16g.** DAFYDD BENWYN: *Gw* 275, neüaddaü, yn newyddion, / a mawr sir, yno mae'r son, / parlÿraü, perlaü eraill, / pentre'r llü, *pantriaü*'r llaill. **1632** *D*, *pantri*, panarium, panis repositorium. **1688** *TJ*, *pantri*: a Larder or Pantry. **1778** *W* d.g. *pantry.* Ar lafar yn gyff., *Cymru* lxii. 72.

pants, pans [bnth. S. *pants*] *eg.* ll. *-ys.* Clos a wisgir fel dilledyn isaf i ddyn, trôns: *pair of (under)pants.*

Ar lafar, 'Cofia wishgo *pans* glân, rhag ofon i ti gâl acsident'; ''Whithodd y gwynt y *pansys* off y lein ddillad i gyd'.

pantyn, gw. **pant.**

pantheist [bnth. S. *pantheist*] *eg.* ll. *-iaid.* Holldduwiad: *pantheist.*

1915.

pantheistaidd [cfdds. o'r S. *pantheist(ic)* +*-aidd*] *a.* Hollddduwiaethol, hollddduwiaidd: *pantheistic.*

1866.

pantheistiaeth [bnth. S. *pantheist*+*-iaeth*] *eb.g.* Hollddduwiaeth: *pantheism.*

1856.

pantheistig [cfdds. o'r S. *pantheist(ic)*+*-ig*[2]] *a.* Hollddduwiaethol, hollddduwiaidd: *pantheistic.*

20g.

pantheon [bnth. S. *pantheon*] *eg.* Teml wedi ei chysegru i'r holl dduwiau, teml lle cesglir ynghyd ddelwau duwiau cenedl gyfan, yn enw. yr un a adeiladwyd yn Rhufain *c.* 25 C.C., hollddduwfa; yr holl dduwiau ynghyd, holl dduwiau pobl neilltuol; hefyd yn *dros.* ac yn *ffig.*: *pantheon, also transf. and fig.*

1762 D. ROWLAND: *PA* 15, gwnaethant deml yn Rhyfain a elwid *Pantheon.* *id.* 16, caent fynediad rŷdd i'r *pantheon*, lle gallent yn hawdd weled eu Duwiau. *ib.* ni chl[yw]ais bennodi un lle i Dduw'r Hebreaid yn y *Pantheon.* Cf. R. E. WILLIAMS: *CB* 184, Dyma'r pryd y cyssegrodd Boniface IV y *Pantheon* . . . at wasanaeth Mair a'r merthyron.

panther [bnth. S. *panther*] *eg.* ll. *-od. Swol.* Llewpart, *Panthera pardus*, hefyd yn *ffig.*: *panther, also fig.*

1604–7 *TW* (*Pen* 228), llefein mal *panther* d.g. *caurio.* **1633** *Addysg i Farw* 33, y *panther* yr hwn yn gwybod fod pob anifail yn ffo rhagddo rhagi [*sic*] ofn o ran anferthrwydd i ben afliwgar a estyn i ben i ryw berth-lwyn dyrus-dew a phan fo'r anifeiliaid yn ymdyrru atto, i edrych ar i groen lliw-deg . . . yn ddi-atreg efe a ruthra yn i mysg ac a sclyfaetha arnynt. Yn yr un wedd i mae'r *panther* anolygus ymma, Satan . . . sydd yn ciddio i ben gwrthyn ac a ddengus i groen hyfryd-liw creugar. **1722** *Llst* 189, *panther*, m.p. *therod*, a panther. **1778** *W* d.g. *panther.*

Amr.: **panter**[2] [ansicr yw'r engh. gyntaf (sy'n sail i'r ail), a dichon mai engh. o'r e. *panter*[1] ydyw; ynglŷn â'r arfbais gw. *DWH* ii. 518]. **16g.** *DWH* i. 151, A'r *panter* pur, pwynt aur pell, / Er costiaw ar y castell [Wiliam Cynwal am arfbais Dafydd Salop]. *c.***1730** *Thos. Lloyd D* (LlGC) 187b, *panter* . . . a panther.

panthera, pantera [bnth. dysg. Llad. *panthēra*] *e?b.* ll. *pant(h)ere.*

(*a*) *Swol.* Panther, llewpart, *Panthera pardus*: *panther, leopard.*

1346 *LlA* 165, anifeileit aelwir eliffeit. a dromedarii . . . *panthere* (*Pen* 47, ii. 18, *pantere*). **15g.** *Med H* 26, Pardus sydd anivel tra buan a mannau gwynnion arno megis *pantera*. . . . Nid oes amravael mewn lliw rryngtho a'r *pantera* namyn gwynnach yw mannau y *pantera* nor eiddo ef.

(*b*) Math o faen gwerthfawr: *kind of precious stone.*

1346 *LlA* 171, iaspis a sardonic a *phanthera* (*panthera*).

panwarch, gw. **pynfarch.**

panwaun [*pân*[1], *pân*[2], neu *pant*+*gwaun*] *eb.g.* ll. *panweunydd.* Gwaun gorsiog, mawnog, dôl wlyb: *marshy ground, peat bog, wet meadow.*

1707 *AB* 219b, *panwen*, gwaun 'lŷb ne vownog. Glam. **1753** *TR*, *panwen*, Gwaun bân, Gwaun wlŷb neu fownog, a wet meadow. Glamorg. **1803** *P*, *panwaen*, s. f. pl. *panweunydd*, a wet meadow, a peat moss. Ar lafar yn nwyrain Morg., 'Ma'r gwarthag wedi mynd i'r *panwan*', 'Gwair clawd sy' iddyn' nw ar y *banwan*'; clywid gynt yr ymad. *ffig.* 'wedi mynd i bori'r *banwan*' 'he has fallen from good into bad ground', *LlGC* 1175, 22; clywir y ll. *panwînydd* yn ardal Cwmdulais (Castellnedd), *B* vi. 152. Digwydd fel e. lle ym Mrynaman ac fel elf. mewn e. lleoedd yn ardal Cwmdulais, '*Panwen* Pyrddin', '*Panwen* Tir Mil', '*Panwen* Torr y Betel', *ib.*

pân-wlân, panwlan [gair geir., sef *pân*[2] +*gwlân*] *eg.* Cotwm gwyn; gwlân mânbluog; math o ffwr, sef croen oen a'r gwlân wedi ei gyweirio i'w wisgo y tu allan: *white cotton; downy wool; budge.*

1632 *D*, *pân-wlân* d.g. *leuconium.* **1722** *Llst* 189, *pân-wlan*, m. white cotton. **1773** *W* d.g. *downy wool.* **1803** *P*, *panwlan*, down wool.

panwledydd, ff. wallus, 1710 *LlGG* sig. b1v, gw. **planwlad.**

panwr, panydd [*pân*[1]+*-wr*, *-ydd*[3]] *eg.* ll. *-yddion.* Ffwriwr: *furrier.*

1604–7 *TW* (*Pen* 228), *panwr* d.g. *pellio* (hefyd *D*). **1722** *Llst* 189, *panwr*, m. a furrier, fur-merchant. **1773** *W*, *panwr, panydd* d.g. *furrier.*

panwriaeth [*pannwr*+*-iaeth*] *eb.g.* Crefft y pannwr: *the fuller's craft.*

1604–7 *TW* (*Pen* 228) d.g. *fullonica* (hefyd *D*). **1722** *Llst* 189, *panwriaeth*, f. a fullers trade. **1773** *W* d.g. *a fullers trade.* **1803** *P*, *panwriaeth*, s. m., the fuller's trade.

panyd[1,2], **panydd,** gw. **ponid**[1,2], **panwr.**

panylaf: panylu [bf. o'r e. *pannwl*] *bg.a.* Pantio, ceuo, cafnio, gwastatáu, suddo (yn y canol), sincio, sagio; gadael ôl ar, tolcio, niweidio; crychu, rhychu: *to (cause to) be or become hollow, concave, or sunken, level, sink (in the middle); make an impression (in something), dent, damage; wrinkle, furrow.*

1547 *WS*, *pannyly. a.* **1587** *Y* 216, Pan welir yn *panylv* / A chawdd gwaed yr iach oedd gv. *Dchr.* **17g.** *J* 10, 121b, *pannylu*, cava reddere, concavo. **1621** E. PRYS: *Ps* 44b, Weithiau y codai'r deifr yn fryn: / weithiau fel glyn *panhylent.* **1632** *D*, *pannylu*, demissior fieri. *id.* d.g. *deprimo, rugo.* **1688** *TJ*, *pannylu*: to be made lower or hollower. **1722** *Llst* 189, *pannylu*, to sink into a bottom; to make or take impression; to rumple . . . to furrow, chamfer. **1772** *W* d.g. *to dint, to pit.* **1803** *P.*

Amr.: **panelaf**[2]: **panelu** [?bf. o'r e. *pannel*; ansicr yw'r engh. gyntaf]. **16g.** RHISIART FYNGLWYD, &c.: *Gw* 158, Aeth y cornwyd llwyd â llu—o ddynion / Oedd anodd eu maeddu. / Pan welais eu *panelu*, / 'Mudais i faes, madws fu. **18–19g.** *Llr* C 11, 267, mae'r tir, y wlad yn *pannelu*. **18–19g.** *Llr* C 72, 332, pannylu, *pannelu*, Tir yn pannylu. the Land subsiding into little dales or bottoms. **1803** *P*, *pannelu*, to form a gentle depression in a surface; to form a small dingle.

panyle [*pannwl*+*lle*[1]] *eg.* ll. *-oedd.* Lle pantiog, *Daearydd.* basn: *hollow place, basin* (*in geog.*).

16g. **(1763)** W. SALESBURY: *LlM* 195, pôb un or ddeyryw a gar *banyleoedd* ne ffosydd gwlybyrog.

panyledd [*pannwl*+*-edd*[1]] *eg.* ll. *-au, -ion. Daearydd.* Basn; amgrymedd, ceuedd: *basin* (*in geog.*); *concavity.*

1803 *P*, *pannyledd*, s. m. devexity.

panyliad [bôn y f. fl.+*-iad*[1]] *eg.* ll. *-au.* Pant, cafn, cwter: *depression, hollow, gutter.*

1604–7 *TW* (*Pen* 228) d.g. *strix* (hefyd *D*). **1803** *P*, *pannyliad*, s. m. a devexion.

panylog [*pannwl*+*-og*] *a.* Cau, pantiog; tyllog, wedi suddo, wedi ei stampio, crychiog, rhychiog, tonnog: *hollow; full of holes, sunk, stamped, wrinkled, furrowed, undulating.*

15–16g. *TA* 427, Arial mawr, aeliau morwyn, / Olwg draig, *panylog* drwyn [i ofyn march]. **1547** *WS*, *pannyloc. Dchr.* **17g.** *J* 10, 121b, *pannylog*, concavus, lacunosus. **1632** *D* d.g. *rugatus, rugosus, striatus.* **1688** *TJ*, rhongca . . . *pannylog* . . . hollow. **1722** *Llst* 189, *pannylog*, furrowed, stamped, sunk. **1725** *SR* d.g. *diaper, striated.* **1803** *P.*

Amr.: **panelog**[3] [*pannel*+*-og*]. **18–19g.** *Llr* C 11, 267, tir *pannelog.* **18–19g.** *Llr* C 16, 181, *pannelog*, llawn pantau, pantog. **1803** *P*, *pannelawg*, abounding with small dingles.

panyw, gw. pan[1].

pap [bnth. S. *pap*] *eg.* Bwyd meddal neu soeglyd a wneir o flawd, bara, &c., a dŵr neu laeth ac a roddir i blant bach, cleifion, &c.; pwlp neu fywyn afal, yn enw. wedi ei rostio; hefyd yn *ffig.*: *pap; apple pulp, esp. when roasted; also fig.*

16–17g. *GST* i. 676, Claim at un clymiad tyner / Clir iawn *pap*, claear win pêr [i gusan]. **[1761]** *GGJ* 18, English Pink . . . [p]an fo fel *Pap*, cymysg ag ef Gyfran o Lam-black. Ar lafar yng nghanolbarth Morg. am 'gymysgedd o flawd, dŵr ac ymenyn at wella annwyd', "On i'n roi *pap* i chi'n blant ond doti arorwt yn lle can'; 'mor sofft â *phap*' (am rywun ffôl).

pâp, gw. pab.

papafer [bnth. dysg. Llad. *papāver*] *eg.* Pabi, *Papaver*: *poppy.*

c. **1400** *Études* viii. 364, y beri y dyn gysgu tra agorer arnaw . . . kymer . . . y morgelyn, y papaver, sef yw hwnnw y bwllwc Freghic. *ib.* Y beri kysgu: kymer y papaver a'r morgelyn neu eu hat. *Diw.* **16g.** *WLB* 34. **1801** *MMf* 242.

papaidd, gw. pabaidd.

papar, paper, gw. papur.

papi, gw. pabi.

papila [bnth. S. *papilla*] *eg.* ll. *-au. Biol.* Darn chwyddedig o feinwe: *papilla* (*in biol.*).

20g.

papilion, papilon [bnth. S. *populeon*] *e?g.* Eli wedi ei wneud â dail poplys duon: *populeon.*

Diw. **16g.** *WLB* 95, I wneuthur *papilion*, Kymer iiij pwys o popilorij y dail . . . j lb. o henban . . . llyma wneuthuriad *papilon.*

papir, papirfrwyn, papirlen, papirwr, papiryn, gw. papur, papurfrwyn, papurlen, papurwr, papuryn.

papist [bnth. S. *papist*] *eg.* (b. *-(i)es*, bach. b. *-en*) ll. *-iaid, -s.* Aelod o'r Eglwys Gatholig Rufeinig, pabydd, fel rheol yn ddifr.: *Roman Catholic, papist, usu. derog.*

1574 *RhRC* (At.) 153b, fel y may crist yn erchi yn iochel [*sic*] y *papystied.* **1599** **(1677)** R. HOLLAND: *AB* 29, Gwelwn wrth hyn, mor ynfyd yw'r *Papistiaid*, gan eu bod yn dal cyfreithlondeb gweddio ar y seintie. *c.* **1605** *Bl B XVII* i. 13, Rhai o'r *Papists* oedd faleusig / Rhwng Calan Gaeaf a'r Nadolig; / Oni chadwan' ffydd â'r brenin / Rhowch hwy o hyd ar fache heyrn. **1687** **(1715)** J. OWEN: *TB* v, Y mae y Rhan hon yn crybwyll am farnedigaethau Duw ar *Bapistiaid*, Erlidwyr, Eulunaddolwyr [*sic*], ac Ymadawyr ar ffydd, gydag amryw drugareddau i'r ffyddloniaid tan greulonder y *Papistiaid.* *c.* **1700** E. LHUYD: *Par* i. 37, Mae Ffynnon Elian ymhlwy Llan Drillo, a *Phapistiad* [*sic*] a hên bobl ereill a offrymma yno rottie gynt, ag etto naill ai grottie ai i gwerth o Vara. **1703** E. WYNNE: *BC* 46, dyma *Bapist* oedd yn tybio mai'r Pâp a pioedd yr Eglwys Gatholig. **1718** **(1721)** S. THOMAS: *HB* 165, y Frenhines Mary (y *Bapisties*). **1786** TWM O'R NANT: *PCG* 16, Ond oes rhai o feibion Brenin Bryden, / (Mi glywais yn y Post-house) yn caru *Papisten.* **1795** J. THOMAS: *AIC* 100, Y Sect hon a elwir yn gyffredin ynghymru *Papustiaid*, gelwir hwynt yn fwy Cyffredin yn lloegr Roman Catholicks.

Amr.: **pabist** [dan ddyl. yr e. *pab*] (b. *-es*; ll. *-iaid*). **1630** *YDd* 423, A pha fâth ar gydwybod y gall vn *pabist* alw Garnet yn Ferthyr. *c.* **1762–79** W. WILLIAMS: *P* 586, [b]renhines y Scotiaid, yr hon oedd yn *babistes* rywiog. **1764** DEWI NANTBRÂN: *SAG* iv, Offeiriaid a Phobl y Lân Eglwys Gatholic (a lysenwant yn *Babistiaid*). **papis** [cf. *Baptys, Batus*]. *c.* **1689** **(1802)** L. WILLIAM: *Sherlyn Benchwiban* 9, Rwy'n credu ffordd y *Papis*, / Yr hên ffydd a'r fferen fawr bris.

papistaidd, papistiaidd [*papist*+*-(i)aidd*] *a.* Pabyddol, Catholig Rufeinig, weithiau'n ddifr.: *Roman Catholic, papist, sometimes derog.*

1630 *YDd* 305, yr hên opheren *bapisdaidd.* **1709** H. POWEL: *G* 36, trwy ddyfodiad disymmwyth o Orthrymmesdra *Papistiaidd.* **1711** TP: *CG* 43, rhyw fath o draddodiadau *Papistiaidd.*

Amr.: **pabistiaidd** [*pabist*+*-iaidd*]. **1727** RE: *CDd* 125, y grefydd *babistiaidd.*

papisten, papistes, gw. papist.

papistiaidd, papisties, gw. papistaidd, papist.

paprach, papraf: papro, paprau, gw. papurach, papuraf: papuro, papur.

papur, papir [bnth. S. C. *papur(e), papir(e)*] *eg.* (bach. b. *papuren*) ll. *-au, -oedd, paprau.*

(*a*) Sylwedd a wneir o ffibrau cellwlos (a geir o glytiau lliain neu gotwm, pren, rhai mathau o wellt, &c., ynghyd ag ychwanegion eraill) ac a ffurfir yn llenni neu ddalennau tenau gwastad y gellir ysgrifennu, argraffu, &c., arnynt, addurno parwydydd neu lapio parseli â hwy, &c.; dalen o'r defnydd hwn; dogfen, tystysgrif, (yn y ll.) llythyrau cred; (yn y ll.) llythyrau, nodiadau, dogfennau, &c., mewn casgliad; darlith, erthygl, neu draethawd byr ar bwnc neilltuol; set o gwestiynau arholiad, atebion myfyriwr i'r cyfryw bapur; darn o bapur wedi ei ddyroddi gan fanc canolog sy'n cynnwys addewid i dalu swm penodol o arian; papur newydd, newyddiadur; papur wal; darn o bapur a ddefnyddir fel gorchudd neu gynhwysydd; nodyn a roddid ar gefn troseddwr yn hysbysu am ei drosedd: *paper; piece of paper; document, certificate,* (*pl.*) *papers, credentials;* (*pl.*) *letters, notes, documents, &c., in a collection; lecture, article, or short essay on a particular subject; set of examination questions, student's answers to such a paper; banknote; newspaper; wallpaper; piece of paper used as a wrapper or receptacle; note fastened to a criminal's back stating his offence.*

14g. *GDG*[3] 362, O cheraist eiliw ewyn, / Lliw *papir*, oed hir hyd hyn. **15–16g.** *GLM* 91, Pedeiriaith berffaith o'i ben, / pob parabl fal *papuren.* **16g.** **(17g.)** *B* xv. 22, Pardyneü n llif rhif fv rhain / *papir* ofer pâb Rhvfain [Hywel ap Syr Mathew i'r Esgob Richard Davies]. *Diw.* **16g.** *WLB* 16, [c]adw ef [cwyr] mewn *papur* ne leder gwyn. *Diw.* **16g.** *CRC* 273, pe bai gweild yr yd yn bine / Ar mor glas yn jnke or gore / Ar holl ddayar gron oi natyr / yn gwassnaythy yn lle *papyr.* **1604** R. HOLLAND: *BD* 13, o herwydd y peru *papyroedd* yn hwy no'i yscrifennyddion. **1618** J. SALISBURY: *EH* 152, am eu bod yn lluniæ ar *bapyr.* **1632** *D*, *papir*, papyrus, charta. **1655** WL: *DP* 196–7, tebig yw [y corff] i lieinie a wisgir yn garpie . . . casclir y carpie hynny ynghŷd i wneuthur *pappur*, yr hwn weithiau a oreurir, ac a dr[e]fnir i dderbyn llythrennau parchus, nefol. **1688** S. HUGHES: *TSP* 245, Gobeithiol a edrychodd ar ei ôl ef; ac a ganfu *Bapyr* ar ei Gefn ef, lle yr oedd yr yscrifenniad hwn; Proffeswr anllad a Gwrthgiliwr damnedig. **1689** E. MORUS: *RC* 3, er eu mŵyn hwynt yn bennaf yr ŵyf yn cyhoeddi y *pappur* bychan hwn. **1696** *CDD* 315, Ple mae'r awenudd [diwyg.] luniedd leinie, / Oedd gerdd burion ar *bapure.* **1703** E. WYNNE: *BC* 121, Rhostiwch y Cyfreithwyr wrth eu parsmant a'u *papureu* eu hunain. **1731** E. SAMUEL: *PGB* [24], Rhybudd. Fod gan Mr. Peter Potter (yn ei Farchnadgell, neu ei Siop . . . yn Ghaerlleon,) ar Werth) . . . *Papur* i hardd-wisgo Stafelloedd. **1747** *ML* i. 126, How came you to declare war in France against the Dutch, that innocent Republic chwedl nhw hunain? Ni welai i ddim o'r fath beth yn y *papurau.* **1757** *ML* (Add) 904, a hynny oedd gennif o Fwynau gwedi eu chwalu ag wedi mynd allan o'r *Pappirau* am bennau eu gilydd. **1757** J. PRYS: *Alm* [19], am dair ceiniog y Dose neu'r *papur.* **1758** *ML* ii. 75, oni ddaethoch i hyd i awen Oronwy wedi iddo ei gadael yn anghof ar ei ol ymhlith ei *bappyrau.* *c.* **1762–79** W. WILLIAMS: *P* 263, [y] frwynen Papyrus, yr hon sydd yn tyfu ar lan yr afon Nile, o ba un y gwnawd *papur* gyntaf ac oddiyma y cafodd ei enw. **1770** *TG* iii. 62, A'u *paprau* celwyddog o Brussels dibris. **1803** *P.* Clywir y ff. ll. *pura* yn y Gogledd, *EEW* 231; a *papre* yn sir Benf. a'r De, *GDD* 215.

(*b*) (enghrau. *tros.* a *ffig.*: *transf. and fig. exx.*).

c. **1400** *R* 1320. 31–2, Travynidyr tost gwingost gwengaer *bapir.* **15–16g.** LLAWDDEN, &c.: *Gw* 66, *Papur* a fydd pob rhyw farch / Bai gwelwn debyg alarch. **15–16g.** **(16g.)** *Llst* 6, 118, rydderch lythyr hawnserch vn sel / ap rys wyf *papir* ay sel (Rhys Nanmor).

Amr.: **pabur, pabir**[2]. **14g.** *GIG* 133, Pebai mewn llyfr o'r *pabir.* **1810** T. LEWIS: *HPF* 324, sit o *babur.* **papar.** *Diw.* **17g.** EDWARD DAFYDD, &c.: *Gw* 287, derbyn yn rasuslon / fy *m'happar* o suwrgar sôn. Ar lafar ym Morg., *B* viii. 219. **paper.** Ar lafar yn nwyrain sir Gaerf.

Cfn.: **papur (papir, &c.) ac inc:** *paper and ink.* **1567** *TN* 369b. **1653** *MLl* i. 127. **1725** D. LEWIS: *GB* 306. **p. aelodaeth:** *letter testifying to a person's current church membership when he becomes a member of another church.* **1932.** Ar lafar. Gw. hefyd *llythyr—ll. aelodaeth.* **p. bach:** *pay slip.* Ar lafar ym Morg. a sir Gaerf., *Geir Glo* 141, *B* viii. 219. **p. banc:** *banknote.* **1929. p. blotio:** *blotting-paper.* Ar lafar yn sir Ddinb. **p. brith:** *patterned* (*wall*)*paper.* **1706** T. JONES: *Alm* [47], *Papur brith* i hilio Siambrau a gweluâu. **p. bro:** *community newspaper.* *c.* **1975.** Ar lafar. **p. caniatâd:** *permit.* Ar lafar yn ardal y chwareli llechi. **p. cyflog:** *pay slip indicating the total earnings of a group of miners working together.* Ar lafar gynt yn y Parlwr Du, sir Ffl., *Geir Glo* 142. **p. cynnau tân:** *newspaper used to light a fire.* Ar lafar ym Morg. **p. chweugain:** *ten-shilling note.* **1934.** Ar lafar gynt. **p. dargopïo:** *tracing-paper.* **20g. p. decpunt:** *ten-pound note.* Ar lafar. **p. degwm:** *tithe demand note.* Ar lafar ym Morg. **p. diasid:** *acid-free paper.* **20g. p. doctor:** (i) *medical certificate.* Ar lafar, *B* viii. 219. (ii) *prescription.* Ar lafar. **p. dyddiol:** *daily* (*news*)*paper, also fig.* *c.* **1801–4. p. dydd Sul,** gw. *p. Sul.* **p. glas:** *court summons.* Ar lafar yn y De. **p. gloyw:** *silver paper.* Ar lafar yn Arfon. **p. glynu:** *adhesive paper.* **20g. p. gosod:** *piece of paper showing the price agreed between the quarrymen working on each opening or chamber and the company, with the steward as an intermediary.* Ar lafar yn ardal y chwareli. **p. gwal,** gw. *p. wal.* **p. gwrthsaim:** *grease-proof paper.* **20g. p. gwydr(og):** *glass-paper, sandpaper.* **20g. p. gwyn:** (i) *writing-paper, blank paper, white paper.* **1675** R. JONES: *HCh* 105. **1706** T. JONES: *Alm* [47]. **1803** *P.* (ii) (*government*) *white paper, giving information or setting out official policy.* **20g. p. gwyrdd:** (*government*) *green paper, containing preliminary policy proposals for discussion.* **20g. p. hala:** *notepaper, writing-paper.* Ar lafar yn sir Benf., *GDD* 215. **p. hidlo:** *filter paper.* **20g. p. India:** *India paper.* **20g. p. lamp:** *paper entitling a miner to a numbered lamp.* Ar lafar yn yr ardaloedd glofaol, *Geir Glo* 97. **p. lapio:** *wrapping-paper.* **1846. p. llafar:** *talking newspaper.* **20g. p. llathr:** *calendered paper.* **20g. p. lle chwech:** *toilet paper.* Ar lafar. **p. lleol:** *local newspaper.* **20g. p. llwyd:** *brown paper.* **1604–7** *TW* (*Pen* 228), *papyr* marchnat, ne *Lwyt* d.g. *charta emporetica.* **1759** J. EVANS: *PF* 30, 53. **1803** *P.* Ar lafar, *WVBD* 413. **p. meddyg** = **p. doctor.** **20g. p. menyn:** *grease-proof paper.* Ar lafar yng Nghered. a'r De, *Geir Geg* 144. **p. neges:** *shopping-list.* Ar lafar yn y Gogledd. **p. newydd(ion):** *newspaper.* **1741** *ML* i. 64, digrif fyddai gael *pappur newydd.* **1759** J. EVANS: *PF* 103, ei osod allan bôb yn ddarn yn eu *Papurau newyddion.* **1769** *DRh* 26, [d]arn-ymadrodd a welais yn y *papur newyddion.* **1773** *W* d.g. *gazette.* **1803** *P*, newydd . . . *Papur Newydd*, a news paper. **p. niws** = **p. newydd.** Ar lafar ym Morg. **p. pae:** *pay slip.* Ar lafar yn y De, *B* viii. 219. **p. papuro** = **p. wal.** *c.* **1877. p. plaen:** *unlined* (*writing-, &c.*) *paper; wallpaper without a pattern.* Ar lafar, e.e. '*papar plaim*', *GTN* 644. **p. pumpunt:** *five-pound note.* Ar lafar. **p. punt** (ll. *papurau punnoedd*): *pound note.* **1854. p. pwysau:** *paper indicating each miner's production the previous day.* Ar lafar gynt ym Morg. a sir Gaerf., *Geir Glo* 142. **p. reial:** *royal paper.* **1604–7** *TW* (*Pen* 228) d.g. *charta Claudiana, macrocolum.* **p. reis:** *rice-paper.* **20g. p. setlo:** *paper given to quarryman with his wages at the end of the* *month setting out production, costs, and pay.* Ar lafar gynt yn ardal y chwareli. **p. sgrifennu,** gw. *p. ysgrifennu.* **p. sidan(aidd):** *tissue-paper.* **1848.** Ar lafar yn gyff., '*papur sidan*' 'tissue paper', *WVBD* 413, ac yn ne-ddwyrain Morg. yn y ff. *papar sidanaidd.* **p. sugn(o):** *blotting-paper.* **1722** *Llst* 189, *papir sugn*, blotting paper. **[1783]** *W*, *papur sugn* d.g. *sinking paper.* **p. (Dydd) Sul:** *Sunday (news)paper.* Ar lafar. **p. swnd:** *sandpaper.* Ar lafar ym Mhenllyn. **p. sychu tin:** *toilet paper.* Ar lafar yn Llŷn. **p. taith:** *bidding letter.* **1895.** Ar lafar gynt yn sir Gaerf. **p. taloedd:** *rates demand.* Ar lafar ym Morg., **p. te:** *tea packet.* Ar lafar yng ngogledd Cered. yn yr ymad. 'Bydd sôn amdanot ti ar *bapur te*' a ddywedir pan fydd rhywun wedi cyflawni rhyw gamp neu orchest. **p. tramps:** *facet. name for the 'News of the World'.* Ar lafar gynt yn Nhregaron, Cered. **papurau trymion:** '*heavies*', *serious or quality newspapers.* **20g. papur tsiec:** *pay slip.* Ar lafar yn Rhosllannerchrugog, *Geir Glo* 142. **p. twtsh:** *touch-paper.* Ar lafar yn y De, *GDD* 215. **p. tŷ bach:** *toilet paper.* **20g. p. tywod:** *sandpaper.* **1929.** Ar lafar yn ne-ddwyrain Morg. **p. (g)wal** (ll. *papurau gwelydd*): *wallpaper. c.* **1877. p. watsh:** *watch-paper.* **1750** *ML* i. 164, y *papur waitsh.* Ar lafar yn gyff. **p. wythnosol:** *weekly newspaper.* Ar lafar. **p. ysgrifennu (sgrifennu):** *notepaper, writing-paper.* **1604–7** *TW* (*Pen* 228), *papyr scriuenu* d.g. *papyraceus.* **1632** *D*, *papir ysgrifennu* d.g. *papyraceus.* **1778** *W* d.g. *paper, writing paper.* Ar lafar yn gyff., *GDD* 215. **ar b.:** *on paper; in theory.* Ar lafar.

Gw. hefyd **papuryn.**

papurach, paprach [*papur*+-*ach*[2]] *e.ll.* Papurau bach dibwys neu ddiddefnydd, gwaith papur (diangen): *small unimportant or useless pieces of paper or papers, 'bumf'.*

16g. DAFYDD BENWYN: *Gw* 646, Y grogi ynny oedd iawnach, bilin, / wedy ssbailio *paprach* [i Rydderch Bach]. Ar lafar yng nghanolbarth Morg. yn y ff. *paprach*, 'Llosga'r *paprach* 'na sy' wedi crynoi man 'na!'

papuraf: papuro [bf. o'r e. *papur*] *bg.a.*

(*a*) Gorchuddio neu addurno (wal) â phapur: *to (wall)paper.*

1778 *W* d.g. *paper, to [cover with] paper.* Ar lafar yn y De yn y ff. *papro.*

(*b*) Hysbysebu: *to advertise.*

1934 *CYLl* 119, A odi chi wedi *papuro* y defaid sy ar goll?

papuraid [*papur*+-*aid*[1]] *eg.* ll. *papureidau.* Llond papur, cynnwys papur (o rywbeth): *a paper (container) full (of something).*

1747 *ML* i. 119, Mi yrrais i chwi'r 2od or mis diweddaf *bapuraid* o ryw brygowthen. **1766** *CD* 163, Ac a roe i mi *bapured*; / O Siwgwr Candi. **1798** *WR*, *papuraid* o bowdr d.g. *cartridge. id.* cod i gadw'r *papureidau* powdr d.g. *cartridge-box.*

papuraidd [*papur*+-*aidd*] *a.* Tebyg i bapur: *like paper, papery.*

1803 *P*, *papyraidd*, like paper, papery.

papuren, gw. **papur.**

papurfrwyn, papirfrwyn [*papur, papir*+ *brwyn*[2]] *e.ll.* (un. b. -*en*). Planhigion, papurau, neu ddogfennau papyrus: *papyrus plants, papers, or documents, papyri.*

1620 *Eseia* xix. 7, Y *papur-frwyn* wrth yr afon, ar fîn yr afon . . . a wywa, a chwelir, ac ni bydd mwy. **1722** *Llst* 189, *papir-frwyn*, paper-reeds. **1803** *P* d.g. *p[a]pyrvrwyn.* **1813** *WB* 225, *Papurfrwynen* . . . Cyperus Papyrus; Paper Reed.

papurgod [*papur*+*cod*[1]] *eg.* Cas fflat i gario papurau: *portfolio.*

1862.

papurlen, papirlen [*papur, papir*+*llen*] *eb.g.* ll. -*nau*, -*ni.* Siten neu len (o bapur); poster, hysbyslen; papur, traethawd byr: *a sheet (of paper); poster, placard; paper, short treatise.*

1688 *TJ* (At.) [29], Y *Papurlennau* neu sîtiau pôb llyfr, a nodir (ar waelod y dalennau) a llythyrennau yr wŷddor . . . dangos i rwŷmwŷr llyfrau y môdd i blygu y *papurlennau.* **1722** *Llst* 189, *papir-lenn*, f. a sheet of paper. *c.* **1729** S. RHYDDERCH: *LlCD* [iv], ac y mae'r Llyfr hwn yn helaethach o amryw *Bapurlennau* neu Sitiau na'r Llyfr diwaethaf. **1735** L. MORRIS: *T* 16, Pris Argraphu yw 20s. y *Bappir len*, neu, Sheet. **[1740]** L. ANWYL: *NG*, hysbyseb, [i], *Pappurlennau* i leinio ystafelloedd. **1754** G. OWEN: *L* 105, Gobeithio na chyst llythyr sengl o un *Bapurlenn* ddim i chwi. **1763** *ML* ii. 539, Mi welaf ar garreg fedd Pabo lun llythyrennod nad ydynt yn ei *bapyrlen* ef [Doctor Morton]. **1766** *OU* 125, mi allwn dreulio yma lawer o *bapurlenni.* **[1783]** *W* d.g. *a sheet of paper.* **1784** P. WILLIAMS: *YC* v, fel ag y dichon darllenydd deallus gael mewn un *papurlen.* **1796** J. ROBERTS: *R* iii, Efe a Argraphodd *Bapurlen* fechan ar y Pedair Rheol gyntaf.

papurol [*papur*+-*ol*] *a.* Yn perthyn i bapur; wedi ei wneud o bapur; hefyd yn *ffig.*: *(of) paper; also fig.*

1778 *W* d.g. *paper-.* **1803** *P*, *papyrawl*, consisting of paper.

papurwneuthurwr [*papur*+*gwneuthurwr*] *eg.* ll. -*wyr.* Un sy'n gwneud papur: *paper-maker.*

1838.

papurwr, papirwr [*papur* neu fôn y f. fl. +-*wr*] *eg.* ll. -*wyr.* Un sy'n gwneud papur neu'n gwerthu papur; un sy'n hongian papur wal; awdur papur: *a paper-maker, paper-seller; wallpaper hanger; author of a paper.*

1632 *D*, *papirwr* d.g. *chartarius.* **1722** *Llst* 189, *papirwr*, a paper-maker or seller. **1778** *W*, *papurwr* d.g. *paper-maker.* **1803** *P* d.g. *papyrwr.*

papuryn, papiryn [*papur, papir*+-*yn*[1]] *eg.* ll. -*nau*, *paprynnau.* Darn (bach) o bapur, (geir.) rhol; traethawd byr, papur, pamffled; papur newydd, cyfnodolyn; darn o bapur ac ysgrifen, &c., arno, dogfen, tystysgrif; papur (am losin, &c.): *(small) piece of paper, slip, (dict.) scroll; short treatise, paper, pamphlet; newspaper, periodical; piece of paper bearing writing, &c., document, certificate; wrapper (of sweets, &c.).*

1604–7 *TW* (*Pen* 228), *papyryn* d.g. *sorticula.* **1632** *D*, *papuryn* d.g. *chartula.* **1707** *GREE* [v], [Rh]esymmau mwy nerthol . . . na'r ddau y Draethir yn y *Papurun* sy'n canlyn. **1715** T. EVANS: *GC* 14, Gwybydded y Darllenydd . . . I'r Crynwyr argraphu atteb dra tywyllodrus i'r *Pappiryn* hwn. **1716** T. EVANS: *DPO* 215, gwerthu pardynau'r Pâb . . . [g]allai wneuthur y pechod a fynnai tra fyddai ei *Bappiryn* yn caniattau. **1722** *Llst* 189, *papiryn*, m. a strip or small piece of paper. **1740** T. EVANS: *DPO* 161, Mi a wn fod hyn yn sawrio mwy o wirionedd nag y sydd mewn rhyw hen *Bappiryn.* **1770** *TG* iii. 16, Bydd groesaw heb daw gan bob dyn—wych dasg, / I'ch dwysgall *Bappuryn* [Trysorfa Gwybodaeth]. **1791** W. WILLIAMS: *MDR* 3, Ofer tynnu dim o'i bictwr, / Ar *bapuryn* sael [*sic*] ei wedd. **1800** W. RICHARDS: *PA* ii. d.d., *Papuryn* achlysurol. **1829** *AUA* 107, y mae ef yn bwriadu argraffu *papuryn* . . . o Emynau.

Amr.: **pepryn**[1] [cf. *paprau, papraf: papro*]. **16g.** *IICRC* iii. 337. **17g.** EDWARD DAFYDD, &c.: *Gw* 297. **1651** SIÔN TREREDYN: *MDD* 241. **18–19g.** *IM* xii.

papurynnach [*papuryn*+-*ach*[2]] *e.ll.* Papurau newydd (yn ddifr.): *newspapers (derog.).*

1936.

papws [bnth. S. *pappus*] *eg. Bot.* Manblu am ffrwythau planhigion o deulu'r *Compositæ* (e.e. dant y llew, ysgall): *pappus.*

1924.

papydd, papyddiaeth, gw. **pabydd, pabyddiaeth.**

papyr, papyraidd, papyren, papyrlen, papyrol, gw. **papur, papuraidd, papur, papurlen, papurol.**

papyroleg [cfdds. o'r S. *papyrol(ogy)*+ -*eg*[1]] *eb.* Gwyddor papyri: *papyrology.*

1938.

papyrolegwr, papyrolegydd [*papyroleg* +-*wr*, -*ydd*[3]] *eg.* ll. *papyrolegwyr.* Arbenigwr mewn papyroleg: *papyrologist.*

20g.

papyrus, papyrws [bnth. S. *papyrus*] *eg.* ll. *papyri, papyrau. Bot.* Math o hesg sy'n tyfu yn Affrica, Syria, a de Ewrop, *Cyperus papyrus*; math o bapur a wneir o'r planhigyn hwn; dogfen wedi ei hysgrifennu ar y papur hwn: *papyrus (plant, paper, or document).*

c. **1762–79** W. WILLIAMS: *P* 263, [y] frwynen *Papyrus*, yr hon sydd yn tyfu ar lan yr afon Nile, o ba un y gwnawd papur gyntaf ac oddiyma y cafodd ei enw.

par[1], gw. **bar**[3] (At.).

par[2], **pa'r**[1], gw. **pa**[1]—**p. ryw.**

pa'r[2], gw. **pa**[3].

pâr[1] [bnth. H. Ffr. *par*, o bosibl drwy'r S. C. neu'n uniongyrchol o'r Llad.] *eg.* ll. *parau, peirau, peiri.* Set o ddau (o'r un peth neu o bethau cyffelyb), hefyd am un gwrthrych ac iddo ddwy ran gyffelyb (e.e. trywser), neu am nifer o eitemau sy'n ffurfio set (e.e. o ddillad); deuddyn, yn enw. cwpl priod neu ddau ddyweddi, &c.; dau anifail, yn enw. anifail gwryw a benyw sy'n ddau gymar; gwedd neu ddeuben (o ychen, ceffylau, &c.); (yn y ll. *parau*) gêm (o dennis, &c.) rhwng dau bâr o chwaraewyr: *pair (of identical or similar articles), pair (of trousers, &c.), also of a set of articles (e.g. suit of clothes); couple (of people), esp. married or engaged, &c., couple; two animals, esp. mating couple; team or pair (of oxen, horses, &c.); (pl.) doubles (in tennis, &c.).*

c. **1400** *YCM*[2] 102, a chan hwnnw [Malffrwnt] yd oed pedwar *par* o dardeu asgellawc. **15g.** *GGl*[2] 233, Parawd oleuwawd lewych, / Pêr ei glod fal *pâr* o glych. **15g.** *ID* 46, hwnn ar pymp hynny yw r *par* [i ofyn ychen]. *Diw.* **15g.** *Pen* 67, 89, Mae y mric keredigion / *bar* a dry r talar drwy r tonn (Hywel Dafi). **15–16g.** *TA* 315, Lluniwyd i wisg, llen a dâr, / Lle'r âi ddoe'n llawr y ddaear; / Lliain crai oll yn y crys, / Heb o'r lliain *bâr* llewys. **1588** 2 *Br* v. 22, dau *bâr* o wiscoedd. **1722** *Llst* 189, *pâr*, m.p. *parau, peirau*, a pair, couple, yoke of oxen. **1777** W. WILLIAMS: *DN* 22, ni osodasom ein hachos yn union o flaen yr eglwys, ac o flaen y ddau *bar* rieni. **1793** DAFYDD IONAWR: *CD* 28, Gwelodd y mwyn *bâr* [Adda ac Efa] golau / Yn frenhinol ddethol ddau. **1803** *P*, *pâr* . . . a pair, fellow, match, or couple.

Cfn.: **pâr cardiau, coed, dillad,** gw. *p. o gardiau, p. o goed, p. o ddillad.* **p. dwy, p. êls,** gw. *p. o râls.* **p. entrans, p. fi, p. fframyn,** gw. *p. o goed.* **p. hosanau,** gw. *p. o hosanau.* **p. ifanc (ieuanc):** *young (married) couple.* **1878. p. o gardiau, p. cardiau:** *pack of cards.* **1629** R. LLWYD: *P* 26, y dŷn annuwiol . . . â eilw am *bâr o gardiau*, neu dabler. **1672** R. PRICHARD: *Gw* 76, Cymrwch y Psalmau . . . / Yn lle'r *pâr cardiau. c.* **1730** *Thos. Lloyd D* (LlGC) 186b, *pâr o gardiau*, a pack of cards. **p. o geffylau:** *pair of horses, team of horses.* Ar lafar yng Nghered. a'r De, gw. *LGW* 101. **p. o gloriannau:** *pair of scales. c.* **1762–79** W. WILLIAMS: *P* 159. **p. o goed, p. coed:** *pair of timber (in coal-mine).* Ar lafar ym Morg. a sir Gaerf., '*pâr coed*[,] *pâr o goed* . . . roedd tair elfen i *bâr o goed*, sef dwy fraich ac un coler, a'u diben oedd diogelu'r top a'r ochrau dan ddaear yng nghyffiniau'r hewlydd', *Geir Glo* 73; gwahaniaethid rhwng 'pâr entrans' neu 'bâr tro', 'pâr fframyn', a 'phâr fi', gw. *id.* 73–4. **p. o goesau:** *pair of legs.* Ar lafar. **p. o golomennod:** *brace of pigeons.* **1770** *W* d.g. *brace [a pair or couple]* . . . *A brace of pigeons.* **p. o gyffion:** *pair of shackles, stocks, &c. c.* **1588** *B* ii. 233, *par o gyphion*, meastrum. **p. o ddannedd:** *set of teeth.* **1696** *CDD* 193. **1725** D. LEWIS: *GB* 168. Ar lafar yng nghanolbarth Cered. **p. o ddillad, p. dillad:** *suit (of clothes).* **1588** *Gen* xlv. 22, [*p*]*âr o ddillad.* **1620** *Barn* xiv. 19, y *parau dillad.* **17g.** HUW MORUS: *EC* i. 309, Cân i ofyn *Pâr o ddillad.* **1795** *R. Crusoe* 95, *pâr o ddillad.* **p. o ddwylo:** *pair of hands.* Ar lafar. **p. o esgidiau:** *pair of shoes or boots.* **1588** *Am* ii. 6. **1768** J. ROBERTS: *R* 37. **1798** R. DAVIES: *CG* 66. **p. ogau:** *pair of harrows.* **15g.** *DE* 133. **p. o hosanau, p. hosanau:** *pair of socks or stockings.* **1594–6** *B* iii. 166, A *phar ossanae. c.* **1600** *Cylchg LlGC* i. 78, Dav *bar o sane* brethin. **1798** R. DAVIES: *CG* 83, [*p*]*ar 'Sane.* **p. o lodrau:** *pair of trousers.* **1933. p. o lygaid:** *pair of eyes.* **1853. p. o fenig:** *pair of gloves.* **1778** *W* d.g. *pair* . . . *A pair of gloves.* **p. o bistols:** *brace of pistols.* **1761** J. EVANS: *BHNO* 21. **p. o râls (rails, êls):** *pair of rails (in coal-mine).* Ar lafar yn ardaloedd y pyllau glo, gw. *Geir Glo* 113–14; sonnid hefyd am 'bâr tro', sef 'darn o reilffordd a roddid ar drofa yn yr hewl', *id.* 114, ac am 'bâr dwy', sef 'pâr o rails dwylath o hyd'. Cf. M. WILLIAM: *DY* 38, Pe bai dau goliar yn mynd gyda'i gilydd i ryw gyfarfod ac un ohonynt yn gorfod oedi funud neu ddwy cyn cychwyn, byddai'n siwr o ddweud wrth ei bartner, 'Cer yn dy flân'; fydda'i ddim (h)yd *pâr o rails* wrth dy gwt di', neu 'fydda'i ddim (h)yd pâr dwy wrth dy gefen'. **p. o staerau:** *flight of stairs.* **1681** S. HUGHES: *AC* 24, ac yna hi aeth yn ebrwydd i lawr dros *bâr o steire* eraill. *Crdd.* **p. o dannau:** *pair of strings, double course of strings (on lute, mandolin, &c.).* **20g. p. o draed:** *pair of feet.* **18g.** E. T. RHYS: *DA* 93, gwell yw rhinwedd / *Pâr o draed* na dau o ddannedd. **p. o durturod (durturon):** *pair of turtle-doves.* **1551** W. SALESBURY: *KLl* lxxiia, *par o turturon* (**1588** *Luc* ii. 24, *pâr o durturod*). **p. o ychen, p. ychen:** *team of oxen.* **1551** W. SALESBURY: *KLl* liiib, pemp iau [:– *par*] *o ychen.* **16–17g.** *HG* 26, *parau ychen.* **1753** *TR.* **y p. tenau:** *(in tin-plate works) pair of rollers for rolling sheet to the desired thickness.* Ar lafar yn nwyrain sir Gaerf. **y p. tew:** *(in tin-plate works) pair of large rollers for rolling steel bar into a sheet.*

Ar lafar yn nwyrain sir Gaerf. **p. tro,** gw. *p. o goed, p. o râls.* **p. ychen,** gw. *p. o ychen.* **ar bâr:** *together, in a team (of oxen); in pairs.* **15g.** *ID* 43, waithau yn bydd wyth *ar bar* / eythyr y bod wyth ar bedwar [i ofyn ychen]. **1604–7** *TW* (*Pen* 228) d.g. *pariter.*

Gw. hefyd **deubar, triphar.**

pâr[2] [?yr un gair â *pâr*[3]] *eg.* ll. *parau.* Bollt, bar, polyn: *bolt, bar, pole.*

14g. *B* xiv. 269, keyuch y pyrth creulaun euydaul. a doduch *pareu* heyrn (*vectes ferreos*) arnunt. *ib.* ry dorri ohonav y pyrth euydaul. ar vriav ohonav y *pareu* heyrrnn. **1707** *AB* 119b, trosol dr[ŵ]s, klikkied, bollt dr[ŵ]s, bollt klo; Ceret. *pâr*, a bar or bolt of a door d.g. *pessulus.* *c.* **1730** *Thos. Lloyd D* (LlGC) 186b, *pâr* drws, Dem. a barr. **1770** *W*, *pâr* d.g. *bar, a door-bar.* *id.* Rhoddwch y *pâr* ar y drŵs d.g. *to bar a door* . . . *Bar the door.* Ar lafar yng nghanolbarth a godre Cered. a sir Benf. yn y ff. *pâr*, *GDD* 215; yn ôl *TGG* (1904) 53, clywir y ff. *par* yn sir Gaerf.

pâr[3], *eg.b.* ll. *parau, peri.* Gwaywffon, hefyd yn *ffig.*: *spear, also fig.*

13g. *C* 92. 12–13, rut y *par* o penaeth owein reged am ryvaeth. **13g.** *A* 6. 7, *pareu* rynn rwygyat dygymynei. *id.* 27. 7–8, Kynvelyn gasnar ysgwn bryffwn *bar.* **13g.** *MA*[2] 220b. 18–19, Gwelsam ni Owein . . . / Doniawg fab Gruffudd beirfudd *bareu* (Dafydd Benfras). *c.* **1300** *H* 6a. 25, Ar lat lat lachar ar *bar beri* (Gwalchmai). *id.* 33a. 29, Gweleis *pareu* rut rac ruthyr ywein (Cynddelw). *id.* 53b. 6, Gwaew drw/wy ben drwy *beri* camawn (Cynddelw). *id.* 105a. 11, llywelyn llyw prydein ae *phar* [Llywarch ap Llywelyn i Lywelyn ap Iorwerth]. **14g.** *WM* 104. 8–9, reit oed uot blwydyn yn gwneuthur y *par* ym byrhit i ac ef. **14g.** *GDG*[3] 424, Perllan cerdd, *pâr* llinon coch [marwnad Dafydd ap Gwilym gan Fadog Benfras]. **15g.** *GGl*[2] 192, Pwy a rydd *pâr* o'r eiddaw, / Brigawns dur waith byrgwns draw? **15–16g.** *GLM* 100, Wiliam, o bai alw am *bâr*, / edn Llechog, âi'n dân llachar. **16g.** Dafydd ap Llywelyn, &c.: *Gw* 205, *Pâr* Phylib hir a phawl praff, / Barbiwr obry, bar breubraff. **1632** *D*, *pâr*, hasta, lancea. **1780** *W* d.g. *a quarter-staff.* **1803** *P*, *pâr* . . . a spear.

pâr[4] [bôn y f. *paraf*[1]: *peri*; tra ansicr yw'r enghrau. isod o *T*] *a.* a hefyd fel *e?g.* Parod, wedi ei baratoi, wedi ei wneud; ?yn achosi; ?creadigaeth, gwneuthuriad; ?cyflwr, stad: *ready, prepared, made*; *?causing*; *?creation, a making*; *?condition, state.*

13g. *C* 23. 11–13, Oetun. tan. llachar. pan im roted *par.* *c.* **1300** *H* 105b. 9, ysginawr goruawr goruynt *par* (Llywarch ap Llywelyn). **14g.** *T* 19. 14–15, Trydyd *par* ygnat. *id.* 53. 6, Ys arganfu perif ae lu reglyt *ypar.* Ac y vorawc aorugost newyd *ypar.* **1632** *D*, *pâr*, paratum, effectum. **1722** *Llst* 189, *pâr*, prepared, ready. **1753** *TR*, *pâr*, ready, prepared, provided, effected. **1770** *W*, yn ddrwg ei *bâr* (ei gyflwr) d.g. *appointed, ill-appointed.*

Cfn.: **ar bâr:** *prepared, ready.* **15g.** *OBWV* 108, Ac yno ym medw Gwynedd, / I mi *ar bâr* y mae'r bedd. **15–16g.** *TA* 36, *Ar bar* am y pren y bu'r Mab Rhad. **1716** J. Morgan: *MB* 17.

pâr[5], gw. **paraf**[1]**: peri.**

para[1,2], gw. **pa**[1]**—p. ryw, parhaf: parhau.**

parabl [bnth. H. Ffr. *parab(o)le*, o bosibl drwy'r S. C.] *eg.* ll. *-au.* Ymadrodd, gair llafar, mynegiant (llafar); ?gair, addewid, llw; araith, traethiad, anerchiad, adroddiad, ?chwedl; dameg, dywediad; y gallu i siarad, lleferydd; ynganiad: *utterance, spoken word, (verbal) expression*; *?word, promise, oath*; *a speech, oration, report, ?tale*; *parable, a saying*; *(power or faculty of) speech*; *pronunciation.*

13g. *C* 85. 9–11, Ynigabil *barabil* ar y parad. Vy kert ith kirpuill. kanuill kangulad. **13g.** *BD* 83, Ac yn ol y *parabyl* hvnnv y rodes y Ruueineit cadarnyon dysgedigaetheu ar ymladeu. *Dchr.* **14g.** *H* 89b. 54, pan wei *parabl* doeth a dywettit (Phylip Brydydd). **14g.** *id.* 78a. 13, *parableu* adonyeu don (Hillyn). **14g.** *WM* 10. 9–10, a *farabyl* a dywot ef wrthi hi. *id.* 126. 31–2, ar vn *parabyl* ganthunt ac y gan y kyntaf. **14g.** *YBH* 66b–67a, ynteu herwyd y *barabyl* a dyghawd yny vywyt na bydei balledic idaw. *c.* **1400** *Études* vii. 280, Y beri dywedut o deruyd y dyn golli y *barabyl*: kymer sud y says . . . a dot mywn dy eneu. *Dchr.* **15g.** *GM* 4, Nyt oes *barableu* nac ymadrodyon / Ar ny chlywo llefoed y gwyr doethon. **1567** *TN* 20a, Yno yr adroddawdd ef wrthwynt lawer o bethae drwy *barablae* [:– damegion]. *id.* 301b, Byddet eich ymadrodd [:– iaith, *parabl*] yn rhadlawn yn 'oystatawl. **1696** *CDD* 58, Jachâu pôb clefydon, rhoi *parabl* i'r mudion. **1707** *AB* [xv], Er m[w]yn skrivèny yn nés at laverydd, ne *barabl* y geirie. **[1783]** *W* d.g. *speech or utterance.* **1803** *P.*

Amr.: **parabol** [ar ddelw'r Llad. *parabola*]. **1567** *LlGG* 15b. **1567** *TN* 20b.

Cfn.: **parabl gorchestol:** *?enigma, puzzle.* **14g.** *BY* 51, wedi rodi rodyon ohonaw y Zorobabel am yllwng y *parabyl gorchestawl* o'r gwin a'r brenhin a'r wreic a'r wiryoned. **1604–7** *TW* (*Pen* 228) d.g. *problema.*

parablad, gw. **parabliad.**

parablaeth [bôn y f. ddil.+*-aeth*] *eb.* Baldordd: *a jabbering.*

1798 *WR* d.g. *brabble.* **18–19g.** *MA* iii. 254, Tri pheth à vyddant oreu lle nas clywer: crochwerthiniad hên verchetach, ubain cwn ganol nôs, a *pharablaeth* Sais.

parablaf: parablu, parabla(i)n [bf. o'r e. *parabl*] *bg.a.* Llefaru, dweud, siarad, mynegi ar lafar; ynganu neu seinio (llythyren, &c.); traethu (araith, &c.); dadlau, rhesymu; baldorddi, brygawthan: *to utter, say, speak, express verbally*; *pronounce or sound (letter, &c.)*; *deliver (a speech, &c.)*; *argue, reason*; *gabble, babble.*

c. **1300** *H* 16a. 28–9, par ym duw *parablu* o honawd parabyl gwir pan dreithir draethawd (Einion ap Gwalchmai). *c.* **1400** *YSG* i. 41, Pan gigleu y meudwy ef yn *parablu* uelly, ef a dywawt dan wylaw. *c.* **1400** *YE* 16, Gorwacrwyd yw *parablu* seguryon eireu yn orwac. **1551** W. Salesbury: *KLl* xlviiib, megys y dodes yr yspryt yddynt *parably.* **1567** *TN* 350a, rrain a fuont yn doyded [:– ymddiddan, *parablu*] yn Enw'r Arglwydd. **1588** *Job* xxvii. 1, Job a *barablodd* eil-waith. **1618** J. Salisbury: *EH* 64, gan ddyscu vddynt *barablu* ym-mhôb tafod-iaith. **1661** E. Lewis: *Drex* 35, a'r Ordinhâad ddiweddaf a *barablwyd* trwy Grist yr Ustus. **1718** M. Williams: *P* d.d., Pregeth a *barablwyd* yn Eglwys Grist yn Llundain. **1773** *W*, *parablain* d.g. *to gabble.* **1785** J. Rees: *GD* 7, wrth *barablan* ei gweddiau trostynt pan nad oedd yn meddwl dim am Dduw. **1788** J. Roberts: *AR* 33, H. A *bareblir* bôb amser megis yn Gymraeg. **1803** *P*, *parablu*, to hold a discourse. Ar lafar, 'babi'n dychra *prablu*', *B* xvi. 100.

parablaidd [*parabl*+*-aidd*] *a.* Rhugl, huawdl; ?yn perthyn i ddameg, tebyg i ddameg: *fluent, eloquent*; *?pertaining to or like a parable, parabolic.*

1595 *Egl Ph* 103, nyni a 'welwnn Laweroedd, a 'madroddant yn *barablaidd* iawn, heb fedryd rhoi ei meddwl mywn scrifen hanner da. **1707** S. Williams: *ADA* [vi], mewn ymadroddion *parablaidd* dysgedig. **1728** J. Thomas: *GDN* 213, Ymadroddiad, neu Ddull *parablaidd* Rheswm ac Ysbryd. **1771** G. Howel: *Alm* 29, A Sian: *barablaidd* luniaidd lân.

parablber, parabl-bêr [*parabl*+*pêr*[1]] *a.* Persain ei leferydd, huawdl; melodaidd: *sweet-voiced, eloquent*; *melodious.*

1605–18 *GDG*[3] 418, rhoi'r bardd digabl *parablber* / da i ryw ai barch i droi'r ber. **1630** *YDd* xiv, yr wyf yn cydnabod na ddaethym erioed ir râdd i fod yn areithydd *parabl-ber.* **1632** *D* d.g. *dulciloquus, suauiloquens.* **1722** *Llst* 189, *parabl-ber*, eloquent, well-spoken. **1726** S. Rhydderch: *Alm* [2], perffeith-gorph ganheidliw, *parablbêr.* **1780** *W*, *parablber* d.g. *pleasantly, speaking [that speaketh] pleasantly.* **1803** *P.*

parablddoeth [*parabl*+*doeth*[1]] *a.* Doeth ei leferydd, huawdl (a doeth): *speaking wisely, eloquent (and wise).*

1567 G. Robert: *GC* 6, Canys yr ydoedd genthynt yn i hiaith ihunan, i gyfeddach, ag imgynghori [*sic*] a hwynt . . . ddadleuwyr *parablddoeth.* **1595** *Egl Ph* [viii], sharad yn *barablddoeth.* **1604–7** *TW* (*Pen* 228) d.g. *eloquens.* **1609** *CRC* 51, Yngyles synhwyrol *barablddoeth* weddol. **1631** O. Thomas: *CC* 13, y mae yn aml gweled yn ein plîth ni ynghymru Eglwys-wyr o ran eu dysceidiaeth yn ganmoladwy, a'i ymadrodd yn *barabl-ddoeth.*

parabledd [*parabl*+*-edd*[1]] *eg.* Baldordd, paldaruo; siaradusrwydd; huodledd; y gallu i siarad, lleferydd: *a babbling, gabbling*; *loquacity*; *eloquence*; *(power or faculty of) speech.*

1803 *P*, *parabledd*, s. m. readiness of discourse.

parabliad, parablad [bôn y f. fl.+*-iad*[1], *-ad*] *eg.b.* ll. *-iaid.* Y weithred o lefaru; ymadrodd, ?brawddeg; dull o lefaru; ynganiad; y gallu i siarad, lleferydd: *utterance, speech*; *phrase, ?sentence*; *delivery (of speech)*; *pronunciation*; *(power or faculty of) speech.*

14g. *GP* 51, Gwannllun a'm llud hun, hoendwc *barablat.* **16–17g.** *PCWG* 30, yn rhoi gweled klowed arogliad chwaethiad *parabliad.* **1688** *TJ* (At.) [16], Y Mae'r ddwŷbig yn fâth ar attaliad a osodir ynghanol *parabliad.* *id.* [28], ( ) Y mae'r ymsang neu'r ymwasg hwn . . . yn cau i mewn rŷw *Barabliad* fechan . . . a phed fai'r darllennŷdd yn gadael wrth ddarllen y *Barabliad* a ddodwŷd i mewn rhwng y nôd yma, fe fŷddeu'r *Barabliad* arall . . . yn ddianaf. **1722** *Llst* 189, parabl, m. [*pa*]*rabliad*, m., discourse, speech, utterance. **1758** P. Williams: *BB* 15, Y diwedd-nod, a osoder wrth ddiwedd *Parabliaid.* **1780** *W*, *parabliad* d.g. *pronunciation.* **1803** *P.*

parablog [*parabl*+*-og*] *a.* Siaradus; huawdl, rhugl: *loquacious*; *eloquent, fluent.*

1858.

parablus [*parabl*+*-us*] *a.* Siaradus; huawdl, rhugl; hefyd yn *ffig.*: *loquacious*; *eloquent, fluent*; *also fig.*

14g. *DGG*[2] 121, Bleth leth lathrwallt gwnsalltferch, / *Barablus* addwyn fwyn ferch (Madog Benfras). **1455–6** *Llst* 28, 199, Y verch a aner dan yr unryw arwydd tec a braisc vydd . . . a *ffarablus* vydd. **1595** *Egl Ph* 39, i wneuthud yr iaith yn gymmenwedd iw phraethogi yn ddierth, ag yn *barablus.* **1632** *D*, *parablus*, eloquens. **1694** T. Jones: *Alm* [41], or tu arall y rhai mudion a aethant yn *barablus.* **1760** E. Williams: *UYB* 41, esponio mewn geiriau *parablus* y peth na ddylai ie ein meddyliau fyth anturio arno. **1803** *P.*

parablwr [bôn y f. fl.+*-wr*] *eg.* ll. *-wyr.* Llefarwr, siaradwr: *speaker, talker.*

15g. *GP* 36, anystyryawl wall y *barablwr.* **15g.** *GTP* 9, Cwnstabl yw, a *pharablwr*, / Cledd i wŷr Gwynedd yw'r gŵr. *id.* 18, Un cwnstabl a *pharablwr*, / E lŷn gant yn ôl un gŵr. **1604–7** *TW* (*Pen* 228) d.g. *pronunciator.* **1632** *D*, *parablwr* drwg d.g. *infans.* **1733** T. Evans: *PP* 11, ac nid i adail [*sic*] pob *Parablwr* ar ei ddewis i ddywedyd yr hyn a dery yn ei ben. **1765** J. Evans: *CPE* 153, Dichyn gŵr fod yn *barablwr* cymmen. **1770** P. Williams: *BS*, *Job* xxv, Y mae'r gwirionedd yn drech nâ'r *parablwr* gwychaf. **1803** *P*, *parablwr*, s. m. pl. *parablwyr*, a discourser.

parabol, gw. **parabl.**

parabola [bnth. S. *parabola*] *eg.* ll. *parabolâu.* Cromlin blân agored a ffurfir gan groestoriad côn â phlân sy'n gyfochrog ag ochr y côn: *parabola.*

1910.

parabolig [cfdds. o'r S. *parabol(ic)*+*-ig*[2]] *a.* Yn perthyn i barabola, ar ffurf parabola, tebyg i barabola: *parabolic.*

1851.

paracît, paracut [bnth. S. *parakeet*] *eg.* ll. *paracitiaid, paracutiaid.* Enw ar nifer o fathau o barotiaid bach lliwgar hir eu cynffonnau, e.e. *Psittacula krameri*: *parakeet.*

1866.

Amr.: **parocwet. 1851.**

parad, paradaf: parado, gw. **parot, parediaf: paredio.**

paradeim, paradigm [bnth. S. *paradigm*] *eg.* ll. *paradeim(i)au, paradigmau.* *Gram.* Set o holl ffurfiau rhediadol berf, &c., rhediad; patrwm, model; enghraifft nodweddiadol neu ystrydebol; fframwaith cysyniadol: *paradigm (in gram.)*; *pattern, model*; *(stereo)typical example*; *conceptual framework.*

1936.

paradeis [?bnth. S. *paradise*] *e.ll.* Darnau trionglog o gyflaith ac arnynt flas mintys: *triangular pieces of mint-flavoured toffee.*

Ar lafar ym Môn, *Geir Geg* 55.

paradiaf: paradio, paradigm, gw. **parediaf: paredio, paradeim.**

paradocs [bnth. S. *paradox*] *eg.* ll. *-(i)au, -ys.* Datganiad sydd yn ymddangos yn abswrd neu'n wrthddywediadol (ond a all fod yn wir), gwrthddywediad, croeseb, gwrtheb, hefyd yn *ffig.*: *paradox, also fig.*

1725 I. Harri: *RD* 361, e[u] [Pabyddion] hembeidius *paradocses.*

paradocsaidd [*paradocs*+*-aidd*] *a.* Yn perthyn i baradocs, o natur paradocs, tebyg i baradocs: *paradoxical.*

1929.

Amr.: **parodocsaidd** [ff. wallus]. **20g.**

paradrwydd, paradwydd, gw. parodrwydd, pared¹.

paradwys [bnth. Llad. Prydain *paradēsus < *paradīsus*, cf. Crn. C. *paradys, parathys*, Llyd. C. *paradoes, barado(e)s, barazoes*, Llyd. Diw. *baradoz*, taf. Gwened *paradoez, baraouiz*; ynglŷn â'r -*d*-, ?cf. *pedestr, pedol*; cf. hefyd H. Wydd. *pardus*, Gwydd. Diw. *parthas*] *eb.g.* ll. -*au*, -*ydd*, a hefyd fel *a.*

(*a*) Trigfan (derfynol) y cyfiawn ar ôl marwolaeth, nef: *paradise, the (ultimate) abode of the righteous after death, heaven.*
13g. *C* 40. 7–9, ym *paraduis* impur kynnuis rac puis pechaud. **13g.** *DB* 84, Eno e mae *paraduys* y *paraduysseu*, en e lle y byd eneidyeu y seint. **1346** *LlA* 50, Ae lle corfforawl yw *paradwys* . . . Nyt lle corfforawl ef. cany chyuanedha ysprydoed yn lleoed corfforawl. *id.* 129, Y seithuet nef yw. med yr ystoria. yw *paradwys.* **14g.** *B* ix. 330, Duy ny ellir y welyt a llygeit knawtaul, y neb y crynn yr eigavnn racdav, y neb a gadarnnhavys y *paradvys* ac a ossodes teruynn y'r moroed. *c.* **1400** *YCM*² 7, Gwybyd ditheu y bydy erbyn auory ym poeneu vfern. or lle y deuthum inheu ohonaw, ac y bydaf ynheu ym *paradwys.* **15g.** *OBWV* 109, Aed Duw i gynnal oed dydd / I *baradwys* â'i brydydd [claddu'r bardd o gariad]. **1551** W. SALESBURY: *KLl* xxxvb, heddyw y byddy gyd a myvy ym *paradwys.* **1567** *TN* 375a, pren y bywyd, yr hwn y sydd yn chanol *parad[w]ys* Ddyw. **1599 (1677)** R. HOLLAND: *AB* 40, Heddyw y byddi gyd 'a mi ym *mharadwys*, hynny yw yn y nef, canys yr un yw'r nef a *pharadwys.* **1630** *YDd* 369, y mae *paradwys* yn fangre o lawenydd i'r eneidiau. **1703** E. WYNNE: *BC* 114, ac yna o achos hen lîd aethant i ddifachio ceuddrws *Paradwys* Mahomet, a gollyngasant y Tyrciaid allan o'u carchar. **1803** *P*, *paradwys*, s. m. . . . paradise.

(*b*) Y lle neu'r cyflwr o ddedwyddwch a fwynhaodd dyn cyn iddo bechu, Gardd Eden: *paradise, place or state of happiness enjoyed by man before he sinned, Garden of Eden.*
14g. *WML* 81, Bonhed gwenyn o *paradwys* pan yw. Ac o achaws pechawt dyn ydoethant odyno. **14g.** *T* 79. 22–6, Rygoruc duw da. pymp gwregys terra . . . Petweryd *paradwys* gwerin agynnwys. **1346** *LlA* 11, Paryw beth yw *paradwys.* nev pale ymae. Y lle teckaf yw yny dwyrein. *id.* 167, *paradwys* yr honn ygyrrwyt adaf ohonei allann. *c.* **1400** *DB* 27, Ac o honno kyntaf brenhinyaeth yw yn y dwyrein *paradwys.* **1588** *Gen* iii. cs., Bwriad dyn allan o *baradwys.* **1630** *YDd* 33, pan oedd Adda ac Efa . . . yn preswylio ym *mharadwys.* **1661** E. LEWIS: *Drex* 210, Yr oeddwn [Adda] yn byw ym *Mharadwys*, gardd yn llawn o bob difyrrwch ac hyfrydwch allan o bob dychymmyg. **1703** E. WYNNE: *BC* 139, onid allwn i a siommais Efa ym *Mharadwys*, orchfygu Ann ym Mhrydain? **1759** T. THOMAS: *WWDd* 18, Fe a gollodd Ardd Eden, Gardd *parâdwys.* **1761** *ML* ii. 420, beth a dâl *paradwys* heb Efa ynthi?

(*c*) Lle neu gyflwr delfrydol: *paradise, ideal place or state.*
c. **1400** *R* 1036. 5, powys *paradwys* gymry. *id.* 1168. 10, llann bowys *baradwys* burwenn. **16g.** *Llst* 6, 188, *pyradwys* yr eglwysi [am Rufain]. **1615** R. SMYTH: *GB* 49, ynthwy sy'n gwneuthyr i *paradwys* yn y byd yma. **1703** E. WYNNE: *BC* 117, Gadawsoch Baradwys ar y llaw chwîth tu ucha i'r Mynyddoedd frŷ, ebr y Fall . . . ewch a'r pembyliaid hyn i 'n *Paradwys* ni at eu cymeiriaid. **1728** T. BADDY: *DDG* 60, Ar holl Wlâd . . . a Ddarlunir megis *Pradwysydd* Hyfrydol (*most delectable Paradises*). **1757** *ML* i. 466, y tymhor yn ddryghinog ynial, yn gymaint nad wyf yn clywed ar fy nghalon weinyddu tippyn yn fy *mharadwys.* *id.* 478, Ie'n wirionedd, *Paradwys* y Deheu, neu *Baradwys* Ceredigion, yw Penbryn y Barcud. **1761** *id.* ii. 369, pa'r bryd y blinaf ar y *baradwys* hon [bywyd yn Nulyn]. *id.* 428, dyma fi newydd dderbyn o'r Iwerddon bren arbutus (i.e. mefus bren) gwcha a ddaeth erioed o'r naill wlad i'r llall, rhaid i blannu ym *mharadwys.*

Fel *a.* (yn y gr. cmhr.) Paradwysaidd, nefol: *paradisaical, heavenly.*
16g. MORUS DWYFECH: *Gw* 51, Ni chawn dref well wingell iach / Na bwrdeisiaid *b'radwysach.* **1672** R. PRICHARD: *Gw* 45, I'n harwain i'r deyrnas *bradwysa.*
Amr.: **peradwys.** **1630** *YDd* 49. **1740** E. DAVIES: *Alm* [35]. **18g.** *W Ballads* 6B, 3.
Cfn.: **paradwys (d)dae(a)rol:** *earthly paradise, Garden of Eden, also fig.* **1346** *LlA* 20, 50. *c.* **1550** *DB* 113. *c.* **1762–79** W. WILLIAMS: *P* 131, 159. **p. ffyliaid:** *fool's paradise.* **1760** *ML* ii. 215. **1763** *id.* 597. Cf. T. H. PARRY-WILLIAMS: *C* 49, Ymffrostiaf bellach yn f'ymennydd pŵl,—/ Nid oes paradwys fel *paradwys ffŵl.*

paradwysaf: paradwyso [bf. o'r e. bl.] *ba.* Gwneud yn baradwys(aidd): *to make into (a) paradise or like paradise.*
1842.

paradwysaidd [*paradwys*+-*aidd*] *a.* Yn perthyn i baradwys neu i Ardd Eden, tebyg i'r rhain, nefol(aidd), bendigedig: *pertaining to paradise or the Garden of Eden, paradisaical, heavenly, blessed.*
c. **1400** *R* 1262. 15, *baradwysseid* berw disathyr. **15g.** *Pen* 109, 45, Yn dywyssoc kerd *paradwysseid* (Lewys Glyn Cothi). **15–16g.** *GRB* 61, Manachlog garegog wraidd, / bryd Iesu, *baradwysaidd.* **1547** *WS*, *pradwysaidd*, paradiselyke. **1567** G. ROBERT: *GC* 4, ne pe gwnaid musig cysson cyfangan o gydlais *paradwyssaidd* . . . yn yr vnlle. **1588** *Ecclus* xl. 17, fel gardd *baradwysaidd* o fendithion. **16–17g.** *Cer RC* 92, Lleisie llafar llinos, / Eos i'm comffwrddio, / Rhwng eu caniad cymen, / A'u *paradwysaidd* acen. **1632** *D*, *paradwysaidd*, paradiseus, cœlestis. **1653** *MLl* i. 214, pôb creadur yn dyfod allan o dywyllwch i oleuni . . . allan o'r oferedd i sobrwydd meddwl, allan o'r chwerthiniad i brudd-der *paradwysaidd* . . . ac allan o grôth naturiaeth i'r Gaersalem nefol. **1661** E. LEWIS: *Drex* 345, oblegid ddarfod i ni fyned o hyd trwy lyfrau St Augustin, fel ped fai trwy gymmaint a hynny o erddi *paradwysedd.* **1675** R. JONES: *HCh* [170], faint sydd ynddi [y Gymraeg] o'r fam-iaith *Baradwysaidd.* **1703** E. WYNNE: *BC* 83, a Phrydain *baradwysedd* yn gwisco lifrai gwychion. **1788** J. OWEN: *TA* 14, Eu troi hwynt, am eu beiau, o'r *baradwysaidd* ardd. **1803** *P.*

paradwysol [*paradwys*+-*ol*] *a.* Paradwysaidd, nefolaidd: *paradisaical, heavenly.*
16g. *THSC* (1923–4) (At.) 27, llawenydd *paradwyssol.* **16g.** *TRP* 224, Ir llywenydd pan ich kefais / *pradwysol* ych danvonais. **16–17g.** *GST* i. 121, Dos i le *paradwysawl*, / Dos i lys Morys â mawl. **1605–10** *IICRC* iii. 21, Gwrandewch ganmol rhosyn rhagorol / bryd Essyllt *Baradwyssol* bybyr. **[1791]** J. THOMAS: *GB* 80, i'r hyfryd wlad *b'radwysol.* **1792** M. WILLIAMS: *BM* 33, *paradwysol* ddyddiau tra fu hyn yn bod. **1803** *P* d.g. *paradwysawl.*

paraed, gw. **pared**¹.

paraf¹, **peraf: peri** [Llyd. C. *paras* 'gwnaeth, creodd' (?cf. H. Lyd. *ampar*): o'r gwr. IE. $^{*}k^{u}er$- 'gwneud, llunio', cf. Sans. *karōti* 'gwna (ef, &.)'] *bg.a.*

1. Creu, llunio, ffurfio, gwneud: *to create, fashion, form, make.*
13g. *C* 78. 5–6, Assuinaw archaw arch vawr y periw a*peris* new allaur. *id.* 85. 9–11, Ynigabil barabil ar y *parad.* vy kert ith kirpuill. kanuill kangulad. *id.* 88. 12–13, Jolune. ara *beir.* kyvoethauc duu vab meir. a*peris* new ac eluit. *c.* **1300** *H* 15a. 25–6, can *pereist* douyt dyt yn ueu. nam gad y gythreul yr dy gethreu (Einion ap Gwalchmai). *Dchr.* **14g.** *id.* 84a. 7–8, Iolafy beir o bured arwar a *beris* amad ac adar (Llywelyn Fardd). **14g.** *id.* 78a. 11, *Pereis* glot y rot eur gofyon Ieuan (Hillyn). *c.* **1400** *R* 1032. 31, duw reen py *bereist* lyvwr. *id.* 1150. 1–2, Rynn *parassei* duw heb dim eisseu. *id.* 1155. 17–19, Ac or tryded ffynnawn . . . a*peris* pressent yplant eua.

2. Gwneud (yn llawen, yn drist, &c.), achosi newid yng nghyflwr neu ansawdd (person neu beth); ?achosi gwneud (rhywbeth): *to make (happy, sad, &c.), change state or quality of (person or thing); ?cause (something) to be made.*
14g. *WM* 67. 33, a *pheri* guaegeu yr eskidyeu. **14g.** *GDG*³ 363, Cerdd a *bair* yn llawenach / Hen ac ieuanc, claf ac iach. *c.* **1400** *R* 1229. 24, Bara yngic an *peir* gwledic. **15g.** *ID* 12, gwan im *perris* kyn mis mai / gwenn vchod am gwanychai. **1551** W. SALESBURY: *KLl* lvib, ydd ych chwi yn ryddion o ywrth pechot, a gwedy ych *pery* yn weison Deo. **1604–7** *TW* (*Pen* 228), *peri* vn yn ddibericl d.g. *præsto.* **1630** *YDd* 210, y mae'r enw Israel wedi ei roi at Iacob, yn *peri* y Patriarch yn fwy anrhydeddus. **1661** E. LEWIS: *Drex* 344, Na wna ond gwneuthur addewid ffyddlon i'th rhoddi [*sic*] dy hun, a hyn a'th *bair* di yn dda. **1696** *CDD* 23, Fel dŷna 'r achosion in *peri* ni ddynion, / Ir gwir Dduw yn feibion fwŷ obaith.

3. Achosi, achlysuro, cynhyrchu; cyweirio, paratoi, trefnu, darparu, cael; ?cadw, cynnal; ?gorchymyn: *to cause, bring about, produce; make ready, prepare, arrange, provide, obtain, get; ?keep, maintain; ?order.*

(*a*) (ac e. neu r. yn wrthrych: *with a n. or pron. object*).
13g. *A* 17. 15, diw merchyr *perideint* eu calch doet. **14g.** *BT* 63, ar brenhin . . . a edewis lawer o da y ruffud ap kynan yr *peri* gruffud ap rys ydaw yn vyw . . . ac onys gallei y gael yn vyw anuon ybenn ydaw. **1346** *LlA* 34, ny byd marw yllwdynn lleiaf ydyn. Ac ny byd claf. onnyt y*beri* o duw. **14g.** *WM* 93. 2–3, *Perwch* enneint yr gwyr ago[l]chi eu penneu . . . A hynny a*berit* udunt. **14g.** *GDG*³ 298, *Peraist* ym fun ar ungair, / Pâr ym weled merched Mair. *c.* **1400** *MM* 162, y gylla a leinw o afiachuster yr hwnn a *beir* y gwaew yn y penn. *c.* **1400** *YCM*² 54, Chyarlys, heb ef, *par* ym luruc, a helym, a tharyan. **15g.** *Pen* 109, 14, aur a ueluet ar uiluyrd. / A ry .n. braff or un brifford. / Aur ungost er awengerd. / A *bair* ef ar i briuard (Lewys Glyn Cothi). **1567** *TN* 237a, *perwch* [:- paratowch] betheu syberw yn-golwc pop dyn. **1588** *Diar* xvi. 26, Y dŷn blîn a *bar* flinder iddo ei hun. **1672** R. PRICHARD: *Gw* 216, Ac o'i law, a'i râs, a'i rôdd, / Yn rhoddi môdd i'n *peri.* **1740** *ML* i. 40, Chwi welwch nad oes gennyf fawr o flodau. Yr hâf sych ai *pera'.* **1759** J. EVANS: *PF* 20, Hyd oni bo'r Nwyd a *barodd* y Clefyd wedi ei thawelu. **1800** W. OWEN[-PUGHE]: *CP* 20, y golled a *barws* y gauaf caled.

(*b*) (a be. yn wrthrych: *with a vn. object*).
13g. *LlI* 20, Ef a dele arlvyav e llys y am *pery* guellta a *pery* kynneu e tan. **14g.** *WM* 31. 14–15, *Peri* dwyn y gassec y mywn ty a wnaeth. **14g.** *B* xxv. 267, Maxen y gwr drwc hwnnw a *beris* dwyn catrin attaw. *c.* **1400** *MM* 104, a chwennychu bwyt a *beir.* *c.* **1400** *B* ii. 13, *Par* chwynnu dy yt gwedy gwyl Jeuan. **1588** *1 Esd* iii. 21, efe a *bar* adrodd y cwbl drwy dalentau. **1615** R. SMYTH: *GB* 13, *paraf* dorri i lawr fynghrogprenni. **1703** E. WYNNE: *BC* 64, ni *pherais* i erioed ddilyn yr henffordd, os byddei'r newydd yn well. **1740** T. EVANS: *DPO* 136, Ac yna . . . y *peris* efe ysgrifennu tri Llyfr o'r Gyfraith. **1798** R. DAVIES: *CG* 97, Rhyfel a *bar*, fel Taran / Wel'd môr yn 'Leuadau man.

(*c*) (o fl. y be. *bod*: *before the vn. 'bod'*).
14g. *WM* 19. 6–8, mi a*baraf* bot gwled darparedic yn barawt erbyn dydyuot. *id.* 147. 18–21, Oi a uorwyn tec a*bery* ti bot vym march i am harueu yn vn lletty ami heno. **1632** J. DAVIES: *LlR* 42, yr achos a *bair* fod mor anfeidrol y rhagor sydd rhwng gwobr y da a'r drwg yn y fuchedd a ddaw. **1743** G. JONES: *HWI* ii. 23, Mae gwîr Ffydd yn *peri* fod ynnom ufudd-dod parod i Dduw.

(*d*) (o fl. be. a ragflaenir gan wrthrych anuniongyrchol dan reolaeth yr ardd. *i*²: *before a vn. preceded by an indirect obj. governed by the prep. 'i*²').
c. **1300** *H* 16a. 27–8, Peryf nef pura uyg keudawd. *par* ym duw parablu o honawd (Einion ap Gwalchmai). *c.* **1400** *MM* 50, Briwaw grawn y pabi y mywn gwin y *beri* y dyn gyscu yn da. **15g.** *FfBO* 56, vynghytwybot a *beris* ym eu bwrw oywrthyf. **1551** W. SALESBURY: *KLl* 60b, yr byddair y *par* ef glywet. **1567** *LlGG* (*Sall*) 12a, Ef a *bair* (**1588** *Salm* xxiii. 2, *bar*) ym orphwys mewn porva brydverth. **1595** M. KYFFIN: *DFf* [33], oni *phair* ef i gydwybodeu dynion ddarostwng. **17g.** HUW MORUS: *EC* i. 242, Ond *perwch* i'ch gweision, ddosparthu 'r ymryson, / Sydd rhwng eich cymmydogion yn digwydd. **1703** E. WYNNE: *BC* 18, mae yno bob peth a *bair* i ddyn dybio 'n well o hono 'i hun, ac yn waeth o eraill nac y dylei. **1714** R. PRYDDERCH: *GD* 176, Beth a wnawn ni, pan y *perir* i ni ddywedyd Celwydd; ac na feiddiwn ni lai na'i ddywedyd? **1776** *W*, I will make her angry with you, *Paraf* (gwnâf, mi a *baraf* . . .) iddi ddigio wrthych d.g. *to make* [*cause, cause to be*, &c.]. **1798** T. ROBERTS: *CG* iv, nid llid na chenfigen tu ag at nêb, a *berodd* i mi gyhoeddi y pethau hyn.

(*e*) (o fl. be. a ragflaenir gan wrthrych anuniongyrchol heb fod dan reolaeth ardd.: *before a vn. preceded by an indirect obj. not governed by a prep.*).
14g. *YBH* 61b, *perwch* awch holl niueroed gwiscaw arueu y vynet y ganorthwyaw sabaot. *ib. peri* pawb or a gyhyrdei ac wynt vot yn darystygedic udunt. **15g.** *B* v. 110, A *pheri* effeiriat y ganu efferen. **1800** W. OWEN[-PUGHE]: *CP* 40, wrth *beri* eu hâd i dyfu (*making their seeds vegetate*).

(*f*) (o fl. cym. enwol neg.: *before a neg. noun clause*).
1567 *TN* 35[9]a, os byddwchwi ar pethau hyn cennwch . . . *peri* a wnant na boch na segur na diffrwyth yngwybodaeth eyn Arglwydd Iesu Christ. **1595** M. KYFFIN: *DFf* [124], Yr hen Gymanfa-Gyngor Gangrense sy'n *peri* (*commanded*) na wnelo neb y fath ragoriaeth rhwng offeiriad priodol, ag amhriodol.

(*g*) (fel bf. gyflawn: *as intr. vb.*).
1595 *Egl Ph* 36, Nyni sy'n gorchymmyn; Nyni sy'n *peri*; Nyni sy'n gwahardd. *id.* 91, gocheled amheu lle, ni bo ond ychydig achos yn *peri.* *id.* 98, [b]arnu am dano mal y bo'r achos yn *peri.* **1679** C. EDWARDS: *GGG* 215, Lle y mae rhai gorchmynion yn *peri*, a'r lleill yn naccau.

4. Gyrru (allan, ymaith): *to drive (out, away)*.
1567 *LlGG (Sall)* 71a, *Pereist* ymaith oll andwolion [*sic*] y ddaiar val ampuredd [metel]. **1588** *Gen* xlv. 1, *perwch* allan bawb oddi wrthif.
Amr.: **perid, peryd. 1693** *HC* 2, *perid*. *c*. **1730** *Thos. Lloyd D* (LlGC) 194a. **1767** E. THOMAS: *CD* 64, *peryd*. **peru. 16g.** *Yst Kym* 10. **[1740]** D. LLWYD: *YDD* 207. **1803** *P* d.g. *peru*.

paraf²: paru, paro [bf. o'r e. *pâr*¹] *bg.a.* Mynd neu wneud yn bâr, cymharu, cyplu, uno; rhoddi (ychen) mewn gwedd: *to pair, mate, couple, join; put in a team (of oxen)*.
15g. *ID* 45, y may par ym ü *barwyd* / pring vydd er vn par ym vwyd [i erchi ychen]. **1778** *W* d.g. *to pair*. **1803** *P*. Ar lafar yng ngodre Cered., sir Benf., a'r De yn y ff. *paro*.
Amr.: **pariaf⁵: pario. 1858.**

paraf³: paro [bf. o'r e. *pâr*²] *ba.* Bolltio: *to bolt (door, &c.)*.
1744 D. ROWLAND: *RY* 97, Hwynt hwy a gaeuasant Borth y Clust, hwy a'i Barriasant ef i fynu, nhwy a'i cloisant ac a'i *parrasant* (*kept it locked and bolted*). Ar lafar yng ngodre Cered. a sir Benf., '*paro*'r drws dros y nos', *GDD* 216.

paraf⁴: para², gw. **parhaf: parhau.**

paraffernalia [bnth. S. *paraphernalia*] *e.ll.* Taclau neu offer amrywiol, fel arfer yn ddifr., geriach, trugareddau, hefyd yn *ffig.*: *paraphernalia, also fig.*
1931.

paraffin [bnth. S. *paraffin*] *eg.* Cymysgedd hylifol sy'n cynnwys hydrocarbonau alcan gan mwyaf ac a ddefnyddir yn bennaf fel tanwydd: *paraffin*.
c. **1884** *BCh* xx. 24, Hanes hynod y Corff-Losgiad (Cremation) A gyflawnodd Dr. Price, Llantrisant, ar gorff ei blentyn. / . . . / Ni dd'wedir gair yn unman / Am losgi'r meirwon glân, / Ni sonir yn y Beibl / Am *baraffin* na thân!

paraffras [bnth. S. *paraphrase*] *eb.* Aralleiriad: *paraphrase*.
1701 J. WILLIAMS: *BG* 55, *Paraphras*, neu Eglurhâd byrr ar Weddi'r Arglwydd. **1710** *CBGEL* 72, Eglurhaad Esponiad *Baraphras* [*sic*] ragorawl Dr. Patrick ar lyfr y Psalmau.

paragon [bnth. S. *paragon*] *eg.* Patrwm o ardderchogrwydd, person neu beth o'r gwychaf: *paragon*.
20g.

paragoric, gw. **paregorig.**

paragraff [bnth. S. *paragraph*] *eg.* (bach. *paragreffyn*) ll. *-au*. Brawddeg neu nifer o frawddegau ar un thema sy'n ffurfio adran amlwg o destun, gan ddechrau ar linell newydd (yn aml wedi ei hindentio): *paragraph*.
1684 H. OWEN: *DC* [xxi], pob pennod yn cynnwys amryw *baragraphau*, pob *paragraph* yn cynnwys amryw wersi. **1763** R. THOMAS: *HR* 101, ystyried pob *Paragraph* yn ei dueddiad priodol ei hun. **1773** J. ROBERTS: *GY* [xii], Yn niwedd y *Paragraphau* y cewch . . . Dalfyriad o Eiriau.

paragraffaf, paragraffiaf: paragraffu, paragraffio [bf. o'r e. bl.] *bg.a.* Rhannu (testun) yn baragraffau: *to paragraph*.
1937.

paragraffaidd [*paragraff*+*-aidd*] *a.* Tebyg i baragraff, ar ffurf paragraff(au): *paragraphic*.
1932.

paragraffwr, paragraffydd [*paragraff*+ *-wr, -ydd*³] *eg.* ll. *paragraffwyr*. Un sy'n ysgrifennu paragraffau neu sy'n paragraffu: *paragrapher*.
1894.

paragreffyn, gw. **paragraff.**

paralacs [bnth. S. *parallax*] *eg. Ser.* Y gwahaniaeth rhwng safleoedd cywir ac ymddangosiadol cyrff nefol pan edrychir arnynt o ddau safbwynt gwahanol, amgeniad: *parallax*.
1777 M. WILLIAMS: *BM* 34, o herwydd bod dehau orllewinol *baralacs* mawr gan y Lleuad.

paralatig, gw. **paralytig.**

paralel [bnth. S. *parallel*] *eg.* ll. *-au*, a hefyd fel *a*. Tebygrwydd union, cymhariaeth agos; cyflin; cyfochrog: *a parallel, close comparison; a parallel (line); parallel (adj.)*.
20g.

paralelogram [bnth. S. *parallelogram*] *eg.* ll. *-au*. Pedrochr a'i ochrau cyferbyn yn gyfochrog ac yn gyfartal eu hyd: *parallelogram*.
1925.

paralys, gw. **parlys.**

paralytig [cfdds. o'r H. Ffr. *paralit(ique)* + *-ig*², o bosibl drwy'r S. C.] *eg.* a hefyd fel *a*. (Person) wedi ei barlysu, claf o'r parlys: (*a*) *paralytic*.
c. **1400** *R* 1156. 5, Ef avu uedic yr *paralitic* (*Pen* 53, 18, *paralatic*).

paramedr [bnth. S. *parameter*] *eg.* ll. *-au*. *Math.* Newidyn neu gysonyn mympwyol sy'n pennu ffurf neilltuol mynegiad mathemategol; unrhyw ffactor gyson neu gyfyngol: *parameter*.
20g.

parannaf: parannu [?bôn y f. *paraf*¹: *peri*+*rhannu*, neu cf. *peiriant*] *ba.* Peri, darparu: *to cause, provide*.
14g. *WM* 149. 11–13, aeth y gwr llwyt ae nifer gantaw y lys arthur . . . ac y *paranawd* arthur eu bedydyaw. **14g.** *YBH* 48b, moes ym gant or saracineit dewraf . . . a heb ohir y *parannwyt* y kanwr idaw. **15g.** *Cy* iv. 118, ynaturyayth athodes dyw yndunhwy yssyd . . . yn *parannu* y frwytheu ydayar kynnuthu.

paranoia [bnth. S. *paranoia*] *eg.* Anhwylder meddwl a nodweddir gan rithdybiau o fawrwychder, erledigaeth, &c.; math o sgitsoffrenia a nodweddir gan ddirywiad yn y bersonoliaeth, ynghyd â rhithdybiau neu ledrithiau: *paranoia*.
1942.

paranoiaidd [*parano(ia)*+*-iaidd*] *a.* Wedi ei achosi gan baranoia, yn dioddef gan baranoia: *paranoiac, paranoic, paranoid*.
20g.

paranöig [cfdds. o'r S. *parano(ic)*+*-ig*²] *a.* Paranoiaidd: *paranoiac, paranoic, paranoid*.
20g.

parapet, paraped [bnth. S. *parapet*] *eg.* ll. *-au*. Wal neu ganllaw isel ar hyd ymyl balconi, to, &c.: *parapet*.
1926. Ar lafar gynt ym Mhenllyn yn y ff. *parapit* yn yr ystyr 'palmant'.

paraseicoleg [cfdds. o'r S. *parapsychol(ogy)*+*-eg*¹] *eb.* Astudiaeth o ffenomenau meddyliol, megis telepathi, sydd y tu hwnt i gwmpas arferol seicoleg: *parapsychology*.
20g.

paraseit, paraseitoleg, gw. **parasit, parasitoleg.**

parasetamol [bnth. S. *paracetamol*] *eb.g.* Cyffur poenliniarol gwan; tabled sy'n cynnwys y cyffur hwn: *paracetamol*.
20g.

parasit, paraseit [bnth. S. *parasite*] *eg.* ll. *-iaid, -(i)au, -s.*

(*a*) Un sy'n byw ar gefn eraill, bolerwr, Ieuan lygad y bwyd: *sponger, scrounger, parasite*.
1604–7 *TW* (*Pen* 228) d.g. *parasita, parasitus*. **1632** *D* d.g. *parasitaster*.

(*b*) *Biol.* Organeb sy'n byw o fewn organeb arall neu arni ac yn cael maeth ganddi, gan beri niwed yn aml iddi: *parasite (in biol.)*.
1928.

parasitaidd [*parasit*+*-aidd*] *a.* Parasitig, hefyd yn *ffig.*: *parasitic, also fig.*
20g.

parasitig [cfdds. o'r S. *parasit(ic)*+*-ig*²] *a.* Yn perthyn i barasit(iaid), o natur parasit(iaid), fel parasit(iaid), hefyd yn *ffig.*: *parasitic*.
1938.

parasitoleg, paraseitoleg [cfdds. o'r S. *parasitol(ogy)*+*-eg*¹] *eb.* Gwyddor parasitiaid: *parasitology*.
20g.

parasiwt [bnth. S. *parachute*] *eg.b.* ll. *-iau, -s.* Dyfais ar ffurf canopi mawr o frethyn wedi ei gysylltu wrth harnais, a ddefnyddir i arafu disgyniad person neu lwyth o'r awyr, hefyd yn *dros.*: *parachute, also transf.*
1837.

parasiwtiaf: parasiwtio [bf. o'r e. bl.] *bg.a.* Disgyn neu lanio gan ddefnyddio parasiwt, gollwng (pecyn, &c.) wrth barasiwt, hefyd yn *dros.*: *to parachute, also transf.*
20g.

parasiwtiwr, parasiwtydd [bôn y f. fl.+ *-wr, -ydd*³] *eg.* ll. *parasiwtwyr*. Un sy'n disgyn o'r awyr wrth barasiwt: *parachutist*.
20g.

parasôl, parasól [bnth. S. *parasol*] *eb.g.* ll. *-s, -au.* Ambarél sy'n gysgod rhag yr haul, hefyd yn *dros.*: *parasol, also transf.*
1855.

parat¹,², gw. **parod, parot.**

paratoad, parotoad [bôn y f. ddil.+ *-ad*², trf. han.] *eg.* ll. *-au*.

(*a*) Y weithred o baratoi, darpariaeth, cyflenwad, arlwy: *preparation, provision, supply, provisions*.
1567 *LlGG* 84a, ymwiscaw o ddwyvronnec cyfiawnder, ac escidiaeo [*sic*] am eich traet o *paratoat* yr Euangel tangneddyf. **1599 (1677)** R. HOLLAND: *AB* 70, Ac yn awr *paratoad* yw y deyrnas gyntaf, sef y deyrnas o râs, ac megis dechreuad o fyned i mewn i deyrnas y gogoniant. **1604–7** *TW* (*Pen* 228), *paratoat* ne oûal am veirch yr post yn llawer o vannae d.g. *angaria*. **1620** *Diar* xvi. 1, *Parottoad* y galon mewn dyn. **1620** 2 *Mac* xv. 21, dyfodiad y lliaws, a'r amryw *baratôad* arfau. **1632** *D*, *parattoad* ŷd d.g. *frumentatio*. *id*. *parottoad* d.g. *paratus, præparatio*. **1687 (1715)** J. OWEN: *TB* 145, [t]reuliasant, yr hyn oedd yn ol o'i dyddiau . . . mewn *paratôad* difrif erbyn tragwyddoldeb. **1688** *TJ*, armerth, arlwŷad, *paratôad*, a preparation. **1703** T. BADDY: *PCh* 150, dymma'r *paratoad* (*provisions*) a osodir ar fwrdd fy nhâd. **1766** *CD* 137, Ac erbyn y boreu / Ar *barodhôad* i'r Siwrneu. **1790** T. JONES: *TOS* 32, y *parottoad* diweddaf i orphwysfa 'r saint, fydd eu coroniad parchus. **1795** *R. Crusoe* 37, nid yn unig fy amddiffyniad ond hefyd *parottoad* fy ymborth yn ymddibennu. **1803** *P*, *parotöad*, a preparing, preparation. Ar lafar ym Morg. yn y ff. *partoad*.

(*b*) Dydd y paratoi at y Saboth Iddewig, darpar-ŵyl y Saboth: *the day of preparation for the Jewish Sabbath*.
1567 *TN* 47b–48a, A'r dydd dranoeth yn ol *paratoat* y Sabbath (**1988** *Math* xxvii. 62, y *Paratoad*), yr ymgynnullawdd yr Archoffeiriat a'r Pharisaieit.
Cfn.: *Crdd.* **paratoad (parotoad) anghytsain:** *preparation of a discord (in mus.)*. **1838.**

paratoadol [*paratoad*+*-ol*] *a.* Yn paratoi, darpariadol: *preparatory, preparative*.
1822.

paratoaf, parotoaf: paratoi, parotoi [bf. o'r a. *parod*; *paratoi* < *parotoi* trwy gmth. â'r llaf. gyntaf; nid yw union ffd. y gair yn eglur, ?cf. *-hau*] *bg.a.* Gwneud yn barod, gwneud yn addas ar gyfer rhyw ddefnydd neu ddigwyddiad, darparu, arlwyo, gwneud lle, &c., yn barod, ymbaratoi, hefyd yn *ffig.*: *to prepare, provide, also fig.*
13g. *B* x. 30, pa furw e gallaf vi vuhun hep ef *paratoi* arwylyanheu yt ti. **13g.** *BD* 157, A chymeint a *paratoet* yna o darmerth ac a oed teilvng y anrydedu y ryv wled honno. **14g.** *LlB* 40, Oet mach y *parottoi* tal, vn dyd ac wythnos or byd reit idaw talu. *c*. **1400** *RB* ii. 125, *paratoa* (*BD* 85, parota) lyghes a dabre y gymryt teyrnas ynys brydein. *id*. 157, ef e hun adygwyd yny magyl . . . a*parottoes* ef ym ffydlonyon inheu. **1547** *WS*, *paratoi*, ordayne, prepare. **1567** *TN* 157a, Mi af i *baratoi* [:– ddarpary] lle y chwy. **1632** *D*, *parottoi*, parare, præparare. *id*. *parattoi* d.g. *apparo*. **1677** R. JONES: *BB* 219, rhoddi i ni y bywyd hwn yn bwrpasol o ran *paratoi* erbyn tragwyddoldeb. **1699** T. JONES: *TP* 60, [p]ôb mâth o Arfogaeth, y rhai a *barodtoisai* eu Harglŵydd. **18g.** *W Ballads* 169, 6,

Duw or ne am *parototho*. / Cyn y delo yr fellten hono. **1754** G. OWEN: *L* 126, Mi fum yn brysur . . . yn *parottoi* i gyfarfod yr Esgob. **1759** T. THOMAS: *WWDd* 294, fel y mae gogoniant, a dedwyddwch y Nefoedd, wedi cael eu *paratoi* i'r Saint; y maent hwynthau yn cael eu *par'toi* . . . i fwynhau 'r breintiau hynny. *a.* **1791** W. WILLIAMS: *GP* 9, Yn Salem fry *par'to* fy lle. **1798** W. RICHARDS: *CC* 36, wedi darparu pob peth . . . gwedi *parottoi* lliaws mawr o dystion. **1803** *P* d.g. *parotöi*. Ar lafar ym Morg. yn y ff. *partoi*.

Gw. hefyd **parotâf: parotáu.**

paratoawl, parotoawl, paratool, paratoeol [bôn y f. fl. ?a'r be. *paratoi*+*-awl*, *-ol*] *a.* Yn paratoi, paratoadol, darpariadol: *preparatory, preparative.*

1789 B. EVANS: *LlG* 18, puredigaeth *baratoiol* erbyn dyfodiad y Mesiah. **1798** *WR*, *paratoawl* d.g. *preparative.*

paratoeans [?y be. *paratoi*+*-ans* (At.)] *eg.* Paratoad: *preparation.*

1908. Ar lafar yn y De, hefyd yn y ff. *partoeans*, *GDD* 216.

paratoëdig, parotoëdig [bôn y f. fl.+*-edig*] *a.bfl.* Wedi ei baratoi, parod: *prepared, ready.*

1780 *W*, *parottöedig* d.g. *prepared.*

paratoeol, paratool, gw. paratoawl.

paratous, parotous [bôn y f. fl.+*-us*] *a.* Parod, paratoëdig; paratoadol: *ready, prepared; preparatory, preparative.*

1688 W. FOULKES: *EGE* 6, pa fôdd y mae dy ymwrthodiad di yn *barattôus* at gariad Duw. *id.* 134–5, Y ffyddloniaid oll y rhai a nessânt attat a chalonnau *parottoûs*. **1700** D. MAURICE: *AC* 20, [d]wyn Dynion yn *barodtous* i Swpper yr Arglwydd. *c.* **1730** *Thos. Lloyd D* (LlGC) 185b, *parattous*, prepared. **1803** *P* d.g. *parotöus*.

paratöwr, parotöwr, paratöydd, parotöydd [bôn y f. fl.+*-wr*, *-ydd*[3]] *eg.* ll. *-owyr*, *-oÿddion*. Un sy'n paratoi, darparwr: *preparer, provider.*

1606 E. JAMES: *Hom* i. 138, yr Holl-alluog Dduw yw awdur a *pharotoydd* y dull a'r drefn ymma. **1632** *D*, *parottowr* ffordd d. g. *prodromus*. **1722** *Llst* 189, *parottowr* ffordd, an harbinger. **1803** *P* d.g. *parotowr*, *parotoydd*.

para un, gw. pa[1]—**p. ryw un.**

parawns [?bnth. S. C. *apparaunce* 'claim to be heir apparent'] *eg.* ?Aer neu etifedd eglur: *heir apparent.*

15–16g. *GLM* 304, Pwy yw pinagl pob heniarll? / *Parawns* y gwaed, prins ac iarll. **15–16g.** *GRB* 41, Pryns gwych yw *parons* y gŵr, / palf y tad, palfod Tewdwr. **16g.** *NBSF* 669, Pren Morys a chyd lys chwedl / Prins Gwynedd *parawns* genedl. **17g.** *RWM* ii. 64, Prins mawr aer, *parawns* ai medd. *c.* **1730** *Thos. Lloyd D* (LlGC) 185b, *parawns* y glod. Cyw 607.

Gw. hefyd **aparawns**[1].

parbin [?bnth. S. *parpin*, amr. ar *parpen* 'partition-wall'] *eg.* Cilfach mewn wal, yn enw. ar gyfer gwely: *recess in wall, esp. for a bed.*

18–19g. *Llr* C 8, 228, *parbin*, Llanvabon, a recess in a wall, a receding wall. Ar lafar yn nwyrain Morg., 'Parth a *parbin*, dyna gyd odd 'i thŷ ddi'.

parc [bnth. H. Ffr. *parc*, o bosibl drwy'r S. C.; cf. Crn. C. *park*, Llyd. C. *parc*] *eg.* (bach. *percyn*) ll. *-(i)au*, *perci*, *percydd*, (prin) *parcoedd*. Tir agored, gerddi, &c., at ddefnydd y cyhoedd mewn tref neu ddinas, ardal eang a gedwir mewn cyflwr naturiol at fwyniant y cyhoedd, darn mawr amgaeëdig o dir (ar gyfer hela, wrth blas, &c.), cae, maes, hefyd yn *dros.* ac yn *ffig.*: (*public, town, national, game, &c.*) *park, field, also transf. and fig.*

14g. *WM* 250. 33–6, estwng or mynyd yr dyffryn a oruc a chyrchu *parc* teccaf or byt. **14g.** *GIG* 47, Gerllaw'r llys, gorlliwio'r llall, / Y pawr ceirw mewn *parc* arall [i lys Owain Glyndŵr]. **15g.** *GDLl* 110, Rhai i gyfeddach rhag y fyddin, / Rhai i'r *parciau*, rhai i'r garddau gwin. **15g.** *GHC* 15, Gweirgloddiau, *parcau* heb hyn / Ynt iddo, deucant tyddyn. **15g.** *LGC* 195, Ei wyth *barc* a byrth y byd / Wyth gan' erw, wyth gae enyd. **15g.** *DE* 42, brig gwinwydd yn *bark* ynial / avr goron am dirion dal [i wallt merch]. **15–16g.** *TA* 240, *Parciau*, perllannau, llynnoedd, / Plasau 'n y dŵr, plesawnd oedd. **16–17g.** EDWARD URIEN, &c.: *Gw* 101, Paun i'th oed, pennaeth ydych, / Paun o *barc* gwaed Penbrwc wych. **1604–7** *TW* (*Pen* 228) d.g. *leporarium, vivarium*. *c.* **1730** *Thos. Lloyd D* (LlGC) 186b, [*parc*]*oedd*. *id.* 188a, *percydd* mewn ffrwythydd a ffrith. *c.* **1762–79** W. WILLIAMS: *P* 446, [t]ref hardd-deg a chyflawn . . . mae yma Eglwys, Coledge . . . rhodfeydd, gerddi, a *pharc* mawr ehelaeth. **1780** *W*, *percyn* d.g. *puddock*. *c.* **1785–90 (1829)** *CBYP* 16, yn y Gymraeg ystyr . . . *Parc* yw unrhyw Gae, pa un bynnag ai mawr ai bach y bo. **1803** *P*. Ar lafar yn sir Benf. a'r cyffiniau yn yr ystyr 'cae', *LGW* 391; ac yn ardal Licswm, sir Ffl., am 'dir gwael caregog lle mae carreg galch yn brigo i'r wyneb'. Am yr e. mewn e. lleoedd, gw. *ELISG* 42.

Cfn.: **parc ceir:** *car park*. **20g. p. cenedlaethol:** *national park*. **20g. p. gwledig:** *country park*. **20g. p. pwrcas:** *game park*. **15g.** DAFYDD LLWYD: *Gw* 274. **15g.** *HCLl* 49.

parcaf: parco, parcatwr, gw. **parciaf: parcio, procator.**

parciaf, parcaf: parc(i)o [bnth. S. (*to*) *park*] *bg.a.* Stopio (cerbyd) mewn man neilltuol a'i adael dros dro, symud (cerbyd) i le gwag er mwyn ei adael yno dros dro: *to park (a vehicle).*

1939.

parciwr [*parc*+*-iwr*] *eg.* ll. *parcwyr*. Un sy'n amgáu â chlawdd neu ffens, torrwr ffosydd: *one who encloses with a hedge or fence, ditcher.*

c. **1700** E. LHUYD: *Par* i. 82, *Parkiwr* . . . is a ditcher or Fencer. **1803** *P*, *parciwr* . . . one who incloses; a hedger; a ditcher.

parcwr [*parc*+*-wr*, ?ar ddelw'r S. *parker*] *eg.* ll. *-wyr*. Un sy'n gofalu am barc; ?cipar: *park-keeper; ?gamekeeper.*

1722 *Llst* 189, *parcwr*, a park-keeper. **1725** *SR* d.g. *parker*. *c.* **1730** *Thos. Lloyd D* (LlGC) 187b, *parcwr*, a keeper. *c.* **1770** *LlGC* 352, 1, Wrth rodio'i Barc hynod meddyliodd mewn cynwr / [g]ael Edrych mewn pwrcas am fachgen y *parcwr*. *id.* 54, Caf gan y *parcwr* hyn o dro / ddyll dirion o ddalltwrieth.

parch [bôn y f. ddil.] *eg.b.* ll. (prin) *-au*, *peirch*, weithiau gyda grym ansoddeiriol. Edmygedd a deimlir tuag at berson oherwydd ei rinweddau neu'r hyn a gyflawnwyd ganddo, cyfrif uchel a wneir o berson neu beth, anrhydedd, urddas, teilyngdod, bri, enw da, ystyriaeth, parchedig ofn; gwrthrych parch: *respect, honour, dignity, esteem, renown, reputation, regard, reverence; object of respect.*

13g. *MA*[2] 221a. 58, Gradd berchen ei *barch* am danaf (Dafydd Benfras). **13g.** *C* 42. 8–10, Vy maurhidic nen. vy perchen. vy *parch*. **13g.** *B* iii. 25, Nikeyf *parch* nyuypo perchy. **1346** *LlA* 68, Beth ygyt ahynny oll pei kymeint dy anryded di ygann bawb Ac y bu ioseph ygann wyr yr eifft . . . Owi or *parch*. **15g.** *GIE*[2] 271, Mae'r perchen tai? Mae'r *parchau* / Yn fab a welais yn fau (Siôn Cent)? ?**15g.** *id.* 110, Penllad yn ein gwlad glodfawr, / Pur o ach fab mewn *parch* fawr. **15g.** *GGl*[2] 45, Pwyll gyfion, pell ogyfarch, / Pyst y gŵyr ieuainc a'u *parch* [i feibion Edward ap Dafydd]. *Diw.* **15g.** *Pen* 67, 70, gwely *parch* i vab marchoc (Hywel Dafi). *c.* **1585** G. ROBERT: *DC* 1a, nid oys *parch* nag ofn tu ag at Dduw na dyn. **1588** *Sus* i. 64, daeth Daniel mewn *parch* mawr ym mhlith y bobl. **1632** *D* d.g. *auctoritas, dignitas, fama*. **1703** E. WYNNE: *BC* 97, dau o bendefigion newydd ddyfod yn dadleu am gael *parch* dyledus iw bonedd. **1768** RISIART AP ROBERT: *CB* 314, [d]yn gofalus am roddi *parch* gydwybodol i bob rhinwedd. **1798** R. DAVIES: *CG* 76, Pell yw *peirch* eu Meirch au Merched. **1803** *P*.

Parch, gw. parchedig.

parchadwy [bôn y f. ddil.+*-adwy*] *a.* Parchedig, gwiwbarch, hybarch, parchus; yn haeddu neu'n ennyn parchedig ofn, difrifddwys, urddasol; parchus (o rywun neu rywbeth), gostyngedig: *respected, revered, venerable, respectable; awesome, awful, solemn, dignified; respectful, reverent.*

p. **1500** *Pen* 57, 63, kar ddyn nac ymovynmwy [*sic*] / pvr ach ydwedd *pyrchadwy*. **16g.** *RWM* i. 454, efo y gai y gadw val gwr bonheddig yn *barchadwy* yn erbyn kyfrayth. **1567** *LlGG* (*Sall*) 50a, Dew sy derribil yn Cynnulleidva y Sainct, a therribil [:– *parchadwy*] goruwch yr oll rei. **1595** *Egl Ph* [xiv], Mae'n *barchadwy* / Mae'n daladwy mwyn dyledog. **1595** M. KYFFIN: *DFf* [103], offeren a fynne efe . . . gael ei gadel yn beth sanctaidd *parchadwy*. **1632** *D* d.g. *celebrandus, reverendus*. **1685** G. GRIFFITH: *GA* [v], Bu'r Athraw *parchadwy* hwn mor ddyfal yn ei weinidogaeth. **1688** W. FOULKES: *EGE* 63, y cariad *parchadwy* hwnnw a ddylem ni ei dalu i Dduw. *id.* 73, n[i] chrybwyllwyf am dy enw urddasol di ûn amser, oddieithr ar achosion *parchadwy*, a chyfiawn. **1722** *Llst* 189, *parchadwy*, esteemable, valuable. *c.* **1730** *Thos. Lloyd D* (LlGC) 186b, *parchadwy*, honorabilis. **1772** *W*, I'w ofni trwy barch, i'w barchus-ofni, *parchadwy* d.g. *dread* [*awful, &c.*]. **1803** *P*, *parchadwy*, respectable, reputable.

parchaf: parchu, perchi [bnth. Llad. *parc(ō)*] *bg.a.*

(*a*) Dangos parch tuag at, anrhydeddu, mawrygu, parchus ofni, ystyried; (geir.) yfed iechyd da (rhywun); ?ffafrio: *to respect, honour, esteem, revere, regard; (dict.) drink (someone's) health; ?favour.*

13g. *MA*[2] 222b. 43, Gwledig ben perchen gwr am *perchis* (Dafydd Benfras). **13g.** *C* 16. 5, Campus y veirch. canhyn ae *peirch*. **13g.** *B* iii. 25, Nikeyf parch nyuypo *perchy*. **13g.** *Études* v. 100, Amser ym*perchis* parch dylud perchen (Cynddelw). *c.* **1400** *YCM*[2] 102, na *pharcha* hwy, namyn ffust yn galet y'th gylch. *c.* **1400** *Ked AA* 7, ot oed uawr eu parch ac eu henryded oblegyt y brenhin, mwy . . . oed lauur y vrenhines yn eu hanrydedu ac yn eu *perchi*. **15g.** *GGl*[2] 198, Arglwyddi Lloegr ogleddiaith / A'i *parch*, er na wypo'u hiaith [i Ddafydd Llwyd o Abertanad]. **16g.** *Yst Kym* 44, drwy folianu a *fferchi* i dwysogion. **1588** *Ecs* xxiii. 3, Na *pharcha* (**1988** *ib.* Paid â dangos ffafr tuag at) y tlawd y chwaith yn ei ymrafael. **1595** M. KYFFIN: *DFf* [11–12], yr wyf yn *perchi* fyn-Nhad, ag yr ydych itheu [*sic*] yn fy amherchi inneu. **1632** *D* d.g. *adveneror, honoro, revereor*. **1684** H. OWEN: *DC* 282, rhai eraill yn cael eu *perchi*, a'i codi ifynu [*sic*]; a thydi yn cael dy ddibrisio a'th ostyngeiddio. **1687 (1715)** J. OWEN: *TB* 68, Oni ddaw'r Diawl i '*mharchu*, ni chreda i fod na Duw, na Diawl. **1722** *Llst* 189, *perchi*, to esteem, respect, dignifie; to pledge one in drinking. **1723** E. SAMUEL: *PDdC* 18, dangos fod Christ ei hun cystal a 'nhwythau yn *perchi*'r fann. **1803** *P* d.g. *parchu, perchi*.

(*b*) Arbed; cadw; ?neilltuo, cysegru: *to spare; keep, reserve; ?set apart, dedicate.*

13g. *Pen* 44, 22a, ny *pheyrch* aghev y nep. *c.* **1300** *H* 65b. 7–8, a dal eur mal yr molawd. ac ny *beirch* pescueirch pascnawd (Cynddelw). **14g.** *T* 17. 15–16, ketwyr yarkatueirch ny *pheirch* eu hennyd. *c.* **1400** *RB* ii. 132, anrydedwn mercurius . . . Ac y hwnnw y *parchawd* (*BD* 92, parthwys) yn rieni ni y pedweryd dyd or wythnos. *c.* **1400** *BDe* 14, [m]ynet y wlat y gyfanhedu y lle a *barchassei* (amr. barthassei) Duw idaw yn teyrnas Demetica. **1588** 1 *Esd* i. 53, Y rhai hyn a laddasant eu gŵyr ieuaingc a'r cleddyf . . . ac ni *pharchasant* na gŵr ieuangc, na morwyn.

Amr.: **perchu.** **1595** M. KYFFIN: *DFf* [4]. **1672** J. LANGFORD: *HDdD* 45. *c.* **1762–79** W. WILLIAMS: *P* 358.

parcharwydd [*parch*+*arwydd*] *eg.* Medal; ?cofeb: *medal; ?memorial.*

1861.

parchedig [bôn y f. fl.+*-edig*] *a.bfl.* ll. *-ion*, a hefyd gyda grym enwol.

(*a*) Yn haeddu parch, hybarch, haeddbarch, gwiwbarch, anrhydeddus, parchus; yn haeddu neu'n ennyn parch ac ofn, difrifddwys, urddasol; a nodweddir gan barch, parchus (o rywun neu rywbeth), gostyngedig, addolgar: *worthy of respect, respected, revered, venerable, honourable, respectable; awesome, awful, solemn, dignified; reverential, respectful, reverent.*

c. **1300** *B* iv. 122, gnodach ym ofwy kyfrwy gwledic. / no gwir bro branlliw anriw y bric. / a gwedy gan riein rann *barchedic*. **15g.** *CSTB* 32, Dod dy gred yn lle *parchedig*, / A gochel lle dêl y dig. *c.* **1514** *B* xviii. 135, yr ebystyl a ossodynt y kyssegredic korph Mair ar yr elor yn *barchedic*. **1606** E. JAMES: *Hom* iii. 94, y cymmun *parchedig*. **1618** J. SALISBURY: *EH* 239, trwy gydnabod ei g[o]didowgrwydd, ei anrhydeddu hi yn *barchedicach*. **1632** *D* d.g. *ornatus, præclarus, solennis*. **1632** J. DAVIES: *LlR* 98, n[i] wnaeth efe mo honot ti i ddim arall, ond i fod yn wâs *parchedig* (*honorable*) iddo yn y byd yma. **1661** E. LEWIS: *Drex* 108–9, cyn gynted ac y dewisir Pab newydd ei ddwyn ef o hyd yr ydys mewn modd *parchedig* i eglwys St Petr. **1672** J. LANGFORD: *HDdD* 23, Nid ydyw 'r Ofn hwn ddim amgen ond y fath Brisiad *parchedig* ô Dduw. **1703** E. WYNNE: *BC* 73, Angeu . . . at ein *Parchediccaf* Gâr a'n Cymydog Lucifer. **1756** W. WILLIAMS: *GDC* 71, Yr Oester brâs sy'n cysgu o fewn ei Gragen glyd, / A'r Samwn mawr *parchedig*. **1766** *CD* 104, I fyw fel Gwr Bonheddig, / Yn drwsiadus *barchedig*. **1791** GW. MECHAIN: *Rh* 24, Un o ragorfreintiau brenhin Ffrainc . . . oedd bwrw i'r carchar hwnnw, pwy bynag a'i hanfoddiai ef, neu ei *barchedigion*. **1803** *P.*

(*b*) Teitl o barch a roddir i weinidog neu glerigwr: *Reverend.*

1595 H. LEWYS: *PA* [iii], Ir Gwir *Barchedic,* Ar Anrhydessvsaf wr, Richard Vychan. **1661** E. LEWIS: *Drex* 224, myned ar frys yr oedd ef i siarad ar Padriarch . . . efe a gyfarchodd well iddo fel hyn, Y Tâd *parchedig* cewch fy rheoli yn hyn yma. **1672** R. PRICHARD: *Gw* [xxiv], Yr wyfi yn gobeithio, nad ydych chwi *Barchedig* Dr. Thomas wedi anghofio. [**1783**] *W*, uchel *barchedig*, tra *pharchedig, parchediccaf* d.g. *reverend . . . Most reverend* [*the titular epithet of an Archbishop*]. **1790** T. JONES: *TOS* d.d., y *Parchedig,* Dysgedig, a Duwiol Mr Richard Baxter. **1795** J. THOMAS: *AIC* 40, Rev. Reverend. *Parchedig.* Titl Offeiriad. Digwydd y ff. *Parch(g.)* fel byrfodd cyff. amdano.

Amr.: **Parch** [defnydd o'r byrfodd *Parch.* fel e.] (ll. *Peirch*). **1846.** Ar lafar.

Cfn.: **parchedig ofn:** *awe, reverence.* **1588** *Heb* xii. 28. **1620** *id.* xi. 7.

parchedigaeth [*parchedig*+-*aeth*] *eg.b.* ll. -*au.* Parch, bri, anrhydedd, parchedig ofn, difrifwch: *respect, esteem, honour, reverence, solemnity.*

1675 R. JONES: *HCh* 76, yr Apostolion a ordeiniodd Ddydd yr Arglwydd iw gadw gydâ phôb *parchedigaeth* crefyddol. *id.* 149, gan roddi iddynt y cyfryw enwau ar sy yn arwyddocau goruchafiaeth, ac arnynt flâs o *barchedigaeth.* **1677** C. EDWARDS: *FfDd* 58–9, Yn gydwybodus ac nid yn drythyll y cadwant eu blynyddawl *barchedigaethau.* **1696** *CDD* 38, Os mwŷ *parchedigeth* a roi di [y Cymro annysgedig] i ddŷn diffeth, / . . . / Nac ir tlawd gweddol, doeth gonest synhwŷrol. **1700** D. MAURICE: *AC* 77, Oni wnei dy oreu er boddhau y cyfryw Westai? er dangos iddo y *Parchedigaethau* mwya? **1710** *LlGG* (*Gos*) 6, Ar amser Gwasanaeth Duw . . . arferer pob dledus *barchedigaeth.* *id.* 12, [b]od i'w Preladiaid . . . gael *Parchedigaeth* (*honore*). **1722** *Llst* 189, *parchedigaeth,* f. respect, esteem. **1723** E. SAMUEL: *PDdC* i. 118, Addoliant ag a ddichon dystiolaethu ein hofn a'n *Parchedigaeth* iw Dduwiol Fawrhydi. **1753** *ML* i. 254, mor dlawd wyf o eiriau i ddatgan fy niolchgarwch am y *parchedigaeth* hwn. **1803** *P.*

Cfn.: **ei barchedigaeth, eich p.:** *his reverence, your reverence.* **1858.**

parchedigol [*parchedig*+-*ol*] *a.* Parchus, parchedig: *respectable, revered.*

1863.

parchedigrwydd [*parchedig*+-*rwydd*] *eg.* Y cyflwr o fod yn barchedig, parch, anrhydedd, parchusrwydd, gwyleidd-dra: *reverence, respect, honour, respectability, modesty.*

1632 *D* d.g. *indoles.* **1764** J. POPKIN: *ABG* 23, [t]ystio eu mawr *Barchedigrywdd* [*sic*] a'u Hanrhydedd i'r Cymmod trwy Waed. **1765** J. POPKIN: *Ll* 141, y mae Ofn a drwg-dyb am danom ein hunain, yn dilyn y gwylder (neu'r *parchedigrwydd*) hyn. **1770** *W* d.g. *awfulness.*

Cfn.: **eich parchedigrwydd:** *your reverence.* **20g.**

parchell, parchellan, gw. **porchell.**

parchellwr, parchellyn, gw. **porchellwr, porchell.**

parchiad [bôn y f. fl.+-*iad*[1]] *eg.* Y weithred o barchu, parch, anrhydedd; gwrthrych parch: *a respecting, respect, honour; object of respect.*

c. **1400** *R* 1211. 28–31, nyt oes na berth nerth neirthyat . . . Na nenn na pherchen na *pharchyat.* ar vard. **16–17g.** *GST* i. 435, Grasol fu'r tad, *parchiad* part [marwnad Lewys ap Ieuan]. **1603** *RWM* i. 593, *Parchiad* dehevwlad wyd o haelion twf / . . . / Pwyr perchen piav r *parchiad* [Lewis Dwnn i Syr Richard Prys]. **1710** *W Ballads* 173, 6, Cei *barchiad* y mhob [*sic*] lle, o herwŷdd ei gradde. **1803** *P, parchiad,* s. m. a respecting, or honouring.

parchlon, parchlawn [*parch*+-*lon*, -*lawn*] *a.* Parchus (o rywun neu rywbeth), llawn parch; parchedig, yn ennyn parch: *respectful; respected, inspiring respect.*

[**1783**] *W, parchlawn* d.g. *respectful.* **1803** *P.*

parchment, gw. **parsmant.**

parchol [*parch*+-*ol*] *a.* Parchedig; parchus (o rywun neu rywbeth), llawn parch: *respected; respectful.*

17g. E. MORRIS: *Gw* 181, Pendefig gwrddgrif, gwiw urddfraint,—*parchol* / Bren deffol, bryn diffaint. **1803** *P, parchawl,* tending to respect.

parchus [*parch*+-*us*] *a.* ll. -*ion,* a hefyd gyda grym enwol. A chanddo safle neu enw da mewn cymdeithas, (a chanddo foesau sy'n d)derbyniol yn ôl safonau cymdeithasol neu gonfensiynol, a berchir, parchedig, hybarch, yn peri parch, yn haeddu parch, anrhydeddus, o fri; yn parchu (rhywun neu rywbeth), gostyngedig: *respectable, respected, venerable, inspiring or deserving respect, honoured, esteemed; respectful, reverent.*

c. **1300** *H* 68b. 27, perchennawc *parchus* lumynn (Cynddelw). *Dchr.* **14g.** *id.* 124a. 34, kar dawnus *parchus* perchir or wyron (Llywelyn Brydydd Hoddnant). **14g.** *GDG*[3] 36, Och, och, y Ddôl Goch, ddaly gŵyl —*barchus,* / Am dy berchen annwyl. *c.* **1400** *R* 1168. 23, kaer *barchus* barhaus barawt. ?**15g.** *IGE*[2] 259, Bûm berchen meirch, bûm *barchus.* **15g.** *Pen* 109, 63, Yn araf danaf ym dwyn. / Yn *barchus* dan i berchenn [Lewys Glyn Cothi i ofyn march]. **15g.** *GO* 193, Yn *barchus* val osb y'm iawn barchai / A maer a gŵr tŷ y'm kymerai. **15–16g.** *TA* 51, Am yn llesu a'n cynhesu, / Y'th beirch Iesu, a'th *barchused.* **1606** E. JAMES: *Hom* iii. 94, edrych i fynu trwy ffydd ar sanctaidd gorph a gwaed dy Dduw, rhyfedda yn *barchus.* **1632** *D* d.g. *celebratus, honoratus, reuerenter, sanctus, venerabilis.* **1756** *Gron* 12, Erglyw, a chymmorth, Arglwydd, / Fy *mharchus* arswydus swydd. **1790** T. JONES: *TOS* 295, pan gyfeiriom ein hymadrodd at Dduw, dichon hyn ein taro a braw *parchus.* **1803** *P.* Ar lafar, 'siarad yn *barchus*', '*parchus* o bawb', 'pobl *barchus*', *WVBD* 414; 'ein *parchus* weinidog', '*barchus* lywydd'.

Amr.: **perchus** [?y be. *perch(i)*+-*us*]. **1688** W. FOULKES: *EGE* 69.

parchusaf: parchuso [bf. o'r a. bl.] *bg.a.* Mynd neu wneud yn barchus: *to make or become respectable.*

1803 *P.*

parchusedd [*parchus*+-*edd*[1]] *eg.* Parchusrwydd: *respectability.*

1803 *P.*

parchusol [*parchus*+-*ol*] *a.* Parchus; yn arwyddo parch: *respectable; honorific.*

18g. *W Ballads* 151, [4], Pob swyddog urddasol, yn cadw i lê Breiniol, / Mewn moddiwn *parch*[*u*]*sol.*

parchusrwydd [*parchus*+-*rwydd*] *eg.* ll. -*au.* Y cyflwr o fod yn barchus; y cyflwr o fod yn barchus o rywun neu rywbeth: *respectability; respectfulness.*

[**1783**] *W* d.g. *respectfulness.* **1803** *P.*

parchwr [bôn y f. *parchaf*: *perchi*+-*wr* ac o bosibl *parch*+*gŵr*] *eg.* ll. -*wyr.* Un sy'n parchu; ?un sy'n haeddu parch: *respecter; ?one worthy of respect.*

Dchr. **14g.** *H* 116a. 13–14, Trallwng llewelyn llen brid yw berchen ae *barchwyr* yg gofid (Llywarch ap Llywelyn). **17g.** *BL Add* 14890, 73b, Santeiddiwr *parchŵr* pôb peth [Wmffre Dafydd ab Ifan i Dduw]. **1803** *P.*

pard [bnth. S. C. *parde*] *eg.* ll. -*iaid.* Llewpard, panther: *leopard, panther.*

14g. *BY* 48, pedwar bwystuil, nyt amgen, *pard,* a llew, ac arth, a baed. **14g.** *RC* xxxiii. 222, holl wuystuileit guyllt or koedyd . . . Y lleot. ar *pardyeit.* ar anyueileit creulaun.

pardnar, pardner, gw. **partner.**

pardon, gw. **pardwn.**

pardus [bnth. Llad. *pardus*] *eg.* Llewpard, panther: *leopard, panther.*

16g. *Med H* 24, Llewpart sydd anivel creulon ac a gair mewn gordderchiad rhwng anivel a elwir *pardus* a'r llewes val y dywaid Ysidorus.

pardwgl [nid yw union ff. nac ystyr y gair hwn yn sicr; ?cf. ?H. Gym. *partuncul,* gw. *SC* iii. 24, *B* xxix. 514] *e?g.* ?Bwa ôl cyfrwy: *cantle, hind-bow* (*of saddle*).

c. **1400** [*RB*] *WM* 236. 36–237. 1, dor dyrchauat . . . ae medrawd odis y *pardwgyl* y kyfrwy yny dorres y march yn deu hanner.

pardwn, pardon [bnth. H. Ffr. *pardun, pardon,* o bosibl drwy'r S. C.] *eg.* ll. *pardynau* (*pardwnau*).

(*a*) Maddeuant; gollyngdod; *Egl.* maddeueb, indwlgens: *forgiveness, pardon, remission; discharge;* (*papal, &c.*) *indulgence.*

14–15g. *IGE*[2] 159, Buan ydd êl, heb ohir, / *Pardwn* hardd heb burdan hir [marwnad Gruffudd Llwyd gan Rys Goch Eryri]. **16g.** (**17g.**) *B* xv. 22, *Pardyneü* n llif rhif fv rhain / papir ofer pâb Rhvfain [Hywel ap Syr Mathew i'r Esgob Richard Davies]. *c.* **1585** G. ROBERT: *DC* 42b, Chwi a gowsoch *bardwn* am y cwbl drwy gyphes. **1604–7** *TW* (*Pen* 228), *pardon* d.g. *pax.* **1606** E. JAMES: *Hom* iii. 211–12, i'r holl bechaduriaid gwir edifeiriol . . . *bardwn* rhâd a maddeuant o'u pechodau. **1618** J. SALISBURY: *EH* 261, [y] Maddeuannæ, neu'r *Pardynæ* y bydd Pabæ arferol o'u cyfrannu yn fynech. **17g.** E. MORRIS: *B* 48, Am f'einioes ni all'swn gywiro lliw'r memrwn, / 'Rwy'n gofyn dy *bardwn* drwy burdeb. **1667** C. EDWARDS: *FfDd* 31, [*p*]*ardwnau* ir eneidiau. **1672** R. PRICHARD: *Gw* 35, Fe brynodd ein *Pardwn,* fei seliodd â'i waed. **1740** T. EVANS: *DPO* 280, Wrth Ffynnon Gwenfrewi yr oeddid yn gwerthu *Pardynau*'r Pâb i'r Pererinion. **1743** G. JONES: *HWI* 166, Mae yn Faddeuant helaeth, yn cynnwys ynddo *Bardwn* am y Pechodau mwyaf. **1762** *ML* ii. 464, cefais lythyr oddiwrth J. Pugh Pryse, gofyn *pardwn* am fod mor ddiog. *c.* **1762–79** W. WILLIAMS: *P* 403, *pardynau* ac Indulgenses y Pab. **1763** *DT* 173, Ni chewch *Bardwn,* er eich maint, / Gan Henaint ac Anhunedd. **1795** J. THOMAS: *AIC* 66–7, Releas Sy'n arwyddoccau . . . Maddeuant, neu Ganadhâd o *bardwn* i un yn ysgrifenedig o dan law un arall.

(*b*) *Cyfr.* Rhyddhad rhag cosb: *pardon* (*in law*).

15g. *LGCD* 18, Ac yn lle Edwart, genau llwydwyn, / Y mae i Herbard roddi *pardwn.* **15g.** *Pen* 109, 37, mynn diua.r lladron vymhenndeuic. / ordeinia ereill *bardwn* oric [Lewys Glyn Cothi i Watgyn Fychan]. **15g.** *GGl*[2] 131, Na ad, f'arglwydd, swydd i Sais, / Na'i *bardwn* i un bwrdais [i Wiliam Herbert]. *c.* **1585** G. ROBERT: *DC* 42a, daw'r brenhin ir carchar . . . ef a rydd *bardwn* ir dyn gwaethaf yn y carchar, ag a a[dd]ewiph grogi r lleill i gyd. **1630** *YDd* 242, a ddichon fod mwy gorfoledd i ddŷn a fyddai wedi ei euogfarnu, na chael dyfod i lys ei Dywysog i gael ei *bardwn* a'i faddeuant yn seliedig? *c.* **1658** R. VAUGHAN: *E* 100, megis a *phardwn* i ragflaenu y dihenydd. **1784** M. WILLIAMS: *S* i. 41, Pob bil ag fo'n rhoi *pardwn* cyffredinol, nid ydys yn arferol o'i ddarllain ond un waith.

(*c*) Man neu ŵyl eglwysig lle rhoddir indwlgens; gwylmabsant (yn Llydaw): *place or church festival where indulgence is granted; pardon, festival of a patron saint* (*in Brittany*).

15g. *LGCD* 51, Mal Enlli amla' unllwybr / Yw Slebets islaw wybr. / *Pardynau*'n puro dynion / Sy yno swrn i Sain Siôn. **15–16g.** DAFYDD TREFOR: *Gw* 293, O daith *pardwn* y doethum, / Yn lle balch, yn Enlli bum (Gruffudd ap Tudur ap Hywel).

(*d*) (enghrau. *ffig.*: *fig. exx.*).

15g. *LGCD* 51, Mae'm Mhictwn *bardwn* i'r byd, / Ac yn hafog win hefyd. **15g.** *GDID* 36, Gwair ei *bardwn,* gŵr bwrdais, / Egroes byw ei grys a'i bais [i ddiolch am darw coch]. **15g.** *GGl*[2] 286, *Pardwn* o Eytwn ytyw. / Pacs o nef pob cusan yw [i Ddafydd Cyffin, deon Bangor]. **15g.** *CSTB* 44, Pen wedi poenau ydoedd, / *Pardwn* im o'm purdan oedd. **15–16g.** *TA* 197, Parud win term, *pardwn* teg, / Pibau'n rhad, pawb yn rhedeg [i Robert ap Rhys o Ddolgynwal]. **16g.** *GIIJV* 61, Ffynnon it [diwyg.] hoff ennaint oedd / Ffrwd nod a *ffardwn* ydoedd [i Gynhafal].

Cfn.: **pardwn ffŵl:** *dog's chance* (*in a game of cards*); *allowance made for someone's ignorance or stupidity.* **1933.** Ar lafar. **p. y gwirion:** *allowance made for someone's ignorance or stupidity.* Ar lafar yng Nghered. **p. ynfytyn = p. y gwirion. 1881** D. OWEN: *D* 38, eisteddodd i lawr, gan grynhoi hyny o ras a feddai i roddi *pardwn ynfytyn* i Mr. Pugh.

pardynaf: pardynu, pardyno [bf. o'r e. *pardwn*] *bg.a.* a'r be. fel *e?g.* Rhoddi pardwn (i), maddau (i), esgusodi, dileu; maddeuant: *to pardon, grant a pardon* (*to*), *remit, forgive, excuse, annul; pardon, forgiveness.*

1547 *WS, pardyny,* pardone. **16g.** (**17g.**) *B* xv. 22, *Pardynv* benn pürdan byd / pawb yna i bv.r pâb enyd [Hywel ap Syr Mathew i'r Esgob Richard Davies]. *ib.* Byrr oedd o farn beirdd a fv / bower dyn i *bardynv* / Duw ar vnweith drüeni / dan vn an *pardyno* ni. *c.* **1585** G. ROBERT: *DC* 29b, ydd oedd ddefod ag arfer ymhlith yr Iddewon . . . ddewis y carcharwr a fynnent . . . ai gadw ai *bardynu* rhag marw. *a.* **1587** *Y* 193, Pôr trûgar, dyhuddgar, hawdd, / Parod iawn, a'i *pardynawdd.* **1588** 2 *Esd* vii. 69, [m]addeu i'r rhai a iachauwyd drwy ei air ef, a *phardynu* (**1988** *ib.* 139, dileu) eu haml ymryson. **1604–7** *TW* (*Pen* 228), *perdynv* [*sic*] d.g. *absoluo.* **1606** E. JAMES: *Hom* iii. 212, y mae gobaith . . . y *pardyna* ac y maddeu efein [*sic*] pechodau ini. **1632** J. DAVIES: *LlR* [xi], *Pardyna* di i ni ein pechodau, yfal y *pardynwn* i'r neb a bechant i'n herbyn. **1672** R. PRICHARD: *Gw* 71, Nid Aur o'r melyna, nid cyfoeth o'r India, / Allasse bwrcassa *pardino* [:- Maddeuant]. **1722** *Llst* 189, *pardynu,* to pardon; remit. **1758** *ML* ii. 68, gan eich bod chwi eich hun yn rhy chwanog o esgeuluso atteb llythyrau poblach, rwy'n hyderu y bydd i chwi fy *mhardynu*. **1784** M. WILLIAMS: *S* i. 46, Mae ganddo [y brenin] hefyd bob nôd o oruchafiaeth, megis . . . *pardynu* troseddwyr.

pardyniad [bôn y f. fl. + -*iad*[1]] *eg.* Y weithred o bardynu, pardwn: *a pardoning, pardon.*
1547 *WS*, *pardynyat*, pardonyng. **17g.** E. MORRIS: *B* 61, Na ddyro lwyr laddiad, i'r gwirion o gariad, / *Pardyniad* i'r deiliad, a'i dylai. **1790** TWM O'R NANT: *GG* 105, *Pardyniad*, syniad cysonol, a roed, / Yr adeg ofynol.

pardynig [*pardwn* + -*ig*[2]] *a.* Yn rhoddi pardwn, maddeugar: *pardoning, forgiving.*
16–17g. T. R. ROBERTS: *EP* 285, Crist a rydd deunydd o'i *bardynig*—râd, / Ei ras a chariad i'r sychedig. *c.* **1730** *Thos. Lloyd D* (LlGC) 185b, *pardynig*, pardoning.

pardynol [*pardwn* + -*ol*] *a.* Y gellir rhoddi pardwn iddo, maddeuadwy; yn rhoddi pardwn, maddeugar: *pardonable, forgivable; pardoning, forgiving.*
1604–7 *TW* (*Pen* 228) d.g. *ignoscibilis.* **1696** *CDD* 117, Os myni'n dragywŷddol, yn nŷdd y farn goeddol, / Gael bôd yn *bardynol* am danŷnt. *c.* **1730** *Thos. Lloyd D* (LlGC) 186b, *pardynol*, pardonable. **1768** RISIART AP ROBERT: *CB* 372, eraill o ysgafnach trosedd . . . yn ddamnedig, o herwydd eu bod yn tarddu oddi wrth ddrwg feddwl yn unig, ac oni bai hynny a allent fod yn *bardynol.* **1792** W. THOMAS: *MRB* 58, mwy o rinwedd *pardynol* ras.

pardynwr [bôn y f. fl. + -*wr*] *eg.* ll. -*wyr.* Person sy'n gwerthu maddeuebau eglwysig; un sy'n maddau neu'n pardynu, maddeuwr: *pardoner; one who forgives or pardons, forgiver.*
1595 M. KYFFIN: *DFf* [205], Achwyn arnom-[n]i'r pryd hyn y mae *Pardynnwyr* y Pâb, a'i Roddwyr. *c.* **1729** S. RHYDDERCH: *LlCD* 368, *Pardynwr* pur downus deg foddus dwg fi, / Oddiyma yn ddiomedd. *c.* **1730** *Thos. Lloyd D* (LlGC) 185b, *pardynwr*, a pardoner. **18–19g.** R. DAVIES: *DB* 147, *Pardynwr* meibion dynion, ddaeth o'r nef.

parddu [?elf. anh. + *du*] *eg.*, weithiau gyda grym ansoddeiriol. Huddygl, smwt, carbon, baw, düwch, hefyd yn *ffig.*: *soot, smut, carbon, grime, blackness, also fig.*
1588 *Joel* ii. 6, pob wyneb a gasgl *barddu.* **1632** *D*, *parddu*, h.e. Du 'r pair. **1688** *TJ*, *parddu*: Collow. **18g.** *W Ballads* 106, 8, Lle y bûdd yn brydd bob wyneb *barddu*, / Ger bron browdle Crist yn cryny. **18g.** *W Ballads* 132, 7, Cewch weled pob drwg rai, / Syin [*sic*] byw mewn pob rhyw fai, / Yno gyd yn laru, / Ai hwyneb fel y *parddu.* **1772** *W* d.g. *colly, grime, smut or colly.* **1803** *P*, *parddu*, the black adhering to vessels, that are set on the fire.
Cfn.: **parddu lamp:** *lamp soot.* Ar lafar.

pardduad [bôn y f. ddil. + -*ad*[2], trf. han.] *eg.* Y weithred o bardduo, duad, smwt, hefyd yn *ffig.*: *a covering with soot, blackening, smut, also fig.*
1722 *Llst* 189, *pardduad*, a smutting. *c.* **1730** *Thos. Lloyd D* (LlGC) 186b, *pardduad*, smut. **1803** *P.*

pardduaf: pardduo [bf. o'r e. *parddu*] *bg.a.* Gorchuddio â huddygl, duo; cael ei orchuddio â huddygl, mynd yn ddu; hefyd yn *ffig.*: *to cover with soot, blacken; become covered with soot, become black; also fig.*
1604–7 *TW* (*Pen* 228) d.g. *denigro* (hefyd *D*). **1677** R. JONES: *BB* 108, y Gwenidogion annuwiol hyn ydynt barod iw *pardduo* hwynt â rhyw gabledd. *c.* **1730** *Thos. Lloyd D* (LlGC) 186b, *pardduo* . . . smut. **1770** *W* d.g. *to besmut, to colly.* **1803** *P*, *parddüaw*, to cover with smut . . .; to become smutty.

pardduaidd [*parddu* + -*aidd*] *a.* Huddygl-lyd, pardduog: *sooty, smutty.*
1798 *WR* d.g. *smutty.*

parddüedig [bôn y f. fl. + -*edig*] *a.bfl.* Wedi ei orchuddio â huddygl: *covered with soot.*
1770 *W* d.g. *besmutted.*

pardduog [*parddu* + -*og*] *a.* Huddyglyd, wedi ei orchuddio â huddygl, du, hefyd yn *ffig.*: *sooty, smutty, covered with soot, black, also fig.*
1722 *Llst* 189, *pardduog*, besmutted, sooty, smutty. **1727** J. JONES: *DFF* 44, hi yn ddu ac yn *bardduog. id.* 182, ni bydd yno na Chroen *pardduog.* **1803** *P*, *parddüawg*, covered with smut.

pardduol [*parddu* + -*ol*] *a.* Huddyglyd, du, hefyd yn *ffig.*: *sooty, smutty, black, also fig.*
1803 *P.*

parddüwr [bôn y f. fl. + -*wr*] *eg.* ll. *parddu-wyr.* Un sy'n pardduo, difrïwr: *vilifier.*
1803.

pared[1] [< *paraed* < *parwyd* (cf. *halen, maharen*), bnth. Llad. llafar **parēt*- (< *pariet*-, bôn traws yr e. *paries*), cf. H. Grn. *poruit*, gl. *paries*] *eg.* ll. *p(a)rwydydd*, (prin) *paradwydd*, (prin) *parwydau.* Mur, wal (tŷ, &c.), magwyr, arwyneb wal, gwahanfur, palis, hefyd yn *dros.* ac yn *ffig.*: *wall (of a house, &c.), surface of a wall, dividing-wall, partition, also transf. and fig.*
13g. *LlI* 8, E uarch a dele bot ervg march e brenhyn a'r *paret* (*LlDW* 12. 3, *paraet*). **14g.** *T* 27. 23–4, py peris *parwyt* rwg dyn ac annwyt. **14g.** *LlB* 19, Ef a'r pennkynyd a'r troetawc, nyt eistedant yn y neuad vrth y *paret.* **1346** *LlA* 46, yseiri mein aadeilant ymvr . . . Ar ebestyl . . . adrychauassant y*parwydyd.* **15g.** *DE* 9, doe ir llv y darlleais / dwy rol ar *bared* yr ais. **1547** *WS*, gwal *paret*, a wall. **1567** *TN* 211a, E ath dery Dew dydi, *baret* [:– vagwyr] gwynlliw. **1588** *Lef* xiv. 37–8, os yr anafod fydd ym *mharwydydd* y tŷ yn agennau gwyrdd-leision, neu gochion, a'r olwg arnynt yn îs na'r *pared.* Yna aed yr offeiriad allan o'r tŷ. **1615** R. SMYTH: *GB* 169, mae rhai o drwmder dolur yn curo i pennau i hunain wrth y *prwydydd.* **1618** J. SALISBURY: *EH* 3, i deiladu Ty, rhaid yw yn gyntaf ossod y Sylfaen, ag ar ol hynny codi 'r Murie[u] ar *paradwydd* i fynu. **1632** *D*, *pared* pridd d.g. *lutamentum.* **1681** S. HUGHES: *AC* 19, Clywais . . . guro astyllod *pared* y gegin. **1752** *ML* i. 202, *Pared* is the surface of a wall, 'sgrifennu ar y *pared*, gorwedd yn nesa i'r *pared.* We never say adeiladu *pared.* *c.* **1762–79** W. WILLIAMS: *P* 348, synagog . . . wedi ei threfnu a galeriau gylch o gylch, a *pharwydydd* i'r galeriau hyn o bump troedfedd uwchder. **1803** *P* d.g. *paraed, pared, parwyd.* Am *pared, parwyd* mewn e. lleoedd, gw. *B* xxvii. 221.
Amr.: **paried** [?dan ddyl. Llad. *pariet*-]. **1595** *Egl Ph* 31.
Cfn.: *Bot.* **pared y mur:** *pellitory of the wall, Parietaria diffusa.* **20g.** *Bot.* **p. y wal = p. y mur.** Ar lafar yn Arfon, *WVBD* 414. **am y p. â:** *next (door) to; fig. separated by an intellectual, spiritual, &c., barrier.* **1887. o b. i bost:** *from pillar to post.* **1866.** Gw. hefyd *post*[1]—*o b. i bared.*
Gw. hefyd **parwyden.**

pared[2] [?yr un gair â *pared*[1]] *e?g.* Mesur hyd (o frethyn) sef tair llath neu bedair: *a measure of length (of material), i.e. three or four yards.*
1810 W. DAVIES: *Agric . . . N. Wales* 501, Some years back, flannels were woven in Montgomeryshire by an equal measure of nine feet, called *pared.* **1820** *CWM* 25, *Pared*; Montgomeryshire: of cloth, 3 yards.

parêd [bnth. S. *parade*] *eg.* ll. -*s*, *paredau.* Gorymdaith drefnus neu seremonïol, sioe, cynulliad o filwyr i'w harolygu: *parade, show.*
1937.
Cfn.: **ar barêd:** *on parade, also transf.* **20g. p. adnabod:** *identity parade.* **20g.**

paredaf[1]**: paredu, paredaf**[2]**: paredo, paredfwrdd,** gw. **parwydaf: parwydo, parediaf: paredio, parwydfwrdd.**

parediaf, paredaf[2]**, parad(i)af: pared(i)o, parad(i)o** [bnth. S. (*to*) *parade*] *bg.a.* Gorymdeithio, cerdded o gwmpas (man cyhoeddus) (yn arbennig i dorri 'cyt'), swagro; arddangos: *to parade, swagger; display, parade.*
c. **1840.**

paredig [bôn y f. *paraf*[1]: *peri* + -*edig*] *a.bfl.* Wedi ei achosi, wedi ei wneud: *caused, made.*
1717 IACO AB DEWI: *MN* 231, yr un rhyw Gyffro ag y mae fy Llaw yn beri ar yr Offeryn yn *baredig* gan yr Offeryn ar fy Nghâlon i. **18g.** *Beirdd y Berwyn* 112, Dwg ni i'th dragwyddol deyrnas / Yn y wisg byriodas / *Baredig* wen. *c.* **1730** *Thos. Lloyd D* (LlGC) 185b, *paredig*, caused, made. **1803** *P.*

paredlys [*pared*[1] + *llys*[5]] *eg. Bot.* Planhigyn ymledol sy'n tyfu ar waliau a chreigiau, llysiau'r pared, murlys, pared y mur, pared y wal, *Parietaria diffusa*: *pellitory of the wall.*
16g. (**1763**) W. SALESBURY: *LlM* 16, [ll]wyni bychain gorweiddiog ar y ddauar a dail bychain yddyn daran grynion yn ol gwedd y peritory ne'r *paretlys.* **1604–7** *TW* (*Pen* 228) d.g. *helxine, muralis, parietaria, vrceolaris herba.* **1688** *TJ* (*Bot*), *paredlŷs*: Pellitory of the Wall. **1771** *PDPh* 31, cymmerwch y *Paredlys*, Pellitory of the wall, had Grommel, gwraidd Radis sychion, a'u gratto yn fân. **1803** *P.*

paredol, gw. **parwydol.**

paredd [cfdds. o'r S. *par*(*ity*) + -*edd*[1]] *eg.* ll. -*au.* Y swm o arian cyfred un wlad sydd gyfwerth â swm penodol o arian cyfred gwlad arall ar raddfa gyfnewid benodedig; *Math.* priodoledd (cyfanrif) o ran bod yn odrif neu'n eilrif: *parity (in economics and math.).*
20g.

paregorig [cfdds. o'r S. *paregor*(*ic*) + -*ig*[2]] *e?g. Meddyg.* Moddion neu ffisig yn cynnwys opiwm, asid bensöig, a chamffor a ddefnyddid gynt i liniaru poen: *paregoric.*
1909. Ar lafar gynt yn y ff. *paragoric, bara gorig*, cf. *Ll* xix. (1940) 44.

parencyma [bnth. S. *parenchyma*] *eg.*
(*a*) *Swol.* Sylwedd hanfodol chwarren, organ, &c., o'i wrthgyferbynnu â chnawd a meinwe cyswllt: *parenchyma (in zoology).*
20g.
(*b*) *Bot.* Meinwe meddal sy'n ffurfio'r rhan fwyaf o ddail, mwydion ffrwythau, rhisgl a bywyn coesau, &c.: *parenchyma (in bot.).*
20g.

paret, gw. **parot.**

paretyn [*parat*[2], *paret* + -*yn*[1]] *eg.* Paracît: *parakeet.*
1778 *W* d.g. *paroquet.*

parfaes, parfais, gw. **pafais.**

parfedd, gw. **perfedd.**

parfis[1] [bnth. S. *parvis*] *eg.* Cwrt neu bortico o flaen adeilad, e.e. eglwys (gadeiriol); dadl gyfreithiol (a gynhelid yn wr. yno): *parvis; legal disputation (orig. held there).*
15g. *GGl*[2] 126, Prifei sêl y *parfis* wyd, / Perl mewn dadl parlment ydwyd [i Wiliam ap Tomas o Raglan]. **16g.** *Llst* 40, 105, ail mawnt duw elment wyneb / Awmal swllt ymylav sieb / preswylva *parfis* saylwen / pwy vu ffriw twr pwnnffred hen.

parfis[2]**,** gw. **pafais.**

parfyg, *eg. Bot.* Bela, llewyg yr iâr, *Hyoscyamus niger*: *henbane.*
Dchr. **17g.** *J* 10, 121b, *parvyg*, altercum. **1707** *AB* 219c, *parvyg*, henbane. [S]. **1803** *P*, *parvyg*, s. m. the herb henbane.

parffaith, gw. **perffaith.**

parffed, parffid, parffit [bnth. S. *parfet, parfit*, amr. ar *perfect*] *a.* a hefyd gyda grym adferfol. Perffaith; cyflawn, llwyr: *perfect; complete, utter.*
1672 R. PRICHARD: *Gw* 106, Dysc y Scrythur lân o'th febyd, / Megis Timoth yn dra *pharffid.* **1696** *CDD* 55, Cei 'nghlywed yn *barffed* heb orphwŷs. *id.* 361, Un galon a'n gilŷdd, lwŷr fwriad laferŷdd, / Hir *barffed* lwŷr burffŷdd i'n llywŷdd yn llon. *id.* 364, Pam na welwn ni gwedi fod Iesu yn ein cospi, / Am fod ein drygioni mo'r *barffed.* *c.* **1730** *Thos. Lloyd D* (LlGC) 186b, *parffid*, Dem. perffaith. Ar lafar gynt yng ngodre Cered. yn y ff. *parffit*, *TGG* (1907–8) 107; 'dwl *parffit*', *Cymru* xxxiv. [121].

parffet, gw. **pyrffét.**

parhaadwy [bôn y f. ddil. + -*adwy*] *a.bfl.* Yn gallu parhau, parhaol: *durable, lasting.*
1592 S. D. RHYS: *Inst* [xviii], [nid] oes heddiw vnpeth odîdawg . . . na bô ynn brintiêdic ac yn 'wascarêdic drwy yr holl fyd; ac yn *barhâadwy* hyd tra barhâont y Sêr ynn yr wybr. *c.* **1730** *Thos. Lloyd D* (LlGC) 186b, *parhaadwy*, durabilis.

parhad [bôn y f. ddil. + -*ad*[2], trf. han.] *eg.*
(*a*) Y weithred o barhau, peth sy'n parhau, hyd yr amser y mae rhywbeth yn parhau (yn ddi-dor), parhauster, hirhoedledd,

y cyflwr o fod yn barhaol; dyfalbarhad, dygnwch: *continuation, continuance, continuity, duration, durability, permanence; perseverance, persistence.*

1632 *D* d.g. *perennitas.* **1661** E. LEWIS: *Drex* 22, Pabêth [*sic*] yw Tragywyddoldeb? *Parhaad* yw bob amser yn bresennol. **1672** J. LANGFORD: *HDdD* [v], Yr ym ni yn arfer o brisio pethau yn ôl ei [*sic*] *parháad*: y peth mwyaf parháus sydd fwyaf gwerthfawr. **1685** G. GRIFFITH: *GA* 148, Er maint ei ddoniau a'i ganmoliaeth . . . nid oeddynt ddim lleshâd iddo heb *parhâd* ac edifeirwch. **1687 (1715)** J. OWEN: *TB* 122, creulondeb yr erlidwyr, ac ammynedd a *pharahad* [*sic*] y Cristionogion tan ei [*sic*] dioddefiadau. *c.* **1730** *Thos. Lloyd D* (LlGC) 186b, *parhâd*, perseverantia. Duratio. **1793** M. WILLIAMS: *BM* 30, Gobeithio am *barhauad* [*sic*] a wnawn o fron ddi freg. **1798** *WR* d.g. *permanence, persistance.* **1803** *P, paráad*, s. m. perseverance; continuance, duration.

(*b*) *Crdd.* Perthynas gymharol hyd y minim a'r hanner brif: *prolation* (*in mus.*).

1865.

(*c*) *Sein.* Perthynas gymharol hyd sain: *duration* (*in phonet.*).

20g.

Cfn.: *Diwin.* **parhad mewn gras:** *perseverance.* **1806.**

Gw. hefyd **hirbarhad.**

parhadolion, parhadoliaid [*parhad+-ol +-ion, -iaid*[1]] *e.ll. Sein.* Parhaolion: *continuants* (*in phonetics*).

1808 W. OWEN[-PUGHE]: *CIG* 68, Y *paràadolion* yn unig á gyflynant y rhanàu hyny o ddywediad à fyddo iddynt gyfystyr anianawl. *id.* 72, *parâadolion*, continuatives.

parhaëdig [bôn y f. ddil.+*-edig*] *a.bfl.* Parhaol: *continuous.*

1597 (18g.) *Rhyddiaith Gymraeg* ii. 155, drwy astudrwydd a diball *barhäedig* lafur a phoen.

parhaf, paraf[4]**: parhau, para**[2] [Crn. C. *paragh*] *bg.a.* a'r be. *para* fel *eg.*

(*a*) (fel *bg.*) Dal (ati) yn ddi-dor (am gyflwr, cwrs, neu weithred), mynd ymlaen, mynd yn ei flaen, aros (heb ei ddihysbyddu), dyfalbarhau, dal i fodoli, dal i fyw, bod yn hirhoedlog: *to continue, keep on, last, remain, wait, persevere, persist, endure, survive, be long-lived.*

13g. *C* 100. 13, hid braud *parahaud* y ertiwul. **13g.** *A* 4. 7, *perheit* y wrhyt en wrvyt. **13g.** *Cylchg LlGC* v. 61, ef e velly en *parhav* en e wedi. **13g.** *BD* 20, A'r enw hvnnv a *barhavys* arnav hyt yn oed Llud vab Beli. **14g.** *WML* 6, Nawd gwastrawt auwyn a *para* tra wnel y gof llys pedeir pedol. **14g.** *T* 36. 20, A hyt vrawt *parawt* yn europa. *id.* 40. 13–14, Yn uwyt yn diawt hyt vrawt yt *parha.* **14g.** *BY* 10, dechreu dyd brawt ac a *bereu* (amr. *bery*) byth. **14g.** *YBH* 67a, claf iawn wyf. ac ny *pharhaaf* nepell. *c.* **1400** *R* 1048. 7–8, *pereid* y rycheu. ny*phara* ae goreu. *c.* **1400** *RB* ii. 167, hwynt a*berheynt* (*BD* 126, seuynt) . . . yndragywydawl. *c.* **1400** *MM* 148, pwy bynnac a uo chwannawc y vywyt ac y *parhau*, keisset y peth a uo parhaus. *c.* **1400** (*SG*) *HMSS* i. 291, *parhaawd* y twrneimant deu diwarnawt. **1547** *WS, parhau*, endure. *id. pyrhau*, laste. *Diw.* **16g.** *LBS* iv. 410, tra *byrhapho* y byd. **1588** 2 *Esd* iv. 49, [p]an ddarfu nerth y glaw, defnynnau a *barhasant* (**1620** *ib. barhasant*). **1595** H. LEWYS: *PA* [xiii], cymrwch purwch er *para.* **1618** J. SALISBURY: *EH* 26, Mair; yr hon a *barhâdd* bob amser yn forwyn wyrf o'r buraf. *id.* 109, tra *barhatho* hyn o ymdaith. **1632** *D, parhau*, permanere, perseuerare. **1689** E. MORUS: *RC* 49, os chwi a *barhewch* etto mewn pechod. **18g.** E. T. RHYS: *DA* 152, Hi [cyllell] *bâr* fel hyn yn hir. **1803** *P* d.g. *parâu.*

(*b*) (fel *ba.*) Peri i (beth) barhau, estyn: *to* (*cause to*) *continue, prolong.*

14g. *T* 33. 21–3, yssit imi teir kadeir kyweir kysson. Ac yt vrawt *parahawt* gan gerdoryon. *c.* **1400** *MM* 148, ny bydwn vyw i yr bwyta bwyt yn ry uynych yr *parhau* hoedyl dyn. **1693** J. OWEN: *BP* 163, Y mae bedydd plant mor effeithiol i *barhau*'r wir grefydd . . . ac oedd enwaediad gynt. **1701** E. WYNNE: *RBS* 39, ti a *barheaist* i mi fy mywyd.

Fel *e.* Parhad, hirbarhad, dyfalbarhad: *continuation, continuance,* (*long*) *duration, perseverance.*

14g. *THSC* (1919–20) 127, na bydei hwy *ybara* ef no hynny. *c.* **1400** *B* ii. 14, ard drwy y dom. kanys hwy or hanner uyd *para* y dom oe gymysgu ar prid. **1547** *WS, para*, lastyng. **1606** E. JAMES: *Hom* i. 2, [y]r Ysprid glan yn yr hwn y mae i bob peth eu bod, au *para.* **1620** *Eseia* lxiv. 5, ynddynt hwy y mae *para*, ac ni a fyddwn cadwedic. **1632** *D, para*, permanentia, continuatio, perseuerantia. *id.* d.g. *diuturnitas, endelechia, perpetuitas, pertinacia.* **1632** J. DAVIES: *LlR* 154, annarfodedig *bara* y poenau hynny. **1696** *CDD* 78, Ychŷdig o *Bara* ydŷw'n Bŷrr-oes. *id.* 364, [D]uw Nefol, Frenin Santeiddiol; / Sŷdd yn dragwŷddol ei *bara.* **1762** *ML* ii. 502, Dyma yn awr arglwyddi o fesur y *para*, ond ni thalant i sôn am danynt. [**1783**] *W* d.g. *standing* [*age, time, duration*].

Amr.: **paro.** Ar lafar yn sir Benf., *GDD* 216. **perhau.** *Dchr.* **17g.** *J* 10, 124a, *perhau*, remaneo. **1618** J. SALISBURY: *EH* 41. **17g.** *CC* 393.

Gw. hefyd **hirbarhaf: hirbarhau.**

parhânt [bôn y f. fl.+*-ant*[2]] *eg.* Parhad; dyfalbarhad: *continuation, continuance, duration; endurance, perseverance.*

1604–7 *TW* (*Pen* 228) d.g. *perennitas, tenacitas.* *Dchr.* **17g.** *J* 10, 121b, *parhant*, tolerantia. **1682** *CWE* 26, Gweddi a ddylid ei gwneuthur . . . Gida Thaer der [*sic*], a *pharhânt.* **1691** T. WILLIAMS: *YB* 157, ma'ent yn eu siommi eu hunain trwy gyfrif holl *barhânt* eu dyddiau, heb ystyrio pa faint o'r rhain sy' wedi myned heibio. *c.* **1730** *Thos. Lloyd D* (LlGC) 187b, *parhant* . . . perseverance.

Gw. hefyd **hirbarhânt.**

parhaol [bôn y f. fl.+*-ol*] *a.* Arhosol, bythol; parhaus; a pharhad ynddo, durol; lluosflwydd (hefyd mewn bot.); *Sein.* a gynhyrchir drwy gyfyngu'n rhannol ar lif yr anadl drwy'r geg (am seiniau llafar megis *l, f, s*): *permanent, perpetual; continual; durable, lasting; perennial* (*also in bot.*); *continuant* (*in phonet.*).

c. **1762–79** W. WILLIAMS: *P* 602, Yr holl flwyddyn 1556 oedd yn *barhaol* erledigaeth. **1775** *PHBA* 13, Tyst *parhaol* rhwng ein brodyr a ni. **1790** T. JONES: *TOS* 99, Ei lid *parhaol* a ddial arnynt fyth. **1793** T. JONES: *SD* 50, Possiblrwydd o syrthio yn hollol a *pharhaol*, o gyflwr o wir ras. **1803** *P* d.g. *parâawl.*

Gw. hefyd **hirbarhaol.**

parhaolion [*parhaol+-ion*] *e.ll. Sein.* Seiniau parhaol: *continuants* (*in phonet.*).

20g.

parhaus [bôn y f. *parhaf*: *parhau+-us*] *a.* Yn parhau'n ddi-baid, yn ymestyn yn ddi-dor; yn digwydd yn fynych iawn (yn enw. yn rheolaidd); arhosol, bythol, tragwyddol; lluosflwydd (hefyd mewn bot.); a pharhad ynddo, durol; dyfalbarhaus, dianwadal: *continuous; continual; permanent, everlasting, eternal; perennial* (*also in bot.*); *durable, lasting; persevering, steadfast.*

1346 *LlA* 86, karyat serchawl trigedic tragywydawl . . . adodir ar beth *parhaus* tragywydawl. **14g.** *B* ix. 331, Guastat iavn a *pharhaus* y guediy ti. **14–15g.** *IGE*[2] 121, Bwriais glod *barhäus* glau / I nen y graig o Nannau (Gruffudd Llwyd). *c.* **1400** *YCM*[2] 102, a phedwar cant o Vrytanyeit *parhaus* gantaw. *c.* **1400** *MM* 148, pwy bynnac a uo chwannawc y vywyt ac y parhau, keisset y peth a uo *parhaus.* *c.* **1400** *YSG* i. 126, Par wneuthur ysgraff o'r prenn goreu a aller y gaffael a *pharaussaf*, ac anhawssaf ganthaw drewi. *c.* **1400** *B* ii. 19, val y mae gwerthuawrussach eneit a *pharhaussach* no chorf. **1547** *WS, parhaus*, durable. *a.* **1561** *B* vi. 48, y pridd a'y keidw ef [tir] yn *byrhaus.* **1588** *Heb* xiii. 14, nid oes i ni ymma ddinas *barhaus.* **1599 (1677)** R. HOLLAND: *AB* 17, Da iawn am hynny yw'r cyngor hwn, i bob Cristion fod yn *barhaus* ac yn awyddus mewn gweddi. **1630** *YDd* 146, gweddi mewn crefydd neillduol, a ddylai fod yn ymadrodd *parhaus*, ac nid yn ddrylliedig ddarnau. **1672** J. LANGFORD: *HDdD* [v], Yr ym ni yn arfer o brisio pethau yn ôl ei [*sic*] parháad: y peth mwyaf *parhâus* sydd fwyaf gwerthfawr. **1759** J. EVANS: *PF* 59, Dolur *parhâus* yn y Pen. **1795** *R. Crusoe* 46, pa un ai ynys neu ran o dir *parhaus* oedd nis gwyddwn. **1803** *P* d.g. *parâus.*

Amr.: **perhaus.** **1567** *TN* 314b. **1618** J. SALISBURY: *EH* 134.

Gw. hefyd **hirbarhaus.**

parhausrwydd [*parhaus+-rwydd*] *eg.* Parhad, parhauster, y cyflwr neu'r ansawdd o fod yn ddurol; dyfalbarhad, dianwadalwch: *continuity, lastingness, durability; perseverance, constancy, steadfastness.*

c. **1700** *CM* 15, [30], ewyllysgarwch i ddioddeu er ei fwyn ef a *pharausrwydd* hyd y diwedd. **1773** *W, parhausrwydd* d.g. *durableness.* **1803** *P, parâusrwydd*, s. m. lastingness.

parhauster [*parhaus+-der*] *eg.* Parhad, parhausrwydd, y cyflwr neu'r ansawdd o fod yn ddurol: *continuity, lastingness, durability.*

1772 *W, parhausder* d.g. *diuturnity, durableness, endurance.* **1803** *P, parâusder*, s. m. lastingness.

pariad [bôn y f. *paraf*[1]: *peri+-iad*[1]; dichon mai *-iad*[2] a welir yn rhai o'r enghrau. isod; tywyll yw'r enghrau. o *R*] *eg.?b.* Achos, achosiant; gwneuthuriad; gorchymyn; ?darpariaeth: *cause, causation; a making; command; ?provision.*

14g. *BB* 221, Ac yna yrodet ymarchogyon arneilltv ar pedyt arytv arall val ydoed gymhedrawl ev *paryat.* *c.* **1400** *R* 1201. 39–40, Ae breyveryat. aebront *baryat.* ae brwnt beiryeu. *id.* 1261. 4, Moes rat molt *paryat.* **15–16g.** *TA* 334, Briw dwys o *bariad* Iesu / Bod i'w fam y byd a fu. **16g.** *GGH* 10, Glân buraidd galon *bariad.* *id.* 100, Peibl, wyneb pob haelioni, / A wnaeth yn act o'n iaith ni: / At hynny fo gytunwyd / O *bariad* llew Robert Llwyd. *id.* 195, Llew Dafydd dewrllwyd ifanc, / Llaw *bariad* ffrwd llwybrwaed Ffranc. **1632** *D*, gwneuthuriad a *phariad* d.g. *procuratio.* **1722** *Llst* 189, *pariad*, m. a causing, occasioning. *c.* **1730** *Thos. Lloyd D* (LlGC) 187b, *pariad*, instigation. **18g.** *LlGC* 83, 27b, wrth ych *pariad* mi af yn sydun. **1770** *W*, gwneuthuriad a *phariad* peth dros un arall d.g. *agency* [*acting for another*]. *id.* d.g. *a begetting.* *id.* gwneuthuriad (*pariad*) bod peth, *pariad* (dygiad allan) effeithiau d.g. *efficience or efficiency.* **1803** *P, pariad*, s. m. a causation; a causing, or effecting; a commanding, a bidding.

Amr.: **periad.** **1803** *P.*

Gw. hefyd **peiriad.**

pariaf[1]**: pario** [bnth. S. (*to*) *pare*] *ba.* Pilio neu blicio (tatws, afalau, &c.); torri, trimio: *to peel* (*potatoes, apples, &c.*); *cut, trim.*

1545 *CI* 40, A'r modd gore y'w treuynnv ac y'w kweirio wyntt [cwinsys] ydiw *pario* y hrisg ne'r kroen vcha ymaith. **1547** *WS, pario*, pare. *c.* **1548** *CM* 1, 803, kymer vn ne ii o avaler derw a *ffariar* hrisgin vcha ymaith. **16g.** *Celtica* v. 150, *paria* i garyn oni welych y dolyr. **16–17g.** *RAGR* 292, ni *ffaria* rhai moi hewinedd. **1672** R. PRICHARD: *Gw* 2, Mwrthwl dûr i *bario* 'n cnappe, / Bwyall lem i dorri'n ceinge [am yr Efengyl]. *id.* 423, Rhaid ir mwrthwl dy lwyr *bario* [:– Rhagdorri], / Os yn y nef y mynny drigio. **1681** S. HUGHES: *AC* 28, na rown iddo gymmeint ac a *bariwn* oddiwrth fy ngwinedd. **18g.** *Beirdd y Berwyn* 54, Bellach mi a'i llunia, mi a'i *paria* mewn pwyll, / Mi a'i gwnia hi beunydd mewn deunydd di-dwyll [Cerdd y Bais]. **1765** *BDGU* 13, Am fwyta 'rwi'n gwirio heb ei *pario* Faip oerion. Ar lafar yn y Gogledd, *B* xiv. 291, *BIlIE* 31.

pariaf[2]**: pario** [bnth. S. (*to*) *parry*] *bg.a.* Atal (ergyd, &c.) neu ei throi heibio (mewn cleddyfaeth), amddiffyn fel hyn: *to parry* (*in fencing*).

1923.

pariaf[3,4,5]**: pario,** gw. **prepariaf: prepario, reparaf: reparo, paraf**[2]**: paru.**

paried, gw. **pared**[1]**.**

parion [bôn y f. *pariaf*[1]: *pario+-ion*] *e.ll.* Darnau o groen, &c., a bariwyd, creifion, pilion, hefyd yn *ffig.*: *peelings, parings, clippings, also fig.*

1545 *CI* 17, [c]och . . . ynn daran debig j liw *paarion* hrisg aaval o'r Ysbaen. **1547** *WS, parion*, parynges. *c.* **1585** G. ROBERT: *DC* 62, Y *parion* aeth or blaen, dyma r afal bellach yn ymddangos. **1632** *D* d.g. *strigmentum.* **17–18g.** O. GRUFFYDD: *Gw* 22, A'i *parion* mynau pur, amen, / Yn belen yn eu bolia [am glipwyr arian bath]. **18g.** *CLlC* iv. 40, Nid ydiw'r angylion ond cibe neu *barion* / Wrth weled Duw cyfion da ei foddion yw fo. [**1761**] *GGJ* 60, [C]reifion; neu dene *barion* Corn. **1801** *MMf* 208, Cais *barion* crwyn defaid. Ar lafar ym Meirion, 'Paid â thowlu'r *parion* 'na, mi fyddan yn fwyd iawn i'r moch', *B* xiv. 291.

Amr.: **pariwns.** Ar lafar gynt ym Mro Morg., '*pariwns* pytatws', '*pariwns* erfin', *LlGC* 1171, 101.

Parisaidd [e.'r ddinas *Paris+-aidd*] *a.* Yn perthyn i Baris: *Parisian* (*adj.*).

1851.

Parisiad [e.'r ddinas *Paris+-iad*[3]] *eg.* ll. *-iaid.* Un o drigolion Paris: *a Parisian.*

1815.

pariwns, gw. **parion.**

parl [bnth. S. *parle* 'speech, talk'] *eg.* ll. *-au*, a hefyd gyda grym ansoddeiriol. Siarad, lleferydd, sgwrs; ymryson; cyfarfod rhwng dwy blaid i drafod telerau heddwch; hefyd yn *ffig.*: *talk, speech, conversation; contention; parley; also fig.*

16–17g. EDWARD URIEN, &c.: *Gw* 194, Poen drwy Gred, penna' dŷ'r Grog, / *Parl* garw gwyn, perl

Gregynog. **16–17g.** LLYWELYN SIÔN, &c.: *Gw* 344, perl o wr oedd, yn *parl* aeth. **17g.** *Cylchg LlGC* viii. 26, pan ddoi Charls a'i *barl* sy bur. **1696** *CDD* 329, Nid oedd yno *barl*, na hêdd, / Ond yn drachwŷrn trochi cledd. *c.* **1730** *Thos. Lloyd D* (LlGC) 185b, *parl*, a parley. **1778** J. HUGHES: *BB* 289, Ped faswn i 'n gofyn i gyndyn o garl, / Y Bwttiws mewn llythyr a gwneuthur cryn *barl*. **18–19g.** *Llr* C 7, 192, *parl*, Glam, disputation, contention, jangle. *Diw.* **19g.** *SE MS* 353a, *parl*, *-au*, sm. talk, conversation discourse, parlance . . . dispute . . . contention / Er cyfuwch eich *parl*—loud as your talk may be. Ceredigion. Ar lafar yng ngogledd sir Benf. ymhlith plant pan fydd eisiau saib arnynt yn ystod gêm, *TGG* (1904) 65.

Gw. hefyd **parli.**

parla, gw. **pela.**

parlaf: parlo, parlu, gw. **parliaf: parlio.**

parlament, parlmant, parliament, &c. [bnth. H. Ffr. *parlement* (o bosibl drwy'r S. C.) a S. *parliament*] *eg.b.* ll. *-au*, *-(y)s*. Cynulliad deddfwriaethol gwladwriaeth, senedd (yn enw. un y Deyrnas Unedig), cynulliad neilltuol senedd; adeilad(au) seneddol; cynhadledd, cymanfa, cyngor; trafodaeth, dadl; hefyd yn *ffig.*: (*state*) *parliament* (*esp. that of the United Kingdom*), *particular assemblage of a parliament*; *parliament building*(*s*); *conference*, *convention*, *council*; *discussion*, *disputation*; *also fig.*

14g. *GDG*[3] 424, *Parlmant* clod a moliant clêr [marwnad Dafydd ap Gwilym gan Fadog Benfras]. *c.* **1400** *YCM*[2] 181, Pann deruynawd ef y *barlyment*. *c.* **1400** *ChO* 21, Er anïueileit gynt a wnaethant *barlyment* a chwnsli. **15g.** *LGCD* 16, Bond da fu i Gymru. Môn, Gwent,—bedeirgwlad / Bod arglwydd o *Barl'ment*. **15–16g.** *GIF* 36, Y marchog hiroesog, mwy fo'i rent ei hun / na hanner y *parlment*. **1545** *CI* 104, j daruu j vrenhinodd y dyrnas a'i kyngor gida chyttundeb korf y dyrnas orddeinio a gwneuthud ymrauaelion actis a gweithredoeth mewn *parliamentis* ynn erbyn y kyuriw gamlywodraeth. **16g.** (*LlEG*) *Mos* 158, 6b, ynn y man I kynhaliodd Ef *barliment* mawr. *id.* 26a, peris y brenin alw *parlementt*. **16g.** *WLl* 188, Yn Arglwydd *parlament* tent Ior / Yn ddiwk daith yn ddoctor. **1567** *LlGG* [vii], Enacter am hyn gan awturtat y *Parliament* presentol. **16–17g.** *RAGR* 329, yn llundain *parliament* goch. **1604** R. HOLLAND: *BD* 14a, fel y mae *Parlmentau* wedi i hordeinio i wneuthyr a gosod ar lawr gyfraith. **1632** *D*, *parlmant* d.g. *comitia*, *comitium*. **1646** *NBSD* 127, at ras duw . . . i *barlamant* gogoniant gwell. **[1792]** M. J. RHYS: *D* 11, [t]rugain o wyr cyfrifol, y rhai a holwyd yn fanol ar eu llw o flaen *parliament* Lloegr.

Amr.: **palmant**[2]. **1761** *ML* i. 329, 330. **palment**[2]. **1754** *ML* i. 289. **parment. 15–16g.** *GIF* 32. **1547** *WS*. *c.* **1730** *Thos. Lloyd D* (LlGC) 185b.

parlamentaidd, parliamentaidd [*parlament*, *parliament*+*-aidd*] *a.* Yn perthyn i senedd neu barlament, nodweddiadol o senedd neu barlament, yn deillio o senedd neu barlament: *parliamentary*.

c. **1762–79** W. WILLIAMS: *P* 649, danfonwyd commissioners i Scotland . . . i adferu'r Scots i'w llywodraeth *barlamentaidd*. *id.* 651, ac ni roddwyd iddo gadarnhad *parlamentaidd*, fel yr oedd y diwygwyr yn disgwyl. **1776** *DALl* 12, A llid *parlamentaidd* guhoeddwyd [*sic*] Yn erbyn Tref Boston. *ib.* pan oedd Arafwch y Bobl heb roddi lle i *Barlamentaidd* a milwraidd Drais.

parlas[1], *eb.g.* Llecyn o dir glas: *green patch of ground*.

1753 *TR*, *parlas*, a green plat of ground. **1789** *BDG* 524, Perlawr *parlas*, mewn glas glog. **1792** M. WILLIAMS: *BM* [10], Ar *barlas* tran wastad gosodais y pren, / A'i Bîg yn y ddaear, a'i gloppa tua'r nen. **18–19g.** *Llr* C 4, 78, Adesgant sied eosgerdd / Purlwys oedd mewn *parlas* werdd. **18–19g.** *CLlC* iii. 25, Ty glas *parlas* purlen arno. **1803** *P*, *parlas*, s. m. a green plat of ground.

parlas[2]**, parlawr, parle, parled, parlement, parler,** gw. **parlys, parlwr, parli, paled**[1]**, parlament, parlwr.**

parli [bnth. S. *parley*] *eg.b.* ll. *parlïau*. Cyfarfod rhwng dwy blaid i drafod telerau heddwch: *parley*.

1722 *Llst* 189, *parli*, c.p. *lïau*, a parly. Ar lafar yng Nghered. ymhlith plant pan fydd eisiau saib arnynt yn ystod gêm; hefyd yn ardal Penmaen-mawr, sir Gaern. yn y ff. '*parle* (rŵan)'.

Gw. hefyd **barli, parl.**

parliaf, parlaf: parl(i)o, parlu [bnth. S. (*to*) *parle* 'to speak; discuss'] *bg.a.* Siarad, dweud; trafod, dadlau; ymryson, cynhennu: *to talk*, *say*; *discuss*, *argue*; *wrangle*, *contend*.

16g. SIÔN BRWYNOG: *C* 41, Hap i Rolant yn *parliaw*: / Pair alw Môn trwy'r parlment draw. **16–17g.** T. PRYS: *Bardd* 306, rowl away wth reiol wings / i *barlio* dva r bwrlings. **16–17g.** *GST* i. 378, A gwrando, *parlio* mewn pob / Arfer ddysg ar fwrdd esgob. **1609** *CRC* 77, Canu a Dawnsio, Progress, *Parlio* / Yr ydŵy'n barrio'ch Cwmni. **1672** R. PRICHARD: *Gw* 130, A rhwym gartre dy fydolrwydd, / Trech yn *parlo* [:– Tra fyddech yn ymddiddan] ti a'th Arglwydd. *c.* **1730** *Thos. Lloyd D* (LlGC) 185b, *parlio* . . . to parley. **18–19g.** *Llr* C 4, 15, *parlio* (Denbigh) to discourse or dispute ait O[n] Jones. **18–19g.** *Llr* C 7, 192, *parlu*, [Glam], to contend, Jangle. **1803** *P*, *parliaw*, to argue; to discourse, to dialogue.

parliament, parliamentaidd, gw. **parlament, parlamentaidd.**

parliment, parlmant, parlment, gw. **parlament.**

parlwr [bnth. S. C. *parlour*] *eg.* (bach. *parlyryn*) ll. *parlyrau*, *parlwrs*. Yr ystafell orau, yn enw. un a gedwir at dderbyn ymwelwyr, ystafell mewn mynachlog, tafarn, plas, &c., ar gyfer sgwrsio'n breifat, &c., hefyd yn *ffig.*: *parlour* (*in house*), *parlour* (*in monastery*, *inn*, *mansion*, *&c.*, *for private conversation*), *also fig.*

15g. *DGG*[2] 72, *Parlwr* o irwŷdd purlas, / Pair clod ar oror parc glas. **15g.** *GGl*[2] 79, Neuadd i wallt nai Owain, / A *pharlwr* yw'r fiswr fain. *Diw.* **15g.** *Pen* 67, 70, ponta llet penty llydan / *parlwr* yr eglwysswr glan. **15–16g.** *TA* 263, Pendistiau, rhagtalau tês, / *Parlyrau* purloyw, eres. **16g.** *Cy* ix. 364, yddangos mae *parlwr* düw ywr gangell. **1586 (1604)** *B* v. 308, i neuadd ai *barlyre*. **16–17g.** *HG* 136, ny esgores mair ai nwylyd, mewn *parlwr* klyd paintedig. **16–17g.** E. P. ROBERTS: *TUB* 52, Trwsio, ffwrneisio a wnâi / O'i ddyfais, ei dŷ'n ddifai; / A'i rannu yn gywreiniach, / A throi'r dŵr drwy *barlwr* bach (Huw Llwyd). **1604–7** *TW* (*Pen* 228), *parlyryn* d.g. *cœnatiuncula*. **1632** *D*, *parlwr*, conclaue, conclauium. **1672** R. PRICHARD: *Gw* 226, Na âd dithe ddrwg weithredwr, / Yn dy blâs nac yn dy *barlwr*. **1721** J. P. PRYS: *DC* 19, Dy Galon cais drefnu yn *Barlwr* i'r Jesu. **1777** W. WILLIAMS: *DN* 50, os na's gall gŵr a gwraig gadw eu hymrafaelion o fewn i'w 'stafell wely, neu yn y man pellaf o fewn i'w *parlwr*. **1790** T. JONES: *TOS* xi, A'r fath anferth barch oedd gan Robert Warburton, Esq. i'r llyfr hwn, a'i fod yn ei gadw yn wastadol o'i flaen ar ei fwrdd yn y *parlwr*. Ar lafar, ''Odd *parlwr* yn y fferm, odd, ond dim ond amsar anglodd ni briotas, ni tasa 'i'n dro iddyn' nw gmeryd y pregethwr odd a'n cael 'i iwso'; hefyd yn yr ystyr 'lle i odro gwartheg', 'Ble ma'r da?', 'Mân' nw yn y *parlwr* yn dishgwl câl eu godro'.

Amr.: **parlawr** [adff. dan ddyl. yr e. *llawr*[1]]. **1803** *P*. **parler. 16g.** DAFYDD BENWYN: *Gw* 277.

Cfn.: **parlwr bugail:** *shepherd's shelter*. Ar lafar yn ne-ddwyrain Morg., ''Odd *parlwr bugal* lan ar y Graig a man 'ny basa'r bugal pan basa'r defid yn wyna'. **p. godro:** *milking-parlour*. **20g.**

parlyment, gw. **parlament.**

parlyraidd [*parlwr*+*-aidd*] *a.* Yn perthyn i barlwr, nodweddiadol o barlwr, tebyg i barlwr: *pertaining to a parlour*, *characteristic of a parlour*, *like a parlour*.

20g.

parlyryn, gw. **parlwr.**

parlys [bnth. S. C. *paralise*] *eg.* (Unrhyw afiechyd sy'n achosi) amhariad (rhannol neu lwyr) ar weithrediad y cyhyrau rheoledig neu ar deimlad mewn aelod neu ran o'r corff, palsi, ?trawiad (parlysol), hefyd yn *ffig.*: *paralysis*, *palsy*, *?stroke*, *?apoplexy*, *also fig.*

c. **1400** *MM* 80, Rac y *parlis*.—Kymer y brytwn a mortera a hidyl y sud. *id.* 102–4, Mwstart . . . Da yw . . . rac *parlis*, a phetheu ereill llawer. **1488–9** *BSM* 14, Merch . . . oedd gwedy syrthio ynghlevyd *parlys* val nad oedd hi yn meddv ar aelod na chymal o Reiddi [*sic*] i ymwasanaethv. **1551** W. SALESBURY: *KLl* xib, may vygwas yn gorwedd gartref yn glaf or *parlys*. *id.* lxva, wy a dducsont ato wr ar *parlys*, yn gorwedd mewn gwely. *Diw.* **16g.** *WLB* 45, Rhag yr Acses grynnedig ne *barlys*. **1632** *D*, *parlys*, Gr. paralysis. **1761** *ML* ii. 370, Mae'n dda gennyf yn fy nghalon weled eich bod yn gallu sgrifennu gan fod y *parlys* wedi eich cymeryd o'r tu deau. *id.* 415, Bu farw ei gwr o'r *parlys*. **1765** J. EVANS: *CPE* 163, *Parlys* yw'r clefyd athrist, lle mae'r gïau yn llaccâu ac yn ymollwng. **1771** *PDPh* 44, Rhag y *Parlys* . . . Dylai'r ymborth fod yn wresog ac o nattur i dynnu 'r corph i lawr. Cf. H. JONES: *MD* 453, Y *parlys* yw coll neu leihad synwyr ac ymsymmudiad . . . yn un neu ychwaneg o rannau'r corph.

Amr.: **paralys. 1551** W. SALESBURY: *KLl* lxvb. **1567** *TN* 89b. **1588** I *Mac* ix. 55. **parlas**[2]. **16g. (1763)** W. SALESBURY: *LlM* 138. **1701** T. JONES: *Alm* [42]. **1766** *CD* 76.

Cfn.: **parlys gïol:** *palsy*. **1811. p. (parlas) mud:** *apoplexy*, *also fig.* **1630** *YDd* 123, [y] *parlys mûd*. **17–18g.** *LlGC* 566, 122a, [y] *parlas mud*. **1716** T. EVANS: *DPO* 173. **1770** *W*, y *parlys mûd* d.g. *apoplexy*.

parlysaf: parlysu [bf. o'r e. bl.] *bg.a.* (Bod wedi ei) effeithio gan y parlys, hefyd yn *ffig.*: *to paralyse*, *be paralysed*, *also fig.*

1858.

parlysaidd [*parlys*+*-aidd*] *a.* Claf o'r parlys, wedi ei barlysu; yn perthyn i'r parlys; yn parlysu: *paralytic*, *paralysed*; *pertaining to paralysis*; *paralysing*.

1798 *WR* d.g. *palsical*, *paralytic*.

parlysedig [bôn y f. fl.+*-edig*] *a.bfl.* Claf o'r parlys, wedi ei barlysu: *paralytic*, *paralysed*.

1851.

parlyseiddiaf: parlyseiddio [bf. o'r a. *parlysaidd*] *ba.* Parlysu, hefyd yn *ffig.*: *to paralyse*, *also fig.*

1816.

parlysiad [bôn y f. *parlysaf*: *parlysu*+*-iad*[1]] *eg.* Parlys: *paralysis*.

20g.

parlysig [*parlys*+*-ig*[2]] *a.* Claf o'r parlys, wedi ei barlysu: *paralytic*, *paralysed*.

1842.

parlysiol, gw. **parlysol.**

parlysog [*parlys*+*-og*] *a.* Claf o'r parlys, wedi ei barlysu, hefyd yn *ffig.*: *paralytic*, *paralysed*, *also fig.*

1867.

parlysol, parlysiol [*parlys*+*-(i)ol*] *a.* Yn parlysu, hefyd yn *ffig.*; claf o'r parlys, wedi ei barlysu: *paralysing*, *also fig.*; *paralytic*, *paralysed*.

1848.

parlystod [*parlys*+*-dod*] *eg.* Parlys: *paralysis*.

1935.

parlyswr [bôn y f. *parlysaf*: *parlysu*+*-wr*] *eg.* ll. *-wyr*. Peth neu berson sy'n parlysu, hefyd yn *ffig.*: *paralyser*, *also fig.*

1896.

parllug, *e?g.* Gweniaith, cynffonna: *flattery*, *a fawning*.

16–17g. *PCWG* 126, maent hwy yn ymarfer o anrhvgaredd tvag at i gwannach o genfigen wrth i kydradd o *barllvg* iw gwell. **1630** R. LLWYD: *LlH* 178, Dynion yn y dyddiau hyn ydynt yn ymroi i ddyscu celfyddyd y celwydd, gweniaith, *parllyg* (*fawning*), ffûg, a rhagrith.

parment, gw. **parlament.**

Parnasaidd [cfdds. o'r S. *Parnass*(*ian*)+*-aidd*] *a.* Yn perthyn i Fynydd Parnassos, cysegrfan yr Awenau yng Ngroeg gynt; yn perthyn i farddoniaeth; yn perthyn i ysgol o feirdd Ffrangeg yn niwedd y 19g. a bwysleisiai gywirdeb ffurf fydryddol: *Parnassian*.

20g.

parocwet, gw. **paracît.**

parod [bnth. Llad. *parātus*, H. Grn. *parot*, gl. *coctus*, Crn. C. *parys* 'parod', Crn. Diw. *parez*, *parys*, Llyd. C. *paret* 'wedi ei goginio mewn dŵr', Llyd. Diw. *pared*] *a.*

1. (*a*) Wedi ei baratoi, wedi ei drefnu, cywair, mewn cyflwr gorffenedig, addas i'w ddefnyddio, wedi ei baratoi ac ar gael i'w ddefnyddio; (am berson) wedi ymbaratoi (i wneud rhywbeth): *ready*, *prepared*, *arranged*, *in a finished state*, *in a fit state to be used*, *in readiness*, *fit or ready for use*; (*of a person*) *fit*, *ready*, *having made the necessary preparations* (*to do something*).

13g. *LlI* 16, E lety yv estauell e urenhynes, a'e

wely en e geuty, vrth uot en *paravt* e wneythur kyureyt e brenhyn a'r urenhynes. *id.* 48, mae yaun y'r haulur kennyc e testyon a'e keytweyt a'e defnydyeu a dyweduyt e uot ef en *paraut.* **13g.** *A* 14. 16, llavyn durawt *barawt* e waetlin. **13g.** *BD* 117, Canys deu agheu ysyd y'th ogyuadav, ac nyt *paravt* yt vybot pa un gyntaf a ochely onadunt. **1346** *LlA* 109, *parawt* vyfi. heb hi yvynet. **14g.** *WM* 19. 6–8, mi abaraf bot gwled darparedic yn *barawt* erbyn dydyuot. *c.* **1400** *RB* ii. 2, erchi aoruc udunt uot yn*barawt* erbyn panuei amser y gywhynnu parth a cholcos. **15g.** *Pen* 109, 34, Nit *parawt* dyrnawt. heb uawt heb vys (Lewys Glyn Cothi). *c.* **1585** G. ROBERT: *DC* 47b, nid yw r cwbl or holl ddaioni yn y byd hyn yw cyphlybu i r daioni sy n *barod* yn y byd nessa. **1588** *Math* xxv. 10, a'r rhai oeddynt yn *barod* a aethant i mewn gŷd ag ef i'r briodas. **1632** *D*, *parod*, paratus, promptus, expeditus. **18–19g.** R. DAVIES: *DB* 237, Ai pell yw 'r daith y'th galwyd iddi, / A'n gadaw ni? ai gwiw dy nol? / Down yn *barod*, i'th gyfarfod. **1803** *P.* Ar lafar, "Dachi'n *barod* i swpar?", *WVBD* 415.

(*b*) Wedi ei wneud i'w brynu a'i ddefnyddio gan unrhyw gwsmer, wedi ei baratoi ymlaen llaw, wedi ei baratoi fel y gellir ei wneud yn sydyn (e.e. am goffi), ?hefyd yn *ffig.*: *ready-made, prepared beforehand, instant* (*e.g. of coffee*), ?*also fig.*

14g. *WML* 112, Guerth tudedyn *parawt* ygkyfreith howel da pedeir ar hugeint aryant. **1722** T. EVANS: *PS* 64, Y Ffurfiau *parod* o'n Gweddi gyffredin. Ar lafar yn gyff., 'cot *barod*', 'ffrog *barod*'.

2. Wedi ymbaratoi yn feddyliol, ewyllysgar, bodlon (gwneud rhywbeth), awyddus; tueddol (i wneud rhywbeth), tebygol (o wneud rhywbeth); ar fin (gwneud rhywbeth): *mentally prepared, ready or willing* (*to do something*), *eager*; *having a tendency* (*to do something*), *inclined or likely* (*to do something*); *on the point of* (*doing something*).

13g. *C* 14. 2–3, Reuwet *parawd.* Rin vynn wascaud. **13g.** *Brut B* 126, a pha peth bynnac o poen a vynnych y gwnevthvr arnam ny *paravt* vydvn nynhev o'e dyodef. **14g.** *HMSS* ii. 100, a *pharodach* ynt y gymryt agheu noc y rodi. **14g.** *SC* viii/ix. 183, y mae *parodach* a gwastadach vydant wy yn gwneuthur eu penyt. **14g.** *BT* (*RB*) 134, aruawc vydinoed *parottaf* y ymlad. *c.* **1400** *YCM*[2] 110, ac na bu *barotach* eiryoet y daraw dyrnawt ar uarchawc. **1588** *Eseia* lv. 7, y mae efe yn *barod* iawn i faddeu. **1595** H. LEWYS: *PA* 115, y mae ef yn serfyll ac yn *barod*, i gwympo, ac etto ef a breswylir. *id.* 182, gann ein ymroi, a'n darostwng ein hunain iddaw ef, a goddef beth bynac a ddigwyddo, yn *barod*, ac yn ewyllyscar. **1620** *Salm* xxxviii. 17, *parod* wyf i gloffi. **1651** SIÔN TREREDYN: *MDD* 83, pob dyn . . . yn *barodl* [*sic*] wrth naturiaeth i tebyg (*naturally prone to conceive*). **1703** E. WYNNE: *BC* 43–4, dim ofn ond rhag digio'u Brenin, a hwnnw'n *barottach* i gymmodi nac i ddigio wrth ei ddeiliaid. **1740** T. EVANS: *DPO* 188, y rhai [Rhufeiniaid] oeddent gan mwyaf yn Elynion *parod* i'r Grefydd Gris'nogol. **1775** *W* d.g. *to incline, or be inclined.* Ar lafar, 'Mae o'n *barod* i daro 'i droed', *WVBD* 415; "Chi'n rhy *barod* i feio wastad'; "Odd 'i ddim yn *barod* i gyfadda dim'; hefyd yn y De yn yr ystyr 'cymwynasgar', 'Dyn *parod* iawn yw a yn 'y mrofiad i'.

3. Cyflym, di-oed, sydyn; chwim; hawdd, rhwydd, di-rwystr: *quick, prompt, immediate, sudden*; *nimble*; *easy, unhindered.*

13g. *LlC* 26, Puybennac a kyffroo haul yn un o'r dyeuoet uchot, *paraut* y deleyr barnu braut ydau hyt y dyd y bo cayat e keureyth. *c.* **1400** *RB* ii. 197, deuthant yn hard wedus gyweir . . . hyd nat oed *parawt* (*BD* 155, havd) y neb adnabot y bwy y delei y uudugolyaeth o nadunt. **16g.** (*LlEG*) *LlGC* 5276, 365b–366a, Ir ydoedd ynn hraid I bawb o honnauntt [*sic*] twy vod yn dra *ffarod* I hattebion mewn ymrauaelion Ieithau. **1603** W. MIDLETON: *Ps* 130, Ae tafawd *parawd* yw penn / A yrrant drwy'r ddaearen. **1604** R. HOLLAND: *BD* 4a, cofiwch yn dda y drefn fer hon mal y galloch ddewis yn *barod*-ddigon (*maire readelie*) bob rhan o honi er eich adduscu a'ch diddanu. **1620** 1 *Esd* viii. 3, scrifennydd *parod* (**1588** *ib.* dyscedic) iawn ynghyfraith Moses. **1656** (**1745**) *MLl* i. 142, yn dy Synwŷr a'th Feddŷliau *parod* dy hun. **1684** J. DAVIES: *LlR* 381, Jesu Grist . . . a all iachau eu holl bechodau hwynt . . . cyn *barottet* ac yr iachaodd ef glefydau corphorol, pan oedd ar y ddaiar. **1704** E. SAMUEL: *BA* 16, yn hŷfedr ac yn *barod* o'i attebion. **1751** *GIA* 32, yr hwn a fedrai chwerthin am ben eu pechod hwynt, sydd yn *barottach* yn awr i wylo. **1771** *PDPh* 86, Gyrrwch lyffant i wddf buwch, a gyrrwch y ffordd nesaf i ddwfr, a hi a bisa yn loyw yn y fan, y mae yn welliant *parod.* **1803** *P*, *parawd* . . . prompt. Ar lafar, '*parod* 'i air', *WVBD* 415; '*parod* ar 'i drod'.

4. Ar gael (yn rhwydd), wrth law, cyfleus; ar ffurf arian bath neu arian papur: (*readily*) *available, to hand, convenient*; *ready* (*of money*).

c. **1400** *Ked AA* 15, yr hynny hyt hediw, vyn tylwyth a'm da a uu gyn *barottet* itt ac y minneu. **16g.** (*LlEG*) *Mos* 158, 132a, myned yn ddirgel I drysor dai I veisdyr yr hrain a ysbeiliodd Ef ynn llwyr o gwbwl or da *parod* ara gauas Ef ynn ddeunt twy. **1588** *Nah* ii. 9, nid oes diwedd ar y da *parod.* **1632** *D* d.g. *præstò.* **1653** R. JONES: *TTN* 6, dilin Christ yw'r cyfoeth *parod.* **1658** *Examen* 32, Dy drugareddau *parod* ynt, / I bawb ydynt yn erfyn. *c.* **1750** *W Ballads* 114B, 8, Y sawl y roesant arian *Parod*, at lyfr ysbrydol bererindod. **1768** W. WILLIAMS: *HTS* 42, yr heddwch anwyl hyn; yr hwn oedd fwy *parod* erbyn awr o glefyd nâ'r aur melyn.

5. Rhonc, o'r mwyaf, gyda'r gwaethaf: *absolute, downright.*

1722 *Llst* 189, *parod* . . . meer, rank. *c.* **1762–79** W. WILLIAMS: *P* v, Pengrwn, Gair mae ef yn dybied sydd yn arwyddoccau Cythraul *parod.* [**1783**] *W*, cilgi *parod* d.g. *rank, a rank coward.*

Amr.: **parat**[1] [dan ddyl. y Llad. *parātus*]. **1551** W. SALESBURY: *KLl* xxviia. **1567** *TN* 316b.

Cfn.: **parod ei gymwynas (ei chymwynas,** &c.**)**: *obliging, sometimes with sexual connotation.* Ar lafar, 'Rhai *parod 'u cymwynas* yw'r teulu 'na i gyd'. **yn b.**: *already.* **1588** *Pr* iv. 2. **1658** R. VAUGHAN: *YPS* 12. **18–19g.** R. DAVIES: *DB* 238.

parodaf: parodi[1] [bf. o'r a. bl., cf. Crn. C. *parusy*, Llyd. C. *parediff* 'coginio', Llyd. Diw. *paredin̄*] *bg.a.* Gwneud yn barod, paratoi, ymbaratoi: *to make ready, prepare.*

1743 G. JONES: *HWI* ii. 99, Mi a ddylwn *barodi* a thrwsio fy Enaid â Grâs Duw. **1746** *id.* iii. 62, Anghofio *parodi* ar fedr y Sabboth cyn ei ddechrau. **18g.** E. T. RHYS: *DA* 36, I feddwl am *barodi* / Cyn angau, bawb, a dysgu / 'Fod e'n ein dysgwyl. *id.* 60, Cofiwn rai mewn ymdrech chwerw / Yn y môr yn gorfod marw, / Heb fod ganddynt cyn rhoi cyfri' / Ond bèr adeg i *barodi*! **1803** *P*, *parodi*, to make ready, to prepare. Ni chaed brad, na'i *barodi*; / Ac ni chaed yn eich had chwi. Ed. Dafydd. **1824** *Bl D* 299, dysgwn ni, / *Barodi* ein hunain.

parodaidd [*parod*+-*aidd*] *a.* Parod: *ready.*

16–17g. LLYWELYN SIÔN, &c.: *Gw* 467, brawd oedd y ecdor, *barodaidd* acdonn. **16–17g.** EDWARD URIEN, &c.: *Gw* 168, Prydydd marc Ofydd cyfiawn, / Prydydd oedd *parodaidd* iawn [Siôn Cain i Edward Urien]. **16–17g.** (**17–18g.**) *Llst* 133, 19b, Praw dy Synwyr pryd sonwaith / Praw dy ddysg *parodaidd* waith (Siôn Phylip). *c.* **1730** *Thos. Lloyd D* (LlGC) 185b, *parodaidd*, paratus.

parodedd [*parod*+-*edd*[1]] *eg.* Parodrwydd, ewyllysgarwch: *readiness, preparedness, willingness.*

14g. *H* td. 352, ymherffeithgwys ymharadwys *ymh[a]roded* (Gruffudd Gryg). *c.* **1400** *R* 1241. 30, Am ner per *paroded* pasgenn. *id.* 1306. 27–8, Och heno naw och yn niwed berth vyt an hyfryt ym bryt am *baroded.* *id.* 1307. 10–11, Pwy wr ar adwy mywn *paroded* dwyn par kynyd gar kwyn gwenwyn gwned. **16–17g.** *HG* 107, ny chaiff e daring ny byd, os gwnaed e mryd *barodedd* / yn hwy draean awr ne lai, er painto i dai o valchedd. **1780** *W* d.g. *preparedness.* **1803** *P.*

parodi[1], gw. **parodaf: parodi.**

parodi[2] [bnth. S. *parody*] *eg.b.* ll. *parodïau.* Cyfansoddiad sy'n dynwared nodweddion awdur, bardd, cyfansoddwr, &c., mewn ffordd ddoniol neu ddychanol; dynwarediad sâl neu chwerthinllyd: *parody.*

1922.

parodiad [bôn y f. fl.+-*iad*[1]] *eg.* Paratoad: *preparation.*

18g. (**1818**) R. JONES: *GP* 124, Cawn gysgodiad, / Rhag trallodiad, / Mwyn *barodiad*, / mae'n bwriadu [i aer Nannau]. **1803** *P.*

parodïaf: parodïo [bf. o'r e. *parodi*[2]] *bg.a.* Cyfansoddi parodi (ar): *to parody.*

20g.

parodiaith, gw. **parod+iaith.**

parodïol [*parodi*[2]+-*ol*] *a.* O natur parodi, ar ffurf parodi, yn perthyn i barodi: *parodic, relating to parody.*

20g.

parodïwr [bôn y f. fl.+-*wr*] *eg.* ll. *parodïwyr.* Un sy'n parodïo: *parodist.*

1938.

parodlon, parodlawn [*parod*+-*lon*, -*lawn*] *a.* Parod (iawn): (*very*) *ready.*

1583 *LlGC* 716, 82b, fot yn *barot-llawn* [*sic*] iawn, i roi, rhann oi da, i ossot allan moliant ac gogoniant duw. **1793** DAFYDD IONAWR: *CD* 107, Gweision *parodlon* ar air.

parodocsaidd, gw. **paradocsaidd.**

parodol [*parod*+-*ol*] *a.* Parod, wedi ei baratoi ymlaen llaw; ewyllysgar; tueddol; cyflym, rhwydd; ar gael, wrth law: *ready, ready-made*; *willing*; *tending* (*to*); *quick, easy*; *available, at hand.*

16g. *IICRC* iii. 310, Dowch wrth fyngalw i yn ffest / wrth orchest sydd *barodol.* **16–17g.** *HG* 134, maddaüant sydd *barodol.* **1606** E. JAMES: *Hom* i. 41, yn *barodol* i bob gweithred drwg ceryddus. **1677** C. EDWARDS: *FfDd* 54, Eu teneuder au gwna yn *barodol* i fyned i fewn. **1682** R. LLWYD: *LlH* 475, yn anhawdd ir darllennydd droi yn *barodol* at brif-bennau'r athrawiaeth. **1696** *GGTY* 333, onid ydyw hon yn ffordd *barodol* i ddallu llygaid. **1696** *CDD* 250, A *pharodol* iawn i ddigio, / Ydŷw'r sawl sŷ heb gwilŷdd arno. **1728** T. BADDY: *DDG* 151, Canys Traed Gwr bob amser sy *barodol* iw arwain ef i'r ffordd waetha. **18g.** *Llr* C 24, 324, [g]wared *parodol* Rhag gwayw yr ddanoedd. **18g.** E. T. RHYS: *DA* 141, Mae'r bwrdd yn *barodol*, 'does dim yn ddiffygiol. **1751** *GIA* xiv, Onid yw hwn yn fywyd mwy hyfryd-lawn sef bod yn siccr o iechydwriaeth, a *pharodol* i farw? **1803** *P.*

parodrwydd [*parod*+-*rwydd*] *eg.* Y cyflwr o fod yn barod; cyflymdra (mewn gweithred, mynegiant, &c.); ewyllysgarwch; tueddiad; paratoad; darpariaeth, lluniaeth, cyflenwad parod; hwylustod: *readiness, preparedness*; *quickness* (*in action, expression, &c.*); *willingness*; *inclination*; *preparation*; *provision, provisions, ready supply*; *convenience.*

13g. *LlI* 51, cany deleyr annot *parotruyd* urth amparotruyd. **14g.** *BT* 95, kanys o amylder aglewder y lu ef ay *parodrwyd* yn ryuel. **15g.** *GO* 331, Och am *barodrwydd* o fachav a ffyrch. **16g.** *B* x. 293, Ac yn gydrym ac J vonneddigion y gwladoedd glywed y chwedlau hyn pawb a wnaeth J *parodrwydd* erbyn yr amser. **1567** *LlGG* [xiv], Ac er mwyn *parotrwydd* yn y devnydd hyn, y tynwyt Kalendar er yr un pwrpos. **16g.** *Yst Kym* 6, fal i gwna hwsmonhaeddwr synhwyrol am gasglu *parodrwydd* o fewn missoedd Mehefin a Gorffena erbyn Ionawr, gan ofni gaiaf. **1588** 2 *Mac* xii. 27, lle yr oedd hefyd fawr *barodrwydd* o offer rhyfel ac arfau. **1630** *YDd* vii, ni bu y Barnwr erioed nês i ddyfod, ni bu erioed lai o *barodrwydd* erbyn ei ddyfod. **1632** *D* d.g. *facilitas, paratum, promptitudo, propensitas, subtilitas.* **1704** E. SAMUEL: *BA* 12, ei ddiwidrwŷdd, a *pharodrwydd* ei ymadrodd. **1707** *AB* 219c, *parodrwydd*, readiness. **1776** I. BRYDYDD HIR: *P* i. 210, canys *parodrwydd* yr yspryd a rwystrir yn wasdadol gan wendid y cnawd. **1803** *P.*

Amr.: **paradrwydd** [?cf. *parat*[1]]. **16g.** (*LlEG*) *Mos* 158, 467a. **1606** E. JAMES: *Hom* ii. 123.

parôl [bnth. S. *parole*] *eg.* ll. *parolion.* Rhyddhad amodol carcharor cyn diwedd ei ddedfryd: *parole.*

20g.

Cfn.: **ar barôl:** *on parole.* **20g.**

parons, gw. **parawns.**

parot, perot, parat[2], &c. [bnth. S. *parrot*, *par(r)at*] *eg.* ll. -*au*, -*iaid*, -*s*. *Adar.* Unrhyw aderyn trofannol neu istrofannol o urdd y *Psittaciformes*; mae ganddynt big byr bachog, plu lliwgar, ac yn aml y gallu i ddynwared seiniau: *parrot.*

1595 M. KYFFIN: *DFf* [46–7], Doedyd eyn gweddieu rydym . . . yn yr iaith y mae'r bobl yn ei deualld . . . rhag ini . . . fegis yr adar *Parateu*, a'r Mwyeilch, gymeryd arnom ddoedyd y peth nis gwyddom. **16–17g.** *GST* i. 930, Merch Harri Parri fal *parad*—ffraethlais, / Ffrwythlon ymadroddiad. **1604–7** *TW* (*Pen* 228), *parrat* d.g. *psittacus.* **1606** E. JAMES: *Hom* ii. 281, dynwared dywedyd, fal y gwna'r *perot* . . . sydd yn dynwared llaferudd dynnion. *c.* **1624** *RWM* ii. 184, pwy wyr ai dyn *perod* wyd. **1632** *D*, *paret* d.g. *psittacus.* **1677** R. JONES: *BB* 196, Nid oes chwaith flâs ganddo ar wefus wasanaeth ail ir *Parot* yr hwn ni ddeallir. **1716** IACO AB DEWI: *LlCB* 22, eu dywedyd . . . ar dafod leferydd, fel *Perod.* **1795** *R. Crusoe* 46, deliais *barrot* bach, dygais ef adref, a dysgais iddo siarad.

Cfn.: **parot llwyd:** *grey parrot, Psittacus erythacus.* **1838.**

Gw. hefyd **paretyn.**

parotâd [bôn y f. ddil. + *-ad*², trf. han.] *eg.* Paratoad: *preparation.*
[1724] G. WYNN: *YGD* 75, ni wna dim diwydrwydd newydd, na *pharodhad*, ronyn o lês. **1803** *P.*

parotâf: parotáu [*parod* + *-hau*] *bg.a.* Gwneud yn barod, paratoi; mynd yn barod, bod yn barod: *to make ready, prepare; become ready, be prepared.*
13g. *BD* 85, *parota* dy lynghes a debre y gymryt teyrnas enys Prydein. *Dchr.* **17g.** *J* 10, 121b, *parodhau*, arlwyo. [1724] G. WYNN: *YGD* 51, yn *parodhau'r* ffordd i Farwolaeth. **1803** *P*, *parodâu*, to make ready; to become ready, to be prepared.

parotaidd [*parot* + *-aidd*] *a.* Tebyg i barot (yn arbennig yn ei allu i ailadrodd heb ddeall): *parrot-like, parrot-fashion.*
1871.

parotbwyll, gw. **parod + pwyll.**

parotoad, parotoaf: parotoi, gw. **paratoad, paratoaf: paratoi.**

parotoawl, parotoëdig, parotous, gw. **paratoawl, paratoëdig, paratous.**

parotöwr, parotöydd, gw. **paratöwr.**

parri [?cf. Crn. C. ?*para*, Crn. Diw. *parah*] *eg.b.* ll. *parïau.* Praidd, gyrr, haid, cenfaint, &c.: *flock, drove, herd, &c.*
15–16g. *TA* 410, *Parri* iefainc yn prifiaw, / Pentwr o eirth mewn pant, draw [i ofyn chwech o gesig]. **16g.** *GGH* 365, Beili *parri* ŵyn bol praff, / Braisg iawnbris, bras-ogynbraff; / Capten praidd go drwsglaidd draw, / A'r praidd yw'r *parri* eiddaw [i ofyn hwrdd]. **1567** *TN* 206b, y daw bleiddiae trymion, yn eich plith, eb eiriach y devait [:– *parri*, gyrr]. **16g.** WILIAM CYNWAL: *Gw* (G. P. Jones) 70, Ban ddarffo cael, hael yw hyn, / *Barri* i lenwi Berwyn [i ofyn wyth caseg]. *p.***1584** G. ROBERT: *GC* [299], *parri* o ddefaid, ar lann phrwd. **1632** *D*, *parri*, grex. **1674** *B* xii. 22, a gwelwn *barri* fawr o fôch yn torri r kae. **1688** *TJ*, *parri*, llu o ddefaid neu o enifeiliaid: a Flock, a Herd. **1722** *Llst* 189, *parri*, f.p. *rïau*, a flock, drove. **1772** *W* d.g. *drove* [*a herd of cattle driven together* . . .]. **1803** *P*, *pàri*, s. m. . . . a string, drove, or flock, as of sheep.

parrog [?bnth. S. *parrock* 'a small enclosure, paddock'] *eg.* Banc hir o gerrig mân a graean neu o dywod a ffurfir gan y môr, llain o dir gwastad ar lan y môr, promenâd: *a long bank of pebbles and gravel or of sand formed by the sea, stretch of flat land by the sea-shore, promenade.*
1890. Ar lafar yn sir Benf., *GDD* 216, *SC* vi. 123; 'Bob Dydd Sul wên ni'n arfer mynd am dro ar hyd y *parrog*'; ac yn ne-ddwyrain Morg. yn yr ystyr 'promenâd', 'Ni fuon yn ishta acha sêt ar y *parrog* yn Borff y Ciawl'. Digwydd hefyd mewn e. lleoedd yn sir Benf., e.e. *Parrog* (pl. Trefdraeth, gw. *PNP* 165), *Barrog Niwgwl*, *Barrog Abereiddi*, *Barrog Abermawr.*
Gw. hefyd **parwg.**

parsaf¹, **parsiaf: pars(i)o** [bnth. S. (*to*) *parse*] *bg.a. Gram.* Dadansoddi neu ddadelfennu (brawddeg) i'w rhannau cyfansoddol: *to parse.*
1848.

parsaf²: **parso** [?bnth. S. (*to*) *farce*; ?cf. *parsiwn*] *ba.* Stwffio, padio: *to stuff, pad.*
Ar lafar ym Morg., 'Fe 'elws y colar ceffyl at y sadlar i gâl 'i *barso*'.

parseddaf: parseddu, gw. **pryseddaf: pryseddu.**

parsel [bnth. S. C. *parcel*] *eg.b.* (bach. g. *-yn*, b. *-ig*) ll. *-i*, *-ydd*, *-au*, *-(i)on.*

1. (*a*) Rhan, cyfran, darn; rhandir, darn o dir; tref ddegwm; ?pentrefan: *part, portion, piece; parcel* (*of land*); *township*; ?*hamlet.*
15g. (*c.* **1600–20**) *RWM* ii. 583, Rhyfel ar *barsel* or byd (Llawdden). **15g.** *DN* 39, A'i *barselav* o Bryselav / [Aed] rhiwelav hyd yr Heledd. **15g.** *AL* ii. 470, tori croes pendant yr hon a roes y dywededig Ieuan mewn *parsel* o dir oi briodolder ev yr hwnn a elwir Gardd Hic. **15g.** *DE* 105, aed oi byrsau oi dai *barsel* / i roi beichiau aur eb ochel. **1547** *WS*, *parsel*, parcell. **1589–90** *HP* 86, [c]aniattau rhyw *parselic* [*sic*] vechan o Ynys Prydein y'w chyvaneddu. **16–17g.** E. PRYS: *Gw* 313, Rhydd Hywel rodd dda haelwych / O bwrs y wlad, *barsel* wych. **?16–17g.** *HG* 186, Cŷn doeth cennad i weithio / Cappel i'w *barsel* lle bo, / O 'smwythder hyder hediad (?Siôn Mawddwy). *Dchr.* **17g.** *Cylchg LlGC* xvii. 249, Item ar Ivan Tomos a Hwel grÿffÿdd am *barcel* o dir y elwyd gwaÿn y personn dêg grôt. **1672** R. PRICHARD: *Gw* 57, Ni fyn Christ roi i Sant nac Angel, / . . . / Bart na *pharsel*, rhan na chyfran, / O'r gogoniant sy 'ddo ei hunan. **1774** *W* d.g. *hamlet* [*a little village*; *a division of a town, parish, &c.*]. **1776** D. ELLIS: *HI* 198, Saint Judas aeth a'i hirfaith yrfa, / I ryw *barsel* yngwlad Persia. Digwydd hefyd mewn e. lleoedd, e.e. *Parsel Canol*, Cered.

(*b*) Targed, twmpath y gosodir targed arno, hefyd yn *ffig.*; mwdwl: *target, butt, also fig.*; *hay stack.*
15g. *IGE*² 231, Saethu fal gŵr o Sythwerc / Yn isel *barsel* dan berc (Ieuan ap Rhydderch). *c.* **1585** *Llst* 178, 48a, y vwa ef ay saeth sydd yn arwyddocay ffolineb y bobl ffolaid y sydd yn cynig yhynain i fod yn *barsseley* iddo ef. **1604–7** *TW* (*Pen* 228) d.g. *meta*, *meta fœni*. *Dchr.* **17g.** *J* 10, 121b, *parsel*, butte. **1632** *D*, *parsel* . . . scopus ad sagittandum. Demetica vox est. **17–18g.** *Llst* 133, 36b, Saethu 'n isel *barselau* / A wnawn teg fu'r mawrddawn mau / Nofio fal pysg ymysg main / A rhedeg ar ddull rhydain (Rhys ap Cynfrig Goch). **1722** *Llst* 189, *parsel*, m. . . . a butt or target or mark to shoot at. **1803** *P.*

2. (*a*) Casgliad, nifer, llawer; grŵp, twr, bagad: *collection, number, lot; group, band.*
1763 *ML* ii. 567, Llyma lythyr y Penllwydd [*sic*] yn mynegi cael yn ddiweddar yn ei dir ef *barsel* o'r copper battle axes, a Roman coins. **1768** TWM O'R NANT: *CTh* 34, D'oedd genym ddim a chyflym chwant, / Yn dywad yn ei blaen ond *parsel* o Blant. **1769** TWM O'R NANT: *TChD* [3], Yn union 'r un waedd a *Pharsel* o Wydde. **1769** E. ROBERTS: *GN* 38, Ran nid ydi *parsel* o eirie Person, / Pan doro yr hen geriach ond peth digon gwirion. **1777** E. ROBERTS: *DG* 46, Y rwan rwŷ'n dallt na yrasech yma / ond *parsel* o rhai dihira. **1784** M. WILLIAMS: *S* i. 177, hwy gyttunasant i ymadael â'r Aipht, ac ymranasant yn *barselau* bychain. *id.* ii. 21, Mae ser hefyd yn cael eu dosparthu yn dwrau neu *barselau*, a elwir constelations. **1787** E. ROBERTS: *PCF* 25, Mae'r *parsel* Tylodion sy ar y plwy, / Yn fy maeddu drwy fy meddwl. Ar lafar yn Arfon, '*parsel* o dai' 'a cluster of houses'.

(*b*) Nwyddau, &c., wedi eu lapio'n un pecyn, hefyd yn *ffig.*: *parcel, package, also fig.*
1755 G. OWEN: *L* 156, A allech ystyn o 20 i 30 Swllt mewn tippyn o *barsel* hyd yn Southall? **1757** J. PRYS: *Alm* [7], *parsel*, neu ffardel. **1760** *Cylchg LlGC* (1943) (At.) 17, dyma *barsel* o'ch llyfrau Blodeugerdd wedi dyfod. **1768** TWM O'R NANT: *CTh* 15, Fo geiff Dŷn arian glân, yn ddi swrth, / Ryw sylwedd oddiwrth *Barseli.*
Cfn.: **parsel degwm:** *township.* **1846.**

parselaf: parselu [bf. o'r e. bl.] *ba.* Gwneud parsel o (rywbeth), hefyd yn *ffig.*: *to parcel, also fig.*
1937.

parselaid [*parsel* + *-aid*¹] *eg.* Llond parsel, cynnwys parsel: *a parcel*(*ful*).
1928.

parselig, parselyn, gw. **parsel.**

parsemant, gw. **parsmant.**

Parsi [bnth. S. *Parsee*] *eg.* ll. *Parsïaid*, *Parsis.* Arddelwr crefydd fonotheïstaidd o darddiad Soroastraidd a geir yn bennaf bellach yng ngorllewin yr India: *a Parsee.*
1835.

parsiaf: parsio, gw. **parsaf**¹: **parso.**

parsiwn [?bnth. S. Diw. Cyn. *farcion*: ?cf. *parsaf*²: *parso*] *eg.* Afiechyd ar geffylau, &c., sy'n perthyn yn agos i glwyf yr ysgyfaint, y clwyf cnapiog, ffarsi: *farcy, farcin.*
Diw. **16g.** *WLB* 95, Swyn rhag i *parssiwn*. *Dchr.* **17g.** *Haf* 3, 1a, poeriad sarff fv r persiad hwn / perssiad Cyffyl ar *parsiwn*. **1722** *Llst* 189, y *Parsiwn*, m. the facion in horses. **1725** *SR* d.g. *the Facion*, *a Farcy*. *c.* **1730** *Thos. Lloyd D* (LlGC) 185b, *parsiwn*, the farcy. petimen. [1762] E. POWELL: *HEI* 58, Rhag y *Parsiwn* neu'r Pharsi ar Geffyl. *id.* 59, Os bydd i'r *Parsiwn* dorri allan yn Llygeid rhedegog. **1773** *W* d.g. *facion*. Ar lafar ym Môn, '*parsiwn*: coes buwch neu gaseg wedi chwyddo', *LlLlM* 100.
Gw. hefyd **ffarsiwn.**

parsli¹·², gw. **persli, palsi.**

parsment, parsmant, partshment, &c. [bnth. S. *parchment*] *eg.* ll. *-au*, a hefyd fel *a.* Memrwn; llawysgrif ar femrwn; wedi ei wneud o femrwn: *parchment; parchment manuscript; made from parchment.*
16g. (*LlEG*) *Mos* 158, 58a, drwy ysgriuenu y llw ar amodau mewn *partshimend* wedi I selio a Sel o aur. *c.* **1548** *CM* 1, 838, ynn llawn o gasnnauedd megis kreiuion pennig ne *bartshiment*. **16g.** *Rhyddiaith Gymraeg* ii. 41, a'r llyfrey, ag yn henwedig y rhai parchement. **1567** *TN* 321a, yn enwedic y membranae [:– memrwn, *parsmente*]. **16–17g.** *Rhyddiaith Gymraeg* i. 127, ag ef a ysgryvennawdd ar yr vn *parsment* yn yr vn lle y gairav hynn. *c.* **1600** L. DWNN: *HV* i. 20, mewn hen llyfr [*sic*] *parsment* escob Dewi. **1604–7** *TW* (*Pen* 228), *parsment* d.g. *membrana*. *Dchr.* **17g.** *Celtica* v. 17, Lewys y Glynn Cothi . . . ny sgrifennwys Lewys y Glynn ar joed ar bapur ond ar [*bar*]*sment*, kans tegstwr da oedd ef yn wir. **1615** R. SMYTH: *GB* 255–6, scrifenu mewn lludw ne ddwst . . . gwedi ar *barsemant* ag yn ddiwaethaf ar bapyr. **17g.** *CRC* 242, y skrifen oedd ar *barchmant* hen / mewn plymen wedi i chiddio. **17g.** *Cylchg LlGC* xix. 214, llyfyr kowydde sydd a chayad gantho o *barsmant* gwyn. **1685** *Art* 13, A oes gennych chwi lyfr Register o *Barchmant* ag yn hwnnw henwau yr holl rai a Briodwyd? **1687** (**1715**) J. OWEN: *TB* 94, a thynnodd allan blyg lyfr o femrwn neu *bartshment*. **1703** E. WYNNE: *BC* 121, Rhostiwch y Cyfreithwyr wrth eu *parsmant* a'u papureu eu hunain. **18g.** *Beirdd y Berwyn* 54, Rhisgl helyg neu *barsment* i fesur bun gain. **1828** *Geir Pob* 19, *partsment*, croen ysgrifennu, (yn iaith y Bibl) memrwn.

parson, parsonoliaeth, gw. **person**², **personoliaeth**².

part [bnth. H. Ffr. *part*, o bosibl drwy'r S. C.] *eg.* ll. *-(i)au*, *-s*, a hefyd gyda grym adfl.

(*a*) Rhan, cyfran, rhywfaint, peth (o); rhan neu ddarn (o beth mwy), cydran, cyfansoddyn; rhan a chwaraeir (fel aelod o gymdeithas, &c.), rôl (actor mewn drama); *Crdd.* un o'r rhannau (lleisiol) sy'n cyfuno i wneud harmoni; plaid, ochr (mewn dadl, &c.); grŵp, nifer; hefyd yn *ffig.*: *part, portion, amount, some; component, constituent; part played* (*as member of society, &c.*), (*actor's*) *role; part* (*of harmony, in mus.*); *side, party* (*in dispute, &c.*); *group, number; also fig.*
14g. *GDG*³ 83, Deuwell y gwnâi Dduw diwael / Rhyw *bart* teg no Rhobert hael. **16g.** *IICRC* iii. 324, Ar un anadl yfed kwart / Gan chware *part* y kythrel. **16g.** *SChC* 554, dysgu i blethiadau oll . . . ai ostegion a thair ar ddec o brif geinkiau ai gwybod yn i[a]wn yn i *partiau*. **16g.** *Yst Kym* 118, gwelynt ddaudeg marchog vrddol yn dyfod a *ffart* o wŷr gida hwynt. **16–17g.** *CRC* 4, Gwn i gwyddost *bart* om klwy / a maint ir rwy n dy garu. **1604–7** *TW* (*Pen* 228), canv *part* d.g. *accino*. **1615** R. SMYTH: *GB* 124, y rhai sy 'n Iustisiaid ag yn swyddogion sy'n sufiedig (megis y rhai sy'n chware commediaeth) i gael ei hyssio drwy fefl a chwilidd, oddierth iddynt chware ei *part* yn dda. **17g.** HUW MORUS: *EC* i. 72, Fe ddeil ei egr feddalgwrs / Hwnw, *bart* yn hwy na'i bwrs. **1688** *TJ*, bagad, rhai, crŷn *bart*. Some, a multitude. *c.* **1700** E. LHUYD: *Par* i. 26, Mawn a Losgant a *phart* o goed. **1766** *CD* 165, A mod i'n Lodes or lana, / A chenyf fi *Barts* dâ. **1808** TWM O'R NANT: *BB* 16, Wrth chwareu'i *bart*, yn breibio'r Ystiwart. Ar lafar yn gyff. yn y De.

(*b*) Rhan o wlad, &c., rhanbarth, ardal, lle; trigolion un o'r rhain: *part of country, &c., area, district, place; the inhabitants of one of these.*
15g. *DN* 101, Pa feistr o art o *bart* i bo? **16g.** *WLl* 51, Trowch gerddwyr pybyr pob *part* / Ple troessoch heb plaid Rissiart. **16g.** *Yst Kym* 14, Ag ef a deiladodd dinas y *part* draw i'r Gogledd o Ynis Brydain. **16–17g.** (*c.* **1650**) *CC* 21, Câr wen cowir waneg / Cymmer daith rhyd Cymru dêg / Tramwya *bart* ym term byth / Trosof yderyn trassyth [Thomas Prys i yrru'r eryr at brydyddion]. **1787** E. ROBERTS: *PCF* 46, bydd hynny yn rhyfeddod gan *bart* o Gymru. Ar lafar yn sir Benf. a'r De, 'Yn y *parte* hyn', *GDD* 216; 'O bwy *bart* ŷch chi'n dod?'
Cfn.: **part blaen:** *fore-part* (*of cart, coracle, &c.*). Ar lafar, J. G. JENKINS: *NC* 136. Cf. D. J. WILLIAMS: *ChHO* 73. **p. ôl:** *buttocks, rump, behind, posterior.* Ar lafar yn y De, 'Ma fe'n eiste ar 'i *bart ôl* yn y gegin 'na trwy'r dydd bob dydd'. **ar b.:** *on the side of, for, on behalf of.* **15–16g.** *TA* 236, Dir ydyw bod *ar dy bart*. **1567** *TN* 65b, trosom [:– *ar ein part*]. **16g.** *Hop M* 207, bwrw têg air *ar bart* gwirion.

partaf: parto, gw. **partiaf: partio.**

parti [bnth. H. Ffr. *partie*, o bosibl drwy'r S. C.] *eg.* ll. *partïon*, *-ïau*, (prin) *-ïoedd*, a hefyd fel *a.* Grŵp o bobl, yn enw. un sy'n ymgynnull i ddiben cyffredin (i weithio, cymdeithasu, &c.), ymgynulliad cymdeithasol ar gyfer adloniant, pleser, &c. (yn enw. i ddathlu rhyw achlysur); grŵp o bobl sy'n arddel yr un syniadau, &c., plaid (wleidyddol), ochr, tu; (person(au) ar) y naill ochr neu'r llall (mewn achos cyfreithiol, i gytundeb, &c.), plaid; ?rhesen (wen), parting: *group or party* (*esp. of people meeting for a common purpose, e.g. to work, socialize, celebrate, &c.*); *faction, sect,* (*political*) *party, side; party* (*in legal action, to contract, &c.*); ?(*hair-*)*parting*.

c. **1400** *YSG* i. 77, Ac yd oed y neill *parti* ac eu harueu yn wynnyon, a'r *parti* arall ac arueu duon. **15g.** *GGl²* 284, Galw Sain Lednart i'th *barti*, / Galw Fair, ac elïa fi. **15g.** *CSTB* 15, Pert y rhoed *parti* ar wen, / Plethu a rhannu rhawnen. **15g.** *HCLl* 38, Y ferch [Mair] biau'r holl weddïau, / A'i *phartïau* a'i phryd hoywaf. **15–16g.** *TA* 347, Rhotbert, cyff, rhoed *parti* certh / O gadeirwydd gwaed Ierwerth. *a.* **1513** *GRB* 30, Y Meistr Edwart a'i *barti* / a'i wŷr llys oedd fy iarll i. **16g.** *TRP* 170, Dyred jessu gida ni / gar bron iddewon *barti*. **1567** *LlGG* 127a, a' meichie 'digonawl y gyd ac ef i'r *partie*'. **16g.** DAFYDD BENWYN: *Gw* 466, Gwae Went o'y aisiav, gwae hwynt y waisonn: / gwae byth Drefenni, a gwae y *ffartion*. **1604** R. HOLLAND: *BD* 14a, [b]arn safadwy yn erbyn rhyw *bartion* arbennig. **17g.** *CC* 156, i rai or prydyddion a gymerodd *barti* Eiddig. **1677** *TC* [vii], na chamgymmer meddafi mor Awdwr, fel pet fae ei bwrpas ef, yn vnig trwy hynny, ith dynnu di i ryw Blaid neu *Barty*. *c.* **1762–79** W. WILLIAMS: *P* 138, nid yw y *partion* fyth yn gwel'd eu gilydd ne's bo'r fargen wedi ei tharo ynghŷd gan y rhieni. **1763** *DT* 162, Roedd gan Felinydd Meirion, / Ryw *Barti* o Blant ag Wyrion. **1790** TWM O'R NANT: *GG* 94, Nid mewn Sect na *pharti* o ddynion. **1808** TWM O'R NANT: *BB* 84, Tan enw mawrhydi, crefydd, neu *barti*. Ar lafar ym Morg. am 'nifer o lowyr a gydweithiai yn yr un lle', *Geir Glo* 142.

Fel *a. Her.* Wedi ei rannu, parthedig: *party, divided* (*in her.*).

16g. *Med H* 54, Mae yn dwyn kroes ddwbl parthedig o las mywn maes o aur. Neu val hyn: Mae yn dwyn aur, kroes ddwbl *parti* o assur. **16g.** *DWH* i. 164, Gann bob partt, ar vaes *parti*, / Glas a choch, a'v glowsoch chwi (Dafydd Benwyn).

Cfn.: **parti pen blwydd:** *birthday party.* **20g.** **ym mharti:** *on behalf of, on the side of, for.* **16–17g.** *PhA* 348, Cowydd i daro *ymharti* y Bermo. **1696** *CDD* 287, Edrychwch alloch godi, / I daro *yn fy mharti*. **1758** *W Ballads* 172, 4, A chodwn Ryfel dibaid *ymharti* yr enaid euraid.

partïaeth [bôn y f. *partïaf*: *partïo*+-*aeth*] *eb.g.* Pleidgarwch, rhagfarn, tuedd, ffafr: *partiality, partisanship, bias, favour.*

1704 *Cym Cr* 44, *Partiaeth* mewn dyledswyddau crefyddol. **1727** J. JONES: *DFF* 241, mae Dynion yn fynych yn barnu yn anghyfion, weithiau trwy eu Drygioni a'u *Partiaeth*. *c.* **1730** *Thos. Lloyd D* (LlGC) 185b, *partiaeth*, partiality. **1752** J. THOMAS: *FG* 135, pan y bom wedi ein diosg o bob *Partiaeth* a Chwant anghyfiawn. **1763** W. WILLIAMS: *APE* 3, pechodau ymraniad a *phartiaeth*. **1786** J. ROBERTS: *C* [1], Er na chair Bendith er maint dawn, / Trwy ddynion llawn *Partiaeth*. **1797** *id.* 24, Duw gyrr y *Partiaeth*, a'r pledïaeth [*sic*] o'n plith. **1810** T. LEWIS: *HPF* 60, Yr oedd ef wedi treulio rhan fawr o'i amser yn Normandy, ac am hyny yn dangos tuedd a *phartiaeth*, at arferion . . . a phobl y wlad honno.

partïaf, partaf: part(i)o [bnth. S. (*to*) *part*] *bg.a.*

(*a*) Ymadael; gwahanu, ymwahanu, cael gwared: *to leave, depart; separate, be parted, get rid.*

17g. *LlGC* 253, 267, duw nef na chowswn hefyd / gidag efo *bartio* or byd. Ar lafar, 'Maen' nhw wedi *partio*'; ''Dwi 'm am *bartio* efo nhw'; ''Ôn i ddim bolon *parto* â'r 'en 'et'; 'Ni *bartson* orwth yn gilydd cyn cyrradd y pentra', 'Ma fa wedi *parto* orwth 'i wraig', 'Dyna lle oedd y ddou yn ymladd fel dou gi, ond fe æth Mari idd'u *parto* nhw'.

(*b*) Gwneud rhesen neu raniad (yn y gwallt); ymrannu (am wallt) nes bod rhesen neu raniad yn ymddangos: *to part* (*hair*); *part* (*of hair*).

1906. Ar lafar, 'Mae o'n arfer *partio* 'i wallt yn y canol', 'Mae 'i wallt yn *partio* yn y canol'; hefyd yn y ff. *parto*.

partïaf: partïo [bf. o'r e. *parti*] *bg.a.* Ochri (gyda), bod yn bleidiol (i), ffafrio, cefnogi, amddiffyn: *to side* (*with*), *be partial* (*to*), *favour, support, protect.*

1547 *WS*, *partio*, take parte. **16g.** HUW ARWYSTL: *Gw* 466, os *partiaw* traw lle i trewych ath gledd / power y tuedd sy lle *partiych*. **16–17g.** EDWARD URIEN, &c.: *Gw* 260, Parod oedd ymhob perwyl, / *Partïai* i wan, parod hwyl. **1604–7** *TW* (*Pen* 228), barnwr indifferent heb pleidiaw ne *bartiaw* d.g. *compromitto*. *c.* **1730** *Thos. Lloyd D* (LlGC) 186b, *partio* . . . to take part. **1828** *Geir Pob* 19, *partïo*, pleidio. Ar lafar, ''Odd Twm ym *partio* gida'r Librals ar 'yd 'i ôs'.

particwlar, partic(i)lar, perticler, &c. [bnth. S. *particular*] *a.* Misi, dicra, cysetlyd; neilltuol, penodol: *fussy, punctilious; particular, specific.*

1670 J. HUGHES: *AP* 60, y Gras Duwfawl *particula*[r] a dywalltwyd arnynt gyda'r Vrddeu Sacraidd. *id.* 159, Gwneuthur Cyffes *Barticwlar* yn dda, sy bwnc lesfawr anfeidrol. Cf. D. OWEN: *RL* 360, Dydi o ddim iws . . . bod yn rhy *barticilar*. Ar lafar, 'Mae o'n *baticlar* efo'i fwyd'; 'i tarw mowr du a wêdd in *barticlar* iawn pwy wêdd in damshel ar i borfa', *Wês wês* 23; hefyd yn sir Gaerf. a sir Benf. yn yr ystyr 'pwysig, o bwys', ''Seni 'n *berticiler* i olchi'r crise 'r wthnos hon', *GDD* 222. Cf. K. ROBERTS: *LW* 69, a byddem yn *byrticlar* iawn wrth ddewis un.

partichwilen, gw. **pwdrchwilen.**

parting, partin¹ [bnth. S. *parting* (of hair)] *eg.* Rhesen (wen), rhan, rhaniad: (*hair-*)*parting.*

Ar lafar yng ngogledd a chanolbarth Cymru, *LGW* 475.

partin², partyn [bnth. S. *parting*] *eg.* ll. *partynon, partins.* Seidin, saflinell (ar reilffordd mewn pwll glo): *siding or passing-loop* (*on railway in coal-mine*).

1928. Ar lafar ym Morg. a sir Gaerf.; am y cfn. *partin byr, p. dwbwl, p. newid, p. pw'l, p. talcen*, gw. *Geir Glo* 114. Nodir ff. l. *partïon* yno hefyd.

partïol [*parti*+-*ol*] *a.* Pleidiol, pleidgar, sectyddol, rhagfarnllyd; yn perthyn i blaid wleidyddol; yn perthyn i barti (canu, adrodd, &c.): *partial, partisan, sectarian, biased; pertaining to a political party; pertaining to a* (*singing, recitation, &c.*) *party.*

1547 *WS*, *partiol*, partial. **1567** *TN* 315a, na gwneuthyr dim o gydpartieth [:– yn *bartiol*]. **1604–7** *TW* (*Pen* 228) d.g. *partiarius*. **1653** *MLl* i. 220, y rheini sydd yn byw yn y cnawd yn ôl y cnawd . . . yr usdusiaid anghyfion, yr ymofynwyr *partîol*. **1709** H. POWEL: *G* 43, Gwelwch mor *bartiol* yw Dynion. **1746** G. JONES: *HWI* iii. 70, Derbyn Gwobrau i ŵyro Barn, a delio'n *bartiol*. *c.* **1762–79** W. WILLIAMS: *P* iii, pa'm yntau y mae cymmaint o Ragfarn, Sêl *bartiol*, a Bigottry. **1790** T. JONES: *TOS* 143–4, Mae dynion yn *bartïol* yn eu hachos eu hunain. **1795–6** *Trys Gym* 51, a'i ystyried ef fel yn *bartiol* yn ei ffafron. Ar lafar, 'Fe ath e'n *bartïol* i'r Blaid Lafur'.

partisán [bnth. S. *partisan*] *eg.* ll. *partisaniaid.* Un sy'n cefnogi plaid, achos, enwad, &c., yn enw. yn ddigwestiwn; aelod o grŵp o wrthwynebwyr arfog mewn gwlad sydd wedi ei meddiannu: *partisan.*

20g.

parti-sêl [bnth. S. *party zeal*] *e?b.* Sêl dros blaid arbennig, rhagfarn, pleidgarwch: *party zeal, partisanship, partiality.*

1788 J. THOMAS: *CS* iv, hadau uffernol o ragfarnau, a *pharti-zêl*. *ib. Parti-zêl*, darfod wnel. *id.* 35, Un yspryd cul o *barti sêl*. **1800** C. EVANS: *EJU* 103, ni's gellir meddwl eu bod hwy yn cael eu harwain gan *bartisel*, wrth gyfaddef y gwirionedd yn groes i'w hymarferiadau eu hunain. *id.* 108, Y mae yn beio yn llym ar y cyfieithwyr am ddilyn eu *parti sel.*

partisiwn [bnth. S. *partition*] *eg.* ll. *partisiynau.* Pared, palis: *partition* (*in room, &c.*).

1931.

partlet [bnth. S. *partlet*] *e?g.* Dilledyn i'w wisgo am y gwddf a rhan uchaf y frest, gyddfwisg: *partlet, garment worn around the neck and upper chest.*

c. **1600** *Cylchg LlGC* i. 78, Am hanner lathen o liain i wnevthvr [*sic*] *partlett* iddi hi. *id.* 79, Am liain i drwssio i *ffartlett* hi. **1604–7** *TW* (*Pen* 228), moled o liein manwiedd a wiscei'r gwragedd, gwddwfwisc . . . Colar Liein, *partlet* d.g. *amictorium.*

partner [bnth. S. *partner*] *eg.* (b. -*es*) ll. -*iaid, -s,* (prin) -*ion.* Cydymaith, cydweithiwr, cyfaill; aelod o bartneriaeth (busnes); un o bâr (mewn priodas, gwaith, dawns, gêm, &c.), cymar; un o bâr (o bethau): *partner, companion, fellow-worker, friend; partner* (*in business*); *partner* (*in marriage, work, dance, game, &c.*); *one of a pair* (*of objects*).

1672 R. PRICHARD: *Gw* 57, Ni fyn Duw vn *partner* [:– Cyfaill] aflan. **1756** W. WILLIAMS: *GDC* 12, Yn 'Tifedd ac yn *Bartner*, o fod yn un ynghyd / o'i Gwnsel a'i Ddirgelion, ei Barch a'i Glôd ei gyd. **1764** W. WILLIAMS: *Th* 11, Ddoe yn gyfeillion cywir, *partneriaid* iddo ef. **1794** *WDS*, (Flint), mi ddygodd dynnell o blwm oddarnai a *mhartnars*. Ar lafar, 'Wêdd e'n dipyn o foi, cofia di, in *bartners* mowr â Morgans i sgwlyn', *Wês wês* 24; ''En *bartnar* i fi dan ddaear odd a'; 'Ble mae *partneres* hon [esgid] wedi mynd?'

Amr.: **pantnar.** Ar lafar yn y De-ddwyrain. **pardner, pardnar. 20g. patner, patmer.** Ar lafar yng nghanolbarth a godre Cered. ac yn sir Benf.

Cfn.: **partners gwŷr mawr:** *friends in name only.* Ar lafar yn y De.

partneraf: partneru [bf. o'r e. bl.] *bg.a.* Mynd neu fod yn bartner (i rywun neu rywbeth): *to be*(*come*) *a partner.*

1880. Ar lafar.

partneres, gw. **partner.**

partneriaeth [*partner*+-*iaeth*] *eb.g.* ll. -*au.* Y cyflwr neu'r ansawdd o fod yn bartner; perthynas gytundebol rhwng dau neu ragor o bersonau i redeg busnes ar y cyd; hefyd yn *ffig.*: *partnership;* (*business*) *partnership; also fig.*

1837.

partoaf: partoi, partoeans, gw. **paratoaf: paratoi, paratoeans.**

partrij, partris, gw. **petris.**

partshement, partshmant, partshment, gw. **parsment.**

†partuncul, ff. ?H. Gym., gw. **pardwgl.**

partyn, gw. **partin².**

parth [?bnth. Llad. *part-*, bôn traws yr e. *pars*; cf. Crn. C. *parth*, Crn. Diw. *par*, H. Lyd. *parth*, ll. *parthou*, Llyd. C. *parz*, Gwydd. C. *pairt*; gw. hefyd y cfn. *o barth* isod; dichon mai gair gwahanol ei drdd. yw Llyd. C. *perz*, Llyd. Diw. *perzh*, ?gair cytras â'r Gwydd. C. -*cert* (cf. *de*(*i*)*scert* 'deheubarth'); cynhwysir yma enghrau. treigledig o *parth*, ond gw. hefyd *barth*] *eg.b.* ll. -*au*, -*oedd*, a hefyd fel *cys.* ac *ardd.*

(*a*) Ardal, rhanbarth, hefyd yn *ffig.*: *area, region, also fig.*

13g. *A* 8. 8, Issac anuonawc o *barth* deheu. **14g.** *T* 65. 8, ar *parth* goreuhaf ydan eilassaf. **14g.** *GDG³* 60, Cŵn pob *parth* a'i cyfarthai. **15–16g.** HYWEL RHEINALLT: *Gw* 10, Holl wragedd Gwynedd a'u gwŷr / I'th *barth* gyda'th aberthwyr. **1567** *TN* 25b, i *barthe* [:– gyffinydd randiroedd, duedde bro, ardal] Magdala. **1683** H. EVANS: *CTF* 46, I gwnnu'm rhent y daethym, yn awr ir *parthe* hyn. **1699** T. JONES: *TP* 151, Nid wŷfi chwaith yn tybied fôd nêb yn ein hôll *barthau* ni yn gwŷbod y ffordd tuag yno. **1728** T. BADDY: *DDG* 91, eu mynediad . . . o Ddwyrain *Barthoedd* Asia i Orllewin America. **1778** J. HUGHES: *BB* 146, 'S daw fe: Yn awr o entrych nê, / I *barthau* 'r galon, drwy ei yspryd union, / A'i lân orchmynion yn gyfion efo agê, / Ceiff weled yno ddigon o elynion yn ei le. **1803** *P*, *parth* . . . a region.

(*b*) Llawr (yn enw. mewn cegin), aelwyd; ystafell fyw, cartref; ?llwyfan isel mewn neuadd, ?llys: *floor* (*esp. of kitchen*), *hearth; living-room, home; ?wooden dais in hall, ?court.*

c. **1400** [*RB*] *WM* 202. 22–5, A phan deuthant y kynted y ty y gwelynt *partheu* llychlyt goletlwm. *id.* 30–1, y gwelynt croen dinawet melyn ar y *parth*. *id.* 203. 32–4, medylyaw a oruc bot ynllei boen idaw mynet argroen y dinawet melyn yr *parth* y gysgu. *c.* **1400** *R* 1273. 37–9, deleis rukynn hyfrec. ar *barth* rwng dwy oe warthec. **15g.** *GGl²* 116, Ar dy *barth* erioed y bûm, / A nithio cerdd a wneuthum. ?**1498** (**16–17g.**) *LlGC* 732, 91, *parth*, kartef [*sic*]. **16g.** *Pen* 76, 20, oiri i bym ar y *barth* / er kyn ko ar ki yn kyvarth. **1592** S. D. RHYS: *Inst* 26, ym *mharth* y ty. **16–17g.** EDWARD URIEN, &c.: *Gw* 110, A'i llaw oedd, nid llaw eiddil, / Ar *barth* fawr a borthai fil. **1753** *TR*, *parth*, a floor, ground. **18–19g.** *MA* iii. 199, Pwy ynawr á ry 'nglud ar wâl ei *barth* unpeth â vo nag yn dysgu, nag yn arwyddo doethineb? Ar lafar yn nwyrain Morg. a Myn., 'Der' miwn i'r *parth*'; ''Wi'n mynd i ddysbig llawr y *parth* ac wetyn 'i olchi a'; 'Witha 'on ni'n byw ar y *parth* a witha yn y rŵm fæch'.

(*c*) Rhan, cyfran; dosbarth; *Crdd.* un o'r melodïau sy'n cyfuno i wneud harmoni: *part, portion; division; part (of harmony, in mus.).*

9g. *B* v. 241, teir petguared *part* unc. *ib.* isit petguared *pard.* **1567** *LlGG* [xviii], yr achos pennaf o ddileu yr ei or Ceremonijs vu, bot yn ei camarver cy pellet, *parth* (*partly*) gan wangoelus ddallinep y popul andyscedic, *parth* (*partly*) gan ddychwant cupyddtot y cyfryw ac oeddent yn dysgwyl yn vwy am elw yddynt ehunain. *id.* [xix], parthir y Cxix Psalm yn. xxii. *parth.* **16g. (1763)** W. SALESBURY: *LlM* 232, yr yssop sy wresog a sych yn y Drydydd radd y mae o *bartheu* teneuon. **1592** S. D. RHYS: *Inst* [xvi], yr holl *bartheu* eraill o'r Grammâdec. **1595** *Egl Ph* 67, Per arwynt yw'r cyfan; y *parthoedd* yw'r achubedig, a'r colledig. **1632** *D, parth,* rhan, darn d.g. *pars.* **1658** R. VAUGHAN: *GA* 8[4], [C]anu fy *mharth* yn y cor hwn. **1696** *CDD* 203, Pa sawl rhan neu *barth* iw nodi, / Sŷdd mewn Sacrament dybygi? **[1740]** D. LLWYD: *YDD* 41, yn cael cyfran neu *barth* priodol iddynt eu hunain yn ei addoliad ef. **1803** *P, parth . . .* a part; a division.

(*d*) Ochr, hefyd yn *ffig.* tu, plaid; mintai, carfan, grŵp: *side, also fig. party; band, group.*

12g. *LL* 226, bet genou pant ar*parth* dehou. **13g.** *LlI* 19, ny dele tarav e post e *parth* e bo y brenhyn. **13g.** *A* 32. 14–15, re cw gyuarch kywuyrein *bard* kemre tot tarth. **13g. (1641)** *HGK* 33, y Mangor y kladdwyt y mewn yskrin yn y *parth* assw y'r allawr fawr. **13g.** *BD* 193, sef yd oed Catwallavn o'r neill *parth* y'r auon yn gorwed a'e ben ar arffet nei idav. **14g.** *BT* 173, gwnaethpwyt kwnsli yn ryt ychen ygan yrei a oedynt yn borth y*barth* henri vrenhin. **14g.** *WM* 40. 30–2, Sef ual yd eistedyssant. brenhin ynys y kedeirn a manawydan uab llyr or neill *parth* idaw. Amatholwch or *parth* arall. **14g.** *Bren Saes* 78, bu ymlad Camdwr y rwng meibion Cadwgavn, nyt amgen, Goronw a Llywelyn, gyt a Caradauc vab Grufud o'r neill *parth,* a Rys vab Oweyn a Ryderch vab Caradauc o'r *parth* arall. *c.* **1400** *R* 1165. 22–3, Tyssilyaw terwyn gywryssed. *parth* am nawd adrawd adryssed. *c.* **1400** (*SG*) *HMSS* i. 179, ef a glywei y drablud yn y capel. ac a glywei *barth* yn dywedut yn issel ar llall yn dywedut yn uchel.

(*e*) *Gram.* Rhangymeriad: *participle (in gram.).*

c. **1455** *GP* 73, i gan y veryf wnevthuredic y daw dav b[*ar*]*th,* kynyrchiol a ffvtvr, i gan veryf ddioddevedic y daw dav *barth,* nid amgen, perffaith, val y mae 'wedy garv', ffvtvr, val y mae 'i garu'. **16g.** *id.* civ, gida chwedl y gwawdydd / *parthav* ac ansoddau sydd (Gruffudd ap Ieuan ap Llywelyn Fychan). *a.* **1575** *id.* 157, Beth yw kvfranniad nev *barth*? Rann arr yr iaith Gymraec.

Fel *cys.* Lle (bynnag) (y): *where(ever).*

13g. *C* 68. 1–2, bet bruyno hir hydir y wir iny bro. *parth* ydvei ny bitei fo. *c.* **1300** *H* 7b. 19, balch caen coed bryd pawb *parth* yd garwy (Gwalchmai). *Dchr.* **14g.** *id.* 84a. 20, erchi porth dewi *parth* yd eler (Llywelyn Fardd). *c.* **1400** *R* 1037. 13–14, Yssit ym alauarwyf. bri[w]aw pelydyr *parth* y bwyf. ny lauaraf na ffowyf.

Fel *ardd.* Ynghylch, parthed; ?yn gyfnewid am; ?tua: *concerning, regarding; ?in exchange for; ?towards.*

c. **1300** *H* 100a. 19, y bali porffor *parth* [drll.] nad a wyrthya (Llywarch ap Llywelyn). *Dchr.* **14g.** *id.* 91b. 44–5, O dywedeisy eir ar wekri heb porth *parth* eurgolofyn kymry (Phylip Brydydd).

Cfn.: **parth â:** (i) *towards (of place and time).* **13g.** *HGK* 6, *parth a* Chemry. **14g.** *WM* 29. 6–7, *Parth at* dyd riannon a deffroes. **1567** *TN* 358a, derchafael eu golwc *parth at* nefoedd. **1803** *P.* (ii) (*with regard*) *to, in respect of, for.* **13g.** *LlI* 5, euelly am a perthyno *parth a*'r llys oll. *c.* **1300** *H* 16b. 24–5, Gwetiwn gwylwn bytwn barawd. *parth at* gur arwr an rywarawd (Einion ap Gwalchmai). **14g.** *LlB* 128, o'r dyweit vn ohonunt geir cam *parth a*'r llall. Gw. hefyd *hyd—h. parth â.* **p. ag ar:** *towards (a person).* **14g.** *DPh* 73. *c.* **1400** *B* v. 209. **p. ag at:** *to or towards (usu. a person); (with regard) to; ?in respect of, on behalf of.* *c.* **1300** *H* 21a. 2, duw gantut eu but *parth ac atann* (Llywelyn Fardd). *c.* **1400** *R* 1213. 25, Meir dyro bortheir *barth ac attaf.* *c.* **1400** *Ked AA* 6, trugared . . . *parth ac attam.* *c.* **1400** *Études* vii. 324, [p]ob peth o'r a berthynont *parth ac at* arglwydiaetheu daearawl. *c.* **1400** *YSG* i. 146, Gwnaet bop vn ohonawch chwi oreu ac a allo *parth ac att* Duw. **1803** *P.* **y p. gorau:** (*farmhouse*) *parlour.* Ar lafar yn ne-ddwyrain Morg. **p. (parthau) ôl:** *rear, posterior (also of body).* **1592** S. D. RHYS: *Inst* 114, o'r *parth ôl* ir cephyl. **p. rhywiog:** ?*participle.* *c.* **1455** *GP* 79. *a.* **1575** *id.* 104. **p. sathredig:** ?*supine (in gram.).* *c.* **1455** *GP* 74, 79. *a.* **1575** *id.* 99, 104. **o'r naill b.,** gw. *neillbarth.* **o b. (o'm p.,** &c.), **o b. i** [cf. Crn. C. *abarth*; ?cf. Llyd. C. *abarz* 'cyn', Llyd. Diw. *a-barzh*; ?cf. Llyd. C. *a-berz,* Llyd. Diw. *a-berzh*; gw. hefyd *o b. mam* isod]: (i) *concerning, with regard to.* **1592** S. D. RHYS: *Inst* [xv], [xvii]. **1829** *CBYP* [i]. (ii) *for (my, his, &c.) part; on (my, his, &c.) part, on behalf of.* **13g.** *C* 101. 7. **15g.** *GGl*^{2} 29. **1776** I. BRYDYDD HIR: *P* i. 146. (iii) *from the region (of); from among.* **13g.** *A* 8. 8, *o barth* deheu. *id.* 17. 4–5, *o barth* vrython. **14g.** *T* 36. 16, *o parth* brython. **o'r p. arall, o b. arall:** *on the other side; from the other (another) side; on the other hand.* **13g.** *BD* 159, *o'r parth arall* yd oedet yn dvyn y urenhines. **14g.** *WM* 5. 36–6. 1, y urenhines or neillparth idaw ef. ar iarll . . . *or parth arall.* *c.* **1400** *YCM*^{2} 23, O'r neill parth y doeth Ernald de Belland . . . ac *o barth arall* yr Iarll Estult. **16g.** *LBS* iv. 406, or naill barth y gwnai wrthiau amlwc mynych *or parth arall* y dangossai hi ddysc. **o b. mam (tad, y fam, ei dad,** &c.) [H. Grn. (*modereb*) *abarh mam,* gl. *matertera,* (*euiter*) *abard tat,* gl. *patruus*; ?cf. Llyd. Diw. Cyn. *apeurs mamm (tad)*]: *on the (his, &c.) mother's (father's, &c.) side (of relationship).* **13g.** *LlDW* 49. 22–3, peduuar *o parth etat,* adeu *o parth euam.* **13g.** *HGK* 2, *o barth y vam.* *c.* **1400** *RB* ii. 43, *obarth y dat.* *Diw.* **15g.** *Pen* 41, 10, kar *o barth mam* idaw. Ac arall *o barth tat.* **o'r p. yma (hwnnw,** &c.) **i:** *on this (that, &c.) side of.* **13g.** *BD* 147, *o'r parth hvnnv y'r* llvyn. *c.* **1400** *RB* ii. 240, *or parth yma yr* avon. **1592** S. D. RHYS: *Inst* 113, *o'r parth yma i'r* dyn. **o bob p.:** (i) *on every side, on all sides; ?in every direction.* **14g.** *T* 17. 16, Saesson *o pop parth* y gwarth ae deubyd. **1551** W. SALESBURY: *KLl* lixa, ac ith oarchaeant *o pop parth.* **1588** 1 *Sam* xxxi. 9, anfonasant i wlâd y Philistiaid *o bob parth.* **1699** T. JONES: *TP* 29, y llŵch yn hedeg fellu *o bôb parth.* (ii) *on each side, on either side, on both sides; by either side, by both sides.* **13g.** *HGK* 20, llawer a digvdyssant *o bop parth.* *c.* **1400** *YCM*^{2} 32, A'r amot hwnnw a gadarnhawyt *o bob parth.* **1588** 1 *Br* xxii. 19, a holl lu y nefoedd yn sefyll *o bob parth* iddo. (iii) *in all things.* **1346** *LlA* 68, Ac yntev yth garu ditheu velle. Ac yn gyuoethawc *o bop parth* (*his omnibus bonis abundaret*). (iv) *from all areas, from everywhere.* **1910.**

Gw. hefyd **parthau^1.**

parthaf: parthu [bf. o'r e. bl.] *bg.a.* Rhannu, gwahanu; rhannu (rhwng), rhannu (i'r naill a'r llall), dosbarthu, ?anrhegu; dosrannu, dosbarthu, parso; neilltuo, cysegru; ymadael: *to divide, separate; divide (between), share out, distribute, dispense, ?bestow gifts (on); classify, parse; set aside, dedicate; depart.*

13g. *BD* 92, Ac y hvnnv y *parthvys* (*dedicauerunt*) yn ryeni y petwaredyd o'r vythnos, ac a alwn ninheu o'e enw ef, Wogenes. *c.* **1300** *H* 36b. 5, ym aelwyd yd *barthwyd* berthet (Cynddelw). *id.* 46a. 31–2, Eiryoed y *pertheist* parth ac atan. Emys llaw llamhir a dan lluman (Cynddelw). ?**14g. (1640)** *B* v. 132, gwyr am gwahoddai. / ag am gwaddolai. / . . . / a chant am *parthai.* / ag am eneiniai. *c.* **1400** *R* 1241. 31–2, Am nerth berth a *barthei* ychen. A meirch eirch y archwyr aren. *Diw.* **15g.** *B* v. 104, pwy wyti . . . ysprỳt Gwidw . . . Angharedic y dywedy o achaws gwidw a *barthawd* (amr. de[r]uynawdd, a ddiweddodd) mal cristiawn da. **16g.** *id.* xi. 86, *parthodd* ef J bobyl yn dair byddin. **1567** *LlGG* [xiv], cyd byddei i'r hen Dadae *barthu* [:– rannu] y Psalmae yn saith ran. *id.* [xix], *parthir* y Cxix Psalm yn. xxii. parth. **1567** *TN* 173b, wy werthesont ei perchenogaethae a'ei daoedd, ac ei *parthesant* i bawp. **16g. (1763)** W. SALESBURY: *LlM* 82, y Llysewyn hwn a *parthir* [*sic*] yn dday ryw. *p.* **1584** G. ROBERT: *GC* [205], wrth *barthu*'r gramar, yn bedair colofn. **1632** *D, parthu,* diuidere, partiri. **1672** R. PRICHARD: *Gw* 248, Nertha i *barthu* [:– Ddosbarthu] 'r gair yn fedrys, / Inni bawb yn ôl dy 'wllys. **1772** *W* d.g. *to divide* [*part, distribute, separate*]. **1803** *P.*

partharluniwr [*parth*+*arluniwr*] *eg.* ll. *-arlunwyr.* Arlunydd tirluniau; topograffydd: *landscape-painter; topographer, chorographer.* **1852.**

parthau^1 [defnydd ansoddeiriol o *parthau* (ll. yr e. *parth* 'aelwyd, llawr')] *a.* Dof, llywaeth; eofn, hy: *tame, pet; forward, shameless.*

1620 *Mos* 204, 129, Nid rhaid llochi porchell *parthe.* **1763** *LL/CC/G* 1220, Buttain *Bartha* iw ti . . . thou art a familiar or Common Harlot or Stumpet [*sic*]. **18–19g.** *Llr C* 30, 186, *partha,* tame, [Glam]. Ar lafar yn nwyrain Morg., '"ma fa'n *bartha* iawn"—he is very free (= ewn) said also of a young man who is very free at his sweetheart's home', *GWG* 310; 'buwch *bartha*', 'ôn *partha*', *ib.*; 'Fe ddæth Sioni â draenog i'r tŷ a fe æth yn *bartha* reit miwn dim amsar'.

parthau^2, gw. parth.

parthed [?amr. ar *parthred* drwy ddadf.; ansicr yw *MA*^{2} 270b. 44, *parthed* (*R* 1160. 36–7, *parphet*)] *eg.* ll. (geir.) *-oedd,* a hefyd fel *ardd.* Rhan, cyfran; rhanbarth: *part, portion; region.*

16–17g. *Cer RC* 90, O bu Sele ap Dafydd gynt / Yn dwyn i hynt yn ddoetha' / Ar y gŵyr drwy *barthed* Cred, / Mae hithe ar ferched Troea. **1604–7** *TW* (*Pen* 228), parth, rhann, darn, *parthet* d.g. *parricida.* **1632** *D,* parth, & *Parthed* . . . pars. **1670** J. HUGHES: *AP* 251, teilynga roddi rhyw *barthed,* a chymdeithas gyda'th . . . Apostolion. *c.* **1730** *Thos. Lloyd D* (LlGC) 186b, *parthed* . . . pars, portio. **1778** *W* d.g. *part* [*a piece of any thing, not the whole*]. **1803** *P, parthed,* pl. t. *odd,* a part; a division; a region.

Fel *ardd.* Ynghylch, ynglŷn â, gyda golwg ar: *concerning, about, with regard to.* **1886.**

Amr.: **perthyd** [ni ddigwydd ond yn y cfn. *o berthyd*]. **1711** TP: *CG* 5, 34. **1739** *NEN* 4.

Cfn.: **o barthed,** &c. **(o'i b.,** &c.**):** *concerning, with regard to; as a result of, following.* **1672** R. PRICHARD: *Gw* 160, Cais ei fendith ar bôb gweithred, / Felly daw iti râd *o'i barthed.* **1696** *GGTY* 120, *O barthed* ych cyflybiaeth ni thal mo'i grybwyll. **1711** TP: *CG* 5, fal y gallwn roddi llawer o siamplau ofnadwy *o berthyd* bagad a fyddau yn fwy rhydd i ymostwng. *c.* **1730** *Thos. Lloyd D* (LlGC) 186b, *o'i Parthed,* oi plegyd. **1739** *NEN* 4. **o'r p.:** *as a result.* **1672** R. PRICHARD: *Gw* 77, Bys ystyriem faint yw 'r dlyed, / Y sydd arnom iddo *o'r parthed.* **o b. i = o b. 1851.**

Gw. hefyd **parthedd, parthred.**

parthedig [bôn y f. fl.+*-edig*] *a.bfl.* ll. *-ion.* Rhanedig, wedi gwahanu; wedi ei ddosbarthu: *divided, separated; classified.*

16g. (*LlEG*) *Mos* 158, 67a, y vo ai prioded wynt yr ailwaith wedi I bod wyntt yn *barthedig* gymaint a XVII o vlynyddoedd. **16g.** *Med H* 48, a chroes ddwbl *parthedic.* **16g. (1763)** W. SALESBURY: *LlM* 28, y palantaen [*sic*] lleiaf oblegit bod ei ddail yn *barthedig* mel gan bump gewyn ne bumpant a Elwir yn groeg pentaneuron sef y pumgewyn. *id.* 185–6, y mae [rh]ith arall or halicacabum . . . er mwyn ei vod yn ohanol *barthedig* a ellir ei alw hailicacabum [*sic*] estran. **1592** S. D. RHYS: *Inst* 53, Partitiua . . . *parthedic,* dosparthedic. **1604–7** *TW* (*Pen* 228) d.g. *descriptus, digestus, divisus.* **1722** *Llst* 189, *parthedig,* p. digion, divided; partitive. **1803** *P.*

parthedigaeth [*parthedig*+*-aeth*] *eg.* ll. *-au.* Dosbarthiad; topograffi; gwahaniaethiad: *division, classification, distribution; topography; discrimination.*

1545 *CM* 1, 32, Ar ddwy sevkyl ymaa y mae nvy ynn ynbarthu [*sic*] bob vn oddiwrth I gilidd yn gyuion neithyr Etto nidydiwr *parthadigaeth* yma yn ymranv yn vnion. *id.* 139, Wele yma I daruu I ni ymddiuan Ar draethawd byr o gynneddue Ac arverre A natturie A *ffarthedigaeth* a hrannoedd y xii arwydd. **1545** *CI* 125, amdler y kyurwysdra ar *parthedigaethau* a dysgriuiad yr awdur Gallien ynn i lyuyr. **1803** *P, parthedigaeth,* s. m. discrimination.

parthedigol [*parthedig*+*-ol*] *a.* Topograffig; rhanbarthol; yn gwahaniaethu: *topographic; regional; discriminative.*

1803 *P, parthedigawl,* discriminative.

parthedd [?*parth*+*-edd*^{1}, neu amr. ar *parthed* neu *parthred*] *eg.* Ardal, rhanbarth; rhan, cyfran; plaid, ochr: *area, district; part, portion; party, side.*

16g. WILIAM LLŶN: *Gw* (R. Stephens) (At.), *parthedd,* tvedd. **1604–7** *TW* (*Pen* 228), parth, rhann, darn, parthet, *parthedd* d.g. *parricida.* **1632** *D* d.g. *pars.* **1711** M. MAURICE: *YAD* 158, Pa fodd y gallysseu dyn fod yn *barthedd* neu yn barti yn y Cyfammod? **1719** *TDP* 5, yn mhellach ydd wyf yn gadel iti *barthedd* o chwaneg o dir nath Frodyr. **1803** *P.*

partheiriadur [*parth*+*geiriadur*] *eg.* ll. *-on.* Geiriadur daearyddol neu dopograffyddol, parthsyllydd: *geographical or topographical dictionary, gazetteer.* **1852.**

parthgaib [bnth. dysg. Llad. *participium*] *eg.* ll. *-geibiau.* *Gram.* Rhangymeriad: *participle (in gram.).*

c. **1455** *GP* 78, Dav *barth gaib* yssydd . . . kynyrchiol, val y mae, yn bod, ffvtvr, val i vod. *id.* 84, *Parthgeibiav* comin a dervynant yn -ans nev -ens. *c.* **1730** *Thos. Lloyd D* (LlGC) 185b, *parthgeib,* participium.

parthgymeriad [*parth*+*cymeriad*^{1}, cf. Llad. *participium*] *eg.* ll. *-au.* *Gram.* Rhangymeriad; y weithred o gymryd rhan (mewn gweithgarwch); pleidgarwch: *participle (in gram.); participation; partiality.*

1592 S. D. RHYS: *Inst* 103, De Participio.

Parthgymeriat. **1604–7** *TW* (*Pen* 228) d.g. *participium.* **1630** *YDd* 325, y mae yr vnrhiw Grist yn wir bresennol yn ei Swpper ei hun, nid trwy drawsylweddiad pabaidd, eithr trwy *barthgymeriad* sacramentaidd. **1722** *Llst* 189, *parthgymmeriad*, m. partiality; participation; a participle. **1778** *W* d.g. *participle.* **1803** *P*, *parthgymmeriad*, s. m. pl. t. *au*, a participle.

parthiad [bôn y f. fl.+*-iad*[1]; ansicr yw'r engh. gyntaf isod] *eg.* ll. *-au, parthiaid.* Rhaniad, gwahaniad; dosbarthiad; disgrifiad; *Gram.* rhangymeriad; cromfach; tirlun: *division, separation; classification, distribution; description; participle (in gram.); parenthesis; landscape.*

?**15g.** *B* i. 300, A yrr bw oer ar y baedd, / Ac a fynn blaid, *barthiaid* borth. **1567** *LlGG* [xix], pa le bynac yn y Tabul hon . . . ac y gosodir vn Psalm, y niuer a espesir yn ol y Bibl mawr o Saxonaec, yr hwn o'r. ix. Psalm yd y. Cxlviii. Psalm o bleit ei bot (yn ol *parthiat* yr Hebreeit) yn vario yn y niueron o ywrth y translation Llatin cyfredin. **16g. (1763)** W. SALESBURY: *LlM* 37, Dau rhyw [*sic*] sydd or Llysie hyn y cyntaf a alwn y gwir acantha am Iddo gyfatteb a *pharthiad* ei ffyrf ymmhob ban arno. *id.* 234, Llyma rywogaethe y ba[n]noc yn ol *parthiad* yr hen awduriaid. *p.* **1584** G. ROBERT: *GC* [219], Mae *parthiad* arall ar y seiniad: Canys pob sain sydd naill ai pur, yntau amhur. **1604–7** *TW* (*Pen* 228) d.g. *disiunctio.* **1605–10** *GP* 222, Ac etto mae dwy aken a elwir yn Llading parenthesis; ninne a allwn i henwi yntwy '*parthiaid*', mal llun dwy gammoc olwyn, val hynn ( ). **1605–10** *RWM* ii. 334, Rragverf *parthiad* kyssylltiad. **1632** *D* d.g. *distributio, diuisio, partitio, scissura.* **1722** *Llst* 189, *parthiad*, m. a division, partition: a breach. p. *Parthiadau.* **1803** *P*, *parthiad*, s. m. a parting.

Parthiad [e.'r wlad *Parth(ia)*+*-iad*[3]] *eg.* ll. *-iaid.* Brodor o Barthia, sef gwlad yn Asia gynt i'r de-ddwyrain o Fôr Caspia a ymledodd yn ymerodraeth fawr yn ystod yr ail ganrif C.C.: *Parthian.*

1551 W. SALESBURY: *KLl* xlviiib, *Parthieit* a Medeit . . . ae clywsam wy yn traythy ywn tauodeu euhunain petheu mowrion Deo. *c.* **1762–79** W. WILLIAMS: *P* 226, Nid llai na'r *Parthiaid*, y Mediaid, y Persiaid.

parthiaith [*parth*+*iaith*] *eb.* ll. *-ieithoedd.* Tafodiaith: *dialect.*

1850.

parthiant [bôn y f. fl.+*-iant*] *eg.* Rhaniad; gwahaniad: *division; partition.*

1803 *P.*

parthle [*parth*+*lle*[1]] *eg.* Rhanbarth, ardal; cylch (diddordeb, gweithgarwch, &c.): *region, area; sphere (of interest, activity, &c.).*

[**1783**] *W*, yn ei swyddgylch (ei *barthle* . . .) ei hûn d.g. *sphere, in one's own sphere.*

parthlen [*parth*+*llen*] *eb.* ll. *-ni.* Map: *map.*

1850.

parthlun [*parth*+*llun*[1]] *eg.* ll. *-iau.* Tirlun: *landscape.*

1851.

parthluniaeth [*parthlun*+*-iaeth*] *eg.b.* Y gelfyddyd neu'r weithred o beintio tirluniau, hefyd yn *ffig.*: *landscape-painting, also fig.*

1884.

parthlwydd, gw. **parth+llwydd.**

parthofyddiaeth [*parth*+*ofyddiaeth*] *e?b.* Topograffi: *topography.*

1863.

parthol [*parth*+*-ol*] *a.* Rhannol; rhanedig; neilltuol, priod, arbennig; preifat; yn perthyn i un ochr neu garfan; rhanbarthol: *partial; divided; particular, proper, special; private; pertaining to one side or group; regional.*

16–17g. LLYWELYN SIÔN, &c.: *Gw* 324, ddüw gwyl oedd ddi gas, *barthol* aberthwas, / nwyf düw da i was, i nef doded. **1604–7** *TW* (*Pen* 228), justus wedy ddewisaw o vn tû, vntûog, *parthol* d.g. *aeditiius Judex. id. parthol* yn ddwyran d.g. *bipartitus. id.* priotawl, *parthol*, neulltuol d.g. *peculiaris.* **1632** *D* d.g. *priuatus, specificus.* **1696** *GGTY* 137, Ac wrth y peth yr ydym ni yn ei ddywedyd fe ymddengus nad ydym ni'n sengi'r scrythur i ddal' i fynu farn *barthol* (*a private Opinion*). **1722** *Llst* 189, *parthol*, particular, private, respective, peculiar. [**1783**] *W* d.g. *specific or specifical.* **1789** W. RICHARDS: *ABD* 58, Pan appwyntiodd ef olchiad rhannol neu *barthol.* **1790** W. RICHARDS: *LlA* 94, nid yw rheswm ein hawdur, oddiyno, o ddim grym dros weinyddiad *parthol* [bedydd]. **1791** W. RICHARDS: *TDB* 35, nid *parthol*, ond hollol ddistryw neu ddirymmiad corph pechod. **1803** *P*, *parthawl*, discriminate; parting.

parthran [*parth*+*rhan*[1]] *eb.g.* ll. *-nau.* Rhanbarth, ardal; uned weinyddol, fel rheol traean o sir, e.e. yn swydd Efrog; ward (fel uned weinyddol); ardal hinsoddol: *region, area; riding (division of county); ward (administrative unit); climatic region.*

1805.

parthrannaf: parthrannu [bf. o'r e. bl.] *ba.* Rhannu (dinas, &c., yn wardiau): *to divide (city, &c., into wards).*

1810.

parthred [*parth*+*-red*; ansicr yw rhai o'r enghrau. cynnar isod] *eg.b.* ll. *-ion.* Rhan, cyfran, ?gwaddol; plaid, ochr; rhanbarth; ardal hinsoddol: *part, portion, ?dowry; party, faction, side; region; climatic region.*

12g. *MA*[2] 189b. 36–7, *Parthred* gwyth mal gwaith fadon / Porth athwy myrdd ofwy mon [i Lywelyn Fawr]. **13g.** *C* 26. 1–2, huilant iglithuir im*parthred* dievil. *c.* **1300** *H* 68a. 8–9, trwm a *barthred* yd berthyn y duc duw dewis ar dyn (Cynddelw). *Dchr.* **14g.** *id.* 85b. 26, yn rann yth *barthred* rwyf ked caerawc (Llywarch ap Llywelyn). **14g.** *BT* 82–3, nerthau ohonaw *parthret* meibyon gruffud. *c.* **1400** *R* 1247. 41, dywet em *barthret* ym borth. **1604–7** *TW* (*Pen* 228) d.g. *vicis.* **1632** *D*, parth . . . *Parthred* . . . pars. **1719** *TDP* 59, fe a ddanghosodd i mi bentwr anfeidrol o Aur, megis *parthred* neu gynhysgaeth ei Ferch. **1722** *Llst* 189, *parthred* . . . as Parth. **1778** *W* d.g. *part* [*a piece of any thing, not the whole*]. **1800** W. OWEN[-PUGHE]: *CP* 30, ein *parthred* (*climate*) ni oc y ddaiar. **1803** *P*, *parthred*, s. f. pl. t. *ion* . . . a side, or party.

Cfn.: **parthred â** [ansicr yw union ystyr yr engh. gyntaf]: *towards. c.* **1300** *H* 15a. 19–20, Porthwyfy boen edryt my[n]yt mynnheu. *Parthred a* myned myn yth gigleu (Einion ap Gwalchmai). **14g.** *HMSS* ii. 249, A *pharthret ac* yd oed y trawst yn gorwed y doeth. **p. ag at:** *regarding, concerning.* **14g.** *WM* 153. 21–3, kyt dywetto efo ofered abrwysked a meddawt *parthret ac attat* ti. **o b. (i) (o'i b., &c.):** (i) *on (one's mother's, &c.) side (of relationship); as a result of, because of, by, through.* **13g.** *HGK* 4, Eilweith *o barthret* y henvam . . . Gruffud vrenhin oed vab y Ragnell. **15g.** *AL* ii. 396, dyn a gaffo ettifediaeth o dir drwy iawn a dylyed *o barthret* y rieni. **16g.** *Cy* xxxi. 207, a llawer or ssamaritans or dinas hynny a gredawdd yr jessu *o barthred* dywedydiad y wraic. **1567** *TN* 232b, erwydd [:- oran [*sic*], *o barthred*, yn ol] y cnawd. (ii) *on the part of, by, from.* **13g.** *HGK* 16, ofynhav brat *o barthret* Gruffud a oruc Rys. *c.* **1400** *R* 1164. 1–2, Brenhin gogonet. breinyawl y weithret: ny cheit *oe barthret* na phlet na phla. *c.* **1401** *AL* ii. 458, anegydyaeth a vu *obarthret* [*sic*] *y* Rys. **15g. (1594)** *B* xvi. 259, yr hwnn ddioddefaint a ddaroedd ei ossot y ti *o barthret* (amr. archiad) y Tad tragywyddawl o'r nef o'r dechreû. (iii) *on behalf of, for; on (someone's) side (in battle, &c.).* **13g.** *HGK* 21, diguydus Gellan telynyaur penkerd *o barthret* Gruffud en e llynges. **13g.** *B* x. 21, gan annerch *oe pharthret* hitheu. **14g.** *HMSS* ii. 82, annerchwch *om parthret* i vygwreic. **15g.** *BB* 102, yn ryuelu ar Germania *o barthret* Gracian. (iv) *from the direction of.* **14g.** *BT* (*RB*) 198, Otho amherawdyr a'r ieirll *o barthret* Fflandrys yn ryfelu a Ffreinc, a Jeuan vrenhin *o barthret* Peitaw yn aulonydu. **o'r p.:** *as a result.* **1672** R. PRICHARD: *Gw* 333, Nid oes vn dŷn ag 'aned, / Sydd arno fwy o ddyled, / I glodfori'r vn Duw tri, / Nag s' arnat ti *or parthred* [:- Oiplegid [*sic*]]. **ym mh.:** *with regard to.* **1567** *TN* 301b. **yn y p. hyn:** *in this matter, with regard to this.* **1567** *LlGG* [x].

Gw. hefyd **parthed.**

parthredol, gw. **cyflwr—c. parthredol.**

parthsyllydd [*parth*+*syllydd*] *eg.* ll. *-ion.* Llyfr (neu ran o lyfr) sy'n rhestru (a disgrifio) lleoedd, geiriadur daearyddol neu dopograffyddol: *gazetteer, geographical or topographical dictionary.*

1814.

parthyddol [*parth*+*-ydd*[3]+*-ol*] *a.* Daearyddol: *geographical.*

c. **1864.**

pa'r un a, pa'r un ai, gw. **pa[1]—p. un a, p. un ai.**

parwg, perwg[2] [bnth. S. *parrock* 'paddock'] *eg.* Cae: *(enclosed) field.*

18–19g. *Llr* C 16, 206, *parwg*, Glam. a field. **1803** *P*, *parwg*, s. m. an inclosed field. Digwydd *parwg*, *perwg* fel e. ar gaeau ym Morg.

Gw. hefyd **parrog.**

parwr [bôn y f. *paraf*[1]: *peri*+*-wr*] *eg.* ll. *-wyr.* Un sy'n peri, achosydd, asiant; caffaeliwr: *causer, agent; procurer.*

1604–7 *TW* (*Pen* 228), *parwr* Cymmot d.g. *conciliator. id.* d.g. *hortator.* **1632** *D* d.g. *procurator.* **1722** *Llst* 189, *parwr*, a causer, bidder. **1725** *SR* d.g. *proctour.* **1773** *W* d.g. *efficient* [*that makes or causes things to be what they are*]. **1803** *P.*

parwyd, gw. **pared[1].**

parwydaf, paredaf[1]: parwydo, paredu [bf. o'r e. *parwyd, pared*[1]] *bg.a.* Codi pared, rhannu â phared neu barwydydd; ymrannu'n adrannau, rhannau, &c.; gorchuddio: *to build a partition, partition off; be divided into sections, parts, &c.; cover.*

1604–7 *TW* (*Pen* 228), *paretû* d.g. *crusto.* **1803** *P*, *parwydaw*, to make a partition.

parwyden [*parwyd*+*-en*] *eb.* ll. *-nau.* Ystlys, ochr, dwyfron, brest, llengig, br(w)ysged, darn o gig eidion a dorrir oddi ar y fron; pared, mur; hefyd yn *dros.* ac yn *ffig.*: *flank, side, breast, chest, diaphragm, brisket; partition, wall; also transf. and fig.*

14g. *GIG* 144, Ni luniwyd ei *pharwyden* / Na'i chreglais ond i Sais hen [dychan i'r delyn ledr]. **15g.** *GO* 54–5, Gwelir modd pob gwyalen / O'r ais, yr pann welais Wen. / A vv i ŵr,—nid wyf iach,—/ Ddwy *barwyden* ddybrydach. **15g.** *GGl*[2] 286, Trwy wayw chwerw y tra-churiais, / Triagl min a'i treigl o'm ais. / Ni bu raid i'r *barwyden* / Ennaint y Badd ond o'i ben. **1547** *WS* [viii], ni ddiscwyl neb . . . gaffael pop rhyw air yn y gairllyfyr yn vn ystym nag yn vn agwedd i ddywediat a chwedy i blethu ym*parwyden* ymadrodd. *c.* **1548** *CM* 1, 800, ynn y kroen ysydd ynn tyuu . . . ynn bilionen denne ar y blaid ner *barwyden* near y tu mewn Ir ais. **1588** *Lef* ix. 18–21, Ac efe a laddodd ŷch a hwrdd yr aberth hedd . . . A gosodasant y gwêr ar y *parwydennau*, ac efe a losgodd y gwêr ar yr allor. **1588** *Jer* iv. 19, o *barwydennau* fyng-halon. **1604–7** *TW* (*Pen* 228) d.g. *costa, latus.* **1632** *D*, pared, *parwyden*, paries; & sumitur pro latere animalis costis vallato. **1688** *TJ*, *parwyden*: a Wall, also the thin Flank. **1722** *Llst* 189, *parwyden* . . . the hollow caracase of a beast, &c.; the convex of a ship; brisket; flank. **1803** *P.*

Amr.: **prwyden, brwyden** [cf. *prwydydd*, ll. yr e. *pared*]. *Dchr.* **17g.** *J* 10, 134b, *prwyden*, parwyden. **1685** T. JONES: *Alm* [4], Bronau, *brwyden*, a'r Cylla.

parwydfwrdd, paredfwrdd [*parwyd, pared*[1]+*bwrdd*] *eg.* ll. *paredfyrddau*, a hefyd fel *a.* Gwensgod: *wainscot.*

1794 *W*, *parwydfwrdd* d.g. *wainscot, or wainscoting.*

parwydol, paredol [*parwyd, pared*[1]+*-ol*] *a.* *Meddyg.* Yn perthyn i waliau unrhyw geudod yn y corff; yn ffurfio ochrau a thop penglog: *parietal (in med.).*

1850 *Caerfallwch*, *paredol* d.g. *parietal.*

parwydwaith [*parwyd*+*gwaith*[1]] *eg.* Gwensgod: *wainscot.*

1850.

parwydydd, gw. **pared[1].**

parwydd [olff. o'r e. *parwyddiad*] *eg.* *Gram.* Berf: *verb.*

1803 *P.*

parwyddiad, gw. **perwyddiad.**

pary, gw. **pa[1]—p. ryw.**

pas[1] [Crn. Diw. *pâz*, Llyd. C. *pas*, Gwydd. C. *cos(achtach)*: < **kᵘəs-t-*, cf. Sans. *kāsá-*, H. S. *hwōsta*] *eg.* Peswch, hefyd am glefydau a nodweddir gan besychu, yn enw. clefyd heintus bacterol sy'n digwydd fynychaf ymysg plant ac sy'n achosi peswch dirdynnol ac anadlu cras: *cough, also of illnesses characterized by coughing, esp. whooping cough.*

c. **1400** *R* 1036. 33–4, Ympedwar prifgas eirmoet: yngyueruydynt [*sic*] yn vnoet: *pas* aheneint heint a hoet. *c.* **1400** *MM* 96, Da rac hen *bas* neu ysgeueint sud y kennin a llaeth bronneu. **1547** *WS*, *pas* pesswch, chyncoughe. *Diw.* **16g.** *WLB* 38, Rhag y *pâs.* *Diw.* **16g.** *Gwyn* 3, 235, Y mae ei benglog ef [Gruffudd ab Adda ap Dafydd] yng-hadw yn Nolgellau, ac y mae rhai (fel y clywais) yn yr oes hon yn cam-arfer y pen hwnnw i yfed peth o honaw rhag y *pâs*, a doluriau eraill. **1632** *D*, *pâs* . . . tussis, pertussis. *id.* d.g.

asthma. **1688** *TJ*, *pâs* . . . a Chin cough, a Cough. **1752** *ML* i. 200, Dyma fi newydd ddyfod adref o Ddyfi, a chwedi cael yr anwyd, sef y *pâs* yno. **1753** *TR*, *pâs*, and Peswch, a cough. *Pâs* is now commonly used for the chin cough or whooping cough, and Peswch is any cough. **1760** *ML* ii. 279, tost y pesychais neithiwr ddiwaethaf, a thymma fi agos bwrw fy llygaid gan *bâs* yr awron. **1761** *id.* 395, Mae fy mab Pryse Morris newydd mendio o'r *pâs* (the hooping cough), a convulsive disease of the stomach. **1763** *DT* 238, Anystwyth yn ei Eistedd, / Byrr o Wynt, bai ar ei Wedd, / Dig yn ei boen, a dygn *bâs* / Crynu Dwylo, Croen dulas. **1803** *P.*

pas[2] [bnth. S. *pace*] *eg.b.* ll. *-ys.* Camre, cam, cerddediad; cyflymder; uned hyd tua phum troedfedd a fesurir rhwng safleoedd olynol yr un droed wrth gerdded: *pace, stride, step, gait; speed; geometrical pace* (*unit of length of about five feet*).

1602 *GST* i. 900, Llanelwy yn llawn alaeth / Llwybrau y mawl lle bu'r maeth. / Ni th'wynnir yn iaith union / I *bas* hir na bai byw Siôn [marwnad Siôn Tudur gan Robert Ifans]. **1604–7** *TW* (*Pen* 228), *pass* d.g. *gressus, us.* **17g.** Huw Morus: *EC* ii. 205, Cei farch i'w farchogaeth yn berffaith ei *bas* / A'th garia di'n hoyw, pwynt gloyw i'r Pant Glas. **1691** T. Williams: *YB* 142, os bwriwch olwg yn ol drychant, neu bedwar cant . . . o flynyddoedd, mae 'r cyflwr felly dostach dostach, fe a fyddeu 'r [*sic*] byd ar y *pâs* hwnnw yn rhy lawn o drigolion. *id.* 225, chwi a ddywedwch ar y *pâs* ymma, y bydd yn anghenrhaid gwarrio ein holl amser yn nyledswyddau ein crefydd. **1725** D. Lewis: *GB* 275, Yr ydys yn awr yn trafaelu o dautu'r Ddaear, yr hon sydd o dautu 24 Mil o Filldiroedd, 24 Miliwn o *Basis*, ac 48 Miliwn o Gameu. *c.* **1730** *Thos. Lloyd D* (LlGC) 186b, *pas*, a pace. **18g.** *LlGC* 83, 31b, gorwedd i lawr mi wranta i ti râs / a chyfod ar *bâs* dy beisie. **1751** *GIA* 146, Pettau Arth ar eich gwarthaf, chwi a symudech eich *pâs*. *c.* **1762–79** W. Williams: *P* 149, mae hanner cant o bilerau cerrig nadd, a deg *pâs* o'r naill i'r llall.

pas[3] (?*a*≡*à*) [bôn y f. *pasiaf*: *pasio*; nid yw'r ystyr yn eglur ym mhob un o'r enghrau. isod, ac nid oes sicrwydd mai yma y perthynant] *eg.* a hefyd fel *a.* Rhagoriaeth, ?un sy'n rhagori; yn rhagori, rhagorol, gwych: *excellence, ?one who excels or surpasses; excelling, surpassing, excellent, splendid.*

15–16g. *GIF* 41, Pwy benmeistr pawb heb unmeth? / Pwy sy, pwy fyn *pàs* pob peth [i Syr Siôn Raglan]? **16g.** Lewys Morgannwg: *Gw* 601, pwy syn dwyn *pas* yn d einioes / mor wych gradd marchog or oes. **16g.** Dafydd Benwyn: *Gw* 31, Pwy sy yna *pas* jawnwaed? / p 'vn oll walch? pwy'n well o waed? *id.* 51, *Pass* ymhob modd am rhoddionn, / pvr hynt, digwmpar yw honn. *id.* 99, Pwy sy orav, *pass* eryr? / pwy vn rhyw walch? pwy'n rhoi i wyr? *id.* 111, *pas* oedd ar wragedd: vn na rhyvedded; / *pas* ag o gellwair, pwy sy gy galled? *id.* 425, Edn y Vanachlog, ywchlaw marchogionn, / eiliawdr, *pas* eiliawdr, ail y Apsalonn. *id.* 438, A sel Twrberfil, *pas* haelion, hoiwawdr, / a Howel Kaerllion. *id.* 628, Mewn y sir mae einioes wych / mel, adar, a mawl odwych, / pysgod, hÿddod, gwahoddion: / *pas* yw'r sir, happüs yw'r son. **16–17g.** Llywelyn Siôn, &c.: *Gw* 384, a phob perchen llawenydd / *pas* yw vyth, hapvs a vydd. **1612** *NBSA* 151, P'redur ail, parod o rym, / *Pas* gwyn Powys yw gennym (James Dwnn).

pàs [bnth. S. *pass*; anodd bod yn sicr nad oes yma fwy nag un gair] *eg.b.* ll. *-ys.*

(*a*) Caniatâd ysgrifenedig i fynd heibio i le penodol, i mewn i adeilad, &c., trwydded, hawl i gael cludiant fel teithiwr (ar long, &c.), tocyn; lifft (mewn car, &c.), 'cyfle'; y weithred o basio neu fynd heibio; llwyddiant mewn arholiad; gradd heb anrhydedd; y weithred o drosglwyddo (pêl) i chwaraewr arall o'r un tîm (mewn rygbi, pêl-droed, &c.); tro (e.e. ar siglen); cast, twyll: *pass* (*document allowing access, &c.*), *permit, passage, ticket; lift* (*in car, &c.*); *pass, act of passing* (*also of examination*); *pass degree; pass* (*in rugby, soccer, &c.*); *turn* (*e.g. on swing*); *trick, deception.*

1699 T. Jones: *TP* 48, am fôd arno eisiau y peth oedd yn arfer o'i adfŷwio ef, a'r peth a ddylasai fôd megis *Pass* (neu lythŷr) yn ei law ef, fel a byddai iddo gael ei dderbŷn ir Ddinas Nefol. **1828** *Geir Pob* 19, *pàs*, taith drwydded [*sic*]. Ar lafar yn y Gogledd yn yr ystyr 'lift', *WVBD* 415, a hefyd yn yr ystyr 'deception', 'gneud *pàs* arno', *ib.* Ar lafar yn Rhosllannerchrugog yn yr ymad. 'da *bàs* iddo' 'gwynt teg ar ei ôl'.

(*b*) Gofyn neu alw (am gynnyrch, nwydd neilltuol, &c.), 'mynd': *demand* (*for product, commodity, &c.*).

Ar lafar yn Llŷn ac Arfon, ''Tos 'na ddim *pàs* arnyn' nw', *WVBD* 415; 'Mae *pàs* arni' am ferch a llawer o ddynion ar ei hôl; ac yng Ngheredig., sir Gaerf., a sir Benf., 'dim *pàs* ar bethe', *GDD* 216.

(*c*) Bwlch (rhwng dau fynydd, &c.): (*mountain, &c.*) *pass.*

1930. Digwydd yn yr e. lle *Pen-y-pàs*, Penygwryd, pl. Beddgelert, sir Gaern.

(*d*) Llithren ar gyfer arllwys cerrig i ddram neu wagen: *chute for sliding rocks into a tram or wagon.*

Ar lafar yn y diwydiant mwyngloddio, *Geir Mwyn* 44.

pasa [ff. affetig ar *pwrpasa*, amr. ar y be. *pwrpasu*] *bg.* Bwriadu: *intend.*

Ar lafar ym Meir., ''Rydw'i yn *pasa* mynd i'r Llan fory os byw ag iach', *B* xiv. 291; yn ôl *EEW* 231, digwydd hefyd yn y ff. *pasu.*

pasaf[1]**: paso,** gw. **pasiaf: pasio.**

pasaf[2]**: paso** [bnth. S. (*to*) *pace* neu f. o'r e. *pas*[2]] *bg.*, weithiau gyda grym enwol i'r be. Cerdded neu duthio yn llyfn (am geffyl): *to walk or trot with a smooth gait* (*of a horse*).

Ar lafar yn sir Benf., *GDD* 216. Cf. D. J. Williams: *ChHO* 37, y march . . . a harddai ffyrdd y wlad â'i gerdded a'i *baso* balch.

pasaij, pasais, pasaits, gw. **pasej.**

pasant[1]**, pasa(w)nd, pasawnt** [bnth. S. Diw. Cyn. *passa*(*u*)*nt, passand*] *a. Her.* Yn cerdded (gan edrych i'r dde) a'r goes flaen dde wedi ei chodi (am anifail), ?hefyd yn *ffig.*; ?yn rhagori, rhagorol: *passant* (*in her.*), ?*also fig.*; ?*excelling, excellent.*

?**15g.** *DWH* i. 75, Dau lew *pasant* ariant oll / Dygodd o raddau digoll. **15–16g.** *TA* 29, Ni bu o'r Owtils neb wŷr atoch, / Nid ai 'r llew *pasant* i'r lle pwysoch. **15–16g.** Llawdden, &c.: *Gw* 237, Hannibal wyt, Eidal rygardant, llwydfrych / Hir yn lle'i pwysych, haearnlle *pasawnt.* *id.* 238, Torch B'radwys pwys aur *pasawnt* didwyll / I archwilio'r twyll rychor tawnt [i Syr Rhys ap Thomas]. **16g.** *Med H* 84, llew coch yn kerddet, neu *basawnd* mewn maes Aur (cf. *id.* 74, Ac yn kerddet i gelwir yn ffrangec passaund). *id.* 92, Harri yr ail . . . a dduc tri llew o aur yn kerddet mewn maes o goch. Ac val hynn i disgrir: Mae'n dwyn gowls, tri llew *passand* o aur. **16g.** *Mos* 113, 60, *Passant* yw [llew] pann fo ef ynn cerdded gan i bwyll. *id.* 64, dau lewpart wynnion o arian yn *pasant* sef yw hynny yn cerddet. **16g.** *AWLl* 49, Hwn hydd o fronnydd lle hir freinio, / Hwn yw llew *pasant* yn lle pwyso. **1575 (1587)** W. Midleton: *B* 56, del gael hapuswaith deulew geül *passant.* *c.* **1730** *Thos. Lloyd D* (LlGC) 187b, *pasant*, passant in heraldry.

pasant[2]**, Pasant** [?enw athro cerdd dant, neu, o bosibl, derm technegol mewn cerdd dant a gamddeallwyd fel e. prs., gw. *B* i. 142; ?cf. *pasant*[1] a'r S. *passant* 'excelling'] *eg.* ac *e. prs.* ?Enw ar un o hen feistri traddodiadol y crwth (fel patrwm o gerddor): *name of one of the traditional masters of the 'crwth'* (*used as a paragon of music*).

15g. *GO* 261, Aer Siôn wyd ti, ar sŵn tant / Y pwysy vwy no'r *Pasant* [i Wiliam Eutun]. **15g.** *DE* 80, bv yn dwyn dan bob ewin dant / byssedd llef gwr nev *bassant* [marwnad Siôn Eos]. **15–16g.** *TA* 50, Pan ganasant y traethasant / Iaith y *Pasant*, a'th hapused. *id.* 254, Berw yn y bysedd bron *basant*, / Be bai'n y dwrn bib neu dant; / Gosod luwt, yn gystal ynn, / Gwnaut, eilwaith, ganu telyn. *c.* **1566** *B* i. 153, henwau yr athrawon Cerdd Crwth . . . Y *Passant.* *a.* **1580** *GST* i. 343, A chordio cerdd heb chwerwder, / A thelyn byth o'i law'n bêr. / Bysedd Brido neu *Basant*, / Braw droi tôn a brodio tant [marwnad Edward Llwyd o Lanynys]. *a.* **1587** *id.* 540, Siôn Tudur, *Pasant* ydywd [cywydd gan Wiliam Cynwal i ofyn Rhys Grythor].

pasash, pasats, gw. **pasej.**

pasawl, gw. **pa**[1]**—p. sawl.**

pasawnd, pasawnt, gw. **pasant**[1].

pasbord[1,2], gw. **pastbwrdd, pasbort**[1].

pasbort[1]**, pasborth,** &c. [bnth. a chfdds. o'r S. *passport*] *eg.* ll. *pasborts.* Dogfen swyddogol sy'n cadarnhau pwy yw person ac sy'n tystio i'w ddinasyddiaeth, gan roddi iddo'r hawl i deithio i wlad arall ac yn ôl, a'r hawl i nawdd, teitheb, hefyd yn *ffig.*: *passport, also fig.*

16g. (*LlEG*) *Mos* 158, 217a, hroddi Iddo Ef *passporth* a thynghneuedd yw gyuoeth treuai ynn twy yn myned I loygyr. *id.* 549b, y ffeiriad o wr kyurwys . . . awnaeth lythyr o *basporth* ynn ennw arglwydd y briue seal. **1547** *WS*, *pasport*, pasport. **1604–7** *TW* (*Pen* 228), *pasport* d.g. *commeatus.* *Dchr.* **17g.** *Bl B XVII* i. 128, Dyma *basport* gŵr heb iaith / I dystio'i daith anniben (Hugh Roberts). **1617** *Minsheu* 351a, *paspwrth* d.g. *passeport, or safe conduct to passe.* *c.* **1762–79** W. Williams: *P* 589, gorchymmyn y cownsil a ddanfonwyd i bob porthladd, na bai i neb gael ei ddiodde i ymadael â'r deyrnas heb *basport* addas. Ar lafar yn gyff. yn y ff. *pasbort.*

Amr.: **pasbord**[2]. **20g. pasbwr. 16–17g.** *Cer RC* 120, Ewch a'r filen, rhowch mewn stocs / A llosgwch i focs a'i *basbwr* [am Ddug Parma, pen-llyngesydd Armada Sbaen yn 1588]. **17g.** *LlGC* 253, 239, *pasbwr* i fachgen i gapten / swyddogion duon o daw y drogen / er bod drygair iddaw / gedwch y gwas i pasiaw / nid aeth i waeth dros draeth draw. **pasbwrdd**[1]. **17g.** *NBSF* 457, Wrth i *basbwrdd* ben hwrddach / e freibia ef fawr a bâch.

pasbort[2], gw. **pastbwrdd.**

pasborth, pasbwr, gw. **pasbort**[1].

pasbwrd, pasbwrdd[1], gw. **pastbwrdd, pasbort**[1].

pasbwrdd[2]**, pasbwrt,** gw. **pastbwrdd.**

pasbwrth, gw. **pasbort**[1].

Pasch, paschol, gw. **Pasg, pasgol**[2].

pasej, pasai(t)s, pases, &c. [bnth. S. *passage*] *eg.* ll. *-ys, -au.*

(*a*) Y weithred o basio neu fynd heibio; mynediad (heibio), toll ar deithiwr, &c., i gael mynd yn ei flaen; taith (yn enw. ar y môr), hawl i gael cludiant fel teithiwr (ar long, &c.): *a passing* (*by*), *passage; passage* (*toll*); *voyage* (*esp. by sea*), *right of passage* (*on ship, &c.*).

15–16g. *TA* 326, Pawb â'i ofn, pe byw a iach,—/ Pob *pases*—pwy hapusach?—/ Wedi Siôn, nid oes, unnos, / Bryder i neb rodio'r nos. **1547** *WS*, *passes*, passage. *c.* **1730** *Thos. Lloyd D* (LlGC) 186b, *passais*, passagium. M 61. *ib. passes*, a passage . . . pl. *-esau.* M 62. **1754** *ML* i. 308, Ma nhad yn ei lythyr yn dywedyd i chwi yrru am Dwm Parry yr Sais, mi fynnaf ymofyn oes dim llong yn barod i hwyliaw o Ddulun ffordd yna, fal y gallo gael i *basaids* efo hi. *id.* 315, Mae llong yn mynd o'r Iwerddon . . . y mis nesaf; os na thery nhad wrth gyfleu i yrru Twm Parri yn'ghynt, rwy'n meddwl y medraf gael ei *basaids* gan y meister. **1776** *Pant* 22, 57a, [p]ob cyfryw doll Stalais, *Passais* Pontais, talais, a Murais. *id.* 58b, *Passais* yw arian *passessau.* Pontais yw arian *passessau* ar bynt.

(*b*) Coridor hirgul sy'n rhoddi mynediad i wahanol ystafelloedd neu i rannau eraill o adeilad, cyntedd, hefyd yn *ffig.*: *passage*(*way*) (*in building, &c.*), (*entrance*) *hall, also fig.*

1769 *CM Archives* (LlGC), *Trevecka Letters* 2663, [m]yned trwy y *pasash* cyfyng Angau. **1828** *Geir Pob* 19, *pasads*, mynedfa, etc. Ar lafar yn gyff. yn y ff. *pasej, pasij*; digwydd yn sir Benf. yn yr ystyr 'ffodrwm, bing', *LGW* 363.

(*c*) Gêm a chwaraeir gan ddau chwaraewr â thri dis; ceisir taflu dyblau uwch na dau bump er mwyn pasio ac ennill: *passage* (*dice-game*).

c. **1730** *Thos. Lloyd D* (LlGC) 186b, wrth chware y *Passaid*, hwnnw mae fo yn Passio sy ar ei helw P. 137. **1766** *CD* 173, Chwarae Passing a wna'r gwrda / Ddydd a Nôs y rhan fynycha: / Ac wrth chware'r *Passidgs* hwnw / Mae o'n passio sy ar ein helw.

pasg [bôn y f. ddil.] *a.* a hefyd fel *eb.g.* Pasgedig, wedi ei faethu'n dda; y weithred o besgi neu fwydo (mewn côr); porthiant (anifeiliaid): *fattened, well-fed; a fattening or feeding* (*in a stall*); (*animal*) *foodstuff.*

13g. *LlI* 84, Amvs, o byd em *pasc* pythevnos a mys, pvnt ew y werth. **13g.** *A* 5. 4–5, blaen edystrawr *pasc* ae gwaredei. **13g.** *Études* v. 103, emys *pasc* pyskautlyv eygaun [marwnad Einion ap Madog gan Gynddelw]. *c.* **1300** *H* 34a. 4–5, Arglwyt am kynuaeth kyn uy hepcor ar ueirch *pasc* yg gwasc yg gwisc porfor [Cynddelw i Owain Gwynedd]. *c.* **1400** *Pen* 32, 66a, Amws . . . ny chyll nae werth nae vreint yr pori allan . . . kynny bo na/myn teirnos athridieu ym*pasc*: punt a tal. **1547** *WS*, *pasc* pascyat, fedyng. **1632** *D*, *pâsg*, pastio. *id.* tyrchod *pâsg* d.g. *petalides.* *id.*

rhoi ym *mhasg* d.g. *sagino*. *Diw*. **17g**. *Mos* 96, 52, Pob gweilch helgar / *pasg* ar adar / pysg a rwyded. **1688** *TJ*, *pasg*, bwŷd pesgi: the food for fattening of Cattle. **1693** *Camb J* (1859) 143, fy [*sic*] alle ondodid i galw nhw Ychain bannog, o ran i bod nhw wedi cael llawer *pâsg*, ne *bâsc* ar *bâsc* (wedi bod llawer blwyddyn yn bascedig) etto nid iw mor gair bannog yn air da trefnus i arwyddocau pascedig. **1722** *Llst* 189, *pasg*, f. a feeding, fattening. **1803** *P*, *pasg*, s. m. a feeding or fattening. Bod ym *mhasg*, to be fed in a stall; opposed to pori allan, to feed out or in pasture.

Gw. hefyd **pesg**.

Pasg [bnth. Llad. Egl. *Pascha*; cf. Crn. C. *Pask*, H. Lyd. a Llyd. C. *Pasc*, Llyd. Diw. *Pask*, H. Wydd. *Cásc*, Gwydd. Diw. *Cá(i)sc*] *eg*. ll. *-au*.

(*a*) Prif ŵyl flynyddol yr Eglwys Gristionogol a ddethlir (yn Eglwys y Gorllewin) y Sul cyntaf wedi'r lleuad lawn gyntaf ar ôl cyhydedd y gwanwyn i goffáu atgyfodiad Crist, Sul yr Atgyfodiad: *Easter*.

13g. *LlI* 40, e teyr guel arbennyc (e Nodolyc neu e *Pasc* neu e Sulguen). **13g**. *C* 88. 13–14, Pan deuthoste y *passc* diwedit. ovffern. **1346** *LlA* 59, Yn dyd *pa*/*asc* ehun ynyr vn awr Ac ykyuodes crist o veirw. **14g**. *GIG* 28, Llyma *Basg* y mae llwm bardd, / Lle dygn gwedy lliw digardd [marwnad meibion Tudur Fychan]. **14–15g**. *IGE*[2] 234, A'r *Pasg* cynnar claear clyd (Ieuan ap Rhydderch). *Diw*. **15g**. *Pen* 53, 12, y *paskeu* dyeu diw ehunan. yn dyhyno gwyr a gwir ddarrogan. **1547** *WS*, *pasc* ner sulwyl, Easter. **1618** J. Salisbury: *EH* 49, wrth gyfri'r dyddie o'r *Pasc*, digwyl yr Adgyfodiad, hyd ddigwyl y derchafael. *id*. 212–13, Cymuno, o'r hyn lleiaf ynghylch y *Pasc*. **1741** *ML* i. 51, dyma'r *Pasg* diwaetha a gewch drwy'r cyfleu ymma o Lan y Gwyddyl. **1803** *P*.

(*b*) Gŵyl Iddewaidd sy'n coffáu'r adeg yn ystod y Gaethglud pan arbedwyd yr Iddewon rhag y pla olaf, sef lladd pob cyntafanedig ymysg yr Eifftiaid, gŵyl y bara croyw: *Passover*.

14g. *Pen* 5, 6a, Gwdawch chwi heb yr iessu . . . ybyd *pasc* guedy penn y deudyd. *ib*. ygyt athi y gwnaf vy am disgyblon vym *pasc* . . . a ffarattoi y*pasc* awnaethant. **1551** W. Salesbury: *KLl* xa, Rieni Jeshu aethant i Caersalem pop blwyddyn yngwyl y *pasc*. *id*. xixb–xxa, ydd oedd hi yn agos ir *Pasc*, gwyl yr Iuddeon. *id*. xxxia, A gwyl y bara crei oedd yn agos yr hon a elwir y *pasc*. **1753** *TR*, *Pasg*, the passover. **1773** J. Roberts: *GY*, *Pasg*, Pasio, neu fyned heibio. Gweithred sanctaidd . . . yn goffadwriaeth, i'r Angel dinystriol, fyned heibio i Dai lle yr oedd gwaed yr Oen.

(*c*) Oen y Pasg: *paschal lamb*.

1588 *Ecs* xii. 11, bwytewch ef [oen] ar ffrŵst, canys *Pasc* i'r Arglwydd ydyw efe. **1620** *id*. xii. 21, cymmerwch i chwi oen . . . a lleddwch y *Pasc* (**1588** *ib*. yr oen Pasc).

Amr.: **Pasch** [ar ddelw'r Llad. *Pascha*]. **13g**. *LlI* 2. **1567** *TN* 164b. **1764** Dewi Nantbrân: *CB* 19.

Cfn.: **(y) Pasg Bychan, P. Bach:** *Low Sunday*. **13g**. *LlI* 40, *Pasc Bychan*. **14g**. *BT* 220, amgylch *y pasc bychan*. **1776** *W*, Dŷdd (sûl) *Pasg bychan* d.g. *Low Sunday*. *Diw*. **19g**. *SE MS* 355a, *Pasc Bychan*, *Pasc Bach*, Low Sunday. **Y P. Gwyn** = **P. Bychan**. **14–15g**. *IGE*[2] 321. **P. yr Iddewon:** (*Jewish*) *Passover*. **1567** *TN* 153a. **P. yr Wyau:** *Easter Sunday*. **18–19g**. *Llr* C 59, 209, Dydd sul ynyd—a dydd sul hefyd—Dydd sul y meibon—Dydd sul y Gwrychon—dydd Sul y blodau, *Pasc ewïau* [*sic*]. Ar lafar gynt ym Morg., *Pasg y Wia*.

pasgadur, pasgiadur [bôn y f. ddil.+-(*i*)*adur*] *eg*. ll. *-iaid*, *-on*. Un sy'n pesgi, porthwr, arlwywr; (geir.) bugail, heusor; anifail a besgir neu a besgwyd: *one who fattens, feeder, provider*; (*dict.*) *shepherd, herdsman*; *animal which is* (*or has been*) *fattened*.

c. **1300** *H* 1a. 22, *pasgadur* kynrein prydein briawd [marwnad Gruffudd ap Cynan gan Feilyr Brydydd]. *id*. 53a. 35, *Pascadur* toruoet twryf eigyawn [Cynddelw i Owain Cyfeiliog]. **14g**. *T* 34. 21, Teyrnon henur. heilyn *pascadur*. **16g**. Wiliam Llŷn: *Gw* (R. Stephens) (At.), *pasgadur*, porthwr ai pasgwr. **1632** *D*, *pasgadur*, pastor, saginator. **1688** *TJ*, *pasgadur*, pesgwr: a feeder. **1722** *Llst* 189, *pasgadur*, m.p. *duriaid*, a feeder. **1753** *TR*, *pasgadur* . . . he that feedeth or fatteneth; a grazier, a shepherd, an herdsman. **18–19g**. *Llr* C 42, 486, *Pasgadur*, a fattener, a feeder. i.e. passively rather. **1803** *P*, *pasgadur*, s. m. pl. t. *on*, one who feedeth.

Amr.: **pasgadwr.** *Dchr*. **17g**. *J* 10, 122a, *pascadwr*, porthwr. **1725** *SR* d.g. *a shepherd*. **pesgadur** [bôn y f. *pesgaf*: *pesgi*+*-adur*]. **18–19g**. R. Davies: *DB* 40, O mor loyw mae arlwyad / Pysg, hediad, pob *pesgadur*.

pasgadwy [bôn y f. ddil.+*-adwy*] *a.bfl*. Y gellir ei besgi: *which may be fattened*.

1722 *Llst* 189, *pasgadwy*, which may be fatted. **1803** *P*.

Amr.: **pesgadwy** [bôn y f. *pesgaf*: *pesgi*+*-adwy*]. **1837**.

pasgaf: pesgi, pasgi, pasgu, gw. **pesgaf: pesgi.**

pasgaidd [*Pasg*+*-aidd*] *a*. Yn perthyn i'r Pasg: *paschal*.

1798 *WR* d.g. *Paschal*.

pasgal [bnth. S. *paschal*] *a*. Yn perthyn i'r Pasg: *paschal*.

1547 *WS*, *pascal*, pascall.

pasged, gw. **basged** (At.).

pasgedig [bôn y f. fl.+*-edig*] *a.bfl*. a hefyd fel *eg*. ll. *-ion*. Wedi ei besgi (i'w ladd) (am anifail), wedi ei borthi'n dda; anifail wedi ei besgi i'w ladd; hefyd yn *ffig*.: *fattened* (*for killing*) (*of an animal*), *well-fed*; *fattened animal kept for slaughter*, *fatling*; *also fig*.

15–16g. *GLM* 239, Nid oedd gwrs undydd o gig / heb saig eidion *pasgedig*. **1551** W. Salesbury: *KLl* lxvia, vy ychen am *pascedigion* (*TN* 35b, *pascedigion* [:– lledveginot]) a cicyddwyt. **1567** *TN* 112b, a'th dat a laddawdd y llo *pascedic* [:– bras]. **1588** *Diar* xv. 17, Gwell yw pryd o ddail lle byddo cariad: nag ŷch *pascedig* â châs gyd ag ef. **1588** *Eseia* xxv. 6, gwledd loiw o *bascedigion* breision. **1632** *D*, *pasgedig*, pastus, saginatus. **1699** T. Jones: *TP* 57, hwŷ a eisteddasant i fwŷdta; Ac yr oedd y Bwrdd wedi ei Lenwi â *phascedigion* (*fat things*), ac a Gwîn. **1728** T. Baddy: *DDG* 10, deuddeg o Fonachod *Pascedig* (*well-fed Friars*). **1753** *TR*, *pasgedig*, fed, fatted, crammed, stalled. **1756** *Gron* 16, Bara a chaws, bir a chig, / Pysg, adar, pob *pasgedig*. **1779** *DS* 15, *Pasgedig* Pysc ac Adar. **1803** *P*. **1826** Twm o'r Nant: *GG* (Rhuthun) 73, O! pa'm 'r achwynir am grochanau / Pharoh a'i gigau . . . / . . . / A *phasgedigion* ffydd / A'r gwinwydd ffrwyth di gêl.

Amr.: **pesgedig** [bôn y f. *pesgaf*: *pesgi*+*-edig*]. **18g**. *W Ballads* 163, 6.

pasgel [bôn y f. fl.+elf. anh. (?cf. *porfela*)] *eg*. ll. *-au*. Porfa: *pasture land*.

c. **1700** E. Lhuyd: *Par* ii. 105, Radnor . . . *Pasgel* tir pesgi. *Diw*. **19g**. *SE MS* 355a, *pasgel -au*, sm. tir pesgi . . . pasture land, grassland.

pasgfa [bôn y f. fl.+*-fa*, *ma*] *eb*. ll. *-oedd*, *pasgfeydd*. Lle i besgi anifeiliaid, côr: *place for fattening animals, stall*.

1620 *Jer* xlvi. 21, lloi pascedic [:– Heb. o'r *bascfa*]. *Diw*. **19g**. *SE MS* 355a, *pasgfa*, *faoedd*, *fëydd*, sf. . . . a place for fattening or feeding, a stall.

pasg-hwch, pasgiad, pasgiadur, gw. **pasgwch, pesgiad, pasgadur.**

pasgle [bôn y f. fl.+*lle*[1]] *eg*. ll. *-oedd*. Lle i besgi anifeiliaid, côr, man lle darperir bwyd, ?hefyd yn *ffig*.: *place for fattening animals, stall, place where food is provided*, ?*also fig*.

c. **1300** *H* 53a. 36, *Pascle* kun kyflawn kyulauan goteith [Cynddelw i Owain Cyfeiliog]. **1722** *Llst* 189, m. *pasgle*, a frank, feeding-stall. **1773** *W* d.g. *frank* [*a place to feed or fatten hogs in*]. **1803** *P*, *pasgle*, s. m. pl. t. *-odd*, a feeding place.

pasgol[1], gw. **pesgol.**

pasgol[2] [*Pasg*+*-ol*] *a*. Yn perthyn i'r Pasg neu i Basg yr Iddewon: *paschal, pertaining to Easter or to the Passover*.

1611 R. Smyth: *SG* 118, megis y gallai ef [Crist] yn wir oen difaglatteb [*sic*] i ragrith i'r Oen *pascawl* hwn oeddyd yn i ophrumu ymysc yr [Iudd]ewon megis gwirionedd y rhagrith. *c*. **1730** *Thos. Lloyd D* (LlGC) 186b, *pascawl* . . . Paschall.

Amr.: **paschol** [cf. *Pasch*]. **1670** J. Hughes: *AP* 333, O Dduw, yr hwn trwy'r Solemniad *Paschawl* wyt yn rhoddi rhwymediau iachusol i'r byd. **1776** Dewi Nantbrân: *AN* 185, O Dduw, yr hwn trwy 'r Edmigedd *Paschawl*, wyt yn rhoddi meddyginiaethau iachusol i'r Byd.

pasgwch [*pasg*+*hwch*] *eb.g*. (b. *pasgyches*; bach. g. *pasgychyn*) ll. *pasgychiaid*, *pasgychod*. Hwch (a besgir), hwch wedi ei phesgi, mochyn tew, mochyn disbadd a fegir am ei gig, hefyd yn ddifr. am berson: *sow* (*kept for fattening*), *fattened sow, porker, hog, also derog. of a person*.

c. **1400** *R* 1341. 26–7, mangasgyl gnyw peisgyw *pasgwch*. *id*. 1342. 23–4, Pryf waeth waeth y uaeth o vytheu kiluei *pasgwch* tei taeogeu. *id*. 1347. 37–8, gwern diern letkern lwytcoch. gwarn carn cornwytwasc *bascwch*. **1547** *WS*, *pascwch*, porke. **1604–7** *TW* (*Pen* 228), *pascychyn* d.g. *nefrens*. *id*. ceilliæ paschychieit wedy dyspaddu d.g. *polimenta*. *id*. *pascyches* d.g. *porcetra*. **1632** *D*, *pasgwch*, porcus saginatus. pro *Pasghwch*. **1672** R. Prichard: *Gw* 374, Yr wyt yn ein porthi ag amryw ddaioni, / Fel vn a fae'n pesci *pascwch* yn rhin. **1688** *TJ*, *pasgwch*, llwdnhwch tew: a fat Hog or Swine. **1770** *W* d.g. *hog*, *a bacon-hog*, *a fat . . . pig*, *a fatted hog*. **1803** *P*, *pasghwch*, s. f. pl. *pasghychod*, a fat sow.

pasgwr, gw. **pesgwr.**

pasgyches, pasgychyn, gw. **pasgwch.**

pasia [bnth. S. *pasha*] *eg*. ll. *-od*, *-s*. Teitl swyddogion uchel yn Nhwrci gynt: *pasha*.

1834.

pasiad [bôn y f. ddil.+*-iad*[1]] *eg*. Y weithred o basio (yn enw. deddf, &c.): *a passing* (*esp. a law*, *&c.*).

1803 *P*.

pasiaf, pasaf[1]**: pas(i)o** [bnth. S. (*to*) *pass*] *bg.a*.

(*a*) Mynd heibio (i) (le, adeilad, person, cerbyd, &c.), goddiweddyd; (peri) mynd (ymlaen); newid (o un cyflwr i un arall); croesi (môr); gadael allan, peidio â sôn am, anwybyddu; hefyd yn *ffig*.: *to pass* (*a place, building, person, &c.*), *overtake*; (*cause to*) *go* (*forward*); *change* (*from one state to another*); *cross* (*a sea*); *omit, refrain from mentioning, ignore*; *also fig*.

15g. *DE* 86, a seithgant yw blas wythgaer / a *basia* n ol mab sion aer. **16g**. (*LlEG*) *Mos* 158, 23b, y vo a *bashiodd* y mor or ynnys hon I normandi. **16g**. *B* xv. 269, y Duwk . . . a *bassiodd* yn i vlaenn. **16g**. Rhisiart Fynglwyd, &c.: *Gw* 178, Gadewch i'r gwas i *basiaw*. **16g**. *THSC* (1923–4) (At.) 54, ychydic yn dala sulw ar y gairiav hynn, ond y gadel y *bassio* y kallonne. **1552** *Pen* 403, 75, oni bydd wedi *passio* gonestrwydd a chywilidd. **1583** *LlGC* 716, 145, wynt a' wnaethont ei meibion a'ei merchet *passio* [:– fynd] trwy r Iaau. **1588** *Ecs* xii. 23, yr Arglwydd a *bassia* i daro'r Aipht. **1680** J. Thomas: *UN* 8, i *bassio* hên chwedlau y Papistiaid. **1696** *CDD* 75, Pan gês i'n ffri *b*[*a*]*sio*, heb neb yn fy rhwŷstro, / Mi brofais siwrneio. **1716** J. Morgan: *MB* 23, Gwedy *passio* Llyngclyn Ange'. *c*. **1730** *Taith C* 31, mi a dybiais ein bod gwedi *paso* pob perigl. **1759** *DG* 139, Gorphwyso cei a *phasio*'r cam / A gwobor am y cwbwl. **1770** R. Prichard: *CC* 56, Cyn *passio* 'r dinystrydd, a'n gadael yn fyw. **1792** H. Harris: *H* 180, Cofiwch eich bod wedi *pasio* o farwolaeth i fywyd. **1795** *R. Crusoe* 107, i adael i'r rhai blaenaf fyned heibio, gadawodd i 50 *bassio*. **1798** R. Davies: *CG* 46, Yr Angel a'u *pasiodd* lle gwelodd y gwaed.

(*b*) Mynd heibio (am amser); treulio (amser); mynd heibio i (bwynt mewn amser, e.e. oedran arbennig): *to pass* (*of time*); *spend* (*time*); *pass* (*a point in time, e.g. a certain age*).

15–16g. *TA* 74, Ni bo 'mhen byw i'm hynys / I *basio*'r awr heb Syr Rhys. **16g**. *THSC* (1923–4) (At.) 35, pan oeddynt hwy yll dav wedy *passio* y hoedran. **1574** *RhRC* (At.) 70b, hyd ony *bassoedd* yr amser. **1588** *Pr* vi. 12, ôll ddyddiau ei fywyd ofer, y rhai a *bassia* efe fel cyscod. **1615** R. Smyth: *GB* 211, y mae yn *passio* i enioes drwy drystwch. **1672** *Catec* [xi], Deffyniad ffydd Eglwys Loeger . . . o Gyfieithiad vn Mr. Cyffin i gymraeg, a brintiwyd ys llawer o flynyddau a *bassiodd*. **1688** S. Hughes: *TSP* [xi], pa fodd y treuliaist di y diwrnod y *bassiodd*. **1710** *CBGEL* 136, medru o honof *bassio* diwrnod glawog gartref. [**1710**] Gw. ab Ierwerth: *SB* 76, Chwy chwi [*sic*] a ddywedwch fod eich dydd jechydwriaeth wedi darfod; o's felly y dywedwch, y mae yn arwydd dda nad ydyw wedi *passio* etto. **18g**. E. T. Rhys: *DA* 82, A chadw'n sobr ar fy ngair, / Nes *pasio* ffair Gwyl-Ddewi. **1755** *Gron* 62, Er *passio* 'r ddau gynhauaf, / Mae 'r hin fal ardymyr haf. **1794** *Cylchg* 265, nid oes etto ddim ond pymtheg [mlynedd] . . . wedi *passio*. Ar lafar, 'wedi *pasio* y naw' 'over nine years old', *WVBD* 415.

(*c*) Darfod (amdano), dod i ben, trengi, marw, diflannu; digwydd, damweinio: *to pass* (*away*), *come to an end, expire, die, vanish*; *happen, occur, come to pass, take place*.

15g. *GGl*[2] 280, '*Pasio* yr wyd', eb Syr Rhys, / 'Rhan d'aur, y gŵr hen dyrys'. **1588** *Can* ii. 11, y glaw a *bassiodd*, ac aeth ymmaith. **1588** 2 *Esd* iv. 46, Gwn beth a *bassiodd*, ond ni wn y peth sydd i ddyfod. **1615** R. Smyth: *GB* 199, [y] gwyr ifainc tecca . . . a *bassiant* drwy fin y cledde. **1672** J. Langford: *HDdD* 13, os y ni a ddychwelwn atto êf a gwîr ofid am a *bassiodd*. **1683** H. Evans: *CTF* 50, Fe ddywedodd Job brofedig, hyn ymma yn ei ddydd, / Fod amser dyn yn rhedeg, megis gwennol gwydd, / Fel breuddwyd gwedi *passio*. *c.* **1689 (1802)** L. WILLIAM: *Sherlyn Benchwiban* 37, 'Rwy'n bron [*sic*] *passio* gan y peswch. **1719** *TDP* 84, yr hwn sydd yn cofio cam a *basiodd*, sydd heb ymysgaroedd trugaredd. *c.* **1730** *Thos. Lloyd D* (LlGC) 186b, ar *Bassio*, iust expiring. CW. 108. **1751** *GIA* 36, Tragwyddoldeb, a fydd mesur eich llawenydd neu'ch tristwch . . . chwi a fyddwch meirw a chwedi *passio*. **1759** T. THOMAS: *WWDd* [68], ei ryddhâu [dyn pechadurus] oddiwrth ei holl Ddyled a *basiodd*. **1766** *CD* 88, Ar gwir oedd wedi *pasio*, / Er's talm or Wlâd honno. Ar lafar clywir yr ymad. 'y byd ar ben a'r bobl ar *basio*' 'the end of the world'.

(*d*) Rhagori (ar), bod yn well na, bod yn fwy (o ran nifer, mesur, maint, neu bwysigrwydd) na; bod y tu hwnt i gwmpas (cyneddf, &c.): *to excel, surpass, be better than, be greater than, exceed (in number, measurement, size, or importance); go beyond the reach of (faculty, &c.), pass.*

14g. *GIG* 13, Pwy sy o rym *pasio*'r iaith? / Pwy'n dilid top hen dalaith [i Ieuan ab Einion]? **15g.** *Pen* 109, 64, johnn dec a *bassia* un dyn (Lewys Glyn Cothi). **15–16g.** *TA* 143, Pwy sy fyw nas *pasiai* fo, / Pa ŵr oedd gwmpâr iddo? *id.* 258, Dau bwys i gyd a *basiodd*—/ Y maen trwm, a maint dy rodd. **15–16g.** *GIF* 75, Corlan pŵl, carai lun pêl; / cinio *basai* can bwsiel. **16g.** (*LlEG*) *Mos* 158, 382b, oni ddaruoed i lawer or matterion *bassio* help. **16g.** *B* x. 285, Gamides; yr hwn . . . a ddyuod J bod y hi ynn *pashio* ac yn hragori kwbwl o verched . . . o bryd a gwedd ac ymddygiad. **16g.** *Llst* 40, 30, *pasiodd* ai ddyrwayw pwy sydd oi ddewred (Morgan Elfel). *c.* **1585** G. ROBERT: *DC* [11b], o rann i fod ef [Duw] yn llawn daioni, ag yn *passio* pob daeoni arall ynddo ihunan, yn fwy nag y mae r mor yn *passio* ag yn rhagori ar vn defnyn o ddwfr. *id.* 39a, Consydrwch i gariad perphaith ef yn *passio* pob deallt. *id.* 61b, trychant a deigein o flynyddoedd i bu ef yn gwrando r yderyn yn canu . . . er i fod ef yn tybied na biasse allan *bassio* dwy awr ne dair. *id.* 65a, mae r Angylion yn *passio* pob peth corphorol mewn rhifedi. **16–17g.** *HG* 53, dan yr haul un rhodd an hwy, / ny vegir mwy ai *pasa*. **16–17g.** *CRC* 9, Fal i mae dy gorff lliw r lili / o ran glendid yn rhagori / dangos fod dy galon gweno / mewn trigaredd felly n *passio*. **1600** *Rhyddiaith Gymraeg* ii. 173, hynn yw trigaredd Ddüw yn *paso* holl bechodav y byd. **1615** R. SMYTH: *GB* 175, megis i'r dwr *bassio* uchelder y mynyddodd uchaf ar y ddaear, bumtheg cyfelyn. *c.* **1729** S. RHYDDERCH: *LlCD* 328, Mae Nef yn B'radwysedd mae'n *pasio* pob peth. **1753** *TR*, *passio* . . . to exceed or excel. **1761** *ML* ii. 307, Chwi welwch nad oes gennifi *base* hanner yr hadau sydd gennych i i lawr yn eich catlog. *id.* 349, Mi heuais i *basai* deng math a deugain onaddynt, sef mân hadau. *id.* 397, Nid oes *basai* tridie er pan ddaeth y brawd Owain adref o Ddulas. **1795** J. THOMAS: *AIC* 364, Hyn a Iachâ[o]dd lawer oedd wedi *pasio* phisygwriaeth.

(*e*) Cyhoeddi (barn, dedfryd, &c.); cymeradwyo (deddf, mesur, cynnig, penderfyniad, &c.); penderfynu: *to pass (judgement, sentence, &c.); pass (law, measure, motion, resolution, &c.); decide.*

1567 (**17g.**) *B* xviii. 37, Gwyddai draw gweddi a drig / Gadw mesur gida muwsig / O *pasian* farn pwy sy n fyw / A gair hawdd ai gwyr [drll.] heddyw [marwnad Ifan Dylynior gan Wiliam Cynwal]. *c.* **1585** G. ROBERT: *DC* 42a, mae r farn wedi *passio* yn erbyn y cwbl. **1630** R. LLWYD: *LlH* 69, Y Crwner a eilw ynghyd gwêst ar ei gorph ef, a dedryd â *bassia* am dano. *c.* **1730** *Thos. Lloyd D* (LlGC) 186b, *passio* barn ar un . . . pass sentence. **1774** IG: *AF* 106, achosion . . . ar ba rai y gall eglwys *bassio* dedryd yn erbyn neb troseddwyr.

(*f*) Trosglwyddo neu estyn (peth i berson arall); cael ei drosglwyddo, mynd rhwng; cael ei ddywedyd, &c. (rhwng dau neu ragor o bersonau): *to pass, transfer, hand; be passed, go between; pass, be communicated.*

16g. *B* xv. 269, drwy J law ef i *pashiai* boob kyuriw beth [llythyrau oddi wrth y brenin]. **1672** J. LANGFORD: *HDdD* 395, enllib yn *passio* or naill i'r llall. **1767** G. OWEN: *L* 197, i wybod pob ysmicc a fo'n *passio* rhwng Sais geni a'i gydwladwyr yn Lloegr. **1798** W. RICHARDS: *CC* 39, rhyw bethau a *bassiodd* rhyngddynt hwy a'r carcharor. *id.* 43, Nid yw Thomas John yn cofio i un peth yn chwaneg *bassio* rhyngddynt trwy gydol yr ymddiddan hwnw. Ar lafar, '*Pasia*'r halan i mi'.

(*g*) Dyfarnu (person, papur, &c.) yn llwyddiannus (mewn prawf, arholiad, &c.), llwyddo mewn (prawf, arholiad, &c.); bod yn ddigon da, gwneud y tro: *to pass (person, paper, &c., in test, examination, &c.), pass (test, examination, &c.); be good enough, 'do', 'pass muster'.*

1903. Ar lafar, *GDD* 216; ''Ydi Manon wedi *pasio* 'i phrawf gyrru?'.

(*h*) Gollwng o'r corff fel ysgarthion neu ynghyd ag ysgarthion: *to pass, excrete.*

Ar lafar, '*pasio* dŵr', '*pasio* gwaed', 'Fe lyncodd y plentyn ginog ond fe *basodd* hi drannoth'.

Cfn.: **pasio (paso) am:** *to pass for.* **1672** J. LANGFORD: *HDdD* 109. **1763** T. JONES: *RAH* 26. **p.'r amser:** *to pass the time.* **1615** R. SMYTH: *GB* 107. **1790** TWM O'R NANT: *GG* 87. Ar lafar, ''Tydi'r rhaglan 'ma ddim yn ddiddorol iawn ond mi 'neith y tro i *basio'r amsar*'. **p. heibio (i):** (i) *to pass by (of place and time); pass away, expire, vanish.* **1615** R. SMYTH: *GB* 46, hyd iddynthwy [*sic*] . . . *bassio heibio.* **1672** J. LANGFORD: *HDdD* 158, [y] nêb a *bassio heibio iddynt.* **1684** H. OWEN: *DC* 59, mae'r byd a'i drachwantau, a'i ddigrifwch oll yn *passio heibio*'n ddisymmwth. **18g.** L. HOPKIN: *FG* 35. **1784** M. WILLIAMS: *S* i. 228, nid oes fawr o dŷ ffarmwr nad oes afon yn *passo heibio.* *a.* **1791** W. WILLIAMS: *GP* 162, Ffordd newydd wnawd gan Iesu Grist, / I *basio heibio i* uffern drist. (ii) *to pass by, pass over (without notice or punishment), overlook, take no notice (of), disregard, ignore.* **1588** *Eseia* xxxi. 5, ymascella Arglwydd y lluoedd tros Jerusalem, gan dderbyn a gwared, gan *bassio heibio*, ac achub. **1709** H. POWEL: *G* 9, i *basso heibio i*'w wendidau ef. **1735** S. THOMAS: *HP* 160, nid yw gymmwys i ni *basso heibio*, heb ddal sulw ar y Cyfnewidiad. **1795** J. THOMAS: *AIC* 370, os oes ynddo ychydig o feiau diniwaid eraill, dymunaf i bob darllenydd . . . *basio heibio iddynt* yn faddeugar. Ar lafar yng Nghered., 'Rhaid ti *basio hibo* hwnna, 'os dim disgwyl iddo fe wbod gwell'. **wrth basio:** (i) *in passing; while passing.* **1798** W. RICHARDS: *CC* 42, i gael myned i'r ffordd yn eu herbyn hwynt, fel y caffent gyflawn olwg arnynt *wrth bassio.* (ii) *en passant (in chess).* **20g.**

pasiant[1] [bnth. S. *pageant*] *eg.* ll. *-au, pasiannau.* Math o ddrama neu orymdaith liwgar sy'n cyflwyno nifer o olygfeydd hanesyddol, hefyd yn *dros.* ac yn *ffig.*: *pageant, also transf. and fig.*

1913.

pasiant[2], gw. **pasient.**

pasiantaidd [*pasiant*[1] + *-aidd*] *a.* Tebyg i basiant: *like a pageant.*

1927.

pasiantri [bnth. S. *pageantry*] *eg.* Rhwysg, rhodres, sioe, hefyd yn *dros.*: *pageantry, also transf.*

1922.

pasiedig [bôn y f. fl. + *-edig*] *a.bfl.* Wedi mynd heibio, gorffennol; a dramwyir yn aml (am lwybr, &c.): *gone by, past; beaten, well-trodden (of track, &c.).*

1612 *LlP* [223], pechodeu . . . *passiedic* a phresennol. **1731** T. LEWYS: *BMA* 217, [y] Ffordd barod, agored, *basiedig* (*beaten*) a chyffredin i Uffern. **1803** *P.*

pasient, pasiant[2] [bnth. S. *patient*] *a.* a hefyd fel *eg.* Amyneddgar: *patient.*

17–18g. O. GRUFFYDD: *Gw* 21, Ni a gawn bob ofer sarsiant / A'i pwysa 'n ddigon *pasiant.*

Fel *e.* Claf (dan ofal meddyg, yn yr ysbyty, &c.): *a patient.*

1761 *ML* ii. 359, anfon am gerbyd iw nol e a minnau i Fodorgan, lle mae bachgen sydd *basient* ir hen wr er's dwy flynedd neu well (a scrophulous disorder).

pasif [bnth. S. *passive*] *a.* Goddefol, hefyd mewn gram.: *passive (also in gram.).*

Dchr. **15g.** *B* ii. 189, Deu ryw genedyl beryf yssyd nit amgen actif a *phassif.*

pasiffist [bnth. S. *pacifist*] *eg.* ll. *-iaid*, a hefyd fel *a.* Heddychwr; pasiffistaidd: (*a*) *pacifist.*

1915.

pasiffistaidd [*pasiffist* + *-aidd*] *a.* Yn perthyn i heddychiaeth, yn arddel heddychiaeth, o natur heddychiaeth: *pacifist(ic).*

1938.

pasiffistiaeth [*pasiffist* + *-iaeth*] *eb.* Heddychiaeth: *pacifism.*

1926.

pasing [bnth. S. *passing*; dichon mai ff. wallus ar y gair *pasej* a geir yn adran (*b*)] *e?g.*

(*a*) Marwolaeth, darfod: *death, a passing.*

1759 *BC* 125, Pan fwy'n y Mêdd cyfing, na rowch un Glôch ddirfing / I ganu mo'm *Basing*, [*sic*] i ond Besi.

(*b*) Pasej (gêm ddisiau): *passage (dice-game).*

1766 *CD* 173, Chwarae *Passing* a wna'r gwrda / Ddydd a Nôs y rhan fynycha: / Ac wrth chware'r Passidgs hwnw / Mae o'n passio sy ar ein helw.

pasing-bel [bnth. S. *passing-bell*] *e?b.* Cloch a genir pan fydd rhywun yn marw, cloch angladd, cloch gnùl: *passing-bell.*

17g. HUW MORUS: *EC* i. 157, chwi gewch glywed, / Gan fy nghlafed, gwn fy nghlwy', / Fy *mhasing bel*—ffarwel—ffarwel! / Nid yw fy hoedyl hŵy. **1716–18** *Llsgr R. Morris* 37, Y bore foru yn glir di glowi y clocha yn canu y*mhasing bell.* **1790** TWM O'R NANT: *GG* 56, I hwn yn gaeth fe ddaeth yn ddel, / Ei *Basingbel* i ben. Cf. T. C. EDWARDS: *History of Llangynwyd Parish* (1887) 157, Ding, dong, medd y gloch, / *Passing bell* y bachgen coch; / Os y bachgen coch fu farw, / Ffarwel i'r gwin a'r cwrw.

pasij, gw. **pasej.**

pasinjer [bnth. S. *passenger*] *eg.* ll. *-s.* Teithiwr (yn enw. bellach un sy'n cael ei gludo mewn cerbyd, llong, awyren, &c.): *passenger.*

1828 *Geir Pob* 19, *pasingers*, fforddolion.

pasiwn [bnth. S. C. *passioun* neu'n uniongyrchol o'r H. Ffr.] *eg.* Dioddefaint Crist ar y groes, hanes y Dioddefaint fel y'i ceir yn yr Efengylau, darlun o'r Dioddefaint; angerdd, nwyd; hefyd yn *ffig.*: *the Passion (of Christ), the Passion story as told in the Gospels, representation of the Passion; passion, strong emotion; also fig.*

14g. *GDG*[3] 3–4, Pan welom drosom dy rasus—*basiwn*, / Pa nad ystyriwn poen dosturus? **15g.** *CSTB* 34, Er yr awr oera' ar a wn / Y bu Iesu yn ei *Basiwn.* **15–16g.** *GIF* 74, Pais wen uwch y *pasiwn* aeth / pe bai Bedr pob abadaeth [Wiliam Egwad i Siôn Leision]. **16g.** *Llst* 6, 180, mewn llan vaes mae ny llyn vy / mae *basiwn* y mab jesy (Llywelyn ap Rhisiart). **16g.** *TRP* 188, Am nefoedd i gyfiawnwyr / am *passiwn* i difeirwyr. **16g.** *WLl* 237, Croes Duw bwys Krist ai *basiwn* / Cyd oed a hydd cadwed hwnn. **1672** R. PRICHARD: *Gw* 251, Ffydd sy'n cyrraedd ffrwyth y pardwn, / Y bwrcassodd Christ trwy *bassiwn* [:– Ddioddefa[i]nt].

pasiwr, paswr [bôn y f. *pasiaf, pasaf*[1]: *pas(i)o* + *-(i)wr*] *eg.* ll. *paswyr.* Un sy'n mynd heibio, un sy'n pasio (pêl wrth chwarae rygbi, pêl-droed, &c.): *one who passes, passer (of ball in rugby, soccer, &c.).*

1803 *P.*

pasnep [bnth. S. Diw. Cyn. *pasnep*] *e.tfl.* *Bot.* Llysiau Gwyddelig, pannas, *Pastinaca sativa*: *parsnips.*

Diw. **16g.** *WLB* 64, Rhinwedd pastinata [*sic*], viz *pasnep* ne lysse gwyddelig.

pasnets [bnth. S. *parsonage*] *eg.* Persondy: *parsonage.*

Ar lafar yn sir Benf., *GDD* 216.

past [bnth. S. *paste*] *eg.* ll. *-au.* Glud a wneir o flawd neu startsh arall a dŵr; cymysgedd a wneir o gig, pysgod, &c., i'w daenu ar fara, &c.; toes, crwst (pastai, &c.); unrhyw sylwedd neu gymysgedd llyfn a hydwyth (e.e. past dannedd, clai gwlyb, &c.); hefyd yn *ffig.*: *paste (type of glue); (meat, fish, &c.) paste; dough, pastry; any paste-like substance (e.g. toothpaste, wet clay); also fig.*

17g. *LlGC* 13215, 373, *pâst*, massa. *c.* **1740** *LlM* 36, cymmer o Sinsir, Hâd-Anis, a Licoris . . . a chymmeryd cymmaint o Dar ac au gwnelo hwy yn *Bâst.* **1828** *Geir Pob* 19, *pâst*, toes, glud, sŷth.

Cfn.: **past dannedd:** *toothpaste.* **20g.** Ar lafar yn gyff., hefyd yn y ff. *past glanhau* (*llnau*, &c.) *dannedd.*

pasta [bnth. S. *pasta*] *eg.* Math o does a wneir o flawd a dŵr (ac olew neu wyau) ac a gynhyrchir mewn nifer helaeth o siapiau a ddefnyddir yn ffres neu wedi ei sychu: *pasta.*

20g.

pastaf: pasto, gw. **pastiaf: pastio.**

pastai, pasti [bnth. S. C. *pastey* a S. Diw.

pasty] *eb.g.* (bach. *pasteian, pasteiig*) ll. *pasteiod, pasteiau, pasteion, pastïod, pastis.*

(*a*) Math o fwyd a wneir drwy roddi cyflenwad o gynhwysion sawrus neu felys (e.e. cig, pysgod, ffrwythau) mewn dysgl rhwng dwy haen o grwst (neu weithiau ag un haen yn unig uwchben neu oddi tano) a'i grasu, math tebyg o fwyd a gresir mewn crwst heb fod mewn dysgl; toes, crwst (pastai, &c.); past: *pie, pasty; dough, pastry; paste.*

1346 *LlA* 37, Ogwennwynir *pastei.* ef auyd gwennwynawl ybara. *c.* **1400** *Études* viii. 380–2, Y dorri gwaetlin ffroeneu: kymer vlaen teir dynhaden a briw wynt, a dot y *bastei* honno . . . yn y ffroeneu. **15g.** *LGC* 235, Pysgod, adar mewn bara, / *Pasteiod*, hen ddiod dda. **15g.** *DE* 110, Ti a gai od ai i von / *basteiod* o bys duon. **1547** *WS, pastai*, a pasty. *c.* **1566** *B* xv. 119, [*p*]*astiod* o gic eidion. **16–17g.** *Cer RC* 171, Y *pysteiod*, berw a rhost. **16–17g.** *DCR* 224, a phe kem [*sic*] inne *baste* dda. **1677** C. EDWARDS: *FfDd* 10, Gwnaeth gwyr Mecsico ddelw o *basteu* [*sic*], ac wedi ei dwyn megis mewn prosessiwn, rhannasant y crystyn rhwng y bobl. **1707** *AB* 219c, *pastai*, a pye. **1716–18** *Llsgr R. Morris* 115, mae ymma *basda* o aelod march. **18g.** *Llr* C 24, 334, Cais does peilliait Croyw a gwna *bastai* fawr fel y gweddai yndi wydd ney ddoy Capwllt. **1770** *W, pastei-ig* d.g. *an apple-tart. id. pastai* fân-friw d.g. *mince-py. id. pasteian* d.g. *tart* [*a small pie of acid fruit*].

(*b*) (enghrau. *tros.* a *ffig.*, neu mewn cyd-destun tebyg: *transf. and fig. exx., or in a similar context*).

15–16g. *TA* 457, Piler rhag cas, cwmpasdrefn, / *Pastai*'r gof, post ar i gefn [i ofyn bwcler]. **17g.** HUW MORUS: *EC* i. 50, Cwmwl tros enau cymhen, / Pais dew 'r pwyll, *pastai* 'r pen [i ofyn cap mownturo]. **1754** *ML* i. 291, Nid oes bosibl na bydd cusanu llaw, a gwneuthur o hono ustus bellach, ar ol y gwroldeb yna . . . Bellach pwy a fydd debyg i enill wrth chwareu'r *bastai*? Ar lafar yn Arfon yn ddifr. am berson, 'hen *basta* diog'; ym Morg. fe'i clywir yn yr ystyr 'curfa', a hefyd yn yr ystyr 'trafferth, ffwdan, salwch cas', 'Fe geson *basti* i symud y cisa' drars lawr llawr'.

(*c*) Gwledd i ddathlu agor tafarn (a gynhelid yn flynyddol wedyn); neithior a gynhelid i godi arian i bâr ifanc: *feast celebrating the opening of a public house* (*held yearly thereafter*); *a wedding-feast held to raise money for a young couple.*

1839. Ar lafar gynt ym Morg., *SE MS* 355a, *YBH* 78.

(*d*) Gwrtaith: *fertilizer.*

1795 J. THOMAS: *AIC* 351, cymysga ychydig Dyfod ysgafn a'r prîdd, a gwna fe'n *Bastai* gyda Thail i fraenu drwy'r Gaia. *id.* 358, [c]aria *Basteiod* a gwnâ 'r Ardd yn barod erbyn y Gwanwyn. Ar lafar ym Môn ac Arfon, '*pasta*, a mixture of manure, lime and earth', *WVBD* 415.

(*e*) *Arg.* Pentwr o deip wedi ei gymysgu'n llwyr ar ôl torri'r ffurfiant i fyny: *pie* (*in print.*).

1780 *W, pastai* lythyrennau d.g. *pie, among Printers.*

Cfn.: **pastai (pasti) (a)falau:** *apple pie. Diw.* **19g.** *SE MS* 355a. Ar lafar, *Geir Geg* 41. **p. gig (cig):** *meat pie. Diw.* **19g.** *SE MS* 355a. Ar lafar, *Geir Geg* 33. **p. wahodd (wawdd), pasti gwawdd:** *type of feast or party held at a home to raise money.* **18–19g.** *Llr* C 7, 105, Hên Arferion a Defodau Morganwg . . . 25. *Pastai wawdd*—Priodas wawdd—cwrw gwawdd—cyflwyna. Ar lafar gynt ym Morg. am arfer tafarnwyr o wneud pasteiod am wythnos yn eu tro, gan ddechrau ar nos Sadwrn. **pastai ben ceffyl:** *a dish of alternate layers of apples, sugar, cloves or mixed spice and pastry baked in an oven.* Ar lafar gynt ym Morg., *LlGC* 1171, 107. **p. ben mochyn:** *pie made of a pig's head.* Ar lafar gynt ym Morg., *LlGC* 1171, 107. **rhoddi (dodi, chwarae) bys yn y b. (pastai):** *to interfere, meddle.* **1754** *ML* i. 282, Digrif o'r Iarll yna sydd am *chwareu bys yn y bastai. id.* 291, Gobeithio y bydd ir Bowys gael *rhoddi bys yn y bastai*, ac yno nhwy allant reoli'r Ceredigioniaid. *Diw.* **19g.** *SE MS* 355a, *Dodi bys yn y pastai*, to put one's finger in the pie; to interfere, to meddle. Am ragor o gfn., gw. *Geir Geg* 33–4.

pastard, pastardd, gw. bastard (hefyd At.).

pastbwrdd, pastbord, pasbwrd, pasbwrdd[2], pasbord[1] [bnth. a chfdds. o'r S. *paste*(*board*) + *bwrdd*] *eg.* Sylwedd trwchus stiff, sef nifer o ddalennau papur wedi eu gludio ynghyd, a ddefnyddir i wneud cloriau llyfrau, cardiau, &c., cardbord, weithiau i enghreifftio rhywbeth disylwedd neu anargyhoeddiadol: *pasteboard, cardboard, sometimes typifying something unsubstantial or unconvincing.*

Dchr. **17g.** *Bl B XVII* i. 134, Bord o deil o'r *pasbord* (*Brog* 6, 104b, *pasbwrd*) da / Yna'n serth fal na syrthia [Hugh Roberts am goler]. [**1762**] E. POWELL: *HEI* 17, wedi baddo'r fan ddolurus . . . tro'r Llïain yn esmwyth . . . o'i amgylch, a rho'r *Pastbwrdd*, neu 'Rhisg wedyn. Ar lafar yn y ff. *pas*(*t*)*bord*, *GDD* 216; hefyd ym Môn yn y ff. *pesbort* ac ym Morg. yn y ff. *pasbort, pasbwrt.*

pasteiaeth [*pastai* + *-aeth*] *eb.* Crwst (pastai, &c.): *pastry.*

1916.

pasteian, pasteiig, gw. **pastai.**

pasteim [bnth. S. *pastime*] *eg.* Gweithgaredd dymunol neu adloniant sy'n difyrru'r amser, difyrrwch, hobi: *pastime, hobby.*

1547 *WS, pasteim* difyrwch [*sic*], pastyme. **16g.** MORUS DWYFECH: *Gw* 15, Mwy cwilydd im fydd yn faith / *Basteim* drwg bostio'm drygwaith. **16–17g.** T. PRYS: *Bardd* 206, bostio mae Rys *basteim* Rwydd / bostio oer bes doe arwydd.

pasteimio [be. o'r e. bl.] *bg.* Difyrru'r amser, cael hwyl, yn ddifr.: *to amuse or enjoy oneself* (*derog.*).

1633 *Addysg i Farw* 147, bod rhai yn *pasteimio*, yn sportio, yn canu, a gwleddu, lle i bydde achosion i alaru a chwyno. **1769** E. ROBERTS: *GN* 27, Eis at y Gweinidogion iw rhybuddio / Dechreuan Chwerthin a *ffysteimio.* **1777** E. ROBERTS: *DG* 13, rhai yn *pasteimio* ac yn hwrio o hyd. *id.* 68, dechreuodd yr hogie drwg *Pasteimio*, / ac vsbio danai a oeddwn wedi diwno.

pasteiwr, pasteiydd [*pastai* + *-wr*, *-ydd*[3]] *eg.* (b. *-wraig*) ll. *pasteiwyr.* Cogydd sy'n gwneud pasteiod, tartenni, &c.: *pastry-cook.*

1778 *W*, celfyddyd *pasteiwr* (*pasteiydd, pasteiwraig*) d.g. *pastry* [*the art of making pies*].

pasteiyddiaeth [*pasteiydd* + *-iaeth*] *e?b.* (Y grefft o wneud) pasteiod, tartenni, &c.: *pastry*(*-making*).

1778 *W* d.g. *pastry* [*the art of making pies*].

pastel [bnth. S. *pastel*] *eg.* ll. *-i*, a hefyd fel *a.* Creon arlunio a wneir trwy gyfuno lliw mâl a gwm; cyfrwng neu dechneg arlunio sy'n defnyddio'r cyfryw; gwelw a golau: (*a*) *pastel.*

20g.

pasteureiddiaf: pasteureiddio, gw. **pastyreiddiaf: pastyreiddio.**

pasti, gw. **pastai.**

pastiaf, pastaf: past(i)o [bnth. S. (*to*) *paste*] *ba.* Taenu glud neu bast ar (bapur, &c.) er mwyn ei ludio wrth rywbeth, gludio (ynghyd) â phast; selio (padell) â thoes: *to paste; seal* (*pot*) *with dough.*

Diw. **16g.** *WLB* 23, Kymer waed mynn . . a dod ef mewn pott pridd glan a dod gauad diddos ar enau y pott a *ffastia* ef yn dda fal na ddel dim or anadl allan . . . ai edrych ac os ef a fydd du a chaled sych, ac oni bydd felly *pastia* ef drachefn. **1828** *Geir Pob* 19, *pastio*, gludio, sythu. Ar lafar, 'Fe gaiff 'i *basto* [papur wal], ac fe ddota' i a ar y wal'.

pastolwyn, pastri, gw. **postolwyn, pestri.**

pastwn [bnth. S. C. *bastoun* neu'n uniongyrchol o'r H. Ffr.; dichon mai yma y perthyn yr engh. o *Llst* 6, 102 a ddyfynnir d.g. *bastwn*] *eg.b.* ll. *pastynau, -ynod.* Ffon (hir) (i'w defnyddio fel arf neu arwydd o swydd), ffust, clwpa, cwlbren, hefyd yn *dros.* ac yn *ffig.*: (*long*) *staff or stick* (*used as a weapon or badge of office*), *club, cudgel, also transf. and fig.*

14g. *GDG*[3] 61, Cerdd-dlawd, brynhicnawd hacnai, —*bastyn*was [dychan i Rys Meigen]. **15g.** *GTP* 43, Brydydd, awenydd uniawn, / Bostiwr, Hir, o gebystr rhawn. / . . . / Ac wrth rai am gerth riain / Bostio'n y dre, *bastwn* drain. **15g.** *GO* [331], Ifan deileran, dal eiriav postvs, / *pastwn* ffair y gwleddav. **15g.** *HCLl* 103–4, Ni adaf, os caf i'm cylch / Nod ar ochor yn drichylch, / Na ffusto braich â *phastwn*, / Na bwrw saeth mewn pob rhyw sŵn [i erchi bwcler]. **1547** *WS*, klwppa ne *bastwn*, a clubbe. *id. pastwn*, a staffe. **1551** W. SALESBURY: *KLl* xxiiia, a chleddyfeu ac a ffusteu [:– *pasty*[*n*]*eu*]. **1632** *D, pastwn*, fustis. **17g.** HUW MORUS: *EC* i. 85, Mae fforch iddi a thorch, a thwll, / A *phastwn* yn ei phisdwll [i ofyn cerwyn ddarllaw]. **1718** *Llsgr R. Morris* 170, y fi fy hun aeth gynta i lawr / am *pasdwn* mawr oedd dana. **1753** *TR, pastwn*, a long club or staff. **1754** G. OWEN: *L* 96, ni fyddai waeth gyrru *pastynod* i Lundain na rhai aelodau o'r Gymdeithas. **1765** *Cyf C* 18, *Pastun* [*sic*] tinllwm, pistol tanllyd, / Twrw creglais, tarw cryglyd [am ddryll]. **1768** J. ROBERTS: *R* 146, Rhoes *Bastwn* pum troedfedd yn syth yn y fan. **1803** *P.* Ar lafar, *WVBD* 415.

Amr.: **pastwm** [am *-n* ac *-m* yn ymgyfnewid, cf. *botwm, botwn, cotwm, cotwn*, &c.]. **1851.** Ar lafar yn sir Gaern., *EEW* 247. **pastwrn** [?drwy ei gysylltu â *dwrn*]. **1827. pastwyn. 1770** *TG* ii. 97, taflasant i lawr eu *pastwynau.*

Cfn.: **pastwn pannwr:** *fuller's beetle.* **1712** T. WILLIAMS: *CDdG* 243. **1776** D. ELLIS: *HI* 189.

pastynaf: pastynu, pastyno [bf. o'r e. bl.] *bg.a.* Taro â phastwn, ffonodio, curo, hefyd yn *ffig.*: *to club, cudgel, beat, also fig.*

1803 *P.* Ar lafar ym Morg. yn y ff. *pastyno, pastino*, '*Pastyno*'r ceffyl sy'n tynnu'.

Amr.: **pastwyno** [cf. *pastwyn*]. **1861. pastymu** [cf. *pastwm*]. **1908.**

pastynfardd [*pastwn* + *bardd*] *eg.* ll. *-feirdd.* Crachfardd, bardd cocos, bardd talcen slip, rhigymwr: *poetaster, rhymester.*

1755 G. OWEN: *L* 144, [c]yngor y Bardd Coch o Fôn i Elisa Gowper, *pastynfardd* Llanrwst. Cf. GW. MECHAIN: *Gw* i. 546, At y prif-feirdd, y beirdd, y *pastynfeirdd* . . . sydd . . . yn defnyddio iaith Cymru wen; DEWI WYN: *BA* (At.) 35, Gwiliwch chwithau goroni *pastynfardd* â llawryf, a'r goreufardd â dirmyg.

Cf. **bardd—b. pen pastwn.**

pastynffon [*pastwn* + *ffon*] *eb.g.* ll. *-ffyn.* Clwpa, pastwn: *club, cudgel.*

17g. WILIAM BODWRDA: *Gw* 506, *Pasdynffon* i Fon a fynan i gael. **17–18g.** *LlGC* 6499, 129, *ffastynffon* [*sic*] gronffon gre. **1735** L. MORRIS: *T* 12, gŵr ieuanc a Gwalch yn un Llâw, a *phastwnffon* hîr yn y llall. **1799** *TY* 35, cododd llawer o drigolion y dref i chwanegu 'r fyddin . . . a daethant fel hyn, â'u *pastynffyn* yn eu dwylaw. Ar lafar gynt yn sir Gaern. am 'ddynes fèr, gorfforol a lled ddiles', J. JONES: *Gwerineiriau* 43.

pastynwr [*pastwn* + *-wr*] *eg.* ll. *-wyr.* Un sy'n curo (rhywun neu rywbeth) â phastwn, ffonodiwr; rhigymwr: *beater, cudgeller; rhymester.*

1604–7 *TW* (*Pen* 228) d.g. *clauator.*

pastyreiddiaf: pastyreiddio [yr e. prs. *Pasteur* + *-eiddio* (At.)] *ba.* Steryllu (llaeth, caws, cwrw, &c.) yn rhannol drwy ei dwymo am gyfnod byr i ddinistrio micro-organebau niweidiol neu i arafu eplesu: *to pasteurize.*

1938.

pasu, paswr, gw. **pasa, pasiwr.**

pat [bnth. S. *pat* 'light stroke; small shaped mass (of butter, &c.)'] *eg.b.* (bach. b. *-en*, ll. *-ni*, g. *-yn*) ll. *-iau.* Pratiad, llochiad; telpyn (o ymenyn, &c.) a weithiwyd i siâp penodol drwy ei glapio: *pat* (*on the back*, *&c.*); *pat* (*of butter*, *&c.*).

1895. Ar lafar, 'Rho *bat* fach ar 'i ben e [ci]'; hefyd yn nwyrain sir Drefn. yn yr ystyr 'plaster', '*Paten* o bitsh ar ochor i ben o', *Cymru* lii. [242], ac ym Meir. yn yr ystyr 'clatsien, damwain', 'Mae'r car newydd wedi cael *paten* yn barod'.

Patagonaidd [yr e. lle *Patagon*(*ia*) + *-aidd*] *a.* Yn perthyn i Batagonia: *Patagonian.*

20g.

patal [bnth. S. *pattle* 'plough-staff'] *eg.* Carthbren aradr: *plough-staff.*

1707 *AB* 136a, Dim[et]. *Pattal* d.g. *rallum. id.* 282c d.g. *a padle.* **1780** *W* d.g. *plough-staff.* Ar lafar yng nghanolbarth a godre Cered. yn yr ystyr 'padlen tyrchwr', *ZCP* xx. 420; hefyd yn sir Benf. yn y ff. *batal, GDD* 29.

Gw. hefyd **padl[1], padlen.**

paten[1], gw. **pat.**

paten[2], patin [bnth. S. *patten, pattyn*] *eb.g.* (bach. b. *patinsen*) ll. *-s.* Esgid, clocsen, &c., ac iddi wadn bren drwchus, neu ffrâm neu hirgylch metel dan y wadn arferol, i godi'r droed uwchlaw'r ddaear er mwyn edrych yn dal neu er mwyn cadw'r esgid, &c., yn lân, gwadn bren o'r fath, ffrâm neu hirgylch metel o'r fath: *patten*.

c. **1770** *LlGC* 352, 30, Esgidie Teneuon . . . rhad ystuno am*batens* danun. **1784** M. WILLIAMS: *S* i. 67, wrth rodio maent [benywod Sbaen] yn gwisgo *pattins* uchel er mwyn edrych yn dal. Ar lafar gynt, *GDD* 217, *WVBD* 415; hefyd yn Arfon am 'a wooden contrivance fastened to a cart to slacken the pace when going down hill; brake', *ib.*

Amr.: **pating.** Ar lafar gynt yn ne-orllewin sir Gaerf., *TGG* (1907–8) 82.

paten[3] [bnth. S. *paten*] *eg.* Plât aur, arian, &c., y dodir y bara arno yn ystod gwasanaeth yr Ewcharist, plât cymundeb: *paten*.

1776 DEWI NANTBRÂN: *AN* 122, Y *Paten*, sydd yn arwyddio'r Garreg fawr a dreiglwyd yn erbyn drws y Bedd.

patent, petent[1] [bnth. S. *patent*] *eg.* ll. *-s*, (prin) *-au*, weithiau gyda grym ansoddeiriol. Dogfen swyddogol sy'n rhoddi hawl neu fraint, braint-lythyr, hawl, braint; trwydded swyddogol sy'n rhoddi hawl unigryw i berson, &c., i wneuthur, defnyddio, a gwerthu nwydd neu ddyfais newydd am gyfnod, breinteb, proses neu ddyfais a sicrhawyd dan batent; dyfais neu declyn (a wnaed gartref, gan amlaf) hefyd yn *ffig.*: *(letters) patent, right, privilege; patent, patented process or invention; device or contrivance (usu. home-made) also fig.*

15g. *GTP* 4, Cadw'r dref a'r coed a'r drws, / Cadw *batent* Coed y Betws. **15g.** *Pen* 109, 69, yny Peutun un *patent*. / deutu wysc hyd att dwy went (Lewys Glyn Cothi). **15g.** *GGl*[2] 29, A cherdd, myn Siat, yn *batent* / Rhof â Rhys, a rhoi fy rhent. **15–16g.** *GLM* 130, Er bwti, nac ar *batent*, / ni cholli rwn o'ch holl rent. **16g.** (*LlEG*) *Mos* 158, 75b, ynn y parlement hwn I gelwis y brenin y *pattents* ar llythyrau saall a wnaethai Ef ar serttein o swyddav. **16–17g.** *GST* i. 207, Tir ei dad a'i stad a'i stent / Trwy 'Sbyty, nid traws *batent*. *c.* **1600** L. DWNN: *HV* i. [5], yr hwn y ssydd ddebyt Herawt at Arms tros tair talaith Kymru . . . dann *batent* a selav Klarensiulx a Noroy. **1604–7** *TW* (*Pen* 228), llythyræ *patent* brenhin ne r prins d.g. *codicilli*. **1632** *D*, *patent* y brenhin d.g. *codicilli*. **1658** R. VAUGHAN: *PS* 387, gwneuthur Pardwn Duw yn *batent* am bechod sydd ddrwg. **1758** *ML* ii. 92, Nid oedd ryfedd i'r Siâms werthu ei *batent* os yttoedd yn twyllaw pobyl. Ar lafar, *SC* vi. 123, 'Mae hwnna'n *batant* handi'; ''Odd rhyw *betent* gydag e i neud y weier yn dynn wrth ffenso'.

Amr.: **patend. 16g.** *RWM* i. 219.

Cfn.: **patent dan ystyriaeth:** *patent pending*. **20g.**

pater, gw. **pader.**

paternalistaidd [cfdds. o'r S. *paternalist(ic)* + *-aidd*] *a.* Paternalistig: *paternalistic*.

20g.

paternalistig [cfdds. o'r S. *paternalist(ic)* + *-ig*[2]] *a.* Yn perthyn i lywodraeth neu gyfundrefn sy'n trin ei deiliaid neu ei haelodau mewn dull tadol caredig ond sy'n cyfyngu ar eu rhyddid, hefyd am gyflogwr sy'n trin ei weithwyr mewn dull cyffelyb, tadofalaethol: *paternalistic*.

20g.

paternoster, padernoster [bnth. Llad. *pater noster*] *eg.*

(*a*) Pader, Gweddi'r Arglwydd, hefyd yn *ffig.*: *paternoster, the Lord's Prayer, also fig.*

14g. *GDG*[3] 95, *Pater noster* annistaw / Pawb o'r a gant llorfdant llaw / Ymhob cyfedd, ryfedd ri', / Yw ei cherdd yn wych erddi. **16–17g.** *HG* 16, a gwaeth nar kwn, yn pan ddwedwn / yn un amser, *pader noster*. **1618** J. SALISBURY: *EH* 89, Gweddi eyn Harglwydd, yr hon a elwir y *Pader Noster*.

(*b*) Lein bysgota ac arni nifer o leiniau bychain a bachau wrthynt: *paternoster (fishing-line)*.

Ar lafar yn y Gogledd yn y ff. *patarnostar*.

patiaf: patio[1] [bnth. S. (*to*) *pat*] *bg.a.* Pratio, llochi: *to pat, stroke*.

1881.

paticlar, gw. **particwlar.**

pating, patin, patinsen, gw. **paten**[2].

patio[1], gw. **patiaf: patio.**

patio[2] [bnth. S. *patio*] *eg.* ll. *-s*. Llawr wedi ei balmantu yn ymyl tŷ; cwrt mewnol heb do, yn enw. mewn tŷ Sbaenaidd neu Sbaenaidd-Americanaidd: *patio*.

20g.

patmer, patner, gw. **partner.**

patraf[1]**: patro, patran** [bnth. S. (*to*) *patter* 'to strike rapidly and repeatedly'] *bg.a.* Trimio (carreg, &c., â morthwyl), morthwylio; taro, curo: *to trim (stone, &c., with a hammer), hammer; hit, strike.*

Ar lafar yn Arfon, '*patro* cerrig' 'trwsio cerrig', *WVBD* 415, ac yn ne-orllewin sir Gaerf. yn yr ystyr 'morthwylio', *TGG* (1907–8) 82; fe'i clywir yng ngodre Cered. yn yr ystyr 'taro â'r llaw'.

Gw. hefyd **pitran-patran.**

patraf[2]**: patro** [bnth. S. (*to*) *patter* 'to talk rapidly'] *bg.a.* Siarad: *to speak, talk.*

Ar lafar yn nhref Caernarfon, *B* xvii. 273; hefyd yn yr ymadrodd '*patro* lyrcs' 'palu celwyddau'.

patriarc, gw. **patriarch.**

patriarcaidd, patriarciaidd, gw. **patriarchaidd.**

patriarch, padriarch, padrïarch, pedriarch, pedrïarch [bnth. Llad. Egl. *patriarcha*, o bosibl drwy'r H. Ffr. neu'r S. C.] *eg.* ll. *pedrieirch, padrieirch, padrïeirch, padriarch(i)aid, patriarchau, patrieirch, patriarchiaid*, (prin) *patrieirchiaid*. *Egl.* Teitl esgob fel pennaeth ar un o nifer o brif esgobaethau'r Eglwys Fore neu ar un o'r eglwysi hunanbenaethol sy'n ffurfio Eglwys Uniongred y Dwyrain; (yn yr Eglwys Gatholig Rufeinig) esgob uchelradd nesaf at y Pab; *Beibl.* un o nifer a ystyrid yn dadau i'r hil ddynol neu i genedl yr Hebreaid; penteulu, hynafgwr hybarch, 'tad' neu sylfaenydd cymuned, traddodiad, &c.: *patriarch*.

13g. (**1641**) *HGK* 32, ynteu yn eu bendigaw wy . . . megis Yago *padriarch* yn bendigaw y feibeon gynt. **14g.** *BT* 129, wedy hynny y doeth y *pedriarch* ogaervssalem y loegyr y geissyaw nerth y gan vrenhin lloegyr. **1346** *LlA* 118, lle ymae abraham ygyt ar *pedrieirch*. **14g.** *BT* (*RB*) 168, deuth *Patriarch* Caerussalem hyt yn Lloegyr. **14g.** *B* xiv. 268, A phan gigleu y *padrieirch* ar prophuydi ymadrodyonn seth. diruaur lewenyd a aeth yndunt. **14g.** *GDG*[3] 366, Modd elw ydd wy'n meddyliaw / Am arch y *padrïarch* draw. **14–15g.** *IGE*[2] 286, Proffwydi a'r *padrïeirch*, / A saint dwy Israel, os eirch (Siôn Cent). **15g.** *GHC* 29, *Pedrïarch*, Pedr o'r awen, / Powys oll yw'n pwyso llên. / Pedeiroes, ail Pedr a Siob, / Iddo, a'i wisgo'n esgob (i Ddafydd Cyffin). *Diw.* **15g.** *Pen* 67, 58, Santes vair benblodav y *padriarchaid*. **15–16g.** *GIF* 74, *Padriarch* pob rhyw arch y tad, / Pab breuber pob rhyw abad. **1567** *TN* 180a, Jaco a enillawdd y deuddec *Patriairch*. A'r *Patriarchae* (**1588** *Act* vii. 9, *Patrieirch*) gan wynfydy a werthesont Joseph ir Aipht. **1615** R. SMYTH: *GB* 79, [ll]awer o'r *Padriarchiaid*, ag o'r philosophyddion. **1618** J. SALISBURY: *EH* 42, eneidiau'r *Patriarchiaid*, a'r Prophwydi. *c.* **1762–79** W. WILLIAMS: *P* 466, Ar ol i eglwys Groeg ddyfod yn fawr . . . ei holl lywodraeth hi a ranwyd . . . tan bedwar *Patriarch*. **1790** T. JONES: *TOS* 291, ymweled a'r *patriarchiaid* a'r prophwydi. Cf. *R* 1155. 22–3, oes abraham pennffyd pater patriarcha.

Amr.: **padriog, pedriog** [dichon nad yma y perthyn y ff. hyn]. **16g.** *YT* 77, Myui a vvm *bedriog* (*id.* 137, *badriog*) J Eli ac Ennog. **patriach, padriach** [?ff. gwallus]. **1595** H. LEWYS: *PA* 76, [P]*atriachiaid*. **1618** J. SALISBURY: *EH* 190, *Patriach* Iuda. **1680** J. THOMAS: *UN* 32, *Padriach* Jerusalem. **patriarc** [bnth. S. Diw. *patriarch*] (ll. *-iaid*, (prin) *-s*). **1583** *LlGC* 716, 16b, yn amser y *patriarks*. **1672** R. PRICHARD: *Gw* 127, Ni bu *Batriarc* [:– Vcheldad], ni bu Brophwyd, / Ni bu Bostol ag y glyw-wyd. **1757** E. EVAN: *GB* 70, Adda a'r *Patriarciaid*. **1790** W. RICHARDS: *LlA* 23, dylasai ef hefyd ddadleu dros yr awdurdod penteuluaidd, ag oedd yr hen *batriarciaid* yn ei feddiannu.

patriarchaeth [*patriarch*+*-aeth*] *eb.g.* System gymdeithasol lle bo'r gwryw yn bennaeth ar y teulu neu'r tylwyth, a lle'r olrheinir ach a charennydd trwy'r tad, system o lywodraeth gan y tad, hynafgwr y llwyth, &c., cymdeithas a nodweddir gan y cyfryw system(au); swydd, llywodraeth, talaith, neu breswylfa patriarch: *patriarchy; patriarchate.*

1604–7 *TW* (*Pen* 228), *patriarchaeth* d.g. *patriarchatus*. **1722** *Llst* 189, *patriarchaeth*, f. patriarchship. **1778** *W* d.g. *patriarchate, patriarchship, or patriarchy.*

Amr.: **padriachaeth** [?ff. wallus, ond cf. *padriach*]. **1632** *D* d.g. *patriarchatus*. **patriarchiaeth. 1850.**

patriarchaidd, padriarchaidd [*patriarch, padriarch*+*-aidd*] *a.* Yn perthyn i batriarch(aeth), nodweddiadol o batriarch(aeth), tebyg i batriarch(aeth): *patriarchal*.

c. **1762–79** W. WILLIAMS: *P* 468–9, Archesgob Heraclia, yr hwn . . . a gymmer y Patriarch yn ei law, ac a'i gosod i eistedd yn y gadair *batriarchaidd*.

Amr.: **patriarc(i)aidd** [*patriarc*+*-(i)aidd*]. **1790** *Budd A* 129, eneidiau *patriarciaidd*.

patriarches [*patriarch*+*-es*[1]] *eb.* Matriarch, benyw o batriarch, hefyd yn *ffig.*: *matriarch, female patriarch, also fig.*

1834. Cf. CEIRIOG: *CG* 55, hen biano dderwyddol yr olwg arni . . . Yn swn y *batriarches* bedwar carnol yr ysgrifenais y geiriau sydd yn dilyn.

patriarchiaeth, gw. **patriarchaeth.**

patriarchol, padriarchol [*patriarch, padriarch*+*-ol*] *a.* Patriarchaidd: *patriarchal*.

c. **1400** *YCM*[2] 184, padriarch yn y perued, yr hwnn a atweynit ar y *badriarchawl* wisc y uot yn badriarch.

patripasiaeth [bnth. S. *patripass(ian)*+ *-iaeth*] *eb.* *Diwin.* Ffurf ar fonarchiaeth a gododd yn y 3g. ac a arddelai'r athrawiaeth fod Duw'r Tad wedi dioddef gyda'r Mab neu ym mherson y Mab er mwyn sicrhau prynedigaeth dyn: *patripassianism*.

1869.

patris, patrisen, gw. **petris.**

patristaidd [cfdds. o'r S. *patrist(ic)*+ *-aidd*] *a.* Patristig: *patristic*.

1934.

patristig [cfdds. o'r S. *patrist(ic)*+*-ig*[2]] *a.* Yn perthyn i Dadau'r Eglwys neu i astudiaeth o'u hysgrifeniadau: *patristic*.

1926.

patrôl [bnth. S. *patrol*] *eg.* ll. *patrolau*. Y weithred o fynd o gwmpas ardal, adeilad, &c., i gadw gwyliadwriaeth, i sicrhau diogelwch, neu i helpu pobl mewn trafferthion; un neu ragor o bobl sy'n gwneud hyn, yn enw. yr heddlu, milwyr, personau a gyflogir gan gymdeithas foduro, &c.; mintai filwrol sy'n rhagchwilio: *patrol*.

1931.

patroliaf: patrolio [bf. o'r e. bl.] *bg.a.* Gweithredu fel patrôl, cadw golwg (ar le) fel patrôl, cylchwylio: *to patrol*.

20g.

patroliwr [bôn y f. fl.+*-iwr*] *eg.* ll. *patrolwyr*. Un sy'n patrolio: *patrolman*.

20g.

patron[1]**, patrwn**[1] [bnth. S. C. *patro(u)n*; yr un gair yn wr. â *patrwm*[1], *patrwn*[2], a dichon mai i hwnnw y perthyn rhai o'r enghrau. isod] *eg.* (b. **patrones**, ll. *-au*) ll. *patroniaid*. Noddwr, amddiffynnwr; nawddsant; *Egl.* noddwr, un a chanddo'r hawl i benodi i fywoliaeth eglwysig; capten (llong): *patron, defender; patron saint; patron (of ecclesiastical benefice); (ship's) captain.*

14–15g. *IGE*[2] 304, Gwinllong, a *phatrwn* crwn cryf, / Yn hwyliaw, gŵyl addaw gwledd, / Pyrth y gwin, parth â Gwynedd (Rhys Goch Eryri). **15g.** *GGl*[2] 133, Pwy un gorff â'm penaig i? / Pwy yw *patrwn* pob poetri? / Piau'r holl gampau pei rhaid, / Pob rhinwedd? Pab barwniaid. **15g.** *DE* 125, sant marcel yw n angel ni / jhon yw n *patron* sain petri. **1488–9** *BSM* 31, yr holl gywaethoc Dduw ni vynnai vod dinas Turwyn heb *patrwn*. **1547** *WS*, *patrwn*, patrone. **1567** *LlGG* [viii], am ei ail gamwedd dyoddef carchar . . . A bot yn gyfraithlawn y bop *Patron* neu ddonwr yr oll a phob vn o r promosioneu ysprytol. *Diw.* **16g.** *B* xi. 77, ef a weddiodd ar Dduw ac Einion Ebostol i fod yn *batrwn* iddaw rhac ofn yr ysbrydion drwc. *c.* **1588** *Rhyddiaith Gymraeg* ii. 78, Kydwgan Ddy, arglwydd Aberporth . . . ag hefyd yn *batrwn* ar yr eglwys. **1658** R. VAUGHAN: *PS* 220, [g]weled dy friwiau . . . yn ddinasoedd o ymddiffynfa i bechaduriaid . . . dy hunan eu *patron*. **1670** J. HUGHES: *AP* 314–15, Mair Sancteiddiol . . . yr ydwyfi . . . yn dy ddewis di yn Arglwyddes, yn *Batrones* ac yn Ganllaw. [**1740**] L.

ANWYL: *CA* 105, n[i]d ydyw, meddwdod . . . yn derbyn cynhwystra a chanmholiaeth gan *Batronniaid* dysgeidiaeth. **1753** G. OWEN: *L* 72, Mae'r gw[al]ch hwnw . . .'n methu cael Curate . . . Duw a'i cynhalio ac a gadwo imi fy *mhatron* Brooke. **1775** *CY* 66–7, Fe ddichon pob un ag sydd â bywioliaeth gantho ar ei law (yr hwn a elwir yn *batrwn* neu yn dadog) roddi i'r gweinidogion bynnag a'i fynno.

Amr.: **patrwm[2].** *c.* **1514** *B* v. 12.

patron[2], gw. **patrwm[1]**.

patronaidd [cfdds. o'r S. *patron*(*izing*) + *-aidd*] *a.* Nawddoglyd: *patronizing, condescending.*
20g.

patroneisiaf: patroneisio [bnth. S. (*to*) *patronize*] *ba.* Rhoddi nawdd i, noddi, cynnal; nawddogi, trafod mewn ffordd nawddoglyd, bod yn nawddoglyd at: *to patronize, sustain; patronize, treat condescendingly, behave in a patronizing manner* (*towards*).

1881 D. OWEN: *D* 68, Os bydd gan yr ymwelydd geiniog y gall ei hebgor, bydded iddo *batronisio* yr hen wreigan.

patrones, gw. **patron[1]**.

patronymig [cfdds. o'r S. *patronym*(*ic*) + *-ig[2]*] *a.* Wedi ei ffurfio o enw tad neu hynafiad (am gyfenw neu enw), yn defnyddio enw(au) neu gyfenw(au) o'r fath: *patronymic.*
20g.

patrwm[1], patrwn[2] [bnth. S. C. *patroun*; yr un gair yn wr. â *patron[1]*, *patrwn[1]*, a dichon mai i hwnnw y perthyn rhai o'r enghrau. isod] *eg.* ac yn eithriadol *eb.* (bach. g. *patrynyn*) ll. *patrymau* (*patrwmau*), *patrynau.* Cynllun (addurnol), yn enw. un ailadroddol ar bapur wal, carped, &c., hefyd yn *dros.* am farciau naturiol; ffurf neu drefn (reolaidd neu resymegol); model, cynllun, cynddelw, copi; person (peth, sefydliad, &c.) sy'n haeddu ei efelychu, enghraifft berffaith o ragoriaeth, paragon, esiampl; person, peth, &c., sy'n nodweddiadol o'i fath: (*decorative*) *pattern, design, also transf. of natural markings; pattern, regular or logical form or order; pattern, model, plan, example, archetype, copy; exemplar* (*esp. of person*), *paragon; characteristic example.*

15–16g. *GIF* 66, Pa les enwi plas iawnwych? / Pa les? Mae'r ail plas mor wych. / Pand ag ef y gwnaid nefoedd? / Pei torrai nef, *patrwn* oedd. **15–16g.** *GLM* 322, Penadur ynn pan ydoedd; / poetri'n iaith a'n *patrwn* oedd [marwnad Dafydd ab Edmwnd]. **1547** *WS*, *patrwm* ne vath yw ddylyn, a paterne. **1599 (1677)** R. HOLLAND: *AB* 27, *Patrwn* berffaith ein holl weddiau yw 'r weddi hon. **1609** R. SMYTH: *CAC* 41, Y pader sydd *batrwn* perphaith ne sampler. **1615** R. SMYTH: *GB* 43, gwrai[dd]io yn yr anifeiliaid ryw gyfraithiau a ddylen [*sic*] fod yn siamplau ag yn *batrwmau* i holl ddynion. **1630** R. LLWYD: *LlH* 359, gweinidogion Crist . . . y rhai â ddylent fod iddynt yn *batrymmau*, yn gannwyllau, ac yn esamplau o ddaioni. **1672** R. PRICHARD: *Gw* 481, Gwna fi bŷth yn *batrwn* [:– Ensampl] duwiol, / Yn f'ymddygiad i'th holl bobol. **1690** *Ymofynion* 3, a oes Copi, neu *Battrwm* o'r 'stent neu'r Cyfri a'r mesur hwn wedi ei ddanfon at yr Escob. **1701** E. WYNNE: *RBS* 82–3, Jesu Grist, yr hwn nid ymgynnygiodd iw ddiscyblion yn *battrwm* eglurach o ddim nac o . . . Addfwynder a Gostyngeiddrwydd. **1710** S. WILLIAMS: *UOY* 7, ni fyddwn yn *Batrynau* addas i'w canlyn. **1752** J. THOMAS: *FG* 210, Rhaid i ni ddarllen Hanes ei Fywyd sanctaidd . . . a chymhwyso'r cwbl adref attom ein hunain, fel *Patrwn* perffaith i ni weithio wrtho. **1754** G. OWEN: *L* 109, I'r Gwr o'r dollfa, sef Gwilym Cybi, y mae diolch am y *pattrwm.* Efe a yrrodd yma'n ddiweddar Lyfr yn cynnwys 58 o Odlau. **1776** *W*, *patrwn* d.g. *model* [*a plan, pattern, &c.*]. *id. patrynyn* d.g. *scantling* [*a little piece*]. **1790** T. JONES: *TOS* 294, Sulwa ar fatter a modd y pregethwr . . . a bydded efe yn *battrwn* i ti i'w ddilyn.

Amr.: **padrwn. 15–16g.** LLAWDDEN, &c.: *Gw* 14. **1759** W. WILLIAMS: *SFf* 62. **patron[2]. 1604–7** *TW* (*Pen* 228) d.g. *apographum.*

Cfn.: **patrwm igam-ogam:** *cable pattern* (*in knitting*). Ar lafar. **p. rhaff = p. igam-ogam.** Ar lafar.

patrwm[2], gw. **patron[1]**.

patrwn[1,2], gw. **patron[1]**, **patrwm[1]**.

patrymaf: patrymu [bf. o'r e. *patrwm[1]*] *bg.a.* Gwneud neu ffurfio patrwm (o), rhoddi patrwm ar, cynllunio neu drefnu yn ôl patrwm neu fodel arbennig, modelu: *to pattern, model.*
1946.

patrymedd [*patrwm[1]* + *-edd[1]*] *eg.* Patrwm, y weithred o ffurfio patrwm neu o gydymffurfio â phatrwm, y cyflwr o fod yn batrymog: *pattern, patternation.*
20g.

patrymig [*patrwm[1]* + *-ig[2]*] *a.* Yn gweithredu fel patrwm neu fodel; ar ffurf patrwm: *serving as a pattern or model; in the form of a pattern.*
20g.

patrymlun [*patrwm[1]* + *llun[1]*] *eg.* ll. *-iau.* Darn metel, pren, plastig, &c., a ddefnyddir fel patrwm wrth dorri neu ddrilio defnyddiau, neu er mwyn atgynhyrchu siapiau, hefyd yn *ffig.*: *template, also fig.*
20g.

patrymog [*patrwm[1]* + *-og*] *a.* Ac arno batrwm neu batrymau, wedi ei addurno â phatrwm neu gynllun; yn ffurfio patrwm, yn cydymffurfio â phatrwm: *patterned; forming, or conforming to, a pattern.*
1916.

patrymol, patrynol [*patrwm[1]*, *patrwn[2]* + *-ol*] *a.* Ar ffurf patrwm; patrymog; yn gweithredu fel patrwm neu fodel, yn gweithredu fel enghraifft o ragoriaeth, esiamplaidd; yn perthyn i batrwm neu batrymau: *in the form of a pattern; patterned; serving as a pattern or model, exemplary; pertaining to a pattern or patterns.*

1773 *W*, *patrynol* d.g. *exemplary.*

patrymus [*patrwm[1]* + *-us*] *a.* Patrymog: *patterned.*
20g.

patrymwaith [*patrwm[1]* + *gwaith[1]*] *eg.* ll. *-weithiau.* Patrwm, y weithred o batrymu: *pattern, a patterning.*
1942.

patrynol, patrynyn, patrys, gw. **patrymol, patrwm[1], petris.**

patsh, pats [bnth. S. *patch*] *eg.* (bach. g. *-yn*; b. *patsien*) ll. *-ys*, (prin) *patsiau.* Darn o frethyn, clwt, &c., a roddir ar ddilledyn, &c., i drwsio neu orchuddio twll neu i atal traul; gorchudd llygad; llain o dir; ardal, tiriogaeth, &c., y mae person, &c., yn gyfrifol amdani neu'n ymlynu wrthi; darn neilltuol o arwyneb sy'n gwrthgyferbynnu â'r gweddill: *patch* (*of material, &c.*); (*eye-*)*patch; patch* (*of land*); *patch, area which one is responsible for or has emotional ties with; patch, contrasting area on surface.*

1854. Ar lafar yn gyff.; hefyd yn y De am 'dir lle gweithir i gael mwynau brig'; a chan bysgotwyr Caernarfon yn yr ystyr 'rhan o afon neu aber y byddid yn bwrw rhwyd samwn ynddi', *B* xxv. 53. Mae *Patshyn Glas* y enw ar ddarnau o dir, e.e. un ger Goginan, Cered., ac un arall ym mhlwyf Mynachlog-ddu, sir Benf.

Cfn.: **dim patsh ar (i):** *not a patch on.* Ar lafar, *SC* vi. 123; ''Dyw'r pregethwr newydd *ddim patsh ar* yr hen un'.

patsiaf: patsio [bnth. S. (*to*) *patch*] *bg.a.* Gosod patsh (ar), clytio, trwsio, cyfannu, hefyd yn *ffig.*: *to patch, mend, repair, also fig.*
1828.

Cfn.: **patsio celwyddau:** *to lie profusely, concoct lies.* Ar lafar yn y Gogledd.

patsien, patsyn, gw. **patsh.**

patwg, patyn, gw. **batog** (hefyd At.), **pat.**

pathawr, pythawr, bythawr, &c. [*pa[1]*, *py[1]* + *'th* + *dawr[1]*] *ymad. adfl.* Beth yw (hynny) i ti? (weithiau'n gyfystyr â 'paid â phoeni neu hidio (am), nid oes ots (am)'): *what does (it) matter to you?* (*sometimes equivalent to 'don't worry or bother* (*about*), *it doesn't matter* (*about*), *never mind* (*about*)').

c. **1300** *H* 119a. 3–4, Kychwyn yw theruyn *pathawr* eu hoewet hir uelyn eu gwaewawr. *c.* **1300** *B* ii. 30, *Pathawr* ymdidan o dynyon yn issel. ac na thebic panyw amdanat ti y byder yn dywedut. *id.* 35, Pan vuchedokeych yn yawn. *pathawr* (*ne cures*) eiriev y rei drwc. **14g.** *WM* 215. 33–4, ny threuleis wrthyt ti. werth vn or arueu. *Pythawr* (*id.* 430. 31, *pathawr*) heb ynteu hanbydy kyuoeth[o]gach. **14–15g.** *IGE[2]* 140, Bardd estron, bwriodd ystryw, / *By'th ddawr*, er gwybod beth yw (Gruffudd Llwyd)? *c.* **1400** *B* ii. 25, Or byd da dy uuched *bythawr* ytt o ogan drwc. *c.* **1400** (*SG*) *HMSS* i. 321, Och arglwyd . . . *pythawr* ytti beth adywetto ef. a cherda dy fford. **15g.** *GDLl* 102, A *bythawr*, ŵr geirfawr god? / Bych hen, y bwbach hynod. **15g.** *Pen* 57, 13, Bydd ystrawgar ar garv / *Bythawr* clodyeith vawr ath vu. **1803** *P* d.g. *pathawr.*

Gw. hefyd **bythorud** (At.).

pathetig [cfdds. o'r S. *pathet*(*ic*) + *-ig[2]*] *a.* Yn peri, yn haeddu, neu'n mynegi tosturi, cydymdeimlad, &c., a nodweddir gan dristwch neu bruddglwyf; truenus (o annigonol), gresynus, hefyd yn ddifr.: *pathetic, piteous, pitiful, also derog.*
1916.

Amr.: **pathedig. 1932.**

pathew [?cf. Gwydd. C. *patu* 'ysgyfarnog'] *eg.* ll. *-od.* Cnofil bychan blewog ei gynffon, a'i gynefin yn Ewrop ac Asia, *Muscardinus avellanarius* sy'n debyg i lygoden, ac yn cysgu'r gaeaf; cnofil tebyg bwytadwy, *Glis glis*; hefyd yn *ffig.*: *dormouse; edible dormouse; also fig.*

1547 *WS*, *pathew*, a dormouse. [**1547**] W. SALESBURY: *OSP*, Kysgy val y *pathew.* **16g.** WILIAM LLŶN: *Gw* (R. Stephens) 578, Haeraist—diwygiaist wiwgerdd—/ Ym gynnau 'ngham ganu 'ngherdd; / . . . / Be'th gredid, *bathew* grodir, / Bai ar hon yw byr a hir [ymryson Wiliam Llŷn ac Owain Gwynedd]. **1604–7** *TW* (*Pen* 228), aniual cysgadur tebyc y Lygoten, *pathew* d.g. *glis.* **1615** R. SMYTH: *GB* 181, Elionus sy'n scrifenu fagu mewn man o'r Idal, anirif o anifeiliad a elwir *pathewid* [*sic*]. **1632** *D*, *pathew*, glis, gliris. *id.* lle y megir *pathewod* d.g. *glirarium.* **17–18g.** *Iaco ab Dewi* (1953) 98, Mae th ddwy goegwan ogangerdd / Byth ar gof i m *bathew* r gerdd. [**1724**] G. WYNN: *YGD* 42, y pryd na byddai gan bobl ddim iw fŵyta, hŵy ymborthasant ar Geffylau . . . Llygod, *Pathewod*, a phryfed eraill. **18g.** L. MORRIS: *LW* 128, Bydd wych Gath ail i *Bathew*, / Cyn'r Hâf cei wenwyn a Rhew. **1762** *ML* ii. 432, Daccw'r brawd o Gaerludd gan ddiocced ar *pathew.* **1803** *P.* Ar lafar yn y Gogledd, 'cysgu fel *pathaw*', *WVBD* 415; 'cynnas fel *pathaw*'; hefyd yn yr ystyr 'a fat fellow', *ib.*

Gw. hefyd **bathor, mathol[2], pathor.**

pathogen [bnth. S. *pathogen*] *eg.b.* ll. *-au.* Unrhyw gyfrwng (e.e. bacteriwm, firws) sy'n achosi afiechyd: *pathogen.*
20g.

pathogenig [cfdds. o'r S. *pathogen*(*ic*) + *-ig[2]*] *a.* Yn (gallu) achosi afiechyd, yn perthyn i bathogen: *pathogenic.*
20g.

patholeg [cfdds. o'r S. *pathol*(*ogy*) + *-eg[1]*] *eb.* Y gangen o feddygaeth sy'n ymdrin ag achos afiechyd, ei darddiad, a'i natur, gan gynnwys y newidiadau sy'n digwydd o ganlyniad iddo; amlygiadau afiechyd, yn enw. y newidiadau sy'n digwydd o fewn meinweoedd ac organau: *pathology.*
20g.

patholegol [*patholeg* + *-ol*] *a.* Yn perthyn i batholeg; yn perthyn i afiechyd, wedi ei achosi gan afiechyd; ac iddo gymhelliad gorfodol, afresymol, direswm: *pathological.*
1933.

patholegydd [*patholeg* + *-ydd[3]*] *eg.* ll. *patholegwyr.* Arbenigwr mewn patholeg, e.e. un sy'n cyflawni archwiliad post-mortem er mwyn pennu achos marwolaeth, neu rywun sy'n archwilio ac yn dehongli'r newidiadau a achosir mewn meinweoedd gan afiechyd: *pathologist.*
20g.

pathologaidd [cfdds. o'r S. *patholog*(*ical*) + *-aidd*] *a.* Patholegol: *pathological.*
1927.

pathor [cf. *pathew*] *eg.* Pathew: *dormouse.*
18–19g. *IAW* (LlGC) 101, 33, dormouse, *pathor.* Ar lafar yn nwyrain sir Gaerf. a gorllewin Morg.
Gw. hefyd **bathor, mathol[2], pathew.**

pathos [bnth. S. *pathos*] *eg.* Nodwedd ar brofiad neu ar gynrychiolaeth artistig sy'n ennyn tosturi neu gydymdeimlad, teimlad o dosturi cydymdeimladol: *pathos.*
1867.

pau [bnth. Llad. *pāgus*; cf. H. Grn. *pou*, gl. *prouintia*, Crn. C. *pow*, H. Lyd. *pou*, gl. *pagus*] *eb.g.* ll. *peuoedd*, (prin a diw.) *peuau.* Gwlad, tir, tiriogaeth, rhanbarth, cantref, bro, ardal, lle; preswylfod, trigfan, bwthyn, gorffwysfa; *Ieith.* sefyllfa gymdeithasol a nodweddir gan set gyffredin o reolau ymddygiad, e.e. cyfeillgarwch, addysg, teulu; hefyd yn *ffig.*: *country, land, territory, region, hundred, district, area, place; habitation, dwelling-place, cottage, place of rest; domain (in linguistics); also fig.*
13g. *Études* v. 97, Brvysc rvysc rvyf brolvyd bro seythbeu dyuet breysc am get am gadev (Cynddelw). *c.* **1300** *H* 9b. 2–3, dym gwallouyed y win oe wenn adaf ut. yn aruonic caer ger hiryell *beu* (Gwalchmai). *id.* 15b. 29–31, Gwedy llid ymlid yn ymlateu. gorpwyf y gan duw ury. gwedy gwydyeu goruod gorfowys baradwys *beu* (Einion ap Gwalchmai). *id.* 109b. 4–5, Rys uawr ualch yg calch yg cadeu. Rys gryc y galwant golofyn *peu* (Llywarch ap Llywelyn). *c.* **1400** *R* 1434. 13–15, kynuaran creulan creulyt uereu. glew glyw moch nannwys o bowys *beu.* **15g.** *LGC* 84, Senedd vawr llys Nedd yw vo, / Lutenant a'i wlad tano. / Yma *pau* Rhys y[m] mhob rhan, / Yn ddov, O Nedd i Avan [i Rys ap Siôn]. **1632** *D*, *peu* . . . videtur significare Habitaculum, domicilium, sedem, Requiescendi locum. **1688** *TJ*, *peu* . . . man, llê, Trigfa, gwlâd: a Habitation, a Dwelling, a Cottage, also a Country. **1772** *Hop M* 364, Hedodd ar Edyn hoyw-deg / Yr Awen bêr dyner dêg, / O gystuddiol farwol fyd, / I *Beuoedd* pûr y Bywyd. **1793** R. Powell: *ADV* 10, Mor bur amryw *bau* [:– Bro]. *id.* 28, Dwg ni, Iôn, union Arweinydd, i sail / Y Gaersalem Newydd; / Llyna y *Bau* lle ni bydd / Un drwg Aua'n dragywydd! **1803** *P.* Cf. *Cylchg LlGC* iii. 3, tra'r mor yn fûr i'r bûr hof *bau.*

Paul—llysiau P., gw. llysiau.

Pauleiddiaf: Pauleiddio [yr e. prs. *Paul* +*-eiddio* (At.)] *ba.* Gwneud yn ddilynwr i'r Apostol Paul neu i'w ddysgeidiaeth: *to Paulinize.*
1897.

Pauliciaid [cfdds. o'r S. *Paulic(ians)*+ *-iaid[1]*] *e.ll.* Aelodau o sect grefyddol a gododd yn Armenia yn y 7g. ac a oedd yn arddel math o Fanicheaeth: *Paulicians.*
1807.

Pauliniaid [cfdds. o'r S. *Paulin(ists)*+ *-iaid[1]*] *e.ll.* Rhai sy'n arddel athrawiaeth yr Apostol Paul: *Paulinists.*
1792 P. Williams: *TG* 40, Y mae'n hyspys i'r rhai cyfarwydd yn hanes y brif-eglwys, lys-enwi rhai o'r prif Gristianogion, gan eu brodyr enllibus yn *Pauliniaid*, am eu bod yn parchu epistolau Paul.

paum, gw. **paun.**

paun [< *päun*, bnth. Llad. *pāuōn-* (bôn yr e. **pāuō*), drwy'r Llad. llafar **paōn-* neu drwy ff. Gym. **pawun*; cf. H. Grn. *paun*, gl. *pauo*, Llyd. C. a Llyd. Diw. *paun*; tebyg mai gair gwahanol yn wr. a welir yn adran (*c*), cf. Ffr. Lloegr *poun*, S. *pawn*] *eg.* ll. *peunod*, (prin) *-au.*

(*a*) Ceiliog ffesant o'r tylwyth *Pavo* ac iddo grib a chynffon sy'n ymledu fel ffan ac arni ysmotiau glas a gwyrdd tebyg i lygaid; cig yr aderyn hwn: *peacock.*
14g. *WM* 225. 22–4, saetheu ac eu peleidyr o askwrn morwil gwedy eu haskellu ac adaned *paun.* **14g.** *GDG[3]* 43, Nid un y *paun* gnu o blu â blaidd. **14g.** *GIG* 47, Amlaf lle, nid er ymliw, / Penhwyaid a gwyniaid gwiw, / A'i dir bwrdd a'i adar byw, / *Peunod*, crehyrod hoywryw [i lys Owain Glyndŵr]. **14–15g.** (*Diw.* **16g.**) *Gwyn* 3, 168, Dryg-waith madyn dorog wyllt / dal gwyrdd *baun* rhwng gwaun a gwellt [Rhys Goch Eryri i'r llwynog]. *c.* **1400** *MM* 124, Dot galchua *paun* a gweid redyn ac ef a uyd iach. *c.* **1400** *Études* vii. 62, Y garanot, kalet ynt ac anawd eu todi, ac velly y *paunot.* **15g.** *DN* 76, Teg wyd, *bayn* llwyd, ar ben llys, / Ag unfodd wyd ag enfys. / Drych teg yn dorche wyd ti, / Draig las o wydyr eglwysi. *Diw.* **15g.** *AP* 20, Or tv arall ir aber yroedd eleirch . . . *affevnod* gwylltion *affevnod* dof yn kasdellv. **1547** *WS*, *paun*, a pecocke. **16–17g.** *CRC* 433, Ni bv lew erioed kynn stowtied / ag ydoedd yno berssonied / na *ffavn* hanner kynn wched / ag ydoedd gwragedd yr offeiried. **1632** *D*, lleisio mal *paun* ad d.g. *pupillo.* **1707** *AB* 115a, *payn.* Dim. *poin* d.g. *pavo.* **1795** J. Thomas: *AIC* 117, Juno o barch iw Swŷdd a droes ei Lygaid ef i Gynffon *paun.* Ar lafar yn y Gogledd yn y ff. *pâun*, 'Maen' nw fel *peunod* o falch', *WVBD* 416, ac yn y ff. *pân* yng ngogledd Cered., ''Odd e'n rhegi fel *pân* wastad'; hefyd yn y ff. *poun* yn sir Benf. a Chered., *GDD* 231, a *paum* yn sir Gaerf., *TGG* (1904) 51.

(*b*) (enghrau. *tros.* a *ffig.*: *transf. and fig. exx.*).
14g. *GDG[3]* 53, Pell eglur, penadur pwyll, / *Paun* da ddadl, pand oedd ddidwyll [marwnad Madog Benfras]? *id.* 68, *Paun* asgellas dinastai, / Pa un o'r mil? Penna'r Mai. / Pwy o ddail a'i hadeilai / Yn oed y mis onid Mai? **14g.** *GIG* 22, Plant Tudur, fy eryr fu, / *Peunod* haelion pen teulu [i feibion Tudur o Fôn]. **15g.** *GHC* 16, *Paun* y drin, pwy ond Rheinallt / A dynnai'r ofn dan yr allt? **15g.** *ID* 7, *pavn* i fair yw penn y ferch. *id.* 96, pedwar o imp un adwyd / *paynay* ynller [*sic*] *paen* hen llwyd [marwnad Siôn ap Dafydd]. **1630** R. Llwyd: *LlH* 52, cywilydd i ferched . . . eu gwneuthur eu hunain yn gyfryw eulynnod, a delwau, a *pheunod.* **1724** S. Williams: *ADA* 160, pan ymddangoso Angau gwelwlas, fe dyn i lawr blu'r *Paunod* hynny, ac a dyr eu cribau. **1795** J. Thomas: *AIC* [2], Gwladychwr gloywa dichwen, / *Paun* hyffordd waith Pen Ffordd Wen.

(*c*) Gwerinwr (mewn gwyddbwyll): *pawn (in chess).*
1603–4 *Cylchg LlGC* v. 280, Whitchurch . . . in Welshe Yr Egloswen [sir Benf.] . . . in this parishe the meanest & simplest sort of people . . . were skillfull at Chesse play & being alltogether welshe of language had proper names for the Chess bord & the severall sortes of men . . . the paunes they called y *paynod* bach.

(*d*) *Ser.* Un o'r cytserau deheuol: *Pavo (in astron.).*
1850.
Gw. hefyd **pawin, peunes.**

paunlyngyr [*paun*+*llyngyr*] *e.ll.* (un. b. *-en*). *Swol.* Math o lyngyr a lliw oren a fioled ar eu cynffonnau, *Sabella pavonina*: *peacock worms.*
20g.

paunydd, pawan, gw. **peunydd, pawin.**

pawb [Crn. C. *pup*, *pep*, *pop*, Llyd. C. *pep*: < Brth. **pāpos*: < Clt. **kᵘ̯ākᵘo-*; cf. Gwydd. *cách*, H. Slafoneg *kakŭ* 'pa fath', Lithwaneg *kōks* 'pa fath; unrhyw'; gw. hefyd *pob[1]*] *rh.* a hefyd gyda grym ansoddeiriol.

(*a*) (yn annib.) Pob un, pob person, y cwbl: *everyone, everybody, each one, every one, all.*
9–10g. (*Ox* 1) *VVB* 202, gurt *paup*, gl. *consistes.* **12g.** *LL* 120, ryd rac brennin aracpaup namyn dy teliau. **13g.** *LlI* 13, Ef a dele trullyav e llyn a rody e *pavb* herwyd e delyho (*LlDW* 18. 25–6, arody y*baub* kemeynt ay kylyt). **13g.** *C* 50. 3–4, Aghev a duc *paup.* **13g.** *A* 6. 14–15, pan disgynnei [*sic*] *bawb* ti disgynnvt. **14g.** *YBH* 9b, ewch *pawb* gyt ac ef. *id.* 19a–b, [t]eir mil yd oedynt o riuedi a*ffawb* o nadunt yn begythyaw bown. **1547** *WS*, *pawp*, euerychone. **1551** W. Salesbury: *KLl* lviib, ac a vwytysont oll [:– *pawp*] yr vn bwyt ysprytol. **1592** S. D. Rhys: *Inst* [xvi], 'ir Prydyddion a'r Awdurieit, *pawb* dann ei enw 'ihûn. *id.* [xvii], bydd *pawb* o'r a fô a' dim syrth gantho . . . ynn danfon *pawb* i gymhorth a'i athrâwaeth iddo. **1632** J. Davies: *LlR* 286, os erlidir *pawb*, ni ddiangc neb. **1701** E. Wynne: *RBS* 22, [c]ydsyniad *pawb* synhwyrol yn unfryd. **1725–6** *Madd Ed* 204, gwir . . . achos o'r rhan fwyaf neu *bawb* o'r Gwrthgiliadau cywilyddus hynny. **1803** *P. Diar. Pawb* a'i fys lle bo'i ddolur.

(*b*) (a'i ddilyn gan e.) Pob, holl: *each, every, all.*
1346 *LlA* 94, A*phawb* ryw safwyrber blas achweith arnunt hyt nat oed na sukyr na blensbwdyr . . . ae kyffelypei. **1551** W. Salesbury: *KLl* d.d., Llewychawdd iachwyawl rat Deo i *pawp* dyn. **1567** *LlGG* [xi], [y]r oll a *phawp* Dinasoedd, Borouchеu, a Threvi corphoredic o vewn y Deyrnas hon. **1567** *TN* 188a, iachay *pawp* rei oedd yn 'oarsengedic y gan ddiavol. **1595** *Egl Ph* 40, *Pawb* vn o'r hein 'eiriau yn neulltuol, ac ar ei pennau ei h[u]nain. **1725–6** *Madd Ed* 64, Ordinhâd wedi ei chymhwyso i *bawb* Gwledydd, Cenhedloedd, ac Oesoedd. **1792** Tomos Glyn Cothi: *Ap* 29, fod eneidiau *pawb* dynion mewn bod cyn iddynt gael eu danfon i eneidio y cyrph. **1803** *P*, *pawb*, a. every.
Amr.: **powb.** **1551** W. Salesbury: *KLl* ia, Na ddylewch ddim i neb namyn hyn onid, cary *powp* y gylydd. *id.* ivb, *Powp* peth a wnaythoeddit. *id.* xxiiia, *powp* or a gymerant cleddyf.
Cfn.: **pawb ac un:** *one and all, each and every one.* **1785** E. Barnes: *MH* v, Gan wel'd yn eglur ddigon d'amcanion *bawb ac ûn.* **1803** *P* d.g. *pawb.* **p. at y peth y bo:** *everyone to his (own) taste, 'chacun à son goût', tastes differ, there's no accounting for tastes.* **1935. p. oll:** *all, everyone.* **1603** W. Midleton: *Ps* [iii], y llyfr hwnnw yn wîr-angen-rheidiol i *bawb oll* iw fyfyrio. **1710** *LlGG* sig. a1v.
Gw. hefyd **pob[1].**

pawen[1] [**paw* (bnth. S. C. *paue* neu H. Ffr. *poue*; ?cf. H. Grn. *paugen*, gl. *pedula*, Llyd. C. *pau*)+*-en*] *eb.* ll. *-nau.* Troed grafangog neu ewinog mamolyn pedwartroed, troed, carn, llaw, hefyd yn *dros.* ac yn *ffig.*: *paw, foot, hoof, hand, also transf. and fig.*
?**14g.** **(1640)** *B* v. 133, nis gorfydd angau / na [ ] na llafnau. / . . . / a llwyth trychan men / yn rhawn pob *pawen.* **15g.** *LGC* 424, Myn glod o lawrodd mewn gwlad, ail Iorys; / Mewn y ddwy *bawen* myn y ddwy Bowys; / Maelawr Alo vawr lew, â'i vys troes hedd. **16g.** *GIIV* 35–6, Och fi fab na chae fe i fin / Heb ynylu i benelin / Ai *bawen* fal kigwen kog / A wnai fferchen yn fforchog [i ofyn Wil Hwysgin]. **16g.** *B* xv. 275, ni allai yr vn o'r gwyr . . . ddyuod mor agos atto ef [tân] ac i gallai ef dwymno J *bawen.* **16–17g.** E. Prys: *Gw* 221, Mae'r llen ar ôl *pawennau* / Yn fraith gan eich gwaith yn gwau. **1632** *D*, *pawen*, vngula, manus. **17g.** Huw Morus: *EC* i. 252, A'i law . . . / . . . / Hi a gostiodd werth ŷch mawr pasgedig, / Buro ei *bawen*, a'i fêr aden, oedd friwiedig. **1688** *TJ*, *pawen*: a Hand, also the Paw or Foot of a Beast. **1756** G. Owen: *L* 178–9, Fe fu'r Lladin trwy ddwylo rhai o'r gwyr dysgedicсaf y ffordd yma, ac yr oedd yn bodloni pawb yn burion . . . Ac am y Gymraeg, hi aeth trwy *bawen* y Llew yn ddiangol. **1762** *ML* ii. 500, Danghosed cenfigen ei dannedd a chnöed ei bysedd oddiar ei *phawennau.* **1763** *id.* 567, Pwy a fuasai yn meddwl y gwnai'r Llew Du a'r Mastiff Brych fyth ysgwyd *pawenau!* **1803** *P.* Ar lafar yn y Gogledd, 'Tyn dy hen *bawan* i ffwrdd!' 'Get your paws off!'; dywedir bod rhywun 'dan *bawan* ei fam' 'under his mother's thumb'.
Cfn.: *Bot.* **pawen yr arth:** *bear's breech, Acanthus mollis; black hellebore, Helleborus niger; stinking hellebore, Helleborus fœtidus; bear's foot, Helleborus viridis.* **16g. (1763)** W. Salesbury: *LlM* 37, Acanutha [*sic*] yn groeg a lladin, a Branke vr[si]ne . . . yn saesneg *pawen yr arth*, ne tafol y môr yn gymraeg. **1604–7** *TW* (*Pen* 228) d.g. *acanthus, pæderos.* **1688** *TJ* (*Bot*), *pawen yr arth*, troed yr arth: Black Hellebore, Brankursin. **1813** *WB* 225, *Pawen yr Arth* edr. Crafangc [yr arth].

pawen[2], gw. **pawin.**

paweniad [bôn y f. ddil.+*-iad[1]*] *eg.* Y weithred o bawennu: *a pawing.*
1803 *P.*

pawennaf: pawennu, pawenna [bf. o'r e. *pawen[1]*] *bg.a.* Cyffwrdd â phawen neu law, crafu neu daro â phawen neu garn, cyffwrdd neu anwesu mewn modd trwsgl neu anweddus, crafangu: *to paw, grope, claw.*
1803 *P* d.g. *pawena, pawenu.*

pawennaidd [*pawen[1]*+*-aidd*] *a.* Yn defnyddio pawen(nau), tebyg i bawen: *using a paw or paws, like a paw.*
1803 *P.*

pawennog [*pawen[1]*+*-og*] *a.* A chanddo bawen(nau), hefyd yn *dros.* ac yn *ffig.*: *having a paw or paws, also transf. and fig.*
1778 *W* d.g. *pawed.* **1803** *P* d.g. *pawenawg.*

pawin [< **pawun*, bnth. Llad. *pāuōn-* (bôn yr e. *pāuō*), o bosibl drwy'r ff. lafar **paōn-*] *eg.* (b. *pawen, pawines*) ll. *-s.* Paun, hefyd yn *ffig.*: *peacock, also fig.*
c. **1400** *RM* 163–4, saetheu ac eu pelydyr o asgwrn moruil. gwedy eu hasgellu ac adaned *pawin* (*WM* 225. 24. paun). *c.* **1585** *Rhyddiaith Gymraeg* i. 105, helm . . . yn yr hon i dododd hi gynffon *pawin.* *c.* **1585** *Llst* 178, 38a, y *bawines* baintedig. **1707** *AB* 239c, words . . . known to be of common use in that Country [de Cymru], and scarcely or not all spoken in North Wales . . . *pawyn* and *pawen*, a Peacock. **1753** *TR*, *pawen*, the same as Paun. Ceiliog *pawen*; Iar *bawen.* **1778** *W*, paun, *pawyn*, ceiliog *pawyn* d.g. *pea-cock.* *id.* *pawen*, iâr *bawen* d.g. *peahen.* Ar lafar ym Morg. yn y

ff. *pawin, pywin* (ll. *-s*), ''en *bywin* balch', 'gwishgo fel *pywin*', 'tingu fel *pywin*'.
Amr.: **pafyn. 1707** *AB* 238a. **pawan. 1803** *P*, *pawan* . . . Ceiliawg *pawan*, a peacock; iar *bawan*, a pea-hen. **pawon. 1707** *AB* 115a, payn . . . Glam. *pawon* d.g. *pavo*.
Gw. hefyd **paun, peunes.**

pawl [bnth. Llad. *pālus*; cf. Llyd. C. a Diw. *peul* 'postyn'] *eg.* ll. *pol(i)on, poliau*.

(*a*) Polyn, postyn, stanc, prop, ffon; imp, gwialen; gwaywffon, pastwn; hefyd yn *dros.* ac yn *ffig.*: *pole, post, pale, stake, prop, pile, stick; shoot, rod; lance, club; also transf. and fig.*
13g. *LlI* 92, am pob *paul* a guyalen a chledren, keynnyauc. **13g.** *C* 81. 10–11, Bluytin llaun im rydoded. ym. bangor ar *paul* cored. **13g.** *Llst* 1, 70, ef perys gwnevthvr *polyon* heyrn kyvrasset a mordwyt gwr . . . a gossot er rey henny a dan dvfyr . . . aethant ev llonghev ar e *polyon* heyrn. **13g.** *BD* 99, cauas ynteu *pavl* da cadarn, ac a'r *pavl* hvnnv pa un bynnac o'r Saesson a travhei, yn y bei vrivedic y ben a'e emenhyd, y hanuonei parth ac uffern. **14g.** *GDG*³ 373, Drum corff wedi'i droi mewn carth; / Ble buost, hen *bawl* buarth [i'w gysgod]? *c.* **1400** [*RB*] *WM* 507. 7–8, llad y penn ae dodi ar *bawl* y gatlys. **15g.** *Pen* 109, 86, Wyr i einion or henwyrr. / Ap howel uain ar *pawl* uyrr (Lewys Glyn Cothi). *a.* **1561** *B* vi. 49, helic a ddlir y kropo o haner Chwefrawr y haner Ebrill, a dodi'r *polon* mywn tir gwlyb, a'y gado yno nes yddynt ddechray bragy ychydic. **16–17g.** *Cer RC* 31, Os da gan arth i baitio wrth *bawl*. **1620** *Mos* 204, 102, Mi a symudav i *bawl* tid ev oddyno. **1632** *D*, *pawl*, palus, i. surus, sudes, vallus, stipes, vacerra. *id.* d.g. *fistuca, palatio*. **1672** R. PRICHARD: *Gw* 464, Fe'm tôst ffystir gan Gythreuliaid, / Yn gan gwaeth nag y bydd Tanner, / A'r *Pawl* mawr yn ffysto'r lleder. **17g.** HUW MORUS: *EC* i. 76, Pwy ond Dafydd, pen tyfiad, / *Pawl* aur glwys, yw piler gwlad. *id.* 225, Dinystrio 'r Brenhinwydd, ac impio *pawl* newydd. **1688** *TJ*, *pawl*: a stake, post or prop, also a pile. **1722** *Llst* 189, *pawl*, m.p. *polion*, a great club. **1740** T. EVANS: *DPO* 56, gwnaethant Glawdd mawr o Dyweirch a *Pholion*. **1753** *TR*, *pawl* . . . a pale. **1790** T. JONES: *TOS* 309, A geiff Saunders gofleidio 'r *pawl*, a llefain, groesaw 'r groes? **1803** *P*. Ar lafar gynt ym Mhenllyn ac Arfon, '*pawl* . . . pole . . . e.g. of a carriage, between two horses to communicate the power to a threshing-machine', *WVBD* 416.

(*b*) Mesur tir o tua phum llathen a hanner, perc, gwialen: *pole* (*land measure*), *perch, rod*.
1747 *ML* i. 109, 'Rhwd' and '*pawl*' are very bad words and nowhere used . . . *Pawl* is no measure. *id.* 113, *Pawl* is not used anywhere for a measure, but perc is all over South Wales.

(*c*) (ffrwyth cymysgu S. *pole* 'polyn' a *pole* 'pegwn') Pegwn; eithaf: *pole; extremity*.
1795 J. THOMAS: *AIC* 29[7], [*p*]*awl* y Gogledd, neu *Bawl* y Deheu, North pole or So[u]th pole.
Cfn.: **pawl cae:** (*hedge*) *stake*. *c.* **1400** *RB* ii. 160. **1632** *D* d.g. *sudes*. **1800** W. OWEN[-PUGHE]: *CP* 41. **p. cored, p. (y) gored:** *weir stake, weir-pile.* **13g.** *C* 81. 11, *paul cored*. *c.* **1624** *CRC* 133, *polion gored*. *c.* **1646** *LlCy* v. 87, Darogan Merddin aeth ar derfyn / ar *bawl egored* [*sic*] J bü i dynged. **p. haf:** *maypole*. **1656** W. JONES: *TPG* 20, *polion ha*, chwaryddion . . . dawnsio a chanu. Ar lafar yn y De, *LlG* xiii. 20. **p. Mai = p. haf. 1921.** Ar lafar, *LlG* xiii. 20. **p. onn:** *ash lance*. **15g.** *GHC* 10. *Diw.* **15g.** *Pen* 67, 80. **15–16g.** *TA* 222. **o b. i b.:** *from pole to pole.* **1820** R. DAVIES: *DB* 22, Is nef pe chwiliwn hefyd / O *Bawl* i *Bawl* Bêl y byd.
Gw. hefyd **polyn.**

Pawl(-), gw. **Paul(-)**.

pawlaf: pawlo, gw. **poliaf³: polio.**

pawlfwyall, pawlfwyell [*pawl*+ *bwyall, bwyell*] *eb.* ll. *-fwyyll*. Cadfwyall, bwyall ryfel: *pole-axe*.
1874.

pawlgae, pawmant, gw. **polgae, paement¹.**

pawns¹ [bnth. S. *paunch, paunce*] *eg.* Bol (mawr); arfwisg (?ar gyfer rhan isaf y corff), arfau; clos, llodrau, ?gwregys: (*big*) *belly, paunch; armour, ?paunce, arm(s); breeches, ?belt*.
15g. (*Dchr.* **17g.**) *RWM* ii. 303, Er dy frigawns ath *bawns* ath bwnn (Dafydd ap Siancyn). *c.* **1562** *B* ii. 233, *pawns*: arfau. **1604–7** *TW* (*Pen* 228) d.g. *arma* (hefyd *D*). *Dchr.* **17g.** *J* 10, 121a, *pawns*, panche. **17g.** HUW MORUS: *EC* i. 72, Coethi corddi cywirddawns, / Oni bo yn burmo'i *bawns* [i ofyn siwt o ddillad]. **1716–18** *Llsgr R. Morris* 212, pan orweddodd wrth ei *phawns*. **1722** *Llst* 189 d.g. *arms* (*weapons*). *id.* *pawns*, m. . . . a pair of breeches.

pawns² [gair geir., sef bnth. S. *bounce*] *eg.* Sŵn a achosir gan ergyd: *thump*.
1753 *TR*, *pawns*, a bounce, noise or thump. **1770** *W* d.g. *bounce, or a bouncing noise*.

pawon, gw. **pawin.**

pawr¹ [bôn y f. *poraf*: *pori*; bnth. Cym. yw Gwydd. Diw. *pór* 'had'] *eg.* ll. *porion*, weithiau gyda grym ansoddeiriol. Porfa, glaswellt, tir pori; bwyd: *pasture, grass, a grazing; food*.
13g. *LlI* 101–2, Puybynnac a wnel cae eg kylch y yt, dalyet ar y guellt a uo endau ual ar er yt, cany deleyr guellt*paur* yna. *c.* **1300** *H* 1b. 24, ny thorres y *bawr* a wu breityawc (Meilyr Brydydd). **15g.** *Glam Bards* 331, Blodau hafaidd hyd y llawr a gwych y *pawr* oi lased. **1547** *WS*, *pawr*, pasture. *Dchr.* **17g.** *J* 10, 121a, *pawr*, foode, pastus. *id.* 129a, *porion*, pl. *pawr*, S. pabulum. **1632** *D*, cyttir *pawr* d.g. *compascuus*. **17g.** E. MORRIS: *Gw* 179, Iawn bwyth yn *bawr* yw'r llwyth o'r llawr, / A'r mwyth i'r mawr yrr a'i med. **1722** *Llst* 189, *pawr*, m. a feeding, grasing. **18–19g.** *Llr* C 2, 302, ei *bawr* yw llaeth a bara / Iachused yw, a chaws da. **18–19g.** *IMCY* 233, Meillion *pawr* a myllyn perth, / A glasgoed dan do glwysgerth. **1803** *P*. Clywir ym Morg. y dywediad 'Os yn Ionor tyf y *pawr* / Trwy'r flwyddyn wetyn tyf a fawr', M. WILIAM: *DY* 28.

pawr², gw. **poraf: pori.**

pawrdir [*pawr¹* + *tir*] *eg.* ll. *-oedd*. Tir pori: *pasture* (*land*).
1870.
Gw. hefyd **pordir.**

pawrfilod [*pawr¹* + *milod* (ll. yr e. *mil²*)] *e.ll.* Gwartheg: *cattle*.
1850.
Gw. hefyd **porfilod.**

pawrle [*pawr¹* + *lle¹*] *eg.* ll. *-oedd*. Tir pori: *pasture* (*land*).
1849.

pawrlysiau [*pawr¹* + *llysiau*] *e.ll.* Llysiau a dyfir fel porfa: *herbage*.
1929.

pawrwellt [*pawr¹* + *gwellt*] *e.tf.* *Bot.* Tylwyth o weiriau ac iddynt golion hir, bromwellt, *Bromus*: *brome* (*grass*).
1813 *WB* 225, *Pawr-wellt*; Bromus;—Brome-grass.
Gw. hefyd **porwellt.**

pawrwydd [*pawr¹* + *gwŷdd¹*; ansicr yw perthynas *borwyd*, *R* 1347. 12] *e.ll.* Brigau a borir (gan wartheg, &c.): *twigs eaten as fodder* (*by cattle, &c.*).
1771 *W* d.g. *browse* (hefyd *WR*).

pawyn, gw. **pawin.**

pe, pei¹, pai³, be(i), bai³, ped¹, bed³ [*be* (*pe*) < *bei* (*pei*) (> *bai* (*pai*)), 3 prs. un. amhff. dib. y f. *wyf*: *bod*; â'r ff. yn *p-*, cf. *po¹*, *poed*, H. Grn. *pi* 'neu', Crn. C. *py* 'neu', H. Lyd. *pei* (gw. y cfn. *bei . . . bei*), Llyd. C. a Diw. *pe* 'neu'; cf. ymhellach H. Wydd. *ba, fa* 'neu', *rodbo* 'naill ai; neu'; gw. hefyd *pei³*, *po¹*; digwydd *ped* o flaen llaf. ac yn eithriadol o flaen *g-* (cf. *hud²*, *nad¹,²*, *neud*, *nid¹,²*, *od²*, ac *yd¹*) a hefyd, gan beri tr. ml., o flaen ff. amhff. a grb. y f. *wyf*: *bod*] *cys.*

1. (*a*) Os (o flaen bf.), a bwrw y: *if*.
13g. *BD* 45, *bei* as keissei y dvyweu y dvyn y ganthunt y llauurynt vynteu. *id.* 46, bu gyn galetet y vrvydyr yny oed y tywarcheu yn redec o'r guaet mal *pei* delhei deheu wynt yn deissyuit y dodi eiry a rev. *id.* 145, ef a tebygei y gellynt caffael holl rydit . . . *pei* keffynt kyffuryf. **14g.** *B* v. 202, A Mab Duv heuyt a uu . . . hep annyan dyn *beis* mynnei. **14g.** *WM* 66. 16–17, *bei* ymladem ni ac wyntwy clot drwc uydei arnam. **14g.** *GDG*³ 156, *Pei*'th gawn, liw eglurwawn gloyw, / Da y gwn, trwsiwn wawd trasyth, / Degle, ferch, dy gelu fyth. *id.* 318, Digrif, *peis* gatai'r dagrau / A red, oedd glywed yn glau / Dyrain mawr ederyn Mai. ?**14g.** *OBWV* 268, Ni pheidiaf â Morfudd, hoff adain —serchog / *Pes* archai Bab Rhufain (?Dafydd ap Gwilym). *c.* **1400** *YCM*² 67, ny bu neb a deruysgei arnunt eu hynt, nac a'e gallei *pei* ys mynnei. **15g.** *ID* 80, *beim* lleddid nis newidiwn. **15–16g.** *GIF* 44, Bwrw wnaut ti naw barwn teg, / *bes* mynnud, mewn bys maneg. *id.* 70, Bid is dadl, *bed* astudiwn; / byddar fydd pob pâr heb hwn. **1547** *WS* [vii], gw/iliwch . . . rhac ych twyllo yn kam geisio gair allan oe van briod . . . vegys *pe* i keisiech v/n or geirieu hyn. *a.* **1561** *B* vi. 47, bydd chwech milldir o hyd yndynt *pai* roid pob kwys wrth dalken y gilydd. **1567** *TN* 245a, yr hwn ddoethinep ny's adnabu neb o dywysogion y byt hwn: can ys *pe*'s adwaenesent, ny chrogesont wy Arglwydd y gogoniant. **1588** *Barn* xvi. 17, *ped* eillid fi, yna y cilie fy nerth oddi wrthyf. **1716** E. SAMUEL: *GGG* 144, *ped* gofynnai rhyw Anghredadyn iddynt hwy pa ham y coelient wneuthur o Foses Ryfeddodau, ni fedrent roddi un atteb.

(*b*) (enghrau. o flaen ff. y f. *wyf*: *bod*: *exx. before forms of the vb.* '*wyf*: *bod*').
13g. *DB* 65, oc eu hanyanaul gyffro en erbyn y byt y prouir bot eu redec, megys *pei* et vei edyn en rot melin. **14g.** *B* x. 56, A *pei* buassut ti deilwng . . . ny buasut gyfueillt y delweu mut a bydeir. **14g.** *YBH* 3a, *affebei* gyt a mi luossogrwyd o gedernyt yscaelus a beth oed gennyf dy uygwth. *c.* **1400** *R* 1277. 15–16, *Betuei* vyw vy llyw. *c.* **1400** (*SG*) *HMSS* i. 320, y mae ryw rei am lladei i yn ehegyr *peit* vewn heb arueu amdanaf. **15g.** *FfBO* 35, [*p*]*et* vehut doeth di, ti a adnabydut beth a dylyut y dywedut. **15–16g.** *GIF* 28, Ba fan na bai a fynnych / *bet*fai'r Duc o Betfwrd wych? **1588** 2 *Esd* xvi. 29–30, dau o'r maes, y rhai a ymguddiant yn y perthi, ac yn ogofydd y creigiau, Fel *ped* fai dair ne bedair o oliwydd we[d]i eu gadel yn y man lle y byddo 'r oliwŷdd yn tyfu. **1595** H. LEWYS: *PA* 8, *pe* i buase hiliogaeth dyn, yn vfuddol i gyfreithie duw . . . e fuasse . . . yn gwbl ddedwydd. **1604** R. HOLLAND: *BD* 5, Yr ail peth yw fym-mod yn dangos mewn rhyw fanneu o hono, mal *pet* fawn yn magu cenfigen. **1701** E. WYNNE: *RBS* 20, *ped*fasei ei fryd êf ar ei anrhydedd ei hun, gwell fuasei ganddo brophwydo'r cwbl ei hun. **1795** JAC GLAN-Y-GORS: *SG* 5, Gallwn chwyddo'r llyfr yma . . . *ped* fawn yn dal sylw ar haner y glanastra a wnaeth brenhinoedd.

2. Os, a bwrw mai, petai (o flaen elf. amgen na'r f.): *if* (*it is* (*were, &c.*)) (*before any element other than the vb.*).
13g. *LlDW* 75. 16–17, *pey* ymlad a uey yno dyruy yr argluyd a uydey. **13g.** *B* ix. 335, *Pei* budugawl hep ef ry emchuelassei ef o bers. *id.* x. 26, *Pei* er argluyd pab ae gardinalyeit a genynt efferen drossof mi a gaffwn vadeuant. *id.* 32, *pei* da gan dy argluydiaeth di. ef a welit ynni . . . evelly kyuodi corfyn de vam. **14g.** *GIG* 102, Pwy a allai, *pei* pensaer, / Peintio â chalch pwynt fy chwaer? *c.* **1400** *R* 1047. 24, *Bei* gwreic gyrthmwl. bydei gwan hediw. *c.* **1400** *J* 1, 1059, *Bei* abawt y gweit gwe. **15g.** *LGCD* 49, Ei fedd, ei ddillad am f'ais, / *Be* cof, yn fab y'u cefais. **15g.** *ID* 71, eillio dyfarf a ellid / heb eillio r gras *pe*llair gwrid. *id.* 94, yn issel y kwynasswn / *bai*nttwy gawssai r pen twnn. **15–16g.** *TA* 484, Ymrafaeliodd marfolaeth / Mor syn a *phe* 'mwrw o saeth. **1551** W. SALESBURY: *KLl* lxxxiva, *Pe* or byt y bysech, y byt a garysei yr eino. **1588** *Io* ix. 41, *pe* deillion fyddech, ni bydde arnoch bechod. **1594–6** *B* iii. 276, *Bai* gwir hynny, llever a gaphut ti. **1632** J. DAVIES: *LlR* 44, na fwrw ymaith mo'th enaid gwerthfawr . . . y mae efe yn barod iawn i'w gadw . . . *pe* dydi a'i rhoit ar ei law ef. **1715** T. EVANS: *GC* 4, *ped* amgen ê fyddai dynion yn rhwymedig heb ddim argyoeddiad oll. **1759** T. THOMAS: *WWDd* 304, *Pe* Sancteiddrwydd Crist yn gyfrifedig i ni . . . sydd yn ein cymhwyso ni i'r Nefoedd . . . ni fyddai ddim rhaid wrth Sancteiddiad yr Yspryd.
Amr.: **pa².** **14g.** *YBH* 47a, A *pha* ny bei daet y march . . . ni a vynem y diuetha. **16g.** *Yst Kym* 9, fal *pa* bae ef. **pes²** [*pe*+*ys¹*; dichon mai engh. o *pes¹* (sef *pe*+*-s¹*), a'r *-s* yn broleptig, a geir yn yr engh. gyntaf]. **1567** *TN* 94b, *Pe's* [:– A's] bysei hwn yn Prophwyt (W. SALESBURY: *KLl* lxxxa, Pe bysei hwn pro/ phwyt), ys gwybysei ef pwy'n, a' pha ryw 'wreic yw hon. **1661** E. LEWIS: *Drex* 343, fe dal y prîs *pes* poen Tragywyddol fyddei. **poni³** [ynghyd â'r negydd *ni²*; dan ddyl. *poni¹*]. **15g.** (*LlDB*) *LlGC* 7006, 121. **py², pyd², by², byd³.** **14g.** *WM* 80. 2–3, A *phy* nabei ueichawc hi nis gordiwedut ti. **1567** *TN* 377a, mi vynwn *pyt* veid yneill ae-/twym ae oer. *id.* 379a, yr ydoedd Oen yn sefyll mal *by* biasey gwedy ladd. **1617** R. PRICHARD: *CE* [16], *Byt* vay mau, yn fwy na mynydd, / Canmwy yw trugaredd Crist.
Cfn.: **bei . . . bei** [H. Lyd. *pei meham pei leham* '(boed) y mwyaf neu'r lleiaf']: *whether . . . or*. *c.* **1400** *YSG* i. 34, eynt y mywn a phob morwyn o'r a delei fford yno, *bei* jawn *bei* cam. *ib.* kanys pawp a eynt yno yr amser hwnnw, *bei* ar iawn *bei* ar gam. **bei (pei) drwg bei (pei) da gan:** (*whether he, &c.*) *like it or not, willy-nilly*. **14g.** *HMSS* ii. 90, *pei* drwc *pei* da gantaw ef a anuonit y ti. **14g.** *Bren Saes* 124, gwneithur yn escop yno Bernard . . . *bei drwc bei da gan* holl ysgolheigion Kymre. *c.* **1400** (*SG*) *HMSS* i. 321, paredur ae gyrrawd geyr y vronn *bei drwc bei da ganthaw*. **15g.** *BB* 204, y gwnay ef coron ydaw; *bei drwc bei da gan* gatwallawn. **pe, &c., na(d):** *if . . . not, unless*. **13g.** *BD* 121, y Saesson a oruydei *pei na*'r delhei uydin o uarchogyon Llydav. **14g.** *GDG*³ 245, Ni ddown i oddef, od gwn, / Beunoeth gur, *bei na*'th garwn. **1567** *LlGG* (*Sall*) 14b, Mi ddefficieswn *pe na* byswn yn

credy. **p. na bai:** *unless it were, were it not (for), but for, except, without.* **14g.** *WM* 80. 2–3, A *phy na*bei ueichawc hi nis gordiwedut ti. **p. ni:** *if . . . not, unless.* **1740** T. Evans: *DPO* 84, ni bo dewrach na chwi, *pei ni* attech i lesgedd i'ch gorfod. **p. ni bai (fai):** *unless it were, were it not (for), but for, except, without.* **14g.** *YBH* 47a, A *pha ny bei* daet y march . . . ni a vynem y diuetha. *c.* **1400** *Ked AA* 13, *pa ny bei* vot y'm llaw i Ruuein, dy ffiol di, Mi a dyngwn y'r holl seint. *c.* **1400** *YSG* i. 23, a *phany bei* dy dyuot ti, ny pheityei y damchweinyeu a weleist ti vyth. *Dchr.* **15g.** *GM* 25, *Pany bei* yr Arglwyd ynom, ni bydem diwael. **15g.** (*LlDB*) *LlGC* 7006, 30, *Pe ni bai* i kalkas oi dewindab/aeth dywedut dylyn kerdet yr ymlad. *id.* 121, ar hynaf o nadd/vnt a ddyleai y goron *poni bai* i vod yn vynach. **pe(i) rhôn,** gw. *perhôn.*

Gw. hefyd **malpai, pei³, petawn.**

pe'¹,², gw. **pan¹, peth.**

peatus [?bnth. S. *peach*] *e?g.*, yn aml yn y cfn. *afal peatus, coed p., pren p.* ?Eirinen wlanog: *peach.*

1632 *D* (*Bot*), afal *peatus*, & Eirin gwlanog, malum persicum.

pebraid, gw. **pybraid.**

pebyll, pebyllaf: pebyllo, pebyllu, gw. **pabell, pebylliaf: pebyllio.**

pebyllfa [*pebyll*+-*fa, ma*] *eb.* ll. *-oedd.* Gwersyll(fa): *encampment.*

1201 *Mont Coll* li. 173, [thence straight to] Red *pebellua* [on] clawedauc [drll.]. **14g.** *WM* 187. 33–7, aeth hyt ym pen yfreni uawr. Athynnu pebyll a oruc yr amherawdyr yno. Achadeir vaxen y gelwir y *pebyllua* honno. *c.* **1400** *R* 1405. 5, *pebyllua* peir kyua kerd.

pebylliaf, pebyllaf: pebyll(i)o, pebyllu [bf. o'r e. *pebyll*] *bg.a.* Codi neu osod pabell neu bebyll, gwersyllu (yn enw. am filwyr); gorchuddio â phabell; hefyd yn *ffig.*: *to pitch a tent or tents, encamp (esp. of troops); cover with a tent; also fig.*

12g. *MA²* 237a. 23–4, Rhys rhos gyffro / Rhag pyrth Penfro yn *pebylliaw* (Seisyll Bryffwrch). **13g.** *C* 55. 14, Pan *bebillo* lloegir in tir ethlin. **13g.** *HGK* 22, urth henne e lluestws ac y *pebyllyus* . . . em Mur Castell. **13g.** (**17g.**) *B* xxiii. 313, Ossidd art y Mon ry*phebyllas* / Malgwn hevelit haylon o gwas. **13g.** *BD* 171, dywetpvt idav bot yr amheravdyr yn lluestu yn agos . . . A *phebyllav* a wnaeth ynteu ar glan yr auon. **14g.** *T* 77. 15, *Pebyllyawnt* ar tren atharanhon. **14g.** *Bren Saes* 166, yna *pebyllu* a dyuot glaw arnadunt. **14g.** *BT* (*RB*) 134, yna y *pebyllawd* Ywein yNhal Llwynn Pina. *c.* **1400** *R* 1404. 31, *Pebyllwys* fy llyw yn llu hyfryt praff. *c.* **1400** *YSG* i. 114, ysgraff . . . gwedy y *phebyllu* a llenneu o sidan oll, ac yn y pebyll yd oed gwely da digawn y adurnyat o lenneu goreureit. **1620** *Nu* xxiv. 2, wele Israel yn *pebyllio* yn ôl ei lwythau. **1632** *D*, *pebylliaw*, tentoria figere, castrametari. **1688** *TJ*, *pebylliaw*, gosod pebbyll, lluedda: to Encamp, to pitch Tents. **1790** *GY* 53, Gweddi yw ordinhad Duw, ag sydd raid iddi aros gyd â'r enaid, tra y mae'n *pebyllio* yr ochr hyn i ogoniant. **1803** *P* d.g. *pebylliaw.*

Amr.: **pabyllio** [cf. *pabell*]. **16g.** *Yst Kym* 125, Lles, amherawdr Rufain, wedi *pabilliaw* o'r tu arall i'r afon.

Gw. hefyd **pabellaf: pabellu.**

pebylliwr, pebyllwr [bôn y f. fl.+-(*i*)*wr*] *eg.* ll. *pebyllwyr.* Gwneuthurwr pebyll, un sy'n codi pebyll: *tent-maker, one who pitches tents.*

1769 *DRh* 85, Mathew y Publican, Paul y *Pebyllwr.* **1794** *W* d.g. *tent-maker.* **1803** *P* d.g. *pebylliwr.*

pebyr, gw. **pybyr².**

pec, peg, pèg² [bnth. S. *peck*] *eg.* ll. *-iau.* Mesur sych amrywiol ei faint, llestr yn dal y cyfryw fesur; hefyd yn *ffig.*: *peck (measure)*; *also fig.*

1547 *WS*, *peck*, pecke. **16g.** Siôn Brwynog: *C* 128, Rhoi i ddynion, rhwydd waneg, / Rhannu y bydd wrth yr hen *bêg.* **16–17g.** *HG* 27, er *peck* o od, ny ddaw r tavod / ny modd i bu, [*sic*] r wraig ym dysgi. **16–17g.** *GST* i. 594, Lewys yn gwmbrus a gaid, / Â *phec* hen a phicynaid. **16–17g.** *RAGR* 347, eisie kyfarch ir mab Rhad / pen oedd y Wlad yn ffrwythlon / yn Rhoi digon i bob Rhai / ar *peg* yn llai na choron. **1658** R. Vaughan: *CC* A 2, y Ganwyll hon . . . a gleddir heddyw tan y *pec* neu 'r Badell. **1722** *Llst* 189, *pecc*, m. a peck, measure. **1741** *ML* i. 50, Mae'r haidd goreu yw hau yn gwerthu . . . am 48s. y *pêg.* **18g.** L. Morris: *LW* 41–2, Of The Corn Measures . . . Môn . . . Four of these Hestor's makes [*sic*] a sort of Customary Measure. By which they buy & sell Great Quantities, called *Peg*, Pegaid (pronounced Peague). This is according to the Last regulation they have naturally fallen into, exactly a London quarter or Eight Winchester Bushels . . . The proportion formerly between the Anglesey Pegaid and the London Quarter was as 7 to 8. **1763** *DT* 168, Rhag mynd i godi Melin glec, / I falu *pec* o Rynion. **1786** Twm o'r Nant: *PCG* 46, daccw'r *Pec* a'r Llathen, / Daccw'r Yd budr yngwaelod y sach. **1803** *P* d.g. *peg.* Ar lafar ym Mhenllyn sonnir am '*pec*' 'ugain chwart', '*pec* bach' 'deunaw chwart', *B* iii. 205.

pecach, gw. **pecan².**

pecafi [bnth. Llad. *peccāvī* 'pechais'] *ebd.* (yn cydnabod bai: *int. acknowledging guilt*).

1672 R. Prichard: *Gw* 486, Crio 'n ddyfal iawn, *Peccavi* [:– Pechais], / Arglwydd madde 'meiau immi. **1696** *CDD* 307, Bŷdd rhŷ ddiweddar i ni; / Grio'n dost *pecafi.*

pecafiaf: pecafi, gw. **bicafiaf: bicafio** (At.).

pecaid, pegaid [*pec, peg, pèg²*+-*aid¹*] *eg.* (bach. *peceidyn*) ll. *peceidiau.* Llond pec, mesur sych (fel rheol) amrywiol ei faint, llestr yn dal y cyfryw fesur; hefyd yn *ffig.*: *peck (measure)*; *also fig.*

15g. *LlCy* i. 2, jeuan ap adda ap jeuan vj tr[wc] ond *peceit* eisse. *Diw.* **15g.** *Pen* 53, 8, *pecked* o arian y ddewy a roddant (Rhys Fardd). **15–16g.** *GLM* 36, eraill, gwŷr ar wall, a gaid / heb agos i ddau *begaid.* **1547** *WS*, *peckeid*, a pecke. **1567** *TN* 21b, surdoes, yr hwn a gymer gwraic ac ei cudd mewn tri *pheccet* [:– chibynet] o vlawt. **16–17g.** *DCR* 224, Nid dwyn bara mân dinerth / a chyfri gwerth y velied / onid taro ar y bwrdd / hogen hwrdd o *becked.* *Dchr.* **17g.** *J* 10, 126b, *peccaid*, peckefull. *id. pegaid*, ½ Hestoraid. **1632** *D*, *peccaid*, satum. **17g.** E. Morris: *B* 73, Ni phrisiwn mewn sylltau, pan awn i dafarnau / Fel ped fae'n *becceidiau* yn cadw fy ngwres. **18g.** L. Morris: *LW* 41–2, Of The Corn Measures . . . Môn . . . Four of these Hestor's makes [*sic*] a sort of Customary Measure. By which they buy & sell Great Quantities, called Peg, *Pegaid* (pronounced Peague). This is according to the Last regulation they have naturally fallen into, exactly a London quarter or Eight Winchester Bushels . . . The proportion formerly between the Anglesey *Pegaid* and the London Quarter was as 7 to 8. **1754** *ML* i. 319, Melinydd Meirion . . . Hên felinydd a gododd felin newydd i falu *peccaid.* **1762** *id.* ii. 526, cyfrifau yr holl swyddogion yn tywallt arnaf yn *begeidiau.* **1768** J. Roberts: *R* 18, 2 Galwyn a wna *Peccaid.* 4 *Peccaid* a wna Bwysiel. **1773** J. Roberts: *GY*, *Peccaid*, Dau alwyn, a saith beint. **1784** M. Williams: *S* i. 220, Mae *peccaid* o'r hadau hyn [cân siwgr] yn ddigon i ddodi erw o dir. **1787** E. Roberts: *PCF* 51, Tylawd pan goeliwn o am *becceidun.* **1800** *Eurgr* 52, [t]ri chwarter (*Pegaid*) o Wenith. **1803** *P*, *pegaid*, the contents of an eight-bushel measure, or a quarter. *id. peged*, a measure of capacity, equal to eight bushels. **1820** *CWM* 22, Llestraid . . . Cardiff: Of corn, 20 gallons = 2½ bushels = 4 *peccaid* = 16 pedwran or quarters. *id.* 25, *Peccaid*; S. Wales: of corn, 4 pedwran, of 5, 5½, or 6 quarts each, making 5, 5½, or 6 gallons; called also a hobaid. Montgomeryshire: 5 gallons, called also a hoop. *id.* 26, *Peget.* Anglesey and Caernarvon: of corn, 2 hobeds = 4 storeds = 16 kibins = 8 Winchester bushels, or a quarter of lime, 4 Winchester bushels. Ar lafar, cf. *LlLlM* 100, *pecaid*, mesur dau storad; *WVBD* 417, *pegad* 'peck' = dau hobad Bangor = 16 cybynad; *B* iv. 300, *peced*, Saes. 'bushel' [canolbarth Cered.]; *Cymru* xlvii. [141], *peced* . . . a 'peck' [sir Ddinb.]; *id.* lii. [242], *pecied*, a peck [dwyrain sir Drefn.].

pecan¹, pecian, peco [bnth. S. (*to*) *beck*] *bg.a.* Amneidio; pwyntio: *to nod; point.*

1711 TP: *CG* 14, dyma ddyn iefangc yn dyfod i mewn . . . ac yn gostwng neu'n *peccan* i ben at un o'r merched. Ar lafar yn sir Benf., 'Ellir dim rhifo trwp o ddefed yn gowir heb *beco*' 'One cannot reckon a flock of sheep correctly without beating with the finger', *GDD* 217.

pecan², pecach [bnth. S. (*to*) *peck*] *bg.a.* Pigo (am aderyn); pigo (bwyd): *to peck (of bird)*; *pick at (food).*

Ar lafar ym Morg.

pecan³, gw. **pecial.**

pecari [bnth. S. *peccary*] *eg.* ll. *pecarïaid.* *Swol.* Unrhyw fochyn gwyllt o deulu'r *Tayassuidæ* a'i gynefin yn America: *peccary.* **1834.**

peceidyn, gw. **pecaid.**

peciaf: pecio, gw. **pegiaf¹: pegio.**

pecial [?gair yn dynwared y sŵn] *bg.* a hefyd fel *e?g.* Bytheirio, chwalu gwynt; igian; hefyd yn *dros.*; pwl o'r ig(ian): *to belch; hiccup; also transf.; the hiccups.*

c. **1870.** Ar lafar yng ngogledd Cered. a sir Gaerf. yn yr ystyr 'chwalu gwynt', D. J. Evans: *HCS* 130, ac yng nghanolbarth a godre Cered. a gogledd-orllewin sir Gaerf. yn yr ystyr 'igian', *B* iv. 300, *LGW* 487, *Cymru* xxxiv. [121].

Amr.: **pecan³.** Ar lafar yn sir Gaerf.

pecialad [*pecial*+-*ad²*, trf. han.] *eb.* Bytheiriad: *belch.*

1899 D. E. Jones: *HLlP* 389, Wedi connio yn garamedd ar y bara cyrch a'r donnen caws ddododd gwraig y ty o'n blan gyda'r llymed tablen, a rhoi *pecialad* neu ddwy. Ar lafar yng Nghered. a sir Gaerf.

pecian, gw. **pecan¹.**

pecinî [bnth. S. *Pekin(g)ese*, a chymryd y ff. fel ll. yn *-s*; cf. *Japanî, Tsieinî*, a'r S. sathr. *Chinee*] *eg.* ll. *-s.* *Swol.* Math o gi anwes bychan a chanddo got hir, cynffon wedi cyrlio ar ffurf pluen, a thrwyn byr crebachlyd: *Pekin(g)ese (dog).*

20g.

peco, pecsen, gw. **pecan¹, pèg¹.**

pectig [cfdds. o'r S. *pect(ic)*+-*ig²*] *a.* *Cem.* O natur pectin, yn cynnwys pectin: *pectic.*

20g.

pectin [bnth. S. *pectin*] *eg.* *Cem.* Un o amryw fathau o bolysacaridau gelatinaidd toddadwy a geir mewn ffrwythau aeddfed, &c., ac sy'n achosi i jamiau a jelis dewychu: *pectin.*

20g.

pectop [bnth. S. *pegtop*] *eg.* Topyn pren ar ffurf gellygen, ac iddo bìn metel neu beg yn ffurfio pwynt, a droellir drwy ddaddirwyn y llinyn o'i gwmpas yn gyflym: *pegtop.*

1930. Ar lafar mewn ymad. megis 'cyn chwilad a *phectop*' (Arfon), 'troi fel *pecto(p)*'.

pectoraidd [cfdds. o'r S. *pector(al)*+-*aidd*] *a.* Pectoral: *pectoral.*

20g.

pectoral [bnth. S. *pectoral*] *a.* Yn perthyn i'r ddwyfron, y frest, neu'r thoracs: *pectoral.*

20g.

pecyn [*pac*+-*yn¹*] *eg.* ll. *-nau, -nod.* Pac (bach), paced, parsel, bwndel, sypyn; casgliad o ddefnyddiau argraffedig ar bwnc penodol ar gyfer myfyrwyr, &c.; hefyd yn *ffig.*: *(small) pack, package, packet, parcel, bundle; kit; also fig.*

1547 *WS*, *peckyn*, a fardell. **1778** *W*, vulgò *Peccyn* d.g. *packet* [*a small pack, &c.*]. **18g.** Twm o'r Nant: *CO* 25, Cael yr arian, coel wir eured, / Iawna *pecyn*, yn din [*sic*] poced. **1797** J. Harris: *Alm* 25, efe [pedler] a gymmerodd ei *beccyn* i fynu. Ar lafar.

Amr.: **pacyn. 1851.** Yn Llangeitho, Cered., clywir y dywediad '*Pacyn* lwc yw priodi', M. Wiliam: *DY* 65.

pecynnaf: pecynnu, pecynno [bf. o'r e. bl.] *ba.* Gwneud yn becyn: *to pack, package.*

20g.

pech¹ [bôn y f. *pechaf¹*: *pechu*, cf. Crn. C. *pegh*] *eg.* ll. *-au.* Pechod: *sin.*

Diw. **15g.** *Pen* 67, 59, Trvgarha wrthyf i dy wasnaethwr di / a gweddi dross vy*mhechav* i santes vair (Ieuan ap Rhydderch). **16g.** *Pen* 76, 114, vn enaid a gawn innav / a dawdd yn *pech* ni yn dav. **1630** *YDd* xvi, Arfer am wir fwrw ymmaith / *Bêch* i lawr ebychiol waith. **1696** *CDD* 24, Ei bobl a wared o *bêch* a chaethiwed. *id.* 33, Pôb marwol *bêch* gerwin a 'm daliodd iw dilin. **1803** *P.*

pech², gw. **pych.**

pechaberth [*pech¹*+*aberth*] *eg.* ll. *-au*, *pechebyrth.* Aberth i wneud iawn am bechod, hefyd yn *dros.*: *sin-offering, also transf.*

1588 *Ecs* xxx. 10, A gwnaed Aaron iawn ar ei chyrn vn waith yn y flwyddyn a gwaed *pech aberth* yr iawn. **1588** *Lef* xvi. 25, llosged wêr y *pech aberth* ar yr allor. **1588** *Neh* x. 33, [t]u ag at y cyssegredig bethau, a thu ag at y *pech-ebyrth* i wneuthur cymmod tros Israel. **1722** *Llst* 189, *pech-aberth*, m. a sin-offering. **1723** E. Samuel: *PDdC* ii. 24–5, [y] *Pech-Aberth* a'r Offrymmau Hêdd . . . y rhai a Aberthid ar ryw achosion enwedigol. **1730** (**1755**) E. Wynne: *PAC* 27, Crist

(Llinach gofnodedig) anifail o frid digymysg, tras, ach; a chanddo bedigri: (*a*) *pedigree* (*animal*).
1908. Ar lafar, 'Fe gafodd wybod 'i *bedigri*' (am rywun y dywedwyd y drefn yn hallt wrtho).

pediment [bnth. S. *pediment*] *eg.* ll. *-au.* Addurn pensaernïol (yn enw. mewn arddull glasurol) ar ffurf talcen trionglog isel uwchben colofnau ar flaen adeilad, talfa, talog, hefyd yn *dros.*: *pediment, also transf.*
1862.

pedlaf: pedlo, pedlan [bnth. S. (*to*) *pedal*] *bg.a.* Gweithio pedalau (beic, organ, &c.): *to pedal.*
1939. Ar lafar.

pedler [bnth. S. Diw. Cyn. *pedler*; â'r ff. l. *pedeleriaid*, cf. S. Diw. Cyn. *pedeler*] *eg.* (b. *-es*, ll. *-au*) ll. *-iaid, pedeleriaid, pedlers.* Un sy'n mynd o le i le i werthu mân nwyddau, hefyd yn *ffig.*: *pedlar, also fig.*
16g. (*LlEG*) *Mos* 158, 682b, Euwrychod [*sic*] *pedeleriaid* A thauarnwyr. **1547** *WS, pedler* dyn yn arwein waar, a pedlar. **16g.** R. WHITE: *C* 32, ne rvw *bedler* llesg o radd / a vetro ladd y pabe. **16–17g.** *Cer RC* 31, Tincer, *pedler*, cobler, crydd. *c.* **1600** *Cylchg LlGC* i. 78, Am par o fenig gen y *pedler* iddi hi. **1604–7** *TW* (*Pen* 228) d.g. *friuolarius. Dchr.* **17g.** *CRC* 160, Ac oddiar *pedleriaid* / dwyn y twccae. **1630** R. LLWYD: *LlH* 47, deuant allan i'r heolydd a'u siop *pedler* ar eu cefnau. **17g.** HUW MORUS: *EC* i. 294, Ei gyffes a gefais, / Mae 'n caru *pedleres.* **1722** *Llst* 189, *pedleres* f.p. *resau*, a woman-pedlar. **18g.** *Beirdd y Berwyn* 36, Er amled yw'r bugeilied / Dau amlach yw'r *pedleried* / Yn cerdded llawr y cwm. **1759** *BC* 433, Mi âf i werthu Marsiant *Pedler*, / Ac wrth hyn mi ynnillaf lawer. **1766** *CD* 87, Gwelwn yno *Bedleried*, / A phacciau ganthyn yn Cer[dd]ed. **1772** D. ROWLAND: *PP* 92, Ei *Bedler* ef [y Diafol] ydyw yr hwn sydd yn gwerthu . . . ei nwyfau dieflig. **1794** E. JONES: *CP* 13, Crwydriaid a *phedleriaid*, yn gwerthu heb leisens.

pedlera [bf. o'r e. bl.] *bg.a.* Gwerthu (mân nwyddau) fel pedler, gweithio fel pedler, hefyd yn *ffig.*: *to peddle, also fig.*
1851.

pedleraidd [*pedler*+*-aidd*] *a.* Tebyg i bedler: *pedlarly, pedlar-like.*
1848.

pedleres, gw. **pedler.**

pedleriaeth [*pedler*+*-iaeth*] *eb.* Yr arfer o bedlera, gwaith pedler: *pedlary.*
1722 *Llst* 189, *pedleriaeth*, f. a hawker's trade.

pedlin [bnth. S. *peddling*] *eg.* Mân nwyddau pedler: *pedlar's wares.*
1910. Ar lafar yn sir Benf., *SC* vi. 123.

pedol [?bnth. Llad. *pedālis* 'yn perthyn i'r troed'; ynglŷn â'r *-d-*, ?cf. *pedestr, paradwys*] *eb.* ll. *-au.* Darn o haearn ar ffurf U fel arfer a hoelir ar waelod carn ceffyl (buwch, &c.) i'w arbed a'i gadarnhau; plât metel sy'n arbed ac yn cadarnhau sawdl esgid, gwadn clocsen, &c.: *shoe for horse's, &c., hoof, horseshoe; heel-plate, sole-plate.*
13g. *LlI* 4, pedeyr *pedol* un weyth yn e wlvyden y gan y gof llys. **13g.** *LTWL* 244, Tria sunt que . . . pro furto non reputabuntur: scilicet, *pedaul*, acus, et nummus. **14g.** *WML* 24, Gwastrawt auwyn ageiff kyfrwyeu peunydyawl y brenhin . . . Ae hen *pedoleu.* ae heyrn pedoli. *c.* **1400** *YCM*[2] 39, Pedeir *petol* ar vn weith a esdynnei yn hawd y rwg y dwylaw. **15–16g.** *TA* 418, Carnau a *phedolau*'n dân, / I ddryllio'r ddaear allan [i ofyn march]. **1547** *WS, pedol*, a horse shoo. *Diw.* **16g.** *WLB* 31, Kymer *bedol* rydlyd yn y tân oni fo purgoch ai dodi mewn hen gwrwf. **1632** *D, pedol*, solea ferrea, solea equina, peda, æ. **1758** *ML* ii. 82, [g]wlychu bob cam o'r cartref hyd yno a cholli *pedol* ir fargen. **1771** *PDPh* 55, edrychwch at draed eich Ceffyl . . . a ydyw ei *bedolau* oll yn ddiogel. **1803** *P.* Digwydd fel elfen mewn e. lleoedd, e.e. *Sarn y Pedolau*, *Études* xi. 400, ac yn yr e. prs. *Hywel y Pedolau*, *B* xvii. 42–6. Mae nant o'r enw *Pedol* yn ardal Garnant, Dyffryn Aman. *Y Bedol* yw enw papur bro Rhuthun a'r cylch.
Cfn.: **pedol cannwyll:** *candelabra.* Ar lafar ym Môn, *ISF* 59. *Bot.* **p. y march:** *horseshoe vetch, Hippocrepis comosa; ax-fitch, Securigera coronilla.* **1604–7** *TW* (*Pen* 228) d.g. *pelecinos, securidaca.* **1632** *D* (*Bot*), *pedol y march*, pŷs y fwyall, securidaca. **1688** *TJ* (*Bot*), *pedol y march*, Pŷs y fŵyall: A kind of Pulse called Ax-fitch, Hatchet-fitch, Axwort. **1813** *WB* 225.

pedolad, gw. **pedoliad.**

pedolaf: pedoli [bf. o'r e. *pedol*] *bg.a.* Gosod pedol ar garn (ceffyl, buwch, &c.), hefyd yn *dros.*: *to shoe* (*horse, cow, &c.*), *also transf.*
13g. *LlI* 18, e guastravt awen . . . a dely *pedoly* meyrch e brenyn. **14g.** *LlB* 7, Naud guastraut afuyn yw tra wnel y gof llys pedeir pedol . . . a thra *bedolho* amws y brenhin. **14g.** *WM* 392. 22–6, ty a welei yn llawn o wyr ac arueu a meirch. Ac yn llathru taryaneu . . . ac yn *pedoli* meirch. **14g.** *GIG* 56, Mi a wn ar hwn yr haf / Mai ebol goffol a gaffaf; / Pwy a'i deil tra *pedolwyf*? **15g.** *GGl*[2] 61, Moes d'ebol i'w *bedoli.* **1547** *WS, pedoli*, shoo. **1632** *D, pedoli*, soleas adaptare. **1778** J. HUGHES: *BB* 298, *Pedoli* rhain i deilo 'n rhwydd [i ofyn pâr o olwynion]. **1803** *P.*

pedolaidd [*pedol*+*-aidd*] *a.* Ar ffurf pedol: *horseshoe-shaped.*
20g.

pedoledig [bôn y f. fl.+*-edig*] *a.bfl.* Wedi ei bedoli: *shod.*
[**1783**] *W* d.g. *shod* [*as a horse*, &c.].

pedoliad, pedolad [bôn y f. fl.+*-iad*[1], *-ad*] *eg.* Y weithred o bedoli: *a shoeing.*
c. **1400** *B* ii. 12, cost y march yn ragor rac yr ych . . . gwerth deudec keinawc o wellt yr haf. a cheinawc bop wythnos yn lle y *bedolat.* **1803** *P, pedoliad*, a shoeing.

pedolog [*pedol*+*-og*] *a.* Wedi ei bedoli (am geffyl, &c.); ac arni bedol (am esgid, &c.); ar ffurf pedol: *shod; fitted with a heel-plate* (*of a shoe, &c.*); *horseshoe-shaped.*
15g. *LGCD* 86, Ar fy ebol *pedolog* / I Gaer yr af ŵyl y Grog. **1547** *WS, pedoloc*, shodde. **1632** *D, pedolog*, soleis instructus ferreis. **1716** *Llsgr R. Morris* 46, [g]wartheg glan brigog a synnod *pedolog* / a llu o dda gwlanog du gefnog yn gaeth. **1803** *P* d.g. *pedolawg.*

pedolwr [bôn y f. fl.+*-wr*] *eg.* ll. *-wyr.* Gwneuthurwr pedolau, un sy'n pedoli (ceffylau, &c.); un sy'n gosod pedolau ar esgidiau, &c.: *one who makes horseshoes, one who shoes* (*horses, &c.*); *one who fits heel- or sole-plates to shoes, &c.*
1604–7 *TW* (*Pen* 228) d.g. *solearius.* **1771** *PDPh* 55, Pan ddelo'r *Pedolwr* yn y bore i dynnu ymaith y bedol. **1803** *P, pedolwr*, s. m. pl. *pedolwyr*, a shoer.

pedoran, pedoren, gw. **pedwaran.**

pedr-, gw. **pedry-.**

pedrael, gw. **pedryael.**

Pedraidd [yr e. prs. *Pedr*+*-aidd*] *a.* Yn perthyn i'r Apostol Pedr, wedi ei briodoli iddo, nodweddiadol ohono: *Petrine.*
1877.

pedrain [?*pedr-*+elf. anh., Crn. C. *pedrennov, peydrennow* (ll.), ?Crn. Diw. *patshan, patchan*] *eb.g.* ll. *pedrein(i)au.* Rhan ôl (ceffyl), crwper, ffolen, bontin; ?chwarter: *hindquarters* (*of horse*), *crupper, haunch, buttock; ?quarter.*
13g. *A* 1. 3–4, ysgwyt ysgauyn lledan ar *bedrein* mein vuan. **13g.** *TYP*[2] 29, wrth na cheffit meirch a berthynei vdunt, rac eu meint; namyn dodi hualeu eur am eu hegvydled ar *bedreinieu* eu meirch. **14g.** *LlB* 116–17, o rodir twylluorwynn y wr . . . Llather hagen, y chrys yn gyuuch a thal y *phedrein.* **14g.** *WM* 126. 11–13, peredur ae byrywys hyny uu dros *pedrein* y varch yr llawr. **15g.** *CMOC* 132, a bod pledr wrth fy *mhedrain*, / a briwo 'mol yn bwrw main (Guto'r Glyn). **15–16g.** *TA* 413, Trwsio, fal goleuo glain, / Y bu wydrwr, i *bedrain*; / I flew fal sidan newydd [i erchi march]. **16g.** *Llst* 6, 110, pymp dyrnfedd lle reisteddwn / *pedrain* kryf padrayn krwn [i farch]. **1547** *WS, pedrain*, buttocke. **16–17g.** *GST* i. 486, Gelding gwrthun gwegildew, / Pwdr iawn ei duth, *pedrain* dew. **1605–18** *GDG*[3] 417, Y*mhedrain* rhiain yn rhiw— Llangollen / Y collais cyn ymliw. **1632** *D, pedrain*, clunis, nates. **17g.** HUW MORUS: *EC* i. 292–3, Ceffyl di-ddiffyg, / . . . / Yn bybyr bob asen, / Yn esmwyth ei *bedren.* *c.* **1755** *Gron* 74, *Pedrain* arth, pydru a wnel, / A chynffon, fwbach henffel [i ddiawl]. **18–19g.** *Llr* C 2, 355, *pedrain*, quarter. Glam. **1803** *P.* Ar lafar yn sir Benf. mewn ymad. fel 'Fe tinodd e'n *bedreine*', 'he pulled it to bits', *TGG* (1907–8) 82.

pedraint [*pedr-*+*-aint*[1], cf. S. *quadrant*] *eg.* Pedrant, cwadrant: *quadrant.*
1851.
Cf. **pedrant.**

pedran [*pedr-*+*-an*[1], *rhan*[1]] *e?g.* ll. *-nau.* Chwarter; rwd (mesur tir); ?pedair rhan: *quarter; rood* (*land measure*); *?four parts.*
18g. (**1818**) R. JONES: *GP* 174, Hoff adrodd, gwnaed ei *phedran*, / Wedd eurog liw, o dderw glân [i long].
Gw. hefyd **pedeiran, pedwaran.**

pedrannaf: pedrannu [bf. o'r e. bl.] *ba.* Rhannu'n bedair, chwarteru (hefyd am gorff): *to quarter* (*also of a body*).
1850.

pedrannol [*pedran* ?a *pedrant*+*-ol*] *a.* Ac iddo bedair rhan; yn perthyn i bedrant, ar ffurf pedrant: *having four parts; quadrantal.*
1850.

pedrant [*pedr-*+*-ant*[2], ar ddelw'r S. *quadrant*] *eg.* ll. *-au, pedrannau. Math.* Chwarter cylchedd cylch; arwynebedd a amgaeir gan ddau radiws perpendicwlar cylch a'r arc a dorrir ganddynt; un o bedwar toriad y rhennir plân iddo gan ddau echelin cyfesur; cwadrant: *quadrant.*
20g.
Cf. **pedraint, pedwarant.**

pedrawd [*pedr-*+*-awd*[3]] *eg.b.* ll. *-au, pedrodau. Crdd.* Pedwarawd; grŵp o bedwar: *quartet* (*in mus.*); *group of four.*
1850.
Cf. **pedwarawd.**

pedreindew, pedreingrwn, gw. **pedrain** +**tew, crwn.**

pedren, pedrfan, pedrging, gw. **pedrain, pedryfan, perging.**

pedriarch, pedrïarch, pedriog, gw. **patriarch.**

pedrlawiaid [*pedr-*+*llaw*[1]+*-iaid*[1]] *e.ll. Swol.* Aelodau o urdd y *Quadrumana*, sef mamoliaid pedeirllaw, e.e. mwncïod ac epaod: *quadrumanes* (*in zoology*).
1851.

pedrochr [*pedr-*+*ochr*] *eg.* ll. *-au.* Polygon ac iddo bedair ochr: *a quadrilateral.*
20g.
Gw. hefyd **pedwarochr.**

pedrochrog [*pedr-*+*ochrog*] *a.* Ac iddo bedair ochr, wedi ei ffurfio gan bedair ochr; sgwâr, petryalog; ciwbig; tetrahedrol: *four-sided, quadrilateral; square, rectangular; cubic; tetrahedral.*
1850.
Gw. hefyd **pedwarochrog.**

pedrog[1] [gair geir.] *a.* Profedig: *proven.*
c. **1588** *B* ii. 233, *pedroc*, provedik. **1592** S. D. RHYS: *Inst* [xii], *Pedroc* . . . probatum. *Dchr.* **17g.** *J* 10, 127a, *pedrog*, proved. Tritum est. *c.* **1730** *Thos. Lloyd D* (LlGC) 191a.

pedrog[2] [*pedr-*+*-og*] *a.* Sgwâr: *square.*
1800 W. OWEN[-PUGHE]: *CP* 58, Gwyddis yn dda fod erw o dîr yn cynnwys 4,840 llâth *bedrog. id.* 101, rhodder y caws mewn cawsellti *pedrog.* **1803** *P* d.g. *pedrawg.*

pedrogl, pedroglaf: pedrogli, gw. **pedrongl, pedronglaf: pedrongli.**

pedroglaidd, pedrogledd, pedroglog, pedroglyn, gw. **pedronglaidd, pedrongledd, pedronglog, pedronglyn.**

pedrongl, pedrogl [*pedr-*+*ongl*[1]; anodd esbonio'r ff. yn *-g-*, gw. *GDG*[3] 443] *a.* ll. *-(i)on*, a hefyd fel *eb.g.* ll. *-au.*

(*a*) Ac iddo bedair cornel neu ochr, wedi ei ffurfio gan bedair ochr, sgwâr, ?ciwbig; pedrochr, ffigur plân ac iddo bedwar pwynt a gysylltir gan bedair llinell, petryal, sgwâr, ciwb; ail isradd; cwrt pedronglog a amgylchynir yn rhannol neu'n gyfan gwbl gan adeiladau; sgwâr (tref, &c.); sgwâr (saer): *four-cornered or -sided, quadrilateral, rectangular, square, ?cubic; a quadrilateral, rectangle, square, cube; square*

root; quadrangle (type of courtyard); (town, &c.) square; (carpenter's) square.
13g. *BD* 151, llynn arall . . . vgein troetued oed yn y hyt ac ugeint yn y let a phymp yn y dyfnet, a hynny yn *pedrogyl (in quadrum)*. 1346 *LlA* 76, megys mein *pedrogyl (ut lapides quadrati)*. c. 1400 *YCM*[2] 55, hwynt ell teir a arwedassant Otuel hyt ar fur o vaen marmor *pedrogyl*. c. 1400 *B* ii. 12, Ac ar y brynar trydyd. kwys lydan *bedrogyl*. 1596 *Pen* 187, 37b, *Pedrongl* sydd iddi bedwar kongl. 1604–7 *TW (Pen* 228), petheû *petroglion* d.g. *cimacia*. *id.* [t]auelliæ *pedroglon* d.g. *lapis . . . specularis, lunaris*. *id. pedrogl* mal dis d.g. *cubus*. 1632 *D, pedrogl*, quadrum, quadratum, quadrilaterum, quadranglus. vid. an rectius *Pedrongl*, a Pedwar, & Ongl; Antiqui enim semper g scribebant pro ng. 1722 *Llst* 189, *pedrogl*, m.p. *droglau*, a quadrangle, square. *id. pedrogl* (adj.) quadrangular. 1725 *SR* d.g. *a cube*. 1800 W. Owen[-Pughe]: *CP* 95, y cawsion wedi ei dori yn ddarnau neu *bedroglau* bychain. 1803 *P* d.g. *pedrogyl, pedrongyl*.

(*b*) Cadarn, grymus, cryf, praff: *four-square, powerful, strong, stout.*
c. 1300 *H* 54b. 24–5, koch rodawc pedrydawc pedror. y ar orwyt *pedrogyl* pedreindor (Cynddelw). 14g. *YBH* 55b, henaf yw gi . . . kanys mwy yw y gorff ef. a *phedroglach*. 14g. *GIG* 22, Pedwar eglur, *pedroglion*, / Angelystor ger môr Môn [i feibion Tudur o Fôn]. c. 1400 *RB* ii. 12, Eiax olileus gwr *pedrogyl* oed a chorff eryr idaw.

Gw. hefyd **pedronglyn, pedwarongl.**

pedronglaf, pedroglaf: pedrongli, pedrogli [bf. o'r a. *pedrongl, pedrogl*] *ba.* Gwneud yn sgwâr, sgwario: *to (make) square.*
1604–7 *TW (Pen* 228), *pedrogli* d.g. *conquadro*. *id. petrogli* d.g. *dedolo*. 1632 *D, pedrongli* d.g. *conquadro*. 1722 *Llst* 189, *pedrogli*, to square, quadrate. [1725] *TS* 7–8, [c]errig fel y delont o'r gloddfa . . . mae'n rhaid eu llifio a'i *petrogli* hwynt. *id.* 10, y Boen a gymmerwyd i'w llifio, cerfio a'i *pedrogli* hwynt [meini'r deml]. c. 1730 *Thos. Lloyd D* (LlGC) 191a, *pedrongli*, quadro. 1780 *W* d.g. *to quadrate [square, or make square]*. 1803 *P* d.g. *pedrogli, pedrongli*.

pedronglaidd, pedroglaidd [*pedrongl, pedrogl*+*-aidd*] *a.* Ar ffurf sgwâr, tebyg i sgwâr: *square.*
c. 1730 *Thos. Lloyd D* (LlGC) 190a, *pedroglaidd*, quartilis. 1803 *P, pedroglaidd*, like a square.

pedrongledd, pedrogledd [*pedrongl, pedrogl*+*-edd*[1]] *eg.* Y cyflwr o fod yn sgwâr; (ffigur) sgwâr; sgwariad; *Ser.* ffurfwedd lle bo dau gorff nefol (fel arfer yr haul, a'r lleuad neu blaned) yn ffurfio ongl 90° â chorff arall (fel arfer y ddaear): *squareness; a square; a squaring; quadrature (in astron.).*
1604–7 *TW (Pen* 228), *pedrogledd* d.g. *quadra, quadratura*. 1688 *TJ* (At.) [22], Ynghelfyddŷd sywedyddiaeth . . . Y pum tremiadau . . . Cydiad, neu Cyswllt . . . Chwechiad . . . *Pedrongledd (Quadrate)* . . . Trifliad . . . Cyferbell. 1707 *AB* 133b, *pedrogledd*, ysgwâr, the squaring of any thing d.g. *quadratura*. 1722 *Llst* 189, *pedrogledd*, m. foursquaredness. 1725 *SR, pedrogledd* d.g. *a square*. 1780 *W, pedrogledd* d.g. *quadrature [. . . the state of being square]*. 1803 *P* d.g. *pedrogledd, pedrongledd*.
Cfn.: *Ser.* **pedrogledd dremiad:** *quadrature, quadrate aspect (in astron.)*. 1685 T. Jones: *Alm* [29]. 1695 *id.* 7.

pedronglog, pedroglog [*pedrongl, pedrogl* +*-og*] *a.* Ac iddo bedair ongl neu gornel, pedrochrog, sgwâr, petryalog, ciwbig: *four-cornered, quadrangular, quadrilateral, square, rectangular, cubic.*
1596 *Pen* 187, 17a, quadratus, *pedronglog*. 1707 *AB* 133b, *padronglog [sic]* d.g. *quadrangulus*. [1725] *TS* 112, Y Sancteiddiolaf hyn oedd *bedroglog (four-square)* ym mhob ffordd, o ran ei Huchder, ei Hŷd a'i Llêd. 1747 *ML* i. 109, 76 pwys Troye o ddwfr croyw cyffredin a leinw lestr o droedfedd *Bedronglog*. *id.* 113, We have no word for solid . . . Corph *pedronglog* is y[e] way to convey y[e] idea. 1768 J. Roberts: *R* 130, dichon rhai fesur Cae o Dir Gw[a]ir, porfa, neu Yd, (Yn enwedig os galler ei wneuthur yn *Bedronglog*) a Lingau. 1803 *P* d.g. *pedroglawg, pedronglawg*.

Cf. **pedwaronglog.**

pedronglyn, pedroglyn [*pedrongl, pedrogl* +*-yn*[1]] *eg.* ll. *-nau.* Sgwâr (hefyd mewn tref, &c.); trensiar; paen (o wydr): *square (also in town, &c.); trencher; pane (of glass).*
1604–7 *TW (Pen* 228), *pedroglyn* bwyta d.g. *mensa, quadra*. *Dchr.* 17g. *J* 10, 127a, *pedroglyn*, trencher, quadra. 1722 *Llst* 189, *pedroglyn*, m.p. *glynnau*, a trenchern. 1778 *W, pedroglyn* d.g. *pane [of glass, &c.]*. 1793 N. Williams: *HM* [5], gwesgwch y dwfr allan o honynt rhwng dau *Bedroglyn*. 1803 *P* d.g. *pedroglyn*.
Cfn.: **pedroglyn bwyd (bwyta):** *trencher*. 1604–7 *TW (Pen* 228), *pedroglyn bwyta* d.g. *mensa, quadra*. 1632 *D, pedroglyn bwyd* d.g. *quadra*. c. 1730 *Thos. Lloyd D* (LlGC) 191a.

Gw. hefyd **pedrongl, pedwaronglyn.**

pedrol [*pedr-*+*-ol*] *a.* a hefyd fel *e?g.* ll. *-au.* Sgwâr: (*a*) *square.*
1803 *P* d.g. *pedrawl*.

pedrolfen [?*pedrol*+*men*[1]] *eb.* ll. *-ni, -nau.* Gwagen: *wagon.*
1814.
Amr.: **pedrolfaen** (ll. *-feini*). 1845.

pedror [*pedr-*+*ôr*[1]; tebyg nad yma y perthyn [*p*]*edrorion, AL* ii. 558] *eg.* ll. *-au, -oedd*, a hefyd fel *a.* Pedwar ban (y byd); o bedwar ban, yn cyrraedd i'r pedwar ban, yn ymestyn i bob cyfeiriad; sgwâr, pedrochrog, pedronglog: *the four corners (of the world); of the four corners, reaching the four corners, stretching in all directions; (a) square, quadrilateral, quadrangular.*
13g. *C* 11. 11–12, maus pedir *pedror*. c. 1300 *H* 33b. 11, aer uawr wr vawr uar. aer bar *bedror* (Cynddelw). *id.* 54b. 24, koch rodawc pedrydawc *pedror* (Cynddelw). 1632 *D, pedror*, quadratus. 1688 *TJ, pedror*, pedwaraidd, pedwarochor: squared, four-square. 1722 *Llst* 189, *pedror*, squared, quadrangular. 1803 *P, pedror*, s. m. pl. t. *odd*, that consists of four sides, a square. a. Quadrilateral, square.

Gw. hefyd **pedroryn.**

pedroraf: pedrori [bf. o'r e. bl.] *ba.* Gwneud yn sgwâr neu'n betryalog; *Math.* sgwario: *to square, quadrate; square (in math.).*
1780 *W* d.g. *to quadrate [square, or make square]*. 1803 *P*.

pedrorol [*pedror*+*-ol*] *a.* Sgwâr: *square.*
1803 *P*.

pedroryn [*pedror*+*-yn*[1]] *eg.* ll. *-au.* Sgwâr, petryal, pedrochr; paen (o wydr); pedrant, cwadrant; pedrongl (math o gwrt): *square, rectangle, quadrilateral; pane (of glass); quadrant; quadrangle (type of courtyard).*
1778 *W* d.g. *pane [of glass, &c.], quadrate, square*. 1803 *P*.

pedrual, gw. **petryal.**

pedrus, pedrusad, pedrusaeth, pedrusaf: pedruso, gw. **petrus**[1]**, petrusad, petrusaeth, petrusaf: petruso.**

pedrusedd, pedrusgar, pedrusiad, pedrusiaf: pedrusio, gw. **petrusedd, petrusgar, petrusad, petrusaf: petruso.**

pedrusog, pedrusol, pedrusrwydd, pedrustod, pedruswr, gw. **petrusog, petrusol, petrusrwydd, petrustod, petruswr.**

pedrwbl, pedrwbwl, pedrwpl [cfdds. o'r S. *quadruple*, cf. *pedr-*] *a.* Pedwarplyg, wedi cyflawni rhyw gamp, &c., bedair gwaith: *quadruple, fourfold, four-times.*
1850. Ar lafar gynt yn sir Benf., *GDD* 217.

pedry-, pedr- [< **kᵘetru-*, cf. Gal. *petru-*, H. Lyd. *petr-*, Llad. *quadru-*; gw. hefyd *pedwar*] *rhgdd.*, sef ff. ar y rhif. *pedwar, pedair* mewn cyfansoddeiriau (e.e. *pedrongl, pedror, pedryfan*), sy'n cyfateb i'r S. *four-, quadru-, tetra-*, ac sydd weithiau'n rhoddi ystyr dda, e.e. *pedrylaw, pedrylef*.
1803 *P, pedry-*, that consists of four; that belongs to four. It is used as a prefix in composition.

pedryael, pedrael [*pedr(y)-*+*ael*[2]] *a.* a hefyd fel *eb.* Pedronglog, sgwâr (a. ac e.), ac iddo bedair ymyl; ?perffaith, cyflawn; (geir.) ymyl, goror, arfordir: *quadrangular, (a) square, having four edges; ?perfect, complete; (dict.) edge, border, coast.*
13g. *C* 26. 10–12, Rotiad bid *beddrael*. nid guael y gerenhit. c. 1300 *H* 56a. 11, Erchwynawc pedrydawc *pedryael* y lenn (Cynddelw). 1632 *D, pedryael*, a Pedwar & Ael, Ora. 1688 *TJ, pedryael*, brô, godre gwlâd, ochor, ymmul, mîn: a Coast, or Borders, a Ridge, an Edge. 1722 *Llst* 189, *pedryael*, having 4 borders or edges. 1725 *SR* d.g. *the Coast of a Country*. 1803 *P, pedryael*, s. f. that has four skirts or borders; a square. a. Square.

pedryal, gw. **petryal.**

pedrybed, pedryped [cfdds. o'r S. *quadruped*, cf. *pedry-*] *eg.* ll. *-ion*, a hefyd fel *a.* Pedwartroed(yn): (*a*) *quadruped.*
1849.

pedryblaf: pedryblu [bf. o'r a. *pedrwbl*] *bg.a.* Gwneud neu fynd yn bedwar cymaint, lluosogi â phedwar: *to quadruple.*
1850.

pedrychwelid, pedrychwelyd [*pedry-*+ ?*chwêl*+?*-id*[5] (At.), *-yd*[1]; nid yw ffd. y gair yn eglur, gw. *SC* xviii/xix. 69] *a.* ?Yn troi yn gyflawn neu i bob cyfeiriad: *turning completely or in all directions.*
14g. *T* 54. 25–6, ygkaer pedryuan *pedyr ychwelyt*. c. 1400 *R* 1055. 40–1, ny cheffir da heb prit. pedryfan dwfyn *pedry chwelit*. 1803 *P*.

pedrydant, pedrydan [?*pedr(y)-*+elf. anh. (?*tant*); cf. *pedrydog*] *a.* a hefyd fel *eg.* ll. *-dannau.* ?Perffaith, cyflawn, cyfan, grymus, cryf; ?pedwar ban (y byd): *?perfect, complete, powerful, strong; ?four corners (of the world).*
13g. *C* 76. 10–11, Vy ry puched y colowin ked. clod *pedrydant*. *id.* 95. 8–9, id cvitin. pop cant. rac beduir *bedrydant*. c. 1300 *H* 9b. 6–7, dy hepkyr alaf elyf donyeu. dychlud clod brydein *bedrydaneu* (Gwalchmai). *id.* 21a. 7, donnyawc bedrydawc o *bedrydann* (Llywelyn Fardd). *id.* 35a. 10, Armes dreic dragon *pedrydant* (Cynddelw). *id.* 46a. 17, Pergig kyniweir peir *pedrydan* (Cynddelw). *id.* 83a. 14, pebyrddor *pedrydant* pebror gylchu (Gwynfardd Brycheiniog). *id.* 102a. 11, milwr *pedrydant* pedrydawc ri (Llywarch ap Llywelyn). *id.* 106b. 31–2, Neur orwytt yg gorhenw morgant. ar uilwyr prydein *pedrydant* (Llywarch ap Llywelyn). 14g. *T* 31. 18, wrth lef corn kadwr naw cant yn afyrdwl. o*bedrydant* dygnawt. c. 1400 *R* 583. 23–4, o dyuot clot *bodrydant [sic]* och duw wynt aduant. 1803 *P* d.g. *pedrydan, pedrydant*.

pedrydog, pedryddog[1] [?*pedr(y)-*+elf. anh.; cf. *pedrydan(t)*; dichon mai gwall copïo yw'r ff. *pedryddog*] *a.* a hefyd gyda grym enwol. ?Perffaith, cyfan, grymus, nerthol, gogoneddus, gwych: *perfect, complete, powerful, mighty, glorious, splendid.*
12g. *MA*[2] 237a. 41–2, Pedwerydd dig / Oedd iarll padrig rhac *pedryddawg* (Seisyll Bryffwrch). 13g. *C* 73. 15–16, *Pedridauc* heul. Muyhaw y treul. vchel kylchwy. c. 1300 *H* 3a. 16, *Pedrydawc* deyrn uch kyrn coned (Meilyr Brydydd). *id.* 21a. 7, donnyawc *bedrydawc* o bedrydann (Llywelyn Fardd). *id.* 46a. 18, *Pedrydawc* uadawc uarchawc midlan (Cynddelw). *id.* 47a. 20–1, *Pedrydawc* pwyllawc Pwyll goteith Pell y glod o gludaw anreith (Cynddelw). *id.* 85b. 19–20, ath uolaf uilwr *pedrydawc* ath uolant pymthecant caderyawc (Llywarch ap Llywelyn). 14g. *T* 22. 11–12, pan yw du troet alarch gwyn. *pedrydawc* gwayw llym. c. 1400 *SDR*[2] 63, marchawc *pedrydawc* kadarn o'r gaer yn gwylat herwyr a grogyssit y dyd hwnnw. 15g. *Pen* 51, [136], y mae gydag arglwydd ma[wr] Milwr *pedryddog (Pen* 114, 198, *pydrydoc)* maelawr. 1803 *P, pedrydawc* . . . completely formed, complete.

Gw. hefyd **pedryddog**[2]**.**

pedrydydd [*pedry-*+*dydd*; ?cf. *pedwarydydd*] *eg.* a hefyd fel *a.* Pedwerydd dydd (yr wythnos); *Meddyg.* yn dychwelyd bob yn drydydd dydd (am dwymyn): *fourth day (of the week); quartan (of fever, in med.).*
18–19g. *Llr* C 2, 285, *pedrydydd* y dodir Barn, pummedydd y bydd y wledd. 18–19g. *Llr* C 42, 203, *pedrydydd*, pedwaredydd. 1801 *MMf* 270, Rhisgl y derw . . . da ydynt . . . rhag pob haint o fwyth ai parhaus ai gwerseddog y bo; a'r mwyth trydedydd a *phedrydydd*. 1803 *P, pedrydydd*, the fourth day of the week.

Gw. hefyd **pedwarydydd.**

pedryddan, pedryddant [ffrwyth camddehongli orgraff Cym. C. *pedrydan(t)* (gw. d.g. *pedrydant*), a deall yr ail elf. fel *dant*] *a.* ll. *-ddaint.* A chanddo bedwar dant neu bedair pig: *having four teeth or spikes, tetrodont.*
1632 *D, pedryddan*, & *Pedryddant*. 1722 *Llst* 189, *pedryddan, dryddant*, having 4 teeth or spikes. 1753 *TR*.

pedryddog[1]**,** gw. **pedrydog.**

pedryddog[2] [?ffrwyth camddehongli orgraff Cym. C. *pedrydawc* (gw. d.g. *pedrydog*), a'i gysylltu â *pedestr*, &c.] *eg.* Milwr traed: *foot-soldier.*

1632 *D, pedryddog,* est Pedes . . . ait [Wiliam] Ll[ŷn]. sed vid. Milwr pedryddawg maelawr. G[ruffudd] F[ychan] [ap] G[ruffudd] [ap] Ed[nyfed]. **1688** *TJ, pedrŷddog,* gŵr traed: a Footman. **1759** *BC* x, [y] *pedryddog* troednoeth.

pedryfael, gw. **pedryfal.**

pedryfal [*pedry-*+?yr un elf. **mal* ag a welir yn yr e. *cymal*] *a.* a hefyd fel *eg.* Sgwâr (e. ac a.), gwrthrych sgwâr, petryal(og); pedairochrog, ac iddo bedair cornel; pedwar ban (y byd); (geir.) terfyn, ffin; hefyd yn *dros.*: (*a*) *square, square object, rectangle, rectangular; quadrilateral, four-sided, four-cornered; four corners (of the world)*; (*dict.*) *boundary, limit; also transf.*

13g. *C* 69. 3–4, Piev y bet *pedrival.* ae pedwar mein amy tal. **13g.** *BD* 127, pan delhei heint neu gleuyt ar un onadunt, sef y guneynt enneint yg kymerued *pedryual* y mein. **1346** *LlA* 170, maen onichino yn lle goleuat . . . ygkylch hwnnw ygwneir gweith *pedryfual* kymeint ac ehunan. **14g.** *GDG*[3] 125, Heliais ef, helwas ofer, / I hwylio serch, hoywliw sêr, / I wrth deg, araith digiaw, / Ei thâl, o *bedryfal* draw. *c.* **1400** *RM* 40, [t]orri y challon . . . agwneuthur bed *pedryual* (*WM* 57. 35, petrual) idi ae chladu yno. *id.* 105, or kaffaf vygkyuarws y dalu ae uoli a wnaf. Onys kaffaf dwyn dy agclot ti a wnaf hyt y bu dy glot ym *pedryual* (*WM* 459. 24, pedryal) byt bellaf. **1632** *D,* petrual, videtur significare locum quadratum, quadratum quid, valiculam quadratam . . . Legitur & *Pedryfal.* **1688** *TJ, pedryfal,* petrual, pedwar ochrog, pedwar cornelog . . . any thing that is four-square. **1707** *AB* 238a, *pe*[*d*]*ryual,* the utmost bound or limit. **1722** *Llst* 189, *pedryfal,* m. a square thing. **1780** *W* d.g. *quadrangle.* **18–19g.** *Iolo MSS* 207, cynnull coed cyll . . . a'u hollti bob un yn bedryran . . . yna eu canwyro'n *bedryfal* parth lled a thrwch. **1803** *P.*

Amr.: **pedryfael** [?cf. *amryfal, amryfael*]. *c.* **1400** *R* 578. 15.

Gw. hefyd **petryal.**

pedryfan, pedrfan [*pedr*(*y*)-+*ban*[1]] *eb.g.* ll. *-noedd,* a hefyd fel *a.*

(*a*) Pedwar ban (y byd), un o bedwar ban (y byd), ?ardal, ?cyfandir, ?pedwar chwarter; sgwâr (e. ac a.); pedairochrog, ac iddo bedair cornel; ac iddi bedair braich (am groes); yn ymestyn i bob cyfeiriad, cyfan; ?ac iddo bedwar tŵr: (*one of the*) *four corners* (*of the world*), ?*district,* ?*continent,* ?*four quarters*; (*a*) *square; quadrilateral, four-sided, four-cornered; having four arms* (*of a cross*); *stretching in all directions, whole;* ?*four-turreted.*

13g. *BD* 157, o'r neill parth y'r dinas yd oed yr auon uonhedic honno yn arwein y llogheu hyt y dinas a'r brenhined yndunt o *pedryuannoed* byt. *c.* **1300** *H* 105b. 17–18, Adar weinidawc caeawc kynran drut. dreic prydein *pedryuan* (Llywarch ap Llywelyn). **14g.** *T* 54. 25–6, ygkaer *pedryuan* pedyr ychwelyt. *c.* **1400** *R* 1176. 39, gwr ygcroc ygcroes *bedryuan.* *c.* **1400** *RB* ii. 213, [c]lywit sein y dyrnawt ym*pedryuan* yr awyr. **1722** *Llst* 189, *pedryfan,* f. a 4th corner or part (of the world &c). *c.* **1753** *Gron* 90, Dychleim, o nerth ei gerth gân, / Byd refedd, a'i *bedryfan.* **1793** DAFYDD IONAWR: *CD* 99, Sôn mae dynion am danaw, / Pob gwan, drwy'r *pedryfan* draw. **18–19g.** *Llr* C 1, 92, [g]lasgoed gyfref ag arddwrn glaslanc. au naddu'n *bedryfan,* sef yn bedwar ochrog. **1803** *P.*

(*b*) (Pennill o farddoniaeth) yn cynnwys pedair llinell: (*verse of poetry*) *consisting of four lines, tetrastich*(*ic*), *quatrain.*

c. **1785–90 (1829)** *CBYP* 161, *Pedryfann* Ar Y Gyhydedd Lefn. *id.* 163, Dyrif ar y Gyhydedd Laes, *pedryfann.*

Cfn.: **pedryfan (pedrfan, pedryfannoedd,** &c.**) byd(oedd):** *the four corners of the world,* ?*the four continents.* **13g.** *BD* 154, *pedryuannoed byt.* **1346** *LlA* 78, nachaf yr holl ebestyl gwedy rygynnullaw yr vn lle. Ac eu dwyn ynyr wybyr *obetyrvannoed byt* yt oedynt yn pregethv yndunt. *c.* **1400** *YCM*[2] 1, goreskyn o Charlymaen, oe nerth a'e allu, *pedryfannoed bydoed* ac amryuaelon teyrnassoed. **1632** *D,* pedryfan, Pl. *Pedryfannoedd bŷd* . . . quatuor mundi plagæ. **1770** *W,* enw un o *bedrfannoedd bŷd* d.g. *Africa.* **1803** *P, pedryfanodd byd* d.g. *pedryfan.* **p. daear (y ddaear) = p. byd. 1791** GW. MECHAIN: *Rh* 6.

Gw. hefyd **pedwar—p. ban.**

pedryfannog [*pedryfan*+*-og*] *a.* ?Ac iddo bedair cornel neu big, sgwâr; *Her.* chwarterog: ?*four-cornered, four-pointed, square; quarterly* (*in her.*).

13g. *C* 55. 3, Cirrn ar y guraget *pedryfanhauc* (*B* iv. 126, *pedryfannawc*; *H* 29b. 20, *pedrif anawc*). **18–19g.** *Iolo MSS* 35, Hywel ab Gruffydd . . . efe a ddug yn *bedryfannog* aur a Sabl, pedair olwyn o'r arian ar asur.

Cf. **pedwarbannog.**

pedryfwrdd [*pedry-*+*bwrdd*] *eg.* *Llong.* Rhan o fwrdd uchaf llong tua'r starn; swyddogion llong: *quarterdeck.*

1780 *W* d.g. *quarter-deck.*

pedrygan, pedryging, pedrygin [*pedry-*+elf. anh.; ?cf. *pergin, perging*; am *-in* ac *-ing* yn ymgyfnewid cf. *Lladin, Llading*] *eg.* (Ceudod y) llaw, cledr y llaw; (geir.) (y cyfwng neu'r hyn a ddelir rhwng) tri bys a bawd ynghyd: (*hollow of the*) *hand, palm;* (*dict.*) (*amount held or space between*) *three fingers and thumb together.*

1536 *Haf* 19, [114], ti Afesuraist ynef Ath *bedrygan* (cf. *B* ix. 333, a'th lav). **16g.** *Pen* 230, 56b, *pedryging,* llaw. *c.* **1588** *B* ii. 233, *pedrygin,* llaw . . . *pedrygan* yw tribys a bawd wedi gwasgu ynghyd wrth yr ewinedd. **1604–7** *TW* (*Pen* 228), *pedrygyn* d.g. *vola.* **1632** *D,* **pedryging,* yw 'r tu mewn i'r llaw. Ll. & G.T. **1688** *TJ, pedryging,* y tû mewn ir llaw, cleder y llaw: the Palm, or Inner part of the Hand. **1789** *AUA* 11, Pabl erwin oedd Pobl roe nám / *Pedryging* taer, pand rhwygo Twm. **1803** *P, pedrygan,* . . . the quantity that is taken up between three fingers and the thumb. *id. pedryging,* the space between the three fingers and thumb closed together.

Amr.: **pedrygeing.** *c.* **1562** *B* ii. 233.

pedrygarn [*pedry-*+*carn*; tebyg mai gwall copïo yw *pedrygarn, B* ii. 233] *a.* A chanddo bedwar carn: *four-hoofed.*

1803 *P.*

pedrygeing, pedryging, pedrygin, gw. **pedrygan.**

pedrylaw [*pedry-*+*llaw*[1]] *a.* Deheuig, medrus; (geir.) sgwâr: *dextrous, adroit;* (*dict.*) *square.*

c. **1300** *H* 57a. 21–2, Paraud oe adaf kynn noe adaw. pareu post enweir peir *pedrylaw* [marwnad Rhirid Flaidd gan Gynddelw]. **1632** *D,* **pedrylaw,* manu promptus, dexter, & quadratus. **1688** *TJ, pedrylaw,* hylaw, deheuig, (sgwâr:) handy, dexterous, square. **1803** *P.* Am y defnydd posibl o'r gair fel e. prs. gw. *TYP*[2] 496.

pedrylawiog, pedrylawog [*pedry-*+*llawiog, llawog*] *a.* *Swol.* Pedeirllaw: *quadrumanous* (*in zoology*).

1858.

pedrylawogion [*pedrylawog*+*-ion*] *e.ll.* *Swol.* Mamoliaid pedeirllaw, pedrlawiaid: *quadrumanes* (*in zoology*).

1858.

pedrylef [*pedry-*+*llef*[1]] *a.* a hefyd fel *eg.* (Llais) huawdl neu soniarus; (geir.) sgwâr: *eloquent or sonorous* (*voice*); (*dict.*) *square.*

c. **1300** *H* 57a. 24, *pedrylef* kwynuan kyrt amdanaw [marwnad Rhirid Flaidd gan Gynddelw]. **1632** *D,* **pedrylef,* voce dexter, & q.d. quadratus. **1688** *TJ, pedrylêf,* eglur-lais: a clear voice. **1753** *TR,* †*pedrylef,* ready with the voice, and q.d. squared. **1803** *P.*

Cfn.: **Pedrylef Wyddel:** *the name of an air.* **1759** *BC* xxvii, *Pedrylef Wyddel,* Mesur Cork. *id.* 345.

pedryliw [*pedry-*+*lliw*[1]] *a.* a hefyd fel *eg.* ?Lliwgar iawn, o liw pur; (geir.) sgwâr; lliw perffaith: ?*very colourful, of a pure colour;* (*dict.*) *square; perfect colour.*

c. **1300** *H* 57a. 23, *Pedryliw* y lauyn. y lat racdaw [marwnad Rhirid Flaidd gan Gynddelw]. **1632** *D,* **pedryliw,* ċolore perfectus, & q.d. quadratus. **1688** *TJ, pedryliw,* perffeithliw: a perfect colour. **1753** *TR,* †*pedryliw,* perfect in colour; and, as if you should say, squared. **1803** *P.*

pedryn[1] [cfdds. o'r S. *petr*(*el*)+*-yn*[1]] *eg.* *Adar.* Enw ar nifer o fathau o adar môr o deulu'r *Procellariidæ* neu'r *Hydrobatidæ* sydd yn aml yn hedfan yn bell o'r tir, cas gan longwr: *petrel.*

20g.

Cfn.: **pedryn drycin, p. yr ystorm:** *storm petrel, Hydrobates pelagicus.* **20g.**

pedryn[2] [*pedr-*+*-yn*[1]] *eg.* ll. *-nau.* Petryal; dis: *rectangle; dice.*

1851.

pedryollt, pedryoll [*pedry-*+*hollt*[1], *holl*[2]] *a.* a hefyd fel *eg.* ?Ac iddo bedair ochr, ar lun diemwnt neu byramid; wedi ei hollti'n bedair; gafael (y llaw): ?*having four sides, diamond- or pyramid-shaped; split into four parts; grasp* (*of hand*).

13g. *A* 3. 17, gwyngalch a *phedryollt* bennawr. *id.* 8. 4–5, heessyt onn o *bedryollt* y law. *id.* 33. 2–3, ysgeinnyei y onn o *bedryholl* llav. **1346** *LlA* 94, megys manwrychyon . . . osafw[yr]dan sychyon yskyryon *pedrhyoll* ffynnidwyd. **14g.** *GDG*[3] 50, Gwyllt saethydd . . . / . . . / A bollt *bedryollt* bedw ryw. **1604–7** *TW* (*Pen* 228) d.g. *quadrifidus.* **1632** *D,* **pedryollt,* fissus vel fissilis in quatuor partes. A bollt o *bedryollt* bren. *id.* d.g. *quadratus.* **1688** *TJ, pedryollt,* pedwar hôllt, pedair dellten: cleft or split into four parts. **1803** *P.*

pedryped, gw. **pedrybed.**

pedryran [*pedry-*+*rhan*] *eb.g.* ll. *-nau.* Pedrant, cwadrant; chwarter; *Ser.* chwartel: *quadrant; quarter; quartile* (*in astron.*).

1780 *W* d.g. *quadrant, quarter* [*the fourth part* . . .]. **18–19g.** *Iolo MSS* 207, cynnull coed cyll . . . a'u hollti bob un yn *bedryran* sef yn bedair asseth y prenn. **1801** *MMf* 207, *pedryran* y calch. *id.* 267, un *pedryran* o'r dwr. **1803** *P, pedryran,* s. f. a quadrant.

Gw. hefyd **pedeiran, pedran, pedwaran.**

pedrysawdd [*pedry-*+*sawdd*] *eb.* *Math.* Ail isradd: *square root.*

1803 *P.*

pedwar [*pedwar,* Crn. C. *peswar,* Crn. Diw. *padzhar,* H. Lyd. *petguar,* Llyd. C. *peuar, pevar,* Llyd. Diw., *pevar,* H. Wydd. *ceth*(*a*)*ir,* Gwydd. C. (*a*) *ceathair, cethri, cethra,* Gwydd. Diw. (*a*) *ceathair, cheithre*: < IE. **kᵘetuor-,* cf. Sans. *catvārah̥,* Gr. Dorig *τέτορες,* Llad. *quattuor*; *pedair,* Crn. C. *peder, pedar, pedyr,* Llyd. C. a Diw. *peder*; cf. H. Wydd. *cetheoir* < IE. *kᵘetesor-,* cf. Sans. *cátasrah̥*; ceir engh. gynharach bosibl yn *Arch Camb* c. (1948–9) 171] *rhif.* (b. *pedair,* ll. *pedeiriau*) ll. *-oedd, -on, -iaid, -au, pedweiriau.* Un o'r prifolion, sef un yn fwy na thri neu un yn llai na phump, rhifolyn (e.e. 4, IV, iv (weithiau IIII, iiii)) sy'n cynrychioli'r rhif hwn, y nifer hwn o bobl neu bethau: *four.*

9g. (*Ox* 1) *B* v. 230–1, guotig .iiii. u. ir *petguar* pimp ad libram olei. *id.* 234, Dou punt *petguar* hanther scribl. **13g.** *LlI* 62, ef a dele rody *pedeyr* ar ugeynt e'r gostecuur pan estenher maeronyaeth ydau. **13g.** *C* 69. 3–4, Piev y bet pedrival. ae *pedwar* mein amy tal. *id.* 96. 6–7, Pan yuei o wual yuei urth *peduar.* **13g.** *A* 31. 14–15, teir blyned a *phedeir.* *c.* **1300** *H* 67b. 23–4, *pedeir* kynnetyf cadw cadyr urten ar dec yr dugant o ueigen (Cynddelw). *id.* 120b. 40, keueisy deir a *phedeir* a phawd (Hywel ab Owain Gwynedd). **14g.** *T* 35. 8–9, *Pedeir* kaer yssyd. ymprydein powyssed. **14g.** *BY* 17, Y'r Jacob hwnnw y bu *pedeir* gwraged. **14g.** *WML* 124–5, Tri *phetwar* yssyd. *petwar* achaws yd ymhoelir brawt . . . *pedeir* taryan a a yrwg dyn areith gwlat rac hawl ledrat . . . *petwar* dyn nyt oes nawd udunt rac y brenhin. **1346** *LlA* 2, ar *pedwar* piler. *c.* **1400** *B* ii. 12, chweugain, a *phedeir* a dimei. *a.* **1575** *GP* 111, vn ar bymthec yn y paladr, *pedair* ar ddec yn y penn. **1593** W. MIDLETON: *B* [1], *Pedwar* peth a berthyn at gerdd dafawd Kymhariad, odl, kynghanedd, a mesur. **1632** *D, pedwar,* quatuor. **1722** *Llst* 189, *pedwar,* f. *pedair,* p. *pedweiriau, pedwarau,* four, cater. *c.* **1730** *Thos. Lloyd D* (LlGC) 191a, *pedwaroedd,* quaterni, quaterniones. **1759** J. EVANS: *PF* 13, pa'm y chwanegwch y *pedwar* ar bymtheg eraill? **1803** *P* d.g. *pedair, pedwar.* Digwydd mewn rhif. cfns. megis *pedwar* (*pedair*) *ar ddeg, pedwar* (*pedair*) *ar bymtheg, pedwar* (*pedair*) *ar hugain, pedwar* (*pedair*) *a deugain,* &c.; gw. hefyd y cfn. *pedwar deg, pedwar ddeg, pedair mil,* a *pedwar ugain* isod a *pedwar cant* d.g. *pedwarcant.*

Amr.: **pedwor** [am *-war-* a *-wor-* yn ymgyfnewid, cf. *gwatwar, gwatwor*]. **14–15g.** *IGE*[2] 321, Gweles *bedwor,* cerddor cain, / Archangel, aur a chyngain (Rhys Goch Eryri). **15g.** *DN* 111, *Pedwor* trysor tir Iessu (Hywel Rheinallt). **1547** *WS.* **pedwyr** [?dan ddyl. *-wyr*; cf. hefyd *pedwyrydd*; ond dichon mai ff. wallus ydyw]. **15g.** *FfBO* 34, merthyrwyt *petwyr* o'm kyt vrodyr i.

Cfn.: **pedwar aelod a phen:** *whole body.* **1703** E.

WYNNE: *BC* 8. Gw. hefyd *tynnaf: tynnu—t.'n bedwar aelod a phen*. **p. agor,** gw. *agor*[3]. **p. amser:** *four seasons.* **1887.** Gw. hefyd *unwaith—u. yn y pedwar amser.* **(y) pedair awr ar hugain:** *twenty-four hours, day.* **1604** R. HOLLAND: *BD* 8a. **1759** J. EVANS: *PF* 17, 61. **1770** *TG* iii. 61. **(y) pedwar ban, pedwarban:** *four corners (of the earth), four points of the compass, also fig.*; *(having) four arms (of a cross); having four parts; tetrastichic, four-lined; tetrameter.* **14g.** *H* 117a. 16, croc *bedw arban* [*sic*] o gann gaer (Dafydd ap Gwilym). **15g.** *OBWV* 117, Neu'r ddaear o *bedwar ban* / Oedd oll â'i mennydd allan. ?**15g.** *DGG* 144, Y Byd wrth *y pedwar ban* / Twyllodrus tywyll oedran. **15g.** *GDID* 72, Ef a roed, Ifor o wedd, / I'th ran *bedwar ban* bonedd. **1609** *Pen* 217, 199, velly y portreiwyd wynt ar *bedwar bann* y groes o bob tu i Grist. *c.* **1730** *Thos. Lloyd D* (LlGC) 190a, mydr *Pedwarban*, tetrastichum. **1803** *P*, *pedwarban*, that consists of four parts . . . of four parts. Gw. hefyd *pedryfan*. **p. ban (pedwarban, pedeirban, pedair bannoedd) (y) byd:** *four corners of the earth, four quarters of the world, four points of the compass, also fig.* **1346** *LlA* 19, Yr prynv *petwarbann ybyt* (*quadrifidum mundum*) . . . yr prynv *pedeirbann y byt* (*quatuor partes mundi*). **14g.** *Haf* 1, 80b, nyt oed dim gan vn dylyedawc o *pedeir bannoedd y byt*. *ib.* Agwedy ehydec dros *pedeiruanoed* [*sic*] *y byt*. **14g.** *GDG*[3] 78, Hoff anian *pedwar ban byd* [i'r haf]. **1547** *WS*, dcheu vn o *bedwar ban byd*, the southe. **1621** E. PRYS: *Ps* 47a, A gasglodd o *bedwar-ban byd*, / dowch chwi i gyd-ganeuau. **1773** *W*, *pedwar-ban* . . . *bŷd* d.g. *four, the four corners . . of the world.* Ar lafar. Gw. hefyd *pedryfan*. **p. ban (y d)daear = p. ban byd.** **15g.** *Pen* 109, 21, *pedwar bann daear* syd un dyat (Lewys Glyn Cothi). **1567** *TN* 396b, *ymhedwar ban y ddayar*. **p. bys,** gw. *pedwarbys*. **y Pedair Camp ar Hugain,** gw. *camp*[1]. **pedwar cant, p. carn,** gw. *pedwarcant, pedwarcarn*. **p. cwr y byd:** (i) *the four corners of the world.* Ar lafar yn Arfon. (ii) *crosswort.* Ar lafar yn nwyrain Meir., W. SALESBURY: *LlM* xxviii. **p. cymaint:** *four times as much.* **1567** *TN* 118a, mi ei talaf yn *bedwar plyc* [:– *cymmeint*]. **1604–7** *TW* (*Pen* 228), *petwar cymeint* d.g. *quadruplicato*. **1677** C. EDWARDS: *FfDd* 338, ymroddodd Zaccheus i wneuthur y *pedwar cymmaint* o iawn. *c.* **1730** *Thos. Lloyd D* (LlGC) 191a, *pedwar cymmaint*, quadruplum. **1798** *WR*, *pedwar cymmaint* d.g. *quadruple.* **(y) p. defnydd (deunydd):** *(the) four elements.* **13g.** *DB* 63, Pob corff o'r holl vyt a vyd endau y *petwar defnyd* (*quatuor elementis*). *c.* **1300** *H* 32a. 24, 105a. 7. *Dchr.* **14g.** *id.* 86b. 9–10, ef diueiaf naf ry wnaeth douyt. yny byd o *bedwar defnyt* (Llygad Gŵr). *c.* **1400** *DB* 25, gwnaethpwyt *y pedwar defnyd* . . . tan, awyr, dwfyr, dayar. *c.* **1585** G. ROBERT: *DC* [50a], *y pedwar deunydd*. **1725** D. LEWIS: *GB* 232. **1768** TWM O'R NANT: *CTh* 28, Mae'r Greadigaeth ôll ynglun, / O'r *pedwar Defnydd* sy nghorph Dŷn; / Y Dwfr iw'r Gwaed, a'r Tân iw'r Natur, / Sy ngwrês Cenhedliad pôb Creuadur. / Y Ddaear ydiw'r Cnawd a'i ryw, / A'r Awyr iw'r Anadliad byw, / Felly Dŷn sydd unrhyw Frŷd, / A'r *pedwar Defnydd* ynddo nghŷd. Gw. hefyd *DrOC* 106–9. **p. deg:** *forty.* **20g.** Gw. hefyd *pedwardegau*. **p. ddeg** [Crn. Diw. *pedgwarthac, pazwardhak*, Llyd. C. *peuarzec, peuardec*, Llyd. Diw. *pevarzek*; dichon mai *d-* yw cts. fl. yr ail elf.] (b. *pedeir ddeg*): *fourteen.* **14g.** *WM* 49. 29–31, peris ef dyuot llwyr wys *pedeir degwlat* aseithugeint hyt attaw. *c.* **1400** *R* 1047. 36, kyndylan ae *bedwar degmeirch*. **(y) p. gwynt:** *(the) four winds.* **1567** *TN* 39b, wy a gasclant yr etholedigion yn-cyd, o'r *pedwar gwynt*. *id.* 380a, *pedwar gwynt* y ddayar. **1588** *Dan* viii. 8, tua *phedwar gwynt* y nefoedd. *a.* **1791** W. WILLIAMS: *GP* 650, Pob rhyw, a iaith o bobl / O *bedwar gwynt* y byd. Cf. T. H. PARRY-WILLIAMS: *OPG* d.d., O'r *Pedwar Gwynt*. Cf. hefyd *p. prifwynt*. **p. man (y) byd = p. ban (y) byd.** **1543** *RWM* ii. 873, *Pedwar man y byd* a ffeth yw naturiayth pob vn o honynt. **1588** *Eseia* xi. 12, efe . . . a gascl waredigion Iuda *o bedwar man byd*. **1588** 2 *Esd* xiii. 5. Gw. hefyd *pedryfan*. **pedair merch(ed) y Drindod, p. merch y Tad, p. morwyn y Drindod:** *the four daughters of God (mercy, truth, righteousness, and peace, cf. Psalm lxxxv. 10).* **1604–5** *B* xxv. 123 Llyma Ystoria *Pedair Morwyn y Drindod* / *Pedair merched y drindod* yn y nef . . . A'i henwae yw hynn, Kyfiownder, Gwirionedd, Trigaredd a Heddwch. **1609** *CRC* 278, karol i *bedair merched y drindod*. **17g.** *CMNLW* 41, Kowydd Marwnad i *bedair merch y Drindawd*. *c.* **1714** *DE* 121, Llyma Gywydd *Pedair Merched Y Tad*. **1722** *W Ballads* 48, 1, Can Ynghylch *Pedair Merched y Drindod*. Gw. *DCR* 143–4. **(y) pedwar mesur ar hugain,** gw. *mesur*[1]. **pedair mil:** *four thousand.* *c.* **1400** *YCM*[2] 10, a *phedeir mil* gantunt o wyr ymlad. **1588** *Nu* ii. 4, [p]*edair mil*. *id.* xxvi. 22, Dymma dylwyth Iuda dan eu rhif: onid *pedair mil* pedwar ugain mil a phum cant. **1588** 1 *Cr* xxvii. 1, *Pedair mil* ar hugain. **p. (pedwar) miliwn:** *four million.* **1782** M. WILLIAMS: *BM* 12, yr ydys wedi profeidio'r Swm o *bedwar Miliwn* ar hugain. **(y) pedwar nerth pennaf, pedair nerth benadur = y p. rhinwedd.** **1346** *LlA* 76, *petwarnerth pennaf*. *Dchr.* **15g.** *B* viii. 140, y *pedeir nerth pennadur*. **p. (pedair) ongl,** gw. *pedwarongl*. **y pedwar peth diwethaf:** *the four last things (death, judgement, heaven, hell).* **1716** J. MORGAN: *MB* d.d., Myfyrdodau Bucheddol Ar Y *Pedwar Peth Diweddaf*. **p. plyg,** gw. *pedwarplyg*. **(y) p. prifwynt:** *(the) four cardinal or principal winds.* **13g.** *DB* 59. *c.* **1400** *YCM*[2] 53. **15g.** (*Diw.* **16g.**) *Gwyn* 3, 144. **15g.** *DN* 17. Cf. hefyd *p. gwynt*. **y pedair (pedwar) rhinwedd:** *the four cardinal virtues (prudence, temperance, fortitude, justice).* **1568** MORYS CLYNNOG: *AG* 55, *y pedair* prif *rinwe*[*dd*]. **1670** J. HUGHES: *AP* 10, *Y Pedair rhinwedd* Cardinawl. **1764** DEWI NANTBRÂN: *CB* 69, *Y pedwar Rhinwedd* cardinawl. **pedwar ugain:** *eighty.* **13g.** *LlI* 66. **1588** *Salm* xc. 10. **1773** *W* d.g. *eighty*. **ar fy mh. (dy b., &c.):** *on all fours.* **1834.** Ar lafar.

pedwaraf: pedwaru [bf. o'r rhif. bl.] *ba.* Rhannu'n bedwar, chwarteru: *to divide into four, quarter.*
1803 *P.*

pedwaragon, *B* iii. 285, gw. **agor**[3].

pedwaraid [*pedwar*+-*aid*[1]] *eg.* Set o bedwar; *Ser.* pedrongledd: *set of four, foursome; quadrature (in astron.).*
1803 *P.*

pedwaran [*pedwar*+-*an*[1]] *eg.b.* ll. *-au*, a hefyd fel *a.* Chwarter (hefyd am gorff); chwarter (mesur amrywiol o rawn); chwart; ffyrling; pedrant, cwadrant; rwd (mesur tir); *Ser.* pedrongledd; (geir.) ac iddo bedair rhan: *quarter (also of body); quarter (variable measure of grain); quart; farthing; quadrant; rood (land measure); quadrature (in astron.); (dict.) quadripartite.*
1613 *Bute* 8080, seaven pecks and a *pedoren* of Barly. **1632** *D* d.g. *quadrans, quartarius.* **1649** *CM Deeds* 1546, I give . . . one other *pedwaran* or the fourth part of an acre or stang of arrable ground. **1722** *Llst* 189, *pedwaran*, m. the 4th part of a peck. *id. pedwaran* (adj.), quadripartite. **1770** *TG* ii. 5, [t]ri pheccaid a thair *pedwaran* o lafur glân. **1772** *W*, tair *pedwaran* . . . modfedd d.g. *digit* [*three fourthe of an inch* . . .]. *id.* d.g. *quadrant, quadripartite, rood* [*the 4th part of an Acre*]. **1803** *P*, *pedwaran*, s. c. pl. t. *-au*, a fourth, a quarter, a quartern; a farthing.
Amr.: **pedoran, pedoren** [cf. *pedwor*] **1613** *Bute* 8080, *pedoren*. **1624** *Bronwydd* 338, *pedoran*. **pedwarran, pedwarran** **1725** *SR*, *pedwar rann* [*sic*] d.g. *a Quadrant*. **pedwran.** **1617/18** *Ewyllys Agnes Griffith, Cilfowyr, Maenordeifi* (LlGC), 1 busle & a half and one *pedwran* o wheat after measure used att town of Cardigan. **1820** *CWM* 22, Llestraid . . . Cardiff: Of corn, 20 gallons = 2½ bushels = 4 peccaid = 16 *pedwran* or quarters. *id.* 25, Peccaid; S. Wales: of corn, 4 *pedwran*, of 5, 5½, or 6 quarts each. Ar lafar gynt ym Morg. yn y ff. *pydwran, pydyran.*
Gw. hefyd **pedeiran, pedran.**

pedwarant [*pedwar*+-*ant*[2], ar ddelw'r S. *quadrant*] *e?g.* *Ser.* Safle dau gorff nefol pan fo gwahaniaeth o 90° rhwng hydred y naill a'r llall; pedrant, cwadrant: *quartile aspect (in astron.); quadrant.*
1816.
Cf. **pedraint, pedrant.**

pedwarawd [*pedwar*+-*awd*[3]] *eg.* ll. *-au.* *Crdd.* (Cerddorion sy'n perfformio) cyfansoddiad cerddorol ar gyfer pedwar llais neu offeryn, hefyd yn *ffig.*: *quartet (in mus.), also fig.*
1881 D. OWEN: *D* 63, yr oedd traed bach a heinyf Ffan fywiog yn chware *pedwarawd* ar y ffordd galed.
Cf. **pedrawd.**

pedwarban, gw. **pedwar—p. ban.**

pedwarbannog [*pedwar ban*+-*og*] *a.* a hefyd fel *eg.* Ac iddo bedwar corn; ac iddi bedair braich (am groes); (geir.) sgwâr, petryalog; (geir.) pennill o bedair llinell: *having four horns; having four arms (of a cross); (dict.) square, rectangular; (dict.) quatrain, tetrastich.*
15g. DAFYDD LLWYD: *Gw* 281, Cyrn gwragedd, rhyfedd y rhawg, / Ar bennau *pedwar bannawg*. **1632** *D* d.g. *quadratus*. **1722** *Llst* 189, *pedwar-bannog*, foursquare, quadrangular. **1803** *P*, *pedwarbanawg*, s. m. a quadrain.
Cf. **pedryfannog.**

pedwarblyg, gw. **pedwarplyg.**

pedwarbys, pedwar bys [*pedwar*+*bys*] *e.ll.* ac *eg.* a hefyd fel *a.* Pedwar o fysedd; (mesur) lled llaw, dyrnfedd; *Swol.* pedeirllaw: *four fingers; hand-breadth, hand; quadrumanous (in zoology).*
15g. *Pen* 109, 21, Pedwarban ir wlat ual *pedwarbys*. llaw (Lewys Glyn Cothi). *Diw.* **15g.** *Pen* 67, 62, pedeir bord val *pedwar bys* / or vn prenn ar wyneb rrys (Hywel Dafi). **1604–7** *TW* (*Pen* 228), mesur llet llaw, *petwar bys* d.g. *palmus*. *id.* tewdwr *petwarbys* d.g. *quadrantalis*.

pedwarcant, pedwar cant [*pedwar*+*cant*[1]] *e.ll.* ac *eg.* Pedwar o gannoedd: *four hundred.*
14g. *YBH* 3b, kyuodes *petwarcant* marchawc y vynyd. *id.* 10a, ef a las *petwarcant* owyr bradmwnd. *id.* 10b, *petwarcant* cited atheirmil. *c.* **1400** *YCM*[2] 102, a *phedwar cant* o Vrytanyeit parhaus gantaw. **15g.** *FfBO* 52, wynteu a dywedassant vot yno o gler, *bedwar cant* ar dec. **15g.** *LGC* 126, *Pedwarcant*, seithgant dan vaner Sion (Lewys Glyn Cothi). *a.* **1587** *Y* 193, *Pedwarcant*, o nawddiant Nêr, / Oes henw Iesu, a haner. **1588** 2 *Mac* xii. 33, â theirmil o wŷr traed, ac â *phedwarcant* o wŷr meirch. **1661** E. LEWIS: *Drex* 78, yn y flwyddyn o oedran ein Harglwydd *pedwar cant* deg a deugain a naw. **1691** T. WILLIAMS: *YB* 142, [t]rychant, neu *bedwar cant* . . . o flynyddoedd. **1803** *P*, *pedwarcant*, s. m. four hundred.

pedwarcarn, pedwar carn [*pedwar*+*carn*] *e.ll.* ac *eg.* ll. *-au*, a hefyd fel *a.* Pedwar o garnau; (geir.) a chanddo bedwar carn: *four hoofs; (dict.) four-hoofed.*
14g. *WM* 455. 23–4, Pedeir tywarchen a ladei *pedwarcarn* y gorwyd. **14g.** *Cy* vii. 145, Syrthit march y ar y *betwarkarn*. **1803** *P*, *pedwarcarn*, s. pl. aggr. four hoofs. a. Four-hoofed.
Cfn.: **ar bedwarcarn(au), ar bedwar carn, ar y pedwar carn:** *at a gallop.* **1719** IACO AB DEWI: *TG* 46, [m]ynnei farchogaeth ar lawn *bedwarcarn*. **1722** *Llst* 189, pedwarcarnu. Gyrru *ar Bedwarcarnau*, to gallop. **1724** S. WILLIAMS: *ADA* 89, y rhai sy'n myned *ar bedwarcarn* i Uffern. **1740** T. EVANS: *DPO* 37, [g]yrru *ar bedwar-carn* gwyllt. **1780** *W*, gyrru march . . . *ar y pedwar-carn* d.g. *put, to put a horse to his speed.*

pedwarcarnaf: pedwarcarnu [bf. o'r e. bl.] *bg.a.* Carlamu (ar hyd), gyrru (ceffyl) ar garlam, hefyd yn *ffig.*: *to gallop (along), ride (horse) at a gallop, also fig.*
1672 R. PRICHARD: *Gw* [xxviii], i tynnu hwynt i *bedwarcarnu* tu ag vffern. *id.* 375, Fel pôst dan sawd mae'n *pedwar carnu* [am oes dyn]. **1719** IACO AB DEWI: *TG* 47, ni *phedwarcarna* efe ar ol Crist. **1722** *Llst* 189, *pedwarcarnu* . . . to gallop. **1727** J. JONES: *DFF* 179, y modd y buont yn *pedwarcarnu* dros y Ffrydiau hynny. **1733** J. OWEN: *TBG* 26, a ninnau oeddym yn *pedwarcarnu* yn ôl i Rufain. **1773** *W* d.g. *to gallop*. **1803** *P.*

pedwarcarniad [bôn y f. fl.+-*iad*[1]] *eg.* Carlam: *gallop.*
1773 *W* d.g. *gallop*. **1803** *P.*

pedwarcarnol [*pedwarcarn*+-*ol*] *a.* ll. *-ion*, a hefyd fel *eg.* (bach. *-yn*) ll. *-ion.* *Swol.* Pedwartroediog; pedwartroedyn; hefyd yn *dros.*: *quadruped(al); a quadruped; also transf.*
1455–6 *Llst* 28, 205, anivail *pedwar karnol*. **1567** *TN* 187a, pop ryw anifal *pedwar carnol* [:– troedioc] y ddaear (**1620** *Act* x. 12, pôb rhyw *bedwar-carnolion* y ddaiar). **1588** *Bar* iii. 32, anifeiliaid *pedwarcarnol*. **16–17g.** E. PRYS: *Gw* 249, Pen yw llew . . . / O'r cyrn a'r *pedwar carnawl*. **1604–7** *TW* (*Pen* 228), aniueilieit *petwarcarnolion* d.g. *pedestria*. **1632** *D*, *pedwar carnol* d.g. *quadrupes*. *c.* **1762–79** W. WILLIAMS: *P* 167, na physcodyn, nag ehediad, nag un *pedwar carnol*. **1780** *W* d.g. *quadruped*. **1803** *P*. Cf. CEIRIOG: *CG* 55, hen biano dderwyddol yr olwg arni . . . Yn swn y batriarches *bedwar carnol* yr ysgrifenais y geiriau sydd yn dilyn.

pedwarcarnoliad [*pedwarcarnol*+-*iad*[3]] *eg.* ll. *-iaid.* *Swol.* Pedwartroedyn: *a quadruped.*
1916.

pedwarconglog, pedairconglog [*pedwar* (*pedair*) *congl*+-*og*; ansicr yw'r ystyr yn yr ail engh. isod, gw. *LlA* 267] *a.* Ac iddo bedair cornel, sgwâr, petryalog: *four-cornered, square, rectangular.*
14g. *BY* 12, y m[yw]n gwastadrwyd maes y gwnaethpwyt [Babilon] yn *bedwar konglawc* (*per quadrum disposita*). **1346** *LlA* 87, kyffelybrwyd yhynny aellit ygymryt ar gylch krwnn *pedwarkoglawc* aellit yysgythru val hynn . . . gwnneuthur kylch krwnn ar weith .O. Ac yny kylch hwnnw ysgythrv .A. yn trichoglawc. **1604–7** *TW* (*Pen* 228), *pedeirconglo*c d.g. *quadrangulus*. *id.* *petwarconglo*c d.g. *quadrangulus, quadratus, quadrus*. *c.* **1762–79** W. WILLIAMS: *P* 454, [p]ont . . . o waith yr hen Rufeiniaid, yn cynnwys ugain o bilerau *pedwar conglog*.

pedwarcornelog, pedaircornelog

[*pedwar* (*pedair*) *cornel*+-*og*] *a.* Sgwâr, petryalog: *square, rectangular.*
1588 1 *Br* vii. 5, [y]r holl ddryssau a'r gorsyngau oeddynt *bedwar corneloc.* *c.* **1700** E. LHUYD: *Par* 63, Tair clôch brês *pedeir cornelog.*

pedwardegau [*pedwar deg*+-*au*] *e.ll.* Y rhifau rhwng 40 a 49, gan gynnwys y rhifau hynny, yn enw. wrth gyfeirio at flynyddoedd canrif neu oedran: *forties.*
20g.

pedwardod [*pedwar*+-*dod*] *eg.* *Diwin.* Y Duwdod o'i ystyried fel uniad o bedwar person (gthg. Trindod): *quarternity* (*in theol.*).
1591 *CM* 16, 70, rhac i neb . . . dybied ei fod yn anrhydeddu *pedwardod*, ac nid trindod.

pedwardyblyg [*pedwar*+*dyblyg*] *a.* Pedwar cymaint, pedwarplyg, pedair gwaith cymaint: *fourfold, quadruple, four times as much.*
1588 2 *Sam* xii. 6, A'r oenic a dâl efe adref yn *bedwar dyblyg.* **1632** *D*, *pedwardyblyg* d.g. *quadrigeminus.* *id.* *pedwar dyblyg* d.g. *quadruplex, quadruplum, quadruplus.* **1714** R. PRYDDERCH: *GD* 123, Yr oedd y Rhufeiniaid yn peri iddynt dalu yn ol yn *bedwar dyblyg.* **1718** E. SAMUEL: *HDdD* 223, gorchymmyn ir Lleidr dalu adref yn *bedwar dyblig.* **1803** *P.*

pedwardydd [*pedwar*+*dydd*] *a.* *Meddyg.* Yn dychwelyd bob yn dridiau (am dwymyn): *quartan* (*of fever, in med.*).
1771 *PDPh* 21, gwr ieuangc a fuasai yn glaf ŵyth mis o'r cryd *pedwardydd.*

pedwardyddiol [*pedwar*+*dyddiol*] *a.* *Meddyg.* Yn dychwelyd bob yn dridiau (am dwymyn): *quartan* (*of fever, in med.*).
1831.

pedwarddeg, gw. **pedwar—p. ddeg.**

pedwaredydd, pedwaredd, pedwaregwr, gw. **pedwarydydd, pedwerydd, pedwarygwr.**

pedwareran [*pedware*(*dd*)+*rhan*[1], cf. *pedwarydydd, pedwarygwr*; ansicr yw prth. [*p*]*edwar raeneu* (amr. *petwaryraenev*), *YCM*[2] 66] *eb.* Pedwaredd ran, chwarter: *fourth part, quarter.*
13g. *LlI* 60, guestua . . . a rennyr try ugeynt ar pob tref o pedeyr tref . . . ac euelly o *petwareran* buygylyd e rennyr ene el ar pob eru o'r tedyn e ran. **14g.** *YBH* 15a, *affetwararen* [*sic*] torth o vara grut a gey beunyd.

pedwargwerth [*pedwar*+*gwerth*] *eg.* a hefyd fel *a.* Pedwar cymaint, pedwarplyg, pedair gwaith cymaint: *fourfold, quadruple, four times as much.*
Diw. **15g.** (**15–16g.**) *B* xvii. 88, arch ym y ddevwerdd arch ym y tricwerdd / arch y *bytwarcwerdd* am y cael ercit (Y Nant). **1759** *BC* 91, A'r oenig wen brydferth a dâl ef yn *bedwargwerth.*

pedwargwyr, gw. **pedwar+gŵr.**

pedwariad [*pedwar*+-*iad*[4]] *eg.* ll. -*iaid.* Set o bedwar, grŵp o bedwar (o filwyr); cwrs prifysgol yn yr Oesoedd Canol yn cynnwys rhifyddeg, geometreg, seryddiaeth, a cherddoriaeth: *set of four, foursome, squad* (*of four soldiers*); *quadrivium.*
1551 W. SALESBURY: *KLl* lxxviiib, y orchymyn ef yr pedwar *pedwarieit* milwyr yw oarchadw. **1722** *Llst* 189, *pedwariad*, a quaternion. **1803** *P.*

pedwarllawog, pedwarllawiog, pedairllaw(i)og [*pedwar* (*pedair*) *llaw*+-(*i*)*og*] *a.* *Swol.* Pedeirllaw: *quadrumanous.*
1604–7 *TW* (*Pen* 228), *petwarllawiawc* d.g. *quadrimanus.* **1632** *D*, *pedairllawiog* d.g. *quadrimanus.*

pedwarlliwiog, pedwarlliwog [*pedwar lliw*+-(*i*)*og*] *a.* Ac iddo bedwar lliw: *of four colours or hues.*
13g. *DB* 61, E bwa en er awyr, *petwar liwyauc* (*quadricolor*) o'r heul a'r wybyr. **14g.** *id.* 101, A'r envys yn yr awyr, *petwar lliwawc* vyd. **16g.** *Med H* 6, y bwa nevol *pedwar lliwioc* yr hwnn a elwir ennvys.

pedwarmarch [*pedwar*+*march*] *e.ll.* a hefyd fel *a.* Pedwar ceffyl; a dynnir gan bedwar ceffyl (am gerbyd): *four horses; drawn by four horses.*
15g. *LGC* 126, *Pedwarmarch*, seithmarch wrth gyvrwy Sion. **1632** *D*, menn *pedwarmarch*, cerbyd a dynno *pedwarmarch* d.g. *quadriga.*

pedwarochr [*pedwar*+*ochr*] *a.* Pedairochrog; sgwâr: *quadrilateral, four-sided; square.*
1632 *D*, pŷsg *pedwarochr* d.g. *cybium.* *id.* tarian *bedwarochr* d.g. *pelta.* *id.* Dull *pedwarochr* a'i ystlysau yn gyfartal a'i gonglau yn geimion d.g. *rhombus.* **1688** *TJ*, pedror, pedwaraidd, *pedwarochor*: squared, four-square. **1768** J. ROBERTS: *R* 109, Ysgwar sydd Lun *pedwarochr*, oll yr un faintioli. **1776** *W*, dull *pedwarochr* d.g. *lozenge.* **1803** *P*, *pedwarochyr* . . . Four-sided.
Gw. hefyd **pedrochr.**

pedwarochraf: pedwarochri [gair geir.; bf. o'r a. bl.] *bg.a.* Gwneud sgwâr; gwneud yn sgwâr neu'n bedairochrog: *to make a square; make square or quadrilateral.*
1604–7 *TW* (*Pen* 228) d.g. *conquadro.* **1632** *D* d.g. *quadro.* **1780** *W* d.g. *to quadrate* [*square, or make square*]. **1803** *P*, *pedwarochri*, to make quadrilateral.

pedwarochriad [gair geir.; bôn y f. fl.+-*iad*[1]] *eg.* Y weithred o wneud rhywbeth yn sgwâr neu'n bedairochrog: *a making square or quadrilateral, squaring.*
1780 *W* d.g. *quadrature* [*the act of squaring*]. **1803** *P*, *pedwarochriad*, a making quadrilateral.

pedwarochrog, pedairochrog [*pedwar* (*pedair*) *ochr*+-*og*] *a.* Sgwâr; ac iddo bedair ochr; ciwbig: *square; quadrilateral, four-sided; cubic.*
1547 *WS*, *pedwor ochroc*, four square. **1567** *TN* 398a, [y] dinas y osodwyd yn *bedwar ochrog.* **16g.** (**1763**) W. SALESBURY: *LlM* 47, yr ysgawlys nei yscaw mair sydd is a llai ac yn nes ei gyfflyprwydd I rywogaeth llysewyn ac a phalatr *pedwar ochrog.* **1588** 1 *Br* vii. 31, cerfiadau, ai [*sic*] hystlysau hwynt oeddynt yn *bedwar ochroc*, ac nid yn grynnion. **1588** *Esec* xli. 21, *Pedwar ochroc* oedd pyst y Deml. **1595** H. LEWYS: *PA* 209, Troer maen *pedwarochrog* ffordd y fynner, ac fe a sai er hynny yn oestad. **1604–7** *TW* (*Pen* 228), saeth *bedeir ochroc* d.g. *catapulta.* **1632** *D* d.g. *cubus, quadrangulus, quadratus.* **1661** E. LEWIS: *Drex* 54, [t]ippynau o goed *pedwar ochrog.* **1688** *TJ*, pedryfal, petrual, *pedwar ochrog*, pedwar cornelog . . . any thing that is four-square. **1710** *LlGG* (*Gos*) 12, [C]apiau *pedwarochrog.* **1768** J. ROBERTS: *R* 17, Y Baril Bîr, a gynwys, 1128 modfedd *Bedairochrog.* **1780** *W*, *pedwar-ochrog* d.g. *quadrilateral.* **1795** J. THOMAS: *AIC* 46, Cymmer 2 ddarn o Bapur o'r un faintioli a'u gilydd, a thor un yn llawn o dyllau *pedwar ochrog.* **18–19g.** *Llr* C 1, 92, [g]lasgoed gyfref ag arddwrn glaslanc, au naddu'n bedryfan, sef yn *bedwar ochrog.* **1803** *P.*
Amr.: **pedworochrog** [cf. *pedwor*]. **1547** *WS.*
Gw. hefyd **pedrochrog.**

pedwarogliad, gw. **pedwarongliad.**

pedwarongl, pedwar ongl, pedeirongl, pedair ongl [*pedwar* (*pedair*)+*ongl*[1]] *a.* a hefyd fel *eg.b.* ll. -*au.* Sgwâr (a. ac e.); ?cadarn; ac iddo bedair ochr neu ongl: (*a*) *square;* ?*four-square; quadrilateral, quadrangular.*
16g. (**1763**) W. SALESBURY: *LlM* 86–7, y llew gwynn . . . Y ffurf y rhyw Dof Id a phaladr *pederongl* Iddo. **1588** *Ecs* xxvii. 1, yn *bedair-ongl* y bydd yr allor. **1620** *Esec* xl. 47, efe a fesurodd y cyntedd, yn gan cufydd o hŷd, ac yn gan cufydd o lêd, yn *bedeir-ongl.* **1620** *Dat* xxi. 16, [y] ddinas sydd wedi ei gosod yn *bedeir-ongl.* **1632** *D*, dernyn bach *pedwarongl* d.g. *tessella.* **1718** (**1721**) S. THOMAS: *HB* 165, [y] Cap *pedwar ongl.* **1740** T. EVANS: *LlA* 15, Mi a esponiais gerllaw *pedwar-ongl* S. Jaco pa le yn ddiweddar, Eneth a lanwyd a'r Ysprŷd glan. **1770** R. PRICHARD: *CC* 279, Y mae hi [Caersalem]'n sefyll yn y Nefoedd, / Yn *bedair ongl* ei hamgylchoedd.
Gw. hefyd **pedrongl, pedwaronglyn.**

pedwarongliad [*pedwar*+*ongliad*] *eg.*
(*a*) *Ser.* Safle dau gorff nefol pan fo gwahaniaeth o 90° rhwng hydred y naill a'r llall: *quartile aspect* (*in astron.*).
1734 S. RHYDDERCH: *Alm* [10], *Pedwarongliad* rhwng yr Haul a Sadwrn. **1776** CAIN JONES: *Alm* 6, *Pedwarongliad*, bod tri Arwydd, neu 90 Grâdd rhyng[ddynt]. **1791** J. HARRIS: *Alm* 29, [y lleuad] yn sefyll mewn *pedwarongliad* â'r Haul.
(*b*) *Math.* Sgwâr (am rif neu arwyneb-edd): *square* (*of number or area*).
1850.
Amr.: **pedwarogliad.** **1777** M. WILLIAMS: *BM* 28, Y Lleuad yn myned oddiwrth Driogliad a'r Haul . . . ac yn dychwelyd at *Bedwarogliad* a Gwener. *id.* 29, y mae Haul yn dyfod at *Bedwarogliad* â'r blaned Iau.

pedwaronglog, pedaironglog [*pedwar* (*pedair*) *ongl*+-*og*] *a.*
(*a*) Sgwâr; ac iddo bedair ochr neu ongl: *square; quadrilateral, quadrangular.*
1588 *Esec* xlv. 2, bydd wrth y cyssegr bump cant ar hŷd, a phump cant ar lêd, yn *bedair-ongloc* oddi amgylch. **1632** *D*, *pedwar onglog* d.g. *quadrangulus.* **1695** T. JONES: *Alm* 8, Ni waeth pa un ai crynnion, ai hirion, ai *pedwar onglog* a fo 'r addurnau hynnŷ. *c.* **1762–79** W. WILLIAMS: *P* 23, maent [Hotentotiaid] yn cyddio [*sic*] eu noethni a darn o Groen Câth *pedwar onglog* yn hongian wrth eu gwregis. *id.* 234, y marsiandwyr saesnig [yn Syria] ynt oddautu 40, ac yn byw mewn adeiladau . . . *pedwaronglog*, fel Coledge. *id.* 631, rhai â chap *pedwaronglog*, rhai â chap rhownd. **1780** *W* d.g. *quadrangular.*
(*b*) *Math.* Sgwâr (am rif neu arwyneb-edd): *square* (*of number or area*).
1728 T. BADDY: *DDG* 64, Leag, neu Dair Milltir o Dîr *pedwar Onglog* neu Scwâr.
Cf. **pedronglog.**

pedwaronglyn [*pedwarongl*+-*yn*[1]] *eg.* Sgwâr: *square.*
1860.
Cf. **pedronglyn.**

pedwarol [*pedwar*+-*ol*] *a.* Yn perthyn i bedwar; ac iddo bedair rhan; *Meddyg.* yn dychwelyd bob yn dridiau (am dwymyn): *relating to four; quadripartite; quartan* (*of fever, in med.*).
1803 *P*, *pedwarawl*, belonging to four.

pedwarpeth [*pedwar*+*peth*] *e.ll.* Pedwar o bethau: *four things.*
c. **1400** *B* xiii. 65, [Y] *pedwarpeth* hynn . . . a ynt tebic y'r *pedwarpeth* a dyweit Duw yn y llyfyr a elwir Eclasicus [*sic*]. **15g.** *id.* ii. 16, ystyryeit *pedwarpeth.* un yw karu y arglwyd. Eil yw bot y ofyn arnaw. **1632** *D*, meddyginiaeth o *bedwarpeth* d.g. *tetrapharmacum.*
Gw. hefyd **pedwar—y p. peth diwethaf.**

pedwarplyg, pedwarblyg, pedeirblyg, pedwar plyg, &c. [*pedwar* (*pedair*)+*plyg*[1]] *a.* a hefyd gyda grym enwol. Pedwar cymaint, pedair gwaith cymaint; wedi ei blygu bedair gwaith; cwarto; ac iddo bedair rhan, a phedair plaid yn cymryd rhan ynddo; a'r cytseiniaid yn cyfateb bedair gwaith (am linell o gynghanedd); *Crdd.* ac iddo bedwar curiad mewn bar: *fourfold, quadruple, four times as much; folded four times; quarto; quadripartite; having quadruple consonantal correspondence* (*of a line of 'cynghanedd'*); *quadruple* (*of time, in music*).
1567 *TN* 118a, mi ei talaf yn *bedwar plyc* [:-cymmeint]. **1592** S. D. RHYS: *Inst* 263, Ac yn *bedwarplyc* Cysswllt, fall hynn: Coll di 'r cwlldr y cî hylldrem. Cylldr. **1632** *D* d.g. *quadruplex, quadruplum, quadruplus.* **1688** *TJ* (At.) [30], *Pedeirblŷg*, ŷw llyfr a plŷgwŷd y papurlennau ynddo yn bedair dalen. **18g.** *Wy* 8, 22, Cariad *pedwar-plyg* hiraeth. **1759** J. EVANS: *PF* 30, rhoddwch wrtho Liain *pedwar-plyg* (*a cloth four times doubled*). **1765** *Cyf C* 11, Fe farne yw thalu adre, a'i dyblu, Yn *bedwar-blug.* **1780** *W*, llyfr *pedwarplyg* d.g. *quarto* . . . *A quarto-book.* **1791** *Dialogous* 15, Bibl mawr *pedwar-/blyg.* **1803** *P*, *pedwarplyg* . . . Fourfold, quadruple.

pedwarran, pedwar-ran, gw. **pedwaran.**

pedwarsill, pedeirsill [*pedwar* (*pedair*)+*sill*] *a.* Ac iddo bedair sillaf; a'r cytseiniaid yn cyfateb bedair gwaith (am linell o gynghanedd): *tetrasyllabic; having quadruple consonantal correspondence* (*of a line of 'cynghanedd'*).
1808 W. OWEN[-PUGHE]: *CIG* 15, bydd y pwys ar y sill gyntaf o air deusill . . . ary [*sic*] gyntaf a thrydedd o un *pedwarsill.* **1808** R. DAVIES: *GC* 129, Cynghanedd *bedeirsill*; sef y gyhydedd fer, a arferir mewn Cywydd deuair fyrion.

pedwarsillafog, pedairsillafog [*pedwar* (*pedair*) *sillaf*+-*og*] *a.* Ac iddo bedair sillaf: *tetrasyllabic.*
p. **1584** G. ROBERT: *GC* [318], Digon yw hynn, am y messurau, o freichiau *pedairsi*[*ll*]*afog.* **1592** S. D. RHYS: *Inst* 135, o's *pedwarsyllâfoc* yw (Dynioneu,) trisyllâfoc yw (dynion.). **1593** W. MIDLETON: *B* 10, Pennill o gywydd deuair fyrrion . . . a hwnnw a fesurir o ddau fraich or gyhydedd ferr. Sef *pedwar sillafog*

bob braich. **1632** *D, pedair sillafog* d.g. *quadrisyllabus. id. pedwar sillafog* d.g. *tetrasyllabum.* **1780** *W* d.g. *quadrisyllable.*

pedwartroed [*pedwar+troed*] *a.* a hefyd fel *eg.* (bach. *-yn*) ll. *-iaid, -ion,* ac fel *e.ll.*. *Swol.* (Anifail) pedwartroediog; pedwar troed; ac iddo bedwar troed (am stôl, &c.); ac iddo bedwar corfan (am fydr): *quadruped(al); a quadruped; four feet; having four feet (of stool, &c.); having four feet (of poetic metre).*

1604–7 *TW* (*Pen* 228), cerddet ar *betwartroet* d.g. *quadrupedo.* **1632** *D,* mydr *pedwartroed* d.g. *tetrametrum.* **17g.** WILIAM BODWRDA: *Gw.* 502, *Pedwartroed* o roed er och ir cidwm. **1707** *AB* 133c d.g. *quadrupes.* **1761** *ML* ii. 394, na ddywedodd i mi ddim ynghylch yr adar ar *pedwartroediaid.* **1803** *P, pedwartroed,* s. m. pl. t. *ion,* a quadruped. a. Quadruped, four-footed.

Cfn.: **ar ei bedwartroed (ei phedwartroed,** &c.): *on all fours.* **20g.**

pedwartroediog, pedwartroedog, pedairtroediog [*pedwar (pedair) troed+ -(i)og*] *a.* a hefyd fel *eg.* ll. *-ion. Swol.* Ac iddo bedwar troed; pedwartroedyn: *quadruped(al); a quadruped.*

13g. *LlI* 79, pob anyueyl *petwartroedyauc* . . . nac oen na myn na porchell. **14g.** *WM* 463. 17–19, Henwas edeinawc ny allwys mil *pedwar troedawc* eiroet y ganhymdeith hyd un erw. *c.* **1400** *Études* vii. 62, Kic adar, haws y dodi a gwell yw noc vn anifeil *pedwar troedawc.* **1567** *TN* 187a, pob ryw anifal *pedwar* carnol [:– *troedioc*] y ddaear. **1632** *D* d.g. *quadrupes.* **1725** D. LEWIS: *GB* 119, Pe buasai Dŷn . . . yn ymlusgiad, yn *Bedairtroediog.* **1798** T. ROBERTS: *CG* 44, pan oedd cyfraith y degymau mewn grym, nid oedd i'w dalu, ond o hâd y ddaear, [ff]rwyth y coedydd, ac anifeiliaid *pedwartroediog* yn unig. **1803** *P, pedwartroedawg,* quadrupedal. *Pedwartroedogion,* quadrupeds.

pedwartroedol [*pedwar troed+-ol*] *a. Swol.* Pedwartroediog: *quadrupedal.*

1803 *P.*

pedwartroedyn, gw. **pedwartroed.**

pedwarugeinfed [*pedwar ugain+-fed* (At.)] *rhif.* Nesaf mewn trefn ar ôl y pedwerydd ar bymtheg a thrigain, olaf mewn cyfres o bedwar ugain: *eightieth.*

14g. *BT* (*RB*) 32, bu varw Sulyen . . . y *petwarugeinuet* ulwydyn o'e oes. **1588** 1 *Br* vi. 1, yn y *bedwar-vgeinfed,* a phedwar cant o flynyddoedd wedi dyfod meibion Israel allan o'r Aipht. **1632** *D* d.g. *octogesimus.* **1773** *W* d.g. *eightieth.*

pedwarydydd [*pedwary(dd)+dydd,* cf. *pedwareran, pedwarygwr, trydydydd*] *eg.* a hefyd fel *a.* Pedwerydd dydd; *Meddyg.* yn dychwelyd bob yn drydydd dydd (am dwymyn): *fourth day; quartan (of fever, in med.).*

13g. *LlI* 82, Keuebruyd kassec, iiii. k' hyt y *petwaredyd* ar dec guedy y ganher. *id.* 99. **13g.** *LlC* 12, o'r march neu o'r gassec, keynnyauc; ac uelly o'r ebol . . . hyt ypen y *pedwarydyt* ar dec guedy y ganer. **13g.** *Cylchg LlGC* v. 60, en diannot caffael yechyt o gryt y *petwaredyd* (*o febre quartana*). **14g.** *B* xiv. 268, Hvnnv a duc lazar wedy varw ym penn y *petuaredyd.* **18–19g.** *Llr* C 42, 203, pedrydydd, *pedwaredydd.* Digwydd mewn rhif. cfns., gw. enghrau. *LlC* a *LlI* uchod.

Gw. hefyd **pedrydydd.**

pedwarydd, gw. **pedwerydd.**

pedwarygwr [*pedwary(dd)+gŵr,* cf. *pedwareran, pedwarydydd, trydygwr*] *eg.* ll. *-gwyr.* Pedwerydd gŵr (hefyd mewn llinach): *fourth man (also in line of descent).*

13g. *LlI* 7, penhebogyd . . . E le en e llys en *petwaregvr* nessaf e'r brenhyn ar e seyc. *id.* 55, Puybynnac enteu a uynho holy tyr o ach ac edryf, dangosset y ach hyt e kyff yd henyu ohanau. Ac ot edyu ef eno en *petwaregur* (*AL* i. 172, *petwarygur*), pryodaur yu, canys en *petwaregur* yd a dyn en pryodaur. *id.* 58, ual yd a alltudyon en pryodoryon en e *petwaregur* . . . euelly yd a alltudyon e meybyon uchelwyr en *petwaregur* en pryodoryon. *c.* **1400** *CHDd*[2] 144, [p]awb a a . . . yn briodoryon ac yn genedylawc or trigyant ynghymry yny vont *bedwarecwyr.* **1803** *P* d.g. *pedwarygwr.*

pedwas [*ped*[3]*+gwas*[1]] *eg.* (bach. *-wesyn*). Gŵr traed: *footman.*

1852.

pedwerydd [Crn. C. *pyswere, peswere, peswore,* H. Lyd. *petguare,* Llyd. C. *peuare, pevare, peoare,* Llyd. Diw. *pevare*: < Brth. **petu̯ari̯o-* < **kʷetu̯ari̯o-,* cf. Gal. *petuar[ios]*] *rhif.* (b. *pedwaredd*) a hefyd gyda grym enwol ac fel *eg.* ll. *-au.* Nesaf mewn trefn ar ôl y trydydd, olaf mewn cyfres o bedwar, yn dynodi un rhan o bedair: *fourth.*

9g. (*Ox* 1) *VVB* 203, teir *petguaret* part. **13g.** *C* 88. 8–9, Athrydit ryuet. yv merwerit mor . . . Digones periw. *pedwerit* Ryvet. **13g.** *BD* 106, o'r kyntaf y'r *petweryd.* **14g.** *T* 67. 15–16, Athon prydein toruoed virein yn *petwared.* **14g.** *WML* 40, Trydyd yw rodi bwyllwrw. *Petweryd* yw ymdwyn y bwyt yny getymdeithas. *id.* 62, teir blyned y dyly ef. ar *pedwared* yr perchenawc yn ryd. **14g.** *B* v. 200, e *petwared* oes o Voessen hyt at Dauid. **14g.** *WM* 86, 2–3, [y] *petweryd* dyd. *c.* **1400** *R* 1397. 9, *Pedwared* welygord *pedweryd* molawt. *c.* **1400** *YCM*[2] 58, trewis . . . y helym, yny dorres y *phedwared* rann. *id.* 171, y *bedwared* vlwydyn ar dec ac wyth cant o oet Ieussu [*sic*] Grist. **15g.** *Pen* 109, 6, Edwart *bedweryd* seythyd king sal (Lewys Glyn Cothi). **1547** *WS, pedwaredd, pedwerydd,* the fourthe. **1567** *TN* 23b, y *bedwerydd* [*sic*] wylfa or nos. **1588** *Ecs* xxxiv. 7, yr hwn a ymwel ag anwiredd y tadau . . . ar blant y plant hyd y drydedd, a'r *bedwaredd* oes. **1588** *Nu* (teitl), *Pedwerydd* llyfr Moses yr hwnn a elwir Numeri. **1691** *ESGG* 28, Mae'r *pedwerydd* Gorchymyn yn gofyn i ni neillduo holl ddydd yr Arglwydd iw wasanaeth ef. **1725** I. HARRI: *RD* 227, ni allwn ystyried mae mewn hanes Brophwydoliaethol wrth y Bwystfil y meddylier y *bedwerydd* Frenhiniaeth. **1803** *P* d.g. *pedwaredd, pedwerydd.* Digwydd hefyd mewn trefnolion cfns., e.e. *pedwerydd (pedwaredd) ar ddeg, pedwerydd (pedwaredd) ar bymtheg, pedwerydd (pedwaredd) ar hugain, pedwerydd (pedwaredd) a deugain,* &c.

Fel *e.* (*a*) Chwarter; ?chwart: *quarter; ? quart.*

1768 J. ROBERTS: *R* 87, ¼, [¼] . . . sef hanner[,] Tri *phedwerydd.* **1800** W. OWEN[-PUGHE]: *CP* 47, â *phedwaredd* y maint à arferid yn ol yr hên ffordd o driniad. *id.* 93, 30 galwyn o laeth newydd . . . sug *pedwerydd* o flodau golt mair. **1803** *P, pedwaredd,* s. m. a fourth. *id. pedwerydd,* s. m. a fourth part, a quarter; a quartern. Ar lafar yn nwyrain sir Drefn. yn yr ystyr 'chwarter pecied, pum chwart', *Cymru* lii. [242].

(*b*) *Math.* Sgwâr (am rif): *square (of number).*

1892.

(*c*) *Crdd.* Cyfwng rhwng pedwar nodyn dilynol yn y raddfa ddiatonig (e.e. C–F); dau nodyn eithaf y cyfwng hwn; y ddau nodyn hyn wedi eu seinio ynghyd: *fourth (interval or chord in mus.).*

1862.

Amr.: **pedwarydd** [ff. heb aff.]. **10g.** (*Cpt*) *B* iii. 256, bichet paniu *pet guarid.* did di aries. *c.* **1400** *MM* 112, ef a trossir yn gryt y *pedwaryd* dyd neu y trydyd. **1611** R. SMYTH: *SG* 112. **1688** S. HUGHES: *TSP* 278, na'r ail, na'r trydydd, na'r *bedwarydd* [*sic*] . . . waith. **1694** T. JONES: *Alm* [7], Nodedigca pêth yn yr ail Addurn ŷw gosodiad y blaned mercher yn y *pedwaredd* [*sic*] tŷ. **1793** T. JONES: *SD* 22, Y mae'r *pedwarydd* o'r darluniadau . . . yn fwy od a chymmysglyd nag yr un etto. Ar lafar yng nghanolbarth a godre Cered., sir Benf., a'r De. **pedwrydd** [< *pedwyrydd*]. **1567** *TN* 380a, A' phan agorasey ef y bedwaredd sel, my glyweis lleis y *bedwrydd* [*sic*] enifel. **1574 (1604)** *Rhyddiaith Gymraeg* ii. 206, y *pedwry* peth. **16g.** DAFYDD BENWYN: *Gw* 118, a hwnn oedd . . . / . . . / *bedwrydd* ar ddeg. **1681** S. HUGHES: *AC* 16. Ar lafar yng nghanolbarth a godre Cered. ac ym Morg., 'Dyna'r *bedwrydd* 'en ddafad sy wedi bod yn yr ardd 'yn 'eddi'', 'y *pedwrydd* tro', 'y *bedwrydd* waith'. **pedwyrydd** (b. *pedwyredd*). **14g.** *WM* 33. 7–8, y *pedwyryd* (*RM* 21, *pedwyred*) ulwydyn. *c.* **1400** *R* 1388. 29, Y *pedwyryd* dyd ardec. *c.* **1400** *DB* 27, tryded yw equinoctialis, *pedwyred* yw brumalis. *c.* **1400** *B* ii. 16.

Cfn.: **ar ei bedwerydd:** *fourfold, four times as much.* **1588** *Luc* xix. 8, mi a'i talaf *ar ei bedwerydd.*

pedwesyn, pedwor, pedworochrog, pedwran, gw. **pedwas, pedwar, pedwarochrog, pedwaran.**

pedwrydd, pedwyredd, pedwyrydd, gw. **pedwerydd.**

peddestr, pedestr [bnth. Llad. *pedestris;* ynglŷn â'r *-d-* yn *pedestr,* ?cf. *pedol*] *eg.* (b. *-es*) ll. *-(i)aid, peddystr,* a hefyd fel *e.ll.* Cerddedwr, rhodiwr, hefyd yn *ffig.*; gŵr (gwŷr) traed, negesydd; milwr (traed): *pedestrian, walker, also fig.; footman (footmen), messenger; (foot-)soldier, infantryman.*

c. **1300** *H* 49b. 21, *Petestres* weteit yn hydreit hir [Cynddelw i Efa ferch Madog]. **14g.** *WM* 387. 26–7, na marchawc na *phedestyr* y del itaw. *id.* 446. 26–8, ar hyt y neill o nadunt vynt awelynt *pedestyr* yn dyuot yn eu herbyn. **14g.** *YBH* 11b, guell y guedut . . . yn kerdet ar dy draet yn anurdedic vegys *pedestyr.* noc yn varchawc vrdawl. **14g.** *GDG*[3] 349, *Pedestr* hwyr wyf, cawddnwyf call, / Ar hyd erw lle y rhed arall. **15g.** *Cy* xxiii. 296, *Pedestr* mawr i hap ydwyf [Maredudd ap Rhys i ddiolch am iachâd o'i gloffni]. **15g.** *GGl*[2] 60, *Peddestr* o eddestr addwyn, / Prior ffraeth yn pori'r ffrwyn [i ofyn ebol]. **16g.** (*LlEG*) *Mos* 158, 149a, [t]ryrychant [*sic*] o veirch gwyr harneishiol heblaw *pethesdriaid* [*sic*]. **1547** *WS, pedestyr* ne wr traet, a foteman. **16g.** *B* xviii. 314, ynn ol y glusdogg a'r hett j kerddai j bedwar *peddestyr* ef ar i traed. **1606–23** *AP* 15, Pann vo kystal *pedystr* [*sic*] Ffwc sodlau segur . . . ac Edyrn vab Gwyddno garanir y gwr a aeth i ymgyfredec ar gwynt. **1632** *D, pedestr,* & *Peddestr,* pedes, itis. *id. peddestr,* vid. Pedestr. Goreu *peddestr* yw gau †. Optimus pedester mendacium, vel falsus rumor. **1660** J. HOWELL: *D* 28, No footman, without bow. Nid *Peddestr,* heb fwa. **1722** *Llst* 189, *pedestr,* m.p. *destraid,* a foot-man, foot-traveller. **1758** *ML* ii. 76, roedd 8 neu 9 o *beddystyr* yn rhedeg o eneu'r Pwll cam. **1770** *TG* iv. 84, Un o *beddestr* neu footmen yr arglwyddes. **1803** *P* d.g. *pedestres, pedestyr, peddestres, peddestyr.*

Amr.: **pedest** [cf. *ffenest(r)*]. **17g.** *IICRC* iii. 87.

peddestriad, gw. **pedestriad.**

peddestrig, pedestrig [*peddestr, pedestr+ -ig*[2]] *eb.* a hefyd fel *eg.* (prin a diw.) ac *a.* (Gallu) cerdded, cerddediad, osgo, mynd, cyflymder (ar draed); cam; cerddedwr, rhodiwr: *(ability to) walk, a walking, gait, going, fleetness (of foot); step; pedestrian, walker.*

13g. *Cylchg LlGC* v. 63, e crupleit a gaffant eu *pedestric.* **14g.** *WM* 14. 5–6, ni thykya y *pedestric* (*RM* 9, pedestyr) yny byt ehymlit hi. *id.* 75. 7, tebygei na allei [llygoden] un *pedestric. id.* 118. 1–3, o uilwryaeth a *ffedestric* ef a gymhellawd yr ewiged y gyt ar geiuyr y mywn. *id.* 390. 6–8, [m]arch . . . a*phedestric* wastadualch ganthaw. *c.* **1400** *R* 1374. 18, Kwrseryeit eureit eiryf *bedestric.* **16g.** (*LlEG*) *LlGC* 5276, 368a, *peddestrig* awnnaf. **16g.** *J* 8, 42a, Ac o vraidd o nerth y *bedestric* y diengis y llall. *id.* 88a, [y]r holl Aniferoedd a hanoeddynt o ynys brydain ond Addih[e]ngis hyd yn llydaw herwydd y *pedestric.* **1632** *D, pedestrig,* pedester, tris . . . Incessus. **1688** *TJ, pedestrig, peddestrig* . . . myned neu rodio . . . a going or walking. **1773** *W* d.g. *foot-man* [*one who travels on foot, &c.*]. **1803** *P, pedestrig,* s. f. a foot pace. *id. peddestrig,* s. f. a pedestrian.

Fel *a.* (*a*) Yn cerdded, ar droed, yn perthyn i gerdded neu i ŵr traed: *walking, afoot, pedestrian.*

c. **1300** *H* 49b. 22, *petestric* yolit pa hyd yth yolir (Cynddelw). *id.* 121a. 23. **1567** *TN* 23a, wy y dilynesont ef ar draet [:– yn *bedestric*] allan o'r dinasoedd. **1632** *D, pedestrig,* pedester, . . . e. **1688** *TJ, pedestrig, peddestrig,* a berthyno i ŵr traed . . . belonging to a Footman. **1753** *TR, pedestrig,* on foot, performed on foot.

(*b*) Pedestraidd (am arddull, &c.): *pedestrian (of style, &c.).*

1939.

Cfn.: **o bed(d)estrig:** *on foot.* **14g.** *WM* 13. 33–4. **14g.** *YBH* 39b. **15g.** *BB* 103.

peddestrwr, pedestrwr, pedestrydd [*peddestr, pedestr+-wr, -ydd*[3]] *eg.* ll. *ped(d)estrwyr, pedestryddion.* Gŵr traed (gwas); cerddedwr, rhodiwr: *footman (servant); pedestrian, walker.*

1545 *CM* 1, 95–6, vo adyly plant y blaned ynna vod ynn *beddestwyr* [*sic*] ac ynhrod ddynnion [*sic*] mawr. **16g.** (*LlEG*) *Mos* 158, 628b, vn o *beddestrwyr* y brenin. **1803** *P, pedestrydd,* s. m. pl. t. *ion,* a foot traveller, a pedestrian.

peddyd [bnth. Llad. *peditēs*; cf. H. Lyd. *pedet,* gl. *pedes*] *e.ll.* a hefyd fel *eg.* Gwŷr (gŵr) traed (mewn byddin), milw(y)r traed; cerddedwr, rhodiwr: *infantry(man), foot-soldier(s); pedestrian, walker.*

13g. *HGK* 13, y llu mvyaf en e byt o varchogyon a *phedyt.* **13g.** *BD* 145, anuon Cadvr tywyssavc Kernyv a chuechan marchavc a their mil o *bedyt* ganthav. *Dchr.* **14g.** *H* 29a. 34, ysgwn ysgwydawr buduawr *beddyt* (Bleddyn Fardd). **1346** *LlA* 169, [c]ann mil o *bedyt* owyr ymlad. **14g.** *WM* 88. 10–11, y *pedyt* ny ellit eu reoli o ymsaethu. **1567** *TN* 205b, Paul . . . myny bot ehun yn *peddit* [:– myned ar ei draet]. **1632** *D, peddyd,* pedites. *id.* gŵr traed, dŷn traed, *peddyd* d.g. *pedes.* **1688** *TJ, peddŷd,* gwr traed: a Foot-man. *c.* **1700** E. LHUYD: *Par* i. 27, Edwyn, Braint, Hedd ai *peddid.* **1722** *Llst* 189, *peddyd,* (s. & p.) m. a foot-traveller, the infantry in an army. *id. peddyd,* marchogion a *pheddyd*, horse & foot, cavalry and infantry. **1803** *P*.

Amr.: **pedyd.** **1604–7** *TW* (*Pen* 228), llu or *pedyt* d.g. *peditatus*. **1803** *P*.

peddytgant [*peddyd*+*cant*[3]] *eg*. Milwyr traed, llu o wŷr traed: (*host of*) *infantry*(*men*).

13g. *Llst* 1, 180, A hyt tra vydey e kat *pedytkant* or neyll parth ar wed honno en ev kywarssanghw. en vn agwed a hynny y kat varchogyon or parth arall. **14g.** *Bren Saes* 20, ac ynteu . . . a ladawd deu vrenhin . . . a phetwar ieirll ar dec a'r *pedytgant* ny wydyt ev rif. *c.* **1400** *RB* ii. 209, Pawb o nadunt aedewis *pedydgant* y sawl aellynt eu kaffel. *c.* **1400** *Ked AA* 19, chwe gwyr a thrugeint achwechant achwemil o wyr a meirch heb *pedydkant*.

pefel, gw. **befel** (At.).

pefr [?cf. yr e. lle Crn. *Polpever*, ac e. afon *Peffery* yn yr Alban] *a*. a hefyd fel *e?g*. Gloyw, disglair, llachar, golau, amlwg, teg, hardd, pur, hefyd yn *ffig*.; disgleirdeb, tywyniad: *bright, shining, sparkling, gleaming, radiant, brilliant, clear, fair, beautiful, pure, also fig.*; *brightness, sparkle*.

13g. *A* 14. 13–14, dygoglawd tonn *bevyr* beryerin. *c.* **1300** *H* 70b. 21, meuryc *beuyr* bieuoetud (Cynddelw). *Dchr.* **14g.** *id.* 83b. 35, handythuagwyd *peuyr* yn penn erchwys [Llywelyn Fardd i Lywelyn ap Iorwerth]. **14g.** *GDG*[3] 48, *Pefr* loes, pwy a roes yr och [marwnad Rhydderch]? *id.* 232, Gwell yw crefft, meddir, hir hud, / Ne gwylan *befr*, no golud. *id.* 386, O'r borau, ddyn goleuwefr, / Hyd anterth dan y berth *befr*. *c.* **1400** *R* 1201. 10, ar*befyr* ysbryt. *Dchr.* **15g.** *IGE*[2] 167, Yr awen *befr* oreuwaith, / A roed i mi, radau maith (Llywelyn ab y Moel). *a.* **1587** *Y* 67, O ddeall y ddwy awen, / Mewn iaith *befr*, mae vn i'th ben. **1632** *D*, *pefr*, pulcher, bellus. **1688** *TJ*, *pefr*, (pur,) têg, gwŷch: fine, fair, pure. **1763** *DT* 253, Uwch Eglwys Bawl, wych eglur, / A'i phinagl *pefr* firagl pur. **1803** *P*. Digwydd fel epithet, Gronw *Pefr*, Rhufawn *Befr*, *TYP*[2] 367, 500; Tudwal *Pefr*, *B* iii. 41.

Gw. hefyd **pefren, pefryn.**

pefraf: pefru, gw. **pefriaf: pefrio.**

pefraidd [*pefr*+*-aidd*] *a*. Disglair: *bright*.

1803 *P*.

pefredd [*pefr*+*-edd*[1]] *eg*. Disgleirdeb, tegwch, harddwch, coethder: *brightness, fairness, beauty, elegance*.

1547 *WS*, *pefredd*. **1632** *D*, *pefredd*, pulchritudo. *id.* d.g. *argutiæ, elegantia, formositas*. **1688** *TJ*, *pefredd*, tegwch, glendid, harddwch: Fairness, Beauty, Elegancy. **1803** *P*.

pefren [gair geir.; *pefr*+*-en*] *eb*. ll. *-nod*, a hefyd fel *a*. Merch dlos; eithaf teg: *pretty woman; quite fair*.

1632 *D*, *pefren*, bellula, pulchella. **1688** *TJ*, *pefren*, go dêg: somewhat fair. **1722** *Llst* 189, *pefren*, f.p. *rennod*, a fair lass. **1753** *TR*, *pefren*, a pretty little woman. **1803** *P*.

Cf. **pefryn.**

pefriad [bôn y f. ddil.+*-iad*[1]] *eg*. ll. *-au*. Sereniad, tywyniad, disgleirdeb: *twinkle, sparkle, brightness*.

1803 *P*.

pefriaf, pefraf: pefrio, pefrian, pefru [bf. o'r a. *pefr*] *bg.a*. Serennu, tywynnu, pelydru; peri disgleirio; byrlymu (am win, &c.) hefyd yn *ffig*.: *to twinkle, sparkle, scintillate, gleam, glitter, radiate; cause to sparkle; sparkle, effervesce* (*of wine, &c.*) *also fig*.

1803 *P*, *pevriaw*, to cast a splendor . . . to brighten. *id.* *pevru*, to radiate; to brighten. Ar lafar yn y Gogledd, 'Mae 'i lygaid yn *pefrio* yn 'i ben o', *WVBD* 427.

pefriog, pefrog [*pefr*+*-(i)og*] *a*. Yn serennu, yn tywynnu, gloyw, hefyd yn *ffig*.; byrlymus (am win, &c.): *twinkling, sparkling, glittering, bright, also fig.*; *sparkling, effervescent* (*of wine, &c.*).

1835.

pefriol, pefrol [*pefr*+*-(i)ol*] *a*. Yn serennu, yn tywynnu, yn gloywi, yn pelydru, hefyd yn *ffig*. byrlymus (am win, &c.): *twinkling, sparkling, brightening, radiating, also fig. sparkling, effervescent* (*of wine, &c.*).

1803 *P*, *pevrawl*, radiating; brightening.

pefrog, pefrol, gw. **pefriog, pefriol.**

pefrwellt [*pefr*+*gwellt*] *eg*. *Bot*. Un o amryw fathau o laswellt o'r tylwyth *Phalaris*, yn enw. *Ph. canariensis*, y defnyddir eu hadau i fwydo adar: *canary grass*.

1813 *WB* 225, *Pefr-wellt*; Phalaris;—Canary-grass.

pefrwydd [*pefr*+*gwŷdd*[1]] *e.ll.* (un. b. *-en*). *Bot*. Coed conifferaidd bytholwyrdd o'r tylwyth *Picea*, pyrwydd, sbriws: *spruce* (*trees*).

1858.

pefryn [gair geir.; *pefr*+*-yn*[1]] *eg*. Dyn golygus neu drwsiadus, coegyn: *smart or handsome man, dandy*.

1722 *Llst* 189, *pefryn*, a pretty neat fellow. **1770** *W* d.g. *beau*. **1803** *P*.

Cf. **pefren.**

pefrynnaidd [gair geir.; *pefryn*+*-aidd*] *a*. Coegfalch, coegwych: *vain, flashy*.

1770 *W* d.g. *beauish, gay*.

pefychaf: pefychu [gair geir.; gwall am *pesychaf*: *pesychu*, cf. *pefychwys*, *MA*[2] 195a. 47 (*H* 81a. 8, *Pesychwys*)] *bg*. Anadlu gydag anhawster: *to breathe with difficulty*.

1632 *D*, *pefychu*. vid. an à Peuo. **1688** *TJ*, *pefychu*, caeth anadlu: to breath short, to aspire. **1803** *P*.

pefyr [gair geir.] *bg*. Cyfarth, cipial, ielpan, cwynfan, ubain; baldorddi: *to bark, yelp, whine, yell; prattle*.

1547 *WS*, *pefyr*, pratle. **1632** *D*, *pefyr*, gannire. **1688** *TJ*, *pefyr*, cyfarth fel cî neu lwynog: to bark, yelp or cry like a Dog or Fox. **1722** *Llst* 189, *pefyr*, to bark, whine, yell. **1753** *TR*, *pefyr*, to bark, yelp or cry like a fox, to whine as a dog when he welcomes his master home. **1794** *W* d.g. *to yelp*.

peg, gw. **pec.**

pèg[1] [bnth. S. *peg*] *eg*. (bach. g. *pegyn*, b. *pegen, pecsen*) ll. *pegiau, pegs*. Pìn, bollt, hoel, &c. (o bren, metel, &c.) a ddefnyddir at amrywiol bwrpasau megis nodi ffin, dal rhaffau pabell, dal rhannau o beiriant ynghyd, tiwnio offeryn, &c., hefyd yn *dros.*, e.e. am goes (bren), ac yn *ffig*.; darn pren, &c., ac ynddo hollt (neu ddau ddarn pren, &c., a gysylltir â sbring) ar gyfer hongian dillad ar y lein: *peg, also transf. e.g. of* (*wooden*) *leg, and fig.*; (*clothes-*)*peg*.

c. **1689** **(1802)** L. WILLIAM: *Sherlyn Benchwiban* 4, Rhaid ceisio *pegin* digri', / A'r un llun â charreg hogi, / A dwy blwmmwnsen yno nghrog, / Yn glynu yng nghonglog wrthi. **1828** *Geir Pob* 19, *pêg*, hoel bren. Ar lafar, yn enw. am begiau dillad, *WVBD* 416; digwydd hefyd yn *ffig*. mewn ymad. fel '*pèg* i grogi (hongian) ysgrif arno', 'tynnu rhywun lawr *bèg* (neu ddau)'. Digwydd hefyd yn y Gogledd yn yr ystyr 'siom', e.e. "Rodd colli'i wraig yn dipyn o *began* iddo'; '"cael *pegan*" yw cael eich gwneud, cael eich twyllo mewn bargen neu gael ail mewn trefniant a oedd i fod yn un manteisiol', *ISF* 59. Clywir y ff. l. *pegs* yn y De a'r Gogledd yn yr ystyr 'coesau'; hefyd yn nwyrain Morg. â'r ff. un. *pegan*, 'Ma'm 'en *began* i'n dost 'eddi'.

Cfn.: **pèg dillad:** *clothes-peg*. **1938. p. mochyn** (ll. *pegiau moch*): *peg for a pig's nose*. **1882.**

pèg[2], gw. **pec.**

pegad [bôn y f. *pegaf*[1]: *pego*+*-ad*[2], trf. han.] *eg*. Cam: *step*.

Ar lafar ym Morg., "Alla' i ddim mynd un *pegad* arall'.

pegadail, pegaf[1,2]**: pego,** gw. **pigadail, pegiaf**[1,2]**: pegio.**

pegaf[3]**: pego** [bnth. S. (*to*) *beck*] *bg*. Nodio, amneidio: *to nod*.

Ar lafar ym Morg., *LlGC* 1171, 112.

pegaid, pegan[1,2]**, peganol, pegen,** gw. **pecaid, pagan, pèg**[1]**, paganol, pèg**[1]**.**

pegi [?yr e. prs. *Pegi* fel e. cyff.] *eg.b.*

(*a*) (fel *eg*.) (Y gêm o chwarae) cat: *tip-cat* (*game*).

1922. Ar lafar gynt yng ngorllewin Meir., 'chwara *pegi*', *B* xiv. 203.

(*b*) (fel *eb*.) Dram sy'n dal tua phymtheg cant o lo: *tram holding about fifteen hundredweight of coal*.

Ar lafar gynt ym Morg., *Geir Glo* 114.

pegiad, gw. **pecaid.**

pegiaf[1]**, pegaf**[1]**: peg(i)o** [bf. o'r e. *pèg*[1]; ansicr yw'r engh. gyntaf] *bg.a*. Sicrhau â phèg (phegiau); sicrhau gwadn (wrth esgid) â phegiau; rhoddi pèg trwy drwyn (mochyn) i'w atal rhag turio; nodi ffin â phegiau; cerdded â choes bren: *to peg, fasten with a peg or pegs; fasten a sole* (*to a shoe*) *with pegs; put a peg through the nose* (*of a pig*) *to prevent it from rooting; mark a boundary with pegs; walk with a wooden leg*.

16g. WILIAM CYNWAL: *Gw* (R. L. Jones) 381, Yr hael heb drafael i drefydd—y daw / I wario da beunydd, / Ceibio yw natur cybydd, / *Pegio* a begio y bydd. **1738** *W Ballads* 119, 7, [Ll]ais hên fochyn diles fychedd wrth I *begio*. Cf. D. OWEN: *RL* 55, sŵn coes bren yr Hen Sowldiwr yn *pegio* ymlaen at yr ysgol. Ar lafar yn gyff., *WVBD* 417, *Cymru* xlvii. [141]. Fe'i clywir ym Mhenllyn yn yr ystyr 'marcio (cae) allan ar gyfer ei aredig', ac yn Arfon yn yr ystyr 'to get a dig at (someone)'; hefyd 'to cut a sheep deeply in shearing (more serious than "pigo")', *WVBD* 417; sonnir hefyd yng Ngwynedd am rywun sydd wedi marw ei fod 'wedi *pegio* (allan)' neu 'wedi'i *phegio* hi', a chlywir '*pego* mas' yn yr un ystyr yn y De. Digwydd *pego* yn sir Benf. yn yr ystyr 'blino'n lân'.

Amr.: **pecio.** **1701** *Cylchg LlGC* vii. 195, Mae pedwor yn ieuo y moch ag yn i *pekio* nhw.

Cfn.: **pegio (pecio) mochyn:** *to peg a pig*. **1881.** Ar lafar; cf. hefyd y dfn. bl. **p. pys:** *to stake peas*. Ar lafar yng Ngwynedd, *B* iii. 205.

pegiaf[2]**, pegaf**[2]**: peg(i)o** [cf. S. taf. de Cymru (*to*) *peg* 'sign on to obtain unemployment benefit'] *bg*., weithiau gyda grym enwol i'r be. Arwyddo i dderbyn budd-dal diweithdra: *to sign on to obtain unemployment benefit*.

1941 S. LEWIS: *BB* 9, clercod y *pegio* / Yw pendefigion y paith. Ar lafar yn y De a godre Cered. 'mynd i *bego*', 'Newydd ddechre *pego* ôn i'.

pegidomi [?cf. yr e. prs. *Pegi* a *Tomi*] *e?b*. ll. *-s*. *Bot*. Planhigyn o'r tylwyth *Narcissus*, yn enw. cenhinen Bedr, *Narcissus pseudonarcissus*: *narcissus, daffodil*.

1906. Ar lafar yng ngogledd Cered.

peglau [amr. ar *heglau* (ll. yr e. *hegl*)] *e.ll.* Coesau: *legs*.

Ar lafar yng Ngwynedd, 'syrthio â'i *begla* i fyny', *ISF* 59.

pegneth, gw. **pencneiff.**

pegor[1] [bnth. Llad. *pecor-* (bôn yr e. *pecus* 'praidd') ?a dyl. yr e. *cor* ar yr ystyr 'corrach'] *eg*. ?ac *e.ll.* (bach. *-yn*) ll. *-iaid, -ion*. Anifail, ?praidd, ?anifeiliaid; corrach; hefyd mewn dirmyg (weithiau mewn anwyldeb), creadur: *animal, ?flock, ?herd, ?animals; dwarf; also expressing contempt* (*sometimes endearment*), *poor fellow*.

13g. *C* 18. 5–6, Ar gnyuer *pegor* y ssit y dan mor. **14g.** *T* 21. 25, Gogwn py *pegor* yssyd ydan vor. **14g.** *GDG*[3] 331, Dyfod a wnaeth . . . / . . . / Salw ferw fach sain gwtsach sail / O *begor* yn rhith bugail [i'r rhugl groen]. *c.* **1400** *R* 1341. 35–6, *pegor* ny haed gwaeluaed gwyc rwyd nawt elw rod nadolyc. *ib.* 39, breint racdor ywr*pegor* pyc. *id.* 1357. 33–4, *pegor* di ystor ystat. *c.* **1550** *RWM* ii. 109, os byddaf hen *pegor* a chleiriach im gelwir. **1604–7** *TW* (*Pen* 228), *pegor* o ddyn anwybodol d.g. *rusticus*. **1632** *D*, *pegor*, pomilio. **1722** *Llst* 189, *pegor*, m.p. *goriaid*, a dwarf, runt. **1732** *AABI* 52, Aceius y Prydydd, er nad oedd ond *Pegor* (neu Dwarff) etto a fynnai ei ddarlunio yn uchel (neu'n dal) o faint. *c.* **1762–79** W. WILLIAMS: *P* 256, [p]*egoriaid*, neu dwarffs, sef dynion bychain jawn cefn grynion. **18g.** **(1818)** R. JONES: *GP* 188, Llym walciog bigog *begor*,—bore hwyr, / Buria hawdd ei hepcor. **1803** *P* d.g. *pegor, pegoryn*. Ar lafar yn y Gogledd, *Cymru* xlvii. [141], *LlLlM* 110, J. JONES: *Gwerin-eiriau* 67.

pegor[2] [cf. *pegwn*[1]] *eg*. (bach. *-yn*) ll. *-au*. Colyn; echel: *pivot; axis*.

18–19g. *Llr* C 19, 62, Pegwn, or *pegor*. **1803** *P*, *pegor*, s. m. pl. *au*, that whereon any thing turns or is suspended; a centre of rotatory motion; a pivot. *id.* *pegoryn*, a small pivot or axis.

pegoryn[1,2]**,** gw. **pegor**[1,2]**.**

pegtop, pegwm, gw. **pectop, pegwn**[1]**.**

pegwn[1] [?cf. *pèg*[1]] *eg*. ll. *pegynau* (*pegwnau*). Echelin, echel, gwerthyd, colyn; un o ddau eithaf echelin corff crwn, yn enw. y

Ddaear (hefyd am yr ardaloedd cyfagos), eithaf; un o ddau bwynt ar fagnet lle mae'r grym magnetig ar ei gryfaf, un o ddau bwynt amrywiol ar wyneb y Ddaear y mae nodwydd fagnetig yn pwyntio tuag ato, a lle mae llinellau grym maes magnetig y Ddaear yn fertigol; pwynt (cwmpawd); terfynell (bositif neu negatif) ar gell drydan, batri, &c.; un o'r ddau bwynt yn y nefoedd y mae'n ymddangos fod y sêr yn troi o'u cwmpas megis pwyntiau sefydlog; hefyd yn *dros.* ac yn *ffig.*: *axis, axle(-tree), pivot; pole (of the Earth, &c.), extreme (point); point (on compass); (magnetic) pole; (positive or negative) pole; (celestial) pole; also transf. and fig.*

1543 *B* viii. 298, kynal dwr bob amser ar y pressi ar *pegyne* ac iro yr holion koks ar *pegyne* [am felin]. **1632** *D, pegwn,* axis. *id.* dau *begwn* byd d.g. *cardo.* **1688** *TJ, pegwn,* ecstro: an Axle-tree. **1718 (1721)** S. THOMAS: *HB* 8, Y maent [planedau] yn troi a'r e'u [*sic*] dau *begwn* fel yr Haul. **1722** *Llst* 189, *pegwn,* m.p. *gynau,* an axis, the north or south pole. **1725** D. LEWIS: *GB* 140–1, Y mae gan y Ddaear . . . Trô Diwrnodol ar ei *Phegyneu* ei hun. *id.* 276, fod y Ddaear yn wastadol yn cadw'r un Osgo, sef ei dau *begwn* yr un Ffordd. **1725–6** *Madd Ed* 403, cryfach na Seiliau'r Ddaear, neu *Begwnau'*r Nefoedd. **1752** J. THOMAS: *FG* 79, fel y bo ein Henaid . . . yn ei chyfarwyddo ei hun at Dduw, fel ei *Phegwn* cymmwys a'i Chanol-bwynt. **1770** P. WILLIAMS: *BS, Hos* iv, yr oeddent yn ymryson â'r offeiriaid, yr hyn yw *pegwn* anwiredd. **1780** *W, pegwn* y ddadl d.g. *point, a principal point . . . The chief point in debate. id. pegynau* d.g. *points* [*of the mariner's compass*]. **1793** *Cylchg* 61, [t]roi ar *begwnau* gwirionedd. **1803** *P, pegwn,* a pole or axis; an axle; a pin, or spindle; a pivot. Ar lafar, 'yn troi yn 'i *begwn*', *B* i. 99.

Amr.: **pegwm** [cf. *botwm, botwn*] (ll. *pegymau*). **1749** J. PRYS: *Alm* [14]. Ar lafar yn Arfon, *B* i. 99. **pegwrn** [?dan ddyl. *pigwrn*] (ll. *pegyrnau*). **1725** D. LEWIS: *GB* 94. **1803** *P, pegwrn,* the axis whereon any thing revolves; a pivot. **pegwyn** [?ffrwyth camadfer *-wy-*] (ll. *pegwyni, pegwynau, pegwynion*). **18g.** *WLl* (*Geir*) 274, echel: acstro, *pegwynau* r byd.

Cfn.: **Pegwn (Pegwm) (y) De(au):** (*the*) *South Pole.* **1632** *D, pegwn y dehau* d.g. *antarcticus polus.* **1718 (1721)** S. THOMAS: *HB* 20, hyd at *Begwn Dehau* y Ddaiar. **1780** *W* d.g. *pole* [*the extremity of the axis of the world*]. **P. Deheuol = P. y De. 1749** J. PRYS: *Alm* [13], *Pegwm Deheuol.* **P. y Gogledd:** *the North Pole.* **1725** D. LEWIS: *GB* 279. **1765** J. POPKIN: *Ll* 154. **1780** *W* d.g. *pole* [*the extremity of the axis of the world*]. **P. Gogleddol = P. y Gogledd. 1828. P. Gogleddus = P. y Gogledd. 1718 (1721)** S. THOMAS: *HB* 19, i'r mann a elwir *Pegwn gogleddus* y Byd. **1749** J. PRYS: *Alm* [14], rhwng llain y cyhydedd, a *phegwm Gogleddus* y Byd. **p. magnetig:** *magnetic pole.* **20g. p. wybrennol:** *celestial pole.* **20g. o b. i b. (y byd):** *from pole to pole.* **1820.**

pegwn[2] [amr. ar *begwn*[1]] *eg.* ll. *-au.* Coelcerth (ar ben bryn, &c.), copa (bryn, mynydd, &c.), hefyd yn *dros.*: *beacon, top (of hill, mountain, &c.), also transf.*

c. **1588** *B* ii. 233, *pegwn,* das eithin; yn saysnec, beakn. **1744** D. ROWLAND: *RY* 47, Pa ham . . . na ddarfu i chwi . . . ar yr ddangosiad [*sic*] cyntaf o honynt lefain allan am dano 'r *Pegwnau,* a rhoddi Alarwm i'r holl Dref. **1770** P. WILLIAMS: *BS, Rhuf* ix, fel *pegwn* ar fryn. Ar lafar yn nwyrain Morg. yn y ff. *pecwn* am 'gopa mynydd' a 'chopa uchel ar het'; ''et â *phecwn*' yw 'het gopa dal'. Digwydd yn yr e. lleoedd *Pegwn Bach, Pegwn Mawr* ym mhlwyf Llandinam, sir Drefn.

pegwnol, gw. pegynol.

pegwrn, pegwyn, gw. pegwn[1].

pegyn, gw. pèg[1].

pegynaf, pegyniaf: pegynu, pegynio [bf. o'r e. *pegwn*[1]] *bg.a. Ffis.* Polaru, polareiddio, hefyd yn *ffig.*; ffurfio echelin neu golyn: *to polarize (in physics), also fig.; form an axis or pivot.*

1803 *P, pegynu,* to form a pivot or axis.

pegyndyniad [*pegwn*[1] + *tyniad*] *eg. Ffis.* Polaredd: *polarity (in physics).*

1858.

pegynedd [*pegwn*[1] + *-edd*[1]] *eg. Ffis.* Polaredd: *polarity (in physics).*

1858.

pegyniad [bôn y f. *pegynaf*: *pegynu*+ *-iad*[1]] *eg. Ffis.* Polareiddiad, hefyd yn *ffig.*; polaredd: *polarization (in physics), also fig.; polarity (in physics).*

1851.

pegynol [*pegwn*[1] + *-ol*] *a.* Yn perthyn i un o ddau begwn y Ddaear, &c., neu i'r ardaloedd Arctig neu Antarctig, wedi ei leoli yn un o'r rhain, agos i un ohonynt, yn perthyn i begwn, polar; yn perthyn i echelin, yn ffurfio echelin, colynnol; *Ffis.* yn perthyn i bolareiddiad; hefyd yn *ffig.*: *polar; axial, pivotal; polarizing, pertaining to polarization (in phys.); also fig.*

1798 *WR, pegynawl* d.g. *polar.* **1803** *P, pegynawl,* belonging to an axis.

Amr.: **pegwnol. 1782** M. WILLIAMS: *BM* 13, nad yw y goleuadau *pegwnol* yma byth yn weledig yn y gwledydd dan linyn y cyhydedd.

pei[1], gw. pe.

pei[2] [bnth. S. *pie*] *eb.* ll. *-s.* Pastai: *pie.*

Ar lafar yn gyff., cf. *Llsgr R. Morris* 64, a phawb yn goning ar i ymddiffin ai golwg ar y pwding pie.

Gw. hefyd **mins-pei.**

pei[3] [3 prs. un. amhff. dib. y f. *wyf*: *bod*] *gn.* yn cyflwyno a. yn y r. eithaf. Po (fwyaf, &c.): *the (more, &c., the better, &c.).*

14g. *WM* 13. 34–6, a *fei* mwy[a]f uei y urys ef pellaf uydei hitheu e wrthaw ef. *id.* 14. 15–17, a *ffei* uwyaf y lladei ef y march pellaf uydei hitheu ewrthaw ef. *c.* **1400** *Ked AA* 26, a *phei* vwyhaf vei y llewenyd a welei yr iarll mwyhav y tristaei ynteu. *c.* **1400** (*SG*) *HMSS* i. 272, A *phei* vwyaf yd edrychei hi arnaw ef. mwyaf yd ennynnei hitheu oe garyat ef. **1751** *ML* i. 173, Goreu *pei* pella yr elo eich controwler chwi. *id.* 369, Da ydyw clywed fod yr arian yn dyfod, goreu *pei* cyntaf.

Gw. hefyd **pa[3], pe, po[1], pwy[2].**

peiam, peib, gw. pioni, peip.

peibl[1], pibl [bnth. S. *bible* neu Lad. Diw. *biblia*; am *b-* > *p-*, cf. *ponc, potel*[1]; dichon mai *peibl*[2] a welir yn rhai o'r enghrau. isod] *eb.* Y Beibl Sanctaidd, beibl, llyfr, ?hefyd yn *ffig.*: *the Holy Bible, bible, book, ?also fig.*

16g. DAFYDD AP LLYWELYN, &c.: *Gw* 109, A'u cronicl, aur yno, / A'u *Peibl* fu, pawb o'i ôl fo. **16g.** *GGH* 160, *Peibl* hy argiwr pobl eurgae, / Person i'ch oes, pwrs ni chae. *c.* **1550** *NBSF* 316, duw aml iawn ei deilaw oedd / dechrau n *peibl* dychryn pobloedd. *id.* 353, Dair fal *peibl* drwy fawl pobloedd. **1563** *GGH* 100, *Peibl,* wyneb pob haelioni, / A wnaeth yn act o'n iaith ni. **16g.** *AWLl* 27, Pob cronigl hyfedr, a da y'u medrwch, / *Peibl* hen o Foesen a feisiwch—drosti, / Pob bath ystori, pob peth ystyriwch. **1567** *TN* [xxiii], Peth amheus ydiw . . . a ellit gwelet yn oll Cymru vn hen *Bibl* yn Cymraeg ir penn golledwyt ac i speliwyt y Cymru oi oll lyfray. **1576** *CLl* 111, Cowrain glwys mewn cronigl oedd, / A blodau'r holl *Bibl* ydoedd. **16g.** WILIAM CYNWAL: *Gw* (R. L. Jones) 700, Enw pobl a phen *Peibl* y ffydd. **16–17g.** *GST* i. 194, Aeth iôr *peibl,* athro pybyr, / Aeth synnwyr iaith senw ar wŷr. **17g.** *LlGC* 5269, 410a, Pwy or blaen power y blaid / piav blaenv *peibl* enaid.

Gw. hefyd **Beibl.**

peibl[2], gw. pabl[2].

peic[1] [bnth. S. *pike* (weapon)] *eg.* ll. *-s.* Arf milwyr traed ac iddo big haearn neu ddur ar ben polyn pren hir, ffon big; *Her.* llun o beic fel dyfais: *pike (weapon) (also in her.).*

16–17g. *GST* i. 799, Ac mewn perygl anhyfryd / Y *peic,* a'r peled hefyd. **16–17g.** *DCR* 242, taro *peik* mewn baril gadarn / oni neidiodd powdwr allan. *c.* **1600** L. DWNN: *HV* ii. 245, [p]ais Wm̄ Pickmer Esq[e]. . . . sev yw hyny . . . 3 *peik.* Arg[t]. **1604–7** *TW* (*Pen* 228) d.g. *sarissa.* **1672** R. PRICHARD: *Gw* 168, Tosso 'r *Peic* [:– Cyfodi'r pike], a thynnu'r bwa. *id.* 173, Lle 'r ym beunydd ym-mhyrth angeu, / Ar flaen *peics* a geneu r gwnneu.

Gw. hefyd **morys-peic.**

peic[2] [bnth. S. *pike* (fish)] *eg.* ll. *-s.* Penhwyad, *Esox lucius*: *pike (fish).*

Ar lafar ym Meir.

peicaf: peico [?bnth. S. (*to*) *pike* 'to go away quickly, be off'] *bg.* Neidio, tasgu: *to jump, start.*

Ar lafar yn ardal Llan-non, Cered., *B* xiv. 280.

peidaf: peido, gw. **peidiaf[1]: peidio.**

peidi, *D* (*Diar*), gw. **pedi.**

peidiad [bôn y f. ddil. + *-iad*[1]] *eg.* Y weithred o beidio, pall, saib: *a ceasing, cessation, pause.*

c. **1730** *Thos. Lloyd D* (LlGC) 191a, *peidiad,* cessatio. **[1761]** *GGJ* 21, Rhaid yw gwneud hyn gyda phob diwydrwydd, heb gael dim *peidiad* tan y orphener [*sic*]. **1771** *W* d.g. *cessation.* **1803** *P, peidiad,* s. m. a ceasing, a desisting.

peidiaf[1], peidaf: peid(i)o [?yr un gair â'r f. ddil.; ansicr iawn yw ystyr *am peidyant, H* 35b. 10, 62b. 18, 106b. 28] *bg.* a'i dilyn yn aml gan yr ardd. *â,* ond hyd yn oed pan hepgorir yr ardd. ni cheir tr. meddal ar ôl y ff. rhediadol, gw. *Treigladau* 467.

1. (*a*) Stopio, darfod, dod i ben (â), rhoddi'r gorau (i), gorffwys, bod yn llonydd neu'n dawel, ymatal (rhag): *to stop, cease, desist, come to an end, finish (with), give up, leave off, rest, be still or quiet, refrain (from), abstain (from).*

13g. *C* 97. 2, ony lochir llaur ny *ffeid.* **13g.** *BD* 51, Canys pei *peitwn* i, ti a vydut uudugavl. *id.* 76, ny *pheydvs* Kynan, namyn ymgynnullav y lu eilweith. *c.* **1300** *H* 104b. 31, a frawtus tan ny *pheid* (Llywarch ap Llywelyn). **14g.** *GDG*[3] 364, Mi a ganaf, myn fy llaw, / Y pader fyth heb *beidiaw.* *c.* **1400** *R* 1418. 21, penn pan las oed lessach *peidyaw.* **1547** *WS, peidio,* leue. **1567** *TN* 23b, Ac er cynted yd aethon ir llong, y *peidiawdd* y gwynt. **1588** *Salm* xlvi. 10, *Peidiwch,* a gwybyddwch mai myfi sydd Dduw. **1632** *D, peidio,* cessare, desinere, desistere. **1661** E. LEWIS: *Drex* 45, Yr wylofain a'r cwynofain, yr ubain a'r nad . . . ni *pheidia* byth. **1725** D. LEWIS: *GB* 23, Llawer o Betheu 'n rhagor a wnaeth ef [ysbryd], ond o'r diwedd fe ddarfu ac a *beidiodd.* **1730 (1755)** E. WYNNE: *PAC* 58, [b]ôd mor llednais . . . a *pheidio* nessau at Fwrdd . . .[y]r Arglwydd. **1767** J. THOMAS: *TFFf* 104, Y rhyfel hwn yn lle *peidio* sy' yn myned boethach boethach. **1800** W. OWEN[-PUGHE]: *CP* 60, Rhodder nhw mewn rhilliau, eithyr *peidio* eu matogi. **1803** *P, peidiaw,* to cease; to leave off, to give over, to desist. Gwell itti *beidiaw,* thou hadst better be quiet.

(*b*) (enghrau. o flaen yr ardd. *â*: *exx. before the prep. 'â'*).

13g. *LlI* 32, pedeyr blyned ar dec a deu ugeynt e dele bot en e hyeuegtyt, ac o henne allan *peydyau* ac emduen. **13g.** *BD* 203, [c]ynnic a wnaeth Oswi llawer o rodyon . . . y Peanda yr *peidyav* a'e ryuel. **14g.** *Cylchg LlGC* vi. 173, dvfyr Jordan a *beidyavd* ae redec. **14g.** *WM* 130. 32–3, Yny diwed *peidaw* ahyn/ny a orugant. **14g.** *GDG*[3] 111, Un peth a wnaf yn fy myw —/ *Peidio* â d'wedyd pwy ydyw. *c.* **1400** *MM* 18–20, Rac teirthon gryt.—Kymryt deint y llew . . . a *pheidyaw* a llaeth. *c.* **1400** *Études* vii. 274, a dot mywn dy drwyn neu yn y brath ac ef a *beit* a gwaedu. *c.* **1400** (*SG*) *HMSS* i. 344, Ny allawd . . . *beidyaw* a mynet attunt. *c.* **1585** G. ROBERT: *DC* [xviii], gwell gan y fi [*sic*] *beidio* a ch twyllo chwi. **1606** E. JAMES: *Hom* iii. 175, fal hyn yr ufyddhai di i Dduw yn oreu os *peidi* di a thorri ei gyfraith ef. **1773** *W, peidio â* (ymattal rhag) chwerthin d.g. *laughing, to forbear laughing. id. peidio* â galaru d.g. *to mourn no more* [*cease to mourn*].

(*c*) (enghrau. o flaen ardd. eraill: *exx. before other preps.*).

1588 *Gen* ii. cs., Duw yn *peidio* oddi wrth ei waith. Ar lafar yn ne-ddwyrain Morg. o flaen yr ardd. *o,* '*Pidad* neb o fynd mæs ar ôl i'r cwrdd gwpla'.

(*d*) (enghrau. yn y modd gorchmynnol: *exx. in the imperative mood*).

14g. *B* ix. 331, *Peit* bellach a dyvedut am vy mwryndaut i. *id.* B xxv. 267, *peit* ae llad. **14g.** *GDG*[3] 360, *Paid* â bod gan rianedd. *id.* 72, Dywed a *phaid* a'th dewi. *c.* **1400** *B* ii. 25, na *pheit* a dyscu. kanys bywyt yw. A bot heb dysgu megys delw angeu yw. **15g.** *id.* xiv. 105, *peit* ti ath wylaw. **1588** *Eseia* i. 16, *peidiwch* a gwneuthur drwg. **16–17g.** *DCR* 236, Mae hi n barod gwedi altrio / ko[e]lia fi ne *baid.* **1632** *D* d.g. *ha.* **1703** E. WYNNE: *BC* 60, *Peidiwch* ymrawd ebr Merddin oedd yn agos, na fyddwch ry boeth. **1714** D. LEWYS: *CN* 27, Mewn modd ysprydol y mae'n rhaid, / Eu derbyn *paid* ai gwrthod. **18g.** E. T. RHYS: *DA* 185, *Peidiwch* chwithau â gwan-galoni. **1759** T. THOMAS: *WWDd* 179, *paid* â gwrando arnynt, i wan-galoni. **1803** *P,* peidiaw . . . *paid* da dithau, be quiet that is a good creature. Ar lafar, '*Paid*!; *Peidiwch*!', 'Don't', *WVBD* 417.

(*e*) (enghrau. o'r be. wrtho'i hun yn cyfleu'r negydd ar ôl y gn. *ai,* neu'r cys. *neu, na*) Dim, heb fod: (*exx. of the vn. used elliptically to express the neg. after the particle 'ai', or the conj. 'neu, na') not.*

14g. *RC* xxxiii. 211, Guedy treiglaw o Ioachym yn y vedul beth a wnelei ae ymchuelut ae *peidyaw.* y dygwydawd kyscu arnaw. **15g.** *FfBO* 36, chwi a welwch beth a wnel, ae llosgi ae *peidyaw* (*si combureretur vel non*). **1588** *Barn* ii. 22, I brofi Israel drwyddynt hwy, a gadwent hwy ffyrdd yr Arglwydd gan rodio ynddynt, fel y cadwodd eu tadau hwynt, neu *beidio*. **1588** 1 *Br* xxii. 15, a awn ni i ryfel yn erbyn Ramoth Gilead, ai *peidio*? **1588** *Esec* ii. 5, A pha un bynnac a wnelont ai clywed ai, [*sic*] *peidio* . . . etto cânt ŵybod mai prophwyd a fu yn eu mysc hwynt. **1630** R. Llwyd: *LlH* 160, Eithr pa vn bynnac a wneloch ai credu, ai *peidio*, gair Duw a saif byth yn safadwy. **1703** E. Wynne: *BC* 6, Sefais ennyd ar fy nghyfyng gyngor awn i attynt ai *peidio*. *c.* **1730** *Thos. Lloyd D* (LlGC) 191a, a ewch chwi ai *peidio*? **1771** *PDPh* 92, Rheolau i wybod a ydyw Moch yn iach neu *beidio*. **1777** W. Williams: *DN* 41, Ond ewch chwi rhagoch â'ch cynghorion gwnaent les neu *beidio*. Gw. hefyd *aml* (At.)—*yn amlach na pheidio*.

2. Gadael llonydd (i berson); torri perthynas, ymatal rhag ymwneud: *to let* (*someone*) *be, leave* (*someone*) *alone*; *break off the relationship, have nothing to do* (*with*).

13g. *B* ix. 144, [p]an weles er archescop henne. *peidyav* a oruc ac ef a gossot arall teilwng en vugeil en ty duw. *id.* x. 24, A phan adnabuant henne e gvyr oed ene grogi e *peidyassant* ac ef er duw. **14g.** *id.* xiv. 260, *Peiduch* ac ef ac na wneuch drvc idav. **14g.** *GDG*[3] 223, Ba dâl a'm bu o'i dilyn? / Boed awr dda *beidio* â'r ddyn. *id.* 368, Ni *pheidiwn*, pei byddwn Bab, / Â Morfudd tra fûm oerfab. **1455–6** *B* xiii. 68, mi a ervyniaf yt *beidio* a mi. *ib. Pait* ti a myvi kanis oen i Grist . . . wyfi. **1588** *Ecs* xxiii. 11, *paid* ag ef, a gad ef yn llonydd. **1588** *Job* vii. 16, *paid* a mi, canys oferedd ydyw fy nyddiau. **1588** *Salm* xxxix. 13, *Paid* ti â mi, fel y cryfhauwyf cyn fy myned. **1711** M. Williams: *LlLl* 19, *Paid* â mi gan hynny, fel y cryfhâwyf mewn Ffydd a Duwioldeb. **1722** *Llst* 189, *paid* a ni d.g. *alone, let us alone.*

Cfn.: **(a oes, &c.) beidio bod?**: (*is there*) *possibly?, could it be* (*that*)?, (*is there*) *perhaps?*; *I wonder whether* (*there is*). Ar lafar yn y Gogledd, '*Beidio bod* y trên wedi mynd, dudwch?', *B* xiv. 193.

peidiaf[2]**: peidio** [bnth. Llad. *pati*(*or*), Crn. C. [*p*]*egyas* 'parhaodd', Crn. Diw. [*p*]*ydgyaf* 'goddefaf', Llyd. C. *pat, padout*, Llyd. Diw. *padout* 'para; goddef'] *bg.a.* Dioddef, goddef, dygymod (â): *to suffer, endure.*

14g. *WM* 465. 7–8, ny *feit* neb (*RM* 109, ny *pheit* neb a) dwuyr athan yn gystal ac ef.

Gw. hefyd **hawddbeidiaf: hawddbeidio.**

peidiant [bôn y f. *peidiaf*[1]: *peidio*+*-iant*] *eg.* Y weithred o beidio: *cessation.*

1803 *P*, *peidiant*, s. m. a cessation, a ceasing.

peidiol [bôn y f. *peidiaf*[1]: *peidio*+*-iol*] *a.* Yn peidio, yn darfod; nacaol (am orchymyn, &c.): *ceasing, stopping*; *negative* (*of command, &c.*).

1803 *P*.

peidral, gw. **peleidral.**

peil[1] [bnth. S. *pile* 'heap'; dichon fod enghrau. o *peil*[2,3] wedi eu cynnwys yma] *eb.g.* (bach. b. *-en*) ll. *-*(*i*)*au*. Pentwr; llawer, torf; swm mawr o arian: *pile, heap*; *large amount or number, crowd*; *a large sum of money.*

1547 *WS*, *peil*, pyle. **1749** *ML* i. 141, Mae'r arian wedi dyfod attochi Gwyr Llundain bod y *beil* nid oes yma ond lle buont. **1752** *id.* 213, marw or cyfoethawg heb adael iddo *beil*. **1756** *id.* 412, Gwych a fyddai gweled nodau Goronwy ar y caniad yma; nag oes, nag oes dim eisiau mawr yn y Brynddu, ond etto er hyn ni welais i *beil* oddiyno ettwa, nhw a ddeuant yn y man. **1761** *id.* ii. 379, Ni chafodd Crosse un *beil* etto o Siamaica, felly gorfod siarcio efo'r meddyg mawr ar boblach a gaffo afael arnynt. **1761** *id.* ii. 410, Gwilied y chwaer ynghyfraith gyfoethog honno farw rhag ofn i'r mil punnoedd droi ymennydd Ywain. Da os cewch *beil* gan Lans. Ar lafar yn ardal y chwareli am 'a number of slates placed edgeways', *WVBD* 417; yng Nghered. a'r De sonnir am rywun ei fod 'wedi gwneud 'i *beil*' (o arian); yng nghanolbarth a godre Cered. a sir Benf. clywir *peil* yn yr ystyr 'llawer, torf', '*peile* o ddinion', *GDD* 217.

Gw. hefyd **pil**[4].

peil[2]**, pil**[5] [bnth. S. *pile* 'reverse (of a coin)'] *e?b.* (bach. b. *peilen*).

(*a*) (Cefn) darn o arian: (*reverse of a*) *coin.*

16g. *IICRC* iii. 346, fel y digiais wrth fy mhwrs / waith gormod cwrs cwmpnio / Pen daroedd ymi chware / A helar *pil* drwyr nose / Ddodd fynghalon i yn drist iawn / Ac yno ddawn ti ac adre. **17g.** *id.* 83, vo gedyr byd enhoeth vel y doeth e yna / wedy darffo ymhob dyll yddo gynyll kronfa / nyd a gantho *bil* nachroes ond a roes yn y fola / vel y karo dyn y byd voddawyr ysbryd gwaetha. **1752** J. Thomas: *FG* 191, y maent hwythau yn dewis yn hytrach daflu Croes a *Pheil* am danynt [eu buddugoliaeth a'u coron], a'u gosod hwynt i lawr ar Ddamwain na's gallant mo'i threfnu. Ar lafar yn sir Ddinb. clywir *peilan* 'darn o arian'.

(*b*) Llaw chwith, dyn llawchwith: *left hand, left-handed man.*

1894 D. Owen: *GT* 103, '. . . y mae'r fraich ddê yma yn cau actio'. 'Treiwch y *beilen* (y chwith). . . Ië . . . rho'r *beilen* iddo, a gobeithio'r nefoedd y darn laddi di o.' Ar lafar yn sir Fôn clywir *peilan* yn yr ystyr 'chwith', 'Trowch ar y *beilan* yn y groeslon', *ISF* 59; ac yn Arfon dywedir 'hen *beil* (*beilan*)' 'dyn llawchwith', *WVBD* 417. Clywir hefyd *peil hand* 'llaw chwith; dyn llawchwith' ar lafar yn y Gogledd, *TGG* (1904) 46, *WVBD* 417.

Gw. hefyd **peil**[1].

peil[3] [bnth. S. *pile* (in her.)] *e?g.* *Her.* Ffigur ar lun y llythyren V, cŷn: *pile* (*in her.*).

16g. *TCHSDd* xvii. 69, llyma bellach naw toriad tarian . . . *peil.*

Gw. hefyd **peil**[1].

peilad, peilaf: peilo, gw. **peilot, peiliaf: peilio.**

peilat[1,2]**, peilen**[1,2]**,** gw. **peilot, barlad** (hefyd At.), **peil**[1,2].

peiliad [bôn y f. ddil.+*-iad*[1]] *eg.* Arddangosiad; (geir.) pelydriad: *a displaying*; (*dict.*) *a radiating.*

1803 *P*, *peiliad*, s. m. a displaying; a raying.

peiliaf, peilaf: peil(i)o [bf. o'r e. *peil*[1]; dichon mai bf. wahanol a geir gan *P*; ansicr yw ystyr yr engh. gyntaf] *bg.a.* Pentyrru, cronni; taflu; (geir.) arddangos; (geir.) pelydru: *to pile* (*up*), *amass*; *throw*; (*dict.*) *display*; (*dict.*) *radiate.*

18g. *LlGC* 1062, 75, hi ddiengo[dd] oddiarnai er echdoeu brynhawn / pen *beilodd* hi yn llawn i bola. **[1794]** E. Roberts: *CDAA* 151, Ped fai posibl fod cymaint ac a laddwyd am bechu yn erbyn Duw er dechru [*sic*] yr byd hyd yr awr hon wedi ei *péilio* ar ei gîlidd. **1803** *P*, *peiliaw*, to spread out; to radiate. Ar lafar yn gyff. yn yr ystyr 'pentyrru' ac yn Arfon yn yr ystyron 'to place slates edgeways', 'to strike (with the fist)'; '*Mi peilia*' i di', *WVBD* 417. Digwydd yn sir Benf. yn yr ystyr 'taflu', '*peilo* cerig', *GDD* 217.

peiliat, gw. **peilot.**

peilon [bnth. S. *pylon*] *eg.* ll. *-au.* Tŵr metel tal ar gyfer cynnal gwifrau trydan; un o'r ddau dŵr a'u hochrau ar oleddf a oedd yn rhan o borth teml Eifftaidd gynt: *pylon.*

1940.

peilot, peilat[1]**, peiliat, peilad, pilot, pilat,** &c. [bnth. S. Diw. Cyn. *pilot, pilat*(*e*)] *eg.* ll. *-iaid, -au.* Person a chanddo gymwysterau i lywio llong, yn enw. i mewn neu allan o borthladd, aber, &c., llywiwr, hefyd yn *ffig.* ac yn *dros.*; person a chanddo gymwysterau i hedfan awyren, &c., un sy'n hedfan awyren, &c.: *pilot* (*of ship*), *helmsman, also fig.*; *pilot* (*of aeroplane, &c.*).

1547 *WS*, *peilat* llong, pylote. **16g.** Wiliam Cynwal: *Gw* (R. L. Jones) 151, Un blew diawl yn *beilad* oedd, / Drwm oerwas, fel Du'r Moroedd [dychan i'r bobl a aeth i Blas Iolyn]. **16–17g.** *Cer RC* 164, Fel y llong a fai'n ymddifad / Ar y cefnfor heb un *peilad*. **16–17g.** *GST* i. 78, Beth yw llong byth o wellhad, / O bai ffael, heb ei *pheilad*. *id.* 569, Gwae'r llong sy ar gwr y llaid / Ei sbeilio eisiau *peilad*. **16–17g.** Edward Urien, &c.: *Gw* 149, Os *beiliad* llong a sbwylir, / Golud hwn oedd gael y tir. **1604–7** *TW* (*Pen* 228), *pilot* d.g. *gubernator.* **1658** R. Vaughan: *PS* 341, Mewn temestl o gydwybod nid diogel yw fod heb *pilad* neu lywawdr. **1757** *ML* ii. 59, Fo fu'r dynan yn rheoli yr llong or 20d ir 24d fal y gwelwch ar cadpen yn cael byw ar y lan yn ddigon diofal o'r byd arno. Ceisiwch oreu galloch ir *peilad*, a chymerwch dâl o ben y cyflog. **1764** G. Howel: *DB* 30, Bydd immi 'n *Bilat* ffyddlon / Ynghanol dyfroedd mawrion. **18–19g.** *HAG* 112, Doethineb ydyw 'r *pilat*, / Ai Enw'n gadarn Ior. *id.* 128, Ffrind pechadur, / Dyma ei *Beilat* ar y môr.

peilot-cloth [bnth. S. *pilot-cloth*] *eg.* Brethyn gwlân dulas a ddefnyddid ar gyfer cotiau mawr a gwisg morwyr: *pilot-cloth.*

1929.

peils [bnth. S. *piles* 'haemorrhoids'] *e.ll.* *Meddyg.* Gwythiennau wedi chwyddo yn yr anws a'r rectwm isaf, clwy'r marchogion, lledewigwst: *haemorrhoids, piles.*

1545 *CI* 148, O ymwakau'r korf drwy'r emrattis ne'r *peils*. Ar lafar yn gyff.

Amr.: **pilis**[2]. **16g.** *LlGC* 4581, 42, Lludw blagur a briwydd y gwinwydd gyd a gwinerw sydd dda yw ddodi wrtho ynghylch yr eisteddle rhac y *pilis.*

peillaid, gw. **peilliaid**[1].

peillged [*peill*(*iaid*[1])+*ced*] *eb.* Teyrnged neu rodd o flawd: *tribute or gift of flour.*

15g. *AL* ii. 584, Teir mechdeyrn ddylyet . . . melget . . . *peillget* o Wynfa a y modd hwnnw hefyt. **1792** Gw. Mechain: *Gw* ii. 126, ac a archodd i Gadell a Merfyn dalu iddo deyrnged, sef melged o Ddeheubarth, a *pheillged* o Bywys. **18–19g.** *Llr* C 30, 239, Tair Llad neu Aberthged a roddir i Feirdd, Blithged, *Peillged*, a Melged. **1803** *P*, *peillged*, a tribute of flour; such used to be paid by the prince of Mathraval to the prince of Aberfraw.

peillgwd [*paill*+*cwd*[1]] *eg.* ll. *-gydau.* *Bot.* Ceudod mewn anther sy'n dal y paill: *pollen-sac.*

1901.

peilliad [bôn y f. *peilliaf*[2]: *peillio*+*-iad*[1]] *eg.* ll. *-au.* *Bot.* Y weithred o drosglwyddo paill o antheri i stigma blodeuyn: *pollination.*

1916.

peilliaf[1]**: peillio** [?bf. o'r e. *peill*(*iaid*[1])] *bg.a.* Gogrwn (blawd), rhidyllio, hefyd yn *ffig.*; powdro (gwallt): *to bolt, sieve, sift, also fig.*; *powder* (*hair*).

1547 *WS*, *peilliaw*, boulte. **16g.** *CLl* 177, Gwn waith gwir gwenith i gant, / A *beillir* yn ddiballiant [Morys Dwyfech i ofyn meini melin]. **16g.** Wiliam Llŷn: *Gw* (R. Stephens) 577, Brysfaliad mewn brasfelin. / Bras fâl o dra brys i fwy, / Briwo'r ŷd obry'r ydwyd; / Lle nid yw yn *peillio*'n deg. *Diw.* **16g.** *WLB* 36, a chymer . . . flawd ffa ai *peillio* ai berwi. **16–17g.** E. Prys: *Gw* 222, Rhoist glod, rhuaist y gwledydd, / Ymlaen hwn im, mal iawn hydd, / *Peilliaist* iddo cyn pallu, / Pellaf wyt o'r pwyll a fu. *id.* 342, Ag wrtho heb *beillio* bai, / Diwad fel hyn y dwedai. **1604–7** *TW* (*Pen* 228), y Blawd wedy *peilliaw* Fflwr ne'r peillieit allan o honaw d.g. *cibarium. Dchr.* **17g.** *GDG*[3] 186, Oes gwraig heno froch o'r fro / Pwyllog na bo yn *peillio*? **1632** *D*, *peillio*, polio, succerno, excerno, rudio. **1688** *TJ*, *peillio*, to sift the Flower out of Meal. **1716** J. Morgan: *MB* 8, Ni wiw *peillio* Geiriau i esgusodi'n beiau. **1778** J. Hughes: *BB* 319, Cyd synient a'u gilydd yn ufudd liw nos, / I'w geisio dan dithio a *pheillio* pob ffôs. **1803** *P*. Ar lafar yn y Gogledd, *WVBD* 417; hefyd yn nwyrain Morg. am 'seboni, ffalsio', e.e. ''Wi ddim yn *peillio*' (wrth ganmol rhywun).

peilliaf[2]**: peillio** [bf. o'r e. *paill*] *ba.* *Bot.* Trosglwyddo paill i (stigma blodeuyn): *to pollinate.*

1916.

peilliaid[1]**, peillaid** [?bnth. rhyw ff. ar y Llad. *pollen* (*pollis*), *pollīnis* 'blawd mân'+ *-iaid*[1], *-aid*[3], neu *-iaid*[2], *-aid*[1]] *e.tf.* a hefyd gyda grym ansoddeiriol. Blawd (wedi ei ogrwn), blawd mân, fflŵr, blawd gwenith, can, blawd gwyn; powdr; hefyd yn *dros.* ac yn *ffig.*: (*bolted*) *flour, fine flour, wheat flour, white flour*; *powder*; *also transf. and fig.*

13g. *LlI* 64, daun bwyt . . . chue thorth arrugeynt [*sic*] o'r bara goreu a tyuo ar e tyr (o byd guenythtyr, chuech onadunt en *peyllyeyt* . . .). **13g.** *LTWL* 136, De daunbwyt . . . lx panibus; et novem ex illis debent esse *peylleyth* vel rynnyon, scilicet, sex ad aulam et tres ad cameram. **14g.** *YBH* 21a, vn dorth o vara gwenith *peillit* [*sic*]. *id.* 22a, Yna y duc y wreic idaw bara *peilleit*. **14g.** *DGG*[2] 158, Pell o'm bodd im ei ddioddef, / *Peilliaid* blawd hynafiaid nef [Fflwelyn Goch ap Meurig Hen i'r eira]. *c.* **1400** *MM* 140, gwneuthur gruel drwy vlawt gwenith *peilleit*. **1547** *WS*, *peillie*[*d*], floure. **16g.** *GGH* 352, Tripio'r ŷd i'r trap a'i ran, / Troi *peilliaid* o'r trap allan [i ofyn meini melin]. **1567** *TN* 393b, a chan [:– *pheillied*, fflwr] man. **16g.** **(1763)** W. Salesbury: *LlM* 176, gyda *pheillied* blawd haidd. *Diw.* **16g.** *WLB* 22, J wneuthur flowr o reis . . . i gymeryd . . . ai forteru . . . oni el oll yn *beilliaid* mân. **1588** *Lef* ii. 1, Pan offrymmo dyn fwyd-offrwm i'r Arglwydd, bydded ei offrwm ef o *beillied*. **1632** *D*, *peilliaid*, pollen, simila, similago, cribraria. **1716–18** *Llsgr R. Morris* 130, nes cymrud conseat i ymdroi mewn dyled / ich cadw chwi yn *beillied* heb allu [i ferch]. **[1761]** *GGJ* 73, I mae'n rhaid i chwi wneud eich Plaster o'r *Paillied* Calch goreu ac y galloch ei gael. **1803** *P*, *peillied*, bolted meal, or flour. Ar lafar yn y Gogledd, *Geir Geg* 64, *WVBD* 417; 'yn wyn fel *peilliad*'.

Cfn.: **peilliaid brwmstan:** *flowers of sulphur*. **1815. p. ffa:** *bean-flour*. **[1761]** *GGJ* 55. **p. gwenith:** (*fine*) *wheat-flour*. **1588** *Ecs* xxix. 2. **1632** *D* d.g. *pollen*. **1771** *PDPh* 78. **p. haidd:** *barley-flour*. *c.* **1543** *Rhyddiaith Gymraeg* i. 44. **1604–7** *TW* (*Pen* 228) d.g. *polenta* (hefyd *D*, *AB* 123a). **p. rhyg:** *rye-flour*. **1830.**

peilliaid[2] [*peill(iaid[1])*+-*iaid[2]*] *e?g.* Mesur blawd, ceirch, haidd, &c.: *measure of flour, oats, barley, &c.*

1924. Ar lafar yn ne-ddwyrain Morg., 'peth i fesur haidd neu geirch', 'llond y *pilliad*', 'Fe brynws bump *pilliad* o 'aidd', *B* xvi. 99.

peilliog [*peill(iaid[1])*, *paill*+-*iog*] *a.* a hefyd fel *eg.* Tebyg i flawd, cyforiog o flawd, blodiog, llychlyd; o natur paill; ?gogrynwr, yn *ffig.*: *floury, dusty*; *pollinic*; ?*sifter, fig.*

14g. *TYP*[2] 166, Tri Eur Gelein Ynys Brydein . . . [C]engan *Peilliavc*. **1803** *P*, *peilliawg*, abounding with flour.

peillion, peillon [*peill(iaid[1])*+-*ion*, -*on[2]*] *e.ll.* Blawd (mân); gwawr neu lasbaill (ar ffrwythau); hefyd yn *dros.*: (*fine*) *flour*; *bloom (on fruit)*; *also transf.*

18–19g. *Llr* C 8, 231, *peillon* yr eirin, yr afal, y mwyar, y blodau &c. the farinacious bloom on fruits, the farina of flowers &c. **1803** *P*, *peillion*, fine flour.

peillionaf: peillioni [bf. o'r e. bl.] *bg.a.* *Bot.* Peillio, hefyd yn *ffig.*: *to pollinate, also fig.*

1924.

peilliw, *GDG*[3] 104, gw. **peill(iaid[1])+lliw[1].**

peilliwr, peillydd [bôn y f. *peilliaf[1]*: *peillio* +-*iwr*, -*ydd[3]*] *eg.* (b. *peillyddes*) ll. *peillwyr.* Un sy'n peillio; peiriant gogrwn blawd: *one who sifts*; *bolter, bolting-machine.*

1632 *D* d.g. *pollintor*. **1725** *SR* d.g. *a boulter*. **1803** *P* d.g. *peilliwr*, *peillydd*, *peillyddes*. Ar lafar yn Arfon yn yr ystyr 'peiriant gogrwn blawd', *WVBD* 417.

peillon, gw. **peillion.**

peillty [bôn y f. *peilliaf[1]*: *peillio*+*tŷ*] *eg.* Adeilad ar gyfer gogrwn blawd, bloty: *bolting-house.*

1632 *D* d.g. *farrinarium*. **1725** *SR* d.g. *a boulting house*. **1803** *P*.

peillydd, peillyddes, gw. **peilliwr.**

peimaf: peimo, peiment, gw. **paemaf[1]: paemo, paement[1].**

peinioel, penioel, pyniwl, &c., *a.* Wedi ei wneud o flawd gwenith (brown): *made from (brown) wheat-flour.*

c. **1400** *MM* 20, a chymryt bara *pynnywl* gwenith neu uara keirch. *id.* 40, Kymryt bara *pynnywl* gwenith trwydaw, ae ualu yn vlawt man. **15g.** *GGl*[2] 277, Guto, er ysgwrio'i gau, / A gny *penial* (amr. *peinial*) gnepynnau [dychan Guto'r Glyn gan Syr Rhys]. *a.* **1484** *Pen* 54, i. 63, popty bara *peinioel*. **1545** *CM* 1, 547, kraas dauell o vara *peinioel* yn hrudd wrth y taan. **1604–7** *TW* (*Pen* 228), bara *penioel*, bara coch mowrion d.g. *culicij panes*. **1632** *D*, **penioel*, vt Bara *penioel* gwenith, panis domesticus. *id.* bara *peinioel* d.g. *culicii panes*. **1688** *TJ*, *peinoel*, bara *peinioel* . . . Houshold-Bread made of Wheat. **1722** *Llst* 189, bara *penioel* gwenith, household bread. *id.* d.g. *brown* (*or houshold*) *Bread*. **1725** *SR*, bara *peiniol* [*sic*] d.g. *houshold bread*. **[1754]** *Gron* 44, Dispiniant hwy does *peinioel* / Rhwy maint chwant rhamant a choel.

peint, pint [bnth. S. C. *pinte*, neu o bosibl yn uniongyrchol o'r H. Ffr.] *eg.* (bach. *peintyn*) ll. -*iau.*

(*a*) Mesur gwlybwr amrywiol yn cyfateb i hanner chwart neu wythfed ran o alwyn (sef 0·568 litr bellach); mesur sych o'r un maint; peint o gwrw; llestr yn dal peint: *pint*; *pint of beer*; *a vessel holding a pint, pint-pot, pint-jug.*

14g. *IGE*[2] 213, A'r parabl dwys glwys gloywber, / Gwin o'r *pint* yw'r gwneu pêr [Sypyn Cyfeiliog i ferch]. **1545** Elis Gruffydd: *Ll* 3, berw wynt mewn *peint* o winegyr. *c.* **1585** G. Robert: *DC* 58, Mae tair phiol yn llawn, un o bintied, yr ail o chwart, y trydydd o alwyn . . . os bwriwch chwaneg yn y phiol o *bint*, fe red drosti. **1604–7** *TW* (*Pen* 228) d.g. *pinta*. **1672** R. Prichard: *Gw* 207, Rhaid cael *peint* neu ddau o glared, / Cyn el tammaid bwyd i wared. **[1745]** W. Roberts: *FfM* 12, Ffrothio'r Bir yn y [*P*]*eintiau*. **1753** *W Ballads* 112, 5, Am cwbwl dymyniad am Bwriad am *Beint*. **1755** *ML* i. 367, Roedd y nhad yn iach echdoe . . . meddai Huw Roberts . . . a fu yn yfed rhan o *beint* efo ge'. **1768** J. Roberts: *R* 13, *Pint* o Win, neu ddw'r a wna un Pwys union. *id.* 17, 2 *Bint* a wna Chwart. **1768** Twm o'r Nant: *CTh* 49, Llestri darllaw, *Peintie*, Quartie. **1786** Twm o'r Nant: *PCG* 34, Ond nid a i am un *peintyn* sydyn syth, / Yn ddigalon byth i gilio.

(*b*) Enw ar fath o nod clust ar ddefaid: *sheep earmark.*

1865. Ar lafar gynt yng Nghered., *B* xxxiv. 85.

Cfn.: **peint Beddgelert:** *a large pewter mug, formerly kept at Beddgelert, from which a person would be challenged to drink its full capacity of beer without taking a breath.* **1755** *ML* i. 367, mi welais y dydd arall *Beint Beddcelert*, a naw pintiaid a ennai hwnnw, sef oedd o Biwter ac yn hen ddihenydd. Fe fyddai'r hen botwyr gynt yn ei yfed ar yr un anadl, ond nid oes neb yn yr oes yma a wnaeth hynny.

peintad, peintaf: peinto, peintedig, gw. **peintiad[1], peintiaf: peintio, peintiedig.**

peinter[1] [bnth. S. *painter* (person)] *eg.* Peintiwr: *painter (person).*

20g.

peinter[2] [bnth. S. *painter* (rope)] *eg.* Rhaff ar gyfer sicrhau neu dynnu cwch: *painter (rope).*

Ar lafar yn Aberdaron yn y ff. *peintar*, *B* xxv. 58.

peintiad[1], peintad, paentiad [bôn y f. ddil.+-*iad[1]*, -*ad*] *eg.* ll. -*au.* Y weithred neu'r proses o beintio (llun, &c.); gorchuddiad â phaent neu liw, lliwiad, addurniad â lliw; y weithred o goluro('r wyneb); llun wedi ei beintio ag olew, dyfrlliw, &c., llun, portread; hefyd yn *dros.* ac yn *ffig.*: *a (picture-)painting*; *covering with paint, &c., colouring, adornment with colour*; *painting (the face)*; *(oil-, water-colour, &c.) painting, picture, portrait*; *also transf. and fig.*

14g. *GDG*[3] 122, Yno'r oedd iawn arwyddion / (Pand Duw a'i tâl *paentiad* hon?) / Mewn eiry gogyfuwch, luwch lwyth, / Modd ei thâl, medd ei thylwyth. **15g.** *Med H* 8, yn y llyfr a wnaeth o *beintiad* (*Mos* 113, 49, *baintad*) arveu. **15g.** *LGCD* 77, Ysgrîn ar gysegr o Went. / Sy dŷ arglwyddes dwy-Went. / Pond teg *peintiad* y gadair? / Pinagls fal pen eglwys Fair [marwnad Gwladus ferch Syr Dafydd Gam]. **15–16g.** *TA* 255, Pyst Sîn yn gwmpas hyd sêr, / *Peintiad* dwbl, pwyntiau tabler [i lys Wiliam ap Siôn Edwart o'r Waun]. **1552** *Rhyddiaith Gymraeg* i. 47, [t]raethv o drwssiad y corph, ac yn gyntaf o *baentiad*. *a.* **1587** *Y* 215, Pob llyfr, pob pibell afraid, / Pob cart yn ych art, o chaid, / A phob *paintiad* seliad sydd. **1606** E. James: *Hom* ii. 54, dymma'r *peintiadau* cyntaf mewn eglwysydd. **1632** *D* d.g. *pictura*. **1658** R. Vaughan: *YPS* 24, *peintiad* teg yr offeiriad, ar wyneb ei Grefydd. **1677** R. Jones: *BB* 117, ac ni hyspysa . . . *Paentiad* bwyd a diod y melusder sy ynddynt. **1719** *TDP* [iii], Scrifen o reuraid [*sic*] . . . heb chwanegi atti *Baintiad* o Ddoethineb Ymadrodd. *c.* **1762–79** W. Williams: *P* 477, [yr] un faintioli ag arwydd wrth dafarn, ac o'r un fath o *baintiad*. **1803** *P* d.g. *paentiad*.

Cfn.: **p. olew:** *oil-painting*. **1827.**

peintiad[2], gw. **peintiaid.**

peintiaf, peintaf, paentiaf: peint(i)o, paentio [bnth. S. C. *peinten* (neu o bosibl yn uniongyrchol o'r H. Ffr.) a bf. o'r e. *paent*] *bg.a.* Gorchuddio â phaent, &c., wrth addurno, &c., lliwio; coluro('r wyneb); tynnu (llun, &c.) ar gynfas, papur, &c., gan ddefnyddio paent neu ryw gyfrwng lliw arall, darlunio, portreadu; hefyd yn *dros.* ac yn *ffig.*: *to paint, cover with paint, &c.*; *paint (the face)*; *paint (a picture, &c.), depict, portray*; *also transf. and fig.*

14g. *GDG*[3] 83, Pantri cerdd uwch pant eiry cawdd; / Pentis, llaw Dduw a'i *peintiawdd* [i'r llwyn celyn]. *id.* 132–3, Punt er dyfod o'r peintiwr / I *beintio*'n hardd, bwyntiau'n hoyw, / Lle arloes â lliw eurloyw [i ferch yn ymbincio]. **14g.** *GIG* 102, Pwy a allai, pei pensaer, / *Peintio* â chalch pwynt fy chwaer [i ferch]? **14–15g.** *IGE*[2] 270, Un fodd yw'r byd, cyngyd cêl, / Â phaentiwr delw â phwyntel, / Yn *paentiaw* delwau lawer (Siôn Cent). **15g.** *HCLl* 64, A'm llun â'm deugi i'm llaw / Ar bentis wedi'i *beintiaw*. **1545** *CM* 1, 72, Ac or achos hwn I maer poeits Ar prydyddion . . . gwedi peri *paentio* I ddelw Ef. **16g.** (*LlEG*) *Mos* 158, 11a, peris Ef edeilad shiambyr galchaid ymamgylch [*sic*] yr hon I peris Ef *baenttio* kwbwl o hennwau ac o aruav yr holl ddledogion. **1547** *WS*, *payntio*, paynte. **1595** M. Kyffin: *DFf* [66], a'r gwragedd a *beintiasant* eu hwyneb-pryd. **1606** E. James: *Hom* i. 15, Mae Pawl mewn aml fannau yn ein *peintio* ni yn ein lliw ein hunain. *id.* ii. 54, wrth y siampl hyn y daeth *peintio* . . . i eglwysydd Christionogawl. **1618** J. Salisbury: *EH* 154, pam yr ydis yn *payntio* Duw'r tâd, megys gwr hên. **1661** E. Lewis: *Drex* 201, pa fodd y mae Christionogion yn *paentio* Tragywyddoldeb. **1740** T. Evans: *DPO* 157, Hynod oedd eu Medrusrwydd [Brutaniaid] . . . i *baentio* ar eu crwyn. **1799** Dafydd Ionawr: *MB* 48, Yr Haul . . . / Oleuodd, *baentiodd* yn bur / Bennau 'r Pinnaglau 'n eglur. **1803** *P* d.g. *paentiaw*.

peintiaid, pintiaid, pintaid [*peint*, *pint* +-*iaid[2]*, -*aid[1]*] *eg.* (Llond llestr) peint: *pint.*

15–16g. *GIF* 454, Pond da dwg *peintiaid* o win. **16g.** *Celtica* v. 154, kymer haner *pintiaid* o wer. **16g.** **(1763)** W. Salesbury: *LlM* 9, gyda *pheintiad* a hanner o hen heli môr. *c.* **1585** G. Robert: *DC* 58, Mae tair phiol yn llawn, vn o *bintied*, yr ail o chwart, y trydydd o alwyn. **16–17g.** *CRC* 432, ni cheid gweled / yn lle chwart ond y *peintied*. **1604–7** *TW* (*Pen* 228), *pintieit* d.g. *pinta*. *id.* haner *pintieit* d.g. *triental*. **1722** *Llst* 189, pint, *pintiaid*, a pint (measure). *c.* **1740** *LlM* 33, Cymmerwch dri *Pheintied* o Darr. *id.* 41, Cymmerwch *Beintied* o Had Cywarch. **1755** *ML* i. 367, mi welais y dydd arall Beint Beddcelert, a naw *pintiaid* a ennai hwnnw. **1800** W. Owen[-Pughe]: *CP* 114, hanner *pintaid* a' roddir rhwng tair dafad.

peintiedig, peintedig, paentiedig [bôn y f. fl.+-(*i*)*edig*] *a.bfl.* Wedi ei beintio, wedi ei goluro (am wyneb), wedi ei addurno â phaent, wedi ei liwio (hefyd am wydr), hefyd yn *ffig.*: *painted (also of face), decorated with paint, coloured, stained (of glass), also fig.*

15g. *DN* 35, Bu darian rag ymwan gŵr / *Baentiedig* uwch ben Tewdwr. **15–16g.** Dafydd Trefor: *Gw* 226, Pwyntie ydym *paentiedig*, / Pruddion yn drychion a drig. **16g.** (*LlEG*) *Mos* 158, 424b, [b]ordor *paenttiedig*. **16–17g.** *HG* 136, mewn parlwr klyd *paintedig*. **1606** E. James: *Hom* ii. 45, nad arferont mwy grogi y fath liain *paentiedig* yn Eglwys Grist. **1632** J. Davies: *LlR* 373, Tegwch pryd a gwedd y mae 'r gwyr duwiol yn ei gyffelybu i neidr *baentiedig*. **1677** R. Jones: *BB* 110, Tân *paentiedig* ni losga. **1727** Re: *CDd* 48, dy wyneb *paintiedig* di. **1728** T. Baddy: *DDG* 46, Llawr yr Eglwys . . . yn *baintiedig* a hanesion o'r 'Scrythur. *c.* **1762–79** W. Williams: *P* 623, ffenestri o wydr *paentiedig*. **1803** *P* d.g. *paentiedig*.

peintiog, peintog, paentiog [bôn y f. fl. +-(*i*)*og*] *a.* Wedi ei beintio, ?lliwgar; yn *ffig.* ffug: *painted*, ?*colourful*; *fig. feigned.*

16–17g. (*Gesta Rom*) *LlGC* 13076, 79a, y vath ddynion hynny, a sydd megis twms, yr hain a sydd deg a *phaintog* oddy allan. **1759** *BC* 401, Dydi Pothecari snog, Ath *baintiog* bottiau.

peintiwr, peintwr, paentiwr, paentydd [bôn y f. fl.+-(*i*)*wr*, -*ydd[3]*] *eg.* ll. *peintwyr*, *paentwyr*, *paentyddion.* Un sy'n lliwio gwaith pren, &c., â phaent, addurnwr â phaent, colurwr (wyneb), lliwiwr; un sy'n tynnu llun, &c., drwy ddefnyddio paent neu gyfrwng lliw arall, arlunydd: *painter (also of face), decorator; painter (of pictures, &c.), artist.*

14g. *GDG*[3] 132–3, Punt er dyfod o'r *peintiwr* / I beintio'n hardd, bwyntiau'n hoyw, / Lle arloes â lliw eurloyw [i ferch yn ymbincio]. **14–15g.** *IGE*[2] 113, *Paentiwr* balch ar galch neu gŵyr, / Llun gŵr, a'i roi'n llawn o ged (Gruffudd Llwyd). *id.* 270, Un fodd yw'r byd, cyngyd cêl, / Â *phaentiwr* delw â phwyntel, / Yn paentiaw delwau lawer (Siôn Cent). **16g.** (*LlEG*) *Mos* 158, 398a, Yr hrain a barasai i *bainttiwr* wnneuthud banner vddunt twy. **1547** *WS*, *payntiwr*, a paynter. *c.* **1585** G. Robert: *DC* 44b, ceisio *paintwr* i wneuthur i lun yn debyccaf i gallei i wyneb Crist. *Diw.* **16g.** *WLB* 37, Oyl y *paentwyr* a wnair o linad. **1604–7** *TW* (*Pen* 228), lliw goleu-goch arveredig gan y *paintwyr* d.g. *sandaracha*. **1615** R. Smyth: *GB* 247, ple i mae *painnitiwr* [*sic*] . . . a fedyr bainthio [*sic*] . . . degwch i lygaid. **1768** J. Roberts: *R* 125, y *Paentwyr* a Fesurant eu gwaith fel Seiri Coed. **1795** J. Thomas: *AIC* 288, Drwy falu dalen Aur . . . yr hon a geir am ychydig brîs gan y *Paentwyr*. **1803** *P* d.g. *paentiwr*.

peintog, gw. **peintiog.**

peintwaith, paentwaith [bôn y f. fl.+

gwaith[1]] *eg.* ll. *-weithiau.* Gwaith peintio; llun peintiedig; celfyddyd peintio lluniau: *paintwork; a painting, painted picture; the art of painting.*
1604–7 *TW* (*Pen* 228), *paentweith* o goet d.g. *emblema.* **1778** *W*, darn o *baent-waith* d.g. *a . . . painting.*

peintwr, gw. **peintiwr.**

peintwriaeth, paentwriaeth [*peintwr+-iaeth*] *e?b.* Celfyddyd peintio lluniau: *the art of painting.*
1615 R. SMYTH: *GB* 250, c[e]lf[ydd]ydau gwaelion . . . megis *paintwriaeth* [*sic*] ada[i]ladaeth ne saerniaeth. **1778** *W*, *paentwriaeth* d.g. *painture.*

peintyn, peioni, gw. **peint, pioni.**

peip, peib [bnth. S. *pipe* (of wine, &c.)] *eb.* Casgen fawr i ddal gwin, &c., pib: *pipe* (*of wine, &c.*).
?**16g.** *Cylchg LlGC* vi. 41, Masdr Robart rymys dribwrdd / a'r *beip* o win ar bob bwrdd (Siôn Ceri). *Diw.* **16g.** *Gwyn* 3, 152, Moes o'r chwarel faen melin / a choffa bwyth chwe *pheib* (*GLM* 68, *chweffib*) win.
Gw. hefyd **pib.**

peipen [bnth. S. *pipe+-en*] *eb.* ll. *peipiau, peipenni, peips.* Piben (yn enw. piben ddŵr, nwy, &c.), pibell: *pipe* (*esp. one for conveying water, gas, &c.*).
Ar lafar, *WVBD* 417, hefyd yn yr ymad. 'cyn feddwad â'r *beipan*', 'yn *beipan* feddw', *id.* 368. Cf. T. H. PARRY-WILLIAMS: *C* 45, Rhwng prop a pholyn, ar ryw *beipen* gron, / Gwelais ddylluan,—a daeth braw i'm bron.
Cfn.: **peipen wynt:** *windpipe, trachea.* Ar lafar.

peipiaf: peipio [bnth. S. (*to*) *pipe*] *bg.a.* Cludo (dŵr, nwy, &c.), drwy bibell, darparu pibell(au), gosod pibellau (yn, ar gyfer), gwthio (eisin ar deisen, &c.) drwy bibell neu diwb: *to pipe, lay pipes* (*in, for*), *pipe* (*icing*).
1920.

peiraid, gw. **peiriaid.**

peiramid, peiramidaidd, peiramidol, gw. **pyramid, pyramidaidd, pyramidol.**

peiran [*pair*[1]+*-an*[1]] *eg.* ll. *-au.* *Daearydd.* Cwm mynyddig ar lun pair neu bowlen: *corrie, cwm, cirque* (*in geog.*).
20g.

peirannaf: peirannu, peirant, peirat, peiratiaeth, gw. **peiriannaf: peiriannu, peiriant, pirat, piratiaeth.**

peirch, Peirch, gw. **parchaf: parchu, parchedig.**

peiriad [bôn y f. *paraf*[1]: *peri+-iad*[2], ?ac *-iad*[1]] *eg.* ll. *-au.* Achosydd, gweithredydd; *Gram.* berf; effaith, canlyniad: *causer, agent; verb* (*in gram.*); *effect, result.*
c. **1788** *LlGC* 13221, 18, *Peiriad*, the agent that is the efficient or original cause of any thing, yr hynn a bair unryw beth. **1789** *BDG* 517, *Peiriad* hardd yn peri dail [i'r haul]. **18–19g.** *Llr* C 45, 253, Sil. idioms . . . *Peiriad*, verb, Parwyddiad. **1803** *P*, *peiriad*, s. m. a causer, causator, or effector. Cf. W. OWEN[-PUGHE]: *CIG* 37, pob gair â arwyddocâo wneuthur, neu *beiriad* o ba ddyn, neu beth, neu haniad; *id.* 68, Y peiriadolion á ddodant *beiriadau* yn gyfred â gweithrediadau; *Barddas* ii. 146, Mewn tri pheth y gwelir ansawdd pob celfyddydau a gwybodau . . . yn eu *peiriadau.*
Gw. hefyd **pariad.**

peiriadaeth [*peiriad+-aeth*] *eg.* Achos, gwneuthuriad, gweithrediad; effaith, canlyniad: *cause, agency; effect, result.*
1808 W. OWEN[-PUGHE]: *CIG* 37, pob gair â arwyddocâo wneuthur, neu ddyoddef â wneler, â phob gair a *pheiriadaeth.*

peiriadol [*peiriad+-ol*] *a.* a hefyd fel *eg.* ll. *-ion. Gram.* Achosol; cysylltair neu eiryn achosol; achos, gweithredydd: *causal; causal conjunction or particle; cause, agent.*
1808 W. OWEN[-PUGHE]: *CIG* 68, rhai o honynt [gorddodolion] sy *beiriadawl.* *ib.* Y *peiriadolion* á ddodant beiriadau yn gyfred â gweithrediadau. *id.* 72, *peiriadolion*, causals.

peiriadur [bôn y f. *paraf*[1]: *peri+-iadur*] *eg.* ll. *-iaid.* Achosydd, gweithredydd: *causer, agent.*
c. **1785–90 (1829)** *CBYP* 34, Duw . . . yn Greawdr a Pheiriadur pob peth. **1812** IOLO MORGANWG: *Salmau* 162, *Peiriadur* mawr ein Bod a'n byw.

peiriaid, peiraid [*pair*[1]+*-iaid*[2], *-aid*[1]] *eg.b.* ll. *peirieidiau.* Llond pair, cynnwys pair: *cauldron(ful).*
c. **1400** *R* 1161. 32, seith canmil *peireit* o eneideu. **18g.** *W Ballads* 95, [3], Mae rhai am gwrw a bir yn *beiried.* **1803** *P*, *peiriaid*, s. f. pl. *peiriediau* [*sic*], as much as a chaldron holds.

peirian[1], gw. **peiriant.**

peirian[2] [*pair*[2]+*-ian*] *e?g.* ?Arglwydd bychan: *little lord.*
1400–50 *B* xiv. 104–5, *Peiryan* vaban peit ti ath letkynt . . . *Peiryan* vaban keis di gysgu.

peiriandrefn [*peiriant, peirian*[1]+*trefn*] *eb.* Cyfundrefn, system; mecanwaith, peirianwaith: *system; mechanism, machinery.*
1851.

peiriandy [*peiriant, peirian*[1]+*tŷ*] *eg.* ll. *-dai.* Adeilad neu ystafell ar gyfer peiriant neu beiriannau: *machine-house, engine-house, engine-room.*
1824.

peirianedig [bôn y f. *peiriannaf: peiriannu +-edig*] *a.bfl.* Wedi ei gynhyrchu gan beiriant neu beiriannau; yn defnyddio peiriant neu beiriannau; (geir.) wedi ei wneud yn offeryn: *machine-produced; using machinery;* (*dict.*) *being made an instrument.*
1803 *P*, *peiriannedig*, being made instrumental.

peirianegol [*peirianneg+-ol*] *a.* Yn perthyn i beirianneg: *pertaining to engineering.*
20g.

peirianeiddiaf: peirianeiddio [*peiriant, peirian*[1]+*-eiddio* (At.)] *bg.a.* Mecaneiddio: *to mechanize.*
20g.

peirianfa [*peiriant, peirian*[1]+*-fa, ma*] *eb.* ll. *-feydd.* Ffatri; mecanwaith, peirianwaith: *factory; mechanism, machinery.*
1870.

peirianiad, peiriannad [bôn y f. ddil.+*-iad*[1], *-ad*] *eg.* Peirianneg; mecaneiddiad; mecanwaith, peirianwaith: *engineering; mechanization; mechanism, machinery.*
1851.

peiriannaeth, peirianiaeth [*peiriant, peirian*[1]+*-(i)aeth*] *eb.* Mecanwaith, peirianwaith; mecaneg; peirianneg; cyfundrefn: *mechanism, machinery; mechanics; engineering; organization.*
1798 *WR* d.g. *organization.* **1842** DEWI WYN: *BA* 11, holl *beiriannaeth* cyneddfau . . . ei enaid.

peiriannaf, peirannaf: peir(i)annu, peirianna [bf. o'r e. *peiriant, peirant, peirian*[1]] *ba.* Cyflenwi ag offer cymwys, arfogi, harneisio; trefnu, cynllunio, rheoli: *to equip, arm, harness; organize, engineer, manage, order.*
14g. *YBH* 40a, dywet idaw y *peiranna* y grogi. **16–17g.** *GST* i. 584, A phrynu cyfraith lle ffrwynir gwanddyn, / A *pheiriannu* dyn, a phrynu'i dir. **1604–7** *TW* (*Pen* 228) d.g. *instruo, perficio.* *id.* petwar march wedy *peiriannu* 'nghyt d.g. *quadriiugis.* **1778** *W* d.g. *to organize* [*form, construct, or endue with organs proper for subserving, and accomplishing, the end proposed*]. **1803** *P*, *peirianu* . . . to organize; to accoutre; to harness.

peirianneg [*peiriant, peirian*[1]+*-eg*[1]] *eb.g.* Cymhwysiad egwyddorion gwyddoniaeth a mathemateg at gynllunio, adeiladu, cynnal, a defnyddio peiriannau, cerbydau, adeiladweithiau, ffyrdd, systemau cyfathrebu, &c.; mecaneg: *engineering; mechanics.*
1888.
Cfn.: **peirianneg gemegol (cemegol):** *chemical engineering.* **20g. p. enetig:** *genetical engineering.* **20g. p. sifil:** *civil engineering.* **20g. p. drydanol (trydanol):** *electrical engineering.* **20g.**

peiriannog [*peiriant, peirian*[1]+*-og*] *a.*
(*a*) Tebyg i beiriant, ac iddo beiriant; (geir.) ac iddo achos: *engine-like, having an engine;* (*dict.*) *having a cause.*
1803 *P*, *peirannawg*, having a cause.
(*b*) Organig: *organic.*
1850.

peiriannol [*peiriant, peirian*[1]+*-ol*] *a.*
(*a*) Mecanyddol; mecanistig; peirianegol; offerynnol: *mechanical; mechanistic; pertaining to engineering; instrumental.*
1800 W. OWEN[-PUGHE]: *CP* 43, yn gyfunol â phob prifseiliad *peiriannol.* **1803** *P*, *peiriannawl* . . . instrumental.
(*b*) Organig; wedi ei gyfundrefnu: *organic; organized.*
1778 *W* d.g. *organic, or organical.* *id. peiriannol* gyfansoddiad . . . corph neu'r cyffelyb, *peiriannol* gydtrefniad rhannau neu aelodau mewn corph d.g. *organization* [*the organic construction of a body* . . .].

peiriannus [*peiriant, peirian*[1]+*-us*] *a.* Mecanyddol; (geir.) offerynnol: *mechanical;* (*dict.*) *instrumental.*
1803 *P*, *peiriannus* . . . instrumental.

peiriannydd, peiriannwr [*peiriant, peirian*[1]+*-ydd*[3], *-wr*] *eg.* ll. *peirianwyr, peirianyddion.* Arbenigwr mewn peirianneg, dyfeisydd, gwneuthurwr, neu drwsiwr peiriannau neu offer, un sy'n defnyddio peiriant neu'n ei arolygu; (geir.) trefnydd: *engineer;* (*dict.*) *organizer.*
1762 *CGC* 13, Francis Howel . . . *Peirianydd.* **1775** *W*, *peiriannydd* d.g. *an instrument-maker, machinist* [*a maker of machines*]. **1803** *P*, *peiriannwr*, s. m. pl. *peirannwyr* . . . an organizer. *id. peiriannydd*, s. m. pl. *t. ion* . . . an organizer.
Cfn.: **peiriannydd cemegol:** *chemical engineer.* **20g. p. sifil:** *civil engineer.* **20g. p. trydanol:** *electrical engineer.* **20g.**

peirianolaeth, gw. **peirianoliaeth.**

peirianoli [be. o'r a. *peiriannol*] *bg.a.* Mecaneiddio; (geir.) gwneud neu fynd yn offeryn: *to mechanize;* (*dict.*) *render or become an instrument.*
1803 *P*, *peirianoli*, to render instrumental; to become instrumental.

peirianoliaeth, peirianolaeth [*peiriannol+-(i)aeth*] *e?b.* Mecanwaith; cyfundrefn; hefyd yn *ffig.*: *mechanism; organisation; also fig.*
1833.

peiriant, peirant, peirian[1] [?bôn y f. *paraf*[1]: *peri+-iant*] *eg.* (bach. *peiriennyn*) ll. *peir(i)annau, peiriantau,* (prin) *peiraint.*
(*a*) Dyfais sy'n gyfuniad o wahanol gydrannau, pob un â'i phriod swydd, a rhai ohonynt yn symud mewn dull penodol ac i gyfeiriad penodol er mwyn trosglwyddo neu oleddfu grym i gyflawni rhyw waith defnyddiol, masîn; un o wahanol fathau o ddyfeisiadau i droi grym neu egni ffisegol megis gwres yn bŵer a symudiad (e.e. injan tynnu trên, injan modur), injan; dyfais fecanyddol o unrhyw fath, e.e. aparatws ar lun peirianwaith cloc yn dangos safle a symudiad cyrff nefol; offeryn (cerdd); harnais, gêr; teclyn, erfyn, cyfarpar, aparatws; cerbyd: *machine; engine; any mechanical contrivance, e.g. orrery;* (*musical*) *instrument; harness; tool, implement, apparatus; carriage, vehicle.*
14g. *CR* 186, A gossot arwyd eu kychwyn o gyrn a *pheirianneu* (*YCM*[2] 138, *pheirannev*) ereill. **1346** *LlA* 52, na allo [corff] gwneuthur dim drwydaw ehun eithyr awnel yr eneit drwydaw megys drwy *beiryant* (*per instrumentum*). *c.* **1400** *YCM*[2] 35, taraw a'e gledyf yny vu y *beiriant* a gynhalyei yr ystondard y'r llawr. *c.* **1400** (*SG*) *HMSS* i. 193, ryw *beiryant* ar weith cadeir. a thri charw gwynnyon y danei y rei yssyd yn y harwein yn wastat. *id.* 318, deu varchawc urdawl ereill ymywn *peirant* gwedy eu deifyaw allosgi yn veirw. **15–16g.** *TA* 442, Aed ar eu hôl, i dir hau, / Arth o bren, wrth *beiriannau* [i ofyn ychen]. **1567** *LlGG* (*Sall*) 4b, ef a hogawdd ei gleddyf: ef enylodd ei vwa . . . Ac ef a baratoadd yddo arvae [:– *beirianeu*] angae. *c.* **1588** *B* ii. 234, *peiryant* dyfais ne *beiryennyn.* **1604–7** *TW* (*Pen* 228), *peirian* a arverent y llawveddycon d.g. *abaptistum.* *id. peirienyn*, wrth yr hwn

y cephir rhetfa ag vchder yr haûl d.g. *analemma. id.* gyrrwr . . . yn gwastratu'r meirch yn eû *peirianae* 'nghyt d.g. *quadrigarius. Dchr.* **17g.** *Llst* 58, 48, mi a baraf wneuthur ysgaffaley a *phyrianay.* **1632** *D, peiriant,* instrumentum, organum. *id. peiriant* i godi dŵr d.g. *chorobates. id. peirian* d.g. *machinamentum.* **1688** S. HUGHES: *TSP* 109, Hwy a ddangosasant . . . rai o'r *Peirianau* [:– Offerynnau], â'r rhai y gwnaethai rhyw wŷr enwog . . . ryfeddodau, megis Gwialen Moses. *id.* 232, offerynnau i agorydd cloion . . . edrych a oes ganthynt y cyfryw *beirianau.* **1722** *Llst* 189, *peirian, riant,* m.p. *peiriannau,* an engine, instrument. **1762** *ML* ii. 499, Rolant y saer sydd yn . . . gwneuthur . . . *peiriannau* i ddal blodeu. **1790** TWM O'R NANT: *GG* 58, Ar ôl fy chwantau, a'm cnawdol 'nwydau / Nes i'm Serchiadau, fyn'd fel *Peiriannau* Prês. *id.* 143, i Grochan Tea, alias Tea Cettle . . . *Peirian* yw, a ddarparwyd, / Estron beth, i ddinystrio bwyd. *id.* 215, *Peirian* Odlau pêr anadliad [i'r delyn]. **1800** GW. MECHAIN: *Gw* i. 322, Trwy leihau llafuriaeth amaethawl / A *pheiriannau* mwy offerynawl. **1803** *P* d.g. *peiriant, peiriennyn.*

(*b*) Offeryn rhyfel ar gyfer dryllio muriau cestyll, &c., blif, taflbeiriant, (yn y ll.) artileri; dyfais i boenydio carcharor, arteithglwyd: *engine (of war), siege-machine, catapult, (in pl.) artillery; instrument of torture, rack.*

13g. *Brut B* 6, gwedy gossot *peyryant* vrth e ty o'y cladv y adanaw, esef a gwnaethant wyntev bvrv tan gwyllt . . . amdanadvnt. **13g.** *BD* 7, o'r parth arall yd oed wyr y castell yn . . . gvrthvynebu y eu *peyryanheu* vynteu. **14g.** *BT* 70, gwneuthur *peiryanneu* ydaflu ar y kastell. **14g.** *BT (RB)* 196, ymgymerth y castellwyr wrth ymlad ac amdiffyn ac ergytyeu a *pheiranneu* ereill. **14g.** *Bren Saes* 188, cavas gwyr Maelgwn vab Rys castell Ystrat Mevric . . . drwy ev *peiriannev.* **14g.** *B* xxv. 267, mi a wnaf itt *peirant* heb ohir a ovynnha hi [Santes Gatrin] yn vaur. ac yna ygwnaeth ef pedeir rot . . . a danned o dur vdynt. *c.* **1400** *YCM*[2] 12, magneleu a bliuieu, ac amryw *peiranneu* ereill. **16g.** (*LlEG*) *Mos* 158, 110b, [d]yuod ar I *priannau* [*sic*] I ysgolio y mur. **1716** T. EVANS: *DPO* 287–8, astyllod . . . a'r [*sic*] lûn Ceffyl ydoedd y *peirian* hwn. E rwymid y Merthyr a rhaff den a'r [*sic*] ei gefn ef. **1722** *Llst* 189, *peirian, riant* . . artillery. **1724** S. WILLIAMS: *ADA* 132, Crogbrennau . . . Pigau dur, Haiarn poeth . . . a *Pheiriannau* creulondeb erchyll a ddychmygwyd. **1744** D. ROWLAND: *RY* 112, y *Peirian,* neu 'r Magnel a roddodd i'r Porth Yscydwad arall.

(*c*) Tŷ bach, geudy; stordy, ffatri: *privy, latrine; storehouse, factory.*

14g. *LlB* 47, Naw tei a dyly y bilaeneit eu hadeilat y'r brenhin . . . ystabyl, kynhorty, *peiryant.* **14g.** *WML* 57, Naw tei adyly ytayogeu y gwneuthur yr brenhin . . . *peirant.* ystabyl. kynorty. **15g.** *AL* ii. 210, Or gwna mab hynaf adeilat ar tref a [*sic*] dat koret neu uelin neu *peirant* lle ny bo tydyn y neb nac achub kynn no hynny. **15g.** *LGC* 79, A'i stôr, a'i drysor, ac hŷd yr ânt; / A'i gwrt gwyn purwyn, mewn *peiriant* gwyngalch / A'i gaerau murgalch. **1730** *Leg Wall* 580, *peiriant* . . . Significat etiam Aediculam in qua Instrumenta fabrilia asservabantur. **1753** *TR, peiriant* . . . also a shop or workhouse where tools are made; a house where implements are kept.

(*d*) *Biol.* Organ: *organ (in biol.).*

c. **1730** *Thos. Lloyd D* (LlGC) 188a, siarad allan oi *Pheiriannau.* P. 133. **1753** L. OWEN: *ADdE* 4, angenrheidrwydd *Peiriannau* y corph . . . yn gweithio'n effeithiol heb ein cymmorth ni'n hunain. **1763** *DT* 125, Cofiwch gadw Sul a Gwyl, / Rhag i'ch *Peiriannau* fynd ar ffwyl; / Gormod Gwaith a'u gyr o'u hwyl. **1778** *W* d.g. *organ* [*an instrument of some faculty, in an animal body*].

(*e*) Offeryn cyfreithiol: *legal instrument.*

1604–7 *TW* (*Pen* 228), *peirian* scholhaic neû, gyfreithiwr d.g. *abbreviatura.* **1794** E. JONES: *CP* 148, Indenture—*Peiriant* ysgrifenedig.

(*f*) Gorchymyn: *an order.*

13g. *A* 2. 22–3. 1, trychant trwy *beiryant* en cattau. **14g.** *T* 8. 9–10, Mal *peireint* anreith y uut. **14g.** *GDG*[3] 371, Ni a wyddam ar dramwy, / *Peiriant* oer, pa rai ŷnt hwy.

(*g*) Achos; gweithrediad: *cause; operation.*

1794 E. WILLIAMS: *Poems* ii. 238, O ddeall tripheth y bydd difant a gortrech ar bob drwg a marw; Ansawdd; Achos; a *Pheiriant* (*their Operations*). Cf. W. OWEN[-PUGHE]: *CIG* 41, Y rhai hyn gofyniadawl . . . sef, a, ai, neu, neud, neur, neus. Gofyn . . . â wna a, ac hefyd arwyddocâu *peiriant. id.* 72, *Peiriant,* cause.

(*h*) (enghrau. *tros.* a *ffig.* ac mewn cyddestun *ffig.*: *transf. and fig. exx. and in a fig. context*).

1346 *LlA* 28, Einon ygof hwnn [diawl] yw poen. athrallawt. Yveginev . . . Ac ar *ypeiryannev* hynny (*his instrumentis*) ypurhaa ef llestri evreit y brenhin nefawl. **15g.** *LGC* 42, Tri rhyw *beiriant,* lle dysglaeriant, / A gyveiriant yn gyvarwydd [i dri mab Syr Thomas ap Rhoser]. **1631** O. THOMAS: *CC* 11, drwy fod yn ermigion ac yn *beiriannau* Duw i ennill eich praidd. **1657** *MLl* ii. 22, ni chreawdd Duw monom ni er ein mwyn ein hunain yn vnig, ond i fod yn *beiriannau* ei wrthiau ef. **1677** R. JONES: *BB* 220, ein calonnau ni, y rhai a ddylent fôd yn *beiriannau* i ennyn yr eiddynt hwy. **1750** J. THOMAS: *AIG* 45, [y byd hwn] sydd yn wastadol yn bwrw ei wrthddrychon i mewn i'n Meddyliau . . . trwy *Beiriannau* ein Synhwyrau. **1760** *ML* ii. 221, Fe wnaeth eich . . . ystoriau . . . ddigon o chwerthin yma: wfft i'r fath *beiriannau.* **1776** *W* d.g. *means, or a mean* [*the thing or things made use of to effect some end proposed*]. **1790** *Budd A* 19, Y corph, y *peiriant* (engine) cywrain hwnnw o ddwyfol wneuthuriad. **1794** J. WILLIAMS: *AGDd* 18, Fe rag-welodd yr Apostol, y byddai i beth ag sydd yn galw ei hun yn Philosophi, i osod ei holl *Beirianau* (Engines) ar waith, i ddinystrio'r Athrawiaeth o . . . Dduwdod Crist. Yn sir Gaern. clywir yr ymad. 'Tipyn o *beiriant* ydi o' am gymeriad gwreiddiol.

Amr.: **perian(t)** [dichon mai hen orgraff *e* am *ei* a geir yn y dfn. cyntaf]. **13g.** *B* iv. 7, Dykit chwant tros *periant* pwyll. **17g.** *LlGC* 10249, 157, Tafl allan oi *berianaû* / Achitophel, cweit oi ffau. **18–19g.** *GABC* 180, Pob *perian* tost yn poeri tân [am ganonau]. **pirin**[2]. Ar lafar yn Llŷn ac Arfon am gar neu feic modur.

Cfn.: **peiriant ager(dd):** *steam-engine.* **1814.** **peiriannau anadlu, p. anadliad:** *respiratory organs.* **1814.** **peiriant argraffu:** *printing-machine.* **1858.** **p. ateb (ffôn):** (*telephone*) *answering-machine, answerphone.* **20g.** **p. cyfrif:** *calculating-machine, calculator.* **1860.** **p. cynnal bywyd:** *life-support machine.* **20g.** **p. dyrnu:** *threshing-machine.* **1848.** **p. ehedeg:** *flying-machine.* **1935.** **p. ffacs:** *fax-machine.* **20g.** **p. golchi:** *washing-machine.* **20g.** **p. gweu, p. gwau:** *knitting-machine.* **20g.** **p. gwnïo:** *sewing-machine.* **20g.** **p. hau:** *sowing-machine.* **1839.** **p. lladd gwair:** *mowing-machine.* **1922.** **peiriannau llafar:** *organs of speech.* **1845.** **peiriant llifio:** *sawing-machine.* **1814.** **p. nithio:** *winnowing-machine.* **1850.** **p. rhyfel:** *engine of war.* **1588** *Fsec* xxvi. 9. **1588** *Jer* xxxii. 24. **1632** *D* d.g. *machinarius, musculus, phalaria.* **1773** *W* d.g. *engine . . . a warlike engine.* **p. torri glaswellt (gwair, porfa):** *lawn-mower.* **20g.** **peiriannau treulio(l):** *digestive organs.* **1850.** **peiriant tyllu:** *drilling-machine.* **1893.** **p. uffernol:** *infernal machine, mine or bomb.* **1837.** **peiriannau'r ymadrodd:** *organs of speech.* **1778** *W, peiriannau'r ymadrodd* d.g. *organ . . . the organs of speech.* **peiriant ysgrifennu:** *typewriter.* **1912.**

peiriantwn [*peiriant*+*gwn*[1]] *eg.* ll. *peiriantynnau.* Dryll awtomatig sy'n gallu saethu heb saib: *machine-gun.*
1918.

peirianwaith [*peiriant, peirian*[1]+*gwaith*[1]] *eg.b.* ll. *-weithiau.* Mecanwaith; peiriannau yn gyffredinol neu fel uned, rhannau gweithio peiriant, cyfundrefn; organeb; peirianneg: *mechanism; machinery, organization; organism; engineering.*
1776 *W* d.g. *machinery, organism* (hefyd *WR*).

peirianwas [*peiriant, peirian*[1]+*gwas*[1]] *eg.* Person a ddefnyddir gan arall: *tool (person).*
1794 *W* d.g. *tool* [*a mercenary person employ'd in the execution of some design*].

peirianwydd [*peiriant, peirian*[1]+*gwŷdd*[1]] *eg.* Gwŷdd a yrrir gan ager neu ryw rym arall, gwŷdd pŵer: *power-loom.*
1826.

peirianyddiaeth [*peiriannydd*+*-iaeth*] *eb.g.* Mecaneg; peirianneg; peirianwaith, mecanwaith: *mechanics; engineering; machinery, mechanism.*
1830.

peirianyddol [*peiriannydd*+*-ol*] *a.* Mecanyddol; peiriannol; organig: *mechanical; pertaining to engineering; organized, coordinated.*
1838.

peiriennyn, gw. **peiriant.**

peiriodaf: peiriodi, peiriodas, gw. **priodaf: priodi, priodas.**

peirsiaf: peirsio, gw. **persiaf: persio.**

peirsiedig [bôn y f. fl.+*-iedig*] *a.bfl.* ?Wedi ei goginio: *cooked.*
Diw. **16g.** *WLB* 3, [p]an fo ef yn ddigon i verwad ef a fydd y llysse yn galedgrâs *beirsiedig.*

peirwyddiad, peiryn, peirhôn, gw. **perwyddiad, pair**[1]**, perhôn** (*rh*≡*rh*).

peis[1]**, pais**[2] [?bnth. S. *peise* 'weight'; cf. S. sir Benf. *cheese payes* (1652), *SC* vi. 123] *eg.?b.* ll. *peisau.* Cyfarpar ar gyfer gwasgu'r ceulfraen wrth wneud caws, gwasg gaws: *cheese-press.*
1722 *Llst* 189, *pais,* m.p. *peisau,* a cheese-press. Ar lafar yn sir Benf., De Cered., ac mewn rhannau o siroedd Caerf. a Brych., *GDD* 218, *Cymru* xxxiv. [121], *TGG* (1907–8) 82, *Cymru* xxxix. 96. Gw. *Geir Geg* 145.

peis[2]**,** gw. **pe**+**-s**[1]**.**

peisan, gw. **pais**[1]**.**

peisarfau, gw. **pais**[1]**—p. arfau.**

peisgoch [*pais*[1]+*coch*] *a.* a hefyd fel *eg.* Coch ei phais; (geir.) milwr yn y fyddin Brydeinig gynt: *having a red petticoat; (dict.) redcoat.*
1592 S. D. RHYS: *Inst* 185, Dydi yn Brydyddes *beisgoch.* **1752** *Gron* 109, Canfod braisg widdon *baisgoch.* **1798** *WR, peis-goch* d.g. *red-coat.*

peisgwellt [elf. dyb. *paisg* (cf. *P, paisg* . . . a pod)+*gwellt*] *e.tf. Bot.* Tylwyth o laswellt, *Festuca,* a dyfir fel porfa ac ar gyfer lawntiau; bromwellt, pawrwellt, *Bromus*: *fescue (grass); brome (grass).*
1813 *WB* 225, *Peisg-wellt* [*sic*]; Festuca;—Fescue-grass.
Amr.: **peiswellt. 1931.**
Cfn.: **peisgwellt bras:** *tall fescue, Festuca arundinacea.* **20g.** **p. caled(aidd):** *hard fescue, Festuca duriuscula.* **1813** *WB* 11, Hard Fescue-grass, *Peisg-wellt caledaidd.* **p. coch:** *red fescue, Festuca rubra.* **20g.** **p. y defaid:** *sheep's fescue, Festuca ovina.* **1924.** **p. y ddôl:** *meadow fescue, Festuca pratensis.* **1929.** **p. y waun (gweunydd, weirglodd) = p. y ddôl. 1839.** **p. hydwf = p. bras. 1813** *WB* 11. **p. tal(af) = p. bras. 1839.**

peisgwydd [*peisg*(*wyn*)+*gwŷdd*[1]] *e.ll.* (un. b. *-en*). *Bot.* Masarn, *Acer*: *maples.*
1834.

peisgwyn [?elf. anh.+*gwyn*[1]] *eg. Bot.* Oestrwydden, *Carpinus betulus*; masarnen, *Acer*; poplysen wen, *Populus alba*: *hornbeam; maple; white poplar.*
Dchr. **17g.** *J* 10, 123a, *peisgwyn,* carpinus. *c.* **1730** *Thos. Lloyd D* (LlGC) 188a, *peisgwyn,* carpinus, a tree called Carpi or Carme. It groweth hard by Gwydyr. **1803** *P, peisgwyn,* s. m. the mapple [*sic*] tree. **1813** *WB* 225, *Peisgwyn.* edr. Poplysen.

peisgylch [*pais*[1]+*cylch*] *eg.* ll. *-au.* Cylchbais, ffardingal, crinolin: *farthingale, crinoline.*
1850.

peisio [be. o'r e. *pais*[1]] *bg.* Gwisgo pais, yn *ffig.* ymddwyn fel merch: *to wear a petticoat, fig. behave like a woman.*
1790 TWM O'R NANT: *GG* 68, Gael Prydydd diawl priodol, / Yn *Peisio* mor bwrpasol. / I daenu Rhuad unol, / Rhyw ledwag lol af-lesol floedd.

peisir, peisledr, gw. **pais**[1]**+hir, lledr.**

peisrudd [*pais*[1]+*rhudd*] *a.* Coch ei diwnig (am ddyn): *having a red tunic (of a man).*
c. **1100** *EWGT* 9, Ætern map Patern *pesrut.* **15g.** *GTP* 37, Gruffudd *beisrudd* Bowysran.

peisruddog [*peisrudd*+*-og*] *a.* Coch ei diwnig (am ddyn): *having a red tunic (of a man).*
c. **1200** *VSB* 118, Patern *Peis Rudauc.*

peistew, gw. **pais**[1]**+tew.**

peistur [*pais*[1]+*dur*] *eb.* Cotarmur, curas, hefyd yn *ffig.*: *coat of mail, cuirass, also fig.*
15–16g. *TA* 4, Llad hapusdad llwyd, *peisdur,* / Llawn gistiau, llawen gostiwr [i Siôn, Abad Llanegwest]. **16g.** *GGH* 192, Post o ŵr hardd, *peistur* hael, / Penrhaith, top iawnrhyw Ithael [i Siôn Trefor o'r Plas-teg]. **16g.** WILIAM CYNWAL: *Gw* (G. P. Jones) 5, Post y sir fal *peistur* sydd. **16–17g.** *GHCEM* 82, Palfog a chefnog eich hun, / *Peistur* wyt, post aur Eutun [i Siamys Eutun].
Gw. hefyd **pais**[1]**—p. dur.**

peiswellt, peiswen, gw. **peisgwellt, peiswyn**[2]**.**

peiswyn[1]**,** *eg.* Croen neu wisg allanol ysgafn grawn ŷd (yn enw. ceirch) a dynnir ymaith wrth ddyrnu, us, manus, gwannus, siaff, torion; gwellt (wedi ei dorri); hefyd

yn *ffig.*: (*light*) *chaff, separated grain-husks*; (*chopped*) *straw*; *also fig.*
1346 *LlA* 26, ymgeffelybu ac wynt yny del duw ehun Ar nithlen gantaw y dethol ygrawn o blith y *peisswynn* (*de paleis*). *id.* 62, gwahana yr engylyonn yrei da yvrth yrei drwc. megys ygrawn yvrth y*peiswyn.* 14g. *RC* xxxiii. 223, y llew ar arth a borant *beisswyn* y gyt. 15g. *GDLl* 124, Pwy a drig wrth Gefn Digoll? / Pwy sy o'n iaith? *Peiswyn* oll [marwnad Wiliam Herbart]. 15g. *GGl*[2] 316, Mae tair gwlad am Uto'r Glyn, / Mawl Powyswyr, mal *peiswyn.* 1547 *WS*, *paiswyn*, chaffe. 16g. Wiliam Llŷn: *Gw* (R. Stephens) 577, Seiliaist gywydd, ffawydd ffôl, / Sen hirwan, ansynhwyrol; / Synnwyr hardd sy'n euro hyn, / Synnwyr pwys un o'r *peiswyn.* 1567 *TN* 86a, a'r vs [:– *peiswyn*, manus, gwanus] a lysc ef. 1575–6 *B* vi. 318, A heo *peiswyn* a ved eisse. 1588 *Eseia* xvii. 13, erlidir hwynt fel *peiswyn* mynydd o flaen gwynt. *id.* xxix. 5, a thyrfa y cedyrn fel *peiswyn* yn myned heibio. 1595 M. Kyffin: *DFf* [55], odid dyfu *peiswyn* heb yd. 1617 *Minsheu* 66a–b, vs, in Plur: *peiswînn* d.g. *chaffe or Straw.* 1677 C. Edwards: *FfDd* 355, Periff y *peiswyn* sy'n gymmyscedig a'u gwenith iw llygaid hwynt ddyfrhau, pan font yn nithio, ac yn holi eu gweithredoedd goreu. 1803 *P, peiswyn*, s. m. aggr. chaff. Ar lafar yn y Gogledd yn y ff. *pesgwyn, pe(i)swyn, WVBD* 426, *LGW* 107.

peiswyn[2], gw. pais[1]+gwyn[1].

peiswyrdd[1] [*pais*[1]+*gwyrdd*[1]] *a.* Gwyrdd ei gôt neu ei fantell: *having a green coat or mantle.*
16g. *B* iii. 43, Peredur *beiswyrdd.* 18g. *Card* 84, 875, Ag un Pwisi gwyn *peis-wyrdd* (Edward Morris).

peiswyrdd[2] [?yr a. bl. fel e.] *eg. Bot.* Piswydden, *Euonymus europæus*: *spindle tree.*
1604–7 *TW* (*Pen* 228), y prenn *peiswyrdd* d.g. *euonimus.*

peisyn, gw. pais[1].

peitaf: peito [?bnth. S. (*to*) *beat*] *ba.* Cael y gorau ar, trechu, maeddu, curo, rhagori ar: *to get the better of, triumph over, beat, excel.*
Ar lafar yn sir Benf., 'Ma Willie Vagwrgoch wedi *peito* Dafi Blân-pant yn seiffro', *GDD* 218; *LGW* 465.

peitur, gw. piwter.

peithas [cfdds. ?gan William Owen[-Pughe] o'r Llad. Diw. *pictas* neu *picatas* (gwrth. ll.) 'cychod chwilota neu ysbïo', ?dan ddyl. y f. ddil.] *eb.* ll. *-au.* Cwch chwilota, cwch ysbïo neu fforio: *scout-boat.*
1803 *P, peithas*, s. f. pl. t. *au*, a scout; a sort of scout boat, which with the sails, used to be all of blue colour, to prevent a discovery.

peithdir [*paith*+*tir*] *eg.* ll. *-oedd.* Gwastadedd(au) di-goed, paith, pampas: *treeless plain(s), prairie, pampas.*
1904.

peithen, gw. peithyn.

peithiaf: peithio [bf. o'r e. *paith*] *bg.* Diffeithio, anrheithio, ysbeilio; fforio, chwilio, edrych o gwmpas: *to lay waste, plunder; scout, search, look about.*
c. 1300 *H* 47b. 3, Dwrn dradwrn dra degyn yd *peith* (Cynddelw). 1803 *P, peithiaw* . . . to lay waste; to scout; to hunt, to look about, to search.

peithin, gw. peithyn.

peithiog, peithog [*paith*+*-iog*] *a.* a hefyd gyda grym enwol. Diffaith, anghyfannedd, wedi ei ddiffeithio, wedi ei ddinistrio; briw(edig), archolledig, wedi ei glwyfo; diffeithiol, anrheithiol, dinistriol: *desert, desolate, uninhabited, laid waste, destroyed; bruised, wounded; devastating, ravaging, destroying.*
12g. *MA*[2] 237a. 48–9, Llyry byry boethfan llwrw bwrw *beithiawg* (Seisyll Bryffwrch). *c.* 1300 *H* 13b. 31, nyd heb waed ar wellt ar wallt *peithyawc* (Gwalchmai). *id.* 26b. 17, ar drewen yn boeth genhyd *beithyawc.* rwyf (Llygad Gŵr). *id.* 99b. 2, yn affan poethuann *peithyawc* drwyted. *id.* 108[1]b. 19, *peithyawc* dy alon dy elyn gwae ef (Llywarch ap Llywelyn). *id.* 113b. 6, Tyreu poeth *peithyawc* pob un (Llywarch ap Llywelyn). *Dchr.* 14g. *id.* 85b. 4, a gwaedlenn am penn yn *peithawc* (Llywarch ap Llywelyn). *id.* 116a. 1–2, Castell mathraual mwyth werin wythawc [d]u *peithyawc* poeth ethrin (Llywarch ap Llywelyn). 14g. *T* 74. 13, Duw llun dybydant *peithiawc* yd ant. *c.* 1400 *R* 1045. 20, Stauell gyndylan ys*peith*[*aw*]c heno. *id.* 1405. 27, pedwar ennwawc *peithyawc* poeth. 1632 *D*, *paith, **peithiawg*, desertus, vastatus. 1688 *TJ*, paith, *peithiawg*, anrhaith . . . iwŷn: deserted, spoiled, wasted, destroyed. 1753 *TR*, †paith, †*peithiawg*, desert. 1803 *P.* Cf. Gw. Mechain: *Gw* i. 104, O'r Wenhwysawg, *beithiawg* bau, / Barddas yn llenwi byrddau.

peithiwr [bôn y f. fl.+*-iwr*] *eg.* ll. *peithwyr.* ?Anrheithiwr, ysbeiliwr; fforiwr, sgowt: *destroyer, despoiler; scout.*
14g. *T* 30. 18, Awnaw *peithwyr* gorweidawc. 1803 *P, peithiwr*, s. m. pl. *peithwyr*, one who lays open; one who explores.
Gthg. **Peithwyr.**

peithog, gw. peithiog.

peithon, python [bnth. S. *python*] *eg.* ll. *peithoniaid.* Unrhyw neidr fawr o'r teulu *Pythonidæ*, yn enw. o'r tylwyth *Python*, a'i chynefin yn Asia, Affrica, ac Awstralia, sy'n lladd ei phrae drwy ymddolennu o'i gwmpas a'i wasgu'n dynn: *python.*
1834.

peithwydd [*paith*+*gŵydd*[1], a'i gysylltu yn adran (*b*) â'r e. *peithyn*] *e.ll.* (un. b. *-en*).
(*a*) ?Gwaywffyn dinistriol neu friw: *devastating or shattered spears.*
c. 1300 *H* 2b. 4, tyruei rac llafneu penneu *peithwyt* (Meilyr Brydydd).
(*b*) Ystyllod tenau o bren, dellt, teils pren, planciau; peithyn gwŷdd; croesbrennau (ar beithynen Iolo Morganwg): *laths, shingles, planks; reed or slay* (*of loom*); *wooden crosspieces* (*on Iolo Morganwg's 'peithynen'*).
1632 *D*, *paith, *peithwydd*, idem quod Peithyn. 1688 *TJ*, paith, *peithŵydd*, peithŷn, a Weavers Reed. 1722 *Llst* 189, *peithwydd* . . . s. *wydden* . . . boards, thin planks, barrel-staves. 1770 *W* d.g. *board, or plank, shingle* [*a sort of tiling board*]. 1803 *P.*

Peithwyr [cfdds. o'r Llad. *Pict(ī)* 'Ffichtiaid'+*-wyr*, ?drwy ailddehongli'r dfn. cyntaf d.g. *peithiwr*] *e.ll.* Ffichtiaid: *Picts.*
1894.

peithyn, peithin [bnth. Llad. *pectin-*, bôn traws yr e. *pecten* 'crib'] *eg.* (bach. b. *peithynen*) ll. *peithynau*, (prin) *-od*, a hefyd fel *e.ll.* (geir.).
(*a*) Llechen (llechi), teils(en); brics(en); ystyllen denau (ystyllod tenau), plancyn (planciau) tenau, dellt(en); (geir.) defnydd, mater; hefyd yn *dros.*: *slate(s), tile(s), shingle(s); brick(s); thin plank(s) or board(s), lath(s); (dict.) material, matter; also transf.*
14g. *BY* 12, A'r mur a wnaethpwyt o *beithyneu* pryd berwedic. 1346 *LlA* 169, Pyst yneuad . . . ae *phethyneu* [*sic*]. 14g. *WM* td. 90b. 39–40, *Peithyneu* e neuad . . . en eur oll. *Dchr.* 15g. *IGE*[2] 206, Gardiau o *beithynau* bwth, / Neu rawn moelrawn ymylrwth (Llywelyn ab y Moel i'r farf fer wrthnysig). 15g. *Pen* 109, 60, Pob *peithin* vinuin a uyd [Lewys Glyn Cothi am arfwisg]. 15g. *GGl*[2] 193, O myn garwriaeth o'r mau / A phwyth hon a'i *pheithynau* [am bais o faelys]. 15–16g. *TA* 459, Moes dy nerth, moes d'ŵn, Arthur, / A than d'ŵn, *peithynau* dur. 16–17g. *GST* i. 329, *Peithynau*, a'i gau yn gylch, / Plu teg fal plat i'w ogylch [am osog]. 1604–7 *TW* (*Pen* 228), *peithyn* bychan d.g. *assula.* 1632 *D, peithyn.* Sing. *Peithynen*, tegula, scandula, asser, lamina. 1707 *AB* 219c, *peythin*, (Deynydd), matter. D. 1722 *Llst* 189, peithwydd, *peithyn* . . . boards, thin planks, barrel-staves. 1737 J. Einnon: *HR* 175, yr Arglwydd Jesu yn edrech i lawr arnafi o'r Nefoedd, trwy *Beithynnau*'r Tŷ. 1783 P. Williams: *FfA* 6, y gwynt yn dryllio chwarel o'i ffenestr, neu'n gwythu [*sic*] *peithynen*, neu garreg-dô. 1796 T. Jones: *CCA* 58, [c]adw i fynu hen dŷ braenllyd, trwy wthio *peithynen* yma, a charreg accw.
(*b*) Y ffrâm yng ngwŷdd y gwëydd ac ynddi'r cyrs sy'n gwahanu edafedd yr ystof ac yn gwthio'r anwe'n dynn; gwŷdd, ffrâm (ar gyfer brodwaith, &c.): *slay or reed* (*of loom*); *loom, frame* (*for embroidery, &c.*).
13g. *LlI* 93, e *peythyneu* a'r cloryon, viii. k'. 1604–7 *TW* (*Pen* 228), yr edef y bo'r sidanwragedd yn ei weû'n y *peithin* d.g. *licium. id. peithin* gwehydd d.g. *pecten. id. peithin* gwneidyddion d.g. *tendicula. Dchr.* 17g. *J* 10, 128b, *pithin* [*sic*], slaie, 1632 *D, peithyn* y gwŷdd, pecten textoris. 1707 *AB* 219c, *peithin*, a weaver's loom. 1725 *SR* d.g. *hatchel, a Weaver's reed.* 1763 *LlGC* 16378, 6, Budd Bob Gwaith yn Gulach o fodfadd Cwedi i weithio nag ydi fo yn Ei *Beithin.* 1773 *W, peithyn* d.g. *a frame* [*for embroidering, quilting, &c.*], *reed, a weaver's Reed, slay* [*a weaver's*]. Ar lafar yn Arfon 'in making nets . . . spool or mesh-pin', *WVBD* 417.
(*c*) (yn ôl Iolo Morganwg) Ffrâm bren a'i hochrau'n cynnal nifer o ffyn neu ebillwydd tair- neu bedairochrog y gellid eu troi i ddarllen y llythrennau a gerfiwyd arnynt: (*according to Iolo Morganwg*) *wooden frame holding a number of three- or four-sided staves which could be turned in order to read the letters carved on them.*
18–19g. *Iolo MSS* 206, Ag yn y *peithynen* [*sic*] gynnifer caeawg ag a fynner. Cf. *Barddas* i. 146, gwedi cwblhau'r garfen yn gywair hi a elwir *Peithynen.* a phob un o ebillwydd a droant ynddi ynhawdd.
(*d*) Awydd, chwant: *desire, avidity.*
1767 E. Thomas: *CD* 64, Ysp[ryd] Pa beth sy'n peryd i chwi beidio a madde? Cyb[ydd] O herwydd bod gynthoch *Beŷthyn* i bob man Bethe. *c.* 1770 *LlGC* 352, 42, Mae geni gryn *beithin* wneud ffair ar i bethe. 1787 E. Roberts: *PCF* 52, Nid oes un crintach mawr ei chwant / Heb *beithin* i gant o bethe. Ar lafar yn y Gogledd, '"Mae gyno fo *beithin* ym mhob dim" . . . often implies pilfering', *WVBD* 417; '*Peithyn* i bob peth' 'A thief. A person having a desire and longing for everything he sees', *Mont Coll* xiii. 322; digwydd hefyd yn yr ystyr 'defnydd, gwasanaeth', 'Oes gen'ti *beithyn* iddo fo?' 'Ydi o o ryw ddefnydd iti?', J. Jones: *Gwerin-eiriau*[2] 186–7.
Cfn.: **peithyn berwedig**: (*baked*) *tile or brick.* 1604–7 *TW* (*Pen* 228) d.g. *giluus, imbrex. Dchr.* 17g. *J* 10, 123a. Gw. hefyd *p. pridd.* **p. brodiwr:** *embroiderer's tenter.* 1632 *D* d.g. *tendicula.* **p. crib tŷ:** *ridge-tile, roof-tile.* 1604–7 *TW* (*Pen* 228) d.g. *imbrex.* 1632 *D* d.g. *imbricatim.* **p. (y) gwëydd (gwŷdd):** *reed or slay* (*of loom*). 1604–7 *TW* (*Pen* 228), *peithin gwehydd* d.g. *pecten.* 1632 *D, peithyn y gwŷdd*, pecten textoris. 1722 *Llst* 189, *peithyn gwŷdd* . . . the reed or slay of a weaver's loom. [1783] *W, peithyn y gwehydd, peithyn y gwŷdd* d.g. *reed, a weaver's Reed.* **p. pridd (berwedig):** (*baked*) *earthen tile or brick.* 14g. *BY* 12, [*p*]*eithyneu pryd berwedic.* 1604–7 *TW* (*Pen* 228), *peithin pridd* d.g *pentadoron.* 1632 *D*, toi â *pheithynau prîdd* d.g. *imbrico.* 1771 *W* d.g. *brick.* **p. to (toi):** *roof-tile.* 1604–7 *TW* (*Pen* 228), *peithin toi* d.g. *scandula.* 1632 *D, peithyn to* d.g. *lamina, scandula.*

peithynad, peithyniad [?*peithyn*+*-ad*[2], *-iad*[1]] *eg.* ?Gorchudd, gwisg, arfwisg, mael, hefyd yn *ffig.* amddiffynnwr neu ryfelwr mewn arfwisg o fael: ?*covering, attire, armour, mail, also fig. mail-clad defender or warrior.*
13g. *A* 33. 7–8, nav ugeint un bob vn am *beithynat.* *c.* 1300 *H* 53a. 22, Difwys beithodwys *beithynyad* glud glwys (Cynddelw).

peithynaf: peithynu [bf. o'r e. *peithyn*] *bg.a.* Toi â llechi neu deils, gorchuddio â llechi neu ystyllod, hefyd yn *dros.*; gwastatáu: *to roof with slates or tiles, cover with slates or boards, also transf.*; *flatten.*
16–17g. *GST* i. 927, *Peithynwyd*, asiwyd ar osail—brestwyrdd / Bresten' Cymru adail, / Syr Harri, gerddi gwyrddail, / Peithynau yn doau dail [i Syr Harri Sydne . . . pan oedd yn rhedeg at y fodrwy mewn gwisg o ddail eiddew]. 1604–7 *TW* (*Pen* 228) d.g. *imbrico.* 1722 *Llst* 189, *peithynu*, to tile or cover wth. boards. [1783] *W* d.g. *to* [*cover with*] *slate.* 1803 *P, peithynu* . . . to flatten.

peithyndo [*peithyn*+*to*[1]] *eg.* To teils (weithiau o bren), to llechi: *tiled or shingled roof, slate roof.*
13g. *LlI* 81, geueyl trefgord a uo seyth uryt erygthy a'r tey a hytheu en *peythento.* 15g. *Pen* 109, 60, Pont tewr *peithyndo* newyd (Lewys Glyn Cothi). 1604–7 *TW* (*Pen* 228), nenn tuy . . . bit a vynner, ai maendo, ai *peithyndo*, ai or ystyllot d.g. *tectum.*

peithynedig [bôn y f. fl.+*-edig*] *a.bfl.* Wedi ei orchuddio â llechi neu deils, yn gorwedd yn haenau: *slated, tiled, layered.*
16g. (1763) W. Salesbury: *LlM* 212, ewinedd pigowgion yn *beithynnedig* ar ei gilydd. [1783] *W* d.g. *slated* [*covered with slate*].

peithynen, gw. peithyn.

peithynfaen, gw. peithyn+maen[1].

peithyniad, gw. peithynad.

peithynwaith, gw. peithyn+gwaith[1].

peithynwr, peithynydd [bôn y f. *peithynaf*: *peithynu* a *peithyn*+*-wr, -ydd*[3]] *eg.* ll. *peithynwyr, peithynyddion.* Töwr â llechi neu deils; gwneuthurwr brics; un sy'n gwastatáu, un sy'n defnyddio gordd beirian-

nol, &c., i guro haearn er mwyn gwaredu amhuredd: *slater, tiler; brickmaker; one who flattens, shingler (of iron)*.
1344 *PRO*, SC2/217/9, m. 23, Einion *Pethinid*. **1604–7** *TW* (*Pen* 228) d.g. *scandularius*. **1617** *Minsheu* 52a, *peithînwr* d.g. *a Brick-maker*. *c.* **1720** *CIF* d.d., Slater neu Faendowr a *Pheithynwr*. **1722** *Llst* 189, *peithynwr*, a tiler. **[1783]** *W*, *peithynwr* d.g. *slater*. **1803** *P*, *peithynwr*, s. m. pl. *peithynwyr* . . . one who lays flat. *id. peithynydd*, s. m. pl. t. *ion* . . . one who flattens.

pejamas, gw. **pyjamas**.

pejen [bnth. S. *page* (of book) + *-en*] *eb.* Tudalen, dalen: *page, leaf (of book)*.
Ar lafar.

pêl [bnth. Llad. *pila*; Crn. Diw. *pele, pelle*; ynglŷn â'r posibilrwydd mai *bel* a welir yn rhai o'r dfn. yn adran (*c*), gw. *GDG*³ 475–6] *eb.* ll. *pelau, peli*.

(*a*) Sffêr neu gronnell, yn enw. un o rwber, lledr, pren, &c., ar gyfer chwaraeon, bŵl, hefyd yn *dros.* ac yn *ffig.*; pilsen; sffêr aur, &c. (ynghŷd â theyrnwialen), fel arwydd o sofraniaeth, orb; sffêr ac arni lun y ddaear, glob; y byd, y ddaear: *sphere, ball, also transf. and fig.; pill; orb; (terrestrial) globe; the world, earth.*
13g. *A* 16. 3, Hu bydei yg kywyrein pressent mal *pel* ar y e [*sic*]. **13g.** *HGK* 15, a'r Guydyl gaflachauc ac eu *peleu* haearnaul. **14g.** *GDG*³ 115, Pell i neb wybod yna, / *Pêl* yw i Dduw, pa le'dd â [am yr haul]. *c.* **1400** *R* 1346. 22, piw paeletliw *pel* lwytlas. *c.* **1400** *Études* viii. 364, kymer hat y morgelyn ac opium a mortera . . . a llefrith, a gwna *beleu* bychein. **15g.** *BB* 121, agwelet meibion yn gwareu a *phel*. **15g.** *ID* 11, dwy loew *bel* a dalai bunt [am lygaid merch]. *Diw.* **15g.** (**15–16g.**) *B* xvii. 89, tomas a rydd cylenic cyn tvw cylanmai / *bele* mawr tyrymyon o ddwycaill cochyon [Y Nant am darw]. **1547** *WS*, *pele* yw llynky rhac rhyw haint, pylles. **16g.** *GGH* 22, Rhag plagau'r oes, rhag *pêl* gron, / Y nod, a phob niweidion. **1588** *Eseia* xxii. 18, fel treigliad *pêl* ar hŷd gwlâd lŷdan ei hymŷlau. **1615** R. SMYTH: *GB* 205, i bronnau fal *pele* o alablaster [*sic*]. **1632** *D*, *pêl*, pila. **1683** H. EVANS: *CTF* 55, f'ath a'r *bêl* ir-gol. **1725** D. LEWIS: *GB* 138, Y Mae'r *Bêl*, neu'r Glôb Ddwfr-ddaearol hon yn dra rhyfeddol. **1763** *DT* 261, Ti ar ei ol, Freiniol fron, / I gario'r *Bêl* a'r Goron [i Siors, Tywysog Cymru]. **1803** *P*. Digwydd *pele* ym Morg. a sir Gaerf. yn yr ystyr 'glo mân yn gymysg â chlai a dŵr (a chalch weithiau) a lun[n]id yn *beli* i'w roi ar dân', *Geir Glo* 50.

(*b*) Un o'r gronynnau plwm mewn cetrisen, pelet, bwled, maen gwn, hefyd yn *dros.*: *(cartridge) shot, pellet, bullet, cannon-ball, also transf.*
15–16g. *TA* 146, Plâd aur wyt oll, pelydr tân, / *Pelau'*n aml, polion ymwan. **16g.** (*LlEG*) *Mos* 158, 444b, ychydig Iawn o *belav* a llai o bowdwr. **17g.** HUW MORUS: *EC* i. 65, A'i fwsged, fwya' asgen, / Bawl a bâr a'i *bel* i'w ben. **1770** *W*, *pel* gwnn d.g. *ball or bullet*. *id.* y *pelau* . . . d.g. *ogresses, in Heraldry* [*figures resembling gun-, or cannon-, balls*].

(*c*) Gwobr, camp, anrhydedd, clod, bri, arwydd o ragoriaeth: *prize, feat, honour, praise, renown, mark of excellence.*
14g. *GDG*³ 98, Er dig i'r byd dygi'r *bel* [*sic*]. **14g.** *GIG* 99, Peth yw'r byd? Pwy aeth a'r *bêl*? / Pen doeth, pwy onid Ithel? **15g.** *GLM* 322, Trychant yn taro i ochel; / trwy bawb y dug yntau'r *bêl* [marwnad Dafydd ab Edmwnd]. **15g.** *Pen* 109, 52, Maer *bel* anwyl ith dwylaw / Maer ffonn o linonn ith law. *id.* 120, Vwch o bwngk hwdiwch y *bel*. / Ywch dwy ach no choet vchel (Lewys Glyn Cothi). **15g.** *GGl*² 233–4, Duw a roddes, dôr addwyn, / *Pêl* deg i bob hael i'w dwyn. / Y glod yn ddigeladwy / Ydiw'r *bêl* hardd heb drebl hwy. **16g.** *WLl* 5, Dewr ifank od a i ryfel / Ynn llew byw ynnill y *bel*. **16g.** *AWLl* 74, Corf drwy dorf, cryfdwr Derfel, / Cnot ar bawb, cawn yty'r *bêl*. **16g.** HUW CORNWY, &c.: *Gw* 93, Dwg air fal dy wehelyth: / dal y *bêl* hyd olew byth. *a.* **1587** *Y* 32, A gwell i'r bardd golli'r *bêl* / A thravais nag wrth ryfel. *Diw.* **16g.** *Gwyn* 3, 255, Robart barr-awch-ddart Brochwel / iarll a mab iarll am y *bel* (Huw Llŷn). **16–17g.** *GST* i. 690, Cymer y *bêl* hyd elawr / Wedi'r ferch o Droea fawr. **16–17g.** *NBSA* 175, Mae Mari, bo iddi'r *bêl*, / Wych bysrsaur, ar fraich Byrsel. *c.* **1600** W. MIDLETON: *B* 95, Blîn ywr byd blaenor y *bêl* / blin trwy ofid blaen trafel. **1632** *D*, a fo yn haeddu'r gamp . . . a ddylai'r *bêl* d.g. *palmarius*. **17g.** HUW MORUS: *EC* i. [75], Dygaist fawredd dïogel, / Dygi barch, di gei y *bêl*. **1736 (1812)** *YRW* 61, Dydi yn ddiau bia'r *bel*, / Fel mam brenin Lemuel. **1780** *W* d.g. *prize* [*the reward of victory*, &c.].
Cfn.: **pêl argraffydd:** *printer's ink-ball.* **1770** *W* d.g. *ball, a printer's ink-ball, pompets.* **p. fach (y b. fach):** *some kind of handball or fives.* **1856.** **p. fas,** gw. *pêl-fas.* **p. fasged,** gw. *pêl-fasged.* **p. gap, peli capiau:** *children's game in which a ball was aimed into one of several caps placed on the floor.* **20g.** **p. a chlwpa:** *bat and ball.* **1852.** **p. glytiau:** *rag ball.* Ar lafar yn y De, '*pêl glwte*'. **p. goch:** *term in the game of fives.* Ar lafar ym Morg., 'a term in the Welsh game of Fives, said when one side has scored all but one point', *LlGC* 1171, 114. **p. gylch,** gw. *pêl-gylch.* **p. ddu:** *football.* **1675** R. JONES: *HCh* 36, chwareu Pêl-droed neu'r *Bêl-ddû*. **1687 (1715)** J. OWEN: *TB* 50. **1770** *W* d.g. *ball, football.* **1778** J. THOMAS: *HB* 398. **p. ddwylo:** *handball.* **1620** *Mos* 204, 41. **1688** *TJ*, paled, *pêl ddwylo*: a Hand-ball. **p. eira:** *snowball.* **1770** *W* d.g. *ball, a snow-ball.* Ar lafar. **p. foli,** gw. *pêl-foli.* **p. (o) wenwyn:** *ball of poison, usu. fig.* **15g.** *GDID* 32. **15–16g.** *TA* 312, Troi'r *bêl wenwyn* trwy 'r blaned! **16g.** WILIAM LLŶN: *Gw* (R. Stephens) 99. **1576** *Gwyn* 3, 254, Y blaned *bel o wenwyn* [marwnad iarll Essex gan Huw Llŷn]. **p. hirgron:** *rugby-ball.* **20g.** **p. humog (human):** *tennis(-ball), ball used to play handball.* **1604–7** *TW* (*Pen* 228), *pel Humoc* d.g. *pila Clauaria.* **1722** *Llst* 189, *pêl hummog, a hand-ball.* **1770** *W* d.g. *ball, a handball, a tennis-ball, to play at hand-ball.* **p. law,** gw. *pêl-law.* **p. y famog:** *mooncalf, false conception.* **1604–7** *TW* (*Pen* 228) d.g. *mola.* *c.* **1730** *Thos. Lloyd D* (LlGC) 191a, *pel y fammog*, mola uteri. **pelau'r printwyr:** *printers' ink-balls.* **1632** *D*, *pelau y printwyr* d.g. *tudes.* **1722** *Llst* 189. **pêl rwyd,** gw. *pêl-rwyd.* **p. rydd:** *loose ball (in rugby); free ball (in snooker).* **20g.** **p. (o) dân:** *fire-ball, bomb, shell, rocket.* **1773** *W*, *pêl* . . . *o dân* gwyllt d.g. *fire-ball, or a ball of wild-fire.* **p. danllyd:** *fire-ball, bomb, shell, rocket.* **1759** D. ROWLAND: *A* 10, [*P*]*elau tanllyd.* **p. dennis:** *tennis-ball.* *a.* **1587** *Y* 130. **1632** *D* d.g. *reticulum, sphæristerium.* **1688** *TJ*, humman . . . (*pêl denis*:). **p. do,** gw. *pêl-do.* **p. draed (droed),** gw. *pêl-droed.* **p. ymolchi:** *soap, wash-ball.* **1620** *Sus* i. 17. **1725** *SR* d.g. *pomander, a Wash-ball.* **1770** *W* d.g. *ball, a wash-ball.*
Gw. hefyd **pelen.**

pela, *eg.* ll. *-on.* *Adar.* Unrhyw aderyn o deulu'r *Paridæ*, yn enw. titw tomos las (yswidw glas, glas y pared, penlöyn), *Parus cæruleus*, hefyd am adar eraill tebyg: *tit, titmouse, esp. blue tit.*
1778 *W*, y *pêla* glâs bâch d.g. *nun* [*a little sort of bird so called*]. **1803** *P*, *pela*, s. m. pl. t. *on.* . . . the titmouse.
Amr.: **parla.** **1858.** Ar lafar yng ngorllewin Morg., '*parla* glas bach'. **perla.** Ar lafar yn nwyrain sir Gaerf., '*perla* glas bach'.
Cfn.: **pela,** &c., **bach:** *blue tit, Parus cæruleus.* **1908.** **p. bach penddu:** *coal-tit, coalmouse, Parus ater.* **20g.** **p. barfog:** *bearded tit, reedling, Panurus biarmicus.* **1832.** **p.'r gors:** *marsh tit, Parus palustris.* **1834.** **p. cynffonnir:** *long-tailed tit, Ægithalos caudatus.* **20g.** **p. glas bach:** *blue tit, Parus cæruleus.* **1778** *W* d.g. *nun* [*a little sort of bird so called*]. Ar lafar yn y Gogledd, H. E. FORREST: *FNW* 107, ac ym Morg. a dwyrain sir Gaerf. **p. glas dwl** = **p. glas bach.** Ar lafar yn y Gogledd, H. E. FORREST: *FNW* 107. **p. glas mawr:** *great tit, Parus major.* Ar lafar yn y Gogledd, H. E. FORREST: *FNW* 103. **p.'r wern:** *marsh tit, Parus palustris.* **20g.** **p. llwydwyn:** *coal-tit, coalmouse, Parus ater.* **1832.** Ar lafar yn y Gogledd, H. E. FORREST: *FNW* 104. **p. mawr (glas):** *great tit, Parus major.* **20g.** **p. penddu:** *marsh tit, Parus palustris.* **1832.** Ar lafar yn y Gogledd, H. E. FORREST: *FNW* 104.

pelaets, gw. **pelet.**

Pelagaidd, Pelagiaidd [yr e. prs. *Pelag(ius)* + *-(i)aidd*] *a.* Yn perthyn i Belagiaeth, Morgannaidd: *Pelagian (adj.)*.
1735 S. THOMAS: *HP* 253, yr Athrawiaeth Arminiaidd, neu yn hytrach, yr Athrawiaeth *Belagaidd*.

Pelagiad [yr e. prs. *Pelag(ius)* + *-iad*³] *eg.* ll. *-iaid.* Un sy'n arddel Pelagiaeth, Morganiad: *a Pelagian.*
1664 J. DAVIES: *Art* [6], Pechod dechreuol nid yw yn sefyll o ddilyn Adda (megis yr ofer siarad y *Pelagiaid*) eithr bai a llygredigaeth nattur pob dyn ydyw. **1693** J. OWEN: *BP* 153, Yr oedd bedydd plant mor gyffredinol . . . na allei y *Pelagiaid* wadu o honaw. **1730** J. LEWIS: *CCPG* 3, [y]r Eglwys . . . yn ei Dadleu yn erbyn y *Pelagiaid*. **1743** D. ROWLAND: *T* 101, y mae ef yn Arminiad ac yn *Belagiad*.

Pelagiaeth [yr e. prs. *Pelag(ius)* + *-iaeth*] *eg.* *Diwin.* Athrawiaeth hereticaidd a bregethid yn gyntaf gan Pelagius (?360–?420) ac sy'n gwadu pechod gwreiddiol gan ddadlau mai drwy ei ymdrechion ei hun, ac nid drwy ras Duw, y mae'r unigolyn yn cychwyn ar y ffordd i iachawdwriaeth, Morganiaeth: *Pelagianism.*
1836.

Pelagiaidd, gw. **Pelagaidd.**

pelagig [cfdds. o'r S. *pelag(ic)* + *-ig*²] *a.* Yn perthyn i'r môr agored; yn byw yn nyfroedd uchaf y môr: *pelagic.*
20g.

pelagra [bnth. S. *pellagra*] *eg.* *Meddyg.* Clefyd a achosir gan ddiffyg fitamin B mewn ymborth ac sy'n ymosod ar y croen i ddechrau gan arwain yn y pen draw at wallgofrwydd: *pellagra.*
20g.

pelalwnc [?*pelau* (ll. yr e. *pêl*) + *llwnc*; anodd rhoddi cyfrif am yr union ff.] *e.ll.* Tonsilau: *tonsils.*
Ar lafar gynt yn y De, e.e. 'Ma dolur *pelalwnc* arno'; 'Ma'i *belalwnc* a wedi 'wyddo'; ''Tasa di *belalwnc* di'n mynd yn dost flynydda'n ôl, 'ôt ti'n cæl mynd i'r Inffyrmari idd'u cæl nw mæs'.

pelan¹ [*pêl* + *-an*¹ (ac, o bosibl, *glan* (yn ystyr adran (*a*) isod)); *-l-* ddwbl a gynrychiolir gan *-ll-* yn yr engh. o *J* 10] *eb.* ll. *-nau.*

(*a*) Twyn, bryncyn; torlan afon, morglawdd: *hillock, tump; river bank, sea-wall.*
1588 *Jos* xi. 13, [y] dinasoedd y rhai oeddynt yn sefyll ar eu *pelannau*. **1604–7** *TW* (*Pen* 228), y veisdon, *pelan*, y lann, glann y mor d.g. *acta.* *id.* *pelan* ne dorlan y gadw afonydd ymewn, Clawdd mor ne vorwall d.g. *agger.* *id.* d.g. *scamnum.* *a.* **1634** *NBSF* 754, Mae fo a'r gro ar ei grib / A *phelan* Risiard Phylib. Digwydd (*Y*) *Belan* yn gyff. mewn e. lleoedd, gw. *EANC* 34.

(*b*) Cnepyn crwn (o bren, &c.), glain; pêl (fechan), pelet; pellen o edafedd; pilsen; botwm; bwled: *knob, bead; (little) ball, pellet; ball of thread, clew; pill; button; bullet.*
1632 *D* d.g. *globulus.* **1722** *Llst* 189 d.g. *a button.* *id.* *pelan* . . . a little ball; bottom or clew of thread; musket-ball; physicians bolus or pill; pellet; dot of flegm. **1770** *W* d.g. *bowl* [*a round ball of wood to play with; any round thing*], *a little bowl, button, spherule* [*a small globe*].
Gw. hefyd **pêl, pelen, pellan, pellen.**

pelan², ff. daf., gw. **pelen.**

pelanllys, pelenllys [*pelan*¹, *pelen* + *llys*⁵] *eg.* Math o redyn dŵr ac iddo fractau gronynnog sy'n cynhyrchu sborau, pupur y ddaear, *Pilularia globulifera*: *pillwort.*
1813 *WB* 225, *Pelanllys*; Pilularia globulifera; Pillwort.
Cfn.: **pelanllys gronynnog:** *pillwort, Pilularia globulifera.* **1813** *WB* 100.

Pelasgiaid [yr e. p. *Pelasg(i)* + *-iaid*¹] *e.ll.* Pobloedd gwlad Groeg a dwyrain y Môr Canoldir cyn dyfodiad Groegwyr yr Oes Bres: *Pelasgians, Pelasgi.*
1828.

pelawd [*pêl* + *-awd*³] *eb.* ll. *-au.* Cyfres o belau mewn gêm o griced a fowlir gan un bowliwr o un pen i'r llain fatio at fatiwr sy'n ei wynebu yn y pen arall: *over (in cricket).*
20g.

pêl-do [*pêl* + *to*¹] *eb.* Tennis (real) neu ryw gêm debyg: *(real) tennis or similar game.*
1690 *Ymofynion* 2, chware *Pêl Dô* ar yr Eglwys ac yn enwedic ar Ddydd yr Arglwydd.
Gw. hefyd **to.**

pêl-droed, pêl-draed [*pêl* + *troed, traed*] *eb.* Gêm rhwng dau dîm o un ar ddeg a chwaraeir ar gae a gôl yn y ddau ben, gan geisio sgorio drwy gicio neu benio'r bêl i mewn i gôl y gwrthwynebwyr, ffwtbol, hefyd am fathau eraill o'r un gêm (e.e. rhwng dau dîm o bump dan do), ac yn ehangach am gemau eraill tebyg ac am fersiynau cynharach, e.e. y bêl ddu; pêl i'w defnyddio yn y gemau hyn; hefyd yn *ffig.*: *(association) football, soccer, also other similar games and of earlier versions; a football; also fig.*
1593 W. MIDLETON: *B* 58, *pel draed* pa wlad a rodio / ba waeth byd yn boeth y bo. **1620** *Mos* 204, 41, Chware *pel draed*. **1630** R. LLWYD: *LlH* xii, gad ymmaith y twmpath chwareu . . . a'r *bêl-droed*. **1632** *D*, *pêl droed* d.g. *harpastum.* **1675** R. JONES: *HCh* 36, chwareu *Pêl-droed* neu'r Bêl-ddû. **1725** *SR*, *pêl-droed* d.g. *a Ball, a Foot-ball.* **1752** *ML* i. 200, Gwyr y

buoch gynt yn chwareu *pel droed* efo hwynt . . . ag ar y Sul hefyd. *c.* **1762–79** W. WILLIAMS: *P* 122, pren yn dwyn ffrwyth fel afalau, o faint *pêl droed* gyffredin. *c.* **1777** J. THOMAS: *LlA* 13, ein Harglwydd ai gyrrodd ef ymaith . . . fel *pel droed* o'i flaen. **1799** *TY* 174, taro Mr. Cradoc a'r *bêl droed.*

pêl-droedaidd [*pêl-droed*+*-aidd*] *a.* Yn perthyn i bêl-droed: *pertaining to football.*
20g.

pêl-droediol [*pêl-droed*+*-iol*] *a.* Yn perthyn i bêl-droed: *pertaining to football.*
20g.

pêl-droediwr [*pêl-droed*+*-iwr*] *eg.* ll. *-droedwyr.* Un sy'n chwarae pêl-droed: *footballer, soccer player.*
1916.

peled, gw. pelet.

peledaf: peledu [bf. o'r e. *peled*] *bg.a.* Taflu (pelen, &c.), lluchio (cerrig, &c.) at, baeddu, peltio, hefyd yn *ffig.*; taro, cnocio: *to throw* (*ball, &c.*), *pelt* (*e.g. with stones*), *also fig.*; *hit, knock.*
1803 *P, peledu,* to throw a ball. Ar lafar yn y Gogledd yn y ff. *pledu,* '*pledu'r* naill y llall ag . . . eira, cerrig', '*pledu* eira, cerrig', *WVBD* 433, a hefyd yn y ff. *pledio, TGG* (1904) 46.
Amr.: **paledu. 1803** *P.*

peleder, peledr[1], gw. **pelydr**[1].

peledr[2], gw. **pelydr**[3].

peledraf: peledru, gw. **pledraf: pledro.**

peleidrad, peleidriad [*peleidr* (ll. yr e. *paladr*)+*-iad*[1] (?ac *-iad*[2]), *-ad*[2]] *eg.* Ergyd â gwaywffon, gwthiad gwaywffon; ?defnyddiwr gwaywffon: *spear blow, lance thrust;* ?*spearer, lancer.*
13g. *C* 5. 1–2, llyavs *peleidrad* guaedlad guadlan. *id.* 98. 4, briuint penaur *peleidrad. c.* **1300** *H* 12a. 3, diwreityws powys *peleidrad* (Gwalchmai). *id.* 22b. 14, kywesti peri *peleidrad* (Einion ap Gwgon). *id.* 52b. 32, Dybriw dreic dragon *beleidryad* (Cynddelw). *Dchr.* **14g.** *id.* 28b. 11, tyyrndut ordrut wrd *beleidrat* (Bleddyn Fardd). **14g.** *T* 57. 26, dwys dy *peleitrat* pan erclywat kat. **1803** *P* d.g. *peleidriad.*

peleidral [*peleidr* (ll. yr e. *paladr*)+?*gâl*[1]; ansicr yw *beleidryal, A* 18. 19, a dichon mai gwall ydyw am yr e. bl., gw. *CA* 289] *eg.* a hefyd fel *be.* Trywaniad neu ergyd â gwaywffon, brwydr â gwaywffyn; (geir.) ymladd: *a piercing with a spear, spear blow, fight with spears;* (*dict.*) *to fight.*
14g. *T* 16. 12, At vi *peleitral* dyfal dillyd. *c.* **1470** *B* ii. 234, *peleidral,* ymladd. **1803** *P, peleidral,* the pushing of spears; a conflict.
Amr.: **peidral** [ff. eir. wallus]. **1707** *AB* 219c, *peidral,* to fight [V]. **1753** *TR.*

peleidriad, gw. **peleidrad.**

pelen [*pêl*+*-en*; gw. hefyd *pellen*] *eb.* (bach. *-nig,* ll. *pelenigau*) ll. *-nau, -ni.*

(*a*) Pêl (fechan), pelet, globyn, sffêr, orb; pellen o edafedd; pilsen; risol; hefyd yn *ffig.*: (*little*) *ball or globe, pellet, sphere, orb; ball of thread, clew; pill; rissole; also fig.*
14g. *GDG*[3] 178, A'i bwysau, *pelennau* pŵl, / A'i fuarthau a'i fwrthwl [i'r cloc]. *c.* **1400** *MM* 92, Kymer y betonica . . . a gwna ohwnnw pedeir *pelen.* **1547** *WS, pelen,* a lytell ball. **1604–7** *TW* (*Pen* 228), clobun bychan, *pelenic* d.g. *globulus.* **1632** *D, pelen,* pilula. **1722** *Llst* 189, pelan, *pelen* f.p. *lennau,* a little ball; bottom or clew of thread . . . physicians bolus or pill; pellet; dot of flegm. *id. pelennig* (dimin: of *Pelen*) f.p. *-nigau,* a physical pill, pellet. *c.* **1730** *Taith C* 74, A gwnaethpwyd ef i fynu 'n *belenau.* **1732** *AABI* 104, goreuro a siwgro y *Pelennau* o Gerydd a llawer o larieidd-dra a thynerwch. **1770** *W,* pellen (*pelen*) o edafedd d.g. *a bottom of thread.* **1789** *BDG* 509, Yn *belen* wen, bilain oedd [am gaseg eira]. **1795** M. WILLIAMS: *BM* 12, hen fenyw . . . yn gwneuthur *Pelenau* (Dumplins). **1798** R. DAVIES: *CG* 106, Bywiol anwyl *beleni* [am y sêr]. **1803** *P.* Ar lafar, hefyd yn y ff. *pelan* yn y Gogledd, *WVBD* 418, ac ym Morg. Digwydd yn ardaloedd y chwareli ac yn rhai o ardaloedd glofaol y De yn yr ystyr 'darn neu faint penodedig o ddefnydd ffrwydrol'.

(*b*) Maen magnel, maen gwn, bwled, un o'r gronynnau plwm mewn cetrisen, pelet, hefyd yn *dros.*: *cannon-ball, bullet,* (*cartridge*) *shot, pellet, also transf.*
16g. (*LlEG*) *Mos* 158, 483b, ir esgleinttiodd y *belen* hrwng yr hett ar ysgwl. **16g.** *B* xv. 270, ai o eishiau powdwr a *ffelennau.* **1722** *Llst* 189, pelan, *pelen* f.p. *lennau* . . . musket-ball. **1778** *W* d.g. *ogresses, in Heraldry* [*figures resembling gun-, or cannon-, balls*].

(*c*) Anhwylder ar yr ysgyfaint ymhlith mwynwyr y gweithiau mwyn plwm gynt: *respiratory ailment suffered by lead-miners.*
c. **1740** W. J. LEWIS: *Lead Mining in Wales* (1967) 283, Miners in some soft, dry works . . . are subject to a distemper in their breasts, which they feel like a heavy ball and therefore call it in Welsh Y *Belen,* i.e., The Ball. The only cure they use for it is to drink ale plentifully which they take care to do whether they have the *Belen* or no (Lewis Morris).
Cfn.: **pelen chwerw:** *bitter pill, fig.* **1676** W. JONES: *GB* 64. **1724** S. WILLIAMS: *ADA* 139. **p. eira:** *snowball.* **1850. p. ffisigol = p. ffisigwriaeth. 1769** D. ROWLAND: *CG* 59. **p. (pelennig) ffisigwriaeth:** *medicinal ball, pill.* **1604–7** *TW* (*Pen* 228), *pelenic physycwriaeth* d.g. *gongylium.* **1632** *D, pelen physygwriaeth* d.g. *gongylium.* **1772** D. RISIART: *HFP* 172. **p. gwn:** *bullet.* **1850. p. y llygad:** *eyeball.* **20g. p. magnel (mangnel):** *cannon-ball, also fig.* **1796** *Geirgrawn* 36, *pelen mangnel.* **p. (o) blwm:** *lead ball, bullet, also fig.* ?**15g.** *DGG* 144, *Pelen blwm* yn drwm a dry [i'r byd]. **16–17g.** (**17g.**) *CC* 73, poeran ddîg purion ddegwm / pellenau *pelenau plwm* [Thomas Prys i ofyn dau bistol]. **1632** *D, pelen o blwm* d.g. *glans. id. pelen blwm* d.g. *plumbata, plumbum.* **1763** *DT* 250, Y Llygaid meinion lliwgar; / . . . / Yn gnapiau *pelennau Plwm.* **p. (o) dân:** *fire-ball, bomb, shell, rocket.* **16g.** (*LlEG*) *Mos* 158, 494b, [*p*]*elennau o dan* gwyllt. **1770** *W, pelen o dân* gwyllt d.g. *bomb, fire-ball.* **p. danllyd:** *fire-ball, bomb, shell, rocket.* **1830. p. ymolchi:** *wash-ball.* **1794** *W* d.g. *wash-ball.* **1812** W. DAVIES: *RMB* 68.

Gw. hefyd **pêl, pelan**[1], **pellen.**

pelenllys, gw. **pelanllys.**

pelennaf: pelennu [bf. o'r e. *pelen*] *bg.a.* Ymffurfio'n bêl, dirwyn yn belen, gwneud yn belenni neu ronynnau crwn; saethu, tanio (bwledi, &c.), bomio; hefyd yn *ffig.*: *to form or wind into a ball, make into pills or pellets; shoot, fire* (*bullets, &c.*), *bomb; also fig.*
1604–7 *TW* (*Pen* 228), *pelenû* d.g. *glomero, pastillico. id.* bagad o wenyn, pan vo'r haid yn *pelenu*'n grwn d.g. *uva.* **1722** *Llst* 189, *pelennu,* to winde up into a ball. **1780** *W* d.g. *to make into pills.* **1803** *P* d.g. *pelenu.*

pelennaidd [*pelen*+*-aidd*] *a.* Ar ffurf pêl, crwn, sfferaidd, globaidd: *round, spherical, globular.*
1842.

pelennig, gw. **pelen.**

pelennog [*pelen*+*-og*] *a.* Ar ffurf pêl, crwn, sfferaidd, globaidd: *round, spherical, globular.*
1803 *P* d.g. *pelenawg.*

pelet, peled [bnth. S. *pellet*] *eb.g.* ll. *-au, -i, -s.* Maen crwn a saethid o fagnel neu wn mawr, maen gwn, bwled, un o'r gronynnau plwm mewn cetrisen; pêl, pelen; pilsen; *Her.* cylch bychan: *cannon-ball, bullet,* (*cartridge*) *shot;* (*small*) *ball; pill; roundel* (*in heraldry*).
15g. *Med H* 66, *Pelets* mywn arfau a vyddant grynion a bychain. **15g.** *Pen* 109, 58, trugein *pelet* a ragawr (Lewys Glyn Cothi). **15g.** *GOLlM* 3, gwewyr *pelets* gwŷr Pwlen. **15–16g.** *TA* 388, Plât sad rhag *pelets* ydynt. **1593** W. MIDLETON: *B* 58, pellen y fad felen fawr / bail drwythfa *beled* rothfawr / *peled* vffern plaid affrig [am y bêl-droed]. **16–17g.** *GST* i. 799, Ac mewn perygl anhyfryd / Y peic, a'r *peled* hefyd. **16–17g.** T. PRYS: *Bardd* 118, *pelet* a wisg mewn plat Iawn. **16–17g.** *DCR* 221, mae tan ar powdwr gyne / mae *peleds* pwlwm yn chware. **16–17g.** *Cer RC* 127, F'aeth y *peleds* dûr drwy'r garreg. **1604–7** *TW* (*Pen* 228), *pelet* d.g. *laureolum.* **1655** WL: *DP* 101, Heb hyn [ymbil ar Dduw, &c.] ni fydd dy weddi ond . . . *peledau* heb bowdr. **1803** *P, peled,* s. f. pl. t. *au,* a ball, a bullet.
Amr.: **pelaets. 15–16g.** *TA* 146. **15–16g.** *GLM* 131.
Cfn.: **pelet (peled) gwn:** *cannon-ball, bullet.* **16–17g.** T. PRYS: *Bardd* 105, pvr i gweithiwyd pregethwn / plat gwych 'rhac ofn *pelet gwn.* **16–17g.** T. R. ROBERTS: *EP* 291, *peled gwn.* **17g.** *DCR* 250, *pelede gyne* mawr.

pêl-fas [*pêl*+*bas*[2]] *eb.* Gêm rhwng dau dîm o naw a chwaraeir ar gae ac arno bedwar bas wedi eu cysylltu ar ffurf diemwnt; sgorir drwy daro'r bêl â bat a rhedeg o amgylch y basau: *baseball.*
20g.

pêl-fasged [*pêl*+*basged*] *eb.* Gêm rhwng dau dîm o bum dyn neu chwe menyw a chwaraeir ar gwrt a chylch uchel llorwedd a rhwyd yn hongian wrtho yn y ddau ben i'r cwrt; sgorir drwy beri i'r bêl ddisgyn drwy rwyd y gwrthwynebwyr: *basketball.*
20g.

pêl-feryn, pelferyn [*pêl*+*beryn* (At.), ar ddelw'r S. *ball-bearing*] *eg.* ll. *-nau.* Dyfais i leihau ffrithiant rhwng darnau symudol peiriant, sef casyn cylchog o fetel ac ynddo gyfres o belenni dur yn ffitio am werthyd sy'n troi; un o'r pelenni hyn: *ball-bearing; ball used in this.*
20g.

pelfig [cfdds. o'r S. *pelv*(*ic*)+*-ig*[2]] *a.* Yn perthyn i'r pelfis: *pelvic.*
20g.

pelfis [bnth. S. *pelvis*] *eg. Biol.* Ceudod ar lun basn ar waelod corff y rhan fwyaf o greaduriaid asgwrn-cefn a ffurfir gan yr asgwrn anenwol ynghyd â'r sacrwm a fertebrâu eraill, hefyd am yr esgyrn sy'n ffurfio'r ceudod hwn: *pelvis.*
20g.

pêl-foli [*pêl*+*foli* (At.)] *eb.* Gêm rhwng dau dîm o chwech a chwaraeir drwy daro pêl â'r llaw, y dwrn, neu'r fraich dros rwyd uchel sy'n ymestyn o un ochr i'r cwrt i'r llall; sgorir drwy fwrw'r bêl i'r llawr ar ochr y gwrthwynebwyr: *volleyball.*
20g.

pelgip, pelgib [*pêl*+?*cip,* ac o bosibl *cib*] *eb.* ll. *-au.* Math o raced; pastwn ac iddo flaen crwca i chwarae bando: *racket, battledore; bandy-stick.*
1632 *D, pelgip* d.g. *flagellum.* **1722** *Llst* 189, *pelgip* f., a battle-dore, racket. **1725** *SR, pêlgib* d.g. *a battledore to strike a ball with, a racket to play tennis.* **1770** *W* d.g. *bandy* [*a crooked stick to strike a ball with*], *battle-door, battle-dore, racket.* **1803** *P* d.g. *pelgib.*

pêl-gylch [*pêl*+*cylch*] *eb.* Rownders: *rounders.*
20g.

pelican [bnth. S. *pelican*] *eg.b.* ll. *-od.*

(*a*) Unrhyw aderyn môr mawr o deulu'r *Pelecanidæ* ac iddo big hirsyth a chod chwyddadwy oddi tani i storio bwyd: *pelican.*
15g. TUDUR PENLLYN, &c.: *Gw* 103, *pelikan* yn gyngan a gar / vod oi waed vwyd yw adar (Ieuan Brydydd Hir). **15g.** *W Best* 9, y *pelikan,* ederyn rryvedd yw hwnnw . . . y daw vwch ev penn [ei feibion adar], ac ydd egyr ar i ysstlys, ac a'r gwaet hwnnw ydd ir ef hwynt, ac y kyvodant hwythav yn vyw o varw. **16g.** SIÔN BRWYNOG: *C* 138, O nef y daeth fy Naf da / Er nawdd i wyrion Adda: / Rhan y *Belican* a'i blant / Ar y gwaed ir a godant. **1588** *Eseia* xxxiv. 11, Y *Pelican* hefyd a'r draenoc ai gorescyn. **1615** R. SMYTH: *GB* 30, Y *pelican* sy 'n tynnu gwaed oi gorph i iachau i gowion. **1632** *D* d.g. *pelicanus.* **1656** *AP* 65, ederyn sydd yng-wlâd yr India, ac a elwir *pelican,* yr hwn ederyn a fag dri aderyn ar gig a gwaed y galon, ony font gymmaint bob un o honynt ac ef ei hun, ac yno y syrth ef yn blu ac yn escyrn yr llawr. **1722** *Llst* 189, *pelican,* m.p. *canod,* a pelican. *c.* **1700** *Taith C* 78, Pa ham y mae'r *Pelican* yn Gwânu ei dwyfron ai phîg? **1773** J. ROBERTS: *GY, Pelican,* Aderyn mawr aflan, ac Adenydd llydain . . . Câr le anghyfannedd.

(*b*) Llestr at ddistyllu gwirod drwy eplesiad: *pelican* (*vessel*).
1545 ELIS GRUFFYDD: *Ll* 3, a thwalld ef [cynnwys gwydryn] y mewn gwydyr, yr hwn a elwir *pelican.*
Cfn.: **pelican (yn) yr anialwch (mewn anialwch, o'r diffeithwch):** *pelican of the wilderness, also fig.* **1567** *LlGG* (*Sall*) 56a, Cyffelip wyf ir *pelican o'r diffeithwch* (**1588** *Salm* cii. 6, [*p*]*elican mewn anialwch*); **1620** *ib.* [*p*]*elican yr anialwch*). Ar lafar yn gyff. "Wy fel *pelican yr anialwch* 'ma ar ben fy hunan fach'.

pelig [?cfdds. o'r S. *pelic*(*an*)] *eg.b.* ll. *-od.* Pelican: *pelican.*
1621 E. PRYS: *Ps* 43a, Fel vn o'r anialwch, lle y trig / y *pelig,* neu'r dylluan. **1722** *Llst* 189, *pelig,* f.p. *ligod,* a pelican. **1753** D. JONES: *SD* 183, Y gigfran bendrist draw a drig, / Y *pelig* a'r ddylluan.

pelitori [bnth. S. *pellitory*; ansicr yw perthynas y ff. (?wallus) *palantori, LlM* 27] *eg.*

Bot. Planhigyn bychan o wledydd y Môr Canoldir, y defnyddid olew o'i wreiddyn i atal y ddannoedd, *Anacyclus pyrethrum*; ?murlys, llysiau'r pared, pelydr y gwelydd, *Parietaria diffusa*: *pellitory* (*of Spain*); ?*pellitory of the wall.*

16g. **(1763)** W. SALESBURY: *LlM* 202, gyda gwreiddin angelisia ner *pelitori* o yspaen. **18g.** *Llr* C 24, 319, time, *pelitory* . . . Rosmari.

Cfn.: **pelitori o Sbaen (Ysbaen):** *pellitory of Spain, Anacyclus pyrethrum.* **16g.** **(1763)** W. SALESBURY: *LlM* 202. *c.* **1740** *LlM* 34.

pêl-law [*pêl*+ *llaw*[1]] *eb.* Gêm a chwaraeir â phêl a deflir â'r llaw rhwng chwaraewyr neu yn erbyn wal(iau); y bêl a ddefnyddir yn y gêm hon: (*ball used to play*) *handball.*

18g. *WLl* (*Geir*) 283, paled, *pel law.* **1770** *W* d.g. *ball, a handball.*

pelre, gw. **pelrhe.**

pelred [*pêl*+ *rhed*] *e?g.* Tennis: *tennis.*

1858.

pêl-rwyd [*pêl*+ *rhwyd*] *eb.* Gêm rhwng dau dîm o saith a chwaraeir ar gwrt a chylch uchel llorwedd a rhwyd yn hongian wrtho yn y ddau ben i'r cwrt; sgorir drwy beri i'r bêl ddisgyn drwy rwyd y gwrthwynebwyr: *netball.*

20g.

pelrhe, pelre [*pêl*+ *rhe*[2] (cf. *camre, dere, dwyreaf*: *dwyre, dwyrain,* a'r H. Wydd. *regaid* 'bydd yn mynd')] *eg.* ll. (diw.) *pelrëi.*

(*a*) Chwarae pêl; ?symudiad (ceffyl): *ball-play*; ?*movement* (*of horse*).

13g. *C* 48. 11, A guarwyaur *pelre* ac ev pennev. *c.* **1300** *H* 110b. 7, dossawc hytolawc hawt y *belre* (Llywarch ap Llywelyn). **14g.** *T* 73. 13, agware *pelre* aphen Saesson. **1803** *P, pelre,* a beating of a ball backwards and forwards.

(*b*) Biliards, pêl filiards: *billiards, billiard-ball.*

1850.

(*c*) Helbul, adfyd, trallod, llafur, blinder; brwydr: *trouble, adversity, tribulation, toil, weariness*; *battle.*

c. **1425** *B* ii. 234, *pelire* [*sic*]: cat. **16g.** *ib. pelrhe*: blinder. **1604–7** *TW* (*Pen* 228), *pelrhe* d.g. *negotium, tumultuatio.* **1620** *Mos* 204, 138, Pan vych mewn *pelrhe* / gobeithia r hyn gore. **1632** *D, pelrhe,* molestia, negotium. **1688** *TJ, pelrhe,* helbul, (busnes:), trouble, business. **1722** *Llst* 189, *pelrhe* m., troublesom business, perplexity, toiling, weariness. **1792** R. WILLIAMS: *LlA* 73, Ynmhob lle *pelrhe* mewn pall,— trwy Gymmru [am Gyflafan y Beirdd]. **18–19g.** IEUAN LLEYN: *C* 127, Gan rheibflaidd, llymaidd pob lle—rhew eiry, / A rhyw aruthr *belrhe* [am y gaeaf]. **1803** *P, pelre* . . . turmoil, bustle, trouble.

peltaf: pelto, gw. **peltiaf: peltio.**

pelten [bôn y f. ddil.+ -*en*] *eb.* ll. *pelts.* Ergyd (â'r llaw neu'r dwrn), bonclust, clusten, cernod: *blow* (*with the hand or fist*), *smack, slap, buffet.*

20g. Ar lafar yn gyff., *WVBD* 418.

peltiaf, peltaf: pelt(i)o [bnth. S. (*to*) *pelt* a'r S. (*to*) *belt*] *bg.a.* Taflu (cerrig, &c.) at, lluchio, peledu, hyrddio; baeddu, taro, ergydio, bwrw (glaw, cenllysg, &c.) yn drwm; rhuthro: *to throw* (*stones, &c.*) *at, pelt, hurl*; *strike, beat, beat down* (*of rain, hail, &c.*); *rush.*

1850.

peltiwr [bôn y f. fl.+ -*iwr*] *eg.* ll. -*wyr.* Un sy'n taflu, lluchiwr; ergydiwr: *thrower, one who casts or flings*; *one who strikes.*

20g.

peltri [bnth. S. *peltry,* amr. ar *paltry* 'rubbish'] *eg.* Sothach, ysbwriel, sorod: *rubbish, refuse, dross.*

1686 FFOULKE OWEN: *Cerdd-lyfr* 55, Ystyria di weli mai gwell a fydd itti, / Na dim ar a feddi o *beltri* 'r byd. **1798** W. JONES: *LlG* 11, Boed gymhedrol radol wedi, / Heb ofni am *beltri*'r byd. *id.* 14, Pa les ini'r byd a'i *beltri,* / A byw mewn gwegi gwael.

pelwr [*pêl*+ -*wr*] *eg.* ll. -*wyr.* Chwaraewr pêl; gwneuthurwr pêl; ?hapchwaraewr, gamblwr: *ball-player*; *ball-maker*; ?*gambler.*

1703 E. WYNNE: *BC* 18, Dawnswyr, Taelwriaid[,] *Pelwyr*[,] Gwniadyddesau a'r cyffelyb.

pelydr[1] [ff. l. yr e. *paladr* fel ff. un.] *eg.* (bach. b. -*en,* g. -*yn*) ll. -*au,* -*oedd,* -*on.* Llafn neu golofn o olau, pelydriad, &c., tywyn, hefyd yn *ffig.*: *ray or beam of light, radiation, &c., shaft, also fig.*

1632 J. DAVIES: *LlR* 95, [c]aingc neu *belydr* o rinwedd. **1675** R. JONES: *HCh* 122, darfod ir Tâd dynnu oddiwrtho ef [Crist] bob teimlad gwybyddus o'i garedigol ffafor, ac attal galluogaeth y *pelydr* hwnnw a allai mewn un modd lonni ei enaid. *id.* 174, *Pelydr,* Llewyrch. **1701** E. WYNNE: *RBS* 176, Hyn yw pen swydd Gobaith, canfod trwy'r cwmmwl ac edrych am *belydryn* o oleuni oddi wrth Dduw. **1703** E. WYNNE: *BC* 36, *pelydryn* o oleuni disclair. **1730** **(1755)** E. WYNNE: *PAC* 170, Tâl adre *belydroedd* y Nefoedd mwyn iawn. **1790** T. JONES: *TOS* 262, a'r *pelydreu* a darddant o wyneb ei fab. **1803** *P* d.g. *pelydryn.*

Amr.: **palyderau** (ff. l.). **1824.** **peledr**[1], **peleder.** **1763** R. THOMAS: *HR* 20, hefyd *Blederau*'r [*sic*] haul. *ib.* hyfryd *beleder* eu Haul hwynt. **pelyderau** (ff. l.). **1706** *Cyf Cym* 24, [*P*]*eliderau*'r [*sic*] haul. **1752** H. LLOYD: *H* 3, EDrŷchwn [*sic*] draw tiâr dwyren dir; / Mae'r seren bŷr yn noethlem; / . . . / Mai *Pheladerau* [*sic*] sownd ei sail, / Yn t'wylly'r haul ar ganned. *id.* 43, Pôb drŵg absen â sarhâd a daflo'r byd a'r dy wisc yn bresennol, sydd etto fel cynnifer a hynny o *belyderau* disclair. **1788** J. OWEN: *TA* 2, pan ydoedd Phoebus glud / Yn taflu ei *belyderau* i Ogledd barthau'r byd. **18–19g.** JAC GLAN-Y-GORS: *Gw* 78, A *phelyderau* disglaer hardd.

Cfn.: **pelydr alffa:** *alpha ray.* **1930.** **p. beta:** *beta ray.* **1930.** **p. gama:** *gamma ray.* **1930.** **p. yr haul:** *sunbeam.* **1706** *Cyf Cym* 24, [*P*]*eliderau*'r [*sic*] *haul.* **1763** R. THOMAS: *HR* 20. **p. laser:** *laser beam.* **20g.** **p. Röntgen** = **p. X.** **1896.** **p. X:** *X-ray.* **20g.**

Gw. hefyd **paladr.**

pelydr[2], *ff. l.,* gw. **paladr.**

pelydr[3] [bnth. S. C. *pelleter, peletre*] *eg. Bot.* Llysiau'r pared, murlys, murlwyn, *Parietaria diffusa*; planhigyn bychan o wledydd y Môr Canoldir y defnyddid olew o'i wreiddyn i atal y ddannoedd, *Anacyclus pyrethrum*; ?hefyd am blanhigion eraill: *pellitory of the wall*; *pellitory of Spain*; ?*also used of other plants.*

c. **1400** *Études* vii. 288, bwyta wreid y *pelydyr.* *Diw.* **16g.** *WLB* 33, ar persli, ar *pelydr* sengyl ar vapgoll. **1632** *D* (*Bot*), *pelydr,* pyretrum. **1803** *P, pelydyr,* pellitory. **1813** *WB* 17, Parietaria; Pellitory; *Pelydr.*

Amr.: **peledr.** **[1762]** E. POWELL: *HEI* 5.

Cfn.: **pelydr du:** *black hellebore, Christmas rose, Helleborus niger.* **1803** *P* d.g. *pelydyr.* **1813** *WB* 225, *Pelydr Du*; Helleborus niger; Black Hellebore. **p. gwyllt:** *sneezewort, Achillea ptarmica*; (?*erron.*) '*masterwort*', ?*Anacyclus pyrethrum.* **1604–7** *TW* (*Pen* 228) d.g. *ptarmica, pyrethrum.* **1632** *D* (*Bot*). **1725** *SR* (*Bot*) d.g. *masterwort.* **1803** *P* d.g. *pelydyr.* **p. o'r gwaliau, p. y gwelydd:** *pellitory of the wall, Parietaria diffusa.* *c.* **1730** *Thos. Lloyd D* (LlGC) 188a, *pelydr o'r gwaliau,* parietaria. **1813** *WB* 225, *Pelydr y Gwelydd.* Gw. hefyd *p. y wal.* **p. Sbaen, p. (yr) Ysbaen:** (i) *pellitory of Spain, Anacyclus pyrethrum*; '*masterwort*', *prob. identical with the preceding.* *Diw.* **16g.** *WLB* 60, [*p*]*elydr spayn.* **1604–7** *TW* (*Pen* 228), *pelytr yr Yspaen* d.g. *asterantium* (At.). **1632** *D* (*Bot*), *pelydr yspaen,* magistrantia, imperatoria, πυρεθρον. **1725** *SR* (*Bot*) d.g. *masterwort.* **1771** *PDPh* 76. (ii) *hellebore*; *white hellebore, Veratrum album.* **1756** J. PRYS: *Alm* [3], *pelydr Spain* . . . Helebore. **[1762]** E. POWELL: *HEI* 5, *Peledr Spaen* (White Elebor). **1801** *MMf* 284, elleborwm, *pelydr ysbain.* **p. y wal:** *pellitory of the wall, Parietaria diffusa.* **1849.** Gw. hefyd *p. o'r gwaliau.* **p. (yr) Ysbaen,** gw. *p. Sbaen.* **p. Ysbaen du:** *black hellebore, Helleborus niger or H. officinalis*; ?*white hellebore, Veratrum album.* **1632** *D* (*Bot*), *pelydr yspaen du,* elleborus albus. **1725** *SR* (*Bot*) d.g. *hellebore, black hellebore.* *c.* **1730** *Thos. Lloyd D* (LlGC) 190a, *pelydr Ysbaen du.* **p. Ysbaen gwyllt:** *sneezewort, Achillea ptarmica.* *c.* **1730** *Thos. Lloyd D* (LlGC) 190a. **p. Ysbaen gwyn:** *white hellebore, Veratrum album.* **1873.**

pelydrad, gw. **pelydriad.**

pelydraf: pelydru [bf. o'r e. *pelydr*[1,2]] *bg.a.* Taflu allan belydrau o oleuni, gwres, &c., tywynnu, llewyrchu, disgleirio, goleuo, hefyd yn *ffig.*: *to radiate, beam, shine, illuminate, also fig.*

1703 E. WYNNE: *BC* 11, Gwŷch gennit y *pelydru* y mae'r tair ar eu haddolwyr. **1716** J. MORGAN: *LlT* 35, Trymion o Dlyseu tramawr, / A'i Lliw yn *pelydru* 'r Llawr. *c.* **1730** *Thos. Lloyd D* (LlGC) 191a, *pelydru* . . . Radios effundo. **1780** *W* d.g. *to radiate* [*dart forth rays, &c.*]. **1793** DAFYDD IONAWR: *CD* 100, Y gloywrudd Haul eglurwawr / Wnai gu *belydru* i lawr. *id.* 136, Tywynniad eglurfad glân / O Lys Iôr . . . / *Belydra,* oleua'r Wlad. **1793** T. JONES: *SD* 7, heb [i] Etholedigaeth . . . *belydru* i'w feddwl. **1803** *P.*

Gw. hefyd **paladraf: paladru.**

pelydraidd [*pelydr*[1,2]+ -*aidd*] *a.* Yn pelydru, llachar, tywynnol, llewyrchol, disglair; ar ffurf seren: *radiating, radiant, beaming, shining, bright*; *stellate.*

1803 *P.*

pelydredd [*pelydr*[1,2]+ -*edd*[1]] *eg.* *Ffis.* Pelydriad: *radiation* (*in physics*).

1848.

pelydren, gw. **pelydr**[1].

pelydriad, pelydrad [bôn y f. fl.+ -(*i*)*ad*[1]] *eg.* Y weithred o belydru; *Ffis.* allyriant egni fel tonnau electromagnetig, gronynnau, sŵn, &c., egni a allyrrir felly; hefyd yn *ffig.*: *a radiating*; *radiation* (*in physics*); *also fig.*

1803 *P.*

pelydrog [*pelydr*[1,2]+ -*og*] *a.* Yn pelydru, llachar, tywynnol, llewyrchol, disglair: *radiating, radiant, beaming, shining, bright.*

18–19g. JAC GLAN-Y-GORS: *Gw* 77, Eu rhif (na ddatgan iaith) / Yn llu *pelydrawg* [am y sêr]. **1803** *P* d.g. *pelydrawg.*

Gw. hefyd **paladrog.**

pelydrol [*pelydr*[1,2]+ -*ol*] *a.* Yn pelydru, llachar, tywynnol, llewyrchol, disglair, hefyd yn *ffig.*; ymbelydrol: *radiating, radiant, beaming, shining, bright, also fig.*; *radioactive.*

1799 DAFYDD IONAWR: *MB* 54, A nefawl *belydrawl* wedd / Meibion gwynnion Gogonedd!

pelydrydd [bôn y f. fl.+ -*ydd*[3]] *eg.* ll. -*ion.* *Ffis.* Peth sy'n pelydru: *radiator* (*in physics*).

1853.

pelydryn, gw. **pelydr**[1].

pell [Crn. C. *pell,* H. Lyd., Llyd. C., a Llyd. Diw. *pell*: ? < **kʷel-s-o-,* o'r gwr. IE. **kʷel-* 'pell (mewn amser a lle)', cf. Sans. *caramá-* 'y diweddaraf, y pellaf', *cirás* 'hir (am amser)', Gr. πῆλε, Gr. Eolaidd πήλυι 'pell'] *a.* a hefyd gyda grym enwol.

(*a*) (Wedi ei leoli) yn y pellter, heb fod yn agos (o ran lleoliad), yn ymestyn dros bellter mawr, mawr (o ran pellter), pellennig, diarffordd; cyrhaeddbell, pellgyrhaeddol; hefyd yn *ffig.*: *far, far-off, far-away, distant, remote*; *far-reaching*; *also fig.*

13g. *LlI* 44, escrebel e klas . . . hyt ed elhoent *bellaf.* **13g.** *C* 75. 2–3, Elwael buellt. Maelenit guell. *pell* y treithvy. *id.* 108. 15, *Pell* otima aber llyv. *pellach* yn duy kyuetliw. *c.* **1300** *H* 7b. 6, *pell* o fon fein. yduyti dwythwal werin (Gwalchmai). **1346** *LlA* 7, awybu ef [Satan] y dygwydei. *pell* yawn (*Minime*). **14g.** *GDG*[3] 168, A phob iaith bybyriaith *bell* / A ddysgud, freith-ddu asgell [i'r biogen]. *c.* **1400** *DB* 53, Pan el yr heul heuyt y'r pwnc uchaf y byd gwyllt heuyt y llanw rac y *phellet* y wrthaw. *c.* **1400** *RB* ii. 24, heb y vot yn*bell* y wrth ved Jlii vrenhin. **1588** *Salm* cxix. 155, *Pell* yw iechydwriaeth oddi wrth y rhai annuwiol. **16–17g.** EDWARD URIEN, &c.: *Gw* 83, Diball oedd dy *bell* addysg, / Drwy enw a mael, draw ym mysg. **1632** *D, pell,* procul, longinquus, remotus. **1688** S. HUGHES: *TSP* 112, Pa *belled* yr ydychi yn tybygu y gall efe fod ym-mlaen? **1703** E. WYNNE: *BC* 5, Spienddrych . . . i weled *pell* yn agos, a phetheu bychain yn fawr. **1759** T. THOMAS: *WWDd* 346, Ond *pêll* jawn, o fod fel hyn, yw llawer o Ddynion; er eu bod, o bossibl, yn cyfrif eu hunain yn Ddynion duwiol. **1778** *W,* myned yn rhy *bell* . . . mewn matter neu achos d.g. *to over-shoot one's self.* **1803** *P.*

(*b*) Yn parhau am amser maith, hir, hirfaith; wedi mynd heibio ers talm, heb fod yn agos (am y dyfodol); hwyr: *long* (*of time*); *far* (*in the past or the future*); *late.*

9g. (*LlSC*) *LL* xliii, amgucant *pel* amtanndi. **13g.** *C* 60. 14–15, *Pelled* son saesson seil kyuriss[et]. *id.* 107. 2–3, gnaud guydi traha trangc *pell.* **13g.** *B* x. 29, ac ny bu *bell* wedy henne e dydwyn bluydyn lawen frwythlavn. *c.* **1300** *H* 101b. 24, na bwyf bwyll sarruc o *bell* sorri (Llywarch ap Llywelyn). **14g.** *T* 51. 7, ny *phell* garcharwyt. **14g.** *WM* 134. 5, Nyt oed *bell* yn ol hynny. *c.* **1400** [*RB*] *WM* 491. 27–8, Mi a deuthum yma yr ys*pell* o amser. **1588** *Esec* xii. 27, [p]rophwydo y mae efe am amseroedd *pell.* **1591** *Rhyddiaith*

Gymraeg ii. 130, F[y] nghanrhaid hon sydd i barhau yspait blwyddyn gyfan ar ol y dydd y scrifennwyd hi, heb ddim *pellach*. c. **1600 (1681)** *id.* 165, 'Wel', ebr fi, 'hi a aeth yn *bell* o'r nos wrth chwedleua. **1732–3** J. OWEN: *GB* 43–4, Cyffelyb yw hyn i grogi O. Cromwel ymhen hirfod a *phell* wedi iddo farw. Ar lafar yn Arfon, ''Na' i gofio cyn iddi fynd yn rhy *bell*', '*Pellach* oedd hyn ar y flwyddyn', *WVBD* 418.

(*c*) (mewn cst. gmhr. heb ei ddilyn gan *na*(*g*): *in a comp. construction not followed by* '*na*(*g*)').

13g. *B* x. 28, val yd oed e clochyd en menet yr eglvys nachaf e gelyn en rith llew ac en agori e savyn y ogyvadav y lynghu. Ac nys gadws e wyry *bellach* henne. **14**g. *WML* 35, Ki kallawued or lledir *pellach* naw kam ywrth ydrws. ny thelir. **14**g. *WM* 35. 11–12, Pann doethont yn ogyuuch ahi [Rhiannon]. A unbenn heb hi nac ewch *bellach* hynny. *id.* 135. 28, Ac nyt oes oet *bellach* auory. **15**g. *BB* 104, A menegi ry golli onadunt wy ev gwyr. ac ev sswllt . . . ac na lauurieint *pellach* hynny trostunt. c. **1585** G. ROBERT: *DC* 44b, Ny alle synnwyr fydol fyned *bellach* hyn. *id.* 67a, Ny all vn fyned *bellach* hyn: Dyma ni yn cael bod ar yr vn ford, ag yn yr vn saig ar Angylion. **1751** *ML* i. 177, nid wyf inneu ond ymdeithydd diog iawn, ni bu monwy' *bellach* Pentre Eirianallt ers dwy flynedd.

Cfn.: **pell bell,** gw. *pellbell*. **cyn belled (cymhelled, &c.) (â, ag):** (i) (*of place*) *as far away* (*as*), *so far away* (*that*). **13**g. *BD* 126–7, dvyn mein kymeint a rei hyny o le *kyn bellet a* hvnnv. c. **1400** *YSG* i. 52, A'r chwedl hwnnw a aeth yn *gyn bellet ac* yny wybu Moradrins . . . hynny. *id.* 84, y ffynnawn a gilyawd yn *gyn bellet* y wrthaw *ac* na allei ef gaffael dim ohenei. **16**g. *Med H* 8, nad oes liw o'r byt a ellir i weled *kynn bellet* . . . *a*'r gwyn. **1567** *LlGG* (*Sall*) 57a, *Cy bellet ac* yw'r Dwyrein o'r Gorllewyn. **1632** *D*, *cy belled a hynny* d.g. *eatenus*. **1773** *W* d.g. *far, as far as*. Ar lafar yn y Gogledd, 'Awn ni ymlaen *cyn belled â* Gaernarfon yfory'. (ii) *to such a degree or extent* (*that*), *so far* (*that*), *as far* (*as*), *so far* (*from*). **15**g. *Cy* iv. 110, yr agcrist hwn . . . aymdengys yn*gybelled* mywn mawreth a methyant . . . hyd pan varno ef na bo dyn ynvyw a allo rodi kyuerbyn ythaw. **1599 (1677)** R. HOLLAND: *AB* 76, Y mae'r pechadur edifeiriol (*cym-mhelled*) yn ffieiddio ei lygredigaethau ei hun . . . *ac* y mae fo . . . yn dymuno, ar i Grist bryssuro ei ddyfodiad atto ef trwy farwolaeth. **1630** *YDd* 256, y mae [y Saboth] yn rhagori *cym mhelled* ar ddyddiau eraill, *ac* y mae bara cyssegredig . . . yn rhagori ar y bara cyffredinol. **1672** J. LANGFORD: *HDdD* [iv], y mae ef [y corff] *cymmhelled* o fod yn gyfrifol, nad ellir mo'i oddef ef uwch daiar. **1718** E. SAMUEL: *HDdD* [xxvii], nid aethant *cymhelled* nad ellir eu hail-waredu. *id.* [xxviii], F'a welodd Duw 'n dda dosturio *cymmhelled* wrth ein Trueni. **1766** E. SAMUEL: *A* 7, esceuluso ei swydd *cymhelled a* gadel eu siars oddiarnynt. (iii) *in so far* (*as*), *to the extent* (*that*). **1595** M. KYFFIN: *DFf* [72], a *chym-mhelled ag* y galler . . . gosod allan rydym yr Addysg Eglwysig yn astud ac yn ddiragrith. **1691** T. WILLIAMS: *YB* 14, edrych arno *cymmhelled ag* y bo'n' [*sic*] wasanaethgar. **1776** I. BRYDYDD HIR: *P* i. 142, [*c*]*ymhelled ag* i bo un peth yn naturiol, i mae hefyd yn angenrheidiol. Ar lafar yn y Gogledd, '*Cyn belled â* bod gwaith yn y cwestiwn, 'roedd o'n anobeithiol'; defnyddir *mor belled* mewn cstr. debyg yn y De. (iv) *as long as* (*with conditional force*). Ar lafar yn y Gogledd, ''Gei di fynd allan *cyn belled â* dy fod ti'n gwisgo dy gôt'; defnyddir *mor belled* mewn cstr. debyg yng Nghered. **cyn b. (cymhelled, &c.) oddi wrth:** (i) (*of place or degree*) *so far from, as far from*. **1588** *Salm* ciii. 12, *Cyn belled* ac yw 'r dwyrain *oddi wrth* y (**1567** *LlGG* (*Sall*) 57a, o'r) gorllewyn. **1618** J. SALISBURY: *EH* 244, y rhannæ [o'r corff] sydd *cym-mhelled oddywrth* eugilidd. **1705** T. WILLIAMS: *PD* 16, Ond etto ni byddwn *Cymmhelled oddiwrtho* ef [Duw], nas daw i ddigofaint . . . i'n Canlyn i bôb Man. **1716** E. SAMUEL: *GGG* 47, Athrawon dyscedig nac oeddynt nac ehud na Choel-grefyddol[,] eithr *cymmhelled* ag allai fod *oddiwrth* bob un or ddau. Cf. *YSG* i. 84, y ffynnawn a gilyawd yn gyn bellet y wrthaw ac na allei ef gaffael dim ohenei. (ii) (*so*) *far from* (*doing, &c., something*) (*used in denying one thing and asserting or implying the opposite*). **1592** S. D. RHYS: *Inst* [xvii], chwitheu . . . a fûoch yn *gyn belled oddi wrth* wneuthur gorchwyl morr ganmolâdwy a hwnn. **1658** R. VAUGHAN: *YPS* 9, am yr anffyddloniaid yn lle eu galw hwynt i mewn, hyn [sgism] ai ceidw hwynt allan or Ecclwys. *Cym-/mhelled oddiwrth* eu gwahadd, ai derbyn hwynt, trwy fedydd i ffydd Grist, mal y mae yn rhoddi vddynt Sacrament o Gydffurfiad yn ei hun ei hunain. [**1738**] E. JONES: *CE* 39, Ei fod *cymmhelled oddiwrth* ddwys-graffu ar Anwiredd, na wrthyd efe un Pechadur ymchweledig. **1763** T. JONES: *RAH* 25, Oblegid *cymmhelled* yw hi *oddi wrth* eu gadael hwynt i'r cyfryw Arweiniwr annheilwng. Cf. W. WILLIAMS: *HTS* 45–6, mor belled oedd ef oddiwrth . . . lwfrhau yn ei yspryd, fel yr ymaflodd yn fwy cadarn . . . yn addewidion bywyd. **hyd bell:** *to a great distance, far*. c. **1300** *H* 101b. 38, marchogwyr *hyd bell* ar dy deithi (Llywarch ap Llywelyn). **i b. (byd):** *afar, far away, to the ends of the earth*. **15**g. *GGl*[2] 84, Ac i Loegr drwy bob coegryd, / O bwll i bant *i bell byd*. **16**g. *GIIlV* 4, Ceisio rhoi heibio rhybell / Cwrs cariad bwriad *i bell*. **1588** *Math* xxi. 33, ac a aeth *i bell*. **16–17**g. *GHCEM* 11, A thrig, na thro big *i bell*, / Ieithwas dof, i'th ystafell. **o b. (byd):** *from afar, from far away*; *far-off, far-away, distant*; *aloof, distant*; ?*by far*; ?*for a long time*. **13**g. *C* 61. 13, Rymdivod gwyllan *opell* ymi. **14**g. *WM* 398. 2–4, Ac *o bell* y vrthaw gordinaw y uarch a oruc gereint. **14**g. *GIG* 64, Gormodd bw, gŵr meddw, *o bell*. **14–15**g. *IGE*[2] 165, Nid pwyll i neb o'i febyd / Er ei gymell *o bell byd* (Rhys Goch Eryri). **16**g. *GIIlV* 8, i mae cerydd im cariad / Gair *o bell* wrth garu bun. **1551** W. SALESBURY: *KLl* lxxixa, tebic y long marsiandwr y dducei eu bara *o bell byd* (**1588** *Diar* xxxi. 14, *o bêll*). **1632** *D*, sefyll *o bell* d.g. *absto*. **1762** G. JONES: *CFfOG* 17, Duw o agos, ac nid Duw *o bêll* yw'r Arglwydd ein Duw ni. **1770** *W*, *o bell* d.g. *aloof*. **o b. ffordd:** *by far, by a long chalk*. **1934. o bellaf:** *at most*. **1862. o b. ag:** *as little as, to the least extent that*. **15**g. *B* viii. 137, pechawt sodoma. keingeu yr hwnn ny dylyir eu henwi onyt *o bellaf ac* y galler. **o'r p.:** *at* (*the*) *most*; *at* (*the*) *latest*. **1656 (1745)** *MLl* ii. 153, ac mi wn ar ôl fy Ymadawjad (*o'r pellaf*) y bŷdd gan rai Eirjau neu Feddyljau yn fy erbyn i o achos y Gair hwn. **1684** T. JONES: *Alm* [37], gan addo wrth ymadel, ddyfod yn eu hôl yr ail dŷdd *or pellaf*. **1777** J. ROBERTS: *C* 24, ni pharhant *o'r pellaf* onid 4 munud.

Gw. hefyd **bellach** (hefyd At.), **hirbell, ymhell.**

pellaf: pellu, gw. **pellhaf: pellhau.**

pellafbwynt [*pellaf* (gr. eith. yr a. *pell*)+*pwynt*] *eg. Ser.* Pwynt yn orbit corff nefol lle byddo bellaf oddi wrth y ddaear, apoge: *apogee* (*in astron.*).
1850.

pellafedd [*pellaf* (gr. eith. yr a. *pell*)+*-edd*[1]] *eg.* Eithaf, pen pellaf; eithafiaeth: *extremity, end*; *extremism*.
1849.

pellafoedd, pellaf(i)on [*pellaf* (gr. eith. yr a. *pell*)+*-oedd*, *-*(*i*)*on*, cf. *eithafoedd, eithafion*] *e.ll.* ac yn eithriadol fel *eg.* Eithaf(ion), terfyn(au) pellaf, pellter(au), dyfnder(oedd), hefyd yn *ffig.*: *extremities* (*extremity*), *extreme*(*s*), *end*(*s*), *distance, depth*(*s*), *also fig.*

1791 *Dialogous* 7, i ochelyd y *pellafoedd* (extremity) hyn; Sef, Sabeliaeth a Sociniaeth. **1794** M. J. RHYS: *SD* 7, Gwaith anhawdd . . . yw i ddyn gadw rhwng y *pellafoedd*. Cf. T. LEWIS: *HPF* 534, Y mae un *pellafoedd* yn dwyn y llall.

Cfn.: **pellafoedd (pellafion) y ddaear:** *ends of the earth*. **1912. p. byd:** *ends of the world*. **1936. p. (y) môr:** *depths of the sea*. **1938.**

pellafol [*pellaf* (gr. eith. yr a. *pell*)+*-ol*] *a.* Pellennig iawn: *very remote*.
1856.

pellan [gair geir.; ffrwyth camddarllen *pellan*, *LlGC* 13215, 373, lle mae *-ll-* yn cynrychioli *-l-* ddwbl] *eg.b.* Mainc, ffwrm: *bench, form*.

1707 *AB* 219c, *pellan*, a bench. S. **1725** *SR* d.g. *a bench*. **1770** *W* d.g. *bench*. **1803** *P*.

Gw. hefyd **pelan**[1].

pellbell, pell bell [ff. ddwbl ar *pell*, cf. *mawr fawr, da dda, gwellwell*] *a.* ac *adf.* Pellach bellach; pell iawn: *further and further*; *very far* (*off*).

15g. *GDLl* 52, *Bellbell* â'i bybyrbell bobl / Estynned Gonstantinobl. **15**g. (*Diw.* **16**g.) *Gwyn* 3, 173, gyrru ei ferched drwy'r gwledydd / a'u cymmell *bell-bell* y bydd (Thomas Derllys). **15**g. *GGl*[2] 85, *Pellbell* ar draws pob hyllberth, / Po bellaf, gwaethaf yw'r gwerth. **1630** *YDd* 313–14, mewn dirgeledigaethau crefyddol, pa fwyaf y bôm ni yn hyderu mewn rheswm naturiol, *bell-bell* (*the further*) y byddwn ni oddiwrth ddirnad yr ysbrydol wirionedd. **1703** E. WYNNE: *BC* 92, wrth fynd rhagom ar i wared *bellbell*. **1803** *P*, *pellbell*, far and far, very far.

pellddrych [*pell*+*drych*] *eg.* ll. *-au*. Telesgop, ysbienddrych (dau lygad): *telescope, binoculars*.

1770 *W*, maint ymddangosiadol seren . . . heb gynnorthwy *pellddrychau* (yspien-ddrychau) d.g. *apparent* [*seeming, in opposition to real*]. *id. pell-ddrych* dau lygeidiog d.g. *binocular*. *id.* d.g. *telescope*. **1798** *WR*, *pell-ddrych* d.g. *binocle*.

pelle, *e?g.* (bach. *-yn*) ll. *-iod*. Glöyn byw, iâr fach yr haf, pilipala: *butterfly*.

c. **1700** E. LHUYD: *Par* ii. 81, Papiliones Glam. *Pelleiod*. **1707** *AB* 273a, a Butterfly, Glam. & Monm. *Pelle & Pelleyn*.

pellebr, gw. **pellebyr.**

pellebraf: pellebru [bf. o'r e. *pellebr*] *bg.a.* Anfon telegram neu frysneges, anfon (neges) drwy delegram, hefyd yn *ffig.*: *to telegraph, also fig.*
1858.

pellebriad [bôn y f. fl.+*-iad*[1]] *eg.* Y weithred o anfon telegram neu frysneges, telegraff, telegram, brysneges, hefyd yn *ffig.*: *a telegraphing, telegraph, telegram, also fig.*
1873.

pellebrol [*pellebr*+*-ol*] *a.* Telegraffig: *telegraphic*.
1857.

pellebrwr, pellebrydd [bôn y f. fl.+*-wr*, *-ydd*[3]] *eg.* ll. *-yddion*. Telegraffydd: *telegraphist*.
1877.

pellebyr, pellebr [*pell*+*eb*[3]+*-yr*, a *pell*+*ebr*] *eg.* ll. *pellebrau, pellebron*. Telegraff, telegram, hefyd yn *ffig.*: *telegraph, telegram, also fig.*

1847 CAERFALLWCH: *BAWO* 9, The word which I have adopted for telegraph is *pellebyr*; from pell, distance; eb, to impart or communicate; and the termination yr.

pelledig [*pell*+*-edig*] *a.* a hefyd fel *eg.* ll. *-ion*. Pell, pellennig: *far* (*off*), *remote*.

1567 *LlGG* (*Sall*) 30b, yn y wlat *belledic*.

Fel *e.* Un sy'n byw ymhell i ffwrdd, un sy'n dod o bell, estron, tramorwr; pererin: *one who lives a long way away, one who comes from afar, stranger, foreigner*; *pilgrim*.

1567 *LlGG* (*Sall*) 34b, gobeith oll tervyneu y ddayar, a' *phelledigion* y môr. **1588** *Eseia* xxxiii. 13, Gwrandewch *belledigion* yr hyn a wneuthum. **1588** *Esec* vi. 12, Y *pelledic* a fydd marw o haint. **1588** *Sech* vi. 15, Canys *pelledigion* (**1620** *ib.* pellennigion) a ddeuant, ac a adailadant yn Nheml yr Arglwy[dd]. **16–17**g. E. PRYS: *Gw* 337, Gwelson' *belledigion* byd. **1688** *TJ*, eithafigion, *pelladigion* [*sic*], foreigners, strangers. **1693** *TYGD* 21, [c]ressawu dieithriaid . . . yn enwedig *pelledigion* Cristianogaidd. *id.* 26, y Cleifion, a'r Carcharorion, a'r *pelledigion*. **1722** *Llst* 189, *pelledig*, p. *digion*, one of a far or distant countrey. **1762** G. JONES: *CFfOG* 27, O Arglwydd trugarog, dŵg holl *belledigion* y ddaear i wir adnabyddiaeth o'th Fâb Jesu.

pelledd [*pell*+*-edd*[1]] *eg.* ll. *-au*. Pellter, hefyd yn *ffig.*; *Ser.* y gwahaniaeth rhwng hydred yr haul a hydred planed, neu rhwng hydred planed a hydred lleuad neu loeren: *distance, also fig.*; *elongation* (*in astron.*).

16g. (*LlEG*) *Mos* 158, 472b, oherwydd *pelledd* ffraas y lading oddiwrth y saissneg. **1632** *D* d.g. *distantia*. **1688** W. FOULKES: *EGE* 12, fod y pechadur yn y *pelledd* eithaf. *id.* 113, y *pelledd* anfeidrol rhwng Duw a nyni. **1722** *Llst* 189, pellder, *pelledd*, m. great distance, space between things or places. **1803** *P*.

pellen [?**pell* (?amr. ar *pêl* neu fnth. Llad. **pilla* (? < *pilula*))+*-en*; H. Grn. *pellen*, gl. *globus*, H. Lyd. *pellinicou* [*t*]*an*, gl. *malleolos .i. ignes paruulos*, Llyd. C. *pellen*(*n*), Llyd. Diw. *pellenn*] *eb.* ll. *-nau*, *-ni*.

(*a*) Gwrthrych crwn neu letgrwn, pêl, glob; byd, daear; pilsen, peled; bwled; chwarren, caill; pêl argraffydd; telpyn, màs; hefyd yn *ffig.*: *round*(*ish*) *object, ball, globe*; *world, earth*; *pill, pellet*; *bullet*; *gland, testicle*; *printer's ink-ball*; *lump, mass*; *also fig.*

13g. *DB* 65, Corff y lleuat enteu ual *pellen* (*globosum*) yu. **13**g. *Llst* 1, 32, yna eylweyth yd emchweley en tanawlyon *pellenev* kerryc. **1346** *LlA* 37, Ogwennwynir pastei. ef auyd gwennwynawl y bara. Aphop peth or adel o honei. velle ybu adaf yn *bellen* (*massa*) lygredig. **14**g. *GIG* 69, Ac eres y mag orofn / Arni, *bellen* ddefni ddofn [am y byd]. c. **1400** *MM* 28, Ac odyna kymryt y berwon tra gaffer yn wyn . . . ae wneuthur yn *belleneu* bychein. **15**g. *DGG*[2] 32, Dy fwnwgl yn dwf uniawn, / Dy fronnau'n *bellennau* llawn. **1593** W. MIDLETON: *B* 58, *pellen* y fad felen fawr [i'r bêl-droed]. **16–17**g. (**17**g.) *CC* 73, poeran ddîg purion ddegwm / *pellenau* pelenau plwm [Thomas Prys i ofyn dau bistol]. **1604–7** *TW* (*Pen* 228) d.g.

cliterini. **1632** *D, pellen* . . . pilula. **1688** *TJ* (At.) [50], drwŷ dynnu allan lythyrennau, a rhai geiriau a'u *pellenau* (*balls*) heb eu rhoddi yn eu llê drachefen. *c.* **1740** *LlM* [45], ychydig o Olwythion Cig Môch gwedi eu torri yn bur denau, au gwneud hwy'n fath o *Bellenni* au ffrio. **1763** *ML* ii. 600, hyd na bo'ch wedi llwyr flinaw ar y *bellen* anwadal front yma. **18–19g.** *Llr* C 4, 131, *pellenau*, glands, testicles. **1803** *P.* Ar lafar yn ne-ddwyrain Morg. yn y ff. l. *pella*, 'Flynydda nôl, 'ôn nw'n arfadd 'nuthur *pella* o lo mæn i ddoti ar y tæn.'

(*b*) Pelen o edafedd, edau, llinyn, &c., hefyd yn *ffig.*: *ball of yarn, thread, string, &c., clew, also fig.*

13g. *LlI* 24, O byd gueeu, eu rhannu; e *pelleneu* e'r meybyon. *id.* 81, Guedesseu a kemerho gueeu neu *pelleneu* y ereyll attadunt. [**1547**] W. SALESBURY: *OSP*, Kymeint ar y werthvyt ac ar y *bellen.* **1547** *WS*, *pellen*, a clewe. **1632** *D, pellen*, glomus. **1722** *Llst* 189, *pellen*, f.p. *llennau*, a ball or bottom of yarn, &c. **1725** D. LEWIS: *GB* 126, fel Edef mywn *Pellen.* **1803** *P.* Ar lafar, 'Mi eish i brynu dwy *bellen* i orffen y jwmper'.

(*c*) (yn y ll. *pellennau*) Clefyd ar wartheg a nodweddir gan chwyddau neu dyfiannau (?manwynnog), ?ffarsi; tyfiannau, chwyddau: (*in the pl. 'pellennau') a disease of cattle characterized by (?scrofulous) swellings or tumours, ?farcy; growths, tumours, swellings.*

13g. *LTWL* 153, Si quis vendiderit bovem vel vaccam, debet esse sub tribus languoribus eius: id est, sub dere tribus diebus et tribus noctibus, et sub scheueyn iiii^or menses, et sub *pellenew* per annum. *id.* 233. **14g.** *LlB* 90, ef a dyly vot dros tri chlefyt; rac y dery, tri dieu a their nos; rac yr yscefeint, tri mis; rac y *pelleneu* vlwydyn. *c.* **1400** *MM* 26, bolwyst *belleneu.* **15g.** *DN* 106, Chwysigen, a *phellennau*, / A'r llei daw'r gwynt o'r llowdr gau. **1730** *Leg Wall* 580, *pelleneu*, strumae. Morbus boum. **1753** *TR*, *pellenau*, K. H. a swelling in the neck. 'Tis a disease in cows and oxen; strumæ. Morbus bonum [*sic*]. Wott.

Cfn.: **pellen ddiffyg:** *stopgap, temporary answer or substitute.* **1863. p. ddaearol:** *the terrestrial globe, earth; a terrestrial globe.* **1852. p. (o) edafedd (edau):** *ball of yarn or thread.* **1604–7** *TW* (*Pen* 228), *pellenæ dauedd* d.g. *qualus.* **1770** *W, pellen . . . o edafedd* d.g. *bottom of thread.* **1798** *WR, pellen edafedd* d.g. *clew.* Ar lafar yn Arfon, '*pellan o ddafadd*', *WVBD* 418. **p. (o) eira:** *snowball.* **1744** D. ROWLAND: *RY* 112, *Pellen o Eira.* Ar lafar yn Arfon, '*pell[a]n eira*', *B* viii. 324. *Bot.* **p. yr eira:** *guelder rose, snowball tree, Viburnum opulus.* Ar lafar yn ne-ddwyrain Morg. **y b. wen = p. yr eira.** Ar lafar yn ne-ddwyrain Morg. **p. weu:** *ball of yarn.* Ar lafar yn Arfon. **p. o wlân = p. weu. 1850.** Ar lafar, 'Sawl *pellan o wlân* sy'n mynd i'r got 'na?' **pellennau gŵr:** *testicles.* **1604–7** *TW* (*Pen* 228) d.g. *didimoi, psoriasis, scrotum.* **pellen nefol:** *a celestial globe.* **1852. p. pen-glin (pen y glin, &c.):** *kneecap.* **1860.** Ar lafar yn Arfon, 'Mae o wedi gyrru *pellan pen 'i lin* o'i lle'. **p. (o) blwm:** *ball of lead, pellet, ?bullet.* **1632** *D, pellen plwm* [*sic*] d.g. *pygmachia.* **1779** J. ROBERTS: *C* 15, *pellen blwm.* **p. bysgota:** *torch used in salmon-poaching.* Ar lafar yn sir Benf., *GDD* 218. **p. o dân** [cf. H. Lyd. *pellinicou* [*t*]*an*, gl. *malleolos .i. ignes paruulos*]: *fire-ball, bomb, shell, rocket.* **13g.** *BD* 131, *pellen o tan.* **1630** R. LLWYD: *LlH* 145, [*p*]*ellenau o dân* gwŷllt. **1727** J. JONES: *DFF* 293, [*P*]*ellenni o Dân.* **p. danllyd = p. o dân. 1653** *MLl* i. 242. **1759** D. ROWLAND: *A* 10.

Gw. hefyd **pelen, pellennig².**

pellenigrwydd, pellynigrwydd [*pellennig¹, pellynnig*+*-rwydd*] *eg.* Y cyflwr o fod yn bellennig, pellter, hefyd yn *ffig.*; (geir.) pererindod: *remoteness, distance, also fig.*; (*dict.*) *pilgrimage.*

16g. *Mos* 143, 250, arwydd *pellynigrwydd* (*Mos* 148, 339, *pellenigrwydd*) parch. **1604–7** *TW* (*Pen* 228), *pellenigrwydd* d.g. *longinquitas.* **1632** *D* d.g. *distantia, peregrinatio.* **1688** *TJ*, *pellennigrŵydd*, pellter: long distance of place. **1719** *EGBG* 430, nessau at Dduw gyd â phob sanctaidd barch, o herwydd ein *pellenigrwydd.* **1722** *Llst* 189, *pellennigrwydd*, m. remoteness. **1725** *SR* d.g. *distance, pilgrimage.* **1733** W. WILLIAMS: *TC* 5, [c]yfiawn ragoriaeth a *phellenigrwydd* rhwngddynt. **1773** *W* d.g. *farness.* **1803** *P.*

pellennaf: pellennu [bf. o'r e. *pellen*] *bg.a.* Gwneud yn bêl neu'n bellen, dirwyn yn bellen; gwneud yn belenni bychain neu'n bilsenni; ymffurfio'n bêl neu'n bellen; (peri) ysboncio, llamu, powlio, gwegian, honcian, hwntian: *to make into a ball, wind into a ball; make into small balls or pills; form into a ball; bounce, bound, roll, reel, stagger.*

16g. (**1763**) W. SALESBURY: *LlM* 21, I feddalhau y peth ni bo tra chaled I teneuhau [*sic*] nei oscary y peth a fo wedi ceulo ne *pellenu* [*sic*] ynghyd. *id.* 199, y garlleg cyffredin a Dyf yn y gardde ag a dail gwyrddion val ir cennin a phaladr crwn yn cay yn ei vrig yn *pelleny* o vlode ag yno o had. **1604–7** *TW* (*Pen* 228), wedy *pellenû* d.g. *conglobatus.* **1632** *D* d.g. *agglomero, conglobo, globo, glomero, pastillico.* **1722** *Llst* 189, *pellennu*, to winde up into a bottom or ball. *c.* **1730** *Thos. Lloyd D* (LlGC) 191a, *pellenu*, agglomero, to make up in pills. **1770** *W* d.g. *to agglomerate, to glomerate.* **1803** *P.*

pellennaidd [*pellen*+*-aidd*] *a.* Sfferaidd, cronellog, crwn fel pêl: *spherical, globular, round like a ball.*

1803 *P.*

pellennig¹, pellynnig [?*pellynt*+*-ig²*] *a.* ll. *pellenigion*, a hefyd fel *eg.* (bach. *pellenigyn*).

(*a*) Pell i ffwrdd (am le, &c.), anghysbell, diarffordd; pell (am daith); (wedi dod) o bell; yn teithio ymhell, cyrhaeddbell, pellgyrhaeddol; hefyd yn *ffig.*: *far-away* (*of place, &c.*), *distant, remote; far* (*of journey*); (*having come*) *from afar; travelling far, far-reaching; also fig.*

13g. *A* 23. 3–4, *pellynnic* e glot pellws e galch. *c.* **1300** *H* 7b. 4, *Pellynnic* vyg khof yg kynteuin (Gwalchmai). *id.* 49b. 19, *Pellynnhic* uyg cof yg caerwys dir (Cynddelw). **14g.** *T* 57. 19, yn dinas *pellennic.* *c.* **1400** *R* 579. 23, Gwr *pellennic* o dramyr. **1618** J. SALISBURY: *EH* 328, gan ystyr nad ydym ond dieithred *pellenigion* ar eyn taith. **1632** *D, pellennig*, & *Pellynnig*, longinquus, remotus. *c.* **1730** *Taith C* 134, Y mae hi yn digwyddo i ni fel i Ddynion *pellennig* (*wayfaring men*), mae'n ffordd ni weithiau yn lân ac weithiau yn frwnt. **1776** I. BRYDYDD HIR: *P* ii. 183, Fo ddichon dyn *pellenig* ddyfod i'ch gweled ambell waith. **1784** M. WILLIAMS: *S* i. 1, siwrneuon mawrion a *phellenig.* **1803** *P* d.g. *pellenig, pellynig.*

(*b*) Pell i ffwrdd (am y gorffennol neu'r dyfodol), hynafol; pell (am berthynas); heb fod yn agos atoch, oeraidd; dieithr, anghyfarwydd; pell i ffwrdd (o ran gradd-fa); pell (am olwg): *far-off* (*of the past or future*), *ancient; distant* (*of relationship*); *aloof, distant; strange, unfamiliar; far-removed* (*in degree*); *far* (*of sight*).

1688 S. HUGHES: *TSP* 68, pa ham y mae y cyntaf o'r rhain yn dyfod mor ebrwydd i ymgyfeillachu a'i gilydd yn garedig, a bod yr ail yn aros mor *bellennig*, y naill oddiwrth y llall. **1696** *GGTY* 3, er bod y gair Groeg weithiau mewn ystur *bellennig* yn arwyddoccau i olchi. **1732–3** J. OWEN: *GB* 86, [t]aflu Pethau bendramwnwgl, y rhai sydd mor *bellennig* ac mor wahanol. **1733** J. OWEN: *TBG* v, A ddarfu i Abraham . . . weled ei ddŷdd ef, trwy olwg mor *bellenig* . . .? **1740** T. EVANS: *DPO* 25, Y mae Dadl nid bychan ym mysc amryw wyr dyscedig ynghylch pa wlad a feddylir wrth yr hon a eilw hên Awdwr *Pellenig* wrth y gair Thule. *c.* **1762–79** W. WILLIAMS: *P* 18, opiniwnau dieithr a *phellenig.* *id.* 435, ac nid digwydd y mae trwy ddamwain, yn tarddu oddiwrth achosion *pellenig* i'w crefydd. **1764** J. POPKIN: *ABG* 46, na'r olwg *bellennig* a disgwiliad am y cyfryw Fendith. **1765** J. POPKIN: *Ll* 30, tra mae Meddyliau Dynion yn ymbalfalu ynghylch dwysder pethau eraill tra *phellenig* oddiwrthi [y Ffydd Apostolaidd]. **1775** *PHBA* 8, Os oedd y meddwl mwyaf *pellennig* yn ein calon i godi allor wahanol.

Fel *e.* Un sy'n dod o bell, teithiwr; dieithryn, estron: *one from afar, traveller; stranger, foreigner.*

13g. *MA²* 222a. 10–11, Ni ballai i *bellennigion* / Ner muner mynych ei roddion (Dafydd Benfras). **1346** *LlA* 126, Dillat ynoeth. lletty y*bellynnic.* **14g.** *WM* 459. 14–15, A ffan ranhwyf uyn da y ospeit a*ffellennigyon.* *c.* **1400** *RB* ii. 1, acharedic oed gantaw ef holl *bellenigyon.* acharedic oed ynteu ygantunt hwy. *Dchr.* **15g.** *B* viii. 140, ac na chymereis *bellenigyon* yn drugarawc. **1567** *TN* 314b, o lleteuodd hi y *pellenig* [:– ddieithred]. **1620** *Esec* vi. 12, Y *pellennic* (**1588** *ib.* pelledic) a fydd marw o'r haint, a'r cyfagos a syrth gan y cleddyf. **1632** *D* d.g. *peregrinus.* **1670** J. HUGHES: *AP* 249, a Thryssor . . . y *pellenigion* tlawd trallodus. **1707** *AB* 238a, *pellennic*, a stranger, a traveller. **1793** DAFYDD IONAWR: *CD* 263, Gwaelion *bellennigion* ynt. **1803** *P* d.g. *pellenig.*

Amr.: **pallennig** [?ff. wallus]. **16–17g.** *HG* 10, 57.

pellennig² [gair geir., sef *pellen*+*-ig¹*; cf. H. Lyd. *pellinicou* [*t*]*an*, gl. *malleolos .i. ignes paruulos*] *eb.g.* Pêl fechan, pelet; bŵl; pilsen: *small ball, pellet; bowl; pill.*

1632 *D* d.g. *pilula.* **1722** *Llst* 189, *pellennig*, (sub) f. a little ball. **1725** *SR* d.g. *a Bole, or bowl.* **1770** *W* d.g. *ball, a little ball, pellet* [*a little ball, &c.*], *pill* [*in Medicine*].

pellennog¹, gw. **pellyniog.**

pellennog² [*pellen*+*-og*] *a.* Wedi ei ddirwyn yn bellen, crwn, sfferaidd: *wound into a ball, round, spherical.*

1604–7 *TW* (*Pen* 228) d.g. *glomerosus.* **1722** *Llst* 189, *pellennog*, round like a bottom of thread. **1770** *W* d.g. *bottom, like a bottom of thread.* **1803** *P, pellenawg* . . . having the form of a ball.

pelleyn, gw. **pelle.**

pellfan [*pell*+*man¹*] *eb.* ll. *-nau.* Lle pell: *far-away place.*

1743 G. JONES: *HWI* ii. 34, yn casglu iddo ei hun bobl o *bellfannau*'r byd.

pellfro, gw. **pell+bro.**

pellgais [*pell*+*cais¹* neu fôn y f. *ceisiaf*: *ceisio*] *a.* Anodd ei chredu (am ddadl, &c.), ffansïol; ?cyrhaeddbell, pellgyrhaeddol: *far-fetched, fanciful; ?far-reaching.*

Dchr. **17g.** *Llst* 118, 625, wrth lais *bellgais* bwyallgoed. **1636** *Pen* 321, 251a, os efe sy n pregethu heresi hyn yr wyt ti n J dybied a ellir J brofi drwy ryw arddadl *pellgais.*

pellgerdd [*pell*+?*cerdd²*] *a.* ?Cyrhaeddbell, pellgyrhaeddol: *far-reaching.*

c. **1400** *R* 1310. 41–2, *pellgerd* ygwnaf y vawrgerd gynnif aergat.

pellglod [*pell*+*clod*] *a.* Enwog, clodfawr: *famous, renowned.*

c. **1400** *R* 1168. 22–3, kaer bellglaer o *bellglot* adawt. **15g.** *B* ii. 272, Arthur *bellglot* ordiwes. *id.* 273, Arthur *bellglot* engyhynt. **1707** *AB* 47b d.g. *celebris.* **1718** M. WILLIAMS: *P* 12, y Rhyfelwr *pellglod* gan Jwlcasar. *c.* **1730** *Thos. Lloyd D* (LlGC) 191a, *pellglod*, insignis.

pellgyrch [*pell*+*cyrch¹* neu fôn y f. *cyrchaf*: *cyrchu*] *a.* Anodd ei chredu (am ddadl, &c.), ffansïol; ?cyrhaeddbell, pellgyrhaeddol: *far-fetched, fanciful; ?far-reaching.*

18–19g. *Iolo MSS* 258, Marchog *pellgyrch* ei olwg.

pellgyrchol, pellgyrchiol [*pell*+*cyrch*(*i*)*ol*] *a.* Anodd ei chredu (am ddadl, &c.), ffansïol: *far-fetched, fanciful.*

1725–6 *Madd Ed* 15, ar ryw Dywyll a *phell gyrchol* Debygolrwydd.

pellgyrhaeddgar [*pell*+*cyrhaeddgar*] *a.* Cyrhaeddbell, pellgyrhaeddol: *far-reaching.*

20g.

pellgyrhaeddol [*pell*+*cyrhaeddol*] *a.* Cyrhaeddbell, helaeth (am ddylanwad, effaith, &c.): *far-reaching, extensive* (*of influence, effect, &c.*).

1892.

pellhad [bôn y f. ddil.+*-ad²*, trf. han.] *eg.* Y weithred o bellhau, ymbellhad; ymddieithriad: *a moving far away; estrangement.*

1784 M. WILLIAMS: *S* i. 5, corph y llestr ai gyntaf i maes o olwg; a thrwy *bellhad*, yr hwyliau a'r hwylbrennau antirient yn yr un modd, megis yn soddi i'r dyfnder. **1803** *P* d.g. *pellâad.*

pellhaf: pellhau [*pell*+*-hau*, cf. Crn. C. *pelleys* (rhang. grff.), Llyd. C. *pellhat*, Llyd. Diw. *pellaat*] *bg.a.*

(*a*) Mynd yn bell (oddi wrth), ymbellhau (oddi wrth), hefyd yn *ffig.*: *to go far* (*from*), *distance oneself* (*from*), *also fig.*

13g. *BD* 43, guedy marv Margan y doeth Eniavn y uravt ynteu. A *pellau* (*BB* 60, [*p*]*ellhau*) a wnaeth ef y vrth deuodeu y uravt. **14g.** *Cylchg LlGC* vi. 173, gorchymyn idav *pellav* y vrthyfi. **1632** *D, pellhâu* . . . elongari. **1725** D. LEWIS: *GB* 356, Rhagluniaeth yr Arglwydd yw, nad yw'r Bydoedd hyn yn taro wrth rai o'r lleill ryw bryd, wrth neshau neu *bellhau* oddiwrth yr Haul. **1803** *P* d.g. *pellâu.*

(*b*) Peri i (rywun neu rywbeth) fod yn bell (oddi wrth), symud neu yrru ymhell i ffwrdd, hefyd yn *ffig.*: *to cause* (*someone or something*) *to be far* (*from*), *move or drive far away, also fig.*

14g. *Cylchg LlGC* vi. 173, yn *pellavyt* o lewenyd ysprydaul. *c.* **1400** *J* 1, 1075, Ny *phella* yr ehegyr neb tlavt. *c.* **1400** *R* 1174. 29–30, trugarawc arglwyd trugarha. wrthyf y wrthyt nam *pella.* *c.* **1400** *Ked AA* 4, enwired vy nghenedyl o chwant vy nghyuoeth i yssyd yn an *pellau* ni, ac yn an dehol o'n gwlat. *c.* **1400** *YSG* i. 146, A'r gwynt ynteu a drewis yn yr ysgraff ac a'e *pellaawd* y wrth y tir. **1567** *LlGG* (*Sall*) 49b, *Pellêeist* . . . vy-cydnabot y wrthyf. **1588** *Salm* lxxiii. 27, wele difethir y rhai a *bellhânt* oddi wrthit. **1588** *Eseia* vi. 12, A'r Arglwydd a *bellhâ* ddynion. *Dchr.* **17g.** *J* 10, 123a, *pellhau*, to drive away. **1632** *D*, *pellhâu*, elongare. **1790** T. JONES: *TOS* 154, er iti hyd yn hyn ei ammherchi a *phellhau* oddiwrtho. **1803** *P* d.g. *pellâu*.

(*c*) Gohirio: *to postpone*.
1588 *Am* vi. 3, Y rhai ydych yn *pellhau* y dydd drwg. **1751** *W Ballads* 133, 2, Er it ti *bellhau* 'r diwrnod.
Amr.: **pellu** [?ymgais *P* i esbonio enghrau. fel *R* 1174. 30 uchod]. **1803** *P*.

pellhaol [bôn y f. fl.+*-ol*] *a.* Yn pellhau, yn ymbellhau: *distancing*.
1881.

pellrwydd [*pell*+*-rwydd*] *eg.* Meithder ffordd, pellter: *remoteness, distance*.
1803 *P*.

pellseinydd [*pell*+*seinydd*] *eg.* ll. *-ion*. Ffôn: *telephone*.
1878.

pellseinyr [*pell*+*sain*[2]-+*-yr*] *eg.* Ffôn: *telephone*.
1858.

pellt[1] [?cf. *dibellt, annibellt*] *e?g.* ?Briw, clwyf: *wound, injury*.
c. **1300** *H* 5b. 32, cad mal bad a ball a *phellt* ar grut (Gwalchmai).

pellt[2] [ffrwyth darllen *a*[*ni*]*bellt*, *A* 6. 7, fel *am bellt*] *eg.* Arwyneb: *surface*.
1803 *P*, *pellt*, s. m. . . . a surface.

pellteimlad [*pell*+*teimlad*] *eg.* Telepathi: *telepathy*.
1916.

pellter [*pell*+*-der*, cf. Crn. Diw. *peldar*, Llyd. Diw. *pellder*] *eg.* ll. *-au, -oedd*. Gofod (mawr) rhwng dau bwynt, maint y gofod rhwng dau bwynt, meithder, hefyd yn *ffig.*; hyd (amser); man sy'n bell i ffwrdd; rhan(nau) o gae criced sydd yn gymharol bell oddi wrth y llain: (*great*) *distance, remoteness, also fig.*; *length* (*of time*); *distant place*; *deep* (*in cricket*).
1547 *WS*, *pellter*, farnesse. *c.* **1548** *CM* 1, 43, I mae yn hraid I ni ddyalld y modd I mae kymaint o ymddaith ne o *bellder* hrwng yr osron [?*sic*] ar pwmel. *c.* **1550** A. BORDE: *FB* 129, how far is it to London? . . . pa*belther* klinden [*sic*]. **1615** R. SMYTH: *GB* 3, maintioli y'r [*sic*] haul nai *bellter*. **1632** *D*, *pellder*, longinquitas. **1683** *LlP* 58a, rhigolwch y papyr drosto yn y *pellter* a welochi yn gymwys oddiwrth ei gilydd. **1688** *TJ*, *pellder*: long distance of place, length of time. **1703** E. WYNNE: *BC* 59, f'am dygasei i ryw ffordd allan o *bellder* y tu arall i'r Gaer. **1725** D. LEWIS: *GB* 332–3, Ond etto beth yw hyn i gŷd at *Bellder* y Sêr sefydlog, gan fod rhai Gwŷr dysgedig yn bwrw fod y rhai nesaf yn 27 Mil o weithiau ym mhellach na'r Haul? **1759** T. THOMAS: *WWDd* 323, y *pellder* mawr sydd rhyngddo efe â Duw. **18–19g.** R. DAVIES: *DB* 35, A'i gynnydd a'i eginyn / Sydd *bellder* uwch deudther dyn [am ŷd]. **1803** *P*.
Cfn.: **pellter(oedd) (o) ffordd:** *a long distance*. Ar lafar, ''Ydi'r traeth i weld am *belltar ffordd*?', *WVBD* 418; 'Mae e' wedi cered *bellderodd o ffordd*'. *GDD* 218.

pelltra [*pell*+*-dra*] *eg.* Pellter; hyd (amser); hefyd yn *ffig.*: *distance*; *length* (*of time*); *also fig.*
1728 T. BADDY: *DDG* 25, o *belldra* Reading o Lundain. **1735** S. RHYDDERCH: *Alm* [10], y cyfryw *belldra*. **1762** D. ROWLAND: *PA* 153, Ac er fod rhai o'i ddamhegion (o herwydd *pelldra* amser a thrigfan) yn ymddangos i ni, fel yn anhawdd eu deall. **1774** H. JONES: *CH* 35, Y sêr hefyd oblegid eu *pe*[*ll*]*dra* annychymmygol. **1788** J. OWEN: *TA* 4, Y mae'r lleiad [*sic*] o ddeutu deg a deugain o weithiau yn llai nâ'r ddaear, a'i *phelldra* oddi wrth y ddaear yn ddeuddeg ugain mil o filldiroedd. **1790** T. JONES: *TOS* 4, Rhaid i ddynion ganfod eu *pelldra* oddiwrth Dduw. *id.* 271, Nid oedd dim oerder na *phelldra* rhyngddynt. **1800** W. OWEN[-PUGHE]: *CP* 37, 5 llâth o *belldra*. *id.* 95, y *pelldra* rhwng y llafnau . . . yw ogylch modfedd. **1803** *P*. Ar lafar yn Arfon, *WVBD* 418.

pelltreiddiol [*pell*+*treiddiol*] *a.* Yn treiddio ymhell, cyrhaeddbell, pellgyrhaeddol: *penetrating, far-reaching*.
1852.

pelltrem [*pell*+*trem*] *eg.b.* ll. *-iau*. Golygfa bell, cefndir (mewn tirlun): *far or distant view, background* (*in landscape*).
1803 *P*, *pelldrem*, s. f. pl. t. *iau*, a far view.

pelltremiol [*pelltrem*+*-iol*] *a.* Yn gweld ymhell, hefyd yn *ffig.*; i'w weld o bell; yn cynorthwyo'r golwg drwy gyfrwng plygiant golau, yn perthyn i'r gangen o opteg geometraidd sy'n ymwneud â ffurfio delweddau drwy wydrau, yn perthyn i olau plyg neu blygiant: *far-seeing, also fig.*; *to be seen from afar*; *dioptric*.
1803 *P*, *pelldremiawl*, assisting to view distant objects, dioptrical.

pellwawd [*pell*+*gwawd*] *a.* A folir yn bell, eang ei fri: *widely-praised, renowned*.
14g. *GDG*[3] 95, *Pellwawd* yw'r ddyn nid pwyllwael. *c.* **1400** *R* 1195. 16–17, Didwyll bwyll *bellwawt* ffawt ffydlonaf.

pellweladur [bôn y f. ddil.+?*-adur*] *eg.* ll. *-on*. Telesgop: *telescope*.
1850.

pellwelaf: pellweled, pell-weld [*pell*+*gwel*(*e*)*d*] *bg.a.* a'r be. hefyd fel *eg.* Gweld ymhell, gweld o bell; teledu: *to see far, see from afar*; *television*.
1850.

pellwelediad [*pell*+*gwelediad*] *eg.* Y gallu i weld yn bell, yn *ffig.*; teledu: *far-sightedness* (*fig.*); *television*.
1911.

pellwelyr [*pell*+bôn y f. *gwelaf*: *gweld*+*-yr*] *eg.* ll. *-on*. Telesgop, hefyd yn *ffig.*: *telescope, also fig.*
1847.

pellwydr [*pell*+*gwydr*] *eg.* ll. *-au*. Telesgop: *telescope*.
1843.

pellynigrwydd, gw. **pellenigrwydd.**

pellyniog, pellennog[1] [*pellyniog* < *pellynt*+*-iog*, a *pellennog* < **pellynnog* (sef *pellynt*+*-og*) neu'n hen org. amdano; cf. *pellynnig*] *a.* Pell ei grwydr, yn teithio ymhell: *wandering or travelling far*.
14g. *T* 71. 5–6, Arall adyfyd *pellenawc* y luyd llewenyd y vrython. *c.* **1400** *R* 1039. 32–3, Penn aborthaf o godir. penawc *pellynnyawc* yluyd. **1803** *P* d.g. *pellenawg*.

pellynnig, gw. **pellennig**[1].

pellynt [*pell*+*hynt*[1]] *a.* a hefyd fel *eb.* Pell ei grwydr, yn teithio ymhell, cyrhaeddbell, pellgyrhaeddol; hirfaith (am amser); taith hir neu bell: *wandering or travelling far, far-reaching*; *long* (*of time*); *long or far journey*.
Dchr. **14g.** *H* 85a. 22, gwrawl a hawl hwyskynt *pellhynt* pwyllawc (Llywarch ap Llywelyn). **14g.** *OBWV* 95, Caerdroea wynt, *bellynt* bill, / Carn wybren corun Ebrill (Gruffudd Gryg). **14g.** *GDG*[3] 10, Llawn o rad ŷnt, *pellynt* pwyll. *id.* 239, Tröes y gwynt, *bellynt* bollt. **14–15g.** *IGE*[2] 316, Teg hwylbren gwynt, *bellynt* byllt, / Trysor cenedl tir Esyllt (Rhys Goch Eryri). **1726** *RWM* ii. 904, Nid naw i bwyllaw *bellynt* amser.

pemant, pembleth, pembwl, gw. **paement**[2]**, penbleth, penbwl.**

pemp, pempgwaith, pemptheg, pempthegfed, gw. **pump, pumwaith, pymtheg, pymthegfed.**

pen[1] [H. Grn. *pen*, Crn. C. *pen*, Crn. Diw. *pedn*, H. Lyd. *pen*(*n*), Llyd. C. *pen*(*n*), Llyd. Diw. *penn*, H. Wydd. *cenn*, Gwydd. Diw. *ceann*: < Clt. **k*^{u}*enno*-; cf. e. prs. Gal. Πεννοουινδος] *eg.* ll. *-nau*, (prin) *-nawr, -nain*, a hefyd fel *a.*, weithiau gyda grym enwol.

1. (*a*) Rhan uchaf corff dyn neu ran flaenaf corff anifail sy'n cynnwys ac yn amddiffyn yr ymennydd, y llygaid, y geg, &c.; llun o'r cyfryw; y llun o ben ar arian bath a'r ochr y mae arni; stamp; hefyd yn *ffig.*: *head* (*of person or animal*); *representation of this*; *head* (*of coin*), *obverse*; (*postage-*)*stamp*; *also fig.*
13g. *LlI* 5, dyrnavt em *pen* hyt yr emenhyd. **13g.** *C* 48. 11, A guarwyaur pelre ac ev *pennev*. *id.* 62. 7–8, Tenev gvallt vy *pen*. *id.* 98. 4, briuint *penaur* peleidrad. *c.* **1300** *H* 32b. 36, llafyn yn llaw a llaw yn llat *pennein* (Cynddelw). *c.* **1400** *YCM*[2] 61, a'e lygeit yn troi yn y *benn* yn vuan. *c.* **1400** *MM* 64, Na vwyta dim o *benn*, na thraet un llwdyn. **1547** *WS*, *pen*, a heed. **1595** H. LEWYS: *PA* 59, o wadn i droed hyd yngwastadedd i *benn*. **1615** R. SMYTH: *GB* 57, Rhai [d]ynion . . . a anwyd a dau *ben*. **1698** T. JONES: *Art* 9, os yr ystlŷs aswŷf iw *ben*, y breuddwŷdia un ei fôd yn noeth . . . mae yn arwŷdd a [*sic*] ceiff ef golled am garesau: Canŷs y *pen* sŷdd yn arwŷddo ceraint, y tu deheu i'r *pen* gwrŷw, a'r tu asswŷf [diwyg.] y benŷw. **1703** E. WYNNE: *BC* 8, yr oedd genni bedwar aelod a *phen*. **1803** *P*.

(*b*) Y pen o'i ystyried yn eisteddle'r deall neu'r emosiynau, meddwl; bywyd: *the head considered as seat of intellect or emotions, mind*; *life*.
c. **1400** *J* 1, 1070, Kyfrin *penn* a challon. **15–16g.** *GLM* 102, Ni ryfeddwn, ar foddau, / i *ben* o ddur na bai'n ddau [marwnad Hywel ap Tudur ap Dafydd]. **1592** S. D. RHYS: *Inst* [xv], cynghôrwn nadd [*sic*] ymflînynt ddim o'i *penneu* phôl a' dim o'r y sydd ynn y llyfr yma. **1593** W. MIDLETON: *B* [ii], nid rhaid erchi i neb a synhwyr yn i *benn* ganu yn synhwyrol. **1606** E. JAMES: *Hom* ii. 52, rhag i chwi dybied fymod [*sic*] i yn dywedyd hyn a'm *pen* fy hun yn vnic, heb awdurdod gennyf, mi a osodaf drosof Eusebius escob Cesarea. **1630** *YDd* 29, y gwrthgâs ar cablaidd drawsfeddyliau, y rhai o naturiaeth a gyfodant ym *mhennau* dynion. **1675** R. JONES: *HCh* 40, os bydd dy orchwyl yn gyfryw un, ag sy yn gosod y llaw, ac nid y *pen* ar waith. *id.* 104, Nid oes ganddo ef yn unic wybodaeth gyffredinol a gwybodaeth *pen* am Dduw . . . eithr y mae ganddo ef hefyd wybodaeth brofedig. *id.* 119, bwrw dy holl feddyliau a'th negeseuau bydol allan oth *ben*. **1774** *W*, Ni ddaeth ef erioed i'm . . . *pen* d.g. *head* . . . *it never entered into my head*. *id.* rhoi (dodi, gosod) peth ym *mhen* un d.g. *head, to put in, or into, one's head* [*suggest to one*]. Ar lafar, 'Mae 'na ddigon yn 'i *ben* o', 'rhoid 'i *ben* at y peth' 'to set to work at something in earnest', 'Rho dy *ben* ar waith' 'apply your mind' 'think it out', *WVBD* 419; 'yn wag 'i *ben*'; ''Na *ben* sy' arno fe', 'Ma *pen* 'dag e'.

(*c*) Gwallt: *hair*.
13g. *C* 81. 1–2, du dy *pen* duduhunan. **1346** *LlA* 157, eillyaw gwallt nev varveu. nev y kneifaw. nev olchi *pennev*. nev dillat. **14g.** *WM* 93. 2–3, Perwch enneint yr gwyr agolchi eu *penneu*. *id.* 476. 1–3, Oed melynach y *fenn* no blodeu y banadyl.

(*d*) Ceg, genau, safn; gên; hefyd yn *dros.* ac yn *ffig.*: *mouth*; *jawbone*; *also transf. and fig.*
c. **1300** *H* 121a. 21–2, mabwreic mwy yd feic fenedicrwyt ar wenn no pharabyl oe *phen* agymhennrwyt (Hywel ab Owain Gwynedd). **14g.** *T* 6. 16, trwy *pen* pedyr perit an lles. **1346** *LlA* 121, [p]ann gigleu veuno yr ymadrawd hwnnw oe *benn* rodi y emelltith arnnaw aoruc beuno. **14g.** *WM* 453. 26–8, henwrach . . . heb dant yny *fenn*. **14g.** *YBH* 20a, kyn mynet na bwyt na diawt ym *penn* i ti. **14g.** *GDG*[3] 178, Difwyn fo'i *ben* a'i dafod [i'r cloc]. *id.* 428, Caed o'i *ben* bob cymhendawd, / Cynddelwaidd ei weddaidd wawd [marwnad Dafydd ap Gwilym gan Ruffudd Gryg]. **15–16g.** *TA* 338, Ni chân dyn, na chan dannau, / Nag â *phen*, heb i goffhau [i Hywel ap Rhys ap Dafydd]. **1588** *Jer* xxxvi. cs., Baruc wedi scrifennu o *benn* Ieremi fellditihion Iuda ac Israel. **16–17g.** *Cer RC* 81, Nid oedd aplach imi gael / Y feinir hael i'w phrofi / Na dal adar yr holl fyd, / . . . / Neu roi ffrwyn ym*hen* y gwynt. **1725** D. LEWIS: *GB* 160, Tybir fod rhyw Fâth o Anadliad gan Bysgod Y mae eu gwaith yn agor eu *Peneu* . . . yn rhoi achos î debyg hynny. **1776** *W* d.g. *mouth*. **1798** *WR*, *pen*, cern d.g. *jowl*. Ar lafar yng nghanolbarth Cered., sir Benf., a'r De, *GDD* 219, *B* xiv. 277, *TGG* (1907–8) 82; 'Cae dy *ben*!' 'Shut up!'; ac yn y Gogledd mewn ymadroddion megis ''Ddeudodd o ddim gair o'i *ben* wrtha'i', *WVBD* 419.

(*e*) Un (peth, anifail, neu berson, &c.) (wrth gyfrif), eitem: *one* (*thing, animal or person, &c.*) (*in enumeration*), *head, item*.
13g. *A* 22. 17–19, dydygei ef *penn* ywrch *penn* gwythwch *penn* hyd. *penn* grugyar . . . *penn* pysc. **1588** *Ecs* xxxviii. 26, Hanner sicl am bôb *pen*, sef hanner sicl yn ôl y sicl sanctaidd am bôb vn a ele heibio dan rif o fab vgein-mlwydd. **1681** S. HUGHES: *AC* 10, Pwy a demptiodd Dafydd (mewn balchder) i beri rhifo pôb *pen* yn ei Deyrnas. **1775** *W*, *pen* . . . mewn Cyfrif d.g. *item, or article, in an Account*. **1800** W. OWEN[-PUGHE]: *CP* 75, Dalia ddeuddeg *pen* o wartheg mawrion. Ar lafar, 'pob *pen* dyn' 'every man jack', *WVBD* 419.

2. (*a*) Top, brig, copa, to, pwynt uchaf, hefyd yn *ffig.*; tarddle (nant, afon, &c.); y rhan o wely, bedd, &c., lle gorwedd y pen, y rhan o fwrdd, &c., a ystyrir yn bwysicaf: *top, summit, roof, highest point, also fig.*;

source (*of stream, river, &c.*), (*river-*)*head*; *head* (*of bed, grave, table, &c.*).

12g. *LL* 78, trans iminid inhiaun i*penn* nant eilon. *id.* 214, diclaud i*penn* iralt. **13g.** *LlI* 12, E navd yv o'r pan dechreuho guneythur kerven ued ene rvymho e hvyl am e *phen*. **13g.** *C* 42. 3–4, Hid im*pen* vn brin erbin ev barnv. or teulv teilyghaw. *id.* 65. 10–11, Piev. y bet inrid vaen ked. ae *pen* gan y ranvaered. **1346** *LlA* 170, *Penn* yneuad ae pharwydyd ahenyw o onichino. **14g.** *WM* 146. 36–147. 1, Ar gwr llwyt aaeth y*pen* y bwrd yn uchaf. **14g.** *YBH* 7b, kyuodi y *ben* y twr vchaf. *id.* 8b, disgynnu a wnaeth Ermin o *ben* y castell. **14g.** *BT* (*RB*) 50, A'r cledyf a'r daroed idaw y dodi ar *pen* y wely a'e wayw is y draet. *c.* **1400** *YCM*[2] 176, pilereu mein teckaf o'r byt yn kynnal *penn* yr eglwys, a'r *penn* ynteu a oed eureit. **15g.** *GDID* 80, Dy dafod, ŵr da difeth, / Dy ben yw *pen* ar bob peth (Gwilym ap Ieuan Hen). **1568** MORYS CLYNNOG: *AG* 48, yrhain [Pechodau] sydd achos, a *phennau*'r lleill, ag am hyn y gelwir hwynt pennawl. **1588** *Job* xxii. 12, gwel hefyd *benn* y sêr mor vchel ydynt hwy. **1703** E. WYNNE: *BC* 5, cymmerais hynt i *ben* un o Fynyddoedd Cymru. **1710** *LlGG* (*Gos*) 13, [C]ĭst grêf, â thwll yn ei *phen* uchaf. *c.* **1720** *CIF* 83, y golofon y mae 7. yn ei *phen* ucha' [diwyg.]. **1790** T. JONES: *TOS* 13, Gwybodaeth ynddi ei hun sydd dra dymunol . . . ond dyma *ben* ei holl odidawgrwydd, y dichon adnabod Duw. **1803** *P*, pen . . . *pen* y bryn, the summit of the hill. Ar lafar yng ngorllewin Meir. clywir yr ymadr. 'Dyro *ben* ar y giannwyll 'na' yn yr ystyr 'Dyro olau arni', *B* xiv. 291; cf. y cfn. *pen cannwyll*.

(*b*) Y rhan o wrthrych sy'n debyg i ben o ran ei siâp, e.e. *pen* gwayw neu fwyall, llafn rhaw neu bâl, y rhan o lwy neu getyn sy'n grwn, y rhan o blanhigyn sy'n grwn neu'n gryno, bwlb, *pen* cornwyd, &c.: *the part of an object which is similar in shape to a head, e.g. spearhead, axehead, blade of shovel or spade, bowl* (*of spoon or pipe*), *head or bulb* (*of plant*), *head of boil, &c.*

13g. *LlI* 21, Ef [gof] a dele gueneuthur reydeu e llys oll en rat, eythyr try peth . . . kant kvllter a *pen* guaeu a thedyf bvyall kennut. **13g.** *A* 3. 17–18, gwyngalch a phedryollt *bennawr* rac gosgord mynydawc mwynvawr. *c.* **1300** *H* 81a. 33, Ar uagyl eur y *phenn* fowch recddi (Gwynfardd Brycheiniog). **14g.** *WM* 105. 36–106. 2, yny neita ypaladyr o honaw. Athrigyaw y*penn* yndaw. *c.* **1400** *MM* 100, kymer y sawl a uynnych o *benneu* garllec. *c.* **1400** *Études* viii. 354, trydyd kymeint o vlonec baed coet, a deu *benn* o wynwyn. **1547** *WS*, kleinsio *pen* hoyl, clenche. [**1762**] E. POWELL: *HEI* 72, Cais Rhyw, Saeds, a Wermood, ddyrnaid o bob un, a *Phen* mawr o Arlleg. **1770** *W*, *pen* llwy d.g. *the bowl of a spoon*. Ar lafar yn Arfon, '*pen* cetyn', *WVBD* 419.

(*c*) Eithaf, diwedd, dechrau; penrhyn, pig neu drwyn craig sy'n ymestyn allan; pegwn (batri, &c.): *extremity, end, beginning; headland, promontory, projecting point of rock; pole* (*of battery, &c.*).

12g. *LL* 122, behet tal ir fos. o*penn* ifos. usque adfontem nigrum. *c.* **1188** GIRALDUS CAMBRENSIS: *IK* 62, Habuerat autem antiquitus vadum, cui nomen Red *Pen*carn . . . Sonat autem Latine, Vadum sub capite rupis. *id.* 169, *Pen*guern, id est Caput alneti vocabatur. *c.* **1400** (*SG*) *HMSS* i. 428, doethant y *benn* y fforest ual y gwelynt y mor yn agos udunt. **1604–7** *TW* (*Pen* 228), *penn* y trwyn d.g. *pirula*. **1618** J. SALISBURY: *EH* 37, y pedair rhinwedd, a arwyddocaed ym mhedwar *pen* y Groes. **17g.** HUW MORUS: *EC* i. 185, Cais di *ben* y llwybyr, i ddilyn cwrs dy natur. **1707** *AB* 37c, Day *ben* fon; The two ends of a Stick. **1803** *P*, *pen*, an extremity, end, or conclusion . . . a beginning, or foremost end . . . *Pen* Tir Lloegyr, the Lands End of England; *peny* bont, the bridge end; y *pen* yma, y *pen* hwn, this end; y *pen* oco, *pen* acw, *pen* draw, yonder end. Ar lafar, '*pen* (y) dre'', '*pen* y ffordd', *WVBD* 420.

(*d*) Hedin (mewn gwaith glo, mwyngławdd, neu chwarel): *a heading* (*in a mine or quarry*).

1875. Ar lafar yn nwyrain sir Gaerf., ''On ni wedi 'ala *pen* miwn'.

3. (*a*) Un ac awdurdod ganddo (i arwain, i orchymyn, &c.), pennaeth, arweinydd, arglwydd, meistr, rheolwr, cyfarwyddwr, aelod hynaf neu bwysicaf: *head, chief*(*tain*), *leader, lord, master, ruler, director, senior member*.

13g. *LlI* 6, Tredyd yv e dysteyn . . . Ef ysyd *pen* ar yr holl svydwyr. **13g.** *C* 68. 9, *pen* llv wu tra wu y amser. *id.* 83. 12, a phedir *pen* pop ieith. **13g.** *B* iii. 27, Auo *pen* byt pont. *c.* **1300** *H* 47b. 21–2, Delw yt wytt *pen* rieu *penn* reith. yt wyf *penn* prifueirt om prifyeith (Cynddelw). *id.* 108[2]a. 12–13, Neu wtam nad cam kymryd yn *benn*. mab llywelyn hael hylwyt berchen (Llywarch ap Llywelyn). *id.* 120a. 4, gwytua ruuawn bebyr *ben* teyrnet (Hywel ab Owain Gwynedd). *c.* **1400** *YCM*[2] 23–4, ef a'thyrcheuir [*sic*] y gyt a Christ dy *benn*, mal yd wyt aylawt idaw. *c.* **1400** *DB* 37, a honno yssyd yr awr honn yn *benn* ar y deyrnas honno. **1567** *TN* 290a, y gwr yw *pen* y wreic, megis ac y mae Christ yn *ben* yr Eccles. **1710** *LlGG* sig. a2v, [p]ob Llywodraethwr neu *Ben* presennawl ar bob Colâs neu Awl yn y Ddwy Brifysgol. **1776** *W* d.g. *master, or head*. **1803** *P*, *pen* . . . a chief. Ar lafar yn ne-ddwyrain Morg., 'Y fe yw *pen* y ffactri 'na nawr'. Digwydd mewn epithetau, *Pwyll Pen Annwfn*, e.e. *WM* 12. 26, *Taliesin Pen Beirdd*, e.e. *id.* 462. 11–12.

(*b*) Pwynt, pwnc, pennawd; egwyddor; pennod: *point, subject, topic, heading, headline; principle; chapter*.

1567 *LlGG* [xxi], yno y cai ddyall y Llyfreu a'r *Penneu* y ddarllenir yn Llithoedd. *ib.* y *Pen* cyntaf o Sanct Mathew. **1567** *TN* 326b, o'r saithvet *pen* a'r ail wers ar ddec, yd y dauddecvet *pen*. **16–17g.** *B* i. 146, Cerdd dannae: llyma henwae Clymeu ac eu *pennæu* [*sic*] yn canlyn. **1620** *Heb* viii. 1, A *Phen* ar (**1588** *ib.* swm) y pethau a ddywedwyd, yw hyn: y mae gennym y fath Arch-offeiriad. **1676** W. JONES: *PGG* d.d., Principlau Neu *Bennau* Y Grefydd Ghristianogol. **1709** H. POWEL: *G* 52, [g]alw idd eu Cof brif *bennau* 'r bregeth. **1719** T. EVANS: *CDW* 14, Yn unig, gadewch i mi wybod y prif Byngciau, neu'r *Pennau*. **1732–3** J. OWEN: *GB* 56, Ac yr wyfi yn tebygu y gellir eu dwyn i ddau o *Bennau*. **1740** T. EVANS: *LlA* 19, yn gydnabyddus a'r amryw Ddyledswyddau sy 'n tarddu allan o bob *Pen* ac Egwyddor. **1759** T. THOMAS: *WWDd* 257, 'chwaneg o hyn yn y *Pen* nesaf. **1784** M. WILLIAMS: *S* i. 42, fe ddaw ei fawredd yn ei wisg frenhinol; a chlerc y parliament i ddarllain *bennau* neu ystyr y bilau. Ar lafar, 'tri *phen* pregeth'.

(*c*) Un o ddau bwynt eithaf (am amser, &c.), fel arfer y diwedd, ond weithiau y dechrau: *either of two extremities* (*of time, &c.*), *usu. the end, occas. the beginning*.

13g. *LlI* 5, deuet ef ar e brenhyn a thryccet egyt ac ef hyt em *pen* e blvydyn. *c.* **1300** *H* 3b. 4, difyeu ym *penn* y teir wythnos (Meilyr Brydydd). **14g.** *GP* 49, Gwaywdodin a vessurir o deu bennill vyrryon o naw sillaf pob vn onadunt, a phennill hir o bedeir sillaf ar bymthec yndaw, val y mae honn . . . A'y chynnal velly hyt y *penn*. *c.* **1400** *MM* 14, rodi kyuot yr dyn erbyn *penn* y nawuet tyd. **1588** *2 Esd* viii. 50, Canys llawer o drueni mawr sydd i'r rhai a eris yn y byd yn y *pen* diwethaf. **1595** H. LEWYS: *PA* 27–8, gosod terfyn, a *ffenn*, in blinderoedd. **1618** J. SALISBURY: *EH* 294, An-synwyroldeb, neu Hurtrwyd, yw pan elo dyn i'r *pen* eithaf arall, gan wrthod dyfyrrwch y synhwyræ. **1655** WL: *DP* 174, Naill ai *pen* am dy bechodau, neu *ben* am dy einioes. **1670** J. HUGHES: *AP* [xx], [tabl i gael dyddiad y Pasg] ac felly o'r *pen* hyd ddiben y Nifer hwn xix tros fyth. **1688** S. HUGHES: *TSP* 6, os dewch chi gyda mi i *ben* y siwrnai chwi a gewch fwynhau yr vnrhyw bethau daionus. **1689** E. MORUS: *RC* 7, pan fyddont feirw dyna *ben* am danynt. **1790** T. JONES: *TOS* 112, o bossibl y deuant i wrando un *pen* o'r dydd. **1803** *P*. Ar lafar, 'Mae hi wedi mynd i'r *pen* arno fo', *WVBD* 420; 'cyn *pen* dim'.

(*d*) *c.d.* Esgyll englyn unodl union neu englyn unodl cyrch; llinell olaf englyn o'r hen ganiad: *the final couplet of an 'englyn unodl union' or an 'englyn unodl cyrch'; the last line in an 'englyn o'r hen ganiad'*.

15g. *GP* 27–8, Eglyn o'r hen ganyat . . . Gweitheu ereill y byd o bennill hir o vn sillaf ar bymthec a *phenn* byrr o seith sillaf. *a.* **1575** *id.* 111, Ynglyn vnawdl uniawn a vessurir o ddec silldaf ar hvgain, vn ar bymthec yn y paladr, pedair ar ddec yn y *penn*. *id.* 112, Ynglyn vnawdl kyrch a vessurir o wyth silldaf ar hvgain, saith ymhob vn o'e bedwar bann, y paladr val pennill o gywydd devair hirion, a'r *penn* val awdl gywydd.

Fel *a.* (*a*) (yn y graddau cymhariaeth) Prif, goruchel, eithafol, mawr, pwysig, ac iddo flaenoriaeth neu ddylanwad, o fri: *chief, head* (*adj.*), *supreme, principal, extreme, great, important, taking precedence, influential, eminent*.

13g. *LlI* 18, Tredyd yv maer e bysweyl; ef a dele e tyr en ryd. Ef a dele guarchadv e llys en *penhaf* guedy er estywart llys. **13g.** *C* 102. 10, Taliessin *penhaw* or guir. *id.* 12–13, athvo. rad ygulad *pennhaw*. *c.* **1300** *H* 32a. 13, Penydwr *pennaf* y greuyt (Cynddelw). *Dchr.* **14g.** *id.* 88a. 51, hyt y dir ger tren yn trin *penhaf* (Llywelyn Fardd). **1346** *LlA* 89, yn voe yth rwymir ygarv dyryeni ath gereint yspyrdolyon . . . noth ryeni ath gereint knawdolyon. megys ymae *pennach* yr yspryt nor knawt. Ac ynn *bennaf* ohynny odwyt greuydwr dy gytgreuydwyr. **14g.** *B* v. 197, y Tat a'r Mab a'r Yspryt Glann . . . gogedrygywydaul eu breint ac eu mavrhydi . . . nyt kynt vn no'e gilyd ac nyt *pennach*. **14g.** *BT* (*RB*) 36, Hu, iarll Amwythic, ynn *bennaf* arnunt [lluoedd]. **15g.** *LGC* 104, Annes! . . . / . . . / Hi yw'r *bena*'n Nghaerllion. *c.* **1500** (**17–18g.**) *Llst* 133, 29, Pa egin bonedd pwy cyn *benned* / Pa egin dewredd pwy cyn daered (Rhys Brychan). **1547** *WS*, prif ne *pennaf*, cheife. **16g.** *Med H* 14, bod y lliw hwnnw yn *bennaf* oblegid bod yr aur yn *bennaf* metel. **1567** *TN* 196b, yr ei oedd wyr *pennaf* [:– blaenoriet] ym-plith y broder. **1658** R. VAUGHAN: *YPS* 14, Balchder yw'r *Pennaf*. **1699** T. JONES: *TP* 120, i mae gennŷm yn ein cwmpeini cŷn *benned* cnâf a'r *pennaf* yn y wlâd hon. **1701** E. WYNNE: *RBS* 204, Nid oes arwydd *bennach* (*greater*) yn y byd o'n perygl ysprydol ni a'n hanwllys i Dduwioldeb. **1755** *ML* i. 380, [p]wy sydd *bennach* cyfaill iddo na Mr. Peswch? **1776** *W*, *pennaf* d.g. *main, Adj.* [*principal, &c*]. **1803** *P*, *penav*, chiefest, most eminent.

(*b*) Cywir, union: *correct, exact*.

1595 H. LEWYS: *PA* 154, ef [Duw] a ordeiniawdd amser *pen*, pa hyd y goddef ef i'r anuwiolion gael i gwnfyd. *c.* **1730** *Thos. Lloyd D* (LlGC) 188a, cant punt *Pen*, exactly a hundred p. **18g.** E. T. RHYS: *DA* 26, 'Rych chwi ac ef, debygwn, / O'r un opiniwn *pen*. **1788** J. ROBERTS: *C* [1], Ni hêd mewn Ugian mlynedd *pen*, / Mor bell â'r Haul-wen hyfryd. Ar lafar mewn rhannau o'r De yn yr ymad. 'arian *pen*' 'exact money'.

Cfn.: **y pen:** *each, a head*. Ar lafar, 'pum swllt *y pen*', *WVBD* 419. Cf. *bodo*[1]*—bod y pen, llaw*[1]*—y ll.* **p. adafedd,** gw. *p. edau*. **p. angau,** gw. *gwyfyn—g. pen angau*. **p. aig,** gw. *penaig*. **p. a phont:** *head, chief, influential person*. **17g.** *Bangor* 27414, 163, penaf o wyrion dafydd / *pen a ffont* piniwn y ffydd. Cf. D. OWEN: *WBC* 130, Yr oedd Mr. Jones . . . yn *ben ac yn bont* ar Salem. Yr oedd llawer o'r ffermwyr yn ei ddyled, wedi cael benthyg arian ganddo. Ar lafar ym Mhenllyn, ''Roedd o'n *ben ac yn bont* yn y cyfarfod', h.y. yn fusnes i gyd. Pan fo rhywun yn (or)gyfeillgar e.e. â rhyw deulu (yn enw. ac yntau wedi cwympo allan â hwy ychydig yn gynt), sonnir yn aml ''i fod yn *ben ac yn bont* efo nhw erbyn hyn'. Cf. *B* iii. 27, Auo pen byt pont. **p. a thant:** ?*singing with the harp*. **15–16g.** *TA* 322, Myned oedd well, mewn dydd Iau, / *Ben a thant*, ban aeth yntau. *id.* 331. **p. am b.:** *back to front*; ?*corresponding one to one*. *a.* **1735** *W Ballads* 64, [6], 'Roedd plant bach ganthi hithe, *ben am ben* i mine. **p. amser:** *high time*. **1892.** **p. awr:** *hour, moment, instant, minute*. **1656** W. JONES: *TPG* 32, hwyr, a boreu, a chanol dydd, bob dydd, a phob *pen awr*. **1696** *CDD* 148, Dôd dy fyfyrdod bôb *pen awr*, / I'r Arglwŷdd mawr gorucha. **1753** G. OWEN: *L* 82, disgwyl iddi drengi bob *pen awr*. **1778** J. HUGHES: *BB* 312, Bydd chwrnu a mynych oernad, / An[y]nad bob *pen awr*. Cf. *AUA* 245, hwyrach y difyrra chwi ambell i *ben awr*. **p. bach** (ll. *pennau bach*): *big-head, conceited person*. Ar lafar yn y Gogledd, 'Mae o'n rêl *pen bach*'. **p. bawd,** gw. *penbawd*. **p. blaen:** (i) *head; front end or part, bow* (*of a ship*), *prow; also fig.* **1567** *TN* 219a, gwthiasont y llong y mewn: a'r *pen-blaen*-iddei a lynawdd. *c.* **1585** G. ROBERT: *DC* 6b–7a, wrth brynnu cephyl . . . cyn prynnu r pechod . . . edrych y pen ol cysdal ar *pen blaen*. **1588** *Am* ix. 1, dryllia hwynt oll [y gorsingau] yn eu *pen blaen* (**1620** *ib.* yn y pen). **1632** *D* d.g. *acroteria, frons, prora*. **1780** *W* d.g. *prow*. **1803** *P*. (ii) *self-confidence, cheek*. Ar lafar yng ngogledd Cered., 'Ma gyda fe ddigon o *ben blân* i rwbeth'. **p. blwydd, p. blwyddyn** [cf. *Treigladau* 100] (ll. *pennau blwydd, pennau blwyddi, penblwyddi*): *birthday*. **1862.** **p. blwydd y cythraul:** *spring-cleaning day*. Ar lafar yn y Gogledd. **p. blwydd priodas:** *wedding anniversary*. **1936.** **p. y ford:** *the head of the table; the end of the table*. Ar lafar yn y De, 'Dy dæd sy'n ishta wth *ben* y ford'. **p. bore:** *first thing in the morning*. *c.* **1729** S. RHYDDERCH: *LlCD* 352, Rhowch osteg . . . I wrando ar Newydd da o'r Nê, / *Pen bore* gole gwiwlwys. **1758** *ML* ii. 77, *Ben bore* yr sgrifennwyd hwn. Ar lafar yn gyff., 'Mi ddo' i *ben bora*', *WVBD* 420; '*pen bore* glas'. Gw. hefyd *ar b. bore*. **p. bras** [ynglŷn â'r posibilrwydd mai bnth. S. *brass* (cf. *pen pres*) yw'r ail elf. yn rhai o'r enghrau., gw. *GLM* 394]: *large or great head, also fig.* **15g.** *GGl*[2] 78, Mae *pen bras* nen brys yn ôl, / Eisiau dur i'r siad wrol [i ofyn saeled]. **15–16g.** *TA* 39, Pe dôi 'r gwn a'r powdr gwynias / Pwy âi'n y brig a'r *pen bras*? / Pen ar Gymru, llu lle llas—Lloegr affaith, / Llew Gruffudd ap Niclas. *id.* 304, Plwm yw'r aur, ple mae'r awron / Pen, heb Rys, mwy, *pen bras* Môn [marwnad Rhys ap Llywelyn]? *id.* 312, Priddwyd yn pwer heddyw, / *Pen bras* pob urddas, pe byw [marwnad Ieuan ap Dafydd]. **15–16g.** *GLM* 42, Mae *pen bras*, gwanas y gŵr? / Mae stôr pawb, a'u meistr pybyr [marwnad Rhys ap Llywelyn]? *id.* 192, Pwy bu dano? Pob dinas / Pwy âi'n ei bridd? Y *pen bras* [marwnad Tomas Salbri Hen]. Gw. hefyd *penfras*. **p. bron, p. y fron:** *nipple*. *c.* **1400** *RB* 388, [b]rathawd y brenhin dan *benn y vronn* yny vu varw. **1590** *RC* xlvi. 70. *c.* **1730** *Thos. Lloyd D* (LlGC) 191a, *pen bron*, papilla. *ib.* *pen y fron*, mamilla. **p. Buddug** (ll. *pennau Buddug*): *postage stamp* (*lit. Buddug's, i.e. Victoria's, head*). **1850.** *Bot.* **pennau bugeilydd:** *ribwort plantain, rib grass, Plantago lanceolata*. **1725** *SR* (*Bot*) d.g. *plantain, long Plantain, or Ribwort*. **pen bustach:** *stupid person, simpleton, idiot, fool*. Ar lafar ym Morg. **pennau** bwlaod, gw. *penbwl*. **pen y bwrdd:** *the head of the table; the end of the table*. **14g.** *WM* 146. 36–147. 1, Ar gwr llwyt aeth y*pen y bwrd* yn uchaf. Ar lafar yn y Gogledd, '*pen y bwrdd*' 'the end of the table', *WVBD* 420. **p. bwrw:** *the starting-point of a section of a river fished by coracle fishermen*. Ar lafar ymhlith coryglwyr Teifi a Thywi, J. G. JENKINS: *NC* 130. **pennau byliaid,** gw. *penbwl*. **pen bys,** gw. *penbys*. **p. y gamp,** gw. *penigamp*. **p. cannwyll:** *the snuff of a candle*. **1547** *WS*, tori *pen kanwyll*, snuff a candell. **1604–7** *TW* (*Pen* 228) d.g. *myxos*. *c.* **1730** *Thos. Lloyd D* (LlGC) 191a, *pen canwyll*, the snuff of a candle. **pennau ceimion:** *Calvinistic Methodists*. Ar lafar yn Arfon, *WVBD* 419. **P. Ceffyl:** '*Horse's Head*', '*Mari Lwyd*', *a Welsh horse-ceremony, once common at Christmastide and the New Year*. Ar lafar gynt yng Nghwm Nedd (ac yn ôl T. M. OWEN: *WFC* 49, yn sir Gaerf.), cf. *ANAGM* xii, Ar ŵyl yr Ystwyll 1850 cawn y cofnod [yn nyddiadur Maria Jane Williams] 'Little children of Ynisgron came with the *pen ceffil*', ac yn 1853 nododd ar yr un diwrnod 'No *pen ceffyl*'. **p. cenedl,** gw. *penenedl*. **p. ci ar fore o wanwyn (ar fore gwanwyn):** '*a dog's head on a spring morning*', *said of unsettled weather*. **1814** W. DAVIES: *Agric . . . S. Wales* 22, *Pen ci ar vore o wanwyn*, i.e. a dog's head on a March morning; as much as to say, threatening mornings in Gwanwyn [*sic*] turn out fair evenings. Ar lafar gynt ym Mhenllyn, '*Pen ci ar fore o wanwyn*, uchel cynffon buwch cyn nos'. *Bot.* **p. ci bach:** *snapdragon, antirrhinum*. **20g. p. y glec:** *a place where men meet to chat after work*. Ar lafar yn ne-ddwyrain Morg., 'Lan ar bont y cnel oedd *pen y glec* dinon y tŷ cwrdd'. **p. clun, p. y glun** [H. Grn. *penclun*, gl. *clunis*]: *hip, haunch*. **13g.** *C* 57. 1–2, Eiri hid im*pen clun*. **13g.** *A* 17. 17–18, diw llun hyt *benn clun* gwaetlun gwelet. **1632** *D*, asgwrn *penn clûn* d.g. *coxa*. **1759** J. EVANS: *PF* 78, Gwayw llŷm yw siatica, fynychaf ynghymal *pen y Glyn* [*sic*]. **1771** *PDPh* 62, rhwbiwch *ben ei glûn* [ceffyl] â'r ddau oil. Ar lafar yn Arfon, *WVBD* 271. **p. clust, p. y glust** (ll. *pennau clust(i)au*): *eardrum*. Ar lafar yn sir Benf., *pen-y-glust* . . . 'Ma'r sŵn mowr ma'n ddigon i dinu *pene cluste* dyn lawr', *GDD* 222. **p. cnud,** gw. *pencnud*. **p. coch:** (i) *penny red* (*postage stamp*). **1844.** (ii) *bloody head*. **1864. pennau coronog:** *crowned heads*. **1703** E. WYNNE: *BC* 120. **p. crynion (cryniaid),** gw. *pengrwn*. **pen cyfri:** *the final* (*big*) *pay in the month*. **1855.** Ar lafar ym Mlaenau Ffestiniog. **(y) p. cyntaf:** (i) (*the*) *beginning*. **1551** W. SALESBURY: *KLl* xxxvia, Yn *y pen kyntaf* (**1567** *TN* 337b, ym *pen cyntaf* [:– nechreu]) yr llyver ydd escriuenwyt o hono vi. **1604–7** *TW* (*Pen* 228), or *pen cyntaf* d.g. *primodum*. (ii) *the first time*. **1567** *TN* 153b, ny ddyallei ey ddiscipulon y pethe hyn *y* waith [:– *pen*, tro . . .] *gyntaf*. *c.* **1730** *Thos. Lloyd D* (LlGC) 188a, *y pen cyntaf*, y tro cyntaf. *id.* 191a, *y pen cyntaf*, prima vice, primum. **p. dafad:** (i) *mutton stew* (*made from a sheep's head*). Ar lafar yn Arfon a Meir., *Geir Geg* 34. (ii) *an irregularly shaped stone, difficult to use in building a wall*. Ar lafar. (iii) *stupid person, simpleton, idiot, fool*. **18–19g.** *MA* iii. 260, Tri fôl *pendavad*: cynghorwr merch wingllyd, rhybuddiwr mab diodgar, ac à ddoto addysg o vlaen â dybio ei hunan yn gall. Ar lafar yng Ngwynedd, 'rêl *pen dafad*'. **p. dafedd,** gw. *p. edau*. **p. dalen:** *top of page*. **1907. p. dragon,** gw. *pendragon*. **p. draig,** gw. *pen-draig*. **p. draw, pendraw:** (*far*) *end, furthest point, limit; destination; upshot*. **1853.** Ar lafar, 'Mae *pen draw* i beth alla' i 'i wneud hefyd'; '*Pen draw'r* peth oedd iddo gael y sac'. Gw. hefyd *yn y p. draw*. **p. draw'r byd, pendraw'r byd:** *the other side of the world*. **1905.** Ar lafar, 'Dim ond yn Amwythig y buodd e, ond 'odd e'n siarad fel 'se fe wedi bod ym *mhen draw'r byd*'. **p. drws:** *doorway, doorstep*. **1913.** Ar lafar yn Arfon, *WVBD* 420. Cf. T. H. PARRY-WILLIAMS: *S* 43, clertiai un gweithiwr ar *ben y drws* dan ysmocio. Gthg. *pendrws*. **pennau duon,** gw. *penddu*. *Meddyg.* **pen dyfrllyd: p. dwrllyd:** *hydrocephalus*. **1813. p. edau,** &c.: *end of a thread, also fig.* **1547** *WS*, *pen ede*, the ende of a threde. **16g.** *Hop M* 170, moeswch i ni ddryllio honn [rhwyd], yn vanion *benn adavedd*. **16–17g.** *CRC* 248–9, myfi a glowais chwedl rryfedd / faeth y byd yn *benav dafedd*. *c.* **1730** *Thos. Lloyd D* (LlGC) 193a, *pen edef*, the end of a thread. Ar lafar, 'colli *pen yr ede*' 'to lose one's train of thought'. **p. elin,** gw. *penelin*. **p. (y) ffair:** (*the height of the*) *fair; pertaining to a fair, also derog.* **1766** *WDS*, (Glamorgan), Yr hen lleid'r, dyfod a nefaid i y [*sic*] *ben y fair* [*sic*] . . . to the heighth of the fair. Cf. *GDD* 219, 'ar ben ffair' = in or at a fair. Gw. hefyd *pen-ffair*. **p. ffawydd:** *stupid person, simpleton, idiot, fool*. Ar lafar yn Arfon. **p. ffordd,** gw. *penffordd*. **p. ffydd, penffydd:** *head of faith*. **13g.** *C* 35. 9–10, awraham *pen fit*. **1346** *LlA* 133. *c.* **1400** *Ked AA* 15. **15g.** *LGC* 333, Oes Abra'm *benfydd*; oes hydd, a Sem. **p. 1584** G. ROBERT: *GC* [340], Dyddawch fair loewgrair oleugred . . . / . . . / mae'r *penphydd* dofydd dwyfawl gidathi. *c.* **1672** *LBS* iv. 435, Mwrrog *benn ffydd*. **p. gair:** *hint*. **1657** *MLl* ii. 121, Wele, Ddyn *ben gair* ith helpu. *c.* **1730** *Thos. Lloyd D* (LlGC) 190a, *pen gair*, a hint. **[1740]** D. LLWYD: *YDD* 138, Ni wnaf y pryd hyn ond yn unig roddi *pengair* (*I shall only hint*) o Sailwaith Sgrythur sydd gennym amdano. Ar lafar yng ngogledd Cered., D. J. EVANS: *HCS* 129, *DOPG* [ii], 25. **p. glin,** gw. *pen-glin*. **p. y golwg:** *viewpoint; horizon*. **1896. p. gorllanw:** *high tide, high-water mark*. **1803** *P*, gorllanw . . . *pen gorllanw*, high-water mark. Ar lafar yn Arfon, 'Mae hi'n *ben gorllanw*', *WVBD* 160. **p. gwaith:** *the part* (*of a coalmine*) *which is on the surface*. Ar lafar ym Morg., *Geir Glo* 1. **p. gwely:** *head of a bed; tester or canopy of a bed*. **14g.** *BT* (*RB*) 50, A'r cledyf a'r daroed idaw y dodi ar *pen y wely* a'e wayw is y draet. **1725** *SR*, *pen-gwelŷ* d.g. *tester*. **1770** *W* d.g. *a bed's head*. **p. gwregys:** *buckle, also as a device in her.* **14g.** *YBH* 38b, ae gymryt [gwregys] ae wneuthur yn redecuagyl . . . a *ffen y gwregis* yny llaw. *Diw.* **16g.** *Bangor* 5943, 102, Buled arian a bend Sabl 3 *ffen gwregys* arian yn y bend. *c.* **1730** *Thos. Lloyd D* (LlGC) 191a, *pen gwregys*, fibula. *Bot.* **pennau'r gwŷr:** *ribwort plantain, rib grass, Plantago lanceolata; creeping cinquefoil, Potentilla reptans*. **1632** *D* (*Bot*), *pennau'r gwŷr*, vid. Llwyn hidydd. **1725** *SR* (*Bot*) d.g. *cinquefoil*. **[1783]** *W* d.g. *ribwort*. **1813** *WB* 226. **pen (yr) heol:** (i) *end of the road, place where a minor road joins a major one*. **1837.** Ar lafar yng ngogledd sir Gaerf., ''Odd *pen heol* ffarm bach yn dod mas i ganol y rhiw 'ma'. (ii) *vulgar, coarse, artless*; ?*itinerant*. **1839.** Digwydd hefyd yn y ff. *pen yr heolydd*. (iii) *the land bordering on the roadway in the middle of a coal-stall*. Ar lafar ym Morg. a Chaerf. yn y ff. *pen rewl*, *Geir Glo* 26. **(y) p. hwnt:** (*the*) *furthest point*. **1850.** Ar lafar ym Morg. **pennau hwya(i)d,** gw. *penhwyad*. **pen iau:** *the strongest ox in a team, fig.* **15g.** *GTP* 27, Pwy a wnaeth ond ein *pen iau* [am Ruffudd Fychan]. **15g.** *GGl*[2] 9, Nid gwaeth Mathau, *ben-iau* budd, / Er ei gost, aerau gystudd [i Fathau Goch]. *id.* 221, Ponid wyd flin ym min Mai, / *Pen-iau* flaen (Pwy na flinai?) [i Siancyn Hafart]. **15–16g.** *TA* 295, Pwy, er llenwi'r perllannau, / Yn impio'n well no 'm *pen iau* [Rhys ap Maredudd]. **p. yr iau:** *the end of the yoke*. **13g.** *LlI* 86, Dynawet guryu . . . hyt e dyd e dotter adan *pen yr yeu*. *id.* 97, O deruyd bot ych en glaf . . . yaun yu e'r perchennauc kynnal *pen er yeu*. **p. isaf:** (i) *the lower end*. *c.* **1700** E. LHUYD: *Par* i. 21, wrth *ben isa'r* dre. Mae *Penisa'r-waun* yn bentref ym mhlwyf Llanddeiniolen, sir Gaern. (ii) *the 'lower end' of a cottage, usually the parlour but sometimes the kitchen or living-room*. **1897.** Ar lafar yng nghanolbarth a godre Cered., sir Benf., a'r De, *GDD* 220, *TGG* (1907–8) 82. Digwydd hefyd am ran isaf tŷ hir, *Folk Life* ii. 79. **p. i waered:** *upside-down*. **1934. p. lan:** *rope connecting the end of a net to the shore*. Ar lafar ymhlith pysgotwyr afon Conwy, J. G. JENKINS: *NC* 254, *B* xxv. 53. **p. llad,** gw. *penllad*. **p. llathen:** (*with neg.*) (*not*) *all there*, (*not*) *fully responsible*. **1881** D. OWEN: *D* 158, Yr oedd gan Mr. Jenkins was, yr hwn oedd yn weithiwr medrus, ond na chyfrifid ef gan bawb yn *ben llathen*. Ar lafar yn Arfon. Cf. *llawn—yn ll.* (*pen*) *llathen*. **p. llanw,** gw. *penllanw*. **p. llinyn,** gw. *penllinyn*. *Adar.* **p. y llwyn:** *mistle thrush, Turdus viscivorus*. **18–19g.** *Llr* C 25, 329, the missel bird, in Welsh *pen y ll*[*wyn*,] master of the bush. Ar lafar yn y Gogledd, H. E. FORREST: *FNW* 68. **p. marbl deri:** *stupid person, idiot*. Ar lafar yn nwyrain sir Gaerf. **p. mawr:** *hangover*. Ar lafar yn gyff., 'Ma ginni andros o *ben mawr* ar ôl noson yn y Llew'. Clywir hefyd y ff. chwareus *penmaen-mawr*. **pennau mawr(ion):** (*self-*)*important people*. **1777** E. ROBERTS: *DG* 36, Mae rhai duwiol Ynghymru ac yn Lloegr / . . . Wel dim lliwied nid oes mo 'r llawer / darfu ir *penê mawr* wneud y gwyn yn wyrdd / iawn ildio i ffyrdd duwiolder. *id.* 61, bod hwŷ [y ladis] mewn cilwg yn ofni 'n i Calon / y gwnaen toc ymorol am *bene mawrion*. **1787 (1812)** TWM O'R NANT: *PG* 9, Mae pleser balchder hynod, / Am osod *penau mawr*. / A phleser cybydd fyddai cobio, / Neu lusgo rhai'n i'r llawr. **pen medi:** *the last tuft of corn from the field which was tied up as a target for people to throw reaping-hooks at*. **1870–2** *LlAB* 38, Yr oedd genym fedel o bump ar hugain yn un llinyn . . . ar ddiwrnod tori y *pen medi* . . . Rhwymwyd y *pen medi* i fyny, ac yna yr oedd pob un i daflu cryman ato o ugain llath o bellter. Gw. hefyd *caseg—c. fedi, c. ben fedi, poten—p. pen fedi*. **p. meipen:** *blockhead*. Ar lafar yn Arfon, *WVBD* 419. **p. melfed:** *reedmace, Typha*. **1632** *D* (*Bot*), ffynwewyr y plant . . . *pen melfed*. **p. melyn (yr eithin):** *yellowhammer, yellow bunting, Emberiza citrinella*. **1908.** Ar lafar ym Morg. Gw. hefyd *penfelyn*. **p. (y) mis (mawr):** *communion Sunday*. **1815** *Seren Gomer* ii. 84, yr arfer y cyfeirir atti a elwir Cadw *Pen y Mis Mawr*, y pryd y mae rhyw liaws mawr o bobl ieuangc a chanol oed yn cynnull o bell i ryw dŷ cyfarfod yn y borau, ar gwrdd cymmun y lle, ac yn ol i'r cwrdd fyned heibio yn myned i'r tafarn-dŷ nesaf i fwyta ac yfed, a meddwi. Ar lafar ym Morg., 'Mae'n *ben mish* Dy' Sul nesa'. **p. mochyn:** *brawn*. Ar lafar ym Meir., *Geir Geg* 34. *Swol.* **p. y fôr-forwyn:** *sea urchin, Echinus*. **1753** *ML* i. 256, They have odd names here [Cardiganshire] for shell fish . . . *pen y for forwyn*. **1754** *id.* 319, Digrif llythyr Pennant ar fossils. What you call a tortoise is of y[e] echinae kind, *Pen y for forwyn*. *id.* 326, Sôn am gregin y mor . . . He [Lister] hath but forty-one kinds reckoning *pen y forforwyn* (echinus), etc. **p. na chwt = p. na chynffon.** Ar lafar yn ne-ddwyrain Morg., 'eb *ben na chwt* i'r stori'. **p. na chynffon:** (*neither*) *head nor tail, beginning nor end*, (*no proper*) *sense*. **16g.** *YT* 69, ni welaint twy na *ffen na chynffon* vn gleishiad. **1617** R. PRICHARD: *CE* [11], Ny aid wabar *ben na chynffon*, / Hîr yn helw'th plant ath wyron. Ar lafar, ''Toes na *phen na chwmffon*', 'heb na thin na *phen na chwmffon* nac ochor', *WVBD* 419. *Bot.* **p. (y) neidr** (ll. *pennau nadroedd*): *herb robert, Geranium robertianum; common dog violet, Viola riviniana; fritillary, snake's head, Fritillaria meleagris*. **1813** *WB* 225, *pen y neidr*, viola canina; Dog's Violet. Ar lafar yn Arfon yn y ff. *pen neidr* yn yr ystyr 'coesgoch, *Geranium robertianum*', *WVBD* 419. **p. o bres,** gw. *p. pres*. **p. o dir,** gw. *pentir*. **p. o draed:** ?*with head under feet, head first, headlong*. **13g.** *A* 20. 17–18, dygwydaw an gwyr ny *penn o draet*. *c.* **1300** *H* 52a. 8, yd kwytynt pennawr *penn odraed* (Cynddelw). *id.* 56a. 20, trachwytynt *benn o draed* (Cynddelw). **p. ôl,** gw. *pen-ôl*. **p. pastwn:** *of inferior status* (*of poets, &c.*). **1592** S. D. RHYS: *Inst* 304, Datceiniad, *Penn Pastwn*, a elwir yr vn a fô ynn datcânu heb Fedru ddim cany Tant 'ihunan, a hwnnw a ddyly sefyll yn nghenawl y Neuadd, a churaw 'i phonn, a chanu 'i gywydd nai 'i Owdl gydâ'r dyrnodieu. **1653** (**18g.**) *Pant* 8, 34, yn gwneuthur Munudynnau Beirdd *pennpastwn*. **1876** I. BRYDYDD HIR: *Gw* 108, Nid ymddengys y pryd hwn pwy oedd y crachfardd *pen pastwn* Tomas Llwyd. **p. pentan:** ?*at the fireside*. **1688** S. HUGHES: *TSP* 155, Angel Pen ffordd, Diawl *pen pentan* (*A Saint abroad, and a Devil at home*). Ar lafar yn y dywediad 'Angel pen ffordd a diawl *pen pentan*', M. WILIAM: *DY* 23. **p. pìn:** *pin-head*. **1771** *PDPh* 30, o faintioli *pen pin*. **p. pop:** *an empty head*. Ar lafar yn ardal Brynaman, 'Ma' *pen pop* 'da fe'. **p. praffaf:** *thicker or wider end, fig. greater part, majority*. *Diw.* **16g.** *WLB* 9, kymer ŵy iâr a gwna dwll yn y *penn praffaf* iddo. **p. praffaf y ffon:** *the thicker end of the stick, fig. advantage, 'upper hand'*. **1895** D. OWEN: *SP* 141–2, Aeth y ddau yn bartneriaid—un gyda gwybodaeth a'r llall gydag arian. . . . Yn y bartneriaeth yr oedd *pen praffaf y ffon* yn llaw y wybodaeth. Ar lafar, ''Rodd *pen praffa' y ffon* yn 'i law o', *WVBD* 442. **p. pres, p. o bres:** *a head made of brass believed to have magical powers, esp. of prophecy and speech, also fig.* **15g.** *DN* 78, A *ffen pres* ni chyffesswn / Er yn vab arnaf a wnn. **15–16g.** HYWEL RHEINALLT: *Gw* 94, Aros yr wyf mewn oerwynt, / Aros gair y *pen pres* gynt. **16g.** *WLl* 121, Pwy n prisio mawl *pennpres* Mon [marwnad Siôn Brwynog]. **16–17g.** *GST* i. 546, Rhys fal hobi hors a fydd, / . . . / . . . / *Pen pres* ar bob rhodres rhydd, / A thafod o waith efydd. / Ac er bod tafod difiog / Mwyn yw ei grwth, myn y grog [i roi Rhys Grythor]. **17g.** *IICRC* iii. 13, pettay genny *ben o bres*, / ni byddwn nes yw Kyfri. **1762** T. WILLIAMS: *HHO* 67, Nhw wyddont well na'r Ffreiers ffyliad, / A wnaeth *Ben prês* i'r Diawl i siarad. **1768** TWM O'R NANT: *CTh* 52, A phe dweudid tra dalie *Ben o Brês*, / Ni fydd rhai ddim nês i goelio. **p. punt, (a) c(h)ynffon (d)dimai:** *a person who tries to appear richer than he really is*. Ar lafar yn y Gogledd, '*pen punt, cwmffon ddima*' 'grand bonnet, ragged shoes', *WVBD* 306. **p. punt a llosgwrn dimai = p. punt, cynffon dimai.** **1620** *Mos* 204, 140, *Pen punt a llosgwrn dimau*. **1653** *MLl* i. 184, Aros dippyn. Mi welaf mai diharebwr wyti . . . *Pen punt, a llosgwrn dimme*. **p. pwll:** (i) *pit-head*. **1864.** Ar lafar ym Morg., y Parlwr Du, sir Ffl., a Rhosllannerchrugog, *B* viii. 220, *Geir Glo* 1. **p. bwy gilydd:** (i) *from one end to the other, from end to end, from beginning to end, from start to finish; on end* (*of time*), *without pause*. **1833.** Ar lafar yn Arfon, 'Cymru *bembwygilydd*', *WVBD* 418. (ii) *helter-skelter; at loggerheads; mixed up*. Ar lafar yn Arfon, 'mynd i lawr yn *bembigilydd*', 'y ddwy blaid yn mynd *bembigilydd*', *WVBD* 418; ac yn ne-orllewin sir Gaerf., 'Ma'r cwbwl *bemboigili*', *TGG* (1907–8) 82. Gw. hefyd *o b. pwy gilydd, pentigilydd*. **p. rwden:** *a stupid person*. Ar lafar yn Arfon, *pen rwdan*, hefyd yn y ff. *pen rŵd*. **p. rhaith,** gw. *penrhaith*. **p. rhaw:** *blade of a spade, also the name of an air and of a metre; spade* (*playing-card*). **1604–7** *TW* (*Pen* 228), *pen rhaw'n* y cardiæ d.g. *vomerculus*. **1716–18** *Llsgr R. Morris* 66, Enwa Mesura . . . *pen rhaw*. *id.* 69, Dyriau a wnaed i sir Griffith . . . ar y mesur *pen rhaw*. **1794** E. JONES: *MPR* 165, *Pen Rhaw* [:– D[r]. Rhys's Grammar makes mention of a Bard named Gruffydd *Ben Rhaw*. and probably this Tune was Composed about the beginning of the Fifteenth Century, or at least acquired this title at that time]. Am y mesur gw. J. MORRIS-JONES: *CD* 312. **p. rheffyn:** *uninterrupted* (*sequence* (*of discourse*)). **1798** W. JONES: *LlG* 110, 'Run peth yw rheg ran pwyth yr hawl, / A gweddi *ben rheffyn* gan ddyn a fo'n ddiawl. Ar lafar ym Morg., ''Rodd a'n wilia un *pen reffyn*'. **p. rhydd:** (i) *free hand, free run, freedom*. Ar lafar, ''Ches i ddim *pen rhydd* o gwbwl', *WVBD* 420; 'Mae'n bwysig rhoi *pen rhydd* iddo'. (ii) *loose head* (*in rugby*). **20g.** (iii) (*see quotation*). **1875.** Ar lafar yn Arfon. Cf. *WVBD* 420, The face of the rock (clogwyn) where blasting is carried on is divided into so many lengths (lled bargan). At one end the rock is cleared of rubble, etc., so that operations can be carried on from the side instead of from the front. This end is called '*pen rhydd*'. When the first length has been opened the same operation is carried on with the second length, and so on, but in these cases the end is called 'ochor rydd'. Gw. hefyd *penrhydd*. **p. saeth:** *arrowhead*. **1604–7** *TW* (*Pen* 228), *pennæ saethæ* d.g. *laureolum*. **p. set:** *the* (*very*) *last minute; just on* *time; high time.* Ar lafar yn y Gogledd, 'Roedd hi'n *ben set* arna' i'n cychwyn', 'Mae hi'n *ben set* i chi fynd', 'Pan gyrhaeddais i yno 'roedd hi'n *ben set*'. Cf. T. H. PARRY-WILLIAMS: *Ll* 47, ar y funud olaf, neu ar *ben-set*, fel y dywedir. **p. sglefr:** (ll. *pennau sglefr*): *bald head.* Ar lafar yn Arfon. *Bot.* **p. siarad:** *yellow rattle, Rhinanthus. Diw.* 19g. *SE MS* 362a, *pen siarad*, yellow rattle . . . (Penllyn). Ar lafar ym Mhenllyn. **p. stryd:** *vulgar.* Ar lafar yn y Gogledd, 'siarad *pen stryd*'. **p. swllt a chalon bunt:** *quick short-lived temper followed by a readiness to help.* Ar lafar yn ne-ddwyrain Morg., 'Er 'i fai i gyd, *pen swllt a chalon bunt* sy' ginto'. **p. y daith (ei daith, &c.):** *journey's end, also fig. death.* 1764 W. WILLIAMS: *Th* 5, Fath greigydd serth a ddringodd, cyn myn'd i *ben ei daith*. **p. talar:** *headland (of field), also fig.* 14g. *GDG*[3] 176, Tant rhwyd a fwriwyd o fâr, / Telm yw ar lethr *pen talar*. 15g. *LGCD* 30, Ba dai yn bum dis, / Sy hwnd fal Sandwis? / Bonid tai Elis / Ar *ben talar?* 1620 *Mos* 204, *Pentalar* ar gam. 1778 J. HUGHES: *BB* 369, Tir gweynydd, tua 'r gwanwyn, / *Pen talar*, branar a brwyn. Ar lafar yng ngogledd Cered., 'wedi cyrradd *pen 'i dalar*' (am farwolaeth). **p. ei dennyn (ei thennyn, &c.):** *end of one's tether, fig.* 1885 D. OWEN: *RL* 40, daeth Robert yn fuan i *ben ei denyn*, ac aeth ei hanes, o dipyn i beth, yn ddiflas. Ar lafar ''Roedd ar *ben 'i dennyn*', 'cyrradd *pen i dennyn*'. **p. teulu,** gw. *penteulu.* **p. tir,** gw. *pentir.* **p. y domen:** *top of the heap of rubble in a quarry.* Ar lafar yn ardaloedd y chwareli. **p. top:** *pit-head.* Ar lafar yng ngorllewin Morg., *Geir Glo* 1. **p. tost:** *headache.* Ar lafar yn y De, *LGW* [212]. **p. twyn:** *pit-head.* Ar lafar yng ngorllewin Morg., *Geir Glo* 1. **p. (y) tŷ:** (i) *roof.* 15g. *AL* i. 576, pop prenn agynnhalyo *penn y ty.* 1567 *TN* 39a. 1774 *W*, cîg-eidion *pen tŷ* d.g. *beef, hung beef.* 1803 *P.* Ar lafar yng nghanolbarth a godre Cered. Cf. *llysiau—ll. pen tai.* (ii) *a house without land, as found in a town or village.* Ar lafar ym Mhenllyn a rhannau o sir Ddinb., 'Mi roddodd i fyny ffarmio a mynd i fyw i *ben tŷ*', '*penne tai*'. Digwydd hefyd yn y ff. *penty.* Gw. hefyd *penty.* **p. tymor:** *end of season, also fig.* 1780 *W*, Dyddiau *pen tymmor* d.g. *quarter-day.* Ar lafar, *WVBD* 558–9. **p. tyn:** *tight head (in rugby).* 20g. **p. uchaf:** (i) *top end, upper end.* 1803 *P.* (ii) *the 'upper end' of a cottage, sometimes the parlour, sometimes the kitchen or bedroom.* 1916. Ar lafar yng nghanolbarth a godre Cered. ac yn sir Gaerf. yn yr ystyr 'parlwr', *Cymru* xxxiv. 121, *TGG* (1907–8) 107; yn ne-orllewin sir Gaerf. ac ym Morg. yn yr ystyr 'cegin', *id.* 82. **p. yng nghad:** *at loggerheads, in dispute.* 1732–3 J. OWEN: *GB* 80, a dodi Dynion eraill *ben ynghâd* a'u gilydd. 1788 J. THOMAS: *CS* 153. Ar lafar yn ne-ddwyrain Morg. yn yr ystyr 'mewn anhrefn llwyr', 'Ma'r tŷ *ben yng ngæd*'. **p. yn erfid,** gw. *erfid—pen yn e.* **p. (yr) ysgwydd:** *(top of (the)) shoulder.* c. 1400 [*RB*] *WM* 238, 5–6, dyret titheu adot dy law ar *penn vy ysgwyd* i. c. 1400 *YCM*[2] 60. Ar lafar yn y Gogledd yn yr ystyr 'palfais o borc', *Geir Geg* 76; a hefyd yn yr ymad. 'codi *pen 'sgwydda*' 'dangos balchder'. **a'i b. iddo (a'i phen iddi, &c.):** *to ruin, in ruins, also fig.* 1835. Ar lafar yn Arfon. **a'i b. i lawr:** *upside-down, topsy-turvy.* Ar lafar yn sir Ddinb., ''Roedd popeth yn y stafell *a'i ben i lawr*'. **a'i b. dano (a'i phen dani, &c.):** *head first, headlong; fig. to ruin.* 15g. *Glam Bards* 318, Pan el arno ag nas gallo / drysgyrch neu ddwy gadw ei gyfrwy / Gorfod cwympo *ai ben dano* / Rhedeg a wna hwnt ag ymma (Rhys Brydydd). 1849 (1878) W. REES: *LlHFf* 59, pob un o'i dwaredwrs nhw chwedi mund *a'u pene danun.* **a'i b. dan ddŵr:** *in trouble, going through a rough patch.* Ar lafar, *WVBD* 107. **a'i b. (a'm p., &c.) wrth y post:** *tied down, restricted as to movement, ?all alone.* 1734 *ML* (Add) 855, I ddywedyd i chwi'r gwirionedd, myfi a fûm yn hir ac yn faith yn syn-fyfyrio pa beth a wnawn ac a gawn i'm difyrru fy hun, gan fy mod yn byw'n unig-fath, *a'm Pen wrth y Pôst.* Ar lafar yn Arfon, ''Dw i wedi bod yn fan 'ma trw'r dydd *a 'mhen wth y post*' 'I have been here all alone all day', *WVBD* 439. Cf. D. OWEN: *EH* 81, Am unweth . . . yr eis i dy Mrs. Price i gael paned o dê, ydach chi'n edliw hyny i mi . . .? Ydach chi am i mi fod *a'm mhen wrth y post* ar hyd y blynydde? **a'i b. ynddo:** *fallen in.* Ar lafar yn y Gogledd, 'tŷ *a'i ben yno*' 'a house with the roof fallen in'. *WVBD* 419. **a'i b. yn ei blu(f) (a'u pennau yn eu plu(f), &c.):** *disheartened, depressed, dejected, crestfallen.* 1850. Ar lafar, cf. D. OWEN: *S* 68, Yr oedd naill ai yn rhy synwyrol, neu ynte yr oedd y brofedigaeth yn ormod iddo allu dywedyd llawer; ond aeth adref *â'i ben yn ei blŷf.* **a'i b. (a'u pennau, &c.) yn y gwynt:** *heedless, carefree, irresponsible, harebrained; dreamy; haughty.* c. 1730 *Thos. Lloyd D* (LlGC) 144b, *Ai ben yn y Gwynt*, harebrain'd. 1776 H. JONES: *GC* 81, Mi 'nillais fawr Gariad drwy 'r Hollwlad ar Hynt, / Wrth ddilyn Cympeini, am *pen yn y gwynt.* Ar lafar yn gyff., '*a'i ben yn y gwynt*' 'irresponsible, harum-scarum', *WVBD* 419. **ar b.:** (i) *at an end, finished, completed; ?in extremity.* 14–15g. *DGG*[2] 140, A'r byd a ddigwydd *ar ben* (Gruffydd Gryg). 15g. *GTP* 40, Pei gwypai, pei bai *ar ben*, / Y câi arian plwy Corwen. *Dchr.* 17g. *J* 10, 124a, *ar ben*, at an ende. 1725–6 *Madd Ed* 229, y mae'r gwaith *ar ben.* 1751 *GIA* 17, bydd eu breuddwyd rhyfygus *ar ben.* Ar lafar, 'Mae nw'n meddwl bod y byd *ar ben* os . . .', *WVBD* 420; 'Mae *ar ben* arno fo'. (ii) *on (the) top of, at the top of; fig. excelling.* c. 1400 *R* 1045. 12–13, Stauell gyndylan nyt esmwyth heno. *arbenn* carrec hytwyth. 1588 *Ecs* xix. 20. 18–19g. R. DAVIES: *DB* 61, Llyfr nef a daear hefyd, / Llyfr *ar ben* holl lyfrau'r byd. Ar lafar, *WVBD* 420; '*ar ben* y grisia' 'at the top of the stairs', *id.* 419. (iii) *on (one's) head.* 14g. *GDG*[3] 130, Y mab llwyd wyneb mursen / A gwallt ei chwaer *ar ei ben.* 1588 *Salm* xxi. 3, gosodaist *ar ei ben* ef goron o aur coeth. c. 1762–79 W. WILLIAMS: *P* 469, [g]osod y mitr *ar ei ben.* (iv) *on (one's) head, said of guilt, responsibility, blessing, &c.* 15–16g. *TA* 126, Oes Enog, y sy yno, / *Ar dy ben* euraid y bo! 1588 *Jos* ii. 19, A phwy bynnac a'r a êl o ddryssau dy dŷ di allan, ei waed ef fydd *ar ei ben* ei hun, a ninnau yn ddiniwed: a phwy bynnac fyddo gyd a thi yn tŷ bydded ei waed ef *ar* ein *pennau* ni, o bydd llaw yn ei erbyn ef. 1588 *Salm* vii 16, Ei anwiredd a ymchwel *ar ei ben* ef ei hun. 1631 O. THOMAS: *CC* 121, bydded y bai *ar dy ben* dy hûn. (v) *by (the side of), near to, close by, in, at.* 1752 *ML* i. 201, Dyma fi wedi hanner fy nihenyddu fy hun, drwy fod yn sefyll *ar ben* y ffordd fawr dros bedwar diwrnod or untu. Ar lafar, '*ar ben* ffair' = in or at a fair, *GDD* 219; 'Mae hi *ar ben* stori pawb' 'Mae hi'n destun siarad i bawb', '*ar ben* cae' 'wrth ei waith yn yr awyr agored', '*ar ben* hewl' 'yn gwastraffu amser wrth siarad ar y ffordd', 'eistedd *ar ben* y tân', 'tŷ gormod *ar ben* hewl'. (vi) *after, at the end of (time or place).* c. 1400 *MM* 110, *ar ben* y seithuet dyd. 1567 *TN* 167a, *ar ben* [:– gwedy] wyth diernot. 1604–7 *TW* (*Pen* 228), y llinyn ar plwm *ar ei benn* d.g. *perpendiculum.* c. 1730 *Thos. Lloyd D* (LlGC) 191a, *ar ben* ychydig, brevi. 1790 T. JONES: *TOS* 194, ei gartref sydd *ar ben* ei daith. (vii) *in addition (to), as well (as).* 15–16g. *GLM* 185, Dos ar Bowls, Tŷ Asa *ar ben*; / dysg ryfeilch wrth d'ysgrifen. *id.* 240, Gwna di'r Bowls gennyd, *ar ben*, / ac anturia Gaint hirwen. (viii) *about to, on the point of, on the verge of.* 1834. Cf. D. OWEN: *GT* 14, Pawb i'w le 'rwan reit diniwed, achos y mae nhw *ar ben* d'od o'r Eglwys. Ar lafar yn Arfon, 'Pryd mae 'i hamod hi [buwch]?' 'Mae hi bron *ar ben* 'i hamod', *WVBD* 10. **ar ei b. (eu pennau, &c.):** (i) *on end.* c. 1700 E. LHUYD: *Par* i. 33, Mae tair neu bedeir o gerrig *ar i penne* o vewn chwarter m. at y llan. *id.* 43, Mae karreg gwedi i chodi *ar i phen* ar vynydd Moelvre ycha. (ii) *straight (off), straight away, immediately, at once, in one (gulp); head first, headlong, downhill; exactly, precisely, definitely, unequivocally.* 1618 J. SALISBURY: *EH* 170–1, Ond nodi *ar ei ben* y naill ddiwrnod i'w gadw yn wyl, rhagor diwrnod arall. 1760 *W Ballads* 89, 8, I yrru Llid a chynfigen Or byd *ar ei ben.* 1773 *W* d.g. *endwise.* 1797 E. CHARLES: *EC* 34, d'wedyd fy mod yn myn'd *ar fy mhen* i uffern. Ar lafar 'Mi ath *ar 'i ben* i'r dŵr', 'atab cwestiwn *ar 'i ben*', *WVBD* 420; ''Odd e'n roi 'wp i chi *ar ych pen* mas i'r lôn'; 'Fe 'wedodd *ar 'i ben* wrtho fe', h.y. 'yn blwmp ac yn blaen'; 'Dyma fe, *ar 'i ben*' (wrth roi'r union arian); 'mynd *ar dy ben*' 'to go downhill'; 'Yf hwn 'lawr *ar 'i ben*'. (iii) *separately, individually, singly, on its own, by itself.* 1599 (1677) R. HOLLAND: *AB* 101, Pechodau a beiau argyoeddus amlwg . . . a ddyle-mi [*sic*] yn enwedig eu cyfaddef pob un *ar ei pennau.* 1701 E. WYNNE: *RBS* 75, mae ychydic betheu perthynol i bôb cyflwr *ar ei ben* yn neilltuol. c. 1730 *Thos. Lloyd D* (LlGC) 193a, pob peth *ar ei Ben*, every thing in particular. 1760 WLL: *SAC* 69, naill ai ynghŷd oll ar unwaith, neu bob ûn o honynt *ar ei ben.* **ar b. bore:** *first thing in the morning.* 1716 *Cymmunwr* 70, Nid oes neb . . . yn cymmeryd ei lawn Brŷd o Fwyd *ar ben Boreu.* 1761 *ML* i. 335–6, *ar ben boreu* Sadwrn. 1776 D. ELLIS: *HI* 100. Gw. hefyd *p. bore.* **ar b. ei ddigon:** *in clover, contented.* 1830. Ar lafar yn Arfon, *WVBD* 420. **ar b. (bennau) bysedd (fy mysedd, dy fysedd, &c.):** *at one's fingertips, fig., perfectly, absolutely.* 1604 R. HOLLAND: *BD* 6a, [y] Puwritaniaid . . . yn tybiaid i bod yn i reoli ef *ar bennau i busedd.* 1604–7 *TW* (*Pen* 228), *ar benæ'i vysedd* d.g. *advnguem.* 1656 (1745) *MLl* ii. 168, ac mae Pennodau 'r Bibl *ar Bennau dy Fysaidd.* 1797 B. EVANS: *CG* 238, yr oedd y geiriau hynny ganddo *ar ben ei fysedd* yn wastadol. **ar ei (dy, &c.) b. ei (dy, &c.) hun(an):** (i) *on his (your, &c.) own, by himself (yourself, &c.), by himself (yourself, &c.).* 1568 MORYS CLYNNOG: *AG* [iii], pob vn *ar i ben i hun.* 1618 J. SALISBURY: *EH* 72, ychwâneg o gynhorthwy i'r sawl y gweneler nhwy trosdynt, *ar eu pennau euhunain*: nag i rai eraill. c. 1730 *Thos. Lloyd D* (LlGC) 191a, *ar ei ben ei hun*, by himself. 1795 J. THOMAS: *AIC* 283–4. Ar lafar, *WVBD* 419. (ii) *separately, individually, singly, on its own, by itself.* c. 1585 G. ROBERT: *DC* 33b, ir oedd ef yn cymeryd dolur yn ei gallon am bob pechod *ar ei ben i hun.* 1595 *Egl Ph* 40, Pawb vn o'r hein 'eiriau yn neulltuol, ac *ar ei* [*sic*] *pennau ei h[u]nain*, a elwir Trawsymddwyn. c. 1730 *Thos. Lloyd D* (LlGC) 191a, *ar ben ei hunan*, by it self [*sic*], discretim. 1759 T. THOMAS: *WWDd* 201, y mae Mabwysiad yn weithred neulltüol *ar ei phen ei hun.* 1803 *P*, pen . . . Dyro hyn *ar ei ben ei hun*, put this by itself. Ar lafar, 'Mae'r gerdd yma mewn dosbarth *ar 'i phen ei hun*'. **ar b. ei draed (fy nhraed, &c.):** *on one's feet, standing, also fig.* Ar lafar yn Arfon, '*ar ben fy nhraed* yn smwddio trw'r dydd'. **ar b. ychydig:** *in a (little) while.* 1551 W. SALESBURY: *KLl* xlvb, Ieshu a ddyuot wrth eu ddiscipulon, *ar ben ychydic* nym gwelwch a thrachefyn *ar ben ychydic* a chwi am gwelwch. c. 1730 *Thos. Lloyd D* (LlGC) 191a, *ar ben ychydig*, brevi. 1751 *GIA* vii, *Ar ben ychydig* y dywaid dy gyfeillion am danat Efe a fu farw. **i'r pen:** (i) *very, extremely.* 1874. (ii) *to the worst, to the 'crunch'.* Ar lafar, 'Os aiff pethau *i'r pen*, bydd rhaid meddwl eto'. **i b. da:** *to a good end, for a purpose.* 1567 *TN* 169b, bot Dew yn troi y trwbleu, y gorthrymdereu, erlidieu, carchareu, a' thentasioneu yr ei ef, *i ben* da. *Dchr.* 17g. *J* 10, 124a, *i ben da*, to a good ende. **o'i (o'th, &c.) b. a'i (a'th, &c.) bastwn ei (dy, &c.) hun(an):** *through one's own efforts, on one's own initiative, off one's own bat.* Ar lafar yn gyff., *WVBD* 415. **o b. i b.:** (i) *by word of mouth, orally.* 1740 T. EVANS: *DPO* [vii], am na fedrent air ar lyfr, na darllen na Sgrifennu: Ac felly nid all fod yr Hanes a roddant hwy ond *o ben i ben*, a chwedl gwlad. 1774 *W*, Ni wn i mo hono ddim ond a glywais i *o ben i ben* d.g. *by hear-say.* (ii) *from one end to the other.* 1913. **o'r p. i'r traed, o'i (o'th, &c.) b. i'w (i'th, &c.) draed:** *from head to foot.* 1771 *W*, *o'r pen i'r traed, o'i ben i'w draed* d.g. *cap-a-pie.* **o b. (o'r p.) bwy gilydd:** *from end to end, from one end to the other, from beginning to end, from start to finish.* 14g. *GDG*[3] 294, Yn aur *o'r pen bwy gilydd* [i ferch]. 1547 *WS*, [xxii], ir neb a chwenych ddarllein y llyfer *or pen bwy gylydd.* 1588 *2 Br* x. 21, llawnwyd tŷ Baal *o ben bwy gilydd.* 1632 J. DAVIES: *LlR* 24, treulio 'r dydd *o'r pen bwygilydd.* 1710 T. WILLIAMS: *AF* 25, Eglurhau 'r matter . . . yn bennodol ac *o benbwygilydd.* c. 1730 *Thos. Lloyd D* (LlGC) 191a, *o ben bwy gilydd*, from end to end. 1733 T. EVANS: *PP* 202, dyna Athrawiaeth y Bibl *o ben-bwygilydd* ohono. 1784 M. WILLIAMS: *S* i. 209, *o ben bwy-gilydd* i'r wlad. 1790 T. JONES: *TOS* v. Cf. *B* vi. 48, o'r pen y gilydd. Gw. hefyd *p. bwy gilydd.* **yn b. ac yn goron ar y cwbl, yn b. a choron ar y cyfan:** *capping it all, to cap it all, to provide (providing) the finishing touch.* 1937. **yn y p. draw:** *in the long run; when all's said and done.* 1852. **yn bennaf (dim):** *mainly, mostly, chiefly, most of all, above all (things), especially.* 13g. *HGK* 6, a chvynav urthav ef *en bennaf.* 1595 H. LEWYS: *PA* 53, yr hynn i ddoeddyt ti ym ymddigrifhau fwyaf ynthaw, ac yn i hoffi *yn bennaf* ar y ddayar. 1595 M. KYFFIN: *DFf* [75], Fal hyn *yn bennaf dim* (*specially*), y parodd Haman i frenin [diwyg.] Assuerus gassau enw a rhiwogaeth y'r [*sic*] Iddewon. 1632 J. DAVIES: *LlR* 21, os edrych ef yn vnig neu *yn bennaf dim* (*principally*) at y pennod. c. 1730 *Thos. Lloyd D* (LlGC) 190b, *yn bennaf dim* . . . above all things. 1770 *W* d.g. *above all, chiefly.*

Gw. hefyd **pennes, pennyn[1], uwchben, ymhen.**

pen[2], gw. **pan[1]**.

pen[3] [bnth. S. *pen*] *eg.* ll. *-nau, -s.* Pin ysgrifennu, ysgrifbin: *(writing-)pen.*

15g. *LGC* 319, Ni all *pen* ysgrivenu / A sonied am Siwan du. 1566 *Celtica* v. 18, Llyma law Gruffydd Dwnn ynn profi *penn* mywn llyfr . . Pann oedd oed Krist 1566 i profes i y *penn* yny mann hwnn yma o'r llyfr. c. 1585 G. ROBERT: *DC* [xxxii], [c]anfod y sawl feieu hynn, ai gwella ar *penn* wrth ddarllein y llyfr drosto. 1722 T. EVANS: *PS* [iv], [g]osod *pen* ar bapir. 1750 H. LLOYD: *PTNU* iv, [d]odi *pen* ar babur. Ar lafar yn gyff.

Cfn.: **pen ac inc:** *pen and ink.* 1810. **p. blaen ffelt:** *felt-tip pen.* 20g. **p. blaen ffibr:** *fibre-tip pen.* 20g. **p. pelbwynt:** *ballpoint pen.* 20g. **p. (y)sgrifennu:** *(writing-)pen.* 1604–7 *TW* (*Pen* 228), gwain *pennæ scriuennû* d.g. *calamarium.* 1759 W. WILLIAMS: *SFf* 115, cymeryd y *pen ysgryfennu* yn ei Law.

pen[4,5], gw. **pan[4,5]**.

pen-adeiladwr, pen-adeiladydd [*pen*[1] + *adeiladwr, adeiladydd*] *eg.* ll. *-adeiladwyr.* Pensaer: *architect.*

1770 *W*, *pen-adeiladydd* d.g. *architect.*

penadur [*pen*[1] + *-adur*] *eg.* (b. *-es*) ll. *-iaid*, (prin) *-(i)on*, a hefyd fel *a.*

(*a*) Rheolwr, pennaeth, arglwydd, uchelwr, pendefig, tywysog, brenin, teyrn, arweinydd, prif swyddog, llywodraethwr, llywydd, seneddwr, pennaeth (coleg, &c.), capten neu feistr (llong), hefyd yn *ffig.*: *ruler, chief, lord, nobleman, aristocrat, chieftain, prince, king, sovereign, leader, chief officer, governor, president, senator, principal (of college, &c.), (ship's) captain or master, also fig.*

13g. *MA*[2] 222a. 49, Tri araf pennaf *pennadurion* (Dafydd Benfras). 1346 *LlA* 46, ymae engylyon yn *bennaduryeit* yn lluneithaw y kyfureitheu ae deuodev. 14g. *Cy* xvii. 136, *pennaduryeit* y llys Nyt amgen y distein. Pengwastrawt Penhebogydd . . . Punt yw ebediw pob un o honunt. 14g. *BT* (*RB*) 136, wedy llad Henri uap Henri vrenhin a chann mwyhaf holl *bennaduryeit* y llogeu. c. 1400 *RB* ii. 298, Y gwr a dofhaassei holl *bennaduryeit* (*BT* (*RB*) 90, penaetheu) ynys prydein oe allu ae vedyant. **15g.** *DE* 35, by anach oer ban na chaid / *benadvres* boen diriaid. **1551** W. SALESBURY: *KLl* lxvib, Teyrn [:– *pennadur*, ne penswyddoc] pwy oedd ae vap yn glaf. **1567** *TN* 158a, tywysawc [:– pennaeth, *pennadur*] y byt hwn. **16g.** *Yst Kym* 67, a thri archyscoptu yn *benediriaid* [*sic*] ar y llaill. **1588** *Nu* xxxvi. 1, y *pennaduriaid* sef pennau cenedl meibion Israel. **1591** *Rhyddiaith Gymraeg* ii. 128, Siarles, Arglwydd Howard . . . Goruchel moroedd lywydd Lloegr, Ywerddon, a Chymbru . . . *Pennadur* ar foroedd. **1606** E. JAMES: *Hom* ii. 65, gan fod cenhadon Escob Rufain yn *bennaduriaid* o'r Cyngor . . . fe a gondemnwyd y Cyngor. **1632** *D*, *pennadur*, princeps, primas. *id.* dilledyn â gemmau porffor arno a wisgai *benaduriaid* Rhufain d.g. *laticlauia*. **1688** *TJ*, ymmerodres, *p[e]nadures*, &c. an Empress. **1775** *PHBA* d.d., William Smith, D. D. *Penadur* Y Coleg Yn Y Ddinas Honno. **1803** *P*.

(*b*) (enghrau. yn cyfeirio at Dduw, Iesu, &c.: *exx. with ref. to God, Jesus, &c.*).

14g. *B* v. 203, Eisted weithon ar deheu y Tat Duv yv kydwledychu ac ef . . . yn enrydedus megys *pennadur*. Canys mynych yv dodi y neb pennaf wedy yr argluyd ar y llav deheu. *c.* **1400** *R* 1197. 11–12, Keidw rat ysgrythur. kadarn *bennadur*. *Dchr.* **15g.** *GM* 10, Crist, *bennadur* cret, brenhin gogonet. **1567** *LlGG* 72b, Duw yr holl nerth a'r cedernit yr hwn wyt *penadur* a' rhoddwr pob daioni. **1567** *TN* 328b, gweddus oedd yddo ef . . . gysegru *pennadur* y cadwadigaeth hwynt trwy 'ovydiau. **17g.** HUW MORUS: *EC* ii. [276], Casâwn ein pechodau, sy'n rhwystro i'n calonau, / Gywiro ein penodau â'n *Penadur*. **1696** *CDD* 66, Trowch yn dra-phrysur, at Grist ein *pennadur*. **1778** J. HUGHES: *BB* 131, Anghredu gair eglur, Duw tad ei *benadur*, / Rhoi cred i'r creadur, wnae Adda'n bechadur. **1790** TWM O'R NANT: *GG* 35, Yn haeddiant Gwaed y gwir *Benadur*.

(*c*) Sofren (darn o aur bath): *sovereign (gold coin)*.

1821.

Fel *a.* Prif, pennaf, goruchaf; pendefigaidd: *principal, main, supreme, pre-eminent; noble.*

13g. *LTWL* 146, Ebedyw cuiusquam illorum qui sunt suydogyon *pennadur*. **13g.** **(1641)** *HGK* 31–2, Ef a anfones ugein swllt y eglwys Grist yn Dulyn . . . a chymeint a hynny y holl eglwysseu pennaf o Ywerddon . . . a'r gymeint y Ddineirth, ag y lawer o eglwysseu *pennaduraf* ereill. **13g.** *BD* 79, y Dunavt hvnnv . . . ac yr dothoed yn lle y uravt yn urenhin, A *phenhaduraf* oed heuyt yn enys Prydein. *c.* **1300** *H* 69b. 29–30, Clod wasgar aesgar eisgur gyuaruod gyuaruawc *bennadur* (Cynddelw). **14g.** *HMSS* ii. 257, Y gwr *pennaduryaf* hagen aoed y gyt ac ef. *c.* **1400** *RB* ii. 239, Bledrus tywyssawc kernyw y gwr aoed *pennaduryaf* ar yr ymlad hwnnw. *c.* **1400** *YCM*[2] 12, aeth Aigolant a'r brenhined, a'r gwyr *pennaduryaf* onadunt, yn lledrat, trwy fenestri. *id.* 37, Teir Eistedua Ebostolawl *bennadur* a ossodet yn y byt . . . nyt amgen, Ruuein, a'r Galis, a'r India. *ib.* o iawn dylyet y gossodet Ruuein yn *bennaduryaf* Eistedua Ebystyl. *id.* 192, gwisgaw arueu deu wr am y kadarnaf o'e wyr a'r *pennaduraf* o'r rei ieueinc. *c.* **1400** *B* xiv. 187, a'r athro *pennaduraf* . . . o'r geluydyt honno [nigromawns]. *Dchr.* **15g.** *id.* viii. 140, Mi a gyffessaf ry bechu ohonaf . . . yngkaryat. ac yn y pedeir nerth *pennadur*. **1604–7** *TW* (*Pen* 228), yn *bennaduriaf* d.g. *præcipue*.

Amr.: **peniadur** [*pen*[1] + *-iadur*]. *c.* **1300** *H* 23a. 38, *pennyadur* prydein prydest deilwg [Einion ap Madog i Ruffudd ap Llywelyn]. *Diw.* **15g.** *Pen* 67, 62. **1604–7** *TW* (*Pen* 228) d.g. *principalis* . . . *palatium principale*. **1803** *P*.

penaduraeth, gw. **penaduriaeth.**

penadurdod [*penadur* + *-dod*] *eg.* Llywodraeth, teyrnasiad, rheolaeth, penaduriaeth: *government, rule, sovereignty.*

18–19g. *B* xiv. 111, Ym mlwyddyn lai nog ugeint O *Bennadurdawd* Tiberius Caisar. **18–19g.** *MA* ii. 471, Ifor a aeth i Rufain lle y bu farw gwedi cynnal *Penadurdawd* ar y Bryttaniaid wyth mlynedd ar hugain.

penadures, gw. **penadur.**

penaduriaeth, penaduraeth [*penadur* + *-(i)aeth*] *eb.g.* ll. *-au.* Penaethiaeth, pendefigaeth, brenhiniaeth, tywysogaeth, sofraniaeth, goruchafiaeth, uchafiaeth, awdurdod, rheolaeth; gwladwriaeth sofran, dominiwn, ymerodraeth: *chiefdom, chieftainship, monarchy, principality, sovereignty, supremacy, pre-eminence, authority, rule; sovereign state, dominion, empire.*

14g. *BY* 59, ymladawd Iulius a Phompeius, a gwedy y vvdygolaeth y kynnhelis ef *pennaduraeth* chwe mis a their blyned. **14g.** *BT* 1, iuor vab assan . . . nid megys brenin namyn megys tywyssawc . . . agynhelis *pennaduryaeth* ar y brytannyeid. **14g.** *SC* viii/ix. 184, bagyl iessu. ar archescob pennaf yn y wlat honno a geiff y creireu hynny. megys arwyd *pennaduryaeth* yw. *c.* **1400** *YCM*[2] 37, Megys y rodes Duw *pennaduryaeth* o'e gedymdeithas ac o'e gyfrinacheu, nyt amgen y Bedyr a Iago a Ieuan, yn ragor rac ebystyl eraill. **15–16g.** LLAWDDEN, &c.: *Gw* 146, Ple daeth *penaduriaeth* dwys? / Pa bryd? Pwy o baradwys? **1588** *B* ii. 200, Prelatieit a ddylyant eu moli o *benaduriaeth* eglwyssic. **1604–7** *TW* (*Pen* 228) d.g. *hierarchia, monarchia*. **1675** R. DAVIES: *PY* 47, [P]âb Rhufain yn ddilynwr iddo yn y *bennaduriaeth* ddychmygol honno. **1688** *TJ*, ymmerodaeth, *penaduriaeth*: an Empire. **1711** M. MAURICE: *YAD* 37, ei rym ae *benaduraeth* ef. **1732** *AABI* 16, [Ll]ew Coronig yn rhuo am yr amser presennol, am fod ganddo y *Pennaduriaeth* (**1782** *AABI* 15, [ll]ywodraeth) o bob gweithred. **1784** M. WILLIAMS: *S* i. 46, Archdeyrnasiad, neu *benaduriaeth* Brydain-fawr, sy wedi ei sylfaenu ar drefn . . . sy'n sicrhau rhyddid i bobl. **1803** *P*, *penaduriaeth*. s. m. pl. t. *au*, pre-eminence, sovereignty, supremacy.

Amr.: **penadwriaeth** [cf. *henadwriaeth*]. **1791** DAFYDD DDU: *A* 24. **1792** *HWS* 45.

Cfn.: *Egl.* **penaduriaeth Pedr:** (*eccl.*) *Peter's primacy*. **1632** *D*, pennaduriaeth . . . *Pennaduriaeth Pedr*, primatus Petri. **1764** DEWI NANTBRÂN: *SAG* 70, [*P*]*ennaduriaeth* St. Petr. *Egl.* **p. y Pab:** (*eccl.*) *papal supremacy*. **1606** E. JAMES: *Hom* ii. 71, anghywiro y Cyngor cyntaf o Nicæa, am *bennaduriaeth* (*supremacy*) *y Pab*.

penaduriaethol, penaduriaethiol [*penaduriaeth* + *-(i)ol*] *a.* Sofran: *sovereign*.

1820.

penadurol [*penadur* + *-ol*] *a.* Sofran, goruchaf; tra-arglwyddiaethol, unbenaethol, mympwyol: *sovereign, supreme; domineering, dictatorial, arbitrary.*

1711 M. MAURICE: *YAD* 38, Pa fodd y mae Duw'n cyfrannu ei Allu ae Bennaduraeth? Trwy wneuth[u]r creaduriaid Galluog, a rhoddi iddynt derfynol a *phennadurol* Arglwyddiaeth.

penadwriaeth, gw. **penaduriaeth.**

penadynod, *ff. l.*, gw. **pendduyn.**

penaddurn [*pen*[1] + *addurn*] *eg.* Addurn i'r pen; crest (ar helm, hefyd mewn her.): *ornament for the head; crest (on helmet, also in her.).*

1814.

pen-aerwr [*pen*[1] + *aerwr*] *eg.* ll. *-wyr.* Pen-ymladdwr, prif filwr: *chief warrior or soldier.*

1842.

penaethaf: penaethu [bf. o'r e. *pennaeth*] *bg.* Gweithredu fel pennaeth, rheoli: *to act as a chief, rule.*

c. **1300** *H* 83a. 11, kymhenddreic penn eic yn *pennaethu* [Gwynfardd Brycheiniog i'r Arglwydd Rhys]. **18–19g.** *Llr* C 63, 26, A'r achos oedd i Rodri beri talu'r cedau hyn oedd fal na chaent le i *benaethu* y naill ar y llall. **1803** *P*.

penaethaidd, penaethiaidd [*pennaeth* + *-(i)aidd*] *a.* Tebyg i bennaeth, tywysogaidd: *chieflike, princely.*

Dchr. **14g.** *H* 112b. 36, pwy wr *pennaytheid* geneu (Llywarch Llaety). **1604–7** *TW* (*Pen* 228), *penaethieidd* d.g. *principalis*.

penaethes, gw. **pennaeth.**

penaethiad[1] [*pennaeth* neu fôn y f. fl. + *-iad*[1]] *eg.* Goruchafiaeth, penaethiaeth, arglwyddiaeth: *supremacy, chiefdom, lordship.*

1595 M. KYFFIN: *DFf* [29], n[i] chai Escob yn y byd mo'i henwi yn Escob-goruchaf . . . Escob Rhufain y pryd hyn yn mynny ei alw felly, gan gymeryd arno *Bennaethiad* nid yw eiddo ef. **1609** R. SMYTH: *CAC* 9, yr h[w]n sy'n dal *penaithiad* ymhob peth. *c.* **1730** *Thos. Lloyd D* (LlGC) 191b, *pennaethiad* . . . principalitas, principatus.

penaethiad[2], gw. **pennaeth.**

penaethiaeth [*pennaeth* + *-iaeth*; dichon mai gwall am *penaethiaid*, ll. yr e. *pennaeth*, a welir yn y dfn. cyntaf] *eb.* Y cyflwr o fod yn bennaeth, sofraniaeth; dugiaeth, teyrnas; ?uchelwyr: *chiefdom, sovereignty; dukedom, kingdom; ?noblemen, nobility.*

16g. (*LlEG*) *Mos* 158, 344b, [y brenin] a Erchis I *bennaethiaith* y dyrnas vynned ar i kyngor a gwneuthud yrhwn [*sic*] a welaint twy I vod ynn gymessura gantthaunt twy I wneuthud. **1547** *WS*, *pennaethieth*, a dukedome. **1621** E. PRYS: *Ps* 50a, Iuda oedd ei sanct-eiddrwydd ef, / Israel oedd *benaethiaeth* Ior. **1632** *D* d.g. *principalitas, summatus*. **1722** *Llst* 189, *pennaethiaeth*, f. as Pennaduriaeth.

penaethiaidd, gw. **penaethaidd.**

penaethol, penaethiol [*pennaeth* + *-(i)ol*] *a.* Prif, pennaf; yn perthyn i bennaeth neu benaethiaeth, tebyg i bennaeth, monarchaidd: *principal, main; pertaining to a chief or chiefdom, chieflike, monarchical.*

1712 T. WILLIAMS: *CDdG* 544, rhai Eglwysi *pennaethol* (*some great churches*), megis yn Ierusalem, Rhufain, Antioch, ac Alexandria. *c.* **1730** *Thos. Lloyd D* (LlGC) 190b, *pennaethol* . . . principal. **1734** M. MAURICE: *BH* 23, Sanctaidd barchedig addefiad o'i *bennaethiol* awdurdod. **1803** *P* d.g. *penaethawl*.

penaethryw [*pennaeth* + *rhyw*[1]] *a.* hefyd gyda grym enwol. Tebyg i bennaeth, o dras bonheddig, pendefigaidd: *chieflike, of noble descent, aristocratic.*

14g. *GIG* 36, Pwy eithr y mab *penaethryw*, / Owain Gruffudd, Nudd in yw. **16g.** HUW ARWYSTL: *Gw* 147, vn penn wyth barch pennaeth byw / Impyn wythwraidd *penaeth ryw* [*sic*]. **16–17g.** *PhA* 280, Teml dduw foi Teimlodd Awen / ath ddwy Law berffeithia lên / ath air braisc *benaethryw* bro. *Dchr.* **17g.** *Pen* 100, 411, Pawb a wyr oll pybyr yw / penieithrym hil *pennaethryw* [i Dudur ap Iorwerth Sais].

penaethwr, penaethydd [*pennaeth* neu fôn y f. *penaethaf*: *penaethu* + *-wr*, *-ydd*[3]] *eg.* (b. *penaethwraig*) ll. *penaethwyr*. Pennaeth, rheolwr: *chief, ruler.*

1588 *Ecs* ii. 14, pwy a'th osododd di yn *bennaeth-wr* (**1620** *ib.* [p]ennaeth), ac yn frawd-wr arnom ni? **16–17g.** T. PRYS: *Bardd* 314, bann evthym yn *benaethwr* / i newid gwaith yn oed gwr. **1710** *LlGG* sig. a2v, rhyw Lywodraethwr neu *Bennaethydd* ar ryw Golâs neu Awl.

penaethyddiaeth [*penaethydd* + *-iaeth*] *eb.* Swydd neu safle pennaeth: *headship.*

1710 *LlGG* sig. a2r, Canoniaeth, Prebend, Meistrolaeth, *Pennaethyddiaeth*, Brodoriaeth. *id.* sig. a2v, Elecsiwn neu Golasiwn, neu Admissiwn i'r unrhyw Lywodraeth neu *Bennaethyddiaeth*. **1722** *Llst* 189, *pennaethyddiaeth*, f. headship.

penafiaeth [*pennaf*[1] + *-iaeth*] *eg.* Y cyflwr neu'r stad o fod yn bennaf, goruchafiaeth, uchafiaeth: *supremacy, pre-eminence.*

1803 *P*, *penaviaeth*, s. m. pre-eminence.

penagor, penegor [*pen*[1] + *agor*[1], *egor*] *a.* Heb orchudd neu do, noeth, agored, ?yn yr awyr agored: *without cover(ing) or roof, exposed, ?in the open air.*

18–19g. *Llr* C 2, 396, dyddieu *penegor* Gorsedd.

penagored, penegored [*pen*[1] + *agored*[1], *egored*] *a.* Heb orchudd neu do, noeth, agored (led y pen), cegagored, safnrhwth, hefyd yn *ffig.* heb fod iddo ffin na therfyn pendant, heb ei benderfynu, heb ymrwymiad i farn neilltuol, &c., amhenodol, anfanwl, llac, amwys; tafodrydd; gwamal, ofer, diffaith: *without cover(ing) or roof, exposed, (wide) open, open-mouthed, gaping, also fig. open-ended, undecided, noncommittal, indefinite, inexact, loose, ambiguous; garrulous; frivolous, worthless, dissolute.*

16g. **(1763)** W. SALESBURY: *LlM* 120, Bresych . . . y pedwerydd [rhyw] sy orweiddioc ac yn *ben agored* yn vn botten dalennog. *id.* 229, Llyseylwyn ydyw anserchog y golwg arno . . . ac rhyd y paladr y mae blode yn tyfy mal chwsigenne *pennegoret*. **1604–7** *TW* (*Pen* 228), *penegoret* d.g. *inopertus, patulus*. *Dchr.* **17g.** *J* 10, 124a, *penagored*, inopertus. **1653** *MLl* i. 229, Gelod *penagored* yw'r gŵyr cyfrwysddrwg, yn sugno'r meddwl yn ddistaw i vffern. **1701** E. WYNNE: *RBS* 100, Ymattal rhag chwerthinial yscoewan, gwam-[m]al *pen-egored*. **1703** E. WYNNE: *BC* 13, descynnasom ar ben 'hangle o Blasdy *penegored* mawr. *c.* **1729** S. RHYDDERCH: *LlCD* [ii], [C]erddi *pen agored*, a rheffynnau pen bawd. *c.* **1730** *Thos. Lloyd D* (LlGC) 188a, geiriau *Penegored*, idle words. **18g.** TWM O'R NANT: *CO* 6, Ni waeth i ti dewi a'th rued, / A'th eirie *penagored*; / Nid alla'i aros clywed son / Am 'r oferwyr, hyllion fwried. **1784** M. WILLIAMS: *S* i. 178, cist *benagored* o farbl. **18–19g.** *Llr* C 69, 179, Gwlad *bengored* open country. **1803** *P*, *penagored* a. open at top. Cwch *penagored*, an open boat. Ar lafar yng Nghered. a sir Benf., '*pengored*, a term applied to one who cannot keep a secret', *GDD* 220; hefyd yn Arfon yn yr ystyr 'empty-headed'.

penaig[1], **pen aig** (≡*penáig*) [*pen*[1] + *aig*[1]] *eg.* ll. *peneigiau.* Arweinydd (llu), pennaeth, pendefig, tywysog, arglwydd, uchelwr, rheolwr, hefyd yn *ffig.*; (geir.) goreuon haid neu hil: *leader (of a host), chief, chieftain, prince, lord, nobleman, ruler, also fig.*; (*dict.*) *the best of a flock or race.*

c. **1300** *H* 83a. 11, kymhenddreic *penn eic* yn pennaethu [Gwynfardd Brycheiniog i'r Arglwydd Rhys]. **14g.** *GDG*[3] 266, Gwragennus, esgus osgordd, / Gwraig ryw *benaig*, Robin Nordd. **14g.** *GIG* 132, Un bwyd a aeth yn ei ben, / . . . / Ag aeth ym mhen Non wen wiw / Er pan gad, *penaig* ydiw [i Ddewi Sant]. ?**14g.** (**17g.**) *Pen* 49, 67, *Pennaig* hoyw ar ddwfr croyw cred [i'r brithyll]. *c.* **1400** *R* 1293. 40, traw pelleic kadyr *benn eic* kat. **15g.** *DN* 55, Val i bydd *pennaig* ar bysgod aigion / Felly mae'n *bennaig* ar ysgolhaigion. **15–16g.** *TA* 62, Ceirw ogawg creigiau, / Agwrdd *beneigiau*, / Seigiau o'r eigiau, a'r ewigedd. **16g.** *WLl* 52, Llawen dewr i well nid oes / Llew *penn aic* llu Pennegoes. **1604–7** *TW* (*Pen* 228) d.g. *princeps.* **1632** *D*, *pennaig*, primas gregis, princeps. **1722** *Llst* 189, *penaig*, m.p. *neigiau*, a generalissimo of an army; chief of ye flock. **18g.** I. BRYDYDD HIR: *Gw* 99, A Llywarch, *benaig* lluoedd, / Gelyn i Sais, glân was oedd. **1789** *BDG* 517, *Pènaig* [*sic*] coed, fal paun cadarn [i'r haf]. **1803** *P.*

penaig[2] [?ar ddelw'r S. *phoenix*] *eg.* Ffenics: *phoenix.*

1851.

penalti [bnth. S. *penalty*] *eb.* ll. *-s.* Cic gosb: *penalty (kick).*

20g.

pen-areithiwr, gw. **pen**[1] + **areithiwr.**

pen-arglwydd [*pen*[1] + *arglwydd*] *eg.* Prif arglwydd, penadur, brenin, prif reolwr, yn aml am Dduw: *chief lord, sovereign, king, chief ruler, often of God.*

1727 J. JONES: *DFF* 241, rhaid yw gan hynny i'r *Penarglwydd* a'r goruchaf Frenin alw yr holl fyd i Farn arall. **1744** D. ROWLAND: *RY* 92, Yr wyt ti yn cymmeryd arnat i'r Bobl dy dderbyn di yn lle eu Brenin, eu Capten, a'u *Pen-Arglwydd.* **1775** *W* d.g. *liege, Subst.* [*sovereign, or supreme Lord*], *a paramount, or lord paramount.* **1793** *Cylchg* 20, Yn rhufain mae anghrist yn ei oed, yn *ben arglwydd*, a'i goron dri phlyg ar ei ben.

penarglwyddiaeth [*pen-arglwydd* + *-iaeth*] *eb.* Sofraniaeth, penaduriaeth, awdurdod, goruchafiaeth: *sovereignty, dominion, authority, supremacy.*

1727 M. MAURICE: *WE* 41, [ll]ywodraeth gras a *phen-/arglwyddiaeth.* *c.* **1761** *CBF* 8, [g]weithred o gyfiawnder yn Nuw. ynghyd a'i *ben-arglwyddiaeth.* **1765** J. POPKIN: *Ll* 126, rhaid meddwl . . . mae peth goruwch-naturiol yw Cristianogrwydd, a bod ei holl Effeithiau ar Ddynion yn deilliaw o *Ben-arglwyddiaeth* ac Ewyllys da Duw.

penarglwyddiaethaf: penarglwyddiaethu [bf. o'r e. bl.] *bg.* Bod yn benarglwydd: *to be sovereign, have supreme dominion.*

1939.

penarglwyddiaethol [*penarglwyddiaeth* + *-ol*] *a.* Sofran, goruchaf, absoliwt; traarglwyddiaethol, unbenaethol: *sovereign, supreme, absolute; domineering, dictatorial.*

1743 G. JONES: *HWI* ii. 20, Mae Rhagluniaeth Duw yn *benarglwyddiaethol*; sef, yn trefnu pob peth yn ôl Cyngor ac Ewyllys Duw. **1746** *id.* iv. 31, Ewyllys *penarglwyddiaethol*; sef, fel y gwêl efe ei hun fod yn dda. **1765** J. POPKIN: *Ll* 145, Gras yn ei holl Waith yn ddwyfol, neu yn *ben-arglwyddiaethol.* **1793** B. JONES: *AD* 36, nid oes yr un ymddangosiad o'i fod yn gweddio ar ei Dad am gymmorth . . . eithr y mae yn ei wneuthur mewn dull hollol *benarglwyddiaethol.*

penarglwyddol, penarglwyddiol [*penarglwydd* + *-(i)ol*] *a.* Sofran, goruchaf: *sovereign, supreme.*

1775 *EDPP* 44, [g]weithred o *ben-arglwyddiol* ras Duw (*the sovereign grace of God*). **1797** B. EVANS: *CG* 47, [g]allu *pen-arglwyddol.*

pen-arweinydd [*pen*[1] + *arweinydd*] *eg.* ll. *-ion.* Prif arweinydd, cadlywydd: *chief leader, commander.*

1711 L. EVANS: *LlW* [104], eu *pen-arweinydd* hwy, sef, y pâb. **1716** T. EVANS: *DPO* 193, Yr Offeiriaid . . . Yn gadel y praidd, gan fod yn *ben-arweinyddion* pob direidi, ysgelerdr a dirdra. **1794** E. JONES: *CP* 137, unrhyw ustus . . . neu *ben-arweinydd* lluoedd.

pen-athro [*pen*[1] + *athro*] *eg.* ll. *-athrawon.* Prifathro (ysgol neu goleg), prif athro, tiwtor, neu hyfforddwr, yn aml am Dduw: *headmaster, principal, chief teacher, tutor, or instructor, often of God.*

Dchr. **17g.** *J* 10, 124a, *penathraw*, gymnasiarcha. **1718 (1721)** S. THOMAS: *HB* 135, St Ffransis *Penathro* y ffransiscanod. **1743** G. JONES: *HWI* ii. 30, efe yw'r *Pen-athro*, ac Arglwydd Nef a Daear. **1779** D. DAVIES: *BDED* vii, Yr Awdwr Mr. Henry Scougal . . . wedi bod . . . yn *Ben-athro* i ddysgu Philosophyddiaeth a Difinyddiaeth ym mhrif Ysgol Aberdeen.

pen-aur, gw. **pennaur.**

pen-awdur, pen-awdwr [*pen*[1] + *awdur, awdwr*] *eg.* ll. *-awduriaid.* Crëwr, dechreuwr; brenin, rheolwr, arweinydd; prif awdur: *creator, originator; sovereign, ruler, leader; chief or principal author.*

Dchr. **15g.** *IGE*[2] 200, Derwen y *pen-awduriaid* (Llywelyn ab y Moel). **15g.** *GO* [341], *Penn owdur* vu pann ydoedd [marwnad Gutun Owain]. [**1547**] W. SALESBURY: *OSP* [ix], a bydd vn ddiareb o hanynt mor tywyll . . . gouynnwch yr *pen awdur* hwn. **1567** *LlGG* 15a, Duw *penawdur* yr amynedd a'r conffort. **1567** *TN* 149a, Bot galw y *penawdurieit* yn dduwiae. *id.* 213a, cawsam y gwr hwnn . . . yn cyffroy tervysc ymplith yr oll Iuddaeon trwy'r oll vyt, ac yn brifnerthwr [:– *benawdur*] ar yr heresi y Nazarieit. *id.* 296b, Duw *benawdur* tangneddyf. **1632** *D* d.g. *proauctor.* **1675** R. JONES: *HCh* 41, prif-achos a *phenawdwr* yr holl ddoniau. *c.* **1730** *Thos. Lloyd D* (LlGC) 191a, *penawdur* . . . a ringleader, præfectus.

pen-badwr [*pen*[1] + *badwr*] *eg.* Bosyn: *boatswain.*

1722 *Llst* 189, *pen-badwr* d.g. *a boat-swain.* **1770** *W* d.g. *a boat-swain.*

penbaladr [*pen*[1] + *paladr*; digwydd fynychaf yn yr ymad. *Cymru benbaladr*] *a.* a hefyd fel *eg.* Cyfan, holl, i gyd, o un pen i'r llall; cyffredinol: *whole (of), all, in its entirety, from one end to the other; general, universal.*

13g. *C* 58. 12–13, Kynan kadwaladir. Kymri *penbaladir.* bitaud ev kinatil aedmyccaur. **14g.** *WML* 1, emelltith duw ac vn ygynulleitua honno Ac vn gymry *benbaladyr* ar y neb a torhei y kyfreitheu hynny. **1607** *Rhyddiaith Gymraeg* i. 137, At hybarch Arglwyddi, pendeuigion . . . yn holl Gymru *Benbaladr*, annerchion. **1723** H. ROWLANDS: *MAR* 171, Un Goron Arbennig a Gynhelir yn yr ynŷs hon . . . A thair Talaith a Gynhelir tani: un yn Ghymrû *Benbaladr.* **1766** *CD* 130, Dau Wr oedd gynt, / Yn meddiannu rhyngthynt. / Holl Gymru gwlâd Gamber, / Heb lid, a *phen Palader.* Cf. D. OWEN: *EH* 30, Mae Cymru *benbaladr* wedi clywed am waith mŵn Pwllygwynt.

Fel *e.* Penadur, pennaeth; (geir.) prif baladr: *sovereign, chief;* (*dict.*) *main ray or shaft.*

Dchr. **17g.** *B* xxii. 138, wedi bod Gartheirn [*sic*] yn fvnarch [*sic*] (*monarcha*) ne'n *benbaladr* ar yr holl deyrnas. **17g.** *LlGC* 13215, 374, *penbaladr*, primiradius.

pen-bandit [*pen*[1] + *bandit*] *eg.* Penadur, pennaeth, yn gellweirus neu'n lled ddifr.: *big chief.*

20g. Ar lafar, 'Mae'r pwysigion i gyd ar y pwyllgor ond y fo fydd y *pen-bandit*'.

penbardd, pen-bardd [*pen*[1] + *bardd*] *eg.* ll. *-beirdd.* Prif fardd, pencerdd, hefyd yn *ffig.*; bardd teulu: *chief bard or poet, also fig.; bard of the king's retinue or household.*

1733 J. OWEN: *TBG* 82, Rhaid iddunt fôd yn *Benbeirdd* yn hyn ymma: Agoriad dy Air a rydd oleuni . . . Ni wneir ond Disgybljon tlodjon jawn mewn Difinyddjaeth o'r gwŷr hynny, a'r nad ŷnt yn gwybod nemmor neu ddim ar yr Ysgrythurau. **1758** *ML* ii. 84, Nid oes fawr ffawd ar ran Gofeirdd, ond am danochi'r *Penbeirdd* nid rhaid i chwi unon beth a wna tynged yn y byd. **1784** T. PENNANT: *TW* i. 471, *Penbardd* or Pencerdd, chief of the faculty he was candidate in. *id.* 474, The *Penbardd* and Pencerdd, in their circuits, frequented only the houses of the gentry. **1794** E. JONES: *MPR* 58, The *Pen-bardd*, or Bardd Teulu, was of so high a vocation, that he sat at meals next to the pen-teulu. **1801** *TY* 325, Y mae awenyddiaeth *Pen-bardd* i'w gweled mewn amryw o honynt [caniadau Rhys Prichard]. Gthg. *Taliesin Pen Beirdd*, e.e. *WM* 462. 11–12.

pen-barnwr [*pen*[1] + *barnwr*] *eg.* Prif farnwr, barnwr goruchel, hefyd yn *ffig.*: *chief judge, supreme judge, also fig.*

1630 *YDd* 51, Crist *penbarnwr* nef a daiar. **1696** *CDD* 114, Dan hwn dod, Gydwŷbod, *pen barnwr* pob pechod, / Fel ustus ar sŷ' eiddot ar swŷddwŷr yn gweu. **1795** JAC GLAN-Y-GORS: *SG* 21, mae'r brenin yn *ben barnwr* Lloegr.

penbawd, pen bawd [*pen*[1] + *bawd*] *a.* a hefyd fel *eg.*

(*a*) (Rhaff) a wneir drwy droi gwellt neu wair am y fawd; ?diaddurn, ansoffistigedig, ffwrdd-â-hi: (*rope*) *made by twisting straw or hay round the thumb; ?homespun, unsophisticated, slapdash.*

1688 *TJ*, rheffyn *pen bawd*: a Thumb-band. *c.* **1729** S. RHYDDERCH: *LlCD* [ii], Ond am Gerddi pen agored, a rheffynnau *pen bawd*, nid oes ddiben ar wellhau cynghaneddion y rheiny. *c.* **1785–90 (1829)** *CBYP* 83, Rheffyn *penn bawd* y gelwir . . . [m]esur digynghanedd a brithodl ym Morganwg. Ar lafar ym Môn, '*penbawd*' 'rhaff a wneir wrth droi gwellt am y bawd', *LlLlM* 100, ac Arfon, 'rhaff wedi'i thynnu yn *bembawd*', *WVBD* 418.

(*b*) *Adar.* Dryw eurben, *Regulus regulus*; titw, *Parus*: *goldcrest; tit.*

1830. Ar lafar yn Arfon, '*pen bawd*' 'tit', *WVBD* 421; hefyd yn y ff. ''deryn *pen bawd*'.

penbedogion, penbedogod [*pen*[1] + *ped*[3] + *-og* + *-ion, -od*, ar ddelw'r S. *cephalopods*] *e.ll.* *Swol.* Molysgiaid môr o ddosbarth y *Cephalopoda*, gan gynnwys yr octopws, y sgwid, a'r ystifflog; mae iddynt ben amlwg, llygaid datblygedig, a chylch o deimlyddion ac arnynt sugnolynnau: *cephalopods.*

1850.

Amr.: **penpedogion. 1901.**

penben [*pen*[1] + *pen*[1]] *adf.* a hefyd gyda grym ansoddeiriol ?ac enwol. Y naill yn erbyn y llall (am bobl mewn ffrae, dadl, &c.), ym mhennâu ei gilydd, mewn gwrthdrawiad; llaw drallaw, dwrn tra dwrn, ?(mewn) gornest; pendraphen, blith draphlith; y naill yn erbyn y llall (am ddau wrthrych), pen wrth ben (e.e. am reiliau); yn gyfnewid; ?cyfartal: *at loggerheads, in conflict; hand to hand, fist to fist, ?(in a) duel; topsy-turvy, in confusion; one against the other (of objects), end to end (e.g. of rails); in exchange; ?equally.*

?**15g.** *B* i. 303, Y gelain wrth ei gilydd, / Siwrnai fawr, yn sarn a fydd, / *Benben* ar Hafren hyfryd, / I bawb a fynno o'r byd / Dramwyaw draw yn drais / Yn droedsych, dros fol drudsais. **15g.** *Pen* 109, 138, Y beirdd a dywot i dai.r. byt. *benben.* / A phawb penn draphenn kyn medi.r. yt (Lewys Glyn Cothi). *a.* **1587** *Y* 171, A thithav â'th iaith ethol, / Os ai *benben* a phen ffôl. **16–17g.** *RAGR* 307, vn ai air absen a ynnen ddrwg gynnen / ich gyrru chwi *benben* ond antyr. **1604–7** *TW* (*Pen* 228), newitio *benbenn* d.g. *permuto.* *Dchr.* **17g.** *J* 10, 125b, *penben*, one against an other, cominus pugnale. hand to hand. **1632** *D*, *benben* . . . Cùm inter aliquos rixæ, jurgia et contentiones sunt, dicuntur alter alteri in caput insilire. **1658** R. VAUGHAN: *PES* 3, byddai raid im Logic neu fy nadleuiaith i ymladd Duel neu *benben* a gwyr a wnaethbwyd o hyllrwydd. **1703** E. WYNNE: *BC* 124, [p]awb yn erbyn eu gilydd . . . Mae 'r Sawdwyr *ben-ben* a'r Physygwyr. **1708** *EGE* 109, pob balchder a thraha . . . a phôb peth a fo' arferol i yrru pobl *ben-ben.* **1722** *Llst* 189, *pen-ben*, myned *Ben-ben*, to go to loggerheads, go by the ears. *c.* **1730** *Thos. Lloyd D* (LlGC) 191a, yn *Benben*, by the ears. EG. 109. **1740** T. EVANS: *DPO* 39, Arglwydd un Cwmmwd yn ymgeccru a'i Gymmydog, ac yn myned *ben-ben*, fel y gwelwch chwi ddau Waed-gi gwangcus yn ymgipprys frig-frig am asgwrn. **1777** W. WILLIAMS: *TEA* 63–4, adrodd pechodau . . . sy'n abl oeri priodas . . . magu rhagfarn, ennyn llid, a gosod gwlad ac eglwys *benben.* **1803** *P*, *penben* adv. with heads together; in confusion, at loggerheads . . . ni ddylid dodi y pethau hyny *benben*, those things ought not to be put confusedly together. Ar lafar yn y Gogledd, 'Ma'r tŷ'n *bemban* ulw', 'the house is topsy-turvy'; 'gyrru nw'n *bemban*', 'to set them at loggerheads', *WVBD* 418; a hefyd yn y De-ddwyrain, 'Ma pawb yn y lle yn *benben* o'i gilydd'.

pen-blaenor [*pen*[1] + *blaenor*] *eg.* Prif flaenor gyda'r Methodistiaid neu'r Presbyteriaid; arlywydd, prif arweinydd: *senior elder in the Presbyterian Church; president, chief or supreme leader.*

1808. Ar lafar, 'Mam y drwg yn y tŷ cwrdd 'na oedd y *pen-blaenor*'.

pen-blas, gw. **pen-plas.**

penbleth [*pen*[1]+*pleth*] *eb.g.* ll. (prin) *-au*, a hefyd fel *a.*

(*a*) Anallu i benderfynu pa beth i'w feddwl, neu sut i weithredu, oherwydd amgylchiadau dyrys, &c., cyfyng-gyngor, dryswch (meddwl); dryswch, anhrefn, cymhlethdod, drysglwm; trafferth, ymdrech; wedi drysu (yn feddyliol); dryslyd, cyfrodeddog: *perplexity, quandary, dilemma,* (*mental*) *confusion*; *confusion, disorder, intricacy, entanglement*; *trouble, effort*; (*mentally*) *confused, perplexed*; *entangled, intertwined.*

1567 *TN* 208b, val ydd oeddent yn caisio y ladd ef, y managwyt i bencaptaen y giwdawt, bot oll Gaerusalem wedy' thervyscy [:- mewn *penbleth*]. **16g.** *LlGC* 4581, 130a, yn tyfy yn y meysydd yn *benbleth* rhyd y ddayar. **16g. (1763)** W. SALESBURY: *LlM* 112, wedi r ymafeulo [llindro] ymric rhyw lysie yd a ym*benbleth* ai vammaeth gan ymafeylyd yn ei thopyn ai bwyso ty ar ddaiar. **16–17g.** *CRC* 356, roeddwn i yn gweled fod rhai yn myned / yn ol o beth gan rvw *benbleth.* **1604–7** *TW* (*Pen* 228), yn *benbleth* d.g. *contortus. id.* drwy *benbleth* vawr d.g. *perplexe.* **1620** 2 *Mac* x. 30, saethasant biccellau a mellt, yn erbyn y gelynion: am hynny wedi eu myned yn *benbleth* gan ddallineb (**1588** *ib.* wedi eu gwascaru â dallineb), ac yn llawn trallod, hwy a gwympwyd. **1630** R. LLWYD: *LlH* 81, mi â syrthiaf mewn *penbleth,* neu megis mewn drysni (*I shall be entangled and wound up in a maze*), fel na wypwyf pa fodd y deuaf allan. **1688** S. HUGHES: *TSP* 101, Onid ydychwi yn edrych ar y pethau hyn weithiau, mal pettaent wedi eu gorchfygu, y rhai sy brydiau eraill yn *Ben-bleth* [:- Ddyryswch] a blinder i chwi? **1718** E. SAMUEL: *HDdD* 223, llawer o Ddychrynedigaethau a *Phenbleth* (*perplexities*) iw Cydwybodau. **1722** *Llst* 189, *penbleth,* f. . . . intricacy, perplexity. **1733** J. OWEN: *TBG* 137, mor rhŷdd y mae arnunt fôd oddi wrth drafferthon a *phembleth,* fel y byddont â'u hôll frŷd ar Waith ysbrydol. **1759** *DG* 52, Eilio'r blaid wael arwa bleth / Heb unblaid yn we *benbleth.* **1767** I. BRYDYDD HIR: *Gw* 214, Diolch yn fawr i chwi . . . am gymmeryd cymmaint o *benbleth.* **1803** *P, penbleth,* s. m. confusion of the head; perplexity; anxiety, distraction of mind. Ar lafar, ''Odd e' mewn *pembleth* mawr beth i 'neud'; 'Ma' hon yn dipyn o *bemblath*'.

(*b*) Pleth o wallt, plethiad y gwallt, coronbleth; a chanddo wallt plethedig: *plait of hair, plaiting of the hair, chaplet*; *having plaited hair.*

1604–7 *TW* (*Pen* 228), coron, *penbleth,* Caplet d.g. *corona.* **1632** *D, penbleth,* implicatio, propriè capillorum. **1688** *TJ, penbleth*: with plaited Hair or Head. **1722** *Llst* 189, *penbleth,* f. the plaiting of the hair. **1753** *TR, penbleth,* a platting or braiding, properly of the hair. **1770** *W* d.g. *braid.*

penblethaf: penblethu [bf. o'r e. bl.] *bg.a.* Peri penbleth (i), drysu, pendroni; cymysgu ynghyd: *to perplex, confuse, puzzle*; *mix together.*

1677 C. EDWARDS: *FfDd* 228, digwyddodd ieithoedd newyddion yno [Babel] wrth ddadgyssylltu, a chwalu, a rhwystrus *benblethu* aneirif ddarnau o'r hên. *c.* **1730** *Thos. Lloyd D* (LlGC) 191a, *penblethu,* to jumble together. **1731** E. SAMUEL: *AE* 182, rhaid iddo fod hefyd yn y chwangegiad [*sic*] annrhaethol iw Gofid, os oeddynt yn wîr Deimladwy o'u bod wedi *pemblethu* a phendifadu eu holl hiliogaeth. **1744** D. ROWLAND: *RY* 21, [P]obl gwedi eu *penblethu* i fynu mewn lle cyfyng. **1803** *P.*

penblethdod [*penbleth*+*-dod*] *eg.* Penbleth, dryswch; pos: *perplexity, confusion*; *conundrum.*

20g.

penblethedig [bôn y f. fl.+*-edig*] *a.bfl.* Dryslyd, cyfrodeddog, di-drefn: *entangled, intertwined, confused, disordered.*

1604–7 *TW* (*Pen* 228) d.g. *contortus.*

pen-blwydd, gw. **pen**[1]**—p. blwydd.**

penblydd [*pen*[1]+*plydd*] *a.* Dryslyd neu wan ei feddwl; meddal (ei ben): (*mentally*) *confused, feeble-minded*; *soft*(*-headed*).

1750 H. LLOYD: *PTNU* 12, [d]ynion *penblŷdd* heb Synwŷr caled. **1770** *W, penbludd* d.g. *addle-headed. id. pen-blydd* d.g. *sappy, apply'd to the Understanding.* **1803** *P, penblydd,* soft-headed. **1813** *WB* 85, Soft brown Sedge; Hesgen lygliw *benblydd.*

penboeth [*pen*[1]+*poeth*] *a.* a hefyd gyda grym enwol ac fel *eb.* Eithafol ei frwdfrydedd, dan ddylanwad neu symbyliad y fath frwdfrydedd (yn enw. mewn materion crefyddol), byrbwyll, gwyllt, cynhyrfus, eithafol; tanllyd ei ben: *fanatical, hot-headed, rash, impulsive, wild, excitable, excessive, extreme*; *having a fiery head.*

16g. (*LlEG*) *Mos* 158, 13b, ymddangoses komett neseren *benboeth* ar y ffuruaue[n]. **1721** J. P. PRYS: *DC* 159, Ped fae ei hun dranoeth hyll Adyn yn llednoeth, / Fe waria ei holl Gyfoeth yn *benboeth* mewn bâr. **1732–3** J. OWEN: *GB* 3, hên Ymrafaelion *penboeth.* **1766** *CD* 156, Y tro Cynta yr eis i atti, / Hi addawodd y 'Mhriodi; / Mynd i ffordd yn *benboeth,* / I geisio Leisiens drannoeth. **1774** *W* d.g. *head, hot-headed.* **1803** *P.* **1808** TWM O'R NANT: *BB* 10, Mi a welwn ddeg neu ddeuddeg . . . / O wŷr Eglwysig, wedi meddwi'n hyllig, / Yn methu myn'd adre, gan ormod yn eu boliau, / Ac yn aros yn *benboeth,* yn y Dref dan dranoeth.

Fel *e. Bot.* Chwynnyn cyffredin sy'n dwyn blodau pinc, a dail ac arnynt smotiau tywyll, elinog goch, dail y groes, *Polygonum persicaria*; planhigyn sy'n dwyn blodau gwyrdd a dail poeth a sur ac sy'n tyfu mewn mannau llaith, llysiau'r din, tinboeth, *Polygonum hydropiper*; planhigyn sy'n dwyn blodau piws neu felyn golau a dail tebyg i ddanadl, cymalau'r diafol, *Galeopsis tetrahit*: *redleg, persicaria*; *water-pepper*; *common hemp-nettle.*

Dchr. **17g.** *J* 10, 125b, *penboeth,* persicaria. **1632** *D* (*Bot*), y *Benboeth,* llysiau 'r dom, & Llawegor. *c.* **1730** *Thos. Lloyd D* (LlGC) 191a, y *Benboeth,* herba, arsesmart, persicaria. **1753** *TR,* y *Benboeth* . . . culerage. **1803** *P.* **1813** *WB* 225, *Penboeth*; Galeopsis Tetrahit; Common Hemp-nettle.

Cfn.: *Bot.* **penboeth amryliw:** *large hemp-nettle, Galeopsis speciosa.* **1924.** *Bot.* **p. gulddail:** *narrow-leaved hemp-nettle, Galeopsis angustifolia.* **20g.**

Cf. **pendwym.**

Gw. hefyd **penboethiad, penboethyn.**

penboethaidd [*penboeth*+*-aidd*] *a.* Braidd yn benboeth, penboeth, byrbwyll: *rather hot-headed, fanatical, rash.*

1810.

penboethder [*penboeth*+*-der*] *eg.* Penboethni, gwyllteineb, nwydwylltedd, eithafrwydd, brwdfrydedd: *fanaticism, hot-headedness, extremism, enthusiasm, zealotry.*

1808.

penboethedd [*penboeth*+*-edd*[1]] *eg.* Penboethni, gwyllteineb, nwydwylltedd: *fanaticism, hot-headedness.*

1820.

penboethiad [*penboeth*+*-iad*[2]] *eg.* ll. *-iaid.* Person eithafol ac anfeirniadol ei frwdfrydedd (crefyddol), person nwydwyllt, penboethyn, dallbleidiwr, eithafwr: (*religious*) *fanatic, hot-head, bigot, extremist, zealot.*

1798 *WR* d.g. *fanatic.*

Gw. hefyd **penboethyn.**

penboethlyd [*penboeth*+*-lyd*] *a.* Nwydwyllt, penboeth: *hot-headed, fanatical.*

1823.

penboethni [*penboeth*+*-ni*] *eg.* Y cyflwr o fod yn benboeth neu nwydwyllt, dallbleidiaeth, eithafrwydd, brwdfrydedd: *fanaticism, hot-headedness, bigotry, extremism, enthusiasm, zealotry.*

1771 J. REES: *H-A* 57, pleserau . . . rhydd oddi wrth y coel gyfredd, yr anghariad a'r *penboethni* hynny. **1798** *WR* d.g. *bigotry.* **1803** *P.*

penboethwr [*penboeth*+*gŵr*] *eg.* ll. *-wyr.* Penboethyn (crefyddol), brwdfrydwr: (*religious*) *fanatic or enthusiast, zealot.*

1829.

penboethyn [*penboeth*+*-yn*[1]] *eg.* ll. *-boethion.* Person eithafol ac anfeirniadol ei frwdfrydedd (crefyddol), person nwydwyllt, penboethiad, dallbleidiwr, eithafwr: (*religious*) *fanatic, hot-head, bigot, extremist, zealot.*

1810.

Gw. hefyd **penboethiad.**

pen-bonedd [*pen*[1]+*bonedd*] *eg.* Prif wyrda; prif fonheddwr; ?tras uchel: *chief nobility*; *chief nobleman*; ?*noble lineage.*

1650 *B* xxii. 147–8, [m]erch ddihafarch o wroldeb llew . . . yn hanphod o ddyledog *benbonedd.* **1740** T. EVANS: *DPO* 140, efe a ganiattaodd iddynt eu Hoedl, ar eu gwaith . . . Yn danfon atto ugain o'i *Pen-bonedd* i fod yn wystlon. *id.* 246, Caer-lleon ar wysc . . . yn Gyrchfa Dieithriaid a *Phen-bonedd* y Deyrnas. **18–19g.** *Iolo MSS* 47, dodi ar bencenedloedd y Cymry gynnal Brawd a Chymmrawd ag ar a gaid yn *ben bonedd* dodi Hynafiaeth Teyrnedd sef a gaid yn *Benn bonedd* Prydain ab Aedd Mawr gwr doeth a gwrol.

pen-borthwr, gw. **pen-porthwr.**

pen-bradwr [*pen*[1]+*bradwr*] *eg.* ll. *-wyr.* Bradwr pennaf, carnfradwr: *chief traitor.*

13g. *HGK* 11, Ac ena e kyrchus Tuder, guas o Von, *penn bratwr* Ruffud, gan frydyav gleif. **1604** R. HOLLAND: *BD* 16a, holl *ben-bradwyr* a rhai oeddynt draeturied.

pen-brawdwr [*pen*[1]+*brawdwr*] *eg.* Prif farnwr, prif ynad, Arglwydd Brif Ustus, Arglwydd Ganghellor: *chief judge, chief magistrate, Lord Chief Justice, Lord Chancellor.*

1632 *D* d.g. *prætor.* **1675** R. DAVIES: *PY* 198, Os gwelaf vchelfaer, neu *benbrawdwr,* mi a wnâf bôb peth a fyddis arfer iw wneuthur, i roddi parch. **1722** *Llst* 189, *pen-brawdwr,* m. the lord chief justice, Lord Chancellour; Provost. **1775** *W* d.g. *justice, a lord chief justice, pretor.*

penbres [*pen*[1]+*pres*[4]] *a.* Croyw (ei leferydd), uchel ei gloch, croch: *clear* (*of voice*), *strident, vociferous.*

16g. HUW ARWYSTL: *Gw* 364, per was ir ffraeth prysvrffriw / *pen bres* lwys gynes las gwiw [i'r ceiliog bronfraith]. **1732** J. JONES: *C* xiv, Rhaid seinio yn fwyaf *penbres* y Gair. **1732–3** J. OWEN: *GB* 59, [c]lywed Mr. M. yn traethu ac yn taeru allan o'r Pulpid yn *benbres* ddigon. Cf. D. OWEN: *WBC* 38, hen gantwr . . . yn bwrw yn *benbres* ar yr hen dôn.

penbrudd [*pen*[1]+*prudd*] *a.* Prudd, digalon, pruddglwyfus, trist: *depressed, disheartened, melancholic, sad.*

17g. E. MORRIS: *Gw* 297, Deffrois o'm lludd, *benbrudd* bwyth, / Siôn ni ddeffry, sy'n ddiffrwyth. **1740** *ML* i. 24, aniddan iawn ydyw bod fal hyn, heb na llyfr i'w ddarllain oriau segur, na dilledyn iw newid . . . rwy wedi mynd yn *benbrydd* gynddeiriog. **1761** *id.* ii. 427, [ll]ythyr . . . i lawenychu ychydigyn ar eich brawd *penbrydd.* **1796** T. JONES: *CCA* 229, eistedd yn *ben-brudd* a difywyd wrth ochr y neb a fo'n ymweled â ni.

penbrudd-der [*penbrudd*+*-der*] *eg.* Iselder ysbryd, pruddglwyf: *depression, melancholy.*

1799 *TY* 292, ei dad . . . a benderfynodd ar ei ddanfon i Ffraingc, gan obeithio y gwnâi gwammalrwydd y wlad honno ei iachâu o'i *benbrudd-der* crefyddol.

penbryd, gw. **penpryd.**

penbryn [*pen*[1]+*bryn*] *eg.* Copa bryn: *hilltop.*

15g. *GGl*[2] 147, Awst y llas fy nghastell i / Oll ar *benbryn* llawr Banbri. Digwydd hefyd mewn e. lleoedd, e.e. *ML* i. 478, Paradwys y Deheu, neu Baradwys Ceredigion yw *Penbryn* y Barcud [ger Goginan].

pen-bugail [*pen*[1]+*bugail*] *eg.* ll. *-bugeiliaid.* Prif fugail (fel arfer am Grist, pab, esgob, &c.): *chief shepherd* (*usu. of Christ, pope, bishop, &c.*).

1567 *TN* 357a, A' phan ir ymddangoso y *pen bigael,* cael a wnewch goron ddilwgr y gogoniant. **1618** J. SALISBURY: *EH* 66, y *pen-bugail,* Escop Rhufain. **1631** O. THOMAS: *CC* 11, i gael cydnabyddiaeth a'r *Pen-bugail* Crist Iesu. **1701** E. WYNNE: *RBS* [v], a chwitheu sy well Anrheg a orch'mynnaf i well Arglwydd, sef i geidwadaeth *Pen-bugail* ac Escob yr eneidiau. **1704** E. SAMUEL: *BA* 214, yn flaenor ac yn *ben-bugail* ar Eglwys Jerusalem. **1718 (1721)** S. THOMAS: *HB* 88, y Pâb ei hun yr hwn sydd yn cymmeryd arno fod yn *Ben-bugail* yr Eglwys neu'n Ficcar Crist a'r [*sic*] y ddaiar. **1735** S. THOMAS: *HP* 157, yr oedd ganthynt ffordd agored i ruthro i mewn i fysg y Gweinidogion i fod yn *Ben-bugailiaid* [*sic*] o'r Cynnulleidfaoedd. **1740** T. EVANS: *DPO* 251, i gydnabod Pâb Rufain yn *Ben-Bugail* yr Eglwys Gatholic. **1791** J. HARRIS: *Alm* [ii], os ceidw y *Pen-Bugail* fy einioes.

penbwl, penbwla [*pen*[1]+**bwl, bwla,* ar ddelw'r S. *bull*(*y*)*head* 'miller's thumb (fish); tadpole, blockhead'] *eg.* (bach.

penbwlyn) ll. *penbyliaid*, *-bwlod*, *-bwlaod*, *-bwläid*, *pennau byliaid*, *pennau bwlaod*, &c., a hefyd fel *a*.

(*a*) Larfa amffibiad, yn enw. llyffant, broga, neu niwt, sy'n byw yn y dŵr ac yn anadlu drwy dagellau allanol, hefyd llun o'r cyfryw (mewn *Her.*); (ll.) grifft; gelau; hefyd yn *dros.* llefelen, llyfrithen: *tadpole, representation of tadpole* (*in her., as equivalent of goutte*); (*in pl.*) *frog- or toad-spawn*; *leech*; *also transf. sty* (*on eye*).

16g. *Pen* 136, 167, auon wedi powdro a *ffene bylied.* **1604–7** *TW* (*Pen* 228), pryf a sugna waet, gel, *penbwl* d.g. *sanguisuga.* **1722** *Llst* 189, *pembwlyn*, m.p. *pembyliaid*, a tad-pole. *id. penbwlyn*, m.p. *byliaid* . . . a stye on the eye. **1773** *W*, *pennau bwläod* (sing. *ben-bwla* [*sic*], *penbwlyn*) d.g. *frog, young frogs or frog-spawn.* **1798** *WR*, *penbwlaod* d.g. *frog-spawn. id. penbwlod* d.g. *tadpoles.* **18–19g.** *Llr* C 30, 184, *penbwla* . . . a young toad [Glam]. **18–19g.** *Llr* C 36, 202, *penbwlaid* (*penbwlaaid*), spawns or the young of Toads, frogs, &c. **1803** *P.* Ar lafar yn gyff.; hefyd yn sir Benf. yn y ff. ll. *penbwlets*, *penbwlâts*, *SC* vi. 123. Yn ôl *WVBD* 418, fe'i clywir am 'wennol y glennydd', *Riparia riparia.*

(*b*) Pysgodyn dŵr croyw bychan Ewropeaidd a ddefnyddir yn aml fel abwyd, gwyniad pendew, llyfrothen dŵr croyw, *Gobio gobio*; pysgodyn dŵr croyw bychan a chanddo ben mawr, penlletwad, *Cottus gobio*; pysgodyn a chanddo ben mawr llydan gwastad a chorff blaenfain, *Agonus cataphractus*; pilsiard, pennog Mair, *Sardina pilchardus*: *gudgeon*; *bullhead*, *miller's thumb*; *pogge*, *armed bullhead*; *pilchard.*

Dchr. **17g.** *J* 10, 125b, *penbwl*, a gudgion. **1617** *Minsheu* 394a, *penbwla* d.g. *a Guabling, or little Guabbe.* **18g.** *Pant* 19, 89, *penbwl*, a fish called Pogge. **1803** *P*, *penbwl* . . . the pilchard. Ar lafar yn yr ystyr 'penlletwad', H. E. FORREST: *FNW* 439, *TGG* (1904) 58; hefyd yn y Gogledd am y pysgodyn *Agonus cataphractus*, H. E. FORREST: *FNW* 444.

(*c*) Lembo, hurtyn, gwirionyn, ffŵl; dwl, twp, hurt, disynnwyr: *blockhead*, *numbskull*, *idiot*, *fool*; *dull*, *stupid*, *senseless.*

1661 E. LEWIS: *Drex* 152, Rhai yn ei alw cî cynddeiriog, eraill yn ei alw hurtyn a *phenbwl.* **1703** E. WYNNE: *BC* 127, Brenin gwŷch ydychwi Lucifer, gadw'r fâth *bembyliaid* anfoesol. **1722** *Llst* 189, *penbwlyn* . . . a beetle-head. **1753** G. OWEN: *L* 31, ni phrisia fi ddraen yn y cabl a'r gogan a gaffwyf gan *bennaubyliaid. id.* 48, y ffrwgwd a fu rhyngddo a'r *pennaubyliaid* gan yr Hwyntwyr barbaraidd. **1770** *W*, *pen-bwl* (pl. *penbyliaid*) d.g. *block, or block-head. id. pen-bwl* d.g. *shallow* [*in wit or understanding*]. **18g.** TWM O'R NANT: *CO* 24, Dyma'r Cybydd wedi'r cwbwl, / Yn cael ei robio'r caled frebwl, / *Penbwl* drwsgwl, oerddwl urddas. **18–19g.** *Llr* C 30, 184, *penbwla*, dolt-head. **1803** *P*, *penbwl* . . . a blockhead. *id. penbwla*, a blockhead. Ar lafar yn gyff.; yng ngogledd Cered. clywir y rhigwm 'Peth meddal yw meddwl / Yn enwedig i *bembwl*'.

Amr.: **penbola.** Ar lafar yng Nghwmtawe, yn yr ystyr 'penlletwad', *LlG* xx. 14.

Cfn.: **penbwl môr:** *tadpole fish*, *Raniceps raninus*; *pogge*, *armed bullhead*, *Agonus cataphractus.* **20g. p. Môr Iwerydd:** *Atlantic poacher*, *Leptagonus decagonus.* **20g.**

penbwleidd-dra, penbwlni, penbwlyn, gw. **penbyleidd-dra, penbylni, penbwl.**

penbwygilydd, gw. **pen¹—p. bwy gilydd.**

pen-byddinwr [*pen¹* + *byddinwr*] *eg.* ll. *-wyr.* Pennaeth milwrol, pen-cadfridog, pen-llywydd, prif gadlywydd y lluoedd arfog: *military chief*, *commander-in-chief*, *generalissimo.*

1761 J. EVANS: *BHNO* 18, [ll]ettu un o'r *Pen-Byddinwyr.*

penbylaidd [*penbwl* + *-aidd*] *a.* Llabystaidd, dwl, twp, disynnwyr: *oafish*, *dull*, *stupid*, *senseless.*

1755 *ML* i. 381, fe eill ddyfod yn amgenach dyn . . . na'i ddeu frawd *penbylaidd.* **1761** *id.* ii. 402, Rod. has ventured deeply in shipping . . . Threatens to quit the office oblegyd ei fod mor *benbylaidd.*

penbyledd [*penbwl* + *-edd¹*] *eg.* Twptra: *stupidity.*

1770 *W* d.g. *blockishness.* **1803** *P.*

penbyleidd-dra [*penbylaidd* + *-dra*] *eg.* Twptra; ystyfnigrwydd: *stupidity*; *obstinacy.*

1836.

penbylni [*penbwl* + *-ni*] *eg.* Twptra: *stupidity.*

1845.

penbys, pen bys [*pen¹* + *bys*] *eg.* ll. *-edd*, a hefyd gyda grym ansoddeiriol. Blaen bys; wedi ei wneud drwy droi gwellt neu wair am y bys; ansoffistigedig, diaddurn, ffwrdd-â-hi: *fingertip*; *made by twisting straw or hay round the finger*; *unsophisticated*, *homespun*, *slapdash.*

15g. *Pen* 109, 147, Abeio i dwy bowys. / A wnei uo a *phenn* i *uys* (Lewys Glyn Cothi). **16g.** (*LlEG*) *Mos* 158, 619a, [c]einiog ar *ben* y *bys.* **1575–6** *B* vi. 319, Kyfreth o newydd, kyfreitha bevnydd, kyfreith *ben byssedd* a ddauth o'r diwedd. *Dchr.* **17g.** *J* 10, 125b, *penbys*, typ of a finger. **1620** *Mos* 204, 42, Chwedl *pen bys.* **1681** S. HUGHES: *AC* 19, [c]uro astyllod pared y gegin, weithie megis â *phen bys*, weithie megis ag ewinedd. Ar lafar yn Llŷn yn yr ystyr 'tamaid (o fwyd) i'w brofi ar ben bys', *ISF* 17; ac ym Mrych. yn yr ystyr 'o'r un lled â blaen bys'.

pen-cadben, gw. **pen-capten.**

pen-cadfridog [*pen¹* + *cadfridog*] *eg.* Pennaeth milwrol, pen-llywydd, prif gadlywydd y lluoedd arfog: *military chief*, *commander-in-chief*, *generalissimo.*

1842.

pencadlys [*pen¹* + *cadlys*] *eg.b.* ll. *-oedd.* Prif ganolfan weinyddol cwmni, corff cyhoeddus, mudiad, &c., prif swyddfa; prif ganolfan pennaeth milwrol a'i staff: *headquarters*; *military headquarters.*

1862.

pen-cadlyw [*pen¹* + *cadlyw*] *eg.* Pennaeth milwrol, pen-llywydd, prif gadlywydd y lluoedd arfog: *military chief*, *commander-in-chief*, *generalissimo.*

1828.

pen-cadpen, gw. **pen-capten.**

pencaer [*pen¹* + *caer*] *eb.* Metropolis, prifddinas: *metropolis*, *capital.*

Dchr. **17g.** *J* 10, 125a, *pencaer*, metropolites. **1803** *P.*

pencais, pen-ceis(i)ad [*pen¹* + *cais²*, *ceisiad²*, *ceisad*] *eg.* ll. *-ceisiaid.* Trysorydd, prif drysorydd, prif gasglwr trethi, swyddog cyhoeddus sy'n derbyn y trethi ym mhob ardal ac yn eu trosglwyddo i'r Trysorlys; prif ynad, prif swyddog heddwch mewn rhai ardaloedd yng Nghymru yn yr Oesoedd Canol: (*chief*) *treasurer*, *chief taxcollector*, *receiver-general*; *chief magistrate*, *chief-sergeant of the peace in certain areas of Wales in the Middle Ages.*

c. **1328** W. REES: *SWM* 105, [Office of Satellites called] Keysadbord[, and] *Penkeisad* [called Master of the Satellites]. *c.* **1399** *id.* 104, [the office of] *Penkeis* [of the commotes of Elfed and Wydigada, who does executions of all writs of the lord prince and of precepts and mandates of the Justice and Chamberlain there]. *ib.* [Two] *Penkeis* [guarding the fairs]. **1431–3** *Arch Camb* (1913) (At. 1) 10, Ris ap Dd ap Eign' *Penkes* de Widigada et Elvet. **16g.** M. MAHLER: *Chirk Castle* 115, For ye sergeaunt of the peas callyd ye *pencayse* hathe used to watch in dyvers places of ye countrey, And take thevis and mysrewlye persons, And bryng thame to ye castell. **1567** *TN* 118a, [g]wr a elwit ei enw Zacchaius, a hwn oedd *ben-cais* y deyrnget. *c.* **1600** L. DWNN: *HV* i. 23, Owain Vawr a lladodd [*sic*] chwech ar hugain o *benkeissaid* Kemes. **1604–7** *TW* (*Pen* 228), *pencais* d.g. *quæstor.* **1632** *D*, *pencais*, quæstor primarius. *id.* d.g. *præfectus.* **1688** *TJ*, *pencais*, arglwŷdd trysor: Lord-Treasurer. **1722** *Llst* 189, *pencais*, m.p. *ceisiaid*, the lord treasurer; receiver general. **1725** *SR* d.g. *a reve.* **1753** *TR*, *pencais* . . . the chief receiver or taxgatherer. [**1783**] *W*, *pencais*, *penceisiad* d.g. *receiver general.* **1803** *P* d.g. *pencais*, *penceisiad.*

pen-campiwr, gw. **pen-campwr.**

pen-campwaith [*pen¹* + *campwaith*] *eg.* ll. *-weithiau.* Prif gampwaith, hefyd yn *ffig.*: *chief masterpiece*, *also fig.*

1852.

pen-campwr, pen-campiwr [*pen¹* + *camp(i)wr*] *eg.* (b. *-campwraig*) ll. *-campwyr.* Prif gampwr, y gorau neu'r cyntaf mewn cystadleuaeth, un sy'n cyflawni gorchestion, arwr, meistr ar ei grefft, arbenigwr: *champion*, *performer of feats*, *hero*, *master craftsman*, *expert.*

1807.

Amr.: **pen-gampiwr.** Ar lafar yn Arfon, *WVBD* 424. **pen-gampwr. 1850.**

pencampwriaeth [*pen-campwr* + *-iaeth*] *eb.* ll. *-au.* Cystadleuaeth a gynhelir i ddewis pen-campwr: *championship.*

20g.

pen-cantor [*pen¹* + *cantor*] *eg.* Prif ganwr, prif gantor: *chief singer*, *chief cantor.*

1834.

pen-cantwr [*pen¹* + *cantwr*] *eg.* ll. *-wyr.* Codwr canu, arweinydd y gân: *precentor.*

1867.

pen-capten, pen-captaen [*pen¹* + *capt(a)en*] *eg.* ll. *-capte(i)niaid.* Pennaeth, arweinydd, capten, arweinydd llu milwrol, cadfridog, llywodraethwr, prif swyddog (Rhufeinig), hefyd am Iesu a Duw: *chief*, *leader*, *captain*, *commander*, *general*, *governor*, *chief* (*Roman*) *officer*, *also of Jesus and God.*

15g. *Pen* 109, 49, Ef ywr penndeuic o uerwic uwyn / Ef ywr *penn kaptenn* i derbyn kwyn (Lewys Glyn Cothi). **1567** *TN* 208b, managwyt i *bencaptaen* y giwdawt, vot oll Gaerusalem wedy' thervyscy. *id.* 215a, myned i mewn ir Orsedd y gyd a'r *pencapteinieit* a phendevigion y dinas. *id.* 380b, brenhinoedd y ddayar, ar gwyr mawr, ar cyfoethogion, ar *pen captenied.* **1620** 1 *Mac* x. 69, Demetrius a osododd Apolonius . . . yn *ben-capten* (**1588** *ib.* yn flaenor). **1687** (**1715**) J. OWEN: *TB* 121, aeth yn ddyn drygionus, adwythig, ac yn *bencapten* i ladron penffordd. **1701** E. WYNNE: *RBS* 105, sefyll yn y fann honno o'r frwydr lle y gosododd dy *Ben-Capten* (*general*) mawr dydi. **1740** T. EVANS: *DPO* 73, Pobl grwydredig . . . y rhai a diriasant . . . dan Rodri eu *Pen-capten.* **1765** *CBC* 26–7, a pha amser bynnag y gwelo *pen Capten* dy Jechydwriaeth yn dda ddanfon ehangder . . . ei Ysbryd. **1778** J. HUGHES: *BB* 43, O's byddai 'r *pen capten*, / Sant Israel i'w harwen, / Ni chododd neb amgen, mewn ymgyrch. **1798** W. RICHARDS: *CC* 11, myned yn gwbl anllywodraethus . . . a barodd i'w blaenoriaid anfon cynnygiad i'n *pen capten* ni i ymostwng.

Amr.: **pen-cadben, pen-cadpen** [*pen¹* + *cadben*, *cadpen*]. **1740** T. EVANS: *DPO* 53, *Pen-cad-pen.* **1784** M. WILLIAMS: *S* i. 24, [*p*]*en-gadpeniaid.* **pen-capiten** [*pen¹* + *capiten* (At.)]. **16g.** (*LlEG*) *Mos* 158, 74b, kyuodi a wnaethai annundeb hryngtho ef a *ffenn kapitten* yr ymerodyr.

pencawnaf: pencawna [*pen¹* + *cawna*] *bg.* Hel pennau cyrs neu gawn, yn *ffig.* segura, ofera, loetran, ?synfyfyrio: *to gather the tops of reeds or stalks*, *fig. idle or waste one's time*, *loiter*, ?*muse.*

1803 *P*, *pencawna* . . . to gather the tops of ryegrass; to trifle away time seemingly about business. Gwyddau yn *pencawna*, geese picking the wild rye. Ar lafar yng Nghered. yn yr ystyr 'segura', *B* iv. 300, D. J. EVANS: *HCS* 129.

pencawr [*pen¹* + *cawr*] *eg.* Prif gawr: *chief giant.*

14g. *WM* 454. 18–19, olwen merch yspadaden *penkawr.*

pen-ceidwad [*pen¹* + *ceidwad¹*] *eg.* Prif geidwad, warchodwr, neu arweinydd, pencampwr, gwaredwr mawr, yn aml am Iesu a Duw; rhaglaw, prif gwnstabl; ?prif warchodwr (mewn carchar): *chief keeper*, *guardian*, *or leader*, *champion*, *great saviour*, *often of Jesus and God*; *lieutenant*, *high constable*; ?*head warder* (*of prison*).

15g. *GGl²* 220, Impin cadr a'm *pen ceidwad*, / Impied ef gampau ei dad [marwnad Harri Ddu o Euas]. **16g.** *YT* 77, Myui a vum *ben keidwad* / ar waith twr Nambrawd. **17g.** HUW MORUS: *EC* i. 231, Pan ffaeliodd y farchnad, Twrfil *benceidwad*, / . . . / A ddiengodd. *id.* ii. 306, Pais ein *Pen-ceidwad*, oedd newydd, ddi-wnïad. **1721** J. P. PRYS: *DC* 82, Na phechwn rhag niwed trown at ein *Pen Ceidwad* / Na fwriwn un weithred yn athrist. **1728** T. BADDY: *DDG* 10, *Penceidwad* (*Pater Guardian*) y Fynachlog. **1763** *DT* 119, Cwd bendiged e'm credir, / Cwd *Penceidwad* Had y Tir [i gwd cardotyn]. **1768** RISIART AP ROBERT: *CB* 60, atteb o ffarwel, yr hwn a ysgrifennwyd gan Porphyrius . . . ei *phen-ceidwad* (*Champion*). **1771** *W* d.g. *captain of a castle, lieutenant of the tower.*

penceirddaeth, penceirddaidd, penceirddiad, gw. **penceirddiaeth, penceirddiaidd, pencerdd.**

penceirddiaeth, penceirddaeth, pencerdd(i)aeth [*pencerdd*+-(*i*)*aeth*] *eb.* Swydd, gradd, neu (ardal) awdurdod pencerdd, cyfundrefn, dysg, neu grefft y penceirddiaid; ?penceirddiaid: *office, status, or (area of) jurisdiction of a master-bard or master-musician, system, learning, or craft of the master-bards or master-musicians; ?master-bards or master-musicians.*

13g. *LlDW* 128. 7–10, pop penkert or aestenho argluyd penkedyaed [*sic*] ydau ebrenyn byeu keysyau ofer ydau nyd amken atelyn yhun acrud yarall apybeu yr tredyt. *Dchr.* **14g.** *H* 90a. 19, *penkeyrdeth* kymry yg ham ryssed (Phylip Brydydd). **14g.** *WML* 33, penkerd . . . Ny eill neb bard erchi dim hyt y bo y*penkeirdyaeth* ef. heb y ganhat. onyt bard gorwlat uyd. **14g.** *GDG*[3] 424, Pensaer y wengaer wingerdd, / Pennaeth *penceirddiaeth,* paun cerdd [marwnad Dafydd ap Gwilym gan Fadog Benfras]. **15g.** (**17–18g.**) *Llst* 133, 51b, Aeth y *bencerddiaeth* ir coed / Wedi'r athro ar drithroed [marwnad Ieuan ap Hywel Swrdwal gan Hywel Dafi]. **15g.** *LGCD* 41, Y cerddwyr a'r *benceirddiaeth,* / I'r haelion fydd meibion maeth. **15g.** *GGl*[2] 267, Marw Dafydd sydd fel saeth—i'm hesgyrn / Am ysgol *penceirddiaeth.* *c.* **1523** *Trans Liverpool WN Soc* (1904–9) 101, Ac or tair kelvyddyd . . . nid amgen Tavod Telyn achrwth ac y mae Tair gradd ymhob un o honynt nid amgen *pennkeirddiaeth* disgybliaeth a thinkerddiaeth. *c.* **1525** *TA* 732, Pencerdd y ddwygerdd agos, / *Penceirddiaeth* in aeth yn nos [marwnad Tudur Aled gan Lewys Daron]. **16g.** *WLl* 121, Paun kowirddadl *pennkeirddiaeth* [marwnad Siôn Brwynog]. *c.* **1730** *Thos. Lloyd D* (LlGC) 191a, *pencerddaeth* Q 272. **1803** *P* d.g. *penceirddiaeth.*

penceirddiaf[1], **penceirddiaf**[2]: **penceirddio,** gw. **pencerdd, pencerddeiddiaf: pencerddeiddio.**

penceirddiaidd, penceirddaidd, pencerdd(i)aidd [*pencerdd*+-(*i*)*aidd*] *a.* Yn perthyn i bencerdd neu i farddoniaeth pencerdd, tebyg i bencerdd neu i farddoniaeth pencerdd, nodweddiadol o bencerdd neu o farddoniaeth pencerdd; wedi graddio fel pencerdd; yn dilyn cwrs o hyfforddiant i ennill gradd fel pencerdd: *pertaining to, resembling, or characteristic of a master-bard or his poetry; qualified as a master-bard or master-musician; pursuing a course of instruction for the degree of master-bard or master-musician.*

14–15g. *IGE*[2] 311, Y mae Armes Taliesin, / A'i fawl *penceirddiaidd* o'i fin (Rhys Goch Eryri). **15g.** *id.* 337, Pa bryd, feibion digonawl, / *Pencerddaidd* hydr mydr a mawl, / Y cawn ni Aleluia (Rhys Goch Eryri). *c.* **1523** *Trans Liverpool WN Soc* (1904–9) 93, Disgybl *pennkerddiaidd* a dyly gwybod yr holl silliavau ai naturiaethau . . . Kerdd dant . . . Disgybl *pennkerddiaidd* (*B* i. 154, *Penceirddiaidd*) a ddyly wybod 20 o glymau ac 20 o ganiadau . . . ai kanu yn *bennkerddiaidd* ac un rodd yw ar pennkerdd. *id.* 94, ni ddyly neb ddysgu oddithr gann athraw *pennkerddiaidd.* *a.* **1575** *GP* 118, Tri Ryw gymeriad *pennkerddiaidd* yssydd, nid amgen, kymeriad kynghaneddol, kymeriad llythyrennol ssynnhwyrol, a chymeriad kyvochredic. . . . Pa sawl peth a benkerddeiddia kerdd davawd? Pvmp peth, nid amgen, kymeriad *pennkerddiaidd* . . . odl *bennkerddiaidd,* sef odli ar ssilldaf gadarn ganiad. *id.* 130, esgvssion drwy awdvrdod o waith y beirdd kadeiriawc nev yr athrawon *pennkerddiaidd* a vvant o'r blaen. *a.* **1587** *Y* 90, Discybl rym, dewisgwbl wraidd, / Pwnciav vrddas *pencerddaidd.* **1592** S. D. RHYS: *Inst* 251, Dau ryw Gymeriad y sydd, sef Dyscyblaidd . . . *Pencerddiaidd* (S. RHYDDERCH: *GC* 113, [*P*]*encerddaidd*). **1593** W. MIDLETON: *B* 1, [c]anu kerdd dafawd yn dda. Sef yw hynny, plethu ag eliaw kaniadau kymraig, yn gerddgar *benkerddia*[*i*]*dd.* **1595** H. LEWYS: *PA* [xvii], fal y canodd Pendefig *pencerddiaidd.* **1721** J. P. PRYS: *DC* [vi], [b]arnasant y Gelfyddyd hon yn beth ofer . . . nes llwfrhâu a diflannu o'r Athrawon *Penceirddiaidd.* **1803** *P* d.g. *penceirddiaidd.*

Am *sillaf bencerddiaidd,* gw. **sillaf.**

penceirddiol, pencerddiol, pencerddol [*pencerdd*+-(*i*)*ol*] *a.* Penceirddiaidd: *pertaining to, resembling, or characteristic of a master-bard or his poetry; qualified as a master-bard.*

p. **1584** G. ROBERT: *GC* [267], ni welafi fodd i scusodi'r gynghanedd, na thrwy resswm technenig nag wrth awdurdod hen feirdd *pencerddiawl.* **1592** S. D. RHYS: *Inst* 252, Tri ryw gynghânedd . . . Magistralis, *Benceirddiol.* Disciplinaris, Ddyscyblaidd. Vulgaris, Iselraddol neu Dinceirddiol. **1593** W. MIDLETON: *B* 9, chwilio kerdd yr athrawon awdureidd *pen kerddiawl* lle kânt weled i gwala o siamplau gorchestawl. *c.* **1637** HUW MACHNO: *Gw* 114, Pan nad oer, penyd i'w ôl, / Paun cywirddadl *pencerddiol* [marwnad Huw Machno gan Ruffydd Phylip]. **1728** S. RHYDDERCH: *GC* 63, Englynion . . . yn Cyfochri ag yn Cynghaneddu yn *Bencerddiol* trwyddynt. **1791** GW. MECHAIN: *Rh* iv, [b]eilch ddysgedig oreuon Gröeg a Rhufain, eu Homer a'u Virgil *penceirddiol.* **1803** *P, penceirddiawl,* belonging to a chief of song.

pen-ceisad, pen-ceisiad, gw. **pencais.**

pencell [*pen*[1]+*cell*[1]] *e?g.* *Bot.* Pig y crëyr mwsgaidd, *Erodium moschatum*: *musky stork's-bill.*

Dchr. **17g.** *J* 10, 125a, *pencell,* acus muscata. *c.* **1730** *Thos. Lloyd D* (LlGC) 193a, *pencell,* acus moschata, pinkneedle.

pencenedl, pen cenedl [*pen*[1]+*cenedl*] *eg.* ll. *pennau cenedl.* *Cyfr.* Pennaeth 'cenedl'; penteulu; llywodraethwr gwlad; cyndad, hynafiad: *head of a kindred (in the Welsh laws); head of a family or house; governor of a country; progenitor, ancestor.*

13g. *LlI* 61, Ny dele na maer na chyghellaur bot en *penkenedel,* namen un o uchelwyr e wlat . . . *Penkenedel* a dele pedeyr ar ugeynt y gan pob gur a uenno cares ydau . . . ac e dele pedeyr ar ugeynt e gan pob mab a kemerho ef eg kenedel; ac ef a dele emerru ygyt a'e kar em pob reyt o'r a del arnau. *id.* 73, Sarhaet e dysteyn a'r *penkenedel* a'r kyghellaur: nau muu. **13g.** *LTWL* 239, Ille qui est capud generis sui, id est, *penkenedyl.* ?**1271** J. G. EDWARDS: *LW* 132, Griffino filio Meurich *penkenadel* de Kykydua. **14g.** *BT* 138, bu varw rys vab gruffud tywyssawc deheubarth . . . kolledus oed y bawb . . . kanys hanoed or llin vonhedikaf achanys oed eglur *benkenedyl* ef. **14g.** *GIG* 16, Marw gychwedl *pencenedl* coeth, / Tudur arf awchddur wychddoeth—/ . . . / Fychan, farchog midlan mad. **15–16g.** *TA* 311, *Pen cenedl,* pan y cwynwn, / Pum *post* oedd o'r pwmpa hwn / Plant Dafydd, plannwyd dwyfil [marwnad Ieuan ap Dafydd ab Ithel]. **1547** *WS, pen kenedyl,* the best of the kynne. **1588** *Ecs* vi. 25, dymma *bennau cenedl* y Lefiaid, yn ol eu teuluoedd. **1588** 1 *Mac* xv. 1, Simon yr offeiriad, a *phen cenedl* yr Iddewon. **1632** *D, pencenedl,* sui generis primarius, Genearcha, cephas gentis. K.H. *id.* d.g. *princeps.* **1701** E. WYNNE: *RBS* 84, yr hwn a fostio'i Henafiaid a'i *Ben-Cenhedl* yn cyfaddef nad oes ynddo'i hunan ond llai o rinwedd. **1722** *Llst* 189, *pencenedl,* m.p. *pennau cenedl,* the chief of (principal man in) a family. **1741** G. JONES: *HWI* i. 10, Duw a wnaeth fel hyn Gyfammod bywyd ag Adda . . . fel *pencenedl* a thâd cyffredinol hôll ddynolryw. *c.* **1762–79** W. WILLIAMS: *P* 22–3, os bydd y Gwr yn Gapten Tref ne u [*sic*] yn *Bencen*[*e*]*dl,* ei fantell fydd o Groen Tyger. **1803** *P.*

pencenhedlaeth, pencenhedliaeth [*pencenedl*+-(*i*)*aeth*] *eb.* Swydd, &c., pencenedl: *office, &c., of chief of kindred.*

13g. *LlI* 61, Ny deleyr *penkenedlaeth* o uamues. **1318–19** W. REES: *CAP* 84, [Lewelin ap Griffith ap Yereward . . . shows that he and his father and their ancestors . . . have had] *Penkenedlaeth* [over their coparceners (comporcionarii) of the lineage of Hova ap Kynder . . . which] *Pencenhadlaeth* [*sic*] [Llywelyn, because of his lack of power and his youth after the death of his father could not lay claim to pursue]. **14g.** *WML* 100, Ny byd penkenedyl y mab guedy y tat. yn nessaf idaw. kanys oesuodawc yw *penkynedlaeth.* **14g.** *LlB* 81, Ny cheiff neb *penkenedlaeth* (*CHDd*[2] 73, *pennkenedylyaeth*) na swyd nac eissydyn arbenhic o vreint tir o pleit mam. **15g.** *AL* ii. 296, O byd ymrysson yrwng dwy dref . . . Yna y dyly yr howlor [*sic*] menegi ev braynt wynt ae *penkenedlaeth* ae kyngellwryaeth. *c.* **1730** *Thos. Lloyd D* (LlGC) 191a, *pencenhedlaeth* . . . Principatus familiae. **1803** *P, pencenedlaeth,* s. f. the state or prerogative of head of a family.

pencer, *a.* Digywilydd, haerllug: *cheeky, impudent.*

Ar lafar yng ngodre Cered., *TGG* (1907–8) 107, *Cymru* xxxiv. [121].

pencerdd [*pen*[1]+*cerdd*[1]] *eg.* (b. *-es*) ll. *pence(i)rdd(i)aid, pence(i)rddion,* (prin) *pencerddi, penceirdd,* a hefyd fel *a.* Bardd o'r radd uchaf, bardd cadeiriol, prif fardd, prifardd; cerddor o'r radd uchaf, prif gerddor, (geir.) doethur mewn cerddoriaeth; hefyd yn *ffig.*: *master-bard, chaired bard, chief bard or poet; master-musician, chief musician, (dict.) doctor of music; also fig.*

13g. *LlI* 21, Decuet yv e *penkerd* [o'r svydogyon aruer a'r rey deuavt a uyd emevn llys] . . . Ef a dele e gan pob kerdavr guedy yd emadavho a'e dysc ef pedeyr ar ugeynt. *id.* 23, Teyr telyn kyureythyavl esyd: telyn e brenhyn a thelyn *penkerd* a thelyn gurda. **13g.** *LlDW* 128. 7–14, pop *penkert* or aestenho argluyd penkedyaed [*sic*] ydau ebrenyn byeu keysyau ofer ydau nyd amken atelyn yhun acrud yarall apybeu yr tredyt ac huenteu adeleant pan uuoent uaru yadau yr brenyn. pop. *penkerd* telyn adele ykan eker[d]oryon telyn guedy ed emadauoent atelyn raun. *c.* **1300** *H* 63b. 31–2, pennyadur cad ked wallaw. pen cor *penkert* wyf itaw [Cynddelw i Owain Cyfeiliog]. **14g.** *LlB* 25, Pan vynho y brenhin warandaw canueu, canet y *pennkerd* deu ganu idaw. *id.* 26, Sef vyd *pennkerd*: bard gwedy enillo cadeir. **14g.** *WM* 84. 2–8, Moes yw genhym ni . . . heb y gwydion y nos gyntaf y delher at wr mawr. dywedut or *penkerd.* Mi adywedaf gyuarwydyd yn llawen. ynteu wydyon goreu kyuarwyd yny byt oed. **14g.** *GDG*[3] 81, Proffwyd rhiw, praff awdur hoed, / *Pencerdd* gloyw angerdd glyngoed [i'r ceiliog bronfraith]. *c.* **1400** *R* 1230. 14, *penn keirdyeit* keimyeit kam mawn [*sic*]. *Dchr.* **15g.** *IGE*[2] 176, Mae gan feirdd a *phenceirddion,* / Ni'm dawr, yt air mawr ym Môn [ateb Llywelyn ab y Moel i Rys Goch Eryri]. **15g.** *ID* 82, kowydd pedwar a garwn / pe kaid gann *penkerddiaid* kwn. *c.* **1523** *Trans Liverpool WN Soc* (1904–9) 93–4, *Pennkerdd* a ddyly gwybod y kwbl a chanu yn groes gynghaneddawl ar gymeriadav . . . Kerdd dant . . . *Pennkerdd* a ddyly wybod 30 o glymau ymrysson ac o hynny or hynn lleiaf 3 kadair a thair kolofn ac a vynno dwyn ariandlws Telynneu neu grwth raid iddaw wybod 4 kolofn ai 4 kadair ar 24 o glymau kydgerdd ar pedwar messur arugaint yssydd arnynt. *id.* 100, Ac i *benkerdd* neu athraw o gerdd Tavod i perthyn bod atkeiniad i atken y gerdd a bryto ef. **1547** *WS, penkerdd,* the head mynstrall. *c.* **1566** *B* i. 143, Llyma lyfr a elwir ceidwadigaeth cerdd dant . . . yr hwn a dynwyd or mvsic drwy ddeyall a dychymic doctor or mvsic wrth ddamvniad pedwar *pencerdd* o delyn a chrwth . . . a henway y pedwar *pencerdd* hynny oedd Alon ap Cenau, Rydderch Voel, Matholwch Wyddel, ag Oloff Gerddor. **16g.** DAFYDD BENWYN: *Gw* 612, diddann vydd y dydd o'r dav, / . . . / y wrando, yno vnoed, / ar haid o *bennkerddaid* koed. **1588** *Hab* iii. 19, At y *pencerdd* ar y Neginoth. **16–17g.** *CRC* 396, Llef a roeson llavar weision / . . . / teir oes ir *penkerddi* tirion [am adar]. **1632** *D, pencerdd,* musicus primarius, Doctor facultatis Musicæ. **1803** *P.*

Fel *a.* (yn y r. eith. *penceirddiaf*) Yn meddu ar ddawn pencerdd yn ei chyflawnder: *most skilled as a master-bard.*

15–16g. *TA* 546, Pennaf, *penceirddiaf* cerddawr [i Rys Nanmor]. **16g.** WILIAM LLŶN: *Gw* (R. Stephens) 673, *Penceirddiaf,* callaf y'ch caid, / Pencerddor y penceirddiaid [marwnad Wiliam Llŷn gan Rys Cain].

Amr.: **pence(i)rddiad** [olff. o'r ff. l.]. **1803** *P* d.g. *penceirddiaid.*

pencerddaeth, pencerddaidd, gw. **penceirddiaeth, penceirddiaidd.**

pencerddeiddiaf: pencerddeiddio [bf. o'r a. *pencerddaidd*] *ba.* Gwneud yn benceirddiaidd: *to render worthy of the poetry of a master-bard.*

a. **1575** *GP* 118, Pa sawl peth a *benkerddeiddia* kerdd davawd? Pvmp peth, nid amgen, kymeriad pennkerddiaidd, kroes gynghanedd, odl bennkerddiaidd, sef odli ar ssilldaf gadarn ganiad, kyvochr, a synnwyr natvriol.

Amr.: **penceirddio. 1803** *P.* **pencerddio.** *c.* **1785–90** (**1829**) *CBYP* 187.

pencerddes, pencerddiad, gw. **pencerdd.**

pencerddiaeth, pencerddiaf: pencerddio, pencerddiaidd, gw. **penceirddiaeth, pencerddeiddiaf: pencerddeiddio, penceirddiaidd.**

pencerddiol, pencerddol, gw. **penceirddiol.**

pen-cerddor [*pen*[1]+*cerddor*] *eg.* Prif gerddor, cerddor o'r radd uchaf; prif fardd, pencerdd: *chief musician, master-musician; chief poet, master-bard.*

14g. *Cy* xvii. 138, Pob *penkerdawr* or a estynho arglwyd penkeirdyaeth yr arglwyd bieu keissaw offer idaw. **16g.** WILIAM LLŶN: *Gw* (R. Stephens) 673, Penceirddiaf callaf y'ch caid, / *Pen-cerddor* y penceirddiaid [marwnad Wiliam Llŷn gan Rys Cain]. **1736** *Beirn* iv. 19, Cefais geniti glod ormodedd am galw / yn *bencerddor* Gwynedd. **1756** *ML* i. 417, Mr. Ffoulk

Jones, *Pen Cerddor* Cymru. **1790** *HNDd* [2], Asaph, yr hwn oedd . . . yn *ben-cerddor* yn y deml.

pen-cerddwr [*pen*[1] + *cerddwr*[1]] *eg.* ll. *-wyr.* Prifardd, pencerdd; prif gerddor, cerddor o'r radd uchaf: *chief poet, master-bard; chief musician, master-musician.*
1740 T. EVANS: *DPO* 158, y Disgyblion a ddechreuent ganu a Thannau Rhawn; ac a dalent bedair ceini[o]g ar hugain ar eu gwaith yn myned yn *Bencerddwyr.*

penci [*pen*[1] + *ci*] *eg.* ll. *pencwn.*

(*a*) *Pysg.* Un o amryw fathau o siarcod bychain, ci môr, yn arbennig morgi brych, *Scyliorhinus stellaris*; twb y dail, cochgangen, *Leuciscus cephalus*; penlletwad, penbwl, *Cottus gobio*; penfras, *Gadus morhua*; môrleisiad, morlas, *Pollachius pollachius*: *dogfish, esp. nursehound; chub; bullhead; cod; pollack.*
15g. *GGl*[2] 99, Gan ddŵr aeth y milwr mau, / . . . / Llun pencerdd yn llawn *pencwn* [dychan Guto'r Glyn gan Lywelyn ap Gutun]. **1604–7** *TW* (*Pen* 228), *penci* d.g. *canis.* **1632** *D*, *penci*, canis marinus piscis, Pl. *Pencwn. id.* d.g. *capito.* **17g.** *LlGC* 13215, 349, m[orgi] Brych, *penci.* **1688** *TJ*, *penci*, pysgodŷn môr, môr gi: a Dog-fish. **1722** *Llst* 189 d.g. *a bull-head* (*fish*). *id. penci*, m.p. *pencwn*, a hound-fish. **1725** *SR* d.g. *a shark.* **18g.** *Pant* 19, 91, *penci*, Coch gangen, a chub. **1771** *W* d.g. *chevin* [*the chub-fish*]. **1803** *P.*

(*b*) *Swol.* (geir.) Math o fabŵn ac iddo ben tebyg i ben ci, *Cynocephalus*: (*dict.*) *dog-faced baboon.*
1604–7 *TW* (*Pen* 228) d.g. *cynocephali.*

(*c*) Penbwl, person ystyfnig neu gildynnus, person sarrug, un sy'n tynnu'n groes: *blockhead, stubborn or obstinate person, surly or contrary person.*
Ar lafar yn y Gogledd a'r Canolbarth, '*penci* o ddyn' 'a cross-grained fellow (Cards)', *SE MS* 364a; *WVBD* 424, *B* xiv. 291, *Cymru* xlvii. [141], *LlLlM* 110, hefyd yn yr ymadrodd *penci mul.*

penciaidd [*penci* + *-aidd*] *a.* Ystyfnig, cildynnus, twp: *stubborn, obstinate, stupid.*
1851. Ar lafar ym Mhenllyn.

penciwdawd, penciwdawdiaeth, penciwdawdwr, gw. **penciwdod, penciwdodaeth, penciwdodwr.**

penciwdod, penciwdawd [*pen*[1] + *ciwdod, ciwdawd*] *eg.* (b. *penciwdodes*) ll. (prin) *penciwdodydd, -au.* Pennaeth (milwrol), arweinydd, pendefig, dug, ymerawdwr, capten, cadfridog, cyrnol, cadlywydd, maeslywydd, pen-cadfridog, pen-llywydd, prif gadlywydd y lluoedd arfog: (*military*) *chief, leader, chieftain, duke, emperor, captain, general, colonel, marshal, field marshal, commander-in-chief, generalissimo.*
1547 *WS*, *pen kywdawt*, a capytayne. **1551** W. SALESBURY: *KLl* xib, A phan ddaethawdd Ieshu y mewn y Caphar-nachwm, yd aeth *pen kywdawd* cannwr attaw. **1567** *TN* 162b, Yno'r gywdawt a'r *penciwdod* [:– capten] a' swyddogion yr Iuddaeon a ddaliesont yr Iesu. **16–17g.** LLYWELYN SIÔN, &c.: *Gw* 372, *penn kiwdawd* y ffawd ar ffydd. **1630** R. LLWYD: *LlH* 384, ebychau llawer Capten, a *phenciwdod* yn trengu. **1632** *D*, *penciwdod*, dux, strategus. *id. penciwdawd* d.g. *imperator.* **1677** C. EDWARDS: *FfDd* 82, ymuno ar gau brophwyd hwn [Mwhamad], a'i gymeryd ef yn *ben-ciwdod* arnynt. **1688** *TJ*, *penciwdod* . . . a General of an Army, a Leader, a Duke. **1722** *Llst* 189, *penciwdawd, ciwdod*, m.p. *ciwdodydd* . . . chieftain. **1753** *TR*, *penciwdod*, a captain-general of an army. **1765** I. BRYDYDD HIR: *Gw* 88, Caled yw colli colofn, / *Penciwdawd* cerdd ddidlawd ddofn [marwnad Lewis Morris]. **1773** *W* d.g. *emperor, generalissimo.* **1798** *WR* d.g. *marshal.* **1803** *P.*

penciwdodaeth, penciwdawdiaeth [*penciwdod, penciwdawd* + *-(i)aeth*] *eb.* Cadfridogaeth, cadlywyddiaeth: *generalship, marshalship.*
1794 *Cylchg* 287, yr uchel gelfyddyd o (generalship) *penciwdawdiaeth.* **1798** *WR*, *penciwdodaeth* d.g. *marshalship.*

penciwdodes, gw. **penciwdod.**

penciwdodwr, penciwdawdwr [*penciwdod, penciwdawd* + *-wr*] *eg.* Cadfridog, arweinydd: *general, leader.*
1604–7 *TW* (*Pen* 228), *penciwdawtwr* d.g. *dux. id.* d.g. *imperator.*

penclwm, pencnath, gw. **penglwm, pencneiff.**

pencnaw, pencno [*pen*[1] + *cnaw*] *eg.* ll. *pencnawiau.* Pen asgwrn sy'n ffurfio rhan o gymal, pelen (cymal), cymal, chwyrnell: *end of bone forming part of joint, condyle, ball* (*of joint*), *whirl-bone, joint.*
1604–7 *TW* (*Pen* 228), *pencnawie* esgyrn d.g. *compagia. id. pencnaw* d.g. *condylus, vertebra. id. pencnaw* asgwrn d.g. *os, ossis* . . . *ossis caput.* **1632** *D*, *pencnaw*, & *pencno*, compagia. **1688** *TJ*, *pencnaw, pencno*, clymiad yr esgŷrn, gie'r cymmalau: the Joynts of the Bones, where they are joined together with Sinews. **1722** *Llst* 189, *pencnaw, cno*, m . . . a whirlbone. **1803** *P.*

pencnawiad [*pencnaw* + *-iad*[1]] *eg.* Cymaliad, cymal: *articulation, joint.*
1803 *P.*

pencneiff, pencniff [bnth. S. *penknife*] *eg.* Cyllell binnau, cyllell boced: *penknife.*
1683 *LlP* 56b, [c]yllellbin sef *Pencneiff* neu Penknife. **1760** *ML* ii. 182, nid rhaid i chwi ond dangos eich *pencneiff* iddi, ac yn ddiattreg hi eillia'r blewyn ar gefn eich llaw. Ar lafar yn sir Ddinb. yn y ff. *pencniff, Cymru* xlvii. [141]; ym Meirion yn y ff. *pencnith, B* xiv. 291; ym Môn ac Arfon yn y ff. *pencnath, EEW* 221; yng ngogledd Penf. a sir Gaerf. yn y ff. *penneth, GDD* 219, *SC* vi. 123.
Amr.: **penniff.** **1796** *WDS*, (Pembroke), [d]wgsoch . . . hancishers . . . a *pen niff* (*a penknife*) o shop Martha David. **pegneth.** Ar lafar yng ngodre Cered., *Cymru* xliii. [114]. **pincneth, pinceth.** Ar lafar yng ngogledd Cered.

pencno, gw. **pencnaw.**

pencnud, pen cnud [*pen*[1] + *cnud*] *eg.* Arweinydd haid o fleiddiaid, pennaeth mintai (o filwyr); (geir.) pen blaidd: *leader of pack of wolves or company of soldiers*; (*dict.*) *wolf's head.*
c. **1300** *H* 109a. 12–14, Gnawd eryr ebyr abar gwet. bangaw. yn *bencnud* wy gyuet. A chicurein kyuwyrein kicwlet (Llywarch ap Llywelyn). *c.* **1400** *R* 1314. 23, *penn kynut* drud gwyndut. *c.* **1425** *B* ii. 234, *pen knut*, pen blaidd. **1688** *TJ*, *pencnud*, twyswr bleiddied: the leader of Wolves. **1722** *Llst* 189, *pencnud*, m. the leader of a flock of wolves. **1803** *P.*

pen-cogydd [*pen*[1] + *cogydd*] *eg.* (b. *-es*). Prif gogydd, un sy'n rhagori fel cogydd: *chief cook, master-chef.*
1772 *W* d.g. *cook, master-cook.*

pen-congl [*pen*[1] + *congl*] *eg.* Prif gonglfaen, yn *ffig.* am Iesu: *chief cornerstone, fig. of Jesus.*
1567 *TN* 35a, Y maen yr hwn a wrthddodawdd yr adailiadwyr, hwnw a wnaethpwyt yn *ben congyl.* **1588** *Salm* cxviii. 22, y maen a wrthododd yr adailad-wŷr a aeth yn *benn congl* (**1567** *LlGG* (*Sall*) lxviia, penn y gongl).

pen-conglfaen [*pen*[1] + *conglfaen*] *eg.* Prif gonglfaen, fel arfer yn *ffig.* am Iesu; rhan hanfodol, sail bennaf: *chief cornerstone, usu. fig. of Jesus; essential part, chief basis.*
1567 *TN* 287a, wedy eich adailad ar sailvaeniad yr Apostolion a' Prophwyti, ac yntef Iesu Christ yn bod yn *ben conglfaen* [:– sylfaen cyntaf]. **1620** 1 *Pedr* ii. 6, yr wyf yn gosod yn Sion *ben-conglfaen*, etholedig a gwerthfawr. *c.* **1730** *Thos. Lloyd D* (LlGC) 191a, *penconglfaen* . . . summus angularis lapis. **1772** *W* d.g. *corner-stone, chief corner-stone.* **1790** T. JONES: *TOS* 308, pa gân o lawenydd fydd pan sylfaenir . . . y gogoneddus fyd, pan osodir y *pencongl faen.*

pen-cun, pencun [*pen*[1] + *cun*[1]] *eg.* ll. (geir.) *pen-cuniaid.* Prif arweinydd, pennaeth, rheolwr, arglwydd, tywysog, weithiau am Dduw ac Iesu: *chief leader, chief, ruler, lord, prince, sometimes of God and Jesus.*
c. **1400** *R* 1222. 6–7, Ynben *kun* kyuun kyuodi a wnaeth [am Iesu]. *Dchr.* **15g.** *GM* 16, Ieueink, henyon, werydon molynt Duw *bencun. Dchr.* **15g.** *IGE*[2] 167, Ni phrisiais, iawngais angerdd, / Air onid un, *ben cun* cerdd [ateb Llywelyn ab y Moel i Rys Goch Eryri]. **15g.** *GGl*[2] 211, Ar glun fy *mhen-cun* y cair, / A disgyn hyd ei esgair [i ofyn wtgnaiff]. *Diw.* **15g.** *Pen* 67, 12, gwae dylwyth hvgvn / am vwrw r *penn kvn* / pob gradd yn gyfvn / y maen bawb mewn gofal (Dafydd Llwyd). **1604–7** *TW* (*Pen* 228), *pencun* d.g. *princeps.* **1617** *Minsheu* 390a, *pen-/cvn* d.g. *prouost.* **1722** *Llst* 189, *pencun* m.p. *cuniaid*, the chief ruler. **1803** *P.*

pencwd [*pen*[1] + *cwd*[1]] *eg.* (Cynnwys) ceg cwdyn neu sach, hefyd yn *dros.* ac yn *ffig.*: (*contents of*) *top of bag or sack, also transf. and fig.*
14–15g. *IGE*[2] 125, A fu isaf ei foesau / Uchaf yw, mawr yw'r och fau: / A'r uchaf cyn awr echwydd / Isaf ac ufuddaf fydd. / A fu dincwd, hwd hudawl, / Y sy *bencwd*, tancwd diawl [Gruffudd Llwyd i Owain Glyndŵr]. **1620** *Mos* 204, 16, A vo *bencwd*, y sydd dincwd, / A vo dincwd, y sydd *bencwd. id.* 168, Ysparia r cwd en [*sic*] i *bencwd.* **1789** *BDG* 508–9, Caseg Eiry a'm câs gurawdd, / . . . / Boncyff ar fardd yn *bencwd.* **18–19g.** *MA* iii. 241, Tri thincwd a dybiant eu hunain yn *bencwd*: cyvoethawg o ledrad . . . gwybodus ar ddichellion dihirdawd, a mab a gredwys y cyvan â ddywed ei vam am dano. **1803** *P*, *pencwd*, s. m. the top of the bag. Ar lafar gynt yn sir Gaern. yn yr ymad. 'Tincwd wedi mynd yn *bencwd*', J. JONES: *Gwerin-eiriau*[2] 162, sef, o bosibl, 'Gwas wedi dringo i fod yn feistr', *id.* 197.

pen-cyfamodwr [*pen*[1] + *cyfamodwr*] *eg.* Prif gyfamodwr, fel arfer am Iesu neu Adda: *chief covenanter, usu. of Jesus or Adam.*
1788 J. GRIFFITH: *DCC* 171, Y rhôdd, a'r addewid o'r Yspryd, a roddwyd i Grist pan gyfododd ef oddiwrth y meirw, fel *pencyfammodwr* ei holl wîr ddisgyblion. **1799** *TY* i. 87, ni bu . . . ond y Tad cyntaf, yn *Ben-cyfammodwr* i'w hiliogaeth.

pencyfeistedd [*pen*[1] + *cyfeistedd*] *eg.* Prif eisteddfa neu balas, prif breswylfa; uchel lys; prif awdurdod; prif swyddog, archddiacon: *chief seat or palace, chief residence; high court; chief authority; chief officer, archdeacon.*
13g. *LTWL* 134, Nemo debet habere principalem sedem ex parte matris, id est, *penkeueystet.* **1604–7** *TW* (*Pen* 228) d.g. *magisterium, principalis, sedes principalis.* **1632** *D*, *pencyfeistedd*, K.H. Sedes primaria, palatium præcipuum. **1688** *TJ*, *pencyfeistedd*, ucha eisteddfa, the Chief Seat or Palace. **1722** *Llst* 189, *pencyfeistedd*, m. the chief mansion-house or seat. **1730** *Leg Wall* 580, *pencyfeisdedd*, Idem crediderem quod Eissyddyn arbennig, Sedes vel Domicilium principale. **1740** T. EVANS: *DPO* 134, Palas Tywysog Powys oedd ym Mathrafael; a *Phencyfeistedd* Tywysog Deheubarth ydoedd Castell Dinefwr. **1771** *W* d.g. *seat, the chief seat, palace, a chief palace.* **18–19g.** *Iolo MSS* 24, Rhydderch ab Iestin a gafas Arglwyddiaeth Gwaun Llwg, a'r *Pencyfeistedd* yng Nghaer llion ar wysg. **1803** *P.*

pen-cynghorwr [*pen*[1] + *cynghorwr*] *eg.* ll. *-wyr.* Prif gynghorwr: *chief counsellor, chief adviser.*
14g. *BT* 153–4, gruffud vab kadwgawn *pennkynghorwr* maelgwn. **14g.** *BT* (*RB*) 210, jarll Penuro, y gwr oed yna hyneif a *phenn kyghorwr* y teyrnnas. *id.* 238, bu varw Maredud ap Rotpert, *pennkyghorwr* Kymry. *c.* **1400** [*RB*] *WM* 209. 26–30, Gwr a dylyei dywedut yn gyn ehofnet ac ymynnei wrthaw. karadawc vreichuras uab llyr mariui [*sic*] *pennkyghorwr* ae gefynderw. **1710** *CBGEL* 118, Nid yw fy nghrefydd yn gofyn gennif fod yn *Ben-Cynghorwr* ir Goron. **1793** M. WILLIAMS: *BM* 33, [b]renin ynghyd â'i *ben-*[*c*]*ynghorwyr.*

pen-cyngor [*pen*[1] + *cyngor*] *eg.* Prif gynghorwr, cyfrinachwr; ?prif aelod o gyngor; prif gyngor neu gynulliad, senedd: *chief counsellor or adviser, confidant; ?chief member of a council; chief council, parliament.*
15g. *Pen* 109, 49, Ef yw *pen kyngor* kylch dol uorwyn. / val y bu oldal yn hwr baldwyn (Lewys Glyn Cothi). *id.* 105, Gwyr o gerd am goruc i. / A iaith wyned ith enwi. / Ar *penkyngor* ath oruc. / Ditheu yn glust deav. r. duc (Lewys Glyn Cothi). **16g.** *TRP* 140, kyfod i vyny agor / i genad brenin erod / ai herod ai *ben kyngor.* **1632** J. DAVIES: *LlR* 406, Haman vn o *bencyngor* y brenin Ahasuerus. **1722** *Llst* 189, Ef yw ei *ben-cyngor* d.g. *all in all, He is All in All with him.* **1740** T. EVANS: *DPO* 179, *Pen-cyngor* neu Barliament Rhufain. **1760** *ML* ii. 153, ei fab ynghyfraith ef yw *pencyngor* Wilmwd Fychan. **1780** *W* d.g. *privado. Diw.* **18g.** *AL* ii. 552, ynad llys benadur . . . hwnw a vydd yn *bencynghor* ac yn ben cymmrawd teyrnedd y cyvoeth. **1803** *P*, *pencynghor*, the chief of council; a chief counsellor.

pen-cynllunydd [*pen*[1] + *cynllunydd*] *eg.* Pensaer: *architect.*
1905.

pen-cynydd [*pen*[1] + *cynydd*] *eg.* ll. *-ion.* Prif heliwr neu brif geidwad cŵn hela, hefyd fel un o swyddogion llys y brenin yn y cyfreithiau Cymreig: *chief huntsman, also*

as one of the officers of the king's court in the Welsh laws.
13g. *LlI* 11, Decuet yv e *penkynyd* . . . Ef a dele croen ych e gayaf e wneythur kynllyuaneu, a chroen buvch er haf e wneythur cuaraneu. *id.* 12, dely e *penkynyd* dangos e kvn a'e kyrn a'e kenlleuaneu e'r brenhyn . . . Navd y *penkenyd* yv dvyn e den a wnel e kam hyt e bo abreyd klybot llef y korn. **13g.** *LlC* 18, Dysteyn a keghellaur, a'r *penkynyt* a'r penguastraut . . . guerth pob un onadunt ix muy. **14g.** *WML* 135–6, notwyd y *penkynyd* ywniaw ykwn rwygedic. **14g.** *WM* 465. 38–9, eli athrachmyr *penkynydyon* arthur. *id.* 484. 5–7, Garsclit wydel *penkynyd* iwerdon yw. ny helir twrch trwyth uyth hebdaw. **15g.** *LHDd* 89, Tri dyn y trayana brenhin ac hwynt. Y vrenhines. ar pen teylu. ar *pen kynyd*. **1803** *P.* Ar lafar yn nwyrain sir Gaerf., ''Odd dou gynydd. . . . Wel, 'nawr, y *pen-cynydd* yw'r un sy ar y top'.

pencyrliog [*pen*[1] + *cyrliog*] *a.* Cyrliog ei wallt: *curly-haired.*
20g.

penchwiban [*pen*[1] + *chwiban*] *a.* a hefyd fel *eg.* ll. *-iaid.* Gwacsaw, penysgafn, gwamal, anwadal, di-ddal, chwit-chwat; gwan ei feddwl, gwirion, disynnwyr; siaradus: *frivolous, hare-brained, flighty, fickle, capricious, inconstant; feeble-minded, silly, senseless; talkative.*
1605–10 *AP* 40, [k]oleth ag arwain murseneiddrwydd a chanu pen rrimin i fursen *benchwiban.* **1611** R. SMYTH: *SG* [2]84, yr ydoedd mor wrthnysig ag mor gyndyn, ie mor *benchwiban* arol natur i wlad. *Dchr.* **17g.** *J* 10, 125b, *penchwiban*, tallkative [*sic*]. **1672** J. LANGFORD: *HDdD* 195, y mae'r nêb a yfo ag ûn arall ar fedr ei siommi ef, yn prifio yn fynych yn fwy *penchwiban* (*the weaker-brained*), ac felly meddwi yn gyntaf. **17g.** HUW MORUS: *EC* ii. 31, Yr wy 'n nwyfus *benchwiban*, 'r wy'n fywiog, 'r wy'n fuan. *c.* **1689 (1802)** L. WILLIAM: *Sherlyn Benchwiban*, d.d. **1703** E. WYNNE: *BC* 27, fy nghippio i'n ddigllon o'r Llŷs *penchwiban* yma. **1731** E. SAMUEL: *AE* 151, Pobl yn ofer ac yn *benchwiban* yn amser Gweddi, yn chwerthin, neu 'n siarad. **1740** T. EVANS: *DPO* 213, [g]wneuthur Llong-dryllìad o'i Ffydd a throi yn Heretic; oblegid mai dyn meddal, llaith, a *pen-chwiban* ac anwadal oedd efe. **1773** *W*, pen-ffol, *pen-chwiban*, ysgoewan d.g. *giddy, giddy-brain'd, or giddy-headed.* **1787** M. WILLIAMS: *BM* [ii], Ysgolhaig *penwhiban.* **1795** JAC GLAN-Y-GORS: *SG* 41, a'r arian rhei'ny yn myned . . . i gadw rhyw ddyn *penchwiban*, a chwech neu saith o butteiniaid. **1803** *P.* Ar lafar, *WVBD* 422; yn nwyrain Morg. yn y ff. *penwipan.* Cf. *ML* i. 420, Rhwydd-deb ir ddau Gwyllog pennau chwiban.

Fel *e.* Person penchwiban; penchwibandod: *frivolous or fickle person; frivolity, fickleness.*
1828. Ar lafar yn Arfon, 'Mae o'n llawn *penchwiban*', *WVBD* 422.

penchwibandod [*penchwiban* + *-dod*] *eg.* Gwiriondeb; gwacsawrwydd, gwamalrwydd, anwadalwch; penysgafnder, pensyfrdandod: *silliness; frivolity, fickleness, capriciousness; light-headedness, dizziness, giddiness.*
1773 *W*, *pen-chwibandod*; anwadaledd d.g. *giddiness.* **1803** *P*, *penchwibandawd*, light-headedness; capriciousness, freakishness.

penchwibanrwydd [*penchwiban* + *-rwydd*] *eg.* Penchwibandod, gwiriondeb; gwacsawrwydd, anwadalwch: *silliness; frivolity, capriciousness.*
1611 R. SMYTH: *SG* 182, anwadalrwydd *penchwibanrwydd*, traserch arno i hun. **1773** *W* d.g. *freakishness.* **1803** *P.*

penchwidr [*pen*[1] + *chwidr*] *a.* Penchwiban, byrbwyll, gwyllt, anwadal: *rash, impetuous, capricious.*
16g. D. R. THOMAS: *DS* 162, annllyfodraythys: afrowiog: diystr kenthyn a fo da . . . bradyddion, *penchwidr.*

penchwidredd [*penchwidr* + *-edd*[1]] *eg.* Anwadalwch: *capriciousness.*
1850.

penchwydd [*pen*[1] + *chwydd*, cf. S. *swollen head, swollen-headed*] *a.* a hefyd fel *eg.* Chwyddedig ei ben, fel arfer yn *ffig.* hunandybus, hunanbwysig; hunan-dyb, hunanbwysigrwydd: *having a swollen head, swollen-headed, usu. fig. conceited, self-important; conceit, self-importance.*
1918.

pendaer [*pen*[1] + *taer*] *a.* Dyfal, diwyd, dygn: *persevering, persistent.*
1777 W. WILLIAMS: *DN* 26, f'alle i ti fel hyn ar y cyntaf . . . fod yn rhy ddiystyrllyd o hono . . . yn *bendaer*, ac yn bengaled; yn dewis yn wastad wneud dy ffordd dy hunan. *Diw.* **19g.** *SE MS* 363b, *pendaer*, a. pushing; persevering. Mae y gwyddau yna yn *bendaer* ofnadwy, meddir, y maent yn gallu gweithio eu ffordd i'r cae llafur er cau pob twll a chornel (Brycheiniog).

pendafad, gw. **pen**[1]—**p. dafad.**

pendafadaf: pendafadu, gw. **pendifadaf: pendifadu.**

pendandde [gair geir., sef *pen*[1] + *tandde*] *eg.* Briw crawnllyd llidiog, cornwyd, &c., ar y pen: *inflamed sore, boil, &c., on the head.*
1722 *Llst* 189, *pendandde*, m. a wild scab in ye head. **1770** *W* d.g. *a breaking out in the head.* **1803** *P*, *pendandde*, s. m., a scald-head.

pendant[1] [?*pen*[1] + elf. anh.] *a.*

(*a*) Penodol, neilltuol, arbennig; gosodedig, diamwys, pwysleisiol, eglur, siŵr, sicr; positif (am drydan, &c.); wedi ei gosod, gorsafol (am frwydr): *definite, particular, specific, special; set, express, explicit, emphatic, clear, sure, certain; positive (of electricity, &c.); pitched (of battle).*
1567 *LlGG* [xviii], nid ym ni . . . yn ceisio gorchymyn dim, anyt y ein popul ein hunain yn *pendant* [*sic*] (*to our own people only*). **1595** *Egl Ph* 61, pan adroddir yn y diwedd yr vn gair yn *bendant.* **1604–7** *TW* (*Pen* 228), yn *bendant* d.g. *absolutè.* **1630** *YDd* 235, halogi dydd yr Arglwydd, yr hyn a ddigwyddai yn *bendant* (*chiefly*) o achos bod ei marchnad ar y dydd oedd yn canlyn. **1631** O. THOMAS: *CC* 14, a berthyno yn gymmwys, ac yn *bendant* i ddangos i'n gwrandawyr angenrhaid y ddyled hon. **1632** *D* d.g. *definitè, nominatim, præcisè.* **1672** J. LANGFORD: *HDdD* 173, Dledswydd yw hon a orchymynnir i ni yn *bendant* (*expressly*) gan yr Apostol. **17g.** HUW MORUS: *EC* ii. 294, Wel dyma'r wyl *bendant*, i ganu gogoniant, / I Dduw am faddeuant, mawr foliant a f'o. **1675** R. JONES: *HCh* [171], [yn] *Bendant*, Yn hollawl, yn benodol dim. **1701** E. WYNNE: *RBS* 9, mae rhai Crefftiau yn *bendant* (*wholly*) i borthi coeg-ddibennion. **1711** M. MAURICE: *YAD* 333, Pa beth yw y Gwahaniaeth rhyng Gorchymmynion Moesol, a Gorchymmynion *Pendant*, neu osodedig? . . . nyd yw Gorchymmynion *Pendant* . . . yn rhwymo ond yn ol rhyw amser terfynnedig. **1728** T. BADDY: *DDG* 162, gan fod yr Juddewon ai swydd *Bendant* (*dealing chiefly*) ym Marsiandiaeth. **1776** I. BRYDYDD HIR: *P* ii. 248, ir ydwyf yn bwriadu rhoddi copi o hono i bob penteulu dan fy ngofal *pendant* i. Ar lafar yn gyff., weithiau gyda phwyslais cyfartal ar y ddwy sillaf, 'Mi ddudish i wtho fo'n *ben-dant*' 'I told him expressly, distinctly', 'Mae o wedi cael ordors yn *ben-dant*' 'he has had express orders', *WVBD* 421.

(*b*) *Gram.* Cysefin (am radd cymhariaeth), mynegol (am fodd berf): (*in gram.*) *positive (of degree of comp.), indicative (of mood of verb).*
1728 S. RHYDDERCH: *GC* 17, Y Râdd *bendant*[,] Y Râdd gystadliaeth, Y Râdd. [*sic*] uchaf, Da, Gwell, Gorau. **1795** J. THOMAS: *AIC* 12, Mae hefyd dair gradd sef y *Bendant*, a'r Gystadliaeth, a'r uchaf, megis Da, Gwell, Goreu.

pendant[2], **pendawnt** [bnth. S. C. *pendant, pendaunt*] *eb.g.* ll. *-(i)au*, a hefyd fel *a.*

(*a*) Addurn o em, aur, arian, &c., sy'n hongian (yn enw. wrth neclis neu glustlws), neclis neu glustlws sy'n dwyn y cyfryw addurn; bathodyn; bwcl neu glasb gwregys, pen gwregys sy'n hongian i lawr fel addurn; hefyd yn *ffig.*: *pendant (earring or necklace); badge; buckle or clasp of belt, end of belt hanging down as decoration; also fig.*
15–16g. *TA* 406, Pwy yn dwyn traul *pendant* draw, / Iawn im nodi'n nomnadiaw. **15–16g.** *GLM* 124, Pâr ddulwyd o'r pridd eilwaith.—/ Pand yntau wyd, *pendant* iaith [moliant Wiliam Gruffudd]? **1547** *WS*, *pendant* gwregys, a pendant of a gyrdell. **16g.** *B* xviii. 137, [t]orres hi *bendant* i gwregis ag ai Roes yn i law vo. **1604–7** *TW* (*Pen* 228), dattot *pendant*, ne waeg d.g. *refibulo. id.* y rhai a vo ei cyfrwyæ 'n gostus dreuluawr a *phendantæ* ne seirch gloewychion d.g. *ephippiarij.* **1615** R. SMYTH: *GB* 198, [d]annod iddynt [gwragedd Caersalem] . . . i brasledau, i gwregysau a *phendantau* i clystiau. **1632** *D*, *pendant* d.g. *spinter.* **1722** *Llst* 189, *pendant*, m. the badge of those y^t^ want to be imployed; a buckle, clasp. **1725** *SR* d.g. *a Tach, or tack.* **1771** *W* d.g. *buckle.*

(*b*) *Her.* Un (o dri neu ragor fel arfer) o'r pwyntiau sy'n ffurfio rhan isaf label: *pendant or point (of a label in her.).*
15–16g. LLAWDDEN, &c.: *Gw* 175, Pwy'r trwblweilch piau'r trabludd? / Pwy'n dwyn tri mewn *pendant* rhudd [i'r bais arfau a'r gardas]? **16g.** *Med H* 70, A'r label honn a vydd val barr ar draws y pen uchaf i'r darian, a thair nei vwy o *bendantie* byrion ynghrog wrthi . . . A'r ail mab a ddwg yr un arfau gida label a thair *pendant* wrthi . . . Ac os pedair *pendant* a vydd, y dygiawdr y sydd drydydd mab, ac os pump y pedwerydd mab, ac velly rragod. **16g.** *Mos* 113, 58, Label Sinobl o dri *pendawnt* . . . Label a *phendawnt* Sinobl. **17–18g.** *Llst* 133, 120b, Asur *bendant* mewn antur (Syr Siôn Teg).

Fel *a.* ?Yn hongian, cam: *hanging, sloping.*
c. **1470** *AL* ii. 470, Cwyn Tor Croes . . . tori croes *pendant* [*sic*] yr hon a roes . . . Ieuan mewn parsel o dir oi briodolder ev. *ib.* Cwyn Camgroes . . . rhoi or dywededig Ieuan gamgroes nid amgen croes *bendant* mewn parsel o dir.
Amr.: **pentant. 16**g. *Mos* 113, 50.

pendantaf: pendantu [bf. o'r a. *pendant*[1]] *bg.a.* Mynd neu fod yn bendant neu'n fwy pendant (ynghylch), gwneud yn bendant neu'n fwy pendant: *to be(come) (more) definite, explicit, or positive (concerning), make (more) definite, &c.*
1779 *DS* [2], nid allai mor *pendantu* y bydd ef yn ddifeiau.

pendantrwydd [*pendant*[1] + *-rwydd*] *eg.* Yr ansawdd o fod yn bendant, penodoldeb, diamwyster, sicrwydd, positifrwydd: *definiteness, explicitness, certainty, positiveness.*
1780 *W* d.g. *positiveness, or positivity.* **1798** *WR* d.g. *peremptoriness.* Ar lafar, 'I drin dynon, ma' raid dangos ticyn o *bendantrwdd*'.

pendantwr, pendantydd [*pendant*[1] + *-wr, -ydd*[3]] *eg.* ll. *pendantwyr. Athr.* Positifydd: *positivist (in philos., &c.).*
1916.

pendar, gw. **penddar.**

pendarddiad [gair geir., sef *pen*[1] + *tarddiad*] *eg.* Briw crawnllyd llidiog ar y pen: *inflamed sore on the head.*
1722 *Llst* 189, *pendarddiad*, m. a breaking out of the head. **1770** *W* d.g. *a breaking out in the head.* **1803** *P.*

pendawd, gw. **pendod.**

pendefig [H. Grn. *pendeuig*, gl. *princeps*, Crn. C. *pensevik*, Llyd. C. *pinuizyc, pinuidien* (ll.) 'cyfoethog', Llyd. Diw. *pinv(id)ik* 'cyfoethog': < Clt. **k^u^enno-tam-īko-*, cf. *pen*[1], a gw. *Études* xiv. 189–90] *eg.* (bach. g. *-yn*) ll. *-ion*, a hefyd fel *a.* Pennaeth, arweinydd, rheolwr, brenin, tywysog, arglwydd, uchelwr, gŵr bonheddig: *chief, leader, ruler, king, prince, lord, nobleman, gentleman.*
13g. *C* 59. 15–16, ban vo *pendewic* dyued aeguledichuy. *c.* **1300** *H* 99b. 34, *Penndeuic* fraw aber frawt cad. **14g.** *T* 54. 16–17, Golychaf wledic *pendeuic* gwlat ri. **14g.** *WM* 1. 1–3, Pwyll *pendeuic* dyuet aoed yn arglwyd ar seith cantref dyuet. **14g.** *GDG*[3] 140, Na thrig ym, *pendefig* poen, / Dy gariad, deg ei goroen. *c.* **1400** *MM* 6, Yma gan borth Duw goruchel *bendeuic*, y dangossir y medegynyaetheu arbennickaf a phennaf wrth gorff dyn. **15g.** *OBWV* 146, Tyfu'r wyd fel twf yr onn / O fagad *pendefigion* [Dafydd Nanmor i Rys ap Rhydderch ap Rhys]. **1567** *TN* [174b], mal y gwnaeth hefyd eich *pendevigion* [:– llywodraethwyr]. **1588** *Luc* xxii. 25, y mae brenhinoedd y cenhedloedd yn arglwyddiaethu arnynt, a'r rhai sy mewn awdurdod arnynt a elwir yn *bendefigion.* **1595** *Egl Ph* [x], y *pendefig* vrddassol, Ioan Salusburi. **1607** *Rhyddiaith Gymraeg* i. 137, At hybarch Arglwyddi, *pendeuigion*, y Bonheddigion vrddasol . . . a'r hygar gyphredin yn holl Gymru Benbaladr. **1632** *D*, *pendefig*, primas, nobilis, princeps. **1687 (1715)** J. OWEN: *TB* 139, Thomas Cromwel un o *Bendefigion* Harry yr wythfed. **1762** *ML* ii. 501, eisiau llythyr yn ei bocced at ryw *bendefig* fal chwi [Richard Morris] oedd arno. **1803** *P*, *pendevig*, s. m. pl. t. *ion*, one of the highest rank; a grandee, a man of quality.

Fel *a.* Bonheddig: *noble.*
16–17g. W. MIDLETON: *B* (Rhagymadrodd) 21, y *pendefigion* frutaniaid. **1618** J. SALISBURY: *EH* 40, y gwr *pendefig* hwnnw. **1725** T. BADDY: *CS* 41, Christ y Brenhinol Briodfab yn myned rhagddo i gannol tegwch Y Briodferch, yr Eglwys; efe a'i geilw ar

Enw newydd y Ferch *Pendefig* [*sic*], o ran genedigaeth newydd ac ymarweddiad hardd. **18–19g.** *MA* ii. 477, Oed Crist 835, bu farw Cadwallon, yr oe[dd] efe 'n wr *pendefig* mawr ei barch a'i ddoethineb.

Gw. hefyd **pendefiges.**

pendefigaeth, pendefigiaeth [*pendefig*+ -(*i*)*aeth*] *eb.g.* ll. -*au.* Brenhiniaeth, tywysogaeth; goruchafiaeth, blaenoriaeth, arglwyddiaeth, llywodraeth, grym; aristocratiaeth, bonedd, uchelwriaeth: *kingship, principality; supremacy, pre-eminence, domination, government, power; aristocracy, peerage, nobility.*

14g. *B* xiv. 270, oc eu gwedieu vy y gwrthvynebir an *pendeuigaeth* ni. *c.* **1400** *YCM*[2] 28, y *bendeuigaeth* Grist y darestygwn. **15g.** *BB* 98, yd oed . . . tri amherawdyr yn ymrysson am *pendevigiaeth* [*sic*] ssened ruvein. **15g.** *AL* ii. 584, un bieu uchafiaeth ar y ddwy nyt amgen noc Aberffraw pieu y *pendefigaeth.* **15g.** *OBWV* 146, Bonedd, mal etifedd maeth, / A fag y *bendefigaeth* [Dafydd Nanmor i Rys ap Rhydderch ap Rhys]. *c.* **1510** *THSC* (1943–4) 55, A'r amser hwnnw ir oedd annwastad *pendevigaeth* (*instabilis status*) yr Jsrael. **1567** *LlGG* 84a, nad yw eyn ymdrech ni yn erbyn cic a' gwaet, yn amyn yn erbyn *pendevigaethae*, yn erbyn Galluoedd ac yn erbyn llywyawdron bydawl tywysogion tywyllwch y byt hwn. **1567** *TN* 260a, gwedy yddo ef ddilëu pop *pendevigaeth*, a' phob awturtot a' meddiant. **1631** O. Thomas: *CC* 25, cyrhaeddwn y *bendefigaeth* orchestol o fod yn blant i Dduw. **1632** *D*, *pendefigaeth*, primatus, principatus. *id.* d.g. *dominium, ethnarchia, optimatus, principalitas, regnum, summatus.* **1710** *LlGG* (*Gos*) 8, nad oes . . . i un Tywysog, Person, Prelad, Stât na Phennaeth estronol, na Gallu nac Goruwchfraint, *Bendefigaeth* (*praeminentiam*) nac Awdurdod Eglwysig. **1740** T. Evans: *DPO* 266, anghyttun a Natur Teyrnas Christ, nid amgen Croesau a Delwau, crîo ar y Sainct meirw, *Pendefigaeth* Esgob Rufain. **1803** *P*, *pendevigiaeth*, s. m. pl. t. *au*, a state of the highest rank or of pre-eminence.

pendefigaethol [*pendefigaeth*+-*ol*] *a.* Pendefigaidd, aristocrataidd, boneddigaidd: *aristocratic, noble.*

1848.

pendefigaidd, pendefigiaidd [*pendefig*+ -(*i*)*aidd*] *a.* Aristocrataidd, boneddigaidd: *aristocratic, noble.*

c. **1400** *R* 1377. 20, pann divwgyl kadyr *pendevigyeid.* Pryt verth kerth taernerth teyrnyeid. **16g.** Huw Arwystl: *Gw* 255, bon a brig *pen-dy-vigaidd.* **1588** *Marc* xv. 43, daeth Joseph o Arimathæa cynghorwr *pendefigaidd.* **1606** E. James: *Hom* iii. [180], O herwydd fel y gwelir y brenin yn *bendefigeiddiach*, po godidawgaf a *phendefigeiddiaf* y fo ei swyddogion ai raglawiaid ef. **1632** *D* d.g. *basilicus, regalis.* *c.* **1730** *Thos. Lloyd D* (LlGC) 191a, *pendefigaidd*, primarias CO. 50 Noble. **1776** Dewi Nantbrân: *AN* 406, Dengwriad *pendefigaidd.* **1803** *P*, *pendevigaidd*, like a chieftain.

pendefigeiddrwydd [*pendefigaidd*+ -*rwydd*] *eg.* Yr ansawdd o fod yn bendefigaidd: *nobility.*

1722 *Llst* 189, *pendefigeiddrwydd*, m. nobleness.

pendefiges [*pendefig*+-*es*[1]] *eb.* ll. -*au.* Brenhines, arglwyddes, aelod benyw o'r bendefigaeth, boneddiges, hefyd yn *ffig.*: *queen, lady, peeress, noblewoman, also fig.*

1588 *Salm* xlv. 9, Merched brenhinoedd oedd ym mhlith dy *bendefigesau.* **16–17g.** Edward Urien, &c.: *Gw* 255, *Pendefiges* a'n llesodd, / Pwy a ran mwy yr un modd? *c.* **1600** L. Dwnn: *HV* 27, Llawer o bendefigion a *ffend*[*ef*]*igessau* y sydd yn Dyfod or Rrain. **1606** E. James: *Hom* ii. 218–19, y *bendefiges* sanctaidd (*noble holy woman*) Hester. **1632** *D* d.g. *heroina, princeps, regina.* **1661** E. Lewis: *Drex* [iii], I'r Ddiwair a'r rinweddol *bendefiges*, Mres Catherin Anwyl. **1722** *Llst* 189, *pendefiges*, f. p. *gesau*, an honourable woman, Lady. *c.* **1762–79** W. Williams: *P* 235, Mahomet yn awr wedi cael ei dderchafu i allu, a chyfoeth, trwy briodas ag un o'r *pendefigesau* cyfoethocca yn Mecca. **1778** J. Thomas: *HB* 192, Rhoddwyd cennad i'r gwyr ieuangc sydd yn perthyn i'r *bendefiges* Huntingdon i bregethu yno yn Saisnaeg [*sic*]. **1803** *P.*

Gw. hefyd **pendefig.**

pendefigiaeth, pendefigiaidd, gw. **pendefigaeth, pendefigaidd.**

pendefigiant [*pendefig*+-*iant*] *eb.g.* Aristocratiaeth, pendefigaeth: *aristocracy, nobility.*

1833.

pendefiglywiaeth, gw. **pendefig+llywiaeth.**

pendefigol [*pendefig*+-*ol*] *a.* Aristocrataidd, boneddigaidd, hefyd yn *ffig.*: *aristocratic, noble, also fig.*

1595 *Egl Ph* [28], [y] gwyr *pendefigawl*, y rhein a ganmolent ar ei cerdd. **1803** *P* d.g. *pendevigawl.*

pendefigrwydd [*pendefig*+-*rwydd*] *eg.* Arglwyddiaeth, tywysogaeth, aristocratiaeth, bonedd: *lordship, principality, aristocracy, nobility.*

Dchr. **17g.** *J* 10, 126a, *pendevigrwydd*, principatus.

pendefigydd, pendefigwr [*pendefig*+ -*ydd*[3], -*wr*] *eg.* ll. *pendefigwyr.* Pendefig, aristocrat, gŵr bonheddig: *aristocrat, noble*(*man*), *gentleman.*

1850.

pendefigyn, gw. **pendefig.**

pendel, gw. **penddel.**

pendenau [*pen*[1]+*tenau*] *a.* ll. -*deneuon.* Ynfyd, penchwiban, penysgafn, pensyfrdan: *stupid, silly, light-headed, giddy, dazed, dizzy.*

1706 *Cyf Cym* 117, fe all gwybodaeth yn y pen wneuthur yn *bendene* (*giddy*), ond ni wna fyth y galon yn Sanctaidd. *id.* 262, mae ganddo [Satan] amryw o wrthddrychau i amryw o ysprydoedd . . . ir mâb afradlon, ir anystyriol *pendeneu* (*giddy brain*), ir diogyn. **18g.** *Beirdd y Berwyn* 23, A'i daeru 'n ffals â darn ffydd / *Ben dene*, heb un deunydd. **1729** L. Morris: *LW* 337, nid cythrel a ddysgwyd ynghyfrwystra a deddfau uffern, eithr rhyw hurthgen *pendeneu*, wyt. **1755** *ML* i. 342, Rhaid yw cymeryd pobl *bendeneuon* mewn ffordd gymmwys a *phendeneuon* yw'r bobl fawr yma. *id.* 364, sucanwr *pendeneu* a hwyaden sychedig, blerwm bolerog a glafoeriwr chwydlyd. **1760** *id.* ii. 206, Rwy'n ofni nas gallaf ddal allan fawr hwy, gormod pwys ar y [*sic*] ymenydd, yr hyn sy'n fy nal yn wastad yn *bendeneu.* **1762** H. Jones: *HCF* 13, Ni wiw mo'r gwrando ar lol *ben-dene.* **1787** E. Roberts: *PCF* 27, Ni wneist erioed mor daioni haffgest *pendene.* **1808** Twm o'r Nant: *BB* 58, Ac yna ebr finnau, y Bardd, *pen deneu* / Wrth yr henwr Gwirionedd, awn ymlaen mewn amynedd. Ar lafar gynt yn sir Gaern. yn yr ymad. 'Mor *ben-deneu* a'i gysgod', J. Jones: *Gwerin-eiriau* 136.

penderfynadwy [bôn y f. ddil.+-*adwy*] *a.bfl.* Y gellir ei benderfynu; yn gallu penderfynu: *determinable; decisive.*

1852.

penderfynaeth, gw. **penderfyniaeth.**

penderfynaf: penderfynu [*pen*[1]+*terfynaf*: *terfynu*] *bg.a.* (Peri) dod i gasgliad neu farn ar ôl ystyried, barnu, rhoddi barn, casglu, datgan wedi penderfyniad ffurfiol a phleidlais; canfod (terfyn), pennu, ordeinio, sicrhau (incwm, &c., i rywun) drwy weithred, cyfeirio, gosod terfyn ar, terfynu, gorffen, diweddu, dod i ben: *to* (*cause to*) *decide, give a decision, conclude, settle, make one's mind up, determine* (*upon*), *resolve; ascertain* (*a limit*), *ordain, settle* (*an income, &c., on someone*), *direct, determine,* (*set a*) *limit, end, conclude.*

1629 R. Llwyd: *P* 4, *penderfynu* y mae, a chloi ei reswm am bob dŷn byw . . . yn marw yn ddiedifeiriol, y collir hwynt oll. **1684** J. Davies: *LlR* 370, Mi a *benderfynaf* y Traethawd ymma âg un Gocheliad cyffredinol. **1719** *EGBG* 61, y mae Duw yn *pen derfynu* ac yn attal dynion yn eu pechodau. **1722** *Llst* 189, *pen-derfynu*, to conclude, end, determine. **1725** D. Lewis: *GB* 162, y mae'r Creawdr, wedi *Penderfynu* Bywyd pob Rhyw o Greaduriaid i'r cyfryw hŷd . . . ac a fo'n gyfattebol iw Defnydd a'i Gwasanaeth yn y Bŷd. **1725–6** *Madd Ed* 287, y maent yn *penderfynu* (*they conclude*) ei werthu ef yn Gaethwâs i'r Midianiaid. **1744** *CMC* 58, y mae yn rhaid bod eich Ffŷdd yn *penderfynu* yn ddigyfrwng ar y Gair hwn. **1764** W. Williams: *GDC* 49, mae y rhai sydd yn dal y System newydd yn *penderfynu* fod y planedau hynny . . . yn fydoedd trigiannol. **1764** J. Popkin: *ABG* 51, ein Iachawdwr . . . yn eglurhau ei ymadrodd cyffredinol . . . ac yn ei *benderfynu* at . . . fwyta a dwylo heb eu golchi. **1770** P. Williams: *BS*, *Gen* xvii, y mae'r Apostol yn cadarnhau, ac yn *penderfynu*, na's gall enwaediad, na dienwaediad . . . gyfiawnhau dyn ger bron Duw. **1772** S. Philipps: *ET* 49, gallwn ragweled . . . y bŷdd iddynt [achosion y teulu] *benderfynu* o'r diwedd er ein Daioni (*they will at last issue to our Good*). **1774** T. Jones: *DG* 108, hi a *benderfynodd* ei farwolaeth ef. **1779** D. Davies: *BDED* 12, yn ol yr amrywiol amgylchiadau a gyd-darawant i'w *penderfynu* hwynt. **1800** *TY* 244, yr hyn a *benderfynwyd* yn y Gymdeithasfa o'r blaen. **1803** *P*, *pendervynu*, to determine. Ar lafar yn gyff., *WVBD* 421; weithiau yn y ff. *pendrafynu, pendryfynu* ym Morg.

Amr.: **penderfynyd** [cf. *gofynnyd, mynnyd, rhoid*]. **1853** W. Rees: *AFR* 94.

penderfyndod [bôn y f. fl.+-*dod*] *eg.* Penderfyniad, cryfder barn, bwriad pendant, penderfynolrwydd: *determination, resolve, resoluteness.*

1834.

penderfynedig [bôn y f. fl.+-*edig*] *a.bfl.* Wedi ei benderfynu, wedi ei ddyfarnu, pendant, sicr; penderfyniaethol (yn enw. mewn athr.): *decided, resolved, determined, definite, certain; deterministic* (*esp. in philos.*).

1803 *AFD* 20, y mae eu nifer hwynt mor *bendyrfynedig* [*sic*] na's gellir chwanegu attynt, na'u llieuhau [*sic*].

penderfyneg [bôn y f. fl.+-*eg*[1]] *eb.* *Athr.* Penderfyniaeth: *determinism* (*in philos.*).

20g.

penderfyniad [bôn y f. fl.+-*iad*[1]] *eg.* ll. -*au.*

(*a*) Barn a roddir neu gasgliad y deuir iddo ar ôl ystyriaeth, mynegiant ffurfiol o farn ar ôl pleidlais, dyfarniad, cyhoeddeb, casgliad; penderfynolrwydd, cryfder barn, bwriad pendant, penderfyndod; terfyn, diwedd: *decision, resolution, verdict, edict, conclusion; resolve, resoluteness, determination; limit, end, conclusion.*

1721 RD: *CFf* 91, [d]irosod eu *penderfyniad*, ar yr Eglwysi neu 'r Swyddwyr. **1725–6** *Madd Ed* 194, *Penderfyniad* Dadlyddiaethus yn unig (*a mere logical conclusion*). *ib.* [b]od *Penderfyniadau* Rheswm (*proceedings of reason*) mor naturiol ac anghenrheidiol ag yw'r rhei'ny o eiddo Synwyr. *id.* 201, gosod holl Drefn pethau o flaen ei feddwl ei hun; ac yno dyfod i *Benderfyniad* (*comes to a conclusion*), dymma beth yw Bwriad. **1739** *NEN* 6, Hyn oedd *Ben derfyniad* y Greadigaeth, y Perpheiddrwydd or Byd. **1769** D. Rowland: *CG* 61, Clywch gan hynny y *penderfyniad* dwyfol yn y matter hwnnw. **1796** T. Jones: *CCA* 240, Gwybodaeth yn llunio'r gosodiad, Ffydd yn gwneuthur y derbyniad, a Gobaith yn tynnu'r *penderfyniad* (*conclusion*). **1797** B. Evans: *CG* 361, dadleuon a *phenderfyniadau* y senedd grist'nogol. **1798** T. Roberts: *CG* 16, y Doctor, yr hwn sydd yn esmwythâu miloedd o'i gydgreaduriaid, gan roddi sydyn *benderfyniad* ar eu nychdod. **1803** *P.*

(*b*) Tuedd neu lif gwaed i fan arbennig: *tendency or flow of blood, determination.*

1816 *Hyfforddwr Meddygol* i. 12, 19.

penderfyniadaeth [*penderfyniad*+-*aeth*] *eb.* *Athr.* Penderfyniaeth: *determinism* (*in philos.*)

1926–7.

penderfyniadol [*penderfyniad*+-*ol*] *a.* Yn gallu penderfynu'n sydyn, yn perthyn i benderfyniad, terfynol; cyfyngedig; *Athr.* yn perthyn i benderfyniaeth: *decisive, relating to a decision, conclusive; limited; determinist* (*in philos.*).

1842.

penderfyniadydd, gw. **penderfyniedydd.**

penderfyniaeth, penderfynaeth [bôn y f. fl.+-(*i*)*aeth*] *eb.* *Athr.* Athrawiaeth nad yw gweithredoedd dynol yn rhydd, ond eu bod wedi eu penderfynu gan gymelliadau a welir fel grymoedd allanol yn gweithredu ar yr ewyllys; (yn gyff.) athrawiaeth fod pob digwyddiad wedi ei benderfynu gan gadwyn angenrheidiol o achosion: *determinism* (*esp. in philos.*).

1899.

Cfn.: **penderfyniaeth economaidd:** *economic determinism.* **1915.**

penderfyniaethol [*penderfyniaeth*+-*ol*] *a.* O natur penderfyniaeth (yn enw. mewn athr.): *deterministic* (*esp. in philos.*).

20g.

penderfyniedydd, penderfyniadydd [bôn y f. fl.+-*iedydd*] *eg.* ll. *penderfyniedwyr, penderfyniadwyr. Athr.* Un sy'n arddel penderfyniaeth: *determinist* (*in philos.*).
1939.

penderfynol [bôn y f. fl.+-*ol*] *a.* Wedi penderfynu, cadarn ei fwriad, cadarnhaol; pendant, penodol, yn dyfarnu (am bleidlais), yn gorffen pob dadl, a nodweddir gan benderfyniad, dibetrus, sicr ei ganlyniad, terfynol: *determined, resolute, affirmative, positive; definite, definitive, categorical, deciding or casting* (*of a vote*), *conclusive, decisive, final.*
1710 *CBGEL* 163, Yr annogaeth *benderfynol* i barhau yn ffydd ag yma[r]fer Eglwys Loegr. **1762** D. Rowland: *PA* 148, yr addewid *benderfynol*, ddiamodol hon. **1772** *W* d.g. *conclusive* [*decisive*]. **1774** S. Harries: *YAOC* 16, ni all dim fod yn fwy amlwg a *phenderfynol* nâ'r geiriau hyn. **1775** E. Griffiths: *GF* 156, efe a frysiodd i chwilio allan . . . brenin Persia . . . a lwyr orchfygodd mewn brwydr *benderfynol* (*a final decisive battle*) gerllaw Arbela. **1788** B. Evans: *LlG* 5, Y mae y Pethau diddadl uchod, wedi eu datguddio yn *benderfynol* yn y Bibl. **1794** E. Jones: *CP* 97, y rhai ydynt awdurdodol i wrando, ac yn *benderfynol* i farnu y cyfryw appeal. **1794** J. Williams: *AGDd* 51, mor helaeth a *phenderfynol* y mae ysgrythurau'r hên Destament ar y pwngc o Ddrindod [*sic*]. **1796** H. Jones: *MPC* 14, heb ymddibynnu ar un achos *benderfynol.* **1797** B. Evans: *CG* 142, ni ellir gosod un rheol *benderfynol* i hynny. **1797** D. Davies: *SEG* 104, fe ddug ddinystr *penderfynol* arnynt oll yn ei ail ddyfodiad. **1803** *P, penderwynawl*, definitive. Ar lafar, e.e. 'Un *penderfynol* iawn ydi o' 'He is very determined', *WVBD* 421.

penderfynoldeb [*penderfynol*+-*deb*] *eg.* Penderfynolrwydd, penderfyndod: *resolve, resoluteness, determination, decisiveness, definiteness.*
1849.

penderfynoliaeth [*penderfynol*+-*iaeth*] *eb. Athr.* Penderfyniaeth: *determinism* (*in philos.*).
20g.

penderfynolrwydd [*penderfynol*+-*rwydd*] *eg.* Yr ansawdd o fod yn benderfynol, penderfyndod, cadernid bwriad, pendantrwydd: *resolve, resoluteness, determination, decisiveness, definiteness.*
1839.

penderfynolydd [*penderfynol*+-*ydd*[3]] *eg.* ll. *penderfynolwyr. Athr.* Penderfyniedydd: *determinist* (*in philos.*).
1924.

penderfynwr, penderfynydd [bôn y f. fl. +-*wr*, -*ydd*[3]] *eg.* ll. *penderfynwyr.* Person neu beth sy'n penderfynu; *Athr.* penderfyniedydd; aelod o'r blaid yn yr Alban a dderbyniodd y penderfyniadau a basiwyd yn 1650 i adfer y bobl nad oeddynt wedi gwrthwynebu Oliver Cromwell: *determiner, decider, resolver; determinist* (*in philos.*); *Resolutioner* (*in Scottish history*).
1803 *P.*

pendew [*pen*[1]+*tew*] *a.* ll. -(*i*)*on*, a hefyd gyda grym enwol ac fel *eg.*

(*a*) Trwchus yn y pen (fel arfer am dyfiant coed, blew, &c.): *thick-topped* (*usu. of growth of vegetation, hair, &c.*).
14g. *WM* td. 210, ym perued y gwastattir yd oed byrgoet *pentew* dyrys. *Dchr.* **15g.** *IGE*[2] 206, Bondo o frig perth *bendew*, / Byrion fydd blaenion ei blew [Llywelyn ab y Moel i'r farf fer wrthnysig]. **15g.** *GTP* 92, Pŵl fu y modd, palfau march, / Pandy mydr, *pendew* madarch [dychan i Dudur Penllyn gan Ieuan Brydydd Hir]. **1740** T. Evans: *DPO* 48, yr oedd Ynys Fôn y pryd hwnnw yn llawn o Lanneirch a Llwynau *pen-dewon.* Digwydd fel epithet mewn e. prs., e.e. *Ednywain Bendew*, gw. *EWGT* 227; a cf. Dafydd ap Llywelyn, &c.: *Gw* 16, Pais o ddur, pwys y dderwen, / Pwy ond hil y *Pendew* hen?

(*b*) Twp, dwl, ffôl, hanner-pan, araf, gwrthnysig, ystyfnig, cyndyn: *stupid, dull, foolish, half-witted, slow, obstinate, stubborn.*
16g. *Pen* 76, 76, kylap dew *bendew* heb vn daint / koriar nos yn karvr naint. *a.* **1587** *Y* 109, Am yt fod mewn penod pall / Yn *ben-dew* heb vn deall. **16–17g.** *GST* i. 715, Och i'r ddylluan anwych, / *Bendew*, o gwr eiddew gwrych. **1604–7** *TW* (*Pen* 228) d.g. *capito, cerebrosus.* **1632** *D* d.g. *protervus.* **1661** E. Lewis: *Drex* 297, dichon un dyn . . . gael ei ddwyn ymmaith felly cyn belled gan ei *bendew* a'i benrhydd wynniau (*headstrong and unbridled passions*). **1722** *Llst* 189, *pendew*, thick-skulld; a dunce. **1728** *GMJ* 35, Mae pobl jeuaingc yn dueddol i fod yn wrthnysig ac yn *bendew.* **1733** J. Owen: *TBG* 23, pan yw eu Hoffeiriaid . . . mor anwybodus a *phendew* â'r bobl druain eu hunain. **1754** *ML* i. 295, Digrif yw Penant fossilist. Gwych fod Cymro oi fath, yn lle rhyw *bendewion* dogs. **1790** Twm o'r Nant: *GG* 71, Mul *pendew* filen ydoedd fô, / Uwch ben y Llyfr mor ddwl a llô. **1794** *W* d.g. *thick-skulled.* **1803** *P.* Ar lafar, *WVBD* 421.

Fel *e. Adar.* Aderyn bychan o deulu'r *Fringillidæ* a chanddo big mawr a phen mawr, gylfinbraff, gylfbraff, *Coccothraustes coccothraustes*: *hawfinch, grosbeak.*
20g.

pendewdra [*pendew*+-*dra*] *eg.* Twptra, ystyfnigrwydd, cyndynrwydd: *stupidity, stubbornness.*
1843.

pendewedd [*pendew*+-*edd*[1]] *eg.* Twptra, ystyfnigrwydd, cyndynrwydd: *stupidity, stubbornness.*
1770 *W* d.g. *blockishness.* **1803** *P, pendewedd*, s. m. thick-headedness.

pendewrwydd [*pendew*+-*rwydd*] *eg.* Twptra, ystyfnigrwydd, cyndynrwydd: *stupidity, stubbornness.*
1659 *GIA* 139, A phan na wrandawech, pa achwynion y gosodasoch ef arnynt, gan hauru y peth arnoch chwi, mai eich gwrth ny sigrwydd [*sic*] a'ch *pendewrwydd* (*your wilfulness and stubbornness*) ydoedd. **1768** (**1813**) Twm o'r Nant: *FF* 65, Mae rhyw *bendewrwydd* yn dy dori.

pendiannod, gw. **penddiadnod.**

pendics [bnth. S. *appendix* neu ff. affetig ar *apendics* (At.)] *eg.* Coluddyn crog, atodiad, apendics: (*vermiform*) *appendix.*
Ar lafar yn gyff.

pendifadaf, pendafadaf: pendifadu, pendafadu [*pen*[1]+elf. anh. (?cf. *pen dafad*), ?a'r ff. yn -*i*- dan ddyl. *amddifadu*; nid oes sicrwydd am ystyr y dfn. cyntaf isod, ac nid yw'r berthynas semantig rhwng adrannau (*a*) a (*b*) yn eglur] *bg.a.*

(*a*) Gwneud neu fynd yn ddryslyd neu'n hurt, penblethu, madroni, mwydro; syfrdanu, synnu; swyno, hudo, difyrru: *to make or become perplexed, confused, or stupefied, puzzle, stultify, distract; astound, amaze; bewitch, beguile, amuse.*
1620 *Mos* 204, [168], Yr ydys yn ceisio n *pendavadu* ni. **1629** R. Llwyd: *P* 54, mor hoccedus y dichon Sathan osod rhwystr ar ein ffordd . . . a'n harwain yn y tywydd [*sic*] (*darkness*) drwy ein *pendafadu* (*by doting us*), ag esampl y lliaws. **1630** R. Llwyd: *LlH* 194, Yr wyfi yn tybied mai digon yw'r vn ymadrodd hwnnw i *bendafadu* (*amaze*), ac i daro drwy galonnau holl feddwon y byd. *id.* 379, pan sonier am y pethau hyn, *pendafadu* a synnu â wnânt (*they are so befogged*), fel na wyddant beth y maent arno, na pha beth â ddywedant. **1630** *YDd* 123, poen a'th *pendafada* (*distract*), ofn marwolaeth a'th synna. **1658** R. Vaughan: *GA* 20, meddyliau da yn myned ar goll wrth eu *pendifadu* eu hunain at y geiriau. **1658** R. Vaughan: *YPS* 21, felly rhaid iddo *bendyfadu* (*stagger*), newynu, rhynnu, a diflannu. **1677** *TC* 7a, *Pendafadu*, dottio. **1701** E. Wynne: *RBS* 65, a thitheu naill ai yn wann ai yn gymdeithgar, neu ni hwyrach yn fodlon ddigon i gael dy *bendifadu* (*desirous enough to be abused*). **1703** E. Wynne: *BC* 43, [y]r holl ffrio ffair, a'r ffrôst, a'r ffrwst, a'r ffrwgwd oedd yno'n *pendifadu* dynion yn ddibaid. **1716** E. Samuel: *GGG* 199, haeddai'r sawl au coeliant [llyfrau'r Mwslimiaid] eu *pendifadu* au hurtio (*they are deservedly given over to senselessness*). **1718** E. Samuel: *HDdD* 209, iw *bendifadu* (*to flatter him*) o ran difyrrwch ei ddrygioni. *id.* 363, gwedi eu llygadtynnu au *pendifadu* (*bewitched and enchanted*) cymmhelled gan dwyll pechod. **1722** *Llst* 189, *pendafadu*, to distract (the senses). *id. pendafadu* d.g. *to Amuse.* **1723** E. Samuel: *PDdC* 125, na ddylech adrodd mo'nynt yn uchel, i rwystro neu *bendifadu* rhai Eraill. **1766** *CD* vi, [b]od gormod o ddysc, neu ferw yn dy *bendifadu.*

(*b*) Lluchio i lawr; (peri) plygu (dan faich): *to hurl down;* (*cause to*) *bow down* (*under a burden*).
Dchr. **17g.** *J* 10, 126a, *pendavadu*, pando, as. **1701** E. Wynne: *RBS* [iv], gwae feddwl i fagddu Pabyddiaeth *bendifadu* Crefydd o'r galon i'r bol. **1703** E. Wynne: *BC* 112, [c]ippiwyd ymaith Lucifer . . . a'r holl brif-gythreuliaid eraill, ac a'u *pendifadwyd* oll i ryw Sugn-dwll. *id.* 128, peri i'r Diawliaid eu *pendifadu* bendramwnwgl i Gêg Annw'n. **1774** *W, pendifadu* d.g. *to hurl down head-long.*
Amr.: **penddifadu. 1803** *P.*

pendifaddau, penddifaddau [*pen*[1]+ *difaddau*; digwydd yn aml iawn fel adf. ynghyd ag *yn*[3]] *a.* Pennaf oll, arbennig, neilltuol; diamau, sicr: *chief,* (*e*)*special, particular; indubitable, certain.*
1551 W. Salesbury: *KLl* lxxxiiia, Y cochyl a edeis i yn Troada gyd a Carpus pan ddelych dwc gyd a thi, ar llyfre, yn *benddivadde* y membran. **16g.** D. R. Thomas: *DS* 174, yn frawd anwyl yn *benddifaddaû* i myfi (*TN* 325b, yn enwedic y mi). **1567** *LlGG* 111b, yn *bendivaddeu* ydd ym yn rwymedic ith voliannu. **1567** *TN* 215b, yn *benddivaddae* (**1588** *Act* xxvi. 3, yn *benddifaddeu*; **1988** *ib.* yn enwedig), can dy vot ti yn gwybot o ywrth yr oll ddevodae. **1604** R. Holland: *BD* 8a, yn *ben-difaddeu* (*especiallie*) cedwch hi yn ofalus rhag dau-glwyf. **1630** R. Llwyd: *LlH* 80, Dau achos *pendifaddeu* sy'n peri i ddynion fod yn chwannog. **1632** *D*, yn *bendifaddeu* d.g. *apprimè, egregiè, præsertim. id.* yn ben *difaddeu* d.g. *maximè, præcipuè, vnicè.* **1677** R. Jones: *BB* 150, Ond os yw efe yn *bendifaddeu* (*if indeed*) yn orchymynnedig Yngair Duw. **1684** H. Owen: *DC* 108, gan gymmeryd gofal *pendifaddeu* amdanat dyhun. **1688** S. Hughes: *TSP* 173, yn *bendifaddeu* [:– Bennaf dim], edrychwch yn fanol at eich calonnau eich hunain. **1701** E. Wynne: *RBS* 24, Mae Duw yn ei Râs a'i ffafr yn bresennol *bendifaddeu* (*specially*) mewn lleoedd duwiol. **1718** E. Samuel: *HDdD* 86, rhan *bendifaddeu* or ymbarottoad yma. **1803** *P, penddivaddeu*, indispensible, especial. Ar lafar yn sir Benf., 'Fe 'wedodd in *bendifadde*' 'he mentioned particularly', *TGG* (1907–8) 82.
Amr.: **pendifaddef, penddifaddef** [â'r -*f*, cf. *goref*, amr. ar *gorau*[1]]. **1595** H. Lewys: *PA* 42, heb wneuthur yr amodau hynn ac ef yn *bendifaddef.* **1604–7** *TW* (*Pen* 228), yn *benddiuaddef* d.g. *præcipuè.* **1607** *Rhyddiaith Gymraeg* i. 137, nad yw dyn, yn *benddiuaddef* henddyn, ddim amgen nag eddi am garuan, ne ganwyll gadach. **1632** *D*, yn *bendifaddef* d.g. *imprimis.* **1760** WLl: *SAC* 122, fe ddarfu Crist ei hun, yn fwya *pendifaddef*, sefydlu ei Eglwys.

pendigilydd, gw. **pentigilydd.**

pendil [bnth. S. *pendil, pendle* 'pendulum'] *eg.b.* ll. -(*i*)*au.* Pwysau sy'n hongian fel y gall siglo'n ôl a blaen, ac a ddefnyddir i reoli peirianwaith cloc, &c., dibyndafod, dringlyn, hefyd yn *ffig.*: *pendulum* (*of clock, &c.*), *also fig.*
1828. Ar lafar, *WVBD* 421, *GTN* 627.

pendilaf: pendilo, gw. **pendiliaf: pendilio.**

pendilaidd [*pendil*+-*aidd*] *a.* Yn pendilio o un eithaf i'r llall, yn *ffig.*: *swinging like a pendulum from one extreme to the other* (*fig.*).
20g.

pendiliaf, pendilaf: pendilio, pendilo[1] [bf. o'r e. bl.] *bg.* ac yn eithriadol fel *ba.* Siglo'n ôl a blaen (fel pendil), osgiladu, newid safbwynt, symud o un pegwn i'r llall, hefyd yn *ffig.*; cymudo: *to swing backwards and forwards* (*like a pendulum*), *pendulate, oscillate, change position, move from one extreme to another, also fig.; commute.*
20g.

pendilo[2] [bnth. S. taf. *pendilo* 'pendulum'] *eg.* Pendil (cloc): *pendulum* (*of clock*).
Ar lafar yn sir Benf., *SC* vi. 123, ac yn nwyrain Morg.

pendilwm, pendiwlwm [bnth. S. *pendulum*] *eg.* Pendil (cloc): *pendulum* (*of clock*).
Ar lafar yng ngodre Cered. ac yn nwyrain Morg.

pen-dinas [*pen*[1]+*dinas*] *eb.g.* Prifddinas: *capital city.*
1567 *TN* 316a, Yr Epistl gynta i Tymotheus, a yscrifennwyd o laodiceia, rron yw *penn dynas* (**1588** 1 *Tim* (coloffon), prif ddinas) Phrygia Pacatiana.
Amr.: **pen-ddinas. 1817.**

pendist [bnth. S. C. *pendis*, ff. ar *pentice* (S. Diw. *penthouse*) 'extension to building'; â'r -*t*, cf. *ffalst, trwst*, &c., neu o bosibl *dist*] *eg.* ll. -(*i*)*au.* Colofnfa, colofnres, porth, cyntedd (colofnog), portico, rhodfa golofnog, rhes o siopau neu stondinau dan yr un to, feranda, balconi; penty: *colonnade, porch, portico, piazza, arcade, veranda, balcony; lean-to.*

15–16g. *TA* 263, *Pendistiau*, rhagtalau tês, / Parlyrau purloyw, eres [i Groesoswallt]. **1547** *WS, pendist*, a pentys. *Dchr.* **17g.** *J* 10, 126a, *pendist*, penty. **1803** *P, pendist*, s. m. pl. t. *iau*, a piazza. Cf. T. H. Parry-Williams: *M* 120, Fe ddaw crawc y gigfran o glogwyn y Pendist Mawr / Ar lepen yr Wyddfa pan gwffiwyf ag Angau Gawr.

Gw. hefyd **pentis.**

pen-distain [*pen*[1] + *distain*] *eg.* Capten y gwarchodlu, pen-llywydd, pen-cadfridog, arglwydd gadfridog: *captain of the guard, commander-in-chief, lord general.*

1588 *Dan* ii. 14, Arioch, *penndistain* y brenin (**1988** *ib.* capten gwarchodlu'r brenin). **1744** D. Rowland: *RY* 248, y saith ymma a osododd efe ar y Capteniaid, ac Anghrediniaeth oedd *Ben-Distain* (*lord general*), a Diabolus oedd Frenin. **1772** D. Risiart: *HFP* 21, Llythyr byrr at yr arglwydd *Pendistain* Cromwel.

pendiwlwm, gw. **pendilwm.**

pendo [*pen*[1] + *to*[1]] *eb.* (un. bach. *pendoeen*). Ysgubau o wellt at doi: *sheaves of thatching-straw.*

Ar lafar gynt yn sir Benf., *GDD* 219, a godre Cered., *Cymru* xliii. [144].

pendod [*pen*[1] + -*dod*] *eb.g.* ll. -*au*, -*iaid.* Pennaeth, arweinydd, rheolwr, hefyd yn *ffig.*; penaethiaid fel grŵp; penaethiaeth, arweinyddiaeth; goruchafiaeth, blaenoriaeth, rhagoriaeth; (y) rhan bennaf, uchafbwynt, diwedd, terfyn; cytundeb, penderfyniad: *chief, leader, ruler, also fig.*; *leaders as a group; headship, leadership; supremacy, pre-eminence, superiority; chief part, highest point, end, conclusion, finality; agreement, decision.*

1595 *Egl Ph* 23, Ni ddyweda fi roi o Sylfestr yr ail, ei enaid i ddiawl i gael y *bendawd* iddo i hun. **17g.** *CRC* 226, o dūw [*sic*] *bendod* y golyd / bydd dryd payol o menyn. **17g.** *LlGC* 10249, 142, duw ymddiffyn, gwreiddin y grâs / Teirn a *ffendod*, yn tyrnas. **17g.** E. Morus: *Gw* 89, Poen ydyw, dydd *pendod* oes, / Pan ranner pen yr einioes. **1722** *Llst* 189 d.g. *an agreeing, Agreement.* **1728** T. Baddy: *DDG* 161, [b]od i Fatterion o ymrafael ac anghydfod ymmhlith yr Juddewon gael eu Barnu, au Terfynu gan *Bendod* (*heads*) eu Synagogau. *c.* **1730** *Thos. Lloyd D* (LlGC) 190a, y *Bendawd*, suprematus. **1743** J. Jones: *LlAW* 91, fel yr ŷch chwi yn *Bendod* arnynt [teuluoedd]. **1752** J. Thomas: *FG* 21, y mae gennych o'ch blaen wir *Bendod* a Blodau Nefoedd y creadur rhesymmol. *id.* [372], *Pendod*, y Rhan bennaf, neu uwchaf. **1780** *W* d.g. *presidentship.* **1793** Dafydd Ionawr: *CD* 266, Ei Ddydd yr oedd i ddioddef, / Bennodwyd gan Bennadur / Nef loywglod, y *Pendod* pur. **18–19g.** *B* xxv. 14, Pummed [pechod] yw gorwagrwydd a balchineb ar ddillad, a thai a dodrefn, a phob un yn ei yrfynn am *bendod* ar a fo nesaf atto o gar a chymmodog. **18–19g.** *MA* iii. 280, cyvarch graesaw gan *bendodiaid* y teulu. **1803** *P, pendawd*, s. m. that is chief; that is ultimate or conclusive; decision. *Pendawd* y ty, the principal of the house. Ar lafar ym Morg. yn yr ystyr 'pennaeth teulu', 'Ble ma *pendod* y tŷ?', *LlGC* 1171, 116.

pendodaeth [*pendod* + -*aeth*] *eg.* Goruchafiaeth, blaenoriaeth, rhagoriaeth, awdurdod pennaf: *supremacy, pre-eminence, superiority, chief authority.*

18–19g. *Iolo MSS* 28, Arglwydd Morganwg a biau'r *Pendodaeth.* **18–19g.** *MA* iii. 270, Tri pheth â dröant y bŷd wyneb i waered: digywilyddra merch, anwybodaeth mâb, a *phendodaeth* gwraig. **1803** *P, pe[n]dodaeth*, s. m. superiority.

pendodaf: pendodi [?bf. o'r e. *pendod*] *be.* fel *a.* a hefyd fel *bg.a.* Newydd godi (am uchelwr, &c.): *recent, upstart* (*of nobleman, &c.*).

1632 *D, pendodi*, adjectitius. Vchelwr *pendodi*, Nobilis adjectitius. Gŵr *pendodi*, Filius terræ. **1722** *Llst* 189, *pendodi*, added to the number of the nobility or the like. *id.* [*pendodi*,] Gŵr *Pendodi*, one of an unknown extraction, a bastard. **1753** *TR, pendodi*, added to. Adjectitius. D. Uchelwr *pendodi*, a nobleman lately made. Gŵr *pendodi*, an upstart. **1774** *W*, bonheddig *pendodi* d.g. *head, a gentleman of the first head. id.* uchelwr *pendodi* d.g. *nobleman, an upstart nobleman* [*i.e. of low extraction and late creation*], *upstart* [*a man of no ancestry, a new man*] . . . *An upstart nobleman. id.* gŵr *pendodi* d.g. *upstart* [*a man of no ancestry, a new man*]. **1803** *P.*

Fel *bg.a.* Codi i statws uwch; (geir.) gwneud neu fynd yn arbennig neu'n enwog: *to raise to a higher status*; (*dict.*) *make or become special or notable.*

18–19g. *Llr* C 29, 30, i *Bendodi*'r deuddeg uchelwr. **1803** *P, pendodi*, to render peculiar; to become notable.

pendoeen, gw. **pendo.**

pendog [*pen*[1] + elf. anh., neu wall am *pendod* neu *pennog*[2]; ansicr yw ystyr [*p*]*endoc*, *YSG* i. [129]] *eg.* Pennaeth, arweinydd: *chief, leader.*

c. **1700** E. Lhuyd: *Par* ii. 37, y Prif yw Pillaley perthyn i Sr Jon Morg. yr rhwn oedd *bendog* y plwy. **1740** T. Evans: *DPO* 154, Yn nhre'r Dryw yr oedd *Pendog* y Druidion yn trigo.

pendogn [*pen*[1] + *dogn*] *eg.* Y rhan fwyaf, mwyafrif; swm, cyfanswm; (geir.) crynodeb, sylwedd (llyfr, maes astudiaeth, &c.); (geir.) pennaeth: *greater part, most, majority; sum, totality*; (*dict.*) *abridgement, substance* (*of book, field of study, &c.*); (*dict.*) *chief.*

13g. *Brut B* 70, kanys e vydyn honno a oed en kynhal nerth a *pendogyn* emlad (*bellum totum pendebat*) e Brytanyeyt. **13g.** *BD* 31, [c]ynn yspeit dwy ulyned y kyuodes anuundeb y ryghunt vynteu am uot *pendogyn* y kyuoeth gan Guneda ac ef yn yeuhaf, a Margan yn hynaf ac ar y ran leihaf. **1604–7** *TW* (*Pen* 228) d.g. *princeps, summarium. Dchr.* **17g.** *J* 10, 126a, *pendogn*, maior pars. Summarium. **1632** *D* d.g. *summarius.* **1722** *Llst* 189, *pendogn*, m. the principal, total sum. *id.* d.g. *abridgement.* **1753** *TR, pendogn*, the greater part, the chief share. **1770** *W* d.g. *body* [*of divinity, law, &c*]. **1803** *P, pendogyn*, s. m. a major part.

pendoll [*pen*[1] + *toll*[2]] *a.* a hefyd fel *eb.* ll. -*iaid.*

(*a*) A thwll neu dyllau yn ei ben, agored yn y pen, gwag (am y pen neu'r benglog), hefyd yn *ffig.*; *Swol.* môr-lysywen, congren, *Conger conger*: *having a hole or holes in the head, open-ended, empty-headed, empty-skulled, also fig.*; *conger* (*eel*).

14g. *WM* 478. 20–2, Emendigeit anwar daw mal dala gel *bendoll* ym tostes yr hayarndur. **14g.** *DGG*[2] 162, Y Benglog ddiwair heb unglod, / *Bendoll* wystn oll ys da nod [Llywelyn Goch ap Meurig Hen i'r benglog]. **1547** *WS, pendoll.* **1632** *D, pendoll*, capite perforata. *id.* llysowen *bendoll* d.g. *lampetra.* **1688** *TJ, pendoll*, pendyllog: having a Head full of holes. **1760** *ML* ii. 262, yr wyres hyna yr ydis yn meddwl a feddianna'r etifeddiaeth gan fod y fam yn *bendoll.* **1770** *W* d.g. *bored through the head, head, having* [*that hath*] *holes in the head or a head full of holes.* **1803** *P, pendoll*, having a head full of holes.

(*b*) *c.d.* Pengoll (am gynghanedd); cynghanedd bengoll: '*pengoll*' (*q.v.*) (*of a type of* '*cynghanedd*'); '*cynghanedd bengoll*' (*q.v.*).

c. **1470** (**1610**) *GP* 182, Kynghanedd *benndoll* a draws gynganeddir yn i dechrau, ac ni bydd dim yn atteb i'r silldaf ddiwaethaf, val y mae hwnn: O'r amrant [er ymr]wystr vydd. *Diw.* **16g.** (**1605**) *id.* 211–12, Kynghanedd anghymeradwy, yr honn a elwir *pendoll*, ne bengoll ne bendwyll, sydd pan vo kydtaro yn y naill benn, a'r pen arall yn bennrrydd. Nid oes mo'r gynghanedd honno yn arferedig ymysg beirdd yr oes honn, val: Dwywol, dywal yng nghadlan. *c.* **1588** *id.* 162, Pvmp kynghanedd yssydd, nid amgen, kroes gynghanedd, traws gynghanedd, kynghanedd ssain, kynghanedd lvsc, . . . kynghanedd *bendoll.* **1592** S. D. Rhys: *Inst* 269, Mi roddaf swllt am y cwlldr. Y rhai hynn a''i cyphêlyb, mi a debygwn eu bôd morr 'waharddêdic o'i canu, a''r Pengollieid, ac a'r *Pendollieid*, ac a'r Penrhyddieid. **1605–10** *B* iv. 217, Neu ganu kynghanedd *benndoll* yn nechrau y paladyr val y mae hwnn: Gorau wyt Ivor goryf syth. **1728** S. Rhydderch: *GC* 66, na wasanaetha'r Gynghanedd *Bendoll* yn niwedd y Grwcca, fel y mae hi yn yr ail Fraich yn diweddu yn yr Unodl union.

Gw. hefyd **pendwll.**

pendonciwr [*pen*[1] + bôn y f. *tonciaf*: *toncio* + -*iwr*] *eg.* ll. -*wyr.* Person sy'n siglo ei ben yn egnïol iawn i guriad cerddoriaeth bop: *headbanger.*

20g.

pendopa, gw. **pendwp.**

pendorch [*pen*[1] + *torch*] *eb.* ll. -*dyrch*, ll. dwbl -*dyrchau*, a hefyd gyda grym ansoddeiriol. Twrban; torch neu addurn plethedig i'r pen: *turban; torque or plaited decoration worn on head.*

1674 *B* xii. 22, y morwynion sy'n rhagddywedyd y daw oes yn yr honn y prioder llankiau a herlodesau *pendyrch* (*LlGC* 6209, 127, ytifeddion dann eu hysnodennau).

pendrafynaf: pendrafynu, gw. **penderfynaf: penderfynu.**

pendraffen, pendrafflen, gw. **pendraphen.**

pendraffleth, gw. **pendraphleth.**

pendraffollach, pentraffollach [*pen*[1] + *tra*[2] + *ffollach*] *adf.* a hefyd gyda grym ansoddeiriol. Pendramwnwgl, din dros ben, blith draphlith: *head-over-heels, topsy-turvy, in confusion.*

1803 *P, pendraffollach*, a. having the head beyond the fork; having head over heels. adv. With head over heels; topsy-turvy. Ar lafar ym Môn, e.e. 'Mae'r byd wedi mynd yn *bendraffollach*' 'a'i din dros ei ben', *ISF* 60.

pendragon [*pen*[1] + *dragon*] *eg.* ll. (prin) -*au.* Prif arweinydd, pennaeth ymladdwyr, pen-cadfridog, pen-llywydd, prif gadlywydd y lluoedd arfog, (geir.) prif lywodraethwr: *chief leader, chief of warriors, commander-in-chief, generalissimo,* (*dict.*) *chief governor.*

12g. *MA*[2] 189b. 38, Ym Mon *bendragon* ban dreigiau—Prydain [i Lywelyn Fawr]. **12–13g.** *id.* 217a. 19–20, *Pendragon* berion bar / Pum wregys dewrfrys daiar. *id.* 217b. 15, *Pen dragon*, draig yn ddengmlwydd [Llywarch ap Llywelyn i Lywelyn ap Iorwerth]. *c.* **1300** *H* 14a. 14, keinfeleic penn dreic a *phenn dragon* (Gwalchmai). *id.* 41b. 23, Pan wnaeth *penn dragon* penn drychyon o wyr (Cynddelw). *c.* **1400** *R* 1418. 22–3, *penn dragon* penn dreic oed arnaw. **1707** *AB* 216, dragon . . . *Pen dragon*, a chief Governor. V. **1745** *ML* (Add) 143, I have Mr. Baxter's glossary. His etymology of *Pendragon* is ridiculous . . . Why not . . . from pen and dragon? a word which among the ancient Gauls and Britains . . . signified a general. **1803** *P, pendragon*, a chief leader; a generalissimo. Digwydd fel epithet, e.e. *HRB* 420, uther*pendragon.* quod britannica lingua caput draconis sonamus; *C* 94. 7, uthir *pen dragon*; *TYP*[2] 140, [Gw]en *Bendragon*; gw. *id.* 520–1.

pen-draig, pen draig [*pen*[1] + *draig*] *e?g.* ac ymad. enwol. Prif ymladdwr; pen draig neu ymladdwr: *chief warrior; head of a dragon or a warrior.*

13g. *BD* 133, Vthyr Bendragon, sef yv hynny yn yavn Gymraec Vthyr *Bendreic* . . . canys Myrdin a'e daroganassei yn urenhin trwy y dreic a welat yn y seren. *c.* **1300** *H* 14a. 14, keinfeleic *penn dreic* a phenn dragon (Gwalchmai). *id.* 36a. 41, ym *penn. dreic* dremynt oet kelein [Cynddelw i Owain Gwynedd]. **14g.** *EWGT* 50, Vthur *pendreic. c.* **1400** *R* 1418. 22–3, penn dragon *penn dreic* oed arnaw. *c.* **1456** *EVW* 157, Owain *ben draic* bier dyrogan.

pendramwnwgl, pendramwnwg [*pen*[1] + *tra*[2] + *mwnwg*(*l*)] *adf.* a hefyd gyda grym ansoddeiriol ac enwol. Pendraphen, din dros ben, dibyn-dobyn, yn wysg ei ben (wrth gwympo, &c.), a'i ben i lawr, wyneb i waered, blith draphlith, yn ddidrefn; benben; hefyd yn *ffig.*: *head over heels, topsy-turvy, headlong, upside-down, helter-skelter, in confusion, confusedly, without order; at loggerheads; also fig.*

1346 *LlA* 64, yr holl rei ennwir a vyrir ygkarchar . . . *benndramwn*[*w*]*gyl.* **1595** M. Kyffin: *DFf* [30], n[i] thawant a doedyd nad ydis yn gwneuthyr dim yn eyn plith ni mewn trefn . . . eithr pob peth yn amhwyllys ag yn *ben-dra-mwnwgl* (*without order*). **1604–7** *TW* (*Pen* 228) d.g. *præceps.* **1606** E. James: *Hom* iii. 272, i droi pob trefn dda *ben dra mwnwgl* (*upside down*). **1630** R. Llwyd: *LlH* 44, syrthio *bendramwnwgl* a thorri ein gyddfau. **1630** *YDd* 50, y mae 'r angylion drwg . . . yn ei ddwyn *bendramwnwgl* i vffern. **1688** *TJ, pendramwnwgl* . . . topsy-turvy. **1703** E. Wynne: *BC* 64, ni adroddais i gelwydd erioed i waradwyddo nêb, nac un chwedl i yrru ceraint *bendramwnwgl* ai gilydd. **1705** T. Williams: *PD* 15, Pan elo 'r Dŷn *bendramwnwgl* i ddilyn Oferedd. **1721** B. Meredith: *PJ* 57, Satan fel mellten yn descyn o'r nêf, hynny uw [*sic*] yn ddisymmwth neu *bendram*[*wn*]*wg.* **1732–3** J. Owen: *GB* 69, Y mae yn bossibl i Bobl grefyddol fod yn rhy dwym a byrbwyll, i yrru Pethau yn y blaen *bendramwnwgl*, ar ffrwst. **1803** *P.* Ar lafar, e.e. 'Mi syrthiodd i lawr yn *bendramwnwg*',

WVBD 421; hefyd ym Morg. yn yr ystyr 'anniben, mewn anhrefn llwyr', e.e. 'Ma plant wastod yn *bendramwnwg*'. Digwydd y ff. *pendramwgwl* yn ardal Efailwen, sir Gaerf., *TGG* (1907–8) 83.

Amr.: **pendromwnwgl. 1547** *WS* [vi], ni chymysced dim or geirieu *bendromwnwgyl* ynto val y damwyniai vddunt syrthio ym meddw[l] or tro kyntaf. *id. pendromwnwgyl*, heedlyng. **1588** 2 *Mac* vi. 10. **1604–7** *TW* (*Pen* 228) d.g. *præceps.* **1607** *Rhyddiaith Gymraeg* i. 143–4, y rhai ceintachus . . . sy'n heu amrauaelion ag ymrysonion yn euch plith, hyt onyt aethont sywaeth laweroedd . . . bendraphlen [drll.] a *phendromwnwgl* a'u gilydd. **pendrosfwnwgl** [*pen*[1] + *tros* + *mwnwgl*]. **1755** *ML* i. 382, cyn iddynt yrru'r byd *bendrosfwnwgl.*

pendramwnwgliad [*pendramwnwgl*+ -*iad*[1]] *eg.* Y weithred o droi'n bendramwnwgl: *a turning upside-down.*
1727 J. Jones: *DFF* 253, digwydd . . . Ddadymchweliad a *Phendramwnwgliad* Cabanau a Bwthau bychain.

pendramwnwglog [*pendramwnwgl*+ -*og*] *a.* Pendramwnwgl: *headlong.*
1819.

pendraphen [*pen*[1] + *tra*[2] + *pen*[1]] *adf.* a hefyd gyda grym ansoddeiriol. Pendramwnwgl, din dros ben, dibyn-dobyn, yn wysg ei ben (wrth gwympo, &c.), a'i ben i lawr, wyneb i waered, blith draphlith, yn ddidrefn, yn gymysglyd; benben; hefyd yn *ffig.*: *head over heels, topsy-turvy, headlong, upside-down, helter-skelter, in confusion, confusedly; at loggerheads; also fig.*
c. **1400** *RB* ii. 179, Ynagkyfrwys mynet *pen draffen* awnaethant. Ac ymrodi i geissaw distryw y gaer ar castell. *c.* **1400** (*SG*) *HMSS* i. 343–4, ef adaw yma ymywn toryf o varchogyon duon hagyr aruthyr y ymlad bop un ae gilyd *benndraphenn.* **15g.** *Pen* 109, 138, Y beirdd a dywot i dai.r. byt. benben. / A phawb *penn draphenn* kyn medi.r. yt (Lewys Glyn Cothi). **1552** W. Salesbury: *Gw* 337, Synchysis Confüsio Plith draphlith, id pan osoter geirie *pen traphen* allan oe iawn drefn naturiol. **1632** *D, bendraphen*, promiscuè, indistinctè, indefinitè, inordinatè, inconditè. **1688** *TJ, bendraphen*, yn gymmysg, mewn anrhefn. Promiscuously, confusedly. **1740** T. Evans: *DPO* 95, pob peth allan o Drefn, fyg fag, *bendraphen* ym mysc y Brutaniaid ar ol ymadawiad y Rhufeiniaid oddiyma. **1753** *TR, bendraphen* . . . mingle mangle, without any order or regard. **1791** Dafydd Ddu: *A* 20, Ffrwyth cynnen, *bendraphen* droch / Flin wedd, yw aflonyddwch. **1803** *P, pendraffen*, a. . . . promiscuous. adv. Confusedly. **1815** *TR* 77, pan fyddo'r cydseiniaid wedi eutraws osod [*sic*] *bendraphen* yn y fraich.
Amr.: **pendraphlen. 1604–7** *TW* (*Pen* 228), treiglo *ben draphlen* d.g. *aduoluo.* **1607** *Rhyddiaith Gymraeg* i. 143–4, y rhai ceintachus . . . sy'n heu amrauaelion ag ymrysonion yn euch plith, hyt onyt aethont sywaeth laweroedd . . . *bendraphlen* [drll.] a phendromwnwgl a'u gilydd. *Dchr.* **17g.** *J* 10, 126a, *pendraflen*, topsitorvie.

pendraphendod [*pendraphen*+ -*dod*] *eg.* Dryswch, anhrefn: *confusion, disorder.*
1928.

pendraphlen, gw. **pendraphen.**

pendraphleth [*pen*[1] + *tra*[2] + *pleth*] *a.* Cymysglyd, dryslyd: *disordered, confused.*
a. **1587** *Y* 170, Mynych, Wiliam ddiddameg, / I'th wawd heb araithiaw teg / Ar dy gerdd straffl *bendraffleth*, / Dadran pwyll, doedi'r vn peth. *id.* 232, Teg pob peth, *bendraffleth* dro, / Ni bydd gwrthwyneb iddo.

pendraw, gw. **pen**[1]**—p. draw, p. draw'r byd, yn y p. draw.**

pendrawdod [*pen draw*+ -*dod*] *eg.* Eithaf: *an extreme.*
20g.

pendraws [*pen*[1] + *traws*] *a.* Ac iddo ben cam (fel epithet): *having a crooked head (as an epithet).*
c. **1292** *B* iii. 36, Y Cogh *Pendraus.*

pendrawst [*pen*[1] + *trawst*] *eg.* ll. -*iau.* *Pensaer.* Architraf: *architrave, epistyle (in architecture).*
1852.

pendreigl [*pen*[1] + *treigl*] *a.* Penchwiban, oriog: *hare-brained, inconstant.*
1740 T. Evans: *DPO* 38, bwriadodd Caio Cæsar (yr hwn oedd Ddyn *pen-dreigl* ysgeler) ymweled a'r ynys hon. *id.* 111, Gwrtheyrn . . . Dyn *pen-dreigl* ag oedd. *c.* **1762–79** W. Williams: *P* 149–50, hwy ddwedant bŷdd y llangces *bendreigil* wedi ei hysbrydoli cymmaint, fel y mae yn cymmeryd arni i agor y Cwestiwnau mwya dyrus. **1803** *P, pendreigyl* . . . giddy-headed.

pendreth [*pen*[1] + *treth*] *eb.g.* Treth y pen: *poll tax.*
1819.

pendrist [*pen*[1] + *trist*] *a.* Trist, prudd, pruddglwyfus, digalon, pendrwm, myfyrgar: *sad, sorrowful, melancholy, downhearted, dejected, woebegone, moping, pensive.*
15g. *HCLl* 122, Moes fwdwl, cadfwl fal cist, / Clustdrwm, llopandrwm, *pendrist* [i ofyn ceffyl diog]. **15–16g.** Llawdden, &c.: *Gw* 172, Cleirch trwm kapandrwm *pendrist* [Rhys Nanmor i'r tarw]. **16–17g.** *GST* i. 120, Wyf gwympus, tripiadus, trwm, / A *phendrist* a chynffondrwm [i ofyn march]. **1703** E. Wynne: *BC* 84, â mi'n *bendrist* yn ceisio casclu rhai o'r cofion ofnadwy. *c.* **1730** *Thos. Lloyd D* (LlGC) 190a, *pendrist* . . . pensive. **1740** T. Evans: *DPO* 203, treuliodd efe y rhan ddiweddaf o'i Fywyd yn *ben-drist* ac yn synfeddylgar. **1748** P. Pugh: *DGG* xiii, o Dymherau naturjol mwy *pendrist* a melancoli. **1753** G. Owen: *L* 81, *Pendrist* iawn ydwyf yn y fann yma, o eisiau Llyfrau. **1776** *W*, yn *bendrist* d.g. *melancholy.* **1790** T. Jones: *TOS* 54, ni byddent mwy yn *bendrist* nag yn drwm eu calon. **1800** *TY* 294, yn eistedd yn *bendrist* yn ei 'stafell. **1803** *P.* Ar lafar yn nwyrain Morg. Cf. *Hen B* 169, Mae gennyf hen geffyl . . . / . . . / Un troetrwm, cynffondrwm a *phendrist.*

pendristedd [*pendrist*+ -*edd*[1]] *eg.* Tristwch, pruddglwyf, myfyrgarwch: *sadness, melancholy, pensiveness.*
1803 *P, pendristedd*, s. m. . . . pensiveness.

pendro [*pen*[1] + *tro*[1]; ynglŷn â chenedl y gair, gw. *Treigladau* 16] *eb.* ll. (prin) -*au.*

1. (*a*) Cyflwr a nodweddir gan deimlad o chwyldroi a thuedd i golli cydbwysedd, penysgafnder, madrondod, teimlad chwil; anwadalwch, cynddeiriogrwydd, gwallgofrwydd: *vertigo, dizziness, light-headedness, giddiness, swimming (of the head); instability, frenzy, madness.*
14g. *WM* 479. 10–11, At uyd [*sic*] gal penn *affendro* arnaw ar ulaen pob lloer. **16g.** *LlGC* 4581, 48b, E wneir meddiginiaeth o honynt rhac clwy yr brenhin, rhac y *bendro* nei vadroendot a rhac y parlys. **16–17g.** *CRC* 260, yrwyn tybied fod y *bendro* / Ar amsseroedd yn dy dryblo. **1604–7** *TW* (*Pen* 228), *pendro* . . . y *bendro* d.g. *vertigo.* *Dchr.* **17g.** *J* 10, 126a, *pendro*, ghiddines . . . Scotoma. **1632** *D, pendro*, vertigo capitis. **17g.** E. Morris: *B* 38, Pa drydar *pendro* ydwyt, / Pry'n y pen, pa anhap wyt [yn ymliw â'i awen]? **17g.** Huw Morus: *EC* i. 305, Chwi wyddoch arno er yn llencyn, / Fod y *bendro* yn gŵyro ei goryn. **1696** *CDD* 312, yfed yn llwŷr nes cael o bob un / Y *Bendro.* **1725** *SR* d.g. *dizzyness.* **1761** *ML* ii. 377, Gresyn oedd dodi'r garreg wrth ben drws ai hwyneb yn isaf i godi'r *bendroau* [*sic*] ymhen y sawl ai darlleno. *id.* 379, rwy'n deall ei fod mewn llety, cyn waethed arno ag erioed, llawn *pendro* ac oferedd ysywaeth. **1768** J. Roberts: *R* 146, Tri ugiain, pum troedfedd, oedd cysgod y Pren, / Fe fethodd a'i ddringo, gan *bendro*'n ei ben. **1803** *P, pendro*, s. f. . . . giddiness of the head; a vertigo. Ar lafar yn gyff., 'Y *bendro* sy arna' i', *WVBD* 421; *TGG* (1907–8) 83.

(*b*) *Milfeddyg.* Un o amryw fathau o glefydau'r ymennydd mewn ceffylau, gwartheg, moch, a defaid sy'n peri iddynt honcian o gwmpas, y ddera, y gysb: *one of various diseases causing vertigo in horses, cattle, pigs, and sheep, the staggers, gid, sturdy.*
c. **1400** *R* 1278. 35–6, mae r *benndro* ar y llo lleiaf. **1604–7** *TW* (*Pen* 228), y *Bendro* ar anuieilieit, ne'r Gysp yn y pennæ d.g. *appiosus.* **1632** *D, pendro* . . . appiosus, ganglium. **17g.** Huw Morus: *EC* i. 212, Hwy dro'nt gan-tro, fel llwdn â'r *bendro.* **1688** *TJ, bendro, pendro* . . . the staggers. *id. pendro*: Giddiness or Dizziness in the Heads of Beasts, which cause 'em to whirle, rowl and turn round. **1750** *ML* i. 157, eich brawd Gwilym fal llwdn dafad a fai a'r *bendro* arno. **1753** *W Ballads* 112, 6, Fel llwdwn a *ffendro* yn ym dreinglo [*sic*] mewn drain. **1757** *ML* ii. 37, My head swims like llwdn y *bendro.* **1771** *PDPh* 92–3, Y maent [moch] yn ddarostyngedig iawn i dwymynau . . . y mae math o *bendro* yn cydfyned a hyn, yr hyn sydd yn peri iddynt syrthio i'r llawr a threngu. **1783** J. Roberts: *C* 24, yn fychod cas a *phendro.* **1803** *P, pendro*, s. f. the staggers, also called dera. Ar lafar yn gyff., *WVBD* 421.

2. Pen (cadwyn, &c.) sy'n rhydd i droi, e.e. dolen rydd yn y gadwyn rhwng y cambren a phen blaen aradr: *swivel (e.g. of chain between the swingletree and the front of a plough).*
Ar lafar yng ngodre Cered. a gorll. sir Gaerf., *TGG* (1907–8) 83.
Cfn.: **y bendro (ch)wibwrn, pendro wibwrn:** *giddiness, dizziness; madness.* [**1547**] W. Salesbury: *OSP*, *Y Pendro* [*sic*] *wibwrn.* **18g.** L. Morris: *LW* 218, fe ath gyfrif di y Catffwl ynfyttaf heddyw ar wyneb y ddaiar, wedi'r *Bendro wibwrn* dy Bendifâdu, a chorddi dy 'mennydd. **1761** *ML* ii. 427, mae'r vertigo ('r bendro) yn fy mhen i, ie, sef *y bendro wibwrn* wyllt. **1803** *P* d.g. *gwibwrn.*

pendroaf: pendroi [*pen*[1] + *troi* neu bf. o'r e. bl.] *bg.a.* Cael y bendro, gwegian, honcian, hwntian; syfrdanu, pensyfrdanu; poeni; (geir.) symud o gwmpas yn ysgafn: *to become giddy or dizzy, reel, totter, stagger; bewilder; worry; (dict.) whisk about.*
1603 W. Midleton: *Ps* 212, *Penn-droant* tripiant at rann / A moddau fel y meddwyn (**1588** *Salm* cvii. 27, Ymdroâsant, ac ymsymmudâsant fel meddwyn). **1621** E. Prys: *Ps* 47b, Gan ysgwyd a *phendroi*, fal hyn, / dull meddwyn, synnai arnynt. **1718** E. Samuel: *HDdD* 189, [p]a bryd bynnag y dêl rhai or profedigaethau hyn; i geisio dy *bendroi* di (*to stagger thee*). **1722** *Llst* 189, *pendroi*, to stagger. *id. pen droi* d.g. *to Whisk about.* *c.* **1730** *Thos. Lloyd D* (LlGC) 191a, *pendroi*, vertigine laboro. **18g.** E. T. Rhys: *DA* 65, A rhoi iddo ddyrnod maes o law, / Nes byddo draw'n *pendroi.* **18–19g.** *IAW* (LlGC) 131, 16b, penndroni, *pendroi.* **1803** *P, pendröi*, v. n., to become giddy-headed. Ar lafar yn nwyrain Morg. yn yr ystyr 'poeni, becso'.
Gw. hefyd **pendronaf: pendroni.**

pendroch, ff. f., gw. **pendrwch.**

pendroediaid [*pen*[1] + *troed*+ -*iaid*, ar ddelw'r S. *cephalopods*] *e.ll.* (un. g. *pendroedyn*). *Swol.* Molysgiaid môr o ddosbarth y *Cephalopoda*, gan gynnwys yr octopws, y sgwid, a'r ystiffiog; mae iddynt ben amlwg, llygaid datblygedig, a chylch o deimlyddion ac arnynt sugnolynnau: *cephalopods.*
1851.

pendroëdig [bôn y f. fl. + -*edig*] *a.bfl.* a hefyd fel *eg.* ll. -*dröedigion.* Yn dioddef gan y bendro, yn peri'r bendro; penchwiban; person ffôl neu wamal: *suffering from vertigo or the staggers, giddy, dizzy, vertiginous; hare-brained; foolish or fickle person.*
1719 T. Evans: *CDW* 4, Fe a'ch gelwir yn Llwdn *pen droedig* (*a Jack on both sides*), ac yn un a fai 'n cloffi rhwng dau Feddwl. **1725** *SR, pendroedig* d.g. *giddy.* **1727** J. Jones: *DFF* 110, Chwychwi Ynfydion a *Phendroedigion* deillion (*blind sots*) fel yr ych. **1770** *TG* iii. 119, Mae anhap i chwi fwy nâ mwy, / Os ydyw'r ddwy'n *bendroedig.* **1772** *W* d.g. *dizzy.* **1803** *P, pendroëdig*, vertiginous; giddy-headed, hare-brained.

pendroedyn, gw. **pendroediaid.**

pendroeog [*pendro*+ -*iog*] *a.* Penchwiban: *hare-brained.*
1770 *TG* ii. 72, canys nid gwr gwynafog, neu ddyn hygoel *pendroiog* ydyw, ond gwr pwyllog synhwyrol yw ef. **1803** *P, pendroiawg*, giddy-headed. Dyn hygoel *pendroiawg*, a credulous hare-brained person.

pendrom, ff. f., gw. **pendrwm.**

pendromwnwgl, gw. **pendramwnwgl.**

pendronaf: pendroni [bf. o'r e. *pendro*; â'r -*n*-, cf. *cwtanu, rhacanu*] *bg.a.*, a'r be. hefyd fel *eg.b.* Bod yn benchwiban, bod wedi drysu, poeni, troi (pwnc) yn y meddwl, meddylu, synfyfyrio, myfyrio, pendrymu; dotio neu ffoli; syfrdanu, synnu, pensyfrdanu, mwydro, drysu; gwegian, honcian, hwntian: *to be hare-brained, be perplexed, worry, ponder, reflect, muse, mope; be infatuated; astonish, amaze, bewilder, derange; reel, totter, stagger.*
1604–7 *TW* (*Pen* 228) d.g. *compungo, nutans, vacillo.* **1633** *Addysg i Farw* 5, Gweled hyn (meddaf) oedd ddigon i gyffrydio a *phendroni* (*amaze*) y sawl drwy ystyriaeth a ddarlleno yr amrafaelion anghysson sydd yn yr amserau hynn. **1754** G. Owen: *L* 106, bod pawb yn *pendroni* ynghylch y lecsiwn front yma. **1755** *id.* 144, Yr wyf ar *bendronni* yn disgwyl llythyr. **1759** *DG* 29, hyn a haerant, / Fod y Bardd ynfyd ei benn / Y Blaenau heb bilionen / Ymennydd . . . / . . . / A'i fod hefyd fraenllyd fri / Poen i'w drin yn *pendroni.* **18–19g.** *IAW* (LlGC) 131, 16b, *penndroni*, pendroi.

1803 *P*, *pendroni*, to have strange whims in the head; to be hare-brained. Ar lafar, 'Mae o wedi *pendroni* hefo'r hogan 'na', '*pendroni* hefo cwrw', '*pendroni* wth ben llyfra', *WVBD* 421; ''Dwi 'di bod yn *pendroni* 'mhen'; '*pendronni* wrth y tæn'.

Fel *e.* Y bendro; penbleth, meddyliad, myfyrdod: *vertigo*; *perplexity*, *a pondering*.
1801 *MMf* 213, Rhag Y *Pendroni*.
Amr.: **troni** [olff. chwareus]. **1762** *ML* ii. 450, a'm pen yn *troni*.

Gw. hefyd **pendroaf: pendroi.**

pendrondod [bôn y f. fl.+-*dod*] *eg.* Y bendro; meddyliad, myfyrdod, penbleth, dryswch, penchwibandod, cynddeiriogrwydd, gwallgofrwydd: *vertigo*, *giddiness*, *dizziness*; *a pondering*, *perplexity*, *confusion*, *fickleness*, *frenzy*, *madness*.
1803 *P*, *pendrondawd*, s. m. the state of being giddy-headed or hare-brained.

pendroniad [bôn y f. fl.+-*iad*[1]] *eg.* ll. -*au.* Y weithred o beri'r bendro; y weithred o fynd yn benchwiban; meddyliad, myfyrdod: *a making dizzy*; *a becoming hare-brained*; *a pondering*.
1803 *P.*

pendroniaid [bôn y f. fl.+-*iaid*[1]] *e.ll.* Ffyliaid, pobl benchwiban: *fools*, *hare-brained people*.
1855.

pendronllyd [bôn y f. fl.+-*llyd*] *a.* Yn peri'r bendro; gorffwyll, gwallgof: *causing giddiness*; *frenzied*, *mad*.
1848.

pendronol [bôn y f. fl.+-*ol*] *a.* Yn peri'r bendro, meddwol; yn pensyfrdanu, wedi ei bensyfrdanu, gorffwyll, gwallgof: *causing giddiness*, *vertiginous*, *intoxicating*; *staggering*, *amazed*, *frenzied*, *mad*.
1838.

pendronus [bôn y f. fl.+-*us*] *a.* Pensyfrdan, yn dioddef gan y bendro; myfyrgar: *dizzy*, *giddy*, *suffering from vertigo or the staggers*; *pensive*.
1604–7 *TW* (*Pen* 228), os bwyteir mewn bara e wna'r penn yn syfrdan *bendronus* d.g. *lolium*. *id.* d.g. *vertiginosus*. *Dchr.* **17g.** *J* 10, 126a, *pendronus*, vertigine corruptus. **[1750]** *ML* (Add) 199, lluchio i din lluchio'i ben / fal *pendronus* Faharen. **1760** *ML* ii. 175, Yr hwn wyf Eich brawd *pendronus*, trafferthus, blinderus, Rhisiart Morys.

pendrosfwnwgl, gw. **pendramwnwgl.**

pendrwch [*pen*[1]+*trwch*] *a.* (b. -*droch*) ll. -*drychion*, a hefyd gyda grym enwol.

(*a*) A'i ben neu ei dop wedi ei dorri neu ei drychu, lladdedig: *having a broken*, *cut*, *or severed head*, *top*, *or end*, *slaughtered*.
c. **1300** *H* 41b. 23, Pan wnaeth penn dragon *penn drychyon* o wyr (Cynddelw). *id.* 51a. 1, Arueu *pendrychyon* cochyon coches (Cynddelw). **1579** *GP* 60, Cynghanedd bendroch a fydd fal y bydd llin *bendroch* mewn prenn. **1803** *P*, *pendroch*, having the head broken or cut; having the end cut. *id.* *pendrwch*, broken-headed; having the end broken, divided, or shattered.

(*b*) *c.d.* Pendrwm (yn disgrifio math o gynghanedd sain gyfanglo: *describing a type of 'cynghanedd sain' with complete consonantal correspondence*).
1579 *GP* 60, Cynghanedd *bendroch* a fydd fal y bydd llin bendroch mewn prenn, fal hynn: Llefer tonn falchfron, fylchfrwysc. **1587** *id.* 188. **1592** S. D. Rhys: *Inst* 255, Pymp rhyw Gynghânedd Sain, sef . . . Sain *bendroch* . . . Mal . . . Tenéuon llyfnion llafnau. *id.* 267, Sain *Bendroch* neu Bendromm, neu Gynghânedd Fraisc a' Thew, megis ynn trychu ynn y pêth, a fydd fa[l] y bydd llin bendroch mywn prenn, yn y môdd hynn: Lliw tonn goleufronn gloywfrydd. **1803** *P*, *pendroch* . . . Sain *bendroch*, a sound ending brokenly.

pendrwm [*pen*[1]+*trwm*] *a.* (b. -*drom*) ll. -*drymion*, a hefyd gyda grym enwol.

(*a*) Trist, penisel, digalon; myfyriol; blinedig, swrth, diog; cyndyn, gwrthnysig, ystyfnig, penstiff, penderfynol; dwl, twp: *sad*, *downcast*, *dejected*; *thoughtful*; *tired*, *sleepy*, *lazy*; *obstinate*, *headstrong*, *wilful*, *determined*; *dull*, *stupid*.
14g. *WM* 418. 42–419. 2, yr un marchawc *pendrwm* goathrist racco llibin. *c.* **1400** *Études* viii. 84, a'r neb a'e bwytao [ffa] . . . *pendrwm* vyd, a blin yn diannot. **1604–7** *TW* (*Pen* 228) d.g. *capito*, *grauatus*. **1615** R. Smyth: *GB* 34, pa ddyn sy'n y byd mor analldys, mor *bendrom* [*sic*], mor ledfeddod, ag mor ddiyspryd. **1630** R. Llwyd: *LlH* 199, y mae llawer o lwbîod *pen drymmion* (*lazy lubbers*), ac ebol'feirch pwdr ddiog . . . heb wneuthur dim drwy'r dydd. **1630** *YDd* 245–6, pan fyddoch lluddedig gan lafur a gwilio . . . a fyddwch mor *bendrymmion*, megis . . . na byddwch yn gallael dal mo'ch pennau i fynu. **1696** *GGTY* 301, Y mae'n fwy addas i'r call a'r cyfryw ac sydd yn ofn Duw, i vfuddhau'r gwirionedd eglur . . . na'i wrthsefyll ef yn gyndyn ac yn *ben-drwm* (*obstinately and pertinaciously*). **1716** T. Evans: *DPO* 275, yr ydych chwi . . . yn *bendrymmion* a myfyriol. **1723** J. Jones: *LlA* 316, pwy sydd *bendrymmach* (*more dejected*) ac anniddanusach na Sainct a Ffyddloniaid. *c.* **1730** *Thos. Lloyd D* (LlGC) 191a, *pendrwm* . . . pensive. **1752** *Gron* 21, Ellyn a charn cadarn coch, / Hwswi *bendrom* sebondroch. **1796** T. Jones: *CCA* 22, megis yn heppian, yn y dymmer *bendrwm* (*in the dull habit*). Ar lafar yn Arfon yn yr ystyr 'trist; dwl, twp', yn enw. yn yr ymad. '*pendrwm* a ffôl'; hefyd yn nwyrain Morg. yn yr ystyr 'dihiwmor, difrifddwys'; fe'i clywir yng nghanolbarth Cered. am geffyl 'anodd ei drin gerfydd ei ben', *B* iv. 300.

(*b*) Ac iddo ben trwm, trwm yn y pen, ac iddo bwysau wrth y pen, mor drwm wrth y pen nes ei fod yn ansad, hefyd yn *ffig.*; *Math.* (am ffracsiwn) ac iddo rifadur sy'n fwy na'i enwadur neu'n hafal iddo: *heavy-headed*, *heavy or weighted at the top*, *top-heavy*, *also fig.*; *improper* (*of fraction*, *in math.*).
1604–7 *TW* (*Pen* 228) d.g. *grauedinosus*. **1701** T. Jones: *Alm* [29], a'r Ydau a fyddant yn *bendrwm* iawn, yn rhowiog ac yn Iachus. **1774** *W* d.g. *heavy-headed*, *top-heavy*. **1803** *P*, *pendrwm* . . . top-heavy. Ar lafar sonnir am flodau *pendrwm* neu goeden *bendrwm*; yn ardal y chwareli dywedir fod bargen sy wedi ei thynnu'n rhy syth yn *bendrwm*.

(*c*) *c.d.* Pendrwch (yn disgrifio math o gynghanedd sain gyfanglo); (yn disgrifio math o englyn (gw. d.g.)): (*describing a type of 'cynghanedd sain' with complete consonantal correspondence and a type of 'englyn'* (*q.v.*)).
1592 S. D. Rhys: *Inst* 267, Sain Bendroch neu *Bendromm*, neu Gynghânedd Fraisc a' Thew, megis ynn trychu ynn y pêth. *c.* **1730** *Thos. Lloyd D* (LlGC) 191a, Sain *Bendrom*.

(*d*) *c.d.* A'r orffwysfa'n rhy agos i'r diwedd (am linell o gynghanedd gytsain): *having its caesura too near to the end* (*of line of consonantal 'cynghanedd'*).
20g.

pendrws [*pen*[1]+*drws*] *eg.* Hanner uchaf drws stabl, ysgubor, &c., y gellir ei symud yn annibynnol ar yr hanner isaf: *upper half of* (*double*) *stable door*(*way*).
Ar lafar yn Nantgarw, e.e. ''Odd ceffyl pert yno a'i ben mæs trw'r *pendrws*'.

Gthg. **pen**[1]**—p. drws, rhagddrws.**

pendryfynaf: pendryfynu, gw. **penderfynaf: penderfynu.**

pendrymaf: pendrymu [bf. o'r a. bl.] *bg.* Hongian i lawr, llaesu; gostwng pen, mynd neu fod yn bendrwm neu'n bendrist, llesgáu; hepian, pendwmpian; myfyrio, pendroni, ystyried; gwegian, honcian, hwntian: *to hang down*, *droop*; *hang one's head*, *be*(*come*) *downcast or dejected*, *mope*, *languish*; *doze*, *drowse*, *nod off*; *ponder*, *consider*; *totter*, *stagger*, *reel*.
16–17g. *HG* 175, peri angof pür angall / *penn drymu* a gadu gwall [i henaint]. **1617** *Minsheu* 464a, bentucyno ne *bentrymmv* d.g. *to stagger*. **1632** *D* d.g. *propendeo*. **1722** *Llst* 189, *pendrymmu*, to hang down forward. **1725** *SR* d.g. *to Dingle dangle*, *to Droop*. **1752** J. Thomas: *FG* 258, Pa sawl gwaith y darfu i Ail-olwg ar eich Pleserau pechadurus beri i chwi *bendrymmu*? **[1762]** E. Powell: *HEI* 69, Pan byddont [gwartheg] yn y Clefyd hwn . . . maent yn hongian eu Clustiau, ac yn *Pendrymmu*'n Segur, ac yn pallu pori eu Bwyd. **1772** *W* d.g. *to droop* [*pine away*, *flag*, *faint*, *fade*], *to hang down the head*, *to hang* [*down*] *forward*, *to mope* [*be stupid*, *spiritless*, *&c.*]. **18–19g.** *Llr* C 30, 202, *pendrymu*, to become drowsy. **1803** *P.* Ar lafar yn y Canolbarth a'r De.

pendrymaidd [*pendrwm*+-*aidd*] *a.* Trist, pendrwm, prudd; ?swrth, cysglyd: *sad*, *melancholy*; ?*drowsy*, *sleepy*.
1775 D. Jones: *HCY* 228, Dewch chwi'r holl Saint *pendrymaidd* drist. **1779** D. Davies: *BDED* 15, [d]efosiwn tanllyd rhai dynion *pen-drymmaidd* (*melancholy*) a ddangoswyd yn ddiweddar. Cf. D. Owen: *RL* 238, O dipyn i beth syrthiais i sefyllfa ddiwaith, *bendrymaidd*, a phruddglwyfus.

pendrymder [*pendrwm*+-*der*] *eg.* Pruddglwyf; syrthni: *melancholy*; *drowsiness*.
1798 *WR* d.g. *lumpishness*.

pendrymdod [*pendrwm*+-*dod*] *eg.* Syrthni, hefyd yn *ffig.*: *drowsiness*, *also fig.*
18–19g. Ieuan Lleyn: *C* 36, Gwell bod rhag *pendrymdod* heb ormod o'r Bîr. **1803** *P*, *pendrymdawd*, s. m. heaviness of the head.

pendrymedd [*pendrwm*+-*edd*[1]] *eg.* Syrthni; iselder ysbryd, digalondid: *drowsiness*; *depression*.
1803 *P*, *pendrymedd*, s. m. heaviness of the head. *Diw.* **19g.** *SE MS* 364b, *pendrymedd* . . . depression.

pendrymi [*pendrwm*+-*i*[1]] *eg.* Tristwch, pruddglwyf, iselder ysbryd; ?syrthni: *sadness*, *melancholy*, *depression*; ?*drowsiness*.
Dchr. **17g.** *J* 10, 126a, *pendrymmi*, gravedo. **1760** T. Evans: *P* 4, ymollwng i *Bendrymmi* ac Anobaith. **1803** *P*, *pendrymi*, s. m. heaviness of the head.

pendrymol [*pendrwm*+-*ol*] *a.* Trist, pendrwm, prudd: *sad*, *melancholy*.
1850.

pendul, gw. **pendil.**

pendwll [*pen*[1]+*twll*] *a.* a hefyd fel *eg.* Ac iddo dwll neu dyllau yn ei ben: *having a hole or holes in the head*.
1722 *Llst* 189, *pendwll*, bored through the head. **1770** *W* d.g. *bored through the head*, *head*, *having* [*that hath*] *holes in the head or a head full of holes*. Ar lafar yn Arfon yn y cfn. *gelan bendwll*, *WVBD* 145, 421; gw. hefyd *gelau*[1]*—gelen bendoll*.

Fel *e.* *Swol.* Llamhidydd, morwch: *porpoise*.
1722 *Llst* 189, *pendwll* (sub.) m., the porpois fish.

Gw. hefyd **pendoll.**

pendwmpiaf, pendympiaf: pendwmpian, pendwmpio, pendympian, pendympio [*pen*[1]+?bnth. S. Diw. (*to*) *dump* 'to be in an absent state of mind, muse, be dispirited'; cf. *dwmpian*] *bg.* Pendrymu, hepian, lled-gysgu; nodio'r pen, amneidio; gwegian, honcian, hwntian, maglu; hongian (i lawr): *to nod* (*off*), *slumber*, *doze*, *drowse*; *nod the head*, *beckon*; *totter*, *stagger*, *stumble*; *droop*.
16g. *TRP* 212, Drwy *bendwmpian* (*IICRC* iii. 309, *bendympio*) mi a gysgais. **1604–7** *TW* (*Pen* 228), *pendwmpian* d.g. *collabor*, *nuto*. *Dchr.* **17g.** *J* 10, 126a, *pendwmpian*, collabasco. to stagger. offensio. titubo. *ib.* *pendwmpio*, collabor. to stumble. fligo. offendo. **1630** R. Llwyd: *LlH* 398, gwneuthur y gair â wrandawant yn anfuddiol iddynt, drwy *bendwmpian* o gyscu, syrthni, trawsfeddyliau. **1632** *D*, dan *bendwmpian* d.g. *titubanter*. **1701** E. Wynne: *RBS* 66, Byth na chymmell nêb i fwytta neu i yfed tros ben ei fesur a'i 'wyllys; Os gwnei, yr wyti'n feddw ar ormodedd dy frawd, ac yn *pendwmpian* o'i foleriad ef (*he that does otherwise . . . reels and falls with his intemperance*). **1703** E. Wynne: *BC* 17–18, Nid oeddwn i'n cael gwrando mo 'i resymmau angylaidd ef yn iawn, gan y *pendwmpian* yr oeddynt hyd y Stryd lithrig. **1722** *Llst* 189, *pendwmpian*, to stagger, droop. *c.* **1730** *Thos. Lloyd D* (LlGC) 158a, chwareu trwmp a *phendwmpiaw* / a wnai ai Lowt yn ei law. T. 135. **1803** *P*, *pendwmpian*, to be nodding the head. **1808** Twm o'r Nant: *BB* 11, Ac ambell bendefig yn chw'du rhyw 'chydig: / A'r llall yn *pendwmpio*, am y pôt pitto [*sic*].
Amr.: **pentwmpian. 1604–7** *TW* (*Pen* 228) d.g. *titubans*. **1785** E. Barnes: *MH* 15, Yr ym yn *pentwmpian*, fal creaduriaid gwallgofus (*We nod, like intoxicated Creatures*) ar fîn y geulan.

pendwp, pendwpa [*pen*[1]+*twp*(*a*)] *a.* (b. -*dopa*). Twp, dwl, hurt, pendew; (geir.) a'i ben yn nodio: *stupid*, *dull*, *thick-headed*; (*dict.*) *having a nodding head*.
1803 *P*, *pendwpa*, having a nodding head. *Diw.* **19g.** *SE MS* 364a, *pendopa*, *pendwpa*, *pendwp*, a. stupid, dull, thick-headed. (S[outh] W[ales]).

pendwym, pendwymn [*pen*[1]+*twym*(*n*)] *a.* ll. -*dwymion.* Penboeth, byrbwyll, difeddwl, cynhyrfus, eithafol: *hot-headed, fanatical, rash, impulsive, excitable, extreme.*

1769 *DRh* 29, [g]wneuthur ei hun yn o *bendwym* er anrhydedd i'r Eglwys. **1774** *W*, *pen-dwymn* d.g. *head, hot-headed, hot-headed, or hot-brained.* **1798** W. RICHARDS: *CC* 20, Methodistiaid *pendwymion* y fangre hono.

pendwymiaid [*pendwym*+*-iaid*[1]] *e.ll.* Penboethiaid, eithafwyr: *hot-heads, fanatics, extremists.*

1800 W. RICHARDS: *PA* ii. 5, y *pendwymiaid* Calfiniaidd.

pendy, pendyl, pendympiaf: pendympian, pendympio, gw. penty, pendil, pendwmpiaf: pendwmpian.

pen-dyn [*pen*[1]+*dyn*] *eg.* Pennaeth, bòs; dyn ardderchog: *chief, boss; excellent man.*

Ar lafar yn y Gogledd yn yr ystyr 'bòs', ac yn sir Benf. yn yr ystyr 'excellent man', *GDD* 219.

pendŷn, gw. pendduyn.

pendyrch, ff. l., gw. pendorch.

pen-dysgawdwr [*pen*[1]+*dysgawdwr*] *eg.* ll. *-wyr.* Athro (prifysgol, coleg, &c.): *professor.*

1808.

penddar [*pen*[1]+yr elf. *dâr* a welir yn yr e. *cynddaredd*] *eb.g.* a hefyd fel *a.* Penysgafnder, madrondod, y bendro, y gysb; cur pen, pen tost, meigryn; penysgafn, penfeddw; pendrwm, penisel: *light-headedness, giddiness, dizziness, the staggers; headache, migraine; light-headed, giddy, dizzy; moping.*

15g. *Pen* 109, 121, Ef [llaeth] a dynn pan wnelwyf daith. / or drem y *bendar* ymeith (Lewys Glyn Cothi). **1632** *D*, *penddar*, & Penddaredd, vertigo morbus. *id.* d.g. *appiosus, scotoma.* **1688** *TJ*, *penddar*, penddaredd, clefŷd pen: a Disease which causes a swimming of the Head with a kind of mistiness or sparkling of the Eyes. **1722** *Llst* 189, *penddar*, dizzy, moping. **1753** *TR*, *penddar*, and Penddaredd, the turn-about sickness, giddiness or dizziness in the head. **1770** *W* d.g. *brain-sick, crack-brain'd, addle-brain'd, dizziness* [*giddiness, or a swimming in the head*]. **1801** *MMf* 139, Y Migran Neu'r Mwyth *Penddar.* *id.* 140, Gwendid Pen A Elwir Mwyth Yr Ymhennydd A'r *Penddar* Gwyllt, Yn Peri Gwallbwyll, Ag A Elwir Yn Lladin Ffrenesis, Yn Yr Hwn Ni Wybydd Y Claf Doraeth Ar A Ddywetto. **1803** *P*, *penddar*, s. f. a vertigo, a giddiness of the head.

Amr.: **pendar.** **1604–7** *TW* (*Pen* 228) d.g. *vertigo.* *Dchr.* **17g.** *J* 10, 126a.

penddaraf: penddaru [bf. o'r e. bl.] *bg.a.* Bod, mynd, neu wneud yn benysgafn, pendroi, hurtio; syfrdanu; pendroni (uwchben rhywbeth), synfyfyrio; bod neu fynd yn benisel: *to be, become, or make light-headed, giddy, dizzy, or stupid; astonish; puzzle, muse; mope.*

1722 *Llst* 189, *penddaru*, to be astonished or giddy; to pore upon, mope. **1803** *P*, *penddaru*, v. a. to produce a vertigo; to distract the head; to become giddy-headed. Ar lafar yng nghanolbarth a godre Cered. yn yr ystyr 'hel meddyliau, myfyrio'; hefyd yn sir Benf., 'to become listless or drowsy whilst listening to uninteresting talk', *GDD* 219, ac yn yr ystyr 'diflasu, mynd yn flin', e.e. 'Wi wedi *penddaru* disgwl'; yn ardal yr Efail-wen, sir Gaerf., fe'i clywir yn yr ystyr 'to become giddy', *TGG* (1907–8) 83; ac yn nwyrain Morg. yn yr ystyr 'mwydro', e.e. ''Odd a'n *penddaru* duwch ei ben a'; digwydd hefyd mewn ystyr debyg yn sir Gaern., e.e. 'Mae'n ddigon a *phenddaru* dyn', J. JONES: *Gwerin-eiriau* 131.

Amr.: **penddaroni** [dan ddyl. y f. *pendronaf: pendroni*]. **1760** *ML* ii. 157, a thyma fo wedi *penddaroni* o ddiffyg Almanac, ffaelu cofio dydd y mis, na dyddiau'r wythnos chwaith.

penddaredd [*penddar*+*-edd*[1]] *eg.* Penysgafnder, y bendro; hurtrwydd, pensyfrdandod: *light-headedness, giddiness, dizziness, the staggers; stupor, stupefaction.*

1632 *D*, penddar, & *Penddaredd*, vertigo morbus. **1688** *TJ*, penddar, *penddaredd*, clefŷd pen: a Disease which causes a swimming of the Head with a kind of mistiness or sparkling of the Eyes. **1722** *Llst* 189, *penddaredd*, m. giddiness, stupidity. **1753** *TR*, penddar, and *Penddaredd*, the turn-about sickness, giddiness or dizziness in the head. **1772** *W* d.g. *dizziness* [*giddiness, or a swimming in the head*]. **1803** *P*, *penddaredd*, s. m. giddiness of the head.

penddaronaf: penddaroni, gw. penddaraf: penddaru.

penddarus [*penddar* neu fôn y f. *penddaraf: penddaru*+*-us*] *a.* Diflas, syrffedus, beichus: *tedious, boring.*

Diw. **19g.** *SE MS* 364b, *penddarus* . . . distracting, tedious. Ar lafar, 'pregeth *benddarus*'.

penddel [?*pen*[1]+elf. anh.] *e.* Coronbleth (o ddail, &c.), garlant: *garland* (*of leaves, &c.*).

13g. *Brut B* 13, gwyscav a orvc Brvtvs *pendel* o deyl e gwynwyd (*circumdati tempora vitis*; *BD* 13, koron o'r gwinwyd). *Dchr.* **17g.** *T Ch* 129, ar ei benn yr oedd *penddel* [?drll.] (*garland*) o lyssiau gleission megis pette hi galan Mai.

penddelw [*pen*[1]+*delw*] *eg.b.* ll. *-au.* Cerflun o ben, gwddf, ac ysgwyddau person: *bust* (*in sculpture*).

1867.

penddelwedd [*pen*[1]+*delwedd*] *eg.* ll. *-au.* Penddelw: *bust* (*in sculpture*).

1850.

penddiadnod, penddiannod [*pen*[1]+elf. anh., ?a'i gysylltu â *diannod*; ni ddigwydd ond fel adf. ynghyd ag *yn*[3]] *a.* Pennaf oll, arbennig, neilltuol: *chief,* (*e*)*special, particular.*

c. **1400** (*SG*) *HMSS* i. 403, yn *bendiadnot* yth diwreidyaw di oth gy[u]oeth. **15g.** *AL* ii. 622, am holion arglwydd yn *benn ddiatnot.* *id.* 642, na yrrawdd ef yn *benddiatnot* ar neb y ledrat mwy noe gilydd. **16g.** *Rhyddiaith Gymraeg* i. 25, Ac y*benddiadnod* [*sic*] oherwydd na biassai Jrmoed ddim sonn am y kyuriw chware a hwnw. **1552** *Pen* 403, 51, yn *benddiadnod* pan ddechreyant twy dyvv oi mabolaeth. **16g.** **(1763)** W. SALESBURY: *LlM* 106, tyfy a wna mewn lle bo gwascot . . . ac yn *benddianot* (*maximè*) wrth sylfaen muroedd. *id.* 165, da ydiw [rhedegog y derw] I gyfany archollion ag yn *benddianot* briw or ysgyfaint. **1579** *GP* 61, Bai hefyd yw cynghanedd gwyc gyfladd ag yn *benddianod* mewn englyn prost, a hagr yw i glowed. *Diw.* **16g.** *LBS* iv. 407, ac yn *benddiadnod* ef a ddywedwr wneüthür o honaw mwy o wrythiaü [*sic*] yn farw noc yn fyw. *c.* **1588** *B* ii. 234, *penddiarnod* [*sic*], penddivaddau. **1604–7** *TW* (*Pen* 228), yn *benddiannot* d.g. *præcipue.* **1803** *P*, *penddiannod*, indispensible; especial.

Amr.: **pendiannod.** **1632** *D*, yn *bendiannod* d.g. *præcipuè.* **1722** *Llst* 189, yn *Bendiannod*, yn Bendifaddef, chiefly, especially. **1771** *W*, yn *bendiannod* d.g. *chiefly.*

penddifadaf: penddifadu, gw. pendifadaf: pendifadu.

penddifaddau, penddifaddef, gw. pendifaddau.

penddiferiad [gair geir., sef *pen*[1]+*diferiad*] *eg.* Llif annwyd, catâr, gormwyth, diferwst: *catarrh, rheum.*

1604–7 *TW* (*Pen* 228), *penn ddiueriat* d.g. *catarrhus.* *Dchr.* **17g.** *J* 10, 126a, *penddiveriad*, rheumatismus. **1632** *D* d.g. *rheuma.* **1722** *Llst* 189, *penddiferiad*, m. a defluxion of the head. **1771** *W* d.g. *catarrh* [*a defluxion of serous matter from the head, arising from a cold* . . .], *defluxion.*

penddiged, pen-ddinas, gw. bendigaid, pen-dinas.

penddotiaf: penddotio [*pen*[1]+*dotiaf*[2]: *dotio*] *bg.* Mynd yn benysgafn, pendroi: *to become light-headed, giddy, or dizzy.*

1683 H. EVANS: *CTF* 27, Nâd ith obaith ynte 'th dwyllo, / Nac i beri it *ben-ddottio.*

Amr.: **penddotian.** **1850.**

penddrysaf, penddyrysaf: pendd(y)rysu [*pen*[1]+*drysaf*[1], *dyrysaf*: *d*(*y*)*rysu*] *bg.a.* Drysu, cymysgu, pendroni, peri penbleth (i): *to be confused or bewildered, confuse, bewilder.*

1789 J. THOMAS: *DdS* 55, Ni bydd hi [athrawiaeth] ddim y pryd hynny, megis y mae yn awr, yn athrawiaeth y Pab, athrawiaeth y Crynwyr . . . a Bedyddwyr . . . yn cythruddo, yn *pen-ddyrysu* (*confounding*), ac yn distrywio.

penddu [*pen*[1]+*du*] *a.* a hefyd fel *eg.b.* ll. *pennau duon.*

(*a*) Du ei ben neu ei frig; du ei wallt; a'r dywysen yn ddu (gan y benddu): *black-headed, black-topped; black-haired; smutted* (*of cereal*).

13g. *LlDW* 42. 7–8, ydno hen [ai barnus] yguir epist *pendhu.* *Dchr.* **17g.** *GDG*[3] 66, Yrru llem saeth o'r orallt / *Benddu* i waedu ei wallt. **1632** *D*, aderyn *penddu* d.g. *atricapilla.* **1756** *ML* i. 416, Dyn trwyddo fal y doctor ei hun . . . un *penddu* ac nid gwinau fal Huwsiaid Cwyllog. **1803** *P*, *penddu*, a. black-head. **1814** W. DAVIES: *Agric* . . . *S. Wales* i. 396, Smut [a disease of wheat] is called in Welsh, penddu: Gwenith *penddu*, black-tipped wheat. Ar lafar yn yr ystyr 'du ei wallt', *WVBD* 422. Digwydd yn gyff. fel elf. mewn e. adar, e.e. *glas bach penddu, gwylan benddu,* ac mewn e. planhigion, e.e. *edafeddog benddu.*

(*b*) Cymylog: *overcast.*

Ar lafar yn sir Gaern., e.e. ''Rodd hi'n ddu *benddu*', 'noson *benddu*', *WVBD* 422.

Fel *e.* (*a*) Cornwyd, llinoryn: *boil, pustule.*

1545 *CM* 1, 7, Megis ar g/yfflybiaeth iij kloch Ar ddwr, ne iij bothlu, ne i iij *penn/ddu*, ne Ne [*sic*] i dri fflorun bychain, Ar iij hynn aeris ac a bery ynn wasdadol megis iij chwaren. Clywir y ll. *penne duon* yng nghanolbarth Cered. yn yr ystyr 'blackheads', *B* xiii. 141. Gw. hefyd *penddyn.*

(*b*) *Adar.* Un o amryw fathau o adar penddu, yn enw. y telor penddu, *Sylvia atricapilla*, a'r wylan benddu, *Larus ridibundus*: *one of a number of black-headed birds, esp. the blackcap* (*warbler*) *and the black-headed gull.*

1803 *P*, penddu . . . *Penddu*, blackcap, the name of several birds. Ar lafar ym Môn ac Arfon (ll. *penna duon*), *WVBD* 422.

(*c*) *Crdd.* Crosiet: *crotchet* (*in mus.*).

1838.

(*d*) *Bot.* Un o amryw fathau o blanhigion o'r tylwythau *Filago* a *Gnaphalium*, llysiau'r gynddaredd, edafeddog, yn enw. edafeddog lwyd, llwyd y ffordd, *Gnaphalium uliginosum*, a *Filago germanica*; ?planhigyn o'r tylwyth *Scrophularia*, melyn y gwanwyn, milfyw: *cudweed, esp. marsh cudweed and common cudweed; ?figwort, brownwort.*

1632 *D* (*Bot*), Llysiau 'r gynddaredd, y ddigoll lwyd, y *Benddu.* **1771** *W*, Llysiau'r gynddaredd, y ddigoll lwyd, y *ben-ddu* d.g. *brown-wort.* **1803** *P*, penddu . . . Y *benddu*, the brownwort; also called llysiau y gynddaredd. **1813** *WB* 225, *Penddu*; Gnaphalium uliginosum; Marsh Cudweed.

(*e*) Clefyd ffwngaidd ar ŷd neu lafur sy'n peri i ran o'r dywysen droi'n bylor du, smwt: *smut* (*disease of cereals*).

1814 W. DAVIES: *Agric* . . . *S. Wales* i. 396, Smut [a disease of wheat] is called in Welsh, *penddu.* Ar lafar yn Arfon, 'Ma 'na *benddu* yn y gwenith', *B* i. 99, ac yn ardal Llan-non, Cered., '*penddu*, y *benddu*, ffwngws ar ŷd', *id.* xiv. 280.

Cfn.: *Adar.* **penddu'r brwyn:** *blackcap* (*warbler*), *Sylvia atricapilla*; *reed bunting, Emberiza schœniclus.* **18–19g.** *Llr C* 25, 329, *pendu* [*sic*]'r *brwyn.* **1803** *P*, penddu . . . *penddu y brwyn*, the blackcap of the rushes.

pendduad [bôn y f. ddil.+*-ad*[2], trf. han.] *eg.* ll. *-au.* Duad, gwendid (ar y lleuad), hefyd yn *ffig.*: *a blackening, waning* (*of the moon*), *also fig.*

1716 J. MORGAN: *LlT* 10, Canys o bobtu i Utica, yr Haul, gan golli agos ei Lewych, oedd gymmaint Rhyfeddod, nad allai ddïoddef hyn wrth *Bendduad* yn y Byd, gan fod yr Haul, fal y dywedant, yn ei Uchelder a'i 'Stafell. **18–19g.** *ACL* iii. 45, Attal ar y lleuad, in Mechain; *Pen-dduad* in Cedewain. *Diw.* **19g.** *SE MS* 364b, *pendduad, -au*, sm, a blackening at the top, &c. a waning. *Pendduad* ar y lleuad—a waning of the moon, Mawddwy.

pendduaf: pendduo [bf. o'r a. *penddu*] *bg.* Duo, mynd yn benddu (hefyd am ŷd neu lafur), hefyd yn *ffig.*: *to become black*(*-headed*), *become smutted* (*of cereal*), *also fig.*

1630 R. LLWYD: *LlH* 237, eu clôd â *benddua*, eu gogoniant â dywylla. *Diw.* **19g.** *SE MS* 364b, *pendduo*, to become black on top; to become black-headed.

pendduyn [*penddu*+*-yn*[1]] *eg.* ll. *-nod.* Llinoryn, cornwyd, ploryn neu dosyn du ei ben, smotyn, cructardd, briw: *pustule, boil, blackhead, pimple, spot, wheal, sore.*

1545 *CM* 1, 317, I venneginiaethu Pock ne *benddun* o gangkyr. **1547** *WS*, *penddyn* kornwyd bychan, blayne. *c.* **1548** *CM* 1, 714, ar amser arall i maag *Pendduenod* [m]aan or tu mewn ir ffroenne. *Diw.* **16g.** *WLB* 50, *penddunnod* bychain ar gorff dyn. **1604–7** *TW* (*Pen* 228), *pendduno*t d.g. *exanthemata.*

id. penddvn meddalgrwn hawdd genthaw growni d.g. *phima.* **1615** R. SMYTH: *GB* 149–50, anadl, yr hwn oedd mor wenwynig megis fod *penddynod* a chornwydydd yn tarddu le'r oeddynt yn anadlu. **1632** *D, pendduyn*, papula, vlcus. **1688** *TJ, pendduŷn*: a Boyle or Botch. **[1763]** *ML* ii. 596, Mae'r gwddwg yn awr yn iawndda . . . Ond dyma *benddyn* neu ddau arno, etto heb ddyfod yn addfed. **1803** *P.* Ar lafar yn y Gogledd yn yr ystyr 'boil', *LGW* 222–3, hefyd yn y ff. *pendŷn* (ll. *penadynod*), WVBD 422. Ar lafar yn y De (ll. *pendduod*), yn yr ystyr 'blackhead', ac yng ngorll. sir Benf. yn yr ystyr 'small boil', *LGW* 222–3.

pendduynnog [gair geir., sef *pendduyn*+ *-og*] *a.* Wedi ei orchuddio â phendduynnod neu blorynnod: *covered in boils or blackheads.*
1770 *W* d.g. *botch, full of botches.* **1803** *P, penddüynawg*, covered with biles.

penddwl [*pen*[1]+*dwl*] *eg.* a hefyd fel *a.* Twpsyn, ffŵl; twp, ffôl: *idiot, fool; stupid, foolish.*
1774 *W* d.g. *head, an addle-head.* **18–19g.** R. DAVIES: *DB* 286, A gwely gwâr daear dô, / Dŷ *penddwl*, a'i dop ynddo [marwnad Dafydd Samwel].

penddylaf: penddylu [*pen*[1]+*dylaf*[2]: *dylu* neu f. o'r e. bl.] *bg.* Mynd yn dwp neu'n ffôl, ffoli, dotio: *to grow stupid or foolish, dote.*
c. **1765** *Y Llofruddiaeth Waedlyd* 3, pan welodd ei fod wedi *penddylu* ar ei syrchiadau llygredig hi.

penddŷn, gw. **pendduyn.**

penddynol [*pen*[1]+*dynol*] *a.* Ac iddo ben dynol: *having a human head.*
1850.

penddyrysaf: penddyrysu, gw. **penddrysaf: penddrysu.**

penddysg [*pen*[1]+*dysg*] *e?b.* Dysgeidiaeth athronyddol neu ddamcaniaethol (o'i chyferbynnu â phrofiad, arsylwi, &c.): *philosophical or theoretical learning (as opposed to experience, observation, &c.).*
1818.

penddysgedigaeth [*pen*[1]+*dysgedigaeth*] *e?b.* ll. *-au.* Damcaniaeth: *theory.*
1799 A. AB D. SION: *CR* 24, dadlau . . . am gyfansoddiadau (systems) a *phenddysgedigaethau* (theories) dynion coegfalch.

penddysgedigion [*pen*[1]+*dysgedigion*] *e.ll.* Pobl ddysgedig, ?damcaniaethwyr: *learned people, ?theorists.*
1740 T. EVANS: *DPO* 74–5, yr hen Hanesion ac amryw . . . o'r *Penddysgedigion* diweddar yn maentumio mai Pobl dreigl o bell oedd y Brithwyr. *id.* 194, [b]od y *Pen-ddyscedigion* yn barnu nad oes dim Gwirionedd hollo[l] yn y Stori hon.

penedig[1] [*pen*[1]+*-edig*] *a.* Pennaf, pendefigaidd, boneddigaidd: *chief, noble.*
c. **1400** (*SG*) *HMSS* i. 270, ti aledeist y marchawc dewraf achreulonaf a *phenedickaf* or aoed yn y gwledydhynn. **16g. (1763)** W. SALESBURY: *LlM* 42, yn ddanteithfwyd Ir Boneddigion *penedigaf.*

penedig[2] [bôn y f. *pennaf*[2]: *pennu*+*-edig*] *a.bfl.* a hefyd fel *eg.* ll. *-ion.* Penodedig, penodol: *appointed, specific.*
1587 *GP* 185, Kroes ganghanedd . . . iddi i mae gorffwysfa *benedig.* **18g.** *W Ballads* 95, 2, Mae dau ar hugien [*sic*] yn *benedig*, / O nodau llid ar ddyn colledig. Ar lafar yn Nantgarw, e.e. 'Ni ethon yno gyda'n gilydd ar y dydd *penetig*'.

Fel *e.* Un penodedig: *appointed one.*
1805.

penedryddu, penetryddu [?cfdds. o'r Ffr. *pénétrer* neu'r Llad. *penetrāre*+*-yddu* (cf. *proponyddu*)] *bg.a.* Treiddio: *to penetrate.*
1609 R. SMYTH: *CAC* 15, mae ef yn dysc[u] fyned o Grist a *phenedryddu* hyd uphern, o rhan [*sic*] i enaid. **1615** R. SMYTH: *GB* 242, megis drwy gof dyfn y gallant *benetryddu* (*penetrassent*) llun pob peth ar y sydd gyverbyn ag ynthwy. *id.* 245–6, y peledr ne'r lewyrch yr hain sy yn tarddu ag yn diellu allan o'r splennyddaidd degwch hwn, sy 'n *penethruddu* [*sic*] (*penetrent*) yn gyflymach na mellten i'r fan eithaf o'r enaid. *c.* **1730** *Thos. Lloyd D* (LlGC) 188a, *penedryddu*, penetro.

penefer [*pen*[1]+*ef(e)r*] *a.* Penysgafn, penfeddw; *ffig.* penchwiban, anwadal, afreolus, wedi ei ddifetha (am blentyn), haerllug, digywilydd: *light-headed, giddy, dizzy; fig. giddy, unstable, unruly, spoilt (of child), cheeky, impudent.*
1864. Ar lafar yng nghanolbarth a godre Cered., ym Mrych., sir Gaerf., a sir Benf., 'plentyn *penefer*', *Cymru* xxxiii. 39, xxxix. 95, xlvi. 21.

pen-effeiriad, gw. **pen-offeiriad.**

penegor, penegored, gw. **penagor, penagored.**

peneifiad, gw. **pennaf**[3].

penelin, pen elin [*pen*[1]+*elin*] *eg.b.* ll. *-(o)edd, -(i)au.* Cymal canol y fraich, yn enw. ei phwynt allanol pan blygir hi, elin; yn *dros.* y rhan o ddilledyn sy'n gorchuddio'r rhan honno o'r fraich, y cymal cyfatebol o adain aderyn, unrhyw beth ar ffurf braich blygedig, e.e. tro mewn ffordd, tafliad, cornel; hefyd yn *ffig.*: *elbow; transf. elbow (of item of clothing), corresponding joint of a bird's wing, bend (in a road), projection, corner; also fig.*
13g. *B* x. 31, e diffrvythws e dwylav o *benn y elined* e waeret. *c.* **1300** *H* 15a. 14, can gymryd penyd *penn elineu* (Einion ap Gwalchmai). **14g.** *WML* 84, Y neb agaffo gwydeu yny yt. torret ffon kyhyt ac o *pen elin* hyt ymlaen y bys bychan . . . Alladdet y gwydeu. **1346** *LlA* 95, botymev oeur perffeithgoeth ar bop llawes oardwrnn hyt ym *pennelin.* **14g.** *GDG*[3] 383, Golinio rhiain feinloer / A wnâi â'i *benelin* oer. *c.* **1400** *YSG* i. 84, wynt a welynt yn dyuot y mywn drwy drws y capel llaw y gyt ac a berthynei hyt ym*penn* yr *elin.* **1547** *WS*, elin ne *ben elin*, an elbowe. **1604–7** *TW* (*Pen* 228), penrhyn mal *penelin* o dir yn ystyn allan tua'r mor d.g. *promontorium.* **1620** *Esec* xiii. 18, gwae y gwniadyddesau clustogau tan holl *ben elinoedd* (**1588** *ib.* holl elinoedd) fy mhobl. **1620** *Ecclus* xli. 17–19, Cywilyddiwch . . . am roddi dy *benelin* ar y bara. **1759** J. EVANS: *PF* 27, Ffiledwch y Breichiau yn dynnion o'r tu ucha ir *Pen-elin.* **1764** W. WILLIAMS: *Th* 21, Fe wnai fe glustogau . . . / I'w rhoi tan *benelinau*'r sawl f'ai am felus hun. **1773** *W*, gwneuthur *pen-elin* d.g. *to elbow* [*jut*] *out. id.* a thwll yn y (ei) *benelin* d.g. *out, out at elbows, or at the elbows* [*apply'd to dress* . . .]. **1803** *P.* Ar lafar yn Arfon yn y ff. *p(y)nelin*, (ll. *pynilodd*), 'lledu 'i *bynilodd*' 'to stick out one's elbows', 'Mi drawis 'y *mhnelin* nes mae 'mraich wedi cyffio' 'I have knocked my funny-bone', 'Nes *pnelin* nag arddw(r)n' 'blood is thicker than water', 'Mae *pnelin* yn y gyfrath' 'there are means of evading the law', *WVBD* 436; ym Môn clywir yr ymad. 'yn mynd fath â *phenelin* ffidlar', *ISF* 60, ac ym Morg. clywir y ll. *penelina*, 'Paid â doti dy *benelina* ar y ford'.
Cfn.: **(bod) wrth benelin (rhywun):** *(to be) at hand, nearby, (be) available (for support, help, advice, &c.), advise (someone).* **1885** D. OWEN: *RL* 269, dychymygwn glywed ysbrydion aflan yn chwerthin yn wawdlyd *wrth fy mhenelin.*

penelinad, penelinaf: penelino, gw. **peneliniad, peneliniaf: penelinio.**

peneliniad, penelinad [bôn y f. ddil.+ *-iad*[1], *-ad*] *eg.* Y weithred o benelino (rhywun): *an elbowing, nudging.*
1803 *P, penelinad*, s. m. a pushing with the elbow. Cf. D. OWEN: *D* 147, gan roddi *peneliniad* i mi yn fy ystlys.

peneliniaf, penelinaf: penelin(i)o [bf. o'r e. *penelin*] *bg.a.* Gorwedd neu ledorwedd (gan bwyso ar y penelin(iau)); gwthio neu bwnio (rhywun) (â'r penelin); hefyd yn *ffig.*: *to recline (leaning on the elbow(s)), rest (on the elbow(s)); elbow (someone), jog, nudge, jostle; also fig.*
1346 *LlA* 81, Ar veint rat honno a obryneist dithev [Pedr] *penelinnyaw* (*recumberes*) arnaw [Iesu] ytra [*sic*] yttoed ar y vwyt. **14g.** *WM* 89. 26–9, Enteu uath a gyrchwys eystauell ac a beris kyweiraw lle idaw y *benelinyaw* ual y carei dodi y draet ymplyc croth yuorwyn. **1547** *WS, pen elini aw* [*sic*], shugge. **1588** *Ecclus* xli. 24, cywilyddia am *benlino* [*sic*] (**1620** *id.* 19, roddi dy benelin) ar y bara. **1632** *D, penelino*, cubito pulsare. **1688** *TJ, penelino*: to push or beat with the Elbow. **1773** *W, penelino* d.g. *to elbow* [*push, jog, &c*], *to hunch* [*push with the elbow, &c.*]. **1803** *P.*

penelinod [gair geir., sef bôn y f. fl.+ *-awd*[3], *-od*] *eg.* Peneliniad: *an elbowing, nudging.*
1771 *W, penelinod* d.g. *bump* [*thump, or blow*]. *id. penelinod* d.g. *hunch* [*a push with the elbow, &c.*]. **1803** *P, penelinawd*, s. m. a push with the elbow.

penenwad [*pen*[1]+*enwad*] *eg.* Cyfansoddiad acrostig: *an acrostic.*
1850.

penenwol [*pen*[1]+*enwol*] *a.* a hefyd fel *e?g.* Acrostig: *(an) acrostic.*
1852.

pen-esgob [*pen*[1]+*esgob*] *eg.* ll. *-ion, penesgyb.* Archesgob, metropolitan; esgob goruchaf: *archbishop, metropolitan; supreme pontiff.*
1595 M. KYFFIN: *DFf* [101], Ioan escob Constantinopl, yr hwn ydoedd y gwr cyntaf o'r cwbl a orchmynnodd ei alw'i hun yn *Ben-Escob* (*universal bishop*) Eglwys Crist drwy'r holl fyd. **1630** R. LLWYD: *LlH* [493], ar werth ym Monwent S. Paul tan arwydd *Pen-Escob.* **1718 (1721)** S. THOMAS: *HB* 78, darfu iddo fe sef escob Rhufain, ei osod ei hun i fynu i fod yn *Ben-Escob* a'r [*sic*] yr holl eglwys weledig. *id.* 81, yn Escob cyffredinol, neu'n *Ben Escob* a'r [*sic*] yr holl Eglwys. *ib.* nid oeddent etto yn gallel eu proclamio eu hunain yn *Ben-Escobion.* **18–19g.** *Iolo MSS* 39, bu Teilaw sant yn *Benescob* Ynys Prydain. *Diw.* **19g.** *SE MS* 364b, *penesgob, -ion, esgyb.* sm. chief bishop; arch bishop; metropolitan.

penetryddu, gw. **penedryddu.**

peneuraid [*pen*[1]+*euraid*] *eb.g.* a hefyd fel *a. Bot.* Un o amryw fathau o blanhigion o'r tylwyth *Ranunculus*, blodau ymenyn, crafanc y frân; ?gludlys coch, *Silene dioica*: *name for various plants of the genus Ranunculus, buttercup, crowfoot, bachelor's button; ?red campion.*
1604–7 *TW* (*Pen* 228), y *beneureit* d.g. *polyanthemon. Dchr.* **17g.** *J* 10, 124a, *peneuraid*, ranunculus, goldknap . . . strumea. **1632** *D* (*Bot*), y *Beneuraid*, polyanthemon. **1688** *TJ* (*Bot*), y *Beneuraid*: Heath-thistle. *c.* **1730** *Thos. Lloyd D* (LlGC) 190a, y *Ben euraid* [*sic*], batchelor's button, lychnis. **1753** *TR* (*Bot*), y *Beneuraid*, an herb called goldcup . . . batchelor's button. **1775** *W* d.g. *knop, gold knop or knap* [*a flower so called*]. **1803** *P*, peneuraid . . . Y *peneuraid*, the bachelor's button, or campion; also called olbrain, cravanc y fran, and chwys mair.

Fel *a.* (geir.) Euraid ei ben: *(dict.) golden-headed.*
1803 *P.*

peneuraidd [*pen*[1]+*euraidd*] *a.* a hefyd fel *eb.g.* Melyn neu euraid ei ben neu ei wallt: *yellow- or golden-headed, yellow- or golden-haired.*
1744 D. ROWLAND: *RY* 95, eb yr Tywysog *penauraidd* (*golden-headed*).

Fel *e. Bot.* Peneuraid, crafanc y frân, *Ranunculus auricomis*: *(wood) goldilocks, wood crowfoot.*
1813 *WB* 225, *Peneuraidd*; Ranunculus auricomus [*sic*]; Goldilocks, Wood Crowfoot.

peneurog [*pen*[1]+*eurog*] *a.* a hefyd fel *e?g.* Melyn neu euraid ei ben neu ei wallt, hefyd yn *ffig.*: *yellow- or golden-headed, yellow- or golden-haired, also fig.*
14g. *MA*[2] 347b. 3–5, Dogyn gymaint deufraint Dyfrig *Beneurawg* / Yw he[i]lwin Fadawg hawl wynfydig (Goronwy Gyriog).

Fel *e. Adar.* Eurbinc, teiliwr Llundain, nico, *Carduelis carduelis*: *goldfinch.*
1866.

peneuryn [*pen*[1]+*euryn*] *eg.* ll. *peneurod.*

(*a*) Pen neu wallt melyn neu euraid, hefyd yn *ffig.*: *yellow or golden head or hair, also fig.*
15g. (17g.) *LlGC* 728, 45, y gwr Ieyangk y greywyd / y geir yn ller gwr hen llwyd / watgyn *benn evryn* arab (Ieuan Deulwyn). **16–17g.** *PhA* 97, pür waith irllaes perth eurlliw / *peneuryn* Tan rhedyn rhiw [i wallt merch].

(*b*) *Adar.* Bras melyn, melynog, llinos felen, penfelyn, *Emberiza citrinella*; (?yn wallus) eurbinc, teiliwr Llundain, nico, *Carduelis carduelis*: *yellowhammer, yellow bunting; (?erron.) goldfinch.*
1773 *W* d.g. *gold-finch.* **18–19g.** *Iolo MSS* 261, A glywaist ti chwedl *Peneuryn* / A ganai 'ng ngŵydd y Dyffryn? **1803** *P, peneuryn*, the yellowhammer. *id.* pinc . . . Mor binc a'r *peneurin.* Ar lafar yn ardal yr Efail-wen, sir Gaerf., yn y ff. *penoirin. TGG* (1907–8) 83.

(*c*) *Pysg.* Math o bysgodyn môr, gwrachen eurben, *Crenilabrus melops*: *Baillon's wrasse, corkwing, gilt-head, sea-partridge.*

Ar lafar ym Môn ac Arfon, H. E. FORREST: *FNW* 439.

Gw. hefyd **pennaur, penuryn.**

pen-eustus, gw. **pen-ustus.**

penfadronaf, penfedronaf: penfadroni, penfedroni [*pen*¹ + *madroni, medroni*] *bg.a.* Gwneud neu fynd yn benysgafn neu benfeddw, hurtio, syfrdanu: *to make or become light-headed, giddy, or dizzy, make or become stupid, stupefy.*

1552 *Pen* 403, 119, Kariad yn gynta or Kwbwl a *benvedrona* ac a vlina bob peth.

penfaddau [*pen*¹ + be. *maddau*; cf. *eneidfaddau, maddeuaf: maddau—myned maddau*] *a.* Wedi ei fforffedu: *forfeit (adj.).*

14g. *Bodorgan* 39, yr brenhin y daw trayan kymhell pob galanas . . . Ac a gaffer o da or pryt y gilyd yr llofrud: *penuadeu* uyd idaw (*WML* 44, ybrenhin bieiuyd). **15g.** *LHDd* 83, Tri gwystyl ni dygwyd yn *ben vadeu* telyn aphayol a ffiuf os rodeu [*sic*] dyn oe vod vn or tri gwystyl hynny yvod yn *benvadeu* yn amodawl. **1730** *Leg Wall* 580, *Penfaddau*, Venui subjectus, venum dandus. **1753** *TR, penfaddau*, K.H. liable to be sold, that is given to be sold. **1803** *P, penvaddeu*, having the head forfeited; specially forfeited. Cf. *R* 1434. 6–7, ony daw y mewn or med goreu oll. gwirawt o bann dy benn vadeu.

penfaen [*pen*¹ + *maen*¹] *eg.* ll. *-feini.* Carreg wastad a osodir i orwedd ar ben wal, cromlech, &c.: *capstone, coping-stone.*

1851.

penfain [*pen*¹ + *main*¹] *a.* ll. *-fein(i)on.* Yn meinhau tua'r pen neu'r brig, blaenfain, pigfain, pigog: *tapering, pointed.*

15g. *GGl*² 214, Darn aerwy neu fodrwy fawr / Dan flermain *benfain* bonfawr [i ofyn corn canu]. **1604–7** *TW* (*Pen* 228), *penvain* val torth succar d.g. *argutus.* **1725** D. LEWIS: *GB* 1[9]9, yr wyeu *Penfeinon* hirion yn dwyn jair, a'r rhai Penllydein yn dwyn Ceiliogod. **1770** *TG* ii. 38, bryn ar ddull helm neu das *benfain.* **1775** E. GRIFFITHS: *GF* 187, a saith begwn *pen-fain.* **1803** *P, penvain*, having a pointed head or top; copped.

penfaith [*pen*¹ + *maith*] *a.* Doeth, hirben, call: *wise, long-headed, clever.*

Ar lafar yng ngodre Cered. a sir Gaerf.

penfalch [*pen*¹ + *balch*¹] *a.* Ffroenuchel, diystyrllyd, dirmygus, coegfalch; talog: *haughty, supercilious, contemptuous, conceited; jaunty.*

1889.

penfar¹,², **penfarch,** gw. **pennor**¹,², **pynfarch.**

penfas [*pen*¹ + *bas*¹] *a.* Arwynebol (ei feddwl): *shallow(-minded).*

[1783] *W* d.g. *shallow* [*in wit or understanding*]. **1803** *P, penvas*, shallow-pated, shallow-witted.

penfawr [*pen*¹ + *mawr*] *a.* a hefyd gyda grym enwol. Mawr ei ben; pendew, hurt: *large-headed; thick-headed, stupid.*

16g. LEWYS MORGANNWG: *Gw* 406, ni chae bryns yn ywch y brig / vath atebwr vyth tebig / pan vy raid *pennfawr* ir hain / pa ryvedd ateb ryvain / pond iaithfawr ir pendoethfab / ateb pawb ynghwrt y pab. **1604–7** *TW* (*Pen* 228) d.g. *capitosus.* **1632** *D* d.g. *capito.* **1707** *AB* 46b, *penvawr* . . . A jolt-head, a grout-head d.g. *capito.* **1737** *WDS*, (Llandaff), Wat: *Penvawr*, yr [*sic*] rogue sydd yn ennill bastardaid. **1771** *W* d.g. *chub* [*a jolt-headed fellow*]. *id.* un *pen-fawr* d.g. *jobbernowl.* **1803** *P, penvawr*, large-headed. Ar lafar yn nwyrain Morg. yn yr ystyr 'hunanbwysig', 'Odd a'n *benfawr* budur yn y cwrdd 'eno'.

penfedronaf: penfedroni, gw. **penfadronaf: penfadroni.**

penfeddal [*pen*¹ + *meddal*] *a.* ll. *-ion.* Hurt, pendew, ffôl, syml, anaeddfed; gwan, diasgwrn-cefn: *soft-headed, stupid, foolish, simple, immature; weak, spineless.*

17g. (**18g.**) *J. Gwenogvryn Evans II* 5, 5b, *pen feddal* fydd pen feddwo / bydd digon hawdd ei gogio. **[1745]** W. ROBERTS: *FfM* 55, chwithau Ferched *Penfeddalion.* **1759** *BC* 457, di fudd a diofal *benfeddal* a fum. **[1783]** *W* d.g. *sappy, apply'd to the Understanding* [*soft, weak, simple, void of solidity*]. **1803** *P, penveddal*, soft-headed. Ar lafar yn Arfon yn yr ystyr 'weak, deficient in self control . . . soft-headed, deficient in mind', *WVBD* 423.

penfeddalwch [*penfeddal* + *-wch*¹] *eg.* Y cyflwr o fod yn benfeddal, hurtrwydd, ffolineb: *soft-headedness, stupidity, foolishness.*

1841.

penfedd-dod, penfeddwdod [*penfeddw* + *-dod*] *eg.* Penysgafnder, y bendro, madrondod, pensyfrdandod; hurtrwydd, ffolineb: *light-headedness, giddiness, dizziness, vertigo, stupefaction; stupidity, foolishness.*

1547 *WS, pen veddtot*, a swymyng. **1604–7** *TW* (*Pen* 228), *penvedddot* d.g. *vertigo.* **1632** *D, penfeddwdod*, capitis ebrietas, vertigo. **1688** *TJ, penfeddwdod*, a Giddiness, or Dizziness in the Head. **1759** J. EVANS: *PF* 90, *Pen fedd-dod* (*the Vertigo, or swimming in the Head*). **1772** *W, penfeddwdod* d.g. *dizziness* [*giddiness, or a swimming in the head*]. **1773** J. ROBERTS: *GY*, Hyacinth . . . Iacha *Benfeddwdod.* **1803** *P, penveddwdawd*, giddiness of the head.

penfeddw [*pen*¹ + *meddw*] *a.* ll. *-on.* A'r bendro arno, penysgafn, pensyfrdan; meddw, brwysg; penchwiban, hurt, penffol: *giddy, light-headed, vertiginous, dizzy, dazed; drunk, intoxicated, tipsy; light-headed, stupid, foolish.*

1547 *WS, penfeddw*, amased. **16g.** (**1763**) W. SALESBURY: *LlM* 71, dyn cynhyrfawr ei veddwl Synn *penfeddw.* **1604–7** *TW* (*Pen* 228) d.g. *inebriatus.* **1632** *D, penfeddw*, vertiginosus, capite ebrius. **1727** J. JONES: *DFF* 148, [P]echaduriaid deillion, angrediniol *penfeddwon.* **1744** D. ROWLAND: *RY* 95, y Dref *Ben-feddw* Mansoul. **1770** *W*, gwneuthur yn . . . *benfeddw* d.g. *to besot.* *id.* d.g. *dizzy* [*giddy, having a swimming in the head, &c.*]. **1798** *WR* d.g. *muddle-headed.* **1803** *P, penveddw*, giddy-headed.

penfeddwaf: penfeddwi [bf. o'r a. bl.] *bg.a.* Mynd neu wneud yn benysgafn, cael neu beri'r bendro, pensyfrdanu; meddwi; gwegian, honcian, baglu; hefyd yn *ffig.*: *to become or make light-headed, giddy, or dizzy, daze; inebriate, get drunk; totter, falter, stagger; also fig.*

16g. *Med H* 30, hyt pan *benveddwo* hi [arth] o vynych ddyrnodie ar i ffenn. **1604–7** *TW* (*Pen* 228) d.g. *inebrio.* *id.* wedy *penveddwi* d.g. *titubatus.* *Dchr.* **17g.** *J* 10, 125b, *penveddwi*, to be astonished. **1620** *Eseia* xxix. 9, meddwasant, ac nid trwy win, *penfeddwasant*, ac nid trwy ddiod gadarn. **1632** *D, penfeddwi*, inebriari, vertigine capitis afficere vel affici. **1722** *Llst* 189, *penfeddwi*, to have a swimming in the head, faulter, stagger. **1727** RE: *CDd* 146, y rhydd-did ymma y mae'r cythraul yn ei roddi . . . sydd yn *penfeddwi* dynion. **1770** *W* d.g. *to besot.* **1803** *P, penveddwi*, to become giddy-headed.

penfeddwdod, gw. **penfedd-dod.**

penfeddwol [bôn y f. fl. + *-ol*] *a.* Meddwol, hefyd yn *ffig.*: *intoxicating, also fig.*

1856.

penfeiniaf, penfeinaf: penfein(i)o [bf. o'r a. *penfain*] *bg.a.* Meinhau tua'r blaen, blaenfeinio, blaenllymu: *to taper, become pointed, sharpen.*

1604–7 *TW* (*Pen* 228), *penveino* d.g. *cacumino.* *id.* *penveino* . . . megys twysenæ gwenith pan seuthont allan or gwiscoedd d.g. *inspico.* **1722** *Llst* 189, *penfeino*, to point, sharpen yᵉ top. **1803** *P, penveiniaw*, to acuminate.

pen-feistr [*pen*¹ + *meistr*] *eg.* Pennaeth; prifathro: *chief; headmaster.*

1718 S. THOMAS: *HB* 104, gelwir y lleill Ffranciscanod oddiwrth e'u *Pen-Feistir* hwythau yr hwn oedd Ffrancis. **1735** S. THOMAS: *HP* 1[21]–2[2], gosododd ei hun i fynu yn *Ben-feistr* i Sect y Semi-Pelagians. *id.* 140, ei osod yn *Ben Feistr* ar yr Ysgol honno. **1774** *W* d.g. *head-master.*

penfelen¹ [*penfelen*² fel e.] *eb.* a'i ragflaenu gan amlaf gan y fan.

(*a*) *Bot.* Unrhyw blanhigyn o'r tylwyth *Senecio* ac iddo flodau melyn a ddefnyddid gynt mewn meddyginiaeth, yn enw. creulys, *Senecio vulgaris*; llewyg y chwain, *Pulicaria dysenterica*: *ragwort, groundsel; common fleabane.*

16g. (**1763**) W. SALESBURY: *LlM* 102, ar greylys ne'r *benfelen* yn cambraeg. *Diw.* **16g.** *WLB* 78, Rhag dolur or ddwyfron ar mwnwgl Kymer *hen felen* [*sic*], a groundswyl. **1604–7** *TW* (*Pen* 228) d.g. *I[a]cobæa* (At.). *Dchr.* **17g.** *J* 10, 125b, *penvelen*, senecio, groundswell. **1633** J. GERARDE: *Herball*, Y *Bewfelen* [*sic*]. Fleabane. *id.* Llewic ychwannen, v. y *Benfelen.* **1759** J. EVANS: *PF* 21, cymerwch lonaid Llâw o'r *Benfelen*, malwch yn fân. **1774** *W* d.g. *groundsel, or groundsil* [*a sort of herb so called*]. **1803** *P, penfelen* . . . y *benfelen*, the groundsel. **1813** *WB* 225. Ar lafar yn Arfon yn yr ystyr 'creulys', *WVBD* 423.

(*b*) *Adar.* Bras melyn, melynog, llinos felen, llafnes felen, melyn yr eithin, *Emberiza citrinella*: *yellowhammer, yellow bunting.*

1889. Ar lafar.

Cfn.: **penfelen fanw:** *groundsel, Senecio vulgaris.* c. **1730** *Thos. Lloyd D* (LlGC) 191a.

Gw. hefyd **penfelyn.**

penfelen², gw. **penfelyn.**

penfelyn [*pen*¹ + *melyn*] *a.* (b. *penfelen*) ll. *-ion*, a hefyd fel *eg.* Melyn neu euraid ei ben neu ei wallt, peneuraidd, hefyd yn *ffig.*; yn dwyn blodau melyn: *yellow- or golden-headed, yellow or golden-haired, blond, also fig.; yellow-flowered.*

15g. *GDLl* 73, Pen tecaf a doethaf dyn, / Pwy ni fawl mab *penfelyn*? **15g.** *DE* 24, Banhadlen neu fedwen fawr / *benfelen* bun o faelawr. **15–16g.** LLAWDDEN, &c.: *Gw* 211, Pan fai lwyn *pen felynaf.* **16–17g.** *PhA* 103, Mair fadlen *benfelen* fu. **16–17g.** *GST* i. 786, Pan ddelo hon i'r bronnydd / Plentyn *penfelyn* a fydd. / Magu'r angel *penfelyn* / Mewn tŷ siwrl, mantais yw hyn. **1604–7** *TW* (*Pen* 228) d.g. *auricomus.* *Dchr.* **17g.** *Llst* 58, 38, [d]au lank pengrychion *penfelynion.* **1740** T. EVANS: *DPO* 273, yn gynnifer Corryn *penfelyn* bach. **1793** DAFYDD IONAWR: *CD* 14, Y dyn *pen felyn* a'i fâd / Ragorol gywir gariad. **1803** *P.* Cf. *Hen B* 50, Chwi gewch weled llanc *penfelyn* / Ar fy medd yn canu'r delyn.

Fel *e. Adar.* Bras melyn, melynog, llinos felen, llafnes felen, melyn yr eithin, *Emberiza citrinella*: *yellow bunting, yellowhammer.*

Diw. **19g.** *SE MS* 365a. Ar lafar yng ngodre Cered. a sir Benf., *TGG* (1907–8) 99.

Cfn.: *Adar.* **penfelyn yr eithin:** *yellowhammer, yellow bunting, Emberiza citrinella.* **1907.**

Gw. hefyd **pen**¹**—p. melyn, penfelen**¹.

penfoel [*pen*¹ + *moel*¹] *a.* ll. *-ion*, a hefyd fel *eg.* ll. *-iaid.* Moel, hefyd yn *ffig.*: *bald, bald-headed, also fig.*

1770 *W* d.g. *bald-pated.* **1803** *P, penvoel*, a. bare-headed.

Fel *e.* Dyn moel; *Crdd.* hanner-brif: *bald-headed man; semibreve (in mus.).*

1796 T. JONES: *CCA* 311, Yr hyn a barodd i un o'u *Penfoeliaid* gwyno . . . o achos direidi'r Luther hwnnw.

Amr.: **penmoel** [cf. *penmoelni*]. **1838.**

penfoeledd [*pen*¹ + *moeledd*] *eg.* Moelni'r pen: *baldness, bald-headedness.*

1588 *Lef* xiii. 42, pan fyddo anafod gwyn-goch yn y *pen-foeledd.* **1722** *Llst* 189, *penfoeledd*, m. baldness. **1803** *P.*

penfoelni [*pen*¹ + *moelni*] *eg.* Moelni'r pen, hefyd yn *ffig.*: *baldness, bald-headedness, also fig.*

1803 *P.*

Amr.: **penmoelni** [cf. *penmoel*]. **1795–6** *Trys Gym* 86, *Penmoelni* noeth a'r clyw yn waeth.

pen-forwyn, gw. **pen-morwyn.**

penfrag [*pen*¹ + *brag*] *a.* a hefyd fel *eg.* (Person) penysgafn neu benffol; y bendro; trwyth brag, breci: *light-headed, giddy, or foolish (person); vertigo; wort (in brewing).*

c. **1400** *R* 1348. 2–3, dogy[n]llaes *benurac* llindac llawn. **1547** *WS, penfrag*, grout. *Dchr.* **17g.** *J* 10, 125b, *penvrag*, groute. **17g.** *LlGC* 13215, 374, pensoeg & *penvrag*, granomelum. **1770** *W* d.g. *brain-sick, head, an addle-head.* **1803** *P, penvrag*, s. m. a swimming in the head; also called penddar, and pendro.

penfraith, gw. **penfrith.**

penfras, pen-fras [*pen*¹ + *bras*] *a.* a hefyd fel *eg.* ll. *-freisiaid, -freision, -frasau.* Mawr ei ben neu ei dop, hefyd yn *ffig.*; penffol, pendew, hurt: *having a large head or top, also fig.; foolish, fat-headed, thick-headed, stupid.*

c. **1300** *H* 76b. 15, Eglynnyon a gant dauyd *benuras.* **14g.** *GDG*³ 75, Budrog yw, ddiwiw ddwywaedd, / *Benfras*, anghyweithas waedd [i'r dylluan]. *id.* 303, O thry i'th ogylch, iaith ddrud, / Treiglwr, chwibanwr traglud, / A bollt *benfras* a bwa [i'r cyffylog]. **15g.** *GGl*² 129, Chwedl *benfras* o gas i gyd, / Blaenfain fu i'r bobl ynfyd, / Chwedl blaenfain fu'ch train a'ch tro, / *Benfras* Arglwydd o Benfro. **16g.** LEWYS MORGANNWG: *Gw* 643, o Benfro wyd yn *benfras* / i glawdd Deifr arglwydd d'evras / blaenor y mab ar goron / Beli mawr Bala a Mon. **16g.** (*c.* **1630**) *RWM* ii. 73, y tarw *pennfras* tapinfryth (Siôn Ceri). **1604–7** *TW* (*Pen* 228) d.g. *capito, capitosus.* **1632** *D*, morbysg *penfras* auremmog d.g. *acarne.* **1725** *SR*, pen mawr, *penfrâs*, pendew d.g. *a Jobernowl.* **1770** *W*, pendew, *pen-fras*, pen-fawr d.g. *bull-head* [*a dull, stupid, or obstinate person*]. **1803** *P*. Am y defnydd o'r gair fel epithet, gw. *B* iii. 36.

Fel *e. Pysg.* Pysgodyn môr bwytadwy o deulu'r *Gadidæ* sydd â'i gynefin yng ngogledd Môr Iwerydd ac y ceir olew maethlon o'i afu, codyn; pysgodyn môr o deulu'r *Mugilidæ*, mulet, barfbysgodyn, hyrddyn: *cod(fish)*; (*grey*) *mullet.*

1604–7 *TW* (*Pen* 228) d.g. *mugil. Dchr.* **17g.** *J* 10, 125b, *penvras* . . . coddefishe, mugil. **1722** *Llst* 189, *penfras*, m.p. *penfreisiaid*, a mullet fish. **1776** *W* d.g. *mullet.* **1803** *P*, penvras . . . Y *penvras*, the cod-fish. Ar lafar yn y Gogledd yn yr ystyr 'codyn', H. E. Forrest: *FNW* 460; hefyd yn nwyrain Morg., '*pen-fræs*'.

Cfn.: **penfras y dŵr croyw:** *burbot, eel pout, Lota lota.* **20g.**

Gw. hefyd **pysg—p. penfras, pysgodyn —p. penfras.**

penfrech, penfrioni, gw. penfrych, penwirioni.

penfrith [*pen*[1] + *brith*[1]] *a.* (b. *-fraith*) ll. *-frithion*, a hefyd fel *eg.* Amryliw ei ben, brith ei wallt: *mottle-headed, grey-haired.*

13g. (**17g.**) *B* iv. 46, a guydy gortin guaedlan / vytin: yn galhuaur dit dogin gyman / *penvrith* o buarth kadvan. **14g.** *T* 48. 22, bum kath *penurith* artir phren. **14g.** *GP* 53, Trahayarn, trwyn hen gathwrd, / *Pennvreith* gnuach, bwbach beird. *c.* **1400** *R* 1272. 19, keillyawc *penn vrith.* **1547** *WS*, moch bychain ne pryfed [*sic*] *penfrithion. id.* pryf *penfrith*, a brocke. **1759** *BC* 53, Fe aeth y Diawl *penfrith*, cyn diwedd y felldith. Ar lafar yn Arfon yn yr ystyr 'penllwyd', a hefyd am ddafad 'with the head of different colours', *WVBD* 423.

Fel *e. Swol.* Mochyn daear, pryf llwyd, broch: *badger, brock.*

Dchr. **17g.** *J* 10, 125b, *penvrith*, gwilfrai, a brocke. **1761** *ML* ii. 354, Myned efo Robin i weled pryf llwyd alias *penfrith* a ddaliesid yn fyw.

penfro [*pen*[1] + *bro*; cf. yr e. lle *Penfro*, gw. *B* x. 303] *eb.* Tir yn ymestyn allan i'r môr, pentir, penrhyn: *headland, promontory, cape.*

1632 *D* d.g. *promontorium.* **1722** *Llst* 189, *penfro*, f. a cape, promontory. **1725** *SR* d.g. *a Ness.* **1771** *W* d.g. *cape* [*a piece of land projecting into the sea, a promontory*]. **1803** *P*, *penvro*, s. f. a head-land region.

Penfroaidd [yr e. lle *Penfro* + *-aidd*] *a.* Yn perthyn i sir Benfro, nodweddiadol o sir Benfro: *pertaining to Pembrokeshire, characteristic of Pembrokeshire.*

20g.

penfrwd [*pen*[1] + *brwd*] *a.* Penboeth, ffanatig: *hot-headed, fanatic.*

1798 *WR* d.g. *fanatic.*

penfrych [*pen*[1] + *brych*] *a.* (b. *-frech*). Ac iddo ben amryliw: *mottle-headed.*

18g. *W Ballads* 2, 2, Dafad lygad fraith a *phen frych* gynffon-fraith. Ar lafar yng ngorllewin Morg., '*penfrych*, ben. *penfrach* . . . Arferir am ddafad â sbotiau du a gwyn ar ei phen', *B* xiv. 291. Ym Meir. 'dafad *benfrech*' yw 'dafad ag wyneb brown'.

pen-ffair [*pen*[1] + *ffair*[1]] *e?b.* ll. *pen-ffeiriau*, a hefyd fel *a.* Prif ffair, ffair fawr; yn perthyn i'r ffair, hefyd gyda grym difrïol: *chief or main fair, great fair; pertaining to the fair, also derog.*

1612 *LlP* [35], Enweuyroll*pen:ffeirieu* [*sic*].

Gw. hefyd **pen**[1]**—p. ffair.**

penffast[1]**, penffest**[2] [*pen*[1] + *ffast, ffest*[1]] *a.* a hefyd fel *eg.b.* ll. *-iaid.* Ystyfnig, cyndyn, penstiff; ffŵl: *obstinate, stubborn, heastrong; fool.*

1672 R. Prichard: *Gw* 449, Mi fum *Benffast* a gwar-galed. *Diw.* **19g.** *SE MS* 365a, *penffest* . . . headstrong, obstinate. (Dyved). Ar lafar yn Arfon, ''r hen *benffast* fawr'.

Amr.: **penffust**[1]. Ar lafar yn Arfon yn yr ystyr 'ffŵl'.

penffast[2]**, penffest**[1], gw. penffestr.

penffest[2], gw. penffast[1].

penffestin, penffestyn [*pen*[1] + elf. anh.] *eg.b.* ll. *-ffestinion, -ffestynau.*

(*a*) Cap mael a wisgid o dan helm, penwisg dur neu ledr, helm, hefyd yn *ffig.*: *mail cap worn under helmet, metal or leather headpiece, basinet, helmet, also fig.*

13g. *BD* 16, Sef a wnaeth Corineus . . . gossot a'e wuyall arnav ynteu ar warthaf y ben, eny holldes yr helym a'r *penfestyn. id.* 122, kynnyc Heingyst a wnaeth trvy uaryfle y *benffestin* (*per nasale cassidis*). **14g.** *GIG* 44, Arwain rhest a *phenffestin* / A helm wen, gŵr hael am win. *c.* **1400** *RB* 198, A phei na ry bylei y cledyf ar vodrwyeu y *benffestin*, ef a vuassei agheuawl or dyrnawt honnw [*sic*]. *c.* **1400** [*RB*] *WM* 236. 20–4, owein adrewis dyrnawt ar y marchawc trwy y helym. ar *pennffestin.* ar penguch pwrqwin. A thrwy y kroen ar kig ar asgwrn. *c.* **1400** *YCM*[2] 162, O'r vreich deheu y'm corff i! Y varyf oreu a vu . . . Lluruc agkyffroedic! *Pennfestin* llewenyd! Helym milwryaeth [am Rolant]. **16g.** (*LlEG*) *Mos* 158, 250a, I helmau nei *penfesdynau.* **1567** *TN* [306b], a' gobaith yr iechedwrieth yn lle helym [:– *penffestyn*, saylet]. **1632** *D*, *penffestin*, galea. **1688** *TJ*, *penffestin*, gwîsg haiarn i ben gŵr: a Helmet or Head-piece. **1740** T. Evans: *DPO* 29, Nid oedd gan y Brutaniaid y pryd hwnnw na Lluryg, nac Astalch na Tharian na *Phenffestin.* **1774** *W* d.g. *helmet* [*in Armour, a covering for the head*]. **1803** *P*, *penfestin*, s. f. pl. t. *ion*, a helmet.

(*b*) ?Rhefr, anws: *anus.*

c. **1400** *Études* vii. 308, a'r glasgolud a'r coludyon mawr hyt y *penffestin* gwaelotaf. *Diw.* **16g.** *WLB* 84, lluddias y megedarth i fyny . . . ai ostwng i wared ir *penffestin.*

penffestiniog, penffestinog [*penffestin* + *-(i)og*] *a.* a hefyd gyda grym enwol. Yn gwisgo cap mael, helmog: *wearing a mail cap, helmeted.*

13g. *BD* 106, esgyn y mynyded y rvymedic o danhed baed coet a gvasgavt y *penfestinavc* (*RB* ii. 146, *penfestinyawc*). **1632** *D*, *penffestiniawg*, galeatus. **1688** *TJ*, *penffestiniawg*, a wisgo benffestin: that weareth a Helmet. **1722** *Llst* 189, *penffestinawg*, wearing a helmet. **1803** *P* d.g. *penfestiniawg.*

penffestr, penffest[1] [*pen*[1] + elf. anh., ?cf. Llyd. Diw. *pennfestr, pennvestr* 'cebystr'] *eg.* ll. *-od, -au.*

(*a*) (Rhan o) aradr, ?troed haeddel, gwadn neu gywair aradr: (*part of a*) *plough,* ?*plough-head, share-beam.*

13g. *LlI* 95, *Penfest* aradyr, i.k'. ?**15g.** (**1789**) *BDG* 399, A swch o wawd gnawd gnydau, / Cwylldwr [*sic*] mwyn yw'r callder mau; / *Penffestr* glanwaith, mydriaith mad, / Addail cur a ddeil cariad. **15g.** *GTP* 47, Lle'r oedd gadr sad aradrswch, / A'r did lle y rhwymid yr hwch, / A'r *penffestr*, yngrestr anghraff, / A'r hen ystrodur a'r rhaff. **1547** *WS*, gwydd aratyr ne *penffestyr*, a ploughe. **16g.** Wiliam Cynwal: *Gw* (R. L. Jones) 690, Heb *benffestr*, heb hau, heb nac iau nac og. **1588** *Ecclus* xxxviii. 26, yr hwn sydd yn dal y *penffestr.* **1604–7** *TW* (*Pen* 228), carthu'r pridd, o ddywrth y swch ar gwadn ar *penfestr* wrth aredic d.g. *rallum. Dchr.* **17g.** *J* 10, 45a, stwfl *penfestr*, plowe tayle, stiva. **1632** *D*, *penffestr*, aratrum. **1688** *TJ*, aradr, arad, *penffestr*. A plough. **1722** *Llst* 189, *penffestr*, m.p. *ffestrod* . . . a plough. **1726** S. Rhydderch: *Alm* [3], [d]al *penffestr* gwasgar-bridd mewn Mynydd-dir cownwellt. **1780** *W* d.g. *plough, or plow.*

(*b*) Cebystr, rheffyn, tennyn; coler ceffyl; penffrwyn, mwsel: *halter, tether; horse-collar; headstall, muzzle.*

1632 *D*, *penffestr* . . . capistrum. **1688** *TJ*, *penffestr* . . . rheffyn twŷso . . . a Collar or Halter for a Horse. **1722** *Llst* 189, *penffestr*, m.p. *ffestrod*, a collar, halter, headpiece of a bridle, muzzle. **1725** *SR* d.g. *a Collar, a Horse collar.* **1774** *W* d.g. *halter* [*a rope to lead or tie a horse with*], *head-stall* [*of a bridle*]. **1803** *P*, *penfestyr*, s. m. pl. *penfestrau*, a head-stall; a collar.

Amr.: **penffast**[2]. **1761** *ML* ii. 411, I wish you were clear of the latter [Robert Lance], and then let him go a'i *benffast* dros ei wddwg. **penffust**[2]**, penffyst** (ll. *-ffystiau*). *c.* **1730** *Thos. Lloyd D* (LlGC) 190a, *penffust*, aradr, penffestr. Ar lafar ym Môn ac Arfon yn yr ystyr 'headstall', *WVBD* 422. Ar lafar ym Môn hefyd am raff arbennig, yn enw. y rhaff a roddir ym mhen buwch i'w harwain at y tarw. **penwasg. 1824. penwast** (ll. *-wasti*). **1855.** Ar lafar yng nghanolbarth a godre Cered., sir Gaerf., a sir Benf., *B* xiv. 277, *TGG* (1907–8) 107, *GDD* 221; 'Penrheswm eboles yw *penwast*', *id.* 103.

penffestraf: penffestru [bf. o'r e. bl.] *ba.* Atal, ffrwyno, llesteirio: *to restrain, check, curb.*

16–17g. *PCWG* 103, nes dowod yr arglwydd i hvnan . . . yw *penffestrv* nhw ai hattal. *id.* 114, o ddierth i ni yn gyntaf *benffestrv* a gwerino nwyfiant yn aelode yn hvnain.

penffestyn, gw. penffestin.

penffetur, *adf.* yn yr ymad. *yn benffetur.* Yn bennaf, yn flaenaf, yn anad dim, yn enwedig, yn unig, yn bendant, yn fwriadol: *principally, chiefly, above all, especially, solely, absolutely, purposely.*

16g. (**1763**) W. Salesbury: *LlM* 198, cnota Iddo Dyfy mewn meysydd geirwon ag *yn benffetur* gar llaw phyrdd a Llwybre. **16–17g.** *PCWG* 122, nid yw gair dvw . . . yn kyffinyddio *yn benffetvr* pa hyd y dylir kynnal yr ympyrdiae hyn. **1604–7** *TW* (*Pen* 228) d.g. *præcipue.* **1630** R. Llwyd: *LlH* 328, Gwadu . . . ddarfod i Dduw wneuthur . . . [d]ynion, yn vnig, ac *yn benffetur* (*only and solely*) i golledigaeth. *id.* 335, Nid yw Duw yn ewyllysio marwelaeth [*sic*] pechadur yn bendant, ac *yn benffetur* (*simply and absolutely*). **1682** *id.* 486, *Benffettur*, bennaf ar fedr. **1696** *CDD* 10, Awn gyda'r Bugeilwŷr, i foli'*n benffettur*, / Ein Brenin mwŷn pryssur mewn presseb. **1711** M. Maurice: *YAD* 63, Ei derfynol farn yn ei dragwyddol arfaeth . . . trwy ba un y maent *yn benffettur* gwedy ei terfynn[u] i fod, neu i beido a bod. **1716** T. Evans: *DPO* 169, Ei holl Athrawiaeth *yn benffetur* oedd, Y gallai dyn fod yn gadwedig heb râs Duw. **1722** *Llst* 189, *yn Benffettur*, absolutely, flatly. **1778** *W* d.g. *peremptorily. Diw.* **19g.** *SE MS* 365a, Mi a af *yn benffetur*—I will go purposely. Powys.

penffluwch [*pen*[1] + *ffluwch*[1]] *a.* a hefyd fel *eg.* A chanddo lwyn neu sioch o wallt, anhrefnus ei wallt; sioch (o wallt, &c.): *having bushy or untidy hair; shock* (*of hair, &c.*).

1722 *Llst* 189, *penffluwch*, bushie-haired. **1774** *W* d.g. *haired or hair'd, bushy-hair'd.* **1803** *P*, *penfluwch*, bushy-headed.

penffol [*pen*[1] + *ffôl*[1]] *a.* Ffôl, gwirion, penchwiban, hurt: *foolish, silly, hare-brained, idiotic.*

1574 *RhRC* (At.) 297b, dan feistir *penffol.* **1605–16** *Mos* 131, 112, hwy yw bonffagl Hvw *benffol.* **1696** *CDD* 9, Yr hên Sarph uffernol . . . / A dwŷlle'r wraig *benffol.* **1721** J. P. Prys: *DC* 46, Ai farnu heb jawnffydd yn *benffol.* **1722** T. Evans: *PS* 107, a bytheirio allan eu Dychymygion *penffol* eu hunain. **1727** J. Jones: *DFF* 94–5, Balch a *phenffol* oedd hi. **1749** *ML* i. 146, Dyma'r nith Ellin Morris . . . herlodes *benffol* rwy'n ofni. **1773** *W* d.g. *giddy, giddy-brain'd or giddy-headed.* **1774** H. Jones: *CH* 37, Nyni a gyfrifem hwnnw yn hwsmon *pen-ffol*, yr hwn a haue ei hâd ar wyneb tir. **1797** E. Charles: *EC* [3]–4, y *ben-ffol*-grefydd hono. **1803** *P.*

penffoledd [*penffol* + *-edd*[1]] *eg.* Ffolineb, hurtrwydd: *foolishness, stupidity.*

1803 *P.*

penffordd, pen-ffordd, pen ffordd [*pen*[1] + *ffordd*] *eg.b.* ll. (*-*)*ffyrdd, pennau ffyrdd*, a hefyd gyda grym ansoddeiriol. Ffordd fawr, priffordd; diwedd neu ran uchaf ffordd; dechrau ffordd, hefyd yn *ffig.*: *highway, main road; end or top of a road; start of a road, also fig.*

13g. *B* iv. 8, Engyl *pen ford*, diawl pen tan. *Diw.* **15g.** *Pen* 67, 32, ysbeiliwr *pen ffyrdd.* **1588** *Diar* xxii. 6, Hyfforddа fâb ym *mhen* ei *ffordd*: a phan heneiddio nid ymedu â hi. **1684** H. Owen: *DC* 75, [ll]adron *penffordd.* **1687** (**1715**) J. Owen: *TB* 87, lleidr *pen ffordd.* **1703** E. Wynne: *BC* 60, pe cawn unwaith *ben* y *ffordd* adre. **1704** E. Samuel: *BA* 177–8, Y Gwr Iefanc . . . Yn gymmaint a darfod iddo . . . gasg[l]u ynghyd dorf o ddynion crwŷdraidd . . . f'a'u harweiniodd hwynt i'r mynyddoedd i yspeilio ar *bennau* y *ffyrdd.* Ar lafar, '*pen y ffordd*' 'the end (top) of the road', 'rhoi bachgan ar *ben y ffordd*, 'to give a young fellow a start', *WVBD* 420; 'lleidar *pen-ffordd*', *id.* 345; clywir *penffor(dd)* yn ardaloedd glofaol y Gogledd-ddwyrain yn yr ystyr 'y tir a ffiniai ar y rheilffordd' ac 'ar yr heol a redai ynghanol y wiced', *Geir Glo* 35, 102. Digwydd mewn e. lleoedd, e.e. *Penffordd-wen*, pl. Nantglyn, sir Ddinb., *Penffordd-las*, pl. Trefeglwys, sir Drefn.

penffrwyn [*pen*[1] + *ffrwyn*] *eb.g.* Y rhan o'r ffrwyn sy'n mynd am ben ceffyl, &c., penffestr, pennor, mwsel, genfa; cebystr, tennyn; addurn pen, rhuban i glymu'r gwallt, ysnoden, llinyn i glymu'r gwallt; hefyd yn *dros.* ac yn *ffig.*: *headstall* (*of bridle*), *muzzle; halter; head-ornament, headband, hair-band, hair-ribbon, fillet, hair-lace; also transf. and fig.*

1547 *WS*, *penffrwyn*, heedstall. **1604–7** *TW* (*Pen* 228), [y] *penfrwyn* d.g. *auerta. id. penfrwyn* march d.g. *aurea*. **1632** *D*, *penffrwyn*, capital. **1688** *TJ*, *penffrŵyn*: an Ornament for a Horses Head, an Head-stall. **1704** J. MORGAN: *B* 77, Nith werthir, dofir difalch / Ni phryn byd *penffrwyn* y balch [i'r bedd]. **1803** *P*, *penfrwyn*, s. f. a head-stall; a muzzle. Ar lafar yn Arfon yn yr ystyr 'tennyn', *WVBD* 422.

penffrwynaf: penffrwyno [gair geir., sef bf. o'r e. bl.] *ba*. Cebystru; mwslio: *to halter; muzzle*.
1632 *D* d.g. *capistro*. **1778** *W* d.g. *to muzzle* [*bind the jaws with a muzzle*]. **1803** *P*.

penffun [*pen*¹+*ffun*²] *eb*. ll. *-au*. Coronbleth, rhwymyn a wisgir am y pen: *chaplet, headband*.
14g. *T* 59. 9, aheitam vereu ae *pen ffuneu*.

penffust¹·², gw. **penffast**¹, **penffestr**.

penffwdanaf: penffwdanu [*pen*¹+*ffwdanu*] *bg.a*. Drysu, peri penbleth meddwl i, poeni: *to baffle, perplex, worry*.
1819.

pen-ffŵl [*pen*¹+*ffŵl*] *eg*. Ffŵl mawr: *great fool, tomfool*.
1916. Ar lafar yn Arfon.

penffydd, gw. **pen**¹**—p. ffydd**.

penffyst, gw. **penffestr**.

pengadarn [*pen*¹+*cadarn*] *a*. Cyndyn, pengryf, penstiff, ystyfnig: *stubborn, headstrong, obstinate*.
14g. *DPh* 107, Diomedes, kadarnn . . . llauar, *penngadarn*, drycanmynedus. **1803** *P*, *pengadarn*, strong-headed. *Pengadarn* yw barn pob diwybod. . . . Adage.

pengaead [*pen*¹+*caead*] *a*. a hefyd fel *e?g*. Ac un pen wedi ei gau, a'r ddau ben wedi eu cau; wedi ei amgáu; (geir.) y coluddyn gwag, ?yn wallus am y coluddyn dall: *closed at one end, blind-ended, closed at both ends; enclosed; (dict.) jejunum, ?used erron. for caecum*.
1604–7 *TW* (*Pen* 228), y Coluddyn newynoc, *pengaeat* d.g. *intestinum . . . intestinum jeiunum*. *Dchr*. **17g**. *J* 10, 125a, *pengaead*, jejunum intestinum. *c*. **1730** *Thos. Lloyd D* (LlGC) 193a, coron *Pengaiad*. BQ. 52. **1770** *W*, diowd-lestr *pengaead* d.g. *barrel*. *id*. y coludd-yn *pen-geuad*, y botten *ben-gauad* d.g. *the blind gut*. *id*. tyllu . . . llestr *pengaëad* d.g. *to broach a vessel*. **18–19g**. *Llr* C 69, 179, Gwlad *bengaead*, inclosed Country. **1803** *P*, *pengaead*, close-headed, close-topt.

pengafr [*pen*¹+*gafr*] *e?b*. a hefyd fel *a*. ?Pen gafr; *Adar*. rhostog, *Limosa*; ac iddo ben gafr: *?goat's head; godwit* (*in ornith*.); *goat-headed*.
14g. *T* 48. 23–4, bum *pengafyr* aryscawpren. bum garan gwala gwelet golwc.

pengair, gw. **pen**¹**—p. gair**.

pengalchu [*pen*¹+*calchu*] *bg.a*. Gwyngalchu to tŷ: *to whitewash the roof of a house*.
Ar lafar gynt yn sir Benf., *GDD* 219.

pengaled [*pen*¹+*caled*; tebyg mai yma y perthyn [*p*]*enngalet*, *R* 1364. 18, ond tywyll yw'r ystyr] *a*. ll. *pengaledion*, *pengelyd*, a hefyd fel *eb.g*. ll. *pengelyd*. Ystyfnig, cyndyn, penstiff, anhydyn, gwrthnysig, di-ildio: *obstinate, stubborn, headstrong, intractable, wilful, perverse, unyielding, obdurate*.
16g. (*LlEG*) *LlGC* 5276, 259b, y vo a vv wr *pengaled* gwrthnysig balch. **1547** *WS*, *pengaled* val march ne ddyn anhyffor[dd], heedstrong. **1552** *Pen* 403, 18, Ac a red yn *bengaled* i drveni. **1595** H. LEWYS: *PA* 105, 'rhai ym [*sic*] *bengledion* (*froward*), anosbarthus. **1604–7** *TW* (*Pen* 228) d.g. *retractans*. **1632** *D* d.g. *cerebrosus, effrænatus, peruicax, protervus*. **1658** R. VAUGHAN: *PS* 401, yr oedran *pengalettaf* (ieuengctid). **1661** E. LEWIS: *Drex* [vi], O herwydd *bengaletted*, ac mor ehud y maent yn dilyn eu dychymmygion eu hunain. **1672** R. PRICHARD: *Gw* 487, Troi'r Iorddonen i ben Hermon, / Yw cynghori'r dŷn *pengaled*. **1683** H. EVANS: *CTF* 24, Os bydd arall mor anhydyn [:– *Pengaled*], / A chyfodi yn dy erbyn. **17–18g**. *Iaco ab Dewi* (1953) 64, A gafas ê wrth ddiodde / dros blant y byd oedd *bengelyd*. **1710** *LlGG* sig. Ggggg2v, y dynion bradŵrus, *pen-galedion*, a beilchion hynny. **1778** *W* d.g. *obdurate, obstinate*. **1803** *P*. Ar lafar yn Arfon, 'mor *bengalad* ag engan go'', *WVBD* 424.

Fel *e*. a'i ragflaenu'n aml gan y fannod. *Bot*. Planhigyn cyffredin o'r tylwyth *Centaurea* ac iddo flodeuyn porffor yn tyfu ar gopa crwn a chaled, cramennog, yn enw. *C. nigra*; clafrllys, yn enw. *Knautia arvensis*; penlas yr ŷd, *Centaurea cyanus*: *knapweed, esp. black or lesser knapweed, hardhead; scabious, esp. field scabious; cornflower, bluebottle*.
c. **1400** *MM* 42, Rac y mann . . . kymryt blodeu y *benngalet*, neu y deil. *c*. **1400** *Études* vii. 54, iacea nigra, y *benngalet*. **1547** *WS*, *pengalet* llyseun. **16g**. **(1763)** W. SALESBURY: *LlM* 192, Scabiosa yn lladin, scabiouse . . . yn saesnaeg, ar *Bengalet* yn cambraeg. **1632** *D* (*Bot*), y *Bengaled* . . . cyanos major. **1688** *TJ* (*Bot*), y *Bengaled*, y glafrllŷs, y grammennog, y Benlaswenn: Blew-bottles, Scabious. **1753** *TR* (*Bot*), y *Bengaled* . . . the herb knap-weed. **1813** *WB* 225. Ar lafar yn yr ystyr 'black knapweed, *Centaurea nigra*', hefyd weithiau am 'llwynhidydd, *Plantago lanceolata*', *WVBD* 424.
Cfn.: *Bot*. **pengaled lwytgoch:** *brown knapweed, Centaurea jacea*. **20g**. **p. fawr:** *greater knapweed, Centaurea scabiosa*. **20g**. **p. (las) yr ŷd:** *cornflower, bluebottle, Centaurea cyanus*. **1853**.

pengaledaf: pengaledu [bf. o'r a. bl.] *bg.a*. Mynd neu wneud yn ystyfnig neu gyndyn, ystyfnigo; gwneud yn anodd ei gweithio (am garreg): *to become or make obstinate or stubborn; make difficult to work* (*of rock*).
1595 H. LEWYS: *PA* 34, mal os i fab a *bengleda* (*waxeth stubborn*). **1797** E. CHARLES: *EC* 22, rhai o'r dynion mwya tyrcheiddlyd, mwya diddysg . . . a chwedi *pen galedu* mewn anwybodaeth. **1803** *P*, *pengaledu*, to become hard-headed; to grow obstinate or headstrong.

pengaledrwydd [*pengaled*+*-rwydd*] *eg*. Ystyfnigrwydd, cyndynrwydd, penstiffrwydd, gwrthnysigrwydd, anhydynrwydd: *obstinacy, stubbornness, wilfulness, obduracy, intractability*.
16g. (*LlEG*) *Mos* 158, 82b, [y] sawl a sauo gida thydi ynn y *pengledrwyd* hwn. *id*. 256b, A *ffengledrwydd* y duwk o glwsedyr . . . ynni erbyn Ef. **1552** *Pen* 403, 127, heb Na dangos ar i hymddygiad nai meddwl ddim *pengledrwydd*. **1604** R. HOLLAND: *BD* 5, gwynieu'r puritans a *phengaledrwydd* neu gyndynrwydd rhyw Bregethwyr. **1672** R. PRICHARD: *Gw* 487, Duw gwêl drwmmed yw fy nghalon, / Weled faint *pengledrwydd* dynion. **1693** *DQM* 71, cadw fi rhag *pen galedrwydd* a balchder. **1699** T. JONES: *TP* 123, Yr oeddent hwŷ yn ôl eu *pengaledrwŷdd* (*headstrong manner*), yn barnu mai eu dyledswŷdd hwŷ ydoedd i deithio drwŷ bôb tywŷdd. **1725** *SR* d.g. *pervicacy*. **1725–6** *Madd Ed* 411, rhyfeddu am eu *pengaledrwydd* (*stupidity*) eu hunain. *c*. **1730** *Thos. Lloyd D* (LlGC) 190a, *pengledrwydd* . . . obstinacy. **1760** *ML* ii. 150, heb ddim o'r *pengaledrwydd* a'r yspryd gwrthnysig ac sydd yn y rhan fwyaf o'r menywod. **1774** *W* d.g. *headiness, obduracy*. **1803** *P*.

pengaledwch [*pengaled*+*-wch*¹] *eg*. Ystyfnigrwydd, cyndynrwydd, penstiffrwydd, gwrthnysigrwydd, anhydynrwydd: *obstinacy, stubbornness, wilfulness, obduracy, intractability*.
1604–7 *TW* (*Pen* 228), afreolus *bengaletwch* d.g. *effrænatio*. **1632** *D* d.g. *peruicacia*. **1701** E. WYNNE: *RBS* 230, Hi [dicllonedd] a dry . . . ysgolheigtod yn *bengaledwch* anhyddysc. **1710** *LlGG* (*Gos*) 10, os parhânt yn eu *pengledwch*, troer hwy allan. **1767** W. WILLIAMS: *CAA* 18, ysbryd ymrysongar, terfysclyd, *pengaledwch*. **1778** *W* d.g. *obduracy, obstinacy*.

pengam [*pen*¹+*cam*²; cf. Llyd. Diw. *penngamm*] *a*. ll. *pengeimion*, hefyd gyda grym enwol ac fel *eg*. A'i ben ar dro, gyddfgam, a bagl neu ddolen arni (am ffon), hefyd yn *dros*.; ystyfnig, cyndyn, penstiff, gwrthnysig, annoeth: *with its head or end to one side, wry-necked, having a crook* (*of a stick*), *also transf*.; *obstinate, stubborn, headstrong, perverse, wrong-headed, unwise*.
c. **1382** *B* iii. 37, Gavell y *Pengam*. *c*. **1400** *R* 1363. 11, Sychet yffilcas *benngam* ffwlkwt wyll. **15g**. *LGC* 475, A hwnw a hawl yr hen holion, / Yr erw *bengam* i'w roi i'w wyrion. **1545** ELIS GRUFFYDD: *Ll* 63, blagurvn adduain . . . yr hwn a dyyf yn *bengam* megis fon vagyl. **16g**. **(1763)** W. SALESBURY: *LlM* 98, bob parth Ir yspyrs *pengeimion*. **1604–7** *TW* (*Pen* 228), cledde *pengam* d.g. *ensis . . . ensis falcatus*. *id*. phonn bugeil *bengam* d.g. *pedum*. *id*. d.g. *torquilla*. **1632** *D* d.g. *incuruicerucus, obstipus*. **1725–6** *Madd Ed* 65, yn y ffordd *bengam* (*stiff*) o Pharisead. **1732** J. JONES: *C* 27, darfu i rai o'r Dynion mwyaf *pengeimion* a hunandybus gynt orfod cydnabod eu bod ar y Cam. **1740** T. EVANS: *DPO* 58, y ddwy Genedl yn *bengam* ei gwala: Ni fynnai'r naill ddim i blygu . . . na'r llall ddim i adael heibio. **1762** T. WILLIAMS: *HHO* 200, arferu δ *bengam* Groeg yn lle dd. **1780** *W* d.g. *perverse, apply'd to Humour, Disposition, &c., wrong-head, or wrong-headed*. **1797** JAC GLAN-Y-GORS: *TD* 7, hen arfer, neu hen gyfraith *bengam*, yn cael eu cynnal er mwyn elw a budd. **1803** *P*, *pengam*, wry-headed. Digwydd fel e. pentref ym mhlwyf Bedwellte, sir Fyn.

Fel *e*. (*a*) *Adar*. Gyddfdro, gyddfgam, *Jynx torquilla*: *wryneck* (*in ornith*.).
20g.

(*b*) Bagl neu ddolen ffon, hefyd yn *ffig*. pen praffaf y ffon, mantais: *crook of a stick, also fig. advantage*.
Ar lafar yng ngogledd Cered.

Gw. hefyd **pen**¹**—pennau ceimion**.

pengamaf: pengamu [bf. o'r a. bl.; cf. Llyd. Diw. *penngammiñ*] *bg*. Mynd neu fod yn bengam, amneidio (â'r pen), nodio, crymu, plygu, dal y pen i lawr, gogwyddo, tueddu, hefyd am y llafariaid mewn deusain ddisgynedig: *to be or become wry-necked, nod, bend, hold one's head bent, lean, incline, also used of the vowels forming a falling diphthong*.
14g. *GP* 40, sillaf ledyf pan vo dwy vogal y gyt yn y sillaf, a grym dwy vogal vdunt . . . A'r kyffryw sillaf honno a elwir pengamledyf, kanys *penngammu* a wna o vogal ar vogal arall. **14g**. *GDG*³ 131, O dra disgwyl, dysgiad certh, / Drach 'y nghefn, drych anghyfnerth, / Neur dderyw ym, gerddrym gâr, / *Bengamu* heb un gymar. **16g**. **(1763)** W. SALESBURY: *LlM* 28, [p]aladr ochrog yn *pengamu* Ty ar llawr. **1592** S. D. RHYS: *Inst* 141, Syllaf ddiphthongoc ysgawnleddf, ac o enw arall Penngamleddf, yw pann fo dwy focal yng nghyd ynn y syllaf, a' grym dwy focal ynddynt, ac vn o naddunt ynn goleddfu neu ynn *penngam̄mu* parth ag at y llall. **1604–7** *TW* (*Pen* 228), gwadû'n vynych drwy *bengamv* d.g. *abnuto*. **1632** *D* d.g. *annuo, conquinisco, innuo, nuto*. **1722** *Llst* 189, *pengammu*, to bow or wry yᵉ head. **1725** *SR* d.g. *to Beck, or Nod*. **1803** *P*. Ar lafar yn Arfon yn yr ystyr 'dal y pen i lawr'.

pengamedd [*pengam*+*-edd*¹] *eg*. Y cyflwr o fod yn bengam neu'n yddfgam, neu o fod â'r pen i lawr; haeddel, hegl gam, llawlyw, corn aradr; gwrthnysigrwydd: *the state of having its head or end to one side, of being wry-necked, or of having a bowed head; plough-handle, plough-tail; perverseness*.
1604–7 *TW* (*Pen* 228), *pengamedd* yr aratr d.g. *uruum*. **1778** *W* d.g. *perverseness*. **1803** *P*, *pengamedd*, the state of having the head awry; perverseness.

pengamleddf [*pengam*+*lleddf*] *a*. a hefyd gyda grym enwol. *Gram*. Disgynedig (am ddeusain), yn cynnwys deusain ddisgynedig: *falling* (*of diphthong*), *containing a falling diphthong*.
14g. *GP* 40, sillaf ledyf pan vo dwy vogal y gyt yn y sillaf, a grym dwy vogal vdunt . . . A'r kyffryw sillaf honno a elwir *penngamledyf*, kanys penngammu a wna o vogal ar vogal arall. *id*. 57, Tri ryw ledyf ysyd, nyt amgen: *pengamledyf*, kadarnledyf, a thawdledyf. **15g**. *DN* 120, Englyn prost a diptong *bengamleddf* ymhob silltaf ohono drwyddaw . . . ae, oe, wy, ai. **1560–87** *GP* 153, Pan fo silldaf mewn dwy ne dair o'r bogalied a'i dechrav yn *benngamleddf*, a'i diwedd yn terfynv mewn dipdon dalgron, fal y mae gwaew, gwyw, gloew. **1592** S. D. RHYS: *Inst* 141, Syllaf ddiphthongoc ysgawnleddf, ac o enw arall *Penngamleddf*, yw pann fo dwy focal yng nghyd ynn y syllaf, a' grym dwy focal ynddynt, ac vn o naddunt ynn goleddfu neu ynn penngammu parth ag at y llall. *id*. 267, Llûsc Gyghânedd o ddwy Gytsain arr *Bengamleddf* . . . Golwc lleidr dros ei neidrwydd. **1728** S. RHYDDERCH: *GC* 5, [p]an fo sillaf a'i dechrau yn *Bengamleddf*, ai diwedd yn gadarnleddf.

pen-gamp, pen-gamp(i)wr, gw. **penigamp, pen-campwr**.

pengamrwydd [*pengam*+*-rwydd*] *eg*. Pengamedd; ystyfnigrwydd, cyndynrwydd, penstiffrwydd, gwrthnysigrwydd: *the state of having its head or end to one side, of being wry-necked, or of having a bowed head; obstinacy, stubbornness, wilfulness, wrong-headedness, perverseness*.
1732–3 J. OWEN: *GB* 85–6, y mae yn hysbys ddigon gaffael o'r Dr. Williams y Gradd o D.D. gan y Goron . . . a chan Brif-Ysgol Frenhinol . . . Ond beth waeth ganddo ef am hynny. Pa ryw *Bengamrwydd* a Thuedd ŷw hyn! **1733** J. OWEN: *TBG* 102, yn annelu at warsythni a *phengamrwydd* gwaharddedig. **1733** T. EVANS: *PP* 37, yn eistedd yn rhyfygus (megis y mae

rhai o *Ben-gamrwydd* yn gwneuthur;). **1740** T. Evans: *DPO* 297, nid dim ond *Pengamrwydd* neu ddygn Anwybodaeth a all beri neb ymwrthod a Bedydd-plant. *id.* 304, amddiffyn *Pengamrwydd* a Chyfeiliornad. **1760** T. Evans: *P* 18–19, nid dim ond y *Pengamrwydd* mwya digywilydd . . . a allai beri iddynt fod mor safnrhwth. **1778** *W* d.g. *perverseness.* **1793** *Cylchg* 31, cyfeiliornad cyffredin y gwreng, yw coel-grefydd a *phen-gamrwydd.* **1803** *P, pengamrwydd,* wryness of the head. Ar lafar yn nwyrain Morg., 'Weliff a ddim reswm achos 'i *bengamrwdd* e 'unan'.

pen-gamster, gw. **pen[1] + gamster.**

pen-garddwr [*pen*[1] + *garddwr*] *eg.* ll. *-wyr.* Prif arddwr, hefyd yn *ffig.*: *head gardener, also fig.*
1820.
Amr.: **pen-arddwr. 1899.**

pengarn [*pen*[1] + *carn*; ansicr iawn yw'r ystyron a gynigir isod, gw. *CLlH* 212, ond cf. *carnben*; engh. arall bosibl yw *pen garan* [*sic*], *Pen* 53, 27] *a.* a hefyd fel *eg.* ?Cribog; mawr neu galed ei ben; uchel (am sain); (geir.) pig: *crested; big- or hard-headed; loud*; (*dict.*) *beak.*
c. **1400** *R* 1046. 1, Eryr penngwern *penngarn* llwyt. *id.* 1161. 35–6, Ar llygot *penngarn.* Ar gyluineu carn. **15g.** *SDR*[2] 84, a hitheu . . . a dodes diasbat vchelgroch *bengarn* aruchel. **1803** *P, pengarn,* the hard part of a head, a beak.

Gw. hefyd **pengernyn.**

pengeimion, ff. l., gw. **pengam.**

pen-geiriadurwr [*pen*[1] + *geiriadurwr*] *eg.* Y pennaf o'r geiriadurwyr: *chief or foremost lexicographer.*
1879.

pengelyd, ff. l., gw. **pengaled.**

pengemi [*pengam* + *-i*[1]] *eg.* Pengamedd; penstiffrwydd, gwrthnysigrwydd: *the state of having its head or end to one side, of being wry-necked, or of having a bowed head; wrong-headedness, perverseness.*
1778 *W* d.g. *perverseness.* **1803** *P, pengemi,* wryness of the head.

pengernyn [*pen*[1] + ?*carn* 'corn' + *-yn*[1]; cf. Crn. Diw. *pen garn*] *eg.* ll. (diw. a phrin) *pengernion. Pysg.* Un o amryw fathau o bysgod môr o deulu'r *Triglidæ* ac iddynt ben sgwâr, bochau tebyg i blatiau arfwisg, a thair asgell bectoral rydd, gyrned, chwyrnwr: *gurnard.*
1707 *AB* 33c, Cornish words agreeing with the English . . . pen garn, a Gurnard; *Pengernyn.* **1753** *TR, pengernyn,* a fish called a gurnard. **1803** *P, pengernyn,* a gurnard, also called penheiernyn and penhaiarn.

pengledaf: pengledu, pengledion, pengledrwydd, pengledwch, gw. **pengaledaf: pengaledu, pengaled, pengaledrwydd, pengaledwch.**

pen-glin, pen-lin, pen glin [*pen*[1] + *glin*; cf. H. Grn. *penclin* [*sic*], gl. *genu,* Llyd. Diw. *penn-glin*] *eg.b.* ll. *pengliniau, penlin(i)au, pen(nau) gliniau.* Glin: *knee.*
14g. *WM* 164. 25–6, dygwydaw a oruc ar *pen* y *lin* ger bron yr amherodres. **14g.** *YBH* 45a, ar *benneu glinyeu* yd offrymassant. *c.* **1400** *MM* 48, brath ammwydon bronn, a *phenn glin.* *c.* **1400** *Études* vii. 308, Capricornius, a'e rym yn hollawl yssyd ym *penn* y *glinyeu.* **15g.** *FfBO* 37, yn gwediaw Duw, ar *benn* eu *glinyeu.* **1687 (1715)** J. Owen: *TB* 127, Yr oedd *penliniau* Jago . . . wedi caledu megis gliniau camel, ac yn ddideimlad trwy fynych weddio. **1759** J. Evans: *PF* 43, Clymwch eich Gardysau yn dynion oddi tan *Bennau* eich *Gliniau.* **1764** Dewi Nant-brân: *CB* 87, gosod fyhun ar fy *mhenliniau* ynghwydd [*sic*] Duw. **1771** *PDPh* 10, chwydd ym *mhen* y *lin.* *id.* 35, y pen-elinau a'r *pen-gliniau.* **1775** *W, penlîn, pen glîn, pen* y *lîn* (y *glîn*) d.g. *knee.* **1803** *P, penlin,* s. m. pl. t. *iau* . . . the knee. Ar lafar yn y Gogledd yn y ff. *pen-glin* (ll. *penna* (*penne*) *glinia* (*glinie*)), yng ngogledd Cered. yn y ff. *pen-glin* (ll. *penglinie*), ac yn y De yn y ff. *pe(n)-lin* (ll. *pe(n)linie, pe(n)linne, p(y)lin(n)e, pe(n)lin(n)a*), 'Ma asgwn 'y *men-lin* i'n crican wth bo fi'n plycu 'ngos' (dwyrain Morg.).

penglo [*pen*[1] + *clo*] *eg.* ll. *-au.* Terfyn, diwedd: *end, close.*
1780 *W,* yr anghwaneg a fo yn niwedd llythyr . . . ar ôl y *pen-glo* d.g. *postscript.* **1803** *P, penglo,* s. m. pl. t. *au,* a close; a stop at the end.

pengloaf: pengloi [gair geir., sef bf. o'r e. bl.] *bg.?a.* Terfynu, diweddu, cwpláu, cloi: *to conclude, end, finish, close.*
1772 *W* d.g. *to close* [*conclude*], *to conclude* [*end, or finish*], *to end* [*finish, make an end of, put an end to, &c.*]. **1803** *P.*

penglog [*pen*[1] + *clog*[2], cf. Gwydd. C. *clo(i)cenn,* Gwydd. Diw. *cloigeann,* Llyd. C. *clopenn*] *eb.g.* (b. *-es,* bach. g. *-yn*) ll. *-au, -iaid.* Cas esgyrnog ymennydd fertebrat, y rhan o'r sgerbwd sy'n cyfateb i'r pen, creuan, siol, asgwrn y pen, padell yr ymennydd, hefyd am Golgotha; eisteddle'r deall; pen (yn gellweirus); doethyn, hurtyn, dwlyn: *skull, cranium, brain-pan, used also of Golgotha; seat of intellect; head* (*facet.*); *wiseacre, blockhead, booby.*
13g. *B* iv. 7, Deuparth clot ym *pengloc.* **14g.** *DGG*[2] 162, Y *Benglog* ddiwair heb unglod, / Bendoll wystn oll ys da nod (Llywelyn Goch ap Meurig Hen). *Diw.* **14g.** *MA*[2] 354a. 12–15, Y Penn a weled / Yn hoff ei dynged / Yn *benglog* briddled / Ar bruddlawr bedd (Dafydd Ddu Hiraddug). *c.* **1400** *R* 1038. 25, Briwyt rac pyll *pennglo*c ffer. *Diw.* **15g.** (**15–16g.**) *B* xvii. 87, tellten o ddvr cwyllt *bencyloce* a hyllt (Y Nant). **1551** W. Salesbury: *KLl* xxxva, gwedy eu dyuot wy ir lle a elwit y *Pengloc* yno y crogasant ef. **1595** *Egl Ph* 24, i'mwrthod a chyfeillach *penglog* cyn ynfytted. *Dchr.* **17g.** *J* 10, 125a, *penglog,* scull. **1630** *YDd* 430, dy groeshoelio yn golgotha, lle'r oedd *pen-glogau* y gwyr meirwon. **17g.** Huw Morus: *EC* i. 223, A Satan a süai i'w syfrdan *ben-glogau,* / gysgu er ys dyddiau, gwrs diddig. **1703** E. Wynne: *BC* 65, â *phenglogeu* Dynion y gwnelsid y murieu, a rheini'n 'scyrnygu dannedd yn erchyll. **1704** E. Samuel: *BA* 155, gwneuthur Cwppanau o'u *penglogau.* **1725** D. Lewis: *GB* 92, Gan fod Mhennydd yn beth tyner a hawdd ei niweidio . . . y mae Phiol o Asgwrn yn ei gadw, sef y *Benglog.* **1770** *W* d.g. *the brain-pan.* **1795** *R. Crusoe* 70, Gwelsom dri *phenglog,* ac escyrn tair neu bedair o goesau. **1803** *P, penglog,* s. f. a skull, a noddle; a thickhead, a blockhead. *id. pengloges,* a blockheaded female. Ar lafar yn nwyrain Morg., ''Wn i ddim be' sy yn 'i 'en *benglog* a', ac yn Arfon, 'Pam na roi di hwnna ar dy *benglog* yn iawn, dywed?', 'Hen *benglog*a ofnadwy ydyn' nhw', 'hen *benglog* gwirion'; hefyd yn yr ystyr 'pen neu goluddion anifail neu aderyn a grogid o ran hwyl gynt ar ddrysau tai ar nos Galan Gaeaf', gw. *WVBD* 424. Digwydd yn yr e. *Nantybenglog,* fferm ger Capel Seion, Cered., *Penybenglog,* Meline, sir Benf., a *Penglogor* (< ff. l. **Penglogawr*), sir Ddinb., I. Williams: *ELl* 24.

penglogaidd [*penglog* + *-aidd*] *a.* Hurt, twp, dwl, hanner-pan, ystyfnig; yn perthyn i benglog neu benglogau, ar lun penglog: *stupid, dull, half-witted, obstinate; relating to a skull or skulls, shaped like a skull.*
1770 *W* d.g. *block-headed.* **1803** *P.* **1811** W. Williams: *GP* vi, am eu bod wedi eu hanffurfio a'u hanferthu o ran Prydyddiaeth, gan amryw hurtun *penglogaidd* ac anneallus yn mhlith y Calfinistiaid. Ar lafar yn Arfon, *WVBD* 424.

penglogddysg [*penglog* + *dysg*] *eb.* Ffrenoleg: *phrenology.*
1845.

penglogfa [*penglog* + *-fa, ma*] *eg.b.* Man lle ceir llawer o benglogau, lle penglog (am Golgotha), claddfa: *a place of skulls, the place of a skull* (*of Golgotha*), *burial place.*
1551 W. Salesbury: *KLl* xxivb, Ac wynt a ddaythant i le a elwit Golgoltha [*sic*] (sef y *penglocva*) (**1588** *Math* xxvii. 33, y *benglogfa*). *id.* xxxa, Golgotha yr hwn yw oe ddeongl y *penglocva* (**1588** *Marc* xv. 22, y *Benglogfa*). **1604–7** *TW* (*Pen* 228), *penglocua* d.g. *caluaria.* **1672** R. Prichard: *Gw* 30, Rhoesont y groes ar ei gefen, / Iddo i llysco i'r *Benglogfa.* **1803** *P.*

penglogiaeth [*penglog* + *-iaeth*] *e?b.* Ffrenoleg: *phrenology.*
1842.

penglogrwydd [*penglog* + *-rwydd*] *eg.* Hurtrwydd, twptra, dylni, ystyfnigrwydd: *stupidity, dullness, obstinacy.*
1801 *TY* 325, ffieiddio *penglogrwydd* dynion anufudd i'r efengyl.

penglogydd [*penglog* + *-ydd*[3]] *eg.* ll. *-ion.* Ffrenyddwr: *phrenologist.*
1841.

penglogyddiaeth [*penglogydd* + *-iaeth*] *e?b.* Ffrenoleg: *phrenology.*
1835.

penglwc [*pen*[1] + *clwc*] *a.* Pendew, dryslyd, hurt: *muddle-headed, confused, stupid.*
1774 *W,* un *pen-glwc* d.g. *head . . . an addle-head.* **1798** *WR* d.g. *brain-sick, sottish.*

penglwm, penclwm [*pen*[1] + *clwm*] *eg.* ll. *penglymau, penclymau,* a hefyd fel *a.*

(*a*) Cwlwm (ar ben rhywbeth), cwlwm o ruban ar ben menyw, tennyn; tusw, bwnsiaid, pwysi; carn, cnap; boglyn, cnepyn; bonyn (planhigyn); *Pensaer.* capan (colofn), pendrawst, architraf; y man lle y mae trawstiau yn cyfarfod yng nghanol to bwaog: *knot* (*at the end or top of something*), *topknot, halter; bunch, posy; haft, handle, pommel, knob; boss; stalk* (*of a plant*); *capital* (*in architecture*), *epistyle, architrave; the intersection of beams at the centre of a vaulted roof.*
14g. *GDG*[3] 135, Pand ballasg tew eu cnewyll, / Pefr *benglymau* cangau cyll? **1604–7** *TW* (*Pen* 228), *penglwm* d.g. *nodus.* *id.* [y] *penclwm* llei rhwymer d.g. *offendix.* **1632** *D, penclwm,* capulum. *id. penclwm* d.g. *capitulum.* *id. penclwm* llysieuyn d.g. *scapus.* *id. penclwm* ynghanol mŵd neu gronglwyd fwa lle yr ymgyferfydd pennau'r pŷst d.g. *tholos.* **1688** *TJ, penclwm,* carn arf: a Hilt, Haft or Handle. **1716** T. Evans: *DPO* 113, [P]aladr melin o haiarn wyth ochrog . . . a *phenclwm* a'r [*sic*] y naill ben iddo. **1722** *Llst* 189, *penclwm,* m.p. *clymmau,* the chapiter of a piller; scutchion in the midst of a roof to receive the ends of the couples; pommel of a sword-hilt. **1753** *TR, penclwm* . . . a knot. **1775** *W* d.g. *knot, or top-knot* [*a women's ornament . . .*]. **1803** *P, penclwm,* a knob at the end of any thing. *id. penglwm,* a knot at the end.

(*b*) Pennawd; crynodeb; craidd anhawster neu broblem, hanfod, sail; sefyllfa (wael): *heading; summary; central point of a difficulty or problem, essence, foundation;* (*bad*) *state of affairs, pass.*
1723 J. Jones: *LlA* 300, i grynhoi y cwbl dan y *penclwm* ymma . . . tra enbeidus ydyw bod o fewn ychydig, ac heb fod o fewn ychydig yn Gristion. **1732–3** J. Owen: *GB* 31, maent [Presbyteriaid] yn dal . . . y gall Synodau draddodi i Satan. Dymma lle mae *Penclwm* yr Ymrafael. *id.* 76, yr Ymrafael yn Henllan, yr hwn a gynhyddodd i'r fâth Faint anferthol, ac a ddiweddodd yn y cyfryw *Benclwm* erchyll. **1733** J. Owen: *TBG* 27, [P]apist cuddjedig . . . pan dybjodd efe fôd pethau wedi dyfod i'r fâth *benclwm* fel ag yr oedd yn ddïogel iddo ef ddïosg ei orchudd. *id.* 75, Y casgliad cryno a allwn ni, megis *penclwm* ar y cwbl, ei wneuthur, ydyw hwn: Y dylem ni yn ofalus wneuthur rhagor a gwahanjaeth rhwng dau ormod. **1800** C. Evans: *EJU* 2, dyma y geiriau sydd fel ffynnon i athrawiaeth bedydd plant—dyma *ben-clwm* y ddadl.

Fel *a.* A chwlwm ar ei ben, tyn iawn; hefyd yn *ffig.*: *knotted at the end, very secure; also fig.*
1861. Ar lafar yn sir Benf.
Cfn.: *Pensaer.* **penclwm (penglwm) colofn:** *capital* (*in architecture*), *epistyle, architrave.* **1632** *D, penclwm colofn* d.g. *capitellum, epistylium.* **1722** *Llst* 189 d.g. *an architrave.* **1771** *W* d.g. *capital, chapital or chapiter.*

penglymaf: penglymu [bf. o'r e. bl.] *bg.a.* Clymu neu rwymo pen rhywbeth; dwyn i ben, diweddu, terfynu, crynhoi: *to tie or fasten the end of a thing; conclude, close, finish, summarize.*
1629 R. Llwyd: *P* 59, i *benglymmu* y cwbl, arswydwn fel y gwnaeth Ezechias wrth glywed bygythion Duw. **1630** R. Llwyd: *LlH* 122, Gan hynny fel hyn y *pen-glymmaf* (*I Conclude*) y pwngc hwn: Nid wrth fara y bydd byw dyn. *id.* 287, I *benglymmu* hyn, pan glywo dyn ynddo ei hûn gydwybod ddrŵg . . . fe bair hynny iddo ganu y marwnad hwn. **1677** R. Jones: *BB* 105, I *Benglymmu* (*to conclude*), Mae y Cainiad o'r drwg . . . yn llefaru drosdo ef ar y ddaiar. **1729** A. Thomas: *LlB* 36, Mi gaf *benglymmu* fynydd hyn o fyrr draethawd, ac ychydig o ymadroddion Gŵr dysgedig. *c.* **1730** *Taith C* 155, Ac i *Bengl*[*y*]*mu*'r cwbl (*In a word*), efe a adroddodd yr Ystori am Gristion a'i Deithiau, fel y llosgodd [*sic*] fy Nghalon i o chwant myned ar ei ol ef. **1740** T. Evans: *DPO* 296–7, mae S. Awstin . . . yn *pen-glymmu*'r matter yn y geiriau dwys a ganlyn . . . Y cyfryw beth y mae'r Eglwys gatholic . . . yn ei ddala . . . nid all amgen na dyfod oddiwrth Awdurdod yr Apostolion.

pengocio [*pen*[1] + *cociaf*[2]: *cocio*] *bg.* Codi'r pen: *to raise the head.*

1683 H. EVANS: *CTF* 12, Peri eraill i *bengoccio*, / Cael y gore wrth garowsio.

pengoch [*pen*¹ + *coch*] *a.* a hefyd fel *eb.* Coch ei wallt, coch ei frig: *red-headed, red-topped.*

14g. *WM* 449. 14–16, [p]ebyll o bali *pengoch* a welei yny llannerch. **1632** J. DAVIES: *LlR* 371, vn bachgen *pengoch* bach yn vnig . . . ac a elwid Dafydd. **1666** *WDS*, (Brecon), Whoorson gwargam *pen goch* wytt ti. **1722** *id.* (Llandaff), yr whore buttain *bengoch.* **18–19g.** *MA* iii. 263, Tair merch gocheler eu prïodi: merch *bengoch*, merch chwedleugar, a merch vudrogled. **1803** *P*, *pengoch*, red-headed. Digwydd hefyd fel epithet, e.e. *B* iii. 37, Meredydd *Bengoch.*

Fel *e.* (*a*) *Bot.* Un o amryw fathau o blanhigion o'r tylwyth *Polygonum*, gan gynnwys dail y groes, coesgoch, elinog goch, *Polygonum persicaria*, llysiau'r din, tinboeth, *Polygonum hydropiper*, canwraidd goch, *Polygonum amphibium*, canclwm, clymog, clymlys, *Polygonum aviculare*; marddanadl; planhigyn o'r tylwyth *Anemone*; planhigyn o'r tylwyth *Sideritis*; 'botwm gŵr ieuanc': *polygonum, including (common) persicaria, redleg, redshank, lady's-thumb, arsesmart, peachwort, water-pepper, smartweed, culrage, amphibious bistort, knotgrass*; *horehound*; *anemone*; *ironwort*; '*red bachelor's button*'.

Dchr. **17g.** *J* 10, 125a, *pengoch*, herba judaica, anemone. **1632** *D* (*Bot*), y *Bengoch*, yr elinog gôch, y dinboeth &c. . . . persicaria. **1633** J. GERARDE: *Herball*, Y *bengoch.* Horehound. **1688** *TJ* (*Bot*), y *Ben goch*, yr Elinog gôch, y dinboeth, llysiau'r dom: Arsemart [*sic*]. **18–19g.** *Llr* C 16, 209, Y *bengoch*, batchelor's buttons, & y Benrudd. **1803** *P*, pengoch . . . y *bengoch*, the culerage; also called y benboeth, y dinboeth, and elinog goch.

(*b*) *Adar.* Math o linos ac iddi gorun coch, llinos bengoch, llinos frongoch, *Carduelis flammea*: *redpoll.*

20g.

pengogo, pengogan [*pen*¹ + ?*cogo*(*r*), *cog*(*r*)*an*] *bg.* Dadlau'n frwd, ymgecru: *to argue fervently, bicker.*

Ar lafar yn sir Benf., *GDD* 219.

pen-golygwr [*pen*¹ + *golygwr*] *eg.* ll. *-wyr.* (Prif) arolygydd neu oruchwyliwr: (*chief*) *overseer or superintendent.*

1588 *Gen* xxxix. 4, yntef ai gwnaeth ef yn *bengolygwr* ar ei dŷ ef. **1728** T. BADDY: *DDG* 129, [y] Pennaf a Phrif Esponiniwr [*sic*] y Gyfraith, a *phen Golygwr* (*super-intendant*) eu Hewyllus au Llywodraeth.

Amr.: **pen-olygwr. 1809.**

pengoll [*pen*¹ + *coll*¹] *a.* a hefyd fel *eb.* ll. *-iaid.* Heb ben neu ddiwedd iddo, di-ben; hurt, ffôl; *c.d.* yn gadael rhan olaf y llinell yn ddigynghanedd: *with the head or end missing, headless, acephalous*; *stupid, foolish*; *leaving the latter part of the line without 'cynghanedd' (in Welsh prosody).*

a. **1575** *GP* 119, Kynghanedd *benngoll* a dynnir weithiav o'r groes, ac a vydd pann vo y penn kyntaf o'r bann yn kynghaneddv, a'r penn diwaethaf yn kolli val hynn: Arglwydd evrglawr y Dehav. Nev val hynn hevyd yn ssain *benngoll*: Y dydd tekaf haf hinon. Ac yn llvsc *benngoll* pann vo vn nev ddwy o'r kydssonaniaid yrrwng y llvsgiad a'r brifodl, val hyn: Marchoc vwch nenn y Pennrrynn. A'r gynghanedd *benngoll* a ddeholwyd ac a gaethiwyd yn y konffyrmiad diwaethaf a vv ar gynghaneddion a messvrav yn amsser . . . Davydd ap Edmwnt, eithr mewn paladr ynglyn vnawdl vniawn, ac yn y kyfle hwnnw y gadawyd y hi yn gymeradwy ac yn lwfiedic. *p.* **1584** G. ROBERT: *GC* [294], pann fytho'r gair cyrch yn ymgynghaneddu yn brost a'r rhagddarn ar i ol, e fydd yr odlddarn yn co[ll]i, a honn a eil[w]'r prydyddion cynghanedd ne fessur *pengoll* am fod y naill benn i'r braich heb gyfatteb cynghaneiddiawl iddo. *c.* **1730** *Thos. Lloyd D* (LlGC) 191a, *pengoll*, fine deficiens. **1798** *WR* d.g. *acephalous.* **1803** *P*, *pengoll*, having the head lost, having the end lost or hidden.

Fel *e. c.d.* Cynghanedd bengoll: '*cynghanedd bengoll*'.

1592 S. D. RHYS: *Inst* 268–9, Soniwn bellach am Luscieid Pengoll . . . Llûsc ynn diwêddu yn Fyddarleddf . . . Y rhai hynn a''i cyphêlyb, mi a debygwn eu bôd morr 'waharddêdic o'i canu, a''r *Pengollieid*, ac a'r Pendollieid.

pengollol [*pengoll* + *-ol*] *a. c.d.* Wedi ei adael yn ddigynghanedd: *left without cynghanedd (in Welsh prosody).*

p. **1584** G. ROBERT: *GC* [315], cyrch prost geiriawl a fydd pan fytho gair a[ll]an o'r breichiau, ai gysseiniaid . . . yn ymgadwyno, a rhagddarn y braich nessaf ar i ol, megis y gwelir mewn paladr englyn unodl union, y bytho i gyrch yn *bengo[ll]awl.* **1803** *P.*

pen-gorchwyl [*pen*¹ + *gorchwyl*] *eg.* Prif waith; campwaith: *chief business*; *masterpiece.*

1725 *SR* d.g. *master-piece.* **1727** J. JONES: *DFF* 62, eithr gwneuthur Crefydd yn *Bengorchwyl* . . . ni's gallech mo'i oddef.

Amr.: **pen-orchwyl. 1850.**

pengored, gw. **penagored.**

pen-gorsedd [*pen*¹ + *gorsedd*] *e?b.* Prifddinas: *capital city.*

14g. *DGG*² 139, Byd rhyfedd yw bod Rhufain, / *Ben gorsedd* heb senedd sain (Gruffudd Gryg). **1632** *D* d.g. *metropolis.* **1771** *W* d.g. *a capital, or capital city, city, a chief city.*

pen-graddolion, pen-raddolion [*pen*¹ + *graddolion* (ll. yr e. *graddol*¹)] *e.ll.* Clerigwyr uchelradd yr Eglwys Gatholig Rufeinig: *Roman Catholic dignitaries.*

1771 *W*, Un . . . (o *ben-raddolion*) eglwys Rhufain d.g. *cardinal* [*a dignitary in the Romish church* . . .]. **1800** C. EVANS: *EJU* 82–3, Y mae y rheswm hwn . . . yn un buddiol yw ei roddi'n llaw *pen graddolion* y pab.

pengrasaf: pengrasu [*pen*¹ + *crasu*] *bg.* Cynhennu, ymgecru; siarad yn wirion: *to quarrel, bicker*; *talk foolishly.*

Ar lafar yn Llŷn ac Arfon, J. JONES: *Gwerin-eiriau* 43, *BILlE* 31.

pengrawn, pen-grawn [*pen*¹ + *grawn*] *e.ll.* Y grawn gorau, hefyd yn *ffig.*: *the best grain, also fig.*

16–17g. *GST* i. 113, Puraf wyt, pob rhai a farn, / *Pengrawn* gwaed Pengwern gadarn [i Syr Tomas Mostyn]. **1623** *NBSG* 310, *Pen-grawn* a dawn Pengwern dir [Rhisiart Cynwal i Huw Gwyn]. **1728** S. RHYDDERCH: *GC* 76, Tir Pen Gwern hir *pen grawn* hâd.

Gw. hefyd **pen-gronyn.**

pengrech, gw. **pengrych.**

pengrechi [gair geir., sef *pen*¹ + *crach* + *-i*¹] *eg.* Clwyfau rhedegog ar y pen, crach ar y pen: *running sores on the head, scabbiness of the head.*

1604–7 *TW* (*Pen* 228) d.g. *achores.* **1632** *D*, *pengrechi* crownllyd d.g. *achores.* **1770** *W* d.g. *a breaking out in the head.* **1803** *P.*

pengroen [*pen*¹ + *croen*] *eg.* Croen y pen: *scalp.*

1850.

pen-gronyn [*pen*¹ + *gronyn*] *eg.* Y gronyn (grawn) gorau, hefyd yn *ffig.*: *the best grain, also fig.*

16g. (*LlEG*) *Mos* 158, 169a, dal yn garcharorion *bengronun* bonneddigion holl ffrainck. *id.* 191a, mynai *benngronun* hryuelwyr y llu vynned gida Sr Robart Kannol. *id.* 246b, Ir yddoedd *bengronun* pob kyuriw olud daiarol wedi I arwedd Ir dinas. *id.* 392b, dangosassant twy gwbwl o *benn gronnvn* yr ymddiuan a viassai hryngtheunt twy a gwyr y dinas. **16–17g.** (**17g.**) *CC* 399, *penngronnynn* gwynn a gannwyd / pennaeth ar bob pennaeth wyd (Thomas Penllyn). **1632** *D* d.g. *flos, summum.* **1808** TWM O'R NANT: *BB* 58, A'r llafurwr sy'n derbyn, yn grynno'i *ben gronyn.* Ar lafar yn Mhenllyn ac Arfon am 'y grawn gorau a ddaw allan o'r peiriant dyrnu'. Yn Arfon clywir yr ymad. 'Maen' hwy eisio'r *pengronyn*' am bobl ac arnynt eisiau'r gorau o bob peth ond heb ymdrechu'n iawn i'w gael, *WVBD* 424.

Gw. hefyd **pengrawn.**

pengrwn [*pen*¹ + *crwn*] *a.* (b. *pengron*) ll. *pengryn*(*i*)*on*, a hefyd fel *eg.* (b. *pengron*) ll. *pengryniaid*, *-*(*i*)*on*, *pennau crynion*, *pennau cryniaid.* Crwn ei ben neu ei frig; a'i wallt wedi ei dorri yn fyr (yn enw. am un o gefnogwyr y blaid Seneddol yn ystod Rhyfel Cartref yr ail ganrif ar bymtheg); twp, hurt, dwl, ffôl: *round-headed or -topped*; *short-haired (esp. of a Roundhead)*; *stupid, dull, silly, foolish.*

16g. (*LlEG*) *Mos* 158, 340b, kornwyde *pengrynnion.* **17g.** *LlCy* iii. 103, Sayson saxonieid . . . / . . . / Ar rhai sydd oy gweison or Cymrü *pengrynnon.* **1761** *ML* ii. 398, Dyma ryw ddyn *pengrwn* yn gwaeddi am gael yr argraphwasg . . . ar werth. **1763** *id.* 597, Mae'r Côch i anfon i mi ariant yr argraphydd *pengrwn.* **1789** *BDG* 512, Twr gwych capan-grych *pengrwn* [am lwyn o goed]. **1803** *P* d.g. *pengron*, *pengrwn.*

Fel *e.* (*a*) Un o gefnogwyr y blaid Seneddol yn ystod Rhyfel Cartref yr ail ganrif ar bymtheg: *Roundhead.*

1648 *Cy* xxiii. 545, Fe ddaw eto'r ffydd i'n plith, / A'r *pengrwn* aiff yn scwar. **17g.** *CLlC* ii. 11, Ar gadw Dduw yngorne[l] i ochel 'n gall / Gwmpeini'r *pengrynion* cymdithion [*sic*] y fall. **17g.** *LlCy* iii. 106, gael dial am waith *Penngrynnon.* *c.* **1729** S. RHYDDERCH: *LlCD* 331, Er bod y *Pengrynnion*, y leni yn Elynnion. *c.* **1730** *Thos. Lloyd D* (LlGC) 190a, y *Pengrynion*, the Roundheads. *c.* **1762–79** W. WILLIAMS: *P* [v], ac am ei Henafiaid ef fod yn achlysur o dorri pen rhyw Frenhin . . . yn haeru na ddyleu un Enw fod arno byth mwy ond *Pengrwn*, Gair mae ef yn dybied sydd yn arwyddoccau Cythraul parod. Cf. *Hen B* 58, Pe cawn i'r *Pengrynied* ar ben goriwaered, / . . . / Pe cawn i'r *Pengrynion* rhwng ceulan ac afon / . . . / Mi gurwn yn gethin yng nghweryl fy mrenin.

(*b*) Methodist (yn ddifr.): *Methodist* (*derog.*).

1745 *ML* i. 83, This country . . . is now full of Methodists or Independents or Presbiterians, or some other sect, the Lord knows what. I believe they don't themselves. The Welch name for 'em is *pennau crynnion.* **1746** *id.* 100, y Methodistiaid, y rhai a elwir yn y wlad yma *pennau crynnion.* **1749** *id.* 150, bydd sicr i hwnw droi'n *bengrwn* (mal y gelwir nhw yma). **1780** *Ll* vi. 37, Nothing in South Wales, eithr Penfrydedd gorwag y *Pengryniaid.* **1783** H. JONES: *PN* 51, Fe aeth pob cyfaill ar y ddaear, / I'm galw, *Pengrwn* balch rhodresgar. Cf. D. OWEN: *GT* 66, yr oedd Gwen wedi dechreu gwrando ar y Methodistiaid, ac nid oedd pobl gasach gan ei thad ar wyneb y ddaear na'r *pengryniaid*, fel y galwai efe hwynt; *id.* 119, Wel, Gwen, yr hen *bengron*, sut yr wyt ti?

Amr.: **Pengryniad** [adff. o'r ll. *Pengryniaid*] (*eg.b*). **20g.**

pengrwnnu, gw. **pengrynnu.**

pengrych [*pen*¹ + *crych*] *a.* (b. *pengrech*) a hefyd fel *eg.* ll. *-ion.* Cyrliog (ei wallt), ac iddo wallt cyrliog neu grych; ac iddo gyrn cyrliog; un â gwallt cyrliog: *curly(-headed), having curly or frizzy hair*; *curly-horned*; *a curly-headed person.*

1292 *B* xiii. 221, Meuric *Pengrich.* **14g.** *BT* 93, gwallt melyn *pen grych* ydaw. **14g.** *WM* 165. 4, gwr *pengrych* coch. *ib.* 35–6, morwyn *bengrych* du. **14g.** *GDG*³ 199, Cannaid rhag Cynfrig Cynin, / Fab y *pengrych* flawrfrych flin. *id.* 283, A'r ffluwch *bengrech* ledechwyrth / Bob dyrnaid o'i said a syrth. *c.* **1400** [*RB*] *WM* 237. 13–14, morwyn *benngrech* uelen. *c.* **1400** *RB* ii. 12, molyannus bryt o wallt *pengrych* melyn. **15g.** *BB* 126, E*pengrychion* (*BD* 105, calamistreit) awisgant amrauailion gnufoed. **15g.** *DN* 89, Hrroes [*sic*] dyn *bengrech* yn chwechainck / Lliw ar i ffriw o avr Ffrainck [i fun felynwallt]. **15g.** *LGC* 166, Llyma'r ŷch *pengrych.* **1547** *WS*, *pengrych*, curle heeded. **1632** *D* d.g. *crispatus.* **1756** *ML* i. 411, Owen Sion Owen *bengrych.* **1803** *P*, *pengrych*, rough-headed; curly-headed; frizzle-headed; having rough or curly ends. *id.* d.g. *pengrech.* Digwydd fel epithet, *B* iii. 37, a gw. uchod.

pengrychaf: pengrychu [bf. o'r a. bl.] *bg.a.* Cyrlio neu grychu (gwallt) (mewn crychau bach tyn); (geir.) crychu wyneb: *to curl (hair) (into small tight curls)*; (*dict.*) *pucker the face.*

Diw. **16g.** *B* ix. 122, ymhoywi a *phengrychu* gwallt. **1604–7** *TW* (*Pen* 228), *pengrychu* gwallt d.g. *vstulo.* **1632** *D* d.g. *crispo, torqueo.* **1725** *SR* d.g. *to Frizel, wrimple.* **1772** *W* d.g. *to crisp* [*curl, frizzle*]. **1803** *P.*

pengrychedd [*pengrych* + *-edd*¹] *eg.* Y cyflwr o fod yn gyrliog neu'n grych (am wallt, &c.): *curliness (of hair), &c.*

16g. *GDG*³ 167, Yn nhalgrychedd (amr. ym *mhengrychedd*) perfedd perth. **1632** *D*, *pengrychedd*, capitis crispitudo. **1688** *TJ*, *pengrychedd*, pengrychni: Curl[i]ness of the Hair. **1803** *P.*

pengryf [*pen*¹ + *cryf*] *a.* Penstiff, cyndyn, ystyfnig: *headstrong, stubborn, obstinate.*

1657 RE: *CDd* 357, O herwydd *pengryf* ryfig dŷn, neu ei gau ffydd. **17g.** E. MORUS: *Gw* 38, Y tew *pengry* topangrych, / Dua'r gwraidd a dyrr y gwrych [i'r tarw].

pengrymaf: pengrymu [*pen*¹ + *crymu*] *bg.* Gostwng neu blygu'r pen (mewn parch,

addoliad, &c.), ymgrymu: *to bow (the head), make obeisance.*
1830. Ar lafar yn Arfon.

pengrymiad [bôn y f. fl.+*-iad*[1]] *eg.* Y weithred o bengrymu, nòd: *a bowing of the head, nod.*
1834. Cf. W. REES: *AFR* 119, Rhoddai Haley *bengrymiad* cadarnhaol.

pengrymol [bôn y f. fl.+*-ol*] *a.* Yn pengrymu: *bowing (the head).*
1860.

Pengryniad, gw. pengrwn.

pengryniaeth [*pengrwn+-iaeth*] *e?b.* Methodistiaeth (yn ddifr.): *Methodism (derog.).*
1923.

pengrynnaidd [*pengrwn+-aidd*] *a.* Yn perthyn i Bengryniaid yr ail ganrif ar bymtheg; Methodistaidd (yn ddifr.): *relating to the Roundheads; Methodist (derog.).*
1851.

pengrynnol [*pengrwn+-ol*] *a.* Methodistaidd, piwritanaidd (yn ddifr.): *Methodist, puritanical (derog.).*
1869.

pengrynnu, pengrwnnu [bf. o'r a. *pengrwn*] *bg.* Ymffurfio neu dyfu'n ben crwn, magu calon, clapio, cnapio: *to form or grow into a round head, head, form a heart, heart.*
1722 *Llst* 189, *pengrynnu*, to head or look as a cabbage. **1771** *W* d.g. *to cabbage, or grow to a head like a cabbage, to pome, in the Gardener's style [grow to a round head like an apple].* **1803** *P, pengrynu*, to grow round-headed.

penguch, gw. penguwch.

penguchog [*penguch+-og*] *a.* ll. *-ion.* Yn gwisgo penwisg: *wearing headgear.*
13g. DAFYDD BENFRAS: *Gw* 361, Tri chlöyn pennyn *penguchogion.*

penguwch, penguch [*pen*[1]*+cuwch*[1], *cuch*; cf. H. Grn. *pengugh* (*grec*), gl. *mastruga*] *eg.b.* ll. *penguwchau, penguchiau, penguchion.*

(*a*) Penwisg neu orchudd pen (merch), moled, gwimpl, twrban, cwfl, cwcwll, cap (a wisgid dan helm (a phenffestin)), coiff, het, (pen blaen) bonet, wig, gwallt gosod, hefyd yn *dros.* ac yn *ffig.*; yn gwisgo penwisg: *(woman's) head-dress, headcloth, kerchief, wimple, turban, hood, cowl, cap (worn under a helmet (and mail cap)), coif, burlet, hat, (poke of a) bonnet, wig, also transf. and fig.; wearing headgear.*
13g. *LlI* 29, Gureyc taeauc ny eyll rody namen e *penguuch. id.* 95, Penllyeyn, viii.k'. Funen, iiii.k'. *Penguuch*, i.k'. **14g.** *LlB* 27–8, Righill . . . *Penngwch* [*sic*] hagen a geiff yn tri amser. **14g.** *YBH* 9a, am y ben y dodet *penguch* bwrkwin affaylet. **14g.** *WM* 467. 36–468. 3, gweuyl mab gwastat . . . y gellyngei y lleill weuyl idaw ywaeret hyt y uogel ar llall a uydei yn *bennguch* ar y benn. *c.* **1400** [*RB*] *WM* 236. 20–4, owein adrewis dyrnawt ar y marchawc trwy y helym. ar penffestin. ar *penguch* pwrqwin. A thrwy y kroen ar kig ar asgwrn. **1588** *Eseia* iii. 18–20, tynn yr Arglwydd ymmaith . . . Y *pen-guwch* . . . a'r clust-dlysau. **1604–7** *TW* (*Pen* 228) d.g. *albogalerus, capitium, peplum, rigula, tiara, vitta. id. penguwch* rwyllwaith d.g. *reticulus.* **1632** *D, penguwch*, redimiculum, galericulum, calantica, cidaris, mitra, peplum. *id. penguwch* gwynn a wisgai y lleianod d.g. *subfibulum.* **1688** *TJ, penguwch*, gwallt gosod: counterfit Hair, a Top-knot, a Periwig. **1707** *AB* 238a, *penguch*, a hood, a cowl, &c. **1716** E. SAMUEL: *GGG* 202–3, Gobaith am Jechydwriaeth tragwyddol, yw 'n Helm neu'n *Penguwch* i guddio 'r fann wannaf. **1722** *Llst* 189, *penguwch*, m. any attire of the head. p. *penguwchau. id.* d.g. *a burlet.* **1725** *SR* d.g. *bonett, kerchief, a Wimple.* **1750** *W Ballads* 132, 3, *Penguwch* a chyrn'a [*sic*] thoppeu. **1753** *TR, penguwch* . . . a turbant, a cap. **1766** *CD* 128, Drî Chornelog Heulrhôd, / *Pen guwch* neu wallt gosod. **1803** *P, penguwch*, the fore part or poke of any head covering.

(*b*) Cap lledr ar ffust y mae'r careiau sy'n cysylltu'r wialenffust a'r goes yn mynd trwyddo, pigych (sir Benf.): *(flail)-cap, caplin.*
1547 *WS, penguwch* ffust, the cappe. *c.* **1558** *B* ii. 234, *penguwch*, tepp ffust, *penguchie*, teppie ffust. **1803** *P, penguwch* . . . the capping or the work that joins the two pieces of a flail. Ar lafar yn Arfon yn y ff. *penguwch, WVBD* 424, ac yng nghanolbarth Cered. yn y ff. *penguch* am y garrai sy'n cysylltu dwy ran y ffust. Cf. *CYLl* 15, Clopa gorn wrth ben y droedffust—/ *Penguwch* leder wrth ben 'ielffust.

pen-gwas [*pen*[1]*+gwas*[1]] *eg.* ll. *-gweision.* Prif was (fferm): *head servant, chief farmhand.*
1749 *ML* i. 143, mab Sion ab Wm. Morris . . . *bengwas.* **1762** T. WILLIAMS: *HHO* 60, Rhaid i'm ddylifro 'r siarc a'r sias, / Gan fod yn *ben-gwas* iddo. **1803** *P, pengwas*, s. m. pl. *pengweision*, a head servant. Ar lafar yn Arfon, '*pen gwas*' 'the farm hand who follows the first team', *WVBD* 174.

pen-gwastrawd [*pen*[1]*+gwastrawd*] *eg.* ll. *-gwastrodion.* Prif wastrawd (un o brif swyddogion llys y brenin yng Nghymru'r Oesoedd Canol); marsial, pen-swyddog, goruchwyliwr (seremoni, gwledd, &c.): *chief groom or equerry (one of the principal officers of the king's court in medieval Wales); marshall, chief official, steward (of ceremony, feast, &c.).*
13g. *LlI* 16, Tredyd yv *penguastravt* e urenhynes. **13g.** *LTWL* 109, A curia sua rex . . . Quorum primus est penteylu . . . sextus *pengwastraut. id.* 116, *Pengwastraut* et gwastrodyon. *id.* 281, *penguastraut* [:– magistri equorum et marscalli]. **13g.** *Cy* xvii. 136, pennaduryeit y llys Nyt amgen y distein. *Pengwastrawt.* **14g.** *LlB* 6, Nawd y *pengwastraut* yw tra barhao redec y march kynntaf a uo yn y gadw. **1551** W. SALESBURY: *KLl* xia, Tywalltwch yr owrhon, a dygwch at y *pen gwastrat* [*sic*] y neithior. **1604–7** *TW* (*Pen* 228), perthynol y Lywodraethwr, ne'r hwn a vu'n *bengwastrawt* ar Lys yr Imerawtr d.g. *præfectorius. id. pengwastrawt* llynges d.g. *præfectus . . . præfectus classis.* **1722** *Llst* 189, *pengwastrawd*, m.p. *strodion*, the master of the horse. **1725** *SR, pengwastrawd* llŷs, yr hwn a osodo bawb i eistedd d.g. *a Marshall.* **1770** *TG* iv. 50, Saethu'r Sieur Biersynski, *pen gwastrawd* cydfwriadwyr Siardia yn Poland o herwydd ei brofi yn euog o deyrn-fradwriaeth. **1776** *W* d.g. *marshal [formerly, the master of the horse], marshal [an officer, who arranges persons and things; and assigns to every one his place according to his rank, at co[u]rt, at an assembly, at a feast, &c.].* **1803** *P.*

pengwch, gw. penguwch.

pen-gweithiwr [*pen*[1]*+gweithiwr*] *eg.* ll. *-gweithwyr.* Pennaeth ar nifer o weithwyr, fforman: *foreman.*
1771 *W* d.g. *chief [master] workman.* **1796** T. JONES: *CCA* 61, Nid yw *Pen-gweithwŷr* ddim yn dewis cael eu rheoli. **1803** *P, pengweithiwr*, a head workman.

pen-gwersyllfa, gw. pen[1]+gwersyllfa.

pengwin, pengwyn [bnth. S. *penguin*; ceisir weithiau darddu'r S. *penguin* o'r Gymraeg *pen gwyn*, gw. *OED*[2] d.g.] *eg.b.* ll. *-iaid, -s.* Un o amryw fathau o adar môr byrgoes diehediad o urdd y *Sphenisiformes* a geir yn gyffredin yn yr Antarctig: *penguin.*
1827. Cf. **1740** T. EVANS: *DPO* 20, oblegid . . . Fod amryw Eiriau Cymraeg gan Bobl y Parthau hynny [America] . . . megis . . . Pengwyn . . . Aderyn a Phen gwyn iddo.
Cfn.: **pengwin bach:** *little auk, Alle alle.* Ar lafar yn y Gogledd, H. E. FORREST: *FNW* 399.

pen-gwladwr [*pen*[1]*+gwladwr*] *eg.* ll. *-wyr.* Prif swyddog gwlad neu ranbarth (o dan frenin, &c.), rhaglaw, llywodraethwr; uchel swyddog; prif weinidog: *chief official (under king, &c.) of country or province, governor, ruler; high official; prime minister.*
16–17g. *CLlC* ii. 31, Rhag gwhilion yn *ben glwadwyr* [*sic*]. **1604–7** *TW* (*Pen* 228) d.g. *eparchus, legatio . . . Votiua Legatio, magistratus, præses.* **1770** *W* d.g. *antiquity . . . the most consummate statesman of all antiquity, chief [prime] minister of state.* **1796** J. HARRIS: *Alm* 32, [c]ynnorthwyo ein *pen-gwladwyr* i gario'r rhyfel angenrheidiol hwn . . . yn y blaen.

pengwyn, gw. pengwin.

penha, gw. pennaf[2]: pennu.

penhaearn [*pen*[1]*+haearn*] *a.* a hefyd fel *eg.* (bach. *-heyernin*). Ac arno ben neu flaen o haearn, haearnbig: *having an iron top or point, ferruled, iron-tipped.*
1632 *D* d.g. *præferratus.* **1774** *W* d.g. *headed with iron, pointed with iron.*

Fel *e. Pysg.* Pengernyn, gyrned, chwyrnwr: *gurnard.*
18g. *Pant* 19, 90, *penhaiarn*, a fish called a Gurnard. **1757** *ML* ii. 39, Onid ysgyfarnog y môr a *phen heiernyn* yw enwau'r gurnards? **1762** *id.* 491, *Penhaiernyn* neu ddau a ddug Lewis Gloff . . . o'r llongbost. **1803** *P, penhaiarn*, s. m. the gurnard; also called pengernyn, and *penheiernyn.*
Cfn.: **penhaearn bibydd:** *piper-gurnard, Trigla lyra.* Ar lafar yn y Gogledd, H. E. FORREST: *FNW* 443. **p. coch:** *red gurnard, Trigla cuculus.* **1803** *P.* Ar lafar yn y Gogledd, H. E. FORREST: *FNW* 442. **p. llwyd:** *grey gurnard, Trigla gurnardus.* Ar lafar yn y Gogledd, H. E. FORREST: *FNW* 442. **p. rhestrog:** *streaked gurnard, Trigloporus lastoviza.* Ar lafar yn y Gogledd, H. E. FORREST: *FNW* 443.

pen-hebogydd [*pen*[1]*+hebogydd*] *eg.* ll. (geir.) *-ion.* Prif hebogydd (un o brif swyddogion llys y brenin yng Nghymru'r Oesoedd Canol): *chief falconer (one of the principal officers of the king's court in medieval Wales).*
13g. *LlI* 1, Effeyryat, Dysteyn, *Penhebogyd. id.* 2, E le [edling] yn y llys yw yrvg yr osp a'r *penhebogyd.* **13g.** *Cy* xvii. 136, pennaduryeit y llys Nyt amgen y distein. Pengwastrawt *Penhebogyd. id.* 7, Petweryd yv e *penhebogyd.* **1730** *Leg Wall* 580, *penhebogydd*, praefectus aucupum. **1803** *P, penhebogydd*, s. m. pl. t. *ion*, the chief falconer; being the fourth officer of the royal household.

penhebogyddiaeth [*pen-hebogydd+-iaeth*] *eg.* Swydd penhebogydd: *office of chief falconer.*
13g. *LlI* 50, Gober brenhyn . . . o tyr y bo suyd ohonau, mal *penhebogydyaeth* neu dysteynnyaeth . . . punt. **1730** *Leg Wall* 580, *penhebogyddjaeth*, munus Praefecti aucupum. **1803** *P.*

pen-hen [*pen*[1]*+hen*] *a.* Hen o'i oed, a hen ben arno, henffel: *wise beyond one's years, precocious.*
1390 *B* iii. 37, Ieuan *Penhen.* Ar lafar yng ngodre Cered. a sir Benf., *Cymru* xliii. [144], *GDD* 220, *TGG* (1907–8) 83.

pen-herwr [*pen*[1]*+herwr*] *eg.* ll. *-wyr.* Prif herwr, anrheithiwr mawr, ysbeiliwr: *chief among thieves, great pillager, plunderer.*
1604–7 *TW* (*Pen* 228) d.g. *depeculator.* **1608** *Pen* 217, 126–7, y gwas yevang a edewis yr esgob ac ay gwynethpwyt yn *ben herwr. id.* 127, y mae . . . gyda ar [*sic*] lladron ac yn *benn herwr* arnvnt. **1620** *Mos* 204, 6, Ail Jeuan goch *ben-herwr.* **1632** *D, penherwr* môr d.g. *archipirata.*

penheyernin, penhiogyn, gw. penhaearn, pennog[1].

penhoeden [*pen*[1]*+hoeden*] *a.* a hefyd fel *eb.* ll. *-nod.* Penchwiban, anwadal, gwamal, chwit-chwat, di-ddal; a'r bendro arno, penysgafn, penfeddw: *flighty, fickle, capricious, inconstant; light-headed, giddy, dizzy.*
1591 *CM* 16, 129, bob dyn gwaedwyllt, *penhoeden*, a phen rhydd. **1592** S. D. RHYS: *Inst* [xiv], morr fursennaidd, ac . . . morr *benhoeden.* **1629** R. LLWYD: *P* 48, y gloddest-wyr . . . y rhai *penhoeden*, ar hôll rai anghredadwy. **1734** S. RHYDDERCH: *Alm* [1], Nes i'r gyfrwys Sarph a'i Saig, hudo'r Wraig *benhoeden.* **1761** *ML* ii. 366, yn cryfhau tippyn bach, ond yn bur fusgrell, ag yn *benhoeden* dros ben. **1763** *DT* 178, Yn eich Canlyn mi fum lawen, / Yn eich plith [hen gydymdeithion] mi fum *benhoeden.* **1803** *P, penhoeden*, light-headed, giddy-headed.

Fel *e.* Merch benwan neu drythyll: *hoyden, wanton woman.*
1677 *TC* 7a, *penhoeden*, ranter. **1722** *Llst* 189, *penhoeden*, f.p. *dennod*, a light wanton woman.

penhwntiaf: penhwntian [*pen*[1]*+hwntian*] *bg.a.* Honcian, haldian, gwegian: *to reel, totter, sway.*
1632 *D* d.g. *collabasco.* **1722** *Llst* 189, *penhwntian*, to wag the head with weakness, be ready to fall, totter. **1794** *W* d.g. *to totter [vacillate, shake as if ready to fall, &c.].* **1803** *P.*

penhwyad [*pen*[1]*+hwyad*] *eg.* ll. *-hwyaid, pennau hwya(i)d. Pysg.* Un o amryw fathau o bysgod mawr dŵr croyw o'r tylwyth *Esox*, yn enw. *E. lucius*, ac iddynt gorff hirgul, dannedd cryf, a thrwyn tebyg i big hwyaden, luws; pysgodyn dŵr croyw llwydwyrdd â streipiau brown tywyll ac iddo esgyll llydain pigog, draenog, *Perca fluviatilis*: *pike (fish)*, *jack*, *luce*; *perch*.

13g. *B* xxi. 297, Gvreichyon y gynne a symudir en eleirch . . . A phan henhaoent y gwneir en *bennhwyeit* dan vor. **14g.** *GIG* 47, Pysgodlyn, cudduglyn cau, / A fo rhaid i fwrw rhwydau; / Amlaf lle, nid er ymliw, / *Penhwyaid* a gwyniaid gwiw [i lys Owain Glyndŵr]. **15–16g.** *TA* 454, Lliw'r sêr, yn llwyrwys araul, / Llygaid *penhwyaid* mewn haul [i ofyn pedwar bwcled]. **1547** *WS*, *penhwyad* pysc, a pyke. **16g.** *Med H* 46, [y] luws, sef yw hynny *penhwyad* wedi dyvu yn anvedrol o vaint. *c.* **1566** *B* xv. 119, rodstys *penne hwyaid* tensied a brems. **1604–7** *TW* (*Pen* 228) d.g. *labrax*, *lucius*. **1632** *D*, *penhwyad*, lupus piscis, lucius. **1722** *Llst* 189, *penhwyad*, m. a pike fish, base. **1757** *ML* (Add) 327, Mae'n rhyfedd Iawn na bae Bysgod *Penhwyad* . . . yn rhai o'r Llynnau yna. **1770** *W* d.g. *besse* [*fish*], *jack or pike* [*fish*]. **1803** *P*. Ar lafar yn y Gogledd, '*penchwïad* . . . pl. *pennachwïad*' 'pike', *WVBD* 422.

penhwygyn, penhygen, gw. **pennog**[1], **pennyg.**

pen-hynaif [*pen*[1]+*hynaif*] *eg.* ll. *-hyneifiaid*, *-hyneifion*. Prif henuriad neu gynghorwr; rhaglaw, dirprwy: *chief elder or counsellor*; *lieutenant*, *deputy*.

13g. *TYP*[2] 1, a Maelgvn Gvyned yn *Pen Hyneif*. *ib.* a Charadavc Vreichuras yn *Ben Henyf* [*sic*]. *ib.* a Gerthmul Wledic yn *Benn Hyneif*. **14g.** *WM* 462. 27–8, *Pennhynef* kernyw y tat. **18–19g.** *Iolo MSS* 5, Idwal Falch ab Llywarch . . . yn amser Dyfnwal Moelmud yr oedd ef ag yn *ben hynaif* yn llys Dyfnwal, ag o hynny allan yr aeth ei eppil ef o Dywysogion yn *Ben hyneifiaid* yn yr holl Lysoedd Brenhinoedd . . . yn Ynys Prydain. **1803** *P*, *penhynaiv*, s. m. pl. *penhyneivion*, a chief of the elders; a title given to the tributary princes of the first rank, who did homage to the monarch.

peni [bnth. S. *penny*] *eb.* ll. *-s*. Ceiniog: *penny*.

15g. DAFYDD LLWYD: *Gw* 288–9, Try dy-gyni bwrs ar gyrsau / Ni bûm heb arian minnau. / Diawl yn awr, chwedl gelgwrs, / Geni na *pheni* na phwrs [i'r pwrs]. **15g.** *GDID* 52, Gwael iawn fodd y gwelaf fi / Ben bonedd heb un *beni*. **1672** R. PRICHARD: *Gw* 193, Meddwl fal yr awn oddi ymma, / . . . / Mewn Cŵd canfas heb vn *Beni* [:- Geiniog]. *id.* 448, Nawr ni feddaf ar un *Beni* [:- Geiniog], / O'r holl olud gynne oedd genni. **17–18g.** O. GRUFFYDD: *Gw* 21, Pe bydde swllt ond *peni* / Yn pasio 'n ol eu pwysi. Ar lafar, ''Chaiff o'r un *beni* (goch) ar fy ôl i'; clywir ff. l. *penis* 'arian mân', yn enw. wrth siarad â phlant.

Gw. hefyd **pensen.**

peniad[1] [?bôn y f. *pennaf*[2]: *pennu*+*-iad*[1]] *eg.* ?Dibeniad, diweddiad, gorffeniad: *an ending*, *conclusion*, *termination*.

1577 *Pen* 96, 386, kai fyth ar *beniad* kyfoeth avr bvnav. **17g.** *BL Add* 14890, 33a, Derbyniwch da wîr *beniad* / Dernas duw dirion ystâd. *c.* **1730** *Thos. Lloyd D* (LlGC) 190b, da wir *Beniad*, perfectio, consummatio.

peniad[2] [*pen*[1]+*-iad*[1]] *eg.* ll. *-au*. Pennawd (mewn papur newydd, &c.): *headline* (*in newspaper*, *&c.*).

1851.

peniad[3] [bôn y f. *peniaf*: *penio*+*-iad*[1]] *eg.* Trawiad (pêl, &c.) â'r pen, ergyd â'r pen; pêl a drewir â'r pen: *a striking* (*of a ball*, *&c.*) *with the head*, *butt*; *header*.

20g.

peniadur, peniaeth, gw. **penadur, pennaeth.**

peniaf: penio [bf. o'r e. *pen*[1]] *bg.a.* Taro (pêl, &c.) â'r pen: *to head*, *strike* (*ball*, *&c.*) *with the head*, *butt*.

20g.

peniaith, gw. **pen**[1]+**iaith.**

penial[1] [*pen*[1]+?*gâl*[1]; ?cf. Gwydd. C. *cenngail* '?trawiad â'r pen; terfysg'; ansicr yw union ystyr a dosbarthiad yr enghrau. isod, gw. *GDG*[3] 480] *eg.* ?Gwasgiad, ymwasg, tyrfa; rhywbeth a wisgir am y pen, (geir.) helm; pennaeth: *a pressing*, *crush*, *crowd*; *something worn on the head*, (*dict.*) *helmet*; *chief*.

c. **1300** *H* 10b. 10, gnaws am bann *bennyal* ystre (Gwalchmai). *id.* 23a. 43, *pennyal* pob aryal creu allwg branes (Einion ap Madog). *id.* 94b. 41, *pennyal* beirt llawr keinwawr ked (Y Prydydd Bychan). **14g.** *WM* 141. 22–9, A phan doethant yno. y tybyassant rylad kei . . . Ny symudawd peredur y ar y vedwl mwy no chynt yr gwelet y *penyal* am pen kei. **14g.** *GDG*[3] 119, Mae ar ei thâl, mawr ei thwyll, / Fflwch ractal, mau *benial* boen. *id.* 124, Mynyddig wâl, *benial* byllt [am ysgyfarnog]. *id.* 424, *Penial* cerdd dyfal dafawd [marwnad Dafydd ap Gwilym gan Fadog Benfras]. *c.* **1400** *R* 1223. 8, Ardal eur *bennyal*. erbynnyat anant. *id.* 1308. 2, trwy ochel *pennyal* tryfal trefi. *id.* 1349. 20–1, Maranned boned *bennyal* ffyll gystlwn. **1604–7** *TW* (*Pen* 228) d.g. *princeps*. *Dchr.* **17g.** *J* 10, 124a, *penial*, turba. **1632** *D*, *penial*, capitalis. **1722** *Llst* 189, *penial*, chief, capital. **1803** *P*, *penial* . . . a helmet.

penial[2], gw. **peinioel.**

peni-ffarddin, gw. **beic—b. peni-ffarddin** (At.).

penigamp [*pen*[1]+*i*[7], '*i*+*camp*[1]] *a.* Ardderchog, rhagorol, gorchestol, godidog, campus, meistrolgar, celfydd; ?yn ymegnïo am feistrolaeth neu oruchafiaeth: *excellent*, *splendid*, *of the nature of a feat*, *champion*, *masterly*, *skilful*; ?*striving for mastery or supremacy*.

14g. *GDG*[3] 424, Penáig y glod *penigamp*, / Pennod a chompod a champ. **1632** *D*, *penigamp*, excellens, peritus. Saer *penigamp*. *id.* d.g. *artifex*. **1681** T. JONES: *Alm* [25], [y] gwŷr *Pennigamp*, sef, Pysygwyr a Ffothecaris. **1688** *TJ*, *penigamp*, odiaethol, clyfyddgar: Excellent, Skilful. **1703** E. WYNNE: *BC* 100–1, Mae yma . . . bedair rhywogaeth *benigamp* o Ferched. **1752** *EGG* 23, Yno odid yr ymegnïwch i fod yn wâg ac ynfyd yn eich Trwsiad, nag yn falch a *phenigamp*, ond yn hyttrach chwi ddilynwch Esampl y Sawl a fo sobr o Feddwl. **1760** *ML* ii. 248, Yn wir ddiau cynhulliad *penigamp* [o gregyn] ydoedd. **1763** I. BRYDYDD HIR: *Gw* 176, [c]yfrif o'r pethau mwyaf cywraint a *phenigamp*. **1803** *P*, *penigamp*, masterly, chief of the art; excellent.

Amr.: **pen-gamp.** Ar lafar yn Arfon, 'Mae o'n *bengamp* ar y chwara 'na', *WVBD* 424. **pen y gamp** [*pen*[1]+*y*[1]+*camp*[1]]. **18–19g.** *Iolo MSS* 5, Idwal Falch . . . oedd wr *pen y gamp* ar bob gorchest.

penigan, *eg.* *Bot.* Unrhyw blanhigyn o'r tylwyth *Dianthus*, pinc, ceilys: *flower of the genus Dianthus*, *pink*.

1813 *WB* 226, *Pennigan*; Dianthus;—Pink.

Cfn.: **penigan barfog:** *sweet william*, *Dianthus barbatus*. **1858. p. cyffredin:** *common pink*, *Dianthus plumarius*. **20g. p. gwyryfaidd:** *maiden pink*, *Dianthus deltoides*. **20g. p. y porfeydd:** *Deptford pink*, *Dianthus armeria*. **1813. p. rhuddgoch:** *clove pink*, *Dianthus caryophyllus*. **1813.**

penigol [*pen*[1]+*-ig*[2]+*-ol*] *a.*

(*a*) Prif neu fras (am lythyren): *capital* (*of letter*).

1688 *TJ* (At.) [31], Pôb cryno ddealldwriaeth a ddyleu ddechreu a *phennigol* lythyren. **1700** *Cyng BB* [ii], Gwyddorion *Penigol* a Mân.

(*b*) Prif, pennaf; eithaf (am gosb, &c.); penodol, neilltuol, arbennig; technegol: *chief*, *principal*; *capital* (*of punishment*, *&c.*); *specific*, *particular*, *special*; *technical*.

1766 G. HOWEL: *Alm* [31], Bydd hanes flwyddyn arall am amryw Fyrdd *penigol* eraill rwy'n adael allan eusie lle. **1799** A. AB D. SION: *CR* 17, fe haerir, i ganiattäad gael ei roi i rai dan oruchwiliaeth Moesen, i roi cospedigaethau *pennigol*, etto . . . Ni farnodd yr Hollalluog 'mo Cain . . . er bod yn fwrddwr ei frawd, i farwolaeth.

penillfaeth [*pennill*+*maeth*[1]] *a.* Wedi ei fagu mewn stabl: *reared in a stable*.

c. **1300** *H* 54a. 33, Gorwytawd penn keirw, *pennhilluaeth* an ryt.

penilliach [*pennill*+*-iach*[2] (At.); tebyg nad yma y perthyn *penillyach*, *T* 19. 13] *e.ll.* Penillion ysgafn neu ddibwys: *light or trifling verses*.

1803 *P* d.g. *pennilliach*.

penilliaf: penillio [bf. o'r e. *pennill*; ansicr yw ystyr yr engh. o *TW* (*Pen* 228)] *bg.a.* Llunio neu ganu penillion, prydyddu: *to compose or sing verses*, *write poetry*.

16–17g. *CRC* 439, kael telyn rawn ai chweirio / a phawb ar hwyl *pennhyllio*. **1604–7** *TW* (*Pen* 228) d.g. *extruo*. *c.* **1785–90** (**1829**) *CBYP* 52, Cadwynodl . . . modd gorchestol iawn a fydd hynn ar odli a *phennillio*. **1803** *P* d.g. *pennilliaw*.

penilliog [*pennill*+*-iog*] *a.* Yn cynnwys penillion, ar ffurf penillion: *containing verses*, *in verse-form*.

c. **1785–90** (**1829**) *CBYP* 73, Mewn Cerdd *Bennilliog* caner pob pennill o'r gerdd yn gynnifer bannau. *id.* 98, bernir . . . mai bonheddiccaf ar gerdd *bennilliog*. **1803** *P* d.g. *pennilliawg*.

penilliol [*pennill*+*-iol*] *a.* Ac iddo benillion; yn perthyn i bennill neu benillion: *having verses*; *pertaining to a verse or verses*.

20g.

penilliwr, penillwr [bôn y f. fl.+-(*i*)*wr*] *eg.* ll. *penillwyr*. Lluniwr penillion, bardd: *versifier*, *poet*.

1773 *W*, *pennillwr* d.g. *epigrammatist*.

penioel, gw. **peinioel.**

peniog [*pen*[1]+*-iog*] *a.* Galluog, deallus, clyfar, doeth, call, hirben; (geir.) ac iddo ben: *able*, *intelligent*, *brainy*, *clever*, *wise*, *shrewd*; (*dict.*) *having a head*.

1604–7 *TW* (*Pen* 228) d.g. *capitatus*. Ar lafar yn y Gogledd, 'Mi fuo'n ddigon *peniog* i brynu'r tir cyn i'r prisia godi', 'Bachgen *peniog* ydi hwnna, mae o wedi pasio pob arholiad mae o wedi gynnig', *B* xiv. 291.

penis[1] [bnth. S. *penis*] *eg.* Pidyn, cal, gwialen gŵr: *penis*.

20g.

penis[2], ff. l., gw. **peni.**

penisel [*pen*[1]+*isel*] *a.* Digalon, pruddglwyfus, iselysbryd, pendrist; ?gostyngedig; ?llechwraidd; a'i ben yn hongian (e.e. am flodeuyn); isel ei do: *dejected*, *crestfallen*, *melancholy*, *low-spirited*, *downcast*; ?*humble*; ?*furtive*; *having a drooping head* (*e.g. of a flower*); *low-roofed*.

c. **1100** *EWGT* 12, Guitcun map Samuil *pennissel*. **14g.** *WM* 403. 28–9, Marchawc mawr gochrwm *penn issel* goathrist. **17g.** HUW MORUS: *EC* i. 211, Fel mwrdrwr *pen-isel*, heb gyfarch na ffarwel. **1716–18** *Llsgr R. Morris* 70, A doedwch wrth Abel fod dod yn ymadel / ar Saeson *pen isel* llai gafal y gan. *c.* **1730** *Thos. Lloyd D* (LlGC) 190b, *penisel*, down look'd. Ar lafar yn gyff.; hefyd yn nwyrain Morg. yn yr ystyr 'iselradd', ''Tasach chi'n ryw dulu bach *penisial*, 'on' nw ddim mofyn ych 'napod chi'.

penisilin [bnth. S. *penicillin*] *eg.* ll. *-au*. Un o nifer o wrthfiotigau bacteriostatig a gynhyrchir o amryw fathau o lwydni o'r tylwythau *Penicillium* ac *Aspergillus*: *penicillin*.

20g.

pen-iustus, peniwnus, gw. **pen-ustus, opiniynus.**

peniwr [bôn y f. *peniaf*: *penio*+*-iwr*] *eg.* Un sy'n penio pêl: *header*, *one who heads a ball*.

Ar lafar.

peniyna, peniynog, peniynus, gw. **opiniwn, opiniynog, opiniynus.**

penlas [*pen*[1]+*glas*[1]] *a.* ll. *penleision*, a hefyd fel *eb.g.* Llwyd ei wallt neu ei ben, penfrith, glas ei ben: *grey-haired*, *grey-headed*, *blue-headed*.

1620 *Mos* 204, 64, Gorau chwegr, chwegr *benlas*. **17g.** *NBSF* 815, *Penlas* o fril atgas fryd / Goegi asbri gwag ysbryd [Rowland Vaughan i ofyn caseg]. **1760** *ML* ii. 259, Rogyn trwyddo, a hil Satan *benlas*. **1762** *id.* 519, Sion *Benlas* o'r Bont. **1803** *P*, *penlas*, blueheaded. Ar lafar yn Arfon, 'wedi mynd yn *benlas*', *WVBD* 422.

Fel *e.* (*a*) *Bot.* Planhigyn ac iddo flodau glas llachar sy'n tyfu mewn caeau ŷd, penlas yr ŷd, *Centaurea cyanus*; pengaled fawr, *Centaurea scabiosa*; clafrllys, yn enw. *Knautia arvensis*; gwreidd-don, clafrllys gwreidd-don, caswenwyn, *Succisa pratensis*: *cornflower*, *bluebottle*; *knapweed*; *scabious*, *esp. field scabious*; *devil's bit scabious*.

c. **1400** *MM* 46, Kymryt yr henllydan ar benngalet ar *bennlas*. *c.* **1400** *Études* vii. 54, iacea alba, y *bennlas*. *ib.* letea, y *bennlas*. *id.* 56, scabiosa, y *benlas*. **16g.** (**1763**) W. SALESBURY: *LlM* 125, yr enwe cyanos ne Baptisecula yn lladin blew bottle ne blew blaw yn saesonaeg ar *benlas* yn cambraeg. **16–17g.** *RAGR* 290, a haidd . . . / . . . / gwedu tyfû yn wyrlodd las / y gold ar *benlas* trwyddo. **1633** J. GERARDE: *Herball*, Y *benlas*. Blewbottle, or Cornfloure. **1707** *AB* 157b, y *benlas*, y wreidd-don, the Devil's bit d.g. *succisa*. *c.* **1740** *LlM* 26, y Wilffri ar *Benlas*. **1803** *P*, penlas . . . y *benlas*, the knapweed. **1813** *WB*, *Penlas*; Scabiosa arvensis; Field Scabious. Ar lafar yn sir Ddinb., *Cymru* xlvii. [141].

(*b*) *Pysg.* ?Eog ieuanc sy'n mudo i'r môr am y tro cyntaf: *smolt* (*in ichthyology*).

1755 *ML* i. 347, gleisiad . . . ac mae un a elwir Penllwyd ac un ieuangc *Penlas.*

Cfn.: *Bot.* **penlas wen:** *cornflower, bluebottle, Centaurea cyanus; knapweed, Centaurea scabiosa; scabious, esp. field scabious, Knautia arvensis.* **16g. (1763)** W. SALESBURY: *LlM* 192, Y Bengalet . . . Scabiosa yn lladin . . . y glafarllys ne yr *Benlas wen* in camb. *Dchr.* **17g.** *J* 10, 124b, *penlas wen*, bluebotle. **1632** *D* (*Bot*), y Bengaled, y glafrllys, y grammennog, y *benlas wenn*, cyanos major, cyanus syluestris, baptisecula, assa nigra, scabiosa, nicea, maea alba, ledea. **1813** *WB* 225, *Penlas Wen*; Centaurea Cyanus; Corn Blue-bottle. *Bot.* **p. yr (o'r) ŷd:** *cornflower, bluebottle, Centaurea cyanus.* **1604–7** *TW* (*Pen* 228), y *Benlas or yyt* [*sic*] d.g. *baptisecula* (At.), *id.* d.g. *zachariæ* (At.). *Dchr.* **17g.** *J* 10, 124b, *penlas yr yd*, baptisecula. **1632** *D* (*Bot*). **1813** *WB* 225, *Penlas Yr Yd* . . . Corn Bluebottle.

penlasu [bf. o'r a. bl.] *bg.* Mynd yn llwyd ei wallt neu ei ben, mynd yn benfrith, britho; mynd yn las ei ben: *to become grey-haired or grey-headed, turn grey; become blue-headed.*

1803 *P.*

pen-lin, penlinaf: penlino, gw. **penglin, penliniaf: penlinio.**

penliniad [bôn y f. ddil. + *-iad*[1]] *eg.* ll. *-au.* Y weithred o benlinio neu blygu'r glin, yn enw. wrth addoli: *a kneeling, a bending of the knee, genuflexion.*

1606 E. JAMES: *Hom* ii. 99, onid yw yr ymgrymmiad a'r *penliniad* (*kneeling*) hwn yn addoliad. **1653** *Wy* 12, 328, yr ymgrymmiadau, ar Paderau, y *Pennliniadau.* *c.* **1730** *Thos. Lloyd D* (LlGC) 190b, *penliniad* . . . kneeling. **1803** *P.*

penliniaf, penlinaf: penlin(i)o [bf. o'r e. *pen-lin*; tebyg mai gwall am *penelino* yw [*p*]*enlino*, 1588 *Ecclus* xli. 24] *bg.*

(*a*) Plygu'r glin, mynd neu syrthio ar y gliniau, ymgynnal ar y gliniau wedi eu plygu: *to bend the knee, kneel* (*down*).

1604–7 *TW* (*Pen* 228), *penlinio* d.g. *genu, genu flectere.* *Dchr.* **17g.** *J* 10, 124b, *penlino*, to kneele. **1728** T. BADDY: *DDG* 29, gan beri iddynt [y dromedariaid] *benlinio* ar y Ddaiar. **1775** *W* d.g. *knee, to fall on or upon one's knees, to kneel* [*down*]. **1803** *P.* Ar lafar, 'Fi *b(en)linnas* lawr wth 'i ochor a' (Morg.). Ym Morg. clywir hefyd y ff. *pylyno.*

(*b*) Plygu'r glin neu syrthio ar y gliniau o ran parch, ymgynnal ar y gliniau wedi eu plygu, yn enw. wrth addoli: *to bend the knee or kneel* (*down*) *in homage, esp. in worship, genuflect.*

13g. *B* ix. 148, kleuychu a gvanhav a oruc . . . a guedy *penn linyaw* [drll.] rodi e yspryt ac or gyffes [drll.] honno neidyav ar grist. **1567** *TN* 125a, ac a roes ei 'liniae ar lawr [:– *benlinioedd*] ac a weddiawdd. *id.* 182a, ef a estyngawdd ar ei liniae [:– *benlinodd*], ac a lefawdd a llef vchel, Arglwydd. *c.* **1585** G. ROBERT: *DC* 29a, rhoi corsen yn ei law, a *phenlino* ar vn glin gar ei fron, megis pei bassei yn frenhin gwat[w]orus. **1588** 1 *Esd* viii. 72, myfi . . . a *benliniais* i lawr, ac a estynnais fy nwylo tua'r Arglwydd. **1606** E. JAMES: *Hom* i. 65, hwy a wnaethant lo o aur ac a *benlinasant* i lawr ac a'i haddolasant ef. *id.* ii. 39, fe a wrthododd daionus Angel Duw . . . *benlinio* iddo. *id.* 150, A ydyw dynion yn arfer *penlinio* ger bron eu llyfrau? *id.* 239, os rhaid bod cymmaint ystyr pan *benliniom* ni ger bron brenin dayarol? pa faint mwy y dylyai fod pan *benliniom* ni ger bron y brenin nefol . . .? **1672** R. PRICHARD: *Gw* 231, Nád vn fynd y nôs i gysgu, / Nes *penlinio* wrth ei wely. **1718 (1721)** S. THOMAS: *HB* 187, [yr] Agwedd o *benlinio* wrth gymmeryd y Sacrament o Swpper yr Arglwydd. **1790** T. JONES: *TOS* 251, [*p*]*enlinia* i weddio. **1793** DAFYDD IONAWR: *CD* 234, Y Gwyr enwog eirianwawr, / Syrthient, *penlinient* i lawr; / Addolent Ef yn ddilys.

penliniol [*pen-lin* + *-iol*] *a.* Yn penlinio (wrth addoli), yn perthyn i'r arfer neu'r weithred hon: *kneeling* (*in worship*), *genuflectory.*

1883.

penliniwns, penliniws [*pen-lin* + elf. anh.] *e.ll.* Sachau, &c., a rwymir am y gliniau i'w harbed wrth weithio: *sacks, &c., tied to the knees in order to protect them while working.*

1722 *Llst* 190, 1b, *penliniws*, reapers knee-clouts. Ar lafar yng nghanolbarth Cered. yn y ff. *penliniwns*, *B* iv. 300.

penliniwr [bôn y f. fl. + *-iwr*] *eg.* ll. *penlinwyr.* Un sy'n penlinio, *Egl.* un sy'n perthyn i'r drydedd radd o edifarhawyr yn yr Eglwys Ddwyreiniol gynnar: *kneeler* (*also in eccl. hist.*).

c. **1730** *Thos. Lloyd D* (LlGC) 190b, *penliniwr*, a kneeler. **1803** *P.*

penliniws, penlinod, gw. **penliniwns, penelinod.**

penloean [?bf. o'r e. *penlö(yn)*] *bg.* Ymgolli yn ei feddyliau ei hun, meddylu: *to day-dream.*

Ar lafar yn sir Benf., *GDD* 220.

penlöyn [*pen*[1] + *glöyn*] *eg.b.* ll. *-loÿnnod, -loÿnnau.* *Adar.* Un o amryw fathau o adar o deulu'r *Paridæ*, titw, yn enw. yr yswidw du, *Parus ater*: *tit, esp. coal-tit.*

14g. *DGG*[2] 52, Cyrch, yr edn diaflednais, / Cychwyn, wan *benloyn* lais, / . . . / O'r deau at y fau fun. / . . . / Edn o bedwarlliw ydwyd; / Gwyrdd a glas, eurwas arail, / Gwyn a du yn gwnïo dail [i'r penlöyn]. *Diw.* **15g.** *AP* 18, [m]atrys . . . o vanblv kysseilie *pennloynot* kvlion. **1547** *WS*, *penloun* ederyn, a tytmouse. **[1547]** W. SALESBURY: *OSP*, Gwell *penloyn* yn llaw, na hwyad yn awyr. **16g.** HUW ARWYSTL: *Gw* 368, Er pluo ar grom lesg o'm ach / Byrr *benlo*[*y*]*n* boldyn bach [dychan i'r llamysten am geisio lladd yr ehedydd]. **16–17g.** *GST* i. 522, Pa un liw y *penlöyn* / A ddwg wisg o ddu a gwyn? **16–17g.** (**17g.**) *CC* 97, bronrhyddyn *penloun* lwys / a bair odiaith byradwys (Thomas Prys). **1604–7** *TW* (*Pen* 228) d.g. *aegithalus, atricapilla, todi.* **1620** *Mos* 204, 95, Mal *penlôun* ai adar. **1632** *D*, *penloyn*, fringillago auis, parus. **1722** *Llst* 189, y *Benlöyn*, m. [*sic*] p. *löynnod*, the coal-mouse bird, titmouse, black-cap. **1725** *SR*, y *benloyn* d.g. *a Muskin.* **1759** *BC* 137, Mi aethym i garu Gwraig weddw dros droyn, / a hon oedd mor wisci a'r ysgafn *Benloyn.* **1778** *W* d.g. *nun* [*a little sort of bird so called*]. **1803** *P.* Ar lafar yn y Gogledd, J. JONES: *Llên Gwerin* 143.

Amr.: **penlöen, pen-loen.** **17g.** HUW MORUS: *EC* i. 310, Ond ydoedd e'n debyg i lymrig *ben-loen*, / Heb ronyn am dano yn gryno ond ei groen [i ofyn pâr o ddillad]. *Diw.* **19g.** *SE MS* 366a, Yr oedd cigfran greg fing[r]yniaidd groen, / A hen *benlöen* afluniog.

Cfn.: **penlöyn y gors:** *reed bunting, Emberiza schœniclus; marsh tit, Parus palustris.* Ar lafar yn y Gogledd, H. E. FORREST: *FNW* 105. **p. llygliw, penlöen lygliw:** *coal-tit, Parus ater.* **1867.** **p. mwyaf:** *great tit, Parus major; chaffinch, Fringilla cœlebs.* **1604–7** *TW* (*Pen* 228), y *penloun mwyaf* d.g. *parus* . . . *parus maior.* **1632** *D*, y *benloyn fwyaf* d.g. *frigillago.* **1803** *P*, penlöyn . . . *penlöyn mwyav* . . . the chaffinch.

penllad[1] (≡ *penllâd*) [*pen*[1] + *llad*[1]] *eg.b.* Y ddiod orau; y rhodd fwyaf, y rhad mwyaf; y daioni neu'r lles pennaf; hefyd yn *ffig.*: *the best liquor; the greatest gift or grace; the chief or supreme good, the summum bonum; also fig.*

14g. *WM* 481. 20–1, kib lwyr mab llwyryon yssyd *penllat* yndi. *c.* **1400** *R* 1311. 34–5, *penllat* vat vwrd veird wahodyon. **15g.** *GHC* 30, Dau *benllâd* a gynhiadodd / Duw i'w rhyw, lle diau rhodd. / Un â'r rheini mewn rhinwedd, / Ac un mwy mewn gwin a medd. **15g.** GWILYM TEW: *Gw* 466, Olwyn men dan lanw mynych / A fag o'r brag yn eirw brych. / *Penllâd* dwfn penllwyd dyfal, / Pob llymaid d'enaid a dâl [i ganmol ffiol Siôn ap Rhys]. **15–16g.** *TA* 283, Praffa dadl, proffwyd ydoedd, / *Pen llad* ar bob pennill oedd [marwnad Dafydd ab Edmwnd]. **16g.** *NBSF* 569, Ef a wyr yn llwyr *bennllad* goleuddysc / a rryglyddu kariad (Simwnt Fychan). **16g.** *WLl* 105, A chwithau Tomas llownras *benllad.* **16–17g.** *HG* 9, Roed düw i vawr rhad, a llwydd a *phen llad.* **16–17g.** EDWARD URIEN, &c.: *Gw* 13, Ni bu well un yn *benllâd*, / Nudd dewrnerth, nawdd Duw arnad. **1611** *Pen* 217, 352, ef a gavas gimaint o *benllad* ar y gwenith hwnnw ac y kafas y bobyl ddigon yddy vwytta. **1632** *D*, llâd . . . *Penllâd*, Summum bonum. Rhad *penllâd*, Summa gratia, summum beneficium. *id.* d.g. *bonus* . . . *summum bonum, summum.* **[1752]** *Gron* 39, Er trymmed dy gur tramawr, / *Penllad* yw 'th gyfodiad fawr. **1765** J. EVANS: *CPE* 26, a roddes goleuni natur iddynt [dynol-ryw], tu ag at gaffaeliad eu *penllâd* a'i [*sic*] gwîr ddedwyddwch. **1801** *MMf* 298, [p]oed o Dduw, rad a *phenllad* ar y llyfr hwn. **1803** *P*, *penllad*, s. m. a chief good, the highest blessing.

penllad[2] (≡ *penllâd*) [gair geir., sef *pen*[1] + *llad*[2]] *e?b.* Mesur grawn, sef dwy lad: *a measure of grain, a double 'llad'.*

1632 *D*, llâd . . . Alicubi Llâd est mensura quædam. . . . *Penllâd* yw dwy lâd, sef mesur dauddyblyg. **1722** *Llst* 189, llâd . . . *pen-llâd* . . . a measure of 24 bushels.

pen-lladrones [*pen*[1] + *lladrones*] *eb.* Lladrones fawr: *a notorious female thief.*

1703 E. WYNNE: *BC* 20–1, I ba beth y mae 'r Dwysoges yn cadw 'r Lladron hyn o'i chylch, ebr fi? Beth gymmwysach, eb ynte, a hi 'n *Ben-lladrones* ei hun. *id.* 22, beth yw 'r holl Ladron hyn wrth y *Penlladrones* fawr yna sy'n dwyn oddiar y cwbl yr holl betheu hyn.

pen-llafurwr [*pen*[1] + *llafurwr*] *eg.* Fforman, pen-gweithiwr, hefyd am Dduw: *foreman, chief workman, also of God.*

1834.

penllanw [*pen*[1] + *llanw*] *eg.* ll. (diw.) *-au.* Cyflwr y llanw pan fydd wyneb y dŵr ar ei uchaf, yr adeg pan fydd y llanw'n llawn, gorlanw, llawn llanw, hefyd yn *ffig.*: *high tide, high water, also fig.*

1684 T. JONES: *Alm* [19], yr awr ar mynud o *ben llanw*'r mor o amgylch cymru. *ib.* rhwng y naill *ben llanw* ar llall i mae 12 o oriau, a 26 o fynudiau. *c.* **1730** *Thos. Lloyd D* (LlGC), 160a, *pen llanw* (high water). **1786** J. ROBERTS: *C* 15, Cyfrifwch *Ben llanw*'r Mor yn fwy diweddar yr hwyr na'r Boreu o bedwar ar hugain Munud. **1790** M. WILLIAMS: *BM* 3, *Penllanw*'r mor yn ddiau wrth drefn y lloerau'n llyn. **1795** J. THOMAS: *AIC* 328, mae 'r *penllanw* wrth Bont Lundain.

penllawr, penllor [*pen*[1] + *llawr*[1]] *eg.* ll. *penlloriau.* Tramwyfa rhwng y beudy a'r tŷ annedd mewn tŷ hir sy'n gweithredu gan amlaf fel bing; beudy; llawr mewn ysgubor lle cedwid gwair neu ŷd: *the passage between the cowshed and the dwelling-house in a long house usually serving as a feeding-walk; cowshed; floor in a barn where hay or corn was kept.*

18–19g. *Llr* C 7, 105, Rhoi Teisen a chwrw i'r ych yn y *Penll*[*awr*] cyn dydd bore dydd nadolig. **18–19g.** *Llr* C 72, 389, *penllawr*, vale of Glam, the mow floor in a Barn—mountains Do & mon[shire], the Beasthouse, generally at the end of the dwelling-house, which is entered through it. *Diw.* **19g.** *SE MS* 366a, Yr hen dyddyndai gynt a adeiladid yn un llinyn—y beudy yn nesaf at y ty annedd. Elid i mewn i'r ty heibio cyrn y gwartheg, ond fod math o balis isel rhwng y rhodfa a'r anifeiliaid, yna troid i fyny i'r ty byw. Enw y rhodfa hon oedd *Penllawr.* Ar lafar yn sir Gaerf. a Morg. yn y ff. *penllawr*, *TGG* (1906) 15, ac ym Morg. a sir Frych. yn y ff. *penllor*, *LGW* 363. Cf. D. J. WILLIAMS: *STG* 116, mynd i'r *penllawr* rhwng y tŷ byw a'r beudy.

penlle [*pen*[1] + *lle*[1]] *eg.* Y rhan (haearn) o aradr sy'n dal y swch; (geir.) twpsyn: *plough-shoe*; (*dict.*) *idiot.*

1803 *P*, *penlle*, s. m. . . . a numskull. Ar lafar yng Nghered. a sir Gaerf., *B* iv. 288. Gw. F. PAYNE: *AG* 81.

pen-lleidr [*pen*[1] + *lleidr*] *eg.* Carn-lleidr: *a notorious thief.*

1632 *D*, *penlleidr* d.g. *autolecythus.* *id.* *pen lleidr* d.g. *trifur.* **1776** DEWI NANTBRÂN: *AN* 347, megis *Penlleidr* ysceler.

Gw. hefyd **pen-lladrones.**

penlleswch [*penlle* + *swch*] *e?g.* Math o nod clust dafad, 'cornpicyn byr': *a kind of sheep ear-mark, 'cut point and spittle marks above and below', 'chimney-pot notch'.*

19g. Ar lafar yn sir Gaerf. ac ym Mrych., *B* xxxiv. 81, 85.

Amr.: **p(r)enllunswch, prenlleswch.** Ar lafar yn sir Benf., hefyd yn y ff. *blaenlleswch*, *B* xxxiv. 81.

penlletwad [*pen*[1] + *lletwad*] *eg.* *Pysg.* Un o amryw fathau o bysgod bach dŵr croyw Ewropeaidd o'r tylwyth *Cottus*, yn enw. *Cottus gobio*: *bullhead, miller's thumb.*

20g.

penllïain [*pen*[1] + *lliain*] *eg.* ll. *penllieiniau.* Penwisg neu orchudd pen (merch), cwrsi, gwimpl, coiff; twrban, penwisg offeiriad, meitr; gorchudd, canopi: (*woman's*) *head-dress, head-cloth, kerchief, wimple, coif; turban, priest's head-dress, mitre; covering, canopy.*

13g. *LlI* 29, Gwreyc ucheluur a eyll rody e mantell

a'e chrys a'e hesgydyeu a'e *penllyeyn*. *id.* 95. *Penllyeyn*, viii. k'. **14g.** *WM* 481. 14–16, *pennllein* guynn am penn vym merch ar dy neithawr. **1547** *WS*, *pen lliain* efeirad, a canope. **1604–7** *TW* (*Pen* 228) d.g. *amictus, mitella, peplum, rica*. **1632** *D*, *penlliain*, canopeum, infula. **1688** *TJ*, *penlliain*, gwîsg pen i ffeiriadau gŷnt: an Ornament which of old time Priests did wear on their Heads. **1725** *SR* d.g. *kerchief, a wimple*. **1753** *TR*, *penlliain*, a canopy; a mitre, a turbant. **1772** *W* d.g. *coif*. **1803** *P*, *penllian*, s. m. pl. *penllieiniau*, a head-cloth.

pen-llifiwr [*pen*[1] + *llifiwr*] *eg.* Y llifiwr sy'n gweithio pen uchaf llif bwll: *top-sawyer*.
1883. Ar lafar gynt, *Folk Life* xx. 50.

penllinyn [*pen*[1] + *llinyn*] *eg.* ll. (geir.) *-nau*.
1. (*a*) Cynffon, cwt: *tail*.
15g. *Med H* 22, Pan litio'r llew, kuro a'i *benllinin* y ddayar a wna, a phan vwyha i lid i kur ac ef i gefn. **15g.** *GGl*[2] 93, Fod yma ledfegin, / Yn llwyd fal y dunnell win, / Yn llawn hyd ei *benllinin*. **16g.** *Med H* 84, Bartholws a ddywaid . . . iddo ef ddwyn llew coch dywal mewn maes aur a dav *benllinyn* iddo. A hynny yssydd yn erbyn natur vod i'r un anivail ddau *benllinin*. Eithr val hyn i gellir dywedud: Mae yn dwyn aur, llew dywal neu rampiawnt o gowls a *phenllinin* fforchoc. **1594–6** *B* iii. 275, [b]od *ymhenllinyn* y ci gynnifer gymal ac yn asgwrn ei gefn. **1620** *Mos* 204, 95, Mal *penllinin* milgi. **1632** *D*, *penllinyn*, cauda. **1688** *TJ*, *penllinin*, cynffon: a Tail.
(*b*) Gwar ceffyl o'r glust hyd at yr ysgwydd: *crest* (*of a horse*).
1904. Ar lafar yng Nghered. a sir Gaerf., 'Ma *penllinyn* da gyda fe'.
(*c*) Penwisg, rhwymyn pen: *head-dress, head-band*.
1789 *BDG* 438, Ar fy mhen rhodden' yrhawg / *Benllinyn* o bân llwynawg. **1803** *P*, *penllinyn*, s. m. pl. t. *au*, a head-band.
2. (*a*) Gwybodaeth sydd yn gymorth i ddatrys problem neu ddirgelwch, cliw, arweiniad, arwydd, syniad, dealltwriaeth: *clue, lead, indication, idea, understanding*.
1721 J. P. Prys: *DC* 144, *Pen llinyn* y Llwybrau fu ein harwain i ddeddfau, / A barned[i]gaethau gwiw radau 'r gwîr Jon; / Iw cadw heb halogi Ddydd Duw 'n ei Dŷ gweddi, / Drwy ddyfal ymhonni ai Orchymynion.
(*b*) Rhediad syniadau yn y meddwl, llinyn cyswllt neu edau (mewn disgẁrs), dilyniant di-dor (mewn disgẁrs): *train of thought, thread* (*of discourse*), *uninterrupted sequence* (*of discourse*).
Ar lafar, 'Fe golles *benllinyn* y drafodeth pan ddaeth e mewn'. Ar lafar yn sir Benf., 'Dina gôf sy gida Ifan Mwrw; mae e'n gallu adrodd hanesion am hên bethe yn un *penllinyn*, ma'n show i chi glwed e', *GDD* 220.
Cfn.: **cael (y d)dau benllinyn ynghyd:** *to make* (*both*) *ends meet*. Ar lafar, 'Mân' nhw'n ffaelu *câl y ddau benllinyn ynghyd*'. Gw. hefyd *deupen—cael d. llinyn ynghyd*.

pen-llongwr [*pen*[1] + *llongwr*] *eg.* ll. *-wyr*. Meistr neu gapten llong, prif longwr; llyngesydd, is-lyngesydd; peilot: *ship's master or captain, head seaman*; (*vice-*)*admiral*; *pilot*.
14g. *BT* 103, ar *penllongwyr* ar gwyr aruawc oll adoethant yr tir. **14g.** *BT* (*RB*) 134–6, A gwedy adaw yn y llogeu y gwyr noeth diaryf a'r gwassanaethwyr, y kyrchawd tywyssawc y llogeu, a'r *penn llogwyr* y gyt ac ef . . . y'r ynys y mywn. **1604–7** *TW* (*Pen* 228) d.g. *archigubernius, nauarchus*. *id. penllongwr* yn rheoli'r morwyr d.g. *portisculus*. *Dchr.* **17g.** *J* 10, 124b, *penllongwr*, archigubernius, admirall, navarchus. **1725** *SR* d.g. *a pilot*. **1728** T. Baddy: *DDG* 89, Y *Pen Llongwr* (*Captain*) a ddygodd un o'r Llongau yn rhy agos i'r Lann. *c.* **1730** *Thos. Lloyd D* (LlGC) 190b, *penllongwr*, the master of a vessel. a pilot. **1794** *W* d.g. *vice-admiral*.

penllom, penllor, gw. penllwm, penllawr.

pen-lluesteiwr [*pen*[1] + *lluesteiwr*] *eg.* Pennaeth ar yr adran yn y fyddin sy'n gyfrifol am luestu, gwersylla, offer, &c.: *quartermaster-general*.
1780 *W* d.g. *quarter-master general*.

penllunswch, gw. penlleswch.

penllurug [*pen*[1] + *llurug*] *eg.* Cap mael a wisgid o dan helm, penffestin: *mail cap worn under a helmet*.
c. **1400** *YCM*[2] 58, rolant . . . a ossodes ar y Sarassin . . . ac a'e trewis ar wastat y helym, yny dorres y phedwared rann, a'r *penn lluruc* a'r neill hanner y glust ynteu y maes. *id.* 95, Ef a wasgwys hagen, y *pennluruc* [*sic*] yn gymeint ar y benn ac y neitywys y gwaet trwy y modrwyeu y uynyd.

pen-lluydd [*pen*[1] + *lluydd*] *eg.* ll. *-ion*. Pen-cadfridog, pen-milwr: *commander-in-chief, chief soldier*.
14g. *T* 77. 13–14, *penlluyd* perchyd llurygogyon.

pen-lluyddwr [*pen*[1] + *lluyddwr*] *eg.* Pen-cadfridog, pen-milwr: *commander-in-chief, chief soldier*.
1800 *Eurgr* 31, ef a allai mai *penlluyddwr* Ercwlff oedd Prydain.

penllwm [*pen*[1] + *llwm*] *a.* (b. *-llom*). Penfoel, prin ei wallt: *bald-headed, having thin hair*.
15g. *LlCy* i. 5, hagyr wrach ffrom *benllom* boenllais. **1545** *CI* 8, odid i'r dyn . . . myned yn voel nac yn *benllwm*.

penllwyd [*pen*[1] + *llwyd*] *a.* ll. *-ion*, a hefyd fel *eg.b.* (bach. g. *-yn*) ll. *-ion*, *-*(*i*)*aid*.
(*a*) A'i wallt wedi britho, hefyd yn *ffig.* hynafol (hefyd yn ddifr.), yn teilyngu parch oherwydd hynafiaeth; llwyd ei phen (am ddafad); person â gwallt brith: *grey-haired, hoary, also fig. ancient, antiquated* (*also derog.*), *venerable, time-honoured*; *grey-headed* (*of sheep*); *grey-haired person*.
15g. Gwilym Tew: *Gw* 466, Olwyn men dan lanw mynych / A fag o'r brag yn eirw brych. / Penllâd dwfn *penllwyd* dyfal, / Pob llymaid d'enaid a dâl [i ganmol ffiol Siôn ap Rhys]. **15g.** *CMOC* 36, Meddai i mi Wenllian—/ bu anllad gynt *benllwyd* gân (Gwerful Mechain). **1547** *WS*, *penllwyd*, hore heedede. **1580** *GGN* 60, y gwyr ar y sydd . . . yn hel gordderchion yny ddelon yn *benllwydied* ag yn hen. **1588** *Ecclus* xxv. 6, Mor dêg yw barn ar rai *penllwyd*. **16–17g.** Llywelyn Siôn, &c.: *Gw* 398, *penllwyd*, mantach, kwrbach, kül. **1604–7** *TW* (*Pen* 228) d.g. *canus, incanus*. **1632** *D*, *penllwyd*, capite canus. **1661** E. Lewis: *Drex* 15, gwraig wreigaidd, bwyllog, *benllwyd*. **17–18g.** *CLlC* iv. 27, Ag yna sugnai'r hen wr *penllwyd* / Laeth ei dwyfron mor ddi arswyd. **1724** S. Williams: *ADA* 40, By'd i'r rhai ieuaingc gwympo arni [y ddyletswydd o brynu'r amser], a'r rhai sy'nghanol eu hoed ynghŷd a'r rhai *penllwydion* hefyd. **1732** *AABI* 90, Y mae Hanesion yn dywedyd ŵrthym am Wr ifangc, yr hwn am ryw Drosedd mawr a gondemniwyd i farw, a aeth yn *Benllwyd* mewn yspaid un Noswaith. **1803** *P*.
(*b*) *Pysg.* Eog ieuanc sy'n dychwelyd i'r afon o'r môr am y tro cyntaf, gleisiad; eog tair blwydd oed; brithyll y môr, gwyniedyn, siwin; glasgangen, *Thymallus thymallus*: *grilse*; *salmon in its third year, mort*; *sea trout, salmon trout, sewin*; *grayling*.
14g. *WML* 107, Rwyt ehogyn vn ar pymthec atal. Rwyt *penllwyteit* deudec keinhawc atal. **1604–7** *TW* (*Pen* 228) d.g. *salmo*. **1725** *SR* d.g. *a mort, a salmon*. **18g.** *Pant* 19, 90, *Penllwyd*, a fish of the salmon kind called Grey sewin. **1755** *ML* i. 347, Aie brychiaid afon Alaw ydych yn ei fwytta . . . gwell a fyddai gennif fwytta crothell o Gymru na gleisiad o Loegr, h.y. glâs iâd, ac mae un a elwir *Penllwyd* ac un ieuangc Penlas. **1757** *ML* (Add) 326, Ymofynwch pa sawl Enw sydd ar Leisiedyn . . . a elwir un rhyw o'r gleisiad yna yn *Benllwyd*? **18–19g.** *Llr* C 55, 219, The salmon in its various stages of growth is called . . . 12. *Penllwyd*. **1803** *P*, *Penllwyd* . . . s. m. pl. t. *ion*, the grayling: the sewin. Ar lafar yn sir Benf. yn yr ystyr 'siwin', *Geir Geg* 52.
(*c*) *Bot.* Edafeddog, *Filago germanica*; llygad Ebrill, *Ranunculus ficaria*; plu'r gweunydd, *Eriophorum angustifolium*: *common cudweed*; *pilewort, lesser celandine*; *common cotton-grass*.
1547 *WS*, *penllwyd* llyseun. **1632** *D* (*Bot*), *penllwyd*, vid. y Filfyw. **1688** *TJ*, *penllwŷd*, y filfŷw, Wild Wheat, Wild corn, Pilewort. **1803** *P*, penllwyd . . . y *benllwyd*, the pilewort; also called Milvyw. **1813** *WB* 225, *penllwyd*, edr. Llwyd y Ffordd. Ar lafar yn yr ystyr 'plu'r gweunydd' yn y ff. *penllwydyn* ym Mrych., *Cymru* xxxix. 95, a hefyd ym Meir. a Chered.; digwydd hefyd yn y ff. 'y *benllwyd* bach'.

penllwydaf: penllwydo [bf. o'r a. bl.] *bg.a.* Mynd neu wneud yn benllwyd, britho, hefyd yn *ffig.*: *to become or make grey-haired, turn grey, also fig.*
16–17g. *GST* i. 359, Hiraeth am un wrth 'y modd / O'm poen llid a'm *pen-llwydodd*. **16–17g.** *CRC* 359, duw am helpio rwy yn *pen llwydo* / mynd yn oddrwg y maer golwg. **1604–7** *TW* (*Pen* 228) d.g. *canens, caneo, incanesco*. **1674** *B* xii. 22, rhagfanegu y daw r amser y bydd y gwyr jefaink yn *penllwydo*. **1774** H. Jones: *CH* 19, Fellu hefyd ddynion pan font yn dechrau *penllwydo*. **1774** *W* d.g. *hoary, to grow hoary*. **1803** *P*.

penllwydedd [*penllwyd* + *-edd*[1]] *eg.* Penllwydni; gwallt llwyd: *state of having grey hair, hoariness*; *grey hair*.
1567 *LlGG* (*Sall*) 39a, Ac ys hyd henaint a' *phenllwyde*[*dd*], á Ddew: na' ad vi. **1589–90** *HP* 77, Na yrrwch fy henaint a'm *pennllwydedd* i'r bedd kynn amser o alar a thristwch. **1604–7** *TW* (*Pen* 228) d.g. *canities*. **1722** *Llst* 189, *penllwydedd* . . . m. gray hairs. **1725** *SR* d.g. *hoariness*. **1803** *P*, *penllwydedd*, s. m. hoariness of the head.

penllwydeg [*penllwyd* + *-eg*[1]] *eb.* Rhwyd i ddal penllwydion: *net for catching the 'penllwyd'* (*q.v.*).
13g. *LlI* 93, *penlluydec*, xvi. [keynnyauc]. **13g.** *LTWL* 237, Rete salmonum xxiiii denarii. *Penllwydec* xvi denarii. Gaflawec iiii denarii legales. **1803** *P*, *penllwydeg*, s. f. a net for catching graylings.

penllwydni [*penllwyd* + *-ni*] *eg.* Gwallt brith neu lwyd; y cyflwr o fod â gwallt brith neu lwyd, penllwydedd, henaint: *grey hair*; *state of having grey hair, hoariness, old age*.
1588 *Gen* xliv. 29, yna y gwnewch i'm *penllwydni* ddescyn mewn gofid i fedd. **1588** *Salm* lxxi. 18, Na wrthot fi ychwaith ô Dduw mewn henaint, a *phenllwydni*. *Dchr.* **17g.** *J* 10, 124b, *penllwydni*, canities. **1620** *Doeth Sol* ii. 10, na pharchwn hir-hoedloc *benllwydni* (**1588** *ib.* henaint) yr hynaf gwr. **1632** *D*, *penllwydni*, capillorum canities. **17g.** E. Morris: *B* 21, Y dasg oedd faith dysgodd fi, / Paun llednais, mewn *penllwydni*. **1688** *TJ*, *penllwydni*: horiness or whiteness of Hair. **1704** E. Samuel: *BA* 167, henaint a *phenllwŷdni*. **18g.** E. T. Rhys: *DA* 116, Ond pan ddel *penllwydni* brith. **1776** I. Brydydd Hir: *P* 210, ef a ddygir i lawr ein *penllwydni* i'r bedd mewn digofaint. **1787** E. Roberts: *PCF* 54, Fel Effram gynt y daeth *pen llwydni*. **1803** *P*.

penllwydyn, gw. penllwyd.

penllyfnaf: penllyfnu [*pen*[1] + *llyfnu*] *ba.* Llochi neu bratio pen, anwesu: *to stroke or pat one's head, pamper*.
1629 R. Llwyd: *P* 34, er bod yn wŷch gennym gael bod yn esmwyth wrthym, ac megis ein *penllyfnu* trwy dêg.

pen-llyngeswr, pen-llyngesydd [*pen*[1] + *llyngeswr, llyngesydd*] *eg.* ll. *-llyngeswyr*. Swyddog pennaf llynges, swyddog llyngesol o'r radd uchaf: *commander-in-chief* (*of navy*), *admiral of the fleet*.
1770 *W*, *penllyngeswr* d.g. *admiral, lord high admiral*.

pen-llythyrwr, pen-llythyrydd [*pen*[1] + *llythyrwr, llythyrydd*] *eg.* Pennaeth y gwasanaeth post mewn rhai gwledydd: *postmaster general*.
1780 *W* d.g. *the postmaster-general*.
Cfn.: **pen-llythyrwr cyffredinol:** *postmaster general*. **1857.**

pen-llywiawdr, pen-llywawdr, pen-llywiawdwr [*pen*[1] + *llywiawdr*[1], *llywawdr, llywiawdwr*] *eg.* ll. *-llywiawdwyr*, *-llywodron*. Rheolwr pennaf, pen-llywodraethwr, penadur, hefyd yn *ffig.*; cadfridog: *chief ruler, supreme governor, sovereign, also fig.*; *general*.
1567 *LlGG* 13b, Ollalluoc Ddew, Brenhin yr oll Vrenhinedd, a' *phenllywyawdr* pop peth. **1658** R. Vaughan: *PS* 36, O Tydi *Ben-llywawdr* yr holl fyd. **1675** R. Davies: *PY* 54, yr hwn a alwodd Moses, y *pen llywiawdwr* yn Israel, yn Arglwydd. **17–18g.** O. Gruffydd: *Gw* 105, Arglwydd Nef a *Phenllywiawdwr* / Môr a thiroedd. **1701** J. Williams: *BG* 11, Ac nad oes nêb rhyw ûn Gŵr wedi ei ordeinio gan Ghrist yn *Benllywiawdr* ar y Ddaiar i'r Eglwys ôll. **1710** *LlGG* sig. Ggggg2r, ein grasusaf a'n cyfiawnaf *Ben-llywiawdwr* ni yr amser hwnnw. **1718** E. Samuel: *HDdD* 270, Cyssur gwael sydd yma i neb i godi 'n erbyn eu *Penllywiawdr* Cyfreithlon (*lawful Magistrate*). **1719** *EGBG* 2[4]8, Dyledswyddau pen-llywodraethwyr neu *benllywiawdwyr*. **1733** T. Evans: *PP* 208, tydi yw *pen-llywiawdr* y bŷd, a'r cwbl sydd ynddo. **1765** J. Evans: *CPE* 9, Rhaglawiaid Ymerodr Rhufain oeddynt *Ben-llywiawdwyr* ar yr Juddewon. **1771** *W* d.g. *chief ruler*. **1799** M. Williams: *BM* 22, yr haul a mawrth yw penllywodraethwyr y pennaf o gongl tai'r addurn . . . mewn cyssylltiad â iau, *penllywiawdwr* yr 8 ed a'r 9 ed. **1803** *P*, *penllywawdyr*, s. m. pl. *penllywodron*, a general.

penllywodraeth [*pen*[1] + *llywodraeth*[1]] *eg.* a hefyd gyda grym ansoddeiriol. Sofraniaeth, penarglwyddiaeth, goruchafiaeth: *sovereignty, dominion, supremacy.*

1661 E. LEWIS: *Drex* 303, A pha ddyn y gredai hyn, oni bai i'r gwirionedd o hynny ei annog ar yr ystyriaeth o *benllywodraeth* a mawrhydi anfeidrol Duw? **1720** *App DP* 34, Ewyllys Rydd, *benllywodraeth* ac Anorphwys. **1725–6** *Madd Ed* 195, ni chanlyn dim Effeithiau nes gosodo'r Ewyllys ei *Phenllywodraeth* rhyngddynt [rheswm a synnwyr], a phenodi . . . pa beth a wneir. **18g.** E. T. RHYS: *DA* 22, I'r Iôr trwy arfaeth, / O'i *ben-llywodraeth*, / Ddarparu'r brâth a'r briw. **1752** J. THOMAS: *FG* 107, y dylem arferu fod â'r fath Fri a Pharch gennym i'w *Benllywodraeth.* **1765** J. EVANS: *CPE* 464, y Rhufeiniaid bioedd y *Penllywodraeth* ar yr holl fyd. **1771** *W* d.g. *chief rule.* **1790** T. JONES: *TOS* 25, pa faint mwy y gwna gogoniant ei ail ddyfodiad i'r holl fyd addef ei *benllywodraeth*? **1803** *P.*

penllywodraethol [*penllywodraeth* + *-ol*] *a.* Penarglwyddiaethol, goruchaf, sofran: *sovereign.*

1769 J. GRIFFITH: *A* 112, [cyfoeth] gras *penllywodraethol. id.* 113, gras goludog *penllywodraethol.* **1800** W. THOMAS: *P* 157, ei ewyllys *Pen-llywodraethol* ei hun.

pen-llywodraethwr [*pen*[1] + *llywodraethwr*] *eg.* ll. *-wyr.* Llywodraethwr pennaf, prif reolwr, prif swyddog, penadur, hefyd yn *ffig.*: *supreme governor, chief ruler, chief officer, sovereign, also fig.*

1620 *Jer* xx. 1, Pasur mab Immer yr offeiriad, yr hwn oedd yn *ben llywodraethwr* yn nhŷ yr Arglwydd. **1681** S. HUGHES: *AC* 5, a fu yn Achos, nid yn unic i *Ben-llywodraethwr*, eithr hefyd i Escob y lle, i Holi y matter yn fanol. *id.* 11, Creawdwr, Meddiannydd, a *Phen-llywodraethwr* pob dim ôll. **1696** *GGTY* 304, y dylei y *Pen-llywodraethwr* rwystro i bobl gael eu soddi. **1703** E. WYNNE: *BC* 73, *Pen-llywodraethwr* y Llyncllyn Diphwys. **1718** E. SAMUEL: *HDdD* 269, mae'r fath ufudd-dod yn ddyledus arnom ir *Penllywodraethwr.* **1719** *EGBG* 2[4]7, Dyled-swyddau Deiliaid at eu *penllywodraethwyr.* **1727** M. MAURICE: *WE* iii, Eich holl amserau ydynt yn llaw y *penllywodraethwr.* **1735** S. THOMAS: *HP* 163, Er bod y Wlad honno [Holand] yn Republick, yn cael ei rheoli gan ryw fath o Barliament, heb Frenhin neu'r cyfryw *Ben-lywodraethwr* [*sic*]. *c.* **1762–79** W. WILLIAMS: *P* 178, un Duw, *pen llywodraethwr*, a chreawdwr pob peth. **1769** J. GRIFFITH: *A* 66, *pen-llywodraethwr* mawr yr holl greadigaeth. **1771** *W* d.g. *chief ruler.* **1799** M. WILLIAMS: *BM* 22, yr haul a mawrth yw *penllywodraethwyr* y pennaf o gongl tai'r addurn. **1803** *P.*

pen-llywydd [*pen*[1] + *llywydd*] *eg.* (b. *-es*) ll. *-au, -ion.* Pen-llywodraethwr, prif reolwr, penadur, teyrn; prif lywydd (cyngor, cymanfa, &c.); Arglwydd Lywydd, llywydd cyfarfodydd y Cyfrin Gyngor; Arglwydd Raglaw, cynrychiolydd y Goron mewn sir; pen-llyngesydd; capten, peilot (llong); hefyd yn *ffig.*: *supreme governor, chief ruler, sovereign, monarch; chief president (of council, assembly, &c.); Lord President; Lord Lieutenant; commander-in-chief (of navy); captain, pilot (of ship); also fig.*

14g. *GDG*[3] 325, Dywad yn deg fy neges, / Diwyd fydd, *pen-llywydd* lles [i'r ceiliog bronfraith]. **15g.** *Pen* 109, 13, Dwywlat ardelyd. yn llaw n *penn llywyd* (Lewys Glyn Cothi). **15g.** *GGl*[2] 206, Gruffudd, *benllywydd* Llëyn. **1567** *LlGG* 10b, Elizabeth ein grasusaf Vrenhines a'n *pen llywydd.* **1588** *Pr* ix. 17, Geiriau y doethion isel eu gradd a ddylid eu gwrando rhagor bloedd *pen-llywydd* ai ffyliaid gyd ag ef. **1588** 2 *Mac* ix. 19, Antiochus y brenin ar *pen llywydd.* **1632** *D* d.g. *eparchus, magistratus. id. penllywydd* llong d.g. *portisculus.* **17g.** *LlGC* 13215, 374, *penllywydd*, monarcha. **1681** S. HUGHES: *AC* 6, pan yr oedd efe yn *Ben-llywydd* yng-[ngh]ymanfa Eglwyswyr y Deyrnas. **1688** *TJ*, Abades, *pen Llywŷddes* Abatty, an Abbess. **1725** *SR* d.g. *a Lord President.* **1758** J. PRYS: *Alm* [2], petrusedd rhwng y *penllywŷddau* a'u pobl . . . *penllywyddau* Llû y Môr. **1771** *W* d.g. *chief ruler, chief magistrate.* **1803** *P*, *penllywydd*, s. m. pl. t. *ion*, a sovereign lord.

Cfn.: **Pen-llywydd y Cyngor:** *Lord President of the Council.* **1858.**

penllywyddiaeth [*pen-llywydd* + *-iaeth*] *eb.g.* Penarglwyddiaeth, sofraniaeth, penllywodraeth: *sovereignty, dominion.*

1771 *W* d.g. *chief rule.* **1803** *P*, *penllywyddiaeth*, s. m. supreme dominion; sovereignty.

pen-macwy, pen-macwyf [*pen*[1] + *macwy*[1], *macwyf*] *eg.* Prif facwy neu wastrawd: *chief page or groom.*

1334 *HD* 8, pro pastu *Pennackewe* [*sic*] et Weiss[ion] Baghen ob. **14g.** *WM* 387. 7, eliuri a oed *penn maccwyf.*

penmaen [*pen*[1] + *maen*[1]] *eg.* Pentir, penrhyn: *promontory, cape.*

1604–7 *TW* (*Pen* 228) d.g. *promontorium.* **17g.** *LlGC* 13215, 374, *penmaen*, rupes. **1722** *Llst* 189, *penmaen*, m. a cape, fore-land. **1771** *W* d.g. *cape.* Digwydd yn gyff. mewn e. lleoedd e.e. *Penmaen-mawr*, *Penmaen-pŵl* (*Llynpenmaen*).

Gw. hefyd **pen**[1]**—p. mawr.**

pen-meistr, penmeistr [*pen*[1] + *meistr*] *eg.* (b. *-es*) ll. *-(i)aid.* Prif feistr, pennaeth; prifathro; hefyd yn *ffig.*: *chief master, grand master, head; headmaster; also fig.*

15–16g. *GIF* 41, Pwy *benmeistr* pawb heb unmeth [i Syr Siôn Raglan]? **16g.** (*LlEG*) *Mos* 158, 534a, [*p*]*enn meisdyr* gouaint y dref. **16g.** RHISIART FYNGLWYD, &c.: *Gw* 85, Pwy'n mwstro gwŷr, *penmeistr* gart. **16g.** *GGH* 301, Canaf i *ben-meistr* cannyn, / Capten plaid holl enaid Llŷn [i Siôn Gruffudd o Gefnamwlch]. **1632** *D*, *penmeistr* ysgol d.g. *gymnasiarcha.* **1718 (1721)** S. THOMAS: *HB* 136, darfu iddi hithau ddyfod i fod megis yn *Ben meistres* o Sect o wyryfon defosionol. **1754** G. OWEN: *L* 127, How do you translate a free and accepted mason? Ië ac yn un o'r *penmeistraid* hefyd. **1775** D. ROWLAND: *TP* 47, Crist, fel *Pen-meistr* pob celfyddyd . . . a wnaeth y clâf hwn yn holl iach. **1777** W. WILLIAMS: *DN* 11, nes oedd pleser ei hunan yn *ben-meistr* arno ef a minnau.

pen-milwr [*pen*[1] + *milwr*] *eg.* ll. *-wyr.* Prif filwr, pen-cadfridog, hefyd yn *ffig.*: *chief soldier, commander-in-chief, also fig.*

1696 *CDD* 92, Duw Frenin Brenhinoedd, a llywŷdd pôb lluoedd; / Madde di i'r mîloedd, *Pen mîlwr* y Bŷd. **1704** E. SAMUEL: *BA* 59, un o brif-dywysogion yr Eglwys, a *phenmilwyr* i'n Harglwydd. **1712** T. WILLIAMS: *CDdG* 138, A Plautius *Pen-milŵr* y Rhufeiniaid y pryd hwnnw ym Mrydain. Cf. *R* 1418. 21–2, penn milwr penn molyant rac llaw.

penmoel, penmoelni, gw. **penfoel, penfoelni.**

pen-moliant [*pen*[1] + *moliant*] *e?g.* Prif destun moliant neu addoliad: *main object of praise or worship.*

Diw. **15g.** *Pen* 67, 58, Santes vair *benn molyant* y merthyri. **1770** P. WILLIAMS: *BS*, *Esec* xxxvi, bydded Jerusalem yn *benmoliant* ar y ddaear. **1795** *LlCA* 6, y bydd i Seion fyned yn *ben-moliant* ar y ddaear. Cf. *R* 1418. 21–2, penn milwr penn molyant rac llaw.

pen-morwyn [*pen*[1] + *morwyn*] *eb.* Prif forwyn, morwyn fawr, (prif) howsgipar: *first maid, (head) housekeeper.*

17g. HUW MORUS: *EC* i. 282, Gyd â 'ch nain yn Ystum Colwyn, / Y bu yn aros yn *ben morwyn.*

Amr.: **pen-forwyn. 1931.** Ar lafar yn y Gogledd a'r De.

penmynydd [*pen*[1] + *mynydd*] *a.* ?Gwladaidd: *rustic.*

1834.

pennach, pennad, gw. **pen**[1]**, pennaid.**

pennaeth, peniaeth [*pen*[1] + *-(i)aeth*, cf. Gwydd. C. *cennacht* 'swydd pennaeth, goruchafiaeth, arweiniad'] *eg.b.* (b. *penaethes*) ll. *penaeth(i)aid, penaethau, penaethion.*

1. (*a*) Pen, rheolwr, penadur, capten, arweinydd, blaenor, meistr, pendefig, arglwydd, tywysog, brenin, dug: *head, ruler, chief, chieftain, captain, leader, master, lord, prince, king, duke.*

13g. *C* 54. 12–13, Ry dibit attamne chuetil dyfridauc. *penaetheu* bychein anudonauc. *id.* 75. 12–13, Or saul *pennaeth* ageis inaeth. arvaeth camrvy. *c.* **1300** *H* 125a. 19, llin g[w]inuaeth *pennaeth* pennaf. o gymry (Llywelyn Brydydd Hoddnant). **14g.** *GDG*[3] 54, *Pennaeth* barddoniaeth beirdd [marwnad Madog Benfras]. **15g.** TUDUR PENLLYN, &c.: *Gw* 95, tarw a *ffeniaeth* tri ffyniant / tair blwydd rad duw ar i blant (Ieuan Brydydd Hir). **15g.** *LGC* 239, dwyn ieithydd y *penaethiaid.* **1547** *WS*, *pennaeth*, a duke. *id. pennaethes*, a duches. **1567** *TN* 134a, Nicodemus *pennaeth* [:– Reolwr] ymplith yr Iuddaeon. *id.* 143b–144a, a wyr y *penaethieit* yn ddiau mae hwn yw'r gwir Christ. *id.* 158a, tywysawc [:– *pennaeth*, pennadur] y byt hwn. *id.* 220a, galwodd Paul *bennaethieit* [:– blaenorieit] yr Iuddeon yn-cyt. **1606** E. JAMES: *Hom* ii. 68, a pha *bennaethes* ddewr-wych a gafas Escob Rhufain o honi i osod i fynydd ac i faentaeinio ei eulynod a'i ddelwau. **1632** *D* d.g. *antistes, dux, dynastes, primas, proceres, rex.* **1670** J. HUGHES: *AP* [iii], yr Eglwys Lan a'm *Pennaethion.* **1696** *CDD* 125, Esau ac Eleias, yn addo Meseias, / O *benieth* y deŷrnas gadernŷd. **1712** T. WILLIAMS: *CDdG* 351, efe [Pedr] oedd *Benniaeth* ar Golledge yr Apostolion. **1731** E. SAMUEL: *AE* 223, boed i *Bennaeth* y Teulu . . . Weddio. **1753** *ML* i. 261, bydd raid i Wilym ymorol am *benaethes* ar ei dy. **1776** *W* d.g. *master* [*chief, &c.*]. **1803** *P.*

(*b*) (enghrau. *ffig.*: *fig. exx.*).

1567 G. ROBERT: *GC* 73–4, pa bryd y cyfansoddir rhagwas ai *bennaeth* ynghyd . . . Gair heb arwyddhau dim, ond yn vnig gwasnethu i ryw air arall a fo *pennaeth* iddo. **1620** *Mos* 204, 106, Nâd dy geinioġ yn *beniaeth* arnat. **1768** TWM O'R NANT: *CTh* 45, Aî [*sic*] Ryfedd Ragluniaeth sy'n *beniaeth* ir Byd. **1769** TWM O'R NANT: *TChD* 48, Chwant beunydd sy'n *Beniaeth.*

2. Arglwyddiaeth, sofraniaeth, goruchafiaeth, awdurdod; 'barwniaeth Gymreig', y ddaliadaeth ddigyfrwng y daliai disgynyddion y breninlliniau Cymreig eu tiroedd trwyddi ar ôl 1282 a olygai bresenoldeb a gwasanaeth arglwydd yn llys ei uwcharglwydd, yn dywysog Cymreig neu'n frenin Seisnig, gwasanaeth milwrol am dridiau yn ôl y gorchymyn, a thalu ebediw, fel rheol ynghyd ag etifeddiaeth ranedig: *lordship, sovereignty, supremacy, authority; 'Welsh barony', the tenure-in-chief by which the descendants of the Welsh dynasties held their lands after 1282 and which involved a lord in performing suit at the court of a feudal superior, whether Welsh prince or English king, military service for three days at summons, and the payment of 'ebediw', usually with partible inheritance.*

c. **1300** *H* 38a. 19–20, hyd ystreigyl hyd eigyl hyd aeron yt aeth. y *bennaeth* o bennmon [marwnad Owain Gwynedd gan Gynddelw]. **1308** *Cal Inq P M* v. 42–3, [by the Welsh tenure] *Pennaethium* [. . . by fealty and by service that he and all his tenants whenever necessary are bound to come at the summons of the king's bailiffs for the expedition of the king and his bailiffs, for three days at their own charges . . . and after his death the king ought to have of his goods 100s. as heriot called 'Ebedin'[*sic*]; and according to the custom of the Welsh his lands ought to be divided proportionally between his sons]. **1320** *id.* vi. 150, [Madock ap Griffyn alias ap Griffith . . . Lands called Glyndouerdo . . . and the land of Kenthlyth . . . held of the king in chief by Welsh barony which in Welsh is called] *pennayth*[, by fealty and service of going with his men in the king's army, when reasonably warned, at the king's costs, and doing suit at the county (court) of Merioneth]. **14g.** *T* 13. 3–4, a*phennaeth* ehelaeth affraeth vnbyn. *ib.* 21–2, rac *pennaeth* saesson ac eu hoffed. *id.* 29. 3–4, pedeir prif *pennaeth. id.* 70. 25, kollawt kymry oll eu haelder. ynrygystlyned o *pennaeth* weisson. *c.* **1400** *R* 579. 10, y *bennaeth* yn llaw howel. *id.* 1174. 4–5, ef is nef uch nef uch nawtraeth. yssyd ny symut y *bennaeth.* **1617** *Minsheu* 477b, *penniaeth* d.g. *supremacie.* **1704** E. SAMUEL: *BA* 12–13, nid oedd iddo [Pedr] un *bennaeth* awdurdodawl neu bendefigaeth goruwch y lleill o'i gyd Apostolion. *c.* **1762–79** W. WILLIAMS: *P* 146, am eu bod wedi cael eu cyhuddo o fradwriaeth yn erbyn y llywodraeth, trwy bregethu *pennaeth* y Pab. **1803** *P*, *penaeth*, s. m. a pre-eminence, or supremacy.

Amr.: **penaethiad**[2] [adff. o'r ll. *penaethiaid*]. *Dchr.* **17g.** *J* 10, 124a, *penaethiad*, captaine, proceres. **1741** S. THOMAS: *DY* 60, [y] *Pennaethiad* yn orthrymmwr. **1803** *P.*

Cfn.: **pennaeth adran:** *departmental head, head of department.* **20g.** Ar lafar.

pennaf[1]**,** gw. **pen**[1]**.**

pennaf[2]**: pennu** [bf. o'r e. *pen*[1]] *bg.a.*

(*a*) Penodi, gosod, sefydlu, ordeinio, penderfynu (ar), trefnu; nodweddu, diffinio, cyfyngu; sicrhau, cadarnhau; gorchymyn; priodoli, rhoddi, rhannu; nodi, enghreifftio: *to appoint, set, fix, establish, ordain, determine (upon), arrange; characterize, define, limit; affirm; prescribe; attribute, ascribe, give, apportion; note, give example of, instance.*

15g. *GGl*[2] 26, Y Gŵr Aberthwr a bortha—mynaich / Y Maenan a *benna*, / A bair ein gwin a'n bara. **1588** *Heb* iv. 7, y mae efe yn *pennu* diwrnod. **16–17g.** *Cer RC* 188, A rhai oedd yn *pennu* / Mewn godineb i bod yn pechu. **1603** W. MIDLETON: *Ps* 170, Fal y lleuad wastad wedd / A *bennir* yn sickr beunydd. **1620** *Gen* xlvii. 22, Yn unic tîr yr offeiriaid ni phrynodd efe: canys rhan oedd i'r offeiriaid wedi ei *phennu* iddynt gan Pharao. **1630** R. LLWYD: *LlH* 35, Y mae ŵyth o arwyddion . . . yn dangos ac yn *pennu* (*eight infallible notes and tokens*) y dyn a ailganer [*sic*]. **1632** J. DAVIES: *LlR* 320, Y pwngc yma y mae'r Apostol at yr Hebræaid yn ei brofi yn rhyfeddol ac yn ei *bennu* yn daer (*greatly Vrged*). **1677** R. JONES: *BB* 134, Ac nid hwyrach i chwi *bennu* (*instance*) rhyw rai ar sydd euog o rai o'r rhai'n. **1701** E. WYNNE: *RBS* 68, gan na *phennwyd* (*prescribed*) i bawb yr un grâdd pennodol o fynychdra. **1710** *LlGG* (*Gos*) 114, y tri Articlau y *bennasom* ac a yspysasom gynt. **1716** IACO AB DEWI: *PTE* 6, Pôb peth ac ydys yn ei *bennu* (*attribute*) yma ar Dduw, ydys yn ei wneuthur â'r rhai hyn yn Nwylaw Gwyr glewion. **1717** IACO AB DEWI: *CS* 171, A *bennwyd* (*confin'd*) y Fendith i'r seithfed Dydd? *id.* 270, gan *bennu* (*ascribe*) Teyrnas, Gallu, a Gogoniant iddo ef. **1722** *Llst* 189, *pennu*, to fix upon . . . bound, confine, determine, attribute. **1754** *W Ballads* 185, 5, Fe Aroddodd [*sic*] fil o bunne i'w *pennu* yn ddi wad, / Rhwng i wraig ai ferched. **1803** *P.* Ar lafar yn Arfon yn yr ystyr 'dibynnu', ''Ellwch chi ddim *pennu* arno fo'.

(*b*) Gorffen, dibennu, terfynu, cyflawni, dod neu ddwyn i ben: *to finish, fulfil, come or bring to an end.*

15–16g. *GIF* 51, Pa anap na chaid *pennu*? / Pwy wnâi fwy no'r pen a fu? **1592** S. D. RHYS: *Inst* 155, nes iddynt *bennu* a' diwêddu gwers neu wersi. **17g.** *Beirn* iii. 163, Dwg fi i nef Duw gyfiawn, wych, / *Penna* f'einioes pan fynnych (William Phylip). **1655** R. JONES: *PC* 16, Y babell codwyd. enneinio hon / Sancteiddio Aron. *pennant* [:– gorffennant]. **1672** R. PRICHARD: *Gw* 123, Dyna 'r Meistr gore i wsnaethu, / Dyna 'r Gorchwyl rheita i *bennu*. *id.* 444, Trefna niwedd, *penna*'n nhrallod. **1714** R. PRYDDERCH: *GD* [iv], i *bennu* hyn o rag ymadrodd. **1722** *Llst* 189, *pennu* . . . finish. **1773** *W* d.g. *to end* [*finish, make an end of, put an end to, &c.*]. Ar lafar yn sir Benf., *GDD* 221, *LGW* 187; 'Wyt ti 'di *pennu* dy ddrama di 'to?'

(*c*) Magu pen (am bloryn, &c.): *to come to a head* (*of a spot, &c.*).

c. **1400** *MM* 52, Rac hwyd y mywn croth dyn . . . or byd crawn yndaw ef a *bennha*. *c.* **1400** *Études* vii. [270], Medeginyaeth rac y postwm . . . dot ar y postym, a phan vo yn aeduet digawn ac yn *pennu*, agor arnaw a gollwng ef ymaes. *id.* viii. 72, O'r byd hwyd mywn aelawt bydar y dyn . . . dodet [y feddyginiaeth] yn dwym wrthaw ac ef a *benna*. *c.* **1730** *Thos. Lloyd D* (LlGC) 194a, crug wedi *pennu*, suppuratum, come to a head. **1774** *W*, peri *pennu* d.g. *head, to bring* [*a boil, &c.*] *to a head.*

(*d*) (geir.) Toi (tŷ): (*dict.*) *to roof* (*a house*).

[**1783**] *W* d.g. *to roof a house.*

Cfn.: **pennu allan:** *to single out.* **1733** J. OWEN: *TBG* 81, Mae cyfeillach o ddynion wedi eu *pennu allan* ganddo ef tuag at y Weinidogaeth hon.

Cf. **dibennaf¹: dibennu.**

pennaf³ [gr. eith. yr a. *pen¹* fel e.] *eg.* ll. *penafiaid, peneifiaid.* Arweiniwr, pennaeth; prif beth: *leader, chief; chief thing.*

1583 *LlGC* 716, 67a, ef a laddodd . . . yr holl *penafiait* o Israel. **1609** R. SMYTH: *CAC* 60, pa fodd y dylent i harfer i hun tuag at i tadau, ai *penafied* a'i penaithiaid. **1653** R. JONES: *TTN* 2, byw merch y *pennaf.* **18–19g.** *MA* iii. 283, Sef yw barlin, rhiaint a phencenedlodd neu *beneiviaid* cenedyl a chynghaws. **1862** *Barddas* i. 308, Tri *phenneifiaid* y byd sy'n gyfungyrch at gariad; Bodd Duw, Lles Dyn, ac ansawdd anian.

pennaid [*pen¹* + *-aid¹*] *eg.*

(*a*) Llond pen (o wallt): *head* (*of hair*).

Ar lafar.

(*b*) Cegaid, llond ceg, tamaid i fwyta: *mouthful, 'a bite'.*

Ar lafar yn sir Benf., 'Sana i wedi câl *pennad* y dydd heddy', *GDD* 220; hefyd yn yr ymad. 'rhoi *pennad* i rywun' 'dweud y drefn wrth rywun' (cf. *llond—ll. pen*). Cf. D. J. WILLIAMS: *ChHO* 87, [p]rynu pwys ohonynt [tomatos] mewn camgymeriad am blwmwns cochion. Dychmygwch fy siom wedi'r *pennad* cyntaf.

pennaidd [*pen¹* + *-aidd*] *a.* Tywysogaidd, pendefigaidd; rhagorol, ardderchog: *princely, aristocratic; prime, superior, excellent.*

15g. *GGl²* 74, Ni bu gerddwr o ŵr iach, / Ni bu Nudd yn *beneiddiach.* **1604–7** *TW* (*Pen* 228) d.g. *principalis.* **1803** *P, penaidd*, prime, superior, excellent.

pennallt [*pen¹* + *allt*] *eb.* a hefyd fel *a.* Ochr bryn, llethr, ?llechwedd coediog; ar osgo: *hillside, slope, ?wooded slope; sloping.*

16–17g. *GST* i. 159, Punnoedd wrth redeg *pennallt*, / Punt i rod o'r pant i'r allt [i ofyn milgi]. **1604–7** *TW* (*Pen* 228), mal . . . *penallt* d.g. *deuexus.* **1632** *D*, tir *penallt* d.g. *clivum.* *c.* **1730** *Thos. Lloyd D* (LlGC) 191a, *penallt*, clivus, clivosus. [**1783**] *W*, tir *penallt* d.g. *the side of a hill.* Mae *Bennallt Fawr* a *Bennallt Fach* yn enwau ar gaeau ar fferm Pant-y-march, pl. Llangywair, Meir.

pennant [*pen¹* + *nant*] *eg.* ll. *pennaint.* Ucheldir, (pen) dyffryn: *upland,* (*head of a*) *valley.*

9g. (*LlSC*) *LL* xlvii, di*pennant* ircaru. *c.* **1300** *H* 79a. 17–18, A rydid heb ofud heb ofyn amgen. heb ofal kynhen kylch y *beneint* (Gwynfardd Brycheiniog). **14g.** *WM* 482. 31–2, *pennant.* gouut yg gwrthtir uffern. **16g.** *GSOG* 73, Pwn i fuwch yw pan fo chwant, / Nid â'r pwn ond i'r *pennant* [i ofyn tarw]. *c.* **1600** *IGE* 218, Abid wen ar bob *pennant*, / Wybr dof yn llestair cof cant [i'r niwl]. **18–19g.** R. DAVIES: *DB* 284, Ef anwyd, i fyw ennyn / Y' *mhennant* gloyw Nant y glyn. **1803** *P* d.g. *penant.* Digwydd mewn nifer o e. lleoedd, e.e. *Pennant Melangell*, sir Drefn.

pennardd [*pen¹* + *ardd*; tebyg mai enghrau. fel elf. mewn e. lleoedd yw cychwyn y gair yn y geiriaduron isod] *eb.* ll. *penneirdd.* Pentir, llethr bryn: *promontory, hillside.*

1632 *D*, pennarth, & alicubi *Pennardd*, promontorium. **1688** *TJ*, pennarth, *pennardd*, brŷn a'i gornel yn y môr: a Promontory. **1803** *P*, *penardd*, s. f. pl. *peneirdd*, the point or salient angle of a hill. Digwydd mewn e. lleoedd, e.e. *Pennardd*, cwmwd yn Uwch Aeron, Cered., *Penarlâg*, sir Ffl., (*BT* 102, *pennardlaoc*), gw. *PKM* 260–1, I. WILLIAMS: *ELl* 21, *PNEF* 61–3.

Gw. hefyd **pennarth.**

pennarth [amr. ar *pennardd* gyda *-rdd* > *-rth*, o bosibl dan ddyl. yr e. *garth¹*] *eg.b.* ll. *penneirth.* Pentir, penrhyn, cefnen (o dir), hefyd yn *dros.*: *promontory, cape, ridge* (*of land*), *also transf.*

16g. SIÔN BRWYNOG: *C* 23, Cawgiau o'i bedolau'n dân, / . . . / Traed hwn a ŵyr taro twl, / Torryn *pennarth*, trwyn panwl [i ofyn march]. **1632** *D*, *pennarth* . . . promontorium. A Pen, & Garth. **1688** *TJ*, *pennarth* . . . brŷn a'i gornel yn y môr: a Promontory. **1725** *SR* d.g. *a Cape, or promontory.* **1784** M. WILLIAMS: *S* i. 18, o *benarth* Matapan yn Morea, hyd ogleddol barthau Norwy. *id.* 200, dilyn yr hen ffordd arferol o *benarth* i *benarth.* **1803** *P*, *penarth*, s. f. pl. *peneirth* . . . a cape, or promontory. Digwydd fel e. ar ffermydd, *Pennarth-bach*, *Pennarth-fawr*, yn Llanystumdwy, sir Gaern., gw. *PKM* 260–1.

pennaur, pen-aur [*pen¹* + *aur*] *a.* a hefyd fel *eg.* Aur ei wallt: *golden-haired.*

1740 T. EVANS: *DPO* 117, Emrys *Ben-aur* oedd ynawr yn eistedd yn ddiogel ar ei Orseddfaingc. **1803** *P.*

Fel *e. Adar.* Melyn yr eithin, penfelyn, *Emberiza citrinella*; nico, *Carduelis carduelis*: *yellowhammer, yellow bunting; goldfinch.*

1803 *P*, *penaur*, s. m. the bird called yellow-hammer. Ar lafar yn ardal Brynaman clywir *pen-aur* yn yr ystyr 'nico', *LlGC* 1171, 118.

Gw. hefyd **peneuryn.**

pennawd¹ [*pen¹* + *-awd⁴*] *eg.* ll. *penawdau.* Gair neu eiriau, fel arfer mewn teip mwy a thrymach, mewn papur newydd, cylchgrawn, &c., sy'n mynegi testun erthygl, &c., geiriau, &c., a ddangosir ar y sgrin (mewn ffilm, &c.), (yn y ll.) crynodeb o eitemau newyddion pwysig a roddir mewn bwletin newyddion wrth ddarlledu; un o'r prif adrannau mewn darlith, araith, traethawd, &c., pen (mewn pregeth); teitl: *headline, heading, caption; head, heading, division; title.*

1890.

Cfn.: **pennawd parhaol:** *running head.* **20g.**

pennawd², pennawr¹,²,³, gw. **pennod², pen¹, pennor¹,³.**

pennawr⁴, pennor⁴ [ffrwyth dehongli engh. o *pennawr¹* (ll. yr e. *pen¹*) fel e. un.] *eg.* ll. *penoriau.* Helm, penwisg: *helmet, head-dress.*

1632 *D*, *pennawr*, idem quod Pennor. Sumitur pro Galea, capital. vid. Ex. in Disgywen. **1688** *TJ*, *pennawr*, *pennor*, gwisg pen: an Ornament wore on the Head. **1722** *Llst* 189, *pennawr*, m.p. *pennoriau*, an helmet, coif, headband. **1759** *DG* 11, Bid dy Gledd a'th *Bennawr* / A'th Saphwy gyfurddawr / I gadw braint cynhwynawl / Rhag Tra gwerin gythrawl. **1803** *P*, *penawr*, s. m. . . . armour for the head; a headpiece; a helmet.

penneff, penneg, gw. **pencneiff, pennyg.**

pennes [*pen¹* + *-es¹*; dichon mai gwall am *peunes* a geir yn rhai o'r enghrau. isod] *eb.* ll. *penesau.* Arglwyddes, meistres, pennaeth (benyw): *lady, mistress,* (*female*) *chief.*

15g. *DE* 25, *Bennes* yn dwyn bob unawr / banadl wallt o ben hyd lawr. *id.* 34, breiniol ydoedd bronn loywdeg / byw einioes dyn *bennes* deg. **16g.** WILIAM LLŶN: *Gw* (R. Stephens) 108, Gwae'ch mam sydd beunydd *bennes.* **1594–6** *AP* 34, vyngorchymyn atoch *bennes* gariadverch bleth euraid. **16–17g.** *GST* i. 775, Am hynny dos â'm hannerch / At *bennes* teiau bonedd. **16–17g.** EDWARD URIEN, &c.: *Gw* 20, Rhoddwyd yt *bennes* y duwiesau / I gadw, i fyw'n hir, i gydfwynhau. **1609 (1656)** *AP* 65, yn caru y tair *pennes* (amr. unbennes). **17g.** *Cylchg LlGC* viii. 95, dâm Gwenn mewn du am i gwr / Aeres *bennes* y bonedd [marwnad Syr Risiart Prys o Ogerddan gan Siôn Cain]. **1730** IACO AB DEWI: *YL* 81, Y *bennes* (*mistresse*) fel Abigail yn gall ac yn rhinweddol. *c.* **1730** *Thos. Lloyd D* (LlGC) 191b, *pennes*, lady. **1803** *P*, *penes*, s. f. pl. t. *au*, one that is supreme or of the highest rank of females; a lady.

penneth, penniff, gw. **pencneiff.**

pennig¹ [*pen¹* + *-ig¹*] *eb.* ll. *penigau*, fel rheol yn y cfn. *pennig y fron.* Teth: *nipple.*

1707 *AB* 34a, Arm. pennig ar vron, a Niple; W. *Pennig y vron*, mammæ capitellum. **1753** *TR*, *pennig y fron*, the nipple of a breast. **1803** *P*, *penig*, s. f. . . . a nipple.

pennig² [*pen¹* + *-ig²*] *a.* Amlwg, arbennig: *prominent, special, important.*

16–17g. LLYWELYN SIÔN, &c.: *Gw* 336, yn oes ir ydym yn ansiriedig / ar ol y bonedd arwyl *bennig.*

pennill [?*pen¹* + elf. anh., cf. H. Lyd. *pentil moch*, gl. *hara . . . stabulum porcorum*] *eg.b.* ll. *penillion, penill(i)au, penilloedd.*

(*a*) Nifer penodol o linellau o farddoniaeth, fel rheol wedi eu trefnu yn ôl patrwm mydr ac odl, sy'n ffurfio cerdd neu un o unedau cerdd; cwpled; llinell (o farddoniaeth); *Beibl.* adnod; (geir.) epigram; hefyd yn *dros.* ac yn *ffig.*: *stanza, verse; couplet; line* (*of poetry*); (*bibl.*) *verse*; (*dict.*) *epigram; also transf. and fig.*

14g. *GP* 49, Messur ynglynn proest yw wyth sillaf ar hugeint, seith mywn pob vn o'r pedwar *pennill. id.* 50, kyhyded hir a vessurir o *bennilleu* hiryon oll o bedeir sillaf ar bymthec pob vn onadunt. *id.* 51, Klogyrnach a vyd o deu *bennill* vyrryon o wyth sillaf . . . a *phennill* hir o vn sillaf ar bymthec; yn y *pennill* hir hwnnw y byd tri *phennill* byrryon, deu o bymp sillaf pob vn onadunt . . . a *phennill* arall o chwech sillaf. **14g.** *GDG³* 392, Diddestl wrth ei fedyddiaw / Ei *bennill* ef, bin a llaw [ymryson â Gruffudd Gryg]. **15g.** *GTP* 99, A Thudur, penrhaith ydoedd, / *Penillion* aur, Penllyn oedd [marwnad am bedwar prydydd gan Hywel Rheinallt]. **1547** *WS* [vii], yn y *pennill* yma 'Mae i mi gangen dec o vedwen'. **16g. (1749)** *AP* 28, Adrodd o bob un yw gilidd *benhilliau.* **1567** *TN* [xli], Yr ail beth a nottafi i ti yn y *pennillay* vchot. *a.* **1575** *GP* 112, y paladr val *pennill* o gywydd devair hirion. *id.* 120, yn groes gynghanedd i bob ffordd, val y mae y *pennill* hwnn: 'Ku adardy, koed irdec. / Koed irdeg, kv adardy'. *p.* **1584** G. ROBERT: *GC* [269], dau fraich cyfodlig o saith si[ll]af bob un, a wna *bennill* o gowydd. *a.* **1587** *Y* 82, Ai na ellid a *phenilloedd* / Atteb ag vn tebyg oedd. **1593** W. MIDLETON: *B* 3, pann fytho sillafau . . . yn vnodly trwyr *pennill*, neu r' [*sic*] kaniad. **16–17g.** *Cer RC* 184, pwy a 'naeth y *penillie. Dchr.* **17g.** *J* 10, 124b, *pennill*, verse. **1615** R. SMYTH: *GB* 254, [ll]yfr Homer a elwyr Iliados (yn yr hwn y mae ni un ni [*sic*] pesawl mil o wers ne o *benhi*[*ll*]*ion*). **1632** *D*, *pennill*, epigramma, distichon, tristichon, &c. **1688** *TJ*, *pennill* . . . a stave of a Song. **1740** T. EVANS: *DPO* 38, yn y fath *Bennill* a hon. **1784** T. PENNANT: *TW* ii. 101–2, Number of persons, of both sexes, assemble, and sit around the harp, singing alternately *pennylls*, or stanzas of antient or modern poetry . . . A person conversant in this art, will produce a *pennyll* apposite to the last which was sung: the subjects produce a great deal of mirth; for they are sometimes jocular, at others satyrical, and many amorous. **1794** E. JONES: *MPR* 61, There are several kinds of *Pennill* metres, that may be adapted and sung to most of the following tunes; and some part of a tune being occasionally converted into a symphony. One set of words is not, like an English song, confined to one tune, but commonly sung to several. The skill of the *pennill*-singers in this is admirable. According to the metres of their *penillion*, they strike into the tune in the proper place, and conduct it with wonderful exactness to the symphony, or the close. **1803** *P.* Ar lafar clywir y ddihar. 'Cân di *bennill* mwyn i'th nain, / Mi gân dy nain i titha', *WVBD* 239.

(*b*) Côr, stâl, hefyd yn *dros.*: *stall* (*in stable, &c.*), *also transf.*

13g. *LlI* 82, Amus en try thymhaur ny chyll na'y werth na'y ureynt er pory allan . . . ac ot a em *pennyll*, keny bo namen teyr nos a thry dyeu, punt yv e werth. **13g.** *B* iv. 9, Gwell car kell no char *pennill.* *c.* **1300** *H* 17b. 8, Aduwyn march *pennhill* ebrill ebrwyt (Einion ap Gwalchmai). *c.* **1400** *R* 1359. 30, ar ffest yn erbynny-wr gwest yn arw *bennill.* *id.* 35–6, llaw grawn kwrp annawn nyt kar *pennill.* **15g.** *AL* ii. 264, ay foawtyr athavot wely a meirch *penyll.*

(*c*) Cwarel (o wydr), paen; panel: *pane* (*of glass*); *panel.*

1632 *D, pennill* . . . Item a Pannell of glasse or other like thing. **1690** *Llwyngwair* 16803, for the raising of the walls round the hous in the insid which we calls it in Welch *penille* I shall desier to have your judgment in it to ges what it might be worth. **1753** *TR, pennill* . . . Also, a pannel of glass, of a wainscot, or other like thing. **1778** *W* d.g. *pane* [*of glass, &c.*]. *id.* megis *pennill* o wydr o'r hen-ddull d.g. *rhombus.* **1803** *P.*

(*d*) Pentwr, tas, mwdwl: *pile, heap, rick, cock.*

16g. (*LlEG*) *Mos* 158, 602a, ynghysgod *penill* o gidys ne ffagode. **1604–7** *TW* (*Pen* 228), *penill* o wair d.g. *meta fœni.* *c.* **1730** *Thos. Lloyd D* (LlGC) 188a, yn debig i gostog ar *Bennill* o wair. BM. 44.

Cfn.: **pennill telyn:** *a stanza of folk poetry to be sung to harp accompaniment.* **1894** *PT* d.d. **hen b.:** *a stanza of folk poetry.* **1924.** Y mae *Hen Benillion* yn deitl ar gasgliad o'r penillion hyn, *Hen B*, d.d.

Gw. hefyd **canaf: canu—c. penillion** (At.), **penilliach.**

pennod[1] [*pen*[1] + *nod*[1]; dichon mai i *pennod*[2] y perthyn rhai o'r enghrau. isod] *eb.g.* ll. *penodau.*

(*a*) Un o brif raniadau gwaith ysgrifenedig, ac iddo rif neu deitl fel arfer; ymadrodd, brawddeg, cymal: *chapter* (*in book, &c.*); *saying, sentence, clause.*

1567 *LlGG* 3a, Y *penot* neur capitul cynta . . . ar ddiwedd pob *penot* neu capitul. *c.* **1585** G. ROBERT: *DC* [xxvii], Yr Ail *Pennod* A Ddengys y dylyem garu Duw yn fwy na dim. **1588** *Tablau, &c.* [ix], *Pennodau* nevlltuol neu priod iw darllen. **1632** *D, pennod*, capitulum libri. *id.* d.g. *assignatio, capitulatim, capitulo, capitulum, caput, definitio.* **1632** J. DAVIES: *LlR* 349, Ond rhaid i mi ddibennu, am fod y *pennod* yma yn tyfu yn hir, fel yr hon o'r blaen. **1672** R. PRICHARD: *Gw* 233, Ar bôb Cinio, ar bôb Swpper, / Par i ryw vn ddarllain Chapter [:– *Pennod*]. **1688** *TJ* (At.) [31], Pôb ymmadrodd, n[e]u *Bennod* . . . a ddyleu ddechreu a llythyren fawr. **1699–1700** E. LHUYD: *SH* 79, Y *bennod* gynta o Genesis. **1725–6** *Madd Ed* 268, ymddangos . . . yn durus sermo, *Bennod* galed. **1803** *P, pennod*, s. f. pl. t. *au* . . . a chapter.

(*b*) Cyrchnod, targed, pen taith; terfyn, ffin; diwedd, eithaf; rhan uchaf, uchafbwynt; prif amcan, diben, pwrpas, bwriad: *goal, target, destination; limit, boundary; end, extreme; highest point, acme; chief aim, end, purpose, intent.*

14g. *GDG*[3] 22, Pand digrif yng ngŵydd nifer, / *Pennod*, saethu claernod, clêr. *id.* 424, Penáig y glod penigamp, / *Pennod* a chompod a champ [marwnad Dafydd ap Gwilym gan Fadog Benfras]. **15g.** *GDID* 108, *Pennod* ar ddefod a rôi Ddafydd, / Punnoedd a roddai pan oedd, rywddydd [marwnad Dafydd ap Dafydd]. **15g.** *GGl*[2] 161, Nid seythydd beunydd *bennod* / Y dyn ni wŷl ond un nod. **16g.** *GSOG* 95, Er hyd y bwy' rhaid yw bod / Yn poeni yn y *pennod.* **16g.** WILIAM LLŶN: *Gw* (R. Stephens) 165, Dy glod aeth fal *pennod* pell, / Dy allu sy'n mynd wellwell. **16–17g.** *GST* i. 66, Dau yn un, da iawn a wedd, / A dau *bennod* y bonedd. **1618** J. SALISBURY: *EH* 7, Peth am-mhossibl yw hyn ymysc dynion; o herwydd bôd *pennod* a therfynæ i natur dyn, fal nas cyrredd fôd mewn nifer o bersoneu. **1632** *D, pennod* . . . scopus. *id.* y *pennod* y cyrcho vn atto d.g. *summa.* **1632** J. DAVIES: *LlR* 21, Oblegid os edrych ef yn vnig neu yn bennaf dim at y *pennod* y daeth efe ir byd yma er ei fwyn, hynny ydyw gw'sanaethu Duw. **1701** E. WYNNE: *RBS* 16, a phêth yw'r nôd yr wyt yn ei osod yn wobr i ti dy hun, ac yn *bennod* i'th weithred (*and to your action as its end*). **1718** E. SAMUEL: *HDdD* 146, ac yn ddiammeu, dyna eithaf *pennod* (*highest pitch*) gwallgôf ac ynfydrwydd. *id.* 227, [g]orthrymmu'r weddw ar ymddifad megys Eithaf *pennod* (*height*) y Pechod hwn. **1767** G. OWEN: *L* 197, ac weithiau fe fydd Llythyr now mis neu flwyddyn yn ymlwybrain 30 millitr o ffordd, ac yn aml ni chyrraedd byth mo'i *bennod.* **1785** E. BARNES: *MH* ii, Nid edwyn ddim *pennodau* trwy'r bydoedd hêd heb baid. **1798** W. JONES: *LlG* 34, Na roddwch mo'ch *penod* ymhellach na'ch naid.

(*c*) Swm, sylwedd: *sum, substance.*

1609 R. SMYTH: *CAC* 64, Mae *penod* y deg gorchumyn? . . . Cariad perphaith. **1611** R. SMYTH: *SG* 88, *Penod* y cwbwl a ddosparthwyd o'r dechreuad hyd yma ynghylch holl addysc Cristionogawl. **1618** J. SALISBURY: *EH* 134, Cyn egluro pob gorchymyn ar ei ben o'r neulltu, hyfryd a fydde gennyf ddeuall yn dal-fyrr grynnodeb, a threfn y gorchmynion . . . *Pennod* yr holl orchmynion yw Chariad [*sic*] perffeith tuag Dduw [*sic*].

(*d*) Atalnod: *stop* (*in punctuation*), *period.*

1617 *Minsheu* 372b, *pennod* d.g. *point or title.* **1632** *D, pennod* . . . Nota alicujus rei extremo facta. **1688** *TJ, pennod* . . . a mark made in the end of any thing. **1778** *W* d.g. *period* [*a full point or stop*]. **1803** *P, pennod*, a concluding mark; a complete period.

(*e*) Cyfnod: *period* (*of time*).

1722 *Llst* 189, *pennod*, m. a period (of time). **18g.** *W Ballads* 195, 8, I Hireth dros dri diwrnod oer *Bennod* tra bu buw. **1768** RISIART AP ROBERT: *CB* 43, i'r hwn a chwilio *bennodau* yr amseroedd (*the periods of time*).

Cfn.: **pennod diwedd:** ?*chief aim, final end.* **1618** J. SALISBURY: *EH* 9, 82, 102, 320. *c.* **1700** *CM* 15, [44].

pennod[2] [*pen*[1] + *-awd*[2], a bôn y f. *penodaf: penodi*; dichon mai i *pennod*[1] y perthyn rhai o'r enghrau. isod] *a.* Penodedig; ?arbennig, yn y blaen: *appointed*; ?*special, in the fore.*

13g. *A* 23. 2–3, ac ar ryt benclwyt *pennawt* oed e veirch. *c.* **1300** *H* 1a. 6–7, pan dyuo douyt yn dyt *pennawd.* peryf par wrthuynn yn erbyn brawd (Meilyr Brydydd). **17g.** E. MORRIS: *B* 96, Poen ydyw dydd *pennod* oes, / Pan raner pen yr einioes. **1696** *CDD* 21, Er yr awr *benod* a rhoed yn ei beddrod. *id.* 172, Fe 'nilled gyrfa *bennod.* **1722** *Llst* 189, *pennod*, (adj) appointed, fixed. *id.* gŵr *pennod*, an assign.

pennod[3] [?*pen*[1] + *-awd*[3], *-od*] *e?g.* ?Ergyd â phen (ffon): *blow with the head* (*of a stick*).

15g. *GDID* 82, Gorwydd a destiaist, garw oedd d'ystod / Garbron gyda'i ffon, gwaed o'i *phennod.*

pennoeth [*pen*[1] + *noeth*; ansicr yw'r engh. gyntaf] *a.* ll. *penoethion*, ?a hefyd gyda grym enwol. Noeth ei ben, hefyd yn *dros.* ac yn *ffig.*: *bare-headed, also transf. and fig.*

14g. *T* 68. 13, pyr doeth pedeir *pennoeth* meinoeth tymhor. **15g.** *OBWV* 154, Llwyn banadl, Llio'n *bennoeth* (Dafydd Nanmor). **15g.** *DN* 89, Y vun wen oedd yn *bennoeth*, / A'r evraid gyrs ar yr iad goeth. *p.* **1500** *Pen* 57, 82, adwg wen eur wallt *benoeth.* **16g.** LEWYS MORGANNWG: *Gw* 380, y gwyr ucha i braint oedd gyr ych bronn / jawn o bai n hwythau yn *bennhoethion* / wyt valch lle bo balch bailchion ag ystad / wyt oen o gariad a vu gwirion. **1567** *TN* 254b, pop gwreic a weddia neu a brophwyta yn *bennoeth.* **1606** E. JAMES: *Hom* ii. 98–9, Pa beth a feddylir wrth weled Christionogion yn *bennoethion* ger bron delwau yn ol arfer delw-addolwyr y cenhedloedd? *Diw.* **17g.** *LlGC* 7191, 229b, a throi dy gowion drâw or gôedfron / yn *benoethion* dros y nŷth. **1696** *CDD* 312, Iechŷd i'r gŵr, pawb a'i harch, / I gŷd yn *bennoeth* gwnân iddo barch. *c.* **1762–79** W. WILLIAMS: *P* 112, Maent yn *ben-noethion* ac yn droed-noethion, ond mae ganhynt [*sic*] Liain gylch eu Canolau. **1770** P. WILLIAMS: *BS, Phil* i, trwy bregethu rhad ras yn rhy *bennoeth* yr oedd efe [Paul] yn tynnu erledigaeth. **1803** *P.*

pennog[1], **penwag**[2] [*pen*[1] + *gwag*] *eg.* (bach. *pen*(*h*)*wygyn, penw*(*h*)*igyn, pen*(*h*(*i*))*ogyn, penw*(*o*)*gyn, penwe*(*i*)*gyn*) ll. *penwaig, penwyg, penweigion, penogiaid.* *Pysg.* Pysgodyn môr bwytadwy sydd â'i gynefin yng ngogledd Môr Iwerydd, ysgadenyn, *Clupea harengus*: *herring.*

13g. *LlI* 20, Ef [porthor] a dele o pob anrec a del trvy e porth e derneyt, nyt amgen, o aeron ac vyeu a *penweyc.* **14g.** *DGG*[2] 119, Nid cyfrwys ac nid cyfryw / Y cel rin *benhwigin* byw (Madog Benfras). **15g.** (*Diw.* **16g.**) *Gwyn* 3, 194, Ail yw'r paun i liw'r *penwaig* / o'r haul gaer heli ac aig (Cynfrig ap Dafydd Goch). **15g.** *LGC* 158, Baner, val llu o *benwaig.* **1547** *WS, penwac* pysc, a haryng. *c.* **1566** *B* xv. 119, *penwic* gwnion a chochion. **16–17g.** *GST* i. 833, Potes pys, a hen ymenyn, / Gydag ambell *benhwygyn.* *id.* 955, Gelyn codwen a *phenwig*, / Ŵr gwyrdraws, a chaws a chig. **16–17g.** T. PRYS: *Bardd* 56, Gelyn *penogyn* agos. **1604–7** *TW* (*Pen* 228), *penoc* hallt d.g. *halex* . . . *conditanea & muriatica.* *Dchr.* **17g.** *J* 10, 124b, *penwag.* s. *penwyg* pl hering. **1672** R. PRICHARD: *Gw* 365, A'r carlaid yn bwytta y tlodion fel bara, / Neu 'r morfil a lyngca 'r sgadenyn [:– *Pennog*]. **1722** *Llst* 189, *pennogyn*, a young herring. **1757** *ML* ii. 51, i sychu . . . *penweigion.* **1761** *id.* 427, Llawer *penwygyn* coch a ysais i leni. **1772** *W, penwegyn* d.g. *cob, a herring cob.* *id. penwag* (pl. *penweig*), *pennog* (pl. *pennogiaid*) d.g. *herring.* **1803** *P* d.g. *penwag.* Ar lafar; hefyd yn nwyrain Morg. yn y ff. *pannog* (ll. *panocod*) 'kipper'. Digwydd hefyd yn ddifr. am berson, cf. T. HUDSON-WILLIAMS: *Merch y Capten* (1947) 13, Taw, yr hen *benogyn* swnllyd.

Cfn.: **pennog (penwag) coch:** *red herring.* *c.* **1566** *B* xv. 119, *penwic* gwnion a *chochion.* **1604–7** *TW* (*Pen* 228) d.g. *halex.* **1761** *ML* ii. 290. Ar lafar yn Arfon, *WVBD* 422. **p. Mair:** *pilchard, Sardina pilchardus.* **18g.** *Pant* 19, 91, *pennog Mair*, pilchards. **1803** *P*, penwag . . . *Penweig mair*, pilchards. Ar lafar yn Arfon, *WVBD* 422.

pennog[2] [*pen*[1] + *-og*, cf. yr e. prs. Crn. *Penneck* a'r e. lle Crn. (*Pol*)*pidnick*, Llyd. C. *pennec*; tebyg mai e. lle a welir yn *B* vi. 136, *R* 1039. 32; ansicr yw'r engh. gyntaf isod] *eg.* ll. *penogiaid*, a hefyd fel *a.* Penaeth, pen, meistr, hefyd yn *ffig.*; mawr, bras (am lythyren); ?mawr ei ben: *chief, head, master, also fig.*; *capital* (*of letter*); ?*large-headed.*

15–16g. LLAWDDEN, &c.: *Gw* 228, Cawn drechu pinagl gan y twrch *pennog* (amr. banog). *Dchr.* **18g.** *Llst* 146, [vii], Canys yn siccr y ffordd ferr a pharod i wneuthur Tŷ yn grefyddol yw gwneuthur ei *Bennog* ef felly. **1727** J. JONES: *DFF* [xv], Fod un Llythyren fân yn dwyn lle un frâs *bennog.* **1731** T. LEWYS: *BMA* 192, *pennog* yr holl glefydau a ddaeth yn ei erbyn. [**1740**] D. LLWYD: *YDD* 209, Sef, pa un a dyle eu Llywodraeth fod yn Henuriaeth gydag Escob, Megys *Pennog* a Llywiawdwr. *c.* **1785–90 (1829)** *CBYP* 129, Llamgyrch, neu Awdl Ddwybig, yw mesur a dull ar Bennill a wneir a thair cangen; ag o'r tair, bernir y gyntaf a'r drydedd yn *Bennogiaid.* **1803** *P, penawg* . . . s. m. . . . master. Gyda'ch cenad y *penawg*, by your leave, master.

Cfn.: **pennog tŷ:** *master of a house.* **1722** *Llst* 189. Ar lafar yn sir Benf., *GDD* 220.

Gw. hefyd **pendog.**

pennog[3], gw. **pennyg.**

pennol [*pen*[1] + *-ol*] *a.* Prif, pennaf, blaenaf; difrifol; yn dwyn y gosb eithaf (am dros-edd), yn haeddu marwolaeth; a godir ar sail swm penodol i'w dalu gan unigolyn (am dreth); terfynol: *main, chief, foremost; serious; capital* (*of offence*), *deserving death; levied per capita* (*of* (*poll*) *tax*); *final.*

1568 MORYS CLYNNOG: *AG* 48, yrhain [pechodau marwol] sydd achos, a phennau'r lleill, ag am hyn y gelwir hwynt *pennawl*, er gallu honynt [w]eithiæ fod yn f[a]ddeuawl. **1604–7** *TW* (*Pen* 228) d.g. *capital.* **1618** J. SALISBURY: *EH* 264, Tan enw Ympryd y deuellir pôb llafur, a dirwest *penol* i'r corph, megys gwisco rhawn, ei ffangellu a gwiel, cyscu ar y llawr, perindotta, a'r cyffêlyb. **1803** *P, penawl*, capital, principal.

pennon, gw. **penwn.**

pennor[1], **penwar**[1], **penfar**[1], **pennawr**[2], &c. [?*pen*[1] + elf. anh.; cf. *penwag*[2] > *pennog*[1]] *eg.b.* ll. *penwarau, penweir, penweri.* Rhan o ffrwyn sy'n mynd am y pen, penffrwyn, ffrwyn, mwsel; strap ledr ac arni bigau haearn a roddir am ben llo i'w atal rhag sugno'r fuwch; gefel drwyn; (geir.) iau (ar war); hefyd yn *ffig.*: *headstall, halter, muzzle; leather strap with iron spikes on it fastened to a calf's head to stop it suckling; barnacle* (*for horse*); (*dict.*) *yoke*; *also fig.*

14g. *GDG*[3] 84, *Penfar* heyrn, pan fo'r hirnos / A rhew ymhob glyn a rhos [i'r llwyn celyn]. **14g.** *DGG*[2] 155, Ai *penfar* rhag dy garu / A rodded, f'eniwed fu [Llywelyn Goch ap Meurig Hen i farf arw]. **14g.** *GIG* 105, Pais draenog oediog ydyw, / Pwn ar ên fal *penwar* yw [i'r farf]. **15g.** *DE* 49, *penwar* nis rrown ir pvnoedd / pob iaith a wyr pybeth oedd. **1547** *WS, pennor* llo, a moussell. **16g.** HUW ARWYSTL: *Gw* 232, *penfar* yn y ddaiar ddu / adwy glvn wedi glynv [i ofyn angor]. *id.* 485, Rhwysg rhedr ffagl boenfagl *benfar* / Rhwydr gel i'th gaffel a'th gar [i'r niwl]. **1604–7** *TW* (*Pen* 228), *pennor* d.g. *capistro, capistrum, fiscella.* *id. penwar* d.g. *fiscella, iugum, pastomis.* **1632** *D, pennor*, capistrum, fiscella . . . *Penfar*, & *Pennawr*, & *Penwar*, Idem. **1701** E. WYNNE: *RBS* 58, [C]ymmedroldeb yw genfa'r ffrŵyn sy megis *penwar* yn safn dyn. **1722** *Llst* 189, *penfar*, f. a head-stall. *id. pennor*, m. a head-band, muzrol. *id. penwar*, m. a barnacle for horse's [*sic*] noses; an halter; muzzle; head-stall of a bridle. **1770** *W* d.g. *barnacle* [*an iron-instrument, fastened to the nose of a restiff horse, when he is to be shod, bled, &c.*], *bridle, head-stall* . . . *of a bridle, collar, muzzle, or muzrol.* **1803** *P, penawr*, s. m. . . . a headstall, a muzzle. *id. penwar*, s. m. pl. t. *au*, a head-stall; a muzzle; a barnacle, in farriery. Ar lafar yn y Gogledd yn y ff.

pennor. Cf. K. ROBERTS: *RhB* 2, a'u tethi yn pwyntio tuag allan fel pigau *pennor.*

pennor[2], penfar[2], penwar[2], &c. [?*pen*[1]+ elf. anh.; ?yr un gair â *pennor*[1]] *eg.* Llidiart neu ddrws bach, yn enw. un sydd yn rhan o un mwy neu wrth ei ochr; llidiart bach wrth fynedfa i lwybr; clwyd, pleiden: *wicket, small gate, postern; small gate at the entrance to a path; hurdle, wattle.*

1604–7 *TW* (*Pen* 228), *penhor* d.g. *crates. Dchr.* **17g.** *J* 10, 125a, *pennor,* crates viminea, llidiart. **1688** *TJ, penfar, pennor, penwer*: a little Gate, a Postern. **1690** *Brog* 8623, 5, yn kau Rwng y kopi ar worglodd ag yn gosod *penwor* i gael troi y moch i mewn ag allan. *c.* **1730** *Thos. Lloyd D* (LlGC) 191b, *penwar* . . . a wicket. *id.* 192a, *penwer,* a wicket, hatch. **18–19g.** *Llr* C 2, 369, *pennor,* a wicket, or postern, Denbigh. Owen Jones. Ar lafar yn y Gogledd yn y ff. *penwar, B* iii. 197, a hefyd yn y ff. *pennor, Cymru* xlvii. [141].

pennor[3], pennawr[3] [*pen*[1]+*-awr*[3], *-or*] *eg.* ll. *penoriaid.* Pennaeth, penteulu: *head, chief, head of a family.*

16g. SIÔN BRWYNOG: *C* 1, Elin Gruffudd yn bruddach, / Poeni erioed heb *bennawr* iach [marwnad Edwart Holand]. **17g.** *Llst* 52, [8], Onid Dvw nid oes *Bennor* (*Pen* 98, ii. 57, periglor). **18–19g.** *MA* iii. 235, Tri dedwyddwch teulu: *pènor* deallus, bugail govalus, a negeswr cywir. **18–19g.** *Llr* C 54, 261, cas gan *Bennoriaid* y Gyfraith oedd yr Iesu. **18–19g.** *B* xiv. 111, fal ydd ymgynghores Pilat a *Phennoriaid* a Henaduriaid y Gyfraith a'r Esgyb. **1803** *P, penawr,* s. m. superior, supreme.

pennor[4], pennwn, gw. **pennawr[4], pen-wn.**

pennwr [bôn y f. *pennaf*[2]: *pennu*+*-wr*; ansicr yw ystyr yr engh. a ddyfynnir] *eg.* ll. *penwyr.* Person neu beth sy'n pennu: *determiner, ordainer.*

1603 W. MIDLETON: *Ps* 99, Fyng-wilwyr *bennwyr* bevnydd.

Cfn.: **pennwr cyflymdra:** *pacemaker.* **20g.**

pennwst [*pen*[1]+*gwst*[1]] *eb.* Cur pen, pen tost: *headache.*

1760 *ML* ii. 272, mae'n achwyn . . . fod haint y cleddyf biswal yn galed wrtho, ie, a'r *benwst. id.* 280, Rym ni bawb yn iachus, ond bod y *benwst* arnaf i o achos gloddesta.

pennwyr [*pen*[1]+*gŵyr*[1]; amheus iawn yw'r engh. gyntaf oherwydd yr odl, gw. *GDG*[3] 478; am engh. arall bosibl, gw. *id.* 479] *a.* A'i ben yn gwyro neu'n gogwyddo tuag i lawr: *having a bowed head.*

14g. *GDG*[3] 110, Llathraid oedd lun bun *benwyr,* / A'i lliw fal Branwen ferch Llŷr. **17g.** *LlGC* 13215, 374, *penwyr,* pronus. **1803** *P, penŵyr,* having the head inclined.

pennydd, gw. **pannydd.**

pennyg [bnth. Llad. *panticēs*] *e.ll.* (un. b. *penhygen,* ll. *penygennau*). Coluddion, perfedd, plwc, tripa, treip; bol: *intestines, entrails, chitterlings, tripe; belly, paunch.*

12g. *LL* 173, Mouric digenou pant pull *penhic.* **13g.** *Ll* 90, O deuant huenteu kyn defnydyau e kyc, roder ydau ef chuarthaur e tyr, a deunydyent huenteu y kyc e ford e mynhoent: e chuarthaur dylur y bop perchen *penhygen* (e perchennauc e tyr). *c.* **1400** *R* 1337. 17–18, Kyruyll hyll whedryll whytreuyr *pennic* meirch. **1545** *CI* 59, bara a bober . . . drwy j ruddion . . . a litthyr ynn ebrwydd ar i waredd o'r kylla j'r *benhygen* ac oddi yno j waredd. **1547** *WS, pennic,* a trype. *id. peny gen* [*sic*], paunche. **16g.** *BY* 113, wyr breishion blonhegog J *pynhygennau.* **16–17g.** *GST* i. 527, Myn gig neu *bennig* dan bwyth, / Ym min Elwy myn olwyth. **1604–7** *TW* (*Pen* 228) d.g. *abomasum, echinus.* **1632** *D, pennyg,* Sing. *Pennygen,* omasum. **1632** *D* (*Diar*), Newydd *bennyg* yn henfon. **1722** *Llst* 189, *pennyg,* s. *nygen,* f. chitterlings, fat tripes. **1803** *P, penygen,* s. f. the region of the entrails, the paunch.

Amr.: **pannog** [adff. un.] **1858. pennog[3]** [adff. un.] **1850. penogan. 1725** *SR* d.g. *a Chitterling. c.* **1730** *Thos. Lloyd D* (LlGC) 190b.

pennyn [*pen*[1]+*-yn*[1]; tywyll yw'r engh. gyntaf a dichon nad yma y perthyn] *eg.* Pen bychan, top; addurn ar ben colofn neu biler, penclwm colofn: *small head, top; capital* (*in architecture*).

13g. DAFYDD BENFRAS: *Gw* 361, Tri chlöyn *pennyn* penguchogion. **1604–7** *TW* (*Pen* 228) d.g. *capitulum.* **1632** *D* d.g. *capitellum, capitulum.* **1722** *Llst* 189, *pennyn,* m. a capital in building: a little head. **1723** J. JONES: *LlA* 8, *Pennyn,* Pen bychan. *id.* 125, [y] Gannwyll yn y Canhwyllgwch, yr hon a enfyn yr holl Wrês allan i'r *Pennyn* (*top*). **1771** *W* d.g. *capital* . . . [*an ornament on the top of a column or pillar*]. **1803** *P, penyn,* a capital of a pillar.

penodadwy [bôn y f. ddil.+*-adwy*] *a.bfl.* Y gellir ei bennu; penodedig: *determinable; specified.*

1838.

penodaf: penodi [bf. o'r e. *pennod*[1], ?a hefyd *pen*[1]+*nodi*; nid oes sicrwydd i ba adran y perthyn y tair engh. gyntaf isod] *bg.a.*

(*a*) Dewis (rhywun) i'w osod mewn swydd, &c., apwyntio; pennu, trefnu, ordeinio, gosod, penderfynu (ar); gorchymyn (defnydd o foddion, cyffuriau, &c.), rhagnodi; sefydlu; dod i gasgliad; datrys (dadl, anghydfod, &c.); argymell: *to appoint* (*to a post, &c.*); *determine, fix, arrange, ordain, settle* (*on*), *decide* (*upon*); *prescribe* (*medicine, &c.*); *institute; infer, conclude; settle* (*dispute, disagreement, &c.*); *recommend.*

1547 *WS, pennodi. a.* **1587** *Y* 38, Mynni gael, mynaig eilwaith, / Yn dy ran *bennodi'r* iaith. *id.* 214, Pan wedaist, lle *pennodir,* / Ar y gerdd i eiriav gwir / Pan wedaist, nodaist y nôd, / Yr Evengil, rwyf yngod. **1604–7** *TW* (*Pen* 228) d.g. *præscribo.* **1630** *YDd* 120, a'th awr ddiwaethaf gwedi ei *phennodi*: tu hwnt i'r hon ni chai di fyned. **1632** J. DAVIES: *LlR* 487, yr amser a *bennododd* efe i alw dŷn. **1675** R. JONES: *HCh* 8, Gosod . . . neu *bennoda* ryw amser terfynnedig ar bôb diwrnod i ddarllen y Gair. **1728** T. BADDY: *DDG* 109, Ac o herwydd hynny dechreusant *bennodi* a chyngloi (*began to conclude*), na ddaethai Crîst. *id.* 136, Sabatai yn y cyfamser a gâdd odfa i Gasglu a *Phennodi* (*institute*) ffordd newydd o Addoliant i'r Juddewon. **1730** IACO AB DEWI: *YL* 16, I *bennodi* Ymwared (*To prescribe an Antidote*). **1740** *DDF* 12, Mae 'n *Pennodi* 'r Dyn ymma yn Ddeiliad. **1759** J. EVANS: *PF* 11, gall pob Dyn o Synhwyr cyffredin (oddieithr mewn rhai Petheu anaml) *bennodi* (*prescribe*) iddo 'i hun ne 'i Gymydog. **1774** T. JONES: *DG* 149, yr eglwys gatholic, yr hon sydd ag awdurdod yn unig i ddehongli'r ysgrythurau, i *bennodi* ymrysson a gwrthddadlau mewn crefydd. **1800** W. OWEN[-PUGHE]: *CP* 10, Yn amyl y clywir y sawl ni wyddant fawr am galch yn wrtaeth, yn *penodi* (*recommend*) gofal mawr, nas cymmerid gormod. **1803** *P, penodi* . . . to constitute, to appoint, to assign.

(*b*) Enwi, enwi'n benodol, manylu am, enghreifftio, nodi, nodi allan, dangos, mynegi, arwyddo, dynodi, cyfeirio (at), pwyntio (at); priodoli; ?rhannu'n benodau: *to name, specify, particularize, instance, note, point out, show, indicate, mark out, denote, allude* (*to*), *point* (*to*); *ascribe; ?divide into chapters.*

1604–7 *TW* (*Pen* 228) d.g. *capitulo.* **1630** R. LLWYD: *LlH* 453, gan *bennodi* (*noting*) wrth hynny ddianwadalwch a thragwyddoldeb trugaredd Dduw. **1630** *YDd* 67, At yr hwn esgudrwydd ar gyrph y Seintiau y mae'r prophwyd yn *pennodi* (*alludes*) lle y dywedodd: hwy a wellhant eu nerth, ac ehedant fel eryrod. **1672** J. LANGFORD: *HDdD* 310, y mae fo'n *pennodi* (*instances*) yn neillduol ynghylch y Ddledswydd hon o gynnorthwyo Rhieni. **1677** C. EDWARDS: *FfDd* 308, er na ddarllenir i Jonah *bennodi* iddynt eu beiau. **1725–6** *Madd Ed* 350, arwydd neu Dicced . . . yn *pennodi* (*specifying*) y wobr . . . am eu Gorchwylion. [**1740**] T. BADDY: *DDGH* 119, bod eich calon . . . yn debyg ir Nodwydd honno . . . yn *pennodi* tuagat Dduw. **1768** RISIART AP ROBERT: *CB* 36, A ydynt hwy yn son am un arwydd arall ac sydd yn *pennodi* (*marks out*) yr amser hwn? *id.* 71, efe a'i *pennododd* (*he points at him*) ac a gyhoeddodd o'u blaenau hwynt oll . . . wele oen Duw. **1776** I. BRYDYDD HIR: *P* i. 78, I mae holl ddatguddiadau gair Duw yn *pennodi* ag yn annelu tuac at y nôd yma. *id.* ii. 28, Dyma y nôd neu 'r arwydd trwy ba un i mae y Prophwyd Ezeciel yn arddangos ac yn *pennodi* gwir edifeirwch. **1803** *P, penodi,* to particularize, to specify.

Cfn.: **penodi allan:** *to point out, indicate, show.* **1759** J. EVANS: *PF* 11. **1766** *FfA* 34. **1793** *Cylchg* 186.

penodedig [bôn y f. fl.+*-edig*] *a.bfl.* Wedi ei benodi, wedi ei bennu, wedi ei benderfynu: *appointed, fixed, determined.*

1728 T. BADDY: *DDG* 22, [y] lle *pennodedig* i'r arferol ddihenydd.

penodiad [bôn y f. fl.+*-iad*[1], ?a *pen*[1]+ *nodiad*] *eg.* ll. *-au.* Y weithred o benodi (i swydd, &c.), apwyntiad; swydd, job; diffiniad, disgrifiad, disgrifiad manwl o rywbeth yn ôl ei gynnwys, ei adeiladwaith, ei ymddangosiad, &c.; anodiad, nodyn esboniadol; gorchymyn (swyddogol neu awdurdodol), mandad; cyfran; nod, marc: *appointment* (*to a post, &c.*); *post, job; definition, description, specification; annotation; command, direction, mandate; allotment, share; mark.*

1617 *Minsheu* 15a, *pe*[*n*]*nodiad* d.g. *annotation.* **1632** *D* d.g. *assignatio, definitio.* **1658** R. VAUGHAN: *YPS* 12, Dau nôd ar Schism . . . A hyn yw amlygyn y *pennodiad* hwnnw (*the aim of that Mark*) . . . gochelwch oll a nodwyd ag efo. **1658** R. VAUGHAN: *PES* 9, Yn y *pennodiad* hyn ar Schism. **1710** *LlGG* (*Gos*) 17, Na chaiff Proctorion gynnal Dadleuon heb gyfreithlon *bennodiad* y Partiau. **1725** *SR* d.g. *an appointing, or appointment, definition.* **1730** IACO AB DEWI: *YL* 31, Wrth y *pennodiad* (*description*) byrr ymma. **1740** *ALB* 9, nid yw *Pennodiad* eich Arglwyddiaeth o Enthusiasm . . . yn dwyn un Meddwl-wrthrych drwg ôll. **1750** *RBHM* 11, [y] *pennodiad* byrr hwnw o Sancteiddrwydd, a draddodwyd yn y Dengair. *c.* **1773** *CAWA* 4, os yr Ustusiaid a wnant *Bennodiad.* **18–19g.** *Llr* C 2, 291, *pennodiad,* definition. **1803** *P, penodiad,* s. m. pl. t. *au,* a particularizing, or specifying; a specification; assignation; allotment.

penodol [*pennod*[1]+*-ol*] *a.*

(*a*) Neilltuol, priod, arbennig, pendant, union; mawr, bras (am lythyren); penodedig: *particular, specific, special, definite, exact; capital* (*of letter*); *appointed.*

1605–10 *Haf* 24, 546, Geneugan: ne gerdd gyffyriawl nis gorchmynwyd trwy *bennadawl* [*sic*] air Dvw am hynny nis dylid moi arfer yn yr eglwys. **1630** *YDd* 208, ni allai yr Iddewon eu hunain gadw eu Sabboth ar yr amser *pennodol,* a gwahanredol (*precise and just distinction of time*). **1632** *D,* terfyniad a ddangoso yn *bennodol* d.g. *definitio. id.* d.g. *definitivus.* **1670** J. HUGHES: *AP* [vii], mae'r holl Wyliau Gorchymmynedic ansymmudol wedi eu printio igyd [*sic*] a llythyrenneu *Pennodol* cochion. **1672** R. PRICHARD: *Gw* 493, Aros ar bôb un o 'rhain yn *bennodol,* ac yn ystyriol. **1675** R. JONES: *HCh* 79, nad oes yr un gorchymmyn eglur yn y Testament Newydd am fedyddio Plant bychain yn *bennodol.* **1688** S. HUGHES: *TSP* 192, A'r rhain i gyd a roesant ei ferdid, yn *bennodol,* yn erbyn y carcharor. **1696** *CDD* 219, Nâd ith alwad [:– Crefft, hwsmonaeth.] bâch *pennodol,* / Rwystro at y cyffredinol [:– Addoli Duw.]. **1701** E. WYNNE: *RBS* [x], rhyw bechod *pennodol.* **1725** *SR* d.g. *definitive. c.* **1730** *Thos. Lloyd D* (LlGC) 191b, *pennodol,* specialis. statutus. set, appointed. **1733** T. EVANS: *PP* 13, onid oes achos da i gredu, ei fod efe yn gynnorthwy i Fugeiliaid [*sic*] ac Athrawon yr Eglwys, wrth wneuthur Ffurf bwyntiedig o Weddi, yn hyttrach nag i un dyn *pennodol* yn gweddio heb astudio ar y peth. **1754** R. REES: *GGG* 38, y mae 'r geiriau yn fwy *pennodol* etto. **1759** *BC* 491, Rhaid mynd o'r Byd presennol / Pan ddel yr Awr *bennodol.* **1803** *P* d.g. *penodawl.*

(*b*) Wedi ei sefydlu'n ffurfiol neu'n fympwyol, arferol, confensiynol: *formally or arbitrarily instituted, customary, conventional.*

1807.

Gw. hefyd **penodolion.**

penodolaf: penodoli [bf. o'r a. bl.] *bg.a.* Bod neu wneud yn benodol: *to be or make specific or particular.*

1803 *P.*

penodoldeb [*penodol*+*-deb*] *eg.* Yr ansawdd neu'r cyflwr o fod yn benodol, neilltuolrwydd, pendantrwydd, terfynoldeb: *particularity, definiteness, definitiveness.*

18–19g. R. DAVIES: *DB* 240, Gwreichionen wael wrth haul y nefoedd, / Defnyn wrth y moroedd maith, / Yw oes dyn wrth drag'wyddoldeb / *Pennodoldeb* hyn o daith. **1803** *P.*

penodolion [*penodol*+*-ion*[2]] *e.ll.* Nodweddion, manylion: *characteristics, particulars.*

1800 W. OWEN[-PUGHE]: *CP* 121, *Penodolion* y ceirch hyn, yw eu bod yn addfedu yn gynnar.

penodolrwydd [*penodol*+*-rwydd*] *eg.* Neilltuolrwydd, arbenigrwydd: *particularity, specialness.*

1778 *W* d.g. *particularity.* **1803** *P.*

penodrwydd [*pennod*[1]+*-rwydd*] *eg.* Penodolrwydd: *particularity.*

1803 *P.*

penodwr [bôn y f. *penodaf*: *penodi*+*-wr*] *eg.* ll. *-wyr.* Un sy'n penodi: *appointer.*

1803 *P.*

penofydd [*pen*[1] + *ofydd*] *eg.* Ffrenyddwr: *phrenologist.*
1858.

penofyddiaeth [*penofydd* + *-iaeth*] *eb.* Ffrenyddeg: *phrenology.*
1858.

penofyddol [*penofydd* + *-ol*] *a.* Yn perthyn i ffrenyddeg: *phrenological.*
1858.

pen-offeiriad, pen-effeiriad [*pen*[1] + *offeiriad, effeiriad*] *eg.* ll. *-iaid.* Archoffeiriad, prif offeiriad, pontiff: *high priest, chief priest, pontiff.*
14g. *BY* 46, A gwedy gossot ohonaw Hircanus yn *benneffeiryat.* 1567 *TN* 333a, Jesu, a wnaythbwyd yn *ben effeiriad.* 1595 M. Kyffin: *DFf* 29, Heblaw hynny, ddarfod i'r Gymanfa-Gyngor . . . wahardd yn eglur na chai Escob yn y byd mo'i henwi yn Escob-goruchaf, nag yn *ben-offeiriad.* c. 1762–79 W. Williams: *P* 578, heb gael eu gwahardd gan eu *penoffeiriaid*, na'r curate.

penogaeth [*pennog*[2] + *-aeth*] *eb.* ll. *-au.* Goruchafiaeth, sofraniaeth; swydd llywydd, swydd pennaeth: *supremacy, ascendancy, sovereignty; presidentship, headship.*
1790 W. Richards: *LlA* 37, [g]wrthod goruchafiaeth neu *bennogaeth* ac awdurdod Crist yn ei eglwys. *id.* 56, gwadu ei gnawdoliaeth, yn gystal a'i briodol *bennogaeth* ef. 1798 *WR* d.g. *ascendency, presidentship.* 1800 C. Evans: *EJU* 43, Onid ydyw mor nerthol . . . dros *benogaeth* y pab. 1805 C. Evans: *GB* 14, Darlunir, nad yw bywyd yr eglwys dan *bennogaeth* Crist, yn y cyfammod newydd ddim sicrach, na bywyd dynolryw dan *bennogaeth* yr Adda cyntaf.

penogan, gw. pennyg.

penogwyddiad [*pen*[1] + *gogwyddiad*] *eg.* ll. *-au.* Amnaid â'r pen, nòd: *a nodding of the head.*
1815.

penogyn, gw. pennog[1].

pen-ôl, pen ôl [*pen*[1] + *ôl*[1]] *eg.* ll. *penolau, pennau ôl.* Rhan ôl, part ôl, tin, anws, rhefr; starn; diwedd: *back part, rear, hinder part, hindquarters, posterior, buttocks, bottom, behind, backside, bum, arse, rump, anus; stern; end.*
15–16g. *TA* 12, Ni wn lin, yn ol-yn-ol, / Heb henw iarll ar y *pen ôl.* 15–16g. *GLM* 175, Tyn orddod at hen urddol, / Twrpin wyt ar y *pen ôl.* 16g. *Med H* 44, [y] *penn ol* iddo [griffwnt] ysydd debic i lew. 1567 *TN* 219a, gwthiasont y llong y mewn . . . a'r *penn-ol* a ymoascarawdd gan nerth y tonnae. c. 1585 G. Robert: *DC* [6b-7a], nag edrychwn yn unig ar i wyneb ef [pechod] . . . ond cyn prynnu r pechod . . . edrych y *pen ol* cysdal ar pen blaen. 1588 1 *Br* vii. 25, [eu] *pennau ôl* hwynt [ychen] oll o fewn. 1620 *Joel* ii. 20, bwriaf yn bell oddi wrthych y gogledd-lu, a gyrraf ef i dir sych diffaeth, a'i wyneb tua môr y dwyrain, a'i *ben ol* tua'r môr eithaf. [1725] *TS* 59, Eu *pennau ol*, neu fel y mae gan yr Apostol, Aelodau anhardd. 1752 *ML* i. 212, [t]roi ei *ben ol* at ei landlady. *id.* ii. 64, [p]wy a fedra eistedd ar ei *benôl* yn ty a fai ganddaw iechyd. 1766 *CD* 136, Gollwng gwynt oi *phen ôl* / A Sawyr Cymhedrol. 1798 W. Richards: *CC* 42, yr oedd *pen ol* eu byddin wedi gorphwys. Clywir y ff. ll. *penole, penola* ar lafar, 'Cwnnen nw 'im odd ar 'u *penole* o'r tafarne'. Ar lafar ym Môn dywedir bod rhywun digywilydd 'fel *pen-ôl* bys', *ISF* 60.

penoliaeth [*pennol* + *-iaeth*] *e?b.* Goruchafiaeth; swydd pennaeth: *supremacy; headship.*
1720 *App DP* 63, Dyn Cyhoeddus oedd Adda, a Phen Cyffredin i'w Hiliogaeth . . . pan syrthiodd Adda, efe gollodd ei *Bennoliaeth.* 1767 J. Thomas: *A* 180, amser *Penoliaeth* Crist ar yr Eglwys anweledig.

pen-olygwr, penon, pen-orchwyl, gw. pen-golygwr, penwn, pen-gorchwyl.

penori [bf. o'r e. *pennor*[1]] *ba.* Rhoddi mwsel neu benwar am safn, mwslio, ffrwyno, tenynnu: *to muzzle, bridle, halter.*
1632 *D* d.g. *capistro.* 1722 *Llst* 189, *pennori*, to halter, bridle, muzzle. 1778 *W* d.g. *to muzzle.*

penoriaf: penorio, gw. pynoriaf: pynorio.

penorol [*pennor*[2] + *-ol*] *a.* Prif, pennaf, goruchaf: *principal, supreme.*
18–19g. *MA* ii. 63, goreu Trefn eu Trefn hwy ar Deyrnedd ynys Prydain hyd onis beirnid hwy'n *bennorawl* ar bob Trefneu eraill. 1803 *P, penorawl,* principal, supreme.

pen-paffiwr, gw. pen[1] + paffiwr.

penpedogion, gw. penbedogion.

pen-plas, penplas [*pen*[1] + *plas*] *eg.* Prif blas neu balas: *chief mansion or palace.*
1771 *W, pen-plâs* d.g. *chief seat, mansion, or palace.* *id. pen-plas* d.g. *a mansion, or mansion-house, the chief mansion-house.* *id. penplas* d.g. *palace, a chief palace.*
Amr.: **pen-blas.** 1770 P. Williams: *BS, Luc* ii, y cyfoethogion a gawsant y *pen-blas*, a hwythau'r beudy i lettya.

pen-pobydd, gw. pen[1] + pobydd.

pen-porthor [*pen*[1] + *porthor*] *eg.* Prif borthor: *head porter.*
14g. *WM* 385. 35–7, Glewlwyd gyuaeluawr a oyd *benn porthawr* itaw. 15g. *DN* 25, Pedwar ban y pyrth, Pedr *ben porthawr.* 1632 *D* d.g. *atriensis.* Cf. *MA*[2] 222a. 56, Trwy eirioledd Pedr pen porthorion (Dafydd Benfras).
Amr.: **pen-borthor.** ?15g. *LGC* 126, Pedr *ben borthor* yr holl borthorion.

pen-prelad, gw. pen[1] + prelad.

penpryd [*pen*[1] + *pryd*[2]] *eg.* Wyneb, wynepryd, pryd, golwg, ymddangosiad, portread: *face, countenance, visage, mien, look, appearance, portrait.*
c. 1400 *R* 1278. 4–5, *penbryt* hyt hydyr pil o hil henuon. 15g. *DE* 20, ywen ni bv yn y byd / i neb vnpren vn *benpryd.* 16g. (*LlEG*) *Mos* 158, 510a, peduai *benpryd* dgian semer ar dy gorf di. 16g. Huw Arwystl: *Gw* 333, dalaf denpr gwg ith *benpryd* / deilgar hen dolgav a rhyd. 16–17g. *GST* i. 858, Nid oes genny' fawr gyfrwyddyd, / Ond o bydd hi teg ei *phenpryd.* 1604–7 *TW* (*Pen* 228) d.g. *vultus.* 1606–23 *B* xxi. 328, kyrank . . . ag a vydd *penpryt* teg arno. 1630 *YDd* 122, O Mynnai Brenin Babel gael gwyr ieueingc têg o *benpryd.* 1658 R. Vaughan: *PS* 419, Os dy ymddygiad sydd ag eisiau *Penpryd* da, dyna wybedyn marw, ai gwna yn ddrwg. 1755 G. Owen: *L* 159, gwell f'asai weled ei *benpryd* angylaidd. 1760 E. Williams: *UYB* 225, Ond 'nawr 'rwy'n hoffi 'r ddynol [*sic*] *Ben-pryd*, / 'Waith fod fy Nghrëwr i'r un ffunyd. 1760 T. Williams: *AD* 13b, ymddiddan rhwng y Marchant ai gariad Wraig . . . Gwrando *memprud* aurbryd arail. 1803 *P, penpryd*, s. m. a visage.
Amr.: **penbryd.** c. 1400 *R* 1278. 4. 17g. *LlGC* 13215, 374. 1790 Twm o'r Nant: *GG* 97, A hon sy'w ganlyn swga olwg, / 'N wael ei *phenbryd.*

pen-publican [*pen*[1] + *publican*] *eg.* *Beibl.* Prif gasglwr trethi: (*bibl.*) *chief tax-collector.*
1620 *Luc* xix. 2, efe [Saccheus] oedd *Ben-publican.*

penpwn, pen-pwn [*pen*[1] + *pwn*] *eg.* Baich ychwanegol, llwyth uchaf: *extra burden, top load.*
1842 Dewi Wyn: *BA* 108, Na bo unpeth yn *benpwn*; / Llwyth rhy fawr, rhag llethu 'r fèn. Ar lafar yn Arfon yn y ff. *pen-pwn* 'a sack on a horse's or donkey's back between two panniers', *WVBD* 418 (hefyd yn yr un ystyr yn y ff. *pembwn*, 'potal *bembwn*', *id.* 440).

pen-raddolion, penran, penre, gw. pen-graddolion, penrhan, penrhe.

penreithio, penreithiol, penreolaeth, gw. penrheithio, penrheithiol, penrheolaeth.

penris [*pen*[1] + *gris*] *eb.* Landing, pen y grisiau: *landing (of stairs).*
1775 *W* d.g. *landing, or landing-place* [*the uppermost step of a flight of stairs or steps*].

penrudd, penrwy, gw. penrhudd, penrhwy.

penrwym, penrwymaf: penrwymo, penrwymyn, gw. penrhwym, penrhwymaf: penrhwymo, penrhwym.

penrydd, penryn, gw. penrhydd, penrhyn.

penrhaith (≡*pen-rháith*) [*pen*[1] + *rhaith*; ansicr yw dosbarthiad rhai o'r enghrau.] *eg.* ll. *penrheithiau, penrheithiaid, penrheithi.*

(*a*) Pennaeth, pen (y gyfraith), arglwydd, pendefig, tywysog, pen-arglwydd; pennaeth coleg, prifathro; hefyd yn *ffig.*: *chief, head (of the law), lord, noble, prince, sovereign; head of a college, principal; also fig.*
c. 1300 *H* 21a. 31, Drwc ylliw yllaw oet *benreith* [marwnad Owain Gwynedd gan Ddaniel ap Llosgwrn Mew]. *id.* 47b. 21–2, Delw yt wytt pen rieu *penn reith.* yt wyf penn prifueirt om prifyeith (Cynddelw). *id.* 67a. 5–8, Ny tal gwyr powys *penn reith* ar gymry gan gymryd ag kyureith wedy treul trylew dioleith wedy trin traean o anreith. 14g. *GDG*[3] 38, Gŵr fu Lywelyn . . . / . . . / *Penrhaith* ar Ddyfed faith fu. *id.* 118, Llyfr cariad fydd i'w hadaf, / Yn *benrhaith*, unben yr haf [i lw Morfudd]. 14–15g. *IGE*[2] 296, Yn Ysbryd gloywlan annwyl, / Yn *benrhaith* ddydd gwaith a gŵyl (Siôn Cent). c. 1400 *R* 1194. 1–2, Caraf *benn raith*. cor aryannweith. carei rinwed. 15g. *DGG*[2] 46, Yr eog rywiog *ben rhaith*, / At wen dos eto unwaith. 15g. *GTP* 7, Dau *benrhaith* o'n iaith ein hun. *id.* 99, *Penrheithiau*'n llawenhau llu, / Pedwor trysor tŷ'r Iesu [marwnad am bedwar prydydd gan Hywel Rheinallt]. 15g. *GDID* 86, Dy waith yt, *pen-rhaith* a'i rhydd, / A'th frawd yw'r tafawd, Dafydd. 16g. *GLD* 20, Pab y'th gawn, pob iaith gennyd, / *Penrhaith* y gyfraith i gyd [i'r Doctor Wiliam Glyn]. 1595 M. Kyffin: *DFf* [12], A chan i *Benrheithiaid* (*princes*) . . . etto fethy ou hamcan ar attal cynnudd yr Efengyl. 1632 *D, penrhaith*, cui summum est jus. *id. penrheithi* d.g. *primores.* *id.* d.g. *princeps.* 1722 *Llst* 189, *penrheithi*, the heads of the people. 1803 *P, penrhaith*, the chief of the law.

(*b*) Pennaeth rhaith (yn y cyfreithiau Cymreig); blaenwr (rheithgor); (geir.) ynad; (geir.) (y) llw cyntaf a dyngir: *chief compurgator (in the Welsh laws); foreman (of a jury); (dict.) magistrate; (dict.) (the) first oath sworn.*
13g. *LTWL* 123, Actore et reo presentibus, accipiat *penreyt*, et iuret in eo quod sole luscente viderit eum cum re illa. 14g. *WML* 138, Teir pla kenedyl. magu mab arglwyd. a dwyn mab y genedyl yg kam. A guarchadw *penreith.* 15g. (17g.) *AL* ii. 682, lle bo amperchennoc da yn dwyn lliw ar ledrat fal hynn, cymryt *pennrheith* yn y law yngwydd y hawlwr ac amddyffynnwr . . . a thyngu y welet liw dydd goleu gyt ar da. 1604–7 *TW* (*Pen* 228) d.g. *præjuratio.* 1632 *D, penrhaith* . . . præjurator, juratorum primus. 1688 *TJ, penrhaith*, y tyngwr penaf neu gyntaf: he that takes first anOath [*sic*], the Foreman of a Jury. 1725 *SR* d.g. *a Magistrate.* 1730 *Leg Wall* 580, *penrhaith*, principalis jurans . . . Is qui compurgatores ad se justificandum producere tenetur; & quia primo loco jurare tenetur, & quod officium compurgatorum in hoc consistit, quod ipsi credunt ejus testimonium esse verum, idcirco is vocatur *Penrhaith*, q. d. Jurator praecipuus. Inter Pestes gentis numeratur, quia custodia & exhibitio ejus ad Gentiles suos pertinent usquedum Legi satisfecerit.
Amr.: **penrheithiad** [?adff. o'r ll. *penrheithiaid*]. 1595 M. Kyffin: *DFf* [25].

penrhan, penran [*pen*[1] + *rhan*[1]] *eg.b.* ll. *-nau.*

(*a*) Prif ran neu gyfran, hefyd yn *ffig.*: *chief part or portion, also fig.*
15g. *Pen* 109, 70, Morgan oedd *bennran* ir byt. / A llyfr i bob llw heuyt (Lewys Glyn Cothi). 15g. *LGC* 299, Ato ev âi, petai varn, / Eto lechwedd Talacharn; / Ystlys Dyved, ac Ystlwy, / Penrhyn hwnt a'i *penrhan* hwy. *id.* 336, Post oedd yn pwysaw deuddeg, / *Penrhan* dur y Penrhyn deg [i Nicolas Ryd]. *id.* 338, *Penrhan* gyda 'r Vrân i'th vrenin ydwyd [i Hywel ap Henri]. 15–16g. *TA* 146, Prins byw, aparawns bywyd, / Penrhyn, beirdd, *penrhan* y byd. *id.* 458, *Pen rhan* i hunan yw hi, / Powls warth a'r plasau wrthi [am Gaernarfon]. 16g. *WLl* 209, Pa un a wnai yn pennaeth / Or Penrhyn mawr *penrhan* maeth. 17g. *NBSG* 361, Presaeddfed, wawd aeddfed wedd, / *Pen-rhan* gwin, Penrhyn Gwynedd.

(*b*) Cymal (mewn dogfen gyfreithiol, deddf, &c.); paragraff; adran, rhan, prif ran; pen (pregeth, &c.), pennawd: *clause (in legal document, act, &c.); paragraph; section, (main) part; head (of sermon, &c.), heading.*
[1740] D. Llwyd: *YDD* 24, Awn rhagom ynawr at yr ail *Ben-rhan* (*Second Main Part*). *id.* 194, Fe ddarfu i mi fyned trwy yr Pump *ben-rhan* [*sic*] o Gyhoeddus Addoliad Duw.

penrhe, penre [*pen*[1] + **rhe*, cf. Gwydd. C. *cennrach*, Gwydd. Diw. *ceannrach* 'ysnoden; penffestr'; gw. *penrhwy*] *eg.b.* ll. *-od.* Penwisg, cap, coiff, ysnoden, llinyn i glymu'r gwallt; penffrwyn: *head-dress, cap, coif, fillet, headband, hair-band, hair-lace; headstall (of a bridle).*
1632 *D, penrhe*, capital. 1688 *TJ, penrhe*, penrhwym, gwîsg pen merch: a Hood or Veil that Women were on their Heads. 1722 *Llst* 189, *penrhe*, m.p. *rhëod*, any dress of the head; the headstall of a bridle. *id. penrhe* plentyn d.g. *biggin.* 1753 *TR, penrhe*, a woman's coif, or cawl, or hair-lace to truss up the hair. 1772 *W* d.g.

cowl, coif. **1803** *P, penre*, s. f. a hair lace, a fillet. *Diw.* **19g.** *SE MS* 367a, Ni raid *penre* aur uwch wyneb têg.

penrheithiad, gw. penrhaith.

penrheithiant [*penrhaith* neu fôn y f. ddil. + *-iant*] *eg.* Barnwriaeth; prif awdurdodaeth, penarglwyddiaeth: *judiciary; supreme jurisdiction, sovereignty.*

18–19g. *Llr* C 13, 534, Caerdydd a thiroedd perthynol ir Lle yr hwn le y cadwodd ef iddo ei hun gyda'r Bontfaen a Llanilldyd a Chynffig, ag att hyn *Penrheithiant* Morganwg. **1803** *P, penrheithiant*, s. m. supreme jurisdiction; sovereignty.

penrheithio, penreithio [bf. o'r e. *penrhaith*] *bg.* Bod y cyntaf i dyngu llw (mewn llys barn); bod â'r awdurdodaeth bennaf: *to be the first to swear an oath (in a court of law); exercise supreme jurisdiction.*

1604–7 *TW* (*Pen* 228), *penrheithio* d.g. *præjuro.* **18–19g.** *Llr* C 29, 29–30, am nad allai un o'r ddau Dywysog *Benreithio* a Barnu yn hawl ag achos ei hun. **1803** *P.*

penrheithiol, penreithiol [*penrhaith* + *-iol*] *a.* Mawr, bras (am lythyren); cyffredinol, eciwmenaidd; (geir.) gwerthfawr, wedi ei awdurdodi, ?ac iddo uchelfraint, cyfreithlon: *capital (of letter); general, ecumenical; (dict.) precious, authorized, ?having a prerogative, lawful.*

1567 G. ROBERT: *GC* 18, Chwi a welwch dair rhes i bob llythyren, yn y gyntaf mae lluniau mawr iddynt, a'rheini a elwir *penrheithiawl*, yn yr ail res mae lluniau bychain, a'rheini a elwir llythyrennau cyphre[d]inawl. *id.* 60, scrifennu yn *benrheithiawl* dros henw gwr, ne le mal. H. wythfed. **1595** M. KYFFIN: *DFf* [8], A darfod i ni yn ddifadde o'n hawdurdod neulltuol eyn hun heb farn cyssegr Gymanfa-Gyngor *benrheithiawl* (*general*), ddwyn i mewn i'r Eglwys ddeddfodeu newyddion. *id.* [185], pa fodd y dichyn neb a fo'n ei gof a'i synwyr dybied may Cymanfa-Gyngor *penrheithiawl* (*œcumenical*) drwy'r holl fyd yw'r Cyngor hwnnw? **1604–7** *TW* (*Pen* 228) d.g. *capital. Dchr.* **17g.** *J* 10, 124b, *penrheithiol*, authorised. **1632** *D* d.g. *prærogatiuus.* **17g.** *LlGC* 13215, 374, *penreithiol*, legalis.

penrheolaeth, penreolaeth [*pen*[1] + *rheolaeth*] *eb.* Sofraniaeth; unbennaeth: *sovereignty; dictatorship.*

1710 *LlGG* (*Art*) 4, i'r hon [y frenhines] y perthyn *pen-Rheolaeth* (*chief government*) pob Stat y Deyrnas hon. **1721** RD: *CFf* 73, Duw, gan yr hwn y mae Arglwyddiaeth a *phenreolaeth* dros bawb.

penrheolfraint [*pen*[1] + *rheolfraint*] *eb.* Goruchafiaeth: *supremacy.*

1710 *LlGG* (*Gos*) 5, *Pen-rheolfraint*, neu Uchafiaeth y Brenhin ar Eglwys Loegr.

pen-rheolwr [*pen*[1] + *rheolwr*] *eg.* ll. *-wyr.* Unben; prif ynad absoliwt ei awdurdod a etholid mewn amser argyfwng gan y Rhufeiniaid gynt; pen-arglwydd, penllywodraethwr, prif reolwr, pen-cadfridog; pennaeth (coleg), prifathro: *dictator; (ancient Roman) dictator; sovereign, chief governor, chief manager, commander-in-chief; head (of a college), principal.*

16g. (*LlEG*) *Mos* 158, 126a, drwy gyngor y brenin Ir aeth ef I sweddon or lle I gwnaeth y brenin y vo yn *benhriolwr* ne yn leieutennant [*sic*]. **1630** R. LLWYD: *LlH* 123, Efe [Duw] yw y *Pen-Rheolwr.* **1672** R. PRICHARD: *Gw* 521, Cais gan hynny Grist yn Geidwad, / Ac yn *Ben Rheolwr* arnad. **1710** *LlGG* (*Gos*) 9, Pob Deon, Meistr neu Warden, neu *ben-Rheolwr* (*Rector primarius*) Eglwys Gadeiriawl neu Golasawl. **1716** E. SAMUEL: *GGG* 36, pan yw pob crediniaethau eraill. . . naill ai wedi diflannu 'n llwyr pan gyntaf y collasant gymmorth ac Awdurdod y *Penrheolwyr* oedd yn gynnhaliaid iddynt . . . ai'n sefyll etto trwy unig nerth y cyfryw Awdurdodau. **1718** E. SAMUEL: *HDdD* [iii], [*P*]*en-rheolwr* Coleg yr Iesu yn Rhydychen. *id.* 268, Y Tâd Dinasawl yw 'r hwn a sefydlodd Duw yn *Benrheolwr.* **1718 (1721)** S. THOMAS: *HB* 39, Enw cyffredin y *Pen Rheolwr* yw Czar. **1735** S. THOMAS: *HP* 166, fe aeth at *Ben Rheolwyr* y Wlad, y rhai ydynt ryw beth gyffelyb i'n Parliament ni yn y Wlad ymma. **1740** T. EVANS: *DPO* 72, nid yw Ryfedd nad allai un *Pen-rheolwr* yn y fath achos a hwn gadw cynnifer o wledydd mewn Ufuddd-dod [*sic*]. *id.* 180, *Pen-rheolwr* y Dalaith a anfonei Yspysrwydd o hynny at yr Ymherawdr. **1772** *W* d.g. *dictator* [*a chief magistrate among the ancient Romans &c. . . . one who, by his credit and authority, sways the conduct of others*].

Amr.: **pen-rhiolwr** [cf. *rhiol*]. **16g.** (*LlEG*) *Mos* 158, 126a.

pen-rhingyll [*pen*[1] + *rhingyll*] *eg.* Uwchringyll, ?prif swyddog: *serjeant-major, ?chief officer.*

1740 T. EVANS: *DPO* 29, Y Brenin a archodd i'r *Penrhingyll* i ganu'r Cyrn-cychwyn i gynnull ei Wyr-Rhyfel ynghyd. *id.* 116, efe a attebodd i'r *Penrhingyll* a anfonasai Emrys atto.

pen-rhiolwr, gw. pen-rheolwr.

penrhudd, penrudd [*pen*[1] + *rhudd*] *eb. Bot.* Llysieuyn persawrus o'r tylwyth *Origanum*, eidran, mintys y graig, mesuriad; 'botwm gŵr ieuanc'; craith unnos, meddyges las, *Prunella vulgaris*: *marjoram; 'red bachelor's button'; self-heal.*

18–19g. *Llr* C 16, 209, Y bengoch, bachelor's buttons, & y *Benrudd.* **1802** *LlGC* 1760, 16/15a, y *Benrudd*, allheal, self-heal, gwared rhag y Pwd. **1803** *P*, penrudd . . . Y *benrudd*, the wild marjoram. **1813** *WB* 226, *Penrudd*; O[r]iganum vulgare; Common Marjoram.

penrhwy, penrwy [*pen*[1] + *rhwy*[2], cf. Gwydd. C. *cennrach*; gw. *penrhe*] *e?g.* ?Coler (i ych), iau; math o goron: *?(ox-)collar, yoke; kind of crown.*

14g. *T* 55. 21–2, ny wdant wy yrych brych bras *ypenrwy.*

penrhwym, penrwym [*pen*[1] + *rhwym*[1]] *eg.b.* (bach. *-yn*, ll. *-nau*) ll. *-au.* Penffrwyn, ffrwyn, penwar, mwsel; rhwymyn pen, ysnoden, twrban, cwfl; gwäeg, bwcl; tresi (ceffyl): *headstall, rein, muzzle; headband, fillet, turban, hood; clasp, buckle; traces, horse-traces.*

14g. *GIG* 53, Och fi am eurych gwych gwydn / A rôi ddail o rudd elydn / A *phenrwym* (*IGE*[2] 58, *phenrhwym*) oroff unrhyw / Yn rhith aur, fy anrhaith yw [i ddiolch am gyllell]. *id.* 60, Carn geugraff mewn rhaff yn rhwym, / Buanrhudd, mawr ei *benrhwym* [i ddiolch am farch]. **1547** *WS*, *penrhwyn* [*sic*]. **1604–7** *TW* (*Pen* 228), *penrhwym* d.g. *aurea.* *id.* y ddarn or *penrhwym* y Frwyn a ddaw ar y talgûdyn d.g. *frontale. Dchr.* **17g.** *J* 10, 124b, *penrhwym*, bitte, headstall. aurea, retinaculum: subfibulum. **1632** *D*, *penrhwym*, [capital]. **17g.** *LlGC* 13215, 374, *penrwym*, aurea, subfibulum. **1688** *TJ*, penrhe, *penrhwym*, gwîsg pen merch: a Hood or Veil that Women wore on their Heads. **1722** *Llst* 189, *penrhwym*, m, a muzzle; traces of a draught-horse; a buckle, clasp, tatch; headstall of a bridle; headband. **1771** *W*, *pen-rwym* gwregys d.g. *buckle.* **1803** *P*, *penrwym*, s. m. pl. t. *au*, a headband, a hair-lace, or fillet. *id.* d.g. *penrwymyn.*

penrhwymaf, penrwymaf: penr(h)wymo [bf. o'r e. bl.] *ba.* Rhoddi mwsel neu benwar am safn, mwslio, hefyd yn *ffig.*: *to muzzle, also fig.*

15g. *LGC* 165, O'r hen wreichionen *penrhwymid* pob dadl; / Ar yr un anadl yr ennynid. **1567** *TN* 252a, Na *phenrhwyma* eneu yr ych a vo yn dyludo'r yd. *c.* **1730** *Thos. Lloyd D* (LlGC) 192a, *penrhwymo* . . . to muzzle. **1803** *P* d.g. *penrwymaw.*

penrhydd, penrydd [*pen*[1] + *rhydd*[1]] *a.* ll. *-ion*, *-iaid*, *pennau-r(h)yddion*, a hefyd gyda grym enwol.

(*a*) Yn ymwrthod â rheolau neu gonfensiynau crefyddol, moesol, &c., dilyffethair, ofer, afreolus, gwyllt; rhydd; llac, anfanwl; ?cyhoeddus: *disregarding religious, moral, &c., rules or conventions, licentious, unrestrained, dissolute, unruly, wild; free; loose, inexact; ?public.*

1595 M. KYFFIN: *DFf* [81], ymryddhau oddi dan pob awdurdod yn y byd, fal y gallent hwy foelstotta 'n *benrhyddach.* **1604–7** *TW* (*Pen* 228), *penrhydd* d.g. *fluctuans.* **1606** E. JAMES: *Hom* i. 114, rhyfygu ar drugaredd Duw ac yn byw yn *benrhydd* ac yn anllywodraethus. **1609** *CRC* 65, dowaid ti ag nag eiriach / fo aeth yn *benrhydd* bob kyfrinach. *Dchr.* **17g.** *J* 10, 124b, *penrhydd*, dissolute, præceps, fluctuans, futilis, licentiosus. **1633** *Addysg i Farw* 18, cymmaint o rimynnau a cherdd *ben-rhydd* (*bolde*). **17g.** *LlGC* 13215, 374, *penrydd*, præceps. **1661** E. LEWIS: *Drex* 356, pa beth yr oedd ef yn ei dybied o fuchedd gaeth y crefyddol, ac o fuchedd ehud y *penrhydd.* **1693** *TYGD* 27, gweled cymmaint o rai cryfion yn gandryll ac yn *benrhyddion*, sydd anhrefnus i'r wladwriaeth. **1718** M. WILLIAMS: *P* 15, [C]ymmysgiaith lygredig, *benrydd*, dywell. **1721** J. P. PRYS: *DC* 104, Ni feiwn ar Grefydd rhai heb Grêd na Bedydd, / A ninnau 'n fwy *penrhydd* anufydd na neb. **1751** *ML* i. 179, eisiau gwaith i wneuthur sydd ar bawb a ymhelio ar benywiaid . . . mi a wnaf yng ngoreu ar ymgadw rhag y *Penrhyddion.* **1775** D. JONES: *HCY* 128, Adenydd Cariad, Breichiau Ffydd, / A'm dygei'n *benrhydd* trwyddyn'. **1796** *Geirgrawn* 17, dynion diddysg, *penauryddion*, a choeg-ddiriaid. **1803** *P.* Ar lafar, 'hen gyfrath *benrydd*', 'bachgan *penrydd*, yn mynd o'i ben a'i bastwn 'i hun', *WVBD* 423; 'Fe gæs 'i fratu gin 'i fam yn blentyn . . . a'r diwadd fu iddo fynd yn 'ollol *benrydd*' (dwyrain Morg.).

(*b*) Yn y mesur rhydd neu ddi-odl, heb fydr gosodedig, weithiau'n ddifr.; mewn rhyddiaith, rhyddieithol; pengoll (am gynghanedd): *in free metre, blank verse, or vers libre, sometimes derog.; prose (adj.); 'pengoll' (q.v.) (of a type of 'cynghanedd').*

Diw. **16g. (1605)** *GP* 211–12, Kynghanedd anghymeradwy, yr honn a elwir pendoll, ne bengoll, ne bendwyll, sydd pan vo kydtaro yn y naill benn, a'r pen arall yn *bennrrydd* . . . val: Dwywol, dywal yng nghadlan. **1592** S. D. RHYS: *Inst* 269, Mi roddaf swllt am y cwlldr. Y rhai hynn a''i cyphêlyb, mi a debygwn eu bôd morr 'waharddêdic o'i canu, a''r Pengollieid, ac a'r Pendollieid, ac a'r *Penrhyddieid.* **1632** *D*, ymadrodd *penrhydd* difydr d.g. *prosa.* **1696** *CDD* 352, Os gofŷn un prydŷdd, pwŷ a wnaeth y gerdd *ben-rhŷdd* / Cŷn waned ei wenŷdd, o grefŷdd iawn grêd. **1721** J. P. PRYS: *DC* [iv], Awdwyr canmoladwy . . . yn gwneuthur defnydd o Ganiadau *pen-rhyddion.* *id.* [vii], drylliwyd y Mesurau, dirymwyd y Cynghaneddau . . . dadtrowyd y cywreinddoeth blethedig Odlau, yn ofer ddywediadau *Pen-rhyddion.* **1759** *DG* iii, mor drwsgl y maent yn arferu'r Jaith, ac yn eiliaw rhigymau *pen rhyddion.* **1780** *W* d.g. *prose.* **1803** *P*, *penrydd* . . . can *benrydd*, blank verse.

(*c*) *Gram.* Annherfynol (am ferf): *infinitive (of verb).*

1605–10 *GP* 205, Arddodyad *pennrrydd* sydd ar ei benn e hun yn arwyddokau yr weithred neu'r ddigwydd heb gydarwyddokau amser na chrybwyll person. Y Lladinwyr a'i geilw 'verbum infinitum',—'gweld', 'kerdded', 'dywedud'.

penrhydd-der [*penrhydd* + *-der*] *eg.* Penrhyddid: *licence (in religion, morals, &c.).*

1664 *LlGG* sig. f2v, Anabaptysm, a ymluscodd i'n mysc ni drwy *benrhydd-der* yr amserodd diweddar. *c.* **1730** *Thos. Lloyd D* (LlGC) 191b, *penrhyddder*, licenciousness. **1770** *W* d.g. *boldness, dissoluteness, libertinism.*

penrhydd-did, gw. penrhyddid.

penrhyddiad [*penrhydd* + *-iad*[3]] *eg.* ll. *-iaid. Diwin.* Rantar; latitiwdinariad, llydanfrydydd; person penrhydd: *Ranter; latitudinarian; dissolute or unruly person.*

1765 *Rhed Y* 10, bydd sicr i gymmeryd Gofal rhag y Crynwyr, *Pen*[*rh*]*yddiaid* (Ranters) Rhydd-ewyllyswyr. **1766** *OU* 168, fel *Penrhyddiad*, (Ranter) ti droi Ras Duw i drythyllwch. **1767** *AADdG* 224, ymogelwch *Benrhyddia*[*i*]*d* a Chrynwyr. **1798** *WR* d.g. *latitudinarian.*

penrhyddid, penrhydd-did [*penrhydd* + *-did* (At.); cf. *rhyddid*, *rhydd-did*] *eg.* Rhyddid gormodol (mewn materion crefyddol, moesol, &c.); athrawiaeth, trefn, &c., y latitiwdinariaid, llydanfrydiaeth: *licence (in religion, morals, &c.); latitudinarianism.*

1725–6 *Madd Ed* 19, athrawiaeth o *benrhydd-did* (*looseness*) a dibwyllni. *id.* 303, dychwelyd . . . oddi wrth ei *Benrhydd-did* (*licentiousness*) at ei Ddyledswydd. **1772** *W*, *penrhydd-did* d.g. *dissoluteness.* **1788** J. GRIFFITH: *DCC* iv, [y] sawl a ddyged i fynu yn grefyddol ac ni adawyd i *benrhydd-did* a drygioni yn eu ieuengctid. **1793** T. JONES: *SD* 80, barn gyfeiliornus *penrhyddid* mewn ymddygiad. **1796** J. GRIFFITHS: *H* v, y mae anwybodaeth, a *phenrhyddid* pechadurus, yn agoryd drws i amharch, tlodi, a phob aflwydd yn y byd hwn. **1798** *WR*, *penrhydd-did* d.g. *libertinism.* **1801** *TY* 330, Os bydd gan ddynion fwy o ryddid i bechu, a llai o ofn Duw . . . y mae hyn yn arwydd o ddeddfoldeb, yn gystal a *phen-rhydd-did* yspryd.

penrhyddni [*penrhydd* + *-ni*] *eg.* Penrhyddid: *licence (in religion, morals, &c.).*

1831.

pen-rhyfelwr [*pen*[1] + *rhyfelwr*] *eg.* ll. *-wyr.* Prif ryfelwr, ymladdwr, neu filwr, hefyd am Grist: *chief warrior, combatant, or soldier, also of Christ.*

1770 P. WILLIAMS: *BS*, 2 *Cr* xxviii, efe yw'r *pen-rhyfelwr* a brenhin y brenhinoedd. **1782** D. WILLIAM: *GMS* 15, Wele'r Iesu, y *Pen-rhyfelwr.*

1796 H. JONES: *MPC* [8], y *pen-rhyfelwr* Olfir Cromwel.

penrhyn, penryn [*pen*[1] + *rhyn*[1]; cf. yr e. lle Crn. *Penryn*] *eg.* (bach. *-nig*) ll. *-nau, -ion, -noedd.* Trwyn uchel o dir (creigiog) yn ymestyn allan i'r môr neu i lyn, pentir, trwyn, gorynys, culdir, hefyd yn *ffig.*: *cape, promontory, headland, point, peninsula, isthmus, also fig.*

13g. *LlI* 59, Deuynwal . . . a uessurus er enys hon o *Penryn* Blathaon em Pryden hyt em *Penryn* Penwaed eg Kernyu. **13g.** *C* 74. 3–6, Ergig anchvant. guent. gulad morgant. Dyffrin mynvy. Gvhir *penrin* ystradvi brin. Tywin. warvy. *c.* **1300** *H* 35b. 3–4, amcoch brynn a *phenrynn* a phant Amyl kelein yg crein yg creunant (Cynddelw). **14g.** *GDG*[3] 356, Parch pob cyffredin dinas, / *Penrhyn* gloyw feddyglyn glas [i Niwbwrch]. *c.* **1400** (*SG*) *HMSS* i. 285, edrych aoruc ef y vyny tu a *phennryn* tywynnawc. **15g.** *LGC* 34, Mastr Watcyn *penrhyn* gwin pêr, a damasg. **1604–7** *TW* (*Pen* 228), *penrhyn* mal penelin o dir yn ystyn allan tua'r mor d.g. *promontorium. Dchr.* **17g.** *J* 10, 124b, *penrhyn*, isthmus. *ib. penrhynnig*, lingula. **1688** *TJ*, *penrhŷn*, brŷn a'i ymul yn y môr: a Promontory. **1755** *GAGC* 30, Enwau Mynyddoedd . . . *Penrhynau.* **1803** *P* d.g. *penryn.* Cf. R. WILLIAMS PARRY: *H* 35, *Benrhynion* môr ac awyr! Am *penrhyn* mewn enwau lleoedd, gw. *ELlSG* 58, a cf. *B* ix. 309, Promontary . . . *Penrhyn*, as *Penrhyn* in Llanfwrog, *Penrhyn du* in Carnarvonshire, and *Penrhyn yr wyn* in Rhoscolyn, *Penrhyn Gwybedog* and *Penrhyn* in Penmon which are Promontaries; ac er nad ydynt ond bychain, dyna'r peth y mae'r gair yn arwyddo yn y wlad.

pensach [?*pen*[1] + *sach*] *eb.* Diferwst, catár; ysbinagl, cwins, mynyglog; clwy'r pennau, y dwymyn doben; cur pen parhaus; afiechyd ar foch: *catarrh; quinsy; mumps; chronic headache; disease of pigs.*

1604–7 *TW* (*Pen* 228), y *Bensach* d.g. *catarrhus. Dchr.* **17g.** *J* 10, 125a, *pensach*, cephalæa. **1632** *D*, *bensach*, angina spuria. I.D.R. **1722** *Llst* 189, y *Bensach*, f. a distemper on pigs. **1776** *W*, y *bensach* d.g. *mumps* . . . [*a sort of squinancy*]. **1803** *P.* Ar lafar yng ngodre Cered. am 'fath o ddolur dannedd ar fochyn', *Cymru* xxxv. 192.

pensaer, pen-saer [*pen*[1] + *saer*] *eg.* (b. *-es*) ll. *penseiri.*

(*a*) Un sy'n cynllunio adeiladau ac yn goruchwylio eu hadeiladu, archadeiladydd, prif adeiladydd neu gynllunydd, prif saer neu grefftwr, un sy'n rhagori fel adeiladydd neu saer: *architect, chief builder or designer, chief carpenter or craftsman, master-builder, master-carpenter.*

1346 *LlA* 76, Ymein ereill garw hep gaboli auu anaf gann *ypenssaer* (*ab opifice*). **14g.** *WM* 502. 6, gwlydyn saer *pensaer* y arthur. **14g.** *GIG* 102, Pwy a allai, pei *pensaer*, / Peintio â chalch pwynt fy chwaer? **14–15g.** *IGE*[2] 285, Ar faes Senar, oer fesur, / A main y gwnaethpwyd y mur, / . . . / Pedair ugeiniaith, myn Pedr, / . . . / A'r maint hyn, meddyn' i mi, / Bwn sor, oedd o *benseiri* (Siôn Cent). *id.* 327, Hywel, *bensaer* metel byd [Rhys Goch Eryri i'r faslart]. **15g.** *Pen* 109, 126, Lluniod *penssaer* a llinynn. / Llwyn a goet mewn lliein gwynn (Lewys Glyn Cothi). **1561–2** *Rhyddiaith Gymraeg* i. 63, kynyddv mewn gwybodaeth gorvchafddysc ar awenyddgael gelvyddyd ar holl awdurdod adeiladryw saerniaeth arbennic yn *benssaer* haeddbarch [llythyr at saer coed]. **1588** *Ecclus* xxxviii. 28, pob saer, a *phensaer* . . . yr hwn a gerfiant gerfiadau. **1588** 1 *Cor* iii. 10, megis *pen-saer* celfydd, gosodais i y sail, ac y mae arall yn goruwchadailadu. **1604–7** *TW* (*Pen* 228) d.g. *architecton.* **1725** *SR* d.g. *an Architect, or chief builder.* **1761** *ML* ii. 357, toddwr, *pensaer*, gôf pres a haearn, etc. **1803** *P.*

(*b*) (enghrau. *ffig.*: *fig. exx.*).

13g. *Llst* 1, 48, brv dy vam en e lle yth gwnaeth ty *pensaer* er annwydev en dyn or peth nyt oed dyn. **14g.** *GDG*[3] 424, *Pensaer* y wengaer wingerdd, / Pennaeth penceirddiaeth, paun cerdd [marwnad Dafydd ap Gwilym gan Fadog Benfras]. **15g.** *CLlG* i. 218, Sori Dduw'n *pensaer* ydd wyd, / Saith o Gloddaith a gladdwyd (Robin Ddu). **15–16g.** *GLM* 326, bu nos yr ŵyl *bensaer* ynn; / bu'r llynedd yn bwrw llinyn [marwnad Rhys Nanmor]. **1672** R. PRICHARD: *Gw* 38, Awn i weld y *Pen-sâer* gore, / Y wnaeth yr haul a'r holl blanede. **1703** E. WYNNE: *BC* 50, Gwel ddyn, Adeilad hyfryd / . . . / Ei *Phensaer* a'i Pherchennog / Yw 'r Brenin hollalluog. **1716** E. SAMUEL: *GGG* 26, mae hyn yn dangos mae Meddwl doeth-ragorawl yw Cywrein-graff *Bensaer* Naturiaeth. **1722** T. EVANS: *PS* 4, y *Pen Seiri* celfydd hynny . . . yn Adgyweiriad Crefydd o Babyddiaeth. **18g.** *CC* 230, pwy rydd addysg pereiddiaith / pwy ond Sr Rys *pensaer* iaith.

pensaernïaeth [*pen*[1] + *saernïaeth* neu *pensaer* + *-ni* + *-aeth*] *eb.g.* Celfyddyd, gwyddor, neu alwedigaeth pensaer, dull neu arddull adeiladu, hefyd yn *ffig.*: *architecture, also fig.*

Dchr. **17g.** *J* 10, 125a, *pensaerniaeth*, architectura. **1632** *D* d.g. *architectonice.* **1733** J. OWEN: *TBG* 42, nid yw yn debygol . . . y bydd i adeilad mor ardderchog a'r ddaear bŷth fyned yn gwbl ar fêth; y collir yn llŵyr ddarn mor ogoneddus o *bensaernïaeth. id.* 49, Och, na ddarostyngid ni . . . o blegid an[ff]urfjo o honom *bensaernïaeth* Duw. **1803** *P.*

pensaernïaf: pensaernïo [bf. o'r e. *pensaer* ar ddelw *saernïo*] *bg.a.* Cynllunio, saernïo, hefyd yn *ffig.*: *to design, construct, also fig.*

20g.

pensaernïol [*pensaernï*(*aeth*) + *-ol*] *a.* Yn perthyn i bensaernïaeth, hefyd yn *ffig.*: *architectural, also fig.*

1899.

pensaernïwr [bôn y f. fl. + *-wr*] *eg.* Pensaer, hefyd yn *ffig.*: *architect, also fig.*

20g.

pensag [*pen*[1] + elf. anh., ?cf. *pensoeg*] *eg.* ac *e.tf. Bot.* Hopys(en), *Humulus lupulus*: *hop-plant(s), hops.*

1803 *P*, *pensag*, s. m. the hop-plant; hops. **1813** *WB* 226.

pensal, gw. **pensil.**

pen-sant, pensant, pen-saint [*pen*[1] + *sant, saint*[1]] *eg.* ll. *-saint.* Nawddsant (cenedl, &c.), prif sant: *patron saint* (*of a nation, &c.*), *chief saint.*

15g. *IGE*[2] 245, Dewi ddyfrwr yw'n diwyd, / Dafydd *ben sant* bedydd byd (Ieuan ap Rhydderch). **1604–7** *TW* (*Pen* 228), *pensaint* d.g. *patroni.* **1718** M. WILLIAMS: *P* 14, gelwir ef yn *Ben-sant* y Brytanniaid. **1759** T. THOMAS: *WWDd* [100], llawer Saint a demptiodd efe, ac nawr mae'n cynnig y *Pen-saint.*

pensedd [*pen*[1] + *sedd*, cf. *gorsedd*] *eb.* Gorsedd aruchel, prif orsedd, hefyd yn *ffig.*: *supreme throne, also fig.*

Dchr. **15g.** *GM* 2, Meir, aduwyn uorwyn uawred, a ymduc / Y gwr a'e goruc o'e trugared, / Mawr uolyant, mabsant seint orsed nefawl, / Meir deduawl, dwywawl, diwael *bensed.* **1803** *P*, *pensedd*, s. f. a supreme seat.

pensel[1] [bnth. H. Ffr. *pen*(*on*)*cel*, o bosibl drwy'r S. C.; dichon fod dylanwad y gair *sêl*[2] ar ystyron y geiriaduron] *eg.* ll. *-au, -iaid.* Baner fechan, lluman bychan, hefyd yn *ffig.*; pennaeth, pendefig, tywysog, rheolwr, llywodraethwr; canghellor, Arglwydd Ganghellor, Ceidwad y Sêl Fawr: *small flag or standard, pennon, also fig.*; *chief, chieftain, prince, ruler, governor; chancellor, Lord Chancellor, Lord Keeper of the Great Seal.*

14g. *H* 90b. 17, Gwaet *penssel* hywel digel dygyat (Llywelyn Ddu ab y Pastardd). **14g.** *GIG* 7, Ystondardd—ys hardd o sud; / *Pensel* Syr Hywel yw hwn; / Myn Beuno, mae'n ei benwn / Tri fflŵr-dy-lis, oris erw, / Yn y sabl, nid ansyberw [i Syr Hywel y Fwyall]. *id.* 90, Ethyw *pensel* yr ieithoedd, / Eithr pe byw athro pawb oedd [marwnad Dafydd ap Gwilym]. **14–15g.** *IGE*[2] 129, Llyna sud, llwyn o sidan. / Addwyn o *bensel* melyn; / Egin teg yw o gnawd dyn [Gruffudd Llwyd am farf Owain Amhreduddl]. *c.* **1400** *R* 1311. 11–12, Arwydon ion iawn ener diball dwbl kwbl cuall Kyhoed *bensel. c.* **1400** *YCM*[2] 80, sawl ystondard yn dyrchauel, a'r sawl baladyr unyawn, a'r *penseleu* yn chwythu gan y gwynt. **15g.** *GHC* 34, Od aeth *pensel* Twrcelyn / I'r llawr hwnt mor llwyr â hyn [marwnad Dafydd ap Ieuan]. ?**15g.** *B* i. 306, Goreu arwydd gan Wyddyl / Melyn a choch ymlaen chwyl. / Urdda *bensel* Llywelyn, / Arddelw hwnt o'r ddeuliw hyn. **1632** *D*, *pensel*, primas, princeps, cui supremum est sigillum. **1722** *Llst* 189, *pensel*, m.p. [*pen*]*seliaid*, the Lord Keeper, keeper of the great seal, Lord chancellour. **1803** *P.*

pensel[2], gw. **pensil.**

penselaf: penselu, gw. **pensiliaf: pensilio.**

pensen [bnth. S. *pence* + *-en*] *eb.* Ceiniog: *penny.*

1837. Ar lafar ym Meir., Cered., sir Benf., a Morg., ''Dos gen i ddim *pensen* goch', 'heb ddim *pensen* (heb yr un *bensen*) ar 'i helw'.

Gw. hefyd **peni.**

pensgewndid, pensgownder, gw. **penysgefndid, penysgafnder.**

pen-sgrifennwr, pen-sgrifennydd, gw. **pen-ysgrifennwr.**

pensigl [*pen*[1] + *sigl*] *eg.* a hefyd fel *a.* Ffustwial; (geir.) a chanddo ben sy'n siglo neu'n crynu: *swingle* (*of flail*); (*dict.*) *having a head that shakes or trembles.*

1632 *D* d.g. *quassabundus.* **1660** *Ewyllys William Glynne, Clynnog* (LlGC), 1 *pensigle* [*sic*] a thid leder. **1794** *W* d.g. *swingle-head.* **1803** *P*, *pensigyl*, having a shaking of the head.

pensiglaf: pensiglo [*pen*[1] + *siglo*] *bg.* Siglo neu ysgwyd y pen: *to shake one's head.*

1621 E. PRYS: *Ps* 48b, A'm diystyrent dan droi tro, / a than *bensiglo* attaf. *c.* **1730** *Thos. Lloyd D* (LlGC) 191b, *pensiglo*, caput quatio. **1803** *P* d.g. *pensiglaw.*

pensil, pensel[2] [bnth. S. *pencil*] *eg.b.* ll. *pensil(i)au, pensilion, penseli, penselau, penselydd.* Offeryn ysgrifennu, darlunio, coluro, &c., sef rhoden o ddefnydd marcio (e.e. graffit) mewn silindr o bren, metel, plastig, &c.; brwsh paent arlunydd, sef blew camel, sabl, &c., ar ben cwilsyn: *pencil; pencil (paintbrush).*

1688 *TJ*, puntr, puntur (*pensel*:) the Pen or Pencil of a Painter. **1725** D. LEWIS: *GB* 291, Os gwnewch *Bensil* o hono [ffosfforws], ac ŷsgrifennu a hi, bydd y Llythyreneu megis yn Dân yn y Tywyllwch. *c.* **1730** *Thos. Lloyd D* (LlGC) 188a, *pensil*, penicillum. **1759** *ML* ii. 129, argraff maen Llanol, a gymerth Sion Dwyran ar lawr ai law ei hun, a *phensal* du. [**1761**] *GGJ* 6, *Pensilau* Llyig a osodir mewn Cwils Gwenholiad, Chwid neu Gwyddau, fel ybo meindra neu helaethder y stroc yn gofyn. **1795** J. THOMAS: *AIC* 341, tyn y Ffugurau a *phencil* wedi ei wlychu yn y Seis Aur . . . a llyfnhâ ymylau geirwon y Ffugurau a *phensil.*

Cfn.: **pensil (pensel) carreg (garreg):** *slate pencil.* **1934.** Ar lafar, *WVBD* 423. **p. coch (goch):** *red pencil* (*esp. as used to correct mistakes*). **20g. p. (g)las:** *blue pencil* (*esp. as used to correct mistakes*). **1923. p. llechen** = **p. garreg.** Ar lafar ym Môn. **p. lèd** = **p. plwm. 1894.** Ar lafar, *WVBD* 423. **p. plwm (blwm):** *lead pencil.* **1921. p. saer:** *carpenter's pencil.* **20g.**

pensiliaf, penselaf: pensilio, penselu [bf. o'r e. bl.] *ba.* Darlunio, ysgrifennu, neu farcio â phensil: *to pencil.*

20g.

pension, pensionaf: pensioni, pensioner, gw. **pensiwn, pensiynaf: pensiynu, pensiynwr.**

pensitrach [*pen*[1] + *sitrach*] *a.* ?Anniben neu gaglog ei wallt, hefyd yn *ffig.* penwan, gwacsaw: *having untidy or bedraggled hair, also fig. weak-minded, frivolous.*

1762 H. JONES: *HCF* 9, Yr wyf yn Gâr i Galsyth afiach, / Ac i'r sowtwraig Sian *ben-sitrach.* **1787 (1812)** TWM O'R NANT: *PG* 45, ffyliaid *pen sitrach.*

pensiwn[1], **pension** [bnth. H. Ffr. *pensiun*, o bosibl drwy'r S. C., a S. Diw. *pension*] *eg.* ll. *pensiynau* (*pensiwnau*). Tâl rheolaidd gan wladwriaeth, cyn-gyflogwr, &c., i bobl dros oedran arbennig, i weddwon, i bobl anabl, &c., i'w galluogi i fyw heb orfod gweithio, tâl rheolaidd a roddir fel nawdd, neu fel cydnabyddiaeth am wasanaeth, haeddiant, &c.; taliad, cyflog; hefyd yn *ffig.*: *pension, superannuation; payment, wage; also fig.*

14g. *GDG*[3] 392, Cwrrach memrwn . . . / . . . / A geisir â'i ddyir ddail / A'i *bensiwn* serch heb unsail. **14g.** *GIG* 61, *Pensiwn* balch, gwalch gwehelyth, / Diwallu cleirch ar feirch fyth. **15g.** *GGl*[2] 312, Un heb unswydd neu *bensiwn* / I rwymo pawb yw'r mab hwn. **16g.** (*LlEG*) *Mos* 158, 232a, y neb a Rodde e *Bensiwn* o ddwyuil o ffrancks bob [b]lwyddyn Ir duwk o geldyr. **1547** *WS*, *pensiwn*, a pencyon. **1604–7** *TW* (*Pen* 228), *pension*, taledigaeth, or vgeinuet rann d.g. *vicesima.* **17g.** *LlGC* 10249, 105, Sancteiddied yn ddiledach / Y dydd hwn, *bensiwn* nid bach. **1746** T. RICHARDS: *CER* 48, y Parliament yn achwyn . . . Mai . . . trwy *Bensiwnau*, Trethiadau, Cyfrannau . . . fod y Teÿrnasoe[dd] hyn gwedi llwyr ammharu a'u dwyn i Eigion [T]lodi. **1752** *ML* i. 199, Oni bae fod ganddi ffordd arall i gael tamaid o fara nid ellai mor byw ar y *pension* tlawd hwnnw. Oes dim gobaith y ca'nt y gwragedd gweddwon ddim chwaneg o arian rhagllaw? Ar lafar yn gyff. ''Faswn i'm yn mynd yn athro ysgol am *bensiwn*'; hefyd yn y ff. *pinshin* yn y De, 'Wê eno in hen, wa'th newy ga'l i *binshin* wêdd e', *Wês wês* 40.

pensiwn[2], **pensiwnïar**, gw. **pinsiwrn, pensiynwr.**

pensiynaf, pensionaf: pensiynu, pensioni [bf. o'r e. *pensiwn, pension*] *ba.* Talu pensiwn i, rhoddi (rhywun) ar ei bensiwn, hefyd yn *ffig.*: *to pay a pension to, pension off, superannuate, also fig.*
1850.

pensiynwr, pensiynydd, pensioner, &c. [bnth. a chfdds. o'r S. *pension(er)* + *-wr, -ydd*[3]] *eg.* (b. *pensiynwraig*) ll. *pensiynwyr, pensioners.*

(*a*) Milwr cyflog, hurwas (yn ddifr.); un o amddiffynwyr personol y brenin: *mercenary (derog.), hireling; bodyguard to the sovereign.*
1605 *Rhyddiaith Gymraeg* ii. 263, fo ddiengodd vn o'r *pensiners*, ag ayth o hvd i Warwigsir . . . fo ddaliwyd y *pensiners* Persi a Syr Efri Digbi. **1636** *Pen* 321, 146b, J vn oi weision sef vn oi gard *pensioner* ne borthor.

(*b*) Un sy'n derbyn pensiwn, un sy'n byw ar bensiwn (henaint): (*old-age*) *pensioner.*
20g. Ar lafar; hefyd yn y Gogledd yn y ff. *pensiwnïar* (ll. *-s*).

pensoeg [*pen*[1] + *soeg*] *eg.* ll. *-ion*, a hefyd fel *e.tf.*

(*a*) ?Rhywun penwan, meddwyn; ?y soeg salaf: ?*weak-minded person, drunkard; ? the poorest dregs.*
14–15g. (*Diw.* **15g.**) *Gwyn* 3, 169, llawes *ben soeg* sail adfail vdfa [Rhys Goch Eryri i'r llwynog]. **16g.** *AP* 8, byddai well i ti voreufwyd or *pennssoec*, neu vlawd y keubrenn . . . no gwrando arnom o hynn oni bai ddydd. **17g.** *LlGC* 13215, 374, *pensoeg* & penvrag, granomelum. **1727** J. JONES: *DFF* 115, [g]wnaethoch eich hunain yn wîr *bensoegion* (*sots*) trwy eich meddwdod.

(*b*) *Bot.* Hopys(en), *Humulus lupulus*: *hop-plant(s), hops.*
1813 *WB* 226.

pen-stafellydd, gw. **pen-ystafellydd.**

penstandod, gw. **pensyfrdandod.**

penstiff [*pen*[1] + *stiff*] *a.* Penderfynol o gael ei ffordd neu o ddilyn ei lwybr ei hun, di-ildio, gwrthnysig, ystyfnig: *headstrong, wilful, obstinate, stubborn.*
1807. Ar lafar yn gyff.

penstiffrwydd [*penstiff* + *-rwydd*] *eg.* Y cyflwr o fod yn benstiff, natur benstiff, gwrthnysigrwydd, ystyfnigrwydd: *headstrongness, obstinacy, stubbornness.*
1934. Ar lafar yn nwyrain Morg., 'Di weli 'nawr i ble ma' di 'en *benstiffrwdd* wedi di arwin di'.

penswn, penswrd(d)anaf: penswrd(d)anu, gw. **pinsiwrn, pensyfrdanaf: pensyfrdanu.**

pen-swyddog [*pen*[1] + *swyddog*] *eg.* ll. *-ion.* Prif swyddog, (prif) ynad, prif gonswl, llywodraethwr, pennaeth, rheolwr; un o nifer o swyddogion uchel yn y lluoedd arfog; hefyd yn *ffig.*: *chief or major officer or official, (chief) magistrate, chief consul, governor, chief, ruler; any of a number of high-ranking officers in the armed forces; also fig.*
13g. *Ll* 29, amober merch pob *pensuydauc*, herwyd rey, punt. **13g.** *LTWL* 240, Equs *pensuydauc* et equs iudicis et equs sacerdotis familie. **15–16g.** *GLM* 42, Pob swydd heb gam rhwydd yrhawg / pan suddodd y *pen swyddawg* [marwnad Rhys ap Llywelyn]. **1551** W. SALESBURY: *KLl* lxvib, Ydd oedd ryw Teyrn [:– pennadur, ne *penswyddoc*] pwy oedd ae vap yn glaf. **1567** *LlGG* 11a, Teilyngy o hanot vendithiaw a chadw y *pen swyddogion*, gan roddy yddynt, ras y wneythur cyfiawnder. **1604–7** *TW* (*Pen* 228) d.g. *planarius . . . planaria interpretatio, vasarium.* **1632** *D* d.g. *archon, dictator.* **1685** G. GRIFFITH: *GA* 118, gweddio tros frenhinoedd, a *phenswyddogion* y gwledydd, tros bawb sy mewn goruchafiaeth. **1696** *CDD* 229, Nad-oes blâs or fuddugoliaeth, / Lle mae'r Cythrel yn *Ben-swŷddog*, / A phwll uffern yn lle cyflog. **1710** *CBGEL* 4, *Penswyddogion* Eglwysig (*principal Church-Officers*), sef yr Escobion, Offeiriaid, ar Diaconiaid. **1725** *SR*, *penswyddog* llu d.g. *a Major of an Army.* **1759** *BC* 327, Pen-llywydd tragywydd / A phen llawenydd llawn; / *Pen-Swyddog* ardderchog / Eneiniog enwog iawn. **1794** E. JONES: *CP* 140, y lieutenant, neu rag-lieutenant, neu golonel, neu *benswyddog* y llu. **1803** *P.*

penswyddogaeth [*pen-swyddog* + *-aeth*] *eb.* ll. *-au.* Swydd ac awdurdod penswyddog, rheolaeth; gweinidogaeth: *office and authority of a chief officer or official, rule; ministry.*
1632 *D* d.g. *magistratus.* **1716** IACO AB DEWI: *PTE* 27, y llef am Berygl yr Eglwys wedi distewi'n llŵyr . . . pan arferwyd Cyflead newydd o Wŷr yn y *Benswyddogaeth* (*ministry*).

pen-swyddwr [*pen*[1] + *swyddwr*] *eg.* ll. *-wyr.* Prif swyddog, (prif) ynad, llywodraethwr, pennaeth, rheolwr, cadlywydd; prif stiward, distain: *chief officer or official, (chief) magistrate, governor, chief, ruler, commander; chief steward.*
13g. *BD* 160, A guedy gossot pavb y eisted . . . y kyuodes Kei *pen svydvr* (*dapifero*) . . . y wassanaethu o'r gegin. **16g.** LEWYS MORGANNWG: *Gw* 114, *penn swyddwyr* pan nas hoeddynt / yn oes gwr Marsianws gynt. **1604–7** *TW* (*Pen* 228) d.g. *meddix.* **1632** *D* d.g. *præfectus.* [**1724**] G. WYNN: *YGD* 81, Nid yw 'r Lleidr mor ddigwilydd ac yspeilio ei Gymmydog, os bydd y *Penswyddwr* yn edrych arno. **1725** *SR* d.g. *a Lieutenant, a reve.* **1744** D. ROWLAND: *RY* 80, [d]anfon ini fwy o Ryfel-wyr a gallu, a rhyw un cywrain têg yn *Ben-swyddwr* (*commander*), neu ynGapten [*sic*] iddynt. **1762** *CGC* 13, *Penswyddwr* o'r Dollfa. **1790** T. JONES: *TOS* 103, meistri a gwasanaethddynion, gweinidogion a gwrandawyr, *penswyddwyr* a deiliaid. **1803** *P.*

pensych [*pen*[1] + *sych*] *a.* Holliach, dianaf; digynnwrf, heb fod dim yn effeithio arno, didaro, anysbrydoledig; a'i ben yn sych: *unscathed, unblemished; cool, unaffected, unconcerned, uninspired; dry-headed.*
1725–6 *Madd Ed* 138, Nid â un Pennaeth drwg ei Naws / . . . / Yn *bensych* lawr i eigion bedd; / Heb Waed, a gwedd echryslon. **1755** *ML* i. 386, Gwae fi na chlyw'n ei fod wedi dyfod drwy'r afael yn *bensych.* **1758** *id.* ii. 63, Mi welaf yn y papurau fod y cwest drosodd a bod yn Comodore Pastai wedi dianc yn *bensych.* **1766** *Cymru* ii. 205, mi ddois adref yn *bensych*, wedi marchogaeth ynghylch 450 milltir . . . ond ni chefais i un diwrnod o dywydd teg tra bum yng Ngheredigion. **1790** TWM O'R NANT: *GG* 72, Fe agoreu ei fin, yn fynych, / Caech aml weddi *bensych.* **18–19g.** *MA* iii. 266, Tri pheth a ddygant ddŷn yn *bensych* drwy'r byd: iechyd, celvyddyd, a gair da. Ar lafar, '*pensych*' 'without wetting the head', 'mynd trwyddi'n *bensych*' 'to get over something easily', *WVBD* 423.

pensyfrdan [*pen*[1] + *syfrdan*] *a.* a hefyd gyda grym enwol. Wedi ei hurtio, ei ddrysu, neu ei syfrdanu, syn, mwydrus, dryslyd, penwan, penysgafn, chwil, yn dioddef gan y bendro, ?lledfeddw; a nodweddir gan bensyfrdandod; yn peri pensyfrdandod: *stupefied, stunned, bewildered, distracted, weak-headed, weak-minded, dizzy, light-headed, giddy, suffering from vertigo, ? tipsy; characterized by stupefaction; stupefying.*
1604–7 *TW* (*Pen* 228), *pensyfyrdan*, dyn penwann d.g. *scotomaticus.* **1632** *D*, myned yn *bensyfrdan* d.g. *stupeo. id.* d.g. *vertiginosus.* **1701** E. WYNNE: *RBS* 64, rhanneu a phrîf-nodau meddwdod . . . Dealltwriaeth diles . . . Cŵsc *pensyfrdan* (*stupid sleep*). **1703** E. WYNNE: *BC* 25, Cuwpid *bensyfrdan.* **1718** E. SAMUEL: *HDdD* 175, gall ymmennydd ymbell un fod cyn wanned, ag nad allo'u pennau mor cyd ddwyn a chyfryw fesur gweddus o ddiod . . . A phwy bynnag sydd mor *ben-syfrdan* a hyn, mae 'n rhaid iddo ymgadw . . . rhag yfed. **1722** *Llst* 189, *pensyfrdan*, disturbed in the head, dozed, sottish, giddy. *c.* **1730** *Thos. Lloyd D* (LlGC) 190b, *pensyfrdan* . . . weak-headed. **1798** T. ROBERTS: *CG* 27, annogi pobl druain *pensyfrdan* . . . i yfed a meddwi nes bo nhw yn waeth eu cyflyrau na môch. **1803** *P.*

pensyfrdanaf: pensyfrdanu [bf. o'r a. bl.] *bg.a.* Gwneud neu fynd yn bensyfrdan, hurtio, syfrdanu, synnu, rhyfeddu, drysu, mwydro, pendroni (uwchben rhywbeth), synfyfyrio; ffoli, dotio: *to make or become stupefied, stupefy, stun, amaze, confuse, distract, make or become bewildered, puzzle, muse; dote.*
1658 R. VAUGHAN: *PS* 41, fyngwilyddio [*sic*] . . . yn dragywydd am hoffi a *phensyfrdanu* gimaint ar oferedd a gwagffoledd yr amseroedd. **1703** E. WYNNE: *BC* 141, y gwybed taerddrwg uffernol sy 'n *pensyfrdanu* dynion. **1718** E. SAMUEL: *HDdD* (Gweddïau) 56, O Arglwydd, na âd . . . i'm Cydwybod fy hun fy hurtio a'm *pensyfrdanu.* **1753** G. OWEN: *L* 59, Ni welais mo'r Captain Foulkes etto, ni che's mo'r amser gan *bensyfrdanu* yn nghylch yr Ysgol yma. **1803** *P*, *pensyvrdanu*, to distract the head; to become stupefied. Cf. *B* ix. 309, peidiwch ag arfer iaith Chwithgam y Llundainwys; y mae Iolyn Morganwg wedi eu *pensyfrdanu*; Cymmerwch ddull 'Sgrifenyddiaeth y Bibl yn Rheol.
Amr.: **penswrd(d)anu.** **1722** E. LLOYD: *MC* [iv], Er bod y gwaith yn haeddu parch . . . ni bydd debygol i gael ond croesaw oer yn y byd. Gan Gritick, a Synick . . . y rhain sydd beunydd yn boenus yn *penswrddanu.* *id.* 36, Ac i fôd yn fyr rhag ych *penswrddanu.* Ar lafar gynt yn sir Benf., 'Ma' i hen frawl hi'n ddigon i *benswrdanu* dyn', *GDD* 221.

pensyfrdandod [*pensyfrdan* + *-dod*] *eg.* Y cyflwr o fod yn bensyfrdan, syfrdandod, dryswch, penwendid; penysgafnder, madrondod, y bendro, y gysb: *stupefaction, bewilderment, distraction, confusion, dotage; dizziness, giddiness, vertigo, staggers.*
1701 E. WYNNE: *RBS* 13, llaeswyd ef gan wagedd, ac aml demtasiwnau a *phensyfrdandod* (*distraction*) Trallodau cnawdol. **1703** E. WYNNE: *BC* 144–5, Belzebub, Twysog Mawr y *Pensyfrdandod.* **1718** E. SAMUEL: *HDdD* 276, hyfforddiadau eu Hynafiaid . . . chwennych eu troi heibio megys Effeithiau *Pensyfrdandod* (*Dotage*), er na bo'nt yn wir ond ffrwythau sobrwydd. **1770** *W* d.g. *brain-sickness.* **1797** JAC GLAN-Y-GORS: *TD* [5], ofergoelion, ag y sydd wedi cadw amryw wledydd helaeth mewn *pensyfrdandod*, a ffolineb, ac anwybodaeth. **1803** *P*, *pensyvrdandawd*, distraction of the head.
Amr.: **penstandod** [drwy gyw.]. **1938.** Ar lafar, *B* xiv. 291.

pensyfrdanol [*pensyfrdan* + *-ol*] *a.* Yn peri pensyfrdandod, hurtiol; syfrdan: *stupefying, bewildering; dazed.*
1838.

pensyfrdanus [*pensyfrdan* + *-us*] *a.* Pensyfrdan, mwydrus; meddwol: *stupefied, bewildered; intoxicating.*
1658 R. VAUGHAN: *PS* 41b, os *pensyfrdanus* wyt, bywhâ dydi dy hûn.

pensyl, gw. **pensil.**

pensyn [*pen*[1] + *syn*] *a.* Syn, mwydrus: *astonished, bewildered.*
1809.

pensyndod [*pensyn* + *-dod*] *eg.* Y weithred neu'r arfer o bensynnu, synfyfyrdod; penysgafnder: *day-dream, a day-dreaming, reverie; dizziness.*
1850.

pensynnaf: pensynnu [*pen*[1] + *synnu*] *bg.a.* Profi ffantasi freuddwydiol heb fod ynghwsg, breuddwydio'r dydd, ffantasïo, synfyfyrio, pendroni (uwchben rhywbeth), synnu, rhyfeddu, hurtio; mynd yn benysgafn; syllu; peri syndod neu ryfeddod i: *to day-dream, fantasize, muse, puzzle, be amazed, be astonished, become stupid; become giddy; stare; amaze, astonish.*
[**1745**] W. ROBERTS: *FfM* 49, rhyw Wr Cyfion tirion, 'n sy [*sic*] teuru / Na fedra Frenin y Ne na darllen nac Ysgrifennu / . . . / A dyna pam y mae bagad yn tebygu, / Bod y Personiaid wedi *pen Synnu* / Sy 'n llunio traed Jeir yn lle Iaith. **1768** TWM O'R NANT: *CTh* 43, 'Rwif yma ers ennud yn *pen synnu*, / Mewn amruw Foddion gan ryfeddu; / Wrth edrych ar Ddynionach anoeth, / Ar Blinder sydd rhwng Tlodi a Chyfoeth. Cf. D. OWEN: *RL* 391, da oedd genyf gael unigrwydd y gerbydres, lle y gallwn *bensynu* heb orfod siarad â neb.

pensyth [*pen*[1] + *syth*] *a.* ll. *-ion.* Yn ei sefyll, unionsyth, syth blwm, perpendicwlar; penuchel, ffroenuchel: *upright, erect, perpendicular; high-headed, haughty.*
14g. *Bl B XIV* 79, Rho Duw gal, rhaid yw gwyliaw / Arnad â llygad a llaw / Am hyn o hawl, pawl *pensyth* [Dafydd ap Gwilym i'r gal]. **16g.** *GGH* 119, Blaenwr cad, blinwr cedyrn / Pwy'n un fawl, pen ynn fyth, / Pinsiwr pob tynfalch *pensyth* [i Hywel Fychan ap Dafydd Llwyd]? **1716** T. EVANS: *DPO* 169, Pwn

o sothach *pen sythion*. **1787** E. ROBERTS: *PCF* 39, Mi binsia ar Bay yr holl dylodion, / . . . / Gwych geni yn y nghalon mewn Llan a Thrê / Yn *ben syth* gael lle i binsio.

pentafalent [bnth. S. *pentavalent*] *a. Cem.* Ac iddo falensi o bump: *pentavalent*.
1938.

pentaffilon, pentaffelon [bnth. Llad. *pentaphyllon*] *eg. Bot.* Llysiau'r pumbys, pumdalen ymlusgol, *Potentilla reptans*: *creeping cinquefoil*.
Diw. **15g.** *Pen* 326, 96b, rhac dolvr or geneu ar mwnwgyl ky[mer] y llysse a elwir y *pentafilon*. *Diw.* **16g.** *WLB* 19, Rhag y morffew gwyn. Kymer wraidd y ffynnyskyll a llysse a elwir peto brusti, sparagi ar *pentafelon*.

pentagon [bnth. S. *pentagon*] *eg.* ll. *-au. Math.* Polygon ac iddo bum ochr: *pentagon*.
20g.

pentalar, gw. **pen**[1]**—p. talar.**

pen-talwr [*pen*[1]*+talwr*] *eg.* Swyddog (yn enw. yn y lluoedd arfog) sy'n gyfrifol am dalu cyflogau, &c.; prif dalwr, prynwr (am Grist): *paymaster*; *chief payer*, *redeemer* (*of Christ*).
1604–7 *TW* (*Pen* 228) d.g. *diribitor*. **1778** *W* d.g. *payer, or pay master*.

pentan [*pen*[1]*+tân*] *eg.* ll. *-au*, a hefyd gyda grym ansoddeiriol.
(*a*) Arwyneb neu silff gerllaw tân agored ar gyfer cadw tegell, &c., yn boeth, cornel neu ochr lle tân neu aelwyd agored, ?cefn lle tân, lle tân, aelwyd, carreg aelwyd; ?gobed, brigwn; hefyd yn *ffig.*: *hob*, *chimney-corner*, *?fireback*, *fireplace*, *hearth*, *hearthstone*; ?*andiron*, *firedog*; *also fig.*
13g. *LlI* 22, Try anhepcor taeauc: e kauen a'e trotheu a'e *pentan*. *id.* 95, Pob tudedyn dynessyc, xxiiii. . . . Pob tudedyn *pentan*, viii.k. **13g.** *LTWL* 128, henodyn, *penthan*, dynhat. *c.* **1300** *H* 67a. 20, gwyl *bentan* am dan am deyrn [breiniau gwŷr Powys gan Gynddelw]. **14g.** *WML* 11, Or gat y brenhin neb or teulu aruar ygantaw hyt odis y *pentan*, gohodet ypenteulu hwnnw ataw ehunan. **14g.** *Cy* vii. 140, Eghyl pen fford a diawl *pentan* (*B* iv. 8, pen tan; S. HUGHES: *TSP* 155, Angel Pen Ffordd, Diawl pen *pentan*). **14g.** *GDG*[3] 356, Pantri difydig digeirdd, / *Pentan*, buarth baban beirdd [i Niwbwrch]. **15g.** *LGC* 46, Gyrwch i gaerdydd, garw gwych! y gorau, / A myn eu tynu yn nghil *pentanau*. **1630–6** *AAST* (1937) 34, powell makes a *pentan* in ye parlo^r^ chimney. **1632** *D*, *pentan*, lar. **17g.** HUW MORUS: *EC* i. 287, Yn siwr mae Sion yn ben Swîp Simddai, / . . . / Fe ysgwria 'n llwyr yr holl *bentanau*. **1688** *TJ*, *pentan*: the Chimney-corner, the back of the fire. **1753** *TR*, *pentan*, the fire-side, the chimney-corner. **1771** *W* d.g. *hob* [*chimney-corner*]. **1803** *P*. Ar lafar yn gyff. yn yr ystyr 'the side of the fire where kettles, pans, &c., are placed, when taken off the fire . . . hence . . . the fire-side, the chimney corner', *WVBD* 432; yn Rhosllannerchrugog fe'i clywir yn yr ystyr 'gwagle yn rhedeg ar hyd ochrau'r wiced . . . a lenwid â baw a cherrig', *Geir Glo* 35–6. Yn ne-ddwyrain Morg. dywedir 'fel y *pentan* du' am rywun neu rywbeth sy'n frwnt iawn. *Diar. Pentan* yn gweiddi (crio) parddu (cf. Y tecil yn gwed parddu wrth y *pentan* (de-ddwyrain Morg.)).
(*b*) Ategwaith (dan bont, bwa, &c.), adeiladwaith sy'n cynnal peth arall (e.e. echel olwyn ddŵr), hefyd yn *ffig.*: *abutment* (*of bridge, arch, &c.*), *supporting structure*, *also fig.*
1653 *Cylchg LlGC* vii. 309, At y bont a'i dau *bentan*, / traetha'n awr, rhoi trethi wnân'. / . . . / Mae ar y rhain ei mur hi / ei choedwaith oll, a'i chodi. **18g.** E. RICHARD: *E* 6, Mae'm march yn dîn-deneu, a'r llif dros y dolau, / Yn chwarae *pentanau* Pont-Einion. *id.* 16, Hi saif yn ei hunman, y Bont ar ddau *bentan*. **1771** *W* d.g. *butment* [*of an arch*]. **1790** TWM O'R NANT: *GG* 217, Ni fu'r fath yn glodfath glau, / Bont enwog, ar *bentanau*. Ar lafar yn y Gogledd ynglŷn â phont neu bompren, a hefyd yn yr ystyr 'one of the two sides of a gate (a gate-post), or of the entrance to a pig-sty', *WVBD* 423, ac am 'un ffôl, anneallus, neu un di-wrando, ystyfnig', *B* xiv. 291.
Cfn.: **pentan adwy:** *gatepost*. Ar lafar ym Môn, *ISF* 60; hefyd ym Mhenllyn yn yr ystyr 'talcen y wal bob ochr i'r adwy', *B* iii. 205. **p. haearn:** *?andiron, firedog*. **14g.** *LlB* 65, ebill taradyr, a'r *pentan hayarn*, a'r crymaneu. *c.* **1600** L. DWNN: *HV* ii. 215, Llew . . . yn dal *pentan haiarn* yn ei grafanke. **o'r p. i'r post:** *from pillar to post, everywhere*. **1695** T. JONES: *Alm* 3, Mi gawn fôd fy hunan *o'r pentan i'r post*. *Diw.* **19g.** *SE MS* 367b. Gw. hefyd *post*[1]*—o'r p. i'r pentan*.

pentanaidd [*pentan+-aidd*] *a.* Cartrefol, ?plaen; hoff o'i gartref: *homely*, ?*plain*; *home-loving*.
1834.

pentanfaen [*pentan+maen*[1]] *eg.* Maen mawr sy'n ffurfio wal gefn lle tân, cornel neu ochr lle tân neu aelwyd agored, pentan, carreg aelwyd: *large stone forming a fireback*, *chimney-corner*, *hob*, *hearthstone*.
13g. *LTWL* 129, cum viderit lapidem qui dicitur *pentan uayn*. **14g.** *LlB* 117, pan welher *pentanvaen* tat y dyn a ofynno y tir, neu y hentat . . . y rei hynny oll a ssauant yn lle tyston idaw ar y dylyet. *id.* 118, Tri pheth a geidw cof a seif yn lle tyston y dyn ar y dylyet o tir: lle hen odyn, neu *benntanvaen*, neu ysgynuaen. **1730** *Leg Wall* 580, *pentanfaen*, lapis focarius. **1753** *TR*, *pentanfaen* . . . a great stone on the hearth behind the fire. **1771** *W* d.g. *chimney*, *back* [*anciently, but now corner*] *of a chimney*, *hob* [*chimney-corner*]. *Diw.* **18g.** *AL* ii. 520, dadl carddychwel o wlad estron, yn dangaws dau dyst yn warantedig ei *bentanvaen*, neu ei esgynvaen, neu ei vaen tervyn. **1803** *P*.

pentant, gw. **pendant**[2].

Pentatewch [bnth. S. *Pentateuch*] *eg.* Pumllyfr: *Pentateuch*.
1656 (1745) *MLl* ii. 172, O's gofynnir i rai sŷdd tan yr Haul, Bêth yw Gair Duw. Hwŷ attebant mai pum Llŷfr Moesen ddysgedig. a'r *Pentateuch* hwnnw yn unig.

pentatonig [cfdds. o'r S. *pentaton*(*ic*)*+-ig*[2]] *a. Crdd.* Yn cynnwys pum nodyn (am raddfa), yn perthyn i'r fath raddfa: *pentatonic*.
1938.

pentathlon [bnth. S. *pentathlon*] *eg.* Cystadleuaeth athletaidd sy'n cynnwys pum camp wahanol i'w cyflawni gan yr holl gystadleuwyr: *pentathlon*.
20g.

Pentecost [bnth. S. *Pentecost*] *eg.* Gŵyl Gristionogol a ddethlir ar y seithfed Sul ar ôl y Pasg i goffáu tywalltiad yr Ysbryd Glân ar y disgyblion ar ddydd Pentecost yr Iddewon, Sulgwyn, hefyd yn *ffig.*; gŵyl gynhaeaf yr Iddewon a ddethlir ar yr hanner canfed dydd ar ôl yr ail ddydd o'r Pasg, Gŵyl yr Wythnosau: *Pentecost*, *Whit Sunday*, *also fig.*; *Pentecost* (*Jewish festival*), *Feast of Weeks*, *Shabuoth*.
1567 *TN* 171a, Gwedy dyvot y dydd *Pentecost* (W. SALESBURY: *KLl* xlviiib, kyflowny y dec die a deugain) ydd oeddent wy oll yn vnvryd yn yr vn lle. *id.* 262a, mi a arosaf yn Ephesus yd *Pentecost* [:– sef l. die, y sul gwyn]. **1588** *Tob* ii. 1, [g]ŵyl y *Pentecost*, (yr hon yw vchel-wyl y saith wythnos). **1588** 2 *Mac* xii. 32, Ac wedi yr wyl a elwir *Pentecost* hwy a ruthrasant ar Gorgias capten Idumæa. **1773** J. ROBERTS: *GY*, *Pentecost*, deg a deugiain. Sef y dyddiau wedi'r Pasg. **1778** *W* d.g. *Pentecost*. Cf. EIFION WYN: *TMM* 118, Gyda'i dysg y cafodd Cymru / *Bentecost* yr Ysbryd Glân.

Pentecostaidd [*Pentecost+-aidd*] *a.* Tebyg i'r Pentecost Cristionogol cyntaf; yn perthyn i un o nifer o grwpiau Cristionogol sy'n pwysleisio nodweddion carismatig Cristionogaeth, megis gweiddi, siarad mewn tafodau, &c., ac yn coleddu agwedd ffwndamentalaidd tuag at y Beibl, nodweddiadol o Bentecostaliaeth neu'n debyg iddi: *Pentecostal*.
1858. Cf. W. REES: *CA* 64, yn y man, torodd allan yn floedd *bentecostaidd*; D. OWEN: *D* 4, Mae ein brodyr Annibynol a Wesleyaidd yn fwy *pentecostaidd* mewn un ystyr . . . na'r enwadau eraill, yn gymaint a'u bod yn pregethu mewn mwy nag un iaith.

Pentecostaliaeth [cfdds. o'r S. *Pentecostal*(*ism*)*+-iaeth*] *eb.* Credoau ac arferion y mudiad Pentecostaidd neu'r sectau Pentecostaidd: *Pentecostalism*.
20g.

pen-teiliwr [*pen*[1]*+teiliwr*[1]] *eg.* Prif deiliwr, meistr ar y grefft o deilwra: *chief tailor*, *master-tailor*.
1850. Ar lafar yn Arfon, *WVBD* 423.

penteulu, pen teulu, penteilu Grn. *penteilu*, gl. *paterfamilias*] *eg.* ll. *-oedd*, *pennau teuluoedd*. Pennaeth gosgordd y llys, capten gwarchodlu (yn y cyfreithiau Cymreig); capten, arweinydd, pennaeth; stiward, goruchwyliwr neu reolwr tŷ; pennaeth teulu, gŵr y tŷ: *head of the retinue of a court*, *captain of the bodyguard* (*in the Welsh laws*); *captain*, *leader*, *head*; *steward*, *superintendent*, *manager*, *or controller of a household*; *head of a household*, *householder*, *paterfamilias*, *the man of the house*.
13g. *LlI* 4, E *penteylu* a dely bot yn uab y'r brenhyn, neu yn ney, neu yn kywuvch gvr ac y galler *penteylu* ohanav . . . E lety yv y ty mvyhaf en e tref . . . ac ygyt ac ef er rey a vynho o'r teylu. **13g.** *B* xii. 41, Kenwric . . . fuit *penteulu* Mailgonis fratris sui. **13g.** *BD* 46, doeth Kaswallavn a holl gedernyt enys Prydein ganthav yn eu herbyn, y am Beli tywyssavc y ymladeu a'e *penteulu* (*princeps militiae*). **13g.** *TYP*[2] 31, Tri Annvyl Llys Arthur, a thri Chatwarchavc. Ac ny mynassant *benteulu* arnadunt eirioet. **14g.** *WM* 136. 21–5, doeth marchawc arbennic y ymwan idaw . . . pwy wyt titheu heb y peredur. Dioer heb ef *penteulu* yr iarll. **15g.** *BB* 93, yn yr amser hwnnw y doeth Maxen ac Ercwlf yn deu *penteylu*. **15–16g.** *GLM* 88, galw i mewn lin Gilmin lwyth / Troetu, *penteulu* tylwyth [marwnad Nest Fechan]. **16g.** (*LlEG*) *Mos* 158, 28a, danuones makmwr lynges o wyr . . . Ai verch ynn *bentteulu* arnunt. **16g.** *B* xv. 268, danuones brenin Lloegyr serttein o wyr . . . i wneuthud hryuel ynn Ffrainck. Ac ynn *benteulu* ne ynn gapittenn o'r llu hwn ir ordeiniodd . . . Syr Tshiarlys Brandwn. **1588** 1 *Br* xvi. 9, Arsa yr hwn oedd *ben teulu* yn Thirsa. **1631** O. THOMAS: *CC* 8, daw y Perchen-tŷ a'r *penteulu* i fedru dyscu eu plant a'u tylwyth gartref y ngwyddorion y ffydd. **1632** *D*, *penteulu*, oeconomus, dispensator. *id.* d.g. *paterfamilias*. **1672** R. PRICHARD: *Gw* [iv], pan tyfont i fynu i fôd yn *Benteuluoedd* ei hunain . . . cymraeg a orfydd arnynt ei ddywedyd ym-mysc eu tylwyth. **1765** J. EVANS: *CPE* 83, gan fod yr Offeiriaid . . . yn bedwar dosbarth ar hugain . . . gelwid . . . y *penteulu*, neu y blaenor ym mhob dosbarth, yn arch-offeiriad. **1770** R. JONES: *YC* 20, Y mae yn ddiammau fod gweinidogion anffyddlon mewn eglwysi, a *phennau teuluoedd* diweddi mewn teulu. **1778** *W* d.g. *oeconomist*. **1803** *P*.
Gw. hefyd **penteulues.**

penteuluaeth [*penteulu+-aeth*] *eb.g.* Swydd neu safle penteulu: *office of a 'penteulu'*, *position of the head of a family*.
c. **1400** [*RB*] *WM* 201. 18–21, kynnigywys madawc idaw [ei frawd]. y *pennteuluaeth* . . . a meirch ac arueu. ac enryded. **1794** E. JONES: *CP* 39, [y] fan y cafodd ei sefydliad cyfreithiol ddiweddaf [*sic*], naill ai trwy anedigaeth, *penteuluaeth*, prentisiaeth neu weinidogaeth. **1803** *P*, *penteuluaeth*, s. m. the office of a president, or patron, of the household.

penteuluaidd [*penteulu+-aidd*] *a.* Yn perthyn i benteulu: *pertaining to a paterfamilias or head of a family*.
1790 W. RICHARDS: *LlA* 23, dylasai ef . . . ddadleu dros yr awdurdod *penteuluaidd*, ag oedd yr hen batriarcaidd yn ei feddiannu.

penteulues [*penteulu+-es*[1]] *eb.* ll. *-au.* Howsgiper, teuluyddes: *housekeeper*.
1858.

penteuluwr [*penteulu+-wr*] *eg.* Stiward: *steward*.
1567 *TN* 107a, Pwy'n sy dy-warcheidwat [:– *benteuluwr*] ffyddlawn. *c.* **1730** *Thos. Lloyd D* (LlGC) 192a, *penteuluwr* . . . [penteulu].

penteuluyddes [*penteulu+-ydd*[3]*+-es*[1], cf. *teuluyddes*] *eb.* Howsgiper, teuluyddes: *housekeeper*.
1868.

pentewyn [*pen*[1]*+tewyn*; cf. Llyd. C. *penn eteau*] *eg.* ll. *-ion*, *pent*(*y*)*wynion*. Darn o bren, &c., a gynheuwyd yn y tân, ffagl, tors, marworyn, hefyd yn *ffig.*: *firebrand*, *torch*, *ember*, *also fig.*
Dchr. **15g.** *IGE*[2] 196, Gwisg herwgledd, gwisgi hirglaer, / Ac ennyn *bentewyn* taer (Llywelyn ab y Moel). **16g.** (*LlEG*) *LlGC* 5276, 246a, ac ynthi *bynttewyn* tanllyd. **1547** *WS*, etewyn ne *bentewyn*, a bronde. **1586 (1604)** *B* v. 303, daeth rhai or gwyr glana / ag a daflason *byntwynion* / ar ol brenin yr iddewon / ar *pyntewyn* a dyfodd i fynu / . . . / ag aeth yn bren or teka. **1588** *Job* xii. 5, *Pentewyn* di [y]styr ym meddwl y llwyddiannus yw 'r hwn sydd barod i lithro oi draed. **1588** *Diar* xxvi. 18, Fel dŷn gwall-gofus yr hwn a daflo *bentewynion* tân, saethau, ac arfau marwolaeth. **1588** *Am* iv. 11, yr oeddech fel

pentewyn wedi ei achub o losci. **1604–7** *TW* (*Pen* 228) d.g. *titio, torris.* **1630** R. LLWYD: *LlH* 238, y pechodau hynny ydynt megis *pentwynion* digofaint Duw. **1658** R. VAUGHAN: *PS* 379, y mae pob drwg dafod, *Pentewyn* i Satan yngenau dyn, yr hwn a rydd yr holl gorph a'r [*sic*] dân. **1675** R. JONES: *HCh* 3, Satan, yr hwn . . . ni bydd dim yn ôl o daflu ei *bentewynion* uffernol ith enaid. **1732–3** J. OWEN: *GB* 1, *Pentewynion* Cynnen ac Anghydfod. **1803** *P. Diar.* 'Buan y cynheua hen *bentewyn* . . . Alluding to old courtship, i.e., quickly renewed', *Mont Coll* x. 366.

Amr.: **penytewyn** [*pen*[1] + *ytewyn*]. **1632** *D* d.g. *titio.*

Cfn.: **pentewyn (o) uffern:** *firebrand of hell* (*fig.*). **1606** E. JAMES: *Hom* iii. 56, fe a gollodd ffafor Duw ac . . . ni chafodd fod yn hwy yn ddinesydd nef, ond yn *bentewyn o vffern*, ac yn gaeth-was i ddiafol. **1672** R. PRICHARD: *Gw* 282, yn Elynion i Dduw, yn Blant ir Diawl, ac ar y ffordd i fôd yn *Bentywynion* tân *uffern*. *c.* **1700** D. MAURICE: *CGG* 16, nid iw efe . . . ond *pentewyn uffern.* **1751** *GIA* 2. Cf. y defnydd yn iaith y seiat o ymad. fel 'achub un fel *pentewyn o uffern*'.

pentewynol [*pentewyn* + *-ol*] *a.* Yn ffaglu, fflamllyd: *blazing, flaming.*
1835.

pen-teyrn [*pen*[1] + *teyrn*] *eg.* ll. *-edd.* Penarglwydd: *sovereign.*
1842. Cf. *H* 20a. 4, gwytua ruuawn bebyr ben teyrnet (Hywel ab Owain Gwynedd).

penteyrnaeth, gw. **penteyrniaeth.**

penteyrnedd [*pen-teyrn* + *-edd*[1]] *eg.* Sofraniaeth, penarglwyddiaeth: *sovereignty.*
1842.

penteyrniaeth, penteyrnaeth [*pen-teyrn* + *-(i)aeth*] *eb.* Sofraniaeth, penarglwyddiaeth: *sovereignty.*
1875.

pentigilydd, pendigilydd [amr. ar *pen bwy gilydd*] *adf.* Yr holl ffordd, bob cam, o ben bwy gilydd; yn llwyr: *all the way, from one end to the other; completely.*
1892. Ar lafar yn sir Benf. a'r cyffiniau yn y ff. *pendigili, pentigili*, 'Fe geres i 'Bergwein *bentigili*' 'I walked all the way to Fishguard', *GDD* 221. Cf. y rhigwm 'Mae dwy ochr i Sir Benfro, / Un i'r Sais a'r llall i'r Cymro,—/ Melltith Babel wedi rhannu / Yr hen sir o'r *pentigili*, *Hen B* 74.

pentir, pen tir [*pen*[1] + *tir*; cf. yr e. lle Crn. *Pentire*, Llyd. Diw. *penn-tir*, Gael. *ceann-tìre*; dichon mai e. lle a welir yn y dfn. cyntaf] *eg.* ll. *-(o)edd, -iaid.*

1. (*a*) (ll. *-(o)edd*) Penrhyn, trwyn, gorynys; ?(y) tir pennaf: *headland, promontory, cape, peninsula*; ?(*the*) *chief land.*
13g. *A* 23. 6–7, Gweleys y dull o *bentir* a doyn aberthach coel kerth a emdygyn. *c.* **1300** *H* 22a. 26, treul golut pentud *pentir* gwythein [drll.] (Einion ap Gwgon). **14g.** *WM* 464. 11–12, llennleawc vydel o *ben tir* (*RM* 109, o *bentir*) gamon. **1707** *AB* 238a, *pentir* and *pen tir*, a promontory. **1753** *TR*, *pentir*, a promontory, q.d. the land's-end. **1795** *R. Crusoe* 22, fel yr oeddwn yn hwylio ar y mor mewn bwriad i amgylchu rhyw *ben tir* (cape) mi a gefais olwg ar ryw ynysoedd. **1803** *P*, *pentir*, s. m. pl. t. *edd*, a headland, or promontory. Mae *Pentir* yn enw pentref a phlwyf yn sir Gaern., ond nid yw union arwyddocâd yr e.'n sicr.

(*b*) Talar, hefyd yn *ffig.*: *headland* (*in a field*), *also fig.*
1904. Ar lafar yn y ff. *pen tir* yng nghanolbarth a godre Cered.; hefyd yng ngogledd Cered. yn yr ystyr 'pen draw' mewn br. megis 'Ma 'na *ben tir* i gâl' 'Mae'n rhaid tynnu'r llinell yn rhywle'.

(*c*) ?Hid (mesur o dir): *hide* (*of land*).
16g. (*LlEG*) *Mos* 158, 11b, viii *benntir* neu wth [*sic*] dyddynn a wna swydd neu vowyd marcho[g].

2. (ll. *-iaid*) Stiward tir, goruchwyliwr fferm, bugail, heusor: *land steward, farm-bailiff, herdsman.*
1630–6 *AAST* (1937) 40, J am to pay y[e] *pentyr* for eithino buarthgay r gwydd. *id.* 41, J pd y[e] *pentyr* 18[d] wages & 12[d] for fencing. *id.* 57, J devided y[e] parsneps at gardd r hafod & y[e] *pentyr* gaue me 4[d] for y[e] first choice. *id.* 69, J pd y[e] *pentyr* in y[e] pasturing of a Cow for y[e] moneth of Maie 2[s] of his wages. **18g.** L. MORRIS: *LW* 137, *pentyr*—math ar fugail. **1762** T. WILLIAMS: *HHO* 2, Cewch ymma Ymddiddan geirwir, Rhwng Duw ac Adda, ei *Bentir.* *id.* 6, Pan ddoeth yr Alpha geirwir, I edrych am ei *Bentir*, Ni chafodd mono'n brysur Yn gywir yn yr ardd. *id.* 196, I Dduw'n *Bentir* 'rum ni blantau. **1803** *P*, *pentir* . . . a term used in Môn for a land steward.

pentireg [tebyg mai gwall am yr e. *enilleg* ynghyd ag arwydd i ddynodi glòs a geir yn yr engh. gyntaf, gw. *B* xiii. 75–7; ymgais i esbonio'r ff. hon a geir yn y geir.] *e.* a hefyd fel *a.* ?Bwyall ryfel: ?*battle-axe.*
14g. *WM* 455. 2–4, Gleif *penntirec* yny law kyuelin dogyn gwr yndi o drum hyt awch.

Fel *a.* (geir.) Yn torri'r pen oddi wrth y corff; arglwyddaidd, brenhinol: (*dict.*) *decapitating, beheading; lordly, royal.*
1707 *AB* 238a, *penntirec*, decapitating, beheading. **1753** *TR.*

pentiriaeth [*pentir* + *-iaeth*] *eb.* Swydd stiward tir neu oruchwyliwr fferm, hefyd yn *ffig.*: *office of a land steward or a farm-bailiff, also fig.*
1753 G. OWEN: *L* 30, Ni fynnwn i iddo er dim gymmeryd trafferth arno i chwilio am *Bentiriaeth* i mi. F'allai y darparai Duw imi rywbeth cyn y bo hir. Ar lafar ym Môn ac Arfon, *LlLlM* 100, *B* i. 99.

pentis [bnth. S. C. *pentis* 'lean-to'] *eg.* ll. *-au.* Penty, sièd, hofel; bondo, canopi, hefyd yn *ffig.*: *lean-to, penthouse, shed, hovel; eaves, canopy, also fig.*
14g. *GDG*[3] 70, Bangaw llais eos dlosaf / Bwyntus hy dan *bentis* haf. *id.* 83, Pantri cerdd uwch pant eiry cawdd; / *Pentis*, llaw Dduw a'i peintiawdd [i'r llwyn celyn]. **15g.** *Glam Bards* 279, tebig wyf herwydd tyb gwr / ir *pentys* wrth dyr paintwr [i'r gown coch]. **15g.** *GDID* 110, Penty'r hold o wroldab, / *Pentis* fal palis y pab [i neuadd newydd Llwydiarth]. **15g.** *HCLl* 64, Paraf, a da y pery / Drwsio'n hardd gylch drws 'y nhŷ, / A'm llun â'm deugi i'm llaw / Ar *bentis* wedi'i beintiaw. **15–16g.** *TA* 184, *Pentis* glân, pennau tai 'Sglus, / Palis Powls, peils Apwlus [i dŵr newydd Rhisiart Hanmer]. **15–16g.** LLAWDDEN, &c.: *Gw* 164, Blaen yn bant, blin iawn *bentis* / Bryn yn ôl, bu'r hen yn is [i long]. **15–16g.** *GLM* 266, Can llo[ff]t mewn grofft am un gris, / cau 'nhop unty can *pentis* [am Blas Newydd y Waun]. **1604–7** *TW* (*Pen* 228) d.g. *mandra.* **1632** *D*, *pentis* vch ben drws d.g. *antefixa.* *id.* vn a fo 'n gwerthu ei farchnad dan y bargod neu 'r *pentis* d.g. *fornicarius.* **1722** *Llst* 189, *pentis*, m.p. *tisau*, a pent-house. **1778** *W*, penty, vulgò *pentis* d.g. *pent-house.* Ar lafar yn y De-ddwyrain; sonnir yn nwyrain sir Drefn. am '*pentis* yr efail', sef yr 'adeilad wrth ochr yr efail lle y pedolir ceffylau', *Cymru* lii. [242].

Gw. hefyd **pendist.**

pen-tollwr [*pen*[1] + *tollwr*] *eg.* Prif gasglwr trethi: *chief tax-collector.*
1604–7 *TW* (*Pen* 228), *pentollwr* y brenhin d.g. *arabarches* (At.). **1742** *AAST* (1951) 78, Fe gladdwyd dau o blant M[r] Griffith (y diweddar Gollector neu *ben-tollwr*) yma.

pentraffollach, gw. **pendraffollach.**

pentref, pen-tref [*pen*[1] + *tref*] *eg.* (bach. *-an*, ll. *-au*; *-yn*) ll. *-i, -ydd.* Grŵp o dai, &c., sy'n ffurfio uned lai na thref, yn enw. yn wr. un heb eglwys mewn ardal wledig; maestref; prif dref, prifddinas; hefyd yn *ffig.*: *village, hamlet; suburb; chief town, capital; also fig.*
14g. *GDG*[3] 356, Pentwr y glod, rhod rhyddfyw, / *Pentref*, dan nef, y dawn yw [i dref Niwbwrch]. *id.* 424, *Pentref* cerdd, pen trofa cad [marwnad Dafydd ap Gwilym gan Fadog Benfras]. **16g.** (*LlEG*) *Mos* 158, 149b, yrhrain a oedd yn lletteu o vewn *penttre* y dinas. *id.* 392b, yr hrain a ddoeth i *benttreuan* hanner milldir allan or dinas. *id.* 658a, oddiynno J *benttre* Paris. **1547** *WS*, *pentref*, a vyllage. **1551** W. SALESBURY: *KLl* [ia], Ewch ir *pentref* sydd gyverbyn a chwychwy. **1567** *TN* 59b, Gellwng wy ymaith, val y gallon vyned ir *pentrefi* a'r trefi o yamgylch. **1588** *Nu* xxi. 25, yn Hespon, ac yn ei holl *bentrefydd.* **1632** *D*, *pentref*, villa, propolis, suburbia. **17g.** HUW MORUS: *EC* i. 96, Gwnaeth Duw Tri, i boeni bâr, / Seler ddu, is-law'r ddaear; / . . . / Cyfle cas yw dinas diawl, / *Pentre* gwaedd, poen trag'wyddawl. **1710** *LlGG* (*Gos*) 16, yn Ninas neu *Ben-Tref* y Sîr. **1735** S. THOMAS: *HP* 156, [c]asglu swm o Arian oddi ar y Dref, y *Pentref*, neu'r Plwyf. **1761** *ML* ii. 336, ymdeithiais i *bentref* Hackney. **1784** T. PENNANT: *TW* i. 75, The first place of any note . . . in the parish of Halkin, is a hamlet of a number of houses, called the *Pen-tre*, or hamlet; a name in Wales common to all such assemblages of dwellings, where there is no church; to distinguish it from Llan. **1803** *P.* Digwydd yn gyff. fel elf. mewn e. lleoedd. Cf. *RhELl* xiii, Defnyddir y term *pentref* yn ei ystyr Gymreig, sef unrhyw gasgliad cryno o dai a all gynnwys hanner dwsin o dai, neu ddau gant neu dri.

pentrefaidd [*pentref* + *-aidd*] *a.* Pentrefol; maestrefol: *pertaining to or characteristic of a village; suburban.*
1722 *Llst* 189, *pentrefaidd* . . . belonging to a village or suburbs. **1803** *P.*

pentrefan, gw. **pentref.**

pentrefig [*pentref* + *-ig*[2]] *a.* Pentrefol, yn perthyn i fferm; maestrefol: *pertaining to a village or farm; suburban.*
1632 *D*, *pentrefig* d.g. *paganus, villaris.* **1722** *Llst* 189, pentrefaidd, [*pen*]*trefig* . . . belonging to a village or suburbs. **1794** *W* d.g. *village, of; or belonging to; a village.*

pentrefigion [*pentrefig* + *-ion*[2]] *e.ll.* Pentrefwyr: *villagers.*
1816.

pentreflan [*pentref* + *llan*] *e?b.* Pentrefan, ?pentref yn cynnwys eglwys: *hamlet,* ?*church village.*
1843.

pentreflys [*pentref* + *llys*[1]] *eg.* Llys maenor, cwrt lît: *court leet.*
1772 *W* d.g. *court-leet, leet.* **1794** E. JONES: *CP* 115, y petit-gwnstabl a etholir yn y *pentref-lŷs* neu lŷs maenor.

pen-trefnydd [*pen*[1] + *trefnydd*] *eg.* Prif drefnydd, un sy'n rhagori fel trefnydd, hefyd am Dduw: *chief arranger or organizer, master-organizer, also of God.*
1769 J. GRIFFITH: *A* 56, Y mae yr Arglwydd yn caniattau i ni yn rasol roddi penderfyniad y peth . . . trwy goelbren, ond i ni wneud hyn gydâ golwg priodol atto ef fel *pentrefnydd.*

pentrefol [*pentref* + *-ol*] *a.* Yn perthyn i bentref neu fferm, nodweddiadol o bentref neu fferm; maestrefol: *pertaining to or characteristic of a village or farm; suburban.*
1588 *Lef* xxv. 34, ni cheir gwerthu maes *pentrefol* eu dinasoedd hwynt. **1588** 1 *Cr* v. 16, holl *bentrefol* feusydd Saron. **1604–7** *TW* (*Pen* 228) d.g. *paganicus, villaris.* **1722** *Llst* 189, pentrefaidd . . . [*pen*]*trefol*, belonging to a village or suburbs. *c.* **1730** *Thos. Lloyd D* (LlGC) 192a, *pentrefol* . . . suburbanus. **1790** W. RICHARDS: *LlA* 62, defosiynau *pentrefol* a gwladaidd. **1803** *P.*

pentrefolion [*pentrefol* + *-ion*[2]] *e.ll.* Pentrefwyr: *villagers.*
1864.

pentrefwr [*pentref* + *-wr*] *eg.* ll. *-wyr.* Un sy'n byw mewn pentref; ffermwr: *villager; farmer.*
1604–7 *TW* (*Pen* 228) d.g. *villanus.* **1770** *W* d.g. *villager.* **1803** *P.*

pentrefyn, gw. **pentref.**

pen-trulliad [*pen*[1] + *trulliad*] *eg.* Prif drulliad neu fwtler, prif dywalltwr diod: *head butler, chief cupbearer.*
13g. *BD* 156, rodes Arthur y Uedwyr y *ben trullyat* yarllaeth Nordmandi, ac y Gei y ben svydwr yarllaeth Angyv. **1588** *Gen* xl. 2, Pharao a lidiodd wrth ei ddau bennaeth sef wrth y *pen-trulliad*, a'r penpobydd. **1604–7** *TW* (*Pen* 228) d.g. *pincerna.* *c.* **1730** *Thos. Lloyd D* (LlGC) 190b.

pentusw, pentwsw [*pen*[1] + *tusw, twsw*] *a.* Tusŵog (am dywarchen, &c.): *tufted, tufty* (*of turf, &c.*).
1919.

pentwmpiaf: pentwmpian, gw. **pendwmpiaf: pendwmpian.**

pentwr[1] [*pen*[1] + *twr*; dichon fod rhai o'r enghrau. isod yn perthyn i *pentwr*[2]] *eg.* ll. *-tyrrau*, (prin) *-tyrroedd.*

(*a*) Casgliad o bethau yn gorwedd ar bennau ei gilydd, twr, swp, crynswth; carnedd; adfail: *heap, pile, stack, cluster, mass; heap of stones; ruin.*
1567 *LlGG* (*Sall*) 43a, ef a wnaeth ir dwfr sefyll val *pentwr* [:- cruc]. *id.* 45a, dy Templ sanctaidd a losgasant, a gwnaethant Caerusalem yn *benttyreu* ceric. **1588** 2 *Br* x. 8, gosodwch hwynt [pennau] yn ddau *ben-twr* wrth ddrws y porth. **1604–7** *TW* (*Pen* 228) d.g. *accumulatio.* *Dchr.* **17g.** *J* 10, 126a, *pentwr*, heape, congeries, struices. **1632** *D*, *pentwr*, acervus, cumulus, congeries, strues. **1696** *GGTY* 377, er bod

y dwfr y pryd hynny gwedi cael i gasclu ynghyd yn *bentyrrau* o bob ochor iddynt. **1776** J. ROBERTS: *C* [1], Yn Rhewi'r Dw'r yn *bentwr.* **1776** *W* d.g. *mass, or heap.* **1795** *R. Crusoe* 44, *pentwr* mawr o rawnwin. **1803** *P.*

(*b*) Swm sylweddol o arian, crugyn (o arian), celc: *substantial sum of money, 'pile' (of money), hoard.*

1606 E. JAMES: *Hom* iii. 22, llawer o honoch a *phentyrrau* [:– crugau] o aur ac arian. **1618** J. SALISBURY: *EH* 40, y fath *bentwr* mawr o arian, ag a wasnaethe'n ddigonawl i dalu holl ddyledion y ddinas. **1632** J. DAVIES: *LlR* 137, y mae 'r cybydd yn trysori ac yn pentyrru arian beunydd, i wneuthur ei *bentwr* yn fwy. **1672** J. LANGFORD: *HDdD* 169, [c]ybydd, yr hwn sydd yn arswydo yn fwy leihau ei *bentwrr* ei hun na newynnu ei frawd anghenus. **1696** *CDD* 42, Pan ddarffo i'r Bŷd lithro, heb arian iw treilio, / Ni cheidi na chroeso na rhodio yn rhwŷdd, / Na llymmed or oer ddŵr, lle gweriaist di *bentwr.* **1718** E. SAMUEL: *HDdD* 348, lleihawn beth on *pentyrrau* er mwyn diwallu ei Aelodau tlodion Ef. **1790** T. JONES: *TOS* 89, Pan gofiont am wael blesereu'r cnawd . . . neu feddiannu *pentyrreu* o aur. Ar lafar yn Arfon yn yr ymad. 'mynd i'r *pentwr*' 'to encroach upon one's capital', *WVBD* 423.

(*c*) Torf, tyrfa, llu, hefyd am anifeiliaid; nifer mawr (o bethau): *host, crowd, multitude, also of animals; large number (of objects).*

15g. *GGl*[2] 275, Pont i'r dŵr, *pentwr* o dai, / Plas teils, pa lys a'i talai? **15–16g.** *TA* 404, *Pentwr* mewn pant o'r mynydd / Pob un fal pib o win fydd [am gesig]. *id.* 410, Parri iefainc yn prifiaw / *Pentwr* o eirth mewn pant draw [i ofyn chwech o gesig]. **16g.** *J* 8, 93a, y tywyssogion yn ssefyll yn vn *pentwr* y gymryd y kyngor. **1632** *D, pentwrr* o bobl ynghyd d.g. *circulus.* **1718 (1721)** S. THOMAS: *HB* 33, *Pentwr* o ynysoedd. **1740** T. EVANS: *DPO* 52, mor hyderus oeddent i ennill y maes (a hwy y fath Lû mawr anferthol o bob Rhyw ac Oedran) . . . Miloedd a miloedd yn gynnifer *pentwrr* yma ac accw. Ar lafar yn Arfon, '*pentwr* tai, *WVBD* 423.

(*d*) (enghrau. *ffig.*: *fig. exx.*).

1595 H. LEWYS: *PA* 69, duw a dywallt *bentwr* o ddialeddae ar bechadurieit. **1630** *YDd* 382, holl bechodau yr holl rai melldigedigion o'r byd: (diammau y byddai yn *bentwrr* mawr). **1632** *D, Pentwrr* o echrys a drygion d.g. *sentina.* **1632** J. DAVIES: *LlR* 429, po hwyaf y dioddefo Duw trwy ei hirymaros . . . mwy yw'r *pentwr* dial y mae efe yn ei gasglu ynghyd i'n herbyn ni. **1661** E. LEWIS: *Drex* 209, Dymma'r etifeddiaeth . . . dim amgen na *phentwr* o drueni. **1672** J. LANGFORD: *HDdD* 239, y mae yn yr ûn hwn *bentwrr* o gamweddau dirfawr ynghyd. **1696** *GGTY* [xiv], Y mae ymma *bentwrr* o eiriau.

pentwr[2] [*pen*[1] + *tŵr*; ansicr yw'r enghrau.; dichon mai i *pentwr*[1] y perthynant] *eg.* Prif dŵr, hefyd yn *ffig.*: *chief tower, also fig.*

14g. *GDG*[3] 356, *Pentwr* y glod, rhod rhyddfyw, / Pentref, dan nef, y dawn yw [i dref Niwbwrch]. **15g.** *GGl*[2] 133, Mae obry naw tŷ'n y tŵr, / Mae fry ganty ac untwr. / Tref fawr mewn *pentwr* o fain, / Tŷ beichiog o'r tai bychain [i blas Risiart Hanmer].

pentwsw, gw. **pentusw.**

pentwynaf, pentwyniaf: pentwyn(i)o, pentwynian [*pen*[1] + elf. anh.] *bg.* Hwntian, gwegian, simsanu, siglo, (bod ar fin) disgyn neu syrthio, hefyd yn *ffig.*: *to stagger, totter, reel, sway, (be about to) fall, also fig.*

16–17g. *PCWG* 40, rhag i mi wrth geisio byrhav ych gadel chwi mewn towyllwch ne wrth frysio dynnv rhai i *bentwynio* ag i gamddeall pwynt kyn uched. **16–17g.** *PhA* 473, poen fy im gwledd pan fym glaf / *pyntwyno* am penn tanaf [i ymliw â'r gwin]. **1604–7** *TW* (*Pen* 228) d.g. *collabasco, nutans, titubans.* **1617** *Minsheu* 464a, *bentucyno* [*sic*] d.g. *to stagger.* **1659** *GIA* 129, hwy'n gynta ac yr aethant tros y ganllaw, ai bôd yn *pentwyno* i lawr bendramwnwgl, yr oedd y matter wedi ei gyfnewid. **17g.** HUW MORUS: *EC* i. 269, Ni fedr mo'r huno, ei synwyr yw seinio, / Rhag iddo *bentwyno* wrth gwyno am ei gŵn. **1677** R. JONES: *BB* 164, bydded gennych yn gyfaill eich mynwes, un . . . a'ch cynnorthwyo i ddeffro pan fo'ch barod i *bentwyno* i gysgu. **1701** E. WYNNE: *RBS* 64, rhanneu a phrîf-nodau meddwdod . . . Y gloesion llewyg, neu glwy'r *pentwynian* (*fallings and reelings*). **1722** *Llst* 189, *pentwyno,* to droop, be ready to fall. **1778** *W, pentwyno* d.g. *to reel, to swag, to totter.* **1803** *P, pentwynaw,* to drop the head in different directions.

pentwynion, pen-twysog, gw. **pentewyn, pen-tywysog.**

penty [*pen*[1] + *tŷ* (cf. Llyd. Diw. *pennti* 'tŷ heb dir'), ?a dyl. S. *pentis* ar adran (*a*)] *eg.* ll. *-tai, -tyau.*

(*a*) Adeiladwaith megis sièd neu do a ychwanegir at wal neu adeilad ac sy'n gogwyddo oddi wrtho, cwt, hoywal, sièd, tŷ allan, bwthyn; bondo, cafn bargod, lander; atodiad; hefyd yn *ffig.*: *lean-to, pent-house, hut, hovel, shed, outhouse, cottage; eaves, roof-gutter, roof-troughing; appendage; also fig.*

15g. *LHDd* 40, *Penty* gwarthec dec arhugeint aryant. **1547** *WS, penty,* a penthouse. **1604–7** *TW* (*Pen* 228), bwriat wrth dûy, *pentûy* d.g. *appendix. id. penntuy* yn bwrw 'r dwr heibiaw d.g. *pectenatem tectum.* **1632** *D, penty,* domus appendix. **1688** *TJ, pentŷ,* a Pent-house, or a Shed, added to a House. **1701** E. WYNNE: *RBS* 96, Gwylder sy megis *penty* wrth Sobrwydd (*Modesty is the appendage of Sobriety*). **1763** *DT* 155, Lludw yw Merch loywserch lwys, / A'i ffriwdeg a'i Pharadwys; / Wyneb hon, a'i Bron a'i Brig, / *Penty* ydynt paentiedig. **1796** T. JONES: *CCA* 42, dewisiad rhydd . . . nid wedi ei bwyo iddo yn unig trwy ofn digofaint; fel y dichon un redeg dan *bentŷ* ei elyn mewn 'storm. **1803** *P.* Fe'i clywir weithiau yn yr ystyr 'tŷ preifat heb dir', ond ym Mhenllyn gwahaniaethir rhwng *penty* 'sièd, tŷ allan', a 'pen tŷ' 'tŷ preifat heb dir'.

(*b*) Prif dŷ neu blas, hefyd yn *ffig.*: *chief house or hall, also fig.*

15g. *Pen* 109, 16, Pon ta ywr ty yna ym. / Pont hwnn ywr *penty* einym (Lewys Glyn Cothi). **15g.** *GGl*[2] 300, Pa dŷ orau pedeiroes? / *Penty* gwŷr Iâl, Pant-y-Groes. **15g.** *DE* 101, pa dir a elwir o ial / pant y groes *pentai* grisial. *Diw.* **15g.** *Pen* 67, 70, kaer vawr plas y vikar vydd / . . . / ponta llet *penty* llydan (Hywel Dafi). **16g.** HUW ARWYSTL: *Gw* 168, penn wyd vddvnt pond addas / pont ag erioed *penty* gras. **1672** R. PRICHARD: *Gw* 550, Gwell it drigo lle bo powdwr, / Yn y gegin yn y Parlwr, / Nag it drigo lle bo tyngu, / Yn y Parlwr neu 'n y *Penty.* **1803** *P, penty* . . . the head house.

Amr.: **pendy. 1888.**

Cfn.: **penty mawn:** *shed for storing peat, peat-house.* **1865.**

Gw. hefyd **pen**[1]**—p. tŷ.**

pentyaeth [*penty* + *-aeth*] *e?b.* Pobl sy'n byw mewn tai heb fawr ddim tir, o'u cyferbynnu â ffermwyr, &c.: *people living in houses having little or no land attached, as opposed to farmers, &c.*

Ar lafar yn siroedd Meir. a Threfn., D. JENKINS: *ACSWW* 12, Another category is indicated by the term 'people of the little houses' (pobol tai bach), a 'little house' signifying a house with or without garden but with no land attached, unless sometimes with one or two fields where a cow or two were kept . . . in parts of Merioneth and Montgomeryshire . . . *pentyaeth* . . . [corresponds] to 'people of the little house'. Yn ôl *TA* 610, 'Clywir *pentyaeth* (= cadw tŷ dros arall) yn Sir Gaernarfon'.

pentylwyth [*pen*[1] + *tylwyth*] *eg.* Penteulu, pennaeth llwyth, arweinydd: *head or master of a family, paterfamilias, chief of a tribe, leader.*

1734 S. THOMAS: *AD* 30, Y mae'r Yscrythur Lan . . . yn cy[ff]ylybu *Pen-Tylwyth,* a Ph[en]-Tad Cenhedl i Wwraidd [*sic*] a Bon-Cyff Pren a'r Hiliogaeth a darddant o hono i'r Impau a'r Colfennau a dyfant allan o'r Gwraidd a'r Bon Gyff.

pentyll, gw. **pantell.**

pentymor, gw. **pen**[1]**—p. tymor.**

pentyn, gw. **pant.**

pentyredig [bôn y f. ddil. + *-edig*] *a.bfl.* Wedi ei bentyrru, wedi cronni, hefyd yn *ffig.*: *heaped, accumulated, also fig.*

1770 *W* d.g. *accumulated, gathered together on heaps.* **1803** *P.*

pentyriad, pentyrrad [bôn y f. ddil. + *-iad*[1], *-ad*] *eg.* ll. *pentyriadau.* Y weithred o bentyrru, pentwr, croniad, casgliad, hefyd yn *ffig.*: *a heaping, heap, accumulation, collection, also fig.*

1604–7 *TW* (*Pen* 228), *pentyrhiat* olawer [*sic*] o betheu'nghyt [*sic*] d.g. *cumulatio.* **1632** *D, pentyrrad* d.g. *congestus.* **1725** *SR, pentyrriad* d.g. *cumulation.* **1803** *P, pentyriad,* s. m. pl. t. *au,* accumulation.

pentyrraf: pentyrru [bf. o'r e. *pentwr*[1]] *bg.a.* Gwneud neu ffurfio twr neu bentwr neu swp (o), cruglwytho, casglu, crynhoi, cronni, storio, celcio; heidio, ymdyrru; hefyd yn *ffig.*: *to heap (up), pile (up), stack, gather, accumulate, amass, store, hoard; flock; also fig.*

c. **1400** *R* 1408. 15–16, *Pentyryeis* gerd pwynt dirym. **1547** *WS, pentyry.* **1567** *LlGG* 141a, cynddaredd Duw . . . yr hwn addarfu ir pechaturiait anhydyn i *bentyrru* ar i gwarthaf. **1588** *Job* xxvii. 16, Os *pentyrra* efe arian fel pridd. **1588** *Pr* ii. 8, Mi a *bentyrrais* i mi arian ac aur. **1604–7** *TW* (*Pen* 228) d.g. *adaggero.* **1606** E. JAMES: *Hom* iii. 20, Mae dynion yn tybied mai wrth *bentyrru* a chadw yn wastadol yr ânt hwy yn gyfoethogion. **1607** *Rhyddiaith Gymraeg* i. 137, daruod y mi . . . *bentyrru* Casglfa ddiruawr o eiriae. **1618** J. SALISBURY: *EH* 110, *pentyrru* ym-mlaen-llaw gimint o yd, a gwîn . . . ag a wasnaetha dros yr holl flwyddyn. **1632** *D, pentyrru,* cumulare, coaceruare. **17g.** HUW MORUS: *EC* ii. 109, Pan lwydda da i gybydd, / . . . / Ni cheiff e foddlonrwydd, lawenydd di wall; / Na heddwch i gysgu, / Gan ofal am gasglu, / A deisyfu *pentyru* punt arall. **1718** E. SAMUEL: *HDdD* 341, wrth Elusengar-gyfrannu 'n da bydol ir Tlodion, *Pentyrru* i ni 'n hunain dryssor yn y Nef. **1790** T. JONES: *TOS* 67, Afraid *pentyrru* ysgrythyreu i brofi hyn. **1803** *P.*

Amr.: **pentyrio.** *c.* **1400** *R* 1408. 15.

Cfn.: **pentyrru marwor ar (ben, am ben,** &c.**):** *to heap coals of fire upon, usu. fig.* **1567** *TN* 237b, ti *bentyrri varwar am y ben* ef. **1588** *Diar* xxv. 22, *marwor a bentyrri ar ei ben* ef. **1799** DAFYDD IONAWR: *MB* 62, Poen i watworwyr! *arnynt pentyrraf* / *Farwor* tanllyd, eu Byd nid arbedaf.

pentyrraidd [*pentwr*[1] + *-aidd*] *a.* Pentyredig, ar ffurf pentyrrau, wedi eu crynhoi, toreithiog: *heaped, composed of heaps, massed, abundant.*

1718 (1721) S. THOMAS: *HB* 15, ymddangosant yn llawer mwy *pentyrraidd* a lluosog nag o'r blaen [am sêr].

pentyrrog [*pentwr*[1] + *-og*] *a.* Pentyredig, llwythog, toreithiog, ?cyfoethog; hefyd yn *ffig.*: *heaped, loaded, abundant, ?rich; also fig.*

1684 H. OWEN: *DC* 247, ymgryfhâ yn-goleuni fy nhrugareddau i: am fy mod i'n agos . . . i adgyweirio'r cwbl, nid yn vnic yn gyfan, ond hefyd mewn mesur *pentyrog. c.* **1730** *Thos. Lloyd D* (LlGC) 192a, *pentyrrog* . . . cumulatus. **1803** *P* d.g. *pentyrawg.*

pentyrrol [*pentwr*[1] + *-ol*] *a.* Wedi ei bentyrru, mewn pentyrrau; cynyddol: *heaped, in heaps; cumulative, accumulative.*

1803 *P* d.g. *pentyrawl.*

pentyrrus [*pentwr*[1] + *-us*] *a.* Cynyddol; ?wedi eu pentyrru ar bennau ei gilydd, yn *ffig.*: *accumulative, incremental; ?heaped on top of one another, fig.*

1725–6 *Madd Ed* 311–12, y caredigrwydd *pentyrrus* (*accumulative kindness*) y mae'r Tâd yn ddangos i'r Mâb. *c.* **1730** *Thos. Lloyd D* (LlGC) 194a, *pentyrrus* . . . accumulative.

pentyrrwr, pentyriwr [bôn y f. fl. + *-(i)wr*] *eg.* ll. *pentyrwyr.* Un sy'n pentyrru neu'n cronni, casglwr: *one who heaps or piles up, accumulator, collector.*

16g. *Mos* 143, 251, *pentyriwr* meirch poynt arial / pon ta y daw kan pynt a dal. **1803** *P, pentyrwr,* s. m. pl. *pentyrwyr,* an accumulator.

pentywynion, ff. l., gw. **pentewyn.**

pentywys [*pen*[1] + *tywys*[1]] *e.ll.* Rhannau uchaf tywysennau: *the tops of the ears of corn.*

1798 J. THOMAS: *CIC* 51, Rhai dynion a dorrir ymaith fel *pen-tywys* ŷd.

pen-tywysog [*pen*[1] + *tywysog*] *eg.* (b. *-es*) ll. *-ion.* Prif dywysog, brenin, pennaeth, prif reolwr neu arweinydd, yn aml am Dduw neu Grist: *chief prince, sovereign, chief, chief ruler or leader, often of God or Christ.*

16g. *TRP* 136, Yr wyvi yn vrenin gallvoc / . . . / ac ar babilon yn berchen / ymhob tir *penn tywysoc.* **1567** *TN* 341a, Jesu *pen twysog* a gorphenwr yn ffydd ni. **1588** *Esec* xxxviii. 2, Magog, *pen-tywysog* Mesech. **16–17g.** *Cer RC* 124, Elsbeth gynnes, yn brenhines, / *Pen t'wysoges* Gymru. **1604–7** *TW* (*Pen* 228), lluestu'r *pentywysawc* d.g. *tabernaculum* . . . *tabernaculum Augustale.* **1718** E. SAMUEL: *HDdD* (Gweddîau) 76, *Pentywysog* fy Jechydwriaeth. *c.* **1730** *Thos. Lloyd D* (LlGC) 192a, *pentywysog* . . . dux. **[1740]** L. ANWYL: *CA* 117, na ddiodef gyfoethawg na thlawd gam heb iawn iddo oddiwrth y Gyfraith neu'r *pentwysog* sy'n ei rhoddi mewn grym. **1743** G. JONES: *HWI* ii. 16, Duw a greodd Ddŷn fel Brenin, neu *Bentywysog,* ar y greadigaeth isod, i arglwyddiaethu dros holl greadurjaid y byd hwn. **1803** *P.*

pentywysogaeth [*pen-tywysog* + *-aeth*] *eb.*

Swydd neu safle prif dywysog: *office or position of a chief prince.*
1803 *P.*

pen-tywysoges, gw. pen-tywysog.

penuchaf, gw. pen[1]—p. uchaf.

penuchel [*pen*[1]*+uchel*] *a.* Yn dal ei ben yn uchel, talog, hunanhyderus; balch, ffroenuchel, trahaus, haerllug; a'i flaen yn troi ar i fyny (am drwyn), smwt: *high-headed, holding one's head high, self-assured, self-confident; proud, haughty, arrogant, insolent; turned-up or snub (of nose).*
13g. *LBS* iv. 369, Assa .m. sawyl *penn uchel.* *c.* **1400** [*RB*] *WM* 219. 7–9, gwelynt uarchawc yar varch olwyn du *penn uchel.* *Diw.* **15g.** *Pen* 67, 101, karw *pennvchel* i helynt / koron hil gwgon hael gynt (Hywel Dafi). **16–17g.** *CRC* 103, Mi a ddoyda yt yn ddirgel / mae hi yn lan ac yn *benychel.* **1604–7** *TW* (*Pen* 228), hwn sydd a thrwyn *penvchel* d.g. *resimus.* **1630** R. Llwyd: *LlH* 46, rhyfedd yw gweled falched . . . goeced, a *phen-vched* yw llawer . . . yn tybied eu bod cyfuwch ar cymmylau. **1677** C. Edwards: *FfDd* 370, Diogelach rhag syrthio i bechod yw'r rhai gostyngedig ar eu gliniau, na 'r rhai sythion *penuchel.* **1693** T. Jones: *Alm* [24], ar [*sic*] bobl a sisial y naill wrth y llall, heb ond rhai yn dywedŷd eu meddwl yn *benuchel.* **1724** J. Jones: *Alm* [3], Er bod yn Iâch ac yn *ben uchel,* / Nid yw ond ofer rhoi mor hyder ar hir hoedel. *c.* **1730** *Thos. Lloyd D* (LlGC) 191b, *penuchel,* elatus. **1765** J. Evans: *CPE* 382, y mae efe yn atteb ac yn gwarthruddîo ei wrthwynebwyr *pen-uchel* ag un cwestiwn byrr. **1789** J. Thomas: *DdS* 25, gwyr mawrion, *pen-uchel,* beilchion, trahaus, a rhodresgar. **18–19g.** Jac Glan-y-gors: *Gw* 65, Er hynny, 'roedd Bessi'n *ben uchel* / Hi ddarfu eu gadael hwy i gyd, / Gan fynd yn galonnog i Lundain, / I ddangos ei glendid i'r byd.

penuryn [?amr. ar *peneuryn*] *eg.* ?Fflam: *flame.*
Dchr. **17g.** *J* 10, 124b, *penuryn,* flamma. **1620** *Mos* 204, 34, Cynne *benurun,* yn lle r eirias.

pen-ustus, pen-iustus [*pen*[1]*+ustus, iustus*] *eg.* Prif ustus, prif ynad, barnwr goruchaf: *chief justice, chief magistrate, supreme judge.*
15–16g. *GLM* 264, bu iawn farn o ben ei fys, / bu'n eiste yn *ben-ustus* [marwnad Siôn Pilstwn Hen]. **1604–7** *TW* (*Pen* 228), y prætor, maer ne'r arglwydd *penJustus* d.g. *prætorium.* **1670** J. Hughes: *AP* 61, fe a ddaeth Ministr atto yno, ac a'i gyrrodd ef i goelio fod y *Pen-Iustus* wedi cael profiad digonol. [**1724**] G. Wynn: *YGD* 111, rhai yn eistedd yr awrhon fal Barnwyr gyda 'r Gwaredwr . . . hwy a rônt dystiolaeth gyda 'r *Pen-Ustus* (*supreme Judge*). *c.* **1730** *Thos. Lloyd D* (LlGC) 188a, *penustus,* chief Iustice.
Amr.: **pen-eustus** [*pen*[1]*+eustus*]. *c.* **1730** *Thos. Lloyd D* (LlGC) 188a.

penwag[1] [*pen*[1]*+gwag*] *a.* ll. *-weigion.* Penwan, disynnwyr, gwirion, ffôl; gwag neu gau ei ben neu ei dop: *empty-headed, weak-minded, senseless, silly, foolish; having an empty or hollow head or top.*
1755 *ML* i. 360, Duw ro ini ryw beth o'n heiddo'n hunain yn lle bod yn ymostwng i greaduried *penwagcach* na ni'n hunain. **1803** *P, penwag,* empty-headed.

penwag[2]**, penwaig,** gw. pennog[1].

penwan [*pen*[1]*+gwan*[1]; tebyg nad yma y perthyn *pennwann, R* 1433. 19] *a.* ll. *-weiniaid, -weinion,* a'r ll. *-weiniaid* hefyd fel *e.ll.* (un. bach. *-wannyn*). Diffygiol o ran barn a synnwyr neu benderfyniad, disynnwyr, gwirion, ffôl, mwydrus, dryslyd, ffwndrus, hurt; gorffwyll, gwallgof, cynddeiriog; penfeddw, penysgafn; (yn y ll.) pobl benwan: *weak-headed, weak-minded, senseless, silly, foolish, bewildered, doting, stupid; crazy, mad, furious; giddy, light-headed; (pl.) weak-minded or foolish people.*
1604–7 *TW* (*Pen* 228), dyn *penwann* d.g. *scotomaticus.* **1688** S. Hughes: *TSP* 7, Brawdoliaeth o Ddynion *penweinion* (T. Jones: *TP* 5, ddynnion *penweinied*), y rhai pan y derbyniant rhyw Fympwy iw pennau, ydynt ddoethach yn ei golwg ei hun nâ seith-wyr yn adrodd rheswm. *ib.* pwy a ŵyr, i ba le i'th dywysir gan y fath ddyn *penwan* (*brainsick*). **1722** *Llst* 189, *penwann,* crazed, crackbraind. *c.* **1730** *Thos. Lloyd D* (LlGC) 191b, *penwan,* weak-headed. **1732** *AABI* 76, y mae Dynion yn gohirio â Duw . . . nes i'w Dyddiau *penwan* (*doating days*) eu goddiwes. **1770** *W* d.g. *brain-sick.* **1791** *Dialogous* 21–2, byddai raid bod fy neall yn fwy ehang na Hanfod Duw, i allu cynnwys Duw yn fy neall . . . mi es yn *benwan* o'r diwedd. **1799** M. Williams: *HHG* 23, Yn fuan ar ol y diluw, fe aeth yr holl fyd yn *benwan* mewn eilun-addoliad. **1803** *P.* Ar lafar yn y Canolbarth a'r De, hefyd mewn ymadroddion megis *yn benwan holics* (*walics*), *yn benwan bared* 'yn gynddeiriog'.

penwandod [*penwan+-dod*] *eg.* Penwendid, hurtrwydd; gorffwylltra; penfeddwdod, penysgafnder: *weak-headedness, stupidity; craziness; giddiness, light-headedness.*
1750 *RBHM* 27, o's na chyfrifant ef yn llwŷr ynfŷdrwŷdd a *Phenwandod.* **1767** W. Williams: *CAA* 25, Mae yn edrych i mi fel rhyw *benwandod,* neu eitha calongaledwch, os cododd ef [Saul] yn erbyn Dafydd byth mwy. Cf. *Hyfforddwr Meddygol* ii. 2, anadl fer, *penwandod.*

penwannaf: penwannu [bf. o'r a. bl.] *bg.a.* Mynd yn benwan, peri penwendid (i), hurtio, ffwndro, mwydro, drysu: *to make or become weak-headed or silly, bewilder, confuse, become bewildered or confused.*
1752 J. Thomas: *FG* 306, rhaid i'r neb a fynych ystyrio Nesâd ofnadwy Marwolaeth . . . fod wedi *penwannu* yn rhyfedd, os ni bydd i hynny ei gyffrôi. **1796** T. Jones: *CCA* 205, Fel dyn wedi *penwannu* gan ddïod gref (*disturbed with strong drink*), yn methu sefyll. **1799** M. Williams: *HHG* 138, Nid ein bwriad yn y lle hwn yw codi un math o wrthddadleuon, yr hyn a allai *benwannu*'r darllenydd.

penwannyn, penwar[1,2]**,** gw. penwan, pennor[1,2].

penwasg, penwast, gw. penffestr.

penwastad [*pen*[1]*+gwastad*] *a.* Gwastad neu fflat ei ben neu ei do; yn gorwedd yn wastad, hefyd yn *ffig.*: *flat-headed, flat-roofed; lying flat, also fig.*
1760 *ML* ii. 200, Roedd Marged Owen wedi dyfod ar ei gwely o ferch . . . a'r gwr yn *benwastad* er's talm byd o amser.

penwayw [*pen*[1]*+gwayw*] *e?b.* Cur pen neu ben tost (parhaus): (*chronic*) *headache.*
1814.

penweddawr [*pen*[1]*+gwedd*[2]*+-awr*[4]; dileer yr erthygl d.g. *gweddawr*] *a.* A'i ben a'i wddf yn camu neu'n plygu ar ffurf bwa: *arching the head and neck.*
13g. *A* 19. 21, y ar orwyd erchlas *penn wedawr.*

penwegyn, gw. pennog[1].

penweica, penweiga [*penwaig* (ll. yr e. *pennog*[1])*+-ha* (At.), *-a*] *bg.* Pysgota am benwaig: *to fish for herrings.*
1763 *ML* ii. 591, Collodd un gwch oedd yn myned oddiyma i *benweica* i ddwfr Caer.

penweiciwr, penweigiwr [bôn y f. fl.+ *-iwr*] *eg.* ll. *penweicwyr, penweigwyr.* Un sy'n pysgota am benwaig: *herring fisherman.*
1762 *ML* ii. 510, dyma'r hanes fod pysgotta odiaeth yn Nerpwl . . . Hyn a wnaeth i'n *penweicwyr* ni ymroi i fyned yno i gymeryd rhan o'r spleddach efo eu cychod.

penweiga, penweigion[1,2]**, penweigyn, penwen,** gw. penweica, pennog[1], penwag[1], pennog[1], penwyn.

penwendid [*pen*[1]*+gwendid*] *eg.* Gwendid meddwl, gwendid pen, diffyg deall, diffyg synnwyr, ffolineb, gwiriondeb, hurtrwydd, gorffwylltra, gwallgofrwydd: *weak-mindedness, feeble-mindedness, imbecility, senselessness, foolishness, infatuation, stupidity, craziness, madness.*
1732 *AABI* 27, Na ddod heibio Dduw . . . hyd oni bo'r tŷwodin diweddaf yn hedeg, a dyddieu *penwendid* wedi'ch goddiweddid. *c.* **1750** J. Thomas: *T* 16, nad yw Tystiolaeth yr ysbryd yn rhyw *Ben-wendid* ysbrydol (*enthusiasm*) na ellir cyfrif am dano. **1773** *W, penwendid* . . . crefyddol d.g. *enthusiasm* [*heat of imagination, religious delirium* . . .]. **1803** *P, penwendid,* s. m. weakness of the head; brain-sickness; infatuation. Ar lafar yn sir Benf., *GDD* 221.

penwent, penwer, gw. pynwent, pennor[2].

penwgyn, penw(h)igyn, gw. pennog[1].

penwirioni [*pen*[1]*+gwirioni*] *bg.* Gwirioni, ffoli, colli synnwyr: *to be infatuated, lose one's senses.*
1897. Ar lafar yn Arfon, weithiau yn y ff. *penfrioni,* 'Mae o wedi *penfrioni* yn lân hefo hi', *B* i. 99.

penwisg [*pen*[1]*+gwisg*] *eb.g.* ll. *-oedd,* (prin) *-au.* Gwisg neu orchudd ar gyfer y pen, yn enw. un addurnedig i ferch, cap, bonet, coiff, twrban, gwimpl, cwcwll, cwfl, gwallt gosod, hefyd yn *ffig.*: *head-dress, cap, bonnet, coif, turban, wimple, hood, cowl, wig, also fig.*
14g. *GDG*[3] 119, Owmal y wlad, leiddiad Lŷr, / Yw *penwisg* fy nyn poenwyr. **14g.** *GIG* 102, *Penwisg* welw, ddyn ddiddelw ddoeth, / Penselgombr, peunes aelgoeth. *c.* **1400** *YCM*[2] 34, gorchymynnwys Chyarlymaen y bop gwr march dodi *pennwisc* o liein a brethyn y gudyaw eu llygeit. **15g.** *DN* 91, Ar dy friger, hanner haf, / Wych riain, i dechreuaf. / Eurllin, dof i orllwyn dydd, / Yw dy *benwisc* di beunydd. **15g.** *GGl*[2] 78, Ebrwydd y cair, heb rodd cam, / Ysgŵl a *phenwisg* Wiliam [i ofyn saeled]. **1604–7** *TW* (*Pen* 228), gwallt gwragedd a merchet, wedy osot vchben eû talcenæ, a *phenwiscoedd* meluet d.g. *antiæ.* **1632** *D, penwisg,* redimiculum. *id.* d.g. *capillare, capitium, cidaris.* *id. penwisg* dûr d.g. *galea.* **1688** *TJ, penwisg,* gwisg pen: an Ornament, or Dress for the Head. **1719** *TDP* 115, na ddygwch ddau Wyneb dan un *Benwisg* (*hood*). **1770** *TG* iv. 21, Gwr o gyngor y Twrc (Vizier) â *phenwisg* o liw'r awyr. **1803** *P, penwisg,* s. f. pl. t. *odd,* a headdress.

penwisgiad [*pen*[1]*+gwisgiad*] *eg.* ll. *-au.* Penwisg: *head-dress.*
1803 *P.*

penwisgyddes [*pen*[1]*+gwisgydd+-es*[1]] *eb.* ll. *-au.* Gwraig neu ferch sy'n gwneud hetiau merched neu'n eu gwerthu: *milliner.*
1776 *W* d.g. *milliner.*

penwmbra [bnth. S. *penumbra*] *eg.* ll. *penwmbrau.* Cysgod gwan o amgylch y prif gysgod, gogysgod: *penumbra.*
20g.

penwn, penon [bnth. S. C. *peno(u)n,* neu o bosibl yn uniongyrchol o'r H. Ffr.] *eg.* ll. *penynau,* (prin) *-s.* Baner, yn enw. un hirgul ar lun triongl neu gynffon gwennol ac arni arfbais weithiau, a glymir wrth waywffon neu helmed, banerig, lluman, fflag, ystondard, ensain, hefyd yn *dros.* ac yn *ffig.*: *pennon, pennant, banner, flag, standard, ensign, also transf. and fig.*
14g. *YB* xiii. 149, Neuaf o'r Gïen *bennon,* / Nod gwallaw medd, neud gwell Môn (Gruffudd Gryg). **14g.** *GIG* 7, Pensel Syr Hywel yw hwn; / Myn Beuno, mae'n ei *benwn* / Tri fflŵr-dy-lis, oris erw, / Yn y sabl, nid ansyberw [i Syr Hywel y Fwyall]. **14–15g.** *IGE*[2] 113, Prid oedd arwain ein pryder, / Paun y glod, *pennwn* y glêr [marwnad Rhydderch ap Ieuan Llwyd o Barcrhydderch gan Ruffudd Llwyd]. *id.* 145, Arwain di, oroen y dydd, / *Bennwn* Morgannwg beunydd [Gruffudd Llwyd i anfon yr haul i annerch Morgannwg]. **15g.** *LGCD* 18, A baner a llew'n torri newyn, / A gwaith a baner ac wyth *bennwn.* **15–16g.** *GLM* 273, Ei *bennwn* ar wayw beunydd, / â'i fwyall fawr felly fydd. **16g.** (*LlEG*) *Mos* 158, 163b, Kyssyll[t]odd Ef arue fraink a lloygyr yn chwartterog ynni dariann ai sdondardd ai *bennwns.* **16g.** *B* xviii. 323, ynn y lleoedd hynn j nodasant twy ossod dau *bennwn* o liw brenin Lloegr o'r tu j delai ef j'r maes. **1567** *LlGG* (*Sall*) 32b, yr owrhon y rroddeist *benwn* [:– vaner] ir ei ath ofnant. *c.* **1600** *IGE* 219, Hebog rubanog *bennwn* [i'r niwl]. **1632** *D, penwn,* vexillum, insigne, signum militare. **1688** *TJ, penwn,* (baner:) a Banner, Standard, Ensign or Flag. **1722** *Llst* 189, *penwn,* m.p. *nynau,* a banner, flag. **1778** *W* d.g. *pennant.* **1791** Gw. Mechain: *Rh* 23, Drygionus genedl â gymmyrth Iesu oddiymma, ac â osododd yn ei le *benwn* y brenhin. **1803** *P* d.g. *penon, penwn.*

penwngar, penwnnaf: penwnnu, penwogyn, penwor, gw. opiniyngar, penwynnaf: penwynnu, pennog[1], pennor[2].

penwyddegwr [*pen*[1]*+gwyddegwr*] *eg.* ll. *-wyr.* Ffrenyddwr: *phrenologist.*
1894.

penwyddiant [*pen*[1]*+gwyddiant*] *eg.* Ffrenyddeg: *phrenology.*
1851.

penwyg, penwygyn, gw. pennog[1].

penwyllt, penwyll [*pen*[1]*+gwyllt, gwyll*[3]] *a.,* weithiau gyda grym enwol. Gwyllt neu aflonydd ei ben, afreolus, byrbwyll, penboeth, gwallgof: *having a wild or restless head, unruly, rash, hot-headed, mad.*

16–17g. *PhA* 145, *benwyllt* ddyrus ffrowys ffrom / bedrendew [*sic*] fyrflew farflom [i ofyn caseg]. **1653** *MLl* i. 259, fe ddeffrôdd y gelyn holl wreiddiau vffern o'r tu fewn i mi fy hunan, i fôd yn . . . greulon, yn *benwyllt*, ac yn llawn o wreichion drwg. *c.* **1730** *Taith C* 152, [y] tri hyn, sef, *Penwyll*, Anysturiol, ac Ymyrwr-ym-matterion-rhai-eraill, a dynnasant arnafi. **1766** *OU* 93, chwi wyr *penwyllt*, cynddeiriog, cableddus. **1793** DAFYDD IONAWR: *CD* 183, Gwr *penwyllt* gorwyllt a gaid, / . . . / Anfadfab ffol ynfydfalch. Ar lafar yn Arfon, hefyd yn yr ystyr 'shock-headed', *WVBD* 423.

penwyn [*pen*[1] + *gwyn*[1], cf. Gal. *Πεννοουινδος*, Ogam *Qenuven-*, Gwydd. C. *cenann*] *a.* (b. *penwen*) ll. *-ion*, a hefyd fel *eg.b.* ll. *-ion*, *-iaid*.

1. Gwyn neu lwyd ei wallt, gwyn ei ben neu ei gopa; hen, hynafol; un gwyn ei wallt, person hen: *white- or grey-haired, hoary, white-headed, white-topped; old, ancient; a white-haired or old person.*

14g. *GDG*[3] 287, Palmeres, mynwes a'i maeth, / *Penwyn* gyhyryn hiraeth [i'r galon]. **16g.** HUW ARWYSTL: *Gw* 70, ni bydd llewod budd llawenn / *bennwyn* byth heb vn yn benn. **16g.** DAFYDD BENWYN: *Gw* 590, *Penwyn* yw'r mab, poniwr mawl, / prydyddfardd parodaiddfawl. **16–17g.** (**17g.**) *CC* 36, ac yn oedjog wan wden / ac yn hyll ddigon hên / . . . / ac yn *benwyn* gwn boeni / er hyn ni fyn Angau fi (Thomas Prys). **1609** *CRC* 313, y gwr *penwyn* oediog. *Dchr.* **17g.** *J* 10, 124b, *penwyn*, gray headed. **1632** *D*, *penwynn* d.g. *canus*. **1751** *ML* i. 173, Mi wranta yma werth mil o bunnau o fwyn i'r *penwyn*. **1752** *id.* 207, Er gwaetha'r wrach *benwen* mae Collector Dyfi yn wêll na chanpunt yn y flwyddyn clear profit. **1781** M. WILLIAMS: *BM* [40], hen weiniaid *penwynion* gwargeimion eu gwedd. **1793** DAFYDD IONAWR: *CD* 98, Poenus ydyw 'ch tâd *penwyn*. **1803** *P* d.g. *penwen*, *penwyn*. Ar lafar ym Morg. yn yr ystyr 'a chanddo wallt golau'. Hefyd sonnir yn gyff. ym Meir. am 'fuwch *benwen*'. Digwydd fel epithet, e.e. yn enw'r bardd *Dafydd Benwyn*.

2. (fel *eb.*) *Bot.* ?Ffenigl y cŵn, *Anthemis cotula* neu gamomil gwyllt, *Matricaria recutita* neu'r wermod wen, *Chrysanthemum parthenium*; meipen garreg: ?*stinking mayweed or wild camomile or feverfew; stone turnip, white top.*

Diw. **16g.** *WLB* 33, Rhac gwenwyn mewn korff dŷn. Kymer y *benwen* ar bengaled. *c.* **1730** *Thos. Lloyd D* (LlGC) 190b, y *Benwen*. alias y Fronwen. **1800** W. OWEN[-PUGHE]: *CP* 60, [rh]ai erfin o rywogaeth mwyaf profadwy . . . y *benwen* neu y feipen gareg [:– . . . White-top, stone turnip].

3. (fel *eg.*) *Crdd.* Minim: *minim* (*in music*).

1838.

penwynnaf: penwynnu [bf. o'r a. bl.] *bg.a.* Mynd yn benwyn, gwynnu, britho, peri mynd yn benwyn, bod â gwallt gwyn neu lwyd, penllwydo: *to become white-haired, make white-haired, be(come) grey-haired.*

1588 1 *Sam* xii. 2, minne a heneiddiais, ac a *benwynnais*. **1588** *Eseia* xlvi. 4, Hyd henaint hefyd myfi fy hun, îe myfi a'ch cludaf hyd oni *ben-wynnoch*. *Dchr.* **17g.** *J* 10, 124b, *penwynnu*, to haue graieheare. **1632** *D*, *penwynnu* d.g. *caneo*. **1637** *IICRC* iii. 112, Un awr rhwy i yn dechre gwaelu / chwi am gwelwch yn *penwnnu*. **1722** A. THOMAS: *DR* 32, edrych ar ei blant gyda gofid a blinder, a chael ei *benwnni*. **1803** *P* d.g. *penwynu*.

penwynnedd [*penwyn* + *-edd*[1]] *eg.* Gwallt gwyn neu lwyd; penwynni, penllwydni, henaint: *white or grey hair; the state of having white or grey hair, hoariness, old age.*

1588 *Gen* xliv. 31, a'th weision a barant i *benwynnedd* dy was di ein tâd ni ddescyn mewn gofid i fedd. **1588** *Ruth* iv. 15, efe fydd i't yn adnewyddu dy enioes, ac i ymgeledddu [*sic*] dy *ben-wynnedd*. **1722** *Llst* 189, *penwynnedd* . . . m. gray or white-hairedness. **1793** DAFYDD IONAWR: *CD* 123, Tosturiwch,—i'r llwch, i'r llawr: / Yn union ei *benwynnedd* / A'n llawn gofidiawn i fedd. **1803** *P* d.g. *penwynedd*.

penwynni [*penwyn* + *-ni*] *eg.* Gwallt gwyn neu lwyd; y cyflwr o fod yn benwyn, penllwydni, henaint: *white or grey hair; the state of having white or grey hair, hoariness, old age.*

1588 *Gen* xlii. 38, chwi a barech im *pen-wynni* ddescyn 'ir [*sic*] bedd mewn gofid. **1588** *Lef* xix. 32, Cyfot ger bron *penwynni*, a pharcha wyneb henuriad. **1632** *D*, *penwynni* d.g. *canities*. **1709** HUW MORUS: *EC* i. 101, Cyff awenydd, purwydd parch; / Poen anial i'm *penwyni*, / Gwyno'n ffol ar eich ol chwi [marwnad Huw Morus]. **1721** B. MEREDITH: *PJ* 115, fy *mhen wynni* [*sic*] a gafwŷd mewn llwŷbrau anwir. **1722** *Llst* 189, penwynnedd, [*pen*]*wynni*, m. gray or white-hairedness. **1722** T. EVANS: *PS* 13, yn barchedig o ran eu *Pennwynni*. **1803** *P* d.g. *penwyni*.

penwyr, gw. **pennwyr.**

penwyraf: penwyro [*pen*[1] + *gwyro*] *bg.* Gwyro neu ostwng y pen, (moes)ymgrymu, ymostwng: *to bow* (*the head*), *stoop.*

1588 *Gen* xxiv. 48, Ac a *ben-ŵyrais*, ac a ymgrymmais i'r Arglwydd. *Dchr.* **17g.** *J* 10, 124b, *penwyro*, to stoupe. **17g.** *LlGC* 13215, 374, *penwyro*, deflecto. **1803** *P*, *penŵyraw*, to incline the head.

penwythnos [*pen*[1] + *wythnos*] *eg.b.* ll. *-au.* Diwedd yr wythnos, yn enw. y cyfnod rhwng nos Wener a nos Sul: *weekend.*

1938. Ar lafar.

penwythnosol [*penwythnos* + *-ol*] *a.* (Yn digwydd) bob penwythnos: (*happening every*) *weekend.*

20g.

penyd[1] [bnth. Llad. **penitiō* (< *pæniteō*) 'edifarhaf' neu fnth. tarddair o'r f. honno; cf. Crn. C. *penys*, Llyd. C. *penet*; ansicr yw union brth. H. Wydd. *pennit*] *eg.* ll. *-(i)au.* Hunan-gosb wirfoddol a wneir fel iawn am bechod, trosedd, &c., cosb a benodir gan offeiriad, &c., fel amod maddeuant, sacrament y cymod (yn yr Eglwys Gatholig Rufeinig); edifeirwch, tristwch; cymod, iawn; cosb, poen, poenedigaeth, artaith, dioddefaint, trallod, gorthrymder, cystudd: *penance* (*voluntary or imposed*), *sacrament of penance or reconciliation* (*in Roman Catholic Church*); *repentance, sorrow; atonement, expiation; punishment, pain, torment, torture, suffering, tribulation.*

13g. *C* 40. 9–11, An gunel iechid iry *penid* ae pimp dirnaud. **13g.** *A* 18. 22–19. 1, ry *benyt* ar hyt yd attawr. **13g.** *LlDW* 77. 5–6, llad o fyrnygruyd lly chwechanvr oy wadu canys deudyblyc yu y alanas ay *benyt*. *c.* **1300** *H* 11a. 5, Rydost uym *penyd* ry drwm uy tristid [marwnad Madog ap Maredudd gan Walchmai]. **14g.** *T* 9. 10, At[wyn] bryt wrth *penyt* periglawr. **1346** *LlA* 145, *penyt*. Sef yw hwnnw. poeni odyn oarch yperiglawr trwy gwbyl ediueirwch. Achyffes lan. **14g.** *SC* viii/ix. 185, At yr escob y deuth . . . y gyffessu. a phann oed yr escob yn angreithiaw y marchawc hwnnw am y bechodeu . . . Ynteu a dodes vcheneit . . . y gwnaei *benyt* dros y bechodeu herwyd ewyllys yr escob. A phann oed yr escob yn gossot *penyt* herwyd messur y bechawt. Ywein varchawc a dywat . . . Mi a gymeraf *benyt* a vo trymach nor holl *benytyeu* ereill. **14g.** *GDG*[3] 219, Trydydd [porthor Eiddig], gwn beunydd *benyd*, / A'm lludd i gael budd o'r byd. *Dchr.* **15g.** *IGE*[2] 193, Yr wyf o haint ar fy hyd / Ym mhoen fal ancr ym *mhenyd* (Llywelyn ab y Moel). **1567** *TN* 189b, ac ir Cenetloedd y rhoddes Dew ediveirw[ch] [:– *penyt*] er bywyt. **1595** H. LEWYS: *PA* 124, gwedi i ordeinio ai creu i bob artaith a *phenyd*. **1630** *YDd* 112, Y garreg yn yr arennau . . . sydd *benyd* anguriol. **1632** *D*, *penyd*, pœna, supplicium, dolor, cruciatus. **1672** J. LANGFORD: *HDdD* 135, y *penydau* Corphorawl ar dy gláf-wely. **1716** E. SAMUEL: *GGG* 94, nid math gyffredin ar fa[r]wolaethau a ddioddefasant, eithr eu llosgi yn fyw . . . ar cyffelyb *Benydiau* anoddefadwy. *c.* **1762–79** W. WILLIAMS: *P* 396, Gwnaeth Eglwys Rufain Sacrament o *benyd*, neu edifeirwch. **1764** DEWI NANTBRÂN: *CB* 6, Pa sawl Sacrafen sydd? . . . Saith . . . sef, Bedydd, Cadernydd, Ewcharist neu Sacrament yr Allor; *Penyd*, Olew olaf neu Eneiniad or Claf; Urddau, Priodas. **1803** *P*, *penyd*, atonement; expiation; penance.

Amr.: **paenyd** [dan ddyl. Llad. *pæniteō*]. **1618** J. SALISBURY: *EH* 255, *Pænyd* y gelwir pob poen, a blinder a gymero dyn, er mwyn gwneuthur iawn i Dduw, am y drygæ, a wnaeth yn ei erbyn.

penyd[2] [?amr. ar *pelydr*[1,2]] *e?g.* ?Golau('r lleuad): *light* (*of moon*).

1691 T. JONES: *Alm* [7], Wrth *benyd* y lleuad ar ddeiol haul, Geill dyn Celfyddger [*sic*] wybod yr awr o'r nôs. **1698** *id.* [32], edrychwch (pan fo'r lleuad yn llewyrchu) pa lê a bŷdd ei *phenŷd* ar y Deiol Haul.

penydaf: penydu, gw. **penydiaf: penydio.**

penyd-ddyn [*penyd*[1] + *dyn*] *eg.* ll. *-ion.* Un sy'n gwneud penyd, un sy'n cyffesu ac yn gwneud y penyd a osodir gan offeiriad: *a penitent, one who confesses and does penance imposed by a priest.*

1346 *LlA* 93, y *penytdynyon* awnelynt eu penyt yn teilwg. *id.* 96, ogethinder y*penytdynyon* gwedwon. **1670** J. HUGHES: *AP* 54, yn edifeiriol gan y *Penydddyn* ddarfod iddo bechu yn erbyn Duw. *id.* 64, gwaeth . . . i'r Offeiriad gyhoeddi'r Gyffes, nac i'r *Penyd-ddyn* wneuthur y drygwaith. **1764** DEWI NANTBRÂN: *CB* 54, Bôd yn rhaid i'r *penyd-ddŷn* . . . amlygu 'i holl bechodau wrth gyfreithlon Offeiriad yr Eglwys. *id.* 56, Pechodau a Chyffes y *Penyd-dyn* [*sic*].

penydfa [*penyd*[1] + *-fa*, *ma*] *eb.* ll. *-oedd*, *-feydd.* Carchar, lle cosbi neu boenydio, arteithfa, arteithglwyd: *prison, penitentiary, place of punishment or torture, rack* (*instrument of torture*).

1604–7 *TW* (*Pen* 228), arteithfa, *penytfa*, a thynfa llynynnæ a chordenæ y beri rai gyfaddef d.g. *fidiculæ*. **17–18g.** O. GRUFFYDD: *Gw* 22, Mewn adfyd bo 'u *penydfa*, / Yn llefain a'u gwelleifia [am glipwyr arian bath]. **1778** *W* d.g. *penitentiary* [*the place where penance is enjoined*].

penydfan [*penyd*[1] + *man*[1]] *eg.b.* ll. *-nau.* Lle cosbi neu boenydio, poenydfa: *place of punishment or torment.*

1703 E. WYNNE: *BC* [3], [G]wlad y Dialedd / *Penydfan* pob Anwiredd. **1716** J. MORGAN: *MB* 20, [c]ael Golwg ar y *Penydfan* gresynol hwn [uffern]. **1791** GW. MECHAIN: *Gw* i. 274, Oer niwlog yw'r anialwch, / *Penydfan* y truan trwch.

penydfawr, gw. **penyd**[1] + **mawr.**

penydiaeth [*penyd*[1] + *-iaeth*] *eb.* ll. *-au.* Penyd (hefyd fel sacrament); cosb, poen, dioddefaint, artaith: *penance* (*also as sacrament*); *punishment, pain, suffering, torture.*

16–17g. *GST* i. 743, Dyn caeth *benydiaeth* dan boenedig glwyf / Drwy ofid ydwyf, darfodedig. **1604–7** *TW* (*Pen* 228) d.g. *pænitentia*. **1658** R. VAUGHAN: *PS* 404, Os rhoi di groen . . . ir gyllell . . . y Pair poeth neu i ba fath bynnac ar *bennydiaeth* arall. **1686** WJ: *TR* 42, er yr holl *Benydiatheu* [*sic*] yma. **1696** *CDD* 60, Yr ydŷm ni'n haeddol, o boenau tragwŷddol, / Uffernol bennodol *benŷdieth*. **17–18g.** *CRC* 71, Gwell immi farwolaeth, na chael hîr *benydieth*. **1725** *SR* d.g. *penance*. **1751** I. BRYDYDD HIR: *Gw* 76, Ba fywyd, Gwen, ba fyd gwaeth, / Ba annedwydd *benydiaeth*? **1799** M. WILLIAMS: *HHG* 74, bedydd, cadarnhad, cymmun, *penydiaeth*.

penydiaf: penydio [bf. o'r e. *penyd*[1]] *bg.a.* Gwneud penyd (am), edifarhau (am); gosod penyd ar, disgyblu, ceryddu, cosbi, poeni, poenydio, arteithio; dioddef: *to do penance* (*for*), *repent; impose penance upon, discipline, chastise, punish, pain, cause pain to, torment; suffer.*

13g. *LlI* 6, Ef a dele e dyllat e *penetyo* e brenhyn endunt e Garawys. **13g.** *A* 2. 16, ket elwynt e lanneu e *benydyaw*. **13g.** *B* x. 25, hi a varnws deleu or eneit emchuelut er corff val e gallei emlanhau gan *benydyav* e pechodeu ry wnathoed. *c.* **1300** *H* 16b. 15, *pennydywn* gwetwn yn yn gwetdawd (Einion ap Gwalchmai). **1346** *LlA* 48, pwybynnac a annobeithyo orat yr yspryt glan. Ac ny *phenyttyo* (*et non poenitet*) hwnnw ysyd yn gwatwar amyr yspryt glan. *id.* 51, arei hynny aoedassant am *benydyaw* (*poenitere*) y pechodev. **14g.** *Bren Saes* 18, ef [Ethelwulf] a ymwnaeth ac ef [y Pab] hyt na *phenydit* dyn o'e deyrnas ef byth yn noeth nac a rwymmev heiern nac odieithyr y wlat ehwn. *c.* **1400** *R* 1157. 8–9, Gwae adycko tystolyaeth gam . . . onys*penyttya*. **15g.** BEDO AERDDREM, &c.: *Gw* 251, y fun am *penydiawdd* i / kyn addo famkan iddi. **1488–9** *BSM* 2, [m]yned yr diffaith i *benydio* i gorff. **1547** *WS*, *penytyaw*, peyne. **1588** 2 *Esd* v. 34, fy arennau a'm *penydiant* bob awr. **1672** J. LANGFORD: *HDdD* 32, na *phenydiwn* mo honon ein hunain a meddyliau trym-drist anobeithgar. **1737** *ML* i. xix, Yngharchar, mewn alar, yn wylo—bum / Beunydd yn *penydio*. **1790** W. RICHARDS: *LlA* 38, wedi bod yn hir yn *penydio* dan ddwylo gorthrymmus rhyw eglwysi protestanaidd. **1803** *P*.

Amr.: **penydu.** **13g.** *A* 3. 2. **1803** *P*.

penydiol [*penyd*[1] + *-iol*; dichon mai gwallau copïo am *peunydiawl* a welir yn yr enghrau. isod o *LlA*] *a.* Yn gwneud penyd, edifeiriol; yn datgan edifeirwch; yn dwyn neu'n dedfrydu cosb, cosbol, cystwyol,

ceryddol; poenus, dolurus, poenydiol, arteithiol; dioddefus: *penitent, repentant; penitential; penal, punitive, chastising, chastening; painful, grievous, tormenting; suffering.*
1346 *LlA* 31, pennydyawl ofuyn yssyd yny goualu rac ev daly. *id.* 47, yrei *penydyawl* a vadeuir drwy yr ireit hwnnw. *c.* **1400** *R* 1026. 1–2, Llewelyn agwrnerth aoedynt deuseint *benydyawl* yny trallwng ym powys. **16–17g.** *CRC* 44, pwy ydiw r vvn reiol / ar mab oedd *benydiol.* **1632** *D* d.g. *pœnitens.* **1655** R. JONES: *PC* 137, *penydiol* [:– edifeiriol]. **1670** J. HUGHES: *AP* 54, Pa Sawl peth sydd angenrheidiol i'r dyn *Penydiol* i dderbyn . . . Maddeuant. **1672** J. LANGFORD: *HDdD* 93, a fu farw'r Farwolaeth fwyaf *penydiol* a dirmygus. **1696** *CDD* 78, Yr ogof *benydiol,* i'r anedifeiriol, / Yw'r uffern dragwŷddol. **18g.** *Llr* C 24, 354, Amryw Afiachys *benydiawl* Glefydoedd. **1776** DEWI NANTBRÂN: *AN* 75, y Saith Psalm *Penydiol* [*sic*]. **1778** *W* d.g. *penal, penitential.* **1803** *P.*

penydiwr, penydwr [bôn y f. fl. + -(*i*)*wr*] *eg.* ll. *penydwyr.* Un sy'n gwneud penyd, edifeirwr, edifarhawr; un a boenydir, dioddefwr; un sy'n gosod penyd; poenydiwr, arteithiwr: *one who does penance, penitent, repenter; one who is tormented, sufferer; one who imposes penance; tormentor.*
13g. *B* ix. 338, ene oed e gvaet ar budred o vewn yn llithrav allan en angreifft e uot en wir *benydywr.* *c.* **1300** *H* 32a. 13, *Penydwr* pennaf y greuyt (Cynddelw). **1346** *LlA* 40, Beth adywedy di amy *penytwyr.* Ar gyoed na alw di wynt yn *benytwyr.* namyn yn watwarwyr am duw. **14g.** *GDG*³ 269, I geisio . . . / Maddeuaint . . . / Am ladd ei gwas dulas dig, / *Penydiwr* cul poenedig. *Dchr.* **15g.** *B* vii. 371, Pan dynessao y *penytywr* y dyuot y gyffessu. *id.* 377, govyn yn gyntaf yr *penytywr* . . . a gynhalyawd ef y ffyd iawn. **15–16g.** *TA* 493, Am hon yr wyf ym mhenyd, / . . . / *Penydiwr* heb hun ydwyf, / Poeni 'rioed heb hun yr wyf. **1604–7** *TW* (*Pen* 228), *penytiwr* d.g. *anachoreta.* **1611** R. SMYTH: *SG* 232, *penydiwr* ydifairiawl. **1630** *YDd* 53, dyna'r penyd vffernol, a'r *penydwyr* (*tormented companions*). **1776** DEWI NANTBRÂN: *AN* 260, yn wir *Benydŵr.* **1778** *W* d.g. *penitentiary* [*an enjoiner, also a doer of penance*], *tormentor or tormenter.* **1803** *P.*

penydlyfr [*penyd*¹ + *llyfr*¹] *eg.* ll. *-au.* Llyfr sy'n cynnwys canonau eglwysig ynglŷn â phenyd a phenydio: *penitential* (*book*).
1858.

penydwaith [*penyd*¹ + *gwaith*¹] *eg.* Penyd: *penance.*
c. **1400** *R* 1052. 3–5, Yna yt vyd prydyd heb pryder . . . o prifieith *penytweith* pader. **1764** DEWI NANTBRÂN: *CB* 8, Llwyr gyflawniad o'r *Penydwaith* a roddo'n Tâd ysprydol iw wneuthur.
Amr.: **paenydwaith** [*paenyd* + *gwaith*¹]. **1618** J. SALISBURY: *EH* 259, derbyn . . . y *pænyd-waith* a roddo'r Tâd enaid arno.

penydwasanaeth [*penyd*¹ + *gwasanaeth*] *eg.* Cosb o garchar ynghyd â llafur caled: *penal servitude.*
1881.

penydwr, gw. **penydiwr.**

pen-ynad [*pen*¹ + *ynad*] *eg.* Prif farnwr; Arglwydd Ganghellor; hefyd yn *ffig.*: *chief judge; Lord Chancellor; also fig.*
1771 *W, Pen-ynad* Prydain Fawr d.g. *chancellor, the lord chancellor.* **1790 (1791)** J. HARRIS: *Alm* 37, Lliaws nef . . . / . . . hwy a ganent; / Pan anwyd ein *Pen-ynad.* **18–19g.** *Llr* C 54, 251, Pilat yr hwn yw *penynad* y Llys.

penysgafn [*pen*¹ + *ysgafn*¹] *a.* A'r bendro arno, pensyfrdan, penfeddw; penchwiban, gwamal, anwadal, oriog: *dizzy, giddy, light-headed; hare-brained, flighty, fickle, changeable, inconstant.*
1604–7 *TW* (*Pen* 228) d.g. *vertiginosus.* **1657** RE: *CDd* 279–80, dyfod i brynnu gwîn . . . ac yn myned ymmaith yn *ben ysgafn.* **1699** T. JONES: *TP* 6, i ba lê i'th dywŷsir gan y fâth ddŷn *pen ysgafn* a hwn? **1701** J. OWEN: *YE* 13, gall Gwr fod yn *Benysgafn* trwy rinw[e]dd Dwfr, megis trwy rinwedd Diod. **1715** T. EVANS: *CCG* 40, y gwyryfon coeg feilch *pen-ysgafn.* **1724** S. WILLIAMS: *ADA* 160, prûdd, llesg a *phenysgafn.* **1725** *SR* d.g. *giddy.* **1733** T. EVANS: *PP* x, hawsach gan Ddynion o Bŵyll gredu, fod y Llangces yn *ben ysgafn.* **1770** *W* d.g. *brain, hair-brain'd, or hare-brain'd* [*wild, inconstant, rash*], *brain, shatter-, or shuttle-brain'd* [*fickle, inconstant*], *dizzy, light-headed.* **1784** P. WILLIAMS: *YC* 63, [c]oeg-ddynion ffol *pen-ysgafn.* **1803** *P* d.g. *penysgavyn.* Ar lafar yn gyff., *WVBD* 424.
Amr.: **penysgawn** [*pen*¹ + *ysgawn*]. *c.* **1730** *Taith C* 16. Ar lafar yn y ff. *penysgon* yn nwyrain Morg., 'Rai *penysgon* yw'r ddwy ferch, yn nuthur y pethach mwya' difeddwl', ac yng Nghered. 'teimlo'n *benysgon* reit'.

penysgafnaf: penysgafnu [bf. o'r a. bl.] *bg.a.* Bod neu fynd yn benysgafn, penfeddwi: *to be(come) giddy, dizzy, or light-headed.*
c. **1730** *Thos. Lloyd D* (LlGC) 191b, *penysgafnu,* to be giddy.

penysgafnder [*penysgafn* + *-der*] *eg.* Y bendro, pensyfrdandod, penddaredd, madrondod; penchwibandod: *giddiness, dizziness, vertigo, light-headedness; fickleness.*
1773 J. ROBERTS: *GY,* Madrondod, *Penysgafnder,* neu syndod. **1789** J. ROBERTS: *C* 2, Dolur Dannedd â'r llygaid, ac weithiau *Pen ysgafnder.* **1803** *P.*
Amr.: **penysgawnder** [*penysgawn* + *-der*]. Ar lafar yng ngogledd Cered. yn y ff. *pensgownder.*

penysgafndod [*penysgafn* + *-dod*] *eg.* Y bendro, penysgafnder, pensyfrdandod, penddaredd, madrondod; penchwibandod: *giddiness, dizziness, vertigo, light-headedness; fickleness.*
1759 J. EVANS: *PF* 98, Y mae'n attal . . . Byddardod, *Pen-yscafn-dod,*—Gout.

penysgafndra [*penysgafn* + *-dra*] *eg.* Y bendro, penysgafnder, pensyfrdandod, penddaredd, madrondod; penchwibandod: *giddiness, dizziness, vertigo, light-headedness; fickleness.*
20g.

penysgafnhau [*penysgafn* + *-hau*] *bg.* Mynd yn benysgafn: *to become giddy, dizzy, or light-headed.*
1820.

penysgawn, penysgawnder, gw. **penysgafn, penysgafnder.**

penysgefndid [*penysgafn* + *-did* (At.)] *eg.* Y bendro, penysgafnder, pensyfrdandod, penddaredd, madrondod; deliriwm, ynfydiad: *giddiness, dizziness, vertigo, light-headedness; delirium, a raving.*
1772 *W, pen-ysgewndi*[*d*] d.g. *delirium.*
Amr.: **penysgewndid** [*penysgawn* + *-did* (At.)]. **1772** *W* d.g. *delirium, a raving.* Ar lafar yn ne-ddwyrain Morg. yn y ff. *pensgewndid.*

penysgon, gw. **penysgafn.**

pen-ysgrifennwr, pen-sgrifennwr, pen-(y)sgrifennydd [*pen*¹ + (*y*)*sgrifennwr,* (*y*)*sgrifennydd*] *eg.* ll. -(*y*)*sgrifenwyr,* -(*y*)*sgrifenyddion.* (Prif) ysgrifennydd, clerc; prif ysgrifennwr, prif awdur: (*chief*) *secretary, chief scribe, clerk; chief writer, chief author.*
1620 *Jer* lii. 25, a *phen-scrifennydd* y llû, yr hwn a fyddei yn byddino pobl y wlâd. [**1740**] D. LLWYD: *YDD* 210, y mae ein gwyr Dysgedig ni wedi atteb holl *Ben sgryfennwyr* o'r faeth [*sic*] hynny [amddiffynwyr ymneilltuaeth] yn ofalus. **1775** E. GRIFFITHS: *GF* 302, *Pen-ysgrifenydd* y dref [Ephesus] (*Town Clerk*) . . . a dawelodd . . . y bobl. **1794** E. JONES: *CP* 141, [g]yrr gyfrif am dano i *ben-ysgrifenydd* y rhyfel [:– Secretary at War].

penysgwydd [*pen*¹ + *ysgwydd*] *eg.* (Arwyneb uchaf yr) ysgwydd, y rhan o ddilledyn sy'n gorchuddio'r cyfryw: (*upper surface of*) *shoulder, shoulder of garment.*
1939. Ar lafar yn y Gogledd.

pen-ystafellydd, pen-stafellydd [*pen*¹ + (*y*)*stafellydd*] *eg.* Prif was ystafell; *Beibl.* prif eunuch: (*lord*) *chamberlain;* (*bibl.*) *chief eunuch.*
1588 *Dan* i. 3, dywedodd y brenin wrth Asphenaz ei *ben-stafellu*[*dd*]. *id.* 7, A'r *pen-stafelludd* a osododd arnynt enwau. **1771** *W,* yr arglwydd *ben-ystafellydd* d.g. *the lord chamberlain.*

penystrempio [*pen*¹ + *ystrempio*] *bg.* Haldian, bwhwman: *to stagger, waver.*
1604–7 *TW* (*Pen* 228) d.g. *nuto, vacillo.*

penytewyn, gw. **pentewyn.**

pepermint, pepyrmint [bnth. S. *peppermint*] *eg.* Losinen ac arni flas mintys poethion, mint, botwm gwyn; (moddion yn cynnwys) olew mintys poethion: *peppermint* (*sweet*); (*medicine containing*) *peppermint oil.*
20g.
Amr.: **pypyrmint. 1816.**

pepreth, pepru, pepre, &c. [?cf. *peprwn, prepian*] *bg.* a hefyd gyda grym enwol. Gwag-siarad, baldorddi, clebran, trydar, siarad lol: *to chatter* (*idly*), *babble, prattle, chirp, talk nonsense.*
16g. *GGH* 334, Plaenswng i gwplau unsut, / *Pepre* o'i safn pob rhyw sut [i ofyn ceiliog bronfraith]. *Dchr.* **17g.** *J* 10, 126b, *pepreth,* nugæ. **1615** R. SMYTH: *GB* 73, yn dyscu i merched ddawnsio, *pepereth,* cymendod, dylyn compiniaeth. *id.* 132, pen vythont ifainc [plant] mae'nthwy yn chware, yn *pepreth* ag yn bloysci. **1632** *D, peppreth, peppru,* garrire, blaterare. **1688** *TJ, peppreth, peppru,* rhonsach, dwndrio: to babble or chat, to chirp as Birds. **1722** *Llst* 189, *peppreth,* (sub) m. tattle, chat. *id. peppreth, peppru,* to chatter, prattle. **1753** *TR, peppreth, peppru,* to . . . prate or talk idly. **1803** *P, pepru,* to prate, to chat, to babble.
Amr.: **pepraeth. 1803** *P, pepraeth,* s. m. chattering, babbling.

peprwn [?cf. *pepreth, prepian*] *eg.* Trydar, siarad gwag, baldordd: *chatter, empty talk, babble.*
Dchr. **14g.** *H* 90a. 5–6, yr pann wu elffin yghywrysSed waelgwn neus porthes *pepprwn* pell dyfryded (Phylip Brydydd). **1632** *D, pepprwn,* q. **1803** *P, peprwn,* s. m. chattering, babbling.

pepryn¹, gw. **papuryn.**

pepryn² [gair geir., sef bôn y f. fl. + *-yn*¹] *eg.* Baldorddwr, clebryn: *babbler, chatterbox.*
1722 *Llst* 189, *peppryn,* m. a babler, tatler.
Gw. hefyd **preblyn, prep.**

pepsin [bnth. S. *pepsin*] *eg.* Ensym mewn sudd gastrig sy'n hydrolu proteinau: *pepsin.*
1884.

peptid [bnth. S. *peptide*] *eg.* ll. *-au.* Unrhyw un o grŵp o sylweddau a ffurfir o ddau neu ragor o asidau amino wedi eu bondio'n gyfres: *peptide.*
20g.

peptig [cfdds. o'r S. *pept*(*ic*) + *-ig*²] *a.* Yn perthyn i dreuliad (bwyd), yn hyrwyddo treuliad (bwyd): *peptic.*
20g.

pepyrmint, gw. **pepermint.**

pêr¹ [?*pêr*² fel a.] *a.* ll. *-ion,* a hefyd gyda grym enwol. Dymunol ei flas, melys, peraidd, aeddfed, danteithiol; persawrus, peraroglus; persain; hyfryd, dymunol: *sweet*(*-tasting*), *mellow, delicious; sweet-smelling, fragrant; sweet-sounding; pleasant, agreeable.*
12g. *MA*² 236a. 26, Cwbl ddigabl barabl [diwyg.] *ber* araith (Seisyll Bryffwrch). **13g.** *C* 48. 4, Afallen peren *per* y chageu. *c.* **1300** *B* iv. 123, Avallen beren *beraf* y haeron. **14g.** *GDG*³ 81, Ba ryw ddim a fai *berach* / Plethiad no'i chwibaniad bach [i'r ceiliog bronfraith]? *Dchr.* **15g.** *GM* 4, A *pherach* ynt [barnau Duw] no mel a'e dileeu. **15g.** *LGC* 57, Mab wyd i Rosser, aer *pêr* heb hyn. **15g.** *Pen* 109, 5, A ffriflys arthur am win pur *per* (Lewys Glyn Cothi). **16g.** *GIBV* 1, Dy gussan bychan oedd *ber.* **1547** *WS, per,* swete. **1551** W. SALESBURY: *KLl* xxxvb, arogleu *perion. Diw.* **16g.** *WLB* 85, Afalau . . . oerach yw y rhai surion nar *perion.* **1688** *TJ, pêr* . . . mellow. **1725** D. LEWIS: *GB* 110, Arogl *Pêr* a Drewllyd. **1793** DAFYDD IONAWR: *CD* 43, D'wedais, rhybuddiais di'n *bêr,* / Nid unwaith, yn fwyn dyner. **1803** *P.* Ar lafar yn Arfon, 'porchell *pêr*' 'sucking pig', 'coedan fala *pêr*' 'apple-tree . . . as distinguished from crab-apple tree', *WVBD* 424.
Cfn.: **pêr arogl,** gw. *perarogl.* **p. aroglau,** gw. *peraroglau*¹. **p. arogledd,** gw. *perarogledd.* **p. arogliad,** gw. *perarogliad.* **p. arwynt,** gw. *perarwynt.* **p. ganiedydd:** *sweet singer, author of sweet songs, used esp. with ref. to William Wiliams, Pantycelyn* (*1717–91*). **1866.** Cf. **1588** *2 Sam* xxiii. 1, a pheraidd yng-haniadau Israel; **1588** *ib.* [p]eraidd ganiadudd [*sic*] Israel [am Ddafydd]; BEN BOWEN: *Williams Pantycelyn* (1900) [iii], Pantycelyn oedd meddyliwr mawr ei oes. . . . Y *Perganiedydd* fu yn eistedd ar lifeiriant y bywyd newydd ac yn estyn ei deyrnwialen ym mlaen i roi cyfeiriad iddo. **p. lesmair,** gw. *perlesmair.* **p. lewyg,** gw. *perlewyg.* **p. lysiau,** gw. *perlysiau.* **p. sawyr,** gw. *persawr.* **p. wirod,** gw. *perwirod.*

pêr² [bnth. Llad. *pira* 'gellyg'; cf. Crn.

Diw. *pêr*, *peran*, Llyd. C. *perenn*, Llyd. Diw. *per*; gw. hefyd *perbren*; dichon mai a. a welir yn rhai o'r enghrau. isod] *e.ll.* (un. g. *peran* (ll. *-au*), b. *peren* (ll. *-nau*, *-ni*), *peranen*) ll. dwbl *perod*. Gellyg, rhwning; ffrwythau melys; coed gellyg, *Pyrus communis*; coed sy'n dwyn ffrwythau melys; hefyd yn *ffig.*: *pears*; *sweet fruit*; *pear trees*; *sweet-fruit trees*; *also fig.*

13g. *C* 48. 4, Afallen *peren* per y chageu. *id.* 49. 15, Awallen *peren* atif in llanerch. **14g.** *T* 25. 13–14, *Per* goreu gormes ym plymlwyt maes. *c.* **1400** *R* 1274. 30, Avallen *beren* beth ath bores. **15g.** *LGCD* 63, O Siôn a'i feibion o Fawd / Y daw *pêr* yn goed parawd. **15g.** *LGC* 243, Ei davawd parawd, vegys *peren*, abl / A wnai bob parabl yn bupuren. **15g.** *GO* 45, Wyd oferen, anadl *beren*, / Wyllt a *geren*, wallt deg evrad [i ferch]. **15g.** *GGl*[2] 124, Ni bu orens, neu *beren*, / Na ffrwyth llysieuyn na phren. **15g.** GWILYM TEW: *Gw* 436, Mair yw'n seren, a'n hofferen, / Mair yw'n *peren*, himp i irion. **15g.** *HCLl* 95, Pren Gwent, a'r *peran* gantaw, / Sy ar geing dros Erging draw [i Siancyn Wynstwn]. *Diw.* **15g.** *Pen* 67, 17, Nyda na bara nev *beren* gyfan / . . . / nid aeth heb hiraeth ym penn (Hywel Dafi). **1547** *WS*, *peran* gellygen, a pere. **1632** *D*, *peren*, & *Peranen*, pirum. **1696** *CDD* 124, Aur, thus o'r *pêr* gore, mur eglur ei rogle. **1754** *ML* i. 320, Perllan comes from *peren* the word here [Cered.] for pears [*sic*]. **1762** *id.* ii. 437, Ai rhaid i chwi gael cathlog y *peranau* yn ôl? Dyma fi wedi eu copïo . . . yn ei ddechreu, ar afallenau yn ei ddiwedd. **18–19g.** *IMCY* 225, Nid prin y coed *pereni*. **1803** *P*, *pêr*, s. f. sweet fruit; pears; pear-trees. *id.* d.g. *peran*, *peranen*, *peren*. Ar lafar ym Morg., mewn rhannau o Arfon, ac yng Nghered. yn y ff. *peran*, *B* ii. 234, xiv. 280.

Amr.: **pêrs** [cf. S. *pears* (ll.)] (*e.ll.*; un. g. *persyn*, b. *persen*). **1793** J. HARRIS: *Alm* 6, pren *pêrs* ynghanol yr ardd. Ar lafar yn sir Ddinb. a Chered., *persyn*, *pêrs*, *B* xiv. 280, ac yn sir Benf. yn y ff. *persen*, *GDD* 222.

Cfn.: **peran**, &c., **Harri**: *pear used to make perry*. Ar lafar gynt yn Nantgarw, *B* xvi. 99. **p. Iefan**: *large yellow sweet pear with brown spots*. Ar lafar gynt yn Nantgarw, *B* xvi. 99. **p. Mari Harri**: *kind of orange-coloured pear*; *a tree bearing such fruit*. **1762** *ML* ii. 471, a pear called in Pembrokeshire *peran Mary Harry* (supposed to be the orange pear from beyond sea), got from a ship at Milford. *id.* 479, My grafts of *peran Mary Harry* come on in a surprising manner. **p. daglyd, p. dag(u)**: *choke-pear*. **1606** E. JAMES: *Hom* iii. 14–15, [b]od y grabyssyn, a'r *beren dagu*, yn edrych weithiau oddi allan mor goch ac mor ber a ffrwythau daionus da. **1771** *W*, *peranen dâg* d.g. *choke-pear*. **18–19g.** *Llr* C 2, 66, *per taglyd*, Bosbury, or choak pear, not good for eating but excellent for perry. **p. Telo**: *kind of winter pear*. Ar lafar gynt yn Nantgarw, *B* xvi. 99.

Gw. hefyd **pŷr**[2].

peradwys, gw. **paradwys.**

peradyl [?*pêr*[1] + elf. anh.] *e?g.* *Bot.* Enw ar amryw blanhigion o'r tylwyth *Leontodon* ac iddynt flodau tebyg i rai dant y llew, yn enw. *L. taraxacoides*: *hawkbit* (*in bot.*).

1813 *WB* 74, Hedypnois; Hawkbit; *Peradyl.*

Cfn.: **peradyl garw**: *rough hawkbit*, *Leontodon hispidus*. **1813** *WB* 74. **p. yr hydref**: *autumnal hawkbit*, *Leontodon autumnalis*. **20g.**

peraf: peri, gw. **paraf**[1]: **peri.**

perai [bnth. S. C. *pereye*] *eg.* Diod debyg i seidr a wneir o sudd gellyg, gellygwin: *perry*.

15g. *Cy* xxiii. 526, Prynwyd im *perai* nid oedd, / Win a bir yn aberoedd (Robert Leiaf). **15g.** *GO* 183, *Perai* a gwin pêr i gant [i Thomas ap Dafydd Pennant, Abad Dinas Basing]. **15g.** *HCLl* 138, Gorau merch dan gaerau Mai, / A pharabl gwin a *pherai*. **15–16g.** LLAWDDEN, &c.: *Gw* 204, Afal Rhoser fal *perrai*. **1545** *CM* 1, 14, diodudd o ffrwythav gwyrdd megys gwin seidyr *per/e*. **1547** *WS*, *perre* diot o sucperan, perre.

peraidd [*pêr*[1] + *-aidd*] *a.* Melys(aidd), pêr, danteithiol, aeddfed; persawrus, peraroglus; persain; hyfryd, dymunol: (*rather*) *sweet*(*-tasting*), *delicious*, *mellow*; *sweet-smelling*, *fragrant*; *sweet-sounding*; *pleasant*, *agreeable*.

c. **1400** *R* 1377. 22, doeth babyl parabyl *pereid*. **15g.** *GGl*[2] 262, Bwrw ydd wyf, *beraidd* ofeg, / Breuglod hir i'r briglwyd teg. **15g.** *DE* 71, gwevys *beraidd*. **16g.** *GILlV* 16, Bardd a gerdd *bereiddia* gair. *c.* **1585** G. ROBERT: *DC* 56a, Pei baem yn gweled tegwch a llywenydd vn or Saint . . . fe fydde hynny yn *bereiddiach* ag yn felyssach na r holl hyfrydwch . . . yny byd yma. *id.* 61b, fe glowei yderyn yn canu n *beraidd* ymrig pren. **1588** 2 *Sam* xxiii. 1, a *pheraidd* ynghaniadau Israel (**1620** *ib.* [*p*]*eraidd* ganiadudd Israel) [am Ddafydd]. **1588** 2 *Br* ii. cs., yn gwneuthur y dwfr yn *beraidd*. **1588** *Esr* vi. 10, offrymmant aroglau *peraidd* i Dduw. **1632** *D*, *peraidd*, dulcis. **1632** J. DAVIES: *LlR* 5, a gwneuthur y pethau hynny yn flasus ac yn *beraidd*, y rhai'r oeddym ni o'r blaen yn eu clywed yn chwerwon ac yn ddiflas. **1675** R. JONES: *HCh* 75, bydd dy gwsg yn *bereiddiach*. **1688** *TJ*, *peraidd*: sweet, mellow. **1701** E. WYNNE: *RBS* 54, er tecced a *phereiddied* ei wynebpryd. **1716–18** *Llsgr R. Morris* 115, mae yma basda o aelod march / . . . / mae hi yn *beredd* gwn i bod / mae yr llygod gwedi phrofi. **1803** *P*, *peraidd*, somewhat delicious; sweetish; sweet; pleasant.

Gw. hefyd **pereiddion.**

peraj, gw. **perej.**

peran, peranen, gw. **pêr**[2].

perareithus [*pêr*[1] + *areithus*] *a.* Persain (am leferydd), areithyddol, rhethregol: *sweet-sounding* (*of speech*), *euphonious*, *oratorical*, *rhetorical*.

1670 J. HUGHES: *AP* [ii], [c]yfieithais y cwbl mewn geiriau ac adroddion plaen, syml . . . fel nad oes i neb ddisgwyl cael ymma . . . Adroddion *perareithus*. **1684** H. OWEN: *DC* 81–2, bydd mwy prîs am weithredoedd Sanctaidd, nac am . . . dêg ymsiarad a geiriau *perareithus*. *c.* **1730** *Thos. Lloyd D* (LlGC) 191b, *perareithus*, oratorius, rhetoricus.

perarogl, pêr arogl [*pêr*[1] + *arogl*] *eg.* ll. *-au*, *-ion*, a hefyd fel *a.* Sawr neu aroglau peraidd, persawredd; sylwedd persawrus, persawr, arogldarth, sbeis; hefyd yn *ffig.*: *sweet smell*, *scent*, *or odour*, *aroma*, *fragrance*; *sweet-scented substance*, *perfume*, *aromatic*, *incense*, *spice*; *also fig.*

1567 *TN* 265b, ydd ym ni y Dduw yn *ber* arwynt [:– *arogl*]. **1588** 2 *Br* xx. 13, yr arian, a'r aur, a'r *pêr aroglau*. **1588** 2 *Cr* xvi. 14, rhoddasant ef i orwedd mewn gwely'r hwn a lanwase efe a *phêr aroglau* o amryw rywogaethau. **1588** *Can* viii. 14, bydd debyg i iwrch neu lwdn hydd ar fynyddoedd y *pêr-arogl*. **1588** *Eseia* iii. 24, A bydd yn lle *per-arogl* ddrewi. **1606** E. JAMES: *Hom* ii. 216, ni all na'th *beraroglau* na'th darthau di na chuddio na gorchfygu dy anifeiliaidddra di. **1632** *D* d.g. *fragrantia*, *myropola*, *odores*. **1701** E. WYNNE: *RBS* [ix], *pêr-aroglau* cryfion. **1722** *Llst* 189, *per-arogl* . . . m. perfume. *c.* **1730** *Taith C* 10, yr oedd e'n sawri fel y *perarogl* gorau. *c.* **1730** *Thos. Lloyd D* (LlGC) 191b, *perarogl* . . . incensum. **1733** T. EVANS: *PP* vi, y peth sydd *ber-arogl* mewn un Jaith, a ddrewa . . . wrth ei gyfieithu . . . i Jaith arall. **1753** *TR*, *perarogl*, sweet savour, perfume. Pl. *Peraroglau*. **1770** R. JONES: *YC* 5, *per arogl* eich duwioldeb. **1803** *P* d.g. *perarogyl*.

Fel *a.* Persawrus, peraroglus, aroglber, pêr: *sweet-scented*, *sweet-smelling*, *fragrant*, *aromatic*.

1632 *D*, pellen *berarogl* d.g. *diapasma*. **1770** P. WILLIAMS: *BS*, *Nu* xxiv, fel prennau *perarogl* a ffrwythlon. **1770** *W* d.g. *aromatic*, *or aromatical*. **1773** G. RHYSIART: *MACP* 24, [y] ffrwyth-goed a'r blodau *pêr-arogl*. **1778** *W*, *per-arogl*, *pêr* ei *arogl* d.g. *odoriferous*.

Gw. hefyd **peraroglau**[1].

peraroglaf: perarogli, -u [bf. o'r e. *perarogl*] *bg.a.* (Peri i (rywbeth)) sawru neu arogli'n beraidd, persawru; pereneinio; hefyd yn *ffig.*: *to* (*cause to*) *smell sweetly*, *be fragrant*, *perfume*; *embalm*; *also fig.*

1588 *Gen* l. 2, Gorchymynnodd Joseph hefyd iw weision y meddygon *bêr arogli* ei dâd ef. **1588** *Can* iii. 6, wedi ei *phêr aroglu* â Myrh, ac â thus. *Dchr.* **17g.** *J* 10, 123b, *perarogli*, suffio. **1653** R. JONES: *TTN* 26, llwyddiais, ffynnais *peraroglais*. **1672** R. PRICHARD: *Gw* 551, Pâr ir Pomgranadau . . . / . . . / *Bêr-aroglu* â'th ddaioni. **1677** R. JONES: *BB* 148, chwedi eu *Pêr-arogli* drwy arogldarth ei haeddedigaethau ef. **1716** T. EVANS: *DPO* [7], [*p*]*er-arogli* Heresi trwy ddywedyd Tangneddyf lle nad oedd dim. *id.* 276, yn *per-arogli* eich dillad. **1770** *W* d.g. *to aromatize*, *to embalm*, *to perfume*. **1790** T. JONES: *TOS* 208, gan *berarogli* y llwch a'i gorph ei hun. **1803** *P*.

Gw. hefyd **peraroglеuaf: perarogleuo.**

peraroglaidd [*perarogl* + *-aidd*] *a.* Persawrus, peraroglus, aroglber, pêr, sbeislyd, hefyd yn *ffig.*: *sweet-scented*, *sweet-smelling*, *fragrant*, *aromatic*, *spicy*, *also fig.*

1588 *Can* vi. 1, i'r *pêr aroglaidd* welau gerddi. **1662** E. WYNN: *TY* 86, llysieuyn *pêr-aroglaidd*. **1677** C. EDWARDS: *FfDd* 377–8, a'u henwau fydda[i] mor *beraroglaidd* ac ennaint tywalltedig. **1759** *PYAG* 29, [y] Pomgranadau *Perarogleidd*. *c.* **1762–79** W. WILLIAMS: *P* 152, amryw goed *peraroglaidd*. **1798** *WR* d.g. *aromatic*. **1799** *TY* 10, [c]ael y wisg *bêr-aroglaidd* hon yn eu lle. **1803** *P*.

peraroglau[1], **pêr aroglau**[1] [*pêr*[1] + *aroglau*] *eg.* ll. *perarogleuon*. Persawr, arogldarth, hefyd yn *ffig.*: *perfume*, *incense*, *also fig.*

1567 *TN* 80b, y daeth o ran iddaw vwgdarthy-y-*peraroglae*. **1588** *Tob* vi. 16, cymmer farwydos y *per-aroglau*. **1701** E. WYNNE: *RBS* 25, Y Deml yw calon dyn â [*sic*] Chrîst yw'r Archoffeiriad, sy'n mygdarthu o honi *bêr-arogleu* (*incense*) Gweddiau.

Gw. hefyd **perarogl.**

peraroglau[2], ff. l., gw. **perarogl.**

perarogledig [bôn y f. fl. + *-edig*] *a.bfl.* Wedi ei berarogli, wedi ei bersawru; wedi ei bereneinio; hefyd yn *ffig.*: *perfumed*, *scented*; *embalmed*; *also fig.*

1773 *W* d.g. *embalmed*, *perfumed*. *id.* corph marw *pêrarogledig* d.g. *mummy*. **1803** *P*.

perarogledd, pêr arogledd [*perarogl* + *-edd*[1]] *eg.* Aroglau peraidd, sawr dymunol, persawredd; sylwedd persawrus, peth persawrus; hefyd yn *ffig.*: *sweet smell or odour*, *aroma*, *scent*, *fragrance*; *sweet-scented substance*, *perfume*, *aromatic*; *also fig.*

1688 S. HUGHES: *TSP* 218, A'r Gweirglodydd têg eu gwêdd, / A *phêr arogledd* ganthynt. **1722** *Llst* 189, per-arogl, [*per-a*]*rogledd*, m. perfume. **1773** *W*, *pêr-arogledd* d.g. *fragrance*. **1803** *P*, *perarogledd* . . . fragrancy.

perarogleuaf: perarogleuo [bf. o'r e. *peraroglau*[1,2]] *bg.a.* Perarogli, persawru, arogldarthu; pereneinio; hefyd yn *ffig.*: *to* (*cause to*) *smell sweetly*, *be fragrant*, *perfume*, *burn incense*; *embalm*; *also fig.*

1912.

perarogleuydd [bôn y f. fl. + *-ydd*[3]] *eg.* Peraroglwr: *perfumer*.

1921.

perarogliad, pêr arogliad [bôn y f. *peraroglaf*: *perarogli* + *-iad*[1]] *eg.* Y weithred o berarogli neu bersawru; pereneiniad; hefyd yn *ffig.*: *a scenting*, *perfuming*; *embalmment*, *an embalming*; *also fig.*

1588 *Gen* l. 3, felly y cyflawnir dyddiau y *pêr arogliad*. **1651** SIÔN TREREDYN: *MDD* 276, *pêr-arogliad* enaid yn Ghrist. **1773** *W* d.g. *an embalming*. **1797** J. HARRIS: *Alm* 32, gwrthgiliad / Oddiwrth *berarogliad* yr eglwys. **1803** *P*.

peraroglog [*perarogl* + *-og*] *a.* Persawrus, peraroglus, aroglber, pêr, wedi ei berarogli: *sweet-scented*, *sweet-smelling*, *fragrant*, *aromatic*, *perfumed*.

1852.

peraroglus [*perarogl* + *-us*] *a.* Persawrus, aroglber, pêr, wedi ei berarogli, hefyd yn *ffig.*: *sweet-scented*, *sweet-smelling*, *fragrant*, *aromatic*, *perfumed*, *also fig.*

1693 *HC* 39, Dos ir gerddi hyfryd, a hel lysiau *peraroglus*. **1782** D. WILLIAM: *GMS* 4, Gwasgara'th ennaint *peraroglus*. **1798** *WR* d.g. *fragrant*. **1803** *P*.

peraroglwr, peraroglydd [*perarogl* + *-wr*, *-ydd*[3]] *eg.* ll. *-wyr*. Gwneuthurwr neu werthwr persawr; apothecari; pereneiniwr: *perfumer*; *apothecary*; *embalmer*.

c. **1730** *Thos. Lloyd D* (LlGC) 191b, *peraroglwr*, aromatarius. **1762** *CGC* 4, Robert Hughes . . . *Peraroglydd*. **1773** J. ROBERTS: *GY*, Apothicari, *Peraroglwr*. **1778** *W*, *pêr-aroglwr*, *peraroglydd* d.g. *perfumer*. **1803** *P* d.g. *peraroglwr*, *peraroglydd*.

perarwynt, pêr arwynt [*pêr*[1] + *arwynt*] *eg.* Persawr, perarogl, hefyd yn *ffig.*: *perfume*, *fragrance*, *also fig.*

1567 *TN* 265b, ydd ym ni y Dduw yn *ber arwynt* Christ. *id.* 297a, gwedy ym' dderbyn y gan Epaphroditus y petheu a ddaeth y wrthych, arogl *per-arwynt*, aberth gymeradwy a' thirion gan Dduw. **1595** *Egl Ph* 67, Yr ydym ni yn *berarwynt* Crist. *c.* **1730** *Thos. Lloyd D* (LlGC) 194a, *perarwynt* . . . fragrantia. **1803** *P*, *perarwynt*, s. m. a perfume.

perbren [*pêr*[1,2] + *pren*; H. Grn. *perbren*, gl. *pirus*] *eg.* Coeden gellyg, coeden afalau; coeden sy'n dwyn ffrwythau melys; hefyd yn *ffig.*: *pear tree*, *apple tree*; *sweet-fruit tree*; *also fig.*

14g. *GIG* 84, *Perbren* dawn, pair obry da, / Pôr gwyn, bagluryn Buga [i Syr Rosier Mortimer]. **15g.**

GGl[2] 262, O'u mab hirbraff mae *perbren* / Sy aur grair i Sir Gaer wen [i Wiliam Gruffudd ap Robin o Gochwillan]. **16g.** *GGH* 248, *Perbren* a phen hoff winwydd, / Perllan imp Rhiwallon wŷdd [marwnad Siôn Wynn ap Dafydd]. **16–17g.** T. R. ROBERTS: *EP* 297, pur breiniawg su *perbren* cerdd [John Philips yn cymodi rhwng Edmwnd Prys a Huw Machno]. **16–17g.** *GST* i. 32, Ai rhyfedd cael, rhyw fodd call, / O bren ir *berbren* arall [i Siôn Conwy o Fotryddan]. **1604–7** *TW* (*Pen* 228) d.g. *malus* (hefyd *D*). *c.* **1730** *Thos. Lloyd D* (LlGC) 191b, *perbren*, pirus. **1766** *Cylchg LlGC* (1943) (At.) 21, Aneurin awen arawd / *Perbren* gwyrdd winwydden gwawd. **1803** *P*, *perbren*, s. m. a pear-tree. **1813** *WB* 226, *Perbren*; (S.W.) Pyrus communis; Pear-tree.

perc[1] [bnth. S. C. *perk* 'perch'] *eg.* ll. *-au*.

(*a*) Gwialen sy'n gorffwys ar brennau fforchog, pren, &c., i adar orffwys arno, clwyd (adar), esgynbren, hefyd yn *ffig.*: *a rod resting on forks, perch, roost, also fig.*

15g. *IGE*[2] 231, Saethu fal gŵr o Sythwerc / Yn isel barsel dan *berc* (Ieuan ap Rhydderch). **15g.** *GGl*[2] 254, Y gosawg mae'n ei geisiaw / O'r *perc* a droes i'r parc draw. **15g.** *ID* 41, os ar *berk* nos hir i bydd / ar y bwn ir a beunydd. *ib.* nid a'n llaw dra fo grawys / ond ar *berk* i dyru i bwys [am osog]. **16g.** WILIAM CYNWAL: *Gw* (R. L. Jones) 81, Plas hynod, Powls i Wynedd. / Yn wir ni bu, cu rhag haint, / Wiwdeg gwmwd, dŷ cymaint; / . . / A mwyaf, glwysaf, gloywsyth, / Eurfodd *berc* ar a fydd byth. *c.* **1730** *Thos. Lloyd D* (LlGC) 194a, *perc*, a hawk's Perch. **1778** *W*, gweilging, trostan, vulgo *perc* d.g. *perch* [*any pole or rod resting on forks, &c.*]. **1803** *P*. Ar lafar gynt ym Morg., cf. *LlGC* 1171, 120, *perc*, perch, three pieces of stick . . . two of which are pushed into the ground . . . the other is put on top to stand on little forks . . . n'ido *perca* is a popular pastime with country lads.

(*b*) Mesur tir o amrywiol faint (fel rheol pum llath a hanner): *a varying land measure* (*usually of five and a half yards*), *perch, rod, pole.*

1722 *Llst* 189, *perc*, m.p. *percau*, a perch . . . 24 foot. **1722** S. RHYDDERCH: *Alm* [4–5], Y *Perc* (neu Lâth Tir) yma sydd o fesur Winchester yn cynnwys 16 Troedfedd a 6 Modfedd. **1747** *ML* i. 109, *perc* or perk is a common name in South Wales for a rod or perch which is here 13½ foot. *id.* 113, Pawl is not used anywhere for a measure, but *perc* is all over South Wales, and some parts of North Wales. **1775** M. WILLIAMS: *MC* 78, bod Saeri Maen yn gweithio wrth y *Perc*, yr hwn . . . sydd o amryw Faintiolaeth. *id.* 80, 32½ o *Bercau* (wrth 18 Troedfedd yn y *Perc*). *id.* 81, *Perc* yw 5½ Llathen (Statute). Ar lafar yng Nghered. a Morg., 'Wrth y *perc* odd e'n câl i dalu am blycu'r berth'.

Gw. hefyd **perts.**

perc[2] [bnth. S. *perk* 'perky'] *a.* Gwych, nodedig; cryno, twt: *excellent, remarkable; compact, trim.*

17g. *LlGC* 13215, 374, *perc*, egregius. **1707** *AB* 219c, *perc*, excellent, egregious. [S]. **1803** *P*, *perc*, compact, trim, perk.

perced, percaid [ansicr yw'r ystyr yn y dfn. llenyddol isod, a chynigir y diff. ar sail y geiriaduron yn unig] *eb.* ll. *percedau.* Rhwyd bysgota: *fishing-net.*

?**14g.** (**17g.**) *Pen* 49, 67, Pennaig hoyw ar ddwfr croyw cred / Pwrcas arweddawdr *perced* [i'r brithyll]. **15g.** *GGl*[2] 133, *Perced* i'r ieirll yw'r perc draw, / Plas Arthur, palis wrthaw. **15g.** *DE* 112, pilin rag drygin y drig / *perked* ddayled wddelig. **1604–7** *TW* (*Pen* 228), *perceit*, ne rwyt vwrw d.g. *reticulum*. *id.* rhwyt vechan ar wynep y dwr y ddala pyscot *perceit* d.g. *retejaculum* (At.). **1632** *D*, *perced*, quoddam rete. **1722** *Llst* 189, *perced*, f., a kind of net to fish with. **1726** S. RHYDDERCH: *Alm* [1], Araith neu Lythyr i ofyn Balleg-Rwyd, neu fel y gwelais ei galw Rhwyd *Berced* gynt mewn yscrifen arall. **1803** *P*, *perced*, s. f. pl. *-au* . . . a bow net. Cf. *AP* 40, [p]erkedrwyd glymogfasg.

perci, ff. l., gw. **parc.**

perclwyd [?*perc*[1] + *clwyd*; ansicr iawn yw'r ystyron a gynigir isod, gw. *GDG*[3] 530] *e?b.* ?Clwyd adar, esgynbren, cawell, hefyd yn *ffig.*: *perch, roost, cage, also fig.*

14g. *GDG*[3] 301, Mawr yw'r sercl yt o *berclwyd*, / Â bwa a llaw mor bell wyd [i'r ehedydd]. *Dchr.* **15g.** *IGE*[2] 199, Llydan sercl uwch *aberclwyd* [*sic*], / Llundain gwerin Owain wyd (Llywelyn ab y Moel).

percoladur [cfdds. o'r S. *percol*(*ator*) + *-adur*] *eg.* ll. *-on.* Math o bot coffi sy'n cylchredeg dŵr berw drwy'r ffa mâl: *percolator.*

20g.

percus [*perc*[2] + *-us*; ansicr yw'r unig engh. lenyddol] *a.* Dillyn, lluniaidd, gwych, cymen, taclus, twt: *elegant, smart, fine, tidy, spruce, trim.*

16g. WILIAM CYNWAL: *Gw* (G. P. Jones) 28, Peunes gain, ganolfain gu, / Pêr wych air, pur i'w charu; / Pen eurfrig loer, ddiddig lân, / *Percus* erw, fal parc sirian [i ferch]. **1604–7** *TW* (*Pen* 228), yn *bercys* d.g. *apparate*. *id.* *percys* d.g. *elegans*. **1632** *D*, *percus* d.g. *elegans*. **1707** *AB* 219c, *percys*, neat, elegant. **1722** *Llst* 189, *percus*, brave, gallant, dapper. **1773** *W* d.g. *elegant* [*neat, handsome, nice, delicate, &c.* . . .], *smug* [*spruce, trim*, &c.]. **1803** *P*, *percus*, tidy, smart, trim, perk. Cf. *AP* 40, [d]odrendlws berkuswaith.

percyn, gw. **parc.**

perchen [Crn. C. *perhen*, Llyd. C. *perchenn*] *eg.* ll. *-non, -ion, -noedd, perchain*, a hefyd fel *bg.a* a'i dilyn weithiau gan yr ardd. *ar.*

(*a*) Perchennog (eiddo, cynneddf arbennig, &c.); arglwydd; un a chanddo neu arno (e.e. glefyd): *owner; lord; one who has* (*e.g. an illness*).

13g. *LlI* 40, E gan *perchen* da a deleyr kemryt mach. **13g.** *C* 42. 8–9, Vy maurhidic nen. vy *perchen*. **13g.** *A* 11. 11–12, gwyduc neus amuc ae wayw ardullyat diwyllyat e *berchen*. **13g.** *MA*[2] 221a. 58, Gradd *berchen* ei barch am danaf (Dafydd Benfras). *c.* **1300** *H* 39a. 10–11, hud af yg kyntoryf yg kynhen am kert. am kynhelw om *perchen* [Cynddelw i Hywel ab Owain Gwynedd]. *id.* 50b. 15, un *perchen* parchus ar y deithi (Cynddelw). *id.* 108[2]a. 13, mab llywelyn hael hylwyt *berchen* (Llywarch ap Llywelyn). **14g.** *T* 42. 16, *perchen* nef allawr pwylluawr wofri. *c.* **1400** *R* 1157. 5, Gwae *perchen* tauawt. **15g.** *Pen* 109, 63, Yn barchus dan ei *berchenn*. / Yn bert yn uychan i benn [Lewys Glyn Cothi i ofyn am farch]. **1567** *TN* 96b, yr hwn oedd *perchen* [:– gantho, iddo] cythrael. **1588** *Lef* xiii. 33, a chaeed yr offeiriad ar *berchen* y ddu-frech. **1592** S. D. RHYS: *Inst* [xvi], lladdodd Cenfigen ei *pherchen*. **1632** *D*, *perchen* . . . possessor, rei alicujus dominus. **1721** *Llst* 111, sig. N3, eu prynu a'u gwerthu'n fynych, a newid *perchênon*. **1725** D. LEWIS: *GB* 9, Mai'r Arglwydd yw'n Creawdr a'n *Perchen*. **1784** M. WILLIAMS: *S* i. 249, yn distrywio llafur-waith y *perchenion* dros amryw flynyddau. **1803** *P*.

(*b*) Perchenogaeth, meddiant, rheolaeth, hawl: *ownership, possession, control, rule, right.*

16–17g. *Cer RC* 155, Y mae i'm *perchen* i ddigon / O wŷr i dyngu 'nudon. **1670** J. HUGHES: *AP* 315, ac na oddefaf i neb o'm *perchen* wneuthur dim byth yn erbyn dy anrhydedd di. **1681** R. PRICHARD: *Gw* 133, Gelli beido rhoi elusen, / Pan na byddoi [*sic*] yn dy *berchen*. **1706** *Cyf Cym* 29, pe bae'r holl fŷd yn aur, ac yn fy *mherchen* yw roi. **1715** G. LEWIS: *P* 13, rhoddi ir perchennog gymmaint o *berchen* yn y da. **1768** W. WILLIAMS: *HTS* 10, am ddifa'r cwbl *ymherchen* y gyrrwr tlawd hwnnw.

Fel *bf.* Perchenogi, meddu (ar): *to own.*

1790 T. JONES: *TOS* 229, yn *perchen* yr un ffydd ac a'ch derchafodd chwi. *id.* 281, ni ddichon neb arall *berchen* arni. **1795** JAC GLAN-Y-GORS: *SG* 16, os bydd ef yn *perchen* dysg a dawn. **1798** T. ROBERTS: *CG* 14, yn *perchen* ysbryd cenfigenus.

Cfn.: **perchen adain:** *winged creature, bird.* **1588** *Diar* i. 17, *perchen aden*. **1620** *Pr* x. 20, [p]*erchen aden* (**1588** *ib.* aderyn). **p. anadl:** *living creature.* **1567** *LlGG* (*Sall*) lxxxivb, Pop *perchen anhetl* [:– pop peth a anhetla]. **1588** *Jos* x. 40, [p]ob *perchên anadl*. **1722** *Llst* 190. **p. bwa:** *archer.* *c.* **1400** *YCM*[2] 66. **1588** *Gen* xxi. 20. *c.* **1730** *Thos. Lloyd D* (LlGC) 191b. **p. corun:** *tonsured person, monk.* *c.* **1400** *R* 1365. 31. **16g.** (*LlEG*) *Mos* 158, 520b. **p. enaid:** *living soul, human being, person.* **1588** *Jer* xliii. 6. **1606** E. JAMES: *Hom* i. 140. [**1783**] *W* d.g. *soul, endued . . . with a soul.* **p. llesiannol:** *beneficial owner.* **20g.** **p. march (meirch):** *horse owner; knight.* **13g.** *A* 18. 13, *perchen meirch*. **14g.** *YBH* 6b, *perchen march*. *id.* 9b, [p]*erchein meiryeh*. *c.* **1400** *R* 1388. 7–8. **p. tir(oedd):** *landowner, landlord.* **13g.** *LlI* 63, *perchen e tyr*. *a.* **1561** *B* vi. 45, *perchen tir*. **1718** (**1721**) S. THOMAS: *HB* 121, *Perchen tiroedd*. **1775** *W* d.g. *landlord*. **p. tŷ (tai):** *head of family, householder.* **15g.** *GO* 125, *perchen tŷ*. *id.* 305, *perchen tai*. **1588** *Barn* xix. 22, *perchen y tŷ*. *c.* **1730** *Thos. Lloyd D* (LlGC) 191b.

perchenedig [*perchen* + *-edig*] *a.* a hefyd fel *eg.* Wedi ei berchenogi, mewn meddiant (preifat); yr hyn a berchenogir: *possessed,* (*privately*) *owned; that which is possessed.*

p. **1584** G. ROBERT: *GC* [122], rhai [rhagenwau] a fyddant o flaen y *perchennedig*. *id.* [123], ar ol y *perchennedig*. *c.* **1730** *Thos. Lloyd D* (LlGC) 191b, llysau *Perchenedig*. Q69.

perchennog [*perchen* + *-og*, cf. Crn. C. *perhennek*] *eg.* (b. **perchenoges**) ll. *perchenogion*. Un sy'n dal (rhywbeth) yn eiddo iddo ei hun, perchen, meddiannwr; meistr, rheolwr: *owner, possessor, proprietor; master, ruler.*

13g. *LlI* 13, a henne eu dewys *perchennavc* y wled. **13g.** *HGK* 27, rhifwyt ysgrybyl pob *perchennawg* a'e anrheith. *Dchr.* **14g.** *H* 85b. 14, bu hiruryn *berchennawc* (Llywarch ap Llywelyn). **1346** *LlA* 34, os y*perchennogyon* ae karant [adeiladau] yn vwy no phebyllev tragywyd. **14g.** *GDG*[3] 216, Yn *berchennog*, barch uniawn, / Tŷ a gŵr, yn ddyn teg iawn. **15g.** *GGl*[2] 122, Poed hir y bo, rhagddo rhawg, / Bwrch i honno *berchennawg*. **1588** *Gen* xlvi. 32, *perchennogion* anifeiliaid. **1588** *Eseia* l. 3, Yr ŷch a edwyn ei feddiannudd, a'r assyn breseb ei *berchennog*. **1606** E. JAMES: *Hom* ii. 293, [y] gwragedd y rhai oeddynt *berchennogion* ar eu llawforwynion. **1615** R. SMYTH: *GB* 44, gadel i *berchenog* ne i feistr mewn perigl. **1618** J. SALISBURY: *EH* 25–6, eyn *perchennog*, a'n Harglwydd ni ydiw ef. **1632** *D*, perchen, & *Perchennog*, possessor, rei alicujus dominus. **1778** *W* d.g. *owner*. **1803** *P* d.g. *perchenawg*.

Cfn.: **perchennog absennol:** *absentee landlord.* **20g.** **p. preswyl:** *owner-occupier.* **20g.** **p. tir:** *landowner, landlord.* **13g.** *LlI* 63, *perchennavc* e *tyr*. *c.* **1400** *R* 1156. 28–9, gwae*perchennawc tir*. ny chynhalyo ywir. rac y traha.

perchennol [*perchen* + *-ol*] *eg.* a hefyd fel *a.* Perchennog; yn perchen: *owner; owning, possessing.*

16–17g. *HG* 132, ty di hevyd arglwydd ddüw, trwy obaith yw m herchenol [*sic*]. Ar lafar yn ne-ddwyrain Morg., 'Ma fa'n *berchennol* ar ddou dŷ'.

perchenogaeth [*perchennog* + *-aeth*] *eb.g.* ll. *-au*. Y cyflwr neu'r weithred o berchenogi peth, meddiant, meddiannaeth, mwyniant; peth a berchenogir, yr hyn sydd ar elw un, eiddo, cyfoeth, da; grym, awdurdod, hawl: *ownership, possession, a possessing, occupation, enjoyment; thing owned, a possession, property, wealth, chattels; power, authority, right.*

13g. *LlI* 78, ac nat aeth y ar e *perchennogaeth* a'e warchadu hyd hedyu. **1567** *LlGG* (*Sall*) 44a, Ef a roes hefyt y h'yscrublieit i'r cenllysc, a' ei *perchenogeth* i'r lluchet. **1567** *TN* 118b, cymer veddiant [:– awdurdot / *berchenogeth*] ar ddec dinas. *id.* 173b, wy werthesont ei *perchenogaethae* a' ei daoedd. *id.* 177a, [c]adw ymaith gyfran, o werth y *perchenogaeth* [:– tir]. *id.* 181b, ac ei ducesont y mewn y gyd ac Iesu i *berchenogaeth* y Cenetloedd. **1606** E. JAMES: *Hom* ii. 292, Yr oedd iddi deitul . . . a *pherchennogaeth* yn holl dda yr hwn a'i priodasai hi. **1620** *Ecclus* xxxvi. 25, Lle nid oes gae, yr anrheithir y *berchenogaeth*. **1632** *D*, *perchennogaeth*, proprietas, possessio. **1657** *MLl* ii. 42, [g]adel pob *perchenogaeth* fydol. **1672** J. LANGFORD: *HDdD* 344, [t]roi dim o honynt i'w *berchenogaeth* ei hûn heb gennad ei feistr. **1683** H. EVANS: *CTF* 28, Os llwyr gollaist . . . / Y *berchnogaeth* gynt oedd genyd. **1718** (**1721**) S. THOMAS: *HB* 152, eu rhoddi i'r Brenin, a'i gosod yn gwbl yn ei *Berchnogaeth* ef. **1743** G. JONES: *HWI* ii. 25, Oddi wrth *berchennogaeth* a meddiant Satan. **1773** *W* d.g. *enjoyment* [*possession, fruition, use, pleasure*], *ownership, possession* [*the having in one's hands or power*]. **1803** *P*, *perchenogaeth*, s. m. ownership.

perchenogaf: perchenogi [bf. o'r e. *perchennog*] *bg.a.*

(*a*) Dal (peth) yn eiddo iddo ei hun, meddu (ar), mwynhau (defnydd neu feddiant), cymryd meddiant o, etifeddu; meddiannu (person) (am ysbryd, drygioni, &c.); bod ag awdurdod dros, rheoli: *to own, possess, enjoy* (*the use or possession of*), *take possession of, inherit; possess* (*of spirit, mischief, &c.*); *have authority over, rule.*

1488–9 *BSM* 30–1, os *perchenogi* y korff yr ydych chwi wrth vraint y vynachloc. [**1547**] W. SALESBURY: *OSP* [iv], *perchenogy* llyfreu . . . o iaith Gamberaec. **1567** *TN* 17b, Ef yn cymporth y dyn a *berchenogid* gan gythrael. *id.* 71a, *perchenogodd* y saith y hi yn wraic. **1588** *Diar* xi. 29, Y neb a flino ei dŷ ei hun a *berchennoga*'r gwynt. **1588** *Eseia* xxvi. 13, meistred eraill heb dy law di a'n *perchennogasant* ni. **1588** *Jud* xv. 8, meibion Israel . . . a *berchennogasant* y gweddill. **1609** R. SMYTH: *CAC* 62, [c]ymeryd a *pherchnogi* yn anghyfreithlon ddaf un arall. **1632** *D*, *perchennogi*, possidere. **1632** J. DAVIES: *LlR* 110, [b]od . . . [p]lesser a difyrrwch y byd, yn *perchennogi* llawer o ddynion. **1672** J. LANGFORD: *HDdD* 436–7, y rhai 'r wyti [Duw] yn ei *perchennogi* ac yn gofalu trostynt. **17g.** HUW MORUS: *EC* ii. 151, Gwae'r ch[w]annog a *berchenogo*, / Ar beth nad yw ei eiddo. **1716** T. EVANS: *DPO* 38, Ond nid oedd yr yspryd anhydyn hwnnw yn *perchennogi* pawb. **1724** T. WILLIAM: *OL* 24, y rhai a *Berchenogodd* Dir Prydain. *c.* **1762–79** W. WILLIAMS: *P* 559, ysbryd hyfryd tangnefeddus . . . oedd yn *perchennogi* y rhai'n. **1773** *W* d.g. *to enjoy* [*have, or obtain possession of*], *to have, to own* [*be owner of*], *to possess.* **1803** *P.*

(*b*) Arddel, hawlio, honni: *to acknowledge, own, claim.*

1659 *GIA* 109, Nac yr ûn [rheswm] a lefesi di ei *berchenogi* ai ddadlau gar bron brawdle Duw. **1683** J. JONES: *TG* 42, yr ymadroddion yn yscrythyrau 'r Gwirionedd, y rhai yr ym ni y rhai elwir Cwacers yn *perchenogi* eu bod yn Gywir draethawd or eiddo Gwyr Sanctaidd duw.

perchenoges, gw. **perchennog.**

perchenogol [*perchennog*+-*ol*] *a.* Yn eiddo (i rywun), ym meddiant rhywun, wedi ei feddiannu; yn perchen; *Gram.* yn dynodi meddiant, genidol; ?yn perthyn (i): *belonging (to someone), in one's possession, possessed; owning, possessing; possessive, genitive (in gram.);* ?*pertaining (to).*

c. **1400** *CHDd*[2] 128, dyn arall yn y diuedyannu o'e da *perchenogawl.* **1567** G. ROBERT: *GC* 52, i, y rhaghen[w] banyw *perchnogawl.* *p.* **1584** *id.* [121], mae eraill [rhagenwau] yn *berchnogawl* oblygid i bod yn arwy[dd]hau perchnogeth, ne feddiant mewn peth. **1691** T. WILLIAMS: *YB* 286–7, yr helyntion mwyaf *perchennogol* a' pherthynasol i'ni ein hunain. *id.* 317, gwneud yr Israeliaid yn bobl neilltuol, *be*[*r*]*chennogol* i Dduw. **1728** T. BADDY: *DDG* 2, deuant drachefn i dderbyn eu Cywion . . . o ddamwain byddai ddau cant o ddynion i fod yn *berchenogol* o un ffyrnaid. *c.* **1762–79** W. WILLIAMS: *P* 153, pentrefydd, cestyll, gweithdai, a lleoedd *perchennogol* yn nheyrnas y Mogul. **1803** *P, perchenogawl,* possessive.

perchenogrwydd [*perchennog*+-*rwydd*] *eg.* Perchenogaeth, meddiant; nwyd am feddiannu, caffaeledd: *ownership, possession; acquisitiveness.*

15g. *AL* ii. 218, a gwybot y eni ym*perchenocrwydd* y gwr aihenwi. **1691** T. WILLIAMS: *YB* 7, *perchennogrwydd* a' siccr feddiant.

perchenogwr, perchenogydd [bôn y f. fl.+-*wr*, -*ydd*[3]] *eg.* ll. -*wyr*, -*yddion.* Perchennog, meddiannwr; rheolwr, meistr: *owner, possessor, proprietor; ruler, master.*

1658 R. VAUGHAN: *PS* 196, Vn Sanct neu wâs Duw sydd flaenawr a *pherchnogydd.* **1672** J. LANGFORD: *HDdD* 517, tydi yw'r Arglwydd a'r *Perchennogŵr,* cleimia dy feddiant. [**1703**] *YGDB* 18, [d]yn . . . yn *berchenogwr,* ac yn Arglŵydd ar hôll greaduriaid y byd. *c.* **1730** *Thos. Lloyd D* (LlGC) 191b, *perchenogwr,* proprietarius. **1732** J. JONES: *C* 20, Y Duw a'm gwnaeth yw fy *mherchennogydd* a'm llywodraethwr a'm barnwr mawr. **1803** *P, perchenogwr,* s. m. pl. *perchenogwyr,* a possessioner.

Cfn.: **perchenogwr (perchenogydd) tir(oedd):** *landowner, landlord.* **1847.**

perchentyaeth [*perchen tŷ*+-*aeth*] *eg.* Y cyflwr o fod yn berchen tŷ, statws (dyletswyddau, &c.) perchen tŷ (yn enw. o ran y gyfundrefn nawdd gan uchelwyr Cymru yn ystod yr Oesoedd Canol diweddar a'r canrifoedd dilynol), lletywriaeth, lletygarwch, croeso; perchenogaeth tŷ, deiliadaeth tŷ; hefyd yn *ffig.*: *the condition of being a householder, status (duties, &c.) of a householder (esp. with ref. to the system of patronage by the Welsh nobility in the later Middle Ages and the following centuries), hospitality, welcome; house-ownership, a householding; also fig.*

?**14g.** *AAST* (1983) 38, Beirdd a welais, bwrdd wely, / Ar faeth *perchentyaeth* tŷ [Llywarch Bentwrch i Ddafydd Fychan ap Dafydd Llwyd]. **15g.** *GHC* 9, Duw o nef yn rhoi dau nod / Arnun' ef a'i fun, fo aeth / At Duw a'i *berchentyaeth.* **15g.** *LGC* 235, Gwnaeth *perchentŷaeth* ein tir / Gwneuthuriad, ac ni thòrir, / Ei dŷ gwŷn. **15g.** *DN* 32, Pan ta y *perchen tyayth* / Ar i fwrdd lle'r wyf ar fayth? **15g.** *GO* 251, Yntŵy yw'r *perchentyaeth* / o avon Dren i Vôn draeth. **15g.** *GGl*[2] 221, Tad clod blaenau a brodir, / A thad *perchentyaeth* hir. **16g.** LEWYS MORGANNWG: *Gw* 587, tywyll yw *perchen tyaeth* / tad a lamp ty deilaw aeth. **16g.** *WLl* 60, A mam teiriaith o ieithoedd / A thad *perchentuaeth* oedd. **16–17g.** *GST* i. 139, Os *perchentyaeth,* maeth mil, / Os cadw addysg, di-eiddil. **1615** R. SMYTH: *GB* 47, i *perchentaeth* [*sic*] ai econnomiaeth ai 'mddygiaid yn llywaedraethu [*sic*] i . . . ardalau bychain [am anifeiliaid]. **1632** *D* d.g. *hospitalitas.* **1803** *P, perchentŷaeth,* s. m., possession of a house; the state of being a householder. Cf. *Ll* iv. (1925) 140–1, Bardd cronglwyd oedd [Dafydd Nanmor], a *pherchentyaeth* . . . Beth yw ystyr hyn oll, ei glod i foethusrwydd . . . i *berchentŷaeth* . . . a llawenydd cwmnïaeth? Rhan yw'r cwbl o'i gariad angerddol at wareiddiad sefydlog. Cf. ymhellach *CLC* 468, *Perchentyaeth,* hen egwyddor Gymreig a gofnodir yng Nghyfraith Hywel lle y cyplysir hawl meddiant â dyletswyddau'r perchennog tuag at ei deulu, ei fro, a'i genedl . . . Fe'i hadferwyd gan Saunders Lewis . . . yn y 'Llenor' yn 1925, pryd yr addaswyd ef i ddibenion crefyddol, gwleidyddol, economaidd ac athronyddol.

perchentyol [*perchenty*(*aeth*)+-*ol*] *a.* Yn perthyn i berchentyaeth (yn ôl dehongliad Saunders Lewis (1893–1985)): *pertaining to 'perchentyaeth' (as interpreted by Saunders Lewis).*
20g.

perchi, gw. **parchaf: perchi.**

perchnogaeth, perchnogaf: perchnogi, &c., gw. **perchenogaeth, perchenogaf: perchenogi,** &c.

perchus, perchyll, gw. **parchus, porchell.**

perdon [*pêr*[1]+*tôn*] *eb.* ll. -*au.* Alaw, cainc, tôn: *air, melody, tune.*
1770 *W* d.g. *an air* [*in music*].

perdoneg [*perdon*+-*eg*[1]] *eb.g.* ll. -*au.* Piano; harmoniwm: *piano; harmonium.*
1850.

perdonegydd [*perdoneg*+-*ydd*[3]] *eg.* Pianydd: *pianist.*
1892.

perdonol [*perdon*+-*ol*] *a.* Persain, soniarus, melodaidd: *sweet-sounding, euphonious, tuneful, melodious.*
1868.

perdonydd [*perdon*(*eg*)+-*ydd*[3]] *eg.* ll. *perdonwyr.* Pianydd: *pianist.*
1850.

perdys, gw. **berdys.**

peredig [*pêr*[1]+-*edig*] *a.* Peraidd, hyfryd: *sweet, pleasant.*

16g. (*LlEG*) *Mos* 158, 63a, nid ydiw I Sawyr Ef yn *beeredig.* **18g.** E. T. RHYS: *DA* 119, I seinio'n ddiddig gerdd *beredig* gardd Baradwys.

peregwyn, gw. **pwrcwin.**

pereidd-der [*peraidd*+-*der*] *eg.* Melyster, hyfrydwch: *sweetness, pleasantness.*
1873.

pereidd-dra [*peraidd*+-*dra*] *eg.* Melyster, hyfrydwch; persawredd; perseinedd, melodedd: *sweetness, pleasantness; fragrance; melodiousness, euphony.*

1567 *LlGG* 33a, yn aberth arogl *peraidd-dra* [:– melysdra] i Dduw. **1588** *Can* iv. 16, deued fy annwylyd . . . a bwyttaed ffrwyth ei *beraidd-dra* ei hun. **1615** R. SMYTH: *GB* 34, pen glywo y *peraiddra* sy'n diellu odd wrth yr Eos. **1632** *D* d.g. *dulcedo.* **1632** J. DAVIES: *LlR* 317, Aloes a phethau chwerwon eraill, a dymmherir . . . â digon o *bereidd-dra.* **1675** R. JONES: *HCh* 49, arogl ennaint Christ, *pêreidd-dra* yr hwn sy yn tynnu serchiadau eraill ar ei ôl. *c.* **1762–79** W. WILLIAMS: *P* 552, Yr oedd ynddo [Calfin] ryw *bereiddra* [*sic*] yn gymmysgedig â'i ddewrder. **1793** T. JONES: *SD* 44, Felly y mae'r afal sur, a'r ellygen galed . . . y neb a gymmero dammaid i'w brofi, fe farna yn hawdd rhwng chwerwder sur y naill, a *phereidd-dra* melus y llall.

pereiddflas [*peraidd*+*blas*] *a.* a hefyd fel *eg.* Melys, dymunol ei flas, hyfryd; blas melys neu hyfryd: *sweet(-tasting), pleasant; sweet or pleasant taste.*

1711 M. WILLIAMS: *LlLl* 48, a phob Pren . . . a berir i ddwyn ffrwyth da *pereiddflas.* **1721** J. P. PRYS: *DC* 93, A phur Gân *bereiddflâs.* **1736** S. RHYDDERCH: *Alm* [2], Troe'r Dwr yn W[in] *pereiddflas.* **1768** RISIART AP ROBERT: *CB* 382, [y] gogoneddus *bereiddflas* . . . hwnnw. **1780** *W,* mâth ar afal *pereiddflas* d.g. *pippin.*

pereiddfwyd [*peraidd*+*bwyd*] *eg.* ll. -*ydd.* Melysfwyd, danteithfwyd; cyffaith: *sweet food, delicacy; conserve, preserve.*

1776 *W,* mâth ar *bereiddfwyd* d.g. *maçaroon* [*a sort of sweet-meat*].

pereiddfwyn, gw. **peraidd+mwyn**[1].

pereiddgan [*peraidd*+*cân*[1]] *eb.* a hefyd fel *a.* Cân neu sain bersain neu swynol; persain, swynol: *melodious or charming (song or sound).*

1632 *D* d.g. *harmonia, melodia, musa. id.* dŷn melysgerdd, *pereiddgan* d.g. *melodes.* **1675** R. JONES: *HCh* [174], melyswawd, *pereiddgan.* **1681** S. HUGHES: *AC* 34, [c]lywed *pereidd-gân* dwy gloch fechan. **1696** *CDD* 51, Cŷd genwch *bereiddgan,* yn fwŷn-lan o fawl. [**1724**] G. WYNN: *YGD* 155, Cynghanedd neu *bereiddgân* y Nêf. **1790** T. JONES: *TOS* 291, [b]od yn un o'r côr nefolaidd hyn, a deall eu *pereidd-gân* yn well.

pereiddiad [bôn y f. ddil.+-*iad*[1]] *eg.* Y weithred o felysu; cadwadaeth; pereneiniad: *a sweetening; preservation; an embalming, embalmment.*

1560 WILIAM LLŶN: *Gw* (R. Stephens) 120, Perffeithiad treiddiad rhoddion—mwyneiddiad, / *Pereiddiad* gwreiddiad y gwyryddon. *c.* **1730** *Thos. Lloyd D* (LlGC) 192a, *pereiddiad,* preserving. **1800–2** W. RICHARDS: *PA* iii. 6, hi a eneiniodd fy nghorph . . . erbyn ei *bereiddiad* claddedigaethol. **1803** *P, pereiddiad,* s. m. a sweetening; dulcification.

pereiddiaf: pereiddio [bf. o'r a. *peraidd*] *bg.a.*

(*a*) Melysu, gwneud neu fynd yn beraidd, yn groyw, yn ffres, neu'n bersawrus; cadw (bwyd drwy halltu, piclo, berwi mewn siwgr, &c.), blasuso, sesno; pereneinio: *to sweeten, make or become sweet, fresh, or fragrant; preserve (food), season; embalm.*

1588 *Ecs* xv. 25, efe a fwrriodd hwnnw [pren] i'r dyfroedd, a'r dyfroedd a *bereiddiasant.* **1588** 2 *Br* iv. cs., Eliseus . . . Yn *pereiddio* y cawl. **1632** *D, pereiddio,* dulcare. Dulcescere. *id.* cyffeithio, *pereiddio,* blasuso d.g. *condio. id.* peri i beth arogli yn dêg, *pereiddio* arogl d.g. *odoro.* *c.* **1715–28** *PRB* 4, Cwrw wedi 'i *phereiddio* [*sic*] i'r Cylla. **1725** *SR* d.g. *confect, or preserve.* *c.* **1740** *LlM* [44], *pereiddiwch* a thymmerwch hwy [cywion], a rhowch ynghyd mewn Pastai. **1772** *W* d.g. *to conserve* [*preserve or candy fruit*], *to embalm, to season.* **1793** *Cylchg* 39–40, I'r diben i gadw afiechyd allan o'r tai, dylid eu gwynngalchu'n fynych . . . fal hyn y *pereiddiau* [*sic*] Mr. Howard ei 'stafell, wrth drafaelu lle byddai'r plâ. **1803** *P* d.g. *pereiddiaw.* Ar lafar yn Arfon yn yr ystyr 'rhoddi blas ar, sesno', 'Mae tipyn bach o siwgwr yn 'i *bereiddio* fo'n arw', 'Mae mwstart yn *pereiddio*'r tamad'.

(*b*) (enghrau. *ffig.*: *fig. exx.*).

15g. *CSTB* 9, Rhy luniaidd y'th *bereiddiwyd,* / Rho Duw gwyn, a rhy deg wyd! *c.* **1525** *TA* 726, Braidd, o gerdd, *bereiddio* gair, / Braidd, gwedi bardd y gadair [marwnad Tudur Aled gan Ruffudd ap Ieuan ap Llywelyn Fychan]. **1630** *YDd* 129–30, oni bydd dy galon . . . [g]wedi ei *phereiddio* ac arogldarth gweddi. Fe gais Satan ei llenwi â gofalon bydol. **1655** WL: *DP* 41, Teilyngu o honot sancteiddio fy mychedd, a *phereiddio* fy ni wedd [*sic*] i mi. **1658** R. VAUGHAN: *PS* 28, yr wyf yn dymuno berffeiddio [*sic*] a *phereiddio* arogl fyngweddiau. **1672** J. LANGFORD: *HDdD* 313, ei *pereiddio* [plant] . . . a Rhinwedd dda a Chrefydd. **1718** E. SAMUEL: *HDdD* (Gweddïau) 6, dy Drugaredd yn *pereiddio* ac yn lliniaru 'r blinderau. **1731** E. SAMUEL: *AE* 112, ar fod iddynt dymmheru a *phereiddio* eu Meddyliau ag jachus brîf-grediniaethau Crefydd. **1737** J. EINNON: *HR* 172, [y] Testyn hwn a *bereiddiodd* fynghalon ac a wnaeth i mi farnu nad oedd ei drugaredd wedi myned heibio yn gwbl. **1769** J. GRIFFITH: *A* 181–2, ysgafnhâu pob profedigaeth, a *phereiddio* pob croes. **1770** R. JONES: *YC* [5], arogl eich duwioldeb . . . yn *pereiddio*'r ardaloedd. **1772** D. ROWLAND: *TPEN* 56, mae un anghymmwynas yn eu suro, yn fwy na's gall mîl o gymmwynasau eu *pereiddio.*

pereiddiaith [*peraidd*+*iaith*] *eb.* a hefyd gyda grym ansoddeiriol. Lleferydd neu iaith bersain neu hyfryd: *sweet or euphonious speech or language.*

1632 *D* d.g. *suaviloquentia.* **18g.** *CC* 230, pwy rydd addysg *pereiddiaith* / pwy ond Sr Rys pensaer iaith. **1793** *Ll* xii. (1933) 140, I ebrwyddo'r *bereiddiaith* / Trewi dant dy freuant fraith [Thomas Jones i'r aderyn bronfraith].

pereiddiol [*peraidd*+-*iol*] *a.* Hyfryd, pleserus, dymunol; persain, soniarus, melodaidd: *delightful, pleasant, desirable; sweet-sounding, euphonious, tuneful, melodious.*

1609 *CRC* 61, i thrwyn main moddol ai geirie *pereiddiol* / . . . o farglwydd pwy nis kare. **17g.** E. MORRIS: *B* 19, Pa roddion *pereiddiol,* a ddisgwyl Duw Nefol. **1684** H. OWEN: *DC* 14, Rhaid ceisio'r gwirionedd yn y Scrythur Lân, ac nid ymadroddion *pereiddiol.* **1696** *CDD* 15, Dan ganu'n *bereiddiol* a daeth y llu nefol. **1759** *BC* 305, Mae Miwsig ar y meusydd, / *Pereiddiol* bob boreuddydd. **1803** *P* d.g. *pereiddiawl.*

pereiddion [*peraidd*+-*ion*[2]] *e.ll.* Sbeisys: *spices.*
1800 W. OWEN[-PUGHE]: *CP* 93, Dyly fod cydaid o *bereiddion* à elwir claws a mas yn y cywer.

pereiddiwch [*peraidd*+-*iwch*[1]] *eg.* Hyfrydwch, melyster; perseinedd, melodedd: *delight, sweetness; melodiousness, euphony.*
1830.

pereiddiwr [bôn y f. fl.+-*iwr*] *eg.* ll. *pereiddwyr.* Cyffeithiwr; person neu beth sy'n pereiddio, melysydd; pereneiniwr; hefyd yn *ffig.*: *confectioner; person or thing which makes fresh or fragant, sweetener; embalmer; also fig.*
1725 *SR*, *pereiddiwr* d.g. *confectioner.* **1773** J. ROBERTS: *GY*, Meddyg-on . . . *Pereiddiwyr* [*sic*] Cyrph meirw.

pereiddlon, pereiddlawn [*peraidd*+-*lon*, -*lawn*] *a.* Pêr, melys, hyfryd, dymunol; persain, soniarus, melodaidd: *sweet, pleasant, agreeable; sweet-sounding, euphonious, tuneful, melodious.*
17g. E. MORUS: *Gw* 52, Clywais, nid gwaglais gwiwgloch,—y borau / *Bereidd-lawn* blygaingloch. **1670** J. HUGHES: *AP* 308, O *bereiddlawn* forwyn Mair wenn. **1672** R. PRICHARD: *Gw* 73, Ond miwsic *pereiddlon*, gan sanctaidd Angelion. **1684** H. OWEN: *DC* 152, geiriau tra *pereiddlon.* **1725** T. BADDY: *CS* 4, Trwy ysprydoliaeth Dduwiol ddawn / *peraiddlawn* doeth a dibrin. **18g.** *W Ballads* 3, 2, Gan ddiolch yn *bereiddlon*, I'r cyfion dirion dad. **1767** E. THOMAS: *HR* 14, [rh]yw *beraiddlon* lawenydd.

pereiddrwydd [*peraidd*+-*rwydd*] *eg.* Melyster, hyfrydwch; melodedd, perseinedd: *sweetness, pleasantness; melodiousness, euphony.*
1545 *CM* 1, 546, [t]rwy *bereeiddrwydd* I sawyr wynt. *p.* **1584** G. ROBERT: *GC* [110], At aidd y bwrir, rwydd, mal: peraidd *pereiddrwydd.* **1632** *D* d.g. *suavitas.* **1725** *SR* d.g. *suavity.* **1789** H. JONES: *EN* 10, fel yr Iorddonen, sy'n gwaghau ei holl *bereiddrwydd* i lynn . . . o frwmstan. **1790** J. THOMAS: *DY* 8, a *phereiddrwydd* Cerddoriaeth. **1803** *P.*

pereiddsur [*peraidd*+*sur*] *a.* Sur a melys, surber: *sweet and sour.*
1794 *W*, aeron *pereidd-sur* d.g. *tamarinds.*

pereiddus [cfdds. o'r Llad. C. *periodus* dan ddyl. yr a. *peraidd*] *eg.* Atalnod llawn: *a full-stop.*
1608 *GP* 222, yna i gwybyddir dalld yr ymadrodd . . . yn beraidd. Am hynny, nyni a allwn alw y pwynt hwn '*pereiddus*', yr hwn a eilw y Groecwyr periodus . . . ac a nodir . . . val hynn '.'. A phan ddelych i'r nod hwnn, ti a ddyli orffowys peth i gymeryd dy anadl yn hwy noc i gorffennaist yn yr un o'r pwyntieu eraill, kanys hwnn a elwir y pwynt kyflawn.

pereirin [*pêr*[1]+*eirin*] *e.ll.* (un. b. -*en*). Eirin (duon), plwmwns; eirin sych: *plums; prunes.*
1604–7 *TW* (*Pen* 228), *pere*[*i*]*rinen* d.g. *prunum.* **1632** *D*, *per-eirinen* d.g. *prunum.* **1722** *Llst* 189, *pereirinen*, f. a plum. **1725** *SR* d.g. *a Prune.* **1780** *W* d.g. *plum, prune* [*a sort of plum*].

perej, *eg.* Cildwrn: *a tip, gratuity.*
Ar lafar ym Môn, "'Gest ti *berej* ginno fo" . . . am yr arian a roddai ffermwr i weision ar ddiwedd dyrnu', *ISF* 60, hefyd yn y ff. *peraj*, "'Faint o *beraj* gest ti ganddo?" sef y chwechyn neu'r sylltyn a gai'r gwas fferm gan gymydog o ffermwr am ei helpu', *Môn* (Gwanwyn 1954) 10, *LlLlM* 100.

peren, gw. **pêr**[2].

pereneiniad [bôn y f. ddil.+-*iad*[1]] *eg.* Y weithred o bereneinio (corff marw): *an embalming, embalmment.*
1852.

pereneiniaf: pereneinio [*pêr*[1]+*eneinio*] *ba.* Trwytho (corff marw) â sbeisys, hefyd yn *ffig.*: *to embalm, also fig.*
1732–3 J. OWEN: *GB* 44, felly a *berenneiniaf* eu Coffadwriaeth.

pereneiniedig [bôn y f. fl.+-*iedig*] *a.bfl.* Wedi ei bereneinio, hefyd yn *ffig.*: *embalmed, also fig.*
1818.

pereneiniol [bôn y f. fl.+-*iol*] *a.* Yn perthyn i bereneinio; persawrus: *pertaining to embalming; fragrant.*
1852.

pereneiniwr, pereneinydd [bôn y f. fl. +-*iwr*, -*ydd*[3]] *eg.* ll. *pereneinwyr, pereneinyddion.* Un sy'n pereneinio (corff marw): *embalmer.*
1852.

perer [gair geir., ffrwyth camddarllen *WS*, *perer inbren* [*sic*]] *eg.* Imp; impiwr: *graft; grafter.*
16g. WILIAM LLŶN: *Gw* (R. Stephens) (At.), *perer*, impren. *c.* **1588** *B* ii. 234, *perer*, imprenn. *Dchr.* **17g.** *J* 10, 123b, *perer*, impiwr.

pererin, perierin [*pererin* < *perierin*, bnth. Llad. **pergerīnus* < *peregrīnus*; cf. H. Grn. *pirgirin*, gl. *peregrinus*, Crn. C. *pryeryn*, Llyd. C. *pirchirin*, Llyd. Diw. *pirc'hirin*] *eg.* ll. *pererinion, pereriniaid, pererinod*, a hefyd gyda grym ansoddeiriol. Un sy'n teithio i gyrchfan gysegredig fel gweithred o ddefosiwn crefyddol, teithiwr, ymdeithydd, tramwywr, crwydryn, alltud, dieithryn, hefyd yn *ffig.*: *pilgrim, traveller, sojourner, wayfarer, wanderer, exile, stranger, also fig.*
13g. *A* 14. 5–6, luchdor y borfor *beryerin.* *ib.* 13–14, dygoglawd tonn bevyr *beryerin.* *c.* **1300** *H* 3b. 31, mi veilyr brydyt *beryerin* y bedyr (Meilyr Brydydd). *id.* 46a. 25, *Peryerin* yg gowur yg gouan uyg gwawd (Cynddelw). **14g.** *T* 32. 14–15, Achorwc gwytrin. arllaw *pererin.* **1346** *LlA* 168, pawb o dynyon gwlat arall. nyt amgen. gwesteion. A*phererinyon* aeruyll yn ynawster ni. **15g.** *LGC* 453, Chwevrawr a Ionawr, megys i Gynin, / I'r Brëyr arav yr wy' *bererin* [i Lewys ap Maredudd ap Ieuan Fychan]. *Diw.* **15g.** *Bren Saes* 148, y vlwydyn honno yd aeth *pererinion* o Gymre tu a Chaerussalem. *id.* 220, hwnnw [castell] a ynillodd y *pererinion* gan i ysgolio gwedy lladd llawer o'r Sarasiniaid. **1551** W. SALESBURY: *KLl* xxiva, y gladdy *pererinion* [:– alltududion [*sic*] ne ddieithreit]. *id.* xliia, A wyt ti yn vnic yn *pererin* [:– osb, dieithr, arallwlad, aliwn, estran] yn Caersalem. *Diw.* **16g.** *LBS* iv. 428, *pereriniaid* yn gwneüthyr gwrthiaü. **1620** *Heb* xi. 13, [c]yfaddef mai dieithriaid a *phererinion* oeddynt ar y ddaiar. **1632** *D*, *pererin*, peregrinator, peregrinus. **1688** S. HUGHES: *TSP* d.d., Taith Neu Siwrnai Y *Pererin.* **1688** *TJ*, *pererin*, dŷn dieithr ar ei swrneu [*sic*]: a Pilgrim. **1694** T. JONES: *Alm* [7], Y Blaned Mawrth . . . yn ei wrthrediad ac yn *bererin* hefŷd. **1699** T. JONES: *TP* 164, *Pererinod* tlodion . . . yn myned tua Seion. **1728** T. BADDY: *DDG* d.d., Ymdaith Dau *Bererin* o Loegr. **1738** *ML* i. 4, gwna dau neu dri o englynion i ddywedyd iddo mae *pererin* wyd yn Llundain, gwedi dyfod o Wynedd. **1757** *id.* ii. 5, y *pererin* offeiriad. **1772** W. WILLIAMS: *GIE* ii. 39, *Pererin* wyf mewn anial dir, / Yn crwydro yma a thraw. **1798** *WR* d.g. *sojourner.* **1803** *P.* Digwydd yn yr e. lle *Rhyd y Pererinion* yn Llanfihangel-y-Creuddyn, Cered.
Cfn.: **Pererin(ion) Dadau:** *Pilgrim Fathers.* **1858.**

pererinaf: pererino, pererina, gw. **pereriniaf: pererinio.**

pererinbren [gair geir., sef ?*pererin*+*pren*] *eg. Bot.* Pinwydden, *Pinus*: *pine(-tree).*
1547 *WS*, *perer inbren* [*sic*], a pynaple tree. *Dchr.* **17g.** *J* 10, 123b, *pererin-bren*, pinwydden. **1632** *D*, *pererinbren*, pinus. **1688** *TJ*, *pererinbren*: a Pine-tree. **1722** *Llst* 189, *pererin-brenn*, m. a pine-tree. **1803** *P.*

pererindaith [*pererin*+*taith*] *eb.* ll. -*deithiau.* Pererindod: *pilgrimage.*
1866.

pererindod [*pererin*+-*dod*, cf. Llyd. C. *pirchirindet*] *eg.b.* ll. -*au.*
(*a*) Taith i gyrchfan gysegredig fel gweithred o ddefosiwn crefyddol, taith (pererin), siwrnai, ymdaith, tramwy, crwydriad; cyrchfan pererinion neu deithwyr: *pilgrimage, peregrination, journey, sojourn, a wandering; place to which a pilgrimage or journey is made, destination.*
13g. *Cylchg LlGC* v. 62, cavssei e perygyl ar e *bererindaut.* **1346** *LlA* 40, ponyt aant wy y*bererindodev.* *id.* 44, da mynet ygarussalem. neu y*bererindaut* arall. **14g.** *Bren Saes* 80, aeth William . . . y *bererindaut* hyt yn Mynyw. **14g.** *BT* (*RB*) 244, ymhoelawd Lewys, vrenhin Ffrefnc, o'e *pererindawt*, wedy y vot hwe blyned yn ymlad a'r Saracinyeit. **14g.** *GIG* 46, *Pererindawd*, ffawd ffyddlawn, / Perwyl mor annwyl, mawr iawn [i lys Owain Glyndŵr]. *c.* **1400** *R* 1168. 23–4, kaer barchus barhaus barawt. A berit y *bererindawt.* *c.* **1400** *ZCP* xiii. 67, Gwelet ehetuan y nef, *pererindawt* neu symut y le arall a arwydockaa. *c.* **1400** *YSG* i. 27, a dechreuwyt *Pererindawt* y Greal? . . . dywedut y mi dy gyflwr a'th hynt yr pan dechreuawd y *Berendawt* honn. **1606** E. JAMES: *Hom* ii. 150, Ydyw dynion . . . yn rhedeg mewn *pererindod* i geisio'r vn fath lyfrau yn Rhufain, Compostella neu Jerusalem? *id.* 253, nad oedd ganthynt [patriarchau] arhosfa yn vn lle, ond mewn *pererindod* a chrwydrad parhaus. *Dchr.* **17g.** *J* 10, 123b, *pererindod* . . . ymdaith. **1632** *D* d.g. *peregrinatio.* **1688** *TJ*, *pererindod*, (trafel:) Pilgrimage. **1718 (1721)** S. THOMAS: *HB* 115, myned a'r [*sic*] *bererindod* i weled Delw rhyw Sanct. **1760** *ML* ii. 261, Llyma Mr. Herbert Jones, feddyg, wedi dychwelyd o'r Dwyreiniol India . . . ar ol saith mlynedd o *bererindod.* **1803** *P.*
(*b*) Bywyd (ysbrydol) o'i ystyried fel pererindod neu daith: (*spiritual*) *life considered as a pilgrimage or journey.*
1567 *TN* [xxxi], beth sy i ni yw wneuthyr tra fom mewn *pererintot* y byt hwn. **1588** 2 *Esd* viii. 38–9, nid ystyriaf weithredoedd y rhai a bechasant cyn marwolaeth . . . Ond llawenychaf am weithredoedd a myddyliau y rhai cyfiawn, a myddyliaf hefyd y *pererindod*, yr iechydwriaeth, ar [*sic*] gwobr a gânt. **1630** *YDd* 189, myned trwy *bererindod* y bywyd byrr hwn. *id.* 310, dylaswn i fod yn gwbl fodlon i'r cyfran a genniadhaoedd dy fawrhydi i mi yn y *pererindod* hwn. **1672** J. LANGFORD: *HDdD* 448, trwy'n *pererindod* daiarol hwn. **1696** *CDD* 196, Yn ôl hŷn o *bererindod*, / Er mwŷn Crist, dôd i ni gymmod. *id.* 303, Na ryfyged ormod; / Yn ei *bererindod* [:– Tramwŷ]. **1759** P. WILLIAMS: *MC* 13, O'u cydmaru a gwir gymmod, / Byrr y'w Dyddiau'n *Pererindod*: / Tragywyddol y'w'r trigfannau / Lle sychu oll ein dagrau. **1759** T. THOMAS: *WWDd* iii, Eglwys, ymhâ un y dechreuais i fy *mhererindod* crefyddol. **1764** DEWI NANTBRÂN: *CB* 90, *pererindod* y bywyd gofidus hwn. **1790** T. JONES: *TOS* 305, Os oes y fath drugareddau yn fy *mhererindod* a'm milwriaeth, beth a gâf yn fy nghartre a'm buddugoliaeth?
Amr.: **prindod** [drwy gyw., cf. *prindota*]. Ar lafar yn nwyrain Morg.

pererindodaf: pererindoda, pererindodi [bf. o'r e. bl.] *bg.* Pererindota, teithio, ymdeithio, siwrneio, hefyd yn *ffig.*: *to make a pilgrimage, travel, journey, also fig.*
1834.
Gw. hefyd **pererindotaf: pererindota.**

pererindodol [*pererindod*+-*ol*] *a.* Yn perthyn i bererindod neu daith, hefyd am y Tadau Pererin: *pertaining to a pilgrimage or journey, peregrinatory, also of the Pilgrim Fathers.*
1849.

pererindodwr [bôn y f. fl.+-*wr*] *eg.* ll. -*wyr.* Pererin, hefyd yn *ffig.*: *pilgrim, also fig.*
1870.
Gw. hefyd **pererindotwr.**

pererindotaf: pererindota [*pererindod*+-*ha* (At.)] *bg.a.* Mynd ar bererindod, teithio, ymdeithio, hefyd yn *ffig.*: *to go on a pilgrimage, travel, also fig.*
1455–6 *Llst* 28, 206, chwannoc vydd hi i *ber*/*erindota.* **1488–9** *BSM* 24, devai ddynion i *bererindotta* atto ef [Martin]. [**1547**] W. SALESBURY: *OSP* [vii], *Pererindotwch* yn droednoeth, at ras y Brenhin ae Gyncor i ddeisyf cael cennat y cael yr yscrythur lan yn ych iaith. **1632** *D* d.g. *peregrinor.* **1684** H. OWEN: *DC* 73, y neb a sancteiddier wrth *bererindotta* llawer. *id.* 303, i'r sawl sy'n *pererindotta* ar y ddaear. **1778** *W* d.g. *to peregrinate, pilgrimage, to go on pilgrimage.*
Amr.: **perindota** [drwy gyw., cf. *perina, perindotaeth, periniaeth*]. *c.* **1585** G. ROBERT: *DC* [vi]. **1615** R. SMYTH: *GB* 263, a chwedi iddo [r]o[d]io a *pherindota* llawer o weledydd [*sic*]. **1635** *Cylchg LlGC* iii. [69a]. **prindota** [drwy gyw., cf. *prindod*]. **16g.** *Pen* 86, 213.
Gw. hefyd **pererindodaf: pererindoda.**

pererindotwr [bôn y f. fl.+-*wr*] *eg.* ll. -*wyr.* Pererin, hefyd yn *ffig.*: *pilgrim, also fig.*
20g.
Amr.: **perindotwr** [bôn y f. *perindotaf*: *perindota*+-*wr*] **1618** J. SALISBURY: *EH* 108.
Gw. hefyd **pererindodwr.**

pererinfa [*pererin*+-*fa*, *ma*] *eb.* Cyrchfan pererinion; pererindod: *place of pilgrimage; pilgrimage.*
1897.

pereriniad [bôn y f. ddil.+-*iad*[1]] *eg.b.* ll. -*au.* Pererindod: *pilgrimage.*
1583 *LlGC* 716, 189a, at y *bereriniat* yma, ac at y *bereriniat* ackw. **1803** *P*, *pereriniad*, s. m. peregrination.

pereriniaeth [bôn y f. ddil.+-*iaeth*] *eb.g.*

(*a*) Pererindod, taith: *pilgrimage, journey*.
1691 T. WILLIAMS: *YB* 79, pan aeth ef [Abraham] allan i fyw oi wlad mewn *pereriniaeth* yngwlâd yr addewid. **1753** *TR*, pererindod, and *Pereriniaeth*, pilgrimage. **1760** *ML* ii. 151, oni ddof i *bereriniaeth* i Lundain etto. **1780** *W* d.g. *pilgrimage*. **1803** *P*, *pererin-iaeth*, s. m. a state of peregrination.

(*b*) Bywyd (ysbrydol) o'i ystyried fel pererindod neu daith: (*spiritual*) *life considered as a pilgrimage or journey*.
1611 R. SMYTH: *SG* 124, yn *periniaethni* tre fythom yn yr ynialwch a rhyfel y byd a'r bowyd yma. **1633** *Addysg i Farw* 52, Ein *pereriniaeth* drafaelfawr ymma a all yn iawn gynhyrfu. **1705** T. WILLIAMS: *PD* 20, holl ddyddiau ein trallodus *Bereriniaeth*. **1712** T. WILLIAMS: *CDdG* 206, holl flinderau . . . fy *mhererin-iaeth* yn y bŷd hwn.
Amr.: **periniaeth** [trwy gyw., cf. *perina*]. **1611** R. SMYTH: *SG* 124.

pereriniaf, pererinaf: pererin(i)o, pererina [bf. o'r e. *pererin*] *bg.a.* Pererindota, teithio, crwydro, hefyd yn *ffig.*: *to go on a pilgrimage, peregrinate, travel, wander, also fig.*
14g. *BT* (*RB*) 154, clybot a oruc ry vynet y brenhin i Vynyw y *bererinha* (*RB* ii. 328, *bererinaw*). **15g.** *Pen* 57, 35, Bwrw ar iawn *bererina* / y ddwyd ti addewid ta a [*sic*] [i'r llong]. **1592** S. D. RHYS: *Inst* 82, gwra a gwr, *pererina* a pererin. **1729** A. THOMAS: *LlB* 22, O's ŷmhwll Uffern boethaf Blâ / Y *pererina*'r Enaid. **1780** *W* d.g. *to pilgrim*. **1803** *P*, *pereriniaw*, to peregrinate.
Amr.: **perina** [drwy gyw., cf. *periniaeth*]. **16g.** *Cy* xxiii. 20, pan feio'r gwyr newydd arnoch am gadw amsere, y fynd i *berina*, megis ar ddydd gwenfrewi. **17g.** *RWM* ii. 989, I R. ap D. llwyd . . . penn aeth i Rvfain i *berina*.

pereriniol, pererinol [*pererin*+-(*i*)*ol*] *a.* Yn perthyn i bererin neu bererindod, nodweddiadol o bererin neu bererindod, tebyg i bererin, teithiol, crwydrol: *pertaining to or characteristic of a pilgrim or pilgrimage, like a pilgrim, peregrinatory, travelling, wandering.*
1833.

perfagl [*pêr*[1]+*magl*[1]] *eg.b. Bot.* Planhigyn bytholwyrdd glas ei flodau sy'n tyfu ar hyd y ddaear, llawrig, erllysg, *Vinca*: *periwinkle* (*plant*).
1547 *WS*, *perfagyl*. **1604–7** *TW* (*Pen* 228) d.g. *peruinca*. *Dchr.* **17g.** *J* 10, 124a, *pervagl*, chamædaphne, perwinkle, pervinca, vinca. **1632** *D* (*Bot*), *perfagl*, peruinca, chamædaphne. **1688** *TJ* (*Bot*), *perfagl*: Herb Periwinkle. **1734** S. RHYDDERCH: *Alm* [5], [yr] un faint o Wermod, o *Perfagl* [*sic*]. **1801** *MMf* 229, Cais y *perfagl*, rhai ai galwant yr erllysg. **1803** *P*, *per-vagyl*, s. f. the herb periwinkle.

perfainc, perfinc, perfinigl [bnth. S. C. *pervenk*(*e*), *pervink*(*e*) (neu'n uniongyrchol o'r H. Ffr.) a S. Diw. Cyn. *pervinkle*] *eg. Bot.* Perfagl, llawrig, erllysg, *Vinca*: *periwinkle* (*plant*).
14g. *ACL* i. 43, Pervenca. *pervinc*. *id.* 44, Teribuncula perveint [*sic*]. *c.* **1400** *Études* vii. 56, teribincula [*sic*], *perueyngk*. *Diw.* **16g.** *WLB* 37, Rhag y parlys mud a phob gwaew oer . . . garllec ar *pervinigl*.
Gw. hefyd **perwinclys.**

perfedd [?< **perfydd*, bnth. Llad. Diw. *permedius* (cf. *Mercher* < *Merchyr*); Crn. C. *aberveth*, 'yng nghanol', H. Lyd. *permed*] *eg.* (bach. *-yn*, *-iach*) ll. *-ion*, *-au*, *-i*, a hefyd fel *e.ll.*, fel *a.* (weithiau gyda grym enwol), a chyda grym adfl. yn yr ymad. *trwyddo* (*trwyddi*) *berfedd*, gw. d.g. *trwy*.

(*a*) Canol neu ganolbwynt (lle, gwrthrych, &c.), canolbarth, rhan neu ardal fewnol (gwlad, adeilad, &c.), yn enw. un a ystyrir yn anghysbell neu'n anhygyrch: *middle or centre* (*of place, object, &c.*), *heartland, interior or inner part* (*of country, building, &c.*), *esp. one considered remote or inaccessible*, '*depths*'.
12g. *LL* 272, ormain di*perued* lin igleiniou. **13g.** *Cylchg LlGC* iv. 77, Trwy y deudec mein a dynnwyt y'r tir o *berued* Eurdonen yd arwyddockeir y Deudec Pwnc yssyd yn y Gredo. **14g.** *T* 71. 1–2, arewinyaw gwyned. oe heithaf oe *pherued* oe dechreu oe diwed. **14g.** *GDG*[3] 167, Yn adeilad, brad brydferth, / Yn nhalgrychedd *perfedd* perth. **1547** *WS*, *perfedd* kanol, myddle. **1567** *TN* 1[1]5a, ef a ddeuth trwy genawl [:– *bervedd*] Samaria. *Diw.* **16g.** *WLB* 5, a chymer y rhisc perfedda a bwrw ymaith yr uchafion a ffria y *perfedd* gida hên floneg. **1593** W. MIDLETON: *B* 4, Ni chydwedda mewn *perfedd* braich yn enwedig, yn yr orphwysfa, sillaf i vnodli ar brifodl. **1632** *D*, *perfedd*, medium. **1763** *ML* ii. 548, Wawch! dyma Omer wedi dyfod a phetrificasiwns, etc., i mi o *berfedd* y Werddon. **1803** *P*, *pervedd*, s. m. pl. t. *ion*, the middle region, centre, or inward part. Ar lafar, 'Mae o'n byw ac yn gweithio ym *mherfeddion* Lloegr 'rŵan'; 'Ma fe wedi mynd i fyw i *berfeddion* shir Gâr rwle'; 'Ma'r pŵr-dabs fel gwahaddod, yn gweithio ym *mherfeddion* y Llyfrgell Genedlaethol'. Gw. hefyd y cfn. *ym mherfedd*.

(*b*) Canol (cyfnod o amser): *middle* (*of period of time*).
14g. *RC* xxxiii. 220, rywelet o honunt egylyon *beryued* [*sic*] y nos yn disgynu or nef. **1762** *ML* ii. 490, Drwg bod y fygfa yn eich helcyd *berfedd* yr haf fal hyn yna. Digwydd hefyd mewn ymad. fel *dan* (*tan*) *berfeddion, hyd b., yn b.* 'tan ganol nos, yn hwyr y nos', &c., e.e. 'ar 'i draed dan *berfeddion*', *WVBD* 426. Gw. hefyd y cfn. *perfedd dydd, p. nos*.

(*c*) Coludd(ion), ymysgaroedd; stumog, bol: *gut*(*s*), *intestine*(*s*), *entrail*(*s*), *bowel*(*s*); *stomach, belly*.
10g. (*Juv*) *VVB* 202, ilia *permed*interedou. *ib.* medullis o*permed*interedou. **1346** *LlA* 111, Athorri ycroen yamdanei [gast] asyrthaw yholl *perued* yrllawr. **14g.** *THSC* (1919–20) 128, llynn . . . yn yr honn ygolchit *peruedeu* anyueileit aoffrymyt yr temyl. *c.* **1400** *Études* vii. 332, Pwrpin: oer a gwlyb yw a da . . . y gadarnhau y kylla a *pherued* dyn. **1547** *WS*, *perfedd* coludd, bowell. **1588** *Esec* iii. 3, bwyda dy fol, a llanw dy *berfedd*. **1588** 2 *Mac* xiv. 46, efe . . . a dynnodd allan ei *berfedd*, ac ai cymmerth hwy yn ei ddwylo, ac ai taflodd ar y dyrfa. **1604–7** *TW* (*Pen* 228), *perueddyn* d.g. *intestinum*. *id.* *peruedd* dyn, ne aniual d.g. *interanea*. **1632** *D*, *perfedd* . . . intestina. **1701** E. WYNNE: *RBS* 23, ni lŷn wrtho Ef [Duw] mwy nac o fudreddi'r *perfeddion* (*bowels*) wrth yr Enaid. **1703** E. WYNNE: *BC* 127, dyna gymmysc a bair i fîl o Ddiawliaid chwydu eu *perfeddeu* allan. **1771** *PDPh* 34, a'r fath boen a phe byddai'r holl *berfedd* yn disgyn o'u lle. **1803** *P*, *pervedd*, s. m. pl. t. *ion* . . . It is also used as a plural noun: the entrails, the bowels. *id.*, *perveddiach*, s. pl. dim. intestines. Ar lafar yn gyff., e.e. yn Arfon, ''Gest ti lond dy hen *berfedd*?'. Ar lafar yn sir Benf. clywir y ll. *perfeddiwn*, *GDD* 222, ac ym Morg. y ll. *perfeddi*.

(*d*) (enghrau. *tros.* a *ffig.*: *transf. and fig. exx.*).
c. **1300** *H* 25a. 10, geir syberw a berw yny *beruet* (Gruffudd ap Gwrgenau). *id.* 120b. 33, am berw eur *beruet* uymhechawd (Hywel ab Owain Gwynedd). **14g.** *WM* 21. 24–6, A phan uo ef ar *perued* (*RM* 13, ganawl) y digrifwch ay gyuedach dyret titheu dyhun ymywn. **14g.** *DGG*[2] 137, Amhuredd o *berfedd* berw, / Cylla eigion, cell agerw [Gruffudd Gryg i'r don]. *c.* **1400** *YCM*[2] 204, na oruc ef dim yn orwac, namyn *perued* y wiryoned, wedy eu dyall o ysprydawl gyghoreu. **1567** *TN* [xxxiii], may cenym ni yn Gymraeg amryw ymadroddion a' diharebion yn aros fyth mewn arfer a' dynnwyt o *berfedd* yr scrythyr 'lan. *Diw.* **16g.** *B* ix. 118, Canys dechreu balchder yw escymundod ai *berfedd* yw emelldith ai ddiwedd yw kyfyrgoll dragywyddawl. **1588** *Eseia* xvi. 11, Am hynny y rhûa fy emyscaroedd am Moab fel telyn, a'm *perfedd* am Cir Hares. **1588** *Jer* xxxi. 20, fy *mherfedd* a ruasant am dano ef. **1658** R. VAUGHAN: *PS* 185, na âd i mi wneuthur hynny yn llawenydd i mi, yr hwn nid yw ond *perfedd* yn y ddauar (*let me not make that my Blisse, which Earth hath in her bowels*). **1740** T. EVANS: *DPO* 129, Dyn allan o *berfedd* ei gôf a fyddai hwnnw a daerai na chododd yr Haul erioed. Fe'i clywir yng Nghered. mewn ymad. fel 'gweud *perfe* 'i gof' a 'gweud 'i fola *berfedd*' am 'adrodd holl helyntion personol'; ac ym Morg. clywir ymad. megis 'Fe dynniff 'i *berfeddion* a mas', sef 'cael pob newydd allan ohono'. Gw. hefyd y cfn. *perfedd cloc*.

(*e*) (yn y ff. *perfeddyn*) Mulfran, morfran, bilidowcar, *Phalocrocorax carbo*: *cormorant*.
Ar lafar yn Arfon.

Fel *a.* Canolog, canol; canolig: *central, middle; middling, middle-sized*.
13g. *LlI* 5, A theyr ran a dele bot o teylu: er hen ran a'r ran *perued* a'r ran yeueync. *id.* 24, O'r meybyon due ran e'r tat ac un e'r uam; yr hynaw a'r yeuaw y'r tat a'r *perued* y'r uam. *id.* 92, Tarader *perued* (*LlB* 96, *Perued* taradyr), k'. **13g.** *BD* 21, Locrinus . . . a gymerth y rann *berued* o'r enys, yr honn a elwir Lloegyr o'e enw ef. **14g.** *LlB* 11–12, Distein . . . a geiff kyhyt a'e vys *perued* o'r cwrwf y ar y gwadawt; ac o'r bragaut, hyt y kygwg *perued* y'r vn bys. *c.* **1400** *YCM*[2] 183, gwelet y brenhin yn eisted yn y gadeir *berued*, a'r niuer anrydedus hwnnw yn y gylch yn y kadeireu ereill. *c.* **1450** *B* ii. 188, angken [*sic*] a vyd ar y sillafeu *perued* or geirieu. *Diw.* **16g.** *WLB* 5, a chymer y rhisc *perfedda* a bwrw ymaith yr uchafion a ffria y perfedd gida hên floneg. **1730** *Leg Wall* 189, Am bob un o'r tri *perfeddaf* y telir llw dau cannwr. Pwybynnag a addefo un o'r tri *perfeddaf*, taled gamlwrw dau ddyblyg. S.4. **1753** *TR*, *perfedd*, (adj.), middle. **1803** *P*, *pervedd*, a. middle, inward, central. Yr oedd *y Cwmwd Perfedd* yn e. ar gymydau yng nghantref Penweddig (Cered.) a'r Cantref Bychan (sir Gaerf.).
Amr.: **parfedd** (ll. *-ion*). Ar lafar yn nwyrain Morg. **perfe** [cf. *myny*, amr. ar *mynydd*]. Ar lafar yn sir Benf. a godre Cered., *GDD* 222.
Cfn.: **perfedd(yn) bach (bychan):** *small intestine*. **1890.** Ar lafar yn Arfon, 'y *perfedd bach*', *WVBD* 426. **perfedd bras:** *large intestine*. Ar lafar yng Nghered. a sir Gaerf. **p. cath:** *catgut*. Ar lafar, *WVBD* 426. **p. cloc:** *works, movement, or mechanism of a clock*. Ar lafar yn gyff., *GDD* 222, *WVBD* 426. *Bot.* **p. y cythraul:** *field bindweed, Convolvulus arvensis*. Ar lafar yn Arfon, *WVBD* 324, 426. **perfedd(ion) y ddaear:** *the bowels of the earth*. **1631** O. THOMAS: *CC* 60, Nid ar wyneb y ddaiar y ceir y mwyn arian, ac aur . . . eithr yn eigion, ac ym *mherfedd y ddaiar*. **1770** *W*, ymysgaroedd (dirgelion, *perfedd*) y ddaear d.g. *the bowels of the earth*. **perfedd (y) dydd:** *midday, middle of the day*. **16g.** *B* xi. 24, gweell o lawer yw J ni vyned J drauaelio yn kyrf yr owran kyn kyuodi o'r haul . . . nog aros *peruedd y ddydd* [*sic*], ac J'r haul gaffel anian J wres. **1808** TWM O'R NANT: *BB* 22, Codwch rhag c'wilydd, mae hi 'n *berfedd y dydd*. Ar lafar yn nwyrain Maldwyn yn y ff. *perfedd dydd*, *Cymru* lii. [242]. Cf. D. OWEN: *RL* 382–3, Codwch bobol! mae hi'n *berfedd* o'r *dydd!* **p. (y) gaeaf:** *the dead of winter*. Ar lafar. **p. gwlad,** gw. *perfeddwlad*. **perfedd(yn) mân:** *small intestine*. **1604–7** *TW* (*Pen* 228), *peruedd man* d.g. *lactes*. Ar lafar yng Nghered. a sir Gaerf. **perfedd(yn) mawr:** *large intestine*. **1831.** Ar lafar yng Nghered. **perfedd(ion) mochyn:** *pig's entrails*. **1798** *WR*, *perfedd mochyn* d.g. *haslet*. Ar lafar yn gyff., hefyd yn yr ymad. 'fel *perfeddion* (*perfedd*) *mochyn*' am rywbeth dyrys iawn, yn enw. am deulu lle bu sawl ail-briodas a phlant o bob un, ''Ddealles i 'rioed o'r teulu 'na, 'man' nhw fel *perfedd mochyn*'. **perfedd(ion) nos:** *middle of the night, depths of night, also fig.* **14g.** *RC* xxxiii. 220, rywelet o honunt egylyon *beryued* [*sic*] y *nos* yn disgynu or nef. **16g.** DAFYDD AP LLYWELYN, &c.: *Gw* 179, Banhadlen ar ben hoywdlos / Briwodd fi un awr *berfedd nos*. **1803** *P*, pervedd, s. m. . . . Nis doi adrev oni bo *berveddion* y *nos*. Thou wilt not come home until it shall be the middle of night. Ar lafar yn y Gogledd, 'Yr oedd o'n aros hyd y tai hyd *berfeddion* y *nos*'. Cf. D. OWEN: *GT* 58, arosai yn y tafarnau hyd *berfeddion* o'r *nos*. **ym mherfedd, yn eu (eich, y, &c.) p.:** *in the midst, middle, or centre* (*of*), *amidst, among, ?at the height of*. **12g.** *LL* 73, cehit inant. dirheith tirrud *ini perued*. **13g.** *C* 44. 1–2, Periw new a peris idi *imperuet* ychiwoeth y noethi. **14g.** (**1773**) *B* xiv. 102, a'r dav keghavs en nessaf y'r fford o pob tv ydy, a'r dev perchennavc haul *yn e perved*, a'r deu kanllav en eythaf. **14g.** *id.* 264, Ac yna y kyuodes nichodemus *yn eu perued* a moli a dyvedei veibon yr israel. *c.* **1400** *YCM*[2] 183, A'r dryded [gadair] ar dec a oed *yn y perued*, ac yn honno yd eistedassei an Arglwyd ni. *c.* **1400** *SDR*[2] 59, Fferyll . . . a ossodes colofyn *ym perued* Rufein. *c.* **1400** *GP* 3, Pan vo geir a dwy uogal *yn y berued*. **15g.** *BB* 188, Ac yna yd oed yr amherawdyr *ympherued* y dewred. **1567** *TN* 294b, *ym-pervedd* [:– yn-canol] cenedleth ddrigionus. **1722** *Llst* 189, *y Mherfedd* y byd hwn, in the midst of this world.
Gw. hefyd **trwy—trwyddo (trwyddi) berfedd.**

perfeddbwynt [*perfedd*+*pwynt*] *eg.* Canol(bwynt), craidd; colyn, pegwn: *centre, middle, core; pivot, axis*.
1604–7 *TW* (*Pen* 228), colyn . . . ar, [*sic*] yr hwnn y mae'r drws ne'r ddor yn troi, y *perveddbwynt* d.g. *cardo*. *id.* ag vn or poli'n Centr ne'n *berveddpwynt* d.g. *paralleli*. **1630** *YDd* 72, os y terfynau eithaf, a fydd oddiwrth cyrrau y byd, rhaid yw i'r ymgyfarfod fod ynghylch y *perfydd-bwynt* [*sic*], sef, y canol. *id.* 80, y mae pob peth yn tueddu at y *perfeddbwynt* neu'r canol. **1657** *MLl* ii. 10, Luciffer a ruthrodd i mewn ir *perfedd-bwynt* ar erchyll naturiaeth. **1661** E. LEWIS: *Drex* 369, pa beth bynnag a gynhwysir o fewn *perffedd* [*sic*] *bwynt* (*Centre*) y byd, y Globyn bychan y ddaiar. *c.* **1730** *Thos. Lloyd D* (LlGC) 192a, *perfeddbwynt*, centrum. **1744** *ML* (Add) 135, *Perfedd bwynt* is ye center of a Circle. **1771** *W* d.g. *center* [*middle point*].

perfedd-dir [*perfedd*+*tir*] *eg.* ll. *-oedd.* Canoldir (gwlad neu ardal), tir pell o'r môr, canolbarth: *interior* (*of country or region*), *inland region, midland*.
1800 *TY* 2[49], [t]reiddio i *berfedd-dir* Affrica. *id.* 309, [t]reiddiasant . . . i *berfedd-dir* Affrica.

perfedd-dirol [*perfedd-dir*+-*ol*] *a.* Mewndirol (am fôr): *inland* (*of sea*).
1837.

perfeddfor [*perfedd*+*môr*¹] *eg.* Y Sianel (rhwng Ffrainc a Lloegr); y Môr Canoldir: *the Channel; Mediterranean Sea.*

c. **1400** *DB* 91, [O Euffrates] hyd y *perueduor* (*mediterraneum mare*). *c.* **1400** *RB* ii. 40, y *perueduor* (*BD* 2, mor) yd eir drostaw y ffreinc.

Cf. **môr—y m. perfedd.**

perfeddiach, gw. **perfedd.**

perfeddlen [*perfedd*+*llen*] *eb.* ll. *-ni.* Mesenteri; peritonëwm, ffedog y bol, lleingig y bol: *mesentery; peritoneum.*

1778 *W*, y *berfedd-/len* d.g. *mesentery.*

perfeddlennol [*perfeddlen*+*-ol*] *a.* Mesenterig, yn perthyn i'r mesenteri; peritoneal: *mesenteric; peritoneal.*

20g.

perfeddnod [*perfedd*+*nod*¹] *a.* ?Canolbwynt, yn *ffig.*: *central point, fig.*

c. **1400** *R* 1194. 16–17, Coet *beruednot.* kain y uawrglot [Gruffudd ap Maredudd i'r Grog yng Nghaer]. *id.* 1196. 26–7, Gwymp arwyrein kein kanon *beruednot* (Gruffudd ap Maredudd). *id.* 1231. 4, yr pan las gwanas gwyned *bervednot* (Gruffudd ap Maredudd).

perfeddnos, gw. **perfedd—p. nos.**

perfeddol [*perfedd*+*-ol*] *a.*

(*a*) Mewnol, canol: *interior, inner, middle.*

1567 *TN* 198b, Yr hwn pan derbyniawdd gyfryw 'orchymyn, y bwriodd hwy ir carchar canolaf [:– *perfeddol*]. *c.* **1730** *Thos. Lloyd D* (LlGC) 192a, *perfeddol*, interior. **1803** *P*, *perveddawl*, belonging to the middle, centrical.

(*b*) Yn perthyn i'r coluddion, coluddol: *intestinal, visceral.*

1775 *W* d.g. *intestinal* [*of, or belonging to, the entrails*]. **1803** *P*, *perveddawl* . . . intestinal.

perfeddradd [*perfedd*+*gradd*] *eb. Gram.* Gradd gymharol: *comparative degree* (*in gram.*).

a. **1575** *GP* 138, Pa ssawl gradd gogyvvchiaid yssydd? Tair, ssef yr isselradd, y *berveddradd*, a'r vchelradd. . . . Y *berveddradd* a ymogyvvchia vwchbenn yr isselradd, val y mae 'haelach'. *id.* 142, Termaü a newidiwyd. . . . Y *berveddradd* dros kymheiriaid radd. **1725** *SR* d.g. *degree, the Comparitive Degree.* *c.* **1730** *Thos. Lloyd D* (LlGC) 191b, y *Berfedd-radd*, gradus comparitivus. **1772** *W* d.g. *the comparative degree* [*in Grammar*].

perfeddwlad, perfedd(ion) gwlad [*perfedd*+*gwlad*] *eb.* Canol gwlad, canolbarth, tir ymhell o'r môr, mewnoldir; cefn gwlad; Gwynedd Is Conwy, Y Pedwar Cantref (Rhos, Rhufoniog, Dyffryn Clwyd, a Thegeingl): *interior* (*of country*), *heartland, inland region; heart of the countryside, depths of the country; Gwynedd Is Conwy, the Four Cantrefs.*

c. **1300** *H* 92a. 6, goruolet y *beruetwlad* (Y Prydydd Bychan). *Dchr.* **14g.** *id.* 28b. 28–9, ysgauyn oed gennyf ysgarat pob dyn. wrth hwnn llewelyn llyw *beruedwlat* (Bleddyn Fardd). **14g.** *BT* 155, mudaw y *berwedwlat*¹ (*BT* (*RB*) 190, *Peruedwlat*; *RB* ii. 347, *perued* y *wlat*) amon ay holl da. *id.* 246, Ac o'e hannoc hwy a'e kygor kyrchu y *Beruedwlat* a'e goresgyn oll. **15g.** *GGl*² 83, Un dawn bro fuddlawn y *Berfeddwlad.* **16g.** (*LlEG*) *Mos* 158, 168a, Ir oeddeint twy ynn kilio ynnol I keuynau I *beruedd* y *wlad.* **16g.** Dafydd ap Llywelyn, &c.: *Gw* 42, Y *Berfeddwlad*, bur foddlawn. **1604–7** *TW* (*Pen* 228), y *berveddwlat* d.g. *regio . . . regio media.* **1632** *D*, y *berfeddwlad*, Regio mediterranea d.g. *mediterraneus.* **1722** *Llst* 189, Y *Perfeddwlad* [*sic*], f. the inland country. [**1763**] *ML* ii. 577, Rhaid myned yn y man i geisio par neu ddau o sana, a sôn yr ydis am ŵn stwff i sparrio gronyn ar y rhai yma sydd rydda ir *berfeddwlad.* **1789** *BDG* 523, O *berfedd gwlad* Wynedd wyllt. **1803** *P.* Ar lafar yn Arfon, 'yng nghanol *perfeddion gwlad*' 'in the depths of the country', *WVBD* 426.

perfeddyn, perfeidiaf: perfeidio, gw. **perfedd; profeidiaf: profeidio.**

perfieri [*pêr*¹+*mieri*] *e.ll.* (un. b. *perfieren*). *Bot.* Math o rosyn gwyllt ac iddo ddail aroglber, mieri Mair, drysi pêr, *Rosa rubiginosa*: *sweet-brier.*

1851.

perfigedd, pryfigedd [?*pryf*+*-ig*²+*-edd*¹, a'r ff. flaenaf drwy drsd.] *e.ll.* a hefyd fel *e?g.* Maleithiau (malaith), llosg eira, llech eira, y gibi; rhyw fath o bryfed (mewn anifeiliaid), gwyring: *chilblain*(*s*), *kibe*(*s*); *some sort of worms* (*in animals*), *the bots.*

1547 *WS*, *perfigedd*, chyll blayne. *Diw.* **16g.** *WLB* 73, Rhag tarddu pryfed mewn dwylo, ne *berfigedd* mewn traed. *id.* 74, pa le bynnag y bo *perfigedd* kymer sugun y llysse uchod ac ef ai lladd ac a dyrr y kosi. *id.* 98, Rhag *perfigedd* a gwraint. **1604–7** *TW* (*Pen* 228), *pryfigedd* d.g. *verminatio, vermino.* *Dchr.* **17g.** *J* 10, 124a, *pervigedd*, chillblaines. **1632** *D*, *perfigedd*, verminatio. potius *Pryfigedd*, a Prŷf. *id.* *pryfigedd*, vid. *Perfigedd*, & Gwyrn. **1688** *TJ*, *perfigedd*, *pryfigedd*, cnofa ar ynifeilied: a Disease with Worms in Cattle, a vehement ach [*sic*] wringing of the Guts, as if they were gnawn with Worms. *id.* *pryfigedd*, *perfigedd*, gwŷrn, llynger, pryfed y perfedd: the Worms in the Guts. **1722** *Llst* 189, *perfigedd*, worms, bots in cattle, the gripes. *id.* *pryfigedd*, worms in yᵉ guts, the bots. **1770** *W* d.g. *the bots.*

perfinc, perfinigl, gw. **perfainc.**

perffaidd, gw. **perffaith.**

perffaith [bnth. Llad. *perfectus*; cf. Crn. C. *perfe(y)th*, *perfyth*, H. Lyd. *perfeith*, Llyd. C. *perfez*, *peruez*, Llyd. Diw. *pervezh*, taf. Gwened *perhuéh*] *a.* ll. *perffeithion*, a hefyd gyda grym enwol ac adferfol.

1. Na ellir mo'i wella, di-nam, di-fai, pur, cywir; cyfan, cyflawn, cwbl; gorffenedig, wedi ei gyflawni, aeddfed: *perfect, faultless, blameless, pure, correct; complete, entire, absolute, consummate; finished, completed, accomplished, mature.*

12g. *MA*² 236. 19, Duw gennyf Duw peryf *perffaith* (Seisyll Bryffwrch). **13g.** *C* 79. 12–13, bid *pyrfeyth.* ingueithred. *id.* 106. 4–5, Yg goleuad rad. ridid *perfeith.* *c.* **1300** *H* 47b. 20, Prif ragor plu porfor *perfeith* (Cynddelw). **1346** *LlA* 50, Pwy yw yrei *perffeith* (*perfecti*). Yrei nyt digawn gantunt ygorchymynnev. namyn gwnneuthur awnant mwy noc aorchymynner vdunt. megys y mae ymerthyry. **14g.** *BT* (*RB*) 126, Y ulwydyn racwyneb y bu varw Vchdrut, escob Llan Daf . . . yn y *berffeith* henneint. *c.* **1400** *R* 1195. 5, Di warth drysor cor por *perffeithyaf.* *c.* **1400** (*SG*) *HMSS* i. 201, a chyn *berffeithyet* yw y lle . . . ac nat oes neb or avei yno vlwydyn a debygei y uot yno vis. **1546** *YLlH* [1], traethir or petheu hyn yn *berffeithach.* **1547** *WS*, *perfaith*, parfyte. **1588** *Gen* vi. 9, Noah oedd ŵr cyfiawn, *perffaith* yn ei oes. **1588** 1 *Br* xi. 4, nad oedd ei galon ef *berffaith* gyd a'r Arglwydd. **1588** *Eff* iv. 13, yn ŵr *perffaith* at fesur oedran cyflawnder Crist. **1588** 2 *Tim* iii. 17, Fel y byddo dyn Duw yn *berffaith*, wedi ei berffeithio i bob gweithred dda. **1632** *D*, *perffaith*, perfectus, completus. *id.* d.g. *absolute, absolutus.* **1723** WM: *PGG* 180, nid yw'r Gŵr *perffeth* un amser yn gofalu am Bethau daiarol. **1770** *W* d.g. *complete, consummate, faultless, finished, perfect.* **1803** *P.* Ar lafar, 'Ma fe'n *berffeth* siŵr o'i ffeithie bob amser', 'Ma hwnna'n *berffeth* wir'.

2. *Gram.* (*a*) Cyflawn (am fr. sy'n cynnwys bf. ac e.): *complete* (*of sent. containing a vb. and a n.*).

14g. *GP* 45, Deu ryw ymadrawd ysyd . . . ymadrawd *perffeith* ac ymadrawd amherffeith. Ymadrawd *perffeith* a vyd pan vo henw a beryf y gyt yn wedus, val y mae 'mi a garaf Weiruyl'. *c.* **1400** *id.* 6, o'r ymadrodyon *perffeithyon* kyfyawnyon (*id.* 43 *perfeith* kyuyawn) y gwneir mydr a phrytyat.

(*b*) Yn dynodi gweithred orffenedig neu ddigwyddiad sydd wedi mynd heibio (am amser bf.): *perfect* (*of the tense of a vb.*).

14g. *GP* 44, Tri amser beryf ysyd . . . kynnyrchawl, a *pherffeith*, a ffutur. . . . *Perfeith* yw hwnn a ethyw ymeith, val y mae 'kereis i'. **1547** *WS* [xii], [yn Saesneg] D hefyd yw terfyn berf o amsereu *perphaith* amperphaith a mwy nag amherffaith val am y gair hwnn loued. **1567** G. Robert: *GC* 139, hwnnw [yr ail darfodedig amser] a elwir darfodedig *perfrhaith* [*sic*], am iddo fod yn dangos [dd]arfo[d] gwneuthur y peth, ne ddarfod i'r peth ddioddef, ne ddarfod iddo fod, cyn yr amser presennol, nid bod yn i wneuthur ef. **1728** S. Rhydderch: *GC* 28, Pum Amser sydd . . . *Perffaith* . . . aeth ymaith er'stalm. . . . *Perffaith* amser, Cerais, ceraist, carodd. Gw. hefyd *gorberffaith, mwy—m. na pherffaith.*

3. *Crdd.* Yn cyfateb i'r cyfwng rhwng y tonydd a'r pedwerydd neu'r pumed mewn graddfa fwyaf neu leiaf (e.e. pedwerydd perffaith, megis C–F); yn gorffen ar gord y tonydd (am ddiweddeb): *perfect* (*of interval and cadence, in mus.*).

1883.

Amr.: **parffaith** [?dan ddyl. S. Diw. Cyn. *parfyte*, &c., amr. ar *perfect*]. **1546** *YLlH* [24], *Parffeitha* ydiw y rhif uchaf a elwir awgrym. **perffaidd.** **15g.** *FfBO* 36, Kans kyn *berffeidet* a chyn gywiret yw yn fyd ni. **16g.** *GP* 160, Er bod y ssynwyr yn dda nid ydyw kyn *berffeiddied* y llef. **16–17g.** *DCR* 263, vn ysbryd glan *perffeidda.* **1606** E. James: *Hom* ii. 247, ffydd *berffaidd.* **1618** J. Salisbury: *EH* 27, bachgenyn howddgar o'r *perffeiddiaf.* *id.* 214, tuag at gadw'n *berffeiddiach* y gorchmynion. **preffaith** [drwy drsd.]. *Dchr.* **15g.** *GM* 24, megis yd adnabuam ni gnawdoliaeth Iessu Grist . . . yn *breffeith.* **pryffaidd** [cf. *pryffaith*, *perffaidd*]. **16g.** *THSC* (1923–4) (At.) 70, y tafod yw y ran *bryffaiddia* ar gorff pan vo mewn reolaeth dda. **1550–75** *B* xvi. 90, [c]ariad *pryffaidd.* **16g.** *Hop M* 170. **16–17g.** *HG* 66. Ar lafar gynt ym Morg. **pryffaith** [drwy drsd.]. *Dchr.* **15g.** *GM* 20, a ferfeithia (amr. *phryffeith*) a aner ohonam ni. **16g.** *THSC* (1923–4) (At.) 32. **16g.** *Hop M* 160, 172, 191. **16–17g.** *HG* 23. **18–19g.** *IAW* (LlGC) 23, 15. Ar lafar gynt ym Morg. **pyrffaith.** **13g.** *C* 39. 10, 79. 12. **1567** *TN* [376b].

Am *perffaith gwbl*, gw. **perffeithgwbl.** Gw. hefyd **perffeithiau.**

perffeidd-dra, perffeiddiad, perffeiddiaf: perffeiddio, gw. **perffeithdra, perffeithiad, perffeithiaf: perffeithio.**

perffeiddiol, perffeiddiwr, perffeiddrwydd, perffeiddwch, perffeiddydd, gw. **perffeithiol, perffeithiwr, perffeithrwydd, perffeithwch, perffeithiwr.**

perffeithder [*perffaith*+*-der*] *eg.* ll. *-au.* Nodwedd neu briodoledd dra rhagorol, perffeithrwydd: *perfection.*

1603 E. Kyffin: *Ps* [13], Ag yn ôl . . . / sydd ynof o *berffeithder.* **1803** *P*, *perfeithder*, s. m. perfectness.

perffeithdod [*perffaith*+*-dod*] *eg.* Perffeithrwydd: *perfection.*

13g. *Llst* 1, 30, Ac eyssyoes membyr a vynnavd dwyn y enny ef ar *perffe/ythdavt.* **1803** *P*, *perfeithdawd*, s. m. perfectness.

perffeithdra [*perffaith*+*-dra*] *eg.* Perffeithrwydd: *perfection.*

1803 *P*, *perfeithdra*, s. m. perfectness, perfection.

Amr.: **perffeidd-dra** [*perffaidd*+*-dra*]. **1684** H. Owen: *DC* 136, yn y Groes y mae *perffeidddra* sancteiddrwydd.

perffeithgwbl, perffaith gwbl [*perffaith* +*cwbl*] *a.* a hefyd gyda grym adferfol. Perffaith, cwbl berffaith, hollol, cyflawn, cyfan, di-nam, cysact: (*absolutely*) *perfect, complete, consummate, whole, unblemished, exact.*

1346 *LlA* 86, peth *perffeithgwbyl* tragywydawl agar. sef yw hwnnw. duw. *id.* 97, ambenn yr arderchawcuab yr oed koron o eur *perffeithgwbyl.* **1588** *Ecs* xii. 5, Bydded yr oen gennych yn *berffaith-gwbl.* **1588** *Galarn* ii. 15, ai dymma y ddinas yr hon a dywedpwyd ei bod yn *berffeith-gwbl* o degwch? **1595** H. Lewys: *PA* 206, efangyl Iesu Grist: trwy bwy vn, y ddym yn cael cyflawn, a *fferffaithgwbl* ddiddanwch. **1606** E. James: *Hom* iii. 28, Ond oedd hon yn stât gyflawn *berffaith-gwbl* fendigedig? **1607** *Rhyddiaith Gymraeg* i. 139, hyt onys gorphenais yn *berfeithgwbl.* **1632** *D* d.g. *exactus, exquisitus, perfectus, rotundus.* **1632** J. Davies: *LlR* 453, bod mor *berffeith-gwbl* a'r perffeithrwydd y mae Sainct Ioan yn crybwyll am dano. **1658** R. Vaughan: *PS* 2, nid yn *berfaith-gwbl* ac yn ollawl. **1675** R. Jones: *HCh* 173, Gywraint, *Berffaith gwbl*, exact. **1715** T. Evans: *GC* 16, fod y tystiolaethau uchod yn cyttuno yn *berffaith-gwbl* a'r llyfrau o ba rai y Casglwyd hwy allan. **1772** *W* d.g. *compleat, consummate.* Ar lafar, 'Ma'r gwaith yn *berffeth gwbwl*' 'The work is fully completed'.

perffeithiad [bôn y f. ddil.+*-iad*¹] *eg.* ll. *-au.* Y weithred o berffeithio, perffeithrwydd, cyflawniad, medr, cwplâd, gorffeniad: *a perfecting, perfection, accomplishment, consummation, completion.*

1604–7 *TW* (*Pen* 228) d.g. *consummatio* (hefyd *D*). **1651** Siôn Treredyn: *MDD* 13, A pheth yw cyfiawnder, gwybodaeth a gwir sancteiddrwydd, amgen na *pherffeith*[*i*]*ad* (*perfection*) a cwblhaad o ddau lech y gyfraith? **1657** RE: *CDd* 21, Mae Duw yn ogoneddus yn ei briodoliaethau, y rhai ydynt ei dduwiol *Berffeithiadau* neu gyflawnderau ei berffeithrwydd ef. **1685** G. Griffith: *GA* 50, Cwblháad ei Ddyfodiad a *Pherffeithiad* teyrnas Dduw ynddo. **1716** E. Samuel: *GGG* 24, rhaid i'r *perffeithiadau* a welir yn y pethau a wnaethpwyd, fod yn yr hwn ai gwnaeth. **1732** *AABI* 111, na phwyswch ar *Berffeithiadau* naturiol. **1734** M. Maurice: *BH* [92], y Tad ar mab a'r Yspryd Sanctaidd, y rhai ydynt un mewn natur, a phob Duwiol *Berffaithiad.* **1757** E. Evan: *GB* 6, Harddwch a gwir *Berffeithjadau* meddwl dynol. **1770** P. Williams: *BS*, *Ecs* xxxi., [c]offadwriaeth o *berffeithiad* y greadigaeth. **1770** *W* d.g. *an accomplish-*

ment, or accomplishing, consummation. **1784** M. WILLIAMS: *S* i. 137–8, Arglwyddesi'r haram . . . sy'n cael eu traddodi i garc ryw hen foneddiges i ddysgu music, dawnsio, a phob *perffeithiad.* **1803** *P, perffeithiad,* s. m., a perfecting.

Amr.: **perffeiddiad** [bôn y f. *perffeiddiaf: perffeiddio* + *-iad*[1]]. **1735** S. THOMAS: *HP* 100. **1741** S. THOMAS: *DY* 71–2.

perffeithiadwy [bôn y f. ddil. + *-adwy*] *a.bfl.* Y gellir ei berffeithio: *perfectible.*
1858.

perffeithiaeth [bôn y f. ddil. + *-iaeth*] *eb.* Ymgais at berffeithrwydd; *Athr.* y gred bod perffeithrwydd crefyddol neu foesol yn bosibl: *perfectionism (also in philos.).*
20g.

perffeithiaf: perffeithio [bf. o'r a. *perffaith*] *bg.a.* Gwneud neu ddod yn berffaith, gwella neu symud gwall (i'r eithaf); puro (mêl); cyflawni, cwpláu, gorffen; cyflawni (priodas) drwy gyfathrach rywiol: *to make or become perfect, improve (to the greatest extent); clarify (honey); accomplish, complete, carry out, finish; consummate (marriage).*
14g. *BT* 82, megys na digawn y kymry *berffeithyaw* eu medylyeu. *id.* 155, ymchwelawd y brenhin . . . y loegyr heb *perffeithyaw* dim oy neges. **1346** *LlA* 50–1, Ac ymae rei or etholedigyon hep *perffeithyaw* llawer arnunt. **[1547]** W. SALESBURY: *OSP* [viii], [g]orchwyl, tu ac at *perfeithio* r iaith. *Diw.* **16g.** *WLB* 55, Gwna rolie o beilliaid blawd gwenith a mêl gwedi i *berffeithio.* **1588** *Esec* xxvii. 4, dy adailad-wŷr a *berffeithiasant* dy degwch [am Dyrus]. **1592** S. D. RHYS: *Inst* [xv], ymmhossibl yw dechreu a' *pherpheithio* arr vnwaith vnpeth morr galed ac yw Grammâdec Cymreic. **1632** *D, perffeithio,* perficere, perfectum facere. **1651** SIÔN TREREDYN: *MDD* 90, dylysai amherffeithrwydd y gyfraith cyscodol (yr hon ni *pherffeithie* ddim (*made nothing perfect*) . . .) eu harwain i ceisio perffeithrwydd yn Ghrist. **1688** *TJ, perffeithio:* to perfect, to compleat. **1770** *W* d.g. *to accomplish, to consummate.* **1803** *P.*

Amr.: **perffeiddio** [bf. o'r a. *perffaidd*]. **1346** *LlA* 19. **1567** G. ROBERT: *GC* ix. *a.* **1791** W. WILLIAMS: *GP* 9. **pryffeithio** [bf. o'r a. *pryffaith*]. **15g.** *BB* 164.

perffeithiau [*perffaith* + *-iau*] *e.ll.* Perffeithderau, priodoleddau perffaith: *perfections.*
1708 *EGE* 72, y mae holl *berffeithiau* y Duwdod, cystal a hitheu [dirgeledigaeth undod y Drindod]. *id.* 80, [b]od Duw goruchaf yn gyflawn o bob gogoneddus *berffeithiau.* **1712** T. WILLIAMS: *CDdG* 214, [b]od gallu anfeidrol yn perthyn yn ddiwahanol i un a fo'n eiddo *berffeithiau* [*sic*] (*Perfections*) annifeiriol. *c.* **1730** *Thos. Lloyd D* (LlGC) 190b, *perffeithiau,* perfections.

perffeithiedig [bôn y f. fl. + *-iedig*] *a.bfl.* Wedi ei berffeithio, perffaith; wedi ei gwbl orffen neu ei gyflawni: *perfected, perfect; completed, accomplished.*
1778 *W* d.g. *perfected.* **1803** *P.*

perffeithiol [*perffaith* + *-iol*] *a.* Tueddol i berffeithio, yn hyrwyddo perffeithio, yn perffeithio, perffaith, yn perthyn i berffeithrwydd; *Gram.* yn cyfleu gorffeniad gweithred: *perfective, perfect, perfectional; perfective (in gram.).*
16–17g. (**17g.**) *CC* 163, hyn yw gobaith *perffeithiawl* / a feddy duw o anfodd diawl (Thomas Prys). **1611** R. SMYTH: *SG* 95, mewn pesawl rhan ymae pob rhinwedd yn sefyll? . . . Mewn dwy . . . gidar [dd]wy yma wedi i cymeryd yn *berphaithiawl,* y dodir y pethau eraill, sy'n perthynu yw gwasanaethu yn iawn. *Dchr.* **17g.** *IICRC* iii. 56, A dysc i mi yn ddie rodio yn dy lwybre / Duw arglwydd gyneddve *perffeithiol.* **1688** T. JONES: *Alm* [45], a geidw yn *berffeithiol* heb lygru dim o flwŷddŷn bwŷgilŷdd. **1696** *CDD* 24, Un a elwid Maria . . . / . . . / Yn Ifangc *berffeithiol* a roed yn briodol, / A Joseph ucheddol wŷch addysc. *id.* 201, Bêth ar Ddûw yr wŷd iw erchi, / yn yr hon *berffeithiol* weddi? **1721** J. P. PRYS: *DC* 4, Yn gwbl *be[r]ffeithiol* egniol a'i gwnant. *c.* **1730** *Thos. Lloyd D* (LlGC) 190b, *perffeithiol* . . . perfectus. **1784** M. WILLIAMS: *S* ii. 2, gwybod gwahaniaeth rhwng symmudiadau *perffeithiol* a symmudiadau dangosiadol. **1799** M. WILLIAMS: *HHG* 133, cânt fwy *perffeithiol* ddedwyddwch yn ol yr adgyfodiad a'r farn gyffredinol. **1803** *P, perffeithiawl,* perfectional.

Amr.: **perffeiddiol** [*perffaidd* + *-iol*]. **1618** J. SALISBURY: *EH* 230, mae'n adnewyddu dyn, yn *berffeiddiol,* drwy roddi rhâd, a grâs Duw iddo. **1711** H. POWEL: *TY* 116, rhaid bod y cyfiawnder a'n cyfiawnhao, yn *berffeiddiol* berffeith; fel yr oedd y Pechod a'n condemnodd . . . yn *berffeiddiol* berffeith.

perffeithiwch, gw. **perffeithwch.**

perffeithiwr, perffeithydd [bôn y f. fl. + *-iwr, -ydd*[3]] *eg.* ll. *perffeithwyr.* Un sy'n perffeithio, un sy'n symud gwall(au), cyflawnwr, gorffennwr; un sy'n anelu at berffeithrwydd, *Athr.* un sy'n arddel perffeithiaeth: *perfecter, one who accomplishes, finisher; perfectionist (also in philos.).*
1588 *Heb* xii. 2, Iesu pen tywysog a *pherffeithudd* (*TN* 341a, gorphenwr) ein ffydd ni. **1604–7** *TW* (*Pen* 228), *perfeithiwr* d.g. *perfector* (hefyd *D*). **1725** T. BADDY: *CS* 9, Lle mae Christ wedi dechreu addurno, ef a rhagddo hyd berffeithrwydd . . . a'r *Perffeithydd* yw'r Drindod. **1745** E. JONES: *DPB* 3, Jesu Grist. Y mae Efe yn cael ei alw yn Bren y Bywyd, o herwŷdd mae Efe yw Pwrcasswr Awdŵr a *Pherffeithjŵr* y Bywŷd ysbrydol. **1759** *DG* 44, Enwog ieithydd / Ein hareithydd / A'n *perffeithydd* [William Wynn, Llangynhafal]. **1770** *W, perffeithydd* d.g. *accomplisher, perfecter. id. perffeithiwr* d.g. *perfecter.* **1803** *P, perfeithiwr,* s. m. pl. *perfeithwyr,* a perfecter.

Amr.: **perffeiddiwr, perffeiddydd** [bôn y f. *perffeiddiaf: perffeiddio* + *-iwr, -ydd*[3]]. **1657** T. POWEL: *CI* 6, trwy Awdwr a *Pherffeiddydd* (*finisher*) ein ffydd Jesu Grist y cyfiawn. **1767** J. THOMAS: *TFf* vii, Awdwr Ffydd yw ei *phe[r]ffeiddiwr.* **1768** J. THOMAS: *NSGG* 13.

perffeithlon, perffeithlawn [*perffaith* + *-lon, -lawn*] *a.* Perffaith, bron yn berffaith; wedi ei gyflawni, gorffenedig; cyflawn, cyfan, cwbl: *(almost) perfect; accomplished, completed; complete, consummate.*
1604–7 *TW* (*Pen* 228), *perfeithlawn* d.g. *adplenum, conquisitus, consummatus, sincerus.* **1630** *YDd* 85, Hwynt hwy a gânt adnabod Duw trwy wybodaeth *perffeithlawn* (*perfect*). *id.* 292, y mae bwyd a diod yn borthiant *perffeithlawn* (*perfect nourishment*) i gorph dŷn. **1661** E. LEWIS: *Drex* [391], gan dreulio yr hyn sydd yn ôl o'n dyddiau mewn pur a *pherffaith-lawn* ymarweddiad. **1670** J. HUGHES: *AP* 34, dechreu o honof yn *berffeithlawn* y dydd presennol hwn. **1672** J. LANGFORD: *HDdD* 14, y mae pôb ûn o'r rhain yn Nuw mewn Grâdd *berffeithlawn* (*in the highest degree*). **1677** R. JONES: *BB* 93, yr hwn a fu fyw mor ddichlyn, a ufyddhaodd mor *berpheithlawn* (*so perfectly*). **1684** H. OWEN: *DC* [xix], ceisio dyfod ohyd i dduwioldeb *perffeithlon.* **1710** *LlGG* (*Gos*) 7, dyna'r plentyn wedi ei fedyddio yn *berffeithlawn* (*plenum & perfectum Baptismi Sacramentum*). **1711** M. MAURICE: *YAD* 103, Pa beth yw Corph Dyn? Rhan *berffeithlawn* ydy, yn giwrain gwedy ei gid-osod ae lunio allan o lwch y ddayar. **1721** J. P. PRYS: *DC* 10, Os oes o ryw Dynion rai'n byw mor *berffeithlon.* **1770** *W* d.g. *accomplished, complete, consummate.*

perffeithnod [*perffaith* + *nod*[1]] *eg.*

(*a*) *Gram.* Atalnod llawn, cyfannod, diweddnod (.); *Rhet.* brawddeg gyfan, yn enw. un ag amryw gymalau wedi eu cysylltu'n ramadegol a'u saernïo'n rhethregol, cyfannod: *full stop, period; period (in rhetoric).*
1567 G. ROBERT: *GC* 65, Mae tu ag wyth o arwyddion i iawn wahanu 'madrodd, a elwir falhyn: *perpheithnod* . . . *Perpheithnod* a'scrifennir fal hynn,. ag sydd arwydd wneuthur pen ar resswm perphaith. *Diw.* **16g.** *GP* 210, Gorffwysfa yw lle ymattal yn y braych o gynghanedd groes o achos kynghanedd yn unig, heb *berffeithnod* ymadrodd yn anghenrreidiol. *id.* 213, Ynglyn sydd gerdd velys, ag yn diwedd bob amser a *pherffeithnod* ymadrodd. **1604–7** *TW* (*Pen* 228) d.g. *periodus* (hefyd *D*). **1605–10** *GP* 205, I gyflawn ddosbarth ymadrodd y perthyn anadlnod ',', gwahannod ':', a *pherpheithnod* '.'. **1707** *AB* 118a–b, *perfeith-nod* . . . a Period or perfect sentence. **1722** *Llst* 189, *perffeithnod,* m. a period, full point. **1728** S. RHYDDERCH: *GC* 46, Y mae wyth o iawn Arwyddion i wahanu Ymadrodd, . . . *Perffeithnod* neu Gyfannod, neu ddiweddnod. . . . *Perffeithnod* a Yscrifennir fel hyn (.). **1778** *W* d.g. *period* [*a full point or stop*], *point, a full point* [*in Grammar*].

(*b*) Arwydd paragraff (¶), arwydd i ddynodi rhaniadau gwaith: *paragraph marker or sign, sign denoting parts of a work.*
1788 J. ROBERTS: *AR* 21, ¶ *Perffaith-nôd,* Paragraph . . . *Perffeith-nôd.* (¶) Y nôd hwn a arferir yn fynŷch iawn yn y 'Scrythurau, a elwir felly am ei fôd yn penderfynu Damhegion . . . ac Hanesion. **1793** M. J. RHYS: *CA* 41, ¶ *Perffeith-nod,* a arferir i benderfynu rhyw rhan o waith awdwyr. **1796** J. GRIFFITHS: *H* 79, ¶ *Perffeith-nod* a arferir i ddangos fod y rhan hynny o waith yr Awdwr yn gyflawn.

perffeithrwydd [*perffaith* + *-rwydd*] *eg.* Y cyflwr o fod yn berffaith (yn enw. yn foesol), esiampl neu amlygiad o berffeithrwydd, y radd berffeithiaf, purdeb, cywirdeb, diffuantrwydd, diniweidrwydd, aeddfedrwydd; gorffeniad, cyflawniad, cwplâd; *Athr.* perffeithiaeth: *perfection, purity, integrity, sincerity, simplicity, maturity; a finishing, accomplishment, completion; perfectionism (in philos.).*
1346 *LlA* 162, ny allwn ni na deall y*perffeithrwyd* ef [Duw] nae dywet/dut aryn tafawt. *c.* **1400** *R* 1199. 3–5, Goreu yw meir . . . O *berffeithrwyd* ar bob arwyd. *c.* **1400** *RB* ii. 171, Pwy bynhac a eskynnei hynny yny vedwl. a dwyn ar *perffeithrwyd* y weithret mi a rodwn idaw mil o bunneu aryant. *p.* **1500** *Pen* 57, 52, kyweiriaw rac llaw vy llef / a chyffes a*fherffeithrwydd.* **1567** *LlGG* (*Sall*) 70b, Gwelais dervyn bop *perffeithrwydd* [:– gorpheniat]: eithr dy'orchymyn ys y tra eheng. **1588** 2 *Sam* xv. 11, yr oeddynt yn myned yn ei [*sic*] *perffaithrwydd* (**1620** *ib.* gwiriondeb), ac heb wybod dim oll. **1588** *Jos* xxiv. 14, ofnwch yr Arglwydd a gwasanaethwch ef mewn *perffeithrwydd,* a gwirionedd. **1588** *Salm* xxv. 21, Cadwed *perffeithrwydd,* ac uniondeb fi. **1588** *Heb* vi. 1, Awn rhagom at *berffeithrwydd.* **1592** S. D. RHYS: *Inst* [xv], arwain iaith . . . allan o'r dygn dywylli . . . a''i dwyn idd ei hên *berpheithrwydd.* **1620** *Jer* ii. 15, ai dymma y ddinas a alwent yn *berffeithrwydd* tegwch. **1632** *D* d.g. *absolutio, integritas, perfectio.* **1698** T. JONES: *Art* 6, arwŷddo y beichioga hi, ac a daw ei ffrwŷth hi i *berffeithrwŷdd.* **1765** JM: *DDdC* 17, y mae yn dangos i fod natur yn ymdrechu i iawn ymdrául ei hymborth ar y dechreu, ac yn beunyddiol geisio dwyn ei gwaith i *berffeithrwydd.* **1770** *W* d.g. *an accomplishment, or accomplishing, consummation, entireness, perfection, perfectness.* **1790** T. JONES: *TOS* 69, Rhaid i bob peth gyrraedd *perffeithrwydd* yn raddol. **1803** *P.*

Amr.: **perffeiddrwydd** [*perffaidd* + *-rwydd*]. **1567** G. ROBERT: *GC* xiii. *c.* **1585** G. ROBERT: *DC* 63, [p]ob vn o honynt yn rhagori ar y llall mewn *perpheiddrwydd.* **1606** E. JAMES: *Hom* i. 75, yn stât vchaf o *berffeiddrwydd.* **1742** *Cylchg CHMC* iv. 125, rhai yn dal *perffeiddrwydd,* erill yni wady. **1759** T. THOMAS: *WWDd* 4.

perffeithwch, perffeithiwch [*perffaith* + *-wch*[1], *-iwch*[1]] *eg.* Perffeithrwydd: *perfection.*
c. **1585** *Llst* 178, 105b, [c]ariad perffaith yrhwn yw rwym *perffaiddwch.* **17g.** HUW MORUS: *EC* ii. 349, Mae cariad *perffeithwch* yw rhiddyn yr heddwch. **18g.** *W Ballads* 8, 8, Gan bwy mae ffrwythau gwir *berffeithwch.*

Amr.: **perffeiddwch** [*perffaidd* + *-wch*[1]]. *c.* **1585** *Llst* 178, 105b.

perffeithydd, gw. **perffeithiwr.**

perffeithyddiaeth [*perffeithydd* + *-iaeth*] *eb.* *Athr.* Perffeithiaeth: *perfectionism (in philos.).*
1916.

perffiwm [bnth. S. *perfume*] *eg.* Sylwedd persawrus, persawr, perarogl, sent: *sweet-scented substance, perfume, scent.*
1732 J. JONES: *C* 109, Beth oedd yr Arogldarth? Mâth o *Berffiwm* wedi ei losgi ar allor yr arogldarth i wneuthur Mŵg peraidd.

perffiwmiaf, perffwm(i)af, perffum(i)af: perffiwmio, perffwm(i)o, perffum(i)o [bnth. S. *(to) perfume*] *bg.a.* Persawru, perarogli, arogldarthu, mwgdarthu, tryfygu: *to perfume, scent, fumigate.*
1604–7 *TW* (*Pen* 228), *perfumio* d.g. *fumigo.* **1615** R. SMYTH: *GB* 269, a'r chwys a oedd yn diellu allan o hono ef mor dirion a phe i biasau gwedi i *berphwmio.* **1681** T. JONES: *Alm* [29], mŵgderthwch eich Ystafellau . . . *per[ff]iwmiwch* eich Siambrau a Ffûg [*sic*] ar Dân Glô bôb boreu. **1696** *CDD* 270, Â lafant, rhôs, a Lili / *Perffiwmiwch* eich ffenestri. **1714** D. LEWYS: *CN* 20, Ei hyfryd Arogl y sydd yn llyn. / I'm ffroeneu yn *perffumo.*

perfformans [bnth. S. *performance*] *eg.* ac yn eithriadol *eb.* Perfformiad ((rhan mewn) drama, darn o gerddoriaeth, &c.), yn enw. yn gyhoeddus; gweithrediad, cyflawniad; gorchest, camp; arddangosiad o dymer (ddrwg), dicter, &c., ymddygiad gormodol; gallu a gweithrediad (peiriant, &c., yn enw. o dan brawf): *performance (of (part in) play, piece of music, &c.), esp. in public; execution, accomplishment, carrying out; achievement, exploit; exhibition of (bad) temper, anger, &c., exaggerated behaviour; performance (of machine, &c.).*
1934. Ar lafar, e.e. 'beth wê pwynt y *perfformans* i gyd?', *Wês wês* 33; 'Dyna beth odd *pyrfformans*' (yn disgrifio rhywun mewn tymer blentynnaidd).

perfformiad [bôn y f. ddil. + *-iad*[1]] *eg.* ll.

-*au*. Y weithred o berfformio ((rhan mewn) drama, darn o gerddoriaeth, &c.), yn enw. yn gyhoeddus; gweithrediad, cyflawniad; gorchest, camp; gallu a gweithrediad (peiriant, &c., yn enw. o dan brawf); *Ieith*. defnydd o iaith, enghraifft o'r cyfryw (cf. *mynegiant*): *performance* (*of* (*part in*) *play, piece of music, &c.*), *esp. in public; execution, accomplishment, carrying out; achievement, exploit; performance* (*of machine, &c.*); *performance* (*in linguistics*).
1863.

perfformiadol [*perfformiad*+-*ol*] *a*. Yn perthyn i berfformiad (drama, &c.); dramatig, histrionig: *performing; dramatic, histrionic*.
1951.

perfformiaf: perfformio [bnth. S. (*to*) *perform*] *bg.a.* a hefyd gyda grym enwol i'r be. Chwarae ((rhan mewn) drama, darn o gerddoriaeth, &c., fel arfer yn gyhoeddus), actio, arddangos (campau, triciau, &c.) yn gyhoeddus; gwneud, gweithredu, cyflawni: *to perform* ((*part in*) *play, piece of music, &c.*), *act, exhibit* (*feats, tricks, &c.*) *in public; perform* (*action*), *carry out, achieve*.
1863.

perfformiwr [bôn y f. fl.+-*iwr*] *eg*. (b. *perfformwraig*, ll. -*wragedd*) ll. *perfformwyr*. Un sy'n perfformio (fel arfer o flaen cynulleidfa, mewn drama, &c.), actiwr, chwaraewr, chwarëydd: *performer, actor, player*.
1916.

perffrwyth [*pêr*[1]+*ffrwyth*] *eg*. ll. -*au*, a hefyd fel *a*. Ffrwyth melys; melys ei ffrwyth(au); (yn y ll.) datys; ?nwyddau groser; hefyd yn *ffig*.: (*bearing*) *sweet fruit*; (*pl.*) *dates* (*fruit*); ?*groceries; also fig.*
14g. *GDG*[3] 50, Cyd bei llawn, dawn dywenydd, / O *berffrwyth*, gweddeiddlwyth gwŷdd. *c.* **1400** *SDR*[2] 49, Prenn *perffrwyth* bricawclas a oed y mywn fforest yn Ffreinc. **16g.** HUW ARWYSTL: *Gw* 236, Per-ffres ddav orets *per-ffrwyth*. **1621** E. PRYS: *Ps* 28a, Bendigaid fyth fo'r Arglwydd mau / am ddoniau ei ddaioni. / A'i iechydwriaeth i ni'n llwyth / o *berffrwyth* ei haelioni. *c.* **1730** *Thos. Lloyd D* (LlGC) 194a, *perffrwyth*, bearing excellent fruit. Ar lafar gynt yn ne-ddwyrain Morg. yn yr ystyr 'mins (melys)'.

perffumiaf: perffumio, perffwm(i)af: perffwm(i)o, gw. **perffiwmiaf: perffiwmio.**

pergainc, gw. **pêr**[1]**+cainc.**

pergath [*pêr*[1]+*cath*] *eb*. *Swol*. Mwsgath, cath yr India, cath bêr, cath fwsg: *civet, civet-cat, musk cat*.
1772 *W*, *per-gath* d.g. *civet or civet-cat* [*a Peruvian cat not much un-like our's, whose excrement is the perfume called civet*].

pergerdd, gw. **pêr**[1]**+cerdd**[1]**.**

pergin, perging, pergyn(g) [?cf. *gweilging*; tebyg mai camddehongiad o ystyr adran (*a*) a welir yn adran (*c*), ac mai camddehongliad o ystyr adran (*b*) a welir yn yr adran fel *a*.] *eg*. ac fel *a*.

(*a*) Dyfais a ddefnyddid yn y lle tân, ?i gynnal crochan neu i droi bwyd, &c.; bach, ?caib, hof: *device used in the fireplace, ?to support a cauldron or to stir food, &c.; hook, ?mattock, hoe*.
9g. *DGVB* 284, *percig* uel bach, gl. *ligo*. **13g.** *LlI* 24, E gur byeu e gallaur a'r breccan a gobennedyeu . . . a'r weall kynnut a'r tarader a'r *pergyg* (*LlB* 65, pentan hayarn), a'r kremaneu oll eythyr un e'r wreyc. *id.* 92, Am y doodreuyn . . . Kycweyn brenhyn, xxiiii. *Pergyg* brenhyn, cxx. Kallaur brenhyn, lx.

(*b*) Amddiffynnydd, pennaeth, arglwydd; ?gwaywffon: *defender, chief, lord; ?spear*.
c. **1300** *Études* v. 97, Hil coelyng *pergyng* (*R* 1440. 18, *perging*) pennaethev (Cynddelw). *c.* **1300** *H* 23a. 20, dinodyng *perging* pargoch hydyruer (Einion ap Gwgon). *id.* 32a. 9, Post powys *pergyg* kedernyd (Cynddelw). *id.* 57a. 20, Gwr o dinodyng Gwr *bergig* bar (Cynddelw). *id.* 72a. 29, *pergyng* par gueilgyng gualadyr (Cynddelw). *id.* 79a. 27, Dialwys peirglwys *pergig* dyfneint (Gwynfardd Brycheiniog). *id.* 91b. 22, eryr llewyr llaw *bergyng* (Phylip Brydydd). **14g.** (*Dchr.* **17g.**) *Cy* xxvi. 135, Gweilging *perging* pefrgoeth ddeurudd [Einion Offeiriad i Rys ap Gruffudd]. **14g.** *GDG*[3] 424, *Pergyn* ei dudded purgoch [marwnad Dafydd ap Gwilym gan Fadog Benfras]. **15g.** *RWM* i. 424, henw yw *perging* / *pergin* yw arglwydd. **16g.** *GP* xciii, henwav Arglwydd. . . . por: *perging*: peir. **16g.** WILIAM LLŶN: *Gw* (R. Stephens) (At.), *perging*, arglwydd. **1803** *P*, *perging* s. m. . . . that shelters or defends.

(*c*) (geir.) Crochan, pair, llestr: (*dict.*) *cauldron, receptacle, vessel*.
1730 *Leg Wall* 265, *Perging* Brenin . . . Caldariolum Regis. **1753** *TR*, *perging*, Q. wh. a diminutive from Pair. . . . a little cauldron or kettle.

Fel *a*. (geir.) Uchel, tal: (*dict.*) *high, tall*.
c. **1588** *B* ii. 234, *pergin* . . . uchel. **1604–7** *TW* (*Pen* 228) d.g. *altus*. **1632** *D*, *perging*, est vchel. **1722** *Llst* 189, *perging*, high, tall.

pergnau [*pêr*[1]+*cnau*] *e.ll.* (un. b. -*gneuen*). Coed nytmeg, *Myristica fragrans*; nytmegs, cnau'r India, cnau pen, cnau'r mas: *nutmegs* (*trees and spices*).
1816.

pergoed [*pêr*[1]+*coed*] *e.ll.* (un. b. -*en*). ?Coed nytmeg, *Myristica fragrans*: *nutmeg trees*.
1828.

pergorff [*pêr*[1]+*corff*] *eg*. ll. -*gyrff*. Mwmi: *mummy, mummified body*.
1827.

pergyng, pergyn, gw. **pergin.**

pergyrs [*pêr*[1]+*cyrs*] *e.ll.* (un. b. -*gorsen*). Rhyw blanhigyn (neu blanhigion) persawrus dwyreiniol, calamus peraidd, '*Calamus aromaticus*': *sweet calamus*.
1852.

pergys, gw. **perts**[1]**.**

perhaf: perhau[1] [bf. o'r a. *pêr*[1]] *bg.a.* Pereiddio, melysu: *to make or become sweet, sweeten*.
16g. (**18g.**) *Card* 84, 1276, Prydain ith Lŷs ath Lwŷs fedd / . . . / Pur a Glân yn *pêrhau* Gwledd (Wiliam Cynwal). *c.* **1730** *Thos. Lloyd D* (LlGC) 190b, *perhau* . . . Dulcesco, mitesco. **1803** *P*, *perâu*, v. a. to render sweet; to become sweet, delicious, or fragrant.

perhau[2]**,** gw. **parhaf**[1]**: parhau.**

perhôn, gw. **perhôn** (*rh*≡*rh*).

periad, perian(t), gw. **pariad, peiriant.**

pericardial, pericardiol [bnth. a chfdds. o'r S. *pericard*(*ial*)(+-*iol*)] *a*. *Biol*. Yn perthyn i'r pericardiwm neu'n digwydd ynddo: *pericardial* (*in biol.*).
20g.

pericardiwm [bnth. S. *pericardium*] *eg*. *Biol*. Coden bilennol o gwmpas calon anifeiliaid asgwrn-cefn, pilen y galon: *pericardium* (*in biol.*).
20g.

pericarp [bnth. S. *pericarp*] *eg*. *Bot*. Hadlestr: *pericarp*.
20g.

perid, gw. **paraf**[1]**: peri.**

peridydd [?bôn y f. *paraf*[1]: *peri*+-*idydd* (At.); dichon mai ff. ferfol a welir yn yr ail engh., gw. *SC* xviii/xix. 73] *e?g*. ?Creawdwr, un sy'n peri: *creator, one who causes, instigator*.
13g. (**17g.**) *B* xxiii. 315, Gollychaf peryf *peridydd* / a beris Deigr mab Dafydd. **14g.** *T* 55. 20, nywdant wy py dyd *peridyd* pwy.

perierin, gw. **pererin.**

perifferal, perifferol [bnth. a chfdds. o'r S. *peripher*(*al*)+-*ol*] *a*. Yn perthyn i'r perifferi neu wedi ei leoli yno, ymylol, ffiniol, amgantol: *peripheral*.
20g.

perifferi [bnth. S. *periphery*] *eg*. ll. *perifferïau*. Ffin allanol corff, eithaf arwyneb, ymyl, amgant: *periphery*.
20g.

perifferol, gw. **perifferal.**

periffrastig [cfdds. o'r S. *periphrast*(*ic*)+-*ig*[2]] *a*. *Gram*. Yn defnyddio dull cwmpasog, e.e. bf. gynorthwyol ynghyd â be. (yn hytrach na ff. gryno'r ferf) (am gystrawen): *periphrastic*.
1931.

perigl, periglaf: periglo, perigliad, gw. **perygl, peryglaf: peryglu, perygliad.**

periglor [?*perigl*+-*awr*[3], -*or*; am drafodaeth bellach, gw. *LAL* 68–9] *eg*. ll. -*ion*. Offeiriad (plwyf), cyffeswr, person, rheithor, ficer, curad, clerigwr (sy'n dal bywoliaeth); clerc (llys): (*parish*) *priest, confessor, parson, rector, vicar, curate, clergyman, incumbent; clerk* (*of court*).
13g. *LlI* 9, nas dele e gan er escop, vrth y uot en *peryglavr* e'r brenhyn. **13g.** *Cylchg LlGC* v. 60, megys e tystynt e reeni ar *periglavr*. **13g.** *LBS* iv. 370, Henwyn .m. gwyndaf hen o lydaw. *periglawr* catuan. *c.* **1300** *H* 98a. 9, rac yn periglaw heb *periglawr*. **14g.** *T* 9. 10, At[wyn] bryt wrth penyt *periglawr*. **1346** *LlA* 96, vrth yr ysgin obali fflamgoch yroed pan or ermin manurith yn arwydockav y*perigloryon*. *id.* 136, pwybynnac awnel penyt kyureithawl gossodedic atto [*sic*] *periglawr* arnaw . . . ef ageiff trugared nef. **14g.** *GDG*[3] 368, *Periglor* gerddor geirddoeth, / Barcutan, da y cân, Duw coeth [am y Brawd]. *c.* **1400** *R* 1168. 26–7, *periglawr* periglus wyndyt [Cynddelw i Dysilio]. *c.* **1400** *B* iv. 35, or mynn dyn wybot kyfrinach gwr neu wreic. bwryet yn y gwsc arnaw ychydic or lludw ac ef a atteb idaw o bobpeth dirgeledic or a ovynno megys . . . mal wrth y *beriglawr*. **15–16g.** HYWEL RHEINALLT: *Gw* 4, Arglwyddes ym mynwes môr, / A'r eglwys a'r *periglor*. **1567** *LlGG* [xvi], [y] Curat, sef y *periglor* a vo yn gwasanaythy yn pop Eccles plwyf ai Capel. **1604–7** *TW* (*Pen* 228) d.g. *curio*. *Dchr.* **17g.** *J* 10, 123b, *periglor*, curat. **1632** *D*, *periglor*, parochus. **1677** *TC* 7a, *periglorion*, offeiriaid plwyfau. **1688** *TJ*, *periglor*, gŵr eglwysig: a Parish-Priest or Curate. **1722** *Llst* 189, *periglor* . . . parson, rector. **1784** M. WILLIAMS: *S* i. 47, mae'r *periglor* (clerc) yn gorchymyn i un o'r carcharwyr ddyfod o flaen y faingc. **1794** *W* d.g. *vicar* [*an incumbent of an impropriated or appropriated benefice*]. **1803** *P*.
Amr.: **periglwr, peryglwr** [+-*wr*] (ll. -*wyr*). **15g.** *LHDd* 103, [*p*]*ericlwr*. **16g.** (*LlEG*) *Mos* 158, 521a, *perygglwyr*. *Diw.* **16g.** *LBS* iv. 427, *periglwyr*. **pryglwr** [cf. *peryglwr*]. *Dchr.* **17g.** *J* 10, 132b, *pryglwr*, sacerdos, parochus. **1707** *AB* 219d.

periglordy [*periglor*+*tŷ*] *eg*. Persondy, ficerdy, rheithordy: *parsonage, vicarage, rectory*.
1834.

periglorìaeth [*periglor*+-*iaeth*] *eb*. ll. -*au*. Swydd a bywoliaeth person, ficer, rheithor, neu gurad, personiaeth, rheithoriaeth, curadiaeth: *office and living of parson, vicar, rector, or curate, parsonage, rectory, curacy*.
1239 D. R. THOMAS: *HDStA* i. 493, Excepto hoc quod ad nos pertinet per *Perigloriet*' de Meyvot. **1632** *D* d.g. *curionatus*. **1722** *Llst* 189, *periglorìaeth*, f. a curacy. **1770** R. PRICHARD: *CC* [i], *Periglorìaeth* Llowhaden. **1778** *W* d.g. *parsonage*.

periglorol [*periglor*+-*ol*] *a*. Yn perthyn i reithor neu ficer: *rectorial, vicarial*.
1858.

periglorwr [*periglor*+-*wr*] *eg*. ll. -*wyr*. Offeiriad (plwyf), ficer, rheithor: (*parish*) *priest, vicar, rector*.
1685 *Art* 10, Ynghylch Wardeinied yr Eglwys, chwegwir *Periglorwyr*, a chlochyddion.

periglus, periglwr, gw. **peryglus, periglor.**

perihelion [bnth. S. *perihelion*] *eg*. *Ser*. Y pwynt ar orbit planed, comed, &c., pan fyddo agosaf at yr haul: *perihelion* (*in astron.*).
1779 M. WILLIAMS: *BM* 18, Fe fydd y Ddaear . . . yn y *Perihelion* neu'r man nesaf at yr Haul yr 8ed Dydd o fis Rhagfyr. **1789** *id.* 34, Yn gymmaint ag i'r comet hon ddyfod i'r *perihelion*, (hynny yw y pwint nesaf i'r haul).

perimedr [cfdds. o'r S. *perimeter*] *eg*. ll. -*au*. *Math*. (Mesur) amlinell ffigur amgaeedig, cylchfesur, amfesur; llinell, ffens, &c., sy'n nodi neu'n amddiffyn ffin allanol: *perimeter* (*also in math.*).
20g.

perinaf: perina, gw. **pereriniaf: pererinio.**

perindotaeth [bôn y f. ddil. + *-aeth* neu < **pererindotaeth* drwy gyw.] *eg.* Pererindod, hefyd yn *ffig.*: *pilgrimage, also fig.*
1609 R. SMYTH: *CAC* 37, yn galw o'r byd yma, megis allan o *berindotaeth* amylyddiaeth orthrwmys. **1611** R. SMYTH: *SG* 168, [t]aithfwyd i ddyn, yn i *berindotaeth* yn y byd yma. *id.* [2]73, diweddiad *perindotaeth* daearawl. **1615** R. SMYTH: *GB* 75, nad iw yn bowyd ni ddim arall, onid *perindoteth.*

perindotaf: perindota, perindotwr, periniaeth, gw. **pererindotaf: pererindota, pererindotwr, pereriniaeth.**

periodaf: periodi, periodas, periodasol, gw. **priodaf: priodi, priodas, priodasol.**

peripatetig, peripatedig [cfdds. o'r S. *peripat(et(ic))* + *-ig*², *-edig*] *a.* Crwydrol, teithiol; yn dysgu mewn mwy nag un ysgol (am athro); *Athr.* yn perthyn i'r ysgol athronyddol a sefydlwyd gan Aristotlys: *peripatetic (also in philos.).*
1939.

peripheral, periphrastig, gw. **perifferal, periffrastig.**

perisgop [bnth. S. *periscope*] *eg.* ll. *-au.* Dyfais optegol (yn enw. mewn llong danfor) sy'n gyfrwng i weld gwrthrychau na fyddent fel arall yn y golwg: *periscope.*
1939.

peritonëwm [bnth. S. *peritoneum*] *eg.* Pilen serws denau o gwmpas ceudod yr abdomen a'r ymysgaroedd, ffedog y bol, llieingig y bol, perfeddlen: *peritoneum.*
20g.

peritonitis, peritoneitus [bnth. S. *peritonitis*] *eg.* Llid y peritonëwm, llid y berfeddlen, llid y ffedog: *peritonitis.*
20g.

peritori [bnth. S. Diw. Cyn. *peritorie* (amr. ar *parietary*) 'pellitory'] *eg. Bot.* Llysiau'r pared, pared y mur, paredlys, murlwyn, murlys, pelydr y gwelydd, *Parietaria diffusa*: *pellitory of the wall (in bot.).*
16g. (1763) W. SALESBURY: *LlM* 16, y *peritory* ne'r paretlys. *Diw.* **16g.** *WLB* 15, Kymer y *peritori.*
Gw. hefyd **pelitori.**

Periwiad, Peruiad [e.'r wlad *Periw, Peru* + *-iad*³] *eg.* ll. *-iaid.* Un o drigolion Periw: *a Peruvian.*
1816.
Amr.: **Periwfiad, Perufiad** [cfdds. o'r S. *Peruv(ian)* + *-iad*³] **1823.**

periwig, gw. **perwig.**

perl [bnth. S. C. *perl(e)*, neu'n uniongyrchol o'r H. Ffr.] *eg.* (bach. g. *-yn*, b. *-en*) ll. *-au, -(e)s, -ys.*

(*a*) Gem ddisgleirwen galed lefn a gynhyrchir gan wystrys a molysgiaid dwygragennog eraill y tu mewn i'r gragen o gwmpas greyenyn o dywod, &c., mererid, gem artiffisial debyg, y sylwedd y cyfansoddir perlau ohono, hefyd yn *dros.* ac yn *ffig.*: *pearl, also transf. and fig.*
14g. *GDG*³ 132, Rhai o ferched y gwledydd, / Sef gwnân' ar ffair, ddiddan ddydd, / Rhoi *perls* a rhubi purloyw, / Ar eu tâl yn euraid hoyw. **15g.** *IGE*² 226, *Perles* pêr herber hirbarch [cywydd y cnau i'm llaw gan Ieuan ap Rhydderch]. **15–16g.** *TA* 203, Dwg y *perl* ar dy gap pân [i Robert ap Rhys]. *id.* 333, Pen yn dysg pan aned oedd, / Preladiaid, eu *perl* ydoedd [marwnad Robert Pilstwn]. **1547** *WS, perl,* a perle. **16g.** *Med H* 16, saith vaen gwerthvawr a gymerant i lliwie . . . gan yr un planedeu . . . *Perl* gan y Lleuad. **1567** *TN* 10a, na thavlwch eich gemmae [:– *perleu*] geyrvron moch. **1595** H. LEWYS: *PA* d.d., *Perl* Mewn Adfyd neu, *Perl* ysprydawl, gwyrthfawrocaf, yn dyscu i bôb dyn garu, a chofleidio y groes. **16–17g.** *CRC* 28, J mae dwvfron im lloer dirion / O fewn i chrys val maen *perlys.* **16–17g.** T. R. ROBERTS: *EP* 298, *perlyn* gwawd pair lûn y gwydd / perchennog parch awenydd. **1615** R. SMYTH: *GB* 204, i dannedd megis *perlau* o'r dwyrain. **1632** J. DAVIES: *LlR* 377–8, yr ydym ni . . . yn myned at y pysgod, ac yn cael ganthynt hwythau *berlau* i'w crogi yn ein cylch. **1672** R. PRICHARD: *Gw* 7, Cymmer *berl* o enau llyffan, / Cymmer aur o ddwylo aflan. **1723** J. JONES: *LlA* 38–9, Mae'r Anianyddion . . . yn dywedyd, fod *Perlyn* yn Siol y Llyffant. **1793** DAFYDD IONAWR: *CD* 125, Yna, etto, trodd nattur / Yn ddagrau, mal *perlau* pur.

(*b*) *Meddyg.* Pilen ar y llygad, magl, cataract: *cataract (of the eye) (in med.).*
c. **1548** *CM* 1, 711, hrag y *Perl* ar magyl mewn llygad gwr ne wraig. *Diw.* **16g.** *WLB* 26, Rhac *perl* mewn llygad dŷn. **1604–7** *TW* (*Pen* 228), *perlyn* d.g. *albugo.* **18g.** *Y Drysorfa* ci. 282, dechreuodd y llygad dehau imi dywyllu a magu *perlyn* o hono ei hyn [*sic*] heb gael dim niwaid ar wn i. **1771** *PDPh* 41, Brycheuyn neu *Berlyn* ar Lygad.

(*c*) *Arg.* Maint teip tua 5 pwynt: *pearl (in print.).*
1778 *W*, y *berlen* d.g. *pearl, in Printing.*
Cfn.: **perlau'r Gŵr Drwg:** *flowers of the guelder rose.* Ar lafar yn ne-ddwyrain Morg. Cf. *pren—p. y Gŵr Drwg.* **p. yn (o ganol) y mwnws:** *pearls (from) among dross.* **1859.**

perla, gw. **pela.**

perlaf¹**, perliaf**²**: perl(i)o** [bnth. S. (*to*) *purl, pirl*] *bg.a.* Hwntian, haldian, gwegian, syrthio'n bendramwnwgl, rowlian, chwyrlïo: *to stagger, reel, totter, 'go flying', fall headlong, roll, whirl, spin.*
18–19g. *Llr* C 4, 84, *perlo,* to stagger Glam. mi dy darawa di nes bot yn *perlo.* Ar lafar yng ngodre Cered., sir Benf., a'r De, 'Cei di glowten nes bo ti'n *perlo*', *SC* vi. 123; hefyd yng ngodre Cered. ynglŷn â thaflu carreg i ddechrau gêm, 'Cyn chwareu, *perlid* carreg—un wyneb iddi yn sych a'r llall yn wlyb', *Cymru* xxxiv. [121].

perlaf²**: perlo,** gw. **perliaf**¹**: perlio.**

perlaidd [*perl* + *-aidd*] *a.* Tebyg i berl, wedi ei wneud o berlau, wedi ei addurno â pherlau, yn cynnwys perl(au): *pearly, made of pearls, adorned with pearls, containing a pearl or pearls.*
1775 D. JONES: *HCY* 178, Mae'n dodi'r Pyrth *perlaidd* i 'mddangos yn glir. **18–19g.** *Llr* C 2, 304, *perlaidd,* pearly.

perlen¹, gw. **perl.**

perlen² [bôn y f. *perlaf*¹, *perliaf*²: *perl(i)o* + *-en*] *eb.* Clowten, ergyd: *clout, blow.*
Ar lafar, 'Fe rois i *berlen* iddo fe'.

perlesmair, pêr lesmair [*pêr*¹ + *llesmair*] *eg.* ll. (-)*lesmeiriau.* Ecstasi, perlewyg, llesmair, gorawen, hefyd yn *ffig.*: *ecstasy, trance, rapture, also fig.*
1824.

perlesmeiriaf: perlesmeirio [bf. o'r e. bl.] *bg.* Syrthio i berlewyg, llesmeirio: *to fall into a trance, become ecstatic.*
1934.

perlesmeiriol [*perlesmair* + *-iol*] *a.* Llesmeiriol; perlewygol, gorawenus: *entrancing, ravishing; ecstatic, rapturous.*
1833.

perlewyg, pêr lewyg [*pêr*¹ + *llewyg*] *eg.b.* ll. *-on, -oedd.* Cyflwr meddyliol tebyg i gwsg neu freuddwyd, sef diffyg adwaith i symbyliadau allanol, yn enw. pan nodweddir ef gan deimladau gorfoleddus neu weledigaethau crefyddol neu gyfriniol, cyflwr o orfoledd, ecstasi, perlesmair, gorawen, hefyd yn *ffig.*: *trance, ecstasy, rapture, also fig.*
1604–7 *TW* (*Pen* 228), *perlewyc* d.g. *ecstasis, excessus . . . Excessus mentis.* **1632** *D, perlewyg,* suauis extasis. **1688** *TJ, pêrlewig,* llesmair trwy lawenŷdd: a pleasant Extasie. **1753** *TR, perlewyg,* a sweet rapture, a . . . trance. **1773** *W*, rhoddi . . . mewn *pêr-lewyg* d.g. *to entrance.* **1803** *P, perlewyg,* s. f. pl. *odd,* extacy, rapture.

perlewygaf: perlewygu [bf. o'r e. bl.] *bg.a.* (Peri) syrthio i berlewyg, (peri) llesmeirio: *to (cause to) fall into a trance or become ecstatic.*
1803 *P, perlewygu,* to fall into rapture.

perlewygedd [*perlewyg* + *-edd*¹] *eg.* Ecstasi, perlesmair, perlewyg: *ecstasy, trance.*
1904.

perlewygfa [*perlewyg* + *-fa, ma*] *eb.* ll. *-fâu, -feydd.* Perlewyg, ecstasi, perlesmair, gorawen: *trance, ecstasy, rapture.*
1346 *LlA* 98, yryd ydywedEdic yspryt ysprydolyon weledigaethev yny marwhunev ar *perlewycuaev* adelont or serchawl garyat hwnnw. *id.* 100, ynysyrthyo arnat vynych *berlewycuaeu* yn dissymwth. **1604–7** *TW* (*Pen* 228) d.g. *ecstasis.* **1803** *P, perlewygva,* s. f. pl. t. *au,* rapture.

perlewygiad [bôn y f. fl. + *-iad*¹] *eg.* Ecstasi, perlesmair, gorawen: *ecstasy, rapture.*
1803 *P.*

perlewygol [*perlewyg* + *-ol*] *a.* (Megis) wedi syrthio i berlewyg, yn cyd-fynd ag ecstasi, o natur ecstasi, nodweddiadol o berlewyg; yn peri ecstasi neu berlesmair, perlesmeiriol: *ecstatic, rapturous, trance-like; causing ecstasy or rapture.*
1773 *W* d.g. *ecstasied, ecstatic, or ecstatical, rapturous.* **1803** *P, perlewygawl,* rapturous.

perlewygus [*perlewyg* + *-us*] *a.* Perlewygol; perlesmeiriol, llesmeiriol: *ecstatic; entrancing.*
1832.

perlfaen [*perl* + *maen*¹] *eg.* Perl: *pearl.*
1604–7 *TW* (*Pen* 228) d.g. *erythræus Lapillus. c.* **1658** R. VAUGHAN: *E* [xvi], Mal y golau *berlfaen.*

perlgragen [*perl* + *cragen*] *eb.* ll. *-gregyn.* Cragen ac arni araen berlaidd, cregynnem: *pearl-shell, nacre, mother-of-pearl.*
1841.

perliaf¹**, perlaf**²**: perl(i)o** [bf. o'r e. *perl*] *bg.a.* (Peri) disgleirio fel perl, caneitio; addurno â pherl(au); ffurfio perl(au), hefyd yn *dros.* ac yn *ffig.*: *to (cause to) shine like a pearl, glisten; decorate with a pearl or pearls; form a pearl or pearls, also transf. and fig.*
16–17g. *GST* i. 668, *Perliwyd* celynllwyn purlas, / Perl ar glog y parlwr glas. / Mae aur a pherl mawr i'w phen, / Marc glân ym mrig celynnen. Ar lafar yng Nghonwy yn yr ystyr 'casglu perlau o gregyn', ac yn Arfon yn yr ystyr 'to form pearls (in speaking of mussels)', *WVBD* 425; gynt dywedid yno hefyd 'Mae o wedi câl 'i *berlio*' '[He's been] taken ill by eating mussels (because it was supposed that the person affected had swallowed a pearl)', *ib.* Sonnir ar lafar hefyd fod llygaid plentyn yn *perlio* gan lawenydd neu foddhad.

perliaf²**: perlio,** gw. **perlaf**¹**: perlo.**

perlog, perliog [*perl* + *-(i)og*] *a.* Tebyg i berl(au), yn disgleirio fel perl(au), perlaidd, yn caneitio; wedi ei addurno â pherlau; wedi ei wneud o berlau; yn dwyn perl(au) (am wystrys, &c.); hefyd yn *dros.* ac yn *ffig.*: *(shining) like a pearl or pearls, glistening; adorned with pearls; made of pearls; pearl-bearing (of oysters, &c.); also transf. and fig.*
17g. E. MORUS: *Gw* 74, Trwyn *perlog* mawr, gwerthfawr gŷn, / Mor euraid â marworyn [yn erbyn meddwdod]. **1707** *AB* 86b, *perlog* d.g. *margaritifer.* **1722** *Llst* 189, *perlog,* decked (beset) with pearls. **1778** *W* d.g. *pearled, pearly.*

perlyn, perlys¹,², gw. **perl, perlysiau, perl.**

perlysiau, pêr lysiau [*pêr*¹ + *llysiau*] *e.ll.* (un. (-)*lysieuyn*). Planhigion a ddefnyddir i roddi blas, aroglau, neu liw, ar fwyd, &c., neu at bwrpas meddyginiaeth, llysiau crochan; sbeisys: *(aromatic or medicinal) herbs, pot-herbs; spices.*
1588 *Can* iii. 6, Pwy yw hon sydd yn dyfod i fynu o'r anialwch, megis colofnau mwg wedi ei phêr aroglu â Myrh, ac â thus ac â phob *pêr-lysiau* yr apothecari. **1620** *id.* vi. 2, Fy anwylyd aeth i wared i'w ardd, i welâu y *per-lysiau* (**1588** *id.* 1, i'r pêr aroglaidd welau gerddi). *c.* **1688** *SCG* 35, y mae cyrph y duwiol yn gorwedd yn y bêdd, megis mewn gwely *per-lysiau.* **1709** H. POWEL: *G* 48, Yn yr Eglwys y maent yn eistedd ar ddrain; ond yn y chwareudŷ ar *bêr lyssiau. c.* **1730** *Thos. Lloyd D* (LlGC) 191b, *perlysiau,* spices, aromata. *id.* 194a, *perlysiau,* spice. *c.* **1740** *LlM* 44, Seasonwch eich Golwythion Cig, a *phêr Lysiau* neu Spices. *ib.* Ymenyn a *Phêr Lysiau* melysion. *c.* **1762–79** W. WILLIAMS: *P* 230, yn dwyn trysorau mawrion gyda hwynt, o bob *perlysiau,* a pheraroglau. *id.* 276, hwy a beraroglont eu hunain â rhyw *berlysiau.* **1795** J. THOMAS: *AIC* 356, Mehefin . . . [c]ynnyll ynghŷd yr hôll *bêr-lysiau* a bwrcaswyd i'w sychu a'u cadw drŵy'r

flwyddyn. **1803** *P*, *perlysiau*, aromatic herbs, sweet herbs.

Amr.: **perlys**[1] [*pêr*[1] + *llys*[5]]. **1848.**

Gw. hefyd **perllys.**

perlysieuaf: perlysieuo [bf. o'r e. bl.] *ba.* Sbeisio: *to spice.*

[**1783**] *W* d.g. *spice, to* [*season with*] *spice.*

perlysieuog, perlysiog [*perlys*(*iau*) + -(*i*)*og*] *a.* Sbeislyd; peraroglaidd; llawn perlysiau: *spicy*; *aromatic*; *abounding with herbs.*

1727 J. JONES: *DFF* 332, wele'r fâth Ardd *berlysiog* aroglaidd. **1803** *P*, *perlysiawg*, abounding with aromatic herbs.

perlysieuol, perlysiol [*perlys*(*iau*) + -(*i*)*ol*] *a.* Sbeislyd; peraroglaidd; llawn perlysiau: *spicy*; *aromatic*; *abounding in herbs.*

18–19g. R. DAVIES: *DB* 112, Gwel fygdarth *perlysieuol* / O Saron freiniol fry.

perlysieuwr, perlysieuydd [*perlysiau* + -*wr*, -*ydd*[3]] *eg.* ll. *perlysieuwyr.* Groser; llysieuwr: *grocer*; *herbalist.*

1814.

perlysiog, perlysiol, gw. **perlysieuog, perlysieuol.**

perllan [*pêr*[2] + *llan*] *eb.* ll. -*nau*, -*noedd*, *perllennydd*, -*llenni.*

(*a*) Darn o dir amgaeedig ar gyfer tyfu coed ffrwythau, &c., hefyd yn *dros.* ac yn *ffig.*: *orchard, also transf. and fig.*

13g. *LlI* 58, Try thlus kenedel e gelwyr melyn a choret a *pherllan.* **13g. (1641)** *HGK* 30, heu koedydd ag eu plannu, a gwneithur *perllanneu* a garddeu ag eu damgylchynu o gaeu a ffossydd. **14g.** *CL* 369, [y] *berllan* honno a oed eidaw Ruben tat Iudas. **14g.** *GDG*[3] 356, *Perllan* clod y gwirodydd, / Pair Dadeni pob rhi rhydd [i dref Niwbwrch]. *id.* 424, *Perllan* cerdd, pâr llinon coch [marwnad Dafydd ap Gwilym gan Fadog Benfras]. *c.* **1400** *YCM*[2] 79, Iachach nor aual iachaf ar y *berllan.* *c.* **1400** *ChO* 5, E chwil gynt a ehedawd y mywn *perllann*, yn yr honn yd oed amryuaelon lysseuoedd, a ffrwytheu bonhedic, a ros cochyon, a rei gwynnyon, a lilis, a ffenigyl. **15–16g.** *TA* 24, Ys da lys, nawoes, o deils newydd, / A phur i llynnau a'i *pherllennydd* [am Wedir]. *id.* 365, Fal cael imp o Fwlclai oedd, / A bair llwyn yn *berllannoedd.* **1547** *WS*, *perllan*, an orcheyard. **16g.** *LlGC* 4581, 91b, mewn *per*[*ll*]*enni* a garddæ. **1588** *Can* iv. 13, Dy blanhigion ydynt fel *perllan* o Bomgranadau, a ffrwyth peraidd. *id.* vi. 10, Euthum i wared i *berllan* y cnau. **1620** 2 *Esd* xvi. 29, mewn *perllan* oliwŷdd. **1672** R. PRICHARD: *Gw* 48, Adda a'n taflwys, i vffern heb orphwys, / O *berllan* Baradwys esmwytha. **17g.** HUW MORUS: *EC* i. 240, Dyffryn Glyn Ceiriog oedd *berllan* liosog. *id.* 356, Caf weithian beth arian ym *mherllan* fy mhwrs. **1803** *P.*

(*b*) Gwrthrych a oedd yn gysylltiedig â'r arfer o wasaela: *object connected with the custom of wassailing.*

1823 *Llsgr R. Morris* cvii, Mae genym elor hynod, a drywod dan y llen, / A *pherllan* wych o afalau yn gyplau uwch ei phen; / A nutmeg beth, a spices beth, ac ambell eneth wen. Cf. T. M. OWEN: *WFC*[3] 59, In the Kidwelly district the *perllan* was 'a small rectangular board with a circle marked in the centre and ribs of wood running from the centre to each of the four angles. At each corner of the board an apple was fixed, and within the circle a tree with a miniature bird thereon.' Cf. ymhellach JOHN THOMAS: *Cofiant y Parch. T. Rees* (1888) 15–16, Yn adeg y Nadolig a'r Calan arferai fyned oddiamgylch amaethwyr y wlad [ardal Llangathen, sir Gaerf.] i werthu *perllanau*, fel eu gelwid, neu yn hytrach i'w rhoddi yn gyfnewid am galenig . . . Darn o astell ysgwar ydoedd, o faint llyfr deuddeg-plyg. Yr oedd pedair olwyn fechan dani, ac yr oedd ei harwyneb yn llawn tyllau bychain. Yn y tyllau hyn rhoddid pinau pren, ac ar flaen y pin canol gosodid afal coch . . . ac ar flaen y pinau eraill griafol (berries) cochion, a rhyw bethau eraill i amrywio y lliwiau. Yr oedd golwg brydferth iawn ar y *berllan*, a chadwai am fisoedd . . . Rhoddid . . . [rh]yw gymaint o arian am y *berllan*, heblaw y blawd gwenith, a cheirch, a sucan, a chaws, a nwyddau bwytadwy eraill. Ceid fel hyn ddigon o fodd i gynal y teulu am wythnosau.

perllannaidd [*perllan* + -*aidd*] *a.* ?Tebyg i goed mewn perllan; tebyg i berllan: ?*like trees in an orchard*; *like an orchard.*

15g. *Pen* 57, 37, Y gwreidd a vo goreudda / Gnawd dwyn o hanaw gnwd da / Imp o dir sych ym pedr sant / Nachoet ir nychadeirant / Ony byddann *berllanneidd* / A di grin a da y gwreidd. **1803** *P*, *perllanaidd*, like an orchard.

perllannog [*perllan* + -*og*] *a.* Ac iddo berllan(nau), llawn o berllannau; tebyg i berllan: *having an orchard or orchards, abounding with orchards*; *like an orchard.*

1703 E. WYNNE: *BC* 51, A'r Barth *perllannog* llownwyn / Heb ddwyn ond chwyn a hêsc. **1803** *P*, *perllanawg*, abounding with orchards.

perllannwr, perllannydd [*perllan* + -*wr*, -*ydd*[3]] *eg.* ll. *perllanwyr.* Un sy'n plannu perllan(nau), un sy'n trin perllan(nau): *one who plants or cultivates an orchard or orchards.*

1604–7 *TW* (*Pen* 228), *perllanwr* d.g. *pomarius.* **1632** *D*, *perllannwr* d.g. *pomarius.* **18–19g.** *Llr* C 54, 62, *perllannydd*, a planter of Orchards.

perllanyddiaeth [*perllannydd* + -*iaeth*] *e?b.* Y grefft neu'r weithred o dyfu a thrin coed ffrwythau mewn perllannau: *the cultivation of fruit trees in orchards.*

18–19g. *Llr* C 54, 62, *perllanyddiaeth*, fruit Gardening.

perllys [*pêr*[1] + *llys*[5]] *eg.* ac *e.ll.* *Bot.* Persli, *Petroselinum crispum*; gorthyfail, *Anthriscus sylvestris*; enw ar blanhigion gwyrdd eu blodau o'r tylwyth *Reseda*: *parsley*; *cow-parsley, wild chervil*; *mignonette.*

1801 *MMf* 114, y *perllys* (*Llr* C 24, 273, persli) a dyf mewn gerddi. *id.* 260, Llyma rinwedd y *perllys* (*Llr* C 24, 364, persli), a elwir yn y Lladin 'petrosilium'. **1803** *P.* **1813** *WB* 226, *Perllys*; Apium Petroselinum; Parsley.

Cfn.: **perllys yr hêl (helau):** *wild celery, smallage, Apium graveolens.* **1801** *MMf* 167, [*p*]*erllys yr hêlau* (*Llr* C 24, 313, smalats). *id.* 169, [*p*]*erllys yr hel.* **1813** *WB* 226, *Perllys yr Hel*, edr. Helogan. **p. y meirch:** *lovage, Levisticum officinale.* **1801** *MMf* 287, Levisticum, *perllys y meirch.* **p. y môr (morfa, mordir) = p. yr hêl.** **1801** *MMf* 98, *perllys y morfa* (*Llr* C 24, 264, Merds). *id.* 101, *perllys y mor.* *id.* 114, *perllys y mordir* (*Llr* C 24, 273, Marsd [*sic*]). **1813** *WB* 226, *Perllys y Morfa*, edr. Helogan. **p. y perthi:** *bur-parsley, Caucalis*; *rough chervil, Chærophyllum temulentum.* **1934.**

Gw. hefyd **perlys.**

perllysg, gw. **byrllysg.**

perm [bnth. S. *perm* 'permanent wave'] *eg.* Tonnau neu gyrls artiffisial yn y gwallt a gynhyrchir drwy driniaeth arbennig â chemegolion ac sy'n para am rai misoedd, y driniaeth neu'r proses a ddefnyddir i'w cynhyrchu: *perm, permanent wave.*

20g.

Permaidd, Permiaidd [cfdds. o'r S. *Perm*(*ian*) + -(*i*)*aidd*] *a.* a hefyd fel *eg.* *Drg.* (Yn perthyn i'r) cyfnod sy'n dilyn y cyfnod Triasig ac yn dod o flaen y cyfnod Carbonifferaidd: *Permian.*

1858.

permanganad [bnth. S. *permanganate*] *eg.* *Cem.* Unrhyw un o halwynau asid permanganig: *permanganate.*

1937.

permanganig—asid p., gw. **asid** (At.).

permeisiaf: permeisio, gw. **promisiaf: promisio.**

permiaf: permio [bnth. S. (*to*) *perm*] *ba.* Trin (gwallt) gan ddefnyddio perm, rhoddi perm i: *to perm.*

20g.

Permiaidd, gw. **Permaidd.**

pernaf: pernu, gw. **prynaf: prynu.**

pernel, *e?g.* *Bot.* Troed yr asen, garllegog, *Alliaria petiolata*: *hedge garlic.*

?**15g.** *B* xv. 117, saws glas . . . / . . . / Seifs, *pernel*, persli, pelydr / Suran, ditans, afans hydr (?Ieuan ap Rhydderch). **16g.** *LlGC* 4581, 51a, Alliaria yn Llatin, Sauce alone nei Jacke of the hedge yn Saesonaec. Troet yr assen nei *pernel* yn Camberaec. **1604–7** *TW* (*Pen* 228) d.g. *alliarum.*

pero [yr e. p. (ar gi) *Pero* fel e.c.] *eg.* Term o anwyldeb (hefyd weithiau'n ddifr.) am berson a ddefnyddir weithiau gan siaradwr wrth gyfeirio ato ei hun; un cyfrwys, cono: *term of affection* (*sometimes also derog.*) *for a person, sometimes used by a speaker to refer to himself, cf. E. 'muggins'*; *cunning fellow.*

Ar lafar yn y Gogledd, *WVBD* 425; 'A *pero*'n mynd i'r efal, a pisyn o huarn i neud pedol ceffyl'; 'Mae o'n hen *bero*'.

perocsid [bnth. S. *peroxide*] *eg.* ll. -(*i*)*au.* *Cem.* Cyfansoddyn o ocsygen ac elfen arall ac ynddo gyfran helaeth o ocsygen: *peroxide.*

1937.

perod, gw. **parot.**

perog [*pêr*[2] + -*og*] *eg.* Perai: *perry.*

Ar lafar yn ne-ddwyrain Morg.

perogl [*pêr*[1] + *ogl*] *e?g.* ll. -*ion.* Perarogl, arogl: *scent, aroma.*

1852.

peron [?*pêr*[1] + *iôn*] *eg.* (Yr) Arglwydd, Duw: (*the*) *Lord, God.*

16g. *Pen* 58, 54, ac ar y meyrch marchogion newydd o weithret *Peron* a ma[rt]hyron hep ffydd. *c.* **1562** *B* ii. 234, *peron*: arglwydd. *c.* **1588** *ib. peron*: . . . duw. *c.* **1730** *Thos. Lloyd D* (LlGC) 190b, *peron*, Deus. Dominus, un o enwau Duw. **1803** *P*, *peron* . . . the creator; the lord.

peror [amr. ar yr e. *puror*[2] dan ddyl. yr a. *pêr*[1]] *eg.* (b. -*es*) ll. -*ion.* Cerddor: *musician.*

17g. *LlGC* 13215, 373, *peror*, musicus. **1707** *AB* 219c, *peror*, a musician. S. **18g.** *TCHSDd* xxviii. 171, Ieuan Vardd iawn ei vod / Yn *beror* awen barod (Siôn Pywel). **1803** *P* d.g. *perawr, perores.*

peroraethydd, gw. **peroriaethwr.**

peroraf, peroriaf: perori(o) [bf. o'r e. *peror*] *bg.a.* Canu, chwarae (cerddoriaeth); trydar; llanw â cherddoriaeth; hefyd yn *ffig.*: *to sing, play* (*music*); *chirp*; *fill with music*; *also fig.*

1803 *P*, *peroriaw*, to practise music.

peroraidd [*peror* + -*aidd*] *a.* Melodaidd, persain, cerddorol: *melodious, sweet-sounding, musical.*

1761 *ML* ii. 409, dynan diniwed, cwrtais, *peroraidd* o Will Llwyd.

perorasiwn [bnth. S. *peroration*] *eg.b.* ll. *perorasiynau.* Diweddglo araith, ysgrif, &c., sy'n crynhoi ac yn pwysleisio'r prif bwyntiau: *peroration.*

1937.

perorawd [cfdds. o'r S. *peror*(*ation*) + -*awd*[4]] *eg.* Perorasiwn: *peroration.*

1899.

perores, gw. **peror.**

perorfa [*peror* + -*fa*, *ma*] *eb.* ll. -*feydd.* Cerddorfa; côr; llawr ar ffurf hanner cylch o flaen y llwyfan lle y byddai'r corws yn dawnsio a chanu (mewn theatr yng Ngroeg gynt): *orchestra*; *choir*; *orchestra* (*in an ancient Greek theatre*).

1851.

perorfaol [*perorfa* + -*ol*] *a.* Cerddorfaol: *orchestral.*

1883.

peroriaeth [*peror* + -*iaeth*] *eb.g.* ll. -*au.* Melodi, harmoni; cerddoriaeth; ffiloreg, ffwlbri; hefyd yn *dros.* ac yn *ffig.*: *melody, harmony*; *music*; *balderdash, foolish talk*; *also transf. and fig.*

Dchr. **17g.** *J* 10, 123b, *peroriaeth*, melodia, harmonia. **1658** R. VAUGHAN: *PS* 403, yn lleisio *peroriaeth* ac Anthem dragywydd. **1707** *AB* 219c, *perorieth*, musik, melody. [S.] Foolish idle talk. Dimet. **1761** *ML* ii. 377, daccw Ddonatus O'Brien y ffidler a'r composer goreu yn y byd, medd o ei hunan, wedi bod yn rhoddi prawf ym o'i *beroriaeth* ar fy ffidl. **1776** *W* d.g. *melody.* *c.* **1785–90 (1829)** *CBYP* 109, [c]raffiad ag erfyniad y clust yw'r cyfan ar *beroriaeth* odl. **1789** *BDG* [xli], pwy mwy melus ei *beroriath* [*sic*] nag ef [Dafydd ap Gwilym]? **1789** W. RICHARDS: *ABD* 47, anwireddus *beroriaeth* o'ch eiddo chwi ydyw. *id.* 50, Mewn attebiad i'r *beroriaeth* hon. **1789** B. EVANS: *LlG* 81, Yn fy nghyfrif yn ffol . . . fy Ymadrodd yn Ffiloreg; fy ngiaith [*sic*] yn *Beroriaeth.* **1790** T. JONES: *TOS* 7, Po goreu f'or [*sic*] glust, hyfryttaf y *beroriaeth*. **1803** *P*, *peroriaeth*, s. m. melody, harmony of sound; foolish idle talk.

peroriaethaf: peroriaethu [bf. o'r e. bl.] *bg.a.* Canu, canu offeryn(nau) cerdd, chwarae (cerddoriaeth), hefyd yn *ffig.*: *to sing, play (music), also fig.*
1800 C. EVANS: *EJU* 11, Mor orchestol y mae ein hawdur yn *peroriaethu* mawl i'r hên ddefod gnawdol. **1803** *P*, *peroriaethu* . . . to practise music.

peroriaethol [*peroriaeth*+-*ol*] *a.* Melodaidd, persain, soniarus; cerddorol: *melodious, sweet-sounding, tuneful*; *musical.*
1744 D. ROWLAND: *RY* 119, [y] fath Dônau *pêroriaethol*. *id.* 292, wrth glywed y Swyn-gân *bêroriaethol* ymma. **1798** *WR* d.g. *melodious*. **1803** *P*, *peroriaethawl*, belonging to the science of music, musical. **1829** *CBYP* xvii, Maent [erddiganau] yn *beroriaethol* iawn.

peroriaethus [*peroriaeth*+-*us*] *a.* Melodaidd, persain, soniarus: *melodious, sweet-sounding, tuneful.*
1803 *P*, *peroriaethus*, harmonical.

peroriaethwr, peroriaethydd [bôn y f. fl.+-*wr*, -*ydd*[3]] *eg.* ll. -*wyr*, (geir.) -*yddion*. Canwr, cerddor; cyfansoddwr (cerddoriaeth): *singer, musician*; *composer (of music).*
1803 *P*, *peroriaethwr*, s. m. pl. *peroriaethwyr*, a practiser of music. *id. peroriaethydd*, s. m. pl. t. *ion*, a harmonizer of sounds, one who practises harmony, or music. **1816** *AUA* 133, rhanu'r ymrafael rhyngoch chwi a holl *beroriaethwyr* dysgedig y byd.
Amr.: **peroraethydd** (ll. *peroraethwyr*). **1820**.

peroriaf: perorio, gw. **peroraf: perori.**

perorol [*peror*+-*ol*] *a.* Melodaidd, persain, soniarus, llawn cerddoriaeth: *melodious, sweet-sounding, tuneful, full of music.*
1850.

perorus [*peror*+-*us*] *a.* Melodaidd, persain, soniarus: *melodious, sweet-sounding, tuneful.*
1853.

perorydd [bôn y f. *peroraf*: *perori*+-*ydd*[3]] *eg.* (b. -*es*) ll. *perorwyr*. Cerddor, canwr: *musician, singer.*
c. **1820**. Cf. J. T. REES: *Perorydd yr Ysgol Sul* (1915).

peroslef [*pêr*[1]+*goslef*] *eb.* ?a hefyd gyda grym ansoddeiriol. Melodi, harmoni, tôn bersain: *melody, harmony, sweet tone.*
1567 G. ROBERT: *GC* 2, Os byddai un yn chwennychu digrifwch, e gai buror ai delyn i ganu mwyn bynciau, a datgeiniad *peroslau* [*sic*] i ganu gida thant. **1604–7** *TW* (*Pen* 228), *perosle* d.g. *melos* (hefyd *D*). **1722** *Llst* 189, *peroslef*, f. harmony, melody.

perot, gw. **parot.**

perpendicwlar, perpendiciwlar, perpendicular, &c. [bnth. S. *perpendicular*] *a.* a hefyd fel *eg.* ll. -*au*. (Llinell neu blân sydd) ar ongl sgwâr (i blân, llinell, neu arwyneb arall, yn enw. i blân y gorwel), (llinell neu blân) fertigol neu unionsyth; *Pensaer.* yn perthyn i arddull Gothig ddiweddar a geid yn Lloegr o'r 14g. hyd y 16g. ac a nodweddid gan ffenestri mawr a llinellau fertigol: (*a*) *perpendicular, vertical, normal*; *Perpendicular (in architecture).*
20g.

perre, gw. **perai.**

pers, pêrs, Persaeg, gw. **perts**[1], **pêr**[2], **Perseg.**

persain [*pêr*[1]+*sain*[1]] *eb.* ll. -*seiniau*, a hefyd fel *a.* Perseinedd, melodedd; seinber, pêr ei sain, melodaidd, soniarus: *euphony, melodiousness*; *sweet-sounding, melodious, euphonious.*
1773 *W* d.g. *euphony* [*a good sound, or an agreeable utterance of words*]. **1803** *P*, *persain*, s. f. pl. *perseiniau*, euphony.

persawr, persawyr, pêr sawyr [*pêr*[1]+*sawr, sawyr*] *eg.* ll. -*au*. Perarogl, sawr neu aroglau peraidd; sylwedd persawrus, sent; hefyd yn *ffig.*: *fragrance, sweet smell, scent, or odour*; *sweet-scented substance, perfume, scent; also fig.*
1567 *TN* 265b, ydd ym ni y Dduw yn *ber* arwynt [:– arogl, *sawyr*].
Cfn.: *Bot.* **persawr y fynwent:** *pink, Dianthus.* Ar lafar yn ne-ddwyrain Morg.

persawraf, persawriaf: persawru, persawrio [bf. o'r e. bl.] *bg.a.* Perarogli, pereiddio ag aroglau, hefyd yn *ffig.*: *to scent, (cause to) smell sweetly, be fragrant, perfume, also fig.*
1858.

persawredd [*persawr*+-*edd*[1]] *eg.* Perarogledd, aroglau peraidd, hefyd yn *ffig.*: *fragrance, perfume, also fig.*
1894.

persawriaf: persawrio, gw. **persawraf: persawru.**

persawrus [*persawr*+-*us*] *a.* Peraidd ei aroglau, peraroglus, hefyd yn *ffig.*: *fragrant, sweet-smelling, aromatic, also fig.*
1604–7 *TW* (*Pen* 228) d.g. *grateolens* (At.).

persawyr, gw. **persawr.**

persbectif [bnth. S. *perspective*] *eg.* ll. -*au*. Dull o gyfleu golwg tri dimensiwn ar arwyneb dau ddimensiwn er mwyn cynrychioli'n gywir berthynas gwrthrychau o ran pellter, safle, maint, &c.; perthynas ymddangosiadol rhwng gwrthrychau gweladwy o ran safle, pellter, &c.; yn *ffig.* ffordd o edrych ar sefyllfaoedd, ffeithiau, &c., a barnu eu pwysigrwydd cymharol, (gallu i ganfod) gwir berthynas pethau neu eu pwysigrwydd cymharol: *perspective.*
1913.

persed, gw. **persyd.**

Perseg, Persieg [e.'r wlad *Pers((i)a)*+-*eg*[1]] *eb.* Iaith Iranaidd trigolion Persia neu Iran: *Persian (language).*
1907.
Amr.: **Persaeg, Persiaeg** [e.'r wlad *Pers((i)a)*+*aeg*]. **1814**.

perseinder [*persain*+-*der*] *eg.* Perseinedd, melodedd: *euphony, melodiousness.*
1916.

perseinedd [*persain*+-*edd*[1]] *eg.* Melyster sain, melodedd: *euphony, melodiousness.*
1864.

perseingar [*persain*+-*gar*] *a.* Hoff o berseinedd; persain, melodaidd: *fond of euphony*; *sweet-sounding, euphonious, melodious.*
1822.

perseiniaeth [*persain*+-*iaeth*] *eb.* Perseinedd: *euphony.*
1833.

perseiniaf: perseinio [bf. o'r a. *persain*] *bg.a.* Canu'n bersain (am lais neu offeryn cerdd), seinio'n bêr: *to sing, ring, play, &c., melodiously, sound sweetly or euphoniously.*
1803 *P*.

perseiniol [*persain*+-*iol*] *a.* Persain, melodaidd, cerddorol: *sweet-sounding, euphonious, melodious, musical.*
1773 *W* d.g. *euphonical*. **1803** *P*.

perseli, persen, gw. **persli, pêr**[2].

persiad [bôn y f. ddil.+-*iad*[1]] *eg.* Sychiad (gan wres mawr), deifiad, rhuddiad, yn *ffig.*: *a parching, scorching, fig.*
Dchr. **17g.** *Haf* 3, 1a, perssiwyd meūdag lwyd Owain Lawdwn chwith / a chwthiad y dragwn / poeriad sarff fv r *persiad* hwn / *perssiad* Cyffyl ar parsiwn.

Persiad [e.'r wlad *Pers*(*ia*)+-*iad*[3]] *eg.* ll. -*iaid*. Un o drigolion Persia gynt (bellach Iran), brodor o Bersia: *a Persian.*
1588 2 *Cr* xxxvi. 20, nes teyrnasu o'r *Persiaid*. **1588** *Esth* i. 19, cyfreithiau y *Persiaid*, a'r Mediaid. **1632** *D*, cleddyf cam ym mysg y *Persiaid* d.g. *acinacis*. **1661** E. LEWIS: *Drex* 5–6, a'r *Persiaid* a dybient i bod yn gwneûthûr yr Anrhydedd pennaf i Dduw, pan escynnent i ben y Twr uchaf i'w alw ef Cylch y Nefoedd. **1774** H. JONES: *CH* 48, Fe ddywedir am y *Persiaid*, mai 'u harfer oedd danfon eu plant i riw ysgol bellennig, cyn gynted nag y medrent siarad.

Persiaeg, gw. **Perseg.**

persiaf, peirsiaf: pe(i)rsio [bnth. S. Diw. Cyn. (*to*) *perch* 'to parch'] *bg.a.* Sychu (gan wres mawr), deifio, rhuddo; sychu yn yr haul (am wair), cynaeafa; crasu, aerio, tempru, caledu (am ddillad); pobi, rhostio, digoni, tostio; hefyd yn *ffig.*: *to parch, scorch*; *dry in the sun (of hay)*; *be aired (of clothes)*; *bake, roast, toast; also fig.*
1545 *CI* 179, haad kwmin, gwedi . . . j ffrio ne'i *peirshio* wynnt mewn llester o brydd oni ellont twy ynn galled, megis ac j galler j gwneuthud wynnt ynn bowdwr. **16g.** (*LlEG*) *Mos* 158, 247a, [g]wrees yr haul . . . a oedd yn sychu ac yn *peirshio* I krwyn wynt. *id.* 248b, oni ddaruoedd I wres yr haul I *peirsio* wynt. *id.* 599b, ynn *peirshio* I llygaid ai hwynebau ynn yr haul. **1547** *WS*, *peirsio* crasy, parche. *c.* **1548** *CM* 1, 681, haad y bays . . . [*p*]*eirshia* wynnt ynn sych. *Diw.* **16g.** *WLB* 88, Pob rhost gig gwresoc a sych ynt ac o *ffeirsir* ef drwy vinegr, nerthog fydd ef i gylla. *Dchr.* **17g.** *Haf* 3, 1a, *perssiwyd* meūdag lwyd Owain Lawdwn chwith / a chwthiad y dragwn / poeriad sarff fv r persiad hwn / perssiad Cyffyl ar parsiwn. **18g.** TWM O'R NANT: *CO* 25, Pwrs ac arian sy'n *persio*'n geirie. **1783** H. JONES: *PN* 3, Gan dderbyn arian yn ddi gwrs, / A'u bwrw nhw i bwrs, i *bersio*. Ar lafar yn y Gogledd, 'Mae'r gwair yn *persio*', 'Mae'r dillad wedi *persio*', *WVBD* 425. Cf. *BILlE* 32, wedi *persio* meddir am datws popty wedi crimpio.

Persiaidd [e.'r wlad *Persi*(*a*)+-*aidd*] *a.* Yn perthyn i Bersia gynt (bellach Iran) neu i'r Persiaid neu i'w hiaith, nodweddiadol o Bersia neu o'r Persiaid: *Persian.*
c. **1762–79** W. WILLIAMS: *P* 258, yr hen jaith *Bersiaidd*.

Persieg, gw. **Perseg.**

persig [bnth. Llad. *persicum*] *eg.* ac *e.ll.* (un. b. -*en*) Eirinen (wlanog), eirin gwlanog, (ffrwyth(au)) y goeden *Prunus persica*: *peach(es), peach tree.*
c. **1400** *MM* 82, Kymer dyrneit o risc y *persig* wrth y dayar sech. *c.* **1400** *Études* viii. 92, *Persic*, oer a gwlyb ynt yn yr eil rad a'r rei a vo hawd eu gwahanu y wrth yr esgyrn ac yn dynerus eu substans kynt y todir. Kynn bwyt y dylyir eu bwyta a'e kymysgu a gwin goreu o'r a vo. **1604–7** *TW* (*Pen* 228), y *persic* d.g. *mālum* . . . *Persicum duraciuum*. *id.* aualæ *persic* d.g. *persicus, a, um* . . . *persica mala*. *id.* prenn *persic* d.g. *persicus, ci*. **17g.** *LlGC* 13215, 373, *persig*, persicum malum, aval Persia. **18–19g.** *Llr* C 16, 166, *persigen*, a peach.

persli[1], **parsli**[1], &c. [bnth. S. C. *perseli*, S. Diw. *parsley*] *eg.* ac *e.ll.* (bach. b. *perslien*). Planhigyn eilflwydd o deulu'r *Umbelliferæ* a dyfir am ei ddail cyrliog persawrus i'w defnyddio wrth goginio, *Petroselinum crispum*, hefyd am blanhigion eraill tebyg: *parsley, also used of other similar plants.*
c. **1400** *MM* [138], Kymer y dynat coch ar *persli*, a gwna plastyr ohonaw. *c.* **1400** *Études* viii. 90, Y *persli*, gwressawc a sych ynt yn diwed y dryded rad. **1547** *WS*, *persli*, percely. **16g.** (**1763**) W. SALESBURY: *LlM* 9, pan ddel yr hychgryg od yfir gydar *persli* yn amrwd a gwallt y forwyn da Iawn yw I egluro golwg. *id.* 45, yr Anis sydd Debig ei baladr ei ddail ai flode Ir *persli*. *Diw.* **16g.** *WLB* 11, [t]ri thamaid o vara a *ffersli*. **16–17g.** *CRC* 165, oni bydde flawd n y piser ni cheid deilien or *persli*. **1604–7** *TW* (*Pen* 228), *perseli* d.g. *apium*. **1632** *D* (*Bot*), *persli*, apium hortense. **1765** *Cyf C* 142, Teim a *Pharsli*, Safori swrn. **1771** *PDPh* 80, Berwch *Bersli*. **1778** *W* d.g. *parsley*. Ar lafar yn gyff., 'Ma '*mersli* i wedi ffaelu 'leni, 'os dim *perslian* wedi dod lan'; 'Ma gin' i bamid 'yfryd o *bersli*, mân' nw fal fforast fach'; hefyd yn ne-ddwyrain Morg. yn yr ymad. ''Wyt ti'n cretu taw yn y pamid *persli* y ceso i 'ngeni?' wrth rywun a roddodd yr argraff ei fod yn ystyried y siaradwr yn ffôl ac anaeddfed.
Cfn.: **persli'r gors:** *wild celery, smallage, Apium graveolens*. *c.* **1730** *Thos. Lloyd D* (LlGC) 190b, *persli y gors*, G. 104. apium palustre. [**1783**] *W* d.g. *smallage*. **p.'r dŵr:** *name of a number of aquatic umbellifers, e.g. great water parsnip, Sium latifolium, wild celery, smallage, Apium graveolens, water dropwort, Œnanthe*. **1604–7** *TW* (*Pen* 228) d.g. *lauer*. **1688** *TJ* (*Bot*), Berwr y dŵr melŷn, *Persli 'r dŵr*: water Parsley, Belders, Bell-rags, yellow Water-cresses. **p. Ffrengig:** *wild celery, smallage, Apium graveolens*; *fool's parsley, Æthusa cynapium*. **1633** J. GERARDE: *Herball*, *Persli Frengic*, Smallage. *c.* **1730** *Thos. Lloyd D* (LlGC) 190b. **p.'r ardd, p. o'r ardd:** *garden parsley, Petroselinum crispum*. **16g.** (**1763**) W. SALESBURY: *LlM* 160, *Persli Or Ardd*. *c.* **1730** *Thos. Lloyd D* (LlGC) 190b, *persli'r ardd*, G. 129. apium hortense. **p. gwyllt(ion):** *name of various wild umbellifers, wild parsley*; *lovage, Levisticum officinale*. **16g.** (**1763**) W. SALESBURY: *LlM* 162, *Persli Gwyllt*. *c.* **1730** *Thos. Lloyd D* (LlGC)

191b, *persli gwyllt*, G. 130. smyrnium. **1759** J. EVANS: *PF* 58, *Persli gwylltion.* **p. mawr:** *alexanders, Smyrnium olusatrum; wild celery, smallage, Apium graveolens.* **1604–7** *TW* (*Pen* 228) d.g. *smyrnion.* **1632** *D* d.g. *smyrnium. c.* **1730** *Thos. Lloyd D* (LlGC) 190b, *persli mawr*, alexander olusatrum. G. 130. smallage. **p.'r meirch:** *lovage, Levisticum officinale; alexanders, Smyrnium olusatrum.* **1632** *D* (*Bot*), *persli 'r meirch*, leuisticum. **1688** *TJ* (*Bot*), *persli 'r meirch*: Alisander, Lovage. **1725** *SR* (*Bot*) d.g. *lovage.* **1813** *WB* 226. **p.'r mynydd, p. mynyddig:** *mountain parsley, Peucedanum oreoselinum.* **16g. (1763)** W. SALESBURY: *LlM* 161, *Persli Mynyddig.* **1604–7** *TW* (*Pen* 228), *perseli'r mynydd* d.g. *oroselinum. c.* **1730** *Thos. Lloyd D* (LlGC) 191b, *persli'r mynydd.* Oroselinum. G. 129.

Gw. hefyd **persyll.**

persli[2], gw. pesli.

persnoliaeth, gw. personoliaeth[2].

person[1] [bnth. S. C. *person(e)* neu'n uniongyrchol o'r H. Ffr.; cf. Crn. C. *person*, Llyd. C. *person*] *eg.b.* ll. -*(i)au*, -*iaid*.

(*a*) Bod dynol unigol, dyn, bod a nodweddir gan ymwybyddiaeth, rheswm, a synnwyr moesol, hunan neu fodolaeth bod dynol, corff bod dynol, bod dynol neu gorfforaeth a gydnabyddir gan y gyfraith fel un sydd â hawliau a chyfrifoldebau arbennig; cymeriad, rhan: *person* (*also in law*), *human body*; *character, role.*

13g. *B* ix. 339, adolwyn er pab . . . madeu yu *berson* ef arver e balsamvm. **1346** *LlA* [3], Gweithret yllyuyr hwnn a berthynn ar dwy *bersson.* nyt amgen. ar disgybyl yn gouyn. Ac ar yr Athro yn attep. **14g.** *B* ix. 331, 'Margret', hep ef [cythraul], 'bit digaun gennyt ti a wneuthost. Gorffuys bellach a gorthrymv vym *personn* i . . .'. **15g.** *LHDd* 54–5, py vn bynnac arall avei diffoedic yr iawn trwy dadalwryæth didwyl anyanawl avarn y*mhersson* y neb y hardelwo. *a.* **1561** *B* vi. 46, herwydd grymyster y *person* a'y ystad. **1588** *Ecclus* xxxv. 15, Nid ystyria efe *berson* yn erbyn y tlawd. **1599 (1677)** R. HOLLAND: *AB* 71, caethiwed ein *personau* tan bechod a'r cythrel. **1632** *D, person*, persona. **1675** R. JONES: *HCh* 51, Gan ddangos yn y casineb i bechod ein brawd, ein cariad iw *berson* ef. **1725** D. LEWIS: *GB* 124, Heb hyn ni byddai na'n *Personeu*, na'n Meddianeu'n ddiogel. **1798** W. RICHARDS: *CC* 7, nid am ddim bai neu gamwedd o'r eiddynt hwy eu hunain; nac, ychwaith, oblegid unrhyw falais dirgel tu ag attynt hwy fel *personau* neillduol.

(*b*) *Diwin.* Un o'r tri, sef y Tad, y Mab, a'r Ysbryd Glân, sydd gyda'i gilydd yn ffurfio'r Drindod, hypostasis, weithiau'n fwy penodol am Grist, yn enw. yn ei gyfuniad o'r natur ddwyfol a'r natur ddynol: *one of the three persons of the Trinity, hypostasis, person* (*of Christ, esp. as combining the divine and human natures*).

13g. *B* x. 32, yessu grist er hwnn a wledycha y gyt ar tat ar yspryt glan en drindavt teir *person* ac en vn duw vndavt. **14g.** *id.* v. 196, Ac ny dyly nep kymyscu y *personnyeit* na gwahanu y dvyolaeth. *c.* **1400** *YCM*[2] 29, Y teir *person*, gogyfoet ynt a gogyffelyp . . . Yn y *personyeu* y mae priodolder, ac yn y dwywolyaeth y mae unolder. *c.* **1400** *R* 1160. 32–3, Nawd undawt trindawt y tri*pherson.* **15g.** *Cy* iv. 114, teir *personyeid* ny drindawd. **15g.** *DN* 93, Tair *person* i'th gysonwyd, / Ac vn Duw gogoned wyd. **1588** *Heb* i. 3, Yr hwn [Crist] (am ei fod yn llewyrch y gogoniant, a gwir lun ei *berson* ef . . .) a eisteddodd ar ddeheu-law y mawredd yn y goruchelder. **1595** H. LEWYS: *PA* 246, I dduw 'r tad, i dduw 'r mab, i dduw 'r ysprydd glan, tri *pherson*, ac vn duw. **16–17g.** *HG* 51, tair *person* yw, ag un gwirddüw. **1606** E. JAMES: *Hom* iii. 106, Yr Ysprydd glân sydd sylwedd ysprydol dduwiol, y drydedd *berson* yn y Duwdod. **1688** S. HUGHES: *TSP* 36, y fath vndeb agos rhwng yr ail *Berson* o'r Drindod a'r Ddyndod ef. **1714** R. PRYDDERCH: *GD* 7, Gwell yw bôd â gwaith Crist yn y Galon; nag a *pherson* Crist yn y llettŷ. **1768** RISIART AP ROBERT: *CB* 204, [Crist] yn Dduw ac yn ddyn, yn yr un *berson.* **1792** P. WILLIAMS: *DD* 5, Nid yw'r gair Drindod, na'r gair tri *Pherson*, yn ymadrodd ysgrythurol.

(*c*) *Gram.* Dosbarth gramadegol sy'n dosrannu rhagenwau, ffurfiau berfol, arddodiadol, &c., yn ôl eu cyfeiriad at y cyfranogwr mewn sefyllfa ieithyddol (h.y. yn ôl eu cyfeiriad at yr un sy'n siarad, neu'r un y siaredir ag ef, neu'r un y siaredir amdano), hefyd am y ffurfiau neu'r ffurfdroadau sy'n mynegi'r dosraniadau hyn: *person* (*in gram.*).

14g. *GP* 44, Teir *person* beryf ysyd, nyt amgen, y gyntaf, a'r eil, a'r dryded. Y gyntaf yw honn a ymadrawd ohonei e hun, val y mae 'karaf vi' yn rif vnic, 'karwn ni' yn rif lluossawc. Yr eil yw honn a ymadrawd wrth arall . . . Y dryded yw honn a ymadrawd am arall. **1567** G. ROBERT: *GC* 78, Yr ail liossawg a ellid yn well i scrifennu ynghyd a'r rhagenw bob amser, mal 'gwelwchwi'. . . Etto nid gwiw didoli mo hon oddiwrth y *persona[u]* eraill. *id.* 86, A. guttuna'r ferf bob amser ai henwedigawl mewn rhif, a *pherson*? . . . cyttuna, odieithr [w]eithiau y drydedd *berson* liossog. *a.* **1575** *GP* 96, Tair *persson* yssydd i rachenw, nid amgen, y gyssevin, a ymadrodda ohonai i hvn, val y mae 'mi', yr ail, a ymadrodda ohonod ti, val y mae 'tydi', y drydedd, a ymadrodda ohonaw ef, val y mae 'evo'. *id.* 131, Dwy orffywyssva a vydd yn *persson-iaid* yn kyflawni. Tair gorffywyssva a vydd yn yr amsseroedd i ddangos i ssynnhwyrav a'i Rannav. *id.* 140, o'r gwaith goddef y peidiais a threiglo y gair hwnn, 'karv', mewn anghwanec o voddion ac amsserav, kanys gwaith over y tybiais adysgrivennv kynn vynyched *perssonav* mor vnweddawl . . . heb ddim kyfnewid oddieithr dodi 'ef a allai' . . . nev 'pann' atvnt. Cf. R. DAVIES: *GC* 52, *Personau.* Persons. Chwe *pherson* sydd i Ferf; sef tri yn y rhif unigol, a thri yn y rhif liosog.

Cfn.: **person y Brenin:** *the King's person.* **1676** W. JONES: *GB* 53. **1741** S. THOMAS: *DY* 118. **yn ei b. ei hun (fy mh. fy hun, eich personau eich hunain,** &c.): *in person, in his* (*my, your, &c.*) *own person(s).* **1703** E. WYNNE: *BC* 109, i'r Ddaiar *yn fy mherson* brenhinol *fy hun.* **1759** T. THOMAS: *WWDd* 47, nid oes Dŷn cyfiawn a'r [*sic*] y Ddaear, (*yn ei berson ei hun*). *id.* 360, am ei roddi ef i chwithau *yn eich personau eich hunain.* **yn ei briod b.:** *in* (*his own*) *person.* **13g.** *Llst* 1, 63, ac ef ehvn *eny pryavt person* ae gwylyvs. **14g.** *BT* (*RB*) 224. Cf. *BB* 68, yth briaut berson dy hun.

person[2] [bnth. S. C. *person(e)* 'parson', neu'n uniongyrchol o'r H. Ffr., cf. Llyd. C. *person*; dichon mai i *person*[1] y perthyn rhai o'r enghrau. isod] *eg.* (bach. -*yn*) ll. -*iaid*, -*au*, ?-*iau*, ?-*ion*. Un sy'n dal bywoliaeth plwyf ac yn meddu ar ei hawliau a'i thaliadau'n llawn, rheithor; ficer, clerigwr; (yn y cyfreithiau Cymreig) ?is-offeiriad (mewn gwrthgyferbyniad â pheriglor mameglwys); hefyd yn *ffig.*: *parson, rector; vicar, clergyman;* (*in the Welsh laws*) ?*subordinate priest* (*as opposed to the incumbent of a mother-church*); *also fig.*

13g. *LlI* 23–4, Puebennac a wnel cam emeun sapel talet seyth punt: e neyll hanner e'r effeyryeyt a'r llall e'r *personeu. id.* 43, O deruyd e *personeu* er eglues deweduet gallu onadunt hue rody naud en erbyn urun o'r try henne. **1346** *LlA* 117, wylouein y seint neu vcheneideu ymeudwyot neur offeireit. Ar disgyblonn yn dywedut. pwy an dysc ni. kwyn y*personnyeit* yn dywedut. pwy an kanhorthwya ni. *c.* **1400** *ChO* 20, Velly am *personyeit* a bicareit yr eglwys. *Dchr.* **15g.** *B* viii. 136, degemeu yr *personyeu* y dylyei eu rodi. **?15g.** *IGE*[2] 259, Fy mhwrs felfed, fy *mherson*, / Fy nghoffr aur, fy nghyffur iôn (?Syr Phylip Emlyn). **15g.** *GGl*[2] 81, *Person* dawn *personiaid* wyd [i Syr Bened, person Corwen]. **16–17g.** *HG* 12, trist yw am dano, *person* krallo / ar hael di bring, sion ystradling. **16–17g.** *CRC* 314, Gwyr yr eglwys sydd i gyd / yn ol y byd yn bagio / myner *persson* mwy pes kae / mor issel i mae fo yn kneifio. **1606** E. JAMES: *Hom* ii. 151, Nid rhaid i ni gwyno eisiau vn *person* mud, a ninnau a chynnifer o Vicariaid diawlig mudion gennym. **1632** *D* d.g. *æditimus.* **1703** E. WYNNE: *BC* 93–4, Pwy fu 'n dyfod gyda mi i'r Dafarn, yn lle mynd gyda 'r *Person* i'r Eglwys? **1747** *ML* i. 107, dyna dorri gwaith allan ir *Bersonyn* ffremwyllt [*sic*]! onte? **1755** *id.* 347, ymhle y ganed nag y maged y *personion* yma, y pennaf o honynt, sef ein Mr. Ellis ni. **1798** GW. MECHAIN: *D* 16, pe byddai i bob gwr bonheddig fyw yn ei blas ei hun, a phob *person* yn ei blwyf ei hun. *Diw.* **19g.** *SE MS* 371a, *person* . . . In S.W. a parson or rector In N.W. a clergyman or parson—without any reference to his ecclesiastical status.

Amr.: **parson** [bnth. S. *parson*]. **1710** *LlGG* (*Gos*) 5.

Cfn.: **person (y) plwyf:** *parish priest.* **1681** S. HUGHES: *AC* 24, [*P*]*erson plwyf* Saint Stephan. **1718 (1721)** S. THOMAS: *HB* 82, [p]ob *Person-plwyf.* **1755** *ML* i. 376, Dr. Nicol . . . *person y plwyf.* **yr hen bersoniaid llengar:** '*the old literary clerics*' (*supporters of Welsh culture among the Anglican clergy in the first half of the last century*). **1933** R. T. JENKINS: *Hanes Cymru yn y Bedwaredd Ganrif ar Bymtheg* 115, Yn hanes y gwaith o ddiogelu undod y bywyd Cymreig yn ei holl agweddau, o sylweddoli bod 'Hen Wlad fy Nhadau' yn rhywbeth mwy na 'hen wlad y diwygiadau', y mae i'r *hen bersoniaid llengar* hyn le mawr ac anrhydeddus. Cf. ymhellach B. L. JONES: *Yr Hen Bersoniaid Llengar* (1963).

Gw. hefyd **persones.**

personaeth, gw. personiaeth.

personaethol, gw. personiaethol.

personaf[1]: personi [bf. o'r e. *person*[1]] *ba.* Personoli: *to personify.*

1806.

personaf[2]: personi [bf. o'r e. *person*[2]] *ba.* Penodi'n berson: *to appoint as parson.*

13g. *LlI* 6, Ny dely er escop *persony* nep ar sapeleu y brenhyn namyn er effeyryat teylu.

personaidd [*person*[2] + -*aidd*] *a.* ?Tebyg i berson neu reithor, yn gweddu i berson neu reithor: *parson-like, parsonic(al), parsonish.*

14g. *GIG* 56, Ithel delw Fihangel deg, / Pendefig, dridyblig dabl, / *Personaidd* pur rhesonabl, / Prelad iawn, pur aelod yw / I'r eglwys, aur rywioglyw [am Ithel ap Robert, archddiacon Llanelwy].

persondod[1] [*person*[1] + -*dod*] *eb.* Personoliaeth; *Diwin.* hypostasis; (yn y cyfreithiau Cymreig) y cyflwr o fod yn berson: (*distinct*) *personality; hypostasis;* (*in the Welsh laws*) *the condition of being a person.*

c. **1401** *AL* ii. 394, Oet arall y ssyd ar vab pan vo pedeir blwyd ardec; yna gyntaf y dichawn rodi agwerthu y da kyuodedic ac anghyuodedic; ac y byd *persondawt* gwbyl idaw y seuyll ygkyfreith gorssed abarn. **15g.** *id.* 406, Tri dyn a gyneil tir ynn llys y brenhin . . . ac ny dylyant wneuthur yr arglwyd vn or tri ryw wasanaeth yssyd ar dir . . . mab dioedran . . . ar mab o eisseu awdyrdawd synwyr a *phersondawd.* **1632** *D, persondod* . . . Personalitas. **1722** *Llst* 189, *persondod* . . . f. . . . personality. **1774** *W* d.g. *hypostasis, personality.*

persondod[2] [*person*[2] + -*dod*] *eb.g.* ll. -*au*. Bywoliaeth person neu reithor, personiaeth, rheithoriaeth: *parson's benefice or living, rectory.*

c. **1400** *ChO* 13, pan roder *persondodeu*, a medyant mawr, a chadwedigaeth eneideu y ynuyt diwybot anheilwng, y daw y kythreul y eu hysglyffyeit ell deu, nyt amgen y keitwat a'r plwyf. **15g.** *GGl*[2] 224, Dirper clêr darparu clod, / Dirper saint dair *persondod.* **16g.** *RWM* ii. 437, day *berssondot.* **1617** *Minsheu* 38b, *persondod* d.g. *benefice, or spirituall promotion.* **1632** *D, persondod* . . . rectoria, sacerdotium. **1688** *TJ, persondod*, personoliaeth: a Rectory, a Benefice. **1722** *Llst* 189, *persondod* . . . f. a rectory, parsonage, benefice. **1725** *SR* d.g. *impropriation, a rectory.* **1753** G. OWEN: *L* 78, Duw a wnelo iddo gael *persondod* Rhosgolyn. **1778** *W* d.g. *parsonage, rectorship.*

persondy [*person*[2] + *tŷ*] *eg.* ll. -*dai*. Tŷ person neu glerigwr arall, mans: *parsonage, cleric's house, manse.*

c. **1730** *Thos. Lloyd D* (LlGC) 192a, *persondy*, a parsonage house. **1753** *TR, persondy*, a parsonage-house. **1776** *W* d.g. *manse, a parsonage-house.* Cf. T. LEWIS: *HPF* 461, yr oedd dri chant o bunnau mewn dyled, o blegid adgyweirio y *persondy.*

Amr.: **parsondy** [*parson* + *tŷ*]. **1877.**

personél [bnth. S. *personnel*] *eg.* Corff o weithwyr, gweithlu, staff: *personnel.*

20g.

persones [*person*[2] + -*es*[1]] *eb.* Gwraig person: *parson's wife.*

1763 *ML* ii. 597, daccw y *bersones* o Nutfield wedi dwyn ail fab.

personiad [bôn y f. *personaf*[1]: *personi* + -*iad*[1]] *eg.* Personoliad; y weithred o esgus bod yn rhywun arall (yn enw. er mwyn twyllo): *personification; impersonation, personation.*

1778 *W* d.g. *personification.*

personiaeth, personaeth [*person*[2] + -*(i)aeth*] *eb.* ll. -*au*. (Incwm sy'n perthyn i) swydd a bywoliaeth person neu reithor, rheithoriaeth: (*revenue attached to*) *office and living of parson or rector, parsonage, rectory.*

16–17g. E. PRYS: *Gw* 199, Wrth sôn am fy *mhersoniaeth*, / Y gwelwn fai, gwael iawn faeth; / Rhoi capel, nid afel dwys, / Wiwglyd, o flaen mam eglwys. **1688** S. HUGHES: *TSP* 204, *Personiaeth* neu Ficceriaeth fechan iawn. **1718 (1721)** S. THOMAS: *HB* 148, A'r rodd y Pab yr oedd pob Escobaeth a *Phersoniaeth.* **1720** *App DP* 14, o's bydd dim ymryson ynghylch *Personiaeth*, yr Amlaf ei Gyfeillion, a'r mwyaf ei wobrau, biau 'r bel. *c.* **1730** *Thos. Lloyd D* (LlGC) 191b, *personiaeth*, a parsonage. *c.* **1762–79** W. WILLIAMS: *P* 579, ordeiniwyd hefyd fod i bob offeiriad . . . heb fod yn preswylio yn ei *bersoniaeth*, i dalu at gynnorthwyo'r gweiniaid y ddeugeinfed ran o'i elw eglwysig. **1778** *W, personiaeth* d.g. *parsonage.* **1794**

M. J. RHYS: *SD* 11, Yn cynnal esgobiaeth *personiaeth* mewn swydd. **1798** *WR*, *personaeth* d.g. *benefice, rectory.* **1798** T. ROBERTS: *CG* 14, os caf fi *Bersoniaeth* Edeyrn; ni thrigaf hwyach yn ficar Abererch. **1799** M. WILLIAMS: *HHG* 143, adael *personaeth* o dri chant o bunnau yn y flwyddyn o ran cydwybod.

personiaethol, personaethol [*personiaeth, personaeth*+*-ol*] *a.* Yn perthyn i bersoniaeth; yn dal personiaeth: *rectorial; holding a benefice.*

[**1783**] *W*, *personiaethol* d.g. *rectorial.*

personol [*person*[1]+*-ol*] *a.*

(*a*) Yn perthyn i berson unigol, wedi ei wneud, ei dderbyn, &c., gan berson unigol, yn perthyn i agweddau preifat bywyd person, yn cyfeirio at gorff neu bersonoliaeth person (yn enw. yn ddifr.); wedi ei gyfeirio at berson unigol: *personal.*

c. **1401** *AL* ii. 388, Defnydyawl yw pob rwym *personawl.* **15g.** *LHDd* 84, o roym nac edewid *perssonawl.* *c.* **1523** *Trans Liverpool WN Soc* [92], athrwy *bersonol* gyngor Gruffydd ap Ie[uan]. **1615** R. SMYTH: *GB* 121, ef ai demnir yn *bersonawl.* **1632** *D*, *personawl*, personalis. **1693** *HC* 121, Cyngor i Dduwioldeb *personawl* a Theuluaidd. **1728** *GMJ* 186, hawl *personawl* i bardwn. **1760** E. WILLIAMS: *UYB* 28, Yr Enw Jesu yw ei briodol enw *personawl* ef. **1783** P. WILLIAMS: *FfA* 57, Yn gymmaint a bod Cariad yn *bersonol*, diammau fod Rhagluniaeth felly yr un modd. **1793** DAFYDD IONAWR: *CD* 46, Duw'r hedd, mewn mawredd a mawl, / Ar Sinai yn *bersonawl.* **1795** J. THOMAS: *AIC* 55, fy *mhersonawl* etifeddiaeth.

(*b*) Yn perthyn i berson (yn hytrach na haniaeth), yn bodoli fel person (yn enw. am Dduw): *pertaining to a person* (*rather than an abstraction*), *existing as a person* (*esp. of God*), *personal.*

1599 (**1677**) R. HOLLAND: *AB* 26, y mae efe yn Dâd i Grist o ran ei ddyndod, nid o naturiaeth neu o fabwysiad, eithr trwy vndeb *personol*; am fod y naturiaeth ddynawl yn aros ym mherson y Gair. **1630** *YDd* 4, Yn vndeb y duwdod y mae lluosogedd yr hwn nid yw ddamweiniol . . . na sylweddol . . . eithr *personol.* **1755** *CBB* 51, Y Duw dod yn *bersonol* yn trigo ynddo gyd. **1759** T. THOMAS: *WWDd* 83, y mae gweithrediadau *personol*, yn cael eu priodoli i'r Yspryd-Glan, mewn amryw fannau yn yr Ysgrythur. **1778** J. HUGHES: *BB* 125, Un waith mewn taith naturiol, / Fe'i gwnaed o wraig yn gnawdol, / Gorph *personol* haeddol had. **1793** DAFYDD IONAWR: *CD* 211, Oh Arglwydd glân! / *Personawl*, Dâd, presennol Di i mi 'mhob man.

(*c*) *Gram.* Yn perthyn i berson gramadegol neu yn ei ddynodi: *personal* (*in gram.*).

p. **1584** G. ROBERT: *GC* 135, Pessawl rhywogaeth berf y sydd? . . . dwy un *bersonawl*, un arall amhersonawl. *Personawl* y gelw[i]r honno, a fo centhi. ymhob person amrafael derfyn, mal: cerais, ceraist, carodd. **1728** S. RHYDDERCH: *GC* 16, Achusiaid . . . a ddaw ar ol berf *bersonawl* yn ddioddefedig. **1808** R. DAVIES: *GC* 71, Rhaid i Ragenw *personol* flaenori ei berthynol Enw cadarn.

Gw. hefyd **personolion.**

personolaeth, gw. **personoliaeth.**

personolaf: personoli [bf. o'r a. bl.] *ba.* Priodoli natur bersonol i (haniaeth neu beth), cynrychioli (haniaeth neu beth) mewn ffurf ddynol neu anifeilaidd; esgus bod yn rhywun arall (yn enw. er mwyn twyllo), cymryd rhan (cymeriad); cynrychioli, sefyll yn lle neu dros; gwneud yn bersonol, personoleiddio: *to personify; personate, impersonate, act* (*character*); *represent, stand in place of or on behalf of; personalize.*

1711 M. MAURICE: *YAD* 158, Pa fodd y gallyseu dyn fod . . . yn barti yn y Cyfammod cyn Bod y Byd? . . . Ymherson Christ . . . megis yr ail Adda yn *Personoli* Dyn. *c.* **1762–79** W. WILLIAMS: *P* 73, Prin y mae un rhan o Hanesion y Testament newydd nad yw wedi dyfod yn ddefnydd o chwaryddaeth, ar Bobl waela yn *personoli* un neu'r llall o'r pe[r]sonau fo ynddo. **1778** *W* d.g. *to personify* [*attribute a person to some inanimate thing*]. **1784** M. WILLIAMS: *S* i. 183, ac yn talu ufudd-dod iddo am ei fod yn *personnoli*'r prophwyd Mahomet. **1792** TOMOS GLYN COTHI: *A* 29–30, a *bersonolwyd* cyn creadigaeth y byd. **1795** J. HARRIS: *Alm* 38, yr hon [yr haul] sy'n *personoli*'r bobl o'r radd uchaf. **1799** D. JONES: *AP* 4, Ioan, neu y rhai oedd ef yn *bersonoli.* **1799** *TY* 87, Adda . . . yn cyndrychioli, neu'n *personoli*, ei holl hiliogaeth.

personoldeb, personoldab [*personol*+*-deb, -dab*] *e?g.* Yr ansawdd neu'r cyflwr o fod yn berson neu'n bersonol; personoliaeth; *Cyfr.* person: *the quality or condition of being a person or personal;* (*distinct*) *personality; person* (*in law*).

1604–7 *TW* (*Pen* 228), cwyn yn erbyn *personoldab* vn d.g. *condictio.* **1711** H. POWEL: *TY* 69, *Personoldeb* a Thragwyddoldeb Etholedigaeth. **1711** M. MAURICE: *YAD* 53, yr hyn yw y Duwiol *Bersonoldeb* neu ddull-ar-fod. *c.* **1730** *Thos. Lloyd D* (LlGC) 192a, *personoldeb* . . . personality. **1794** J. THOMAS: *AD* 22, Mae'r pethau hyn yn profi ei *bersonoldeb* ef.

personoledig [bôn y f. fl.+*-edig*] *a.bfl.* Wedi ei bersonoli; wedi ei bersonoleiddio: *personified; personalized.*

1889.

personoleiddiaf: personoleiddio [*personol*+*-eiddio* (At.)] *ba.* Gwneud yn bersonol: *to personalize.*

20g.

personoliad [bôn y f. *personolaf*: *personoli* +*-iad*[1]] *eg.* ll. *-au.* Y weithred o bersonoli; personiad (rhywun arall, yn enw. er mwyn twyllo); personoliaeth: *personification; impersonation, personation;* (*distinct*) *personality.*

1778 *W* d.g. *personification.*

personoliaeth[1], **personolaeth,** &c. [*personol*+*-*(*i*)*aeth*] *eb.g.* ll. *-au.*

(*a*) Y cyfanswm o'r nodweddion ymddygiadol a meddyliol sy'n gwneud unigolyn yn unigryw, cymeriad personol neilltuol, hefyd yn *ffig.* am le, sefyllfa, gwrthrych, &c.; yr ansawdd neu'r cyflwr o fod yn berson; (corff) person; *Diwin.* hypostasis; person adnabyddus neu nodedig (mewn maes arbennig): (*distinct*) *personality, also fig. of place, situation, object, &c.; personality, quality or condition of being a person;* (*body of*) *person; hypostasis; a personality* (*in a certain field*).

14g. *BT* 139, [t]ynghetven . . . a arueidyawd erchyruynu . . . *personolaeth* y kyfryw wr hwnnw. **14g.** *B* v. 201–2, Mab Duv a gymerth gvir annyan dyn, corff ac eneit, yn vn *personnolyaeth* ac ef. *id.* 202, o eneit a chorff y byd vn berson dyn, a chyt a hynny nyt o bleit y corff y byd *perssonolyaeth* dyn namyn o bleit yr eneit. *ib.* y mae vn person Iessu Grist yn vn Duv hagen ac yn dyn mal kynt, eithyr vot yn *personolyaeth* oll o bleit Duv ac nyt truy annyan dyn. *c.* **1401** *AL* ii. 318, amenegi py *bersonolyaeth* a vo yr hawlwr neu yr amdiffynnwr. **1632** *D*, persondod, & *Personoliaeth* . . . Personalitas. **1651** SIÔN TREREDYN: *MDD* 32, ac a cyttunodd i osod arno agwedd dyn ac iddo yntef cymmeryd arno ei *persynoliaeth* [*sic*]. **1661** E. LEWIS: *Drex* 265, Os gwisgaf am danaf *bersonoliaeth* y gwr [t]lawd. **1703** O. LEWIS: *ADC* 21, Ond i maent hwy [y Crynwyr] yn ofalus rhag cilio oddiwrth ymadrodd neu eiriau penodol yr scrŷthur am eiriau ysgolheigion, ac megis *personoliaeth* a sylwedd ydŷnt. **1719** IACO AB DEWI: *TG* 19, o ran eu *Personoliaeth* yn Wahanredol. **1743** G. JONES: *HWI* ii. 116, Fe amlygir *Personoliaeth* neillduol pob un o Bersonau 'r Drindod Fendigedig, yn Nyfodiad yr Ysbryd at ddynjon. **1774** *W* d.g. *hypostasis, personality.* **1793** B. JONES: *AD* 47, [b]od priodol *bersonoliaeth* yn berthynol i'r Tad. **1793** *Cylchg* 207, Yr ydym yn son am hypostasis, am *bersonoliaeth*, am idioms, neu briodoldeb iaith. **1794** J. THOMAS: *AD* 5, gwahaniaethol *bersonoliaeth* y Tad, a'r Mab, a'r Yspryd Glân. **1794** J. WILLIAMS: *AGDd* 44, nid yw'r Ysgrythur yn gwneud un gwahaniaeth, rhagor na *phersonoliaeth*, rhwng Duw a Yspryd Duw.

(*b*) *Gram.* Person: *person* (*in gram.*).

14g. *GP* 44, Sef yw rakhenw, pob peth a'r a arwydokao *personolyaeth* . . . *personolyaeth*, val y mae 'mi, ti, llall'. **1728** S. RHYDDERCH: *GC* 28, Ynghylch *Personoliaeth* Yn gynta' . . . caraf . . . carwn.

personoliaeth[2] [*person*[2]+*-ol*+*-iaeth*] *eb.g.* ll. *-au.* Personiaeth; ?persondy: *office or living of a parson, parsonage;* ?*parsonage* (*house*).

16g. (*LlEG*) *Mos* 158, 195b–196a, Ac ar boob y feiriad [*sic*] a vai ynn dwyn hrent ne a vai a *ferssnoliaeth* Iddo. **16–17g.** *CRC* 424, er na bai ond *personolieth* / fo glowe arno i choleth. **1632** *D*, persondod, & *Personoliaeth*, rectoria, sacerdotium. **1684** H. OWEN: *DC* 11, eu Prebendau a'i *Personoliaethau* hwynt. **1685** *Art* 4, A ddarfu iddo ef gael, neu a ydys yn mawr dybied iddo ef ddyfod yw *Bersonoliaeth* trwy arian, neu ryw ammod Symonaidd? *id.* 13, holl Diroedd, gwairgloddiau, perllannau, gerddi, tai a thyddynnau yn perthyn ich *Personoliaeth*, neu eich vicariaeth. *c.* **1700** E. LHUYD: *Par* i. 57, Y *Bersonoliaeth* a berth[yn] i'r Esqr. *id.* 87, Ŷn [*sic*] Bacchus o Lyndain a bia'r *Personoliaeth.* **1725** *SR* d.g. *benefice, rectory.* **1754** *ML* i. 283, Gwyn ei fyd ai gwela mewn *personoliaeth* rhwydd frâs [*sic*]. **1755** G. OWEN: *L* 150, lle mae'r Cymmrodorion yn addo i mi a'r teulu ddigon o gynhaliaeth hyd oni chaffont imi *Bersonoliaeth* yn rhyw wlad. **1757** *ML* i. 465, Na cheiff Gronwy un *bersonoliaeth* am a wn i. **1763** T. JONES: *RAH* 15, gan fod gando [*sic*] dyddyn da iawn yn y Plwyf heblaw y *Personoliaeth.* **1778** *W* d.g. *parsonage* [*a rectory, or church-living, so called*].

Amr.: **parsonoliaeth** [*parson*+*-ol*+*-iaeth*]. **1664** *LlGG* sig. c2r. **persnoliaeth.** **16g.** (*LlEG*) *Mos* 158, 196a, 409a.

personoliaethol [*personoliaeth*[1]+*-ol*] *a.* Hypostatig, hypostataidd; yn perthyn i bersonoliaeth: *hypostatic, hypostatical; pertaining to personality.*

1727 J. JONES: *DFF* 212, trwy Rinwedd yr Undeb *Bersonoliaethol*, y byddai . . . yr Anian ddynol yn gref ddigon i ddwyn digofaint Duw.

personolion [*personol*+*-ion*[2]] *e.ll.* ?Personau: *persons.*

16g. *GP* 198–9, Nid oes gwmpar iddo ef [Duw], ond pob peth y'w voli yn y vndawd *personolion.* Amen. Yr rhai ysydd yn y trwn.

personolrwydd [*personol*+*-rwydd*] *eg.* Personoliaeth; yr ansawdd neu'r cyflwr o fod yn bersonol: (*distinct*) *personality; personalness, the quality or condition of being personal.*

1800 *TY* 195, Perffeithrwydd . . . ydoedd efe yn ei *Bersonolrwydd* Dwyfol erioed.

personolwr [bôn y f. *personolaf*: *personoli* +*-wr*] *eg.* ll. *-wyr.* Un sy'n personoli; un sy'n esgus bod yn rhywun arall (yn enw. er mwyn twyllo): *personifier; impersonator, personator.*

1916.

personyn, gw. **person**[2].

persur, gw. **pêr**[1]+**sur.**

perswâd [bôn y f. ddil.] *eg.* ll. *perswadion.* Y weithred o berswadio: *persuasion.*

1842. Ar lafar, 'Mi gesim *berswâd* arno i fyn'd', *GDD* 222.

perswadaeth, perswadaf: perswado, gw. **perswadiaeth, perswadiaf: perswadio.**

perswadiad [bôn y f. ddil.+*-iad*[1]] *eg.* Perswâd; argyhoeddiad neu gred gadarn: *persuasion; strong conviction or belief.*

1719 *EGBG* 41, mesur o *berswadiad* nad oes un Duw.

perswadiaeth, perswadaeth [bôn y f. ddil.+*-*(*i*)*aeth*] *eb.* Perswâd; argyhoeddiad neu gred gadarn: *persuasion; strong conviction or belief.*

1606 E. JAMES: *Hom* iii. 228, Yn awr er ychwaneg *berswadaeth* eich cyffro chwi i'r rhannau hyn o edifeirwch. **1724** E. WELLS: *CC* 18, Oblegid wrth y Ffordd hynny o Ddywediad yr ŷm yn proffesu, nid yn unig i fod gennym gyflawn *Berswadaeth* i fod Duw Tâd, ag Jesu Grist, ac yspryd glan. **1746** T. RICHARDS: *CER* 25, yr unig ffordd a arferodd Efe oedd *Perswadiaeth.*

perswadiaf, perswadaf: perswad(i)o [bnth. S. (*to*) *persuade*] *bg.a.* Peri i (rywun) wneud neu gredu rhywbeth drwy gymell, annog, darbwyllo, &c., argyhoeddi: *to persuade, convince.*

1599 (**1677**) R. HOLLAND: *AB* 15, oni bydd dyn wedi ei *berswadio* . . . fod ei holl bechodau ef wedi eu maddeu . . . nis geill efe gredu vn addewid arall. **1606** E. JAMES: *Hom* iii. 236, wrth *berswadio* ein rhieni ni Adda ac Efa i ganlyn ei anufydd-dod. *id.* 294, Trwy anwybod y *perswadodd* gwyr llen yr Iddewon i'r bobl ofyn am rhyddhau Barabas. **1620** *Act* xiv. 19, A daeth yno Iddewon o Antiochia ac Iconium, a hwy a *berswadiasant* y bobl. **1630** *YDd* 159, O gwnaethost ti ddim ar fai, gofyn faddauant i Dduw, a *pherswadia* [:– Dwg ar deall i't] dy di dy hûn, ac nid dy gyfaill, i gadw dy gyfrinach dy hûn. **1659** *GIA* 4, Lle mae Duw nid yn unig yn gorchymyn, ond yn *perswadio*, ac yn ymostwng i ymresymmû a hwynt. **1718** (**1721**) S. THOMAS: *HB* 89, ceisiwyd ei *berswadio* trwy Addfwynder a geiriau teg. **1733** T. EVANS: *PP* 75, faint o Rinwedd sydd mewn bywyd syber glân crefyddol i *bersuadio* [*sic*] eraill hefyd i ddilyn Rheolau gwir Grefydd! **1740** *ALB* 14, yr um [*sic*] ni . . . wedi ein *perswadio*'n gadarn. **1741** G. JONES: *HWI* i. 49, A phan oedd Pedr, yn *perswadio* Crist yn erbyn y gwaith mawr o blegid pa un y daeth efe i'r bŷd. **1776** I. BRYDYDD HIR: *P* ii. 128, efe a anfonodd ei fab i'r byd i *berswadio* dynion i ymfucheddu yn gyfattebol iddi [deddf cyfiawnder]. **1790** T. JONES: *TOS* 109, Yr Arglwydd a *berswadio* dy galon i wneuthur y cyfammod hwn yn ddiaros.

Amr.: **perswaedio,** &c. **1688** W. FOULKES: *EGE* 89, a'u *perswaedio* i'th garu di. *c.* **1700** D. MAURICE: *CGG* 20, ei arfer i *berswaidio* Bugailiad [*sic*] Eglwys Ephesus. **1706** *Nat Con* 12, *Perswaudia* fy Ewyllys a'm Calon. **1795** J. THOMAS: *AIC* 128, gan geisio ei *bresweidio* [*sic*] a deud y perygl iddo. Ar lafar yn y Gogledd yn y ff. *persweidio*, *EEW* 84. **pysoidio. 1899.** Ar lafar yn Arfon, *WVBD* 452.

perswadiol [bôn y f. fl.+-*iol*] *a.* Yn (medru) perswadio: *persuasive.*

1885.

perswadus [bôn y f. fl.+-*us*] *a.* Perswadiol: *persuasive.*

20g.

perswaediaf: perswaedio, gw. **perswadiaf: perswadio.**

perswasiwn [bnth. S. *persuasion*] *eg.* ll. *-au.* Argyhoeddiad neu gred (yn enw. mewn crefydd): *persuasion, conviction or belief (esp. in religion).*

1670 J. HUGHES: *AP* 127, gan nad oes ond vn wîr Ffydd, nid yw'r llaill . . . ond *perswasiwnau.* **1683** J. JONES: *TG* 233, Eraill sydd o'r meddwl hwnnw . . . eu bod hwynt o'r rhifedi hwnnw, a anwyd i Ddamnedigaeth . . . anwiredd yw'r *perswasiwn* yma. **1745** TC: *CC* 24, y mae hi yn cael ei pherswadio o Wirionedd y Gayr, a'r cyfriw *Berswasiwn* parod ni rydd le i un rhyw Ddychymmig gwrthnebol. *id.* 25, sefydlu'r Meddwl mewn *Perswasiwn* diogel o Wirionedd yr Efengyl. **1765** J. POPKIN: *Ll* 12, yn cynnwys nid yn unig Crediniaeth noeth yn y meddwl o wirionedd yr Efengyl, ond gwir *Berswasiwn* calonnog o Gyfiawnder a Rhadlonrwydd Crist. **1769** J. GRIFFITH: *A* 161, Rhyfyg yw perswadio ein hunain o hawl yng Nghrist, os bydd y *perswasiwn* yn wrthwyneb i ddibenion yr Efengyl. **1790** T. JONES: *TOS* viii, Holl ffynnonneu rheswm a *pherswasiwn* oeddynt agored i'w lygad craff.

Amr.: **perswasion. 1766** E. SAMUEL: *A* 11.

persweidiaf: persweidio, gw. **perswadiaf: perswadio.**

perswynol, gw. **pêr[1]+swynol.**

persyd, persed [bnth. S. Diw. Cyn. *perced* 'pierced'] *a. Her.* (am ddyfais) Ac ynddi dwll gwahanol ei siâp i'r ddyfais ei hun sy'n dangos lliw'r maes: *pierced (in her.).*

16g. *Pen* 136, 221, *persyd* o'r maes. *c.* **1600** L. DWNN: *HV* i. 19, Ai bais yw Assur K or 3 molet yn *persyd. id.* ii. 21, rwng dwy molet arian *persed.*

persyll [bnth. S. Diw. Cyn. *persil* 'parsley'] *e?g. Bot.* Persli, *Petroselinum crispum*: *parsley.*

Dchr. **17g.** *J* 10, 123b, *persyll*, petroselinum. **1707** *AB* 219c, *persyll*, parsly. **1753** *TR*, *persyll*, parsly. **1813** *WB* 226.

Amr.: **persyl.** *Dchr.* **17g.** *J* 10, 123b.

Cfn.: **persyl(l) y dŵr:** ?*water parsnip, Sium latifolium. Dchr.* **17g.** *J* 10, 123b, *persyl y dwr*, sium. **17g.** *LlGC* 13215, 374, *persyll y dwr*, sium.

Gw. hefyd **persli[1]**.

persyn, gw. **pêr[2]**.

pert [bnth. S. C. *pert(e)* 'attractive; smart; bold'] *a.* ll. *-on.*

(*a*) Tlws, del, propor, hardd, prydferth, gwych; twt, taclus, smart; neis, hyfryd, dymunol (i'r glust), da (am stori, &c.); hefyd yn eironig neu'n watwarus: *pretty, attractive, beautiful, fine; dapper, trim, neat, smart; nice, pleasant, pleasing (to the ear), good (of a story, &c.); also ironically and derisively.*

14g. *GIG* 37, Hawddamor pôr eurddor *pert*, / Hwyl racw ym mrwydr, hil Ricert [i Owain Glyndŵr]. **15g.** *LGC* 459, Sant Pawl elusendy *pert.* **15g.** GWILYM TEW: *Gw* 454, Bwy sir o nawtir neited—dros glwydau? / Bwy artal y mae march cyn *berted* [i ofyn march]? **15g.** *DE* 34, brud gwawr o liw brodiog lvn / bortreiad y *bert* riain. **1547** *WS*, *pert*, perte. **1593** W. MIDLETON: *B* 64, dygawdd ef dig oedd i waith / *Berta* enaid brvttaniaith. **16–17g.** *CRC* 133, Anadl abal im gwen ddyfal / a min nid *pert* fel y ffwlbert [dychan i ferch]. **1604–7** *TW* (*Pen* 228) d.g. *elegans.* **1606** E. JAMES: *Hom* ii. 252, Peintio a lliwio eu hunain i fod yn wych ac yn ddillyn [:– *bert*]. **1632** *D*, *pert*, trossulus, nitidulus, elegantulus. **17g.** *Cylchg LlGC* vii. 197, Edrychwn gwelwn mai gole a ffur / a *fferton* iw blode. **1688** *TJ*, *pert*: dapper or delicate, fine, gallant. *c.* **1730** *Taith C* 38, yn debyg i'r Aderyn hwn, yn *bert* o ran llais, a lliw ac ymddugiad. **1789** GW. MECHAIN: *Gw* i. 208, Ond Trefaldwyn, er gwŷn gau, / *Bert*, lwysaidd, biau'r tlysau. **1800** T. PRICE: *RT* 150, Mae'r electric bath yma yn ffansi *bert* . . . pa fath ddyfais *bert* a gollasid. **1803** *P*, *pert*, smart, spruce . . . nice. Ar lafar yn y De, *GDD* 222, *Cymru* xli. 195; 'Wi wedi darllin stori fach *bert* 'ynod o ddiddorol'; hefyd yn eironig neu'n watwarus 'Bachan *pert* wyt ti', 'Odd 'i'n *bert* yn cwrdd 'eno—dim ond wech odd yno', 'Wel mæ golwg *bert* arnot ti; beth 'yfryd wyt ti wedi bod yn nuthur?'

(*b*) Ffraeth, digywilydd, brathog; craff, deallus, cywrain: *witty, smart, saucy, sharp-tongued; quick-witted, intelligent, skilful.*

16g. HUW ARWYSTL: *Gw* 199, Bur Gutto draw ngwent lawen / fardd *pert* arglwydd herbert hen. **1688** *TJ*, *pert* . . . brisk. **1688** S. HUGHES: *TSP* 242, Ac yma y cyfarfuant â llangc *pert* a ffraeth. **1787 (1812)** TWM O'R NANT: *PG* 37, 'Ran does hayach o'm bath o fewn y byd, / Na *pherted* am ddywedyd ffortun. **1798** R. DAVIES: *CG* 70, Robert Davies, rhyw *bert* ofyn / a yraist immi. Ar lafar yn y Gogledd, *WVBD* 425, *Ll* xii. 253, *Cymru* xlvii. 141.

Gw. hefyd **pertyn.**

pertedd [*pert*+-*edd*[1]] *eg.* Tlysni, pertrwydd; ceinder; taclusrwydd, smartrwydd: *prettiness; elegance; neatness, smartness.*

1632 *D* d.g. *elegantia.* **1722** *Llst* 189, *pertedd*, m. neatness, elegancy. **1770** *W* d.g. *bravery* [*fineness*], *elegance or elegancy, prettiness.* **1803** *P*, *pertedd*, smartness.

perten, gw. **pertyn.**

perticiler, perticler, gw. **particwlar.**

pertris, gw. **petris.**

pertrwydd [*pert*+-*rwydd*] *eg.* Yr ansawdd neu'r cyflwr o fod yn bert, tlysni, smartrwydd; ffraethineb, huodledd; deallusrwydd: *prettiness, smartness; wit, eloquence; intelligence.*

1780 *W* d.g. *prettiness.* **1803** *P*, *pertrwydd*, smartness. Cf. **1894** D. OWEN: *GT* 343, o herwydd ei *bertrwydd*, yr hwn na byddai byth yn ymylu ar hyfdra.

Cfn.: **pertrwydd ymadrodd:** *skilfulness of expression, skilful turn of phrase.* **1907.**

perts, pertsh[1], pers [bnth. S. *perch* 'rod, pole'] *eg.* (b. *-en*) ll. *-es.* Mesur tir o amrywiol faint (fel rheol pum llath a hanner), perc; mesur arwyneb tir yn cyfateb i sgwâr y mae pob ochr iddi'n mesur un perc; gwialen lorweddol, perc, clwyd, esgynbren (i adar): *a varying land measure (usu. of five and a half yards), perch, rod, pole; square perch; horizontal rod or pole, perch (for birds).*

c. **1400** *R* 1293. 19–20, A gweilch yn gware amgylch gwyred *pers.* **1543–8** *Pen* 163, 79, a v llath a hanner a wna *perts.* **16g.** (*LlEG*) *Mos* 158, 11b, A xl *pertsh* ne bladrod [*sic*] ohyd affedair yn lleed. **16g.** *Pen* 181, 395, vn troedvedd ar bymthec ahaner awna *pergys. c.* **1720** *CIF* [98], Cymerwch wialen, rhoden, neu Gadwaen haiarn o ugain Troedfedd ei hŷd; hynny yw chwech llath a dwy Droedfedd; a hyd honno un waith, a'i hŷd hi un waith yn groes, ffordd arall a wnâ un *Percs* [*sic*] neu Wialen, a chant a thri ugain *Perts* neu Wialen yn y modd hynny a wna un Accr Gymreig. *id.* [99], i[w] dwyn yn *bertses* neu yn Rhodenod. *ib.* Bwriwch fod maes yn 20 *Perts* (Perch) yn un pen, yn 15 *perts* yn ei ganol ac 6 *perts* yn y pen arall.

Cfn.: **pers dillad:** *perch for hanging clothes.* **1606–8** *Pen* 223, 250, pertica, ce, *pers dillad.*

Gw. hefyd **perc[1]**.

pertsh[2] [bnth. S. *perch* (fish)] *e?g.* ll. *-es. Pysg.* Pysgodyn dŵr croyw bwytadwy, draenogyn, *Perca fluviatilis*: *perch (fish).*

Diw. **16g.** *WLB* 24, pysgod neu *berches* wedi i rostio ai bwyta gyda vinegr.

pertyn [*pert*+-*yn*[1]] *eg.* (b. *-en*) ll. *-nod.* Dyn bach pert neu drwsiadus; dyn ffraeth: *a pretty or smart little man; a witty man.*

1722 *Llst* 189, *perten*, f. a neat little woman. *id. pertyn*, m. a pretty little man. **1803** *P* d.g. *perten, pertyn.*

perth [yr e. lleoedd Crn. (*Pen*)*berth*, (*Pen*)*perth*, e. tref *Perth* (Gael. *Peart*) yn yr Alban, Gwydd. C. *ceirt* (< **queirt*) 'pren (afalau)': ?< Clt. *k^u*erk*^{u}*-t-* (?< IE. **perk*^{u}*u-* 'derwen', cf. Llad. *quercus* 'derwen', Sans. *parkatī-* 'pren ffigys sanctaidd', H. S. *furh* (> S. Diw. *fir*)) neu ?cf. *pren, prysg*] *eb.* (bach. *-en*, ll. *-enni*) ll. *-i*, *-ydd*, *-au.* Gwrych, clawdd, sietin; llwyn, prysglwyn, dryslwyn, draenllwyn; tir prysglwyn, cefn gwlad; jyngl; hefyd yn *dros.* ac yn *ffig.*: *hedge; (thorn-)bush, brake, thicket, copse, coppice; (the) bush, countryside; jungle; also transf. and fig.*

12g. *LL* 143, bet carn *perth* yronn. **13g.** *LlI* 27, O deruyd e den beychyogy gureyc o luen a *pherth.* **13g.** *C* 83. 17–18, Gorwin blaen *pertheu.* **14g.** *WM* 68. 30–1, mynet y *berth* uechan oed gyr eu llaw. **14g.** *GDG*[3] 167, Yn adeilad, brad brydferth, / Yn nhalgrychedd perfedd *perth* [i'r biogen]. *id.* 324, A dyrchafel yr aberth / Hyd y nen uwchben y *berth* [offeren y llwyn]. **14–15g.** *IGE*[2] 206, Bondo o frig *perth* bendew, / Byrion fydd blaenion ei blew [Llywelyn ab y Moel i'r farf fer]. *id.* 208, Yfed llyn gwerth dan *berthi* (Llywelyn ab y Moel). **15g.** *ID* 11, a gwallt y vun gun a gaid / *perth* aur val y porth eurraid. **1546** *YLlH* [10], scathra a phlyg dy *berth.* **1547** *WS*, *perth*, a bushe. **1567** *TN* 71a, po'dd yn y merinllwyn [:– dryslwyn, *berth*] y llavarawdd Duw wrthaw. **16–17g.** *CRC* 445, nis kyrrhedda fynd yn llettu / mewn rhyw *berthen* rhayd ym lechu. **1604–7** *TW* (*Pen* 228) d.g. *dumetum, spinetum.* **1653** *MLl* i. 192, *Perthen* o ddrain yw rhesymmau dŷn. **1766** *CD* 130, Ie Gwylliaid Tai perthydd, / A Lladron tan goedydd. **1803** *P*, *perth*, a thorn bush; a brake. *id.* d.g. *perthen.* Ar lafar yng nghanolbarth a gogledd Cered., Brych., a'r De yn yr ystyr 'gwrych, clawdd, sietin', *LGW* [144]–5, ac yn Arfon yn yr ystyr 'llwyn', *WVBD* 425, hefyd yn y ff. fach. *perthen* yn yr ystyr 'draenen ddu'. Ar lafar gynt ym Morg. yn yr ymad. 'Y mae ei groen ar y *berth*' am rywun ac iddo enw drwg, *SE MS* 371b.

Cfn.: **perth fyw:** *quickset hedge.* **1774** *W* d.g. *hedge, a quickset hedge.* **p. ddrain, p. ddraenen** (bach. b. *perthen ddrain*; ll. *perthi drain*): *thorn-bush.* **1546** *YLlH* [18], [p]lyg *berthidrain* [*sic*]. **1604–7** *TW* (*Pen* 228), [*p*]*erth ddraenen* d.g. *acacia. id. perth ddrain* d.g. *spinetum.* **18–19g.** *IMCY* 231. **p. eurddrain, p. eurddraenen:** *gooseberry (bush).* **1632** *D* (*Bot*), *perth eurddrain*, vid. Eirin Mair. **1688** *TJ* (*Bot*), *perth eurddrain*, eirin-mair . . . goosberries. **1725** *SR* (*Bot*) d.g. *goosebery Bush.* **1813** *WB*, *Pertheurddraenen*, edr. Eurddraenen. **p. farw:** *dead hedge.* **1774** *W* d.g. *hedge, a dry hedge.* **p. fieri, p. fwyeri:** *blackberry bush, thicket.* **16–17g.** *CRC* 103, Y dryw bach or *berth fieri. Dchr.* **17g.** *J* 10, 124a, *perth vwyeri*, merinllwyn, dyrysni. **1632** *D*, *perth fieri* d.g. *rubetum.* **p. terfyn:** *boundary hedge.* Ar lafar ym Morg. **p. ym mherth:** *side by side, adjoining.* **1770** *W*, bod *berth ym-mherth* . . . â d.g. *to adjoin. id.* d.g. *hedge, in a ring hedge.*

perthgae [*perth*+*cae*] *eg.* ll. *-au.* Gwrych a blennir â phlanhigion byw: *quickset hedge.*

1803 *P*, *perthgae*, s. m. pl. t. *au*, a quickset-hedge.

perthgaeaf: perthgáu [bf. o'r e. bl.] *ba.* Amgáu â pherth fyw: *to enclose with a quickset hedge.*

18–19g. *Llr* C 13, 490, [*p*]*erthgaewys* y tiroedd. **1803** *P*, *perthgau*, to enclose with quickset-hedge.

perthidev, *C* 81. 8, gw. **berthid.**

perthlwyn [*perth*+*llwyn*[1]] *eg.* ll. *-i.* Prysglwyn, perth, hefyd yn *dros.*: *thicket, bush, also transf.*

14g. *DGG*[2] 155, Gwae fi mor serth fu'r *perthlwyn* / A droed o amgylch dy drwyn [Llywelyn Goch ap Meurig Hen i'r farf]. **16g. (1763)** W. SALESBURY: *LlM* 70, yn y cae ar *perthlwini.* **1633** *Addysg i Farw* 33, y panther . . . a estyn i ben i ryw *berth-lwyn* dyrusdew.

perthlys [*perth*+*llys*[5]] *eb. Bot.* Un o amryw fathau o blanhigion o deulu'r *Convolvulaceæ* a'r *Polygonaceæ*, cwlwm y cythraul, yn arbennig taglys yr ŷd, *Polygonum convolvulus*; murlys, llysiau'r pared, murlwyn, pelydr y gwelydd, *Parietaria diffusa*: *bindweed, esp. black bindweed, climbing buckwheat, corn-bind; pellitory of the wall.*

1632 *D* (*Bot*), y *Berthlys*, helxine, cisampelis [*sic*]. **1688** *TJ* (*Bot*), y *Berthlŷs*: Pellitory of the wall. *c.* **1730** *Thos. Lloyd D* (LlGC) 191b, y *berthlys* . . . bindweed. **1801** *MMf* 286, y *berthlys* d.g. *helxine.* **1813** *WB* 226, *Perthlys*; Polygonum Convolvulus; Climbing Buckwheat.

perthnasaeth, gw. **perthnasiaeth.**

perthnasedd, perthynasedd [*perthynas* +-*edd*[1]] *eg.b.* ll. *-au.* Yr ansawdd neu'r cyflwr o fod yn berthnasol; perthynoldeb, yr ansawdd neu'r cyflwr o fod yn gymharol neu'n berthynol, *Ffis.* dibyniaeth fesurol sylwadau ar fudiant cymharol y sylwedydd a'r gwrthrych y sylwir arno, yr wyddor sy'n ymwneud â'r disgrifiad o ofod ac amser sy'n lwfio am y ddibyniaeth hon; perthnasolaeth; perthynas, cyswllt; cydberthynas: *relevance*; *relativity* (*also in physics*); *relativism*; *relation*, *relationship*, *connection*; *correlation*.

1883.

Cfn.: **perthnasedd moesol (moesegol):** *ethical relativism.* **20g.**

perthnasiad, perthynasiad [*perthynas*+*-iad*[1]] *eg.* ll. *-au.* Perthynas, cyswllt: *relation*, *relationship*, *connection*, *affinity*.

1657 T. POWEL: *CI* 33, etto oherwydd y *perthynasiad* agos, a'r ûndeb sydd rhwng yr arwyddion a'r pethau a arwyddocceir.

perthnasiaeth, perthnasaeth, perthynas(i)aeth [*perthynas*+-(*i*)*aeth*] *eb.g.* Perthnasedd, perthnasoldeb; perthnasolaeth; *Ffis.* perthnasedd; persbectif; perthynas (deuluol, &c.): *relevance*; *relativism*; *relativity* (*in physics*); *perspective*; *relationship*, *kinship*.

1895.

perthnasol, perthynasol [*perthynas*+*-ol*] *a.* Yn perthyn yn uniongyrchol ac yn arwyddocaol i'r mater mewn llaw, y gellir ei gymhwyso i agweddau ymarferol; perthynol, yn perthyn, yn ymwneud â pherthynas; priodol, addas, gweddus; *Gram.* perthynol; cymharol (hefyd mewn ffis.); cydberthynol: *relevant*, *pertinent*, *germane*; *belonging*, *pertaining*, *relating*, *related*, *relational*; *appropriate*, *proper*, *fitting*; *relative* (*in gram.*); *relative*, *comparative*, *specific* (*in physics*, *e.g.* '*specific gravity*'); *correlative*.

1567 *LlGG* 108b, Ac ar ryw amseroedd y doedir hyn yma hefyd, pan welo y Curat vod yn *berthynasol.* **1567** *TN* 325b, y orchymyn yty yr hyn 'sy weddus [:– *perthynasol*]. **1567** G. ROBERT: *GC* 53, Digon in grybwyll pynciau anawdd i gwybod, a *pherthnassawl* hefyd at y rhan yma i ramadeg. **16g. (1763)** W. SALESBURY: *LlM* 48, megis y Deiryd Enw yr yscaw a yr yscawlys yw g[i]lydd felly y mae cyfneiseifrwydd *perthynasol* rhwng ei rhinwedde. **1595** *Egl Ph* 91, Am Ogylchiaith . . . rhyw wych daccliad a lliaws o amryw eiriau *perthynassol.* **1604–7** *TW* (*Pen* 228), *perthynasol* y phiolæ d.g. *ampullarius.* **1630** *YDd* 35, [d]arfu i fab Duw . . . gymmeryd arno ddynawl anian, ar gwendid *pyrthynasawl* i hynny. **1672** R. PRICHARD: *Gw* 519, Tra gweddaidd a *pherthnassol*, / I bob rhyw Gristion duwiol, / Foli ein Prynwr ddydd a nos. **1691** T. WILLIAMS: *YB* 271, oddiwrth fod yn aelodau *perthynasol* i gorph Crist. **1721** RD: *CFf* 8, a fyddai egluraf a *perthynasolaf.* *c.* **1730** *Thos. Lloyd D* (LlGC) 192a, *perthynasol*, addas. *id.* 194a, *perthynasol*, pertinent. **1759** D. ROWLAND: *A* 12, Dodrefn *perthynasol* i'r gwersyll. **1803** *P*, *perthynasawl*, appropriate.

perthnasolaeth, perthnasoliaeth, perthynasoliaeth [*perthnasol*, *perthynasol* +-(*i*)*aeth*] *eb.* Damcaniaeth sy'n dal nad yw gwirionedd neu werthoedd moesol neu esthetig, &c., yn gyffredinol neu'n absoliwt ond eu bod yn amrywio'n ôl y sefyllfa; perthynoldeb: *relativism*; *relativity*.

1885.

perthnasoldeb, perthynasoldeb, perthynasoldab [*perthnasol*, *perthynasol*+*-deb*, *-dab*] *eg.* Perthnasedd, yr ansawdd neu'r cyflwr o fod yn berthnasol; priodoldeb; perthynoldeb; perthynas, yr ansawdd neu'r cyflwr o fod yn perthyn: *relevance*; *appropriateness*; *relativity*; *relation*, *relationship*, *relatedness*.

17g. *LlGC* 7007, 242, yr hwnn [crych a llyfn] yw kam ossodiad bogaliaid a hynny *ymherthynassoldab* y brif awdl. *id.* 244, A phann vo allan o *berthynasoldab* yr awdl nid yw vai. *c.* **1785–90 (1829)** *CBYP* 201. **1803** *P*, *perthynasoldeb*, s. m. appropriateness.

perthnasoliaeth, gw. **perthnasolaeth.**

perthnasolrwydd, perthynasolrwydd [*perthnasol*, *perthynasol*+*-rwydd*] *eg.* Perthnasedd, perthnasoldeb; priodoldeb: *relevance*; *appropriateness*.

1778 *W* d.g. *pertinentness.* **1803** *P*, *perthynasolrwydd*, s. m. pertinentness, appropriateness.

perthnasu, perthynasu [bf. o'r e. *perthynas*] *bg.a.* Dwyn (peth neu berson) i berthynas (â pheth neu berson arall), dangos neu sefydlu cysylltiad rhesymegol neu achosol rhwng (pethau); perthyn; gwneud neu fynd yn briodol, addasu, cymhwyso: *to relate*; *be related*, *belong*; *make or become appropriate*, *adapt*.

1657 T. POWEL: *CI* 35, mae'r plant i'w derbyn i holl briodoldeb yr Eglwys sydd yn *perthynasu* (*belong*) at hwnw o herwydd ei ffŷdd. **1803** *P*, *perthynasu*, to render appropriate; to become appropriate. Cf. W. OWEN[-PUGHE]: *CIG* 23, yr ydys yn *perthynasu* y terfyniadau at eiriau neilltuawl.

perthnedig, perthynedig [bôn y f. ddil. +*-edig*] *a.bfl.* Priodol, addas, gweddus; perthynol: *appropriate*, *fitting*; *related*, *relating*.

16g. (*LlEG*) *Mos* 158, 233a, gweddus voliant a gosdyngeidrwydd [*sic*] *pyrthnedig* I vrenin. **1803** *P* d.g. *perthynedig.* Cf. R. DAVIES: *GC* 74–5, Dylid gosod Rhagferf bob amser, mor agos ag ellir i'r gair y byddo yn *berthynedig*; megys, 'Nid da derbyn wyneb mewn barn'.

perthog[1] [*perth*+*-og*] *a.* Llawn perthi (drain); tebyg i berth (am wallt): *abounding in* (*thorn*) *bushes*, *bushy*; *bushy* (*of hair*).

Dchr. **17g.** *J* 10, 124a, *perthog*, bushie. **1707** *AB* 219c, *perthog*, bushy, full of thorns. **1722** *Llst* 189, *perthog*, bushy, full of brakes. **1765** J. EVANS: *CPE* 206, y tîr *perthog* (lle y tagir yr hâd gan ddrain). **1770** *W* d.g. *braky.* **1803** *P.*

perthog[2], gw. **berthog.**

perthryd, perthyd, gw. **parthed.**

perthyll [?cf. *perchyll*, *EWSP* 527, *CLlH* 87–8] *a.* ?Disglair, ysblennydd: *bright*, *splendid*.

14g. *T* 27. 11–12, mi hudwyf *berthyll* ac wydyf drythyll o erymes fferyll.

perthyn[1] [bôn neu fe.'r f. *perthynaf*: *perthyn* fel e.] *eg.* ll. *-au*, *-ion*, *-iaid*.

(*a*) *Cyfr.* Eiddo, hawl, neu fraint sydd ynghlwm wrth beth pwysicach; ategolyn, atodiad: *appurtenance* (*in law*); *appendage*, *accessory*.

13g. *LlI* 93, Escraff a'y *perthyn*, dam[dug]. **14g.** *LlB* 105, ef a dyly gwrtheb yn llys y brenhin o'r tir a'e *perthyneu.* **14g.** *Haf* 1, 80a, iarllaeth lodoneis dan y *pherthyneu* . . . ryget dan [y] *pherthyneu.* *c.* **1400** (*SG*) *HMSS* i. 313, y castell ar glynn a wely di adyly bot yn dy uedyant ti gyt ae *perthyneu.* *Diw.* **15g. (1604–6)** *Pen* 224, 799, Vikwnt Meirionnydd ag (y danaw) Ardudwy: a Phennllynn ag Edeirniawn ag ev *perthynev.* **16g.** *Yst Kym* 67, A ffan ranwyd hwynt, sef wrth archyscoptu Caer Efrog i *perthnau* [*sic*] Deifr, Bleniach [*sic*] a'r Gogledd oll. **1803** *P.*

(*b*) Perthynas (perthnasau), câr (ceraint), tylwyth: *kindred*, *relation*(*s*), *relative*(*s*).

1696 *CDD* 315, Gwn fôd yn ddrŵg gan lawer glan-ddŷn, / Nad oeddent i't na thrâs, na *fferthŷn.* **1721** J. P. PRYS: *DC* 148–9, Os da ddaw ei *berthyn* drwy l[u]dded ei [*sic*] Lewddyn, / Bydd rhywyr ymofyn am Dyddyn o Dîr / . . . / Carenydd wrth gyweth fydd drech na gwaedoliaeth. **18–19g.** *Iolo MSS* 20, Hywel ab Owain . . . Brenin da oedd ef ai amcan ar heddwch pei cawsai gan ei *berthyniaid.*

(*c*) Peth priodol, gweddus, neu gymwys: *an appropriate or fitting thing*.

13g. *C* 79. 5, ych porth *perthin* yv ataf. *c.* **1300** *H* 5a. 12–13, Dewissach gennhyf canys *perthyn.* Dyfnu diuroet no met melyn (Gwalchmai). *id.* 15a. 24, nyd *perthyn* yt tad mad uy madeu (Einion ap Gwalchmai). *id.* 61a. 33, awch porth *perthyn* yw attaf (Cynddelw). *c.* **1400** *R* 1432. 40, nadidawl y barch kanyt *perthyn.* **1803** *P*, *perthyn*, s. m. what is appropriate.

perthyn[2], gw. **perthynaf: perthyn.**

perthynadwy [bôn y f. ddil.+*-adwy*] *a.bfl.* Yn perthyn; perthnasol; priodol: *relating*; *relevant*, *pertinent*, *germane*; *appropriate*.

1599 (1677) R. HOLLAND: *AB* 97, gan fod dwy arch ynghylch pethau ysprydol *perthynnadwy* i ni, ac heb ond vn arch yn vnig am bethau bydol. **1604** R. HOLLAND: *BD* d.d., Achau . . . a hanes ferr yr amseroedd *berthynadwy* i'rheini. *c.* **1785–90 (1829)** *CBYP* 36, campau da *perthynadwy* i wraig briod.

perthynaf: perthyn(u) [bnth. Llad. *pertin*(*eō*)] *bg.a.*

1. (*a*) Bod yn eiddo (i rywun, &c.): *to belong* (*to someone*, *&c.*), *be the property* (*of someone*, *&c.*).

13g. *LlI* 54, Pan uo maru er escop e brenhyn a dele e da oll, canys dyffeyth brenhyn yu pob da hep perchennauc ydau, eythyr guyscoed er egluys a'e thlysseu ac a *perthyno* attey. *c.* **1400** *YCM*[2] 17, paham y goreskynnut ti tir ny *pherthynei* ytt o dreftadawl dylyet. **16g.** *Yst Kym* 133, ar bob vn o'r cyrff eraill yr arfau oedd yn *perthynu* yddynt. **1588** *Tob* vi. 11, i ti [Tobias] y mae ei hetifeddiaeth hi [Sarra] yn *perthyn.* **1588** 1 *Mac* x. 42, am eu bod hwy [pum mil sicl] yn *perthynu* i'r offeiriaid. **1604** R. HOLLAND: *BD* 1, I Bwy y geill y Llyfr hwn . . . yn iownach *berthyn.* **1728** T. BADDY: *DDG* 99, un o'r Pum Dinas bennaf sy'n *perthyn* i'r Palestiniaid. **1757** *ML* i. 454, ir brawd arall y *perthyn* yr olysgrif. Ar lafar yn gyff., "Ydi'r sgidia 'ma'n *perthyn* i chi?', *WVBD* 425.

(*b*) Bod yn eiddo (i rywun, &c.) fel hawl neu fraint: *to belong* (*to someone*, *&c.*) *as a right or privilege*, *appertain*.

14g. *LlB* 5, Aelodeu brenhin ynt: y rei a *perthyno* wrth vrenhinawl vreint, kynys pieiffont. *c.* **1401** *AL* ii. 350–2, rodi barn yn erbyn dyn yn llwrw collet y *perthyno* idaw yspeit vn dyd a blwydyn y hameu. *Diw.* **15g.** *Pen* 41, 12, Ef a gwynws adaf . . . y diuediannv . . . o dir kyffredin borva . . . or a *berthynei* idaw i gaffel. **16g.** *Med H* 72, Yr arveu hynn y sydd yn *perthynu* i vrenhin Ffraingk. **1588** *Deut* xxxii. 35, I mi y *perthyn* dial. **1588** *Tob* iii. 18, [rh]oddi Sarra . . . yn wraig i Tobias . . . o achos bod yn *perthynu* i Tobias o gyfiawnder ei chael hi. **1599 (1677)** R. HOLLAND: *AB* 121, gan fod y titl ar hawl ymmhob dim oll . . . yn *perthynu* i Dduw. **1670** J. HUGHES: *AP* 20, gogoneddu dy Enw sanctaidd di, i'r hwn y mae'n *perthynu* bendithion oll, gogoniant, a doethineb, a diolch. **1688** S. HUGHES: *TSP* 163, Nid yw Christ yn dywedyd fod y fendith yn *perthynu* ir Sawl sy 'n gwybod ewyllys Duw. **1706** *Nat Con* 3, Defod ddwys-fawr sy'n *perthyn* . . . i Lywodraethwyr yr Eglwys yn unic. **1718 (1721)** S. THOMAS: *HB* 82, Iddo fe y *perthyne* wneuthur Escobion. **1759** T. THOMAS: *WWDd* 295–6, Duw . . . yw barnwr pawb . . . ac am hynny nid yw'n *perthyn* i ni farnu ein gilydd. **1776** I. BRYDYDD HIR: *P* i. 2, Anrhydedd yw hwn ac sydd yn *perthyn* i ddyn yn unig.

(*c*) Bod yn berthnasol (i), bod a wnelo (â), ymwneud (â), bod yn fusnes i (rywun); bod yn briodol neu'n addas, bod yn berthnasol: *to be related or pertain* (*to*), *have reference to*, *be concerned* (*with*), *have to do* (*with*), (*be of*) *concern* (*to someone*), *be the business* (*of someone*); *be appropriate or fitting*, *be relevant*.

12–13g. *GLlLl* 180, Geir uy geir o'r peir yn *perthyn*—ar bawb / O bobloet dyfestin. **13g.** *Cylchg LlGC* iv. 78, E pwnc kyntaf o'r deudec pwnc a *perthyn* ar y Tad Mawr o'r nef. **13g.** *BD* 54, [c]any *pherthyn* arnam ni traethu o weithredoed guyr Ruuein . . . ymchuelvn ar an traethavt nuhun. **14g.** *LlB* 129, Ny seif neb amdiffyn ac ny thyckya, ony byd amserawl yn y dadyl herwyd cof llys, a gwir herwyd deturyt gwlat, a'e *pherthynu* yn priodawl herwyd kyfreith. **14g.** *WM* 142. 28–9, nyt attafi y *perthyn* itti dial dy ulwg ath dicofeint. *c.* **1400** *MM* 152, Pann uo y korf yn wressawc, bwydev kedyrn a *berthynant* idaw. **15g.** *B* ii. 14, Edrych dy aniueileit . . . A phar uot y bop un y diwallrwyd megys y *perthyno.* **1568** MORYS CLYNNOG: *AG* 37, y deg gorchymyn . . . y tri cyntaf sy'n *perthyn* at vrdduniad duw, a'r saith eraill at les y cymydog. **1717** IACO AB DEWI: *MN* 165, Pa gymmaint . . . y mae'n *perthyn* i mi (*doth it concern me*) gadw fy Eneid. **1803** *P*, *perthyn*, to be appropriate.

2. (*a*) Bod yn rhan (israddol), bod yn ychwanegiad neu ategolyn, cael ei ddosbarthu'n briodol: *to form a* (*subordinate*) *part*, *be an appendage or an accessory*, *belong*, *pertain*, *be rightly classified*.

13g. *LlDW* 101. 18–19, escraf ac a*perthyn* ar ney [*sic*]. **14g.** *LlB* 82, perchen y tir y tyfho y pren ohonaw bieiuyd y prenn ac a *perthyn* y wrthaw. **14g.** *GP* 46, Teir keing a *berthynant* ar glerwryaeth, nyt amgen, ymsennu, a daualu geir tra geir, a danwaredut. *c.* **1400** *DB* 37, Yny vwynt yscriuennedigyon teyrnassoed y gogled, wrthunt ettwa y *perthynant* y rei hynn. Mynyd Cawcasus . . . Albania. **1567** G. ROBERT: *GC* 69, beth yw phugr . . . pessawl vn sydd o honyn yn *pyrthynu* at y rhan yma o ramadeg. **1595** *Egl Ph* 2, At y Rhyw cyntaf y *perthyn* y rhein a'i rhywogaethau. **1618** J. SALISBURY: *EH* 193, Pa ssawl modd y gwneir yn erbyn y seithfed gorchymyn hwn? Mewn dau fodd enwedig, at yr hai y *perthynant* yr holl foddion eraill. **1771** *PDPh* 31, Cwins . . . Chwydd yn y rhannau sy'n *perthynu* i'r llyngcfa.

(*b*) *Cyfr.* Bod yn eiddo, hawl, neu fraint sydd ynghlwm wrth beth pwysicach: *to be an appurtenance, appertain (in law).*

13g. *LlI* 60, y due tref a *perthyn* ar e llys e dele bot deudec eru a pymp cant. **13g.** *BD* 152, y Leu uab Kynuarch y rodes yarllaeth Lodoneis ac a *berthynei* vrthi (*RB* ii. 194, attei). *id.* 399, y keyryd ar kestyll a *ber[t]hynynt* ar y deyrnas. *c.* **1400** *YCM²* 89–90, ef a rodir dy goron, ac a *berthyno* wrthi, a'th deyrnwialen y'r marchawc goreu. *c.* **1400** *YSG* i. 94, dy chwaer a duc tri chastell y arnat, ac a *berthynei* wrthunt. *Diw.* **15g.** *Pen* 41, 15, Gorchymyn i adaf ellwng i ganthaw hynn a hynn o dir ac a *berthyn* wrthaw y Jeuan yny ryw le. **16g.** *J* 8, 82a, wrth essgopdy kaer efrawc y *perthynwys* deifyr [a] brynaich. **1620** *Luc* ix. 10, [ll]e anghyfannedd yn *perthynu* i'r ddinas a elwir Bethsaida. **1685** *Art* 4, A ydyw ef yn Drigfannol yn ei Bersonoliaeth ag yn ei Dŷ sŷdd yn *perthŷnu* yw [*sic*] Bersonoliaeth neu Vicariaeth?

(*c*) Bod yn briodoledd, yn nodwedd, yn un o deithi, neu'n gynneddf: *to be a property, feature, characteristic, or attribute.*

1346 *LlA* 107, y olwc agauas achwbl or a*berthynei* arnnei. *c.* **1400** *GP* 16, Crefydwr a uolir o grefyd, a santeidrwyd . . . ac o betheu ereill nefolyon ysprydawl a *berthynont* ar Duw a'r seint. *c.* **1585** G. ROBERT: *DC* [7b], Mae r llaswyr yn dangos, mae vn or pethe pennaf sy n *perthyn* i wr da, yw mefyrio ar gyfreth Dduw nos a dydd. **1593** W. MIDLETON: *B* [1], Pedwar peth a *berthyn* at gerdd dafawd Kymhariad, odl, kynghanedd, a mesur. **1606** E. JAMES: *Hom* i. 124, Yr ofn hwn yw ofn cnawd gwael, a gwendid naturiol, a *berthyn* at annian dyn marwol. **1675** R. DAVIES: *PY* 138, yr vn maentumiaeth sydd yn *perthynu* iddynt. Cf. D. OWEN: *RL* 24, Yr wyf yn gorfod cydnabod fod cryn lawer o erwindeb yn *perthynu* iddynt [yr hen flaenoriaid gonest].

3. (*a*) Bod yn aelod (o grŵp), bod mewn perthynas (â), bod yn rhwym wrth (berson, lle, cymdeithas, &c.) oherwydd hoffter, dibyniaeth, teyrngarwch, neu aelodaeth, &c.: *to belong to or be a member of (a group), be associated (with), be bound to (a person, place, society, &c.) because of affection, dependence, allegiance, or membership, &c.*

13g. *LlI* 5, ac euelly am a *perthyno* parth a'r llys oll o denyon. *id.* 15, Uchof e traethvyt o ureynt a delyet er un svydavc ar bymthec a *perthyn* ar e brenhyn; eman e dechreuvn ny traethu o'r vyth a *perthyn* ar e urenhynes. *id.* 16, Ef [offeiriad y frenhines] a dele offrum e urenhynes a phavb o'r a *pertheno* attey. *c.* **1300** *H* 68a. 8, trwm a barthred yd *berthyn* (Cynddelw). **14g.** *LlB* 5, Gwerth pob etiued arall o'r a *berthyno* wrth y teyrnas. **1567** *TN* 65b, [p]wy pynac a roddo i chwi gwppaneit o ddwfr y'w yfet er mwyn fy Enw i, can y chwi vot yn *perthyn* [:- deiryd] i Christ. **1588** *Gen* xxxii. 17, I bwy y *perthyni* di [wrth was Jacob]? **1595** M. KYFFIN: *DFf* [26], heb allu *perthynu* i Eglwys ag i dylwyth Dduw. **1606** E. JAMES: *Hom* i. 54, Fe allai y tybygai rhai eu bod yn *perthyn* at Dduw er ei [*sic*] bod yn byw mewn pechod. **1803** *P.*

(*b*) Bod â pherthynas waed neu deuluol (â rhywun), bod yn aelod o'r un teulu: *to be related (to someone).*

1670 J. HUGHES: *AP* 84–5, Yn erbyn y Gorchymmyn cyntaf . . . Ewyllysu, cynghori, neu fod yn foddion i ryw vn o'r sawl sy'n *perthynu* iddo ef, fyw allan o'r Eglwys Gatholic. **1732** *RE* 31, heb un baban yn *perthynu* iddo. Ar lafar yn gyff., 'Mae o'n *perthyn* i mi', *WVBD* 425; 'Mywn lle siŵd 'yn, ma pawb yn *perthyn* idd'i gilydd, o bell nu o acos'.

4. (fel *ba.*) Peri meddu ar, rhoddi: *to cause to possess, give.*

c. **1400** *R* 1153. 28–30, kaeadeu pareu per[y]ch yny bronn. gwiryon borthoryon a*berthynych*. *id.* 1160. 36–7, Nawd arnaf y dodaf y detwydyon. nodet oe parphet [*sic*] am *perthynon*.

Cfn.: **perthyn Mericia:** *to be distantly related.* Ar lafar yn Arfon. **p. pell = p. Mericia.** Ar lafar yn Arfon. **p. drwy goes ôl mochyn = p. Mericia.** Ar lafar yn sir Gaerf. **p. drwy briodas:** *be related by marriage.* Ar lafar yn gyff.

perthynas [bôn y f. fl.+-*as²*; ansicr yw ystyr rhai o'r enghrau.] *eb.g.* ll. *-au, -oedd, perthnasau*, a hefyd fel *a.*

1. (*a*) Eiddo; peth(au) sy'n ategol i beth neu system arall, peth(au) sy'n ffurfio rhan o beth neu system arall, neu sy'n perthyn i beth neu system arall, offer, gêr, *Cyfr.* eiddo, hawl, neu fraint sydd ynghlwm wrth beth pwysicach: *property; appendage, adjunct, appurtenance (also in law).*

12–13g. *GLlLl* 149, Archaf arch y Bedyr o *berthynas*— Crist. **13g.** *LlI* 100, Sef yu gogaur, yt . . . a chennyn, a phob peth o'r a uo *perthynas* y ard. **14g.** *BT* 159, ony rodei kastell llanymdyfri ay *berthynas* y veibyon gruffud vab rys. **1567** G. ROBERT: *GC* 75, bydd yn *byrthynas* i raghenw, weithiau henw, amser arall arddodiad, ag weithiau berf . . . os arddodiad fydd i *byrthynas*, ei cyssytir fynychaf, mal attaf, attafi, attafinau. **16g.** (**1763**) W. SALESBURY: *LlM* 191, y mae yn dda rhag Dolurie or groth ai *pherthynas*. *id.* 239, y mefys ai *perthynaessae* [*sic*]. *c.* **1585** G. ROBERT: *DC* [xxviii], Am y phurfafen ai holl *perthynasseu*. **1588** *Ecs* xxxviii. 21, Dymma gyfrif *perthynasau* y tabernacl. **1588** 1 *Br* vi. 38, gorphennwyd y tŷ, ai holl *berthynasau*, ac ai holl gyfreidiau. **16–17g.** *CRC* 80, yn Cyfflybu Cariad / ai Effaeth i Long a'i *pherthynasau*. **1658** R. VAUGHAN: *YPS* 10, [d]ifa . . . y da, y gwersyll, ar *pyrthynasau*. **17g.** HUW MORUS: *EC* i. 226, I gadw ei deyrnasoedd, a'u holl *berthynasoedd*. **1688** *TJ*, *perthynas* . . . appurtenance. **1690** *Ymofynion* 1, Ynghylch Eglwysi a Chapelau ai *Perthynasau* . . . Dodrefn a *Pherthynasau* 'r Eglwys. **1703** E. WYNNE: *BC* 144, [g]wastraffu ar Dai têg . . . Gerddi a Meirch [a] *pherthynaseu* drudfawr. **1716** T. EVANS: *DPO* 140, [g]osodwyd mywn llong foel, heb na hwylbren, na llyw, na dim *perthynas* yn y bŷd. **1770** *W*, y tŷ a'i *berthynasau* d.g. *an appurtenance . . . The house and its appurtenances.* **1774** *Ewyllys John Williams, Ceirchiog, Môn* (LlGC), y ddau welu gora yn y tŷ ai *perthynasau* iw canlun . . . y gwely ai *berthunasau*.

(*b*) (enghrau. ynglŷn â phethau haniaethol, weithiau'n gyfystyr â 'nodwedd, priodoledd, arwedd, elfen gyfansoddol': *exx. relating to abstract things, sometimes equivalent to 'attribute, property, accident, concomitant'*).

c. **1400** *YE* 6–7, Symonyaeth yw prynu neu werthu peth ysprytawl neu *berthynas* idaw. **15g.** *AL* ii. 440, O bedwar geir ae *perthynassaeu* [*sic*] y holir . . . pwy a holych; beth a holych; paveint a holych; a phamser yholych: gwedy y gwypo dyn hynny reid vyd ido wybod beth a berthyn wrth bop geir ar neilldy. *c.* **1585** G. ROBERT: *DC* [3b-4a], wrth feddwl yn fanwl am boene vphern ai holl *byrthnasse*, i bydd calon llawer dyn da yn crynnu rac ofyn. **1631** O. THOMAS: *CC* 7, [C]ynt y dyscant bob *perthynas* Duwioldeb os ymroant i gymmeryd poen i ddarllein Gair Duw. **1632** *D* d.g. *accidens.* **1688** *TJ*, abediw, *perthynasau* claddedigaeth. Funeral Ceremonies. **1767** J. THOMAS: *TFf* 71, rhaid iddo ymladd yn erbyn ei natur lygredig a'i holl *berth'nasau*. **1770** *W* d.g. *an accident [to a substance].* **1776** I. BRYDYDD HIR: *P* i. 106–7, bydd barn rhagllaw . . . Duw a welodd yn dda ddatguddio ini lawer o *berthynasau* mawrion, neillduol . . . ag ydynt arferol o lenwi dynion a dychryn. **1786** W. WILLIAMS: *I* 10, nid yw gwahaniaeth y ddwy nattur ym Mherson ein Cyfryngwr . . . yn taro yn erbyn undeb ei Berson, er fod pob nattur yn aros yn gyfan ynddi ei hun, ac yn dal ei *pherth'nasau* (properties) cyttunol â hynny.

(*c*) Mater, busnes, ystyriaeth, budd, pwysigrwydd: *concern, affair, consideration, interest, importance.*

1631 O. THOMAS: *CC* 58, nid y nghylch [*sic*] matterion gwael ond pethau . . . yn cynnwys . . . [*p*]*erthynas* iechydwriaeth eu heneidiau. **1670** J. HUGHES: *AP* 149, na chaffo dim *perthynas* bydol o gyfoeth, o anrhydedd . . . na dim achos arall daearol eich rhwystro chwi. **1677** R. JONES: *BB* 209, rhaid i chwi fwrw i lawr holl *berthynas* (*interest*) y cnawd wrth ei draed ef. **1684** J. DAVIES: *LlR* 370, yn eich amryw Alwedigaethau, Cyflwr, a *Pherthynasau*. **1691** T. WILLIAMS: *YB* 175, Bywyd yn ol rheswm, crefydd a' rhinwedd yw priodol *berthynas* i fywyd dŷn (*is properly the Life of Man*). **1701** E. WYNNE: *RBS* 247, Yr oedd cael o honom le i edifarhau . . . yn *berthynas* (*concernment*) mor bwysfawr. **1711** L. EVANS: *LlW* [98], ni allech gaffael Odfa o herwydd *Perthynassau* anghenrheidiol y Bywŷd hwn. **1712** T. WILLIAMS: *CDdG* 630, anghofio . . . [p]ethau o ddirfawr *berthynas* (*importance*) ini. **1716** E. SAMUEL: *GGG* 90, fod Duw yn gofalu am *berthynasau* (*affairs*) Dynion. **1718** E. SAMUEL: *HDdD* 132, [c]ymmorth arbennig gan Dduw ynghylch ein *perthynasau* amserol neu ysprydol. **1722** A. THOMAS: *DR* 69, y rhai a wnant ogoniant Duw ac Jechydwriaeth eu heneidiau . . . eu Gofal a'u *perthynas* pennaf. **1799** *CGGLl* 9, os dadguddia un ddim o *berthynasau*'r Gymdeithas allan o honi.

2. Cysylltiad rhwng pobl neu bethau, y ffordd y mae person(au) neu beth(au) yn ymwneud â'i gilydd neu ag eraill, y cyflwr o fod yn perthyn; cysylltiad teuluol, carennydd; cymhareb: *relation, connection, relationship; kinship, kindred; ratio.*

c. **1730** *Taith C* 7, bod y cwlwm cariadus hynny o *Berthynas* rhyngthynt gwedi ei gwbl dorri. **1733** T. EVANS: *PP* 40, y *Perthynas* hyn rhyngom a Duw. **1735** S. THOMAS: *HP* iv, yw [*sic*] adferu ef i *Berthynas* dra gogoneddus, sef i fod yn Blentyn i Dduw trwy Fabwysiad. **1751** *GIA* 203, Pa un bynnag ydych . . . ai llwodraethwr [*sic*], ai un dan lywodraeth, cofiwch fod gan bob *perthynas* ei dyledswydd briodol. **1778** J. HUGHES: *BB* 104, A phawb na adwaenan e'n fab Duw, / Adnabod ein *perthynas*, ag efo mewn Priodas. [**1783**] *W* d.g. *relation, or reference.* **1790** T. JONES: *TOS* xii, dynion o bob sefyllfa a *pherthynas*. **1798** *WR* d.g. *affinity.*

3. Un sy'n perthyn trwy waed neu briodas, aelod o'r un teulu, câr, hefyd yn *ffig.*: *person related by blood or marriage, relation, relative, also fig.*

c. **1550** *B* xi. 89, resdiwyd y vrenines Eipodome drwy nerth Erkwlf . . . a'i dug y hi adref att J *ffyrthynasau*. **1687** (**1715**) J. OWEN: *TB* 43, yngwydd ei holl geraint, a'i *pherthnaseu*. **1704** E. SAMUEL: *BA* 56, eu hamryw *berthynasau* au Cyfnesafiaid. **1721** E. PUGH: *AC* iv, *perthynas* oedd yn aros arno ef am ymweled a thrigolion gwlad ei enedigaeth. *c.* **1730** *Thos. Lloyd D* (LlGC) 190b, *perthynasau*, relations, kinsfolk. **1790** T. JONES: *TOS* 223, eu gwlad a'u cenhedl, a'u *perthynaseu* gartref.

Fel *a.* Perthnasol, addas: *relevant, suitable.*

1593 W. MIDLETON: *B* 3, Odl, yw kydateb sain mewn sillafau *perthynas*. *Dchr.* **17g.** *T Ch* 63, Na chudd mewn kymdeithas / y pethau sydd *berthynas*. **1728** S. RHYDDERCH: *GC* 43, Y pethau hynn a wellhant Gerdd . . . ei datcanu mewn iawn amser, ei chanu yn *berthynas*. *c.* **1730** *Thos. Lloyd D* (LlGC) 191b, yn *Berthynas*, pertinenter.

Cfn.: **mewn perthynas i:** *in relation to, in connection with, in respect of, relating to, concerning.* **1714** R. PRYDDERCH: *GD* [v]. **1776** I. BRYDYDD HIR: *P* i. 47. **ym mh. (i) = mewn p. i.** **1719** *TDP* [iv], yn Llefaru wrthit ti, *yn mherthynas* dy Ddyledswydd. *id.* 35, Jacob a welodd mewn Gweledigeth *yn fy mherthynas* ei [*sic*]. **1740** T. EVANS: *DPO* 289, [c]ynnorthwyo'r Esgob nid yn unig *ym Mherthynasau*'r Eglwys, ond ynghylch Matterion gwledig hefyd. **1806** *AUA* 39, [ll]awer o bethau, addas . . . i'w gwybod *ymherthynas* i awenyddiaeth.

perthynasaeth, gw. **perthnasiaeth.**

perthynasddyn [*perthynas*+*dyn*] *eg.* ll. *-ion.* Perthynas, câr: *relation, relative.*

1708 *EGE* [vi], [D]yledswyddau . . . i'w rhieni ag i'w *perthynas-ddynion* eraill oll. **1712** T. WILLIAMS: *CDdG* 170, gallwn gael ein derchafu i'r Anrhydedd uchel o fod yn *berthynas-ddynion* i'n Iachawdwr. *c.* **1730** *Thos. Lloyd D* (LlGC) 190b, *perthynasddyn*, a relation.

perthynasedd, gw. **perthnasedd.**

perthynasgarwch [*perthynas*+*-garwch*] *eg.* Cariad at berthynas neu berthnasau: *love of a relation or relations.*

1873.

perthynasiad, perthynasiaeth, gw. **perthnasiad, perthnasiaeth.**

perthynasle [*perthynas*+*lle¹*] *eg.* ll. *-oedd.* Tiriogaeth sydd dan awdurdod gwladwriaeth arall ond nad yw'n ffurfio rhan annatod ohoni: *dependency (territory).*

1772 *W*, Ynghŷd â'i holl *berthynaslëoedd* d.g. *dependence, or dependency . . . With all it's [sic] dependencies.*

perthynasol, perthynasoldab, perthynasoldeb, gw. **perthnasol, perthnasoldeb.**

perthynasoliaeth, perthynasolrwydd, gw. **perthnasolaeth, perthnasolrwydd.**

perthynasrwydd [*perthynas*+*-rwydd*] *eg.b.* ll. *-au.* Perthynas, cyswllt: *relation, relationship, connection.*

1672 J. LANGFORD: *HDdD* 291, y mae *perthynasrwydd* rhwng Dlêdŵr a Choeliwr. *id.* 330, Y Trydydd *Perthynasrwydd* ydyw hwnnw rhwng Gwr a Gwraig. **1688** W. FOULKES: *EGE* 90, y mae yn sefyll yn un o'r *perthynasrwyddau* rheini. **1712** T. WILLIAMS: *CDdG* 14, mewn *perthynasrwydd* (*relation*) enwedigol a phriodol iddynt hwy eu hunain. *id.* 89, Ddarfod i'n Iachawdwr drwy ei Esampl a'i awdurdod ei hûn sancteiddio y *Perthynasrwydd* sydd trwy 'r bŷd rhwng cyfeillion a'i Gilydd. *id.* 175, ar holl gyffelybiaethau yn yr yscrythur syn gosod allan y *Berthynasrŵydd* hon mae'nt yn dangos yn eglur mai aelodau o'r Eglwys Gristianogol ydynt. *id.* 176, ac os disgwyliwn ddim lleshâd oddwrth y Cyfryw ysprydol *berthynasrwydd*. *c.* **1730** *Thos. Lloyd D* (LlGC) 190b, *perthynasrwydd*, relation, respect. [**1738**] E. JONES: *CE* 24, at hyn y galler anghwanegu, o ran ei gyffelyb *berthynasrwydd*, Bortreuad gyffredinol o'n Diffygion.

perthynasu, gw. **perthnasu.**

perthynaswr, perthynasydd [*perthynas* +-*wr*, -*ydd*[3]] *eg.* ll. -*wyr*, -*yddion.* Perthynas, câr; un sy'n ddibynnol ar noddwr ac yn barod i wneud beth bynnag a ofynnir ganddo: *relation, relative; creature, puppet, tool (in the hand of).*
1658 R. VAUGHAN: *PS* 112, bydded i mi mal Sanct yn ddiball fod o wastadrwydd defosionol tu ac attad ti, nid mal *Perthynaswr* eithr gwas beunyddol i wilio arnaf. *id.* 407, Am *berthynasyddion*, ynyfeiliaid yw ei rai ef. **1710** *CBGEL* 9, A hyn a ddeallodd *perthynaswyr (creatures)* y Pâb ynghymanfa Trent.

perthynedig, gw. **perthnedig.**

perthynol [bôn y f. *perthynaf*: *perthyn*+ -*ol*] *a.* a hefyd gyda grym enwol.

(*a*) Yn perthyn, yn dwyn perthynas, ac iddo gysylltiad, yn ymwneud â pherthynas, ac iddo bwysigrwydd, arwyddocâd, &c., yn ei berthynas â rhywbeth arall, cymharol, cymariaethol; perthnasol, priodol, addas: *belonging, pertaining, relating, related, relative, comparative, relational; relevant, pertinent, germane, appropriate, fitting, proper.*
c. **1400** *CHDd*[2] 12–13, yn y damchweino gyrru brawdwr yn bleit drwy ymwystlaw, yno y mae *perthynawl* y'r gorsedawc kadw y gynnen mywn cof diledyf . . . A llyna vn o'r lleoed y mae *perthynawl* twng arglwyd ar y gadwryaeth honno. *c.* **1400** *Études* vii. 306, ual y mae amryw arwydon ar uissoed y vlwydyn, velly y mae amryw aelodeu *perthynawl* udunt. *c.* **1401** *AL* ii. 388, Defnydyawl yw pob rwym personawl or avo *perthynawl* yny dadyl. **16g.** *Med H* 4–6, am vod iaith Gymraec mor anaml na cheffir ohoni ddigon o eirieu *perthynol* i'r gwaith newydd hwnn. **1632** *D, perthynol,* pertinens, attinens, spectans. **1679** C. EDWARDS: *GGG* 219, Er bod y rhesymmau hyn yn briodol ir Juddewon, etto y maent hefyd yn *berthynol* i ni Gristianogion. **1688** *TJ, perthynol*: pertaining, belonging. **1714** R. PRYDDERCH: *GD* [iv], Yr wyf yn tybied fod yr Ymadroddion . . . mor *berthynol* i'w diben; sef, i Ddyscu gwybodaeth i Ddynion. *c.* **1730** *Taith C* 132, efe a'u dug hwynt i'w lleoedd *perthynol.* **1753** *TR, perthynol,* pertaining or belonging to, relative. **1759** T. THOMAS: *WWDd* 184, O mor *berthynol* fwyd y mae ef yn ei brofi efe i'w Enaid newynog. **1777** H. JONES: *M* 15, amryw bethau eraill *perthynol* a'i Gelfyddyd. **1784** M. WILLIAMS: *S* i. 191, y Stingcbingsem . . . yw math o greadur *perthynol* i wlad yr Hottentots. **1803** *P.*

(*b*) *Gram.* Yn cyfeirio at ragflaenydd, gan gyflwyno isgymal (am ragenw, geiryn, &c.); yn cyfeirio at ragflaenydd (am isgymal): *relative (in gram.).*
1803 *P,* perthynawl . . . Rhagenw *perthynawl,* a relative pronoun.

Gw. hefyd **perthynolion.**

perthynolaeth, gw. **perthynoliaeth.**

perthynoldeb [*perthynol*+-*deb*] *eg.* Yr ansawdd neu'r cyflwr o fod yn gymharol neu'n berthynol; priodoldeb: *relativity; appropriateness.*
1803 *P, perthynoldeb,* appropriateness, relativeness.

perthynoliad [*perthynol*+-*iad*[1]] *eg.* ll. -*iaid.* Eiddo, hawl neu fraint sy'n perthyn i beth pwysicach: *appurtenance.*
1850.

perthynoliaeth, perthynolaeth [*perthynol*+-(*i*)*aeth*] *eb.* Perthynoldeb: *relativity.*
20g.

perthynolion [*perthynol*+-*ion*[2]] *e.ll.* Priodoleddau; taclau, trugareddau, pethau sydd ynghlwm wrth beth pwysicach; *Gram.* rhagenwau personol: *attributes; paraphernalia, appendages, appurtenances; relative pronouns.*
1839.

perthynolrwydd [*perthynol*+-*rwydd*] *eg.* Perthynoldeb; priodoldeb; perthnasedd, perthnasoldeb: *relativity; appropriateness; relevance, pertinence.*
1803 *P, perthynolrwydd,* appropriateness, relativeness.

peru, be., gw. **paraf**[1]: **peri.**

Perufiad, gw. **Periwiad.**

Peruiad, perwedd, gw. **Periwiad, perfedd.**

perwellt [*pêr*[1]+*gwellt*] *eg. Bot.* Un o dair rhywogaeth o laswellt o'r tylwyth *Glyceria* sy'n felys eu dail ac sy'n tyfu mewn corsydd, pyllau dŵr croyw, &c.; melynwellt, *Anthoxanthum odoratum*: *float-grass, sweet grass; sweet vernal grass.*
18–19g. *Llr* C 8, 179, *perwellt,* sweet scented vernal grass. **1813** *WB* 226.

perwg[1], *eg.* ll. (geir.) *perygon.* ?Rhyw fath o offeryn cerdd: *some kind of musical instrument.*
15g. *LGC* 280, Wrth y drws, un â'i grwth drwg, / A baw arall â'i *berwg*; / O'r lle bai arall â'i bib / A rhyw abwy â rhibib. **1803** *P, perwg* s. m. pl. *perygon* . . . a musical instrument so called; probably, a hurdy-gurdy.

perwg[2], gw. **parwg.**

perwig, periwig [bnth. S. *per(i)wig*] *eb.g.* ll. *perwigau, periwigiau.*

(*a*) Gwallt gosod, gwallt dodi, ffugwallt, wig: *periwig, wig.*
1630 R. LLWYD: *LlH* 51, lliwio y gwallt, gwisco y *periwig,* a gwallt gosod. **1703** E. WYNNE: *BC* 41, [t]rwp o bobl o Stryd Balchder . . . mor warsyth nad aent byth i le mor isel heb ddiwyno 'u *perwigeu* a'u cyrn. **1709** *WDS,* (Pembroke), fe ddygodd *perwig* Arthur Foley. **1759** *BC* 404, A'r Barber gwisgi yn ei ddrych, / Yn trin y *Berwig* felen grŷch. **1759** *DG* 107, Pe rhoech yn barod *berwig* i guddio ei war. **1763** *DT* 102, Pe caid *Perwig* fon'ddigaidd. **1792** H. HARRIS: *H* 45, cipiasant . . . fy *Mherwig* oddi am fy mhen, gan fy ngadael yn ben-noeth yn y gwlaw. Ar lafar yn sir Ddinb., *Cymru* xlvii. 141, a hefyd ym Môn.

(*b*) *Bot.* Math o fadarch cennog y mae ei dagellau'n toddi'n hylif du, *Coprinus comatus*: *shaggy (ink-)cap, lawyer's wig.*
20g.

Gw. hefyd **berwig.**

perwigiwr, perwigwr [*perwig*+-(*i*)*wr*] *eg.* ll. *perwigwyr.* Gwneuthurwr gwallt gosod: *perukier, wig-maker.*
18g. L. MORRIS: *LW* 50, un Surgeon Barber dysgedig, ag un *Perwigwr.* **1770** *HGD* iv, Wm. Spiggot *Perwigwr* o Landdyfri.

perwinclys [?bnth. S. *per(i)winkles* (plants); ond dichon mai ff. un., bnth. S. *per(i)winkle*+*llys*[5], ydyw] *e.?ll.* (un. g. *perwinclyn*). *Bot.* Perfagl, llawrig, erllysg: *periwinkles (plants).*
1604–7 *TW* (*Pen* 228), *perwinclyn* d.g. *alexandrina chamadaphne. id. perwinclys* d.g. *peruinca.* Ansicr yw ystyr a phrth. *GRCG* 26, Yn sarrug chwi a'i gwelych am y siri yn gwylio. / A'r siri perwincl ar ei farch yn prancio.

perwinwydd, gw. **pêr**[1]+**gwinwydd.**

perwirod, pêr wirod [*pêr*[1]+*gwirod*] *eg.* ll. -*ydd.* Gwirod pêr, ?hefyd yn *ffig.*; chwisgi: *sweet liquor, ?also fig.; whisky.*
Dchr. **15g.** *GM* 35, Gogonyant, medyant medyd *ber wirawt,* / Y'r Drindawt, undawt vndut presswylyd.

perwraidd [*pêr*[1]+*gwraidd*] *eg.* (bach. -*wreiddyn*). Licris: *liquorice.*
Dchr. **17g.** *J* 10, 123b, *perwraidd,* liquorize. glycyrhiza [*sic*]. scythica. **1632** *D* d.g. *glycyrrhiza.* **1722** *Llst* 189, *perwraidd,* s. *wreiddyn,* m. licorish. [**1762**] E. POWELL: *HEI* 71, *Per-wraidd* sef (Licris). **1803** *P.* **1813** *WB* 226.

perwresog, pêr-wresog [*pêr*[1]+*gwresog*] *a.* Gorawenus; pathetig: *ecstatic; pathetic.*
1701 E. WYNNE: *RBS* 69, [ll]osco fel y . . . To *pêrwresoccafo* ysprydion. **1778** *W* d.g. *pathetic* . . . [*moving*].

perwy [*pêr*[1]+*gwy*] *e?g.* Perai: *perry.*
1850.

perwydd [*pêr*[1] neu *pêr*[2]+*gwŷdd*[1]] *e.ll.* (un. b. -*en*). Coed ?afalau pêr, coed gellyg, coed ffrwythau, ?coed peraroglus: *sweet ?apple trees, pear trees, fruit trees, ?aromatic trees.*
13g. *C* 35. 8–9, A. Siric a*perwit. id.* 107. 9–10, Tec yd gan iradaren ar *perwit* pren. vch. pen gwen. **14g.** *T* 9. 17–18, At[wyn] blodeu arwarthaf *perwyd.* **1632** *NBSF* 476, Cur a wnaeth y caerau 'n us / Cwympo gwr ifangc campus / Cefn trefn tras gwiwras gwrol / Car gwâr gwych nych sy 'n ei ol / Clau frau fron purion *perwydd* / Clo bro braint gyda'r saint sydd (Rhisiart Phylip). **1803** *P, perwydd,* wood bearing sweet fruit, fruit trees; pear trees. *id. perwydden,* a pear tree. **1813** *WB* 48, Iron Pear-tree; Rhwning-bren, Gellygbren, N. W. Perbren. *Perwydd.* S. W. *id.* 226, Perbren; *Perwydden* (S.W.) Pyrus communis; Pear-tree.

perwyddair [*perwydd(iad)*+*gair*[1]] *eg.* Berf: *verb.*
1825.

perwyddiad, parwyddiad [bôn y f. *paraf*[1]: *peri*+elf. anh. (?*gwŷdd*[3], *gŵydd*[5])+ -*iad*[1])] *eg.b.* ll. -*au,* -*iaid. Gram.* Berf: *verb.*
c. **1785–90 (1829)** *CBYP* 207, *Perwyddiaid,* ys ef Gwerfau. **18–19g.** *Llr* C 7, 107, Tair *parwyddiad* sef Gwerf. **18–19g.** *Llr* C 64, 92, *parwyddiaid* verbs. **1803** *P* d.g. *parwyddiad.* Cf. W. OWEN[-PUGHE]: *CIG* 8, ar ol *perwyddiaid* gweithredawl o bob modd ac amser. *id.* 37, *Perwyddiad* yw pob gair neu beth â arwyddocâo wneuthur, neu beiriad.
Amr.: **peirwyddiad. 1803** *P* d.g. *parwydd, peirwyddiad.*

perwyddol [*perwydd(iad)*+-*ol*] *a. Gram.* Berfol: *verbal (in gram.).*
1808 W. OWEN[-PUGHE]: *CIG* 53, Mae tri defnydd mewn ymadrawdd *perwyddawl.*

perwyl [?bnth. Llad. *pervig(i)lium* 'gwylnos, bod yn effro drwy'r nos', ond nid yw'r dtb. ystyr yn eglur; tebyg mai gwallau print am *perigl* a welir yn adran (*b*) isod] *eg.* ll. -*au,* -*ion.*

(*a*) Pwrpas, diben, pwynt, amcan, bwriad, penderfyniad; achlysur, digwyddiad, achos, mater, gwaith: *purpose, end, point, aim, intent(ion), resolution; occasion, event, case, matter, work.*
14g. *GIG* 46, Pererindawd, ffawd ffyddlawn, / *Perwyl* mor annwyl, mawr iawn, / Myned, eidduned oddáin, / Lles yw, tua llys Owain. *Dchr.* **15g.** *IGE*[2] 161, Pwy ar ôl hwn, *perwyl* hardd, / Profer a geidw lle prifardd (Llywelyn ab y Moel)? *a.* **1587** *Y* 150, Er 'y mod, trwm ormod traw, / Dwys *berwyl,* yn dy sbariaw. **1592** S. D. RHYS: *Inst* [xvii], emcânu o honof' *berwyl* morr 'lân . . . ac ewyllyssu o honof' . . . 'ossod perpheithrwydd . . . eych Hiaith . . . i 'olwc holl Eurôpa. **1604–7** *TW* (*Pen* 228), bod mewn *perwyl* a meddwl da ne ddrwc d.g. *afficior.* **1632** *D, perwyl,* opus, propositum, institutum. **1664** *LlGG* sig. e1v, eu bôd [copïau] yn ddâ ac yn ddigonol yn y Gyfraith i bob rhyw ddibennau a *pherwylion.* **1677** C. EDWARDS: *FfDd* 251, Gobeithio fod yr hyn y ddywedpwyd yn ddigonol . . . Am hynny dibennaf y *perwyl* yma. **1688** *TJ, perwŷl,* amcan, bwrriad, llawn frŷd: a resolution, purpose or intent. **1710** *LlGG* (*Gos*) 14, i'r *perwylau* rhagddywededig. **1722** *Llst* 189, *perwyl,* m. p. *wylau, wylion,* a purpose, matter, work, view. **1766** *CD* 126, Dechreuad y *perwyl,* / Oedd peri i ni gofio'n harwyl. **1776** I. BRYDYDD HIR: *P* ii. 286, Yn y cyfryw *berwyl* i mae yn rhaid i bob un o honynt dystiolaethu. **1800** W. OWEN[-PUGHE]: *CP* 60, Terfynaf y *perwyl* yma am erfin. **1803** *P, perwyl,* occasion, event.

(*b*) Perygl: *danger.*
1718 E. SAMUEL: *HDdD* 25, Er mwyn gochel rhyw *berwyl* cyfamserol (*some present danger*). *id.* 29, ni wnaethom ond symmud y *perwyl* (*danger*).

Cfn.: **ar berwyl (da, drwg, &c.):** *with (good, evil, &c.) intent, with a purpose, on (honest, evil, &c.) business; on (good, bad, &c.) terms.* **1621** E. PRYS: *Ps* 51a, Daethant i'm cylch ogylch i'm cau, / ac *ar berwylau* diffaith. **1751** *GIA* 92, *ar* ba *berwyl* a thelereu . . . yr wyt ti . . . yn barrio ac yn sefyll â'r hwn sy 'yn galw arnat i Droi. **ar y p. (hyn):** *to or for this purpose, to this effect.* **1767** J. THOMAS: *TFfƒ* 84, yr hyn a ddywedpwyd yr o blaen *ar y perwyl hyn.* **at y p. (hwn), at hyn o b.:** *to or for the (this) purpose.* **1689** E. MORUS: *RC* 4, dywediad o'r eiddo 'sgrifennydd duwiol . . . yn tueddu *at y perwyl hwn.* **1696** *GGTY* 207, Pa mor vniawn y mae'r hyn [a dd]ywedodd efe *at y perwyl* (*to the purpose*) yn llaw. **1740** T. EVANS: *DPO* 3[31], Y mae Theodoret yn adrodd Ystori nodedig *at hyn o Berwyl.* **1769** TWM O'R NANT: *TChD* 58, Er nad yw pawb un orchwyl, / Mae [eu] bwriad nhw *at yr* un *berwyl.* **1800** W. OWEN[-PUGHE]: *CP* 64, A wna yr un amaeth arfer yn drapllith ryw ddodrefnau ei ystafell gwely *at y perwylion* (*for the purposes*) y dodir rhai ei gegin? **i'r cyfryw b.:** *to such a purpose, ?to the same purpose.* **1675** R. DAVIES: *PY* 98, I [dd]ibennu'r pwngc hwn yng eiriau Sanct Ambros *ir cyfryw berwyl,* Pwy a feiddia sarhau y llyfr Offeiriadaidd hwn. **1682** E. LLWYD: *EI* [x], *I'r Cyfryw berwyl* od yw y Cyfieithiad hwn . . . yn eich boddhau chwi, dyna fi yn Cael fy Ewyllys. **1696** *CDD* 205, Pa rŷw weithred sŷdd iw ddisgwŷl, / Gan a ddêl *i'r cyfrŷw berwŷl* [:– Bwrpas]. **i berwyl:** *to or for a purpose.* **1632** *D, i berwyl* arall d.g. *aliò, aliorsum.* **1661** E. LEWIS: *Drex* 153, ni buasei hynny iddo *i berwyl* yn y byd. **1760** E. WILLIAMS: *UYB* 163, [d]arfod i Dduw greu Dyn *i berwyl.* **i'r p.:** *to or for the* *purpose* (*of*), *so that*; *to the* (*this, that*) *effect, to the effect* (*that*). **1661** E. LEWIS: *Drex* 345, [d]ioddef . . . poenau uffern . . . *i'r perwyl* (*to the end*) ac y gallem weled Christ. **1696** *GGTY* [xxi], pe buasei i Grist ordeinio bedydd . . . fe fuasei hynny yn rhyw beth *i'r perwyl*. **1737** J. EINNON: *HR* 16, *i'r perwyl* o ddangos i mi fy mhechod. **1790** *Prif Crist* 12, wedi ei ysprydoli *i'r perwyl* i lefaru wrthym y gwîr. **i'r p. canlynol:** *to this effect*. **1814**. Cf. D. OWEN: *RL* 33, Ni welais fy mam erioed wedi cynhyrfu yn gymaint . . . dywedai rywbeth *i'r perwyl canlynol*. 'James, yr wyf wedi dyweyd wrthych lawer gwaith nad ydych i ddyfod yma . . .'. **i'r p. hwn (hyn, yma, hwnnw, hynny), i'r hwn b:** *to this* (*that*) *effect, to* (*for*) *this* (*that*) *purpose, to this* (*that*) *end*. **1595** H. LEWYS: *PA* 57, *Irr* [*sic*] *perwyl hwn* hefyd i perthyn y ddihareb wir hon. **1630** *YDd* 109, Ac *i'r perwyl yma*, y gelwir y bedydd ymolchiad adenedigaeth. **1632** J. DAVIES: *LlR* 1, o herwydd bod deubeth yn anghenrheidiol *i'r perwyl hwnnw*. *id.* 150, *i'r perwyl hynny* y dywaid y prophwyd Esai. **1751** *GIA* 21, *I'r hwn berwyl* rhaid i chwi wybod. *c.* **1762–79** W. WILLIAMS: *P* 274, ac *i'r perwyl hyn*, yn cyfarfod yn flynyddol. **1798** W. RICHARDS: *CC* 33. **i'r un p.:** *to the same effect, to the same end*. **1704** E. SAMUEL: *BA* 52. **1730 (1755)** E. WYNNE: *PAC* 52. *c.* **1750** J. THOMAS: *T* 1. Cf. D. OWEN: *D* 40, Gwnaeth John Aelod Jones sylwadau *i'r un perwyl*. **yn y p. yma (hyn, hwnnw, hynny):** *in this* (*that*) *case or matter*. **1710** *LlGG* (*Gos*) 14, *yn y perwyl hwnnw* (*in that behalf*). **1764** I. BRYDYDD HIR: *Gw* 184, ef a all fy nghynnorthwyo *yn y perwyl yma*, yn gystal ag mewn pethau ereill. **1800** W. OWEN[-PUGHE]: *CP* 22, *Yn y perwylion hyn* y tail â deflir allan yn anghryno.

pery, gw. **parhaf: parhau.**

perydd [?bôn y f. *paraf*[1]: *peri*+-*ydd*[3]; ?cf. *peryf*] *eg.* ll. -*on*. Un sy'n peri neu achosi, creawdwr, y Crëwr; brenin, arglwydd: *one who causes or occasions, creator, the Creator; king, lord*.

14g. *GDG*[3] 78, Tydi y sydd, *berydd* barabl, / Tyddyn pob llysewyn pabl [i'r haf]. *c.* **1400** *R* 1221. 7–8, Gwell yw pwyll noc eur ogaryat *peryd*. *id.* 1223. 2, kerennyd *peryd* purffyd perffeith. **1632** *D*, peryf, & *Perydd*, rex, dominus. **1720** *App DP* 55, Cynorthwy duwiol ras . . . a *pherydd* gwastadol i'n cynhyrfu. **1722** *Llst* 189, *perydd*, m.p. *ryddon*, a king, lord. **1803** *P*, *perydd*, s. m. a causer, one who bids to be; a bidder, one who orders or gives command.

Cfn.: **(y) Perydd Mawr:** (*the*) *Great Creator*. **1853**.

peryf [?cf. *perydd*] *eg.* ll. -*on*. Brenin, arglwydd, pennaeth; creawdwr, y Crëwr: *king, lord, chieftain; creator, the Creator*.

12g. *MA*[2] 236a. 19, Duw gennyf Duw *peryf* perffaith [marwnad Owain Gwynedd gan Seisyll Bryffwrch]. **13g.** *C* 26. 9–10, Menymae *peryw* hael iny claer kyueistet. *id.* 78. 6, y *periw* aperis new allaur. **13g.** *Études* v. 103, Im *peryf* dygard oef dygen geynnyat [marwnad Rhirid Flaidd gan Gynddelw]. *c.* **1300** *H* 1a. 7, *peryf* par wrthuynn yn erbyn brawd (Meilyr Brydydd). *c.* **1400** *R* 1173. 31, Rac bar an *peryf* pen haelonaeth. *id.* 1330. 41–2, Credwn vot Jor por *peryf*. yn vab gwyry doeth goeth gynnif. **1632** *D*, *peryf* . . . rex, dominus. **1722** *Llst* 189, *peryf* m.p. *ryfon*, [a king, lord]. **1803** *P*, *peryv*, s. m. one who causes; the giver of existence, a creator; one who bids or commands; a soverign, a king. Digwydd yn ôl pob tebyg yn enw'r bardd *Peryf* ap Cedifor (12g.).

Cfn.: **Peryf Nef:** *Lord of Heaven*. **12–13g.** *GLlLl* 97. **13g.** *C* 44. 1. *c.* **1400** *R* 1169. 12. **(y) Peryf Mawr:** (*the*) *Great Creator*. **1832**.

perygl, perigl [bnth. Llad. *perīculum* > *perigl*; ynglŷn â'r ff. yn -*y*-, gw. *OIG* 35] *eg.* ll. -*au*, -*oedd*, -*on*, a hefyd fel *a.* ll. -*on*. Y cyflwr o fod yn agored i niwed, colled, drygioni, poen, cosb, &c., cyflwr, peth, sefyllfa, lle, &c., anniogel, enbydrwydd, cyfyngder, dansier: *danger, peril, risk, jeopardy*.

13g. *LlI* 13, dyrnavt em pen hyt er emennyd, a dyrnavt eg corf hyt er emyscar, a thorry un o'r petwar post. Am pob un o'r try *perygyl* henne e dele e medyc nav ugeynt. **13g.** *C* 31. 5–7, Kyn gatter ew in ryred. pressen. *perygil* uit iny divet. **13g.** *Brut B* 135, En lloscy ed wuyf o karyat Eygyr, ac nyt tebyc kenhyf gallv gochel *perygyl* ve corff ony chaffaf e wreyc. **13g.** *BD* 45, yn dyodef *perigleu* yr eigyavn. *c.* **1300** *H* 73a. 6–7, Oet tringar an car cof newyt an peir *perygyl* hiraeth peunyt [marwnad Dafydd Benfras gan Fleddyn Fardd]. **14g.** *BT* 88, wedi llaweryon *berygleu* mor athir. **1346** *LlA* 66, megys dyn adianghei gynt o*berigyl* brwydyr. *c.* **1400** *MM* 70, pwy bynnac a ellyngho gwaet . . . *perigyl* yw idaw y uarw. **15g.** *GGl*[2] 3, Cadw'r dref y mae ef ym Mawnt, / Er *peryg*l aer aparawnt. **16g.** *GIILlV* 25, Ai waed briwglaer wedi *beryglon*. **1547** *WS*, *pericul*, peryll, ieoparde. **1551** W. SALESBURY: *KLl* xvb, ym *perycloedd* llifeiriaint . . . ym*pericleu* vygcenetl. **16–17g.** *HG* 138, gan ofni r poen ar *perig*. **1632** *D*, *perygl*, periculum, discrimen. **1699** T. JONES: *TP* 75, Ond Cristion a aeth heibio ir llê hwn heb fawr *berŷgl*. **1725** D. LEWIS: *GB* 170, nac ofni dim *Periglon*. **1803** *P* d.g. *peryg*, *perygyl*. Ar lafar, "Os na *berig* daw'r gwnidog hibo heno?".

Fel *a.* Peryglus, enbydus, anniogel: *dangerous, perilous, unsafe*.

c. **1400** *MM* 62, Or byd y crugyn yn lle *perigyl* ar dyn. *c.* **1400** (*SG*) *HMSS* i. 253, y fford waethaf a*phericlaf*. *id.* 325, rac *periclet* oed y lle. *Diw.* **16g.** *WLB* 93, y mae yn *beryklach* y brwd nar oer. **1664** J. DAVIES: *Art* 9, yn dramgwydd tra *pherigl*. **17g.** HUW MORUS: *EC* i. 16, Rhy *beryg*' hwyr a borau, / Wylo 'n ddwys alwyn neu ddau. **1685** T. JONES: *Alm* [19], llawer o Glefydon *perigl*. **1699** T. JONES: *TP* 137, yr oedd y ffordd i fyned yn ôl yn *berŷgl* iawn. **1701** E. WYNNE: *RBS* 79, nac un gelyn *perycclach* na'r Cnawd. **18g.** *W Ballads* 125, 4, dyn yn unig, / Su'n mund bob awr hyd lwybyr *perig*. **1795** JAC GLAN-Y-GORS: *SG* 15, pobl *berygl* iawn ydyw y rhai sy'n byw ar eiddo'r wlad. **1803** *P* d.g. *perig*. Ar lafar yn y ff. *perig*, hefyd mewn ymad. megis 'ymgeisydd *perig*', 'cystadleuydd *perig*' i ddynodi person sy'n debyg o ennill mewn cystadleuaeth, &c.

Cfn.: **perygl angau:** *peril of death, mortal danger*. **13g.** *Cylchg LlGC* v. 60, em *perygyl* y *angheu*. *id.* 62, ym *perygyl angheu*. **1346** *LlA* 145, rac *perigyl aghev*. *c.* **1400** *Ked AA* 11. **p. bywyd:** *peril of one's life; a danger to life*. *c.* **1400** *ChO* 15, ym*perigyl* o'm *bywyt*. **1632** *D*, mewn *perygl bywyd* d.g. *squalor*. *c.* **1762–79** W. WILLIAMS: *P* 69, yr oedd yn *berigl bywyd* i dorri adduned. **1775** *W*, mewn *perygl bywyd* . . . d.g. *life, in danger of life*. **1792** H. HARRIS: *H* 94, *ym mherygl* ei *fywyd*. Ar lafar, 'Mae'n *berig bywyd* trio croesi'r stryd fan hyn'. **p. coch:** *poppy*. Ar lafar yn ne-ddwyrain Morg., *perig coch*(*on*). **p. enaid:** *peril of one's life or immortal soul, pain of death; mortal danger*. **13g.** *Cylchg LlGC* v. 61, ef a dystvs yv vrdeu . . . ac y *berygyl* y *eneit* na doeth cof idav. **14g.** *LlB* 56–7, Or trewir dyn ar y pen . . . neu or brethir yn y arch . . . neu torri ascwrn mordwyt dyn . . . ym *perigyl* o'e *eneit* y byd. **14g.** *WM* 432. 25–7, hyny uyd ynteu dros bedrein y uarch yr llawr. Ac hyny oed ym*berigyl* am y *eneit*. **14g.** *Bren Saes* 52, ef a orchmynnws ar *berygyl eneit* ac aylodeu na bei neb o wyr Denmarc a wnelei argywed y'r Saesson. **1546** *YLlH* [3], pynckeu y sy anghenrheydiol y bob rhyw gristion y gwybot dan *berigyl* y *enaid*. **ar (ei, &c.) b.:** *at* (*one's, &c.*) *peril*. *c.* **1400** *YSG* i. 74, *ar vym perigyl* j. **1791** W. RICHARDS: *TDB* 3, yn rhybuddio eu gwrandawyr i'w gredu. *ar eu perygl* mwyaf. Gw. hefyd *p. enaid*. **dim p.!, dim ffiars o b.!:** *no fear! not likely!* **1885** D. OWEN: *RL* 373. Ar lafar yn y Gogledd a gogledd Cered., 'Mynd i'r cwrdd deirgwaith y Sul? *Dim perig* (yn (y) byd)! (*Dim ffiars o berig!*)'. **mewn p.:** *in danger*. **1604–7** *TW* (*Pen* 228) d.g. *infestus, pateo*. **1632** *D* d.g. *periclitor*. **1672** J. LANGFORD: *HDdD* [vii]. Gw. hefyd *p. bywyd*. **mewn p. am ei hoedl:** *in peril of one's life*. **1599 (1677)** R. HOLLAND: *AB* 103, *mewn perigl* ac enbydrwydd *am ei hoedl*. **1775** *W*, *mewn perygl* bywyd (*am ei hoedl*) d.g. *life, in danger of life*. **tan b.:** *at risk, under threat of, at one's peril*. **14g.** *LlB* 103, *dan perigyl* gwerth y tauawt. *c.* **1400** (*SG*) *HMSS* i. 303, *dan yn perigyl* ni. **1594–6** *B* iii. 284, *dann ei bericl*. **1661** E. LEWIS: *Drex* [xi], [*t*]*an* eu *perigl*. Cf. **1710** *LlGG* (*Gos*) 6, tan boen a pherygl y Gyfraith.

peryglad, gw. **perygliad.**

peryglaf, periglaf: peryglu, periglo [bf. o'r e. *perygl, perigl*; dichon mai yma y perthyn y ff. *periclawt*, *T* 3. 26, 28. 8, 46. 18] *bg.a.*

(*a*) Dwyn i berygl, peri perygl (i), gwneud yn agored i berygl; lladd; ofni, arswydo: *to endanger, cause danger* (*to*), *imperil, put at risk, jeopardize, hazard; kill; fear, dread*.

14g. *Bren Saes* 32, *peryglwyt* (*periit*) a gwenwyn Kyngen vab Elisse. **1488–9** *BSM* 10, A *pheryglo* bod y dynion mewn kam ffydd. **1567** *LlGG* 137a, Paam in *periclir* ni bop awr. **1589–90** *HP* 135, a *pheriglaw* a wnaeth ef ymgyfarvod a llu yr brenhin. **1620** 1 *Cr* xi. 19, y dynion hyn, a *beryglasant* eu henioes. (**1588** *ib.* mewn enbydrwydd am eu heinioes). **1630** *YDd* 103, i *beryglu* dy enaid dy hûn. **1703** E. WYNNE: *BC* 114, Y fâth fatter ac a *berygla* eich coron. **1731** E. SAMUEL: *AE* 185, er maint a *beryglom* ar ein Heddwch. **1803** *P* d.g. *periglaw, peryglu*.

(*b*) Bod mewn perygl (yn enw. o golli bywyd), mynd i berygl; dryllio (am long); darfod, trengi, colli bywyd; arwyddocâu perygl: *to be in danger or at risk* (*esp. of losing one's life*), *become endangered; be wrecked* (*of ship*); *perish, die, lose one's life; denote danger*.

13g. *HGK* 3, pan *beryclont* en e mor. **13g.** *BD* 6, Ac yn keyssyav bryssyav trvy yr avon y *peryglvys* aneyryf onadunt, a lluossogrvyd a uodassant. *c.* **1300** *H* 98a. 29, rac yn *periglaw* heb periglawr. **14g.** *B* vii. 7, a'r llongeu yn *peryglu* ar y mor. **14g.** *Bren Saes* 176, yssu o bryvet y deil yn llwyr hyt na alley y gwydvilot ymborth. Ac y *peryglavt* llawer o'r bobyl ac o'r ysgrybyl. **14g.** *BT* (*R*) 300, arwedawd y lu y Whyr dros y Mynyd Du, yny lle y *periglawd* llawer o swmereu. **14g.** *B* ix. 229, bop llog or a gerdei heibyav. a *beriglei*. ac a sodei yn yr auon. *c.* **1400** *MM* 116, O byd coch, a gwadawt yndaw [trwnc], ny *phericla* hwnnw. **1670** J. HUGHES: *AP* 384, attal fi yn cwympo . . . gwared fi yn *peryglu*.

(*c*) Rhybuddio: *to warn*.

18g. *W Ballads* 104, 8, Mae'r Arglwydd drwy'r ysgrythyr yn bur eglur in *peryglu*. **1804** TWM O'R NANT: *H* 33, Llawer a *beryglodd* fy rhieni arnaf, mai hynny a fyddai, oni chymerwn ofal.

perygledd [*perygl*+-*edd*[1]] *eg.* Perygl, enbydrwydd: *danger, peril*.

1803 *P*.

perygliad, peryglad, perigliad [bôn y f. fl.+-*iad*[1], -*ad*] *eg.* Y weithred o beryglu; perygl: *an endangering, jeopardizing, hazarding; danger, risk*.

1604–7 *TW* (*Pen* 228), *perycliat* d.g. *periclitatio*. **1632** *D*, *peryglad* d.g. *periclitatio*. **1722** *Llst* 189, *peryglad*, m. a hazarding. **1744** D. ROWLAND: *RY* 160, a'r *Perigliad* o ddistrywio yr enwog Dref Mansoul. **1803** *P*.

peryglor, gw. **periglor.**

peryglus, periglus [*perygl, perigl*+-*us*] *a.* ll. -*ion*.

(*a*) Yn achosi perygl, yn dwyn perygl, anniogel, enbydus, dansierus, cyfyng: *dangerous, perilous, hazardous*.

13g. *Cylchg LlGC* v. 62, a dyuot e avon . . . a rac meint e dwuyr *peryglus* vu ganthav. a chemryt e hynt a oruc e lwyber. *c.* **1400** *R* 1299. 38–9, *periglus* dyd brawt ynawt ae nat. *c.* **1400** *YSG* i. 118, y Bont *Beriglus*. *c.* **1400** (*SG*) *HMSS* 278, drwy y *periglussyon* fforestyd. *id.* 394, kanys *periglussaf* lle or a weleis. **1547** *WS*, *peryglus*, dangerouse, peryllouse. **1567** *TN* 217b, bot moriaw yn *periclus* [:– enbydus]. **1595** M. KYFFIN: *DFf* [115], ffordd . . . anhyfedr iawn, a *pheruglus* aruthr. **1632** *D* d.g. *periculosus*. **1672** J. LANGFORD: *HDdD* [viii], y mae'r Cythraul yn elyn *peryglus*. **1759** J. EVANS: *PF* 93, Dolur crawnllyd *peryglus*. **1771** *PDPh* 81, y mae mor *beryglus* clefyd ag a all fod ar anifeiliaid. **1803** *P*. Digwydd ar lafar mewn ymad. megis 'ymgeisydd *peryglus*', 'cystadleuydd *peryglus*' i ddynodi person sy'n debyg o ennill mewn cystadleuaeth, &c.

(*b*) Mewn perygl, wedi ei beryglu; a nodweddir gan berygl, yn arwyddocáu perygl; ?ofnus: *in danger, in jeopardy; characterized by danger, denoting danger; ?fearful*.

c. **1400** *MM* 116, Vrin epatig tywyll, *periglus* yw. *c.* **1400** *Études* viii. 372, O'r byd . . . dolur yn pissaw, *periglus* yw y dyn hwnnw. **1567** *TN* 316b, amsereu *periclus*. *Diw.* **16g.** *CRC* 264, Ai thad ai mam odranys / Am y hoydl yfy *beryglys*. **1799** A. AB D. SION: *CR* 21, i gael achub eu bywydau *peryglus* (*endangered*).

Amr.: **praiglus.** **16g.** DAFYDD BENWYN: *Gw* 135, A'r tai ynt ddayddedg, wr tay / jaith, y ddai nattvriaithay:/rhai'n ddi-drain o'r rhain 'n y rhod, / rhai'n *braiglüs*, heb rhin brayglod.

peryglwr, gw. **periglor.**

peryglwydd, periglwydd [? < **perygl-rwydd*, **periglrwydd*, sef *perygl, perigl*+-*rwydd*] *eg.* Perygl, enbydrwydd; perygliad, y weithred o beryglu: *danger, dangerousness; an endangering*.

c. **1400** (*SG*) *HMSS* i. 266, mi awch anuonaf chwi odieithyr y *periglwyd* yssyd oc awch blaen. *id.* 332, Paredur aedrychawd ar gedernyt y castell. ac ar *berigl-wyd* y porth. **1604–7** *TW* (*Pen* 228), *peryclwydd* d.g. *iniquitas, periclitatio*.

perhôn, peirhôn, pe(i) rhôn, &c. [*pe, pei*[1]+elf. anh., ?ff. prs. 1 ll. y rh. *rhwng*, neu ff. ar y f. *rho*(*dd*)*af*: *rho*(*dd*)*i*; digwydd yn aml gyda thr. ml. sefydlog] *ardd.* a hefyd fel *cys.* ac *adf.* Er, er gwaethaf (y ffaith), serch, hyd yn oed os, hyd yn oed pe; a chaniatáu, a chymryd, pe digwyddai; pe, os; o na bai: *even though, despite* (*the fact*), *although, even if; granted* (*that*), *supposing, should it happen* (*that*); *should, if; if only*.

1. (*a*) (yn cyflwyno (cymal) be.: *introducing a vn.* (*clause*)).

14g. *IGE*[2] 216, Nid oes fodd, na dwys feddiant, / I'w chael, *pe rhôn* bod ei chwant (Sypyn Cyfeiliog).

c. **1400** *YSG* i. 23, Dywet titheu . . . pa ryw rod yw honno, a *phei ron* vyg gorthrymu ohonei, ti a'e keffy. *c.* **1400** (*SG*) *HMSS* i. 212, Pony daroed ymi . . . *pei ron* y dyuot ef yno erchi na lettyit? *Dchr.* **15g.** *B* ii. 191, Pei kawn o gyflwr prouirin / Kyt *bai ron* vynghrogi / Vyneges oed venegi / Vynggouec dyn tec i ti. **15–16g.** *TA* 298, Parc o'i imp a'i ryw y caf, / *Perhôn* trychu'r pren trechaf. *a.* **1587** *Y* 141, Er hyn, Prŷs, *perhon* prisiaw / Y cwbl i gyd trwy'r byd traw, / Na ladd yna'r da diwg, / Y mae'n drist, er mwyn y drŵg. **1615** R. SMYTH: *GB* 8, gan wybod fy mod fy hunan yn ddyn fal eraill, a *pheirhon* fy mod ryw amser yn i galw hwy ar ol i henwau priodawl. **1710** *LlGG* sig. †1v, Canys *perhon* ymlithro llawer o fân frycheu i hwn [y Llyfr Gweddi] . . . Mae 'n gryn gymmwynas frâs-nithio y rhai mwyaf ymmaith i wneud y lleiaf yn amlwg. **1740** T. EVANS: *DPO* 269, *be rhôn* (pe caniattaid) bod Sanct yn clywed Gweddi . . . mewn un mann o Europ, a ddichyn efe wrando ar Bapist arall yn Asia.

(*b*) (enghrau. a goddr. y cymal dan reolaeth yr ardd. *i*[2]: *exx. where the subj. of the clause is governed by the prep.* '*i*[2]').

14g. *GDG*[3] 156, *Pei rhôn* ym gael, gafael gaeth, / Deifr un hoen, dwy frenhiniaeth. *id.* 165, *Pei rhôn* i'r ddôr egori / Y nos, nis llyfaswn i. *c.* **1400** *YSG* i. 4, Eissyoes, *pei ron* idaw vy llad i, mi a vynnwn gwplav ewyllys vy ewythyr. **15g.** *GDID* 86, *Berhôn* i'r tafawd wawdrydd / Adaw ei frawd, nid wyf rydd. **1677** C. EDWARDS: *FfDd* 208, *Pe rhôn* ir saeson . . . gynnyg ffordd y Protestaniaid iddi. **1677** R. JONES: *BB* 148, Och na bae gennif ychwaneg o'r Bywyd Sanctaidd hwnnw . . . pe rhon i mi a chael gyda hynny wawd pawb o'm hamgylch; a *phe rhon* iddynt fy-ngwneuthur . . . megis yscubion y bŷd. **1688** S. HUGHES: *TSP* 253, *pe rhôn* [:– Pe digwyddai] iddynt ymddangos i ti . . . hwy a allent beri i ti newid dy feddyliau. **1693** *HC* 23, *pe rhôn* i ragrithiwr addef mae Duw yw'r daioni pennaf . . . etto ni ddaw cyn belled a chydnabod Duw yn bennaf daioni iddo ef.

(*c*) (defnydd eithriadol: *exceptional use*).

a. **1587** *Y* 134, *Perhôn* imi'n llenwi llv, / Dwfn ged, nid wyf yn gwadv.

2. (*a*) (yn cyflwyno cymal be. neu ragenw ynghyd â'r cys. *a*[5] neu'r ardd. *â*[6]: *introducing a vn. clause or pron. in conjunction with the conj.* '*a*[5]' *or the prep.* '*â*[6]').

14g. *GDG*[3] 252, *Pei rhôn* a'i hagor, pei rhaid, / Paddyw? Neu pwy a ddywaid? **15g.** *GDLl* 144, Gollwng, *pe rhôn* a'i golli, / A wnaf latai i'th dai di. **15g.** *GTP* 81, Ni bydd, *perhon* â'u boddi, / Yn tarfu deg ond d'arf di. **15g.** *DE* 52, *beron* bob awr ai hennwi / nid oes dyn ai hedwyn hi. **16g.** WILIAM CYNWAL: *Gw* (R. L. Jones) 619, Na allo neb rhwyddo, *perhôn* —a'i geisio, / Na'i flino yno, na'i suddo, Siôn. **16–17g.** *GST* i. 231, A'r trawsion beilchion o'r byd, / *Pe rhon* a'u parhau ennyd. *id.* 478, Ni allan', o deellir, / *Be rhon* â hyn, barhau'n hir. **1609** R. SMYTH: *CAC* 48, y neb nid yw yn caru, y mae'n farw *peirhon* ai fod yn credu. *c.* **1620** *Cer RC* 110, Na wnewch alar, na mawr gŵyn, / *Pe rhôn*' a'm dwyn oddiyma. **1629** R. LLWYD: *P* 29, *Pe rhôn* â gallu o honaw ynnill y byd ei gyd . . . drwy wneuthur pechod yn erbyn Duw, etto fe ai gwrthodai. **1741** S. THOMAS: *DY* x–xi, *pe rho'n* a bod ganddynt wybodaeth gywir o Dduw.

(*b*) (enghrau. a goddr. rhesymegol y cymal yn dilyn *perhôn*, &c., yn uniongyrchol, dan reolaeth yr ardd. *i*[2]: *exx. where the logical subj. of the clause follows* '*perhôn*', *&c., immediately, governed by the prep.* '*i*[2]').

1567 *TN* 342a, *pe rron* y 'nifail a chyfwrdd (**1588** *Heb* xii. 20, os cyffyrdde bwyst-fil; **1988** *ib.* Os bydd anifail, hyd yn oed, yn cyffwrdd) ar mynydd, y labyddio a wneir. **1607** *Rhyddiaith Gymraeg* i. 143, A *pherhon* y mi a dargysgu'n y gwaith athrwm hwn [paratoi geiriadur] yn rhyw le, mae Horatius yn v'amddeffen vod yn gyfreithlon mewn gwaith mawr o gysgu peth. **1618** J. SALISBURY: *EH* 285, nyd eyn ceraint, a'n cyfeillon yn vnic, ond pob rhyw ddyn, *pe rhon* iddo, a bod i ni yn elyn. **1632** J. DAVIES: *LlR* 248, *pe rhôn* iddynt a bod yn rhoi eu gobaith yn Nuw, a hwythau yn byw yn annuwiol, nid yw hynny ond ofer. **1677** R. JONES: *BB* 148, Och na bae gennif ychwaneg o'r Bywyd Sanctaidd hwnnw . . . *pe rhon* i mi a chael gyda hynny wawd pawb o'm hamgylch; a phe rhon iddynt fy-ngwneuthur . . . megis yscubion y bŷd. **1701** E. WYNNE: *RBS* 74, A *phe rhôn* i ddyn ac attal ei holl aelodau eraill (*supposing all the other members restrained*), etto o chaiff y llygad yn ymdrythyllu, ni ellir galw mo'r dyn yn ddiwair.

(*c*) (enghrau. a goddr. y cymal dan reolaeth yr ardd. *i*[2]: *exx. where the subj. of the clause is governed by the prep.* '*i*[2]').

1630 *YDd* 91, Y mae Crist yn galw . . . bywyd tragwyddol yn faen gwerthfawr, yr hwn y mae y marchnattwr doeth yn ei bwrcasu: iê, *pe rhôn* a gorfod iddô dalu am dano gwbl oll ac a feddai. **1679** C. EDWARDS: *GGG* 6, *Pe rhôn* ac i chwi glywed sôn (*If you should here* [*sic*]) am lythyr wedi ei yscrifennu o'r nef . . . pwy ni byddai chwanog iw ddarllen ef? **1733** J. OWEN: *TBG* 131, *Pe rhon* ag i greulon erledigaeth . . . fyned cyn dwymed a'u dïosg hwynt o'u holl feddiant.

3. (enghrau. mewn geir.: *dict. exx.*).

1547 *WS*, *pe rhon*, I pute case. **1632** *D*, *pe rhon* . . . licet, quamuis, quantumuis. **1707** *AB* 79b, licet, conj. *Pe rhôn* . . . although, albeit. *id.* 134a, quanquàm . . . *pe rhôn* . . . although, albeit, howbeit. *id.* 160c, tamen . . . *pe rhon* . . . notwithstanding, nevertheless, yet, however. *id.* 161a, tametsi . . . *pe rhon* . . . albeit, although, yet, notwithstanding.

Fel *cys.* Er, hyd yn oed os; a chaniatáu, a chymryd, a bwrw: *though, even if; granted* (*that*), *supposing.*

(*a*) (defnydd o flaen *na*[1] a bf. red.: *before* '*na*[1]' *and a conjugated vb.*).

15–16g. LLAWDDEN, &c.: *Gw* 184, Pryns Môn, *pe rhon* nas mynnan (Rhys Nanmor). **1567** *TN* 275b, Eithr bid [:– *perhan*] na phwyseis arnoch. **1670** J. HUGHES: *AP* 115, gwadu ei Athrawiaeth ef, *perhon* nad yw hynny ond mewn rhai o bynciau. **1675** R. JONES: *HCh* 152, yr hyn a ddylid ei gyflawni yn fynych oni wneir beunydd, *pe rhôn* na wnelir ond ychydig ar unwaith. **1677** R. JONES: *BB* 129, Y sawl a ogano Dduwioldeb, *pe rhôn* na bo ond dan enwau eraill. **1684** H. OWEN: *DC* 19, mae'n ddrwg mawr iti brisio dyhun yn well na rhyw unarall [*sic*], *perhon* na bai ef ond vn gwael iawn. **1740** T. EVANS: *DPO* 295, Ond, ebe un, nid oes dim crybwyll am Fedydd Plant yn y Testament newydd—*Pe rhôn* nad oes: Nid oedd yn yr amser hwnnw ddim Amheuaeth ynghylch derbyn Plant bychain yn Aelodau o'r Eglwys.

(*b*) (defnydd eithriadol o flaen *mai*[1]: *exceptionally before* '*mai*[1]').

1770 *TG* ii. 57, Gwlad pob un yw ei drigias, *pe rhon* mai dyfodadyn yw, llawer rhagor o's o'r genedl y mae.

Fel *adf.* Er hynny, serch hynny, eto (i gyd), beth bynnag; os felly: *nevertheless, even so, in any case; if* (*it be*) *so.*

14g. *GDG*[3] 341, Pell ynfyd yw, pwyll anfoes, / *Pei rhôn*, gofyn pwy a'i rhoes. **15g.** *GTP* 41, Boddi, meddai'r mab addwyn, / Bydd ddrud, *perhôn*, boddi'r ŵyn. **16g.** *GGH* 331, Er bod, ac nad arbedir, / Iawn, *berhôn*, hon, barhau'n hir. **1603** W. MIDLETON: *Ps* 155, Raid marw *pe rhôn* / Dyna fal dynion. **1661** E. LEWIS: *Drex* 2, deisyfû i wascodi allan o'r lleiaf trwy ryw, *perhon*, eg[l]ûrhad tywyll (*by some, though, obscure, description*). *id.* 112, os ydyw mor ofidus i gig a gwaed ddioddef caethiwed a charchar yma ar y ddaiar *pe rhon* ond tros funud (*though but for a moment*). **1803** *P*, *perhon*, adv., be the consequence; be it so; for all that.

Amr.: **perhan, pe(i) r(h)an.** **15–16g.** *YSG* i. 4, Eissyoes, pei ron [amr. *pai rann*] idaw vy llad i, mi a vynnwn gwplav ewyllys vy ewythyr. **16g.** *THSC* (1923–4) (At.) 49, y mae yn pechv yn varwol . . . *pai rann* y vod yn iddew nev yn sarssing y neb a laddai. **1567** *TN* 275b, *perhan.* **1594–6** *B* iii. 282, *Be rhann* yt gwplau d'ewyllus dy hun, o'r tau dy hun y gwnelut. **1606** E. JAMES: *Hom* i. 141, a bod eu holl ddeiliaid yn rhwymedig i vfyddhau iddynt, megis gwasanaethwyr Duw, pe rhôn [:– *Bei rhan*] (*although*) a'u bod yn ddrŵg. **1632** *D*, pe rhon, alijs *Pe rhan*, licet, quamuis, quantumuis. **pe rhoen, pe rhoem, pe rhown,** &c. [adff., drwy ei gysylltu â ff. rhediadol y f. *rho(dd)af*: *rho(dd)i*]. *c.* **1585** G. ROBERT: *DC* 23a, mawr a fassei i Dduw . . . *pe y rhown* iddo a mynnu ei eni yn debyg i frenhin. *a.* **1587** *Y* 178, *Perhoen* fod pawb o 'rheini / O'th iaith yn vnradd a thi, / Da cofiwn, wawd i'w cyfarch, / Roddi i bawb i radd a'i barch. *Diw.* **16g.** *Gwyn* 3, 15, ei ddillad fab rhad *pe rhoen* (*GIllV* 24, be rhôn) a'u meddu / o dduw ac Iesu a ddugason. **1595** M. KYFFIN: *DFf* [16], nyni . . . a'mddygwn [*sic*] eyn hun yn ddi-chwerw . . . *pe rhown* (*though*) na ddyle gael ei adel nag yn chwerw nag yn sen-gar. *id.* [36], *pe rhoem* (*though*) a dyfod S. Pawl ei hun . . . i ddyscu dynion yn amgenach i hyn. *id.* [77], ymufuddhau iw Tywysogion a'u swyddwyr (*pe rhoem* (*though*) au bod nhwy'n annuwiol). **1604** R. HOLLAND: *BD* 3a, na thybiwch chwaith *pe rhown* i chwi wneuthyr (*if ye doe*) llawer o bethau da y gwasanaetha r-heini er lliw i chwi i gydgym-mhyscu a nhwy eich gweithredoedd-drwg. **1604–7** *TW* (*Pen* 228), *pei rhown* d.g. *quanquam.* Cf. EMRYS AP IWAN: *E* ii. 12, *Pe rhoem* fod hynny'n wir, fe ellid haeru . . . **py rhôn.** **1595** *Egl Ph* [72], O *py rhon* i'm penn fod yn ddyfroedd (**1588** *Jer* ix. 1, Pwy a ddyru fy mhen yn ddwfr; **1620** *ib.* O na bai fy mhen yn ddyfroedd), a'm llygaid yn rheidr o ddagreu. *id.* [75], Bid Cariad er bod cerydd / *By rhon* oll a byrrhau'n nydd. **rhown** [cf. *pe rhown*]. **1735** S. THOMAS: *HP* 214, *Rhown* a bod rhyw Wr goludog iawn.

pes[1], gw. **pe**+**-s**[1].

pes[2], gw. **pe.**

pes[3] [bnth. S. *peace*] *eg.* Heddwch (yn enw. mewn perthynas â swydd ynad heddwch): *peace* (*esp. with ref. to the office of justice of the peace*).

16g. HUW ARWYSTL: *Gw* 437, prafflys wyd vstvs dwyster: praffiew llwyd / *pês* a'i rym ytwyd. **17g.** *IICRC* iii. 257, Jestus cyfion oedd or *pes* yn rhanny lles i'r gwledydd. Cf. D. OWEN: *RL* 103, [c]lerc y *pês.*

pesawl, pesol [amr. ar *pa*[1]—*pa* (*py*) *sawl*] *adf. of* Pa sawl: *how many.*

1567 G. ROBERT: *GC* 8, Beth yw gramadeg a *phessa*[*w*]*l* rhann arbennig sydd iddi. **1583** *Rhyddiaith Gymraeg* ii. 55, *pessol* vn ssy'n bew megis ped faem . . . heb wiw cenym beth ydem yn i proffesio? **1604–7** *TW* (*Pen* 228), *pesawl* dyplyc, o *bessawl* modd, *pesawl* rhyw d.g. *quotuplex.* **1609** R. SMYTH: *CAC* 49, *Pesawl* gorchumyn sydd berthynasawl at gariad perphaith? **1632** *D*, *pesawl*, idem quod 'Pasawl', quot. **1753** *TR.*

pesbort, gw. **pastbwrdd.**

peseta [bnth. Sb. *peseta*, o bosibl drwy'r S.] *eg.* Uned ariannol a ddefnyddir yn Sbaen, &c.: (*Spanish, &c.*) *peseta.*

20g.

pesg[1] [bôn y f. ddil.; cf. *pasg*] *a.* a hefyd fel *eg.* Wedi ei besgi; yn peri pesgi; yr hyn a besgir: *fattened; fattening; that which is fattened.*

1798 R. DAVIES: *CG* 45, I Moses gorch'mynwyd, / . . . / Gyfleu i'w Deuluoedd *besg* cyhoedd Basg oen.

Gw. hefyd **pasg.**

pesg[2] [bnth. S. Diw. Cyn. *peske* 'peach'] *eg.* ac *e.ll.* (un. b. *-en*) Eirinen wlanog, eirin gwlanog, persig(en), ffrwyth(au) y goeden *Prunus persica*: *peach*(*es*).

1617 *Minsheu* 353a, Pren-*pesk*, à Pren, i. arbor, & *Pesk*, i. Persica d.g. *a Peach.* **18–19g.** *Llr* C 16, 166, *pesgen* & persigen, a peach. [Glam]. **18–19g.** *Llr* C 36, 220, *pesg*, peach Ital. pesca.

Cfn.: **pesgen lefn:** *nectarine.* **18–19g.** *Llr* C 36, 220, *pesgan lefn*, nectarine.

pesgadur, pesgadwy, gw. **pasgadur, pasgadwy.**

pesgaf, pasgaf: pesgi, -u [bnth. Llad. llafar *pasc*($\bar{o}$) < Llad. *pāsc*($\bar{o}$) 'bwydaf', Llyd. C. *pascaf*, Llyd. Diw. *paskañ*; caed y ff. rhed. yn *-e-* dan ddyl. y be.] *bg.a.* Bwydo (yn enw. anifeiliaid er mwyn eu tewhau at eu gwerthu a'u lladd), porthi, gwneud yn dew, maethu, cyflenwi; mynd yn dew, tewychu, brasáu, ennill pwysau; hefyd yn *ffig.*: *to feed, fatten, nourish, supply; grow fat, get fat, put on weight; also fig.*

12g. (**17g.**) *LlGC* 4973, 37a, Es blwyddyn ydd wyf neu ddwy ith *besgi* / nith *basgaf* a fo mwy (Peryf ap Cedifor). *c.* **1300** *H* 14a. 11–12, bann *beisc* beryon a bwystgunyon coed. cadyr bonhet but a berthon (Gwalchmai). *id.* 96b. 3, Colleisy rys colled nym *peisc* [marwnad Rhys ap Llywelyn gan y Prydydd Bychan]. **14g.** *LlB* 91, Amws a *pascer* whech wythnos, punt a tal. **14g.** *RC* xxxiii. 223, Y bleyd ar oen a *besgit* y gyt. **1567** *TN* 112a, ef y danvonawdd ef y'w vaerdref y *bescy* [:– borthi] moch. *id.* 168b, Portha [:– *Pasc*, Bwyda] vy wyn. *id.* 252a, pwy a borth [:– *basc*] dda, ac ny vwyty o laeth y da? **1588** 1 *Sam* ii. 29, gan eich *pescu* eich hunain o flaen-ffrwyth holl fwyd offrwm fy-mhobl Jsrael. **1630** R. LLWYD: *LlH* [1]67, yn gyffelyb i gyflwr ŷch, a *bascer* erbyn y dydd lladdfa. **1632** *D*, *pesgi*, pascere, saginare. **1661** E. LEWIS: *Drex* 259, Gelli wledda a bod yn llawen, gelli chwerthin a *phesgi.* **1723** WM: *PGG* 307, yn ei *besgu* âr Danteithion pereiddia. **1728** T. BADDY: *DDG* 58, [p]orfeydd hyfryd ymha rai y *Pescant* . . . Ddiadellau o ddefaid. **1740** T. EVANS: *DPO* 66, Aur wedi gyfnewid i Rith Arian-byw, oedd yn *pesci*'r Lamp. **1747** T. EVANS: *DDM* 2, Fel y mae efe yn *pesci* ei galon wrth astudio ar ymddial. **1771** *PDPh* 74, [p]rynu anifeiliaid . . . at eu *pesgi.* **1774** *W*, *pesgi* d.g. *to fatten.* **1790** TWM O'R NANT: *GG* 156, Eneidiau byw a *besg.* **1803** *P.*

Amr.: **pasgi, pasgu.** **1547** *WS*, *pascy*, fede. **1682** R. LLWYD: *LlH* 158, *pasgu.*

pesgedig, pesgen, gw. **pasgedig, pesg**[2].

pesgiad, pasgiad [bôn y f. fl.+*-iad*[1]] *eg.* Y weithred o besgi, porthiad, tewychiad, meithriniad: *a feeding, fattening, nurturing.*

c. **1400** *R* 1337. 27, llwrw *pasceat* [*sic*] nyt pesgych seysnic. **1547** *WS*, pasc *pascyat*, fedyng. **1604–7** *TW* (*Pen* 228), *pasciat* d.g. *saginatio.* **1632** *D*, *pasgiad* moch d.g. *porculatio.* **1722** *Llst* 189, *pasgiad* n. a feeding, fattening. *c.* **1730** *Thos. Lloyd D* (LlGC) 191b, *pesgiad*, saginatio. **1803** *P* d.g. *pasgiad*.

pesgiant [bôn y f. fl.+-*iant*] *eg.* Porthiant, tewychiad, meithriniad: *a feeding, fattening, nurturing.*

1776 DEWI NANTBRÂN: *AN* 246, Anghymedrol borthiant neu *besgiant*, neu gymmerid gormodd o Fwyd.

pesgol [bôn y f. fl.+-*ol*] *a.* Yn pesgi, maethlon, meithriniol; (am anifeiliaid) a gedwir i'w pesgi: *fattening, feeding, nourishing, nutritious*; (*of animals*) *kept for fattening.*

1845.

Amr.: **pasgol**[1]. **1803** *P*, *pasgawl*, feeding, or fattening.

pesgwr, pasgwr [bôn y f. fl.+-*wr*] *eg.* ll. -*wyr*. Un sy'n pesgi anifeiliaid i'r farchnad, porfelwr, bugail: *one who fattens animals for market, grazier, shepherd.*

16g. WILIAM LLŶN: *Gw* (R. Stephens) (At.), pasgadur, porthwr ai *pasgwr*. **1604–7** *TW* (*Pen* 228), *pascwr* d.g. *pastor*. **1688** *TJ*, pasgadur, *pesgwr*: a feeder. **1707** *AB* 219, *pasgwr*, a grazier; a shepherd; an herdsman. *c.* **1730** *Thos. Lloyd D* (LlGC) 191b, *pesgwr*, a feeder. **1803** *P*, *pesgwr*, s. m. pl. *pesgwyr*, a fattener, a feeder.

pesgwydd [*pesg*[2]+*gwŷdd*[1]] *e.ll.* Coed eirin gwlanog, persig: *peach trees.*

18–19g. *IMCY* 225, *Pesgwydd* [:– peach], almonwydd mwynion / Au brig yn dyfgar o'u bronn.

pesgwyn, gw. **peisgwyn**[1].

pesgych, gw. **pasg+ych**[1].

pesimist [bnth. S. *pessimist*] *eg.* ll. -*iaid*. Un sy'n tueddu i edrych ar yr ochr dywyllaf neu i ddisgwyl y gwaethaf, gwaethafwr; *Athr.* un sy'n arddel pesimistiaeth: *pessimist* (*also in philos.*).

1910.

pesimistaeth, gw. **pesimistiaeth.**

pesimistaidd [*pesimist*+-*aidd*] *a.* Tueddol i edrych ar yr ochr dywyllaf neu i ddisgwyl y gwaethaf, gwaethafol; a nodweddir gan besimistiaeth: *pessimistic.*

1911.

pesimistiaeth, pesimistaeth [*pesimist*+-(*i*)*aeth*] *eb.g.* Tuedd i edrych ar yr ochr dywyllaf neu i ddisgwyl y gwaethaf, gwaethafiaeth; *Athr.* athrawiaeth buddugoliaeth y drwg dros y da yn y pen draw, athrawiaeth mai'r byd hwn yw'r byd gwaethaf posibl: *pessimism* (*also in philos.*).

1899.

pesimistig [cfdds. o'r S. *pessimist*(*ic*)+-*ig*[2]] *a.* Pesimistaidd: *pessimistic.*

20g.

pesimydd [cfdds. o'r S. *pessim*(*ist*)+-*ydd*[3]] *eg.* ll. -*ion*. Pesimist: *pessimist.*

1923.

pesimydda, pesimyddu [bf. o'r e. bl.] *bg.* Bod yn besimistig, lleisio pesimistiaeth: *to be pessimistic, give voice to pessimism.*

20g.

pesimyddiaeth [*pesimydd*+-*iaeth*] *eb.* Pesimistiaeth: *pessimism.*

20g.

pesli [bnth. S. *paisley*] *a.* Ac arno (arni) batrwm cymhleth o ddafnau a chynffonnau chwyrlïol (am frethyn, crys, siôl, &c.): *paisley.*

1913. Ar lafar, hefyd yn y ff. *pesle*, *peisli*, a *persli*, *WVBD* 425.

pesol, gw. **pesawl.**

pestel, pestil, gw. **pestl, pistil.**

pestilens [bnth. S. *pestilence*] *eg.* Afiechyd heintus, pla: *pestilence, plague.*

Diw. **16g.** *WLB* 57, Rhag y *pestilens*. **16–17g.** *HG* 23, *pystelens* [*sic*] pan ddel, newyn ryvel / lladd a llosgi, pawb ai krogi. **17g.** *IICRC* iii. 91, rhwng y tan ar cyffon / voddaw *pestylens*.

pestl, pestel [bnth. H. Ffr. *pestel* (o bosibl drwy'r S. C.) a S. Diw. *pestle*] *eg.b.* ll. -*au*. Offeryn ar lun clwb a ddefnyddir i bwyo a malu'n fân sylweddau cemegol, grawn, perlysiau, sbeisys, &c., mewn dysgl neu forter, hefyd yn *ffig.*: *pestle, also fig.*

14g. *CMOC* 30, *pestel* crwn, gwn ar gynnydd [Dafydd ap Gwilym i'r gal]. **14g.** *GIG* 37, *Pestel* cad, arglwydd-dad glew [i Owain Glyndŵr]. **15g.** *GDID* 39, Ei sew Nadolig, ei saws,—ei bastai, / Ei *bestel* a'i fortraws. **15g.** *GGl*[2] 313, Pan glybu ef y llefain, / *Pestel* cad post dial cain. **1545** ELIS GRUFFYDD: *Ll* 164, bwrw y puppur am ben y llyshie ac a'r *pestel* kymusug [*sic*] a maedda wynt. **16g.** *Med H* 66, Mae eraill yn dwyn *pestelau* yn i harfau. *ib.* dwyn *pestele* mywn arfau arddocka [*sic*] mae o lafur i vreichie ehun i kafas y dygiawdr kyntaf urddas. **1588** *Diar* xxvii. 22, Er i ti bwnnio ffôl mewn morter â *phestl* ym mhlith grawn. **1632** *D*, *pestel*, pistillum, pila. **1722** *Llst* 189, *pestel*, *pestl* m.p. *pestlau*, a pestle, pounder. **18g.** *Beirdd y Berwyn* 77, Morter, *pestel*, padell haiarn, / Padell ffrio, grat, a llwydan. **1759** J. EVANS: *PF* 54, Malwn Wns . . . mewn Mortar gwydr, a *Phestl* gwydr. *c.* **1762–79** W. WILLIAMS: *P* 123, hwy a'i holldant [pren] gan dynnu 'r galon a'i churo hi a *phestl* pren mewn mortar. **1778** *W*, pwyodr, *pestl* d.g. *pestle*.

pestri, pastri [bnth. S. *pastry*] *eg.* ll. -*s*. Toes o flawd, braster, a dŵr, &c., sy'n ffurfio crawen allanol pastai, &c., ar ôl ei goginio, crwst; bwyd, yn enw. teisen, wedi ei wneud yn gyfan gwbl neu'n rhannol o'r toes hwn: *pastry.*

16g. *B* xviii. 322, ty pobyddion *paastris*. Ar lafar, 'Hen *bestri* gwael ma' honna'n 'neud bob tro'; 'Ma'r siop 'na yn gneud *pestris* bendigedig'.

peswch[1] [?adff. o fôn y f. *pesychaf*: *pesychu*, ?dan ddyl. y trf. -*wch*[1]] *eg.* ac yn eithriadol *eb.* Y weithred o besychu, pwl neu byliau o besychu, anhwylder sy'n achosi hyn: (*illness causing*) *a cough or fit*(*s*) *of coughing.*

?**15g.** *WLl* 243, Pob *peswch* val pib heusor [i'r gog]. **1545** ELIS GRUFFYDD: *Ll* 65, oni dorro'r *peswch*. **1547** *WS*, *pesswch*, coughe. **1632** *D*, pâs, & *Peswch*, tussis, pertussis. **1672** R. PRICHARD: *Gw* 176, Cais wraig weddus ar ei gwên, / Nid rhy ieuangc, nid rhy hên: / 'R hên rhy oer a'th lâdd â'i *pheswch*, / A'r llall a bair it aflonyddwch. **1739** *ML* (Add) 83, rhag y *Beswch* ar Crygni. **1749** *ML* i. 141, gobeithio eich bod chwitheu yn ymendiaw o'r *peswch*. **18g.** E. T. RHYS: *DA* 164, Haint, a nychdod, dyrnod dwys, / Dan chwerw bwys o *beswch*. **1759** *ML* ii. 140, Gartref er's wythnos yn nychu gan y *peswch*. **1771** *PDPh* 15, Sych *beswch*, tueddiad i arloesi ar ol bwyta. **1803** *P*, *peswch*, s. m. a cough. Mae arnat *beswch* tôst . . . *Peswch* sych diwedd pob nych.

peswch[2], gw. **pesychaf: pesychu.**

peswchboeraf: peswchboeri [*peswch*[1]+*poeri*] *bg.a.* Pesychu a phoeri'r fflem, &c., a ryddheir o'r ysgyfaint, &c., crachboeri, hochio, poeri (llysnafedd, &c.) a gerthir drwy besychu: *to expectorate, hawk.*

1632 *D* d.g. *excreo*. **1771** *W* d.g. *to cast or hawk forth*, *to excreate* [*hawk up phlegm, spit out with hawking*], *to expectorate.*

peswchboeriad [bôn y f. fl.+-*iad*[1]] *eg.* Y weithred o beswchboeri, hochiad: *expectoration, hawking.*

1773 *W* d.g. *excreation*.

peswchboeriadol [*peswchboeriad*+-*ol*] *a.* Yn perthyn i beswchboeriad, yn peri peswchboeri: *expectorant.*

1816.

peswyn, pesychad, gw. **peiswyn**[1], **pesychiad.**

pesychaf: pesychu [bf. o'r e. *pas*[1]+-*ychu*] *bg.a.* a'r be. fel *eg.* Chwythu awyr yn sydyn a ffrwydrol o'r ysgyfaint, a'r tannau llais yn hanner caeedig, oherwydd llid yn y bibell wynt neu er mwyn clirio'r gwddf, tynnu sylw, &c., carthu (fflem, gwaed, &c.) drwy'r weithred hon: *to cough.*

c. **1300** *H* 81a. 8, *Pesychwys* dremwys drwy vot dewi (Gwynfardd Brycheiniog). *c.* **1400** *R* 1359. 15, Mawr oed vy sychet *pessycheis* am lynn. *c.* **1400** [*RB*] *WM* 242. 27–9, a chyfodi aoruc yr iarlles hyt ar drws yr ystauell yn ol lunet. a *phessychu* yn uchel. ?**15g.** *WLl* 243, *Pysychaist* melaist y mor / Pob peswch val pib heusor [i'r gog]. **16g.** *Pen* 76, 108, och vi karnboyri i bydd / *pussvchv* nady anedwydd. **1632** *D*, *pesychu*, tussire. **1761** *ML* ii. 378, Dyma lle'r ydwyf fi yn *pesychu* digon. **1803** *P*. Ar lafar, yn aml yn y ff. *pysychu*, *WVBD* 452. Clywir yr ymad. '*peswch* (*pesychwch*) fel y *pesychasoch* o'r blaen' fel cwlwm tafod, a hefyd fel rhywbeth y byddai plant yn ei weiddi ar rywun a glywent yn pesychu, M. WILIAM: *DY* 61.

Fel *e.* Peswch, pwl neu byliau o besychu, anhwylder sy'n achosi hyn: (*illness causing*) *cough or fit*(*s*) *of coughing.*

1346 *LlA* 9, Ar *pessychu* yn keffylybu yr aawyr. yny lle ykyffroir ygwynt. **16g.** (**1763**) W. SALESBURY: *LlM* 72, Ir neb a vo y *pesychu* arno. **1604–7** *TW* (*Pen* 228), cnec o *besychu* d.g. *tussicula*. **1695** T. JONES: *Alm* 43, daw *Pysychu* ar Lawer o bobl. **1759** J. EVANS: *PF* 40, [c]ymerwch lonaid Llŵy dê o hono pryd bynnag y dêl y *Pesychu*. Ar lafar, yn aml yn y ff. *pysychu*, 'cyrsia o *bysychu*', *WVBD* 452.

Amr.: **peswch**[2] [cf. *peswch*[1]]. **1771** *PDPh* 64, chwi a ellwch ddisgwyl ei glywed yn *peswch*. Ar lafar yng Nghered. a'r De.

Gw. hefyd **peswch**[1].

pesychfa [bôn y f. fl.+-*fa*, *ma*] *eb.* Pwl o beswch, pesychiad: *a* (*fit of*) *coughing.*

1841.

pesychiad, pesychad [bôn y f. fl.+-*iad*[1], -*ad*] *eg.* ll. -*au*. Y weithred o besychu, peswch: *a coughing, cough.*

1617 *Minsheu* 101, *pysychyadgen* [*sic*] d.g. *the chine-Cough*. **1688** *TJ* (At.) [9], gh yn y saesnaeg . . . yn ystŷn yr anadl megis ebwch, *pysychiad*, neu ochenaid. **1749** *ML* i. 142, yn adnabod *pesychiad* Forys Prisiart . . . wrth fynd i'r gwaithdy. **1803** *P*.

pesychlyd [*peswch*[1]+-*lyd*] *a.* Yn pesychu, yn cael ei flino gan beswch, a nodweddir gan beswch, hefyd yn *ffig.*: *coughing, troubled or characterized by a cough or coughing, also fig.*

16–17g. *HG* 163, wrach ddiwybod, dibod hen / hibo sachlen *bissichlid*. **16–17g.** *CRC* 359, am korff i gyd yn *bysychlyd*. **1726** S. RHYDDERCH: *Alm* [4], rhyw wrachan . . . *besychlyd*. **1760** *ML* ii. 158, can diolch am bob diddanwch yr y'ch yn anfon i'ch brawd *pesychlyd*. **1763** *DT* 173, Mae'n wargrwm, mae'n *besychlyd* [am henaint]. **1788** R. JONES: *DA* 66, yn gleiriach *pesychlyd* i'r gongl i ochain. **1803** *P*, *pesychlyd*, troubled with cough. Ar lafar, 'Rhyw hen bwl *pesychlyd* ges i—ond dwi'n iawn 'nawr', 'oedfa *beswchlyd*'.

pesychlys [*peswch*[1]+*llys*[5]] *eb.* *Bot.* Planhigyn cyffredin ac iddo flodau melyn tebyg i flodau dant y llew a dail ar ffurf pedol a ddefnyddid gynt fel meddyginiaeth rhag y peswch, *Tussilago farfara*, (dail) carn yr ebol, ebolgarn, alan bychan: *coltsfoot.*

1632 *D*, y *besychlys* d.g. *tussilago*. **1722** *Llst* 189, y *besychlys*, foal-foot (herb). **1749** *ML* i. 146, Tussilago y geilw'r Lladiniaid è a'r *besychlys*, neu ddail carn'r ebol y galwn ninneu fo. **1763** *DT* 177, Yfed Surfedd o'r *Besychlys*, / Yfed Posel o'r Gwin melys. **1803** *P*. **1813** *WB* 226, *Pesychlys*. edr. Carn yr Ebol.

pesychol [*peswch*[1]+-*ol*] *a.* Rhag y peswch (am foddion); yn perthyn i beswch, yn pesychu, hefyd yn *ffig.*: *for a cough* (*of medicine*); (*pertaining to*) *coughing, tussive, also fig.*

1803 *P*, *pesychawl*, tending to cough, coughing.

pesychwr [bôn y f. fl.+-*wr*] *eg.* ll. -*wyr*. Un sy'n pesychu: *one who coughs.*

16–17g. *HG* 181, ym gravwr ym dirwr da / *pesychwr* ar pas ucha. **1803** *P*, *pesychwr* s. m. pl. *pesychwyr*, cougher.

pesygwr, pesyll(t), gw. **ffisigwr, peusyd.**

pet[1] [bnth. S. *pet* 'ill humour'] *eg.* Hwyl ddrwg, anniddigrwydd; casineb, dig: *ill humour, peevishness*; *hatred.*

15–16g. *GLM* 133, O deil *bet* ywch, Dalbot hen, / er ei ddal ni roi ddeilen [i Syr Wiliam Gruffudd]. *id.* 291, Y mae *pet* ywch, ymhob tir; / mae i chwi warning na'm chwyrnir [cymod gŵyr Caereinion]. *c.* **1730** *Thos. Lloyd D* (LlGC) 190b, Na ddal *Bett*. HE 95. a Pett. *id.* 191b, *pet*, hatred. dal *Pet*.

pet[2] [bnth. S. *pet* (animal, &c.)] *eg.*, weithiau gyda grym ansoddeiriol. Anifail anwes; un sy'n cael ei faldodi, ffefryn: *pet animal*; *pet, favourite.*

16–17g. *PhA* 491, mawr syched Deiled Daw / mwyn ywr *pett* mân ywr pottiau.

petach, petae, petaech, petaem, petaent, &c., gw. **petawn.**

petaeon [*petai*, *petae*+-*on*[2]] *e.ll.* Yr hyn a

allasai fod, pethau a allasai ddigwydd: *might-have-beens*, *ifs*.
20g. Digwydd yn yr ymad. '*petaeon* hanes'.

petai, gw. **petawn.**

petal [bnth. S. *petal*] *eg.b.* ll. *-au*. *Bot.* Un o raniadau corola blodeuyn, yn enw. pan fo ar wahân, deilen (blodeuyn): *petal*.
1924. Ar lafar, hefyd yn yr ystyr 'ewin (oren)', *ISF* 39.
Cf. **potel[1].**

petalaidd [*petal*+*-aidd*] *a.* Tebyg i betal: *petal-like*.
20g.

petalog [*petal*+*-og*] *a.* Tebyg i betal, o natur petal, yn dwyn petalau: *petal-like*, *of the nature of a petal*, *petaline*, *petalled*, *bearing petals*.
20g.

petasai, petasech, petasem, petasent, petaset, petasit, petaswn, &c., gw. **petawn.**

petawn, petwn [*pe*+*yd*[1]+*bawn*, *b*(*e*)*wn* ac eraill o ff. amh. a grb. y f. *wyf*: *bod*] *ymad. bfl.* Pe bawn, pe byddwn, pe buaswn: *if I were*, *were I*.
1346 *LlA* 68, Beth *pettei* ytti llawer o getymdeithon. **14g.** *GIG* 6, Eres nad oes henuriad / . . . / O gwbl a'r a allo gwybod / *Petwn* lle mynnwn fy mod. *c.* **1400** (*SG*) *HMSS* i. 349, ti a geffy abaro ytt y wneuthur oth anuod. *pettut* ar dy ugeinuet. **16g.** *NBSF* 872, [*p*]*etten*. *a.* **1587** *Y* 30, Canwn i er cynen neb / *Petai* a wypai atteb. **1595** M. Kyffin: *DFf* [40], Nid ydym . . . yn doedyd hyn, fegis *pettem* yn tybied ddarfod cwbl newidio . . . rhywiogaeth y bara, ar gwin. *id.* [85], fegis *pettent* weithredoedd da dros-ben. *id.* [119], *Pettech* yn coelio Moses, chwi am coeliech inne hefyd. *id.* [122], peth erchyll . . . yw gossod llun peintiedig yn Eglwysi'r Cristnogion, ie *pette* fo (*though it were*) lun Crist ei hunan. **1606** E. James: *Hom* ii. 167, i dynnu ymmaith (nesaf y galler) . . . megis *petteid* yn bwrw heibio weithredoedd da. **1620** *Heb* xiii. 3, Cofiwch y rhai sy yn rhwym, fel *pettech* (**1588** *ib.* pe baech) yn rhwym gyd â hwynt. **1658** *Examen* 3, Ai felly y gwneit *peteit* yn gwybod. **1670** J. Hughes: *AP* 208–9, Meddylied wrtho eihun [*sic*], *pettid* yn offrwm yr Aberth sancteiddiol hon . . . mor ewyllysgar a rhedai'r [*sic*] holl bobl i'r fan honno. *id.* 215, *pettit* ti y Cymreigwr goreu yn y wlad . . . ni ellit byth dyall y Dirgeleddion Sacraidd. **1676** W. Jones: *GB* 55, *pettent* yn deimladwy o'u cyflwr presennol, pa fodd y cyfr-gollid hwynt. **1677** R. Jones: *BB* 96, A allwn i wneuthur dim ychwaneg, *pettawn* i siccr fôd fy iechydwriaeth yn sefyll ar y ddyledswydd hon yn unig? *id.* 101, Mi a fynnwn *pettych* chwi lawer mwy yn erbyn y rhith grefydd. **1713** T. Jones: *TP* 86, Onid ydych chwi yn edrych ar y pethau hyn weithiau, mal *pettaent* (**1699** *id.* 54, pedfaent) wedi eu gorchfygu. *id.* 143, A *phettaech* (**1699** *id.* 100, pedfaech) chwi y fâth ŵr, etto mi a allwn wrthod eich cymmeryd. *id.* 260, Er y gallai yr olwg arno yscatfydd (*pettaint* yn caru 'r olwg honno) beri iddynt ffoi. *c.* **1730** *Thos. Lloyd D* (LlGC) 191b, *pettwn*, *Pettit*, *Pettai*: *Pettym*, *Pettych*, *Pettynt*. *id.* *pettaswn*, *Pettasit*, *Pettasai*: *Pettasem*, *Pettasech*, *Pettasent*. **1803** *P*, ped . . . *Petwn*, if I were; *petit*, if thou wert; *petai*, if it, he, or she, were; *petym*, if we were; *petych*, if ye were; *petynt*, if they were. Clywir ar lafar y rhigwm '*Petai* a *petasa* / Yw'r ddau air casa''.
Amr.: **betwn,** &c. **1346** *LlA* 67, Arynghei vot ytti *bettut* kynn decket ac absalon. **14g.** *DGG*[2] 140, Byd teg yw *betai* gywir (Gruffudd Gryg). *c.* **1400** *R* 1037. 38, *betwn* dedwyd dianghut. **15g.** *ID* 96, annorvod oedd vod y vedd / *bytai* ef heb un tivedd. **bydaswn,** &c. *c.* **1759** *LlGC* 57, 9, *Bydaswn*. Cf. D. Owen: *RL* 79, *Bydase* ti o flaen dy well yn chwarter sesiwn. **bydawn,** &c. *c.* **1759** *LlGC* 57, *byd aech*. **1769** *WDS*, (Denbigh), *by dau* [*sic*]. Cf. D. Owen: *D* 56, *bydawn*; D. Owen: *RL* 101, *bydae*. **'daswn,** &c. [ff. affetig]. **1881** D. Owen: *D* 45, *dase*. Ar lafar yn sir Ddinb. **pedaswn,** &c. [heb gld., cf. *pedawn*]. **1907. pedawn,** &c. [heb gld., cf. *pedaswn*]. **1778** *WDS*, (Bangor), *Pe daet*. **petae** [trwy gyd. â *petaem*, *petaech*, &c.] (3 prs. un. amh.). **20g. peteiswn,** &c. [ffrwyth cymryd *petai* fel bôn]. **1681** S. Hughes: *AC* 20, *petteise*. *id.* 31, *pettaise*. **1713** T. Jones: *TP* 111, *pettaisai* (**1699** *id.* 75, pedfasai). *id.* 230, *pettaiswn* (**1699** *id.* 168, [p]a baswn). **'sen,** &c. [ff. affetig]. Ar lafar yng Nghered. a Meir., cf. M. Wiliam: *DY* 22, Mae dou ben yn well nag un—'*sen* nhw ddim ond dou ben penbwl. **'taswn,** &c. [ff. affetig]. Ar lafar, e.e. yn nwyrain Morg. ac yn Arfon yn y ff. '*taswn*, '*tasat*, '*tasa*, '*tasan*, '*tasach*, '*tasan*', ac ym Meir. yn y ff. '*taset*, '*tase*, &c., ''*Tasach*i'n fengach mi fasa'n haws ych dysgu', ''*Tasa* tipin o eira'n dŵad i lawr, fasa'n gnesach wedyn', *WVBD* 46. **'tawn,** &c. [ff. affetig]. Ar lafar, e.e. yn Arfon yn y ff. '*tawn*, '*tât*, '*ta*(*e*), '*tân*, '*tach*, '*tân*', ''Wath gin' i '*tât* ti heb neud o am dragwyddoldab a dwrnod dros ben', 'Mi a'i '*ta* hi'n bwrw hen wragadd a ffyn', *WVBD* 47; yn nwyrain Morg. yn y ff. '*twn* ('*tan*), '*tat*, '*ta*, '*tan*, '*tach*, '*tân*'; yn sir Benf. yn y ff. '*tai*, *GDD* 289.
Cfn.: **petai waeth (am hynny):** *if that is anything to go by*, *for that matter*, *however*. Ar lafar yn y Gogledd yn y ff. ''*ta waeth*', *WVBD* 176. **petawn i'n marw!:** *upon my life!*, *well, I never!*, *cross my heart and hope to die!* Ar lafar, *WVBD* 47.
Gw. hefyd **petaeon.**

pete, petech, peteid, peteint, peteise, petem, peten, gw. **petawn.**

petent[1,2], gw. **patent, petawn.**

peti[1] [bnth. S. *petty* 'privy'] *eg.* Tŷ bach, geudy: *privy*, *lavatory*.
1897. Ar lafar ym Mhenllyn, sir Ddinb., Môn, ac Arfon, *Cymru* xlvii. 141, *WVBD* 426.

peti[2] [bnth. S. *petty* (*sessions*)] *e?g.* ll. *petïau*. *Cyfr.* Y Sesiwn Fach: *petty sessions* (*in law*).
1905. Ar lafar gynt yng ngodre Cered., 'Sefyll *peti*', *Cymru* xliii. [195].

peti[3], peticryw, gw. **pedi, petigryw.**

peticwnstabl [bnth. S. *petty constable*] *eg.* Swyddog plwyf neu drefgordd a apwyntid i gadw'r heddwch a chyflawni dyletswyddau gweinyddol cyhoeddus: *petty constable*.
1710 *CBGEL* 137, Os byddaf . . . yn Ben-Cwnstabl, *Betti-Cwnstabl*, neu mewn rhyw Swydd arall.
Amr.: **petitgwnstabl** [bnth. S. *petit constable*]. **1794** E. Jones: *CP* 115, y *petit-gwnstabl* a etholir yn y pentref-lŷs.

petid, gw. **petawn.**

petigryw, peticryw [bnth. S. C. *petigru* 'pedigree'] *eg.* Ach, llinach, tras: *pedigree*, *lineage*.
15g. *Pen* 109, 99, Goreu vn ei *beti gryw*. / Wyt o von i wlat vynyw [Lewys Glyn Cothi i Ddafydd Goch ap Maredudd]. *id.* 183, o garadoc ir ydyw / Ac oi wraic i *phetti gryw* [Lewys Glyn Cothi i Forgan ap Rhys]. *id.* **1547** *WS*, iach *peticruw*, petygrewe. *c.* **1562** *RWM* i. 872, *Peticrvw* Mortmer.

petipermel [bnth. S. C. *peti pernel*] *e?g.* Math o bastai: *petypernaunt*, *a sort of pie*.
c. **1566** *B* xv. 120, *Petti permel* y wnair yn llyn cymer laeth a gwna bossel a chymer y caws a lliwia a saffrwn a ffeth sawndr a gwna gwffins ay cyfliwio yn dec a chras.

petisiwn [bnth. S. *petition*] *eg.* ll. *petisiynau*, *petisiwnau*. Deiseb, deisyfiad, erfyniad, ymbiliad: *petition*, *supplication*.
1605–10 *IICRC* iii. 56, Gwna vi *ymhetissiwn* yn ddiwad at v'arglwydd dad gorucha / ar vynghadw i yn berffaeth / rhac ange marvolaeth / am derbyn i eilwaith iw noddva. **1681** S. Hughes: *AC* 43, myfi a ddygais *Betishwn* yn ei herbyn hi at Farnwr Mascon. *c.* **1730** *Taith C* 78, hi a wnaeth *Betisiwn* ac a ddeisyfodd ar Mr Gwiliadwrus y Porthwr ei ddanfon. **1744** D. Rowland: *RY* 121, [t]ynnasant i fynu *Bettissiwn* at y Tywysog. **1756** *ML* i. 420, Gyrrwch yma un o'r *petisiwnau* mewn ffrenkyn. **1758** *id.* ii. 73, Anfon *petisiwn* . . . i ddangos anghyflwr y plwyf. *ib.* Rhaid tynnu '*tisiwn* Cymraeg ai yrru ir Llywydd Llwyd yna. **1760** *id.* 162, sgrifennu *petisiwn* i fyned o flaen y Parliament, to beg leave to bring in a Bill for having a turnpike road in this county. **1761** *id.* 405, dyma *bytisiwn* yn dyfod oddiwrth y gwann at y Brenin. *c.* **1762–79** W. Williams: *P* 599, ar yr un amser yr argraphwyd *petisiwn* . . . at y frenhines.

petisiyno, petisiwno, petisiwna [bf. o'r e. bl.] *bg.a.* Deisebu, deisyf, erfyn (ar), ymbil (ar): *to petition*, *supplicate*.
1671 C. Edwards: *FfDd* 146, [c]yfododd Cymbro . . . yn gresynu wrth anwybodaeth ei wlâd i *betisiwna* 'r frenhines a'r Parliament am ychwaneg o hyfforddiant iddi. **1744** D. Rowland: *RY* 122, nhwy a fwriadasant i ddanfon eu Petisiwn . . . nhwy a fynegasant iddo ef yr hyn a wnaethant, a pha beth a wnaent mewn perthynas i *Betisiyno*. **1748** *ML* i. 132, wedi *petisiwno* fy meistryd heilltion am fy nghyflog. **1760** *id.* ii. 170, i *betisiwnaw*'r Parlmant am act i wneuthur turnpike road drwy'r ynys.

petisiynwr, petisiwnwr, petisiynydd [bôn y f. fl.+*-wr*, *-ydd*[3]] *eg.* ll. *petisiynwyr*. Deisebwr, deisyfwr, erfyniwr, ymbiliwr: *petitioner*, *suppliant*, *supplicant*.
1744 D. Rowland: *RY* 128, Mr. Deisyfiadau-Deffrous a'i Taflodd ei hun i lawr ar y Ddaiar o hŷd . . . Y Tywysog gan hynny gwedi iddo ddarllein y Pettisiwn, a drôdd . . . a chan ddyfod i'r Lle'r oedd y *Petisiwn-wr* yn gorwedd ar y Ddaiar. *id.* 210, gorfu ar y *Petisiwn-wr* aros oddiallan tros hîr Amser.

petit, petitgwnstabl, gw. **petawn, peticwnstabl.**

Petrarcaidd, Petrarchaidd [yr e. prs. *Petrarca* a chfdds. o'r S. *Petrarch*(*an*)+*-aidd*] *a.* Nodweddiadol o'r bardd Eidalaidd Francesco Petrarca (1304–74), ac yn enw. o fydryddiaeth ei sonedau: *Petrarchan*.
1938.

petrawilen, petrel[1], gw. **pwdrchwilen, peutrel.**

petrel[2] [bnth. S. *petrel*] *eg.* *Adar.* Un o amryw fathau o adar môr o deulu'r *Procellariidæ* neu'r *Hydrobatidæ*, aderyn drycin y graig, gwylan y graig: *petrel* (*in ornith.*).
1897.

petris, pertris, pa(r)tris [bnth. S. C. *pertrich*, *pa*(*r*)*trich* a H. Ffr. *pertriz*] *eb.g.* (bach. *-*(*i*)*en*) ll. *-iaid*, *-od*, a hefyd fel *e.ll.* *Adar.* Aderyn (adar) gâm brith o'r tylwyth *Perdix* â chorff trwm crynnaidd, coriar (corieir), clugiar (clugieir): *partridge*(*s*) (*in ornith.*).
14g. *YBH* 7b, ny ddodei y baed sylw arnun mwy noc ar y *pertris* cwtta. *c.* **1400** *MM* 36, iachaf kic edyn gwyllt yw kic *partris*. *c.* **1400** *ChO* 16–17, Paham na ladaf inneu [barcut] *partrissot* megys hitheu [llamysten]. **15g.** *FfBO* 31, Hynn oed aruer ac ansawd y *patrissot*. **15g.** *Glam Bards* 184, *pyrtri*[*s*]*iaid* pair y trwsiaw / paynydd ym pynau yddaw [*sic*]. **1547** *WS*, koriar ne *betris*, a partryche. **16g.** *Mos* 113, 33, [m]yned mewn dwr, ynn ol y *partris*. **1552** *Rhyddiaith Gymraeg* i. 52, yn rrostio capyldiaid, *petrisiaid*. **1588** 1 *Sam* xxvi. 20, megis ped ymlidie efe *bettris* yn y mynyddoedd. **1588** *Ecclus* xi. 31, Fel *pettris* wedi ei dal mewn ogof, felly y mae calon y balch. **16–17g.** *HG* 3, yr hwnn rhagddo, maent yn kilo / vel *patris*. **16–17g.** (**17g.**) *CC* 38, cudtun y ceir heb eiriach / yn weddvs ar *bettris* bach (Thomas Prys). **16–17g.** *GST* i. 329, Trichwrs a gân y trechwr / Tros gyrff y *betris* a'i gŵr [i ofyn gosawg]. **1657** *MLl* ii. 114, Fel cwnningod neu *betrisen* (*B* iii. 117, *betrisied*). **1688** *TJ*, clugar, (*petrisien*), a partridge. *id.* *pettris*, *petrisied*: partridges. **1722** *Llst* 189, *petrisen*, f. a young patridge. **1759** *ML* ii. 147, yn olrhain hwyaid gwylltion, *petris*, ceffylogod. **1784** M. Williams: *S* i. 213, *patrisiaid* ac amryw fath o adar eraill. **1803** *P* d.g. *petrus*, *petrusen*. Ar lafar yn Arfon yn y ff. *petris*(*an*), *WVBD* 426, yn sir Benf. yn y ff. *patrish*, *patrisien*, *petrish*, *petrisiod*, *SC* vi. 123, *GDD* 222, yn nwyrain Morg. yn y ff. *petrisian*, *petrisiod*, ac yn Nyffryn Wysg yn y ff. *partrij*. Digwydd yn yr e. lleoedd *Y Betris* ger Nanhoron, sir Gaern. a *Petris*, Tal-y-sarn, sir Gaern.
Cfn.: **petrisen goesgoch:** *red-legged partridge*, *Alectoris rufa*. **1907** H. E. Forrest: *FNW* 313.

petrocemegion [cfdds. o'r S. *petro*(*chemicals*)+*cemegion*] *e.ll.* (un. *-cemegyn*). *Cem.* Petrocemegolion: *petrochemicals*.
20g.

petrocemegol, petrogemegol [cfdds. o'r S. *petro*(*chemical*)+*cemegol*] *a.* *Cem.* Yn perthyn i betrocemegolion: *petrochemical* (*adj.*).
20g.

petrocemegolion [*petrocemegol*+*-ion*[2]] *e.ll.* (un. g. *-cemegolyn*). *Cem.* Cemegolion a geir o betroliwm neu nwy naturiol: *petrochemicals*.
20g.
Amr.: **petrocemegolau. 20g.**

petrol [bnth. S. *petrol*] *eg.* Hylif anweddol hyfflam a burir o betroliwm i'w ddefnyddio fel tanwydd ceir, &c., ac fel toddydd: *petrol*, *gasoline*.
1918. Ar lafar yn gyff.
Cfn.: **petrol di-blwm:** *lead-free petrol*. **20g.**

petroleg [cfdds. o'r S. *petrol*(*ogy*)+*-eg*[1]] *eg.b.* Gwyddor hanes, strwythur, cyfansoddiad, &c., creigiau: *petrology*.
20g.

petrolew [cfdds. o'r S. *petr*(*oleum*)+*olew*] *eg.* Petroliwm: *petroleum*.
1938.

petroliwm [bnth. S. *petroleum*] *eg.* Olew tywyll tew hyfflam a geir yng nghreigiau gwaddod amryw rannau o'r byd ac sy'n

cynnwys llawer o hydrocarbonau; drwy ei ddistyllu ceir petrol, paraffin, &c., a defnyddiau crai ar gyfer y diwydiant petrocemegol: *petroleum*.
1937.

petrual, gw. petryal.

petrus[1], pedrus [?elf. anh.+*rhus*; gw. hefyd *petrusaf*: *petruso*] *a.* a hefyd gyda grym enwol ac fel *e*?*g*. ll. *-au*, *-on*.

(*a*) Araf i benderfynu neu i weithredu, ansicr, amheus, yn mynegi amheuaeth, gofalus, amharod: *hesitant, hesitating, irresolute, faltering, diffident, uncertain, doubtful, expressing uncertainty, cautious, scrupulous, reluctant.*

13g. *BD* 57, diogelach uu ganthav trvy synnhwyr a doethyneb eu goresgyn noc ymrodi yn *pedrus* y ymlad ac vynt. *c.* **1400** *YSG* i. 125, yr hynn y'th weleis yn *betrus* ohonaw. **1604–7** *TW* (*Pen* 228), *petrus* d.g. *cunctabundus*. **1696** *GGTY* 187, gellir . . . fod yn *betrus* oblegid gwirionedd y chwedl. **1710** *CBGEL* 153, boddhau eraill o'n Brodyr *Pettrus*. **1720** *App DP* 5, nid yw'n Heglwys ni mor greulon nag mor *bettrus* wrth dderbyn Dynion i'w Chymmundeb. **1721** RD: *CFf* 107, yr hyn ac ŷm yn wneuthur . . . gyd â chydwybod *bettrus*. **1725** *SR* d.g. *scrupulous*. **1740** T. Evans: *DPO* 190, *petrus* oeddwn, Pa Grefydd a fyddai oreu i mi a'm Deiliaid. **1764** Dewi Nantbrân: *CB* 68, Rhoddi cynghor i'r *petrus* neu 'r amheûus. **1769** J. Griffith: *A* 145, na fyddwch yn rhy *betrus* ar y naill law, neu esgeulus ar y llaw arall. Ar lafar yn nwyrain Morg. yn y ff. *petrush*.

(*b*) Y mae amheuaeth yn ei gylch, amheus, ansicr (ei ganlyniad), aneglur, astrus, anodd, dyrys: *doubtful, dubious, uncertain, of uncertain outcome, unclear, difficult, perplexing.*

13g. *Ll* 22, [y]r egnat llys, urth deosparth petheu *pedrus*. **13g.** *BD* 104, Ty Ruuein a ouynhaa y dywalder ef, a'e diwed a uyd *pedrus*. *c.* **1300** *B* ii. 30, Pan vo breu vuched yn dyrodedic yti ac yn *bedrus*. **1346** *LlA* 20, pei kyfuodei [Iesu] ympenn llawer o amser. *pedrus* vydei ae ef oed. **14g.** *HMSS* ii. 47, o deruyd damweineu *pedrus* ny aller eu teruynu. *c.* **1400** *YCM²* 119, am vy anuon i y *petrus* (*CR* 126, *bedrus*) agheu o annoc Rolant. *c.* **1400** *GP* 13, ar y reol honno yr adnabydir beth uo sillaf *bedrus*, ae vn sillaf, ae dwy. **16g.** *Med H* 48, ar groes hon [croes lefn] ysydd *bettrussach* i dysgrio no'r krwys eraill. **16g.** *Hop M* 191, ny bydd dyrys, na rhy *betrys* / ond vel i gall, [*sic*] pawb i ddeall. **1604–7** *TW* (*Pen* 228), *petrus* d.g. *inexplicitus*. *Dchr.* **17g.** *J* 10, 126b, *petrus* . . . dubitabilis. **1632** J. Davies: *LlR* 417, [t]ristwch diammau, a phleser *petrus*. **1677** R. Jones: *BB* 224, y gwaith a fydd anhawsach a *phettrusach*. **1730** Iaco ab Dewi: *YL* 172, clymmeu celyd a *phettrus* Ymddadleuon.

Fel *e*. Amheuaeth; petruster: *doubt; hesitation.*

13g. *Llst* 1, 7, val ed oedynt en amhev a dywedey enachaf vn en dyvot ac eny atnabot. Ac en e lle kerdet y gyt ac ef hep *pedrvs* a gwnaethant. *c.* **1400** *RB* ii. 205, nyt oes *petrus* (*BD* 163, pedrusder) yna llygru o lesged py beth bynhac ar y fei onerth yno. **17g.** *Bangor* 27414, 141, gwae genfigenwas rrac *petrusav* / gwae leidyr krevlon oi ananiav [*sic*].

Cfn.: **ar betrus,** &c.: *in doubt, doubtful*. **13g.** *LlI* 65, Rey esyd *ar pedrus* am ueychyogy gureyc, o llegryr, pa beth a deleyr amdanau: ae uynepwarth ae galanas. **(bod) yn b. gan:** (*to be*) *doubtful or uncertain* (*about*); *be hesitant about, hesitate*. **13g.** *HGK* 19, doeth hyt en Arduduy, *en bedrus ganthav* pa le y kyrchei. **13g.** *BD* 19, trist . . . oed . . . ac *yn pedrus ganthav* . . . pa diw y damwenyei y uudugolyaeth. **14g.** *LlB* 16, anuonnant at y brenhin yr hynn a *uo petrus gantunt*. **16g.** *Med H* 40, kyd *bai pettrus genthi* [cogfran] gyhwrdd a'r eryr, etto hi a'i dilid dann ehedec a chrio.

petrus², gw. petris.

petrusad, pedrus(i)ad [bôn y f. ddil.+ *-iad¹*, *-ad*] *eg.* *Rhet.* Mynegiant o amheuaeth; y weithred o betruso neu amau: *aporia* (*in rhetoric*); *a hesitating, a doubting.*

1595 *Egl Ph* 90, Amheuedigaeth, neu *Betrusat* yw phygr arluniawc, yn gofyn cyngor ar araith betrussiawc: nid i arall, namyn iddo ei hun . . . digwydd i'r ymadroddwr ddwyn ar ddallt, ei fod yn amheu, o rann amledigaeth ym-mhle y dechreu; neu beth a ddywaid mywn rhyw beth dierth, petrusawg. **1803** *P*, *petrusad* . . . a hesitating, a doubting. *id.* d.g. *pedrusad, pedrusiad*.

petrusaeth, petrusiaeth, pedrusaeth [*petrus¹*, *pedrus*+*-(i)aeth*] *eg.* Petruster, amheuaeth, ansicrwydd: *hesitation, doubt, uncertainty.*

1727 J. Jones: *DFF* 190, na Phenbleth, na Chyfyng-gyngor na *Phetrusaeth*. *id.* 338, eich Ammeuon a'ch *Petrusaeth*. **1803** *P*, *p*[*e*]*drusaeth*, s. m. hesitation, doubting.

petrusaf, pedrus(i)af: petruso, petrusu, pedrus(i)o [bf. o'r a. *petrus¹*, *pedrus*; cf. H. Lyd. *pet*[*rus*]*asont*, gl. *estuauere .i. haesitauere*] *bg.a.* Bod yn araf i benderfynu neu i weithredu, cloffi rhwng dau feddwl, simsanu, bod yn ansicr, amau, bod yn gyndyn oherwydd cydwybod, bod ar ei gyfyng gyngor, ofni; peri i (rywun) betruso, oedi, rhwystro, llesteirio, drysu, gwneud yn ansicr: *to hesitate* (*to*), *vacillate, be unsure, falter,* (*be in*) *doubt, be dubious* (*about*), *have scruples about, be perplexed, fear; cause* (*someone*) *to hesitate, delay, hinder, frustrate, perplex, render uncertain.*

13g. *Llst* 1, 10, gwedy bot en hyr en *pedrvssav* e velly. e kyvodes vn onadvnt . . . ac erchy gostec a oruc. *ib.* A wyrda ep ef. beth a *pedrvsswch* chwy en er hynn essyd lessaf ynny. *id.* 15, dyhvnav aorvc a *phedrvssav* pa beth oed henny. *c.* **1300** *B* ii. [31], Na *phedrussa* dreulyaw peth bychan. **14g.** *CR* 204, A gwedy na *phedrussawd* (*YCM²* 144, *phetrussod*) Rolant gaffel brwydyr diameu. **14g.** *WM* 448. 14–16, Os *pedrussyaw* (*RM* 292, *petrussaw*) yd vyt ti uynet yr gware ti a geffy nat elych. **16g.** *Med H* 84, Rai ysydd yn *petrusso* am arveu Lloegr. **1567** *TN* 22b, A dydi vychan o ffyd, paam y *petruseist*? *id.* 48b–49a, A' phan welsant ef, yr addolasont ef: a'r ei a *betrusesant*. **1611** R. Smyth: *SG* 98, nad yw buchedd y rhai drwgionys . . . yn *petrusy* sacrafenau duw (*hurtfull to ye sacraments of God*). **1615** R. Smyth: *GB* 3, ni all maintioli y'r [*sic*] haul . . . *betrusu* na llestr i gyflymdra i ysbryd (*retenir ou empescher la vistesse de son esprit*). *id.* 44, march . . . yn rhe[d]eg . . . drwy dwrfa mylwyr, gan ladd a mathru tan i draed y sawl sy'n *petrusu* i ph[or]dd. **1632** *D*, *petruso*, dubitare. **1688** *TJ*, *petruso* . . . ofni. **1797** B. Evans: *CG* 58, Yr oedd fy hên grefydd yn fy mrawychu ac yn fy *mhetrysu* (*perplex*) ynghylch trosglwyddiad eneidiau. **1803** *P*, *petrusaw* . . . to scruple. *id.* d.g. *pedrusaw*. Ar lafar yn nwyrain Morg. yn y ff. *petrusio*.

petrusaidd [*petrus¹*+*-aidd*] *a.* Petrusgar, ansicr, amheus, gofalus: *hesitant, uncertain, doubtful, scrupulous.*

1618 J. Salisbury: *EH* 33, ymbell *betrussaidd*, neu frith ammheueth. **1711** M. Maurice: *YAD* 18, rhyw oleuadau bychain *petrussaidd* sydd gennym. *id.* 63, fel y gallom gâl golwg *betrussaidd* ar ran fychan o honaw. **1767** R. Efan: *ABW* 3, Esmwythad i Gydwybodau *petrusaidd*. **1769** *DRh* 42, [p]ob ymadrodd tywyll *petrusaidd*.

petrusedd, pedrusedd [*petrus¹*, *pedrus*+ *-edd¹*] *eg.* Arafwch i benderfynu neu i weithredu, petruster, ansicrwydd, amheuaeth, gofal; *Rhet.* mynegiant o amheuaeth: *hesitation, uncertainty, doubt, scruple; aporia* (*in rhetoric*).

1588 *Nu* xx. cs., Cospedigaeth Moses ac Aaron am eu *petrusedd*. **1629** *RGYC* [23], dychryn, ofn, gwendid, *petrusedd*, ac annobaith. **1630** R. Llwyd: *LlH* 284, prif-achos yr amheuon, yr ofn, y *petrusedd*, ar gwanffyddio yma. **1632** *D* d.g. *diaporesis*. **1737** J. Einnon: *HR* 37a, *Pettrysedd* arall a ddaeth gyda nerth mawr arnaf. *id.* 161, sylfaen fy holl *Betryssedd*. **1744** D. Rowland: *RY* 295, y Frwydr ydoedd yn aros mewn *Petrys*[*s*]*edd* (*hung in doubt*). [**1783**] *W* d.g. *scruple, or doubt, scrupulosity*. **1803** *P*, *petrusedd*, dubiousness; scrupulosity; ambiguousness. *id.* d.g. *pedrusedd*.

petrusen, gw. petris.

petrusgar, pedrusgar [*petrus¹*, *pedrus*+ *-gar*] *a.* Araf i benderfynu neu i weithredu, ansicr, amheus, yn amau, gofalus: *hesitant, faltering, diffident, uncertain, doubtful, doubting, cautious, scrupulous.*

1737 J. Einnon: *HR* [180], yr oeddwn yn *betrusgar* iawn. **1796** T. Jones: *CCA* 314, Nid oedd Salomon ddim mor fanwl a *phetrusgar*. **1803** *P*, *petrusgar* . . . hesitating, doubting; scrupulous. *id.* d.g. *pedrusgar*. Ar lafar yn nwyrain Morg. yn y ff. *petrushgar*.

petrusiaeth, petrusiog, gw. petrusaeth, petrusog.

petruslyd [*petrus¹*+*-lyd*] *a.* Petrus: *hesitant.*

1772 S. Philipps: *ET* 38, y trŷ e y[n] glorian anwadal *betruslyd*. **1792** *AE* 43, Pa'm yr ydych chwi mor gynnil a *phetruslyd*?

petrusni [*petrus¹*+*-ni*] *eg.* Petruster: *hesitation.*

1611 R. Smyth: *SG* [2]79, dyfod heb lesteir na *phetrusni* yn y byd.

petrusog, petrusiog, pedrusog [*petrus¹*, *pedrus*+*-(i)og*] *a.* Amheus: *dubious, doubtful.*

1595 *Egl Ph* 90, yn gofyn cyngor ar araith *betrussiawc*. *ib.* mywn rhyw beth dierth, *petrusawg*. **1803** *P* d.g. *pedrusawg*.

petrusol, pedrusol [*petrus¹*, *pedrus*+*-ol*] *a.* a hefyd gyda grym enwol. Petrus, ansicr, amheus, gofalus; *Gram.* yn mynegi amheuaeth (am adf.), amodol, gofynnol (am gys.): *hesitant, faltering, diffident, uncertain, dubious, doubtful, scrupulous; expressing doubt* (*of an adv.*), *conditional, interrogative* (*of a conj.*).

p. **1584** G. Robert: *GC* [179], [rhagferfau] *Petrussawl*. ysgatfyd, nidhwyrach, ondodid, fa[ll]e. *id.* [181], [cysylltiadau] *pettrusawl*. ai, onidef. *c.* **1658** R. Vaughan: *E* 281, ar holl wragedd . . . a thympanau ac a dawnsiau (nid oedd vn y pryd hynny mor *betrusol* a gweled bai arny[n]t). **1715** T. Evans: *CCG* 38, Mewn pob peth *petrusawl* ac amheuol, glynwch wrth yr ochor ddiogelaf. **1733** J. Owen: *TBG* 83, er annog . . . y *petrusol* a'r anobeithjol. **1789** W. Richards: *ABD* 49, yr ysbaid *petrusol* neu amheus o oedran eu plant. **1790** W. Richards: *LlA* 97, nid oes unrhyw le i fod yn *betrusol* am y matter. **1798** *WR*, *petrusawl* d.g. *dubious*. **1803** *P* d.g. *pedrusawl, petrusawl*.

petrusrwydd, pedrusrwydd [*petrus¹*, *pedrus*+*-rwydd*] *eg.* Petruster, amheuaeth: *hesitation, doubt.*

1803 *P* d.g. *pedrusrwydd, petrusrwydd*.

petruster, pedruster [*petrus¹*, *pedrus*+ *-der*] *eg.* ll. *-au*. Y cyflwr o fod yn betrus, amhenderfyniad, ansicrwydd, amheuaeth, gofal; *Rhet.* mynegiant o amheuaeth: *hesitancy, hesitation, diffidence, indecision, uncertainty, doubt, doubtfulness, scruple, scrupulousness; aporia* (*in rhetoric*).

13g. *Llst* 1, 45, [k]anys kynhen ac amrysson a kyvodassey am e ffyrd kany wydyt pa tervyn oed ydynt . . . ebrenyn a vynnvs gvrthlad pob *pedrvsder* ac amrysson. *id.* 81, gwell oed kanthav ev goreskyn trwy synhwyr a doethynep no mynet em *pedrvster* brwydyr. **14g.** *LlB* 99, Os brawtwyr o ureint tir a archant oet am vrawt, ae o *petruster*, ae o eisseu rei o wyr y llys. **1346** *LlA* 165, heb *pedruster* cret ti vymot i yn ieuan offeirat. **1547** *WS* [xvi], mi weleis rei ym*pedruster* a dowt. **1567** *LlGG* [xv], a bydd Episcop . . . mewn dim *pedruster*. *id.* 109b, ymochelyd pob *petruster* ac anwybyddiaeth. **1595** *Egl Ph* [105], *Petruster*. Ap[o]ria. **1632** *D* d.g. *ambiguitas, aporia, dubitatio, hæsitantia*. **1632** J. Davies: *LlR* 250, pwy bynnag sydd ynddo *betrusder* cydwybod ddrwg. *id.* 276, agorodd ei holl *betrusder* i mi. **1658** R. Vaughan: *GA* 62, yngwneuthur [*sic*] *petrusder* i lefaru y weddi hon, oblegid ei bod hi yn eu rhwymo hwynt. **1658** R. Vaughan: *YPS* 15, er bod yn yr Ecclwys, oll ar *betrusder*. **1682** E. Llwyd: *EI* 75, Am anghoelion, a *phetruster*. **1707** *AB* 238b, *petrusder*, doubt, Ambiguity. **1724** E. Wells: *CC* 100, heb sulwi ar i *Betrusderau* afresymmol ef. **1751** *GIA* 40, Mae hi yn amser i geisio dattod y *petrusder* hwn. **1803** *P*, *pedrusder*, dubiousness; scrupulosity, indeterminateness. *id.* *petrusder*, doubt, hesitation, ambiguity; quandary. Cf. R. Davies: *GC* 122, *Petrusder*. Diaporesis. *Petrusder* sy ddull ymadrodd, a arwyddocâ ymresymiad yn y meddwl mewn gwasgfa galed.

petrustod, pedrustod [*petrus¹*, *pedrus*+ *-dod*] *eg.* Petruster, amheuaeth, cyfyng gyngor: *hesitation, doubt, suspense.*

1796 Tomos Glyn Cothi: *E* 89, fy holl ofynion a'm *petrusdod*. **1798** *WR*, *petrusdod* d.g. *dubiousness*. **1803** *P* d.g. *pedrusdawd*.

petrustra [*petrus¹*+*-dra*] *eg.* Amheuaeth: *doubt.*

1704 E. Samuel: *BA* 203, bodloni ei *betrusdra* wrth adael iddo weled a theimlo creithiau'r hoelion. **1731** E. Samuel: *AE* 89, ymgynghori a'i [*sic*] Bugail . . . ac agor eu Cydwybodau ger ei fron, pan fo ryw ammheuaeth neu *bettrusdra* yn eu blino. **1803** *P*, *petrusdra*, dubiousness.

petruswr, pedruswr, petrusydd [bôn y f. fl.+*-wr*, *-ydd³*] *eg.* ll. *petruswyr, pedruswyr*. Un sy'n petruso, amheuwr: *one who hesitates, doubter.*

1686 WJ: *TR* 9, os gorfydd ichwi gyrchu yn y

diwedd at neb ryw *Betruswyr* am Siccrwydd. **1803** *P*, *pedruswr*, s. m. pl. t. *wyr*, one who hesitates, a doubter. *id.* d.g. *petruswr*.

petryal, pedryal [?amr. ar *pedryfal*; nid amhosibl mai ff. gwallus yw rhai o'r enghrau. cynharaf] *eg.b.* ll. *-au, -oedd*, a hefyd fel *a.* Pedrochr ac iddo bedair ongl sgwâr, sgwâr; gwrthrych, lle, &c., ar ffurf felly, e.e. sgwâr tref, pedrongl (coleg), cwrt; sgwadron; *Math.* sgwâr, lluoswm rhif wedi ei luosi ag ef ei hun; pedwar ban (y byd); petryalog, pedairochrog, sgwâr; sgwâr (e.e. modfedd sgwâr); a'i ochrau o'r hyd a benodir (am sgwâr): *rectangle, square; rectangular or square object, place, &c.; squadron; square, product of multiplying number by itself (in math.); four corners (of the world); rectangular, four-sided, square; square (e.g. square inch); square (e.g. inch square).*

13g. *C* 64. 7–9, Bet owein ab urien im *pedryal* bid. dan gverid llan morvael. in abererch riderch hael. **14g.** *WM* 57. 34–5, A gwneuthur bed *petrual* (*RM* 40, pedryual) idi. *id.* 459. 19–24, or kaffaf uyghyuarws y dalu ae uoli a wnaf. Onys caffaf dwyn dy vyneb di awnaf hyt y bu dy glot ym*pedryal* (*RM* 105, pedryual) byt bellaf. **1604–7** *TW* (*Pen* 228), Bedd *petrual* y vranwen verch Lyr ar lann avon Alaw d.g. *territorium*. **1632** *D*, *petrual*, videtur significare locum quadratum, quadratum quid, valliculam quadratam . . . Yn y *petrual* hynny y gwnaent ennaint. In chorea gigantum. Cefn y *petrual* yn llanfair dal haiarn. *Petrual* clwyd. **1688** *TJ*, *petrual*, (sgwâr:), a square plat of ground, also any square thing. **1722** *Llst* 189, *petrual*, m.p. *alau*, a quadrangle, any square thing. **1758** *ML* ii. 75, Yn agos ir fan hyn yr oedd bedd *petrual* Branwen, merch Llŷr. **1770** *TG* iv. 4, Llundain . . . o ran . . . adeiladau godidog, *petrualau* helaeth, a heolydd hardd, a ymgystadla a'r ddinas ardderchoccaf yn holl Oerop. **1780** *W* d.g. *quadrangle* [*a four-angled figure, a square*], *squadron* [*a body of men drawn up in a square*], *square*. **1803** *P* d.g. *petryal*. Cf. R. Williams Parry: *CG* 76, Gan bwyll y bwytawn, o dafell i dafell *betryal*, / Yr academig dost. Mwynha dithau'r grual.

Cfn.: **petryal goleddf:** *rhombus*. [**1783**] *W* d.g. *rhombus*.

Gw. hefyd **pedryfal.**

petryalaidd [*petryal*+*-aidd*] *a.* Petryalog: *rectangular.*

1853.

petryalog [*petryal*+*-og*] *a.* Ac iddo bedair ochr a phedair ongl sgwâr, sgwâr: *rectangular, square.*

1803 *P*, *petryalawg*, consisting of a square.

petu, gw. **pedi.**

petut, petwn, gw. **petawn.**

pety, gw. **peti**[1].

petych, petym, petynt, gw. **petawn.**

peth [Crn. C. *pe(y)th, pyth*, Llyd. C. *pez*, Llyd. Diw. *pezh*, taf. Gwened *péh*; ?cf. H. Wydd. *cuit*; ?cf. ymhellach Picteg *pett-* (elf. mewn e. lleoedd), Llad. llafar **pettia* (> Ffr. *pièce*), Llad. C. *petia* (*terræ*)] *eg.* ac *eb.* (yn ystyr 1 (*b*) yn unig) (bach. *-an*) ll. *-au*, ll. dwbl *-euau*, a hefyd fel *rh.* a *ba.*

1. (*a*) Gwrthrych y gellir meddwl amdano neu ei ganfod, gwrthrych materol difywyd, gwrthrych nas enwir yn benodol; defnydd, stwff, sylwedd; dyfais, offeryn; (yn y ll. gan amlaf) eiddo personol, offer, gêr; rhywbeth, unpeth, dim: *thing, object; material, stuff, substance; device, instrument; (usu. pl.) personal possessions, belongings, tools, equipment; something, anything.*

9g. (*MC*) *VVB* 201, papedpinnac, gl. *quoduis*. **13g.** *Ll* 33, dyweduet o'r neyll bot e uechnyaeth ar *peth* maur a'r llall paneu ar *beth* bychan. **13g.** *WLW* 176, Y wreic a dyly trayan sarhaet y gwr, nac o lad y sarhaer nac o *peth* arall. **1346** *LlA* 27, kannys duw awnnaeth pob *peth*. **14g.** *WM* 93. 25–6, ac ar hynny adaw y ryw *bethan* o honei. *c.* **1400** *MM* 98, Llyma y *petheu* yssyd da rac y kic drwc. *c.* **1400** *GP* 15, Deu ryw *beth* y dylyir prydu idaw, nyt amgen, *peth* ysprydawl a *pheth* corfforawl. *c.* **1400** *Études* vii. 272, dot *beth* ar wyneb y crochan, nyt amgen clawr a thwll yn y genawl. **1551** W. Salesbury: *KLl* lxxxa, Simon may genyf *beth* yw ddoedyt wrtho ti. **1618** J. Salisbury: *EH* 15, rhaid i chwi gredu mae *peth* ysbrydol yw Duw. **1703** E. Wynne: *BC* 28–9, sôn yr oeddid am ei *Betheu*, ac am ei Lythyr-cymmun . . . a'r cyffelyb. *id.* 120, Mae gennym . . . bump o *betheu* a elwid echdoe yn frenhinoedd. **1742** *ML* i. 72, llong fawr wedi torri yn gyfagos ir fan ymma . . . Ni safiwyd fawr or *petheua*. **1764** Dewi Nantbrân: *CB* 40, afreolus drachwant o dda neu *bethau* 'n Cymydog. **1794** *W* d.g. *thing*. **1803** *P*, *peth*, thing . . . Mae ganddo ddigon o *bethau*, he has abundance of riches.

(*b*) Person, creadur (yn aml yn ddifr., ond hefyd i gyfleu anwyldeb): *person, creature (often derog., but also affectionately).*

14g. *GDG*[3] 131, Ateb ni chaiff tra fo fyd; / Wtied i ddiawl, *beth* ynfyd! **1688** S. Hughes: *TSP* 137, pa fath dafod gwenieithus oedd gan y Faeden [:– Y *beth* front]. Ar lafar yn y Gogledd, '*Peth* clên iawn ydi o', '*peth* dlawd!', '*peth* wirion!', *WVBD* 427. Clywir 'y *pethe*' ar lafar ymysg ffermwyr ym Mhenllyn am 'y stoc, anifeiliaid y fferm, yn enw. y gwartheg', 'mynd i'r beudy i weld y *pethe*'.

(*c*) Achos, mater, busnes; (yn y ll.) diddordebau; (yn y ll.) amgylchiadau, amodau; gweithred; digwyddiad; yr hyn a ddywedir neu a feddylir, datganiad, barn, syniad; nodwedd, priodoledd, ansawdd: *affair, matter, business; (pl.) interests, concerns; (pl.) circumstances, conditions; act, action; event; what is said or thought, statement, opinion, idea; characteristic, attribute, quality.*

c. **1300** *H* 21b. 28, y broui pob *peth* o bregeth bawl (Einion ap Gwgon). **14g.** *GP* 55, Preladyeit a volir o'y santeithrwyd . . . ac o *betheu* ereill ysprydolyon anrydedus. **14g.** *GDG*[3] 111, Un *peth* a wnaf yn fy myw—/ Peidio â d'wedyd pwy ydyw. **15g.** *GDLl* 168, Da *beth* yw synnwyr dy ben, / Annoeth ydwyf na'th adwen. **15–16g.** *TA* 96, Dau *beth* yr wy'n d'obeithiaw —/ Rhoi y gras rhywiog ar ŵr, / A rhoi wyneb yr henwr. *c.* **1585** G. Robert: *DC* [xxvi], Gan na ellid cael *petheu* mywn modd gwell o dan ddwylo dieithred anghyfarwydd. **1592** S. D. Rhys: *Inst* [xvii], perpheithrwydd . . . eych Hiaith chwi a' 'ch *petheu*. **1593** W. Midleton: *B* 1, Pedwar *peth* a berthyn at gerdd dafawd Kymhariad, odl, kynghanedd, a mesur. **1679** C. Edwards: *GGG* 127, Pa fodd y mae Crist a'r *pe*[*th*]*au* y wnaeth ac a ddioddefodd ef, yn eiddom ni? **1703** E. Wynne: *BC* 37–8, Bodlonrwydd a Llonyddwch . . . yw happusrwydd dyn, ond nid oes yn eich Dinas chwi ddim o'r fâth *be*[*th*]*au* iw cael. **1759** T. Thomas: *WWDd* 229, a thithau yn cael dy gau allan yn y Tywyllwch du tragywyddol . . . y mae mor angenrheidiol i mi i chwilio 'r *peth* ag yw i tithau. **1776** *W* d.g. *matter* [*an affair, a business, a concern, &c.*]. Ar lafar, '*Peth* cas iawn ydi colli rwbath fel 'na', *WVBD* 426. Defnyddir '*Y Pethe*' i gyfleu'r 'cyfuniad hwnnw o werthoedd a diddordebau sy'n ymgorffori'r diwylliant traddodiadol Cymreig', *CLC* 367, ac y mae'n deitl ar gasgliad o erthyglau hunangofiannol (1955) gan Robert Lloyd (Llwyd o'r Bryn; 1888–1961).

(*d*) (enghrau. o (*y*) *peth* fel rhagflaenydd cym. pth., &c., ac fel math o ragenw pth., weithiau'n cyfateb i '(yr) un, (yr) hyn': *exx. of '(y) peth' as antecedent of a rel., &c., clause, and as a kind of rel. pron., sometimes the equivalent of 'the one, that, what').*

13g. *Llst* 1, 48, brv dy vam en e lle yth gwnaeth ty . . . en dyn or *peth* nyt oed dyn. **14g.** *SC* viii/ix. 183, Ar *peth* a gredir y vot vffernn y dan y daear. *c.* **1400** *GP* 18, trydyd yw ny dyly y gredu, *peth* ny allo bot herwyd doethyon, megys na dylyit ymolchi duw Gwener, neu olchi penn duw Merchyr, kany weheyrd doethon vn o hynny. *c.* **1585** G. Robert: *DC* [viii], yn ysgluso ag yn diystyru r iaith gymraec . . . y *peth* sydd gywilydd iddynt. **1588** *Diar* x. 24, Y *peth* a ofno y drygionus a ddaw iddo, ond y *peth* a ddeisyfio y rhai cyfiawn Duw ai rhydd iddynt. **1588** 2 *Esd* iv. 46, ni wn y *peth* sydd i ddyfod. **1595** H. Lewys: *PA* 5, nid yw ef yn dwyn dim onid yr eiddaw i hwn, ar *peth* yr ym yn [dd]'ledus iddaw o honaw. **1701** E. Wynne: *RBS* 98, oni ddywedwch iddynt hwy hanes rhyw aflwydd diweddar . . . ni byddwchwi ond diflas ac annifyr ganddynt; *pe* 'sy arwydd hysbys (*which shows plainly*) mai Ysprydd drŵg yw hwn sy ganddynt. **1703** E. Wynne: *BC* 7, A *phe*' sy waeth, dechreuais ammeu nghymdeithion. *id.* 32, nid oes ganddynt gymaint a Spectol natur *pe* sy gan y digrêd y welaist gynneu. **18g.** E. T. Rhys: *DA* 182, Byth ni wnaethech *beth* oedd ddoethach. **1790** T. Jones: *TOS* 68, onid cyfiawn naccau iddynt y *peth* a wrthodent. Ar lafar, 'y *peth* 'lasa fo ddeud' 'what he might have said', *WVBD* 427.

2. Maint neu nifer amhenodol (o), ychydig, rhywfaint, tamaid; ychydig o amser, ysbaid: *some, a little, a few, a bit; some time, a little while.*

(*a*) (enghrau. annib.: *independent exx.*).

13g. *Ll* 56, E keureyth a dyweyt . . . e kechuyn pryodaur rac meybyon e ryu wraged henne, ae y ar *peth* ae y ar kubyl. **1588** 2 *Esd* xv. 38, Ac yno y daw glawogydd mawrion o'r dehau a'r gogledd, a *pheth* o'r gorllewyn. **1595** H. Lewys: *PA* 51, *peth* yma, *peth* ackw, *peth* ffordd arall. **1679** C. Edwards: *GGG* 228, dangosaf *beth* ynghylch y môdd y mae ei sancteiddio ef. **1680** J. Thomas: *UN* [vi], i ddwyn pêth dwfr (*pêth* pe nad ai [*sic*] ond un llymmaid). *c.* **1730** *Thos. Lloyd D* (LlGC) 190b, anifael a *pheth* megis carw a rhan fel gafr. Ar lafar, 'Hwrach 'nân' nw yrru *peth* heiddiw', ''Gymwch chi *beth*?', *WVBD* 427.

(*b*) (yn uniongyrchol o flaen e.: *immediately before a n.*).

13g. *MA*[2] 223. 26, Callaf yw imi *beth* ammynedd (Dafydd Benfras). *c.* **1400** *R* 1249. 35–6, Anroes *peth* llunyaeth llonyd. **15g.** *LGC* 366, Yntau roes ym, nid trwy sòr, / Ei thrigwerth a *pheth* rhagor. *c.* **1585** G. Robert: *DC* [xxxii], Nodwch hefyd ddieingc *peth* beieu drwy ddwylo r Printiwr. **1588** 1 *Br* xiv. 13, o herwydd cael ynddo ef *beth* daioni tu ag at Arglwydd Dduw Israel. **1592** S. D. Rhys: *Inst* [xiv], a dechreuodd gaphael *pêth* gwrtaith. **1632** J. Davies: *LlR* 163, am eu bod yn *beth* achos (*some cause*) o'i [*sic*] colledigaeth hwy. **1679** C. Edwards: *GGG* 251, bod ini mewn *peth* mesur geisio tebygu i Dduw. **1725** D. Lewis: *GB* 157, Y mae Gwynt crŷf yn gwneuthur *peth* Gwahaniaeth. [**1783**] *W*, Y mae hynny yn *beth* cyssur i ni . . . Dyro i mi *beth* dŵr d.g. *some* [*a little, some part or quantity*]. **1795** *R. Crusoe* 73, Tranoeth mi a'i rhoddais i ddyrnu, a nithio *peth* yd. Ar lafar, 'Ma' *peth* bai arno fe, ond næci arno fe ma'r bai i gyd'; 'Ma' *peth* tatws ar ôl gin' i'.

(*c*) (a'i ddilyn gan yr ardd. *o*[1]: *followed by the prep. 'o*[1]*'*).

12–13g. *GLlLl* 180, *Peth* o'th oed, athwyd wy deruyn / Pymthengweith, pymthengmlwyt: bych hyn! **13g.** *Ll* 36, talu *peth* o'r dylyet ac heb talu kubyl. **13g.** *B* x. 22, *peth* o'e weithredoed da. **13g.** *MA*[2] 221a. 4, A syniwn ar *beth* o'r pregethau (Dafydd Benfras). **1346** *LlA* 118, Dywedadwy yw rac llaw *obeth* ouuched veuno. **14g.** *YBH* 3a, [*p*]*eth* o gic y baed coet. **14g.** *GDG*[3] 306, Rho Duw, iwrch, rhaid yw erchi / *Peth* o lateieth i ti. *c.* **1400** *YCM*[2] 185, a *pheth* o laeth bronneu Meir. *c.* **1400** *Études* vii. 274, dot *beth* ohonaw yn dy clust [*sic*]. **15–16g.** *GLM* 251, Ni bu omedd neb yma: / na bythai i'th ôl *beth* o'th dda. **1588** *Ecs* xxxiii. cs., Moses . . . heb gael gweled onid *peth* o honaw [gogoniant Duw]. **1703** E. Wynne: *BC* 23, ymadel â *pheth* o'u harian yn ddi-lôg. Ar lafar, 'Ma' *peth* o'r gwaith ar ôl o hyd'.

(*d*) (enghrau. adferfol: *adverbial exx.*).

15g. *GDLl* 58–9, Taria, feinwen, dros ennyd, / Ac aros *beth* o gwrs y byd. **1608** *GP* 222, ti a ddyli orffowys *peth* i gymeryd dy anadl. **17g.** Huw Morus: *EC* i. 190, Hi a bynciai *beth* tu ag at bob un, / O'r ddau aderyn diras. *id.* 208, Yn wanach *beth* ei wyneb. **1703** E. Wynne: *BC* 28, ni fedrais inneu nad wylais *beth* o dosturi. [**1751**] G. Owen: *L* 3, Mi fynnaswn i'r Awen daccluso *peth* ar fy ymadroddion. **1798** W. Richards: *CC* 23, Gwnaeth hyn i John Rees synnu *peth*.

Fel *rh. gof.* (mewn cwestiynau uniongyrchol ac anuniongyrchol) Pa beth, beth: *what (interrog. pron. in direct and indirect questions).*

14g. *T* 27. 24–5, Awdost ti *peth* wyt pan vych yn kyscwyt. **14g.** *WM* 118. 33–4, Na wn heb yntau *peth* yw marchawc. *id.* 483. 32–4, ny wys py tu y mae na *pheth* yw ae byw ae marw. **14g.** *YBH* 47a, y edrych *peth* awnaethpwyt. *id.* 58a, *Peth* heb y brenhin . . . a gymery di. *c.* **1400** *GP* 3, py sawl rann ymadrawd yssyd, a *pheth* yw pob un ohonunt. **1455–6** *B* xiii. 66, o ba genedl wyt a *ffeth* wyt di. **1588** 1 *Br* xiv. 14, a *pheth* os cyfododd eusus? **1592** S. D. Rhys: *Inst* [xvii], A' *phêth* sydd i mi yn fwy nog i chwitheu ymyrreth a'r 'Rammadec Cymráec. **1632** J. Davies: *LlR* 391, A *pheth* am yr addewidion gau y mae'r byd yn ei wneuthur beunydd? **1703** E. Wynne: *BC* 8, nis gwn i p'le yw yma, na *pheth* yw fy neges, na *pheth* wy fy hun, na *pheth* aeth â'm rhan arall i.

Fel *ba.* Trafod, cyffwrdd â; trin, gofalu am, twtio: *to handle, touch; treat, look after, tidy up.*

Ar lafar yn ne-ddwyrain Morg., ''Odd 'i'n *peth* y dunydd yn admycus'; ''Odd 'i'n *peth* 'i gwallt o flæn y glàs'; ''Odd y dyn yn fishi yn *peth* y tatws'; ''Odd a mæs yn *peth* yr ardd'. Fe'i defnyddir yn fwy cyff. pan fyddir yn (esgus) methu cofio neu daro ar yr union air a geisir (cf. *bethma*). Clywir yn y Gogledd hefyd ymad. fel ''Roedd o'n *peth* 'ne o hyd' (am rywun yn gwneud rhywbeth, e.e. tisian, yn barhaus).

Amr.: **pe'.** **1701** E. Wynne: *RBS* 98. **1703** E. Wynne: *BC* 7, 32.

Cfn.: **peth aneiri(f):** *great quantity, large amount or* *number.* **1615** R. SMYTH: *GB* 117. **1696** *CDD* 20. **p. anferth = p. aneirif. 1922.** Ar lafar. **y p. (hyn) a'r p. (arall):** *such and such a thing, this and that, one thing and another.* **1547** *WS* [ix], paddelw y gelwir *y peth ar peth* yn saesnec. **1725–6** *Madd Ed* 194, Penderfyniad . . . fod *y peth hyn a'r peth* yn oreu. **1733** T. EVANS: *PP* 207–8, gweddio am *y peth hyn a'r peth* ar law Dduw. Ar lafar yng ngodre Cered. clywir y ff. *y peth na'r peth.* **(y) p. (b.) bach:** (*of a child, animal, &c.*) (*sweet*) *little thing; also expressing pity.* Ar lafar yn y Gogledd, '*peth bach*!' 'poor little thing!', *WVBD* 30. **pethau bach:** *shorts, short drinks, e.g. spirits.* Ar lafar. **p.'r byd (hwn):** *worldly affairs.* Ar lafar. Gw. hefyd *o bethau'r byd.* **peth bynnag:** *whatever, whatsoever; anything.* **1707** *AB* 89c, y *peth bynag* a werthir d.g. *merch.* **1759** T. THOMAS: *WWDd* 94, a *pheth bynnag* y mae 'r Ddeddf yn ei ddywedyd. **pethau da:** (i) *good things* (*of life, &c.*). **1691** *ESGG* 33. (ii) *sweets.* Ar lafar yn Arfon a Môn, *ISF* 60. **peth garw:** (i) *great quantity, large amount or number.* **1837.** (ii) *fine thing.* **1881** D. OWEN: *D* 74, *Peth garw* ydi cael cyfaill fel Mr. Pugh. Ar lafar yn y Gogledd, '*Peth garw* ydi bod yn ffit, yndê!' **pethau gwlybion:** *liquors, liquids.* **1604–7** *TW* (*Pen* 228), mesur *petheu gwlypion* d.g. *urna.* **1620** *Ecs* xxii. 29. **peth heb ddim:** *worthless thing or person.* **1588** *Eseia* xli. 24, *peth heb ddim* ydych chwi. **1595** M. KYFFIN: *DFf* 190, chwedyl ofer a *pheth heb ddim.* **1776** *W* d.g. *a matter of nothing* [*of no weight or account*]. **p. heb rifedi:** *large number.* **1784** M. WILLIAMS: *S* i. 158. **p. hylltod:** *great quantity, large amount or number.* **1930. y p. hyn a'r p.,** gw. *y p. a'r p.* **p. mawr:** (i) *great quantity, large amount or number.* **1784** M. WILLIAMS: *S* i. 90. **[1792]** M. J. RHYS: *D* 4. (ii) *main interest; forte, strong point.* Ar lafar, 'Garddio odd 'i *beth mawr* e'. Gw. hefyd *ar ei beth mawr* isod. **p. mawr os na:** (*it is*) *probable that.* **1773** *SBS* 101, Os awn i ymresymmu a rhyw gynhyrfiadau pechadurus, mae'n *beth mawr os na* orthrechir ni ganddo. **pethau melys:** *sweets.* Ar lafar yn sir Gaerf. a sir Benf., *GDD* 223. **peth mwdral:** *great quantity, large amount or number.* Ar lafar yn y Gogledd. **y p. nesaf i ddim,** gw. *nesaf*¹—*n. peth i ddim.* **p. ofnadwy:** *large amount.* **20g.** Ar lafar. **p. wmbreth (wmbredd):** *great quantity, large amount or number.* **20g.** Ar lafar yn y Gogledd, 'Mae gen' i *beth wmbrath* o waith i' neud heddiw'; 'Mae 'na *beth wmbrath* o bobl yn y dre 'ma'. **p. yfed:** (*intoxicating*) *drink, beer.* **1827.** Ar lafar yng ngodre Cered., sir Gaerf., a sir Benf., *GDD* 223, *Cymru* xliii. 194. **y p. yna:** *thingummy, thingumabob, thingumajig.* Ar lafar, 'Lle mae'r *peth* 'ne brynest ti ddoe?'. *Athr.* **p. ynddo'i hun(an):** *thing in itself* (*in philos.*). **20g. am b.:** *for a while.* **18–19g.** R. DAVIES: *DB* 251, I fyw'n y byd *am beth* yn rhagor. **ar ei b. (ei ph., &c.) hyll:** *on one's strongest oath, on one's honour, in the strongest terms.* **20g.** Ar lafar. **ar ei b. mawr = ar ei b. hyll. 1894. i b.:** *for what purpose or reason, why.* **1927.** Ar lafar, '*I be*' 'wyt ti eisio hwfro 'rŵan?'. **o b.:** *by far, much more; a little, somewhat.* **15–16g.** *TA* 244, Marchog hir, mawr yw'ch cariad, / Mwy *o beth* d'ofn, mab i'th dad. **1547** *WS* [xvi], anuynychach *o beth.* **1567** *TN* 240a, mi scrivennais atoch yn hyfach *o beth.* **1567** G. ROBERT: *GC* 1, Mae yn esmwythach arnom *o beth* . . . er pan ddaethom i'r winllan hon. **16–17g.** *CRC* 356, roeddwn i yn gweled fod rhai yn myned / yn ol *o beth* gan rvw benbleth. *c.* **1730** *Thos. Lloyd D* (LlGC) 190b, *o beth* mae'n dynnach y bais. T. 23. **o b. . . . o b. arall:** *in one way . . . in another way.* **1346** *LlA* 22, aydiw ygyulawn lewenyd yr awr honn ygrist. *Obeth* ymae. *o beth arall* nyt ydiw (*Quodammodo habet, et quodammodo non habet*). **15g.** *BB* 153, A drwc uu ganthaw *o beth* llat gwrleis; a da *o beth arall* (*BD* 140, doluryaw . . . a wnaeth o angheu Gorlois, ac eissyoes o'r parth arall llawen uu). **o (holl) bethau'r byd:** *of all things.* **1847. o gwmpas ei b. (ei ph., &c.):** *alert, in command of one's faculties; about one's business.* **20g.** Ar lafar. **yn ei b. (ei ph., &c.):** *in good form, in good spirits;* (*with neg.*) *out of sorts.* Ar lafar yn y Gogledd, fel arfer mewn cyd-destun negyddol, "Dydi o ddim *yn 'i betha* es dyddia'; hefyd yn Rhosllannerchrugog yn y ff. '*yn 'i bethe* da'.

Gw. hefyd **beth, pa**¹**—p. beth, pethach, petheuach.**

pethach [?*peth*+-*ach*², neu amr. ar *petheuach*] *e.ll.* Pethau; pethau dibwys, pethau o ychydig werth, manion, petheuach: *things; unimportant things, things of little value, trifles.*

1727 J. JONES: *DFF* 264, wrth elwa ac ynnill Rhyw *bethach* yn y Byd. **1732** J. JONES: *C* 51, gwario llawer o Arian ar *Bethach* coegion. **1732–3** J. OWEN: *GB* 66, y *Pethach* ymma, na Gwîr nac Anwir ydynt. Ar lafar yn gyff. yn y De, "Wi'n cofio 'en fynd yn cario *pethach* ar 'u penna—basgeti a shwd *bethach*'; "Sa'i'n gwbod dim byd am farddoniaeth a *phethach* fela'.

Gw. hefyd **petheuach.**

pethan, pethawnos, gw. **peth, pythefnos.**

pethdod [*peth*+-*dod*] *eg. Athr.* Bodolaeth fel gwrthrych, realiti, dirfod, sylweddolrwydd: *thingness, thinghood, reality, substantiality* (*in philos.*).

20g.

pethefnos, gw. **pythefnos.**

petheiddiaf: petheiddio [*peth*+-*eiddio* (At.)] *ba. Athr.* Gwneud neu ystyried (cysyniad) yn real neu'n ddiriaethol, diriaethu: *to reify* (*in philos*), *make real or concrete.*

20g.

pethendo, gw. **peithyndo.**

petheuach [*pethau* (ll. yr e. *peth*)+-*ach*²] *e.ll.* Pethau dibwys, pethau o ychydig werth, manion, 'trugareddau', hefyd yn ddifr. am bobl: *unimportant things, things of little value, trifles, odds and ends, bits and pieces, knick-knacks, also derog. of people.*

1805.

Gw. hefyd **pethach.**

pethewnos, pethma, peu, gw. **pythefnos, bethma, pau.**

peuad [bôn y f. ddil.+-*ad*², trf. han.] *eg.* Anadliad byr a llafurus, dyhead; rhuad, bugunad: *a puffing, panting; bellowing.*

1803 *P.*

Amr.: **puad** [cf. *puo*, ff. ar y f. ddil.]. **1895.**

peuaf: peuo, *bg.* Bugunad, beichio, rhuo, hefyd yn *ffig.*; (geir.) anadlu'n fyr a chyflym (gan ddiffyg anadl), chwythu'n fyr, dyheu, lluddedu; dyheu (am): *to bellow, roar, also fig.*; (*dict.*) *pant, gasp, puff; long* (*for*).

16g. WILIAM LLŶN: *Gw* (R. Stephens) (At.), *pavo*, dehead. **1604–7** *TW* (*Pen* 228), *peûo*, deheû, chwythû'n vyrh d.g. *anhelo. Dchr.* **17g.** *J* 10, 120b, *pauo*, gemisio. **1632** *D*, *peuo*, anhelare. *id.* d.g. *respiro.* **1688** *TJ*, *pauo, peuo* . . . to aspire to. **1722** *Llst* 189, *pauo*, to breathe short. *id. peuo*, to pant for breath. **1773** *W*, dyheu . . . *peuo*, hiraethu . . . am beth d.g. *to gasp* [*pant, &c.*] *after.* **1803** *P*, *peuaw* . . . to puff, to pant, to take breath; to breathe with difficulty . . . Tarw yn *peuaw*, a bull making a sullen roar, in challenging another. Ar lafar ym Môn ac Arfon, 'Mae'r fuwch yn *peuo* wrth y giât'; hefyd yn y ff. *puo*, *WVBD* 450, *LGW* 287.

peues [?bnth. H. Ffr. *païs, pays* 'gwlad', neu *pau*+-*es*¹] *eb.g.* ll. (geir.) -*oedd.* Gwlad, bro; (geir.) cartref, gorffwysfa: *country, region;* (*dict.*) *home, resting-place.*

12–13g. *GLlLl* 72, O Wynet yn het yn hartureint, / O Bowys, o *beues* Dyfneint. *id.* 281, Rwyf Powys, *peues* hoffeynt. **13g.** *C* 105. 5, llev powis *peues* diobeith. **13g.** *A* 25. 16–18, Ef gwrthodes ar llwrw *peues.* ar lles pedyt petwar lliwet. *c.* **1300** *H* 33b. 16, Rwg aruon *peues* a mynwes mor (Cynddelw). **14g.** *GDG*³ 50, Bellach y mae, gwae gwedd-dawd, / *Beues* gweilch, heb eos gwawd. **14g.** *GIG* 46, Gwawr Bowys fawr, *beues* Faig, / Gofuned gwiw ofynaig. *id.* 140, Ti a ffoaist ag ef tua *pheues*, / I'r Aifft [i Fair]. *c.* **1400** *R* 1405. 25, Kawssam ar bowys *beues* goeth gestyll. **15g.** *Pen* 109, 84, Pendeuic dros warwic sel. / *Peues* gruff[ydd] ap ho[wel] (Lewys Glyn Cothi). **1632** *D*, peu & *peues*, videtur significare Habitaculum, domicilium, sedem, Requiescendi locum. Alijs Patria. **1722** *Llst* 189, peu, *peues*, m. a resting place, home. **1803** *P*, *peues*, s. f. pl. t. *odd*, a place of rest; an inhabited place, a dwelling place; an inhabited country, a country.

Amr.: **peys** [?gwall]. **1707** *AB* 219c. **1753** *TR.*

peullawr [bnth. Llad. *pugillārēs* neu *pugillāriā* 'tabledi ysgrifennu'; cf. H. Wydd. *pól(a)ire* 'tabled ysgrifennu'] *e?g.* ll. *peullorawr.* Tabled ysgrifennu: *writing-tablet.*

9g. (*MC*) *VVB* 205, ir *poulloraur*, gl. *pugillarem paginam.* **14g.** *T* 25. 11, Glelyn glew drussyawr y enw ym *peullawr.*

peunaidd [*paun*+-*aidd*] *a.* Yn perthyn i baun, tebyg i baun, balch, rhodresgar, rhwysgfawr: *pertaining to a peacock, peacock-like, proud, ostentatious, pompous.*

1604–7 *TW* (*Pen* 228) d.g. *pauoninus.* **1778** *W* d.g. *peacock-like.*

peunes [*paun*+-*es*¹, cf. Crn. Diw. *payness*] *eb.* ll. -*au.* Iâr y paun; gwraig fonheddig, arglwyddes, merch hardd, cariad; gwraig falch rodresgar: *peahen; lady, beautiful girl, sweetheart; proud pompous woman.*

14g. *DGG*² 121, Befr liw ewyn, myn roi medd, / *Beunes* uchel ei bonedd (Madog Benfras). **14g.** *GIG* 102, Penwisg welw, ddyn ddiddelw ddoeth, / Penselgombr, *peunes* aelgoeth. *id.* 139, Ffenestr wydrin nef a'i *pheunes*, / Lleuad engylion wyd a'u llewes [i'r Forwyn Fair]. *Diw.* **15g.** *Pen* 67, 106, gwann yw m hen gwyno *mhevnes* (Hywel Dafi). **15–16g.** *TA* 511, Pand oedd fâr i chymharu, / *Peunes* deg, â'r poenwas du! **1547** *WS*, *paunes*, a pehenne. *Diw.* **16g.** *Gwyn* 3, 195, Y paun rhwydd-wisc pen rhudd-aur / a *pheunes* hoiw ei ffens aur (Cynfrig ap Dafydd Goch). **1632** *D* d.g. *paua.* **17g.** HUW MORUS: *EC* i. [357], Y *Baunes* fonheddig garedig erioed. *id.* ii. 125, O's ewch at *baunesau*, a gwynion fynwesau. **1703** E. WYNNE: *BC* 14, [c]loben o *baunes* fraith ucheldrem. **1778** J. HUGHES: *BB* 29, Ni cheisiodd frenhines o'r bonedd fawr, / *Baenes*, na madam na meistres. **18–19g.** R. DAVIES: *DB* 28, *Paunes* Europ, Ynys auraidd—wiw brid / Yw Brydain. Ar lafar yn Arfon; hefyd am wraig biwis, 'Mae hi'n hen *beunes* flin', *WVBD* 427.

Cf. **pawen**², **pawines.**

peunoeth [ff. gsf. yr adf. *beunoeth*; dichon mai enghrau. o'r gair hwnnw heb ddangos treiglad a welir yn rhai o'r dfn. isod] *adf.* Bob nos, beunos, o nos i nos; bob amser, yn wastad: *every night, nightly, night by night; always, continually.*

13g. *LlDW* 106. 7–8, youoyt [*sic*] *peunoet* (*LlI* 96, beunoeth) yr medyc . . . yoleuat pop nos. **13g.** *Études* v. 98, pevnyd oed newyd newyt rud ver. *pevnoeth* oed pennhaf wedy pynnyer kat (Cynddelw). *Dchr.* **14g.** *H* 75b. 5, *peunoeth* doeth dethol gynran (Einion Wan). *id.* 89b. 6, *peunoeth* a rygoeth ym anregyt (Phylip Brydydd). **14g.** *GDG*³ 115, Peunydd y gwelir yno / Pefrddyn goeth, a *pheunoeth* ffo. **14g.** *OBWV* 94, A *pheunoeth*, lwytboeth let[b]ai, / Olwyn oer, wylo a wnai (Gruffudd Gryg). *c.* **1400** *R* 1223. 26–7, Dagyuoeth *peunoeth* poen ymbwyat agolleis. *c.* **1400** *SDR*² 67, A *pheunoeth* y gwelei y brenhin, trwy y hun, peir a seith troet ydanaw. **15g.** *DN* 35, Pen aeth dân, *peunoeth* i tyn, / Oll o aylwyd Llywelyn. **1722** *Llst* 189, *peunoeth*, every night. **1760** *ML* ii. 183, nid *peunoeth* y blina fo [peswch] myfi onid beunydd. **1803** *P.*

Gw. hefyd **beunoeth.**

peunog [*paun*+-*og*] *a.* a hefyd fel *eb.* Tebyg i liw paun, lliwgar: *peacock-coloured, colourful.*

1600–50 *CRC* 403, hwnwf yw madog mab yr hen lwynog / yn i bais *bevnog* bevnydd.

Fel *e.* Math o iâr fach yr haf ac iddi adenydd browngoch a smotyn porffor ar bob un, *Inachis io*: *peacock butterfly.*

20g.

peunosol [amr. ar *beunosol*] *a.* Yn digwydd bob nos, nosol: *nocturnal, nightly.*

1803 *P* d.g. *peunosawl.*

peunydd [ff. gsf. yr adf. *beunydd*; dichon mai enghrau. o'r gair hwnnw heb ddangos treiglad a welir yn rhai o'r dfn. isod] *adf.* Bob dydd, beunydd, o ddydd i ddydd; bob amser, yn wastad: *every day, daily, day by day; always, continually.*

13g. *C* 79. 15, maur penyd. meith *peunyt.* **13g.** *LlDW* 8. 24, ef adele offrum ebrenyn *peunyt.* **13g.** *HGK* 14, a *pheunyd* e maent en y hanreithyav. *c.* **1300** *H* 73a. 6–7, Oet tringar an car cof newyt an peir perygyl hiraeth *peunyt* (Bleddyn Fardd). **14g.** *BT* 192, ymladawd achastell aberhodni *peunyd* ormis. **1346** *LlA* 157, A*pheunyd* ymae dydydyev athiwed yn nessav. **14g.** *WM* 189. 27–9, *Peunyd* pob hanher dyd ykymerei ydeu amherawdyr eu bwyt. **14g.** *GDG*³ 115, *Peunydd* y gwelir yno / Pefrddyn goeth, a pheunoeth ffo. **15g.** *LGCD* 59, A *pheunydd* at yr hydd hwn / I'm cinio yr amcanwn. **15–16g.** *GRB* 9, Llym ar eu trais, llyma'r tri / y sydd *peunydd* i'm poeni. **1567** *LlGG* 17a, a' *pheunydd* ein adnewyddu trwy dy lan yspryt. **1632** *D*, *paunydd*, quotidiè. vulgò Beunydd. **1632** J. DAVIES: *LlR* 105, yn gwasanaethu gwir elyn Duw, a *pheunydd* yn gwneuthur pechod ac anwiredd. **1672** R. PRICHARD: *Gw* 69, A *pheunydd* wella'n buchedd, trwy nerth ei yspryd ef. **1730 (1755)** E. WYNNE: *PAC* 51, a *pheunŷdd* gynnyddu yn ei Ysbrŷd Glân Ef. **1803** *P.*

Gw. hefyd **beunydd.**

peunyddiol [*peunydd*+-*iol*] *a.* Dyddiol, gwastadol: *daily, continual.*

13g. *BD* 96, y *peunydyawl* wyrtheu a wnaei Duw yrdynt. **14g.** *WML* 24, Gwastrawt auwyn ageiff kyfrwyeu *peunydyawl* y brenhin. **14g.** *LlB* [1], yn gyntaf, kyfreith y lys *peunydyawl.* **1346** *LlA* 149, Dyro ti yn bara *peunydyawl.* *c.* **1400** *RB* ii. 46, a*peunydyawl* ymlad yn eu blinaw. **1680** J. THOMAS: *UN* [xii], *peunyddiol* . . . weddi. **1803** *P.*

Gw. hefyd **beunyddiol.**

peuros [?*pau*+*rhos*²] *eg. Bot.* Planhigyn o deulu'r *Liliaceæ* ac iddo flodau oren ar ffurf clychau o gwmpas clystyrau o ddail, *Fritillaria imperialis*: *crown imperial* (*in bot.*).

1801 *MMf* 194, Cymmer ddau ddyrnaid o'r *peuros* a elwir yn y lladin petilion. *id.* 290, petilion, *peuros*, breilan segli. **1813** *WB* 226.

peusyd, peusydd, peusyth, &c., *eg.* ll. *peusythion.* Darn o haearn ar lun croes wedi ei osod yn wyneb isaf yr uchaf o'r ddau faen melin i gynnal hwnnw ar y werthyd sy'n ei droi; uniad cynffonnog, tryfaliad, cynffon y golomen; cramp, gafaelfach, craff: *mill-rind*, *mace*; *dovetail joint*; *cramp-iron.*

1543 *B* viii. 298, gwneuthur lle y *pevsul* [*sic*] yn y maen ucha. **1547** *WS*, *peusyth* melin, mylle ryng. **16**g. *Med H* 52, offeryn a vydd mywn melin yn kynal y maen, yr hwn a elwir *peussed* (*Mos* 113, 41, *paüseth*). **16**g. *GGH* 351, Prisiwyd un â'r pres danaw, / Pwys trwm ar y *peusyd* (amr. *peysed*) draw [am feini melin]. **16**g. WILIAM CYNWAL: *Gw* (R. L. Jones) 211, Os mawr yw pwys ei fwys fo, / Ar y *peusyd* mae'r pwyso / . . . / Main a wnân', mwy na'n ynys, / Malu'n braff ym melin Brys. **1632** *D*, *peusyd* & *peusyth*, subscus. **17**g. (**18**g.) *CLlC* ii. 21, Mae'r Melinydd gwydyn glew / A fu'n bwyta'r deisen dew / . . . / Ni ddwg o mwy mo flawd y plwy / Ni phis o byth ar *be*[*u*]*syth* poeth. **1688** *TJ*, *peusŷd*, *peusŷth*, Clymiad neu asiad Coed ynghŷd: a fastning of boards together, called in Joyner's Craft, a Swallow, Dove or Culver tail. **1722** *Llst* 189, *peusyd*, *peusyth*, m. a cramp-iron; the swallow-tail of a mill; a culvertail in joinery. *c.* **1730** *Thos. Lloyd D* (LlGC) 191b, *peusydd* melyn [*sic*], a mill ring. **1772** *W*, *peusyd*, *peusyth* d.g. *cramp-iron. id. peusydd*, *peusyth* d.g. *culver-tail* [*in Joinery*]. *id. peusyd* (*peusyth*, prês) d.g. *the ink of a mill.* **1803** *P* d.g. *peusyth.*

Amr.: **pesyll(t).** **1759** *DG* 54, Dri o feini gweini gwyllt / Trwy hoff osod tri *phesyllt.* Ar lafar yn ardal Llanfair Talhaearn yn y ff. *pesyllt*, ac yn ardal Corwen yn y ff. *pesyll.* **peused.** **16**g. *Med H* 52. **1604–7** *TW* (*Pen* 228), *peuset* melin, yr haearn sy'n ei dala ag yn y chynnal d.g. *subscus . . . subscus ferrea.* **peusul.** **1543** *B* viii. 298, 299. **peusull.** **1607–11** *Pen* 216, 79.

peusythaf: peusythu [bf. o'r e. *peusyth*; ansicr yw perthynas y ff. *Peusydwys*, *H* 81b. 35] *bg.a.* Asio (dau ddarn o bren, &c.) ynghyd drwy uniad cynffonnog, tryfalu; ffitio ynghyd fel uniad cynffonnog: *to dovetail*; *fit together like a dovetail joint.*

1803 *P*, *peusythu*, to dovetail.

peutrel [bnth. S. C. *peitrel* 'poitrel, peytral'] *e?g.* Darn o arfogaeth i amddiffyn bron ceffyl: *poitrel*, *armour protecting horse's breast.*

15g. *Pen* 109, 57, i *beutrel* o aur melyn. / Aur o gylch i gyurwy gwynn (Lewys Glyn Cothi).

peutu [?**peu* (cf. *peunydd*, &c.) + *tu*] *eg.* a hefyd fel *ardd.* ac *adf.* Pob ochr; ar bob ochr (i), o gwmpas, o amgylch: *every side*; *on every side* (*of*), *around*, *about.*

16g. WILIAM CYNWAL: *Gw* (R. L. Jones) 536, Un wyd yn glau, edn y gloch, / O'r *peutu*'r âi hap atoch. **1803** *P*, *peutu*, adv. on each side, on both sides . . . *peutu* yr eglwys, about the church . . . *Peutu* ac o beutu val y gwyv am y ganwyll . . . Adage.

Gw. hefyd **obeutu.**

peutur, gw. **piwter.**

pewc, *eg.* (bach. *-yn*). Peth bach; person llai na'r cyffredin o ran maint; person ffôl; plentyn direidus, haerllug, neu ddrygionus: *small thing*; *undersized person*; *foolish person*; *mischievous*, *cheeky*, *or naughty child.*

Ar lafar yn y De, 'Dim ond ryw *bewc* usht â fe nelsa siẁt beth dwl', 'Odd dim ofan ryw 'en *bewcyn* bach fel 'na arnot ti os posib', 'Cer o'ma, yr hen *bewcyn* bach'.

pewter, pewtir, gw. **piwter.**

pewtner, pewtyr, peys, gw. **powtner, piwter, peues.**

pi[1]**,** org. H. Gym., gw. **pa**[1].

pi[2] [bnth. H. Ffr. *pie*, o bosibl drwy'r S. C.] *eb.g.* (un. b. *pioden*, ll. *-ni*) ll. *piod.*

(*a*) *Adar.* Aderyn du a gwyn o deulu'r brain sy'n hir ei gynffon ac yn glebarllyd ei gân, *Pica pica*: *magpie.*

14g. *GDG*[3] 65, Drych nod brain a *phiod* ffair [i'r llwynog]. *id.* 167, Myn y Nef, yr oedd hefyd / Y *bi*, ffelaf edn o'r byd. *c.* **1400** *B* iii. 15, A glyweisti a gant y *pi.* **15**g. *Pen* 109, 39, nac arbet uanbri nai brain nai *ffiot* (Lewys Glyn Cothi). **15–16**g. *TA* 395, Mae i'w gael, mi a'i gwelais. / Mal y *bi*'n amliw i bais [i'r march brith]. **16**g. WILIAM CYNWAL: *Gw* (G. P. Jones) 92, Lliw'r bleth sy beth fal y *bi.* **1606** E. JAMES: *Hom* ii. 278–9, mae . . . *piod* . . . gwedy eu dyscu gan [dd]ynnion i glegru. **1632** *D*, *pi*, citta, pica. pl. *Piod*, vnde sing. *Pioden.* **17**g. *DCR* 234, ag yno i klown i r *bioden.* **1687 (1715)** J. OWEN: *TB* 25, yn dal sulw ar Ysgrechen y *bioden.* **1703** E. WYNNE: *BC* 13, nid oes rwan yn cadw meddiant ond y modryb Dylluan hurt, neu Frain rheibus, neu *Biod* brithfeilchion. **18**g. *W Ballads* 197, 3, gin Siongced ar *Bi.* **1776** *W*, *pî . . . pioden* d.g. *magpy.* **18–19**g. *IAW* (LlGC) 101, 49, *pioden* . . . plur *piodeni.* **1803** *P* d.g. *pi*, *pioden.* Ar lafar yn y ff. *pioden*, *piodan*, *pioten*, *LGW* 235; hefyd yn Arfon fel term difrïol am fenyw, *WVBD* 38. Mae *Llwynypïod* yn ardal gerllaw Llangeitho, Cered. a *Phentrepïod* yn fferm ym mhl. Llangywair, Meir.

(*b*) Brechdan ac ynddi ddarn o fara ceirch rhwng dwy dafell o fara gwyn neu fel arall: *a sandwich consisting of a piece of oatcake placed between two slices of white bread*, *or vice versa.*

Ar lafar yn Meir. a sir Ddinb. yn y ff. *pioden*, *piogen*, *Geir Geg* 13. Cf. *brechdan—b. gaerog.* (At.).

Amr.: **pia** **1776** *W* d.g. *magpy.* **1803** *P*, *pia*, a pie, or magpie. Mor fraeth a'r *pia* brith ar y berth. Ar lafar ym Mrych. a Morg. (ll. *piȧid*), a hefyd yn y Gogledd, yn ôl H. E. FORREST: *FNW* 176. Mae *Llwynypïa* yn bentref yng Nghwm Rhondda, Morg. **piog** [adff. o'r ff. *piogen*]. ?**16**g. *WLl* 194. **16–17**g. *GST* i. 499, Y *biog* rywiog, reiol, / Â'i bron deg rhwng bryn a dôl, / Pa ryw siarad prysurwaith? / Pa gân fry, piogen fraith? *id.* 531. *c.* **1600** *AP* 60, a chrechwen *pioc.* **1604–7** *TW* (*Pen* 228) d.g. *citta*, *pica. Dchr.* **17**g. *J* 10, 127b, *piog*, pie, pica. **1803** *P.* **piogen** [?amr. ar *pioden*] (*eb.* ll. *-nau*). **1547** *WS*, pi ne *piocen*, a pye. **1588** *Deut* xiv. 12–17, Ac dymma y rhai ni fwyttewch o honynt yr eryr . . . a'r *biogen.* **16–17**g. *GST* i. 499, Y biog rywiog, reiol, / Â'i bron deg rhwng bryn a dôl, / Pa ryw siarad prysurwaith? / Pa gân fry, *piogen* fraith? **1604–7** *TW* (*Pen* 228) d.g. *citta*, *pica.* **1696** *CDD* 213, A phan glywo rhai'r *biogen*, / Ar y twŷn yn lleisio rhegfen. **1803** *P.* Ar lafar ym Meir., sir Ddinb., a sir Drefn., *LGW* 235; a hefyd yn Arfon yn y ff. *biogan* (ll. *bioganod*), 'cyn sioncad â'r *biogan*', *WVBD* 38. **piogod** [adff. o'r ff. *piogen*] (*e.ll.*). **1545** ELIS GRUFFYDD: *Ll* 149, Kymer nythlwyth o adar *piogod.* **1545** *CM* 1, 702, Arver ynn vynnych o vwytta kig *piogod* gwedi I berwi. **17**g. HUW MORUS: *EC* i. 341, A llwm fydd llwdn newydd ' ginio, / Fe fydd gormod o *bïogod* yn ei bigo. Ar lafar ym Meir. ac yn Arfon, *WVBD* 38.

Cfn.: **pi fach (bach), pia bach:** *chiffchaff*, *Phylloscopus collybita.* **1848.** **p. fraith, pia brith:** *magpie*, *Pica pica.* **16**g. WILIAM CYNWAL: *Gw* (R. L. Jones) 231, Y *bi fraith.* **1760** *ML* ii. 192, Dyma *biod brithion.* **1803** *P*, pia . . . Mor fraeth a'r *pia brith* ar y berth. **pioden (piogen) goch:** *jay*, *Garrulus glandarius. Diw.* **19**g. *SE MS* 377a, *pioden-goch*, the jay N.W. Ar lafar yn y Gogledd, H. E. FORREST: *FNW* 175. **p. y coed = p. goch.** **1760** *ML* ii. 229, The jays (*piod y coed*) devour my pease and beans intolerably. **1803** *P*, *piogen . . . Piogen y coed* . . . a jay. Ar lafar yn y Gogledd, H. E. FORREST: *FNW* 175. **pia'r gwinc:** *chaffinch*, *Fringilla cælebs.* Ar lafar yn Arfon. **pioden y dŵr (dwfr):** *kingfisher*, *Alcedo atthis.* **1893.** **p. fôr (y môr), piogen y môr:** *oyster-catcher*, *Hæmatopus.* **1803** *P*, *piogen . . . piogen y môr*, the sea pie. Ar lafar yn y Gogledd, H. E. FORREST: *FNW* 334.

pi[3]**, *pi**[4]**,** gw. **piau: pieufod.**

pia, gw. **pi**[2].

piaffod, piaffom, gw. **piau: pieufod.**

piana[1,2]**,** gw. **piano**[1]**, pioni.**

piano[1] [bnth. S. *piano*] *eg.b.* ll. *-au*, *-s.* Offeryn cerdd llawfwrdd a genir drwy bwyso nodau sy'n peri i forthwylion daro'r tannau, perdoneg: *piano*, *pianoforte.*

1841.

Amr.: **piana**[1]. **1851.** Ar lafar yn sir Benf., *GDD* 223, ac yn nwyrain Morg. gynt (ll. *pianaz*).

piano[2]**,** gw. **pioni.**

piant, gw. **piau: pieufod.**

pianydd [cfdds. o'r S. *pian*(*ist*) + *-ydd*[3]] *eg.* (b. *-es*) ll. *-ion.* Un sy'n canu'r piano, perdonegydd: *pianist.*

1864.

pianyddol [*pianydd* + *-ol*] *a.* Yn perthyn i'r piano neu i ganu'r piano, addas i'r piano: *pertaining to the piano*, *pianistic.*

20g.

piar, gw. **pir**[1].

piastr, piaster [bnth. S. *piastre*] *eg.* ll. *piastrau.* Darn o arian bath ac uned ariannol mewn sawl gwlad yn y Dwyrain Canol a gogledd Affrica: *piastre.*

1858.

piau: pieufod [**pi*[4] (ff. draws ar *pwy*, cf. H. Wydd. *ci*, *ce*, Llad. *cuius* < *quoius*) + rhai o ff. y f. *wyf*: *bod*; amr. ar *yw*[1] yw ail elf. y ff. *piau* < Cym. C. *pieu* < H. Gym. **piou* (cf. H. Gym. *piouboi*), cf. *asau*, *trothau*, amr. ar *aswy*, *trothwy*; cf. Crn. C. *pew*, Llyd. C. *bi*(*a*)*ou*; cymerwyd *pieu-* (a *piei-* drwy ddadf. *u* o flaen sain wefusol) fel bôn pellach i ychwanegu ff. y f. *wyf*: *bod* ato] *ymad. bfl.* a *ba.*

1. Eiddo pwy yw (ydynt)(?), un (rhai) pwy yw (ydynt)(?), i bwy y mae (maent) (yn perthyn)(?), pwy yw perchennog(?): *whose* (. . .) *is* (*are*)(?), *who owns*(?).

(*a*) (mewn cwestiwn uniongyrchol: *in a direct question*).

13g. *C* 64. 4, *Piev* y bet y dan y brin; *et passim. Dchr.* **14**g. *H* 112b. 34, *Pieu* yr arueu aruot heb gilyaw (Llywarch Llaety). **14**g. *WM* 39. 29–30, *Pieu* yniuer yllongeu hynn. *id.* 473. 7–8, *Pieu* y deueit a getwy di neu *pieu* y gaer. *c.* **1400** (*SG*) *HMSS* i. 222, *Piwyt* gwr di heb y gwalchmei. **15**g. *GHC* 20, *Piau* rhagorau pob rhyw gariad? *id.* 27, *Piau* anrhydedd heddiw, / Pwy y sydd weilch Powys wiw? **15**g. *GGl*[2] 95, Pwy sydd hael? *Piau* swydd hwn? **15–16**g. *GIF* 23, *Piau*'r gwŷr? Pwy â'r gware? / *Piau*'r wlad ymhob rhyw le? *id.* 74, *Piau*'r dysg? Pwy ar d'osgedd? **15–16**g. *TA* 163, *Piau* rhent Ruffudd ap Rhys? / Hywel piau 'nhâl Powys. *id.* 241, *Piau*'r cwbl oll, parc o blant, / Pell yr impia llew rhampant. **1707** *AB* 238b, *pieu*? whose? **1753** *TR*, piau . . . *Piau* is also used interrogatively for Pwy biau, or whose?

(*b*) (mewn cwestiwn anuniongyrchol: *in an indirect question*).

13g. *Cy* xvii. 135, yny wyper *pieiffo* y wlat. **13**g. *BD* 140, mynych gyuragheu a uu y rygthunt heb vybot *pieiffei* y uudugolyaeth. **14**g. *WM* 41. 16–17, gouyn awnaeth *pioed* ymeirch. *id.* 394. 30–3, gouyn itaw ae ef gyntaf *bieiuu* y llys yd oed yndi. . . . mi bieuu y dinas ar castell. *id.* 433. 16–18, a dywedy di y mi *pieu* y dyffryn tec hwnn. *c.* **1400** *YSG* i. 11, hi a ovynnawd idaw *pioed* mab. *c.* **1400** (*SG*) *HMSS* i. 314, Paredur aovynnawd *pioedynt* gwyr wy. Ac wynteu a dywedassant mae gwyr oedynt y arglwyd y corsyd.

2. Y mae (y maent) yn perthyn neu'n eiddo iddo, a fedd, sydd â'r hawl (i), sydd â'r pŵer (i), sydd â'r ddyletswydd (i): *whose is* (*are*), *to whom belongs*, *who owns*, *who has the right* (*to*), *who has the power* (*to*), *who has the duty* (*to*).

(*a*) (mewn cym. pth. dib.: *in a dependent rel. clause*).

9g. (*Juv*) *B* vi. 206, rit ercis d[i]raut inadaut presen / *piouboi* int groisauc / inungueid guoled trintaut. **13**g. *LlI* 99, moch a ay e'r nep *byeuuydynt.* **13**g. *C* 103. 16–104. 1, Goduryw agly[u]aw. ar claur vagv glyv. gloev madauc. *byeiwu.* **14**g. *Cy* xvii. 134, [g]wyd lwdwn . . . ae lad. y kwn kyntaf ae kynhelyws *bieiuyd. id.* 143, [c]eissaw or neb *bieiffo* y da rann or elw. **14**g. *YBH* 51a, anuon yn anrec yr vnbennes *bioed* y dreff. **14**g. *WM* 103. 13–15, Dywedaf hagen uot yn perigyl dyuot yr unben *bieu* y llys adref. *id.* 168. 20–1, Sef oed hwnnw. y gwr *bieoed* y llys. *c.* **1400** *RM* 196, llyma y marchawc *bieuoed* y pebyll yn dyuot. **16**g. *Pen* 76, 12, myn y gwr *pie* (*GDG*[3] 360, a fedd) heddiw. **1567** *TN* 207b, Ual hynn y bydd ir Iuddaeon . . . rwymo y gwr *biae* yr gwregis hwn. **1620** 1 *Br* iii. 26, yna y dywedodd y wraig *bioedd* y mab byw (**1588** *ib.* yr hon yr oedd ei mab yn fyw) wrth y brenin . . . rhoddwch iddi hi y bachgen byw. **1632** J. DAVIES: *LlR* 227, [y] Cariad sy ganddynt tu ac at Dduw, yr hwn *biau* 'r gorchymmynion. **1778** J. HUGHES: *BB* 255, Mae 'n tryssor fel trêth, i'r awdwr di feth, / 'R hwn *pia* pob peth.

(*b*) (mewn prif gymal: *in a main clause*).

12–13g. *GLlLl* 216, Hyd yt el y doryf ar dyno—a brynn / Ut breinhyawc *bieiuo. id.* 264, Reuet teyrnet ti *bieu*—y dreis / Ar drawsualch gyfrieu. **13**g. *LlI* 24, guedy gureyccaho enteu e wreyc *byeuuedant* [dillad]. **13**g. *D Col* 20–1, E pysgaut maru en y weylgy, y brennyn *byeuynt* oll. *c.* **1300** *H* 13a. 17–18, unmab maredut a thri meib gruffut *bieu* but beirt weini (Gwalchmai). *id.* 22a. 23–4, llywelyn terwyn toryf agkyngein. *bieu*r gwyr ae goreu bacheu bychein (Einion ap Gwgon). *id.* 70b. 18–21, Gwae ui gletyf . . . meuryc beuyr *bieuoetud* (Cynddelw). **14**g. *WML* 85, Perchennawc yr yscrybyl *bieu* talu yllwdyn alather. **14**g. *BY* 22, Ac wynt *bieuvv* dinessyd yr effeiryeit. **1346** *LlA* 105, ef *bieiuyd* deu le hyt dydbrawt. **14**g. *WM* 117. 1–2, Efrawc iarll *bioed* iarllaeth yn ygogled. *c.* **1400** (*SG*) *HMSS* i. 324, y goreu yno *bieivydei* dial y gwr. *id.* 426, nyt oed deu di yr un onadunt [marchogion]. namyn duw *bioedynt*. *c.* **1401** *AL* ii. 366, diffeith y brenhin yw teruynu kymydeu . . . ba bennaetheu bynnac *bieiffont*. *id.* 368, amrysson am dir kyfrwng amryfaelyon arglwydiaetheu . . . na brenhin ehunan *bieiffynt* nac arglwydi ereill. **15g.** *LGC* 291, Davydd *bieuvydd* y bêl. **15–16g.** *TA* 139, Teiriaith oedd y gyfraith gynt, / Ti *bióedd* ateb iddynt; / Trwsio dadl trawsedd ydoedd, / Tawed bawb, tydi *bióedd*. **1551** W. SALESBURY: *KLl* lxxxb, nyd mi *pie* roddi hynny. **1567** *TN* 338b, Myfi *pieu* dialedd. **1588** *Diar* viii. 14, Mi *pie* cyngor . . . mi *pie* nerth. **1620** *Job* xxii. 8, y gwr cadarn, efe *bioedd* y ddaiar. **1632** *D*, piau . . . Mi *biau*, meum est. Ti *biau*, tuum est. **1632** J. DAVIES: *LlR* 287, adrodd . . . mai 'r hwn a orchfyga yn vnig *pieu* cael y nef. **1688** *TJ*, piau . . . mi *biau*: 'tis mine. Ti *biau*: 'tis thine. **1706** *Nat Con* 9, [y] Gweinidog . . . *bia* i roddi ei Farn ar hynny. *a.* **1791** W. WILLIAMS: *GP* 824, Ti *bia* d'rysu fy ngelynion, / Ti *bia*'r enw, ti *bia*'r dydd. **1803** *P*, piau, v.n. . . . mi *biau* un; one is mine; ti *biau* y llall, thou dost own the other. Cf. R. JONES: *DA* 162, [c]yfansoddi ychydig benillion a hymnau . . . i edrych a oedd yr Arglwydd wedi cynnysgaeddu neb o honynt â dawn prydyddiaeth . . . ac yn ol i bawb o honynt ddarllen eu gwaith, dywedodd Mr. Harris: 'Williams *piau* y canu.' Ar lafar yn gyff., e.e. 'Y fi *pia* (*bia*) fo' 'it is mine', *WVBD* 427; 'Yfory *bia* ddweud'.

(*c*) (enghrau. wedi eu rhagflaenu yn uniongyrchol gan y rh. *pwy* (*bynnag*): *exx. immediately preceded by the pron. 'pwy* (*bynnag*)').

13g. *LlDW* 63. 8–9, Puy bynnac *byeyfo* tyr y glan traeth ew byeuyt kywlet ar tyr or traeth. **14g.** *GIG* 85, Pedwarlliw? Pedair iarlleth / Sy dau. Pwy *piau* pob peth? *c.* **1400** *YCM*[2] 9, A'r trydyd dyd yd aeth Aigolant y goelaw yn ysgyualawch, pwy *bieiffei* y uudugolyeth y dyd hwnnw. *c.* **1400** (*SG*) *HMSS* i. 202, Pwy *bieu* hitheu heb y gwalchmei. Y marchawc urdawl eil goreu or holl vyt bieu. *id.* 360, Pwy *bioed* y wlat honno heb yr arthur. Arglwyd heb ynteu arthur bioed y vrenhinyaeth. *c.* **1401** *AL* ii. 116, yawn yw yr arglwyd peri amouyn pwy *bieiffo* yn tri chyoed; ac ony wybydir pwy *bieiffont* yn hynny o yspeit, ryd vyd yr brenhin y defnydyaw o hynny allan. *Diw.* **15g.** *Pen* 67, 88, heb ofyn pwy *bieivv* / ni wddont twy i bwy i bv (Hywel Dafi). **1551** W. SALESBURY: *KLl* xxxixa, na ohanwn yhi dim, eithyr bwriwn am denei pwy *bieufydd* (**1588** *Io* xix. 24, pwy a'i caiff hi). **1588** *Ruth* ii. 5, pwy *pieu* 'r llangces hon? **1588** 2 *Esd* ix. 13, ymofyn pa fodd y cedwir y cyfiawn a phwy *bie* 'r byd. **1703** E. WYNNE: *BC* 57, pwy, ebr fi *pioedd* y carpieu yna? **1756** G. OWEN: *L* 174, Pwy *piau* bob Commons ym Môn? **1803** *P*, piau, v.n. . . . Pwy *biau* hwn? who owns this? Ar lafar yn gyff., e.e. 'Pwy *pia* hwn?' 'whose is this?', ''Wyddwn i ddim pwy *bia* 'nhraed i' 'I did not know who my feet belonged to (i.e. because I was so tired)', *WVBD* 427.

(*d*) (enghrau. ar ôl y rh. pth. a^1, y^3, ac o bosibl y rh. pth. traws y^2: *exx. following the rel. pron.* 'a^1', 'y^3', *and possibly the oblique rel. pron.* 'y^2').

Dchr. **15g.** *IGE*[2] 161, Pwy a *bioedd* (oedd addef) / Y glod o'i dafod ond ef (Llywelyn ab y Moel)? **15g.** *GDLl* 31, A'r llew aur o'r gorllewin / A *biau* dir mab y dyn. **15g.** *Pen* 109, 50, mae r mab a *biaur* aberth. / mewn i waew yn rwymo nerth (Lewys Glyn Cothi). **16g.** *Llst* 6, 153, yr arddwyr *ybiayr* yrddas. *Diw.* **16g.** *LBS* iv. 408, Ar gwyr y *bioedd* y meirch. **1588** *Act* xxi. 11, y gŵr yr hwn a *biau* y gwregys hwn. **1595** H. LEWYS: *PA* [247], Pa Ior glwys y *piau* 'r glod? **1688** S. HUGHES: *TSP* 234, eiddo pwy yw'r Mynyddoedd hyfryd hyn? a phwy a *biau*'r Defaid sy'n pori arnynt? **1703** E. WYNNE: *BC* 46, dyma Bapist oedd yn tybio mai 'r Pâp a *pioedd* yr Eglwys Gatholig. *id.* 141, Myfi a *pieu* rhwystro'i ddyn ystyried a chonsidro'i stât. **1740** T. EVANS: *DPO* 28, myfi a'r Brutaniaid a *biau* ynys Brydain. **1756** G. OWEN: *L* 174, fi y *piau*'r Tŷ, a'r Gerddi, ac oll sy'n perthyn iddo.

(*e*) (enghrau. wedi eu rhagflaenu gan un o ff. 3 prs. un. y f. *wyf*: *bod*: *exx. preceded by a 3rd prs. sing. form of the vb. 'wyf: bod'*).

17–18g. *Llst* 133, 122a, Pa wr y sydd *piau*'r Sain / Pwy'n pyr odwalch pen Prydain. **1716** *Llsgr R. Morris* 27, fo fu farw yn yr un flwyddyn / y gwr ar wraig oedd *pia* yr living. **1754** G. OWEN: *L* 91, pa'r un o honynt oedd *piau* Breuddwyd Gronw? **1778** J. HUGHES: *BB* 29, Efe oedd *pia* 'r tir a'r tai. Ar lafar yn gyff., e.e. 'Pwy fydd *pia* nhw?', 'Y nhw fydd *pia* nhw', 'Pwy odd *pia* fo?', *WVBD* 427; 'Y fi sy *pia* (*bia*) fe'.

3. (*a*) Meddu, bod yn berchen ar: *to possess, own, be the owner of.*

c. **1400** *YCM*[2] 21, ti *biy* wynt. *c.* **1400** *B* xiv. 189, Pwy bynnac a bieiffo meddawt, ny *phieu* ehun. **1567** *TN* 149b, y gwas-cyfloc a'r hwn nyd yw bugail, ac ny *phiae*'r [:–nyd eiddo'r] deveit. *id.* 231a, a's oes neb eb Ysprvt Christ ganto, nyd yw hwnw yn yddo ef [:–ny *phieivydd* ef hwnw]. **1764** DEWI NANTBRÂN: *CB* 72, hwy *biant* teyrnas y nefoedd. Ar lafar yn Arfon clywir y ff. *pia*(*f*), *piat*, *pia*, *pian*, *piach*, *pian*'; e.e. ''*Phian* ni mo fory, na *phian*?' 'to-morrow is not ours, is it?', *WVBD* 427.

(*b*) (enghrau. a'r meddianedig yn rhagflaenu'n uniongyrchol: *exx. immediately preceded by the thing possessed*).

14g. *BT* (*RB*) 86, castell . . . A hwnnw *bioed* jarll a elwit Henri Bemwnt. *id.* 88, yr hwnn *bieu* y brenhin. **16g.** *GGH* 250, Daear Siôn a'i dir a'i sêl, / Hynny *piau* Ann Powel. Ar lafar mewn br. megis 'Hwn *bia* fi'.

(*c*) (enghrau. ar ôl y rh. pth. a^1, y^3: *exx. following the rel. pron.* 'a^1', 'y^3').

14g. *GDG*[3] 371, Duw Tad, Tydi a'i *piau*, / Dod fwyllwr yn y tŵr tau. *c.* **1400** *YCM*[2] 64, ni a'e *pieifydwn*. *c.* **1400** *RB* ii. 297, reit yw ywch gadw castell kaer vyrdin yr hwn *abie* y brenhin (*BT* (*RB*) 88, yr hwnn bieu y brenhin). *c.* **1400** *B* xiv. 189, Pwy bynnac a *bieiffo* meddawt, nyt dyn yw. **15g.** *GDLl* 131, Capten, arglwydd eurben oedd / Powys, y gŵr a'i *pioedd*. *Diw.* **15g.** *Pen* 67, 94, chwi biev ngherdd val merddin / a minev r gynnav ar gwin / Y byd oll ath *biev* di / chwithev dyrrav a derri (Hywel Dafi). **16g.** *NBSA* 116, Na march pert, Risiart, a roesoch—aur Ffrainc, / Na da byw ifa[i]nc ond a *bieufoch*. **1567** *TN* 218a, Angel Dew yr hwn am *piae*. *id.* 391a, y cascly hwynt y ryfel y dydd mawr hwnw y *bie* [:– yddo] Dyw (**1588** *Dat* xvi. 14, y dŷdd mawr hwnnw y Duw) holl alluawc. **1703** E. WYNNE: *BC* 10, Y Castell frŷ yn yr awyr, ebr ef, a *pieu* Belial. **18–19g.** *Iolo MSS* 85, y Gwledydd a *bieuffai* ef. **1803** *P*, piau, v.n. . . . Ti ai *piau*, thou dost own it.

(*d*) (enghrau. eithriadol: *anomalous exx.*).

18g. E. T. RHYS: *DA* 178, Gwyr mawrion o bwer dy *biau* (Ioan Siencyn). Ar lafar clywir br. megis 'Y fi fydd 'i *phia* hi'. Cf. D. OWEN: *RL* 400, ni y Cymry oedd ei *phiau*.

(*e*) (enghrau. berfenwol: *vn. exx.*).

16–17g. *HG* 41, yn *piaffod* mor athir. **1718** M. WILLIAMS: *P* 12, Hynafiaid y Cymry oedd yn *pïeufod* y Ddinas hon.

(*f*) (enghrau. geir.: *dict. exx.*).

Dchr. **17g.** *J* 10, 127b, *piau*, to owe [*sic*]. **1632** *D*, *piau*, & *Biau*, est verbum possidendi anomalum. **1753** *TR*, *piau*, and *Biau* . . . to possess or be owner of a thing. **1803** *P*, *piau*, v.n. to own, to be the owner of, to possess. *id.* d.g. *piaw*, *pieuvod*.

Amr.: **pi**[3] (?3 prs. un. pres. dib.). Ar lafar yn Arfon, 'Diawl a'm *pi*', *WVBD* 427. **piaffod** [ffrwyth cymryd y ff. *pia* fel bôn] (be.). **16–17g.** *HG* 41. **piaffom** [cf. *piaffod*, *pieffi*, &c.] (prs. 1 ll. pres. dib.). **1606** E. JAMES: *Hom* iii. 157, er mwyn gallu o honom fod yn fodlon i'r hyn sydd eiddom ni [:– *abiaffom*]. **piant**, gw. *pii*. **pieddai** [?< **piefai* (cf. *pieffi*), ac -*f*- ac -*dd*- yn ymgyfnewid] (3 prs. un. amhff. myn.). *Dchr.* **17g.** *LlCy* v. 36, *piedde*. **pieffi**, **pieffant** [ffrwyth cymryd *pieff*- fel bôn ac ychwanegu trf. bfl.] (2 brs. un. a 3 prs. ll. pres. myn.) **1567** *TN* 41b, wel'dyma iti, y sydd yn daudi [:– a *bieffy*] (**1588** *Math* xxv. 25, yr eiddot dy hun). *id.* 358b, Yn harglwydd ni ae grist ef y *pieffant* (**1588** *Dat* xi. 15, piau) tyrnasoedd y bud [*sic*] hwn. **pieiffynt** [ffrwyth cymryd *pieiff*- fel bôn ac ychwanegu trf. bfl.] (3 prs. ll. ?amhff. dib.). *c.* **1401** *AL* ii. 368, amrysson am dir kyfrwng amryfaelyon arglwydiaetheu . . . na brenhin ehunan *bieiffynt* nac arglwydi ereill. **pieuad** [*pieu*+ -*ad*[3] (At.)] (3 prs. amhff. myn.). *c.* **1400** *R* 1045. 11, *pieuat*. **pieufodd** [*piau*+-*odd*[1] ag -*f*- ymwthiol] (3 prs. un. grff. myn.). **1859. piewedd, piewoedd** [?cf. *deuwedd*, *deuoedd*, ond dichon fod *w* yn cynrychioli -*u*- neu -(*u*)*f*- yn rhai o'r enghrau. isod] (3 prs. un. amhff. myn.). **14g.** *LlB* 41, *biewed*. **14g.** *WM* 121. 13, *biewoed* (*RM* 196, bieuoed). *id.* 178. 4, *biowed* [*sic*]. *id.* 250. 35, *biewed* (*RM* 183 bioed). **piewynt** [cf. *piewedd*, *piewoedd*] (3 prs. ll. pres. myn.). **14g.** *WM* 83. 14–15, Pwy *biewynt* wy. **15g.** *AL* ii. 52, Pyscavt marv y weilgi, y brenhin *biewynt* (**13g.** *D Col* 21, byeuynt) oll. **pii, piant,** &c. [**pi*[4]+trf. bfl.] (2 brs. un. a 3 prs. ll. pres. myn.). *c.* **1400** *YCM*[2] 21, ti *biy* wynt. **1764** DEWI NANTBRÂN: *CB* 72, *biant*. Gw. hefyd adran 3. (*b*). **piodd** [cf. *pii*, &c.; dichon mai gwanychiad o *pioedd* yw *piodd* yn rhai o'r enghrau. isod] (3 prs. un. ?grff.) **1681** S. HUGHES: *AC* 34. *c.* **1730** *Taith C* 27. **19g.** OWAIN LLEYN: *Gw* 79.

Cfn.: **piau hi:** *is the* (*best*) *thing* (*to do*), *it pays to, one should; stands out, is successful, is the winner, has won the day.* **1913.** Ar lafar mewn ymad. megis 'Taw *pia hi*', *WVBD* 427; 'Pwyll *pia hi*', 'Rhedeg *pia hi*', 'Rhyfel oedd *pia hi* y pryd hynny', 'Y fi fydd 'i *phia hi*'.

pib [?bnth. Llad. llafar **pīpa*, ac o bosibl hefyd S. *pipe*; cf. Gwydd. C. *píb* 'chwisl' ?a H. Grn. *pib* [*sic*], gl. *musa*] *eb.* (bach. b. -*an*, g. -*yn*) ll. -*au*, (prin) -*oedd*.

1. Offeryn cerdd chwyth ar ffurf tiwb, e.e. chwisl, ffliwt, pibell debyg mewn organ, (yn y ll.) bacbibau: *musical wind instrument, e.g. whistle, flute, organ-pipe,* (*pl.*) *bagpipes.*

13g. *LlDW* 128. 10, pop penkert or aestenho argluyd penke[r]dyaed ydau e brenyn byeu keysyau ofer ydau nyd amken atelyn yhun acrud yarall a*pybeu* yr tredyt. **1346** *LlA* 70, Gwaranndaw keinadaeth velys . . . Athelynev. . . . A*ffibeu*. A cherdev ereill. **14g.** *GIG* 76, *Pibau*, dawns, a gawn pob dydd. *c.* **1400** *YCM*[2] 93, digrifwch nyt gwaeth yr ymgyhwrd hwnn no cherd gyson ar ganyadaeth, nev delyn, neu *bibeu*. **15g.** *LGC* 125, Pob crwth a thelyn . . . / . . . / *Pibau* ac organ seinian' i Sion. **1567** *TN* 17a, Canasam chwibanoc [:– *bib*] ywch'. **16–17g.** *B* v. 30, colli ei rodd ai delyn, nev i grwth, nev ei *bib* ai dabwr, nev ei ermygion eraill yn phorphet i arglwydd y tir. *Dchr.* **17g.** *J* 10, 128a, *Pibau*, baggepipes. **1632** *D*, *pib* . . . tibia. **1716–18** *Llsgr R. Morris* 13, Pwy ganodd gynta yr organ ffraeth pwu or blaen a wnaeth i *phiba*. *c.* **1762–79** W. WILLIAMS: *P* 66, fe fyddai yn canu *pib* a'r Bobl fyddau [*sic*] yn ei addoli ef. **18–19g.** *Llr* C 63, 128, *Pib* chwythgod, a genir a bysedd ar dyllau 'r chwŷth, ac weithiau a megin am hynny gelwir ei chanu yn gerdd megin . . . *Pib* dafawd a genir a chwyth gwefus a chwistrell ddellt neu asgellan gŵydd. **1803** *P*, *pîb*, s. f. pl. t. *au* . . . a musical pipe; a flute. Ar lafar yn Arfon am 'chwisl', *WVBD* 427.

2. (*a*) Pibell at amrywiol ddibenion megis cludo dŵr, nwy, &c., peipen, tiwb; simnai, ffliw: (*gas-, water-, &c.*) *pipe, tube; chimney, flue.*

c. **1400** *Études* vii. 272, dot beth ar wyneb y crochan, nyt amgen clawr a thwll yn y genawl, a gwna *bib* a dot y neill benn y'r *bib* ar dwll y clawr a'r llall yn y clust, val y del y mwc ar hyt y *bib* yn y glust. **16g.** *GGH* 169, A heirddion gyrn i'w harddu / Yn *bibau* tân o bob tu [am dŵr Bodidris]. *id.* 304, Porth i'r dŵr parth â'r dwyrain, / *Pib*, a lle i fynd pibell fain [am felin]. **1632** *D*, *pib* . . . canalis, tubus. **1752** *EGG*, hysbyseb o flaen y dd.d., Y mae ar werth . . . Puntrau neu Pencils, *Pibau* Tunn i redeg llinellau hyd Femrwn. **1753** *TR*, *pib* . . . a pipe to carry water. **1771** *PDPh* 71, mynnwch *Bib* o ŵyth i ddeng modfedd o hyd. **1780** *W*, *pîb* d.g. *pipe* [*any tube or tubular body*]. *id.* *pîb* (pibell) arlloes, *pîb* ddysbyddu d.g. *siphon*. **1803** *P*, *pîb*, s. f. pl. t. *au*, a pibe [*sic*], a tube.

(*b*) (fel arfer yn y ll.) Pibell, dwythell, neu organ bibellog mewn anifail neu blanhigyn, yn enw. un o'r rhai resbiradol mewn dyn megis y bronci a'r bibell wynt: *vessel, duct, or tubular organ in animal or plant, esp. one of the human respiratory passages.*

Diw. **16g.** *WLB* 11, Kymer wederffoy, ar rosmari, a gwraidd ffynigl, a thynn ymaith y *pibe* or gwraidd. *id.* 12, ef a fydd iach or dwyfron ar *pibe* ar ysgyfaint ac ef a gaiff ei anadl yn rhydd. *id.* 44, Peth da ir ddwyfron ac ar *pibeu*. *id.* 57, hwnw a bair i dyn fwrw llawer a glanhau yr ysgyfaint ar *pibe*. **1760** *ML* ii. 244, Da oedd cael gwynt mewn garret neu rywle pan fau'r *pibau* yn gaethion. **1776** *W*, *pibau* y dyfr-lynn d.g. *lymphatics* [*the vessels that convey the lymph to the blood* . . .]. Gw. hefyd y cfn. *pib wynt*.

(*c*) Pibonwy: *icicle.*

Ar lafar ym Morg., e.e. 'rhewi'n *bipa*'. Gw. hefyd y cfn. *pib iâ*.

3. Pibell ysmygu, cetyn; pibell a'i chynnwys: (*smoker's*) *pipe; pipe and contents.*

16–17g. T. PRYS: *Bardd* 79, edn bychan drvan ar dro / bikir fal *pib* tobako. [**1754**] *Gron* 43, a chippio *pib* a chwppan / Yw'n cerdd a'n cân. **1763** *DT* 175, Fe gâr ei *Bib*, a'i Gwppan, / Ac yfed wrtho 'i hunan. **1770** *TG* ii. 6, ei fygu [baco] mewn *pib*. Ar lafar yng Nghered. a'r De, gw. *LGW* 207.

4. (fel arfer gyda'r fannod) Dolur rhydd; afiechyd tebyg mewn da byw, sgwrfa; llif cyson: *diarrhoea; scouring* (*disease of livestock*)*; regular flow.*

16–17g. *RAGR* 269, Y kolig drwy gynwr / ar *bib* ar i lowdwr. **1604–7** *TW* (*Pen* 228), dyn a darymret arno, ar *bib* d.g. *foriolus*. **1632** *D*, *pib*, fluor ventris. **1672** R. PRICHARD: *Gw* 30, Ac a'i gwiscent ar arleisie / Christ, nes rhedei waed yn *bibe*. **17–18g.** IACO AB DEWI: *Gw* 286, Y folwynt îs Awyr a r Gwaywyr au Gwib / Y troddiad peryglus yn boenus neu'r *Bib*. **1725** *SR* d.g. *the Lask*. **1747** *ML* i. 122, Ow ai nid oes yna neb yn physygwr a feidr iachau'r *Bib*, ah? [**1753**] *id.* 232, Dymma'r *bîb* (nid er amharch arnoch) agos a dwyn hoedl y bersonyn yma. **1770** *W* d.g. *diarrhæa*. **1771** *PDPh* 7, Rhag y *Bib*. Corph rhy rydd. *id.* 89, [y] *Bib* neu 'r Traddu ar Ddefaid. **1803** *P*. Ar lafar yn Arfon yn yr ystyr 'dolur rhydd', 'Mae y *bib* arno fo', *WVBD* 427; hefyd yn sir Benf. yn y ff. *pibyn* am glefyd ar anifeiliaid, *GDD* 223.

5. Casgen fawr, baril; mesur gwlyb (o win, &c.), sef tua 126 o alwyni gwin, 105 o alwyni ymerodrol, neu 477 litr, hanner

tunnell; llond pib, casgennaid: *barrel, cask, butt, pipe; pipe (measure of wine, &c.); caskful.*
15g. *DN* 14, O bibav Rrys i bob rrai / Y kaem win a'n kymvnai. **15g.** *LGC* 223, A heb naw *pib* o win pêr. **15g.** *LGCD* 48, Ni bydd wrth roi gwin o *bib* / Yr un ffael ar ran Phylib. **15g.** *GGl*[2] 287, Cawn freugwrw o'r *pibau*. **15g.** *DE* 88, llanw pawb yw llyn oi *pibau*. *Diw.* **15g.** *Pen* 67, 26, Pob gwirod yn rrod yno i rredan / *pibav* o hafoc pawb ai hyfan (Hywel Dafi). **15–16g.** *TA* 28, Aml yw *pibau* mêl pybyr, / Amlach gwin amliw i'ch gwŷr. *id.* 404, Pob un fal *pib* o win fydd [am gesig]. **16–17g.** Edward Urien, &c.: *Gw* 55, Bir [a] gwinoedd, *piboedd* pêr, / Bid draw sail bwtri, seler. **1604–7** *TW* (*Pen* 228), *pip* d.g. *dolium*. **1615** R. Smyth: *GB* 267, ef ai roddwyd yn noethlymyn mewn *pib* a oedd yn llawn o surphod [*sic*], nadroedd gwiberod a phryfed gwenwynig eraill. **1632** *D* d.g. *cupa*. **1780** *W*, *Pib* (hanner tunnell) o wîn, sef yw hynny, cant a chwech ar hugain o alŵyni d.g. *a pipe of wine* [*a butt or half a tun*].
Cfn.: **pib faco**, gw. *p. dybaco*. **p. fwyd:** *oesophagus*. Ar lafar ym Morg. **p. glai:** *clay pipe*. Ar lafar ym Morg. **p. god**, gw. *pipgod*. **p. gorn**, gw. *pipgorn*. **p. ddŵr:** *water-pipe, conduit*. Ar lafar ym Morg. **p. (y b.) waed:** *dysentery, the bloody flux*. **1632** *D*, *y bib waed* d.g. *lienteria*. **1773** *W*, *y bîb waed* d.g. *flux, Bloody flux*. **1803** *P*, pîb . . . *Pîb waed*, the bloody flux. **p. (g)win:** *wine-butt or -pipe*. **15g.** *GO* 191, Aur Ffylib ar y *bib win* / A dawdd syched prydyddion. **15g.** Bedo Aerddrem, &c.: *Gw* 391, Cist a brynnodd cost brenin / Conwy pob gwyl can *pib gwin*. **15g.** *ID* 46, pybay gyrn ar *bibay gwin*. **1632** *D*, *pib win* d.g. *cadus, orca*. **1722** *Llst* 189 d.g. *a butt* (*wine vessel*). **y b. wyllt:** *diarrhoea, ?dysentery*. **16g.** (*LlEG*) *Mos* 158, 493a, i bu well I gantho Ef varw or *biib wyll* ar y ffordd no dyuod I lundain. **1725** *SR* d.g. *the Squirt*. *c.* **1740** *LlM* 32. **p. wynt:** *trachea, windpipe*. Ar lafar ym Morg. **p. iâ:** *icicle*. **1774** *W*, *pib-ia* . . . *pibau* (clŷch, clychau) *iâ* d.g. *icicle*. Ar lafar ym Morg. yn y ff. *pipa iâ*. Cf. adran 2 (*c*) uchod. **p. mate:** *tube through which maté is drunk*. Ar lafar yn y Wladfa. **pibau'r medelwr:** *pan-pipes*. **18–19g.** *Llr* C 2, 367, *pibau'r medelwr*, Pan's reeds. *Diw.* **19g.** *SE MS* 375a. **p. medd:** *mead butts*. **15g.** *GDID* 87. **16g.** Huw Arwystl: *Gw* 454, mae bob mis ym *bibay medd*. **p. Morfudd:** *name of piece of music*; (*according to Iolo Morganwg*) *8-pipe musical instrument*. **16g.** *SChC* 620, kanniad *pibav morfudd*. **16–17g.** *B* i. 144, Beth ydyw y mesur, ai ar ddau, ai ar dri y cytgenir. O ddau, o vn, y maer Caniad a elwir *Pibae Morvydd*. *id.* 149, Llyma gyweirieû cerdd dant a hyn y sydd ar y bragod gyweir. . . . Caniad *pibeû morvydd*. **18–19g.** *Llr* C 63, 128, *Pibau Morfydd* nid amgen nag wyth pib a'r rhai hynny o fyrraf i hwyaf eu hedring yn wyth pib yn gyfres. fal au gweler fyth gan wyr Blaenau Gwent ag Euas a Glyn bwch. **pib organ:** *organ-pipe*. **15g.** *LGC* 405, *Pibau organ* a ganant / Yn gytun val y gwna tant. **15g.** *GGl*[2] 72, *Pibau organ* pob eurgerdd. **1545** *CM* 1, 114, Megis I deimlo tanne *pibe organne*. *c.* **1753** *Gron* 80, *pib organ*. **p. bren,** gw. *pipren*[1]. **p. rew:** *icicle*. Ar lafar ym Morg. **p. dybaco (tybaco, ddybaco):** *tobacco-pipe*. **16–17g.** T. Prys: *Bardd* 79, *pib tobako*. **1771** *PDPh* 61, Mae rhai meirch-feddygon yn torri twll trwy 'r croen ynghanol yr ysgwydd ac â choes *pib Dobacco* yn chwythu fel cigydd mewn ysgwyddog o gig llo. Ar lafar ym Morg. yn y ff. *pib faco*.
Gw. hefyd **piben, pibion.**

pibaf: pibo [bf. o'r e. bl.] *bg.a.* Ysgarthu pibion neu ysgarthion tenau (dros), dioddef gan ddolur rhydd, ysgothi, traddu; pasio dŵr, piso: *to have diarrhoea (over), pass as diarrhoea, scour (of animals); urinate, piss.*
15g. *Rhyddiaith Gymraeg* i. 9, gwnevthvr potes o'i kic [moch] ac yn i yved a'i *bibo* am benn bwrdd y brenin. **1547** *WS*, *pibo* ystlomi, squyrte. **1604–7** *TW* (*Pen* 228) d.g. *conforio*. **1632** *D*, *pibo*, fluxu ventris laborare. **17g.** *RWM* i. 195, ny wydir bybir fo *bibodd* y gwely. **1688** *TJ*, *pibo*: to purge, have thin Stools. **1722** *Llst* 189, *pibo*, to squirt, squitter, scour. *c.* **1756** *Bangor* 1007, 26, wytti etto byth tan gysgod gwal y bwbach yn dal i *bibo*. **1761** *ML* ii. 334, Didrefn o'r chwydu a *phibo* y bydd pobl y dyffryn yma ar ol y jalap. [**1762**] E. Powell: *HEI* 69, Yr un Powdwr ac a enwais uchod . . . a jacha Lô Sugno, os bydd ef yn *Pibo*. **1771** *PDPh* 87, At Lo-sugno a fyddo yn *pibo* neu ysgothi. **1776** *W* d.g. *to squirt*. **1800** W. Owen[-Pughe]: *CP* 109, fo bera y llo i ysgothi neu *bibo*. **1803** *P* d.g. *pibaw*. Ar lafar, e.e. '*pibo* sbarblis', *WVBD* 428; weithiau'n gyfyngedig i anifeiliaid yn unig, gw. *GDD* 223; clywir '*pibo* dŵr' yng ngogledd Cered. yn yr ystyr 'piso'.

pibaid [*pib*+-*aid*[1]] *eb.* Pibellaid (yn enw. o faco), catiaid: *pipeful (esp. of tobacco).*
17g. *LlGC* 719, 4b, moes *bibaid* fenaid o fwg. *c.* **1730** *Thos. Lloyd D* (LlGC) 194a, *pibaid*, a Pipefull. *c.* **1762–79** W. Williams: *P* 129, Maent yn cymmeryd cymmaint a dau gloppa pinn [o opiwm] mewn *pibaid* o Ddobacco cyn mynd i frwydr. Ar lafar.

piban, gw. **pib.**

pibast [*pib*+elf. anh. (?*wast*[1])] *e?g.* Pridd, &c., a ysgerthir gan fwydod neu bryfed genwair: *worm-casts.*
Ar lafar yn Arfon, *WVBD* 427, J. Jones: *Gwerin-eiriau*[2] 187.

pibawr [*pib*+-*awr*[3]; cf. Crn. C. *pyboryon* (ll.) 'pibyddion', a'r e. lle (*Wheal an*) *Peber* yng Nghernyw] *eg.* Pibydd, un sy'n canu'r bib neu'r pibau: *piper.*
9–10g. (*Ox* 1) *B* vi. 113, *piipaur* tuscois, gl. *tubicine tusco*.

pibddawns [*pib*+*dawns*] *eb.* ll. -*iau*. Math o ddawns fywiog, fel arfer gan unigolyn, cornddawns; cerddoriaeth i ddawns o'r fath: *hornpipe (dance and music).*
Diw. **19g.**

pibell [?*pib*+-*ell*, cf. yr e. lleoedd (*Praze-an-*)*Beeble* a (*Wheale*) *Bebell* yng Nghernyw] *eb.* (bach. -*an*): ll. -*i*, -*au*, -*ion*, (prin) *pibyll*.

1. Offeryn cerdd chwyth ar ffurf tiwb, e.e. chwisl, ffliwt, (yn y ll.) bacbibau: *musical wind instrument, e.g. whistle, flute, (pl.) bagpipes.*
16g. Siôn Brwynog: *C* 130, Pob tant a ganant yn gu, / Pob llais fel *pibell* Iesu. **1588** *Ecs* xv. 20, a'r holl fenwyaid [*sic*] a aethant allan ar ei hol a thympanau, ac a *phibellau*. **1588** 1 *Br* i. 40, A'r holl bobl a aethant i fynu ar ei ôl ef yn pibyddio mewn *pibellau*. **1588** *Math* xi. 17, canasom *bibell* (*TN* 17a, chwibanoc) i chwi, ac ni ddawnsiasoch. **1604–7** *TW* (*Pen* 228) d.g. *aulos, monaulos*. **1605–10** *Haf* 24, 494, os tafodav a dalltwriaeth a ganiateir ar ol kyfriw fath i drwmpedav a *phibellion* y lleia or holl gerddav mewn pwys a haeddedigaeth. **1632** *D*, *pibell* ganu d.g. *fistula*. **1764** W. Williams: *Th* 19, Mae'n neidio gyda'r *bibell* yn meddu heddwch llawn / Yn canu ac yn diolch o foreu hyd brydnhawn. **1770** *TG* iii. 48, Pob corsen las, a *phibell* fras, / Sy'n canu ma's ei chlod. **1778** J. Hughes: *BB* 153, Na chlywed swn *pibellau*, / Organau deddfau Duw. **1780** *W*, canu *pibell* d.g. *to pipe* [*play on a pipe*]. **1803** *P.* Digwydd yn enw'r alaw 'Hud y *Bibell*', E. Jones: *MPR* 173.

2. (*a*) Silindr ceuol wedi ei wneud o bridd, gwydr, pren, metel, &c., at amrywiol ddibenion megis cludo dŵr, nwy, &c., piben, peipen, tiwb, teclyn silindraidd; pib (win, &c.), casgen; simnai, ffliw, piben (odyn); ?hòl siecr: *(gas-, water-, &c.) pipe, tube, cylindrical device; (wine-, &c.) pipe, cask; chimney, flue, kiln-pipe; ?pipe-roll.*
16g. *GGH* 304, Porth i'r dŵr parth â'r dwyrain, / Pib, a lle i fynd *pibell* fain [am felin]. *a.* **1587** *Y* 215, Pob llyfr, pob *pibell* afraid, / Pob cart yn ych art, o chaid. **1588** *Sech* iv. 2, ac wele ganhwyll-bren . . . a saith o *bibellau* i'r lusernau y rhai oeddynt ar ei benn ef. **1595** H. Lewys: *PA* 81, ai ddwyn i vn lle cyfing, megys i bistill, i *bibell*, ne i gwndit. **1604–7** *TW* (*Pen* 228), *pibell* o win d.g. *cadus*. **1632** *D*, *pibell* ffumer d.g. *spiramen*. *id.* *pibell* simnei d.g. *fumarium, infumibulum*. **1722** *Llst* 189, *pibell*, Piben, f.p. *bellau, bellion* . . . cannel of a cask, pipe of a kiln; syringe; quill of a spinning wheel. **1725** D. Lewis: *GB* 308, Pe dodid *Pibell* hîr i fynu yn union mywn Llestr llydan cauedig o Ddwfr, pan y llenwid y *Bibell*, byddai'r Gwasg yn gymmaint ar bob Modfedd o'r Llestr, â phe bai'n gyflawn o Ddwfr i fynu i uchder y *Bibell*. **1759** J. Evans: *PF* 39, [t]aflwch Ffrancinsens ar Farwor cochion, a Sugnwch y Mŵg trwy *Bibell* bwrpasol. *c.* **1762–79** W. Williams: *P* 80, 'fe dywalltau'r [*sic*] cwppan yn ei ddeheulaw, i *bibell* fechan ag oedd yn ei ddwyn ef i'r Deml. **1763** *DT* 147, y *Pibellau* y sydd drwy furiau 'r ty . . . er hwylusdra i ddarllaw, ac i drin materion y Gegin. **1772** *W* d.g. *conduit-pipe*. *id.* *pibellan* d.g. *tubule* [*a small tube*]. **1803** *P.* Ar lafar.

(*b*) (fel arfer yn y ll.) Pib, dwythell, neu organ bibellog (yn y corff): *vessel, duct, or tubular organ (of body).*
c. **1400** *R* 1270. 24–5, mae rwng pell yth *bibelleu*. mawr vyd cossi clafri cleu. *c.* **1400** *Études* vii. 90, da yw [persli] y'r auu, a glanhau y kylla, ac agori kayedeu y gwythi a'r *pibelleu*. **1545** *CI* 124, amlder o vmbyrs ac a vo yn gorwedd o vewn y kylla a *ffiibellau*'r dwyuron. **16g.** (*LlEG*) *Mos* 158, 268a, kw[n]didau *pibyll* y ddwyuron. **1632** *D*, *pibell* y glain cefn d.g. *tubus*. *id.* y *pibellion* y dâw y dŵr drwyddynt o'r arennau i'r chwysigen d.g. *ureter*. **1725** D. Lewis: *GB* 62, Oddiymma y mae'n cael ei ddwyn i fâth o Gerwyni bychain, lle mae *Pibellau* yn dyfod â math o Ddwfr a elwir Lympha i gyfarfod âg ef [maeth]. *id.* 159, Rhyfedd gynnifer Llais a all Creadur Byw, yn enwedigol Dŷn ei wneuthur, wrth agor neu gyfyngu ei *Bibellau* Llafar. Gw. hefyd y *Cfn.* isod.

(*c*) (yn *ffig.* ac mewn cyd-destun *ffig.*, &c.) Moddion, sianel, offeryn, cyfrwng (i drosglwyddo gras, &c.): *(fig., &c.) means, channel, instrument (of conveying grace, &c.).*
1618 J. Salisbury: *EH* 225, megys rhyw *bibellau* yw'r holl Sacrafennæ, trwy'r hain y gofera attomi [*sic*] râd, a rhinwedd dioddefaint yr vn Crist. **1632** J. Davies: *LlR* 101, y Sacramentau bendigedig . . . y rhai nid ydynt ond megis *pibellion* i ddwyn grâs Duw attom ni. *id.* 218, pa ham yr ordeiniodd efe y Sacramentau i fod megis yn *bibellion* i ddwyn grâs i ti? **1701** E. Wynne: *RBS* [iv], y gwaed dâ a'r ymborth pur trwy ddirgel *bibellau* a drosglwyddwyd o'r Galon i'r forddwyd ddeheu, lle mae'r wîr Athrawiaeth yn trammwy'n rhedegog mewn dyledus gwrs a rheol. *id.* 254, digon yw i ti ei fôd e'n bresennol i'th enaid ti, megis *Pibell* o râs (*instrument of grace*). *id.* 290, O Dduw drugaroc a graslon, yr hwn a wnaethost (fy Rhieni) fynghyfeillion a[']m cymmwynaswyr gweinidiogion dy drugaredd, a *Phibellau* Rhagluniaeth (*instruments of Providence*) i'th wâs. **1718 (1721)** S. Thomas: *HB* 103, y Dyfroedd Sanctaidd . . . trwy gael eu confauo trwy'r *pibellau* hyn. **1786** W. Williams: *I* 29, yr hwn a roddwyd trosom ni ar y groes i gael ei wneuthur yn *bibell* (*conduit*) i ddwyn bywyd i'r byd. *id.* 41, y mae yn rhaid i ffrŵd pob un o honynt i redeg i ni trwy y *bibell* aur (*golden pipe*) o ddyndod ein Harglwydd.

(*d*) Pib ac iddi ben i ddal baco, &c., i'w ysmygu, cetyn; pib a'i chynnwys: *(smoker's) pipe; pipe and contents.*
16–17g. *CRC* 304, Casglü dail dan draed yn Rindia / lle mae r gwres ar pryfed amla / ai sugno n fwg drwy *bibell* glaerwen. **1703** E. Wynne: *BC* 24, un arall yn pendwmpian uwchbed [*sic*] aelwyded o fflagenni tolciog, a darneu *pibelli* a godardeu. *id.* 135, ebr Cerberus Diawl y Tybacco . . . Myfi a âf ac a yrraf i chwi ganmil o eneidieu'ch Gelynion trwy dwll *pibell*. **1718** *Cân o Senn* 3, Blŵch a *ffibell*, dûr a Chyllell. Ar lafar yn y Gogledd a Chered., gw. *LGW* 207. Gw. hefyd y cfn. *p. wen, p. dybaco* isod.
Cfn.: **pibell fwyd:** *oesophagus*. **1861.** **p. chwyth:** *bronchus*. **1775** D. Jones: *HCY* 106, Fe sy'n cyffroi'n *Pibellau Chwyth*, / On'te anadlu ni wnaent byth. **p. ddŵr:** *water-pipe, conduit, also fig.* **1632** *D* d.g. *canalis, fistula*. **1717** Iaco ab Dewi: *MN* 178, yr holl Ffrydieu chwerwon afiachus hynny, yn gystal a *Phibellau Dŵr* y Gâlon lygredig hynny yn yr hon y maent yn tarddu. **1772** *W* d.g. *conduit*. **p. waed:** *blood-vessel*. **1944.** **p. wen:** *clay pipe (for smoking)*. **1717** *W Ballads* 180B, 4. **1759** *DG* 55. Cf. D. Owen: *D* 98, gan ysmocio o *bibell wen* hir. **p. wynt:** (i) *trachea, windpipe*. **1604–7** *TW* (*Pen* 228) d.g. *arteria* . . . *Aspera Arteria*. **1725** *SR* d.g. *the Wind Pipe*. **1794** *W* d.g. *weasand*. Ar lafar. (ii) *air line, tube conveying air*. **1848.** **p. faeth:** *alimentary or enteric canal*. **1852.** **p. megin:** *tube or nozzle of a pair of bellows*. **1604–7** *TW* (*Pen* 228), [P]ibell y vegin d.g. *acrophyssium* (At.). **1632** *D*, *pibell megin* d.g. *spiramen*. **1722** *Llst* 189, *Pibell megin*, the nose or tewel of a pair of bellowes. **p. felen:** *daffodil*. Ar lafar yn Llŷn, *BILlE* 32. **p. odyn:** *kiln-pipe, kiln-hole, furnace or fire-hole (of kiln)*. **1803** *P*, pibell . . . *Pibell odyn*, a kiln pipe. Cf. *SE MS* 375a, Piben odyn—also called *pibell odyn*. **p. dybaco (tybaco):** *tobacco-pipe*. **1630** *YDd* [iv], mor gynefin ac yr arferir *pibellau Tobacco* mewn tafarndai. [**1762**] E. Powell: *HEI* 68, [d]arnau *Pibellau Dubacco*. **1795** *R. Crusoe* 29, nid oedd gennyf ddim yn fy nghanlyn ond cyllell, *pibell dobacco* ac ychydig dobacco yn fy mlŵch. **p. (yr) ysgyfaint:** *trachea, windpipe*. **16g. (1763)** W. Salesbury: *LlM* 204, y sefnig, *pipell yscyfaint*, ner corn breuant. **1632** *D*, *pibell yr ysgyfaint* d.g. *curculis, fistula, trachea*. **1780** *W*, *pibell yr ysgyfaint* d.g. *pipe, Wind pipe*.

pibellaf: pibellu [bf. o'r e. bl.] *bg.a.* Canu pib(au); ?gwneud pibellau; sianelu neu ddosbarthu drwy bibell; diferu, nawsio (am friw): *to play the pipe(s), pipe; ?make pipes; channel, pipe, ooze, weep (of sore).*
1798 *WR*, cornwyd a redo, neu a *bibello* yn wastad d.g. *fistula*. **1803** *P*, *pibellu*, to form a pipe, to pipe.

pibellaid [*pibell*+-*aid*[1]] *eb.* ll. -*eidiau*. Llond pibell (yn enw. o faco), pibaid, catiaid: *pipeful (esp. of tobacco).*
17g. E. Morris: *B* 83, O cawn i gyd cyn ei gau, / Pawb wellâd *pibelleidiau*. **1716–18** *Llsgr R. Morris* 60, Dybacco nid oes yn y mhoced / . . . / a ellwch . . . / yn ddi ball roi imi *bibelled*. Cf. D. Owen: *D* 21, Ewch i gael '*belled*, ynte.

pibellaidd [*pibell*+-*aidd*] *a.* Tebyg i bibell neu diwb, ar ffurf pibell neu diwb, tiwbaidd: *pipelike, tubular.*

1803 *P*. 1813 *WB* 29, Common Water Dropwort, Dibynlor *pibellaidd*.

pibellan, gw. **pibell.**

pibellglai [*pibell+clai*] *eg*. Math arbennig o glai gwyn a ddefnyddir i wneud pibellau clai, &c.: *pipeclay*.
1851.
Cf. **pipglai.**

pibellog [*pibell+-og*] *a*. Tebyg i bibell neu diwb, ar ffurf pibell neu diwb, pibellaidd, tiwbaidd; llawn pibellau neu ddwythellau: *pipelike, tubular; full of pipes or ducts*.
1773 *W* d.g. *fistular, or fistulous* [*hollow like a pipe, tubular*]. 1790 TWM O'R NANT: *GG* 214, Llun a dull ei llen dyllog, argoelir, / I'r galon *bibellog*. 1803 *P* d.g. *pibellawg*.

pibellol [*pibell+-ol*] *a*. Tebyg i bibell neu diwb, ar ffurf pibell neu diwb, pibellaidd, tiwbaidd: *pipelike, tubular*.
1853.

pibellwr, pibellydd [bôn y f. *pibellaf*: *pibellu* a *pibell+-wr, -ydd*[3]] *eg*. ll. *pibellwyr, pibellyddion*. Pibydd, canwr pib(au); ysmygwr pibell; gwneuthurwr pibellau ysmygu; tyllwr pibellau: *piper; pipe-smoker; pipe-maker; pipe-borer*.
1803 *P*, *pibellwr*, s. m. pl. *pibellwyr*, a pipe-man. *id*. *pibellydd*, s. m. pl. t. *ion*, a piper.

piben [*pib+-en*; ansicr yw'r union ystyr yn y dfn. cyntaf yn (*a*)] *eb*. ll. *-nau, -ni*.

(*a*) Pibell at amrywiol ddibenion megis cludo dŵr, nwy, &c., pibell, peipen, tiwb; simnai, ffliw, peip neu ffliw yn cludo gwres o'r tân i'r odyn, ffwrnais neu dân (odyn), lle tân o dan lawr odyn grasu; pib fach, chwisl, ffliwt; hefyd yn *dros*.: (*gas-, water-, &c.*) *pipe, tube; chimney, flue, kiln-pipe or -flue, furnace or fire-hole* (*of kiln*), *kiln-hole; little pipe, whistle, flute; also transf*.
10g. (*Juv*) *VVB* 203, st[i]ria i. *pipenn* reulaun. 12g. *LL* 221, bet i bant *pibenn* eholch. 13g. *LTWL* 127, Regis tritorium dimidium libre. Hoc autem dicendum est de illis que habent *pyben*. 14g. *LlB* 50, Pob odyn ar ny bo *piben* idi, trayan y gwerth a dygwyd. 1722 *Llst* 189, pibell, *Piben*, f.p. a little pipe, whistle; cannel of a cask, pipe of a kiln; syringe; quill of a spinning wheel. 1803 *P*.

(*b*) (fel arfer yn y ll.) Pib, dwythell, neu organ ar ffurf pibell (yn y corff); cal: *vessel, duct, or tubular organ* (*of body*); *penis*.
9g. (*Ox* 1) *VVB* 204, *pipennou*, gl. *arterias*.

(*c*) Pib, mesur gwlyb (o win, &c.), hanner tunnell: *pipe* (*measure of wine, &c.*).
1858.
Cfn.: **piben odyn:** *kiln-pipe or -flue, kiln-hole, furnace or fire-hole* (*of kiln*). 1753 *TR*, piben . . . *Piben odyn*, the furnace of a kiln. 1775 *W* d.g. *kiln* . . . *A kiln-pipe*. 1803 *P* d.g. *piben*. Ar lafar gynt yng Nghered. a sir Benf.

pibennog [*piben+-og*] *a*. *Bot*. Planhigyn lluosflwydd, *Eriocaulon septangulare*, sy'n tyfu mewn lleoedd gwlyb ac yn dwyn blodau llwyd: *pipewort*.
1813 *WB* 226, *pibenawg*, Eriocaulon septangulare; Jointed Pipewort.

piberion [?cf. *pibion*] *e.ll*. ?Baw, carthion, pibion: *filth, excrement, thin faeces*.
1730 L. MORRIS: *LW* 4, Cachion *piberion* pob araith cwilydd / . . . / Cachgi mynci llymgi llo. *c*. 1760 (19g.) *CM* 522, 27, Ac yno y tailwried / Anghynes ddiles ddeilied / Ai toren gwedi ymgegu a mawr gost / yn *biberion* o bost i bared.

pibfrwyn, pibrwyn [*pib+brwyn*[2]] *e.ll*. (un. b. *-en*). Llafrwyn, corsfrwyn (du), llymdreiniog, corfrwyn, brwynach: *bulrushes, bog rushes, dwarf rushes*.
1707 *AB* 86b, *pîb-vrwynen* d.g. *mariscus*. *c*. 1730 *Thos. Lloyd D* (LlGC) 191b, *pib-frwynen*, Dem. mariscus. A bulrush. 1813 *WB* 6, S[chœnus] Mariscus; Prickly Bog-rush; Llymdreiniog, *Pibfrwynen*. *Diw*. 19g. *SE MS* 375a, *pibfrwyn, pibrwyn* = llafrwyn (in Mawddwy)—bullrushes. Ar lafar yng nghanolbarth a godre Cered., sir Gaerf., a sir Benf.; hefyd yn nghanolbarth Cered. yn y ff. *pibrwyn, pilbrwyn* am fath o 'frwyn bychain yn tyfu ar gorsydd [a dd]efnyddir i wneuthur rhaffau at doi', *B* iv. 300.

pibganwr, pibganydd [*pib+canwr* a *pib+bôn* y f. *canaf*: *canu+-ydd*[3]] *eg*. *Adar*. Pibydd, un o nifer o rywogaethau o adar o deulu'r *Motacillidæ* (yn enw. o'r tylwyth *Anthus*) ac iddynt blu brownfrith: *pipit*.
1896.
Cfn.: **pibganwr (pibganydd) y coed:** *tree pipit, Anthus trividis*. 1896. **p. y graig:** *rock pipit, Anthus spinoletta petrosus*. 20g. **p. y ddôl:** *meadow pipit, Anthus pratensis*. 1896.

pibgeuog [*pib+ceuog*] *a*. Ar ffurf tiwb, pibellaidd, tiwbaidd: *tubular*.
1794 *W* d.g. *tubular*.

pibglai, pibglwyf, pibgnau, gw. **pipglai, pipglwyf, pipgnau.**

pibgod, gw. **pipgod.**

pibgorn, pibgynen, gw. **pipgorn, pipgynen.**

pibiad, pipiad [gair geir., sef bôn y f. *pibaf*: *pibo+-iad*[1]] *eg*. Dolur rhydd: *diarrhoea*.
1688 *TJ*, pipre, *pibiad*: the loosness of the Belly. *c*. 1730 *Thos. Lloyd D* (LlGC) 191b, *pibiad*, a looseness. *id*. 192b, *pipiad*, a lax.

pibïaeth [cf. *bibïaeth*] *e?b*. Oferedd; ?pibyddiaeth: *frivolity; ?piping, pipe-playing*.
1617 R. PRICHARD: *CE* [14], Ymmyth bellach a *phibiaeth*, / Meddwl am dy Iechadwriaeth. 1672 R. PRICHARD: *Gw* 103, Bwrw heibio pôb *pibiaeth* (R. PRICHARD: *CC* 97, Pibyddiaeth), / Meddwl am dy Jechydwriaeth. *id*. 157, Yn dy ieungctid [*sic*] fe gais genyd, / Dreulio d'amser yn ddi-broffid, / Mewn *pibiaeth* ac oferedd, / Heb na dysc, na dawn, na rhinwedd. *id*. 231, Nâd hwy dreulio'r Sabboth sanctaidd, / Mewn oferedd anghristnogaidd, / Nac mewn gloddest a *phibiaeth*. *c*. 1730 *Thos. Lloyd D* (LlGC) 191b, *pibiaeth* . . . piping. 18–19g. *LlrC* 42, 187, frivolity, Sil, *pibïaeth*, the same.

pibion [*pib+-ion*[2]] *e.ll*. Ysgarthion tenau: *thin faeces*.
1604–7 *TW* (*Pen* 228), *pibion* d.g. *foria*. 1773 *W*, *pibion* d.g. *dung, Thin dung*. 1803 *P*.

pibirment, pibis, gw. **puburment, piwis.**

pibl, gw. **peibl**[1].

piblin [*pib+llin*[1], ar ddelw'r S. *pipeline*] *eg*. ll. *-au*. Pibell hir i gludo hylif neu nwy: *pipeline*.
20g.

piblwyd, gw. **piblyd.**

piblyd [*pib+-lyd*] *a*. b. *-led*. Yn dioddef gan ddolur rhydd; yn achosi dolur rhydd; yn *ffig*. gwanllyd (am liw, golau, &c.): *diarrhoeal, diarrhoeic, suffering from diarrhoea; causing diarrhoea; fig. insipid, weak* (*of colour, light, &c.*).
c. 1400 *R* 1272. 42–4, Synywch ar deykyn asenna pobloed *piblyt* lyffant gorerwa. durun catt yn lledratta. *id*. 1275. 15, mul y dibobles malt *biblet*. *id*. 1278. 26–8, pryt horllyt hwyrllo gorffennaf. *piblyt* ny chyvyt nychaf dim yrdaw ymyrdyd kynhaeaf. 1547 *WS*, *piblud*. 1632 *D*, *piblyd*, foriolus. 1688 *TJ*, *pi*[*b*]*lŷd*: given to looseness or purging. 1722 *Llst* 189, *piblyd*, squirting, squirty. 1736 L. MORRIS: *LW* 221, gwyddai'r angau . . . / ple i ddechrau Heintiau hyll, / Taro'r Doctor Cyngorddoeth / a wnaeth a chryd *Piblyd* poeth [:– a Fever & Looseness]! 18g. *Card* 84, 1032, Merch i Glydro *biblyd* (Edward Morris). 1768 (1813) TWM O'R NANT: *FF* 44, Dyma at iechyd da'r llo *piblyd*. 1786 TWM O'R NANT: *PCG* 15, Oni welai fod yma fawr a bach, / A rhai hên boblach *biblyd*. 1787 E. ROBERTS: *PCF* 9, hên Ddafad *biblyd*. 1803 *P* d.g. *pibled, piblyd*. Ar lafar yn y Gogledd yn yr ystyr 'gwan(llyd)' am bobl, golau, lliwiau, &c., 'hen wymad *piblyd*', *WVBD* 428. Digwydd hefyd yn y dywediad 'Mae llwdn *piblyd* yng nghorlan pawb', J. JONES: *Gwerin-eiriau* 130.
Amr.: **piblwyd** [dan ddyl. yr a. *llwyd*]. Ar lafar yn Arfon, *WVBD* 428.

pibonwy [?*pib+*elf. anh.] *e.ll*. (b. un. *-en*) ac *eg*. Pigyn(nau) crog o iâ a ffurfir pan fo dŵr yn diferu ac yn rhewi, clöyn (cloÿnnau) iâ, cloch (clych) iâ, hefyd yn *ffig*.: *icicle*(*s*), *also fig*.
13g. *C* 57. 1–3, Eiri hid impen clun. gan cun callet. *Pibonvy* imblev. blin wy rysset. 1346 *LlA* 54, odieithyr owres ytan yn gynnwynnet ar hayarnn ynyr aelwyt. ac yn rewi ovewyn megys *pibonwy*. nev iaen ygayaf. 14g. *GDG*[3] 250, Pinnau serthau pan syrthynt, / Pob un ia *pibonwy* ŷnt [i'r rhew]. *id*. 382, Y gaeaf, addefaf ddig, / Dulwm wedy'r Nadolig, / Ar eira, oer yw'r arwydd, / A rhew, a'r *pibonwy* rhwydd. 15g. DAFYDD LLWYD: *Gw* 276, Coron drom, cerwyn dramawr, / Cyfrwy mal *pibonwy* mawr [i Garnedd Llywelyn]. 15–16g. *TA* 500, Troes fy mron yn *bibonwy*, / Ni allai fod un llef fwy. 1547 *WS*, *pibonwy*, yse hatchelles. 16–17g. *CRC* 132, dwy bleth y sy erni n tyfy / fal *pibonw* koed y bedw. 1632 *D*, *pibonwy*, stiria. 1661 E. LEWIS: *Drex* 32, yn ol Plini ga[n] hynny aros a wna fe [salamander] yn y fflam yn gyffelyb i *Bibonwy* (*Ice*). 1688 *TJ*, *pibonwy*: an Icikle. 1699 T. JONES: *Alm* [13], Gwahan glwŷ *pibonwŷ* pôb enaid. 1774 *W* d.g. *icicle* . . . *Icicles*. 1803 *P*. Ar lafar yn sir Benf. fel e.ll. yn y ff. *pibonw*(*ns*) (un. g. *pibonwynyn*), *GDD* 223.

pibre, gw. **pipre.**

pibren, pibrod, gw. **pubren.**

pibrwyn, gw. **pibfrwyn.**

pibsan [?cf. S. *to give* (*someone*) *the pip* 'to annoy or irritate, make (someone) ill-tempered or dispirited'] *bg.a*. Gwawdio, gwneud sbort (am ben), chwerthin (am ben): *to ridicule, make fun* (*of*).
Ar lafar yng ngodre Cered. a sir Benf., 'Wi'n cofio un prnhawn ar ôl iddo fe ga'l 'i, [*sic*] *bipsan* dipyn, ma fe'n gwrthod talu'r prish cowir am i cwrw 'chan', *Wês wês* 21; 'clywed am bobol yn *pipsan* obwti bethe fel 'na'.
Gw. hefyd **bibsan** (At.).

pibwr [bôn y f. *pibaf*: *pibo+-wr*] *eg*. ll. *-wyr*. Un sydd a dolur rhydd arno; pibydd, un sy'n canu pib(au): *one who has diarrhoea; piper*.
16g. WILIAM CYNWAL: *Gw* (R. L. Jones) 671, Burgynnwr, gwestwr, *bibwr* gostog. 1803 *P*, *pibwr*, s. m. pl. *pibwyr*, a piper; a squirter.
Cfn.: *Swol*. **pibwr inc:** *squid, Loligo*. Ar lafar ym Môn, *Nat* xv. 23.

pibwydd [*pib+gwŷdd*[1]] *e.ll*. (un. b. *-en*). Coed leloc, *Syringa vulgaris*: *lilacs*.
1801 *MMf* 293, Syringa, pibellwydd, *pibwydd*, chwibellwydd.

pibydd [*pib+-ydd*[3] (?cf. H. Grn. *piphit* [*sic*], gl. *tibicen*, a'r e. prs. *Osbert le Pibith* (Cernyw; 1302)), hefyd ar ddelw'r S. (*sand*)*piper, pipe*(*-fish*), &c.] *eg*. (b. *-es*, ll. *-au*) ll. *-ion*.

(*a*) Un sy'n canu pib(au) neu chwisl, ffliwtydd: *piper, flautist, flute-player*.
13g. *B* iv. 6, Djgu paup o anadyl y *pibyd*. 14g. *T* 72. 2, wyf *pibyd* ac wyf crythawr. 14g. *BT* (*RB*) 166, amrysson . . . rwg y telynoryon a'r crythoryon a *phibydyon*. 14g. *GDG*[3] 289, Pawb a debyg pan ddigiwyf, / Pe bai ddysg, mai *pibydd* wyf. 14g. *GIG* 171, Safn agored yw safn gorwyr—bawci, / Y bici, gwthr cannwyr, / Safn *pibydd*, swyfen pabwyr, / Safn llo, gwas a yf yn llwyr. 15g. *ID* 47, *pibyddyon* bola gayon gwar / yn bwrw anadl mywn brynar. 1547 *WS*, *pibydd*, a pyper. 1604–7 *TW* (*Pen* 228), *pibyddes* d.g. *auletris*. 1631 O. THOMAS: *CC* 77, A mwy difyrrwch i weision, a morwynion ar suliau, a gwyliau dreulio yr amser ar ddarllein, a gwrando, nac ar bottiau, a phibellau, a *phibyddion*. 1632 *D*, *pibydd*, fistulator. *c*. 1762–79 W. WILLIAMS: *P* 213, y *pibyddion*, a'r telynorion fyddai yn myned o'r blaen. 1803 *P*, *pibydd*, s. m. pl. t. *ion*, a piper. *id*. *pibyddes*, s. f. pl. t. *au*, a female piper. Digwydd fel epithet, cf. *GTP* 52, Galw i'r fainc, ac alar fydd, / O bawb ar Wiliam *Bibydd*.

(*b*) *Adar*. Un o nifer o adar o deulu'r *Scolopacidæ* sy'n gyffredin ar y glannau a'r gweunydd; un o nifer o adar o deulu'r *Motacillidæ* (yn enw. o'r tylwyth *Anthus*) ac iddynt blu brownfrith, pibganwr: *sandpiper; pipit*.
1832. Digwydd fel elf. yn enwau nifer o wahanol adar, gw. y *Cfn*. isod.

(*c*) *Pysg*. Gyrned, pengernyn, penhaearnyn, chwyrnwr: *gurnard, piper*.
1757 *ML* ii. 39, Dyma'r llun pysgodyn asgellog gwedi dyfod, mi dygaswn i mae red gurnard oedd: feallai mae *pibydd* yw am a wn i.
Cfn.: **pibydd cod(og):** (*dict*.) *bagpiper*. 1604–7 *TW* (*Pen* 228), *pibydd Codoc* d.g. *pithaules*. 1632 *D*, *pibydd côd*, pithaules. 1688 *TJ*, *pibŷdd Côd*: a Bag-piper. 1803 *P*, *pibydd côd* d.g. *pibydd*.
Adar. **pibydd yr aber:** *knot, Calidris canutus*. 20g. **p. bach:** *little stint, Calidris minuta*. 20g. **p. bach Temminck,** gw. *p. Temminck*. **p. bach y traeth:** *little stint, Calidris minuta*. Ar lafar yn y Gogledd, H. E. FORREST: *FNW* 349. **p. y coed:** *tree pipit, Anthus trivialis; wood sandpiper, Tringa glareola*. 1947. **p. coesgoch:** *redshank, Tringa totanus*. 1832. Ar lafar yn y Gogledd, H. E. FORREST: *FNW* 360. **p. coesgoch mannog,** gw. *p. mannog*. **p. coeswyrdd (coeswerdd):** *greenshank, Tringa nebularia*.

20g. p. y gors: *marsh sandpiper, Tringa stagnatilis.* **20g. p. y graig:** *rock pipit, Anthus petrosus.* **20g. p. du:** *purple sandpiper, Calidris maritima.* **1832.** Ar lafar yn y Gogledd, H. E. FORREST: *FNW* 351. **p. du mannog,** gw. *p. mannog.* **p. y dŵr:** *water pipit, Anthus spinoletta.* **20g. p. y waun:** *meadow pipit, Anthus pratensis.* **20g. p. glas:** *knot, Calidris canutus.* **1803** *P*, pibydd . . . *pibydd glas*, ash-coloured sandpiper. **p. gwyrdd:** (i) *green sandpiper, Tringa ochropus.* **1803** *P*, pibydd . . . *pibydd gwyrdd*, green sandpiper. Ar lafar yn y Gogledd, H. E. FORREST: *FNW* 359. (ii) *siskin, Carduelis spinus.* **20g. p. gwyrdd y traeth:** *green sandpiper, Tringa ochropus.* **20g. p. gyddfgoch (gwddfgoch) llydandroed:** *red-necked phalarope, Phalaropus lobatus.* **20g. p. lleiaf:** *little stint, Calidris minuta.* **1832.** Ar lafar yn y Gogledd, H. E. FORREST: *FNW* 349. **p. llwyd (llydandroed):** *semi-palmated sandpiper, Calidris pusilla; grey phalarope, Phalaropus fulicarius.* **1803** *P*, pibydd . . . *pibydd llwyd llydandroed*, grey scollop-toed sandpiper. **p. llwydwyn:** *knot, Calidris canutus.* **1832. p. llydandroed:** *grey phalarope, Phalaropus fulicarius.* Ar lafar yn y Gogledd, H. E. FORREST: *FNW* 338. Gw. hefyd *p. llwyd.* **p. (coesgoch, du) mannog:** *spotted redshank, Tringa erythropus.* **1803** *P*, pibydd . . . *pibydd du mànawg*, black-spotted sandpiper. **p. y mawn:** *dunlin, Calidris alpina.* Ar lafar yn y Gogledd, H. E. FORREST: *FNW* 347. **p. y mynydd:** *meadow pipit, Anthus pratensis; brambling, Fringilla montifringilla.* **20g. p. porffor:** *purple sandpiper, Calidris maritima.* **20g. p. rhuddgoch:** *dunlin, Calidris alpina.* **1803** *P*, pibydd . . . y *pibydd rhuddgoch*, the dunlin. Ar lafar yn y Gogledd, H. E. FORREST: *FNW* 347. **p. (bach) Temminck:** *Temminck's stint, Calidris temminckii.* **20g. p. torchog:** *ruff, Philomachus pugnax.* **1832. p. y dorlan:** *common sandpiper, Tringa hypoleucos.* Ar lafar yn y Gogledd, H. E. FORREST: *FNW* 356. **p. y traeth:** (i) *common sandpiper, Tringa hypoleucos.* **1803** *P*, pibydd . . . *pibydd y traeth*, the sandpiper. Ar lafar yn y Gogledd, H. E. FORREST: *FNW* 356. (ii) *sanderling, Calidris alba.* **20g.**

Pysg. **p. y traeth:** *pipe-fish.* **20g.**

pibyddiaeth [*pibydd* neu fôn y f. ddil. + -(*i*)*aeth*] *e?b.* Y weithred neu'r arfer o ganu pib(au); ?oferedd: *a piping, a pipe-playing; ?frivolity.*

c. **1585** *Llst* 178, 48b, chwareyaeth *pibyddiaeth* dawnsio naidio. *c.* **1730** *Thos. Lloyd D* (LlGC) 191b, *pibyddiaeth*, piping. R.P. 133. **1736** S. RHYDDERCH: *Alm* [30], Yn dilon [*sic*] pob *Pibyddiaeth* awch rhwyddedd a chwaryddiaeth. **1770** R. PRICHARD: *CC* 97, Bwrw heibio bob *Pibyddiaeth* (R. PRICHARD: *Gw* 103, pibiaeth), / Meddwl am dy Jechydwriaeth. **1803** *P*, *pibyddiaeth*, s. m. pipe-playing.

Gw. hefyd **pibïaeth.**

pibyddiaf: pibyddio [bf. o'r e. *pibydd*] *bg.* Canu pib(au): *to pipe, play the pipes.*

1588 1 *Br* i. 40, A'r holl bobl a aethant i fynu ar ei ôl ef yn *pibyddio* mewn pibellau. *c.* **1730** *Thos. Lloyd D* (LlGC) 191b, *pibyddio*, tibiis cano.

pibyn, gw. **pib.**

pic[1] [bnth. S. *pick* 'pickaxe'; dichon mai engh. o *picys*[1] a welir yn y dfn. cyntaf isod] *e?g.* ll. *-iau, -ys.* Picas; math o forthwyl ac iddo big neu ymyl llym a ddefnyddid i gyweirio meini melin: *pick(axe); mill-pick.*

15g. (**16g.**) *Llst* 6, 74, raw *afficys* raffawcwyr (Ieuan Gethin). **15–16g.** *GLM* 67, Cynion gof yn cnoi'n ei gil, / can *pic* yn pwyo'i wegil [i ofyn main melin]. **1543** *B* viii. 299, menybyr i vwiall a throed i vorthwyl a thri throed *pic* i durnen. Digwydd yn enw'r gêm '*pic* yn nhin y iolyn' a chwaraeid ymysg bechgyn ym Morg., D. PARRY-JONES: *WCGP* 118–19.

Gw. hefyd **picas, picell.**

pic[2] [?bôn y f. *piciaf*[1]: *picio*] *eb.* (bach. b. *-en*, ll. *-ni*) ll. -(*i*)*au, -s.* Teisen, torth, neu fynnen fechan gron wedi ei chrasu ar (lech)faen, &c.: *small round cake, loaf, or bun baked on a bakestone, griddle, &c., griddle cake, bakestone cake, Welsh cake, batch.*

1895 (**1898**) *CEG* 297, Rhan, rhan o'r *bicen* gan. Cf. S. M. TIBBOTT: *AB* 24, Y mae gwragedd Morgannwg wedi bod yn gwneud y teisennau a adnabyddir gennym yn gyffredin fel 'Welsh Cakes' ers canrif a mwy. . . . Eu crasu ar y maen uwchben tân agored oedd y dull mwyaf cyffredin, efallai, a gelwid hwy yn '*pice* ar y mân' . . . Mewn rhai ardaloedd ym Mro Morgannwg . . . cresid hwy mewn ffwrn dun ('Dutch oven') o flaen y tân. Cacennau wedi'u torri'n rhai bychain, crwn oedd y rhain, ac fe'u cresid yn rhesi ar waelod y ffwrn o flaen tân coch. Byddai eu henwau'n amrywio . . . '*pice* / *pica* bach'; *id.* 44, Ar ddiwrnod crasu bara, yr oedd hi'n arfer gan rai gwragedd i gadw darn o'r toes o'r neilltu a'i lunio'n dorth fach i'w chrasu ar y radell . . . Y mae enw'r dorth hon yn amrywio . . . e.e. . . . '*picen* ar y lychwan' (Tonyrefail); *id.* 45, Arfer cyffredin arall ar ddiwrnod crasu bara oedd cadw darn o'r toes yn weddill er mwyn gwneud math o deisen ohono. . . . Dyma rai o'r enwau . . . i ddisgrifio'r deisen hon . . . '*pics*' (Cross Inn), '*picen*' (Gelli-wen) a '*pice* cyrens' (Ystalyfera). Gw. hefyd *Geir Geg* 11, 16–17.

Cfn.: **picau lap:** *Welsh cakes.* Ar lafar yng Nghwmtawe ac yn nwyrain sir Gaerf. **p. meth:** *Welsh cakes containing honey.* Ar lafar gynt yn sir Gaerf. **p.'r pregethwr:** *drop scones.* Ar lafar, *Geir Geg* 17. **p. rhanna:** *dole-cakes made for Hallowe'en, soul-cakes.* **1888.** Ar lafar gynt yn sir Gaerf., T. M. OWEN: *WFC*[3] 126, 137–8.

pica[1] [?bnth. S. C. *pike* 'sharp point, spike; peak, beacon; pointed stack of hay', ?cf. S. *picked* 'pointed, spiked; neat, fastidious'] *a.* ll. (geir.) *-on.*

(*a*) Pigog, llym: *pointed, sharp.*

1604–7 *TW* (*Pen* 228) d.g. *acuminatus.* **1722** *Llst* 189, *picca*, p. *cäon*, sharp-pointed. **1728** T. BADDY: *DDG* 22, nid ywr Mynydd Calvary mo'r uchel, mal y gallid ei galw hi yn Fynydd, eithr yn hyttrach Craig *Bicca* (*a picked or spiked rock*). **1733** *WDS*, (Brecon), Ir whoreson *picka* . . . The son of a whore with a long & picked chin [?*recte* nose]. **1778** *W*, trwyn *picca* d.g. *nose, A turn'd* [*cock'd*] *up nose. id.* d.g. *pointed, or sharp-pointed.* **1789** TWM O'R NANT: *TChB* 18, A Thurnpicwr a thrwyn *picca.* **1793** M. WILLIAMS: *BM* [13], Gorphenned e'n *bicca* fel Coppa Dâs ceirch. Ar lafar yng Nghered., sir Benf., a'r De, e.e. 'carreg *bica*', ''Odd yr (h)arn â blæn *pica* iddo', *B* xvi. 99; hefyd yn yr ystyr 'cul, tenau (am wyneb)', ''Odd 'i gwynab 'i'n *bica* iawn ar ôl câl y ffliw'. Digwydd yn yr hen bennill 'Y geiniog ddrwg ei hoced / Sy'n *bica* yn y boced. / Mae hi'n brathu fel y gweill / Nes tynnu'r lleill ar gerdded', *Hen B* 29. Digwydd yn yr ystyr 'pigfain' mewn e. lleoedd yn sir Benf. a'r De.

(*b*) Craff; llym (am dafod), brathog, coeglyd, gwawdlyd; haerllug; pigog, cecrus: *acute; sharp* (*of tongue*), *caustic, sarcastic; impudent, pert; acrimonious.*

15g. *GGl*[2] 189, Hela'r Dei mae'r helwyr da, / Hely bacwn Hywel *Bika.* **1567** *LlGG* (*Sall*) 53a, Siarad y wnant a' dywedyt yn galet [:– ddirvin, gelstan, ffyrnic, *bica*]. **1722** *Llst* 189, *picca*, p. *cäon* . . . uppish. **18–19g.** *Llr* C 72, 334, *pica*, smart, mae'n *bicca* iawn, main dyfod yn *bicca* iawn, wedi gwella'n *bicca* iawn, yn fwy *picca.* Ar lafar yng Nghered., sir Benf., a'r De, e.e. 'Mae'n rhy *bica* i gæl 'i thwyllo gintyn' nw'; 'Ma tafod *pica* iawn da hi' 'She has a very sarcastic tongue', 'Dyn *pica*' 'A curt man', *GDD* 223. Cf. *LlGC* 1171, 127, Hi fu'n lled *bica* rhwng rhai o aelodau'r bwrdd ysgol yn y cwrdd diwethaf.

(*c*) *Gram.* Ffrwydrol a di-lais (am y cytseiniaid *p, t, c*); ber (am sillaf); clir (am y llafariad *y*): *voiceless and plosive* (*of the cons.* '*p*', '*t*', '*c*'), '*sharp*'; *short* (*of a syl.*); *clear* (*of the vowel* '*y*').

1546 *YLlH* [6], er gwahanaeth sillaf *bicka* o ddi [*sic*] wrth sillaf leddyf mi a ddodeis ackan lem ywch ben y ge/ilwad y vo yny vath sillaf hynny: val hyn, kyn, dal, y addnabod [*sic*] hyn peth mwy y oed, kyn, pawl, dal talken: oddiwrth y geireu ychod y scrivennid gynt val hynn, kynn dalh. *id.* [7], Gwybyddwch vod or kytseinanyeid, rhai yn *bicca*, val k, ney, c. t. p. . . . A Lleiso yr rhai *picka* pan ddisgynnon yn niwedd gair val y rhai kenolic val hyn. Cadwc[,] kat, pop, yn lle cadwg, kad, pob. *ib.* onyd bod yr . . . y. weitheu yn drom weitheu yn *bicka.* y. llais. val yn y gair hwn, y dyn, yr y kyntaf y leisir yn drwm ar ail yn *bicka.* *a.* **1575** *GP* 120, pann vo vn gonssonans drom a grym dwy ynddi, megys vn o'r llythyr *pika*, yn tervynv yn y brif orffwyssva . . . val hynn: Gwinllannav Ffraink. *id.* 122, vn o'r tair llythyrenn *pika* . . . p, t, k. *ib.* ef a all vn o'r tair konssonans vchod, b, d, g, i hvn ateb i vn o'r tair llythyren *pika.*

pica[2] [bnth. S. neu Lad. *pica*] *eg. Crf.* Casgliad o reolau ynglŷn â chyd-ddigwyddiad gwasanaethau crefyddol sy'n deillio o natur symudol y Pasg a gwyliau eraill: *pie, pica* (*in religion*).

1567 *LlGG* [xiv], nifeiri a' chaledrwydd y Reolon yr ei a elwit y *Pica* (*the Rules called the Pie*).

picador [bnth. S. *picador*] *eg.* ll. *-iaid.* Dyn ar gefn ceffyl sy'n brathu'r tarw â phicell yn ystod rhan gyntaf ymladdfa deirw i'w gythruddo a'i wanychu, hefyd yn *ffig.*: *picador, also fig.*

20g.

picaf: pico, gw. **piciaf**[2]**: picio.**

picaib [*pig*[1] + *caib*] *e?b.* ll. *-ceibiau.* Picas: *pickaxe.*

1780 *W*, *pig-caib* d.g. *pick-ax.*

picanini [bnth. S. *piccaninny*] *eg.* Plentyn bach croenddu: *small black child.*

20g.

picar [bnth. S. *picker*] *e?g.* Darn o ledr sy'n gyrru'r wennol yn ôl ac ymlaen rhwng yr ystof wrth weu: (*weaver's*) *picker, fly-shuttle.*

Ar lafar yn y ffatrïoedd gwlân, *B* xvi. 94, J. G. JENKINS: *WWI* 73.

picard [bnth. S. *pickard*] *e?g.* Offeryn danheddog at godi ceden ar frethyn: *pickard, card with teeth for raising a knap on cloth.*

16g. *GGH* 313, Pig ryWyddelig ddilwfr, / *Picard* yw yn pocio'r dwfr [i'r alarch].

Picardiaid [cfdds. o'r S. *Picard*(*s*) + *-iaid*[1]] *e.ll.* Sect anuniongred ym Mohemia o ddiwedd y 14g. tan y 19g. a wrthwynebai offeiriadaeth, cyffes, litwrgi, &c., ac a wadai bresenoldeb Crist yn yr Ewcharist: *Picards.*

c. **1762–79** W. WILLIAMS: *P* 513, *Pichardiaid* [*sic*], [a enwid] oddi wrth le a elwir Pichardi.

picarésg [bnth. S. *picaresque*] *a.* Yn perthyn i fath o nofel sy'n adrodd cyfres o anturiaethau cnaf o arwr: *picaresque.*

20g.

picas, picys[1] [bnth. S. *pickaxe* (cf. S. Diw. Cyn. *picas*, a S. taf. *pickiss*)] *eb.g.* ll. *-au, -on.* Erfyn llaw ac iddo goes bren a phen deubig haearn neu ddur a ddefnyddir i agor tir caled, i dorri cerrig, &c.: *pick*(*axe*).

1755 *ML* i. 369, Chwi welwch fy mod i gwedy troi fy nghleddyf yn gwlltwr, nage yn *biccass*, ond mae'r cleddyf yno byth megys troed i'r *biccass.* *id.* ii. 45–6, A fedr ef wneuthur turntrees a storches, a chiblau a thraed *piccasau?* **1757** *Cylchg LlGC* (1943) (At.) 12, ni wiw i ddyn gwann roi ei law ar Gaib na *Phiccas.* **1780** *W*, cyfegydd, vulgò *piccas, piccys* d.g. *pick-ax.* Ar lafar yn y ff. *picas* yng Nghered., sir Benf. (ll. *-on*), a sir Gaerf., *B* xiii. 138, *Cymru* xxxiv. 121, *GDD* 223, *Geir Glo* 90, ac ym Morg. yn y ff. *picis*(*h*) (ll. *-on*), a hefyd yn y ff. *pocasen* (ll. *pocasi*), *LlGC* 1171, 153. Cf. yr hen bennill llafar: 'Fe'm cleddir i rhyw ddydd a ddaw / Â chaib a rhaw a *phicys*, / Os na chaf Iesu i mi'n frawd / Hi fydd yn dlawd echrydus.

Gw. hefyd **pic**[1].

piced [bnth. S. *picket*] *eb.* ll. *-i.* Grŵp o bicedwyr, y weithred o bicedu: *picket, a picketing.*

20g.

picedaf: picedu [bf. o'r e. bl.] *bg.a.* Gweithredu fel piced, gosod piced ar, hefyd yn *ffig.*: *to picket, also fig.*

20g.

picedwr [bôn y f. fl. + *-wr*] *eg.* ll. *-wyr.* Person a osodir (e.e. gan undeb llafur) y tu allan i le gweithio yn ystod streic er mwyn darbwyllo gweithwyr, &c., i beidio â mynd i mewn: *picket* (*person*).

20g.

picell, *eb.* ll. *-au, -i.* Gwayw, gwaywffon, dart, arf tafl, (pen) saeth; draenen, fflewyn; hefyd yn *dros.* ac yn *ffig.*: *javelin, lance, spear, dart, missile, arrow*(*-head*); *thorn, splinter; also transf. and fig.*

1547 *WS*, *pickell.* **16g.** *WLl* 173, Pibell ronell oer wenwyn / *Pikell* hyll yn pikio llwyn [i'r neidr]. **1567** *TN* 275a, e roddwyt i mi bingyn [:– Gr. scolpē, aseth, *picell*, pric] yn y cnawt. **1588** 2 *Sam* xviii. 14, efe a gymmerth dair o *bicellau* yn ei law. **1588** 2 *Cr* xxxii. 5, efe a wnaeth lawer o *bicellau*, ac o dariannau. **1588** 1 *Mac* x. 80, [b]wriasant *biccellau* yn erbyn y bobl. **1630** *YDd* 41, pa rifedi o *biccellau* gofidus y mae efe [yr henddyn] yn ei ergydio trwyddo: sef gwaiw, doluriau, clymmau gwithi, y cryd, peswch, llafur, poerion oerllyd, cnofeydd, gwewyr, tostedd, ar cyfryw. **1632** *D*, *picell*, iaculum, telum, pilum, spiculum, missile. **1632** J. DAVIES: *LlR* 128, yn ôl dy holl ymdrech a *phicellau* angau (*darts of death*), y bydd rhaid i ti roi i fynu dy gorph. **1688** *TJ*, *picce*[*ll*], pig saeth . . . a Dart. **1703** E. WYNNE: *BC* 91, Gwelwn y Diawliaid . . . yn eu taflu i ddescyn ar eu penneu ar hislanod gwenwynig o *biccellau* geirwon gwrth fachog. **1753** *TR*, *piccell* . . . an arrow, a javelin. **1759** J. EVANS: *PF* 89, I dynny Drain, *Picellau* (*Splinters*), ac Escyrn allan o Gnawd. **1798** *WR* d.g. *missile.* **1803** *P*.

Cfn.: **picell danllyd:** *flaming dart, also fig.* **1588** *Eff* vi. 16, cymmerwch darian y ffydd, â'r hwn y galloch ddiffoddi holl *biccellau tanllyd* (W. SALESBURY: *KLl* lxvib, saytheu tanllyt) y fall. **1688** S. HUGHES: *TSP*

119, efe a daflodd *biccell danllyd* tuagat ei ddwyfron ef. **1757** *ML* ii. 50, Mae'r atteb etto heb ei roi i mewn, a'r gelyn yn cuchio ag yn saethu *picellau tanllyd*. **p. o dân gwyllt:** *rocket (firework)*. [**1783**] *W* d.g. *rocket*.

Gw. hefyd **picellig.**

picellaf: picellu [bf. o'r e. bl.] *bg.a.* Trywanu â gwaywffon; taflu (picell), saethu, picio; ebychu (geiriau, gweddïau, &c.); hefyd yn *ffig.*: *to spear; throw (a dart), pitch, shoot, dart; ejaculate (words, prayers, &c.); also fig.*

1632 *D* d.g. *eiaculor, iaculo, iaculor*. **1658** R. Vaughan: *PS* 222, *Piccella* Arglwydd, oddiwrth y llygad bendigedig yna oth tosturi, y ffafor ar bendithiau hynny ar wyneb y corph gwaedlyd hwnnw. **1684** H. Owen: *DC* 295, pan y *picellir* geiriau drwg yn ein herbyn. *id.* 306, *piccella* dy bilwrnrau [*sic*]. **1712** W. Rowlands: *HEC* 6–7, y mae efe yn fynych yn derchafu ei Feddwl tua'r Nef, ac y[n] *piccellu* Ebychion duwiol yno. **1722** *Llst* 189, *picellu*, to dart, pitch, throw. **1737** J. Einnon: *HR* 173, y Gair hwnnw a *biccellodd (darted)* i mewn arnaf. *id.* 1[83], Ac gyffwrdd [*sic*] a honno y 12 o'r Hebreaid, ynghylch Esau yn gwerthu ei enedigaethfraint, er mai hwnnw oedd yn fy lladd i, ac yn *piccellu* yn fy erbyn (*stood like a spear against me*). **1763** R. Thomas: *HR* 107, y Geiriau . . . a *biccellodd* arnaf. **1803** *P*, *picellu*, to throw a dart.

picellig [gair geir., sef *picell*+-*ig*[1]] *eb.* Picell fach, gwayw: *small dart, javelin*.

1632 *D* d.g. *coriscus*. **1722** *Llst* 189, *picellig*, f. a light dart or javelin.

picellog [*picell*+-*og*] *a.* Yn dwyn dart(iau) neu bicell(au); ac iddo bigau, ?llawn pigau, pigfain, hefyd yn *dros.*: *dart- or javelin-bearing; spiked, spiky, also transf.*

1632 *D* d.g. *pilatus, verutus*. **1770** *W* d.g. *armed with darts*. **1803** *P*.

picellwr, picellydd [bôn y f. fl.+-*wr*, -*ydd*[3]] *eg.* ll. *picellwyr*, (geir.) *picellyddion*.

(*a*) Milwr sy'n ymladd â phicell neu waywffon, ffonwaywr, un sy'n taflu dartiau, (geir.) picador: *lancer, pikeman, spearer, dart-thrower, (dict.) picador*.

1803 *P*, *picellwr*, s. m. pl. t. *picellwyr*, a dart-man, a thrower of darts. *id. picellydd*, s. m. pl. t. *ion*, a darter.

(*b*) *Swol.* (yn y ff. *picellwr*) Math o was y neidr, yn enw. aelod o'r tylwythau *Libellula* a *Sympetrum*: *darter (a kind of dragon-fly)*.

20g. Gw. *Nat* xiii. 24, xvi. 21, xvii. 7, xviii. 20.

picen, gw. **pic**[2].

picffon [*pig*[1]+*ffon*] *eb.* ll. -*ffyn*. Paladr gwaywffon: *pikestaff*.

16–17g. *HG* 179, aü *bickffon* lunion ny law / awr beswch i orbwyssaw. **1803** *P*, *picfon*, s. f. pl. *picfyn*, a pike-staff.

picfforch [*pig*[1] neu gfdds. o'r S. *pick(fork)* 'pitchfork'+*fforch*] *eb.g.* ll. *picffyrch*, *picfforchau*.

(*a*) Fforch ac iddi goes hir a dwy neu ragor o bigau a ddefnyddir i godi gwair, &c., fforch wair, pigau, fforch dail, fforch arddio, hefyd yn *dros.*: *pitchfork, hay-fork, dung-fork, (garden) fork, also transf.*

16g. (*LlEG*) *Mos* 158, 129a, ymladd achnwppae ac a *ffyckffyrch*. **1588** 1 *Sam* xiii. 21, yr oedd llif-ddur i wneuthur minau i'r cwlltyrau, ac i'r ceibiau, i'r *pig-ffyrch* hefyd. **1604–7** *TW* (*Pen* 228), *picforch* i vwrw scŷbæ [diwyg.] o yyt y vynû d.g. *merga*. **1632** *D*. **1688** *TJ*, *pigfforch*: a Pitchfork. **1703** E. Wynne: *BC* 91, Gwelwn y Diawliaid â *phigffyrch* yn eu taflu i ddescyn ar eu penneu. **1722** S. Rhydderch: *Alm* [10], Ystumio *Pigfforch* wasgarwair. **18g.** E. T. Rhys: *DA* 154, Ac eraill â'u *pigfforchau* 'nghyd, / Yn rhedeg 'rhyd y rhedyn. **1766** *CD* 66, A *Phîgffyrch* Siarp hirion, a Wthient iw galon. **1768** Twm o'r Nant: *CTh* 40, Ryda'ch chwi'n un *bicwarch*, os cewch Dybacco. **1779** W. Williams: *BH* 18, i gymmeryd pig y *bigfforch* o'r côs. **1803** *P*. Ar lafar yn y Gogledd, ac ym Morg. a Brych., *LGW* [94]–5.

(*b*) Nod clust ar ddefaid, sef dau doriad ym mlaen y glust i gyfeiriad ei bôn, a'r rhan ganol wedi ei thorri ymaith gan adael dau big, fforch: *earmark on sheep, consisting of two points left after removing a rectangular portion from the tip of the ear*.

1643 *LlGC* 7013, 2, the Eare marck of *pickwarch* yn y glust asw. **1644** *id.* 14, Torri y naill glust a *picfforch* [yn] y llall. **1794** *Y Casglwr* xxvii. 7, gwenol un de, cilhollt dano, *picwarch* un yr ase. Ar lafar ym Meir. a sir Drefn., *B* xiv. 290, *Mont Coll* vii. 407, ac yn sir Gaerf., *CYLl* 97.

Amr.: **picwa(r)ch** (ll. *picweirch, picwyrch, picwerchi*). **1643** *LlGC* 7013, 2, *pickwarch*. **18g.** *Beirdd y Berwyn* 77, *Picwarch*, cribin, ffust i ddyrnu. **1768** Twm o'r Nant: *CTh* 40. Ar lafar yn y Gogledd, Cered., sir Benf., a'r De, *LGW* [94]–5. Ym Mhenllyn clywir y ff. l. *picwyrch*, yn Arfon *picweirch*, *WVBD* 429, ac yn sir Benf. a sir Gaerf. *picwerchi*.

Gw. hefyd **pitfforch.**

picfforchaid, picwarchaid [*picfforch*, *picwarch*+-*aid*[1]] *eb.* ll. *picwarcheidiau*. Llond picfforch: *as much as can be picked up or carried on a pitchfork*.

Diw. **19g.** *SE MS* 375. Cf. D. J. Williams: *ChHO* 15, nid oedd *picwarchaid* o wair na stacan o lafur.

piciad [bôn y f. ddil.+-*iad*[1]] *eg.* ll. -*au*. Y weithred o bicio, gwibiad, symudiad sydyn: *a darting, sudden movement*.

1803 *P*, *piciad*, s. m. pl. t. *au*, a darting; a making a sudden pass, a going suddenly.

piciaf[1]**: picio** [bnth. S. (*to*) *pick* 'pitch, hurl, throw; bring forth prematurely'; dichon fod peth cymysgu â *piciaf*[2]: *picio* ac â *pigaf*: *pigo*] *bg.a.*

(*a*) Gwibio, mynd yn sydyn, mynd ar daith (sydyn), mynd neu ymweld am gyfnod byr, brysio, prysuro, rhuthro, taro (draw), rhedeg, mynd, hefyd yn *ffig.*: *to dart, fly, dash, go suddenly, make a (sudden) journey, hurry, rush, slip or pop (over), run, go, also fig.*

1735 L. Morris: *LW* 50, myfi . . . a *bicciais* i lawr gyda chwpaned fel un o honynt a elwid Mrs Ffyrnig i gael lle i ymguddio. **1741** *ML* i. 64, ni che's amser i *biccio* hyd yno [Pentre-eiriannell] ers gwyl Fihangel diwaetha. **1751** *id.* 169–70, Da chwitheu *picciwch* hyd at y dollfa ryw dro a mynnwch gael certificate. **1753** G. Owen: *L* 77, Nid oes dim chware ffwl pan welir person unwaith yn dechreu geran, chwi welwch eraill yn *piccio* i'r lle cyn i'r gwaed fferu yn y gwythi. **1759** *ML* ii. 114, a minnau mor drafferthus nas gallaf *bicio* i unlle chwaith. **1763** *DT* 220, Y Tad yn rhodio'r Gelltydd, / A *phicio* dros y ffosydd. **1787** (**1812**) Twm o'r Nant: *PG* 20, Os ceir botias a 'spardunau, a cheffyl dano, / A chob a het a bwcwl, dyna'i porthmon yn *picio*. / Ac yn cletsian ei chwip i fynu ac i lawr, / Fe wnaiff ystwr mawr nes toro. **1790** Twm o'r Nant: *GG* 69, I ddweud y gyffes yn ddi gudd, / I'r Backarow mi *biccia*'n rhydd. *id.* 135, Mysg y rhai'n [tonnau] oer lain ar lêd, / *Piccio* mae'r Hilsbroo Packed. **1803** *P*, *piciaw*, to dart; to fly suddenly. *Picia* yno a brysia yn ol, run there and make haste back. Ar lafar yn y Gogledd, *ISF* 60; '*picio* i rwla' 'to run off somewhere', '*piciwch* ar 'i ôl o' 'run after it', *WVBD* 429. Clywir y be. *picied* yn sir Ddinb.

(*b*) Taflu, bwrw, hyrddio, saethu (allan), chwistrellu, tasgu, chwydu: *to cast, pitch, throw, hurl, shoot (out), start (of tears), syringe, rain, vomit*.

16g. *Rhyddiaith Gymraeg* i. 32, Ynn y dymesdyl i trewis gwth o wynt ddrws Eglwys y Grog o Gaer ynn ygored drwy *bickio* trossol mawr o bren a oedd ar y drws tu ac att ddelw y Grog. **1574** *RhRC* (At.) 246b, ef a fu farw a ffen gladded ef, fo gad y gorff ef dranoeth wedyr ddayar y *bickio* ef y fyny, yno yr ail waith y darfy y ddyn y gladdy, ond y trydy dydd hwy a gawson y korff wedy *bickio* y fyny or ddayar. **1604–7** *TW* (*Pen* 228), rhyw phynn yw *picio*, aruer-edic yn y rhyuel d.g. *mazara*. **1632** *D*, *piccio*, iaculari. **1677** C. Edwards: *FfDd* 301, gwelant achos i ofni rhag iw Camwedd fod yn dramgwydd iddynt, a'u *piccio* ir pwll o'r hwn nis gellir codi. **1688** T. Jones: *Alm* [25], bŷdd tebŷg i oeri, ac i *biccio* ymbell gafod ddicllon o wlaw. **1688** *TJ*, *piccio*, to cast or shoot Darts. **1722** *Llst* 189, *piccio*, to pitch, hurl. **1725** *SR* d.g. *to Shoot*. **1759** J. Evans: *PF* 44, *Picciwch* (*Syringe*) i'r Glust de saeds yn dwymyn, trwy Chwistrell [:– Offerun i *Biccio* Gwlybaniaeth]. **18–19g.** *GABC* 124, Yn yfed cryn becced a'i *biccio* fo'n ol. Ar lafar yn sir Ddinb., 'Mae'r tân yn *picio*', *Cymru* xlvii. 141.

(*c*) Ebychu (geiriau, gweddïau, &c.): *to ejaculate (words, prayers, &c.)*.

16g. (**16–17g.**) *CC* 91, gŵr du i *biccio* gair del / gŵr yssig a gwarr issel (Thomas Prys). **17g.** E. Morris: *B* 9, Cofia dripheth, na fydd amhwyll, / Gwilia *bicio* ymadrodd byrbwyll; / . . . / 'Dy dafod eill g'wilyddio'th wyneb'. **1696** *CDD* 313, Fe ddae un, ac a gode o gâs, / Ac a *biccie* chwedel crâs. **1701** E. Wynne: *RBS* 12, ti a elli ei diwygio [dy reol feunyddiol] trwy *biccio* byrr weddiau dwysion (*ejaculations and short retirements*) trwy'r dwthwn yn nghanol dy orchwyl a'th gwmpeini. *id.* 209–10, Ond wrth *biccio* ymbell ddwys ochenaid o ferr-weddi (*extraordinary, casual and ejaculatory Prayers*) . . . mae pôb ystum gweddus ar y corph yn gwasanaethu. **1730** (**1755**) E. Wynne: *PAC* 172, Ond weithieu rhoed im henaid odfa, / I *biccio* ymbell Halelujah. **1766** *CD* 172, Mae *piccio* geiriau pan fwy digllon, / Yn esmwytho cylch y'nghalon. **1769** Twm o'r Nant: *TChD* 35, Ni wiw ichwi *bicio* imi'ch Coecni lledwan. **1776** H. Jones: *GC* 83, Fe ddaeth yr Ecseismon yn union yn nês; / Gan *biccio* i Fa[d]rodd-ion, mor gyson ag un. [**1783**] *W*, *piccio* ffraetheiriau d.g. *to repartee*.

(*d*) Erthylu (am anifail): *to abort (of an animal)*.

Ar lafar yn siroedd Trefn. a Dinb., *LGW* 72, 284–5.

piciaf[2]**, picaf: pic(i)o** [bnth. S. (*to*) *pick* 'to probe; choose, &c.'; dichon fod peth cymysgu â *pigaf*: *pigo* ac â *piciaf*[1]: *picio*, ac aniscr yw'r trydydd dfn.] *ba.* Pigo, glanhau drwy bigo; pricio; ?pigo (clo); dewis, ceisio; bwyta'n boenus o ofalus; hefyd yn *ffig.*: *to pick (at), pick (clean); prick, prickle; ?pick (a lock); choose, seek; pick at one's food; also fig.*

c. **1543** *Rhyddiaith Gymraeg* i. 41, Oddyna *picka* dy ddannedd a'th orchvanedd a risc gwydd chwerw, aroglevfawr, sych, cans hynny a wna lles. **1547** *WS*, *pico* kweryl, pyke a quarell. **16g.** *WLl* 173, Pibell ronell oer wenwyn / Pikell hyll yn *pikio* llwyn [i'r neidr]. *c.* **1674** *RWM* ii. 206, i *biccio* drysau'r boced. [**1775**] H. Jones: *HGS* 7, Mi wranta fi hon yn *piccio* ei bwyd, / Mae hi 'n o lwyd o'i ledol. **1812** W. Davies: *RMB* 75, os clyw ef [ebol] swn drwm neu arfau rhyfel, ni fedr sefyll yn yr un fan; yn codi, neu yn *picio* yn mlaen eu [*sic*] glustiau, a chryndod wrth y swn yn ei balfeisiau.

picied, gw. **piciaf**[1]**: picio.**

picil, picin, picis, gw. **picl, picyn, picas.**

picl, picil [bnth. S. *pickle*] *eg.b.* (bach. b. *piclen*) ll. *picls*, *piclau*, (prin) *piciliau*, (geir.) *piclys*, a hefyd fel *a*.

(*a*) Llysiau, &c., wedi eu piclo i'w bwyta fel enllyn; heli, finegr, &c., a ddefnyddir i biclo bwyd, &c.; wedi ei biclo: *pickle (relish), chutney; pickle, brine, vinegar; pickled*.

1547 *WS*, *pickyl*, pyccle. **1756** *ML* i. 437, erbyn myned i'w hedrych [corn carw môr] rhag ofn bod eisiau *pickyl* arnynt, ni thalant ddim yn y byd. Ar lafar yn gyff., fel arfer yn y ff. *picl*, ll. *picls*, *WVBD* 429, *GDD* 223, *SC* vi. 123.

(*b*) Cyflwr (drwg, truenus, &c.); sefyllfa letchwith, trwbl, helynt, strach; llanastr, annibendod: *(bad, pitiful, &c.) state; pickle, trouble, scrape; mess, disorder*.

1672 R. Prichard: *Gw* 460, Eisie byw yngoleuni 'r fengyl, / Rwi fi nawr mor ddrwg fy *mhiccil* [:– Cyflwr]. **1688** S. Hughes: *TSP* 194, Yn vffern boeth yn vdo 'n rhôst, / Yn ddigon tôst eu piner [:– Eu *piccil*, eu cyflwr]. **1716–18** *Llsgr R. Morris* 57, ni budd mor cossi gwegil nes mynd draw or *biccil* / ag yno mil o gwunion maith. **1736** (**1812**) *YRW* 10, Mi a debygwn wrth eich *piccil*. Ar lafar yn gyff. (fel arfer yn y ff. *picil*), ''Dw i ddim am fod yn y *picil* na', *WVBD* 429; hefyd ym Morg. yn yr ystyr 'annibendod', 'Ma' nw wedi gatal yr 'en le fynd i *bicil* ofnadw'; yn sir Gaern. clywir hefyd y ff. *bicil*, 'Mae o mewn *bicil* dros ei ben a'i glustiau', J. Jones: *Gwerin-eiriau* 3. Cf. D. J. Williams: *STG* 90, eisteddai ar ymyl y gwely, gan graffu'n fanwl ar *bicil* ei wyneb.

piclaf, picliaf: piclo[2]**, piclio** [bf. o'r e. bl.] *bg.a.*

(*a*) Cadw (llysiau, ffrwythau, &c.) mewn picl; trin (darnau o gig, &c.) â phicl i'w cadw am amser hir, cyffeithio; rhoddi dŵr hallt (ar rywbeth); cyffeithio (crwyn); hefyd yn *ffig.*: *to pickle (vegetables, fruit, &c.); cure (meat, &c.) with pickle; apply salt water (to something); tan (hides); also fig.*

c. **1730** *Thos. Lloyd D* (LlGC) 194a, *picclio*, to pickle. *c.* **1740** *LlM* [44], I Halltu Llymeirch neu *Biclo* Oestrys. **1750** *ML* i. 155–6, fo ddarfu am *bicklio* . . . yn y ty yma, ond etto er hyn mae yn fy mryd osod fy nith Marged ar waith i *biclio* rhai sampier neu gorn carw môr. The best of pickles for strengthening the stomach . . . medd y doethion. *id.* 437, mi brynnais y leni gybynaid o honynt [corn carw môr] ac a delais am eu *picliaw*. **1759** J. Evans: *PF* 16, Pôb Ymborth wedi ei *biclo* (*pickled*), ne'i fygu. *id.* 41, Bwytewch gnau ffreinig wedi eu *piclo* (*preserved walnuts*). Ar lafar yn gyff., *Geir Geg* 110; fe'i defnyddir hefyd am berson sydd wedi meddwi, ''Odd o 'di'i *biclo* y noson welis i o yn y 'Steddfod'.

(*b*) Trin (metel, ŷd, &c.) ag asid neu gemegolion i'w lanhau: *to pickle (metal, corn, &c.)*.
1860. Ar lafar yn nwyrain sir Gaerf. a gorllewin Morg.

piclen, gw. **picl.**

picleryn [bnth. S. *pickle-herring* 'clown, buffoon'] *eg.* Cyff clêr: *laughing-stock, butt (of joke, &c.)*.
Ar lafar yn sir Benf., *GDD* 223; '*Picleryn* y defed yw ŵen swcci', *id.* 104.

picliaf: piclio, gw. **piclaf: piclo.**

piclo[1] [*pig*[1] neu fôn y f. *piciaf*[2]: *picio*+*clo*, ar ddelw'r S. *picklock*] *eg.* ll. *-eon.* Offeryn a ddefnyddir (yn enw. gan ladron) i agor cloeon: *picklock (instrument)*.
1780 *W* d.g. *pick-lock* [*a thief's instrument to open locks with*].

piclo[2], gw. **piclaf: piclo.**

piclys, ff. l., gw. **picl.**

picnic, picnig [bnth. S. *picnic*] *eg.* ll. *picnics.* Bwyd yr eir ag ef i'w fwyta fel arfer yn yr awyr agored, yn aml fel rhan o daith bleser; (gynt) math o adloniant cymdeithasol ffasiynol a phob unigolyn yn darparu cyfran o'r arlwy; hefyd yn *ffig.*: *picnic, also fig.*
1862. Ar lafar yn gyff.

picnica [bf. o'r e. bl.] *bg.* Cynnal picnic, cymryd rhan mewn picnic: *to picnic.*
20g.

picniciwr [bôn y f. fl.+*-iwr*] *eg.* ll. *picnicwyr.* Un sy'n picnica: *picnicker.*
20g.

picnig, gw. **picnic.**

picoch—brân b., gw. **brân** (At.).

picolo [bnth. S. *piccolo*] *eg.* ll. *-s, picoli.* Ffliwt fechan sy'n seinio wythawd yn uwch na ffliwt gyffredin: *piccolo.*
1933.

picrat, picret, *eg.* Twll neu gratin i ollwng dŵr, biswail, lludw, &c., trwyddo; twll o flaen y tân i gasglu lludw: *hole or grating to let water, dung, ashes, &c., through; hole in front of fire to collect ashes.*
Ar lafar yng nghanolbarth Cered., *B* xiv. 280, a sir Drefn.

pics[1] [bnth. S. *pyx*] *eg.* Llestr at gadw bara cysegredig yr Ewcharist: *pyx.*
1574 *RhRC* (At.) 251, y lydratta yddo allan o ryw eglwys y *pix* ar aberthiad bendigedic. *Diw.* **16g.** *IMCY* 242, galwei Rhol goel o Rhelix / gwisgo n dal y bal ai *bix* [Siôn Mawddwy i Ficer Brynbuga]. **16–17g.** *HG* 86, nid oes ynod na thapreu / na phax na *phich* [*sic*] na delweu. **16–17g.** *DCR* 231, pam i drylliech ithe r *pixyn* drix oedd yn yr eglwys. *c.* **1730** *Thos. Lloyd D* (LlGC) 191b, *pics*, pyxis.

pics[2], ff. l., gw. **pic**[2].

picsi [bnth. S. *pixie*] *eg.* ll. *picsïod.* Un o'r tylwyth teg; het bigfain a wisgir fel arfer gan blant: *pixie; pixie hat.*
20g.

picsofl [*pig*[1]+*sofl*] *eg.* Y cnwd cyntaf o wair ieuanc a dorrir ar ôl hadu cae, gwair hadau; sofl: *first crop of young hay harvested after reseeding, seed-hay; stubble.*
c. **1730** *Thos. Lloyd D* (LlGC) 191b, *pigsofl*, grass of ye 1st year. Ar lafar ym Môn ac Arfon, *Môn* (Gwanwyn, 1954) 9, *WVBD* 429.

Pict [bnth. Llad. Diw. *Pictī* a S. *Pict*] *eg.* ll. *-(i)aid.* Un o'r Ffichtiaid neu'r Brithwyr, pobl a drigai mewn rhannau o ogledd yr Alban gynt: *Pict.*
14g. *BT* (*RB*) 4, bu varw Owein, vrenhin y *Picteid.* **1730** A. Morgan: *CES* [iii], Rhuthrodd y Scotiaid a'r *Pictiaid* iddi fel bleiddiaid yr hwyr.

Pictaidd [cfdds. o'r S. *Pict(ish)*+*-aidd*] *a.* Yn perthyn i'r Pictiaid, nodweddiadol o'r Pictiaid: *Pictish.*
1870.

Picteg [*Pict*+*-eg*[1]] *eb.g.* Iaith y Pictiaid: *Pictish (language).*
20g.

picter, gw. **pictiwr.**

pictiwr [bnth. S. *picture*] *eg.* ll. *-s, pictiyrau, pictiwrau.*

(*a*) Llun, darlun, peintiad, delw, portread, ffotograff: *picture, painting, image, portrait, photograph.*
16g. *RWM* i. 968, Y vii plaened ai *pictiwrs.* **1636** *Pen* 321, 74a, wrth *bictur* (*of a picture*) gwr pan fo r gwr yn bresenol. **17g.** *LlCy* iii. 106, *Picktüwrs* oedd lonüdd ny widdüd y hoedüdd / Y dorwyd yn yr ŷndüdd yn ddrylle [am ffenestri lliw]. **1708** *EGE* 83, Nid ydyw yn y fan ymma yn cwbl wahardd iti wneuthur llûn neu *Bictuwr* neu gyffelybiaeth un creadur. **18g.** *Beirdd y Berwyn* 44, Mi a fynna addysg . . . / I fynd at Bygmalion . . . / I dynnu *pictiwr* y fwyn fenyw. **1745** *ML* i. 87, Mae genyf bot i'r hen Wil Jones, Pabo, am ei *bicture* i'r Beibl Cysegr lân. **1752** J. Thomas: *FG* 221, A Chyngor jachus . . . iddo grogi i fynu Lûn neu *Bictiwr* ei Dâd. **1757** *ML* ii. 59, Gwych o'r almanack a gadd y Surveyor yma gan ei fab, mae'r *pigtiwrs* mor dlysion! **1758** G. Owen: *L* 71, ynghylch ugain o *bictuwrau* mewn frames duon. **1761** *ML* i. 333, Ie, Robin a dynodd y *pictiwr.* **1762** *id.* ii. 487, y fi nis gwelais nag yr un o'r *pigtiwrs* aderynnod ond dou. Ar lafar yn gyff.

(*b*) Darlun (dychmygol), tebygrwydd; argraff gyffredinol; patrwm, enghraifft; golygfa hardd, delwedd: *(imaginary) picture, semblance; general impression; exemplar, example; pretty view, (ideal) image.*
1672 R. Prichard: *Gw* 214, Pa faint mwy na charcca Duw, / Am ddyn rhwn ywe ei *bicter* [:– Ei lun a'i ddelw]. *c.* **1720 (1793)** M. ab Robert: *CC* 89, Wele, dyma ddrych i chwi weled eich hunain ynddo . . . ïe, dyma *bictiwr*, neu ddarllun fel y gallaf ei alw, i blant Duw, a phlant diafol. **1768** W. Williams: *HTS* 24, ni allaf lai na'i osod allan [Ffidelius], fel y *pictiwr* mwya cymmwys ag wyf yn adnabod o gristion. **1777** W. Williams: *DN* 43, Dyma . . . *bictiwr* cymmwys o wraig yn cadw ei lle at Dduw. Ar lafar, e.e. 'Mae hi'n *bictiwr* edrach arno fo' 'He is a miserable object', *WVBD* 429. Dywedir bod llecyn hardd yn '*bictiwr* o le'.

(*c*) (yn y ll. *pictiwrs*) Sinema, darluniau byw: *(pl.) cinema, pictures, movies.*
1938. Ar lafar.
Amr.: **picter. 1672** R. Prichard: *Gw* 214. **pictur** (ll. *-s*). **1636** *Pen* 321, 74a. **[1740]** L. Anwyl: *NG*, hysbyseb, Darluniadau neu *Bicturs.* *c.* **1762–79** W. Williams: *P* 501. **pictwr** (ll. *-au, -s*). **1734** *YCTM* 5, Pan rhows y Tâd moliannus / Y Gyfraith fawr i Moses, / Fe barodd gwneuthur *Pictwrs* llon / O lun Angelion gweddus. **1746** G. Jones: *HWI* iii. 114–16, Fe waherddir . . . [p]aentio'r Wyneb; neu *Bictwrau* anllad: canys magu Chwantau . . . a wnânt. *c.* **1762–79** W. Williams: *P* 434, 477. **1797** D. Davies: *SEG* 183, Allwn ni ddim wneud *pictwr* neu lun o Iesu Grist . . .? Ar lafar ym Morg., 'Siop gwerthu *pictwrs*'. **pitiwr. 1847. pitwr.** Ar lafar yng ngorllewin Morg.

pictiwrésg, pitwrésg [bnth. S. *picturesque*] *a.* Mor hardd neu drawiadol â llun: *picturesque.*
20g.

pictur, pictwr, gw. **pictiwr.**

picwach, picwarch, gw. **picfforch.**

picwarchaid, gw. **picfforchaid.**

picwd, picwt [?*pig*[1]+elf. anh. (?*hwd*); ?cf. *pigewdyn*; dichon fod yma fwy nag un gair] *eg.* (bach. *-yn*) ll. *picydau.*

(*a*) *Pysg.* Pigwr, *Acanthias vulgaris*: *piked dogfish.*
1803 *P*, *picwd*, s. m. pl. *picydau*, the prickled dog, or houndfish; also called ci pigau, and ci pigawg. Ar lafar yn y Gogledd, '*Picwt* . . . Ci *Pigwd*', H. E. Forrest: *FNW* 516.

(*b*) Coegyn; cnaf, dihiryn: *dandy; scoundrel.*
Diw. **19g.** *SE MS* 375a, *picwdyn* sm., a coxcomb; a scoundrel. Ar lafar yn yr ystyr '(plentyn) gwantan neu wanllyd', 'hen *bicwd* bach digynnydd', *BILlE* 32.
Gw. hefyd **pigwr.**

picwn[1] [cf. *pipgwn*; ?dan ddyl. yr e. *pig*[1]] *e.ll.* (un. b. *picynen, picwnen*) ll. dwbl *-s.* Cacwn, hefyd am bryfed eraill tebyg: *wasps, also of other similar insects.*
19g. *HVN* 600, She (being Nedd-born) called it *picwnen*, but he, a North-Walian, insisted on cacwnen. *Diw.* **19g.** *SE MS* 375a, *piccwn*, spl. sg. *piccynen.* Ar lafar yng ngorllewin a gogledd Morg., Brych., a sir Gaerf., *LGW* [424]–5; yn ôl *GWG* 318, ystyr *picwn* yw 'a kind of wasp—different from "cacwn"'.
Gw. hefyd **piffgwn, pipgwn.**

picwn[2], gw. **pigwrn**[1].

picws, bicws, micws[2], &c. [nid oes sicrwydd mai'r un gair a welir yn adranau (*a*) a (*b*) isod; cf. *micas*, ?a *micws*[1]] *e.*

(*a*) Y mymryn lleiaf, tamaid: *slightest amount, bit.*
Dchr. **17g.** *J* 10, 128a, *piggws*, jote. *id.* 128a, Heb adaw *picws*, everie whitt.

(*b*) Math o fwyd a wneir o fara ceirch wedi ei falu mewn llaeth enwyn (fel arfer yn yr ymad. *picws*, &c., *mali*), brywes, siot: *type of food consisting of oatbread crumbled into buttermilk.*
c. **1588** *B* ii. 231, *miclws mali* . . . browes or bara keirch wedi i friwo yn fan rhwng dwylo yw. **18–19g.** *IAW* (LlGC) 101, 14a, *piccws*, meirion, oaten bread and buttermilk. Ar lafar yn y Gogledd, *pi(n)cws mali, bicws mali*, *LlLlM* 18, *WVBD* 429, J. Jones: *Gwerineiriau* 3, *Mont Coll* xiii. 322; hefyd yn sir Ddinb. yn yr ystyr 'math o fwyd a wneir âg ŵy a llefrith; gelwir hefyd "maidd yr iar"', *Cymru* xlvii. 142, ac yn sir Gaerf. yn y ff. *bicws malws* am 'a dish made of hot shortbread minced in buttermilk', *TGG* (1907–8) 59.

picwt, gw. **picwd.**

picyn, picin [bnth. S. *piggin* 'small pail or vessel'; ansicr yw'r ddwy engh. gyntaf isod] *eg.* ll. *picynau.* Llestr yfed neu fwyta, wedi ei wneud fel arfer o ystyllod pren ac un ystyllen hwy na'r lleill yn gweithredu fel handlen; cunnog, bwced: *vessel for eating or drinking, usually made of hooped staves with one longer stave serving as a handle, piggin; (milking-)pail, bucket.*
15g. Dafydd Llwyd: *Gw* 276, Ochrog cyrn addurn Iddew, / Uchel wyd, *bicyn* rhwyd rhew [i Garnedd Llywelyn]. **15g.** *GDID* 22, Dwg hupynt dros deg cwpwrdd, / Disgyn ar *bicyn* o'r bwrdd. **1545** Elis Gruffydd: *Ll* 167, A gwnna *bickin* ne ffiol o bren y rosmair. **1547** *WS*, payol *pikin*, a payle. *id.* *pikin* diowtlestyr. *c.* **1562** *B* i. 326, kornogyn: kunoc neu *pickin.* **16–17g.** *PhA* 471, y gwin o *Biccin* Baccws / och air craff a chware Carws. **1604–7** *TW* (*Pen* 228), *picin* d.g. *urceus.* *c.* **1720** D. Thomas: *HTS* 13, Mewn *Piccynnau* Cawl y Cennin. **1766** *CD* 65, *Picynne* bac[h] a[r]ian, a Phottiau lond Ffettan. **1767** G. Howel: *Alm* 6, Mi welais ryw eilun, ar fwrdd y [*sic*] Oferddyn, / A Ned wrth ei *biccyn*, yn llibyn a llwyd. **1803** *P*, *piccyn*, s. m. dim. pl. t. *-au*, a wooden vessel hooped, used for eating out of. Ar lafar ym Môn yn yr ystyr 'llestr pren at fwyta ohono ac un glust yn codi o'i ochr', *Môn* (Gwanwyn, 1954) 10, *LlLlM* 34, ac yn Arfon am 'a wooden hooped vessel containing about a pint and a half, with a projection (clust) on each side to enable it to be used in ladling out hot liquids', *WVBD* 429; hefyd ym Maldwyn a Phenllyn, *B* iii. 205, sir Ddinb., *Cymru* xlvii. 141, a Chered., *Geir Geg* 145. Digwydd hefyd mewn ymad. fel 'Bôd heb yr un *picyn* pan y bydd yn glawio potes', *Mont Coll* xiii. 312.
Amr.: **pigyn**[2]. *Dchr.* **17g.** *J* 10, 128a. **1688** *TJ.*

picynaid [*picyn*+*-aid*[1]] *eg.* ll. *picyneidiau.* Llond picyn (tua pheint a hanner), llond 'nogyn': *pigginful (about a pint and a half), 'nogginful'.*
1515 *Llst* 10, 26, A berw mewn hen *pikynnaid* o gwrw da. *Diw.* **16g.** *WLB* 31, ac yno yfed y *pikyned* hwnw ar [*sic*] hen gwrw. *id.* 40, kymer *bikynned* o enwyn sur. **16–17g.** *GST* i. 594, Lewys yn gumbrus a gaid, / Â phec hen a *phicynaid.* *c.* **1730** *Thos. Lloyd D* (LlGC) 194a, *piccynnaid*, a noggen-full. **1803** *P*, *picynaid*, s. m. pl. *picyneidiau*, as much as a picyn will hold.

picynen, gw. **picwn**[1].

picys[1,2], **pich,** gw. **picas, pic**[1], **pics**[1].

piden [Llyd. Diw. *pidenn*] *eb.* ll. *-nau.* Gwialen gŵr, pidyn, cal: *penis.*
14g. *Cylchg LlGC* xxii. 25, gwir gwir gwir medir gwir medann y byd / ay *bidenn* ffyroyn llydan. **15g.** *GDLl* 137, Gwedi darfod, gwawd eurfun, / Dofi 'y nghorff, deifio 'nghŷn, / Mae gwrid gormod i'm *piden*, / I ddiawl, lai na phawl ei phen! **15g.** *CMOC* 96, Ado'r tŷ, gleirch diriaid hen, / a'r byd am lygru'r *biden* (Ieuan Gethin). *id.* 36, ni rydd un wraig rinweddawl, / fursen, ei *phiden* a'i phawl (Gwerful Mechain). *id.* 38, bod yn fwy y *biden* fawr / no'i dynion, yn oed unawr (Gwerful Mechain). **16–17g.** T. Prys: *Bardd* 180, margen dann y henn yn noeth / margen aniben

pigell [?*pig*[1] + *-ell*; cf. *picell* a'r S. taf. *pickel* 'hay-fork, pitchfork'] *eb.*

(*a*) (geir.) Irai, swmbwl, pigyn: (*dict.*) *goad, prick, prickle.*
1632 *D* d.g. *stimulus.* **1725** *SR* d.g. *a Goad.* **1780** *W* d.g. *prick* [*a sharp point*], *prickle.*

(*b*) (geir.) Picell, dart: (*dict.*) *dart.*
Dchr. **17g.** *J* 10, 128a, *piggell*, falarica.

(*c*) Picfforch, fforch wair: *pitchfork, hay-fork.*
Ar lafar ym Morg., *LGW* [94]–5.

pigewdyn [?amr. ar *pigodyn*; cf. *picwdyn*] *eg.* ll. *pigewdod.* Cnaf, dihiryn; coegyn: *scoundrel; coxcomb.*
18–19g. *Llr* C 30, 201, *pigewdyn*, a scoundrel, a coxcomb. Ar lafar ym Morg. yn yr ystyr 'corrach', yn aml yn ddirm., *TGG* (1906) 15.

pigfain [*pig*[1] + *main*[1]] *a.* ll. *-feinion.* Yn meinhau tua'r big neu'r pen, blaenfain, conigol, ac iddo ben fel pyramid, blaenllym, miniog, cethrog, pigog, colynnog; main, tenau, cul (am wyneb), tenau ei wyneb; hefyd yn *ffig.*: *sharp-pointed, tapering, conical, having a top like a pyramid, pointed, sharp, spiky, prickly, stinging; lean, narrow, thin* (*of a face*), *having a thin face; also fig.*
1604–7 *TW* (*Pen* 228), *pigvain* d.g. *acuminatus. Dchr.* **17g.** *J* 10, 128a, *pigvain*, aculeatus. *c.* **1762–79** W. WILLIAMS: *P* 64, carreg wyrdd 5 rhychwant o uwchder oddiwrth y llawr, yr hon oedd yn terfunu yn *bigfain.* **1780** *W* d.g. *pointed, spiked.* **1784** M. WILLIAMS: *S* i. 168, Ar ben y bryn *pig-fain* yma mae gwastadedd. **1803** *P*, *pigvain*, sharp-pointed. Ar lafar yn yr ystyr 'tenau ei wyneb', ac yn Arfon yn yr ystyr 'anghymdeithasgar'. Yn Llŷn sonnir am 'stori'n gorffan yn *bigfain*', sef 'yn wan, tila'. Cf. D. J. WILLIAMS: *STG* 10, Dyn bach *pigfain*, ffroengul, ydoedd Ifan.

pigfeiniaf, pigfeinaf: pigfein(i)o [bf. o'r a. bl.] *bg.a.*

(*a*) Blaenfeinio, mynd neu wneud yn fain tua'r pen neu'r big, blaenllymu, minio, hogi: *to taper, become or make pointed, sharpen, whet.*
16g. **(1763)** W. SALESBURY: *LlM* 115, Llysie Mair . . . Dail hirion yn *pigfeinio* a blode suriol melyngochion. **1604–7** *TW* (*Pen* 228), *pigueino* d.g. *acumino. id.* d.g. *cacumino, fastigio.* **1632** *D* d.g. *inspico.* **1725** *SR*, *pigfeinio* d.g. *to acuminate, or to whet.* **1780** *W*, *pigfeinio* d.g. *to point* [*sharpen the point* . . .]. **1803** *P* d.g. *pigveiniaw.*

(*b*) Siarad yn fain neu'n nodweddiadol Seisnigaidd: *to speak in a characteristically English way.*
1926.

pigfeiniol [*pigfain* + *-iol*] *a.* Blaenfain, pigfain, a'i ben fel pyramid: *tapering, pointed, having a top like a pyramid.*
1851.

pigfelyn [*pig*[1] + *melyn*] *a.* (b. *pigfelen*) a hefyd fel *eg.b.* Melyn ei big; *Adar.* aderyn du, mwyalchen, *Turdus merula*: *yellow-billed, yellow-beaked; blackbird* (*in ornithology*).
1604–7 *TW* (*Pen* 228), mwyalchen *bicuelen* d.g. *merula.*

pigffon, pigfforch, pig-gaib, gw. **picffon, picfforch, picaib.**

pigiad[1], **pigad** [bôn y f. *pigaf*: *pigo* + *-iad*[1], *-ad*] *eg.?b.* (bach. *pigadyn*) ll. *pigiadau.* Y weithred o bigo, y weithred o gardio (gwlân), marc a wneir gan bwynt miniog, twll bychan a wneir gan rywbeth miniog (e.e. mewn teiar), colyn, brathiad, pigyn, gwayw; chwistrelliad (dan y croen), brechiad; pwynt, dot, llafarnod, pwynt dileu o dan lythyren, gronyn, y mymryn lleiaf; (yn y ll.) pigion; hefyd yn *ffig.*: *a pricking, a carding* (*of wool*), *a pecking, peck, prick, puncture, sting, bite, stitch, pang; injection; point, dot, vowel-point, punctum delens, particle, the tiniest bit or amount;* (*pl.*) *selections; also fig.*
Diw. **16g.** *WLB* 9, [t]ra fo yn chwsu sych y chwys ymaith fal i dêl or knawd, val sychu gwaed o *bigiadau.* **1596** *Pen* 187, 36b, llin y sydd iddi ddav bwnck nev *bigiad.* **16–17g.** *GST* i. 669, Da gŵyr, *bigiadau* geirwon, / Bigo siwrl, lle bai gas hon [i'r gelynnen]. **1604–7** *TW* (*Pen* 228), *pigiat* divrycheûat gwlan d.g. *carminatio.* **1609** *CRC* 313, gwyllt yw yngolwg i rhag ofn / rhwy *bigiad* dofn [*sic*] rhag pechod. **1632** *D* d.g. *compunctio, punctio, punctum. id.* [g]osod *pigiadau* dan y llythyrennau d.g. *dispungo.* **17g.** E. MORUS: *Gw* 85, Y carwr aflonydd, cei glywed rhyw newydd, / Ar hedfa f'adenydd rwy'n seuthydd am serch; / I ennyn gwres cariad, a'm bwa ar ei 'neliad, / Rhof *bigiad* o gennad ac annerch [am Giwpid]. **1722** *Llst* 189, *pigad*, m. a pricking, pecking. **[1724]** G. WYNN: *YGD* 73, Rhyfeddol yw uchel ddoethineb Duw, yr hwn a osododd *bigiad* neu 'r, Gwân lleiaf oll, yn y canol rhwng Amser a Thragwyddoldeb. **1740** T. EVANS: *DPO* 157, y Gwyr mawr . . . o Goryn y Pen hyd wadn y Traed yn llawn o Luniau Creaduriaid byw: Math o Liw glas ydoedd, ac ni wisgid mo'no byth allan am ei fod wedi ei ollwng i mewn a *phigad* nodwy i'r Croen. **1759** J. EVANS: *PF* 82, Wrth *bigiad* Gwenynen. **1765** J. EVANS: *CPE* 146, Jot yw'r leiaf o'r llythyrennau Hebreaeg; a *phigiad* neu ysgraffiniad pin 'sgrifenn[u] yw ystyr y gair a gyfieithir ymma Tippyn. **1777** E. ROBERTS: *DG* 64, Howld Howld mae rhyw *bigiade* / yn ymelud yn y nghymale. **1780** *W* d.g. *puncture.* **1784** M. WILLIAMS: *S* i. 176, a'r asp, *pigad* pa un sy'n hurto'r clwyfus, ac yn ei daflu i fath o drwm gwsg. **1803** *P*, *pigiad*, a pricking; a stinging; a picking. Ar lafar, *LGW* [426]–7, 501, *WVBD* 428, *GDD* 224, *Cymru* xliii. [195]. Clywir y ff. *pigadyn* yng nghanolbarth a godre Cered. ac yn sir Benf., '*pigadyn* o fwyd', *Geir Geg* 164.

Cfn.: **pigiad (pigad) cydwybod (y gydwybod,** *&c.*): *prick of conscience.* **1606** E. JAMES: *Hom* iii. 218, os ydynt hwy ar vn amser trwy *bigad eu cydwybod*, yr hwn sydd yn eu cyhuddo hwy, yn clywed na galar na thristwch. **1630** *YDd* 428, [*p*]*igiad* neu frâth *cydwybod.* **1693** *HC* 136. **p. chwannen (chwain):** *fleabite*(*s*), *also fig.* **1629** R. LLWYD: *P* 48, megis *pigiad chwanen.* **1683** H. EVANS: *CTF* 36, fel *pigad chwain* neu gilion. **1724** S. WILLIAMS: *ADA* 87, Fe fu gweiddi tost . . . pan losgwyd Sodoma a Gomorrha . . . ond nid oedd hyn ond *pigiad chwannen* mewn cyffelybrwydd i'r lle hwnnw. **1771** *PDPh* 29. **p. draen:** *thorn-prick.* **1716** T. EVANS: *DPO* 156, a ddeleid Christ'nogaeth ym Mhrydain megis ag a *phigad draen.* **1716–18** *Llsgr R. Morris* 33, drwu dduw a nerth y gyfraith ni fu arn[o]m *bigiad draen. id.* 83. **1793** *Cylchg* 235. **p. pin:** *pinprick.* **1677** *TC* [v], nid yw hyn gymmaint a *phigad pin* iw gyfflybu i Boenau uffern. **1727** J. JONES: *DFF* 287, *Pigiad pin.* **1732** *AABI* 187, Beth yw *Pigad Pin* i Frathiad at y Galon?

pigiad[2], gw. **pigaid.**

pigiadol [*pigiad*[1] + *-ol*] *a.* Yn pigo, yn achosi pigiad (cydwybod), pigog; wedi ei bigo, detholedig: *pricking, causing a prick* (*of conscience*), *prickly; chosen, selected.*
1796 N. WILLIAMS: *HM* ii. 79, poen llym *pigiadol.* **1798** *WR*, darnau *pigiadol* casgledig o amryw lyfrau d.g. *analects.*

pigiaid, gw. **pigaid.**

pigin [bnth. S. *biggin*; am *b-* > *p-*, cf. *ponc, potel*] *e?g.* Cap plentyn: *a child's cap.*
1547 *WS*, *pigin* gwisc pen dyn bach, a byggen.

pigion [bôn y f. *pigaf*: *pigo* + *-ion*[3]] *e.ll.* Yr hyn a bigwyd, darnau dewisedig, detholion, uchafbwyntiau, y rhan(nau) neu'r peth(au) rhagoraf neu bwysicaf, y gorau, goreuon, goreugwyr: *selections, excerpts, highlights, best or most important part*(*s*) *or thing*(*s*), *the best, the best people or men.*
1604–7 *TW* (*Pen* 228) d.g. *eclecta. Dchr.* **17g.** *J* 10, 128a, *pigion* pennav, principall points. collect. **1632** *D* d.g. *flos.* **17g.** HUW MORUS: *EC* i. 268, Mae genych gymdeithion, o *bigion* boneddigion, / A mwynion wyr tirion, di-grinion deg raen. **1696** *CDD* [3], Cymerais bêth Poen i gasglu ynghŷd *bigion* Cân dduwiol, neu ddewisol waith y prydyddion goreu yng hymru [*sic*]. **1704** *Cym Cr* 33, Gwybŷddwch mae'r Boreu yw *pigion* eich hamser [*sic*]. *c.* **1730** *Thos. Lloyd D* (LlGC) 191b, *pigion*, optima. **1740** T. EVANS: *DPO* 57, eu Gwyr dewisol, *Pigion* a Blodeu Jeungctid y wlad. **1753** *TR*, *pigion*, the best things, things chosen or picked out. **1755** *ML* i. 388, Mae fy neugyw i . . . yn cael *pigion* iechyd. **1758** *id.* ii. 95, [g]wedi rhoddi iddaw *bigion* gwers am chwarae ffwl. **1761** *id.* 427–8, ni chaf fi . . . lygadrythu ond ar ambell lyfrau cyffredin . . . mae rhyw chwiw garn lladron wedi myned ar *pigion* i gyd i bant. **1762** *id.* 482, Mae Jinny hitha yn myned ymlaen yn odiaethol. Rhai a ddywaid mai hi yw *pigion* yr ysgol. **1771** *PDPh* 2, Nid Cryg o bethau ar antur, o ddychymmygiad Co[e]gfeddygon tra anwybodus, eithr *Pigion* profedig, Gwaith Gwyr Enwog. **1803** *P.* Ar lafar, yn arbennig wrth sôn am raglenni radio a theledu, e.e. '*pigion* o'r Eisteddfod'.

pigiwr, gw. **pigwr.**

pigl, &c. [?bnth. S. C. *pigle* '*Stellaria*'] *eg.* (bach. b. *piglen*). *Bot.* Planhigyn gwyllt ac iddo flodau marŵn a dail llwydaidd ar ffurf tafod ci, tafod y bytheiad, tafod y ci, *Cynoglossum officinale*: *hound's-tongue.*
c. **1400** *Études* vii. 52, cinoglossa, *pigyle. id.* 284, Llyma val y gwneir eli da rac bratheu a chlwyfeu: kymryt avans, bugyl, *pigyl*, cenigyl . . . a mortera pob llyssewyn. *Diw.* **16g.** *WLB* 34, Rhag Jmpostum, kankr, a gewewyr . . . Kymer yvngl ar *pigl* ar sangil. **17g.** *LlGC* 13215, 318, tavod y Ci, *piglen.* **1707** *AB* 219c, *pigl*, hound's-tongue. [S.]. **1803** *P* d.g. *pigyl.* **1813** *WB* 227.

pigladronach [*pigladron* (ll. yr e. *pigleidr*) + *-ach*[2]] *e.ll.* Mân ladron, chwiwladron: *petty thieves, pilferers.*
1740 T. EVANS: *DPO* 61, y Ffrangcod a'r Saeson . . . *Pigladronach* a Gwibiaid oedd y ddwy Genedl honno ar y cyntaf.

piglas [*pig*[1] + *glas*[1]] *a.* a hefyd gyda grym enwol. Wyneblwyd, gwelw, gwelwlas, hefyd yn *ffig.*: *pale-faced, pale, livid, pallid, also fig.*
1701 E. WYNNE: *RBS* 229, Digllonedd . . . a wnâ gorph dyn yn aruthrol . . . y llais yn erchyll . . . y wynebpryd yn *biglas* neu yn danllyd. **1703** E. WYNNE: *BC* 41, 'r oedd yno un *piglas* cenfigennus a droes yn ôl wrth ddarllen, Câr dy Gymydog fel ti dy hun. *c.* **1730** *Thos. Lloyd D* (LlGC) 191b, *piglas* . . . pale faced. *id.* 194a, *piglas* . . . pale. **1756** G. OWEN: *L* 183, cydgoethi a chablu arnaf gyda'r dafarnwraig *biglas* yma. **1778** *W* d.g. *pale of face or countenance.* **18g.** TWM O'R NANT: *CO* 39, Mr. Gwrthwynebwr cân, a Mr. Gwyneblwyd, / A Mr. *Piglas*, a Mr. Gweithio'n ddiwyd. Ar lafar gynt yn nwyrain Morg. am rywun gwelw a main ei wyneb, ''Welas i ddim crwtyn bach mor *biglas* es blynydda'.

piglaw [*pig*[1] neu fôn y f. *pigaf*: *pigo* + *glaw*] *eg.* Glaw mawr, glaw trwm, cawod drom, glaw sy'n treiddio; glaw mân, smwclaw: *heavy rain, heavy shower, penetrating rain; drizzle, drizzling rain.*
14g. *GDG*[3] 75, Tŷ godrum, yr ystlumod, / Ei gefn rhag *piglaw* ac od. **16g.** BEDO HAFESB, &c.: *Gw* 15, pygliw gwrs *piglaw* ag od / plwm afiach yw plwy meifod. **1632** *D*, *piglaw*, pungens pluvia. **1688** *TJ*, *piglaw*, gwlaw mawr: a heavy Rain or Shower. **1722** *Llst* 189, *piglaw*, m. heavy piercing rain. **1753** *TR*, *piglaw*, a pricking rain. **18–19g.** *Llr* C 42, 427, Ffrechlaw.—*Piglaw*—Ponlaw mawr. [Glamorgan]. **1803** *P*, *pigwlaw*, a spitting rain.

pigleidr [*pig*[1] + *lleidr*] *eg.* ll. *pigladron.* Mân leidr, chwiwleidr: *petty thief, pilferer.*
1632 *D* d.g. *diætarius. c.* **1730** *Thos. Lloyd D* (LlGC) 191b, *pigleidr*, a Pilferer. Cf. *CEG* (1895) 295, Y chwi yw'r *pigladron* / Yn daclo pic-gloion / A robo'ch cymdogion y gwyle.

Gw. hefyd **pigladronach.**

piglem, piglen, gw. **piglym, pigl.**

piglwyd [*pig*[1] + *llwyd*] *a.* Wyneblwyd, gwelw, llwyd, llwydwelw: *pale-faced, pale, pallid, ashen.*
1894 D. OWEN: *GT* 264, Edrychai Nansi yn ddigon *piglwyd* a diysbryd. Ar lafar yn y Gogledd ac yn sir Benf., *WVBD* 428, *GDD* 225.

piglyd [*pig*[1] + *-lyd*] *a.* Pigog, colynnog, hefyd yn *ffig.* brathog, coeglyd, gwawdlyd, blin: *prickly, stinging, also fig. caustic, sarcastic, testy.*
Ar lafar ym Morg. ac yn Arfon, *WVBD* 428.

piglym [*pig*[1] + *llym*] *a.* (b. *piglem*) ll. *-ion.* Pigfain, blaenllym, ysgythrog, miniog ei big (am aderyn), pigfain ei dduryn (am bryfyn), main, tenau, cul (am wyneb): *sharp-pointed, pointed, jagged, sharp-beaked, having a pointed proboscis* (*of an insect*), *narrow, thin* (*of a face*).
a. **1564** *GST* i. 147, Saethau a yrr dros wythwynt, / Safwn ag ef yn safn gwynt. / *Piglymion*, drymion dramwy, / Plant hwn a'i hepil ynt hwy [i ofyn bwa]. **1620** *Ecclus* xliii. 19, Efe a dywallt rew ar y ddaiar fel halen, ac wedi iddo rewi, y mae efe yn *bîg-lym.* **1632** *D*, gwybedyn coes-hir *piglym* d.g. *cynips. c.* **1730** *Thos. Lloyd D* (LlGC) 191b, *piglym*, sharp-pointed, acuminatus. **1766** *CD* 37, Llymysten walch diddysgiad, bigowgdraed, Asgell-chwyrn, *biglem* walch.

pigmei, gw. **pigmi.**

pigment [bnth. S. *pigment*] *eg.* ll. *-au.* Sylwedd a geir ym meinwe anifeiliaid neu blanhigion ac sy'n cynhyrchu lliw nodweddiadol, unrhyw sylwedd a ddefnyddir i roi

lliw wrth wneud paent, inc, &c., paent: *pigment, paint.*
20g.

pigmi [bnth. S. *pygmy*] *eg.* ll. *pigmïaid.* Aelod o grŵp o bobloedd corachaidd gwledydd cyhydeddol Affrica; aelod o bobl gorachaidd y tybid eu bod yn byw yn Ethiopia neu'r India: *pygmy.*
1928.
Amr.: **pigmei** [bnth. Llad. *pygmæī*, o bosibl drwy'r S. C.] (ff. l.). **1346** *LlA* 165, dynyon gwy/yllt. dynyon achyrnn arnunt. Choriuti. Correit Satiri. Agwraged. or vn ryw genedyl ahonno. *Pigmei.* cenofali. **15g.** *FfBO* 49, kyrchu trwy wlat y correit neu *bigmei* . . . Hyt y *pigmei* oed teir rychwant ymi; ac wynt a wnant y gweith goreu a mwyaf ar gwttwn. Cf. *B* v. 311, mi a weles wlad brenin pigme / lle maer gwyr odair troedfedde.

pigodau, gw. **pigodyn.**

pigoden [*pig*[1] + *-od*[1] (neu *pigod*) + *-en*] *eb.* ll. *-nau.* Pigyn, draenen, pwynt blaenllym, colyn: *prickle, thorn, sharp point, sting.*
14g. *DGG*[2] 141, Rhoi am y tâl, rhwymiad dig, / Yn gwmpas drain yn ganpig, / A gwaedu pob *pigoden*, / A briwo iad Mab Mair wen (Gruffudd Gryg). **1755** *ML* i. 354, Let me hear ye Welsh names of your shells when you have christend them . . . Crychiaid, brychiaid, llygoden, *pigoden*, etc. **1803** *P*, *pigoden*, s. f. dim. pl. t. *au*, a prickle; a sharp point; a sting.

pigodyn [*pig*[1] + *-od*[1] + *-yn*[1]] *eg.* ll. *pigodau.* Ploryn, tosyn, cornwyd: *pimple, boil.*
Ar lafar yng nghanolbarth Cered. a sir Benf., *LGW* [220]–1, *GDD* 225.
Gw. hefyd **pigewdyn.**

pigog [*pig*[1] + *-og*] *a.* ll. *pigowgion*, a hefyd gyda grym enwol ac fel *eg.*

(*a*) Ac arno bigau neu ddrain, dreiniog, llawn drain, a chanddo bigau (am anifail), gwrychog, a chanddo big (am aderyn), a chanddi bigau (am fforch), colynnog, ac arno fachau miniog, pigfain, blaenllym, miniog, ysgythrog: *prickly, spiky, spiked, thorny, spiny, bristly, having a beak, pronged or tined* (*of a fork*), *stinging, barbed, sharp-pointed, pointed, sharp, jagged.*
14g. *DGG*[2] 155, Mae llawer o fieri / A'u pigau ynghylch d'enau di; / . . . / Pwy a roes dros dy ddwyen / Pais draenog, coed *pigog* hen [Llywelyn Goch ap Meurig Hen i farf arw]? **15g.** *GGl*[2] 254, Dau *bigog* a dybygwn, / Dwrn Huw a'r aderyn hwn [i ofyn gwalch]. **16g.** (*LlEG*) *Mos* 158, 333a, gan *biggoked* y saythau. **16g.** (**1763**) W. SALESBURY: *LlM* 94, blode gwnion a phene *pigowgion* bachogach. *id.* 177, Dey rhyw laeth ysgall sydd sef un sy wlltach *pigocach* a Duach ar llall sy Denerach a gwlyddeiddiach. *c.* **1585** G. ROBERT: *DC* 29a, plethu coron o ddrain llymion *pigawg*, ai gyrru cyn dynned am ei ben, yny oedd yn ei bigo hyd at yr asgwrn. *Diw.* **16g.** *DCR* 218, kes i gigwen *bigog* / yn ytrafel [*sic*] keiniog. **1604–7** *TW* (*Pen* 228) d.g. *acanthinus, rostratus. id.* porcupin a seutha . . . ei ddrain nei wrych *pigoc* mal pei baent saethæ d.g. *sagittifer.* **1632** *D* d.g. *echinatus, sentis, stimuleus.* **17g.** *CC* 34, Wyf dan glwyd o gronglwyd grîn / yn noeth ac yn llawn eithin / yn *bigog* fel draenog drô. *c.* **1730** *Thos. Lloyd D* (LlGC) 194a, esgidiau *Pigog.* C. 12. **1793** R. POWELL: *ADV* 27, Eiry gwyn, purwyn, sy'n poeri'n *bigawg.* **1798** *WR* d.g. *aculeate.* **1803** *P* d.g. *pigawg.* Ar lafar. Digwydd yn yr e. lle. *Sarn Bigog*, Llanbryn-mair, sir Drefn.

(*b*) (yn *ffig.* neu mewn cyd-destun *ffig.*) Llym, dreiniog, yn pigo (cydwybod), cecrus, cynhennus, crafog, llym ei dafod, coeglyd, gwawdlyd, croendenau, blin; sydyn a thost (am boen); fel traed brain (am lawysgrifen): (*fig. or in fig. context*) *sharp, thorny, pricking* (*conscience*), *acrimonious, quarrelsome, contentious, sharp-tongued, caustic, sarcastic, touchy, irritable, testy; sudden and sharp* (*of pain*); *spiky* (*of handwriting*).
1609 *CRC* 313, gwyllt yw dolwg llem ywr ffon / sy dan dy fron a *ffigog.* **1615** R. SMYTH: *GB* 7–8, ymadroddion Elias ag Esaias . . . pa gellwair du, pa airiau *pigog*, a oeddynt hwy yn i daflu [*sic*] yn i herbyn. *id.* 49, [c]yfraith Iesu Grist, y mae'n rhy *bigog* a rhydrwm [*sic*] iddynt. **1684** J. DAVIES: *LlR* 383, ar *pigog* gnofeydd y mae eraill yn clywed oddiwrthynt yn eu hadenedigaeth. **1696** *CDD* 242, Na chellweiria yn rhŷ *bigog*, / Rhag it golli cyfaill rhywiog. **1720** *App DP* [iv], Ymmadrodd *pigog* a chyffrous. **1723** WM: *PGG* 113, Dyma'r ffordd *bigog* a ddewisodd ein Jachawdwr i fyned iw Deyrnas. *id.* 327, Llwybrau *pigog* Ysgolheigion ymrysongar. **1727** J. JONES: *DFF* [xii–xiii], Tueddiad ac Annel naturiol y Llyfr ymma i ddeffroi . . . eu holl Eiriau yn *bigog* ac yn llymmion. *c.* **1740** *LlM* 20, y Pigin neu Gwayw [*sic*] *Pigog.* **1752** J. THOMAS: *FG* 231, pa gymmaint y byddai i Hyfrydwch ein Pechodau gael ei leihâu a'i ddarostwng, trwy y Myfyrdodau *pigog* a wnaem arnynt. **1759** *BC* 190, Mi brynna Gaib a Battog, yn lle'r Caccennau *pigog* / . . . / Nid ydyw'r merched gwynber . . . / Yn rhoi ond llymder dan fy llaw. **1798** *WR* d.g. *acrimonious.* Ar lafar, *WVBD* 429; ''En ddiawl *pigog* (*picog*) yw a' (Morg.).

Fel *e. Bot.* Merllys, *Asparagus officinalis*: *wild asparagus.*
16g. (**1763**) W. SALESBURY: *LlM* 42, yr Esparag gwylld ne'r *pigog* sydd dda i feddalhau y bol o chymerir ar fwyd.

pigoga [*pigog* + elf. anh.] *eb.g. Bot.* Pigoglys, sbinaets, *Spinacia oleracea*: *spinach.*
1803 *P.* **1813** *WB* 227.
Amr.: **pigogai.** *Dchr.* **17g.** *J* 10, 128a, *pigogai*, spinacia, teuthomalache.

pigoglym, pigowglym [*pigog* + *llym*] *a.* (b. *pigowglem*). Pigog, llawn drain, dreiniog, gwrychog, pigfain, ?miniog ei phig; miniog ei dafod, crafog, coeglyd, gwawdlyd: *prickly, thorny, bristly, sharp-pointed, ?sharp-beaked; sharp-tongued, caustic, sarcastic.*
16g. (**1763**) W. SALESBURY: *LlM* 38, man ddeiliach mal Darris[c] yn attw *pigogly*[*m*] yn tyfu bob ail darn Ir palader. *c.* **1585** G. ROBERT: *DC* 75a, [p]iler o hayarn . . . yn llawn nydwydde llymion . . . ef a fyddei fodlon i larpio ai lusco i fyny ag i wered rhyd y piler *pigoglym* hyn. **16–17g.** *GST* i. 527, Y bi goeglais, *bigawglem*, / O'i choedlys draw, chwedl ystrem. **1604–7** *TW* (*Pen* 228), yr Asgallen wyllt droosgl [*sic*], *bigowglem* d.g. *acanthion. id. pigowglym* d.g. *aculeatus, rhamnus. id. pigoclym* d.g. *myacantha, paliurus.* **1632** *D* d.g. *hispidus, spinosus. c.* **1730** *Thos. Lloyd D* (LlGC) 191b, *pigowglym* . . . prickly. **1770** *W* d.g. *acute* [*in reply*], *bristled, poignant. id.* gwarth-air *pigowg-lym* d.g. *sarcasm.* **1803** *P* d.g. *pigawglym.*

pigoglys, pigowglys [*pigog* + *llys*[5]] *eg.b. Bot.* Planhigyn o deulu'r *Chenopodiaceæ* a dyfir er mwyn ei ddail suddlon bwytadwy, dail y planhigyn hwn a fwyteir fel llysieuyn, sbinaets, *Spinacia oleracea*: *spinach.*
1604–7 *TW* (*Pen* 228), y *Bigowglys* d.g. *spinacia. id.* y *bigowclys* d.g. *teutlomalache. c.* **1730** *Thos. Lloyd D* (LlGC) 191b, y *Bigowglys* . . . spinage. *c.* **1740** *LlM* [48], cymmerwch Beintied o Laeth . . . Peintiad o Sug Spinage neu'r *Bigowglys* . . . a rhowch hwy ynghyd. **1770** *W* d.g. *blite.* **1803** *P* d.g. *pigawglys.* **1813** *WB* 227.
Amr.: **bigoglys, bigowglys** [ffrwyth cymryd y ff. dr. fel ff. gysefin]. **1816.**

pigogrwydd, pigowgrwydd [*pigog* + *-rwydd*] *eg.* Y cyflwr o fod yn bigog, miniogrwydd, blaenllymedd; coegni, gwawd, cecraeth, y cyflwr o fod yn biwis: *prickliness, sharpness, pointedness; causticity, sarcasm, peevishness, contentiousness.*
16g. (*LlEG*) *Mos* 158, 660a, [*p*]*iggogrwydd* a llymder y sa ythav. **1780** *W*, *pigowgrwydd* d.g. *piquancy, poignancy, pointedness.*

pigowgion, gw. **pigog.**

pigowglym, pigowglys, pigowgrwydd, pigsofl, pigwen, pigwn[1,2], gw. **pigoglym, pigoglys, pigogrwydd, picsofl, pigwyn, pigwr, pigwrn**[1].

pigwr, pigiwr, pigydd [bôn y f. *pigaf*: *pigo* + *-(i)wr, -ydd*[3]] *eg.* ll. *pigwyr, pigyddion.*

(*a*) Peth, aderyn, person, &c., sy'n pigo (yn ôl amrywiol ystyron y f. honno), yn enw. un sy'n pigo neu'n hel (ffrwythau, gwlân, cotwm, &c.), neu'n tynnu allan bethau diangen (e.e. o lo); mân leidr, chwiwleidr: *pricker, pecker, stinger; picker, collector, sorter; petty thief, pilferer.*
16g. HUW ARWYSTL: *Gw* 413, Pwy a gar coed *pigwr* cawn. **1622** *WDS*, (Pembroke), *Pygwr* llider wyt ti . . . Thou art a pilking theff. **1636** *ib.* Lleydir a *phigwr* yw William Lloyd . . . a theeffe and a *pikker.* **1707** *AB* [xix], 'Bigar' y *pigwr*: velly y galwant [gwŷr Gwasgwyn] . . . Robyn y gyrwr. *c.* **1730** *Thos. Lloyd D* (LlGC) 191b, *pigwr* matter. K. 293. **1778** *W* d.g. *pecker.* **1793** *Cylchg* 88, Pob cydyn o wlan y Ddafad a droir yn foddion cynnaliaeth . . . i'r *pigyddion*, lliwyddion . . . a gwniedyddion. **1803** *P.*

(*b*) *Pysg.* Math o benci ac arno bigau, *Acanthias vulgaris*: *piked dogfish, spur dog.*
1757 *ML* ii. 16, this fish is exactly of the same form with some of the dogfish . . . Did I tell you that *pigwr* (plural *pigwyr*) is the name of the picked dog in some parts of South Wales? Ar lafar yn sir Benf. yn y ff. *pigwn*, *GDD* 225.
Cfn.: **pigwr poced(i)**: *pickpocket.* **1703** E. WYNNE: *BC* 21, A pheth yw *Pigwr-pocced*, a ddygo bumpynt, wrth gogiwr dîs, a'th yspeilia o gantpunt . . .? *c.* **1730** *Thos. Lloyd D* (LlGC) 191b, *pigwr-pocced*, a Pick-pocket. **p. pwrs (pyrsau)**: *pickpurse, pickpocket.* **1587** *B* xxiv. 44, mae'n well chwilenwr—*pigwr pwrs*—lleidr malffai, na gwr wrth gerdd da. **1604–7** *TW* (*Pen* 228), *pigwr pyrsæ* d.g. *manticularius.*
Gw. hefyd **picwd.**

pigwrda [?ff. 2 un. grch. y f. *pigaf*: *pigo* + ff. dreigledig yr e. *gwrda*] *eg.* Math anhysbys o chwarae: *an unknown kind of game.*
18–19g. *IM* 39, *Pigwrda*—Llwyau bach—Dwrdyn dai. **1803** *P*, *pigwrda*, s. m. a sort of play, similar to the one of 'This is the house that Jack built.'.

pigwrn[1] [cf. *pig*[1], *pigwrn*[2]] *eg.* ll. *pigyrnau* (*pigwrnau*). Côn, meindwr, pinagl, copa, pig, hefyd yn *ffig.*: *cone, spire, pinnacle, peak, point, also fig.*
18–19g. *IAW* (LlGC) 110, 10, *pigwrn* . . . peak on a mountain a spire. **18–19g.** *Llr* C 30, 185, *pigwrn*, a point, a pinnacle [Glam]. **1803** *P*, *pigwrn* s. m. pl. *pigyrnau*, a pinacle, a spire.
Amr.: **pigwn**[2] (ll. *pigynau*). **1803** *P.* Ar lafar ym Morg. yn y ff. *picwn* 'copa mynydd', '*picwn* y Graig'.

pigwrn[2] [amr. ar yr e. *migwrn*; cf. *bigwrn*] *eg.b.* ll. *pigyrnau.* Ffêr, migwrn: *ankle.*
18–19g. *IAW* (LlGC) 110, 10, *pigwrn*, the ankle. Glam. Ar lafar ym Morg., sir Gaerf., a sir Benf., *GDD* 225; 'Gath 'i daro ar 'i *bigwrn*'.

pigwyn [*pig*[1] + *gwyn*[1]] *a.* (b. *pigwen*) a hefyd fel *eg.* Gwyn ei big (am aderyn): *white-billed, white-beaked.*
1800 *TJ* (Dinbych), brân *bigwen* d.g. *rook.*

Fel *e.* Copa gwyn (gan eira): *white or snow-clad peak.*
1862.

pigydd, gw. **pigwr.**

pigyn[1] [*pig*[1] + *-yn*[1]] *eg.* ll. *-nau.*

(*a*) Pig, draenen, blaen (miniog), pwynt, sbigyn; pigiad, colyn; meindwr, copa, pinagl; math o nod clust ar ddefaid; hefyd yn *ffig.*: *pointed or tapering end or object, prickle, spine, thorn,* (*sharp*) *point, spike; prick, sting; spire, peak, pinnacle; kind of earmark on sheep; also fig.*
15–16g. *GLM* 42, Merddin ar *bigyn* y bu. **1547** *WS*, *pigin* val i ddraen, poynt pricke. **1604–7** *TW* (*Pen* 228) d.g. *aculeus.* **1632** *D.* **1753** *TR*, *pigyn*, diminutive of Pig. **1778** *W* d.g. *peak* [*the sharp end or point of any thing*], *prickle.* **1803** R. DAVIES: *B* 95, Wrth gofio am ein Tywysog Llewelyn, / Godasant i'w *bigyn* ei ben. Ar lafar yn gyff., *WVBD* 428; clywir *picyn* am flaen llym post ym Morg., *Geir Glo* 74. Mae *Castell Pigyn* yn enw ar fferm ym mhlwyf Abergwili, sir Gaerf.

(*b*) Gwayw neu boen sydyn lem, yn enw. yn yr ystlys, yn aml o ganlyniad i redeg neu ymarfer; pliwrisi, eisglwyf: *sudden sharp pain, pang, stitch* (*in the side*); *pleurisy.*
1725 *SR* d.g. *a Stitch in the side. c.* **1740** *LlM* 20, Rhag y *Pigin* neu Gwayw Pigog. **1754** *ML* i. 281, darfuasai ir oerfel . . . fagu'r peswch arno, ar peswch yntau a fu fam ir *pigyn.* **1755** G. OWEN: *L* 143, fe ffynnodd ganddynt fedru gwastrodedd ac ymlid y cryd a'r *pigyn*, ond y mae'r peswch yn glynu yma etto. **1759** J. EVANS: *PF* 83, *Pigin* neu Wayw yn yr Ystlys. **1760** *ML* ii. 226, drwg . . . eich bod yn afiach gan *bigin* neu'r eisglwy' a diffyg anadl. **1766** I. BRYDYDD HIR: *Gw* 206, yr wyf unwaith eto ar wellâd: ond y mae fyth ryw *bigyn* blin yn fy ystlys. **1801** *MMf* 259, brag haidd yn ddiod . . . ef a wellhâ'r *pigyn* poeth yn yr ystlys. **1803** *P* d.g. *pigin, pigyn.* Ar lafar yn y Gogledd, *WVBD* 428.
Cfn.: *Pysg.* **pigyn astrus**: *weever, Trachinus.* **18g.** *Pant* 19, 89. **1803** *P* d.g. *pigyn.* **p. clust, p. yn y glust (fy nghlust, &c.)**: *earache. c.* **1877.** Ar lafar yn y Gogledd, *LGW* [482]–3; 'Mae gin' i *bigin* yn 'y 'nghlust', *WVBD* 428. **p. gwynt**: *stitch* (*in the side*). Ar lafar yn Arfon. **p. rhedeg**: *stitch* (*in the side*) *caused by running.* **1803** *P* d.g. *pigyn.* **p. yn yr (fy, &c.) ochr**: *stitch in the* (*my, &c.*) *side.* **1862.** Ar lafar yn y Gogledd ac yng ngogledd Cered., *WVBD* 428.

pigyn[2], gw. **picyn.**

pigynnog [*pigyn*[1] + *-og*] *a.* Blaenllym; ac

pillic 'dysgl' fel petai'n air Cym. cf. *D*, **pilig*. Arm. peluis] *eg*. Golchlestr, basn: *laver, basin*.

1688 *TJ*, *pilig*, Cawg, golch-lestr . . . a Bason. **1722** *Llst* 189, *pilig*, m. a bason, laver. **1753** *TR*, †*pilig* . . . a vessel to wash one's feet in. **1770** *W* d.g. *bason*. **1803** *P*.

pilin[1,2], gw. **pilyn**[1,2].

pilioel, piliol, gw. **puliol**.

pilion[1,2], gw. **pil**[1], **piliwn**[1].

pilionen [*pilion*[1] + *-en*] *eb*. ll. *-nau*. Pilen, croen (tenau), ffilm (o groen), magl (ar lygad), pil, rhisgl, hefyd yn *ffig*.: *membrane, (thin) skin, film (of skin), cataract, rind, bark, also fig*.

c. **1400** *MM* 122, Tri theneu anescor ynt: *pilyonen* yr emennyd, a glas golud a chwyssigen. **1545** *CI* 42, j mae awdurion ffussig yn ttybiaid o bydd ar billio'r *billionen* denne y sydd ar y knewyllin ymaith a'i bwytta wyntt [cnau ffrengig] gida bara, j bod wynt ynn dda ar lees y kylla. **16g**. **(1763)** W. SALESBURY: *LIM* 55–6, blodeu bychain melynion a had mewn gleinie Bychedig . . . ac a *philion enne* [*sic*] yn ei gohany. *Diw*. **16g**. *B* ix. 119, Diogel i ddyn ei gael mewn pechod or gwaed ar defnydd buttraf ar geulaw yr gwaed hwnnw mewn *pilionen* deneu nid y mewn gwisc o bali. **1588** *Nu* vi. 4, ni chaiff fwytta o ddim oll a wneir o wînwydden y gwîn, o'r dingcod hyd y *bilionen*. **16–17g**. *GST* i. 523, Blinodd, crin ei *bilionen*, / Ei geffyl haearngul hen. *id*. 625, Tebyg fydd i'r breisgfrig bren / A blennid, ir *bilionen*, / Ym min y dŵr, mannau da, / A phêr weithian y ffrwytha. **1632** *D*, *pilionen*, cuticula, crustula. *id*. d.g. *membrana*. **1688** *TJ*, *pilionen*: a thin rind, pill or bark. **1725** *SR* d.g. *a Film, a Membrane*. **1753** *TR*, *pilionen*, a thin tender skin growing over a sore, &c. a thin pill or rind. **1759** J. EVANS: *PF* 49, *Pilionen* ar y Llygad. **1803** *P*. Ar lafar yn sir Drfn. yn yr ystyr 'baich o wellt oddiar y dyrnwr, wedi ei rwymo fel ysgub o yd, ond ei fod yn fwy', *Cymru* lii. [242].

Cfn.: **pilionen gellog**: *cellular tissue or membrane*. **1816**. **p. y ddwyfron**: *pleura*. **1831**. **p. (yr) ymennydd**: (i) *meninx*. *c*. **1400** *MM* 122, *pilyonen yr emennyd*. **1488–9** *RWM* i. 17, [*p*]*ilionen emennydd*. **1632** *D* d.g. *meninx*. **1770** *W* d.g. *brain, the thin tunicle involving the brains*. (ii) *brain-pan, skull, also fig*. **1688** *TJ* d.g. *creuan*. **1759** *DG* 29.

Gw. hefyd **pilionyn**.

pilionennaidd [*pilionen* + *-aidd*] *a*. Pilennol: *membranous*.

1816.

pilionog [*pilion*[1] + *-og*] *a*. Pilennol, wedi ei orchuddio â haen denau (o groen): *membranous, covered with a thin film (of skin)*.

1722 *Llst* 189, *pilionog*, filmy. **1776** *W* d.g. *membraneous*.

pilionyn [*pilion*[1] + *-yn*[1]] *eg*. Pil (afal, &c.), pilen: *peel, membrane*.

1759 J. EVANS: *PF* 48, Humor poeth neu'r Llygaid yn llosci . . . Rhoddwch wrthynt *Bilionun* Afal têw.

Gw. hefyd **pilionen**.

pilipala, pilapala, pilapale, &c. [?ff. wedi ei dyddyblu ar *pilai*, gan amrywio'r llaf.] *eg.b*. ll. *pilipalod, -au*. Glöyn byw, iâr fach yr haf, hefyd yn *ffig*.: *butterfly, also fig*.

18–19g. *Llr* C 55, 164, *pila pala*. Butterfly. **18–19g**. *Llr* C 30, 165, pilai Glam, the butterfly . . . *pilai palai* the childish term for it. Ar lafar ym Mrych. a Morg. yn y ff. *pilipala, bilibala, LGW* [236]–7. Sonnid gynt am drigolion ardal Pont-y-pŵl fel '*Pilipalau* Pont-y-pŵl', T. I. ELLIS: *Crwydro Mynwy* (1958) 54.

Amr.: **pili y pala**. **1862**. **pirliparla**. Ar lafar yng Nghwmtawe. **pirlperlaod** (ff. l.). **1931**.

pilis[1], **pilys** [?bnth. H. S. *pylece* neu H. Ffr. *pelice*; cf. H. Grn. *pellistker*, gl. *mastruga, pellistgur*, gl. *pellicia*] *eg.b*. (bach. g. *pilysyn*) ll. *-au*. Gwisg o groen blewog, mantell (ac arni ffwr), gŵn, gwisg; (geir.) cerpyn: *garment made of skin dressed with the hair, pelisse, mantle, gown, robe; (dict.) rag*.

13g. *BD* 170, Hvnnv [Rhita Gawr] a'e kymellassei y ymlad ac ef o achavs ry wneuthur *pilis* (*pellis*) ohonav idav o uarueu brenhined. *ib*. Ac vrth uot Arthur yn benhaf o'r brenhined . . . y gadassei ynteu lle baryf Arthur yn uchaf ar y *pilis*. *c*. **1400** *RWM* ii. 457, duw oe waredogrwyd ae gwisgawd ef [Adda] o ryw wisc aelwit perizoma. sef oed honno ryw *bilis* o deil. **15g**. *GGl*[2] 195, Rhoed *pilis*, rhwydau pali, / Rhita Gawr ar hyd dau gi. / Milgwn Ffrainc mal gynau ffris, / Meudwyaid, mi a'u dewis. **16–17g**. *Rhyddiaith Gymraeg* i. 132, Y Rhicca Gawr hwnn . . . a wnaethodd iddaw ehun *pilis* o farfeu brenhinedd a ryladdyssei ef. **1604–7** *TW* (*Pen* 228), *pilis* d.g. *mantelium, paludamentum*. *Dchr*. **17g**. *J* 10, 127b, *pilys*, gowne. **1632** *D*, *pilis* d.g. *chlamys*. **1688** *TJ*, *pilŷn, pilys*, Cerpyn, brettyn: a Rag, a Clout. **1722** *Llst* 189, pilyn, *pilys* . . . a rag, clout, garment. **1803** *P* d.g. *pilys, pilysyn*.

Amr.: **plis**[2] [drwy gyw.]. **15–16g**. *TA* 87, Pontiff'cal reial oedd raid, / *Plis* Harri, 'n gwplws euraid [i'r Esgob Dafydd ab Owain]. Ar lafar gynt yn sir Ddinb., *Cymru* xlvii. 142.

pilis[2], gw. **peils**.

piliwn[1], **pilion**[2] [bnth. S. *pillion*] *eg*. Cyfrwy neu sedd ar gyfer teithiwr sy'n eistedd y tu ôl i yrrwr beic (modur), &c., sgil: *pillion*.

20g.

Gw. hefyd **pilyn**[2].

piliwn[2], gw. **pil**[1].

piliwr, pilwr [bôn y f. *piliaf*: *pilio* + *-(i)wr*] *eg*. ll. *pilwyr*.

(*a*) Un sy'n pilio, dirisglwr: *peeler, barker (of trees)*.

1770 *W*, *piliwr* . . . coed d.g. *barker of trees*. **1803** *P*, *piliwr*, s. m. pl. *pilwyr*, a stripper, parer, or peeler.

(*b*) Ysbeiliwr, anrheithiwr, lleidr: *despoiler, plunderer, robber*.

14–15g. (*Diw*. **16g**.) *Gwyn* 3, 167, Pwl afangc naddgrangc pawl nedd grys presfwng / prudd penflwng, praidd peun-flys, / *pilwr* (*GP* 213, *Piliwr*) adar-wr dyrys [Rhys Goch Eryri i'r llwynog]. **15g**. (*Diw*. **16g**.) *id*. 144, Ni'th faedda tân, ni'th fawdd ton / Ni'th wel dyn, ni'th ddeil dynion. / *Piliwr* adail p'le'r ydwyd? / planed wyllt, pa le nid wyd [Maredudd ap Rhys i'r gwynt]? **1604–7** *TW* (*Pen* 228) d.g. *populator*. *c*. **1730** *Thos. Lloyd D* (LlGC) 195a, *piliwr* . . . expilator.

pilnos [*pil*[1] + *nos*] *eg*. Noson pan ddeuai cymdogion at ei gilydd i bilio cywarch, &c., ac er mwyn difyrrwch: *an evening when neighbours would come together to peel hemp, &c., and for amusement*.

1866. Ar lafar gynt yn y Gogledd, J. JONES: *Gwerineiriau* 44, *LlLlM* 10.

pilori, pilwri [bnth. S. C. *pillori*, neu'n uniongyrchol o'r H. Ffr.] *eg*. Fframwaith pren y gellid sicrhau troseddwr ynddo wrth y gwddf a'r arddyrnau a'i adael yn agored i watwar y cyhoedd, rhigod, carchar gwddf, hefyd yn *ffig*.: *pillory, also fig*.

14g. *OBWV* 91, Pob dinas garddblas gwyrddblu, / Pand anghymen, fedwen, fu, / Peri draw dy wywaw di, / Pawl oer gerllaw'r *pilori* (*Llst* 6, 170, *pilwri*) [Gruffudd ab Adda i'r fedwen yn bawl haf]? **14g**. *GDG*[3] 74, Poed ar dor y *pilori*, / Amen fyth, o mynnaf fi, / Y doter gynifer un / A'i ditiodd yng Nghoed Eutun [i'r eos]. *c*. **1400** *R* 1345. 31–2, Ysgerbwt ribwt rabi gosgeidic ysgwydeu *pilwri*. *c*. **1425** *B* ii. 236, rigot, *pilori*. **1547** *WS*, *pilori*, a pyllary. **16g**. WILIAM LLŶN: *Gw* (R. Stephens) (At.), rigod, *pilwri*. **1606** E. JAMES: *Hom* i. 194, yr ydys . . . yn cospi cyffredin ymsenwyr ac ymdaeriaid â rhyw gospedigaeth gyhoedd, megis trwy eu gosod ar stôl-drochi, ar y *pilwri* neu'r cyfrw [*sic*]. **1632** *D*, *pilwri* d.g. *numellæ*. **1688** S. HUGHES: *TSP* 181–2, bagad yn marchnatta yn y ffair, y rhai a haeddent eu carcharu, ie a'u gosod yn y *Pilwri* [:– Carchar gwddwf]. **1744** D. ROWLAND: *RY* 326, Efe a gyhyddwyd ac a farnwyd yn gyntaf i gael ei osod yn y *Pillori*, a chwed'n i gael ei chwipio. *c*. **1762–79** W. WILLIAMS: *P* 588, hwnnw roddwyd yn y *pilwri* dri diwrnod, ac a gadd gropio ffwrdd ei glustiau am ei enllib. **1763** *DT* 129, Twng Anudon, os cei le, / Dwg di Gam-dystiolaeth gre'; / Cei fynd i'r *Pilori* yn y Dre'. **1780** *W*, rhigod . . . vulgò *pilwri* d.g. *pillory*. Cf. D. OWEN: *GT* 89, Gwell gan Harri a fuasai bod yn y *pilori* nag eistedd gyda'r cymdeithion hyn.

Amr.: **pilorei**. **16g**. (*LlEG*) *Mos* 158, 547b. **pilowri**. **16g**. (*LlEG*) *Mos* 158, 547b.

pilorws, gw. **pylorws**.

piloryn, pilot, pilowri, gw. **plorod, peilot, pilori**.

pils [bnth. S. *pills*] *e.ll*. (un. b. *pilsen*, ll. *pilsenni*, g. *pìl, pilyn*). Pelau bychain o sylwedd meddyginiaethol y gellir eu llyncu'n gyfain, pelenni; pelets, bwledi; hefyd yn *ffig*.: *pills; pellets, bullets; also fig*.

1675 R. JONES: *HCh* 51, *Pil* chwerw yw cerydd; ac am hynny rhaid bob amser ei droi ef mewn Suwgr, drwy eglurhau llawer o addfwynder ysbryd. **1683** H. EVANS: *CTF* 49, 'Dwi'n prissio am *bils*, na phisic, na'r plaster gore fo. **1723** J. JONES: *LlA* 1945' i Broffes o Grefydd ydyw'r *Pilyn* (**1781** *id*. 91, *bilsen*, y mae efe yn ei droi o amgylch o gylch yn ei Enau, i dynnu ymmaith Chwerwder Blâs Pechod. **1759** J EVANS: *PF* 27, Sychwch a malwch yn Llŵch lyffant dû. Gwnewch e'n *Bils* mân, a chymmerwch ûn bob Awr hyd oni pheidio 'r Cynfylsiwn. *id*. 61, [c]ymerwch *Bilsen* fechan o Sebon Castile bob boreu. Cf. W. REES: *AFR* 74, [c]ael *pilsen* o un o'r gyne rheini . . . tase fo 'n rhoid gole trw 'i fol o, mi fase 'n dda iawn; D. OWEN: *GT* 199, ei berswadio fo i gym'ryd dwy *bilsen* o fara a photeled o ddw'r glân . . . a chymryd fy llw y gwneiff ei fendio. Ar lafar yn gyff., *Cymru* xxxv. 192. *id*. xlvii. 142, hefyd am 'bryd o dafod', 'Mi rois i *bulsan* iddo fo', *WVBD* 450; 'rhoi *pils* iddo fa' (de-ddwyrain Morg.); am 'sylw sy'n bigiad cyrhaeddgar' (tebyg i'r S. 'dig') (Môn); ac am 'ergyd' yn nwyrain Morg., 'Fe rows *bilsan* iddo fa nes bo fa'n perlo'.

Cfn.: **y bilsen**: *the (contraceptive) pill*. **20g**. **p. gof**: *a hiding, whipping*. Ar lafar yn y De-orllewin, 'Fe rof i *bilsen gof* i ti'.

pilsiaf, pilsaf: pils(i)o [bf. o'r e. bl.] *bg.a*. Dweud pethau cas, dwrdio: *to say unpleasant things, rebuke*.

Ar lafar yn Arfon a Chered.

pilsiard, piltsiard [bnth. S. *pilchard*] *eg*. ll. *-s*, ac *e.ll*. Pysgod(yn) môr bycha(i)n, *Sardina pilchardus*, sy'n perthyn yn agos i'r pennog, pennog Mair: *pilchard(s)*.

20g.

piltraf, piltriaf: piltro, piltr(i)an [?bnth. S. (*to*) *palter*] *bg*. Stwna, ffidlan: *to potter about, fiddle*.

1930. Ar lafar yn Arfon.

Gw. hefyd **pilffraf: pilffro**.

piltryn [?bôn y f. fl. + *-yn*[1]] *eg*. ll. *-s*. Gwaith carbwl, gwrthrych salw: *slovenly work, shoddy article*.

1935. Ar lafar yn Arfon ac ym Môn, 'Pam na phryni di rwbath gwerth 'i gâl, nid rhyw hen *biltrins* felna?'.

Amr.: **piltrwn**. Ar lafar fel term dilornus. Cf. *THSC* (1965) 179, 'y *piltrwn* di-/ddaioni'.

Gw. hefyd **ffiltrin, pilffryn**.

piltsiard, piltws, gw. **pilsiard, pincws**.

pilw, pulw [bnth. S. *pillow*] *eg*. ll. *pilŵau, pilŵod, pilws*. Clustog, hefyd yn *dros*.: *pillow, also transf*.

1778 J. HUGHES: *BB* 29, Yn union pan aned, mewn brattiau fe'i rhwymed, / A rheswm eill dybied, mai gwellt anifeilied, / Oedd dano i bawb weled yn *bulw*. Ar lafar, *SC* vi. 124.

pilwns, pilwr, pilwri, gw. **pil**[1], **piliwr, pilori**.

pilwrn [?cf. Llad. *pīlum* 'gwayw'] *eg*. ll. *pilyrnau*. Dart, saeth (ysgafn), picell, ?gwaywffon, hefyd yn *ffig*.: *dart, (light) arrow, javelin, ?spear, also fig*.

14g. *GDG*[3] 271, Gwewyr, cyfeddachwyr cof, / A â'n wân trywan trwof, / Cynt no hwyl i gan ddwylaw / Y *pilwrn* drwy'r brwynswrn draw. ?**15g**. *WLl* 242, Priores herlodes lwyd / Pryd neidr mewn purdan ydwyd / Galw rwyd lle saethwyd swrn / Pwy a elwyd erwyn *pilwrn* [i'r gog]. **1547** *WS*, *pilwrn* ne fflicht, a flight. **1604–7** *TW* (*Pen* 228), *pilwrn* . . . *pilyrnæ* hep plu arnyn d.g. *sagitta*. *Dchr*. **17g**. *J* 10, 127b, *pilwrn*, a flight arrow. **1632** *D*, *pilwrn*, yw saeth fain, pilum. **1684** H. OWEN: *DC* 306, a minnau fyth yn llafuru gweddiau, y bydd rhawd o phansiau cnawdol yn rhuthro arnaf. Oh fy Nuw . . . Saetha dy fellt-luched, a chwala hwynt; piccella dy *bilwrnrau* [*sic*], a gwasgerir phantasiau'r gelyn. **1688** *TJ*, *pilwrn*, saeth fain hîr: a Javelin or Dart of five foot long and a half, having a Steel head nine Inches long. **1722** *Llst* 189, *pilwrn* m.p. *lyrnau*, a long javelin, long pike. **1770** *W* d.g. *arrow, shaft* [*an arrow*]. **1803** *P*.

pilyd, gw. **pilaid**.

pilyn[1], **pilin**[1] [*pil*[1] + *-yn*[1], ?a bnth. S. (*a*) *peeling*] *eg*. ll. *pilynnau, -od, pilins*.

(*a*) Dilledyn; cadach, napgyn, lliain, cynfas, blanced; hefyd yn *ffig*.: *garment; rag, napkin, cloth, sheet, blanket; also fig*.

14g. *WML* 87, Aphan gyfarffo ymach ar talawdyr. yspeilet ef oc auo ymdanaw odillat eithyr y*pilin* nessaf idaw. **15g**. *DE* 112, llenn rydd ym llanwai o wres / . . . / *pilin* rag drygin y drig / perked ddayled wddelig [i ofyn mantell]. **1567** *TN* 118b, nycha dy [dd]arn, yr hwn oedd genyf wedy ddody y gadv mewn ffunen [:– *pilyn*, cadach, napcyn, cwrsi]. *id*. 155b, cyvodi o honaw y ar swper, a' rhoi heibio ei ddillat vchaf, a' chymeryd llieinyn [:– twel ffunen, *pilin*], ac ymwregysu. *c.* **1585** G. Robert: *DC* 15b–16a, Pei baei n gorfod arnawch fod vn pedeir awr ar hugein yn hoeth heb vn dilledyn . . . pe i baei gennych dda r holl fyd, chwi a e rhoych am vn hen gadechyn ne *bilyn*. **1627** *WDS*, (Pembroke), a ffenna *pilin* ar dy wely di yw honno [carthen]. **1632** *D*, *pilyn*, pannicu-lus. **1672** R. Prichard: *Gw* 141, Nid wyt nes er Dillad twymglyd, / I guddio cnawd, i ddyor anwyd, / Oni bae it gael *pilynod*, / I ddyor bai, i guddio pechod. **1688** *TJ*, *pilŷn*, pilys, Cerpyn, brettyn: a Rag, a Clout. **1722** *Llst* 189, *pilyn*, pilys, m.p. *lynnau*, *lynnod*, a rag, clout, garment. **18g.** *Llr* C 24, 274, Cymer Risg y llwyf . . . ai roi ar *bilin* gwlanen wrth y dolyr. **18g.** E. T. Rhys: *DA* 102, Hardd yw'ch gosgedd yn eich gwisg-iad; / Rho'wch hen *bilyn*, mi ymbilia',—/ Chwi wnewch yn gymhen â hen filain guddio'i fola. **1803** *P*. Ar lafar yng Nghered. a'r De, *Cymru* xlvi. 23, *GDD* 102, *B* iv. 300, 'Ma' gen i *bilyn* bach du wrth law ar gyfer angladd'; clywir hefyd yr ymad. '*pilin o ddillad*', *TGG* (1907–8) 107.

(*b*) Pilen, croenen, masgl, rhisgl; pil (afal-au, llysiau, &c.); haenen: *membrane, skin, shell, bark*; *peeling* (*of apples, vegetables, &c.*); *layer*.

c. **1730** *Thos. Lloyd D* (LlGC) 195a, *pilyn* wy, an egg shell Q. 61. **1803** *P*, *pilyn*, a piece of skin. Ar lafar, *WVBD* 430. Fe'i clywir hefyd yn yr ystyr 'sbilsen'. Ym Morg. '*pilins*' yw 'crafion llysiau, a fwydid i'r moch'.

Gw. hefyd **pil**[1], **pilen.**

pilyn[2], **pilin**[2] [cf. *pilyn*[1], Gwydd. C. *pillín*, S. *pillion*] *eg.* Math o gyfrwy, yn enw. cyfrwy ysgafn i ferch, pad neu glustog a osodir ar ran ôl cyfrwy cyffredin ar gyfer ail berson neu i ddal bagiau: *pillion* (*kind of saddle*).

1547 *WS*, *pilin*, pyllyon. **1574** *RhRC* (At.) 109, na doedd gantho vn kyfrwy na chymin a chlystog ne *bilin*. **17g.** Huw Morus: *EC* i. 299, Ac anferth ar *bilyn*, yw gwr â gwallt melyn, / Yn hoywaidd ei goryn, hawddgarwch ei blwy'—/ Er prynu march mawrlan, a'i grwper yn llydan, / Gwell iddo gefn gafran na'i gyfrwy. **1778** J. Hughes: *BB* 369, Ebr Madun, dafod mwdarch, / Pynorio mwy, wneir ar y March. / . . . / Tynhau 'r cenglau, 'mhob conglydd, / 'S oedd *pilyn* a rhwymyn rhydd / Pynorio, pwnnio 'n arwach. **1803** *P*, *pilyn* . . . also a horse cushion or pillion. Ar lafar gynt yn Arfon, '*pilin*' 'ladies' saddle', *WVBD* 429; hefyd ym Morg. am 'the cloth . . . under the saddle of a horse', *LlGC* 1171, 136.

pilyn[3], gw. **pils.**

pilys, pilysyn, gw. **pilis**[1].

pill [dichon fod yma fwy nag un gair] *eg.* ll. *-ion*, *-(i)au*.

(*a*) Cyff, boncyff, lòg, cangen, polyn, postyn, hefyd yn *ffig.* am ferch: *trunk* (*of tree*), *stock, log, branch, pole, stake, post, also fig. of girl*.

c. **1400** *R* 1282. 1–2, Unnyawn *bill* hirdawn o ball harded. ennwawc valch vynawc o veilch voned. **15g.** *OBWV* 116, Ni bu is gwŷdd heb wisg wen, / Ni bu lwyn heb lywionen. / Blawd mân yw'r pân ar bob *pill*, / Blawd wybr fal blodau Ebrill [i'r eira]. **16g.** *CLl* 174, Gwiw dyrfa ar goed irfaes, / Grawn duon hyd meillion maes. / . . . / Cyd chwarau 'r hyd pennau *pill*, / Cowain y mêl i'w cewill [Morys Dwyfech i ofyn cychod gwenyn]. **1632** *D*, *pill*, etiam videtur signifi-care, Stirps, stipes. **1688** *TJ*, *pill*, boncŷff, Cŷff, pawl: a Log of a Tree, a Stock of a Tree, a Stake. **1770** I. Brydydd Hir: *Gw* 21, Llawn y ceir pob *pill* o wŷdd / O gânaid flodau gwinwydd; / A ffrwythau ar gangau'r gwin, / Ac o rinwedd y grawnwin. **1789** *BDG* 509, Boncyff ar fardd yn bencwd, / . . . / *Pill* o liw gorwyn peilliaid. **18–19g.** *Iolo MSS* 207, parottoi pedair Asseth, dau a dau o henynt. *pill* au gelwir au canwyro . . . yrhain a elwir y pillwydd. **1803** *P*, *pill*, s. m. . . . a stump, or stake; a stock . . . *Pillion* ac ebillion peith-ynen, the supporters and staves of the bardic writing frame. *id.* d.g. *pillyn*.

(*b*) Caer, castell, amddiffynfa, lloches, noddfa, diogelwch, cadernid, grym: *fortress, castle, stronghold, refuge, sanctuary, safety, strength, force*.

14g. *GDG*[3] 187, Pan ddêl ar ôl rhyfel rhew, / *Pill* doldir, y pall deildew—/ Gleision fydd, mau grefydd grill, / Llwybrau Mai yn lle Ebrill. **14g.** *OBWV* 95, Llugorn fuost yn llwygaw, / Llygad glas maen cawad glaw, / Caerdroea wynt, bellynt *bill*, / Carn wybren corun Ebrill (Gruffudd Gryg). *id.* 96, Dwg unllong i deg iawnllwybr / I *bill* yr Ebrill oer wybr (Gruffudd Gryg). **14–15g.** *IGE*[2] 144–5, Erof haul, araf hoywlen, / Na ad ar y winwlad wen, / Na rhylaw, er pydiaw pynt, / . . . / Na chorwynt o bellynt *bill*, / Na chrwybr yn nechrau Ebrill (Gruffudd Llwyd). *c.* **1400** *R* 1269. 28–9, Kynn hir annud prud prid athywawt. kynn hwyr ennill *pill* pell ryuedawt. *Dchr.* **15g.** *IGE*[2] 190, Pan ddêl Gŵyl Badrig ddigoll / A'r ias oer, ni rewais oll, / Yna rhyballa rhew *bill* / O nen wybr anian Ebrill (Llywelyn ab y Moel). **15g.** *GLGC* 310, Ni wrthyd y bêl, ni ochel ias, / ni thry i'w *bill* nes ennill un sias. **1632** *D*, *pill*, yw Cadernid, ait Ll. castrum, propugna-culum, locus proprius, locus securius. **1688** *TJ*, *pill*, Cadernid: a Fortress, a place of defence. **1790** Twm o'r Nant: *GG* 215, Doethineb Duw o'i thaniad, sy'n dysgu, / Sain dewisgwbl drefniad; / Pwyll y Delyn Pall adailad, / *Pill* [:– strength or fortitude] ei chwlwm pwy all chwiliad? **1803** *P*, *pill* . . . a strong hold, a fortress.

(*c*) Pwt o gân, pennill: *snatch of song, verse*.

14g. *GDG*[3] 167, A mi'n glaf er mwyn gloywferch, / Mewn llwyn yn prydu swyn serch, / Ddiwrnawd, pybyrwawd *pill*, / Ddichwerw wybr, ddechrau Ebrill. *id.* 300, Oriau hydr yr ehedydd / A dry fry o'i dŷ bob dydd, / Borewr byd, berw aur *bill*, / Barth â'r wybr, borthor Ebrill. **15g.** *GGl*[2] 235, Y tafawd, arawd eiriau, / Yw bwa'r gerdd heb air gau. / A'r llwybr, brig urddedig ddadl, / A'r llinyn yw'r holl anadl. / Saethu a wnaf, bennaf *bill*, / Yr unnod lle ceir ennill. **16g.** *Llst* 6, 89, melysach bellach o *bill* / y kan jayan nor kniwill / digabl yw pob parabl per / oy ben ef heb yn ofer. *c.* **1730** *Thos. Lloyd D* (LlGC) 195a, Arwydd y beirdd a rydd *Bill*. **1759** *DG* 44, Egwan bwythwr / O ddiffrwythwr / y ddaw ffraethach / Wrth ŷch *pillion* / A'i bennhillion / i bann holliach. Ar lafar yn Arfon, '*pill* o gân', *WVBD* 430; hefyd yn yr ystyr 'bit of gossip', 'pawb a'i *bill* a'i bwt amdano'. Cf. R. Williams Parry: *CG* 13, A gwyn eu byd y beirdd rydd *bill* / Sy'n wenfflam ysol ym mhob sill.

(*d*) Preseb, côr: *stall, crib*.

13g. *LlI* 82, Amus. . . ot a em pennyll (amr. *pyll*) . . . punt yu e werth. **1730** *Leg Wall* 580, *Pill* & Pennill: Bod ym *mhill*. [al. ym mhennill].

(*e*) Y rhan o ganhwyllbren sy'n dal y gannwyll, y rhan o lamp sy'n dal y wig neu'r pabwyr; pwynt metel neu blastig ar ben carrai esgid; pig (tegell neu debot), hefyd yn ffig.: *socket* (*of candlestick*), *wick-holder*; *tag or aglet* (*of shoelace*); *spout* (*of kettle or teapot*), *also fig.*

1727 J. Jones: *DFF* 14, y Sêr bychain . . . fel cynnifer o Gannwyllau yn y Ffurfafen . . . gynted ag y cyfodo'r Haul ei Phen y Boreu, ac y gwasgaro ei Phelyderau oddi amgylch, yn y fan a suddant yn ei *Pillion* (*sink in their sockets*) ac a ymguddiant. Ar lafar ym Morg., '*pill* y lamp', *Geir Glo* 97, '*pill* tebot', '*pill* lasyn'; hefyd yn yr ymad. 'Cæ dy *bill*!' 'Cae dy geg'; 'gneud *pill*' 'tynnu wyneb anfoddog', ''en *bill*' 'siaradwr neu gecryn di-daw'.

Cfn.: **pill bwcl:** *the tongue of a buckle*. **1803** *P*. **p. clo:** ?*a ward of a lock*. **1775** *W*, *pill* (ebill) *clo* d.g. *key-bit*. **1803** *P*, pill . . . *pill clo*, the hip of a lock.

pilladdurn [?*pill+addurn*] *eg.* ll. *-au*. *Pensaer.* Ffris: *frieze*.

1850.

pillffon [?*pill+ffon*] *eg.* ll. *-ffyn*. Piston: *piston*.

1850.

pillgorn [?*pill+corn*] *eg.* ll. *-gyrn*. Cefn y pen, gwegil: *back of the head, nape*.

Diw. **16g.** *WLB* 46, Kymer genau ki . . . ac agor ef yn fyw, ac yno dod ef drwyddo felly wrth *bilgorn* [*sic*] y gwegil. *Dchr.* **17g.** *J* 10, 127b, *pillgorn*, nodle. **[1783]** *W*, corn (*pillgorn*) gwddf mollt d.g. *scrag end of a neck of mutton*. **1803** *P*, *pillgorn*, s. m. pl. *pillgyrn*, the neck bones, the neck joints.

Amr.: **pwllgorn** [?cf. *twllgorn*]. *Diw.* **16g.** *WLB* 14, ai roddi ar liain wrth *bwllgorn* y gwegil.

Cfn.: **pillgorn,** &c., **y gwegil:** *back of the head, nape*. *Diw.* **16g.** *WLB* 14, 46. **1604–7** *TW* (*Pen* 228) d.g. *occipitium*. **1803** *P* d.g. *pillgorn*.

pillgyn [*pill+cŷn*] *eg.* Plwg: *plug*.

1780 *W*, *pill-gyn*, *pill-gun* d.g. *plug*. **1803** *P* d.g. *pillgun*.

pillgyniaf: pillgynio [bf. o'r e. bl.] *ba.* Plygio: *to plug*.

1780 *W* d.g. *to plug*. **1803** *P* d.g. *pillguniaw*.

pilliad, gw. **peilliaid**[2].

pillrawd [*pill+*?*rhawd*[1]] *eg.* *Pensaer.* Por-tico: *portico*.

1850.

pillwydd [*pill+gwŷdd*[1]] *e.ll.* (un. b. *-en*). Coed sych at gynnau tân, coed tân, pric-iau, manwydd; distiau, dellt; (yn ôl Iolo Morganwg) ffyn ac arnynt ysgrifen a roir mewn peithynen: *kindling, firewood, sticks, brushwood*; *joists, laths*; (*according to Iolo Morganwg*) *staves of the 'peithynen' or bardic writing-frame*.

c. **1550** *RC* xlvi. 87, peris i mam ddwyn kynvd iddi i gynv tan o *billwydd* on. **16g.** *AP* 6, ar gyntedd y neuadd honn tanllwyth o dan o *billwydd* onn di vwc di wreichion. **1604–7** *TW* (*Pen* 228), *pillwydd* y gynne'r tan yn vuan ag yn brysur d.g. *cremium*. **1632** *D*, *pillwydd* onn d.g. *acapna*. **17g.** *LlGC* 13215, 375, *pillwydden*, causina. **17g.** *Mos* 144, 211, kell bynkiav melay ymlith y *pillwydd* (Huw Llŷn). **1722** *Llst* 189, *pillwydd*, p. brushwood. *c.* **1730** *Thos. Lloyd D* (LlGC) 195a, *pillwydd* onn, touchwood. **18–19g.** *Llr* C 30, 188, *pillwydd*, joists [Glam] laths, &c. **18–19g.** *Iolo MSS* 205, Peithynen. Y *Pillwydd* a fyddant yn ddau hanerog bob Carfan sef fal y gellir eu hagor au caead. *id.* ar bob pen i bob dwy *billwydden*. **1803** *P*.

pillyn [*pill+-yn*[1]] *eg.* Pèg: *peg*.

1803 *P*.

pim, gw. **pump.**

pimant [bnth. H. Ffr. *piment*, o bosibl drwy'r S. C.] *eg.* ?Eli persawrus; diod o win a mêl a sbeisys: *perfumed ointment*; *drink of wine, honey, and spices*.

c. **1400** *Études* vii. 294, kymer galch wedy y losgi deu bwys, a chymysc ac ef bwys o'r *pimant* a dot hwnnw y gyt mywn poesnet y verwi gyt a dwfyr. **15g.** *GLGC* 262, Pumwell yw Wiliam i roi *pimant*.

pimffraf: pimffro, pimp, gw. **pilffraf: pilffro, pump.**

pimpernel, pimpyrnol, &c. [bnth. S. Diw. *pimpernel* a'r S. C. *pympyrnol*; ansicr yw'r ystyr yn y dyfyniadau cyntaf isod] *eg.* *Bot.* Llysiau'r cryman, gwlydd Mair, brath-lys, *Anagallis arvensis*: *scarlet pimpernel*.

c. **1400** *Études* vii. 282, O'r mynny wybod beth a wnel dyn brathedic, ae byw ae marw, kymer y *pympyrnol* a mortera ef, a dyro y sud y'r claf y'w yfet. *id.* 298, Diawt y iachau y kic a ys y llall: kymer bugyl . . . *pimpyrnol*. *id.* 310, Kymer y llysseu hynn: bugyl . . . *pympyrnol* i. toruagyl. **16g. (1763)** W. Sales-bury: *LlM* 15, *Pympernel* . . . yr enwe Anagallis yn llading ar pumpernel yn saesneg ac yn gymraeg *pympernel*, gwlydd Mair. *Diw.* **16g.** *WLB* 24, dwfr wedi i stylio o bedwar llysse y kribe, *pympernel*, turmetyll ar scabiws. *id.* 26, Rhag ymgrafu. Kymer wraidd y dotys kochion ar *pumpernell* ar yscabiws. *id.* 70, J dynny hauarn o gorff dyn. Kymer Egyrmwnt, ar *pumpyrnel*, a sytander. **1604–7** *TW* (*Pen* 228) d.g. *anagallis*. **18g.** *Llr* C 24, 368, pim prinelium [*sic*], *pimpernel*.

Cfn.: **pimpernel coch:** *scarlet pimpernel, Anagallis arvensis*. **1910. p. melyn:** *yellow pimpernel, Lysimachia nemorum*. **1910.**

pimpl [bnth. S. *pimple*] *eg.* (bach. *-yn*). Ploryn: *pimple*.

Am ddosbarthiad y gair hwn ar lafar, gw. *LGW* [220]–1.

pimpyrnol, gw. **pimpernel.**

pin[1] [bnth. Llad. *pīnus*, cf. H. Grn. *pin(bren)*, gl. *pinus*, H. Lyd. *pininn crenn*, gl. *pineae nucis*, Llyd. C. *pinenn*, Llyd. Diw. *pin*, *pinenn*, Gwydd. C. *pín*] *eg.* ac *e.ll.* *Bot.* Pinwydd(en), pren y coed hyn: *pine-tree(s)*, *pine(-wood)*.

13g. *A* 14. 5, o lychwr y lychwr luch *bin*. Cf. R. Williams Parry: *CG* 7, Y bryn, y *pîn* a hedd y *pîn*, / Nid ŷnt o'r ddaear nac o'r nef.

pin[2] [?bnth. H. Ffr. *pine* 'cal'] *e?b.* Cal, pidlen, pidyn, gwialen gŵr: *penis*.

?**14g.** *CMOC* 34, Rhydyn *bin*, rhed yn bennoeth / o flaen dau gabolfaen goeth / . . . / Gwyllt *bin* ar fol dewingor, / gwst da, carn twca y tor [?Dafydd ap Gwilym i anfon y gal a'r ceilliau'n llatai]. *c.* **1400** *R* 1364. 23, *pin* wrth din yswin heb ossaneu. ?Cf. *Pen* 53, 27, pina ryfrwnt ponywr refreu [Ieuan ap Rhydd-erch i'r Prol].

pìn[1] [bnth. S. C. *pin*] *eg.b.* ll. *pinnau*, *piniau*.

(*a*) Darn bychan main o ddur, &c., ac un pen iddo'n grwn neu'n fflat a'r llall yn flaenllym, a ddefnyddir i gau dillad, &c., ac fel addurn; pèg; colyn, pegwn; bys (cloc), nodwydd neu bwyntil (cwmpawd); ceilysyn; hefyd yn *dros.* ac yn *ffig.*: *pin*; *peg*; *pivot*; *hand* (*of clock*), *needle or pointer* (*of compass*); *skittle, pin*; *also transf. and fig.*

14g. *GDG*[3] 250, *Pinnau* serthau pan syrthynt, / Pob un ia pibonwy ŷnt. **15g.** *GGl*[2] 257, Gwe a rof uwch y gaer fau, / Gwisg ei phen, gwasg a *phiniau* [i ofyn ysglâts]. **15g.** *DE* 69, gwisc avr *affiniav* gwasgai ar ffyniant. **15–16g.** *GLM* 241, Ei friw ytoedd, nai

Frutus, / draen yn *bin* drwy ewin bys. **15–16g.** *TA* 446, Ebillion ceimion yn cau / Edn y bwn dan i *binnau* [i'r gwalch]. **1547** *WS, pinn*, a pynne. **1677** R. Jones: *BB* 208, Pan oeddwn blentyn, yr oedd yn llawer mwy fy chwant i lenwi fy mlwch a *phinne*, nag yw efe yn awr i lenwi fy mhwrs. *c.* **1700** E. Lhuyd: *Par* ii. 56, Ffynnon fynws lle y byddent gynt yn offrwm *pinneu* Keimyon os bydde defaid hyd y dwylo i gael ymadel a hwynt. **1722** *Llst* 189, *pinn*, m. p. *pinnau*, a pin . . . kittle-pin. **1725** D. Lewis: *GB* 94, Y mae'r ddau Gymmal uchaf yn amrywio oddiwrth y lleill i gyd, gan fod yr Ail fel *Pin*, neu Begwrn, a'r llall ynghŷd â'r Pen yn troi arno. **1753** *ML* i. 244, *pin* o wr main tal hir. **1778** *W, pinn* pren d.g. *peg* [*a wooden pin to fasten, &c.*]. **1795** *R. Crusoe* 39, yr oedd llawer o bethau yn ol, megis . . . *pinnau*, nodwyddau edef. **1798** *WR, pin* bwcl d.g. *tong*. **1803** *P*.

(*b*) Bobin, ?gwerthyd, hefyd mewn cyd-destun ffig.: *bobbin, ?spindle, also in fig. context*.

15–16g. *TA* 395, Myned i weu ym min dol, / Mewn brwyn mae'n bwrw i wennol; / Os y traed oedd ysto draw, / Y waun oedd anwe iddaw; / Pedwar *pin*, pe dorpai waith, / A ddirwynodd ar unwaith [i ofyn ebol]. **15–16g.** *GLM* 326, Ni rôi dolc ar ei wawd ynn; / ni bu'n frith *bin* o'i frethyn: / gweodd hwn i'w gywydd hardd / gwe o felfed, gafaelfardd [marwnad Rhys Nanmor]. **1562** *GST* i. 538, Pan aeth teyrn, pennaeth teyrnas, / Pwy'n bur ei we heb *bin* bras [marwnad Siôn Brwynog]? **1604–7** *TW* (*Pen* 228), y bwrwf ne'r *pinn* edafedd yngwenol y gwehydd d.g. *licium*. Ar lafar gynt yn y ffatrïoedd gwlân, '*pin, -nau*, bobbin(s)', *B* xvi. 94.

(*c*) Afiechyd ar y llygad, ?rhyw fath o friw ynghyd â philen: '*pin*' (*disease of the eye*).

1545 Elis Gruffydd: *Ll* 157, ynn erbyn gouidion mewn llygaid megis y *pin*, y magyl, pan vo'r golwg ynn dechre koegi ac yn llawn mool.

(*d*) (defnydd o'r gair i enghreifftio peth diwerth neu fach iawn: *exx. of the word as typifying a worthless or very small object*).

15–16g. *TA* 131, Ni roech chwi *bin*, yr ŷch bôn, / Er chwe dug, archdiagon. **16g.** *TRP* 170, ni wn i tal i ti *bin* / vod yn vrenin iddewon. **16–17g.** (**17g.**) *CC* 69, ni chair *pin* llaw gan Gawen / nes ir pott gynhesu r pen (Thomas Prys). **17g.** *IICRC* iii. 239, foi gan nhw yma yn ol hyn / nid a gwerth *pin* or un lle. **1656** (**1745**) *MLl* ii. 144, nid yw'r cwbl a ddywedasom am dano ond fel *Pin* wrth ei gyffelybu â'r hôll Fŷd. **17g.** Huw Morus: *EC* ii. [368], Ni thâl ei ffydd beunydd *bin*, / Heb wir fron bur i'w frenin. **1768** Twm o'r Nant: *CTh* 38, Mi ddawnsia fi beth heb hidio mor *Bin* / Yn'r hên Leidr, gin Dlodi. Ar lafar ym Meir., 'ddim *pin* gwaeth na newydd'.

Cfn.: **pin bach:** (i) *pin*. **1725** D. Lewis: *GB* [iv]. Ar lafar yn y De ac yn sir Benf., *GDD* 225. (ii) (*in coal-mining*) *thick iron pin about two inches long connecting shaft to 'dryll' (iron rod connecting shaft to dram)*. Ar lafar gynt ym Morg. a sir Gaerf., *Geir Glo* 115. **pinnau bach:** *pins and needles (prickling sensation)*. Ar lafar yn gyff. **pìn bawd:** *drawing-pin*. **20g. p. brest (frest):** *breast-pin*. **1851. p. cau (gau):** *safety pin*. **1937.** Ar lafar yn nwyrain Morg. yn y ff. *pin caead*. **p. clopa:** *large pin with boss*. Ar lafar gynt yn sir Benf., *GDD* 225, a gogledd Cered., D. J. Evans: *HCS* 129. **p. coed:** (i) *clothes-peg*. Ar lafar yn sir Gaerf. a Morg., *Cymru* xlvi. 24. (ii) *wooden peg*. **1854. p. dirwyn:** *quill (for yarn)*. **1780** *W* d.g. *quill* [*a reed for winding threads on, used by weavers*]. **p. draen(en):** *thorn used as pin to fasten clothes, also used typifying a worthless or very small object*. **1740** T. Evans: *DPO* 128, ni roisai y Brenin Arthur *binn draen* er eu holl ymgyrch. **1776** E. Richard: *B* 3, Ond annerch lliw 'r hinon â *phinnau drain* duon, / A danfon pennillion pan allwyf. Ar lafar gynt yn y ff. *pin draenen* yn sir Benf., *GDD* 226, ac yng ngogledd Cered., D. J. Evans: *HCS* 129. Cf. *SE*, draen . . . *Pinau drain* (sg. *pin draen*), thorn pins; the spines of the black thorn, decorticated and hardened in the sun, formerly used by some of the poorer classes and very economical persons for metal pins to fasten clothes. Cadach sidan a *phin draen*, / A thwll ym mlaen yr esgid.—Diareb. **p. ddwbl:** *safety pin*. Ar lafar yn Arfon. **p. gwallt:** *hairpin*. **20g. p. hollt:** *cotter pin, split pin*. **20g. y p. mawr:** *the earth, ground*. Ar lafar gynt yng Nghwm Rhondda wrth sôn am roi lamp ar y llawr yn niffyg pin i'w chrogi arno, *Geir Glo* 97; 'Dod hi ar *y pin mawr*', *B* viii. 220. **p. mwrnin:** *mourning-pin*. Ar lafar gynt yn sir Benf., *GDD* 226, ac yng ngogledd Cered., D. J. Evans: *HCS* 129. **p. rhon:** *large thorn used as pin to fasten clothes*. Ar lafar gynt, *SE MS* 425a. **p. siôl:** *large pin used to fasten a turnover shawl*. Ar lafar. **ar binnau (drain):** *on tenter-hooks*. **1852.** Ar lafar. **ar y pìn:** *killed and dressed but not cut up (of a butchered pig)*. **1888** Glanffrwd: *Pll* 17, Yr ydwyf yn cofio clywed fod Als wedi cerdded tua Phen-twyn i brynu mochyn cyfan, *ar y pin*, fel y dywedir. Ar lafar gynt ym Morg., *LlGC* 1171, 137. **fel (y) p. mewn papur (yn y papur):** *clean and tidy, spick and span, 'as neat as a (new) pin'*. **1853** W. Rees: *AFR* 290, mi fyddan *wel* [*sic*] *y pin yn y papyr* yn hogenod ifinc. Cf. D. Owen: *D* 190, cadwai y tŷ càn laned a chàn daclused â phin mewn papyr. Ar lafar yn gyff., *WVBD* 430, D. J. Evans: *HCS* 127.

pìn² [?bnth. H. Ffr. *penne*, o bosibl drwy'r S. C. neu'n uniongyrchol o'r Llad. *penna*, ?a'r *-i-* dan ddyl. *pin¹*] *eg.* ac yn eithriaol *eb.* ll. *pinnau, piniau.* Cwilsyn yr holltwyd un pen iddo i ffurfio offeryn ysgrifennu ag inc, offeryn tebyg ac iddo nib metel a ddelir mewn darn o bren, &c., unrhyw offeryn ysgrifennu sy'n defnyddio inc, ysgrifell, ysgrifbin; offeryn i dorri llythrennau, stilws; hefyd yn ffig.: (*writing-*)*pen; stylus; also fig.*

14g. *GDG³* 392, Cwrrach memrwn, wefldwn waith, / I'r dom a fwrid ymaith, / Diddestl wrth ei fedyddiaw / Ei bennill ef, *bin* a llaw. *c.* **1400** *YCM²* 40, Mwy, hagen, y diffic y llaw a'r *pinn* no'e weithretoed mawrvrydic ef. **15g.** *BB* 3–4, om coydiawl ethrylit am priaut *binnieu* vy hvn y prydereis trossi ac ymchwelut y llyuyr kymraec hwnnw yn lladin. **1488–9** *BSM* 18–19, Marthin a gyhyrddodd ac ef a *phinn* bychan (*penicillo*). **1567** *LlGG* (*Sall*) 25a, vy-tauot ys y val *pin* escrivenydd buan. **1567** *TN* 370a, nyd a duy a' *phin* yr scrivennaf atat. *a.* **1587** *Y* 216, Llyfr y balch . . . / . . . / Llaw ffals a'i lliwiai a *ffin*. **1588** *Job* xix. 24, Oh nad scrifennid hwynt mewn carreg dros byth: a *phin* o haiarn, ac a phlwm. **16–17g.** *Cer RC* 179, Mi fum gar i fron [gŵr o gyfraith] yn bennoeth, / Tra fu'n trwsio'i *binnau*. **1632** *D, pinn*, penna. **1771** *PDPh* [2], Pen Physygwyr eu hoesoedd, rhai ag y mae eu Caracter gwedi ei 'sgrifennu mewn Hanesion fel â *Phin* o Adamant. **1793** *Cylchg* 26, Ni fu erioed burach *pin* nâ'r eiddo Dudith. **1803** *P*.

Cfn.: **pin ac inc:** *pen and ink*. **15g.** *DN* 78. **17g.** *IICRC* iii. 208. **1740** *ML* i. 24. **p. dur:** (*steel*) *pen*. **1852. p. gŵydd:** *goose-quill*. **16g.** *Celtica* v. 154. *a.* **1587** *Y* 326. *Diw.* **16g.** *WLB* 41. **p. (o) haearn:** *iron stylus*. **1588** *Job* xix. 24, [p]in o haearn. *c.* **1762–79** W. Williams: *P* 114, [p]in Haiarn. **p. (y)sgrif(en):** (*writing-*) *pen*. **1657** T. Powel: *CI* [iii], rhaid oedd i wneuthur y *pinyscrifen* i wasanaethu yn lle'r tafod. **1658** R. Vaughan: *YPS* [iii]. **1760** *ML* ii. 283, *pinnau sgrif* buan. **p. (y)sgrifennu:** (*writing-*)*pen, also fig.* **1547** *WS, pinn escrifeny*, a penne. **1606** E. James: *Hom* ii. 54, gan ei frathu ef â'u *pinniau scrifennu* o bres. **1732–3** J. Owen: *GB* 65, ei *Bin ysgrifennu* ef nid oes arno Ofn dim, wedi iddo ef unwaith ei wlychu ef mewn Bustl. Yn ardaloedd chwareli llechi y Gogledd defnyddir *pìn sgwennu* yn yr ystyr 'p[i]n o ddur a ddefnyddir i gadw cownt o'r llechi ar y "crewin cyfri"', *B* xx. 252.

pìn³ [?bnth. S. *bin*; am *b-* > *p-*, cf. *ponc, potel*] *eg.b.* ll. *piniau.* Hopran; twndis, twmffat, pig, sbowt, tap: (*mill-*)*hopper; funnel, spout, tap.*

15g. *DE* 39, dyn ai ffenn dyna ffynu / dann *bin* y felin a fu [i wallt merch]. **16g.** (**1638**) *Pen* 151, 36b, yd o'r *Pin* yn dropio oedd [Siôn Ceri i erchi maen melin]. *c.* **1688** *YHD* 15, a Diafol sydd yn wastad yn llenwi yr Hoppran, neu'r *pin* fel na safo 'r felin. *Diw.* **19g.** *SE MS*, 377a, [*pin*], a spout (Lleyn). Ar lafar yn yr ystyr 'hopran' yn y De, a hefyd yng nghanolbarth Cered. yn yr ystyr 'lle daw'r blawd mâl allan o'r felin', *B* iv. 300. Cf. Glanffrwd: *Pll* 47, Byddai y ceirch yn cael ei ddwyn o'r odyn i'r felin. Rhoddid ef yn y *pin*; D. J. Williams: *HW* 84, eisteddai . . . ar y pynnau blawd yn y felin yn gwylio'r ŷd yn araf suddo drwy'r *pin*. Ar lafar ym Môn y *piniau* yw'r 'tyllau neu'r sbowtiau lle daw'r ŷd allan o'r dyrnwr'; clywir '*piniau ŷd*' yn Arfon am 'le i storio ŷd', *B* xxvii. 222, ac yn Llŷn ac Eifionydd 'am fath o bistyll a ffurfid wrth gronni ffrwd fechan ac arwain y dŵr ohoni trwy beipen', *id.* 221. Cf. W. J. Thomas: *Ffa'r Corsydd* (1979) 12, Dŵr yfed o'r ffynnon, neu'r *pîn* [*sic*], ys dywedem ni.

Cfn.: **pin a chanel:** *tap and faucet*. **19–20g.** *SE* d.g. *canel*. **p. ddŵr:** *waterspout*. Ar lafar yn Llŷn, *B* xxvii. 221–2. **p. melin:** *mill-hopper; spout in a mill*. **15g.** *DE* 39. *c.* **1600** (**1681**) *Rhyddiaith Gymraeg* ii. 168, nis gwrthwynebir gyda ni dynnu plant rhwng deudan . . . neu i godi ym*mhin* neu hoppran *y felin*. *Diw.* **19g.** *SE MS*, 377a. Ar lafar yng nghanolbarth Cered., '*pin melin*, lle daw'r blawd mâl allan o'r felin', *B* iv. 300.

pìn⁴, gw. pan¹—pyn².

pina, gw. pin².

pinacl, pinaclog, gw. pinagl, pinaglog.

pinafal [*pin¹* + *afal¹*, ar ddelw'r S. *pineapple*] *eg.* ll. *-au. Bot.* Planhigyn trofannol ac iddo ddail fel cleddyf a ffrwyth mawr, *Ananas comosus*; ffrwyth y planhigyn hwn ac iddo gnawd melyn, croen garw, a siobyn o ddail ar ei ben, afal pin: *pineapple (plant and fruit)*.
1851.

pinagl, pinacl [bnth. H. Ffr. *pinacle*, o bosibl drwy'r S. C.] *eg.* ll. *-au, -s, pinygl.* Tŵr bach addurnol ac iddo big fel pyramid neu gôn; bylchfur; hefyd yn *dros.* ac yn *ffig.*: *pinnacle; battlement; also transf. and fig.*

14g. *GIG* 13, Pen gwlad wyd, a'u *pinagl* aur [i Ieuan ab Einion]. **15g.** *GLGC* 247, Ysgrîn ar gysegr o Went / sy dŷ arglwyddes dwyWent. / Pond teg peintiad y gadair? / *Pinagls* fal pen eglwys Fair. **15g.** *GO* [341], *Pinagl* y'nhopp awenydd / A naddai yfo ynn i ddydd [marwnad Gutun Owain]. **1551** W. Salesbury: *KLl* xviib, aeth diavol ac ef ir dinas santawl ac a[e] gesodes ar *binacl* y templ. **1588** *Ecclus* ix. 18, Gwybydd mai . . . ar *binnaclau* y ddinas yr ydwyt ti yn rhodio. **1592** S. D. Rhys: *Inst* 240, Ac aur yn gerygl, / Nâf eurnaf fernygl, / A' *phinygl* / Tair phynnon. **16–17g.** *Cer RC* 188, Iddi hithe lân eglwys, / Ac arni lawer o *binagle*. **1632** *D, pinagl*, pinnaculum. **1632** J. Davies: *LlR* 394, y mae gantho ysbryd balch i'w osod ef ar *binacl* chwant i anrhydedd. **1688** *TJ, pinagl*: a Pinnacle. **1763** *DT* 253, Uwch Eglwys Bawl, wych eglur, / A'i *phinagl* pefr firagl pur. **18–19g.** R. Davies: *DB* 256, *Pinacl* penaf, tecaf tŵr, / Clive enwog, cu hael fwynwr.

Amr.: **pinegl. 1688** *TJ*, curnen . . . *pinegl* clochdŷ. **1790** Twm o'r Nant: *GG* 126. **1798** R. Davies: *CG* 57.

pinaglog, pinaclog [*pinagl, pinacl* + *-og*] *a.* Ac iddo binagl(au); tebyg i binagl(au): *pinnacled; like a pinnacle or pinnacles.*
1838.

pinas, gw. pinnas.

pinbren [*pin¹* + *pren*; cf. H. Grn. *pinbren*, gl. *pinus*] *eg.* ll. *-ni. Bot.* Pinwydden: *pine(-tree).*
1803 *P, pinbren*, s. m. pl. t. *i*, the pine-tree.

pinc¹ [bnth. S. *pink*] *eg.* ll. *-s*, a hefyd fel *a.*

(*a*) *Bot.* Unrhyw blanhigyn o'r tylwyth *Dianthus* sy'n dwyn blodau persawrus, yn enw. *D. plumarius* a *D. caryophyllus*, pen-igan, ceilys: *flower of the genus Dianthus, (garden) pink, carnation.*

1760 *ML* ii. 161–2, daccw fi wedi saethu'r ddwy 'ningen a oedd yn pori fy *mhinks* i. **1780** W. Williams: *Marwnad . . . Mrs Grace Price* 8, Dyma'r *pingc*, a thraw'r carnasiwn, / Dyma'r tulip hardd ei liw. **1780** *W, pingc* d.g. *pink* [*a flower so called*]. **1798** *WR*, *y pinc* d.g. *pink*. **1813** *WB* 227. Cf. *Hen B* 45, Myn'd i'r ardd i dorri pwysi, / . . . / Pasio'r *pincs* a'r rhosys cochion.

(*b*) Lliw coch golau, gwan, neu ysgafn: *pink (colour).*

1774 W. Williams: *AB* 6, Goleuni yn y gogledd . . . yn creu saith o amrywiol liwiau . . . glas, gwyn, *pingc*, gwyrdd. **1780** *W* d.g. *pink*, or *pink-colour*. Ar lafar, '*Pinc* gwan odd gintin' nw ar wal y parlwr'.

Fel *a.* (*a*) O liw coch golau, gwan, neu ysgafn, o liw pinc, gwyngoch: *pink (adj.).*
1851.

(*b*) Trwsiadus, twt, taclus, teg, tlws, coegynnaidd; ?sionc: *spruce, dapper, neat, trim, smart, fine, pretty, foppish; ?brisk.*

1604–7 *TW* (*Pen* 228) d.g. *concinnus, nitide*. **1632** *D*, bod yn *bingc* d.g. *niteo*. **17g.** Huw Morus: *EC* i. 229, Gwyr Wiliam reolus, a gurodd dwyllodrus / Wyr Lewis *binc*, hoenus, ben cynhwr'. **1707** S. Williams: *ADA* [xi], i'w dacclu ef yn *bingc* ac yn brydferth. **1716–18** *Llsgr R. Morris* 169, nid um ni ngwawr *bingc* ond Ieveangc ein Dau. **1722** *Llst* 189, *pingc*, brave, fine, trimmed. *c.* **1730** *Thos. Lloyd D* (LlGC) 195a, *pingc* . . . pretty. **1740** T. Evans: *DPO* 3[31]–2, hi a irodd ei hwyneb ag Olew; a osododd Dlysau aur wrth ei Chlustiau, ac a ymdrwsiodd yn *bingc* ac yn hoyw dros ben. **1768** Twm o'r Nant: *CTh* 20, Ni bydd yn lle Cap a chnotun heini, / Ond darn o hen gadach na thal moi godi, / Ac yn lle 'Sgidiau *pingc* a Hosaneu Qu[i]rkie / Clocs tin egored a hen facssie. **1770** *W* d.g. *brave* [*fine in cloaths*], *finical, gim, smug* [*spruce, trim, &c.*]. **1783** H. Jones: *PN* 36, Mi fyddwn yn edrych yn llawer mwy *pingc*, / Pe cawn i ryw singc i ymsiongci. **18–19g.** *Llr C* 55, 50, *pinc*, spruce, neat, Glam. **1803** *P, pinc*, smart, brisk; gay . . . Mor *binc* a'r peneurin. Ar lafar yng ngodre Cered., *Cymru* xliii. [195].

Cfn.: **pinc y liri** [?ar ddelw *blac-y-lir*]: *very smart.* **1803** E. Roberts: *IN* 12, Daccw i chwi, Sian, mewn difri, / Ryw ddynes *bingc y liri*, / A'i het gar'line, a'i bwccl, a'i band, / Ond ydi hi'n grand aneiri. *Bot.* **p. y môr:** *thrift, sea pink, Armeria maritima*. Ar lafar yn sir Benf., *Wês wês* 17.

Gw. hefyd **pincen**.

pinc[2] [gair yn dynwared sŵn yr aderyn, cf. *cwinc, gwinc*[1], *winc*[1], a'r S. *pink*] *eb.g.* (bach. *-yn*) ll. *-od, -iaid. Adar.* Aderyn bychan o'r teulu *Fringillidæ* a chanddo big fer dew ar gyfer bwyta hadau, pila, yn enw. ji-binc, asgell fraith, *Fringilla cœlebs*; hefyd yn *ffig.*: *finch, esp. chaffinch; also fig.*

1803 *P, pinc*, s. m. . . . the bird called a finch. *id.* d.g. *pincyn.* Ar lafar yn y Gogledd, *WVBD* 430, H. E. FORREST: *FNW* 148. Cf. *Cymru* lxv. 127, Y sawl a dorro nyth y *binc*, / A gaiff ei grogi wrth y linc.

Cfn.: **pinc yr aden wen:** *chaffinch, Fringilla cœlebs.* Ar lafar gynt yn Nhyddewi, sir Benf., *Cymru Fydd* (1889) 493. **p. y mynydd:** *brambling, Fringilla montifringilla.* **20g.**

pinc[3], **pincaf**[1,2,3]: **pinco,** gw. **pincyn**[1], **pinciaf**[1,2,3]: **pincio.**

pincaidd [*pinc*[1] + *-aidd*] *a.* Braidd yn binc, ac arno wawr binc: *pinkish, pink-tinged.*

1847.

pincas, pinces [bnth. S. *pin-case*] *eg.b.* ll. *-au, -on.*

(*a*) Clustog fach y gwthir pinnau iddi i'w cadw; cas i gadw pinnau ynddo; cas nodwyddau; hefyd yn *dros.*: *pincushion; pin-case; needle-case; also transf.*

1604–7 *TW* (*Pen* 228) d.g. *aciarium.* **1725** *SR* d.g. *a pincase.* c. **1730** *Thos. Lloyd D* (LlGC) 194a, *pincas*, a pincushion. Ar lafar yn nwyrain sir Drefn., godre Cered., sir Benf., a Morg. yn yr ystyr 'pincushion', *Cymru* liii. 31, *GDD* 226; 'Dod y pinna 'ma nôl yn y *pincas* i fi'; ac yn yr ystyr 'pin-case' yn Llŷn ac ym Morg., *BILlE* 32; 'Mor lanad (bert) â phin mewn *pincas*'.

(*b*) *Bot.* Clafrllys, *Scabiosa*; clefryn, *Jasione montana*: *scabious; sheep's-bit (scabious).*

1934.

Gw. hefyd **pincws**[1].

pinc-ei [bnth. S. *pink-eye*] *eg.* ll. *-s. Bot.* Math neilltuol o daten ac iddi lygaid pinc: *pink-eye (potato).*

1885 D. OWEN: *RL* 141, mi ro i chi dipyn o *bingc eis* gore ddaru chi rioed brofi—mae nhw fel peillied. Ar lafar yn Arfon yn yr ystyr 'Methodist Calfinaidd' neu 'gymeriad hen ffasiwn', *WVBD* 430.

pincen[1] [*pinc*[1] + *-en*] *eb.* ll. *-nod.* Merch smart; menyw fursennaidd: *smart girl; affected woman.*

c. **1730** *Thos. Lloyd D* (LlGC) 190a, pedreinwraig. *pincen.* siwen. O. *id.* 210b d.g. *siwen.* **1764** W. WILLIAMS: *Th* 111, Ond cyntaf beth bresentiodd hen Satan faith o'i fla'n, / Oedd *Pincen* sanctaidd dduwiol o fenyw hyfryd lán. **18–19g.** *Llr* C 55, 50, *pincan*, a dressy, spruce girl. Cf. W. REES: *AFR* 156, yr oedd wedi ymbriodi . . . â *phincen* luniaidd, a phâr o lygaid gleision.

pincen[2], **pinces, pinceth,** gw. **pincyn**[1], **pincas, pencneiff.**

pinciaf[1], **pincaf**[1]: **pincio, pinco**[1] [bf. o'r a. *pinc*[1] neu fnth. S. (*to*) *pink* 'to adorn, beautify' (cf. *pinciaf*[5]: *pincio*)] *bg.a.* Gwisgo'n drwsiadus (ar gyfer achlysur arbennig), ymdecáu, ymbincio, harddu, addurno; tacluso, twtio, glanhau (yn drwyadl): *to dress up, make up, titivate, beautify, adorn; tidy, (spring-)clean.*

1604–7 *TW* (*Pen* 228), *pincio* d.g. *calamistro, concinno, nitido.* **1722** *Llst* 189, *pingcio*, to adorn, trim, trick up. **1780** *W* d.g. *to prank* [*prink*]. Ar lafar yn gyff., *Cymru* xliii. [195], *id.* xlvii. 142; 'Ma eishe *pinco* tipyn arna i cyn myn'd i'r cwrdd', *GDD* 226; 'Be' wt ti'n *pincio* dy hun yn y glàs o hyd?', *WVBD* 431.

Cfn.: **pincio'r plu:** *to preen the feathers.* **1780** *W* d.g. *to prune the wings or feathers* [*as birds do*].

pinciaf[2], **pincaf**[2]: **pincio, pinco**[2] [bnth. S. (*to*) *pink* 'to make a tinkling sound'] *bg.* Tincial (am beiriant tanio mewnol): *to pink (of an internal-combustion engine).*

20g. Ar lafar yn gyff., 'Ma'r car yn *pinco* gyda'r hen betrol dwy seren 'ma'.

pinciaf[3], **pincaf**[3]: **pincio, pinco**[3] [?yr un gair â *pinciaf*[2]: *pincio*] *bg.* Llwyddo i daro marblen yr anelir ati wrth chwarae marblis: *to succeed in striking the marble aimed at in a game of marbles.*

20g. Ar lafar yn Arfon, D. PARRY-JONES: *WCGP* 82.

pinciaf[4]: **pincio** [amr. ar *piciaf*[1]: *picio* gydag *-n-* ymwthiol] *bg.* Ymddangos yn rhannol; gwibio: *to peep; dart.*

20g.

pinciaf[5]: **pincio** [bnth. S. (*to*) *pink* 'to ornament with holes or jagged, &c., edges'; ?cf. *pinciaf*[1]: *pincio*] *ba.* Addurno (brethyn, &c.) â thyllau neu ag ymylon danheddog, &c.: *to pink, ornament (cloth, &c.) with holes or jagged, &c., edges.*

1710 *LlGG* (*Gos*) 12, eu dewis o Wisgiad gweddaidd a 'sgolheigaidd, trwy na bô wedi ei dorri neu ei *bincio.*

pincin, pincneth, pinco[1,2,3], gw. **pincyn**[1], **pencneiff, pinciaf**[1,2,3]: **pincio.**

pinco[4] [?amr. ar *pinc*[1]] *a.* a hefyd gyda grym enwol. Trwsiadus, twt, smart; hunandybus: *well-dressed, spruce, dapper, smart; conceited.*

1891 D. OWEN: *EH* 102, [pa]id â bod mor *binco*! mae'n debyg arw na dryche Mr. Huws ddim arnat ti. Ar lafar yn y Gogledd, *WVBD* 431, *ISF* 61; 'Mae o'n rêl *pinco*'.

pincrwydd [*pinc*[1] + *-rwydd*] *eg.* Twtrwydd, smartrwydd, tegwch; sioncrwydd: *dapperness, spruceness, neatness, smartness, fineness; briskness.*

Dchr. **17g.** *J* 10, 128a, *pingcrwydd*, concinnitas. **1771** *W* d.g. *bravery* [*fineness*], *finicalness, smugness.* **1803** *P, pincrwydd*, smartness, briskness.

pincws[1] [bnth. S. *pincush(ion)* neu amr. ar *pincas* dan ddyl. y S. *pincushion*] *eg.* ll. *pincysau, pincysod.* Pincas; cas nodwyddau; hefyd yn *dros.* ac yn *ffig.*: *pincushion; needle-case; also transf. and fig.*

1830. Cf. W. REES: *HBHD* 6, Cei di, y nodwydd, gysgu yn dy *bincws* o hyn allan. Ar lafar yn y Gogledd, *WVBD* 431, *BILlE* 32.

pincws[2]**—p. Mali,** gw. **picws—p. Mali.**

pincyn[1] [?amr. ar *pigyn*[1]] *eg.* ll. *-nau, pinciau.*

(*a*) Cangen, brigyn, sbrigyn, blaguryn: *branch, bough, sprig, spray, shoot.*

16g. HUW ARWYSTL: *Gw* 199, brau tu v [*sic*] fronfraith fwyniaith fêl / pwnc yn ochr *pincin* vchel. **1588** *Sech* iv. 12, y ddau *bingcin* oliwydden. **16–17g.** (**17g.**) *CC* 422, eos yn fain lais yn fwynach / y dervn ar *binkyn* bach (Thomas Prys). **16–17g.** T. PRYS: *Bardd* 96, plethaist gerdd freisgwerdd yn frav / pwnk enwog rhyd *pinkenav* (amr. *pinkynnay*). *Dchr.* **17g.** *J* 10, 127b, *pingcin* . . . surculus. **1707** *AB* 20a, *pinkin*, a Sprig. **1722** *Llst* 189, *pingcyn*, a vine-branch. c. **1730** *Thos. Lloyd D* (LlGC) 195a, *pingcyn* . . . ramulus. **1803** *P.* Ar lafar yn nwyrain sir Drefn., *Cymru* liii. [31]. Yn sir Drefn. a Phenllyn clywir '*pincyn* o flodyn' am 'doriad planhigyn'.

(*b*) Peth pigog, peth sy'n ymestyn allan, draenen, dellten, pigyn, tywysen, côn, copa, pinagl: *a pointed thing, projection, thorn, splinter, spike, ear (of corn), cone, peak, pinnacle.*

15g. *GDLl* 57, Berw y bu, ŵr byw wrawl, / Merddin ar *bingin* o bawl. **1567** *TN* 275a, e roddwyt i mi *bingyn* [:– Gr. scolpē, aseth, picell, pric] yn y cnawt. **1604–7** *TW* (*Pen* 228) d.g. *aculeus, spina.* c. **1730** *Thos. Lloyd D* (LlGC) 195a, *pingcyn*, conus, spica. Ar lafar yn Arfon, "Rodd *pincyn* (= "a projecting or pointed piece of isolated rock") yng nghanol y chwaral as blynyddodd yn ôl', 'ar *bincyn* y graig acw', 'Mae 'i esgyrn i'w gweld yn *bincia* trw'r croen', 'Mi ath rhyw *bincyn* o garrag i 'mys i', *WVBD* 431.

(*c*) Mymryn, tamaid, y peth lleiaf: *jot, scrap, the least bit.*

Ar lafar yn ne-ddwyrain Morg., "Odd y ffrog ddim *pincyn* gwæth na newydd'.

Amr.: **pingyn**[1]. **15g.** *GDLl* 57. **1567** *TN* 275a. **pinc**[3] [?adff.] *Dchr.* **17g.** *J* 10, 127b, *pingc*, punctum. **1803** *P, pinc*, a sprig, a spray. **pincen**[2] (*e?b.* ll. *-nau*). **16–17g.** T. PRYS: *Bardd* 96.

pincyn[2], gw. **pinc**[2].

Pindaraidd [e.'r bardd o Roegwr *Pindar* + *-aidd*] *a.* Tebyg i farddoniaeth Pindar (?518–?438 C.C.), nodweddiadol o'r farddoniaeth honno: *Pindaric.*

1832.

pineal, pinegl, gw. **pineol, pinagl.**

pineol, pineal [bnth. a chfdds. o'r S. *pine(al)* (+ *-ol*)] *a. Biol.* Yn perthyn i'r *epiphysis cerebri*, sef y corffyn bach neu'r chwarren fach yn yr ymennydd sy'n secretu melatonin i lif y gwaed: *pineal.*

20g.

piner[1] [bnth. S. *pinner*] *eg.* ll. *-au.*

(*a*) Ffedog ac iddi fib, bib: *pinafore, apron with a bib, bib.*

[**1783**] *W, piner* d.g. *slabbering-bib.* Ar lafar yng ngogledd Cered. a dwyrain sir Gaerf. yn yr ystyr 'pinafore', *B* v. 334, xii. 24.

(*b*) Penwisg (merch) ac iddi labed hir ar bob ochr a glymid â phinnau: *pinner.*

1688 *TJ, pinner* [*sic*]: a Pinner. **1722** *Llst* 189, *piner*, m.p. *nerau*, a woman's pinner.

Amr.: **pinir.** Ar lafar ym Morg., "Odd raid doti *pinir* o'i flæn a'.

piner[2], gw. **pinner**[2].

piner[3] [dichon fod yma fwy nag un gair; ansicr yw union ddosbarthiad ac ystyr llawer o'r enghrau.] *e?g.*

(*a*) Dilledyn, gwisg: *garment, article of clothing.*

14g. *GIG* 163, Rhanned ei blawd a'i rhynion / Rhwng clêr, a'i *phiner* a'i ffon / A'i chynfas a'i chrys bras brau / A'i chae latwm a'i chlytiau. c. **1400** *R* 1160. 14–15, Nys canlyn oe da oe`diuer ymdro. eithyr y amdo amdlawt *biner.* p. **1570** *RWM* ii. 1040, *Pinner* o sidan panog ac escyll [i'r ceiliog]. **1604–7** *TW* (*Pen* 228), Gwisc, *piner*, trwsiat d.g. *vestitus.* **1632** *D, piner*, amictus. **1753** *TR, piner*, a garment. **1803** *P, pyner* . . . a covering.

(*b*) Stad, cyflwr, picil, cyfyng gyngor: *state, condition, predicament.*

16g. WILIAM CYNWAL: *Gw* (R. L. Jones) 533, Nid tlawd fydd culwydd, coelier—pynciau'r ffydd, / Ond cybydd beunydd drwg ei *biner.* **1672** R. PRICHARD: *Gw* 38, Yn y preseb heb un gader, / Yr oen mwyn yn salw ei *biner. id.* 372, A'r maint sydd ar feder ein cinnio a'n swpper, / Sydd gynddrwg ei *biner*, a'i dymmer mor dost. **1688** S. HUGHES: *TSP* 194, Yn vffern boeth yn vdo 'n rhôst, / Yn ddigon tôst eu *piner* [:– Eu piccil, eu cyflwr].

pines, pinewid, pinfarch, gw. **pinnas, mynawyd, pynfarch.**

pingyllell [*pin*[2] + *cyllell*] *eb.* ll. *-gyllyll.* Cyllell binnau, cyllell boced: *penknife, pocket-knife.*

1828.

piniaf, pinnaf[1]: **pinio, pinno** [bf. o'r e. *pin*[1]] *ba.* Dal, sicrhau, neu gysylltu â phin neu binnau, hefyd yn *ffig.*: *to (fasten with a) pin, also fig.*

1656 (**1745**) *MLl* ii. 182, mor ynfŷd yw 'r hwn a *binnjo* ei Enaid wrth Lêwis arall. **1696** *CDD* 95, *Pinia* di o'th gwmpas, dy lân wisg-briodas. **1771** *PDPh* 72, gofelwch na byddo dim gwaed yn aros rhwng y cig a'r croen wrth *binio*'r wythien i fynu. **1784** M. WILLIAMS: *S* i. 182, ac yna mae pob un yn *pinno* fynu ei lewys. **1803** *P* d.g. *piniaw.* Ar lafar, 'Gæd ifi *binno*'r lywas yngyd a we'nny, di gaid 'i thrio 'i'; "Tydw i ddim am *binio* fy hun wrthat ti'.

Cfn.: **pinio (rhywbeth) wrth (ar) lewys (rhywun):** *to pin (something) on (someone's) sleeve, in fig. context.* **1656** (**1745**) *MLl* ii. 182. **1791** SIÔN LLYWELYN: *DD* 26, Na *phinnwch* ddim o'ch crefydd, / *Ar lewis* un dyn byw.

pinion, piniongar, pinionllyd, &c., gw. **opiniwn, opiniyngar, opiniynllyd,** &c.

pinir, pinius, piniwn[1], gw. **piner**[1], **pinus, opiniwn.**

piniwn[2] [bnth. S. C. *pinoun, pinion* 'gable, ?pinacle' neu'n uniongyrchol o'r H. Ffr.] *eg.* ll. *piniynau, piniwnau.* Talcen (adeilad); pared, gwahanfur; pinagl; hefyd yn *ffig.*: *gable-end, pine-end; partition, dividing-wall; pinnacle; also fig.*

c. **1400** *R* 1225. 27–9, *pinywn* glew grwn goleugret pennkerd pob kyfreith veith vat. **15g.** *GGl*[2] 46, Pennaeth y wlad a'u *piniwn*, / Pennaf a hynaf fu hwn. *id.* 237, Ffelaig y wlad, a'i philer, / Ffynnon clod a *phiniwn* clêr. **15–16g.** *GIF* 74, Pais wen—dwfn pwysen Dafydd —/ pen, nen, a phwys, *piniwn* ffydd [Wiliam Egwad i Siôn Leision ym Margam]. **16g.** *WLl* 57, I pennaeth oedd ai *piniwnn* / Heb pennaeth oedd pann aeth hwnn. **1567** *TN* 286b, ac a ddatododd y [*sic*] gayad y rhanbaret [:– *piniwn*, vagwyr genol]. **16–17g.** EDWARD URIEN, &c.: *Gw* 197, Mawr yw a gwallus i Gymru

golli / Mur reiol *biniwn*, mae'r ail heb eni. **1722** *Llst* 189, *piniwn*, m.p. *piniynau* . . . the gable end of a house. *c.* **1730** *Thos. Lloyd D* (LlGC) 195a, *piniwn* . . . *wnau* . . . a partition wall. **1753** *TR*, *pinniwn*, a partition-wall . . . the pine end of a house. **1780** *W* d.g. *pine-end [of a house]*. **1803** *P*, *piniwn*, s. m. a gable, or end wall of a building. Ar lafar yn y De, Cered., a sir Benf., *SC* vi. 124; ''We' drws yn y *piniwn* manna un adeg'.
Amr.: **pingwn.** **1848.** Ar lafar yn nwyrain Morg., '*Pingwn* y tŷ sy'n gwynepu'r 'ewl, ma' 'i wynab a siag at yr afon'.

piniwn[3] [bnth. S. *pinion* 'cog-wheel'] *eg.* ll. *piniynau.* Olwyn gocos sy'n gyrru un fwy neu'n cael ei gyrru ganddi: *pinion (cog-wheel).*
20g.

piniwngar, piniwnog, piniyngar, piniynog, piniynus, gw. **opiniyngar, opiniynog, opiniyngar, opiniynog, opiniynus.**

pinnaf[1]**: pinno,** gw. **piniaf: pinio.**

pinnaf[2]**: pinno,** *bg.* Llwydo a mynd yn lympiog (am flawd); twymo a dirywio (am wenith): *to become mouldy and lumpy (of flour); heat up and deteriorate (of wheat).*
Ar lafar yng Nghered., *Cymru* xliii. [195].

pinnar, gw. **ponner**[2].

pinnas, pinnes [bnth. S. *pinnace*] *e?g.* Math o long ysgafn: *pinnace.*
1604–7 *TW* (*Pen* 228), *pinnes* d.g. *catascopium*. *id. pinas* d.g. *liburna*. Ar lafar ym Môn ac Arfon yn yr ymadr. 'codi 'i *binnas*' 'hwylio i gychwyn', *LlLlM* 121, *WVBD* 430, *B* xxvii. 222.

pinner[1], gw. **piner**[1].

pinner[2] [bnth. S. *penner* 'pen-case', dan ddyl. yr e. *pin*[2]] *eg.* ll. *pinerau.* Cas neu wain i ddal ysgrifbinnau, hefyd yn *dros.* ac yn *ffig.*: *pen-case, also transf. and fig.*
1547 *WS*, *pinner*, a pennar. **16g.** *GHCEM* 28, Robert a ddiarhebyn', / Dda ysgolhaig, a ddisgwyl hyn / *Piner* Llŷn, pen yr holl iaith, / A chorn Wiliam chwyrn eilwaith. / Corn Wiliam fal cyrn alarch, / A'i *biner* fydd bwn ar farch. / Coel i'r mab, o coelir merch, / Cael rhodd megis caly Rhydderch. / Da *biner* wedi'i bannu, / Darn o hen fwtiasen fu [Wiliam Llŷn, Ieuan Tew, Siôn Phylip, a Hywel Ceiriog i ofyn corn a phiner]. *id.* 31, Dymuno corn . . . / . . . / Da fry, a *phiner* di-freg. **16–17g.** *GST* i. 198, Paladr taradr at wyrain, / *Piner* gwyllt heb hanner gwain. **16–17g.** E. Prys: *Gw* 318, Prin deucant mlynedd meddwn, / *Piner* gwaed er pan yw'r gwn. **16–17g.** *CC* 73, perrigl iawn pur goel annoeth / *pinerau* or pibau poeth [Thomas Prys i ofyn dau bistol]. *Dchr.* **17g.** *J* 10, 127b, *pinner*, pennarium.
Amr.: **pennar.** **1604–7** *TW* (*Pen* 228) d.g. *calamarium, pennaria Theca*. **pinnar.** **1604–7** *TW* (*Pen* 228) d.g. *pennaria Theca*. *Dchr.* **17g.** *J* 10, 127b, pinner, *pinnar*, pennarium.

pinner[3]**, pinnes,** gw. **piner**[3]**, pinnas.**

pinol, *e?g.* Pìn pren; topyn: *wooden pin; bung.*
Ar lafar ym Mrych. yn yr ystyr 'pin pren', *Cymru* xxxix. 96, ac yng ngodre Cered. yn yr ystyr 'stop-cork of butter-churn'.

pinoryn, gw. **plorod.**

pins, pinser, gw. **pinsh, pinsiwrn.**

pinsh, pins [bnth. S. *pinch*] *eg.* (bach. *-yn*). Y weithred o binsio; pinsiaid; sefyllfa argyfyngus, argyfwng, picil, cyfyng gyngor, caledi: *pinch; pinch (of something); critical situation, emergency, predicament, hardship.*
1837. Ar lafar, '*pinshyn* o halen', *WVBD* 430; ym Morg. clywir *pinsh* yn yr ystyr 'man yn y ffas lle medrai'r glöwr daro ar un o haenau'r wythïen ac o ganlyniad dynnu tipyn o lo i lawr yn gymharol ddidrafferth', *Geir Glo* 31, 36; digwydd y rhigwm 'Het wen a ruban ddu, *pinsh* i ti a lwc i mi' yn ardal Pwllheli.
Cfn.: **ar bins(h):** *at a pinch.* **20g.** Ar lafar, 'Ddim dyma'r union beth, ond mi neiff y tro *ar binsh*'.

pinshin, pinshlons, pinshyn, gw. **pensiwn, pinslons, pinsh.**

pinsiad[1] [bôn y f. ddil. + *-iad*[1]] *eg.b.* ll. *-au.* Y weithred o binsio, pinsh, hefyd yn *ffig.*: *pinch(ing), also fig.*
1934. Ar lafar, 'Mi ges i *binsiad* reit ddrwg ar 'y mys wrth gau drws y car'.

pinsiad[2], gw. **pinsiaid.**

pinsiaf: pinsio, pinsian [bnth. S. *(to) pinch*] *bg.a.* Gwasgu (cnawd, &c.) yn dynn rhwng dau beth (yn enw. bys a bawd), hefyd yn *ffig.*; gwasgu (bysedd traed, &c., am esgidiau); bod yn ddarbodus, cynilo; dwyn, lladrata: *to pinch, also fig.; pinch (of shoes, &c.); be thrifty, economize, save; steal, pilfer.*
17g. Huw Morus: *Gw* 481, [y]r efel *binsio*. **1757** *Y Drysorfa* (1931) 396, canys rhagorol fawredd nerth Duw y mae ef [yr Ysbryd Glân] yn cael ei alw Eph 1. 19. Yr oeddwn i yn cael fy *minsio* am gwascu yn dost ag yn galed iawn wrth y nod hwn. **1768** Twm o'r Nant: *CTh* 31, Mi a *binsiwn* hwnnw yw [*sic*] yrru'n flin. **1771** *PDPh* 37, Yr Haint-digwydd . . . [p]ob teimlad yn cael ei golli . . . fel na's gellir trwy un Sŵn, hyd yn oed *pinsio*'r Corph, eu dwyn iddynt eu hunain. **1789** Twm o'r Nant: *TChB* 16, Oni bae rai'n *pinssio* ac yn rhobio 'n rhaibus / Ni fyddei'r Wlad fyth mor Anghenus. Ar lafar, ''Odd 'i sgitsia fa'n *pinsio*'; yn Arfon yn yr ystyr 'bod yn ddarbodus, cynilo', 'Bydd rhaid i mi *binsio* 'fory, achos 'mod i wedi gwario gormod heddiw'; hefyd yn ardal Pwllheli yn yr ystyr 'brathu', 'Ambell geffyl *binshith* yn ofnadwy'.

pinsiaid, pinsiad[2] [*pins(h)* + *-iaid*[2]] *eg.b.* ll. *pinsieidi.* Cymaint (e.e. o halen) ag y gellir ei godi rhwng bys a bawd, swm bychan iawn: *pinch (e.g. of salt), very small amount.*
1777 E. Roberts: *DG* 49, ac yn misio cael *Pinsied* o Snisin yn lle'n y bŷd. Ar lafar yn gyff., *WVBD* 430, *GDD* 226, *Geir Geg* 164.

pinsiwrn, pinsiwr(s), pinsiwn(s), pinsiar(s), &c. [bnth. a chfdds. o'r S. *pincer(s), pincher(s)*; â'r *-n*, cf. *miswrn, siswrn*, ond cf. hefyd S. *pinson* 'pincers'; dichon mai bôn y f. *pinsiaf*: *pinsio* + *-wr* 'un sy'n pinsio' (yn *ffig.*) a welir yn yr engh. gyntaf] *eg.* ll. *pinsiw(r)nau, pinsiynau.* Gefel (at dynnu hoelion, &c.), gefel bedoli, ?hefyd yn *ffig.*: *pincers, ?also fig.*
16g. *GGH* 119, Pwy yn un fawl, pen ynn fyth, / *Pinsiwr* pob tynfalch pensyth? **16g.** *THSC* (1923–4) (At.) 20, ar mwrthwl, ar *pinssiwns*. Ar lafar yng Nghered., sir Benf., a'r De, *GDD* 226, *B* iv. 300. Digwydd yn y ff. *pinsiwr* a *pinsiar* yn ardaloedd chwareli'r Gogledd yn yr ystyr 'trosol bach i gael gafael da', *B* xx. 252.
Amr.: **pension.** Ar lafar ym Morg., *LlGC* 1171, 140. **pensiwn**[2]**, penswn.** **19g.** Ar lafar ym Morg. **pinswrn.** **1793** *Cylchg* 173, cymmerasant rai wrth eu trwyn â *phinswrnau* poethion. Ar lafar yn Arfon.

pinslons, pinshlons [cf. S. taf. *slones* 'sloes'] *e.ll.* Eirin duon bach, eirin perthi: *sloes.*
19g. *TM* 139, Mi geso'm gwawdd i ginio / Ar *binslons* wedi'u stiwo.

pinstreip, pin-streip [bnth. S. *pin-stripe*] *eg.* a hefyd fel *a.* Brethyn ac arno streipiau cul iawn; yn gwisgo (siwt o frethyn) pinstreip: *(wearing) pin-stripe.*
20g.

pinswrn, gw. **pinsiwrn.**

pint, gw. **peint.**

pintaid, pintiaid, gw. **peintiaid.**

pinus [bnth. dysg. Llad. *pīnus*] *eg.* Pin, pinwydden; pren y binwydden: *pine (tree); pine(-wood).*
14g. *THSC* (1919–20) 124, kyuodant teir gwialen . . . ar tryded auyd oryw y *pinus* . . . trwy y *pinus* ydeellir yrysppryt glan. **14g.** *GDG*[3] 3, I brynu penyd, ar bren *pinus* [i Iesu]. *c.* **1400** *R* 1197. 41, o geinghyeu *epinus*. *c.* **1400** *SDR*[2] 46, ual y daruu gynt y'r prenn *pinus* mawr o achaws y pinwyden vechan. **15g.** *GLGC* 414, Owain y ieuaf, / hwn a'r brawd hynaf / fu'r haelaf, pennaf, fal pren *pinys*. *id.* 460, ei ddau ben oedd o *binus* / a dry â lliw dwy o'r llus [i ofyn bwa]. **1488–9** *BSM* 11, A bwrw prenn *pinivs* [*sic*] oedd yn emyl y demyl yr llawr. **1604–7** *TW* (*Pen* 228) d.g. *coccalus, larix*. **1632** *D* d.g. *pinea, pinus*.

pinwarch, pinwent, gw. **pynfarch, pynwent.**

pinwydd [*pin*[1] + *gwŷdd*[1]] *e.ll.* (un. b. *-en*) a hefyd fel *eg.* *Bot.* Unrhyw goed coniffer-aidd bytholwyrdd o'r tylwyth *Pinus* ac iddynt ddail tebyg i nodwyddau, un o'r coed hyn; pren y coed hyn, hefyd yn *ffig.*; pinafal(au) (planhigion, planhigyn, a ffrwyth(au)), *Ananas cornosus*: *pine (tree(s)); pine(-wood); pineapple(s) (plant(s) and fruit), also fig.*
c. **1400** *SDR*[2] 46, ual y daruu gynt y'r prenn pinus mawr o achaws y *pinwyden* vechan. **1588** *Neh* viii. 15, [c]angau *pîn-wŷdd*. **1588** *Eseia* xliv. 14, plannodd *bin-wŷdden*. **1604–7** *TW* (*Pen* 228) d.g. *cirnoli* (At.), *coccalus, pi[n]us*. **1745** D. Jones: *HN* 7, drwy y *Pinwydd* y deallir yr Ysbryd Glân. **1759** J. Evans: *PF* 6, wrth rodio mewn Llwŷn o Goed *pinwydd*. **1803** *P* d.g. *pinwydd, pinwydden*.
Cfn.: **pinwydd melyn:** *yellow pine.* **1848.**

pinygl, piod, gw. **pinagl, pi**[2].

piodaidd [*piod* (ll. yr e. *pi*[2]) + *-aidd*] *a.* Tebyg i biod(en): *like a magpie (magpies).*
1856.
Amr.: **piogaidd** [cf. *piog*]. **20g.**

pioden, piodd, piog, piogaidd, piogen, gw. **pi**[2]**, piau: pieufod, pi**[2]**, piodaidd, pi**[2].

pion[1] [bnth. S. *pion*] *eg.* ll. *-au, -iaid.* *Ffis.* Meson ac iddo fàs tua 270 gwaith cymaint â màs electron: *pion.*
20g.

pion[2], gw. **pioni.**

pioni, peioni [bnth. S. C. *pionie* neu'n uniongyrchol o'r H. Ffr., a bnth. S. Diw. Cyn. *peionie*] *eg.* *Bot.* Unrhyw un o amryw fathau o blanhigion o'r tylwyth *Pæonia* sy'n dwyn blodau crwn mawr coch, pinc, neu wyn, yn enw. rhosyn y mynydd, daear-llys, coronllys, cysgadur, *P. mascula*: *peony.*
14g. *ACL* i. 43, Piganium. Item pionia, *pioni*. *Diw.* **15g.** *RWM* ii. 39, y *pioni* gwressoc a sych yw. **16g.** **(1763)** W. Salesbury: *LlM* 214, nid yn anhebig ir *pioni* benw. *Diw.* **16g.** *WLB* 3–4, Ac yna kymer y sage, a rŷw, ar persli, ar violed, ar *peioni*. **1632** *D*, *peioni* d.g. *monogenion, phthisis*. *c.* **1740** *LlM* 34, *Pioni*, Pelitori o Spaen.
Amr.: **peiam.** Ar lafar yng ngodre Cered., *TGG* (1907–8) 99, *Cymru* xliii. [144]. **piana**[2]**, piano**[2]. Ar lafar ym Morg. **pion**[2] [bnth. S. C. *pyon*]. *c.* **1400** *Études* vii. 54.

piowter, gw. **piwter.**

pip[1] [bnth. S. *peep*] *eg.b.* Cip, cipolwg, golwg frysiog: *quick look, glance, peep.*
1934 D. J. Williams: *HW* 54, rhoi rhyw *bip* i mewn i'w thŷ ffowls wrth basio. Ar lafar yn y De.

pip[2] [bnth. S. *pip* 'disease of poultry'] *e?g.* Afiechyd ar ddofednod ac adar eraill a nodweddir gan fwcws tew yn y geg a'r gwddf, (gwaith) y big: *a disease of poultry and other birds characterized by thick mucus in the mouth and throat, pip.*
17g. *LlGC* 13215, 375, *pip*, pituita. Ar lafar yn y Gogledd am 'anhwylder', 'Mae rhei'n rhedag atyn' nhw [meddygon] am bob *pip*', *WVBD* 431, hefyd yn yr ystyr 'mympwy', 'Ma' ryw hen *bip* arno fo', *ib.*

pipaf[1,2,3,4]**: pipo,** gw. **pipiaf**[1,2,3,4]**: pipio.**

piped [bnth. S. *pipette*] *eg.b.* ll. *-au, -i.* Tiwb main o wydr, plastig, &c., ar gyfer trosglwyddo neu fesur meintiau bychain o hylif, yn enw. mewn cemeg, drwy sugno'r hylif i fyny'r tiwb a chau'r pen i'w gadw yno: *pipette.*
1937.

pipglai [*pib* + *clai*] *eg.* Math arbennig o glai gwyn a ddefnyddir ar gyfer gwneud pibellau clai, &c.: *pipeclay.*
1841.

pipglwyf [*pib* + *clwyf*] *eg.* Agoriad rhwng un organ gau ac un arall neu rhwng organ gau a wyneb y croen a achosir gan driniaeth lawfeddygol, wlser, &c., ffistwla: *fistula.*
1773 *W* d.g. *fistula* (hefyd *WR*).

pipgnau [*pib* + *cnau*; seilir y diff. ar *P*] *e.ll.* (un. *pipgneuen*). *Bot.* Cnau castanwydd: *chestnuts.*
c. **1400** *R* 1272. 23, bwyt vynghar oed vwyara a phys *aphipkneu* affa. **1803** *P*, *pipgnau*, chestnuts.

pipgod, pib god [*pib* + *cod*[1]] *eb.* ll. *-au, pibau cod.* Offeryn cerdd sy'n cynhyrchu sain drwy yrru awyr o god (a lenwir â'r anadl neu gan fegin fraich) gan beri i gorsen

neu gyrs ddirgrynu yn y bib neu'r pibau, pibau, bacbib(au): *bagpipe(s)*.
1632 *D*, pibydd a gano *bibau côd* d.g. *vtricularius*. **1753** *TR*, pib . . . *Pibau côd*, bag-pipes. **1770** *W*, *pibau côd* d.g. *bagpipes*. *id. pîb gôd* d.g. *pipe, a bag-pipe*. **1793** M. WILLIAMS: *BM* 39, A'i *Bibau-cod* Bwbi cas. **1806** TWM O'R NANT: *H* 76, Mi wn innau yn dda iawn, am y priodasau yn Neheubarth . . . byddynt yn colli Hatau ai clogun . . . rhwng hwthu'r *pibau cod*, a champo trwy gilydd yn debyg ir tylwyth teg.
Amr.: **pipgoed.** **18g.** E. RICHARD: *E* 5, Os chwiban dy *bib-goed*, felus-gerdd las-goed, / O'r coed ni fyn dwy-droed fyn'd adre'. **1770** *TG* ii. 103, O Iorwerth! pa ham y mae dy *bibgoed* felusgerdd cyhyd yn ddistaw?

pipgorn, pib gorn [*pib+corn*] *eb.* ll. *pibau cyrn*. Offeryn chwyth, sef pib bren ac iddi chwe thwll i'r bysedd ac un i'r bys bawd a chorn ar bob pen: *hornpipe* (*musical instrument*).
1604–7 *TW* (*Pen* 228), *pipgorn* d.g. *miluinus* . . . *Miluina Tibia* (hefyd *D*). **1722** *Llst* 189, *pipgorn*, f. a horn-pipe. **1759** *ML* ii. 113, Difyr oedd gweled llanciau cadw, a'u *pibau cyrn* tan eu ceseiliau. **1770 (1786)** *Archaeologia* iii. 33–4, another very rude musical instrument . . . scarcely used in any other part of North Wales, except the island of Anglesey, where it is called a *pib-corn*, and where Mr. Wynn of Penhescedd gives an annual prize for the best performer . . . The tone, considering the materials of which the *Pib-corn* is composed, is really very tolerable, and resembles an indifferent hautbois: how it is produced will appear by the drawing of the different joints of the instrument. **1780** *W*, *pîb gorn, pib-corn, pipcorn* d.g. *pipe, a horn pipe*. **1784** T. PENNANT: *TW* i. 463, simple pipes, before it received from us the addition of the horns, from whence it got the title of *pib-gorn*. **1794** E. JONES: *MPR* 116, The '*Pîbgorn*', or Hornpipe, is so called, because both extremities are made of horn. In blowing, the wind passes through it, and sounds the tongue of a reed concealed within. It has seven holes, besides the aperture, and measures about 19 inches in length. Its tone is a medium between the flute and the clarinet . . . This instrument . . . is now peculiar to the Isle of Anglesey, where it is played by the shepherds. **1803** *P* d.g. *pib*. Cf. P. ROBERTS: *Cambrian Popular Antiquities* (1815) 145, I suppose the Scotch Pipe, like the Welsh *Pibgorn*, had but six finger-holes.

pipgwn [*pib+cŵn* (ll. yr e. *ci*)] *e.ll.* (un. b. *pipgynen*). Cacwn, picwn: *wasps*.
1725 *SR*, pibcynen. S.W. d.g. *a wasp*. *Diw.* **19g.** *SE MS*, 375a, *pibgwn* . . . *-gynnen*. *ib.* d.g. *piccwn*.
Gw. hefyd **piffgwn.**

pi-pi, pipi [cf. S. *pee-pee*, Ffr. *pipi*, Alm. *Pipi*] *eg.* a hefyd fel *bg.* Y weithred o biso, piso, wi-wi: *pee(-pee), wee(-wee), piddle*.
Ar lafar yn gyff., 'Dwi isio (gwneud) *pi-pi*', 'Beth petai e'n *pi-pi* ar y carped?'

pipiad, gw. **pibiad.**

pipiaf¹, pipaf¹: pip(i)o, pip(i)an [bnth. S. (*to*) *peep* 'to look through a narrow opening'] *bg.* Edrych yn llechwraidd, yn enw. drwy dwll, ysbïo, ciledrych, taflu cipolwg, hefyd yn *ffig.*: *to peep, peek, glance, also fig.*
1854. Ar lafar yng Nghered. a'r De, *B* iv. 300, *Cymru* xliii. 194; 'Cer i *bipo* os yw Dad yn dod'; 'Odd 'i'n *pipan* trw'r ffenast cyn cnoco'.

pipiaf², pipaf²: pip(i)o, pipian [ansicr yw'r engh. gyntaf] *bg.* Picio, mynd neu ddod yn sydyn neu'n annisgwyl, ymweld: *to pop* (*in*), *visit*.
17g. *LlGC* 10249, 138, Par na bo, *pipio*, pob parth, ir Kaie / pen fo'r Kŵn, yn Kyfarth. Ar lafar yn nwyrain Morg., ''Dyw a ddim wedi *pipo* 'ma es misodd'.

pipiaf³, pipaf³: pip(i)an [gair geir., sef bnth. S. (*to*) *peep* 'to make a shrill feeble sound'] *bg.* Gwneud sŵn main egwan (am adar bach, &c.), llefain yn wan, swnian crio: *to peep, cheep, pipe, pule, whine*.
1778 *W* d.g. *to peep* [*as chickens*], *to pip* [*cry like a chicken* . . .], *to pule*. **18–19g.** *Llr* C 4, 268, *pipan*, to whine. **1803** *P.*

pipiaf⁴, pipaf⁴: pip(i)o [bnth. S. (*to*) *pip*] *bg.a.* Methu (yn enw. mewn arholiad): *to fail* (*esp. in an examination*).
Ar lafar, e.e. 'Mae e wedi *pipio* Ffrangeg', 'Mae e wedi *pipo* "knighthood"' (am rywun a dderbyniodd CBE).

pipianllyd [gair geir., sef be. y f. fl.+ *-llyd*] *a.* Yn pipian: *puling, whining*.
1778 *W* d.g. *puling, to whine*. **1803** *P.*

pipi-down, *e?g.* Math o dopyn tro sy'n neidio wrth ei chwipio, hefyd yn *ffig.*: *type of spinning-top which jumps when whipped, also fig.*
20g. Ar lafar yn y Gogledd, hefyd yn y ff. *pibi-down*. Cf. S. WILLIAMS: *EN* 75, *pipi down*, top o rîl a phric . . . Negro fawr be' ma'r *pipi down* yma yn feddwl ydi o? (S. upstart). Fe'i clywir yn y Parlwr Du, sir Ffl., am weithiwr sâl ac anghelfydd, *Geir Glo* 21, ac yn Arfon am rywun sy'n methu eistedd yn llonydd.

pipin [bnth. S. *pippin*] *eg. Bot.* Math o afal bwyta sydd fel arfer yn felyn cochlyd: *pippin*.
1759 J. EVANS: *PF* 53, arferwch Dê o Suran y Gôg neu o *Bîppin*. **1798** *WR*, *pipyn* d.g. *pippin*. **18–19g.** *IM* 336, *pippin* mawr Llancarfan ('bell pippin').

pi-po [bnth. S. *peep-bo*] *ebd.* wrth chwarae â phlentyn pan fo rhywun sydd wedi ymguddio yn ymddangos yn sydyn: *peep-bo*.
Ar lafar.

piprai, gw. **pipre.**

pipre [bôn y f. *pibaf*: *pibo+*rhe* (cf. *camre, dere, dwyreaf*: *dwyre, dwyrain, pelre*] *eb.g.* Pibion, ysgarthion tenau, dolur rhydd; ?pip (afiechyd dofednod); ?blinder; hefyd yn *ffig.*: *liquid faeces, diarrhoea*; ?*pip* (*disease of poultry*); ?*weariness*; *also fig.*
1604–7 *TW* (*Pen* 228) d.g. *pituita*. **1605–10** *Pen* 218, 42, nes iti gael yma vwth hiddiglud budur a *phipre* henfoniaid ar i hyd a llawr dwfn pyllog a lleche hir leision. **1632** *D*, *pippre*, a pibo. **1688** *TJ*, *pipre*, pibiad: the loosness of the Belly. **1716–18** *Llsgr R. Morris* 170, wedi ir mieri gripio i draed / a thynnu i waed yn *bipra*. **1722** *Llst* 189, *pippre*, m. a looseness of ye belly. **1725** *SR* d.g. *weariness*. **1803** *P*, *pipre*, s. f. a diarrhœa, a lax.
Amr.: **piprai** [?adff., cf. *merchaid*, amr. ar *merched* (ff. l. yr e. *merch*¹)]. **1766** *CD* 135, [*p*]*iprai* hên fonion.

pipren¹ [gair geir., sef *pib+pren*] *eb.* Pib bren: *wooden pipe*.
1722 *Llst* 189, *pipbren*, f. a wooden pipe. **1780** *W* d.g. *pipe, a wooden pipe*.

pipren², gw. **pubren.**

pipsan, pipyn, gw. **pibsan, pipin.**

pir¹, pier [bnth. S. *pier*] *eg.* Adeiladwaith yn cynnwys dec sy'n ymestyn o'r lan allan uwchben y môr i'w ddefnyddio fel glanfa, promenâd, &c.: *pier*.
16g. (*LlEG*) *Mos* 158, 531a, vwch ben y mor or tu gorllewi[n] ir *pir*. *id.* 667a, y *piier* ner mur kerig. *id.* 667b, sawtt greulon ir *piar* yr hwn iroeddeint twy ynni dryllio [*sic*] ararttyleri. Ar lafar.

pir² [bnth. S. *peer*] *eg.* ll. *-iaid*. Person cydradd ag arall, un o gyffelyb safle, cydradd: *person of equal rank or status, peer*.
1567 *LIGG* [xi], bot eu treio trwy eu *pirieit* [:– cyfraddieit].

pir³, pirad, gw. **bir** (At.), **pirat.**

piramid, piramidaidd, &c., gw. **pyramid, pyramidaidd, &c.**

pirat, peirat, &c. [bnth. S. *pirate*] *eg.* ll. *-(i)aid*. Môr-leidr: *pirate*.
c. **1585** *Llst* 178, 26a, y *pirad* ner llaidir cyntaf ar y mor. **1595** M. KYFFIN: *DFf* [91], Beth os yspeilydd, neu *birat*, sy'n meddiannu Arch Noë drwy drais. **1615** R. SMYTH: *GB* 85, drwy ambuscadau *pyradiaid*. *id.* 101, hwn yn y diwedd ai gwerthodd ef i'r *pyradiaid*. *id.* 219, yr holl waed a gollasont lladron y *pyratied* y llyaswyr. Cf. *BD* 13, o genedyl a elwit y Piratas; *Bren Saes* 50, y lloges Sitruc llongeidiev o wyr arvauc o ypirate.

piratiaeth, peiratiaeth [*pirat, peirat+ -iaeth*] *eb.g.* Môr-ladrad: *piracy*.
20g.

pirim, pirin¹, *eg.* ll. *-s*. Cŷn bychan haearn a ddefnyddir i dorri bwlch mewn carreg er mwyn hwyluso rhoddi un mwy i mewn: *a small iron chisel used to make an incision in the rock to aid the insertion of a larger chisel*.
1884. Ar lafar yn Arfon, *WVBD* 431.

pirin², gw. **peiriant.**

pirliparla, pirliperlaod, gw. **pilipala.**

pirwét [bnth. S. *pirouette*] *eg.* Y weithred o droi'r corff yn gyflym, yn enw. ar fysedd neu belen y droed mewn bale, hefyd yn *ffig.*: *pirouette, also fig.*
20g.

piryn [?ff. affetig ar *pupuryn*, cf. *mogiaid* am *mamogiaid*] *eg.* Tamaid, gronyn, iot: *bit, speck, scrap, jot*.
Ar lafar yn ne-orllewin sir Gaerf., 'Diw e' ddim *pirin* gwath', *TGG* (1907–8) 83, ac yn ne-ddwyrain Morg., 'Gofala na aiff un *piryn* o luwch i'r bwyd'.

pis¹ [bnth. S. *piece*; cynhwysir y ff. l. *pisys* d.g. *pisyn*] *eg.b.* ll. *pis(i)au*. Pisyn, darn, neu ddryll, yn enw. o arian bath; magnel; cyfansoddiad llenyddol; clwt: *piece or bit, esp. of money*; *cannon, piece of artillery*; *literary composition*; *patch*.
1574 *RhRC* (At.) 251a, er trigen . . . *pis* ayr. **17g.** *DCR* 247, A chweigen *pise* o pres / oedd gen y diwres ladron / yn croegleisio yn fawr i bar / yn poiri oddiar olwynion. **1716–18** *Llsgr R. Morris* 133, rhowch *bie*[*c*]*e* och brone yn gynta / ar ddescil fawr or decka / . . . / rhowch *bie*[*c*]*e* och baccon irion / a chig yr ieirgiw breision. **1828** *Geir Pob* 20, *pîs*, darn, dryll.
Cfn.: **pisiau teiriau:** *threepenny bits, threepenny pieces*. **1929 (1935)** T. H. PARRY-WILLIAMS: *O* 20, Y mae darnau [o farddoniaeth, &c.] fel hyn yn gyflawn ynddynt eu hunain, megis *pisiau teiriau*. Gw. hefyd *pisyn—p. tair*.
Gw. hefyd **pisyn.**

pis² [bnth. S. *peace*] *eg.* Heddwch: *peace*.
16g. HUW ARWYSTL: *Gw* 217, vsdvs kryf piav r kyfarch / or *pies* ar korwm er parch. *id.* 247, *Pies* vwch ben powys ywch barn.

pis³, gw. **pision.**

pisaf, pisiaf¹: pis(i)o [bnth. H. Ffr. *pis-s(i)er*, o bosibl drwy'r S. C.] *bg.a.* a'r be. fel *eg.* Gwneud dŵr, troethi (ar), gwlychu gyda throeth, pasio gyda throeth, hefyd yn *dros.* ac yn *ffig.*: *to pass water, piss, micturate, urinate* (*on*), *wet with urine, discharge with urine, also transf. and fig.*
13g. *B* x. 25, Ac nyt atverwyt idau ef heuyt y aelodeu gurawl either ford y *bissav* herwyd annyan. *c.* **1400** *MM* 112, O ny byd da y trwnc pan *bisser*, a symudaw ohonaw ar liw un iach. *id.* 138, Rac attal *pissaw*. *c.* **1400** *R* 579. 10–11, ys bargodyein ny *bisswys*. *id.* 1335. 8–9, llygat ymrein glein llygat gronyn pys. yn*pissaw* kynronyn. *c.* **1400** *RB* ii. 392, hwnnw pan oedit yny vedydyaw a*bissawd* yny bedydlestyr. **1547** *WS*, *piso*, pysse. **[1547]** W. SALESBURY: *OSP*, ny *phis* boneddic ehun. *Diw.* **16g.** *WLB* 16, gwer hydd a goreu yw hwnw a *bisso* yr hydd ne hwn a laddesid rhwng y ddwy wyl fair. *id.* 39, kymered i drwnk i hun yn i lawn wres fal i *piser* ef. **17g. (18g.)** *CLlC* ii. 21, Ni ddwg o [melinydd] mwy mo flawd y plwy / Ni *phis* o byth ar be[u]syth poeth. **1691** T. JONES: *Alm* [ii], pan ddisgwyliem sychder, y nefoedd a *bîseu* [*sic*] am yn pennau. **1703** E. WYNNE: *BC* 69–70, Rhwymwch y ddau, wyneb yn wyneb . . . a chwyded ef iw chêg hi, *pised* hitheu dân iw berfedd ynte hyd Ddyddfarn. **1756** G. OWEN: *L* 169, os digwyddws iddo erioed *biso*'n groes i neb yn y dref honno, dyma'r amser i ddial arno. **[1762]** E. POWELL: *HEI* 28, Rhag attal *Pisio* o achos y Grafel. **1771** *PDPh* 80, Meddyginiaeth i Fuwch neu Ych yn methu *piso*. **1789** TWM O'R NANT: *TChB* 10, Wrth glywed eu Saes'neg 'n hwy'n hynny o fan / Ymron *piso* gan anhapusrwydd. **1790** TWM O'R NANT: *GG* 195, Ow, aros yn 'Dafarn, ond ofer i chwi, / Fel *piswch* eich pwys-waith oll ymaith yn llî. **1803** *P.* Ar lafar yn gyff., *B* xiv. 280, *GDD* 227.
Fel *eg.* Trwnc, troeth, wrin: *urine, piss*.
1858. *Diar.* Gwell *piso*'r ddafad na thom y fuwch. Ar lafar yn gyff., weithiau mewn ymadroddion megis '*pis(h)o* bobi (bronwen, cath, crics, cwrcyn, gwidw, milgi)' am de gwan.
Cfn.: **pis(i)o bwrw (glaw):** *to piss down* (*with rain*). Ar lafar, 'Well i ti fynd ag ymbarél efo ti, mae hi'n *piso bwrw*'. **p. dryw (bach) (yn y môr):** *comparison for an infinitesimally small amount*. Ar lafar. Cf. *D* (*Diar*), Hanbydd ychwaneg y môr o bissodyn y dryw. **p. gwaed:** *to pass blood, discharge blood in the urine*. *c.* **1400** *Études* vii. 270, Rac *pissaw gwaet*. **1545** ELIS GRUFFYDD: *Ll* 71, [p]an wellych [*sic*] di anniuail ynn *piso j waed*. **1759** J. EVANS: *PF* 94, *Piso 'r Gwaed*. Ar lafar yn sir Benf. *Bot.* **p.'r gwely:** *dandelion, Taraxacum*. Ar lafar yn sir Benf., *GDD* 227. **p. i'r gwynt (yn erbyn y gwynt):** *to do something in vain, often with negative consequences, 'to spit in the wind'*. **18–19g.** *Llr* C 30, 114, Mae'n *piso'n erbyn y gwynt*, i.e. he deals

out abuse that only disgraces himself. Ar lafar ym Môn, 'Waeth iddo *biso i'r gwynt* ddim', *ISF* 61. **p. yn ei (dy, &c.) gawl:** *to put a spoke in someone's wheel.* **18–19g.** *Llr* C 4, 96, Mi *bisa'n ei gawl ef*, I'll spoil his sport. **a biso ar y pared (ar bared):** *he who pisses on the (a) wall, man.* **14g.** *B* ix. 226, hyt na bo yno *a bisso ar y paret.* **1588** 1 *Sam* xxv. 22, *a bisso ar bared.* **1588** 1 *Br* xiv. 10. **fel p. mochyn (yn yr eira):** *crooked.* Ar lafar yn gyff. am gwysi, M. WILIAM: *DY* 60.

pisbot [bnth. S. *pisspot*] *e?g.* Llestr i wneud dŵr ynddo (a gedwir mewn ystafell wely), siambr: *piss-pot, chamber-pot.*
1547 *WS*, *pispot*, a pyspot.

piser, pisier [bnth. H. Ffr. *pichier*, o bosibl drwy'r S. C.] *eg.* (bach. *-yn*) ll. *-au, i.* Siwg fawr, fel rheol un o bridd ac iddi ddolen neu ddwy glust a phig a ddefnyddir i ddal hylif a'i arllwys, llun o'r cyfryw fel dyfais herodrol, siwg, cunnog, ystên, paeol, hefyd yn *ffig.*: *pitcher, also as heraldic device, jug, can, (milk-)pail, also fig.*
14g. *WM* 425. 11–12, a *ffisser* glas bychan yny law. *c.* **1400** *R* 1342. 22, peis corgi *pisser* ffir ffeu. **14–15g.** (*Diw.* **16g.**) *Gwyn* 3, 168, egr *bysser* gŵyrder, gwêr-dawdd [dychan i'r llwynog gan Rys Goch Eryri]. **16g.** *GILlV* 22, Arwydd pwy oedd o wraidd per / Ar y pwyssi or *piser.* **1536** *Rhyddiaith Gymraeg* i. 40, [d]wr bendiged ac a'i roes mewn *pisser* ar i glvn. **16g.** *Mos* 113, 59, *Pisser* aur. **1588** *Barn* vii. 16, a *phisser* gwâg, a llugyrn yng-hanol y *pisserau.* **17g.** *LlGC* 13215, 375, *piser*, urna. **1661** E. LEWIS: *Drex* 340, Nid ydyw ond cyffelyb i *biser* cardottyn. **1707** *AB* 219c, *piser*, a can; a pitcher. *c.* **1730** *Thos. Lloyd D* (LlGC) 195a, *piser, -erau, eri.* **1780** *W*, *piseryn* d.g. *pitcher, a little pitcher.* **1786** TWM O'R NANT: *PCG* 44, Gwragedd y *Piseri* sy'n rhai o'r siwra. **1795** *R. Crusoe* 49, fy mhadelli, fy nysglau am *piseri.* **1803** *P*, *piser*, a jug. Ar lafar ym Môn ac Arfon, *Geir Geg* 145; *WVBD* 431. Ym Môn gwahaniaethid rhwng '*piser* dŵr' (mawr), '*piser* ocsyn' (canolig) a '*piser* llefrith' (bach).

piseraid [*piser*+*-aid*[1]] *eg.* ll. *pisereidiau.* Llond piser: *a pitcherful.*
1551 W. SALESBURY: *KLl* xxviia, [d]yn yn arwain *piseret* o ddwfyr. **1762** *ML* ii. 519, [*p*]*iseraid* o enwyn. **1768** TWM O'R NANT: *CTh* 31, I nôl *Piseraid* o Ddŵr neu Laeth. Ar lafar yn y Gogledd, *Geir Geg* 164, *WVBD* 431.

piseryn, gw. **piser.**

pisfa [bôn y f. *pisaf*: *piso*+*-fa, ma*] *eb.* ll. *-feydd.* Ffitiad iechydol a gysylltir wrth wal fel arfer ac a ddefnyddir gan ddynion i wneid dŵr ynddo, adeilad ac ynddo nifer o'r ffitiadau hyn, llestr i wneud dŵr ynddo: *urinal.*
1850.

pisgen [gair geir. yn wr.; cf. *pisgwydd*] *eb. Bot.* Gwaglwyfen, palalwyfen, *Tilia*; gwyros, cwyrwialen, *Cornus sanguinea*: *lime tree, linden; dogwood.*
1632 *D*, *pisgen*, tilia arbor. **1688** *TJ*, *pisgen*, pisgŵydden . . . a Linden or Teil Tree. **1722** *Llst* 189, *pisgen* . . . a linden or teil-tree. **1774** *W* d.g. *the hound-tree.* **1803** *P.* **1813** *WB* 227.

pisglwyf [bôn y f. *pisaf*: *piso* neu *pis*[3]+ *clwyf*] *eg.* Clefyd y siwgr: *diabetes.*
1850.

pisgwrn, *eg.* (bach. *pisgyrnyn*) ll. *pisgyrnod, pisgyrnau.* Ploryn, cructardd: *pimple, pustule.*
1803 *P*, *pisgwrn*, s. m. pl. *pisgyrnod*, a pimple, or wheal. *id.* d.g. *pisgyrnyn.*

pisgwydd [gair geir. yn wr.; cf. *pisgen* ac, o bosibl, *plisgwrn*] *e.ll.* (un. b. *-en*). *Bot.* Gwaglwyf, palalwyf, *Tilia*: *lime trees, lindens.*
1632 *D*, *pisgwydd*, [tilia arbor]. **1688** *TJ*, pisgen, *pisgŵydden* . . . a Linden or Teil Tree. **1722** *Llst* 189, pisgen, *pisgwydden*, f.p. *pisgwydd*, a linden or teil tree. **1803** *P.* **1813** *WB* 227.

pisgyrnaf: pisgyrnu [bf. o'r e. *pisgwrn*] *bg.* Tarddu'n blorod, llinori: *to break out in pimples.*
1803 *P*, *pisgyrnu*, to break out in pimples.

pisgyrnyn, gw. **pisgwrn.**

pisiad [bôn y f. *pisaf*: *piso*+*-iad*[1]] *eg.* Troethiad, y weithred o biso: *urination, a piss(ing).*
1916.

pisiaf[1]**: pisio,** gw. **pisaf: piso.**

pisiaf[2]**: pisio** [bf. o'r e. *pis*[1]] *ba.* Cysylltu (darnau ynghyd); clytio: *to piece (together); patch.*
1828 *Geir Pob* 20, *pisio* . . . clytio, gosod darn, &c.

pisier, gw. **piser.**

pision [bôn y f. *pisaf*: *piso*+*-ion*[2]] *e.ll.* (un. g. (prin) *pis*). Trwnc, wrin, piso: *urine, piss.*
1547 *WS*, *pission* ne drwnk, pysse, stale. *Dchr.* **17g.** *J* 10, 128a, *pis*, s. *pision*, pl. pisse. **1688** *TJ*, *pision*, urine. **1722** *Llst* 189, *pision*, p. . . . lye, stale. **1771** *W*, *pision* d.g. *chamber-lye.* **1803** *P* d.g. *pîs*, *pision.*

pislath [bôn y f. *pisaf*: *piso* neu *pis*[3]+ ?*llath*] *eb.* Llaesodren, sodren, cwter llaesodr, cwter garthu, llawr carthu: *gutter or drain behind the cattle in a cowshed.*
c. **1470** *B* ii. 146, llassodren, *pisslath.* *c.* **1730** *Thos. Lloyd D* (LlGC) 194a, *pislath*, llasodren. Ar lafar, hefyd yn y ff. *pishlath, bishlath, bishleth*, ym Morg., sir Gaerf., a Brych.

pislestr [bôn y f. *pisaf*: *piso* neu *pis*[3]+ *llestr*[1]] *eg.* Llestr i biso ynddo, troethlestr: *receptacle for urine, urinal.*
1603 (1748–9) *B* xxv. 39, nid ynt i'th gymryd yn lle cariadferch uddunt eithr yn lle *pislestyr* yn dybygach.

pislowtaf: pislowtan, *bg.* Sblasio, bracso: *to splash, paddle.*
Ar lafar ym Morg., 'Ma'r 'wŷd wrth 'u bodd yn *pishlowtan* o flân y glowty'.

pislyd [bôn y f. *pisaf*: *piso* neu *pis*[3]+*-lyd*] *a.* Dyfrllyd, llaith, gwlyb: *watery, damp, wet.*
1694 T. JONES: *Alm* [23], bŷdd oer a *phislŷd*, a llawer o ôd. **[1775]** H. JONES: *HGS* 23, Dyma wergloedd *bislyd* y Modryb. **1803** *P.* Ar lafar yn nwyrain Morg.

pisodyn [?*pis*[3]+*-od*[1]+*-yn*[1]] *eg.* Troethiad, pisiad: *urination, a piss(ing).*
1632 *D* (*Diar*), Hanbydd ychwaneg y môr o *bissodyn* y dryw. *c.* **1730** *Thos. Lloyd D* (LlGC) 195a, *pissodyn*, mictura, piss. **1803** *P*, *pisodyn*, the quantity of urine voided at one time. *Diar.* Hawdd atal (cronni) ffrwd *pisodyn.*

pistil [bnth. S. *pistil*] *eg.* ll. *-iau. Bot.* Rhan atgynhyrchiol fenywaidd blodeuyn: *pistil.*
1839.

pistiliad, gw. **pystylad.**

pistl, pystl [ansicr yw ff. a thrdd. y gair hwn, gw. *LlC* 74–5; tebyg mai ffrwyth cymysgu â'r e. *postolwyn* yw [*p*]*istolwyn*-(*n*)*eu*, *LlB* 155, *CHDd*[2] 84] *e?g.* ll. *-(i)au, -(i)on.* Dyfais i sicrhau iau wrth ych (naill ai dôl ych, neu gengl o ledr, &c., i glymu'r iau wrth y cyrn): *device for attaching a yoke to an ox (either an ox- or yoke-bow, or a leather, &c., strap used to fasten the yoke to the horns).*
13g. *LlI* 95, Pob yeu a *pystylyeu*, i.k. *Pystyl*, fyrdlyg. **13g.** *id.* 99, E geylwat a dele dywallu e *pystleu* (*LlC* 12, *pestleu*; *CHDd*[2] 98, *pistleu*; *LHDd* 107, *pistileu*) a'r yewydon o udyn, ac os hyrwed uyd, e torcheu bycheyn a guehyll y doleu. **13g.** *LTWL* 237, Hiryeu ar *pistyllyon* [*sic*] i denarius Legalis. *c.* **1300** *id.* 364, Yryeu ar *pistlon.* **14g.** *LlB* 97, Hirieu a'e *phistlon*, keinhawc kyfreith a tal. **15g.** *LTWL* 490, *Pestlon* denarius legalis. **1753** *TR*, *pisdl*, pl. *Pisdleu*, K.H. wreaths made of wickers or osier rods.

pistol, pustol [bnth. S. *pistol*] *eg.* ll. *-ion, -iau, -s.* Gwn neu ddryll llaw ac iddo faril byr, hefyd yn *dros.* ac yn *ffig.*: *pistol, also transf. and fig.*
16–17g. *CC* 73, dan *bustol* wrol eurwyd (Thomas Prys). **16–17g.** *CRC* 305, Oni all y cowalc truan / dalü ir trooper dreth yn füan / fo geiff *büstol* at i dalgen. **16–17g.** *CLl* 216, O'm hol y *pystol* fab hasti—a drois / I'w drwsio rhag colli (Richard Hughes). **17g.** (**18g.**) *CLlC* ii. 20, Yn lle gwenol, *pustol* pres. **1672** R. PRICHARD: *Gw* 165, Gwell yw gweddi i'th amddiffyn, / . . . / Nag vn cleddyf dûr na *Phistol.* **1693** *DQM* 49, Yn ei gwneuthur [crefydd] yn *Bistol* i saethu at yr union o galon. **1703** E. WYNNE: *BC* 24, a bod pawb â'i *bistol* pridd yn chwythu mŵg a thân. **1759** D. ROWLAND: *A* 6, dau *Bistol* ymlaen, ag un ar eu cefn. **1760** *W Ballads* 77B, 6, Nid oes trwy ffraing un gwnn yr ŵan / Na dim ond ymbell *bustol* bychan. **1761** J. EVANS: *BHNO* 21, [p]ar o *Bistols.* **1776** *DALl* 21, yn ol gosod y *pistolion* at ein bronnau. **1795** *R. Crusoe* 107, Jarfogi [*sic*] y rhai'n yr oedd unarbymtheg o ynnau, pum *Pistol*, tri gwn ffowlio.

pistolwyn, gw. **postolwyn.**

piston, pistwn [bnth. S. *piston*] *eg.* ll. *pistonau, pistynau.* Disg neu ddarn silindraidd sy'n ffitio'n dynn mewn tiwb, gan symud yn ôl ac ymlaen yn erbyn hylif neu nwy; drwy gyfrwng roden a gysylltir wrth un pen iddo, y mae naill ai'n gyrru darn o fecanwaith (e.e. mewn peiriant tanio mewnol), neu'n cael ei yrru (e.e. mewn pwmp), hefyd yn *dros.*: *piston, also transf.*
1794 *W*, *pistwn* d.g. *piston* (At.).

pistyll [?bnth. Llad. *pistillum* 'pestl'; ?cf. yr e. lle Crn. *Pistil* (*Ogo*) a'r Gwydd. C. *pistol* 'hoelen, pèg'] *eg.?b.* ll. *-oedd, -au, -ion, -od.* Rhaeadr, sgwd, ffynnon o ddŵr codi, ffrwd fechan; disgyniad bychan o ddŵr y gellir gosod llestr dano i'w lenwi; colofn ddŵr, &c., a achosir gan gorwynt ar y môr; pibell y gollyngir dŵr drwyddi, cwndid, feis, pig neu geiliog (cwndid, pibell, &c.); pibell neu diwb (yn y corff); hefyd yn *dros.* ac yn *ffig.*: *waterfall, cataract, spring, brook; fall of water under which a vessel may be placed and filled; waterspout, column of water, &c.; water-pipe, conduit, (water)spout, (water-)cock; pipe or tube (in the body); also transf. and fig.*
12g. *LL* 78, iniaun i*bistill* deui. *c.* **1200** *VSB* 102, usque ad riuulum sancti Cadoci, qui Brittannice *Pistill* Cattuc appellatur. *c.* **1400** *R* 1353. 23–4, Keitwat cabyl dyat kwbyl diawc wersyll. keinvlaen y *pistyll* ringhyll ryghawc. **1588** *Salm* xlii. 7, Dyfnder a eilw ar ddyfnder, wrth sŵn dy *bistylloedd* di (*LlGG* (*Sall*) xxiiib, dy ddyfr-bistillieu). **1588** *Can* vii. 5, ym mysc *pistyllau* dyfroedd. *Diw.* **16g.** *Gwyn* 3, 109, I'th *bistill* ced cyfrannwch cant / gwych feddwl, ac iach fyddant. **1595** H. LEWYS: *PA* 81, ai ddwyn i vn lle cyfing, megys i *bistill*, i bibell, ne i gwndit. **1604–7** *TW* (*Pen* 228), *pistyllæ'r* trwnc a'r llwybræ, drwy'rhai y cerdda'r dwr or Rena yr chwesicen d.g. *vreteres.* **1615** R. SMYTH: *GB* 53, a pha fodd y mae'r etifedd pen fytho yngrhoth [*sic*] i fam yn dechr[a]u gwneythyr dwr drwy *bistill* i fogel. **1617** *Minsheu* 54b, *pistill* d.g. *a Brooke or little Riuer.* **1632** *D*, *pistyll*, epistomium. **1658** R. VAUGHAN: *PS* 388, A pha *bistill* a ylch ymaith y lliw du oddiar yr Aiphtwr. **1762** *ML* ii. 467, Mae'r colydd mau cyn laned a phed fusent wedi dystreilio mewn *pistyll* ddwfyr. **1782** *AABI* xii, Gweinidogion ffyddlon . . . sydd debyg i ffynhonnau, yn bwrw allan ddwfr bob amser: neu *bistilloedd*, trwy ba rai y rhêd y dwfr allan yn wastadol. **1803** *P*, *pistyll*, s. m. pl. t. *ion*, a spout. Ar lafar yn Arfon, *WVBD* 431; hefyd ym Morg. yn yr ystyr 'ffynnon o ddŵr codi'. Digwydd yn gyff. mewn e. lleoedd, e.e. *Pistyll Rhaeadr*, Llanrhaeadr ym Mochnant, pentref a phlwyf *Pistyll* yn Llŷn.
Cfn.: **pistyll y breuant:** *top of the windpipe.* **1803** *P.* **p. melin:** ?*mill-race.* **1759** J. EVANS: *PF* 87. Ar lafar yn ardaloedd chwareli'r Gogledd am rywun siaradus, 'Mae o fel *pistyll melin*'. **p. yr ysgyfaint:** *trachea.* **1604–7** *TW* (*Pen* 228) d.g. *arteria* . . . *Aspera Arteria, trachea.* **1770** *W* d.g. *artery, the rough artery.* **1803** *P.*

pistyllaf: pistyllo, pistyllu, gw. **pistylliaf: pistyllio.**

pistylliad [bôn y f. ddil.+*-iad*[1]] *eg.* Y weithred o bistyllio, hefyd yn *ffig.*: *a gush(ing), spouting, jet, downpour, also fig.*
1604–7 *TW* (*Pen* 228) d.g. *profluvium.* **1632** *D* d.g. *scatebra.* **1803** *P*, *pistylliad*, a spouting out.

pistylliaf, pistyllaf: pistyll(i)o, pistyllu, pistyllian, &c. [bf. o'r e. *pistyll*] *bg.a.* (Peri) saethu allan yn ffrwd gref, yn enw. drwy fwlch cul neu o dan bwysedd, ffrydio, tasgu, llifo, llifeirio, ymarllwys, hefyd yn *ffig.*; bwrw'n drwm (am law): *to spout, gush, spurt, shoot, flow, pour, also fig.*; *pour (of rain).*
1567 *LlGG* (*Sall*) 43b, Nachaf, ef a drawodd y graic, val y *pistilliawdd* y dyfre[dd]. **1588** *Salm* lxxvii. 17, Y cwmylau a *bistyllasant* ddwfr. **1588** *Eseia* xlviii. 21, gwnaeth i ddwfr *bistyllu* iddynt o'r graig. **1595** H. LEWYS: *PA* 80–1, y dwfr . . . pann i crynhoer yn[gh]lyd . . . ai ddwyn i vn lle cyfing, megys i bistill, i bibell . . . yna i *pistilliff* ac i saethiff ef allan yn vchel. **1630** *YDd* 433, gan fod gwaed fynghalon yn ffrydio allan, a'r dwfr yr hwn oedd o amgylch fynghalon yn *pistyllio* ar ei ol. **1632** *D*, *pistyllio*, destillare, effundi. *id.* d.g. *profluo, scateo.* **1677** C. EDWARDS: *FfDd* 243, ordeiniodd bibellau i ddwyn dwfr o'r môr i ddiddanu'r tir:

yr hwn wrth *bistyllu* drwy'r ddaiar, megis drwy hîdl, a edi ei helltni yn oi, fal y bo croiwach, a chymwysach i ddiodi creaduriaid byw. **1694** T. JONES: *Alm* [35], llawer o gafodŷdd dwŷsion yn *pisdyllio* yn ffrydau anferth. **1703** T. BADDY: *PCh* 87, yr oedd y gwaed a *bistilliodd* oddiwrth galon Christ, yn waed cynnes. **1728** T. BADDY: *DDG* 58, y Creigie yn *pistyllio* Dyfroedd jachus. *c.* **1762–79** W. WILLIAMS: *P* 433, tra f'ont yn diwel dwfr yw [*sic*] enau, yr hwn sydd yn *pistyllo* oddi-uchod. **1803** *P*, *pistylliaw*, to spout out. Ar lafar yn Arfon yn y ff. *stillio*, yn yr ymad. '*stillio* bwrw', '*stillio* glawio'.

pistylliog, pistyllog [*pistyll*+-(*i*)*og*] *a.* Tebyg i bistyll neu bibell, yn perthyn i bistyll neu bibell; yn pistyllio, yn ffrydio, yn ymarllwys, hefyd yn *ffig.*: *similar to or pertaining to a spout, conduit, or pipe*; *spouting, gushing, pouring, also fig.*

1604–7 *TW* (*Pen* 228), *pistylloc* d.g. *canalitius, fistulosus*. **1762** D. ROWLAND: *PA* 9, y trüeniäid Eulunaddolgar . . . yn dechreu crynu wrth Rhuad byddarllyd, ffrŵd *bistellog* [*sic*], mewn adlef erwinol. **1803** *P.*

piswail, pisweiliaf: pisweilio, piswel, gw. **biswail, bisweiliaf: bisweilio, biswail.**

piswydd [?*pis*[1]+*gwŷdd*[1]; dichon mai ffrwyth camddarllen engh. o *peiswyrdd*[2] a geir yma] *e.ll.* (un. b. -*en*). *Bot.* Unrhyw lwyni neu goed o'r tylwyth *Euonymus*, yn enw. *E. europæus*: *spindle trees.*

1707 *AB* 219c, *piswydden*, spindle-tree. [**1783**] *W* d.g. *spindle-tree.* **1803** *P* d.g. *piswydd, piswydden.*

pisyn [*pis*[1]+-*yn*[1]] *eg.* a hefyd *eb.* (yn ystyr adran (*b*)) ll. *pisys, pisynnau.*

(*a*) Darn neu ddryll, yn enw. o arian bath; parabl, araith, cyfansoddiad llenyddol; clwt: *piece or bit, esp. of money*; *speech, literary composition*; *patch.*

15g. *GDLl* 109, Sawserau, *pisys* arian; / Selerau, siwel eurin. **1808** *WDS*, (Pembroke), wedi dwyn *pissin* o gingerbread. Ar lafar, *GDD* 227, *SC* vi. 124; 'Ma' isia *pishyn* ar 'i drwsus', 'Ma'n gweud 'i *bishyn* bob dy' Sul'; hefyd yn gyff. yn yr ystyr 'tafell, sleisen', '*pishyn* o fara menyn', *Geir Geg* 164, *WVBD* 431; a hefyd yn sir Benf. a'r De yn yr ystyr 'cryn bellter', *SC* vi. 124; 'We'r ffarm yn *bishyn* o'r hewl'; 'Ma Cardydd *bishyn* o ffordd o'r man 'yn'.

(*b*) Person pert neu olygus, weithiau'n ddifrïol am ferch: *a pretty or handsome person, sometimes derog. of a woman.*

20g. Ar lafar yn gyff., *SC* vi. 124, *B* xiv. 292; '*pisyn* ddel', ''Na *bishyn* smart odd honna', 'Ma' hwnne'n ufflon o *bisyn*'. Fe'i clywir hefyd yng ngogledd Cered. yn yr ystyr 'rhywun siarp, miniog ei dafod (ei thafod)', 'Tipyn o *bisyn* yw e os croeswch chi e'. 'Hen *bisyn* yw hi—mae hi a'i lach ar bawb'.

(*c*) Aelod dirgel gŵr neu anifail gwryw, cal, pidyn: *penis.*

20g. Ar lafar yn nwyrain sir Gaerf., ''Odd yr 'en ddinon yn neud ffon gered o *bishyn* tarw'.

Cfn.: **pisyn coron:** *crown, five-shilling piece.* **1910. p. chwech:** *sixpenny bit, sixpenny piece.* Ar lafar gynt, *WVBD* 431. **p. deuswllt, p. dau swllt:** *florin, two-shilling piece.* **1904. p. grôt, p. grot:** *fourpenny bit, fourpenny piece, groat, also as a term of affection.* **1910.** Fe'i clywir yn Arfon fel term o anwyldeb, 'Tyd yma '*mhishyn grôt* i'. Ym Morg. a sir Fyn. clywir y rhigwm, 'Cofiwch wraig Lot / pishyn tair a *pishyn grot* / acha wilbar ar y trot'. **p. jemêic:** *pretty or handsome person.* Ar lafar yng Nghwm Rhondda, *B* xiv. 292. **p. tair** (ll. *pisys teirau*): *threepenny bit, threepenny piece.* **1894** D. OWEN: *GT* 301. Ar lafar gynt, *WVBD* 431, *GDD* 227. Gw. hefyd *pis*[1]—*pisiau teiriau.* **p. tin:** *piece of leather to support the back attached to the waist-strap worn by hauliers in coal-mines and extending below the posterior.* Ar lafar ym Morg. a sir Fyn., *B* viii. 220, *Geir Glo* 115, 129.

Gw. hefyd **pis**[1].

pit[1]**, put** [bnth. S. *pit*] *eg.* ll. -(*i*)*au.* Twll neu agoriad mawr (dwfn) yn y ddaear wedi ei wneud at bwrpasau diwydiant, crefft, hamdden, &c., pwll llifio, talwrn ceiliogod; pentwr o goed wedi ei baratoi at wneud golosg: *pit, sawpit, cockpit*; *pile of wood prepared for making charcoal.*

17g. *Plas Nantglyn* 2, 83, rhai [gwŷr] ain [*sic*] llafnau hyd y *pittiau* rhai yn colli gwaed. **18g.** *LlGC* 57, i. [1], ag yno chwilio am gornel / i chwarae fogel ymogel / ag i edrych fydd y ger yn ffit / ag i dreio ar *bit* ei batel. **1756** *ML* i. 416, [d]au geiliog a fyddai yn dianc oddiar y *pŷt* [*sic*]. **1770** J. PRYS: *Alm* 7, Am y prelad a fu farw / Mi wn ei hanes heb ei henw / Ar y *Pitt* cadd sydyn angau, mae yn wir hynny / Iw ddibennu heb fawr boenau. **1770** *TG* iii. 119, Hwy dro'nt fel ceiliog ar y *pit*. Cf. TWM O'R NANT: *BB* 12, wele fagad o bobl, / Yn ympirio 'n barod, at ymladd Ceiliogod, / Ac yn sefyll yn Rût, wrth y lle 'r oedd y *pùt*. Ar lafar yn sir Gaerf. yn y ff. 'y *pite*' i gyfeirio at y lle y llosgid glo mân i wneud golosg, *Geir Glo* 7; hefyd gynt yn y Gogledd-ddwyrain, 'The horse engine (locally 'pŵar, *pit*, hewl') was used in the area both to drive barn machinery and to churn', E. WILIAM: *TFB* 151. Yn Eifionydd clywir yr ymad. 'Dowch i'r *pit*' yn yr ystyr 'Closiwch at y tân', *BILlE* 32.

Cfn.: **pit ceiliogod:** *cockpit.* **1770** J. PRYS: *Alm* 13. **1787 (1812)** TWM O'R NANT: *PG* 59. Ar lafar yn Arfon, *WVBD* 431. **p. corddi:** *circular path made by a horse operating a milk-churning device.* Ar lafar ym Môn.

pit[2] [bnth. S. *bit*; am *b-* > *p-*, cf. *ponc, potel*] *e?g.* Genfa: (*horse's*) *bit.*

Ar lafar yn Arfon, *WVBD* 431.

Gw. hefyd **bit.**

pitan, pilan [gair geir.; ?ffrwyth camddeall engh. o'r gair *bilan*; ansicr yw prth. WILIAM LLŶN: *Gw* (R. Stephens) 187, Ni fag brân ar *bilan* byr, / Ar orallt y bo'r eryr] *eb.* ll. -*od. Adar.* Gwalch glas (gwryw), cudyll glas, llamysten, *Accipiter nisus*: (*male*) *sparrowhawk.*

Dchr. **17g.** *J* 10, 128b, *pitan*, muscette. **1632** *D*, *pittan* d.g. *fringillarius.* **17g.** *LlGC* 13215, 375, *pilan*, fringillarius. **1707** *AB* 219c, *pilan*, a sparrow-hawk S. **1722** *Llst* 189, *pittan*, f.p. *tanod*, a hobby-hawk. **1803** *P* d.g. *pilan.*

pitato, pitfal, gw. **pytatws, pitffald.**

pitfalu [be. o'r e. *pitfal*] *ba.* Cau mewn ffald, yn *ffig.*: *to enclose in a pound, impound, fig.*

c. **1689 (1802)** L. WILLIAM: *Sherlyn Benchwiban* 10, Ond am rifo mhader cu, / O ddautu, mi a ddottiais, / Un peth wyf yn ddeisyfu, / Cael taflu'r gwir â'i dorr i fynu, / A'i *bit-falu* yn y clai, / Noeth remmwch a'i orthrymmu.

pitfel[1,2]**, pitffail, pitffal**[1,2]**,** gw. **pitffel, pitffald, pitffel, pitffald, pitffel.**

pitffald, pitffal[1]**, pitfal, pitfel**[2] [?bnth. S. *pinfold*] *eb.* ll. -(*i*)*au.* Ffald i gadw anifeiliaid strae ynddi, pownd: *pound for stray animals, pinfold.*

1725 *SR*, *pitfel* d.g. *a Pound for cattle. c.* **1730** *Thos. Lloyd D* (LlGC) 195a, *pitfel* . . . a Pinfold. **1778** J. THOMAS: *HB* 35, Eraill yn Sir Feirionydd, megis pe buasent anifeiliaid, a yrrwyd i ffaldau neu *bitffalau*'r plwyfau. Ar lafar yng ngogledd Cered. yn y ff. *pitffald*, D. J. EVANS: *HCS* 128. Digwydd mewn e. lleoedd, e.e. *Nant y Bitffald*, pl. Llanymawddwy, Meir., *Clos y Bitfel*, pl. Aberriw, sir Drefn.

pitffel, pitffal[2]**, pitffail, pitfel**[1] [?bnth. S. *pitfall*] *eg.* ll. -*au.* Magl i ddal adar, sef twll neu geudod a drws yn syrthio i'w gau, twll wedi ei orchuddio i ddal anifeiliaid neu ddynion, hefyd yn *dros.* ac yn *ffig.*: *pitfall, also transf. and fig.*

1547 *WS*, *pitfel*, a pytfall. **1552** *Astud Amr* 22, [traethu] yn erbyn pechode a dangos *pitffele* yn gelyn y cythrel. **1589–93** *Rhyddiaith Gymraeg* ii. 136, maent yn digwyddo fel . . . i *bitffail* i ddal adar. **16–17g.** *GST* i. 747, Na chroglath, maglgath mwyglgau, / Na *phitffel* mewn cornel cae [i anfon y fronfraith yn llatai]. Ar lafar yng nghanolbarth a godre Cered. am heol dyllog, 'Ma'r hewl wedi mynd yn *bitffal*'.

pitfforch [?< **pitshfforch*, sef cfdds. o'r S. *pitch(fork)*+*fforch*] *eb.* ll. *pitffyrch.* Picfforch, pigau: *pitchfork.*

Ar lafar ym Mrych., *LGW* [94]–5.

Gthg. **pitshfforch.**

piti [bnth. S. *pity*] *eg.* Trueni, gresyn, achos gresynu: *pity.*

18–19g. *Llr* C 43, 405, Peculiarities of the North Walian Dialect . . . *pitti.* Cf. D. OWEN: *D* 88, *piti* na nae o weddïo yn gyhoeddus. Ar lafar yn y Gogledd a gogledd Cered., *Cymru* xlvii. 142; 'Mae'n *biti* gin' i dros y bobol', '*Piti* bod hi mor dawel', *WVBD* 431.

Cfn.: **piti garw:** *what a pity!* (*it's*) *a great pity.* **1853** W. REES: *AFR* 114, *Piti garw* na fase 'r ffifflen ene 'n cael 'i rhoid yn lle 'r caethion. Ar lafar yn y Gogledd, *WVBD* 431; '*Piti garw* iddo golli 'i arian, ynte?' **p. mawr** = **p. garw.** **1885** D. OWEN: *RL* 140, Oni fydd o yn *biti mawr* . . . i chi'ch dau fod yn ol yn y diwedd? Ar lafar yng ngogledd Cered.

pitïaf: pitïo [bf. o'r e. bl.] *bg.a.* Trugarhau (wrth), tosturio (wrth); gresynu, galaru: *to pity, take pity on*; *bewail, grieve.*

1924.

pitiwitari, pitŵitari [bnth. S. *pituitary*] *eg. Biol.* Chwarren bitwidol: *pituitary gland.*

20g.

pitiwr, gw. **pictiwr.**

piton [bnth. S. *piton*] *eg.* ll. -*au.* Pig o fetel a yrrir i mewn i graig er mwyn cynnal dringwr neu sicrhau rhaff: *piton.*

20g.

pitran-patran [?cfdds. o'r S. (*to*) *pitter-patter*] *bg.* Curo'n ysgafn a chyflym, yn enw. am law: *to pitter-patter.*

20g.

pitsa [bnth. S. *pizza*] *eg.b.* ll. -*s.* Sylfaen wastad (gron) o does, &c., a orchuddir fel arfer â thomatos a chaws ac ychwanegion eraill megis olifau, ansiofis, madarch, &c., ac a gresir mewn ffwrn boeth: *pizza.*

20g.

pitsh[1]**, pits**[1] [bnth. S. *pitch* 'derivative of tar, &c.'] *eg.* Pyg: *pitch* (*for caulking, &c.*).

c. **1757** *Bangor* 1733, 60, balir o *bits* a ffodwr hobed. Ar lafar, ''Sai'r *pitsh* yn câl ei ferwi—a hynny at farcio'r defed'; digwydd yn gyff. yn yr ymad. 'du *bitsh*' (gw. d.g. *du*), 'tywyll *bitsh*'; hefyd yn Arfon yn yr ymad. 'yn feddw *bitsh*'. Ym Morg. clywir hefyd 'Ma'n *bitsh* dywyll'.

pitsh[2]**, pits**[2] [bnth. S. *pitch* '(degree of) slope; field of play; frequency of note'] *eg.* ll. -*iau.* Ongl disgyniad neu esgyniad llethr, gogwyddiad; llain (criced); traw: *pitch* (*of slope, &c.*); (*cricket*) *pitch*; *pitch* (*in music, &c.*).

20g. Ar lafar yn y De, 'Dyw'r pâr coed ma ddim yn 'i *bitsh*', *Geir Glo* 74; hefyd ym Morg. mewn ymad. fel 'dyn or un *pitsh* a finna' 'a man of my size', 'r un *pitsh* o ran oitron' 'a man of equal years', *GWG* 322; ac ym Mrych. a gogledd-ddwyrain Morg. yn yr ystyr 'rhiw, tyle', *LGW* [526]–7.

pitsh[3]**,** gw. **bits** (hefyd At.).

pitshfforch, pitshfforc [bnth. a chfdds. o'r S. *pitch(fork)*(+*fforch*)] *eb.* Trawfforch: *tuning-fork.*

1939. Ar lafar, ''Odd a wastod yn cario'i *bitshfforch* yn 'i bocad a'i swno 'i o flæn pob emyn yn gyrdda'r wthnos, i fod yn siwr basan ni'n starto mwn tiwn'.

Gthg. **pitfforch.**

pitshin [bnth. S. *pitching* 'cobbled area'; am -*ing* > -*in*, cf. *stondin*] *eg.* a hefyd gyda grym ansoddeiriol. Arwyneb wedi ei balmantu â cherrig wedi eu gosod ar eu pennau yn dynn wrth ei gilydd: *cobbled area.*

Ar lafar ym Morg., 'Fe ddotws Data *bitshin* bob cam o'r tŷ i'r glowty'; '*Pitshin* sydd gentyn' nw wth ochor y tŷ, næci beili'; ''ewl *bitshin* ('ewlydd *pitshin*)' 'cobbled road(s)'. Digwydd hefyd yn yr ymad. 'mynd yn *bitshin* ac yn standin (stondin) (yn *bitshins* a standins (stondins))' pan fo rhywbeth yn fethiant neu'n wastraff llwyr.

pitshmarc [bnth. S. *pitch-mark*] *eg.* Nod perchnogaeth o byg neu baent a roddir ar ddefaid: *pitch-mark, pitch-brand.*

20g. Ar lafar yng ngogledd sir Gaerf.

pitsh-pein [bnth. S. *pitch-pine*] *e?g.* Unrhyw un o amryw fathau o binwydd o Ogledd America, yn enw. *Pinus rigida* a *P. palustris*, ffawydden goch: *pitch-pine.*

20g.

pitsiaf[1]**: pitsio** [bf. o'r e. *pits*(*h*)[1]] *bg.a.* Marcio (defaid) â phyg neu baent; rhoddi pyg ar (gwrwgl, &c.) i'w wneud yn ddwrglos: *to mark* (*sheep*) *with pitch or paint*; *cover* (*coracle, &c.*) *with pitch to make it impervious to water.*

1916.

Cfn.: **pitsio'r to:** *to fill the joints of a stone roof with fine mortar or cement.* Ar lafar ym Morg., *LlGC* 1171, 145.

pitsiaf[2]**: pitsio** [bnth. S. (*to*) *pitch*] *bg.a.*

(*a*) Taflu (gwair); taflu (rhywbeth) at darged mewn gêm: *to pitch (hay); pitch (in game)*.
1859. Ar lafar yn y De, Cered., a dwyrain sir Drefn.; digwydd y be. *pitshin* yng ngodre Cered., *TGG* (1907–8) 99.

(*b*) *Crdd.* Gosod neu benderfynu traw, taro nodyn, dechrau canu: *to pitch (in music), start singing*.
1855. Ar lafar yn gyff., 'Ti we'n *pitsio* yn y briodas', 'wedi'i *bitsio* fe'n rhy uchel'.

(*c*) Gogwyddo, tueddu; symud fel y bo'r pen blaen yn disgyn ac yn codi bob yn ail (am long, &c.): *to pitch (of slope, vein, &c.); pitch (of ship, &c.)*.
1882. Ar lafar yn nwyrain sir Gaerf., 'Odd y withïen 'i 'unan yn *pitsio*'; ac ym Morg., "Rosiff dim 'ira ar y toeon yna, man' nhw'n *pitsio* gormod'.

(*d*) Palmantu â cherrig wedi eu gosod ar eu pennau yn dynn wrth ei gilydd: *to pitch or cobble*.
20g. Ar lafar ym Morg., 'Fe ddylsa 'wn gâl 'i *bitsio* o'r newydd i gyd'.

(*e*) Defnyddio pitsiar: *to use a 'pitsiar'*.
Ar lafar yn y mwyngloddiau, *Geir Mwyn* 45.
Cfn.: **pitsio i mewn:** *to tuck in (to food), pitch in, eat heartily; to work hard or energetically, add one's contribution to a general effort.* Ar lafar, '*Pitsiwch mewn* 'nawr, ma digon o fwyd i gael', 'Gwell inni *bitsio i mewn* er mwyn gorffen yn gynnar'. **p. i mewn i:** *to pitch into (someone).* Ar lafar, 'Buodd e'n *pitsio fewn* yn reit dda i'r darlithydd wedyn'.

pitsiar [bnth. S. *pitcher* 'iron bar used to make holes'] *eg.* Ebill bychan ar gyfer dechrau twll yn y graig: *small auger or borer for starting a hole in rock*.
20g.

pitsiwr [bôn y f. *pitsiaf²*: *pitsio*+*-wr*] *eg.* ll. *pits(h)wyr.* Person neu beiriant sy'n pitsio (gwair), un sy'n pitsio (nodyn, pêl, &c.): *pitcher (of hay, note, ball, &c.)*.
20g. Ar lafar, 'Wêdd e'n *bitshwr* da in parc neu in ir iglan', *Wês wês* 39.

pitw, bitw, *a.* a hefyd fel *eg.b.* ll. *-aid, -s.* Tila, gwachul, dibwys, distadl; cysetlyd, cul ei feddwl; bach, bychan, bychan bach; peth bach (iawn), yn aml yn ddifr.: *feeble, puny, weak, petty, paltry; petty-minded; small, tiny; small or tiny thing, often derog.*
1707 *AB* 286a, Ceret. *Pittw* d.g. *small.* **1753** *TR, pittw*, bâch iawn, very little. It is used in S.W. **1760** E. WILLIAMS: *UYB* 227, Diferyn bâch *bittw.* **1803** *P, pitw*, very little, minute, or petty. Digwydd yn aml o flaen e., heb beri tr. ml., e.e. R. MORGAN: *Llyfr Blodau* (1909) 137, y *pitw* blodyn; W. A. BEBB: *Llydaw* (1929) 245, o'r *bitw* trên.
Cfn.: **pitw (bitw) bach:** (i) *very small, poor, feeble, &c.* **1847** *Traeth* iii. 331, gwneuthur coffa *pitw bach* am danynt. (ii) *very small (poor, feeble, &c.) person, creature, or thing.* **1925.** Cf. D. GWENALLT JONES: *YA* 88, Gan sigl y clwb y *bitw fach* a lam / I'r awyr fry ymhell, fel ergyd gwn. Ar lafar yn ardal Nantgarw fel enw anwes, "Ylo, *bitw fæch*, ble wyt ti'n mynd?', *B* xvi. 96. **p. o:** *feeble, useless, poor, &c. (person, creature, or thing).* **1913.**

pitwidol—chwarren bitwidol, pitŵitari, pitwr, pitwrésg, gw. chwarren—ch. bitwidol (At.), pitiwitari, pictiwr, pictiwrésg.

pithin, gw. peithin.

piw, *eg.* ll. *-au,* (prin) *-od.* Cadair neu bwrs buwch, gafr, &c., hefyd yn *dros.*: *udder, also transf.*
c. **1400** *R* 1346. 19–22, Penn Jeuan nyt glan glin pres . . . *piw* paeletliw pel lwytlas. *id.* 1353. 22, kynyd pob kelwyd *piw* baed collyawc. *id.* 1360. 8, mab gwrechyn y *piw* a nei r pi gan ienkyn. **1547** *WS, piw* pwrs anifal, the vdder. **16–17g.** *GST* i. 985, Podrfallt mewn penallt min pwrs,—powdr burgoch, / *Piw* pwdrgoch pob bydrgwrs. **1604–7** *TW* (*Pen* 228) d.g. *echinus conditaneus, uber.* **1632** *D, piw*, uber. **1688** *TJ, piw*, bron, Têth, pwrs llaeth: a Breast, Teat, Pap or Vdder. **1722** *Llst* 189, *piw*, f.p. *piwau*, an udder, dug. [**1762**] E. POWELL: *HEI* 69, Rhag Caledrwydd neu Ddolur mewn *Piw*, neu Deth Buwch. **1794** *W* d.g. *udder* [*of a cow, &c.*]. **1803** *P.* Ar lafar ym Morg., Brych., gogledd sir Gaerf., a gogledd Cered., gw. *LGW* [266]; yn nwyrain sir Gaerf. am gadair neu bwrs buwch nad yw wedi datblygu'n llawn, '*Piw* sy gida trisiad, a amser bod 'i'n myn' yn gader ma' llath yndi'.

piwaf: piwo [bf. o'r e. bl.] *bg.* Llanw yn y piw (yn enw. am fuwch yn nesu at ddod â llo): *to become full in the udder (esp. of cow shortly before calving)*.
Ar lafar yn nwyrain Morg., 'Ma'r fuwch ddu'n dechra *piwo* i ddod â llo'.

piwberti [bnth. S. *puberty*] *eg.* Cyfnod dechreuol glasoed pan ddaw'r chwarennau rhyw yn weithredol a phan ymddengys y nodweddion rhywiol eilaidd: *puberty*.
20g.

piwc¹ [bnth. S. *puke*] *eg.* Cyfoglyn; chwŷd: *emetic; vomit.*
Ar lafar yn Arfon, 'Pam na gymwch chi *biwc*?', *WVBD* 432; hefyd yn Rhosllannerchrugog am de rhy gryf.

piwc², piwcs, *ebd.* Gair i alw moch: *a pig call.*
Ar lafar yn nwyrain sir Drefn. yn y ff. *piwc, Cymru* liii. [31], ac yn sir Benf. yn y ff. *piwcs.*

piwciaf, piwcaf: piwcio, piwcan [bf. o'r e. *piwc¹*] *bg.a.* Chwydu, cyfogi, taflu i fyny; peri chwydu: *to puke, vomit, throw up; cause to vomit.*
20g. Ar lafar, 'Ych! Odd lliw 'i ffrog hi'n ddigon i hala ti *biwcan*'; 'Wedi rhoid peth iddo fo i' *biwcio* fo'.

piwclis [bnth. S. *bugles* 'beads', am *b-* > *p-*, cf. *ponc, potel*] *e.ll.* (un. b. *piwclen*). Gleiniau, mwclis: *beads.*
1914. Ar lafar yn sir Ddinb., *Cymru* xlvii. 142.
Gw. hefyd **biwglen, mwclis.**

piwclyd [*piwc¹*+*-lyd*] *a.* Cyfoglyd, ffiaidd: *pukey, sickening, nauseating.*
20g.

piwcs, gw. **piwc².**

piwiaid [?cf. *bywion, mywion*] *e.ll.* (un. g. *piwiedyn*). *Swol.* Gwybed, bywion; mosgitos: *gnats, midges; mosquitoes.*
18g. *LlGC* 833, 46, Ni chowntiwn i ynddyn, nhw frathiad Gwybedyn, / neu Geliog y Rhedyn *Buwiedun* ar gadach. *c.* **1757** *Bangor* 1733, 22, esgurn *piwied* gowled gerth / rhos mari gwerth or widdfa serth. Ar lafar yn Arfon, sir Ddinb., a sir Fflint, hefyd yn y ff. '*piwiaid* mân', *LGW* [240]; hefyd yn Arfon fel term difrïol, 'Maen' nhw'n galw hen bobl yn *biwiad*', ac fel enw ar drigolion Dwygyfylchi, *WVBD* 432.

piwis [bnth. S. *peevish*]. *a.* Anynad, croes, sarrug, blin, anniddig, anfoddog, croendenau, gwenwynllyd: *peevish, surly, petulant, irritable, bad-tempered, touchy, fretful.*
1828 *Geir Pob* 19, Pifis, *piwis*, anynad, anfwyn. Ar lafar ym Môn ac Arfon, 'Hen sopan *biwis*', *WVBD* 432.
Amr.: **pifis(h).** **1828** *Geir Pob* 19. Ar lafar ym Meir.

piwisrwydd [*piwis*+*-rwydd*] *eg.* Y cyflwr o fod yn biwis, croesineb: *peevishness.*
20g.

piwma [bnth. S. *puma*] *eg.* ll. *-s, -od. Swol.* Cath wyllt fawr Americanaidd, *Felis concolor*: *puma.*
1895.

piwpil [bnth. S. *pupil*] *eg.* Disgybl: *pupil.*
1934.

piwpil-titsiar [bnth. S. *pupil teacher*] *eg.b.* ll. *-s.* Disgybl-athro: *pupil teacher.*
1885.

piwr, puwr [bnth. S. *pure*; cf. *pur¹*] *a.* sy'n digwydd yn aml o flaen e., weithiau heb beri tr. ml. Caredig, hynaws; da, gwych, ardderchog, rhagorol; pur, glân: *kind, genial; good, fine, splendid; pure.*
16g. *LlGC* 1559, 241, rasol raddys serchog siwr / fonheddig *bywr* Frenhines. **16g.** DAFYDD BENWYN: *Gw* 35, Trist yw y vaibion y ddigonai: / trwy Gred, a'y *pvwred*, pwy gwmparai? *id.* 469, Y maibion *pvwrion* parent, a'v merched / wiwlwydd ddiniwed, wleddav'n Nwywent. **16g.** *Hop M* 163, a charü dyn a düw n *bywr. id.* 176, a chalon *bywr* tivairiol. **16–17g.** *HG* 73, pwy vodd *bywraf*, i gwsnaethaf / ddüw trigarog, holl alleog. *id.* 100, dewch ar vy neheulaw sywr, vy annwyl / *bywr* gristnogion. *id.* 108, trwy vod yny n ffydd yn *bywr*, mae n ddigon sywr nan gomedd. *id.* 120, Gwrandewch adrodd gwir o *bywr*, a hynn yn sywr neb watwar. **1672** R. PRICHARD: *Gw* 104, O herwydd hyn 'rwi'n cynghori, / Pawb a garo 'r nêf o ddifri, / Fyw 'n gristnogaidd ac yn *buwr* [:- Bur]. **1769** E. ROBERTS: *GN* 8, Mae gini *biwr* cylfyddud, / I drin llancesi puteinllud. *id.* 23, A wnelo i chwi'n ddigon siwr, / Gysonol *biwr* gwrasaneth. *id.* 40, Os ca fi ddyddigrwydd ceiff beunudd *biwr* bud. **1769** TWM O'R NANT: *TChD* 17, Mae arno fo un Ddôl ar Gwrr y Grô, / O *biwr* Coetie i raenio Cattal. Ar lafar ym Morg., 'diwarnod *piwr*', 'dyn *piwr*', "i nithur 'i'n *biwr*' "Rodd cwpwl *piwr* yn y cwrdd', "Odd a'n *biwr* iawn idd'i fam'.
Cfn.: **piwr digynnig:** *very fine, excellent.* **1911.** Ar lafar ym Morg., 'Siwd ych chi 'eddi?', '*Piwr diginnig*'.

piwraidd, puwraidd [*piwr, puwr*+*-aidd*] *a.* Pur: *pure.*
c. **1585** *Rhyddiaith Gymraeg* i. 99, Nyd oes doethineb vwy na gwasanaethy Düw drwy *bywraidd* ffydd. *ib.* Duw a welir, a gydnabyddir, ag a gerir drwy berffaith gariad a *phywraidd* wyllys.

piwren [?*piwr*+*-en*] *eb.* Gwraig fursennaidd: *affected woman.*
1905.

piwritan, pu(w)ritan [bnth. S. *puritan*] *eg.* (b. *-es*) ll. *-iaid, -od, -s,* a hefyd gyda grym ansoddeiriol. Aelod o grŵp o Brotestaniaid (Calfinaidd gan mwyaf) yng Nghymru a Lloegr a ystyriai ddiwygiad Eglwys Loegr dan y Frenhines Elisabeth I yn anghyflawn ac a ddymunai ddiwygiad pellach i ddileu'r ffurfiau a'r seremonïau a ystyriai'n anysgrythurol, aelod o unrhyw sect sy'n pleidio purdeb arbennig mewn athrawiaethau, egwyddorion, neu arferion; person llym ei argyhoeddiadau crefyddol neu foesol: *Puritan; puritan.*
1599 (1677) R. HOLLAND: *AB* 100, y Catharystiaid, neu'r *Puritaniaid* . . . ni ddyscodd vn dyn grassol, ac a oeddit yn ei alw yn *Buwritan* y fath athrawiaeth gythreulig a hynny. **1604** R. HOLLAND: *BD* 5, gwynieu'r *puritans. id.* 6–7, [*P*]*uwritans* . . . pa benyd . . . a heuddent hwy gael am ddirmygu cyfraith, a di-ystyru vchel awdurdod. **1609** R. SMYTH: *CAC* [iii], y Caluiniaid a'r *Puritaniaid.* **1677** R. JONES: *BB* 97–8, A'r gwŷr hyn a alwant y rhai a ymegniant at hynny, yn Zelotiaid, Precisiaid, a *Phuritaniaid. id.* 103, Os yw hwnnw yn heuddu ei watwar megis *Puritan* neu Precisian, yr hwn sydd ofalus am ryngu bodd ac ufyddhau ir Arglwydd. **1718 (1721)** S. THOMAS: *HB* 180, parodd i amryw gannoedd o'r *Puritanod* ymadael a'r wlad. *id.* 184, a'r Independants, Canlynwyr yr hên *Buritanod.* **1722** *Llst* 189, *puritan*, m.p. *taniaid*, a Puritan, Calvinist. *c.* **1762–79** W. WILLIAMS: *P* 631, am i rai o'r *puritanod* mwya poeth i wawdio a chwerthin am ben y gwisgoedd. **1775** *CY* 6, Rhai o honynt a elwid gan eu gelynion yn *Buritaniaid*, fel gogan-air. **1780** *W* d.g. *puritan.* Ar lafar, "Weli di byth mono fe yn y dafarn, mae e'n ormod o *biwritan*'.

piwritanaidd, puritanaidd [*piwritan, puritan*+*-aidd*] *a.* Yn perthyn i sect y Piwritaniaid neu i biwritan, nodweddiadol o'r cyfryw: *puritanical.*
1670 J. HUGHES: *AP* 118, os rhyw vn o'r *Puritanaidd* Mahometanod hyn a genfydd ddyn dieithr mewn siopp marsiandwr (o Iuddew, Mawr, neu Gristion drwg) yn barod iw dwyllo, ef a ddaw yn araf deg o'r tu cefn iddo. **1779** W. WILLIAMS: *HT* 17, y ffellows *puritanaidd* hyn. Cf. T. LEWIS: *HPF* 375, [y] pechod *puritanaidd* o gadw y Sabbath yn rhy fanwl.

piwritanedig [*piwritan*+*-edig*] *a.* Wedi ei biwritaneiddio: *puritanized.*
20g.

piwritaneiddiaf: piwritaneiddio [*piwritan*+*-eiddio* (At.)] *bg.* Gwneud yn biwritanaidd: *to puritanize.*
20g.

piwritaniaeth, puritaniaeth [*piwritan, puritan*+*-iaeth*] *eb.* Athrawiaethau, egwyddorion, arferion, &c., sect y Piwritaniaid, agwedd biwritanaidd: *Puritanism, puritanism.*
1630 *YDd* 109, galw llarieidd-dra mewn geiriau a gweithredoedd, rhagrithiad . . . Zêl mewn crefydd, *piwritaniaith* [*sic*]. **1677** R. JONES: *BB* 125, Pa ham y rhaid y brwdaniaeth hwn, a phrynu'r amser! *Puritaniaeth* a gormod dichlyndra yw hyn. **1722** *Llst* 189 d.g. *puritanism.* **1741** *CAG* 101, Rwi'n gobeithio nad ydym yn gwbl gwedi colli y rhannau hynny o *Buritaniaith* [*sic*] on mysg. *c.* **1762–79** W. WILLIAMS: *P* 642, pan clywodd y frenhines am danynt [comisiynwyr eglwysig], a chredu y gallent fod yn fammaethiad i *buritaniaeth* . . . hi a'u hattaliodd hwy. **1780** *W, puritan-*

iaeth d.g. *puritanism.* **1796** H. JONES: *MPC* [5], fel un wedi ei lygru gan *Buritaniaeth.*

piwrô, gw. **biwrô** (hefyd At.).

piws [bnth. S. *puce*] *a.* a hefyd fel *eg.* Coch tywyll, porffor(goch): *puce, (reddish) purple.* **1896.**

Piwsead, Piwseaeth, Piwseaidd, Piwsiad, gw. **Puseyad, Puseyaeth, Puseyaidd, Puseyad.**

piwsiaf: piwsio [adff. o'r f. *biwsiaf*: *biwsio*; am *b-* > *p-*, cf. *ponc, potel*] *ba.* Plagio, poenydio, tynnu ar (rywun); difrïo, dilorni, sarhau; ?cam-drin: *to taunt, torment, tease; malign, insult;* ?*ill-treat.*

c. **1756** *Bangor* 1007, 62, yn rhodd gochelwch gayl ych cosbi / am *biwsio* yr brenin ai fawr hydi. **1760** *ML* ii. 284, Wfft i Smollett a Shebbear am *biwsio* pobl. **1765** *BDGU* 30, fy anwyl Frenin cynes / Mi glowes hyn o hanes / Am *biwsio* i weision union iawn / O fod yn llawn o fales. Ar lafar yn Arfon a Meir., 'Paid a *phiwsio*'r babi o hyd—'does dim rhyfadd i fod o'n crïo', *B* xiv. 292.

Gw. hefyd **abiwsiaf: abiwsio, biwsiaf: biwsio.**

piwsled [*piws*+bnth. S. *lead* ar ddelw'r S. *blacklead* 'pencil'] *eb.* Pensil na ellir dileu ei ôl: *indelible pencil.*

Ar lafar yn sir Benf., *SC* vi. 124.

piwter, p(i)ewter, piowter, &c. [bnth. S. *pewter*] *eg.* ll. *-au,* a hefyd fel *e.tf.* Unrhyw un o nifer o aloion sy'n cynnwys rhwng 80% a 90% o dun, rhwng 10% ac 20% o blwm, ac weithiau symiau bychain o fetelau eraill megis copr ac antimoni; wedi ei wneud o aloi o'r fath; dysgl(au), &c., o aloi o'r fath; o liw un o'r aloion hyn: *pewter; made of pewter; pewter dish(es), &c.; pewter (coloured).*

15g. *GGl*[2] 183, Iachach i gleiriach y glêr / Ei botel a'i ddesgl *bewter.* **1545** ELIS GRUFFYDD: *Ll* 90, Gad wynt j vwydo mewn peint o *bewter* gloiw. **1545** *CM* 1, 541, ebol Ieuanck gwedi I osod mewn *pewether* ne arian. **16g.** *B* xv. 272, ac ynn gyffion o *bewtter. Diw.* **16g.** *WLB* 26, sowser *piewter. id.* 47, bott pridd ne *biowter.* **16–17g.** *CRC* 162, Y roedd yno nicklas barcker / ag wyneb *piowter.* **1685** *Art* 12, fflagen o *Bewter* neu o fettel purach ir gwîn. **1710** *LlGG* (*Gos*) 6, [G]wnn o *biewter* os nid o fettel purach. *c.* **1740** *LlM* 8, Cymmer Gribau St. Ffraid au morteru'n dda, au berwi . . . ai hidlo . . . ai adel i sefyll ennyd mewn *Pewter* i loywi. **18g.** *Llr* C 24, 314, Cymer wyn wi a Rho ar gwppan *Pewter* (*MMf* 168, *pewtyr*). **1755** *ML* i. 367, [P]eint Beddcelert, a naw pintiaid a ennai hwnnw, sef oedd o *Biwter* ac yn hen ddihenydd. **1757** *id.* ii. 7, y *piwter* a'r llestri priddion yn curo wrth eu gilydd. *c.* **1762–79** W. WILLIAMS: *P* 41, a phob pethau o waith Prês, Haiarn, *Powter,* ac Efydd. **1763** *DT* 164, Roedd gantho Ddysgl *Biwtar,* / A Thymblan pren a Thancar. Ar lafar yn gyff. yn y ff. *piwter, piwtar;* hefyd ym Morg. yn y ff. *pewtir, piwtir.*

Amr.: **peutur. 1681** S. HUGHES: *AC* 18. **18g.** *Llr* C 24, 336, 351. Ar lafar yn sir Benf., *GDD* 218; hefyd yng ngodre Cered. yn y ff. *poitur, Cymru* xxxiii. 284.

Gw. hefyd **ffeutur.**

pla [bnth. Llad. *plāga* (drwy *plăga*), Crn. C. *pla,* H. Wydd. *plág,* Gwydd. Diw. *pláigh*] *eg.b.* ll. *plâu, pla(e)au, plaoedd, plaon.*

(*a*) Unrhyw afiechyd heintus marwol sy'n ymledu'n gyflym dros ardal eang, haint; (haint) y nodau, cornwyd; afiechyd: *plague, pestilence; bubonic plague; disease.*

14g. *GIG* 69, Eres y torres terra / Yr awr hon planhigion *pla* [marwnad Ithel ap Robert]. *c.* **1400** *R* 1331. 27–30, Nawna dat . . . llawr gwyned . . . o *bla* dygyn am blwy digeird. yn blas o draeth bas dreth beird. **15g.** *DN* 103, Gweithred y blaned [Sadwrn] yw y *bla.* **1547** *WS, pla,* plage. **1567** *TN* 53b, cynnifer ac oedd a *phlae* [:– heiniae] (**1588** *Marc* iii. 10, *phlauau*) arnynt. *id.* 57b, Ha verch, dy ffydd ath iachaodd cerdda yn tangneddyf, a bydd iach oth *pla.* **1588** 2 *Cr* xxi. 14–15, Wele yr Arglwydd a'th deru di a *phlâ* mawr, ti a'th bobl: dy feibion hefyd, a'th wragedd, a'th holl olud. A thi a fyddi mewn clefydau lawer, mewn clefyd o'th emyscaroedd: nes myned allan o'th goluddion gan y clefyd o ddydd i ddydd. **1588** *Sech* xiv. 12, A hyn fydd y *blâ* a'r hon y teru'r Arglwydd yr holl bobloedd y rhai a ryfelant yn erbyn Ierusalem: eu cnawd a dderfydd er eu bod yn sefyll ar eu traed, ai llygaid a ddarfyddant yn eu tyllau, ai tafod a dderfydd yn eu safn. **1615** R. SMYTH: *GB* 143, Oni chowsom ni *bla,* nodae a chornwydydd, creulon yn yn hamser ni? **1632** *D* d.g. *lues.* **1689** E. MORUS: *RC* 40, dymuno'r Frêch, neu'r *Plâ,* neu gebystr i'w Cymmydog. **1725** D. LEWIS: *GB* 27, yn Llundain yn Amser y *Plâ.* **1790** T. JONES: *TOS* 100, y *pla* a ddifetha o fesur y miloedd.

(*b*) Cystudd, adfyd, trallod; trychineb natur, heigiad anarferol o greaduriaid distrywiol; distryw, lladdfa; drwg; niwsans, poendod, bwrn: *affliction, adversity, tribulation; natural disaster, unusual infestation of a pest; destruction, slaughter; evil; nuisance, annoyance.*

12–13g. *MA*[2] 241a. 47–8, Or a fag daear hi ai dwg [o]i phlant / Ai *phlaoedd* am gorllwg (Elidir Sais). **13g.** *HGK* 13, Ac en e cantref hvnnv y lluestassant wythnos, gan y distryv beunyd a'e hanreithyav . . . A honno vy y *bla* gentaf a dyvodyat agarw y Nordmanyeit yn gentaf y daear Wyned. *id.* 16, A guede gyneithur dirvaur *bla* eno a llawer o anreithyeu. **14g.** *WML* 138, Teir *pla* kenedyl. magu mab arglwyd. a dwyn mab y genedyl yg kam. A guarchadw penreith. **1346** *LlA* 152, yngkylch yffwrnn yd oedynt seith *pla.* kynntaf oed eiry. Ar eil oed tan. Ar tryded oed ia. *c.* **1400** *R* 1157. 29–31, Yny mae ubein. yny mae lleuein. a llawer *pla.* Yny mae griduan. **15g.** *OBWV* 117, Gwenyn o nef, gwynion ynt. / Ple cymell Duw *pla* cymaint [i'r eira]? **1588** *Ecs* viii. cs., *Plâ* o lyffaint ar Pharao . . . Y *blâ* o lau . . . A'r *bl*[*â*] o amryw ormessiaid. **1588** 1 *Br* viii. 38, pan ŵypo pawb *blâ* ei galon ei hun. **1588** 2 *Cr* xiii. 17, Ac Abiiah ai bobl ai tarawsant hwy a *phlâ* mawr: fel y syrthiodd yn archolledic o Israel bump cant mil o ŵŷr etholedig. **1588** *Act* xxiv. 5, nyni a gawsom y gŵr hwn yn *blâ.* **1672** J. LANGFORD: *HDdD* 332, y mae hynny yn gwneuthur y Wraig yn faich trwm ac yn *bla* i'r gŵr yn lle cymmorth a diddanwch. **1677** R. JONES: *BB* 99, Mi a dybygwn, mai *plâ* ac anaf rhyfeddol yn Natur yw hyn. **1703** E. WYNNE: *BC* 62, mae 'r fâth *blâ* yn gyfarthwyr, yn fân-Dwrneiod a Chlarcod nad oedd locustiaid yr Aipht ddim pwys ar y Wlâd wrth y rhain. **1793** DAFYDD IONAWR: *CD* 147, Daeth cenfaint llyffaint a llau / . . . / Yn *blauau* daeth heidiau hyll. Ar lafar, 'Mae o 'di ffonio eto—mae o'n *bla*'n ddiweddar'.

Amr.: **plaf**[2] [cf. *daf*]. **1696** *CDD* 282, Fe ŷr y galluogcaf, / I dynŷ'r *plaf* o'n plith.

Cfn.: **pla'r Aifft:** *one of the ten plagues of Egypt (with ref. to Exod. vii-xii).* **14g.** *T* 44. 16, *Plaeu yr reifft* [*sic*]. Fe'i clywir ar lafar weithiau am rywun sy'n boendod, 'Ma fe fel *pla'r Aifft,* ydi wir'. **p. ar (am ben):** *a plague on (as a curse).* **14g.** *GDG*[3] 130, *Pla ar* holl ferched y plwyf. *id.* 274, Plwm o ffals, *pla am* ei *phen.* **y P. Du:** *the Black Death.* **1933. p.'r gwartheg:** *plague (of cattle), rinderpest, murrain. c.* **1865. y p. gwyn:** *tuberculosis.* **20g. p.'r nodau:** *bubonic plague.* **1567** *LlGG* 13b.

***plaaf: pläu,** gw. **plaf**[1]**: plau.**

plac, plâc [bnth. S. *plaque*] *eg.b.* ll. *placiau.* Llechen, darn o fetel, porslen, &c., arysgrifenedig addurniadol neu goffaol a ddodir ar wal, &c.: *plaque (on wall, &c.).* **1916.**

placard, placart [bnth. S. *placard, placart;* ansicr yw'r ystyr yn rhai o'r enghrau. isod] *eg.* ll. *-iau.* Poster at bwrpasau hysbysebu, argyhoeddi, datgan, &c., a ddodir ar wal, drws, &c., neu ar ddefnydd cadarn fel pren, cardbord, &c.; dogfen ffurfiol neu swyddogol, e.e. gwarant, trwydded, gorchymyn, hysbysiad, &c., ?hefyd yn *ffig.*; ?darn o arfwisg, dilledyn: *placard, poster; formal or official document, e.g. warrant, licence, edict, proclamation, &c.,* ?*also fig.;* ?*placard, piece of armour, item of clothing.*

15–16g. *GLM* 126, Moes lythyr â sêl weithian: / moes droi sir i'r Meistres Siân. / . . . / Siân a gedwis eich ffisoedd / ai pharti'n wych: ffortun oedd. / Siân, o ddysg, dros Wynedd âi: / yn ei *phlacart* ni phlycai. **16g.** (*LlEG*) *Mos* 158, 589b, gida *fflackard* o awdurdod I gyuodi, poob amryw vittel. *id.* 662b, nes gweled *plackard* y brenin ddann seel y dyrnas. **1547** *WS, plakard,* a placarde. **16g.** HUW ARWYSTL: *Gw* 428, Chwe ffeth a wna i wchion ffo / D'orddod dy gledd dy Arddwrn / Dy *Blakart* ath ddart ath ddwrn. **1686** FFOULKE OWEN: *Cerdd-lyfr* 35, Os arian a ddygi yn echwyn wrth gledi, / Rhag gormod gwrthuni neu golled,'/ Na thal yn ddichwareu vn geiniog byth adre, / Nes gweled *placcardie* caled.

placardiaf: placardio [bf. o'r e. bl.] *ba.* Gwneud yn hysbys neu hysbysebu drwy blacardiau; gosod placard ar: *to placard.* **1893.**

placenta, plasenta [bnth. S. *placenta*] *eg. Biol.* Organ fasgwlar yng nghroth mamoliaid beichiog sy'n rhoddi maeth ac ocsygen i'r ffetws ac yn trosglwyddo cynhyrchion gwast y ffetws i gylchrediad gwaed y fam, brych: *placenta.* **20g.**

plad, gw. **plât.**

plàd [bnth. S. *plaid*] *eg.* Brethyn caerog sgwarog neu dartan, yn enw. o wlân, plod: *plaid, tartan.* **1894.**

Gw. hefyd **plod.**

pladaid, gw. **plataid.**

pladin [cfdds. o'r S. *platin(um)*] *eg.* Platinwm: *platinum.* **1851.**

pladraf: pladru, pladren[1,2], gw. **paladraf: paladru, paladr, pledren**[1].

pladres [*paladr*+*-es*[1]] *eb.* ll. *-i.* Gwraig fawr braf, dynes nobl, cloben, weithiau'n ddifr., hefyd yn *ffig.*: *a fine strapping woman, sometimes derog., also fig.*

1803 *P, pladres,* a showy flaunting woman. Ar lafar yn y Gogledd, '*pladras* o ddynas glyfar', '*pladras* o wraig nobl', *WVBD* 432.

pladrod, gw. **paladr.**

pladur [< *paladur,* ?sef bôn y f. *palaf*: *palu*+*-adur,* cf. Gael. *fàladair* 'pladur; un sy'n lladd gwair', Manaweg *folder, foldyr* 'un sy'n lladd gwair'] *eb.g.* ll.*-iau.* Offeryn lladd gwair a medi ac iddo goes hir a ddelir â'r ddwy law a llafn hirgrwm a fwrir yn gydwastad â'r tir, hefyd yn *ffig.*: *scythe, also fig.*

13g. *BD* 25, adelivs Caer Geint a Chaer Wynt a Chaer Uynyd *Paladur* yr hon a elwir Caer Septon. *c.* **1300** *H* 53b. 2–3, Par odrut parawd vut uotlawn Paladyrgoch *paladur* estrawn (Cynddelw). **14g.** *CR* 238, a llyweo y varch parth a'e elyn—val dyn yn llad a *phaladur*—ac ar y estlys . . . y daraw. **1547** *WS, pladur,* a sythe. **1588** *Eseia* ii. 4, fel y drylliant eu cleddyfau yn geibiau, ai gwaew-ffyn yn *bladuriau.* **1632** *D, pladur,* falx, ama, fœnisca, secula. **1793** R. POWELL: *ADV* 16, Edrychav isod, drwy drachwant yn glau / A *fladuriau* hôf lu â dŷrant. **1794** J. MORGANS: *CN* 6, a'r waew-ffon yn *bladur* hir. **1795** J. THOMAS: *AIC* 21, Canlyn *pladur,* Ddur. **1795** *R. Crusoe* 49, Pan addfedodd fy Yd, mi a wneuthum *bladur* a chleddyf, ag a dorrais y tywysennau yn unig. **1803** *P.*

Amr.: **bladur.** Ar lafar yn sir Benf., 'A wê Bowen i Bobi'n dwâd â'i *fladur* 'dag e', *Wês wês* 54.

Cfn.: **pladur gadair, p. â chadair:** *cradle-scythe.* **1814** W. DAVIES: *Agric* . . . *S. Wales* i. 426. Ar lafar yng ngodre Cered. a sir Gaerf., *TGG* (1904) 51. **p. â chawell = p. gadair. 1814** W. DAVIES: *Agric* . . . *S. Wales* i. 426. Ar lafar ym Morg., *GWG* 324. **p. ag ysgol = p. gadair. 1814** W. DAVIES: *Agric* . . . *S. Wales* i. 426, Its Welsh name in the north is *pladur ag ysgol.* **p. glwyd = p. gadair. 1835. p. grud = p. gadair.** *c.* **1730** *Thos. Lloyd D* (LlGC) 195a. **p. foel:** *scythe without a cradle.* **20g.** Ar lafar yng nghanolbarth a godre Cered.

pladuriaf, pladuraf: pladur(i)o [bf. o'r e. bl.] *bg.a.* Medi neu ladd (gwair) â phladur, hefyd yn *ffig.*: *to (reap or mow with a) scythe, also fig.*

1547 *WS, pladuraw,* mowe. **1800** W. OWEN [-PUGHE]: *CP* 119, *Pladurio* a medi. **1803** *P* d.g. *pladuraw.* Ar lafar, *WVBD* 432.

pladurwr [< *paladurwr,* sef *paladur*+*-wr*] *eg.* ll. *-wyr, -s.* Un sy'n pladurio, medelwr, hefyd yn *ffig.*: *reaper, mower, also fig.*

14g. *YBH* 10a, bown adnynnawd mo[r]glei y gledyf ac ysgathru ac ef vegys *paladurwr* yn llad y weirglawd. **14g.** *WM* 424. 42–425. 1, a *ffaladurwyr* yn llad y gweirglodeu. **16g.** (*LlEG*) *Mos* 158, 188b, trwy gwympio a llaad yrysbaenwyr megis *pladurwyr* ynn tori y kawn. **1547** *WS, pladurwr,* a mower. **1567** *LlGG* (*Sall*) 75b, Wy vyddant val glaswellt pennae'r tai, yr hwn a wywa cyn ei dynnu. O'r hwn ny lanw y *pladurwr* ei law. **1604–7** *TW* (*Pen* 228), *paladurwr* d.g. *falcarius. id. pladurwr* d.g. *fœniseca, fœnisex.* **1632** *D, pladurwr,* falcator, messor. **1716** R. LLOYD: *LlGG* 7, ac Etto nid yw'r *Pladurwr* ymma [Angau] yn Nôs wylio. **1768** J. ROBERTS: *R* 69, Os 6 *Phladurwyr* [*sic*] a ladd wairglodd o wair mewn 12 Niwrnod, mewn pa faint o amser y lladd 24 o *Bladurwyr* hi? **1788** R. JONES: *DA* 62, mor fore yr anturia'r *Pladurwr* calonnog i'r maes. **1803** *P.*

plaeaf: plaeo, gw. **plaf**[1]**: plau.**

plaem[1,2], gw. **plaen**[1,3].

plaen[1], **plain**[1] [bnth. S. *plain* 'clear, evident, &c.'] *a.*

(*a*) Eglur, amlwg, clir, hawdd ei ddeall, syml, heb fod yn gymhleth, heb addurn neu batrwm addurnedig; *Her.* wedi ei dorri'n syth (am ben anifail, &c.); heb fod ynddo ddim i beri iddo godi (am flawd): *plain, evident, clear, easily understood, simple, uncomplicated, unembellished, undecorated; couped (in her.); plain (of flour).*

16g. *Mos* 113, 48, Aür tri phenn baedd [ll]yfn neü *blaen* o Sabl. **1561–2** *Celtica* ii. 100, Emerand *plaen* y sydd dda i edrych arno. **16–17g.** *HG* 123, kymred pawb exampl *plaen*, oddiwrth y paen ai adanedd. **16–17g.** *CRC* 209, Paske a Sylgwyn hyn Sy *blain* / yn y modd y mayn yn disgin. **1604–7** *TW* (*Pen* 228) d.g. *apertus, lævis.* **1667** C. Edwards: *FfDd* 39, gorchmynodd y Swyddogion losci yr delwau, a bwrw ymaeth ddefodau llygredig, a phregethu gair Duw yn aml ac yn *blaen.* *id.* 65, Nid anhawdd dirnad Pendefig goruchel wrth ei foddion, ai ymddygiad er ei fod mewn trwsiad *plaen.* **1672** R. Prichard: *Gw* [xlv], Cymrais fessur byrr cyn *blayned,* / Hawdd iw ddyscu, hawdd iw 'styried. *id.* 282–3, y mae Christ yn dywedyd yno yn *blayn* ac yn eglur. **[1788]** *MP* 20, Ac ar ei ben yn ddigon *plain,* / Y gwelir ol yr hoelion drain. **1790** Twm o'r Nant: *GG* 142, Gad'el, 'rwyf i chwi'n gydwedd, / Rybudd *plaen* ym Maen fy Medd.

(*b*) Ansoffistigedig, cartrefol, iselfryd; onest, uniawn; heb flewyn ar ei dafod; heb fod yn bert, diolwg (yn enw. am fenyw): *unsophisticated, homely, lowly; honest, straightforward; outspoken; plain, not good-looking (esp. of a woman).*

16g. *IICRC* iii. 318, o faydan lle y byddi yn *blain* / ers mwy na thrigain mlynedd. **16g.** Dafydd Benwyn: *Gw* 51, mynnaist gain *blain*, mam dy blant, / mawrdaith merch Arlwydd Mordant. *id.* 436, Y air *plain* kywrain, karent ymhob gwlad. **16–17g.** *HG* 121, a chalon *blaen* yvyddgar. **1628** *Bl B XVII* i. 155, Ein plant annwyl, *plaen*, tyner (Thomas Prys). **1672** R. Prichard: *Gw* 201, Duw ei hun sydd vnion farnwr, / Rhwng y gwirion *plaen* [:- syml] a'r twyllwr. **1712** T. Williams: *CDdG* 181, Gan nad oeddynt ond gwyr *plaên* anllythyrennog. **1719** *TDP* 151, O herwydd hyn bydded i bob un ddeilio yn union ac yn *blaen* ai Gymydog. Ar lafar, '*dyn plaen*' 'outspoken man', *WVBD* 433; ''Odd 'i mam hi'n bert, ond un fach *blân* iawn yw hi'.

Amr.: **plaem**[1]. **1913.** Ar lafar yn y De, ''Odd da-cu tipyn yn *blaem*'.

Cfn.: **yn blaen ac yn blwmp:** *bluntly, plainly, directly (of speech, statement, &c.).* **1927.** Cf. *plwmp—yn b. ac yn blaen.*

plaen[2], **plân**[3], **plain**[2] [bnth. S. *plane* (in carpentry); ansicr yw'r engh. gyntaf; dichon mai d.g. *plân*[2] y perthyn] *eg.b.* ll. *plaen(i)au, plan(i)au.* Offeryn ac iddo lafn dur wedi ei osod ar osgo mewn corff o bren, haearn, &c., ar gyfer gwastatáu neu lyfnhau arwyneb pren, torri rhigol, &c., canwyr: *plane (in carpentry).*

1547 *WS, plan*, a plane. **1604–7** *TW* (*Pen* 228), *plan* d.g. *dolabella, dolabra.* **1688** *TJ*, Canwyr, (*plaen*) i (blaenio) byrdde, a joyners plane. **18g.** *WLl* (*Geir*) 270, canwyr, *plaen* joiner. *c.* **1762–79** W. Williams: *P* 442, gwastadhāu wynebau eraill â *plane* neu siswrne. **1768** J. Roberts: *R* 118, Gan wasgu'r llinin i bob lle yr aeth y *Plain.* **1780** *W*, canŵyr, gwastedydd, vulgò *plân* d.g. *plane [a joiner's, &c.].*

Amr.: **plâm.** Ar lafar yng Nghered., sir Benf., a'r De, *GDD* 227; ''Naiff dim byd ond *plâm* 'i'n itha llyfn'.

Cfn.: **plân deucarn:** *spokeshave.* Ar lafar yng ngodre Cered., *Ceredigion* iv. 221.

plaen[3] [bnth. S. *plain* 'level tract of land'] *eg.* ll. *-au.*

(*a*) Gwastadedd: *a plain.*

16–17g. *RAGR* 291, yma wrth fod yn rhodio / daeth arnaf i orffwyso / ag fellü yn edrych hüd i *plaen* / ar bob rhyw raen yn ffrwytho. **18–19g.** *Llr* C 41, 401, *plaen*, subst. planities. *Diw.* **19g.** *SE MS* 378a, *plaen, plaeneu* . . . a plain, an open place, a green.

(*b*) Cwrt ar gyfer chwarae pêl-law: *handball court.*

Ar lafar gynt ym Morg. Cf. Ap Nathan: *Cymeriadau Cefn Gwlad* (1948) 25, Wedi hir ddadlau cytunwyd i drefnu'r chwarae ar *blaim* (Fives Courts) y Star Gelli Dawel; G. M. Roberts: *Crwydro Blaenau Morgannwg* (1962) 150, Gwelais yr hen *Blaen* Pêl—neu'r Old Ball Court . . . lle byddai campwyr yr oes o'r blaen yn chwarae pêl yn erbyn y wal, rhyw chwarae tebyg i'r fives a geid yn Lloegr.

plaen[4], **plaenad**, gw. **plên**[1], **plaeniad.**

plaender [*plaen*[1] + *-der*] *eg.* Y cyflwr o fod yn blaen neu'n ddiaddurn, diffyg harddwch, moelni, symlrwydd; eglurder (i'r deall), clirder; plaendra ymadrodd, uniondra, gonestrwydd, didwylledd, diffuantrwydd: *plainness, bareness, simplicity; clearness, lucidity; bluntness, plain speaking, directness, honesty, guilelessness, sincerity.*

1667 C. Edwards: *FfDd* 16, dioscodd crefydd y cyscodau hynny gan ddychwelyd ir *playnder* dechreuol. **1677** *TC* [viii], i escuso *plaender* Mr. Dent yn ei bregeth ynghylch edifeirwch. **1693** *HC* 4, goddefwch fy *mhlaender* cariadus. **1712** T. Williams: *CDdG* 36, fe amlyga ef ein *plainder* a'n Gonestrwydd. *c.* **1730** *Thos. Lloyd D* (LlGC) 193a, *plaender*, plainness. **1735** J. Evans: *YMS* 8, Na fydded i mi . . . [r]agrithio . . . ond arferyd y *plaender* mwyaf tu ag at fy nghyfarwyddwr ysbrydol. *c.* **1750** J. Thomas: *T* 3, *Plainder* ac Eglurdeb. **1751** *GIA* iv, Yr ydym ni yn astudio *plaender* i beri iddynt ddeall. **1752** J. Thomas: *FG* 135, y fath Feddwl uniawn ac onest, y fath *Blainder* têg. **1757** E. Evan: *GB* 119, trwy . . . ymddangosiad o *Blaender* . . . yn bwriadu twyllo, Maglu a drygu Dyn. **1769** *W Ballads* 200, 7, Danghose[i] ddydd Saboeth [*sic*] yn anoeth ei nwŷ, / Ei aflendid ai flinder mewn *pla[e]nder* ir plwy. **1786** Twm o'r Nant: *PCG* 38, Yn taeru, ac yn rhanu 'mhob rhith, / Gyfiawnder, mewn *plaender* i'n plith.

plaendra [*plaen*[1] + *-dra*] *eg.* Y cyflwr o fod yn blaen neu'n ddiaddurn, diffyg harddwch, moelni, symlrwydd; plaender ymadrodd, uniondra, gonestrwydd, didwylledd, diffuantrwydd; gwir plaen, caswir: *plainness, bareness, simplicity; bluntness, plain speaking, directness, honesty, guilelessness, sincerity; plain truth, unpalatable truth.*

1749 J. Owen: *PG* 50, am *Blaendra* Ymadrodd . . . am *blaendra* mewn dillad. Cf. D. Owen: *D* 169, yr oedd tipyn gormod o *blaindra* yn y bugail. Ar lafar mewn rhai mannau yn y Gogledd yn yr ymad. 'dweud y *plaendra*' 'dweud y gwir plaen', *ISF* 61.

plaened, gw. **planed.**

plaengan [*plaen*[1] + *cân*[1]] *eb.* Canu eglwysig unsain digyfeiliant moddol a'i rythm rhydd yn cyfateb i aceniad y geiriau: *plainsong.*

20g.

Gw. hefyd **plaensong.**

plaeniad, pla(e)nad [bôn y f. ddil. + *-iad*[1], *-ad*] *eg.b.* Y weithred o blaenio (pren, &c.): *a planing.*

1936 D. J. Williams: *STG* 28, Math o gist . . . heb arni ôl yr un *plaeniad* dros ben. Ar lafar yn gyff. yn y De yn y ff. *planad* a hefyd yn yr ystyr 'cosfa, cweir, curfa, pryd o dafod'.

Amr.: **plamad** [bôn y f. *plamaf*: *plamo* + *-ad*[2], trf. han.]. Ar lafar yn y De.

plaeniaf, planiaf[1], **planaf**, &c.: **plaenio, plan(i)o**, &c. [bnth. S. (*to*) *plane*] *bg.a.* Llyfnhau (pren, &c.) â phlaen neu ryw offeryn arall, canwyro, hefyd yn *ffig.*: *to plane (wood, &c.), also fig.*

1547 *WS, planio.* **16g.** Huw Arwystl: *Gw* 238, Plankedav yn *plaenio* kadwyn [i ddau filgi]. *a.* **1587** *Y* 102, Blîn iawn, a'r bobl yn enwir, / *Blanio* gwawd i blanv gwir. *id.* 183, Gan bwys ymdrech ar ddwyswaith / Blino'r wyd ar *blanio*'r iaith. **1604–7** *TW* (*Pen* 228), *planio* d.g. *læuigo.* **1688** *TJ*, canwyr, (plaen) i (*blaenio*) byrdde. A joyners plane. **1798** W. Jones: *LlG* 75, Wedi ei weithio'n gywrain guro, / A'i *blaenio*'n gryno a graen [am dŷ].

Amr.: **plamo** [cf. *plâm*]. Ar lafar yn sir Benf. a'r De, *GDD* 227, hefyd yn yr ystyr 'rhoddi curfa i' ym Morg.

plaensong, plaenswng [bnth. S. *plainsong*] *eg.* Plaengan, hefyd yn *ffig.*: *plainsong, also fig.*

16g. *GGH* 334, *Plaenswng* i gyplau unsut, / Pepre o'i safn pob rhyw sut [i ofyn ceiliog bronfraith]. *c.* **1566** *B* i. 155–6, wrth y main ar trebl ar byrdwn y gwnaethbwyd y *plaensong* yr hwn elwir yn Gymraeg y can ara. ag ny does yn hwnw ond pedair Rywl a ffedwar ysbas. ag y mae ynddo wyth toon . . . yr ydym ni yn ocypeio ag yn ymarfer y *plaensong.* mewn pedair Rvwl a ffedair ysbas. **16–17g.** *GHCEM* 10, Cân *blaenswng* a phricswng ffraeth / Cywir ddwyran cerddoriaeth [i'r ceiliog bronfraith]. **16–17g.** *GST* i. 524, A'i *blaensong*, hen darw blinsor, / Er pan fu'n canu'n y côr [ymryson Siôn Phylip a Siôn Tudur].

plaf[1], **plaeaf**, &c.: **plau, plaeo**, &c. [bf. o'r e. *pla*] *ba.* Taro â phla (yn enw. fel cosb ddwyfol), taro, cosbi, cystuddio, poenydio, poeni, blino, plagio: *to bring down a plague upon (esp. as a divine punishment), plague, strike, punish, afflict, torment, harass, trouble.*

14g. *GDG*[3] 370, Cynghorfynt, wan Frytaniaid, /. . . / A'i *plaodd.* *c.* **1400** *R* 1222. 5–8, Kymerth croc yn uerth yr nerth ynni. croes yrdwyn pumoes ogyuoessi. Ynben kun kyuun kyuodi awnaeth. yr *plau* plwyfogaeth plant kaeth kayi. *c.* **1525** *TA* 745, Taer yngod wyt ti'r angau, / Tynni o'n plith, wyt yn yn *plâu* [*sic*] [marwnad Tudur Aled gan Raff ap Robert]. **1567** *LlGG* 109b, y ddym yn i annog ef [Duw] in *plau* ac amrafael glefydau. **16–17g.** *GST* i. 544, Blysiasoch i *blau* sesiwn, / Blys Rhys wrth gael blas ar hwn. **16–17g.** T. Prys: *Bardd* 159, ni ddof dymvnwn ddevfwy / i *blavo* mon am blv mwy. *c.* **1600** *March C* 31, tithau a fuasid yn cael dy *blaeo* gydag hwynt. **1606** E. James: *Hom* ii. 161, ni buasai Dduw yn digio yn gymmaint, ac yn *plau* ei bobl. *id.* iii. 23, Felly yn ddiammau y *plaa* Duw chwithau â thlodi ynghenol amledd. **1630** R. Llwyd: *LlH* 163, Onid ofnwn . . . yr enw gogoneddus . . . y gwna efe ein *plaau* ni. **1632** *D, plau*, plagas inferre. **1688** *TJ, plâu*, Cystuddio: to plague. **1696** *CDD* 138, Haeddaswn lawer gwaith fy *mhlau*, / Neu nharo ac angau sydŷn. *c.* **1720** *Gwaseila* 459, Rwyt yn *plau* holl deiau'r plwy: / Ple gellid fwy o golled? **1722** *Llst* 189, *plau*, to . . . torment. **18g.** *Card* 84, 418, Pluwr ai fryd iw *plau* r frô. **1753** *TR, plau*, to . . . lay plagues upon. **1803** *P* d.g. *plaeaw, pläu.*

plaf[2], **plafru**, gw. **pla, palafar.**

plag [bnth. S. *plague*] *eg.b.* ll. *-au.* Pla, haint, (haint) y nodau, cornwyd; cystudd, poendod, bwrn: *plague, pestilence, bubonic plague; affliction, nuisance, annoyance.*

1545 Elis Gruffydd: *Ll* 114, yved owns or dwr ymma ar gythlwng ynn amser y *plaag.* **16g.** *GGH* 22, Rhag *plagau*'r oes, rhag pêl gron, / Y nod, a phob niweidion. **1557** *B* xxiv. 293, *Plâg* eirwon pelau gorwyllt / Aeth yn eu gwâl a thân gwyllt [Edward ap Raff am frwydr Sain Cwintens]. **16g.** *NBLl* 87, Melltith ein plant, o'i w'rantu, / A fâg yn *blâg* yn ei blu ['yn achos fod gwŷr boneddigion Llŷn yng ngharchar']. **16g.** *Hop M* 179, rhyveloedd *plag* newynau. *Diw.* **16g.** *WLB* 23, y kornwyd ne y *plag* ne y nodau. **1588** *Gen* xii. 17, yr Arglwydd a darawodd Pharao . . . a *phlagau* mawrion. **16–17g.** *GST* i. 602, Ystwrdio ystiwardiaeth, / Ysbail i'w cwrt, oes *blag* gwaeth? **1606** E. James: *Hom* i. 107, dengys Duw ei greulon wedd arnom, ac a arllwys ar ein pennau anrhaith *blagau.* *id.* 108, i gwympo arnom flin *blagau* o brinder, rhyfel, newyn ac angau. **1672** R. Prichard: *Gw* 90, Gwachel *blâg* [:- chwarren] rhag dy ddifethu. *c.* **1730** *Thos. Lloyd D* (LlGC) 195a, *plag*, Dem. Plague. **1769** Twm o'r Nant: *TChD* 14, Fel na byddo mor *Blag* oi blegid. Ar lafar yn sir Ddinb., *Cymru* xlvii. 142.

Cfn.: **plag ar ((ei, &c.) berfedd):** *a plague on ((his, &c.) entrails).* **1853.**

plagaf: plago, gw. **plagiaf: plagio.**

plagard, plagardiaf: plagardio, plagardus, plagarllyd, gw. **blagard, blagardiaf: blagardio, blagardus, blagarllyd.**

plagawd[1] [?bnth. Llad. *plācātio*] *e?g.* ?Bodlondeb: *pleasure.*

14g. *T* 36. 7, arithwys gorwydawt yar *plagawt* lys.

plagawd[2], **plagod** [yr e. *plagawd*[1] ag ystyr newydd a roddwyd iddo gan Iolo Morganwg] *eg.* Memrwn; papyrus (planhigyn a phapur): *parchment; papyrus (plant and paper).*

18–19g. *Llr* C 6, 169, *Plagod* is the term used for parchment in our oldest writers. I find it in Taliesin (550) and in a few others, probably from the Latin 'Plaga' or 'plagula', unless from catachresis, from 'Blagur' a twig or rod in Welsh. **18–19g.** *Iolo MSS* 264, Goruc Llew ap Cynfarch Fardd / Orwyddawd ar *blagawd* Hwrdd. Cf. T. Williams: *TCB* [15], [g]wybodaeth nag am bapyr nag am *blagawd*; *id.* 38, dygasant yma lysewyn a elwir *plagawd* sef oedd hwnnw Elestron a gaid o wlad Assia . . . ag ysgrifennu ar honno a gwedi hynny cafwyd Celfyddyd ar grwyn lloi a chrwyn geifr a chrwyn defaid ag o honynt gwneuthur *plagawd*; *Barddas* i. 132, Tripheth y dylai Bardd eu gwneuthur ai ddwylaw ei hunan, ei Goelbren ei Rôl, ai *Blagod*; *id.* 162, *Plagawd*, sef ydoedd Llysewyn o ryw elestron . . . ag arnaw ydd ysgrifennid a du.

plagfa [bôn y f. ddil.+*-fa, ma*] *eg.* Pla, haint: *plague, pestilence.*

17g. *LlGC* 10249, 134, Gwastata *blagfa* mawr blîn, on tiroedd.

plagiaf, plagaf: plag(i)o [bf. o'r e. *plag*] *bg.a.* Taro â phla (yn enw. fel cosb ddwyfol), taro, dinistrio, cosbi, cystuddio, poenydio, poeni, blino; aflonyddu ar, pryfocio, tynnu coes (rhywun): *to bring down a plague upon (esp. as a divine punishment), plague, strike, destroy, punish, afflict, torment, harass, trouble; pester, provoke, tease (someone).*

1588 *Eseia* liii. 4, ni ai cyfrifasom ef wedi ei *blagio* (**1620** *ib.* ei faeddu). **1588** 1 *Mac* ix. 55, [Duw] a *blagiodd* Alcimus yr amser hwnnw. **16–17g.** *GST* i. 422, Ni chlywais i'ch llais a'ch llaw / Na ffael eger, na *phlagiaw*. **16–17g.** *CRC* 322, dvw a roes i law yn drom / ar Sodom a Gomora / yna i *plagwyd* mab pob mam / am faint i kam ai tratha. *id.* 402, Pan ddel rhew ac eira mawr / i *blagio* llawr y vedwen. **1606** E. JAMES: *Hom* i. 117, gwedy ei *blago* yn flin, ac yn llawn doluriau. *id.* 168, â pha gospedigaethau trymion y *plagodd* Duw odineb yn yr amseroedd gynt. **1672** R. PRICHARD: *Gw* 72, Er cymmaint y cymerth ê [Iesu] i *blago* [:– Gospi]. *id.* 484, 'Rhwn na fynne wella ei fuchedd, / Nes i *blago* [:– Ddifa] yn y diwedd. **18g.** *Beirdd y Berwyn* 109, Y dichon dim i flino, / I *blagio* i nerth. [**1725**] *TS* [v], a'i Cospodd ac a'i *plagodd* hwynt yn dost. **1752** J. THOMAS: *FG* 124, [c]ael ein *plago* yn wastadol â'r fath Gwmpeini blinderus! Ar lafar yn yr ystyr 'poeni, tynnu coes', *WVBD* 432, *Cymru* liii. 3, *GDD* 227.

plagiard, plagiardlyd, gw. blagard, blagarllyd.

plagiwr [bôn y f. fl.+*-iwr*] *eg.* Pryfociwr, tynnwr coes: *provoker, teaser.*

1903.

plagod, gw. plagawd[2].

plagus [*plag*+*-us*] *a.* Blinderus, poenus, trwblus, trafferthus: *annoying, vexatious, troublesome.*

1798 W. JONES: *LlG* 110, Am fugel drwg rhyfygus, / Awch *plagus* yn eich plith. Ar lafar yn y Gogledd, 'Mae'r plentyn yn *blagus* iawn', *WVBD* 432.

plaid, *eb.g.* ll. *pleidiau,* (prin) *pleidioedd.*

(*a*) Pared (symudol) o wiail neu ystyllod plethedig, clwyd, bwrdd; mur, gwal; ochr, tu, ystlys; plât (metel); hefyd yn *dros.*: *(movable) partition of interwoven rods or laths, hurdle, wattle, board; wall; side, flank; (metal) plate; also transf.*

13g. *LlI* 100, kayer er yscuboryeu . . . en kyn gadarnhet ac y bo teyr bangor ar y llogeyl a *phleyt* ar y drus: try ruym ar y *pleyt*, deu ar y guegyl ac un o'r tu recdy. **14g.** *WM* 47. 4–13, kymyscu y tan ar glo. am ben yr ystauell . . . yny uyd y *pleit* haearn yn wenn. *c.* **1400** *R* 1026. 33, Eiry mynyd godysgeit. pan droho gwynt yngkylch *pleit*. **15g.** *GLGC* 65, Pais â'i gwaith fal lamp ysgwâr, / *pleidiau* fegis plu adar [i ofyn curas]. **15g.** *GGl*[2] 297, Pennau ei freichiau a'i fron, / Pelydr haul, *plaid* yr hoelion [am fwcled]. **15g.** *DE* 21, y gwydr yw'r dail ar goedydd / ar *blaid* galch yw r blodau gwydd [i'r draenllwyn]. *id.* 24, Pen yw o blu paun un *blaid* / perth hir fal y porth euraid [i wallt merch]. **15–16g.** *TA* 255, Dyblwyd o goed *bleidiau* gŵydd, / Da gwniŵyd y gŵn newydd [i Wiliam ap Siôn Edwart, Cwnstabl y Waun]. *p.* **1500** *Pen* 57, 74, kodi wrth ves ur [*sic*] Mur Mowr[drwm] / kyb lav [*sic*] gid ar *pleidiav* plwm [am Ddinas Basing]. **1547** *WS* [viii], [c]affael gwiail yn tyfy yn un ystym y byddant wedy r eilio am gledyr y *plait*. *c.* **1548** *CM* 1, 800, y kroen ysydd ynn tyuu . . . yn bilionen denne ar y *blaid* ner barwyden ne ar y tu mewn I'r ais. **1798** W. JONES: *LlG* 34, Ni nythodd y wennol erioed wrth lawr *blaid*. **1803** *P*, *plaid* . . . a side; a partition; a wall. Ym Môn sonnir am '*blaid* y das' 'ochr y das', *ISF* 61.

(*b*) Beudy: *cowshed, cow-house.*

Ar lafar yn sir Ddinb. a sir Drefn., *TGG* (1905) 26, *B* v. 114.

(*c*) Set o frwydau mewn gwŷdd; ffrâm y brwydau: *leaf (set of heddles of loom); shaft of heddles.*

1936. Ar lafar mewn rhai ardaloedd yn y De. Gw. J. G. JENKINS: *WWI* 71, *B* xvi. 94.

(*d*) Rheng, rhes, cwmni, torf, tyrfa, mintai, lliaws, haid; parti mewn achos cyfreithiol; unrhyw grŵp o bobl a ymffurfiodd ar sail syniadaeth, gweithgarwch, &c., corff o gefnogwyr, carfan, parti gwleidyddol, lleiafrif (anghytunol) o fewn corff mwy, sect, enwad: *row, rank, company, crowd, throng, host, multitude, flock; party (in lawsuit); group of supporters, (political) party, faction, sect, denomination.*

12g. *MA*[2] 190a. 47, Dyfu Addaf blant o *blaid* angred (Cynddelw). **12–13g.** *GLlLl* 53, Kynnifyeid, bleinyeid *bleidyeu* armes—cad. **13g.** *LlI* 45, [y] ryghyll en seuyll tra cheuen e kegaus, a'r *pleyt* arall e tu arall e'r ford. **13g.** *C* 86. 3–4, Nam gwellic ymplic im*ple*[*i*]*d* dirad. *c.* **1300** *H* 7b. 2–3, Gwylein yn gware . . . *pleidyeu* etrin (Gwalchmai). **14g.** *WM* 398. 25–7, affan uei hyttraf y marchawc. y llawenhaei y iarll ay *bleit*. **14g.** *GDG*[3] 10, Dug yn ei *blaid*, nid rhaid rhus, / Y deuddeg anrhydeddus [am Iesu]. *id.* 141, Geinem, pan i goganwyd / Siesus, *blaid* o Sioseb lwyd. *c.* **1400** *YCM*[2] 81, Eglers a gerdwys o le i le ar hyt y *pleityeu* gwyr. *id.* 107, y drychu y Sarascinyeit, ac y wahanu y *pleidyeu*. **15g.** *HS* 3, mae plant mi ai gwarantaf / *blaid* i hwn fal blodau haf [marwnad Watgyn Fychan]. **1567** *TN* [xxv], trwy waith yr vnryw Pelagius ae *blait*. **1603** W. MIDLETON: *Ps* 19, Fymhobloedd *pleidioedd* ae plant. **1604** R. HOLLAND: *BD* 12a, trwy fod anghydfod a *phleidieu* ymmhlith i werin. *Dchr.* **17g.** *J* 10, 131a, *plaid*, partie. **1630** *YDd* 36, y mae'r . . . eglwys [yn llawn] o *bleidiau*. **1696** *CDD* 42, Ceir gweled *plaid* gadarn, ar ddefod mo 'r ddifarn, / Or Eglwŷs ir dafarn yn dyfod. **1756** *RP* [3], Pa sawl *Plaid* o Ddynion sy'n arddel y Grefydd Gris'nogol? . . . Dwy . . . sef y Protestaniaid a'r Papistiaid. [**1783**] *W* d.g. *sect.* Cf. D. OWEN: *D* 130–1, y *pleidiau* a elwir y Ceidwadwyr a'r Rhyddfrydwyr.

(*e*) Cefnogaeth, cymorth, help, amddiffyn; ochr (mewn dadl, &c.): *support, succour, help, protection; side (in debate, &c.).*

c. **1300** *H* 120a. 27, Ny dalyaf diheu yny del ym*pleit* (Hywel ab Owain Gwynedd). *c.* **1400** *R* 1196. 5, Dawn a *phleit* gweinyeit. *id.* 1230. 14, oed *bleit* penn keirdyeit. ?**15g.** *IGE*[2] 96, Mair a wnêl, rhag ein gelyn, / Ymbil â Duw am *blaid* yn. **1588** *Salm* lxxxii. 2, Pa hŷd . . . y cymmerwch *blaid* y rhai annuwiol? **16–17g.** *HG* 149, bydd yn gadarn dwr a *phlaid*, a nerth wrth raid anghenys. **1603** E. KYFFIN: *Ps* [11], Dychwel Arglwydd, trō i'm *plaid*. **1618** J. SALISBURY: *EH* 235, [c]yfathrach yn tyfu rhwng hwn a fedyddier ei dâd a'i fam, o'r naill *blaid*, a hwn a roddo'r Bedydd, a'r Tad bedydd a'r Fam fedydd or *blaid* arall. **1643** *MLl* i. 64, llei yr oedd pawb yn gwneuthur *plaid* / yn danbaid yn i hoesoedd. **1688** *TJ*, *plaid*: a part. **1714** D. LEWYS: *CN* 36, Anghenrhaid yw cael Crist yn *blaid*. *c.* **1730** *Thos. Lloyd D* (LlGC) 195a, yn *Blaid* iw geraint . . . support. *ib.* a chrêf *Blaid* . . . with powerful help. [**1740**] L. ANWYL: *CA* 112, rhaid ini gyrchu eraill i'n *plaid* a'n cynhorthwy. **1793** DAFYDD IONAWR: *CD* 165, Duw mawr a fydd *blaid* i mi, / Yn gymmorth enwog immi.

Cfn.: **y Blaid = P. Cymru.** Ar lafar yn gyff. Cf. *Englynion Digri* 22, Cyfarfod Gwan *y Blaid* . . . Ai tri ydyw'r blydi *Blaid* (Waldo Williams)? **y B. Bach, y B. Fach:** *Plaid Cymru, the Welsh Nationalist Party, usu. derog.* Ar lafar ym Meir. ac Arfon. **p. gaerog:** *wattle.* **1884. y B. Geidwadol (ac Undebwriaethol):** *the Conservative (and Unionist) Party.* **20g. P. Genedlaethol Cymru, y B. Genedlaethol = P. Cymru. 1925. P. Cymru:** *Plaid Cymru, the Welsh Nationalist Party.* **1945. y B. Ddemocrataidd:** *the Democratic Party (of the USA).* **20g. p. orthrech:** *oppressors, oppression.* **1567** *LlGG* 11a, yn goddef pwys *plait 'orthrech*. **y B. Weriniaethol:** *the Republican Party (of the USA).* **20g. p. wiail:** *hurdle.* **1604–7** *TW* (*Pen* 228) d.g. *crates* (hefyd *D*). **1774** *W* d.g. *hurdle.* **p. wleidyddol:** *political party.* **20g. y B. Lafur, P. L(l)afur:** *(the) Labour Party.* **1921. y B. Ryddfrydol:** *the Liberal Party.* **20g. ar b., ar fy mh. (dy b., &c.):** *in support of, on the side of, on behalf of, for.* *c.* **1400** *R* 1264. 27, *ar bleit* y heneit y hun. **1618** J. SALISBURY: *EH* 76, Pwy' eill ddiffyn, a sefyll *ar blaid* y dyn, y bo Duw yn ddigllon wrtho? **1630** R. LLWYD: *LlH* 120, gwnawn Dduw *ar ein plaid*. **1632** J. DAVIES: *LlR* 472, dwyn *ar dy blaid* esampl y lleidr da. **1792** H. HARRIS: *H* 36. **o b., o'm p. (o'th b., &c.):** (i) *on the part of, for one's part; on behalf of, as a representative of; in support of, on the side of, in favour (of), in the cause of, for.* **13g.** *Brut B* 118, gorchymyn ydav *o pleyt* e brenyn anvon Merdyn. **14g.** *T* 17. 25, deu oresgyn saesson *o pleit* dofyd. **14g.** *HMSS* ii. 30, minheu *obleit* duw ac oy awdurdawt awch ellyngaf oc awch holl bechodeu. *c.* **1401** *AL* ii. 384, llyna y‸tri lle ny dlyir *o bleit* arglwyd gymell brawdwr y rodi barn ar absendra pleit. **1754** G. OWEN: *L* 96, ac *o'm pleid* i, cachadyddion y cant hwy fod. **1767** J. THOMAS: *TFf* 76, Er bod . . . Duw *o'm plaid*, etto mae yn rhyfel caled llym. **1790** T. JONES: *TOS* vi, nad oes un gair i dd'we'yd *o blaid* y cyfieithiad. *id.* 238, yn ymdrechu *o'u plaid*. **1803** *P*, plaid . . . *o blaid*, on the part of. (ii) *on one's (mother's or father's) side.* **14g.** *WM* 461. 35, kenetyl y arthur *o pleit* y tat. (iii) *as regards, in respect of.* **14g.** *B* v. 201, Gogybennet a gogymeint yv ef a'r Tat *o bleit* y dvyolaeth (*secundum Divinitatem*), a llei yv ef no'r Tat *o bleit* y dynolaeth (*secundum Humanitatem*). (iv) *because of, through.* **13g.** *C* 71.6, *opleid* cofion. **14g.** *B* v. 202, [b]ot yn personolyaeth oll *o bleit* Duv ac nyt trvy annyan dyn. *c.* **1401** *AL* ii. 356, kas *obleit* gelynyaeth . . . ahynny o gas achos gelynyaeth. **1547** *WS*, *o bleit*, bycause. **1567** *TN* 187a, pa beth yw'r achaws *o ei bleit* y daethoch yma? **1754** G. OWEN: *L* 121. **1803** *P*, plaid . . . *o blaid* . . . because of. **ym mh., yn fy mh. (dy b., &c.):** *in support of, on the side of, in favour of, on behalf of, in the cause of, for.* **12–13g.** *GLlLl* 63, Ef goreu un gwron *ym pleid* / Kymry Uawr kymrwy gynyrcheid. **1588** 1 *Mac* x. 27, y pethau a wnaethoch chwi *yn ein plaid* ni. **16–17g.** *CRC* 331, a ffwy a geisiaf *yn fy mhlaid* / i safio r enaid imi. **1632** *D*, dywedyd *ym mhlaid* vn, rhoi ei air *ym mhlaid* vn d.g. *suffragor.* **1688** S. HUGHES: *TSP* 173, y mae 'r hwn sy 'n Holl-alluog yn y Nef . . . *yn eich plaid* [:– Ar eich ochr] chwi. *id.* 316, [c]ewch roddi eich gair *yn ei blaid* ef yn y Farn honno. *c.* **1730** *Thos. Lloyd D* (LlGC) 195a, *yn eu Plaid*, on their Account. Behalf. **1803** *P*, *yn mhlaid*, in respect of.

Gw. hefyd **pleiden.**

plaim[1,2], gw. **plaen**[1,3].

plain[1,2], **plaister, plaisterwr, plait,** gw. **plaen**[1,2], **plastr, plastrwr, plât.**

plaladdwr [*pla*+*lladdwr*] *eg.* ll. *-wyr.* Plaleiddiad: *pesticide.*

20g.

plaleiddiad [*pla*+*lleiddiad*[1]] *eg.* ll. *-iaid.* Cemegolyn a ddefnyddir i ddifa pryfed neu organebau eraill niweidiol i blanhigion neu anifeiliaid: *pesticide.*

20g.

Cfn.: **plaleiddiad cemegol:** *chemical pesticide.* **20g.**

plâm, plamad, plamaf: plamo, gw. **plaen**[2], **plaeniad, plaeniaf: plaenio.**

plan[1] [bnth. S. *plan*] *eg.b.* ll. *-(i)au, -s.*

(*a*) Cynllun, bwriad, trefniant; cynllun (adeilad, &c.), amlinelliad, braslun: *plan, scheme, design; plan (of building, &c.), outline.*

1756 W. WILLIAMS: *GDC* 19, defeisiwyd *Plan* o Râs. *c.* **1762–79** W. WILLIAMS: *P* 651, Pan gosodwyd y *plan* hyn o flaen y parlament. **1778** N. WILLIAMS: *D* 34, newidiodd Duw ddim o'r *plan* gwreiddiol. *a.* **1791** W. WILLIAMS: *GP* 882, Y mae cariad, a thrugaredd, / A doethineb wnaeth y *plan*, / Yn cael hyfryd ymhyfrydu. [**1794**] M. WILLIAMS: *DUJ* 18, Pwy *blan* sydd well, f'arglwyddi. Ar lafar, 'Be 'di dy *blania* di (Beth yw dy *blans* di) am heno?'.

(*b*) Rhestr y pregethwyr ar gyfer pob gwasanaeth o fewn cylchdaith yn yr Eglwys Fethodistaidd yn ystod cyfnod penodol; cyhoeddiad (i bregethu): *plan (listing preachers for all the services within a circuit for a particular period) (in Methodist Church); (preaching-)engagement.*

1818. Ar lafar, 'ar y *plan*' 'wedi ei nodi i bregethu'.

plan[2] [bôn y f. *plannaf*[1]: *plannu*] *a.* a hefyd fel *eb.g.* Wedi ei blannu (am blanhigyn, pren, &c.); wedi ei blannu (â phlanhigion, coed, &c.), planedig; ar gyfer plannu (am blanhigyn, pren, &c.); wedi ei sefydlu; hefyd yn *ffig.*: *planted; planted up, furnished (with plants, trees, &c.); cultivated (of plant, tree, &c.); established; also fig.*

15g. *GLGC* 185, Coed *plan* Tomas Fychan fu / ei blant ef abl yn tyfu [i Ddafydd ap Tomas Fychan]. *id.* 393, Pren *plan* yn Llan Gynllo oedd, / blin wedy r' blannu ydoedd [marwnad Hywel Goch ap Rhys]. **16g.** WILIAM CYNWAL: *Gw* (R. L. Jones) 569, Wiwblaid pleth, lliw blodau *plan*. *Dchr.* **17g.** *J* 10, 131a, *plân* . . . sativus. **1632** *D*, llwyn *plann* o goed ffrwyth d.g. *pomarium.* *id.* ysgythru gwinwydd i gael gwinwydd *plann* d.g. *propago, -are.* **1722** *Llst* 189, *plann*, (adj) planted, set. **1778** J. HUGHES: *BB* 239, Er hyn mae 'r Arglwydd ar y lann, / A thrwy fod ynddo yn impiau *plann*. *c.* **1793** E. BARNES: *HBF* v, gyrrir hwynt [caethweision] . . . i'r gerddi *plann*.

Fel *e.* Planhigyn; planiad; planhigfa: *plant; a planting; plantation.*

1547 *WS*, *plann*, a plant. *Dchr.* **17g.** *J* 10, 131a, *plân*, setting. **1621** E. PRYS: *Ps* [59a], O *blann* i *blann* o gaingc i gaingc. **1632** *D*, *plann*, plantatio, satus, us . . . consitio. **1722** *Llst* 189, *plann* . . . f. a plantation. **1753** *TR*, *plann* . . . a setting or planting. **18–19g.** *IMCY* 245, A phob ffrwyth yn goedlwythau, / O'u blaen hwynt heb *blàn* a hau. **1803** *P*, *plan*, s. m. . . . a plantation, or planting.

Gw. hefyd **plennig**[3].

plân[1], **plên**[2] [bnth. S. *plane* 'flat surface'] *eg.* ll. *planau, plenau. Math.* Arwyneb y mae llinell syth sy'n cysylltu unrhyw ddau bwynt arno yn gorwedd arno'n gyfan gwbl, arwyneb dychmygol o'r fath; unrhyw arwyneb gwastad; lefel (cyraeddiadau, gweithgaredd, &c.): *plane* (*in math.*); *flat surface*; *level* (*of achievement, activity, &c.*).

1793 J. HARRIS: *Alm* 40, y mae'r rhan fwyaf o honynt [comedau] yn gwneuthur osgo mawr oddiwrth *blân* neu gylchoedd y blaned.

Cfn.: **plân ecliptig:** *ecliptic plane.* **20g.**

plân[2] [bnth. S. *plane* (*tree*); dichon mai yma y perthyn yr engh. gyntaf d.g. *plaen[2]*] *eg. Bot.* Planwydden, *Platanus*: *plane* (*tree*).

1632 *D*, y pren *plân*, masarn d.g. *platanus*.

plân[3], planad, planaf: plano, gw. **plaen[2], plaeniad, plaeniaf: plaenio.**

planbren [*plan[2]* neu fôn y f. *plannaf[1]*: *plannu+pren*] *eg.*

(*a*) Pren wedi ei blannu, coeden ifanc, glasbren: *planted tree, young tree, sapling.*

14g. *GDG[3]* 238, Cynt no thyfiad, cread craff, / Cangen o *blanbren* blaenbraff. *c.* **1400** *SDR[2]* 75, [t]or y *planbrenn* bychan tec ffrwythlawn yssyd yn tyvu yn y erber.

(*b*) Offeryn i wneud twll yn y ddaear ar gyfer hadau neu blanhigion ieuainc, &c., hefyd yn *ffig.*: *dibble, dibber, also fig.*

14g. *CMOC* 30, Ystyr fod gwrit a thitmant, / ostwng dy ben, *planbren* plant [i'r gal]. **15g.** *id.* 126, dwy bellen *planbren* y plu, / Deio ŵydd yn dywyddu [dychan Dafydd ab Edmwnd i geilliau Guto'r Glyn]. **1772** *W* d.g. *dibble* [*a setting-stick*].

planc[1] [bnth. S. *plank*; dichon mai i *planc[2]* y perthyn rhai o'r enghrau. ffig.] *eg.* ll. -(*i*)*au* (bach. *-an, -yn, plencyn*).

(*a*) Darn hirgul o bren wedi ei lifio a'i lyfnhau i'w ddefnyddio wrth adeiladu, &c., astell, bwrdd, ystyllen; plât; hefyd yn *ffig.*: *plank, board; plate; also fig.*

14g. *GIG* 84, Rosier ieuanc, *planc* plymlwyd, / Sarff aer o hil Syr Raff wyd. *c.* **1400** *R* 1314. 21–2, nur vrwydyr *blangk* aerdrangk eurdrafyn prydein [Gruffudd ap Maredudd i Owain Lawgoch]. **15g.** *OBWV* 117, Gwelwch dynnu o'r gwaelawd, / Lifft o *blanc* o lofft y blawd [i'r eira]. **15g.** *GLGC* 85, Y ddeudroed y sydd odrwm / fal dau *blanc*, foldau o blwm [i ofyn march]. *id.* 377, caeëdig *blancau* ydyw, / Caer Gorfan i Ieuan yw [am lys Ieuan ap Phylib]. **15g.** *GGl[2]* 222, Saethu 'dd wyd, blaenddwyd *blanc*, / Aur newydd er yn ieuanc [yn cyffelybu Siancyn Hafart i fwa]. **15–16g.** LLAWDDEN, &c.: *Gw* 15, Mae un ni phlyg mwy no *fflanc*. *id.* 86, Cyw Einion *blanc* o'r hen blaid. **1588** 1 *Br* vi. 15, [b]yrddiodd . . . lawr y tŷ a *phlangciau* o ffynnidwŷdd. *id.* vii. 30, [p]edair olwyn brês oedd i bôb ystôl, a *phlangciau* prês. **1632** *D*, *plangc*, asser, planca, tabula. **1688** *TJ*, *plangc*: a plank. **1707** *AB* 33c, *plankan*, a Plank. *a.* **1746** *Cylchg LlGC* ix. 380, An Acc[tt] of work done at Sylfaun Mill . . . for Making frame about ye stone and *plankia* Llwyfan. **1753** *TR*, *plangc* . . . a board. *c.* **1762–79** W. WILLIAMS: *P* 433, yr hwn [offeryn arteithio] sydd *blanc* o bren wedi ei wneud yn gau, fel cafan. **1768** J. ROBERTS: *R* 146, Os bydd *Planc*, yn 3 Modfedd o Dew, ac yn 8 Modfedd o Led. **1796** T. JONES: *CCA* 308, Y mae llawer o bobl dduwiol wedi canmol yr addewidion wrthym, mewn enwau o urddas . . . Bronnau Duw . . . *Plangc* y saint, i nofio arno i'r nef. **1797** W. THOMAS: *CC* 128, gorwedd i lawr ar y *Plengcyn* accw. **1803** *P.* Ar lafar yn gyff., yng Nghered. yn y ff. *plancyn*, ym Morg. yn y ff. *plencyn*, ll. *planca*. Yn sir Benf. gelwid *plance* ar 'lwyfan llawr dyrnu', *GDD* 228. Yn y Gogledd gelwid *planc* ar y darn o bren ar ganol y bwrdd y rhoddid y pot llymru arno, *Folk Life* xii. 36. Cf. y cfn. *planc crochan* isod.

(*b*) Llechfaen, gradell, maen: *bakestone, griddle.*

18–19g. *Llr* C 30, 244, bara *planc* Caerfyrddin. Ar lafar yn sir Benf. a sir Gaerf., ac yng nghanolbarth a godre Cered., *LGW* [338]–9.

Cfn.: **planc bara:** *kneading-board.* Ar lafar ym Morg. a Brych., *Geir Geg* 146. **p. crochan:** *stand* (*for pot on table*). Ar lafar, *Geir Geg* 146. **plancau'r llofft:** *planks of upstairs floor.* Ar lafar ym Morg. '*planca'r llofft*'. **p. swmp:** *sump planks* (*in coal-mining*). Ar lafar ym Morg. yn yr ardaloedd glofaol, *B* viii. 220.

planc[2] [bnth. S. C. *blank* 'horse, steed'; am *b-* > *p-*, cf. *pledren[1]*, *plocyn*] *eg.* Ceffyl, hefyd yn *ffig.*: *horse, also fig.*

15g. *GGl[2]* 61, Moes d'ebol i'w bedoli, / Moes dy *blanc* i'm ystabl i. **15g.** *GOLlM* 42, galw *planc* fal y gwely plu / drwy sidan i'w drwsiadu [i ofyn march]. **16g.** DAFYDD AP LLYWELYN, &c.: *Gw* 132, Durol, blwng, daearol *blanc*, / Du'r efail ydyw'r afanc.

Gw. hefyd **blanc.**

plancaf: planco, plancan, gw. **planciaf: plancio, planc[1].**

planced [bnth. S. *blanket*; am *b-* > *p-*, cf. *pledren[1]*, *plocyn*] *eb.* ll. *-au, -i.* Blanced, gwrthban, hefyd yn *ffig.*: *blanket, also fig.*

16g. HUW ARWYSTL: *Gw* 238, *Plankedau* yn plaenio kadwyn [am ddau filgi]. *c.* **1729** S. RHYDDERCH: *LlCD* 403, Nid oedd i Grist pan aned, / Un Gwelŷ Plu na *Phlangced.* *c.* **1730** *Thos. Lloyd D* (LlGC) 193b, *planced*, a blanket. **1761** *ML* ii. 423, aros wrth y ffenestr mewn *plancedi* ar fy neulin a nhalcen drwy'r nos. Ar lafar yn y Gogledd, *WVBD* 433.

planciaf, plancaf: planc(i)o [bnth. S. (*to*) *plank*] *bg.a.* Rhoddi planciau o goed ar wyneb llawr, mur, pared, to, &c., byrddio, ystyllennu, gorchuddio â phlanciau; gosod, rhoddi; hefyd yn *dros.*: *to plank, board, cover with boards; place, put; also transf.*

1604–7 *TW* (*Pen* 228), *plancio* d.g. *lacuno.* Ar lafar ym Morg. a sir Benf.; yn ardaloedd glofaol gorll. Morg. sonnir am 'y top yn *planco*', sef 'yn tynnu'n solet at ei gilydd heb fod natur rhedeg ynddo', *Geir Glo* 63. Cf. D. J. WILLIAMS: *HW* 14, tri chedyrn pladur â'u hystodion yn ffluwch a llydain o'u hôl fel cloddiau Sir Benfro,—John Trôdrhiw . . . yn lledu ei deirllath bob ergyd; John Thomas o'i ôl a chefn ei wasgod fel mur castell, yn *plancio* troedfedd yn lletach wedyn.

Cfn.: **planco arian lawr:** *to lay bets, put money down.* Ar lafar gynt ym Morg.

Gw. hefyd **plonciaf: ploncio.**

plancrynion, gw. **plant[1]—p. crynion.**

plancton [bnth. S. *plankton*] *eg.* Mân organebau planhigol ac anifeilaidd sy'n nofio yn y môr neu mewn dŵr croyw: *plankton.*

20g.

planctonig [*plancton+-ig[2]*] *a.* Yn perthyn i blancton, o natur plancton: *planktonic.*

20g.

plancyn, gw. **planc[1].**

plandir [*plan[2]* neu fôn y f. *plannaf[1]*: *plannu+tir*] *eg.* ll. *-oedd.* Planhigfa, hefyd yn *ffig.*: *plantation, also fig.*

1793 *Cylchg* 213, Mi adewais y *plan-dir* (plantation) ganol nos.

plandraf: plandro [?amr. ar y f. *plyndraf*: *plyndro*] *bg.a.* Dyrnu, pwnio; cael y gorau ar, llorio (mewn dadl); ymdrafferthu: *to pound, beat; get the better of, floor* (*in an argument*); *bother.*

Ar lafar yn Arfon, 'Mi *plandrais* i o'n iawn yn 'i wyneb'; '*plandro* ar rywbeth' 'to bother with something'.

planed, planet [bnth. dysg. Llad. Diw. *planēta*, ?drwy'r H. Ffr. neu'r S. C.; cf. Crn. Diw. *planattis* (ll.), Llyd. C. *planet*] *eb.g.* ll. *-au*, (prin a diw.) *plenyd.*

(*a*) *Ser.* Unrhyw un o'r naw corff nefol, sef Mercher, Gwener, y Ddaear, Mawrth, Iau, Sadwrn, Wranws, Neifion, a Phlwton, sy'n cylchdroi o gwmpas yr haul, corff nefol sy'n cylchdroi o gwmpas seren, hefyd am asteroidau a lloerennau, ac yn *ffig.*: *planet* (*in astron.*), *also of asteroids and satellites, and fig.*

1718 (1721) S. THOMAS: *HB* 7, O blegyd y *Planedau*, fe nodir . . . Eu bod yn troi o amgylch yr haul yn yr un môdd ac y mae'r Lleuad yn troi o amgylch y ddaiar. **1725** D. LEWIS: *GB* 321, y mae'r Haul yn cael ei chyfrif yn y Canol, a'r Ddaear a'r *Planedeu* eraill, yn troi oddiamgylch iddi. **1803** *P*, *planed*, s. f. pl. t. *au* . . . a shooting body; a planet. Mewn rhai ardaloedd yn y De defnyddir *planede*, *planeta* am 'Oleuni'r Gogledd' neu am 'fellt heb daranau', *LlGC* 1171, 150.

(*b*) (yn seryddiaeth yr Hen Oesoedd a'r Oesoedd Canol) Corff nefol symudol, yn enw. unrhyw un o saith corff nefol system Ptolemaios, sef y lleuad, Mercher, Gwener, yr haul, Mawrth, Iau, a Sadwrn: *planet* (*in ancient and medieval astronomy*).

13g. *DB* 65–7, e mae seith seren yg guahanredaul gylcheu en troi en erbyn e daear, ac am eu guibyauder redec y gelwir wynteu *planedeu.* . . . Lleuat yu y kyntaf o'r *planedeu*, a lleihaf o'r syr. A sef achaus hagen y guelir hi en uwy no'r lleill, urth y bot en nessaf e'r daear en e kylch kentaf. . . . Mercurius yu er eil *planet.* . . . Uenus yu y trydyd *planet.* . . . Petweryd *planet* yu er heul. . . . Pymet *planet* yu Mars. . . . Iupiter yu y chuechet *planet.* . . . Seithuet *planet* yw Sadurn. **14g.** *T* 79. 19–20, Rygoruc duw vry ar y *planete.* **14g.** *GDG[3]* 115, Dylawn fydd yr wybr dulas, / Delw eilywed, *blaned* blas. **14g.** *OBWV* 94, *Planed* rhuthr angerdded rhus, / Plater, lwfer wylofus [Gruffudd Gryg i'r lleuad]. **15g.** *Cy* iv. 118, seith *planede* yfuruauen. **15g.** *IGE[2]* 233, Arwydd yw'r seren wen wiw, / Stella cometa ydyw; / Ni bu, er yn oes Uthr ri, / Rhyw *blaned*, rhaib oleuni (Ieuan ap Rhydderch). **15g.** *GLGC* 12, Tad *planed* wastad, Tad niwl distaw—gwyn [i Dduw]. **15g.** *Pen* 57, 43, goroff *blaned* a garaf / gwynn dy vyd ar hyd yr haf [am yr haul]. **1547** *WS*, Mars *planet*, Mars. *a.* **1587** *Y* 219, Plant ydym, *planet* hoewdeg, / O'r vn tad, a cheraint têg. **1588** *Eseia* xiii. 10, sêr y nefoedd ai *planedau* ni roddant eu llewyrch. **1632** *D*, *planed*, seren wib d.g. *planeta.* **1718 (1721)** S. THOMAS: *HB* 8, Nid oedd yr hen Philosophyddion yn cyfri ond saith *Blaned* yn unig. **1786** M. WILLIAMS: *BM* 33, [y] saith *Planed* wibiog.

(*c*) *Serdd.* Unrhyw un o'r saith planed a enwyd uchod o'u hystyried fel rhai ac iddynt reolaeth ar un neu ddwy o arwyddion y Sidydd a dylanwad ar bobl, anifeiliaid, a digwyddiadau; ffawd, ffortun, tynghedfen; clefyd ar ddefaid a gwartheg: *planet* (*in astrol.*); *fate, fortune, destiny; disease of sheep and cattle.*

15g. *DN* 101, Os *planed* blin dynged yw / A lithrodd [diwyg.] marwolaethryw, / Bwy a lvniodd? Ba liniaeth? / Bowiog yw, ne bwy a'i gwnaeth [i Sadwrn]? **15g.** *GLGC* 481, I'w plant oll rhag *planed* dig / y bo nodded Beneddig. **15g.** *GO* 197, Y *blanned* heb lywenydd / Am ail Siôb dros dir Mael 'sydd. **15–16g.** *TA* 517, Blin yw dwyn, dan *blaned* iach, / Meddai lyfr, meddwl afiach. **15–16g.** *GIF* 59, Ar gerdded y *planedau* / y deellir gwir a gau. **16g.** *Hop M* 203, mae drwg *blaned* yn cledy / awch boen deg ywch ben y dy. *c.* **1585** G. ROBERT: *DC* 18b, mae r *planedæ* vwch ben yn rheoli corph dyn a phob peth daearol. **1615** R. SMYTH: *GB* 200, pen fytho dau o'r vn meddwl yn ymgyfarfod, a chwedi i genitan [*sic*] yr un *planet* mae'n gor/fod arnynt garu y naill y llall. **17g.** *CLlC* ii. 16, D'wedwch f'ewyrth call gyfyrdo / A ath y *planed* erwin heibio? **17g.** *Bl B XVII* i. 106, Yr ŷm ni er ys dyddie dan ddyrnod *planede*, / Duw mendia di'n beie sydd greulon [Siôn Grythor i'r ddrycin]. **1653** *MLl* i. 235, Mae'r *Planedau* yn rheoli y meddwl anifeiliaidd cnawdol. **1692** *CRC* 205, dangos y mae'r *planedau* / y ceir gweled rhyw bethau. **1734** *Llsgr R. Morris* x, byrr y bŷ / Y *Blaned* hon i'w blino. **1775** J. THOMAS: *NBAF* 25, Dyma oedd fy ffortyn, neu fy *mhlaned*, neu fy nhynged i. Ar lafar yng ngodre Cered. a'r De mewn ymad. fel ''Aiff *planed* tair cinog byth yn rot', '*Planed* dair ceiniog, 'ddaw 'i byth yn rot' (cf. 'Y sawl a aned i rôt, 'daiff o byth i bum ceiniog'). Cf. W. DAVIES: *Agric* . . . *S. Wales* ii. 260, The native sheep . . . are also occasionally affected by . . . [t]he dry braxey, which, from its almost instantaneously mortal effect, is vulgarly called planet-struck, (gwedi ei daro â *phlaned*); D. OWEN: *RL* 293, Pan fu tri o'i fustych feirw gan y *blaned*; E. TEGLA DAVIES: *Hunangofiant Tomi* (1912) 49, Dyn ydi bardd, wyddoch, wedi cael ei daro gan y *blaened* . . . Yr unig beth heblaw bardd a weles i wedi ei daro â'r *blaened* oedd llo'r Hafod, a dyna oedd hwnnw yn ei neud wedi iddi hi ei daro, oedd cerdded yn stiff ac edrych yn hurt.

(*d*) (enghrau. canmoliaethus am berson, yn enw. merch neu wraig: *complimentary exx. referring to a person, esp. a girl or woman*).

15g. *DN* 12, Barned, *blaned* bobl Einiawn, / A dêl i Rys dalv'r iawn. **15g.** *GLGC* 461, *Planed* Madog ap M'redudd / A roed yn nghôr Duw ynghudd [marwnad Gwerful ferch Fadog]. **15g.** *GO* 201, Y mae'n aros mwyn ŵyrion / O blant saith i *blaned* Siôn [marwnad Annes Trefor]. **15–16g.** *TA* 223, Bu lawn i dwrn, *blaned* wen, / Ban oedd ŵyl beunydd, Elen. *id.* 374, Eled, f'eryr, wlad Feirion / I'w blant ef a'r *blaned* hon. **16g.** *GLD* 12, Robert *blaned* Amhredudd.

Amr.: **plaened. 16g.** *Yst Kym* 49. **16–17g.** *Cer RC* 88. Cf. E. TEGLA DAVIES: *Hunangofiant Tomi* (1912) 49.

Cfn.: **planed,** &c., **flin (blin):** *evil or unlucky planet, bad luck or fortune.* **16–17g.** EDWARD URIEN, &c.: *Gw* 288, Gwae ni weled, *blaned blin* / Gloes gwaed Bercles a Godwin. **p. ddu = p. flin. 15g.** *GLGC* 165, O bu *blanedau duon*, / blina' tal yw'r blaned hon [marwnad Rhys ap Meredudd]. **15g.** *GDID* 2, Blin yw dy ddwyn, *blaned ddu*, / Byd llychwin, boda llechu. **15g.** *GGl[2]* 143. **p. osgordd:** *satellite.* **[1783]** *W* d.g. *a satellite* [*a secondary planet* . . .]. **p. drom:** *evil or unlucky planet, bad luck or fortune*; ?*Saturn.* **1540–41** *Cylchg*

LlGC vi. 33, Bu leni trwy *blaned drom* fel oernych ofal arnom. **16g.** LEWYS MORGANNWG: *Gw* 292, Bilain trwch ar *blaned trom* / saturnus vaer sett arnom. **1770** *W*, dan *blaned drom* . . . y ganwyd ef d.g. *born . . . He was born under an evil planet.*

Gw. hefyd **blaned, planetyn.**

planedaf: planedo [bf. o'r e. bl.] *bg.* Melltennu heb daranu, taflu neu fflachio goleuni, dreigio: *to flash lightning without accompanying thunder, flash sheet lightning.*
Ar lafar yn y De.

planedaidd [*planed*+*-aidd*] *a.* Planedol: *planetary.*
1785 E. BARNES: *MH* vi, A'r holl *Blanedaidd* fydoedd.

planedariwm, planetariwm [bnth. a chfdds. o'r S. *planetarium*] *eg.* Adeilad pwrpasol lle dynwaredir symudiadau ymddangosiadol y cyrff nefol yn erbyn cefndir o gytserau drwy daflunio delweddau o'r cyrff hyn ar yr ochr fewnol i nenfwd gromennog; model o system yr haul: *planetarium.*
20g.

planed-droell [*planed*+*troell*] *eb.* Model clocwaith o system yr haul: *orrery.*
1839.

planedfa [*planed*+*-fa, ma*] *eb.* Planedariwm: *planetarium.*
20g.

planediadur [*planed*+*-iadur*] *eg.* ll. *-on.* Planedariwm; planed-droell: *planetarium; orrery.*
c. **1850.**

planedig [bôn y f. *plannaf*[1]: *plannu*+*-edig*] *a.bfl.* Wedi ei blannu (am blanhigyn, tir, &c.), gwreiddiedig, hefyd yn *ffig.*: *planted, implanted, rooted, also fig.*
15g. *FfBO* 50, mynyd tec *plannedic* o goet. **1567** G. ROBERT: *GC* 3, ynn *planedig. p.* **1584** *id.* [358], Iw weled yn *blannedig*, / yn lwyssawl fraisc, lassawl frig. **1604–7** *TW* (*Pen* 228), *plannetic* yn rhestr val coet d.g. *arbustiuus. Dchr.* **17g.** *J* 10, 131a, *plannedig*, depactus. **1775** *PHBA* 20, [p]ob rhyw ddysgeidiaeth yn *blannedig* yn ein plith. **18–19g.** *HAG* 160, Gwna fi fel pren *planedig*, O fy Nuw, / Yn ir ar lan afonydd Dyfroedd byw. **1803** *P.*

planedigaeth [*planedig*+*-aeth*] *eb.* ll. *-au.* Planiad, planhigfa: *a planting, plantation.*
Dchr. **15g.** *GM* 31, ac megys *plannedigaeth* ros yn Iericw. *Diw.* **19g.** *SE MS* 377b, *planedigaeth, -au*, sf., a planting, plantation.

planedol [*planed*+*-ol*] *a.* Yn perthyn i blaned(au), tebyg i blaned(au); daearol, byd-eang: *planetary; terrestrial, world-wide.*
1803 *P* d.g. *planedawl.*

planedydd [*planed*+*-ydd*[3]] *eg.* ll. *-ion.* Astrologydd, sêr-ddewin, sywedydd; ?seryddwr: *astrologer; ?astronomer.*
1588 *Deut* xviii. 10, *planedydd* na daroganwr, na hudol. *id.* 14, y cenhedloedd hyn . . . a wrandawant ar *blanedyddion. c.* **1600 (1681)** *Rhyddiaith Gymraeg* ii. 165, y *planedydd*, y consuriwr, yr hudol . . . yn gwneuthyr i castie. **1708** *EGE* 81, Na fydded iti fyned ar ôl Dewiniaid . . . neu ymarfer â *phlanedyddion.* **1711** TP: *CG* 52, [yr] Astrologers, neu'r *Planedyddion.* **1722** *Llst* 189, *planedydd*, m.p. *dyddion*, an observer of the planets. **1773** J. ROBERTS: *GY*, *Planed-ydd*, Yr hwn a heuro, fod rhyw Oriau, neu ddyddiau, yn fwy Lwcus, neu anlwcus, na'i gilydd. **1799** DAFYDD IONAWR: *MB* [xviii], *Planedydd* dysgedig yn dangos i'r Senedd, yn ôl Rheolau Planedyddiaeth, eu bôd hwy i orchfygu a meddiannu holl barthau 'r Ddaear.

planedyddiaeth [*planedydd*+*-iaeth*] *eg.* Astroleg, sêr-ddewiniaeth, sywedyddiaeth: *astrology.*
c. **1730** *Thos. Lloyd D* (LlGC) 193b, *planedyddiaeth*, AZ 33. astrology. **1770** *W* d.g. *astrology.* **1799** DAFYDD IONAWR: *MB* [xviii], Planedydd dysgedig yn dangos i'r Senedd, yn ôl Rheolau *Planedyddiaeth*, eu bôd hwy i orchfygu a meddiannu holl barthau 'r Ddaear.

planedyddol [?*planedydd*+*-ol*] *a.* Planedol: *planetary.*
1851.

planet, planetariwm, gw. planed, planedariwm.

planetyn [*planet*+*-yn*[1]] *eg. Ser.* Asteroid, goseren: *asteroid.*
20g.

planfa [bôn y f. *plannaf*[1]: *plannu*+*-fa, ma*] *eb.* ll. *-fâu, -feydd.*

(*a*) Planhigfa, meithrinfa, nyrs(eri) o goed; man plannu; hefyd yn *ffig.*: *plantation, nursery; planting-place; also fig.*
1588 *Esec* xxxi. 4, gan fyned oi hafonydd o amgylch ei *phlanfa* [am gedrwydden]. **1754** *ML* i. 315, [y] llygod Ffreinig sydd yn ceisio ysu, nid yn unig ein dybacco ond hefyd ein *planfeydd.* **1780** *W* d.g. *plantation* [*a place planted with trees, herbs, &c.*]. **1795** *R. Crusoe* 24, [g]wr onest yr hwn oedd yn perchen *planfa* a gweithdy siwgr. **1803** *P*, *planva*, s. f. pl. *planveydd*, a plantation, or nursery of trees.

(*b*) Trefedigaeth, gwladfa, gwladychfa: *colony, settlement, plantation.*
[**1783**] *W* d.g. *settlement* [*a place colonized i.e. where a colony is established*].

planhigfa [*planhig*(*ion*)+*-fa, ma*] *eb.* ll. *planigfeydd.*

(*a*) Ystad (yn enw. mewn gwlad drofannol) lle tyfir cnydau megis cotwm, siwgr, te, rwber, &c., ar raddfa eang, lle wedi ei blannu â choed neu blanhigion, meithrinfa goed, planhigion, &c., nyrs(eri) o goed, planfa, hefyd yn *ffig.*: *plantation, nursery, also fig.*
1778 *W* d.g. *nursery* [*a plantation of young trees to be transplanted*], *plantation* [*a place planted with trees, herbs, &c*]. **1803** *P* d.g. *planigva.*

(*b*) Trefedigaeth, gwladfa, gwladychfa: *colony, settlement, plantation.*
1841.

planhigfil [*planhig*(*ion*)+*mil*[2]] *eg.* ll. *planigfilod. Swol.* Llysfil: *zoophyte.*
1851.

planhigion [bôn y f. *plannaf*[1]: *plannu*+*-ig*[1]+*-ion*[2]] *e.ll.* (un. g. *planhigyn*, b. *-en*). Unrhyw organebau byw ar wahân i anifeiliaid, llystyfiant; coed neu lysiau ieuainc newydd eu plannu neu'n barod i'w plannu, glasbrennau, glaswydd, glasgoed, toriadau; hefyd yn *ffig.*: *plants, vegetation; young plants, saplings, cuttings; also fig.*
14g. *GIG* 22, Barwniaid heb erynaig, / Beilchion *blanhigion* blaen aig [i feibion Tudur o Fôn]. *id.* 69, Eres y torres terra / Yr awr hon *planhigion* pla [marwnad Ithel ap Robert]. **1547** *WS*, *planigin.* **1567** *LlGG* (*Sall*) 75a, ath plant mal *planigion* olewydd oy amgylch dy vord. **1588** *Gen* ii. 5, Aphôb [*sic*] *planhigin* y maes. **1588** *Math* xv. 13, pôb *planhigin* a'r ni's plannodd fy Nhâd nefol a ddiwreiddir. **1606** E. JAMES: *Hom* i. 136, Mae'r ddayar, y coed . . . y *plannigion*, y llysiau . . . a phob rhyw anifeilia[i]d yn eu cadw eu hunain mewn trefn. **1632** *D*, *planhigyn*, planta, plantarium. **1674** *B* xii. 21, amrywiol rywogaethau o lysiau a *phlanhigion.* **1761** *ML* ii. 330, gwedi trin yr holl hadau a'r coed a'r *planhigion.* **1763** *id.* 534, a bod yno . . . dri math o *blanhigion* yr awron, sef snow-drops, daisies, and primroses. **1770** *TG* iii. 60, Annerch . . . y Prydydd, i'w fwyneiddiaf *Blanhigen*, Miss P.W. **1803** *P*, *planigyn*, a shoot; a plant.
Amr.: **plenhigion** (un. g. *plenhigyn*). *c.* **1400** *R* 1148. 33–4, plant adaf *plenhigyon* vuant. yn y pressent y presswylassant. *c.* **1400** *YCM*[2] 31, Duw . . . a wna tyuu o'r *plenhigyn* prenn yn uchel. **15g.** *GO* 143. **15g.** *Pen* 57, 72.
Cfn.: **planhigyn wy:** *aubergine, eggplant.* **20g.**

Gw. hefyd **plennig**[3].

planhigiwr, gw. **planhigwr.**

planhigle [*planhig*(*ion*)+*lle*[1]] *eg.* ll. *planigleoedd.* Man plannu, planhigfa, hefyd yn *ffig.*: *planting-place, plantation, also fig.*
1794 E. JONES: *CP* 91, y fath dîr heb fod yn ardd, ydlan . . . neu *blanhig-le* cauedig.

planhiglwyn [*planhig*(*ion*)+*llwyn*[1]] *eg.* Llwyn planedig, hefyd yn *ffig.*: *planted bush or grove, also fig.*
1658 R. VAUGHAN: *PS* 163, *Planiglwyn* trachwant, Gwreiddyn pob drwg.

planhigol [*planhig*(*ion*)+*-ol*] *a.* Yn perthyn i blanhigion, llysieuol: *pertaining to plants, vegetable.*
1838.

planhigwr, planhigiwr, planhigydd [*planhig*(*ion*)+*-*(*i*)*wr*, *-ydd*[3]] *eg.* ll. *planigwyr, planigyddion.* Perchennog neu reolwr planhigfa; plannwr: *planter, owner or manager of a plantation; planter, one who plants.*
1837.

planhigwydd [*planhig*(*ion*)+*gwŷdd*[1]] *e.ll.* Coed ieuainc, glasbrennau: *young trees, saplings.*
1722 E. LLOYD: *MC* 49, llyssiau, *planhigwydd* a phrennau y ddaiar. *Diw.* **19g.** *SE MS* 377b, *planigwydd* spl. saplings . . . *Planigwydd* deri oak saplings.

planhigydd, planhigyn, gw. **planhigwr, planhigion.**

planiad[1] [bôn y f. *plannaf*[1]: *plannu*+*-iad*[1]] *eg.* ll. *-au.*

(*a*) Y weithred o blannu, dodiad, rhoddiad, hefyd yn *ffig.*: *a planting, placing, setting, also fig.*
c. **1400** *R* 1263. 15–16, Riein loew virein. leueryd gwastat rat hylwys *blannyat.* heul ysplennyd. **1588** *Esec* xvii. 7, iw dwfrhau [gwinwydden] o rigolau ei *phlanniad.* **1632** *D* d.g. *insitus, plantatio, satio.* **1701** J. OWEN: *YE* 27, Gwneur [*sic*] ni yn ein bedydd yn gydblanhigion â Christ, ac yn gyd-groes hoeliedic ag ef . . . Eithr nid yw trochiad yn arwyddocau na *phlanniad* na Chroeshoeliad. *id.* 141, *plnniad* yr Eglwys Efangylaidd. **1711** M. MAURICE: *YAD* 283, Ein gwaith yn Byw i Dduw trwy Jesu Ghrist . . . trwy *Blanniad* i Gyffelybiaeth ei Adgyfodiad ef (*by a Plantation into a likeness unto his resurrection*). *c.* **1762–79** W. WILLIAMS: *P* 357, [m]il o flynyddau ar ol *planiad* cyntaf yr efengyl. **1775** *W* d.g. *implantation, a plantation, or planting, a planting.* **1803** *P*, *planiad*, a planting, a setting of shoots.

(*b*) Ymsefydliad mewn trefedigaeth, gwladychiad; trefedigaeth, gwladfa, gwladychfa: *a colonising; colony, settlement, plantation.*
1671 C. EDWARDS: *FfDd* 132, A *phlaniad* y Britaniaid yn Llydaw a eiddilodd lawer ar eu cenedl gartref. *c.* **1761** *CBF* 10, Eglwys Crist . . . fel *planniad* o Bobl ymgynylledig yn ol trefn y Testament newydd.

(*c*) Planhigfa, planfa (drofannol, &c.): (*tropical, &c.*) *plantation.*
1708 T. JONES: *Alm* [13], disgwyliawn [*sic*] newyddion dâ oddiwrth y *Planniadau* yn America. **1770** *TG* iv. 25, gan hollol ddistrywio amryw *blaniadau.* **1784** M. WILLIAMS: *S* i. 28, [p]*laniadau* mawrion o hops. *c.* **1793** E. BARNES: *HBF* 9, I wneud *planniadau* newyddion . . . y llusgir yr Affricaniaid truenus o'u gwlad anedigol.

planiad[2]**, planiaf**[1]**: planio,** gw. **plaeniad, plaeniaf: plaenio.**

planiaf[2]**, plannaf**[2]**: planio, plannu** [bnth. S. (*to*) *plan*] *bg.a.* Cynllunio, trefnu; arfaethu, amcanu, bwriadu: *to plan, organize; intend, purpose.*
1827.

planiedydd [bôn y f. *plannaf*[1]: *plannu*+*iedydd*] *eg.* Perchennog neu reolwr planhigfa, plannwr: *planter, owner or manager of plantation.*
1831.

plannaf[1]**: plannu** [bnth. Llad. *plant*(*ō*)] *bg.a.*

(*a*) Dodi (planhigion, cnydau, &c.) yn y ddaear i dyfu, gosod: *to plant* (*plants, crops, &c.*).
13g. *LlI* 91, Pob pren a *planher* en wascautwyd. **13g.** *BD* 111, Em pen hvnnv y *planna* (*BB* 132, *planha*) [crëyr] dar. *c.* **1400** *YSG* i. 124, yr awr y llas Abel dan y Prenn, ef a symudawd y Prenn y liw . . . Ac o hynny allan ny thyfawd vn ganghen o'r a *blennit* ohonaw. **15g.** *GDLl* 83, Y fedwen fonwen, fanwallt, / Eglur wyt o gil yr allt. / Llaw Dduw a'th *blannodd* lle'dd wyd, / Llety gŵr adar ydwyd. **15g.** *GLGC* 128, Ef a dyf derwen lle y *plennid* / uwchlaw y derw uchel a dorrid. **1546** *YLlH* [11], Impa a *phlanna* goed ffrwyth. **1551** W. SALESBURY: *KLl* lxxixa, o ffrwyth i dwyla[w] y *plann* hi winllan. **1567** *LlGG* (*Sall*) 2a, ef vydd mal pren wedy'r *blanny* yn glan dyfredd. **1588** *Math* xv. 13, pôb planhigin a'r ni's *plannodd* fy Nhâd nefol a ddiwreiddir. **1632** *D*, *plannu*, plantare, serere. **1732** *AABI* 6, Hwy ddywedant fod Rhosynnau yn tyfu'n felusach pan y *plannir* hwynt wrth Arlleg. **1749** *ML* i. 140, gosod fy ngardd mewn trefn, hau, *plannu*, impio, etc. **1803** *P* d.g. *planu.*

(*b*) Gosod (peth) yn gadarn yn ei le: *to place firmly in position, plant.*

c. **1400** (*SG*) *HMSS* i. 231, [*p*]*lannawd* y gledyf ynggwadyn y droet. **16g.** (*LlEG*) *Mos* 158, 590a, yrartylereis a ddaruoedd I *planu* garllaw porth y kastell. **1604–7** *TW* (*Pen* 228), yn *plannu* 'winedd yn y ddaear d.g. *presso gradu.* **18–19g.** R. Davies: *DB* 253, 'Tyr'd gyda mi, ma pobpeth drosodd,' / Eb ef, ac ynddo'i saeth a *blanodd.* Cf. D. Owen: *D* 182, *planodd* ei droed mawr yn nrws y shop.

(*c*) (enghrau. *ffig.*: *fig. exx.*).

10g. (*Juv*) *VVB* 205, *plánthónnór*, gl. *fodientur.* **14–15g.** *IGE*[2] 285, Aeth pob gwlad yn gad gydnaid, / Tyfu fwyfwy, *plannu* plaid (Siôn Cent). **15–16g.** *TA* 311, Plant Dafydd, *plannwyd* dwyfil, / Pupr yw'r rhyw pe parhai'r hil. **1567** *LlGG* [xiii], darvu newidio . . . y dwywol a'r weddus drefn hon yma o waith yr hen Dadae, can *planny* y mewn yn ei lle, Historiae amheus. *c.* **1585** G. Robert: *DC* 9b, drwy . . . wrando . . . ar y pethe hyn, i gallen eu *plannu* yn i meddwl, a mefyrio arnynt. **1588** *Salm* xliv. 2, Ti a'th law a orescynnaist y cenhedloedd, ac ai *plennaist* hwythau. **16–17g.** *CRC* 2, Odid fab a *blan* i gariad / ar na grydd nag ael na llygad / ond ar feder pan i myno / godi dwr o gylch llei *planno.* **1604** R. Holland: *BD* 7a, nid yw [cydwybod] ddim amgen, na goleu-lewyrch y gwybodaeth y mae duw wedi i *blannu* au [*sic*] wreiddio ynghalon dyn. **1632** J. Davies: *LlR* 416, yn diwreiddio pob rhinwedd dda, ac yn *plannu* pob drwg. **1672** J. Langford: *HDdD* 9, nid oes dim siccrach nad i *blannu* buchedd dda ymysg dynion ydoedd diben mwyaf ô ddyfodiad Christ i'r bŷd. **1672** R. Prichard: *Gw* 566, Fe wnaeth Duw dy fronne i fagu, / Fel y gwnaeth e'r grôth i *blannu.* **1687 (1715)** J. Owen: *TB* 124, *Plannwyd* y grefydd Gristionogol ymhlith yr Iberiaid. **1704** E. Samuel: *BA* 45, Eglwysi a *blannesid* yn Judæa. **1791** W. Williams: *MDR* 6, Ac fe *blannwyd* trwy'r eglwysi, / Athrawiaethau dwyfol ras.

plannaf[2]: **plannu,** gw. **planiaf**[2]: **planio.**

plannwr, plannydd [bôn y f. *plannaf*[1]: *plannu* + *-wr, -ydd*[3]] *eg.* ll. *planwyr, planyddion.* Un sy'n plannu planhigion, cnydau, &c., hefyd yn *ffig.*; perchennog neu reolwr planhigfa: *planter* (*of crops, &c.*), *cultivator of the soil, also fig.*; *planter, owner or manager of a plantation.*

1588 *Jer* xxxi. 5, *plan-wŷr* a blannant, ac a fwynhânt. **1632** *D* d.g. *sator, vitisator.* **1710** *LlGG* (*Gos*) 7, eu *Plannwyr* cyntaf, sef, yr Eglwysau Apostólic. *c.* **1762–79** W. Williams: *P* 39, llawer o'n *Planwyr* ni yn America. *id.* 198, Ham mab Noah, fel yr oedd ef yn *blannwr* cyntaf o'r Aipht. **1780** *W*, *plannwr, plannydd* d.g. *planter.* *c.* **1793** E. Barnes: *HBF* 9, os try'r *Planwyr* y tir at ffrwythau eraill. *id.* 11, ein *plannwyr* yn y Gorllewinol India. **1803** *P* d.g. *planwr.*

plans[1,2], gw. **plan**[1], **plants.**

plant[1] [bnth. Llad. *planta* 'blaguryn, impyn, planhigyn', H. Wydd. *cland*, Gwydd. C. *clann* 'plant; planhigion'; ?cf. Llyd. Diw. *plantenn* 'planhigyn'; am enghrau. posibl fel e. un., gw. *PKM* 145, *GM* 53–4] *e.ll.* (un. g. *plentyn*) bach. *-ach*, ll. dwbl *-au.* Personau ieuainc (gwrywaidd neu fenywaidd) dan oed, bechgyn neu ferched, rhai bychain, bodau dynol cyn eu geni neu newydd eu geni; meibion neu ferched yn eu perthynas â'u rhieni, epil (weithiau am anifeiliaid), hiliogaeth; disgynyddion; dilynwyr, disgyblion, gweision; pobl neu bersonau o'u hystyried yn gynnyrch lle, amser, digwyddiad, amgylchiadau, &c., penodol; ?bechgyn, meibion; hefyd yn *ffig.*: *children, young persons*; *children* (*of parents*), *offspring* (*sometimes of animals*), *progeny, issue*; *descendants*; *followers, disciples, servants*; *persons regarded as product of a particular place, time, event, circumstances, &c.*; ?*boys, sons*; *also fig.*

9–10g. (*Ox* 1) *VVB* 204, creaticaul *plant*, gl. *genialis præda.* **12g.** *LL* 121, haybot ynemelldicetic . . . ef hay *plant* guety ef. **13g.** *LlI* 71, A'r guraged a'r escolheygon a'e tal [galanas], ony wadant na bo *plant* udunt byth; ac esef e talant, tros eu *plant.* **13g.** *MA*[2] 222a. 23, Llywelyn ai *blant* pla gelynion (Dafydd Benfras). **14g.** *RC* xxxiii. 210, Canys yg kygor Duw y mae dy *blant* ty. *c.* **1400** *MM* 96, Da yw y wraged a uynno kael *plant*, bwytta y kennin. **15g.** *GLGC* 263, A'i 'stad, a'i blwyf, a'i ystod, a'i *blant.* **15g.** *GDID* 81, Y nesaf i gig, *plant* ewigod. **1551** W. Salesbury: *KLl* xviiia, Nyd da cymeryd bara y *plant* ae vwrw ir cwn. **1588** *Deut* xiv. 1, *Plant* ydych chwi i'r Arglwydd eich Duw. **1588** 1 *Sam* xv. 3, yn ddyn-bach, ac yn *blentyn* sugno. **1604–7** *TW* (*Pen* 228), *plant* a merchet d.g. *prætextati et prætextatæ.* **1606** E. James: *Hom* ii. 146, Nid ydym . . . yn *blant* ddwywaith . . . ond yn *blant* yn wastadol. **1632** *D*, *plant*, liberi, filij, parvuli. **1672** R. Prichard: *Gw* 578, Ni bydd *plantach* na gwasnaethwyr. **1719** *TDP* [xii], yn *Blant* nid yn ol y Cnawd, eithr yn ol yr Yspryd. **1762** T. Williams: *HHO* 196, I Dduw'n Bentir 'rum ni *blantau*, Yn hollawl ein h'wyllys a'n geiriau. **1764** D. Jones: *DP* 14, *Plant* ydym etto dan ein Ho'd, / Yn disgwyl am y Stâd. **1776** *W* d.g. *the little one's of the human species.* **1803** *P.* Digwydd y ff. l. *plante* yn sir Benf. yn yr ystyr 'plantos', *GDD* 228.

Amr.: **plantynnod** (ff. l.). **1567** *TN* 156b, Ha *blantynot* [:– veibionos] (**1588** *Io* xiii. 33, O blant bychain).

Cfn.: **plant Adda(f):** *children of Adam, the human race.* **13g.** *C* 41. 7, 53. 15. **13g.** *MA*[2] 221a. 52. **1761** *ML* ii. 420. **p. anghyfreithlon:** *illegitimate children.* Ar lafar yn gyff., *LGW* 307. **p. Alis (y biswail), p. Alis Rhonwen:** *the children of Alice* (*of the dunghill*), *the children of Alice Rhonwen* (*with ref. to the daughter of Hengist*), *i.e. the English, derog.* **15g.** *GDLl* 123, Nid un dwyll na dyn na dis / Onid diawl a *phlant Alis.* **1753** G. Owen: *L* 47, [*p*]*lant Alis y Biswail.* **1767** *ML* (Add) 686, [*p*]*lant Alis Rhonwen.* Ar lafar, '*Plant Alis* . . . A name of reproach given to the English and also in some cases to families of questionable character', *Mont Coll* xiii. 324. Gw. hefyd *p. Rhonwen.* **p. amddifa(i)d, p. amddidad:** *orphans.* **1604–7** *TW* (*Pen* 228), *plant amddidat* d.g. *orphanotrophium.* **1632** *D*, *plant amddifaid* d.g. *orphanotrophium.* **p. anllad:** *illegitimate children.* Ar lafar yn y De, *LGW* 307. **p. Annw(f)n:** *children of Annwfn or the Underworld, brood of hell, also fig.* **1703** E. Wynne: *BC* 8, ith achub o gigweinieu *Plant Annwfn.* **1740** T. Evans: *DPO* 63, eu hachub o Grafangau *Plant Annwn* y Ffrangcod. **p. bach:** *little children, infants.* *a.* **1735** *W Ballads* 64, 6. **1759** T. Thomas: *WWDd* 32. *Diw.* **19g.** *SE MS* 379a, *plentyn bach* . . . an infant. **p. Beca:** *the Rebecca rioters of the second quarter of the 19th century, mainly in rural west Wales; gang of rowdies.* Ar lafar yn sir Benf., *GDD* 228. **p. bedydd:** *godchildren.* **1852. p. y bwsh:** *rural children, derog.* Ar lafar yng ngogledd Cered. **p. bychain:** *little children, infants.* **1588** 2 *Br* ii. 23, *plant bychain* . . . ai gwatworasant ef, ac a ddywedasant wrtho ef, dôs i fynu moelun. **1588** *Job* iii. 16. **1588** *Math* xxi. 16. **1740** T. Evans: *DPO* 297, [b]edyddio *Plant bychain* cyn yr wythfed dydd. **1792** H. Harris: *H* 71, megis mabanod, *plant bychain*, gwyr ieuaingc. **p. y byd (hwn):** *the children of this world, wordly people.* **1567** *TN* 113b, synwyrolach yw *plant y byt hwn* . . . na phlant y goleuni. **1764** D. Jones: *DP* 6, *Plant y byd.* Ar lafar. **p. cadw:** *evacuee children.* **1941. p. cael:** *foundlings.* **1769** *DRh* 94. **1773** *W* d.g. *foundling.* **p. Cäi:** *the children of Cain, the wicked.* **13g.** *C* 45. 7–9, Sew awnaethant *plant kai* y vrth y Medel ym chueli [*sic*]. *c.* **1400** *R* 1222. 7. **p. cariad:** *illegitimate children.* Ar lafar yn y De, *LGW* 307. **p. Ceridwen:** *the children of Ceridwen* (*i.e. the Welsh*). Ar lafar yn ne-ddwyrain Morg., '*Plant Caridwan* ôn' nw'n galw'r Cymry a phlant Alis odd y Seison'. **p. cofl:** *infants, babes in arms.* Ar lafar yng ngogledd Cered., '*plentyn coel*'. **p. crynion:** *small children, youngsters.* **1763** *LlGC* 19, 217. Ar lafar yng Nghered. ac yn sir Benf. yn y ff. *plancrynion*, *Wês wês* 18. Cf. *SE*, crwn . . . *plant crynion* (sg. *plentyn crwn*). **p. cyn priodi:** *illegitimate children.* Ar lafar yn y De, *LGW* 307. **p. y dail = p. cyn priodi.** Ar lafar yn sir Ddinb. **p. y ddera = p. y fall. 1604–7** *TW* (*Pen* 228) d.g. *eumenides.* *Dchr.* **17g.** *J* 10, 131a, *plant y ddera*, filii contumaces, eumenides. **p. diarddel(w):** *foundlings.* **1722** *Llst* 189, diarddel . . . *plentyn Diarddel*, a foundling. **1773** *W*, *plentyn* cael (*diarddel*') d.g. *foundling.* **p. Duw, p. i Dduw:** *children of God.* **15–16g.** *GLM* 280, Dau ŷn o *blant Duw*'n ei blith, / dau gyw eryr digyrrith. **1567** *TN* 153a, [c]ascly hefyt ynghyd yn vn *blant Dew.* *id.* 231b, cynniuer ac a arwedder gan Yspryt Duw, yr ei hyn 'sy *blant i Dduw.* **1790** T. Jones: *TOS* 139. **p. dynion:** *sons of men, the human race.* **1567** *LlGG* (*Sall*) 31a. **1588** *Pr* ix. 12. **1672** R. Prichard: *Gw* 74, 139, 164. **1790** T. Jones: *TOS* 56. **p. Efa:** *children of Eve, the human race.* *c.* **1400** *R* 1155. 19. **15g.** *DE* 127. Cf. *R* 1217. 8, eua blant. **p. golau leuad:** *illegitimate children.* Ar lafar yn y De, *LGW* 307. **p. y (p. i'r) goleuni:** *the children of light, unworldly or other-worldly people.* **1567** *TN* 113b, synwyrolach yw plant y byt hwn . . . na *phlant y golauni.* *id.* 154b, Tra bo'r goleuni y chwy, credwch yn y goleuni, val y boch yn *blant i'r goleuni.* **plant gordderch, p. (o) ordde(i)rch:** *illegitimate children.* **1588** *Doeth Sol* ii. 16, [*p*]*lant o ordderch.* **1606** E. James: *Hom* ii. 195, dau *blentyn ordderch.* **1618** J. Salisbury: *EH* 191, *plentyn gordderch.* **1794** E. Jones: *CP* 18, [*P*]*lant-Orddeirch.* *id.* 36, *plant o ordeirch* [*sic*]. Ar lafar yn y De, *LGW* 306–7. **p. gwynion:** *stepchildren.* **1847.** Ar lafar ym Mhowys. **p. Hors:** *the children of Horsa, i.e. the English, derog.* **15g.** *GDLl* 100. **15g.** *GGl*[2] 130. **p. Ifan Dafydd:** *contented people.* Ar lafar gynt ym Morg., *GWG* 324. **plant (yr) Israel:** *children of Israel.* **1551** W. Salesbury: *KLl* xlib, *plant yr Israel.* **1617** R. Prichard: *CE* [3], [*p*]*lant Israel.* **1620** *Ecs* i. 7, [*p*]*lant Israel.* **1792** *DOC* 58. **p. Jenkins bach:** *chapelgoers.* Ar lafar yng ngodre Cered. **p. y llawr:** *the human race.* **1861. plentyn llusgo:** *infant at the crawling stage.* Ar lafar ym Morg. **plant llwyn a pherth:** *illegitimate children.* **18–19g.** *CRIM* 98. Ar lafar yn y Gogledd, *LGW* 307. **p. maeth:** *foster-children, nurselings.* **16–17g.** *Cer RC* 8. **17g.** *CRC* 395. **p. y fall:** *Furies* (*in Greek mythology*), *brood of hell.* **1604–7** *TW* (*Pen* 228) d.g. *eumenides, furiæ.* *Dchr.* **17g.** *J* 10, 25a, 131a. **1688** *TJ*, fall . . . *Plant y fall*, plant drwg. The children of belial. **p. mân:** *little children, infants.* Ar lafar. **p. Mari:** *the children of Mary, derog. term for Roman Catholics or the Irish, sometimes also used of the English or of hippies.* Ar lafar yn sir Benf. a'r De. **plentyn newid:** *a changeling.* **1722** *Llst* 189. **1771** *W* d.g. *changeling* [*a child left or taken in the stead of another*]. **plant newyddian:** *infants.* **1567** *TN* 180b. **1620** *Doeth Sol* xi. 14. **p. o ordde(i)rch,** gw. *p. gordderch.* **p. o fabwysiad:** *adopted children, also fig.* **1630** *YDd* 4, yr etholedigion ei *blant o fabwysiad.* **1722** *Llst* 189, mabwys . . . Ei *blant o Fabwysiad*, his adopted children. **p. o briod:** *legitimate children.* **1788** B. Evans: *LlG* 15. **p. pen domen:** *illegitimate children.* Ar lafar, *LGW* 307. **p. y proffwydi:** *children of the prophets.* **1567** *TN* 174b. **p. risg:** *illegitimate children.* Ar lafar yn y Gogledd, *LGW* 307. **p. R(h)onwen:** *the children of Rhonwen* (*with ref. to the daughter of Hengist*), *i.e. the English, derog.* **15g.** *GDLl* 28, 34. **15g.** *GGl*[2] 130. **15–16g.** *GRB* 24, 49. **1768** *ML* (Add) 745. Gw. hefyd *p. Alis.* **p. Rhys Ddwfn:** *fairies, little folk.* **1935.** Ar lafar yng Nghered. a sir Benf. Cf. R. Geraint Gruffydd: *Dafydd ap Gwilym* (1987) 29, yr oedd pobl Sir Aberteifi . . . yn galw'r Tylwyth Teg yn *Blant Rhys Ddwfn*, sef plant yr Is-ddwfn neu'r isfyd. **p. serch:** *illegitimate children.* Ar lafar yn y De, *LGW* 307. **p. sgil y drws = p. serch.** Ar lafar ym Morg. **p. siawns = p. serch. 1910.** Ar lafar yn gyff., *LGW* 306–7. **p. Siôn Cnoc:** *fools.* **1881.** Ar lafar yn sir Frych., *Cy* iv. 161. **plentyn sugno:** *sucking child, suckling, infant at the breast.* **1588** 1 *Sam* xv. 3. **1588** *Eseia* xlix. 15. **[1783]** *W* d.g. *a suckling* [*a child that is at the breast*]. **plant trwy'r berth:** *illegitimate children.* Ar lafar yn y De, *LGW* 306–7, a hefyd mewn rhai mannau yn y Gogledd. **p. trwy'r clawdd = p. trwy'r berth.** Ar lafar yn y De, *LGW* 307. **p. trwy'r eithin = p. trwy'r berth.** Ar lafar yng ngogledd Cered. **p. trwy'r llwyn = p. trwy'r berth.** Ar lafar yn y De, *LGW* 307. **p. yng nghyfraith:** *stepchildren.* **16–17g.** *GST* i. 105. **p. ysgol:** *schoolchildren.* *c.* **1762–79** W. Williams: *P* 500. Ar lafar yn gyff.

Gw. hefyd **plantos.**

plant[2] [bnth. S. *plant* 'factory, &c.'] *eg.* ll. *-iau.* Ffatri, gweithfa, gwaith: *plant, factory, works.*

1938.

plantach, gw. **plant**[1].

plantaen, plantan, plante(i)n [bnth. H. Ffr. *plantain, plantein*, o bosibl drwy'r S. C.] *eg. Bot.* Unrhyw blanhigyn o'r tylwyth *Plantago* sydd â dail llydain a gwastad ac sy'n tyfu'n agos at y ddaear, erllyriad, llydan y ffordd, sawdl Crist: *plantain, Plantago.*

c. **1400** *MM* 90, Yuet ffioleit o sud y *plantaen.* *id.* 92, a chynnull y *plantaen* gan dywedut dy pader. *c.* **1400** *Études* vii. 56, plantago maior, *planten.* **16g.** *LlGC* 4581, 15a, *plantan*, Llyriad, Sowdl Crist a Llydan y phordd yn Camberaec. *Diw.* **16g.** *WLB* 11, kymer agrimoni ar *planten.* *id.* 63, Rhinwedd plantago: vz *planteyn* ne yr erllyried.

Amr.: **palantaen. 1763** W. Salesbury: *LlM* 27. **palantan. 1763** W. Salesbury: *LlM* 28, 31.

Cfn.: **plantaen,** &c., **yr arth:** *bear's-breech, Acanthus mollis.* *c.* **1730** *Thos. Lloyd D* (LlGC) 195a, *plantan yr arth.* G.114 Acanthus. Bear's breech. **p. y dwfr (dŵr):** *water plantain, Alisma plantago-aquatica.* **16g.** *LlGC* 4581, 17a, *plantan y dwfyr.* *c.* **1730** *Thos. Lloyd D* (LlGC) 195a, *plantan y dŵr*, alisma. G 114. **y p. lleiaf:** *ribwort plantain, Plantago lanceolata.* **16g.** *LlGC* 4581, 15b, *y plantan leiaf* [*sic*] . . . yn Saesonaec Rybwort yn Camberaec y Llwynhydydd neu'r ystyllenllys. **1763** W. Salesbury: *LlM* 28, *y palantan lleiaf.* **y p. mawr, y p. mwyaf:** *greater plantain, Plantago major.* **16g.** *LlGC* 4581, 15b, *y plantan mwyaf.* **1763** W. Salesbury: *LlM* 27, *y palantaen mawr.*

Gw. hefyd **plantain.**

plantaf: planta [bf. o'r e. *plant*[1]] *bg.a.* Cenhedlu neu gynhyrchu (plant), cael (plant), epilio: *to beget or bear* (*children*), *procreate, breed.*

15g. *BB* 36, aganipus adyuat nad oed reit idaw ef wrth ydir na ydaear . . . onyt y ferch vonhedic dyledawc y *planta* o honei etiuedion deduawl. **1545** Elis Gruffydd: *Ll* 153, Powdwr o ddail y dderwen . . . a helpia y wraig j ddwyn plant ynn yr hon i bo'r diffig ynn llestair *plantta.* **1547** *WS*, *planta*, get chyldren. **16g.** *THSC* (1923–4) (At.) 26, mewn gofid a blinder y *plenti* di. **1551** W. Salesbury: *KLl* xixb, Bydd lawen yr hesp yr hon nyd wyt yn *planta.* **1567** *TN* 80b, nid oedd vn plentyn yddynt, can vot Elisabet heb *planta* [:– yn anvap, hesp]. **16g. (1763)** W. Salesbury: *LlM* 152, o bwytty wr y Llysewyn hwn y *planta* e feibion. *a.* **1587** *Y* 167, fo allai na ddoe bawb sydd yn Ewrop o Siapheth oblegid fod rhai o hil Cam yn *planta* o hil sem. *Diw.* **16g.** *WLB* 32, I beri i wraig *blanta.* **1588** *Gen* xvi. 1, Sarai hefyd gwraig Abram ni *phlantase* iddo. **1588** *Jer* xv. 9, Yr hon a *blantodd* saith a lescaodd. **1618** J. SALISBURY: *EH* 128, Benedithiad [*sic*] gwragedd priod yw *planta.* **1632** *D*, *planta*, liberos creare, generare, prolificare. **1716–18** *Llsgr R. Morris* 169, mae digon [m]i ai gwranta yn *planta* ar y plwu. **1777** W. WILLIAMS: *DN* 12, pan aethum i i *blanta.* **1803** *P.*

Amr.: **plantu** [?gwall argraffu]. **1711** H. POWEL: *TY* 52.

plantaidd [*plant*[1] + *-aidd*] *a.* Nodweddiadol o blentyn (yn enw. o ran diniweidrwydd), tebyg i blentyn, plentynnaidd, diniwed: *childlike, innocent.*

1653 *MLl* i. 257, Ar rhai hyn [disgyblion] a wneir . . . mor *blantaidd* na ellir i cyfrwyso. **1656 (1745)** *id.* ii. 142, nid oes dim a adnabŷdd y Duw mawr ymma ond y Meddwl *plantaidd*, babanaidd. **1717** IACO AB DEWI: *MN* 245, yn gymmaint a rhoddi iddynt eu Hyfrydwch a'i Dymuniadeu *planteidd.* **1728** *GMJ* 104, ymarferiad *plantaidd.* **1803** *P.*

plantain [bnth. S. *plantain*] *eg.* (Planhigyn mawr trofannol, *Musa paradisiaca*, sy'n dwyn) ffrwyth croenwyrdd bwytadwy tebyg i fanana: *plantain* (*tropical plant and fruit*).

c. **1762–79** W. WILLIAMS: *P* 123, [y] pren *Plantain*, ffrwyth pa un sydd yn gwasanaethu yn fara. *id.* 446, venelas, *plantain*, afalau-pine.

Gw. hefyd **plantaen.**

plantan, plantas, gw. **plantaen, plantos.**

plantasiwn, plantasion [bnth. S. *plantation*] *eg.* ll. *plantasiwnau.* Gwladfa, gwladychfa, trefedigaeth; planhigfa, planfa: *settlement, plantation, colony*; (*sugar, rubber, &c.*) *plantation.*

1718 (1721) S. THOMAS: *HB* 48, tuac at ddechreu Colony neu *Blantasion. id.* 50, mae etto ddau *Blantasiwn* y chwaneg . . . a berthyn i Loegr, sef Carolina a Fyrginia. *c.* **1762–79** W. WILLIAMS: *P* 131, er mwyn cadw *plantasiwnau*'r Cloves. **1774** W. WILLIAMS: *AB* 23, Lloegr newydd, a'r lleill o *blantasiwnau* Lloegr yno.

plantein, planten, gw. **plantaen.**

plantes, gw. **plantos.**

plantog [*plant*[1] + *-og*] *a.* Ac iddo (lawer o) blant; llawn plant: *having* (*many*) *children*; *full of children.*

1803 *P*, *plantawg*, having children.

plantos [*plant*[1] + *-os*] *e.ll.* Plant bychain, plant ieuainc, plantach (fel rheol yn mynegi anwyldeb ond weithiau yn ddifr.): *little children, infants, tots* (*usually expressing affection but sometimes derog.*).

1567 *TN* 116a, Wrth esempl y *plantos* yr eiriol ef vfylldot. *c.* **1585** G. ROBERT: *DC* [xvi], pan ddel y *plantos* bycheinn i dechreu medru bwyta. **1604–7** *TW* (*Pen* 228), megys y cardotyn yn ofni *plantos* d.g. *tremendus.* **1618** J. SALISBURY: *EH* 42, eneidiau'r *Plantos*, a fuont feirw heb fedydd. *id.* 247, nyd ydis yn rhoi'r Sagrafen hon i *blantos* . . . nag i rai eraill di-synwyr. **1620** *Eff* iv. 14, Fel na byddom mwyach yn *blantos*, yn bwhwmman. **1632** *D*, *plantos*, parvuli. **1672** R. PRICHARD: *Gw* [2]29, Duw sy 'n erchi'r Tadau ddangos, / Deddfau 'r Arglwydd iw hôll *blantos.* **1722** *Llst* 189, *plantos*, little (also, poor) children. **1742** *ML* i. 71, 'roedd y chwaer ar *plantos* . . . yn iachus ddigon. **1761** *id.* ii. 338, Golwg gresynol gweled *plantos* yn garpiog a boliau gweigion iddynt. **1771** *W* d.g. *little* [*mean, silly*] *children.* **1803** *P.*

Amr.: **plantas. 17g.** HUW MORUS: *EC* i. 161. **1758** *W Ballads* 74, 4. **1790** TWM O'R NANT: *GG*, 104. **plantes. 16–17g.** *DCR* 258. **plantws.** Ar lafar ym Morg., *GWG* 324. **plantys. 1567** *TN* 23b, 116b. **1595** *Egl Ph* [72].

Gw. hefyd **plant**[1].

plantosaidd [*plantos* + *-aidd*] *a.* Plentynnaidd: *childish.*

1838.

plants, plans[2] [bnth. S. *plants* 'vegetables, &c.'] *e.ll.* (un. b. *-en*, g. *plen(t)syn*). Planhigion, yn enw. rhai parod i'w plannu neu rai newydd eu plannu; tatws had: (*seedling*) *plants*; *seed-potatoes.*

1846. Ar lafar yn gyff., 'Mae'n hen bryd rhoi'r *plants* 'ma lawr bellach'. Cf. *ML* ii. 512, Am y plant Calamaria, rwy'n credu mai yn y lleuad y tyf.

plantws, plantys, gw. **plantos.**

planwlad [bôn y f. *plannaf*[1]: *plannu* + *gwlad*] *eb.* ll. *-wledydd.* Gwladfa, gwladychfa, trefedigaeth: *settlement, plantation, colony.*

1664 *LlGG* sig. f2v, [b]edyddio prioddorion [*sic*] yn ein *Planwledydd* tra-mor. **1722** *Llst* 189, *planwlad* tramor, a plantation. **1780** *W* d.g. *plantation, or colony, settlement* [*a place colonized i.e. where a colony is establishd*].

planwydd[1] [bôn y f. *plannaf*[1]: *plannu* + *gwŷdd*[1]] *e.ll.* (un. b. *-en*, g. *-yn*). Coed plan(nu) (ieuainc), glaswydd, prysgwydd, llwyni; planhigion, toriadau coed; hefyd yn *ffig.*: (*young*) *planted trees, saplings, shrubs, groves*; *plants, cuttings, quicksets*; *also fig.*

14g. *GDG*[3] 325, Ieithydd ar frig *planwydd* plas [i'r ceiliog bronfraith]. **15g.** *GLGC* 445, blaenion ar ddynion yw'r ddau / o *blanwydd* Ieuan Blaenau. **15g.** GWILYM TEW: *Gw* 486, *Planwydd* Dafydd a dyfynt, / Perllan aur ac arian gynt. **1551** W. SALESBURY: *KLl* lvi, os gwnaythpwyt ni'n *planwydd* trwy gyffelyprwydd i varwolaeth ef: ac velly y byddon yn *planwydd* y cyuodiat. **1567** *LlGG* (*Sall*) 46a, a'r vapcainc [:– *blanwydden*] 'rhon y gadarnéist yty-un. *id.* 81b, Mal y bo ein meibion megis y *planwydd* [:– planigion] yn tyvu yn ei hieunctit. **1588** *Jer* xvii. 2, eu meibion yn cofio eu hallorau ai *plan-wydd* wrth y pren deiliog. **1615** R. SMYTH: *GB* 174–5, nid oes na llysiewyn na *phlanwydd* a all ddwyn allan . . . phrwyth hebddo efe. **1632** *D*, *planwydden* d.g. *planta. id.* llwyn *plannwydd* d.g. *plantarium. c.* **1658** R. VAUGHAN: *E* [ix], *planwydd* yn cynyddu yn brennau. **1722** *Llst* 189, *planwydd*, s. *wydden*, f. quicksets . . . plants. **1734** S. RHYDDERCH: *Alm* [8], plennwch bob Mâth ar Goed Ffrwythau a *Phlanwydd.* **1780** *W* d.g. *plant. id. Planwyddyn* o'r enw d.g. *sarsparilla* [*an American plant so called . . .*]. *id.* d.g. *shrubs.* **1795** *R. Crusoe* 109, gan ddiwreiddio *planwydd* sathru'r yd.

planwydd[2] [*plân*[2] + *gwŷdd*[1]] *e.ll.* (un. b. *-en*). *Bot.* Coed o'r tylwyth *Platanus*: *plane trees.*

1588 *Ecclus* xxiv. 15, fel *planwydden* wrth ddyfroedd. **1722** *Llst* 189, *planwydd*, s. *wydden* . . . plane-trees. **1778** *W*, *plân-wydden* d.g. *plane, or plane tree.* **1813** *WB* 227, *Planwydden*; Platanus;—Plane-tree.

planyddiaeth, plenyddiaeth [*plannydd* + *-iaeth*] *eb.* Y gelfyddyd o blannu coed, &c.; y weithred o blannu; gwladfa, gwladychfa, trefedigaeth: *the art of planting trees, &c.*; *a planting*; *settlement, plantation, colony.*

18–19g. *Llr* C 2, 134, Garddoriaeth, *plannyddiaeth*, Saernïaeth. *Diw.* **19g.** *SE MS* 379a, *plenyddiaeth* sf., the art of planting of trees; a planting.

plas [bnth. H. Ffr. *place*, o bosibl drwy'r S. C., cf. Crn. C. *plas*, Llyd. C. *place*; ansicr yw dosbarthiad rhai o'r enghrau.] *eg.* ll. *-au, -edd, -oedd, plesydd.*

(*a*) Palas, plasty, maenordy, neuadd, llys, hefyd yn *ffig.*: *palace, mansion, country house, manor-house, hall, court, also fig.*

1346 *LlA* 28, Ponyt ym*plas* (*in palatio*) ynef ygwnnaeth duw yntev. **14g.** *GIG* 24, Llys Wilym, *blas* llysieulawn, / Llewpart aur, lle parod dawn. *c.* **1400** *SDR*[2] 52, tir a dayar a thei a *phlasseu. c.* **1400** *ChO* 7, gan rodi idaw [prelad] renti mawr, a chyrteu, a *phlassoed* arderchawc. **15g.** *IGE*[2] 245, Da ddifri Dewi ddyfrwr / Seiliawdd deml, glân ddiseml glau, / Ail Caerusalem olau; / . . . / a thoi y *plas* â tho plwm [Ieuan ap Rhydderch i Ddewi]. **1547** *WS*, llys *plas*, a courte. **16–17g.** *HG* 135, dy dai ath *blasedd.* **1657** *MLl* ii. 86, Duw . . . yr hwn sydd yn presswylio mewn *plas* a elwir tragwyddoldeb. **1696** *CDD* 143, Dos i *blâs* Esgwier hael. **1761** *ML* ii. 301, Ai tybio'r ych mae mewn *plas* yr wyf, nage nage, gronyn uwch na'r [cachdy] . . . yw fy nhy. **1787** E. ROBERTS: *PCF* [23], Wel glynwch yn yr ardd newydd / Sy ar ochr *plâs* sancteiddrwydd. **18–19g.** *CRIM* 30, Mae cant o gestyll maen a chalch / A *phlesydd* balch eu golwg. **1803** *P.* Digwydd yn gyff. mewn enwau megis *Plas Iolyn*, sir Ddinb., *Plas-yn-dre*, Y Bala. Mae *Plasau'r Brenin* (1934) yn nofel gan D. Gwenallt Jones.

(*b*) Man, mangre, lle neilltuol neu benodedig; tir (agored), maes (brwydr), lle agored (mewn dinas, tref, o flaen castell, &c.), sgwâr; stryd, heol; hefyd yn *ffig.*: *place, spot, particular or appointed place*; (*open*) *land*, (*battle*)*field, open space* (*in city, town, before a castle, &c.*), *square*; *street, road*; *also fig.*

13g. *LlDW* 21–2, Nyt reyt creyryeu yn dadleu a wnelher y meun mynwent canyv *plas* y creyryeu. **13g.** *HGK* 18, [p]lan weles enteu . . . ym *plas* e dinas. *Dchr.* **14g.** *H* 95b. 19–20, mwyth doryf derwyn ehachdwr [*sic*] meyth *blas* y was ac yn wr (Y Prydydd Bychan). **14g.** *BY* 35, a thekau ohonaw *plasseu* (*plateas*) Kaervssalem o waet y prophwydi. **14g.** *YBH* 45a, ac ar y *plas* peri arwein eu meirch. *c.* **1400** *RB* ii. 386, crogi modrwyeu ar hyt yr heolyd ar *plassoed. c.* **1400** *YCM*[2] 19, a dechreu ymlad . . . ym *plas* y urwydyr. *c.* **1400** *R* 1331. 27–30, Nawna . . . llawr gwyned . . . yn *blas* o draeth bas dreth beird. **1547** *WS*, *plas*, a place. **16g.** *LBS* iv. 398, rhoddi y *plas* hwnnw ir gwr da . . . i adailad eglwys ynddaw. **16–17g.** *CRC* 400, gwell i dylase y sayson fod / ynghrog yn waylod eigion / vffern boen yn kadw i *plas* / na thori glas glyn kynon. **1803** *P.*

Gw. hefyd **palas.**

plasaf: plaso, gw. **plasiaf**[1]**: plasio.**

plasaidd [*plas* + *-aidd*] *a.* Tebyg i blas neu balas, o natur plas neu balas, yn gweddu i blas neu balas, ysblennydd: *palatial, splendid.*

1803 *P*, *plasaidd* . . . like a palace.

plasedig [bôn y f. ddil. + *-edig*] *a.bfl.* Wedi ei osod: *placed, positioned.*

16g. *DWH* i. 162, Kroes arw o arian, tybian, mae tebig, / Nod abl osodiad, 'n y dy'n *blasedig.*

plasenta, plash, gw. **placenta, plwsh.**

plasiaf[1]**, plasaf: plas(i)o** [?bf. o'r e. *plas*] *ba.* Gosod, trefnu: *to place, position, arrange.*

15g. *GO* 223, Arwedded targed y taid, / Ynyr ŵyr, yn oreuraid: / Aur a choch yw ar wŷch hawg / A'i *blassio* yn balissawg [i Ddafydd Llwyd ap Tudur]. Ar lafar gynt yn ne-ddwyrain Morg., 'Fi *blasas* y platid bwyd ar y ford o'i flæn e'.

plasiaf[2]**: plasio** [?cf. y f. fl. neu'r S. (*to*) *plash* 'to splash'] *bg.a.* ?Cymysgu (ynghyd): *to mix* (*together*).

1801 *MMf* 139, Cais ystor tus, a chwyr melyn, a mel, a'u *plasio* yng nghyd yn dda, ai ddodi'n blaster wrth y talcen. *id.* 199, dod yr wi a'r sebon du ynghyd a nhwy, a *phlasio*'n dda gymysg tra chymysg. *id.* 249, Cais ddail y bae . . . a mer hen eidon, a *phlasia* ynghyd, a berw, a hidla.

plasma [bnth. S. *plasma*] *eg.* ll. *plasmâu.*

(*a*) *Biol.* Y rhan hylifol ddi-liw o waed, lymff, neu laeth y mae corffilod neu globylau braster mewn daliant ynddi: *plasma* (*in biology*).

1916.

(*b*) *Ffis.* Nwy ac ynddo ïonau positif ac electronau rhydd â gwefr sydd bron yn gyfartal bositif a negatif: *plasma* (*in physics*).

20g.

(*c*) Math o gwarts sy'n wyrdd: *plasma* (*gemstone*).

1926.

plastar, plaster, gw. **plastr.**

plasteraf: plastero, plasterwr, gw. **plastraf: plastro, plastrwr.**

plastfaen [*plast*(*r*) + *maen*[1]] *eg.* Gypswm: *gypsum.*

1850.

plastig [cfdds. o'r S. *plast*(*ic*) + *-ig*[2]] *eg.* ll. *-*(*i*)*au, -ion*, a hefyd fel *a.* Unrhyw un o nifer amrywiol o ddefnyddiau synthetig (gan amlaf) ac iddynt strwythur polymerig, y gellir eu moldio i unrhyw siâp o dan wres neu wasgedd a'u gadael i galedu, defnydd felly ar ei wedd derfynol wedi ei liwio, &c., a ddefnyddir i wneud offer domestig, teganau, ffibrau artiffisial, cynhyrchion peirianyddol, &c.: *a plastic.*

1943.

Fel *a.* A wnaed o blastig, a nodweddir gan blastig; y gellir ei foldio a'i ffurfio'n siapiau gwahanol; artiffisial: *plastic* (*adj.*).

1928.

plastigaidd [*plastig* + *-aidd*] *a.* A wnaed o

blastig, tebyg i blastig: *made of plastic, plastic-like.*
20g.

plastr, plaster, &c. [bnth. S. C. *plastre*, *plaster* neu'n uniongyrchol o'r H. Ffr.; ansicr yw dosbarthiad rhai o'r enghrau. geir.] *eg.* ll. *plast(e)rau*, *plast(e)rion*, *plasteri*, *plastyron.*

(*a*) *Meddyg.* Cymysgedd meddyginiaethol wedi ei daenu ar ddarn o fwslin, &c., i'w osod ar ran o'r corff i roddi meddyginiaeth yn lleol, &c., powltis; darn bach o feinwe meddyginiaethol ar strip o dâp gludiog a osodir ar friw i'w amddiffyn; rhwymiad anhyblyg o rwyllen wedi ei drwytho mewn plastr Paris i gadw aelod toredig, &c., rhag symud, cast plastr; hefyd yn *ffig.*: *plaster, poultice; sticking-plaster; plaster cast (in med.); also fig.*

c. **1400** *MM* 40, kymryt suryon y coet . . . a gwin coch, ac yssigaw y llysseu y gyt y mywn morter yn da, ae kymyscu y gyt ar y tan . . . dodi gwer eidon . . . dodi y *plastyr* hwnnw wrth y benn gwedy eillaw, a hynny ar urethyn tew. Sef a wna hwnnw, tardu cornwydon trwydaw a sugnaw y gwenwyn y maes, ae didoluryaw ynteu. *id.* 76, Kymer wreid y liliwm gwynn . . . [c]ymysc ac olew, ac ychydic o wynn wy a gossot hwnnw ar liein, a dot wrthaw y bore ar nos, ac ar vwyhaf vo or *plastyr* hwnnw goreu vyd. *c.* **1400** *Études* vii. 282, kymer yr eruinen wyllt a gwna *blastyr* o hwnnw [*sic*] ac ef a'e hegyr [brath] drachefyn. *id.* 312, yr holl elieu a'r *plastreu.* *c.* **1400** *ChO* 6, Mi a wnaf *blastyr* ytt, yr hwnn a'th wna yn iach. *id.* 7, gwneuthur *plastyr* a wna [cythraul] o gynnulleitua ac amylder goludoed bydawl, a'e dodi yn llygeit y prelat y ystoppiaw y olgyon ar ysprydolyon betheu. **1545** *CM* 1, 538, gwna *blaster* o sugynn smalaidg a gwyn wy. *Diw.* **16**g. *WLB* 6, Da yw *plastr* or kennin. **1615** R. Smyth: *GB* 168, bwytta i *plasterau* ai eliau i dorri i newyn. **1759** J. Evans: *PF* 31, Hyn a ettyl y Gofid hyd oni bo'r *Plaster* wedi ei iachau ef. Cf. D. Owen: *RL* 158, os daethoch chi yma gyda'r meddwl o roi *plaster* ar y dolur ddaru i chi achosi, mae'ch neges yn ofer.

(*b*) Past o galch, tywod, a dŵr (ac weithiau rawn neu ffibr arall) a daenir ar wal, nenfwd, &c., i roddi wyneb llyfn sy'n caledu wrth sychu; gypswm (wedi ei falu a'i ddefnyddio i wneud addurniadau ar nenfydau, waliau, &c.); hefyd yn *dros.* ac yn *ffig.*: *plaster (for wall, &c.); gypsum (for mouldings, &c.); also transf. and fig.*

15g. *OBWV* 118, Pa le y taria, plat oerwyn? / *Plastr* hud, pwy a lestair hyn [i'r eira]? **1547** *WS*, *plastyr*, a plaster. **1606** E. James: *Hom* ii. 115, gwneuthpwyd hwy [delwau] o goed, cerrig, *plastr* a mettel. **1620** *Ecclus* xxii. 17, fel *plastr* têg ar bared llyfn. **1632** *D*, *plastr*, gipsum. **1722** *Llst* 189, *plastr*, m.p. *plastrion*, *terion*, a plaister. **1753** *TR*, *plastr*, a plaister to daub with, a parget. [**1761**] *GGJ* 75, bydd eich *Plaster* yn wastad. **1778** *W*, *plastr* d.g. *parget* [*plaister for cielings, &c.*]. **1803** *P*, *plastyr*, s. m. pl. *plastrion* . . . a plaister, a daub.

Amr.: **plaister** [bnth. S. *plaister*]. **1711** H. Powel: *TY* 265. **1771** *PDPh* 10, 85. **plastar** (ll. *-au*, *-on*, *-s*). **16–17**g. (*Gesta Rom*) *LlGC* 13076, 7b, arfer wers or ddiod hynn ar *plastarau.* **16–17**g. *HG* 28, *plastar* Paris. **1658** R. Vaughan: *PS* 452, iachau y briw . . . trwy *blastar.* [**1762**] E. Powell: *HEI* 11, bydd yn well gennoch brynu'r *Plastaron* rhinweddol a ganlyn. Ar lafar, ''Well iti roi *plastar* ar y briw 'na'; 'Os wyt ti'n mynd i gerad, 'well iti fynd â digon o *blastars*'; 'Ma'r *plastar* ar y wal 'ma wedi cracio'.

Cfn.: **plastr garw:** *roughcast.* **1907. p. gludiog:** *sticking-plaster.* **20**g. **p. glynu = p. gludiog. 20**g. **p. (plastar) Paris:** *plaster of Paris.* **15–16**g. *GIF* 66, Pwyntio bron canpunt o bris / plas derw pur o'r *plastr Paris* [i blas Wiliam Mathau]. **16–17**g. *HG* 28, pais ywchel bris, *plastar paris* / plwm plygiau llenn, am i cheven [i blas Margam]. **yn blastar (ar):** *covering, all over, in a mass (on).* **1787** E. Roberts: *PCF* 16, A nhwythe'r bedlemod a ddoen at i dŷ, / Oi ddeutu yn tynnu fel tonn . . . / Ar fyrr gwelir hwy *yn blaster ar* blwy. Ar lafar, ''Odd defid *yn blastar ar* 'i ddulo fa', 'Fe ddæth y tosod mæs *yn blastar ar* 'i wynab a'; ''Roen' nhw yno'*n blastar*'. **yn b. o:** *plastered with, full of, covered with.* Ar lafar, 'Ma' dy wyneb di'*n blastar o* sbotie heddi 'to', 'Mae'r lle'*n blastar o* dai erbyn hyn', ''Rodd y wal *yn blastar o* bosteri'.

plastrad, gw. **plastriad.**

plastraf, plastriaf: plastro, plastrio [bf. o'r e. *plastr*] *bg.a.* Taenu plastr ar (wal, nenfwd, &c.), hefyd yn *dros.* ac yn *ffig.*: *to plaster, also transf. and fig.*

1547 *WS*, *plastrio*, plaster. **1606** E. James: *Hom* ii. 118, celfyddydau peintio, *plastro*, cerfio, neu doddi. **1657** RE: *CDd* 274, drwy *blastrio* neu briddo i fynu bôb ûn, (yn enwedig os bydd efe gydymaith dâ iddynt hwy) am bobl onest grefyddol. **1696** *CDD* 44, Pan aeth y clai trosto [Alexander], fei codid i *blastrio*, / Ni stoppieu [*sic*]'r gwŷnt atto gardottŷn. [**1761**] *GGJ* 73, *Plastrwch* y mîr [*sic*] yn o dew . . . ac wedi iddo sychu *Plastrwch* . . . ef Trosto d[ra]chefn. **1778** *W*, *plastro* d.g. *to parget* [*cover with plaister*]. **1803** *P* d.g. *plastriaw.* **1808** M. Williams: *BM* 30, fe gafodd ystafell yma ei *phlastro* o newydd. **1860** *AUA* 238, hi a gymmerodd . . . uwd . . . ac a'i *plastrodd* yn ysgafn ar frest Wil. Ar lafar, 'Paid *plastro*'r menyn'; 'wedi *plastro*'r stori ymhob man' 'having spread the story everywhere', *WVBD* 433; hefyd yn yr ystyr 'rhoddi cosfa i'.

Amr.: **plastero** [bf. o'r e. *plaster*]. **1891.**

plastredig [bôn y f. fl.+*-edig*] *a.bfl.* Wedi ei blastro: *plastered.*
1841.

plastriad, plastrad [bôn y f. fl.+*-iad*[1], *-ad*] *eg.* Y weithred o blastro; plastrin, gwaith plastr: *(act of) plastering; plastering, plasterwork.*

1604–7 *TW* (*Pen* 228), *plastriat* d.g. *lorica . . . lorica testacea.* **1780** *W*, *plastrad*, *plastriad* d.g. *a plaistering.* **1803** *P* d.g. *plastriad.* Ar lafar yn y De am 'gweir, cosfa', 'Beth 'nuthe les i hwnna yw 'itha' *plastrad*'.

plastriaf: plastrio, gw. **plastraf: plastro.**

plastrin [bnth. S. *plastering*] *eg.* (Gwaith) plastr ar wal, nenfwd, &c.: *a plastering, plasterwork.*

20g. Ar lafar yn gyff., 'Fe dorron' nhw'r *plastrin* i gyd wrth gario'r 'en biano 'na fewn'.

plastrwr, plastriwr, plastrydd [bôn y f. fl.+*-(i)wr*, *-ydd*[3]] *eg.* ll. *plastrwyr*, *plastryddion.* Un sy'n plastro waliau, &c.: *plasterer.*

1604–7 *TW* (*Pen* 228), *plastriwr* d.g. *crustarius.* **1722** *Llst* 189, *plastrwr*, m. a plaisterer. **1762** *ML* ii. 491, Gwaith seiri coed a cherrig, gwaith sglateriaid a *phlastrwyr.* **1780** *W*, *plastrwr*, *plastrydd* d.g. *plaisterer.* **1803** *P*, *plastriwr*, s. m. pl. *plastrwyr*, a plaisterer.

Amr.: **plaisterwr** [*plaister+-wr*]. *c.* **1720** *CIF* d.d. **plasterwr** [*plaster+-wr*]. **1768** J. Roberts: *R* 127.

plasty [*plas+tŷ*] *eg.* ll. *plastai.* Plas, tŷ mawr (uchelwr neu fonheddwr), yn enw. un yn y wlad, maenordy, neuadd, llys, hefyd yn *ffig.*: *mansion, country house, manor-house, hall, court, also fig.*

Diw. **15**g. *Pen* 67, 100, vn gwmpas a *fflas tai* fflur [Hywel Dafi i blas Gwilym ap Hywel]. **17**g. *DCR* 233, Ar cerddorion yn cyrchv dan bared y *plasdv.* **17**g. Huw Morus: *EC* i. 15, Llin Pilstwn, llawna *plastai.* **1703** E. Wynne: *BC* 13, 'hangle o *Blasdy* penegored mawr. **1716–18** *Llsgr R. Morris* 41, Yn iach imi leni wneuthur melina / na *phlasdai* brith enwog na phandai brethyna. **1723** WM: *PGG* 67, [*P*]*lâs-dy* goreurog y Pechadur Bonheddig. **18**g. *Beirdd y Berwyn* 92, Bonddigion union enwog, / Mewn pob *plasdy*, closdy clyd. *Diw.* **19**g. *SE MS* 379a, *plasty* . . . In colloquial use a residence superior to a farmhouse and inferior to a good-sized gentleman's seat.

plastyr, gw. **plastr.**

plât, plat, plad, &c. [bnth. S. C. *plate* neu'n uniongyrchol o'r H. Ffr.] *eg.* (bach. g. *platyn*; b. *platen*, ll. *-nau*) ll. *plat(i)au*, *platys*, *plâts*, *pladau.*

1. (*a*) Llestr (bwyd) bas (crwn) o borslen, pridd, &c., hefyd yn *ffig.*: *(food) plate, also fig.*

1681 S. Hughes: *AC* 19, *pláts*, trenshwrne, a lledwade. **1685** *Art* 12, [*p*]*lât* ir Bara. *c.* **1689 (1802)** L. William: *Sherlyn Benchwiban* 26, Tyllu pedill, twyllo pobol, / A wna'r Iuddew anrhinweddol; / . . . / Ei *blattiau* cryfa fo ydyw crefion / Trwsiwr hylaw, toes yw'r hoelion. **1760** *W Ballads* 77B, 7, Fe doddodd Lewis yr holl *blattie* / Oedd gynt yn ddisglaer a'r hen ddysgle. **1768** Twm o'r Nant: *CTh* 49, Treinsiwreu, a *Phlats*, yn hyn o Le, / Fel pette a Dyscla Pewter. Ar lafar yn gyff. yn y ff. *plât*; yn sir Benf. yn y ff. *plat*, *GDD* 228. Clywid gynt ym Morg. '*plâts* coed' 'wooden bowls'. Dywedir am rywun sydd â llawer o orchwylion, &c., yn disgwyl wrtho fod ganddo 'ddigon (ormod) ar 'i *blât*', ac am un a dderbyniodd rywbeth manteisiol heb orfod ymdrechu amdano, iddo ''i gael ar *blât*'. Yn nwyrain Morg., clywir yr ymad. 'Beth sy ar y *plât* 'eddi?' 'Beth yw'r cynlluniau ar gyfer heddiw?'

(*b*) Saig (o fwyd); melysyn ar ffurf teisen fflat; hefyd yn *dros.*: *dish (of food); sweetmeat made into a flat cake, plate; also transf.*

15–16g. *TA* 35, Pob rhyw saig o'r plas, pob rhyw siwgr *plâd*, / Pob sewer i'w gwrs, pob sîr a gad. **1578–80 (17–18**g.) *Cylchg LlGC* vii. 276, Cawl Pliwt a diawl *platt* tewdwbl / Clochia dirdra daear-drwbl [dychan Hywel ap Syr Mathew i Fynydd Hirddywel].

2. (*a*) Darn fflat cymharol denau o fetel, gwydr, neu unrhyw sylwedd anhyblyg arall, llafn o sylwedd caled (e.e. ar raw); darn felly sy'n ffurfio rhan o ddyfais fecanyddol, &c.; metel a gurwyd neu a rowliwyd yn llenni; y rhan o ddannedd gosod sy'n ffitio i'r genau ac yn dal y dannedd; hefyd yn *dros.* ac yn *ffig.*: *plate of any rigid substance, blade (e.g. of spade); such a plate as part of a mechanism, &c.; sheet or plate metal; dental plate; also transf. and fig.*

c. **1400** *R* 1299. 28–9, Rac tan llosgedic dic ymdygyat. rac dirmyc iawn blyc. rac iaen *blat.* **15**g. *OBWV* 118, Pa le y taria, *plat* oerwyn? / Plastr hud, pwy a lestair hyn [i'r eira]? **15**g. *GLGC* 266, a llennau o blwm allan yn *blad.* **16**g. *GGH* 169, Ni pharodd, praff roddi pris, / Arbed wydr tŵr Bodidris, / A'i deg lwystrefn do glastrwm / Y sy'n *blât* glas iäen blwm. *Diw.* **16**g. *WLB* 28, Kymer blwm pur a thawdd ef a gwna ef yn *blat* llydan. **1773** Huw ab Huw: *DA* 6, Y ddalen, neu'r *plat*, ar yr hwn y mae y Ddeial i'w llunio. **1803** *P* d.g. *plâd.* Yn yr ardaloedd glofaol sonnir am *platie* neu *plâts*, sef 'math o lwyfan haearn a dderbyniai'r dramiau o'r carej ar ben y gwaith ac yn y llygad', *Geir Glo* 7; am '*plât* y rhaw' 'y rhan o'r rhaw a fyddai'n codi pethau', *id.* 90; ac am *plât* ac iddo'r swyddogaeth o 'newid cyfeiriad dram, e.e. ei throi oddi ar inclein i mewn i'r hedin', *id.* 115. Clywid gynt ym Morg. yr ymad. 'myn'd dros y *plâts*' 'going off the track', *LlGC* 1171, 147. Gelwir siten o dun yn '*platen*' a sonnir am 'agor *plâts*' yn y gweithfeydd tun. Yn nwyrain Morg. sonnir am '*plæt* o fenyw fawr'.

(*b*) Un o'r platiau o fetel sy'n ffurfio cotarmur; arfwisg wedi ei gwneud o blatiau metel, arfogaeth, cotarmur, mael; hefyd yn *dros.* ac yn *ffig.*: *one of the pieces of metal of which plate armour is composed; plate armour; also transf. and fig.*

14g. *GDG*[3] 249, Pan dorres, wael eres wedd, / *Plats* cron gledr dwyfron dyfredd [i'r rhew]. *c.* **1400** *YSG* i. 38, nachaf ysgwier yn dyuot a'e *blattys* ganthaw. **15**g. *DN* 77, Pryd evrfedw parod arfoll / Plu i ti sydd *platus* oll [i'r paun]. **15**g. *GGl*[2] 192, Gwisgwn blu gosawg yn *blad* / Ac yn glos o gen gleisiad [i ofyn pais o faelys]. **15–16**g. *TA* 36, Weithiau 'n troi blifiau trwy *blâd*—a gwns. *id.* 191, Plaid i'th wŷr, *plâd* a tharian, / Perwch ych ofn, perchwch wan [i Ddafydd Llwyd ab Elise]. *id.* 422, Ceiniogau, blodau, neu *blâd*, / Cnyw â dyfrlliw, cnawd afrllad [i ddiolch am farch glas]. **15–16**g. *GLM* 243, B'le dodes y bâl Dudur, / bual teg yn ei *blat* dur? **16**g. *GGH* 359, Gyrru'r plu trwy'r gwŷr a'r *plâd*, / Gwaell angau pob gollyngiad [i ofyn bwa]. *c.* **1588** *B* ii. 234, *plats*: arfau. **16–17**g. (**17**g.) *CC* 49, *platt* gwych rhag ofn pelett gwnn [Thomas Prys i ofyn pâr o arfau gwynion]. **1803** *P* d.g. *plâd.*

(*c*) Llestri, offer bwrdd, &c., o aur neu arian; metel gwerthfawr: *gold plate, silver plate; precious metal.*

15–16g. *TA* 35, Ni bu ben addien a wyddiad—y swm / A gosties degwm ych plwm a'ch *plâd.* **15–16**g. *GLM* 305, P'le tywynna *plad* henaur? / A ph'le gain siop fflagwns aur? **16**g. (*LlEG*) *Mos* 158, 311b, ir asbeiliodd Ef y dinaswr am i *blaatt* ai holl dda parodd [*sic*]. **16**g. Wiliam Cynwal: *Gw* (R. L. Jones) 660, A'th hen hoblau aur a'th win o *blâd.* *c.* **1585** *Llst* 178, 72a, ach *plat* ach perls. *id.* 97a, [c]ybyrday yn llawn *plat.* **1604–7** *TW* (*Pen* 228) d.g. *ancæsa.* **1606** E. James: *Hom* ii. 140, a *phlat*, a llestri aur, ac arian, a dillad gwerthfawr. **1615** R. Smyth: *GB* 122, ei gobledau ai *plat*, o aur ag arian.

(*d*) Pont fechan, pompren: *a small bridge, footbridge.*

1794 E. Jones: *CP* 94, tan ammod fod i'r golygwr wneuthur *plattiau* ar draws y cyfryw ffosydd. Ar lafar yn sir Ddinb., *Cymru* xlvii. 142.

(*e*) Llen neu ddarn o fetel, plastig, rwber, &c., ac un wyneb yn llyfn er mwyn cymryd testun, darlun, &c., i'w argraffu; yr hyn a argreffir oddi ar un o'r platiau hyn; plât metel, &c., arysgrifenedig (i'w ddodi ar arch, &c.): *(printing-)plate; (print taken from such a) plate; (coffin-, &c.) plate.*

[**1740**] L. Anwyl: *NG*, hysbyseb, y mae gan y Rhag-ddywededig Richard Lathrop *Blatiau* Copper wedi eu cerfio a'u Cymmerŷd yn y môdd trefnusaf.

(*f*) Llen o wydr, metel, &c., a haen o

emwlsiwn ffotograffig ar un wyneb iddi er mwyn ffurfio delwedd arno drwy ei ddangos i'r goleuni: (*photographic*) *plate*.
1936.

(*g*) *Biol.* (yn y ff. *platen*) Disg bychan diliw o brotoplasm a geir yn y gwaed a chanddo ran yn y proses o geulo: *platelet*.
20g.

(*h*) *Drg.* Un o'r llenni anhyblyg o graig y tybir eu bod yn ffurfio crofen allanol y ddaear: *plate* (*in geol.*).
20g.

Cfn.: **platiau alcam (alcan):** *tin plate.* **1938. plât,** &c., **arch:** *coffin-plate.* **1885** D. OWEN: *RL* 265, Roedd o run fath a bydase gyno fo *blât arch* ar i frest o hyd. **p. bach:** *tea plate.* Ar lafar, *Geir Geg* 146. **p. bara menyn:** *bread-and-butter plate.* Ar lafar, *Geir Geg* 146. **p. (y) casglu:** *collection-plate.* **1920. p. cig:** *meat-dish.* **20g.** Ar lafar yn gyff., *Geir Geg* 146. **p. cinio:** *dinner-plate.* Ar lafar yn gyff., *Geir Geg* 146. **p. copr:** *copperplate* (*also of handwriting*). **[1740]** L. ANWYL: *NG*, hysbyseb. **p. cymundeb:** *communion-plate, paten.* **20g. platyn esgid:** *tip-plate of a boot.* Ar lafar yn sir Benf., *GDD* 228. **plât,** &c., **ffotograffig:** *photographic plate.* **20g. p. ffwrn:** *oven shelf.* Ar lafar yn nwyrain Morg., *Geir Geg* 146. **p. haearn:** (i) *flat-iron, smoothing-iron.* Ar lafar gynt yn ardal Llan-non, Cered., '*plat haearn*', *B* xiv. 280. (ii) *rectangular piece of metal fixed to the lower side of the wheel of a drag to prevent it wearing.* Ar lafar gynt, *Medel* iii. 4. **p. landio:** *iron plate on which a load or an empty wagon is received* (*in a slate-quarry*). Ar lafar yn y chwareli llechi. **p. pres:** *brass plate.* **1896. p. rhif:** *number-plate* (*on vehicle*). **20g. p. te:** *tea plate.* Ar lafar, *Geir Geg* 146. **platiau tun:** *tin plate.* **1931.**

plataid, platiaid, pladaid [*plât, plat, plad*+*-aid*[1], *-iad*[2]] *eg.* ll. *plateidiau, pladeidiau.* Llond plât, cynnwys plât, hefyd yn *ffig.*: *plateful, also fig.*
1844. Ar lafar, '*plated* o fara menyn', *Geir Geg* 164–5.

platan [bnth. S. *platan*] *e?g. Bot.* Planwydden, *Platanus*: *plane tree.*
16g. (1763) W. SALESBURY: *LlM* 66, Dail ar wedd y pren *platan. id.* 188, lle tyfo y coed *platan* ne yr masarn.

platen, gw. **plât.**

plater [bnth. S. C. *plater* neu'n uniongyrchol o Ffr. Lloegr] *eg.* Dysgl neu blât fflat i ddal bwyd, hefyd yn *dros.*: *platter, also transf.*
14g. *OBWV* 94, Olwyn oer, wylo a wnai; / Planed rhuthr angerdded rhus, / *Plater*, lwfer wylofus [Gruffudd Gryg i'r lleuad].

platfform [bnth. S. *platform*] *eg.* ll. (prin) *-ydd, -iau.* Llwyfan, esgynlawr, llawr dyrchafedig mewn gorsaf reilffordd i hwyluso mynd ar drenau a dod oddi arnynt, darn gwastad dyrchafedig o dir: *platform.*
1867.

platiad, gw. **plataid.**

platiaf[1]**: platio** [bnth. S. (*to*) *plat*] *b?a.* Taenu'n wastad: *to spread flat.*
1547 *WS*, *plattio*, platte. **17g.** *LlGC* 13215, 376, *plattio*, sadeiddio.

platiaf[2]**: platio** [bnth. S. (*to*) *plate*] *ba.* Gorchuddio â haen denau o fetel: *to plate.*
20g.

platiaf[3]**: platio** [bnth. S. (*to*) *plait*] *ba.* Plethu (gwallt): *to plait* (*hair*).
Ar lafar yn nwyrain sir Drefn., '*platio*'i gwallt', *Cymru* liii. [31].

platiaid, gw. **plataid.**

platina [bnth. S. *platina*] *eg.* Platinwm: *platinum.*
1823.

platineiddio [cfdds. o'r S. (*to*) *platin*(*ize*) +*-eiddio* (At.)] *ba.* Gorchuddio â haen o blatinwm: *to platinize.*
1937.

platinwm [bnth. S. *platinum*] *eg.* Elfen fetelaidd ariannaidd hydwyth hydrin a geir mewn mwynau nicel a chopr; mae'n gallu gwrthsefyll gwres uchel a chemegolion ac fe'i defnyddir mewn gemwaith, offer labordy, &c. (symbol Pt; rhif atomig 78): *platinum.*
1916.

platonaidd [cfdds. o'r S. *platon*(*ic*)+*-aidd*] *a.* Yn perthyn i'r athronydd o Roegwr Platon (?–347 C.C.) neu i'w ddysgeidiaeth, nodweddiadol o Blaton neu ei ddysgeidiaeth; ysbrydol yn hytrach na rhywiol (am gariad neu gyfeillgarwch): *Platonic*; *platonic.*
1824.

Platoniad [cfdds. o'r S. *Platon*(*ist*)+*-iad*[3]] *eg.* ll. *-iaid.* Platonydd: *Platonist.*
1725–6 *Madd Ed* 170, Yr oedd y *Platoniaid* yn arfer dywedyd, nad yw Gwybodaeth, ddim arall ond Coffadwriaeth. **1762** D. ROWLAND: *PA* 110, Stoïciaid, *Platonieid.*
Cfn.: **Platoniad Newydd:** *Neoplatonist.* **1858.**

Platoniaeth [cfdds. o'r S. *Platon*(*ism*)+*-iaeth*] *eb.* Dysgeidiaeth yr athronydd o Roegwr Platon (?–347 C.C.) a'i ddilynwyr: *Platonism.*
1790 W. RICHARDS: *LlA* 22, y broffes grist'nogaidd, y philosophyddiaeth ddwyreiniol, a'r hyn a elwid y *blatoniaeth* newydd. **1791** *Dialogous* 8, Cyriliaeth, Apolynariaeth, *Platoniaeth*, a chant o opiniwnau o'r fath.
Cfn.: **Platoniaeth Newydd:** *Neoplatonism.* **1790** W. RICHARDS: *LlA* 22. **1791** *Dialogous* 9, cymmysgu athrawiaeth Crist â'r *Blantoniaeth* [*sic*] *newydd.*

Platonig [cfdds. o'r S. *Platon*(*ic*)+*-ig*[2]] *a.* Platonaidd: *Platonic.*
1930.

Platonist [bnth. S. *Platonist*] *eg.* ll. *-iaid.* Platonydd: *Platonist.*
1725–6 *Madd Ed* [viii], megis ag y dywedoedd [*sic*] y *Platonistiaid.*

Platonydd [cfdds. o'r S. *Platon*(*ist*)+*-ydd*[3]] *eg.* ll. *Platonwyr.* Un o ddilynwyr yr athronydd o Roegwr Platon (?–347 C.C.), un sy'n arddel Platoniaeth: *Platonist.*
1725–6 *Madd Ed* 371, Ymddadl... a wnâ'r *Platonydd* dros Rinwedd. *c.* **1730** *Thos. Lloyd D* (LlGC) 194a, *Platonydd*, a Platonist.

platshyn [bnth. S. taf. *platch*+*-yn*[1]] *eg.* ll. *platshys.* Rhan, tamaid, smotyn: *part, bit, piece, spot.*
Ar lafar ym Morg., '*platshyn* o baent', 'Ma *platshys* mawr o damprwdd ar un wal'.

platsien [bnth. S. taf. *platch*+*-en*] *eb.* Joch o sudd baco neu boer: *squirt of tobacco juice or spittle.*
Ar lafar yn sir Benf., *GDD* 228.

platŵn [bnth. S. *platoon*] *eg.* ll. *platynau.* Israniad o gwmni o filwyr, uned dactegol dan orchymyn lifftenant wedi ei rhannu fel arfer yn dair adran; grŵp o bobl yn gweithredu gyda'i gilydd: *platoon.*
1916.

platyn, gw. **plât.**

platypws [bnth. S. *platypus*] *eg. Swol.* Hwyatbig, *Ornithorhynchus anatinus*: (*duck-billed*) *platypus.*
20g.

plauaf: plauo, gw. **plaf**[1]**: plau.**

plawdd [3 un. pres. myn. bf. ddiffygiol; ?bnth. Llad. *plaud*(*et*)] *bg.a.* Tery, cura: *strikes, beats.*
12–13g. (**17g.**) *B* iv. 45, nys *plaud* nep nes no heneint. **14g.** *T* 34. 8–9, ys kyweir vyg kadeir yg kaersidi. Nys *plawd* heint aheneint auo yndi. *id.* 56. 10–11, py va diua py tir a*plawd. id.* 59. 25–60. 1, neyt vryen a*blawd.* Cf. S. LEWIS: *Blodeuwedd* (1948) 51, A'th gariad di yw'r gadair yng Nghaer Siddi / Nas *plawdd* na haint na henaint a fo ynddi.

ple [bnth. S. *plea*] *eg.b.* ll. *-on. Cyfr.* Haeriad a wneir gan rywun neu ar ei ran i gefnogi ei achos mewn llys barn, ateb y diffynnydd mewn llys barn i gyhuddiad neu indeitment; esgus, cyfiawnhad, ateb, apêl, erfyniad neu gais taer, dadl: *plea* (*in law*); *excuse, justification, answer, appeal, plea, argument.*
16g. DAFYDD BENWYN: *Gw* 427, Mor wych yw'r *ble*, mawrwych blaid, / mawr genym o'r Morganniaid. **17g. (1692)** *B* x. 45, Fe ddaw Swyddogion gwŷch o dre / i droi pawb i maes o'i lle / wrth gynnal rhyw ymrysson *ple* / cyn briwa'r delwe meirwon. *c.* **1730** *Thos. Lloyd D* (LlGC) 194a, *ple*, a plea. **1744** *CMC* 67, mi ddangosaf . . . Pa ham y mae yn edrych arno [y Cyfamod], ac felly pa fodd y mae yn ddadl neu yn *ble* mor gymmwys wrth ymbil am Drugaredd. **18g.** E. T. RHYS: *DA* 2, rho'wch wybod mewn rhyw fodd, / 'Waith bod eich llyfrau, / A'ch 'sgrifeniadau, / I'w gwel'd mor olau, / A'r 'sgrythyr sy'n rhoi lle, / Wel'd pwy sy'n gwirio'r geiriau, / Pan fo'n eich plith fath *ble*? **1767** J. THOMAS: *TFFf* 68, rhaid ei hatteb a'i distewi beunydd a'r *ple*, [*sic*] hwn,—Yn yr Arglwydd y mae i MI gyfiawnder. **1770** *TG* iii. 11, Mae hyd yn oed Paganiaid heb esgus gwir, na *phle.* **1790** T. JONES: *TOS* 22, Ammherffaith, neu ddim a fydd ein gwasanaeth yma iti. O, derbyn *blê* dy blentyn, 'yr yspryd sydd yn barod, eithr y cnawd sydd wan . . .'. *id.* 232, [y] cyfaddefiad yna a fydd yn *blê* i'th erbyn, os ti o'th wirfodd a esgeulusi y peth wyt yn addef ei fod yn ddyledswydd arnat. **1792** P. WILLIAMS: *TG* 12, ni chaiff y plant farw am bechod eu Tad; pe buasai y rhai a ddywedant hyn yn ddibechod, fe fuasai rhyw bwys yn eu *ple.* **1800** C. EVANS: *EJU* 91, Gwnaethai *ple*'r ail-fedyddwyr y tro'n erbyn eu henwaediad hwynt. Ar lafar ym Morg. a sir Fyn. yn yr ystyr 'sgwrs, dadl'. Cf. *LlGC* 1171, 149, Beth yw'r *ple* mawr sy nawr?
Cfn.: **heb ble:** *without a doubt.* **1725** D. LEWIS: *GB* 313. **1762** D. ROWLAND: *PA* 24. **1788** J. THOMAS: *CS* 21.

Gw. hefyd **comin-plas.**

p'le, gw. **pa**[1]**—p. le.**

pleb (*plèb*) [bnth. S. *pleb*] *eg.* ll. *-iaid, -s.* Un o'r bobl gyffredin: *pleb.*
1938. Ar lafar.

pled, plet[2] [bôn y f. *pledìaf, pletiaf*[2]: *pledio, pletio*] *eg.* ll. *pledion.* Ple, y weithred o bledio, plediad: *plea, pleading.*
20g. Ar lafar yn sir Benf. yn yr ystyr 'sgwrs; ennyd o hamdden', *SC* vi. 124; 'Ma Dafy wedi cwrdd a William Philib yn rhwle, a ma'r ddou yn câl *plèt*', *GDD* 228.

pledaf[1]**: pledu, pledaf**[2]**: pledo,** gw. **peledaf: peledu, plediaf: pledio.**

pleder [bnth. S. *pleader*] *eg.* Plediwr mewn llys barn, adfocad: *pleader in a court of law, advocate.*
15g. *GGl*[2] 213, Cyfreithiwr, holwr haelwych, / . . . / *Pleder* ar bob hawl ydwyd, / Powls oll ar gomyn plas wyd [i Sieffrai Cyffin, cwnstabl Croesoswallt]. **16–17g.** HUW MACHNO: *Gw* 23, Parod ieithydd pur doethwych, / Perffaith ŵr o gyfraith gwych; / Pur heb le twn, parabl teg, / *Pleder* yn y Templ wiwdeg [i Siôn Llwyd].

Gw. hefyd **plediwr.**

plediad [bôn y f. ddil.+*-iad*[1]] *eg.* ll. *-au. Cyfr.* Y weithred o bledio neu ddadlau achos mewn llys barn, un o'r honiadau ffurfiol (ysgrifenedig gan amlaf) a wneir bob yn ail gan y pleidiau mewn achos cyfreithiol: *a pleading* (*in law*).
17g. *DCR* 189, Ni thal koweth y brenin / itti mor ddevbin / na chann kimin / o gyngor: / na *phlediad* kyfreithiwr / penn vych ir vath gyflwr.

plediaf, pledaf[2]**, pletiaf**[2]**: pled(i)o, pletio** [bnth. S. (*to*) *pled, plete*, ff. ar *plead*] *bg.a.*

(*a*) *Cyfr.* Cyfarch llys barn fel adfocad ar ran plaid, dadlau (achos cyfreithiol), datgan ple mewn llys barn ynglŷn ag euogrwydd neu gyfrifoldeb am drosedd, hefyd mewn cyd-destun *ffig.*: *to plead* (*in law*), *also in a fig. context.*
16g. (*LlEG*) *Mos* 158, 54a, [*p*]*lettio* y matte/r gar bron [diwyg.] kyuraith y brenin. **16g.** DAFYDD BENWYN: *Gw* 193, Marchog o barlment a fv mhob fenter: / yn orav y gwelad doe'n *pledo* mater; / yno y kae vendith, yn y kyfiawnder, / a'i barch ag ymbarch, Selydd gwlad Gamber. **16–17g.** *GST* i. 698, Yng nghwrt Fenws, wiwdlws wen, / Yn ustus glân ar lannerch / Rho drugaredd, maswedd merch; / A chydwybod lle rhodio, / Ar y fainc siry' yw fo; / Cyfiawnder, o burder ben, / Yma *pledia* mal Plowden. **16–17g.** *CRC* 143, Mi a entria ynghwyn yn drefnys / y mysg y gŵyr kariadvs / ir kowrt mwya o fewn y byd / sy ir brenin kvwpid nwyfvs / Mi a fynna wŷr i gwestio / a fv yn y kowrt yn *pledio.* **1658** R. VAUGHAN: *PS* 40, Gweddi y Cyfreithiwr . . . Na âd i mi gynghori neu *bledio* ar gam tros vn dyn, eithr yr [*sic*] vnion tros bawb oll . . . mal y gellych dithau yr hwn wyt fy marnwr, fod yn ddadleuwr trosof fi: i *bledio*, im rhyddhau. **1672** R. PRICHARD: *Gw* 345, O dere Farnwr cyfion, / A Barna di f'achosion; / . . . / Mâb Duw bydd di Ddadleuwr, / I *bledo* [:- Ddywedyd] dros dy wsnaethwr. **1687 (1715)** J. OWEN: *TB* 34, Ymddangosodd y Carcharwr o flaen y Barnwr, a deisyfodd arno i gael y gwr mewn Cap glâs oedd yn

bressenol i *bledio* trosto. **1688** S. HUGHES: *TSP* 61, [c]lyfraith gwirionedd yn scrifennedig ar ei wefusau ef . . . yr oedd efe yn sefyll, fal ped fuasai fo yn dadleu [:– *Pledio*] â Dynion. **1714** D. LEWYS: *CN* 35, O ceisiwn Writ i godi'r Cwyn, / Cawn Dwrnei mwyn i *bledio*. **1766** *CD* 82, A Gwyr y Gyfraith hwythe, / Ar Twrneiod a fydde, / O bob tu ir Barr yn *Pledio*, / Am fatter a fae iw Wrando.

(*b*) Erfyn yn daer, eiriol, apelio, cynnig fel esgus neu gyfiawnhad, honni, dadlau (dros), ymryson: *to plead, appeal, offer as an excuse or justification, assert, argue (for), debate*.

16g. WILIAM CYNWAL: *Gw* 21, Ail Blatw wrth drwyadl *bletio*, / A geisiodd a fynnodd fo. *Diw.* **16g.** *Rhyddiaith Gymraeg* i. 121, y mae hithav yn *pledo* ddarfod yddi hi oddef kur a dolur mawr ar i anedigaeth ef i'r byd. *c.* **1590** *RC* xlvi. 81, dauth yr hen vran drychefn, ag i mae ef yn *pledo* ag yn dwedvd i mynn ef i gymar ailwaith. **16–17g.** *LlCy* xi. 234, May r gorchmynion Na Ladd neb / Na na oddineb fentrüs / . . . / Ddwchi yn *pledo* mwy noch rhann / Ag etto yn wann yr esgüs. **16–17g.** *Cer RC* 47, Pan glybu'r penadur ddigio o'i feistir, / Rhyw dduloes o ddolur a ddaliodd mor flin; / Fo dybiodd yn ofer fod gantho ffrins lawer, / A *bledie* i fater i'r brenin. **1672** R. PRICHARD: *Gw* 135, Hi gaiff gan Dduw wrando ei chysur, / Hi gaiff gan Ghrist *bledio* [:– Dadleu] ei dolur. **1677** C. EDWARDS: *FfDd* 32, *plediodd* dyscawdwyr Cristnogaidd eu hachos o flaen y gorthrymwr, oni lareiddiodd ef. **1732** *RE* 81, Mae gan Fedŷdd y credadyn Heneiddrwydd iw i *Bledio*, sef môr Hên a Joan fedyddiwr. **1735** S. THOMAS: *HP* 247, Yr Offeiriaid Pabaidd yma, hwy a wnaent ddrygau . . . hwy a *bledent* ac a scrifenent dros Opiniwnau Arminius. **18g.** E. T. RHYS: *DA* 4, Fel hyn, gan gulni enaid, / Mae plaid y Calfinistiaid / Y[n] *pledio*'n astud, / I'r dyn gael ei ddarparu, / Mewn arfaeth, cyn ei eni, / I wae neu wynfyd. **1790** T. JONES: *TOS* 295, cawn . . . Ddafydd yn yr un salm weithieu yn *pledio* a'i enaid ei hun, ac weithieu a Duw. **1795** *R. Crusoe* 95, Gofynnais iddynt, beth oedd ganddynt i'w hamddiffyn eu hunain, Yna *plediasant* addewid y Capten, o drugaredd. Ar lafar yn yr ystyr 'dadlau' yn sir Drefn., Cered., sir Benf., a'r De, *SC* vi. 124; 'Fe *bletiff* a chi nes bo fa'n ddu yn 'i wymad', LlGC 1171, 149; ''Odd a'n *pleto*'r du yn wyn bod 'ynny'n wir'.

Gw. hefyd **pleidiaf: pleidio.**

plediwr, pledwr [bôn y f. fl. + -(*i*)*wr*] *eg.* Adfocad, un sy'n pledio mewn llys barn, eiriolwr: *advocate, pleader, intercessor*.

17g. HUW MORUS: *EC* i. 241, Llong heb un llongwr, sydd berygl ei chyflwr, / A dinas heb swcwr na *phlediwr* i'w phlaid; / A gwlad heb un penaeth, a ddigwydd yn ddiffaeth, / Gan anrhaith y gyfraith, ag afraid. *c.* **1730** *Thos. Lloyd D* (LlGC) 194a, *pledwr*, Q. 194. **1759** *BC* 165–6, Mae etto'n gyfryngwr, rhwng Dyn a'i Greawdwr, / Yn sefyll yn *Blediwr*, Fe edwyn ein cyflwr, / Ein Twrna a'n gwaredwr, gwir odiaith. Ar lafar yn sir Benf. yn y ff. *pledwr* yn yr ystyr 'dadleuwr', *SC* vi. 124, ac ym Morg. yn y ff. *pletwr*, ''En *bletwr* poenus yw e'.

Gw. hefyd **pleder.**

pledr, gw. **bledr** (At.).

pledraf, peledraf: p(e)ledru, pledro [?bf. o'r e. *paladr* dan ddyl. y f. *p(e)ledaf*: *p(e)ledu*; cf. hefyd *pledren*², *pledryn*] *bg.a.* Bwrw, taflu, lluchio, peledu, hefyd yn *ffig.*: *to strike, throw, pelt, also fig.*

Ar lafar yn sir Ddinb., sir Drefn. a Meir., hefyd yn yr ymad. '*pledro* arni' 'bwrw arni', *B* xiv. 296.

pledren¹ [bnth. S. Diw. Cyn. *bledder* 'bladder' + -*en*; am *b-* > *p-*, cf. *planced, plocyn*] *eb.* ll. -*ni*, -*nau*. Un o nifer o fathau o godenni pilennol a geir mewn rhai anifeiliaid ac sy'n dal naill ai troeth neu fustl neu awyr, (rhan o) un o'r rhain a drinnir i'w ddefnyddio at amrywiol ddibenion (e.e. i ddal bloneg, fel pêl-droed, fel plastr); chwysigen, pothell; chwysigen, bwrlwm; hefyd yn *ffig.*: *bladder; vesicle, blister; bubble; also fig.*

1699–1700 E. LHUYD: *SH* 63, ev a ddichon lester i *fledren* [*sic*] godi ar losg. **1722** *Llst* 189, *pledren*, f. pl. -*drennau*, a bladder. **1725** D. LEWIS: *GB* 80, mae'r Dwfr yn cael ei nailldu oddiwrth y Gwaed, ac wedyn y mae'n mynd oddiyno trwy amryw Bibelleu ir *Bledren*, ac oddiyno allan. *id.* 133, Nid yw'r . . . Tarth ond *Pledrenni* bach anweledig o Ddwfr. **1756** W. WILLIAMS: *GDC* 66, A thyma'r Awyr eilwaith sy'n codi'r Dwr i'r lan, / O'r Môr mawr maith diyspydd yn fân *Bledrenni* gwan. **1761** *ML* ii. 356, I have not quite repaired the damage done my *pledran* the late jaunt, rwy'n gallu eistedd a sefyll a cherdded fal dyn arall yn awr. *c.* **1762–79** W. WILLIAMS: *P* 26, addurnau . . . sy'n perthyn i Wyr wnaeth rhyw wroldeb, sef gwisgo *pledren* y Bw[y]stfil hwnnw a laddasant wedi ei ch[wy]thu i fynu yn dynn. **1771** *PDPh* 10–11, chwydd mewn Cymmalau. Enneiniwch y fan â Tharr Barbadoes . . . gan ei orchuddio a *phledren*. *id.* 71, berwch lwyaid o flawd ceirch . . . ynghyd a dwy wns o Senna . . . Ceisiwch *bledren* a gynhwyso'r cwbl. **1784** M. WILLIAMS: *S* ii. 31, Ei theneuhad sy'n hawdd i brofi trwy osod *pledren* wâg lle tebygech na fyddai'n cynnwys ynddi ddim aer. **1803** *P.*

Amr.: **pladren**² [?dan ddyl. S. *bladder*]. **1677** *TC* 3a, chwysigen, *pladren*. **1770** *TG* iii. 119. Ar lafar ym Morg. yn y ff. *pladran*, e.e. '*pladrenni* sepon', '*pladran* o lard'.

Cfn.: **pledren (pladren) awyr:** *balloon.* Ar lafar yn ne-ddwyrain Morg., '*pladran awyr*'. **p. ar yr ymennydd (ei ymennydd, &c.):** *water on the brain.* **1770** *TG* iii. 119. Ar lafar ym Morg., 'Ma *pladran ar 'i fennydd* a'. **p. ddŵr:** *urinary bladder.* **1815.**

Gw. hefyd **bledr** (At.).

pledren², gw. **paladr.**

pledrennaf: pledrennu [bf. o'r e. *pledren*¹] *bg.* (Peri) pothellu, chwysigennu: *to (cause to) blister, become blistered.*

[**1762**] E. POWELL: *HEI* 67, weithiau mae gwraidd eu Tafodau'n chwyddo, ond nid ydynt yn Chwysigenu, neu'n *Pledrenu*.

pledryn, pledwr, gw. **paladr, plediwr.**

plefiaf: plefio, plefian [?bnth. S. (*to*) *play*] *bg.* Chwerthin (yn uchel), cael hwyl, bod mewn hwyliau da: *to laugh (loudly), make merry, have fun, be in high spirits.*

Ar lafar yn Arfon, *TGG* (1904) 46, *WVBD* 434. Cf. K. ROBERTS: *PD* 76, Chwarddai a *phlefiai*'r rhan fwyaf yn y caban adeg cinio.

plegid [< *plegyd*, bnth. Llad. *placitum* 'barn, penderfyniad'; geir. a phetrus yw rhai o'r ystyron a roddir isod, gan mai tywyll yw llawer o'r enghrau. cynnar] *eg.*, fel rhan o ardd. cfns., ?a hefyd gyda grym arddodiadol. Plaid, tu, ochr; rhan; cefnogaeth; achos, rheswm: *party, side; part; support; cause, reason.*

13g. *A* 14. 2, Gododin gomynaf dy *blegyt* (*id.* 23. 10, oth *blegyt*). *c.* **1300** *H* 15b. 22–3, Gwedy cardu rwy gwedy kerteu byd. gwedy gwyd *plegyd* y plygeiniau (Einion ap Gwalchmai). *Dchr.* **14g.** *id.* 29a. 27, Gwr ryuw dd' diuewyl *blegyt* (Bleddyn Fardd). *c.* **1400** *R* 1201. 10–11, arbefyr ysbryt. ar borth yr byt. ar les *blegyt*. arlwys blygein. *id.* 1219. 17–18, llyw llym grym gryt oth dewr *blegyt* nyth hirblygwyt. *id.* 1272. 39–40, seithvryt sathyr *plegyt* pla. *c.* **1400** *B* ii. 275, Yr eryr ratlawn *blegyt* / athovynnaf heb ergryt / pwy yssyd naf ar pob yspryt. **1632** *D*, obleid . . . O blegid, ex parte. A . . . *Plegid*, pars. *id. plegyd*, idem quod Plaid. **17g.** *LlGC* 13215, 376, plygid & *plegid*, causa. **1688** *TJ*, *plegŷd*, plaid: part, side or party. ?**1789** *BDG* 493, Cyn dwyn fy ysbryd, / A'm lliw byw o'r byd, / A'm rhoi mewn gweryd, / *Blegyd* blygiad.

Amr.: **plygid, plygyd.** *Dchr.* **17g.** *J* 10, 131b, *plygid*, causa. **1714** R. PRYDDERCH: *GD* 119, o'u *phlygid* [*sic*]. **1803** *P*, *plygyd*, s. m. a part, party or side.

Cfn.: **i'm plegid (i'th b.):** *on my (your) account; on my (your) side; to my part, as my portion.* **13g.** *MA*² 220a. 5. *c.* **1300** *H* 10a. 29, 40a. 18, 98b. 5. *c.* **1400** *R* 1212. 17. **o'i b. (o'm p., &c.):** (i) *because of him (me, &c.), on his (my, &c.) account or behalf, for his (my, &c.) sake.* **13g.** *A* 23. 10. **13g.** *MA*² 220a. 57. *c.* **1400** *R* 1385. 32–3. *c.* **1400** *Ked AA* 3. **1790** TWM O'R NANT: *GG* 191. (ii) *about or concerning him (me, &c.).* **1632** J. DAVIES: *LlR* 2. **1735** S. THOMAS: *HP* 17. **1767** I. BRYDYDD HIR: *Gw* 222. **o'r p.:** *on that account.* **1595** M. KYFFIN: *DFf* [100]. **1712** T. WILLIAMS: *CDdG* 628. *c.* **1730** *Thos. Lloyd D* (LlGC) 194a. **ym mh.:** *with relation to, in respect of.* **1710** *LlGG* sig. b1r, cospi pob camwedd yn erbyn y Cyfreithiau dywededig *ymmhlegid* (**1664** *id.* sig. d2v, ynghymlehgyd [*sic*]) y Llyfr Rhagddywededig. **1803** *P*, *ym mhlygyd*, *ymhlegyd* d.g. *plygyd*. **yn ei bl.:** *on his (its) account; concerning him (it).* **14g.** *GIG* 67, Lleiaf person a llëyg / Gyfyd '*n ei blegyd*, neu blyg. **1764** I. BRYDYDD HIR: *Gw* 184, am y boen a gymmerasoch *yn ei blegid* [llyfr]. *id.* 186, Nid af ddim i chwanegu ym mhellach ar destun mor bruddaidd, ac ni fuaswn yn yngan *yn ei blegid* ond wrth wr mor dda.

Gw. hefyd **oblegid.**

pleiars [bnth. S. *pliers*] *eg.* ac *e.ll.* Gefel a ddefnyddir i afael mewn pethau bychain ac i blygu a thorri gwifrau, gefel blygu: *pliers.*

20g. Ar lafar, 'Mae arna' i ofn fod y *pleiars* wedi torri—bydd raid 'i drwsio fo'; 'Ma'n rhaid imi gal *pleiars*—cer i' nôl nw o'r bocs tŵls'; hefyd yn gyff. yn yr ymad. 'pâr o *bleiars*'.

pleidaf: pleido, gw. **pleidiaf: pleidio.**

pleidair [*plaid* + *gair*¹] *e?g.* Pleidlais, mynegiad o ddymuniad, &c., mewn penderfyniad: *vote, voice in a decision.*

1798 *WR* d.g. *suffrage.* **1809** T. JONES: *CCA* 323, mae ein *pleid-air* a'n llais cyffredinol yn cael ei gymmeryd mor garedig, a phe baem yn medru manwl-bennodi pob un.

pleideb [*plaid* + -*eb*] *eb.* Pleidlais, hefyd yn *ffig.*: *vote, also fig.*

1850.

pleidebaf: pleidebu [bf. o'r e. bl.] *bg.* Pleidleisio: *to vote.*

1850.

pleiden [*plaid* + -*en*] *eb.* ll. -*nau*. Plaid o wiail neu o ystyllod, ffens o ddrain a gwiail; ?mating: *hurdle, wattle, fence of thorns and rods; ?matting.*

1722 *Llst* 189, *pleiden*, f.p. *dennau*, a thin web of rushes (straw &c.). **1753** *TR*, *pleiden*, a hurdle of rods wattled together, a fence made with thorns and rods. Glam. **1803** *P.* Ar lafar ym Morg. yn y ff. *plīdan*, *B* xvi. 100.

pleidfawr [*plaid* + *mawr*] *a.* Lluosog, lluosog ei gefnogwyr, a chanddo deulu mawr, tylwythog: *numerous, having many supporters, having a large family or many kinsmen.*

14–15g. *IGE*² 264, Pan ddêl cythreuliaid *pleidfawr* / I gyd i'n ceisio'n un gawr (Siôn Cent). *id.* 298, Pan êl enaid dyn *pleidfawr*, / Pair dwyn mwg, i'r purdan mawr (Siôn Cent). **1588** (**17g.**) *CC* 337, mastr Thomas melwas miloedd / Powell dai fraint *pleidfawr* oedd [marwnad Thomas Powell gan Rys Cain].

pleidgais, pleitgais [*plaid* + *cais*¹; ynglŷn â'r sillafiad -*dg*-, cf. *pleidgar* isod] *eb.* Cais am gefnogaeth mewn etholiad neu apwyntiad drwy ymofyn am bleidlais: *a canvassing, canvass.*

18–19g. *Llr* C 17, 174, *pleidgais*, canvas.

pleidgar, pleitgar [*plaid* + -*gar*; mae tystiolaeth yr enghrau. yn gryf yn erbyn y sillafiad *pleitgar*, ac ansicr yw grym -*tg*- yn yr ail engh. isod] *a.* Pleidiol, rhagfarnllyd, ymbleidiol; cefnogol, ffafriol: *partial, biased, factious; supportive, favourable.*

1567 *TN* 344b, cynghori y may y fod yn dda eu ymynedd . . . y dderbyn gwir 'air Dyw, ac na bont *pleidgar*. **1604–7** *TW* (*Pen* 228), dyn *pleitgar* d.g. *partiarius*. *Dchr.* **17g.** *J* 10, 131b, *pleidgar*, partiall. **1632** *D*, *pleidgar* d.g. *partiarius*. **17g.** *LlGC* 13215, 376, *pleidgar*, partialis. **1771** J. REES: *H-A* 59, Haelioni ac eluseni a ddichon ddeilliaw oddi wrth egwyddor o falchder ac yspryd *pleidgar*. **1773** *W* d.g. *factious*. **1790** *Prif Crist* 37, anghlaerder ymadrodd, camgyfiaethad, neu y llwch a gyfyd gan boethder ysgrifennyddion *pleidgar*. **1803** *P.*

pleidgarol [*pleidgar* + -*ol*] *a.* Pleidiol, rhagfarnllyd: *partial, biased.*

1827.

pleidgarwch [*pleidgar* + -*wch*¹] *eg.* Y cyflwr o fod yn bleidiol, rhagfarn, partïaeth, ymbleidiaeth; cefnogaeth: *partiality, bias, partisanship, factiousness; support.*

1773 *W* d.g. *factiousness, partiality.* **1776** DEWI NANTBRÂN: *AN* 229, Hunangarwch sydd yn ochri gyda fym anwydau, ac yn fy mradychu i *bleidgarwch*, tuag attynt. **1793** T. JONES: *SD* 83, [y] fath ffosydd o gyfeiliornadau, hunan-wrthwynebiad, *pleidgarwch*. **1803** *P.* Cf. *AUA* 34, Gwŷr Eglwysig a Beirdd a fyddant y prif Gyhoeddwyr . . . ond nid oes drws cauad yn erbyn un Blaid neillduol . . . Pwy bynag a ysgrifeno, gadawed i'w *Bleidgarwch* gysgu.

pleidgarwr [*pleidgar* + -*wr*] *eg.* ll. -*wyr*. Person pleidiol neu ragfarnllyd, partisán: *partial or biased person, partisan.*

1822.

pleidgeisiaf: pleidgeisio [bf. o'r e. *pleidgais*] *bg.a.* Canfasio: *to canvass.*

1850.

pleidiaeth [*plaid* + -*iaeth*] *eb.g.* Pleidgarwch, partïaeth, ymbleidiaeth; cefnogaeth: *partiality, partisanship, factiousness; support.*

1797 J. ROBERTS: *C* 24, Duw gyrr y Partiaeth, a'r *ple*[*i*]*diaeth* o'n plith.

pleidiaf, pleidaf: pleid(i)o [bf. o'r e.

plaid, ?ac adran (*b*) hefyd dan ddyl. *plediaf*: *pledio*] bg.a.

(*a*) Bod o blaid, ffafrio, bod yn bleidiol (i), ochri (â), cefnogi, cymryd rhan (rhywun): *to be in favour of, favour, be partial (to), side (with), support, take (someone's) part.*

1567 *LlGG* 133a, yn ol y vuchedd honn bot yn ddir gwnethyr cyfri i'r barnwr cyfiawn, gan ba vn y bernir pob dyn, eb *pleidio*. **1604–7** *TW* (*Pen* 228), *pleitio* gyt ac vn yn erbyn vn arall mewn cynghaws d.g. *subscribo*. *Dchr.* **17g.** *J* 10, 131b, *pleidio*, to bee partiall, sto. **1632** *D*, plaid, *pleidio* . . . à parte alicujus stare. **1672** J. LANGFORD: *HDdD* [ix], ein cymdeithion, iè ein caredigion nessaf yn fynych yn *pleidio* yn y Rhyfel ymma i'n herbyn. **1688** *TJ*, *pleidio*: to take part with one side or other. **1803** *P*.

(*b*) Pledio, hefyd mewn cyd-destun cyfreithiol: *to plead, also in legal context.*

13g. *AL* ii. 128, Os tridydyt ken *pleydau* ydedeu emaes edivarnu en oes er argluyd pyeifo emaes edyd hwnu; os guedy *pleydaw* ydivarnu en tragewydaul. **15g.** *GLGC* 296, Tri lle *pleidion'*, troen' ddireidion, / o try eidion i'r tir adwydd. **16–17g.** *Cer RC* 49, Y rheini . . . / Gerbron y Brenin nefol uwchben, / A *bleidian'* yn gyfa, ni fynnan' mo'u naca. **17g.** *DCR* 187, Pryssvrwch os mynnwch / rhyhir na theriwch / a *phleidio* na cheissiwch / vn gronyn. [**1710**] GW. AB IERWERTH: *SB* 48, yn *pleidio* ar ei [*sic*] Dduw ein cymorth ni yn ôl ei addewid. **1722** T. EVANS: *PS* 57, Y mae'n rhaid *pleidio* hyn trostynt. Ar lafar yn ne-ddwyrain Morg. gynt yn yr ystyr 'pleidleisio', "Odych chi wedi bod yn *pleidio*?'

pleidiog [*plaid*+*-iog*] *a.* Pleidiol, partïol, rhagfarnllyd, partisán, ymbleidiol; cefnogol, ffafriol: *partial, biased, partisan, factious; supportive, favourable.*

16–17g. EDWARD URIEN, &c.: *Gw* 194, Gregynog *bleidiog*, troes ei blodau—mawr / Marw Mastr Lewys Blaeniau. **1621** E. PRYS: *Ps* [36b], ti o Arglwydd ydwyd dda, / i'th bobloedd a thrugarog, / I'r rhai a alwant arnat ti, / mae dy ddaioni'n *bleidiog*. **1677** R. JONES: *BB* 138, Galw dynion yn *bleidiog* oni byddant o'u plaid hwy. **1677** *TC* 2a, *bleidiog*, vn yn gwneuthur party. **1722** *Llst* 189, *pleidiog* . . . partial, party-auxiliary. **1725** T. BADDY: *CS* 38, Beth yn y Sulamithes hon / yn dirion a ganfyddwch? / Yn Gynnulleidfa *bleidiog* dda / Tyrfa dau lu mewn heddwch. **1735** J. EVANS: *YMS* 52, O fy Nuw, dymchwel fi attat ti dy hun, yn llaw yr hwn . . . a elli ortrechu unol nerthwch fy ngelynion *pleidiog*. **1773** *W* d.g. *factious*. **1774** S. HARRIES: *YAOC* 12, yspryd cul, *pleidiog*, rhagfarnllyd. **1803** *P*.

pleidiol, pleidol [*plaid*+*-(i)ol*] *a.* Yn ffafrio un blaid neu ochr yn fwy na'r llall (yn enw. yn anghymedrol neu'n gibddall), partïol, rhagfarnllyd, partisán, ymbleidiol; cefnogol, ffafriol; yn perthyn i blaid wleidyddol, &c., yn dynodi plaid wleidyddol, &c.: *partial, biased, partisan, factious; supportive, favourable; pertaining to or denoting a political party, &c.*

16g. SIÔN BRWYNOG: *Gw* 67, Un rhad yn rheidol abl waed yn *bleidol* / Wiliam yn eidol lew mwynedig [i Wiliam Glyn]. **1604–7** *TW* (*Pen* 228) d.g. *iniquus, socius, a, um.* **1632** *D* d.g. *partiarius*. **1658** R. VAUGHAN: *PES* 13, gwneuthur henwa[u] o Grist o Paul o Cephas yn enwau o *bleidiol* ymwahaniad. **1707** *AB* 113b d.g. *partialis*. **1722** *Llst* 189, pleidiog, *pleidiol*, pleidgar, partial, party-auxiliary. **1772** D. RISIART: *HFP* 57, na ddiystyra ormod ar dy elyn, rhag dy farnu yn *bleidiol*. **1775** *EDPP* 57, Pharisead . . . â'i gyfiawnder gwag, *pleidiol*, rhagrithiol. **1777** W. DAVIES: *CHL* 127, Ni welir ond rhai ysgrifennadau *pleidiol* . . . nad ydynt wedi eu ystaenio ag yspryd hunan-dŷb. **1803** *P*.

pleidioldeb [*pleidiol*+*-deb*] *eg.* Pleidgarwch, sectyddiaeth; agwedd neu gyflwr ffafriol: *partiality, sectarianism; favourableness.*

18–19g. *Llr* C 33, 141, Nid yw Salmyddiaeth y cynnulleidfaoedd newyddion ond cymmysg anferth o anwybodaeth, Gwŷn cnawdol . . . *pleidioldeb*[,] & dychymyg.

pleidiwr, pleidwr, pleidydd [bôn y f. fl. +*-(i)wr, -ydd*[3]] *eg.* (b. *pleidwraig*) ll. *pleidwyr, pleidyddion.*

(*a*) Cefnogwr (plaid), cynhaliwr, noddwr, partisán; plediwr, dadleuwr, twrnai, bargyfreithiwr; parti (mewn cytundeb); sectydd: *(party) supporter, upholder, patron, partisan; pleader, advocate, attorney, barrister; party (to an agreement); sectarian.*

Dchr. **15g.** *IGE*[2] 189, Drwg fu'r gaeaf gorddu gwrdd, / Fawr dew gap, fwrw dy gwpwrdd. / Pla drwyddaw, *pleidiwr* Eiddig (Llywelyn ab y Moel)! **15g.** *GGl*[2] 42, *Pleidiwr* a holwr yw hwn, / *Pleidiwr* gwiw paladr Gïwn [i Ieuan ab Einion]. **16g.** *WLl* 229, Paladr y gwaed *pleidiwr* y gwan / Piler twf ple r wyt Ifan. **1567** *LlGG* 43b, pwy a ymryson a mi: Savwn ynghyt: pwy ywr *pleidiwr* [:– dadlewr] im erbyn? *a.* **1587** *Y* 35, Mynyd a thi i mi, i'm oes, / Ymbosio, mae bai eisoes: / Pregethwr wyd, *pleidiwr* plwyf, / Parod ddadl prydydd ydwyf. **16–17g.** LLYWELYN SIÔN, &c.: *Gw* 527, Y mae oerllef am jayrllin / i *bleidwyr* gwent, blodav'r gwin / . . . / marw vn wraig, merion wraidd, / o vryd henwaed fryttaniaidd. **1604–7** *TW* (*Pen* 228), *pleitiwr* d.g. *litigator, subscriptor*. **1611** R. SMYTH: *SG* 157, *yplaidwyr* ne'r heretigiaid. **1722** *Llst* 189, *pleidwr*, an abettor; assistant, party-man; a pleader; baretour [*sic*]. *c.* **1730** *Thos. Lloyd D* (LlGC) 193b, *pleidydd, pleidiwr*. *id.* 195a, *pleidiwr*, pleader, patron, litigator. **1778** *W*, *pleidiwr, pleidydd* d.g. *partisan, party-man*. *c.* **1785–90 (1829)** *CBYP* 140, Edward Dafydd a'i cant, i *bleidyddion* Crwmwel. **18–19g.** *Iolo MSS* 44, Dug Gwrtheyrn Gwrtheneu y Saeson i Ynys Prydain yn *Bleidyddion* iddaw. **1800** W. OWEN[-PUGHE]: *CP* 63, y *pleidiwr* cyndynaf am yr hên arfer. **1803** *P* d.g. *pleidiwr, pleidydd*.

(*b*) (yn y ff. *Pleidiwr*) Aelod o Blaid Cymru, un sy'n cefnogi Plaid Cymru: *member or supporter of Plaid Cymru.*

20g.

pleidlais [*plaid*+ *llais*] *eb.* ll. *-leisiau.* Mynegiad (ffurfiol) o farn, dymuniad, ewyllys, &c. (e.e. drwy godi llaw neu farcio papur), yn enw. er mwyn dewis rhwng ymgeiswyr mewn etholiad, neu dderbyn neu wrthod cynnig mewn cyfarfod, &c., cyfanswm y fath fynegiadau, y farn a leisir ar un adeg neu gan un corff o bobl, dyfarniad a wneir yn y dull hwn; grŵp o bleidleiswyr a chanddynt nodweddion cyffredin ac uniaethol; dull o bleidleisio; y weithred o bleidleisio, balot; hawl i bleidleisio (yn enw. mewn etholiad cyhoeddus): *vote; a voting, ballot; suffrage.*

18–19g. *Llr* C 17, 174, *pleidlais* suffrage. Cf. D. OWEN: *SP* 127, [p]an basiwyd y ddeddf i roi fôt i bob tŷ-ddaliwr, ac iddo ddeall fod ganddo *bleidlais*, nid oedd trin arno.

Cfn.: **pleidlais fwrw**: *casting vote.* **20g.** **p. gudd:** (*secret*) *ballot.* **1848.** **p. o (ddiffyg) ymddiriedaeth:** *vote of (no) confidence.* **1898.**

pleidleisfa [*pleidlais* neu fôn y f. ddil.+ *-fa, ma*] *eb.* Man pleidleisio yn ystod etholiad, gorsaf bleidleisio: *polling-station.*

1875.

pleidleisiad [bôn y f. ddil.+*-iad*[1]] *eg.* Pleidlais: *vote.*

1828.

pleidleisiaeth [*pleidlais*+*-iaeth*] *eb.* Hawl i bleidleisio (yn enw. mewn etholiad cyhoeddus): *suffrage.*

1843.

Cfn.: **pleidleisiaeth gyffredinol:** *universal suffrage.* **1851.**

pleidleisiaf: pleidleisio [bf. o'r e. *pleidlais*] *bg.a.* Bwrw pleidlais, penderfynu neu benodi drwy bleidlais: *to vote.*

1833.

pleidleisiol [*pleidlais*+*-iol*] *a.* Yn perthyn i bleidleisio: *pertaining to voting.*

1833.

pleidleisiwr, pleidleiswr, pleidleisydd [bôn y f. fl.+*-(i)wr, -ydd*[3]] *eg.* ll. *pleidleiswyr.* Un sy'n pleidleisio, un a chanddo hawl i bleidleisio: *voter.*

1833.

pleidol, gw. **pleidiol.**

pleidryw [*plaid*+ *rhyw*] *eg.* ?Cwmni neu dylwyth grymus neu gefnogol: *powerful or supportive host or kinsmen.*

16g. *Llst* 40, 81, *pleidryw* dwn paladyr wayw dvr. **16g.** HUW ARWYSTL: *Gw* 431, davth penn grym genym o gynnydd *pleidryw* / paladrwaed iarll glodrydd. **16–17g.** EDWARD URIEN, &c.: *Gw* 108, Paladr nen *pleidryw* Nannau. / Gŵr o waed gorau ydwyt, / Gwas gwych fel y gosog wyt. *id.* 246, Paladr o gyff *pleidryw* Gwên. **1632** *NBSF* 477, blodau 'r lle oedd *bleidryw* llawn / blaenor am oror Meiriawn.

pleidwr, pleidwraig, gw. **pleidiwr.**

pleidwriaeth [*pleid(i)wr*+*-iaeth*] *eg.* Cefnogaeth; plaid, ochr: *support; party, side.*

15g. *GLGC* 33, mae Ffrainc yn wag iawn am ffraeth—flodeuyn, / mae Prydyn derwyn heb *bleidwriaeth*. *id.* 101, Arwain eryr o'r henwriaeth / deuluwriaeth hyd elorau, / ac ar weryr gwnewch garwriaeth / . . . / a *phleidwriaeth* rhag bradwriaeth, / a milwriaeth ym moly aerau. **1803** *P*.

pleidydd, gw. **pleidiwr.**

pleidyddol [*pleidydd*+*-ol*] *a.* Rhagfarnllyd, pleidiol, partïol; yn perthyn i blaid neu bleidiau gwleidyddol: *biased, partial; party-political.*

1869.

pleingaid [?cf. Llad. *plangō* 'curaf, curaf fy mynwes, galaraf'] ?*bg.* ?Ymladd, brwydro: *to fight, battle.*

13g. *A* 37. 5–6, nys adraud gododin in dit *pleigheit* (*id.* 34. 15, pleimieit) na bei cinhaual cinelueit. **14g.** *T* 30. 1–2, Digonwyf digones y lyghes. o beleidyr o *bleigheit* pren wres.

pleiniaf: pleinio, gw. **plaeniaf: plaenio.**

pleinsiaf, plinsiaf, pilensiaf: pl(e)insio, pilensio [?bnth. S. (*to*) *pillage*] *bg.* Manteisio, elwa; chwilenna, chwiwladrata: *to take advantage, gain; purloin, pilfer.*

Dchr. **17g.** *J* 10, 131b, *pleinsio*, to get advantage. **17g.** *LlGC* 13215, 376, *pleinsio*, lucror, manteisio. **1693** *TYGD* 10, Y rhai sydd yn darnguddio, ac yn *pilensio* (*Filch, Steal or Rob*) er mwyn eu cyfeillion. **1707** *AB* 219c, *pleinsio*, to gain. S. **1725** *SR*, *plinsio* d.g. *to gain*. *c.* **1730** *Thos. Lloyd D* (LlGC) 195a, *pilensio* . . . pilfer, purloin. *Plinsio*. **1744** *CM* 120, 19, Fe geiff y gwyr cywaethogion / *Bleinsio* oddiar gymdogion. **1753** *TR*.

pleintydd [cfdds. o'r S. *plaint(iff)*+ *-ydd*[3]] *eg.* ll. *-ion.* *Cyfr.* Achwynydd: *plaintiff (in law).*

20g.

pleisen, pleisien [bnth. S. *plaice*+*-en*] *eb.* ll. *pleis(i)od.* *Pysg.* Lleden, e.e. lleden goch neu frech, *Pleuronectes platessa*, lleden chwithig, *Solea solea*: *flat-fish, e.g. plaice, sole.*

1707 *AB* 114a, Lleden y môr; (S.W. *pleisen*, a plaice) d.g. *passer*. **1725** *SR* d.g. *a sole-fish*. *c.* **1730** *Thos. Lloyd D* (LlGC) 195a, *pleisen*, Dem, a plaise, passer marinus. Ar lafar yn sir Benf., *GDD* 228, *SC* vi. 124.

Gw. hefyd **ples**[2].

pleitgais, pleitgar, gw. **pleidgais, pleidgar.**

plejaf: plejo [bnth. S. (*to*) *pledge*; ansicr yw'r ystyr yn yr ail ddfn.] *ba.* ?a hefyd fel *bg.* Gosod dan ymrwymiad (megis) drwy wystl neu adduned, ?gwystlo: *to bind (as) by a pledge or promise, ?pledge.*

17g. E. MORRIS: *B* 56, *Pledgio*'r gwr, yr y'chwi i'w garu / Yn enw Iesu, ni awn i Gymru, / Dan ganu ond casglu côd. *Diw.* **17g.** *CLlC* iv. 29, Ag os gofyn rhai o'r dynion / Pwy troai 'n faith o jaith y Saeson / Ag os *pledgia* nêb o'r cwmpas / Dyweded pawb mae Ieuan Domas. **1716–18** *Llsgr R. Morris* 87, a chida chenad i mam ai thad / a thylwuth y tu gida hynnu / mina *bledgia* mun os medra. *id.* 199, gida ych cennad chwi sydd yn gwarchad / mine *bledja* fy mun ara.

plemys [bnth. S. *plums*; anodd cyfrif am yr *-e-*] *e.ll.* (un. b. *-en*). (Coed) eirin: *plums, plum trees.*

c. **1600** *March C* 24, Ar ddwylan yr afon yr oedd yn tyfu goed afalau, coed per, coed *plemys*, coed oliff. **18–19g.** *IMCY* 225, Cain o fodd y canfyddir / *Plemmys* lle bu'r dyrys dir, / Rhesau mwyn lle'r ymlwynant / O'r eirin mair a gair gant. *id.* 230, Afalau a phêr filoedd / Aml res an dug hirles hoedd / Ceirioes a *phlemys* cwrel / Ac eirin im min fal mêl. **18–19g.** *CRIM* 102, Plannu coedydd, yn ŵr dedwydd, / Impo ffrwythau ar eu bonau, / Afalau, pêr, *plemys* lawer, / Rhywiau tir Ffrainc yn goed ifainc. *id.* 103, Nid oes imi efaill gerddi, / Na chwaith beren na *phlemysen*. **18–19g.** *Llr* C 51, 241, *plemysen* . . . plum. **1801** *MMf* 184, Cymmer wraidd pelydr ysbain . . . a gwna o hono dair pellen bychein yn dy law, pob un am faint *plemysen* (*Llr* C 24, 324, plwmwsen).

Gw. hefyd **plwmws.**

plên[1] [bnth. S. *plane* 'aeroplane'] *eg.b.* ll. *plenau, plêns.* Awyren, eroplen: *aeroplane.*

1927.

Amr.: **plaen**[4]. **1943**.

plên[2], **plencyn**, gw. **plân**[1], **planc**[1].

plenhigion, plenhigyn, gw. **planhigion.**

pleniaf: plenio, gw. **plaeniaf: plaenio.**

plennig[1] [tywyll yw'r ddwy engh. isod] ?*a.* ?Melltigedig, pechadurus: *cursed, sinful.*
c. **1400** *R* 1217. 8–9, arwarant eua blant *blennic.* Ar waret yr werin boenyedic. *id.* 1338. 3–4, lle dirrod dirrwyd gwrthnyssic. lle di vennwant plant *plennic* llucifer. llys uffern wennwynic.

plennig[2] [*plan*[2]+-*ig*[2]] *a.* ?Wedi ei blannu, planedig: *planted.*
16–17g. *PhA* 475, a chan bori chwaen beraidd / blaen y graps o *blenig* wraidd.

plennig[3] [?adff. o'r e. *plenhigion, plenhigyn*] *eg.* ac *e.ll.* Planhigyn, planhigion: *plant(s).*
1762 *ML* ii. 475, Dyma fi gwedi hau llawer o'r hadau mân oedd yn y box, a chwedi plannu y 27 *plennig* oedd ynddo. **18–19g.** *Llr* C 4, 14, *plenhig*, a plant.

plennydd [?adff. o *ysblennydd*] *a.* a hefyd fel *eg.* Gwych, ysblennydd: *fine, splendid.*
13g. *A* 27. 16–17, meirch eithinyn neut ynt *blennyd.* Cf. TALHAIARN: *Gw* i. 198–9, Urddas meddwl yw manwl orch'mynion, / O'i *blenydd* aidd a blanodd Iôn —yn glau.

Fel *e.* Llewyrch, goleuni: *radiance, light.*
18–19g. *Llr* C 4, 85, *plennydd* y gannwyll, y mae'r *plennydd* yn taro i mewn trwy'r ffenest. **1803** *P, plenydd*, radiance . . . light.

plensyn, plentsyn, gw. **plants.**

plentyn, gw. **plant**[1].

plentyndod [*plentyn*+-*dod*] *eg.* Y cyflwr o fod yn blentyn, y cyfnod pan fo rhywun yn blentyn, bore oes, blynyddoedd cynharaf bywyd, mebyd, babandod, hefyd yn *ffig.*: *childhood, infancy, also fig.*
1852.
Gw. hefyd **ailblentyndod, diblentyndod.**

plentyneidd-dra [*plentynnaidd*+-*dra*] *eg.* Plentynrwydd: *childishness, childlike quality.*
1838.
Cfn.: **plentyneidd-dra henaint:** *second childhood.* **1838.**

plentyneiddiaf: plentyneiddio [bf. o'r a. *plentynnaidd*] *bg.a.* Mynd neu wneud yn blentynnaidd: *to make or become childish or childlike.*
1803 *P, plentyneiddiaw*, to become childish.

plentyneiddiwch [*plentynnaidd*+-*iwch*[1]] *eg.* Plentynrwydd: *childishness, childlike quality.*
1835.

plentyneiddrwydd [*plentynnaidd*+-*rwydd*] *eg.* Plentynrwydd; plentyndod, mebyd: *childishness, childlike quality; childhood.*
c. **1585** *Rhyddiaith Gymraeg* i. 97, ffolineb ag anlladrwydd . . . sef oedd hyny *plentynaiddrwydd* bachcenyn mewn nwyfant a jenktyd. **16–17g.** (*Gesta Rom*) *LlGC* 13076, 81a, i mae ef yn airiol ar ddyn droelo i *blentynaiddrwydd* yny wsanaeth ef. **1722** *Llst* 189, *plentyneiddrwydd*, m. childishness. **1803** *P.*

plentynladdiad [*plentyn*+*lladdiad*[1]] *eg.* Y weithred o ladd plentyn: *infanticide.*
1836.

plentynnaidd [*plentyn*+-*aidd*] *a.* Tebyg i blentyn, yn arddangos nodweddion plentyn megis symlrwydd, diniweidrwydd, &c., yn perthyn i blentyn neu i blentyndod, priodol i blentyn (yn hytrach nag i oedolyn), heb fod yn addas i oedolyn, anaeddfed, ieuangaidd: *childlike, childish, infantile, juvenile.*
1703 C. ELLIS: *CG* 22, [p]ob dymuniad Calon, a hyder [diwyg.] *plentynaidd*, yr wŷf i hŷn oll yn dywedŷd. **1709** H. POWEL: *G* 18, Rhai sydd *blentynaidd* ac ynfyd iawn yn eu dibennion o wrando. **1711** H. POWEL: *TY* 97, efe a all bod gan blant, (er eu bod yn yfydd ac yn dda,) . . . feddyliau *plentynaidd* am weithredoedd eu henafiaid. **1714** IACO AB DEWI: *CB* [iv], y mae hyn yn dangos dull ei Chymdeithas *plentyneidd*, didwyll, hyderus hi a Duw. *c.* **1730** *Thos. Lloyd D* (LlGC) 194a, *plentynaidd*, childish. **1735** S. THOMAS: *HP* 221, Cyflwr pawb ac ydynt yn marw yn eu stat *blentynaidd*, eu bod yn ddifai ac yn bur. *c.* **1762–79** W. WILLIAMS: *P* 150, [y] briodas-ferch yr hon a dafl yn union ei holl hen deganau *plentynaidd* eu gid [*sic*] i'r tân. **1770** P. WILLIAMS: *BS, Luc* xviii, yspryd *plentynaidd*, (nid babanaidd). **1771** J. THOMAS: *TA* viii, heddwch Duw, sydd a'i breswylfa yn y dymmer *blentynaidd* ostyngedig darddedig o wir ffydd. **1790** W. RICHARDS: *LlA* 3, yn cyhuddo un o honynt . . . am ymddygiad *plentynaidd*. **1798** *WR* d.g. *juvenile, puerile.* **1803** *P.* Cf. D. OWEN: *RL* 10, Mae y pennodau cyntaf braidd yn ysgafn a *phlentynaidd*, er yn ddiniwed . . . yn ffyddlawn i natur.

plentynnol [*plentyn*+-*ol*] *a.* Plentynnaidd: *childlike, childish.*
1803 *P, plentynawl*, belonging to a child.

plentynrwydd [*plentyn*+-*rwydd*] *eg.* Y cyflwr o fod yn blentynnaidd (yn hytrach nag yn aeddfed), diniweidrwydd, naïfrwydd; plentyndod, mebyd; hefyd yn *ffig.*: *childishness, childlike quality, innocence, naïvety; childhood; also fig.*
1709 H. POWEL: *G* 47, ynghyflwr ei febyd a'i *blentyn*[*r*]*wydd.* **1711** H. POWEL: *TY* 283, darfu i Solomon trwy Deimlad o'i *blentynrwydd* mewn Gwybodaeth, geisio Doethineb gan Dduw. *c.* **1730** *Thos. Lloyd D* (LlGC) 194a, *plentynrwydd*, childishness. **1777** W. DAVIES: *CHL* 180, Y mae rhai dynion wedi cael eu hennyn yn fwy â'r gair symlrwydd nag y maent yn adnabod ei natur, wedi gosod yn ei le *blentynrwydd* iaith a moesau. Cf. *Trysorfa* ii. 110, yn dangos diffyg synwyr, os nid *plentynrwydd*; D. OWEN: *S* 101, Yr oedd ei ffydd yn y natur ddynol yn ymylu bron ar *blentynrwydd*, a buasai can hawsed i ddyhiryn ei dwyllo â thwyllo baban.

plentysyn, plêr, pleraf: pleru, pleriad, gw. **plantos, piler, pileraf: pileru, pileriad.**

ples[1], **plêst** [bnth. S. *pleased*] *a.* a hefyd fel *eg.*

Fel *a.* Wedi ei blesio, bodlon, wrth ei fodd: *pleased, content.*
1899. Ar lafar, ''Roedd hi'n *bles* (*blêst*) iawn ar 'i thŷ newydd'.

Fel *e.* Pleser: *pleasure.*
1929. Ar lafar yn Arfon, *EEW* 123; 'Mae'n *bles* pur cael 'u nabod'.

ples[2] [bnth. S. *plaice*] *eg.* *Pysg.* Lleden goch, lleden frech, *Pleuronectes platessa*: *plaice.*
20g.
Gw. hefyd **pleisen.**

plesaf: pleso, gw. **plesiaf: plesio.**

plesant, plesawnd, plesawnt [bnth. S. Diw. Cyn. *plesant, plesaund, plesaunt*] *a.* Dymunol, hyfryd: *pleasant, agreeable.*
15g. *GLGC* 157, chwenaw o blasau ywch yn *blesawnt.* **15–16g.** *GIF* 66, Plas yw a dâl cwpl o Sin, / Powls bron, palis y brenin. / *Plesant* yw: nid plas ond darn; / plisg ydoedd plas Hu Gadarn [i blas Wiliam Mathau]. **15–16g.** *TA* 240, Parciau, perllannau, llynnoedd, / Plasau 'n y dŵr, *plesawnd* oedd [i Arglwydd Dwdlai]. **16g.** RHISIART FYNGLWYD, &c.: *Gw* 140, Plas Gruffudd, merwerydd main, / Paradwys holl dir Prydain. / . . . / Dorau, palisau *plesant*, / Drwy asau gwal, drysau gant [i blas Gruffudd Dwnn].

pleser [bnth. S. Diw. Cyn. *pleser*] *eg.b.* ll. -*au*, -*oedd.* Cyflwr neu ymdeimlad o hapusrwydd neu fodlonrwydd, mwynhad, boddhad (cnawdol), ffynhonnell hapusrwydd neu fodlonrwydd, hyfrydwch, llawenydd, dymuniad: *pleasure, enjoyment,* (*sensual*) *gratification, delight, joy, wish.*
[**1547**] W. SALESBURY: *OSP* [iv], er mwyn Deo, nyd er *pleser* na serch arno vi. **1552** *Pen* 403, 25, *pleser* korfforawl. **16g.** HUW ARWYSTL: *Gw* 11, plas ir wlad *pleser* lydan. **16g.** *WLl* 257, Na wna ladrad frad i fro—cymmydog / Cam ydoedd i dwyllo / O *bleser* paid a blysio / I wreigan druan ar dro. *c.* **1585** G. ROBERT: *DC* [2b], i gael i hwyllys ar *blesser* bydol brwnt. *id.* 56a, fe fydde yn gan mil mwy *pleser* a chynnesrwydd weled vn or Saint na gweled tegwch yr holl fyd. **1595** H. LEWYS: *PA* 38, ef a ad iddaw gael ei *bleser* a rho/dio lle i mynno. *id.* 117, fel i cymrom ddifyrwch a *ffleser* ynthaw [daioni]. **16–17g.** *CRC* 142, A hefyd fo i ddowsse / pan faem ni yn devwedd gartre / geissio morwyn Ifank bêr / i wnevthvr *plesser* weithie. **1672** R. PRICHARD: *Gw* 70, Yr Afal hi gymrodd, a'r tammaid hi bwyttodd, / . . . / Nes caffel ansmwythder (ond ydyw'n beth sceler) / Yn dâl am y *plesser* [:– Hyfry[d]wch] aeth heibio. **1672** J. LANGFORD: *HDdD* 79, pan i'n temptir ac ûn o *bleserau* byrrion pechod, ni a allwn . . . osod yn ei herbyn hwynt ofidiáu tôst. **1701** E. WYNNE: *RBS* 72, y *pleser* mwyaf yw gorchfygu *pleser.* *c.* **1730** *Thos. Lloyd D* (LlGC) 195a, *pleser*, pleasure, pl. -*au*, -*oedd.* **1735** S. THOMAS: *HP* 249, yn ol ei Feddwl a'i *Bleser* ei hun. **1772** *W* d.g. *delight.*
Amr.: **plesyr** [bnth. S. Diw. Cyn. *plesyr*]. **1547** *WS, plesyr*, pleasure.
Cfn.: **bod yn bleser gan:** *to be pleased.* **1806.**

pleseraeth, pleseriaeth [*pleser*+-(*i*)*aeth*] *eb.* *Athr.* Hedoniaeth, Epicwriaeth: *hedonism, Epicureanism* (*in philos.*).
1899.

pleseraf: pleseru, plesera [bf. o'r e. *pleser*] *bg.a.* Rhoddi pleser neu fwynhad i, plesio; cael pleser (yn), cymryd pleser (yn), mwynhau, llawenhau, ymhyfrydu (yn), dymuno: *to give pleasure or enjoyment to, gratify, please; receive pleasure* (*from*), *enjoy, rejoice, delight* (*in*), *desire.*
1653 *MLl* i. 133, y peth na ddaw gydath di (ith *bleseru* di) ir byd a bery byth. **1756** W. WILLIAMS: *GDC* 72, Y cyfan i'n *plesseru*, a'r cyfan er ein Budd. **1759** W. WILLIAMS: *SFf* 90, Mae ef yn *pleseru* dewis . . . dirmygedig bethau'r byd. **1768** W. WILLIAMS: *HTS* 6, er eu bod yn yr un gymmydogaeth, etto pell oeddynt o ganlyn yr un ffordd: nid oeddynt yn *pleseru* yn yr un pethau. Ar lafar yn Arfon, 'Fel na mae o'n *pleseru*'i hun'.

pleserdaith [*pleser*+*taith*] *eb.* ll. -*deithiau.* Taith fer er mwyn pleser, yn enw. un a drefnir i nifer o bobl, gwibdaith, trip, picnic, hefyd yn *ffig.*: *trip, excursion, outing, picnic, also fig.*
1843.

pleserdeithio [bf. o'r e. bl.] *bg.* Gwibdeithio, picnica: *to go on a trip or excursion, picnic.*
1882.

pleserdeithiwr [bôn y f. fl.+-*iwr*] *eg.* ll. -*deithwyr.* Gwibdeithiwr: *tripper, excursionist.*
1890.

pleserdir [*pleser*+*tir*] *eg.* Tir wedi ei osod allan a'i gyfaddasu ar gyfer adloniant: *pleasure-ground.*
1872.

pleserddyn [*pleser*+*dyn*] *eg.* ll. -*ion.* Hedonydd, plesergarwr: *hedonist, sybarite, an epicurean.*
1879.

pleseredig [bôn y f. *pleseraf*: *pleseru*+ -*edig*] *a.bfl.* Pleserus, hyfryd, y gellir ei fwynhau: *pleasurable, pleasant, enjoyable.*
1672 R. PRICHARD: *Gw* 542, Pob ofer-waith *plesseredig*, / Ar y Sabboth sydd warddedig. *c.* **1730** *Thos. Lloyd D* (LlGC) 195a, *pleseredig* . . . delectans. Ar lafar ym Morg.

plesereg [*pleser*+-*eg*[1]] *eb.* *Athr.* Hedoniaeth, Epicwriaeth: *hedonism, Epicureanism* (*in philos.*).
1901.

pleserfad [*pleser*+*bad*[2]] *eg.* ll. -*au.* Llong neu gwch a ddefnyddir er mwyn pleser: *pleasure-boat.*
1848.

pleserfan [*pleser*+*man*[1]] *e?b.* ll. -*nau.* Cyrchfan (gwyliau, &c.): (*holiday, &c.*) *resort.*
20g.

plesergar [*pleser*+-*gar*] *a.* Hoff o bleser: *pleasure-loving, sybaritic, epicurean.*
1778 *W* d.g. *pleasure-loving.*

plesergarol [*plesergar*+-*ol*] *a.* Plesergar, hoff o bleser: *pleasure-loving, sybaritic, epicurean.*
1892.

plesergarwch [*pleser*+-*garwch*] *eg.* Hoffter o bleser (cnawdol), ymroddiad i bleser: *love of* (*sensual*) *pleasure, voluptuousness.*
1701 E. WYNNE: *RBS* 54, gweiniaid a hurtffol yw gwraidd y *Plesergarwch* hwn, a rheiny yw, perchi'r corph yn fwy na'r enaid. *id.* 55, Yngwrthwyneb i'r *Plesergarwch* hwn y saif Sobrwydd. *c.* **1730** *Thos. Lloyd D* (LlGC) 194a, *plesergarwch* . . . love of pleasure. **1773** J. JENKIN: *P* 13, anraslonrwydd . . . a *phleser-*

garwch, oeddynt yn amlhau agos ym mhob lle. **1780** *W* d.g. *pleasure, love of pleasure.*

plesergarwr [*plesergar*+*-wr*] *eg.* ll. *-wyr.* Un sy'n hoff o bleser: *one who loves pleasure, sybarite, an epicurean.*
1924.

plesergeisiol [*pleser*+*cais*¹+*-iol*; ar ddelw'r S. *pleasure-seeking*] *a.* Yn ceisio pleser: *pleasure-seeking.*
1898.

plesergeisiwr [*pleser*+*ceisiwr*; ar ddelw'r S. *pleasure-seeker*] *eg.* ll. *-geiswyr.* Un sy'n ceisio pleser: *pleasure-seeker.*
1894 D. OWEN: *GT* 270, Gan faint yr helynt a'r siomedigaeth i'r *plesergeiswyr* a achoswyd gan ein lletywr . . . ofnwn yn fawr y cai ei hwtio gan y bobl.

plesergwch [*pleser*+*cwch*] *eg.* ll. *-gychod.* Llong neu gwch a ddefnyddir er mwyn pleser: *pleasure-boat.*
1862.

pleseriaeth, gw. pleseraeth.

pleserlong [*pleser*+*llong*¹] *eb.* ll. *-au.* Iot (cwch): *yacht.*
1852.

pleserus [*pleser*+*-us*] *a.* Yn rhoddi pleser neu foddhad (cnawdol), y gellir ei fwynhau, yn plesio, dymunol, hoff, hyfryd: *pleasant, pleasurable, affording (sensual) gratification, enjoyable, pleasing, agreeable, delightful.*
1671 C. EDWARDS: *FfDd* 223, A chan fod y fath gariad rhwng y Cnawd a melysdra pechod, anhawdd fyth eu gwahanu yn y byd yma. Cryfaf cwlwm yw y serch *bleserus.* [**1740**] L. ANWYL: *NG* 3, y mae'r hôll ddŷn yn brawychu, yn cyffroî ac yn llefain yn grôch am ddial a'r [*sic*] ei wrthwynebwr, a'i gospedigaeth a fŷdd *bleserus* ganddo. **1753** L. OWEN: *ADdE* [iv], i wneuthur y Gwasanaeth cyhoedd yn *bleserus,* yn hyfryd, ac yn fuddiol. **1790** T. JONES: *TOS* 186, Yr ydym bawb yn dymuno am lwyddiant gwastadol am ei fod yn esmwyth a *phleserus* i'r cnawd. *id.* 300, a ydyw 'n fath bleser i bechadur wneuthur drygioni? Ac oni bydd yn *bleserus* yn wir fyw gyda Duw?

pleserwaith [*pleser*+*gwaith*¹] *eg.* Difyrrwch: *diversion, amusement.*
1894.

pleserwr [bôn y f. *pleseraf*: *pleseru*+*-wr*] *eg.* ll *-wyr.* Un sy'n ymroddi i foethusrwydd a phleser (cnawdol), un sy'n ceisio pleser: *voluptuary, pleasure-seeker.*
1926.

pleserydd [bôn y f. *pleseraf*: *pleseru*+*-ydd*³] *eg.* Hedonydd (hefyd mewn athr.): *hedonist (also in philos.).*
1899.

pleseryddiaeth [*pleserydd*+*-iaeth*] *eb. Athr.* Hedoniaeth, Epicwriaeth: *hedonism, Epicureanism (in philos.).*
1916.

plesiaf, plesaf: ples(i)o, plesu [bnth. S. Diw. Cyn. (*to*) *ples(e)*] *bg.a.* Rhoddi pleser neu foddhad (i), bod yn ddymunol, bodloni, boddio, boddhau, rhyngu bodd: *to please, satisfy, gratify.*
15g. TUDUR PENLLYN, &c.: *Gw* 92, Dam Sioned da ym swynawdd / dynion a ayth dan i nawdd / arglwyddes iawn i *fflessio* / boed iarlles farglwyddes fo (Ieuan Brydydd Hir). **1547** *WS, plesio,* please. **16g.** SIÔN BRWYNOG: *Gw* 50, O ran plasau er yn *plesu* / Ag ancresu y gwyn croesog. **16g.** *GGH* 69, Un plas digrif gan brifeirdd / Un plas byth yn *plesio* beirdd. *Diw.* **16g.** *CRC* 201, A fyno kael y Resso / Rodded y fryd ar *blessio.* **16–17g.** *DCR* 259, Ond ryfedd ir kyfredin wrth rodio terfyn tir / yn y plith i hvnuin [*sic*] na vedran ddoedvd gwir / wrth geisio *plesio* i mistred, a chwant i dyddyn da. **1672** R. PRICHARD: *Gw* 71, Trwy hwn y bodlonwyd, trwy hwn y dad ddigiwyd [*sic*], / Ac heb hwn ni allwyd ei *blessio* [:– foddloni]. *id.* 179, Rwyt ti'n mynd i dŷ putteiniaid, / I *blessio*.'r [:– Rhyngu bodd] corph, i ladd yr enaid. *id.* 456, Beth y dâl i ddyn dros ennyd, / *Blessio* [:– Boddhau] 'r cnawd a chael ei wynfyd. **17g.** HUW MORUS: *EC* i. 161, O's hoffi di weddw, di chwerw dy chwant, / Na rusa, ymrwyma, a *phlesia* di ei phlant. *c.* **1762–79** W. WILLIAMS: *P* 307, gormod o honynt naill ag o ofn y brenhin, neu o awydd i'w *blesio* ef, a gydsyniasant â'i grefydd ef. **1777** W. WILLIAMS: *DN* 41, Pa beth a'i *plesia,* a pha beth a'i blina. **1790** TWM O'R NANT: *GG* 14, Oh! Beth yw'n harfer ni bob gwyliau, / Ond *plesio* cnawdol chwant ein Boliau? Clywir y ff. *pleso* yn y De, *GDD* 228.

plesiosor, plesiosawr [bnth. S. *plesiosaur*] *eg.* ll. *-iaid.* Unrhyw un o grŵp o ymlusgiaid môr darfodedig ac iddynt gorff llydan, cynffon fer, gwddf hir hyblyg, a choesau tebyg i badlau: *plesiosaurus.*
1928.

plesog [bôn y f. fl.+*-og*] *a.* Dymunol, hyfryd: *pleasant, delightful.*
16–17g. LLYWELYN SIÔN, &c.: *Gw* 457, Archaf yr jessv rvchaf rassog / gadw y maestr tomas yr plas *plessog.*

plêst, plesyr, gw. ples, pleser.

plet¹**, plêt** [bnth. S. *plet, plait, pleat*] *eb.g.* (bach. b. *pleten*) ll. *plet(i)au, -s.*

(*a*) Plyg, yn enw. un dyblyg mewn brethyn, &c., gwrym, rhych, crych, twc; gwargrymedd, crymedd, camedd, gwyrni, tro; congl, cilfach; hefyd yn *ffig.*: *pleat, fold, wrinkle, crease, tuck; a stooping, curvature, crookedness, warp, turn; corner, nook; also fig.*
c. **1624** *CRC* 133, fel gwddw llo gwedi flingo / sydd yn *bletie* dros i ysgwydde [dychan i ferch]. Ar lafar yn y Gogledd yn y ff. *plêt, pleten* (*pletan*), *Cymru* xlvii. 142, *WVBD* 434; 'Doro *bletan* ar dy bais, mae hi'n rhy laes gin' ti', *ib.* Digwydd yng Nghered. a'r De yn y ff. *plet,* 'Fe brynodd hen feic a *phlet* yn 'i wilsen e', 'Ma'i gwinab 'i wedi mynd yn *blets* i gyd'; fe'i clywir yng Nghered. yn yr ymad. 'wedi blino'n *blet*', 'tynnu *plet* drwy' 'to take a short cut through', *Cymru* xxxiv. [121], ac yn yr ymad. 'mynd fewn yn *blet* i', ''Welodd e ddim o'r drws glàs ac fe ath fewn yn *blet* iddo fe', ac yn gyff. mewn ymad. megis 'dau ddwbl a *phlet*', 'tri dwbl a *phlet*' (am berson gwargrwm), *B* iv. 300; 'Mi ro' i di yn dy ddau ddwbl a *phlet*'.

(*b*) Sypyn neu lwyth (o wair (wedi ei dorri o'r das), gwellt, eithin, &c.), bwrn: *bundle or load (of hay (cut from a rick), straw, furze, &c.), bale.*
1899. Ar lafar yng ngodre Cered., sir Benf., sir Gaerf., a gorllewin Morg., '*plèt* o wair' 'a bale of hay', *GDD* 229; 'Y peth dwetha i'r gwartheg y nos odd *pleten* o wellt'. Cf. *CYLl* 15, Ysgwyd gwellt a'i wneud yn 'fyrnau' / Os mewn brys ca'i wneud yn '*blet-iau*'.

plet²**, pletaf: pleto, pleten,** gw. pled, **pletiaf**¹**: pletio, plet**¹**.**

pletiad [bôn y f. ddil.+*-iad*¹] *eg.* ll. *-au.* Y weithred o bletio; plet: *a pleating; pleat.*
18g. *Beirdd y Berwyn* 54, Roi *pletied* [*sic*] pur gampus o gwmpas ei gwasg [i'r bais].

pletiaf¹**, pletaf: plet(i)o** [bnth. S. (*to*) *plet, plait, pleat*] *bg.a.* Plygu('n ddyblyg); camu, troi, warpio, plygu (perth); sypio (gwellt); crychu('r gwefusau, y trwyn, &c.); mynd yn rhychiog; hefyd yn *ffig.*: *to pleat, fold; bend, buckle, warp, pleach, plash (hedge); bundle (straw); purse (one's lips), turn up (one's nose); become wrinkled; also fig.*
1547 *WS, pletio,* pleate. **1789** TWM O'R NANT: *TChB* 4, Siarad modest a *phlettio* 'i mîn. Cf. D. OWEN: *RL* 77, byddai ganddi arferiad pan yn hel ei meddyliau at eu gilydd o *bletio* ei ffedog. Ar lafar, *WVBD* 434, *Cymru* xlvii. 142, *id.* liii. [31]; 'Ma wilsen y beic wedi *pletio*'; hefyd yn nwyrain Morg. yn yr ystyr 'rhoi hem ar', '*pleto* llina'r gwely', ac am groen yn mynd yn rhychiog, 'Ma'i gwinab 'i wedi *pleto*'n fudur'. Fe'i clywir yng ngodre Cered. a sir Benf. yn yr ystyr 'igam-ogamu', ''We'r ceffyl yn *pleto* lan y rhiw â'r llwyth mowr 'na yn y cart', *SC* vi. 124; 'ysgyfarnog yn *pleto* o flaen y milgi', *Cymru* xxxiv. [121]. Cf. D. J. WILLIAMS: *ChHO* 129, ambell gota gefngoch . . . o dras honno y bu Guto Nyth Brân yn ei throi a'i *phletio* ar draed i'w chael i gorlân y defaid gynt.
Cfn.: **pletio ei geg (ei cheg,** &c.**):** *to purse one's lips.* Ar lafar yn Arfon, *WVBD* 434.

pletiaf²**: pletio,** gw. **plediaf: pledio.**

pletiog, pletog [*plet*¹, *plêt*+*-(i)og*] *a.* Wedi ei bletio; crychlyd; troellog, igamogam; hefyd yn *ffig.*: *pleated; wrinkled; twisty, zigzag; also fig.*
1824. Cf. D. J. WILLIAMS: *ChHO* 170, rhwng Brynaman a Chwm Llynfell ar ffiniau *pletiog* Caerfyrddin a Morgannwg.

pleth [bnth. Llad. llafar **pletta* < *plecta*; cf. Crn. C. *pleth,* Llyd. C. *plez,* Llyd. Diw. *plezh,* Gwydd. C. *clecht,* Gwydd. Diw. *cleacht*; ansicr yw'r engh. gyntaf isod] *eb.* (bach. b. *-en,* ll. *-ni*; g. *-yn,* ll. *-nau*) ll. *-au, -i,* (prin) *-ion,* (prin) *-oedd,* a hefyd fel *a.*

(*a*) Hyd gwellt, &c., a thair neu ragor o geinciau wedi eu cyfrodeddu ynghyd, plethiad, cyfrodeddiad, plethdorch, plethwaith, rhwydwaith, tasel; plyg, plet; hefyd yn *dros.* ac yn *ffig.*: *plait, braid, a plaiting, braiding, (inter)weaving, wreath, wattle, network, tassel; fold; also transf. and fig.*
14g. *T* 36. 5–6, drut ymyt agwryt *pletheu.* **1346** *LlA* 93, aeleu . . . [c]ynnhebic ydwy vein *bleth* o vein sidan. **14g.** *GDG*³ 92, Hoff loywgamp oedd ei phlygu, / A'i *phleth* o esgyll a phlu [i'r gerlant o blu paun]. *id.* 125, O blas cynnil bwygilydd, / O blith y gwlith i *bleth* gwlydd. *id.* 179, Ym mhlygau hir freichiau hon, / Ym *mhleth* Deifr ymhlith dwyfron. *p.* **1584** G. ROBERT: *GC* [97], henw gwan . . . na eill sefyll wrtho i hun mewn *pleth* ymadrodd. **1588** *Deut* xxii. 12, *Plethau* a weithi it ar bedwar cwrr dy wisc. **1588** 1 *Br* vii. 41, dwy *bleth* i guddio y ddau gnapp goronoc. **1632** *D, pleth,* plica, implicatio. **1688** *TJ, plêth*: a plaiting or braiding. **1722** *Llst* 189, *pleth,* f. . . . a plait, fold. **1723** WM: *PGG* 113, Nid oedd ei holl fywyd ef ond megis *Pleth* o Gystudd a Dioddefaint. **1740** T. EVANS: *DPO* 157, Nid oedd Adeilad y cyffredin yn wir ddim ond Bythau, neu *Bleth* o wiail wedi ei adail. **1753** *TR, pleth,* a plait, a braid, a wreath. **1803** *P.* Ar lafar, '*pleth*' 'plait or braid of straw', 'Bwlch *pleth*' 'a barrier of wattle', *TGG* (1907–8) 83; 'mwtro clai rhwng y *bleth*' [wrth doi to gwellt], *WVBD* 434; hefyd yng ngogledd Cered. am ran o lidiart, sef 'yr alsen groes'; clywir 'y *bleth* (fawr, dop)' am y bangorwaith sy'n cryfhau cefn cwrwgl, a '*pleth* fach' am y bleth o wiail sy'n mynd o'r gynwal ac ar hyd gwaelod cwrwgl, J. G. JENKINS: *NC* 130, 132. Mae *pleth* yn e. ar ffigur mewn dawnsio gwerin (S. 'hay') lle mae'r dawnswyr yn gweu drwy'i gilydd, yn enw. ar lun ffigur wyth; sonnir hefyd am '*bleth* ar yr ochr, *pleth* gartref' (S. 'hay on your own (side)') ac am '*bleth* groes' (S. 'cross-hay').

(*b*) Cyfrodeddiad (o wallt): *braid or plait (of hair).*
c. **1400** (*SG*) *HMSS* i. 213, erchis yr korr gymryt y wreic herwyd y *ffletheu* gwallt ae thynnu yn eu hol yr fforest. *c.* **1400** *RC* xxxiii. 438, kaffat *pleth* o wallt melyn. **15g.** *OBWV* 153, Ar iad Llio rhoed llyweth, / A noblau aur yn y *bleth.* / Gwnaed o'r *bleth* ganbleth i'r gwau, / Tair brwynen tua'r bronnau (Dafydd Nanmor). **15g.** *DE* 45, ag vwch i devrvdd rvddavr / dwy *bleth* fel y dabl avr. **15g.** *ID* 7, oni bai fod ysnoden / ymhlith gwallt *ymhlethau* gwen. **1609** *CRC* 53, oni ddengys teg i *ffleth* / imi beth trigaredd. **17g.** HUW MORUS: *EC* ii. 375, Fe aned i gred o groth, / Un wawr hoff lân, aur ei *phleth.* **1770** *W* d.g. *braid . . . of hair.* Ar lafar yn y ff. *plethen, pleth,* ll. *plethi, TGG* (1907–8) 83.

Fel *a.* Wedi ei blethu, plethedig, wedi ei gydblethu, wedi ei phlygu (am berth), cyfrodedd; wedi ei blygu; hefyd yn *dros.* ac yn *ffig.*: *plaited, braided, (inter)woven, pleached, plashed, twisted (together); folded; also transf. and fig.*
15–16g. *GLM* 321, Cywydd fal ef nis caewn: / cae *pleth* oedd bob cwpl i hwn. **1632** *D,* penwisg o goed *pleth* d.g. *anadema.* *id.* bara wedi ei wneuthur yn rhaffau *plêth* d.g. *striblita.* *c.* **1730** *Thos. Lloyd D* (LlGC) 194a, cortyn *Pleth,* BL. 86 a Twisted cord. [**1775**] H. JONES: *HGS* 3, Mi dreuthiwn ichwi ar eiriau *pleth,* / Ddiniwed [c]hwaryddieth newydd. **1787** (**1812**) TWM O'R NANT: *PG* 26, Mae gofid blin yn gafod *bleth.* Ar lafar, 'dal 'i freichia yn *bleth*', *WVBD* 434.
Cfn.: **pleth frwyn:** (*rush*) *mat.* **1632** *D* d.g. *matta, storea.* **1725** *SR* d.g. *a Matt.* **1776** *W* d.g. *mat.* **pleth (y d)dwyglun (fy nwyglun,** &c.**):** *fork (of body); rump.* *c.* **1400** [*RB*] *WM* 258. 23–5, [p]aluawt atrewis yllew ar benn ysgwyd y gwr mawr yny uyd y balaf trwy *bleth y dwyclun.* **1604–7** *TW* (*Pen* 228), *pleth dwyglvn* ederyn d.g. *orrhophigium.* *Dchr.* **17g.** *J* 10, 131b, pleth . . . *pleth y ddwyglun,* orrhophygium. **18g.** *LlGC* 833, 48, [p]*leth fy nwyglun.* **p. foresg:** (*marram-grass*) *mat.* **1604–7** *TW* (*Pen* 228) d.g. *matta.* **1632** *D* d.g. *storea.* **1776** *W* d.g. *mat.* **p. ymhleth:** *interwoven, intertwined, also fig.* **1913.**

Gw. hefyd **ymhleth.**

plethadwy [bôn y f. ddil.+*-adwy*] *a.bfl.* Y gellir ei blethu, hefyd yn *ffig.*: *which can be plaited or (inter)woven, also fig.*
1803 *P, plethadwy,* capable of being plaited or wreathed.

plethaf: plethu [bf. o'r e. bl.; cf. Llyd. C. *plezaff,* Llyd. Diw. *plezhañ*] *bg.a.*

(*a*) Gwneud yn bleth(au) (am wallt),

cyfrodeddu, nyddu'n dorch, cydblethu, plygu (perth); plygu: *to plait (hair), braid, twist (together), twine, wreathe, (inter)weave, pleach, plash (a hedge); fold.*

14g. *Pen* 5, 7b, [*p*]*lethu* coron o drein yspydat. **14g.** *GDG*³ 91, Erchais i'm bun o'm unoed / *Blethu* cainc o blith y coed. *Diw.* **15g.** *Pen* 53, 33, Manawl o beth y *plethwyt* / Mal rew a mwyawl y rwyt / Magleu a chlymmeu a chlan [*sic*] / Mil vilioedd mael o velan. **1547** *WS*, gwyll a *bletha* vwng kephyl, nyght mare. *id. plethy*, wrethe, brayde. **1588** *Barn* xvi. 13, pe *phlethit* [*sic*] ti saith o gudynnau fy mhen wrth garfan gwehydd. **1588** *Job* viii. 17, *Plethir* ei wraidd ef yng-hylch ffynnon. **1632** *D*, *plethu*, plectere, implicare, intexere. **1722** *Llst* 189, *plethu*, to plait, broid the hair, weave, twine, wreath. **1728** T. BADDY: *DDG* 51, Henadur y Cwfent a *blethodd* dywel o amgylch ein Gliniau. **1800** W. OWEN[-PUGHE]: *CP* 54, Pa brŷd bynag y *plethoch* wrysg eich caeau. **1803** *P.* Fe'i clywir yn yr ystyr 'dawnsio pleth' mewn dawnsio gwerin.

(*b*) (enghrau. *ffig.*: *fig. exx.*).

14g. *GDG*³ 13, Gwell y *plethaf*, ddewraf ddôr, / Gwawd y tafawd yt, Ifor. *c.* **1400** *R* 1286. 2–3, Bwrw vendith yn plith *pletha* dwywolder. *c.* **1525** *LlCy* xviii. 117, *Plethu* englynion cyfionwawd, / Plethiad aur wead ar wawd [marwnad Tudur Aled gan Forys Gethin]. [**1547**] W. SALESBURY: *OSP* [x], Englynion y misoedd ... llawn diarebion, eithyr we[di] eu *plethu* mor vwyn ac mor gelfyddydys. **16g.** *ADLl Dinb* 160, plethiad ag eiliad gwiw lais / o'i *blethu* ar llaw blith yw'r llais [i ofyn telyn]. **1588** *Mic* vii. 3, y tywysog a ofyn, a'r barn-wr sydd er gwobr, a'r hwn sydd fawr o honynt dywed yntef lwgredigaeth ei feddwl, felly y *plethant* ef. **1593** W. MIDLETON: *B* [1], *plethu* ag e[i]liaw kaniadau kymraig. *p.* **1605** *DCR* 240, Gwrandewch: draethiad kerdd ai *phlethv*. **1630** *YDd* 277, [c]ysylltu ympryd, gweddi, ac elusen, ynghyd yn yr vn gorchymmyn; felly y rhaid ei [*sic*] tithau eu *plethu* hwynt ynghyd. **1759** *DG* 45, *Plethi* a medri 'r ymadrodd. **1764** W. WILLIAMS: *Th* 21, areithiwr mawr ei ddawn, / A wnawd trwy rym dysgeidiaeth i *blethu* geiriau'n iawn. **1793** DAFYDD IONAWR: *CD* 21, Yn *plethu* emynnu mawl.

Cfn.: **plethu dwylo (fy nwylo,** &c.**), p. llaw:** *to fold one's hands; wring one's hands.* **1672** J. LANGFORD: *HDdD* 442, na âd i mi *blethu fy nwylo* i gyscu ynghanol cymmaint peryglon. Cf. W. REES: *AFR* 447, Ciliai Cassy yn ei hol, a chan *blethu ei dwylaw* ac edrych i fyny, 'O, Dduw mawr Hollalluog! ...' ebe hi. Cf. ymhellach T. JONES: *TP* 35, yr oedd ef yn eistedd a'i olygon tua'r Ddaiar, a'i ddwŷlo gwedi eu plethu ynghŷd; Ac yr oedd ef yn ocheneidio.

plethbin [*pleth*+*pin*¹] *eg.* ll. *-nau.* Bobin: *bobbin.*

1770 *W*, *pleth-binnau* d.g. *bobbings, or bóbbins.* **1803** *P.*

plethdorch [*pleth*+*torch*] *eb.* ll. *-au.* Blodau neu ddail a wewyd yn gylch i'w wisgo ar y pen neu i'w osod ar fedd, cerflun, &c.: *wreath.*

1794 *W* d.g. *wreath.*

plethddawnsio [*pleth*+*dawnsio*] *bg.* Dawnsio pleth (mewn dawnsio gwerin): *to dance a hay (in country dancing).*

1774 *W* d.g. *hay, to dance the hay.*

plethedig, plethiedig [bôn y f. fl.+ -(*i*)*edig*] *a.bfl.*

(*a*) Wedi ei blethu, cyfrodedd, yn cyfrodeddu, yn cydblethu, wedi ei weu (ynghyd), wedi ei blethu i ffurfio plethwaith: *plaited, braided, twisted (together), twisting (together), intertwining, (inter)woven, knit, wattled.*

14g. *GDG*³ 199, Yn grwn walc, yn goron wiw / Wyldlos, *blethedig* oldliw [i wallt Morfudd]. **16g.** *GIIIV* 24, Ysboddodd gyrrodd goron—*blethedic* / I boeni r yssic benn a roesson [i'r Grog]. **1547** *WS*, karhei *blethedic*, brayded poynt. **1567** *TN* 312b, Uelly hefyd y gwragedd, bod yddynt ymdrwsiaw mewn dillad gweddus ... nid a gwallt *plethedig*. **16g.** (**1763**) W. SALESBURY: *LlM* 111, Llindro ... yn ymgyrheyddyd or cangay bwy gilidd ac ymdro *plethedig*. **1588** *Ecs* xxviii. 14, dod y cadwynau *plethedic* wrth y boglynnau. **1588** *Job* xl. 12, gewynnau ei arennau ef sy *blethedic*. **1595** H. LEWYS: *PA* [xv], [g]wau rhwydau manyl-faisc *plethedic*, i faglu ac i ddala gwybeid. **16–17g.** *GHCEM* 10, Ac o'th ardd, gwaith o urddas, / I'th galchfrig *blethedig* blas [i'r ceiliog bronfraith]. **1620** *Ecclus* xlv. 11, gwaith cywraint o scarlat *plethedig*. **1632** *D* d.g. *implicitus, intortus, textus.* **1770** *W* d.g. *braided, platted, twisted.* **1803** *P* d.g. *plethedig.*

(*b*) (enghrau. *ffig.*: *fig. exx.*).

c. **1400** *R* 1373. 16, Mevyrdawt keudawt kerd *blethyedic*. *c.* **1525** *TA* 750, I gywydd, braisg oedd y brig, / Eilwaith awdl yn *blethedig* [marwnad Tudur Aled gan Siôn Ceri]. **1630** *YDd* 254, Os bydd araith neu ddosparth y Pregethwr yn fanylaidd neu yn *blethedig*. **1661** E. LEWIS: *Drex* 290, can ferr yw o ran yr amser ... ar byngciau a gobyngciau *plethedig* o lawenydd a gorhoen y mae hi yn rhedeg. **1696** *CDD* 3, gwreiddio yn *blethiedig* yn eu Calonnau ffrwŷthlawn ffŷdd yn y gwir Dduw. **1733** T. EVANS: *PP* 216, Nid yw Araith flodeuog, ac Ymadroddion *plethedig* yn gweddu dim yma. **1786** TWM O'R NANT: *PCG* 6, 'Rwy'n chwennych datcan cân *blethedig*. **1793** DAFYDD IONAWR: *CD* 308, Ni chlywir gan wych liaws / ... / ... / Fiwsig *plethedig* na thant.

plethedigol [*plethedig*+*-ol*] *a.* Wedi ei blethu, hefyd yn *ffig.*: *plaited, also fig.*

1592 S. D. RHYS: *Inst* 51, Participialia ... *Plethedigawl.* **16–17g.** *Cer RC* 17, O daw 'morol pwy 'nai'r carol / *Plethedigol* lathen.

plethen, gw. **pleth.**

plethgudyn [*pleth*+*cudyn*] *eg.* ll. *-nau.* Plethen (o wallt): *plait (of hair).*

1794 *W*, *plêth-gudynnau* d.g. *tress* [*a lock*] *of hair ... plaited tresses.*

plethiad [bôn y f. fl.+*-iad*¹] *eg.* ll. *-au.*

(*a*) Y weithred o blethu, cyfrodeddiad, nyddiad, gwead, plygiad (perth); yr hyn a blethwyd, plethen, plethdorch, plethwaith; peth tebyg i blethdorch (am fwg, &c.): *a plaiting, braiding, twisting (together), interlacing, weaving, pleaching, plashing; that which is plaited, plait, wreath, wattle; something resembling a wreath (of smoke, &c.).*

14g. *GDG*³ 13, Da fydd *plethiad* mad y môr—a'i hirwlych / I herwlong raff angor. *id.* 213, Gwylltion adar claear clod / Anian uthr a wna nythod. / Sef y gwnân', i dan y dail / Yn *blethiad*, gwead gwiail. **15g.** *DN* 89, Tidav, *plethiadav* ydyn, / Avr a dâl gwawd ar dâl gwyn. **15g.** *DE* 45, *plethiad* ar yr iad o rydd / or gwdyn avr egwydydd. **1567** *TN* 354b, Trwsiad yr hain nid oddiallan y bytho, megis o *blethiadau* gwallt, ac amgylch osodiad aur. **1588** 1 *Br* vii. 17, Efe a wnaeth rwyd-waith, yn *blethiadau* o waith cadwynau. **16–17g.** *GST* i. 70, Parciau, perllannau, llynnau llawnion, / *Plethiadau* gwrychau, garddau gwrddion. **1610** *IICRC* iii. 205, A phann oedd eich dau fraich Cann / Yn *blethiad* am fy ngwddw. **1632** *D* d.g. *intextus, plica, plicatura, textus.* **1722** *Llst* 189, *plethiad*, m.p. *plethiadau*, a plaiting, weaving: a wreath. **1770** *W* d.g. *a braiding of hair.* **1784** M. WILLIAMS: *S* i. 142, coffin ... dan ganopy o *bleithiadau* [*sic*] arian. **1803** *P.*

(*b*) Dull o ganu nodyn neu nodau ar y delyn: *manner of playing a note or notes on the harp.*

1561–2 *GST* ii. 312–13, *Plethiadav* sydd ddechrav kywir dannav a thynniadav ac yn tekav rrwng tynniad a chywir dant. *c.* **1566** *B* i. 143, Dowetter ... am grychiadau a *fflethiaday* a chysylltiaday a thagiaday ag ystopiaday ... A lle y savo y bys y cyfrifir y tolciaday sydd yn gwsnaythu yn lle bwadau ar *plethiaday* yn tegcay rwng tyniaday a chowirdanay ag yn ymryfaylio bob un ay gilydd ag yn dosbarthy. **16–17g.** *GST* i. 343, Pob *plethiad*, pob tyniad tant, / Pob cordiad, pob cywirdant. **17g.** *Musica* 35, y *plethiad* hir ... *plethiad* y pedwarbys ... *plethiad* y bys bach ... *plethiad* dwbl. **1803** *P*, *plethiad* ... a shake in music.

(*c*) (enghrau. *ffig.*: *fig. exx.*).

14g. *GDG*³ 81, Ba ryw ddim a fai berach / *Plethiad* no'i chwibaniad bach [i'r ceiliog bronfraith]. *id.* 375, Llyma'r gainc ar y fainc fau / O blith oed yn *blethiadau*, / O deilyngfawl edlingferch, / A brydais i â brwyd serch. *c.* **1525** *LlCy* xvii. 117, Plethu englynion cyfionwawd, / *Plethiad* aur wead ar wawd [marwnad Tudur Aled gan Forys Gethin]. **16g.** *WLl* 185, Vy mendith yw plith mewn *plethiad*—kerdd ber. **1567** G. ROBERT: *GC* 9, iachau pob gair ar i ben ihun allan o *blethiad* ymadrodd. **16–17g.** E. PRYS: *Gw* 334, Dodaist bob peth mewn *plethiad* / Dwyn ystil pob dyn a'i stad [i Siôn Tudur i ofyn prognosticasiwn]. *c.* **1600** *AP* 55, datsain mwyelchi, a *phlethiadae* yr eos, a chwibaniad bronvraith. **1728** S. RHYDDERCH: *GC* 137, [y] Llythrennau hyn ... yn nechrau y Gair Nesaf, ym *mhlethiad* Cynghanedd. **1732–3** J. OWEN: *GB* 23, yr un Tammaid o *Blethiad* Synhwyr. **1759** J. EVANS: *PF* 6, [Creadur] yr hwn y mae ei Gnawd yn agos o'r un *blethiad* a'r euddof innai [*sic*]. **1765** *Cyf C* 145, Gwnan Ganiadau llawn *Plethiadau.*

plethiedig, plethiwr, gw. **plethedig, plethwr.**

plethlinyn [*pleth*+*llinyn*] *eg.* ll. *-nau.* Cordyn wedi ei blethu, tâp crwn: *plaited cord, round tape, 'bobbin'.*

1770 *W* d.g. *bobbin* [*a kind of round tape*]. **1803** *P*, *plethlinyn*, s. m. pl. t. *au*, a plaited cord, or bobbin.

plethog [*pleth*+*-og*] *a.* Wedi ei blethu, cyfrodedd, yn gweu ynghyd, hefyd yn *ffig.*: *plaited, twisted (together), interlacing, also fig.*

1790 TWM O'R NANT: *GG* 121, Dawn gyflawn goflaid, / Grothawg *blethawg* blaid.

plethol [*pleth*+*-ol*] *a.* Yn cydblethu, yn cyfrodeddu: *interweaving, wreathing.*

1803 *P* d.g. *plethawl.*

plethraff [*pleth*+*rhaff*] *eb.* (bach. g. *-reffyn*) ll. *-au.* Rhaffau plethedig, garlant, hefyd yn *dros.*: *plaited rope, garland, also transf.*

1860.

plethwaith [*pleth*+*gwaith*¹] *eg.* ll. *-weithiau.* Peth wedi ei blethu neu ei weu, rhwydwaith o wiail (a changhennau); dellt, delltwaith; hefyd yn *ffig.*: *something plaited or woven, braid, wattle, wickerwork; lattice, lattice-work; also fig.*

1588 *Ecs* xxviii. 14, dwy gadwyn gyd-terfynol o aur coeth, o *bleth-waith* y gwnei hwynt. **1588** *id.* xxxix. 15, hwynt a wnaethant ar y ddwyfronnec gadwynau cydterfynol yn *bleth-waith* o aur pûr. **1632** *D*, *plethwaith* d.g. *textile.*

plethwr, plethiwr [bôn y f. fl.+-(*i*)*wr*] *eg.* ll. *plethwyr.* Un sy'n plethu, gwëydd, hefyd yn *ffig.*: *one who plaits or braids, weaver, also fig.*

1604–7 *TW* (*Pen* 228), *plethwr* d.g. *textor.* *c.* **1730** *Thos. Lloyd D* (LlGC) 194a, *plethwr*, a weaver, plaiter, webster. **1789** *BDG* 517, *Plethiwr*, ir-gauwr gwiail, / Peiriad hardd yn peri dail [i'r haf]. **1803** *P*, *plethwr*, s. m. pl. *plethwyr*, a plaiter, a braider, a weaver.

plethwrysg [*pleth*+*gwrysg*] *e.ll.* (un. b. *-en*). Gwiail a changhennau at wneud plethwaith neu fangori; plethwaith: *rods and branches for wattling (a hedge); wattle.*

c. **1729** S. RHYDDERCH: *LlCD* [iv], mor chwithig yw, a phe gadewid *plethwrysgen* allan o ganol eiliad Adwy gywrein-waith. *c.* **1730** *Thos. Lloyd D* (LlGC) 194a, *plethwrysgen*, an eddering, a winding twig. **1794** *W* d.g. *wattling-rods.*

plethyn, gw. **pleth.**

plewresi, plewrisi, gw. **pliwrisi.**

pliant [amr. ar *bliant*] *eg.* Bliant, lliain main: *bleaunt, cambric, lawn, fine linen.*

Dchr. **17g.** *J* 10, 132a, *pliant*, diapre. **1632** *D*, *pliant*, idem quod Bliant. **1688** *TJ*, *pliant*, bliant, lliain main: fine Linnen Cloth. **1753** *TR*, *pliant*, cambrick or lawn, fine linnen cloth.

pliars, plicaf: plico, gw. **pleiars, pliciaf: plicio.**

plicen [bôn y f. ddil.+*-en*] *eb.* ll. ?*plicaid, plicod.* Mamog sydd wedi colli ei hoen: *ewe who has lost her lamb.*

c. **1689** (**1802**) L. WILLIAM: *Sherlyn Benchwiban* 31, Gobeithio blwyddyn dda ar ddefaid, / Na byddo un o'r rhain yn *blicced*. / Ond bod yn eu rhif yn wastad, / A chlamp o oen ar ôl pob dafad. **1722** *Llst* 189, *pliccen*, f. p. *pliccod*, an ewe that has lost her lamb. Clywir *plicen* yn sir Benf. fel enw anwes ar fuwch odro, *GDD* 229. ?Cf. *RAGR* 290, ar lie bydde lannerch lan / ni bydde ond plickan tene [*sic*].

pliciad¹ [bôn y f. ddil.+*-iad*¹; dichon mai *-iad*² yw ail elfen yr engh. gyntaf isod a bod iddi'r ystyr 'pliciwr'] *eg.* ll. *-au.* Y weithred o blicio neu bilio, hefyd yn *ffig.*: *a plucking, peeling, also fig.*

16g. *GGH* 46, *Pliciad* cyw hwyad, brawd cywion —ffrirdy, / Fforiwrdai'r cymdogion [dychan i'r ffrir]. **1803** *P*, *pliciad*, s. m. pl. t. *au*, a peeling.

pliciad², gw. **plygiad**¹.

pliciaf, plicaf: plic(i)o, plician [?amr. ar *plyc*(*i*)*af*: *plyc*(*i*)*o*] *bg.a.* Tynnu (plu, blew, &c.) o'r croen, pluo, tynnu gwallt allan; pilio (tatws, afalau, &c.), pario, plisgo, masglu; pilio (am baent, &c.); plycio, pigo, cipio, tynnu (ymaith); tynnu (tant offeryn cerdd); hefyd yn *ffig.*: *to pluck (feathers, hair, &c.), pluck (bird, &c.), pull out hair; peel (potatoes, apples, &c.), shell; peel (of paint, &c.); pluck, pick, snatch, pull, remove; pluck (string of musical instrument); also fig.*

14–15g. (*Diw.* **16g.**) *Gwyn* 3, 169, Llewaist ni's

plicciaist naws plwcca tom-dail [Rhys Goch Eryri i'r llwynog]. **16g.** *GGH* 422, Gwau wrth ei ddwrn, gwarth iddo, / Gwe ddu, ffloc gŵydd o'i *phlicio* (Siôn Brwynog). *id.* 446, Ai chwychwi *bliciodd* ei chwt [i'r frân]? *Diw.* **16g.** *WLB* 53, Kymer giw . . . a lladd ef . . . ai *blikio* ai agori yn lân. **1588** *Neh* xiii. 25, melldithiais hwynt, tarewais hefyd rai o honynt, ac ai *plicciais* hwynt. *c.* **1590** *RC* xlvi. 72, Idd oedd yr herwr yn arfoel. 'Mi a wnaf hwnn velly', heb hi. A chymeryd i benn ef rwng i dwy goes . . . a dechrav i *bliko* ef . . . Ag ar vyrder ny adawdd hi vn blewyn heb i dynny. **1620** *Mos* 204, 88, Mae gwydd i *fliccio* rhyngom. **17g.** *LlGC* 13215, 376, *pliccio*, vello. **17g.** E. MORRIS: *B* 39, Pob barcutan llyfran llwyd, / Heb lai acw a *bliciwyd.* **1722** *Llst* 189, *pliccio*, to pluck off. *c.* **1730** *Thos. Lloyd D* (LlGC) 195a, *plicco*, to pluck feathers. *c.* **1740** *LlM* 37, A da yw *pliccio* cynffon Jar a rhoi'r Rwmp noeth yn y briw. **1780** *W* d.g. *to pluck off* [*hair, wool, &c.*]. **1803** *P*, *pliciaw*, to pluck, to peel. Ar lafar yn gyff., *WVBD* 434, *Cymru* xlvii. 142, *Geir Geg* 110. Yn nwyrain Morg. fe'i clywir yn yr ystyr 'tynnu rhoddion oddi ar bobl eraill', ''Roiiff 'onna ddim du 'i 'ewin i neb ond ma'i wedi *plico* dicon arno' i'; sonnir yno hefyd am '*plico* gwad esgyll' 'tynnu'r plu bach oddi ar ffowlyn sydd wedi'i ladd'. Cf. W. REES: *HBHD* 63, *plician* gwau'i hosan y byddai hi fynychaf.

Amr.: **plucio.** *c.* **1548** *CM* i, 703, kymer bioggen a *ffluckiau* hi ynn llwyr. *Diw.* **16g.** *WLB* 25. **1739** D. ROWLAND: *LlY* 9, oni *phluccia* Duw ninneu o'n Dallineb a'n hanwybodaeth . . . prin y bydd un o fil yn gadwedig. **pluco.** *c.* **1762–79** W. WILLIAMS: *P* 501, gan *blucco* eu gwallt, curo eu bronnau, a chrafu eu hwynebau.

Cfn.: **plicio (plico) gwallt:** *to pull or pluck someone's hair (out), also fig. rebuke, chastise.* **1620** *Neh* xiii. 25, tarewais hefyd rai ohonynt, ac a *blicciais* eu *gwallt* hwynt. **1661** E. LEWIS: *Drex* 150, *plicciasant wallt* ei ben. **1683** H. EVANS: *CTF* 50, pan bont yn *pliccio 'i gwallt.*

pliciwr [bôn y f. fl. + *-iwr*] *eg.* Un sy'n plicio, hefyd yn *ffig.*; offeryn at bilio tatws, &c.: *plucker, also fig.*; (*potato-, &c.*) *peeler.*
1926.

plingaf: plingo, plinsiaf: plinsio, gw. **pyngaf: pyngo, pleinsiaf: pleinsio.**

plinth [bnth. S. *plinth*] *eg.* ll. *-iau.* Darn sgwâr ar waelod colofn, darn gwaelod sy'n cynnal delw, &c.: *plinth.*
20g.

plis[1] [bnth. S. *please*] *ebd.* Os gwelwch chi (gweli di)'n dda: *please.*
1936 D. J. WILLIAMS: *STG* 105, Golchwch chi'r neisied, mam, *plis.* Ar lafar.

plis[2], gw. **pilis**[1].

plisg [?amr. ar *blisg*; Crn. Diw. *plysg*, Llyd. C. a Diw. *plusk*, Gwydd. Diw. *plaosc*] *e.ll.* (un. g. *-yn*, ll. ?*-nod*; b. *-en*, ll. *-nau*) a hefyd fel *eg.* ll. *-au*, *-ach*, *-ion.*

(*a*) Masgl, coden(nau), cibyn(nau), llestr(i) hadau, pil, crwyn (croen) (tatws, &c.), pilen: *shell(s)*, *pod(s)*, *husk(s)*, *seed-vessel(s)*, *rind*, *skin(s)* (*of potatoes, &c.*), *membrane.*

14g. *LlB* 3, *pliscyn* wy gwyd. *c.* **1400** *YCM*[2] 29, y mae yn yr amandlys tri pheth, nyt amgen, risclin, a *phlisgin*, a chnewyllin. *c.* **1585** G. ROBERT: *DC* 53a–b, yn y canol i mae r melynwy, o amgylch ir melyn, i mae'r gwynn, o amgylch ir gwynn i mae r *pliscin.* **1595** H. LEWYS: *PA* xv, Caius Caligula . . . a gasclai *blisc* a chregin ynglann y mor. **1615** R. SMYTH: *GB* 22, hi [natur] a roes . . . i'r cnau *blisc* a chibau. *id.* 160, megis nad oedd egin a blagur tyner yr yd 'n tarddu allan o'r *pliscin.* **1632** *D*, *plisg*, idem quod Blisg. **1653** *MLl* i. 165, [c]ywion y colomennod yn ehedeg i'r pulpud . . . ai *plisg* geni am ei pennau. **1672** R. PRICHARD: *Gw* 195, Sang ar sarph tra foi 'n y *plisgin.* **1688** *TJ*, *plisg* . . . shells. **1688** S. HUGHES: *TSP* 252, adar gwylltion . . . â'r *plisc* ar eu pennau. **1707** *AB* 284b, *pliskin*, a husk, an egg-shell, a nut-shell, &c. d.g. *a Rind.* **1728** T. BADDY: *DDG* 3, yn eu gwresogi hwynt [wyau], bob yn ychydig trwy eu *plisgau.* [**1783**] *W*, *plisgyn* . . . ffâen neu'r cyffelyb d.g. *shell* [*the hard crustaceous covering of any thing*]. **1798** *WR*, *plisg* d.g. *pod.* **1803** *P*, *plisg* s. m. aggr. pl. t. *ion*, shells, husks. Ar lafar, '*plisgin* tatan (tysan)', '*plisgin* nionyn', '*plisgin* cneuan', *WVBD* 434; *LGW* 421; ym Morg. gwahaniaethir rhwng '*plishgyn*' a 'mas(h)gal', 'Ma'r cyw yn torri'r *plishgyn* . . . ond torri'r mas(h)gal ŷn ni . . . wth fyta wi'.

(*b*) Nam ar y lleferydd; pilen ar y llygad; crachen; ?dafaden: *speech impediment*; *cataract or web* (*of the eye*); *scab*; ?*wart.*

1604–7 *TW* (*Pen* 228), *pliscen* d.g. *scabies.* **1691** T. WILLIAMS: *YB* 54, fe ddylau hyn ein gwneud mor gwbl-fodlon i ymadel a'r llen hon, sef y cnawd, ag a fyddem i ymadel a *phliscin*, neu bysen oddiar ein llygaid (*to take the Film off our eyes*). **1701** E. WYNNE: *RBS* 91, a'i feieu ef a welafi fel *pliscyrnod* [*sic*] (*warts*) a'i rinweddau cymmaint a mynyddoedd. **1758** *ML* (Add) 945, Am Owen Williams Cymro ydyw'r Gwr etto a rhyw ychydigyn o *blisgen* ar ei dafod weithiau. Ar lafar yn Arfon, '*plisgin* ar lygad', *WVBD* 434.

(*c*) (enghrau. *tros.* a *ffig.*: *transf. and fig. exx.*).

15g. *GLGC* 64, Mae'n y wisg wythgan *plisgyn*, / a'r *plisg* yn y wisg yn wyn [i ofyn curas]. **15–16g.** *GIF* 66, Plesant yw: nid plas ond darn; / *plisg* ydoedd plas Hu Gadarn [i blas Wiliam Mathau]. **1685** G. GRIFFITH: *GA* 2, Y mae ganddynt y *plisgyn* heb ganfod y cnewyllyn [am weddïo heb ddeall]. **1688** S. HUGHES: *TSP* [iii], Gwir yw, fod yn y Llyfr yma *Blisgyn* a Chnewllyn [*sic*]. **1703** E. WYNNE: *BC* 98, I'r Destryw mawr oes *bliscyn* o honoch oll well na'u gilydd. **1718** E. SAMUEL: *HDdD* [xvii], Nid yw'r corph ond cibyn a *Phlisgyn* yr Enaid. **1767** W. WILLIAMS: *CAA* 81, Y bugeiliaid hyn . . . a gymmerasant arnynt borthi . . . bob un ei braidd ei hun . . . a gwrthadleuon [*sic*] . . . arferion allanol, ynghyd a holl *blisg*, a Mascal crefydd. **1790** T. JONES: *TOS* 238, pan fo rhagrithwyr yn ymborthi ar *blisg* a chibeu, ymbortha di ar y llawenydd uchod. Ar lafar yn Arfon, '*plisgan* o rew, eira, farrug', *WVBD* 434. Cf. 'O fewn trwch *plisgyn* rhech' 'agos iawn', *LlG* xx. 9.

Cfn.: **plisgyn wy** (ll. *plisg wyau*): *eggshell.* **14g.** *LlB* 3, *pliscyn wy.* *c.* **1400** *Études* vii. 330, [*p*]*lisc wyeu.* **1759** J. EVANS: *PF* 77. Ar lafar, *WVBD* 434.

Gw. hefyd **blisg.**

plisgaf: plisgo [bf. o'r e. bl.] *bg.a.* Masglu, disbeinio, pilio: *to shell, husk, peel.*
1617 *Minsheu* 442b, *plisco* d.g. *to shale or pill like hempe.* **1722** *Llst* 189, *plisgo*, to shell, peel. **1803** *P*, *plisgaw*, to shell, to husk.
Amr.: **plisgio.** **1844.**

plisgen, plisgiaf: plisgio, gw. **plisg, plisgaf: plisgo.**

plisgrawn [*plisg* + *grawn*] *e.ll.* a hefyd fel *eg.* Codlys(iau) (ffa, pys, &c.): *pulse(s)* (*beans, peas, &c.*).
1828.

plisgwrn [?*plisg* + elf. anh., ?cf. *asgwrn*, *cogwrn*, *migwrn*, &c., ac o bosibl *pisgwydd*] *e.ll.* (un. b. *-en*, *plisgyrnen*). *Bot.* Unrhyw un o amryw fathau o lwyni o'r teulu *Cornaceæ*, cwyros, cwyrwialen; gwaglwyf, palalwyf, pisgwydd, *Tilia*: *dogwoods*; *lime trees*, *lindens.*
1722 *Llst* 189, *plisgwrn*, (sing. *Plisgwrnen.* f), dog-wood trees. **1772** *W*, *plisgwrn* (sing. *plisgyrnen*) d.g. *dog, dog-wood.* **1813** *WB* 227, *Plisgwrn. Plisgyrnen.* edr. Pisgen. a Gwaglwyfen.

plisgyn, gw. **plisg.**

plisgynnog [*plisgyn* + *-og*] *a.* Ac iddo blisgyn, pil, neu gibyn: *having a shell, skin, or husk.*
1604–7 *TW* (*Pen* 228) d.g. *crustatus.*

plisgyrnen, plisgyrnod, gw. **plisgwrn, plisg.**

plismon, polismon, p(o)lisman [bnth. S. *policeman*] *eg.* (b. *plismones*, ll. *-au*) ll. *plismyn.* Aelod o'r heddlu, heddgeidwad, heddwas; cwnstabl: *policeman*; *police constable.*
1848.
Cfn.: **plismon (plisman) drama:** *a self-important* (*but ineffectual*) *or part-time policeman.* Ar lafar yn Arfon, M. WILIAM: *DY* 60. **p. plant:** *school attendance officer.* **1923.** Ar lafar yn y Gogledd.

plismona [bf. o'r e. bl.] *bg.a.* Cadw trefn (ar (wlad, ardal, &c.)) drwy gyfrwng heddlu, hefyd yn *ffig.*: *to police, also fig.*
20g.

plismonaeth [*plismon* a bôn y be. *plismona* + *-aeth*] *eb.* Heddlu; y weithred o blismona, gwaith plismyn: *police force, the police*; *a policing, police work.*
20g.

plismonaidd [*plismon* + *-aidd*] *a.* Tebyg i blismon, nodweddiadol o blismon: *like a policeman, characteristic of a policeman.*
1932.

plismones, gw. **plismon.**

plister, plistraf, plistriaf: plistr(i)o, gw. **blister** (hefyd At.), **blistraf: blistro** (hefyd At.).

plistryn [*plister* + *-yn*[1]] *eg.* ll. *-nau.* Pothell: *blister.*
1873.

plisys, gw. **polîs.**

plith, *eg.*, gan amlaf fel rhan o ardd. cfns., a hefyd fel *ardd.* Mysg, canol, perfedd; rhwng, ymysg: *midst, middle, centre*; *between, amongst.*
13g. *A* 25. 20, Gwr teithiawr o *blith* porfor. **16g.** HUW ARWYSTL: *Gw* 407, A mwyn gariad mewn gorallt / A *phlith* gwydd a phlethu gwallt. **1632** *D*, *plith*, inter. **1688** *TJ*, *plith*: among, mixed. **1800** W. OWEN[-PUGHE]: *CP* 26, Cymmysger 100 llwyth o brîdd â 10 mu o galch oddeuta [*sic*] Mai; gadawer *blith* ei gilydd. **1803** *P.*

Cfn.: **plith dra chymysg:** *higgledy-piggledy, topsy-turvy, mixed* (*up*), *in confusion, in a muddle.* **13g.** *DB* 57, a'r daear enteu *blith drachemysc* lau hep lau a'r duuyr. **13g.** *BD* 122, yd oed y bydinoed yn ymgemynu ac yn ymfust *blith dra chymysc.* **1632** *D* d.g. *miscellaneus, perfusori, promiscuè.* **1784** M. WILLIAMS: *S* i. 60, ond cysgu *flith* [*sic*] *tra chymmysg* o ddautu'r tân. **1803** *P* d.g. *plith.* **p. draphlith, plith tra phlith:** (i) = **p. dra chymysg.** **13g.** *Llst* 1, 67, gwedy ev bot *plyth tra phlyth* en dev dyplygv dyrnodev. **15g.** *BB* 140, a rodi gwyr llydaw ar neilltu. ay wyr ynteu ehvn *blith draffliith* acwynt. **1632** *D*, *blith draphlith*, mixtim, promiscuè, confusè, inordinatè, indistinctè, indefinitè. **1714** R. PRYDDERCH: *GD* 107, Onid yw Dawns Gwyr a Gwragedd, *blith tra phlith* yn peri ac yn maethu, gwynieu aflan an-niweir. **1803** *P* d.g. *plith.* Digwydd hefyd yn y ff. *brith draphlith*, e.e. *Cymru* liv. [100], Gollyngodd yntau ei farbils yn *frith draffliith* o'n cwmpas. (ii) *confusion, disorder.* **1552** W. SALESBURY: *Gw* 337, Synchysis Confúsio *Plith draphlith.* **i b. (i'n p., &c.):** *in(to) the midst of, amongst.* **14g.** *GDG*[3] 81, Plygain y darllain deirllith, / Plu yw ei gasul *i'n plith.* *c.* **1400** *Ked AA* 4, kerdet racdaw a wnaeth y parth a'r Almaen *y blith* y genedyl. **1703** E. WYNNE: *BC* 6, Attolwg lon gyn'lleidfa, 'r wy'n deall mai rhai o bell ydych, a gymmerech i Fardd *i'ch plith* yn 'n chwennych trafaelio? **o b. (o'n p., &c.):** *from the midst of, from* (*amongst*). **13g.** *A* 25. 20. **1346** *LlA* 26, ewch *oc eu plith* wy. **1588** *Deut* xiii. 13, Aeth dynion, meibion y fall, allan *o'th blith.* **18g.** E. T. RHYS: *DA* 182, Duw a'ch tŷnodd fel y lili, / Allan *o blith* drain a d'rysni. **trwy b., drwy b.:** *through the midst of.* **14g.** *BT* 80, hi aaeth *drwy blith* y llu hyt yny doeth ar ybrenhin. *c.* **1400** *RB* ii. 225, A megys baed koet *trwy blith* llawer ogwn. **yn ein p. (yn eich p., &c.),** gw. *ymhlith.*

Gw. hefyd **ymhlith.**

plithdraphlithdod [*plith draphlith* + *-dod*] *e?g.* Cymysgwch, anhrefn: *confusion, disorder.*
1938.

plithwrtaith [*plith* + *gwrtaith*] *eg.* Compost: *compost.*
1839.

pliwralaidd [cfdds. o'r S. *plural(istic)* + *-aidd*] *a.* Yn perthyn i bliwraliaeth, a nodweddir gan bliwraliaeth, lluoseddol, lluosogaethol: *pluralistic.*
20g.

pliwraliaeth [cfdds. o'r S. *plural(ism)* + *-iaeth*] *eb.* (Ffurf ar gymdeithas lle cydnabyddir) bodolaeth amrywiaeth o grwpiau ethnig neu ddiwylliannol yn yr un gymdeithas, lluosedd; yr arfer o ddal mwy nag un swydd ar y pryd, yn enw. yn yr Eglwys, amlblwyfaeth; *Athr.* system sy'n cydnabod mwy nag un egwyddor eithaf, lluosogaeth: *pluralism* (*in society*); *pluralism* (*of positions, esp. ecclesiastical*); *pluralism* (*in philos.*).
20g.

pliwralist [bnth. S. *pluralist*] *eg.* ll. *-iaid.* Un sy'n arddel pliwraliaeth, lluosogaethwr: *pluralist.*
1926.

pliwralistig [cfdds. o'r S. *pluralist(ic)* + *-ig*[2]] *a.* Pliwralaidd: *pluralistic.*
20g.

pliwrisi, plewrisi, &c. [bnth. S. *pleurisy*] *eg.* *Meddyg.* Eisglwyf: *pleurisy.*
1604–7 *TW* (*Pen* 228), *pleuresi* d.g. *lateralis, dolor lateralis.* **1759** J. EVANS: *PF* 74, y *Plurisi* neu Eisglwyf.

pliwtocrat [bnth. S. *plutocrat*] *eg.* Aelod o bliwtocratiaeth: *plutocrat.*
1936.

pliwtocratiaeth [*pliwtocrat+-iaeth*] *eb.* Llywodraeth gan y cyfoethog, gwladwriaeth a reolir gan y cyfoethog, dosbarth llywodraethol cyfoethog: *plutocracy.*
1936.

pliwtonaidd, pliwtoniwm, gw. **plwtonaidd, plwtoniwm.**

plo [am drafodaeth, gw. *GLlLl* 233] *e?g.* ?Tynged, cwrs: *fate, course.*
12–13g. *GLlLl* 217, Llary ysbar, ysbenyt y *plo.* **14g.** *T* 70. 21, diwed *plo* coll iago o tir prydyn.

plocyn [bnth. S. *block+-yn*[1]; am *b-* > *p-*, cf. *planced, pledren*[1]] *eg.* ll. *ploc(i)au, plocion, plocs.* Blocyn, darn solet (o bren, &c.), boncyff: *block (of wood, &c.).*
1567 *TN* 375b, y vwrw *plocyn* tramcwyddys [:– trancwydd rrwystr] gar bron meibion yr Israel. **1604–7** *TW* (*Pen* 228), *plocyn* d.g. *frustum.* **1672** R. Prichard: *Gw* 470, Gwae fi 'rioed na thorsei 'ngwddwg, / Ar y *ploccyn* pren â bilwg. **1707** *AB* 219c, *ploccyn,* a block. *c.* **1762–79** W. Williams: *P* 142, gan olchi a gildio'r *ploccyn* pren. **1792** P. Williams: *DD* 19, torrwyd pen pechod ar y *ploccyn.* **1799** M. Williams: *HHG* 172, a *phloccau* o goed dan eu pennau yn lle clystogau. **1803** *P.* Ar lafar yn gyff., *WVBD* 434; hefyd yn yr ymad. 'cysgu fel *plocyn*'. Ym Morg. dywedir am rywun anneallus twp, ei fod 'fel *plocyn*'.
Amr.: **ploc.** **1803** *P.*
Cfn.: **plocyn taro:** *butt of criticism, Aunt Sally. Diw.* **19g.** *SE MS* 379a, *plocyn taro* (= cyff cler)—butt of ridicule (Sil+Dyv). Ar lafar yng Nghered. **p. tramgwyddus:** *stumbling-block.* **1567** *TN* 375b.
Gw. hefyd **bloc.**

plod (*ò*) [bnth. S. taf. *plod* 'plaid, tartan'] *e?g.* ll. *-iau,* a hefyd fel *a.* Plàd; wedi ei wneud o'r fath ddefnydd: *plaid, tartan.*
1898. Ar lafar, 'sgert *blod*', hefyd yn y ff. *sgotsh-blod.*
Gw. hefyd **plàd.**

plom, gw. **plwm.**

plonc[1] [bnth. S. *plonk* (sound)] *eg.* Sŵn rhywbeth yn cwympo'n sydyn neu'n drwm: *plonk (sound).*
20g.

plonc[2] [bnth. S. *plonk* (wine)] *eg.* Gwin isel ei safon, gwin rhad: *plonk (wine).*
Ar lafar.

plonciaf: ploncio [bnth. S. (*to*) *plonk*] *ba.* Gosod (rhywbeth) i lawr yn frysiog, yn lletchwith, neu'n drwm: *to plonk.*
20g.
Gw. hefyd **planciaf: plancio.**

plop [bnth. S. *plop*] *eg.* a hefyd fel *adf.* Sŵn rhywbeth yn disgyn i hylif heb sblasio; (yn syrthio) â sŵn o'r fath: *plop.*
20g.

plopiaf: plopian [bnth. S. (*to*) *plop*] *bg.* Syrthio â phlop, gwneud plop: *to (fall with a) plop.*
20g.

plôr [cf. *pluor*] *eg.* ?ac *e.ll.* Llwch; ploryn, plorod: *dust; pimple(s).*
c. **1400** *MM* 98, alwm gwynn a valo yn plyor a bwrw y *ploor* hwnnw arnaw. *id.* 100, gwna *ploor* ohonaw. *id.* 120, Kymer waet ysgyuarnawc ae chroen, a llosc yny el yn dwst, a chymysc y *pyloor* hwnnw a dwfyr twym. **15g.** *FfBO* 42, ac o *blor* ryw bysc (*per unum pulverem de quodam pisce*) . . . y parant y'r brath iachau. **16g.** **(1763)** W. Salesbury: *LlM* 121, rhag *plor* a ddelo oddiwrth wynt y nos. *id.* 141, o chymerir y dail a halen ai rhoi wrth *blor* fe ai Iachau awnant [*sic*]. *Dchr.* **17g.** *J* 10, 132a, *plôr,* papula.
Amr.: **plwor** [?ff. wallus; dichon mai i'r e. *pluor* y perthyn] (*e.ll*). *Diw.* **16g.** *WLB* 50, Rhag y *plwor* duon man ar penddunnod bychain ar gorff dyn.
Gw. hefyd **plorod, pluor, pylor.**

ploro [gair geir.; cf. *plôr, pluor, pylor*] *e?g.* Llwch: *dust.*
Dchr. **17g.** *J* 10, 132a, *ploro,* llŵch. **1707** *AB* 219c, *ploro,* Ll[ŵ]ch, dust [S]. **1753** *TR.*

plorod [?ff. l. yr e. *plôr*] *e.ll.* (un. g. *ploryn,* ll. *-nod, -nau*). Chwyddau bach llidiog ar y croen, pigodynnau, tosau, llinorod; pothelli, chwysigod; hefyd yn *ffig.*: *pimples, pustules, zits, acne; blisters; also fig.*
1545 Elis Gruffydd: *Ll* 53, a'r trwyn ar a vo yn kodi ynn *blorynod.* **1545** *CM* 1, 7, ne i iij penn/ddu, ne ne [*sic*] idri *fflorun* bychain. *id.* 565, leiprosi ynn tannv ar lleed drose yr holl E/ngill, weithiav ynn bwnganne weithiau yn *blorynnod.* **16g.** **(1763)** W. Salesbury: *LlM* 27, gyda bloneg Llwdwn hwch a Irir ar y *plorott.* *id.* 201, gydag oelo a halen ydd Iachia y *plorod.* **1604–7** *TW* (*Pen* 228) d.g. *carbunculus, chalasium.* *Dchr.* **17g.** *J* 10, 132a, *ploryn,* wheale, papula, pustula, sudamen. **1722** *Llst* 189 d.g. *a blister.* **1753** *TR, ploryn* . . . a pimple. **1780** *W* d.g. *pimple.* **18–19g.** *CRIM* 103, Mae wrth fy nhŷ . . . *Bloryn* bychan o dir gwinllan. **18–19g.** *Iolo MSS* 17, a rhoddi iddynt *bloryn* o dir Gardd. Ar lafar yn y Gogledd, *LGW* [220].
Amr.: **piloryn, pyloryn**[1] (*eg.* ll. *pilorynnau, pilorod*). **1604–7** *TW* (*Pen* 228), *piloryn* d.g. *tuber.* **1725** *SR, pylorun* d.g. *a bile, or botch.* **1759** J. Evans: *PF* 89, *pilorun.* **pinoryn, pynoryn** (*eg*). Ar lafar ym Mhowys yn y ff. *pynoryn, TGG* (1904) 47, ac yn ardal Harlech yn y ff. *pinoryn, LGW* 221; clywir y ff. *noryn* yn ardal Rhydycroesau, sir Ddinb., *ib.* **polorod.** **1847.**
Gw. hefyd **plôr.**

plorog, pylorog[1] [*plor(yn), pylor(yn*[1]*)+-og*] *a.* Llawn plorod: *pimply.*
1842.

ploryn, gw. **plorod.**

plorynnog [*ploryn+-og*] *a.* Ac arno blorod, llawn plorod, twbercwlaidd: *pimpled, pimply, tubercular, tuberculous.*
1780 *W* d.g. *pimpled.*

plot [bnth. S. *plot*] *eg.* ll. *-(i)au.*

(*a*) Cynllun neu brif stori (gwaith llenyddol, &c.); cynllwyn; bwriad, cynllun: *plot (of literary work, &c.); conspiracy; purpose, scheme.*
16–17g. (**17g.**) *CC* 339, Dvg oes hir diwgvs waith / Eb le twnn neu *blott* vnwaith (Rhys Cain). **1672** R. Prichard: *Gw* 172, A bydd gydâ rhain dy hunan, / I gyfrwyddo ei *plot* [:– bwriad] a'i hamcan. *id.* 367, Soddaist ein llonge, diddymaist ein *plotte* [:– Bwriadau]. **1684** T. Jones: *GG* 6, A thros nemor o amser, / Yr oedd y *plott* ysceler. *id.* 7, ar ôl dechreu datcuddio 'r *Plott.* *id.* 16, A gweddiwn hwyr a bore / Ar Dduw'n ddyfal, a eill atal, e'i [*sic*] hôll *blottie.* **1685** T. Jones: *Alm* [16], Cydf[ra]dwriaeth neu *blot* anferthol yn y deyrnas hon. **1696** *CDD* 162, Nad allo rhain er dallu rhai, / Ddim niwed a'u *plott* newŷdd. **1724** J. Jones: *Alm* [5], Rhag *Plotiau* a Bradau brydion. *c.* **1762–79** W. Williams: *P* 248, a chael cyfarwyddiad gan yr angel Gabriel, fod *plot* wedi ei osod yn erbyn ei fywyd ef yn Mecca. **1778** J. Hughes: *BB* 320, Mynd at y tafarnwr hen drettiwr ar drott / A dweudyd eu twyllo a'u pluo mewn *plott.*

(*b*) Darn bach o dir: *plot (of land).*
1929.
Gw. hefyd **plotyn.**

plotiaf, plotaf: plot(i)o [bnth. S. (*to*) *plot* neu f. o'r e. bl.; ansicr yw'r engh. gyntaf isod] *bg.a.* Cynllwynio; marcio (pwyntiau, cwrs, &c.) ar graff, siart, neu ddiagram; llunio plot (mewn gwaith llenyddol, &c.): *to plot (against someone or something); plot (on a graph, chart, or diagram); construct plot (of literary work, &c.).*
1617 R. Prichard: *CE* [5], Bwttodd Cwn yn hollawl honno: / Ond y thraed, scwl, llaw a *plottoh* / Wreskyn cam, yn winllan Naboth. **1685** *JWBS* iv. 244, Y Papistiaid gerwin / a *blottiodd* yn rhy gethin. *c.* **1762–79** W. Williams: *P* 506, byddent yn arferyd *plotto* yn erbyn yr ymerawdwr yn ei absenoldeb.

plotiog, plotog [*plot(yn*[1]*)+-(i)og*] *a.* Smotiog, llawn smotiau: *spotted, spotty.*
1789 Twm o'r Nant: *TChB* 12, Heb ddim Byclau Platted na gywn brith *plottiog.* Ar lafar ym Morg., ''Odd 'i wynab a'n *blotog*', 'Ma'r ca'n *blotog* lle ma'r tomenni tail wedi'i lycru a'.

plotyn [bnth. S. *blot+-yn*[1] (am *b-* > *p-*, cf. *planced, plocyn*), a *plot* neu S. *plot+-yn*[1]] *eg.* ll. *plotau.* Smotyn, marc, blot; darn bach o dir; patshyn (ar lygad): *spot, mark, blot; plot (of land); (eye-)patch.*
1862. Ar lafar ym Morg., ''Odd *plotyn* du dros un llycad iddo fa'.
Gw. hefyd **blot**[1].

plow [bnth. S. *plough*] *eb.* Offeryn i dorri tyweirch, haearn gwthio, aradr frest: *tool for cutting turf, breast-plough.*
1909. Ar lafar gynt yng nghanolbarth Cered.
Cfn.: **plow brist** [ar ddelw'r S. *breast-plough*]: Ar lafar gynt yn sir Benf., *GDD* 229.

plowaf, plowiaf: plow(i)o [bnth. S. (*to*) *plough*] *bg.a.* Didonni tir â haearn gwthio neu aradr frest, betingo, gwthio tir: *to pare turf off surface of ground with breast-plough.*
1934. Ar lafar gynt yn sir Benf., *SC* vi. 124, a chanolbarth Cered.

plowmon, plowman [bnth. S. *ploughman*] *eg.* Pen-gwas (ar fferm): *head servant (on a farm).*
1909. Ar lafar yn sir Benf. yn y ff. *plowman, GDD* 229.

plowplat [?bnth. S. *plough+plât*] *e?g.* Gwisg yr aradr, lanseid, ochr: *side-plate of plough.*
Ar lafar yn Edeirnion, *B* i. [289].

plu, pluf [bnth. Llad. *plūma*; cf. H. Grn. *pluu(en)*, gl. *penna,* Crn. C. *pluven* 'ysgrifbin', Crn. Diw. *plîv,* Llyd. C. *pluff,* Llyd. Diw. *plu(ñv)*, H. Wydd. *clú(i)m,* Gwydd. Diw. *clúmh*; ceir engh. bosibl o ff. l. *plufawr* yn *T* 51. 5] *e.ll.* (un. g. *plu(f)yn, plyfyn*; b. *plu(f)en, plyfen,* ll. *pluennau, pluennod*) ll. dwbl *pluawr.*

(*a*) Atodion epidermaidd ar aderyn, ar ffurf coesynnau cornaidd rhannol gau ac iddynt gribell o blatiau hirgul tenau yn tyfu o'r naill ochr a'r llall, hefyd yn *dros.* ac yn *ffig.*; bachau pysgota wedi eu haddurno â'r rhain, &c., er mwyn denu pysgod; cwils; sgoriau o un strôc yn llai na'r safon mewn unrhyw dwll (mewn golff): *feathers, plumes, also transf. and fig.*; (*fishing-*)*flies*; *quills*; *birdies (in golf).*
c. **1300** *H* 7b. 2–3, Gwylein yn gware ar wely lliant. lleithyryon eu *pluawr* pleidyeu etrin (Gwalchmai). *id.* 47b. 20–1, Prif ragor *plu* porfor perfeith. Delw yt wytt pen rieu penn reith (Cynddelw). *c.* **1300** *B* iv. 123, neus gorwlych dwfyr rynn *pluyn* hwyeit. **14g.** *WM* 49. 17–22, Ar ederyn a doeth yr ynys honn. sef lle y cauas uendigeiduran . . . adiskynnu ar eyscwyd a garwhau y *phluf* yny arganuuwyt y llythyr. **14g.** *GDG*[3] 135, Fflacedau a *phlu* coedydd / I gyd, gweddaidd amyd gwŷdd. *c.* **1400** *Études* vii. 70, [*p*]*luf* gwellt keirch. *Diw.* **15g.** *Pen* 67, 8, y Jessv ddvw y sy dda / vn *plvfyn* epil efa. *id.* 131, angel hoyw ynghil hywi / vn *plyfyn* aur yn plwyf ni. **16g.** **(1763)** W. Salesbury: *LlM* 102, a myned yn walltach gwyn diflaenedig neu *bluenne.* *id.* 212, mal *pluennot* gwnnion. **1632** *D, plu,* Sing. *Pluen,* & *Pluyn,* pluma . . . Demetæ dicunt *Plûf,* & *Plufyn.* **1656** *AP* 65, yno y syrth ef [pelican] yn *blu* ac yn escyrn yr llawr. **1721** J. P. Prys: *DC* 46, Mae'r fall ai Abwydydd . . . / Yn dangos ei degan a bâch yn y *Bluan.* **1725** D. Lewis: *GB* 116, pe buasai'n Teimlad ym mhob man dros y Corph, fel y mae mywn rhyw faneu . . . buasai'n ofidus arnom i orwedd ar *Blŷf.* **1803** *P.* Ar lafar, 'Iâr a'i *phlu* yn codi'n chwithig', *WVBD* 435; ''Odd *plufyn* mawr ar 'i 'et 'i —'odd *pluf* ar 'eta mynwod yn y ffasiwn pryt 'ynny'. Ar lafar yn y Gogledd yn yr ystyr 'pluen bysgota' mewn nifer o gyfuniadau, e.e. *pluan ceiliog chwiad, pluan ceiliog mynydd,* &c., gw. *B* i. 99; hefyd yn yr ystyr 'large feathery flakes of snow', *WVBD* 435. Ym Morg. defnyddir *plufyn* am 'sbrigyn o lysieuyn bach, &c.', 'Fe gwnnws dair cinog arno'i am bedwar *plufyn* o bersli'.

(*b*) ?Pryfyn asgellog: *winged insect.*
1725 D. Lewis: *GB* 178, Y mae holl lwyth y *Plŷf* yn rhyfedd jawn yn y Petheu hyn . . . Y mae eu Hwyeu yn mynd yn gyntaf yn Bryfed, Fegeiod, ac wedyn *Blŷf.* *Plyfyn* rhyfeddol jawn yw'r Ephemeron, yr hwn nid yw'n byw, uwch 5 neu 6 Awr. *id.* 202, [rh]ai ydys yn gyfrif yn waelach, sef Pryfed a *Plŷf.* *id.* 206, Y mae rhai *Plŷf* â phedwar Adein ganthynt. *id.* 207, yr ail Flwyddyn, y maent yn torri allan yn *Blŷf.* *c.* **1762–79** W. Williams: *P* 24, mae ganthynt hefyd *Blufyn* hedegog o faint Hornet ac y maent yn ei addoli. **18–19g.** *Llr* C 44, 31, *plŷf, plyfod,* sing. *plŷf, plyfyn,* a fly, a Butterfly, a silkworm. Glam.
Amr.: **plun** [?ff. ar *pluyn*]. **1547** *WS.* **1604–7** *TW* (*Pen* 228) d.g. *plumula.*
Cfn.: **pluf Arthur:** *London Pride, Saxifraga umbrosa.* Ar lafar yn ne-ddwyrain Morg. **plufyn aur:** *golden plover, Charadrius apricarius.* **20g.** **plu benthyg:** *borrowed plumes or feathers.* **1691** T. Williams: *YB* 56. **plu(f) eira:** *snowflakes.* **1913.** Ar lafar. **plufy waun:** *cottongrass, Eriophorum.* **1801** *MMf* 291. Ar lafar yn sir Benf., *GDD* 229. Gw. hefyd *plu'r gweunydd.* **pluen wen:** *white feather (as symbol of cowardice).* **1894.**

plu('r) gweunydd: *cotton-grass, Eriophorum; plant of the genus Gnaphalium; thistledown.* **1604–7** *TW* (*Pen* 228) d.g. *cotonaria.* **1620** *Doeth Sol* v. 14, fel llwch [:– *plu y gweunydd*]. ?**1685** E. LHUYD: *LL* 76, Perhaps a little wool, feathers or *plû'r Gweunidd* would doe better. **1813** *WB* 227. Gw. hefyd *pluf y waun.* **p. pysgota:** *fishing-flies.* **20g. pluf sidan:** *silkworm.* **18–19g.** *Llr* C 44, 31, *plyf sidan*, silkworm. Glam. **plu tro:** *spinners* (*in fly-fishing*). **1899. pluf y tywysog:** *flowers of the white lilac.* Ar lafar yn ne-ddwyrain Morg. **plufyn (bach) yr haf:** *butterfly.* Ar lafar yng ngorllewin Morg. a dwyrain sir Gaerf., *LGW* 237. **pluen (plu(f)yn) yn ei (dy, &c.) gap (het):** *feather in his* (*your, &c.*) *cap* (*hat*). **1815. bod yn mhlu(f) (rhywun):** *to scold, sort* (*someone*) *out.* Ar lafar, 'Gweda di hynna eto, boi, a *bydda' i yn dy blu di*'.

pluad [bôn y f. ddil. + -*ad*², trf. han.] *eg.* Plu aderyn: *plumage.*
1803 *P.*

pluaf, pluf(i)af: pluo, pluf(i)o, &c. [bf. o'r e. *plu(f)*; cf. Llyd. Diw. *pluañ* 'addurno â phlu'] *bg.a.* Tynnu'r plu oddi ar (aderyn), hefyd yn *ffig.* ysbeilio, 'blingo'; cawio neu glymu pluen bysgota: *to pluck* (*a bird*), *also fig. despoil, 'fleece'; tie a fishing-fly.*
c. **1400** *MM* 58, Rac y crugyn . . . Kymer geilawc neu iar . . . a dot y din wedyr *blufyaw* hyt pan uo marw yr ederyn wrthaw, a hynny ae diwennwyna. **16g.** *GGH* 378, Heblaw'r gath am *bluo*'r gwalch, / Gwaed hwn a'i llygad-dynnodd. *c.* **1566** *B* xv. 118, lladdiad garan y brathū a chyllell yn naflod y genay ag allan y asgwrn y ben ay *fflyo* yn sych. **1575–6** *id.* vi. 318, Yr eryr a *blufodd* yr edn bras ag a'i *plufodd* (*B* iii. 169, *pluodd*) pan j kafas. **1630** R. LLWYD: *LlH* 211, [y] gwalch yr hwn . . . a *blua*, ac a fwytta adar eraill. **1632** *D, pluo,* deplumare. **17g.** HUW MORUS: *EC* ii. 403, Nag ymgais—mewn drwg amgen, / *Bluo* 'i bwrs, na blew ei ben. **1707** *AB* 54b, N.W. *plyo*, S. *plyvo*, to plume or pluck off the feathers d.g. *deplumo.* **1778** J. HUGHES: *BB* 320, A dweudyd eu twyllo a'u *pluo* mewn plott. **1803** *P* d.g. *pluaw, pluviaw.* Ar lafar yn y Gogledd a gogledd Cered. yn y ff. *pluo, WVBD* 436; hefyd yn yr ystyr 'bwrw plu eira mawr ysgafn'; ar lafar yng nghanolbarth a godre Cered. a'r De yn y ff. *plyfio, plufio,* a hefyd yng nghanolbarth Cered. yn y ff. *plyfo* 'magu plu'.
Cfn.: **pluo eira:** *to snow in large feathery flakes.* **1803** *P* d.g. *pluaw.* Ar lafar, *WVBD* 436. **plufio ei wely (ei gwely, &c.) = p. ei nyth.** Ar lafar ym Morg. **pluo (plufio) ei nyth (eu nythau, &c.):** *to feather one's nest.* **1815.**

pluaidd, plufaidd [*plu(f)* + -*aidd*] *a.* Tebyg i blu; ac iddo blu: *feathery; feathered.*
17g. *LlGC* 13215, 376, *pluaidd*, plumeus. [**1762**] E. POWELL: *HEI* 7, ac yn y Gwelu eneinia'r Llygaid ag Asgell *blŷfaidd* lân, ac jâch a fyddant. **1803** *P* d.g. *pluaidd, pluvaidd.*

plucaf: pluco, gw. pliciaf: plicio.

plucan [?*plu* + ?*can*¹] *eg.* Manblu, hefyd yn *dros.* am flew ar blanhigion, manflew, cedor; barf fân-bluog: *down, also transf. of plant down, fine hair, pubic hair; downy beard.*
1604–7 *TW* (*Pen* 228) d.g. *julus, lanugo.* *Dchr.* **17g.** *J* 10, 132a, *pluccan*, iūlus, lanugo, pubes. **1632** *D* d.g. *iulus, lanugo, pubertas.* **1688** *TJ*, *pluccan*, mân blu: fine Feathers or Down. **1722** *Llst* 189 d.g. *a downy beard. id. pluccan*, m. young feathers. **1772** *W* d.g. *down or down-feathers.* **1803** *P.*

plucen [?amr. ar yr e. bl.] *eb. Bot.* Planhigyn sidanaidd, *Anthyllis vulneraria*, ac iddo flodau melyn neu oren, meillionen felen: *kidney vetch, lady's finger.*
1813 *WB* 227.
Cfn.: **plucen felen:** *kidney vetch, lady's finger, Anthyllis vulneraria.* **1813** *WB* 69.

pluciaf: plucio, pludd, pluen, gw. pliciaf: plicio, plydd, plu.

pluennaf: pluennu [gair geir.; bf. o'r e. *pluen*] *bg.?a.* Magu plu; ?addurno â phlu: *to grow feathers; ?adorn with feathers.*
1604–7 *TW* (*Pen* 228) d.g. *plumesco.* **1722** *Llst* 189, *pluennu*, to begin to have feathers. **1773** *W* d.g. *fledge, to begin to be fledged.* **1803** *P.*

pluf, plufaf: plufo, plufaidd, plufawr, gw. plu, pluaf: pluo, pluaidd, plu.

plufell [*pluf* + -*ell*] *eg.* ll. -*au.* Cwil, pigyn (e.e. ar ddraenog): *quill, spine* (*e.g. of hedgehog*).
1858.

plufen, gw. plu.

plufgobyn, plugobyn [*plu(f)* + *cobyn*¹] *eg.* ll. -*nau.* Penwisg o blu, hefyd yn *dros.*: *feather head-dress, also transf.*
1838.

plufiaf: plufio, gw. pluaf: pluo.

plufiog, plufog, gw. pluog.

plufwr, plufyn, plugobyn, gw. pluwr, plu, plufgobyn.

plumys, plun, p'lun, plundriaf: plundrio, gw. plwmws, plu, pa¹—p. lun, plyndraf: plyndro.

pluog, pluf(i)og, &c. [*plu(f)* + -(*i*)*og*, H. Grn. *plufoc*, gl. *puluinar*, H. Lyd. (*penn*) *plumoc*, gl. *ceruical*, Llyd. C. *pluffec*, Llyd. Diw. *plueg* 'clustog', *pluek* 'pluog'] *a.* a hefyd fel *e?g.* Ac iddo blu, wedi ei addurno neu ei orchuddio â phlu; tebyg i blu: *feathered, adorned or covered with feathers; feathery.*
1567 *LlGG* (*Sall*) 83b, ymluscieit ac ehediait *pluoc.* **1588** *Esec* xvii. 7, Yr oedd hefyd ryw eryr mawr, ascelloc, a *phluoc.* **1588** 2 *Esd* xi. 1, eryr o'r môr, i'r hwn yr ydoedd deuddeng hascell *bluog.* **1632** *D, pluog* d.g. *plumiger, plumosus.* **1658** R. VAUGHAN: *PS* 375, Meddyliau ydynt megis adar . . . Cynnwys hwynt a hwy a ddeorant, ant yn *bluog.* **1688** T. JONES: *Alm* [25], bŷdd yr adar *pluog* yn llawer dedwyddach na'r merched boneddigion. **1725** D. LEWIS: *GB* 191, Wedi sôn am yr Anifeiliaid Pedairtroediog, mi soniaf ychydig etto am Adar, y Llwyth *plyfog.* **1770** *TG* iii. 93, Na'r *plyfog* gantorion, na'r blodau mewn llaw. **1803** *P* d.g. *pluawg, pluvawg.*

Fel *e.* Gobennydd, clustog: *pillow, cushion.*
10g. (*Ox* 2) *VVB* 205, *plumauc*, gl. *puluinare.* **1707** *AB* 229b, *plumauc*, a bolster. *id.* 283a, †*plyvog* d.g. *a pillow.*

pluor, plyor [bnth. Llad. llafar **plūụer-* < *puluer-*, bôn traws yr e. *puluis*; am *ụe* > *ụo*, cf. *gosber*] *eg.* Llwch, pylor, powdr: *dust, powder.*
13g. *Cylchg LlGC* v. 61, O weryt e bet yt edlynei y lygeit en vynych . . . wylav a bvrv *pluor* ene lygeit. *c.* **1400** *MM* 98, nyt amgenn alwm gwynn a valo yn *plyor.* **1632** *D, pluor,* puluis. **1688** *TJ, pluor,* (dŵst, powdr:) Dust, Powder. **1753** G. OWEN: *L* 56, As to 'pluawr' I can't think it to be the same as '*pluor*' (dust), which indeed is itself but a corruption of 'pylor', which is a derivative or rather the primitive of the Latin 'pulver'. **1773** *W, pluor* d.g. *dust.*
Gw. hefyd **plôr, pylor.**

plurisi, plutonaidd, plutoniwm, gw. pliwrisi, plwtonaidd, plwtoniwm.

pluwr, plufwr [bôn y f. *pluaf, plufaf*: *plu(f)o* + -*wr*] *eg.* ll. -*wyr, pluwrs.* Un sy'n pluo, hefyd yn *ffig.*; un sy'n cyweirio plu; un sy'n cawio neu'n clymu plu pysgota: *plucker* (*of birds*), *also fig.*; *feather-dresser; tier of fishing-flies.*
1722 *Llst* 189, *pluwr*, m. a feather-dresser. **18g.** *Card* 84, 418, *Pluwr* ai fryd iw plau r frô. **1773** *W, pluwr, plufwr* d.g. *feather-dresser.* **1803** *P, plüwr*, s. m. pl. *pluwyr*, a feather dresser.

pluyn, gw. plu.

plwc [bnth. S. *pluck*] *eg.* (bach. *plycyn*) ll. *plyciau, plycion, plyciadau*, a hefyd fel *adf.*

(*a*) Y weithred o blycio, tyniad; sbasm, pwl, pang, hwrdd; chwa (o wynt): *a plucking, tugging, tug, jerk, pull; spasm, paroxysm, fit, attack; puff* (*of wind*).
15g. *DE* 115, yn minio lle bo y bydd / ij lwynog aflewenydd / edrychyn or ymdrechu / ar gael *plwk* or gwely plu [i ofyn cŵn]. **15–16g.** *TA* 40, Ni ddaliodd, gan eiddilwyr, / Y Blac Hêth oll, *blwc*, i'th wŷr. **15–16g.** *GLM* 202, pawl Cai Hir, nis plyg corwynt; / e blyg cawn gan *blwc* o wynt. **1828** *Geir Pob* 20, *plwc*, tyniad. Ar lafar, 'Mi ro' i *blwc* iddo fo', ''Rois i *blwc* yn nhin 'i gôt o', '*plwc* o wayw', *WVBD* 435; ''Ges i hen *blwc* cas in in gos i'; 'Fe rows y ci *blwc* sytan ar y llinyn a fi gollas inna 'ngafal arno'.

(*b*) Cyfnod, sbel; cryn dipyn (o bellter); rhywfaint, peth, eithaf tipyn neu nifer; tro (ar ryw weithgarwch); ar unwaith: *while, spell; quite a way, fair distance; certain amount, some, quite a bit, fair number; turn or go* (*at some activity*); *at once.*
16–17g. T. PRYS: *Bardd* 351, Kvraist y mor heb doriad / Kalvn *blwc* ar lwc y wlad. **17g.** HUW MORUS: *EC* i. 49, Am lunio cân ddi-anhap, / *Plwc* o gerdd—Pa le ca'i gap? **1701** E. WYNNE: *RBS* 251, Eithr wedi i ti ddechreu gwaith Duw, a mynd beth rhagot, a rhodio ryw *blycciau* (*stages and periods*) yn ffyrdd Dduwioldeb [*sic*]. **1763** *DT* 111, Cawn ymorol, cyn fy marw, / Ple cawn gyrraedd *plwcc* o Gwrw. **1768** TWM O'R NANT: *CTh* 48, Os câ i fôd yn sâff, mi ath cadwa di am *Blwc.* **1787** (**1812**) TWM O'R NANT: *PG* 7, Ar ol i'r rhai'n gilio *plwc* heibio daw'r Cybydd. **1803** *P, plwc,* s. m. a space; a while; a quantity. *Plwc* mawr, a great deal; rhait i ti araws *plwc*, thou must stay a while; mi gwnav vo *plwc*, I will do it instantly. Ar lafar yn y Gogledd, 'Mae 'na *blwc* o ffordd eto', 'Mi awn ni am *blwc* eto', *WVBD* 435.

(*c*) (yn yr un. yn unig) Ehofndra, dewrder: *boldness, bravery.*
1849. Ar lafar, 'dim *plwc* o gwbl', *WVBD* 435; 'Ma isia ticyn o *blwc* ar ddyn i sefyll o flæn torf'.

(*d*) Calon, afu, ac ysgyfaint anifail: *pluck, offal.*
Ar lafar yn Arfon yn y ff. l. *plycion*; hefyd yn sir Ddinb. clywir '*plwc* mochyn', *TA* 562.
Amr.: **plwg².** **1744** *CM* 120, 11, Bod ganddi *blwg* o arian / Ni waeth os bydd hi'n aflan.
Cfn.: **ar blyciau:** *sometimes, at times, now and then, intermittently.* **1946.**

plwca [?cf. S. taf. *plucky* 'heavy, clogging, adhesive'] *eg.*, weithiau gyda grym ansoddeiriol. Baw, llaid, llaca, clai, hefyd yn *ffig.*: *dirt, mud, mire, clay, also fig.*
14–15g. (*Diw.* **16g.**) *Gwyn* 3, 169, Llewaist ni's plicciaist naws *plwcca* tom-dail [Rhys Goch Eryri i'r llwynog]. **16g.** *IICRC* iii. 325, y dror yr ystlys yfo glan / yr eylwaith dan y *Plwka.* **16–17g.** *CRC* 311, gwell oedd yfed dwr y *plwcka* / na myned y nôs i ledratta. **1604–7** *TW* (*Pen* 228) d.g. *cœnum.* **1632** *D* d.g. *crassamen.* **1651** SIÔN TREREDYN: *MDD* 137, yn odinebwyr, ac yn odineb-wragedd, ac yn ymdrochiyn [*sic*] y *plwcca* bydr o aflendid. **1672** R. PRICHARD: *Gw* 523, baril llawn o *blwcca.* **1688** S. HUGHES: *TSP* 12, Os gallafi ond diangc o'r *Plwcca* hwn yn fyw. **1688** *TJ, Plwcca,* (Clai,) tom: Dirt or Clay. **1722** *Llst* 189, *plwcca*, m. mire, puddle. **1780** *W* d.g. *puddle, sludge.* **1803** *P.* Digwydd yn yr enw tŷ *Plas Plwca* yng Nghwm Rheidol, Cered. *Heol y Plwca* oedd hen enw 'City Road', Caerdydd, gw. W. REES: *Cardiff* (1962) 16.

plwcaf, plwciaf: plwc(i)o, plwc(i)an, gw. plyciaf: plycio.

plwg¹, plŷg (*ŷ* ≡ *ə*) [bnth. S. *plug*] *eg.* ll. *plygiau, plygs.* Darn o bren, rwber, &c., fel arfer un silindraidd neu grwn, a ddefnyddir i lanw twll neu fwlch, e.e. mewn sinc, bath, &c., topyn; dyfais ac iddi gasyn wedi ei ynysu, a nifer o binnau metel sy'n ffitio i soced er mwyn gwneud cyswllt trydanol rhwng offer a chyflenwad trydan; joe o dobaco: *plug, stopper;* (*electrical*) *plug; plug* (*of tobacco*).
1851. Ar lafar yn gyff.; yn ardaloedd chwareli llechi y Gogledd defnyddir *plwg* am '"Wejan" . . . haearn a roddir yn y "plyg" . . . i'w rannu', *B* xx. 253; 'Gwneir twll cyn hyn yn y darn craig i roi'r *plwg* gyda'r adenydd ar yr ochrau ac yna eu dreifio i mewn gyda'r "ordd"', *ib.* 33.
Cfn.: **plwg tanio:** *sparking-plug, spark-plug.* **20g.**

plwg², gw. plwc.

plwng [?amr. ar yr e. *plwnc*] *eg.* ll. *plyngiau.* Plymiad: *plunge.*
1803 *P.*
Gw. hefyd **plwnc.**

plwm [bnth. Llad. *plumbum*; cf. Crn. C. *plemyk* 'plymen', Crn. Diw. *plobm*, Llyd. C. a Diw. *plo(u)m*; ansicr yw'r ystyr yn *A* isod] *eg.* (bach. -*yn*) ll. *plymiau*, a hefyd gyda grym ansoddeiriol ac adferfol ac fel *a.* (b. yn eithriadol *plom*).

(*a*) Elfen fetelaidd lwydlas drom wenwynig sydd yn hydrin iawn (symbol Pb; rhif atomig 82), hefyd yn *ffig.*: *lead* (*metal*), *also fig.*
12g. *LL* 174, bet nant foss *pluum.* **13g.** *A* 5. 21–2, tri en drin en drwm. llew lledynt *blwm.* eur e gat gyngrwn. **14g.** *GDG*³ 274, Clwyf py glwyf, gloywferch feinwen, / *Plwm* a ffals, pla am ei phen. *id.* 396, Ail yw'r organ ym Mangor; / Rhai a'i cân er rhuo côr. / . . . / Pawb o'i goffr a rôi offrwm / O'r plwyf er a ganai'r *plwm.* *id.* 411, Ystyried Gruffudd ruddlwm, / A blaen ei dafod yn *blwm*, / Ganthaw na ddaw'n ddilestair, / Druan gŵr, draean y gair. **15g.** *IGE*² 245, A thoi y plas â tho *plwm* (Ieuan ap Rhydderch). **15g.**

ID 58, os drud i *fflwm* ystrad fflur / ni bu yn noeth heb i wneuthur. **1588** *Ecclus* xxii. 16, Beth sydd drymmach na *phlwm*? **1632** *D*, *plwm*, plumbum. **1672** R. PRICHARD: *Gw* 64, Mae pechod fel mynydd o *blwm* ar ein gwarr. **1725** D. LEWIS: *GB* 136, Fe gwympai pob peth cyn gynted a'i gilydd, ie'r plufyn fel y *plwm*, oni bai fod yr Awyr yn attal petheu ysgafn. **1803** *P*.

(*b*) Plymen (e.e. ar gortyn i wneud llinyn plwm neu ar linyn pysgota); (y cyflwr o fod yn) unionsyth, perpendicwlar(edd), fertigol(edd): *mass or ball of lead* (*e.g. on a plumb-line or fishing-line*), *plumb, plummet*; *plumb*; *straight*(*ness*), *perpendicular*(*ity*), *vertical*(*ity*).

a. **1587** *Y* 100, Heb gymal, hafal hyfeth, / Heb reswm, heb *plwm*, heb pleth, / Bygwth heb rawn na bogail, / Heb gyswllt, heb swllt, heb sail. **1604–7** *TW* (*Pen* 228), Llinyn mesur, neu *blwm* maensaer ne Saer pren d.g. *libella*. **1703** E. WYNNE: *BC* 33, oni bai ladd o honot ef, ni chawsit fyth ollyngdo[d], na phurdan, ond mynd yn union i Ddiawl wrth *blwm*. [**1761**] *GGJ* 42, cymmer *Plymiau* . . . cur hwy mewn Morter. *c.* **1762–79** W. WILLIAMS: *P* 263, yn bum cant o droedfeddi o uwchder a'i fesur yn *blwm* i lawr. Ar lafar yn gyff., 'allan o *blwm*', 'dros 'i *blwm*' 'projecting', 'tan 'i *blwm*' 'short of the perpendicular', 'un garrag o dan *blwm* a'r llall dros *blwm*', 'tair llath *blwm* yn uwch i fyny' 'three yards perpendicularly above', 'dal yr ordd yn *blwm*', *WVBD* 435; hefyd ymysg pysgotwyr y glannau, '*plwm* . . . darn o blwm a roddid yn bwysau bob rhyw 5 modfedd ar raff isaf rhwyd samwn', *B* xxv. 53.

(*c*) Plymiad: *a dive*.

Ar lafar yn Arfon, ''Fedrwch chi roi *plwm*?' 'Can you dive?', *WVBD* 435.

Cfn.: **plwm a llinyn:** *plumb-line, sounding-line, plummet*. **1604–7** *TW* (*Pen* 228) d.g. *bolis*. **1661** E. LEWIS: *Drex* 203, [b]eisio dyfnder y mor wrth *blwm a llinyn*. **1776** *W* d.g. *line, a carpenter's, or mason's, line*. **p. brwd:** *molten lead*. **14g.** *YBH* 43a. **16g.** *THSC* (1923–4) (At.) 22. **1768** W. WILLIAMS: *HTS* 9. **p. coch:** *red lead*. *Diw.* **16g.** *WLB* 29. **1604–7** *TW* (*Pen* 228) d.g. *rubrica*. **1801** *MMf* 152. **p. du:** *black lead, graphite, plumbago*. **1850. p. gwyn:** *white lead, tin; white lead, ceruse; pewter*. **1545** *CM* 1, 330, [ll]wyaid o *blwm gwyn* yn bowdr. *Diw.* **16g.** *WLB* 58. **1604–7** *TW* (*Pen* 228), ystann, Tynn *plwmm gwynn* d.g. *album plumbum*. **1725** *SR* d.g. *ceruse, pewter, tin*. **1778** *W* d.g. *pewter*. **p. te:** *tea-lead, alloy of lead and tin used in lining tea-chests*. **1896.**

Gw. hefyd **plymen.**

plwmaf: plwmo, plwmas, gw. **plymiaf: plymio, plwmws.**

plwmbryd, gw. **bara—b. plwmbryd** (hefyd At.).

plwmen[1,2], gw. **plwmws, plymen.**

plwmffun [*plwm*+*ffun*[2]] *e?g*. Rhaff y dodir pwysau plwm ar ei hyd ac sy'n ffurfio rhan o rwyd a ddefnyddir wrth bysgota o gwrwgl: *leaded footrope forming part of a net used in coracle fishing*.

Ar lafar gan bysgotwyr cwrwgl Tywi a Thaf, a hefyd yn y ff. *blwmffun* gan bysgotwyr Teifi. Cf. J. G. JENKINS: *NC* 132–3, *Folk Life* ix. 41.

plwmiaf: plwmio, plwmiwr, plwmlwyd, gw. **plymiaf: plymio, plymiwr, plymlwyd.**

plwmp[1] [bnth. S. *plump* 'direct, blunt, &c.'] *adf*. a hefyd gyda grym ansoddeiriol, yn enw. yn yr ymad. *yn blwmp*. Yn ddiflewyn ar dafod, yn blaen, yn gwta, yn swta; yn sydyn, chwap, yn ddisymwth, yn ddirybudd: *plainly or directly* (*of speech*), *bluntly, brusquely; suddenly, abruptly, immediately, without warning*.

1780 *W*, yn un-blwngc, vulgò *blwmp* d.g. *plump, Adv*. [*with a sudden fall*]. *id*. syrthio *blwmp* . . . i ddwr neu'r cyffelyb d.g. *to plump* [*fall like lead, &c. into water*]. **1828** *Geir Pob* 20, *plwmp* . . . Dywedyd yn *blwmp*, yw dywedyd y caswir yn ddiball. Ar lafar yn y De, 'Fe wedodd *plwmp*', *GDD* 229; ''Chaiff a ddim dod yma—dyna 'wnna'n *blwmp* ichi'.

Cfn.: **yn blwmp ac yn blaen:** (*of speech, statement, &c.*) *bluntly, plainly, directly*. **1856.** Ar lafar, 'Mi ddudish i wtho fo'*n blwmp ac yn blaen*', *WVBD* 435; 'Fe wetws *yn blwmp a yn blaem* ar godd pawb'. Clywir y ff. *plwmp a plaen* gyda grym ansoddeiriol, 'dyn *plwmp a plaen*', *ib*. Gw. hefyd *plaen*[1]—*yn b. ac yn blwmp*.

Amr.: **plwn** [?ff. wallus]. **18g.** *CM* 490, 15, a hithe yn anwul gariad imi / rwy yn deûdûd yn *blwn* na chewch o[honi].

plwmp[2] [bnth. S. *plump* 'pump'; ansicr yw'r ystyr yn y dfn. o *GGH* isod] *eg*. ll. *-au*. Pwmp: *pump*.

1547 *WS*, *plwmp*, the plumpe. **16g.** *GGH* 313, Rhampant hwn, gwiwgrwn gogryg, / Rhwmp, daradr *plwmp*, dridro plyg [i ofyn dau alarch]. **16–17g.** T. PRYS: *Bardd* 157, plympio i maent mal *plwmp* mor. *Dchr.* **17g.** *J* 10, 132a, *plwmp*, pumpe, antlia. **1746** *Cylchg LlGC* ix. 380, for a *plwmp* in ye pool. **1755** *ML* i. 391, mae o'n gwneuthur cymaint o ddwfr yno . . . onid ydyw'r *plwmp* yn ffaelio ei dynnu. **1794** W. THOMAS: *AGG* 26, Mae'n rhaid i ni fod a'n llaw wrth y *plwmp*, ac onid ê fe fodda ein llong ni yng ngolwg ein gweddi. Ar lafar, *Geir Glo* 90; 'Dyna fel on nw'n arfadd cael dŵr—o'r *plwmpa* ar ochor yr 'ewl'; hefyd yng ngodre Cered. yn yr ystyr 'plwg, topyn'. Mae pentref *Plwmp* ym mhlwyf Llandysiliogogo, Cered.

plwmp[3] [bnth. S. *plump*] *a*. Llyfndew, llond ei groen: *plump*.

Ar lafar yn sir Ddinb., *Cymru* xlvii. 142.

plwmpaf[1,2,3]**: plwmpo,** gw. **plympiaf**[1,2,3]**: plympio.**

plwmpiaf: plwmpio, gw. **plympiaf**[1]**: plympio.**

plwmpwdin [bnth. S. *plum pudding*] *eg*. Pwdin Nadolig: *plum pudding, Christmas pudding*.

1862. Ar lafar, *Geir Geg* 45.

plwmwr, gw. **plymwr.**

plwmws, plwmwns, plwmas, plwmins, plymys, &c. [bnth. S. *plums*, cf. *cwplws, cwtws, lwgw*(*n*)*s*, &c.] *e.ll*. (un. b. *plwm*(*s*)*en, plwmw*(*n*)*sen, plymysen*; un. g. *plwmwnsyn, plwmsyn*). Eirin, plemys, hefyd yn *dros.*: *plums, also transf.*

c. **1400** *Études* vii. 290, kymer deil o brenn *plwmas* gwynn. *id*. 304, kymer deil prenn *plwmas* gwynnyon. **15g.** *ID* 17, dwyn per yw i harfer hi / dwyn *plwmmwys* wmpwl i mi. **1546** *YLlH* [18], dod goed *plwmmas* a pher ac avaleu a symmyd goed. *c.* **1689** (**1802**) L. WILLIAM: *Sherlyn Benchwiban* 4, Yr wy'i etto'n hen ŵr, / Yn byrion caliwr, coeliwch. / Rhaid ceisio pegin digri', / A'r un llun â charreg hogi, / A dwy *blwmmwnsen* yno nghrog, / Yn glynu yng nghonglog wrthi. **18g.** *Llr* C 24, 324, a gwna o hono dair pellen bych[a]n yn dy law pob pel o faint *plwmwsen*. **1755** *ML* i. 376, apples, eirin duon, *plwmmws*, figs, etc. **1757** *id*. ii. 49, dyma ddwy goeden *blwmws* yn ein gardd. **1780** *W*, vulgò *plymmysen* (pl. *plymmys*) d.g. *plum or plumb* [*a well-known fruit so called*]. Ar lafar yn y De a Chered.; ym Merthyr Tudful clywir *plwmsyn* yn yr ystyr 'Gogleddwr', ''Odd sawl *plwmsyn* yn gwitho gita fi'.

Gw. hefyd **plemys.**

plwmyn, plwn, gw. **plwm, plwmp**[1].

plwnc [gair geir.; ?bôn y f. ddil.] *e?g*. Plymiad: *plunge*.

Dchr. **17g.** *J* 10, 132a, *plwngc*, plunge. **1780** *W* d.g. *plunge*. Cf. *W*, yn un-blwngc d.g. *plump, Adv*. [*with a sudden fall*].

Gw. hefyd **plwng.**

plwnciaf: plwncio, plwncian [gair geir.; ?cf. S. (*to*) *plunge*] *bg.?a*. Plymio, trochi, soddi: *to plunge, immerse*.

Dchr. **17g.** *J* 10, 132a, *plwngcio*, to plunge. **17g.** *LlGC* 13215, 376, *plwngcian*, immersio. *ib*. *plwngcio*, immergo. **1707** *AB* 219c, *plwngcio*, to plunge in water. **1773** *W* d.g. *to flounce* [*plunge, or move with violence, in water, &c.*], *to flounder*.

plwndraf, plwndriaf: plwndr(i)o, gw. **plyndraf: plyndro.**

plws[1] [bnth. S. *plus*] *ardd*. ac *eg*. hefyd gyda grym ansoddeiriol. *Math*. (am rif, &c.) I'w gynyddu drwy ychwanegu ato (rif, &c., arall), uwchlaw sero; positif (yn drydanol); ychydig uwchlaw marc arbennig (e.e. B+); yr arwydd (+) a ddefnyddir i ddynodi'r cyfryw: *plus* (*in math.*); *positive* (*electr.*); *plus* (*of mark*); *plus sign*.

1925.

plwsh, plws[2]**, plysh** [bnth. S. *plush*] *eg*. Brethyn ac iddo geden hwy a meddalach na melfed: *plush*.

1875. Ar lafar; hefyd yn nwyrain sir Gaerf. yn y ff. *plash*.

plwtonaidd, plutonaidd [cfdds. o'r S. *pluton*(*ic*)+*-aidd*] *a*. Wedi eu ffurfio wrth i fagma oeri a chaledu o dan wyneb y ddaear (am greigiau igneaidd): *plutonic*.

1850.

plwtoniwm, pliwtoniwm, plutoniwm [bnth. S. *plutonium*] *eg*. Elfen fetelaidd ddwys ymbelydrol wenwynig iawn (symbol Pu; rhif atomig 94): *plutonium*.

1946.

plwydd, plwyddol, gw. **plwyf, plwyfol.**

plwyf [bnth. Llad. *plēb-*, bôn traws yr e. *plēbs*, H. Grn. *plui*, Crn. C. *plu*, Crn. Diw. *plêw*, H. Lyd. *pluiu, plueu, ploeu, ploi, ploe*, &c., mewn e. lleoedd, Llyd. C. *plo*(*u*)*e*, 'gwlad, pobl', Llyd. Diw. *ploue*] *eg*. ll. *-i, -ydd, -au*.

(*a*) Y rhaniad lleiaf ar esgobaeth, ac iddo ei eglwys a'i offeiriad ei hun, hefyd yn *ffig.*; yr uned leiaf o lywodraeth leol mewn ardaloedd gwledig (yng Nghymru gynt ac yn Lloegr); tâl plwyf: (*ecclesiastical*) *parish, also fig.*; (*civil*) *parish*; *poor relief*.

13g. *B* x. 25, Effeiryat *plwyf* oed. *c.* **1300** *H* 79b. 37, ym *blwyf* llann dewi lle a volwyf (Gwynfardd Brycheiniog). *Dchr.* **14g.** *id*. 28b. 4, ym *plwyf* mad gwastad gwesti kyrreifeint (Bleddyn Fardd). **14g.** *GDG*[3] 130, Plygu rhag llid yr ydwyf, / Pla ar holl ferched y *plwyf*! **15g.** *GTP* 45, Yn y *plwy* cawn yn eu plith / Chweugain erw geirch a gwenith. **15g.** *GLGC* 415, dau osawg freiniawg *plwyfau*'r ynys. **1547** *WS*, *plwyf*, a paryshe. **16g.** WILIAM CYNWAL: *Gw* (R. L. Jones) 706, Pob *plwyfydd* y sydd wedi Siôn—yn gaeth? **1606** E. JAMES: *Hom* iii. 157, hên ffiniau a therfynau ein *plwyfau* a *phlwyfau* ein cymydogion nesaf o'n hamgylch. **1632** *D*, *plwyf* . . . Parochia. **1683** H. EVANS: *CTF* 57, gan wr ifangc o *blwyf* Abergwily, yn sir Gaerfyrddyn. **1711** L. EVANS: *LlW* [54], Llawer o *Blwyfau* neu siroedd, a dim yn siroedd unigol, dim ond Rhannau o Sîr, dim ond *Plwŷfau* unigol. **1795** JAC GLAN-Y-GORS: *SG* 43, a *phlwyfydd* Cymru mor lawn o dylodion. **1803** *P* d.g. *plwy, plwyv*. Ar lafar, yn aml yn y ff. *plwy* (ll. *plwyfi, plwyfydd*), *WVBD* 435; hefyd yn yr ystyr 'tâl plwyf', 'Pan ddoi'r lifin offisyr heibio i rannu'r *plwy*'.

(*b*) Trigolion plwyf, plwyfolion; pobl: *parishioners*; *people*.

13g. *Brut B* 64, Ac y gyt a henny, adav redyt a orvc y'r *plwyf*, ac adaw rody tref ev tat y'r nep a'e kollassey onadvnt. *c.* **1300** *H* 4a. 6–7, kreawdyr am crewys am kynnwys .J. ym plith *plwyf* gwirin gwerin enlli [marwysgafn Meilyr Brydydd]. **1346** *LlA* 106, dos ti heb ysant ydieithyr yr eglwys. Ac arch yr *plwyf* dyuot ymywn. **14g.** *BT* (*RB*) 32, [c]raffaf dysc y *plwyfeu*. **14g.** *GDG*[3] 323, Darllain i'r *plwyf*, nid rhwyf rhus, / Efengyl yn ddifyngus ['Offeren y Llwyn']. *c.* **1400** *ChO* 13, daw y kythreul y eu hysglyffyeit ell deu, nyt amgen y keitwat a'r *plwyf*. *Dchr.* **15g.** *GM* 1, kany wrthlad yr Arglwyd y *blwyf*. **15–16g.** *TA* 363, Nid llawen *plwyf*, nid llawn plas, / Nid byd dim nad byw Tomas! **1551** W. SALESBURY: *KLl* xxxiiia, henurieid y *plwyf* [:- popul]. **1567** *TN* 91b, a' lliaws mawr o werin [:- bopul, *blwyf*]. **16–17g.** *Cer RC* 72, Mae fo yn llawen yng ngŵydd i *blwy* / Yn fawr i glwy' fo er hynny. **1632** *D*, *plwyf*, populus, plebs, antiquis. **1717** IACO AB DEWI: *MN* 254, pan alwo y Duw mawr fy *Mhlwyf* a minneu i ymddangos ger ei fron ef. **18g.** *W Ballads* 150, 7, Ond gresunt [*sic*] gweled *plwu* yn newnu [*sic*]. **1803** *P*, *plwyv*, s. m. pl. t. *au*, a whole mass or complete body of people, a community.

Amr.: **plwydd** [dichon mai *plŵydd* < **plwyydd* (ff. l.) a welir yn yr engh. gyntaf]. *Dchr.* **15g.** *GM* 19. **1672** R. PRICHARD: *Gw* 581. **1803** *P*. Ar lafar yng ngodre Cered.

Cfn.: **ar y plwyf:** *on the parish, in receipt of poor relief*. **1800** W. RICHARDS: *PA* ii. 6. Ar lafar, ''Simo i wedi bod *ar y plwyf* eriod'.

plwyfaf: plwyfo [bf. o'r e. bl.] *bg.a*. Ymsefydlu mewn plwyf, yn enw. gan gyflawni'r amodau angenrheidiol i dderbyn tâl plwyf, cael ei gydnabod fel un sydd wedi ymsefydlu'n gyfreithlon mewn plwyf; ennill ei blwyf, ymwreiddio: *to settle in a parish, esp. as a prerequisite to receiving poor relief, be recognized as a person lawfully settled in a parish*; *gain currency or recognition, take root*.

1851.

plwyfedigaeth [*plwyf*+*-edig*+*-aeth*] *e?b*. Trigfa gyfreithlon mewn plwyf; ?(awdur-

dod neu hawl) plwyf: *settlement in a parish*; ?(*authority or jurisdiction of a*) *parish*.
Dchr. **15g.** *B* vii. 371, Ony hanyw oe blwyf efo. ef a dyly y anuon att y offeiryat ehun. kanys ny dichawn ef ollwng dyn o *blwyfedigaeth* arall nae rwymaw. Ac ny dyly y gymryt ar rinwedeu yr eglwys herwyd kyfreith. a gwir yw na dyly ef kymryt dyn o *blwyfedigaeth* arall ar bcnyt onyt trwy ganyat y offeiryat ehun . . . Heuyt mywn aghen ef a dichawn ollwng dyn o blwyf arall.

plwyf-gwrdd [*plwyf+cwrdd*] *eg.* ll. *-gyrddau.* (Cyfarfod) cyngor plwyf: *parish council* (*meeting*), *vestry*.
1833.

plwyfiad [*plwyf+-iad*[3]] *eg.* ll. *-iaid.* Plwyfolyn: *parishioner.*
Diw. **19g.** *SE MS* 379b.

plwyfog [*plwyf+-og*] *eg.* ll. *-ion*, a hefyd fel *a.* Plwyfolyn; plwyfol; ac iddo blwyf: *parishioner*; *parochial*; *having a parish*.
15g. (*c.* **1630**) *Llst* 47, 220, a bydd ble bynnag i bôn / vigail ar dy *blwyvogion* [Hywel ap Dafydd i Gynog]. **16g.** Lewys Morgannwg: *Gw* 118, marchog kaidw i *blwyvogion* / molad duw am y wlad honn. **1546** *YLlH* [4], nys mynnan [periglorion] ddangos yw *plwyfogyon* y petheu y maen yn rhwymedic . . . yw dangos. **1567** *LlGG* [ix], yn nep Eccles Cateiriol, neu Eccles plwyvol . . . yn nep Eccles Cadeiriol neu *plwyvoc*, Capel, neu yn neb lle arall. *id.* [x], ar gost a siars *plwyvogion* pop plwyv. **16–17g.** *HG* 46, Hael *blwyfogion* hardd wych ffyddlon / clych sydd geni yddy stori. **16–17g.** *IICRC* iii. 73, yno gweneythyr dewis cymon / ar Arwenad fym *mhlwyfogion.* **16–17g.** Llywelyn Siôn, &c.: *Gw* 457, ai *blwyfogionn* llonn. **1632** *D* d.g. *parœcus.* **1672** R. Prichard: *Gw* 73, Gan hynny *blwyfogion*, chwi gwympwch yn ffyddlon. [**1740**] D. Llwyd: *YDD* 186, caiff pob *plwyfog* gymmuno. **1778** *W*, *plwyfog* (pl. *plwyfogion*) d.g. *parishioner.* **1803** *P*, *plwyvawg*, having a parish.

plwyfogaeth [*plwyf+-og+-aeth*, ?cf. *cym(y)dogaeth*] *eg.* ll. *-au.* Plwyf, hefyd yn *ffig.*; (ym)sefydliad cyfreithlon mewn plwyf: *parish, also fig.*; *settlement in a parish*.
13g. *D Col* 61, ac enteu yn mennu guybot pa lle e rodo e reyth o keureyth, yaunaf yv ydau en er egluys e godyweder en y *pluyfogaeth.* *c.* **1400** *R* 1222. 6–8, Ynben kun kyuun kyuodi awnaeth. yr play *plwyfogaeth* plant kaeth kayi. **16g.** *Llst* 6, 17, *plwyfogaeth* seroliaeth sant / planed dyfwr pop blaen tyfiant [i'r lleuad]. **1730** *Leg Wall* 580, *plwyfogaeth*, parochia. **1778** *W* d.g. *parish.* **1803** *P.*

plwyfogaf: plwyfogi [bf. o'r e. *plwyfog*] *ba.* Ymsefydlu mewn plwyf, cael ei gydnabod fel un sydd wedi ymsefydlu'n gyfreithlon mewn plwyf, plwyfo: *to settle in a parish, be recognized as a person lawfully settled in a parish.*
1803 *P.*

plwyfogiad [bôn y f. fl. + *-iad*[1]] *eg.* (Ym)sefydliad cyfreithlon mewn plwyf: *settlement in a parish.*
1837.

plwyfol [*plwyf+-ol*] *a.* a hefyd fel *eg.* (bach. *-yn*) ll. *-ion*, *-iaid.* Yn perthyn i blwyf; wedi ymsefydlu'n gyfreithlon mewn plwyf; o ddiddordeb lleol yn unig, cul (o ran meddylfryd, syniadau, &c.); aelod o blwyf: *parochial*; *lawfully settled in a parish*; *parochial* (*of outlook, ideas, &c.*); *parishioner.*
15g. *GGl*[2] 156, *Plwyfol* ar y Ddôl fu'r ddau, / Plas hael mab Howel Selau [marwnad Meurig Fychan o Nannau a'i wraig]. *Diw.* **15g.** *Pen* 67, 131, Tri fflwyf yr wyd yn *blwyfol* (Hywel Dafi). **1547** *WS*, *plwyfol*, parysshener. **16g.** (*c.* **1647**) *LBS* iv. 429, Y pryd hwnn galwn er gwiliaid llawnwedd / llonio yw *elwyfoliaid* [Huw Arwystl i Lonio]. **1567** *LlGG* [ix], yn nep Eccles Cateiriol, neu Eccles *plwyvol.* *id.* 135a, Bid ir Curatiet . . . cyngori ei *plwyfolion.* **1630** R. Llwyd: *LlH* 433, ac yn gystal *plwyfol* ag vn-gŵr yn eich trêf. **1632** *D* d.g. *parœcus.* **1690** *Ymofynion* 5, Ac a oes ûn offeiriad neu *blwyfol* Pabaidd yn eich Plwyf. **1716** M. Williams: *CA* 6, [d]erbyn Sacrafen Swpper yr Arglwydd, yr hyn a ddylai pob *Plwyfol* ei wneuthur o'r lleiaf dair gwaith yn y Flwyddyn. **1763** T. Jones: *RAH* 66, swyddog *plwyfol*, cwnstabl. **1794** E. Jones: *CP* 5, Cau *plwyfol* allan o'r ystafell. **1803** *P.*
Amr.: **plwyddol** [*plwydd+-ol*]. **1617** R. Prichard: *CE* [6], [8].

plwyfolaf: plwyfoli [bf. o'r a. bl.] *ba.* Gwneud yn blwyfol; cydnabod (person) fel un sydd wedi ymsefydlu'n gyfreithlon mewn plwyf: *to parochialize*; *recognize* (*person*) *as lawfully settled in a parish.*
1803 *P.*

plwyfoldeb [*plwyfol+-deb*] *eg.* Y cyflwr o fod yn blwyfol (o ran meddylfryd, syniadau, &c.): *parochialism* (*of outlook, ideas, &c.*).
1918.

plwyfoliaeth [*plwyfol+-iaeth*] *eb.g.* ll. *-au.* (Ym)sefydliad cyfreithlon mewn plwyf; y cyflwr o fod yn blwyfol; plwyf: *settlement in a parish*; *parochiality, parochialism*; *parish.*
1803 *P.*

plwyfolwr [*plwyfol+-wr*] *eg.* ll. *-wyr.* Plwyfolyn: *parishioner.*
1836.

plwyfolyn, gw. **plwyfol.**

plwyfwas [*plwyf+gwas*[1]] *eg.* Mân swyddog plwyfol gynt: *beadle.*
1850.

plwyfwr [*plwyf+gŵr*] *eg.* ll. *-wyr.* Plwyfolyn: *parishioner.*
16g. Huw Arwystl: *Gw* 427, kaiff syn dal klwyf oi *blwyfwyr.*

plwyn [gair geir., sef bnth. Llad. *plēnus* 'cyflawn' yn ôl *ZCP* vii. 472] *eg.* ll. *-iau.* Blew, cedor, blew'r arffed: *hair, pubic hair.*
1707 *AB* 219c, *Plwyniey*, hairs. V. q.d. blewiniæ vel for. plyviniæ. **1753** *TR*, *plwyniau*, hairs. **18–19g.** *Llr* C 4, 26, *plwyn*, hair. **1803** *P*, *plwyn* . . . *plwyniau*, the hairs on the breast and other parts of a full-grown person.

plyca, gw. **plygaf: plygu.**

plycaf: plyco, gw. **plyciaf: plycio.**

plyciadau, ff. l., gw. **plwc.**

plyciaf, plycaf, plwc(i)af: plyc(i)o, plwc(i)o, plwc(i)an [bf. o'r e. *plwc*] *bg.a.* Tynnu (plu, blew, &c.) allan, tynnu ymaith, rhoddi plwc ar; seinio (tannau offeryn cerdd) â'r bysedd, plectrwm, &c.; saethu'n sydyn (am boen), gwynio; gwrthod (ymgeisydd) mewn arholiad; hefyd yn *ffig.*: *to pluck, tug, jerk, pull*; *pluck* (*strings of a musical instrument*); *throb, shoot* (*of pain*), *twinge*; *reject* (*a candidate*) *in an examination*; *also fig.*
15g. Gwilym Tew: *Gw* 518, Mae nes gymydoges deg / A *blyciai* wlân uwch boly clawdd. **16g.** *GIIW* 53, A tharo fal *plycio* plaid / Cutt mawr ar y Coetmoriaid. **1547** *WS*, *plyckio*, tyny, plucke. **16g.** *THSC* (1923–4) (At.) 62, yna j *plyckassant* y kytache allan, yny ddoyth gidac hwynt y kic ar gwaed. **16–17g.** *RAGR* 305, ond i *plwcio* yn aflawen oi olwg. **17g.** *LlCy* iii. 104, wülo hallt a *fflyco* gwallt. **1722** *Llst* 189, *plwcco*, *plwccio*, to pluck, tug. *c.* **1762–79** W. Williams: *P* 103, Y Gwyr sydd yn *plwccio* ymaith eu barfau o'r gwraidd heb ado blewyn yn lle ei heillio hi. **1772** D. Rowland: *PP* 106, oni *phlyccia* Duw ninnau o'n dallineb a'n hanwybodaeth. **1784** M. Williams: *S* i. 162, yn *plwcco* ymaith eu barf yn lle ei eillio. Ar lafar, 'daint yn *plycio*', 'gwayw yn *plycio* 'naint', *WVBD* 436; 'Ma'r dant 'ma wedi bod yn *plwcan* nawr ac yn y man trw'r bora'.
Gw. hefyd **pliciaf: plicio.**

plyciog [*plwc+-iog*] *a.* Anwastad, afreolaidd, ysbeidiol, hyrddiog: *uneven, irregular, spasmodic, jerky.*
1790 Twm o'r Nant: *GG* 135, A'i ymchwydd, arwydd erwin, / Yn dolciog *blycciog* a blin. Ar lafar yn Arfon, ''Tydi o ddim yn dwad i'r ysgol Sul yn debig i ddim—riw *blyciog* iawn ydi o; mae i frawd yn dwad ar bylia', 'peidiwch a tynnu mor *blyciog*, triwch dynnu mwy (yn fwy) wastad', *B* i. 100.

plycroth, gw. **plyg**[1]**—p. croth.**

plycyn, gw. **plwc.**

plydd, pludd, *a.* Mwyn, tyner, meddal; *Sein.* meddal (am dreiglad): *gentle, tender, soft*; *soft* (*of mutation*).
c. **1400** *R* 1344. 39, bydei ryc bawei plyc *plyd.* *id.* 1405. 2–3, klwyf uswyd nyt *plyd* neut plyc. clot gyhoed kaeroed kerryc. *c.* **1400** *Études* vii. 320, Pan darffo ytt vwyta, kerda wastat tir *plyd.* **15–16g.** *GRB* 46, Glân yw'r gwelyau newydd / yn y West Plas, onest *plydd.* **15–16g.** *GIF* 63, Llwyth Elystan y sy'n wannach; / llwyth Rhun a Bleddyn y mae'n *blyddach.* **1592** S. D. Rhys: *Inst* 41, ploccyn, *pludd*, plwmm. **1753** *TR*, *plûdd*, soft, tender, in Glam. **1772** *W*, *plûdd* d.g. *downy, soft* [*not hard, tender, &c.*]. **18–19g.** *Llr* C 30, 162, *plydd*, soft tender. **1803** *P* d.g. *pludd*, *plydd.* Cf. W. Davies: *Agric* . . . *S. Wales* i. 101, Ogmore . . . The water of this river is much commended by dyers for its remarkable softness . . . 'Dwfr *pludd* yw'.

plyddhaf, pluddhaf: plyddhau, pluddhau [bf. o'r a. bl.] *bg.a.* Meddalu: *to soften.*
1753 *TR*, *pluddhau*, to wax soft, to make soft. [**1783**] *W*, *pluddhâu* d.g. *to soften* [*make soft*; *also to grow soft*]. **1801** *MMf* 296, Mwyd, bwrw oer neu ferw o ddwr neu arall o lynn ar a *blyddhao.*

plyf, plyfen, gw. **plu.**

plyfiaf: plyfio, gw. **pluaf: pluo.**

plyfied [?cf. *pluf*, *plyf* 'pryfyn'] *a.* ?Gwyllt, carlamus: *wild, galloping.*
1899.

plyfiog, plyfog, gw. **pluog.**

plyg[1] [bôn y f. *plygaf*: *plygu*, cf. Crn. C. *pleg*, Llyd. C. *plec*, Llyd. Diw. *pleg*] *eg.* ll. *-ion*, *-(i)au.*

1. (*a*) Rhywbeth (e.e. brethyn, papur) a blygir, plygiad, ôl-blygiad, y weithred o blygu, camiad, camedd, llinell a adewir ar bapur, &c., yn sgil ei blygu, crych; haen, stratwm; trwch: *fold, a folding, bend, a bending, curve, wrinkle*; *layer, stratum*; *thickness.*
13g. *MA*[2] 222a. 41, Eny cyfred *plyg* gwenyg gwenion (Dafydd Benfras). **14g.** *WM* 94. 16–18, ef aweley uab bychan yn rwyuaw y ureicheu o *blyc* y llen. **14g.** *YBH* 49a, adodassant y meibyon ym*plyc* y rei hynny [crwyn]. **14g.** *GDG*[3] 179, Hun o'r nef am hanner nos, / Ym *mhlygau* hir freichiau hon. **15g.** *ID* 26, modrwyav fflam o dri *fflyg* [am wallt merch]. **1547** *WS*, dattot o *blygion*, unfolde, unwrappe. *id.* *plyc*, a wrincle. *Diw.* **16g.** *WLB* 43, Kymer wer mollt a chwyr newydd . . . ai ddodi ar ledyr gwyn . . . a roi *plyg* o lien newydd da arno . . . ac o mynnyt roi *plyg* o lian muail rhwng dy groen ar lliain newydd. **1632** *D*, *plŷg*, plica, flexio. **1740** T. Evans: *DPO* 52, nid oedd ganddynt hwy [Brutaniaid] ond Cleddyfau un-finiog, a Blaen pul [*sic*] a'i *blyg* tuag i fynu. **18g.** L. Hopkin: *FG* 12, Y gliniau . . . / Eu gosod mewn *plyg* isel. **1759** J. Evans: *PF* 30, [Ll]iain wedi ei wlychu mewn Dwfr oêr yn bump neu chwe *phlŷg.* **1771** *PDPh* 62, o *blyg* y glûn i gymmal y migwrn. **1772** *W* d.g. *double* [*a fold, plait, &c.*], *ply.* **1803** *P.* Ar lafar, '*plyg* o eira, o rew', '*plygion* o ddillad', *WVBD* 435.

(*b*) Cwir, cydiant, plygiad (o bapur, &c.); ffolio; maint (llyfr): *quire, a gathering*; *folio*; *size* (*of book*).
c. **1600** *Mos* 135, 268, Vn *plyg* a 6 dolen o ystoria Pwyll. *ib.* 24. o ddolennau a wneiff y 3 *plyg* ereill. **1722** *Llst* 189, papir, *plyg* o Bapir, a quire of paper. *id.* papir, ugain *plyg* o Bapir, a ream of paper. **1780** *W* d.g. *quire of paper.*

(*c*) Carreg fawr, clogfaen, plocyn: *large rock, boulder, block.*
1839. Ar lafar yn ardaloedd y chwareli llechi (ll. *plygion*) am '[dd]arn o graig a dynnir o'r wyneb drwy saethu', *B* xx. 253.

(*d*) (Dwywaith, &c.) cymaint: *-fold, as much.*
1567 *TN* 118a, mi ei talaf yn bedwar *plyc* [:- cymmeint]. Gw. hefyd *deublyg*, *pedwarplyg*, *triphlyg*, &c.

2. (enghrau. *ffig.* neu mewn cyd-destun *ffig.*: *fig. exx. or exx. in a fig. context*).
c. **1300** *H* 96a. 11–15, aeth samswn blyngrwn *blyc* . . . Kyn *plyc* mab meuryc mawr anosbarth llys. colli rys rwystud [*sic*] barth [marwnad Rhys Foel a Samswn ap Meurig gan y Prydydd Bychan]. *id.* 97a. 5, marwnad heb *plyc* hirddryc hart [marwnad Gwên ap Goronwy gan y Prydydd Bychan]. **14g.** *RC* xxxiii. 208, Ar petheu gurthodedic oll a gudyassom rac rodi o honam ny yr ancrist lewenyd druy *blyc* ar Grist. **14g.** *GDG*[3] 371, A maen blif o ddigrifwch, / Rhag na dirmyg na *phlyg* fflwch. **14g.** *GIG* 22, Pedwarmaib—pwy a'u dirmyg?—/ Plant ni ad arnaf ddim *plyg.* *c.* **1400** *R* 1366. 13–14, et interra pla *plyc* eneidyeu. *id.* 1385. 32–3, mwyneir om plegyt heb *plyc* arnaw. *c.* **1400** *YCM*[2] 87, dievyl yssyd yn llawn ynot ti, ac os amdiffyn Mahumet a vynny di y'm herbyn hi, gwna yn diogel am hynny, ac na bo y *plyc* arnat ti. *c.* **1400** *SC* viii/ix. 160, Yr esgob a dywawt idaw ef ry golli llawer yno y geissyaw y ymchoelut ef y wrth y penyt hwnnw ac ny allawd ef *plyc* ar y marchawc yr ouyn y penyt hwnnw (*animum nullo terrore flectere potuit*). **15g.** Gwilym Tew: *Gw* 493, Mawr yw'n galar am farwn, / Mawr *blyg* am ŵr abl a wn. **15g.** *GO* 57, Haws kynnar ydifarv / A llai 'r *plyc*, no lliwio 'r plv. *Diw.* **15g.** *Pen* 53, 32, My a wnaf rac blaenaf *blyc* / Mawl y euryawl am luryc. **16g.** Huw Arwystl: *Gw* 134, nad gynnwys oen duw gweiniaid / yn dair vn

plyg derwen plaid. **1595** M. Kyffin: *DFf* [52], ni bu *blyg* ar dafod. **16–17g.** *GST* i. 96, Chwithau, diamau, Domas, / Heb amau *plyg* i'w bum plas. **1703** E. Wynne: *BC* 31, pa sawl *plŷg* a roes Rhagrith yma ar wyneb y Gwirionedd. **1713** T. Baddy: *DDGH* 45, Y Deall, hwnnw sy' vn ddalen neu *blyg* o ddrŵs y galon. **18g.** L. Hopkin: *FG* 27, Mi deithiais heb ammau, / Orig heb *blyg* er cwblhau, / 'R addewid. **1779** D. Davies: *BDED* 19, nid rhaid i'r sawl a gyrhaeddodd y grasusau hyn geisio tremio i mewn i guddiedig *blygiau* arfaethau Duw (*the hidden rolls of God's decrees*). Digwydd yn yr ymad. 'Mân' nhw'r un *blyg*' 'am ddynion sydd yn debyg i'w gilydd, yn enwedig am ddrygioni', *YCM*[2] 222.

Fel *a.* Cam, crwca; yn gallu plygu, yn ffurfio plygiadau, wedi ei blygu (hefyd am oleuni, &c., drwy blygiant); darostyngol, marwol: *bent, crooked; folding, forming folds, folded; refracted; subjugating, deadly.*

15g. *GGl*[2] 211, Yn *blyg* fal ewin y blaidd [i ofyn wtgnaiff]. **1632** *D*, lledu y peth a fo *plŷg* d.g. *diduco.* **1773** *W*, dorau *plŷg* d.g. *folding . . . folding doors.*

Cfn.: **plyg ar b.** (ll. *plygion ar blygion*): *layer upon layer, also fig.* **1904.** Ar lafar yn Arfon, *WVBD* 435. **p. croth, plycroth:** *groin, lap;* (*dict.*) (*lower*) *abdomen, pubic hair.* **14g.** *WM* 81. 29–30, tra uei y deudroet *ymlyc croth* morwyn. *id.* 89. 29. **1632** *D*, *plyccroth* morwyn, pecten, abdomen, inguen. **1722** *Llst* 189, *plyccroth*, a womans groin, flank, panch, twist. **1753** *TR*, *plyccroth* morwyn, the hair about the privy parts, all that part of the belly which is between the navel and the privy members, the groin. **p. gar** [cf. Llyd. C. *plec an garr*]: *bend of the knee.* c. **1400** *Études* viii. 76, kymryt ffonn a'e dodi ym *plyc* y *arreu.* Ar lafar ym Morg., *plyg gar, plyg 'y ngar i.* **p. llyfr:** (*written*) *scroll; volume.* **1588** *Esec* ii. 9–10, wele law wedi ei hestyn attaf, ac wele ynddi *blyg llyfr.* Ac efe ai dadblygodd o'm blaen i, ac yr oedd efe wedi ei scrifennu ŵyneb, a chefn. **1620** *Jer* xxxvi. 2, Cymmer i ti *blyg llyfr*, ac scrifenna ynddo yr holl eiriau. **1632** *D* d.g. *volumen.* c. **1658** R. Vaughan: *E* 195. **p. tarian:** *the hollow of a shield.* **14g.** *WM* 442. 42, 444, 12. **ar b. (ei b., eu p.,** &c.): *bent down, bending.* **1727** J. Jones: *DFF* 266, y Dial . . . yr hwn a'u dalodd hwynt *ar eu Plyg.* c. **1730** *Thos. Lloyd D* (LlGC) 194a, *ar Blyg*, devexus. **o'r p. mwyaf:** *folio.* **1710** *LlGG* (*Gos*) 12, y Beibl *o'r Plŷg mwyaf.* **1722** *Llst* 189, plŷg o'r *Plŷg mwyaf*, of the largest volume, folio. **un p. = o'r p. mwyaf.** **1791** *Dialogous* 12, yn Llyfr *un plyg* (folio) mawr. **yn fy mh. (ei b., eu plygion,** &c.): *bent* (*over, double*), *bending down, doubled up; folded.* **15g.** *CSTB* 52, Weithiau'r af fal yr afon / *Yn 'y mhlyg* yn ymyl hon. **1683** H. Evans: *CTF* 33, Weithie bid dy fwa'n nattod; / Na fid *yn ei blŷg* yn wastod. Ar lafar, 'dyn *yn 'i blyg*, dynion *yn 'u plygion*', *WVBD* 435. Cf. D. J. Williams: *STC* 1, wedi bod wrthi *yn fy mhlyg* drwy'r dydd uwchben y gaib yn y cae tato.

Gw. hefyd **ymhlyg**[1].

plyg[2], 2 un. grch. a 3 un. pres. myn. y f. *plygaf*: *plygu.*

plỳg, gw. **plwg**[1].

plygadwy [bôn y f. ddil.+*-adwy*] *a.bfl.* Hyblyg, ystwyth, yn plygu; (am berson) hyblyg, hydrin, gostyngedig: *flexible, pliable, folding; compliant, tractable, submissive.*

1700 *TDP* 118, i mae ei feddwl êf yn *blygadwy* ei [*sic*] Gyfiawnder. c. **1730** *Thos. Lloyd D* (LlGC) 194a, *plygadwy*, pliable. **1770** *W* d.g. *bendable.* **1797** D. Davies: *SEG* 126, gwneud yr ewyllys yn newydd ac yn *blygadwy.*

Gw. hefyd **plygiadwy.**

plygaf: plygu [bnth. Llad. *plic(ō)*, cf. Crn. C. *pleghye, plekgye, plygye*, Llyd. C. *plegaff*, Llyd. Diw. *plegañ*] *bg.a.*

(*a*) Camu, crymu, gwyro, gostwng, ymgrymu, gwargrymu; peri plygiant (goleuni, &c.); codi rhan (o ddarn o frethyn, papur, &c.) a'i gosod gefngefn â rhan arall o'r un darn, lapio: *to* (*cause to*) *bend, deflect, bow, stoop; refract* (*light, &c.*)*; fold, wrap.*

14g. *CR* 222, taro Mawstaron ar awch y helym yny *blyca* yn y benn. **14g.** *WM* 463. 30–1, ny *flygwys* konyn dan y draet. **14g.** *GDG*[3] 92, Hoff loywgamp oedd ei *phlygu*, / A'i phleth o esgyll a phlu [i'r gerlant o blu paun]. c. **1400** *MM* 30, dodi y dwy urei[ch] o vywn y arreu, ac eu *plygu* y vynyd am y ffonn. c. **1400** *YCM*[2] 60, val y peris y'r marchawc *blygu* a dygwydyaw hayach ar benn y lin y'r llawr. c. **1400** *WM* td. 99. 8–9, *plycca* ditheu y llenn yn eu kylch wynteu. **1547** *WS*, kamy *plygy* ne wyro. *id. plycy*, bende. **1567** *LlGG* (*Sall*) 81b, Arglwydd, *plyc* y lawr dy nefoedd, a' descen. **1567** *TN* 238b, [p]op glin a ymestwng [:– *blyg*, gama] i mi. **1588** *2 Sam* i. 22, ni *phlygodd* bŵa Jonathan yn ôl. **1604–7** *TW* (*Pen* 228), y peth y *plycer* peth ynddaw d.g. *volua.* **1632** *D*, *plygu*, plicare, flectere. **1688** *TJ*, *plygu*: to fold. **1688** *TJ* (At.) [29], dangos i rwŷmwŷr llyfrau y môdd i *blygu* y papurlennau. **1764** Dewi Nantbrân: *CB* 96, [p]*lyged* bob amser ar fyned heibio cenol yr Allor. **1794** *W* d.g. *to stoop.* **1803** *P.*

(*b*) Darostwng, goresgyn, trechu; cymhwyso, gwyrdroi (ystyr, &c.), gwneud yn wyrgam, llygru; ymostwng, ildio, gwamalu: *to subdue, subjugate, overcome; apply, twist* (*meaning, &c.*)*, distort, pervert; submit, yield, waver.*

12–13g. *GLlLl* 214, Kyn *plygu* Rodri, rwyd esgar, —y Mon. c. **1300** *H* 94b. 36, *plygu* lloegr a oruc (Y Prydydd Bychan). *Dchr.* **14g.** *id.* 86b. 27–8, nys *plygawt* mab dyn bu donyawc fyt nys *plyko* mab duw yn dragwyt (Llygad Gŵr). **14g.** *T* 18. 25, ny wyw ny wellyc ny *phlyc* ny chryd. c. **1400** *R* 1166. 23–4, Anhebic yrbleit a*blyc* heint. c. **1400** *B* xiv. 189, Kynnedyfeu meddawt ynt: . . . y llwgyr y tauawt, y *plycka* yr ymadrawd. **16g.** *GGH* 285, Ni fflagiodd er anfoddion, / Ni *phlygodd*, ni sylfodd Siôn. **1588** *Salm* cxix. 78, Cywilyddier y beilchion, canys ar gam i'm *plygent.* **1588** *Ecclus* xxxviii. 19, [t]ristwch calon a *blyga* gryfder. **1604–7** *TW* (*Pen* 228), adeiladû, yn briodol, tŷu . . . ond oi *blycû* y betheû ereill d.g. *aedifico.* **1618** J. Salisbury: *EH* 103, i *blygu* a dwyn eyn hwllys i fod yn gyttûn ag ewllys Duw. **1749** J. Owen: *PG* 6, Pa fodd y mae 'Scrythur ymma yn cael i *phlygu* (*Prif Crist* 7, [g]wyro). *ib.* wedi i *blygu* . . . oddiwrth ei wir Ystur. **1790** T. Jones: *TOS* 129, i *blygu* ac ufuddhau i'w gynnhyrfiadeu.

Cfn.: **plygu'r adnod i'r drefn:** *to twist a verse of the Bible to make it agree with preconceived ideas.* Ar lafar, *WVBD* 3. **p. ei gefn (eich cefnau,** &c.): *to put one's back* (*into work*). **1700** *TDP* 74, *plygwch* i lawr *eich Cefnau* at Ysmonaith. Ar lafar ym Morg., ''Ŵyr a ddim fel ma *plycu'i gefan*'. **p. gar(rau) = p. glin.** **1908. p. glin, p. gliniau:** *to bend the knee* (*in submission, reverence, or devotion*), *genuflect, also fig.* c. **1400** *RB* ii. 249, *Plygwn* an *glinyeu* agwediwn yr holl gyfoethawc duw. **1588** *Gw Man* i. 11, yr ydwyfi yn *plygu glin* fyng-halon. **1630** *YDd* 419, Nad yw *plygu y glîn* yn grefyddol . . . ond gwir ddelw-addoliaeth. **1775** *W* d.g. *leg, to make a leg.* **p. gwrych = p. perth.** **1931.** Ar lafar yn y Gogledd, *WVBD* 190, *B* iii. 206. **p. i'r drefn:** *to submit to fate, yield to circumstances.* **1931. p. perth:** *to lay or plash a hedge.* **1546** *YLlH* [18], [p]*lyg berthi*drain [*sic*]. **1780** *W*, *plygu perth* d.g. *to plash* [*lay*] *a hedge.* **1790** M. Williams: *BM* [9], *plygwch* a chloddiwch *Perthi* [*sic*]. Ar lafar ym Morg. **p. sietin = p. perth.** Ar lafar yng ngogledd Cered. a sir Drefn.

plygaidd [*plyg*[1]+*-aidd*] *a.* Hyblyg, ystwyth: *pliable, flexible.*

1725 D. Lewis: *GB* 201, y mae ei Adenydd a'i Blŷf yn ysgafn, ac eilwaith yn *blygaidd*, ac hefyd yn syth ac yn springaîdd. c. **1730** *Thos. Lloyd D* (LlGC) 193b, *plygaidd* . . . pliable.

plygain, plygaint, pylgain(t) [?bnth. Llad. Diw. **pullicantiō* 'caniad y ceiliog', a'r ff. *plygain(t)* drwy drsd.; cf. Llyd. C. *pelg(u)ent*, Llyd. Diw. *pellgent*; nid oes sicrwydd mai i adran (*b*) y perthyn rhai o'r enghrau. cynnar yno] *eg.b.* ll. *plygein(i)au, pylgein(i)au.*

(*a*) *Egl.* Un o'r oriau gweddi canonaidd, yn wreiddiol am hanner nos, ond weithiau gyda'r wawr a'i dilyn gan foliannau, math o weddi foreol neu wasanaeth gyda charolau yn gynnar ar fore Nadolig, gwasanaeth carolau gyda'r hwyr o gwmpas adeg y Nadolig yn sir Drefn. a'r cyffiniau a nodweddir gan unawdwyr a phartïon yn eu tro yn canu carolau Cymraeg traddodiadol (gan amlaf yn ddigyfeiliant): *matins, morning prayer or other service with carols early on Christmas day, evening carol service held before and after Christmas in Montgomeryshire and surrounding areas, characterised by soloists and parties singing* (*usu. unaccompanied*) *traditional Welsh Christmas carols.*

13g. *C* 21. 8–9, Nicheuntoste pader na *philgeint* na gosper. c. **1400** *R* 1026. 3–5, dyuot ygyt awneynt y teir awr diwethaf or nos. ar teir awr kyntaf or dyd ydywedut eu*pylgeint* acoryeu y dyd. c. **1400** *YCM*[2] 21, yn kanu offerenneu a *phlygeineu* ac oryeu drossom. *id.* 197, [g]warandawei *blygein* ac offeren. **15g.** *FfBO* 37, y brodyr a gychwynnasant y dywedut eu *plygein* (*dicere matutinum*). **15g.** *GDID* 59, Dy garu a wybuum: / Darllain dy *bylgain* y bûm [i Fair]. **16–17g.** *HG* 106, yngairau llyvür *pylgen.* *id.* 153, *pylga[in]* diddig duw nydolig. c. **1730** *Thos. Lloyd D* (LlGC) 202a, *pylgaint* . . . pl. *einiau.* **1776** *W*, *pylgaint, pylgain, plygain* d.g. *matin . . . matins.* **1778** J. Hughes: *BB* 109, Y *plygain* ddy[dd] nadolig, / A wnaed i'n galw'n ystig ein [*sic*] heglwysdai. Ar lafar yn y Gogledd yn ff. *plygan, plygen*, ac yn y De yn y ff. *pylgen, pilgen, pilgan, pilgin*, &c. Am arferion ynglŷn â phlygain dydd Nadolig, gw. T. M. Owen: *WFC*[3] 28–34.

(*b*) Gwawr, toriad y dydd, cyfnos; caniad y ceiliog: *dawn, daybreak, twilight; cock-crow.*

13g. *Cylchg LlGC* v. 60, ar nos honno hyt ar *blygeint.* **14g.** *T* 35. 23–4, Yn deweint ym*pylgeineu.* **1346** *LlA* 98, ymparattoi. Ac ymluneythaw yndywely wedy *plygein.* nev wedy hanner nos yn ol yrhun gynntaf. **14g.** *BT* (*RB*) 50, wynt a deuthant amgylch y *pylgeint* (amr. *pylgein*). **15–16g.** *GLM* 354, Rhai *blygain* mewn chwain ni chanan eu cloch,—/ wrth y cloc y codan. **1632** *D*, *pylgain*, gallicantus, crepusculum. **1688** *TJ*, *plygain*: the break of day. *id. pylgain, plygain*, neu Canniad [*sic*] y Ceiliog, hefŷd gwahaniad ŷ dŷdd ar nôs: Cocks-crowing, also the Twilight. **1696** *CDD* 70, Dowch allan y *plygen*, a chymrwn ein harwen. **1725** T. Baddy: *CS* 63, ar *Blygain* wawriog euraid. **1803** *P* d.g. *plygain, plygaint, pylgain, pylgaint.* Ar lafar clywir ymad. fel ''On i'n clwad ryw dwrw yn *plygan* y bore' (Llŷn); 'tua dau o'r gloch y *plygan*', *BILlE* 32; 'tan *bylgen*' 'am amser hir' (dwyrain sir Gaerf.).

(*c*) Llyfr plygain, llyfr gweddi i'r lleygwr: *primer.*

1672 R. Prichard: *Gw* 11, Mae Pennaethiaid gyda ninnau, / Ai tableri ar e[u] bordau, / Heb vn bibl, nac vn *pylgain*, / Yn eu tai, na neb i [dd]arllain. **1688** T. Jones: *Alm* [45], amryw o fân Lyfrau . . . tan henw *plygeiniau*, neu prif lyfrau. c. **1700** E. Lhuyd: *Par* i. 82, *Plygain* ym henllyn etc[a] a galwant [*sic*] y Primar Kymraeg.

Amr.: **bylgen** [ffrwyth cymryd ff. dr. fel ff. gysefin]. Ar lafar yn nwyrain sir Gaerf. yn yr ystyr 'ysbaid hir', 'aros am *fylgen*'.

Cfn.: **plygain nos:** *the middle of the night.* Ar lafar ym Môn, 'Mi dwynwyd o *blygain nos*'. **hyd b. Amos:** *till the Greek Kalends, for ever.* Ar lafar yn y De. **hyd b. gwyddau = hyd b. Amos.** Ar lafar ym Morg.

Am *plygain ddydd*, gw. **plygeinddydd.**

plygasiwn, gw. **obligasiwn** (At.).

plygedig, plygiedig [bôn y f. *plygaf*: *plygu* +*-(i)edig*] *a.bfl.* Yn plygu, y gellir ei blygu, hyblyg; wedi ei blygu, wedi ei lapio; cam, gwargrwm, crychiog, tonnog; wedi ei adlewyrchu, adlewyrchol; hyblyg (am berson), gostyngedig, darostyngedig (i); digwestiwn, llwyr: *bending, folding, pliable; bended, bowed, enfolded, wrapped; bent, crooked, stooping, crumpled, wavy; reflected, reflective; compliant, submissive, subjugated, subject* (*to*)*; unquestioning, absolute, implicit.*

c. **1400** *R* 1338. 21–2, Llif daradyr paladyr *plygyedic.* *id.* 30–1, Adaf delw diliwr *plygyedic.* **15–16g.** *AAST* (1935) 100, Botymau a gleiniau glan / Ar 'i phais a orphwysan; / Chweugeiniau yn drolau drig, / Noblau i gadw'n *blygedig* (*LBS* iv. 395, *blygiedic*) [Dafydd Trefor i Ddwynwen]. **1588** *1 Br* vi. 34, dwy ddalen *blygedic* oedd i'r naill ddôr. **1604–7** *TW* (*Pen* 228), bresych *plycedic* d.g. *sabellica brassica* (At.). **1615** R. Smyth: *GB* 177, y mettaloedd yn cael i puro, ai gwneythyr yn *blygedig*, ag yn foldedig. **1632** *D*, *plygedig* d.g. *implicitus, tortus.* **1661** E. Lewis: *Drex* 205, y mae dau yn addoli â gliniau *plygedig.* **1721** RD: *CFf* 72, gofyn Ffydd *blygedig*, ac Ufudd-dod perffaithgwbl a dall. *id.* [104], ffydd *blygedig* ffydd wedi ei phlygu yn, neu wedi ei chwblseilio ar Awdurdod arall Ffydd wedi ei phinno ar Lawes Gwr arall, Implicit. **1723** J. Jones: *LlA* 155, y mae 'r wîr Ffydd leiaf yn wastad wedi ei chyssylltu ag Ewyllys *plygedig*, ac â Chalon ddrylliedig. c. **1762–79** W. Williams: *P* 56, yn y Llaw ddeheu yr oedd hi yn dal Sarph *blygiedig* yn lle ffon. *id.* 233, tri llangc disglair . . . a sidan *plygedig* a olchasant y plentyn saith waith. **1775** *W*, *plygedig* . . . mewn gwisg d.g. *lapped.* **1795** J. Thomas: *AIC* 262, mae Goleuni hefyd yn *Blygedig* (Reflexibility). *id.* 289, Er nad y'w hi ond Carreg dywyll, ond etto mae ei gwyneb . . . yn disgleirio yn *Blygiedig* (Reflected light). **1803** *P*, *plygiedig*, doubled, folded.

plygeinddydd, plygain ddydd [*plygain* +*dydd*] *eg.* Gwawr, toriad dydd, boreddydd: *dawn, daybreak.*

16g. (*Diw.* **16g.**) *Gwyn* 3, 162, cathlwr *blygein-ddydd* coethlais [Huw Arwystl i'r ceiliog iâr]. **17g.** Huw Morus: *EC* ii. [318], De'wch i Dref Ddafydd i ganu *blygeinddydd.* **1696** *CDD* 120, I'n tynu o blâg yma ar *blygein-ddŷdd.* *id.* 129, Dymma'r *plygeinddŷdd*, sŷ glod-fawr trwŷ'r gwledŷdd. *id.* 166, Daeth Brenin Nef ar *blygen ddŷdd.* c. **1730** *Thos. Lloyd D* (LlGC) 195a, *plygeinddydd* . . . dawn. **1776** H. Jones: *GC* 31, ar *Blygain-Ddŷdd* Nadolig Crist.

plygeingerdd, pylgeingerdd [*plygain*,

pylgain+cerdd[1]] *eb.* Carol; cân foreol: *carol; morning song.*
18–19g. *Llr* C 67, 37, Gwir a ddywed y ceiliawg / Ar ei *Bylgeingerdd* serchawg, / Odid da i ddyn diawg.

plygeiniog [*plygain+-iog*] *a.* Cynnar (iawn) yn y bore, yn digwydd gyda'r wawr: (*very*) *early in the morning, at the crack of dawn, occurring at dawn.*
1865.

plygeiniol, pylgeiniol [*plygain, pylgain+-iol*] *a.* Cynnar (iawn) yn y bore, bore(ol), yn digwydd gyda'r wawr, weithiau mewn cyd-destun *ffig.*; yn perthyn i lyfr plygain: (*very*) *early in the morning, at the crack of dawn, morning-, matutinal, occurring at dawn, sometimes in a fig. context; pertaining to a primer.*
15g. *GLGC* 480, ac edn wyf, ni'm gad yn ôl, / abl a gân yn *bylgeiniol.* **1620** *Marc* i. 35, A'r boreu yn *blygeiniol* iawn, wedi iddo godi, efe a aeth allan. **1630** *YDd* 122, [d]ylent wasanaethu eu creawdr yn nyddiau eu hieuengtid: ac yn *blygeiniol* (*early in the morning*) mal Abraham, yn aberthu i Dduw eu Isaac ieuangc. **1632** *D, pylgeiniol* d.g. *antelucanus.* **1636** *Pen* 321, 3a, fe ellir galw yr holiad *plygeiniol* (*Primer Question*) yma y ffordd att ddor yr eglwys. **1675** R. JONES: *HCh* 89, [b]od ganddynt ganiadau *plygeiniol,* gan arfer o godi cyn y dydd i ganu Psalmau. **1701** E. WYNNE: *RBS* 75, rhag y diawliaid prydnhawnol a *phlygeiniol* (*those noon day and mid-night devils*). **1716** T. EVANS: *DPO* 290, Cyfarfodydd *plygeiniol* i addoli Christ. *c.* **1730** *Thos. Lloyd D* (LlGC) 192b, *plygeiniol* . . . matutinus. *id.* 195a, yn *Plygeiniol* [*sic*] . . . manè. **1772** *W, pylgeiniol* d.g. *day, before day.* **1799** DAFYDD IONAWR: *MB* [65], I ddynion mae 'n haeddianawl / Lon ganu mawl *plygeiniawl.* **1803** *P* d.g. *plygeiniawl, pylgeiniawl.*

plygeiniwr, gw. pylgeiniwr.

plygfa [bôn y f. *plygaf: plygu+-fa, ma*] *eb.* ll. *-oedd, plygfeydd.* Plyg, plygiad, hefyd yn *ffig.*; *Gram.* ffurfdro: *fold, a folding, also fig.*; *inflection* (*in grammar*).
1717 IACO AB DEWI: *MN* 153, holl amrafael *Blygfeydd* a Throfeydd fy Nghalon (*Windings of my Heart*). **1803** *P, plygva,* s. f. pl. t. *odd,* a double, a fold.

plygiad[1] [bôn y f. *plygaf: plygu+-iad*[1]] *eg.b.* ll. *-au.* Y weithred o blygu, plyg, haen, y weithred o gamu, camiad; adlewyrchiad, plygiant (goleuni, &c.); grŵp o ddalennau a gymerir gyda'i gilydd wrth rwymo llyfr, cydiant, cwir; maint (llyfr); darostyngiad; hefyd yn *ffig.*: *a folding, fold, crease, layer, a bending, bend; reflection, refraction* (*of light, &c.*); *a gathering, quire; size* (*of book*); *submission; also fig.*
1547 *WS,* dull *plygiad,* playte. *id. plycyad,* bendyng. **16g.** DAFYDD AP LLYWELYN, &c.: *Gw* 179, Briw aeth ynof, brath onnen, / *Blygiad* gwaeth, oblegid gwen. *c.* **1600** *Mos* 135, 268, xvij o *blygiade* o bapvr sy yn hwn. **1632** *D* d.g. *flexio, plica, plicatura, sinus, volumen.* **1771** J. REES: *H-A* 6, [m]eddwl dyn . . . [c]ael allan ei holl droion, a'i *blygiadau* dirgel. **1775** *W* d.g. *incurvation, inflexion.* **1795** J. THOMAS: *AIC* 262, yr ydym yn Cael ein twyllo mewn llawer ffordd wrth gyfreithiau *Plygiad* (Reflexion). **1803** *P.* Ar lafar ym Môn yn yr ystyr 'cymalau egwydydd ceffyl', *LlLlM* 100.
Amr.: **pliciad**[2]. Ar lafar yn nwyrain Morg. (ll. *pliciata*), hefyd gynt yn yr ystyr 'brechdan (gaws, ham, &c.)'. '*Pliciad* nafi' oedd 'brechdan jam'.
Cfn.: **plygiad (y) glin:** (i) *genuflection.* **1773** *W* d.g. *genuflection.* (ii) *the bend of the knee.* **1771** *PDPh* 58, Clwyf yw'r Malander ym *mhlygiad y glin.* **P. y Bedol (Fach):** *names of one or more Welsh airs or metres.* **1716–18** *Llsgr R. Morris* 49, Dyriau yr gâth ar y mesur a elwir *plygiad y bedol.* **1794** E. JONES: *MPR* 148, *Plygiad y Bedol-fâch.*

plygiad[2] [bôn y f. *plygaf: plygu+-iad*[2]] *eg.* ll. *-iaid.* Darostyngwr: *subjugator.*
12–13g. *GLlLl* 52, Yrdang nad *plygyad* plymnwyd bres. *id.* 62, Ef dreissyc ny blyc y *blygyeid.*

plygiadol [*plygiad+-ol*] *a.* Yn plygu, yn camu; *Gram.* ffurfdroadol: *bending, curving; inflectional* (*in gram.*).
1803 *P, plygiadwl* [*sic*], tending to double.

plygiadwy [bôn y f. *plygaf: plygu+-iadwy* (At.)] *a.bfl.* Hydrin (am fetel): *malleable.*
[**1761**] *GGJ* 54, fo [copr] a fydd [mor] *blygiadwy* a phlwm. *id.* 55, fe ai gwna'n dyner ac yn *Blygiadwy* Jawn.
Gw. hefyd **plygadwy.**

plygiaf: plygio [bf. o'r e. *plwg*[1]] *bg.a.* Llanw twll neu fwlch â phlwg, &c., hefyd yn *ffig.*: *to plug, also fig.*
1879. Yn ardaloedd y chwareli llechi sonnir am '*blygio* carrag' yn yr ystyr 'Torri darn o graig drwy roddi "wejan" . . . mewn hollt a'i tharo â'r ordd, h.y. rhoddi plwg yn y garreg', *B* xx. 253.
Cfn.: **plygio (i) mewn:** *to plug* (*electrical appliance, &c.*) *in.* Ar lafar, '*Plygiwch* y teledu 'na *mewn,* da chi'.

plygiant [bôn y f. *plygaf: plygu+-iant*] *eg.* *Ffis.* Y (proses o) newid cyfeiriad sy'n digwydd i belydryn o oleuni, gwres, &c., pan symudo o un cyfrwng i un arall o ddwysedd gwahanol (e.e. o awyr i ddŵr), gwrthdoriad: *refraction* (*in physics*).
20g.

plygid, plygiedig, gw. plegid, plygedig.

plyglyfr [*plyg*[1]*+llyfr*[1]] *eg.* ll. *-au.* Sgrôl, rhòl (o femrwn, papur, &c.); cyfrol; llyfr poced; hefyd yn *ffig.*: *scroll, roll* (*of parchment, paper, &c.*); *volume; pocket-book; also fig.*
1604–7 *TW* (*Pen* 228) d.g. *biblion, catalogus, volumen.* **1688** S. HUGHES: *TSP* 101, Pan ddarllenwyf yn y *plyglyfr* yr wyf yn ei ddwyn yn fy monwes. **1722** *Llst* 189, *plyg-lyfr,* m. a roll of a book. **1725** *SR* d.g. a *Volume.* c. **1730** *Thos. Lloyd D* (LlGC) 195a, *plyglyfr,* a Pocket-book; Volumen. a Roll. [**1783**] *W* d.g. *roll, or scroll, volume.* **1788** J. ROBERTS: *AR* 50, Aneirif o *Blyg-lyfrau* 'scrifenwyd mewn perthynas i'r Erthycclau hyn. **1790** T. JONES: *TOS* 253, Gellwch agor eich bibleu, a dysgu agor *plyg-lyfr* y creaduriaid a rhagluniaeth, a [d]arllen yno hefyd am Dduw.
Cf. **plyg—p. llyfr.**

plygol [*plyg*[1]*+-ol*] *a.* Yn plygu, yn crymu, wedi ei blygu, hefyd yn *ffig.*; *Ffis.* (am delesgop) yn ffocysu delwedd drwy set o lensys: *folding, bending, folded, also fig.*; *refracting* (*of telescope*).
1803 *P.*

plygor [*plyg*[1]*+-awr*[3], *-or*] *eg.* ll. *-ion.* *Meddyg.* Plygydd: *flexor muscle.*
1858.

plygwr [bôn y f. *plygaf: plygu+-wr*] *eg.* ll. *-wyr, plygwrs.* Un sy'n plygu, plethwr (gwrych), peth sy'n plygu; gorchfygwr, darostyngwr: *one who folds, plasher, hedger, thing which folds; conqueror, subduer.*
16–17g. *LlCy* ix. 212, Pa lew gwâr, byth *plygwr* beilch (Edward Urien). **1773** *W, plygwr* d.g. *folder.* **1803** *P.*
Cfn.: **plygwr gwrych:** *plasher, hedger.* Ar lafar. **p. perth**(i) = **p. gwrych. 1774** *W, plygwr perthi* d.g. *hedger, or hedge-maker.* Ar lafar.

plygyd, gw. plegid.

plygydd [bôn y f. *plygaf: plygu+-ydd*[3]] *eg.* ll. *-ion.* Plygwr; *Ffis.* telesgop sy'n defnyddio set o lensys i ffocysu delwedd; *Meddyg.* cyhyr sy'n plygu cymal neu aelod o'r corff: *one who folds, folder; refracting telescope; flexor muscle.*
1773 *W* d.g. *folder.*

plymaf: plymu, gw. plymiaf: plymio.

plymaidd [*plwm+-aidd*] *a.* Wedi ei wneud o blwm, yn cynnwys plwm, tebyg i blwm, o liw plwm; trwm, trymllyd, llethol; o ansawdd gwael, diwerth: *lead(en), lead-like, leaden* (*in colour*); *heavy, weighty, oppressive; of poor quality, worthless.*
1632 *D, plymmaidd* d.g. *plumbeus.* **1677** C. EDWARDS: *FfDd* 217–18, Beth yw ei burdan ef, onid pair gelfyddgar i droi ei weddiau ai bardynau *plumaidd* [*sic*] ef yn arian iw goffrau ef? **1722** *Llst* 189, *plymmaidd,* of lead; weighty & plump. **1728** T. BADDY: *DDG* 19, mi a welais enw Mr. Hugh Stapers yn Ysgythredig eilchwaith ar y llen *Blymmaidd* yno. *c.* **1752** I. BRYDYDD HIR: *Gw* 63, Dywedai ei bod [cerdd], i'w dyb wan, / . . . Yn ffol, heb wybodaeth ffur, / Yn *blymaidd,* yn bol ammhur. **1775** *W* d.g. *lead, like lead, lead-like, leaden.* **1791** GW. MECHAIN: *Rh* 51, Yn awr gadawaf y dirieid-ddewr fwriad-ffol Frytaniaid yn gruddfan dan y *blŷmaidd* wârog.

plymar, plymer [bnth. S. *plumber*] *eg.* ll. *-s.* Plymwr: *plumber.*
1604–7 *TW* (*Pen* 228), *plymar* d.g. *plumbarius, rij. id.* perthynol yr *plymer* d.g. *plumbarius . . . um.* Ar lafar.
Gw. hefyd **plymwr.**

plymedig [bôn y f. *plymaf: plymu+-edig*] *a.bfl.* Wedi ei orchuddio neu ei drymhau â phlwm: *covered or weighted with lead.*
13g. *BD* 48, guneuthur sycheu heyrn *plymedic* ar hyt canavl Temys.

plymen, plwmen[2] [*plwm+-en,* cf. Llyd. Diw. *plo(u)menn*] *eb.?g.* ll. *-nau, -ni, -nydd, -nod,* (prin) *plymod.*
(*a*) Telpyn neu belen o blwm (ar gortyn i wneud llinyn plwm neu linyn plymio, fel pwysau ar linyn pysgota neu mewn cloc, &c.), llen o blwm, hefyd yn *ffig.* safon cywirdeb neu ragoriaeth: *mass or ball of lead* (*on a plumb-line or sounding-line, as a weight on a fishing-line or in a clock, &c.*), *plummet, sheet of lead, also fig. standard of accuracy or excellence.*
16g. DAFYDD AP LLYWELYN, &c.: *Gw* 132, Pwnio tymp mewn pen twmpath, / *Plymen* lloi, pawl mwy no llath [i ofyn tarw]. **16g.** *CLl* 169, Profedig fal prif awdur. / Pwyll y byd pell wybodaeth, / *Plymenn* y gerdd ple mae'n gaeth [marwnad Siôn Brwynog gan Forys Dwyfech]. *Dchr.* **17g.** *T Ch* 128–9, Yn gyntaf mae Sadwrn yn dyfod megis karl anserchys . . . ei wyneb yn grych un lliw â'r *blymen.* **1632** *D,* plwm, *plymmen* . . . massa plumbi. *id.* [*p*]*lymmen* dafl d.g. *discus.* **17g.** *CRC* 242, y skrifen oedd ar barchmant hen / mewn *plymen* (*DCR* 155, *plwmmen*) wedi i chiddio. **1688** *TJ,* plwm, *plymmen* . . . a Mass of Lead. **1722** *Llst* 189, *plymmen,* f.p. *mennau,* a lead-ball or plummet. **1725–6** *Madd Ed* 214, gwelsom Natur a Phriodoliaeth[a]u yr hyn a alwasom colyn drws Troedigaeth; ond gadewch i ni . . . weled beth yw'r Springellau neu'r *Plwmmenni* sydd yn gosod yr offeryn . . . ar waith. **1775** M. WILLIAMS: *MC* 113, Gunter's Cwadrant . . . yn cynnwys . . . Sights, neu Olygiadau, i edrych trwyddynt, *Plwmmen* wedi ei hongian wrth Edefyn Sidan, ar ba un hefyd y gosodir Bead, neu Gloppa Pin, at ddangos yr Amser. **1803** *P.* Ar lafar yn ardal Aberdyfi, godre Cered., a sir Benf., *B* xxv. 53, *Cymru* xxxiv. [121], *SC* vi. 124.
(*b*) Pensil plwm: *lead pencil.*
1852.
(*c*) Llestr neu bair (plwm), seston; ?llestr toddi plwm: (*lead*) *vessel or cauldron, cistern; ?vessel for melting lead.*
14g. *YBH* 43a, peris bown dwyn *plwmen* (amr. *plymenn*) a chladu pwll yny dayar a dodi y *plwmen* (amr. *blymenn*) ynypwll ae lenwi (amr. llenwi) o blwm brwt. **15g.** GWILYM TEW: *Gw* 467, Ffrwd fawr os praff Rhyd y Fen, / Ffiol aml lled na *phlymen* / Os rhoid y mesur a wn / Wrth drendel Iorwerth Drwyndwn. **1604–7** *TW* (*Pen* 228), cistern ne *blymen* d.g. *labrum.* **1632** *D,* plwm, *plymmen,* vas plumbeum. **1688** *TJ,* plwm, *plymmen,* llestr plwm: A leaden Vessel . . . a Cistern. **1722** *Llst* 189, *plymmen* f.p. *mennau* . . . leaden vessel. **1803** *P.*
(*d*) Haenen neu dalp o rew: *sheet or mass of ice.*
1655 *HCRC* iii. 139, Pan fo *plymen* ryd y rosudd, / a phan fo r lluwch yn llethu r coedydd, / Pan fo r dyfn fôr glas yn rewi, / fe fydd y ceiliog coch yn canu. **1696** *CDD* 305, Dyddiau dŷn sŷdd debŷg, / Mewn oes i'r *blymen* ysig, / Ar ochor llechwedd llithrig. *c.* **1730** *Thos. Lloyd D* (LlGC) 192b, *plymmen* ia, an ice. **1778** J. HUGHES: *BB* 304, Pan drippioch chwithau 'n wysg eich cefn, / I bla mun lwys ar *blymmen* lefn, / Ni chodir byth o'r llaid neu 'r llwch. **1803** *P.* Ar lafar yn y Gogledd, e.e. am 'ddŵr wedi rhewi ar y ffordd neu ar ochr mynydd'; 'Mae'r llyn yn *blyman* o rew', *WVBD* 436; *Cymru* xxxi. 195, liii. [31].

plymennaidd [*plymen+-aidd*] *a.* Tebyg i blwm; trwmgalon, wedi ei lethu: *leaden, lead-like; heavy-hearted, oppressed.*
18–19g. R. DAVIES: *DB* 103, Tarawodd saeth lemdraidd, / Trôdd i'm calon gron a'i gwraidd / Pläau mynwes *plymenaidd.*

plymer, gw. plymar.

plymiad [bôn y f. ddil.+*-iad*[1]] *eg.* ll. *-au.*
(*a*) Y weithred o blymio; y weithred o fesur dyfnder dŵr â llinyn plymio; hefyd yn *ffig.*: *dive, plunge, a diving; a sounding* (*for depth*); *also fig.*
1858.

(*b*) (geir.) Y weithred o orchuddio neu sodro â phlwm: (*dict.*) *a covering or soldering with lead.*

1632 *D* d.g. *plumbatio.* *c.* **1730** *Thos. Lloyd D* (LlGC) 195a. **1775** *W* d.g. *a leading* . . . [*a covering with lead*]. **1803** *P*, *plymiad*, a leadening.

plymiaf, plymaf, plwm(i)af: plym(i)o, plymu, plwm(i)o [bf. o'r e. *plwm*, cf. Llyd. C. *plommet* (rhang. grff.), *ploummaff*, *plumyaff*, Llyd. Diw. *plo*(*u*)*mañ*; digwydd y be. *plymu* yn ystyr adran (*b*) yn unig; dichon fod dyl. S. (*to*) *plumb* ar adran (*c*)] *bg.a.*

(*a*) Mesur dyfnder dŵr â llinyn plymio, sowndio, gwrhydu; neidio (i mewn i ddŵr wysg y pen), ymsuddo (i ddŵr), hyrddio neu ymdaflu (i mewn i), suddo neu ddisgyn yn sydyn, hefyd yn *ffig.*: *to sound* (*for depth*), *fathom*; *dive*, *plunge* (*into*), *plummet*, *also fig.*

1567 *TN* 218b, tybiawdd y morinwyr nesau o ryw wlat ydd wynt, ac a sowndiasont [:– *blwmiesont*], ac ei cawsont yn vcain 'wrhyd o ddyfnder. **1588** *Act* xxvii. 28, hwy a *blymiasant* eilwaith, ac a gawsant bymthec gwryd. **1632** *D*, plwm a llinyn i *blymio* dwfn d.g. *bolis*. *id. plymio* d.g. *contor.* **1722** *Llst* 189, *plymmio* . . . to sound for y[e] bottom. **1727** J. JONES: *DFF* 165, pan ym yn hwylio allan ein Meddyliau idd ei ystyried, ebrwydd yr ŷm yn eu colli hwynt, gan mai'r cyfryw Eigion ydyw ag na's gellir mo'i *blymmio.* **1748** P. PUGH: *DGG* xa, efe a brofodd y fath Fawrhydi, y fath Ddirgelwch, a'r fath Ddyfnder ynddunt [yr Ysgrythurau], fel na flinai un amser yn eu 'studio a'u *plymmio*, er nad allai fyth gyrraedd y Gwaelod. **1753** *TR*, *plymmio*, to sound the depth of the water with a sounding plummet. **1803** *P*, *plymiaw* . . . to sound with a lead-line. Ar lafar, *WVBD* 436; hefyd ym Morg. yn y ff. *plwmo*, ''On nw'n *plwmo* dyfnder y cnel'.

(*b*) Gorchuddio neu sodro â phlwm, rhoddi pwysau plwm ar; leinio (crochenwaith) â phlwm, arwynebu (llestr pridd) â sylwedd gwydraidd, gwydru: *to cover or solder with lead*, *put lead weights on*; *line* (*pottery*) *with lead*, *glaze.*

13g. *Llst* 1, 70, perys gwnevthvr polyon heyrn ky vrasset a mordwyt gwr ac ev *ply*/*mv*. a gossot er rey henny a dan dvfyr. **14g.** *B* ix. 229, Ac yna y doeth pobyl y dinas ac y hebrygassant hyt yn auon rodvm a rwymav mein pvysuaur am y vreuant a *phlymu* y gorff oll. **1620** *Ecclus* xxxviii. 30, Efe a lunia y clai â'i fraich, ac a'i meddalhâ ef â'i draed; efe a esyd ei feddwl ar ei *blymmio* trosto, ac a fydd ofalus i yscubo yr odyn. **1632** *D*, *plymio* d.g. *plumbo.* **1722** *Llst* 189, *plymmio*, to cover over (also solder) with lead. [**1761**] *GGJ* 61, dod o mewn Pot wedi ei *Blwmio.* **1775** *W* d.g. *to lead* . . . *or cover with lead.* **1803** *P*, *plymiaw*, to leaden. *id.* d.g. *plymu*, to lead, to cover with lead.

(*c*) Cysylltu (dyfais, megis tap, &c.) i beipen ddŵr neu system ddraenio, gweithio fel plymwr: *to plumb* (*supply with plumbing*), *work as a plumber.*

20g. Ar lafar, ''Fydd 'na ddim gwaith *plymio* hefo'r peiriant golchi newydd'.

(*d*) Bod neu wneud yn fertigol: *to be or make vertical.*

1910. Ar lafar, 'rhaid i gil y drws *blymio* ne ffitith y ffrâm ddim', *B* xxiv. 179.

plymiwr, gw. **plymwr.**

plymlin [*plwm*+*llin*[1]] *eb.g.* Llinyn plwm, llinyn plymio (i fesur dyfnder dŵr): *plumb-line*, *sounding-line.*

1835.

plymliw [*plwm*+*lliw*[1]] *a.* a hefyd fel *eg.* O liw plwm, dulas, llwydlas, glas golau; lliw plwm, llwydedd: *lead-coloured*, *blackish-blue*, *greyish-blue*, *pale blue*; *lead colour*, *greyness.*

1604–7 *TW* (*Pen* 228) d.g. *liuidulus*, *liuidus*, *liuor.* **1722** *Llst* 189, *plymliw*, lead-colour. **1725** *SR* d.g. *black and blue.* **1770** *W* d.g. *blue*, *pale or faint blue*, *lead colour.* **1803** *P*, *plymliw*, s. m. lead-colour.

plymlwyd, gw. **plymnwyd.**

plymlyd, plymllyd [*plwm*+*-lyd*, *-llyd*] *a.* Wedi ei wneud o blwm, yn cynnwys plwm, tebyg i blwm: *lead*(*en*), *lead-like.*

1722 *Llst* 189, *plymmlyd*, of lead. *c.* **1730** *Thos. Lloyd D* (LlGC) 195a, *plymlyd*, plumbeus. **1775** *W*, *plymlyd* d.g. *lead*, *like lead*, *lead-like*, *leaden.* **1803** *P*, *plymlyd*, of the nature of lead.

plymnwyd, plymlwyd [ceir engh. bosibl o'r ail ff. yn *A* 35. 1, *imil imil luit* [*sic*]] *eg.b.* ll. (geir.) *-ydd.* Gwrthdaro, ymladdfa, brwydr, rhyfel: *conflict*, *combat*, *battle*, *war.*

12–13g. *GLlLl* 52, Yrdang nad plygyad *plymnwyd* bres. **13g.** *A* 5. 13–14, nyt oed diryf y ysgwyt gan waywawr *plymnwyt.* **13g.** *Études* v. 101, Gwaeo eskar eskutvrth *bl*[*y*]*mnvyt* / Gwaeo gvanar gvaur aer vaur aerwyt (Cynddelw). *c.* **1300** *H* 10a. 10, yr mawr gwymp madawc modur *plymnwyd* (Gwalchmai). *Dchr.* **14g.** *id.* 77a. 2–3, Llywelyn gelyn golofyn *plymnwyt* lew ar les beird e magwyt (Einion Wan). **14g.** *T* 25. 13–14, Per goreu gormes ym *plymlwyt* maes. **14g.** *GIG* 84, Rosier ieuanc, planc *plymlwyd*, / Sarff aer o hil Syr Raff wyd. **14–15g.** *IGE*[2] 302, Pennaf bwyd, garw *blymlwyd* gwrdd, / Dolfort a ddaw i'w dalfwrdd (Rhys Goch Eryri). **16g.** WILIAM LLŶN: *Gw* (R. Stephens) (At.), *plvmlwyd*, brwydr. pelav ymladd mewn *plvmlwyd* / pob vn val llun afal llwyd. dd ap Edmwnt. **1632** *D*, *plymlwyd*, antiqui rectiùs *Plymnwyd*, prælium, pugna, conflictus. **1688** *TJ*, *plymlwŷd*, *plymnwŷd*, Rhyfel, ymladd: a War, Battle or Conflict. **1722** *Llst* 189, *plymlwyd*, *plymnwyd*, m. war, battel, engagement. **1803** *P*, *plymnwyd*, s. f. pl. t. *ydd*, a struggle; a conflict.

plympiaf[1], plympaf, plwmpaf[1], plwmpiaf: plymp(i)o, plwmp(i)o [bnth. S. (*to*) *plump* 'to pump'; tywyll yw nifer o'r enghrau. isod, ac nid oes sicrwydd mai yma y perthynant] *bg.a.* Pwmpio (dŵr, aer, &c.), disbyddu, gwaredu (dŵr o gwch, &c.); byrlymu, tasgu, ffrydio; holi (person) yn daer er mwyn cael rhyw wybodaeth ganddo: *to pump* (*water*, *air*, *&c.*), *bail out* (*water from boat*, *&c.*); *bubble*, *spurt*, *gush*; *pump* (*someone*) *for* (*information*).

c. **1588** *Rhyddiaith Gymraeg* ii. 85, Vel yr oedd y pair a ddewisseist i yn berwi, yn *plwmpo*, rhai yn kodi, a rhai yn gistwng, velly ti a'th eppil. **16–17g.** T. PRYS: *Bardd* 157, pob pig tebig i tybiwn / yw fal gwaith yr efail gwn / palfav yn Rwygo pylfor / *plympio* i maent mal plwmp mor. **17g.** *LlCy* iii. 105, Y nawr sywaeth may Rheolaeth / Ny chayr bedüdd na gwybod[a]eth / *Plwmpo*r Iestüs wrth y wyllüs / tyssen boddi dynar grawüs. **1672** R. PRICHARD: *Gw* 108, Ac lle 'rwyt ti'n pechu beunydd, / Edifara bob diwedydd, / Rhag i'r Dwr sy'n sio'n sceler, / Eeisie [*sic*] ei *blwmpo* [:– ddispyddu] soddi'r llester. **1755** *ML* i. 330, Gwyrda'r tylwyth teg am gnociaw ac am *blympiaw*. Ar lafar yn yr ystyr 'pwmpio (dŵr, aer, &c.)' yn sir Gaerf. a Morg., *Geir Glo* 36; hefyd yn yr ystyr 'holi'n daer', ''I ddaw i *blwmpo* dy fusnas di', '*plwmpo* pawb i gæl gwpod 'u busnas nw'.

Cfn.: **plwmpo lan:** *to inflate*, *pump up.* Ar lafar ym Morg.

plympiaf[2], plwmpaf[2]: plympio, plwmpo [bnth. S. (*to*) *plump* (*for*)] *bg.* a'i dilyn gan yr ardd. *i* neu *dros.* Pleidleisio i un ymgeisydd yn unig mewn etholiad (lle ceir pleidleisio i ddau neu ragor), dewis (un o nifer): *to vote at an election for only one candidate* (*when one is entitled to vote for two or more*), *plump* (*for*).

1878. Ar lafar, ''Odd hawl roi fôt i unrhyw bedwar o'r wyth, ond fe *blwmpes* i dros Wil'.

plympiaf[3], plwmpaf[3]: plympio, plwmpo [bnth. S. (*to*) *plump* 'become plump, swell'] *bg.* Bochio, chwyddo, pesgi, codi (am does): *to puff out the cheeks*, *swell*, *become fat*, *rise* (*of dough*).

1885 D. OWEN: *RL* 222, o herwydd fod ei safn bob amser yn hanner agored, elai y gwynt i mewn i'w groen a *phlympiai* ef allan dipyn. Ar lafar gynt yn Arfon, *WVBD* 436; ac ym Morg., 'Paid o *blwmpo* dy focha mæs felna'.

plymwr, plymiwr, plwmwr [bôn y f. *plymiaf*, *plymaf*, *plwmaf*: *plym*(*i*)*o*, *plymu*, *plwmo*+*-*(*i*)*wr*] *eg.* ll. *plymwyr.*

(*a*) Un sy'n gosod ac yn trwsio pibellau a chyfarpar ar gyfer dŵr, draeniad, nwy, &c., plymar, masnachwr plwm, gweithiwr mewn plwm: *plumber*, *dealer or worker in lead.*

1632 *D* d.g. *plumbarius.* **1722** *Llst* 189, *plymmwr*, m. a plummer. **1775** *W* d.g. *lead*, *a worker in lead.* **1803** *P*, *plymiwr*, s. m. pl. *plymwyr*, a plumber. Ar lafar ym Morg. clywir y ff. *plwmwr.*

(*b*) Person, anifail, neu beth sy'n plymio, deifiwr: *plunger*, *diver.*

20g.

Gw. hefyd **plymar.**

plymwriaeth [*plymwr*+*-iaeth*] *eg.* Galwedigaeth neu grefft plymwr, y cyfarpar (pibellau, &c.) sy'n ymwneud â dosbarthu a defnyddio dŵr, draeniad, nwy, &c., hefyd yn *dros.*: *plumbery*, *plumbing*, *also transf.*

1803 *P*, *plymwriaeth*, s. m. plumbery.

plymys, plymysen, gw. **plwmws.**

plyndraf, plyndriaf, plwndr(i)af: plyndr(i)o, plwndr(i)o [bnth. S. (*to*) *plunder*] *bg.a.* Ysbeilio, anrheithio, lladrata, dwyn: *to plunder*, *despoil*, *rob*, *steal.*

16–17g. *DCR* 221, mae chchwalu [*sic*] mawr mae chchwilio [*sic*] / mae glwth yn rhwth anreithio / mae *plwndrio* rifflio treisio. **17g.** *CRC* 303, Troi lledrata ail fedyddio / codi i radd ai henwi *plyndrio.* **1653** *Gwaseila* 1162, Cael eu stopo bawb rhag *plwndro.* **1653** *MLl* i. 172, [y] rheini a wnaethant gammau drwy *blundrio*'r gwledydd. **17g.** HUW MORUS: *EC* i. 210, Bu Grwmwel a'i fradwyr, fel Herod a'i filwyr, / Trwy Frydain gwnaent frwydyr, a llwybyr eu llaw; / Nid oeddynt hwy addas reolwyr y deyrnas, / Ond atgas bla andras i *blyndraw*! **18g.** *Beirdd y Berwyn* 91, Ni ddaw mwy, i braio bras, / Yr un llwynog cefnog cas, / At wyn plwy nag at un plas / Yr andras, i *blyndro.* *c.* **1730** *Thos. Lloyd D* (LlGC) 194a, *plyndrio*, to plunder. *c.* **1762–79** W. WILLIAMS: *P* 187, fe gafodd y Rhufeiniaid ynddi o arian, dri-ugain a dêg a phedwar cant o filoedd o bwysau, heb law yr hyn a *blyndrwyd* gan y milwŷr. Ar lafar gynt yn Arfon yn yr ystyr 'taro, dyrnu, peledu', 'bwch gafr yn tolcio ac yn *plyndro*', '*plyndro* fo ag wya drewllyd', *WVBD* 436.

Gw. hefyd **plandraf: plandro.**

plyor, gw. **pluor.**

plysffôrs [bnth. S. *plus-fours*] *e.ll.* Clos pen-glin llac i ddyn, 'trywsus dwyn afalau': *plus-fours.*

1936.

plysh, gw. **plwsh.**

pnawn, pnawnyd, gw. **prynhawn, prynhawnfwyd.**

pneumatic, pneumatig, pniwmatig, gw. **niwmatig.**

pniwmonia, gw. **niwmonia.**

po[1], bo[4] [3 un. pres. dib. y f. *wyf*: *bod*] *gn.* a'i ddilyn fel arfer bellach gan dr. ml., gw. *Treigladau* 403–4. Yn ôl fel y bo, i'r graddau mai (y bo) (yn cyflwyno a. yn y r. eith. ac yn mynegi cydberthynas rhyngddo ac a. arall yn y r. eith. neu'r r. gmhr.): *the* (*more*, *&c.*, *the better*, *&c.*).

14g. *WM* 108. 34–6, goreu yw genhyf i *bo* kyntaf y caffwyf iawn. **14g.** *GDG*[3] 138, *Po* mwyaf fo fy nghyfoeth, / A'm canmol cynhwynol coeth, / Mwyfwy y clwyfai ar naid, / Cof ynof, cyfyw f'enaid. **15g.** *GGl*[2] 85, Pellbell ar draws pob hyllberth, / *Po* bellaf, gwaethaf yw'r gwerth. **15–16g.** *TA* 147, *Bo* leia cwyn biliau cas, / Mwya chwerddym o'ch urddas. *Diw.* **16g.** *WLB* 90, *bo* gwresoca vor gwin sycha fydd, a *ffo* lleiaf vo i wres, mwyhaf fydd i wlybwr. **1606** E. JAMES: *Hom* iii. 59, Ond *po* mwyaf yr edrychai ef ar y gyfraith, mwyaf y gwelai ei ddamnedigaeth ei hun. *Dchr.* **17g.** *J* 10, 129a, *po*, the more, *po* mwyav, gwaethav y gwerth. **1615** R. SMYTH: *GB* 15, *po* mwya yr oeddwn yn bwyta, mwya oll oedd fy newyn, *po* mwya a yfwn, mwya oll oedd fy syched. *id.* 18, *po* mwya 'r wyt yn nesau atto ef, pella oll yr wyth [*sic*] oddiwrth dduw. **1632** *D*, *po*, sæpiùs venit pro Pwy, & valet Quo. vt *Po* amlaf fo 'r dynion, &c. Quo copiosiores sint homines. **1632** J. DAVIES: *LlR* 429, a *pho* hwyaf y mae efe [Duw] yn disgwyl wrthyfi, tostaf fydd ei ddial a'i gospedigaeth ef pan ddelo. **1672** J. LANGFORD: *HDdD* [ix], *po* baweiddiaf a ffalsaf y bo Gelyn, mwyaf peryglus yw ef. **1675** R. JONES: *HCh* 5, Ac megis y mae 'r boreu yn amser tra cymmwys [*sic*] i gyflawni y ddyledswydd hon, felly yn y boreu, goreu *po* cyntaf. *c.* **1750** J. THOMAS: *T* 21, *po* fwya a chryfa fo ein Defod o Râs, mwy a chryfach Tystiolaeth sydd gennym o'n titl i Ogoniant. **1776** I. BRYDYDD HIR: *P* i. 115, *po* mwyaf fo ein gwybodaeth, lleiaf oll fydd ein hescus. **1776** *W*, *po* mwyaf (pa fwyaf)—mwy (mwyaf, mwyaf oll neu i gŷd, o gymaint â hynny yn fwy) d.g. *more*, *the* [*by how much the*] *more* —*the* [*so*, *or by so*, *much the*] *more.* **1803** *P*, *po*, adv. . . . by how much, by so much. *Po* amlav y bleiddiau gwaethav y devaid. Cf. *YCM*[2] 122, A vo mwyhaf yd achwaneco y medyant, mwyaf y chwennych y medyannus.

Gw. hefyd **pa**^{3}, **pan**^{5}, **pei**^{3}, **pwy**^{2}.

po^{2} [bnth. S. *po*] *eg.* Pot piso, siambr: *chamber-pot.*
Ar lafar yn gyff.

po^{3}, gw. **poni**^{1}.

pob^{1} [Crn. C. *pup, pub, pop*, H. Lyd. *pop*, Llyd. C. a Diw. *pep*: < Brth. *pāpos; gw. *pawb*; cf. H. Wydd. *căch, cĕch*, Gwydd. Diw. *gach*; am y tr. ml. i'r rhif. ar ôl *pob*, ac am rai enghrau. eraill o dreiglo'n fl. ar ôl *pob*, gw. *Treigladau* 145–6, a *pobfa* isod; ansicr yw'r engh. gyntaf yn adran (*b*)] *rh.* gyda grym ansoddeiriol.

(*a*) (Yn dynodi'r holl aelodau mewn dosbarth penodol o'u hystyried fesul un): *every, each.*

12g. *LL* 120, ryd o *pop* guasanaith breennin bydaul. **13g.** *C* 85. 5, id keiff. *pob* cristaun. kyrreiueint. **14g.** *GDG*^{3} 424, Gweadur cerdd, gwiw ydoedd, / Gwedy ef, *pob* gwawd a oedd [marwnad Dafydd ap Gwilym gan Fadog Benfras]. *c.* **1400** *R* 1051. 26–7, *pob* kof *pob* kyfnot *pob* gwr *pob* goruot. **1547** *WS, pop*, euery. **1595** *Egl Ph* [ix], nid mywn vn gelfyddyd: eithr ym *mhob* gwybodaeth, a chywreinrwydd. **1632** *D, pob*, omnis & omne, vnusquisque, singuli. **1688** *TJ, pôb*: all, every. **1770** *W*, pawb o *bob* grâdd d.g. *all . . . all men of all orders.* **1771** *PDPh* 9, diferwch ychydig ddiferynnau i *bob* clust. **1803** *P.*

(*b*) (yn dynodi'r holl aelodau mewn dosbarth penodol (weithiau gan bwysleisio'r gwahanol fathau y tu mewn i'r dosbarth)) Yr holl, y . . . i gyd: *all, all manner of, every type of.*

13g. *C* 68. 7, kymynad pen *pob* nyrth. *c.* **1300** *H* 13b. 8–9, Nyd ef rodri mawr mur kywdodoet. nwy penn kynnadlet. *pob* kenetloet (Gwalchmai). *id.* 27a. 7, Agheu *pob* rieu diheu y daw [marwnad Owain Goch gan Fleddyn Fardd]. *Dchr.* **15g.** *GM* 6, Rydhaa ni . . . o *bob* drygeu. **1670** J. HUGHES: *AP* 29, am i ti fy achub y*mhob* peryglon y bywyd hwn. **1675** R. JONES: *HCh* 2, *pôb* meddyliau drygionus. *id.* 59, o *bôb* pethau da. *id.* 92, *pob* Pechaduriaid anedifeiriol. **1701** E. WYNNE: *RBS* 22, Bod Duw yn bresennol ym *mhôb* lleoedd, yn gweled *pôb* gweithredoedd, yn clywed *pôb* ymddiddanion. **1703** E. WYNNE: *BC* 18, *pob* llwiieu a dyfroedd . . . *pob* uchel swyddau a thitlau. **1716** E. SAMUEL: *GGG* 139, llwyr ddarfyddai am Gyfiawnder *pob* Cyfreithiau, a *phob* Gwobrwyon a Chospedigaethau. **1759** T. THOMAS: *WWDd* 283, byddwch galonog dan *bob* croesau a blinderau. *c.* **1762–79** W. WILLIAMS: *P* 41, a *phob* pethau o waith Prês.

(*c*) (Yn dynodi ailadrodd (digwyddiad, &c.) ar adeg benodol: *denoting repetition (of event, &c.) within specified period*).

13g. *LlI* 4, Ef a dely teyr punt *pob* blvyden. **14g.** *GDG*^{3} 300, Oriau hydr yr ehedydd / A dry fry o'i dŷ *bob* dydd. *c.* **1400** *MM* 22, yuet fioleit da tra barhao *bop* bore. **14–15g.** *IGE*^{2} 332, Minnau o'r gloes angau sydd / Nawwaith *bob* mis o newydd (Rhys Goch Eryri). **15g.** *GLGC* 219, *Pob* blwyddyn yr af drwy'r brif afon, / *pob* tymor drwy'r môr o dir Meirion, / *pob* mis o'r wyth dymor y dôn',—*pob* trimis, / *pob* wythnos o'r mis i Sandwis Siôn. **1632** *D*, *bob* blwyddyn, o flwyddyn bwy gilydd d.g. *quotannis.* **1675** R. JONES: *HCh* 84, y mae Gweddi yn ddyledswydd iw chyflawni *bob* borau. **1768** W. WILLIAMS: *HTS* 29, yn ciniawa *bob* dydd ar gnawd gweision Tywysog Heddwch. *id.* 44, ond ei fod yn gwneuthur ychydig gyfnewidiad ynddi *bob* blwyddyn. **1778** *W*, *bob* nôs d.g. *nightly.*

(*d*) Fesul (dau, tri, &c.), (dau, tri, &c.) ar y tro: *in (twos, threes, &c.), (two, three, &c.) at a time, by (e.g. two by two).*

13g. *C* 95. 1–2, kei ae heiriolei. trae llathei *pop* tri. *ib.* 8–9, *Pop* cant id cuitin. id cvitin. *pop* cant. **14g.** *T* 43. 9–10, kynnwys rwg *pop* deu goreu kiwet. **14g.** *YBH* 39b, Ynteu copart *pob* ddec y lladei ynteu ae ffon. **15g.** *FfBO* 40, tynnant o'r eglwys gan diruawr gerdeu tant a thauawt, a morynyon, *bob* dwy, yn kanu yn y blayn. *Diw.* **15g.** *Pen* 67, 90, *bob* chwech y kyd ymdrechant / *bob* ddav yr vniav y rant (Huw Dafi). **1551** W. SALESBURY: *KLl* lxxxiiia, Ar Arglwydd a ordeiniodd hevyd ddec a thriugain ereill, ac eu danvones wy *pop* ddau a dau, rac bron i wyneb. **1604–7** *TW* (*Pen* 228), *bob* ddaû (*D*, *bob* yn ddau) d.g. *binus.* *Dchr.* **17g.** *J* 10, 130a, *pob* dau a dau . . . bini. **1803** *P.* Cf. y cfn. *p. yn*, &c.

Amr.: **pod.** **1670** J. HUGHES: *AP* 77, 140. **1672** J. LANGFORD: *HDdD* 122, 166. **1759** T. THOMAS: *WWDd* 288.

Cfn.: **pob a**, gw. *p. o.* **p. amser**, gw. *amser.* **p. awr**, gw. *awr*^{1}. **p. bath**, gw. *p. math.* **p. cam (o'r ffordd)**: *all the way.* **1758** *ML* ii. 82, [g]wlychu *bob cam* o'r cartref hyd yno. Ar lafar ym Morg., 'Fe ddotws Data bitshin *bob cam* o'r tŷ i'r glowty', 'Fe æth Wil a Mari *bob cam o'r ffordd* i Merica i weld y ferch'. **p. copa (wallt-og)**, gw. *copa.* **p. cyfryw**: *every kind of, all kinds of, all such.* **13g.** *BD* 49. *c.* **1400** *B* ii. 11. **1567** *TN* 349b. **1710** *LlGG* (*Gos*) 7, 9. **1776** *Pant* 22, 57a. **p. cynnig**, gw. *cynnig.* **p. daear**: *all (the inhabitants of) the earth.* **1588** *Salm* xcviii. 4, Cênwch yn llafar i'r Arglwydd *bob daiar.* **p. dim, p. rhyw ddim**: *everything, all things; every bit (as).* **14g.** *GDG*^{3} 134. **1588** *Salm* cxxxv[iii]. 2. **1618** J. SALISBURY: *EH* 311, [*p*]*ob rhyw ddim.* **1672** *Catec* [15], *pob dim* oll. **1773** *W* d.g. *every thing.* Ar lafar, *WVBD* 436. Gw. hefyd *pobun—pob un dim.* **p. dydd**: *everyday, daily, day- (of school, &c.).* **1773** *W* d.g. *daily, every . . . every day.* Gw. hefyd adran (*c*) uchod. **p. dyn (byw), pobdyn**: *every (living) person, everyone, everybody.* **14g.** *GDG*^{3} 8, Ein dwyn oll *bob dyn* i nef. **1703** E. WYNNE: *BC* 80, Prif-Elynion *pob dyn byw.* **1768** W. WILLIAMS: *HTS* 31, y gelyniaeth hynny sydd yn erbyn gwir ras gan *bob dyn* natturiol. **p. ei**, gw. *p. i.* **p. eilwers**, gw. *eilwers.* **p. enaid (byw)**: *every (living) soul, everyone, everybody; every soul.* **15g.** *DN* 99, Ni ŵyr neb . . . / Ystyr ond ievstis *pob enaid.* **15–16g.** *GLM* 80, fo ry, yn Nef, ar ei naid, / bib o win i *bob enaid.* **1661** E. LEWIS: *Drex* [xxviii–xxix], *Pob enaid* gwiwraid, a garo fyw yn hir / . . . / Darllenned cadwed mewn co / hyn o dasc hen a'i dysgo. **1760** E. WILLIAMS: *UYB* 64, *pob enaid* . . . ag nad yw yn caru Jesu Grist. **1790** T. JONES: *TOS* xii, a byddai *pob enaid* yn gymmwys i fywyd neu angeu. **p. gafael**, gw. *gafael.* **p. (yn) hyn a hyn, p. rhyw hyn a hyn**: *every now and then.* **1920.** **p. i (ddwy, &c.)** [am drafodaeth, gw. *Treigladau* 146]: *each . . . a (two, &c.), a (two, &c.) . . . each.* **1550–75** *B* xvi. 89, y offrwm *pob y* geinioc. **1672** R. PRICHARD: *Gw* 486, Mae dy blant a *phôb ei* restin, / Yn ei thynnu ar dy gobin. **18–19g.** *Iolo MSS* 172, torrwn *bobei* [*sic*] fedd fal y bo parod le i gladdu. Ar lafar yng Nghered., '*pob i* ddwy'. **p. lle, poblle**: *every place, everywhere.* **13g.** *LlI* 4, E penteyly . . . Ef a dely bot em *pob lle* en eu blaen. *c.* **1300** *H* 13a. 39, dymkyueirch pawb ym *pob lleoet* (Gwalchmai). **1346** *LlA* 87, kannys ym*pob lle* obeth krwnn ykeir diwed adechreu. **15g.** *GDLl* 28, Ynnill a wna *pob lle*'n wych, / Tir a moroedd, tarw mawrwych. **1604–7** *TW* (*Pen* 228), y*mhob lle* d.g. *ubique.* **1630** *YDd* 21, heb fod yn absennol yn vnlle, y mae yn bresennol ym *mhob lle.* **1749** J. PRYS: *Alm* [24], I'r oedd Duw cyn gwneuthur unlle / Oll yn oll yn llenwi *poblle.* *c.* **1762–79** W. WILLIAMS: *P* 465, yr offeiriaid pabaidd sy'n nyddu eu hunain i mewn i *bob lle.* **1775** *W*, ym *mhob* man (*lle*) d.g. *in all places, or in every place.* **p. lliw a llun, p. llun a lliw**: *all shapes and colours, all and sundry.* **1925.** Ar lafar, 'o *bob llun a lliw*', *WVBD* 350; 'o *bob lliw a llun*', *id.* 356. **p. man**, gw. *pobman.* **p. fa**, gw. *pobfa.* **p. math, p. bath**: *every kind, every sort, all kinds, all sorts, all manner.* **16g.** *CLl* 162, *Pob bath* o saig (Morys Dwyfech). *c.* **1585** G. ROBERT: *DC* [xxvi], 5b, *pob math* ar ddyn. **1672** J. LANGFORD: *HDdD* [ii]. **1703** E. WYNNE: *BC* 59, [p]ryfed gwenwynig o *bob mâth.* **1775** *W* d.g. *kind* [*sort or species, nature, &c.*]. **p. migwrn ac asgwrn**, gw. *migwrn.* **p. o (ddwy, &c.)** = **p. i.** **1763** *LlGC* 19, 217, I lawr a'r clos yn union, / A cheisiwch *bob o* lawffon. **1771** *PDPh* 20, Cymmerwch bwys o floneg mochyn, fflŵr Brwmstan a Sulphur Fifum, *pob o* ddwy wns. **1798** *WR*, *bob o* un d.g. *apiece.* Ar lafar yn y De; hefyd yn nwyrain Morg. yn y ff. '*pob a*', 'Fi ro' i *bob a* grasfa i chi'ch dou am 'yn'; '*bob a* dicyn' 'little by little'. **p. parth**, gw. *poparth.* **p. peth**: *every thing, everything.* **14g.** *WM* 423. 25. **1588** *Salm* viii. 6. **1768** W. WILLIAMS: *HTS* 28. **1773** *W* d.g. *every . . . every thing.* Gw. hefyd *popeth, pobun—pob un peth.* **p. peth byw**: *every living thing.* **1567** *LlGG* (*Sall*) 82a. **1588** *Gen* i. 24. **1703** E. WYNNE: *BC* 87. **p. pryd** [ceir engh. o amr. *popryd* yn yr 20g.]: *every time, always; ?at every meal.* **15g.** *GO* 168, I lyn val Ynyd i bob rrai *bob pryd.* *c.* **1745** *LlGC* 78, 119. **p. rhai**: *each one, every one, all.* **13g.** *LlC* 29. *c.* **1300** *H* 1b. 15. **14g.** *GDG*^{3} 61. *Dchr.* **15g.** *B* viii. 138. *c.* **1745** *LlGC* 78, 84. **p. rhyw**: *every, every kind (of), all manner (of).* **1346** *LlA* 126, *pob ryw* da. **14g.** *GDG*^{3} 388, Y*mhob rhyw* fan, gran grynnwyf, / Mair a glyw mai mawr ei glwyf (Gruffudd Gryg). **1595** H. LEWYS: *PA* 26, [*p*]*ob rhyw* blaee eraill. **1618** J. SALISBURY: *EH* 311, [*p*]*ob rhyw* ddim. **1632** *D*, o *bob rhyw* ffordd d.g. *omnifariàm.* *c.* **1745** *LlGC* 78, 85, Diddanwch o *bob rhyw.* Gw. hefyd *p. dim.* **p. sawl**: *each one, everyone, every (single) person.* **1568** MORYS CLYNNOG: *AG* 2, tan ddoedyd *bob sawl* / Sail gwaith pwyllog. **1735** S. RHYDDERCH: *Alm* [2], A thanu ar lêd; / Ar goedd wir gêd iw Synnied i *bob Sawl.* **1769** TWM O'R NANT: *TChD* 20, Am dana'i mae Dwned a Synied *pôb Sawl.* **1790** TWM O'R NANT: *GG* 34, Lle geill *pob Sawl*, ar dôn ddidawl, / Gyd ganu Mawl Amen. **p. rhyw hyn a hyn**, gw. *p. hyn a hyn.* **p. tu**, gw. *poptu.* **p. un**, gw. *pobun.* **p. y(r)**: *every single.* **1754** G. OWEN: *L* 100, i farw *bod y* pen ar unwaith. *a.* **1791** W. WILLIAMS: *GP* 349, Uwch dy gyfeillion *bob yr* un. Gw. hefyd *awr*^{1}*—bob yr a.* **p. ychydig**: *little by little, by degrees.* **14g.** *GDG*^{3} 103, Oni ddêl, hyn a ddyly, / *Bob ychydig* hyd frig fry. **1604–7** *TW* (*Pen* 228), llatratta allan *bob ychydic* ag ychydic d.g. *prorepo.* Ar lafar yn Arfon, '*bob ychydig* bach'. Gw. hefyd *p. yn ychydig.* **p. yn**: *by (e.g. two by two, step by step), at a time.* **1588** *Gen* vii. 15, daethant at Noah i'r Arch *bôb yn* ddau. **1588** *Jos* vii. 14, nessaed [llwyth] *bob yn* deulu. **1632** *D* d.g. *acervatim, binus.* **1727** J. JONES: *DFF* 26, y Chwarren wenwynig gynddeiriog yn ysgubo Gwŷr Llundain bendramwnwgl *bob yn* filoedd i'w Beddau. **1759** T. THOMAS: *WWDd* 109, efe a ddaeth atto ef chwech o wŷr ieuaingc cryfion, i gael ei chwippio neu ei fflangellu ef, *bob yn* ddau. **1803** *P*, pob . . . *Pob yn* wr, man by man; *pob yn* un, one by one. Yn y De a sir Benf. clywir weithiau y ff. lafar *bobo'n*, e.e. 'mynd *bobo'n* gam', *GDD* 203. Gw. hefyd y croesgyfeiriadau a'r cfn. dilynol a cf. adran (*d*) uchod. **p. yn ail**, gw. *ail*^{1}. **p. yn awr**, gw. *awr*^{1}. **p. yn eilwers**, gw. *eilwers.* **p. yn hyn a hyn**, gw. *p. hyn a hyn.* **p. yn dipyn**: *little by little, by degrees.* **1803** *P*, pob . . . *pob yn dipyn* . . . by little and little. Ar lafar, ''Fedra' i byth 'neud y gwaith 'ma rŵan, mi 'na' i o *bob yn dipyn*'. Gw. hefyd *p. o.* **p. yn ychydig**: *little by little, by degrees.* **1725–6** *MaddEd* 160. **1771** J. THOMAS: *TA* 345. **1803** *P*, pob . . . *pob yn ychydig*, by little and little. Gw. hefyd *p. ychydig.* **p. yr awr**, gw. *awr*^{1}.

pob^{2} [bôn y f. ddil.] *a.* Wedi ei bobi, wedi ei rostio, wedi ei dostio, wedi ei stiwio, wedi ei sychu, wedi ei fygu: *baked, roasted, toasted, stewed, dried, smoked.*

17g. *LlGC* 13215, 354, caws *bob* [*sic*], tyrotarichus. **1722** *Llst* 189, *pob*, baked, stewed, dryed, bloat. **1753** *TR*, *pôb* . . . roasted, toasted. **1803** *P.*

pobad, gw. **pobiad**^{1}.

pobaf: pobi [Crn. Diw. *pobaz, peba*, Llyd. Diw. *pobañ, pibiñ*: < Brth. *pop-* < Clt. *$k^{u}ek^{u}$- o'r gwr. IE. *pek^{u}- 'coginio', cf. Llad. *coquō*, Sans. *pacāmi*, ac ymhellach yr a. *poeth*; gw. hefyd *pobwr*] *bg.a.* a hefyd gyda grym enwol i'r be. Coginio (toes, bara, &c.) drwy gyfrwng gwres sych, yn enw. mewn lle caeedig neu ar arwyneb poeth, crasu, rhostio, tostio, briwlio, paratoi a choginio (bara, &c.); sychu neu galedu drwy gyfrwng gwres, arteithio drwy gyfrwng fflam neu wres; mynd yn boeth iawn, bod â thwymyn; hefyd yn *dros.* ac mewn cyd-destun *ffig.*: *to bake, roast, toast, grill, broil, prepare and cook (bread, &c.); dry or harden by subjecting to heat, torture by exposure to flame or heat; become very hot, be feverish; also transf. and in fig. context.*

13g. *LlI* 20, Ef [porthawr] . . . a dele cadyt e kavs a *popo.* *id.* 21, hy [poburies] a dele e bwyt o'r llys . . . a theyssen dywed *poby* o pob amrev ulavt a *poppo* . . . Ny dely keuody rac nep tra uo en *poby.* **13g.** *BD* 169, yr aghynuyl hvnnv a bereideu o gic moch coet ganthav yn eu *pobi.* **1346** *LlA* 23, megys yberwir ybara onerth ytan. velle y*pobet* krist ymywn tanllwyth ydiodeifueint. **14g.** *SC* viii/ix. 189, dynyon . . . y mywn ffurnev tan brwstan [*sic*] yn y llosgi . . . Ereill yn *pobi* wrth tan. *c.* **1400** *MM* 56, Pennaf kyuared yw kymryt fflwr gwenith ae *bobi* trwy uelyn naw wy a mel. *c.* **1400** *Études* vii. 272, wynwyn . . . dot y *bobi* ar y lludw yny vo gwressawc, a gwna idaw verwi. **1547** *WS, popi*, bake. *c.* **1566** *B* xv. 119, bwyd a *boper* mewn pobty. **1588** *Lef* xxiv. 5, A chymmer beillied a *phoba* ef yn ddeuddec teissen. **1588** *Jer* xxix. 22, gosoded yr Arglwydd dy di fel Sedecia, ac Ahab y rhai a *bobodd* brenin Babilon wrth tân. *c.* **1610** *GDG*^{3} 421, Ai *bobi* yn gri gras heb halen / a than dan ei flaen lechwen las [am flawd ceirch]. **1615** R. SMYTH: *GB* 177, tan . . . drwy help hwn . . . yr ydym yn *pobi* ac yn cledu y brics, ym mol y ddaear. **1632** *D, pobi*, pinsere, coquere. Item torrere, assare. *id.* celfyddyd *pobi* d.g. *panificium.* **1672** R. PRICHARD: *Gw* 424, F'orfu ar Stephan odde ei bwnian, / F'orfu ar Lawrens odde ei frwylian [:- *Bobi*]. **1707** *AB* 284b d.g. *to Rost.* **1722** *Llst* 189, *pobi* . . . broil, toast. **1753** *TR*, *pobi* . . . *Pobi* bara . . . to bake bread. *Pobi* cig, to roast meat. Glam. *Pobi* caws, to toast cheese. **1764** W. WILLIAMS: *GDC* 62, dwfrhâu'r Teyrnasoedd sychedig creision sydd / Trwy hydol faith y Flwyddyn yn *pobi* yngwrês y Dydd. *id.* 95, Rhai 'n *pobi* tan yr Haulwen, yn noeth anhardd ei Llun; / Rhai 'n sythu yn y Gogledd, heb Gyssur gan yr un. **1771** *PDPh* 14, *pobwch* un grain o bupur hirion. **18–19g.** *LlrC* 55, 51, y mae'n *pobi* . . . he is feverish [Glam]. **1803** *P.* Ar lafar yn gyff., *WVBD* 437, *TGG* (1907–8) 83, *LGW* [352]–3, *Geir Geg* 110–11, hefyd ym Morg. mewn ymad. megis 'Ma 'i wedi *popi* arno fa' 'It's all up with him', ac yn Arfon yn yr ystyr 'curo', 'Mi *pobodd* o', *WVBD* 437.

Cfn.: **pobi neithior**: *the custom of bringing gifts of foodstuffs to a young woman on the eve of her wedding.* Ar lafar gynt yn sir Benf. a gorll. sir Gaerf., *GDD* 229, D. E. JONES: *HLlP* 366.

pobaid, gw. **pobiaid.**

poban [bôn y f. fl. + *-an*^{1}] *eb.* ll. *-au.* Popty, ffwrn, ffwrnais, llosgfa, hefyd yn *ffig.*: *oven, furnace, a burning, also fig.*

1672 R. PRICHARD: *Gw* 13, Mae'r Angel âr Cryman, yn bwgwyth [*sic*] y graban, / Iw bwrw i'r *boban* embeidus. *id.* 222, Pan llosco 'r bŷd yn wenfflam olau, / A'r Tai, a'r tîr a'r holl dryssorau, / Fe fydd Cardod uwch-law'r *Boban* [:– lloscfa], / Ym Haradwys yn dy waitan. *c.* **1729** S. RHYDDERCH: *LlCD* 325, Dyna'r ffordd lydan, sy'n arwain at Satan, / In poeni mewn *poban* a briw. *c.* **1730** *Thos. Lloyd D* (LlGC) 195a, *poban* . . . furnus. incendium. **1803** *P*, *poban*, s. f. pl. t. *au*, an oven. *Diw.* **19g.** *SE MS* 380b, yn *boban* wyllt. Yn byw mewn *poban* rhyntyn.

pobdyn, gw. **pob**[1]**—p. dyn.**

pobed [?*pob*[1]+*-ed*[1]] *e?g.* ?Crynswth: *entirety.*

12–13g. *GLlLl* 264, Llutwyd, kymynwyd kwbyl yn eu *pobed.*

pobedig, pobiedig [bôn y f. fl.+-(*i*)*edig*] *a.bfl.* Wedi ei bobi, wedi ei rostio, wedi ei dostio, wedi ei losgi: *baked, roasted, toasted, burnt.*

c. **1400** *R* 1338. 31–2, Adaf hyll pebyll *pobyedic.* *c.* **1400** *Études* vii. 64, Pob kic o'r a ffrier gwressawc a sych vyd . . . Kic *pobedic* neu rost gwressawc vyd. *Dchr.* **17g.** *J* 10, 130a, *pobedig*, retostus. **1770** *W* d.g. *baked or baken.* **1801** *MMf* 113, cymmer yn fwyd fara gwenith trwyddo . . . ag afalau *pobiedig* a llaeth geifr. **1803** *P*, *pobedig* . . . roasted, toasted.

pobfa, pob fa [*pob*[1]+?*-fa*, *ma*] *e?b.* ?Pobman, pob man: *everywhere, every place.*

c. **1300** *H* 3b. 23, Rwyf *pobua* morwyt da wrth dy yoli (Meilyr Brydydd). **14g.** *T* 40. 4, Golychaf wledic pendeuic *pop wa.* *c.* **1400** *R* 1154. 33, Goruchel duw golochir ym *pob va.*

pobfaen [gair geir., sef bôn y f. fl.+ *maen*[1]] *eg.* Bricsen, priddfaen: *brick.*

1632 *D* d.g. *later.* **1722** *Llst* 189, *pobfaen*, m. a brick stone. **1771** *W* d.g. *brick.*

pobiad[1]**, pobad** [bôn y f. fl.+*-iad*[1], *-ad*] *eg.* ll. *-au.* Y weithred o bobi, crasiad, rhostiad, tostiad, y weithred o stiwio; yr hyn a bobir, crasiad, y torthau (y cacennau, &c.) a bobir ar un tro; hefyd yn *ffig.*: *a baking, roasting, toasting, stewing; what is baked, batch (of loaves, &c.); also fig.*

1588 *Lef* ii. cs., Trefn y bwyd offrwm, ai *bobiad.* **1722** *Llst* 189, *pobad*, m. a baking, stewing. **1803** *P*, *pobiad*, a baking; a roasting, a toasting. Ar lafar yn y ff. *pobiad*, *Wês wês* 43; hefyd ym Morg. yn y ff. *popad.*

pobiaid, pobiad[2] [bôn y f. fl.+*-iaid*[2]; tebyg mai ff. daf. oedd y ff. yn *-iad* yn wr. (ond cf. *pobiad*[1])] *eg.* ll. *pobeidiau, pobieidi.* Yr hyn a bobir, y torthau (y cacennau, &c.) a bobir ar un tro, pobiad, crasiad: *what is baked, batch (of loaves, &c.).*

1886. Ar lafar yn y Canolbarth yn y ff. *pobied*, ac yn y Gogledd yn y ff. *pobiad*, *Geir Geg* 165.

Amr.: **pobiad**[2] [bôn y f. fl.+*-aid*[1]]. **1938.**

Cfn.: **ers pobiad (pobaid) neu ddau, ers dau bobiad neu dri, ers pobeidiau:** *for a while, for ages.* **1886.** Ar lafar ym Môn, '*ers dau bobiad neu dri*', *ISF* 61; '*ers pobeidia*'.

pobiant [bôn y f. fl.+*-iant*] *eg.* Llosgiad, arteithiad drwy gyfrwng fflam neu wres; pobiad, pobiaid: *a burning, torture by exposure to flame or heat; a baking, batch.*

c. **1400** *R* 1176. 12, Pymhoet pobyl rac *pobyant* ordwy. **1803** *P*, *pobiant*, s. m. a baking; a batch.

pobiedig, gw. **pobedig.**

pobl [bnth. Llad. *pop'lus* < *populus*; cf. H. Grn. *popel*, gl. *populus*, Crn. C. *pobyl, pobel*, H. Lyd. *popl(an)*, gl. *popellus*, Llyd. C. a Diw. *pobl*, H. Wydd. *popul*, Gwydd. Diw. *pobal*] *eb.* ac yn eithriadol fel *eg.* ll. *-oedd, -au, -ydd, -edd*, a hefyd fel *e.ll.*; ceir tr. ml. weithiau i'r ff. ll. ar ôl y fan. ac i a. sy'n eu dilyn, gw. *Treigladau* 10–11.

(*a*) Bodau dynol yn gyffredinol, 'dynion', cyhoedd, bodau dynol sy'n ffurfio grŵp neu gynulliad neu a gysylltir gan ddiddordeb cyffredin, aelodau teulu neu dylwyth, y gymuned yn ei chrynswth, yn enw. o'i chyferbynnu â dosbarth elitaidd, gwerin, corff o bersonau a unir gan ddiwylliant neu draddodiad cyffredin neu ymdeimlad o berthyn ac a nodweddir gan iaith, sefydliadau, a chredoau cyffredin ac sydd hefyd yn aml yn ffurfio grŵp gwleidyddol cyfundrefnol, personau sy'n deyrngar i rywun pwerus, cenedl, llwyth, torf, trigolion: (*a*) *people, public, nation, tribe, crowd, inhabitants.*

12–13g. *GLlLl* 96, Breenhin Powys, *pobyl* dost,—yn engir. **13g.** *C* 25. 4–5, A dyadu tan ar *poploet* aynlan. **13g.** *Cylchg LlGC* v. 60, nyt oed haud barnu ena pa vn uwyhaf ae ryvedet e gwyrth gan e *bobyl* ae entey y lewenydd. **13g.** *BD* 21, effeirat ym blaen *pobyl* yr Ysrael yg gulat Iudea. **14g.** *T* 22. 4–5, py lenwis auon ar*pobyl* pharaon. **14g.** *RC* xxxiii. 219, My a welaf duy *bobyl* o ym blaen. y neill yn wylaw. ar llall yn chwerthin. **14g.** *B* ix. 227, *Pobyl* rufein yv honn. *c.* **1400** *R* 1162. 31–3, Apharatwys ef an prynwys. pryn godeheu. Ar holl *bobled.* ac nyt ryued. rwyf synnhwyreu. **15g.** *Cy* iv. 126, y *bobloyth* gyffredin. **1547** *WS*, *popol*, people. **1551** W. SALESBURY: *KLl* xviiib, A gwedy bwrw allan y Cythraul, y mut a ymddiddanadd ar *popoloedd* (**1567** *LlGG* 33b, *poploedd*) a ryueddasont. *id.* xxxviia, reidiol oedd i vn dyn varw dros y *popl.* **16g.** *Hop M* 200, balchedd ywr penn, capdenn celfydd / terfysgwr blin, yn trin *poblydd.* **1588** *Deut* ii. 25, y *bobloedd* tann yr holl nefoedd. **1655** R. JONES: *PC* 77, y *boblau.* **1778** J. THOMAS: *HB* 396, y ddau *bobl.* **1803** *P* d.g. *pobyl.*

(*b*) (enghrau. o'r ff. *pobl* wedi ei chystrawennu fel ll.: *exx. of the form 'pobl' construed as pl.*).

c. **1300** *H* 76b. 17, *pobyl* wychein druhein a dreing (Dafydd Benfras). **14g.** *T* 78. 22–3, *pobyl* pwyllat enwir eu tir nywys. **1346** *LlA* 26, vym*pobyl* i ewch oc eu plith wy. **14g.** *B* ix. 47, y *bobyl* wyllt oed yno ny diodefessynt eiryoet vrawdwr arnadunt. **14g.** *YBH* 39b, gwedy daruot vdunt llad y *bobyl* heb diagk y nemawr o nadunt. *id.* 51a, digyaw a oruc bown wrth y *bobyl* hynny. *c.* **1400** *ChO* 16, llawer o'r *bobyl* pan vont gleifyon. **15g.** *FfBO* 32, *Pobyl* y wlat honno a vanagassant y mi na allawd dyn . . . ysgynnu y mynyd hwnnw. **15g.** *GO* 257, *Pobl* ddeillion am Siôn y sydd, / Pann aeth Duw â'r penn ieithydd. **1588** *Eseia* xxiv. 4, *pobl* feilchion y ddaiar. **1615** R. SMYTH: *GB* 11, Bu *bobyl* eraill o rywogaeth dieithrach. **1757** *ML* ii. 39, *pobl* y tymhordai ym Môn sydd dda ganthynt lettyfa hen wr a hen wraig.

Amr.: **popul, pobul** [dan ddyl. y Llad. *populus*]. **1567** *TN* 85b, y *populoedd.* **1604–7** *TW* (*Pen* 228), *popul* d.g. *pergula.* **1618** J. SALISBURY: *EH* 134, holl *bobul* Dduw.

Cfn.: **pobl annwyl:** (*my*) *dear people; good gracious!, good heavens!* **1805** C. EVANS: *GB* 13, Barn fawr *bobl anwyl*, ydyw credu y fath byngciau. *ib.* er cael gras, y gallant, trwy bechod, wahanu eu hunain oddi wrth gariad Duw yng Nghrist . . . Dyma gabledd *bobl anwyl.* Ar lafar, '*pobol* (*bobol*) *annwl!*' 'good gracious!', *WVBD* 14. **p. bach (fach):** (i) (*my*) *dear people; good gracious!, good heavens!* **1853** W. REES: *AFR* 222, *Bobol bach!* y fath werth ydi cael byw mewn gwlad o ryddid. Ar lafar, '*bobol bach!*' 'good gracious!', *WVBD* 437, (ii) *little people, common people.* Ar lafar, *WVBD* 437, *Folk Life* viii. 6. **p. y Bala:** *good gracious!, good heavens!* Ar lafar yng ngogledd Cered. **p. y byd:** *people who are not members of a chapel or church.* **1913.** Ar lafar. **p. gerdded:** *vagrants, tramps.* **1799** *TY* 31, Yr oedd hefyd finteioedd o'r rhai a elwid, Y *Bobl gerdded*, yn dyfod i'r Dref yma ar amserau. Crwydriaid oedd y rhai'n, yn tramwy 'r wlad i gardotta. **18–19g.** J. THOMAS: *EG* 155, Ac nid oes fawr o'r *bobl gerdded*, / Mor ddig'wylydd a'r pedleriaid. Cf. y ff. '*cered bobol*', sydd ar lafar yn sir Gaerf. a Morg. **p. y goetsh (gôtsh) fawr:** *stagecoach passengers, also used to refer to unnamed informant(s).* Ar lafar yn y Gogledd, 'Pwy sy'n deud?' '*Pobol y gôtsh fawr*' 'Who says so?' 'Some one I can't name', *WVBD* 287; *BLlE* 32. **y b. gyffredin, p. gyffredin (cyffredin):** *common people, ordinary people, populace.* *c.* **1400** *RB* ii. 339, [y] *bobyl gyffredin.* **15g.** *Cy* iv. 126, *y bobloyth gyffredin.* **1547** *WS*, *popol kyffredin*, common people. Ar lafar. Gw. hefyd *cyffredin—y c. bobl.* **b. (ar) y ddaear:** *good gracious!, good heavens!* Ar lafar mewn mannau yn y Gogledd. **p. ddieithr (ddierth, ddiarth):** *strangers, visitors.* **1905.** Ar lafar, *WVBD* 81. **p. ddyfod, p. ddŵad, p. ddod:** *newcomers, immigrants.* **20g.** Ar lafar. **p. lyg:** *lay people, laity.* **1675** R. DAVIES: *PY* 43. **1730 (1755)** E. WYNNE: *PAC* 63. Cf. *lleyg—llygion bobl.* **p. fawr(ion):** *gentry, important personages.* **1763** *ML* ii. 568, ceiff ei dwyn i blith y *bobl fawrion.* **1790** T. JONES: *TOS* 168, Pa lawnder o ddaioni a allai *bobl fawr* wneuthur. Cf. W. REES: *LlHFf* 108, mi rydwi'n synud llawer at y *bobol fawr*, y byddigio[n]s yma. Ar lafar, *WVBD* 437. **p. tai bach:** *landless people, i.e. those living in villages, towns, &c., and having no agricultural land attached to their dwellings.* **20g.** Ar lafar yng ngodre Cered., *Folk Life* viii. 6. **p. yr ymylon:** *outsiders, drop-outs.* *c.* **1920.** Mae'n deitl drama (1927) gan Idwal Jones.

Gw. hefyd **pybl.**

poblach [*pobl*+*-ach*[2]] *eb.* ac *e.ll.*; ceir tr. ml. weithiau i a. ll. sy'n ei ddilyn, gw. *Treigladau* 10–11. Pobl ddistadl neu gyffredin, gwerinos, ciwed, weithiau'n ddifr. ac weithiau gydag arlliw o dosturi: *low or common people, (the) masses, hoi polloi, plebeians, populace, rabble, sometimes derog. and sometimes with a hint of pity.*

16g. *Rhyddiaith Gymraeg* i. 86, ef a broffwydoedd y gorvyddai ar Jessu varw dros y bobyl; ac nid yn vnic dros *boblach* ond iddaw ef gassgly ynghyd blant Duw. **1592** S. D. RHYS: *Inst* [xix], bagad o sorod o *boblach* eraill sothachlyd a' dihîraf o'r a 'allo bôd. **1618** J. SALISBURY: *EH* 70, Tyrciaid, Haredigiaid [*sic*], a'r cyfryw *boblach*, sy'n byw allan o'r Eglwys. *id.* 144, mae fe'n ddyfal i hudo, ag i dwyllo'r fath *boblach* druein a'r hain. **1727** J. JONES: *DFF* 256, Dynion ffolion, a *Phoblach* allan o'u Pwyll. *c.* **1730** *Thos. Lloyd D* (LlGC) 195a, *poblach*, popellus. **1733** J. OWEN: *TBG* 22–3, y Crist'nogion truain . . . *Poblach* adfydig, diwybod, tôst ydynt. **1739** *ML* i. 20, rhyw *boblach* ddieithr i chwi yn meirw ac yn priodi. **1755** G. OWEN: *L* 141, Mae *poblach* yn gleifion yn aml yn y cyrrau yma, a llawer iawn yn meirw. **1759** *ML* ii. 105, Dyma fal y bydd *poblach*—pawb yn gweled ei gymydog yn ddedwyddach nag y fo ei hun. **1760** *id.* 469, os y chwi a fedr feddalhau eich calon . . . a madde'r pumswllt, chwi a wnewch fawr drugaredd i'r truan ac a foddiwch y *boblach.* **1798** T. ROBERTS: *CG* 44, nhw a daerfynent eiddo *poblach* druain yn ddigon digywilydd. **1803** *P*, *poblach*, s. pl. dim. low people, plebeians.

poblaeth [*pobl*+*-aeth*] *eb.* Poblogaeth: *population.*

1848.

poblaf: pobli [bf. o'r e. *pobl*] *ba.* Poblogi, llanw â phobl, cyfanheddu, hefyd yn *ffig.*: *to populate, people, inhabit, also fig.*

1732 J. JONES: *C* 61, Shem, Ham, a Japheth, a hwy oedd y Gwyr a *boblodd* y Bŷd ar ôl y Diluw. **1740** T. EVANS: *DPO* 11, Ynys Brydain gan hynny yn ddiammeu a *boblwyd* ar y cyntaf allan o'r wlad nessaf atti, megis y *poblwyd* yr Jwerddon allan o'r wlâd hon. *c.* **1762–79** W. WILLIAMS: *P* 185, Nid oes neb ŵyr lai nad o ddinas Carthage yn yr Aipht y *poblwyd* America gyntaf. *id.* 516, oddi yno y *poblwyd* gan y Waldenses ddyffryn Piedmont. **1780** *W* d.g. *to populate.* **1791** GW. MECHAIN: *Rh* 79–80, alldudaeth . . . ni arferir, ond . . . er *pobli* lleoedd anghyfannedd. **1795** *R. Crusoe* d.d., Mewn Ynys Anghyfannedd. Yr Hon Wedi Hynny A *Boblwyd* Ganddo Ef. *id.* 86, Yr oedd fy Ynys erbyn hyn wedi ei *phobli*, ac yr oeddwn yn fy nhybied fy hun yn Frenhin cyfoethog o ddeiliaid. **1803** *P.*

poblen [bnth. S. *pobble*, amr. ar *pebble*+ *-en*] *eb.* ll. *-ni*, *pobls.* Carreg fach, gröyn: *pebble.*

20g. Ar lafar yn nwyrain sir Gaerf. ac yng Nghwmtawe, '*pobls* yn yr afon'; 'Nid ti yw'r unig *boblen* sy ar y traeth', 'Nid ti yw'r unig ferch yn y byd'.

Gw. hefyd **poplis.**

pobliad [bôn y f. fl.+*-iad*[1]] *eg.* Poblogiad, cyfanheddiad; poblogaeth; cyfrifiad: *a populating, inhabiting; population; census.*

1780 *W* d.g. *population.* **1803** *P.* **1808** *Eurgrawn Cymraeg* 93, Wrth *bobliad* y deyrnas yn ddiweddar, nifer trigolion Llundain a gafwyd yn 885,577.

pobliw, poblliw [*pob*[1]+*lliw*[1]] *eg.* a hefyd fel *a.* *Adar.* Nico, *Carduelis carduelis*: *goldfinch.*

1907.

Fel *a.* Amryliw: *multicoloured.*

20g.

poblog [*pobl*+*-og*] *a.*

(*a*) Ac iddo lawer o drigolion, llawn pobl, wedi ei boblogi: *populous, peopled, populated.*

1567 *TN* [xxiii], nid gwaith vndydd vnnos, yw enill teyrnas vaith *poblog* [*sic*] i ffydd Christ. **1604–7** *TW* (*Pen* 228) d.g. *copiosus, populosus.* [**1724**] G. WYNN: *YGD* 133, Y mae hi yn llawn o bod cenedl a gradd o ddynion . . . Ac nid pobl wael salw a diystyr a fydd yn Cyfanneddu y Ddinas *boblog* hon. **1725** *SR* d.g. *populous.* **1733** J. OWEN: *TBG* 16, Rhifedi yr eneidjau ag sydd i'w casglu i mewn, mawr dros ben ydyw. *Poblog* jawn yw'r bŷd, y dŷdd heddyw, ym mhôb man. *c.* **1762–79** W. WILLIAMS: *P* 446, nid yw Spain ddim yn llawn *boblog*, ond yn deneu iawn. **1790–1** H. JONES: *T* 162, Yn amser yr hen fyd pan ydoedd fwyaf *poblog*, sef yn nyddiau Noa, ni ddarllenwn ond am wyth nŷn a achubwyd ynddo rhag y diluw. **1798** *WR*, y dref a'r ardal mwyaf *poblog* Ynghymru d.g. *Swansea.* **1803** *P* d.g. *poblawg.*

(*b*) Poblogaidd, derbyniol; cyffredin: *popular, acceptable; common.*

1604–7 *TW* (*Pen* 228), gwneuthur yn *populoc* d.g. *concelebro.* *c.* **1762–79** W. WILLIAMS: *P* 587, Mr.

Rogers a Bradford, dau bregethwr *boblog* [*sic*] tros y diwygiad. *id.* 640, [d]istewi y fath rifedi o'r pregethwyr mwya *poblog* a defnyddiol. **1774** T. JONES: *DG* 275–6, Ei dduwioldeb . . . a'i gwnaeth yn *boblog* iawn, ac o uchel gymmeriad gyd â phobl Dduw. **1775** *CY* iv, [G]weinidogaeth gywrain, *boblog* ac efangylaidd. **1777** W. DAVIES: *CHL* 39, Os darfu i wrthwynebiad ddrygu llawer, bod yn *boblog* a glwyfodd lawer rhagor.
Amr.: **populog** [cf. *popul*]. **1604–7** *TW* (*Pen* 228) d.g. *concelebro*.

poblogaeth [*poblog*+-*aeth*] *eb.g.* ll. -*au.* (Cyfanrif) yr holl bobl sy'n byw mewn gwlad, ardal, &c., corff o bobl ac iddynt nodwedd gyffredin; y graddau y mae gwlad neu ardal neilltuol, &c., wedi ei phoblogi; hefyd yn *dros.*, e.e. am anifeiliaid, planhigion: *population; populousness; also transf., e.g. of animals, plants.*
1780 *W* d.g. *population.* **1803** *P.*

poblogaf: poblogi [bf. o'r a. bl.] *ba.*
(*a*) Cyflenwi â thrigolion, llanw â phobl, cyfanheddu, hefyd yn *dros.* ac yn *ffig.*: *to populate, people, inhabit, also transf. and fig.*
1780 *W* d.g. *to populate.* **1803** *P* d.g. *poblogi.*
(*b*) Poblogeiddio: *to popularize.*
1903.

poblogaidd [*poblog*+-*aidd*] *a.*
(*a*) Yn perthyn i'r cyhoedd, a wneir gan y bobl, addas i anghenion, gallu, chwaeth, neu ddealltwriaeth y cyhoedd, hoff gan lawer, a edmygir gan y cyhoedd neu gan bobl o ryw garfan neilltuol, ffasiynol, cyffredin, cyffredinol: *popular, fashionable, in vogue, common, widespread.*
1765 J. POPKIN: *Ll* 9, yr ydych yn dywedyd i fod y Pregethwyr *poblogaidd* yn addoli Duw arall. **1770** *TG* iv. 92, y cicaion *poblogaidd*, neu'r clod a geir gan anadl y werin heb ddim haeddiant. *ib.* chwennych clod presenol a *phoblogaidd*. *ib.* effaith rhagfarn *poblogaidd* ar feddyliau gweiniaid. **1776** *DALl* 7, [t]rwy gynhyrfu *Poblogaidd* Derfysgoedd. **1790** W. RICHARDS: *LlA* 43, gweinidogaeth yr efengyl mewn rhith *poblogaidd*. **1792** TOMOS GLYN COTHI: *Ap* 8, Hyn sydd yn sicr o fod yn athrawiaeth *boblogaidd*. **1794** J. WILLIAMS: *AGDd* [vi], Dadleuon *poblogaidd* yn erbyn'r Athrawiaeth. **1798** *WR* d.g. *popular.* **1799** A. AB D. SION: *CR* 9–10, cariad ein gwlad . . . Nid yw . . . ond enw *poblogaidd* er mwyn hunan-gariad. **1799** M. WILLIAMS: *HHG* 143, Gwr bonheddig *poblogaidd* yn Llundain. **1803** *P.*
(*b*) Poblog: *populous.*
1814.

poblogedig [bôn y f. fl.+-*edig*] *a.bfl.* Wedi ei boblogi, wedi ei gyfanheddu, cyfannedd: *populated, inhabited.*
1852.

poblogeiddiaf: poblogeiddio [bf. o'r a. *poblogaidd*] *ba.* Gwneud yn boblogaidd, cyflwyno mewn modd hawdd ei ddeall neu mewn dull sy'n ddeniadol i'r cyhoedd: *to popularize.*
1858.

poblogeiddiwr [bôn y f. fl.+-*iwr*] *eg.* ll. *poblogeiddwyr.* Un sy'n poblogeiddio (peth): *popularizer.*
20g.

poblogeiddrwydd [*poblogaidd*+-*rwydd*] *eg.* Poblogrwydd, y cyflwr o fod yn boblogaidd: *popularity.*
1848.

poblogiad [bôn y f. *poblogaf*: *poblogi*+-*iad*[1]] *eg.* Y weithred o boblogi, cyfanheddiad; poblogaeth: *a populating, inhabiting; population.*
1803 *P.*

poblogrwydd [*poblog*+-*rwydd*] *eg.*
(*a*) Y cyflwr o fod yn boblog, dwyster poblogaeth; poblogaeth; pobl (gyffredin), y werin (bobl): *populousness; population; (common) people, populace.*
1780 *W* d.g. *populousness.* **1803** *P.* Cf. D. OWEN: *B* 507, pa ham yr aroswn gyd a'r *poblogrwydd* a elent i'r chwareudy mawr a rhyfeddol hwn?
(*b*) Y cyflwr o fod yn boblogaidd, poblogeiddrwydd: *popularity.*
1798 *WR* d.g. *popularity.* Cf. D. OWEN: *SP* 71, byddem yn clywed yn achlysurol am lwyddiant a *phoblogrwydd* James.

pobls, gw. poblen.

poblwyth [*pob*[2]+*llwyth*[1]] *eg.* Pobiaid, crasiad, neu ffyrnaid (o fara, &c.): *batch (of bread, &c.).*
1722 *Llst* 189, *poblwyth*, m. a batch or oven-full of bread. *Diw.* **19g.** *SE MS* 381a, *poblwyth*, a batch (of bread) &c S.W.

poblle, gw. pob[1]—p. lle.

poblleaeth [*pob lle*+-*aeth*] *e?g.* Hollbresenoldeb: *ubiquity, omnipresence.*
1630 *YDd* 21, Ammesuredigaeth, neu, *boblleaeth* [:- Bod ymhob lle ar vnwâith], drwy'r hyn y mae ef o anherfynedig amgyrhaedd yn llenwi y nefoedd, ar ddaiar ac yn cynnwys pob lleoedd, heb ysbaid, lle, neu derfyn yn dichon ei gynnwys ef, ac heb fod yn absennol yn vnlle, y mae yn bresennol ym mhob lle. *c.* **1730** *Thos. Lloyd D* (LlGC) 195a, *poblleaeth*, ubiquitas.

poblliw, gw. pobliw.

pobman, pob man [*pob*[1]+*man*[1]; am y tr. ml. sy'n dilyn *pob* yn yr engh. gyntaf, cf. *pobfa*] *eg.* ll. *pob mannau*, yn aml yn yr ymad. adfl. *ym mhobman, ym mhob man.* Pob lle, pob un lle, pob rhan: *everywhere, every place, every part.*
12–13g. *GLlLl* 215, Ac un traws gadgun, treis uaran —ual gwr, / Yn goruod ym *pob uann* (amr. *mann*). *Dchr.* **14g.** *H* 30b. 23–4, Oet plyc dwyn terrwyn yn y tyrrei bobyl. o *bob mann* ay kyrchei (Bleddyn Fardd). *c.* **1400** *R* 1047. 5–6, Mi affreuer amedlan. kyt yt uo cat ym*bop mann*. nyn tawr ny ladawr an rann. *c.* **1400** *RB* ii. 390, Ef a dileawd y bleidyeu o *bop mann* or deyrnas. **15g.** *BB* 189, or diwed ygoruu ybrutannyeit achymhell gwyr ruvein ar fo y *bopmann* mal y dygei ev tynghetuenev wynt. **1588** *Ecs* xx. 24, ym *mhob man* lle y rhoddwyf goffadwriaeth o'm henw, y deuaf attat, ac i'th fendithiaf. **1588** *Salm* ciii. 22, Bendithiwch yr Arglwydd ei holl weithredoedd ef, ym *mhob mann* oi lywodraeth. **1592** S. D. RHYS: *Inst* [xvii], yscrifennu cyfiawnion a' pherpheithion Ddospartheu arr *bôb manneu* a' chymhâleu o Gelfyddyd Prydyddiaeth. **1604–7** *TW* (*Pen* 228), *ymhob mann* d.g. *ubique.* **1723** E. SAMUEL: *PDdC* 10, *ymhob mannau* a gyssegrwyd fel hyn . . . mae efe ei hun gwedi addaw bod mewn modd arbennig yn gydrychiol. *c.* **1730** *Thos. Lloyd D* (LlGC) 174a, ym *mhob Mann*, passim. **1773** *W*, ym *mhob man* d.g. *every . . . Every where, in all places, or in every place.* Cf. *Efr* (Cyfres 3) i. 104, [p]eth a fynegir gan fodau dynol bob amser ac ym *mhobman.*

pobmanrwydd [*pobman, pob man*+-*rwydd*] *eg.* Hollbresenoldeb: *ubiquity, omnipresence.*
1937.

pobreg, pobul, gw. pobwraig, pobl.

pobun, pob un [*pob*[1]+*un*; dichon fod grym enwol i'r a. sy'n dilyn yn rhai o'r enghrau. yn adran 1 (*a*) isod ac felly mai i adran 2 y perthynant] *rh.* ac *ymad. rhagenwol* a hefyd gyda grym ansoddeiriol.

1. (yn annib.) (*a*) Pawb, pob person, popeth, pob peth, y cwbl: *everyone, everybody, each one, every (single) one, all.*
12–13g. *GLlLl* 188, Tyreu poeth, peithyawc *pob un.* **13g.** *A* 33. 7, nav ugeint am *bob vn.* *c.* **1300** *H* 80b. 4–5, llwyth maryed mawretus eu merweryt. Gwell *pob un* duun dewr noe gilyt (Gwynfardd Brycheiniog). **14g.** *LlB* 37, Naw nyn a gredir, *pob vn* yn dwyn y tystolyaeth gan tygu. *id.* 65, *Pob vn* a geiff y wiscoed ehunan. **14g.** *YBH* 48a, yna y dywedei *pob vn* wrth y gilid. Mat yn ganet. **14g.** *GIG* 47, Naw neuadd gyfladd gyflun, / A naw gwardrob ar *bob un* [i lys Owain Glyndŵr yn Sycharth]. *c.* **1400** (*SG*) *HMSS* i. 187, yd oedynt wy yn dwyn *pobun* y rann ganthaw. **16g.** *GGH* 24, *Pob un* haeddgamp, pawb yn hawddgar. **1567** *LlGG* [x], dan boen bot y *bop vn* yn troseddu velly, fforfeictio . . . xii. d. **1568** MORYS CLYNNOG: *AG* [iii], e gair y pynciau hynottaf mewn tafulan [w]e[d]i nodi *pob vn* ar i ben i hun. **1604–7** *TW* (*Pen* 228), *pop vn* d.g. *quisque.* **1620** *Math* vii. 21, Nid *pob vn* sydd'yn [*sic*] dywedyd wrthif, Arglwydd Arglwy[dd], a ddaw i mewn i deyrnas nefoedd. **1632** J. DAVIES: *LlR* 43, y mae 'r annuwiol ynteu o amser i amser, ar feddwl, neu air, neu weithred, neu ar *bob vn*, yn pentyrru pechod. **1664** *LlGG* sig. d2r, pawb a *phôb ûn* (*the Person or Persons*) a droseddo felly. **18–19g.** *Llr* C 1, 248, Rhai a wedant mai hyd gwr yw yr hyd a ddylid ym Mrysyll Bardd . . . Brysyll *pob un* arall trichyfelin. **1803** *P*, pob . . . *pob un*, every one. Ar lafar yn y De, 'Mae *pobun* yn teimlo'n sâl', 'Cofia fi at *bobun*', '*pobun* arall'. Digwydd yn e.'r gyfres lyfrau *Cyfres Pobun* (1944–5), gw. *CLC* 107.
(*b*) (a'i ddilyn gan yr ardd. *o*[1]: *followed by the prep.* '*o*[1]').
13g. *A* 28. 9–10, Tri chanu a thriugeint athrychant a dal *pob vn* or gwarchaneu. **14g.** *LlB* 49, Dros sarhaet *pob vn* ohonunt y telir naw mu a naw vgeint aryant. **14g.** *WM* 7. 13–16, A *fob un* o honunt yssyd hawlwr ar y gilyd a hynny am dir adayar. *id.* 65. 12–14, Achymryt eu digriuwch a dechreu awnaeth *pob un* o honunt rodyaw y wlat ar kyuoeth. **1588** *Eff* iv. 7, i *bob vn* o honom y rhoed grâs yn ôl mesur dawn Crist. **1592** S. D. RHYS: *Inst* [xiv], Ieithyddion, a' Ieithymgeleddwyr . . . ewyllysgâraf i ymgelêddu, a' choledd, a' mawrháu *bôb vn* o honynt ei iaith 'ihûn. **1710** *LlGG* sig. a1v, [p]awb oll a *phob un* o'r Arch-esgobion (**1567** *id.* [x], oll a phop Archescop; **1664** *id.* sig. a2v, [p]awb oll o'r Arch-escobion), ac Esgobion. [**1792**] M. J. RHYS: *D* 13, y mae *pob un* o'r personau hynny yn euog o'r mwrddra.
(*c*) (a'i ddilyn gan yr ardd. *o*[1] ac wrth gyfeirio at ddau berson neu beth gyda'i gilydd) Y ddau: (*followed by the prep.* '*o*[1]' *and referring to two people or things taken together*) *both.*
14g. *YBH* 51b, heb yr unbennes . . . kymer vi yn wreic . . . vygchwaer dec heb bown peit a hynny . . . athrwy hynny tyfu kynhen y rydunt hyt pann digiawd *bob vn* o honunt. **16g.** (*LlEG*) *Mos* 158, 61b, [y]r amser I llaas llawer o bobyl o *boobun* or ddwyblaid. **1567** *TN* 211a, y Tsadduceit a ddywedant, nad oes dim cyfodiadigeth, nag Angel, nac yspryt: a'r Pharisaiait a a ddefant [*sic*] *bop vn* or ddau. **1592** S. D. RHYS: *Inst* [xvi–xvii], pann gyfarfyddo y Darllennydd a' rhyw Ddospartheu ynn amrywio ac ynn amgênu oddiwrth yr Esampleu; neu ryw Sampleu ynn ymddieithro o rann gwiriônedd oddiwrth y Dospartheu; neu ynteu *pôb vn* o'r ddeubeth arr gamm o rann y golwc cyntaf. **1609** R. SMYTH: *CAC* 11, gwneuthyd y gair yn gnawd, a duw yn ddyn, a Mair *bob un* o'r ddau yn fam i dduw. **1704** E. SAMUEL: *BA* 223, Felly y mae *pob un* o'r ddwyblaid yn cyttuno i gynnal Coffadwriaeth y cyfryw flaenoriaid rhagorol.

2. (a'i ddilyn gan e.) Pob: *each, every (single).*
15g. *ID* 32, gwenn a roes o gae ni rydd / gyd evaill i gae Davydd / bendigaid *bob vn* degan / bywyd vm yw or bedw man [i'r cae bedw]. **16g.** *GGH* 24, *Pob un* fun feinwar, pureiddgamp roddgar, / Pawb oll yn hygar, pob lle'n Nhegeingl. **1776** *W*, *bob un* (gŵr) d.g. *man, all to a man.* Cf. y *Cfn.*
Cfn.: **pob un dim:** *every single thing.* Ar lafar. **pob un peth = pob un dim.** Ar lafar. **pob un wan (jac):** *every man jack, every single one.* **20g.** Ar lafar.

poburies [bôn y f. *pobaf*: *pobi*+-*ur*+-*ies* (At.), cf. *golchuries*] *eb.* ll. -*au.* Pobwraig: *female baker.*
13g. *LlI* 21, Uythuet yv e *poburyes*; hy a dele e bvyt o'r llys, a'e dyllat. *id.* 22, Unuet ar dec yv er olchuryes . . . Vn sarhaet yv ac un werth a'r *poburyes*. *c.* **1730** *Thos. Lloyd D* (LlGC) 195a, *poburies* . . . pistrix. **1803** *P*, *poburies*, s. f. pl. t. *au*, a baking woman.

pobwr [bôn y f. *pobaf*: *pobi*+-*wr*; H. Grn. *peber*, gl. *pistor*] *eg.* ll. -*wyr.* Pobydd: *baker.*
1707 *AB* 39a, W. *Pobwr*, Germ. Becker. **1762** *ML* ii. 440, Is there not a different meaning in the terms -wr and -ydd . . . *pobwr*, pobydd, etc. **1786** TWM O'R NANT: *PCG* 52, A Bara Gwyn a Biscuits, pan oeddwn yn wan, / A gafwyd gan y *Pobwr*. **1803** *P*, *pobwr*, s. m. pl. *pobwyr*, a baker.

pobwraig, pobreg [bôn y f. *pobaf*: *pobi*+-*wraig*] *eb.* ll. -*wragedd.* Gwraig sy'n pobi, pobyddes: *a woman who bakes, female baker.*
1803 *P*, *pobwraig*, s. f. a female baker. Cf. W. REES: *HBHD* 22, Yr oedd sign Mari y *Bobreg* (llun torth wen) uwch ben drws siop William Lloyd y Grocer. Ar lafar, '*Pobrag* dda iawn ydi hi', *WVBD* 437.

pobydd [bôn y f. *pobaf*: *pobi*+-*ydd*[3]; cf. yr e. prs. *Pobbidi*, *LHEB* 553] *eg.* (b. -*es*, ll. -*au*) ll. -*ion.* Un sy'n pobi neu'n gwerthu bara, cacennau, &c.: *baker.*
1368 *Caernarvon Court Rolls* 48, Simon . . . *Popith.* **14g.** *GIG* 75, A'r pen cog, darpan y cad, / A'r dryssor da ei drwsiad, / . . . / *Pobydd*, cyrfydd, trydydd tro, / Cater, poed Duw a'i catwo [i lys Ieuan, esgob Llanelwy]. **15g.** *GLGC* 52, Tri bwtler, sewer, y sydd, / tri chog, pantrer a chigydd, / dau gyrfydd, *pobydd*, gwaith pêr, / dwyswydd, ystiward, iser. **15–16g.** *GIF* 95, Rhyddheaist, rhoddaist yn rhydd / rhag y Pab wraig y *pobydd* [i San Ffraid]. **16g.** (*LlEG*) *Mos* 158, 49a, gwnaeth ymerodyr consdantteinthenob [*sic*] I *boby/ddion* y dinas gymysgu kalch a ffeillyed. *id.* 112a, y *pobyddion* a'r darllwyr [*sic*]. **1547** *WS*, *popydd*, a baker. **1588** 1 *Sam* viii. 13, A'ch merched a gymmer

efe yn Apothecaresau, yn gogesau hefyd, ac yn *bobyddesau*. **1588** *Jer* xxxvii. 21, rhoddi iddo ef deisen o fara beunydd o heol y *pobyddion*. **1588** *Hos* vii. 4, fel ffwrn wedi ei phoethi o'r *pobydd*. **1604–7** *TW* (*Pen* 228), *pobyddes* d.g. *artopta*. *id. pobydd* bara d.g. *panifex*. **1632** *D*, *pobydd* crwst d.g. *crustularius*. *id. pobydd* melysfwyd d.g. *dulciarius*. **1722** *Llst* 189, *pobyddes*, f.p. *ddesau*, a woman-baker. **1762** *ML* ii. 473, Mi a'i gyrraf [clun mochyn] i dŷ'r *pobydd* i'w sychu dros ennyd cyn ei llewa. **1803** *P* d.g. *pobydd*, *pobyddes*. Am enghrau. o *pobydd* a *pobyddes* fel epithetau, gw. *W Surnames* 178.

pobyddiaeth [*pobydd*+-*iaeth*] *eb.g.* Gwaith pobydd: *bakery, the work of a baker.*
1604–7 *TW* (*Pen* 228) d.g. *furnaria, panificium, pistura*. **1632** *D*. **1688** *TJ*, *pobyddiaeth*: the Art of baking. **1722** *Llst* 189, *pobyddiaeth*, f., a baker's trade, the art of baking or making bread. **1803** *P*, *pobyddiaeth*, s. m. the art of baking.

pobyneiliad [*pob yn ail*+-*iad*[1]] *eg.* ll. -*au.* Eiledіad: *alternation.*
1849.

poc[1], gw. **pocyn.**

poc[2] [bnth. S. *poke* 'bag'] *eb.g.*
(*a*) Poced: *pocket.*
1736 (1812) *YRW* 11, A rhai'n i'w *boc* ei hun fel vilain. Cf. *AUA* 286, Dymuniad fy nghalon fa'i byw yng Nghymru, pe ba'i genyf fodd . . . rhaid i mi ddilyn fy nhrwyn, lle'r arwain tynged, er cael pres yn y *boc*. Ar lafar yn sir Fyn. yn y cfn. 'nisiad *boc*' 'pocket handkerchief'.
(*b*) Y god sy'n tyfu dan ên dafad a fo'n dioddef oddi wrth fraenedd: *poke* (*sac growing under the jaw of a sheep suffering from rot*).
Ar lafar ym Mhenllyn.
(*c*) Chwydd: *bulge.*
Ar lafar ym Mhenllyn, lle sonnir am '*poc*' mewn sach a lenwir â gwellt, &c.

pocad [bôn y f. ddil.+-*ad*[2], trf. han.] *eg.b.* Y weithred o brocio, prociad, cyffyrddiad: *a poking, poke, touch.*
Ar lafar ym Morg., 'Ro *bocad* iddo fa', 'Fe rows *bocad* dæ ifi yn 'ym ochor'.
Gw. hefyd **prociad.**

pocaf: pocach, pocan, poco, gw. **pociaf**[2]**: pocio.**

pocan[1,2]**, pocasen,** gw. **pociaf**[2]**: pocio, pocyn, picas.**

poced, pocet [bnth. S. *pocket*] *eb.* ll. -*au*, *pocedi.* Cod fechan mewn dilledyn a ddefnyddir i gario mân bethau, arian, &c., llogell, coden (sir Benf.), hefyd yn *dros.*, e.e. am un o'r rhwydi bychain ar fwrdd snwcer, &c., ac yn *ffig.* e.e. am adnoddau ariannol: *pocket, also transf., e.g. of snooker, &c., table, and fig., e.g. of pecuniary resources.*
Diw. **16g.** *WLB* 65, dyro y powdr . . . mewn kwd ai linio y penn issaf yn debig i *boked* ai grogi mewn lle moyst llaith yn emyl y ddauar. *p.* **1620** H. E. ROLLINS: *PB* i. 198, Ai nabkin sidanog oi *bocket* Pan dynno. **1632** J. DAVIES: *LlR* 11, [y] feddyginiaeth a roddo gwr yn ei *bocced*. **1675** R. DAVIES: *PY* 193, fod gennym byrsau yn ein *pocettau*. **1680** J. THOMAS: *UN* [xi], eich *poccedau* chwi yn drymion o ran ei bwys. **1688** S. HUGHES: *TSP* 216, [y] rhai a fo 'n pigo *pockedi* (T. JONES: *TP* 133, *poccedau*) ger bron y Barnwr. **1728** T. BADDY: *DDG* 119, *Poccedi* rhai sy'n llawn o Lythyrau. **1740** *ML* i. 36, llenwi'n *poccedau* a Spanish dollars. **1743** G. JONES: *AS* 27, [c]ymwys i'r Llogell neu'r *Bocced*. **1756** G. OWEN: *L* 170, mi glywais fy mlwch Dybacco yn syrthio i lawr o'm *pocced*. **1759** *ML* ii. 142, Mae nhwytha wedi dyfod adref, a'u credentials yn eu *poccedau*. *c.* **1762–79** W. WILLIAMS: *P* 192, Tabernacl Moloc oedd y ddelw fawr honno elwid Moloc yn cael ei dwyn mewn blwch neu arch bychan fel y gallai ei berchenog ei ddwyn gydag ef ar bob amser . . . fel y byddai ei Dduw ganddo yn ei *bocced*. **1780** *W*, llogell . . . vulgò *pocced* d.g. *pocket*. **1795** *R. Crusoe* 31, rhoddais wascod am danaf a llenwais y *poccedi* a biscuits. **1796** *Geirgrawn* 55, Mr. Jones oedd oddi cartref ar ymweliad, a'i *bocced* . . . yn gryn isel, fe gafodd yn anrheg arian gan ei ewyllysiwr da, i brynu iddo ei hun frag. Ar lafar yn gyff., *WVBD* 437, *GDD* 229; ''Dyw '*mhocad* i ddim yn rhoi' 'I cannot afford it'; 'mynd yn ddwfn i'w *boced*' 'to incur considerable expense'; hefyd yn Arfon yn yr ystyr 'helfa dda', 'Mi nath *bocad* iddo fo'i hun', *WVBD* 437. Ar lafar yng ngweithfeydd glo sir Gaerf. a Morg. am y 'gwagle a adewid rhwng brest y fraich a'r coler er mwyn rhoi lle i'r coler ildio ryw ychydig pe ceid gwasg top neu wasg ochr', *Geir Glo* 74.
Amr.: **poged** (ll. -*i*). **1744** *CM* 120, 49.
Cfn.: **poced gesail:** *inside pocket, breast pocket.* **1921. p. ôl = p. tin.** Ar lafar yng Nghered. **p. potsiar:** *poacher's pocket.* Ar lafar yn sir Ddinb. a sir Gaerf. am y boced fawr y tu mewn i got glöwr i ddal tun bwyd neu botel, *Geir Glo* 129. **p. tin:** *back pocket* (*of trousers*). Ar lafar yn y Gogledd.

pocedaf: pocedu [bf. o'r e. bl.] *bg.a.* Rhoddi (rhywbeth) yn ei boced ei hun, meddiannu (rhywbeth) ar gyfer ei ddefnydd ei hun (yn anonest), chwiwladrata, dwyn, hefyd yn *ffig.*; gyrru (pêl snwcer, &c.) i boced: *to pocket, appropriate to one's own use, pilfer, steal, also fig.*; *pocket* (*snooker, &c., ball*).
1753 G. OWEN: *L* 73, oddeutu Gwyl Fihangel fe fydd coal-pence plant yr ysgol yn dyfod imi, yr hyn a fydd fwy na digon i'm bwrw tros y flwyddyn; ac, ysgatfydd, mi gaf beth arian i'w *poccedu*. **1780** *W*, codennu, vulgò *poccedu* d.g. *to pocket*. Cf. D. OWEN: *RL* 105, haid o swyddogion a goruchwylwyr estronol a rheibus yn ngwaith y 'Caeau Cochion' yn *pocedu*, yn bwyta, ac yn yfed yr holl fael. Ar lafar yn gyff. yn y ff. *pocedu*, *WVBD* 437, ac ym Morg. yn y ff. *pocetu*, *poceto*.

pocedaid [*poced*+-*aid*[1]] *eb.* ll. *pocedeidiau.* Llond poced: *pocketful.*
1762 *ML* ii. 469, Gwych a fai gaffael baich cefn or hanner ginis rheini a *phoccedaid* o 3 ceiniogau i'w canlyn. Cf. Gw. MECHAIN: *Gw* i. 496, cael addewid am *bocedeidiau* o deganau.

pocedog [*poced*+-*og*] *a.* A chanddo (lawer o) bocedi, ?cyfoethog: *having* (*many*) *pockets,* ?*wealthy.*
1888 D. OWEN: *S* 52, Ceidwad y ffydd! *pocedog*—tremia 'lawr, / Trwm ei lais, och'neidiog. Cf. D. OWEN: *GT* 217, yr Ysgotyn *pocedog* [am gipar].

pocer[1] [bnth. S. *poker* (for fire)] *eg.* ll. -*i*, -*au.* Procer: *poker* (*for fire*).
1770 *TG* iii. 58, Rho'r *poccer* i'th sticio. *id.* iv. 85, Stephens . . . a agorodd y drws a *phocer* haiarn. Ar lafar ym Morg. yn y ff. *pocar*; 'wedi llyncu *pocar*' 'proud & stuck up', *LlGC* 1171, 152.
Cfn.: **pocar pleto:** *a small hand poker used to fold pleats in caps,* ?*goffering-iron.* Ar lafar gynt ym Morg., *LlGC* 1171, 152, *pocar pletto*.
Gw. hefyd **procer.**

pocer[2] [bnth. S. *poker* (card-game)] *e?b.* Gêm gardiau a chwaraeir fel arfer gan fwy na dau berson, a phob un yn derbyn pum cerdyn ac yn betio ar werth y cardiau yn ei law: *poker* (*card-game*).
20g. Ar lafar.

pocet, pocetaf: pocetu, poceto, gw. **poced, pocedaf: pocedu.**

pociaf[1]**: pocio, pocian** [gair geir., sef bf. o'r e. *poc*(*yn*), *poc*[1]] *bg.a.* Cusanu, gwneud sŵn cusanu uchel: *to kiss, make a loud kissing noise.*
1604–7 *TW* (*Pen* 228), wedy gusanû, y *bocio* d.g. *basicatus*. *id.* d.g. *collabello*. *Dchr.* **17g.** *J* 10, 129b, *pocio*, to kysse, basio, osculor. **1780** *W*, *pocio* (*pocian*, popian) â'r genau d.g. *to pop with the mouth*. *id.* d.g. *to smack* [*kiss aloud*].

pociaf[2]**, pocaf: poc(i)o, pocach, pocan** [bnth. S. (*to*) *poke*] *bg.a.* Procio: *to poke.*
16g. *GGH* 313, Pig ryWyddelig ddilwfr, / Picard yw yn *pocio*'r dwfr [i ofyn dau alarch]. *c.* **1730** *Thos. Lloyd D* (LlGC) 195a, *poccio* . . . to poak. Ar lafar ym Morg., ''Sdim isia i ti *bocach* y tæn nawr', '*poco*'r tæn', 'Dyma 'i'n 'i *bocan* a 'da blân 'i 'ymbrelo'.
Gw. hefyd **prociaf: procio.**

pociaf[3]**: pocio** [bf. o'r e. *poc*[2]] *bg.*
(*a*) Bod â chod yn tyfu dan yr ên o ganlyniad i'r fraenedd (am ddafad): *to have a sac growing under the jaw as a result of the rot* (*of sheep*).
Ar lafar ym Mhenllyn, 'dafad yn *pocio*', *B* iii. 206.
(*b*) Bolio: *to bulge.*
Ar lafar ym Mhenllyn, 'wal yn *pocio*'.

pocrad, pograd [bôn y f. ddil.+-*ad*[2], trf. han.] *eb.* Y weithred o brocio (tân): *a poking* (*of a fire*).
Ar lafar yn nwyrain Morg. yn y ff. *pograd*, 'Ro *bograd* fach i'r tân'.

pocraf, pograf: pocro, pogran [bf. o'r e. *pocer*[1]] *ba.* Procio: *to poke.*
20g. Ar lafar ym Morg. yn y ff. *pogran*, *LlGC* 1171, 152; 'Mae isia *pogran* y tân yn dost'. Sonnir am '*bocro*'r tân o hyd . . . wrth ychwanegu at ffrae sydd eisoes yn bod', M. WILIAM: *DY* 72–3.

pocs [bnth. S. *pox*] *eg.* Clwyf gwenerol: *pox, venereal disease.*
1731 T. LEWYS: *BMA* 60, Clefyd budr, a elwir yn awr gennym y *Pocs*. Cf. T. LEWIS: *HPF* 189, daeth . . . yn ysglyfaeth i'r chwantach-glwyf, neu y *pocs*; *Geir Pob* 21, *Pocs*, y frêch ffreingig.
Cfn.: **pocs ar:** *a plague on, a curse on* (*as a curse*). **1769** E. ROBERTS: *GN* 41, *Pocs ar* ych calon. **1777** E. ROBERTS: *DG* 66, *Pocs arno*.

pocsog [*pocs*+-*og*] *a.* Yn dioddef gan glefyd gwenerol: *poxy, suffering from venereal disease.*
1739/40 *WDS*, (Brecon), yr whore *poxog* . . . you pocky whore.

pocyn [bnth. dysg. rhyw ff. ar H. Grn. *poccuil*, gl. *basium*] *eg.* Cusan, sŵn cusanu uchel: *kiss, loud kissing noise.*
1604–7 *TW* (*Pen* 228), dyn yn rhoi *pocyn* d.g. *basicator*. *id. pocyn* o gûsan: *pocyn*. l. llan daf d.g. *basium*. *id.* rhoi *pocyn* melus d.g. *dissuauior*. *id. poccyn* geneu, a gwefle arueredic gan varchocwyr d.g. *popysma*. **1632** *D*, *poccyn*, basium . . . Sic Lib. Land. **1688** *TJ*, *poccŷn*, (Cusan:) a kiss or buss. **1714** D. LEWYS: *CN* 4, Mae pob *poccyn* [:– Cusan] sydd oddiwrthyn, / Yn wir Doccyn Cariad Ner. **1722** *Llst* 189, *poccyn* . . . a pop with the mouth. **1780** *W*, *poccyn* (*poc*, pop) genau a arfer marchwŷr i'w meirch d.g. *a pop with the mouth*. *id.* d.g. *smack* [*a loud kiss*]. **1798** *WR* d.g. *smacker*. **1803** *P*.
Amr.: **poc**[1], **pog** [?olff.; ?cf. Llyd. C. *pocq*, Llyd. Diw. *pok*, H. Wydd. *póc*, Gwydd. Diw. *póg*, bnth. Llad. *pāc*(*is*) (*ōsculum*), drwy'r Frth. yn achos y gair Gwydd.] (ll. -*au*). *Dchr.* **17g.** *J* 10, 129b, *poc*, kysse. **1780** *W*, *poc* d.g. *a pop with the mouth, smack* [*a loud kiss*]. **1798** *WR*, *poc* d.g. *smacker*. **18–19g.** *Llr* C 4, 16, *pog*, a kiss . . . ei gwiwrudd yn flagurog, / a pher ar ei min ei *phog*. I[n]. Dyfi. **1803** *P* d.g. *poc*. **pocan**[2]. **18–19g.** *Llr* C 4, 1, *poccan*, a kisse. **1803** *P*.
Cf. **impoc.**

pod, gw. **pob**[1].

podagr [bnth. S. *podagr*] *eg.* Gowt (yn y traed): *gout* (*in the feet*).
16g. W. SALESBURY: *Ll* ii. 29, mor dda yw gwraidd y llysæ hynn ar les y *podagr* nei r gowt.

podiwm [bnth. S. *podium*] *eg.* Llwyfan fechan ddyrchafedig a ddefnyddir gan arweinydd cerddorfa, darlithydd, &c.: *podium.*
20g.

podr, gw. **pwdr**[2].

podsol [bnth. S. *podzol*] *eg.* ll. -*au.* Pridd a'r haen uchaf iddo'n llwyd lle mae'r mwynau wedi eu trwytholchi i haen is: *podzol.*
20g.

p'odd, b'odd [*pa*[1]+*modd*] *adf.* Pa fodd, sut, fel: *how, by what means.*
1551 W. SALESBURY: *KLl* lviiia, ar vnwaith ar provedigaeth e gwna ef ddyben *p'odd* [:– modd] y galloch aros. **1567** *LlGG* [iv], *p'odd* vsed per syncopen in South Wales for pa vodd. **1567** *TN* 106b, Ystyriwch y lili mal [:– *podd*] y tyfant. *id.* 189a, ef a ddangoses y ni *p'odd* [:– pa vodd] y gwelsai ef Angel yn ei duy. **1592** S. D. RHYS: *Inst* 128, in diuersis dictionibus: vt Pa fodd, & per synæresin *pôdd*. **1617** R. PRICHARD: *CE* [4], *Bodd* y pall Duw râs ir meddw / Syn gwerthy Nef am pot o gwrw? *id.* [5], *Bodd* y dialyr ar wyr mawron? **1716** T. EVANS: *DPO* 85, Ond *p'odd* i ddwyn i ben ei amcan anhydyn ni wyddai. **1725–6** *Madd Ed* 124, gwelwn yn eglur *p'odd* y mae drygioni yn dinistrio Talent gyntaf Dynolryw. **18g.** I. BRYDYDD HIR: *Gw* 157, Ni wn i *p'odd* i fod yn ddiolchgar am y ffafr a addawsoch, sef mynu Bibl im'.
Amr.: **b'oedd** [dichon mai amr. ar *p'wedd* ydyw]. **1651** SIÔN TREREDYN: *MDD* 63, ond *boedd* y bu wedi hynny (*what followed then*)?
Cfn.: **p'odd bynnag:** *however.* **1790** T. JONES: *TOS* 232.
Gw. hefyd **pa**[1]**—p. fodd.**

poe, poeaf: poeo, gw. **pwy**[1]**, pwyaf: pwyo.**

poedydd [?bnth. dysg. Llad. *poēt*(*a*)+-*ydd*[3]] *eg.* ll. -*ion.* Bardd, prydydd: *poet.*
p. **1584** G. ROBERT: *GC* [202], oes ragor yn y gamraeg rhwng geiriau, prydyddion, a 'rheini mae'r

historiawyr yn i harfer . . . oes megis yn y lladin rhwng y *poedyddion*, a'r areithwyr. *id.* [226], pann ddoeder y *poedydd*, ymysg groegwyr e ddehellir, Homerus. **1615** R. SMYTH: *GB* 65–6, Euripides y *pœdydd* tragedig. *id.* 239, y *poedyddionyn* [*sic*] i hoen . . . a scrifenasont bethau megis duwiau nefa[w]l.

poen [bnth. Llad. **pēna* < *poena*, cf. Crn. C. *ponow* (ll.), Crn. Diw. *poan*, Llyd. C. a Diw. *poan*, H. Wydd. *pén*, Gwydd. C. *pian*; yn lle'r **pwyn* a ddisgwylid, cafwyd *poen*, o bosibl dan ddyl. y gair Llad. *poena*, ond cf. *mwy*, *moe*, *-wyf*, *-oef*] *eb.g.* ll. -(*i*)*au*.

1. (*a*) Ymdeimlad neu gyflwr o anghysur corfforol llym a achosir gan anaf, anhwylder corfforol, &c., y gwrthwyneb i bleser, dioddefaint dwys, dolur, artaith, gloes, ing, cur: (*physical*) *pain*, *torment*, *agony*, *anguish*, *ache*.

13g. *C* 81. 10–12, Bluytin llaun im rydoded. ym. bangor ar paul cored. Edrich de *poen* imy gan mor pryued. **13g.** *B* x. 24, evo yn vyv ac en llawen megys keny bei *boen* arnav. **14g.** *YBH* 17a, archaf it nam gettych yny *poeneu* hyn auo hwy namwyn vygrogi neu vy mligaw neu vy rydhau inheu odyma. **14g.** *B* x. 54, gwedy rydistriw o Grist ymewn *poen* tragywydawl ygan yr Arglwyd bendigedic y diffodir dy weithredoed di. **14g.** *GDG*[3] 3–4, Pan welom drosom dy rasus—basiwn, / Pa nad ystyriwn *poen* dosturus?—/ Dy draed yn llawn gwaed [i Grist]. *c.* **1400** [*RB*] *WM* 203. 32–5, medylyaw a oruc bot ynllei *boen* idaw mynet argroen y dinawet melyn . . . y gysgu. **1632** J. DAVIES: *LlR* 119, Llawer o rwystrau a fydd yn llestair i ddyn yn yr awr honno feddwl am edifarhau, megis y dolur a'r *boen* a fo yn ei gorph. **1688** *TJ*, *poen* . . . torment. **1714** R. PRYDDERCH: *GD* 128, moddion i yssu . . . eu plant yn y Groth; rhag y *poen* yn escor. **1759** T. THOMAS: *WWDd* 48, y *poen* sŷdd yn y Pén, a'r Aelodau, a rhannau eraill y Corph. **1763** *ML* ii. 570, Bu *boen* mewn un glust iddo, a chwedi iddo beidio aeth hono yn fyddar. **1764** W. WILLIAMS: *Th* 17, Chai ei amrantau gysgu heb flinder ac heb *bo'n*. **1778** *W* d.g. *pain* [*a sensation of uneasiness in the body*]. Ar lafar yn gyff., *WVBD* 441; yn sir Fyn. dywedir 'Ma'r fuwch mwn *poena*' 'The cow is in labour'.

(*b*) Dioddefaint meddyliol neu deimladol, gwewyr meddwl, gloes, ing, trueni, galar, trallod, gofid: (*mental or emotional*) *pain*, *agony*, *anguish*, *misery*, *distress*, *grief*, *sorrow*, *worry*.

c. **1300** *H* 15a. 19–20, Porthwyfy *boen* edryt mynyt mynnheu. Parthred a myned myn yth gigleu (Einion ap Gwalchmai). **14g.** *GDG*[3] 296, O gofyn hi, gyfenw hawdd, / *Poen* eirchiad, pwy anerchawdd. **14–15g.** *IGE*[2] 279, Pan agorer, *poen* girad, / Fedd y gŵr a faeddai gad, / Yno y gwelir dihirwallt / Y dyn a roed dan yr allt (Siôn Cent). **15g.** *OBWV* 109–10, Gwell bedd a gorwedd gwirion / Na byw'n hir yn y *boen* hon. / Gwae fi, gwn boeni beunydd, / Weled erioed liw dy rudd. **1595** H. LEWYS: *PA* 16, ynghanol ein blinfid, 'an trwbleth, mae duw yn rhoddi i ni ras . . . fal . . . ir esmwytheir, y lleiheir, ag ir anchwanegir ein gofid 'an *poen*. *id.* 21, Yr arglwydd dduw, a ymwel a ni ac amserawl, a thrancedic *boenau*. **1774** *W* d.g. *grief*. *a.* **1791** W. WILLIAMS: *GP* 15–16, Pryd hynny mi af trwy / Bob blinder, brad, a llid, / . . . / Mewn newydd wedd caf fyn'd at Iôn, / O'r byd a'i *bo'n* i'r hyfryd wledd. Ar lafar yn gyff., *WVBD* 441.

(*c*) Achos poen, niwsans, baich: *a cause of pain*, *nuisance*, *burden*.

13g. *BD* 29, mvy *poen* yw coffau kyuoeth a phrytuerthvch guedy y koller nogyt dyodef aghanogtit heb ordyfneit prytuerthvch kyn no hynny. **14g.** *DGG*[2] 158, Ni'm gad eiry cawad ceuwyn; / Mawr *boen* a ludd hoen yw hon, / Mair a'i gŵyl, muriau gwelwon (Llywelyn Goch ap Meurig Hen). **15g.** *FfBO* 46, gwedy hynny y esgyrn a gladant . . . rac y bryfet vwyta y gic, kans diruawr *boen* vydei hynny y'r eneit. Ar lafar, ''Dw' i wedi bod yn dipyn o *boen* iddo fo', *WVBD* 441; 'Ma'n *bôn* dod 'n acos ato fa'.

2. (*a*) Cosb, cosbedigaeth: *punishment*, *penalty*.

13g. *D Col* 39, O deruyd y escoleyc guneuthur lladrat, a barnu duyn y urdeu y arnau herwyd keureyth sened, keureyth a uarn na byd eneytuadeu ef am y weythret honno, cany deleyr duy *poen* (*AL* ii. 74, deu *boen*) am er un achaus. *id.* 47, onys guata e dyn a'y delys hynny emchuelet *poen* e datleu arnau. **14g.** *LlB* 100, Nyt oes amgen *poen* na dial onyt kymell trwy gyfreith. *id.* 103–4, Yr hyn a varnassei y ereill, wynt a dylyant y eturyt heb amgen *poen*. **14g.** *WM* 33. 31–3, wynt a glywssont chwedlydyaeth y wrth riannon ac am y *phoen*. *id.* 90. 25–8, [c]an doethauch chwitheu ym ewyllus inheu mi adechreuaf *boen* arnawch. *id.* 92. 34–5, ogwnaethauch gam ymi digawn y buawch ym *poen*. **1567** *LlGG* [xi], Provider yn wstat [*sic*], ac enacter, pan yw, am y nebun pynac yn troseddu yn y premisseu, bod yddo yn gyntaf dderbyn *poen* [:– cosp] y gan yr Ordinari. **1664** *id.* sig. d1r, Profeidier na chyrrhaeddo y *Poenau* yn yr Act ymma, i Alltudion a Dieithriaid. **1753** *TR*, *poen* . . . punishment. **1803** *P*.

(*b*) Cosbedigaeth neu ddioddefiadau uffern, purdan, &c.: *the punishment or sufferings of hell*, *purgatory*, *&c*.

13g. *C* 70. 2, Nymgunaho douit duy *poen*. *id.* 71. 7–8, y. meneid rac *poen* enbid naut cristonogion. ybid. **13g.** *MA*[2] 221a. 9–12, Gwr a wnaeth yn llawn llenwi cibau / O'r dwfr deierin yn win gwineu / A wnel gorphowys rhag pwys *poenau* / I Ruffudd rwyddfudd yn ei raddau (Dafydd Benfras). **14g.** *T* 6. 14–15, yr goleith *poen* poploed gwres vffern oer y hachles. **1346** *LlA* 52, Gwedy anghev y byd purdan yr eneit . . . A mwy yw y *boen* leiaf ohonunt nor boen vwyhaf aallei dyn yny byt hwnn yveddylyaw. *id.* 52–3, Dwy vffern yssyd . . . Yr vchaf yssyd . . . yn gyflawnn o *boennev*. kanys yno yd amylhaa diruawr wres. Ac oeruel mawr. *id.* 55, gwedy dydbrawt yrei da awyl yrei drwc yny *poennyev*. *c.* **1400** *YCM*[2] 161, rydhaa eu heniteu y wrth *boeneu* uffern. **1551** W. SALESBURY: *KLl* liib, A phan ytoed yn yffern mewn *poeneu*, e kyuodes eu olwc ac e gweles e Abraham. **1588** *Math* xxv. 46, [Y] rhai hyn a ânt i *boen* tragywyddol. **1630** *YDd* 46, meddwl am y *poenau* tragwyddol y rhai sydd raid i mi eu goddef . . . cyn fy myned i vffern. *c.* **1762–79** W. WILLIAMS: *P* 402, *Poenau* eu purdan sydd gymmaint meddant a *phoenau* uffern.

3. Y gofal a gymerir neu'r ymdrech a wneir wrth wneud rhywbeth, trafferth, llafur: *the care taken or effort made in doing something*, *trouble*, *pains*, *labour*, *toil*.

1547 *WS*, labyr *poen*, labour. **1567** *TN* 304a, ein llavur a'n *poen* [:– travel, cystudd]: can ys gweithiem ddydd a' nos. *c.* **1585** G. ROBERT: *DC* [xv], [y] cyphredin Gymry er mwyn yr hain i bu hyn o *boen* i gyd. *Diw.* **16g.** *B* ix. 122, Edrych hefyd faint y chwys ar llafur ar *boen* yn ceissio yr ymborth a el yn y geneu. **1588** 2 *Esd* ix. 46, megais ef drwy *boen* fawr. **1588** *Doeth Sol* iii. 15, Enwoc yw ffrwyth *poen* dda. **1606** E. JAMES: *Hom* iii. 186, dlyem fyw ar *boen* ein gwaith ein hunain, ac nid ar *boenau* eraill. *id.* 195, byddai ddoethineb iddynt dreulio eu hamser mewn rhyw *boen* dda (*good business*), fal y gallai eu gwybodaeth hwy gynnyddu. **1631** O. THOMAS: *CC* 16, gosod allan lyfrau newyddion o'ch *poen*, ach gwaith eich hûn. **1632** J. DAVIES: *LlR* 36, y gofal, a'r ofn, a'r diwydrwydd, a'r *boen*, a gymmerai yr hên wyr dywiol gynt yn gwrthwynebu pechod. **1751** *GIA* [xxiv], A yw Duw yn gorchymyn yr holl *boen* hwn (*all this ado*) am beth nid oes gantho fatter am dano? **1753** *TR*, *poen* . . . pains. **1766** I. BRYDYDD HIR: *Gw* 204, Y mae yn ddrwg iawn genyf dros gyfieithwr Kettlewell, o herwydd myfi ac yntau a gymmerasom *boen* fawr i'w daclu i'r wasg. **1803** *P*.

Cfn.: **poen bywyd:** *nuisance*. Ar lafar. **p. clust:** *earache*. Ar lafar yn y Canolbarth, *LGW* [482]–3. **p. meddwl:** *worry*. Ar lafar yn Arfon, 'Mae *poen meddwl* wedi ladd o', *WVBD* 441. **p. (yn y) pen:** *headache*. Ar lafar, *LGW* [212]. **p. tin:** *pain in the arse*. Ar lafar. **am ei b. (ei ph., &c.):** *for his (her, &c.) pains*. **1620** *Tob* xii. cs., Tobit yn cynnyg yr hanner i'r Angel *am ei boen*. **1630** *YDd* 261, na chymmerant ddim arian *am eu poen*. **1703** E. WYNNE: *BC* 67, [c]ymeryd yn [dd]istaw a gaem *am ein poen*. **1803** *P*, poen . . . Cei hyn *am dy boen*, thou shalt have this for thy pains. **ar b.:** *on pain of*, *under penalty of*. **15g.** *GGl*[2] 225, I'r castell y'm cymhellwyd / *Ar boen* morc erbyn 'y mwyd. **ar b. dy (ei, &c.) fywyd:** *on pain of one's life*. Ar lafar, '*ar boen dy fywyd*' 'on pain of death', *WVBD* 441.

Gw. hefyd **poenyn.**

poenad, gw. **poeniad.**

poenadur [*poen* neu fôn y f. ddil.+*-adur*] *eg.* Un sy'n dioddef poen: *one who suffers pain*.

16g. WILIAM CYNWAL: *Gw* (G. P. Jones) 8, Pa well erioed, pallu 'r wyf? / *Poenadur* heb ben ydwyf; / Poenus wyf, wawr, pennes wych, / Pen f'einioes fydd pan fynnych! *p.* **1638** *IICRC* iii. 133, Clyw riddfan pechadur am bechod difesur / duw gwrando *boenadur* yn ddiddan.

poenadwy [bôn y f. ddil.+*-adwy*] *a.bfl.* Poenydiol, arteithiol: *excruciating*, *tormenting*.

1773 *W* d.g. *excruciable*.

poenaeth [*poen*+*-aeth*] *e?b.* Poen: *pain*.

16–17g. LLYWELYN SIÔN, &c.: *Gw* 456, priddwyd yr alarch, ail pvr farchog, / . . . / pan aeth, oer *boenaeth*, jor bannog ir bedd, / y kollwyd mawredd vnwedd enwog. *id.* 488, Arglwyddes, paynes mewn *poenaeth* a sydd / yn wylaw beynydd yn ol hoew bennaeth.

poenaf: poeni [bf. o'r e. *poen*] *bg.a.*

1. (fel *ba.*) (*a*) Peri poen (gorfforol) i, brifo, poenydio, arteithio; cosbi: *to inflict* (*physical*) *pain upon*, *hurt*, *torment*, *torture*; *punish*.

13g. *C* 71. 3–5, Y duv y harchaw arch Roti argluit. yn argledir eloy. im eneid rac y *poeni*. Naut oll yr holl merthyri. **13g.** *BD* 114, E lleill a *boenha* (*RB* ii. 153, *boena*) y ar eu keuyn. **14g.** *LlB* 105, ny digawn datganu barn trwy gyfreith rwg kynhenusson, kanyt oes werth kyfreith ar y tauawt, trwy yr hwn y *poenir* pob brawdwr a rotho kam urawt. **1346** *LlA* 70, Ac wynt awelant ev gely[ny]onn Ae *poenes* wynt gynt yn vffernn yn wastat. **14g.** *B* ix. 228, yn y groc y *poenet* ac y brathvyt ae dillat a rannwyt. *id.* xxv. 267, Maxen y gwr drwc hwnnw a beris dwyn catrin attaw. ac a beris y *ffoeny* o lawer oamrauael [*sic*] boeneu. *c.* **1400** *ChO* 4, Ac eissoes pan weles ef *poeni* Crist a'e gystudyaw, ef a'e gwadawd. **1547** *WS*, *poyni*, punishe, pein. **1567** *LlGG* (*Sall*) 59a, *Poenesont* ei draet mewn hual. **1632** *D*, offeryn ar lûn march i *boeni* dynion d.g. *equuleus*. **1632** J. DAVIES: *LlR* 341, hwy a ddygasant yr ail brawd i'w *boeni*, ac wedi iddynt dynnu croen ei ben ef a'i wallt . . . efe a laddwyd gyd â'r llaill. **1753** *TR*, *poeni* . . . to inflict pain or punishment, to put to pain, to torment. **1803** *P*.

(*b*) Peri poen (feddyliol neu emosiynol) i, achosi dioddefaint (meddyliol neu emosiynol) i, peri gofid neu drallod i, aflonyddu ar, peri blinder i, pryfocio: *to inflict* (*mental or emotional*) *pain upon*, *cause* (*mental or emotional*) *suffering to*, *grieve*, *worry*, *vex*, *disturb*, *annoy*, *tease*.

c. **1300** *H* 18b. 19–20, llenn argel issel ysym *poeni*. llut gwen lliw aryen ar eryri [marwnad Nest ferch Hywel gan Einion ap Gwalchmai]. *Dchr.* **14g.** *id.* 123a. 22–3, yn arllwyd arwyd ara*boenid* yn eurllen yn wenn yn wann obrid (Iorwerth Fychan). **14g.** *GDG*[3] 34, Pob meistrolrwydd a wyddud, / *Poened* fi er pan wyd fud [marwnad Llywelyn ap Gwilym]. *id.* 153, Ni fynnwn innau, f'annwyl, / Fyw oni chawn fun wych ŵyl. / Am hyn darfu fy *mhoeni*, / Morfudd fwyn, marw fyddaf i. **15g.** *DE* 59, Saeth serch y sywaeth y sydd / sisli im *poeni* beunydd. **16g.** *Pen* 76, 24, Pwy o wynedd am *poynes* / dyn klayrwyn val towyn tes (Huw Pennal). **16g.** *GGH* 261, Soniaw a fu sy'n wae fi, / Sôn am hyn sy'n 'y *mhoeni*. **1588** *Barn* xvi. 16, o herwydd ei bod hi yn ei flîno ef ai geiriau beunydd, ac yn ei *boeni* ef: yna ei enaid a ymofidiodd i farw. **1794** *W* d.g. *to vex*. Ar lafar, ''Mae 'na rwbath yn *poeni* pawb', 'rhag i mi'ch *poeni* chi' 'so that I shan't disturb you', *WVBD* 437.

(*c*) Trafferthu: *to bother*, *trouble*.

17g. HUW MORUS: *EC* i. 326, Gwyr cedyrn feddyliau, a fedrant fyn'd adre'—/ Eu galw i goeg faglau ni *phoenai* rhai ffol. **1750** *W Ballads* 144, 5, Na *phoenwch* dybio, nad yw Duw'n gwylio.

2. (fel *bg.*) (*a*) Dioddef poen (gorfforol, feddyliol, neu emosiynol), dioddef cosb, teimlo neu brofi pryder neu anesmwythyd meddwl, pryderu, gofidio: *to suffer* (*physical*, *mental*, *or emotional*) *pain*, *suffer punishment*, *worry or be anxious*, *be vexed*.

c. **1300** *H* 81a. 13–14, A el y medrawd mynwent dewi. nyd a yn uffern bengwern *boeni* (Gwynfardd Brycheiniog). *c.* **1400** *R* 1321. 4–11, Ucheneit vann gelein deirvan galonn dorri. Am wenhwyvar . . . Gwae ef ymyt. o vywn penyt avei yn*poeni*. **15g.** *DGG*[2] 7, Peunydd yr wyf yn *poeni*, / Yn caru dyn ni'm cred i. *Diw.* **15g.** *B* v. 104, creadur wyf i duw eissoes yn y maint y pechais drwc wyf. Ac nit ymwnaf yr awr honn yn drwc namyn y mot yn *poeni* dros a wneuthum o drwc. **15–16g.** *TA* 476, Mi a *boenais*, mab unoed, / Mynwes rawn i'm nesa a roed; / Darfu 'ngwedd a'm nerth heddiw, / Darfu oll oll droi fy lliw. **16–17g.** T. R. ROBERTS: *EP* 234, Lle cyflawn, hylawn o hedd; / Lle mae'r Oen a fu'n *poeni* / Yr Iesu'm Ner drosom ni. **1609** *CRC* 279, fo wnaeth yn ddrwc mae hyn yn wir / mae ynte yn hir yn *poeni* / madws bellach fy nvw hael / i adda gael goleini. **1632** *D*, *poeni*, supplicium, dolorem, cruciatum pati . . . cruciari. **1696** *CDD* 13, Wrth *boeni* yn y ffwrnes, i ymoeri o'r mawr-wres / O'r dwfr ni chae Difes ûn dafan. **1753** *TR*, *poeni*, to suffer pain, punishment, torment. **1788** J. OWEN: *TA* 12, Ac awn i gym'ryd meddiant o un o'r bydoedd fry, / Yn lle bod yma'n *poeni* yng waelod uffern ddû. **1803** *P*, *poeni* . . . to suffer pains. Ar lafar, *WVBD* 437.

(*b*) Cymryd gofal, gwneud ymdrech (wrth wneud rhywbeth), panso, ymboeni, trafferthu, llafurio: *to take care*, *make an effort* (*in doing something*), *trouble oneself*, *toil*.

1567 *TN* 93a, gan ddywedyt wrthaw, Arglwydd, na *phoena* [:– vlina]. *id.* 313b–314a, am hynny i ddym yn *poeni* [:– travaelu] ac y[n] cael eyn dirmygy. *id.* 314b–315a, Yr Henaduriaid syn reoli yn dda, dauddyblig vrddas hayddant . . . y rrei sy yn *poyni* [:– llavurio, travaelu] yn y gair. **1588** *Luc* xii. 27, Ystyriwch y lili y modd y maent yn tyfu, nid ydynt yn *poeni*, nac yn nyddu. **1588** *Gal* iv. 11, Y mae arnaf ofn am danoch, rhag darfod i mi *boeni* wrthych yn ofer. **1615** R. SMYTH: *GB* 40, dyn segur nid iw dda i ddim oddierth i wneythyr yn erbyn i dduw i dramgwyddo y gwirion, ag i fwyta bara y llafyrwr sy'n *poini*. **1688** *TJ*, *poeni*: to labour. *c.* **1730** *Thos. Lloyd D* (LlGC) 195a, na *Phoenwch*, trouble not yourselves. **1775** *W*, *poeni* . . . ym mheth neu wrth beth d.g. *to labour a thing [prosecute with great pains, bestow pains upon, &c.]*. **1803** *P*, *poeni* . . . to take pains.

Amr.: **peini.** Ar lafar yn ne-ddwyrain Morg. gyda'r ystyron 'pryfocio, tynnu coes' a 'mynd i'r darfodedigaeth'.

poenaidd [*poen*+*-aidd*] *a.* Poenus, gofidus: *distressing.*

1696 O. GRUFFYDD: *Gw* 18, Ped faem yn ystyried histori'r Israelied, / Yn wir ni a gaem weled un dynged nad oes / I'n cymell ond camwedd tan dduloes tyn ddialedd, / A *phoenedd* anhunedd i'n heinioes. *c.* **1785–90 (1829)** *CBYP* 126, Gwel eurwawr hynawsder, galaru 'rwy'n wastad, / Can *boenaidd* o'm dunych, cwyn beunydd am danad.

poender [*poen*+*-der*] *eg.b.* ll. *-au.* Poen, poenedigaeth, gofid: *pain, torment, grief.*

18g. L. HOPKIN: *FG* 58, ni all gynnwys / Hanner y *poender* a'r pwys. **1787 (1812)** TWM O'R NANT: *PG* 62, Dyn anwyd i flinder dan *boender* di-baid. **1790** GW. MECHAIN: *Gw* i. 222, Mae oer-wae arall, / Caethder, *poender*, pall, / I ddigall, yn ddager.

poendod [*poen*+*-dod*] *eg.* ll. *-au.* Poen, poenedigaeth, ?artaith, dioddefaint, gofid, pryder; achos poen, trafferth, niwsans: *pain, torment, ?torture, a suffering, distress, grief, anxiety; cause of pain, trouble, nuisance.*

1629 R. LLWYD: *P* 49, gwae fi faint yw fy *mhoendod*. **1655** R. JONES: *PC* 36, cânt fyw . . . ond byth mewn rhyw gaeth *boendod*. *id.* 81, blin ganddo fyw . . . o achos bôd / yn fawr ei *boendod* chwerw. **1689** E. MORUS: *RC* 11, ei roddi ef drachefn i Ing a *Phoendod*. *id.* 23, lle ni chânt . . . fâth yn y bŷd ar ddrygioni na *phoendod*, i'r Enaid na'r Corph. **1704** J. MORGAN: *B* 38–9, pan wasgo llaw drom Duw annioddefwch gŵyrni ac anrhesymmolder, syndod ac anrhefn [*sic*], *poendod* a gofid . . . gan wneud ir annuwiol yfeid [*sic*] yr holl ddialedd. **[1724]** G. WYNN: *YGD* 152, megis ac y mae yn *boendod* fod yn ddidoledig oddiwrth y pêth y mae un yn ei garu, felly y mae yn Llawenydd mawr a Dedwyddwch aros gyda 'r Anwylyd. **1727** J. JONES: *DFF* 156, erioed ni ddioddefwyd y cyfryw *Boendod*, gan y rhai a oddefasant y Poenedigaethau ffyrnicaf, ag yw y Poenau a'r Arteithiau y dywelltir ar ôl hyn ar y Damnedigion. *c.* **1730** *Thos. Lloyd D* (LlGC) 192b, *poendod* . . . pain. **1732** J. JONES: *C* 36, *Poendod* tost a gofid dirfawr yw Cenfigen. **1735** J. EVANS: *YMS* 159, Ni a'i gwelwn . . . yn traddodi corph bendigedig Mâb Duw i glwyfau, *poendod*, a marwolaeth. **1770** R. PRICHARD: *CC* 258, Beth dal awr o bleser pechod? / Ac wedi'n [*sic*] byth ddioddef *poendod*? **1803** *P* d.g. *poendawd*. Ar lafar, *GDD* 229. Cf. T. H. PARRY-WILLIAMS: *UG* 12, Yn ddim byd ond cilcyn o ddaear mewn cilfach gefn, / Ac yn dipyn o *boendod* i'r rhai sy'n credu mewn trefn [am Gymru].

poenedig [bôn y f. fl.+*-edig*] *a.bfl.* a hefyd fel *eg.* ll. *-ion.*

(*a*) Wedi ei boenydio, wedi ei gosbi, wedi ei arteithio, wedi ei frifo, gofidus; yn poenydio, llawn poenedigaeth, yn cosbi, arteithiol, yn brifo, poenus, blin: *tormented, punished, tortured, hurt, pained, anxious; tormenting, full of torments, penal, punishing, torturing, painful, vexatious.*

13g. *B* ix. 337, Cany orfowyssei llu carnotum o daraw a phoeni e rei a oed *boenedic* gan duw. **13g.** *BD* 150, llyghes . . . yn dyuot yn borth y'r genedyl druan *boenedic*. *c.* **1300** *H* 71b. 21, Gwr ae gwnaeth yn dyn yn delw *boenedic* (Cynddelw). **1346** *LlA* 54, Ar neb asychawd yma ooeruel drycioni. yawn yw ev kyruachu yno *oboennedic* oeruel. **14g.** *GDG*[3] 269, Am ladd ei gwas dulas dig, / Penydiwr cul *poenedig*. *id.* 392, Gruffudd Gryg, wyg wag awen, / Grynedig, *boenedig* ben. *c.* **1400** *YCM*[2] 182, edewit y urenhines ym Paris yn *boenedic* ovalus rag y bygwth o vryt a dolur a thristit. *c.* **1400** *YSG* i. 34, anuones ynteu y varchawc urdawl ehun y rydhau y morynyon o'r *poenedic* carchar aoed arnadunt. **15g.** *Cy* iv. 128, ewchwi velltigedigyon genethlaed yr taan *poenedic* paraus yrhwn a baratoed yr kythreul. **1547** *WS*, *poynedic*, paynfull. **1567** *LlGG* 132a, diweddu y vuchedd *boenedic* [:– ouidus] hon. **16–17g.** T. R. ROBERTS: *EP* 242, Byddi allan heno'n siwr, / Yr wyt ti'n ŵr *poenedig*. **1606** E. JAMES: *Hom* i. 126, fe a oddefodd wradwyddusaf, a *phoenediccaf* angau'r groes. **1721** J. P. PRYS: *DC* 81, Bod byth yn *boenedig* rhwng Llu Melldigedig, / Cymdeithas Ddamnedig anniddig jawn wêdd. **1803** *P*, *poenedig*, pained, tormented.

(*b*) Yn cymryd poen (wrth wneud rhywbeth), dyfal, diwyd, gofalus, carcus: *painstaking, diligent, careful.*

[1703] *YGDB* 9, Y mae'r gyfarwŷddŷd yma yn dywŷll o eisiau dysgedigion *poenedig* iw ddosparthu. **1707** S. WILLIAMS: *ADA* 7, bod yn wiliadwrus, yn ddïwyd, ac yn *boenedig* yn gwneuthur y goreu yn ffyddlon o'ch holl amser.

Fel *eg.* Un a boenydir neu a gystuddir: *one who is tormented or afflicted.*

1346 *LlA* 147, chwant yrhwnn avwrw y*poenedic* ygeissaw llewenyd yny petheu bydawl. **1551** W. SALESBURY: *KLl* lxxiva, Dewch atta vi yr oll *poenedigion* ar sawl sydd a baich arnoch.

poenedigaeth [*poenedig*+*-aeth*] *eb.* ll. *-au.* Poen (fawr), gwewyr, dioddefaint (corfforol neu feddyliol) dirfawr, ing, gofid, artaith, cosb; (geir.) llafur: *(great) pain, pang, torment, a suffering, torture, punishment; (dict.) labour.*

Diw. **15g.** *AP* 18, Breuddwyd y Mab . . . afv yn ddiodef *poenedigaeth*nwyf gariad o Nosswyl ondras . . . hyd nosswyl ddwynnwen. **16g.** *TRP* 176, Dered ffordd y krakwr kyfraeth / ti a geffi *boinydigaeth* / att y groes ywchelvowr gref / j ddioddef dy varfolaeth. **1551** W. SALESBURY: *KLl* livb, Ydd wyf vi yn bwrw nad ynt *poenedigetheu* yr amser yma yr owrhon, yn teilwng ar y gogoniant a ddiguddir y nyny. **1567** *LlGG* 67b, cariat perfeicth [*sic*] a vwrw allan ofn: can ys mewn ofn y mae *poenedigaeth*. **1567** *TN* 172b, Yr hwn a gyvodes Dew i vynydd, ac a ellyngawdd ddoluriae [:– *boenedigaethae*] angae. *id.* 295b, [c]ymdeithas ei gystuddion [:– ddio[dd]efiade, *poenedigaetheu*]. **1606** E. JAMES: *Hom* ii. 67, hi a dynnodd ei ddau lygad ef ac a'i taflo[dd] ef i garchar, ac yn ol llawer o *boenedigaethau* a'i lladdodd ef ag angau creulon. *id.* iii. 47, Ni wrthododd ef oddef vn *boenedigaeth* ar ei gorph ei hun er ein gwared ni o dragwyddol boenau. **1630** *YDd* 55, lle na bydd . . . sŵn ond sŵn y poenau . . . Lle bydd *poenedigaeth* (*punishment*) heb dosturi. **1632** *D*, *poenedigaeth*, pœna, supplicium, cruciatus. **1688** *TJ*, *poenedigaeth*: torment, labour. **1753** *TR*, *poenedigaeth*, pain, punishment. **1759** T. THOMAS: *WWDd* 348, hwy a boenir ddydd a nôs yn oes oesoedd: ïe, mŵg eu *poenedigaeth* hwy fydd yn myned i fynu yn oes oesoedd. **1803** *P*.

poenfa [*poen* neu fôn y f. fl.+*-fa*, *ma*] *eb.* ll. *-feydd*, (prin) *-fâu*, *-faoedd.* Lle poenedigaeth(au), uffern; poen, poenedigaeth, dirboen, artaith, gwewyr, dioddefaint, gofid: *place of torment, hell; pain, torment, torture, agony, a suffering, distress.*

1551 W. SALESBURY: *KLl* liib, Mi a atolygaf yt dat e ddanuon ef y tuy vym-tat . . . i testolaythy yddynt hyd na ddelont wy ir *poenva* [*sic*] hon [:– lle poen hwn]. **16–17g.** *Cer RC* 52, Er yn mwyn ni, Arglwydd pur, / Dioddefaist gur a *phoenfa*. **17g.** E. MORUS: *Gw* 14, Dyn ydwy ffordd yma dieithrol o'm trigfa, / Mewn hireth o'r mwya dan *boenfa* bob awr. **17g.** E. MORRIS: *B* 80, Nid oes ond hwn yma, yn ddyn, yn Dduw ucha, / Eill achub o'r *boenfa* . . . / Pob un edifeiriol. *id.* 103, Esmwythodd o'm hanfodd y *mhoenfa*. **1672** R. PRICHARD: *Gw* 320, A'r holl Lesâd y daw i ddŷn, / Oddiwrth ei wŷn a'i *boenfa*. *id.* 418, Yn danfon ar ei Bridwerth blâ, / Rhyw groes neu *boenfa* irad. **1696** *CDD* 352, Fe'n gwerthwŷd yn gynta (gwan oeddem) gan Adda, / Bu anferth y *boenfa*, ar ddalfa oer ddu. **18g.** E. T. RHYS: *DA* 2, nifer gwedi'u hethol, / Ger bron ein Prynwr nefol, / A'r lleill i'r *boenfa*. **1759** *BC* 177, Hôll weision Duw sydd yma, yn cael pob / Anfad *boenfa*. *id.* 288, Clywch fy *mhoenfa* llonna llinos, / Am yr iechyd y mae yr achos; / Och cariad gofid mawr a gefais. **[1794]** M. WILLIAMS: *DUJ* 22, Nid ar y groes mewn *poenfa*. **1800** *TY* 292, fe syrthiodd i seler . . . fel y dychymmygodd ei fod wedi disgyn i uffern. Yno y bu'n ymdreiglo tros rai oriau, mewn *poenfa* echrydus o ran ei feddwl.

poenfan [*poen* neu fôn y f. fl.+*man*[1]] *eb.g.* Lle poenedigaeth(au), uffern; poen, poenedigaeth: *place of torment, hell; pain, torment.*

1672 R. PRICHARD: *Gw* 472, Pe delei'r bŷd yn gyfan, / A gweiddi am laesu 'r *boenfan*. **18g.** *W Ballads* 186, 4, Tan law Sattan *pounfan* pur.

poenfawr [*poen*+*mawr*] *a.*

(*a*) Poenus, dolurus, ingol, arteithiol, yn achosi poen, yn poenydio; gofidus; ?yn haeddu cosb: *painful, agonizing, causing pain, tormenting, distressing; distressed; ?punishable.*

c. **1450** *B* v. 16, Purwyn or dwfyr Duw vrenhin a wnaet / Ar neithawr geffredyn; / Peunyd y gwna, gne iessin, / *Poenvawr* traet, y waet o win. **15g.** *DE* 123, pedwar galar am geli / pann vv ar groes *poenvawr* gri. **1583** *LlGC* 716, 5a, [c]olledigaythys *poen-fawr* pechodae. **1604–7** *TW* (*Pen* 228) d.g. *cruciabilis*. **1632** *D* d.g. *ærumnosus*. **1672** R. PRICHARD: *Gw* 3[4], Trwy Angeu tra *phoen-fawr*, a phridwerth ei waed, / Fe wnaeth heddwch hyfryd, rhwng dynion ai dâd. **1709** H. POWEL: *G* 73, a'n dwg trwy bob dyledswydd, er mor galed a *phoenfawr* y byddo. **1733** J. THOMAS: *CGGD* 6–7, [c]ael ei gamgyhuddo gan Bobl yr Juddewon . . . a dioddef Marwolaeth wradwyddus a *phoenfawr* ar y Groes. **1765** *CBC* 29, un arall yn ei glefyd *poenfawr*, ni chlybuwyd erioed yn achwyn. **1773** *W* d.g. *excruciable*. **1793** DAFYDD IONAWR: *CD* 372, Uffern, pe gallai Aphwys, / Ffoi 'n awr rhag fath *boenfawr* bwys.

(*b*) Yn cymryd poen (wrth wneud rhywbeth), dyfal, diwyd, gofalus, carcus; llafurus, blinderus, trafferthus: *painstaking, diligent, careful; laborious.*

1604–7 *TW* (*Pen* 228), peth *poenvawr* d.g. *actuosus*. *id.* d.g. *industrius*. *c.* **1658** R. VAUGHAN: *E* [vi], rhaid ir neb ai hedwyn gyfaddef eu bod yn ddysgedig yn Dduwiol ac yn *boenfawr* Wenidogion. **1672** R. PRICHARD: *Gw* 373, Rho hinon a chyssur, i'r *poenfawr* lafyrwyr. **1719** *EGBG* [ii], Llawer o bregethau *poenfawr* aeth yn aflessiol. **1730** A. MORGAN: *CES* [v], Bu'r cyfieithiad yn *boenfawr* ac yn gostus i'r Cyfieithwyr. **1735** J. EVANS: *YMS* 81, dyledswydd ag oedd yn gofyn diwydrwydd ac ymegnïad *poenfawr* i ymbaratôi iddi. **1771** *W* d.g. *careful, elaborate*. **1778** J. THOMAS: *HB* 374, y gwr llafurus, *poenfawr*, a chlodfawr, Mr. Abel Morgan. **1788** J. GRIFFITH: *DCC* v, Gyda golwg at ddychweliad rhai . . . eneidiau truenus, mi a gymmerais yn llaw y gwaith *poenfawr* o gyfieithu y llyfr.

poengar [*poen*+*-gar*] *a.* Yn cymryd poen (wrth wneud rhywbeth), dyfal, diwyd, gofalus, carcus; (geir.) poenus, poenydiol: *painstaking, diligent, careful; (dict.) painful, tormenting.*

1604–7 *TW* (*Pen* 228) d.g. *philoponus*. **1609** *Haf* 24, 504, Dod ym gennad y darlle/wr *poengar* [:– diligent] os dylynaf. **1778** *W*, un *poengar* d.g. *pains-taker*. **1803** *P*, *poengar*, painful, tormenting.

poenha, poenhydiaf: poenhydio, gw. **poenaf: poeni, poenydiaf: poenydio.**

poeniad, poenad [bôn y f. *poenaf*: *poeni* +*-iad*[1], *-ad*] *eg.* Poenydiad, poen, dirboen, poenedigaeth, artaith: *a tormenting, pain, torment, torture.*

16–17g. LLYWELYN SIÔN, &c.: *Gw* 531, gwae'r wlad mawr *boenad* heb av / gan oessoedd mwy gan eissav. **1696** *CDD* 124, Wur [*sic*] anna oreu-waed, lîn dafudd lân dyfiad. / O'n *poeniad* ein ceidwad a'n cadwŷdd. **1799** *TY* 184, [y] poenydwŷr a gyd-annelasant holl ddyfais eu creulonedd i'w erbyn . . . hwy a adnewyddasant ei *boeniad*, tra 'r oedd ei gorph yn llwyr-ddolurus. **1803** *P*, *poeniad*, s. m. . . . a tormenting.

poenladdwr [*poen*+*lladdwr*] *eg.* ll. *-wyr.* Cyffur at leddfu poen: *pain-killer.*

20g.

poenlawn [*poen*+*-llawn*] *a.* Poenus, dolurus: *painful.*

1670 J. HUGHES: *AP* 391, ing a gloes *boenlawn*. *c.* **1730** *Thos. Lloyd D* (LlGC) 195a, painfull, *poenlawn*.

poenllyd [*poen*+*-llyd*] *a.* Poenus, llafurus: *painful, laborious.*

1595 *Egl Ph* 99, Ni allaf wadu nad ywr phordd i gaphael dysc, a doethineb yn [ddi]eithir, ac yn *boenllyt*.

poenofaint, poenofain, poenofiaint [*poen*+*-of(i)aint*, *-ofain*] *eg.* Poen, poenedigaeth, gloes, ing, dioddefaint; cosb: *pain, torment, agony, a suffering; punishment.*

13g. *C* 71. 10, ymeneid rac *poein oweint* [*sic*]. **13g.** (**17g.**) *B* iv. 46, Rac Prydain *poen owein* ae deubit. *c.* **1400** *R* 1162. 6–7, *poenofyeint* uffern gethern gaetheu. *id.* 1166. 28–9, Kynn ergryt penyt *poenofeint*. *id.* 1200. 31–2, rac mvrn mawrbla. o benn eua. y *boenovein*. *c.* **1400** *B* xiv. 187, [p]*oenouein* Crist uab Duw yn y groc. **1803** *P*, *poenovaint*, s. m. the state of suffering pain, a state of punishment.

poenofi [?be. o'r e. bl.; cf. *gwynofaf*: *gwynofi*] *bg.a.* Bod mewn poen; peri poen, gwynio: *to be in pain; cause pain, hurt.*

1831.

poenofiaint, gw. **poenofaint.**

poenol [*poen*+*-ol*] *a.* Poenus, dolurus; poenydiol; penydiol: *painful; tormenting; penal.*

c. **1400** *DB* 51, [t]raethu o'r lleoed *poenawl* (*Ignea* *inferni loca*). *a*. **1587** *Y* 212, I'r lann i'th dynnaf ar wlych, / *Poenawl* anian, pan lynych. **1661** E. LEWIS: *Drex* [xxiv], Llawer sydd beunydd yn *boenol* erchyll, / Am orchwyl amserol / Ditheu a wneist daith yn ôl, / Tro gweddaidd beth Tragwyddol. **1670** J. HUGHES: *AP* 136, [c]redu a dilyn gau Ddoctorion . . . gan eu cynnal hwynt ag awdurdod ac a nerth *poenol* a gwaedly[d] Gyfreithiau Tywysogion a Stadau bydol. **1759** *BC* 74, Ond Angeu Dinistriol, i'r Dynion llwydd-iannol, / A chnowdol sŵydd *boenol*, sŷdd benyd.

poent, poentiaf: poentio, gw. **pwynt**[1], **pwyntiaf**[1]: **pwyntio.**

poenus [*poen*+-*us*, Llyd. C. a Diw. *poanius*] *a*. a hefyd gyda grym adferfol ac enwol. Yn gwynio, dolurus, yn brifo, tost; mewn poen (feddyliol neu emosiynol), yn dioddef, dioddefus, gofidus, anesmwyth (o ran cydwybod, &c.); yn peri poen, yn poenydio, llawn poen; llafurus, blinderus, trafferthus; yn cymryd poen (wrth wneud rhywbeth), dyfal, diwyd, gofalus, carcus: *painful, aching, sore; in (mental or emotional) pain, suffering, anxious; causing pain, excruciating, tormenting, painful; laborious, troublesome; painstaking, diligent, careful.*

16g. *WLl* 72, *Poenus* i llas ternassoedd / Poen o farw iarll Penfro oedd. **16g.** WILIAM CYNWAL: *Gw* (G. P. Jones) 8, Pa well erioed, pallu 'r wyf? / Poenadur heb ben ydwyf; / *Poenus* wyf, wawr, pennes wych, / Pen f'einioes fydd pan fynnych! *c.* **1585** G. ROBERT: *DC* [4a], Roydd yn flin ag yn *boenus* gyntho y tro cynta fod ehunan drwy r dydd ar nos yn i stafell. **1588** *Doeth Sol* xv. 7, [Il]unia yn *boenus* bôb darn. **1588** *Ecclus* vii. 14, Na chasâ waith *poenus*. **1588** *Luc* xvi. 28, rhag dyfod o honynt hwythau hefyd i'r lle *poenus* hwn [uffern]. **1606** E. JAMES: *Hom* iii. 185, Fe a ochelir yn [dd]iescaelus bob poen a thrafael megis peth *poenus* gwrthwyneb i ddigrifwch y cnawd. **1630** R. LLWYD: *LlH* iii, er pan ddaeth attaf . . . lyfr Saesonec (o waith y *poenus* wenidog Gair Duw). **1632** *D*, *poenus*, laboriosus, ærumnosus. *id.* d.g. *cruciabilis, industrius, operosus*. **1632** J. DAVIES: *LlR* 16, ped ystyriai fod y ffordd i'r nef yn anhawdd, yn gûl, ac yn *boenus*. *id.* 261, yn cymmeryd calon i fyned rhagddo yn ei waith, er *poenused* fo iddo. **1679** C. EDWARDS: *GGG* 229, fod gorph[wy]stra yn ol ordinhâd Duw yn beth cyssurus i rai *poenus* (*wearied with bodily labour*). **1704** T. JONES: *Alm* [9], helaethwch gyfyngder y Wenynen *boenus*. **1722** *Llst* 189, *poenus*, afflictive, sore; difficult, toilsome; laborious, diligent. **1731** E. SAMUEL: *AE* 115, wrth gofio mor *boenus* a diwyd a fu, pan oedd ei jechyd a'i nerth ganddo. **1798** *WR* d.g. *excruciating*. **1799** DAFYDD IONAWR: *MB* 66, O'u pen iacha'dd y *poenus*, / Modd trefnus, hyd eu traed. **1803** *P*, *poenus*, painful, tormenting. Ar lafar, 'Mae o'n *boenus*' 'he is in pain', 'dim yn dew *boenus*' 'not uncomfortably fat', 'mynd yn *boenus* 'i feddwl', *WVBD* 441; 'Un *poenus* i rindo arno'n prigethu yw a, ma fa'n wilia mor aneglur'.

poenwr [bôn y f. *poenaf*: *poeni*+-*wr*] *eg*. ll. -*wyr*. Poenydiwr, arteithiwr; dioddefwr; person gofalus neu ddiwyd, llafurwr; un sy'n poeni (am bopeth), gofidiwr; hefyd yn *ffig*.: *tormentor, torturer; sufferer; painstaking or diligent person, labourer; worrier; also fig.*

14g. *B* ix. 332, Ac yna yd erchis y pennyadur dvynn llestreit o dvfyr brvt, a rvymav y phenn a'e thraet a'e dienydyav . . . A'r keisseit *poenwyr* a wnaethant mal yd erchis. *id.* 334, Ac y diweinavd y *poenwr* y gledyf ac y lladaud y phenn ar vn dyrnnavt. **14–15g.** *IGE*[2] 279, *Poenwr* dig, poni ŵyr dyn, / Dwys orchwyl, nad oes erchwyn (Siôn Cent). **16g.** *Pen* 76, 97, *poynwr* wyf pwy yma ywr ail / ebwch gav a baich gwiail (Dafydd Hen). **16g.** (*LlEG*) *Mos* 158, 412b, i gosodasantt twy y *poenwyr* ar wai/th i vwrw y mur Ir llawr. *id.* 659a, I ddiogelu *poenwyr* a gweithwyr. *Dchr.* **17g.** *J* 10, 129a, *poenwr*, tortor. **17g.** HUW MORUS: *EC* ii. 4, O dai *poenwyr* daw pynau, / At y 'stôr i y Watstay. **1703** E. WYNNE: *BC* 127–8, Och! och! ymaith a'r fflamgi yma, ebr honno, a phob un yn gwaeddi ymaith a'r *poenwr* newydd yma! Uffern ar Uffern yw hwn. **1785** E. BARNES: *MH* 29, ûn o'r *poenwyr* diflinedig hynny oedd, a foreu godant. **1803** *P*, *poenwr*, one who pains, a tormentor; a toiler.

Gw. hefyd **poenydd.**

poenwys [*poen*+*gwŷs*[2]] *e?b*. Gwŷs yn gorchymyn i berson ymddangos mewn llys barn, gwŷs dystiolaeth: *subpoena*.

1794 *W* d.g. *sub-pœna*.

poenyd, gw. **poenydiau.**

poenydfa [bôn y f. ddil.+-*fa, ma*] *eb*. ll. -*feydd*. Poenedigaeth; ?penydfa, carchar: *torment; ?penitentiary, prison.*

1833.

poenydfan [bôn y f. ddil.+*man*[1]] *eg*. Lle poenydio neu arteithio: *place of torment or torture.*

1774 T. JONES: *DG* 154, ei arwain i'r *poennyd-fann*, efe a lefodd allan, 'Dyma'r dydd llawenaf o'm holl fywyd'.

poenydiad [bôn y f. ddil.+-*iad*[1]] *eg*. Y weithred o boenydio, arteithiad: *a tormenting, torturing.*

1810. Cf. W. REES: *AFR* 454, y negroaid anifeilaidd a fuasent yn offerynau ei *boenydiad*.

poenydiaeth [bôn y f. ddil.+-*iaeth*] *eb*. Poen (fawr), poenedigaeth, dioddefaint, poenydiad; cosb: (*great*) *pain, torment, a tormenting, suffering; punishment.*

16g. *Hop M* 177, tad ar ysbryd mab trwy ras, yr hwnn a gas *poenydiaeth*. **17g.** HUW MORUS: *EC* ii. 52, Y gwayw *poenydiaeth*, gelyniaeth i'm glin. *id.* 262, Rhag uffern *boenydiaeth* Efe 'nododd ei blant. *id.* 291, Ei fod yn ddyn perffaith, arswydus naturiaeth, / Dan bwys ei *boenydiaeth*—Benadur. **1696** *CDD* 5, Rhag marw yn *boenydiaeth* eu eneidau. **1721** J. P. PRYS: *DC* 62, Ac Uffern *boenydiaeth* mewn Alaeth yn ôl. **1725** S. RHYDDERCH: *Alm* [37], [Diodd]efodd yn rasol, *boenydiaeth* benodol. **1725** *SR* d.g. *punishment*. **1751** *GIA* 12, os haeddodd pechod y Cythreiliaid, *boenydiaeth* annherfynol. **1765** *Cyf C* 21, [P]*oenydieth* ddifeth.

poenydiaf: poenydio [?amr. ar *penydiaf*: *penydio* dan ddyl. yr e. *poen*] *bg.a*. Arteithio, poeni, blino; penydio; gosod penyd ar; brifo; dioddef: *to torture, torment, vex; do penance; impose penance on; be painful; suffer.*

16g. *Yst Kym* 159, Canys ni a gowsom oed i *boenydiaw* ag i ofyn maddeuant i Dduw. **16–17g.** *HG* 147, awn yw nawdd yn un weddi / ymprydiwn *poenydiwn* ni. **1672** R. PRICHARD: *Gw* 70, Hwy aethant eill dauwedd, oblegid eu balchedd, / Yn euog o'r diwedd *boenydio*. *id.* 469, Mae pôb aelod yn *poenydio*, / Mae pôb mann a dial arno. **17g.** HUW MORUS: *EC* ii. 337, Mae'n amser gweddio, a chanu'n wych heno, / I gofio *poenydio*'r Penadur. **1716** E. SAMUEL: *GGG* 71, Gŵr . . . gwedi ei gau i fynu yn y Tarw-Prês a wnaeth Phalaris i *boenydio* dynion wrth gynneu tân wrtho iw losgi'n wynjâs. **1719** *TDP* 11, dros saith mhlynedd myfi am *poenydiais* fy hunan oflaen [*sic*] yr Arglwydd, nid yfais Win, na Diod Gref Gadarn, ac nid aeth Cig yn fy Ngenau. **1722** *Llst* 189, *poenydio*. as Poeni. **1740** T. EVANS: *DPO* 77, Digrifwch y rhai oedd *poenydio*, rhwygo a llosci dynion. **18g.** *W Ballads* 2B, 5, Yr hwn nid ymgrymo, a geiff yr awr honno / Anedwydd *boenydio* a'i glwyfo mewn gloes. **1790** T. JONES: *TOS* 84, bydd eu deall, cydwybod, serchiadeu, a'u côf, oll yn fyw i'w *poenydio*. **1797** G. LEWIS: *DY* 2, y mae cydwybod yn cyhuddo, yn condemnio, ac yn *poenydio*. Ar lafar yn Arfon yn y ff. *poenhydio*.

poenydiau [bôn y f. fl.+-*iau*] *e.ll*. un. (geir. a phrin) *poenyd*. Poenedigaethau, arteithiau, dioddefiadau; penydiau: *torments, tortures, sufferings; penances.*

1630 *YDd* 43, Yr awr'hon y mae efe yn gweled fod ei holl lawenydd wedi darfod, fal pe na buasai erioed, ac nad oes dim iw gael ond *poenydiau* (*torments*). **1696** *CDD* 49, Fe barodd *boenydiau*, i'r Aiphtwŷr hŷd angeu. **1716** E. SAMUEL: *GGG* 62, fel y mae eu bucheddau difeius, ar amryw flinderau ar *poenydiau* a ddioddefasant o herwydd Cydwybod yn eglur-fynegi. *id.* 89, ymârhous a thra ammyneddgar tan gamwri a gorthrymderau . . . fel y dangosodd Ef wrth oddef *poenydiau* 'r Groes. *id.* 128, Y Christ'nogion hefyd heb law hynny a gystuddid a *phoenydiau* or creulonaf. **1718** E. SAMUEL: *HDdD* 22, eu Cospi ar *Poenydiau* anoddefusaf. **1727** RE: *CDd* 52, Nid ydynt yn gweled mo'r *poenydiau* ofnadwy hynny. *c.* **1730** *Thos. Lloyd D* (LlGC) 195a, *poenyd*. pl. *Poenydiau* R.P. poena. **1751** *GIA* 69, Och ni i ragweled eich *poenydiau* tragwyddol, ac nas gwyddom pa fodd iw rhagflaenu.

poenydiol [bôn y f. fl.+-*iol*] *a*. Yn poenydio, arteithiol; yn dioddef: *tormenting, torturing; suffering.*

17g. E. MORRIS: *B* 3, Yr ogof *boenydiol*, i'r anedifeiriol. **17g.** HUW MORUS: *EC* ii. 75, Un arall *poenydiol*, uffernol yw'r ffau. **1675** R. JONES: *HCh* 113, hwy a roesant . . . eu cyrph hefyd i angeu *poenydiol*. **1677** R. JONES: *BB* 95, y cyfryw feddyliau gwewyrloes a *phoenydiol*. *id.* 152, *poenydiol* edifeirwch (*tormenting repentence*). **1696** *CDD* 63, Yn Uffern *boenydiol* annedwŷdd. **18g.** *Beirdd y Berwyn* 34, Ag rwan hi a aeth yn blygen, / Yn *boenydiol* anghysurol am fy seren. *c.* **1729** S. RHYDDERCH: *LlCD* 360, Yn gaeth Weision iddo [Satan] byth, / Mewn Adwyth yn *boenydiol*. **18g.** *W Ballads* 186, 2, Yr wi yn nouth yn y Tân uphernol *boenydiol* heb un ede. **1751** *GIA* vi, Nid oedd yr Angylion pechadurus abl i sefyll gar ei fron ef, eithr hwy a daflwyd i lawr i fod yn gythreuliaid *poenydiol*. **1771** J. REES: *H-A* 69, ofnau *poenydiol*. **1796** T. JONES: *CCA* 7, dan law *boenydiol* cynddaredd dyn.

poenydiwr, poenydwr [bôn y f. fl.+-(*i*)*wr*] *eg*. (b. -*wraig*) ll. *poenydwyr*. Un sy'n poenydio, poenwr, arteithiwr, dienyddiwr: *tormentor, torturer, executioner.*

1751 *GIA* 167, Hyn a bair i chwi byth bythoedd fod yn Uffern yn *boenydwyr* (**1659** *id.* 165, Benydwyr) i chwi eich hunain. **1753** *HFfS* 36, mewn gwastadol Boen, etto ei *Boenydiwr* ei hun. **1756** W. WILLIAMS: *GDC* 23, Bydd dy *Boenydwyr* creulion [*sic*] yn crynu o dy flaen. *c.* **1762–79** W. WILLIAMS: *P* 356, poenau y rhai'n oedd mor amrywiol ag y gallai y *poenydwyr* eu dychymmygu. **1770** P. WILLIAMS: *BS*, *Rhuf* viii, a'u griddfannau a fyddant dystion yn erbyn eu *poenydwyr*. **1797** W. THOMAS: *CC* 152, efe a weddiodd hyd nes ydoedd y *poenydiwr* yn troi'r ysgol.

poenydle [bôn y f. fl.+*lle*[1]] *eg*. Lle poenydio neu arteithio: *place of torment or torture.*

1875.

poenydus [bôn y f. fl.+-*us*] *a*. Poenus, poenydiol; dioddefus, yn dioddef; yn cymryd poen wrth wneud rhywbeth, dyfal, diwyd, gofalus, carcus: *painful, tormenting; suffering; painstaking, diligent, careful.*

1719 *EGBG* 118, [m]arwolaeth *boenydus*. *id.* 343, ni a foddwn mewn Anobaith *boenydus*. *id.* 416, a ddioddefodd ef mor *boenydus* . . . drossom ni. **1750** T. EVANS: *LlH* 15, Y gweithiwr *poenydus* a dder[b]yn wobrwy gymhesur wrth ei boen a'i lafur. **1765** J. POPKIN: *Ll* 134, trwy'r cyfryw Ddatcuddiad helaeth o'r dwyfol Gariad yn y Cymmod . . . y mae yn bwrw allan yr Ofn *poenydus* o ddyfod yn fyrr o Fywyd tragwyddol. **1766** *OU* 83, pa ham y maent mor *boenydus* ac yn llefain cuwch. **1769** D. ROWLAND: *CG* 24, gyd â chalon *boenydus* ac athrist. **1772** D. RISIART: *HFP* 4, y ddannoedd dolurus a *phoenydus* iawn.

poenydwr, gw. **poenydiwr.**

poenydd [bôn y f. *poenaf*: *poeni*+-*ydd*[3]] *eg*. ll. -*ion*. Poenydiwr, peth sy'n achosi poen: *tormentor, irritant.*

1700 D. MAURICE: *AC* 31, Ym ha le y mae Creaduriaid truain yn *Boenyddion* iddynt eu hunain. *c.* **1730** *Thos. Lloyd D* (LlGC) 194b, *poenydd*, a tormenter. **1803** *P*.

Gw. hefyd **poenwr.**

poenyddiaeth [*poenydd*+-*iaeth*] *eb*. Poenedigaeth: *torment.*

c. **1730** *Thos. Lloyd D* (LlGC) 196a, *poenyddiaeth*, CW. 150.

poenyddiaf: poenyddio [bf. o'r e. *poenydd*] *ba*. Poenydio, cosbi: *to torment, punish.*

c. **1730** *Thos. Lloyd D* (LlGC) 192b, *poenyddio*, Dem. Punio. **1794** *Cylchg* 249, barnu'r naill y llall i uffern, i gael eu *poenyddio* yno dros byth.

poenyn [*poen*+-*yn*[1]] *eg*. Pryfociwr, niwsans; un eiddil, un gorofalus am ei iechyd: *teaser, annoyance; weakling, valetudinarian.*

Diw. **19g.** *SE MS* 385b, *poenyn*, s.m. a weakling, a valetudinary (Glam). Ar lafar ym Morg. yn y ff. *poenyn*, *peinyn*, a'r ystyr 'pryfociwr'.

Cfn.: **poenyn pennaf**: *brain-teaser*. **20g.**

poer, *eg*. (bach. -*yn*) ll. -*ion*. Hylif diliw a secretir gan chwarennau i'r geg ac sy'n hyrwyddo'r proses o gnoi, y fath hylif a fwrir allan o'r geg, glafoerion, salifa; fflêm, crachboer; secretiad ewynnog a gynhyrchir gan rai pryfed; hefyd yn *ffig*.: *saliva, spit, spittle; phlegm; cuckoo-spit; also fig.*

14g. *Pen* 5, 12b, Ac yny wyneb kyssegredic y poerant. *poer* (*Pen* 14, 47, haliw) gwenwynaul. **14g.** *DGG*[2] 138, Rhestr o boer, rhwystr aberoedd, / Rhoes hwrdd i'm llong, rhoes flong floedd [Gruffudd Gryg i'r don]. *c.* **1400** *R* 1353. 41–2, Clywet pwyrchwechet *poer* chwrychyawc vurnuerw. **15g.** *LlCy* i. 5, hagyr wrach ffrom benllwyd boenllais / a *ffoer* ar goler y ffais. **1547** *WS*, *poyrun*, spyttell. **1567** *TN* [147b], ac y gwnaeth ef briddgyst [:– glai, gyst] o'r *poer* [:– golof] (**1588** *Io* ix. 6, *poeryn*). **16g.** R. WHITE: *C* 31, Onid wyt na brwd nag oer / val y *poer* or gene. **1604–7** *TW* (*Pen* 228), *poer*, *poeryn*, *poerion* d.g. *saliua*. **1630** *YDd* 41, peswch, llafur, *poerion* ediflyd, cnofeydd. **1632** *D*, *poer* . . . pituita. **1658** R. VAUGHAN: *PS* 174, Ein cyrph ydynt Gydau o phlêm neu *boerion*, a bustl, tlawd a gwael. **1725** D. LEWIS: *GB* 56, Y mae'n beth rhyfedd, fod cynnifer o Ffynhoneu *Poer* yn y Genau, i wlychu, i dyneru ac i dochi'r Bwyd. **1772** *W* d.g. *drivel, saliva, spittle.* **1798** *WR* d.g. *slaver, spawl.* **1803** *P.* Ar lafar yng ngodre Cered. yn yr ymad. ''Does dim *poer* ohonyn' nhw' 'Nid oes ôl ohonynt'.

Amr.: **peiryn.** Ar lafar yn ne-ddwyrain Morg. **powryn.** Ar lafar yn sir Benf., *GDD* 232.

Cfn.: **poer(yn) y gog:** *cuckoo-spit.* **1604–7** *TW* (*Pen* 228), *poeryn y gog* d.g. *pytisma. c.* **1730** *Thos. Lloyd D* (LlGC) 194b, *poeryn y gog*, cuckows Spittle. Ar lafar yn Arfon yn y ff. *poer y gog*, J. JONES: *Llên Gwerin* 141. **p. y gwcw = p. y gog. 1772** *W, poer y gwccw* d.g. *cuckow-spittle.* Ar lafar yn nwyrain Morg. yn y ff. *poer* (*peiryn*) *y gwcw.* **yr un b.:** *the spitting image.* **1907.**

poerad, gw. **poeriad.**

poeraf: poeri [bf. o'r e. *poer*] *bg.a.* a'r be. fel *eg.* Bwrw poer allan o'r geg (ar) (yn aml fel arwydd o ddirmyg), bwrw (gwaed, bwyd, &c.) allan o'r geg, hefyd yn *ffig.*; (geir.) salifo, glafoerio: *to spit* (*upon, out*), *also fig.*; (*dict.*) *salivate, drivel.*

14g. *B* xiv. 266, Jessu hagen a rodet y pilatus raglav. ac a ffrowyllvyt. ac a *boeret* yn y wynep. *c.* **1400** *MM* 124, Kossi dy law . . . ac odyna *poeri* arnei. **15g.** *OBWV* 117, Oes un a ŵyr fis Ionawr / Pa ryw lu sy'n *poeri* i lawr [i'r eira]? **15g.** *DGG*[2] 79, A ffrydiaw croywlaw creulawn, / A *phoeri* mellt yn ffrom iawn [i'r daran]. **15–16g.** *AAST* (1935) 99, O ras y sant, pan roes hon / Yn 'i phen ddŵr o'i ffynnon, / Afrifed bryfed heb wres / Beiriog o'i chorff a *boeres* [Dafydd Trefor am un o wyrthiau Deiniel Bangor]. **1547** *WS, poyri*, spyt. **16g.** *WLl* 160, Pib amwyll mewn pob ymwan / Parod iawn y *poera* dan [i ofyn gwn]. **16g. (1763)** W. SALESBURY: *LlM* 64, rhag *poeri*'r gwaed. **1588** 2 *Mac* vi. 19, efe . . . ai *poerodd* [cig moch] allan. **1599 (1677)** R. HOLLAND: *AB* 67, hwy a *boerant* wrth ei enwi [y cythraul]. **1632** *D*, a *boero* tân d.g. *flamminvomus.* **1693** *HC* 62, yn *poeri* [gw]enwyn yn ei wyneb. **1759** J. EVANS: *PF* 27, Neu, gnowch Wraidd danadl poethion, gan *boeri* allan y sûg. **[1783]** *W* d.g. *to salivate, V. N.* [*flow with saliva*]. **1790** T. JONES: *TOS* 218, gyda pha ddirmyg y *poerem* ar abwydydd pechod. **1803** *P.* Ar lafar hefyd yn yr ymadroddion 'Mae e wedi'i *bowri* i'w dad' (gogledd Cered.), ''I dad wedi'i *boeri* yw 'wn' (dwyrain Morg.) 'He's the spitting image of his father'.

Fel *e.* Poer, salifa: *saliva, spit, spittle.*

Ar lafar.

Amr.: **peiri.** Ar lafar yn ne-ddwyrain Morg., 'Fe *beirws* am 'y nraws i'. **poeryd. 1853** W. REES: *AFR* 80, mi faswn yn danfon chwe' phwys o 'baco pigtail iddo fo, i'w gnoi a'i *boerid* am ben pob dwrtisment. **powri**[2]. Ar lafar yng Nghered. ac yn sir Benf., *B* xiv. 281, *TGG* (1904) 62; 'ing nganol dinion in *powri* a rhegu', *Wês wês* 21. Yng ngogledd Cered., wrth ddal ceiliog y rhedyn adroddid y rhigwm 'Jac y Jympyr, *powra* dy wa'd, / Neu mi ladda i ti a dy dad'. **pwyri.** Ar lafar yn y Gogledd, 'Mi *bwyrodd* y gath arna' i pan sathrish i ar 'i chwnffon hi', 'Mae'r bacyn yn llosgi a'r saim yn *pwyri* dros bob man'.

Cfn.: **poeri ar ei fretyn (fratiau, bilyn):** *to foul one's own nest, disparage one's own kinsman.* Ar lafar yn Arfon, *WVBD* 54, ac yn sir Drefn., *Mont Coll* xiii. 323. **p.'r gog:** *cuckoo-spit.* **1927.** Ar lafar yng ngogledd Cered. yn y ff. *powri'r gog*, D. J. EVANS: *HCS* 130, ac yn y Gogledd yn y ff. *pwyri'r gog.* **poeri'r gwcw = poeri'r gog. 1898.**

poerai [*poer*+*-ai*[2]] *eg. Bot.* Poerlys, *Anacyclus pyrethrum*; distrewlys, *Achillea ptarmica*: *pellitory of Spain*; *sneezewort, bastard pellitory.*

Dchr. **17g.** *J* 10, 129a, *poerai*, pyrethrum. **1803** *P, poerai*, s. m. the bastard pellitory.

poerchwarren [*poer*+*chwarren*] *eb.* ll. *poerchwarennau.* Chwarren boer: *salivary gland.*

1820.

poeredd [*poer*+*-edd*[1]] *eg.* Poeriad, poer, hefyd yn *ffig.*: *a spitting, spit, spittle, saliva, also fig.*

1588 *Eseia* l. 6, ni chuddiais fy wyneb oddi wrth wradwydd, a *phoeredd.* **1606** E. JAMES: *Hom* ii. 17, ni thrôdd ei wyneb oddiwrth wradwydd a *phoeredd. Dchr.* **17g.** *J* 10, 129a, *poeredd*, spitting. *c.* **1730** *Thos. Lloyd D* (LlGC) 193b, *poeredd* . . . sputum. **1752** J. THOMAS: *FG* [372], Llysnafedd, Brynti, neu *Boeredd* ffiaidd. **1800** C. EVANS: *EJU* 113, Diau, mai *poeredd* a chwydredd y dyn pechod ydyw y ddefod o daenellu babanod. **1803** *P.*

poerflwch [*poer*+*blwch*] *eg.* ll. *-flychau.* Poerlestr: *spittoon.*

1820.

poeriad, poerad [bôn y f. *poeraf*: *poeri*+ *-iad*[1], *-ad*] *eg.* ll. *-au.* Y weithred o boeri, poer; secretiad ewynnog a gynhyrchir gan rai pryfed; hefyd yn *ffig.*: *a spitting, spit; cuckoo-spit; also fig.*

1595 H. LEWYS: *PA* [249], Poerwyd yn dwyneb purwyn / Parod twyll fu 'r *poeriad* hynn. **1632** *D* d.g. *screatus.* **1722** *Llst* 189, *poerad* . . . a spitting. **1803** *P* d.g. *poeriad.*

Cfn.: **yr un boerad:** *the spitting image.* Ar lafar yng ngogledd Cered. a sir Gaerf., '*yr un boerad* â'i dad', M. WILIAM: *DY* 84.

poerleibiwr [*poer*+*lleibiwr*, ar ddelw'r S. *lickspittle*] *eg.* Cynffonnwr: *toady, lickspittle.*

1818.

poerlestr [*poer*+*llestr*[1]] *eg.* ll. *-i.* Llestr i boeri iddo: *spittoon.*

1852.

poerlif [*poer*+*llif*[2]] *eg.b.* Secretiad poer, poer: *salivation, saliva.*

1773 *W*, peri'r . . . *boer-lif* ar un trwy feddyginiaeth d.g. *to flux* [*salivate*] *one, salivation.* **1813** *WB* 227–8, os cnoir dernyn o'r gwraidd, ef a bair *boerlif* ac a dyr y gwaew yn y genau.

poerlifiant [*poer*+*llifiant*] *eg.* Secretiad poer, poer: *salivation, saliva.*

1798 *WR*, rhoi mewn *poerlifiant* d.g. *salivate. id.* d.g. *salivation.*

poerlys [*poer*+*llys*[5]] *eg. Bot.* Llysiau'r llau, lleulys, *Delphinium staphisagria*; planhigyn meddyginiaethol y defnyddid ei wreiddyn i beri poer, *Anacyclus pyrethrum*; distrewlys, *Achillea ptarmica*; planhigyn gwyn ei flodau sy'n perthyn i deulu'r *Umbelliferæ* ac a ddefnyddid yn feddyginiaethol, llysiau'r ddannoedd, *Peucedanum ostruthium*: *stavesacre*; *pellitory of Spain*; *bastard pellitory*; *masterwort.*

16g. *LlGC* 4581, 164a, Staphis agria yn Groec ac herba pedicularis . . . yn Llatin, sef y Llaulys ne y *poerllys* ydyw yr geiriæ hynny yn Camberaec: ai alw velly a wnair am vod ei rinwedd y ddifa llau ac y beri poer. **1604–7** *TW* (*Pen* 228) d.g. *saliuaris.* **1633** J. GERARDE: *Herball, Poerlys*, v. y [ll]aûlys. *c.* **1730** *Thos. Lloyd D* (LlGC) 193b, *poerlys*, stavesacre. **1813** *WB* 227, *Poerlys.* edr. Poethwraidd.

poerllyd [*poer*+*-llyd*] *a.* Yn perthyn i boer, tebyg i boer; llysnafeddog, yn poeri: *salivary, like saliva*; *phlegmy, spitting.*

c. **1400** *R* 1360. 5, Y *poerllyt* hewlyt holyn am vawdruth. **1594–6** *B* iii. 166, Trwyn cochliw diferog yn cyrchu i safn *poerllyt. Dchr.* **17g.** *J* 10, 129a, *poerllud*, salivarius. **1632** *D* d.g. *pituitosus, saliuosus.* **1722** *Llst* 189, *poerllyd*, of spittle, flegmatick. **[1783]** *W* d.g. *salivous.* **1803** *P.*

poerog [*poer*+*-og*] *a.* Yn poeri, yn glafoerio; yn cynhyrchu fflêm neu grachboer: *spitting, slavering*; *producing phlegm.*

c. **1400** *R* 1353. 7–8, kannbu gabyl parabyl *poerawc* dulluan. *id.* 1354. 6–7, clywet pwyr wythuet paret *poerawc. Diw.* **16g.** *WLB* 57, Asswmticus yw pysychu arall amlwg mawr *poerog.*

poerol [*poer*+*-ol*] *a.* Yn secretu poer; yn poeri: *salivary*; *spitting.*

1803 *P, poerawl*, spitting.

poers, gw. **portsh.**

poerwr [bôn y f. *poeraf*: *poeri*+*-wr*] *eg.* ll. *-wyr.* Un sy'n poeri, hefyd yn *ffig.*: *spitter, also fig.*

16–17g. *GST* i. 198, Pe dôi arw saig powdr a'i sigl, / *Poerwr* cenllysgblwm perygl [i ofyn gwn]. **1604–7** *TW* (*Pen* 228) d.g. *sputator. c.* **1730** *Thos. Lloyd D* (LlGC) 194b, *poerwr*, a spitter. **1803** *P.*

poeryn, gw. **poer.**

poes [ymgais gan *P* i ddehongli *poes*, *R* 1150. 18 (?gwall copïo am *oes*)] *eg.* Cyflwr o fodolaeth: *state of being.*

1803 *P.*

poesiar, poesnet, gw. **posiar, posnet.**

poet [bnth. S. *poet*; deusill ydyw yn rhai o'r enghrau.] *eg.* ll. *-au, -s, -ys, -ion.* Bardd, prydydd: *poet.*

15–16g. *GLM* 100, Os dysg oedd, rhoes dasg uddun: / os *poet*, fal Isop ei hun. **15–16g.** *TA* 181, Ti sy gnot dysg a natur, / Tithau yw'r *poet*, athro pur. *id.* 546, Prisiwn unmab, Rhys Nanmawr, / Petai, am wyth *poet* mawr. **1545** *CM* 1, 146, Orachos I daruu I *poetts* ne ir beirdd ne ir prydyddion ynnol amkanion I ffuent twy be/ri paenntio. **16g.** *B* xi. 24, y *poiettys* ne'r prydyddion. **16g.** HUW ARWYSTL: *Gw* 402, nodaist oed talm o *boetionn* / noda sy wir ne daw sonn. **1567** *TN* 201a, megis ac y dyvot rei a eich *Poetae* [:– Beirdd] hunain [*sic*]. **1604–7** *TW* (*Pen* 228) d.g. *vates.* **1630** R. LLWYD: *LlH* 74, Synhwyrol gan hynny y dywaid y *Poet* Groeg. *c.* **1658** R. VAUGHAN: *E* 197, mor oerion oedd y Beirdd neu r *poetau.* **1677** R. JONES: *BB* 114, gadawn heibio yr ynfydrwydd hwn ir *Poetau*, y rhai sy yn bwriadu bodloni'r glust, a chyd-blethu chwedlau peraidd. **1773** J. ROBERTS: *GY, Poetau*, Prydyddion, neu 'Scrifenwyr yr Hanesion mwyaf hynod ar Gynghanedd.

poëteg [cfdds. o'r S. *poet*(*ics*)+*-eg*[1]] *eb.* (Astudiaeth o) egwyddorion a ffurfiau barddoniaeth, barddas, barddoneg, hefyd yn *ffig.*: *poetics, also fig.*

20g.

poëtig [cfdds. o'r S. *poet*(*ic*)+*-ig*[2]] *a.* Barddonol: *poetic.*

1922.

poetri [bnth. S. *poetry*] *eg.* Barddoniaeth, prydyddiaeth, hefyd yn *ffig.*: *poetry, also fig.*

15g. *GGl*[2] 133, Pwy un gorff â'm penaig i? / Pwy yw patrwn pob *poetri*? **15g.** *DE* 143, penn owdur yn penn ydoedd / *poettri* n iach yn pattrwn oedd. **15–16g.** *TA* 15, Pa un a fynn pen y fort? / Patrwn yw *poetri* neu art. *id.* 354, Bid rhy wan *boetri* ennyd, / Bid bwlch ar wybodau byd! **15–16g.** *GLM* 322, Penadur ynn pan ydoedd; / *poetri*'n iaith a'n patrwn oedd. **16–17g.** *CRC* 89, gwrandewch ar fy stori rho gyngor da ichwi / rhag gwenieth a *ffoetri* mvrsenod. *id.* 105, y dryw bach taw ath *boetri.* **1604–7** *TW* (*Pen* 228) d.g. *carmen, tragœdia. Dchr.* **17g.** *LBS* iv. 437, pedwar di alar dolef / patrwn yw heb *poetri* nef (Thomas Celli). **17g.** *CLlC* iv. 17, Fe ddamweiniodd i mi, wrth ddarllain ryw *boetri. c.* **1729** S. RHYDDERCH: *LlCD* 393, Heb feddwl chwaith nag ofni y daw na chosp na chyfri, / Am ddim o *Boetri*'r Bŷd. **1759** *BC* 369, Pa les i ni, yr Byd a'i *boetri*, / A byw mewn gwegi gwael?

Amr.: **pwytri. 16–17g.** *Cer RC* 66. **1716–18** *Llsgr R. Morris* 161. **1766** *CD* 164.

poets[1,2], **poetsiaf**[1,2]**: poetsio,** gw. **poitsh**[1,2]**, poitsiaf: poitsio, potsiaf: potsio.**

poeth [yr e. lle H. Lyd. (*Caer*) *Poeth*, Llyd. C. *poaz*, *poez* 'llosg, wedi ei losgi', Llyd. Diw. *poazh* 'wedi ei goginio; llidus', ?yr e. lle Crn. (*Brim*)*boyte*: < Clt. *$k^{u}ek^{u}$-*tos*, o'r gwr. IE. *pek^{u}- 'coginio', cf. *pobaf*: *pobi*] *a.* ll. *-ion*, weithiau gyda grym enwol.

(*a*) Cymharol uchel ei dymheredd, twym, yn enw. i'r synhwyrau dynol (am wrthrych, hinsawdd, &c.), yn llosgi, hefyd yn *ffig.* am sefyllfa anodd: *hot* (*of object, climate, &c.*), *burning, also fig. of a difficult situation.*

14g. *SC* viii/ix. 188, Gwynt *poeth* (*urens*) oed yn hwythu yno. breid y gallei ef y warandaw. **16g.** *WLl* 159, Ba ddeall bwy a ddowaid / Beth oi naws mor *boeth* i naid [i ofyn gwn]. **1588** *Diar* xvi. 27, ar ei wefusau yr erys fel tân *poeth.* **1595** H. LEWYS: *PA* 175, mae yn well i mi fod mewn ffwrn *boeth* danllyd gida thi, na ffe i bawn 'n y nefoedd hebod ti. **16–17g.** *CRC* 313, Pam i mae dy frest di yn noeth / nid ydiw *boeth* mor hinon. **1632** J. DAVIES: *LlR* 148–9, oblegid bod y boen wrth ddioddef berwi a llosgi, yn peri gollwng dagrau yn gynt nag vn boen arall, fel y gellir gweled pan roddo vn beth *poeth* yn ei enau yn ddisymmwth. **1771** *PDPh* 24, wedi eu twymno, mor *boethed* ag y gellir eu dioddef. **1803** *P.*

(*b*) Yn teimlo oddi wrth effaith gwres (am berson, &c.); yn achosi gwres uchel (am dwymyn, &c.), llidus (am ddolur, &c.), yn brathu, ysol (am boen); yn achosi teimlad llosg (am fwstard, pupur, &c., neu am fwydydd sy'n eu cynnwys); yn achosi llid, yn codi pothelli (am ddanadl, &c.); gwirodol: *suffering from the effects of heat, feeling hot* (*of person, &c.*); *causing a high temperature* (*of fever, &c.*), *inflamed* (*of a sore, &c.*), *burning* (*of pain*); *hot* (*of spices or spicy food*); *causing inflammation or blisters* (*of nettles, &c.*); *spirituous* (*of liquor*).

c. **1400** *MM* 24, lledewigwst *boeth* o wres yr haf. *Diw.* **16g.** *WLB* 2, drwy losgrach *poeth.* **1588** *Diar* xxiv. 31, danadl *poethion* a guddiasent ei wyneb. **1699** T. JONES: *TP* 36, I mae pob un ohonŷ[n]t [trachwantau] . . . yn fy ysu megis prŷfed *poethion* gwenwŷnllŷd (*gnaw me like a burning worm*). **1706** T. JONES: *Alm* [41], a doluriau *Poethion* ar bobl mewn Rhai mannau. **1759** J. EVANS: *PF* 53, Ffefer *boeth. id.* 54, Gwayw *poeth* yn y Cylla o achos y Gerî. **1764** *CDTN* 4, Iachaoedd y Llaw wywedig, / Cythreuliaid bwrie i mas: / Y Ddameg am yr Hauwr: / A'r Mwstard *poeth* ei flas.

1771 *W*, crŷd *poeth* d.g. *burning, a burning ague.* *id.* d.g. *high* [*in Cookery, hot with spices* . . .]. 1790 T. JONES: *TOS* 144, nid elli ammeu mwy am dy ffydd a'th gariad, na dyn a fo'n bur *boeth* ammeu ei wrês. 1795 J. THOMAS: *AIC* 44, dyro ynddô ychydig o Frandi, neu ryw wlybwr *poeth* o'r Cyffelyb.

(*c*) Dwys, angerddol, brwd, penboeth; ffyrnig, tanbaid (am wrthdaro); yn gofyn ci, yn cwna, cynhaig; chwantus, blysig, anllad, trythyll: *fervent, intense, vehement, hot-headed; raging, heated* (*of conflict*); *in heat* (*of bitch*); *lustful, randy, wanton.*

15g. *GGl*² 189, Y mae llwdn yma llednoeth / A gny pawb â'r genau *poeth* [dychan i Ddafydd ab Edmwnd]. 1567 *LlGG* (*Sall*) 31a, ydd wyf yn gorwedd ym-plith plant dynion, ys ydd yn *boethion.* 1588 *Diar* xxvi. 23, Fel sorod arian wedi eu bwrw dros ddryll llestr pridd: felly y mae gwefusau *poeth* a chalon ddrwg. 1588 *Esec* xxi. 31, a rhoddaf di yn llaw dynion *poethion*, seiri dinistr. 1599 (1677) R. HOLLAND: *AB* 44, a'n chwannogrwydd *poeth* i geisio dialedd ar ein gelynion. 16–17g. *GHCEM* 140, Nid âi'r un ond yn annoeth / I neithior Hits a'r bits *boeth.* 1661 E. LEWIS: *Drex* 268, Nid oedd ef *boeth* byrbwyll, nag oer diattreg. 1672 J. LANGFORD: *HDdD* 159, er bôd dy galon yn *boeth* oddifewn, taga'r fflamm. 1672 R. PRICHARD: *Gw* 145, *Poeth* fy nattur, oer fy ngweddi. 1675 R. JONES: *HCh* 171, Angerddol, *poeth.* 1747 T. EVANS: *DDM* 16, natur *boeth* a chwerw a llidiog. *c.* 1762–79 W. WILLIAMS: *P* 639, yr oedd yspryd *poeth* yn y bobl yn erbyn pob peth ag a ddeuai oddi wrth yr eglwys gyfeiliornus. 1767 J. THOMAS: *TFFf* 90, O herwydd fel y cynyddo dy ffydd, boed i'r rhyfel fod *boethach* ac [*sic*] *boethach.* *id.* 104, Y rhyfel hwn . . . sy' yn myned *boethach boethach.* 1777 W. WILLIAMS: *DN* 37, hi, gan ei bod yn *boeth* ac yn ddisynwyr. Ar lafar, 'Roedd Siôn Lias yn *boeth* yn erbyn cael organ', *ISF* 61; digwydd yng Nghered. a sir Gaerf. yn yr ymad. 'gast *boeth*', a hefyd am bobl, e.e. ym Morg., 'Ma 'i'n *boeth* ar 'i thræd!', ac ym Môn ac Arfon, ''Ydi hogia'r cowntisgŵl yn betha go *boeth*?'.

(*d*) Llosg, llosgedig, ar dân; rhost, wedi ei goginio: *burning, burnt, on fire; roast, cooked.*

12–13g. *GLlLl* 96, Castell Mathraual mwyth werin —wythawc, / Du, peithiawc, *poeth*, ethrin. *id.* 188, Tyreu *poeth*, peithyawc pob un. 14g. *WM* 55. 30–1, A fan welas uranwen y mab yn *boeth* yny tan. *id.* 256. 11–12, Affan uu digawn *poeth* y golwythyon. *c.* 1400 *R* 1405. 1, pedwar castell *poeth* peith ryuyc. 15g. *BB* 196, yny yttoed y dref yn *boeth* kyn y dyd drannoeth. 15g. *LGC* 26, Gwna dân is Havren mal yr henwir / Drwy Warwig fyrnig a'i hufernwyr, / A threv Gaer-y-Gloew veddw, ni veddir / Un o'i bath; galwed 'Yn *boeth* y gwelir'. 1588 *Lef* iii. 5, offrwm *poeth.* 1657 RE: *CDd* 115, Pan fo ty yn myned yn *boeth* ar hanner nôs mewn tref pa lefain ofnadwy a wneir yno. [1783] *W*, Rhoi i un *boeth* (bôb, gîg pôb), a'i bwyo â'r bêr d.g. *roast . . . to give one roast meat, and beat him with the spit.* 18–19g. *Llr* C 72, 334, cig *poeth*, roast meat. Digwydd fel elf. mewn e. lleoedd yn yr ystyr 'wedi ei losgi', e.e. *Bryn Poeth, Coed Poeth, Tre-boeth, PKM* 206.

Cfn.: **yn boeth (p.) y bo (bônt, &c.)**: *damn him* (*them, &c.*). 15g. *GO* 335, od oedden ffeilsion i dyddiav, ydd êl / I ddiawl i heneidiav! / Yn *boethion y bôn*, heb av, / Amen! a'm llyfr i minav. 1593 W. MIDLETON: *B* 58, ba waeth byd *yn boeth y bo.* *c.* 1756 *Bangor* 1007, 63, *yn boeth y bo* ei bratie bydron. Ar lafar yn Arfon, Meir., a Chered., *WVBD* 441, *DOPG* 25.

poethaberth [*poeth*+*aberth*] *eg.* ll. *-au, -ebyrth.* Poethoffrwm, llosgaberth: *burnt offering, holocaust.*

1567 *LlGG* 50a, *Poeth-ebyrth* ac ebyrth pechatae ny bu gymradwy genyt. 1567 *LlGG* (*Sall*) 10b, Coffaet dy oll offrymae, acymchwelet [*sic*] dy *boeth-ebyrth* yn llutw. *id.* 35b, Af y mewn ith Tuy a *phoeth-ebyrth.* 1588 *Esr* iii. 4, a *phoeth aberth* beunydd tann rifedi. 1588 *Eseia* i. 11, llawn ydwyf o *boeth aberthau* hyrddod. 1621 E. PRYS: *Ps* 27b, *Poeth ebyrth* breision yt a rof / aroglaeth cof cyfammod.

poethaf: poethi [bf. o'r a. bl.; cf. Llyd. C. *poazat* 'coginio, rhostio', Llyd. Diw. *poazhañ*] *bg.a.*

(*a*) Gwneud neu fynd yn boeth, twymo, hefyd yn *ffig.*: *to heat, warm, become hot or warm, also fig.*

1547 *WS*, *poethi*, heate. *a.* 1587 *Y* 199, Dywaid ym, dy we dymig, / Beth yw dŷn pan *boetho* dig. *ib.* Cân lvn iaith, Cynwal, i ni, / Canyt beth cyn yt *boethi.* 1632 *D*, *poethi*, calefacere . . . calefieri, calare, æstuare. 17g. HUW MORUS: *EC* i. 352, Mi a *boethwn*, mi a goethwn, mi a dorwn y dur. 1688 *TJ*, *poethi*: to wax hot. 1722 *Llst* 189, *poethi*, to wax or make hot . . . enrage, make or be very angry. 1739 D. ROWLAND: *LlY* 5, rhaid *poethi* 'r haiarn cyn ei weithio. 1747 T. EVANS: *DDM* 20, Pa fodd y mae tân uffern yn *poethi* ynawr. 1758 *ML* ii. 64, dwyreinwynt cethin yn *poethi*'n erchyll. 1797 W. THOMAS: *CC* 138, yn chwysu ac yn *poethi* mewn clefyd. 1803 *P.* Ar lafar, hefyd yn *ffig.*, e.e. 'Mae'n *poethi* 'ma' (am ddadl).

(*b*) Llosgi, deifio, crasu; rhostio, digoni, ffrio, grilio, brwylio; cynnau, ennyn: *to burn, scorch, parch; roast, fry, grill, broil; kindle, light.*

14g. *SC* viii/ix. 189, ereill y mywn ffurnev tan brwstan yn y llosgi. Ereill yn y *poethi* (*urebantur*) ar eilch. Ereill yn pobi wrth tan. 15g. *GLGC* 338, To crin! tân eithin un wedd—a *boetho* / bythod gwŷr y gogledd. 15g. *CSTB* 27, Fo wna gwen fwy nog unoed, / O bwyth i'r carl *boethi*'r coed! 1567 *LlGG* (*Sall*) 54b, Ef a á tân oei vlaen ef, ac a *boetha* [:– lysc] ei 'elinion o y amgylch. *id.* 56a, am escyrn y *boethwyt* megis aelwyt. *id.* 60b, A chynneuawdd [:– ennynnodd, *phoethawdd*] y tan yn ei cymmynva. 1588 *Math* xiii. 6, wedi cyfodi'r haul y *poethasant* [egin], ac o eisieu gwreiddio y gwywâsant. 1588 *Dat* xvi. 8, gallu a rodded iddo i *boethi* dynion drwy dân. 1599 (1677) R. HOLLAND: *AB* 11, Ac ni a wyddom fod y tîr sydd wedi *boethi* gan dês, yn ymagoryd ei hun yn holltau ac yn agennau. 1632 *D*, *poethi* . . . vrere, coquere. 1722 *Llst* 189, *poethi* . . . parch, scald. 1753 *TR*, *poethi* . . . to scorch, to burn.

Cfn.: **poethi iddi**: *to warm to a task, &c.*, '*put one's back into it*', '*get stuck in*'. 20g.

poethaidd [*poeth*+*-aidd*] *a.* (Eithaf) poeth: (*rather*) *hot.*

1813 *WB* 175, y mae natur *poethaidd* cyflym y meddygiaeth hwn yn fuan yn ehedeg ymaith. *id.* 227, mae gwraidd y llysieuyn hwn yn *boethaidd.*

poethdan, gw. **poeth+tân.**

poethder [*poeth*+*-der*; nid oes sicrwydd mai i adran (*a*) y perthyn yr engh. gyntaf yno] *eg.*

(*a*) Gwres (mawr); gwres uchel (oherwydd twymyn, &c.), teimlad o losgi, llid: (*great*) *heat, hotness; high temperature* (*caused by fever, &c.*), *burning* (*sensation*), *inflammation.*

1547 *WS*, *poethder*, feruentnesse. 1567 *LlGG* (*Sall*) 21b, Can ys vy clunieu y gyflawnir o *boethder.* 1567 *TN* 391a, A'r dynion y aent yn boeth can wres [:– *poethder*] mawr. 16g. (1763) W. SALESBURY: *LlM* 205, *poethder* or genney. *id.* 236, oedemata a *phoethder* or Llygaid. 1632 *D* d.g. *feruor.* 1703 E. WYNNE: *BC* 106, Adail . . . yn debyg ond ei faint ai *boethder* i ryw anferth Bobty cwmpasog erchyll. 18g. *Llr* C 24, 315, yn ddestriwio pob gwres a *phoethder* yn yr wyneb. 1759 J. EVANS: *PF* 94, Gwneud Dwfr bob yn ddiferun, gyda *phoethder* a Gwayw. 1759 T. THOMAS: *WWDd* 183, er fod *poethder* mawr ar yr Oen Pasg wrth ei rostio. 1803 *P.*

(*b*) Angerdd, dwyster, sêl, tanbeidrwydd, penboethni, dicter, ffyrnigrwydd, digofaint: *ardour, intensity, zeal, fervour, hot-headedness, anger, ferocity, fury.*

1632 *D* d.g. *iracundia.* 1675 R. JONES: *HCh* 61, dim Annhymmer na Gwŷn neu *boethder.* 1677 C. EDWARDS: *FfDd* 44, Cyhoeddodd Fictor escob Rhufain nad arferei ef ddim Cymmundeb ag eglwysydd Asia: ond darfu i Ireneus yn enw eglwysi ffrainc, ac eraill, ei argyhoeddi ef oi *boethder.* 1696 *GGTY* 246, pan yr oedd yn llawn o *boethder* a digofaint yn erbyn Pelagius. 1722 A. THOMAS: *DR* [iv], y *Poethder* a'r Glewder annaturiol a dyfasant yn ein plith. 1759 T. THOMAS: *WWDd* 10[3], a *phoethder* Gwrês Digofaint Duw yn erbyn pechod. *c.* 1762–79 W. WILLIAMS: *P* 551, Yr wyf yn cyfaddef . . . fod arnaf lawer o ddyled i chwi am i chwi yn amyneddgar ddioddef fy ngormod *poethder* rai prydiau. 1768 W. WILLIAMS: *HTS* 28, gwelwch ei *boethder* tros waith yr Arglwydd.

poethdir, gw. **poeth+tir.**

poethdy [*poeth*+*tŷ*] *eg.* Tŷ gwydr wedi ei dwymo; adeilad, &c., a dwymir i beri i rywun chwysu, yn enw. at bwrpasau meddygol, chwysty: *hot-house* (*for plants*), *conservatory; sweat-house, sweating-house, sudatorium.*

c. 1762–79 W. WILLIAMS: *P* 90, Nid yw eu Phisigwriaeth nemawr ragor na'r *poethdy*, neu'r Powaw: eu *poethdy* yw gogof fychan . . . ymha le, ar ol iddynt ei thwymo hi yn ofnadwy a thân: yr eistedd amryw o honynt i lawr i chwysu.

poethedig [bôn y f. *poethaf*: *poethi*+*-edig*] *a.bfl.* Wedi ei boethi, poeth, twym; llidus: *heated, hot; inflamed.*

1658 R. VAUGHAN: *PS* 224, mewn golchfa or dwfr yma *poethedig* yn y gwaed hwnnw. 1796 N. WILLIAMS: *HM* ii. 83, Mae'r Pleura *poethedig* hefyd weithian yn barod i lynu wrth bilonen allanol yr Ysgyfaint. 1803 *P.*

poethedd [*poeth*+*-edd*¹] *eg.* Poethni, gwres; darn a losgwyd: *hotness, heat; burnt part.*

Diw. 16g. *WLB* 55, Kymer draed devaid pan i lladder a rostia hwynt ar y tân a chraf y *poethedd* oddiar y karney. 1803 *P.*

poethell, gw. **pothell.**

poethfa [*poeth*+*-fa, ma*] *eb.* ll. *-feydd, -fydd, -faoedd.* Gwres uchel (oherwydd twymyn, &c.), teimlad o losgi, llid; gwres (mawr), tanllwyth; lle poeth, e.e. ystafell chwysu mewn baddondy: *high temperature* (*caused by illness, fever, &c.*), *burning sensation, inflammation;* (*great*) *heat, blaze; hot place, e.g. sudatorium.*

1567 *TN* 394a, mwg y thanllwyth [. . . *phoethfa*] hi. 1567 G. ROBERT: *GC* 1, Mae yn esmwythach arnom o beth, ag yn llai'r *boethfa*, er pan ddoethom ir winllan hon, nag ydoedd tra fuom yn ty gartref. 16g. (1763) W. SALESBURY: *LlM* 29, rhag brath ci a llosc a *phoethfydd.* *id.* 147, Y Popi Coch . . . y dail gyda'r brige vo yn blaendarddy sy dda iw dodi wrth *boethfaoedd.* Diw. 16g. *WLB* 62, ef [mandragora] . . . a ostwn y *boethfa* ar gwres or Colera. 1604–7 *TW* (*Pen* 228) d.g. *ardor, collectio, peripneumonia, pyriasis, tenasmus, tonsillæ.* 1632 J. DAVIES: *LlR* 148, y *boethfa* ar llosgi anesgorol sydd yn y tân hwnnw. 17g. *LlGC* 13215, 375, *poethva*, calidarium. 1687 (1715) J. OWEN: *TB* 43, Cyn gynted ac yr aeth y geiriau allan o'i enau ef, cododd y fath *boethfa* a llosgfa yn y llaw honno, ac y bu rhaid iddo fyned at y llawfeddyg i thorri hi ymmaith. 1688 S. HUGHES: *TSP* 108, angerdd [:– *Poethfa*] y tân. 1759 J. EVANS: *PF* 52, Mewn *poethfa* sychlyd rhoddwch ef yn oer; mewn *poethfa* laith yn gynnes. 1798 R. DAVIES: *CG* 85, 'Wiw galw 'ngwlad y gelyn, / Am un diferyn fyth, / I oeri'r *boethfa* annobeithiol, / 'Rol colli'r nefol nyth. 1803 *P*, *poethva*, s. f. pl. *poethveydd*, a burning.

poethfan [*poeth*+*man*¹] *eb.* ll. *-nau, -noedd.* Lle poeth, llosg, neu gras, poethfa; llosgfa; gwres neu boethder (mawr); hefyd ynglŷn ag uffern ac yn *ffig.*: *hot, burning, or parched place; a burning;* (*intense*) *heat; also used with ref. to hell and fig.*

12g. *MA*² 237a. 48, Llyry byry *boethfan* llwrw bwrw beithiawg (Seisyll Bryffwrch). *c.* 1300 *H* 94b. 30, preityad lloegyr ae *phoethuann* (Y Prydydd Bychan). *id.* 99b. 2, yn affan *poethuann* peithyawc drwyted. *Dchr.* 14g. *id.* 29a. 55, yny may *poythuan* peth uffernawl (Bleddyn Fardd). *c.* 1400 *R* 1157. 31–2, Yny mae griduan. ynymae *poethuan.* heb es[c]orua. *id.* 1193. 5–6, Rac tra gwres y tan agormod *boethuan.* *id.* 1386. 8–9, a llit *boethuan* dan yn eu deifyaw. *c.* 1585 *Llst* 178, 51b, *poethfan* ca/lon digofaint. 1588 *Jer* xvii. 6, efe a gyfanedda *boeth-fannau* yn yr anialwch. 16–17g. *HG* 36, efo ddychon duw osmyn [*sic*] / ddanfon enyn *boeth fan.* 1683 H. EVANS: *CTF* 6, Pam y crogi uwch y *boeth-fan* [:– uffern]. 1803 *P.*

poethfant [*poeth*+?*mant*] *eg.* Cochni neu frech ar y croen ynghyd â theimlad o wres: *heat-rash.*

1722 *Llst* 189, *poethfant*, m. heats or braking out in the skin. 18g. *Llr* C 24, 291, Plastar y dorri gwayw a gwniau a *phoethfant.* 1774 *W* d.g. *heats in the face.*

poethfawr [*poeth*+*mawr*] *a.* Poeth iawn; llidus iawn: *very hot; very inflamed.*

1604–7 *TW* (*Pen* 228) d.g. *carbunculus.*

poethfel, poethwel [*poeth*+elf. anh., ?cf. *oerfel*; am *-f-* ac *-w* yn ymgyfnewid, cf. *cawod, cafod*] *eg.* Eithin, grug, tywyrch, &c., wedi eu lled-losgi (a'u defnyddio fel tanwydd); man losgedig (ar rostir, &c.); golosg: *partially burnt gorse, heather, turf, &c.* (*used as fuel*); *burnt area* (*of heath, &c.*); *charcoal.*

1545 ELIS GRUFFYDD: *Ll* 166, gwna *boethwel* megis glo kynnvd. 16g. (*LlEG*) *Mos* 158, 607a, [g]wnneutthud *poethwel* or ttreui ar gwledydd. 1603 W. MIDLETON: *Ps* 157, *Poethwel* mynydd crynwydd crin. *Dchr.* 17g. *J* 10, 129a, *poethwel, poethwel*, chearecoale. 1703 E. WYNNE: *BC* 39, Beth . . . yw'ch anwyl Ddinas chwi ond Taflod fawr o *boethfel* uwch ben Uffern. *id.* 91, lluchient hwy ar eu gilydd yn hunfeydd, i ben un o'r Creigieu llôsc i rostio fel *poethfel.* *c.* 1730 *Thos. Lloyd D* (LlGC) 195a, *poethfel* . . . stalks of gorse. 1769 *W Ballads* 200, 5, Ond megis taflod, o *boethfel* parod. 1803 *P*, *poethwal*, s. m. a place where furze, heath, or the like, has been burnt standing. Ar lafar ym Meir., sir Drefn., a sir Gaern. yn y ff. *poethwel, poethwal*, *Cymru* xlvii. [142], *WVBD* 441, *BILlE* 32;

hefyd yng ngorllewin Meir. a gogledd Cered. yn y ff. *poethfel*, *Cymru* lxiii. 84, D. J. EVANS: *HCS* 128. Cf. W. DAVIES: *Agric . . . N. Wales* 36, This conflagration [of standing heath] is called by the Welsh, llosgi *poethwal*.

Amr.: **poethwial, poethwiail** [drwy ei gysylltu â'r e. ll. *gwial*, *gwiail*]. **1547** *WS*, *poethwial*. **1604–7** *TW* (*Pen* 228), *poethwieil* d.g. *incensus*.

poethfryd [*poeth*+*bryd*] *a.* Penboeth, brwdfrydig: *fanatic, hot-headed, enthusiastic.*
18–19g. *MA* iii. 238, Tri dŷn a dorant eu gyddygeu eisieu edrych dan eu traed: balch trwyn uchel, awyddus *poethvryd*, ac annarbodus penchwiw.

poethfrydedd [*poethfryd*+*-edd*[1]] *eg.* Penboethni, brwdfrydedd: *fanaticism, hot-headedness, enthusiasm.*
1822–3.

poethfflam [*poeth*+*fflam*] *a.* a hefyd fel *eb.g.* Eiriasboeth, poeth iawn; llidus; llosgedig: *flaming hot, very hot; inflamed; burnt.*
1567 *LlGG* (*Sall*) 57b, Yr hwn a awna [*sic*] yr ysprytion yn genadae yddo, a' ei weinidogion o'r tan *poeth[ff]lam*. **1604–7** *TW* (*Pen* 228), wedy'r losci'n *boethflam* gan wres d.g. *carbunculosus*. *id.* cryt *poethflam* gwastatwres d.g. *causodes*. *id.* llosgedic . . . *poethflam* d.g. *deflagratus*. *id.* crucdardd *poethflam* d.g. *herpes*. **1632** *D* d.g. *deflagratus, incandesco*. **1770** *W*, crûg *poethfflam* d.g. *botch* [*swoln ulcer*].

Fel *e.* (*a*) *Bot.* Blaen y gwayw (lleiaf), llafnlys bach, *Ranunculus flammula*; llysiau'r Drindod, trilliw, *Viola tricolor*: *lesser spearwort; wild pansy, heart's-ease.*
1632 *D* (*Bot*), blaen y gwayw, y *boethfflam*, iacutus. **1688** *TJ* (*Bot*), blaen y gwaŷw, y *boethfflam*: the lesser Spearwort. *c.* **1730** *Thos. Lloyd D* (LlGC) 195a, *poethfflam*, flammula, heartsease. **1774** *W* d.g. *heart's ease* [*in Botany*]. **1803** *P*, *poethflam* . . . the heartsease; also called blaen y gwaew. **1813** *WB* 227, *Poethflam*; Ranunculus Flammula; Lesser Spearwort.

(*b*) Fflam boeth, hefyd ynglŷn ag uffern: *hot flame, also with ref. to hell.*
1696 *CDD* 210, Deifes fawr a aeth i'r *boeth-fflam*. **1795** T. LEWIS: *CD* 49, Felly llysg y *boeth-fflam* adwyth. **1803** *P*, *poethflam*, s. f. a hot flame.

poethglwyf [*poeth*+*clwyf*] *eg.* Afiechyd gwenerol, siffilis: *venereal disease, syphilis.*
1850.

poethgoch [*poeth*+*coch*] *a.* Coch gan dân, cochboeth; llidus: *red-hot; inflamed.*
1776 J. ROBERTS: *C* 15, 2000 mwy ei gwres na haiarn *Poeth-goch*. **1780** *W*, chwydd *poeth-goch* d.g. *phlegmon*.

poethgras [*poeth*+*cras*] *a.* Crasboeth, deifiedig, chwilboeth: *parched, scorched, torrid.*
1667 C. EDWARDS: *FfDd* 4, *poeth gras* yw eu tir am fod yr haul yn vnion uwch eu Penau. *c.* **1730** *Thos. Lloyd D* (LlGC) 192b, *poethgras*, torridus. **1770** *W* d.g. *adust*. **1791** GW. MECHAIN: *Rh* 38, a gwaed ei hamddiffynwyr yn mygu oddiar *boeth-gras* dywod Numidia.

poethgryd [*poeth*+*cryd*] *eg.* ll. *-iau.* Twymyn, cryd poeth: (*burning*) *fever.*
1685 T. JONES: *Alm* [22], a' *phoethgryd* creulon ymhylîth [*sic*] pobl. **1691** T. WILLIAMS: *YB* 116, Mae dyn anghymedrol yn gwanychu y corph cadarnaf, ag iachaf, trwy ei yrru naill ai ir *poeth-grŷd* a'r dwfrglwyf, neu trwy ei yrru i Bydrni ag ir conswmsiwn. **1755** *Gron* 64, A durwayw 'r *poethgryd* eirias, / Ynglŷn â phigyn a phâs. **1771** *W*, mâth ar *boeth-grŷd* priodol i for-wŷr d.g. *calenture*. **1813** *WB* 171, yn hynod lesol tan y *poethgryd* cymmalau.

poethgylch [*poeth*+*cylch*] *eg.* ll. *-oedd, -au.* Cylchfa grasboeth: *torrid zone.*
18–19g. *Llr* C 41, 474, *Poethgylch*, torrid zone.

poethgyrch [*poeth*+*cyrch*[1]] *eg.* Pang, pwl (o afiechyd): *paroxysm, attack, bout* (*of illness*).
1815.

poethiad [bôn y f. *poethaf*: *poethi*+*-iad*[1]] *eg.* ll. *-au.* Llosgiad, deifiad; gwresogiad, twymiad: *a burning, parching; heating.*
1567 *TN* 393b, mwg y thanllwyth [:– chenneu, llosciat, *phothiat* [*sic*]] hi. **1632** *D* d.g. *deflagratio, exustio*. **1722** *Llst* 189, *poethiad*, m. a parching. *c.* **1730** *Thos. Lloyd D* (LlGC) 192b, *poethiad* . . . incendium. **1803** *P*, *poethiad*, s. m. pl. t. *au*, a heating.

poethias [*poeth*+*ias*] *a.* a hefyd fel *eg.* Gwynias, chwilboeth, llosg; gwres, eirias; angerdd, sêl: *white-hot, burning hot, burning; heat, glow; fervour, ardour, zeal.*
1659 *GIA* 164, nid yw hyn ond megis trancelled o oerddwfr mewn cryd-*poeth-iâs*. **1771** *W* d.g. *burning, or burning hot, glow* [*a shining heat, &c.*].

poethiasaf: poethiasu [*poeth*+*iasu* neu f. o'r gair bl.] *bg.a.* Bod yn boeth, poethi; grilio, brwylio: *to be or become hot; grill, broil.*
1632 *D* d.g. *ferueo*. **1722** *Llst* 189, *poethiasu*, as poethi. **1771** *W* d.g. *to broil meat*.

poethineb [*poeth*+*-ineb*] *eg.* Dwyster teimlad, angerdd, sêl, penboethni; poethder, gwres mawr: *intensity of feeling, passion, ardour, zeal, hot-headedness;* (*great*) *heat.*
16g. HUW ARWYSTL: *Gw* 5, ni wnn vai ond vn vann / ar *boethineb* aith aniann / o bai wth balch ba waeth bod / *boethineb* weithiav ynod. **16–17g.** EDWARD URIEN, &c.: *Gw* 270, Pa waeth enw na'r *poethineb*? / Pa well nerth na'r pwyll i neb? **16–17g.** *PCWG* 266, gen ddwyn ar ddeall vddynt hwy pa frwyth y mae r tostrwydd ar *poethineb* yma yn i ddwyn sef peri ir rhai gweinied bechv yn erbyn dvw yngwrthwyneb yw kydwybode i hvnain. **1630** *YDd* 35, ym *mhoethineb* trachwant ith ynnillwyd. *id.* 308–9, Yma cyfaddef dy *boethineb*, ar drwg a wnaethost o hynny. **1632** *D*, poethni, & *Poethineb*, ardor, feruor. **1661** E. LEWIS: *Drex* 191, Y mae ein ymmynedd ni yn toddi ac yn treulio ymmaith ym *mhoethineb* pob ysgafn gystudd. **1688** *TJ*, poethni, *poethineb*: a heat. **1701** T. JONES: *Alm* [26], gwrês a *phoethineb* yn y corph. **1701** E. WYNNE: *RBS* 252, rhaid ei lwyr ddiffodd ef, a chynneu fflamm sanctaidd: nid oes i ddim *poethineb* fôd yma, ond *poethineb* cariad a zêl. **1722** *Llst* 189 d.g. *a burning* (*heat*). **1735** S. RHYDDERCH: *Alm* [10], trwy nerth *poethineb* yr Haul. **1770** *W* d.g. *animosity* [*heat of temper*]. **1803** *P*.

poethlem, gw. **poethlym.**

poethlosg [*poeth*+*llosg*] *a.* Chwilboeth, crasboeth: *burning hot, torrid.*
1753 *Gron* 31, Awn yn noeth i'r cylch *poethlosg*. **1798** J. THOMAS: *CIC* 75, Y byd hwn . . . a derfyna yn uffern *boeth-losg*. *Diw.* **19g.** *SE MS* 381b, *poethlosg*, hot and burning, torrid.

poethlosgaf: poethlosgi [*poeth*+*llosgi*] *bg.a.* Llosgi'n boeth, deifio: *to burn hotly, scorch.*
1732 *AABI* 12, Dagrau y rhai a edifarhant yn jeuaingc sy'n *poeth losgi* y Diafol yn fwy nag y mae holl Fflammau Uffern.

poethlosgiad [*poeth*+*llosgiad* neu fôn y f. fl.+*-iad*[1]] *eg.* ll. *-au.* Deifiad, llosgiad, hylosgiad, hefyd yn *ffig.*: *a scorching, burning, combustion, also fig.*
1725–6 *Madd Ed* 146, Y *poeth-losgiad* ymma o'r Ffyniau [*sic*] (*This combustion of the spirits*). **1727** J. JONES: *DFF* 173–4, hwy a fwriasant ryw Amcan ar Ddigofaint Duw, wrth yr ychydig *Boethlosgiadau* (*scorchings*) y deimlasant hwy ar eu Dwysbigiad a'u Cystudd Calon cyntaf. *c.* **1730** *Thos. Lloyd D* (LlGC) 195a, *poethlosgiad* . . . combustio.

poethlyd [*poeth*+*-lyd*] *a.* Brwdfrydig, brwd, tanbaid, selog, angerddol, penboeth, poeth (am dymer), drwg ei dymer; poeth, twym, gwresog; llidus, yn dioddef gan wres uchel (oherwydd twymyn, &c.), yn llosgi (am boen); alcoholaidd: *enthusiastic, fervent, vehement, zealous, passionate, hot-headed, hot* (*of temper*), *bad-tempered; hot, heated; inflamed, having a high temperature* (*because of fever, &c.*), *burning* (*of pain*); *alcoholic.*
1615 R. SMYTH: *GB* 209–10, drwy'r phlam *boethlyd* yma. **1632** *D* d.g. *æstuosus*. **1657** *MLl* ii. 117, Mars sych seren *boethlyd* ydyw / Yn cynhyrfu y digter chwerw. **1658** R. VAUGHAN: *PS* 70, na fydded fy serch i yn rhy *boethlyd*. **1672** R. PRICHARD: *Gw* 367, hâf *poethlyd* anffodiog. *id.* 393, Os Gwrês, os gwayw *poethlyd*. **1680** J. THOMAS: *UN* 35, mae zêl y gwyr ymma mor *boethlyd*. [**1724**] G. WYNN: *YGD* 33–4, y Cybydd yn colli ei Gyscu am pêth [*sic*] nid rhaid iddo wrtho; a'r Dŷn *poethlyd* [*choleric*] yn ei ddinistrio ei hun am y peth nad yw . . . yn perthyn iddo. **1759** J. EVANS: *PF* 20, Pob Nwydau byrbwyll, *poethlyd*, ac angerddol. *c.* **1762–79** W. WILLIAMS: *P* 241, Na fyddent fyth i yfed ond dwfr berwedig, a drewllyd, nag anadlu dim arall ond gwynt *poethlyd*. **1784** M. WILLIAMS: *S* i. 12, Y sôn *boethlyd* neu grasboeth. **1799** *TY* 13, yr wyf yn *boethlyd*, ond y mae hyn drosodd yn ebrwydd, ac yn chwannog i ddywedyd peth anwiredd weithiau yn y farchnad; pwy all beidio?

poethlym [*poeth*+*llym*] *a.* (b. *-lem*). Llymdost, durfing; brwd, angerddol: *acute, severe; fervent, passionate.*
1604–7 *TW* (*Pen* 228) d.g. *acutus*. **1716** E. SAMUEL: *GGG* 51–2, hwy a ddiddymmir naill ai trwy weithrediad rhyw beth gwrthwynebol o fwy grym, megys y diddymmir Oerfel trwy *boethlym* angerdd gwrês. *c.* **1730** *Thos. Lloyd D* (LlGC) 195a, *poethlym*, fervidus, acutus. **1790** T. JONES: *TOS* 300, Mor felus yw diod mewn syched *poethlym*. **1790** J. ROBERTS: *C* 2, Postwm, Dolur Brestiau, Clefyd *Poeth-lym*.

poethlyn [*poeth*+*llyn*[2]] *eg.* ll. *-noedd, -nau.* Gwirod, alcohol, diod gadarn; brandi: (*distilled*) *spirit, alcohol, liquor; brandy.*
1770 *W* d.g. *brandy*. *id.* math ar *boethlyn* go-debyg i Frandi d.g. *rum*. *id.* *poeth-lynnoedd* d.g. *spirituous . . . spirituous liquors*. **1813** *WB* 186, [d]ystylliant o hono *boethlyn* nid anghyfelyb i frandi. *id.* 245, [*p*]*oethlynodd* (sef brandi a'r cyffelyb).

poethnaws [*poeth*+*naws*] *a.* a hefyd fel *e?b.* Costig; hawdd ei ddigio, dicllon, penboeth; poeth, llosg; dicter: *caustic; irascible, angry, hot-headed; hot, burning; anger.*
1632 *D*, Llidio, digio, bod yn *boethnaws* d.g. *ferueo*. *c.* **1730** *Thos. Lloyd D* (LlGC) 195a, *poethnaws*, fervidus, biliosus. **1770** *W*, mynd yn *boeth-naws* d.g. *to boil with anger*. *id.* meddyginiaeth . . . *poeth-naws* d.g. *a caustic* [*a remedy used to eat proud flesh, &c.*]. *id.* d.g. *headed, hot-headed*.

poethni [*poeth*+*-ni*] *eg.* Gwres mawr, poethder; llid, gwres uchel (oherwydd twymyn, &c.); sychder; dicter, angerdd, tanbeidrwydd: (*great*) *heat; inflammation, high temperature* (*because of fever, &c.*); *drought; anger, passion, vehemency.*
1545 ELIS GRUFFYDD: *Ll* 38, ac ynn erbyn *poethni* a gouid poeth ynn y geudod a'r gennav. **1545** *CM* 1, 54, oherwydd I bod hi ynn hry agos I ff/ordd yr hraull [*sic*] yr hwnn yssydd gymaint I wres ai *boeth/ni* ac nadydiw dim ynnabyl i vyw oi mewn hi. **16g.** (**1763**) W. SALESBURY: *LlM* 12, y *poethni* y llygaid. **1588** *Hos* xiii. 5, Mi a'th adnabum yn y diffaethwch, yn nhir y *poethni*. **1621** E. PRYS: *Ps* [5]a, Ymresymmu â Duw, drwy *boethni* yr Ysbryd. **1632** *D*, *poethni* . . . ardor, feruor. **1658** R. VAUGHAN: *PS* 217, dynion o anhymerus *boethni*. **1670** J. HUGHES: *AP* 367, *poethni* llosgedic ei arteithiau. **1672** J. LANGFORD: *HDdD* 369, goddef ini ein hunain gael ein chwyl-droi gan *boethni* gwŷn ddigllon. **1699** T. JONES: *TP* 36, Ac nid oes dim wedi ei adael i mi yr awron ond y bygythion erchill ac ofnadwŷ, ynghŷlch cospedigaeth siccr, a *phoethni* tân. **1712** T. WILLIAMS: *CDdG* 374, sef ein balchder a'r Rhyfig ein *poethni* an ffromder. **1722** *Llst* 189, *poethni*, m. excessive heat or anger, passion, warmth, vehemency. **1800** W. OWEN[-PUGHE]: *CP* 125, a thaflant yn y pair tua dau grycaid o ddwr oer, er lleiâu y *poethni*. **1803** *P*.

poethoffrwm [*poeth*+*offrwm*[1]] *eg.* ll. *-offrymau.* Offrwm a losgir, llosgaberth: *burnt offering, holocaust.*
1567 *TN* 71b, oll *boeth-offrymae* ac aberthae. **1588** *Gen* xxii. 2, offrymma ef yno yn *boeth offrwm*. **1588** *Deut* xii. 13, Gwilia arnat rhac poeth offrymmu o honot dy *boeth offrymmau* ym mhob lle ar a welech. **1588** *Salm* xl. 6, *poeth offrwm* a phech aberth ni's gofynnaist. *Dchr.* **17g.** *J* 10, 129a, *poethofrwm*, burnt offring. **1632** *D* d.g. *holocaustum*. *c.* **1730** *Thos. Lloyd D* (LlGC) 195a, *poeth offrwm*, holocaustum. **1771** *W* d.g. *burnt-offering*. Cf. R. WILLIAMS PARRY: *CG* 73, Och! heffrod y *poeth-offrwm*.

poethoffrymaf: poethoffrymu [bf. o'r e. bl.] *bg.a.* Offrymu (fel) poethoffrwm, llosgaberthu: *to offer* (*as*) *a burnt offering.*
1588 *Deut* xii. 13, Gwilia arnat rhac *poeth offrymmu* o honot dy boeth offrymmau ym mhob lle ar a welech. **1588** *Barn* vi. 28, a'r ail bustach wedi ei *boeth offrymmu* ar yr allor. **1588** *Jer* xlviii. 35, Mi a wnaf hefyd . . . i Moab beidio a *phoeth offrymmu* mewn vchelfeudd. **1588** *Ecclus* xlv. 17, Dwy waith yn y dydd yn wastadol y *poeth offrymmid* eu haberthau hwynt.

poethrawn [*poeth*+*grawn*] *eg.* Pupur: *pepper.*
1840.

poethus [*poeth*+*-us*] *a.* Poeth, twym: *hot.*
1793 B. FRANCIS: *I* 6, Draw i'r bedd yn uffern *boethus*. *id.* 26, A'r sarn tywyll, sydd yn tywys / 'Lawr i'r pwll uffernol *poethus*. **1803** *P*. **1813** *WB* 55, Upwright [*sic*] Meadow Crowfoot; Crafangc y frân syth *boethus* y gweunydd. *id.* 176, Crafangc Y Fran Syth *Boethus*; Ranunculus acris; Upright Meadow Crowfoot.

poethwal, poethwel, gw. **poethfel.**

poethwely [*poeth*+*gwely*] *eg.* Gwely o

bridd a wresogir fel arfer â defnydd sy'n eplesu, ac a ddefnyddir i fagu planhigion, tyfu llysiau cynnar, &c., hefyd yn *ffig.* am fagwrfa syniadau, gweithgareddau, &c., yn enw. rhai a ystyrir yn ddrwg: *hotbed, also fig.*
1814.

poethwg [*poeth+-wg*] *eg.* Crasboethder: *torridity, aridity.*
1803 *P, poethwg*, s. m. torridity, aridity.

poethwiail, poethwial, gw. poethfel.

poethwin [*poeth+gwin*] *eg.* Brandi; gwin cynnes a sbeisys, gwin brwd: *brandy; mulled wine.*
1722 *Llst* 189, *poethwin*, m. brandy; mulled wine. **1770** *W* d.g. *brandy.*

poethwlyb [*poeth+gwlyb*] *eg.* ll. *-ion, -au*, a hefyd fel *a.* Gwirod, alcohol, diod gadarn; alcoholaidd: *(distilled) spirit, alcohol, liquor; alcoholic.*
1805.

poethwraidd [*poeth+gwraidd*] *eg. Bot.* Unrhyw blanhigyn o'r tylwyth *Zingiber*, yn enw. sinsir, *Zingiber officinale*; llysiau'r ddannoedd, poerlys, sinsir y gors, *Peucedanum ostruthium*: *ginger (plant); masterwort.*
1813 *WB* 227, *Poethwraidd*; Imperatoria Ostruthium; Master-wort.

poethwres, gw. **poeth+gwres.**

poethwy, *eg. Adar.* Llurs, *Alca torda*: *razorbill.*
1695 W. CAMDEN: *B* 64[o], Three sorts of these migratory birds are call'd in Welsh . . . *Poeth-wy* . . . in English . . . Razorbil. *c.* **1730** *Thos. Lloyd D* (LlGC) 194b, *poethwy*, a razor-bill. **1753** *TR, poeth-wy*, a sort of migratory bird called in Engl. razorbill. **1803** *P, poethwy*, s. m. the razorbill.

poethwyllt [*poeth+gwyllt*] *a.* ll. *-ion.* Angerddol, tanbaid, brwd, selog, penboeth; rhonc; poeth neu losg a gwyllt (hefyd am dwymyn): *passionate, fervent, ardent, zealous, hot-headed; utter, absolute; hot or burning and wild, high and raging (of fever).*
1704 E. SAMUEL: *BA* 25, er i St Petr ei hun ymladd yn *boethwyllt* yn ei achos ef. *id.* 162, naturiaeth *boethwyllt* danbaid y brodyr hyn. **18g.** E. T. RHYS: *DA* 191, A'r mellt *poeth-wylltion* fflamllyd. **1759** J. EVANS: *PF* 54, Ffefer *boethwyllt (a rash Fever).* **1779** D. DAVIES: *BDED* 48, tan lywodraeth serch gref a *phoethwyllt.*

poethwyn[1] [*poeth+gwyn*[1]] *a.* Gwynias, eirias, hefyd yn *ffig.*: *white-hot, also fig.*
1851.

poethwyn[2], **poeth-wŷn** [*poeth+gwŷn*] *eg.* ll. *-wynau.* Gwres nwyd, tymer, &c., angerdd; gwres enynnol: *heat of passion, temper, &c., passion; inflammatory heat.*
1774 *W* d.g. *heat [of temper, passion].* **1803** *P, poethwyn*, s. m. an inflamatory heat; passion. **1813** *WB* 205, [g]wnant . . . sugaethan . . . rhag *poethwynau*, neu wres.

poethwynias [*poeth+gwynias*] *a.* Gwynias, eirias; wedi ei rostio, ei grilio, neu ei frwylio: *white-hot; roasted, grilled, broiled.*
1604–7 *TW* (*Pen* 228) d.g. *assus, retorridus. Dchr.* **17g.** *J* 10, 129a, *poethwynias*, retorridus, candens.

poethwynt [*poeth+gwynt*] *eg.* ll. *-oedd.* Gwynt poeth neu ddeifiol, hefyd yn *ffig.*; malltod (ar blanhigion): *hot or scorching wind, also fig.; blast (on plant).*
1588 *Jona* iv. 8, *poeth-wynt* y dwyrain. **1604–7** *TW* (*Pen* 228), llygriat llyseû a choet, drwy gael cafot a *phoethwynt* or blodeû ar blaendardd d.g. *carbunculatio.* **1620** *Salm* xi. 6, tân a brwmstan, a *phoeth-wynt* ystormus. **1632** *D* d.g. *prester, rubigo, siriasis, vredo.* **1740** E. DAVIES: *Alm* [21], ychydig *Boethwynt* yr Amser hyn. **1753** D. JONES: *SD* 2, Rhag tymmestl neu *boethwynt* a ddêl, / Bydd hwn yn ddiogel ddigon.

poethydd [bôn y f. *poethaf: poethi+-ydd*[3]] *eg.* ll. *-ion.* Un brwdfrydig mewn crefydd; person neu beth sy'n poethi, gwresogydd: *enthusiast (in religion); person or thing which heats, heater.*
1766 I. BRYDYDD HIR: *Gw* 202, y gwres angerddol ag y mae'r *Poethyddion* hyn yn feddiannol o hono yr awron.

pog, poged, pograd, pograf: pogran, gw. **pocyn, poced, pocrad, pocraf: pocro.**

pogrom [bnth. S. *pogrom*] *eg.* Lladdfa drefnedig o bobl o un grŵp ethnig, yn enw. Iddewon: *pogrom.*
1938.

poiet, point, pointaf: pointo, pointedig, gw. **poet, pwynt**[1], **pwyntiaf**[2]: **pwyntio, pwyntiedig**[2].

pointiaf: pointio, pointiedig, gw. **pwyntiaf**[2]: **pwyntio, pwyntiedig**[2].

points [cf. *pwynt*[3] a'r S. *appointment*] *eg.* Oed, trefniant i gyfarfod: *date, appointment to meet, tryst.*
Ar lafar yn y Gogledd a gogledd Cered., "Sgin' ti *boints* hefo fo?", "Wyt ti wedi neud *points* i weld Nia nos Sadwrn nesa'?"

poisiaf: poisio [cfdds. o'r S. (*to*) *poison*] *bg.a.* Gwenwyno: *to poison.*
Ar lafar yn sir Drefn., '*poisio*'r tyrchod'.

poisiwr [bôn y f. fl.+*-iwr*] *eg.* Gwenwynwr: *poisoner.*
Ar lafar yn sir Drefn.

poitsh[1] [?bnth. S. *botch*; am *b-* > *p-*, cf. *ponc, potel*] *eg.* Llanastr, annibendod, anhrefn, stecs: *mess, confusion, disorder.*
Ar lafar yn sir Gaern., 'Ylwch *poitsh* fydd 'i rŵan'. Clywir hefyd *poitshi-poitsh.*
Gw. hefyd **ponsh, potsh.**

poitsh[2], *e?g.* Gêm blant a chwaraeir drwy neidio dros sgwariau, &c., a nodir ar y llawr er mwyn nôl carreg, &c., London: *hopscotch.*
Ar lafar ym Môn ac Arfon, *LlLlM* 89.

poitsiaf: poitsio, poitsian [bf. o'r e. *poitsh*[1]] *bg.a.* Gwneud llanastr, baeddu, cawlio, cyboli; ymdrafferthu (â), ymhél (â); cachu, ymgarthu: *to make a mess, mess up, mess around or about; bother (with), have to do (with); defecate.*
Ar lafar yn sir Gaern., 'Mae'r hen gath wedi *poitsio* ar lawr y gegin eto'; hefyd yn y ff. *pwytsio.*
Gw. hefyd **ponsiaf: ponsio, potsiaf**[1]: **potsio.**

poitsi-poitsh, gw. **poitsh**[1].

poitur, gw. **piwter.**

pôl[1] [bnth. S. *poll* 'head; counting of heads, voting'] *eg.* ll. *pol(i)au.* Y weithred o fwrw, o gofnodi, neu o gyfrif pleidleisiau mewn etholiad, nifer y pleidleisiau; arolwg barn a wneir drwy holi sampl gynrychiadol; pen: *poll (in election); opinion poll; head.*
1672 R. PRICHARD: *Gw* 17, Yno detholir y defaid a'r geifir, / Ac yno y bernir, pawb wrth y *pôl* [:– eu pen]. *c.* **1730** *Thos. Lloyd D* (LlGC) 195a, wrth y *pol*, capitatim. *c.* **1762–79** W. WILLIAMS: *P* 463, Y baich mwyaf a osodir arnynt gan y Twrc yw arian y *pôl*, lle mae pob un a gyrrhaeddodd i ugain oed yn talu Lion-Dolar, neu o ddeutu deunaw swllt bob blwyddyn.
Cfn.: **pôl piniwn:** *opinion poll.* **20g.**

pôl[2] [bnth. S. *pole* 'end of axis'] *eg.b.* ll. *polau, poli.* Pegwn (daearol, wybrennol, magnetig, neu drydanol): *(terrestrial, celestial, magnetic, or electrical) pole.*
1596 *Pen* 187, 38b, [p]ob vn or ddav *bôl. id.* 39a, O bob tv o'r ddav *bôl* mae dav gylch a henwir ar ol enw y *polav. id.* 50, mae dwy *bôl* yn derfynydd vddynt. **1604–7** *TW* (*Pen* 228), dwy draoerion rhwng Circulær'r *poli*, ar ddau *pol* or byt d.g. *zona* (At.). *c.* **1730** *Taith C* 145, Mae ymma yn gynta Gristiana a'i gwêdd, / Ei mheibion a'i mherched yn rhodio mewn hêdd, / Yn cychwyn wrth Gwmpas, gan gadw at eu *pôl.* **1756** W. WILLIAMS: *GDC* 48, Neu fry o *Bôl* y Gogledd i lawr i *Bôl* y De'.
Cfn.: **Pôl y De(au), y P. Deheuol:** *the South Pole.* **1604–7** *TW* (*Pen* 228), *pol y deheû* d.g. *antarcticus polus. id. y pol . . . deheûol* d.g. *axis.* **1756** W. WILLIAMS: *GDC* 48. **P. y Gogledd, y P. Gogleddol:** *the North Pole.* **1596** *Pen* 187, 38b, tva *ffôl y gogle[dd].* **1604–7** *TW* (*Pen* 228), *y pol Gogleddol* d.g. *axis.* **1672** R. PRICHARD: *Gw* 588. **1756** W. WILLIAMS: *GDC* 48.

pôl[3] [bnth. S. *pole* 'shaft'] *eg.* Siafft rhwng dau geffyl mewn wagen, &c.: *shaft between two horses in waggon, &c.*
Ar lafar yng nghanolbarth Cered., *B* xiv. 281.
Gw. hefyd **powl**[2].

pôl[4], gw. **pŵl**[1].

polacs [bnth. S. *poleaxe*] *e?g.* Bwyall ryfel: *poleaxe, battle-axe.*
15g. *GLGC* 74, Hwn a debygwn i bacs / rhag apelwyr, rhag *polacs.* **15g.** *DN* 58, O âi â'i *bolax* hyd Babilon / I yrru'r ddaear yr Iddewon. **15–16g.** *TA* 74, Milwr llwyd, mal ar y llen, / Mwy'i *bolacs* no mab Elen. **16g.** LEWYS MORGANNWG: *Gw* 633, Jarll breichfras dewras pan dorer pelydr / *polax* Alexander. **16g.** (*LlEG*) *Mos* 158, 538a, a *ffoolacks* ne vwyall arue ynni dwylo. **1547** *WS, polacs* bwyall enillec, a polaxe. *c.* **1730** *Thos. Lloyd D* (LlGC) 195a, *polags*, a pole-ax.
Amr.: **polocs.** **15g.** *DN* 47. **15–16g.** LLAWDDEN, &c.: *Gw* 205. **16g.** WILIAM CYNWAL: *Gw* (R. L. Jones) 544.

polad, polaf: polo, gw. **poliad, poliaf**[2]: **polio.**

Polaidd [cfdds. o'r S. *Pol(ish)+-aidd*] *a.* Pwylaidd: *Polish.*
1854.

Polandaidd [*Poland(iad)+-aidd*] *a.* Pwylaidd: *Polish.*
1845.

Polandiad [cfdds. o'r S. *Poland(er)+-iad*[3]] *eg.* ll. *-iaid.* Pwyliad: *Pole.*
1770 *TG* iv. 97, 300 o Hussariaid, a 60 or *Polandiaid.*

polaraf: polaru [cfdds. o'r S. (*to*) *polar(ize)* neu f. o fôn yr e. *polaredd*] *bg.a. Ffis.* Polareiddio: *to polarize (in physics).*
20g.

polardllwyd [?bnth. S. *pollard* 'beardless (wheat)'+*llwyd*] *e?g.* Math o ŷd heb gol: *type of beardless wheat, ?grey pollard wheat.*
16g. (**1763**) W. SALESBURY: *Ll* ii. 182, mae llafurwyr ein bro ni yn enwi mwy o rywiæ nid amgenach. Gwenith gwyn bach, *Polardllwyd.*

polaredd [cfdds. o'r S. *polar(ity)+-edd*[1]] *eg.* ll. *-au.* Y cyflwr o fod â dau begwn; tueddiad magnet, &c., i gyfeirio ei begynau tua phegynau magnetig y ddaear; cyflwr corff, &c., ac iddo briodoleddau ffisegol gwrthgyferbyniol ar bwyntiau gwahanol, yn enw. pegynau magnetig neu wefr drydanol; cyflwr trydanol (positif neu negatif) corff neilltuol; hefyd yn *ffig.* y cyflwr o fod â dwy farn, dau dueddiad, &c., sy'n wrthgyferbyniol i'w gilydd: *polarity, also fig.*
20g.

polareiddiad [bôn y f. ddil.+*-iad*[1]] *eg.* Y weithred o bolareiddio, hefyd yn *ffig.*: *polarization, also fig.*
20g.

polareiddiaf: polareiddio [cfdds. o'r S. (*to*) *polar(ize)+-eiddio* (At.)] *bg.a.* Cyfyngu dirgryniadau (tonnau goleuni, &c.) i un cyfeiriad yn unig; peri polaredd i, pegynu; hefyd yn *ffig.* rhannu neu ymrannu'n ddau grŵp gwrthgyferbyniol o ran barn, tueddiad, &c.: *to polarize, also fig.*
20g.

polareiddiedig [bôn y f. fl.+*-iedig*] *a.* Wedi ei bolareiddio (am oleuni): *polarized (of light).*
20g.

Polaroid [bnth. S. *Polaroid*] *a.* Yn perthyn i fath o gamera y mae ei fecanwaith prosesu mewnol yn cynhyrchu llun gorffenedig ar unwaith, hefyd am lun a gynhyrchir felly: *Polaroid.*
20g.

polart, gw. *GDG*[3] 501.

polas, polca[1], gw. **ebol, polgae.**

polca[2] [bnth. S. *polka*] *eb.g.* ll. *polcâu, polcas.* (Cerddoriaeth mewn amseriad dyblyg ar gyfer) dawns fywiog o darddiad Bohemaidd ac iddi dri cham a herc fach: *polka.*
20g.

polder [bnth. S. *polder*] *eg.* ll. *-au.* Darn o dir isel a adenillwyd o'r môr neu o afon, yn enw. yn yr Iseldiroedd a Gwlad Belg: *polder.*
20g.

poléit [bnth. S. *polite*] *a.* Cwrtais, yn aml yn ddifr.: *polite, often derog.*
1936.

polemig [cfdds. o'r S. *polem(ic)*+*-ig*[2]] *a.* a hefyd fel *eb.g.* Yn perthyn i ddadlau, ac iddo naws gynhenllyd neu ddadleuol; trafodaeth neu ddadl ymrysongar, ymosodiad cecrus: (*a*) *polemic.*
1931–2.

polen, poles, gw. **polyn, ebol.**

polgae, pawlgae [*pawl*+*cae*] *eg.* ll. *-au.* Cyfres o byst wedi eu gosod yn y ddaear gyda brigau, &c., wedi eu gweithio rhyngddynt i gau adwy neu i lanw bwlch mewn clawdd neu wrych, adwy wrysg, bariwns, camfa, palis: *fence made of stakes interwoven with branches, &c., filling a gap in a hedge, pale-fence, palisade.*
1604–7 *TW* (*Pen* 228), torri lawr y cae gwrysc ne'r *powlgae* d.g. *dissepio. id. powlgae* wedy wneuthur ymddefen [*sic*] llu d.g. *vallum.* **1632** *D* d.g. *ligneum.* **1722** *Llst* 189, *pawlgae,* m. a frith, pale. *id. polgae,* m.p. *gaeau,* a frith, watling, pale-fence. **1773** *W* d.g. *to empale, enclosure, a fence of pales, a hedge made with stakes, a pale-fence, palisade.* **1798** *WR, pawlga* [*sic*] d.g. *fence.* Ar lafar yng Nghered. a'r De yn y ffurfiau *polga, polca*; hefyd ym Mhenllyn yn y ff. *polgae,* ac yn sir Ddinb. yn y ff. *bwlgae.* Digwydd yn sir Benf. yn y ff. *polga* yn yr ystyr 'a fence at the junction of two hedges, much after the form of two hurdles placed crosswise', *GDD* 230.

poliad, polad [bôn y f. *poliaf*[2]: *polio*+*-iad*[1], *-ad*] *eg.* Cribddeiliad, ysbeiliad; toriad gwallt: *extortion, a plundering; haircut.*
1604–7 *TW* (*Pen* 228), yscyfliat, *poliat,* anrheith d.g. *rapacitas.* Ar lafar ymysg dynion y De-ddwyrain clywir *polad* 'toriad gwallt'.

Poliad [bnth. S. *Pole*+*-iad*[3]] *eg.* ll. *-iaid.* Pwyliad: *Pole.*
1814.

poliaf[1]**: polio** [bf. o'r e. *pawl*] *bg.a.* Gosod polion, &c., yn y ddaear, yn enw. er mwyn sicrhau wyneb gwastad neu linell syth, pegio (cae); amgylchynu â phalis: *to set poles, &c., in the ground, esp. to ensure level surface or straight line; enclose with palisade.*
1803 *P, poliaw,* to set up a pole, or stake.

poliaf[2]**, polaf: pol(i)o** [bnth. S. (*to*) *poll* 'to shave (the head); plunder, fleece, extort (from)'] *ba.*

(*a*) Eillio('r pen): *to shave* (*the head*).
?**16g.** *MA*[2] 462, Ac yna tristau a oruc Baldwlf am na allod rydhau y vrawd. a medylio a oruc pa delw y gwnai Ac y peris ev *bolio* y ben a thori y wallt ei warv a mynet yn rith arestdyn a thelyn yn y law.

(*b*) Cribddeilio, ysbeilio: *to extort from, plunder.*
16g. Rhisiart Fynglwyd, &c.: *Gw* 83, Bid lai'i nawdd, bodlon oeddwn, / Beli hir yt *bolio* hwn. **16g.** Wiliam Llŷn: *Gw* (R. Stephens) 225, O biliaist wŷr a *boliodd,* / Ni bu i'th fil neb o'th fodd. **16g.** Dafydd Benwyn: *Gw* 124, pwy'ch gwelas, mwyn yw'ch wyneb, / pwy, lew'n iaith, yn *polo* neb? **16–17g.** *HG* 169, ochaiff vo dan *bolior* byd / i dy n wych dyna jechyd.

Gw. hefyd **powliaf**[2]**: powlio.**

poliaf[3]**: polio** [bnth. S. (*to*) *poll* 'to vote, &c.' neu f. o'r e. *pôl*[1]] *bg.a.* Pleidleisio, bwrw pleidlais; cyfrif pleidlais (rhywun); derbyn (pleidlais, neu nifer o bleidleisiau): *to vote, cast a vote; count* (*someone's*) *vote; poll* (*number of votes*).
1796 *Geirgrawn* 217, ac a fynnent *bolio* am dano ef ac Emmanuel.
Amr.: **pawlo** [ffrwyth cymysgu S. (*to*) *pole* a S. (*to*) *poll*]. **1789** *Tredegar* 72/84, yng'eiriau'r Llw mae'r Gyfraith wedi ordeinio i bob Voter gymmeryd wrth gael ei *bawlo.*

poliffoni, poliffonig, poligon, polimer, &c., gw. **polyffoni, polyffonig, polygon, polymer,** &c.

polio[1,2,3], gw. **poliaf**[1,2,3]**: polio.**

polio[4] [bnth. S. *polio*] *eg.* (yn aml gyda'r fan.). Poliomyelitis: *poliomyelitis.*
20g. Ar lafar, 'Biti 'i fod o mor fethiedig, mi gath o *polio* pan odd o'n fach'.

poliomyelitis [bnth. S. *poliomyelitis*] *eg.* Afiechyd firol heintus sy'n effeithio ar y brif system nerfol ac sy'n gallu achosi parlys dros dro neu yn barhaol: *poliomyelitis.*
20g.

polion, gw. **pawl.**

polionaf: polioni [bf. o'r e.ll. *polion*] *ba.* Gosod polion (e.e. mewn gwrych); trywanu â pholyn; amgylchynu â pholion neu â phalis: *to stake* (*e.g. a hedge*); *impale; enclose with stakes or palisade.*
1547 *WS, pawlioni* cae, stake a hedge. **1604–7** *TW* (*Pen* 228), *polioni,* gossot polion d.g. *pālo.* **1632** *D,* pawl, *polioni,* palare. **1688** *TJ,* pawl, *polioni*: to set stakes, or piles in the ground. **1703** E. Wynne: *BC* 90, arteithiau a dirboeneu . . . Beth yw *polioni* . . . wrth un o'r rhain? **1722** *Llst* 189, *polioni,* to stake, underprop with stakes, empale. **1773** *W* d.g. *to empale* [*inclose with pales*], *to pole* [*furnish with poles*], *to stake a hedge* [*set or fasten with stakes*]. **1803** *P, polioni,* to set stakes, or poles, in the ground; to impale. Ar lafar ym Mrych. yn y ff. *polono* gyda'r ystyr 'rhoddi polion yn y berth i'w chryfhau'.
Amr.: **pawlioni. 1547** *WS.*

poliparot [bnth. S. *Polly parrot*] *eg.* Parot: *parrot.*
20g. Ar lafar yn gyff.; hefyd yn Arfon yn y ff. *poliparat, WVBD* 437.

polipus, polipws, gw. **polypws.**

polîs [bnth. S. *police*] *e.ll.* ac *eg.* ll. *plisys.* Heddlu; plismon: *police; policeman.*
1848. Ar lafar yn gyff. fel e.ll., ac mewn rhai ardaloedd fel e. un.

polish [bnth. S. *polish*] *eg.* Sylwedd a ddefnyddir i gynhyrchu arwyneb llyfn sgleiniog, hefyd yn *ffig.*: *polish, also fig.*
1885. Ar lafar, 'Gwell cal un rihyrsal arall i gal mwy o *bolish* ar y perfformiad'.

polisi [bnth. S. *policy*] *eg.b.* ll. *polisïau.* Cynllun gweithredu unigolyn, llywodraeth, plaid, busnes, &c.; dogfen sy'n cynnwys cytundeb yswiriant: *policy;* (*insurance*) *policy.*
1900.

polisiad [bôn y f. ddil.+*-iad*[1]] *eg.* Y weithred o bolisio, caboliad: *a polishing, a polish.*
[**1761**] *GGJ* 14, Cymer Sum digonol or Tripoly ir *Polishiad* cyntaf. *ib.* I waith gwyn bydded ych *Polisiad* yn dy ner ahawdd [*sic*]. Ar lafar yng Nghered. a'r De, 'Mae isie roi *polisiad* i'r car'.

polisiaf: polisio [bnth. S. (*to*) *polish*] *bg.a.* Caboli, cwyro, gloywi, hefyd yn *ffig.*: *to polish, also fig.*
[**1761**] *GGJ* 6, Brattiau lliain sydd rhaid e'u [*sic*] cael sef main a brâs i Glirio ac i *Bolisio* y gwaith ymma. Ar lafar, 'Ma isio iti *bolisio* dy Saesnag cyn y cyfweliad'.

polisman, polismon, gw. **plismon.**

polisteirin, gw. **polystyren.**

politbiwro [bnth. S. *politburo*] *eg.* Prif bwyllgor sy'n llunio polisi mewn plaid Gomiwnyddol, yn enw. yn yr Undeb Sofietaidd gynt, hefyd yn gellweirus: *politburo, also facet.*
20g.

politechneg, politechnig, gw. **polytechnig.**

politi [bnth. S. *polity*] *eg.* (Ffurf neu gyfansoddiad) uned (megis gwladwriaeth, eglwys, cymdeithas) a drefnir yn wleidyddol: *polity.*
1930.

politicaidd [cfdds. o'r S. *politic*(*al*)+*-aidd*] *a.* Gwleidyddol: *political.*
1835–6.

politiceiddiaf: politiceiddio [bf. o'r a. bl.] *ba.* Gwneud (achos, mater, &c.) yn un gwleidyddol: *to politicize.*
20g.

politiciaeth [cfdds. o'r S. *politic*(*s*)+*-iaeth*] *eb.* Gwleidyddiaeth: *politics.*
1859–60.

politics [bnth. S. *politics*] *eg.* Gwleidyddiaeth: *politics.*
1741 *ML* i. 53, Mae ganddom ymma glwyf sydd waeth na *pholiticks.* **1755** *id.* 386, Mi fyddaf yn cael oddiwrth y pendefig hwnnw lythyr agos bob post, a llawer o *bolitics.*

politisian [bnth. S. *politician*] *eg.* Gwleidydd: *politician.*
1855.

polithin, polithîn, gw. **polythen.**

polo[1] [bnth. S. *polo*] *eg.* Gêm debyg i hoci a chwaraeir â gyrdd pren hir gan bobl ar gefn ceffylau: *polo.*
1920.
Cfn.: **polo('r) dŵr**: *water polo.* **20g.**

polo[2]**, polocs, polonaf: polono,** gw. **poliaf**[2]**: polio, polacs, polionaf: polioni.**

Poloniad [bnth. S. *Polon(ian)*+*-iad*[3]] *eg.* ll. *-iaid.* Pwyliad: *Pole.*
1728 T. Baddy: *DDG* 123, merch i un o'r *Poloniaid* neu'r Ellmyn.

poloniwm [bnth. S. *polonium*] *eg.* Elfen ymbelydrol (symbol Po; rhif atomig 84) a geir yn hybrin mewn mwynau wraniwm: *polonium.*
20g.

polorod, gw. **plorod.**

polrwn [bnth. S. C. *polron*] *eg.* Darn o arfwisg sy'n amddiffyn yr ysgwydd: *pouldron, shoulder-plate.*
15g. *GGl*[2] 78, Curas a *pholrwn* cywrain, / Garbras a dwy fwmbras fain. **15–16g.** *TA* 460, *Polrwn* braich, pilerau'n braff, / A garbras i'm gwayw irbraff.

poltisaf: poltiso, gw. **pwltisiaf: pwltisio.**

polwsiwn, polwsion, &c. [bnth. S. *pollution*; gwelir dyl. org. S. ar yr engh. gynharaf] *eg.* Llygredd: *pollution.*
1670 J. Hughes: *AP* 94, Peri *polwtiwn,* neu fudreddi anniwair. *c.* **1700** *CM* 15, [52], pob gordderchiad, a *pholusion.* *c.* **1730** *Thos. Lloyd D* (LlGC) 194b, *polusiwn,* pollution.

polyester [bnth. S. *polyester*] *eg.* ll. *-au.* Un o nifer o resinau synthetig a ddefnyddir i wneud plastigau, gludyddion, a ffibrau: *polyester.*
20g.

polyffoni [bnth. S. *polyphony*] *eg.* *Crdd.* Arddull polyffonig mewn cyfansoddiad cerddorol: *polyphony* (*in mus.*).
20g.

polyffonig [cfdds. o'r S. *polyphon(ic)*+*-ig*[2]] *a.* *Crdd.* Mewn dwy neu ragor o rannau melodig gweddol annibynnol sy'n cydganeddu â'i gilydd: *polyphonic* (*in music*).
20g.

polyglot [bnth. S. *polyglot*] *a.* a hefyd fel *eg.* Yn cynnwys fersiynau o'r un testun mewn nifer o ieithoedd (am lyfr, yn enw. y Beibl), amlieithog; un sy'n medru sawl iaith, person amlieithog: *polyglot* (*adj. and n.*).
20g.

polygon [bnth. S. *polygon*] *eg.* ll. *-au.* Ffigur plân caeedig ac iddo o leiaf dair ochr syth: *polygon.*
20g.
Cfn.: **polygon grymoedd**: *polygon of forces.* **20g.**

polymath [bnth. S. *polymath*] *eg.* ll. *-au, -iaid.* Un dysgedig mewn llawer o feysydd, ysgolhaig mawr: *polymath.*
20g.

polymathig [*polymath*+*-ig*[2]] *a.* Yn perthyn i bolymath, nodweddiadol o bolymath: *polymathic.*
20g.

polymer [bnth. S. *polymer*] *eg.* ll. *-au.*

Cyfansoddyn ac iddo foleciwlau mawr a ffurfir o lawer o unedau gweddol syml a ailadroddir: *polymer*.
20g.

polymeraidd [*polymer*+-*aidd*] *a.* Yn perthyn i bolymer(au), yn cynnwys polymer(au): *polymeric*.
20g.

polymereiddiaf: polymereiddio [bf. o'r a. bl.] *bg.a.* (Peri) ymffurfio'n bolymer(au): *to polymerize*.
20g.

polymorffig [cfdds. o'r S. *polymorph*(*ic*) +-*ig*²] *a. Biol.* Ac iddo ffurfiau amrywiol: *polymorphic* (*in biol.*).
20g.

polyn [*pawl*+-*yn*¹; cynhwysir y ff. ll. *pol*(*i*)*on*, *poliau* d.g. *pawl*] *eg.* (b. -*en*) ll. *polod*. Darn silindraidd hirfain syth o bren, metel, &c., pawl, stanc, postyn: *pole, stake, post*.
c. **1730** *Thos. Lloyd D* (LlGC) 195a, *polyn*, a poll. *id.* 196a, *polyn*, a stake, pile. **1795** *R. Crusoe* 47, ag a osodais *bolyn* mawr i fynu. Ar lafar, *GDD* 230, *WVBD* 438; hefyd yn yr ystyr 'cala'.
Cfn.: **polyn allan:** *pole used in salmon fishing*. Ar lafar yn Arfon, cf. J. G. JENKINS: *NC* 251–2, at either end of the net are two lengths of rope . . . which are firmly attached to poles . . . The . . . *polyn allan* . . . is carried in the boat and is only used when the net is being hauled in by the team of netsmen. Gw. hefyd *p. lan* isod. **p. cau:** *pole used in plashing or pleaching a hedge*. Ar lafar ym Mhenllyn, *B* iii. 206. **p. dala:** *fencing-post to which one end of a wire is attached*. Ar lafar yng nghanolbarth a godre Cered. **p. lamp:** *lamp-post*. **20g. p. lan:** *pole used in salmon fishing*. Ar lafar yn Arfon, cf. J. G. JENKINS: *NC* 251–2, at either end of the net are two lengths of rope . . . which are firmly attached to poles . . . y *Polyn lan* . . . is held by the shoreman . . . while the boat makes its way into the fishing pools. Gw. hefyd *p. allan* uchod. **p. lein:** *clothes-pole, clothes-prop*. Ar lafar yn Arfon, *WVBD* 438. **p. perth:** *pole used in plashing or pleaching to bind a hedge and keep it in shape*. Ar lafar yn ne-ddwyrain Morg. **p. preseb:** *post to which a cow is tied in the stall*. Ar lafar ym Mhenllyn, *B* iii. 206. **p. rhwymo = p. preseb.** Ar lafar ym Mhenllyn, *B* iii. 206. **p. telegraff:** *telegraph post, telegraph pole*. **20g.** Ar lafar, 'Fe ddæth 'wn i 'im faint o *bolod teligrafft* lawr yn y storm'. **p. tusw:** *posy of flowers on a pole carried by the man leading the 'caseg pen medi' at the end of the harvest*. Ar lafar gynt yn ne-ddwyrain Morg. **p. tynnu:** *straining-post, post from which fencing-wires are stretched*. Ar lafar yng ngogledd Cered.
Gw. hefyd **pawl.**

Polynesaidd [yr e. lle *Polynes*(*ia*)+-*aidd*] *a.* Yn perthyn i ynysoedd Polynesia yn y Môr Tawel, i'w trigolion, neu i'w hieithoedd, nodweddiadol o'r rhain: *Polynesian*.
1870.

polyniwreitis, polynewritis [bnth. S. *polyneuritis*] *eg.* (Afiechyd sy'n peri) llid ar y nerfau: *polyneuritis*.
20g.

polynomial [bnth. S. *polynomial*] *eg. Math.* Swm dau neu ragor o dermau algebraidd a phob term yn cynnwys cysonyn a luosogir gan newidyn(nau) a godir i bŵer integraidd positif neu sero: *polynomial*.
20g.

polyp [bnth. S. *polyp*] *eg.* ll. -*au*, -*iaid*. *Swol.* Un o'r ddwy brif ffurf ar gyrff yr anifeiliaid môr sy'n perthyn i'r adran *Cnidaria*, ac a nodweddir gan gorff silindraidd gwag a chylch o dentaclau o gwmpas y geg; *Meddyg.* tyfiant bach sy'n codi o wyneb pilen fwcaidd: *polyp* (*in zoology and med.*).
1851.

polypropylen, polypropylin [bnth. S. *polypropylene*] *eg. Cem.* Un o nifer o bolymerau o bropylen sy'n cynnwys defnyddiau thermoplastig ac a ddefnyddir i wneud ffilmiau, ffibrau, a defnyddiau wedi eu mowldio: *polypropylene*.
20g.

polypws, polypus, &c. [bnth. S. *polypus*] *eg. Swol.* Polyp; môr-gyllell; *Meddyg.* polyp: *polyp* (*in zoology*); *cuttlefish*; *polyp* (*in med.*).
1615 R. SMYTH: *GB* 42, y pyscodyn a elwir *polypus*, yr hwn sydd byscodyn sych (*vne espece de seche*), pen futho [*sic*] newyn yn gwascu arno, efe a fwytu fonion i freichiau. **1756** W. WILLIAMS: *GDC* 71, [y] *Polipus* ar Cledd-Bysg hull ei Lûn. **1808** *Eurgrawn Cymraeg* 106, Am y creadur rhyfedd a elwir Lliosdroed, Amldroedadur, neu *Polypus*. *id.* 107, Y Gair *Polypus* sy'n deilliaw o'r Iaith Roeg, ac y mae yn arwyddocau amledd o draed: un o drigolion y dyfroedd ydyw'r creadur rhyfedd hwn. Mae'r creadur hwn yn cyfranu o anian anifail a phlanhigyn, megys ac y mae'r gair Groeg Zoophytes yn arwyddocau.

polysacarid [bnth. S. *polysaccharide*] *eg.* ll. -*au*. Un o ddosbarth o garbohydradau y mae ei foleciwlau wedi eu gwneud o gadwyni hir o fonosacaridau: *polysaccharide*.
20g.

polystyren, polisteirin, &c. [bnth. S. *polystyrene*] *eg.* Defnydd synthetig thermoplastig a geir drwy bolymereiddio styren: *polystyrene*.
20g.

polytechnig, polytechneg [cfdds. o'r S. *polytechn*(*ic*)+-*ig*², -*eg*¹] *eg.* ll. -*au*, a hefyd gyda grym ansoddeiriol. Sefydliad addysg uwch sy'n cynnig cyrsiau (yn enw. rhai galwedigaethol) hyd at lefel gradd: *polytechnic*.
20g.

polythen, polithîn, &c. [bnth. S. *polythene*] *eg.* ll. -*au*. Polymer thermoplastig cryf ac ysgafn wedi ei wneud o ethylen sydd fel arfer naill ai'n dryloyw ac yn hyblyg neu'n ddidraidd ac yn anhyblyg: *polythene*.
20g.

polleth, pôm, gw. **pothell, pôn.**

pomambr, gw. **pomander.**

pomander [bnth. S. *pomander*] *eg.* Pelen wedi ei gwneud o sylweddau peraroglus; ffrwyth a chlofs wedi eu gwthio iddo: *pomander*.
20g.
Amr.: **pomambr** [bnth. S. *pom*(*e*)*amber* (> *pomander*)]. **1604–7** *TW* (*Pen* 228), [p]elen *pom Ambr*, pele'molchi d.g. *magma*. **powmander. 16g.** *IICRC* iii. 339, Mi Drof ych Tar preffywmaydd / Ach powdwr arogl peraydd / Ac [*sic*] *powmander* ymaith hwnt / y ddrewiant Brwnt angruaydd.

pombren, gw. **bonbren.**

pomcin [bnth. S. *pompkin*, amr. ar *pumpkin*] *eg.* ll. -*iaid*. Pwmpen: *pumpkin*.
1851. Ar lafar ym Morg.
Gw. hefyd **pymcin.**

pomgranad [bnth. S. *pomegranate*] *eg.b.* (bach. b. -*en*) ll. -*au*. (Coeden, *Punica granatum*, sy'n dwyn) ffrwyth tebyg i oren yn allanol ac iddo groen caled yn cynnwys pwlp coch llawn hadau; addurn ar ffurf y ffrwyth hwn; hefyd yn *ffig.*: *pomegranate* (*tree and fruit*); (*ornamental*) *pomegranate*; *also fig.*
15g. *GLGC* 203, Cawn ofwy i'm cynefin, / costard, *bwngernard* a gwin. **1588** *Ecs* xxviii. 34, Clôch aur, a *phom-granad*. **1588** 1 *Br* vii. 18, Felly y gwnaeth efe y colofnau, a dwy rês o *bomgranadau* o amgylch ar y naill rwyd waith i guddio y cnappiau y rhai oeddynt vwch benn. **1588** *Can* iv. 3, dy arleisiau rhwng dy lywethau ydynt fel darn o *bomgranad*. **1588** *Joel* i. 12, Gwywodd y win-wŷdden, llescaodd y ffigus-bren, pren y *pomgranat* . . . a holl brennau y maes. **1604–7** *TW* (*Pen* 228) d.g. *abyrtace, balaustium, abriton* (At.). ?*a.* **1713** *W Ballads* 128, 3, Daccw bren a *phom ranadau* [*sic*]. **1722** *Llst* 189, pomgranad, m.p. *nadau*, a pomegranate. **1813** *WB* 228, *Pomgranaden* . . . edr. Afal Gronynog. Ar lafar yn y ff. *pomigranat* (ll. -*s*). Cf. R. WILLIAMS PARRY: *H* 25, Nes dyfod esmwyth su'r deheuwynt ir / Oddiar ganghennau *pomgranadau'r* Tir.
Amr.: **bwngarnert, bwngernart, bwngernard** [cf. *pwngarned*; am *b*- > *p*-, cf. *ponc, potel*]. **15g.** *GLGC* 203, costard, *bwngernard* a gwin. *id.* 217, *bwngernart*, ddengwart bob ddau, / Bwnsúgr wrth dderbyn seigiau. **15–16g.** *TA* 440, Rhobert, *bwngarnert* [*sic*] o'r gwŷdd, / Rhys, deufys Rhos, a Dafydd. **pomgarnet** (ll. -*s*). **15–16g.** *TA* 263, Cwnffets, *pomgarnets*, a gwin. *Diw.* **16g.** *WLB* 48. **pomgraned. 16–17g.** E. PRYS: *Gw* 280. **pwmgarnat. 1547** *WS*, *pwm garnat*, a pome garnet. **pwngarned. 15g.** *GGl*² 199, Pwmpa ar wyrda yw'r un, / *Pwngarned*, penaig arnun'. **pwngranad. 16–17g.** *PhA* 282.

pomgranadwydd [*pomgranad*+*gwŷdd*¹] *e.ll.* (un. b. -*en*). Coed pomgranadau: *pomegranate trees*.
1588 *Deut* viii. 8, gwinwydd, a ffigus-wydd, a *phomgranad-wydd*. **1813** *WB* 228, *Pomgranadwydden*. edr. Afal Gronynog.

pomigranat, gw. **pomgranad.**

pomp [bnth. S. *pomp*] *eg.* ll. -*au*. Rhodres, rhwysg, gwychder seremonïol: *pomp*.
Dchr. **17g.** *RWM* ii. 62, *Pompaü* sion / fal pümp o ser. **1615** R. SMYTH: *GB* 114, achwedi i harddua i [*sic*] ornyddu ag amryw *bomp* a rhodres. *id.* 120, i drelio da'r eglwys mewn *pomp*, rhodres, mwythau a thrabestod. *id.* 193, ymroi i *bompau*, rhodres a deleithwch. *id.* 215, ple i mae i rhyfig ai *pompau* mawr. *c.* **1728** T. EVANS: *GI* 12, Rhialltwch a *Phomp* y byd hwn. *c.* **1762–79** W. WILLIAMS: *P* 623–4, arferion o *bomp* a gogoniant yn yr eglwys. *a.* **1791** W. WILLIAMS: *GP* 901, Mwy ei rwysg, ei *bomp*, a'i degwch, / Nâ 'merawdwyr mwya' eu harddwch. Ar lafar yn Arfon, 'Mae gyno fo *bomb* [*sic*] garw o'i deulu' 'he thinks the world of his family, makes a great fuss of them, thinks there is no one like them', 'riw *bomb* [*sic*] yno fo' = 'dyn wedi chwyddo', *B* i. 100.

pompad, gw. **pwmpiad².**

pomparadwys [cfdds. o'r S. *pome*(-*paradise*)+*paradwys*] *e?g.* Afal paradwys, math o afal melys: *paradise apple, honey-apple, sweet variety of apple*.
1604–7 *TW* (*Pen* 228), rhywogaeth aualæ melusion, *pom paradwys* d.g. *melimelum*.
Gthg. **pwmparis.**

pomparis, pompen, gw. **pwmparis, pwmpen.**

pompiaf¹: pompio [bf. o'r e. *pomp*] *ba.* Canu clodydd: *to sing the praises of*.
Ar lafar yn Arfon, 'Mae rhai yn *pompio* plant yn gyhoeddus mewn cymdeithas—a hynny yn amcan', *B* i. 100.

pompiaf²: pompio, gw. **pwmpiaf¹: pwmpio.**

pompion, pompiwn, &c. [bnth. S. *pompion, pumpion* 'pumpkin'] *eg.* (bach. b. -*en*) ll. -*au*, *pompiynau*, a hefyd fel *e.ll.* (Ffrwyth(au)) (unrhyw un o) amryw fathau o blanhigion sy'n perthyn i'r tylwyth *Cucurbita*, yn enw. *C. maxima*; maro(s), pwmpen(ni); melon(au); gwrd(s), cicaion: *pumpkin*(*s*); (*vegetable*) *marrow*(*s*); *melon*(*s*); *gourd*(*s*).
1588 *Nu* xi. 5, y cucumerau, ar *pompionau*, a'r cennyn. **1672** R. PRICHARD: *Gw* 364, Ond garlleg ac wyniwn, a phannas a *phompiwn*, / Fel Twrchod a garwn ni'n aryth. **1722** *Llst* 189, *pompiwn*, m.p. *pionau*, a pompion. **1776** *W*, *pompiwn* (pl. *pompiynau*), *pompion* (pl. *po*[*mp*]*ionau*) d.g. *melon*. *id.* d.g. *pompion, or pumkin*. Ar lafar yng nghanolbarth a godre Cered. yn y ff. *pompion*(*en*), *pompiwn*(*en*), *TGG* (1907–8) 99, ac yn sir Benfro yn y ff. *pwmpiwn*(*s*), *pwmpiwn*(*s*)*en*, *SC* vi. 125.
Amr.: **pompws** (ff. l.). **1704** T. JONES: *Alm* [5]. **pwmps²** (ff. l.). **1672** R. PRICHARD: *Gw* 267, Ac or ceisii [*sic*] *Bwmps* a phannas, / O flaen Manna, mae 'ti anras.
Gw. hefyd **pwmpen.**

pompren, pontbren, pont bren [*pont*+*pren*, cf. yr e. lle Crn. *Ponspren*; eg. yn wr., sef 'darn o bren sy'n bont'] *eb.g.* ll. -*nau*, -*ni*, (prin) *pontbrennydd*, (prin) *pontydd pren*. Pont fach (bren) i gerddwyr: (*wooden*) *foot-bridge*.
c. **1400** *R* 1363. 6, Porth duw yr *ponprenn* llethyr asgenllithyr. **15–16g.** *AAST* (1935) 104, *Pompren* i bob awenydd, / pont yw a dâl punt y dydd [Dafydd Trefor i ysgraff Porthaethwy]. **1617** *Minsheu* 52b, *pont-bren* d.g. *a Bridge, a little Bridge*. *c.* **1700** E. LHUYD: *Par* i. 33, *Pompren* traed: Footbridges [*sic*]. *id.* ii. 65, *Pont bren* ydyw hon. **1716–18** *Llsgr R. Morris* 11, dros y *pompren* yn y dŵr. *id.* 102, y mae yr eilfed yn y ffos / yn diodde loes dan *bompren*. *c.* **1730** *Thos. Lloyd D* (LlGC) 194b, *pompren*. *Pontbren*, a wooden bridge. **1746** G. JONES: *HWI* iii. 112, [p]*ontbren* heb ganllaw. **1766** *CD* 117, Darn o Arch Noah ni dybien, / A osodesid yn *Bont-bren*. **1771** *W*, *pont-bren* d.g. *bridge, a foot-bridge*. **1772** D. ROWLAND: *PP* 95, Fe a ddywedir, i ddwy ddafad gyfarfod ar yr un *pont-bren*, ac i'r naill orwedd i ollwng y llall drosti. **1803** *P*, *pontbren*,

s. m. pl. t. *i*, a rustic bridge, consisting of a single piece of timber. *Diw.* **19g.** *SE MS* 381b, [*pontbren*], a foot-bridge (of any material). Ar lafar, 'We *pompren* fach yng ngwaelod y cwm'. Digwydd fel elf. mewn e. lleoedd, e.e. *Pomprenffeirad* ger Ysbyty Cynfyn, Cered., *Pomprengeifr* ger Elerch, Cered.

Cfn.: **pompren yr ysgwydd:** *collar-bone, clavicle.* Ar lafar yn nwyrain Morg.

pompus [*pomp*+-*us*] *a.* Rhwysgfawr: *pompous.*

1841.

pompws, gw. pompion.

pôn [cfdds. o'r S. *pawn*(*shop*)] *eg.* Siop lle rhoddir eiddo personol yn wystl er mwyn cael benthyg arian, gwystlfa: *pawnshop.*

1837. Ar lafar, ''Odd tlodi mawr amser 'ny, a phobol yn gorfod rhoi pethe yn y *pôn* er mwyn cal bwyd'.

Amr.: **pôm.** Ar lafar yn nwyrain Morg., ''nôl a 'mlân i'r *pôm*'.

ponar [gair geir.; bnth. Gwydd. *pónar* 'ffa'] *eb.* Ffeuen: *bean.*

1632 *D*, *ponar*, faba, ait H[arri] P[erri] sed q.. *id.* Teisen *bonar.* H. P. d.g. *fabacia.* **1688** *TJ*, *ponar*, ffauen: a Bean. **1722** *Llst* 189, *ponar*, f. a bean. **1770** *W* d.g. *bean.* **1803** *P*, *ponar*, s. f. a puff; a pod. **1813** *WB* 228, *Ponar*; Vicia Faba; Bean.

ponc [bnth. S. *bonk* 'bank', am *b*- > *p*-, cf. *poitsh*[1], *potel*] *eb.* (bach. b. -*en*, g. -*yn*) ll. -*iau*, -*ydd.*

(*a*) Bryncyn, twyn, crug, twmpath, cod-iad tir; atalfa gyflymder: *hillock, tump, knoll, rising ground*; '*sleeping policeman*'.

1736 (1812) *YRW* 22, 'Rol taro tongc am Siengcyn siongc, / Am fyn'd ar *bongc* i ymbyngcio. **1760** *W Ballads* 89, 5, [Ll]awr du tyllog, Llawn o *bongciau* Cnycciog. **1803** *P*, *ponc*, s. f. a hillock. *id. poncen*, s. f. dim. a small hillock. *id. poncyn*, s. m. dim. a little hillock. Ar lafar yn y Gogledd yn y ff. *poncan* (ll. *poncia*) 'hillock, knoll . . . rising ground', 'ffoes a *phoncan*' 'a stream and the corresponding rise in the ground after crossing it', *WVBD* 438; *LGW* 525. Digwydd mewn e. lleoedd, e.e. *Ponciau* yn sir Ddinb. a *Clawddponcen*, ger Corwen.

(*b*) Math o lefel neu galeri mewn chwarel lechi; grŵp o chwarelwyr sy'n gweithio yn y cyfryw le: *type of level or 'gallery'* (*in a slate-quarry*); *group of quarrymen working a 'gallery'.*

1863. Ar lafar yn Arfon, *WVBD* 438. Cf. E. Jones: *Canrif y Chwarelwr* (1963) 152, *Ponc* ('Gallery'). Gweithir chwareli Arfon yn *bonciau*, neu orielau, h.y. yn stepiau ar ochr y mynydd fel y Penrhyn a Dinorwig.

Gw. hefyd **bonc.**

ponca, poncacs, poncagau, gw. pancos.

poncen, gw. ponc.

ponciaf: poncio [bf. o'r e. *ponc*] *bg.* Chwyddo, taflu allan, bolio: *to swell, bulge.*

1803 *P*, *ponciaw*, to swell up, to puff up. Mal y *poncia* dy vron, how thy breast swells out. Ar lafar yn Arfon, *WVBD* 438.

ponciog [*ponc*+-*iog*] *a.* Llawn ponciau, bryncynnog; anwastad, garw; yn taflu allan, yn bolio, yn chwyddo: *hummocky, hilly; uneven, rough; bulging, swelling.*

1937. Ar lafar yn Arfon, *WVBD* 438.

poncnell [gair geir.; ansicr yw'r ystyr gan *D* isod] *e?g. Bot.* Crib Gwener, nodwydd y bugail, *Scandix pecten-veneris*; pig y crëyr, *Erodium*: *shepherd's needle, Venus's comb; stork's-bill.*

1632 *D* (*Bot*), *poncnell*, acus. **1688** *TJ* (*Bot*), *poncnell*: Stork's-bill, Pink needle. **1813** *WB* 228, *Poncnell.* edr. Nodwydd Y Bugail.

ponco, poncyn, gw. pancos, ponc.

pond[1] [bnth. S. *pond*] *eg.* ll. -*ydd.* Pwll dŵr: *pond.*

1850.

Gw. hefyd **pownd**[2].

pond[2], gw. ponid[2].

pondraf: pondro [bnth. S. (*to*) *ponder*] *bg.a.* Ystyried yn ddwys neu'n drwyadl: *to ponder.*

1871.

poned, gw. bonet (At.).

ponffil [?cfn. o'r geiriau *poni*[2]+*ceffyl*] *eg.* Ceffyl, merlyn, merlen (yn ddifr.): *horse, pony* (*derog.*).

Ar lafar ym Môn, 'doedd y *ponffil* fawr o werth', *ISF* 61.

poni[1], **ponid**[1] [?**po*[3] (< **kʷā*, cf. *pa*[1], *pwy*)+*ni*[2], *nid*[1], ?cf. H. Wydd. *ca*(*i*)*ni*, *cain, cini*] *gn. gof.* negyddol (o fl. llaf. gysefin bron yn ddieithriad yn y ff. *ponid*) sy'n peri tr. llaes i *p*-, *t*-, *c*- a thr. ml. i *b*-, *d*-, *g*-, *ll*-, *m*-, *rh*-, er bod *b*- yn aml yn gwrth-sefyll treiglo. Oni(d) (yn cyflwyno cwestiwn uniongyrchol o flaen bf.): *not* (*introducing a direct question before a vb.*).

13g. *BD* 176, A *phonyt* adnabuant hvy meint yr ymladeu a dyborthassam ni y wyr Llychlyn a Denmarc. **1346** *LlA* 68, *pony* bydei deudybluc y karyat. **14g.** *WM* 139. 8–9, *Pony* allaf i gyscu yma. *id.* td. 211. 4, *pony* chlywy ti ymdidan ygwyr racco ymdanat. **14g.** *RC* xxxiii. 222, *Pony* prophuyduys [*sic*] y prophuydi ganedigaeth Grist. *c.* **1400** *RB* ii. 206, *pony* bernwch chwi bot yn iawn yminheu deissyf-eit teyrnget o rufein. *c.* **1400** *YCM*[2] 128, A *phony* (*CR* 158, A *phany*) thebygy di gallu ohonaf i ymer-bynyeit a Chyarlys, ac a'e lu ym brwydyr? *c.* **1400** *R* 1418. 3–4, *Pony* welwch chwi hynt y gwynt ar glaw. *pony* welwch chwi r deri yn ymdaraw. *c.* **1400** (*SG*) *HMSS* i. 248, *Ponysgwdost* di heb ynteu. **15g.** *GGl*[2] 221, *Ponid* wyd flin ym min Mai. **1707** *AB* 238b, *pony* and *ponyt*, not, interrogatively used. *Pony* roddeist di grêd? Didst not thou engage? *c.* **1730** *Thos. Lloyd D* (LlGC) 194b, *Poni* ddywedais iti? **1803** *P*, *poni*, why is it not; why not.

Amr.: **boni, bonid**[1]. **15g.** *GLGC* 233, *bonid* oedd benna' deuddyn, / bual glew a nobl y glyn? **15g.** *GGl*[2] 19. **pana, panad**[1], **bana, banad** [dichon mai 'pan na(d)' yw'r ystyr yn rhai o'r enghrau. isod]. **14g.** *GDG*[3] 3–4, Pan welom drosom dy rasus—basiwn, / *Pa nad* ystyriwn poen dosturus. *id.* 91, Pur yw dy lais, parod lef, / *Pa na* wyddud, poen addef, / Mai truan, anniddan oedd / Noethi bedw 'n eithaf bydoedd. **14–15g.** *PC* 19, Poenwr dig, *pa na* ŵyr dyn, / dwys orchwyl, nad oes erchwyn (Siôn Cent). **15g.** *DE* 46, *pan nawyr* y beirdd penkeirddwiw / pwy bier gwalld pybvr gwiw. **15g.** *HCLl* 139, Gwae fi, o hyd gweddi gwan, / *Ba na* weryd bun eirian. **15–16g.** *GLM* 205, *Ba nad* edwyn y dyn dall / beth yw aur rhag bath arall? **15–16g.** *GRB* 43, Roser *pa nad* oedd resyn / am dy gorff rhoi amdo gwyn? **16g.** *WLl* 63, *Ba na* wyr pob synhwyrol / Bod yn waeth byd yn i ol. **16–17g.** *GST* i. 311, *Pa nad* edwyn pob dyn dall / Bren ir wrth gorbren arall? **pand**[1] [cyw. o *panid*[1]]. **14g.** *DGG*[2] 148, *Pand* oedd ddoeth, wingoeth iawngainc, / Ei ffriw gar bron brenin Ffraingc (Gruffydd Gryg)? **15g.** *HS* 24. *c.* **1730** *Thos. Lloyd D* (LlGC) 187b. **pani, panid**[1] [*pa*[1]+*ni*[2], *nid*[1]]. **14g.** *CR* 158, A *phany* (*YCM*[2] 128, A phony) thebygy di gallu ohonof i ymerbyn a Chiarlymaen. **14g.** *GIG* 51, *panis* gwn? *c.* **1400** *R* 1418. 8–9, *Pany* chredwch chwi y duw dynyadon ynvyt. *pany* welwch chwir byt wedyr bydyaw. *c.* **1400** (*SG*) *HMSS* i. 187, *Panyt* ymegyr yr ysgrin.

poni[2] [bnth. S. *pony*; am beidio â threiglo'r gair hwn ar ôl y fan., gw. *Treigladau* 2] *eb.g.* ll. -*s.* Merlyn, merlen: *pony.*

1876. Ar lafar yng Nghered., sir Benf., a'r De.

Cfn.: **poni mynydd:** *mountain pony.* Ar lafar yng Nghered., sir Benf., a'r De. Cf. *Wês wês* 16, a'i wallt dros 'i gluste fel mwng *poni miny*'.

poni[3], gw. pe.

poniaf[1]**: ponio** [bnth. S. (*to*) *pawn*] *ba.* Gwystlo: *to pawn.*

1837.

poniaf[2]**, ponnaf: ponio, ponno** [?bnth. S. (*to*) *pound*] *ba.* Curo (yn bowdr mân); stwnsio; hefyd yn *ffig.*: *to beat* (*into a fine powder*); *mash; also fig.*

1753 *TR*, *ponnio*, to pound or bray. **1770** *W* d.g. *to beat* [*bruise, pound or reduce*] *to powder. id.* y mae efe yn *ponnio* ei ymmennydd wrth astudio d.g. *to break . . . He breaketh his brains with studying.* Ar lafar yn nwyrain Morg., 'Ma'r tatws a'r pannas wedi'u *pon-no*'n barod'; 'Odd torrwr cerrig ar yr 'ewlydd, flynydda nôl, a di welsat a'n ishta wth ochor yr 'ewl yn *ponno* cerrig mawr yn gerrig mæn'.

Gw. hefyd **pwniaf: pwnio.**

poniaf[3]**: ponio** [ansicr yw'r ystyr yn yr engh. gyntaf isod] *ba.* Bwydo ar, ysu; bwydo, pesgi: *to feed upon, devour; feed, fatten.*

1592 S. D. Rhys: *Inst* 274, *Ponio* wyneb bûn annwyl. **1604–7** *TW* (*Pen* 228), *ponio* d.g. *depasco. Dchr.* **17g.** *J* 10, 129b, *ponnio*, to devoure, depasco. **1707** *AB* 219c, *ponnio*, to feed upon [S]. **1725** *SR* d.g. *to feed. c.* **1730** *Thos. Lloyd D* (LlGC) 195a, *ponnio*, pascor. **1803** *P*, *poniaw* . . . to fatten, to feed.

ponid[1], gw. poni[1].

ponid[2] [?**po*[3] (gw. *poni*[1])+*nid*[2]] *gn. gof.* negyddol. Onid (o flaen elf. ar wahân i'r ferf): (*is, &c., . . .*) *not* (*in a question before any element other than the vb.*).

12–13g. *GLlLl* 4, *Pan't* racdaw bu faw, bu fysgyad. **13g.** *BD* 88, *Ponyt* y'th lav di . . . y rodeis i holl uedyant a llywodraeth y teyrnas? **1346** *LlA* 25, *Ponyt* vn ryw a gymerth iudas. Aphedyr. *id.* 109, *ponyt* gwell yni peri vdunt wy adaw y lle hwnn. **14g.** *WM* 78. 19–21, *Ponyt* llygoden . . . a welaf i yth law di. **14g.** *GDG*[3] 25, *Ponid* digrif i brifardd / Gweled hoyw gynired hardd? *c.* **1400** *R* 1159. 22–3, *Ponyt* gwann truan trymder pechadur. pechodeu aniuer. *c.* **1400** *ChO* 23, *Ponyt* mynach wyt ti, a gwr eglwyssic. *c.* **1400** *B* ii. 276, *ponyt* kadarn perchen tir. **16g.** *Llst* 6, 144, gwisged *ponyd* velved vyd. **18g.** *Gron* 5, Rhoid etto (nid rhaid attal) / I fardd, *ponid* hardd y tâl? **1793** Dafydd Ionawr: *CD* 190, *P'onid* hawdd y tawdd y tân / Eirias ddefnyddiau arian. **1803** *P*, *ponid*, what not, is it not, is it not so; not. Dyn wyd ti: *Ponid* dyn wyd tithau? Thou art a man: Art not thou a man too?

Amr.: **bonid**[2]. **15g.** *GLGC* 277, *Bonid* tai Elis ar ben talar?. **panad**[2]. **14–15g.** *PC* 19, O'r ddaear noeth y doethom. / A *pha nad* (*IGE*[2] 279, A phonid) tost yw'n ffrost ffrom (Siôn Cent)? **15–16g.** *GLM* 267, Pan deimler, *pa nad* amlaf / blaid yr Hwgs no blodau'r haf? *id.* 279, Pwy'n well ei gorff pe'n lle gŵr? / *Pa nad* addwyn pen dyddiwr? *id.* 353, Tudur (*Pa nad* da ydoedd / i eilio dysg?) Aled oedd (Ieuan ap Madog ap Dafydd). **1551** W. Salesbury: *KLl* xxb, *Pan nad* iawn (*TN* 147a, *Pa nad* da) y dywedwn may Samareit wyt ti, a bod cythraul genyt? **1588** *Diar* xi. 31, Os y cyfiawn a gospir ar y ddaiar hon: *pan nad* mwy y drygionus a'r pechadur? **pand**[2], **band**[3] [cyw. o *panid*[2]]. **12–13g.** *GLlLl* 4. **14g.** *GDG*[3] 363, *Pand* englynion ac odlau / Yw'r hymnau a'r segwensiau? **14g.** *GIG* 100, Yno'dd aeth ef yng nghrefydd, / Yno byth—*pand* iawn y bydd? **15–16g.** *GLM* 205, *Band* didwyll o bont ydwyd? **1793** Dafydd Ionawr: *CD* 129, D'wedent, *ba'nd* hynod ydyw, / Mae d'arab fwyn-fab yn fyw! **1803** *P*, *pand*, what but; is it not. **panid**[2] [*pa*[1]+*nid*[2]]. *c.* **1400** *YSG* i. 73, *Panyt* Lawnslot wyt ti? **16g.** *Llst* 6, 177, yntayry *panyd* (*GDG*[3] 220, ponid) dyrys / wrth wr yty vry ar vrys. **pond**[2] [cyw. o *ponid*[2]]. **14g.** *GIG* 102, Pentyriais gerdd, pwynt dirym, / Puntur serch, *pond* trahaus ym. **1567** *TN* 1[1]7a, Pa'nd [:- *Pond*, Mor] anhawdd ir ei 'sy a golud yddynt vyned i deyrnas Duw. **1755** G. Owen: *L* 164, *Pond* haws maddeuant er cyffes. **1803** *P*.

poniwr[1] [bôn y f. *poniaf*[1]: *ponio*+-*iwr*] *eg.* ll. *ponwyr.* Un sy'n rhoddi benthyg arian ar log drwy dderbyn gwystl, gwystlfasnachwr: *pawnbroker.*

1941 S. Lewis: *BB* 9, Caeodd y *ponwyr* eu drysau; clercod y pegio / Yw pendefigion y paith.

poniwr[2] [bôn y f. *poniaf*[2]: *ponio*+-*iwr*; ansicr yw'r ddwy engh. gyntaf] *eg.* Un sy'n ponio, curwr, hefyd yn *ffig.*: *pounder, beater, also fig.*

Diw. **15g.** *Pen* 53, 27, pina ryfrwnt *ponywr* refreu [Ieuan ap Rhydderch i'r Prol]. **16g.** Dafydd Benwyn: *Gw* 269, Penwyn yw'r mab, *poniwr* mawl, / prydyddfardd parodaiddfawl. **1770** *W* d.g. *brayer.*

Gw. hefyd **pwniwr.**

ponjyn, gw. ponsh.

ponlaw [bôn y f. *poniaf*[2]: *ponio*+*glaw*] *eg.* Cawod drom, curlaw, glaw trwm: *heavy rain, downpour.*

18–19g. *Llr* C 42, 427, Piglaw—*Ponlaw* mawr. [Glamorgan]. Ar lafar ym Morg., ''Odd 'i'n bwrw *ponlaw* pyn craddas i—fi wlychas i'r crôn wth fynd o'r glwyd at y tŷ'.

ponnaf: ponno, gw. poniaf[2]: ponio.

ponner [?bnth. S. *pounder*] *eg.* ll. -*s.* Offeryn i stwnsio tatws, &c.: *masher.*

Ar lafar yn ne-ddwyrain Morg. 'Dara'r *ponnar* 'ma, ifi gæl ponno'r tatws'.

Gw. hefyd **pwnner.**

ponnig, ponnydd, gw. pont.

ponsh [bôn y f. ddil.] *eg.* (bach. -*yn*). Tatws a llysieuyn arall wedi eu berwi a'u stwnsio, stwmp, stwnsh, potsh, mwtrin, hefyd yn *ffig.*: *potatoes and another vegetable boiled and mashed together, also fig.*

1913. Ar lafar yn nwyrain sir Ddinb. a sir Fflint, *LGW* [174]–5, ac ym Morg., hefyd yn y ff. *ponjyn*, *ponshyn* (weithiau yn yr ystyr 'tatws stwmp'), *ib.* Digwydd drwy'r Gogledd mewn ystyr *ffig.*, 'Mi fuas i yn y pwyllgor, ond 'rodd hi'n *bonsh* yno—pawb yn siarad ar draws i gilydd', *B* xiv. 292; '*ponsh*' 'rubbish, humbug', *WVBD* 438; '*ponsh*: anrhefn [*sic*], budreddi', *Cymru* xlvii. [142].

Amr.: **pwnsh. 1894** D. OWEN: *GT* 95.

Cfn.: **ponsh (pwnsh) maip:** *potato and swede mash, also fig.* **1894** D. OWEN: *GT* 94–5, Mi gnocie Wmphre haner dwsin o honyn nhw yn *bwnsh maip* cyn y caet ti dy gamdrin. Ar lafar yn sir Ddinb., *Geir Geg* 34.

Gw. hefyd **poitsh[1], potsh.**

ponsiaf: ponsio, ponsian [?bnth. S. taf. (*to*) *paunch* 'to handle roughly, knock, crush'; ?cf. *poitsiaf*: *poitsio*, *potsiaf*[1]: *potsio*] *bg.a.* Ymdrafferthu (â), trafferthu (â), ymhél (â), ymwneud (â); stwnsio, potsio, mwtro; gwneud llanastr neu stomp (o rywbeth), stwnna, bwnglera; siarad lol, cabarlatsio, clebran: *to bother* (*with*), *get involved* (*with*), *get mixed up* (*with*), *have to do* (*with*); *mash* (*vegetables*); *make a mess* (*of*), *muck about* (*with*), *fiddle* (*with*), *bungle*, *muddle*; *talk nonsense, chatter.*

1853. Ar lafar yn y Gogledd, 'Peidiwch â *phonsio* hefo fo', ''Dachi wedi *ponsio* digon am hwnna', 'Be ŵt ti wedi *ponsio* fel hyn? Nid fel hyn ddudish i', 'Dyma fi'n siarad ac yn *ponsio*', *WVBD* 438; hefyd yn yr ystyr 'dweud celwyddau', *ib.* Fe'i clywir yn y De, sir Benf., a sir Ddinb. yn yr ystyr 'stwnsio (tatws)', *Geir Geg* 111.

Gw. hefyd **poitsiaf: poitsio, potsiaf[1]: potsio.**

ponsiop [bnth. S. *pawnshop*] *eg.* Pôn: *pawnshop.*

1898.

ponsiwr [bôn y f. fl. + *-iwr*] *eg.* Bwnglerwr; un sy'n siarad lol: *bungler*; *one who talks nonsense.*

1938. Ar lafar yn Arfon, *WVBD* 438.

pont [bnth. Llad. *pont-*, bôn traws yr e. *pōns*; cf. H. Grn. *pons*, gl. *pons*, Llyd. C. *po*(*u*)*nt*, Llyd. Diw. *pont*] *eb.* (bach. b.g. *-an*, b. *-ig*, *ponnig*) ll. *-au*, *-ydd*, *ponnydd*, *pynt*, ll. dwbl *pyntydd.*

(*a*) Adeiladwaith o feini, pren, metel, &c., sy'n ffurfio ffordd neu'n cario ffordd, llwybr, rheilffordd, neu ddŵr dros afon, ceunant, ffordd, neu ryw rwystr arall, pont godi, pontffordd, traphont, traphont ddŵr, hefyd yn *dros.* ac yn *ffig.*: *bridge*, *drawbridge*, *viaduct*, *aqueduct*, *also transf. and fig.*

12g. *LL* 244, arhit ir*pont* meiniauc. **13**g. *C* 47. 13–14, A. *phont* ar taw. Ac arall ar tawuy. **14**g. *WM* 52. 12–14, a uo penn bit *pont*. Mi a uydaf *pont* heb ef. *id.* td. 90. 15–19, *Pont* a welei or llong hyt e tir o asgurn moruil ac ar hyt e *bont* e tebygei e vot en kerdet ene delei yr llong e mewn. *id.* 393. 2–3, [*p*]*ont* o uayn marmor yn dyuot or loft y waeret. **14**g. *GDG*[3] 309, Nid rhaid march buan danad, / Neu *bont* ar aber, na bad [am y gwynt]. **14**g. *DGG*[2] 52, Buan dy hynt uwch *pynt* perth, / Marchawg bedw cangawg cyngerth [i'r penlöyn]. **14**g. *GIG* 46, (Pand da'r llys?) *pont* ar y llyn, / Ac unporth lle'r ai ganpyn [i lys Owain Glyndŵr]. *c.* **1400** *R* 1149. 27–9, kymrodawc awyd kymradw y vri. kymroded pan uo *pont* dewi. *c.* **1400** (*SG*) *HMSS* i. 204, [c]astell . . . y porth yssyd wedy y gaeu. ar *pynt* yssyd wedy eu dyrchafael. **15**g. *GLGC* 449, Yr unben o lutenont, / a gawn yn ben ac yn *bont.* **16**g. (*LlEG*) *Mos* 158, 145a, gwnaid *ponudd* a ssarne dros gloddiav adyuroedd o gyrf pobyl ydyrnas. **1547** *WS*, *pont*, a brydge. *a.* **1587** *Y* 20, Bûost hael, nid bost helynt, / I gywair ffyrdd geirw a *ffynt.* **1604–7** *TW* (*Pen* 228), *pontan* . . . *pontic* d.g. *ponticulus. id.* pyst wedy gyrrû n y ddaear y gyweirio *pontydd* d.g. *sublica.* **1615** R. SMYTH: *GB* 176, y *pontae* a dorrodd. **1632** *D*, *ponnig* d.g. *ponticulus.* **1632** J. DAVIES: *LlR* 39, cynnifer o *bonnydd*, o briffyrdd. **1687 (1715)** J. OWEN: *TB* 72, Xerxes a wnaeth *bont* o longau ar y môr, a elwir yr Helespont. **1693** *HC* 45, ewyllysia sancteiddiad yn unic fel *pont* iw drosglwyddo i'r nef. **1722** *Llst* 189, *pontan*, *pontig*, f. a little bridge. **1754** *ML* i. 318, Gerwin o'r llifeiriant sydd rhyd y wlâd, y *pontydd* dan ddwfr gan mwyaf. **18–19**g. *Iolo MSS* 7, Caid ab Arch a wnaeth *Byntydd* gyntaf ar afonydd. Digwydd yn gyff. mewn e. lleoedd, e.e. *Pontardawe*, Morg., *Ponterwyd*, Cered. Yn ardaloedd glofaol y De defnyddir *pontan* am '[dd]arn o dir a ddisgynnai'n is na'r tir o'i gwmpas o ganlyniad i wasg', *B* viii. 220, *Geir Glo* 63. Yn sir Drefn. dywedid am un sy'n cymryd mantais o gyfeillgarwch i hyrwyddo ei les ei hun ei fod yn 'gwneud *pont* o'i drwyn', *Mont Coll* xi. 296. Ym Môn clywid '*pont*' am y fframwaith o bren a ddefnyddid wrth adeiladu tŷ, *B* xxiv. 179.

(*b*) *Crdd.* Darn o bren wedi ei sicrhau wrth gorff feiolin, crwth, gitâr, &c., sy'n cynnal y tannau ac yn trosglwyddo eu dirgryniadau i'r seinfwrdd: *bridge* (*of violin, guitar, &c.*).

?**15**g. (**16–17**g.) I. C. PEATE: *DGC* 74, pren teg bwa a gwregis / *pont* a bran pynt yw i bris [Gruffudd ap Dafydd ap Hywel i ofyn crwth]. **1604–7** *TW* (*Pen* 228), *pont* Lut ne Grwth d.g. *magadium.* **1771** *W*, *pont* . . . offeryn cerdd d.g. *bridge of a musical instrument.*

(*c*) Darn o bren sy'n dal gwerthyd y maen uchaf, fframwaith o ddistiau sy'n cynnal pwysau'r meini (mewn melin): *bridge-tree, framework of beams supporting the millstones.*

15–16g. (*c.* **1648**) *Llst* 124, 141, *pont* a dâl pvnt i dylwyth / dann y llofft yn dwyn ei llwyth [i ofyn meini melin]. **1543** *B* viii. 299, Hyn ni wnar mylinidd . . . kynio y *bont* a chynion ry lyden ne yn anghyvarwydd oni holldo.

(*d*) Llinyn tenau sy'n dal yr abwyd wrth geg cawell cimwch: *fine cord tied to the mouth of a lobster-pot to hold the bait.*

Ar lafar yn Llŷn, *B* xxv. 54. Gw. hefyd *llinyn—ll.* (*y*) *bont.*

Cfn.: **pont fwaog:** *arched bridge.* **1818. p. gadwyn(ol):** *chain-bridge, suspension bridge.* **1875. p. garreg:** *bridge consisting of a single slab of stone.* **1931** H. EVANS: *CE* 181, troediwn i dros bont Rhyd y Clwyde, *pont garreg* (nid cerrig, cofiwch) heb ddim canllaw iddi. Digwydd yn e.'r pentref *Pontgarreg*, plwyf Llangrannog, Cered. **p. godi:** *drawbridge.* **1688** *TJ*, ysgrogell, *pont godi*, pont windio: a Draw-bridge. *c.* **1730** *Thos. Lloyd D* (LlGC) 196a. **p. goed:** *wooden bridge.* **1771** *W* d.g. *bridge, a wooden bridge.* **1803** *P* d.g. *pont.* **p. grog** (ll. *pontydd crog*): *suspension bridge.* **1892. p. grogedig = p. grog. 1836. p. chwibolog:** *tubular bridge.* **1851. p. ddrychafael, p. ddyrchafedig:** *drawbridge. c.* **1585** *Llst* 178, 55b, yr oedd moat ney glawdd rhyfeddfawr . . . oddi amgylch yr llys a *phont ddyrchafedig* (*March C* 24, *ddrychafael*) drosto. **p. y glaw, p. law,** &c.: (i) *rainbow.* **1880** *Mont Coll* xiii. 289, In Merionethshire and parts of Denbighshire it [enfys] is called *Pontgwlaw.* Ar lafar mewn rhannau o'r Gogledd-ddwyrain yn y ff. *pont y glaw*, *LGW* [430]–1. (ii) *name of a children's game similar to 'Oranges and Lemons'.* Ym Mhenllyn, byddai dau blentyn yn cydio yn nwylo ei gilydd i ffurfio pont ac yna byddai gweddill y plant yn pasio dani fel trên. Delid yr olaf bob tro dan y bont, a châi ynteu ddewis sefyll y tu ôl i'r naill neu'r llall o'r ddau a ffurfiai'r bont. Pan ddelid pawb, ceid gornest dynnu rhwng y ddwy ochr i gloi'r chwarae. Yng ngogledd Cymru clywid y cwestiwn, 'Pwy ddaw, pwy ddaw dan *bont y glaw*?' gan y ddau a ffurfiai'r bont, a'r ateb, 'Myfi â'm corn a'm pibell ganu', D. PARRY-JONES: *WCGP* 90–1. Yng ngogledd Cered. y cwestiwn oedd, 'Pwy ddaw, pwy ddaw i *bont y glaw* / I weiddi "gwcw"', ac ym Mhenmachno, sir Gaern., 'Dewch am dro dan *bont y glaw* / Ni a'n holl gwmpeini', *LlG* xi. 5. Gw. hefyd *B* xiv. 203. **p. lusg:** *drawbridge. c.* **1862. p. faen:** *stone bridge.* **1771** *W* d.g. *bridge, a stone-bridge.* **1803** *P* d.g. *pont.* Y mae *Y Bont-faen* yn e. ar dref a phlwyf ym Morg., ac ar blwyf ac ardal yn sir Benf. **p. bibellol:** *tubular bridge.* **1853. p. blanciau = p. droed.** Ar lafar yn nwyrain Morg. yn y ff. *pont blanca.* **p. bren,** gw. *pompren.* **p. sbectol:** *bridge of spectacles.* Ar lafar. **p. droed:** *footbridge.* **1848. p. trwyn:** *bridge of the nose.* **1604–7** *TW* (*Pen* 228), [*p*]*ont* y *trwyn* d.g. *ethmus, interfinium.* **1803** *P* d.g. *pont.* Cf. D. OWEN: *GT* 135, sut y daw o allan a thithe wedi 'sigo *pont* 'i *drwyn* o? **p. unpren:** *footbridge, small bridge.* **13**g. *LlI* 41. *c.* **1400** *Pen* 32, 124b. **1632** *D* d.g. *ponticulus.* **1771** *W* d.g. *bridge, a foot-bridge.* **p. windio:** *drawbridge.* **1617** *Minsheu* 52, *pont windro* [*sic*] d.g. *a draw Bridge.* **1688** *TJ*, ysgrogell, pont godi, *pont windio*: a Draw-bridge. **p. ysgraffau:** *pontoon bridge.* **1780** *W* d.g. *ponton, or pontoon* [*a bridge of boats, so called*]. **p. ysgwydd:** *collar-bone*(*s*), *clavicle.* **1632** *D*, *pont* yr *ysgwydd* d.g. *scoptula operta.* **1796** N. WILLIAMS: *HM* ii. 81, Eis, yr hwn sydd yn helaethu tua *phont* yr *Ysgwydd*, ac weithiau tu ag asgwrn y cefn, ac ar droion eraill tu â'r ddwyfron. **1803** *P*, pont . . . *pont ysgwydd*, a collar-bone. Cf. D. OWEN: *GT* 257, [c]afwyd ei fod wedi tori *pont* ei *ysgwydd.*

pontais [bnth. S. *pontage*] *eg.* Toll a delid am ddefnyddio pont, treth at gynnal a chadw pont neu bontydd: *pontage.*

c. **1730** *Thos. Lloyd D* (LlGC) 194b, *pontais*, pontage. M. 61. 62. **1776** *Pant* 22, 57a, [p]ob cyfryw doll, Stalais, Passais, *Pontais*, talais a Murais. *id.* 58b, *Pontais* yw arian passessau ar bynt.

pontan, pontbren, gw. **pont, pompren.**

pontffordd [*pont* + *ffordd*] *eb.* Pont uchel sy'n cario ffordd neu reilffordd dros ddyffryn, traphont, fforddbont, pont sy'n cario un ffordd neu reilffordd dros un arall, trosffordd: *viaduct, flyover, overpass.*

1848.

pontiad [bôn y f. ddil. + *-iad*[1]] *eg.* Y weithred o bontio, pont: *a bridging, bridge.*

1803 *P.* Cf. W. OWEN[-PUGHE]: *CG* 290, Dychwelai efe i Uffern, ac ar fin / Y Tryblith wrth y *pontiad* eres hwn.

pontiaf: pontio [bf. o'r e. *pont*] *bg.a.* Adeiladu pont dros afon, &c., rhychwantu â phont, &c., ffurfio bwa, hefyd yn *dros.* ac yn *ffig.*: *to bridge, span, arch, also transf. and fig.*

1803 *P* d.g. *pontiaw.* Cf. D. OWEN: *RL* 230, Yr anhawsder ydyw gallu *pontio* y dyeithrwch heb darfu eu hysbryd. Ar lafar yn Llŷn, am osod y bont, sef y llinyn sy'n dal yr abwyd, ar gawell cimwch, *B* xxv. 54.

pontiff [bnth. S. *pontiff*] *eg.* ll. *-iaid*, *-iau.* Esgob, yn enw. pab; aelod o'r prif goleg o offeiriaid yn Rhufain gynt: *pontiff, bishop, esp. pope*; *pontifex.*

1866.

pontiffic, pontiffig [bnth. dysg. Llad. *pontific-*, bôn traws yr e. *pontifex*] *eg.* Pontiff, esgob: *pontiff, bishop.*

1609 R. SMYTH: *CAC* 22, [t]an un *Pontifig* penaf i raglaw ef ar y ddaear. **1611** R. SMYTH: *SG* 13, Iesu Grist . . . yn brenin, a'n *Pontific*, a'n Archescob [n]i.

pontifficaidd, pontiffigaidd [cfdds. o'r S. *pontific*(*al*) + *-aidd*] *a.* Dogmatig ac ymhongar: *pontifical, dogmatic and pompous.*

1931. Cf. D. J. WILLIAMS: *ChHO* 55, ''R ŷch chi'n gweld', meddai Dai yn ei ddull mwyaf *pontifficaidd.*

pontiffical [bnth. S. *pontifical*] *eg.* Llyfr gwasanaeth esgob yn Eglwys y Gorllewin; gwisg esgob: *pontifical* (*service book*); *pontifical* (*bishop's vestment*).

15–16g. *TA* 87, *Pontiff'cal* reial oed raid, / Plis Harri, 'n gwplws euraid [i'r Esgob Dafydd ab Owain].

pontifficalaidd [*pontiffical* + *-aidd*] *a.* Yn perthyn i bontiff, priodol i bontiff; dogmatig ac ymhongar: *pontifical, pertaining to a pontiff, befitting a pontiff*; *pontifical, dogmatic and pompous.*

p. **1858.**

pontifficeiddiaf: pontifficeiddio [bf. o'r a. *pontifficaidd*] *bg.* Siarad yn ddogmatig ac yn ymhongar: *to pontificate.*

20g.

pontiffig, pontiffigaidd, pontig, gw. **pontiffic, pontifficaidd, pont.**

pontiog, pontog [*pont* + *-*(*i*)*og*] *a.* Tebyg i bont, bwaog, o natur pont: *like a bridge, arched, of the nature of a bridge.*

1803 *P*, *pontawg*, having an arch, or bridge.

pontiwr, pontwr, pontydd[2] [*pont* neu fôn y f. *pontiaf*: *pontio* + *-*(*i*)*wr*, *-ydd*[3]] *eg.* ll. *pontwyr.* Adeiladydd pont(ydd), hefyd yn *ffig.*: *a bridge-builder, also fig.*

1803 *P*, *pontydd*, a bridge-builder.

pontog, gw. **pontiog.**

pontŵn[1] [bnth. S. *pontoon* (type of float)] *eg.* Fflôt neu lestr dwrglos arall a ddefnyddir i gynnal pont, &c., dros dro, math o fflôt y gellir ei llanw ag aer, &c., i'w defnyddio i godi llong, &c., sydd wedi suddo: *pontoon* (*type of float*).

20g.

pontŵn[2] [bnth. S. *pontoon* (card-game)] *eg.* Gêm gardiau a enillir drwy gael cardiau o werth uwch na chardiau'r 'banciwr', ond heb fod yn uwch nag un ar hugain o bwyntiau: *pontoon* (*card-game*).

20g.

pontwr, gw. **pontiwr.**

pontydd[1], ff. l., gw. **pont.**

pontydd[2], gw. **pontiwr.**

pontyddiaeth [*pontydd*[2] + *-iaeth*] *eg.* Adeiladaeth pontydd: *bridge-building.*

1803 *P.*

pony, ponyt[1,2], gw. **poni**[1], **ponid**[1,2].

pop[1] [bnth. S. *pop* (drink)] *eg.* Diod ysgafn (fyrlymus) ddialcohol: *pop (drink), mineral (water).*
1837. Ar lafar; hefyd yn yr ystyr 'diod feddwol', 'Mae 'mhen i'n hollti bora 'ma—mi ges i ormod o *bop* neithiwr', 'Mae e'n lico'r *pop*'.
Cfn.: **ar y pop:** *on the booze.* Ar lafar.

pop[2] [bnth. S. *pop* (music)] *eg.* a hefyd gyda grym ansoddeiriol. Cerddoriaeth ysgafn boblogaidd: *pop (music).*
20g.

popa, popaf: popo, popan, gw. **popo, popiaf: popio.**

poparth, pob parth [*pob*[1]+*parth*] *eg.* a hefyd gyda grym adferfol. Pob ochr, poptu, pob rhan, pobman: *every side, all sides, both sides, either side, all parts, everywhere.*
12–13g. *GLlLl* 53, Dygyuarth *pob parth* ef porthes. **14g.** *GDG*[3] 60, Cŵn *pob parth* a'i cyfarthai. **15g.** *GLGC* 281, *Boparth* i'r bedd y gweddyn' / byst ar gaer o albawstr gwyn. **15–16g.** *TA* 318, Rhai'n dosbarth *pob parth* i'r pen, / Rhai ucho 'n meirw haeachen. **16g.** *WLl* 168, Y*mhob parth* mwy y perthyn / Miragl Duw na mawrgel dyn. **1621** E. PRYS: *Ps* 7a, O'i enau tan, o'i ffroenau tarth, / yn nynny *pobparth* wybren.
Cfn.: **i boparth,** &c., **(i):** *on either side (of), everywhere.* **15g.** *HCLl* 112, Porth Mair *i bob parth* a'u medd. **16g.** *THSC* (1923–4) (At.) 52, gwelai wraic yn rydec *y boparth yr* tan. **o b. (i):** *on either side (of), on all sides (of), around, about, everywhere; from all sides.* **14g.** *T* 17. 16–17, Saesson *o pop parth* y gwarth ae deubyd. **14g.** *YBH* 29a, *o bobparth idaw.* **14g.** *GIG* 71, Rhai'n tynnu top *o boparth* / Gwallt y pen megis gwellt parth. **14–15g.** *IGE*[2] 322, Trysor nef yn eu trwsiad, / Teg, teg, *o bob parth* i'r Tad (Rhys Goch Eryri). **15g.** *GDID* 98, Perth rudd *o bob parth i'r* iad. **15–16g.** *GIF* 60, Amla yw'ch gwin, aml yw'ch gwŷr: / Aur *o boparth* y Bewpyr. **1567** *TN* 4b, a'r oll wlat o ddi amgylch [:- *obopparth*] Iorddanen. *id.* 51b, a' daethant attaw *o* bop man [:- *bopparth*]. **1588** *Esec* xvi. 57, y rhai a'th ddiystyrant di *o bob-parth.* **1606** E. JAMES: *Hom* i. 107, [g]wneuthur gwinllan deg . . . a'i murio hi, *o bobparth.* **1632** *D*, *o bobparth* d.g. *circum.* **17g.** *LlCy* v. 44, ac o bai hi di wair hi a ddoe *o boparth iddi* hvd y llawr.

popeth [*pob*[1]+*peth*] *eg.* Y cyfan i gyd, pob dim: *everything.*
1803 *P*, *pobpeth*, every thing. Bach yw *pobpeth* yn ei ddechreu. Adage. *Diar.* Nid aur (yw) *popeth* melyn.
Cfn.: **(mae) popeth yn dda:** *(everything is) all right.* Ar lafar yn gyff. **(mae) p. yn iawn = p. yn dda.** Ar lafar yn gyff.
Gw. hefyd **pob—p. peth.**

popi, gw. **pabi.**

popiaf, popaf: pop(i)o, pop(i)an [bnth. S. *(to) pop*] *bg.a.* Gwneud sŵn ffrwydrol ysgafn, peri sŵn felly, saethu allan gan wneud sŵn felly (am gorcyn); sefyll neu ymwthio allan (yn enw. am lygaid): *to pop (of sound, cork); protrude (esp. of eyes).*
1780 *W*, *poppian* . . . â'r genau d.g. *to pop with the mouth.* Ar lafar, "Rodd 'i'n brodas dda, a'r cyrcs yn *popio* dros y lle'; "Odd 'i lyged e'n *popian* allan o'i ben e'.
Cfn.: **popio'r cwestiwn:** *to pop the question.* **1881. popo mas:** *to pop out.* Ar lafar yn y De, 'Dim ond *popo mæs* am funad sia'r siop mæ 'i'. **pop(i)o (popian) (i) mewn:** *to pop in.* **1936.**

popinjae, popinsiae [bnth. S. *popinjay*] *eg.* Parot: *parrot, popinjay.*
15g. *GDLl* 56, Pryd edn y Mab Rhad ydyw, / Ple mae *popinsiae* mor syw [i ddiolch am ffon a llun aderyn ar ei phen]? **1604–7** *TW* (*Pen* 228), gwyrddliw parat, ne'r *popiniae* d.g. *psittaceus.*

poplaf: poplo [bf. o'r e. *popl(is)*] *bg.a.* Palmantu â cherrig palmant, pitsio: *to pave with cobbles.*
Ar lafar yn sir Benf., *SC* vi. 124.

poplar, popler, poplyr [bnth. S. *poplar, popler*] *eg.* (bach. b. *popleren, poplyren*). Poplysen, yn enw. *Populus nigra*: *poplar tree, esp. black poplar.*
Diw. **16g.** *WLB* 76, dail y *popler.*
Amr.: **pwmpleren, pwpleren** *(eb.).* **1707** *AB* 219a, *pwmpleren*, black poplar. Brec. *id.* 283b, Brec. *pwmpleren* (rectius *Pwpleren*) d.g. *a popler.* **1780** *W*, *pwmpleren* d.g. *poplar, black poplar.* **1813** *WB* 230.

poplen, popler, gw. **poplys, poplar.**

poplis, popls[1] [bnth. S. taf. *popples* 'pebbles'] *e.ll.* (un. b. *poplisen, poplen*). Cerrig (mawr) crynion, yn enw. rhai wedi eu llyfnhau gan ddŵr, graean bras, cerrig palmant: *pebbles, cobbles.*
Ar lafar yng ngodre Cered., sir Benf., a dwyrain Morg.
Gw. hefyd **poblen.**

popls[2], gw. **poplys.**

poplyd [*pop*[2]+*-lyd*] *a.* Yn perthyn i ganu pop, y diwylliant pop, &c., yn ddifr.: *pertaining to pop music, culture, &c., used derog.*
20g.

poplyr, poplyren, gw. **poplar.**

poplys [bnth. S. *popples* 'poplar trees'] *e.ll.* (un. b. *-en, poplen*), a hefyd fel *eg.* Unrhyw goed(en) o'r tylwyth *Populus* a nodweddir gan dyfiant cyflym a thalsyth, pren meddal ysgafn, a dail trionglog sy'n crynu yn yr awel, poplar: *poplar tree(s).*
1588 *Hos* iv. 13, tann y dderwen, a'r *boplysen*, a'r llwyfen. **1604–7** *TW* (*Pen* 228), *poplysen* d.g. *farfarum, populus. id.* perthynu yr coet *poplus* d.g. *populeus.* **1620** *Gen* xxx. 37, [g]wiail gleision o *boplys*, a chyll, a ffawydd. **1633** J. GERARDE: *Herball, Poplys.* a Poplar. **1722** *Llst* 189, *poplys*, s. *plysen* f. Asp or poplar-trees. **1773** J. ROBERTS: *GY, Poplys*, Pren tyner, a'i Ddail, yn wynion y naill du a duon y tu arall. **1780** *W*, *poplysen* . . . pren *poplys* . . . *poplys* . . . coed *poplys* d.g. *poplar, or a poplar tree . . . Poplar-trees.* **1795** J. THOMAS: *AIC* 129, Ei 3 chwaer ef . . . a alarasant ar ei ol ef, hyd nes yr aethont yn Bren *poplysen*, neu Aethnen ddu. **1813** *WB* 228, *Poplysen*; Populus alba; Great White Poplar, Abele tree. Ar lafar ym Morg. clywir y ff. l. *popls, GWG* 329; a'r ff. un. *poplan.*
Cfn.: **poplys du(on):** *black poplar(s), Populus nigra.* **1604–7** *TW* (*Pen* 228), y pren *populus dû* d.g. *aegiros. id.* eli o vlodeu'r *poplus du* d.g. *populeum* (At.). *c.* **1730** *Thos. Lloyd D* (LlGC) 195a. **p. gwyn(ion):** *white poplar(s), Populus alba; grey poplar(s), P. canescens.* **1604–7** *TW* (*Pen* 228), *poplysen wenn* d.g. *achereis* (At.).

poplyswydd [*poplys*+*gwŷdd*[1]] *e.ll.* (un. b. *-en*). Coed poplys: *poplar trees.*
1588 *Gen* xxx. 37, [g]wiail o *boplyswydd* a chyll. **1780** *W*, *poplyswydden* . . . *poplyswydd* d.g. *poplar, or a poplar-tree . . . Poplar-trees.*

popo, *eg.* Dolur, briw (a'i ddefnyddio gan amlaf wrth siarad â phlant a chanddynt): *hurt, cut (mainly used by and to children).*
Ar lafar yn gyff., 'Ydi'r *popo*'n brifo ar dy fraich di, bach?'; yng ngogledd Cered. clywir y ff. *bopo*, 'wedi ca'l *bopo* ar 'i goes ma' fe', ac yng Ngwynedd *popa*, e.e. yn yr ymad. 'cusan *bopa*' 'a sore on the lips', *WVBD* 438. Yng ngorllewin Meir. fe'i defnyddir am rywbeth poeth a allai achosi dolur neu friw, 'Tendia, *popo* ydi o', *Cymru* lxii. 73.

popryd, gw. **pob**[1]**+pryd**[1].

poptu, pob tu [*pob*[1]+*tu*] *eg.* a hefyd gyda grym adferfol. Pob ochr: *every side, all sides, both sides, either side.*
9g. (*MC*) *VVB* 205, *popptu*, gl. *ambifarium.* **14g.** *GIG* 47, Popty llawn *poptu* i'r llys, / Perllan, gwinllan ger gwenllys. **15g.** *GO* 281, Chychwi yw'n parch vwch yn penn: / . . . / Kymru y*mhob tu*, wytt ti. **15–16g.** *TA* 140, Ti ei ar *bob tu* â'r bel. **1803** *P*, *pobtu*, s. m. every side, the compass, or circuit.
Cfn.: **i boptu,** &c., **(i):** *on either side (of), around, everywhere.* ?**14g.** *MA*[2] 591, Ac ynteu yn deu hanner *y bobtu yr* cledyf. **15g.** *GLGC* 274, *i bob tu* i bregethu gynt / o wyrth Iesu'r aethasynt. **16g.** *Haf* 22, 382, ac yna ydd aeth mair hi a mawdlen *y bopty yr* Plas y ysbio. **o b. (i):** (i) *on either side (of), on all sides (of), around, about, everywhere; from all sides.* **14g.** *Pen* 18, 7, A llad llawer *oboptu.* **14g.** *GDG*[3] 173, Mwy'r cawdd, *o boptu'r* mur calch, / Finfin, mi a'm dyn feinfalch. *c.* **1400** [*RB*] *WM* 212. 4–5, [m]arch coch mawr. gwedy rannu y vwng *o boptu y* vynwgyl. **1588** *Esec* xl. 21, Ei stafelloedd ef oeddynt dair *o boptu* (**1620** *ib.* dair o'r tu ymma, a thair o'r tu accw). **1588** *Io* xix. 18, Lle y croes-hoeliasant ef a dau eraill, vn *o bôb tu*, a'r Iesu yn y canol. **1672** R. PRICHARD: *Gw* 140, Y mae'r Scrythur yn mynegi, / Fôd y Diawl yn troi *o boptu.* **1683** H. EVANS: *CTF* 5, Yn ôl 'styried hyn *o bob tu* / Bydd di segûr (ddyn) os gelli. (ii) *approximately, about.* **15g.** *HS* 14, o botiau gwin *o bobtu* gant. **1658** R. VAUGHAN: *PS* 7, *o bobty* 800. o flynyddoedd aethant heibio. **1684** H. OWEN: *DC* [ix], *obobtu i* ddec arvgian [*sic*] mlynedd cyn i Dr. Davies brintio rhan ohono. **1716** T. EVANS: *DPO* 258, *o bobtu* Bl. yr Argl. 150.
Gw. hefyd **obeutu, peutu.**

popty [bôn y f. *pobaf: pobi*+*tŷ*; H. Grn. *pop[t]i*, gl. *pistrinum*] *eg.* ll. *-tai, -tyau.* Ffwrn (bobi, &c.), ffwrn sy'n rhan o'r lle tân ac a boethir gan y tân sydd yno, ffwrn wal, hefyd yn *ffig.*; ystafell neu adeilad ar gyfer pobi bara, &c., becws: *(baking-, &c.) oven, fireplace oven, wall-oven, also fig.; bakery, bakehouse.*
14g. *GIG* 47, *Popty* llawn poptu i'r llys, / Perllan, gwinllan ger gwenllys. *c.* **1400** *YSG* i. 47, gwreic a dec torth genthi yn dyuot o *bopty.* **15–16g.** LLAWDDEN, &c.: *Gw* 247, Can *popty* y sy a chan sewer bwyd. **1547** *WS*, fwrn ne *popty*, a ouen. *c.* **1566** *B* xv. 119, bwyd a boper mewn *pobty.* **1567** *TN* 9b, yr hwnn ys ydd heddyw, ac yvory a vwrir i'r ffwrn [:- *poptuy*]. *Diw.* **16g.** *WLB* 23, dod y pott mewn *popty* brwd. *Dchr.* **17g.** *J* 10, 130a, *pobty*, bakehouse, furnus. **1632** *D*, *pobty*, fornax, pistoria, furnus, pistrinum, pistrina. **1703** E. WYNNE: *BC* 106, Adail . . . yn debyg ond ei faint ai boethder i ryw anferth *Bopty* cwmpasog erchyll. **1722** *Llst* 189, *pobty*, m. a bakehouse, pastery. **1795** *R. Crusoe* 49, melin i'w falu . . . a *phobty* i'w grasu. **1803** *P*, *pobty*, s. m. pl. t. *au*, a bakehouse. Ar lafar yn y Gogledd, *LGW* 155, gynt â'r ff. l. *poptái, WVBD* 438, *WG* 197.
Cfn.: **popty bach:** *cast-iron oven at the side of the fireplace, usu. as part of a range.* Ar lafar yn y Gogledd, *B* xiv. 292, *Geir Geg* 146. **p. haearn bwrw:** *large cast-iron oven.* Ar lafar ym Môn a sir Gaern., '*popty haearn bwrw*—popty mawr o waith y gof lleol, fel rheol, wedi'i osod ym mur cegin ffermdy a lle tân o dano', *Geir Geg* 146–7. **p. mawr:** *large wall-oven made of bricks and heated by burning wood inside the oven; bakehouse.* Ar lafar yn y Gogledd, *B* xiv. 292, *Geir Geg* 147. **p. microdon:** *microwave oven.* **20g. p. sît = p. haearn bwrw.** Ar lafar ym Môn a sir Gaern., '*popty sheet*', *Geir Geg* 147.

poptyaid [gair geir., sef *popty*+*-aid*[1]] *eg.* Llond popty, ffyrnaid, pobiad, crasiad: *ovenful, batch, a baking.*
1547 *WS*, *poptaed* [*sic*], an ouenfull. *Dchr.* **17g.** *J* 10, 130a, *poptyed* o vara, a Batche.

popul, populog, gw. **pobl, poblog.**

pôr[1] [?< **kᵘoro-*, o'r gwr. IE. **kᵘer-* 'gwneud, llunio'; ?cf. *perydd, peryf*] *eg.* ll. *poraid.* Brenin, arglwydd, pennaeth, hefyd yn *ffig.*: *king, lord, chief, also fig.*
12–13g. *GLlLl* 264, *Por* eissor, un eissyeu ny'm gwet [i Rys Gryg]. *c.* **1300** *H* 50a. 33, Gan gyueisor *por* pawb ae gweli [marwnad Cadwallon ap Madog gan Gynddelw]. **14g.** *GDG*[3] 25, Menig pur galennig *pôr*, / Mwyn gyfoeth menig Ifor. **14g.** *GIG* 47, Parc cwning ein *pôr* cenedl, / Erydr a meirch hydr, mawr chwedl [i lys Owain Glyndŵr]. *id.* 78, Ieuan, apostol glân glwys, / Periglor, *pôr* yr eglwys [i Esgob Llanelwy]. *id.* 84, Perbren dawn, pair obry da, / *Pôr* gwyn, bagluryn Buga [i Syr Rosier Mortimer]. *id.* 95, Puror telyn, *pôr* teulu, / Serchog, edifeiriog fu [marwnad Llywelyn Goch ap Meurig Hen]. *Dchr.* **15g.** *GM* 9, Gogonedus gor ebystyl, nefawl *bor. Dchr.* **15g.** *IGE*[2] 198, Fy m*hôr* wyd, fy mharadwys, / Fy mharch diogel, fy mhwys [Llywelyn ab y Moel i Goed y Graig Lwyd]. **1547** *WS*, *por* arglwydd, a lorde. **1603** W. MIDLETON: *Ps* 101, Ar Dduw kriaf bid vchaf *bor.* **1722** *Llst* 189, *pôr*, m.p. *poraid*, a Lord, governour. **1759** *DG* 8, Prusia ddiawl pair iâs o ddîg, / *Pôr* uffernawl pur ffyrn[i]g. **1789** *BDG* 517, Pand oeddych yn wych dy wedd, / *Por* glwysliw 'n porio glasledd [i'r haf]. **1803** *P.*
Amr.: **pur**[2] [?cf. *pŷr*[1] a'r S. *peer*]. **16–17g.** LLYWELYN SIÔN, &c.: *Gw* 444, 467, 536. **pŷr**[1] [?cf. *pur*[2] a'r S. *peer*; digwydd fel e. un. a ll.]. **16g.** SIÔN BRWYNOG: *C* 41, Amod yw ym Modowyr, / O flaen pawb, foli ein *pyr* [i Rolant ap Mredydd]. *c.* **1562** *B* ii. 235, *pyr*: arglwydd. **1632** *D*, *pŷr*, vid. an pl. â Pôr. **1688** *TJ*, *pŷr*, Arglwyddi: lords. **1803** *P*, pôr, s. m. pl. *pyr* . . . a sovereign, a lord. Cf. *Bl D* 70, Ond Picton purion parhaodd—o'r *Pŷr*, / Ar y gwyr ragorodd.

pôr[2] [bnth. S. *pore*] *eg.* ll. *-s. Biol.* Chwystwll; dwythell: *(sweat-)pore; duct.*
1545 ELIS GRUFFYDD: *Ll* 8, y vo a egyr y *poors* j illwng suddoedd aviach allan o'r korf. *c.* **1548** *CM* 1, 781, Ar ail *poor* ysydd ynn yr hrann vcha orau . . . A ffan vor *pors* y [*sic*] ysydd yn gwasnaethu [*sic*] orau Ir Koluddion gwedi Kau. **1688** T. JONES: *Alm* [25], y mîs hwn bŷdd *pôrs* y Corph yn egored, ac yn gymwŷs i dderbŷn pysygwriaeth.

pôr[3] [bnth. S. *porr(et)* neu fnth. dysg. o'r Llad. *porr(um)*] *e?g. Bot.* Cenhinen neu wynwnsyn ieuanc: *young leek or onion.*
1547 *WS*, *por* kenin, porret.

poraf, poriaf: pori, porio [Llyd. C. *peuriff*, Llyd. Diw. *peuriñ*] *bg.a.*
(*a*) (fel *bg.*) Bwyta glaswellt, &c., sy'n tyfu (am anifeiliaid), brigbori, bwyta,

ymborthi, hefyd yn *ffig.*: *to eat grass, graze, browse, feed, also fig.*

13g. *LlI* 82, Amus . . . ny chyll na'y werth na'y ureynt er *pory* allan. *id.* 102, yscrybyl, ket as ellygo y *pory*, ny chyll y ureynt. **14g.** *WM* 229. 29–30, Mil o anieueileit gwyllt yn *pori* yny gylch. *id.* 255. 4–6, ellwg y varch y*bori* ymywn dol wastat goedawc. **14g.** *GIG* 47, Gerllaw'r llys, gorlliwio'r llall, / Y *pawr* ceirw mewn parc arall. **1551** W. SALESBURY: *KLl* xiib, yd oed . . . cenfaint o voch lawer yn *pory*. **1588** *Ecs* xxxiv. 3, na *phored* hefyd na dafad, nac eidion. **1588** *Eseia* xi. 7, Y fuwch hefyd a'r arth a *borant* yng-hyd. *c.* **1600 (1681)** *Rhyddiaith Gymraeg* ii. 163, Nis gwelir mo hwnnw [anifail] mwy yn *pori* ar y mynydd. **1632** *D, pori*, depascere. **1688** *TJ, pori*: to feed, to grase. **1728** T. BADDY: *DDG* 78, Yr rhai'n yn Amser Haf . . . a rodiant au Diadellau Praidd . . . gan *pori* [*sic*] a phorfau ar hyd y ffordd. **1803** *P, pori*, to graze, to browse, to feed upon grass. Ar lafar yn gyff., *WVBD* 438–9; ''Roedd yr hen bobol yn *pori* llawer yn 'u Beible 'slawer dydd'. Digwydd ar lafar yn yr ymad. 'Yr oen yn dysgu'r ddafad i *bori*', D. J. EVANS: *HCS* 126; 'Y ceffyl a *bôr* a bâr', M. WILIAM: *DY* 21.

(*b*) (fel *ba.*) Ymborthi ar, bwydo ar, bwyta, ysu; porthi, bwydo; defnyddio (tir) fel porfa; peri i laswellt dyfu ar (dir, &c.); rhoddi (creaduriaid) fwydo ar dir pori; hefyd yn *ffig.*: *to feed on, eat, devour; feed; use as pasture (of land); cause grass to grow on (land, &c.); pasture; also fig.*

13g. *HGK* 15, Trahaearn a drychit en e gymperved, ene ytoed y'r llaur en varw, en *pori* a'e danhed y llyssyeu ir. **14g.** *WM* 107. 25–7, ef awelei yr hwch yn *pori* kic pwdyr achynron. *id.* 176. 2–8, Karw . . . A*phori* awna bric ycoet ac auo o wellt yny fforest. **14g.** *GDG*³ 373, Grëwr yn chwarae griors, / Gryr llawn yn *pori* cawn cors [i'w gysgod]. *c.* **1400** *R* 1274. 30, Avallen beren beth ath *bores*. **1551** W. SALESBURY: *KLl* xva, peth [had] a syrthiadd ar emyl ffordd . . . ac ehediait yr awyr ae *poresont*. **1567** *TN* 112a, [y] cibe, a ysei [:– vwytaei, *borei*] 'r moch. *id.* 114a, cahel ei borthi [:– *pori*] a'r briwsion, a syrthient y ar vort y gwr goludawc. **1588** *Ecs* xxii. 5, Os *pawr* vn faes, neu win-llan, ac anfon ei anifail i *bori* maes vn arall. **1588** *Eseia* iii. 14, chwi a *borasoch* fyng-winllan. **17g.** HUW MORUS: *EC* i. 331, A *boro* ei lafur cyn blodeuo, / Amser medi / Fe ddaw caledi. **1789** *BDG* 517, Pand oeddych yn wych dy wedd, / Por glwysliw 'n *porio* glasledd [i'r haf]. **1798** *WR*, tir i'w *bori* wrth yr wythnos d.g. *agistage.* **18–19g.** *Llr* C 67, 40, yna *pôr* ef a defaid trymion. **18–19g.** *LlGC* 13221, 18, *porio*, to clothe with grass. Ar lafar yn Arfon, 'hawl *pori* defaid a thorri mawn', *WVBD* 439.

Cfn.: **pori at y croen:** *to graze close to the ground, crop.* Ar lafar. **p. i groen y ddaear = p. at y croen.** Ar lafar yn ne-ddwyrain Morg., 'Ma'r creduriid wedi *pori'r* cæ 'na *i grôn y ddaear*'. **p. i'r dog = p. at y croen.** Ar lafar yn sir Benf. **p. yng nghroen y baw = p. at y croen.** Ar lafar yn Arfon. **p. yn gyffredin:** *to share the use of common pasture.* **1722** *Llst* 189. **p. haneru:** *the sharing of pasture and of the profits arising from the sale of lambs.* Ar lafar ym Morg., '*pori hanera*', *LlGC* 1171, 160.

porboethaf: porboethi [?*pawr*¹ neu fôn y f. fl.+*poethaf*: *poethi*] *bg.* Prancio, campro (am geffyl): *to prance (of a horse).*

c. **1870.**

porc [bnth. S. *pork*] *eg.* (bach. g. *-yn*, b. *-en*) ll. *pyrc*, ll. dwbl *pyrcs*, *porcsach*, a hefyd fel *a.* Mochyn (ieuanc) (a gedwir i'w besgi); cig y cyfryw anifail; hefyd yn *ffig.*: *(young) pig, porker; pork (meat); also fig.*

1547 *WS, pork*, porke. *c.* **1566** *B* xv. 119, o awst allan . . . rost a wneler o *bork* ay verwi ay vortery o gehyr *pork*. *Diw.* **16g.** *WLB* 50, kymer gig mollt ne *bork*. **16–17g.** *GST* i. 545, Gan ei fysedd gwnâi fisiff / Ar werth morc o *bork* a biff. **1632** *D, porcyn* d.g. *porculus.* **1716–18** *Llsgr R. Morris* 192, mae yma *borckun* yn y nen / yn bedar llen rhagorol. **1722** *Llst* 189, *porcyn*, m.p. *pyrc*, a young hog-pig, a porket. **1763** *LlGC* 19, 222, O'i brone lawr fel *porcyn* rhost, / Cydmares dost i Gristion. **1771** *Tredegar* 72/58, A Gwraig y Burk ymlaid y *Porkyn.* **1774** *W, porcyn* d.g. *hog, a little hog, porket, or porkling. id.* d.g. *pork* [*swine's flesh distinguish'd from, or not cured and dry'd as, bacon*]. **1798** *WR*, parchell . . . vulg. *porcyn* d.g. *porket.* Ar lafar yn gyff. am fochyn ifanc, yn aml gyda'r ll. dwbl *pyrcs*, *WVBD* 439, *Cymru* xliii. [195], liii. 31, *SC* vi. 124. Ar lafar yn y De yn golygu 'person noeth', *Cymru* xxxv. [233]; ''Odd y coliars yn stripo'n *byrcs* ar yr aelwd i ymolch'; hefyd yn y ff. *porcan* yn nwyrain Morg. gyda'r ystyr 'dafad wedi ei chneifio'. Ym Morg. fe'i defnyddir yn ddifr. am 'gardotyn', weithiau gyda'r ll. *porcsach*, 'Beth ma siŵd *borcyn* â ti'n wilia?'

Fel *a.* Noeth (lymun), llwm, moel (am dir); tlawd: *naked, bare, barren (of land); poor.*

20g. Ar lafar yn gyff. yn sir Benf. a'r De, *SC* vi. 124; 'Dynion yn ymladd yn hanner *porcyn*', 'Fe stripodd yn *borcen* yn y man a'r lle', 'Paid sefyll yn *borc* fan'na—cer i roi rhwbeth yn dy gylch'; 'Y ddaear wedi mynd yn *borc*', ''Wy'n *borc* glân' 'I'm broke'.

Cfn.: **porcyn gwyllt:** *stark naked, completely naked.* Ar lafar ym Morg., 'Mae a wedi trulo'i ddillad nes mae a'n *borcyn gwyllt*'. **p. i'r byd = p. gwyllt.** Ar lafar yn ne-ddwyrain Morg., ''Odd y crots yn ishta yn *borcyn i'r byd* wrth ochor y cnel'.

porcad [bôn y f. ddil.+*-ad*², trf. han.] *eg.* Cneifiad; sgaldiad: *a shearing; scalding.*

Ar lafar ym Morg.

porcen, gw. **porc.**

porciaf, porcaf: porc(i)o, porci [bf. o'r e. *porc*] *bg.a.* Sgaldian ac eillio'r gwrych oddi ar (gorff mochyn), sgaldian: *to scald and scrape the bristles off (a slaughtered pig), scald.*

[**1783**] *W, porcio* . . . mochyn d.g. *to scald a hog.* Ar lafar yn y De, '*porco* mochyn', ''Och chi fod i baratoi dŵr ar i gownt e [mochyn] i gal *porco*', 'Gofala na *borci* di neb 'da'r dŵr berw 'na'. Digwydd yn y ff. *porci* ym Morg., *LlGC* 1171, 159.

porciwpein, porc(i)wpin, &c. [bnth. S. *porcupine*] *eg.* ll. *-od.* *Swol.* Unrhyw gnofil o deuluoedd yr *Hystricidæ* neu'r *Erethizontidæ* a'i gorff wedi ei orchuddio â chwils neu bigau hirfain: *porcupine.*

1604–7 *TW* (*Pen* 228), yr Aniual a elwir *porcupin* d.g. *sagittifer.* **1632** *D, porcypin* d.g. *histrix.* **1722** *Llst* 189, *porcypin*, m.p. *pinod*, a porcupine. **1780** *W*, rhyw fâth ar ddraenog, vulgo *porciwpin* d.g. *porcupine.*

porc-pei [bnth. S. *pork pie*] *eb.* ll. *-s.* Pastai i'w bwyta'n oer sy'n cynnwys cig porc: *pork pie.*

Ar lafar.

porcsach, porcupin, porcwpin, gw. **porc, porciwpein.**

porcyn, porcypin, gw. **porc, porciwpein.**

porchell, parchell [bnth. Llad. *porcellus*; cf. H. Grn. *porchel*, gl. *porcellus*, Crn. C. *porhel*, Crn. Diw. *porhal*, H. Lyd. *porchill*, gl. *sucula*, Llyd. C. *porchell*, Llyd. Diw. *porc'hell*; ?a'r ff. *parchell* yn adff. o'r ff. l. *perchyll*] *eg.* ll. *-od*, *perchyll* (bach. g. *porchellyn*, *parchellan*, *parchellyn*; b. *porchelles* (ll. *-au*), *porchellig*). Mochyn sugno, mochyn bach, porc, mochyn (ieuanc), hefyd yn *dros.* ac yn *ffig.* ac yn y llenyddiaeth frud: *sucking-pig, piglet, little pig, porker, pig, swine, hog, also transf. and fig. and in vaticinatory literature.*

13g. *LlI* 79, nac oen na myn na *porchell.* *id.* 86, Guerth *porchell*, o'r nos y ganher ene el y tonuoy, i.k'; hyt tra uo en dyn, o henne allan, ii.k': sef hyt e dele bot en denu, try mys. *id.* 87, Teythy huch . . . nat esso y *perchyll.* **13g.** *C* 55. 12, OJan a*parchellan* a*parchell* guin. **15g.** *GLGC* 37, llew a bwch, *parchell* y baedd, / bual a lings, oen a blaidd. *Diw.* **15g.** *Pen* 53, 52, *Parchell* a gymell gamawn / Gydar nordd yn gadarn iawn. **1547** *WS, porchell*, a pygge. **1604–7** *TW* (*Pen* 228), *porchellyn* d.g. *nefrens.* *id. porchelles* d.g. *scrofula.* *Dchr.* **17g.** *B* xxi. 329, yn amser y *porchellyn* gwedi hynny y kadarna ai gledde bieu y dyrnas ar goron. **1632** *D* (*Diar*), Ebrill garw, *parchell* marw. **1722** *Llst* 189, *porchell*, m.p. *chellod*, a boar-pig. *id. porchelles*, f.p. *llesau*, a young sow-pig. **1771** *PDPh* 96, Am Hychod torrog . . . Gadewch iddynt fwrw eu *perchyll* mewn twlc. **1798** *WR, parchellyn* d.g. *farrow.* **1803** *P* d.g. *porchell, porchellan, porchelles, porchellig, porchellyn.* Ar lafar yn y ff. *porchell, porchall*, *B* iii. 206, *WVBD* 439; yng nghanolbarth a godre Cered. clywir y ff. *parchelles* am hwch ieuanc, *B* xiii. 138, *Cymru* xliii. [144]. Yn Arfon clywir yr ymad. '*porchall* o ddyn' am berson corffol.

Cfn.: **porchell (parchell) bêr** (ll. *perchyll bêr*): *roasting-pig, sucking-pig.* **1604–7** *TW* (*Pen* 228), *porchell ber* d.g. *porculus . . . porculus lactens vel subrumus.* **1722** *Llst* 189, *porchell bêr*, a roasting pig. **1786** TWM O'R NANT: *PCG* 18, O's Gwydde, o's Cywion, neu *Berchyll-bêr.* Ar lafar yn Arfon yn y ff. *porchall pêr.* *Medd.* **p. iddw** [cf. Llad. Diw. *scrōfulæ*, bach. yr e. *scrōfa* 'hwch fagu']: *scrofula, king's evil.* **1604–7** *TW* (*Pen* 228), *porchell Iddw* d.g. *struma.* *Dchr.* **17g.** *J* 10, 121b, *parchell Iddw*, struma. **1773** *W, porchell iddw* d.g. *the evil, or king's evil.*

porchellaf: porchellu, porchella [bf. o'r e. bl.] *bg.* Dod â moch bach, bwrw perchyll: *to farrow.*

1803 *P.*

porchellaidd [*porchell*+*-aidd*] *a.* Tebyg i borchell neu fochyn: *pig-like, hog-like.*

1722 *Llst* 189, *porchellaidd* . . . hog-like. **1735** L. MORRIS: *T* 16, Rhai'n Sobrddoeth Synhwyrol . . . Rhai'n Gybyddion *Porchellaidd*, moeswch i rheini ffordd i Lenwi eu Codau.

porchelles, porchellig, gw. **porchell.**

porchellwr, parchellwr [*porchell, parchell* +*-wr*] *eg.* ll. *-wyr.* Un sy'n hela moch: *hunter of pigs.*

17–18g. *Llst* 133, 82b, Ni bu dy well *barchellwr* / Llwydtew gwych yn llattai gwr [Siôn ap Rhys ap Morys i anfon y llwynog yn llatai]. **1803** *P, porchellwr*, s. m. pl. *porchellwyr*, one who collects pigs, a hunter of pigs.

porchellyn, gw. **porchell.**

pordail [*pawr*¹ neu fôn y f. *poraf*: *pori*+ *tail*] *eg.* Glaswellt sy'n tyfu o gwmpas tail: *grass growing around dung.*

Ar lafar yn sir Gaerf., *B* i. 40.

pordir [*pawr*¹ neu fôn y f. *poraf*: *pori*+*tir*] *eg.* ll. *-oedd.* Tir pori, porfa: *pasture (land).*

18–19g. *Llr* C 11, 247, Welsh Agricultural Terms in Glamorgan . . . *pordir.* **18–19g.** *MA* ii. 483, pryfed . . . ar wedd Gwaddod . . . bwytta 'r holl ydoedd a wnaethant, a'r holl *Bordir.*

Gw. hefyd **pawrdir.**

pordon [*pawr*¹ neu fôn y f. *poraf*: *pori*+ *ton*²] *eg.* Tir pori: *pasture land.*

18–19g. *Llr* C 11, 267, Geiriau sathredig yng Ngwent . . . *pordon*, pasture land—Grass land. Ar lafar yn Nantgarw, Morg., *B* xvi. 100.

porfa [*pawr*¹ neu fôn y f. *poraf*: *pori*+*-fa*, *ma*] *eb.g.* (bach. g. *-(dd)yn*, *porfeyn*) ll. *-fe(u)ydd*, *-fâu.* Tir pori, darn penodol o dir o'r fath; glaswellt, gwelltglas, gwair, llysieuaeth; hefyd yn *ffig.*: *pasture, piece of ground for grazing; grass, herbage; also fig.*

14g. *LlB* 71, megys y kaffo y perchen o'e trychan erw, aradwy a *phorua* (*pascua*) a chynnut. **14g.** *WML* 55, Teir rantir auyd yny tayawc tref . . . ar tryded yn*porua* yrdwy. *c.* **1400** *R* 1156. 3–4, Ef treidwys tonneu heb geissaw llongeu hyt y *porua.* *c.* **1400** *RB* ii. 148, *Porueyd* y vron ef a vyd bwyt yr rei eissywedic. *c.* **1400** *B* ii. 12, deudec keinawc yr haf ygkyueir y *borua.* **15g.** *GLGC* 38, y daw rhyw Owain yn darw rhial / ac y gwna'n *borfa* a'i bâl—hyd Ddefnsir. **1547** *WS, porfa*, pasture, herbage. **1567** *LlGG* (*Sall*) 12b, Ef a bair ym orphwys mewn *porva* brydverth. **1588** *Ecclus* xiii. 22, *porfa* y cyfoethogion yw'r tlodion. **1632** *D, porfa*, pastura, pascuum, pabulum. **1658** R. VAUGHAN: *YPS* 27, cyfoethog-le o Feiddiannau [*sic*] a *Phorfe-/ uydd.* **1761** *ML* ii. 362, Mewn *porfa* mae'r llwdn yn ymyl yr Eglwys accw am 3s. yr wythnos. **1784** M. WILLIAMS: *S* i. 26, tir gwair a *phorfaedd* [*sic*]. **1798** W. RICHARDS: *CC* 41, eisteddasant ar y *borfa* gan ddal eu ceffylau yn eu dwylaw. **1803** *P.* Clywir y ff. fach. *porfaddyn* ar lafar yng ngodre Cered., sir Benf., a sir Gaerf. yn yr ystyr 'a blade of grass', *TGG* (1907–8) 83.

Cfn.: **porfa fraith:** *ribbon grass, Phalaris arundinacea.* Ar lafar yn sir Benf., G. AWBERY: *BM* 25. **p. fras:** *rich pasture, also fig.* **1714** D. LEWYS: *CN* 15. *c.* **1762–79** W. WILLIAMS: *P* 451. **1792** H. HARRIS: *H* 210. **p.'r ci:** *couch grass, Agropyron repens.* **1896.** **p. cŵn = p. fraith.** Ar lafar yn sir Gaerf., G. AWBERY: *BM* 25. **p. welltog:** *green pasture, also fig.* **1588** *Salm* xxiii. 2, Efe a bar i'm orwedd mewn *porfeudd gwelltoc.* **p.'r iâr** [ansicr yw ystyr yr engh. gyntaf]: *one's immediate locality, 'one's own backyard'.* **15–16g.** *GIF* 29, ni buost—fal mab Wyar—/ o'u barfau 'rioed *borfa'r iâr.* Ar lafar yng Nghered., ''Dyw e ddim yn mentro llawer pellach na *phorfa'r iâr* 'nawr', am rywun llesg neu hen; hefyd wrth sôn am berson plwyfol nad yw wedi gweld llawer ar y byd, ''Be' ma fe'n wbod? 'Fuodd e 'rioed bellach na *phorfa'r iâr*'. Cf. E. P. MORGAN: *Y Wisg Sidan* (1939) 122, rhaid arnaf finnau bellach gadw o fewn i *borfa'r iâr.* **mewn p. glas:** *in clover, well-off.* Ar lafar yn nwyrain Morg., ''I fydd *mwn porfa glæs* pyn priotiff 'i, waith ma dicon o fodd manna'; dywedir hefyd yn yr un ardal ei bod hi'n '*borfa glæs* ar' rywun.

porfâd [bôn y f. ddil.+*-ad*², trf. han.] *eg.* Ymborthiad ar borfa, poriad: *a pasturing, pasturage.*

1632 *D, porfáad*, ymbawr anifeiliaid d.g. *pabulatio.* **1722** *Llst* 189, *porfâad*, m. pasturage. **1778** *W* d.g. *a pasturing.* **1803** *P, porväad*, a pasturing.

porfadir [*porfa*+*tir*] *eg.* Tir pori, porfa: *pasture land, grazing-land.*

c. **1401** *AL* ii. 450, [g]wylltir achoetir agweirdir *afforuadir.* *Diw.* **15g.** *Pen* 53, 13, ystir pob marw y tarw a dderyw y *borvadir.* **1604–7** *TW* (*Pen* 228), porfaû aniueilieit mewn *poruadir* d.g. *depasco. id. porfadir*, da i bwyntio 'niueilieit d.g. *pascuus.* **1632** *D*, lle ymbawr, lle i borfâu, *porfadir* d.g. *pascuus.* **17g.** E. MORUS: *Gw* 39, Pur feudwy mewn *porfa-dir*, / Meillion, gwellt a hydd-wellt hir. **1778** *W* d.g. *pasture-ground.* **18–19g.** *MA*[2] iii. 141b, Tri pheth ni ellir eu divlannu byth: cyvoeth Frainc, *porvadir* Cymru, a falsder Lloegyr. **1803** *P*, *porvadir*, pasture ground.

Amr.: **porfeudir** [*porfâu* (ll. yr e. *porfa*) neu *porfâu* (be.'r f. ddil.)+*tir*]. **18g.** IOAN SIENCYN: *Gw* 262, *Porfaudir* gweundir gwndwn. **1773** J. ROBERTS: *GY*, Anialwch . . . *Porfau dir* Cyffredin Dinas.

porfadwy [bôn y f. ddil.+-*adwy*] *a.bfl.* Yn ymborthi ar laswellt: *grass-feeding, graminivorous.*

1588 1 *Br* iv. 23, vgain o ŷchen *porfadwy. c.* **1730** *Thos. Lloyd D* (LlGC) 195a, *porfadwy*, grass-fed.

porfaddyn, gw. **porfa.**

porfâf: porfáu [bf. o'r e. *porfa*] *bg.a.* Peri i (greaduriaid) bori, rhoddi i bori, bwydo â glaswellt; ymborthi ar laswellt, pori; hefyd yn *ffig.*: *to pasture, feed (animals) on grass, &c.; eat grass, graze; also fig.*

16g. (*LlEG*) *Mos* 158, 449b, na chae wr ovewn lloegyr gynnal na *fforuau* deuaid ar lauurdir. **16g.** *B* xi. 21, ac ar yr honn J mae amdler o ddeueid yn *poruau.* **1604–7** *TW* (*Pen* 228), llei niueilieit y *borfaû* d.g. *pascuum.* **1632** *D*, *porfáu* d.g. *pabulor.* **1722** *Llst* 189, *porfau*, to pasture, grase. **1722** *Llst* 190, anifeiliaid . . . a *borfaer* er tâl d.g. *agistments.* **1725** *SR* d.g. *to fodder.* **1728** T. BADDY: *DDG* 78, pori a *phorfau* ar hyd y ffordd. **1740** T. EVANS: *DPO* 54, Y Llew . . . a ganfu Afr yn *porfâu* ar ben Craig uchel yn Arfon. **1743** G. JONES: *HWI* ii. 135, ac Yntef [Crist] fel Bugail yn eu *porfäu.* **1774** *W* d.g. *to graze* [*set cattle to feed on grass*], *grazier, to pasture.* **1798** *WR*, rhaff i *borfau* ceffylau d.g. *tether.* **1803** *P*, *porväu*, to procure pasture.

porfalad, be., gw. **porfelaf: porfela.**

porfaog [*porfa*+-*og*] *a.* Wedi ei orchuddio â phorfa, llawn glaswellt, glaswelltog, a ddefnyddir fel porfa; yn ymborthi ar laswellt: *covered with herbage, full of grass, grassy, used as pasture; grass-feeding, graminivorous.*

1774 *W*, *porfäog* d.g. *grassy, full of or abounding in grass.* **1803** *P*, *porväawg*, having pasture.

Amr.: **porfeuog** [*porfâu* (ll. yr e. *porfa*) neu *porfáu* (be.'r f. fl.)+-*og*]. **1827.**

porfaol [*porfa*+-*ol*] *a.* Porfaog, llawn glaswellt, glaswelltog; yn perthyn i borfa; yn ymborthi ar laswellt: *covered with herbage, full of grass, grassy; pertaining to pasture; grass-feeding, graminivorous.*

1803 *P*, *porväawl*, belonging to pasture.

porfäwr [bôn y f. fl.+-*wr*] *eg.* ll. *porfawyr.* Ffermwr sy'n magu neu'n pesgi gwartheg neu ddefaid ar dir pori, porthwr anifeiliaid: *grassland farmer, grazier, pasturer, feeder of animals.*

1604–7 *TW* (*Pen* 228) d.g. *pabulator, pecuarius.* **1773** *W* d.g. *a feeder* [*fattener*] *of cattle, grazier* [*one whose occupation is to feed cattle*].

Amr.: **porfeuwr** [*porfáu* (be.'r f. fl.)+-*wr*]. **1852.**

porfayn, gw. **porfa.**

porfedog [?*porfa*+elf. anh.+-*og*] *a.* Porfaog, a ddefnyddir fel porfa: *covered with herbage, used as pasture.*

1913. Ar lafar yn y Gogledd, *WVBD* 439.

porfeidiaf: porfeidio, gw. **profeidiaf: profeidio.**

porfel [adff. o'r f. ddil.] *eb.* ll. *-oedd.* Tir pori, porfa: *pasture (land), grazing-land.*

1803 *P*, *porvel*, s. f. pl. t. *odd*, pasture.

porfelaeth, porfeliaeth [bôn y f. ddil.+-(*i*)*aeth*] *eg.* Ffermio porfaol; y weithred o dderbyn anifeiliaid i'w rhoddi i bori am dâl; porfa, glaswellt: *pasture farming; pasturage, agistment; pasture, herbage.*

1803 *P*, *porvelaeth*, s. m. the practice of grazing or dairy farming; what relates to grazing of cattle; agistment.

porfelaf: porfela, porfelu [?bf. o'r e. *porfa*+elf. anh. (?cf. *pasgel*)] *bg.a.* Peri i (greaduriaid) bori, rhoddi i bori, pori (tir); porthi, bwydo; bod yn ffermwr (gwartheg neu ddefaid): *to pasture, put out to graze, graze (land); feed; be a (cattle or sheep) farmer.*

1672 R. PRICHARD: *Gw* 330, Y mae ef im *porfela*, / Mewn dolydd o'r areilia. **18–19g.** *CRIM* 74, A'm bwriad yw *porfela.* / Ceisiaf ddefaid mawr a mân / A ddygant wlân o'r teca, / Gwartheg hefyd hardd eu rhith—/ Caf ganddynt flith fy ngwala. **1803** *P*, *porvela*, to attend to grazing; to manage a dairy farm, to practise dairy farming. *id. porvelu*, to depasture. Ar lafar yn sir Gaerf. yn y ff. *porfela* yn yr ystyr 'pori ar ochr y ffordd'.

Amr.: **porfalad.** **1714** D. LEWYS: *CN* 15, Ar uchel fryn yr wyt o Dad, / Yn eu *porfalad* hwyntau, / Eu troi hwy 'r wyt i borfa fras.

porfeldir [bôn y f. fl.+*tir*] *eg.* ll. *-oedd.* Tir pori, porfa: *pasture (land), grazing-land.*

18–19g. *CRIM* 112, Mae im dir gwair er bun ddiwair / A *phorfeldir*, llawr dyffryndir. *Diw.* **19g.** *SE MS* 383a, *porfeldir, -oedd*, sm. grass-land.

porfeliaeth, gw. **porfelaeth.**

porfelog [*porfel*+-*og*] *a.* Porfaog, llawn glaswellt, glaswelltog, a ddefnyddir fel porfa; yn perthyn i borfa; yn ymborthi ar borfa: *covered with herbage, full of grass, grassy, used as pasture; pertaining to pasture; grass-feeding, graminivorous.*

1803 *P*, *porvelawg*, abounding with pasture. Tir *porvelawg* iawn, land very abundant in grass. Sil.

porfelwr, porfelydd [bôn y f. fl.+-*wr*, -*ydd*[3]] *eg.* ll. *-wyr, -yddion.* Ffermwr (gwartheg neu ddefaid), porfäwr; cowmon, bugail: (*cattle or sheep*) *farmer, pasturer, grazier; herdsman, shepherd.*

18–19g. *CRIM* 76, Efe sy'n gwneuthur gwlad yn llawn, / Ei fwyd a gawn i gannoedd: / Caws, ymenyn, cig a gwlân, / Yn porthi'r glân farchnadoedd. / Cyrchir at *borfelwr* llon, / Sy'n treiglo ton ei diroedd. **1803** *P*, *porvelwr*, s. m. pl. *porvelwyr*, one who attends to grazing; dairy farmer, a grazier. *id. porvelydd*, s. m. pl. t. *ion*, a pasturer.

porfeudir, porfeuog, porfeuwr, porfeyn, gw. **porfadir, porfaog, porfäwr, porfa.**

porfilod [*pawr*[1] neu fôn y f. *poraf*: *pori*+ *milod* (ll. yr e. *mil*[2])] *e.ll.* Gwartheg: *cattle.*

1867.

Gw. hefyd **pawrfilod.**

porffil, gw. **pwrffil.**

porffired [?bnth. dysg. o'r Llad. *porphyrītis* 'porffor'] ?*a.* ?O liw porffor: *purple-coloured.*

1346 *LlA* 171, ar gradeu hynny. rei ohonunt ahenyw ovein *porffiret.* gwedy kymyscu owaet seirff ac ireit alabastrum (*de porphyretico et partim de serpentino alabastro*).

porffor [bnth. Llad. *purpura*; cf. H. Wydd. *corcur*, Gwydd. C. *corcair*] *a.* a hefyd fel *eg.* (O liw) glasgoch, cochlas, piws, fioled; coch, rhuddgoch, ysgarlad; wedi ei wisgo mewn porffor; brenhinol, ymerodrol; hefyd yn *ffig.* am arddull lenyddol: *purple, puce, violet; red, crimson, scarlet; clad in purple; royal, imperial; also fig. of literary style.*

12–13g. *GLlLl* 5, Y bali *porffor* parth nad—a wyrthya. **13g.** *A* 14. 5–6, luchdor y *borfor* beryerin. *c.* **1300** *H* 8b. 16, gweilgig *porfor* pwylled uyuyr (Gwalchmai). *id.* 34a. 5, ar ueirch pasc yg gwasc yg gwisc *porfor* (Cynddelw). *id.* 47b. 20, Prif ragor plu *porfor* perfeith (Cynddelw). **14g.** *WM* 455. 28–9, llenn *borfor* pedeir ael ymdanaw. **14g.** *Bl B XIV* 98, Tremyn ar ddillyn *porffor* ddillad (Hywel ab Einion Lygliw). **14g.** *GDG*[3] 150, Y ferch *borffor* ei thoryn, / Hir nid addefir i ddyn. **1567** *TN* 164a, a gwisc purpur [:– *porphor*, coch]. **1632** *D*, dilledyn â gemmau *porffor* arno a wisgai benaduriaid Rhufain d.g. *laticlauia. id.* crogenbysg y cair lliw *porffor* ynddo d.g. *purpura.* **1780** *W* d.g. *purple* . . . Adj.

Fel *e.* Lliw porffor, glasgoch, cochlas, neu biws; lliw rhuddgoch neu ysgarlad; lliflyn sy'n cynhyrchu lliw o'r fath; (?un sy'n gwisgo) brethyn neu ddillad porffor, (yn aml fel symbol o) statws brenhinol neu ymerodrol: *purple (colour); crimson or scarlet (colour); dye producing such a colour; (?one who wears) purple cloth or clothes, (often as a symbol of) royal or imperial status.*

12–13g. *GLlLl* 218, Wytt ditawl o bob chwant / O *borfor*, o bryfwn uliant, / O bali ac eur ac aryant. *id.* 287, Kynreul eur a *phorphor.* **13g.** *A* 5. 4, blaen eur a *phorphor* kein as mygei. *id.* 17. 11–12, a merch eudaf hir . . . oed *porfor* gwisgyadur dir amdrychyon. *id.* 25. 20–1, Gwr teithiawr o blith *porfor.* porth/loed bedin. *c.* **1300** *H* 54b. 27, koch y bar o *borffor* (Cynddelw). **14g.** *T* 26. 8–9, kysceis ym *porffor.* **1346** *LlA* 18, Y kylch eur . . . agoronawd o *borffor* y diodeifeint eff. *id.* 169, owaet yrei hynny [pysgod] ylliwir y*porffor* gwerthussaf. **14g.** *WM* 389. 10–11, llen o *borfor* glas. **14g.** *SC* viii/ix. 192, rei ohonunt a gwisc eur ymdanunt. Ereill a *phorfor* gwyn . . . ymdanunt. **14g.** *GIG* 77, Ymysg o gwrlidau mil, / A'r *porffor* drud o'r pwrffil [i lys Ieuan, esgob Llanelwy]. *c.* **1400** *YCM*[2] 101, ystondard o *borffor* coch. *c.* **1400** [*RB*] *WM* 219. 17–18, godreon y gwnsallt o*porffor* eureit. **1567** *TN* 77b, ac y gwiscesant ef a *phorphor* [:– ryw wisc o liw purpur]. **1588** *Diar* xxxi. 22, ei gwisc yw lliain main a *phorphor.* **1588** *Eseia* i. 18, pe bydde eich pechodau fel *porphor*, ânt cyn wynned a'r eira, pe chochent [*sic*] fel scarlat (**1620** *ib. porphor*), byddant fel gwlân. **1588** *Act* xvi. 14, rhyw wraig a elwid Lydia, yr hon oedd yn gwerthu *porphor* (*TN* 198a, [p]urpur). **1632** *D*, wedi ei lifo . . . â *phorffor* d.g. *conchyliatus.* **1719** IACO AB DEWI: *TG* 90, Bid ef mor gôch a'r Gwaed, bid ef mor gôch a'r *porphor*: y mae rhai yn Bechadurieid Gwaed-liw, yn Bechadurieid porphoreidd. **1772** *W* d.g. *crimson, the purple* [*the dignity of an emperor, of a king, of a cardinal, &c.*].

Amr.: **pyrffor.** **14g.** *RC* xxxiii. 216, rodes yr escop vdunt syndal . . . a llin. a *ffyrffor* . . . y Veir y doeth gweith or *pyrffor* yn temyl yr Arglwyd . . . ieuhaf wyt ac vfydaf ti a hedeist [*sic*] gynnal y *pyrffor.* Ac wynt val ar watwar y galw yn vrenhines y guerydon.

Gw. hefyd **purpur.**

porfforaf: porffori, porffora [bf. o'r a. bl.] *bg.a.* Mynd yn borffor, troi'n borffor neu'n rhuddgoch, glasgochi; peri troi'n borffor neu'n rhuddgoch: *to become (or turn) purple or crimson; cause to turn purple or crimson.*

1780 *W* d.g. *to purple.* Cf. D. OWEN: *D* 14, yr hyn a barodd i bawb edrych ar yr assistant yn shop y brethynwr, ac a barodd iddo yntau *borphori* yn ddwysach nag y gwnaethai yn flaenorol.

porfforaid [gair geir.; sef *porffor*+-*aid*[2]] *a.* Porffor(aidd): *purple(-coloured).*

1632 *D* d.g. *ostrinus.* **1722** *Llst* 189, *porfforaid*, purple-coloured. *c.* **1730** *Thos. Lloyd D* (LlGC) 194b, *porfforaid*, purpureus. **1780** *W* d.g. *purple-coloured.*

porfforaidd [*porffor*+-*aidd*] *a.* (O liw) porffor, porfforliw, braidd yn borffor; wedi ei wisgo mewn porffor; hefyd yn *ffig.*, yn enw. am arddull lenyddol ac am bechod: *purple(-coloured), purplish; clad in purple; also fig., esp. of literary style and of sin.*

1719 IACO AB DEWI: *TG* 90, Bid ef mor gôch a'r Gwaed, bid ef mor gôch a'r porphor: y mae rhai yn Bechadurieid Gwaed-liw, yn Bechadurieid *porphoreidd.* **1780** *W* d.g. *purplish.*

porfforbysg [*porffor*+*pysg*] *eg.* *Swol.* Unrhyw un o amryw fathau o folysgiaid o'r tylwyth *Murex* neu *Purpura* y ceir llifyn porffor ohonynt: *purple-fish.*

1604–7 *TW* (*Pen* 228), hwn a byscoto'r *porphorbysc* d.g. *conchyta.* **1632** *D*, sûg y *porfforbysg* d.g. *medicamen. id.* d.g. *pelagia.* **1780** *W*, *porffor-bysg*; sef crogenbysg y ceir lliw porffor ynddo, neu y gwneir lliw porffor o'i isgell d.g. *purple-fish.*

porfforliw [*porffor*+*lliw*[1]] *a.* a hefyd fel *eg.* (O liw) porffor, glasgoch, piws; rhuddgoch, ysgarlad; hefyd yn *ffig.*: *purple(-coloured), puce; crimson, scarlet; also fig.*

1604–7 *TW* (*Pen* 228) d.g. *blatteus, coccineus, niger. id. porphorliw* violet d.g. *viola.* **1661** E. LEWIS: *Drex* [75], mantellau *porphorliw* Brenhinoedd. **1716** J. MORGAN: *LIT* 32, O mor ddedwydd yw'n Heglwys ni . . . Gwen oedd o'r blaen . . . eithr yn awr trwy Waed y Merthyron mae hi'n *Borphor-liw.* **1722** *Llst* 189, *porphorliw*, of a purple colour. **1775** *W*, mâth ar baent *porffor-liw* d.g. *lake* [*in Painting, a sort of red colour so called*]. *id.* d.g. *purple-coloured.*

Fel *e.* Lliw neu lifyn porffor: *purple colour or dye.*

1604–7 *TW* (*Pen* 228), *porphorliw* gorwyn d.g. *molochinus.* **1632** *D*, sûdd a lliw 'r pysgodyn y gwneir y *porfforliw* o hono d.g. *ostrum. id.* d.g. *venenum.* [**1724**] G. WYNN: *YGD* 5, *Porphorliw* y Fioled.

porfforol [*porffor*+-*ol*] *a.* ll. -*ion.* Porffor, rhuddgoch: *purple, crimson.*
14g. *BT* (*RB*) 26, aneiryf oludoet eur ac aryant a gemeu a *phorforolyon* wisgoed.

porfforun [*porffor*+elf. anh.] *a.* Porffor: *purple.*
c. 1300 *H* 55b. 30, Gwr osgeth o wisc *borforun* (Cynddelw).

porfforwisg [*porffor*+*gwisg*] *eb.* ll. -*oedd.* Gwisg o liw porffor (yn aml fel symbol o statws brenhinol neu ymerodrol), hefyd yn *dros.* ac yn *ffig.*: *purple attire* (*often as symbol of royalty, nobility, &c.*), *also transf. and fig.*
1588 *Can* vii. 5, Dy ben sydd arnat fel Carmel, a gwallt dy ben fel *porphor-wisc* brenin. 1618 J. SALISBURY: *EH* 54, bydd *porphorwisc* y brenin yn uwch ei lle, na'r tywyssogion. 1657 RE: *CDd* [xxii], Nid rhaid yw waith ef, wrth *Borphor-wisg* o ganmholiaeth nêb arall iw harddurno. 1776 I. BRYDYDD HIR: *P* i. 15, pan na pherchir *porphorwiscoedd* tywysogion. 1780 *W* d.g. *purple.*

porffyri, porffri [bnth. S. *porphyry*] *eg.* Math o faen caled grisialaidd cochlyd a gloddid yn yr Aifft gynt; unrhyw faen tebyg: *porphyry; any similar rock.*
1615 R. SMYTH: *GB* 216, yr holl feddi a wnaethwyd o farbwl, o alablastur o *borphri* ne o garbwncl.
Gw. hefyd **porffired.**

poriad [bôn y f. *poraf*: *pori*+-*iad*[1]] *eg.* Y weithred o bori neu frigbori; y weithred o roddi i bori: *a grazing, browsing; a pasturing.*
1704 T. JONES: *Alm* [51], Mae'n deall cerddediad â llewŷrch Llô 'r lleuad! / A'i frefiad, a'i *boriad* yn burion. c. 1730 *Thos. Lloyd D* (LlGC) 194b, *poriad,* depastio. 1778 *W* d.g. *a pasturing.* 1803 *P, poriad* . . . a grazing.

poriaf: porio, gw. **poraf: pori.**

poriant [bôn y f. *poraf*: *pori*+-*iant*] *eg.* Porthiant, porfa, tir pori, hefyd yn *ffig.*: *fodder, pasture, pasture land, also fig.*
1725 *SR* d.g. *fodder.* 18g. *CM* 39, 78, rhwng y mam forwyn ar plant / mae nhwy yn defetha *poriant* pirion / fo fwytu Dri mewn tridie / fwy nag y fwyta i tan glama. 18–19g. *Llr* C 63, 7, *poriant* pawr . . . pawr yn tyfu. 1803 *P, poriant,* a pasturage.

porion, gw. **pawr**[1].

porlwm [*pawr*[1] neu fôn y f. *poraf*: *pori*+*llwm*] *a.* Prin ei borfa (am dir): *having scant pasture* (*of land*).
1886.

pornograffaidd [cfdds. o'r S. *pornograph(ic)*+-*aidd*] *a.* Pornograffig: *pornographic.*
1928.

pornograffi [bnth. S. *pornography*] *eg.* Ysgrifeniadau, lluniau, ffilmiau, &c., y mae ysgogi cyffro rhywiol yn bennaf pwrpas iddynt: *pornography.*
20g.

pornograffiaeth [cfdds. o'r S. *pornograph(y)*+-*iaeth*] *eb.* Pornograffi: *pornography.*
20g.

pornograffig [cfdds. o'r S. *pornograph(ic)* +-*ig*[2]] *a.* Yn perthyn i bornograffi, o natur pornograffi, tebyg i bornograffi, pornograffaidd: *pornographic.*
1932.
Amr.: **pornogreffig** [ff. ag aff.]. 1929.

pornograffwaith [*pornograff(i)*+*gwaith*[1]] *eg.* Gwaith pornograffig: *a work of pornography.*
20g.

pornogreffig, gw. **pornograffig.**

porpas, porpasaf: porpasu, porpein, porpes, gw. **pwrpas, pwrpasaf: pwrpasu, porpin, porpois.**

porpin, porpiwn, pwrpin [?cf. H. Ffr. *porpié* (> S. *purpie*)] *eg. Bot.* Pwrslan, gwlyddyn, *Portulaca*; troed y gywen, *Lythrum portula*: *purslane; water purslane.*
c. 1400 *MM* 98, ony vwytteir yn gyntaf y letus neu y *po[r]pin* (*Études* viii. 88, *porpiwn*) nev y kyfryw. c. 1400 *Études* vii. 332, *Pwrpin*: oer a gwlyb yw a da y dynyon gwressawc. 1632 *D* (*Bot*), *porpin,* portulaca. 1688 *TJ, porpin*: purslain. [1762] E. POWELL: *HEI* 32, Pu[r]slain neu *Porpin.* 1813 *WB* 228, *Porpin*; Peplis Portulaca; Water Purslane. *id.* 230, *Pwrpin*; Peplis Portula; Water purslane. Ar lafar yn Arfon yn y ff. *porpein.*
Amr.: **porpiws.** c. 1400 *Études* vii. 332, viii. 90.

porpois, &c. [bnth. S. *porpoise*] *eg. Swol.* Llamhidydd, môr-fochyn: *porpoise.*
1725 *SR, porpus* d.g. *the porpoise.* 1756 W. WILLIAMS: *GDC* 71, Y *Porpes* mawr, ar Tortoise. Ar lafar yn y ff. *porpois.*
Amr.: **porpoi** [ffrwyth cymryd yr -*s* fel trf. ll.] Ar lafar yn nwyrain sir Gaerf.

porphri, porphyri, gw. **porffyri.**

porselân, porselên, porselin, gw. **porslen.**

porsiwn [bnth. S. *portion*] *eg.* Cyfran, rhan, dogn, siâr, gwaddol, hefyd yn *ffig.* tynged, ffawd, ffortun: *portion, part, allotment, share, dowry, also fig. lot, destiny, fortune.*
16g. WILIAM CYNWAL: *Gw* 228, Ba barsel heb ei *borsiwn*? / Ba rent heb warant i hwn? 17g. *LlGC* 10249, 161, Na chymerwn, *porsiwn* pêr / Düw nef, d'enw yn ofer. 1683 H. EVANS: *CTF* 41, Nid yw reswm ir mâb gwaetha, / Ddisgwyl cael y *porsiwn* [:– Cyfran] mwya. 1706 *Cyf Cym* 63, os ni fydd bywyd Christ yn batrwm i chwi, ni bydd marwolaeth Christ byth yn *bortiwm* [*sic*] i chwi. 1713 T. BADDY: *DDGH* 18, os bastard wyt ac nid mâb [i Dduw] . . . f'eill Duw roddi it' fwyd a diod, ond ni rydd byth itti *borsiwn.* 1716–18 *Llsgr R. Morris* 20, Os ewch at ferch fonheddig / a *phorsiwn* da nodedig. / buth na ofelwch teg i bron / am gadw hon yn ddiddig. c. 1729 S. RHYDDERCH: *LlCD* 415, Y mae tramwy mawr hyd hwn [llwybr llydan], / Ac iddynt *Borsiwn* diffaeth. 1759 *BC* 127, a *Phorsiwn* o Rinwedd / Trwy Dduw mae'n ddigonedd, i gynnal. Ar lafar ym Morg. yn yr ystyr 'marriage portion', *GWG* 329.

porslan[1], gw. **pwrslan.**

porslen, porslan[2], &c. [bnth. S. *porcelain*] *eg.* a hefyd fel *a.* Defnydd seramig caled lled dryleu a ddefnyddir i wneud llestri, &c., tsieni; (llestr, &c.) wedi ei wneud o'r defnydd hwn; hefyd yn *ffig.*: *porcelain, china; porcelain* (*object*), *made of porcelain; also fig.*
1928. Digwydd hefyd yn y ff. *porselân, porselên, porselin, pors(y)lin.*

port, pôrt [bnth. S. *port* (wine)] *eg.* Gwin cadarn cryf melys a gynhyrchir ym Mhortiwgal: *port* (*wine*).
1771 *PDPh* 52, Berwch dri dram o Barc Peru, tri dram o Firginia Snake Root . . . yna chwanegwch gwarter pint o win *Port* coch da. Ar lafar, ''Gymrwch chi lasiad o *bôrt* neu frandi?' Clywir hefyd y ff. *portwein.*

portas, gw. **portias.**

portcolis, portcwlis, gw. **porthcwlis.**

porteos, gw. **portias.**

porter[1] [bnth. S. *porter* 'person employed to carry luggage'; nid amhosibl mai bnth. S. *porter* 'doorman' a welir yn yr engh. a ddyfynnir isod] *eg.* ll. -*iaid,* -*s.* Un a gyflogir i gludo nwyddau, bagiau, parseli, &c., yn enw. mewn gorsaf reilffordd neu westy: (*railway, hotel, &c.*) *porter.*
1766 *CD* 147, Rhoe Mam fi'n Watchmaker / Fo roe Nhâd fi'n *Borter.* Ar lafar yn yr ystyr 'gweithiwr cyffredin mewn gorsaf reilffordd'.

porter[2] [bnth. S. *porter* (ale)] *eg.* Cwrw tywyll a wneir o frag du: *porter* (*ale*).
1757 G. OWEN: *L* 196, mae genyf inneu faril o *borter* heb erioed ei agor. 1798 W. RICHARDS: *CC* 25, A oedd brandi, neu *borter,* ar werth yn y dref?

porter[3] [ff. affetig ar S. *supporter*] *eg.* Post bychan i gynnal y top mewn pwll glo: *small post supporting the roof in a coalmine.*
Ar lafar yng ngorllewin Morg., *Geir Glo* 74.

portffolio [bnth. S. *portfolio*] *eg.* ll. -*s.* Cas fflat o ledr, &c., a ddefnyddir i gario mapiau, lluniau, &c.; dyletswyddau pennaeth un o adrannau'r llywodraeth; rhestr neu amrediad asedion, buddsoddiadau, &c.: *portfolio* (*type of case*); *portfolio* (*of head of government department*); *portfolio* (*of assets, shares, &c.*).
20g.

portias, porteos, portas [bnth. S. *porteous, portas*] *eg.* Llyfr gwasanaeth cludadwy a ddefnyddid yn yr Eglwys yn yr Oesoedd Canol, hefyd yn *ffig.*: *portas, portiforium, portable breviary used in the medieval church, also fig.*
15g. *THSC* (1899–1900) 88, hwyr ddadyl herwydd a ddoydy / hen *bortias* Adda fras fry [Meredudd ap Rhys am lyfr brudiau]. 15g. *GLGC* 114, *Portas* a chroes a chasul / yw arfau'r seiniau ar Sul. 1547 *WS, porteos,* partyes [*sic*]. 16g. (17g.) *CC* 198, *portias* (MORUS DWYFECH: *Gw* 166, portins) diawl part nis dylyn / pall dellt yn llygru pwyll dyn [Morys Dwyfech i'r dabler]. 16g. *GRCG* 87, Ni chare mo'i *bortias* na chymryd mo'i barti. 16–17g. *GST* i. 440, Porthcwlis, pair waith cilwg, / *Portias* a bair gas a gwg [i'r dabler].

portico [bnth. S. *portico*] *eg.* ll. -*s.* To cysgodol a gynhelir gan golofnau, yn enw. un a gysylltir wrth flaen adeilad, colofnfa, mynedfa dan do, cyntedd, porth, portsh: *portico, porch.*
1855. Clywir y ff. *porticol* ar lafar yn ardal Pwllheli.

portig [bnth. Llad. *porticus*] *e?g.* Porth, cyntedd, portsh, portico: *porch, portico.*
c. 1400 *R* 1156. 4–5, Ef avu uedic yr paralitic. yn ymyl *portic* epyssina.

portis, *eg.* Polion a gwiail wedi eu plethu drwyddynt i gau bwlch mewn gwrych, &c.; adwy: *wattle barrier used to close a gap in a hedge, &c.; gap.*
1904. Ar lafar yn sir Benf. a'r cyffiniau, *TGG* (1907–8) 83.

Portiwgaeg, gw. **Portiwgeeg.**

Portiwgalaidd, Portugalaidd [e.'r wlad *Portiwgal,* &c.+-*aidd*] *a.* Portiwgeaidd: *Portuguese.*
1838.

Portiwgaleg, Portugaleg, Portwgaleg [e.'r wlad *Portiwgal,* &c.+-*eg*[1]] *eb.g.* Iaith Romáwns Portiwgal, Brasil, &c.: *Portuguese* (*language*).
1940.
Amr.: **Portugalaeg** [e.'r wlad *Portugal*+*aeg*]. 1870.

Portiwgaliad, Portugaliad [e.'r wlad *Portiwgal,* &c.+-*iad*[3]] *eg.* ll. -*iaid.* Portiwgead: *a Portuguese.*
1704 E. SAMUEL: *BA* 209, os gellir coel ar y *Portugaliaid.*

Portiwgead, Portugead, Portwgead [e.'r wlad *Portiwg(al),* &c.+-*ad*[2], trf. prs.; â'r -*e*-, cf. *Tsieinead, Siapanead,* ?dan ddyl. yr -*e*- yn S. *Portuguese*] *eg.* ll. -*aid.* Brodor o Bortiwgal, un o drigolion Portiwgal: *a Portuguese.*
1844.
Amr.: **Portiwgïad, Portugïad.** 1834.

Portiwgeaidd, Portugeaidd [e.'r wlad *Portiwg(al),* &c.+-*aidd*; â'r -*e*-, cf. *Portiwgead*] *a.* Yn perthyn i Bortiwgal neu i'r Bortiwgaleg: *Portuguese.*
1866.
Amr.: **Portugïaidd.** 1836.

Portiwgeeg, Portwgeeg [e.'r wlad *Portiwg(al),* &c.+-*eg*[1]; â'r -*e*-, cf. *Portiwgead*] *eb.g.* Portiwgaleg: *Portuguese* (*language*).
20g.
Amr.: **Portiwgaeg** [e.'r wlad *Portiwg(al)*+*aeg*]. 20g.

Portiwgês [bnth. S. *Portuguese*] *a.* a hefyd fel *eb.g.* Portiwgeaidd; Portiwgaleg: *Portuguese; Portuguese* (*language*).
20g.

Portiwgesaidd, Portugesaidd [bnth. S. *Portuguese*+-*aidd*] *a.* Portiwgeaidd: *Portuguese.*
1814.

Portiwgeseg [*Portiwgês*+-*eg*[1]] *eb.g.* Portiwgaleg: *Portuguese* (*language*).
20g.

Portiwgïad, gw. **Portiwgead.**

portmantan [bnth. rhyw ff. ar S. *portmanteau*] e?g. Portmanto: *portmanteau.*
16g. *LlGC* 1553, 702, koler rwyd a het lwyd lan / dda i svt a dwbled satan / . . . / ag iachav gelwyddav glan / mintai yn ei *bortmantan.*

portmantig [bnth. S. *portmantick* 'portmanteau'] *eg.* Portmanto: *portmanteau.*
1604–7 *TW* (*Pen* 228) d.g. *hippopera, mantica.*

portmanto [bnth. S. *portmanteau*] *eg.* Cas teithio mawr o ledr, &c., yn enw. un wedi ei golfachu yn y cefn fel y gellir ei agor yn ddwy ran: *portmanteau.*
1863.

portol [bnth. S. *porthole*] *eg.* Ffenestr ar ffurf agoriad bychan wedi ei wydru'n ddwrglos yn ochr llong: *porthole.*
20g.

portread, portreiad [bôn y f. *portre(i)af*: *portre(i)o*+-*iad*¹, -*ad*; 1832 yw dyddiad yr engh. gyntaf o'r ff. *portread*] *eg.* ll. -*au.* Llun, ffotograff, &c., o berson, yn enw. o'i wyneb; erthygl, &c., sy'n disgrifio ymddangosiad, cymeriad, nodweddion, &c., person, darlun (geiriol, meddyliol), disgrifiad; y weithred o bortreadu; copi, tebygrwydd, cyffelybiaeth, delwedd, ymddangosiad, ffurf; esiampl, model, patrwm, cynllun; *Diwin.* teip: *portrait; (verbal) portrait, (mental) picture, depiction, description; a portraying, portrayal; copy, likeness, image, appearance, form; example, model, pattern, plan; type (in theol.).*
15g. (*Dchr.* 17g.) *BL Add* 14965, 73b, tr[i]wyr or vn *bortreiad* (*HCLl* 94, *bortread*) / tri maen gwn tryma n y gad [i frodyr o Langurig]. 15–16g. *TA* 496, Cariad *portreiad* rhiain, / Caled yw mal cludo main. 16g. *Pen* 76, 98, barwnes er bwrw anvn / brud gwawr o liw brodiog lvn / *bortreiad* (DAFYDD AP LLYWELYN, &c.: *Gw* 179, *bortread*) y bert riain / bur iawn vn fodd burwen fain. 16g. *GLD* 3, Ni bu wŷr Troea un *bortreiad* / Neu un daearol yn un doriad. 1547 *WS*, *portreiad*, portrature. 1567 *TN* 336b, Am hynny angenrreidiol ydoedd y *bortreiadau* [:– cyffelypiaetheu] y pethau sy yn y nefoe[dd]. 1588 *Ecs* xxv. 40, gwel wneuthur yn ôl eu *portreiad* hwynt yr hwn a ddangoswyd it. *id.* xxvi. 30, A chyfot y tabernacl wrth ei *bortreiad.* 1588 *Esec* xliii. [1] 1, yscrifenna o flaen eu llygaid hwynt *bortreiad* y tŷ ai lun. 1588 *Doeth Sol* xv. 4, ni thwyllodd . . . [c]yscod *portreiadau* yr hwn sydd boen ddifrwyth: sef llun wedi ei fritho ag a[m]ryw liwiau. 16–17g. *HG* 129, ve wnaeth Adda gynta dyn, ai wraig or un *bortraiad.* 16–17g. *Cer RC* 85, I adrodd ar draethiad y cerydd a'r cariad, / Am ferch o *bortreiad* Suwsanna. 16–17g. *GST* i. 733, Pert aur yw pob part o'r iad, / Pert rywiog yw'r *portreiad* [i Feistres Mawnsel]. 1606 E. JAMES: *Hom* ii. 80–1, rhyw ddangosiadau a *phortreiadau* am Dduw, megis yn eistedd a'r [*sic*] orseddfaingc vchel, yn scrifennadau Esaias a Daniel. *id.* 142, fal y gellir gweled wrth ei *bortreiad* puttain yr holl butteinniaid. 1630 *YDd* 93, yngwlad Canaan (yr hon nid yw ond *portreiad* or nef). 1630 R. LLWYD: *LlH* 148, gwneuthur ei dŷ ef yn ogof lladron, yr hwn a ddylei fod yn gynnulleidfa y Saint. Hyn oll, *portreiad* hyliw ydyw o'n hamser ni. 1632 *D*, *portreiad*, exemplar, specimen. 1661 E. LEWIS: *Drex* 53, o ran *portreiadaû* o goffadwriaeth, sef cerfddelwaû eû rhai ardderchog. 1672 J. LANGFORD: *HDdD* 42, Jôb ddywiol (yr hwn a osodir allan megys yn *bortreiad* ô wîr Ammynedd). 1688 *TJ*, *por treiad* [*sic*], (patrwm:) a Pattern . . . a Specimen, a Model. 1792 H. HARRIS: *H* 102, yr oedd Mr. Harris yn llawen iawn am *bortreiad* yr Arglwyddes . . . i adeiladu Coleg yn Nhrefecca.
Amr.: **portryad, portrïad.** 1567 *TN* 335a, Rrain [offeiriaid] sy yn gwasneuthu *portryad*, a chysgod pethau nefawl. 1583 *LlGC* 716, 35b, ar i bop aelot o honi [eglwys], megis *portryad*, dreych, nev ensampl, ei edrych, gwelet, a deall, ev staat, Galwedigeth a'i graadd. 17g. *IICRC* iii. 7, Pe bydde bigmalion pensis demoffon / ai holl ymkanion yn r unlle / J dynnu *partriad* [*sic*], i thlwsgo [*sic*] ryf gwyn gwastad / hwy ffaelien mewn bagad o fodde. **pwrtreiad** [bôn y f. *pwrtreiaf*: *pwrtreio*+-*iaid*¹, -*ad*]. 1604–7 *TW* (*Pen* 228), *pourtreiat* d.g. *graphice.*

portreadaeth [*portread*+-*aeth*] *eb.* Darluniaeth, portread: *portraiture, portrayal.*
1938.

portreadaf, portreiadaf: portre(i)adu [bf. o'r e. *portre(i)ad*; 1867 yw dyddiad yr engh. gyntaf o'r ff. *portreadu*] *ba.* Gwneud portread o, tynnu llun o, darlunio; llunio darlun geiriol o, disgrifio; cynrychioli; chwarae rhan (cymeriad) mewn drama neu ffilm: *to portray, draw a picture of, depict; describe; represent; portray (a character) in a play or film.*
1588 *Gal* iii. 1, Oh y Galatiaid angall . . . i ba rai y *portreiadwyd* Iesu Grist o flaen eich llygaid . . .? 1630 R. LLWYD: *LlH* 76, Cybydd-dra yw'r ellyll gwrthunaf . . . hwn yw'r Belzebwb mawr . . . ni allwn i . . . ei *bortreiadu* ef yn ddigon hynod. 1632 J. DAVIES: *LlR* 172, yn cymmeryd arno ei *bortreiadu* [teyrnas nefol], trwy ei gyffelybu i ddinas. 1661 E. LEWIS: *Drex* 29, darfu i'r addolwyr delwau nhwythau addef Tragywyddoldeb . . . a'i *bortreiadu* . . . trwy rai arwyddion. *id.* 280, Yr ydys yma yn eglur ar fyr eiriau yn *portreiadu* Tragywyddoldeb. 1704 E. SAMUEL: *BA* 239, Mae St. Marc yn *portreiadu* Mawrhydi Brenhiniaeth Christ. 1716 E. SAMUEL: *GGG* 26, y mae Cyrph Anifeiliaid hefyd yn datcan hyn. Oblegyd nid trwy rym y defnydd, eithr er diben siccr y cyflewyd ac y *Portreiadwyd* pob rhan o honynt. *id.* 88, yr Jesu a *bortreiedir* . . . yn lân oddiwrth bob pechod. 1722 *Llst* 189, *portreiadu* . . . to draw yᵉ form of, model, pourtray. describe. 1723 E. SAMUEL: *PDdC* ii. 90, heb roddi dim parch ir Sacrament Sanctaidd neu i Gorph a Gwaed Christ a *bortreiedid* ynddo. 1725 D. LEWIS: *GB* 25, Bydd Ysbryd . . . anweledig . . . yn *Portreiadu* o flaen rhai Dynion, Betheu absennol, neu Betheu i ddyfod. 1793 DAFYDD IONAWR: *CD* 358, Tra odiaeth *bortreiadu*, / Pe medrwn, y dwthwn du.

portreadol, portreiadol [bôn y f. fl.+ -*ol*; 20g. yw dyddiad yr engh. gyntaf o'r ff. *portreadol*] *a.* Yn perthyn i bortread, o natur portread, darluniadol, disgrifiadol: *pertaining to a portrait, of the nature of a portrait, illustrative, descriptive.*
1793 B. JONES: *AD* 60, [b]od Jacob wedi cael golwg *bortreiadol* o Iesu Grist yn y weledigaeth hon.

portreadwaith [*portread*+*gwaith*¹] *eg.* Portreadaeth, darluniaeth, portread: *portraiture, portrayal.*
20g.

portreadwr, portreiadwr [bôn y f. fl.+ -*wr*; 1938 yw dyddiad yr engh. gyntaf o'r ff. *portreadwr*] *eg.* ll. -*wyr.* Artist, ffotograffydd, &c., sy'n arbenigo mewn portreadu, darluniwr; un sy'n darlunio mewn geiriau, disgrifiwr; hefyd yn *dros.*: *portraitist; one who portrays in words, describer; also transf.*
1764 J. POPKIN: *ABG* iv, hardd drawiadau'r *Portreiadwyr* rhagorol hynny, y Beirdd a'r Areithyddion. 1786 W. WILLIAMS: *I* 27, *Portriadwr* cywraint (Limner cywraint) a dynn ddelw ei fab ei hun at y bywyd.
Amr.: **portreadydd** [bôn y f. fl.+-*ydd*³]. 1887.

portreaf: portreu, gw. **portreiaf: portreio.**

portreedig, portreiedig [bôn y f. *portreiaf*: *portreio*+-*edig*; 1872 yw dyddiad yr engh. gyntaf o'r ff. *portreedig*] *a.bfl.* Wedi ei bortreadu, wedi ei ddisgrifio: *portrayed, described.*
16g. (*LlEG*) *LlGC* 5276, 246a, heb vanner affeth oi kyluyddyd yr *porttreiedig* oi mew'n. 1735 *PCh* 4, Christ a ordeiniodd ddau Sacrament . . . Yn y ddau yma y mae holl Sylwedd y Grefŷdd Gristnogol, yr hon yw'r ffordd i Ddedwyddwch, ar fyrr yn gynnwysedig ac yn *bortreiedig.*

portref [bnth. S. *portreeve*] *eg.* Porthfaer: *portreeve.*
1874.

portreiad, portreiadaf: portreiadu, portreiadol, portreiadwr, gw. **portread, portreadaf: portreadu, portreadol, portreadwr.**

portreiaf: portreio [bnth. S. (*to*) *portray*] *ba.* Portreadu, tynnu llun o, darlunio; llunio darlun geiriol o, disgrifio; paentio neu addurno (arwyneb) â llun: *to portray, draw a picture of, depict; describe; paint or adorn (a surface) with a picture.*
15g. *GLGC* 457, llun Gwalchmai a *bortreiwn* / ar y llen hir, a llun hwn. 15g. *GGl*² 34, Y trihael a *bortreiwyd.* / Y tri'n un ym Mlaen Tren wyd [i Ddafydd ap Tomas]. 15–16g. *TA* 47, Be gwledd Gaswallawn lawn a luniwn, / Be swper Troea, bes *portreiwn.* 1552 *Pen* 403, 64, mal pete baentiwr wedi *portreio* llvn nev ddelw yn gel/vydd. 1588 *Esec* viii. 10, holl eulynnod tŷ Israel wedi eu *portreio* ar y pared. 1604–7 *TW* (*Pen* 228), *portreio* d.g. *deformo.* 1606 E. JAMES: *Hom* ii. 30, mawrhydi Duw . . . yn fwy, nac y gellid na'i *bortreio*, na'i osod allan. *c.* 1624 *CRC* 133, ai Daü forddwyd a *bortrëuwyd* / fal dwy gamen kar yr ychen. 1630 *YDd* 293, *portreio* Iesu Grist o flaen llygaid y Galatiaid. 1672 J. LANGFORD: *HDdD* 268, lle y *Portréir* y gŵr cyfiawn. 1722 *Llst* 189, portreiadu, *portreio*, to draw yᵉ form of, model, pourtray. describe. 1776 *W*, *portreio* . . . peth â, neu mewn, lliwiau d.g. *to limn.*
Amr.: **portreu.** 1912. **pwrtreio** [bnth. S. Diw. Cyn. (*to*) *purtray*, ff. ar (*to*) *portray*]. 16g. (*LlEG*) *Mos* 158, 394b, llun yr haul wedi *bwrttreio* yntho. *id.* 596b, gwedi I baenttion [*sic*] ai *bwrtreio* a delwau godidog.

portreiedig, gw. **portreedig.**

portrëwr, portreiwr [bôn y f. fl.+-*wr*; 1899 yw dyddiad yr engh. gyntaf o'r ff. *portrëwr*] *eg.* ll. *portrewyr.* Portreadwr, darluniwr, arlunydd; un sy'n darlunio mewn geiriau, disgrifiwr; hefyd yn *dros.*: *portraitist, artist; one who portrays in words, describer; also transf.*
15g. *GLGC* 457, A'm bod, i'm bywyd! i ŵr / i bryd trahael *bortreiwr.* 15–16g. *TA* 396, *Portreiwr* pert ar heol, / Pedair W'n powdro o'i ôl [i ofyn ebol]. 1776 *W*, *portreiwr* d.g. *limner.*
Amr.: **portreydd** [bôn y f. fl.+-*ydd*³]. 1937.

portrïad, portryad, gw. **portread.**

portsh, ports, poers [bnth. S. *porch*] *eg.* Cyntedd, lobi, porth: *porch, lobby, vestibule.*
1547 *WS*, *ports* Racddrws, a portche. 16g. *Cy* ix. 364, paham y maer *poers* or tü asay yr eglwys. *ib.* paham y dechryr y bedydd yny *poers.* 1551 W. SALESBURY: *KLl* xxviiib, Ac ef aeth allan o yno yr rac neuad [:– *Ports*], ac a canadd y ceiloc. 1688 *TJ*, cynnhordŷ, porth bychan, (*Ports*) drŵs. A porch or entrance to a door. Yn sir Drefn. clywid y dywediad 'gwneud y *portsh* yn fwy na'r eglwys' am rywun y mae ei ymddygiad allanol yn rhagori ar ei wir gymeriad, *Mont Coll* xi. 296. Cf. D. J. WILLIAMS: *STG* 62, yna aed â ni allan . . . i'r *ports*, lle y cedwid y bagiau a'r capiau.

Portugalaidd, Portugeaidd, Portugesaidd, &c., gw. **Portiwgalaidd, Portiwgeaidd, Portiwgesaidd,** &c.

port-wein, gw. **port.**

Portwgaleg, Portwgead, &c., gw. **Portiwgaleg, Portiwgead,** &c.

porth¹ [bôn y f. ddil., cf. Llyd. C. *porz*] *eb.g.* a hefyd fel *a.*

(*a*) Cymorth, cynhorthwy, help, ymgeledd, cynhaliaeth, cefnogaeth, nawdd, hefyd yn *ffig.* am un sy'n rhoddi cymorth, nawdd, &c.: *assistance, aid, help, succour, maintenance, support, also fig. of someone who provides aid, support, patronage, &c.*
12–13g. *GLlLl* 294, Metwl pawb *porth* uyt itaw. 13g. *LlI* 45, e guercheytweyt a deleant oet urth *porth.* Ac ena e mae yaun e'r egneyt eu guarandau a gouen pa le e mae eu *porth.* O dewedant bot eu *porth* en eu kemhut ehun, roder oet try dyeu udunt. 13g. *C* 73. 11–12, Duv in kymhorth in nerth in *porth* in canhorthuy. 13g. (1641) *HGK* 23–4, un llong ar bymtheg . . . yn *borth* iddaw o Ywerddon. 13g. *BD* 80, a chymryt y gyt ac vynt y *borth* wuyhaf a allassant y chaffael. 14g. *BT* 23, ac ysgottyeid yn *borth* yddaw. 14g. *GIG* 95, Gweddïo Pedr, gwedd eorth, / Y bûm, canaf gerdd am *borth.* 15g. *GGl*² 127, Os dy *borth* a'th gynhorthwy / A gaf, ni ddymunaf mwy. 1567 *LlGG* 116b, Oll-alluawc . . . Dduw, *porth* pob angenoc. 1588 *Salm* xxxiii. 20, Efe yw ein *porth* a'n tarian. 1632 *D*, *porth*, auxilium, subsidium. 1661 E. LEWIS: *Drex* [387], y *porth* oll y comffordd, y cyssur, a'r gwir ddiddanwch. 1688 S. HUGHES: *TSP* 122, Ond Michael, fendigedig *Borth* [:– Helpwr], / A ddaeth i'm cynorthwyo. 1722 *Llst* 189, *porth*, m. aid, assistance, defence, a reserve of souldiers, a convoy. 1724 T. WILLIAM: *OL* 68, Yn y Cyfyngdra hyn anfonasant am *borth* o Rufain. 1754 G. OWEN: *L* 100, a'r ddau hynny a'm lladdasent yn ddifeth, oni bai *borth* Duw, a chyffyriau meddygon. 1803 *P*, *porth*, s. m. aid, help, support, succour.

(*b*) Porthiant, ymborth, gogor, ebran: *food, fodder, provender, forage.*
1632 *D*, *porth*, idem quod Ymborth, victus. 1700 *TDP* 21, Pan euthym i Sechem i gario *porth* ir Praidd. 1753 *TR*, *porth*, the same as Ymborth, food. 1773 *W* d.g. *fodder* [*any dry food for cattle*], *food* [*victuals of any kind, &c.*].

Fel *a.* (yn y radd gmhr.) Mwy cefnogol: *more supportive.*
13g. *BD* 5, Ac vrth hynny yd oed *porthach* gvyr Groec o'y vravt noc ydav ef.
Cfn.: **porth Duw (i, iddo, iddi,** &c.**):** *God help (him, her, &c.).* *c.* 1400 *R* 1363. 6, *Porth duw* yr ponprenn.

15g. *DE* 112, *porth dyw iddi.* 1632 *D, porth Duw yt* d.g. *salue.* Cf. *GDG*³ 278, Dos, f'eidduned, yn gwbliach, / A Duw'n borth yt, y dyn bach. **p. orddwy,** gw. *porthorddwy.* **gan b. Duw:** *with God's help.* *c.* 1300 *H* 80b. 37. *c.* 1400 *MM* [6]. *c.* 1600 L. DWNN: *HV* i. 7. **trwy b. Duw = gan b. Duw.** 1716 T. EVANS: *DPO* 74.

porth² [?yr un gair yn wr. â *porth*³; ?bnth. Llad. *portus* (eg.) 'mynedfa, porthladd', neu'r Llad. *porta* 'porth (dinas), drws, mynedfa'; H. Grn. *porth*, gl. *ianua uel valua*, Crn. C. *porth*, Llyd. C. *porz*, Llyd. Diw. *porzh*] *eg.* ll. *pyrth*, (prin) *porthoedd.* Mynedfa i adeilad, yn enw. un fawr neu addurnedig, talddrws, drws, dôr; clwyd (ym mur amddiffynnol dinas, castell, &c.), gât, llidiart, iet; rhagddrws, portsh, lobi, portico; adwy, bwlch; soced neu agorfa mewn cylched cyfrifiadur i drosglwyddo data; hefyd yn *ffig.*: *portal, door; gate (of city, fort, &c.), gateway; porch, lobby, vestibule, portico; gap, pass; (computer) port; also fig.*

12g. *LL* 154, iford nihit bet *porth* idorcluit. 12g. *MA*² 237a. 24, Rhag *pyrth* Penfro yn pebylliaw (Seisyll Bryffwrch). 13g. *C* 78. 6–8, Naut rac dyuar car kertaur. ar dy *pirth* ar diporthaur. 13g. *BD* 44, A phan vu uarv y cladvyt yn Llundein ger llav y *porth* a elwir etwa o'e env ef *Porth* Llud. 14g. *WML* 130, ar *porth* y vynwent. *c.* 1400 *DB* 33, dinas . . . a chan *porth* euydawl arnei. 15g. *FfBO* 48, a mynet, vi ac ef, y *borth*, yr hwn a agorawd ef ac allwed. 1567 *TN* 10b, cyfing yw'r *porth*, a chul yw'r ffordd a dywys i vuchedd. 16–17g. *IMCY* 229, Y main yn damgylchynv yr vchelgaer . . . A' 'r main hynn vchlaw'r *porthoedd.* *Dchr.* 17g. *J* 10, 129b, *porth*, porche, janua, Cynor, rhagddrws. 1632 *D, porth*, rhagddrws, rhodfa ddiddos d.g. *porticus.* 1632 J. DAVIES: *LlR* 152, Caewyd *porth* pob trugaredd. 1703 E. WYNNE: *BC* 9, a *Phorth* mawr . . . ymhen isa pob Stryd, a Thwr teg ar bob *Porth.* 1725 D. LEWIS: *GB* 10[9], y Clust yn benaf yw *Porth* Gwybodaeth. 1772 *W* d.g. *door, gate [for going in and out at], porch or vestibule.* 1803 *P.* Digwydd yn yr e. *Porth yr Aur*, Caernarfon, ac yn *Y Porth*, Cwm Rhondda.

Cfn.: **(y) porth cyfyng:** *(the) strait gate.* 1567 *TN* 10b, 109a. 1743 G. JONES: *AS* 7. 1759 T. THOMAS: *WWDd* 347. *Meddyg.* **p. y llwnc:** *fauces.* **20g. p. (pyrth) y nefoedd, pyrth nef:** *the gate(s) of heaven.* 13g. *C* 73. 9, *pirth new.* 1588 *Gen* xxviii. 17, [*p*]*orth y nefoedd.* 1684 J. DAVIES: *LlR* 373, *pyrth y Nefoedd.* **(y) Pyrth Perlaidd:** *(the) Pearly Gates.* 1775 D. JONES: *HCY* 178. Cf. 1588 *Dat* xxi. 21, A'r deuddec porth deuddec perl o[e]ddent. **porth (pyrth) uffern:** *gate(s) of hell.* 14g. *T* 55. 5–6, Arac drws *porth vffern* llugyrn lloscit. *c.* 1400 *R* 1301. 32, torreist *byrth uffern.* 1567 *TN* 26b. 1595 H. LEWYS: *PA* 29, *pyrth vffern.* **rhwng (y) p. a'r og:** *between the (closed) gate and the (dropped) portcullis (a reference to the Romance of 'Owain', see [RB] WM* 236–7). 15g. *GO* 65, Yr wyf *rrwng y porth a'r ôc*, / Wen verch, val Owain varchoc. 15–16g. *TA* 73, Pa ŵr aeth *rhwng porth a'r ôg*, / Pand dy dad, pwynt odidog? *Dchr.* 17g. *Mos* 212, 58, Karû merch nis kae r marchog / a fv *rhwng y porth ar ôg.* Gw. hefyd *og*¹—*rhwng yr o. a'r mur.*

porth³ [gw. *porth*²; Crn. Diw. *por(h)*, Llyd. C. Cyn. *porht* [*sic*], Llyd. C. *porz*, Llyd. Diw. *porzh* (taf. Gwened *porh*), H. Wydd. *port*] *eb.g.* ll. *-au, -oedd.* Porthladd, harbwr, llongborth, hafan; aber; glanfa, ceubalfa, fferi; cludiad (ar fferi): *port, harbour, haven; estuary; landing-place, ferry; carriage (on a ferry).*

12g. *LL* 31, Lanngarth. sancti teliaui de*porth* halauc. *c.* 1188 GIRALDUS CAMBRENSIS: *IK* 165, a *Porth*maur Meneviæ, id est Portu magno. 13g. *HGK* 13, Ac ena y kerdus Rys . . . hyt e *borth.* 13g. *BD* 20, aberthu y Diana yn y *borth* yr disgynnassei yndi. 14g. *Cy* vii. 124, A ffedeir (*B* v. 19, A phedwar) prif *borth* ar dec a deugeint. 14g. *GDG*³ 269, Talwn fferm *porth* Abermaw / Ar don drai er ei dwyn draw. 16g. WILIAM LLŶN: *Gw* (R. Stephens) 177, Gleisiad o'r *borth*, glas wydr bân. 1604–7 *TW* (*Pen* 228), tal am y *borth* ne dros varchnat a ddycer mewn llong d.g. *portorium.* 1632 *D, porth* . . . portus. 1698 T. JONES: *Alm* [31], Goreu amser i dramwŷ dros *borth* Aber-Conwey ŷw Tair awr cŷn neu gwedi pen llanw. 1699 *id.* [45], llanw'r môr . . . yn y *Porth* neu'r *porthau* a henwir uwchben. 1762 *ML* ii. 530, daccw Ffreins Prifat-hîr . . . wedi dyfod i'r *borth* o eisiau tywydd. 1773 *W* d.g. *ferry [a passage over some river, &c.].* 1803 *P, porth*, s. m. . . . a carrying place, a passage, a port. Digwydd yn aml yn e. lleoedd y glannau, e.e. *Y Borth*, Cered., *Porthaethwy*, Môn.

Cfn.: **porth awyr:** *airport.* **1932.**

porthad, gw. **porthiad**².

porthaf: porthi [bnth. Llad. *port(ō)* 'dygaf, cludaf'; cf. Crn. C. *perthy*, Llyd. C. *porzit* (2 brs. un. grch.)] *bg.a.*

1. (*a*) Bwydo, maethu, cynnal neu gyflenwi (â bwyd neu borthiant, &c.), darparu, diwallu, cyfreidio: *to feed, nourish, support or provide (with food, &c.), supply, replenish.*

12–13g. *GLlLl* 215, Gwyr a *byrth* uy rwyf ym pob Calan. 13g. *LlI* 7, kallonneu ac eskeueynt er anyueyllyeyt guyllt . . . e *porthy* e adar. *id.* 63, ac a deleant e *porthy* [y maer biswail] due weyth en e ulueden. *c.* 1300 *H* 6a. 5, a *borthes* branhes bryneich gyffro (Gwalchmai). *c.* 1300 *B* iv. 127, ac ar vwyt y tri y *porthir* y naw. *c.* 1400 *R* 1039. 40, Penn a borthaf am *porthes.* *c.* 1400 *B* ii. 14, *Porth* dy ychen yn da. [1547] W. SALESBURY: *OSP*, Deo a *byrth* i vusgrell. 1567 *TN* 168b, *Portha* [:- Pasc, Bwyda] vy wyn. 1595 H. LEWYS: *PA* 109, [yr] hwnn [ych] a *borther* mewn porfa fraisc. 1632 *D, porthi*, pascere. *id.* **porthi* . . . Ni ddiylch angen ei *borthi.* 1722 *Llst* 189, *porthi*, to feed, fatten . . . sustain, supply with. 1803 *P.*

(*b*) (enghrau. *ffig.* ac mewn cyd-destun *ffig.*: *fig. exx. and exx. in a fig. context*).

c. 1300 *H* 7a. 20–1, Nyd oes gystetlyt y hael heuelyt. or a *pyrth* bedyt a ffyt a ffawt (Gwalchmai). *c.* 1400 *YSG* i. 123, uelly y *porthes* Cayn y lit a'e vedwl yn hir o amser. 1567 *TN* 206a, Edrychwch . . . ar yr oll ddevait . . . i *borthy* [:- vwydo, lywodraethy] Eccles Dew. 1588 *Diar* x. 21, Gwefusau y cyfiawn a *borthant* lawer. 1615 R. SMYTH: *GB* 240, yn yn *porthi* ni ag oferedd a gwagedd. 1630 *YDd* 55, ni allant gael dim llonyddwch ond *porthi* eu cynddaredd yn dy bennydio di. 1631 O. THOMAS: *CC* 118, *portha* ni yn benna ath ysprydol ymborth. 1632 J. DAVIES: *LlR* 148, Y mae'n rhaid i'n tân ni gael ei *borthi* yn wastad â thânwydd, ac onid ê ef a ddiffydd, a'r tân hwnnw yn llosgi yn wastad, heb ei *borthi.* 17g. HUW MORUS: *EC* i. [172], Troi'r diwrnod aeth heibio tan wylo etto'n ol, / Yw son am hen ffansi a *phorthi* peth ffol. 1722 *Llst* 189, *porthi* . . . pamper, indulge. 1725 D. LEWIS: *GB* 253, Y mae 'r Tarth sydd yn yr Awyr, yn ddigon a thros ben i *borthi*'r Afonydd. 1764 W. WILLIAMS: *Th* 9, Fe ddwedir iddo'n fynych i *borthi* ei nwydau câs. 1771 J. THOMAS: *TA* 50, Câf *borthi* fru, mewn Porfa frâs. 1790 T. JONES: *TOS* 81, pan na wna gwybodaeth ond *porthi* eu tân llosgadwy. 18–19g. R. DAVIES: *DB* 176, Yn *porthi* 'n hy bob chwant yn gry', / a gadael tŷ ein Tad.

(*c*) Bwyta, ysu: *to eat, consume.*

1346 *LlA* 40, megys deueit yn vffernn ygossodir. Ac aghev Ae *pyrth* (*mors depascet eos*).

(*d*) Cefnogi neu gymeradwyo (pregethwr, siaradwr, &c.) drwy ddweud 'Amen', 'Clywch, clywch', &c., yn uchel yn ystod pregeth neu araith, amenio, mynegi cytundeb â; ateb (mewn ffurfwasanaeth eglwysig): *to make supportive interjections, make interjections supportive of (preacher, speaker, &c.), say amen to (prayer, &c.), express agreement with; respond (in liturgical church service).*

1630 *YDd* 387, Na *phortha* ei chwedl ef, i'w ssommi â gwâg hyder. 1770 P. WILLIAMS: *BS, Diar* xxvi, Na ddylid ateb ffol yn ol ei ffolineb, h. y. peidio a'i *borthi* yn ei ymadrodd. 1774 *W, porthi* un; *porthi*'r ymadrodd d.g. *to humour one in his discourse.* Ar lafar yn gyff. Gw. hefyd *porthi'r gwasanaeth* yn y *Cfn.* isod.

2. Cario, cludo, dwyn, dal; dwyn (gofid, poen, hiraeth, cywilydd, &c.), dal, dioddef; cynnal (e.e. cyfiawnder): *to carry, transport, bear, hold; bear (grief, pain, longing, shame, &c.), endure, suffer; uphold (e.g. righteousness).*

12g. *MA*² 236a. 32, Am *borthi* galar nwy golaith (Seisyll Bryffwrch). 12–13g. *GLlLl* 53, Dygyuarth pob parth ef *porthes.* *id.* 78, Gal ac ef ny *borthid.* 13g. *C* 51. 5–6, Guydi *porthi* heint ahoed am cylch coed Keliton. *id.* 53. 11–12, Deg mlinet a deu ugein yd *portheise* poen. 13g. *A* 33. 20, ny *phorthassan* warth wyr ny thechyn. *c.* 1300 *H* 33a. 39–33b. 1, yn yd *byrth* bertholud golud gwylein (Cynddelw). *Dchr.* 14g. *id.* 27b. 12, a *bortho* gofid bid bwyllokaf (Bleddyn Fardd). *id.* 89a. 36, hoedyl egin brenhin hoet a *borthaf* (Phylip Brydydd). 14g. *T* 19. 15–16, Tri vgein mlyned yt *portheis* i lawrwed. 14g. *WM* 108. 9, naw ugein angerd *aborthes.* *c.* 1400 *R* 1037. 10, *porthaf* gnif kynn mudif lle. *id.* 1039. 40, Penn a *borthaf* am porthes. *id.* 1165. 37–8, Dynyawl bobyl ny *borthant* iawnwed. 1632 *D,* **porthi* . . . ferre, gerere, portare. 1771 *W* d.g. *to carry [support, or bear a burden].* 1803 *P.*

Cfn.: **porthi anwes:** *to indulge or humour.* 1604–7 *TW* (*Pen* 228) d.g. *indulgeo.* 1691 T. WILLIAMS: *YB* 16. **p. blys:** *to indulge in illicit sexual activity.* Ar lafar ym Morg., "En declyn sy'n *porthi blys* yw a'. **p.'r gwasanaeth:** *to respond (in church service); make supportive interjections (during religious service).* **1843. p. ei hunan (fy hunan, &c.):** *to persuade oneself.* Ar lafar yn ne-ddwyrain Morg., "Wyt ti'n *porthi d'unan* 'fod ti'n dost', 'Ma fa'n *porthi'i 'unan* nag yw a ddim yn lico tatws'. **p. llyga(i)d:** *to feast one's eyes.* 1701 E. WYNNE: *RBS* 74, awydd i *borthi* ei *lygad.* 1703 E. WYNNE: *BC* 5, wedi *porthi* fy *Llygaid* ar bôb rhyw hyfrydwch. 1709 H. POWEL: *G* 31, Na edrychwch . . . o amgylch i *borthi* eich *llygaid.* **p. milgi:** *to attend to matters at the last minute.* Ar lafar ym Môn yn yr ymad. 'diwrnod hela, *porthi milgi*', ac yn Llŷn yn yr ymad. '*porthi milgi* cyn ras'. **p. mwythau (i):** *to indulge, pamper.* 1604–7 *TW* (*Pen* 228), *porthi mwythæ* d.g. *indulgeo.* 1672 J. LANGFORD: *HDdD* 183, *Porthi mwythau* i'w Gorph. 1677 R. JONES: *BB* 54, [*p*]*orthi mwythau* eu cnawd. 1728 *GMJ* 7, y corph hwnnw yr wyti gymmaint yn *porthi* ei *fwythau.* **p. mympwy,** &c.: *to indulge one's whim(s).* 1659 *GIA* 59, rhaid yw *porthi* ei *fwmpwy.* 1675 R. JONES: *HCh* 41, drwy *borthi* ein *mympwy.* **p. salwch:** *to become unwell.* Ar lafar yn Llŷn, *BILlE* 33. **p. trachwant(au):** *to indulge one's greed.* 1630 *YDd* 243, *porthi* eu *trachwantau* a chwaryddiaeth. 1701 E. WYNNE: *RBS* 241, newydd *borthi* dy *drachwant.*

porthair, gw. **porth**¹ **+ gair**¹.

porthant, gw. **porthiant.**

porthataliad [*porth*³ + *ataliad*] *eg.* Gwaharddiad gan wladwriaeth i longau estron hwylio i mewn i'w phorthladdoedd neu i unrhyw long hwylio allan ohonynt, gwaharddiad swyddogol ar fasnach, hefyd yn *ffig.*: *embargo, also fig.*

1809.

porthawr, gw. **porthor.**

porthcwlis, porthcowlis, portcwlis, portcolis [bnth. a chfdds. (sef *porth*² + *cwlis*) o'r S. C. *port-culis, port-colice*, neu'n uniongyrchol o'r H. Ffr.; â'r ystyr 'cwymp dŵr, &c.', yn adran (*a*) isod, cf. *cwlis*; dichon mai i adran (*a*) y perthyn yr engh. gyntaf yn adran (*b*) isod, gw. *B* xxxvi. 90] *eg.b.*

(*a*) Gratin trwm a osodir mewn rhigolau mewn porth castell, mur, &c., ac sy'n hongian ar gadwyni, &c., fel y gellir ei ostwng ar frys i rwystro mynediad, hefyd yn *dros.* ac yn *ffig.*; (geir.) cwymp dŵr, rhaeadr, llifddor, dyfrddor: *portcullis, also transf. and fig.; (dict.) waterfall, cataract, sluice.*

14g. *YBH* 64a, A phan welas y pauweit hynny trist uuant. ar *porth/cwlis* a ystygassant. a gi ody vywn. 15g. *GDLl* 53, Trined y tarw o Wynedd, / *Porthcwlis* Fenis a fedd. 15g. *GLGC* 37, Ffals feddwl y *porth cwlis*, / ffon o rag a phwn o ros. 1547 *WS, port kwlis*, port coullys. 16–17g. *GST* i. 440, *Porthcwlis*, pair waith cilwg, / Portias a bair gas a gwg [i ofyn tabler]. 1604–7 *TW* (*Pen* 228), *port cwlis* d.g. *cataracta.* 1688 *TJ, porthcwlis*, cwŷmp dŵr: a great fall of Water from an high place. 1722 *Llst* 189, *porthcwlis*, f., a portcullis; sluce. 1725 *SR, porth cwlis* d.g. *a Catarack.* 18g. *WLl* (*Geir*) 283, *Porthcowlis*, cwlis: cwymp dwr.

(*b*) *Her.* Dyfais ar lun porthcwlis: *portcullis (as her. device).*

1509 *AAST* (1935) 101, Cwympo wnaeth yn campau'n is, / Yn calon a'n *porthcwlis* [marwnad Harri VII gan Ddafydd Trefor]. 16g. LEWYS MORGANNWG: *Gw* 224–6, tri llew anturio lluoedd / tri mrest dy gotarmur oedd / a *fforth kwlis* ffwrdd kilient / ar llew gwynn a ddug iarll gwent. 16g. *Mos* 113, 61, M. ariant ac assur kyvyranck *portcolys* gols yn yr arian. *c.* 1600 L. DWNN: *HV* ii. 19, Iarll Wormwd y sydd yn rhoi y *porth kwlis* . . . Iarll Darby sydd yn rhoi y[r] ervr disglair.

porthdal, gw. **porth**³ **+ tâl**¹.

porthdoll[1,2], gw. **porth**[2,3] **+ toll**¹.

porthdref [*porth*³ + *tref*] *eb.* Tref borthladd: *harbour-town, seaport.*

1780 *W* d.g. *portmote, sea-port.*

porthdreth [*porth*³ + *treth*] *eb.* Toll a godir gan lywodraeth ar nwyddau a fewnforir: *customs duty.*

1828.

porthdy, gw. **porth**² **+ tŷ.**

porthedig, gw. **†blewborthedig.**

porthfa¹ [*porth*³ + *-fa, ma*] *eb.* ac yn eithriadol *eg.* ll. *-feydd, -fâu, -faoedd.*

(*a*) Porthladd, harbwr, llongborth, tref borthladd; glan y môr, arfordir; angorfa ddiogel, hafn, noddfa, hefyd yn *ffig.*; glanfa, cei, llwythfa (longau): *harbour, port, harbour-town, seaport; sea-shore, coast; safe anchorage, haven, refuge, also fig.; landing-place, quay, wharf.*

13g. *BD* 166, a gorchymyn y bavb dyuot yn y teruyn hvnnv y *borthua* Douyr yn llvyr. **14g.** *YBH* 6a, yn y *borthua* yd oed dromwnt sef yw hynny llog diruawr y meint. *id.* 34a, Ar dyd hwnnw yd aeth esgob y orymdeith yr *borthua* (*rive de la mer*). **14g.** *BT* (*RB*) 208, a chadw a oruc yr aberoed a'r *porthuaeu* a diruawr gedernit o wyr aruawc y gyt ac ef. *id.* 212, Ac yna y ketwis gwyr y brenhin y *porthueyd* a llu gantunt. *c.* **1400** *R* 1050. 10–11, trin engyrth am byrth am *borthuaeu*. **15g.** *GLGC* 159, Mae i Niclas dan ei blas blawr / wŷdd a *phorthfa* dda ffrwythfawr. / Badau a aeth â phob da / O'r buarthfor i'r *borthfa*. **15–16g.** *GLM* 186, Parth ofwy'r wlad, *porthfa*'r wledd: / parth fu'i enw *porthfa* i Wynedd. **1588** *Gen* xlix. 13, Zabulon . . . a fydd yn *borthfa* llongau. **1588** *Esec* xxvii. 3, yr hon sydd yn trigo wrth *borthfeudd* (**1620** *ib.* borthladdoedd) y môr. **1632** *D*, porthladd, & Porth, & *Porthfa*, portus. **1722** *Llst* 189, *porthfa*, f. p. *faoedd*, a haven, port. **1775** *W* d.g. *key* [*where ships are loaded and unloaded*], *a landing-place* [*a place for landing out of a ship or boat*], *quay, wharf.* **1803** *P*, *porthva*, s. f. pl. *porthvëydd* . . . a port.

(*b*) Fferi, ceubalfa: *ferry.*

1773 *W* d.g. *ferry* [*a passage over some river, &c.*]. **1803** *P*, *porthva*, s. f. pl. *porthvëydd*, a carrying place, a passage place, a ferrying-place.

porthfa[2] [*porth*[2] + *-fa, ma*] *eb.g.* Mynedfa, porth, portico: *entrance, gate, portico.*

1795–6 *Trys Gym* 69, yr oedd fy ffenestr ar gyfer *porthfa*'r Twr.

porthfad [*porth*[3] + *bad*[2]] *eg.* ll. *-au.* Cwch ysgafn a ddefnyddir i gario teithwyr ar afon neu rhwng llong a'r lan, fferi, ceubal: *wherry, ferryboat.*

1834.

porthfaer [cfdds. o'r S. *port*(*reeve*) (?dan ddyl. *porth*[3]) + *maer*] *eg.* Maer neu brif swyddog tref neu fwrdeistref, hefyd weithiau am swyddog uchel arall mewn tref: *portreeve, borough-reeve.*

1850.

porthgeidwad, porthgi, gw. **porth**[2] + **ceidwad, ci.**

porthgwch [*porth*[3] + *cwch*] *eg.* Cwch bach a ddefnyddir i drosglwyddo lluniaeth, &c., i longau: *bum-boat.*

1850.

porthiad[1] [bôn y f. *porthaf*: *porthi* + *-iad*[1]; dichon mai i *porthiad*[2] y perthyn rhai o'r enghrau. isod] *eg.* ll. *-au.* Y weithred o borthi (yn enw. anifeiliaid); ebran, bwyd, porthiant, cynhaliaeth, hefyd yn *ffig.*; dioddefaint: *a feeding* (*esp. of animals*); *fodder, food, sustenance, support, also fig.*; *suffering.*

Dchr. **14g.** *Bl B XIV* 147, Gwedy hyn, Duw gwyn, gwenwyn *borthiad*, / Gwedy byd breuawl a'i hudawl had (Llywelyn Ddu ab y Pastardd). **14g.** *id.* 98, Meinir, neu'th berthir, gwn *borthiad*—poenau, / Yn nau hoen blodau, blawd ysbaddad (Hywel ab Einion Lygliw). **15g.** *GTP* 51, Dwyn carthau, trethau truthiad,—drwy warthau, / Torrwr buarthau, at orwydd *borthiad*. / Gwae di o'r *porthiad* 'n ôl gwadu,—diau, / Ai diwarth dy gladdu? **16–17g.** *Cer RC* 20, Ond trwy'r geirie mae *porthiad* a ddelo yn ddiwad / O ene fy ngwir Dad o'r Nefoedd. **1604–7** *TW* (*Pen* 228), *porthiat* anïueilieit d.g. *pastio.* **1696** *GGTY* 270, A fydd ych *porthiad* chwi neu fwytta ych bwyd, yn porthi 'ch plant. *c.* **1730** *Thos. Lloyd D* (LlGC) 195a, *porthiad*, victus. AP. 464. **1800** W. OWEN[-PUGHE]: *CP* 57, â heued oreu á ellir ei gadw at *borthiad* gwanwyn. **1803** *P*, *porthiad*, s. m. pl. t. *au* . . . supportation.

porthiad[2], **porthad** [bôn y f. *porthaf*: *porthi* + *-iad*[2], *-ad*, cf. H. Lyd. *portiat*; dichon mai i *porthiad*[1] y perthyn rhai o'r enghrau. isod] *eg.* Darparwr, cynhaliwr, bwydwr, porthwr: *provider, supporter, feeder.*

c. **1300** *H* 7a. 8, Prydein a danad prydytyon *borthyad* (Gwalchmai). *id.* 35b. 38, Beirt *borthyad* breint neirthyad nerthrwyt (Cynddelw). *id.* 47b. 13, Brein *borthyad* gweiniuyad gwinueith (Cynddelw). *id.* 92b. 6, ywein *borthyad* brein bronddor (Y Prydydd Bychan). *id.* 94a. 7, brein *borthyad* cad canhymdeith (Y Prydydd Bychan). *Dchr.* **14g.** *id.* 31a. 33, eryr kat breisc *borthyat* brein (Bleddyn Fardd). **14g.** *GDG*[3] 46, Gwenfun ddiwael, hael heiliad—yng nghyfedd, / Gwinfwrdd a berthedd, gwynfeirdd *borthiad.* *c.* **1400** *R* 1221. 25–6, Car anant molyant milyoed *borthyat.* *id.* 1223. 8–9, erbynnyat anant ardemyl blant molyant milyoed *borthat.* *c.* **1450** *B* v. 18, Barth reitredyf, *borthyat* radev [i Dduw].

porthiadol [*porthiad*[1] + *-ol*] *a.* Yn perthyn i ymborth, maethyddol; cynhaliol, meithrinol, maethlon: *pertaining to food, nutritional; supportive, nurturing.*

1803 *P*, *porthiadawl*, tending to succour, or to support.

porthiannaf: porthiannu, porthianna [bf. o'r e. dil.] *bg.a.* Mynychu ffeiriau, porthmona; rhoddi porthiant i, cynnal, porthi: *to frequent fairs, drove or deal in cattle; provide with sustenance, support, sustain.*

1770 *TG* ii. 58, heddyw yr ydwyf yn myn'd i ffeira neu i *borthianna.* **1803** *P*, *porthianna*, to provide support or sustenance; to supply with neccessaries; to deal in provisions of any sort; to deal in cattle, or to act as a drover. *id.* *porthiannu*, to render a succour; to become a support.

porthiannol [*porthiant* a bôn y f. fl. + *-ol*] *a.* Yn perthyn i ymborth, maethyddol; meithrinol, maethlon: *pertaining to food, nutritional; nurturing, nutritious.*

1790 W. RICHARDS: *LlA* 44, y gwyrthiau *porthiannol*, a iachaol. **1803** *P*, *porthiannawl*, tending to succour.

porthiannus [*porthiant* + *-us*] *a.* Wedi ei borthi'n dda, nwyfus, bywiog, mewn cyflwr da, graenus, wedi ei fwytho: *well-fed, spirited, lively, in fine fettle, sleek, pampered.*

1588 *Jer* v. 8, Oeddynt fel meirch *porthiannus* yn boreu-godi, gweryrent bob vn ar wraig ei gymmydog. **1606** E. JAMES: *Hom* ii. 203–4, maent hwy weithiau yn eu gwyniau anllywodraethus, megis meirch *porthiannus* yn gweryru ar wragedd eu cymmydogion. **1632** *D*, *porthiannus* d.g. *pastus, a, um.* **1727** J. JONES: *DFF* 262, a phan oedd eu Cnawd *porthianus* pasgedig (*their pampered flesh*) yn dechreu ymrostio. **1777** W. WILLIAMS: *DN* 53, y 'stablau yn llawn o feirch *porthiannus.* **1803** *P*, *porthiannus*, being provided with sustenance; pampered.

Amr.: **porthiantus. 1604–7** *TW* (*Pen* 228) d.g. *pastus, a, um.*

porthiant, porthant [bôn y f. *porthaf*: *porthi* + *-iant, -ant*[2]] *eg.* ll. (prin) *-iannau.* Bwyd, maeth, ymborth, cynhaliaeth, hefyd yn *ffig.*; bwyd (anifeiliaid), ebran; lle bwydo (anifeiliaid); (yn y cyfreithiau Cymreig) dyletswydd ar ardal i roddi bwyd a llety i wŷr y tywysog, &c., am gyfnod penodol bob blwyddyn neu i dalu gwerth hyn: *food, nourishment, diet, sustenance, also fig.; fodder, forage; feeding-place* (*of animals*); (*in the Welsh laws*) *obligation of a district to billet the prince's men, &c., for a certain period annually or to pay a sum in lieu, puture.*

13g. *C* 77. 10, vn vid veneid y ellyspp bid. gelleist *porthant.* **13g.** *LTWL* 239, De *porthiant* et mensura maynaur. **1301** *Cheshire PR* 197, De Bedellis Comoti de Coleshull pro putura servientium que dicitur *Porthien*-keys [*sic*] solventibus per annum pro eadem ix li. xvij s. ii d. ad terminos Omnium Sanctorum. **1346** *LlA* 130, Arodi tir vdunt ygkyueir eu *porthiant.* **14g.** *WM* 235. 12–14, ahoffach vu gan owein y *borthant.* no chan gynon. *c.* **1400** *R* 1313. 43, Dor kor kant *borthyant* berthed arderchawc. **15g.** *B* ii. 15, os llwdyn cryf a dodir yn vn *porthant* ar un gwan, y gwan a treissir. **15g.** *GGl*[2] 181, Martha oedd yn fy mhorthi, / Mawrth yn dwyn fy *mhorthiant* i. *c.* **1585** G. ROBERT: *DC* 4b–5a, megis na all y corph fod heb *borthiant* corphorol, ag os bydd yn hir heb fwyd, fe eiph yn wann . . . os bydd yr enaid heb i *borthiant* ynte yn hir . . . ef a wanheiph. **1588** *Salm* cxlvii. 9, Yr hwn sydd yn rhoddi i'r anifail ei *borthiant.* **1604–7** *TW* (*Pen* 228), *porthiant* d.g. *victus.* **1618** J. SALISBURY: *EH* 222, mae'n rhaid wrth *Borthiant*, a chynaliad. **1632** *D*, *porthiant* d.g. *alimentum, cibaria, epulæ, pabulum, pastus, victus.* **1672** R. PRICHARD: *Gw* 212, Ninne roddwn itt' ogonian[t], / Yn dragywydd am ein *porthiant.* **1701** E. WYNNE: *RBS* 70, llai *porthiant* i'r chwanteu bydol (*a less satisfaction of natural desires*) a mwy llawnder ysprydol. **1771** *PDPh* 96, bryntni lle a diffyg *porthiant* yw 'r achos cyffredinol o hono [clefyd y bustl ar foch]. **1803** *P*.

Cfn.: **porthiant herwr:** *type of levy* (*see quotation*). **1803** *P*, herwr . . . *Porthiant herwr*, subsistence of the fugitive; a contribution levied by the lords marchers in certain districts, towards the support of vagrants, with a view to preserve the country from their depredations.

porthiantus, gw. **porthiannus.**

porthid [*porth*[1] + *-id*[5]] *eg.* Cymorth, porthiant: *support, sustenance.*

1803 *P*.

porthladd [ff. ddiweddarach ar *porthloedd*] *eg.b.* (bach. g. *porthleddyn*) ll. *-oedd, -au, pyrthladdoedd.* Harbwr, porthfa, llongborth, tref borthladd; glan y môr, arfordir; aber, angorfa ddiogel, hafn, noddfa, hefyd yn *ffig.*: *harbour, port, harbour-town, seaport; sea-shore, coast; estuary, safe anchorage, haven, refuge, also fig.*

15g. *B* xi. 23, [c]erdded ar urys tuag att bren a ydoedd yn ttyuu garllaw'r *borthladd.* **1567** *LlGG* (*Sall*) 62a, Yno llawen vyddant oei'llonyddy [*sic*], ac ef eu [*sic*] dwc ir *borthladd* (**1588** *Salm* cvii. 30, i'r *porthladd*) ydd oedd eu h'wyllys. **1567** *TN* 217b, ac a ddaetham i rywle elwit y *Porthladdoedd* prydverth. **1606** E. JAMES: *Hom* i. 113, hwy allant fod yn siccr o drugaredd, ac y cânt hwy fyned i *borthladd* [:– aber] diogelwch ac ymwared. **1620** *Gen* xlix. 13, Zabulon a bresswylia ym mhorthloedd y môr, efe a fydd yn *borthladd* (**1588** *ib.* borthfa) llongau. **1632** *D*, *porthladd*, & Porth, & Porthfa, portus. **1632** J. DAVIES: *LlR* 196, ac ystyried i ba fath *borthladd* diogelwch y daethost. **1688** S. HUGHES: *TSP* 93, ei dderbyniad i mewn ir *porthladd* [:– Hafan, neu lê, i longau i aros yntho mewn diogelwch] dymunol. **1725** D. LEWIS: *GB* 261, Y mae'n amgylchu 'r Ddaear, er mwyn ei dyfrhau; ac yn llawn *Porthladdoedd*, i dderbyn yr Afonydd. **1774** *W*, *porthleddyn* d.g. *hithe* [*a small haven*]. **1795** JAC GLAN-Y-GORS: *SG* 38, Mae *pyrthladdodd* yr America mor agored . . . i dderbyn pobl a fo am fyw yn rhyddion . . . ag ydyw pyrth y nef i dderbyn pechaduriaid. **1803** *P*, *porthladd*, s. f. pl. t. *au*, a place of export; a port, a harbour.

Cfn.: **porthladd y môr:** *coast, sea-shore.* **1588** *Deut* i. 7. **1588** *Barn* v. 17. **1588** *Esec* xxv. 16.

Gw. hefyd **porthloedd.**

porthladdaf: porthladdu [bf. o'r e. bl.] *bg.* Llochesu: *to* (*take*) *shelter.*

1837.

porthladd-doll [*porthladd* + *toll*[1]] *eb.* ll. *-au.* Treth a delir mewn porthladd am ddadlwytho nwyddau: *harbour-dues.*

1844.

porthladd-dref [*porthladd* + *tref*] *eb.* Tref borthladd: *harbour-town, seaport.*

c. **1740** E. WILLIAMS: *HJI* 2, yn agos i Joppa mewn *Porthladd drêf.*

porthladdog [*porthladd* + *-og*] *a.* Ac iddi borthladd(oedd) (am dref neu ddinas): *having a harbour or harbours* (*of town or city*).

1770 *TG* iv. 9, Lecorn . . . Tref *borthladdog* enwog yn Pisano. **1784** M. WILLIAMS: *S* i. 30, Llundain . . . yn lle *porthladdog* yn ymyl yr afon Têms, ac o ddautu 60 milldir yn orllewinol oddiwrth y môr. *id.* 74, Rheims, Bordeaux, Rochffort, Brest, Toulon, Duncirc, a Mersailes, pob un o'r rhai'n yn ddinasoedd *porthladdog*, ac yn dwyn masnach mawr dros fôr a thir. **1803** *P*.

porthladdol [*porthladd* + *-ol*] *a.* Ac iddi borthladd(oedd) (am dref neu ddinas); yn perthyn i borthladd: *having a harbour or harbours* (*of town or city*); *pertaining to a harbour.*

1836.

porthle[1] [*porth*[1] + *lle*[1]] *eg.* Lle porthi neu gynnal, yn *ffig.* am noddwr: *place of nourishment or support, fig. of patron.*

c. **1300** *H* 34a. 6, Arglwyt am porthes *porth/le* teudor (Cynddelw). **1803** *P*, *porthle*, a place of support.

porthle[2] [*porth*[3] + *lle*[1]; dichon mai gwall am *porthloedd* a geir yn *Gen* xlix. 13 yn rhai arg. o'r Beibl] *eg.* ll. *-oedd.* Porthladd, doc: *harbour, dock.*

16g. *BT* 176, agwyr y brenhin agadwassant yporthlodoed (amr. *porthleoed*) ymor [*sic*]. **1604–7** *TW* (*Pen* 228) d.g. *nauium statio.* **1722** *Llst* 189, *porthle*, m. p. *leoedd*, an harbour, port. **1774** HUW AB HUW: *RBD* 77–8, mae ef [marsiandwr] yn Adeiladu llongau mawrion, ac mae 'n . . . trefnu *porthleoedd* diogel (*harbours for safety*). **1799** *TY* 54, yn hyspysu fod y Duff wedi dyfod i mewn i *borthle* Cork. **1803** *P*, *porthle*, s. m. pl. t. *odd* . . . a port, a harbour.

porthleddyn, gw. **porthladd.**

porthloedd, porthlodd [*porth*[3] + ?**lloedd*

'llonydd, tawel; budr', gw. *CA* 310–11; ond gw. hefyd *B* xv. 197–8, I. WILLIAMS: *ELl* 46; a'r ail ff. drwy fonoptoneiddiad, cf. *dannoedd* > *dannodd*] *eb.g.* ll. *porthloedd-au, porthloddoedd.*

(*a*) Porthladd, porthfa, harbwr, llong-borth, tref borthladd; glan y môr, arfordir; aber, angorfa ddiogel, hafn, noddfa: *harbour, port, harbour-town, seaport; sea-shore, coast; estuary, safe anchorage, haven, refuge.*
13g. *HGK* 8, Ac ena yd oed Gruffud en Abermenei, nyt amgen y *borthloed* a dywetpuyt uchot. 13g. *BD* 12, yd anuonet y bob *porthloed* (*per uniuersa . . . litora*; *RB* ii. 51, porthua) o'r a oed yg kylch teruyneu Groec y gynullau eu llogheu. *id.* 83, erchi udunt adeilat kestyll a thyroed ar glan y mor yn y *porthloedeu* (*litore . . . oceani*; *RB* ii. 122, porthuaeu) y bei disgynuaeu y llongeu. 14g. *BT* 171, jeuan vrenhin . . . aberis kadw y *porthlodoed* adiruawr gedernyt o wyr aruawc. *id.* 176, agwyr y brenhin agadwassant y*porthlodoed* ymor [*sic*]. 1346 *LlA* 106, Apharatoi llong yny *porthloed* idaw. 14g. *DPh* 59, dyuot ai llongev iw *porthlodoeth* (*litora*). *id.* 60, nit amgen noc am eu gwrthlad oi *borthlod* (*portum*) ac oi deruynev. c. 1400 *RB* ii. 393, Ac yn ebrwyd yny vlwydyn nessaf wedy hynny y doeth y *borthloed* santwich a diruawr lynghes ganthaw. c. 1400 *YSG* i. 160, wynt a welsynt ar hyt y mor yn dyuot yr yscraff . . . ac yn kymryt tir yn y *borthloed* (amr. borthva) y gyt ac wynt. 15g. *BB* 113, Ac yntev a erchis jarllayt [*sic*] keynt . . . o achaws. vot honno yn aruordir a*phorthlodoed* amyl. 1588 *Gen* xlix. 13, Zabulon a bresswylia ym-*mhorthloedd* (1690 *ib.* ym-mhorthleoedd) y môr. 1632 *D* d.g. *portus.* 1774 *W* d.g. *harbour* [*a port or station for ships*].

(*b*) (enghrau. *ffig.*: *fig exx.*).
12g. *MA*^{2} 236a. 28–9, Gwae feirdd byd a bedydd oi laith / Am *borthloedd* miloedd mil canwaith [marwnad Owain Gwynedd gan Seisyll Bryffwrch]. 13g. *A* 21. 6, *Porthloed* vedin *porthloed* lain. 13g. *Études* v. 97, Breysc anlloed be/yrd *borthloed* berthyn (Cynddelw). c. 1300 *H* 32a. 11–12, *Porthloet* but porthes oe uebyd. yn eluyt penn mynyt penyd (Cynddelw). *id.* 34a. 6–7, Arglwyt am porthes porth/le teudor. *porthloet* ysgwydawr pyrth mawr marmor (Cynddelw). *Dchr.* 14g. *id.* 88a. 10, ar *porthloed* toruoed achoed uchaf (Llywelyn Fardd). 14g. *BT* 185, bu varw rys jeuang ap gruffud ap yr arglwyd rys . . . yn wastadrwydd abonhed a hedwch achanwyl yr pobloed yn llong a*phorthloed* ac yn amdiffynnwr yrgweinnyeit. 14g. *GDG*^{3} 53, Cwplws caniatgerdd Ferddin, / Cwpl *porthloedd*, golygoedd gwin [marwnad Madog Benfras]. *id.* 424, *Porthloedd* gwawd, parthlwydd gwiwder [marwnad Dafydd ap Gwilym gan Fadog Benfras]. 1803 *P*, *porthloedd*, s. m., means of support.

Gw. hefyd **porthladd.**

porthlog [*porth*^{3} neu fôn y f. *porthaf*: *porthi* + *llog*^{1}] *e?g.* Tâl gan deithiwr am gael ei gludo (yn enw. ar gwch, fferi, &c.): *fare* (*esp. for journey by boat, ferry, &c.*).
1588 *Jona* i. 3, efe a aeth i wared i Joppa, ac a gafodd long yn myned i Tharsis ac a roddes ei *phorthlog* (1620 *ib.* llong-lôg). *Dchr.* 17g. *J* 10, 129b, *porthlog*, fare. portorium. c. 1730 *Thos. Lloyd D* (LlGC) 195a, *porthlog*, naulum. 1773 *W*, *porth-lôg* d.g. *fare* [*money pay'd for being carried, whether by land or water*], *ferriage* [*the sum pay'd for a passage at a ferry*].

porthlong [*porth*^{3} + *llong*^{1}, cf. *llongborth*] *e?b.* Harbwr, tref borthladd, porthladd: *harbour, seaport* (*town*), *port.*
17g. *LlGC* 13215, 375, porthloedd, *porthlong*, portorium.

porthlys [*porth*^{3} + *llys*^{1}, ar ddelw'r S. *portmote* (drwy gamddeall yr elf. gyntaf yn hwnnw)] *eg.* ll. *-oedd.* Llys tref borthladd: *portmote, court of a seaport town.*
1780 *W* d.g. *portmote* [*a court held in sea-port towns*]. 1803 *P*, *porthlys*, s. m. pl. t. *odd*, a portmote.

porthlywydd [*porth*^{3} + *llywydd*, ar ddelw'r S. *portreeve* (drwy gamddeall yr elf. gyntaf yn hwnnw)] *eg.* Maer neu brif swyddog tref neu fwrdeistref, hefyd weithiau am swyddog uchel arall mewn tref; harbwr-feistr: *portreeve, borough-reeve; harbour-master.*
1814.

porthman, gw. porthmon.

porthmana, porthmanaeth, gw. porthmona.

porthmaniaeth, gw. porthmonaeth^{1}.

porthmon [cfdds. o'r S. C. *portman* 'citizen, burgher'] *eg.* (b. *-es*, ll. *-au*; bach. g. *-yn*) ll. *-myn.* Deliwr neu yrrwr da byw, moch, dofednod, &c.; dinesydd, bwrdais, trefwr; marchnatwr, masnachwr: *cattle-* (*pig-, poultry-, &c.*) *dealer or drover; citizen, burgher, burgess, townsman; merchant, trader.*
13g. *B* x. 28, *Porthmon* oed yg corstinopyl. 1346 *LlA* 40, Pa obeith yssyd yr *porthmyn* (*mercatores*). ychydic. kannys odwyll. Ac annudonev. ac vsur. Ac ockyr ykeissynt pob peth hayach oe kynnull. 14g. *YBH* 7a, Sef a wnaeth rei or marchogyon y llys daly kyghoruynt wrth y mab rac y anwylet gan y brenhin a meint y karei a sorri wrth y *porthmyn* (*li marchaunt*) ay hanuonyssei yno. *id.* 11b, kyuodi idaw ynteu yna y vyny ac adaw yr ystauell a mynet y dy *porthmon* or dref (*un burgeis en milu la cité*). 14g. *GDG*^{3} 266, O cherais wraig mewn meigoel, / Wrth hyn, y *porthmonyn* moel. c. 1400 *YCM*^{2} 111, Ae mynet yr awr honn y dodi kic hwch y verwi udunt gyt a phys? Ni vwyteynt hwy y ryw vwyt hwnnw . . . bwyt y dayogeu *porthmyn* yw hwnnw. *Dchr.* 15g. *B* vii. 377, Tu ac att y *porthmyn* ac ereill a wnel creffteu lleygyawl am anudoneu. a ffuc a thwyll. a lledrat. ar ryw betheu hynny. 15g. *GTP* 389, Hawdd gan *borthmyn* haidd ac ŷd / Faddau fy holl gelfyddyd. 1604–7 *TW* (*Pen* 228), *porthmon* geifr d.g. *aepolus.* 1632 *D*, *porthmon*, mercator. 1688 *TJ*, *porthmon*: a Drover, also a Merchant. 1703 E. WYNNE: *BC* 102, *Porthmyn* yw y rhain . . . edrychais a gwelwn eu penglogeu 'n llawn o gyrn Defed a Gwartheg. 1722 *Llst* 189, *porthmonnes*, f. p. *nesau*, a she-dealer. 1803 *P*, *porthmon*, s. m. pl. *porthmyn*, a conveyer or trader; a dealer in provisions; a provision merchant; a drover. Ar lafar yn y Gogledd, *B* iii. 206, *WVBD* 439, ac yng ngogledd Cered. Am yr e. lle *Rhydyporthmyn*, gw. *Études* x. 230; ac am enghrau. o *porthmon* fel epithet, gw. *W Surnames* 178.
Amr.: **porthman.** 14g. *WM* 431. 3. 14g. *YBH* 50b. 1604–7 *TW* (*Pen* 228) d.g. *mercator.* 1725 *SR* d.g. *a Drover.* Ar lafar ym Morg. a sir Benf., *Wês wês* 17. Am yr e. lle *Rhydyporthman*, gw. *Études* x. 230; ac am engh. o *porthman* fel epithet, gw. *W Surnames* 178.
Cfn.: **porthmon Lloegr:** (*Welsh*) *drover attending fairs in England.* 1800 W. OWEN[-PUGHE]: *CP* 74. **p. moch:** *pig-dealer.* Ar lafar yn y Gogledd. **p. sanau:** *hosier, travelling stocking-merchant.* Ar lafar gynt, *Folk Life* xvi. 69.

porthmona, porthmonaeth^{2} [bf. o'r e. *porthmon*; gw. hefyd *porthmonaeth*^{1}] *bg.a.* Masnachu, delio'n fasnachol, marchnata, prynu a gwerthu; masnachu (gwartheg, &c.), gyrru (gwartheg, &c.) i'r farchnad, hefyd yn *ffig.*: *to trade* (*in*), *deal commercially, market, buy and sell; deal in* (*cattle, &c.*), *drive* (*cattle, &c.*) *to market, also fig.*
15g. *GGl*^{2} 84, Euthum innau i *borthmona*, / Waethwaeth farsiandïaeth da. 16g. (*LlEG*) *Mos* 158, 600b, [p]awb hagen araodd yn *porth monaeth* bara a diod. 16–17g. *GST* i. 845, Aer Pereion sy'n wastad / Yn *porthmonaeth* hen ddillad. 1604–7 *TW* (*Pen* 228), *porthmona* d.g. *mercor.* 1632 *D*, *porthmonna* . . . & *Porthmonnaeth*, mercari, nundinari, negotiari. 1672 R. PRICHARD: *Gw* 174, Gwachel feddwi wrth *Borthmonna.* 1688 *TJ*, *porthmonna*: to merchandize. 1753 *TR*, *porthmonna* . . . and *Porthmonnaeth*, to buy and sell, to merchandise, to traffick, to trade in. 1803 *P*, *porthmona*, to deal in provisions; to traffick; to act as a drover. Ar lafar yn y ff. *porthmonna*, *WVBD* 439.
Amr.: **porthmana** [bf. o'r e. *porthman*]. Ar lafar ym Morg. **porthmanaeth** [bf. o'r e. *porthman*]. 1786 TWM O'R NANT: *PCG* 20, 'Roe[dd] ei gwr hi 'n *Porthmanaeth* draw ac yma.

porthmonaeth^{1} [*porthmon* + *-aeth*; dichon mai'r be. *porthmonaeth*^{2} a welir yn rhai o'r enghrau. isod] *eg.* Ymwneud masnachol, marchnadyddiaeth, masnach; y weithred o borthmona; nwyddau, marsiandïaeth: *commercial dealing, commerce, trade; a droving; goods, merchandise.*
14g. *B* ix. 225, yd athoed dyn o wlat iudea . . . y *borthmonaeth* noe newituryaeth o wlat y wlat. 14g. *OBWV* 91, I *borthmonaeth* y'th wnaethpwyd, / Mal ar sud maelieres wyd [Gruffudd ab Adda i'r fedwen yn bawl haf]. c. 1400 *B* ii. 16, Pob *porthmonaeth* or a wnelych. gwna drwy gyghor rei kall ereill. 15g. *BB* 207, ymrodi yormorder [*sic*] o vwyt a diawt. a*forthmonnaeth.* agodineb gwraged. 15g. *GGl*^{2} 90, Gwnaeth fy *mhorthmonaeth* am ŵyn / Ym draul, ac ni bûm drylwyn. 1604–7 *TW* (*Pen* 228), *porthmonaeth* d.g. *emporeuma, mercatura.* 1632 *D*, *porthmonnaeth*, mercatura, negotiatura, nundinatio. 17g. E. MORRIS: *B* 40, O *borthmonaeth* gobaith gwan, / Mae colled o'm cau allan. 17g. HUW MORUS: *EC* i. 295, Ond gwneuthur hwsmonaeth, / Marchnata a *phorthmonaeth* / I fyw wrth ei gyfoeth y gauaf. 1688 *TJ*, *por*[*th*]*monnaeth*: Merchandize. 1769 TWM O'R NANT: *TChD* 12, Mi fyddwn yn myned i *Borthmonaeth.* 1803 *P*, *porthmonaeth*, s. m. a dealing in provisions; purveyance.
Amr.: **porthmaniaeth** [*porthman* + *-iaeth*]. 15g. *BB* 32, yna y byd *porthmanyaeth* y dynyon megys am eidion neu am dauat.

porthmonaeth^{2}, gw. porthmona.

porthmonaidd [*porthmon* + *-aidd*] *a.* Yn perthyn i borthmon(a), nodweddiadol o borthmon: *pertaining to a drover or droving, characteristic of a drover.*
1907.

porthmones, gw. porthmon.

porthmonol [*porthmon* + *-ol*] *a.* Yn perthyn i borthmon(a): *pertaining to a drover or droving.*
1862–4.

porthmonwr [bôn y f. fl. + *-wr*] *eg.* ll. *-wyr.* Porthmon: *drover.*
Ar lafar yn ne-ddwyrain Morg. yn y ff. *porthmonnwr.*

porthmonyn, gw. porthmon.

porthog [*porth*^{2} + *-og*, ar ddelw'r S. *portal*] *a. Meddyg.* Porthol: *portal* (*of vein or fissure*).
1869.

porthol^{1} [cfdds. o'r S. *portal* dan ddyl. *porth*^{2} ?ac *-ol*] *eg.* Drws, mynedfa, &c., yn enw. un mawr: *a portal.*
1765 *Cyf C* 143, Mae'n bryd i fwrw'r Pry difawl, O *borthawl* y perthi.

porthol^{2} [*porth*^{2} + *-ol*, ar ddelw'r S. *portal*] *a. Meddyg.* Yn cludo gwaed o un rhan o'r corff i ran arall heb fynd drwy'r galon (am wythïen), yn enw. am yr wythïen sy'n cludo gwaed i'r afu o'r organau treulio a'r ddueg; yn dynodi'r agen ar ochr isaf yr afu sy'n rhoddi mynediad i'r rhan fwyaf o'r pibellau: *portal* (*of vein or fissure*).
20g.

porthor [bnth. Llad. Diw. *portārius* neu *porth*^{2} + *-awr*^{3}, *-or*, cf. Crn. Diw. *porther*; ansicr yw perthynas *porthoryeu*, *R* 1160. 27] *eg.* ll. *-ion.*

(*a*) Ceidwad y porth neu'r drws, drysor, gofalwr, *Cyfr.* un o fân swyddogion llys y brenin (yn y cyfreithiau Cymreig); cludwr (bagiau, cyfarpar, &c., mewn gorsaf reilffordd, ysbyty, &c.); rhingyll (mewn llys barn); hefyd yn *ffig.*: *porter, gatekeeper, doorkeeper, janitor, attendant, also a minor official of the king's court* (*in the Welsh laws*); *porter* (*at railway station, hospital, &c.*); *usher* (*in court of law*); *also fig.*
13g. *LlI* 8, Ef [ynad llys] a dele e gan e *porthavr* agory e porth mavr en dyuot e'r llys ac en mynet ohoney, ac nas ellygo e'r wyccet nac en menet nac en dyuot. *id.* 17, E lety [drysor y frenhines] yv ygyt a dryssavr e brenhyn en ty e *porthavr.* *id.* 17–20, eman e traethvn ny o'r svydogyon aruer a'r rey deuavt a uyd emevn llys . . . Pemhet yv e *porthavr*; ef a dele e tyr en ryd a'e ty o uevn e porth. . . . Ef a dele o pob anrec a del trvy e porth e derneyt . . . Ef a dele pedeyr keynnyavc o pob karcharavr e kayo y porth arnav . . . Ef a dele bot en ryghyll en e uaertref . . . Ef a dele gvessyav guyr e uaertref e weyth. 13g. *C* 71. 2–3, llara cloduaur. hael. *porthaur* new. *id.* 94. 1, Pa gur yv y *porthaur.* 13g. *MA*^{2} 222a. 56, Trwy eirioledd Pedr pen *porthorion* (Dafydd Benfras). c. 1300 *H* 3b. 31–2, mi weiliwr brydyt beryerin y bedyr *porthawr* a gymedyr gymhes deithi (Meilyr Brydydd). 14g. *WM* 487. 11–12, Dyuot y *porthawr* ac agori y porth. 14g. *GDG*^{3} 219, Tri *phorthor*, dygyfor dig, / Trafferth oedd, triphorth Eiddig. *id.* 371, A'r *porthawr*, ni'm dawr i'm dydd, / Yw'r tafod o rad Dofydd. c. 1400 *R* 1160. 26–7, Nawd pedyr arbennic lleithyc llithyon. oreu porthoryeu or *porthoryon.* 15g. *GLGC* 312, Pedr ben borthor yr holl *borthorion*, / pyrth nef nis cae ef achos cofion. 1567 *TN* [73b], gorchymyn ir *porthor* [:- drysawr] wiliaw. 1632 *D*, *porthor*, ianitor, ostiarius. 1688 S. HUGHES: *TSP* 95, tair ystang oddiwrth Babell y *Porthor* [:- Vn yn cadw'r drws]. 1803 *P* d.g. *porthawr.* Digwydd yn yr e. lleoedd *Porthor*, *Porthorion* ym mhl. Aberdaron, sir Gaern.

(*b*) Un o nifer o rywogaethau o loÿnnod byw brown sydd â'u cynefin mewn perthi a choed, yn enw. *Pyronia tithonus*: *gatekeeper* (*butterfly*).
20g.

Gw. hefyd **pen-porthor, porthores.**

porthoraf: porthori [bf. o'r e. bl.] *bg.* Gweithio fel porthor, ceidwad porth neu ddrws, neu ddrysor: *to work as a porter, gatekeeper, or doorkeeper.*
1803 *P.*

porthordy [*porthor+tŷ*] *eg.* ll. *-dai.* Tŷ, adeilad, &c., at ddefnydd porthor: (*porter's*) *lodge.*
1776 *W* d.g. *lodge . . . A porter's lodge, Porter . . . The porter's lodge.* **1803** *P.*

porthorddwy [*porth*[1] *+gorddwy*] *eg.* Un o 'naw affaith galanas' yn ôl y cyfreithiau Cymreig, sef cynorthwyo llofrudd i ladd; (geir.) cymorth: *one of the nine abetments of homicide according to the Welsh laws, namely helping a murderer to kill*; (*dict.*) *aid, assistance.*
13g. *LlI* 70, Seythuet [affaith galanas] yu canorthuyau e deu a ladho e llall, a honno a elwyr *porthordue.* **13g.** *LlC* 15, Seythuet [affaith galanas] ev kanorthyvau er rey a'e llado, i. *porthorduy.* **14g.** *WML* 37, wythuet [affaith galanas] yw bot yn *porthordwy.* *c.* **1588** *B* ii. 234, *porthorddwy*: kynhorthwy. *Dchr.* **17g.** *J* 10, 91b, *porth orddwy,* auxilium oppressionis. **1632** *D,* gorddwy . . . *Porth orddwy* . . . Auxilium opprimenti præbere. *id. porthorddwy,* K.H. auxiliamen . . . Vn o naw affaith galanas yw *porthorddwy,* h.e. Manu, vel consilio, vel nuncio impedire occidendum, donec occisor veniat. *id.* d.g. *auxilium.* **1688** *TJ, porthorddŵy,* (swccwr, Rhymedi) succour, supply. **1722** *Llst* 189, *porthorddwy* . . . aid, help, succour. **1770** *W* d.g. *aid.* **1803** *P, porthorddwy,* s. m. that is aiding violence.

porthores [*porthor+-es*[1], cf. Crn. C. *portheres*] *eb.* ll. *-au.* Gwraig neu ferch sy'n borthor neu'n geidwad porth neu ddrws, drysores: *female porter, gatekeeper, or doorkeeper.*
1551 W. Salesbury: *KLl* xxxviia, Ac yno ydd aeth discipl arall allan . . . ac a ynddyddanodd ar vorwyn ddrysawr [:– *porthores*] ac a dduc Petr y mywn. **1604–7** *TW* (*Pen* 228) d.g. *janitrix.* **1722** *Llst* 189, *porthores* f. p. *resau,* a woman door or gate-keeper or porter. **1793** Dafydd Ionawr: *CD* 286, Geneth, *porthores* geinwawr. **1803** *P.*
Gw. hefyd **porthor.**

porthoriaeth [*porthor+-iaeth*] *eb.g.* Swydd neu waith porthor neu ddrysor: *post or work of gatekeeper or doorkeeper.*
14g. *GIG* 48, Anfynych iawn fu yno / Weled na chliced na chlo, / Na *phorthoriaeth* ni wnaeth neb. **15g.** *GGl*[2] 153, A gwenllys Feurig wynllwyd / Heb glo byth, heb gelu bwyd. / *Porthoriaeth* ni wnaeth yn iau. **16g.** *GLD* 67, Parth Urien, pen *porthoriaeth,* / Enaid yn euraid a wnaeth. **16g.** Dafydd ap Llywelyn, &c.: *Gw* 85, Ni allo'r iarll o'r lle'r aeth / I'w berth, euraid *borthoriaeth.* **1632** *D, porthoriaeth,* ianitoris officium. **1780** *W* d.g. *the porter's office.* **1803** *P, porthoriaeth,* s. m., the office of a door-keeper.

porthwas[1] [*porth*[3] a bôn y f. *porthaf*: *porthi +gwas*[1]; tebyg mai ailddehongli *porthwysion* a welir yn yr engh. gyntaf isod ac mai hi yw man cychwyn y lleill] *eg.* ll. *-weision.* Badwr ar fferi neu ysgraff, cychwr; swyddog tollau mewn porthladd; porthor, cludwr (nwyddau): *ferryman, boatman*; *tide-waiter* (*port customs officer*); *porter, carrier.*
16–17g. *Mos* 146, 454, porthwyr a meirch porth avr mon / porth iessv ir *porth weission* (*AAST* (1935) 104, porthwysion) [Dafydd Trefor i ysgraff Porthaethwy]. **1632** *D,* cyflog *porthweision* d.g. *naulum.* **1707** *AB* 276b, a Ferry-man, *porthwas.* **1722** *Llst* 189, *porthwas,* Porthwys, m. p. *weision,* wysion, a barge-man; land-waiter, customer of a haven; a carrier, porter. *c.***1730** *Thos. Lloyd D* (LlGC) 195a, *porthweision,* ferrymen. **1803** *P, porthwas,* s. m. pl. *porthweision,* a ferryman.
Gw. hefyd **porthwysion.**

porthwas[2] [*porth*[1] *+gwas*[1]] *eg.* Cynorthwywr: *auxiliary, assistant.*
1658 R. Vaughan: *PS* 209, Pechod yr hwn a egyr adwy i bob profedigaeth . . . Gelyn ir nefoedd, a *phorthwas* vffern (*Auxiliary to Hel*).

porthwr[1] [bôn y f. *porthaf*: *porthi+-wr*] *eg.* ll. *-wyr.*
(*a*) Bwydwr, darparwr, rhoddwr ymborth, cynhaliwr, hefyd yn *ffig.*; cynorthwywr, helpwr; cowmon: *feeder, supplier of food, sustainer, also fig.*; *aider, helper*; *cowman.*
Dchr. **14g.** *H* 91b. 16–17, Mi ath fum *borthwr* borthyad riallu (Phylip Brydydd). **14g.** *BT* (*RB*) 128, Robert, escob Henfford, gwr a oed . . . grefydus a chyflawn o weithredoed cardodeu a hegar *borthwr* y tlodyon. *c.* **1400** *R* 1166. 29–30, *porthwyr* duw poet wynt vygkereint (Cynddelw). **16–17g.** Edward Urien, &c.: *Gw* 84, Pwyntio'n hawdd,—pand da i ni hyn?—/ *Porthwr,* dan Grist y perthyn. **1604–7** *TW* (*Pen* 228) d.g. *auxiliator.* **1630** *YDd* 195, trwy barch ac anrhydedd dyledus, at y Creawdr mawr, a *phorthwr* (*Feeder*) yr holl greaduriaid. **1632** *D, porthwr* anifeiliaid d.g. *pabulator.* **1696** *CDD* 331, Crîst ŷw'n golygwr, a Christ ydŷw'n *porthwr,* / A Christ sŷ'n ofalwr i filoedd. **1759** *BC* 162, Ein Tad a'n gwaredwr, ein Credit a'n swccwr, / Ein *porthwr* diddanwr, da i ddynion. **1789** Twm o'r Nant: *TChB* 17, Chwarelwr Tyrchwr calchwr certh / A'r caeuwr perth, a'r *Porthwr.* **1803** *P, porthwr,* s. m. pl. *porthwyr,* a supporter; a provisioner. Ar lafar ym Môn yn yr ystyr 'cowmon'.
(*b*) Un sy'n porthi (yn ystod pregeth, &c.), un sy'n rhoddi'r ateb (mewn ffurfwasanaeth eglwysig): *one who makes supportive interjections* (*during sermon, &c.*), *one who responds* (*in liturgical church service*).
1701 E. Wynne: *RBS* 8, o bydd un o'r siaradwyr yn ofer-wydn ei chwedl mae'r gwrandawr a'r *porthwr* (*he that hears and he that answers*) yn cyd-golli eu hamser.
(*c*) Cludwr, cariwr: *carrier.*
1762 *ML* ii. 459, Will be at Salop in seven days, medd Newby'r *porthwr,* a'i cludodd i'r Castle and Falcon, Aldersgate street. **1803** *P, porthwr,* s. m. pl. *porthwyr* . . . a conveyor.
Gw. hefyd **porthydd.**

porthwr[2] [*porth*[3] *+-wr*; ansicr yw'r engh. gyntaf] *eg.* ll. *-wyr.* Badwr ar fferi, cychwr: *ferryman, boatman.*
1749 *ML* i. 144, Sieffrai Fongan *porthwr* Tal y Foel. **1803** *P, porthwr,* s. m. pl. *porthwyr,* . . . a ferryman.

porthwy[1] [?adff. geir. o'r e. *cymhorthwy,* amr. ar yr e. *cynhorthwy*] *eg.* Cynhorthwy, cymorth; cynorthwywr: *aid, assistance*; *assistant.*
1707 *AB* 219, *porthwy,* aid, succour, help, &c. V. **1770** *W* d.g. *aid, assistance, a second* [*in a combat or duel*]. **1803** *P, porthwy,* s. m. assistant, support. Nag ymddiried am dy *borthwy* i'r peth a fwrir ymaith. Adage.

porthwyaf: porthwy[2] [bf. o'r e. bl.] *ba.* Cynorthwyo, helpu: *to assist, help.*
1725 *SR* d.g. *to help.* **1764** Dewi Nantbrân: *CB* 34, Allwn ni gan hynny weddio ar Grair, ar Lun, neu Ddelw? . . . Na 'n siccr . . . canys ni welant, ni chlywant, ni 'n *porthwyant.* **1776** Dewi Nantbrân: *AN* 278, Nertha pawb, dan Anghen, a Gofid; *Porthwya* pawb, a ddymunant fy ngweddiau, drostynt.

porthwylydd [*porth*[3] *+gwylydd*] *eg.* ll. *-wylwyr.* Swyddog tollau mewn porthladd: *tide-waiter* (*customs official*).
1794 *W, porth-ŵylydd* d.g. *tidesman or tide-waiter.*

porthwysion [*porth*[3] a bôn y f. *porthaf*: *porthi+-wys*[1] *+-ion*[2]; dichon mai *Porthwysion* ('trigolion Porthaethwy') a welir yn rhai o'r enghrau. isod] *e.ll.* (un. (geir. yn wr.) *porthwys*). Badwyr ar fferi neu ysgraff, cychwyr; swyddogion tollau mewn porthladd; porthorion, cludwyr (nwyddau): *ferrymen, boatmen*; *tide-waiters* (*customs officers*); *porters, carriers.*
15g. *GGl*[2] 55, Y Gŵr mawr a egyr Môn / Wrth osod ei *phorthwysion.* **15–16g.** *AAST* (1935) 104, Y fferi fawr i ffair Fôn / Wrth osod 'i *phorthwysion.* *ib.* Porthwyr a meirch porth aur Môn, / Porth Iesu i'r *porthwysion* [Dafydd Trefor i ysgraff Porthaethwy]. **1547** *WS, porthwys,* a fery man. *c.* **1562** *B* ii. 234, *porthwys,* llongwr. *c.* **1588** *ib. porthwys,* badwr. **1632** *D, porthwys,* portitor. **1688** *TJ, porthwŷs,* a Ferry-man, a Land-waiter, a Tide-waiter. **1722** *Llst* 189, porthwas, *Porthwys,* m. p. weision, *wysion,* a barge-man; land-waiter, customer of a haven; a carrier, porter. **1754** G. Owen: *L* 98, Mae'n debyg fod y *porthwys* wedi ei grogi cyn hyn. **1773** *W, porthwys* d.g. *ferry-man.* **1803** *P.*
Gw. hefyd **porthwas**[1].

porthydd [bôn y f. *porthaf*: *porthi+-ydd*[3]] *eg.* Person neu beth sy'n porthi neu'n darparu (bwyd, &c.): *feeder, supplier* (*of food, &c.*).
1769 *W Ballads* 200, 7, [D]wys *borthydd* dosbarthol gair nerthol gwîr nôd. **1773** *W* d.g. *entertainer.*
Gw. hefyd **porthwr**[1].

porwellt [*pawr*[1] neu fôn y f. *poraf*: *pori+gwellt*; cf. *gwellt—g. pawr* a *gwelltbawr*] *eg. Bot.* Pawrwellt, *Bromus*; glaswellt i'w bori: *brome* (*grass*); *grass for grazing.*
1852.
Gw. hefyd **pawrwellt.**

porwr [bôn y f. *poraf*: *pori+-wr*] *eg.* ll. *-wyr.* Un sy'n pori, hefyd yn *ffig.*: *grazer, browser, also fig.*
16–17g. *NBSF* 102, ymylau'i wàr yn olwyn / Pur yw'r ffriw *porwr* y ffrwyn. **1803** *P.*

porwydd, gw. **pawrwydd.**

pos[1] [?bnth. S. *poser* neu fôn y f. *posiaf*[1], *posaf*: *pos(i)o*] *eg.* ll. *-au, posys.* Tasg anodd; tegan, gêm, neu gwestiwn sy'n cyflwyno problem anodd ei datrys, pysl, adameg, dychymyg: *difficult task*; *puzzle, riddle, conundrum.*
1910. Ar lafar yn nwyrain Morg. ac yn sir Benf., 'Mae'n dipyn o *bos* i ddysgu'r ffidil', *GDD* 230.
Cfn.: **pos jig(-)so:** *jigsaw puzzle.* **20g.**

***pos**[2]**,** gw. **posfardd.**

pòs[1] [gair geir.; ?cf. *posiar, poswrn*] *a.* Tew, corffol: *fat, burly.*
Dchr. **17g.** *J* 10, 129b, *pós,* burlie. **17g.** *LlGC* 13215, 375, *pos,* obesus.

pòs[2] [?bôn y f. *posiaf*[2]: *posio*; ?cf. *bos*[1]] *e?b.* (bach. un. *-en*). Ergyd (â'r llaw): *a hitting* (*with the hand*).
18–19g. *Llr* C 4, 33, *poss,* possio pêl. Glam. Ar lafar ym Morg. yn y ff. *posen* 'ergyd â'r llaw'.

posad [?bôn y f. *posiaf*[2]: *posio+-ad*[2], trf. han.; cf. *pòs*[2]] *eb.* Ergyd â'r llaw: *blow of the hand, slap.*
Ar lafar yn nwyrain Morg., 'Fe gas *bosad* angofiff a ddim 'da'i dad'.

posaf: poso, gw. **posiaf**[1]**: posio.**

posddisgybl [**pos*[2] (gw. *posfardd*) *+disgybl*] *eg.* Un sy'n dysgu'r grefft o fod yn bosfardd: *one who is learning to be a 'posfardd'.*
a. **1587** *Y* 32, Pwy dryma', pwy lyma' lafn, / *Posddisgybl,*
pwy sydd ysgafn, / Ai rhaid i naf cerdd dafawd / Roi dim i neb ar dwymn wawd. *id.* 122, Posfardd, pe anardd anoeth, / *Posddiscybl,* possibl mai poeth.

poseb [bôn y f. *posiaf*[1]: *posio+-eb*] *eb.* ll. *-au.* Problem: *problem.*
1852.

posed, poset [bnth. S. *posset*] *eg.* Posel: *posset.*
Diw. **16g.** *WLB* 59, [c]ymeryd y sugun hwnw ai gymysgu a llefrith kroew ai ferwi un ias ai fwrw ar gwrwf ai wneuthur yn *bossed* ac yfed y maidd hwnw boreu a nos. **18g.** *Llr* C 24, 266, rhoi llefrith ar y tan a bwrw y llyn hwnnw am y ben a gwna *bosed* (*MMf* 99, bossel) o hono. *id.* 332, Cais ddyrnaid o saeds gwnion ystamp hwynt gyda hen gwrw a gwna *bossed* or Cwrw hwnnw ag Vf y gloywon ag [iach] y Vydd. [**1762**] E. Powell: *HEI* 26, Cymmer Beint o sûdd y Fyddarllys neu Houseleeck, hanner Pint o Ferdis, a pheint a hanner o Laeth newydd, a'i gwneud yn *Bossed.* **1767** *Aberth Cym* 61, gwnewch *Boset* o'r llaeth hwnnw. **1771** *PDPh* 19, Cymmerwch ddiod *posed* wedi ei gwneud o win gwyn. *id.* 31, cymmerwch ddiod *Posed* a wneler o gwrw neu win. **1772** D. Risiart: *HFP* 172, efe a gymmerodd ychydig o *bosed* cyffredin. **1780** *W, possed.* Treacle-posset, *Possed* trïagl. Posset-curds, Caws *possed* d.g. *posset.* Ar lafar yn ne Morg. yn y ff. *poset* am yr hyn a wneir trwy '[g]uro melyn wy, tywallt llaeth poeth arno a'i flasu â siwgr. Pryd llesol i'r claf i godi chwant bwyd arno a'i gryfhau', *Geir Geg* 24.

poseib, poseibl, gw. **posibl.**

posel [cf. *posed*] *eg.b.* ll. *-au.* Llaeth neu laeth enwyn poeth wedi ei geulo â chwrw, gwin, &c. (gan gynhyrchu caws posel a maidd neu leision), yn aml ynghyd â chynhwysion eraill megis triagl, perlysiau, neu sbeisys, weithiau â dŵr yn lle'r ddiod feddwol neu drwy gymysgu llaeth enwyn a llaeth, posed, meiddlyn; fe'i defnyddid fel meddyginiaeth ac weithiau fel bwyd: *posset*.

1547 *WS*, faket ne *bossel*, a posset. *id. possel*, a posset. **16g.** (*LlEG*) *Mos* 158, 686b, Ac yn ddiod ywved [*sic*] maidd *posel* og/wrw allaeth. *c.* **1548** *CM* 1, 737, par I'r goddeuwr yved I wala o la/eth *posel* ynn vrwd. *c.* **1566** *B* xv. 120, Petti permel y wnair yn llyn cymer laeth a gwna *bossel* a chymer y caws a lliwia a saffrwn. **16g. (1763)** W. SALESBURY: *LlM* 97, y gwreiddin yma [marchalan] hefyd sy dda mewn *posel* ar les y ddwyfron. *Diw.* **16g.** *WLB* 15, [c]ymysg y sugun ai ddau kimaint o lefrith kroew, ai roi ar y tân ai ferwi un ias ai gymysgu a chwrwf hen da a gwna *bosel* o hono ac yf y maidd a bwyta y caws yn frwd. *id.* 49, fal hynn i gwnair y *possel* . . . ai berwi yn gyfa mewn galwyn o lefrith kroew oni el yn dri chwart ac yno kymeryd i gimaint ârall o gwrw kadarn ai fwrw am i benn yn frwd ai wneuthur yn *bossel* ai ddodi mewn pott pridd i gyd oll y llysse ar *possel*. *c.* **1700** E. LHUYD: *Par* i. 56, ni chymmerdd [*sic*] y Llank linieth yn y bŷd ond dîod, neu *bossel*, ne laeth, ne lymru ag o ŷn or hain ynghylch peint yn y dydd. *id.* 64, Mae Ffynnon . . . oddiar alwm; yr hon a dyr *bossele* medd rhai (it is said will break a possett). **1722** *Llst* 189, *possel*, m.p. *selau*, posset. *c.* **1740** *LlM* 30, *Posel* Mintys sydd dda i lestair neu attal Gloesio. **1759** J. EVANS: *PF* 66, Pint a hanner o *Bosel* diod (*whey Drink*). **1760** *ML* ii. 264, rhaid croesawu bwyd llwy y sef uwd . . . a *phosel*. **1762** *id.* 447, bu agos imi a thagu neithiwr ar ol *posel* seider. **1803** *P*, *posel*, s. m., curdled milk; posset. Ar lafar yn gyff. yn y Gogledd a gogledd Cered., *WVBD* 439, *B* iii. 206, *Cymru* xlvii. 142, liii. [31].

Cfn.: **posel alwm:** *alum posset (made from heated milk and alum)*. **1759** J. EVANS: *PF* 45, chwarter Pint o *Bosel Alwm* (*alum posset*). **p. d(d)eulaeth, p. dau laeth:** *milk posset (made from heated milk poured into cold buttermilk)*. *c.* **1720** D. THOMAS: *HTS* 7, Ychydig Gaws Ymenyn helaeth, / Ac yn aml *Bossel deu-laeth*. **1725** *SR*, *posel deu laeth* d.g. *posset*. *c.* **1740** *LlM* 17, Cymmer *Bosel deu-laeth* ac Wyau trwyddynt. **1753** G. OWEN: *L* 43, Yn iach weithon i lefrith a *phosel deulaeth*. Ar lafar yn y Gogledd, *B* iii. 206, xiv. 292, *Geir Geg* 23. Cf. *WVBD* 439, *posel dau laeth* (= *deulaeth*) made by heating milk and pouring it into cold buttermilk in a basin. **p. dŵr (dwfr):** *water posset (made from hot water poured into cold buttermilk)*. **1876.** Cf. H. EVANS: *CE* 49. Ar lafar yn y Gogledd, *B* iii. 206, xiv. 292, *WVBD* 439, *Geir Geg* 24. **p. l(l)aeth:** *posset made from hot buttermilk and water*. **1876.** Ar lafar yn y Gogledd a gogledd Cered., *B* iii. 206, *WVBD* 439. **p. llaeth enwyn** = **p. llaeth.** Ar lafar ym Môn. **p. triag(l), p. triog(l):** *posset made from hot buttermilk (or 'posel deulaeth') and treacle*. **1757** *ML* ii. 37, I have a sad defluxion on my lungs . . . and intend to take *posel triogl* o'r gwpan goch to-night. *id.* 47, Pray what do you think come up to mêl a garlleg a *phosel triogl*? Ar lafar yn y Gogledd, *B* iii. 206, *Geir Geg* 24. Cf. *WVBD* 439, *posel triagl*, hot buttermilk with a spoonful of treacle added used as a remedy for colds; D. OWEN: *GT* 205, Mi ddeyda wrth Gwen am neud *posel triag* i ti.

posen, gw. **pòs²**.

posesiwn [bnth. S. *possession*] *e?g.* Meddiant: *possession*.

1876.

poset, gw. **posed.**

posfardd [**pos²* (?cf. Gwydd. C. *cas(s)* 'cyrliog, cymhleth(edig), &c.', *cas-bairdne* (enw mesur), gw. *RC* xxxviii. 157–8, ?a'i gysylltu'n ddiweddarach â bôn y f. *posiaf¹*: *posio*) + *bardd*; dichon mai achub y blaen sy'n esbonio'r engh. gyntaf] *eg.* ll. *-feirdd*. Enw ar fath o fardd a gyferbynnid weithiau â'r prifardd a'r arwyddfardd, weithiau'n ddifr.: *name of a type of bard sometimes contrasted with the 'prifardd' and the 'arwyddfardd', sometimes derog.*

14g. *T* 3. 7–8, *posbeirdein* (*R* 1054. 42, *posberdein*) [*sic*] bronrein adyfi. **15–16g.** *GIF* 75, Barn peisfyr barwn *posfeirdd* / bostio alw bwyd bustl y beirdd [dychan Wiliam Egwad i Siôn Leision]. *c.* **1566** *Y* 275, Tri bard y syd. prifard. *posvard*. arwydvard / privard yw yr hwn a dyly cadair / *posvard* y rodi athrawaeth / arwydvard yw dysgybyl ag awen natiriol. **16g.** DAFYDD BENWYN: *Gw* 1, *posvardd*, brawdvardd, yn brydferth, / poet mawr: pwy sy'n awr vn nerth [marwnad Rhisiart Iorwerth]? **1581** *B* ix. 105, prifardd od profar ddevdir / pwys feirdd teg *posvardd* y tir / penn kerdd gwawd y tafawd dysg / prydyddion parod addysg [marwnad Hywel ap Syr Mathew gan Lewys Dwnn]. *a.* **1587** *Y* 120, Ni roes hwnw er ys enyd / Ond tri bardd yn trwy y byd: / Prifardd, arwyddfardd roddfawl, / A *phosfardd*, nid anardd dawl. *id.* 122, *Posfardd* gerdd wiwdardd ydwyd, / Pwnc o'r ddysc, os pencerdd wyd. / . . . / *Posfardd*, pe anardd anoeth, / Posddiscybl, possibl mai poeth. / Yn *bosfardd* ba fardd a fo, / 'R hŷd bysedd rhaid i bossio. **1592** S. D. RHYS: *Inst* [xviii], peri printio goreuon Lyfreu y Prifeirdd, er mwyn cadw côf o'r hên addysc . . . a' pheri gwneuthur a' chwplâu yr vnrhyw helynt a' chyngyd am Lyfreu y *Posfeirdd*, er mwyn canfod cynhildeb, ac addysc, a' phrydferthwch y Prydyddion. *id.* 146, Historicum, quod quocunquè genere carminis res gestas, vel quasi gestas, & magnatum laudes & vituperia decantat. Hi poetæ vulgò (*Posfeirdd*) appellantur. *Diw.* **16g.** *GP* ciii, datganiad . . . ef a ddyle wybod part o dair kylfyddyd nid amgen o ran y *posfeirdd* i dylav wybod i silldafav ai ganganheddion. **16–17g.** *RAGR* 331, A rhai *posfeirdd* peraidd gân / A rheini odd lân brydyddion. *Dchr.* **17g.** *YT* 141, Tewch chwi *bosveirdd* ffeilstion anhylwydd / ni wyddoch chwi rannu rhwng gwir a chelwydd / Myfi [Taliesin] y sydd ddewin / a phrivardd kyffredin. **1689** HUW MORUS: *EC* i. 23, Piler breuder i brydu, / Pwys fawredd farn, *posfardd* fu [marwnad Edward Morris]. **[1703]** *YGDB* d.d., dau-cant o Englynnion Duwiol . . . Yn ôl dosparth y Prif-Feirdd, wedi i'r *Pos-feirdd* rhag eu llygru, eu rhoi allan mewn Cerdd i'w cadw mewn parch. *id.* 25, Ar drydedd mâth ar Feirdd, iw'r *Pos-feirdd*, y rhai drwŷ ddysgeidiaeth y ddau gyntaf [y prifeirdd a'r arwyddfeirdd] a ddangosasant y trallodau a fyddeu yn niwedd y bŷd, ymmŷsc y Brŷttaniaid. **1722** *Llst* 189, *posfardd*, m. p. *feirdd*, a modern poet. **1803** *P*, *posvardd*, s. m. pl. *posveirdd*, a preceptive bard, a teaching bard.

Amr.: **postfardd** [?ff. wallus] (ll. *postfeirdd*). **1736 (1812)** *YRW* [iii], Gyda'ch cenad Gymry mwynion, / Beirdd a *phostfeirdd*, araithyddion / A phob prydydd ufudd afiaeth. *id.* v, Fe ddaw'r *Postfardd* yma a'r Traethydd / Yn y diwedd i roi hysbysrwydd. *id.* 65.

posgard, gw. **postgard.**

posh [bnth. S. *posh*] *a.* Crand, gwych, ffasiynol: *posh*.

20g. Ar lafar.

posi [bnth. S. *posy*] *eg.* ll. *posïau*.

(*a*) Arwyddair: *motto*.

c. **1585** *Llst* 178, 49b, mi awelwn yn ysgrifenedig ar i borth ef *posi* hwn yw balchedd tywysog. **16–17g.** HUW MACHNO: *Gw* 78, Deuair wedi, *posi* pêr, / I'w hoff lys, budd a phleser.

(*b*) Pwysi, blodeuglwm, tusw o flodau, hefyd yn *ffig.*: *posy, nosegay, bunch of flowers, also fig.*

16–17g. *CRC* 255, fy nghariad J / a wnaeth *bosi* / Ac ai dodes / yn Jmynwes. *c.* **1730** *Taith C* 170, byddei Plant y Drêf yn myned i Erddi'r Brenin, ac yn casglu *Posieu* (*Nosegays*). **1742** H. HARRIS: *SDS* 21, Bydded dy Gariad peraidd llon, / Fel *Posi* hardd-deg yn ein Bron. **1777** W. WILLIAMS: *DN* 51, dewis gwragedd ar ol eu llygaid . . . ond yn lle cael *posiau* hyfryd i'w mynwesau, maent yn cael seirph gwenwynllyd. *a.* **1791** W. WILLIAMS: *GP* 625, Mil o *bosiau* sydd / Bob awr o'r dydd a'r nos, / Yn gwylio uwch pob cred. *id.* 751, Ni's gallant [ellyllon uffern] â'u *posiau* gau, / Neu 'u bygwth cryf, a'u dychrynfau. *id.* 771, Fe ddarfu blas, fe ddarfu chwant, / At holl *bosiau*'r byd. Ar lafar yn sir Benf., *SC* vi. 124; hefyd yn yr ymad. '*posi* ben seld' am fenyw sy'n ymbincio gormod, M. WILIAM: *DY* 39.

Amr.: **powsi.** *c.* **1600** L. DWNN: *HV* i. 35, Y *powssi* 'Kowir i Dduw a Dyn'. **1736 (1812)** *YRW* 33, Ffarwel, ffarwel Dam Doli, / Mi af finnau a Pwss yn *bowsi* / Ac a'i cadwaf yn fy nghist yn glôs.

Gw. hefyd **pwysi¹**.

posiad [bôn y f. *posiaf¹*: *posio* + *-iad¹*] *eg.* ll. *-au*.

(*a*) Y weithred o ofyn cwestiwn anodd: *the posing of a difficult question*.

a. **1587** *Y* 122, Yn bosfardd ba fardd a fo, / 'R hŷd bysedd rhaid i bossio, / A thrwy bwys vthr o *bossiad* / Graddav gynt o'i gwrâidd a gâd. **1803** *P*, *posiad*, s. m. pl. t. *au* . . . a questioning, or investigation; a posing.

(*b*) Gwrthddywediad: *contradiction*.

16g. D. R. THOMAS: *DS* 157, O tymothiws kadw a roed attat gochel anuwiol oferedd [ ] orwagedd geiriau: a *possiadaû* (*TN* 316a, gwrth-osodiaday) a ffals henw kelfyddyd arnynt.

posiaf¹, posaf: pos(i)o [bnth. S. (*to*) *pose* 'to interrogate; perplex'] *bg.a.* a'r be. fel *eg.* Gofyn (cwestiynau anodd) (i), holi, arholi; drysu; ?gwrthwynebu: *to ask (difficult questions) (of), interrogate, examine; perplex; ?oppose*.

15–16g. *GLM* 232, Môr Tawch yng Nghymru wyt ynn / am eu *posio*, 'r mab peiswyn [i'r abad Dafydd ab Owain]. **15–16g.** *TA* 86, Aur, dy bwys, er dy *bosiaw*, / A roid i lên ar dy law [i'r esgob Dafydd ab Owain]. **1547** *WS*, *possio*, oppose. **16g.** (*LlEG*) *Mos* 158, 462a, yw holli ac yw *Bosio* Ef. **1574** *RhRC* (At.) 100a, Ag o dewch oy *possio* ym hellach. *id.* 100b, am hyny *possiwch* yn hydda yr opiniadwr ar ny fyn fod ond vn math ar le dan y ddayar lle mayr kythreilied. *id.* 120b, a hyn o gwestiwn ay *possioedd* yn hwy yn fawr ag a wnaeth yddynt edrych o bobtu y ddyn am atteb. *id.* 228a, wrth hyn y gellwch stoppio safyn pob opiniadwr a-/ach *possio* chwi yn llyn, pam y rydych yn myned y ffynon Gwenfrewy. *a.* **1587** *Y* 122, Yn bosfardd ba fardd a fo, / 'R hŷd bysedd rhaid i *bossio*, / A thrwy bwys vthr o bossiad / Graddav gynt o'i gwrâidd a gâd. / Rhaid i mi ar y rhâd mav, / Os doeth, dy *bossio* dithav. *id.* 159, Ni wyddyd yn iawn weddawl, / Ddysc i mi, hardd wasgv mawl. / Gwnia fydr, gwn na fedri, / Waith massw iaith, 'y *mhosio* i. *id.* 224, Rhown addysc, 'r hyn ni wyddost, / . . . / Bôst wych oedd dy *bossio* di. **1686** FFOULKE OWEN: *Cerdd-lyfr* 78, Pan ges i'n ffri *bosio* heb neb yn fy rhwystro, / Mi brofais siwrneio nod cymro nid call. **1696** *CDD* 173, Yn ddeuddeg oed, efe fu dro, / Yn *possio* y doctoried. *c.* **1729** S. RHYDDERCH: *LlCD* 335, Yn neuddeg Oed *possiodd*, Doctoried fe holodd, / Mewn mawr barch fe dyfodd Fab Dafydd. *c.* **1730** *Thos. Lloyd D* (LlGC) 195b, *possio* . . . to pose. **1761** *ML* ii. 287, Nid balch ond tra balch wyf fod y Gobed [Robert Morris] wedi'ch *possio* chwi a Llywelyn fach, ond yn ddistaw bach gwr dwl mal ei dad yw'r Gobed. **1803** *P*, *posiaw* . . . to investigate, to examine, to interrogate, to pose.

Fel *e.* Enw ar fath o gwis iaith a gynhelid gynt mewn ysgolion: *a type of language quiz formerly held in schools*.

1879. Ar lafar gynt, yn aml yn y ff. *poso*. Cf. D. PARRY-JONES: *WCGP* 157–8.

posiaf²: posio [?bnth. S. taf. (*to*) *poss* 'to push, thrust, knock, kick'; cf. *pòs²*] *ba.* ?Bwrw: *to knock*.

18–19g. *Llr* C 4, 33, *possio* pêl. Glam.

posiaf³: posio [bnth. S. (*to*) *pose* (for artist, &c.)] *bg.* Sefyll, gorwedd, &c., mewn ystum neilltuol (er mwyn i arlunydd, ffotograffydd, &c., gael tynnu llun), hefyd yn *ffig.*: *to pose (for artist, photographer, &c.), also fig.*

1918.

posiaid [cfdds. o'r Llad. Diw. *pos(itīvus)*, cf. H. Wydd. *posit*; cf. *superlliaid*] *eg.* ac *e.ll.* *Gram.* (Ansoddair (ansoddeiriau) yn) y radd gysefin: *(adjective(s) in) the positive degree (in gram.)*.

c. **1400** *GP* 4, Teir grad kymharyeit yssyd, *possyeit* (*id.* 42, grwndwalrad), a chymeryeit, a superleit. *Possyeit* yw yr hwnn y bo y synnwyr kyntaf y'r geir yndaw, val y mae da, drwc. *a.* **1575** *id.* 95, Teirgradd kymheiriaid yssydd, nid amgen, *possiaid*, kymheiriaid, a superlliaid. Pa ddelw yr adnabyddir *possiaid*? Pob peth a arwyddokao henw gwann gwastad heb wnevthvr na mwyedigaeth na lleiedigaeth ynddaw i hvn, val y mae gwynn, dv, doeth, y kyfryw hynn *possiaid* vyddant. . . . Kymheiriaid yw henw gwann a wnel mwyedigaeth nev leiedigaeth ar y *possiaid* o vn radd, val y mae gwynnach, dvach, doethach. **17g.** *id.* 155, *Possiaid* yw pob henw gwann gwastad ni wnel na mwyhav na lleihav. . . . Kymeiriaid a fyddant pann fo henw gwann yn arwyddokav ychwanegv nev lleihav ar y *possiaid*. *c.* **1730** *Thos. Lloyd D* (LlGC) 195b, *possiaid*, gradus positivus.

posiar [?*pòs¹* + *iâr¹*] *eb.* ll. *-ieir*. Iâr dew, iâr basgedig; sofliar, *Coturnix coturnix*: *fat hen, fattened hen; quail*.

1547 *WS*, *posiar*, a fatte henne. **16g. (1763)** W. SALESBURY: *LlM* 62, o rhoir y Llysiewyn hwn [gwallt Gwener] ar vwyd *posieir* nei geiliogod fe a bair Iddyn ymladd yn lewach nag hebddo. **16–17g.** *PhA* 349, Och ir *boesiar* chwerw beiswen / ffargod mor bysgod mawr ben. **1605–10** *AP* 39, mor chwanog vylysig iw ddala ag a vyddai y llwynog llithiadwy daint-vylysig i *bosiar* wine felenrrudd gyfaewin gyfaasgell. **1632** *D*, *posiar*, gallina pinguis. **1803** *P*.

posib, posibil, gw. **posibl.**

posibilderau, posiblderau [*posib(i)l* + *-der* + *-au*] *e.ll.* Posibiliadau, potensial: *possibilities, potential*.

1896.

posibiliad [*posibil* + *-iad¹*] *eg.* ll. *-au*. Rhywbeth (yn enw. rhywbeth da, buddiol, neu ddefnyddiol) a all fod neu a all ddigwydd, posibilrwydd, potensial: *possibility, potential*.

1908. Ar lafar.

posibiliaethau [*posibil* + *-iaeth* + *-au*] *e.ll.* Posibiliadau, potensial: *possibilities, potential*.

1904.

posibilrwydd, posiblrwydd [*posib(i)l* + *-rwydd*] *eg.* ll. (prin) *-au*. Y cyflwr neu'r ffaith o fod yn bosibl, rhywbeth a all fod neu a all ddigwydd, potensial: *possibility, potential.*

1677 *Cyf A (Can C)* 7, y rhai ydych . . . mewn cyflwr colledig, ac etto mewn *possibylrwydd* i gael eich cadw. **1693** *HC* i, Ped fai ond *possiblrwydd* yn unic y byddai iti fyw yn ol hyn. **1711** H. POWEL: *TY* 147, rhyw ddiben uwch na dygyd dynion i *bossibilrwydd* o fod yn gadwedig. **1716** T. EVANS: *DPO* 293, fal na ddelent tan *bossibilrwydd* i dyngu Anudon. **1721** RD: *CFf* 27, tan *bossiblrwydd* troseddu. *c.* **1730** *Thos. Lloyd D* (LlGC) 195b, *possibilrwydd*, possibility. **1732** *AABI* 66, mewn *posiblrwydd* o Jechydwriaeth. **1733** T. EVANS: *PP* 149, Fel hyn y rhoddes Duw iddynt eu Bara beunyddiol megis a'i Law ei hun, pan nad oedd dim *possibilrwydd* i gael ef un ffordd arall. **1747** T. EVANS: *DDM* 15, [T]ragywyddoldeb nad oes dim *possibilrwydd* i ddychwelyd o hono. **1759** J. EVANS: *PF* 10, nad oedd ond prin *bosiblrwydd* i'r cyffredin Bobl wybod. **1760** T. EVANS: *P* 17, ni fuasei dim *possibilrwydd* iddynt ddychwelyd. **1828** *Geir Pob* 21, *posiblrwydd*, galluedigaeth.

posibl, posibil [bnth. S. *possible*] *a.* a hefyd fel *eg.* Y gellir ei wneud, o fewn gallu, a all fod, a all ddigwydd, dichonadwy, galluadwy; (yn y ff. cymhariaeth) tebygol; posibilrwydd; yr hyn sy'n bosibl: *possible, feasible, practicable, potential*; (*in the forms of comparison*) *likely*; *possibility*; *what is possible.*

15g. *Glam Bards* 33, nid *possibl* mab am passiodd / i garu merch gwir ywr modd (Ieuan Gethin). **1567** *TN* 31a, Gyd a dynion ampossibil yw hynn, anyd gyd a Duw pop peth sy yn *possibil* (**1588** *Math* xix. 26, sydd yn *bossibl*; **1620** *ib.* sydd *bossibl*). *id.* 65a, pop peth sy *possibil* [:– alluawc] i hwn a gredo. *c.* **1585** G. ROBERT: *DC* 65, er nad oedd *bossibyl* iddo henwi r cwbl. **1595** H. LEWYS: *PA* 75–6, i wraig ef ydoedd amhlantadwy . . . fal wrth reswm naturiol, nad oedd *bossibl* (*it was not possible*) gyflawni a dwyn 'r addewid hynny i benn. **1606** E. JAMES: *Hom* i. 194, Os gellwch ac os bydd *possibl*, na ddigiwch mewn modd yn y bŷd. **1618** J. SALISBURY: *EH* 79, Pa fodd y mae['] n *bossibl*, a galladwy i'r corph hwnnw ddychwelyd i fyw. **1630** R. LLWYD: *LlH* 329, Cyn *bossibled* [:– Cyndybycced] (*as possible*) i ni allu cynnwys y môr mawr mewn phiol fechan, â gallu dirnad rheswm cyngor Duw, yn'r achosion hyn. **1632** *D*, *possibl* d.g. *possibilis.* **1649** *Cylchg LlGC* i. 143, ni fedraf fi feddwl . . . at ba gymro anrhyddedusach yr anfonwn, a lle *possiblach* i gael ei goleddu ai groesawu. **1651** SIÔN TREREDYN: *MDD* [vi], *possiblach* y fyddei 'r bobl iw dyscu. **1661** E. LEWIS: *Drex* [x], a fyddei yn enwedig yn *bossiblaf* i gynhyrfu y troseddwyr mwyaf. **1684** H. OWEN: *DC* 268, Ond nid yw *possibl* bodloni pawb. **1688** S. HUGHES: *TSP* [ix], Dilyn . . . heddwch a phawb hyd y bo *bossibl* i ti. **1701** E. WYNNE: *RBS* 2, oni bae fôd daioni Duw yn anfeidrol nid oedd *bossibl* na rheswm (*unreasonable or impossible*) i ti ddisgwil ganddo ddi-dranc lawenydd Nêf. **1759** J. EVANS: *PF* 42, wedi ei wneud yn Llŵch mor fân âc y bo *bosib.* **1798** W. RICHARDS: *CC* 7, Oni ddylai yr ymneillduwyr, ynte, brysur ystyried eu hachos, a'u digolledu, hyd y mae hyny yn *bosibl*? Ar lafar yn gyff., yn aml yn y ff. *posib*, "Toes dim *posib* i ni 'neud o' 'we can't possibly do it', *WVBD* 439. Cf. W. REES: *LlHFf* 77, toes *bosib* na wn i a math yn well na chi a'ch ffasiwn. Clywir yn aml yr ymad. "os *bosib*' 'surely (. . .) not', e.e. "Os *bosib* bod ti'n dal i fyta o hyd!', "Os *bosib* na allet ti wisgo'n fwy teidi withe!', 'Ma'r 'en ddyn wedi mynd i fyw at 'i ferch.' "Os *bosib*!'

Amr.: **poseib(l).** **1545** *CM* 1, 18, ir hynn *poseibyl* ydiw I ddyn. *id.* 52, peduai ynn *b*/*oseibyl* I wr vynned or gogledd. *id.* 588, a ffebai *bosseib* tynnv ede o Raawn aniuail. **16g.** *Cylchg LlGC* iv. 81, Heb ffydd nid yw *bosseibyl* J ddyn wneuthud dim J ryngv bodd Duw.

Cfn.: **o bosib(l):** *possibly.* **16–17g.** LLYWELYN SIÔN, &c.: *Gw* 478, *o bossybl*, am y bassed, / ar waered y mae'r werin. **1681** R. PRICHARD: *CC* 190, Foru *o bossib* ni bydd dimme. **1725** D. LEWIS: *GB* 206, eraill *o bossibl* yn ysgafnach na'r Awyr. **1798** W. RICHARDS: *CC* 39, yn ol siampl oruchel Wm. Pitt, *o bossibl*, ar dreial hygof John Horne Tooke.

posiblderau, posiblrwydd, gw. **posibilderau, posibilrwydd.**

posidiol, posidol [cfdds. o'r S. *posit*(*ive*) +-(*i*)*ol*] *a.* Positif (hefyd mewn ffis.): *positive* (*also in physics*).
1937.

positif [bnth. S. *positive*] *a.* a hefyd fel *eg.*

(*a*) Yn mynegi neu'n golygu cadarnhad, cadarnhaol, heb fod yn negyddol; a chanddo feddylfryd cadarnhaol, a nodweddir gan frwdfrydedd, diddordeb, optimistiaeth, &c., adeiladol; *Gram.* yn cyfleu cadarnhad neu heb gyfleu nacâd (am ferf, brawddeg, &c.); *Athr.* yn delio â ffeithiau'n unig, ymarferol: *positive* (*also in gram. and philos.*).
1930.

(*b*) *Math.* Yn dynodi rhif, swm, gwerth, &c., sydd yn fwy na sero; *Meddyg.* yn dangos presenoldeb afiechyd neu gyflwr meddygol arall (am brawf diagnostig); *Ffis.* ac iddi'r un polaredd â gwefr proton (am wefr drydanol), ac iddo wefr o'r fath, ac iddo ddiffyg electronau: *positive* (*of number, value, &c.*); *positive* (*of medical diagnostic test*); *positive* (*of electricity or electric charge*).
1930.

(*c*) (Darn o ffilm neu blât ffotograffig wedi ei ddatblygu ac arno ddelwedd) yn cyfateb o ran lliw a thôn i eiddo'r gwrthrych gwreiddiol: *positive* (*n. and adj., in photography*).
20g.

positifaidd [*positif*+-*aidd*] *a.* A nodweddir gan bositifiaeth, positifistaidd (yn enw. mewn athr.): *positivistic* (*esp. in philos.*).
1896.

positifiaeth [*positif*+-*iaeth*] *eb. Athr.* System athronyddol nad yw'n cydnabod ond ffeithiau a ffenomenau canfyddadwy gan wrthod metaffiseg a diwinyddiaeth; *Diwin.* system grefyddol wedi ei seilio ar y system athronyddol hon: *positivism* (*in philos. and theol.*).
1896.
Cfn.: **positifiaeth resymegol:** *logical positivism, empiricism.* **1947.**

positifiaid [*positif*+-*iaid*[1]] *e.ll. Athr.* Positifyddion: *positivists* (*in philos.*).
1938.
Cfn.: **positifiaid rhesymegol:** *logical positivists.* **1938.**

positifistaid, gw. **positifistiaid.**

positifistaidd [cfdds. o'r S. *positivist*(*ic*) +-*aidd*] *a. Athr.* Positifaidd: *positivistic* (*in philos.*).
1939.

positifistiaeth [cfdds. o'r S. *positivist*(*ism*) +-*iaeth*] *eb. Athr.* Positifiaeth: *positivism* (*in philos.*).
20g.

positifistiaid, positifistaid [bnth. S. *positivist*+-*iaid*[1], -*aid*[3]] *e.ll. Athr.* Positifyddion: *positivists* (*in philos.*).
1939.
Cfn.: **positifistaid rhesymegol:** *logical positivists.* **20g.**

positifistig [cfdds. o'r S. *positivist*(*ic*)+ -*ig*[2]] *a. Athr.* Positifaidd: *positivistic* (*in philos.*).
20g.

positifrwydd [*positif*+-*rwydd*] *eg.* Agwedd bositif; *Athr.* positifiaeth: *positive attitude*; *positivism* (*in philos.*).
20g.

positifydd [*positif*+-*ydd*[3]] *eg.* ll. *positifyddion, positifyddiaid, positifwyr. Athr.* Un sy'n arddel positifiaeth: *positivist* (*in philos.*).
1939.
Cfn.: **positifydd rhesymegol:** *logical positivist.* **1939.**

positifyddiaeth [*positifydd*+-*iaeth*] *eb. Athr.* Positifiaeth: *positivism* (*in philos.*).
1938.
Cfn.: **positifyddiaeth resymegol:** *logical positivism.* **1938.**

positifyddol [*positifydd*+-*ol*] *a. Athr.* Positifaidd: *positivistic* (*in philos.*).
1938.

positron [bnth. S. *positron*] *eg.* ll. -*au. Ffis.* Gwrthronyn yr electron ac iddo'r un màs â hwnnw ond gwefr hafal a dirgroes iddo: *positron.*
1936.

posman, gw. **postmon.**

posned, &c. [bnth. Ffr. Lloegr *posnet*, o bosibl drwy'r S. C.] *eg.b.* ll. -*au.* Pot neu lestr (metel fel arfer) at ferwi, sosban fach, hefyd yn *ffig.*: *posnet, skillet, small saucepan, also fig.*

c. **1400** *Études* vii. 294, kymer galch . . . a chymysc ac ef bwys o'r pimant a dot hwnnw y gyt mywn *poesnet* y verwi gyt a dwfyr. **1547** *WS*, *posnet*, a posnet. **16g.** DAFYDD BENWYN: *Gw* 647, pot ffael fodd, pwt ffola fy, / Rydderch, y *possned* ryddÿ. *Diw.* **16g.** *WLB* 50, kymer gig mollt ne bork a dod oi ferwi mewn *possned.* *id.* 77, dal dy enau ywch benn y *possned.* **18g.** *Llr* C 24, 351, rho mewn *posned* pres ar y tan. **[1783]** *W* d.g. *skellet, or skillet* [*a kitchen utensil*]. **1801** *MMf* 237, dod mewn *posned* bridd ddiystaen. **1803** *P*, *posned*, s. m. pl. t. *au* . . . a small pan, skillet . . . porringer; a small saucepan, a pap-saucepan. O y *posned* bach! O the little squab! Digwydd fel e. bardd, cf. *Pen* 57, 13, y *poesnet* ay cant.

post[1] [bnth. Llad. *postis*, a hefyd o bosibl S. C. neu H. Ffr. *post*; cf. H. Grn. *post*, gl. *columpna*, Crn. C. *post*, Llyd. C. a Diw. *post*; ansicr yw prth. e.'r afon *post du*, *LL* 155] *eg.* (bach. -*yn*) ll. *pyst, post*(*i*)*au, postion*, ll. dwbl *pystion, pystau.*

(*a*) Darn praff cymharol hir o bren, &c., o drawstoriad sgwâr neu grwn fel arfer, a ddefnyddir yn ei sefyll, yn enw. mewn adeilad neu i gynnal pwysau, e.e. post drws, polyn neu golofn a osodwyd yn ei sefyll yn y ddaear at wahanol bwrpasau, e.e. fel rhan o ffens, i gynnal llidiart, i ddal arwydd, fel cofgolofn, i rwymo neu i glymu anifail neu berson wrtho, piler, colofn, prop, pawl, paladr, hefyd yn *dros.*: *post, doorpost, signpost, pillar, column, prop, stake, shaft, also transf.*

12–13g. *GLlLl* 6, Ef gwnaeth yn erthyst *byst* Bochgluc. **13g.** *LlI* 19, Ef [y rhingyll] a dele seuyll ervg e deu *post* . . . ac ny dele tarav e *post* e parth e bo y brenhyn. **13g.** (*LlDW*) *ZCP* xx. 75, ydno hen [ai barnus] y guir e *pist* pendhu. **1346** *LlA* 169, *Pyst* yneuad ae hystyffyleu. ae phethyneu [*sic*] ahennynt o ryw brenn aelwir cethim. *id.* 171, Y discwylua honn a gynnhelir o vn *post.* **14g.** *WM* 53. 36–54. 9, dodi guanas o bop parth y bop colouyn o cant colouyn oed yny ty. Adodi boly croyn ar bop guanas a gwr aruawc ym pob vn o honunt. . . . arganuot y bolyeu crwyn awnaeth ar hyt y *pyst.* **15g.** *GTP* 55, Dau *bost* ar wastad ei ben, / Mal yn dyrau 'mlaen derwen [i erchi tarw du]. **15g.** *GLGC* 281, Boparth i'r bedd y gweddyn' / *byst* ar gaer o albawstr gwyn. **16g.** *Hop M* 194, r wi vel gwr yn rhwym wrth *bost.* **1588** *Deut* xi. 20, scrifenna hwynt ar *bŷst* dy dŷ. **1632** *D*, *pôst*, postis. **1699** T. JONES: *TP* 117, hwŷ a'i llosgasant ef [carcharor] yn ulw wrth *bost.* **1759** T. THOMAS: *WWDd* 109, yn ol iddynt ddïosg yr Jesu, hwy a'i rhwymasant ef wrth *Bost.* **1759** *DG* 50, *Post* draw accw pwys dryghin / Cadwau o'm taith codwm tîn [am ffon]. **1780** *W*, *pôst*, *post* d.g. *post* [*a piece of timber set up erect, &c.*]. *id.* *pôst* d.g. *post* [*to which a cow, &c. is tied*]. **1793** *Cylchg* 220, cyfodasom fath o dŷ cwrdd, o *byst* coed wedi eu gosod yn y ddaear. **1803** *P* d.g. *post, postyn.* Ar lafar yn gyff., *WVBD* 439, *SC* vi. 124, *B* viii. 220. Ar lafar gynt yn sir Benf. am ran o gadair pladur y ffitiai pedwar bys ynddi, gw. *Gwyddor Gwlad* iv. 30; ac yn sir Gaerf. a Morg. am bolyn sy'n cynnal y to wrth ffas y glo, 'pit-prop', *Geir Glo* 74.

(*b*) (enghrau. *ffig.*: *fig. exx.*).

c. **1100** *Cy* ix. 179, mab Pappo *post* priten. **13g.** *C* 65. 7–8, Bet mor maurhidic diessic unben. *post* kinhen kinteic. *c.* **1300** *H* 32a. 9, *Post* powys pergyg kedernyt [Cynddelw i Dysilio]. **14g.** *GIG* 2, Cael a wnaethost, *post* peistew, / Calon a llawfron y llew [i Edward III]. *id.* 13, Pwys dwy ynys, *post* henaur, / Pen gwlad wyd, a'u pinagl aur [i Ieuan ab Einion]. *c.* **1400** *R* 1169. 10–13, Credaf y*post* pressent presswylwlyd. am peris or pedwar defnyd. *id.* 1221. 1–6, Dvw awnaeth offraeth frwyth adeilat. arbedwar*post* cost kystedlyd rat. Neuadawr wenllys . . . vn or*pyst* ywr tyst tost ydiwat. **15g.** *GGl*[2] 44, Ond teg benaethiaid ŷnt hwy / Yn hyder *pyst* Nanheudwy [i feibion Edward ap Dafydd o'r Waun]? **15–16g.** *TA* 311, Pen cenedl, pan y cwynwn, / Pum *post* oedd o'r pwmpa hwn / Plant Dafydd, plannwyd dwyfil [marwnad Ieuan ap Dafydd ab Ithel]. **16–17g.** *HG* 146, edrycher sampler a son / *pyst* a elwir postolion. **1609 (1656)** *AP* 65, serch Trystan ap Tallwch ar Esyllt verch Gur manaw, un o bedwar *post* Prydein. **1759** *DG* 99, Ond gweddi iw'r *post* ysbrydol / Hyd ffyrdd tragwyddol lwyddol le. **1790** TWM O'R NANT: *GG* 114, *Post* Eglwys, pwys da hŷ-glod, / Craig yw o Nef, croyw gu nôd [i'r Parch. Peter Williams]. Digwydd yn yr epithet *Post Prydain* (*Prydyn*), *TYP*[2] 483. Gw. hefyd y cfn. *post cad.*

(*c*) (defnydd o'r gair i enghreifftio twptra,

byddarwch, dallineb, marweidd-dra, caledwch, sythni, teneuwch, &c.: *exx. of the word as typifying stupidity, deafness, blindness, ignorance, lifelessness, hardness, straightness, thinness, &c.*).

1606 E. JAMES: *Hom* iii. 22, y mae'n haws gwascu hoel gadarn allan o *bôst* caled . . . nâ gwascu ffyrllin allan o'n bysedd ni. **1632** J. DAVIES: *LlR* 407, chwi a gewch weled dynion cyn graffed eu golwg a'r eryr, mewn pethau daiarol; a'r vn rhai heb weled mwy nâ'r *post*, mewn pethau nefol. **1795** *R. Crusoe* 68, Yr oedd . . . wedi dychrynu cymmaint wrth swn y gwn, fe safodd fel *post*. Ar lafar yn gyff., *Cymru* liii. [31]. Digwydd hefyd yn aml mewn ymad. fel 'byddar *post*, dall *bost*, dwl *bost*, gwirion *bost*, honco *bost*, meddw *post* (*bost*), syth *bost*, tywyll *bost*, mor denau â *phostyn*, fel *postyn* (o dwp), tywyll *bost*'.

(*d*) Ffrwd, pistyll (o law, dŵr, &c.): *jet (of rain, water, &c.)*.

15g. *IGE*[2] 336, Paham y daw *pyst* glaw glas / Ffrawdgrych fal rhaeadr ffrydgraig / O ffrydiau ffynhonnau ffaig (?Rhys Goch Eryri)? *c.* **1585** G. ROBERT: *DC* 27a–b, yna r gwaed yn seuthu allan yn *byst* phrydeu. Cf. T. GWYNN JONES: *Ymadawiad Arthur* (1910) 33, Rhag gwrthlam ei donnau, gan suo, / Daw'r glaw ar fy nhalcen yn *byst*.

(*e*) Colofn (o dân), fflach (o fellt), pelydr (o oleuni), hefyd yn *ffig.*: *shaft (of fire), flash (of lightning), ray (of light), also fig.*

14–15g. *IGE*[2] 123, Peraist fy naf o'th lafur / *Pyst* mellt rhwng y dellt a'r dur (Gruffudd Llwyd). **16g.** (*LlEG*) *Mos* 158, 19a, gwelai . . . *boost* neu fflam aruthyr o daan yn sauthu o ben y ddelw. **1595** H. LEWYS: *PA* [xvii], o'r pryd y rhodde yr haul ei *byst* goleuadfawr, ai belydr disclaerwiw, i oleuo yr dydd hirddydd haf. **1722** *GHM* 5, yr haul yn saethu rhai *Pystau* o'i oleuni i'r awyr. **1725–6** *Madd Ed* 112, Nesád o'r fath Ogoniant a dan rai *pyst* disglaer arno ef (*diffuse some rays upon him*). **1745** TC: *CC* 16, Os yr Arglwydd a dynn atto *Bystau* disglair eu Ogoniant. **1753** D. JONES: *SD* 260, Un *post* o'th Lewyrch, yn ddi-lûdd, / Ennynai dywyll nos yn ddydd. **1775** D. JONES: *HCY* 87, Ai Haul yw ef? Gras yw ei *Byst*. **1793** DAFYDD IONAWR: *CD* 136, Tywynniad eglurfad glân / O Lys Ior, yn lwys eirian, / Yn araul *byst*, yn eurad / Belydra, oleua'r Wlad. Gw. hefyd y cfn. *pyst haul, post tân*.

(*f*) Un o bedwar aelod person: (*human*) *limb*.

13g. *LlI* 13, un o'r try arperygyl; sef yv y rey henny, dyrnavt em pen . . . a thorry un o'r petwar *post*. **1803** *P*, post . . . Pedwar *post* y corff . . . the four limbs of the body. Gw. hefyd y cfn. *post corff*.

(*g*) Haen o wenithfaen (mewn chwarel lechi): *vein of granite (in a slate-quarry)*.

1889. Ar lafar yn ardal y chwareli, cf. *WVBD* 439, a granite bed running through the slate, which it does not pay to remove.

(*h*) *Her.* Llun o bost fel dyfais: *pallet (in her.)*.

16g. *Mos* 113, 58, ef a ddwc *Post* Assür a Phlwrdylis aür. *c.* **1598** *BL Add* 9867, 48b, Ynyr o iâl pedwar *post* kochion mewn maes melyn. Gw. hefyd y cfn. *post yn groes*.

Cfn.: **post aur:** *gold post, also fig.* **16g.** WILIAM CYNWAL: *Gw* (G. P. Jones) 35, Pedwar carw wedi marw 'u mam, / Pwys aur elw, *pyst aur* Wiliam. **1803** *P*, post . . . Pan nad rhyvedd na thyv *post aur* drwy nen ty yr enwir. Adage. Cf. *Mont Coll* xi. 307, Nid ydy'r *post aur* ddim yn tyfu wrth ddrws pawb . . . fortune, or wealth, does not come to all alike. **p. cad(au):** *pillar of battle(s)*. **12g.** *MA*[2] 237. 37–8, Ail iarll Brysteu / Rhac *post cadeu* oedd cadwynawg (Seisyll Bryffwrch). **12–13g.** *GLlLl* 287, *Post kadeu* kedawldut wrwyn. **13g.** *TYP*[2] 10, Tri *Phost Cad* Enys Prydein: Dunavt mab Pabo Post Prydein, a Gwallavc mab Lleenavc, a Chynuelyn Drwsgyl. *c.* **1300** *H* 10a. 11, am *bost cad* ked goeth oeth ym uthrwyd (Gwalchmai). **p. calch:** *stalagmite*. **20g. p. corff (dyn):** (*human*) *limb*. **14g.** *LlB* 26, torri vn o'r petuar *post corff dyn*—dwy vreich a deu vordwyt. **14g.** *AL* i. 664, trydyd yw pan torho un o pedwar *post corff dyn* yny welher y mer; sef yw y pedwar hynny y deu uordwyt, neu y deu uyrryat. **p. cwyr, p. o gŵyr:** *candle, torch*. *c.* **1400** [*RB*] *WM* 240. 2–4, yr elor . . . a *physt kwyr* yn llosgi yn amyl yny chylch. **15–16g.** *TA* 307, Nid oedd, o bridd hyd awyr, / Heb osod coed o *byst cwyr*. **16g.** *LBS* iv. 423, ar menych yn dwyn croessaü a *physt kwyr*. **1632** *D*, *post cŵyr* d.g. *funale*. *id.* d.g. *teda*. **18g.** *W Ballads* 543, 4, *Post o gŵyr* [*sic*] a roes i losgi, / Ddydd a nos i roi iddi oleuni. **postyn dala:** *gatepost; supporting post*. Ar lafar yn sir Gaerf. am un o'r pyst sy'n dal tas rhag dymchwel wrth ei chodi, '"Odd y *postyn dala* â hinjys'. **pyst dan (yr) haul,** gw. *p. haul*. **post(yn) derbyn:** *post against which a gate shuts*. Ar lafar ym Morg. yn y ff. *post derbyn*, ac yng ngogledd sir Gaerf. yn y ff. *postyn derbyn*. **p. (y) drws:** *doorpost*. **1707** *AB* 124c, *pôst* . . . *drws* . . . a door post d.g. *postis*. Cf. D. OWEN: *D* 109, nid oedd gwyneb sarug ac anfoddog y forwyn yn effeithio mwy arno nag ar *bôst y drws*. Ar lafar yn Arfon, *WVBD* 439. **postyn gôl:** *goalpost*. **20g. post(yn) (y) grisiau:** *newel-post*. **20g. post(yn) (y) gwely:** *bedpost, transf. abode*. **1681** S. HUGHES: *AC* 33, Fo gymmerei 'n fynych iawn beisie 'r forwyn honno, ac a'i crogei nhw ar *byst y gwely*. **1716–18** *Llsgr R. Morris* 48, braidd na fynna i thâd i thido / wrth *bost y gwelu* yn ffast ai gwilio. **1761** *ML* ii. 374, Mae'n dra drwg gennyf fod y nhad yn symmud *post* ei *wely* cyn hwyred, ac i fangre mor anghynnes. Cf. D. OWEN: *D* 188, eu holl fyd wedi ei grynhoi rhwng pedwar *post* eu *gwely*. **pyst ((o) dan (yr)) haul:** *sunbeams*. **1688** *TJ*, paladr . . . *pŷst yr haul* . . . the Sun-beam. **1752** J. THOMAS: *FG* 105, na all Ergydion defnyddiol wneuthur mwy o Argraph ar ein Heneidiau, nag allo Ergydion Morthwyl wneuthur ar *Bŷst yr Haul*. **1753** D. JONES: *SD* 164, Os *pyst yr haul* y dydd, neu'u gwres, / A saethant heinus dân, neu des. Ar lafar; yn Arfon yn y ff. *pyst haul*, 'sun rays seen descending from clouds in the distance', *WVBD* 198, ac yn sir Benf. yn y ff. *pyst yr haul*, *GDD* 231. Clywir *pyst dan yr haul* yn sir Ddinb. ac yn nwyrain Morg.; *pyst dan haul* yn sir Drefn., *Mont Coll* xlvii. 87, ac ym Meir., *B* xiv. 293. Yn sir Gaerf. clywir *pystion* (*postion*) *dan yr haul*, D. E. JONES: *HLlP* 386, ac ym Mrych. clywir *pyst* (*pystion, pyste, poste*) *haul*. **post heol:** *prop supporting the roof at the coal face, pit-prop*. Ar lafar ym Morg. yn y ff. *post (h)ewl*, *Geir Glo* 75. **p. hongad:** *post on which a gate is hung*. Ar lafar ym Morg. **post(yn) (y) lamp:** *lamp-post*. **1897.** Ar lafar. **post llidiart:** *gatepost*. **1875.** Cf. D. OWEN: *SP* 68, yr oedd eraill ieuengach a chyn ddyled a *phost llidiart*, wedi eu derbyn er's tro. **p. milltir:** *milestone*. Ar lafar ym Morg. **pyst o dan yr haul,** gw. *p. haul*. **post o gŵyr,** gw. *p. cwyr*. **p. tân (o dân):** *column of fire*. *c.* **1400** [*RB*] *WM* 208. 6–9, Ac or gwahanei vn or marchogyon ywrth y vydin honno. kynhebic y *post tan* vydei yn kychwynnu yr awyr. *c.* **1400** *YSG* i. 108, Ac ar hynny y disgynnawd o'r nef *post o dan* y ryngthunt ell deu yn gyn aruthret ac y deifyawd eu taryaneu. **15g.** *FfBO* 44, Y brenhin hwy . . . a dwc ar y law maen o hyt rychwant, a thra vo hwnnw ganthaw, ef a welir megys *post o dan*. **18g.** *W Ballads* 95, 4, Lle mae *pusd o dan* a brwmsden. **post(yn) tynnu:** *straining-post, post from which fencing-wires are stretched*. **1912.** Ar lafar yn sir Drefn., Penllyn, ac yn nwyrain Morg. yn y ff. *post tynnu*, ac yng ngogledd Cered. yn y ff. *postyn tynnu*. *Her.* **post yn groes:** *bend (in her.)*. *c.* **1598** *BL Add* 9867, 53b, *Post* koch *yn groes* ag o ddiar a [*sic*] post tair saeth llyden. **o b. i bared:** *from pillar to post*. **1776** H. JONES: *GC* 71, Yr ŷch heb ddim o *Bôst i bared*. **1806 (1849)** TWM O'R NANT: *GH* xxv, lle na byddai cyfle i fachu wrth bren yn tyfu, byddai raid rhoi post yn llawr, i fachu; ac *o bost i bared* hi aeth i'r afon. Cf. *pared*[1]—*o b. i bost*. **o bost i bentan:** *from pillar to post*. *c.* **1730** *Thos. Lloyd D* (LlGC) 195b, *O Bost i bentan* CW. 103. Ar lafar yn sir Gaern., J. JONES: *Gwerineiriau* 147. Cf. *pentan—o'r p. i'r post*.

post[2] [bnth. S. *post* 'courier; postman'] *eg.* ac yn eithriadol *eb.* ll. -(*i*)*au*, (prin) *pyst*.

(*a*) Negesydd cyflym (yn enw. un ar gefn ceffyl); postmon: *express (esp. mounted) messenger, courier; postman*.

1583 *LlGC* 716, 81a–b, felly y *post'ie* [:– y cenatwyr] aethont o dinas i dinas trwy y'r wlaat . . . ie heyt Zebulun, ond wynt a'i gwatwarasont . . . etto nit ydiw y gair yn . . . peidio ffrwythony yng Calonae popyl ddewissol duw. **1604–7** *TW* (*Pen* 228), y lle newitient y *postæ* ar rhedecwyr eû meirch d.g. *mansio*. **1672** R. PRICHARD: *Gw* 32, Fe ddaeth yn ei un-swydd, or nefoedd yn *bôst* [:– Cennad ebrwy[dd]]. *id.* 355, Fel llong dan hwyl, fel *pôst* [:– Rhedegwr] dan sawd. *ib.* Fel saeth y rhêd, fel *Post* y gyrr. **1696** *CDD* 172, Ail mellten pan i saetho, / Neu *bôst* yn myned heibio. *c.* **1730** *Thos. Lloyd D* (LlGC) 195b, *pôst*, a poste, courier. **1744** D. ROWLAND: *RY* 37, myfi a glywais yn awr trwy law y *Post* (*by the post*) oddiwrth fy Arglwydd Luwsifer. **1756** *ML* i. 437, Daccw'r *post* ymron canu ei gorn. **1758** *id.* ii. 61, Rhaid im dewi am y tro, daccw'r *bost* am gau ei gôd. **1759** *BC* 309, A danfon un i'n galw, / Yn *Bost* oddiwrth y meirw. **1780** *W*, rhedegwr . . . vulgò *pôst* d.g. *post* [*that carries letters*]. **1784** P. WILLIAMS: *BY* 4, Y mae'r *post* yn gyrru'n galed . . . yn blino ei geffyl.

(*b*) Dosbarthiad neu gasgliad neilltuol o lythyrau, parseli, &c., y llythyrau, y parseli, &c., a ddosberthir neu a gesglir: *specific postal delivery or collection, the mail delivered or collected*.

1738 *ML* i. 4, Y *post* diweddaf ond un cefais lythyr oddiwrth fy anwyl . . . gyfaill. **1741** *id.* 59, nid hwyrach y bydd yn ôl y foru cyn ir *bost* fynd allan. **1755** *id.* 333, Clywais y *post* diwaethaf fod pob peth o'r gorau yn Sir Aberteifi. *id.* 421, mi atebaf ei lythyr cyn pen nemawr o *byst*. **1770** *TG* iv. 24, canys mynych, ie, agos bob *post*, y clywn am rai yn cael eu gwthio yn anystyriol i dragywyddoldeb trwy ddamweiniau o'r fath. Ar lafar yn gyff., cf. D. OWEN: *GT* 305, daeth yr haner pen a fyddai yn arfer cario'r *post* ataf â llythyr yn ei law.

(*c*) Swyddfa'r Post neu'r Post Brenhinol (y sefydliad sy'n gyfrifol am gasglu a dosbarthu llythyrau, parseli, &c.), (adeilad) swyddfa bost, cyfundrefn ddosbarthu a chasglu'r post: *the Post Office or Royal Mail (as an institution), post office (building), postal system*.

1913. Ar lafar, *WVBD* 439.

Cfn.: **post awyr:** *airmail*. **20g. y P. Brenhinol:** *the Royal Mail*. **20g. p. cofrestredig:** *registered post*. **20g. p. llythyron, p. llythyrau:** *letter post*. **20g. p. mewnol:** *internal mail*. **20g. p. parseli:** *parcel post*. **20g. p. tramor:** *overseas mail*. **20g. yn b.** [cf. S. (*to ride, &c.*) *post* (< *ride in post*) a S. *post-haste*)]: *quickly, fast, post-haste*. **1672** R. PRICHARD: *Gw* 33, Trachwant ar Arian ai gyrro[dd] ê'n *bôst* [:– ebrwydd] / I ymgrogi mewn cebist. *id.* 93, F'orfydd arnai fynd *yn bost* [:– ebrwydd]. *c.* **1730** *Thos. Lloyd D* (LlGC) 195b, *yn Bôst*, postehaste. **18g.** L. HOPKIN: *FG* 18, Och! yw tro y pechod trist, / Erwin beth fe yrr *yn bost*. Cf. *PT* 131, A dweyd yn fwyn wrth Gweno am ddod i'r ma's *yn bost*, / Fod ar ei charwr llawen eisieu'i gweld yn dost.

post[3] [bnth. S. *post* 'station (of duty); employment'] *eg.* Swydd, lle (mewn sefydliad); safle (dyletswydd): *post, position (in organisation); station (of duty)*.

16g. (*LlEG*) *Mos* 158, 12a, tynnodd hrobart esgob Kouentri dr/wy orchymyn y brenin gymaint a chanmorck oddiar vn *poost* o ve/wn Eglwys vihangel ynghouentri. **1828** *Geir Pob* 21, *post*, swydd.

postaf: posto, postcard, gw. **postiaf**[1]**: postio, postgard.**

poster [bnth. S. *poster*] *eg.* ll. *-i*. Dalen fawr ac arni lun, argraff, neu ysgrifen, yn enw. placard i'w arddangos mewn man cyhoeddus er mwyn hysbysebu, argyhoeddi, neu ddatgan: *poster, placard*.

20g. Ar lafar, cf. D. J. WILLIAMS: *ChHO* 229, gwelid bron bob post llidiart a drws a ffenestr gyfleus . . . wedi eu haddurno â *phosteri* lliwgar o lewod ac eirth.

postfardd, gw. **posfardd.**

postfeistr [*post*[2]+*meistr*; cf. *ML* ii. 162, *post meistr*] *eg.* (b. *-es*). Prif swyddog swyddfa bost, llythyrfeistr: *postmaster*.

1762 *CGC* 9, Lewis Evans . . . *Post Feistr*.

Cfn.: **Postfeistr Cyffredinol:** *Postmaster General*. **1898.**

postgard, posgard [bnth. S. *postcard*] *eg.* ll. *-s, -iau*. Cerdyn post: *postcard*.

1936.

postgomin [bnth. S. Diw. Cyn. *post-comyn*] *e?g.* Gweddi wedi'r Cymun: *post-communion prayer*.

1550–75 *B* xvi. 90, *post komin* ny ddwedir er mwyn y rai newydd fedyddio.

postiaf[1]**, postaf: post(i)o** [bf. o'r e. *post*[2]; ansicr yw'r engh. gyntaf isod] *bg.a.*

(*a*) Teithio, marchogaeth, &c., yn gyflym (yn wr. fel negesydd), prysuro (i), brysio: *to travel, ride, &c., quickly (orig. as a messenger), hasten (to), hurry*.

16–17g. E. PRYS: *Gw* 259, *Postio* pob tref a thefyrn; / Pawb a'i gŵyl fel pe bai gyrn. **1653** R. JONES: *TTN* 51, *Postiodd* Jacob [cf. *Gen* xxxi.]. **1672** R. PRICHARD: *Gw* 355, Fel mwg ar wynt, fel llif ar ddwr, / Y *Posta* [:– Rhedeg a[r] frys] ymmaith einioes gwr. *c.* **1730** *Thos. Lloyd D* (LlGC) 195b, *posto* . . . to poste away. **1790** TWM O'R NANT: *GG* 78, 'Ran pan oedd rhai eraill yn ddewrion eu Cô, / Yn *postio*'n gym'dogawl rhag digwydd y trô. Ar lafar gynt ym Môn yn yr ystyr 'rhedeg gwasanaeth tacsi hefo ceffylau', ''Roedd **Q**'n arfar *postio* o stesion Tŷ Croes i'r Berffro', *ISF* 61.

(*b*) Anfon (llythyr, &c.) drwy'r post, rhoddi (llythyr, &c.) mewn swyddfa bost neu flwch llythyrau i'w drosglwyddo drwy'r post, rhoddi (llythyr, &c.) yn y post: *to post (a letter, &c.)*.

1902. Ar lafar yn gyff., *WVBD* 439.

postiaf[2]**: postio** [bnth. S. (*to*) *post* 'clymu wrth bostyn'] *ba.* Rhoddi (poster, hysbyseb, taflen, rhybudd, &c.) ar bostyn (yn wr.) neu ar wal, mewn ffenestr, mewn man cyhoeddus, gorchuddio (wal, &c.) â phoster(i), hysbyseb(ion), rhybudd(ion), &c.: *to post (a notice, &c., on a post, wall, &c.).*

1780 *W*, rhoi ar bôst, vulgò *postio* d.g. *to post [fix on a post, as public notices, &c].* *id. postio* ysgrifen d.g. *to post up a writing in some public place.*

postiliwn, postilion [bnth. S. *postilion*] *eg.* ll. *-s.* Un sy'n marchogaeth ceffyl sy'n tynnu coetsh, &c.: *postilion.*

1761 J. EVANS: *BHNO* 2, Yn ol hynny mi a fu'm Flwyddyn a haner yn *Bostiliwn* i log-gerbyd Exeter. *ib.* mi a'm cyflogais fy hun yn *Bostiliwn* tros Flwyddyn arall, yn y White-Horse. **1770** *TG* iv. 84, John Borne a fuasai *bostiliwn* i iarlles . . . dair blynedd a chwarter. **1780** *W*, rhag-farchog cerbyd, vulgò *postiliwn* d.g. *postilion or postillion [that rides on one of the foremost pair of horses in a carriage].*

postl, gw. **postol**[1].

postmon, postman [bnth. S. *postman*] *eg.* ll. *postmyn.* Person a gyflogir i gasglu ac i ddosbarthu'r post, hefyd yn *ffig.*: *postman, also fig.*

c. **1846.** Cf. CEIRIOG: *CG* 100, fe gynygir tâl rhesymol am bob alaw . . . Gan ddysgwyl y *postmon.* Yr eiddoch yn wresog. Ar lafar, yn aml yn y ff. *posman, SC* vi. 124.

postmona [be. o'r e. bl.] *bg.* Gweithio fel postmon, hefyd yn *ffig.*: *to work as a postman, also fig.*

20g.

post-mortem [bnth. S. *post-mortem*] *eg.* ll. *-au,* a hefyd fel *a.* Archwiliad wedi marwolaeth, yn enw. i ddarganfod achos y farwolaeth, hefyd yn *ffig.*: *post-mortem (examination), also fig.*

20g.

postoffis [bnth. S. *post office*] *eg.* Swyddfa bost, llythyrdy: *post office.*

1753 *ML* i. 257, roeddwn yn dechreu llygadrythu o'm hamgylch am lythyr Agrippa i wybod pa beth oedd ynddo oedd mor werthfawr; ammeu'r *post offis* yn ddigon diachos. **1828** *Geir Pob, post offis,* llythyrdŷ. Ar lafar.

postol[1], **postl** [?bnth. S. Diw. Cyn. *postle* neu ff. affetig ar yr e. *apostol*] *eg.* ll. *postolion.* Apostol: *apostle.*

a. **1587** *Y* 18, Iawn a gai, plethwn gywydd, / Ys dyli, a pharch, *'postl* y ffydd. **16–17g.** *HG* 146, edrycher sampler a son / pyst a elwir *postolion* / tlodion i büon yn byw / nyd hawdd gan y to heddyw.

postol[2] [?defnydd ffig. o'r e. bl.] *eg.* ll. *-ion.* Cynhalfur, wal ateg, bwtres: *buttress.*

Ar lafar yn sir Benf., 'These were rudely constructed ones, made of stone and earth, built against a bulging wall to prevent it from falling', *GDD* 231; *SC* vi. 124–5.

postol[3] [*post*[2]+*-ol*] *a.* Yn perthyn i (system ddosbarthu)'r post: *postal.*

1870.

postolwyn, pystolwyn, &c. [?bnth. Llad. *postilēna*] *eg.* ll. *-ion.* Crwper, ôl-gengl; brongengl, ?peutrel; crwper, pedrain; (geir.) postiliwn: *crupper (strap); breast-girth, ?poitrel; crupper, hind-quarters (of a horse); (dict.) postilion.*

10g. (*Ox* 2) *VVB* 205, *postoloin,* gl. *antella.* **1547** *WS*, krwper *postolwyn,* a croper. **16–17g.** *GST* i. 844, Oera' tymor yw'r Gwanwyn; / Sicra' i'r allt yw'r *pystolwyn.* **1604–7** *TW* (*Pen* 228), crwper ne'r *postolwyn* y varch d.g. *auerta.* *id.* crwper, cyfrwy march, *postolwyn* d.g. *postilena.* *Dchr.* **17g.** *J* 10, 122a, *pastolwyn,* a crooper. **1620** *Mos* 204, 51, Dyro *bystolwy[n]* i ddyvod or allt. *id.* 86, Mae ar[n]i hi ôl y *pystolwyn.* **1632** *D, postolwyn,* postilena, auerta, æ. **1632–44** *Brog* II, 175, *Pistolwyn* i'r allt. Postilena in accliui. Abundans cautela non nocet. **1688** *TJ, postolwŷn*: a Horse-crupper. **1722** *Llst* 189, *postolwyn,* m. p. *olwynion,* a postilion: crupper for an horse. **1725** *SR* d.g. *postillion.* *c.* **1740** L. MORRIS: *LW* 173, Ystrodyr heb *bystolwyn.* **1803** *P* d.g. *pystylwyn.* Ar lafar gynt yng Nghered. am farc neu streipen ar hyd coes ôl dafad.

Amr.: **ffistolwyn** [dichon nad yma y perthyn]. *c.* **1400** *R* 1340. 8, Gwyr gul *ffistolwyn.*

Gw. hefyd **pistl.**

poston, gw. **postwm.**

postswyddfa [*post*[2]+*swyddfa*] *eb.* ll. *postswyddfâu.* Swyddfa bost, llythyrdy; Swyddfa'r Post: *post office; the Post Office.*

1854.

postwm, postym, &c. [bnth. S. C. *postum(e), postym(e)*] *eg.* ac yn eithriadol *eb.* Casgliad llidiog a chrawnllyd, ffelwm, pendduyn, hefyd yn *ffig.*: *impostume, abscess, whitlow, boil, also fig.*

c. **1400** *Études* vii. 270, Medeginyaeth rac y *postwm*: kymer y rut a chumin . . . a dot ar y *postym,* a phan vo yn aeduet digawn ac yn pennu, agor arnaw a gollwng ef ymaes ac odyna dot wareth yndaw a iachaa ef ual brath arall neu dyrnawt. *c.* **1548** *CM* 1, 646, [c]rug ne *bostum* mawr dann y mydryf. **1632** *D, postwm* d.g. *apostema.* **1661** E. LEWIS: *Drex* 191, Gallwn son yma am *Bostwm* gwresog (*hot Apostems of lust*), trachwant yr hwn sydd yn brydio ac yn chwyddo ein calonnau yn fynych. **1716–18** *Llsgr R. Morris* 42, fo fegiff y llogwrn y fors ar clwu llygaid / y *postwm* ar dybais ond wdw i yn cam dybiad. **1722** *Llst* 189, *postwm,* an impostume. *c.* **1733** *ML* (Add) 29, fe chwarddodd yr Esgob gymaint hyd na thorrodd y *Postwm* cuddiedig oedd yn ei Fol. **1738** *ML* i. 4, Dyma nhad, newydd mendio o glefyd mawr fu arno yn ddiweddar. Torrodd y *postwm* arno, a bu yn wan iawn. **18g.** *Llr* C 24, 310, Rhag gwaed yn cerdded yn *bostwn* y fyny ag y wared (*MMf* 165, Yn Edlif I Fynydd Ag I Wared, Neu'r *Bostwm* Waed). **1772** D. ROWLAND: *TPEN* 66, [y] meddyg yn agor y *postwm,* neu grug crawn. **1781** J. JONES: *LlA* 34, marw o'r *Postwm* yn ei ymmysgaroedd. **1812** W. DAVIES: *RMB* [83], Ar Ffario. . . Rhag y Cancr . . . Llynoryn, neu *Postwm.* Ar lafar yng ngorllewin Meir. yn y ff. *poston, postwm* 'casgliad ar y fawd neu un o'r bysedd', *B* xiv. 292.

Amr.: **postwn** [cf. *bystwn*]. **18g.** *Llr* C 24, 310. **1759** J. EVANS: *PF* 62, Y *Bostwn*; neu 'n saesonaeg Impostume. **1791** B. EVANS: *AD* 10, Fe sonia Sosiniaid fe gwesta Deistiaid, / Mae *postwn* Papistiaid a Ffyliaid yw'n Ffydd. Ar lafar yng ngogledd Cered., D. J. EVANS: *HCS* 128.

Gw. hefyd **bystwn.**

postwraig [*post*[2]+*gwraig*] *eb.* Menyw a gyflogir i gasglu ac i ddosbarthu'r post: *female postman.*

1761 *ML* ii. 407, Wawch, daccw'r *postwraig* [*sic*] yn mynd i'r dref, rhaid cloi hwn.

posty [*post*[2]+*tŷ*] *eg.* Swyddfa bost, llythyrdy: *post office.*

1784 P. WILLIAMS: *BY* 4, mor anfuddiol . . . ã chrig [*sic*] o lythyrau mewn *Post-dŷ.*

postym, postyn, gw. **postwm, post**[1].

poswrn [?cf. *pôs*[1]] *e?g.* a hefyd fel *a.* Corrach; chwyddedig: *dwarf; swollen.*

1547 *WS, posswrn.* **16g.** *GGH* 47, Dwrn, bigwrn gogwrn, heb gig—ar asgwrn, / Du *boswrn,* fwrn swrn, celwrn colig. **1604–7** *TW* (*Pen* 228), *poswrn* bugeil d.g. *nanus.* *Dchr.* **17g.** *J* 10, 129b, *poswrn,* nanus. **17g.** *LlGC* 13215, 375, *posswrn,* turgidulus.

pot[1] [bnth. S. *pot* 'jar'] *eg.* (bach. g. *-yn*; b. *-en*) ll. *-(i)au,* hefyd gyda grym ansoddeiriol.

(*a*) Llestr pridd (metel, gwydr, &c.) sydd fel arfer yn grwn ac yn weddol ddwfn ac a ddefnyddir i ddal bwyd, diod, &c., neu i goginio; tebot; llestr carthion (mewn ystafell wely); hefyd yn *ffig.*: *pot or jar (for food, drink, &c.), cooking-pot; teapot; (chamber-)pot; also fig.*

15g. *HS* 14, o *botiau* gwin / o bobtu gant. **15g.** *GLGC* 509, a chan *pot* echwyn heb haint / . . . / a fydd i'r sawl a feddwo. **1547** *WS, pot,* a potte. *Diw.* **16g.** *WLB* 73, dyro hwynt mewn *pott* pridd newydd, a dod ynddo alwyn o win gwynn da . . . a golch y *pott* yn lân. **1594–6** *B* iii. 175, *Pot* yn llawn o win da y sychedic y gwasnaetha. **1604–7** *TW* (*Pen* 228), hwnw er ei gyfloc sy'n dwyn y *pot* ne'r tancerd d.g. *amphorarius.* **1672** R. PRICHARD: *Gw* 252, Mewn *Pott* o aûr y dodir Manna. **1739** *ML* i. 13, I've put aboard of the Recovery . . . *potun* ymenyn a chosyn. **1759** J. EVANS: *PF* 38, Rhoddwch y rhain oll mewn *Pot,* a rhowch hwynt mewn Ffwrn wedi tynnu 'r Bara. **1761** *W Ballads* 77, 3, Cwpane gwnion yn ei gynal—a *phot* a phig. Ar lafar; yng Nghered., y De, a sir Benf. mae *pot* weithiau'n gyfystyr â 'pot piso', *SC* vi. 125; yn ardal y chwareli, llestr pridd i yfed ohono yw *pot,* ac yn Arfon clywir 'jar *potyn,* wy *potyn,* &c.', am 'jar bridd, wy pridd, &c.'. Clywir hefyd ymad. fel 'yr hen *bot* gwirion', 'yr hen *boten* wirion', 'gwirion *pot*' a 'drysu'n *bot*' (?cf. S. *potty*). Cf. *Tal* xxvi. 60, gwyddai fy mod yn *bot* ar ei gwaith.

(*b*) Llestr i ddal pridd ar gyfer tyfu blodau, &c.: *(flower)pot.*

1536 *Rhyddiaith Gymraeg* i. 38–9, y lili kyrinion y sydd yn y *pot* akw a bylodau tec arnvnt. **1763** *ML* ii. 541, Yr ydwyf agos wedi fy lladd fy hun y dyddiau diwaetha yma yn trin fy mlodau a'm *pottiau.* *id.* 580, Mae'r *pottiau* ynddi [gardd] yn aneirif au llanw o betha tramor o bob cwr o'r byd! Ar lafar yn Arfon a gogledd Cered. yn y ff. *potyn.*

(*c*) Llond pot, potaid (yn enw. o win, cwrw, &c.), hefyd yn *dros.* am ddiod (feddwol); unrhyw beth ar ffurf pot; bol mawr, cest: *potful (esp. of wine, beer, &c.), also transf. of (intoxicating) drink; any pot-shaped object; pot(-belly).*

16g. DAFYDD BENWYN: *Gw* 647, *pot* ffael fodd, pwt ffola fy, / Rydderch, y possned ryddÿ. *p.* **1584** G. ROBERT: *GC* [275], vn *pott* ò gwrwf â cheinniog o glera a stoppia i safnau. **1595** *Egl Ph* 12, Yn vnrhyw fodd y dywedir, moes imi lathen; tithau a gei *bot*; gan feddwl mynny llathaid dros bottiaid. **16–17g.** *GST* i. 939, Waeth y pwrs o waith y *pot.* **1615** R. SMYTH: *GB* 33, [b]wriodd gregin a cherrig i *bot* o olew. **1630** R. LLWYD: *LlH* 194, O daw cymmydogion ynghyd . . . ir darfarn [*sic*], a chwareu am *bott* yn ddifeddwl drŵg . . . cymdeithas dda yw. **1631** O. THOMAS: *CC* 77, mwy difyrrwch i weision, a morwynion ar suliau, a gwyliau dreulio yr amser ar ddarllein, a gwrando, nac ar *bottiau,* a phibellau, a phibyddion. **17g.** *Card* 23, 431, putten boeth ar *pottyn* bach. **1696** *CDD* 66, Mae llawer mewn llannau, yn yfed eu *pottiau.* **1703** E. WYNNE: *BC* 24, p'run oreu o'r seithryw a garei *bot* a phibell. **1753** G. OWEN: *L* 57, Os chwennychwn *bot* a phibell, y mae imi groeso y prydnhawn a fynwyf, gyda'r hen Lew ei hun, lle cawn botio 'n rhad. **1762** *ML* ii. 523, Ac yn y seler ddau hanner baril o gwrw Dewi Reit, a thri *phottyn* o menyn melyn melus. **1763** L. MORRIS: *LW* 240, Iaith Ysgott, wrth ei *bottyn,* / Iaith y Sais a'i gwnaeth yn syn. **1766** *CD* 106, Ni chawn i *bott* o ddiod. **1803** *P, pot* . . . *pot* o laeth. Ar lafar yn ardal Rhosllannerchrugog defnyddir *potyn* am garreg fawr yn y tir uwchben yr wythïen lo, *Geir Glo* 56 (cf. *padell, potel*).

Cfn.: **pot(yn) blodau:** *flowerpot.* **1846. pot dŵr:** *pot for carrying water.* Ar lafar ym Morg. **p. jam:** *jamjar.* **1935.** Ar lafar; hefyd yng ngogledd Cered. mewn ystyr ddilornus, 'Cymraeg *pot jam*'. **p. llaeth:** *two- to five-gallon vessel for keeping milk, &c., for butter-making.* **1877.** Ar lafar yn y Gogledd, hefyd yn yr ystyr 'llestr . . . i ddal menyn hallt ar gyfer y gaeaf', *Geir Geg* 147. **p. llaeth cadw** = **p. llaeth. 1863.** Ar lafar ym Môn, Arfon, a Phenllyn, *B* iii. 206, *WVBD* 440. **pot(yn) o gwrw:** *mug(ful) of beer.* *p.* **1584** G. ROBERT: *GC* [275], vn *pott ò gwrwf* â cheinniog o glera a stoppia i safnau. **1617** R. PRICHARD: *CE* [4], gwerthy Nef am *pot o gwrw* (**1672** R. PRICHARD: *Gw* 100, *bot o gwrw*). **1687 (1715)** J. OWEN: *TB* 68, Tafarnwr . . . a safodd yn nrws ei dy, ar ddydd yr Arglwydd, a *phot o gwrw* yn ei law i wahodd pobl i mewn. **p. piso:** *chamber-pot, piss-pot.* **1854.** Ar lafar, hefyd yn ddifr., 'y *pot piso* diawl!' Cf. TWM O'R NANT: *BB* 11, Ac ambell bendefig yn chw'du rhyw 'chydig: / A'r llall yn pendwmpio, am y pot pitto [*sic*]. Cf. *pisbot.* **pot(yn) pridd(yn), p. o bridd:** *earthenware pot.* **1545** ELIS GRUFFYDD: *Ll* 161, veiolettys gwedi i berwi mewn dwr mewn *pot o bridd.* **1547** *WS*, krogenydd gweithydd *pottiau pridd,* a potter. *Diw.* **16g.** *WLB* 47, Kymer *bott pridd* ne biowter. **1703** E. WYNNE: *BC* 104, wedu eu malu a'u gwthio i *bottieu priddion.* **18g.** *Beirdd y Berwyn* 76, Noe i gweirio yr ymenyn, / A *photie pridd* i ddal yr enwyn. **1759** J. EVANS: *PF* 79, *Pot prîdd* (*earthen pot*). **pot(yn) simdde (simnai):** *chimney-pot.* Ar lafar. **mynd i'r pot (a'r saim):** *to go to pot; kick the bucket.* **1852.** Ar lafar yn Arfon, *'mynd i'r pot'* 'to go to pot', 'to kick the bucket', *WVBD* 440. Digwydd hefyd mewn brawddeg fel 'Mi 'roedd o wedi *mynd i'r pot* ar ôl cael 'i ddal yn 'i gelwydd' 'He became embarrassed after being caught in a lie'.

Gw. hefyd **poten**[2].

pot[2] [bnth. S. *pot* 'marijuana'] *eg.* Dail, blodau, &c., mathau o gywarch wedi eu sychu i'w defnyddio fel cyffur narcotig (yn enw. mewn sigaréts): *pot, marijuana.*

Ar lafar.

potaes, gw. **potes.**

potaid, potiaid [*pot*[1]+*-aid*[1], *-iaid*[2]] *eg.b.* ll. *poteidiau.* Cynnwys neu lond pot, mŵg, neu debot: *potful, mugful, teapotful.*

1595 *Egl Ph* 12, Yn vnrhyw fodd y dywedir, moes imi lathen; tithau a gei bot; gan feddwl mynny llathaid dros *bottiaid.* **17–18g.** *Llst* 133, 42b, Gwin a llŷn gwenyn a gaid ar ginio / gwin peitio gan *potiaid* (Wiliam Egwad). *c.* **1730** *Thos. Lloyd D* (LlGC) 196a, *pottiaid* . . . [pot]full. **1803** *P, potiaid,* s. m. a potfull; the contents of a pot. Cf. *Caerfallwch, potiad* d.g. *pot* . . . *potful*; *SE MS* 385a, *potaid, eidiau,* sfm. a potful, the fill of a pot. Ar lafar yn y ff. *pot(i)ad, pot(i)ed, potid.*

potan, gw. **poten**[1].

potas[1,2,3], gw. **potash, potes, botas.**

potash, potas[1] [bnth. S. *potash*] *eg.* *Cem.*

Cyfansoddyn alcalinaidd o botasiwm, fel arfer potasiwm carbonad (K_2CO_3) neu botasiwm hydrocsid (KOH), golchludw, trwythludw: *potash*.

1828 *Geir Pob*, *potash*, deunydd sebon.

potasiwm [bnth. S. *potassium*] *eg. Cem.* Elfen fetelaidd ysgafn ariannaid (symbol K; rhif atomig 19) a geir yn naturiol yn y môr ac mewn rhai mwynau, ac sy'n ffurfio amryw o gyfansoddion a ddefnyddir yn ddiwydiannol: *potassium*.

1851.

potato, potatos, potatws, &c., gw. pytatws.

potecari, poticari, potigari [bnth. S. Diw. Cyn. *potecary(e)*, *poticarie*, &c.] *eg.* ll. *-aid.* Darparwr a gwerthwr cyffuriau meddygol, a fyddai hefyd weithiau yn ymgymryd â dyletswyddau meddyg, apothecari, cyffuriwr, fferyllydd, cemist: *apothecary, druggist, chemist.*

1545 *CI* 185, a thra fo i'r ryw *bottickari* ne driaglwr j hroddi yn dy gyuaredd a'th uenneginiaeth di. **1547** *WS*, *potegari*, apothecary. **16g. (1763)** W. SALESBURY: *LlM* 55, nad edwyn y *potecarieid* ddim or gwir Agnus Castus. **1615** R. SMYTH: *GB* 30, y cyconia . . . a ddyscodd i'r *poticariaid* arfer glystyr. **1703** E. WYNNE: *BC* 19, O'r tu arall, ebr ef, mae 'r Physygwyr, *Potecariaid*, Meddygon. *id.* 21–2, y *Potecari* a'th dwylla o'th arian a'th hoedl hefyd am ryw hên physygwriaeth fethedig. **1759** *ML* ii. 148, Mae'r llangc . . . yn byw hefo *poticari* mewn lle rhwydd dda mi debygwn. **1763** *DT* xxvi, Henwau'r Cynorthwywyr . . . Wiliam Wiliams, Caernarfon, *Poticari*.

Amr.: **pothecari** [bnth. S. Diw. Cyn. *pothecary*; cf. hefyd *apothecari*] (ll. *-s*). **16–17g.** *DCR* 199, pwy iwr *Pothecari* llei cowsoch ir war. **1681** T. JONES: *Alm* [25], Pysygwyr a *Ffothecaris*.

Gw. hefyd **apothecari.**

potel[1] [bnth. S. C. *botel* 'bottle'; am *b-* > *p-*, cf. *poitsh*[1], *ponc*; dichon fod peth cymysgu â *potel*[3]] *eb.* ll. *-i*, *-au.*

(*a*) Llestr o wydr, plastig, metel, &c. (hefyd gynt o ledr neu groen), sydd fel arfer ar ffurf silindr â gwddf cul sy'n cymryd corcyn, cap, &c., ac a ddefnyddir i ddal hylif, &c., costrel, hefyd yn *ffig.*; llestr tebyg ac iddo deth rwber at fwydo baban: *bottle, wineskin, also fig.*; *baby's bottle.*

15g. *GLGC* 170, gwin a vo 'Mheitio'n llanw vy *mhotel*. *id.* 486, Dewis a wnân' roi diawd / o'r *botel* aur i bob tlawd. **15–16g.** DAFYDD TREFOR: *Gw* 226, Pand angall na ddeallwn / Na'r bywyd hir na'r byd hwn? / . . . / Pwyntie ydym paentiedig, / Pruddion yn drychion a drig, / *Potelau* (amr. *poteli*) llu[n]iau llownwin, / Gwydr ar gwymp gwedi'r gwin. **1547** *WS*, potten ne *pottel*, a bottell. **1567** *LlGG* (*Sall*) 31a, dod vy-daigrae [*sic*] yn dy *botel* [:– poten] (**1588** *Salm* lvi. 8, dy gostrel). **1567** *TN* 52b, ny ddyd nep win newydd mewn llestri [:– potennae, *potelae*] hen. **16–17g.** *CRC* 251, tra fo r gwin yn y *botel*. **1615** R. SMYTH: *GB* 60, natur a roddodd iddyntwy fronau, yr hain ynt me/gis *pottelau* priodawl i'r swydd yma. **1661** E. LEWIS: *Drex* 337, A pha faint mwy gan hynny y cyfrif ef y defnynnau o waed y gollwyd er ei fwyn ef, gan eu rhoi hwynt i gadw yn y *bottel* o'i goffadwriaeth. **1672** R. PRICHARD: *Gw* 7, Cymmer wîn o *bottel* fydur, / Cymmer ddysc o ben pechadur. **1725** D. LEWIS: *GB* 289, Bwriwch Ddwfr Oer am ben Oil Vitriol, a nhwy boethant y *Bottel* lle bônt, fel nas galloch ymaflyd ynthi. **1759** J. EVANS: *PF* 38, Na chymerwch ddim Bwyd ond Llaeth enwyn newydd, wedi ei gorddi mewn *Pottel*. **1803** *P*, *potel*, s. f. pl. t. *i* . . . a leathern bottle; a bottle. Ar lafar yn gyff., *WVBD* 440; hefyd yng ngorllewin Morg. am garreg fawr ar ffurf potel yn y tir uwchben yr wythïen lo, *Geir Glo* 56 (cf. *padell*, *potyn*). Digwydd hefyd yn yr ystyr 'ewin (oren)' yn Llŷn, *ISF* 39 (cf. *petal*). Digwydd 'Tôn y *Botel*' fel enw ar yr emyn-dôn 'Ebeneser'.

(*b*) Llond potel, potelaid (yn enw. o win, cwrw, &c.), hefyd yn *dros.* am ddiod (feddwol); meddyginiaeth: *bottleful* (*esp. of wine, beer, &c.*), *also transf. of* (*intoxicating*) *drink*; *medicine.*

15g. *GGl*[2] 183, I gylla oer, drwg yw llaeth: / Iachach i gleiriach y glêr / Ei *botel* a'i ddesgl bewter. **15–16g.** *GIF* 54, B'le caid, er a wnaid yn iach, / *botelau* abad haelach. **1620** *Can* ii. 5, Cynheliwch fi â *phottelau* (**1588** *ib.* gwîn). **1753** *ML* i. 224, Cewch ganddo ef, uwch ben *potel*, hanes y byd ar amseroedd. **1757** *id.* 464, rhoi dyrnaid o hono mewn *pottel* o rum a wnaeth y lles goreu imi. [**1761**] *id.* ii. 378, dyna fy ngeneth Angharad, rwy'n ofni, yn marw ar fy llaw . . . a chwedi yfed ynghylch hanner cant o *bottelau*'r poticari. **1763** *DT* 164, Roedd gantho . . . / . . . / *Bottel* chwart, o Frandi bach, / A'ch gwnae chwi 'n iach ddianaf. **1795** J. THOMAS: *AIC* 364, os na wnâ un *Botel* y trô cymer 2. Ar lafar yn gyff., '*potel* o win'.

Amr.: **botel**[2]. **1764** W. WILLIAMS: *Th* 15, Mi wela 'r *fottel* bygddu a'r fflagen loyw fawr. *c.* **1779** *LlGC* 16378, 57b, rhowch mewn *bottel* bridd gegfain. **potrel** [gydag *-r-* ymwthiol]. Ar lafar yn sir Benf. a'r cyffiniau, *GDD* 231, *TGG* (1907–8) 84, *Geir Geg* 148.

Cfn.: **potel d(d)ŵr poeth, p. d(d)ŵr twym:** *hot-water bottle.* Ar lafar. **p. ffisig:** *medicine bottle.* Ar lafar. **p. laeth, p. lefrith:** *milk-bottle.* Ar lafar yn gyff. **p. foddion** = **p. ffisig.** Ar lafar.

Gw. hefyd **poten**[2].

potel[2] [bnth. S. *bottle* 'bundle (of hay)'; am *b-* > *p-*, cf. *poitsh*[1], *ponc*] *eb.* ll. *-au.* Sopen neu fwndel (o wair neu wellt): *bundle or 'bottle'* (*of hay or straw*).

1690 *Brog* 8623, 4c, dau yn dyrnu i stwytho batin megis *potele* o well ne obilion. Ar lafar yn Arfon, '*potal* o wellt', 'tair *potal* = pwn mul, i.e. one on each side and one in the middle. The name of the latter is *potal* bembwn', *WVBD* 440.

Gw. hefyd **botel**[1].

potel[3] [bnth. S. *pottle* 'liquid measure equivalent to half a gallon'; dichon fod peth cymysgu â *potel*[1]] *eg.* Mesur gwlyb, sef dau chwart neu hanner galwyn: *pottle, half a gallon.*

Diw. **16g.** *WLB* 31, berw hwynt [cyrn ceirw wedi eu briwo] yn dda mewn tri galwyn o ddwfr oni el yn *bottel* ac yno roddi tri galwyn o gwrwf kadarn am ben y bottelaid ai ferwi oni el yn bottelaid drachefn. *id.* 41, ai gwasgu drwy ganvas ne strayner oni geffych chwart ne agos i *bottel* or sugun hwnw. *id.* 42, ai ferwi oni el yn dri *ffottel* . . . ai roi ar y tan a chwart o fel puredic ynddo ai ferwi ai yscumio oni el yn un galwyn ne lai. *id.* 73, dod ynddo alwyn o win gwynn da . . . a berw hwynt i gyd, oni el dan ferw yn *bottel.*

Gw. hefyd **potelaid**[3].

potelaf: potelu [bf. o'r e. *potel*[1]] *bg.a.* Cadw neu roddi i'w gadw mewn potel, cyffeithio (ffrwythau, &c.) mewn potiau neu jariau: *to bottle.*

1759 J. EVANS: *PF* 71, Hidlwch a *photelwch* ef. [**1762**] E. POWELL: *HEI* 43, wedi hynny *Pottela* hi. **1771** *PDPh* 42, *pottelwch* a golchwch y clwyf ag ef. **1793** N. WILLIAMS: *HM* i. 23, Cymmerwch bint o Darr, â dau chwart o ddwfr . . . yna diewynwch yn gynnil . . . a dodwch ychydig Driagl ynddo, wedi'n *pottelwch*. **1803** *P* d.g. *potelu*. Ar lafar yn gyff., '*potelu* winwns', '*potelu* gwin', '*potelu* diod fain'.

potelaid[1] [*potel*[1] + *-aid*[1]; dichon fod yma rai enghrau. o *potelaid*[3]] *eb.* ll. *poteleidiau.* Llond potel, cynnwys potel: *bottleful.*

16g. *GHCEM* 28, Beth â'n ei gest, byth o'n gŵyn, / *Potelaid* petai alwyn. **16–17g.** *DCR* 256, Kam gyfri ni chynig byth mewn vn ssiott / . . . / ond llenwi *potteled* i bawb yn lle pott / o gwrthwyneb yw hyn ir gŵir. *c.* **1730** *Thos. Lloyd D* (LlGC) 196a, *potelaid*.—o ddiod. **1761** *ML* ii. 315, [*p*]*otelaid* neu ddwy o verjuice i wneuthur gylfined o bwyns yn lle'r bymbo brwnt yma. *id.* 383, Mae'r wreigen eiddofi gwedi myned i gladdedigaeth hen wr o 87 . . . a yfai *bottelaid* o gin bob nos. **1762** *id.* 470, Och fi na fu'swn yn meddwl am anfon y *botelaid* æther i chwi draenoeth. Ar lafar, *Geir Geg* 165.

potelaid[2] [*potel*[2] + *-aid*[1]] *e?b.* Sopen neu fwndel (o wair neu wellt): *bundle or 'bottle'* (*of hay or straw*).

c. **1730** *Thos. Lloyd D* (LlGC) 196a, *potelaid* . . . o wair.

potelaid[3], **poteliaid** [*potel*[3] + *-aid*[1], *-iaid*[2]; dichon fod yma rai enghrau. o *potelaid*[1]] *eb.* Mesur gwlyb, sef dau chwart neu hanner galwyn: *pottle, half a gallon.*

Diw. **16g.** *WLB* 31, berw hwynt [cyrn ceirw wedi eu briwo] yn dda mewn tri galwyn o ddwfr oni el yn bottel ac yno roddi tri galwyn o gwrwf kadarn am ben y *bottelaid* ai ferwi oni el yn *bottelaid* drachefn. *id.* 46, ai berwi oll mewn kwrwf kadarn a rhoi ynddo ychydig fel ne *botteliad* o freki du da ai ferwi. **17g.** *CRC* 329, llenwi gwin i fawr inhw / o fesur dwy *botteled.* *c.* **1740** *LlM* 26, Cais Gorn Carw a berwa ef mewn tri Galwyn o Ddwr ffynnon oer hyd onid el yn *Botteled*, a bwrw ynddo dri Galwyn o Gwrw da a berwa eilwaith hyd onid el yn *Botteled*.

potelog [*potel*[1] + *-og*] *a.* A nodweddir gan sŵn poteli'n clincian; yn perthyn i boteli: *characterized by the sound of clinking bottles*; *pertaining to bottles.*

20g.

poten[1] [?bnth. S. Diw. Cyn. *podding*, *poddyng* 'animal's stomach or entrails, also as dish stuffed with minced meat, &c., pudding', ?dan ddyl. *pot*[1] ac *-en*; ?cf. S. taf. *pot* 'a kind of black pudding; the stomach, guts, entrails', a'r Gwydd. Diw. *putóg* 'pwdin; perfedd, stumog'; dichon mai i adran (*b*) y perthyn rhai o'r enghrau. yn adran (*a*)] *eb.* ll. *-ni*, *-nau.*

(*a*) Stumog, bol (mawr), cest; perfedd, dwodenwm, troedfeddyn; fentricl (y galon); hefyd yn *dros.* ac yn *ffig.*: *stomach*, (*pot-*)*belly*, *paunch*; *intestine*, *duodenum*; *ventricle* (*of heart*); *also transf. and fig.*

c. **1566** *B* xv. 119, Ffrangink a wnair o wie a bara gwyn a braster mollt . . . a bwrw mewn *potten* mollt ay verwi ynghyd. **16g. (1763)** W. SALESBURY: *LlM* 120, y pedwerydd [math o gabaets] sy orweiddioc ac yn ben agored yn vn *botten* dalennog [*sic*] a dail yn grychion yn grebach mal Daswrn o grympoge wedi ymblany yn ei gilidd. *Diw.* **16g.** W. MIDLETON: *B* 59, *poten* y fall petai'n fyw [i'r bêl droed]. **1588** *Barn* iii. 21–2, Ac Ehwd . . . a gymmerth y cleddyf . . . ac ai brathodd ef yn ei *botten*. . . . a'r brasder a ymgaeuodd am y llafn fel na ddeue yr cleddyf allan oi *botten* ef: onid y dom a aeth allan. **1632** *D*, *potten*, vènter. **1672** R. PRICHARD: *Gw* 369, Fei chwda drachefen, gan dynned oi *botten*, / Heb feddwl am angen a gofyd. **1722** *Llst* 189, *potten*, f.p. *tennau*, a belly. **1740** T. EVANS: *DPO* 117, Gyda bod y Cleddyf yn ei *Botten* [Hengist], yno chwi a welwch yr holl Lû yn gwasgaru. **1753** *TR*, *potten*, the belly or paunch. **1803** *P*, *poten*, s. f. pl. t. *i* . . . a paunch. Ar lafar gynt yn Arfon yn yr ystyr 'stumog', 'Mi ro' i 'nhroed yn dy *botan* di', *WVBD* 440; hefyd ym Morg. yn yr ystyr 'coluddyn; stumog (mochyn); bol mawr', 'Ma *potan* fawr 'da fa'; ac yn sir Benf., ''Wen' nhw'n gweithio treip o'r *potenne* main'. Gw. hefyd *pot*[1].

(*b*) Pwdin (melys neu safri), selsig, sosej, pastai, tymplen: (*sweet or savoury*) *pudding*, *sausage*, *pie*, *dumpling.*

1604–7 *TW* (*Pen* 228) d.g. *tucetum*. *c.* **1762–79** W. WILLIAMS: *P* 86, Ymborth mwya cyffredin yr Indiaid yw yd yr India, wedi ei ferwi yn *Botten*. *id.* 123, y Saeson yn fynych a gymmerant ffrwyth 4 neu 5 o honynt [plantain] ac a'i berwant yn *botten*. **1764** J. POPKIN: *ABG* 31, dodwch o'u blaen *Bottennau* wedi eu llanw a Gwaed. **1771** *PDPh* 5, byw ar *bottennau*, bwyd llwy, cywion, &c. **1780** *W* d.g. *pudding*. **1784** M. WILLIAMS: *S* i. 229, Eu hymborth cyffredin yw hammony, neu fath o *botten* a ferwant o ŷd yr India. **18–19g.** *IM* 36, Cawl a chig a *photten* . . . a fwyttäo fwya o gig a gaiff fwya o *botten*, a gymero fwya o *botten* a gaiff fwya o gwrw ar ei ôl. **1803** *P*, *poten*, s. f. pl. t. *i* . . . a pudding. Ar lafar yng nghanolbarth a godre Cered., sir Benf. a'r De, *SC* vi. 125, *Geir Geg* 35, 45; ac yng ngogledd Brych. yn yr ystyr 'potato and swede mash', *B* xxxiv. 98, 107; yng nghanolbarth a godre Cered. a sir Benf. clywir yr ymadr. 'yn 'lyb *boten*'.

Amr.: **potan** [?dan ddyl. *-an*[1]; ansicr yw'r ail engh. isod (?*-an* < *-en*)] (ll. *-au*). **1630** R. LLWYD: *LlH* 201, yn rhythu eu boliau: yn tywallt iw *potânau*, yn ymbesci fel baeddod. *c.* **1756** *Bangor* 1007, 85, oni thewi di rog aflawen / mi agora fi dy *botan*.

Cfn.: **poten fach:** *small intestine*; *reticulum* (*ruminant's second stomach*). **1803** *P*, poten . . . y *boten fach*, the lesser ventricle. Ar lafar yn nwyrain Morg. yn yr ystyr 'perfeddyn bach'. **p. fras:** *sausage*. **1762** D. ROWLAND: *PA* 64, a'i selsigen, (neu *botten frâs*). **p. gan:** *mixture of milk and flour fried in a frying-pan.* **1896. p. goes:** *calf of the leg.* Ar lafar yng ngodre Cered., sir Benf., a'r cyffiniau, *TGG* (1907–8) 83. **p. gras fach:** *type of cake using pork scratchings as shortening, cree cake.* **1898.** Ar lafar yn sir Benf. a sir Gaerf., *Geir Geg* 41; hefyd yn sir Benf. yn y ff. *p. grinsion*. **p. fflŵr** = **p. gan.** Ar lafar yng ngogledd sir Gaerf. **p. wen:** (i) (*dict.*) *haggis*, *haslet*; *large intestine*, *colon*; *stomach*. **1547** *WS*, *potten wen*, a haggas. **1604–7** *TW* (*Pen* 228) d.g. *massula*. **1632** *D* d.g. *faliscus*, *tucetum*. **1803** *P*, poten . . . *y boten wen*, the large ventricle, or the stomach. (ii) *batter pudding*. **1803** *P*, poten . . . *poten wen*, a batter-pudding. **p. wrach:** *pudding made for the end-of-harvest feast.* Ar lafar yn sir Benf. a'r cyffiniau, *TGG* (1907–8) 75, *Geir Geg* 45. **p. ludw, p. ludu:** *spleen, milt.* *c.* **1730** *Thos. Lloyd D* (LlGC) 196a, y *Botten ludw*, dueg. *Diw.* **19g.** *SE MS* 385, y *boten ludw*, the spleen or milt. Ar lafar yng nghanolbarth Cered. yn y ff. *poten lydu*, ac yng ngodre Cered., sir Benf., a'r cyffiniau yn y ff. *poten ludu*, *TGG* (1907–8) 83. **p. fawr:** *large intestine, colon*; *stomach*; *rumen* (*ruminant's first stomach*). **1803** *P*, poten . . . y *boten fawr* . . . the large ventricle, or the stomach. Ar lafar yn nwyrain Morg. yn yr ystyr 'perfeddyn mawr'. **p.**

bys: *pease-pudding, pea-soup.* Ar lafar ym Morg. **p. ben fedi:** *pudding made for the end-of-harvest feast.* **1898.** Ar lafar gynt yn sir Benf. **p. bengaead, p. pengaead:** *caecum.* **1770** *W*, y *botten ben-gauad* d.g. *the blind gut.* **1803** *P*, poten . . . *poten pengauad*, blind-gut. **p. reis:** *rice pudding.* **1896.** Ar lafar yn sir Benf., *GDD* 234, *Geir Geg* 45. **p. rynion:** *pudding made with shelled oats.* **1904. p. datw(s), p. dato, p. tatw:** *potato pie, potato-cake.* Ar lafar yng nghanolbarth a godre Cered., sir Benf., a de sir Gaerf., *Geir Geg* 41. **yn b.:** *soaking wet.* **1922.**

Gw. hefyd **potennig**[1].

poten[2] [?amr. ar *potel*[1] neu *pot*[1]+*-en*] *eb.* ll. *-nau.* Potel (hefyd o ledr neu groen), costrel: *bottle, wineskin.*

1547 *WS*, *potten* ne pottel, a bottell. **1567** *LlGG* (*Sall*) 31a, dod vy-daigrae [*sic*] yn dy botel [:– *poten*] (**1588** *Salm* lvi. 8, dy gostrel). *id.* 70a, Can ys ydd wyf val potel [:– *poten*] mewn mwc. **1567** *TN* 52b, ny ddyd nep win newydd mewn llestri [:– *potennae*, potelae] hen. **1604–7** *TW* (*Pen* 228), hwn a ddwg win . . . mewn *potenæ* o grwyn d.g. *vtrarius.*

Gw. hefyd **potennig**[2].

poten[3], gw. **pot**[1].

potenfaen [*poten*[1]+*maen*[1], ar ddelw'r S. *pudding-stone*] *eb. Drg.* Amryfaen ac ynddo fân gerrig crynion tywyll: *pudding-stone.*

1851.

potennig[1] [*poten*[1]+*-ig*[1]] *eb.* ll. *potenigau.* Fentricl (calon); bol bach: *ventricle (of heart); small belly.*

1604–7 *TW* (*Pen* 228), *potenic* d.g. *vterculus. Dchr.* **17g.** *J* 10, 130a, *potennig* . . . uterculus. **1803** *P*, *potenig*, s. f. dim., a little paunch.

potennig[2] [*poten*[2]+*-ig*[1]] *eb.* Potel fach, llestr bach: *small bottle, small vessel.*

1604–7 *TW* (*Pen* 228), *potenic* wytr arueredig gan y physycwyr y dynnû gwaet drwy scrafinio 'r croen d.g. *cucurbita. Dchr.* **17g.** *J* 10, 130a, *potennig*, cucurbitula.

potennog [*poten*[1]+*-og*] *a.* Boliog, cestog, a chanddo fol mawr: *big-bellied, pot-bellied, paunchy.*

15g. *GDLl* 172, Carl ni ddwg cweryl yn ddoeth, / Costog *potennog*, tin-noeth! **1604–7** *TW* (*Pen* 228) d.g. *doliaris, ventriosus. id.* bola *potenoc* o droetuedd a haner yn seuthu allan d.g. *venter.* **1722** *Llst* 189, *potennog*, having a great belly, gor-bellied. **1773** *W* d.g. *bellied, Great-bellied, foggy* [. . . *gross, pursy, &c.*], *squab* [*thick and short*]. **1803** *P*, *potennawg*, having a paunch.

potensial [bnth. S. *potential*] *a.* a hefyd fel *eg.* ll. *-au.* (Peth sydd) yn bodoli fel posibilrwydd ond heb ei wireddu eto, (peth sydd) yn gallu dod i fodolaeth neu ddatblygu ymhellach, galluedigol, galluadwy; *Ffis.* un o ffactorau egni sy'n diffinio ei allu i wneud gwaith drwy drawsffurfio egni: *potential (adj. and n.).*

1935.

Cfn.: *Ffis.* **potensial trydanol:** *electric potential (in phys.).* **20g.**

potensiomedr [bnth. S. *potentiometer*] *eg.* ll. *-au.* Dyfais i fesur neu i gymhwyso potensialau trydanol bach: *potentiometer.*

20g.

potes, potaes, potas[2] [bnth. H. Ffr. *potage*, o bosibl drwy'r S. C.] *eg.* (ac yn eithriadol *eb.*) ll. *-au*, (geir.) *-i.*

(*a*) Cawl, stiw, isgell, broth; gruel: *soup, stew, stock, broth; gruel.*

14g. *Cy* vii. 135, Os duw mawrth vyd y prif. drwc vyd llawer lle. . . . A gwenith yn drut. Ac amdler [*sic*] o olew a *photaes.* **15g.** *Cylchg LlGC* iii. 154, yn gwnevthvr *potes* o'i kic [hychod duon] ac yn i yved. **15g.** *GGl*[2] 314, Pa lun gwynfydu? Pa les? / Pettwn, gwae wŷr y *potes.* **1547** *WS*, *potaes*, pottage. *Diw.* **16g.** *WLB* 47, gwna *bottes* o bersli a llysse oerion a fynnych ac yfed hwnw ar i fwyd beunyth. *id.* 50, kymer bwrage, persli violed Alexander maieron cochion . . . gig mollt ne bork . . . ddail y pwrche . . . ai briwo i gyd yn fana ag i galler ai kymysgu a blawd keirch ne rynnion ai berwi yn dda a gwneuthur y *pottes* gore a fettrych i neuthur . . . a fferi ir claf fyned oi ginio ac yfed llawer or *pottes* a bwyta y kig. *Dchr.* **17g.** *J* 10, 130a, *potes*, potage, cawl. **1672** R. PRICHARD: *Gw* 100, Or daeth Esau mor ddannodus, / Am werthu fraint am fes o *bottus* [:– Phiolaid o Gawl]. **18g.** *Llr C* 24, 356, dyro hwynt yn y *botaes* (*MMf* 258, *bottas*) neu yn y saws. **1795** *R. Crusoe* 86, a chwedi ei lladd [gafr] mi a ferwais ran o honi, a gwnauthum *bottes* (Broth). **1800** W. OWEN[-PUGHE]: *CP* 111, Pan ferwoch gîg môch hallt neu groew, cedwch y drwyth neu *botes* (*the liquor or broth*) i gymmysgu gyda llaeth idd y lloi. **1803** *P*, *potes*, s. m. pottage, broth, soup. Digwydd fel epithet, e.e. John *Pottes*, *B* iii. 48. Ar lafar yn y Gogledd a gogledd Cered., *LGW* [358], *WVBD* 440, *Geir Geg* 35.

(*b*) (enghrau. *tros.* a *ffig.*, yn enw. ynglŷn â chawdel neu lanastr: *transf. and fig. exx., esp. of a hotchpotch or mess*).

c. **1658** R. VAUGHAN: *E* 189, yr hyn y mae rhai ai geilw pennau edafedd neu *bottes* (*shreds and porrage*) yn meddwl ychydig am ergydiad byrr David, O Arglwydd mi bechais. **1696** *CDD* 190, Gwilia losci (wrth gam ddeall) / Ben dy fŷs y*mhottes* arall. Ar lafar yn y Gogledd, e.e. mewn ymad. fel 'gneud *potas* o un a chig o'r llall' 'to show favouritism', 'Pen fydd hi'n bwrw *potas* 's gin' i ddim picyn i' ddal o' 'When luck comes my way I cannot turn it to advantage', *WVBD* 440; 'gwneud *potes* (maip) ohoni' 'to make a mess of it'; 'Mi gân' nhw wneud 'u *pottas* fel y fynnan' nhw' 'They can make whatever mess they like (i.e. I'm not going to interfere)'; 'Fel y gwnai dy *botes* rhaid i ti ei fwyta' 'As you make your broth you must eat it . . . more commonly said of marriage', *Mont Coll* xi. 291. Cf. D. OWEN: *D* 120, gwnaeth ei *botes* yn rhyfedd ac aeth ymaith dan warth mawr. Ym Mhenllyn sonnir, e.e. am sachaid o datws wedi mynd yn ddrwg eu bod 'yn *botes* ulw'.

Cfn.: **potes dall:** *thin broth, broth with little or no fat. c.* **1870.** Ar lafar yn sir Drefn. **p. dŵr:** *gruel made from bread crumbled in hot water with a little fat.* **1933.** Ar lafar ym Mhenllyn, *B* iii. 206. **p. eildwym, p. wedi ei aildwymo:** *broth warmed a second time, rehash, esp. fig. of something stale or second-hand.* Ar lafar yn y Gogledd, e.e. am wraig sy'n priodi eilwaith, *WVBD* 440, neu stori yr ydys wedi blino arni. Gw. hefyd *cawl—c. eildwym.* **p. eira:** *melted snow, slush.* **1874.** Ar lafar yn Arfon. Cf. *isgell—i. eira.* **p. gwyn (bach):** *gruel made from oatmeal or wheat flour and (butter)milk, and sometimes including bread.* **1735** L. MORRIS: *T* 12, tair Llwyaid o Gawl erfin, neu *bottes gwyn bâch.* **1789** TWM O'R NANT: *TChB* 12, I gym'ryd *Pottes gwyn bâch* neu laeth wedi dwymno. Ar lafar yn y Gogledd yn y ff. *potes gwyn*, *WVBD* 440, *Geir Geg* 24, *B* iii. 206. **p. llaeth = p. gwyn.** **1757** *ML* ii. 48, Mae'n rhaid etto fwytta *pottes llaeth* ag ymenyn. Ar lafar ym Môn ac Arfon, *WVBD* 440. Gw. hefyd *cawl—c. llaeth.* **p. llwyd:** *gruel made from onions, water, and oatmeal boiled and poured over bread.* Ar lafar ym Mhenllyn, *B* iii. 206. **p. maip:** *turnip stew, also fig.* **1869.** *Diar.* Melys cwsg *potes maip.* Gw. hefyd *lol—l. botes maip.* **p. pig tegell:** *gruel made from bread crumbled in hot water with a little fat.* Ar lafar ym Mhenllyn, *B* iii. 206. **p. pys:** *pease-pudding, pea-soup.* **1594–6** *B* iii. 272. **16–17g.** *CRC* 198. *Dchr.* **17g.** *J* 10, 130a, *potes pŷs*, pease potage. Ar lafar yn nwyrain Morg. **p. (py)tatws:** *Irish stew.* Ar lafar yn y ff. *potas tatws* yn Llŷn, ac yn y ff. *potas pytatws* ym Môn. **p. wedi ei aildwymo**, gw. *p. eildwym.*

poteswr [*potes*+*-wr*] *eg.* ll. *-wyr.* Un sy'n cardota potes, cawlai; un sy'n hoff o botes, cawlwr: *one who begs broth; one who likes broth.*

1632 *D*, cawlai, *potteswr* . . . pulmentum mendicans. *c.* **1720** *Gwaseila* 459, Y cono gwych yw'r canwr—/ A'i drwyn yn fawr a'i fin ar dro, / Pwt isel o *boteswr.* **1722** *Llst* 189, *potteswr*, m. a beggar, or great eater of porridge. **1771** *W* d.g. *broth, beggar of broth, broth, great lover* [*eater*] *of broth, porridge-belly, or porridge monger.* **1803** *P*, *poteswr*, s. m. pl. *poteswyr*, a pottage man.

potiad, gw. **potaid.**

potiaf: potio, potian [bf. o'r e. *pot*[1] ?a bnth. S. (*to*) *pot*; yn ystyr adran (*a*) yn unig y digwydd y be. *potian*] *bg.a.*

(*a*) Llymeitian (diod feddwol), diota: *to tipple (alcohol), booze.*

16g. MORUS DWYFECH: *Gw* 23, Disio, cardiau, rheifflio rhain, / A *photio* gyda phutain. **17g.** E. MORRIS: *B* 89, Rhai yn mhob ystum a fynant *botio*'n gyflym. **1672** R. PRICHARD: *Gw* 100, Galw ar Dduw, a gado 'r *pottian*, / Na wna 'r Sûl yn wyl i Satan. *id.* 580, Hal hwy o'r pebyll, nâd hwy *botian*, / Ar y Sabboth, nac i loetran. **1725** *SR* d.g. *to Bouse. c.* **1730** *Thos. Lloyd D* (LlGC) 196a, *pottio*, to bouse, tipple. **1751** *ML* i. 177, Dyma fi'n llesc ar ol *pottiaw* efo hwnnw ag arall, *pottiaw* heddyw efo Chaptain Weller ynteu. **1752** *id.* 195, Rwyf agos a llwyr droi heibiaw y tra yfed, oddigerth pan elir i ymweled a ffrind, yno y bydd raid ambell dro *bottiaw* tipyn. **1753** G. OWEN: *L* 57, Os chwennychwn bot a phibell, y mae imi groeso y prydnhawn a fynwyf, gyda'r hen Lew ei hun, lle cawn *botio* 'n rhad. **1755** *id.* 158, fe fydd weithiau'n cymeryd hynt hyd yn Brentford ac yn aros yno i *bottio* ac i gymeryd ei ddifyrwch tros wythnos gyfan o'r untu. **1762** *ML* ii. 506, a chwedi bod yn ymbottiaw ym Modiar . . . ac yno *pottio* a dwndriaw hyd nad oeddym wedi blinaw. **1803** *P*, *potiaw* . . . to drink, to tipple. Ar lafar yn gyff., *Cymru* xlvii. 142, *WVBD* 440, *SC* vi. 125. Cf. D. OWEN: *RL* 67, nos Sul mi fydd yn y Cross Foxes, yn *potio* nes y bydd o yn rhy ddall i wel'd y ffordd adre'.

(*b*) Rhoddi (ymenyn, planhigyn, diod, &c.) mewn pot, potel, &c.; gyrru (pêl) i'r boced (mewn snwcer, &c.): *to pot, bottle; pot (a ball, in snooker, &c.).*

1803 *P*, *potiaw*, to put in a pot, to pot. Ar lafar yn gyff., *Geir Geg* 111.

Amr.: **pwtian**[2]. **1758** *W Ballads* 74, 7, I bod yn llymeitian neu *bwttian* or Bottel.

potiaid, gw. **potaid.**

poticari, potigari, gw. **potecari.**

potiwr [bôn y f. fl.+*-wr*] *eg.* (b. *potwraig*, *potreg*) ll. *potwyr, potiwrs.*

(*a*) Crochenydd, gwneuthurwr potiau, gwerthwr potiau, llestri pridd, &c.; carpiwr, jac y rhacs: *potter, maker or seller of pots, earthenware, &c.; rag-merchant, rag-and-bone man.*

1551 W. SALESBURY: *KLl* xxiva, crogenydd [:– *pottiwr* pridd]. **1615** R. SMYTH: *GB* 19, ystyrio i fod yn llaw duw, megis clai, ne lestyr pridd yn llaw 'r *potiwr.* Ar lafar ym Môn ac Arfon yn yr ystyr 'carpiwr', *WVBD* 440; 'Mae o'n edrych fel *potiwr*' (am rywun blêr ei olwg). Cf. *Cymru Fu* 486, Yr oedd *Potiwr* yn gwerthu llestri ar yr heol.

(*b*) Llymeitiwr, diotwr, meddwyn: *tippler, drinker, drunkard.*

16–17g. E. PRYS: *Gw* 218, Daeth i'w gof . . . / Bwyo ateb hen *botiwr*, / Brysiodd, gyrrodd wag oerwawd, / Brys mawr, i brisio im wawd (Huw Machno). *id.* 220, Di-letbai betai *botiwr*, / Di-fost ar ei gost yw'r gwr. **1716–18** *Llsgr R. Morris* 87, ni glowson fod bir a bragod / a chwrw du da yn ty ymma / a gwraig fwunlan iw roi yn llawen / a bod y gwr yn beth *pottiwr.* **1755** *ML* i. 367, mi welais y dydd arall Beint Beddcelert . . . Fe fyddai'r hen *botwyr* gynt yn ei yfed ar yr un anadl. **1761** *id.* ii. 361, mae o yn hŷn na chwi o lawer o flwyddi, ac yn dew, a diffyg anadl arno weithiau, ond ei fod yn *bottiwr* odiaeth. Ar lafar, *WVBD* 440, hefyd yn Arfon yn yr ystyr 'dihiryn'.

Cfn.: **potiwr pridd:** *potter.* **1551** W. SALESBURY: *KLl* xxiva. **17g.** HUW MORUS: *EC* i. 207.

potraf: potran [bnth. S. (*to*) *potter*] *bg.* Loetran, segura: *to potter, idle.*

1927.

potreg, potrel, potsen, gw. **potiwr, potel**[1], **pwt**[1].

potsh [bôn y f. ddil.] *eg.* Llysiau wedi eu berwi a'u stwnsio, yn enw. tatws wedi eu stwnsio gyda llaeth neu laeth enwyn, neu datws a llysieuyn arall wedi eu stwnsio ynghyd, stwmp, stwnsh, ponsh, hefyd yn *ffig.* llanastr: *mashed boiled vegetables, esp. potatoes mashed together with milk or buttermilk or potatoes mashed together with another vegetable, also fig. mess.*

Ar lafar yn y De, *LGW* 174–5, *GDD* 231, *Geir Geg* 35, hefyd mewn ymad. megis 'yn wlyb *potsh*', 'yn whys *potsh* (*botsh*)', 'socan *potsh* (*botsh*)'; 'Man' nw wastod yn neud ryw *botsh* (=llanastr)'. Clywir hefyd y ff. *pwtsh* yn sir Gaerf., *TGG* (1907–8) 84; 'diferu *bwtsh*'.

Gw. hefyd **poitsh**[1], **ponsh.**

potsiaf[1]**: potsio, potsian, potsiach** [yn ystyr adran (*a*), ?bnth. S. (*to*) *potch*, amr. ar (*to*) *poach* 'to poke, trample' (yr un gair â (*to*) *poach* (game or fish), gw. y f. ddil.), ?cf. S. taf. *all to pauch* 'boiled to a mash'; yn ystyr adran (*b*), ?bnth. S. (*to*) *botch*] *bg.a.*

(*a*) Stwnsio, ?sathru dan draed: *to mash, ?trample (upon).*

1846. Ar lafar yn sir Benf. a sir Gaerf., *SC* vi. 125.

(*b*) Segura, cyboli, stwna, ymyrryd; gweithio mewn ffordd aflêr, gwneud llanastr neu stomp (o): *to potter, mess about, muck about (with), fiddle (with), meddle; work in a slovenly manner, make a mess (of).*

Ar lafar yn gyff., '*potsian* yn y baw', 'Man' nw wedi *potsio*'r 'dafadd', *WVBD* 440. Cf. D. J. WILLIAMS: *HW* 53, Am eneidegwyr gor-glyfer ein hoes, ni fuaswn i byth yn ymddiried enaid cath i neb ohonynt hwy *botsiach* ag e'; *Wês wês* 33, I *botshan* ybwti yn y môr ma rhaid ca'l cwch.

Gw. hefyd **ponsiaf: ponsio, poitsiaf: poitsio.**

potsiaf[2]**: potsio, potsian** [bnth. S. (*to*) *poach* (game or fish)] *bg.a.* Herwhela: *to poach (game or fish).*
Ar lafar yn gyff., *WVBD* 440.

potsiaf[3]**: potsio** [bnth. S. (*to*) *poach* 'to simmer'] *ba.* Mudferwi (wyau, pysgod, &c.) mewn dŵr, llaeth, isgell, &c.: *to poach or simmer (eggs, fish, &c.) in water, milk, stock, &c.*
Ar lafar yn gyff., *WVBD* 440.
Amr.: **poetsiaf**[2]**: poetsio.** *c.* **1548** *CM* 1, 800, wye newydd ddodwy gwedi *poettshio.*

potsiar, gw. **potsier.**

potsien [bôn y f. *potsiaf*[1]: *potsio+-en*] *eb.* Merch fwngleraidd neu drwsgl: *bungling or clumsy girl.*
Ar lafar gynt yn y De a'r Gogledd, *WVBD* 440.

potsier, potsiar [bnth. S. *poacher* 'one who catches (game or fish) illegally'] *eg.* ll. -(*i*)*aid*, -*s.* Herwheliwr: *poacher.*
1928. Ar lafar yn gyff.; digwydd hefyd fel e. ar bluen bysgota. Cf. D. J. WILLIAMS: *ChHO* 125, Ifan ei frawd yn ei wisg *botsiar.*

potsiwr[1] [bôn y f. *potsiaf*[1]: *potsio+-wr*] *eg.* Gweithiwr aflêr, bwnglerwr: *slovenly worker, bungler.*
Ar lafar yn sir Benf., *SC* vi. 125.

potsiwr[2] [bôn y f. *potsiaf*[2]: *potsio+-wr*] *eg.* ll. -*s.* Potsier, herwheliwr: *poacher.*
1936.

potsyn [?bnth. S. taf. *poots, powts,* amr. ar S. *poults* 'chicks'+-*yn*[1]] *eg.* ll. *potsod.* Cyw: *chick, young bird.*
Ar lafar yn y De.

potwraig, potyn, gw. **potiwr, pot**[1].

potysu [?be. o'r e. *potes*] *ba.* ?Gwneud cawdel o: *to make a mess of.*
a. **1587** *Y* 165, Bid yspys i chwi dderbyn ohonof eich naw cywydd chwi, lle gwelaf ych naws a'ch cerdd yn mynd waethwaeth. Er hyny ni ddigiaf fi ddim, eithr nid oes yn fy mrŷd i fod cyhyd yn gyrrv i chwi drinaw ag y buoch i yn *potysv* ych naw.

pothan, pothon [dichon mai llysenw *y Pothan (Pothon) Flaidd* yw man cychwyn yr holl enghrau. isod] *eg.* ll. (geir.) -*od.* Cenau blaidd, hefyd yn *ffig.*: *wolf-cub, also fig.*
c. **1425** *B* ii. 234, *pothon,* keneu blaidd. **1547** *WS, pothan.* **16g.** *Pen* 99, 594, Hoffa peth *pothan* tinllays / Gan Adda wddw wdenbwys / Mewn creiglwyn glywed creglais / Crygleidr yn godde crogloes. **16–17g.** T. PRYS: *Bardd* 101, penn yn gwlad mewn awr gadwyn / pathew in mysg *pothan* mwyn [am George Pilstwn]. **1632** *D,* **pothan,* & *Pothon,* est Cenau blaidd, lupulus, lupillus. **1722** *Llst* 189, *pothan,* m.p. *thanod,* a young wolf. **1803** *P* d.g. *pothan, pothon. Y Pothan Flaidd* (*y Pothan Blaidd, GDID* 99; *Pothon flaidd, LlGC* 7008, 109; Ririd *bothon, RWM* i. 980) oedd llysenw Rhirid ap Rhirid (Fychan) ap Madog ap Rhirid Flaidd, P. C. BARTRUM: *WG* i. 747–8. *Pothan* oedd cyfenw rhai o'i ddisgynyddion, *id.* ii. 1473. Cf. B xxxviii. 132, Dykus ap Ior' *Pothan.* Cf. hefyd enw'r fferm *Rhosbothan,* plwyf Llanddaniel-fab, Môn.

pothecari, gw. **potecari.**

pothell [?ffrwyth tybio mai ff. dreigledig yw *bothell*] *eb.g.* ll. -*i,* -*au.* Chwysigen lawn serwm wedi codi ar y croen drwy rwbio, llosgi, meddyginiaeth, &c., cructardd; cloch ddŵr, boglyn, bwrlwm; llyffandafod; hefyd yn *dros.* ac yn *ffig.*: *blister, vesicle, wheal; bubble; the barbles; also transf. and fig.*
1707 *AB* 214b, bothell & *pothell,* a wheal or blister. **1722** *Llst* 189, *pothell,* f.p. *thellau,* a blister. [**1762**] E. POWELL: *HEI* 65, edrychwch yn ei Safn [eidion], â thynnwch ei Dafod ef allan i weled a fo dim *Pothellan* [?*sic*] tano. **1798** *WR* d.g. *vesicle.* **1803** *P, pothell,* s. f. . . . a disease amon[g]st cattle, being a blister under the tongue, which is otherwise called y davawdwst. Ar lafar yng Nghered., *B* xiv. 277.
Amr.: **poethell** [dan ddyl. yr a. *poeth*] **1813. polleth** [trwy drsd.]. **1721** B. MEREDITH: *PJ* 36, nid ydyw Meddygon yn ennill iddynt eu hunain ddim clôd trwy bigo *Pollethi.* Ar lafar ym Morg., *pollath, B* xv. 264; weithiau'n *dros.,* e.e. ''roedd amball i *bollath* o lo stêm yn y glo tân', *Geir Glo* 56; ac fel e. difrïol, 'hen *bolleth*'; 'rhywun disylwedd, llawn gwynt'.
Cfn.: **pothell (polleth) wynt:** *bubble, also fig. of a pompous person.* Ar lafar.
Gw. hefyd **ffothell.**

pothellaf: pothellu [bf. o'r e. bl.] *bg.a.* Codi'n bothelli neu'n chwysigennod, codi pothelli neu chwysigennod (ar), hefyd yn *ffig.* chwyddo: *to blister, become blistered, raise blisters (on), vesicate, also fig. puff up.*
1770 *W* d.g. *to blister* [*rise in blisters*]. **1778** J. THOMAS: *HB* 35, gorfod arnynt, yngwres yr hâf, gyd redeg â meirch y milwyr, nes *pothellu* eu traed. **1803** *P.*
Gw. hefyd **ffothellaf: ffothellu.**

pothelliad [bôn y f. fl.+-*iad*[1]] *eg.* ll. -*au.* Y weithred o bothellu, chwysigeniad, canlyniad y fath weithred: *a blistering.*
1770 *W* d.g. *a blistering.* **1803** *P.*

pothellog [*pothell+-og*] *a.* Chwysigennog; tebyg i bledren, amgrwn (am geudod neu goden mewn planhigyn neu anifail, &c.); yn codi pothelli neu chwysigennod; byrlymog; chwyddedig; hefyd yn *ffig.* mawreddog: *full of blisters, blistered; vesicular; blistering, vesicatory; bubbling; blown up; also fig. pompous.*
1770 *W* d.g. *blister, full of blisters.* **1803** *P.* Ar lafar yn nwyrain Morg. yn yr ystyr 'mawreddog'.
Gw. hefyd **ffothellog.**

pothellol [*pothell+-ol*] *a.* Yn codi pothelli neu chwysigennod: *blistering, vesicatory.*
1816.

pothellydd [bôn y f. fl.+-*ydd*[3]] *eg.* ll. -*ion.* Cyffur, nwy rhyfel, &c., sy'n codi pothelli neu chwysigennod: *vesicant.*
20g.

pothon, †poulloraur, poun, pount, pouter, powb, powdner, gw. **pothan, peullawr, paun, pwynt**[1]**, piwter, pawb, powtner.**

powdr, powdwr, pwdr[1] [bnth. H. Ffr. *poudre,* o bosibl drwy'r S. C., a bnth. S. Diw. *powder*] *eg.* ll. *powdr(i)au, powdwrs.*
(*a*) Sylwedd ar ffurf gronynnau mân sych, llwch, hefyd yn *ffig.*: *powder, dust, also fig.*
16g. *Cylchg LlGC* iv. 80, niueroedd mawr o'r bobloedd y sydd yn gorwedd ac yn kysgu *ymhowdwr* a llwch y ddaiar a ddeffry o'i hun. *a.* **1587** *Y* 206, Pwy a dreia *powdr* awen, / Poen tra hardd, pwy ond tri hên? *Diw.* **16g.** *B* xi. 76, gorchmynnodd Einion yr kythreuliaid ddyfod or gau dduwiau allan ai dryllio hwyntau yn *bowdwr* man. **16–17g.** *Cer RC* 65, Gellid fy Ngwen, drwsio ceubren, / Fal y bai wych arno edrych: / Ni byddai, er hyn, yntho un gronyn / Ond y *powdwr* a'r pren pwdwr. **1765** *BDGU* 30, Yn *Bywdwr* botho'ch Nade / Ewch i'ch crogi i rwle. **1780** *W, powdr* d.g. *powder* [*any thing beaten into small particles*]. Ar lafar yn gyff.; 'wedi mallu nis mynd yn *bywdwr*'; 'Mi gna' i di'n *bowdwr* ulw' 'I'll grind you to powder', 'mynd yn *bowdwr* ulw' 'to fly into a rage', *WVBD* 440.
(*b*) Rhywbeth a baratoir ar ffurf gronynnau mân, yn enw. ar gyfer ei ddefnyddio'n feddyginiaethol neu'n gosmetig, hefyd yn *ffig.*: *a preparation in the form of fine particles, esp. for medicinal or cosmetic use, also fig.*
c. **1400** *Études* vii. 280, Rac gwenwyn: kymer betoni a sych wynt a gwna *bwdyr* . . . a chymer o'r *pwdyr* hwnnw dwyweith. *id.* 292, dot ar y tent *pwdyr* o alym a gossot ar y brath. **15g.** *DN* 117, Betin, riw, centri, wermod sydd,—o'r *powdr* / Pwys o'r pedwar defnydd. **15g.** *Pen* 57, 47, rrac pob klevyd llygaid . . . [c]ymer *bowdwr* o pvpyr sajth ronvn allwyaid o vel gloyw. **16g.** (*LlEG*) *LlGC* 5276, 367a, I mae r ysdori yn dangos mae *powdwr* a Roesai Runn ynni diod. *Diw.* **16g.** *WLB* 16, Kymer y maint a vynych o gopres glás pura . . . a briw ef yn *bwdwr* mân . . . bwrw y *powdr* yn y badell. *id.* 41, Rhac llosg ar gnawd dyn . . . rhoi *powdreu* ar y giau a golchi y marwgig. **16–17g.** *DCR* 198, pryn *bowdwr* y bowyd o ddwedyd yn dda / a dod ar dy dafod a duw ath wellha. **1750** *ML* i. 158–9, Dyma eisiau dwsing a hanner o bapurau snising . . . Byddwch wych, ag sgrifenwch efo'r *powdwr,* pen gynta galloch. **1762** *id.* ii. 465, Cefais ymadel a'r wrach wrth yfed brandi oddiar *bowdwr* y wrach. *ib.* Wfft i'r *powdr* rhag dihired ei flas, ond mawl i'r Goruchaf am tano [*sic*] rhag däed ydyw i ddynolryw. **1771** *PDPh* 6, Cymmerwch hanner wns o *bowdr* Falerian y grŷg . . . ac wns a hanner o Conserve Orange Peel . . . a rhoddwch gymmaint a Nutmegen i'r Claf bob pedair awr.
(*c*) Halen, sbeis, &c., ar ffurf gronynnau mân ar gyfer ei ddefnyddio i gyffeithio neu i roi blas ar fwyd: *powdered salt, spice, &c., for preserving or seasoning food.*
15g. *GO* 179, Heilo gwin yn yhelaeth, / A maeth, val Ieirll y Mwythic, / *Powdr* llysiav siopav y sydd / Ar ddiodydd vrddedic, / A'r swgr mewn seigiav, a'r mas / I ddwyn blas i ddyn blysic. **15g.** *DE* 48, sewer y serch sowrys oedd / sawr *powdr* mewn sirip ydoedd [i'r cusan]. **15–16g.** *TA* 24, Osai a Baiwn, fenswn a fydd, / A'r *powdr* a'r llysiau o'r siopau sydd / A'r bwydau, lliwiau, llywydd—cyllidog, / A gwin odidog yw'n diodydd. *id.* 115, Wyth ager tân i'th gwrt oedd, / O wres *powdr* y Siêp ydoedd. **15–16g.** *GLM* 229, saig a maeth Eisag i mi / sy graig hendorth siwgr candi. / Malu *powdriau* mal padriarch: / i ben dy fwrdd bwn dau farch. **16g.** SIÔN BRWYNOG: *Gw* 49, Marsia gwiw Gloddaith, mae'r seigiau gwleddog? / Mewn *puwdr* [*sic*] a llysiau, myn Pedr, lliosog. **1604–7** *TW* (*Pen* 228), *powdr* o lyseu melysion, megys Ginger, pypyr, Clows, mas, nutmic d.g. *alephanginæ species.*
(*d*) Cymysgedd ffrwydrol o solpitar, golosg, a sylffwr a ddefnyddir yn bennaf mewn arfau tân ac wrth flastio mewn chwareli, glofeydd, &c., hefyd yn *ffig.*: *gunpowder, also fig.*
15–16g. *TA* 39, Gwres o'i frig a roes y frân, / Gwn tân ar Gent o'i enau. / Pe dôi'r gwn a'r *powdr* gwynias / Pwy âi'n y brig a'r pen bras. **16g.** *B* xv. 270, ni saethassant twy vn ergyd . . . ai o eishiau *powdwr* a ffelennau ne hrag ovynn llaad J pobyl i hun. **1593** W. MIDLETON: *B* 58, peled vffern plaid affrig / ai hanadl yn *bowdr* dadl dig [i'r bêl-droed]. **1599 (1677)** R. HOLLAND: *AB* 77, Rhowch dân wrth grûg o *bowdwr,* ac fo a fflamma i gyd yn ddisymmwth. **16–17g.** *DCR* 241, Hwy a ossodasson ar i hochre / amyn vn devgevgein [*sic*] o varile: / a dwy hocsied trix y bradwr / llenwi r hain i gyd o *bowdwr.* **1630** *YDd* 283, Ar pumed o Dachwedd am waredu y Brenin a'r holl deyrnas oddiwrth ffiedd-frâd greulon-dwyll y *Powdr* Papaidd. **18g.** *Beirdd y Berwyn* 93, Rwy wedi spio cono certh / Yn mynd i gysgod parod perth, / . . . / Mae ganddo *bowdwr* chwerw chwyrn / A bâr i'th esgyrn ysgwyd [i'r ceiliog hwyad]. **1745** *ML* i. 88, Brother Davies was the beginning of this month terribly burnt by gunpowder, was blind for some time . . . lwcc fawr am ei hoedl fe aeth 10 pwys o *bowdwr* ar dân dan ei ddwylo. *c.* **1762–79** W. WILLIAMS: *P* 41, pob arfau Rhyfel hefyd Drulliau, *Powdwr,* a Saethau. **1795** *R. Crusoe* 13, fe barodd inni gymeryd ychydig o *bowdr* o herwydd ei fod yn chwennych ymbleseru yn saethu. Ar lafar yn ardaloedd glofaol Morg., *B* viii. 220.
Cfn.: **powdr (powdwr, &c.) a phaent:** *powder and paint, derog. of cosmetics.* Ar lafar, 'llawn *powdwr a phaent*' am ferch sy'n ymbincio'n ormodol. **p. yr apothecari:** *merchant's or apothecary's (cosmetic) powder.* **1620** *Can* iii. 6, Pwy yw hon sydd yn dyfod i fynu o'r anialwch . . . wedi ei phêr-arogli a Myrh, ac â thus, ac â phob *powdr yr apothecari.* **1758** *DPMB* 31, gwedi plethu ei gwallt a'i bowdrio a *phowdwr yr Apothecary.* Cf. T. H. PARRY-WILLIAMS: *Y* 42, Onid oes apothecari a chanddo bowdr, neu physigwr a chanddo eli i liniaru artaith ei brathiadau hi [cydwybod]? **p. codi (cwnnad, cwnnu):** *baking-powder.* Ar lafar, *Geir Geg* 64. **p. dannedd:** *tooth powder.* Ar lafar. **p. du:** *gunpowder, also fig.* **16g.** R. WHITE: *C* 56, ni cherdd vn cam heb framu / ni phaid er dim a *phowdwr du* [marwnad y Prins o Orens]. Ar lafar yn ardaloedd y chwareli a'r pyllau glo, *Geir Glo* 80. *Her.* **p. ermin:** *ermin (in her.).* **16g.** *Pen* 127, 274. **p. golchi:** *washing-powder.* Ar lafar. **p. gwn (gynnau):** *gunpowder, also fig.* **15g.** *GOLlM* 34, O Dduw, er a weddïwn, / ai bwyd i'r geist fu *bowdr gwn* [i ofyn dau filgi]? **15–16g.** *TA* 436, Ag ar i naid, o'i garn ôl / Y gwnâi *bowdr gwn* â'i bedol [i ofyn march]. **16–17g.** *DCR* 221, mae tan ar *powdwr gyne,* / mae peleds pwlwm [*sic*] yn chware. **1604–7** *TW* (*Pen* 228), *powdr gwnn* a wneir or Saltpitr, Brymston a glo d.g. *salnitrum.* **1753** *ML* i. 244, Rhobin . . . a ddrwg ladded . . . gan *bowdr gwn,* wrth chwthu cerrig oedd ar ffordd llongau. **1795** J. THOMAS: *AIC* 280. Ar lafar yn Arfon, *WVBD* 440. Gw. hefyd *gwnpowdr.* **p. gwyllt:** *gunpowder.* **15–16g.** *TA* 173. **16–17g.** *DCR* 241. **1759** *BC* 257. **p. gwyn:** (i) (?*kind of*) *gunpowder.* **16–17g.** *Cer RC* 127, Ef osodwyd yn i sadel / *Bowdwr gwyn* mewn twids fodd dirgel, / Ac ar hwnnw, pen ystedde, / Yn dân gwyllt i'r nen fe gode. (ii) *white gunpowder.* Ar lafar ym Morg., *Geir Glo* 80. **p. inc:** *ink-powder.* **1760** *ML* ii. 281. **1795** J. THOMAS: *AIC* 42. **p. licorys (licoris):** *liquorice powder.* *c.* **1400** *Études* viii. 362, *pwdyr licoris.* *Diw.* **16g.** *WLB* 4, [*p*]*owdr likorys.* **1722** S. RHYDDERCH: *Alm* [15]. **p. lwmbart:** *powder lombard, spice imported from or associated with Lombardy.* *c.* **1566** *B* xv. 118, Cymer bavn . . . ag egor val capwld ay saws yw *powdyr lwmbart* vinegr. **p. oel (oil):** *nitroglycerine.* **1869.** Ar lafar yn y Gogledd. **p. pobi:** *baking-powder.* Ar lafar ym Mhenllyn. **p. saethu:** *gunpowder.* **1770** *TG*

iv. 7. **1771** *PDPh* 49. **p. siwgr:** *powder(ed) sugar, castor-sugar.* **1759** J. Evans: *PF* 80. **p. talc:** *talcum powder.* **20g. p. trwyn:** *snuff.* Ar lafar ym Morg., '*pywdwr trwyn*'. **p. wyneb:** *face-powder.* Ar lafar ym Morg., '*pywdwr gwynab*'. **yn b.:** *with all one's might, to the utmost of one's ability, to the fullest extent; very, extremely.* **1762** *ML* ii. 465, Mae'r Iuddew brych yn actio 'r ustus *yn bawdwr* [*sic*] ac yn fyw hyd yn hyn. **1769** E. Roberts: *GN* 37, Wel Bydol ceisiwch gydio *yn bowdwr*, / Yn nwylo ych hen garied [*sic*] fel Robin y gyrwr. **1777** E. Roberts: *DG* 61, Ac yno bydd digon or dynion am dano / a chŷnig y Ginis am lai i fargeinio / ai gymryd neu a chodi arno'*n bowdwr* / basai well î wŷr purlan beidio a gwneud Parlwr. Ar lafar mewn ymadroddion megis '*yn bowdwr* feddw', '*yn bowdwr* ddwl', *GDD* 232; 'Mae e'*n bowdwr* amdani' 'He's mad about her'; cf. W. Rees: *AFR* 31, 'r wy'n siwr fod f'ystlyse [diwyg.] i'*n bowdwr* dduon y mynyd yma.

Gw. hefyd **blensbwdr.**

powdrach [*powdr+-ach*[2]] *e.tf.* ac *e.ll.* Powdr(au), yn aml yn ddifr.: *powder(s), often derog.*

20g. Ar lafar; yn y ff. *pywdrach* yn nwyrain Morg.

powdrad, gw. **powdriad.**

powdraf[1]**, powdriaf: powdr(i)o, powdrian** [bnth. S. (*to*) *powder* a bf. o'r e. *powdr*] *bg.a.*

(*a*) Gwneud neu falu'n bowdr, gwneud yn llwch, rhoddi powdr ar, taenellu powdr ar, taenellu halen neu sbeis wedi ei bowdro ar (gig, &c., i'w gyffeithio), rhoddi powdr cosmetig ar (wyneb, gwallt, &c.); llwytho â phowdr gwn; hefyd yn *ffig.*: *to reduce or grind to powder, pulverize, powder, sprinkle with powder, sprinkle powdered salt or spice on (meat, &c., to preserve it), apply cosmetic powder to (the face, hair, &c.); load with gunpowder; also fig.*

15–16g. *TA* 396, Portreiwr pert ar heol, / Pedair W'n *powdro* o'i ôl [i ofyn ebol]. **15–16g.** *GLM* 312, Pedrog â'i wayw'n *powdrio* gwŷr / wedi saethu drwy seithwyr [i Syr Wiliam Herbert]. **16g.** *GSC* xvi. 3–4, Pwy draw yn cael *powdrian* cig, / Palf y cawr, uwch plwyf Curig? *Diw.* **16g.** *WLB* 72, Kymer ffaa, rhug . . . a halen . . . ai llosgi mewn po[t]t pridd newydd oni aller i *powdrio*, ac ystompia hwynt yn bowdr. **16–17g.** *GST* i. 317, Pedeircamp i'r pedwarcarn, / Pedwar seis yn *powdrio* sarn [i ddiolch am farch]. **1604–7** *TW* (*Pen* 228), wedy *bowdrio* d.g. *condititius.* **1707** S. Williams: *ADA* 103, llawer . . . yn feilchion o ran eu hwynebau teg . . . a chwanegant liwio, clyttio, *powdrio*. **[1723]** J. Thomas: *LlDG* 23, eu Hwynebau cerfiedig . . . eu Cydynnau wedi *powdrio*, ac Arferion ynfyd eraill. *c.* **1740** *LlM* 6, Cymmer Ystol Fair . . . a Theim, a Rosmari . . . gwedi eu *Powdrio*. **1758** *DPMB* 31, gwedi plethu ei gwallt a'i *bowdrio* a phowdwr yr Apothecary. **1771** *PDPh* 14, un grain o bupur hirion gwedi eu *powdrio* yn fân. *id.* 28, Y mae llygoden fechan wedi ei *phowdro*, a rhoddi'r powdr am ben rhyw beth yn dda. **1780** *W* d.g. *powder, to* [*strew with*] *powder.* Ar lafar, '*powdro*'i hwyneb'; hefyd yn ardaloedd y chwareli llechi sonnir am '*powdro* y twll' 'to put powder into the boring (for blasting)', *WVBD* 440.

(*b*) Gorchuddio â nifer mawr o fân wrthrychau neu ffigurau (mewn her. a chelfyddyd addurnol), hefyd yn *ffig.*: *to powder (in her. and decorative art), also fig.*

15–16g. *TA* 423, Ar i dorr, fo roed arian, / Pais mwnc yn gwmpasau mân; / I *bowdro* y bu wydrwr, / Heb roi dim ond wybr a dŵr [i ddiolch am farch glas]. **15–16g.** Llawdden, &c.: *Gw* 161, Pen a'u genau rhag amwyll / Padreuau draw'n *powdro*'i dwyll [i ofyn bwcled]. *id.* 178, *Powdrio* glin paderog lythr / Pwmperles pwmpae eurlythr [i'r Gardas]. **16g.** (*LlEG*) *Mos* 158, 419b, Paar o Eslypers o vrethynn aur gwedi *powdrio* a main godidog gwerthuawr. *id.* 502a, dwy heett vawr am i penna gwedi I *powdrio* ac aur. **16g.** *Med H* 76, Ef a all y bordyr vod wedi'r *bowdrio* mewn rruw arveu. *ib.* Mae'n dwyn gowls, croes engraelyd o aur gyda bordyr llyfn sabl wedi'r *bowdrio* a basawnd. **1574** *RhRC* (At.) 311b, gwyr newydd yn *powdrio* y ffregod yma . . . a geirie da diwiol.

powdraf[2]**: powdro** [bnth. S. (*to*) *powder* 'to rush'] *bg.* Rhuthro; dyfalbarhau, dal at(i): *to rush; persevere, stick at (something).*

1808 Twm o'r Nant: *BB* 82, Mae rhai'n cael Ynghymru, eu gwthio i bregethu / Cewch weled rhyw lafnau, yn *powdro* i'r pulpudau / Heb erioed adnabod, effaith drwg pechod. Cf. D. Owen: *RL* 357, a chyn i mi gal deyd gair yr oedd Thomas yn *powdro* o'r station; D. Owen: *GT* 122, '*Powdra* 'mlaen, ynte', ebe Mr. Jones. Ar lafar yn y Gogledd mewn ymad. megis '*powdro* iddi (arni)', '*powdro* mynd' 'mynd yn fân ac yn fuan'.

Gw. hefyd **pydraf**[2]**: pydru.**

powdredig [bôn y f. *powdraf*[1]: *powdro+-edig*] *a.bfl.*

(*a*) Wedi ei orchuddio â phowdr (cosmetig): *covered with (cosmetic) powder.*

20g.

(*b*) *Her.* Wedi ei orchuddio â nifer mawr o fân wrthrychau neu ffigurau: *powdered (in her.).*

16g. *Med H* 70, Mae yn dwyn maes gowls *powdredig* a chroesse kroesgroessog o aur.

powdrfrad, powd(w)r-frad [*powd(w)r+brad*] *eg.* Brad y Powdr Gwn, sef cynllwyn i chwythu'n chwilfriw Dai'r Senedd ar 5 Tachwedd 1605, hefyd yn *ffig.*: *the Gunpowder Plot, also fig.*

1655 WL: *DP* 56–7, gwaredu['r deyrnas] oddiwrth yr ymgyrch o S[p]ain a *phowdrfrâd* y Papystiaid. **1727** RE: *CDd* 115, pan ddatcuddier y *powdwr frâd*, dyna'r perigl gan mwyaf wedi darfod. *id.* 155, anwybodaeth yw'r graig gyntaf, neu'r *powdr-frad*, sydd yn anrheithio miloedd. *c.* **1730** *Thos. Lloyd D* (LlGC) 196a, *powdrfrad* . . . Gun-powder-treason.

powdriad, powdrad [bôn y f. *powdraf*[1]: *powdro+-iad*[1], *-ad*] *eg.*

(*a*) Addurn a wneir drwy orchuddio peth â nifer mawr o fân wrthrychau neu ffigurau (mewn her. a chelfyddyd addurnol): *a powdering (in her. and decorative art).*

15g. *GO* 103, Gwlith y gof, gloyw a thec ynt, / Gwiw vlodav gevail ydynt, / Siop o vronn y Siêp y'w vric / Sêr vn *bowdriad* sarn Badric [i ofyn bwcled]. **16g.** *Med H* 70, bid hysbus na ffeintir ymravaelion nei ddyffrans mewn arfe megis kroesse, pendantie a'r vath hynny, dros ddeg o rifedi. Ac o bydd mwy na hynny, *powdrad* iw. **16g.** *CLl* 171, Prennol a cherdd y prynwn / Pedreuau teg *powdriad* hwn [Morys Dwyfech i ofyn bwcled]. **16g.** *DWH* i. 234, y mae yr arvau hynn yn torri ordriad kyfraith o herwydd bod lliw ar liw onid oedd *bowdriad* o ryw beth yn y maes.

(*b*) Y weithred o gyffeithio neu roddi blas ar fwyd drwy ddefnyddio halen neu sbeis: *the preserving or seasoning of food with salt or spice.*

1604–7 *TW* (*Pen* 228), *powdriat* d.g. *salitura.*

powdriaf: powdrio, powdrian, gw. **powdraf**[1]**: powdro.**

powdrog [*powdr+-og*] *a.* Tebyg i bowdr, yn cynnwys powdr, wedi ei orchuddio â phowdr: *powdery, powdered.*

1903.

powdwr, powdwr-frad, powdwrwilan, power, powerus, gw. **powdr, powdrfrad, pwdrchwil, pŵer, pwerus.**

powl[1] [bnth. S. *bowl* (vessel); am *b* > *p*, cf. *ponc, potel*] *eb.* ll. *-iau.* Bowlen, basn, dysgl, cwpan: *bowl, basin, dish, cup.*

1828 *Geir Pob* 20, *powl*, bowl, mail, cwpan. Ar lafar y ll. yn sir Ddinb., *Cymru* xlvii. 142.

Gw. hefyd **bowl**[2]**, powlen**[1]**.**

powl[2] [bnth. S. *pole*] *eb.* ll. *powls* (bach. *-en*, ll. *-ni*). Polyn (pren), llorp: *(wooden) pole, shaft.*

1907. Ar lafar yn y De ac yn sir Benf., yn aml am foncyff a osodid yng nghanol tas er mwyn i'r gwres ddianc ohoni ac am bolyn i ddal llenni, 'Ma gin' i *bywlan* bren i ddala'r cwrtsiwns'.

powl[3] [bnth. S. *bowl* 'hoop'; am *b-* > *p-*, cf. *ponc, potel*] *e?g.* (bach. b. *-en*, g. *-yn*). Cylch haearn neu olwyn a yrrir gan blentyn, cylchyn, hŵp: *(child's) hoop.*

1828 *Geir Pob* 20, *powl* . . . olwyn chwareu. Ar lafar yn y Gogledd, 'chwarae *powl(yn)*', '*powlan* a bach', cf. *LlLlM* 87, *LlG* xi. [5]. Ym Morg. sonnid am 'dala *powl*' '[m]ynd i geisio cael merch i garu', C. Stevens: *AC* 23.

powlaf[1]**: powlo** [?bf. o'r e. *powl*[3]] *bg.* Cystadlu i geisio ffafr merch: *to compete in courting a girl.*

Ar lafar gynt ym Morg., C. Stevens: *AC* 23. Cf. *LlGC* 1171, 164, Bu *powlo* mawr am macws / Nos Sul yn hewl pytatws / A dyna'r un ddaeth iddi'n ffrynd / Fodlonws fynd i'r Eclws.

powlaf[2]**: powlo, powlaid,** gw. **powliaf**[1]**: powlio, powliaid.**

powld [bnth. S. *bold*; am *b-* > *p-*, cf. *ponc, potel*] *a.* Eofn, hy, haerllug, digywilydd, wynebgaled, hefyd yn *ffig.*: *bold, impudent, cheeky, brazen, also fig.*

Ar lafar yn y Gogledd, *WVBD* 440. Cf. T. H. Parry-Williams: *Y* 34, peth bach *powld*, ymrafaelgar, cecrus [am aderyn y to].

powldrwydd [*powld+-rwydd*] *eg.* Yr ansawdd neu'r cyflwr o fod yn bowld, hyfdra, haerllugrwydd, digywilydd-dra, wynebgaledwch, hefyd yn *ffig.*: *boldness, impudence, cheekiness, brazenness, also fig.*

20g.

powlen[1] [*powl*[1]*+-en*] *eb.* ll. *-ni.* Bowlen, basn, dysgl, hefyd yn *dros.*: *bowl, basin, dish, also transf.*

1894. Ar lafar yn y Gogledd, *WVBD* 440, *Cymru* xlvii. 142; hefyd yn ne-ddwyrain Morg. yn y ff. *pywlan.* Cf. T. H. Parry-Williams: *Y* 45, cydymdeimlir â physgodyn aur a fo'n gwib-nofio'n ddiorffwys mewn *powlen* wydr.

Cfn.: **powlen siwgr:** *sugar-basin.* Ar lafar, *WVBD* 440.

Gw. **bowl**[2]**.**

powlen[2,3]**,** gw. **powl**[2,3]**.**

powlennaid [*powlen*[1]*+-aid*[1]] *eb.* Llond powlen, cynnwys powlen, basnaid, dysglaid: *bowlful, basinful, dishful.*

20g.

Gw. hefyd **bowlennaid.**

powlgae, gw. **polgae.**

powliad[1] [bôn y f. *powliaf*[1]: *powlio+-iad*[1]] *eg.* Nod clust ar ddefaid a blaen y glust wedi ei dorri fel blaen saeth, cwliad, bawd: *poll, earmark on sheep where the point of the ear is cut like the point of an arrow.*

Ar lafar yn Arfon, J. Jones: *Gwerin-eiriau* 45, *Folk Life* xx. 94, *B* xxxiv. 81.

powliad[2]**,** gw. **powliaid.**

powliaf[1]**, powlaf**[2]**: powl(i)o** [bnth. S. (*to*) *poll* 'to shave (the head); plunder, fleece, extort (from)'] *ba.* Torri gwallt (person) yn fyr, eillio, tocio, hefyd yn *ffig.* anrheithio neu ysbeilio (drwy ormod o drethi), cribddeilio: *to cut short the hair of (a person), shave, clip, also fig. plunder (by excessive taxation), extort.*

1547 *WS*, *powlio*, polle. **16g.** *Yst Kym* 107, parodd ef *bowlio* i ben a'i farf. **16–17g.** *CRC* 165, ai droi yn i wrthwyneb drwy wrthvni / ac yn i *bowlio* ddevnaw baili [dychan i'r person caled]. **16–17g.** *GST* i. 613, Fab *powlio*, fab bai heleth, / Fab cneifio, fab hifio peth [i'r usuriwr]. **1605–10** *IICRC* iii. 35, Rhoi i gwasnaethwyr i ddwyn swydd / a wnan yn rhwydd o drowster / ar rhain yma gwyr Duw tad / Sy n *powlio* r wlad bob amser. *Dchr.* **17g.** *GDG*[3] 226, Ai lles i ti Morfudd Llwyd / Ysbeilio gwas a *bowliwyd.* **17g.** E. Morus: *Gw* 71, Mynych gneifio, *powlio*'r byd / Mewn tefyrn i maent hefyd [am dafarnwyr]. **1725** *SR* d.g. *to barb, or trim.* *c.* **1730** *Thos. Lloyd D* (LlGC) 196a, *powlio*, to . . . shear, clip. Ar lafar yn sir Benf. yn y ff. *powlo*, *GDD* 232.

Gw. hefyd **poliaf**[2]**: polio.**

powliaf[2]**: powlio** [bnth. S. (*to*) *bowl*; am *b-* > *p-*, cf. *ponc, potel*] *bg.a.* Bowlio, rholio, treiglo, trolio, olwynio, gwthio neu dynnu (rhywbeth) ar olwynion; tywallt, arllwys, llifo (am ddagrau, &c.); hefyd yn *ffig.*: *to bowl, roll, trundle, wheel, push or pull (something) on wheels; pour, stream (of tears, &c.); also fig.*

1828 *Geir Pob* 20, *powlio*, treiglo fel pêl, hefyd tywallt. Ar lafar yn y Gogledd, '*powlio* cerrig i lawr', '*powlio* hyd y llawr', ''Rodd dagra'n *powlio* o'i lygad o', *WVBD* 441; *Cymru* xlvii. 142, *TGG* (1907–8) 95, *BIliE* 33. Cf. T. H. Parry-Williams: *C* 43, yn syth i lawr / Y dibyn dryslyd *powliais* garreg fras.

Gw. hefyd **bwliaf**[1]**: bwlio, pwliaf**[3]**: pwlio.**

powliaid, powlaid [*powl*[1]*+-iaid*[2], *-aid*[1]] *eb.* ll. *powleidiau.* Llond powlen, cynnwys powlen, basnaid, dysglaid, cwpanaid: *bowlful, basinful, dishful, cupful.*

1894. Ar lafar yn y ff. *powliad, powled*, *Geir Geg* 165.

Gw. hefyd **bowliaid.**

powliwr[1] [bôn y f. *powliaf*[1]: *powlio*+*-wr*] *eg.* Barbwr, trimiwr; ysbeiliwr: *barber, trimmer; plunderer.*
17–18g. *LlGC* 6499, 155, I roi n ei gôd, werthgrôd gre / Biliwr beirdd, *bowliwr* byrdde / Yn y ssaitssial wyddelig / fo fwrw yn chwyrn fara a chîg. **1725** *SR, powliwr* blew d.g. *a barber.* *c.* **1730** *Thos. Lloyd D* (LlGC) 196a, *powliwr*, a poller, trimmer.

powliwr[2] [bôn y f. *powliaf*[2]: *powlio*+*-wr*] *eg.* ll. *powlwyr.*
(*a*) Pig tebot: *spout of a teapot.*
Ar lafar ym Môn ac Arfon, *WVBD* 441.
(*b*) Bowliwr: *bowler.*
20g.

powltaf: powlto [bnth. S. (*to*) *bolt*; am *b-* > *p-*, cf. *ponc, potel*] *ba.* Gogrwn (blawd): *to bolt (flour).*
Ar lafar yn sir Benf., *GDD* 232.

powlten [bnth. S. *bolt*+*-en*; am *b-* > *p-*, cf. *ponc, potel*] *eb.* ll. *powltiau.*
(*a*) ?Saeth: *bolt, arrow.*
Ar lafar yn y Gogledd yn yr ymad. 'fel *powltan*' 'like a shot'.
(*b*) Bollten (sy'n cymryd nyten, &c.): *bolt (used with nut, &c.).*
Ar lafar yn Arfon, *WVBD* 441.

powltiaf: powltio [bf. o'r e. bl.] *ba.* Bolltio, sicrhau â bolltiau: *to bolt, fasten with bolts.*
20g.

powltis, gw. **pwltis.**

powltisaf, powltisiaf: powltis(i)o, gw. **pwltisiaf: pwltisio.**

powltiwr [*powlt(en)*+*-iwr*] *eg.* Twll bychan a ddefnyddir gan gwningen, &c., i ffoi drwyddo: *bolt-hole.*
Ar lafar ym Môn, *LlLlM* 101.

powltri, powltris[1,2], gw. **pwltri, pwltis, pwltri.**

powltrisaf, powltrisiaf: powltris(i)o, gw. **pwltisiaf: pwltisio.**

powlyn, gw. **powl**[3].

powmander, gw. **pomander.**

pownd[1], **pown**[1] [bnth. S. *pound* (weight)] *eg.* ll. *-i, -au.* Pwys: *pound (weight).*
1725 D. LEWIS: *GB* 388, Yr hyn a bwyso un *Pownd* ar wyneb un [am blaned, &c.], all bwyso mwy neu lai ar wyneb un arall. **1771** *PDPh* 88, Fe ellir cymmysgu y tar a saim ieir neu saim gwyddau . . . at bob *pownd* o dar, cymmerwch hanner *pownd* o'r un a fynnoch o'r pethau uchod. Ar lafar yng nghanolbarth a godre Cered., sir Benf., Brych., a'r De, *LGW* 228, *PGICC* iii. 98.

pownd[2], **pown**[2] [bnth. S. *pound* 'enclosure; pond'] *eg.* (bach. *powndyn*). Pwll, ffrwd melin, ffos; lle amgaeedig i gadw anifeiliaid crwydr, &c., corlan: *pond, leat, ditch; pound (for stray animals, &c.), fold.*
19g. *HVN* 199, Mi wela Graig y Tyrra' / Mi wela *Bown* Rheola. Ar lafar yng Nghered. a'r De.
Gw. hefyd **pond**[2].

powndaf[1]: **powndo** [bf. o'r e. *pownd*[1]] *ba.* Mesur yn bwysi: *to weigh into pounds.*
Ar lafar, '*powndo* menyn', *Geir Geg* 111.

powndiaf[1], **powndaf**[2]: **pownd(i)o** [bnth. S. (*to*) *pound* (animals)] *ba.* Cynnull neu gaethiwo (anifeiliaid) mewn lle amgaeedig, corlannu, llocio: *to pound (animals), impound, fold.*
Ar lafar ym Morg.

powndiaf[2]: **powndio** [bnth. S. (*to*) *pound* (e.g. of heart)] *bg.* Curo'n galed ac yn aml (e.e. am y galon): *to pound (e.g. of heart).*
20g.

powndyn, gw. **pownd**[2].

powns [bnth. S. *bounce* 'sound of gunshot, &c.'; am *b-* > *p-*, cf. *ponc, potel*] *eg.b.* ll. (prin) *-ys*, hefyd gyda grym adferfol. Sŵn ergyd o wn, sŵn ergyd, clatsh, weithiau hefyd am symudiad sydyn: *sound of gunshot, loud bang, smack, sometimes also of sudden movement.*
1876. Ar lafar yn y De. Cf. D. J. WILLIAMS: *STG* 69, fe redodd miwn, *powns*, i ben y defaid yn y lloc; D. J. WILLIAMS: *HDFf* 154, wedi anelu'n hir a phawb yn dal ei anal, dyma ddau ergyd *Powns*! *Powns*! . . . yn diaspedain y cymoedd.

powraf[1], **powriaf: powr(i)o** [bnth. S. (*to*) *pour*] *bg.a.* Tywallt, arllwys, hefyd am law: *to pour, also of rain.*
Ar lafar yn Arfon, Meir. a sir Drefn., *LGW* 161; hefyd ym Morg.

powraf[2]: **powri, powryn, powsi,** gw. **poeraf: poeri, poer, posi.**

powt [bnth. S. *bout*; am *b-* > *p-*, cf. *ponc, potel*] *e?g.* Sbel o weithgarwch rhywiol, yfed, &c., gornest neu ran o ornest (paffio, &c.): *spell of sexual activity, drinking, (boxing-, &c.) bout.*
c. **1689 (1802)** L. WILLIAM: *Sherlyn Benchwiban* 43, Pa le cai ddyn wely cadarn, / A'i lond o wellt neu wassarn, / A ddaliai'n ddiddig ambell *bowt*, / A chala i'w chowt dan ffwdan. **18g.** *LlGC* 83, 16a, rhag Dwad or gŵr i fynu yn Stowt / a thori ar ych *powt* chwi putten. **1769** E. ROBERTS: *GN* 25, Amal Guinea rudd ymbell lowt, / Am gael hen *bowt* gin Buten. Cf. D. J. WILLIAMS: *ChHO* 120, ceid seibiant pan fyddai'r ddau baffiwr wedi ymlâdd i'r pen . . . Yna, wedi dadebru rhyw gymaint bwrw ati eilwaith am *bowt* arall.

powtner, powdner, pewtner, pwtner [bnth. S. *pautener* 'purse, bag'] *eg.* ll. *-au.* Pwrs, cod, bag: *purse, pouch, bag.*
?**1498 (16–17g.)** *LlGC* 732, 94, *powdner*, pwrs. *c.* **1588** *B* ii. 234, *powtner* .i. pwrs. **1604–7** *TW* (*Pen* 228), *powtner* lleder d.g. *crumena.* *Dchr.* **17g.** *J* 10, 123a, *pewtner*, pwrs. *id.* 131a, *pwtner*, bursa, crumena. **1632** *D*, *pewtner*, bursa, crumena. **1688** *TJ*, *pewtner*, (pwrs:) a Purse. **1722** *Llst* 189, *pewtner*, m.p. *nerau*, a purse. *id. powtner* m.p. *nerau*, a purse; small leathern bag. **1753** *TR* d.g. *pewtner.* **1763** *ML* ii. 577, Pawb yn gweled y gwaith yn ddrud, a gwell gan y bobl gadw eu harian yn eu *pwtneráu.* **1780** *W*, *pwtner* d.g. *purse.*
Cfn.: *Bot.* **pwtner y bugail:** *shepherd's purse, Capsella bursa-pastoris.* *Dchr.* **17g.** *J* 10, 131a.

powtsh, gw. **pwyts.**

powys [Crn. C. *powes*, H. Lyd. *poues*, gl. *quies*, Llyd. C. *poues* 'gorffwys, peidio', Llyd. Diw. *paouez* 'peidio'; ?cf. Llad. *quiēs*; ansicr yw'r enghrau. isod, a dichon mai'r e. lle *Powys* a welir yma] *eg.* ?Gorffwys: *rest.*
14g. *T* 61. 10–12, Talgynawt vryen yrac *powys* ny bu hyfrwt brwt echen gyrrwys. *id.* 63. 12–13, Vn yw maon meirch mwth miledawr. dechreu mei ym *powys* bydinawr.

Powyseg [yr e. lle *Powys*+*-eg*[1]] *eb.g.* Tafodiaith Powys: *Powysian, the dialect of Powys.*
18–19g. *Llr* C 75, 175, Canghenau amrafaelion y Gymraeg megis y Wenhwyseg, y Ddeheubartheg, y Wyndodeg, y *Pywysseg.* Cf. R. WILLIAMS PARRY: *CG* 17, Hoffusach ei *Phowyseg* / Na chân y mwyalch im.

powysfa [?*powys*+*-fa, ma*; Crn. C. *powesva*] *e?b.* ?Gorffwysfan: *resting-place.*
12g. *LL* 158, gulich irguairet arihit hi iciueir *pouisua* deuui i penn i carn. *id.* 260, or*poguisma* dircrucc dir lech in hit ifoss di carn gistlerth hit ifoss. *ib.* teireru ir ynis rac *pouisma* deui.

Powysion [yr e. lle *Powys*+*-ion*[2]] *e.ll.* (un. g. *Powysyn*) Trigolion Powys: *inhabitants of Powys.*
c. **1300** *H* 32b. 6, Periglawr porthuawr *powyssyon* (Cynddelw). Cf. Gw. MECHAIN: *Gw* i. 241, Yng Ngwyndud ni bydd mud mant, / A *Phowysion* ni orphwysant.

Powystir [yr e. lle *Powys*+*tir*] *eg.* Gwlad Powys, ardal Powys: *land or district of Powys.*
14g. *GIG* 36, Pwy a ostwng *Powystir*, / Pe bai gyfraith a gwaith gwir? **15g.** *GGl*[2] 121, Mae ustus ym *Mhowystir* / Mal sant ar ymyl y sir. *id.* 226, Mawr yw cost post *Powystir*, / Mwy no thraul mewn neithior hir. **15–16g.** *GLM* 231, Abostol o *Bowystir* / sy obry 'mhais Abram hir.

Powyswyr [yr e. lle *Powys*+*gwŷr*] *e.ll.* Trigolion Powys: *inhabitants of Powys.*
13g. *HGK* 14, Meilir m. Riwallaun a'e *Bowyswyr* ganthav, Trahaearn vrenhin a gwyr Arwystli. **15g.** *GGl*[2] 273, Pan fo rhif neu gyfrif gwŷr, / Pwy yw Oswallt *Powyswyr*? *id.* 316, Mae tair gwlad am Uto'r Glyn, / Mawl *Powyswyr*, mal peiswyn.

Powysydd [?yr e. lle *Powys*+?*-ydd*[2]] ?*e.ll.* ?Trigolion Powys: *inhabitants of Powys.*
14g. *Cy* vii. 126, Lloegrwys lledi af riuedi [*sic*] o *bowyssyd.*

Powysyn, poynt, gw. **Powysion, pwynt**[1].

prablaf: prablan, gw. **parablaf: parablu.**

practeisiaf, practeisaf, practis(i)af: practeis(i)o, practis(i)o [bnth. S. (*to*) *practise*] *bg.a.* Ymarfer (â), rhoddi ar waith, gwneud yn rheolaidd; dilyn galwedigaeth (yn enw. meddygaeth, y gyfraith, &c.): *to practise, put into practice, do habitually; practise (medicine, law, &c.).*
16g. *Hop M* 191, gwabron yn lle, cymwynase / a thwyll a brad, yn lle cariad / siwt ffrwythau hynn, ydiw n gelyn / ny *pracdaiso*, er yn damno. **1604–7** *TW* (*Pen* 228), *practisio*'n enwedic yn y gyfreith d.g. *actito.* **1672** R. PRICHARD: *Gw* 217, Fe gwilyddia hên ddŷn bâs, / Ddechreu'n henwr ddywedyd grâs, / Rheitach oedd i hwn gwilyddio, / Fôd ê cŷd heb ei *bracteiso* [:– Arferid]. *id.* 247, Gwedi deall hwn a'i gofio, / Duw rho gymmorth ei *bracteisio* [:– Arferid] / A'i wir ddilyn yn awyddus. **1752** J. THOMAS: *FG* 20, [p]an y mae hi wedi cynnefino cymmaint â Bywyd duwiol, a gallu *practeisio* yr amryw rinweddau o hono . . . y mae hi yn cael mwy o lawer o hoffder a boddlondeb. Cf. D. OWEN: *GT* 202, doedd ddim llawer er pan oeddwn i wedi dechre *practisio* yma . . . mi ddoth Jams i'r surgery rhw ddiwrnod a'r ddanodd yn gynddeiriog arno. Ar lafar yn gyff., 'Well i ti fynd i *bractisio*'r piano 'na at dy wers fory'; ''We nhw'n *practeiso* bob nos'.

practis [bnth. S. *practice*] *eg.* ll. *-ys*, (prin) *-au.* Ymarfer, rihyrsal; arfer, yr hyn a wneir (yn enw. mewn gthg. â damcaniaeth); gwaith proffesiynol meddyg, cyfreithiwr, &c., y bobl sy'n ymgynghori ag un o'r rhain: *practice, rehearsal; habit, practice (esp. as opposed to theory); (medical, legal, &c.) practice.*
1615 R. SMYTH: *GB* 214, nid oes ddyfais 'n y byd, nid oes gallineb na thwyll nid oes ddichell na *phractis*, ar nad ydynt yn i arfer. **1672** R. PRICHARD: *Gw* 418, Ceisiais gyngor, a *pharactys* [*sic*] / Doctoriaid, Gwŷr synhwyrus, / I geisio help; nid llai fy mloedd, / Er mynd dros foroedd trwblus. Ar lafar yn gyff., 'Mae'n rhaid i mi fynd i'r *practis* côr heno'.

practisaf, practisiaf: practis(i)o, gw. **practeisiaf: practeis(i)o.**

pradwysach, pradwysaf, gw. **paradwys.**

pradwysaidd, pradwysol, pradwysydd, gw. **paradwysaidd, paradwysol, paradwys.**

prae [bnth. S. *prey*] *eg.* ll. (prin) *-au.* Ysglyfaeth; ysbail; hefyd yn *ffig.*: *prey; booty; also fig.*
15g. *Med H* 22, [y] llew. . . pann welo i *brae*, i rrua yn uchel, a'r rruad hwnn a ofna pob anivail. **16g.** (*LlEG*) *Mos* 158, 7b, Y vo aoruu a[r] veibion harawd ai kwmpeini adel I *prayau* ai hysbail ynni hol. **1547** *WS*, *pray*, a pray. **16g.** *B* xxiv. 306, dugasai yr Assuriens lawer mil o boob amryw niueiliaid gidac wynt. A'r *prae* hwn a oedd mor uawr ac j bu abraidd j blannt yr Ysrael j harwydd a'i dwyn wynt o'r maes j'r dref o vewn kywamt a XXX o ddiwrnodiau. **16g.** *GGH* 377, Os *prae* tua'i swper oedd, / Ys prid o swper ydoedd [i'r gath am ladd y ceiliog bronfraith]. **1567** *LlGG* (*Sall*) 74a, Bendigedic vo yr Arglwydd, yr hwn ny'n rhoddes yn yscyfaeth [:– *bray*] y'w dannedd. **16–17g.** *GHCEM* 113, Lle rhoech am ferched, llwyr ran, / Eich aur a'ch tir a'ch arian, / Ac a fynnai gau feinir, / *Prae* da ym Mhwllgwepra dir. **1603** W. MIDLETON: *Ps* 79, Wyd weithion hoew vnion hyf / Ddu erthwch bell o ddiwrthyf: / A dodi ni dad y nerth / Ymhrae adfyd amhrydferth. **1604–7** *TW* (*Pen* 228), ederyn yn dylyn adar y dwr a ddaliant byscot, ag ymafael yn eu pennæ ag au piga [*sic*] onys gellyngant eu *prae* au hyscylyf d.g. *platalea.* *id.* d.g. *præda.* **17g.** HUW MORUS: *EC* i. 192, Tra buont hwy yn ymrwyfo, / Mewn cynnwrf am eu cinio, / I ffwrdd â'r *prae* f' ae llwynog llon / Heb wegi i eigion ogo'. **1790** TWM O'R NANT: *GG* 189, A'u Gwyddau nhwy hunen heb gynnen a ga'dd, / Dwyn un o'u rhai tewion yn union a wnadd; / . . . / 'Fe gariai'n dêg wrol ŵr breiniol ei *brae*, / A dyfod i'w Feistres a'i neges a wnae.

praeaf: praeo [bf. o'r e. bl.] *bg.*

Ysglyfaethu; ysbeilio; hefyd yn *ffig.*: *to prey; plunder; also fig.*

1547 *WS, prayo.* **1567** *LlGG* (*Sall*) 8b, Yn gyffelip y leo a chwant ysclyfio [:– yscyflu, *prayo*], a' megis cenae lleo yn llechy mewn dirg[e]loedd. **16–17g.** *CRC* 435, y rhain a laddodd y bigelied / ag a dwyllasson y gwirionied / maen yn *praio* fal i mynon / yn waeth o lawer na lladron. **16–17g.** T. Prys: *Bardd* 214, *praea* ar y gwyllt pvr arr gwar / *praeo* ir wyd empriwr adar. **18g.** *Beirdd y Berwyn* 91, Ni ddaw mwy i *braio* bras, / Yr un llwynog cefnog cas, / At wyn plwy nag at un plas, / Yr andras, i blyndro. **1736 (1812)** *YRW* 33, Os gollynga'i y dydd i *braio*, / Daw Marsli wyllt a'r bendro [am gath]. **1828** *Geir Pob* 20, *preuo*, ysglyfaethu.

praetor, pretor [bnth. dysg. Llad. *prætor*] *eg.* ll. *-iaid.* Un o nifer o lywiawdwyr yn Rhufain gynt a'u gradd ychydig yn is na chonswl: *praetor.*

1615 R. Smyth: *GB* 38, y conswl a oedd yn arwain isarn oi flaen y *Prætoriaid* a oeddynt yn arwain capp, y tribuniaid mas.

praetoriwm, pretoriwm [bnth. dysg. Llad. *prætōrium*] *eg.* Preswylfa swyddogol llywodraethwr talaith Rufeinig: *praetorium.*

1793 Dafydd Ionawr: *CD* 290, Tyrrent at y *Pretoriwm*, / Heb nifer, mewn trawsder trwm.

praethig, preithig [bnth. dysg. Llad. Diw. *practic(us)*] *a.* Ymarferol: *practical.*

p. **1584** G. Robert: *GC* [201–2], mae'r ,ct, pann droer i'r ,th, gamreig . . . yn peri fynychaf diphdongh oflaen ,th, mal: pecten peithin, pactum, paith, practicus, *praethig.* **1675** R. Jones: *HCh* 122, rhaid iddo fôd yn goffâ gweithiawl a *Phraithig* (*operative and practical*), yn gweithio dy galon di i fynu. **1751** *GIA* 55, gwaith yr Ewyllys yw dewis sydd weithred ddylynawl, ac yn rhoi rhag-argoel o *Braithic* waith y Deall yn cyffelybu. *id.* 219, *braithic* [*sic*], a weithio, practical. **18–19g.** *Llr* C 11, 258, *Preithic* . . . practical. **1803** *P, preithig,* belonging to practice.

praff, *a.* ll. *preiffion,* (prin) *praffion,* (prin) *pryff,* (diw.) *preiff,* a hefyd gyda grym enwol. Mawr, dirfawr, cadarn, cryf, grymus, talgryf, corffol, braisg, ffyrf, trwchus, llydan, trwm; helaeth, lluosog, eang; hefyd yn *ffig.*: *great, big, very great, firm, strong, powerful, sturdy, burly, stout, thick, broad, heavy; ample, abundant, extensive; also fig.*

12–13g. *GLlLl* 43, Hil Ywein Prydein, *praf* wron. *id.* 203, Pryffwn y digreit, *praff* y ddirwy. *c.* **1300** *H* 68b. 23, ysgwn bryffwn *braff* diwyl (Cynddelw). **14g.** *B* ix. 329–30, yn disymmvth yd ymdangosses . . . dreic aruthyr amliv . . . A Margret gyt ag y gwelas hi hynny ovyn *praff* a gymerth hi a diliwav megys y glaswelltyn. **14g.** *YBH* 31a, anìueil gobraff y veint ar nys gwelsei eiroet y gyffelyb. a ffon hayarn *braff* oed yny law. **14g.** *GIG* 94, Prydyddfardd priod addfwyn, / Proffwyd cerdd, *praffed* yw cwyn [marwnad Llywelyn Goch ap Meurig Hen]. *c.* **1400** *R* 1361. 9–11, hard get oesgret heb ysgryff. heird brydydyon prifyon *pryff.* **15g.** *GLGC* 257, nid da ar gwrser ond dwyWent—unben, / nid *praffach* onnen capten gwŷr Cent. **15–16g.** *GLM* 321, Dug awen *braff* digon brau: / didlawd oedd goed ei odlau. **15–16g.** *TA* 4, Awduraf, *praffaf* proffwyd—y ganon / O genedl Dafydd Llwyd. *id.* 178, Y llu o'i hol, gar llaw hon, / A wnâi briffyrdd yn *breiffion*; / Ffordd yn gyfled a phedair, / Mal ffordd a fai'n emyl ffair. **1547** *WS, praff,* greate, grosse. **16g.** *LBS* iv. 378–9, rhoddes Maelgwn Gwynedd diroedd mawr *praph* y Vaelgwn y manach. **1632** *D, prâff,* crassus & teres. **1693** *HC* 131, os gochel rhag[r]ithiwr bechodau amlwg *preiffion,* ni rusa ef y rhai mân. **1740** T. Evans: *DPO* 155, cafwyd yn y ddaear Baladr melin o haiarn wyth ochrog cyn *braffed* a morddwyd gwr. **1803** *P, praff,* large, ample; thick in circumference. Ar lafar yn Arfon, ''Rodd pen *praffa'* y ffon yn 'i law o', *WVBD* 442.

praffaf: praffu [bf. o'r a. bl.] *bg.* Mynd yn drwchus neu'n fwy trwchus, cryfhau, mynd yn fawr neu'n fwy, hefyd yn *ffig.*: *to become thick(er), strong(er), or large(r), also fig.*

1803 *P.*

praffâf: praffáu [*praff*+*-hau*] *bg.a.* Mynd neu wneud yn drwchus neu'n fwy trwchus, cryfhau, mynd neu wneud yn fawr neu'n fwy, hefyd yn *ffig.*: *to make or become thick(er), strong(er), or large(r), also fig.*

15–16g. *TA* 146, Prifio 'r wyd, pa ŵr fwy'i wraidd? / *Praffáu,* urddol prifforddaidd. *id.* 351, Penaig osglog, pan gasglwyd, / Piau'r ffair oll, *praffhau* 'r wyd. **1547** *WS, praffau,* waxe greate. **16–17g.** *GST* i. 223, Post drud, hapusdewr ydwyt, / Piau'r ffair wych *praffáu*'r wyt. *c.* **1730** *Thos. Lloyd D* (LlGC) 195b, *praffhau,* to grow big. **18g.** L. Hopkin: *FG* 32, Hwy a ganant hy gynnydd, / Hwy a *braffhant* hoyw bur ffydd [diwyg.].

praffaidd [*praff*+*-aidd*] *a.* Cadarn, trwchus, mawr: *strong, thick, large.*

16g. Huw Arwystl: *Gw* 217, pvr ffydd waed *praffaidd* ydynt [beirdd]. **1803** *P.*

praffbren, gw. **praff+pren.**

praffter [*praff*+*-der*] *eg.* Cryfder, talgryfder, maint (mawr), trwch, hefyd yn *ffig.*: *strength, sturdiness, (large) size, thickness, also fig.*

1346 *LlA* 92, mab melynnwynn adueindwf oed val yn oet deudegmlwyd. Ac yn gymedrawl ydwf Adyat ygorff. ohyt A*phraffter* vrth yoet. **14g.** *YBH* 31b–32a, Sef awnaeth bown anryuedu yn vawr *prafder* ygw[r] ae afluneideit. **14g.** *WM* 31. 17–22, ual y byd dechreu noss. moi y gassec ar ebawl mawr telediw . . . Sef a wnaeth teirnon kyuodi ac edrych ar *prafter* yr ebawl. *id.* 138. 33–6, llyma was gwineu telediw yn agori y porth. ameint milwr ae *praffter* yndaw. ac oetran mab arnaw. **14g.** *BT* (*RB*) 50, gwelat seren anryued y gwelet yn anuon paladyr oheni yn ol y chefyn ac o *prafter* colofyn y veint. **1547** *WS, praff[t]er,* grossenes. **16g.** Huw Arwystl: *Gw* 323, *praffder* y llwyr synhwyroedd / piniwn da er pan aned oedd. **16g.** **(1763)** W. Salesbury: *LlM* 129, Llysie yr cyfog . . . paladr o cyfydd o hyd sy Ir llysewyn hwn yn wag ac mal *praphter* bys. **1588** *Jer* lii. 21, deu naw cufydd oedd vchter pôb colofn . . . ai *phraffter* yn bedair modfedd. **1604–7** *TW* (*Pen* 228) d.g. *amplitudo, crassitudo.* **1632** *D, praffder,* crassities[,] teretis. **1771** *W* d.g. *bulk.* **1789** J. Thomas: *DdS* 39, mur mawr . . . mur uchel hefyd . . . y mae'n fawr o ran trwch neu *braffder.* **1803** *P.*

prafftra [*praff*+*-dra*] *eg.* Maint (mawr), trwch: *(large) size, thickness.*

1803 *P.*

praffus [*praff*+*-us*] *a.* ?Cryf: *strong.*

1904.

praffwaed, praffwasg, praffwawd, praffwydd, praffwyn, gw. **praff+gwaed, gwasg, gwawd, gŵydd**[1]**, gwyn**[1]**.**

pragmadeg, gw. **pragmateg.**

pragmadegiaeth [*pragmadeg*+*-iaeth*] *e?b.* Pragmatiaeth: *pragmatism.*

1914.

pragmadegwyr [*pragmadeg*+*-wyr*] *e.ll.* Pragmatwyr: *pragmatists.*

1913.

pragmataidd [cfdds. o'r S. *pragmat(ic)*+ *-aidd*] *a.* Yn trin materion o safbwynt eu canlyniadau ymarferol yn hytrach nag o safbwynt unrhyw ddamcaniaeth neu ddogma, wedi ei seilio ar y fath agwedd, yn trin ffeithiau hanes o safbwynt eu gwersi ymarferol; *Athr.* yn arddel pragmatiaeth, yn perthyn i bragmatiaeth: *pragmatic(al) (also in philos.).*

1915.

pragmateg, pragmadeg [cfdds. o'r S. *pragmat(ism)*+*-eg*[1]] *e?b.* *Athr.* Pragmatiaeth: *pragmatism (in philos.).*

1909.

pragmatiaeth [cfdds. o'r S. *pragmat(ism)* +*-iaeth*] *eb.* Agwedd neu drefn bragmataidd; *Athr.* yr athrawiaeth sy'n dal mai canlyniadau ymarferol yw meini prawf gwybodaeth, ystyr, a gwerth: *pragmatism (also in philos.).*

1912.

pragmatig [cfdds. o'r S. *pragmat(ic)*+ *-ig*[2]] *a.* Pragmataidd (hefyd mewn athr.): *pragmatic(al) (also in philos.).*

1923.

pragmatydd [cfdds. o'r S. *pragmat(ist)*+ *-ydd*[3]] *eg.* ll. *pragmatwyr, pragmatyddion.* Person pragmataidd; *Athr.* un sy'n arddel pragmatiaeth: *pragmatist (also in philos.).*

1909.

praiaf: praio, gw. **praeaf: praeo.**

praidd [bnth. Llad. *præda* 'ysbail', ?dan ddyl. Llad. *prædium* 'fferm, ystad'; cf. Gwydd. C. *preit* 'ysglyfaeth, ysbail', Llyd. C. *preiz,* Llyd. Diw. *preizh* 'ysglyfaeth, ysbail'; dichon mai i adran (*a*) y perthyn rhai o'r enghrau. yn adran (*b*)] *eg.b.* ll. *preidd(i)au, preidd(i)awr, preidd(i)oedd.*

(*a*) Nifer o anifeiliaid dof o'r un rhywogaeth (yn enw. gwartheg neu ddefaid) gyda'i gilydd, diadell, gyr, haid, hefyd yn *ffig.*: *flock, herd, drove, also fig.*

Dchr. **14g.** *H* 71a. 37–8, nyd y uleit *preit* y prydaf namyn y uleit glywy y glewhaf [Cynddelw i Ririd Flaidd]. **14g.** *WML* 301, *Preid* warthec gyfreithawl. pedeir bu ar hugeint. **14g.** *T* 60. 2–3, Ny bydei ar newyn a*phreideu* yny gylchyn. **14g.** *BT* 34, yr yarll . . . a orchymynnassei yw y wyr dwyn eu *preidyeu* ay hauodyd ay da oll y wlad y brytannyeid. **14g.** *WM* 64. 28–33, A phan edrychasant yford yguelyn y *preideu* ar anreitheu ar kyuanhed kyn no hynny. ny welynt neb ryw dim na thy nac anifeil. na mwc. *c.* **1400** *CHDd*[2] 33, Teir rwyt brenhin ynt: y teulu, ac allwest y veirch; a'e *breidoed* gwarthec. *Diw.* **15g.** *B* ii. 234, *praidd:* gyrr o warthec. **1588** *Esec* xxxiv. cs., Prophwydoliaeth yn erbyn bûgeiliaid Israel: am ysceulysso *praidd* Crist. **1588** *Mic* ii. 12, gosodaf hwynt yng-hyd fel defaid Bozrah, fel y *praidd* yng-hanol eu corlan. **1618** J. Salisbury: *EH* 73–4, eu cymmell i ddychwêlyd ailwaith i'r iawn ffydd, fel y bydd bugail a'i ffon, yn peri i'r ddafad droi yn ei hôl, a fyddo wedi ffo ymeith oddiwrth y *praidd* defaid. **1688** *TJ, praidd,* llu o ddefaid . . . a Flock of Sheep. **1701** E. Wynne: *RBS* [v]–[vi], i geidwadaeth Pen-bugail ac Escob yr eneidiau . . . yn un o bedair Têth ysprydol y *Praidd* Cymreig. **1803** *P.*

(*b*) Ysbail, anrhaith, ysglyfaeth, hefyd yn *ffig.* trysor, cyfoeth: *spoils, plunder, booty, prey, also fig. treasure, wealth.*

12–13g. *GLlLl* 214, Meirch mawrthic, frwythyc, fraeth, anwar,—/ frawtus, / A *phreityeu* ewiar. *id.* 264, A'e breitin a'e wlytwin a'e wlet / A'e *breityawr* goruawr gorohoffet. **13g.** *C* 53. 16–17, Yd welese guendolev in perthic riev. in cynull *preitev* o pop eithaw. **13g.** *B* iv. 6, Cv anneir wedy *preid. c.* **1300** *H* 13a. 37, dymgoteu deheu dyhynt *breityoet* (Gwalchmai). *id.* 58b. 4, Riryd nym gochel am gochawn oe *breit* (Cynddelw). *id.* 65a. 37, gawr uawr am *breityawr* (*R* 1400. 6, *breidawr*) am brein (Cynddelw). **14g.** *T* 62. 24–5, pen maon milwyr amde. *preid* lydan pren onhyt yw vy awen. **15g.** *Med H* 22, Mewn mynyddoedd a lleoedd uchel i tric [y llew], ac oddyno, pann welo i brae, i rrua . . . A'r *praidd* a ddalio kywilyddus vydd gantho i vwyta ehun. **1567** *TN* 38a, Gwae chwychwi . . . Pharisaieit hypocritieit: can ys-glanewch y tu allan i'r cwpan, a'r ddescl: ac o'r tu mewn y maent yn llawn trais [:– gormail, cribdail, yspeil, *praidd*]. **1595** *Egl Ph* 87, Mi a erlyna: mi a orddiwedda: mi a rannaf y *praidd.* **1604–7** *TW* (*Pen* 228), gwalch, gwalches, heboc, ne bob ederyn yn byw ar ei *braidd* d.g. *accipiter.* **1632** *D, praidd,* præda, manubiæ. **1670** J. Hughes: *AP* 413, *Pr[ai]dd* yw Ysglyf, Yspail, Plyndriad. **1770** *W* d.g. *booty.* **1784** M. Williams: *S* i. 175, Crocodil . . . yn ymguddio ymhlith yr hesg . . . hyd ne's caffo gyfleu i gydio mewn rhyw *braidd,* megis dyn neu greadur. **1803** *P.*

praiglus, gw. **peryglus.**

prain [bnth. Llad. *prandium,* cf. H. Wydd. *proind, praind,* Gwydd. Diw. *proinn* 'pryd o fwyd'] *eg.* ll. *preiniau,* (geir.) *preinion.*

(*a*) Gwledd, ?moeth, hefyd yn *ffig.*; (geir.) llys, palas, brenhinllys: *feast, banquet, ?luxury, also fig.*; *(dict.) court, (royal) palace.*

12–13g. *GLlLl* 238, Teyrnuab Ioruerth berth, byddinawc, / Uab Owein uur *prein,* preitrwyf enwawc. **13g.** *Études* v. 101, Ruthur torretwynt gvrd gordyfnvyt ar *breyn* ar breydyn ymagvyt (Cynddelw). **13g.** *MA*[2] 220b. 19–20, Gwelsam ni Owein *prain* prudd ei ddoniau / Doniawg fab Gruffudd beirfudd bareu (Dafydd Benfras). *c.* **1300** *H* 14a. 20, dy ganhan genhyd am pryd am *prein* (Gwalchmai). *id.* 38a. 24, *Prein* prydein preitwyr ehofynder (Cynddelw). *id.* 93b. 26–7, Trosti yr treisdwyn gwendud. aeth mab ywein *prein* prifglod (Y Prydydd Bychan). **14g.** *T* 43. 20, lledyfdawt ygan ri ryfel eiran. Allen lliw ehoec a medu *prein. c.* **1400** *R* 1387. 31–2, mal clytno eidin prif gyfrin *prein. c.* **1425** *B* ii. 235, *prain,* llys. **1604–7** *TW* (*Pen* 228) d.g. *regia.* **1632** *D, prain,* yw llŷs brenhin, ait [William] Ll[yn]. Regia, palatium regium. **1722** *Llst* 189, *prain,* m.p. *preiniau,* a king's Court. **1803** *P, prain,* s. m. *preinion* . . . a feast or banquet.

(*b*) (?ffrwyth ceisio ei gysylltu â'r e. *praidd*) Praidd, diadell: *flock, herd.*

18–19g. *Llr* C 42, 195, *prain,* diadell, praidd. **18–19g.** *Iolo MSS* 173–4, i ryfel ydd aethant, a'r holl eifrod a laddasant a'r holl *breiniau* ac ysglyfaethon a gafas y bleiddiaid a mawr a gloddestus wleddon a wnaethant a chig y geifrod.

praitiaf: praitio, gw. pratiaf: pratio.

praith [?adff. o'r a. dil.] *eg.* ll. *preithiau.* Ymarfer; gweithred: *practice; act.*
18–19g. *Llr* C 11, 258, *Praith.* practice. **1803** *P.*

praithig, gw. praethig.

pram [bnth. S. *pram*] *eg.* ll. *-iau.* Coetsh babi: *pram.*
1938.

pranc [bnth. S. *prank*, a bôn y f. ddil.] *eg.* ll. *-iau.* Tro chwareus neu ddireidus, myneg-iant chwareus o hwyliau da, tric, cast; y weithred o brancio, llamsach: *prank, frolic, trick; a prancing or frolicking.*
1547 *WS*, *pranck*, a pranke. **16g.** *IICRC* iii. 346, Ay gwallgofi yddwytir llank / Dan chwarer *prank* anfeidr-ol. **1574** *RhRC* (At.) 284a, vn yn sclandrio y ffeiriad elwid boniffacius ag yn doydyd arno wneythyr *prank* diffeth. **16–17g.** *HG* 125, am hynn oll bob dyn er düw, vo n chwennych byw yn llawen / moeswch i ni yn ddi hawl, vwrw i ddiawl gynfigen / ag o gwnawn ni hynny o *brank*, ni gawn heb drank, heb orffen / drigfa ir eneid gwedyr oes, lle nadoes kenfigen. *id.* 179, i morgan anian enyd / sy ievank i *brank* aü brid. **17g.** *CLlC* iv. 8, Ond i bod hi yn chware yr *pranck* / Heb wrthod lanck ai myne. **1716–18** *Llsgr R. Morris* 45, a mina iw yr druch su ai min i dranck / chwerwer bru fu yn chware yr *Pranck* / yn fawr looth yn ofer lanck / yn Ieveanck anafus. *c.* **1729** S. RHYDDERCH: *LlCD* 396, Y Di-grefydd du grafangc, / Lliwia'r prudd a llawer *prangc*, / Goreu Tô i garrio Tir, / Crabbedd ddwylo Cribddeilwyr. **18g.** E. T. RHYS: *DA* 155, Cwmpasu'n rhanc oddeutu'r banc, / Pob henwr llesg mor llon â'r llanc, / A'r Llwynog brych yn llunio'i *branc* / Pa ffordd i ddianc heibio. **1753** *TR*, *prangc*, a trick, a prank. *Prangciau* drŵg, wicked tricks. **1760** *ML* ii. 153, Daccw'r bwgan yn yr Hafod yn chware'r *pranciau* yn rhyfeddol, yn dwyn y canhwyllau o flaen pobl. *c.* **1762–79** W. WILLIAMS: *P* 345, am ei fod ef yn swynwr cyfrwys efe a ryddhaodd ei hun, ac a wnaeth lawer o *brangciau* nes llidio'r brenhin. **1770** *W* d.g. *a Base trick.* **1803** *P.*

pranciad [bôn y f. ddil.+*-iad*[1]] *eg.* Y weithred o brancio: *frolic, a frolicking, gamboling.*
1803 *P.*

pranciaf: prancio [bnth. S. (*to*) *prank* 'to prance'] *bg.a.* Neidio'n llamsachus (am geffyl, oen, &c.), crychlamu, crychneidio, hefyd yn *ffig.*; peri i (geffyl) brancio: *to prance* (*of horse, lamb, &c.*), *frolic, gambol, caper, skip, also fig.*; *cause* (*horse*) *to prance.*
1547 *WS*, *prankio* march, praunce a horse. **1588** *Nah* iii. 2, Bydd sŵn y ffrywyll, a sŵn cynnwrf olwyn, a'r march yn *prangcio*, a'r cerbyd yn neidio. **17g.** HUW MORUS: *EC* i. 288, Nid yw fo 'n disgwyl march o ryfel, / . . . / Nac un ceffyl gwych i *brancio*, / . . . / Sion synhwyrol, wrol, ara'—/ O cheiff lân anrheg, a fyn gaseg, i negesa. **1722** *Llst* 189, *prangcio*, to prance as an horse. **1803** *P*, *pranciaw*, to frolick, to play a prank. Cf. D. OWEN: *RL* 226, watchia di'r ebol: fel y mae o'n *prancio* o gwmpas â'i ben yn y gwynt, ac yn codi'i gynffon ac yn cicio at ddim byd.

pranciog [bôn y f. fl. a *pranc*+*-iog*] *a.* Yn prancio, bywiog, llamsachus, chwareus, castiog: *prancing, lively, frolicsome, playful, full of tricks.*
1855.

pranciwr [bôn y f. fl. a *pranc*+*-iwr*] *eg.* ll. *prancwyr.* Un sy'n prancio; un sy'n chwarae triciau neu gastiau: *prancer; prankster, trickster.*
17–18g. *LlGC* 6499, 400, *prankiwr* a champiwr chwimpvs. **1803** *P*, *pranciwr*, s. m. pl. *pranciwyr* [*sic*], one who plays pranks.

pratiaf: pratio, pratian [bnth. S. (*to*) *prate*; nid yw dosbarthiad yr enghrau. na'r berthynas rhwng y ddwy adran isod yn gwbl eglur, a dichon fod yma fwy nag un ferf] *bg.a.*

(*a*) Siarad lol, preblan, baldorddi, clebran, dwrdio: *to prate, prattle, babble, chatter, scold.*
1547 *WS*, *pratio*, prate. **1552** *Pen* 403, 108, ni ddyscasai hi *brattio* ymysc pobul. **17g.** (**18g.**) *CM* 42, 32, pa beth i mae fo yn ei *brattio* / heb fod un dyn yn ei wrando. **17g.** HUW MORUS: *EC* i. 167, Er ofni priodi—puredig yw merch, / Ni fedrwn mo'i fario, yn bwys arno bu serch; / Am wrando ar ei *bratio*, yn bragio hyd y brig, / Cas garu, ce's gerydd i'm dwyrudd a dig. **1763** W. WILLIAMS: *APE* 15, y mae cânu, moli a bendithio Duw mor naturiol . . . ag ydyw'r [*sic*] fam naturiol fawrhau, cofleidio, cusanu, a *phrat-ian* geiriau wrth ei mâb. Ar lafar yn y ff. *pratian* yng ngodre Cered. a sir Benf., *Cymru* lxix. 90, *SC* vi. 125.

(*b*) Taro'n ysgafn â llaw agored, llochi, rhoddi mwythau i, anwylo, anwesu, cocsio; cynffonna, ffalsio, gwenieithio: *to pat, stroke, pet, fondle, caress, coax; fawn, flatter.*
16–17g. *RAGR* 324, Yr oedd rhai'n *prattio* iddi beunŷdd / A hithe'n talu tra bu'r deunŷdd. **17g.** *CLlC* iv. 20, Mi welais fy 'nwylyd, pan oeddwn mewn hawddfŷd, / Y medrech chwi ddywedyd, yn ddi dwyll wrth i [*sic*] / Os gwelech anghyflwr, y gwnaech i mi swccwr, / O byddai na chynnwr, na chledi. / Does ymmaith i rogo, na chais mo'th hir *brattio*, / Rag darfod i'm geisio, swyddogion. **17g.** E. MORUS: *Gw* 32, Edryched lle'r elo, â phwy y siarado, / Pan garo neu geisio mwyn *bratio* mewn bri; / Arhosed gael canwyll neu lewyrch haul didwyll, / Na wnaed yn y tywyll ond twyll. **1688** *TJ*, ymsorllach, gwenheith-io, *pratio*: to flatter. **18g.** *Beirdd y Berwyn* 90, Na phoena *pratio* a'th wyneb prudd, / Gwn i amcan fel y fydd, / Mi af yfory efo'r dydd / A'r newydd i lawer. **1759** *BC* 435, Mi âf yn wâs i Wr Bonheddig, / Mi ga y mywoliaeth yn barchedig: / Mi fedra *brattio* a chadw wyneb, / Nid yw gweithio i mi ond ffolineb. *id.* 454a, Oh! gwelwn ein gwaeledd a'n gelyn gerllaw, / Ymendîwn ymendiwn rhag diwrnod a ddaw; / Ni thyccîa na *phrattio* nag ymbil ychwaith, / Pan ddel y Dydd cuchiog rhaid cychwyn i'r daith. **1778** J. HUGHES: *BB* 40, Ni chyfid mor cyffro, / O'n blaenau ni i'n blino, / Ond *prattio* i'n dyhuddo, / Mewn heddwch. **1803** *P*, *pratiaw*, to stroke, to rub gently, to sooth, to fondle, to coax. *Pratia* y plentyn, fondle the child. Ar lafar yn Arfon, '*pratio* ci brathog', 'Well i chi'i *bratio* fo na mynd i row' 'it is better for you to deal gently with him than have a row', *WVBD* 442.
Amr.: **pratsian, pratsiach.** Ar lafar ym Morg., e.e. am blentyn sy'n dechrau siarad, 'Ma' fe'n *pratsiach* dicyn 'nawr', neu am rywun sy'n methu siarad rhyw iaith yn iawn, ''Odd 'i'n trio *pratsian* dicyn o Saesnag 'ed'. **preitio. 16–17g.** *CLlC* iii. 47, Taw ath *braitio*, llelo llwud.

pratiwr [bôn y f. fl.+*-iwr*] *eg.* ll. *-wyr.* Clebrwr; un sy'n llochi: *chatterer; stroker.*
1547 *WS*, *pratiwr*, a prater. *c.* **1730** *Thos. Lloyd D* (LlGC) 195b, *pratiwr*, a prater . . . K. 92. **1803** *P.*

pratsiach, pratsian, gw. pratiaf: pratio.

praw[1,2], gw. prawf[1], profaf: profi.

prawddarn, prawedig, gw. prawfddarn, profedig.

prawf[1], **praw**[1] [e. o'r f. *profaf*: *profi*, cf. Crn. C. *prof*; ansicr yw dosbarthiad rhai o'r enghrau. isod] *eg.b.* (bach. b. *prawen*, ll. *-nau*) ll. *profion, -iaid, ?profau, prawf-(i)au,* (diw.) *prawon*, weithiau gyda grym ansoddeiriol.

(*a*) Ffeithiau, tystiolaeth, &c., sy'n dan-gos neu'n cadarnhau gwirionedd, dilys-rwydd, gwerth, &c., rhywbeth, *Cyfr.* yr holl dystiolaeth y seilir rheithfarn llys arni, tystiolaeth; y weithred o ddangos gwirion-edd, dilysrwydd, gwerth, &c., rhywbeth: *proof* (*also in law*), *evidence; a proving.*
14g. *LlB* 113, Ny dyly *brawf* vot o bleit etiued kysswynn yn erbyn gwat cwbyl o'r parth arall; namyn *prawf* a dyly bot gan y odef o'r pleit arall, kannys godef ympob peth a tyr pob kyghaws. **1547** *WS*, *praw*, a profe. **1567** *TN* [xliv], y gwrantrwydd y geffir gan ymadroddion Cymru, yrei sy gysson a'r scrythyr 'lan. *Prawf* dilys ydyntwy. **1595** M. KYFFIN: *DFf* [110], [gwyrthiau] . . . yr rhai y darfu ir holl hen dadeu sanctaidd . . . eu dwyn yn *brofiaid*, ag yn destiol-aeth (*allege for testimony and proof*). **16–17g.** E. PRYS: *Gw* 240–1, Nid rhaid dangos, f'achos fydd, / I neb ond peth ni wybydd. / Pur dystion, *profion* pe rhaid, / Pe ar grair pur goreuraid, / Ni wn fai, uniawn fywyd, / Yn dy gerdd a'i nodi i gyd (Siôn Phylip). **1606** E. JAMES: *Hom* ii. 223, pa raid aml *brawf* ar beth golau? **1630** *YDd* 254, Yr athrawiaethau; ac ym mhob athraw-iaeth, y *prawfiau*, y rhesymmau, a'r defnyddiau o honaw. **1670** J. HUGHES: *AP* 62, Hwy a aethant eill dau yn ddioed yn vnion i'r Cwrt iw gyhuddo ac i achwyn yn ei erbyn ef, ac nid oedd vn *prawf* arall digonol i'w gondemnio ef. **1722** *Llst* 189, *praw*, *prawf*, m. . . . proof, reason, argument. **1759** T. THOMAS: *WWDd* 195, Yr wyf fi'n meddwl bôd hyn mor eglur, ag nâd rhaid ymofyn am *brawf* yn 'chwaneg o hono. **1764** DEWI NANTBRÂN: *SAG* iv, Crynodeb cwta o'r holl *Brawfau* pwysfawroccaf o'r Ysgrythur Lân. **1803** *P* d.g. *praw, prawv.*

(*b*) Dull, ymarfer, neu arholiad i brofi person neu beth, cyfres o gwestiynau neu broblemau i brofi medr neu wybodaeth benodol, y weithred neu'r proses o roddi i'w brofi, ymchwiliad (barnwrol) i bender-fynu ar faterion mewn dadl rhung pleidiau mewn achos llys sifil neu droseddol, treial; cyfnod prawf; arbrawf, ymgais, ergyd prawf: *test, a testing, trial* (*also in law*); *proba-tion; experiment, attempt, trial shot.*
13g. *LlI* 69, Llyma e dechreu e Llyuer *Prauf.* Sef yu henne, teyr colouen keureyth a guerth guyllt a dof ac a perthyn arnadunt. **14g.** *LlB* 36, gofynnent y'r tyston ae wynt wy a enwis y cwynwr yn tyston a pheth a tystwys vdunt, heb amgen *prawf* arnunt, kanyt oes aruer o *prawf* (*examinatio*) yn y kyfreitheu hyn. **14g.** *GDG*[3] 263, Meddylia hyn, ddiweirferch, / . . . / Y daw glaw yn ôl *praw* prudd / Hyd y farf, hydwf Forfudd. **14–15g.** *IGE*[2] 272, Yn ddiddim, awgrim ograff, / I'r pridd ydd aethant, wŷr praff. / O'r pridd y doetham er *prawu*, / I'r pridd ydd awn, er pruddaw (Siôn Cent). *c.* **1400** *R* 1163. 35, Y neb nychret. eu kyfryntet. bryuet *broueu.* **1567** *TN* 96a, yr ei a credant tros amser ac yn amser prouedigaeth [:–*prawf*] a giliant. *id.* 356b, Caredigion, na fid chwith cenych y *praw* sy arnoch trwy dan, rrwn a wneid ir profedigaeth ywch. **1603** E. KYFFIN: *Ps* iv, Mi a rois y Psalmae prôs ar gyfer y Gynghanedd, ag a adewais lê rhwng pôb Vers . . . fel i gallo rhai celfyddach gymhennu a pherpheithio hynn a wneuthym i o frâs-naddiad, er *prâw* yn vnig. **1632** *D*, *prawf*, & *Praw*, probatio. **1703** E. WYNNE: *BC* 35, mae 'n y Ddinas yma rai Eglwysi *Prawf* . . . lle mae'r Cymru a'r Saeson tan *brawf* tros dro. **1722** *Llst* 189, *praw*, *prawf*, m. a trial, attempt, essay . . . experiment, test. *id. prawen*, f. p. *-ennau*, a cast for trial in gaming, prelude. **1759** J. EVANS: *PF* 7, Hyd ymma yr oedd Physygwriaeth wedi ei chwbl Seilio ar *Brawf* (*experiment*). **1771** *W*, *prawen*, ergyd praw d.g. *cast, a cast for trial* [*in Gaming*]. **1776** I. BRYDYDD HIR: *P* i. 28, Ir ym ni mewn cyflwr o *brawf* yma, erbyn byd arall. **1803** *P* d.g. *praw, prawen, prawv.*

(*c*) Profiad: *experience.*
1588 *Doeth Sol* xix. 4–5, addas anghenrhaid ai harweiniodd hwynt i'r diwedd hwn . . . Fel y cae dy bobl trwy *brawf* adnabod ffordd ryfedd, ac y caent hwythau farwolaeth ddieithr. **1588** *Ecclus* xxxiv. 9–10, Y gŵr a gerddodd lawer a ŵyr lawer. A'r hwn a gafodd *brawf* o lawer o bethau a ddengys synnwŷr. **1599** (**1677**) R. HOLLAND: *AB* 110, yr hyn yr ydy-mi [*sic*] yn gweled ei fod yn wir yng-air Duw, ac mewn *praw* gristnogaidd (*Christian experience*). **1604** R. HOLLAND: *BD* 12, yscrifennu hyn o beth . . . allan o'm dychymmig a fym-*mhraw* fy hun (*my owne invention and experience*). **1604–7** *TW* (*Pen* 228), gwybot yn berfeithgwbl drwy gael *praw* ar y peth d.g. *percalleo.* **1632** *D*, *prawf*, & *Praw* . . . experientia. **1632** J. DAVIES: *LlR* 246, rhagrithwyr . . . yn dywedyd eu bod yn rhoi eu hyder ar Dduw, a hwythau mewn gwirionedd yn ei roi ar y byd. Yr hyn beth, heb law'r Scrythur lân, sydd eglur hefyd wrth *brawf* beunyddiol. **1661** E. LEWIS: *Drex* 139, Mor erwin y mae Duw yn cospi . . . dysgasom yn hydda trwy *braw* gresynus (*woful experience*) ac esampl alaethus rhai eraill. **1675** R. JONES: *HCh* 74, cael yr ydym ni wrth *brawf* fôd ein cyrph yn llawer mwy trwmluog . . . ar ôl Swpper. **1688** *TJ*, *prawf*, *praw* . . . an experience. **1701** E. WYNNE: *RBS* 116, Os chwennychi Ddysceidiaeth rhaid i ti fyw yn ddi-drafferthion ac yn ddirgel: Os bôd yn Wladwr rhaid i ti fynd ar lêd i gael *Prawf.* **1776** I. BRYDYDD HIR: *P* i. 25, mae hefyd yn iawn iddo ef fod yn farnwr, o herwydd iddo gymmeryd carennydd a'n hanian, a'i fod trwy *brawf* yn gwybod gwendyd dynol ryw. **1803** *P* d.g. *prawv.*

(*d*) Proflen: *proof*(*-sheet*).
1780 *W* d.g. *proof, or proof-sheet.* Ar lafar yn nwyrain Morg., 'Darllin *profion* i ryw gwmpni coeddi llyfra, dyna'i waith a, sbo'. Cf. J. MORRIS-JONES: *CD* x, [c]ynnig mynd drwy'r proflenni; fe ddarllenodd *braw* cyntaf pob llen.

(*e*) Safon cryfder gwirod: *proof spirit.*
1870.
Cfn.: **praw(f) anadl:** *breath test.* **20g. p. ar foddion,** gw. *p. modd.* **p. deall(usrwydd):** *intelligence test.* **20g. p. gwaed:** *blood test.* **20g. p. gyrru:** *driving test.* **20g. p. holi:** *question test* (*motif in folk literature*). **20g. p. modd(ion), p. ar foddion:** *means test.* **1936. ar b.:** *on trial, on proba-tion, on approval*; (*in the Welsh laws*) *requiring proof or evidence.* **14g.** *LlB* 120, Tri gweithret yssyd *ar prawf*: llafur kyfreithawl neu aghyfreithawl ar tir . . .; a gweithret llwdyn yn llad y llall yg gwyd bugeil tref-gord . . .; a gweithret kytleidyr lleidyr a groccer am letrat. **15–16g.** *TA* 534, Dyn a ddaw *ar braw* ger bron—wyf innau, / I fynnu barn gyfion. **1776** *W*, *ar brawf* d.g. *liking, on liking or trial.* **1803** *P*, prawv . . . Bod *ar brawf*, to be on proof. Ar lafar, yn enw. am fyfyriwr neu weinidog y trefnir iddo ddod i bregethu i eglwys neilltuol sy'n ystyried ei wahodd i fod yn weinidog ynddi. Ar lafar, ''Odd 'na stiwdent o'r Coleg Diw-inyddol *ar braw* gyda ni nos Sul'; hefyd am berson yn ystod y cyfnod y byddid yn ystyried ei gais am

aelodaeth mewn eglwys arbennig, neu cyn cael ei dderbyn yn ôl wedi iddo gael ei ddiarddel am droseddu.

prawf[2], gw. **profaf: profi.**

prawfaen [*praw(f)*[1]+*maen*[1]] *eg.b.* ll. *prawfeini.* Maen prawf, hefyd yn *ffig.* safon, prawf: *touchstone, also fig. criterion, standard, proof.*
1772 *W* d.g. *criterion.* **1803** *P* d.g. *prawvaen.*

prawfbwys [*prawf*[1]+*pwys*] *eg.* Pwysau safonol: *standard weight.*
1823.

prawfchwiliad [bôn y f. ddil.+-*iad*[1]] *eg.* ll. *-au.* Archwiliad, holiad (mewn llys barn); awtopsi: *examination (also in court of law); autopsy.*
1835.

prawfchwiliaf: prawfchwilio [*prawf*[1]+*chwilio*] *ba.* Archwilio, holi (mewn llys barn): *to examine (also in court of law).*
1833.

prawfddarn, prawddarn [*praw(f)*[1]+*darn*] *eg.* ll. *-au.* Darn gosod a berfformir gan bob cystadleuydd mewn cystadleuaeth gerddorol, darn prawf: *test piece (in musical contest).*
1896.

prawfddryll [*prawf*[1]+*dryll*] *eg.* ll. *-iau.* Sampl, enghraifft: *sample, example.*
1815.

prawfddyn [*prawf*[1]+*dyn*] *eg.* ll. *-ion.* Person ar brawf; nofis: *probationer; novice.*
1780 *W* d.g. *probationer.*

prawfeb, prawfedig, gw. **profeb, profedig.**

prawfesur [*praw(f)*[1]+*mesur*[1]] *eg.* ll. *-au.* Mesur safonol, safon, hefyd yn *ffig.*: *standard (measure), also fig.*
1808.

prawfgais [*prawf*[1]+*cais*[1]] *eg.* ll. *-geisiau.* Arbrawf: *experiment.*
1836.

prawfholaf: prawfholi [*prawf*[1]+*holaf*[1]: *holi*] *ba. Cyfr.* Rhoddi (person) ar dreial, rhoddi i sefyll prawf, holi; arholi: *to try (in law), interrogate; examine, test by examination.*
1833.

prawfholiad [*prawf*[1]+*holiad*] *eg. Cyfr.* Prawf (ar berson), treial, holiad: *trial (in law), interrogation.*
1813.

prawfiad, prawfiadaeth, prawfiadol, prawfiadur, &c., gw. **profiad**[1], **profiadaeth, profiadol, profiadur,** &c.

prawfle, prawflen, prawflw, prawflys, &c., gw. **profle, proflen, proflw, proflys,** &c.

prawfnod [*prawf*[1]+*nod*[1]] *eg.* ll. *-au,* (prin) *-ion.*
(*a*) Prawf (ar berson neu beth), maen prawf: *test, criterion.*
1771 J. Rees: *H-A* 83–4, Y mae'n naturiol yn wir i bob un ddymuno cael boddloni ei archwaeth ei hun, ond y mae'n afresymol ynddo i'w osod ef i fynu fel y gorau, a'i wneuthur yn *brawfnôd* a rheol i eraill.
(*b*) Dyfynnod: *quotation mark.*
1851.

prawfnodaf: prawfnodi [*prawf*[1]+*nodaf*[1]: *nodi*] *ba.* Dyfynnu: *to quote.*
1808.

prawfnodiad [*prawf*[1]+*nodiad*] *eg.* ll. *-au.* Dyfyniad; dyfynnod: *quotation; quotation mark.*
1807.

prawfoddion [*praw(f)*[1]+*moddion* (ll. yr e. *modd*)] *e.ll.* Profion (ar bobl neu bethau): *tests.*
1805.

prawfreol [*prawf*[1]+*rheol*] *eb.g.* ll. *-au.* Safon: *standard.*
1805.

prawfwr, gw. **profwr.**

prawfwybyddiaeth [*prawf*[1]+*gwybyddiaeth*] *e?b.* Profiad; ?hyfedrwydd, gallu: *experience; ?expertise, ability.*
1823.

prawfydd, gw. **profwr.**

prawfysgrif, prawysgrif [*praw(f)*[1]+*ysgrif*] *eb.* ll. *-au.* Tystysgrif, dogfen: *certificate, document.*
1842.

prawiadur, prawlw, prawydd, prawysgrif, gw. **profiadur, proflw, profwr, prawfysgrif.**

preb, preben, gw. **prep.**

prebend [bnth. S. *prebend*] *eb.g.* ll. *-au. Egl.* Cyflog a delir gan eglwys gadeiriol neu eglwys golegol i ganon neu aelod o'r cabidwl; tir, degwm, &c., sy'n ffynhonnell i'r gyflog honno; (swydd) prebendari: *prebend, stipend; (corps of a) prebend; prebendary, prebendaryship.*
15g. *GGl*[2] 66, Os corun a fyn fy iad / A *phrebant* [*sic*], hoff yw'r abad. **1604–7** *TW* (*Pen* 228), *prebend* d.g. *sacerdotium.* **1615** R. Smyth: *GB* 49, i rhenti i *prebendau* ai hurddas. **1664** *LlGG* sig. c2r, Incumbent neu Feddiannol o nêb ryw Ddeoniaeth, Canoniaeth, *Prebend,* Meistryddiaeth. **1684** H. Owen: *DC* 11, Mae rhai eraill ynawr yn meddiannu eu *Prebendau* a'i Personoliaethau hwynt. *id.* 153–4, Am *Brebend* fechan neu am ychydic o rent Eglwysic. *c.* **1700** E. Lhuyd: *Par* i. 45, *prebend* o Lan Elwy sydd yn kael y proffyt ar bŷdd. **1710** *LlGG* (*Gos*) 9, Ni chaiff dim Prebendariaid . . . heb gartrefu yn yr un Eglwysau Cadeiriawl neu Golasawl hynny, dan esgus o'u *Prebendau* hynny fod allan o'u Llëoedd a Chûr, yn hwy na misgwaith o'r flwyddyn. **1722** *Llst* 189, *prebend* . . . f.p. *bendau* . . . a prebend. **1746** T. Richards: *CER* 49, i ganniattau iddo yr hyn a ofynnai y pryd hwnnw, sef dau *Brebend* o bôb Eglwys Gadeiriol. **1780** *W* d.g. *prebend.*

prebendaeth, gw. **prebendiaeth.**

prebendaraidd [*prebendar(i)*+-*aidd*] *a. Egl.* Yn perthyn i brebendari: *prebendal, prebendary.*
1863.

prebendari [bnth. S. *prebendary*] *eg.* ll. *-aid, -s. Egl.* Un sy'n dal prebend; canon mygedol: *holder of a prebend; honorary canon.*
1664 *LlGG* sig. c2r, [p]ob Deon, Canon, a *Phrebendari* pob Eglwys Gadeiriawl. **1710** *id.* (*Gos*) 9, a'r *Prebendariaid* trigannol. **1718 (1721)** S. Thomas: *HB* 197, Y mae un ar bymtheg . . . o Offeiriaid eraill a elwir *Prebendari's.* **1722** *Llst* 189, *Prebendari,* m.p. *dariaid,* a prebendary. *c.* **1762–79** W. Williams: *P* 599, Ymhen ychydig Mr. John Bradford *prebendary* St. Paul . . . a ddioddefodd ferthyrdod. *id.* 623, A'r commissioners hyn a orchymynasant i *brebendariaid* ac archdiacon Llundain i fynnu eglwys St. Paul i gael ei phuro. **1775** *CY* 31, Pa Swyddwyr sydd yn eglwys Loegr dan y Brenin, yn erbyn pa rai y gwrthddadleua'r Ymneillduwyr? Archesgobion . . . *prebendariaid,* canoniaid. Cf. T. Lewis: *HPF* 358, Gwrthwynebent [Puritaniaid] y titlau a'r swyddau o archdiaconiaid [*sic*], dëonau, *prebendariaid* . . . fel pethau anysgrythurol a phabaidd.

prebendariaeth [*prebendari*+-*aeth*] *eb. Egl.* Swydd neu fywoliaeth prebendari: *prebendaryship.*
1838.

prebendiad [*prebend*+-*iad*[3]] *eg. Egl.* Prebendari: *prebendary.*
1863.

prebendiaeth, prebendaeth [*prebend*+-(*i*)*aeth*] *eb.* ll. *-au. Egl.* Swydd neu fywoliaeth prebendari: *prebendaryship.*
1664 *LlGG* sig. c2v, Canoniaeth, *Prebendiaeth,* Meistrioliaeth. *id.* sig. e2v, am a berthyno i *Brebendiaeth* Shipton. **1722** *Llst* 189, prebend, [*pre*]*bendiaeth,* f.p. . . . *bendiaethau,* a prebend.

prebendur [*prebend*+-*ur*] *eg.* ll. *-iaid. Egl.* Prebendari: *prebendary.*
1836.

prebenduriaeth [*prebendur*+-*iaeth*] *eb. Egl.* Swydd neu fywoliaeth prebendari: *prebendaryship.*
1858.

prebiaf: prebian, preblen, gw. **prepiaf: prepian, preblyn.**

prebliaf, preblaf: prebl(i)an, prebliach, preblu [?bnth. S. (*to*) *brabble* 'quarrel noisily', cf. *brebliaf: breblian*] *bg.a.,* weithiau gyda grym enwol i'r be. Clebran, brygawthan, baldorddi: *to chatter, babble, gabble.*
1913. Ar lafar yn Arfon yn y ff. *preblian, preblu, WVBD* 442.
Gw. hefyd **prepiaf: prepian.**

preblyn [bôn y f. fl.+-*yn*[1]] *eg.* (b. *preblen*). Clebryn, pepryn: *chatterbox.*
1888. Ar lafar yn Arfon, 'Taw bellach, yr hen *breblyn* gwirion!', *WVBD* 442; hefyd yn y ff. f. *preblan.*
Gw. hefyd **pepryn**[2].

precator, gw. **procator.**

precisiad (?*c*≡*s*) [cfdds. o'r S. *precis(ian)* +-*iad*[3]] *eg.* ll. *-iaid.* Un sy'n cadw'n fanwl at reolau, yn enw. mewn materion crefyddol: *precisian.*
1677 R. Jones: *BB* 97–8, A'r gwŷr hyn a alwant y rhai a ymegniant at hynny, yn Zelotiaid, *Precisiaid,* a Phuritaniaid. *id.* 106, Ond pan gyfarfyddont a hwynt, eu casâu a wnânt, a'u gwneuthur yn *Brecisiad* [*sic*], y Sect y dywedir ym mhob man yn ei herbyn. **1677** *TC* 2a, *Brecisiaid,* rhai yn rhy fanol mewn crefydd, yn nhŷb yr annuwiol. *c.* **1730** *Thos. Lloyd D* (LlGC) 188b, *precisiaid,* precisians.

prefaelaf, prefaeliaf: prefael(i)o, prefaelu [bnth. S. (*to*) *prevail*] *bg.* Llwyddo i berswadio (rhywun i wneud rhywbeth); bod yn llwyddiannus, llwyddo, tycio; profi'n drech (na), ennill meistrolaeth (ar): *to prevail (upon), succeed.*
1670 J. Hughes: *AP* 422, a Philat gan weled nad oedd ef yn *prefaelu* dim, ond yn hyttrach bod cwnnwrf: wedi cymmeryd dwfr, a olchodd ei ddwylo. **1672** R. Prichard: *Gw* 473, Gweddi gwedi marw nêb, / Sydd weddi heb *brefailo* [:- tyccio, lesâu]. **1718 (1721)** S. Thomas: *HB* 89, yr ydys yn dal sulw a'r [*sic*] Dri pheth hynod mewn perthynas i Luther 1. iddo . . . sefyll i fynu yn erbyn y Pâb . . . 2. Iddo allael *prefaelio* yn ei erbyn a'i orthrechu. *id.* 93, darfu iddynt *Brefaelio* a'r [*sic*] y Brenin . . . i roddi iddynt gwrr or Tir yn breswylfa. *id.* 207, darfu iddo *brefaelio* gyda rhai Eglwysi i weddio ac i ganu mawl yn antiphoneaidd. **1744** D. Rowland: *RY* 14, yr ydym yn gobeithio, y bydd i ni *brefaelio* gydâ chwi, na byddo i chwi wrthod Cyngor da. *id.* 274, Ar ôl bod Tref Mansoul yn y Cyflwr trist alaethus ymma cyhŷd o Amser ac y dywedais i wrthych, ac heb fod un o'r Petisiwnau ac yr oeddent yn eu cyflwyno i'w Tywysog . . . yn gallu *prefaelio*; neu orchfygu.

preffáb, preffaidd, gw. **priffáb, perffaith.**

preffas [bnth. S. *preface*] *eg.* Rhagymadrodd, rhaglith, hefyd yn egl.: *preface, also eccl.*
16g. *THSC* (1923–4) (At.) 37, yr hwnn y mae ef yn dwyn ar ddyall yn y *proffes* [*sic*] or yfferen or dydd heddiw. **1670** J. Hughes: *AP* 203, y Credo, y Pater noster, y Gloria in excelsis, a'r *Preffas.* *id.* 215, deg rhan nodedic o'r Offeren . . . 4 Yr Offrymiad. 5. Y *Preffas* 6. Y Canon hyd yr Elevatiwn. **1763** *ML* ii. 552, A ddaroedd i chwi anfon iddo *breffas*?

prefferment [bnth. S. *preferment*] *e?g.* Penodiad neu swydd (fel arfer yn yr Eglwys) sy'n arwain at ddyrchafiad ariannol neu gymdeithasol: *preferment (usu. eccl.).*
1735 S. Thomas: *HP* 251, Y naill a'u dugodd i fynu, ar llall a ddarparodd iddynt *Brefferment.* **1779** W. Williams: *HT* 4, [c]odi ei hun [Thomas Goodwin] i fynu i *brefferment* neu fywioliaethau.

pregaeth, pregaethwr, gw. **pregeth, pregethwr.**

pregawthaf: pregawthan, pregawthen, pregawthwr, gw. **prygawthaf: prygawthan, prygawthen, prygowthwr.**

pregeth [bnth. Llad. *præceptum* neu *præcepta* drwy ff. **precettum* (**precetta*); cf. Crn. C. *pregoth,* Crn. Diw. *progath,* H. Wydd. *precept*] *eb.g.* ll. *-au, -oedd.* Araith lafar neu ysgrifenedig ar bwnc crefyddol neu foesol, yn enw. un seiliedig ar destun neu ddarn o'r Ysgrythur a draddodir i ddysgu neu annog, homili, hefyd yn *ffig.*; sgwrs ddifrifol, yn enw. un geryddol; pregethiad: *sermon, homily, also fig.*; *admonition, reproof*, '*sermon*', '*lecture*'; *a preaching*.

13g. *C* 22. 1–2, moe y dinwassute mer/werit. no *phregeth* evegil. **13g.** *MA*[2] 221a. 3–4, Cymmerwn iolwn o iawl seiniau, / A syniwn ar beth o'r *pregethau* (Dafydd Benfras). *id.* 223a. 16, Digawn o *bregeth* yw difaedd hael [marwnad Dafydd ap Llywelyn gan Ddafydd Benfras]. *c.* **1300** *H* 82a. 11, pan peregethwys hael *pregeth* oreu [Gwynfardd Brycheiniog i Ddewi]. **14g.** *RC* xxxiii. 220, Ac ar y *phregeth* hy llauer a gredassant. **15g.** *IGE*[2] 237, Darfu fu nghnawd, wawd oerfas, / *Pregeth* wyf i'r plwyf a'r plas (Ieuan ap Rhydderch). **15g.** *GGl*[2] 23, 'Nag ef', heb ef, 'hy o beth / Ydiw brig y dau *bregeth*['). **1567** *TN* 102b, Mair . . . a eisteddawdd wrth draet yr Iesu, ac a glywei i *breceth* ef. **1588** *Jer* li. 60, yr holl *bregethau* y rhai a scrifennwyd yn erbyn Babilon. **1632** *D, pregeth*, concio, homilia. *c.* **1658** R. VAUGHAN: *E* 180, y tri Psalmau hynny yr rhai yn dda a ellir eu galw *pregethoedd* David. **1661** E. LEWIS: *Drex* 176, I mi wrando *pregeth* o awr o hyd, marwolaeth yw hynny. **1703** E. WYNNE: *BC* 70, Pa sawl *pregeth* a glywsoch am farwoldeb dyn? **1803** *P.* Ar lafar yn gyff. 'Beth oedd testun y *bregeth* gan y gweinidog heddiw?', ''Ges i *bregeth* 'da Mari am ddwgyd 'fale', 'Fi ros i *brecath* ddæ i'r tacla am nuthur siŵ' beth sgelar'. Digwydd hefyd mewn ymad. fel 'Mae'n *bregeth* i weyd' 'It is wonderful to relate', *GDD* 232; ''Odd a'n *brecath* iddi weld, gin mor dost a thena odd a wedi mynd'.

Amr.: **pregaeth** [?dan ddyl. yr oldd. *-aeth*]. **1567** *TN* 188a. *id.* 321a, ein *precaethe* ni. **1595** M. KYFFIN: *DFf* [26], trwy iachus *bregaeth* yr Efengyl. **1609** R. SMYTH: *CAC* 60.

Cfn.: **pregeth angladd(ol):** *funeral sermon*. **1814. y,** &c., **B. ar y Mynydd:** (*the*) *Sermon on the Mount*. **1620** *Math* v., cs. **p. cyrddau mawr:** *sermon preached in a special service, usually considered better than a normal Sunday sermon*. Ar lafar yng Nghered. a sir Benf. **p. siars:** *admonitory sermon preached when a minister is ordained*. Ar lafar yng ngogledd Cered. ac yn nwyrain Morg.

Gw. hefyd **pregethig.**

pregethach, pregethad, gw. **pregethaf: pregethu, pregethiad.**

pregethadwy [bôn y f. ddil. + *-adwy*] *a.bfl.* Y gellir ei bregethu: *preachable*.
1939.

pregethaf: pregethu [bf. o'r e. *pregeth*, cf. Crn. C. [*p*]*regowthys* 'pregethaist'] *bg.a.* a'r be. weithiau gyda grym enwol. Traddodi (pregeth), cyhoeddi neu esbonio (e.e. yr Efengyl) ar bregeth, hefyd yn *ffig.*: *to preach, also fig.*

13g. *BD* 95, doeth Garmon esgob a Lupus Travens y *bregethu* geir Duw y'r Brytannyeit. *id.* 96, Ac yna guedy *pregethu* o'r guyrda hynny yd adnewydhavt y fyd ym plith y Brytannyeit. *c.* **1300** *H* 82a. 11, pan *peregethwys* hael pregeth oreu [Gwynfardd Brycheiniog i Ddewi]. **14g.** *T* 54. 11–12, kiwdawt ninnueu bu gwr llawen *pregethyssit*. **1346** *LlA* 25, tra uu Judas gyt ar ebestyl. ef *abregethawd*. **14g.** *GDG*[3] 300, Bryd y sydd gennyd, swydd gu, / A brig iaith, ar *bregethu* [i'r ehedydd]. *c.* **1400** *R* 1156. 31–2, Gwae offeirat byt. ny agreitho ywyt. ny *phregetha*. *c.* **1400** *ChO* 23, Pa ryw greulonder a wney a mi? Ponyt mynach wyt ti, a gwr eglwyssic? Yna y dywawt y cath, 'Yn wir ytti, yr daet y *pregethych*, ny dienghy yn diboen'. **1567** *TN* 79a, Ewch ir oll vyt, a' *phrecethwch* yr Euangel i bop creatur. **1588** *Can* viii. 13, *pregetha* fi i'th gyfeillion. **1632** *D, pregethu*, concionari, prædicare. **1651** SIÔN TREREDYN: *MDD* [v], ym mha wlad bynnac y *pregetheid* [*sic*] yr [E]fengyl. **1725** D. LEWIS: *GB* 3, Y mae pob peth yn *pregethu* Duw. **1803** *P.* Ar lafar yn gyff., 'Y gweinidog sy'n *pregethu* acw dydd Sul, 'ta rhywun arall?', 'Mae o'n *pregethu* am fwyta'n iach ac yn sglaffio cacenne!', 'Mae e'n *prygethu* byth a hefyd am rwbeth neu'i gili', 'Paid o *brigethu* am yr un peth o 'yd, ferch!'; hefyd ym Morg. yn y ff. *pyrgethu*.

Amr.: **pregetha** [?ff. wallus]. **1567** *TN* 219a. **pregethach** [dichon mai e. (*pregeth* + *-ach*[2]) yw'r ff. hon]. **1722** T. EVANS: *PS* 102, i dorri ein blŷs a *phregethach* (*feed our lusts with preaching*). **prethu** [?ff. wallus]. **1620** *Mos* 204, [138], Pan vor llwynog en *prethu*, cadwed pawb eu gwydde.

pregethedig [bôn y f. fl. + *-edig*] *a.bfl.* Wedi ei bregethu: *preached*.
1780 *W* d.g. *preached*.

pregethfa [bôn y f. fl. a *pregeth* + *-fa, ma*] *eb.g.* Pulpud; pregeth: *pulpit; sermon*.
1650 *CM* 114, 84, affen ddelom ni ir y glwyssa [*sic*], / lle bo gwsaneth ne *bregethfa*.

pregethiad, pregethad [bôn y f. fl. + *-iad*[1], *-ad*] *eg.* ll. *-au*. Y weithred o bregethu, yr hyn a bregethir: *a preaching*.

1567 *TN* 242a, yn ol vy Euangel, a' *phregethiat* Iesu Christ. **1588** *Eseia* lx. cs., Galwedigaeth y cenhedloedd drwy *bregethiad* yr efangyl. **1588** 2 *Tim* iv. 17, fel trwofi y cwbl gyflawnid y *pregethiad*. **16–17g.** *DCR* 272, os drwg ywr offeiriad a drwg ei *bregethiad*. **1606** E. JAMES: *Hom* ii. 264, gwir *bregethiad* a gwrandawiad ei sanctaidd air. **1679** C. EDWARDS: *GGG* 167, gwneir y Gair yn effeithiol wrth ei *bregethiad* ef. **1691** *ESGG* 22, Ysprydd Duw sydd yn gwneuthur ddarlleniad [*sic*], ond yn enwedigol *pregethiad* y gair yn foddion rhinweddol i argyoeddi. **1701** E. WYNNE: *RBS* 193, Mae Darllen y Scrythyr lân yn ddyledswydd a orch'mynwyd i ni yn loyw, a hyn a eilw'r Scrythyr Pregethu canys nid yw pôb *pregethiad* arall ddim ond ffrwyth celfyddyd a diwydrwydd dynol. **1728** T. BADDY: *DDG* 173, ei *Bregethad* newydd. [**1740**] L. ANWYL: *NG* 2, bygythion a *phregethiadau* ofer Eglwŷswŷr. **1759** T. THOMAS: *WWDd* 272, yn pregethu Atheistiaeth i'r bobl, neu yn gwadu Duw, yn eu *pregethiad*. **1790** T. JONES: *TOS* 305, pa blesereu a gefais i ym *mhregethiad* y gair? **1803** *P.*

pregethiadol [*pregethiad* + *-ol*] *a.* Yn perthyn i bregethu, homiletig; ?pregethwrol, nodweddiadol o bregethwr: *pertaining to preaching, homiletic*; ?*preachy, typical of a preacher*.

1791 *Dialogous* 8, wrth glywed y gwyr *pregethiadol* yn gwaeddi, Sabeliaeth, Sabeliaeth . . . Wrth y gwyr *pregethiadol* yr wyf yn dyall y rhai ag y mae'r Apostol yn son, oedd yn pregethu Crist trwy gynfigen.

pregethig [*pregeth* + *-ig*[1]] *eb.* Pregeth fer: *sermonette*.
20g.

pregethlyd [*pregeth* + *-lyd*] *a.* Pregethwrol, nodweddiadol o bregethwr: *preachy, typical of a preacher*.
20g.

pregethol [bôn y f. fl. neu *pregeth* + *-ol*] *a.* Yn perthyn i bregethu neu i bregeth, homiletig, hefyd yn *ffig.*; yn pregethu; ?pregethwrol, nodweddiadol o bregethwr; (geir.) traethadwy: *pertaining to preaching, homiletic, also fig.*; *preaching* (*adj.*); ?*preachy, typical of a preacher*; (*dict.*) *predicable*.

1547 *WS, pregethol*, predicable. **16g.** *GGH* 352, Briwo'u gwaith yn *bregethol*; / Blin yw gwas rhwng blaen ac ôl [i ofyn meini melin]. **1632** *D, pregethol*, concionalis. **17g.** *Pen* 119, 736, Gwnae bregeth ddifeth ddwyfawl ddayonys / o ddoniau ysbrydol / ond iw yn beth *pregethol* / na wna i hvn yn i hol. **1711** M. MAURICE: *YAD* 389, Y mae 'r Henuriaid *Pregethawl* i Bregethu y Gair. **1722** *Llst* 189, *pregethol*, pertaining to a sermon. **1797** E. CHARLES: *EC* 6, [p]regethwyr bongleraidd y Methodustiaid . . . au hymddanghosiad *pregethol*, sydd anfoesol, anolygus, anresymol, anghywrain, ac aneallus. *id.* 9, yn ol eu dull *bregethol*, sy'n bloeddio ac yn rhuo.

pregethwr [bôn y f. fl. + *-wr*; cf. Crn. Diw. *progowther, progathar*] *eg.* (b. *-es*, ll. *-au*, *pregethwraig*) ll. *-wyr*, *-s*. Un sy'n pregethu, yn enw. gweinidog yr Efengyl, hefyd yn *ffig.*: *preacher, also fig.*

13g. *BD* 104, a *phregethvr* Ywerdon a uyd mut o achavs mab yn tyuu yg callon y vam. **14g.** *GDG*[3] 81, *Pregethwr* a llŵyr llên, / Pêr ewybr, pur ei awen [i'r ceiliog bronfraith]. **15g.** *GGl*[2] 183, Ysgol rad ddisglair ydyw / A thref y *pregethwyr* yw [i ganmol Croesoswallt]. **1551** W. SALESBURY: *KLl* lxxb, Paddelw y clywant eb *pregethwr*? **1588** *Pr* i. 2, Gwagedd o wagedd medd y *Pregethwr* . . . gwagedd yw'r cwbl. **16–17g.** *DCR* 272, *pregethwr* yw'r cythrel a melus ei chwedel. **1606** E. JAMES: *Hom* ii. 113, yno hefyd wrth reswn da y dylaid ac y gellid cael a maenteinio *pregethwr* duwiol da. **1632** *D* d.g. *concionator, ecclesiastes*. **1656 (1745)** *MLl* ii. 174–5, Mae gennym y gwir *Bregethwr* yn sefyll ym Mhulpyd ein calonnau. **1725** D. LEWIS: *GB* 3, Ysdyriwn ymma . . . Fod y Nefoedd a'r Ffurfafen a'i lluoedd yn *Bregethwyr*. **1765** J. POPKIN: *Ll* 12, Yr wyf yn Fugail Eglwys gynlleidfaol yn Llundain, a *Phregethwr* (neu Lecturer), yn Neuadd y Pinwyr. **1803** *P.* Cf. H. EVANS: *CE* 191, y maent yn galw'r hen *bregethwrs* yma yn Reverends yrŵan. Ar lafar, weithiau yn y ff. (*s*)*gethwr*.

Amr.: **pregaethwr** [*pregaeth* + *-wr*]. **1595** M. KYFFIN: *DFf* [3].

Cfn.: **pregethwr cynorthwyol:** *assistant preacher, lay preacher*. **1778** J. THOMAS: *HB* 464. **1799** *TY* 38. Ar lafar yn gyff. **p. cyrddau mawr:** *preacher of superior ability*. Ar lafar. **p. lleyg(ol) (llygol, lleygaidd):** *lay preacher*. **1831.**

Gw. hefyd **pregethydd.**

pregethwraidd [*pregethwr* + *-aidd*] *a.* Yn perthyn i bregethu neu i bregethwr, homiletig; pregethwrol, nodweddiadol o bregethwr: *pertaining to preaching or to a preacher, homiletic*; *preachy, typical of a preacher*.
1839.

pregethwraig, pregethwres, gw. **pregethwr.**

pregethwriaeth [*pregethwr* + *-iaeth*] *e?b.* ll. *-au*. Y gelfyddyd o bregethu, homileteg; swydd pregethwr: *homiletics*; *preachership*.
1844.

pregethwriaethol [*pregethwriaeth* + *-ol*] *a.* Yn perthyn i bregethu neu i bregethwr, homiletig: *pertaining to preaching or to a preacher, homiletic*.
1840.

pregethwrol [*pregethwr* + *-ol*] *a.* Yn perthyn i bregethu neu i bregethwr, homiletig; a nodweddir gan arddull pregethwr, nodweddiadol o bregethwr, weithiau'n ddifr.: *pertaining to preaching or to a preacher, homiletic; characterized by a preaching style, typical of a preacher, preachy*.
1854.

pregethydd [bôn y f. fl. + *-ydd*[3]] *eg.* ll. *-ion*. Pregethwr: *preacher*.

17g. *LlGC* 5269, 421b, penrhaith brig wythiaith *bregethydd* bertffriw [Thomas Penllyn i'r Dr John Davies, Mallwyd]. [**1745**] W. ROBERTS: *FfM* 55, y doethaf o'r *Pregethyddion*.

Gw. hefyd **pregethwr.**

pregliach, gw. **bregliach.**

pregowthaf: pregowthan, pregowthen, pregowthwr, gw. **prygawthaf: prygawthan, prygawthen, prygowthwr.**

preid [bnth. S. *pride*] *eg.* Balchder: *pride*.
Ar lafar, 'Mae e'n cymeryd *preid* mawr yn 'i waith'.

preiddgi [*praidd* + *ci*] *eg.* Ci defaid: *sheep-dog*.
Ar lafar ym Morg., *LlGC* 1171, 165.

preiddiad[1] [bôn y f. ddil. + *-iad*[2]] *eg.* Ysbeiliwr, anrheithiwr: *despoiler, plunderer*.
c. **1300** *H* 94b. 32, *preityad* lloegyr ae phoethuann [marwnad Cynan ap Hywel gan y Prydydd Bychan].

preiddiad[2] [gair geir., sef bôn y f. ddil. + *-iad*[1]] *eg.* ll. *-au*. Ysbeiliad, anrheithiad: *a despoiling, plundering*.

1632 *D*, praidd . . . *preiddiad*, prædatio. **1688** *TJ*, praidd . . . *preiddiad*, dwŷn neu lladratta: a spoiling, robbing or forraging. **1722** *Llst* 189, *preiddiad*, m. a preying, plundering. **1753** *TR, preiddiad*, a robbing, a plundering. **1803** *P, preiddiad*, s. m. pl. t. *au* . . . a driving of cattle away as a booty in war; a predation.

preiddiaf: preiddio [bf. o'r e. *praidd*, cf. Llyd. C. *preizaff*, Llyd. Diw. *preizhañ*] *bg.a.* Ysbeilio, anrheithio, lladrata, dinistrio, ysglyfaethu, hela: *to despoil, plunder, reave, pillage, rob, ravage, destroy, prey upon, hunt*.

12–13g. *GLlLl* 4, Prif deyrn kedyrn, kydwet rad, / *Preityei* bawb, y bob digarad. *c.* **1300** *H* 27a. 17, am dihirwut prut yn *preityaw* gormes (Bleddyn Fardd). *id.* 40a. 1–2, Gosgort wrt a ordyfyn *preityaw*. Gosgrynwent cadwent ked wallaw (Cynddelw). *id.* 57b. 4, Priodawr dinmawr prutuawr *preityaw* (Cynddelw). *id.* 94b. 31, Gwledic mwynuawr kwyn. kynan kyrch *breityaw* (Y Prydydd Bychan). *id.* 117a. 6, pan *preitwyd* kaures taerwres trwy ddyr (Owain Cyfeiliog). *Dchr.* **14g.** *id.* 87a. 8, lloegyr *breityaw* am brut anreitheu (Llygad Gŵr). *c.* **1400** *R* 1381. 27–8, teyrnas datcud prud y *preidya*. **16g.** *Med H* 34, Solinus a ddywaid mai o vraidd y *preiddia* y serffawkyn, hebogiaid, gweilch, lanered a'r vath adar hynny rrac ofn, y dydd y clywont yr eryr. *Dchr.* **17g.** *J* 10, 133a, *preiddio*, spolio. **1632** *D*, praidd . . . *preiddio*, prædari. **1655** R. JONES: *PC* 171, Preiddwyr Caer *preiddir* [:– dinistrio]. **18g.** I. BRYDYDD HIR: *Gw* 21, y blaidd, heb fedru *preiddiaw*, / Yn un a drig â'r oen draw. **1780** *W* d.g. *to pillage, to prey on*. **1796** *Geirgrawn* 8, [y] cyfryw ar ba rai y mae 'n *preiddio*. **1803** *P.*

preiddiawr[1] [bôn y f. fl. + *-awr*[3]; ?ffrwyth camddehongli'r ff. l. *preiddiawr*[2] gan *D*] *eg.* Ysbeiliwr, anrheithiwr, lleidr: *despoiler, plunderer, robber*.

1632 *D*, praidd . . . *preiddiawr* . . . prædator. **1688** *TJ*, praidd . . . *preiddiawr*, preiddiwr, (ysbeiliwr:) a Robber, a Spoiler. **1753** *TR, preiddiawr* . . . a pillager, a plunderer. **1754** *ML* i. 298, Beth a wnaeth y *Preiddiawr* yma ond cyhoeddi drwy'r wlad y byddai'r Gwylmabsant ar Wyl Iago. **1770** *W* d.g. *boot-haler.*

preiddiawr[2], ff. l., gw. **praidd.**

preiddin [*praidd*+-*in*[1] neu -*yn*[1]] *eg.* a hefyd fel *a.* Ysbail, anrhaith (ar ffurf da byw); a gymerwyd fel ysbail: *spoils, plunder, booty (in the form of livestock); taken as spoils, reaved.*

12–13g. *GLlLl* 264, A'e *breitin* a'e wlytwin a'e wlet. *id.* 266, A'th *preitin* a'th praf dyofod. **13g.** *Études* v. 101, Ruthur torretwynt gvrd gordyfnvyt ar breyn ar *breydyn* ymagvyt (Cynddelw). *c.* **1300** *H* 57b. 5, *Preityn* oet y gwyn kynn noe gwytaw (Cynddelw). **14g.** *WML* 32, Or moch *preidin* adel yr porth. hwch ageiff y porthawr. *c.* **1400** *R* 1041. 21, berwassei y pheir *breiddin. id.* 1227. 30–1, kadyrwalch ruffud brud *breidin* tachwed. *id.* 1381. 14–15, llawer y *breidin.* llyw ae breinhya. **1632** *D*, praidd . . . *preiddin*, q. **1730** *Leg Wall* 580, *preiddin*, praedatitius. **1753** *TR*, *preiddin*, gotten by prey. **1780** *W* d.g. *pillage, gotten by pillage.* **1803** *P*, *preiddin*, s. m. . . . prey, pillage, booty.

preiddiog [*praidd*+-*iog*] *a.* Yn llawn preiddiau: *abounding in herds.*

c. **1300** *H* 1b. 24, ny thorres y bawr a wu *breityawc* (Meilyr Brydydd). **1803** *P*, *preiddiawg*, abounding with herds.

preiddiol [*praidd*+-*iol*] *a.* Yn ffurfio praidd, yn perthyn i braidd; (geir.) yn perthyn i ysglyfaeth neu ysbail, ysglyfaethus: *herding, belonging to a herd; (dict.) relating to prey or booty, predatory.*

1780 *W* d.g. *prey, of, or belonging to, prey.* **1803** *P*, *preiddiawl*, belonging to a herd; relating to the pillage of cattle; predatory.

preiddiwr, preiddwr [bôn y f. fl.+ -(*i*)*wr*] *eg.* ll. *preiddwyr.* Ysbeiliwr, anrheithiwr, lleidr, dinistriwr; heusor: *despoiler, pillager, plunderer, reaver, thief, destroyer; herdsman.*

c. **1300** *H* 1a. 22, yr perygyl *preitwyr* peri ffossawd (Meilyr Brydydd). *id.* 38a. 24, Prein prydein *preitwyr* ehofynder (Cynddelw). *id.* 48b. 26, Preit *preitwyr preitwr* yg kynired (Cynddelw). *id.* 53a. 30, Llewenyt *preitwyr preitwr* yawn (Cynddelw). **16g.** *Med H* 46, Dwyn luws mewn arveu yw arwydd *preiddiwr* mawr. **1632** *D*, praidd . . . preiddiwr, & *Preiddiwr*, prædator. *id.* d.g. *prædo, prædonulus.* **1655** R. JONES: *PC* 171, *Preiddwyr* [:– dinistr-wyr] Caer preiddir. **1722** *Llst* 189, *preiddiwr*, m. a preyer, free-booter. **1770** *W* d.g. *boot-haler, pillager.* **1803** *P.*

preifad, preifadrwydd, gw. **preifat, preifatrwydd.**

preifat, prifat [bnth. S. *privat(e)*] *a.* a hefyd fel *eg.* ll. -*s.* A gedwir neu a dynnir o olwg y cyhoedd, diarwybod i'r cyhoedd, heb ei wneud neu ei berfformio yn gyhoeddus, heb fod yn agored i'r cyhoedd, dirgel, cyfrinachol, a rennir gan ychydig o bobl freintiedig (am iaith); yn eiddo i unigolyn neu unigolion, priod, personol, at ddefnydd unigolyn neu unigolion (am ystafell, &c.); a berchenogir ac a reolir gan unigolyn neu unigolion er ei les ei hun neu er eu lles eu hun, y tu allan i gyfundrefn y wladwriaeth ac ar draul unigolyn neu unigolion (am addysg neu driniaeth feddygol); heb fod â swydd gyhoeddus neu swyddogaeth swyddogol; answyddogol (am ymweliad, &c.): *private, secret, confidential, private (of language); private, one's own, personal; private (as opposed to state); in a private capacity; private, not official (of visit, &c.).*

1599 (1677) R. HOLLAND: *AB* 106, canys dial . . . yw pob ymryson ddirgel a *phrifat*; ac am hynny y mae'n ang-hyfreithlon. *id.* 125, gweddi *brifat* ddirgel. **1615** R. SMYTH: *GB* 124, y mae y swyddwyr yn barnu yn bwblic felly y mae'nthwythe yn barnu yn *brifat.* **1664** *LlGG* sig. g2r, yr hon Drefn nid eiddo pobl *brivat* (**1567** *id.* [xvii], diawdurdot), ei appwyntio. **1670** J. HUGHES: *AP* 122, megis y mae'r yspryd *Priuat* trwy ymweithiadau oddimewn yn ei addysgu ef. **1680** J. THOMAS: *UN* 12, llefarawg weddi a arferir fynychaf ddwy ffordd. 1. yn gyhoeddus a chyffredinol. 2. yn *Brifat* a neilltuol. **1685** *Art* 10, yn cadw Conventiclau *privât.* **1688** W. FOULKES: *EGE* 141, [g]elliff ddyscu troi Gwasanaeth y cymmun i'w fuddged *privat.* [**1710**] GW. AB IERWERTH: *SB* 130, rhoddwch iddynt ryw hyfforddiadau *preifat* ymherthynas i'r hyn a ddarllennasant. **1722** T. EVANS: *PS* 48, nad yw 'r Offeiriad ei hun, yr hwn oddieithr hynny yw Gweinidog y Gynnulleidfa, etto yma megis gwr *preifat*, yn adrodd ei gyffes ond trosto ei hun yn unig. *c.* **1762–79** W. WILLIAMS: *P* 626, na fu masses *prifat* erioed yn cael eu harferyd gan deidau y brif eglwys. **1828** *Geir Pob* 20, *preifat*, dirgel, cyfrinachol. Cf. D. OWEN: *RL* 207, daeth fy mam i fy hebrwng ychydig er mwyn cael siarad gair yn *breifat* â mi.

Fel *e.* (*a*) Milwr o'r radd filwrol isaf, milwr cyffredin: *private (soldier).*

1902.

(*b*) (yn y ll.) Aelodau dirgel: *genitals.*

Ar lafar ym Morg. ac yn nwyrain Caerf., 'Cwd tarw yw 'i *breifets* e'.

Amr.: **preifad. 1839.**

preifateiddiaf: preifateiddio [cfdds. o'r S. (*to*) *privat(ize)*+-*eiddio* (At.)] *bg.a.* a'r be. fel *eg.* Trosglwyddo (asedion cyhoeddus, &c.) o reolaeth neu berchenogaeth y wladwriaeth i reolaeth neu berchenogaeth breifat; y polisi neu'r proses o wneud hyn: *to privatize; privatization.*

1983.

preifatîr, prifatîr [bnth. S. *privateer*] *eb.g.* ll. -*s.* Llong arfog y mae ei pherchenogion a'i swyddogion yn dal comisiwn gan y llywodraeth sy'n eu hawdurdodi ar gyfer gwasanaeth rhyfel; pennaeth y fath long: *privateer (ship and commander).*

1740 *ML* (Add) 861, Rym ninnau wedi colli gwell na Thriugain o Longau marsiandwyr yn barod y rhai a gymerwyd gan mwyaf yn agos i'n Tir ein hunain gan *Breivateers* y Spaeniaid. **1760** *ML* ii. 197, Aeth express drwodd . . . i ddywedyd . . . fod *preifathir* [*sic*] rhwng Kinsale a Chork, nid hwyrach ei bod tuag Ebslle ymhell cyn hyn. **1761** J. EVANS: *BHNO* 3, Cynddeiriogais yn y fath fodd ac y rhoddais fy hun i fyned ar Long *Prifateer.* [**1763**] JE: *AHS* 4, Dunkirk, sydd borthladd . . . wedi ei chadarnhau a Cheurydd . . . ac yn Noddfa gadarn i *breifatîrs* y Ffrancod. **1782** M. WILLIAMS: *BM* 31, colledion . . . o herwydd llongau rhyfel, neu *brifatîrs.*

preifatrwydd, prifatrwydd [*preifat, prifat* +-*rwydd*] *eg.* Y cyflwr o fod yn breifat, neilltuaeth: *privacy, seclusion.*

1937. Cf. T. H. PARRY-WILLIAMS: *OPG* 76, y llyn [Llyn y Gadair] . . . heb fod nepell o gefn ein tŷ ni gartref . . . heb ddim *preifatrwydd* pendefigaidd i ymorchestu ynddo.

Amr.: **preifadrwydd** [*preifad*+-*rwydd*]. **20g.**

preim, prim [bnth. Llad. C. *prīma* (*hōra*), o bosibl drwy'r H. Ffr. neu'r S. C., a bnth. S. *prime*] *eg.* a hefyd gyda grym ansoddeiriol.

(*a*) Yr ail awr weddi ganonaidd a apwyntiwyd ar gyfer yr awr gyntaf o'r dydd, sef 6 o'r gloch y bore neu'r wawr; yr awr gyntaf o'r dydd; hefyd yn *ffig.*: *prime (canonical hour); the first hour of the day; also fig.*

1346 *LlA* 156, oawr nawn dyw sadwrnn hyt awr *prim* dyw llun. *c.* **1400** *R* 1368. 22–5, Didanwch bylgeint agant yrseint . . . llyna weith amylder o*brim* hyt dyw gwener vy ner yn oryeu dyd. *c.* **1400** *YSG* i. 51, ny medrawd ef gyfodi yny oed *brim. Dchr.* **15g.** *GM* 33, Llawen wyf. Keis ar *Brim.* Onyt yr Arglwyd. Keis ar vi awr. **15g.** *GLGC* 381, Cloch aberth a bair chwerthin / wyf ar dy gerdd, frawd y gwin. / . . . / Y tafod hynod i'r tau / a gair yn *brim* ac oriau [i Ddafydd Goch ap Meredudd]. **1545** *B* xix. 291, rrwng awr *breim* a haner dydd y kolles addaf i valchder. **16g.** D. R. THOMAS: *DS* 94, Anterth, compline, echwydd, gosper, molyanneu, naon, *prym*, pylgeint.

(*b*) Prif (y lleuad): *prime (of moon).*

1545 *CM* 1, 141, trauor [*sic*] lloer hrwng y gyuynew/id [*sic*] ar *PreIm* [*sic*].

(*c*) Prif (y flwyddyn): *golden number.*

1608 *CRC* 209, Ond am y *prim* ddwi yn Gymen / Mae o vn hyd at Jgen / Ar Syl yn disgin eilwaith / Ar vn or Saith llethyren / Kawn yr ynyd heb ddim Rhin / Ar Grawys yn Gyfredin / Paske a Sylgwyn hyn Sy blain / yn y modd y mayn yn disgin. *Dchr.* **17g.** *J* 10, 134a, *prim*, prime, aureus numerus, euraid rivedi. **1693** E. MORGAN: *HRD* [iv], lle u gal y pasc dus guth [*sic*] wrth y *preim* felly y Cewchi, yma fawu [*sic*] help am drouade y blynyddold [*sic*] dros buth.

(*d*) Cyfnod pan fydd rhywbeth neu rywun ar ei orau, anterth gallu, &c., sy'n dilyn ieuenctid, blodau dyddiau, dewredd: *prime (of life).*

1686 FFOULKE OWEN: *Cerdd-lyfr* 101, Pan fo 'r Titan tirion, / Yn gwresogi 'r goedfron, / Ar gwiael aurwydd irion, / Yn eu *preim. c.* **1730** *Thos. Lloyd D* (LlGC) 196a, *preim* . . . prime. **1828** *Geir Pob* 20, *preim*, yr amser goreu. Cf. D. OWEN: *GT* 294, Yr wyt wedi gweled eu claddu nhw i gyd, a dyma ti eto yn dy *breim.* Ar lafar, 'Mae o'n ddyn yn ei *breim*', *Cymru* lxiii. 84.

(*e*) Y pigyn isaf ar bren; (geir.) pen blaen llong: *the lowest prickle of a tree; (dict.) prow.*

a. **1561** *B* vi. 49, ysbyddaid a dyfant bob amser o'r gayaf a'r gwanwyn or bydd dim o'y gwraidday gydac hwynt, aithr gwybydd na chymer hwynt rwng y blaen a'r *prim.* **17g.** *LlGC* 13215, 376, *prim*, prora. **1707** *AB* 219d, *prim*, the prow of a ship. S. **1780** *W* d.g. *prow.*

preimat, primat, &c. [bnth. S. *primate*] *eg.* ll. -*iaid*, a hefyd gyda grym ansoddeiriol.

(*a*) *Egl.* Primas: *primate (eccl.).*

c. **1485** *J* 6, 144, nit oes heddiw yn lloegyr a chymry ont dav archesgob *primat.* Nat [*sic*] amgen un ynghaer gaint. Ar llall yn Iork Ar kyntaf o naddvnt a elwir *primat* holl loegyr Ar llall a elwir *primat* lloegyr. **16g.** (*LlEG*) *Mos* 158, 10a, na wnelai ef na neb oi ddilyn/ wyr byth mwy o hynny allan glain [*sic*] na sialains ar vod yn *brymatt* o Lo/ygyr. *id.* 53a, megis I maer awdur gerald yndangos i gosodes ef dyrnas y werddon mewn llywodraeth dda drwy gyngor a help *preimad* y werddon. **1658** *Examen* d.d., y gŵr barchedig dâd, Archescob armach, *Primat* y Werddon. *c.* **1730** *Thos. Lloyd D* (LlGC) 194b, *pri*[*m*]*at*, a primate.

(*b*) *Swol.* Mamolyn o'r urdd *Primates*, a nodweddir gan ddwylo neu draed sydd wedi eu cymhwyso i fedru dal gafael, a chan ymennydd gweddol fawr, ac sy'n cynnwys dynion, epaod, mwncïod, deudroedolyn: *primate (in zoology).*

20g.

preimer[1], **primer**[1], &c. [bnth. S. *primer* (book)] *eg.* ll. -*s.* Llyfr gweddi i'r lleygwr, llyfr plygain; cynllyfr, llyfr a ddefnyddir i ddysgu plant i ddarllen: *primer (prayer-book); primer (book for teaching children to read).*

15–16g. LLAWDDEN, &c.: *Gw* 83, I Dduw bab mae gweddi bêr, / 'Hora prima.' o'r *primer.* **1687 (1715)** J. OWEN: *TB* 26, Un John ap Howel, yn amser y Frenhines Mary, a watwarodd William Maudon, fel yr oedd ef yn darllen y *Primer. c.* **1700** E. LHUYD: *Par* i. 82, Plygain ym henllyn etc[a] a galwant [*sic*] y *Primar* Kymraeg. *c.* **1730** *Thos. Lloyd D* (LlGC) 196b, *prymer*, a primer. **1766** *CD* 144, Pawb yn ynghymryd yn Scorn, / Heb fedru mo'm Llyfr Corn. / Mi fum ddwy flynedd a Chwarter, / Cyn medru fy *Mhreimer!* **1779** *DS* [48], y Llyfr Plygain, neu'r *Primer* Cymraeg.

preimer[2], **primer**[2] [bnth. S. *primer*] *eg.* Cocyn sy'n dal y gapan (wrth saethu mewn pwll glo, &c.): *primer, cartridge holding the detonator (in blasting in a coal-mine, &c.).*

Ar lafar yn sir Gaerf., yn y ff. *preimer, Geir Glo* 80.

preimiaf: preimio [bnth. S. (*to*) *prime*] *ba.* Llanw (e.e. lamp ag olew), paratoi (pren, &c.) i'w baentio trwy ei orchuddio â haen o sylwedd sy'n atal y paent rhag cael ei amsugno, hefyd yn *ffig.*: *to prime (lamp, wood, &c.), also fig.*

18g. *W Ballads* 3, 8, *Preimia* 'th lampe yn ole hylaw.

preimin, primin [bnth. S. *premium*] *eg.* ll. -(*i*)*au*, -*on*, a hefyd gyda grym ansoddeiriol. Sioe (amaethyddol); cystadleuaeth aredig, ras aredig, clwb troi; gwobr a enillir mewn sioe neu gystadleuaeth o'r fath: *(agricultural) show; ploughing-match; prize won in such a show or match.*

1897 W. LL. WILLIAMS: *GBB* 5, mae e'n ffysto waginer Cwmbrân o hewl . . . A fe gas y preis yn y *preimin.* Ar lafar yn y Gogledd a gogledd Cered. yn yr ystyr 'sioe', *ISF* 62, *WVBD* 442; ac yng nghanolbarth a godre Cered. yn yr ystyr 'cystadleuaeth aredig', *Cymru* lxii. 73, *B* xiv. 281; ''Fidden' nw ddim yn gorfod pyrnu arad yn sbesial ar gownt *preimin*'; 'Lle bydd *primin* Môn flwyddyn nesa'?'; 'ceffyl *primin*'.

Amr.: **preimim.** Ar lafar yn Arfon, *TGG* (1907–8) 95. **preimwn. 1901.** Ar lafar yng ngodre Cered. (ll. *preimwne*), *Cymru* xxxiv. [121].

Cfn.: **preimin (preimwn) aredig:** *ploughing-match.* **1901.** Ar lafar yng nghanolbarth Cered. a sir Gaerf., *B* xiv. 281. Cf. D. J. WILLIAMS: *ChHO* 29, fel enillydd . . . y cwpanau arian ym *mhreiminon 'redig* yr ardal. **preimin (primin) meirch:** *horse-show, horse-fair.* Ar lafar yng ngogledd Cered., *B* xiv. 281. **preimin (primin) troi** = **p. aredig.** Ar lafar yng Nghered.

preimurddol, primurddol [cfdds. o'r S.

primordial] *a.* Yn bodoli ar y dechrau, primordaidd, cysefin, sylfaenol: *primordial, fundamental.*
1939.

preimwn, preins, preinsmal, gw. **preimin, prins, prinsbal**[1].

preint, preintiad, preintiaf: preintio, preintiedig, preintiwr, gw. **print, printiad, printiaf: printio, printiedig, printiwr.**

preior, preiordy, gw. **prior, priordy.**

preis [bnth. S. *prize*] *eg.* ll. *-ys.* Gwobr: *prize.*
20g.

preisiaf: preisio [bnth. S. (*to*) *prize*] *ba.* Amcangyfrif gwerth (rhywbeth), prisio: *to estimate the value of* (*something*).
1658 R. VAUGHAN: *PS* 438, yr hyn sydd reidiol ith iechyd . . . Y modd i *breisio* ac i ystyrrio y cwbl oll.

preismal, preitiaf: preitio, gw. **prinsbal**[1], **pratiaf: pratio.**

preithiad [bôn y f. ddil. + *-iad*[1]] *eg.* ll. *-au.* Y weithred o ymarfer, ymarfer: *a practising, exercise.*
1803 *P.*

preithiaf: preithio [bf. o'r e. *praith*] *bg.* Ymarfer: *to practise, exercise.*
1803 *P.*

preithig, gw. **praethig.**

preithiol [*praith* + *-iol*] *a.* Ymarferol: *practical.*
1803 *P.*

prelad, prelat [bnth. H. Ffr. *prelat,* o bosibl drwy'r S. C., neu'n uniongyrchol (drwy fnth. dysg.) o'r Llad. C. *prēlātus* < *prælātus*] *eg.* (b. *-es*) ll. *-(i)aid,* (prin) *preiliaid.* Gŵr eglwysig o radd uchel megis esgob neu archesgob, hefyd am abad neu brior tŷ crefydd, ac yn lletach am offeiriad neu ŵr eglwysig arall; prif offeiriad; pennaeth: *prelate, used also for priest or other cleric; chief priest; head.*
13g. *BD* 190, guedy dyuot Avstin y cauas seith escobavt ac archescobavt yn gyulavn o *preladeit* credyuus catholic. **1346** *LlA* 32, Avyd mwy gann duw gobrwy y*breladyeit* (*prælatis*) noc yereill. **14g.** *BT* (*RB*) 128, Robert, escob Henfford . . . cadeir y veint *prelat* hwnnw. **14g.** *GIG* 56, *Prelad* iawn, pur aelod yw / I'r eglwys, aur rywioglyw [i Ithel ap Robert]. *c.* **1400** *GP* 15, *Prelatyeit,* megis esgyb neu archesgyb, a volir o'e doethineb . . . a'e kymhendawt llywodraeth eglwyssic. *c.* **1400** *B* xxv. 11, llesced a diogi a gwall y *prelatyeit* yr eglwys gatholic. **15g.** *IGE*[2] 239, Gwnair ar Offeren Fair fwyn / Heddiw gorff ei Mab addwyn, / O waith *prelad* â'i Ladin, / A'i waed bendigaid o win (Ieuan ap Rhydderch). **15g.** *GLGC* 33, Gwag llan heb *brelad,* heb geidwadaeth, / gwag tŵr heb sowdiwr a bwa saeth. **15g.** *GGl*[2] 27, Gorff o Rolant, gwŷr a *phrelad* [i Rys, abad Ystrad Fflur]. *id.* 81, *Prelad* ar ein gwlad o Glwyd—i Ddyfrdwy, / O Gonwy i Gynwyd [i Syr Bened, person Corwen]. **1547** *WS, prelate* [*sic*], a prelate. **16g.** *GGH* 332, *Prelad* annwyl, perl dynion, / Crair y ffair, carw'r offeiriaid [i Mastr Huw Pilstwn, ficer Wrecsam]. **1567** *TN* 343b, Ufyddhewch ych *preladiaid. Diw.* **16g.** *LBS* iv. 411, vn or arglwyddessaü a oedd vam iddaw ehün a *phrelades* ar y llaill. *Diw.* **16g.** *B* ix. 123, *prelad* yr angylion a fwriwyd or nef. **1604–7** *TW* (*Pen* 228), *prelat* y teml neû'r ecclwys d.g. *aeditimus.* **1632** *D* d.g. *præsul.* **1735** S. THOMAS: *HP* 252, y *Preladiaid,* neu'r Esgobion, a'r Gweinidogion Preladaidd. **1758** *ML* ii. 86, dyma fi wedi cael gan y *prelad* [Ieuan Fardd] addaw eu copiaw. **1793** *Cylchg* 147, Nid *preiliaid,* neu 'ffeiriaid, neu fferen,—ddylem / Ni ddilyn yn llawen.
Amr.: **praelat** [dan ddyl. y Llad. *prælātus*]. **1618** J. SALISBURY: *EH* 177, pan roddo'r Peruglor neu'r *Prælat,* gennad i weithio. *id.* 261, er na bo'r *Prælat,* neu'r Pennaeth yn offeiriad.
Cfn.: **prelad baglog:** *crosiered prelate.* **14g.** *GIG* 81, Gŵr a gâr priflais, *prelad baglawg* [i Ddafydd ap Bleddyn, esgob Llanelwy]. **p. m(e)itrog:** *mitred prelate.* **1843.**

preladaeth, gw. **preladiaeth.**

preladaidd [*prelad* + *-aidd*] *a.* Tebyg i brelad, o natur prelad, yn perthyn i brelad: *prelatic.*
14g. *GDG*[3] 42, Nis erfyn, obrudd, ac nis arfaidd —draw / Naw, o praw lidiaw, nêr *preladaidd* [i Hywel ap Goronwy, deon Bangor]. **15g.** *GGl*[2] 81, *Preladaidd* fal perl ydwyd, / Person dawn personiaid wyd [i Syr Bened, person Corwen]. **15–16g.** *TA* 52, Yn *breladaidd,* offeiriadaidd, / Iaith abadaidd a'th wyboded [i Siôn, abad Caerlleon]. *id.* 333, Gwae ŵyr cafell gŵr cyfiawn, / Gwastad oedd ag astud iawn, / A *phreladaidd,* ffriw lwydwen, / A phioedd pwyll a ffydd pen [i Meistr Robert Pilstwn]. **16g.** WILIAM CYNWAL: *Gw* (G. P. Jones) 116, Ebriw, Groeg aber o'i gwraidd, / A brau Ladin *breladaidd.* **1592** S. D. RHYS: *Inst* 147, Prydydd . . . canu . . . Yn *brelâdaidd* neu yn opheiriâdaidd i 'wr eglwysig. **16–17g.** *GST* i. 193, Prys enwog oedd Person Gwyn, / *Preladaidd,* peraidd, purwyn. **1735** S. THOMAS: *HP* 252, y Preladiaid, neu'r Esgobion, a'r Gweinidogion *Preladaidd.*

prelades, gw. **prelad.**

preladiad [*prelad* + *-iad*[3]] *eg.* Un sy'n cefnogi preladiaeth: *prelatist.*
1677 R. JONES: *BB* 182, pa un bynnag ai Groegiad, ai Papist, ai Protestant, ai *Preladiad.*

preladiaeth, prelatiaeth, preladaeth [*prelad* + *-(i)aeth*] *eb.* Swydd neu statws prelad; llywodraeth eglwys gan breladiaid, esgobyddiaeth: *prelacy, office or status of a prelate; church government by prelates, episcopacy.*
Dchr. **15g.** *B* viii. 134, Or bu balch o . . . ryw *brelatyaeth.* neu uedyant. **1632** *D, preladaeth* d.g. *præsulatus.* **1722** *Llst* 189, *preladiaeth,* f. prelacy. **1774** T. JONES: *DG* 30, [y] gwreiddyn chwerw hynny o *breladiaeth.* **1780** *W* d.g. *prelacy.* Cf. T. LEWIS: *HPF* 520, Anfonodd yr eglwyswyr ddëon Glasgow at y brenin i erfyn arno i sefydlu *Preladiaeth* yno [yr Alban].

prelat, prelatiaeth, gw. **prelad, preladiaeth.**

preliwd [bnth. S. *prelude*] *eg.* ll. *-(i)au. Crdd.* Symudiad offerynnol sy'n rhagflaenu symudiad arall (e.e. ffiwg), cyfres o symudiadau (e.e. dawnsfeydd), neu (ran o) waith ar raddfa fawr (e.e. opera); darn offerynnol byr annibynnol, yn enw. un i'r piano: *prelude* (*in music*).
20g.

prembol, gw. **prenfol.**

premis [bnth. S. *premise, premiss*] *eg.* ll. *-au.* Rhagosodiad: *premise, premiss.*
1567 *LlGG* [viii], nebun ar a drosedda ac a gonvicter yn y ffurf racddywededic o bleit y *premisseu* (**1710** *id.* sig. a1r, [y] pethau a grybwyllwyd). *id.* [ix], bydd y nebun neu ir ei [*sic*] rhwn am ei drosedd cyntaf erwydd y *premissae,* gahel ei gonvicto yn y ffurf ddywededic.

premiwm [bnth. S. *premium*] *eg.* ll. *premiymau.* Swm a delir am bolisi yswiriant; swm ychwanegol, bonws; gwerth uchel: *premium.*
1925.

Premonstratensiad [cfdds. o'r S. *Premonstratens(ian)* + *-iad*[3]] *eg.* ll. *-iaid.* Aelod o urdd o ganoniaid rheolaidd a sefydlwyd yn Prémontré yn Ffrainc yn 1120: *a Premonstratensian.*
20g.

†**premter,** ff. H. Gym., gw. **pryfder.**

pren [H. Grn. *pren,* gl. *lignum,* Crn. C. *pren,* Crn. Diw. *predn,* H. Lyd. *prin,* gl. *sortilegos,* (*stloit*) *prenou,* gl. *lapsus,* Llyd. C. a Diw. *prenn,* Gal. *prenne,* gl. *arborem grandem*: < **kʷresno-*; cf. H. Wydd. a Gwydd. Diw. *crann*; cf. hefyd *prys*(*g*); ?cf. ymhellach Gr. πρῖνος 'derwen fythwyrdd'] *eg.* (bach. *-nyn*) ll. *-nau, -iau, -ni,* a hefyd fel *a.*

(*a*) Unrhyw blanhigyn mawr prennog lluosflwydd ac iddo foncyff sydd, fel arfer, heb ganghennau hyd ryw uchder o'r llawr, coeden, gwydden, (weithiau) llwyn neu brysgwydden, hefyd yn *ffig.*: *tree,* (*occas.*) *bush or shrub, also fig.*
13g. *C* 48. 13, Afallen peren *pren* hyduf glas. *id.* 107. 9, Tec yd gan iradaren ar perwit *pren.* vch. pen gwen. *Dchr.* **14g.** *H* 89b. 33–4, rwng y *prenn* frwydlawn ar teir prif ffynnawn nyt oed ar hirgrawn yd ymborthyt (Phylip Brydydd). **14g.** *WM* td. 218. 38–9, seuyll aoruc dan *prenn* y ochel y tes. *c.* **1400** *ChO* 3, ef a gwympawd vn o'r deil crinyon o vlaen y *prenn.* **15g.** *DN* 110, *Pren* pêr ddiover Ddavydd. / *Pren* sur ymhob bryn ysydd [marwnad Dafydd Nanmor gan Hywel Rheinallt]. **15–16g.** *GLM* 194, un coed i'r nen, cadarn oedd; / un *pren* nod, pur iawn ydoedd [marwnad Tomas Salbri Hen]. **1545** *CM* 1, 563, kymer serttein o risg poob vn o'r *prenia/v* yma. **1588** *Marc* xi. 8, eraill a dorrasant gangeu o'r *prenni.* **1599** (**1677**) R. HOLLAND: *AB* 62, heb godi mo'i pennau . . . i edrych ir *pren,* o ba le y mae'r mês yn cwympo. **1604–7** *TW* (*Pen* 228), *prennyn* d.g. *arbuscula.* **1632** *D, pren,* arbor. **1672** R. PRICHARD: *Gw* [x], Canys y mae y ffrwythau da hyn yn dangos yn eglur, eu bôd hwy yn *breniau* da. **1725** D. LEWIS: *GB* 228, Rhyfedd bod pob Hedyn yn dwyn e[i] *Bren* ei hun! **1803** *P.* Digwydd fel epithet *Llywelyn Bren* (Llywelyn ap Gruffudd (?–1317)). Ar lafar, gw. *LGW* 413.

(*b*) Defnydd prennog sy'n ffurfio prif sylwedd boncyff a changhennau coeden; y defnydd hwn wedi ei dorri a'i baratoi at adeiladu, gwneud dodrefn, offer, &c.; wedi ei wneud o'r defnydd hwn; hefyd yn *ffig.*: *timber, wood; wooden; also fig.*
13g. *LlI* 92, Fyol llyn o *pren,* iiii. k'. *id.* 93, Klo hayarn, k'. Klo *pren,* dymey. **14g.** *T* 3. 20, Achyn vyghyfalle ar y llatheu *pren.* *c.* **1400** *YCM*[2] 12, wedy dyrchauel pyrryereu a magneleu a bliuieu, ac amryw peiranneu ereill a chestyll *prenn. id.* 28, pryt na allei na gwaew, na chledyf, na *phrenn,* na maen argywedu idaw. *id.* 89, yna y dodassant am y vynwgwl taryan drom gadarn, heb dim *prenn* yndi. *c.* **1400** *R* 1346. 3, cossyn grenn cassec *brenn* braff. **1567** *TN* 319a, llestri *pren* a' phridd. *Diw.* **16g.** *LBS* iv. 422, Ac yny canol nid amgen o vwch benn Gwenn Vrewy y mae cappel *prenn.* **1588** *Esec* xli. 22, Yr allor *bren.* **1632** *D, pren* . . . lignum. **18g.** *W Ballads* 159, 6, Mi a hwn pen byrioder can brudd-der yn *bren.* **1793** *Cylchg* 9, o'r blaen yr oedd pregethwyr auraidd, a chwppanau *pren,* ond yn awr cwppanau aur, a phregethwyr *pren.* **1795** *R. Crusoe* 107, yn llawn o farbariaid arfog a bwau saethau, polion a chleddyfau *prenniau.* **1800** W. OWEN-[-PUGHE]: *CP* 33–4, hoelion *preniau.* Ar lafar, 'tŷ *pren* . . . llwy *bren* . . . cyffyla *prenia*', *WVBD* 442; 'Dara i ddewis dy *bren* a fi næ'r ford o'r *pren* ddewisi di'.

(*c*) Darn o bren, ffon neu wialen bren, boncyff, darn o goed defnydd, e.e. nenfforch; coelbren; gwaywffon; ?arch: *piece of wood, wooden stick or staff, log, piece of timber, e.g. cruck; omen-stick, lot; spear; ?coffin.*
13g. *LlI* 41, O deruyd e uach a kennogen kyuaruot ar pont un *pren.* **14g.** *WML* 32, *Pren* ageiff o pop pwn kynut adel trwy yporth. A*phren* heuyt o pop benneit. **14g.** *LlB* 95, Pwy bynnac a losco neuad y brenhin, pob *prenn* a gynnhalyo penn y ty, vgeint a tal y'r brenhin. *id.* 114, Tri *phren* yssyd ryd yn fforest y brenhin: *pren* crib eglwys, a *phren* peleidyr a wnelher reit y brenhin ohonunt, a *phren* elor. *id.* 115, Tri *phrenn* a dyly pob adeilwr maestir y gaffel y gan y neb pieiffo y coet, mynho y coetwr na mynho: nenbrenn, a dwy nenfforch. **14g.** *T* 7. 15–16, wyf eissyg-*pren* kyfyg argerd. *id.* 62. 25–6, preid lydan *pren* onhyt yw vy awen. **14g.** *B* xviii. 147, A phann aeth yr ebestyl y bregethu y bettryvannoed byt val y delei o *brenn* vdunt. **14g.** *RC* xxxiii. 216, Yna y buryassan *brennev* y edrych beth a wnelei pob vn. **1604–7** *TW* (*Pen* 228), *prennyn* d.g. *bacillum.* **1696** *CDD* 131, Ar ôl cropian a chodi, a cherdded wrth *Brenni,* / Daw gwedi ei ddireidi, i dda rodio. **1722** *Llst* 189, *prennyn,* m. a small stick, truncheon. **1803** *P, pren* . . . a piece of wood. Ar lafar yn Arfon clywir yr ymad. 'hel dy *brenia!* (i.e. "stumps")', *WVBD* 201; hefyd yng nghyd-destun maint esgidiau, '*Pren* saith ydi 'nhroed i', *id.* 442.

(*d*) Croes (Crist); crocbren, sibed: (*Christ's*) *cross; gallows, gibbet.*
13g. *B* ix. 340, adoli *prenn* e groc. **1346** *LlA* 19, Paham ymynnawd ef varw ary*prenn.* paham arygroc. *c.* **1400** *R* 1195. 15–16, uab meir wenn ar *brenn. id.* 1198. 24, Doeth delw nenn ar *brenn* breinyawl. *id.* 1199. 26, ar *brenn* hynot. yor brenhinawl. *id.* 1217. 25–6, Mawr greawdyr brynawdyr ar *brenneu. id.* 1234. 30, am berchen o *brenn* abrynawd pumoes. *id.* 1280. 25, urdawd abreinyawd yw *brenn.* ?**15g.** *IGE*[2] 97, A'i boen, ar Wener y bu, / Ar un *pren* er ein prynu. **1551** W. SALESBURY: *KLl* xlib, ag ae crocasent ar *brenn.* **1588** *Esth* vii. 10, hwynt a grogasant Haman ar y *prenn,* yr hwn a barase efe ei ddarparu i Mordocêus. **1588** *Gal* iii. 13, melldigedic yw pob vn sydd yng-hrog ar *bren.* ?**1736–7** L. MORRIS: *LW* 223, Ystori y *Pren* y dioddefodd Crist arnaw.
Cfn.: **pren bara:** *kneading-board.* Ar lafar yn sir Benf. a sir Gaerf., *Geir Geg* 148. Gthg. *p. bara* yn y *Cfn. Bot.* isod. **p. bola:** *stick used to keep a slaughtered pig's belly open.* Ar lafar yng nghanolbarth a godre Cered. **p. y fuchedd:** *tree of life* (*in religious context*), *also used of Christ's cross.* **1346** *LlA* 11, yrhwnn avwyttaey o *brenn yuuched* ny chleuychey vyth. ac ny bydhey varw vyth. **16g.** WILIAM LLŶN: *Gw* (R.

Stephens) 206, Y Mastr Siôn, rymuster Sedd, / Fychan, fal *pren y fuchedd*. ?**1736–7** L. MORRIS: *LW* 223, *Pren y Fuchedd* Ymma y canlyn Ystori y Pren y dioddefodd Crist arnaw. **p. (y) bywyd:** *tree of life (in religious context), also fig.* **1567** *TN* 398b, *pren y bowyd.* **1588** *Diar* iii. 18, *Pren bywyd* yw hi [doethineb]. **1656 (1745)** *MLl* ii. 191, [*P*]*ren y Bywyd*, yr hwn yw Gair Duw. Gthg. *p. y bywyd* yn y *Cfn. Bot.* isod. **p. caled:** *hardwood.* **20g. p. carreg:** *fossil.* Ar lafar ym Morg., *Geir Glo* 56. **p. y gerwyn:** *stick used to stir beer in the vat.* Ar lafar yng ngodre Cered., *TGG* (1907–8) 99. **p. coctel:** *cocktail stick.* **20g. p. crochan, p. crochon:** *wooden pot-stand placed on table.* Ar lafar, *Geir Geg* 148. **p. croes:** (*Christ's*) *cross.* **15g.** *Aberystwyth Studies* xiv. 51. **1595** H. LEWYS: *PA* [249]. **1826** TWM O'R NANT: *GG* (Rhuthun) 69. **p. crog, p. y grog:** (*Christ's*) *cross; gallows, gibbet.* **13g.** *B* ix. 340, adoli *prenn e groc.* **1346** *LlA* 136, dyw gwener ydiodefuawd iessu ym*prenn croc.* *c.* **1400** *R* 1159. 31–2, 1173. 41. **1567** *LlGG* 132b. **1632** *D* d.g. *patibulum.* **p. cynnal:** *prop.* **1688** *TJ*, Atteg, *pren Cynnal*, a Prop. **1752** J. THOMAS: *FG* [371]. Ar lafar ym Môn, *LlLlM* 101. **p. cyfrif:** *tally(-stick).* **20g. p. defnydd, p. deunydd:** (*tree used for*) *timber.* **1604–7** *TW* (*Pen* 228), *pren defnydd* d.g. *acer.* **1696** *CDD* 39, Torri' *prenn deŷnŷdd.* **1765** *W Ballads* 83, 3, [*p*]*renie deunydd.* **p. degwm** = **p. gwybodaeth. 15g.** GWILYM TEW: *Gw* 463. **16g.** SIÔN BRWYNOG: *C* 137. *c.* **1621** *IMCY* 245. **p. deunydd,** gw. *p. defnydd.* **p. dioddef:** *gallows, gibbet;* (*Christ's*) *cross.* *c.* **1400** *R* 1164. 36–7. **1632** *D* d.g. *crux, patibulum.* **1632** J. DAVIES: *LlR* 473. **1773** *W* d.g. *gallows.* **preniau duon:** *kiln-sticks.* **1803** *P* d.g. *llymwydd.* **pren golchi:** *washboard.* Ar lafar yn y Gogledd, *Folk Life* xix. 46. **p. gosod** = **p. plannu. 1604–7** *TW* (*Pen* 228) d.g. *pastinum.* **p. grafel, p. gorafael:** *manteltree.* **1899.** Ar lafar yng ngodre Cered., '*pren grafel*', *TGG* (1907–8) 107. **p. grut:** *strickle (for whetting).* **1936–7.** Ar lafar ym Meir. **p. gwaedu:** *stick used to strike the fleam in blood-letting.* **[1762]** E. POWELL: *HEI* 62. Ar lafar yn ne-orllewin sir Gaerf., *TGG* (1907–8) 84. **p. gwaharddedig, p. gwarddedig:** *forbidden tree (with ref. to Gen ii. 17).* **1632** J. DAVIES: *LlR* 75, y *pren gwaharddedig.* **1656 (1745)** *MLl* ii. 191, y *Pren gwaharddedig.* **18g.** *W Ballads* 195, 3, y *pren gwarddedig.* Cf. D. GWENALLT JONES: *YA* 101, Dolennaist dy gyfrwystra'n blyg a phlyg / Fel iorwg ar y gwaharddedig bren. **p. gwely:** *bedstead.* **1701** J. OWEN: *YE* 15, *prennau gwelau.* **1750** *W Ballads* 147, 4. **1770** *W* d.g. *a bedstead.* Ar lafar. Cf. *TM* 56, Cadd Prys o Bantypandy / Rhyw golled fawr eleni, / Sef colli'r tŷ oedd uwch ei ben / A phart o *bren ei wely.* **p. gwybodaeth (da a drwg):** *tree of the knowledge of good and evil.* **1588** *Gen* ii. 17, [*p*]*ren gwybodaeth da a drŵg.* **18g.** *LlGC* 57, ii. 2, fy nghalon [Efa] sydd ar dori ganweth / na allaswn beidio a *ffren Gwybodeth.* **p. gwyn:** (i) *whitewood.* **20g.** (ii) *rotten wood.* **1772** *W* d.g. *daddock, spunk* [*rotten wood i.e. touch-wood*], *touch-wood.* (iii) *finger-post.* **1905. p. gwystn:** *rotten wood.* **17–18g.** *Llst* 133, 59a, Prin yw ystod *pren wstyn* / Prinach fydd diwedydd Dyn. **1725** *SR* d.g. *touch wood.* **[1783]** *W* d.g. *spunk* [*rotten wood i.e. touch-wood*], *touch-wood.* **1789** *BDG* 528. **p. haenog:** *plywood.* **20g. p. hollt:** (i) *long wooden wedge used for splitting timber.* Ar lafar yn sir Benf., *GDD* 233. (ii) *split firewood.* Ar lafar yn sir Gaerf., ''Sdim *pren hollt* i gâl 'ma yn unman'. **p. hufen:** *stick used to stir cream thickening in the pot.* Ar lafar yng Nghered., sir Benf., a sir Gaerf., *Geir Geg* 148. **p. ieir:** *roost.* Ar lafar yn y Canolbarth, *LGW* 369. **p. lladd:** *wooden knocker for killing fish.* Ar lafar yng Ngwynedd, *B* xxv. 54. **p. llaesod:** *the timber in the rear of the standing in a cowshed.* Ar lafar ym Mhenllyn, *B* iii. 206. **p. lledu:** *stick used to keep a slaughtered pig's body open.* Ar lafar yn nwyrain Morg. **p. llymru:** *flummery-stick, porridge-stick.* Ar lafar yn y Gogledd, *Geir Geg* 148. **p. magl:** *net-mesh gauge.* Ar lafar ymhlith pysgotwyr glannau Teifi, J. G. JENKINS: *NC* 132. **p. mawnog:** *bog oak.* **1866.** Ar lafar yn Arfon. **p. meddal:** *softwood.* **20g. p. mesur:** (i) *measuring-rule, ruler, also fig.* Ar lafar yn Arfon, *WVBD* 442; hefyd ym Morg. a sir Gaerf. yn yr ystyr 'darn hir o bren . . . i fesur coed . . . ac ati: gellid ymestyn neu gywasgu'r pren yn ôl y galw', *Geir Glo* 91. (ii) *strickle (used in strike-measure).* **1604–7** *TW* (*Pen* 228) d.g. *radius.* **1725** *SR* d.g. *a Strikle to strike Corn.* (iii) *cobbler's last.* Ar lafar yn Arfon, *WVBD* 442. **p. mwdwl:** *pole around which sheaves are placed to form a stack, stack-pole.* **15g.** *GTP* 42, Mae o hyd cu, meudwy cŵl, / Mwyedig fal *pren mwdwl.* **p. naw:** *land-yard or measure of 13·5 feet.* **1814** W. DAVIES: *Agric . . . S. Wales* ii. 504. Cf. *Arch Camb* xiii. (1896) 7, In South Wales I believe it was formerly called *pren naw* (= rod of nine), as containing nine cyfelinau, or cubits of one foot and a half each. Cf. *llath, llathen*, a'r cfn. *p. wyth* isod. **preniau (prennau) odyn:** *kiln-sticks.* **1803** *P*, *preniau odyn* d.g. *llymwydd.* **pren plan:** *planted tree, also fig.* **15g.** *GLGC* 393, *Pren plan* yn Llan Gynllo oedd [marwnad Hywel Goch ap Rhys ap Dafydd]. **1632** *D* d.g. *planta.* **1745** W. WILLIAMS: *Aleluja* iii. 7, Câf fwyta ffrwythau *prenniau plan*, / Ar hyd lan afon bywyd. **p. plannu:** *dibble, dibber.* **1632** *D* d.g. *pastinum.* **1780** *W* d.g. *a planting-stick, setting-stick.* **p. pobi:** *peel, baker's shovel.* *Dchr.* **17g.** *J* 10, 133a, *pren pobi*, bat. **18g.** *Beirdd y Berwyn* 42. **18g.** L. MORRIS: *LW* 173. **p. pysgod:** *wooden knocker for killing fish.* Ar lafar ymhlith pysgotwyr glannau Teifi, J. G. JENKINS: *NC* 131. **p. rhaffau:** *wooden instrument used in making hay-ropes.* **1906.** Ar lafar yn y Gogledd, *WVBD* 442; *B* xiv. 292. **p. sucan:** *flummery-stick, porridge-stick.* Ar lafar yn sir Benf., *Folk Life* xii. 36. **p. tagu:** *hollow piece of wood used to allow an animal to breathe until an obstruction is cleared.* Ar lafar ym Môn, *ISF* 61. **p. taflod:** *roost.* Ar lafar yn y Canolbarth yn y ff. *pren talfod*, *LGW* 369. **p. taro:** *piece of wood held against a vein while bleeding a horse with a fleam.* Ar lafar yng Nghered. **p. teisen:** *rolling-pin.* Ar lafar yn ne Morg., *Geir Geg* 148. **p. troed:** *cobbler's last; boot- or shoe-tree.* **1547** *WS*, *pren troed*, a laste. **17g. (18g.)** *CLlC* ii. 22, *prennau traed.* **1725** *SR* d.g. *a last.* **1803** *P* d.g. *pren.* **p. troi rhaffau:** *wooden instrument used in making hay-ropes.* **1929. p. tyllu:** *piece of wood connected to a drill and placed against a collier's stomach as he drilled.* Ar lafar yng ngorllewin Morg. yn y ff. *pren twllu*, *Geir Glo* 80. **p. twysg:** *stick for holding thread or yarn in spinning.* Ar lafar yn sir Benf. yn y ff. *pren twshg*, *GDD* 233. **p. uwd:** *flummery-stick, porridge-stick.* Ar lafar yn sir Benf., *Folk Life* xii. 36. **p. wyth:** *land-yard or measure of 12 feet.* **1814** W. DAVIES: *Agric . . . S. Wales* ii. 504. Cf. *Arch Camb* xiii. (1896) 8, It was in South Wales sometimes called *pren wyth* . . . as containing eight cyfelinau or cubits (8 [×] 1½ = 12). Cf. *p. naw* uchod.

Bot. **pren yr ach:** *mistletoe, Viscum album.* Ar lafar gynt yn sir Benf., *GDD* 233. **p. Adda:** *japonica, Japanese quince, Chænomeles.* Ar lafar yng Nghered., G. AWBERY: *BM* 20. **p. afalau:** *apple tree.* **1620** *Can* ii. 3. **1632** *D* d.g. *malus.* **1770** *W* d.g. *an apple-tree.* Ar lafar, gw. *LGW* [418]–19. **p. afalau surion bach:** *crab-apple tree, Malus sylvestris.* Ar lafar yng ngodre Cered., *TGG* (1907–8) 99. **p. almon(d), p. almons:** *almond tree.* **1588** *Pr* xii. 6, blodeua'r *pren Almon.* **1604–7** *TW* (*Pen* 228), *prenn Almons* d.g. *amygdala.* **1722** *Llst* 190, *pren almond*, an almond tree. Ar lafar yng Nghered. clywir *pren almon* yn yr ystyr 'guelder rose, *Viburnum opulus*', G. AWBERY: *BM* 41. **p. arel:** *bay tree, laurel, Laurus nobilis.* Ar lafar yng ngogledd sir Gaerf. a godre Cered., W. J. DAVIES: *HPLl* 305; hefyd yn y ff. *p. orel*, *TGG* (1907–8) 99. **p. awyr:** *mistletoe, Viscum album.* **1813** *WB* 228. Ar lafar ym Morg., *LlGC* 1171, 168. **p. balsa:** *balsa-wood, wood of the balsa tree, Ochroma lagopus.* **20g. p. balsam:** *balsam tree.* **1819. p. bara:** *breadfruit tree, Artocarpus communis.* *c.* **1762–79** W. WILLIAMS: *P* 122. Gthg. *p. bara* uchod. **p. bara a chaws:** *hawthorn, Cratægus monogyna.* Ar lafar yn sir Ddinb., G. AWBERY: *BM* 42. **p. bocs, p. bocys:** (*wood of*) *box tree, Buxus sempervirens.* **1547** *WS*, *pren bocks*, a boxe tree. **16g. (1763)** W. SALESBURY: *LlM* 165. **1620** *Eseia* xli. 19, [y] *pren box* (**1746** *ib. pren bocys*). **1718** *Llsgr R. Morris* 86. Ar lafar yn y Gogledd a gogledd Cered. **p. Brasil:** *Brazil-wood or tree, (wood of) any tree of the genus Cæsalpina.* **1604–7** *TW* (*Pen* 228) d.g. *acanthinum lignum.* **p. bresych:** *cabbage tree, Roystonea oleracea.* **1816. p. y fuwch:** *cow-tree, Brosimum galactodendron.* **1861. p. y bywyd:** (i) *thuja, thuya.* **20g.** (ii) *yew, Taxus baccata.* Ar lafar yn ne-orllewin sir Gaerf., *TGG* (1907–8) 84. (iii) *guaiacum.* **1725** *SR* d.g. *lignum Vitæ.* **1759** J. EVANS: *PF* 79. Gthg. *p. y bywyd* uchod. **p. canel:** *cinnamon tree.* **1725** *SR* d.g. *cinnamon.* **1772** *W* d.g. *cinnamon-tree.* **p. castan:** *horse chestnut tree, Æsculus hippocastanum.* Ar lafar yn ne-ddwyrain Morg. **p. cathau bach:** *willow, Salix caprea.* Ar lafar ym Morg., G. AWBERY: *BM* 59. **p. ceirios (ceiro(e)s):** *cherry tree.* **1632** *D*, *pren ceiroes* d.g. *cerasus.* **1771** *W*, *pren ceiroes* d.g. *cherry-tree.* **p. ceri:** *wild service tree, Sorbus torminalis; rowan tree, mountain ash, Sorbus aucuparia; medlar, Mespilus germanica.* *Dchr.* **17g.** *J* 10, 66b, *pren ceri*, sorbus. **1632** *D* (*Bot*), *pren ceri*, sorbus torminalis. **1707** *AB* 90a, *Pren keri*, a medlar tree d.g. *mespilus.* **1813** *WB* 228, *Pren Ceri.* edr. Ceri,—Criafallen. **p. y gerwyn:** *bay tree, laurel, Laurus nobilis.* **1604–7** *TW* (*Pen* 228) d.g. *laurus.* **1722** *Llst* 189, *pren y gerwyn*, a bay-tree. **1813** *WB* 228. **p. ci:** *dogwood, Thelycrania sanguinea.* **1772** *W* d.g. *dog-berry-tree, or dog-tree* [*the cornelian cherry*]. Ar lafar yn sir Gaerf. **p. (y) clefyd melyn:** *barberry, Berberis vulgaris.* **1771** *PDPh* 12, *Pren y Clefyd melyn.* Ar lafar ym Morg., Brych., sir Gaerf., a sir Drefn., G. AWBERY: *BM* 15. **p. cnau:** *hazel tree, Corylus avellana.* **1778** *W* d.g. *nut-tree.* Ar lafar yn sir Gaerf. **p. concars** = **p. castan.** Ar lafar ym Mrych. a sir Ddinb., G. AWBERY: *BM* 44. **p. crabas:** *crab-apple tree, Malus sylvestris.* **1885. y p. y crogodd (y) Diawl ei fam:** *spindle tree, Euonymus europæus.* **1814** W. DAVIES: *Agric . . . S. Wales* i. 228, Spindle-tree . . . this is called in Welsh '*Y pren y crogodd D-l ei fam*'. Ar lafar ym Morg., '*Y Pren y crogodd y Diawl ei fam*'. *LlGC* 1175, 85. **y p. y crogodd y Gŵr Drwg ei fam arno:** *guelder rose, Viburnum opulus.* Ar lafar yn sir Drefn. Cf. *p. y Gŵr Drwg.* **p. cwrw:** *bay tree, laurel, Laurus nobilis.* *Dchr.* **17g.** *J* 10, 133a. **1718** *Llsgr R. Morris* 86. **p. cyrens ffug:** *flowering currant, Ribes sanguineum.* Ar lafar ym Morg., G. AWBERY: *BM* 18. **p. y ddannoedd:** *rose-root, Sedum rosea.* **1813** *WB* 228. **p. eirin duon:** *blackthorn, Prunus spinosa.* Ar lafar ym Morg., G. AWBERY: *BM* 30. **p. fyr, p. fer, prenfyr:** *fir tree, also fig.* **15g.** *HS* 9, Mastr Tomas dart ymyr / i barnaf i dy *brenn fyrr.* **15g.** *DN* 22, Bv ar dy rest, mewn brwydr oydd / *Brenn vyrr* yn bwrw niveroedd. *id.* 59, Oes ffawydd nas nydd, ne onn—yn wewyr? / Oes *brennvyrr* nas gyrr yn ysgyrion? **1772** *W*, *pren fyrr* d.g. *a deal-tree.* Ar lafar ym Morg. yn y ff. *pren fer.* **p. ffigys:** *fig tree, Ficus carica.* **1567** *LlGG* (*Sall*) 59b. **16g. (1763)** W. SALESBURY: *LlM* 203. **p. gellyg:** *pear tree, Pyrus.* **1604–7** *TW* (*Pen* 228) d.g. *pyrus.* **1761** *ML* ii. 319. **1796** T. PENNANT: *HWH* 6. **p. gochel:** *rowan tree, mountain ash, Sorbus aucuparia.* Ar lafar yn sir Benf., *GDD* 233, G. AWBERY: *BM* 51. **p. yr ornest** = **p. castan.** Ar lafar gynt yn ne-ddwyrain Morg. **p. gwêr:** *tallow-tree, esp. Sapium sebiferum.* *c.* **1762–79** W. WILLIAMS: *P* 137. **p. y Gŵr Drwg** = **y p. y crogodd y Gŵr Drwg ei fam arno.** Ar lafar yn ne-ddwyrain Morg. **p. gwrthbwys:** *palm tree.* **1632** *D* d.g. *palma.* **1722** *Llst* 189, *y pren gwrthbwys*, the palm-tree. **p. haearn:** ?*iron tree, ironwood.* **1844. p. helyg:** *willow, Salix.* **16g.** *THSC* (1923–4) (At.) 36. **p. labwrdd:** *laburnum.* Ar lafar yn nwyrain Morg. **p. licorys, p. licras:** *liquorice, root of the genus Glycyrrhiza.* *Diw.* **16g.** *WLB* 14, [p]edwaredd rann pwys o *brenn lycorys.* *c.* **1740** *LlM* 13, 14, [p]wys o *Bren Licoris.* **p. locust:** *locust tree, Robinia pseudacacia.* **1848.** Gthg. *locustbren.* **p. lliw:** *logwood, Hæmotoxylon campechianum.* **1725** *SR* d.g. *logwood.* *c.* **1730** *Thos. Lloyd D* (LlGC) 196a. **p. llwyf (llwyfen, llwyfanen):** *elm tree, Ulmus.* **1604–7** *TW* (*Pen* 228), *prenn llwyfen* d.g. *ptellea.* *id. prenn llwyf* d.g. *ulmus.* **1718** *Llsgr R. Morris* 86, *pren llwufanen*, elm tree. **p. mastig, p. mastic, &c.:** *mastic tree, Pistacia lentiscus.* **1604–7** *TW* (*Pen* 228), *prenn Mastic* d.g. *lentiscus.* **1620** *Sus* 54, lentysc-bren [:– *bren mastic*]. **1632** *D*, y *pren mastich* d.g. *lentiscus.* **1813** *WB* 228, *Pren Mastig.* edr. Lentisgbren, o'r hwn y difera gwm mastig. **p. melyn** [ansicr yw'r ystyr yn yr engh. gyntaf]: *barberry, Berberis vulgaris.* **13g.** *C* 49. 1. **1604–7** *TW* (*Pen* 228) d.g. *crispinus.* **1759** *BC* 516. **1813** *WB* 228. Ar lafar yn y Gogledd-orllewin, Cered. a sir Benf., *WVBD* 442, G. AWBERY: *BM* 15. Yn sir Ddinb. fe'i clywir gyda'r ystyr '*Forsythia*', *id.* 18. **p. olif:** *olive tree, Olea europæa.* **16g.** *THSC* (1923–4) (At.) 36. **1567** *TN* 385a. **16g. (1763)** W. SALESBURY: *LlM* 187. **p. orel,** gw. *p. arel.* **p. palmwydd:** *palm tree.* *Dchr.* **15g.** *GM* 10. **16g.** *Haf* 22, 389. **1632** J. DAVIES: *LlR* 526. **p. peatus:** *peach tree, Prunus persica.* **1835. p. pêr** [ansicr yw union ystyr yr engh. gyntaf]: *pear tree, Pyrus.* **15g.** *GLGC* 84. **1826** TWM O'R NANT: *GG* (Rhuthun) 216. **p. pererin:** *wayfaring-tree, Viburnum lantana.* Ar lafar yn sir Benf., *GDD* 233. **p. pinus:** *pine (tree).* **14g.** *GDG*[3] 3. **15g.** *GLGC* 414, 460. **1488–9** *BSM* 11. **p. pisgen., p. pisgwn:** *dogwood, Cornus sanguinea.* **1632** *D* (*Bot*), *pren pisgen*, *pren pisgwn*, cornus syluestris. The dogge berrie tree. **1772** *W*, *pren pisgen* (*pisgwn*) d.g. *dog-berry tree or dog-tree* [*the cornelion cherry*]. **p. plân:** *plane tree, Platanus.* **1632** *D* d.g. *platanus.* **1722** *Llst* 189. **1725** *SR* d.g. *a Plane Tree.* **p. poplys(en):** *poplar tree, Populus.* **1780** *W*, *pren poplys* d.g. *poplar, or a poplar tree.* **1795** J. THOMAS: *AIC* 129, [*P*]*ren poplysen.* **p. rhosyn:** (i) *rose bush.* **1923.** (ii) *rhododendron.* Ar lafar yng ngodre Cered., W. J. DAVIES: *HPLl* 306. **p. sago:** *sago palm.* *c.* **1762–79** W. WILLIAMS: *P* 123. **p. sarff, p. sarth:** *service tree, Sorbus domestica.* *c.* **1700** E. LHUYD: *Par* ii. 78, *pren Sarph* et corruptè *Pren Sarth* . . . Angli vicini Sarph tree. **1707** *AB* 285a. **p. siwgr:** *sugar-maple, esp. Acer saccharum.* **1866. p. sycamor:** *sycamore, Acer pseudoplatanus.* Ar lafar ym Mrych., *PGllC* iii. 98. **p. tafod menywod:** *aspen, Populus tremula.* Ar lafar yng ngogledd sir Gaerf. **p. tafod y merched** = **p. tafod menywod.** Ar lafar yn ne-ddwyrain Morg. **p. yw:** *yew, Taxus baccata.* **1547** *WS*, *pren yw*, an yw tree. **1632** *D* d.g. *taxus.* **1813** *WB* 95.

prenddysgl [*pren*+*dysgl*] *eb.* ll. *-au.* Dysgl bren, trensiwr: *wooden vessel, trencher.*
1848.

preneiddiwch [*prennaidd*+*-iwch*[1]] *eg.* Yr ansawdd neu'r cyflwr o fod yn brennaidd, hefyd yn *ffig.*: *woodenness, also fig.*
1916.

prenfol [*pren*+?*bol*; ?cf. *dyrnfol*, ond gw. hefyd *prennol*[1]] *eg.* ll. *-au*, *prenfyl.* Blwch, cist, coffr, neu gas (o bren); arch; (darn o bren, asgwrn morfil, neu ddur a roddir ym mlaen) staes: (*wooden*) *box, chest, coffer, or case; coffin;* (*busk of*) *corset.*

13g. *B* x. 28, Ef a gyweryws [*sic*] *prenvol* or fynitwyd ae rwymav o byc a llafneu heyrn. *c.* **1400** [*RB*] *WM* 241. 7–8, agori *prenuol* athynnu ellyn. *c.* **1400** *SDR*[2] 76, hithev a rwymawd agoryat y *phrenuol* wrth y lliein a oed ar y bwrd. *c.* **1400** *YSG* i. 112, A'r unbennes a gymerth y gyt a hi *prenvol* eureit. *c.* **1400** (*SG*) *HMSS* i. 339, nachaf vorwyn . . . yndyuot ymywn . . . a *phrenuol* tec yny llaw . . . yr wyf yndwyn ytt y llestyr hwnn. ac y mae yndaw penn marchawc urdawl. **15g.** *GLGC* 282, llun *prenfol* dan gŵyr golau, / llun côr ar frawd iarll yn cau [i feddrod Tomas Fychan]. **1632** *D*, *prenfol*, arcula. vulgò Prennol. *id.* d.g. *arcella, capsa.* *c.* **1700** E. LHUYD: *Par* iii. 86, Maen y *prenvoel* [*sic*] '[C]arreg y Bwci ym mhlwyf Cellan, Ceredigion, maen ar lun cist a gysylltir mewn traddodiad â chladdfa', *B* viii. 21]. **1722** *Llst* 189, *prenfol*, m.p. *folau*, a box, chest, trunk, cabinet, desk, case to put a thing in. **1725** *SR* d.g. *a Busk that women wear.* **1740** T. EVANS: *DPO* 152, Cist-faen yw Gwâl neu Loches a wneir o chwech Carreg megis *Prenfol*, neu Gist. **1759** W. WILLIAMS: *SFf* 50, [ei] arian wrth ei ymyl yn ei *Brenfol.* **1803** *P.* **1828** *Geir Pob* 8, Drôrs, îslodrau, tan-glôs; hefyd cist-logellau, *prenfyl*. Ar lafar yn ardal Brynaman yn y ff. *prembol* '[c]offor bach', *B* viii. 20–1.

prenfrig, gw. **pren+brig.**

prenfyr, gw. **pren—p. fyr.**

preniaf, prennaf: prenio, prennu [bf. o'r e. *pren*; cf. Crn. C. *prenne*, Llyd. C. *prennaff*] *bg.a.*

(*a*) Bolltio (drws), bario, cau (person) allan: *to bolt* (*a door*), *bar, shut* (*someone*) *out.*

16g. *GIIIV* 2, Nad un drws a nodwn draw / Heb ar unwaith i *brenniaw*. **16–17g.** *PCWG* 14, ar feder i ti *brennio* r drws dynnach dynnach. **1604–7** *TW* (*Pen* 228), trosol neu brenn drws, yw *brennio* 'n dynn d.g. *patibulum.* **1620** *Neh* vii. 3, caeant y dryssau, a *phrenniant* (**1588** *ib.* [c]lohigant). **1632** *D*, wedi ei *brennio*, wedi rhoi bôllt arno d.g. *oppesulatus.* **17g.** *Brog* 6, 111, prynwch ddûsg *prennwch* i ddor / rhagddynt lle ni bo rhagddor. **1658** R. VAUGHAN: *PS* 49, A phan fyddo y rhai diofal ynfydion yn cael eu *prennio* au cloi ai cau allan o ddrysau yr hyfrydwch nefol. **1722** *Llst* 189, *prennio*, to bolt a door. **1727** J. JONES: *DFF* 169, a Byllt mawrion yn *prennio* 'r Dorau. *c.* **1729** S. RHYDDERCH: *LlCD* 335, Oll ymaith oddiwrtho, mae'r Drŵs wedi i *brennio*. **18g.** *W Ballads* 106, 8, Wrth ddrws trigaredd rhwyr cyro, / Medd ein prynwr wedi *prenio*. **1770** *W* d.g. *to bar a door.* **1803** *P.*

(*b*) Cyffio, stiffio: *to become stiff or numb.* **1873.**

prenial [*pren*+?*gâl*[1] (cf. *peleidral*); cf. Gwydd. C. *cranngal*, 'coed defnydd, pren, (paladr) gwaywffon, (pelydr) gwaywffyn'] *eb.g.* Brwydr neu ymladdfa (â gwaywffyn), ?hefyd yn *ffig.* marwolaeth; ?ffrâm weu; blwch, arch: *battle or fight* (*with spears*), ?*also fig. death*; ?*weaving-frame*; *box, coffin.*

12g. *MA*[2] 237a. 45–6, Lliwgoch tref Ual / Llid brid *brenial* braidd wasgarawg (Seisyll Bryffwrch). **13g.** *LlI* 93, *prennyal* guedes, xxiiij. **13g.** *A* 18. 11–12, dymgwallaw gwledic dal. oe brid *brennyal*. *c.* **1300** *H* 2b. 23, cad rac tal prydein *prennyal* uechyt (Meilyr Brydydd). *id.* 40b. 7, ys gwrtualch ym*prennyal* (Cynddelw). *id.* 50b. 17–18, Am ywein prydein pryderi haual. *prennyal* ymdial ym diodi (Cynddelw). *Dchr.* **14g.** *id.* 112b. 12–13, pwyr gle[w] llew llit aer ddywal ae deily kyfrwg dwy *brenyal* (Llywarch Llaety). **14g.** *T* 30. 3, *prenyal* yw y pawb y trachwres. **14g.** *GDG*[3] 396, Dilys, ni bu hudoliaeth / O *brenial* wan weithian waeth. *c.* **1400** *R* 1038. 1, *Prennyal* dywal gal ysgwn. *id.* 1340. 6–7, Gwarac yspringal. gwarr carr cwrr *prennyal.* **15g.** *RWM* i. 400, *prenial* = yssgrin. **1632** *D*, *prennial*, yw ysgrin, ait G[wilym] T[ew]. Loculus, arca. **1722** *Llst* 189, *prennial*, m. a coffin. **1772** *W* d.g. *coffin.* **1803** *P*, *prenial*, s. m. a coffer or shrine of wood.

preniog, gw. **prennog.**

prenlleswch, prenllunswch, gw. **penlleswch.**

prennaf: prennu, gw. **preniaf: prenio.**

prennaidd [*pren*+-*aidd*] *a.* Wedi ei wneud o bren, tebyg i bren neu goeden, hefyd yn *ffig.*: *wooden, wood- or tree-like, also fig.*

1604–7 *TW* (*Pen* 228) d.g. *arboreus.* **1766** *FfA* 12, Proffeswyr *prenaidd*, yngardd Duw. **1776** *W* d.g. *ligneous.* **1803** *P.* Ar lafar, 'Un *prennadd* budur welas i a', 'pregethwr *prennaidd*'.

prennog, preniog [*pren*+-(*i*)*og*] *a.* Wedi ei gyfansoddi o ddefnydd ffibrog caled a ffurfir o sylem ac a geir mewn coed, llwyni, &c., coedaidd: *woody.*

16g. (**1763**) W. SALESBURY: *LlM* 232, ac a gwreiddyn *prennog.*

prennol[1] [*pren*+?-*ol*, ond gw. hefyd *prenfol*] *eg.* ll. *prenolau.* Blwch, cist, coffr, neu gas (o bren); arch; drôr, cloer, desg; hefyd yn *ffig.*: (*wooden*) *box, chest, coffer, or case*; *coffin*; *drawer, locker, desk*; *also fig.*

14g. *OBWV* 75, Y ferch wen o'r dderw *brennol*, / Arfaeth ddig yw'r fau i'th ôl [marwnad Lleucu Llwyd gan Lywelyn Goch ap Meurig Hen]. **15g.** *GGl*[2] 68, Pwrs hywerth Paris wëad, / *Prennol* aur nis prynai wlad. **15g.** *DE* 51, *prennol* i gadw per annerch / pantri rrwng seleri serch [i'r cusan]. **16g.** *GLD* 21, Pwy penaig pob pen y wedd? / Pwy yw *prennol* pob rhinwedd? **1547** *WS*, *prennawl*, a focer. **16–17g.** *GST* i. 440, Paentiad heb wellhad na lles, / *Prennol* yw'n peri anwes. **1604–7** *TW* (*Pen* 228), *prennolæ* d.g. *aporreta, lateraria viatoria. Dchr.* **17g.** *J* 10, 133a, *prennol*, locker, deske, focer, scrinum, arcella. **1632** *D*, prenfol, arcula. vulgò *Prennol.* **1658** R. VAUGHAN: *PS* 447, O fy enaid ti wyt faen gwyrth i Dduw, dy gorph yw'r *prennol.* **17g.** HUW MORUS: *EC* ii. 375, *Prenol* ysbectol. **1725** *SR* d.g. *a Drawer of a table.* **1795–6** *Trys Gym* 32, a ddetholasant pa beth bynnag a chwennychent allan o'm *prennolau* a'm blwchllyfrau, (drawers and book-case). **1803** *P.*

Gw. hefyd **prenfol.**

prennol[2] [*pren*+-*ol*] *a.* ll. *prenolion.* Wedi ei wneud o bren; coediog: *wooden*; *sylvan.*

14g. *B* ix. 114, mordwyha kyw eryr y wrth y deheu ar *brenholyon* ueirch. ac ar ewinawc tonnyar y mor. **1604–7** *TW* (*Pen* 228) d.g. *durius.*

prennyn, gw. **pren.**

prensaer [*pren*+*saer*] *eg.* ll. -*seiri.* Saer coed: *carpenter.*

[**1547**] W. SALESBURY: *OSP*, Waeth waeth vaensaer, well well *brensaer.* **1604–7** *TW* (*Pen* 228) d.g. *carpentarius, faber lignarius.* *c.* **1730** *Thos. Lloyd D* (LlGC) 195b, *prensaer*, a carpenter. **18–19g.** *MA* iii. 273, Tri brodyr ferylltawd: gôv, maensaer, a *phrensaer.* **1803** *P*, *prensaer*, s. m. pl. *prenseiri*, a wright or worker in wood; a carpenter.

prenter, gw. **printer.**

prentis [bnth. S. C. *prentis* 'apprentice'] *eg.* ll. -*iaid.* Un sy'n dysgu crefft, un sy'n ymrwymo'n gyfreithiol am gyfnod penodol i ddysgu crefft (gan feistr) a derbyn cyflog fach yn ystod y cyfnod hwnnw, disgybl, dechreuwr, nofis; (prin) prentisiaeth: *apprentice, pupil, beginner, novice, tyro*; (*rare*) *apprenticeship.*

14g. *GIG* 143, Anodd i *brentis* fis fydd / Ystofi miliast efydd. *id.* 144, Ceisied pob *prentis* cyson / . . . / Telyn eirian i'w chanu / I rannu dysg o rawn du / . . . / Na cheisied, ddiged ddeugwyn, / Y dydd *brentisiaid* i'w dwyn [moliant i'r delyn rawn a dychan i'r delyn ledr]. **1547** *WS*, *prentys*, prentyce. **1567** *LlGG* 126a, A bid i bob . . . ryw berchen beri yw . . . gwasnaethddynion ai *prentisieit* . . . ddyfod ir Eccles. **1595** H. LEWYS: *PA* 42, Nid oes vn athro, na gwr o gelfyddyd, a gymer scolhaig, ne *brentis* yw ddyscu. **16–17g.** *DCR* 233, Ar coge . . . yn dilio i *prentisied.* **1632** *D*, *prentis*, tyro, discipulus. **1681** S. HUGHES: *AC* 24, hi aeth yn ebrwydd i lawr . . . i alw 'r *prentisiaid* a'r gweithwyr o'r shop. **1716–18** *Llsgr R. Morris* 22, Pan aeth i ffordd i wandrio / *ymhrentis* gorfu ymrwumo. **1730** A. MORGAN: *CES* [iv], cyfyngwyd arnynt [eglwysydd y Britaniaid] yn fawr drwy cyfreithiau [*sic*] anrhesymol, gan eu gwarafun i brynnu Tir . . . na chadw eu Plant at ddysceidiaeth, nai rhoddi yn *brentisiaid* i Grefft yn y byd. **1731** T. LEWYS: *BMA* 75–6, gyd â'r Meistr hwn y perffeithiodd Drygddyn ieuangc ei hun fwy fwy mewn drygioni . . . efe a ddaeth yn bechadur . . . cyn iddo ddyfod allan o'i *Brentis.* [**1740**] L. ANWYL: *NG*, hysbyseb, Richard Lathrop Argraphwr . . . yr hwn a fu *Brentis* i Thomas Durston. [**1761**] *GGJ* d.d., Y Gowrain Gelfyddyd o Japannio neu Rodd meistr iw *Brentis.* **1770** *W*, un yn dysgu crefft, *prentis* d.g. *apprentice.* **18–19g.** *GABC* 120, Nid ydyw *Prentis* ond isel-bris, / . . . / Gwag ei bocced, cyflwr caled, / Heb ddim i'w weled am ei waith. Cf. *Folk Life* xx. 51, The bottom-sawyer was known as the 'is-lifiwr . . . *prentis* . . . mab'. Mae *Prentis* yn enw ar gylchgrawn i ddysgwyr Cymraeg (1987–).

Cfn.: **prentis plwyf(ol):** *young person dependent on parochial relief indentured as an apprentice.* **1815.**

prentisaeth, gw. **prentisiaeth.**

prentisaidd [*prentis*+-*aidd*] *a.* Yn perthyn i brentis, nodweddiadol o brentis (yn enw. am waith anghelfydd): *pertaining to an apprentice, characteristic of an apprentice* (*esp. of unskilled work*). **1926.**

prentisfardd, gw. **prentis+bardd.**

prentisiad [bôn y f. ddil.+-*iad*[1]] *eg.* (Cyfnod) prentisiaeth: (*period of*) *apprenticeship.*

1753 *ML* i. 254, Tomos Evans (a wasnaethodd ei *brentisiad* gyda nhad). **1756** *id.* 411, aer Bodsilin . . . a wasnaethodd ei *brentisiad* i William ap Huw Williams y Seinar.

prentisiaeth, prentisaeth [*prentis*+-(*i*)*aeth*] *eb.g.* Swydd prentis, cyfnod o wasanaeth fel prentis, cyfnod dechreuol o hyfforddiant, hefyd yn *ffig.*; prentiswaith: *apprenticeship, also fig.*; (*piece of*) *work done by or characteristic of an apprentice.*

1545 *CM* 1, 110, para ddynn bynag Ayrer ir ysgol ne a Rwymer mewn *pr/entishaeth* i ddysgv ar lyure ne grefti dwylo. *c.* **1566** *B* i. 155, ordeiniwyd yr athrawon ar penceirddiaid gymryd dysgyblion wrth Riolaeth y gelfyddyd, nyd amgen vn ar vnwaith mewn dogyn o *brentisiaeth.* **1632** *D*, *prentisiaeth* d.g. *tyrocinium.* **1675** R. JONES: *HCh* 113, Efe [Jacob] a wasanaethodd ddau *Brentissiaeth.* **1677** R. JONES: *BB* 56, Hwn yw'r bywyd o Baratoad: Y nesaf yw 'r bywyd o Wobr neu Gospedigaeth . . . Hwn yw amser ein *Prentisiaeth.* **1687** (**1715**) J. OWEN: *TB* 72, y rhai sydd well ganthynt weled eu plant yn cardotta, na'i rhwymo i *brentisiaeth* i ryw gelfyddid, neu drâd gonest. **1718** M. WILLIAMS: *P* 8, Ysbyttai, lle y rhwymer Plant tlodion ar *Brentisiaeth.* [**1740**] L. ANWYL: *CA* viii, Pwy na wasanaetha *brentisiaeth* tostaf Crist'nogaidd, yn hyttrach na'i ymwerthu ei hûn. **1761** *ML* ii. 379–80, Cadpen Bedwart o Siamaica . . . E fydd ei wâs Sion Parri bach, a'i frawd Twm Parri, ill dau allan o'u *prentisiaeth* y flwyddyn nesaf. **1770** *W*, *prentisiaeth* d.g. *an apprenticeship.* **18–19g.** *GABC* 120, Cerdd, a ganwyd ar ddyfodiad Gwr Ieuangc adref pan oedd yn rhydd o'i *brentisiaeth.*

prentisiaf: prentisio [bf. o'r e. *prentis*] *bg.a.* Rhwymo (rhywun) yn brentis, hyfforddi fel prentis; mynd neu fod yn brentis: *to apprentice*; *be*(*come*) *an apprentice.*

1701 E. WYNNE: *RBS* 220, pobl tan erlid, gweddwon, ac ymddifaid eu dyscu neu eu *prentisio.* *c.* **1730** *Thos. Lloyd D* (LlGC) 188b, *prentisio*, to sett apprentice. **1770** *W* d.g. *to apprentice.* **1794** E. JONES: *CP* 14, y pennodol fwriad o *brentisio* plant.

Amr.: **prentysu. 1874.**

prentisiaidd, gw. **prentisaidd.**

prentisiedig [bôn y f. fl.+-*iedig*] *a.bfl.* Wedi ei brentisio: *apprenticed.* **1833.**

prentisiol [*prentis*+-*iol*] *a.* Yn perthyn i brentis neu i'w waith, nodweddiadol o brentis neu o'i waith: *pertaining to or characteristic of* (*the work of*) *an apprentice.* **1837.**

prentiswaith [*prentis*+*gwaith*[1]] *eg.* Gwaith neu ddarn o waith prentis neu ddechreuwr, gwaith neu ddarn o waith nodweddiadol o brentis neu ddechreuwr: (*piece of*) *work by or characteristic of an apprentice or beginner.* **1928.**

prentysaf: prentysu, gw. **prentisiaf: prentisio.**

prep [?bôn y f. *prepiaf*: *prepian*] *eg.b.* (bach. g. -*yn*, b. -*en*). Prepgi, clebryn, clepgi, cleci, un sy'n hel straeon neu'n cario clecs, snêc; ceg; clap (melin): *chatterbox, gossip, blabber, tell-tale, sneak*; *mouth*; *clapper* (*of mill*).

1913. Ar lafar yn y Gogledd, *WVBD* 442; hefyd yn Arfon yn y ff. *prepyn*, *prepan.*

Amr.: **preb** [bôn y f. *prebiaf*: *prebian*]. Ar lafar yn sir Ddinb., 'Taw, yr hen *breb*', *Cymru* xlvii. 142, ac yn Arfon, hefyd yn y ff. fach. f. *preban.*

Gw. hefyd **pepryn**[2].

prepariaf: prepario [bnth. S. (*to*) *prepare*] *ba.* Paratoi: *to prepare.*

1568 MORYS CLYNNOG: *AG* 53, para fodd y dylai vn i *brypario* i hyn fal y galle yn deilwng gyme/ryd y santeiddiaf sacrafen? **1574** *RhRC* (At.) 123a, ny ni y crisnogion yw had abraham . . . mi *breparia* dy had ti dros byth. Ar lafar yn nhref Caernarfon yn y ff. *pario.*

prepen, prependur, gw. **prep, prebendur.**

prepgi [bôn y f. ddil.+*ci*] *eg.* Prep, clebryn, clepgi, cleci, un sy'n hel straeon neu'n cario clecs, snêc: *chatterbox, gossip, blabber, tell-tale, sneak.*

1913. Ar lafar yn y Gogledd, *B* xiv. 292.

prepiaf: prepian [?cf. *pepreth*, *peprwn*] *bg.a.*, weithiau gyda grym enwol i'r be. Baldorddi, preblian, clebran, hel straeon, cario clecs: *to chatter, prattle, gossip, blabber, blab, tell tales, sneak.*

1760 E. WILLIAMS: *UYB* 108, mae'n arferol i *breppian* ynghylch gwaed Crist o'n mebyd, fel pettae rhyw hên-chwedl. Ar lafar yn y Gogledd, 'Paid â *prepian* o hyd am frechdan', 'Mae o [plentyn] wedi dŵad i *brepian* pob peth', *WVBD* 442.

Amr.: **prebian. 1894** D. Owen: *GT* 193, Tra y byddai Harri yn sobr gwyddwn nad oedd berygl iddo *brebian*. Ar lafar yn sir Ddinb., *Cymru* xlvii. 142.

prepiwr [bôn y f. fl.+-*iwr*] *eg.* Prepgi, clebryn, clepgi, cleci, un sy'n hel straeon neu'n cario clecs, snêc: *chatterbox, gossip, blabber, tell-tale, sneak.*
1916.

preplyd [bôn y f. fl.+-*lyd*] *a.* Hoff o glebran, baldorddus, straegar, hefyd yn *ffig.*: *chattering, prattling, gossipy, also fig.*
1884. Ar lafar yn y Gogledd; hefyd yn yr ystyr 'chwannog i ateb yn ôl', K. Roberts: *TMC* 194.

prepyn, gw. **prep.**

prerin, gw. **pererin.**

pres[1] [?bnth. H. S. *bræs*] *eg.* ac *e.ll.* a hefyd fel *a.*

(*a*) Metel melyn sy'n aloi o gopr a sinc, elydn; gynt mewn ystyr letach, gan gynnwys copr ac efydd; hefyd yn *dros.*: *brass; formerly in a wider sense, including copper and bronze; also transf.*
15g. *GLGC* 413, A bod ym dafod o'r dur, / . . . / a'm calon a'm bron o *bres*, / ac yn faen gwyn y fynwes, / ni pharhawn, mwy no'r gawnen, / i gwyno pawb ag un pen [marwnad Gwenllïan ferch Owain Glyndŵr]. **15–16g.** *GLM* 135, Y ddihareb oedd eres: / ni ddaliai'r pridd ddulio'r *pres*. **15–16g.** *TA* 89, Y *pres* oedd parhaus iddaw / Yn oleu aeth yn i law. **1547** *WS*, *pres* ne efydd, brasse. **1567** *TN* 257a, Ped ymddiddanwn a' thavodeu dynion ac Angelion, a mi eb gariat . . . yr wyf val efydd [:– elydn, *pres*] yn seiniaw. *id.* 374a, Ay draed oeddent mal *pres* [:– elydn, alcam manol] coeth. **1588** 1 *Esd* viii. 27, dau o lestri o *brês* melyn dâ morr brydferth ag aur. **1632** *D*, *prês*, aes. **17g.** *DCR* 247, A chweigen pise o *pres* / oedd gen y diwres ladron / yn kroegleisio yn fawr i bar / yn poiri oddiar olwynion. **1687 (1715)** J. Owen: *TB* 117, gwelodd mewn gweledigaeth arall golofn o *bres*, mor ddisglair, a gogoneddus, fel na allei edrych arno. **1795** J. Thomas: *AIC* 284, *Prês* a wneir o'r Coppr drwy falu Lapis Calammaris yn fân, a'i gymysgu a Marwor . . . yna ynghylch 7 lb. o'r Cymmysg hwn wedi ei gymysgu a 5lb. o Goppr a'u rhoi mewn Ffwrnais Wynt. **1798** *WR* d.g. *bronze.* **1803** *P.*

(*b*) Arian cochion, arian (bath): *copper or bronze coins, money.*
1567 *TN* 15a, nac efydd [:– *pres*, bath, mwnei] yn eich gwregysae. **16–17g.** *RAGR* 387, Pob goludoc mawr i *bres*. **1787 (1812)** Twm o'r Nant: *PG* 8, A'r swn sydd am *brês* bychain a llawer bras bechod. *id.* 51, Ond bocsiaid llawn na wnai nhwy ddim lles, / Ysbariodd hi o *bres* byrion. Cf. D. Owen: *RL* 347, rydw i isio *pres*, a *phres* raid i mi gael neu starfio. Ar lafar yn y Gogledd a gogledd Cered., ''Oes gynnoch chi chwech o *bres* am chwech o wyn?', '*pres* celc', *WVBD* 443.

(*c*) (enghrau. mewn cyd-destun *ffig.* yn dynodi digywilydd-dra, hyfdra, &c.: *exx. in fig. context denoting shamelessness, brazenness, &c.*)
1588 *Eseia* xlviii. 4, O herwydd i'm ŵybod dy fod ti yn galed, a'th warr fel geûn haiarn, a'th dalcen yn *brês*. **1701** E. Wynne: *RBS* 247, Chwanega . . . fod Gwobrau'r Nefoedd mor ddirfawr a gogoneddus . . . a bod yn *brês* o ddigywilydd-dra (*that it is a shameless impudence*) ddisgwil cymmaint Gogoniant ar lai prîs. **18–19g.** *GABC* 54, A chwithau draws orthrymwyr drud, / . . . / Ceir gweled *pres* eich wyneb-pryd, / Yn hagru o wrid euogrwydd. Ar lafar, 'Ma gwynab o *bres* 'dag e'.

Fel *a.* Wedi ei wneud o bres, hefyd yn *ffig.*; yn cynnwys offerynnau pres (am seindorf, &c.); yn dynodi'r cyfnod yn hanes y ddynoliaeth rhwng Oes y Cerrig a'r Oes Haearn pan ddefnyddid arfau ac offer efydd: *made of brass, also fig.; brass (of band, &c.); Bronze (of Age).*
14g. *YBH* 64b, Ac yna y kymerth bown ffon *bres* ac a trewis teruagawnt ac ef. **14g.** *GDG*[3] 366, Llyma fal y cynghores / Y brawd â'r prudd dafawd *pres*. **14–15g.** *IGE*[2] 173, Rhodol *bres* yngres anghraff, / Ar hyd yr wybren yn rhaff [Rhys Goch Eryri i yrru'r ddraig goch]. **15g.** *id.* 230, Wrthaw y gwnair, gywair gaes, / Gloc *pres*, gwrles ac orlaes (Ieuan ap Rhydderch). **15g.** *CSTB* 3, Gofal am ddal meddyliau / A dorres y fynwes fau, / Ac yn y fron y cronnes / Fal pe rhoid afalau *pres*! **1588** *Gen* iv. 22, pob celfydd-waith *prês* a haiarn. **1632** *D*, corn *prês* d.g. *tuba.* **1681** S. Hughes: *AC* 33, Fe gipiodd unwaith ganhwyllbren *prês* o law 'r forwyn. *c.* **1700** E. Lhuyd: *Par* ii. 22, Arve *prês* a gawd yng All[t] y Voel. **1770** *W* d.g. *brass-, or brasen.* **1791** W. Williams: *MDR* 7, Ac o'r pulpit *pres* yn gwaeddu / Am i'r Shecin dd'od i lawr.

Cfn.: **pres plastig:** *plastic money.* **20g. p. poced:** *pocket-money.* **1895.** Ar lafar yn y Gogledd a gogledd Cered.

Gw. hefyd **pres**[4], **presen**[2], **presyn.**

pres[2], **près**[3] [?bnth. Llad. *pressus* 'gwasgfa, gwasgiad', ac o bosibl H. Ffr. *presse* a S. *press* (cf. *près*[1], *pres*[5]); dichon mai i *pres*[4] y perthyn rhai o'r enghrau. cynharaf] *eg.* Gwasgfa, gorthrwm, ymsang, tyrfa, hefyd yn *ffig.* am ryfelwr; (?geir.) brys, prysurdeb, uchafbwynt (marchnad, &c.): *press, oppression, crush, throng, also fig. of warrior; (?dict.) haste, busyness, height (of market, &c.).*
12–13g. *GLlLl* 52, Yrdang nad plygyad plymnwyd *bres* [i Rodri ab Owain]. **13g.** *Études* v. 97, Pressen wur pryssur *pres* olev (Cynddelw). *c.* **1300** *H* 4a. 34, tra charu pressent *pres* gynhywyll (*R* 1184. 19, kynnhywyll) [Gwalchmai i Dduw]. *id.* 6a. 13, teir praff prif lyghes wy *bres* broui [Gwalchmai i Owain Gwynedd]. *id.* 51a. 12, Oet brwysc breisc lafnawr can breityawr *bres* [marwnad Cadwallon ap Madog gan Gynddelw]. **14g.** *GDG*[3] 60, Cariad, lliw rhuddiad, yn lle rhoddai—*bres*, / Naws cyffes, nis caffai. *c.* **1400** (*SG*) *HMSS* i. 290, Y marchawc yd oed walchmei yn y geissyaw nyt yttoed ar benn yr un or ranneu. namyn ymperued y *pres* mwyaf. yn bwrw pawp o pobparth idaw yr llawr. *id.* 353, arthur agwalchmei adrawssant yn y *pres* . . . wynt adrawssant deu varchawc dan draet eu meirch yr llawr. **15g.** *GDLl* 159, Un hwyl y dygwn helynt, / Un *brés* [*sic*] â'r Tair Gormes gynt. **15–16g.** *TA* 287, Yn hynod gan frenhinoedd, / Ym *mhres* ieirll, ymarhous oedd. **1547** *WS*, *pres* ymsang, prease. **16g.** *THSC* (1923–4) (At.) 68, pan ddayth ef y vedyddio, ydd oedd yn gymaint *pres* y bobyl val na allodd yr ysgolhaic a oedd yn dwyn y gist ar olew [y dwyn] i'r esgob. **1632** *D*, *prês*, accelera-tio, festinatio. **1686** Ffoulke Owen: *Cerdd-lyfr* 145, Mae 'r drwm yn sowndio larwm, / A *phress* a rhodress rhydrwm. **1771** *W* d.g. *busi-ness, or busy-ness.* **1803** *P*, *prês*, s. m. . . . haste.

Cfn.: **pres cynhaeaf, p. gynhaeaf:** *the bustle or busy time of harvest, busy harvest.* **1753** *TR*, pres, (adj.) . . . *Prês gynhauaf.* **1771** *W*, Yr oedd hi'n *brês gynhauaf* d.g. *busy* [*active, diligent*]. . . *It was busy* [*the busy time of*] *harvest. id.* Ym *mhrês cynhauaf* d.g. *heat . . . in the heat* [*the busy time*] *of harvest.* **18–19g.** *Iolo MSS* 156, ni chefais i . . . amser . . . gan *bres* fy *nghynhaiaf* i wrando arnat. **1803** *P*, prês, a. . . . *Prês gynhauav*, a quick harvest. Cf. *SE MS* 387a, [*Prês gynhauav*], busy harvest (Dyfed). **p. marchnad:** *the height of the market, the busy time of the market.* **1722** *Llst* 189, *prês marchnad*, the height of market. **1771** *W* d.g. *busy* [*active, diligent*]. . . *the busy time* [*the height*] *of market.* **ym mh. ei waith (ei gwaith, &c.):** *at one's busiest.* **1771** *W*, *Ym mhrês eich gwaith* d.g. *business* [*employment* . . .]. . . *In the heat of your business. id.* Pan fôm *ym mhrês ein gwaith* d.g. *busy* [*active, diligent*]. . . *when we are busiest of all.*

Gw. hefyd **pres**[4].

pres[3], *e?g.* Dogn o fwyd i anifail: *measure of fodder.*
Ar lafar ym Morg., '*pres* o wair', '*pres* o wellt'.

pres[4] [dichon fod mwy nag un gair yma, ?defnydd ansoddeiriol o *pres*[2], ?defnydd ffig. o'r a. *pres*[1]] *a.* Buan, cyflym, sydyn, prysur; main (am sŵn), uchel, croyw: *quick, fast, sudden, busy; shrill, loud, clear.*
Diw. **15g.** *Pen* 53, 1, fynnon *bres* a a yn ddywres. ar dyfredd a gila. (Rhys Fardd). **16–17g.** *HG* 117, Gwrandewch arnai bawb er lles, yn traethy *pres* ganiadon. **16–17g.** *RAGR* 368, Caiff mynd yn *bres* lle by ddeyfes / ar Tlawd gwan lle ddaeth abram. **1672** R. Prichard: *Gw* 319, Beth sydd raid? mynega 'n *brês* [:– Yn groyw], / Ir rhai gais llês oddiwrtho. **1722** *Llst* 189, *prês*, (adj.) shrill, loud. **1753** *TR*, *prês*, (adj.) hasty, busy. **1764** G. Howel: *DB* 25, Y maesydd sy nawr yn blodeuo, / A'r ddurtur yn tiwno yn *bres*. **1789** *BDG* 521, Hed yn *bres* i wlad Essyllt, / Hedwr i'th oed hyd goed gwyllt. **18–19g.** *CRIM* 52, Cwyn, Wenno, cwyn, a chlyw'r uchedydd mwyn / Yn canu'n *bres* cysewyr tes, a gwyrdd-ddail ar bob llwyn. **18–19g.** *Llr C* 55, 105, *pres*, soon, quickly. **1803** *P*, *prês*, a. . . . quick, ready; hasty . . . llais *prês*, a sharp or shrill voice. Sil.

Am *pres gynhaeaf*, gw. **pres**[2]**—p. cynhaeaf.**

Gw. hefyd **pres**[1,2].

pres[5], gw. **près**[1].

pres[6] [?cf. *pres*[1] neu *près*[1], *pres*[5]] *e?g.* ll. -*i*. Rhan anhysbys o felin; (geir.) peusyd: *unidentified part of a mill; (dict.) mill-rind.*
1543 *B* viii. 296, Saith Gyfeiliorn melin . . . mynd or werthud allan or *pressi* bod yr olwyn yn kerdded yn groes. *id.* 298, kynal dwr bob amser ar y *pressi* ar pegyne. *id.* 299, y kafne bychen sy yn dwyn dwr at y *pressi*. **1607–11** *Pen* 216, 83, Mi a gynhalia ddigon o ddwr ar y *pressi* ar pegyne tra vo r velin yn malv. **1774** *W* d.g. *the ink of a mill.*

pres[7] [gair geir.; ?cf. *près*[1], *pres*[5]] *eg.* Cut, cwt, sièd: *shed.*
1803 *P*, *prês*, s. m. . . . *Prês* y moch, the resort or stye of the pigs; *prês* y cwn, the kennel of the dogs. Sil.

pres[8], gw. **prysg.**

près[1], **pres**[5] [bnth. S. *press* (cf. *pres*[2]); nid oes sicrwydd i ba adran y perthyn yr engh. gyntaf isod] *eg.* ll. *presi, presau.*

(*a*) Gwasg (win, gaws, &c.), gwryf, gwring, winsh: (*wine-, cheese-, &c.*) *press.*
1547 *WS*, *press*, presse. **1567** *TN* 389b, Ar Angel . . . y vwroedd hwynt y gerwyn gwin vawr digofent Dyw. a *phres* [:– phwll, gwascfa] gwin y gwascwyd allan or gaer, a gwaed y ddeith allan or *pres-y* [*sic*] gwin. **1828** *Geir Pob* 20, *prés*, gwasg, gwrŷf. Ar lafar yn ardal Llan-non, Cered., '*près* . . . math o wasg at wneud caws . . . yn dibynnu fynychaf ar golyn ac edau dro arno a phwysau ar drosol i'w gynorthwyo', *B* xiv. 283.

(*b*) Math o offeryn arteithio: *press* (*instrument of torture*).
16g. (*LlEG*) *Mos* 158, 494b, I hroddai Ef *Brese* o haiarn yr hwn a wesgid mor ffest ar i bysedd wynt. **16–17g.** *RAGR* 361, dan y *pres* yn gweiddi n chwurn / ai esgyrn yn ddrylliedig.

(*c*) Argraffwasg, gwasg argraffu: (*printing-*)*press.*
1606 E. James: *Hom* [viii], pan gosodwyd wrth ddechreu printio yr ail rhan ddau *bres* ar waith. **1730** J. Lewis: *CCPG* d.d., twyll a hudoliaeth rhyw bapurun Cableddus na fyn neb ei arddel, heb na Thâd na Mam, ond y *Press.*

(*d*) Cwpwrdd (dillad, &c.): (*clothes-, &c.*) *press.*
c. **1585** *Llst* 178, 97a, *presay* yn lla/wn sidan. Ar lafar yng Nghered. a sir Benf., '*près*, a wardrobe with shelves. The lower part usually has drawers', *GDD* 233.

Cfn.: **près caws:** *cheese-press.* **1604–7** *TW* (*Pen* 228), *press caws* d.g. *caseale.* Ar lafar yn y De. **p. dillad:** *clothes-press.* **1604–7** *TW* (*Pen* 228), coet defnydd *press dillat* d.g. *arbor. id.* d.g. *vestiarium.* **1617** *Minsheu* 381b. Ar lafar yng Nghered. **p. gwin:** *wine-press.* **1567** *TN* 389b.

Gw. hefyd **leinpres, pres**[2].

près[2] [bnth. S. *press* 'compulsory military enlistment'] *eg.* Gorfodaeth ar ddynion i ymuno â'r lluoedd arfog, ?presgang: *press, compulsory military enlistment, ?press-gang.*
[**1745**] W. Roberts: *FfM* 63, Fe ddaw 'r *Press* poeth, yn o brysur, / I roi gwaith ir holl nos Bregethwyr, / Mae 'n Harmi ni, Medda nhw, / Yn cwyno 'n rhy arw, eisiau Cynghorwyr / Enter Mr. Cabalier ar Press-Gang.

près[3], gw. **pres**[2].

presach, presiach [*pres*[1]+-*ach*[2], -*iach*[2] (At.)] *e.ll.* Arian mân, swm bychan o arian: *change (of money), small sum of money.*
1896.

presaf[1]**: presu** [gair geir., sef bf. o'r e. *pres*[1]] *ba.* Gorchuddio neu addurno â phres, efyddu: *to braze.*
1632 *D* d.g. *æro.* **1722** *Llst* 189, *presu*, to braze over. **1771** *W* d.g. *to braze, to cover with brass.*

presaf[2,3]**: preso, presu,** gw. **presiaf**[2,3]**: presio.**

presaidd [*pres*[1]+-*aidd*] *a.* Yn perthyn i bres, wedi ei wneud o bres, hefyd yn *ffig.* digywilydd, haerllug, wyneb-galed: *pertaining to or made of brass, brassy, brazen, also fig. brazen(-faced).*
1609 *Haf* 24, 613, mae gan aur euraid sŵnn: gan arian swn arianaidd; gan hayarn a phres sŵn hayarnaidd a *phressaidd*.

Cfn.: **presaidd ei dalcen:** *brazen-faced.* **1851. p. ei wyneb** (ll. *p. eu hwynebau*): *brazen-faced.* **1855.**

presant, present[2] [bnth. S. *present* 'gift'] *eg.* ll. -*au*, -*on.* Anrheg, rhodd: *present, gift.*
1867. Ar lafar yn y Gogledd.

presbiter, Presbiteriaid, &c., gw. **presbyter, Presbyteriad,** &c.

presbyter [bnth. S. *presbyter*] *eg.* (b. *-es*, ll. *-au*) ll. *-iaid, -on, -s. Egl.* (mewn eglwys esgobol) Gweinidog yn perthyn i ail radd yr offeiriadaeth a'i statws rhwng diacon ac esgob, offeiriad; (yn yr Eglwys Fore neu mewn eglwys Bresbyteraidd) henuriad, blaenor: *presbyter, priest; church elder.*
1658 R. VAUGHAN: *YPS* 27, A osodent or[s]eddfaingc i Grist . . . mewn eisteddfod o bennaethiaid? A thynnu i lawr yr hyn yr oedd eu Cynghorion ai Ecclwysi yn ei gynnal ai gadw i fynu mewn Angyffelybrwydd, o *Bresbeteriaid* [*sic*], neu Escobion? *id.* 39, na fyddwch mal *Presbyteriaid* beilchion . . . ar yr rhain y mae [Cyprian] yn achwyn am orthrymmu yr Ecclwys. **1707** *GREE* [vi], yr wyfi yn wîr *Bresbyter* a Gweinidog o Eglwys Loegr. **1740** *ALB* [3], a chyda 'r hôll Ostyngeiddrwydd a Pharch ag sydd Ddyledus oddiwrth *Bresbiter*, neu Henuriad, i Esgob o Eglwys Dduw. **1793** *Cylchg* 6, awdurdod cwnsli, cymmanfaoedd, esgobion a *phresbiters*, sydd ddynol.

Presbyteraidd [*presbyter*+*-aidd*] *a. Egl.* Yn perthyn i Bresbyteriaeth, yn perthyn i unrhyw un o nifer o eglwysi Protestannaidd a lywodraethir gan henuriaid ac sy gan mwyaf yn arddel mathau amrywiol o Galfiniaeth: *Presbyterian.*
1732–3 J. OWEN: *GB* 31, Ein Brodyr *Presbyteraidd.* **1775** *CY* 6, Hon oedd yr eglwys *bresbyteraidd* gyntaf yn Lloegr. *id.* 11, y dull *Presbyteraidd* o ddisgybliaeth eglwys. Cf. T. LEWIS: *HPF* 344, Sefydlwyd yr eglwys [yn yr Alban] yn ol trefn Geneva, yn *Brespiteraidd. id.* 362, blaenoriaid y Puritaniaid a gorpholasant eglwys *Brespiteraidd* yn Wandsworth.

Presbytereiddiaf: Presbytereiddio [bf. o'r a. bl.] *ba. Egl.* Gwneud yn Bresbyteraidd: *to Presbyterianize, Presbyterate.*
1880.

Presbytereiddiwch [*Presbyteraidd*+*-iwch*[1]] *eg. Egl.* Cymeriad neu natur Bresbyteraidd, Presbyteriaeth: *Presbyterian character or nature, Presbyterianism.*
1912.

presbyteres, gw. **presbyter.**

presbyteri [bnth. S. *presbytery*] *eg. Egl.* Henaduriaeth (eglwys Bresbyteraidd); corff o henuriaid neu offeiriaid: *presbytery* (*of a Presbyterian church*); *body of elders or priests.*
c. **1762–79** W. WILLIAMS: *P* 550, Calfin . . . a ymddarostyngodd i farn y *Presbitery*, a'r swyddogion gwladaidd. **1775** *CY* 6, Henuriaeth neu *Bresbyteri.* Cf. T. LEWIS: *HPF* 193, Ar y cyntaf, nid oedd [y Pab] ond gweinidog un gynulleidfa, yna y daeth yn gymmedrolwr sefydlog i *brespiteri* o weinidogion. *id.* 344, yr ail lys [yn Eglwys yr Alban] yw y *Prespiteri*, trugain a naw o nifer, yn cynnwys hyn a hyn o weinidogion . . . a henuriaid llywodraethol.

Presbyteriad [*presbyter*+*-iad*[3]] *eg.* ll. *-iaid. Egl.* Un sy'n perthyn i eglwys Bresbyteraidd, un sy'n arddel Presbyteriaeth: *a Presbyterian.*
17g. *CLlC* ii. 30, Rhag y Twrk a rhag y Scottiad / Rhag y Pab ar *Presbiteriad* / A llywodraeth Independiad / Libera nos domine. **1658** R. VAUGHAN: *PC* [vi], yr Anghrogynniaid, ar crogynniaid o *bresbiteriaid.* **1675** R. DAVIES: *PY* d.d., amryw athrawiaethau y Papistiaid, y *Presbyteriaid* . . . yn anghysson a'r Yscrythur Lân. **1732–3** J. OWEN: *GB* 32, Ym matter y Synodau . . . nid oes dim rhagor yn awr . . . rhwng y Gwŷr Cynulleidfaol â'r *Presbyteriaid* Saesonig. **1748** *ML* i. 130, Fe feddyliai bobl Môn mai gwŷr o gred y *Presbiteriaid* yw'ch pennaethiaid. **1775** *CY* 7, er iddo gael ei ddwyn i fynu yn *Bresbyteriad* yn Scotland. **1795** J. THOMAS: *AIC* 105, Pa fath sect y'w *Presbyteriaid?* . . . Pawb Sydd yn gwrthod i'r Eglwys weledig gael ei rheoli g[a]n Esgobion, euthr gan Enuriaid. **1798** W. RICHARDS: *CC* 6, Dyoddefodd Samuel Griffiths, yntef, am ei fod yn ffrynd i'r *Presbyteriaid*, a'i dylwyth yn gyffredin, yn perthyn i'r enw hwnnw.

Presbyteriaeth [*presbyter*+*-iaeth*] *eb.* System o lywodraeth eglwysig gan henuriaid: *Presbyterianism.*
1775 *CY* 10, fe aeth y *Bresbyteriaeth* yn lle esgobaeth yn eglwys Loegr. Cf. T. LEWIS: *HPF* 520, Mynnent ar y cyntaf i bawb addef mai yr unig lywodraeth eglwysaidd a drefnodd Crist yw *Prespiteriaeth*; L. EDWARDS: *Am Natur Eglwys* (1839) [iii], wrth Henaduriaeth, neu *Bresbyteriaeth*, y meddylir y drefn hono, pan y mae lluaws o eglwysi wedi ymgorpholi mewn cyfundeb â'u gilydd; ac yn cael eu llywodraethu gan gymdeithasfaoedd.

presbyteriaid, Presbyteriaid, ff. ll., gw. **presbyter, Presbyteriad.**

Presbyterian [bnth. S. *Presbyterian*] *eg.* ll. *-s.* Presbyteriad: *a Presbyterian.*
1677 R. JONES: *BB* 182, pa un bynnag . . . ai Protestant, ai Preladiad, ai *Presbyterian*, ai Independent. **1711** L. EVANS: *LlW* [3], Llythyr oddiwrth Weinidog o Eglwys Loeger at Ymneilltuwr o'i Blwyf, o Farn *Presbyterian.*

preseb [bnth. Llad. **presepe* < *præsēpe*, cf. Llyd. C. *presep*, Llyd. Diw. *prezeb*] *eg.* ll. *-au, -i.*

(*a*) Mansier; côr, stâl; stabl; hefyd yn *ffig.*: *manger, crib, cratch; stall, crib; stable; also fig.*
13g. *B* iv. 9, Gwell yr march en y vordwyt noc yn y *bressep.* **14g.** *WML* 16, Ac yn vn *presseb* y byd [march yr ynad llys] amarch y brenhin. **14g.** *WM* 177. 27–8, march peredur a welei yn vn *presseb* a march gwalchmei. *id.* 256. 34–6, mynet a oruc y llew y *bresseb* y march y orwed. *c.* **1400** *R* 1284. 10–12, pressent digouent katwent kiwdawt. *Presseb* glythineb glwth a y chnawt. *id.* 1339. 9–10, grawalt brych bressych *bresseb* garnyal. **1547** *WS*, *presep*, maunger. **1588** 1 *Br* iv. 26, yr oedd gan Salomon ddeugain mil o *bresêbau* meirch iw gerbydau. **1588** *Diar* xiv. 4, Lle nid oes mo'r ŷchen, gwag yw y *presebau.* **1588** *Eseia* i. 3, Yr ŷch a edwyn ei feddiannudd, a'r assyn *breseb* ei berchennog. **1595** H. LEWYS: *PA* 6, mor ddrygionus a chi Aesop, rhwnn a orweddai yn y *presep*, heb na phori y gwair i hun, nac eto gadel irr ych i bori chwaith. **1632** *D*, *preseb*, præsepe. **17g.** **(1716–18)** *Llsgr R. Morris* 158, cadw meddiant yn y plas 'n ddigon bras i *breseb* [Huw Morus i'r Rownded]. **1672** J. LANGFORD: *HDdD* 47, pan oeddid yn troi Eglwysydd yn *Bresebau* (*stables*). **1753** *TR*, *preseb*, a cratch, a rack or crib, a manger. **1800** W. OWEN-[-PUGHE]: *CP* 75, Bydd pob un mewn *preseb* pedair troedfedd a dwy fodfedd o lêd. **1803** *P.* Ar lafar yn yr ystyr 'mansier (yn y beudy a'r stabl)'.

(*b*) (enghrau. yn cyfeirio at stori'r Nadolig: *exx. referring to the Christmas story*).
14g. *RC* xxxiii. 221, Meir . . . a gyrchaud ystabyl. ac a ossodes y mab y meun y *presep.* *c.* **1400** *R* 1151. 32–3, Ych ac assen arglwyd pressen. *presseb* pieu. *id.* 1181. 23–5, pan uu ym*presseb* ympryssur wed. yr ych ar assenn gyt a iossed. **1551** W. SALESBURY: *KLl* iva, hi a escoradd [*sic*] ar e map kyntaf . . . ac ae dodes yny *presep.* *ib.* Chwi geffwch, y dyn-bychan yny gorn wedy ddody yn y *presep.* **16–17g.** *HG* 105, er i vod en vrenin gwych, ym*reseb* ych ag asen. **1632** J. DAVIES: *LlR* 197, daeth y doethion . . . i'w weled ef yn y *preseb.* **1696** *CDD* 362, Mewn *preseb* gwael anian, escore ar Fâb gwiw-lan. **1793** DAFYDD IONAWR: *CD* 218, Mewn *Preseb*! man pur isel, / Gorwedd wnai'r fwyn Forwyn fêl.
Amr.: **presen**[3] [?ff. wallus]. **16–17g.** *DCR* 264, ond mewn *presen* ych ag Asen / . . . i ganed Jesu.

presebaf: presebu [bf. o'r e. bl.] *ba.* Bwydo (anifeiliaid) wrth breseb: *to feed* (*animals*) *at a manger.*
1803 *P*, *presebu*, to crib.

preseddaf: preseddu, preseddfod, preseddwr, gw. **pryseddaf: pryseddu, pryseddfod, pryseddwr.**

preseident, gw. **president.**

presen[1], **present**[1] [bnth. Llad. **present-* < *præsent-*, bôn traws yr a. *præsēns*; am *-nt* > *-n*, cf. *arian*[1], *ariant, dyffryn, dyffrynt*] *eb.g.* a hefyd fel *a.*

(*a*) Y byd, y byd hwn, y ddaear, y byd sydd ohoni; y presennol; ?gwlad; hefyd yn *ffig.*: *the world, this world, the earth, present state of things; the present; ?country; also fig.*
9g. (*Juv*) *B* vi. 206, dicones pater harimed *presen. ib.* rit ercis d[i]raut inadaut *presen.* **13g.** *C* 70. 14–15, pop *pressent* ys hawod. **13g.** *Brut B* 75, pobloed e *pressent.* *c.* **1300** *H* 79b. 25–6, Ar duw a dewi deu niuerawc. yd gallwnn *bressen* bresswil vodawc (Gwynfardd Brycheiniog). *id.* 126a. 21–2, Yr adel o da o dala tir *pressent* presswyluod aghywir (Peryf ap Cedifor). **14g.** *T* 52. 25, Dremynt aweles *pressent* ny chymes. **14g.** *WM* 484. 26–7, rac rewinnyaw y *bressen* ny hebcorir ef odyno. **14g.** *GIG* 30, Braw eisoes oedd i'r *bresent* / Suddo ei gorff yn Swydd Gent. *c.* **1400** *R* 1040. 38, Pwyllei dunawt vd *pressen.* **15g.** *GHC* 18, Gruffudd, a rydd budd hyd ben, / Ap Rhys, fy nef a'm *presen.* **15g.** *GLGC* 285, Mair a roes nef ym *mhresen* / ar ystad yn Herast wen. **1578–85** *Rhyddiaith Gymraeg* ii. 77, ac oddiwrth bob perigl . . . yn y *bressent* hon ac wedi hyn yn y byd a ddaw. **1604–7** *TW* (*Pen* 228) d.g. *mundus.* **1632** *D*, *presen*, seculum præsens. **1735** L. MORRIS: *T* 15, nid Doethineb rhoi'r Nêf er Benthyg y *Bresen* [:- yr amser presennol]. **1803** *P* d.g. *presen, present.*

(*b*) Presenoldeb, gŵydd: *presence.*
1632 *D*, *presen*, præsentia. **1688** *TJ*, *presen*, Cydrycholdeb, gŵŷdd neu oflaen [*sic*] wyneb: presence. **1714** D. LEWYS: *CN* 21, Ei *bresen* am gwna lly'n yn ffres / Fel Cyscod Sypreswydden. *c.* **1730** *Thos. Lloyd D* (LlGC) 196a, brysia ymaes oth *Bresen.* Q. 110. **1758** *ML* ii. 76, daccw . . . Cardinal Hillary wedi anfon i'm air yr anrhydedda fi heddy ai *bresen.* **1780** *W* d.g. *presence* [*the being in the same place with, or in the view of, another; &c.*].

Fel *a.* ?Presennol, yn perthyn i'r byd hwn: *present, of this world.*
Dchr. **15g.** *IGE*[2] 167, A'i awen *bresen* heb rus (Llywelyn ab y Moel). **16g.** SIÔN BRWYNOG: *C* 19, Y Frenhines yn *bresen* / A farcia ŵyr Feurig hen. **16–17g.** E. PRYS: *Gw* 261, Person wyd, *presen* awdur, / Paladr, Cadwaladr, cae dur. **1793** DAFYDD IONAWR: *CD* 225, Brysient yr odfa *bresen* / Yng'hyd, cyn b'o'r Byd ar ben. Cf. *CEG* (1947) 3, A red y di-gred dros Brydain? Heb euedd, i bawb y mae cynnal Ein hynys rhag llanw anneddf yn dasg yn y *presen* dwrf.

presen[2] [*pres*[1]+*-en*] *eb.*

(*a*) Llestr pres: *brass vessel.*
1801 *MMf* 156, Gadewch iddi wneuthur dwr mewn *presen.*

(*b*) Math o sylffid haearn a geir weithiau yn gymysg â glo mewn gwythïen lo, pyrites haearn: *iron pyrites.*
Ar lafar yn gyff. yn ardaloedd glofaol y De, *Geir Glo* 56.

Gw. hefyd **presyn.**

presen[3], gw. **preseb.**

presenfa [*presen*[1]+*-fa, ma*] *eb.* Ystafell eang a ddefnyddir gan frenin neu bennaeth gwlad, &c., i dderbyn gwesteion: *presence-chamber.*
1780 *W*, y *bresenfa* d.g. *presence-chamber* [*in which the king, &c. receives company*]. **1809** T. JONES: *CCA* 147, brenin . . . yn ei *bresenfa*, lle mae'n eistedd ar ei orsedd.

preseniad, presennaf: presennu, gw. **presentiad, presentiaf: presentio.**

presennol [*presen*(*t*)[1]+*-ol*] *a.* hefyd fel *eg.* ll. *presenolion.*

1. (*a*) Yn bod neu'n digwydd yn awr, heb fod yn perthyn i'r gorffennol na'r dyfodol, cyfredol; yn perthyn i'r byd hwn, bydol, tymhorol; *Gram.* yn dynodi amser berf (gthg. *gorffennol* a *dyfodol*) a ddefnyddir pan fo'r weithred, y stad, &c., y sonnir amdani yn un a ystyrir yn gyfredol neu'n ddiamser (hefyd yn gyff. yn y Gymraeg i gyfeirio at y dyfodol): *present, current; worldly, earthly, temporal; present* (*of tense in gram.*).
14g. *T* 64. 10, Toryf *pressennawl* tra phrydein. **14g.** *WML* 17, gwell yw ygneitaeth no dim *pressenhawl.* *c.* **1400** *R* 1150. 26–8, kan yttoed angheu yn ankyueir. pawp *pressennawl* lwyth leith agkyweir. *id.* 1238. 3–4, Nychar hael drugar drygeu *presennawl.* *c.* **1400** [*RB*] *WM* 493. 5–6, ae yr eur ae yr aryant ae yrgolut *pressennawl.* **1546** *YLlH* [3], roes . . . gymmaint o ddonieu *pressennol* y genedyl kymry. Ny bydd llesgach y gennadhau yddyn ddonyeu ysprydawl. **1583** *LlGC* 716, 151a, o anadigeth Christ heyd y flwyddyn *presenol* hon, mae, 1583. *p.* **1584** G. ROBERT: *GC* [139], Pessaul amser sydd i ferf? . . . un *presennol*, tri darfodedig, ag un arddyfodawl. **1588** *Rhuf* viii. 38, na phethau *presennol*, na phethau i ddyfod. **1595** H. LEWYS: *PA* 86, fal . . . (heb law cosbedigaeth *presennol*) na ffoener ef yn dragwyddol. **1609** R. SMYTH: *CAC* 57–8, [yr] Eglwys *bresenawl.* **1630** *YDd* 14, yr holl amser â aeth heibio, ac â ddaw, sydd beunydd yn *bresennol* o flaen Duw. **1691** T. WILLIAMS: *YB* 220, er cynted neu *bresennoled* fyddo. **1768** J. ROBERTS: *R* 24, Rhowch y *bresenol* flwyddyn yn uchaf, ar flwyddyn y bu peth odditani yw thynu allan o'r flwyddyn *bresenol.* **1778** J. HUGHES: *BB* 124, Am fod yr oes *bresennol*, mo'r [*sic*] gnawdol a llygredig.

(*b*) Ac iddo effaith sydyn (am wenwyn, meddyginiaeth, &c.), yn gweithredu'n gyflym, sydyn: *having an immediate effect* (*of poison, remedy, &c.*), *immediate, sudden.*
Diw. **16g.** *WLB* 24, meddyginiaeth *presennol* rhag y drwc hwnnw. **1606** E. JAMES: *Hom* iii. 19, rhoddi ini feddyginiaeth *bresenol* yn erbyn clefyd mor enbaid.

id. 231, megis gwenwyn *presennol* marwol. *c.* **1762–79** W. Williams: *P* 129, cyffwrdd neu aroglu pa un sydd yn angau *presenol.* **1775** *W* d.g. *instant* [*present; immediate,* &c.].

2. Yn bod yma, mewn lle penodedig, neu ym meddwl rhywun ar amser arbennig, yn bod o fewn golwg neu o fewn clyw, yn bod gerbron neu yng ngŵydd, heb fod yn absennol: *present, not absent.*

1488–9 *BSM* 24, Ac eraill oedd yn *bresennol* yn i gweled. **1567** *TN* 187b, ydd ym ni yma oll yn gydrychiol [:– *presennol*] ger bron Dew. *id.* 274a, A' phan oeddwn yn *presennol* y gyd a chwi. **1568** Morys Clynnog: *AG* 3, pan ail enir ni, mae croes yr arglwydd yn *bressenol.* **1588** 1 *Cor* v. 3, myfi yn ddiau fel absennol yn y corph, etto yn *bresennol* yn yr yspryd. **1604–7** *TW* (*Pen* 228), bod yn *bresenol* d.g. *adsum.* **1630** *YDd* 21, heb fod yn absennol yn vnlle, y mae yn *bresennol* ym mhob lle [am Dduw]. **1725** D. Lewis: *GB* 36, [g]olygu peth absennol, fel pe bai yn *Bresennol.* **1793** Dafydd Ionawr: *CD* 211, Oh Arglwydd glân! / Personawl, Dâd, *presennol* Di i mi 'mhob man.

3. Mewn llaw, a ystyrir neu a drafodir; hwn (mewn llyfr wrth gyfeirio at y llyfr ei hun): *present, in hand, under consideration or discussion; present, this* (*used in a book when referring to the book itself*).

1703 E. Wynne: *BC* 136, dôs di a gwnâ d'oreu, ond nid wyt ti ddim i'r pwrpas *presennol.* **1709** H. Powel: *G* 76, Edrychwch i'r hyfforddiad hwn ar rhai rhagflaenol gael eu scrifennu yn eich bywyd a'ch ymarfer. Ac felly y cewch chwi a minnau y Diddanwch, a Duw, gogoniant [*sic*] o'r gwaith *presennol.*

Fel *e.* (*a*) (Yr) amser presennol, (y) cyfnod hwn, hyn o bryd, heddiw; *Gram.* (yr) amser presennol: (*the*) *present time, now,* (*the*) *present day;* (*the*) *present tense* (*in gram.*).

1701 E. Wynne: *RBS* 111, Mwynhâ di'r *presennol* . . . ac na ofala beth sydd i ddyfod. *ib.* mwynâ di'r *presennol* os dâ yw.

(*b*) (yn y ll.) Y rhai sy'n bresennol; mynychwyr; cyfoeswyr: *those present; attenders; contemporaries.*

1712 T. Williams: *CDdG* 117, [d]angos . . . parch, nid yn unig ir *Pressennolion,* ond ir Absennolion hefyd. [**1767**] *Gron* 116, Mawredd gwlad Wynedd, glod union—ceinwalch, / Cynnor *presennolion.* **18–19g.** *Llr* C 2, 134, yn gystal hynafiaid a *phresenolion.*

(*c*) Trigolion y byd, daearolion: *the inhabitants of the earth.*

c. **1400** *R* 1143. 35–6, crist a daw yn war yn wrawl. dydbrawt yr dirprwy *pressennawl.*

Amr.: **presentol** [*present*[1] + *-ol*]. **1567** *TN* 215a, 272b. **pyrsennol** [â thrsd., cf. *prynu, pyrnu*]. *c.* **1570** *Llst* 195, 1.

Cfn.: *Gram.* **presennol arferiadol:** *habitual or consuetudinal present.* **1930.** *Gram.* **p. hanesyddol:** *historic present.* **1925.** **yn b.:** *at present, now. c.* **1585** *Llst* 178, 114a, er na ellych di *yn presenol* faddey yddo . . . ny ddyly di y gas/ay ef. **1688** S. Hughes: *TSP* [vi], yn gofyn mwy o amser . . . nag a allwn i ei hepcor *yn bresennol.* **1780** *W* d.g. *at present* [*at this present time*]. Weithiau cyhoeddir mewn capel y 'gwneir y casgliad *yn bresennol*'.

presenolaf: presenoli [bf. o'r a. bl.] *bg.a.* Dod gerbron un arall neu rai eraill, ymddangos, bod yn bresennol; mynychu; cyflwyno, cyflwyno gerbron Duw fel gweithred grefyddol, gosod gerbron, rhoddi, cynnig; cynrychioli, sefyll yn lle (rhywun neu rywbeth); darlunio, disgrifio: *to present oneself, appear; attend; present, present before God as a religious act, give, offer; represent; portray, depict, describe.*

1567 *LlGG* 91a, heddiw y presentiwyd [:– *presennolwyt,* cynnyrchwyt] ir deml dy vn mab. **1636** *Pen* 321, [71b], peth anferth ydoedd *presenoli* duw drwy Eulyn. *id.* 114a, y Saboth wedi I cadw [*sic*] n gyhoedd . . . yn arwydd I bobl ddow n gystal iw dosparthv oddiwrth y Cenhedloedd . . . ag I *bresenoli* iddynt yn rhyw fodd. *id.* 269b, [rh]yfygais *bresenoli* ich vchelder y llyfr bach hwn fy hatling dlawd. **1722** A. Thomas: *DR* 35, yn *presennoli* Crefydd megis yn waith aflesiol ac anhyfryd! **1737** J. Einnon: *HR* 46, [b]od arnaf i eisiau Cyfiawnder perffaith i'm *presenoli* yn ddifai gar bron Duw. **1778** T. Jones: *TGEL* 105, yn *presennoli* ein harglwydd . . . gan St. Stephan yn sefyll, neu yn y CX Salm, ac yn fynych yn y Testament Newydd, yn eistedd ar ddeheulaw Duw. **1797** B. Evans: *CG* 111, wedi eu galw i *bresennoli* a gosod allan ofal . . . a thosturi Crist. Cf. T. Lewis: *HPF* 438, Ofn cael ei lofruddio oedd yn ei ddilyn [Oliver Cromwell] i ba le bynnag yr elai, a hyn oedd yn *presennoli* ger bron ei ddychymyg.

Cfn.: **presenoli fy (dy,** &c.**) hun:** *to present oneself, be present* (*at*), *attend.* **1805.**

presenoldeb [*presennol* + *-deb*] *eg.b.* Y cyflwr neu'r ffaith o fod yn bresennol, bodolaeth rhywun neu rywbeth mewn man arbennig ar amser arbennig, gŵydd, weithiau am Grist yn yr Ewcharist; y weithred o fynychu, nifer y rhai sy'n bresennol neu sy'n mynychu; gosgedd a phersonoliaeth urddasol, carisma: *presence, sometimes of Christ in the Eucharist; attendance; presence* (*of bearing and personality*), *charisma.*

1588 *Ecs* xl. cs., Niwl yn descyn ar y babell i arwyddocau *presennoldeb* Duw. **1588** 2 *Cor* x. 10, y llythyrau . . . sy drymmion a chedyrn, eithr *presennoldeb* y corph sydd wan. **1630** *YDd* 21, Y mae pedair grâdd o *bresenoldeb* Duw, y gyntaf sydd gyffredinol, drwy'r hon y mae Duw ym mhôb lle . . . Yr ail sydd enwedigol, drwy'r hon y dywedir fod Duw yn y nefoedd . . . Yn drydydd, mwy enwedigol, drwy'r hon y mae Duw yn preswylio yn ei Seintiau. Yn bedwerydd, mwyaf enwedigol . . . drwy'r hon y mae cyflawnder y Duwdod yn preswylio ynghrist yn gorphorol. **1632** *D, presennoldeb,* præsentia. **1632** J. Davies: *LlR* 52, [c]awsent fwynhau *presennoldeb* a chwmpeini ei gorph bendigedig ef. **1657** *MLl* ii. 11, haul *presenoldeb* mawr sancteiddrwydd Duw. **1677** R. Jones: *BB* 204, Angelion . . . yn cynhebrwng ei enaid ef i *bresennoldeb* ei dâd. **1687 (1715)** J. Owen: *TB* 74, [c]yfraith, na byddei i neb chwarae disiau, na chydymfodloni âr [*sic*] rhai a wnaent felly trwy ei *presennoldeb.* **1688** *TJ, presennoldeb,* Cydrycholdeb: presence. **1714** Iaco ab Dewi: *CB* 13, Cariad a *Phresenoldeb* raslawn yr Arglwydd. [**1740**] L. Anwyl: *CA* 98, *ymrhesennoldeb* [*sic*], sêf, mewn clyw neu olwg un plentyn bychan. **1790** T. Jones: *TOS* ix, llawenydd y rhai dedwydd yn y *presennoldeb* dwyfol. **1803** *P* d.g. *presennoldeb.* Ar lafar, 'Ma 'na ryw *bresenoldeb* 'da'r dyn 'na—'dych chi'n 'i deimlo fe pan ddaw e mewn i'r stafell'.

Cfn.: **presenoldeb meddwl:** *presence of mind.* **1722** A. Thomas: *DR* 18. *Diwin.* **p. real:** *real presence* (*in theol.*). **20g.** *Diwin.* **p. sylweddol** = **p. real.** **1775** *CY* 41, y farn o *bresennoldeb sylweddol* Crist yn y bara a'r gwin.

presenolder [*presennol* + *-der*] *eg.* Presenoldeb, gŵydd: *presence.*

1606 E. James: *Hom* i. 125, fal y gallo ddyfod i rasol *bresenolder* ein Iachawdwr. *id.* iii. 129, i gynnyg i ni ei gymdeithas, a'i *bresennolder.*

presenoliad [*presennol* + *-iad*[1]] *eg.* Y weithred o fynychu, nifer y rhai sy'n bresennol neu sy'n mynychu; cynrychiolaeth (seneddol, &c.); cynrychioliad, darluniad: *attendance;* (*parliamentary,* &c.) *representation; representation, depiction.*

1818.

presenoliaeth [*presennol* + *-iaeth*] *e?b.* ll. *-au.* Presenoldeb; cynrychioliad, darluniad: *presence; representation, depiction.*

1778 T. Jones: *TGEL* 55, trwy *bresennoliaethau* annheilwng o'r gwir Dduw.

presenolrwydd [*presennol* + *-rwydd*] *eg.* Presenoldeb: *presence.*

1606 E. James: *Hom* ii. 21, ffrwythlon *bresenolrwydd* rhâd Duw. *id.* iii. 132, Mae fe . . . yn anweledig ym-mhob lle, ac ym-mhob creadur ac yn cyflawni nêf a dayar â'i *bresennolrwydd.* **1800** *TY* 209, dy *bresenolrwydd* di, sydd yn llenwi pob lle.

presenolwr [*presennol* + *-wr*] *eg.* ll. *-wyr.* Cynrychiolydd: *a representative.*

1712 T. Williams: *CDdG* 570, gwedi ei [*sic*] gosod yn lle Duw . . . ei *bresenolwy'r* [*sic*] gweledig ef ydynt . . . ar y ddair [*sic*]. *c.* **1730** *Thos. Lloyd D* (LlGC) 195b, *presennolwr,* a representative.

present[1,2], **presentaf: presento,** gw. **presen**[1], **presant, presentiaf: presentio.**

presentasiwn [bnth. S. *presentation*] *eg.* ll. *-au.*

(*a*) Cyflwyniad, yn enw. gerbron Duw fel gweithred grefyddol: *presentation, esp. before God as a religious act.*

1670 J. Hughes: *AP* [xviii], Tachwedd . . . 21 *Presentatiwn* Mair.

(*b*) *Egl.* Cyflwyniad (clerigwr) i fywoliaeth eglwysig, cyflwyniad (clerigwr) i esgob ar gyfer ei sefydlu: *presentation* (*of a clergyman*) *to a benefice, or to a bishop for institution.*

1710 *LlGG* (*Gos*) 14, er pan gynnygiodd efe gynta'i *Bresentasiwn* i'r Esgob. *c.* **1762–79** W. Williams: *P* 652, [p]ob *presentasiwnau* i fywioliaethau.

presentiad, preseniad [bôn y f. ddil. + *-iad*[1]] *eg.* ll. *-au.*

(*a*) Cyflwyniad, yn enw. gerbron Duw fel gweithred grefyddol; presenoldeb: *presentation, esp. before God as a religious act; presence.*

1568 Morys Clynnog: *AG* 58, *Presenniad* yn harg[lwydd] N[efawl] yn y deml. **16g.** Wiliam Cynwal: *Gw* 257, Bu ŵr santaidd *brysentiad,* / Bu o ras Duw ymhob rhyw stad. **1583** *LlGC* 716, 131a, Does [*sic*] i-wared atto-fo, na feydd [*sic*] ofnys oi *preseniat* fo (ne oi fot ef yn presenol). **1701** E. Wynne: *RBS* 249, fe a ordeiniodd *Bresentiad* o'r un Aberth [Swper yr Arglwydd] ar y ddaiar hefyd. *c.* **1730** *Thos. Lloyd D* (LlGC) 195b, *presentiad,* præsentatio, presentment, representation.

(*b*) *Egl.* Cyflwyniad (clerigwr) i fywoliaeth eglwysig; cynrychioliad: *presentation* (*of a clergyman*) *to a benefice; representation.*

1710 *LlGG* (*Gos*) 8, ei *Bresentiad* i ryw Rent Eglwysig. **1746** T. Richards: *CER* 52, Hwy a gadwent iddynt eu hunain y *Presentiad* i'r Dyrchafiaethau goreu. *c.* **1762–79** W. Williams: *P* 635, bod *presentiadau* i fywioliaethau yn llaw y frenhines.

(*c*) *Cyfr.* Y weithred o gyflwyno o flaen llys ddatganiad am fater i'w drafod yn gyfreithiol, datganiad o'r fath: *presentment* (*in law*).

16g. (*p.* **1643**) *Llst* 123, 320, Pwy a roes vntwrn mewn *presentiad* / Y gallai 'r vstvs gael lle restiad? **1561** *Mont Coll* li. 33, the three several leets or Law Days of the said three several Commodds aforesaid [yn Arwystli a Chyfeiliog] called Lleys *Presentiad.* **1710** *LlGG* (*Gos*) 15, Anfad Feiau a rhwystrau i'w hyspysu i'r Llysoedd Eglwysig drwy *Bresentiad.* *ib.* wedi y derbynnio'r dywededig *Bresentiadau.* **1780** *W,* cwyn gyflwyniad, vulgo *presentiad* d.g. *presentment* [*the act of presenting, also the writing exhibiting a complaint to a court of judicature*].

presentiaf, presentaf: present(i)o, presentu [bnth. S. (*to*) *present*] *bg.a.*

(*a*) Cyflwyno, yn enw. gerbron Duw fel gweithred grefyddol, gosod gerbron, rhoddi, cynnig: *to present, esp. before God as a religious act, introduce, place before, give, offer.*

1346 *LlA* 56, Ae gwedi wyntev yw *presentyaw* y grist (*Deo repraesentare*) poennev ycorff. neu y da awnnaethant yrdaw. **1567** *LlGG* 91a, heddiw y *presentiwyd* [:– presennolwyt, cynnyrchwyt] ir deml dy vn mab. **1567** *TN* 299a, val y gosotom [:– *presentom*] bop dyn . . . yngwydd Christ. **1664** *LlGG* sig. b2v, newidiau . . . a wnaethwyd ac a *Bresentiwyd* i'w Fawrhydi gan y dywededig Seneddau. **1670** J. Hughes: *AP* 357, megis . . . y *presentwyd* dy Vnic anedic Fab . . . yn y Deml; felly . . . ein *presentu* ninnau. **1672** R. Prichard: *Gw* 36, F'aeth y Doethion i gyflwyno [:– *Bresentio* i roddi], / Ac 'i roi anrhegion iddo, / Aur a thus a myrh o'r gore, / A'i *bresento* [:– offrwm] ar eu glinie. **1675** R. Jones: *HCh* [173], gyflwyno, cynnig, *presento,* rhoi yn ewyllysgar. **1711** M. Williams: *YEY* 15, na *phresenter* neb i'w conffirmo cyn y medront roddi cyfrif am eu Ffydd i'w Periglor. **1756** W. Williams: *GDC* 172, Crist yn *presentio* ei Eglwys iw Dad. *c.* **1762–79** W. Williams: *P* 345, hwy a dorrasant ymaith ei ben ef ac a'i *presentasant* ef i'r brenhin.

(*b*) *Egl.* Cyflwyno (clerigwr) i fywoliaeth eglwysig: *to present* (*a clergyman*) *to a benefice.*

16g. (*LlEG*) *Mos* 158, 18b, [d]yuod or iij mannach . . . garbron y brenin yr hwn a elwis bob un or ddau vannach araoedd ynni *presenttio* I hunnain I ymddiuan ac Evo. **1567** *LlGG* [viii], [p]romotioneu ysprytawl . . . bot yn gyfraithlawn y bop Patron . . . *presento* . . . ir vnryw, megis pe byddei y nebun . . . yn troseddu velly wedy marw. **1664** *id.* sig. c1v, [p]ob ûn . . . a *bresentier,* neu a gyflêir neu a ddoder mewn nêb rhyw Rent Eglwysig. **1746** T. Richards: *CER* 17, ymadel yn llonydd a'i Fraint o *bresentio* i Ddyrchafiaethau neu Fywiolaethau yspr̂ydol. **1772** *W* d.g. *to collate to* [*place in*] *an ecclesiastical benefice, to present one to a benefice or living.*

(*c*) *Cyfr.* Dod â (throsedd) yn ffurfiol i sylw'r awdurdod priodol, dwyn cyhuddiad ffurfiol yn erbyn (person): *to bring* (*an offence*) *formally to the notice of the proper*

authority, bring a charge against (someone), present (in law).
16g. *Pen* 181, 382, arestio lladron ai gollwng hep genat asswydd/ogion yn yn [*sic*] ar veichio heb i *bressentio* yn llyffrev [*sic*] y brenin. **1574** *RhRC* (At.) 185a, fo fyr prokatwyr mor dost wrtho ag y ddywedyson y *presentien* ef ony ddoe yr eglwys. **1634** *Art DB* [ii], *presentio* . . . [p]ob cyfryw ddyn o fewn eich plwy ar a gomittiodd neb vn gamwedd. **1685** *Art* 2, fod i chwy . . . *Bresentio* pob rhiw ddyn, a phob rhiw beth ac a ddylyd i *presentio*, yn ol Cyfraith Eglwysic. *id.* 11, yn eich aflonyddu chwi y wardeinied am *Bresentio* Trosseddwyr. **1763** T. JONES: *RAH* 66, i *bresentio* pob Camarferion a chamweddau. **1772** *W*, dwyn . . . achwyn i mewn neu ger bron, vulgò, *presentio* d.g. *to present* [*lay before a court, &c.*]. **1794** E. JONES: *CP* 15, wrth y 3 Jac. c. 4 i maent i *bresentio* neillduwyr.
Amr.: **presennu.** 16g. *Yst Kym* 25, nid amgen pen aeth pob vn ohonynt hwy i feddianu ag i *bressenu* i eiddaw i hun, achossion o anghredigrwydd a dyfodd rhwng y ddau frodyr. **16–17g.** E. PRYS: *Gw* 322, Pwrs i Wen lle'i·*presennir* / Rhan o'i dda, yr hyn oedd wir [cywydd priodas].

presentiedig [bôn y f. fl.+*-edig*] *a. bfl. Cyfr.* Y daethpwyd â hi (trosedd) yn ffurfiol i sylw'r awdurdod priodol, wedi ei gyhuddo'n ffurfiol: *presented, accused (in law).*
1710 *LlGG* (*Gos*) 14, [d]arbod fyth na Ragdrefno'r Esgob . . . neb arall yngwrthwyneb i'r Parti *presentiedig*. *id.* 16, [y] Dynion neu'r Beiau cyhuddedig a *phresentiedig*.

presentiwr [bôn y f. fl.+*-iwr*] *eg.* ll. *presentwyr.* Cyflwynwr: *presenter.*
c. **1514** *Pen* 182, 134, *presentwyr* ynt [angylion] ar yn gwe/ddiav ni awnelon ni yn y byd hwn.

presentol, gw. **presennol.**

presérf [bnth. S. *preserve*] *eg.* Cyffaith, jam: *preserve, jam.*
1860.

preserfiaf: preserfio [bnth. S. (*to*) *preserve*] *ba.* Cadw ffrwythau, &c., rhag pydru trwy eu berwi mewn siwgr, &c., cyffeithio; diogelu, cadw: *to preserve (fruit, &c.); preserve, keep.*
1823.

presesiwn, gw. **prosesiwn.**

presfyddin [*près*[1]+*byddin*] *eg.* Presgang: *press-gang.*
1795 J. HARRIS: *Alm* 12, Pa le mae'r *Pres-fyddin*, rhai gerwyn, sy'n gyrru / Cynnifer i drallod.

presgang [bnth. S. *press-gang*] *eg.* Mintai o ddynion gynt a fyddai'n cipio eraill a'u gorfodi i ymuno â'r lluoedd arfog: *press-gang.*
[**1745**] W. ROBERTS: *FfM* 63, Enter Mr. Cabalier ar *Press-Gang*.

presgreibiaf: presgreibio [bnth. S. (*to*) *prescribe*] *bg.a. Meddyg.* Rhagnodi: *to prescribe (in med.).*
1907. Ar lafar, hefyd yn y ff. *prysgreib*(*i*)*o*.
Amr.: **pyrsgreibio** [cf. *pyrnaf*: *pyrnu*]. **1907.**

presgripsiwn [bnth. S. *prescription*] *eg.* ll. *presgripsiynau. Meddyg.* Rhagnodyn, cyfarwyddyd ysgrifenedig meddyg, deintydd, &c., i fferyllydd yn rhagnodi pa fath a pha faint o ffisig, moddion, neu gyffur y dylai claf ei gymryd; cyfarwyddyd ysgrifenedig i optegydd yn rhagnodi'r lensys y dylid eu rhoddi yn sbectol rhywun; yr hyn a ragnodir: (*medical, optical, &c.*) *prescription.*
20g.

presgyll, presiach, gw. **prysgyll, presach.**

presiaf[1]**, presaf**[2]**: pres(i)o, presu** [bnth. S. (*to*) *press* 'to exert pressure on'] *bg.a.* Gwasgu, pwyso'n drwm (ar), hefyd yn *ffig.*; smwddio (dillad): *to press, exert pressure (on), also fig.; press (clothes), iron.*
1545 *CM* 1, 545, ac ai bys *preshio*'r tauod tuar geudod. **1547** *WS*, *pressio*, presse. **1552** *Pen* 403, 51, mynych ymprydiev . . . ai ffrwyna [ewyllys y cnawd] ac ai *pressia* ir llawr. **18g.** *Beirdd y Berwyn* 54, Ond cael haiarn *presio* ni phrisiwn i'r daith. [**1761**] *GGJ* 36, yna Sych a *Phresia* fo [sidan]. **1795** J. THOMAS: *AIC* 362, mala nhw [gwsberis] am ben y dŵr, yna *pressia* 'r g'lŷb allan yn raddol. **1828** *Geir Pob* 20, *Presio*, gwasgu, gwrŷfio.

presiaf[2]**, presaf**[3]**: pres(i)o, presu** [bnth. S. (*to*) *press* (into military service); dichon mai defnydd ffig. o'r f. fl. a welir yn rhai o'r enghrau. cynharaf] *bg.a.* Gorfodi (rhywun) i ymuno â'r lluoedd arfog, listio (rhywun) yn groes i'w ewyllys: *to press into military service.*
17g. *LlGC* 10249, 86, nessu rhodressu, rhai a dreisiai / *pressu* lliassu, lleissiais ormessu. *id.* 149, Anrheithwyr pryssur llei *pressiant*, ger bron / gwyr brenin a ffarlamant. **1675** R. JONES: *HCh* [173], hyrddu, cymmell, *presso*. **17–18g.** *Plas Nantglyn* 3, 139, Y milwyr ar morwyr y rhai a *bressiwyd* tros wasanaeth ie [*sic*] gwlad. **1702** T. JONES: *Alm* [33], darparu erbŷn Rhyfel ar fôr a thîr, a *phressio* gŵŷr ieuaingc ymhôb gwlâd. **1755** *ML* i. 332, Mae yma fwstwr garw ynghylch rhyfel—*pressio*'n danllyd. **1756** G. OWEN: *L* 169, Gyrru a wnaeth attaf . . . fod yno *bressio* tôst. **1759** *BC* 448, Lle gwelsom fagad o'n cyd frodur / Gwedi eu taro au *pressio* yn brysur. **1778** J. THOMAS: *HB* 295, yn amser y frenhines Ann, pan yr oedd cymmaint o *bresso*. *id.* 296, [g]wr ieuangc golygus, cryf o gorff ac yn dal. Mae'n debyg fod hyn . . . yn temtio'r gelynion i'w *bresso* ef. **1783** H. JONES: *PN* 54, Rhai efo Wilks yn fawr ac yn chwŷs, / A'r lleill mewn brŷs am *bresio*. **1792** H. HARRIS: *H* 158, Gwarantau *presio* sy'n nwylo'r constablaiid, i *bresio* dynion i wasanaeth môr a thir. **1795** J. HARRIS: *Alm* 12, Rhag ofn eu *presu* a'u gyrru ar ger'ed. **1828** *Geir Pob* 20, *Presio* . . . dâl o anfodd i filwrio.

president[1] [bnth. S. *president*] *eg.* Arlywydd, llywydd, llywodraethwr, rheolwr, rhaglaw, pennaeth: *president, ruler, governor, chief.*
1547 *WS*, *president* neu lywyawdyr, presydente. **1567** *TN* 121a, y'w roddy ef ym-meddiant ac awturtot y *President*. *id.* 212a, Felix y *President* [:– Llywydd].
Amr.: **preseident.** 16g. (*LlEG*) *Mos* 158, 509b, ynn *breseid/ennt* oi gyngor Ef. **presidens.** **1551** W. SALESBURY: *KLl* xxiiib, Pilatus y *presidens* [:– Raglaw]. **prestens** [cf. *presidens*, *prestent*]. **16–17g.** *GST* i. 161. **presten(t)** [cf. *prestens*]. **16–17g.** *GST* i. 927.

president[2] [bnth. S. *precedent*] *eg.* ll. *-au.* Cynsail: *precedent.*
1658 R. VAUGHAN: *PS* 31, o ragfoddau [:– *Presidentau*] dy dra isel ostyngedig Seinctiau. *id.* 430, er mwyn dy esampl ar *president*. *id.* 431, Pa vn a wnai di ai marw yn edifarhau, ai yn cablu, mal y lleidr ar y llaw ddehau, ai ar y llaw aswy? . . . ond felly y mae yn y *President*? os gelwir rhai ar yr vnfed awr ar ddeg.

presiwmiaf, presiwmaf, presum(i)af: presiwm(i)o, presum(i)o [bnth. S. *to presume*] *bg.a.* Rhyfygu, beiddio; tybio, tebygu, coelio: *to presume, dare; suppose, surmise, believe.*
1547 *WS*, *presumio*, presume. **1600** *Rhyddiaith Gymraeg* ii. 176, drwy ormodd hyder yn *presywmo* heb ofni Düw. **1609** *CRC* 76, O wann hyder nid oedd o / Nag yn *presuwmio* gofŷn / Dim trugaredd ar fy llâw. **1611** R. SMYTH: *SG* 168, chwchwi a Phaeliwch os chwychi a *bresumia* o honoch ychhunain. **17g.** *LlCy* iii. 105, ond dyna gene pyn y *presiiwme* / feio gwaith y gweithiwr gore. **1670** J. HUGHES: *AP* 71, wedi *presumo* . . . cyn iddynt bechu, y gallent hwy gael gras a maddeuant . . . yr holl eneidiau sydd yrwôn yn Vffern a *bresumasant* yn yr vn modd. **1718** (**1721**) S. THOMAS: *HB* 208–9, Canys *presywmo* a wnaeth stofi yr ymerodraeth rufeinaidd.

presiws [bnth. S. *precious*] *a.* Gwerthfawr, drudfawr: *precious, valuable, costly.*
16–17g. *DCR* 233, i ffortlet yn gwmpas a *ffresiws* ffein neclas. Ar lafar yn sir Gaern., cf. J. JONES: *Gwerin-eiriau* 106, Arferid, gan amlaf, fel sèn i'r sawl fyddai yn ofer-brisio ei hun a'i safle yn mywyd gwlad —'Mae yn tybio ei fod mor *bresiws* a llong halen, druan o hono'.

presliw [*pres*[1]+*lliw*[1]] *a.* O liw pres neu efydd: *brass- or bronze-coloured.*
1851.

presof [*pres*[1]+*gof*] *eg.* ll. *-aint.* Gof pres neu efydd: *worker in brass or bronze, brazier.*
1604–7 *TW* (*Pen* 228) d.g. *ærarius*. *id. præsof* d.g. *faber* . . . *Faber Ærarius*.

presten, prestens, prestent, gw. **president**[1].

prester, gw. **preutur.**

prestl [?bnth. S. C. *prest* neu'n uniongyrchol o'r H. Ffr.] *a.* Ffraeth, huawdl, siaradus, baldorddus; ?cyfrwys, doeth: *witty, eloquent, prattling, talkative; ?crafty, wise.*
c. **1400** *R* 1346. 38, odymestyl didestyl *brestyl* bryf. **1547** *WS*, *prestyl*. **16–17g.** *GST* i. 985, *Prestl* bestl, bustl rasgl, gipgasgl gwrs. **1604–7** *TW* (*Pen* 228) d.g. *argutus*, *curiosus*, *elocutorius*. **1632** *D*, *prestl*, argutus, argutulus. **1688** *TJ*, *prestl*, doeth, Cyfrwŷs: subtle, witty. **1722** *Llst* 189, *prestl*, captious, crafty, witty. **1753** *TR*, *prestl*, witty, talkative, prattling. [**1783**] *W*, atteb . . . *prestl* d.g. *repartée*. *id.* d.g. *smart* [*in discourse*]. **1803** *P*, *prestyl* . . . a. Smart, ready, fluent. / Siarad yn *brestyl* siarad yn ddestyl: / Siarad yn westyl siarad annestyl. / . . . Adage. Cf. *GGH* 46, Prestlfril annoeth draednoethion, / Pregethwas hurt pregeth sôn.

prestledd [*prestl*+*-edd*[1]] *eg.* Huodledd, ffraethder ymadrodd, ffraethineb, dadlau cyfrwysgall, doethineb ymadrodd, ymadrodd ffraeth; baldordd, gwag siarad: *eloquence, fluency of speech, wit, subtle reasoning, wise speech, witty saying; prattle, tittle-tattle.*
1547 *WS*, *prestyledd*. **1604–7** *TW* (*Pen* 228) d.g. *argutatio*. *Dchr.* **17g.** *J* 10, 133a, *prestledd*, elocutio. **1632** *D*, *prestledd*, argutatio, argutia. **1688** *TJ*, *prestledd*, doeth ymadrodd: a subtle point of reasoning, witty sayings. **1722** *Llst* 189, *prestledd*, m. subtil arguing, fallacy. **1753** *TR*, *prestledd*, a prattling or much talking, tittle-tattle. **1794** *W* d.g. *wit*. **18–19g.** IEUAN LLEYN: *C* 79, Sylwadau ar sail odiaeth, / Gwirionedd a'i *phrestledd* ffraeth. **1803** *P*.

prestlog [gair geir., sef *prestl*+*-og*] *a.* Ffraeth, huawdl: *witty, eloquent.*
1604–7 *TW* (*Pen* 228) d.g. *argutus*. **1803** *P*, *prestlawg*, full of smart talk.

presumaf, presumiaf: presum(i)o, gw. **presiwmiaf: presiwmio.**

presur, gw. **prysur**[2].

preswmsiwn, presymsiwn, preswmsion, presymsion [bnth. S. *presumption*] *eg.* Rhyfyg, traha, gorhyder: *presumption, arrogance.*
1547 *WS*, *preswmsiwn*, presumption. **1600** *Rhyddiaith Gymraeg* ii. 177, hynn yw *preswmsion* ne ormod hyder. **1670** J. HUGHES: *AP* 15, Rhyfyg, sef *Presympsiwn* ar drugaredd Duw. *id.* 71, Yrhyfyg neu'r *presumptiwn* . . . a dwyllodd yr holl eneidiau. *id.* 85, pechu trwy hyder neu *bresympsion*.

preswnt [bnth. S. *present(ly)*] *a.* yn yr ymad. *yn breswnt fach*] Cyn bo hir: *soon, before long, presently.*
Ar lafar yn ne-ddwyrain Morg., 'Fe ddaw ar dy ôl di'*n breswnt fach*', 'Ni fyddwn wedi cwplo'r gwaith i gyd *yn breswnt fach*'.

preswyl[1] [< H. Gym. *pressuir*; ?cf. H. Lyd. *presguor*, gl. *diutino*] *eg.b.* ll. *-iau*, hefyd fel *a.* ac weithiau gyda grym adferfol. Lle i fyw ynddo, cyfannedd, trigfan, annedd, preswylfod, preswylfa, cartref; arhosiad; hefyd yn *ffig.*: *dwelling-place, inhabited place, habitation, residence, abode, home; stay; also fig.*
c. **1400** *R* 1175. 30–1, Ympryssur llauur llyuyrdoneit. ympressent ym*presswyl* eneit. *id.* 1284. 7–8, Presswylawd gyntaf adaf adawt. *Presswyl* glwys baradwys barawt. *id.* 12–13, *presswyl* glynn obryn ebron waelawt. *Dchr.* **15g.** *GM* 19, Ac yn y gartref e hun y gwnaeth y *phresswyl* a'e lles. **15g.** *IGE*[2] 235, Rhan y Pŵyl, *breswyl* bresych, / A rhan Iwerddon i'r rhych (Ieuan ap Rhydderch). **1567** *LlGG* (*Sall*) 51a, Arglwydd, buost yn *breswyl* y ni, o genedlaeth y genedlaeth. *Diw.* **16g.** *B* ix. 122, nid oes *breswyl* is nor dau di ond vphern. *Diw.* **16g.** *LBS* iv. 398, guedy kyvanhedü o honof yn llawer o leoedd a chael o honof *bresswyliay* gweddüs gan fy mryd am ewyllys. **1588** *Salm* xxxiii. 14, O *bresswyl* ei drigfa yr edrych efe ar . . . y ddaiar. **1632** *D*, *preswyl*, mansio, habitatio. **1773** *W* d.g. *a dwelling, dwelling-house, or dwelling-place.* **1803** *P*, *preswyl*, s. m. . . . a habitation.

Fel *a.* Parhaus, gwastadol; parod, wrth law; trigiannol, cyfanheddol, ar gyfer byw ynddo; yn cyfanheddu, yn preswylio; wedi ei gyplysu (â) neu ei lynu (wrth), ?sefydlog, ansymudol: *constant, continuous; ready, to hand; inhabited, occupied, residential, boarding; inhabiting, dwelling; joined or fixed (to), ?fixed, immovable.*
9g. (*MC*) *VVB* 206, *pressuir*, gl. *adfixa*. **13g.** *LlI* 5, er effeyryat teylu; ef a dely e tyr en ryd a'e uarch *pressvel* . . . y gan e brenhyn. *id.* 9, e guas estauell; ef a dele e tyr en ryd a'e uarch *bressvyl* (*LlDW* 14. 6, en *bressuyl*). **13g.** *C* 70. 14, Ny charaw alaw ol difod

bressuil. id. 71. 8–9, Y duv. y. harchaw arch giwreint *bresswil. c.* **1300** *H* 42a. 10–11, Brwydyr edrin breenhin breisc naf. Bryssws glew *bresswyl* a honnaf [Cynddelw i Hywel ab Owain]. **14g.** *T* 28. 3–4, py gynheil magwyr dayar yn *bresswyl. id.* 54. 8, Molaf inheu *presswyl* toruoed adef menwyt. **14g.** *LlB* 1–2, erchis gwneuthur tri llyfyr kyfreith: vn wrth y lys peunydyawl *presswyl* y gyt ac ef. **1346** *LlA* 169, hyt pann del cof yni yn *preswyl.* diodeifeint yn arglwyd ni iessu grist. **14g.** *HMSS* ii. 69, mi a gigleu doethon yn dywedut na dichawn dyn ymoglyt y drwc yn wastad . . . Nat mynych y dianc yn yach yn *bresswyl. c.* **1400** *J* 1, 1074, Ny byd *preswyl* pasc. *Dchr.* **15g.** *GM* 5, Duw bieu y dayar a'e chyflawnder, / Byt y daeeryd a'e *breswyl* niuer (*et universi qui habitant in eo*). **1567** *LlGG* (*Sall*) 61b, val ydd elent i ddinas *preswyl.* **1803** *P*, *preswyl* . . . Being present or in readiness.
Amr.: **preswyr.** **9g.** (*MC*) *VVB* 206.

preswyl[2], preswylaf: preswylo, gw. **preswyliaf: preswylio.**

preswyldeb [*preswyl[1]* + *-deb*] *eg.* Cyfnod o breswylio, arhosiad: *period of abode, stay.*
c. **1400** *Études* vii. 306, *Presswyldeb* hwnnw [Leo, un o arwyddion y Sidydd] a vyd o'r trydyd dyd o galan Awst hyt y pymhet dyd o galan mis Medi.

preswylder [*preswyl[1]* + *-der*] *eg.* Cyfanheddiad, trigiad: *an inhabiting, habitation.*
c. **1400** *RB* ii. 253, Ar gwladoedd diffeith heb neb ryw *presswylder* yndunt.

preswyldy [*preswyl[1]* + *tŷ*] *eg.* ll. *-dai.* Trigfan, preswylfod, tŷ: *dwelling-place, habitation, house.*
16–17g. *IMCY* 226, Ni adnabv eiryoed nebvn y *breswyldy* e hvn, yn well nag yr [ ]wyd castell dynwyd y gen y finnev. *ib.* dy holl forlennydd ath greigev ae' [*sic*] cwbl fydd yn *breswyldei* i mi fy hvnan. **1772** D. Risiart: *HFP* 177, dygwyd ef drachefn i'r *Preswyldŷ.*

preswyledig, gw. **preswyliedig.**

preswylfa [*preswyl[1]* + *-fa, ma*] *eb.g.* ll. *-fâu, -feydd, -fŷdd,* (prin a diw.) *-faoedd.* Lle i fyw ynddo, trigfan, annedd, preswylfod, cartref; gwersyll; hefyd yn *ffig.*: *dwelling-place, habitation, residence, abode, home; camp; also fig.*
13g. *DB* 84, y nef ysprydaul . . . Eno e mae *pressuylua* gwedy rylunyethu yn naurad. **14g.** *BY* 22, Llyma *presswyluaheu* pobyl yr Ysrael. **1346** *LlA* 152, llawer ysyd *obresswylvaeu* drwc yn vffernn. **15g.** *FfBO* 55, mal yr ydys y'm gyrru i o'm *presswylua.* **1567** *TN* 371a, gadael eu *preswylfa* [:– trigfa] y hun. **1588** *Gen* xxxvi. 43, [d]ugiaid Edom, yn ol eu *presswylfeudd.* **1588** *Salm* xlvi. 4, [d]inas Duw, cyssegr *preswylfeudd* y Goruchaf. **1588** *id.* xc. 1, Ti Arglwydd fuost yn *bresswylfa* i ni o genhedlaeth i genhedlaeth. **1588** *Eseia* xxxiii. 20, Ierusalem, y *bresswylfa* lonydd. **1615** R. Smyth: *GB* 49, o herwydd na fynant fod yn deml i dduw, ag yn *breswylfa* i 'r yspryd glan, rhaid iddynt fod yn drigfan i'r cythreliaid. *id.* 143, allan oi taiau ai *preswylfae.* **1621** E. Prys: *Ps* 19a, Am harwain i i'th *breswylfydd* / i'th fynydd ac i'th demlau. **1632** *D* d.g. *sedes.* **1707** *AB* 219d, *Preswylva,* a camp. **1723** Wm: *PGG* 79, Yn y Nefoedd . . . y mae dy *Breswylfa* tragwyddol. **1753** *TR, preswylfa,* a dwelling, a camp. **1803** *P.*

preswylfan [*preswyl[1]* + *man[1]*] *e?g.* Preswylfod, trigfan: *dwelling-place, habitation.*
16–17g. *Cy* xxvii. 126, *preswylfan* y cawr mawr.

preswylfeddaf: preswylfeddu, *Leg Wall* 581, gw. **preswyl[1]** + **meddaf[1]**: **meddu.**

preswylferch [*preswyl[1]* + *merch[1]*] *eb.* ll. *-ed.* Preswylwraig: *female inhabitant.*
1588 *Eseia* xii. 6, Bloeddia, a chan-mola *presswylferch* Sion. **1588** *Mic* i. 13, *Presswyl-ferch* Lachis. *c.* **1730** *Thos. Lloyd D* (LlGC) 195b, *preswylferch,* inhabitatrix.

preswylfod [*preswyl[1]* + *bod[1]*] *eb.g.* ll. *-au.* Lle i fyw ynddo, trigfan, annedd, preswylfa, cartref; preswyliad, arhosiad; hefyd yn *ffig.*: *dwelling-place, habitation, residence, abode, home; a dwelling, stay; also fig.*
13g. *BD* 6, ellvng vynt . . . y wladoed y byt y geyssyav *pressvylvot. c.* **1300** *H* 126a. 21–2, Yr adel o da o dala tir pressent *presswyluod* aghywir [marwnad meibion Cedifor gan Beryf ap Cedifor]. **1346** *LlA* 52, Ycorff weithon yssyd *presswyluot* yr eneit. *c.* **1400** *B* iv. 34, y ty y bo y *bresswyluot* yndaw. *Dchr.* **15g.** *GM* 40, y gwneuthur yn deilwg demyl a *phresswyluot* y'th vn mab di. **1588** *Salm* xxvii. 5, yn nirgelfa ei *bresswylfod* y cuddia efe fi. **1606** E. James: *Hom* i. 164, lle hefyd y mae iddynt drigfa a *phreswylfod.* **1632** J. Davies: *LlR* 449, Ymddygwch mewn ofn, tros amser eich *preswylfod* daiarol (*earthly habitation*). **1704** E. Samuel: *BA* 151, i 'w letty a'i *breswylfod.* **1716** E. Samuel: *GGG* 89, [y] Nefoedd . . . y *breswylfod* wynfydedig honno. **1735** S. Thomas: *HP* 138, Gadawodd Dref ei Enedigaeth a'i *breswylfod,* ac a symmudodd i Amsterdam. **1739** D. Rowland: *LlY* 11, rhaid i'r gair gael Beunyddiol a gwastadol *brêswylfod* yn ein calonau. **1777** M. Williams: *BM* [11], Tabl yn dangos *Preswylfod* y Planedau bob chwech Diwrnod. **1803** *P, preswylvod,* s. m. a dwelling place.

preswylfodig [*preswyl[1]* + *bod[3]* + *-ig[2]*] *a.* Parhaus, gwastadol: *constant, continual.*
14g. *AL* i. 340, vn [llyfr cyfraith] vrth y lys peunydyaul yn *presuyluodic* (*CHDd[2]* 1, *bresswyluodic; LlB* 2, preswyl) ygyt ac ef e hun.

preswylfodog [*preswyl[1]* + *bodog*] *a.* Parhaus, gwastadol: *constant, continual.*
c. **1300** *H* 79b. 25–6, Ar duw a dewi deu niuerawc. yd gallwn bressen *bresswil vodawc* (Gwynfardd Brycheiniog). **14g.** *AL* i. 638, Offrwm y urenhines hagen ageiff yn *presswyluodawc.*
Amr.: **preswylfoddog** [drwy gamddeall org. Cym. C.]. **1730** *Leg Wall* 581, *Preswylfoddawg:* Yn *breswylfoddawg,* Idem quod yn wasdad. **1753** *TR.*

preswyliad [bôn y f. ddil. + *-iad[1]*] *eg.* ll. *-au.* Y weithred o breswylio neu drigo, cyfanheddiad, trigiad, arhosiad, hefyd yn *ffig.*; *Diwin.* mewnfodaeth (Duw): *a dwelling, residing, inhabiting, abiding, stay, also fig.*; (*divine*) *immanence* (*in theol.*).
1545 *CM* 1, 55, Or ymrauael Ac or anwadalwch ysydd ohrer/wydd [*sic*] ymrauaelion *preswyliadav* tyrnassoedd y ddaiar. **1588** *Ecs* xii. 40, [*p*]*resswyliad* meibion Israel tra y trigasant yn yr Aipht: oedd ddeng mlhynedd ar hugain a phedwar can mlhynedd. **1632** *D* d.g. *commoratio.* **1716** E. Samuel: *GGG* 153, rhai [deddfau] . . . a berthynai 'n unig iw *preswyliad* yngwlad Canaan. [**1740**] T. Baddy: *DDGH* 14, y *preswiliad* hyn o Dduw yn ei bobl. **1773** *W* d.g. *a dwelling, an inhabiting.* **1796** M. Williams: *BM* 28, arwynebiad a *phreswyliad* y planedau a'r arwyddion. **1803** *P.*

preswyliadwy [bôn y f. ddil. + *-iadwy* (At.)] *a.bfl.* Cymwys i fyw ynddo, cyfanheddol: *habitable.*
1833.

preswyliaeth [bôn y f. ddil. + *-iaeth*] *e?b.* Trigfan, preswylfod: *dwelling-place, habitation.*
c. **1300** *H* 99a. 21, Cant cadwent pressent *presswylyaeth* an hydyr.

preswyliaf, preswylaf: preswyl(i)o, preswyl [bf. o'r e. *preswyl[1]*] *bg.a.*
(*a*) Trigo, trigiannu, (peri) byw (yn), cartrefu (yn), cyfanheddu, anheddu, aros, parhau: *to dwell, reside,* (*cause to*) *live* (*in*), *settle, inhabit, abide, endure.*
13g. *B* ix. 340, Meir egiptiaca a *bresswyllys* en tei e that deudeng blyned. **13g.** *DB* 84, nef y neuoed, en y lle y *presuyllya* brenhin er engylyon. **13g.** *HGK* 4, canys gvyr Nordwei a'e *presswyllya.* **13g.** *BD* 134, lle diffeith adas y wuystuiled y'v *bressvylyav. c.* **1300** *H* 13b. 24–5, Ac ym pob kyueith yn gyfyewin. hyd yd *bresswyl* hwyl heul ueheuin (Gwalchmai ap Meilyr). **14g.** *LlB* 77, Pwy bynhac a *presswylho* ar tir dyn arall heb ganhat. **1346** *LlA* 161, duw awnaethpwyt yn dyn. ac *apresswylawd* ynom ni. **14g.** *BT* (*RB*) 32, y Ffreinc a oed ynn *presswylaw* Brecheinawc. *c.* **1400** *R* 1148. 34, yn y pressent y *presswylassant. c.* **1400** *RB* ii. 17, A thelephus a dywawt wrth achel bot yn nerthach yr llu rodi bwyllyrneu owenith oe deyrnas ef yn hyt blwynyded nomynet y ymlad ohonaw ef y droea y gyt ac wynt. ac velly y *presswylwys* telophus [*sic*]. *c.* **1400** *DB* 23, Y neb a *preswyla* yn tragywyd (*Qui manet in aeternum*) a wnaeth pob peth y gyt. **15g.** *FfBO* 54, Gwyr y wlat honno a *bresswylant* mywn pebylleu o felt du. **1567** *LlGG* (*Sall*) 58a, Wrth y ffynnonieu hyn y *preswyl* ehediait y nefoedd. *c.* **1585** G. Robert: *DC* [v], yn Rhufain, lle i byddei yr Emherawdr yn *preswyl* ag yn trigo fynychaf. **16g.** *Yst Kym* 83, gan roddi yddynt le i *bryswylio* o fewn tir Kent. **1632** *D, preswyliaw,* habitare, commorari. *id.* lle didrigian y danfoner pobl i *breswyl* ynddo d.g. *colonia.* **1795** J. Thomas: *AIC* 303, Mae 'r Ynysoedd hyn, yn cael eu *preswylio* gan y paganiaid mwyaf anfoesol. **1803** *P.*
(*b*) (enghrau. *ffig.* neu mewn cyd-destun *ffig.*: *fig. exx. or exx. in a fig. context*).
13g. *Llst* 1, 149, *presswylet* enoch chwy gwarder a chof ech kywdawtwyr. *Dchr.* **15g.** *GM* 29, Duw a'e hetholes . . . A'e *phresswylyaw* a wnaeth (*et habitare eam fecit*) yn y temyl ef. **1567** *TN* 299b, ynto ef y *preswilia* [:– trig] cyfllawnder [*sic*] y Duwdot yn gorphorol. *c.* **1585** G. Robert: *DC* [6a], derbyn diawl i dario a *phreswylo* yn y gallon. **1588** 2 *Tim* i. 14, [y]r Ysprydd glân, yr hwn sydd yn *preswylio* ynom. **1791** Gw. Mechain: *Rh* 33, lle ni *phreswyliodd* o'r blaen onid anwybodaeth.

preswyliedig, preswyledig [bôn y f. fl. + *-(i)edig*] *a.bfl.* Wedi ei gyfanheddu, cyfannedd, y trigir ynddo; yn preswylio (yn), wedi ymgartrefu (yn); *Diwin.* mewnfodol: *inhabited; living* (*in*), *resident; immanent* (*in theol.*).
c. **1400** *DB* 27, Nyt oes yr vn [rhan] *bresswyledic* y ni namyn awstralis. **1545** *CM* 1, 59, y parthau or ddaiar ysydd *br*/*eswyliedig. id.* 128, A chwbwl or parthau *preswyliedig* orhan honno or byd. **1775** *W* d.g. *inhabited.* **1803** *P.*

preswyliedigion [*preswyliedig* + *-ion[2]*] *e.ll.* Preswylwyr, cyfanheddwyr: *inhabitants, dwellers.*
1835.

preswyliog [*preswyl[1]* + *-iog*] *a.* Cyson, gwastadol: *constant.*
13g. *Études* v. 97, *pressvylyauc* varchauc veyrch gwynev (Cynddelw).

preswylydd, preswyliwr, preswylwr [bôn y f. fl. + *-ydd[3]*, *-(i)wr*] *eg.* (b. *preswylwraig, preswylyddes*) ll. *preswylwyr, preswylyddion.* Un sy'n preswylio (yn), trigiannydd, cyfanheddwr, anheddwr, deiliad: *inhabitant, dweller, resident, occupier.*
c. **1400** *R* 1284. 9, *Presswylywr* daear deon blanawt. *Dchr.* **15g.** *GM* 22, kytbresswyleis a *presswylwyr* Cedar. *id.* 35, Gogonyant . . . / Y'r Drindawt, undawt vndut *presswylyd.* Amen. **1567** *TN* 171, oll *preswylwyr* Caerusalem. **1588** *Gen* iv. 20, hwn ydoedd dâd pob *presswylydd* pabell. **1588** *Jer* ix. 11, dinasoedd Juda a roddaf yn ddiffaethwch heb *bresswyludd.* **1604–7** *TW* (*Pen* 228), y *preswylwyr* cyntaf mewn gwlat d.g. *aborigines.* **1632** *D, preswyliwr* d.g. *colonus, incola.* **1735** S. Thomas: *HP* v, yn addas i fod yn *Breswyliwr* yn y Nefol Drigfan. **1773** *W, preswylwraig* d.g. *inhabitant . . . a female inhabitant, or inhabitress.* **1793** Dafydd Ionawr: *CD* 181, Salem sy' heb *breswylydd!* **1803** *P, preswyliwr,* s. m. pl. *preswylwyr,* a dweller, an inhabitant. *id. preswylydd,* s. m. pl. t. *ion,* an inhabitant.

preswynebog [*pres[1]* + *wynebog*] *a.* Digywilydd, haerllug, wyneb-galed: *impudent, brazen-faced.*
1819.

preswyr, gw. **preswyl[1].**

presymsion, presymsiwn, gw. **preswmsiwn.**

presyn [*pres[1]* + *-yn[1]*] *eg.* Darn o bres, addurn o bres ar harnais ceffyl, hefyd yn *ffig.*: *piece of brass, horse-brass, also fig.*
20g.
Gw. hefyd **presen[2].**

pretendiaf, pretendaf: pretend(i)o [bnth. S. (*to*) *pretend*] *bg.a.* Cymryd arno, ffugio, esgus, cogio: *to pretend.*
1718 (**1721**) S. Thomas: *HB* 132, y rhai hyn ydynt yn *pretendo* dderbŷn [*sic*] . . . eu Dechreuad . . . o fynydd Carmel. *id.* 133, y rhai sydd yn *Pretendo* . . . hunan ymwadiad a sancteiddrwydd. **1735** S. Thomas: *HP* 211, *pretendo* Gwybodaeth mewn Difynyddiaeth. Cf. *Geir Pob* 20, *Pretendio,* lledrithio, cymmeryd arno.

pretendiwr, pretendwr [cfdds. o'r S. *pretend(er)* + *-(i)wr*] *eg.* Ymhonnwr (i deitl, &c.); un sy'n cymryd arno, ffugiwr, cogiwr: *pretender* (*to throne, &c.*); *deceiver, impostor.*
1900. Cf. *W Ballads* 147, 7, Pei gwydder [*sic*] *Pretender* ger winol [*sic*].

pretens (?*preténs*) [bnth. S. *pretence*] *eg.* Rheswm neu eglurhad annilys a gynigir er mwyn celu'r un gwirioneddol, esgus, rhith; ymhoniad (i deitl, &c.): *pretence, excuse; claim* (*to title, &c.*).
1718 S. Thomas: *HB* 74–5, Eu Hescus a'u *Pretens* ydoedd, Na dderbyniasent gyflawn wobr. *id.* 93, Eu *pretenns* ydoedd, Fel y bydde iddynt ochelud Twrddan y Bŷd. **1744** D. Rowland: *RY* 35, a'i gydnabod ef am eu Brenin Cyfiawn, er gw[ae]tha pawb ac sydd, neu a fydd rhag llaw, trwy ddim *Pretens,* Cyfraith, neu Ditl, beth bynnag ac a Glaimio Hawl yn Nhref Mansoul. **1777** W. Williams: *TEA* 27, yn dwyn gyd â hwynt ryw *bretens* mawr i oleuni nefol. *id.* 55, eu *pretens,* a'u proffes o grefydd.

pretor, pretoriwm, prethaf: prethu,

gw. **praetor, praetoriwm, pregethaf: pregethu.**

preutur, pretur, pre(s)ter, &c. [bnth. S. *Prester (John)*] *eg.* (Teitl) y Preutur Siôn, brenin-offeiriad chwedlonol canol-oesol y dywedir iddo deyrnasu ar rannau o Affrica ac Asia a disgrifio ei deyrnas, hefyd yn *ffig.*: *Prester (John), also fig.*

15g. *GGl*² 54, Pwy'r gŵr i helpu'r goron? / Piau'r tair sir? *Pretur* Siôn. *id.* 161, Troes gŵr rhag treisio gwirion / Tros Went fal y *Pretur* Siôn. **16g.** LEWYS MORGANNWG: *Gw* 486, gwae Hiraethog oer weith-ion / ar tair sir am *breter* sion. **16g.** HUW ARWYSTL: *Gw* 4, peraidd edn puraidd ydych / *brevtur* waed himp Robart wych. **1586 (1604)** *B* v. 312, nid yw y *prester* sion / nar sawden o babilon / . . . / i elfyddu hwn yma. *a.* **1587** *Y* 25, Y prelad hap ryw haelion, / Por tair sir, ail *Pretyr* Siôn. *id.* 35, Mynyt wybod, maint Abon, / Pa wr traws yw *Prytyr* Sion. *id.* 76, Ni rovd yn wir, ar wawd neb, / O'r *Preytyr* ddarpar atteb. Digwydd o bosibl fel epithet, *B* xxxviii. 132, Ior' ap Ieuan *Preuttor* [*sic*].

prew, *eb.* Gwlad, talaith; prifysgol: *country, province; university.*

16g. WILIAM LLŶN: *Gw* (R. Stephens) (At.), *prew*, gwlad. **1604–7** *TW* (*Pen* 228) d.g. *prouincia*. **1632** *D*, *prew*, est Gwlad, prouincia. ait [Wiliam] Ll[ŷn]. sed q. **1688** *NDE* d.d., Drwŷ gyttuniad yr Arch Esgobion, a'r Esgobion o'r ddwu *Brew*. **1725** *SR*, prif ysgol, *prew* d.g. *an university*. **1728** T. BADDY: *DDG* 118, Llythyrau oddiwrth un Celfydd-gar yn yr Hebreaeg, mewn *Prew* ardderchog o eiddo'r Protestaniaid. **1770** *TG* iv. 2, Yn Moldafia (*prew* neu dalaith dan lywodraeth y Twrciaid . . .). **1780** *W* d.g. *province*.

pria [?ff. ar *buria*] *eg.* ll. *-od.* Corff anifail marw, celain, burgyn, hefyd yn *ffig.*: *carcass, carrion, also fig.*

1688 S. HUGHES: *TSP* 252, a ellwchi beri i'r Durtur ymborthi ar furgyn [:– Celain, *pria*]? **1722** *Llst* 189, *pria*. m. p. *priaod*, a carrion. **1770** *TG* iii. 58, I *pria* crug egwan, / Prof etto gragennod. Yn sir Gaerf. dywedir mai '*pria, pria*' yw cri'r gigfran, M. WILIAM: *DY* 57.

Gw. hefyd **buria.**

priallau, priallen, gw. **priellau.**

priawdr, gw. **priodor.**

priawtserch, priod serch [*priod*+*serch*] *eg.* Hunangariad, yn enw. yn ddifr.; ?serch y mae rhywun a hawl iddo: *self-love, amour-propre, esp. derog.*; ?*rightful love.*

1632 *D*, *priawdserch* d.g. *philautia*. **1672** J. LANGFORD: *HDdD* 404–5, *Priawd-/serch* yn rhwystr i'r Cariad hwn . . . [y] Priod-gariad hwnnw, yr hwn sydd mor fynych yn ei meddiannu hwynt, a hynny mor hollawl, nad yw yn gadael lle i Gariad, iê nag i Gyfiawnder ychwaith tu ac at ein Cymydog. **1725** *SR*, *priawd serch* d.g. *self Love*. **18–19g.** *MA* iii. 264, Tri phrivanraith bŷd . . . godineb, â ddwg â vo iawn ac eiddo i arall o'i *briawdserch* a'i vraint o etiveddiaeth.

pric [bnth. S. *prick* 'pointed stick, goad'] *eg.* (bach. *-yn*) ll. *-(i)au, -s*, a hefyd gyda grym ansoddeiriol.

(*a*) Darn o bren, ffon, gwialen; darn o bren neu ffon at droi bwyd neu ddiod mewn crochan, &c., uwtffon, mopren; pren neu erfyn blaenllym (e.e. ierthi); brig-yn (crin), cangen, cainc; cala, pidyn, gwialen gŵr; (yn y ll.) coed (i ddechrau) tân, cyn-nud: *stick, rod; stirring-stick, potstick; pointed stick or instrument* (*e.g. goad*); (*withered*) *twig, branch; penis;* (*in pl.*) *kindling, firewood.*

1547 *WS*, *prick*, a pricke. *c.* **1548** *CM* 1, 723, Kymer *brick* ac ymod y llyshiau arisgell. **1574** *RhRC* (At.) 309b, os . . . tynnwchi vn or *prickie* allan a llaysyr Rwymyn, fo a yr holl *bricke* eraill a llan [*sic*]. **1583** *LlGC* 716, 110b, yn hel ac yn casclu *prickie*. *Diw.* **16g.** *WLB* 28, gwna groes a chyllell ne a *ffrik* arall. *id.* 45, a *ffrikie* a ffob ryw amhuredd mewn archoll. **1615** R. SMYTH: *GB* 31, yn gosod *priciau* cryfion i sylw-eddu i nythod. ?**17g.** (**18g.**) *CLlC* ii. 38, Mae fy mwyall eto ar dân / I ddifa'r man gangheni. / Siawns a fydd o fewn y fro / Un *pricc* a dalo ei losci. **17g.** *LlGC* 13215, 376, *priccin*, ligniculum. **17g.** E. MORRIS: *B* 3, wrth wraidd y pren gweled / Dau *brycyn* diwidied, heb arbed y bôn. **1722** *Llst* 189, *pricc* (edafedd), p. *Priccau*, a slipper. **1766** *CD* 165, Dae Meistr Exeis-mon, / I'm galw yn fwyn galon: / Fo ffaeliodd fy ffoli, / I roi ei *bric* yn y Mrecci. **1769** E. ROBERTS: *GN* 28, Ag neidio i amcanu rh[o]i imi gic / Ag y [*sic*] gododd arna i *bric* y breci. **1795** J. THOMAS: *AIC* 359, planna hwynt [cerrig eirin] yn rhesi a *phric*. **1803** *P*. Ar lafar, '*pric* . . . stick . . . esp. . . . for lighting a fire', *WVBD* 443; hefyd yn y De yn yr ystyr 'cala', ac yn ddifr. am berson, ''En *bric* yw a'. Yn rhannau o'r Gogledd clywir ymad. fel 'Cyn groesed â dau *bric*' am rywun drwg ei dymer. Yng nghanolbarth a godre Cered., sir Gaerf., a sir Benf. gelwir *pricie* ar y prennau a ddaliai'r rhaffau wrth doi tas neu helm. Gw. hefyd y cfn. *pric—p. tas, to, toi* isod.

(*b*) Pigiad ag erfyn blaenllym, prociad (ierthi, &c.); twll neu farc bychan a wneir wrth bricio ag erfyn blaenllym; dot, pwynt: *a prick(ing) with a pointed instrument, poke (of goad, &c.); puncture or mark made by pricking; dot, point.*

1567 *TN* 275a, e roddwyt i mi bingyn [:– . . . aseth, picell, *pric*] yn y cnawt. *Diw.* **16g.** (**1605**) *GP* 219, [d]au *brik* bychain val hynn |··|. **1609** R. SMYTH: *CAC* [66], rodi *pric* neu titl dan bob un ohonynt [llythrennau] yn lle i dublu. Ar lafar ym Morg., '*pric* â'r ierthyd'.

(*c*) Poen sydyn a phigog, pigiad, brathiad: *sudden sharp pain, prick, sting.*

1861. Ar lafar ym Morg., '*pric* bæch nawr ac yn y man' 'a wrenching pain now and then'.

Cfn.: **pric a charp:** *umbrella*. **1888. y p. a'r pris:** '*prick and price (praise, prize)*', *praise deserved for excellence or success*. **1619** *Bl B XVII* i. 115, Ymhob gwedd gynganeddus / Un Dick âi a'r *prick a'r pris* [marwnad Richard Hughes gan Huw Roberts Llên]. **1620** *Mos* 204, 58, Ef a bia *r pric ar pris*. *id.* 102, Mi a rov iti 'r *pric ar pris*. **p. cannwyll:** *broach, rod from which lengths of wick were suspended to pour molten tallow over them to make candles*. Ar lafar gynt yn Uwchaled, H. EVANS: *CE* 159. **p. clust:** *earache*. Ar lafar yn siroedd Dinb. a Ffl., *LGW* 483. **p. cwyr:** *taper, thin candle*. **1604–7** *TW* (*Pen* 228) d.g. *cereus, ceroferarium*. Cf. *IICRC* iii. 196, mi a ro brickie or kwyr gore. **priciau cynnau tân,** gw. *p. tân*. **pric cynnull:** *jointed stick used to gather corn for binding into sheaves*. Ar lafar ym Môn, *LlLlM* 101. **p. edafedd:** *quill (for yarn), 'yarn-stick', pin of (warping-)creel*. **17g.** HUW MORUS: *EC* i. 307. **1722** *Llst* 189, *pricc (edafedd)* . . . a slipper. **1793** *Cylchg* 193, un oedd yn ymddangos fel yn cerdded ar *briciau edafedd*. **1803** *P*, pric . . . Wyd sythed a pe llyncasid *bric edafedd*, thou art as stiff as if thou hadst swallowed a yarn stick. Ar lafar yn gyff. yn y gyffelybiaeth 'coesau fel *priciau dafedd*' 'spindle-shanks'; hefyd yn sir Drefn. clywir *pric ydafedd* fel ebd. yn yr ystyr 'dwli, nonsens'. Cf. **1760** *ML* ii. 154, ac a roe bric ac edafedd i ryw wreigen segurllyd i'w ddirwyn. **p. y wennol:** *shuttle-pin or -spindle (in weaving)*. **1606** *Pen* 296, 120. **p. llestri:** *branch with twig stumps, or upright rod with pegs, on which milking utensils were hung to dry after washing*. **1935. p. mesur:** *pointed instrument used to mark slate for cutting; ruler*. **1862. p. pwdin** [?cf. S. *pudding-prick* 'slender wooden skewer used to fasten the ends of a pudding-gut']: *pudding-stick, also fig. cat's-paw, convenience; laughing-stock*. Ar lafar yn y Gogledd, cf. *WVBD* 443, *pric pwdin*, 'stick to stir puddings', also 'laughing-stock' . . . ; ''Newch chi ddim gneud *pric pwdin* ohona' i', 'you shan't make a convenience of me'; *LlLlM* 109, Ofnai pob un ei wneud ei hun yn sbort, neu'n gyff gwawd, neu a defnyddio'u term hwy, yn *bric pwdin*; *Geir Geg* 148, *pric pwdin* . . . pan oedd hi'n arfer i ferwi pwdin mewn darn o liain byddid yn clymu'r llieiniau hynny wrth ffon neu ddarn o bren a roid i orffwys ar draws ceg y crochan; *ISF* 62, 'paid â mynd yn *bric pwdin* iddo fo', paid â gadael iddo dy ddefnyddio i'w bwrpas. '*Pric pwdin*' oedd y pric a ddefnyddid i godi pwdin berwi o'r crochan. **priciau pys:** *pea-sticks*. **1903. p. (cynnau) tân:** *kindling, firewood*. **1930. pric tas:** *thatching-peg (on haystack), spit, 'spiddock'*. Ar lafar yn Arfon, *WVBD* 443. **p. to = p. tas. 1722** *Llst* 189, *priccau to*, spit-hooks. Ar lafar yn Arfon, *WVBD* 443. **p. toi = p. tas.** Ar lafar ym Môn ac Arfon, *LlLlM* 101, *WVBD* 443.

prica [?amr. ar *pric*, cf. *pric to*, ac o ran ff., ?cf. S. C. *prike*] *eg.* ll. *priceiau, priceion*. Ffon hir bigfain a ddefnyddid i sicrhau to tas wair, &c., pric to: *long pointed stick used for fastening the thatch of ricks, &c., spit, 'spiddock'.*

Ar lafar yn sir Benf. a'r cyffiniau, *TGG* (1907–8) 84, *GDD* 234, *SC* vi. 125.

pricaf: prico, gw. **priciaf: pricio.**

pricaid¹ [bnth. S. C. *priket* 'buck'] *eg.* Bwch neu iwrch, yn enw. un dwyflwydd oed, yn *ffig.*: *a buck, esp. one in its second year, used fig.*

15g. *GLGC* 334, Tri *phricaid* o'r hendaid hael / yw tri elfydd tir Elfael.

pricaid², gw. **priciaid.**

pricer [bnth. S. *pricker*] *eg.* Erfyn pigfain i wneud twll neu farc bychan: *sharp instrument for making small holes or marks, pricker.*

1811. Ar lafar yn y Parlwr Du, sir Ffl., '*pricar*, darn main o gopr neu bren tua chwe modfedd o hyd ar ffurf hoelen ac iddo flaen miniog; fe'i defnyddid i roi twll yn y powdwr cyn rhoi'r gapan i mewn', *Geir Glo* 80.

priciad¹ [bôn y f. ddil.+*-iad*¹; ansicr yw union ystyr yr engh. gyntaf] *eg.* ll. *-au.*

(*a*) Gwayw, brath, pigyn: *sharp and sudden pain, stab, stitch.*

17g. *LlGC* 13215, 376, *pricciad*, punctio. **1699** T. JONES: *Alm* [8], Y Glun-gymalwst a'm blineu [*sic*] weithieu yn *bricciadau*. **1704** *id.* [28], *Pricciadau* yng-hŷlch y ddwŷ fron ar ystlysau. *c.* **1730** *Thos. Lloyd D* (LlGC) 196a, *pricciadau*, pains, shootings, stitches.

(*b*) *Crdd.* ?Nodiant: *notation (in mus.).*

17g. *Musica* 35, gogwyddor i ddysgu r *prikiad*. *ib.* gogwyddor *prikiad* arall.

priciad², gw. **priciaid.**

priciaf, pricaf: pric(i)o [bnth. S. (*to*) *prick*] *bg.a.*

(*a*) Pigo, gwanu, trywanu, ysbarduno (ceffyl), brathu, curo; nodi, dewis; hefyd yn *ffig.*: *to prick, pierce, stab, spur (horse), sting, throb; note, choose; also fig.*

16g. *GLD* 4, Oes dyn o Loegr a estyn lygad, / A *bricia* Wynedd, heb roi cennad? **1545** *CI* 126, [ll]ym-der y sudd aviachus yma, yvo a *brickia*'r gewynne ac a'i gwna wynt ynn llawn o weiwyr. **16g.** (*LlEG*) *Mos* 158, 471a, serttein o wyr meigis [*sic*] ynn ysbarddune [*sic*] i *brickio* y kyffreddin [*sic*] I gyuodi. *c.* **1548** *CM* 1, 714, [y] goddeuwr ynn klywed hryw vmbyr ynneid-io ac yn *prickio* ynn llym o vewn y ffroene. ?**16g.** *MA*² 435b. 37, a thynny cledyv a oruc Bryttys gan y *brico* ev yn fest. **1574** *RhRC* (At.) 250b, wrth fod yn [*sic*] gydwybod yny *bricko*. **16–17g.** *CRC* 427, O doe gomissiwn i fwstrio / . . . / ag o bydde garl kowaethog / hwnnw a *brickid* yn chwannog / fo gostie i hwnnw bvmpunt / ne fyned ir vn helynt. **1609** *id.* 67, Rho fynghorff i boini yn grevlon / keiff fy Raper *brikio* ynghalon. **1615** R. SMYTH: *GB* 245, a thrwy fod llewyrch, iwynebryd [*sic*] ai phriw yn yn *pricio* yr ydym yn ynfydu ag yn gwallgofi. **1672** R. PRICHARD: *Gw* 178, Iau yn gwascu, Sarph yn *pricco* [:– Brathu] / Yw Gwraig ddrwg: Gwae'r gwr a'i caffo. *id.* 365, Nes delech eu *pricco* [:– pigo] ag angen. **1734** *YCTM* 13, Yn y *mhricco* 'i a Geiriau llym. **18g.** *Llr C* 24, 291, Cymer ben o Arlleg gwedy bilo, a *phricca* 3 neu 4 o dylle yn y genol. Ar lafar yn nwyrain sir Drefn., 'Mâ'r casgliad ar y mys i'n *pricio*'n arw (*throbbing*)', *Cymru* liii. [31].

(*b*) *Crdd.* Ysgrifennu neu gopïo (cerddoriaeth): *to 'prick', write (out) or copy (music).*

16g. WILIAM CYNWAL: *Gw* (G. P. Jones) 150, Ofer sôn ddeutu Conwy / Acw i'w mysg *bricio* mwy [marwnad Robert ap Hywel Llwyd, Delynor]. **17g.** *Musica* 105, hyny sydd gen i Robt ap huw o ddifre wedi *prikio*. **18g.** *id.* [1], y Klymau Kydgerdd . . . gwedi eu *prikio* allan o Lyfr wiliam Penllyn. **1762** *ML* ii. 457, Mae'n dywedyd ei fod noson gyda chwi yn canu . . . Gobeithio ddarfod i chwithau *bricio*'r nodau rhag eu colli byth bythoedd.

(*c*) Gosod ffyn neu briciau yn y ddaear i gynnal (pys, ffa, &c.): *to place sticks to support (peas, beans, &c.).*

1795 J. THOMAS: *AIC* 351, ar ôl i Bŷs dyfu yn ô uchel rhaid eu *priccio* i 'w cynnal i fyny. Ar lafar yn y Gogledd, *WVBD* 443.

Cfn.: **pricio allan:** *to prick out (seedlings)*. **1819. p. ei glustiau:** *to prick up one's ears*. Ar lafar yn Arfon, *WVBD* 443. **p. nôts:** *to write (out) or copy music*. **1908.** Ar lafar yn Arfon, *WVBD* 443. **p. defaid:** *to castrate young rams by means of two sticks tied together with cord.* Ar lafar yn Arfon, *WVBD* 443.

priciaid, pricaid² [*pric*+*-iaid*², *-aid*¹] *eg.* ll. *priceidiau*. Llond pric o edafedd: *quill of yarn.*

1547 *WS*, *prikied* edafedd, a quyll of yorne. **1604–7** *TW* (*Pen* 228), *priciet* d.g. *glomeramen*. *Dchr.* **17g.** *J* 10, 134a, *pricced* o edyvedd, a quill of yarne. **17g.** *LlGC* 13215, 376, *pricciad* o Edauedd. **1803** *P*, *pricaid*, s. m. pl. *preiceidiau* [*sic*] . . . the quantity of yarn taken off the spindle and put upon a stick. Ar lafar yn y Gogledd yn yr ymad. 'drysu *priciad (pricied)* rhywun' 'to frustrate someone's intentions', *Mont Coll* xiii. 331, J. JONES: *Gwerin-eiriau* 104.

pricmadam [bnth. S. *prick-madam*] *e?g. Bot.* ?Rhywogaeth o'r friweg, *Sedum* ?*reflexum*: (?*yellow*) *stonecrop.*

1604–7 *TW* (*Pen* 228), *pricmadam* d.g. *erithales*.

Amr.: **pricmaed** [nid oes sicrwydd mai'r un gair yw hwn â *pricmadam*]. ?**15g.** *B* xv. 117, Saws glas ym mhob plas paliswydr—hyd Fon / *Prickmaed* Vinegr yn rheiydr (?Ieuan ap Rhydderch).

pricsiwn [bnth. S. *prick-song*] *eg.b.*

(*a*) Cerddoriaeth leisiol (bolyffonig fesuredig) (a genid o gopi) ysgrifenedig (gthg. *plaensong*, *plaengan*), cân, hefyd yn *ffig.*: *prick-song, notated* (*polyphonic mensural*) *vocal music* (*sung from a copy*), *song, also fig.*

15g. *GGl*² 297, Pob gordd yn pwyaw heb gam, / *Pricswng* y siop o Wrecsam [i ddiolch am fwcled]. **16g.** *GGH* 333, Brau gyson gerdd, *bricsiwn* gwych, / Ebryw mwyngroyw berw mangrych [i ofyn ceiliog bronfraith]. ?**16g.** (**1794**) E. JONES: *MPR* 48, Priv lwysgan per velysgerdd, / Perogl sain camp *prics'wn* cerdd [Bartholomew Jones i'r eos]. **16g.** WILIAM CYNWAL: *Gw* (G. P. Jones) 93, Myfyriai sŵn *bricsiwn* brau, / Morlas, tôn mawrlais tannau. **18g.** RH. IFANS: *SR* 150, Doed yn nes er lles 'wyllysiwn / I ateb procsi hyn o *bricsiwn*. *id.* 176, *Pricsiwn* Gŵyl Fair ar dri mesur.

(*b*) Cyff gwawd, testun sbort, ffŵl; ffwlbri, ynfydrwydd; dryswch: *laughing-stock, butt*; *nonsense, foolishness*; *muddle*.

1712 T. WILLIAMS: *CDdG* 608, da a gwyr gelynnion ein Crefydd ni hyn ymma, nis gollyngant un cyfleusdra heibio iw gwneuthur yn *bricsiwn* i'r bŷd. *c.* **1730** *Thos. Lloyd D* (LlGC) 196a, gwneud yn *Bricsiwn* . . . To expose. **1756** G. OWEN: *L* 173, i ba beth y mae'n chwareu *pricsiwn*, yn addo dyfod ac etto'n naghau. **1760** *ML* ii. 195, [g]wnaeth o wawd a *phricsiwn* o honof [henaint] yn lle fy nghroesawu. **1768** (**1813**) TWM O'R NANT: *FF* 66, Ond gwell i ti beidio â chadw sŵn, / I fyn'd yn *bricsiwn* felly. **1769** E. ROBERTS: *GN* 40, Rhag iddo yma ffrauo a myfi, / A bod yn *bricsiwn* ir cwmpeini. **18g.** (**1870**) TWM O'R NANT: *CO* 33, Ni waeth imi dewi a'm *pricsiwn*. **1790** TWM O'R NANT: *GG* 78, Mae'r Wraig yn lled addo Ysmwddio 'i grŷs main, / Rhag bod y gwr talgrwn yn *bricsiwn* i'r Brain. Ar lafar yn y Gogledd, 'wedi mynd yn *bricsiwn*' 'become a laughing-stock', 'Mae hi'n *bricsiwn* edrach arno fo' 'He is a sight (e.g. of some one absurdly dressed)', 'Mi fyddan' nw'n *bricsiwn* arw yn niwadd yr wsnos' 'They will be in a terrible muddle at the end of the week', 'Mae o'n *bricsiwn* o dena' 'He is shockingly thin', *WVBD* 443.

Amr.: **pricsong.** *c.* **1566** *B* i. 155–6, yr ydym ni yn ocypeio ag yn ymarfer y plaensong mewn pedair Rvwl a ffedair ysbas . . . ar *pricsong* mewn pymp Rvwl a ffymp ysbas. **1583** *LlGC* 716, 1[9]3a–b, Pwy a' ddechmygodd cyntaf canv y *priksong*, hyny ydiw, Canv yn y Cwir, heb fetrv o eraill moi deall, a' hyny gida'r organ? . . . Paab Vitalian . . . a' ddvc ir eglwys *pricksong*, a'r fath canv, ac sy yrowrhon (digon oferys) mewn y rhann fwia o eglwysi, yn ei arferv. **16–17g.** *GST* i. 524, Ei lyfr hir, meddir i mi, / A'i *bricsong* oedd ei brocsi; / A'i blaensong, hen darw blinsor, / Er pan fu'n canu'n y côr (Siôn Phylip). **pricswng.** **15g.** *GGl*² 297. **16–17g.** *GHCEM* 10, Cân blaenswng a *phricswng* ffraeth, / Cywir ddwyran cerddoriaeth [i'r ceiliog bronfraith]. **pricyn-song.** **15–16g.** *GRB* 50, Ffraeth yw cefnllif ffrwyth cafnllong, / ffwrcyn sens a *phricyn-song* [marwnad Elsbeth Mathau o Radur].

pricwyr [cfdds. o'r S. C. *priker*((*e*)*s*)+ -*wyr* 'horsemen'] *e.ll.* Marchogion, gwŷr meirch, sgowtiaid: *horsemen, mounted soldiers, scouts.*

15g. *GLGC* 60–1, Yn ymwan nid rhaid nemawr / er cadw i'm oes riw'r coed mawr; / y *pricwyr* Rhiw Iac Parcwin, / y dardau ffyrdd Ystrad-ffin.

pricyn, pricyn-song, gw. **pric, pricsiwn.**

prid [H. Wydd. *crith*: < Clt. **kᵘrīt*- o'r gwr. IE. **kᵘrei*- 'prynu'; be. gwr. y f. *prynaf*: *prynu*, cf. *gobrynaf*: *gobryn*, †*gobrid*, ac ymhellach *erlynaf*: *erlyn*, †*erlid*; ?cf. Gal. *pritom*] *a.* ll. -*ion*, hefyd gyda grym enwol, ac fel *eg.* ll. -*iau*.

(*a*) Costus, drud, drudfawr, uchelbris; gwerthfawr: *dear, costly, expensive*; *valuable, precious.*

12–13g. *GLlLl* 78, Ac ystyr, brif unben, mor *brid* / Eur Auya os ef ryerchid. **14g.** *GDG*³ 340, *Prid* i'r unben a'i chwennych, / Profais y gwin, prif was gwych, / Prynu, gwaith ni bu fodlawn, / Ar naid dalu alwynaid lawn. *c.* **1400** *R* 1284. 14–15, *Prit* y bal wisc oval wasgawt. **15g.** *FfBO* 50, Pan *prittaf* y sidan yno, ef a geffir pwys deugeint punt yn llai noc wyth grot. **1547** *WS*, *prid* ne ddrud, dere. **16g.** *Hop M* 177, gwisgo dillad *pridion* trym, a hoffi grym corffolaeth. **1603** W. MIDLETON: *Ps* 79, Gwerthi dy bobl a gwrthiau / . . . / Heb godi i gwerth drudnerth dro / Yn *brittach* a bar eto. **1604–7** *TW* (*Pen* 228) d.g. *pretiosus.* **1606** E. JAMES: *Hom* iii. 194, y rhai sydd mewn cost fawr wrth dalu yn *brid* am fwyd a chyflog. *Dchr.* **17g.** *J* 10, 134a, *prîd* . . . precious. **1632** *D*, *prid*, carus. **17g.** *CRC* 227, John y kaesbwl y loffa / er bod y brag or *pryta*. **1784** M. WILLIAMS: *S* i. 237, mae bwyd a lletty yn *brid* anghyffredin. **1803** *P*, *prid* . . . valuable. Ar lafar yn y De, *B* viii. 324.

(*b*) (enghrau. *ffig.*, yn aml gyda'r ystyr 'yn golygu colled neu aberth, wedi ei brynu'n ddrud': *fig. exx.*, *often meaning 'involving loss or sacrifice, dearly-bought'*).

12–13g. *GLlLl* 188, Tremyn Llywelyn, llyw rydyrch —Prydein, / *Prid* y Loegyr y dissyrch. **13g.** *C* 21. 2–3, *Prit* prinudech[u]ant. othriit ageugant. *c.* **1300** *H* 59a. 1–2, Kywrysset brydein ysy bryder ynn ysy *brid* y lawer (Cynddelw). **1346** *LlA* 137, mi ywr gwr ath oruc ti ac athprynnawd yn *prit*. **14g.** *OBWV* 95, Prudd yw'r unben a'th genyw, / *Prid* im dy lid, ym Duw lyw [i'r lleuad]. **14g.** *GDG*³ 285, Prydydd i Forfudd wyf fi, / *Prid* o swydd, prydais iddi. **14g.** *GIG* 44, A'r ail grwydr a fu brwydr *brid*, / A dryll ei wayw o drallid [moliant Owain Glyndŵr]. **14–15g.** *IGE*² 113, *Prid* oedd arwain ein pryder, / Paun y glod, pennwn y glêr [marwnad Rhydderch gan Ruffudd Llwyd]. *id.* 165, Pryder call, *prid* yw'r cellwair, / Pwnc o genfigen a'i pair (Rhys Goch Eryri). *c.* **1400** *R* 1206. 9–10, ymdaw ffrwt wylaw. a*phrit* alar. *id.* 1284. 26–7, Prydervs vu grist kynn *prit* arawt. **15g.** *ID* 44, aros y byd wrth rys bach / ū beir yday yn *bridach*. **16–17g.** *HG* 96, yddoedd yn gam, yt ddüw dinam / bryny gwaithred, [*sic*] dyn'ky *brited*. **1672** R. PRICHARD: *Gw* 257, Dysc fy mâb wrth gwdwm Adda, / Weld mor *brîd* yw 'r pechod lleia. **1746** G. JONES: *HWI* v. 94, Mor fawr fy mai! Mor *brŷd* fy mhardwn!

Fel *e.* Dull o drosglwyddo tir, &c., yng Nghymru'r Oesoedd Canol, drwy gyfrwng math o les neu forgais am dymor o flynyddoedd a adnewyddid oni bai fod y pris prynu neu'r benthyciad yn cael ei ad-dalu ar ddiwedd cyfnod penodedig, morgais Cymreig; tâl, taliad (yn enw. un a wneid mewn gweithrediad o'r fath), pris, cost; pwrcas; morgais, eiddo morgeisiwr a ddelir fel sicrwydd am ddyled, gwystl, gwystlad; cyngwystl, bet; hefyd yn *ffig.*: *a method of transferring land, &c., in medieval Wales by means of a kind of lease or mortgage for a term of years renewable unless the purchase price or loan was repaid at the end of a specified period, Welsh mortgage*; *payment* (*esp. one made in such a transaction*), *price, cost*; *purchase*; *mortgage, property of a mortgagor which is held as security for a debt, pledge, pawn, a pledging, pawning*; *wager, bet*; *also fig.*

13g. *LTWL* 120, De tunc et *pryt* non participant cum rege mayr. **1289** *B* xxvii. 270, ego Ioreverth Goch . . . impignoravi, invadiavi et ad tyr *prid* dimisi et concessi David filio Gronw genero meo et Angharad filie mee uxori sue medietatem totius iuris et clamii que habui vel aliquo modo habere potui in villis Ednewein et Maes Blethrys et quartam partem molendini ville Ednewein ad terminum C annorum . . . pro quadraginta libris quas idem David mihi ad plenum soluit pre manibus . . . Finito vero termino licitum sit antedicto Ioreverth vel suis heredibus de corpore suo procreatis antedicta tenementa pro *prid* antedicto acquietare, alioquin eadem tenementa semper remanebunt penes antedictum. **1301** *id.* 271, ego Howel filius David impignoravi et ad tyr *prid* dimisi, et concessi Maddoco . . . duos seliones terre in Gresford . . . ad terminum quadraginta annorum . . . pro quinque solidis argenti quos mihi dedit pre manibus. *Dchr.* **14g.** *Ll Cyn* 20, ae perchennawc [oen] cael y perchennogaeth ny bo na *phrit* na gwerth na rod na benffic ymdanaw. *Dchr.* **14g.** *H* 89b. 11, moladwy uleidriw nym rodey *brit* (Phylip Brydydd). **14g.** *LlB* 77, Y neb a gaffo y tir dylyet trwy dadleu yn llys . . . ny dyly talu *prit* drostaw. *id.* 78, Tri ryw *prit* yssyd ar tir. Vn yw gobyr gwarchadw. Eil yw yr hyn a rodher yr achwanegu tir neu y vreint. Trydyd yw llafur kyfreithawl a wnelher ar y tir y bo gwell ohonaw. **1373** *B* xxvii. 264, bone et legalis monete Anglie de *prid* . . . bone et legalis monete . . . pre manibus recepi nomine *pryd*. *c.* **1400** *R* 1055. 40, ny cheffir da heb *prit*. **1457** *B* xxvii. 277, Res Salmon has . . . set to *pryde* his burgage . . . to the said William Bulkeley his heyres and his assignes . . . unto the ende and terme of iiii yere than next foloying and fully complete and so fro iiii yere in to iiii yere as in a dede of *pryde*. **15g.** *HCLl* 50, Ef aeth iddaw ef a thyddyn / Mwya'i *bridiau* im o Brydyn. **1501** *B* xxvii. 274, nos Lewelin ap Dita et Katerin verch Hoell . . . dedimus et concessimus et ad formam de *prid* tradedimus Hoell ap Grono ap Lewelin quatuor virgatas terre arabilis . . . ad terminum duorum annorum . . . pro viiis. iid legalis monete Anglie. **1547** *WS*, gwerthgaeds ne *brid*, mortgage. **16g.** (*LlEG*) *Mos* 158, 15a, x mil o bunnee yr hrain a Roddasai Ef yw vrawd yn *brid* ar Normandi. **16g.** *B* xxiii. 165, [c]ael y tir yn rrydd o bydd y proffid yn kyrhevdddvd hyd swm y *prid*, nev yn myned trosto. **16g.** WILIAM CYNWAL: *Gw* (R. L. Jones) 753, Dydd o *brid*, addaw Brawdwr, / Dydd brad a wywodd brodyr [marwnad Siôn Salbri o Leweni]. **1620** *Neh* v. cs., Nehemiah yn ceryddu yr vsur-wyr, ac yn peri iddynt roi yr occr a'r *prid* yn ei ôl. **1632** *D*, *prid*, oppignera-tio. **1688** *TJ*, *prîd*, gwŷstl: a pledge. **1722** *Llst* 189, *prid*, (sub.) m. a laying to pledge, waging, a wager, morgage. *id.* d.g. *a Bet.* **1753** *TR*, *prid*, a pawning, a laying to pawn. **1759** T. THOMAS: *WWDd* 186, Yr amser y talodd Crist *brîd* neu lawn werth drosto ef [pechadur]. Am drafodaeth lawn gw. *B* xxvii. 263–70.

Gw. hefyd **ymhrid.**

pridaf, pridiaf: prid(i)o [bf. o'r e. bl.] *bg.a.* Trosglwyddo (tir, &c.) drwy brid; prydlesu, morgeisio, gwystlo, talu pridwerth dros; betio, hefyd yn *ffig.*: *to transfer* (*land, &c.*) *by 'prid'*; *lease, mortgage, gage, pledge, pawn, ransom*; *wager, bet, also fig.*

13g. *LlI* 58, Ny dele nep guerthu tyr na'e *prydau* heb ganhyat argluyd, namyn lloccet pob blueden ef os myn. Guyr a uo adan abbadeu a guyr a uo adan escop, vynt a deleant *prydau* eu tyr os mennant can ganhyat e rey henne. **15–16g.** *GLM* 289, Adda, *priddodd* Paradwys / am afal, ar bâl âi'i bwys. **1547** *WS*, *prido* tir, mortgage. **16g.** (*LlEG*) *Mos* 158, 14b, *pridodd* hrobart kwrtoys ddugiaeth normandi i Wiliam . . . brenin lloygyr. *id.* 69b–70a, [g]werthu ne *brido* ohonaw ef dref verwig. *Diw.* **16g.** (*p.* **1638**) *Llst* 125, 452, i dalv gwerthv 'r gwartheg / a *ffrido* rhai or tai teg (Dafydd Llyfni). *Diw.* **16g.** *DCR* 218–19, mi a*bridies* yn hyddyn / ag a werthais vyn a [*sic*]. **16–17g.** *CRC* 425, A chann fwya or gwyr eglwyssig / . . . / o klowen fod tir yw *brido* / yn y mann hwy a drewen wrtho. **1632** *D*, *prido*, pignerare, oppignerare. *c.* **1648** *DCR* 273, na *ffrida* fyth nath tir nath nyth. **1688** *TJ*, *prido*, gwystlo: to give a pledge. **1722** *Llst* 189, *prido*, to lay in pledge, gage, wage. **1753** *TR*, *prido*, to pawn, to lay to pawn. **1766** *CD* 84–5, O bydde Cerlyn Cyfoethog, / Hwn a *Bridid* yn chwannog, / Fe gostue i hwnnw Bumpunt, / Neu rhaid oedd mynd ir helynt. **1773** *W* d.g. *to engage* [*stake or hazard*]. *Diw.* **18g.** *AL* ii. 518, etivedd cysevin a wrthbrito dir ei genedl, a *brided* dan gov a chadw a chlyw gwlad. **1803** *P*.

pridgwerth, pridiaf: pridio, gw. **pridwerth, pridaf: prido.**

pridiant [bôn y f. fl. + -*iant*] *eg.* ll. *pridiannau.* Pris, tâl, cost, traul; gwystlad; taliad pridwerth: *charge*; *a pledging*; *a ransoming.*

1803 *P*, *pridiant*, s. m. the act of pledging a value; a ransoming.

Cfn.: *Cyfr.* **pridiant tir:** *land charge.* **20g.**

pridiwr, gw. **pridwr.**

pridwerth, prid-werth [*prid*+*gwerth*] *eg.b.* ll. -*i*, a hefyd fel *a.*

(*a*) Y weithred o ryddhau rhywun o gaethiwed drwy daliad, y pris a delir i ryddhau rhywun o gaethiwed neu i adfer eiddo a gipiwyd, prynedigaeth, pris, taliad, dirwy, hefyd yn *ffig.*: *ransom, redemption, price, payment, fine, also fig.*

14g. *GDG*³ 386, O anterth, *pridwerth* prydydd, / Hyd hanner, dau amser, dydd. **1604–7** *TW* (*Pen* 228) d.g. *luo*, *redemptio.* **1632** *D*, *pridwerth*, pretium. **1661** E. LEWIS: *Drex* 35, Yn uffern nid oes neb ryw . . . *bridwerth* am ryddid. **1677** C. EDWARDS: *FfDd* 297, pan daler *Pridwerth* am y carcharorion sydd mewn caethiwed dan y Twrc. **1688** *TJ*, *pridwerth* (prîs:) a price. **1721** E. PUGH: *AC* 90, yr Eglwys . . . ai nid yw yn gyfreithlon, i'r Swyddogion arfer cerydd, megis *pridwerth* a charcharu tua'g at droi y rhai cyfeilioirnus i'r ffordd? **1728** T. BADDY: *DDG* 96, gan orfod talu Trethi a *Phridwerthi* llwyr drymion yn aml. *id.* 139, rhoi eu holl Genedl dan *Bridwerth* i'r Tyrciaid. *id.* 165, y Brenhin Harri hwnnw a wasgodd rifedi *Bridwerth* mawr o Arian o'r Juddewon. *c.* **1730** *Thos. Lloyd D* (LlGC) 196, *pridwerth*, a fine. **1753** *TR*, *pridwerth*, the price given for a thing that is bought; also, a ransom. **1776** I. BRYDYDD HIR: *P* ii. 113–14, Iawn . . . yw gwneuthur diwygiad a thaledigaeth am sarhâd neu gammwri, trwy roddi *pridwerth* am y trosedd a wnaethpwyd. **1803** *P*.

(*b*) (enghrau. am Iesu a'i aberth ar y Groes: *exx. with ref. to Jesus and his sacrifice on the Cross*).

c. **1400** *R* 1213. 40–1, na vadeu uedyant gorhoffded [*sic*] dy *britwerth* arnaf naf nazared. *id.* 1331. 16, y *britwerth* arglwyd brawtwir. *id.* 1385. 24–6, Y gwr an prynwys ny *prit werth* galet. o uffern gethern o gethiwet. **15g.** *HS* 28, ni bu rad iawn i *bridwerth* / i gorffir roi i gorff ar werth. **15g.** *GDID* 126, Dy fab a rydd, er dy fwyn, / Er llun y Grog, eurllawn grwys, / Ei *bridwerth* o baradwys. **1567** *TN* [xxxviii], trwy'r *pridwerth* a wnaeth ef trosom ni ar pren Croes. *id.* 68a, rhoi ei einioes yn *bridwerth* [:- bryniant] dros lawer. **1606** E. JAMES: *Hom* iii. 80, na phrynwyd eich rhydd-did chwi nac ag aur, nac ag arian ond a *phridwerth* gwerthfawr waed . . . Iesu Grist. **1643–4** *DCR* 263, ond fe gymerth arno yn *pridwerth* / gnawd y forwyn bryd fwyn brydferth. **17g.** *IICRC* iii. 155, Pan roist dy fab heb ddim or gwerth, / i fod yn *bridwerth* drosom. **1672** R. PRICHARD: *Gw* 256, yn ranswm [:- *Bridwerth*] dros ein beiau. **1759** W. WILLIAMS: *SFf* 13, y *Bridwerth* a dalodd efe drosom.

(*c*) Person neu bobl a ryddhawyd o gaethiwed, &c., drwy daliad, yn *ffig.*: *ransomed person or people, used fig.*

15g. *Cy* iv. 112, twyllassei ef *pridwerth* ygwir dyw yr ycolli. *id.* 112–14, pan darfo yr angcrist hwn . . . caffel y hynt ar dwyllaw *prydwerth* dyw trwy yharwein y agred. *id.* 126, yndienyidio [*sic*] vym *pridwerth* yr bychydig o achossyon. **15g.** HUW CAE LLWYD, &c.: *Gw* 136, A phan ddug wedi'r ffun ddwys, / Ei *bridwerth* i Baradwys. **16g.** DAFYDD BENWYN: *Gw* 203, Düw, dy nawdd, da yw dy nerth: / di-bryder yw dy *bridwerth.* **1621** E. PRYS: *Ps* [v], Dy bobl di ydym (O Dduw'n nerth) / I *prid werth* dy waed sancteiddiol. **1672** R. PRICHARD: *Gw* 418, I Ddysgu p'ûn mae'r Haeldad, / O ddigter, neu o gariad, / Yn danfon ar ei *Bridwerth* blâ. *c.* **1730** *Taith C* 26, Fy *mhridwerth* (*My purchased one*), Gobeithio pe fiasit yn gwybod cymmaint . . . na buasei arnat ofn Ci.

Fel *a.* Costus, drud, gwerthfawr: *expensive, valuable.*

a. **1587** *Y* 157, Ni chleimiais, doedais bob dydd, / Gwrdd *pridwerth*, ond gradd prydydd.

Amr.: **pridgwerth.** **1567** *TN* 249b, 250b.

pridwerthaf: pridwerthu [bf. o'r e. bl.] *ba.* Rhyddhau person o gaethiwed drwy daliad, hefyd yn *ffig.*: *to ransom, also fig.*

1811.

pridwerthol [*pridwerth*+-*ol*] *a.* O natur pridwerth: *of the nature of a ransom.*

1711 M. MAURICE: *YAD* 169, *pridwerthol* Brynedigaeth Christ.

pridwr, pridiwr [bôn y f. *pridaf, pridiaf*: *prid*(*i*)*o*+-(*i*)*wr*] *eg.* (b. *pridwraig*) ll. *pridwyr.* Un sy'n trosglwyddo tir drwy brid; un y trosglwyddir tir iddo yn y cyfryw ddull; (geir.) betiwr; un sy'n pridwerthu; hefyd yn *ffig.*: *one who transfers land by 'prid'; one to whom land is transferred by this method;* (*dict.*) *one who bets; one who ransoms; also fig.*

c. **1400** *R* 1287. 34, *pridwr* serch paredur swyd. **15g.** *BL Add* 46846, 77a, rraid yw ir *pridwr* gwnevthur ar y tir weithred ddilis drwy gennad yr arglwydd ir etivedd yw werthv ac ir *pridwr* yw brynv . . . rraid yw ir etivedd nevthur endeintur rryngtho yntev ar *pridwr* os y *pridwr* a gaiff i arian. dylyvro [*sic*] or *pridwr* y tir ir etivedd baryw stad bynnag a viasse [*sic*] or blaen ac velly y bydd sikyr y *pridwr* ar etivedd. **1540** *Edwinsford* 4224, dywedud . . . vod Eva . . . yn berchen dilis yr tir ymryssonedic . . . ar Rees ennwedic yngwrthladd hynny gan ddywedut nad oeth yr Eva ychot y namyn *pridwraic* or tir hwnnw. **16g.** DAFYDD AP LLYWELYN, &c.: *Gw* 116, Y gwŷr a wnâi'r gaer yn well, / Disgymun, nid oes gymell, / Annhebyg, ddewrion hybwyll, / I *bridwyr* tir, bradwyr twyll; / Usuriwr â'i holl sorod, / A'i dda fo'i cuddia mewn cod, / Lleidr i gyd yn ennyd nos, / Ac a'i dwg i goed agos [i ganmol cardwyr a diswyr]. **1722** *Llst* 189, *pridwr*, m. a better, holder of wagers. **1803** *P*, *pridiwr*, one who gives a price; a ransomer.

pridd [Crn. C. a Diw. *pry*, H. Lyd. *pri*, gl. *creta* .i. *terra*, Llyd. C. *pry, pri*, Llyd. Diw. *pri*: < Brth. **prīįess*: < Clt. **kᵘrīįets*, cf. H. Wydd. *cré*, gen. *criad*; ?cf. Llad. *crēta*] *eg.* ll. -*au*, -*oedd*, -*ion*, a hefyd gyda grym ansoddeiriol.

(*a*) Haen uchaf arwyneb y ddaear a gyfansoddir o falurion creigiau'n gymysg â gweddillion defnyddiau organig, dŵr, aer, &c., y gellir ei phalu neu ei haredig ac y tyf planhigion ynddi, tir, daear, gweryd, llwch; llawr: *soil, earth, dust; ground.*

14g. *WM* 472. 28–30, y sawl uarw brenn a thwympath auei ar y mays a loskei y a/nadyl hyt y *prid* dilis. **14g.** *DB* 96, [*p*]*rid* y gwlat honno a lad nadred. **14g.** *BT* (*RB*) 176, ac y kyrchawd Gaer Vyrdin ac y llosges hyt y *prid.* **15g.** *B* ii. 13, dot *prid* ar y dom . . . kanys y *prid* a geidw y dom yn barhaus. **1567** *TN* 210b, yn bwrw *pridd* [:- dwst, llwch] ir awyr. **1588** *Job* iv. 19, y rhai [tai] sy ai sail mewn *pridd.* *id.* xvi. 15, Gwnîais sachlen ar fyng-hroen: ac halogais fyng-horn mewn *pridd.* **1632** *D*, *pridd* . . . terra, terra effossa. **1687** (**1715**) J. OWEN: *TB* 107, yn y cyfryw le na welsid na phorfa na *phridd* erioed or blaen. **1725** D. LEWIS: *GB* 145, Ei hamryw Dir, neu ei hamryw *Brîdd.* **1760** *ML* ii. 193, Mae gennif . . . beth i godi planhigion a'r *pridd* i'w canlyn. **1761** *id.* 333, Calch a *phridd*, a rhedyn a domm yw 'nghompost i. **1773** *W* d.g. *dust, soil.* **1803** *P.*

(*b*) Clai (y crochenydd), mwd neu glai fel defnydd adeiladu, morter, plastr: (*potter's*) *clay, mud or clay as building-material, mortar, plaster.*

13g. *LlI* 93, Sten *bryd.* **14g.** *BT* 187, edeilat aDurn [*sic*] gastell o *brid* a mein. **14g.** *BY* 12, [y] mur a wnaethpwyt o beithyneu *pryd* berwedic. *c.* **1400** *MM* 140, Kymer eiryn y koet . . . a dot y mywn crochan *prid* newyd. *c.* **1400** *Études* vii. 286, dot wynt [wyau] mywn ysten *brid* newyd. **1567** *LlGG* (*Sall*) vib, arian, wedy ei goethi mewn ffwrn *bridd.* **1588** *Ecs* xx. 24, Gwna di i mi allor *bridd.* **1588** *Lef* xiv. 42, [c]ymmered *bridd* arall a phridded y tŷ. **1588** *Jer* xviii. 6, megis ac y mae y *pridd* yn llaw y crochenydd. **1588** 2 *Tim* ii. 20, mewn tŷ mawr ni bydd yn vnic llestri o aur, ac arian, ond hefyd o bren a *phridd.* **1632** *D*, *pridd*, argilla. **1703** E. WYNNE: *BC* 23–4, Tobacco . . . pawb â'i bistol *pridd* yn chwythu mŵg a thân. *id.* 104, wed[i] eu malu a'u gwthio i bottieu *priddion.* **1707** *AB* 12b, *pridd* . . . Potter's Clay. **1760** *ML* ii. 227, gosoded ar flaen corn un o'n dwy simnai, offeryn a wnawd o *bridd* . . . tri braich sydd iddo. **1795** *R. Crusoe* 21, [d]ychwelasant gyda llestr mawr o *bridd*, fel pe buasai wedi ei losgi yn yr haul. **1803** *P*, pridd . . . llestri *priddion*, earthen ware. Digwydd yn yr e. lle *Pontypridd* (< *Pont-y-tŷ-pridd*), Morg.

(*c*) Pridd, clai, neu lwch fel defnydd y corff dynol: *earth, clay, or dust as the material of the human body.*

14–15g. *IGE*[2] 277, Ystyr mai *pridd* wyd, westai, / Ac yn briddyn, ddyn, ydd ei (Siôn Cent). *c.* **1400** *R* 1299. 36–7, or *prid* duw ae gwnaeth hudolyaeth hat. **1588** *Gen* ii. 7, A'r Arglwydd Dduw a luniase y dŷn o *bridd* y daiar [*sic*]. *id.* iii. cs., Bod dyn yn *bridd.* *id.* 19, *pridd* wyt ti, ac i'r pridd y dychweli. **1588** *Ecclus* x. 8, pa ham y mae *pridd* a lludw yn falch. **1603** E. KYFFIN: *Ps* [21], Gwybydded caeth-genhedloedd / mai dynnion *priddoedd* ydynt. **1606** E. JAMES: *Hom* iii. 146, Ni fyn S. Paul i *bridd* a chlai, ymeofnhau i'r fath ryfyg. **1630** *YDd* 48, yr wyf yn clwyed llinynnau y galon yn torri, y mae 'r tŷ *pridd* hwn yn cwympo ar fy mhen. **1632** J. DAVIES: *LlR* 98, a thitheu heb fod ond telpyn o *bridd* a chlai yn y blaen. **1653** R. JONES: *TTN* 26, *pridd* ydym . . . yn llawn ô drueni. **1791** T. MORRIS: *LlB* d.d., Dafydd Evan . . . pa un a ymadawodd o'i Babell *Bridd.*

(*d*) Llwch fel canlyniad dadfeilio corff dynol: *dust derived from the decay of a human body.*

12–13g. *GLlLl* 155, *Prid* uyt pawp o'r gorffen. **1346** *LlA* 169, llestyr yn llawn obrid hyt pann adnapom ni mynet ynknawt ni yny briawt voned. Sef yw hynny yn *brid.* **1592** S. D. RHYS: *Inst* [xvi], pann fô [*sic*] chwi a' minneu yn *brîdd.* **1620** 1 *Mac* ii. 63, trodd i'w *bridd*, a darfu am ei amcan. **1630** *YDd* 65, yr vnrhyw gyrph ac â oedd gan yr etholedigion or blaen, (er eu bod wedi eu troi yn *bridd* ac yn ddaiaren) a gyfyd drachefn. **1763** *ML* ii. 582, Fel yr oedd . . . y mae, ac y bydd, tan na ddelo'n *bridd* a lludw, os adwaen y gwalch.

(*e*) Pridd neu ddaear, fel un o'r elfennau (yn ôl ffiseg yr Oesoedd Canol): *earth, as one of the elements* (*according to medieval physics*).

12–13g. *GLlLl* 63, O dwfyr ac awyr ac eneid—a *phrit* / A frawtus tan ny pheid. **13g.** *C* 23. 9–13, O seith lauanad. ban im se suinad . . . Oetun *prit* daear. **14g.** *T* 25. 21–4, Am creu am creat. o naw rith llafanat . . . o*prid* opridret pan ymdigonet.

(*f*) (Pridd y) bedd: (*the soil of the*) *grave.*

12g. *MA*[2] 236a. 13, Oer gywasg gywisg *pridd* a main [marwnad Iorwerth ab Owain gan Seisyll Bryffwrch]. **13g.** *C* 19. 10–20. 1, Trvach dydivet. dy lauriaw. o. vet. asegi a thraed ymlith *prit* athydwet. **13g.** *Cylchg LlGC* v. 61, [p]an symudwyt e gueryt . . . urth e *prit* nessaf a weles e glawr yr yscrin. *Dchr.* **14g.** *H* 30b. 38, llew prut newd llawr *prit* a gro [marwnad Gruffudd ap Iorwerth ap Madog gan Fleddyn Fardd]. **14g.** *OBWV* 78, A chôr eglwys a chreiglen / A phwys o *bridd* a phais bren [marwnad Lleucu Llwyd gan Lywelyn Goch ap Meurig Hen]. *c.* **1400** *R* 1040. 8–9, Y gelein veinwen aoloir heno ymplith *prid* a thyweirch. *c.* **1400** *MA*[2] 337b. 8–9, Ac afory *pridd* yw'n gwely prudd yw'n gweled (Gronw Ddu). **1588** *Gen* iii. 19, pridd wyt ti, ac i'r *pridd* y dychweli. **1592** S. D. RHYS: *Inst* [xv], aei y tegwch hynny igyd i'r *pridd.* **1672** J. LANGFORD: *HDdD* [iv], fe'i gosodir ef i bydru yn y *Pridd.* **1693** J. OWEN: *BP* 33, Yr ydym ni yn claddu trwy daflu *pridd* ar y Corph. **1756** *ML* i. 405, bendith'ch tad (a'ch mam sydd yn y *pridd*).

(*g*) Baw, tom, tail, ysgarthion: *dung, ordure, excrement.*

1725 D. LEWIS: *GB* 61, Coluddyn yr Eisteddfod sy'n union, fel na bo ir *Pridd* gael ei rwystro. **18g.** *Llr C* 24, 310, Cymer *bridd* bachkenyn Iefank. **1771** *PDPh* 11, y *pridd* bron yn wyn, y dwfr o liw y saffron. *id.* 13, Poen mawr wrth fyned i gael ystol, rhychau cochion ar hyd y *pridd.* **1803** *P*, *pridd* . . . also a delicate term used for the ordure of an animal.

Cfn.: **pridd coch:** *vermilion; red earth or soil, also used for marking or colouring.* **1604–7** *TW* (*Pen* 228) d.g. *cicerculum, minium* (hefyd *D*). *c.* **1700** E. LHUYD: *Par* i. 150, llawer o *brîdd côch* i nodi Devaid. Ar lafar yn yr ystyr 'pridd da', 'Ma 'na ddigonedd o *bridd coch* lle ma fe'n ffarmo'. **p. (y) crochenydd:** *potter's clay.* **1604–7** *TW* (*Pen* 228), *pridd crochenydd* d.g. *argilla.* **1632** *D*, *pridd y crochenydd* d.g. *argilla.* **1772** *W* d.g. *clay . . . potter's clay.* **p. chwâl:** *friable soil, loose earth.* **19–20g.** Ar lafar yn y De. **p. golch:** *fuller's earth.* **1547** *WS.* *c.* **1730** *Thos. Lloyd D* (LlGC) 195b. **1759** J. EVANS: *PF* 65. **p. (y) wadd:** *molehill; hillock.* *c.* **1562** *B* ii. 230, maluria. i. *pridd y wadd.* **1630** *YDd* 382. **1632** *D* d.g. *grumus.* **1803** *P* d.g. *pridd.* Ar lafar, *WVBD* 169. Gw. hefyd *priddwal.* **p. wâl, p. (y) wal,** gw. *priddwal.* **p. wely,** gw. *gwely—g. pridd.* **p. gwyn:** *white clay.* **1604–7** *TW* (*Pen* 228) d.g. *tasconium* (hefyd *D*). **p. llestri:** *potter's clay.* **1632** *D* d.g. *glis.* **p. llwyd:** *loam.* **1848. p. mwydod:** *earthworm casts.* Ar lafar ym Morg. **p. (y) pannwr, p. (y) panwriaid:** *fuller's earth.* **18g.** *LlGC* 16378, 38a, Cymar owns o *bridd y banwriad* [*sic*] a gwnewch yn fan mewn mortar. **1759** J. EVANS: *PF* 65, *Pridd y Panwriaid.*

Gw. hefyd **priddach, priddyn.**

priddach [*pridd*+-*ach*[2]] *eg.* a hefyd gyda grym ansoddeiriol. Pridd, clai; crochenwaith; defnydd y corff dynol, yn ddifrïol; hefyd yn *dros.* ac yn *ffig.*: *soil, earth, clay; earthenware; the material of the human body, derog.; also transf. and fig.*

1621 E. PRYS: *Ps* 1b, Ti a'i maluri, hwythau ân / mor fân a llestri *priddach.* **1638** *Pen* 151, 78b, Gwain bach o *briddach* brav i fagad / I fygv'n ei safnav [i'r bibell]. **1696** O. GRUFFYDD: *Gw* 17, A'n harian fel sothach neu *briddach* heb rôl. **1705** T. WILLIAMS: *PD* 15, na byddo arnom ddim hiraeth . . . ar ôl i *Briddach* ef [y corff]. *id.* 17, Pentyrru . . . dippin o *briddach* Gwynn a Melyn . . . Para lonychdod a eill y gravell denau . . . o Aur, ne o Arian roddi i Enaid Dŷn. **1742** *ML* i. 71, Roedd Owen Williams yma nos arall, wedi gwerthu ei hettiau, yn ffaelio dyfod i hyd i ddim *priddach* wrth ei fodd. **1753** *id.* 231, Gwilym wirion yn ymdroi mewn *priddach* ag yn y dom hyd at ei benelinoedd. **1757** *id.* 482, Ymofynion moelion . . . ni ddeuwn i byth ben [*sic*] i . . . lenwi hyn o bapuryn oni bae i mi gymeryd i mewn beth *priddach* a siwrwd yn llanw.

priddaf, priddiaf: pridd(i)o [bf. o'r e. *pridd*] *bg.a.*

(*a*) Gorchuddio â phridd, claddu (yn enw. corff marw) yn y ddaear, dodi mewn bedd, daearu, peri claddu, lladd; dadfeilio (am gorff yn y bedd); codi pridd dros wreiddiau a choesynnau planhigion; hefyd yn *ffig.*: *to cover with earth, bury* (*esp. dead body*) *in earth, place in a grave, inter, cause to be buried, kill; decay* (*of body in the grave*); *earth up* (*plants*); *also fig.*

14g. *OBWV* 78, Gwae fi'r ferch wen o Bennal, / Breuddwyd dig, *briddo* dy dâl [marwnad Lleucu Llwyd gan Lywelyn Goch ap Meurig Hen]. **15–16g.** *TA* 57, Aruthr oedd ewri wrth roi i ddaered, / O gŵyn i *briddo* gyn ebrwydded [marwnad Syr Tomas Salbri]. *id.* 91, Pwy sy dad Powys, a'i dysg, / Pe *priddid* pob rhyw addysg? **16g.** DAFYDD BENWYN: *Gw* 584, Blwyddyn drist hil Bleddyn draw: / bv oer yddyn y *briddiaw.* *Dchr.* **17g.** *J* 10, 134a, *priddo*, to interre. **1632** *D*, *priddo*, argillâ tegere. *id.* d.g. *adobruo, contumulo, humo.* **1696** *CDD* 316, A phawb yn siarad wrth dy gofio, / Mae megis breuddwŷd oedd dy *briddo.* **1753** G. OWEN: *L* 30, Mae'r frech wenn . . . yn britho llawer wyneb yn y parthau hyn, ac yn *priddo* rhai. **1790** M. WILLIAMS: *BM* [9], *Priddiwch* bys a ffa cynnar. **1795** J. THOMAS: *AIC* 354–5, *pridda* blanhigyn Colliflowers. **18–19g.** R. DAVIES: *DB* 53, Dygodd darfodedigaeth / Ei gorff i'r bedd ceufedd caeth, / A'i *briddaw* 'n Fab ireiddoed / Yn Llundain yn ugain oed. *id.* 237, Ond goddef iddo [Angau] ar dir dy daro, / Yna 'th *briddo* o waith y breg? **1803** *P*, *priddaw* . . . Bum yn claddu hen gydymmaith / A godoedd yn vy mhen i ganwaith; / Ac 'rwyn ovni, er ei *briddo*, / Y cyvyd yn vy mhen i etto . . . Atteb rhywun wedi hau haidd. Cf. *Hen B* 119, O na bawn i gwedi '*mhriddo* / Gan drwm ofal sydd i'm blino.

(*b*) Plastro neu ddwbio (mur, &c.); (geir.) difwyno; hefyd yn *ffig.*: *to plaster or daub* (*wall*, *&c.*); (*dict.*) *soil*; *also fig.*

1588 *Lef* xiv. 42, [c]ymmered bridd arall a *phridded* y tŷ. *id.* 43, wedi tynnu y cerric, ac wedi crafu y tŷ, ac wedi *priddo*. **1620** *Esec* xiii. 10, vn a adeiladei bared, ac wele eraill yn ei *briddo* â chlai heb ei dymmheru. *id.* xxii. 28, Ei phrophwydi hefyd a'i *priddasant* hwy â chlai annhymerus, gan weled gwagedd, a dewino iddynt gelwydd. **1632** *D* d.g. *deluto, gypso, luto, oblimo.* **1724** S. Williams: *ADA* 138, y maent yn ddigon bodlon i eistedd tan Weinidogaeth y rhai sy'n *priddo* a chlai annhymherus. **1725** *SR* d.g. *to be mire* [*sic*]. **1772** *W* d.g. *to daub* [*smear, or lay over with something sticking; soil or make dirty*], *to parget* [*cover with plaister*].

Amr.: **pryfio²** [am *-f-* ac *-dd-* yn ymgyfnewid, cf. *tyfu, tyddu, Eifionydd, Eiddionydd*]. **16g.** Dafydd Benwyn: *Gw* 585, Angav y ddaw jng y ddynn / a'v *bryfio* heb y rofyn; / och briwgvddio y ffriw a ffridd, / jrbryns, mewn ty o oerbridd [marwnad Tomas Howel Watkin].

Cfn.: **pridd(i)o cloron** = **p. tatw.** **1800** W. Owen-[-Pughe]: *CP* 46. **p. tatw(s), p. tato:** *to earth up potatoes.* **1839.** Ar lafar yn gyff.

priddaid [*pridd*+*-aid¹*] *a.* Wedi ei wneud o glai wedi ei grasu, pridd (a.): *earthenware* (*adj.*).

1801 *MMf* 297, ai lestri cadw yn wydrynaid, neu yn *briddaid*, neu yn arianaid.

priddaidd [*pridd*+*-aidd*] *a.* Wedi ei wneud o bridd, clai, neu lwch (am ddefnydd y corff dynol), yn cynnwys pridd, tebyg i bridd, hefyd yn *ffig.* a blas y pridd arni, cwrs (am iaith): *made of earth, clay, or dust* (*of the material of the human body*), *containing soil, like soil, also fig. earthy, coarse* (*of language*).

1686 Ffoulke Owen: *Cerdd-lyfr* 94, Pydew pryddaidd *priddaidd* wyd, / I nadroedd ac i lyffaint fwyd.

priddawr [gair geir., sef *pridd*+*-awr³*] *eg.* Crochenydd: *potter.*

1604–7 *TW* (*Pen* 228) d.g. *figulus* (hefyd *D*). **1778** *W* d.g. *potter.*

priddbeithyn [gair geir., sef *pridd*+*peithyn*] *eg.* (bach. b. *-beithynen*). Teilsen (bridd), teilsen grib, bricsen: (*earthenware*) *tile, ridge-tile, brick.*

1604–7 *TW* (*Pen* 228) d.g. *later . . . later coctus, laterculus coctus, tegula.* **1632** *D* d.g. *later.* **1722** *Llst* 189, *pridd-beithyn*, m. a crest, ridge-tile. *id.* d.g. *a Brick.* **1771** *W*, *preidd-beithyn* [*sic*] d.g. *brick. id. pridd-beithynen* d.g. *a tile or tile-stone.*

priddbwll [*pridd*+*pwll*] *eg.* Pwll clai: *clay-pit.*

12g. *LL* 252, or*pridpull* dicecn irallt. **1604–7** *TW* (*Pen* 228) d.g. *argilletum.*

pridd-do [*pridd*+*to¹*] *eg.* To pridd, yn *dros.* am fedd: *earthen roof, transf. of grave.*

15g. *GLGC* 247, Bwriodd Duw dan *bridd-do* ir / braich i Went a Brychandir. **16g.** *WLl* 228, Aeth pawb i'r gro *briddo* brau / Ir un enw yr awn ninau.

pridd-dom [*pridd*+*tom*] *e?b.* Baw, llaid, clai: *dirt, mud, clay.*

1604–7 *TW* (*Pen* 228), *pridddom* mewn dwr d.g. *limus. id.* morter *priddom* yw baeletu ar y paret d.g. *lutum . . . lutum paleatum.* **1632** *D* d.g. *limus, lutum.* **1770** *TG* ii. 30, tir du neu *bridd-dom.* **1772** *W* d.g. *dirt.*

pridd-dŷ [*pridd*+*tŷ*] *eg.* Tŷ pridd, yn *dros.* am fedd: *earthen house, transf. of grave.*

14g. *OBWV* 77, Dyred, ffion ei deurudd, / I fyny o'r *pridd-dŷ* prudd [marwnad Lleucu Llwyd gan Lywelyn Goch ap Meurig Hen].

priddedig [bôn y f. fl.+*-edig*] *a.bfl.* Wedi ei gladdu: *buried.*

1637 Huw Machno: *Gw* 110, Gwae ni fod, mewn tyfod tir / Yn *briddedig*, bardd Wedir [marwnad Huw Machno gan Watgyn Clywedog].

priddell [*pridd*+*-ell*] *eb.* (bach. g. *-yn*, b. *-ig, -an*) ll. *-au, -i.* Telpyn o bridd (wedi caledu), clotsen, tywarchen; llwch, llwch fel canlyniad dadfeilio corff dynol; pridd, (pridd y) bedd; llawr (pridd); llestr (pridd), darn toredig o lestr pridd; truan; (geir.) bricsen, teilsen: (*hardened*) *clod, sod*; *dust, dust as the consequence of the decay of a human body*; *soil*, (*the soil of the*) *grave*; (*earthen*) *floor*; (*earthenware*) *vessel, potsherd*; *wretch*; (*dict.*) *brick, tile.*

12g. *LL* 42, diguarthaf buch. dirmincul. dir*pridell.* **14g.** *GDG³* 369, Ysgubell ar *briddell* brag, / Ysgawen lwydwen ledwag [i Forfudd yn hen]. *c.* **1400** *MM* 14, tri dieu ereill ar y *bridell*, a gwedy yd atueirer y cleuyt or kymhibeu uelly, rodi kyuot yr dyn. *id.* 100, [c]ymer ef [llyffant] a dot y mywn *pridell*, a chae y *bridell* amdanaw . . . ae losgi yn y *bridell.* **15–16g.** Dafydd Trefor: *Gw* 229, Cwympason ddewrion bob ddau, / Yn brudd oll yn *briddellau.* **1567** *LlGG* (*Sall*) 12a, Vy nerth y wywodd val *priddell* [:– priddlestr]. **1588** *Job* xxviii. 6, Ei cherrig hi a fyddant lê i Saffir: ai *phriddellau* yn aur. *id.* xxxviii. 38, Gan wlychu pridd . . . fel y glŷno y *priddellau.* *c.* **1595** *B* viii. 244, A maddau pechod a chyfodiad / Y knawd o *briddell* knwd per roddiad (Wiliam Midleton). **1599 (1677)** R. Holland: *AB* 87, nis maethe y bara yr ym yn ei fwytta mo honom ni, mwy nag y gwnae *briddellyn* neu garreg. **1604–7** *TW* (*Pen* 228), torri . . . val y gwna vn am *briddell*, neû grochan pridd d.g. *adfringo.* *Dchr.* **17g.** *GDG³* 212, Y fo yw'r *briddell* ddichellddu / dithau o'm henaid cannaid cu. *Dchr.* **17g.** *J* 10, 134a, *priddell*, clodde . . . llestr pridd. **1632** *D*, *priddell*, gleba. **1688** *TJ*, *priddell*, Tywarchen: a hard Clod, a Clod or Lump of Earth. **1696** *CDD* 135, Madws i't *briddellŷn* gwael, / Arswŷdo gael dy gospi. **1722** *Llst* 189, *priddell*, f.p. *ddellau*, a hard clod of earth, turf, brick, sheard. *id.* *priddellig*, f. dim: of *Priddell.* **1771** *W* d.g. *brick, clod or clot, shard, or sherd* [*a broken piece of an earthen vessel &c.*]. **1793** B. Francis: *I* 15, Y saint geirwir sydd yn gorwedd / Etto'n *briddell* yn eu beddau. **1803** *P*, *priddell*, a mass, lump, or clod, of earth; a piece of pottery; a tile. *id.* d.g. *priddellan, priddellig.*

Cfn.: **priddellau'r dyffryn:** *the grave, an echo of Job xxi. 33.* **1830.** **p.'r glyn** = **p.'r dyffryn.** **1842.**

priddellaf: priddellu [bf. o'r e. bl.] *bg.a.* Mynd yn dalpiau (am bridd); gosod yn y ddaear, daearu, claddu; hefyd yn *ffig.*: *to turn into clods, become cloddy*; *place in the earth, bury*; *also fig.*

1722 *Llst* 189, *priddellu*, to clod, grow cloddy.

priddellan, priddellig, gw. **priddell.**

priddellog [*priddell*+*-og*] *a.* Llawn priddellau, tywarchog: *abounding in clods, cloddy, turfy.*

1604–7 *TW* (*Pen* 228) d.g. *glebosus* (hefyd *D*). **1722** *Llst* 189, *priddellog*, cloddy, turfie. **1772** *W* d.g. *cloddy or full of clods, glebous, or gleby.* **1803** *P.* Cf. *Gron* 137, Yn *mhriddellawg*, [*sic*] waelod lleidiawg, / Bedd graianawg, bydd Goronwy (Dewi Wyn o Eifion).

priddellyn, pridden, gw. **priddell, priddyn.**

priddfaen [*pridd*+*maen¹*] *eg.* (bach. *-feinyn*) ll. *priddfain, priddfeini*, hefyd gyda grym ansoddeiriol ac fel *a.* Bricsen; teilsen (bridd) at wneud brics; wedi ei wneud o frics: *brick*; (*earthenware*) *tile for the making of bricks*; *brick, made of brick*(*s*).

1588 *Gen* xi. 3, deuwch gwnawn *briddfeini*, a llosgwn yn boeth, felly'r ydoedd ganddynt *briddfeini* yn lle cerric. **1588** *Ecs* i. 14, gwnaethant eu henioes hwynt yn chwerw drwy y gwasanaeth caled mewn clai, ac mewn *priddfain.* *id.* v. 7, Na roddwch mwyach wellt i'r bobl i wneuthur *pridd-feini.* **1588** *Jer* xliii. 9, yn y clai, yn yr odyn *briddfaen.* **1620** *Eseia* lxv. 3, yn arogl-darthu ar allorau *pridd-feini.* **1632** *D*, *priddfaen*, later, testa. **17g.** E. Morris: *B* 25, Pwy a wnae'r gwaith pen ar gant, / *Priddfeini* peraidd fwyniant. **1688** *TJ*, *priddfaen*: a Brick, or Tile of that nature. **1722** *Llst* 189, *priddfaen*, m.p. *priddfain, priddfeini*, a brick. **1759** J. Evans: *PF* 45, Twymwch *Bridd faen*, neu Fricsen. **1768** J. Roberts: *R* 67, Pa faint o *Bridd-feini* . . . a Balmanta Ystafell. **1795** *R. Crusoe* 50, a rhyw fath o aelwyd o *briddfeini.* **1803** *P.*

priddfaenol [*priddfaen*+*-ol*] *a.* Wedi ei wneud o glai wedi ei grasu, pridd (a.); ?wedi ei wneud o frics: *earthenware* (*adj.*); ?*made of bricks.*

1832.

priddfaenwr, priddfaenydd, gw. **priddfeinwr.**

priddfeiniol, priddfeinol [*priddfain* (ll. yr e. *priddfaen*)+*-(i)ol*] *a.* Yn perthyn i frics, wedi ei wneud o frics: *pertaining to bricks, made of bricks.*

1822.

priddfeinwaith [*priddfain* (ll. yr e. *priddfaen*)+*gwaith¹*] *eg.* (Rhan o) adeiladwaith wedi ei wneud o frics: *brickwork.*

1771 *W* d.g. *brick-work.* **1803** *P.*

priddfeinwr, priddfeinydd, priddfaenwr, priddfaenydd [*priddfain* (ll. yr e. *priddfaen*), *priddfaen*+*-wr, -ydd³*] *eg.* ll. *priddfeinwyr, priddfaenwyr.* Briciwr; gwneuthurwr brics; crochenydd: *bricklayer*; *brickmaker*; *potter.*

1848. Ar lafar ym Morg. clywir *priddfeinwr* yn yr ystyr 'crochenydd'.

priddfeinyn, gw. **priddfaen.**

priddgalch [*pridd*+*calch*] *eg.* Pridd calchog, pridd wedi ei galchu fel gwrtaith, marl, sialc (at ysgrifennu, &c.); cymrwd (calch), morter, sment; plastr; pridd y pannwr; clai: *calcareous earth, chalky soil, limed earth as fertilizer, chalk* (*for writing, &c.*); (*lime*) *mortar, cement*; *plaster*; *fuller's earth*; *clay.*

14g. *GDG³* 167, Y bi, ffelaf edn o'r byd, / Yn adeilad . . . / O ddail a *phriddgalch*, balch borth, / A'i chymar yn ei chymorth. **1604–7** *TW* (*Pen* 228) d.g. *cæmentum, cimolia terra, creta, lutum.* **1722** *Llst* 189, *priddgalch*, m. chalk, fuller's clay, cement, lime-morter, parget. **1755** *GAGC* 36, amrafael rywiau o Gerrig Calch . . . rhai i wneud *Priddgalch* cyffredin. **1770** *TG* ii. 30, tir gwyn neu *briddgalch.* **1771** *W*, nodi â . . . *phridd-galch* d.g. *chalk, to chalk. id.* tynnu llun . . . â *phridd-galch* d.g. *to chalk out* [*delineate, mark or describe with chalk*]. **1803** *P*, *priddgalch*, calcareous earth; fuller's earth; a mixture of earth and lime, a manure so prepared.

priddgalchaf: priddgalchu [bf. o'r e. bl.] *ba.* Morteru, cymrydu, smentio, plastro; gwrteithio â phriddgalch, marlio: *to cover or daub with mortar, cement, plaster*; *fertilize with limed earth.*

1632 *D* d.g. *deluto.* **1719** Iaco ab Dewi: *TG* 182, nad ynt [pechaduriaid] yn dyfod ar hyd y ffordd a ddarfu iddynt hwy eu hunnein [*sic*] ei *phriddgalchu* . . . maent ni wyddant ym mha le. **1722** *Llst* 189, *priddgalchu*, to dawb over with morter, to plaister. **1803** *P*, *priddgalchu*, to manure with a mixture of earth and lime.

priddgalchaidd [*priddgalch*+*-aidd*] *a.* Sialcaidd, calchog: *chalky, calcareous.*

1852.

priddgalchog, priddgalchiog [*priddgalch*+*-(i)og*] *a.* Sialcaidd, calchog: *chalky, calcareous.*

1803 *P*, *priddgalchog*, abounding with calcerous earth.

priddgist [*pridd*+*cist*] *eg.* Clai (y crochenydd), clai fel defnydd y corff dynol; porslen; (geir.) llestr pridd, bedd: (*potter's*) *clay, clay as the material of the human body*; *porcelain*; (*dict.*) *earthenware vessel, grave.*

1346 *LlA* 44, Aadeilawd semiramis vrenhines o diglist. A*phridgist* mal ygwrthwynebei ytiglist yr tan. Ar *pridgist* yrdwfuyr. **1567** *TN* 147b, gwnaeth ef *briddgyst* [:– glai, gyst] o'r poer. *id.* 148a, pan wnaethoedoedd [*sic*] yr Iesu y *priddgist* [:– clai]. *id.* 233b, Anydoes meddiant ir crochenydd ar y *priddgist* [:– or gist-pri[dd], clai]. *Diw.* **16g.** *WLB* 1, Kymer vêl, a gwaddod, a chlai (*priddgeist*) [*sic*] . . . a gwna blastr. *id.* 47, Kymer bott pridd . . . ac ystopia yn dda a thoes rhug ne *briddgist.* **1604–7** *TW* (*Pen* 228), *priddgist* y galchû parwytydd d.g. *aceratum. id.* rhyw *briddcist* anianol . . . megys pyc d.g. *bitumen.* **1632** *D*, *priddgist*, terra sigularis. *id.* d.g. *argilla, glis, gypsum, lutum naphtha.* **1655** R. Jones: *PC* 147, ai *pridd-gist* sych. **1688** *TJ*, gîst, gîstbrîdd, *priddgîst*, bêdd: a Grave. *id. priddgist*, pot prîdd: an Earthen Vessel. **1770** *W* d.g. *brick-stuff, or brick-clay, earth, potter's earth.* **1777** W. Williams: *DN* 32, fel y gwna y crochenydd â'r *priddgist.* **1803** *P.* **1803** C. Evans: *FfYI* 19, [ll]ygriad a difwyniad y *pridd-gist*, a thalp pridd dynoliaeth yn yr Adda cyntaf.

Gw. hefyd **cistbridd.**

priddgistol [*priddgist*+*-ol*] *a.* O natur clai, wedi ei gyfansoddi i raddau helaeth o glai: *argillaceous.*

1851.

priddglai [*pridd*+*clai*] *eg.* ll. *-gleiau.* Math o bridd ffrwythlon o glai a thywod sy'n cynnwys defnydd organig pydredig, pridd llwyd, cleibridd, lôm, clai; baw; cymrwd, morter, sment: *loam, clay*; *dirt*; *mortar, cement.*

1632 *D*, *priddglai* impio d.g. *intrita. id.* d.g. *deluta-*

mentum, lutum. **1722** *Llst* 189, *priddglai*, m. cement, morter. **1725** *SR* d.g. *clay*. *c.* **1730** *Thos. Lloyd D* (LlGC) 194b, *priddglai* . . . lome. **1772** *W* d.g. *clay, dirt.*

priddglawdd [*pridd*+*clawdd*] *eg.* Clawdd amddiffynnol: *defensive earthwork.*
1867.

priddgleiog [*priddglai*+*-og*] *a.* O natur priddglai: *loamy.*
1776 *W* d.g. *loamy.*

priddhaf: priddhau [*pridd*+*-hau*] *ba.* Claddu: *to bury.*
15g. *GHC* 8, Bwriodd hwn, cyn ei *briddhau*, / Briw adwythig; bwrw dithau.

priddiad [bôn y f. *priddaf*, *priddiaf*: *pridd-(i)o*+*-iad*[1]] *eg.* Y weithred o orchuddio â phridd, claddedigaeth: *a covering with earth, burial, interment.*
15–16g. *TA* 367, Breuddwyd fu *briddiad* i fedd, / Braw oedd gennym, beirdd Gwynedd [marwnad Owain ap Meurig o Fodeon]. *c.* **1730** *Thos. Lloyd D* (LlGC) 194b, *priddiad*, AH 148. **1803** *P.*

priddiaf: priddio, gw. **priddaf: priddo.**

priddig[1] [*pridd*+*-ig*[1]] *eb.* Hiwmws: *humus.*
1866.

priddig[2] [*pridd*+*-ig*[2]] *a.* Yn tarddu o hiwmws: *humic.*
1851.

priddin[1] [*pridd*+*-in*[1]] *a.* Wedi ei wneud o glai wedi ei grasu, pridd (a.); priddog, o natur pridd: *earthenware (adj.)*; *earthy, of the nature of soil.*
1603 E. Kyffin: *Ps* [4], Briwi hwynt (ith gyfion farn) / a gwialen hayarn ddifri: / Ag fel llestr *priddin* ddyll / yn gann-dryll hwynt maluri. **1800** W. Owen-[-Pughe]: *CP* 28, yn dwyn iddynt briddlyd a halus ddefnyddion [:– neu ofion *priddin* a helaidd] mal y gwna dyfrodd ffynnon. **1803** *P.*

Gw. hefyd **priddyn.**

priddin[2], **priddiog,** gw. **priddyn, priddog.**

priddlawr [*pridd*+*llawr*[1]] *eg.* Haen o bridd, (pridd y) bedd, pridd; llawr pridd: *layer of soil, (the soil of the) grave, earth; earthen floor.*
c. **1400** *R* 1281. 36–7, Cud *pridlawr* gwawr gwerin bendevic clut y aros dic clo daeerin. **15–16g.** *TA* 299, Am arch y llew mowrwych llwyd, / Mae *priddlawr*, y mab pruddlwyd [marwnad Dafydd Llwyd ap Tudur]. **16g.** *WLl* 112, Er blaenu Kymru val kawr—gwraiddglew / Y mae'n pureiddlew ni mewn *priddlawr* [marwnad Siôn Llwyd]. **17g.** Huw Morus: *EC* ii. 332, I gofio'r Oen gwerthfawr, gwiw Lywydd goleu-fawr, / Cyd-ganwn ar *briddlawr* bereiddlef. **1696** *CDD* 338, Cŷd odlwn ein adlais ar *bridd-lawr* bereidd-lais / I'r Arglwŷdd mewn dyfais, fel Dafŷdd. *c.* **1730** *Thos. Lloyd D* (LlGC) 196a, *priddlawr* . . . terra. **1753** D. Jones: *SD* 115, Ac er i'm Cnawd i drengu 'nawr, / Duw, hwn o'r *pridd-lawr* gwared.

priddle [*pridd*+*lle*[1]] *eg.* Bedd: *grave.*
1820.

priddlech [*pridd*+*llech*[1]] *eb.* ll. *-au, -i.* Teilsen (bridd); bricsen: (*earthenware*) *tile*; *brick.*
1588 *Eseia* lxv. 3, Pobl y rhai a'm llidient i yn wastad yn fyng-ŵydd, yn aberthu mewn gerddi, ac yn arogl-darthu ar *bridd-lechau* (**1620** *ib.* ar allorau pridd-feini). **1588** *Esec* iv. 1, Tithe fab dŷn cymmer it *bridd-lech* . . . a llunia arni ddinas Jerusalem. **1588** *Luc* v. 19, hwy a ddringasant ar nen y tŷ, ac a'i gollyngasant ef yn y gwely i'r llawr yn y canol trwy'r *priddlechau*. **1632** *D*, *priddlech* o bum dyrnfedd o lêd d.g. *pentadoron*. **1711** H. Powel: *TY* 281, [p]rofi Mettel ar *Briddlech*. **1722** *Llst* 189, *priddlech*, f.p. *lechau*, a tile-brick. *c.* **1730** *Thos. Lloyd D* (LlGC) 197a, *priddlech*, later regula. **1794** *W* d.g. *a tile or tile-stone.*

priddled, gw. **priddlyd.**

priddlenwaf: priddlenwi [*pridd*+*llenwi*] *ba.* Llanw â phridd: *to fill up with earth.*
1595 M. Kyffin: *DFf* [141], felly'r gwyr hyn nhwytheu, wrth gau a *phridd-lenwi* holl ffynnonneu gair Duw, a wnaethant ar y bobl syched gresynol. *c.* **1730** *Thos. Lloyd D* (LlGC) 196a, *priddlenwi* . . . cœno opplere.

priddlestr [*pridd*+*llestr*[1]] *eg.* (bach. *-yn*) ll. *-i.* Llestr neu bot (pridd), darn toredig o lestr pridd: (*earthenware*) *vessel or pot, potsherd.*
1567 *LlGG* (*Sall*) 12a, Vy nerth y wywodd val priddell [:– *priddlestr*]. **1603** W. Midleton: *Ps* 34, Sychwyd fy nerth is ochain / Fal darn *priddlestr* menestr main. **1604–7** *TW* (*Pen* 228), clûst . . . [*p*]*riddlestr* d.g. *ansa*. *id.* pridd crochenydd, y gwneir *priddlestr* o honaw d.g. *argilla*. *id.* gwaith *priddlestr* d.g. *plasma*. *id.* *priddlestr* bychan d.g. *samiolum*. *Dchr.* **17g.** *J* 10, 134a, *priddlestr*, potshearde, cregen. **1632** *D*, gweithdy 'r *priddlestri* d.g. *figlina*. **1688** *TJ*, *Priddlestr*: a Potter's Vessel. **1760** *ML* ii. 245, Nage *priddlestr* (os llestr ydyw) sydd ar flaen corn mwg y tŷ mau . . . dim coed na haearn yn perthyn iddaw. [**1763**] *id.* 595, Fe eill Duw roddi synwyr a dealldwriaeth, ac yn ei law y mae ieuengctyd mal y clai yn llaw gwneuthurwr y *pridd lestri*. **1803** *P* d.g. *priddlestyr.*

priddlestrïaeth [*priddlestri*+*-aeth*] *eg.* Crochenwaith: *pottery.*
1850.

priddlestrwr [*priddlestr*+*-wr*] *eg.* ll. *-wyr.* Crochenydd, gwneuthurwr crochenwaith: *potter, pottery manufacturer.*
1799 *TY* 120, Fe fydd eisiau rhai a fo 'n fedrus mewn gwaith gôf . . . hefyd rhai hwsmyn, garddwŷr, seiri maen a phriddfaen, *priddlestr-wŷr*. **1803** *P.*

priddlestryn, gw. **priddlestr.**

priddlifiad [*pridd*+*llifiad*[2]] *eg.* ll. *-au.* *Daearydd.* Ymlusgiad araf pridd dirlawn, &c., i lawr llethr fel arfer mewn ardaloedd lle ceir rhew parhaol: *solifluction (in geog.).*
20g.

priddlon [*pridd*+*-lon*] *a.* Priddlyd: *earthy.*
p. **1584** G. Robert: *GC* [340], ar dduw gwyn erfyn cynn oerfedd, *briddlon*, / Drosson bechyddion draws yn buchedd.

priddlyd, priddllyd [*pridd*+*-lyd, -llyd*] *a.* (b. *priddled*).

(*a*) O natur pridd, tebyg i bridd, a wnaed o bridd, wedi ei orchuddio â phridd, budr, llychlyd, ac arno flas, lliw, neu aroglau pridd; pridd (a.); aflednais, cwrs (am ymddygiad): *earthy, of the nature of soil, earthen, covered with earth, dirty, dusty, having the taste, colour, or smell of earth; earthenware (adj.); uncouth, unrefined (of behaviour).*
14g. *MA*[2] 337a. 40–1, Nad oes o ddyn daear dyddyn duoer dudded / Ond tywarchen dymig bruddle[n] domog *bridled* (Gronw Ddu). *id.* 354a. 12–15, Y Penn a weled / Yn hoff ei dynged / Yn benglog *briddled* / Ar bruddlawr bedd (Dafydd Ddu Hiraddug). **15g.** *GDID* 41, *Priddlyd* gaws hefyd, gaws hafog—sychgras. **1567** *TN* 380a, march a lliw *priddlyd* [:– Gr. chlooros .i. melyn lluchwin, gwelw] a Marfolaeth oedd enw yr vn oedd yn eiste arno. **16g.** *LlGC* 4581, 69a, tyfy a wna [y greulys] yn y caeæ a rhyd y muroedd *priddlyd*. **1588** *Job* vii. 5, Fyng-nhawd a wiscodd bryfed, a llwch *priddlyd*. **1604–7** *TW* (*Pen* 228) d.g. *lutulentus*. **1630** *YDd* 326, [d]erbyn y gwerthfawroccaf waed hwnnw cyn ei syrthio ir ddaiaren *briddlyd*. **1656 (1745)** *MLl* ii. 185, y Gair tragwŷddol a'th drŷ di wrth farw, at dy Arian a'th Geiniogau, a'th ddelwau, a'th Dduwjau *priddlyd*. **1672** R. Prichard: *Gw* 193, Meddwl fal yr awn oddi ymma, / Ir tŷ *priddlyd* am y cynta. *id.* 357, Fel tŷ bugail ein symmydir, / Fel stên *briddlyd* ein candryllir. **17g.** Huw Morus: *EC* ii. 25, Ni ŵyr y doetha', a'r gwycha i gyd, / Y dydd nâ'r awr yr â o'r byd, / I'r gongl *briddlyd* gaeth. **1716–18** *Llsgr R. Morris* 187, mae yn fwth *priddlud* brwnt hiddiglud. **1722** *Llst* 189, *priddlyd*, dusty, dirty, miry, earthy. **1800** W. Owen[-Pughe]: *CP* 28, yn dwyn iddynt *briddlyd* a halus ddefnyddion. **1803** *P.*

(*b*) Wedi ei wneud o bridd, clai, neu lwch (am ddefnydd y corff dynol): *made of earth, clay, or dust (of the material of the human body).*
1346 *LlA* 10, Paham ygwnaeth ef dyn odefnyd mor dielw . . . yr kythrud idaw. bot pob peth *prydlit* [*sic*] tomlyt llychawl megys hwnnw yn medv ygogonnyant ydygwydawd ef ohonnau. **14g.** *DGG*[2] 162, Y Benglog ddiwair heb unglod, / Bendoll wystn oll ys da nod, / . . . / Aur ni thâl cylch dy ddeurudd, / Gweryd y corff *priddlyd* prudd. **14–15g.** *IGE*[2] 288, Pruddlawn ydyw'r corff *priddlyd* / Pregeth, oer o beth, yw'r byd (Siôn Cent). **1606** E. James: *Hom* i. 14, Mae lifr [*sic*] y doethineb . . . yn ein hannog ni i gofio yn ddiwall ein cenhedlaeth farwol *briddlyd*. [**1740**] L. Anwyl: *NG* 8, na wna tryssorau o Aur ac Arian leshaâd yn y bŷd ir Corphilŷn *priddlŷd*, sŷdd yn gruddfan yn dosturus. **1771** *PDPh* 2, [C]ynghorion a Chyfarwyddiadau rhag y rhan fwyaf o Glefydau ag y mae'th Babell *briddled* yn ddarostyngedig iddynt. **1778** J. Hughes: *BB* 100, Mae calon dyn 'r un ffunud, / Fel achles fudr lychlyd, / Yn y tŷ *priddlyd*, tomlyd hwn.

priddog, priddiog [*pridd*+*-(i)og*] *a.* a hefyd fel *e?g.* Priddlyd, o natur pridd, tebyg i bridd, wedi ei orchuddio â phridd, yn byw yn y pridd, budr: *earthy, of the nature of soil, covered with earth, living in the soil, dirty.*
16g. Huw Arwystl: *Gw* 405, prvdd gell ymysg *priddawg* war / prvddles feudwyes dayar [i'r benglog]. *id.* 425, Prvdd gyw sathr *priddawg* sothach. **1761** *ML* ii. 292, dau neu dri o wreiddiau bach o'r passion tree yn agos i wyneb y ddaiar, gwedi ei troi mewn gwellt glas *priddog* a phappir llwyd.

Fel *e.* (geir.) Bricsen: (*dict.*) *brick.*
18–19g. *Llr* C 4, 28, *priddog*, a brick.

priddol [*pridd*+*-ol*] *a.* Priddlyd, o natur pridd, wedi ei wneud o bridd; wedi ei wneud o bridd, clai, neu lwch (am ddefnydd y corff dynol): *earthy, of the nature of earth, earthen; made of earth, clay, or dust (of the material of the human body).*
1604–7 *TW* (*Pen* 228) d.g. *fictilis* (hefyd *D*). **1722** *Llst* 189, *priddol*, as priddlyd. **1773** *W* d.g. *earthen, or made of earth.* **1803** *P* d.g. *priddawl.*

priddons, gw. **priddyn.**

priddred [*pridd*+*-red*] *eg.* Daear, un o'r elfennau (yn ôl ffiseg yr Oesoedd Canol): *earth, one of the elements (according to medieval physics).*
14g. *T* 25. 24–5, o vlawt gwyd agodeu. oprid o*pridret* pan ymdigonet. **1803** *P.*

priddwal, pridd wâl [*pridd*+*gwâl*[1]; dichon mai dadfathiad o *pridd (y) wadd* a geir yn adran (*b*)] *eg.*

(*a*) Gwely o bridd, yn *dros.* bedd: *bed of earth, transf. grave.*
14–15g. *DGG*[2] 163, Dwg, i orchuddio dy dâl, / Daith o'th bruddwaith i'th *briddwal* [Llywelyn Goch ap Meurig Hen i'r benglog]. **16g.** Huw Arwystl: *Gw* 403, minnau [penglog] ssydd greg heb deg dal, / yma n prvddaw mewn *priddwal*. **1803** *P.*

(*b*) Pridd y wadd, twmpath: *molehill, mound.*
c. **1562** *B* ii. 230, moelvra, *prydd y wal*. **1690** *Brog* 8623, 3b, wedi hynu nhw aethon i wawsgaru [*sic*] *pridd y wal*. Ar lafar yn y ff. *priddwal* yn Arfon, Penllyn, a sir Ddinb., *WVBD* 169, *Cymru* xlvii. 142; hefyd yn y ff. *pridd y wal*, *WVBD* 169, a *priddwel, pridd wâl* ym Mhenllyn, *B* iii. 206.

priddweithfa [*pridd*+*gweithfa*] *eg.* ll. *-weithfeydd.* Crochendy: *pottery.*
1850.

priddwel, gw. **priddwal.**

priddwns, gw. **priddyn.**

priddwr [bôn y f. *priddaf*: *priddo*+*-wr*] *eg.* ll. *priddwyr.* Saer maen, plastrwr; claddwr: *mason, plasterer; burier.*
1588 *2 Br* xii. 11–12, A hwynt a roddasant yr arian yn barod tann ddwylo gweith-wŷr y gwaith . . . Ac i'r *pridd-wŷr*, i'r seiri meini hefyd. *id.* xxii. 6, I'r seiri, ac i'r adeiladwŷr, ac i'r *priddwŷr*. **1683** J. Jones: *TG* 190, efe ddichon y tu allan fod yn lan, a chwedi ei goluro, a'r tu fewn yn llawn pydredd; ac yn yr helynt a'r cyflwr yma y (dwbwyr) *Priddwyr* a (orddwbiant) orbriddant glwyfau pobl a phridd. *c.* **1730** *Thos. Lloyd D* (LlGC) 195b, *priddwr*, cæmentarius. **1803** *P*, *priddwr*, one who puts in earth.

priddyn [*pridd*+*-yn*[1]; â'r enghrau. gyda grym ansoddeiriol, cf. *priddin*[1]; dichon fod enghrau. ffig. o adran (*c*) wedi eu cynnwys yn adran (*d*)] *eg.* (b. *-en*) ll. *-ni, -nod*, ll. dwbl *priddons, priddwns*, hefyd gyda grym ansoddeiriol.

(*a*) Pridd, tir, daear, gweryd, llwch; llawr; talp o bridd: *soil, earth, dust; ground; clod of earth.*
1604–7 *TW* (*Pen* 228), *priddyn* d.g. *gleba*. **1722** *Llst* 189, *priddyn*, m. a dust. **18–19g.** *GABC* 103, Rhowch hyn o baburun [*sic*] ym *mhriddin* ei ardd. Ar lafar yng nghanolbarth Cered.

(*b*) Clai (y crochenydd), mwd neu glai fel defnydd adeiladu, morter, plastr, talp o glai: (*potter's*) *clay, mud or clay as building-material, mortar, plaster, lump of clay.*
1604–7 *TW* (*Pen* 228), *priddyn* berwedic wedy galetu'n garrec d.g. *later*. **1615** R. Smyth: *GB* 66, Cofia arglwydd fal i'm gwnaethost yn wanddyn / Fal y llestrwr y lestr o 'r *pryddyn*.

(*c*) Llestr pridd, darn o grochenwaith: *earthenware vessel, piece of earthenware.*
1759 *BC* 193, Fel darnau o wydur a fethrir yn fân / Neu *Bridden* yr Hyswi yn torri wrth y Tân. **1800** W. Owen[-Pughe]: *CP* 81, Yr ydym yn rhoddi pedwar cylla neu bump mewn *pridden*. **1803** *P*, *pridden*, an earthen vessel. Ar lafar yn y ff. *priddyn* ym Mrych., *Cymru* xxxix. 96, de-ddwyrain Morg., ac yn sir Drefn., hefyd yn y ff. *pridden*, ll. *priddenni*, *Geir Geg* 149, *Cymru* lii. [31], a hefyd ym Morg. gyda grym ansoddeiriol, 'llestr (llestri) *priddyn*, jwg *briddyn*, padell *bridden*'. Clywir y ll. dwbl *priddons*, *priddwns* ym Morg. yn yr ystyr 'llestri bach, crochenwaith a tsieni wedi torri'. Cf. *LlGC* 1172, 2, Mawr yw difyrwch y plant ond ca'l dicon o *briddons* i whara tŷ bach; Dyw'r *priddons* sy'n dod o'r odyn yn da i ddim ond [ll]anw'r pylla i ni yn i wnaud w'th witho'r clai.

(*d*) Pridd, clai, neu lwch fel defnydd y corff dynol, dyn, truan: *earth, clay, or dust as the material of the human body, man, wretch.*
14–15g. *IGE*[2] 288, Afraid i *briddyn* efrydd / Murnio taer, a marw'n oed dydd (Siôn Cent). **15g.** *GLGC* 3, Dy ddyn, dy *briddyn* heb rwyf—y'm gelwir. *id.* 6, hwynt a gad o *briddyn*. **15g.** *HCLl* 137, Prudd wyf fal y parai ddyn, / Pruddach no'r corff o'r *priddyn*. **15–16g.** *TA* 484, Ni byddwn awr hebddi'n iach, / Ni bu *briddyn* byw bruddach. **1630** *YDd* 318, mor anheilwng yw'r fath *briddyn* halogedig (*profane wretch*). **1696** *CDD* 125, O'r *Priddŷn* gwael salw, gwnaeth ddŷn ar ei ddelw. **1723** WM: *PGG* 151, tydi, *Briddin* gwael, dysc dy ddarostwng ei hûn. **1759** *BC* 3, O *briddin* y ddaiar, gwnaeth Adda'n ddŷn hawddgar. **1787 (1812)** Twm o'r Nant: *PG* 61, Peth goreu i ddyn sy'n *briddyn* brau. **18–19g.** *GABC* 44, Ac nad y'w bonedd na chyffredin, / Ond egwan *briddyn* digon brau. **1803** *P*, *priddyn* . . . an earthly being.

(*e*) Llwch fel canlyniad dadfeilio corff dynol: *dust as the consequence of the decay of a human body.*
14g. *GDG*[3] 366, Ystyr pan welych y dyn / Ebrwydded yr â'n *briddyn*. **14–15g.** *IGE*[2] 277, Ystyr mai pridd wyd, westai, / Ac yn *briddyn*, ddyn, ydd ei (Siôn Cent). *c.* **1400** *R* 1299. 35–7, *Pridyn* vyd pob dyn dan ydillat. or prid duw ae gwnaeth hudolyaeth hat. **16–17g.** *HG* 48, pawb yn ddilŷn ac yn *briddin* / yr ddaer ddeython hwy wyr dewron. **1699** T. Jones: *TP* 119, Fel hŷn a [*sic*] bu un farw . . . Ac wele un arall yn cyfodi allan o'i *briddin* ef. **17–18g.** *CC* 281, Nag ammau Fardd ddauar ddu / yn y llwch yr wy'n llechu / ac yno heb ammau gennych / yr â pob Gwyn yn *briddin* brych.

(*f*) (Pridd y) bedd: (*the soil of the*) *grave.*
c. **1525** *TA* 748, Nawdd Dduw, tost na wyddiad dyn / Na 'i awr brudd, na'i oer *briddyn* [marwnad Tudur Aled gan Siôn ap Hywel ap Llywelyn Fychan]. *Dchr.* **17g.** *IICRC* iii. 39, Kei orwedd ymysc esgyrn yngwaelod y *priddin*. **17g.** *Beirn* iii. 165, Na 'ro bwys yn ddwys ar ddyn—dewr anial / El drannoeth i'r *priddyn*. **17g.** Huw Morus: *EC* ii. 186, A *phriddyn* Llan-Silin, sy'n hulin' arni hi. **1776** I. Brydydd Hir: *P* ii. 322, Y Bedd yw diwedd y dyn, o'i fawredd / Fo fwrir i'r *priddyn*.

priellau, priallau [?amr. ar *briallu*] *e.ll.* (bach. g. *priellyn*, *-an*, b. *priellen*, *priallen*). *Bot.* Briallu, *Primula vulgaris*; briallu Mair, *Primula veris*; gwyros, *Ligustrum vulgare*: *primroses; cowslips; privets.*
18g. *Llr* C 24, 368, primilavois, Briallu, *priellau* (*MMf* 292, Primilavois, *priellan*, *priellen*). *c.* **1785–90 (1829)** *CBYP* 231, *Priellyn* melyn y maes. **18–19g.** *CRIM* 87, Hardd *priellau*'n ymyl gwŷdd / A llygaid dydd ar laston. **1801** *MMf* 286, Herba paralysis, *priellau*, samwl, samylan, llysiau'r parlys. *id.* 287, Ligustrwm, *priellyn*, *priallen*. **1813** *WB* 228, *Priallen*; *Priellyn*; Ligustrum vulgare, edr. Yswydden.
Amr.: **priell** [?adff. o *priellau*] (*eb.*). *Diw.* **19g.** *SE MS* 389a, *priell* . . . sf, a privet.
Cfn.: **priellau Mair:** *cowslips, Primula veris.* **1801** *MMf* 283, Belliwm, *priellau* Mair, deigren Mair, sammwl.

prif [bnth. Llad. *prīmus*, cf. H. Wydd. *prim* '(y) cyntaf; prif', ?cf. ymhellach H. Lyd. *prim*; digwydd rhai enghrau. o'r sillafiad *pryf*] *a.* ll. -(*i*)*on*, a hefyd fel *eg.* ll. *-iau*, -(*i*)*on*.

(*a*) Cyntaf o ran pwysigrwydd, safle, gwerth, &c., pennaf, blaenaf, goruchaf, gorau, (mwyaf) rhagorol, gwych, mawr, arbennig; bras (am lythyren): *principal, prime, main, major, chief, head, foremost, supreme, best, (most) excellent, fine, great, special; capital (of letter).*
12–13g. *GLlLl* 42, Mi y'm detyf wyf diamrysson / O'r *prif* ueirt, 'ym *prif* gyueillyon. **13g.** *C* 21. 9–10, Pader *priw* traethaud. gobuill o nebaud. *c.* **1300** *H* 18b. 3–4, golo nest goleu direidi golwc gwalch dwythualch o *brif* deithi [marwnad Nest ferch Hywel gan Einion ap Gwalchmai]. **14g.** *GIG* 167, Nid beirdd y blawd, brawd heb rym, / Profedig feirdd *prif* ydym. *c.* **1400** *R* 1361. 9–11, hardget oesgret heb ysgryff. heird brydydyon *prifyon* pryff. *c.* **1400** *ChO* 10, Ac ar vrys neidyaw y *brifdar* vchel, a dringyaw hyt y blaen. Ac odyno edrych tremynt. **1547** *WS*, *prif* neu pennaf, cheife. **1587** *Y* 236, Talai o *brif* fetteloedd / Tal am wawd, a hylem oedd. / Am dâl, o bvm ry ysmala, / Ym talodd avr, mettel dda [marwnad Wiliam Cynwal]. **1588** *Esec* xxvii. 22, marchnattasant yn dy ffeiriau, am bob *pryf* (**1620** *ib. prif*) bêr-aroglau. **1630** *YDd* 336, y mae yn rhaid i ti gan hynny gymmeryd *prif* ofal (*speciall care*), nad ymroddych di i wneuthur y cyffelyb bechodau. **1632** *D*, *prif*, primus, primarius, principalis. **1723** J. Jones: *LlA* 162, Cariad Ysbrydol ydyw, yr hyn sydd a Grâs a Sancteiddrwydd yn *Brif*-ddurfaen neu Dŷnfaen iddo. **1803** *P*.

(*b*) Cyntefig, hynafol, cynnar, cynharaf, cyntaf (mewn trefn amseryddol): *primitive, ancient, early, earliest, first (in chronological order).*
1595 M. Kyffin: *DFf* [148], nhwy . . . a ddwynasont-athrawiaeth y *Brif*-Eglwys. **1670** J. Hughes: *AP* 151, dyn a ysprydoliaethwyd gan Dduw, megis gwr yn byw yn y *Prif* amseroedd yn y mann arol [*sic*] yr Apostolion. **1672** J. Langford: *HDdD* 137, yr oedd y *Prif* Gristianogion gynt yn gyffredinol yn arferu Ympryd yn fynych. **1708** *EGE* 111, trwy gwymp ein *prif*-rieni. **1710** *CBGEL* 155, buasei y *Prif*-Ferthyron, ar [*sic*] hên wŷr Sanctaidd gynt yn cydgymmuno â ni; gan ein bod yn byw wrth y cyfryw Reolau ac a arferent hwy eu hunain, yn eu hamser. **1712** T. Williams: *CDdG* 8, Pa fodd y dylem gadw Gwyliau 'r Eglwys? . . . [t]rwy ganlyn *Prif*-Battrymau (*primitive Patterns*) Duwioldeb, y rhai a osodwyd on [*sic*] blaen. **1716** T. Evans: *DPO* d.d., Drych y *Prif* Oesoedd. *id.* 244, Yn y *Prif* Amser yr oedd Ysbryd Crist'nogaeth yn fywiog yng nghalonnau ei Phroffeswyr. **1723** E. Samuel: *PDdC* [iv], Edfryd *Prif* Dduwioldeb (*Primitive Piety*) a Phurdeb. *c.* **1762–79** W. Williams: *P* 512, Rhaid ich' ddeall nad oedd dim printio hyd o ddautu'r flwyddyn 1450, ac am hynny mae llawer llai o hanes am fywyd a duwioldeb y *prif*-dduwiolion nag allasai fod. **1780** *W* d.g. *primitive*. **1790** *Prif Crist* 2, Goleuni oddifewn, yr hwn yw eu *prif* (*ancient*) a mwya' cyffredinol a chynnefin ymadrodd. **1791** Gw. Mechain: *Rh* 93, dedwyddach a fyddai y duon Indiaid, na bod yn eu *prif*wylltineb yn lladd ac yn bwyta eu gilydd.

Fel *e.* (*a*) Pennaeth, pendefig, arglwydd, meistr, arweinydd, un mawr, yr un mwyaf, gwron, arwr: *chief, chieftain, lord, master, leader, (most) important person, man, hero.*
12–13g. *GLlLl* 97, Can ked ryt peunyt, *prif* eurglaer, —yn rwyt / A'm roteist, ut didaer. **13g.** *A* 11. 12–13, amuc moryen gwenwawt mirdyn. a chyvrannu penn *prif* eg weryt. *c.* **1300** *H* 23b. 38–9, dilut but ual nut y netuon. mordaf. pryd adaf *prif* haelon (Hywel Foel ap Griffri). **14g.** *T* 54. 9–10, Molaf inheu adawt goreu goreileirw byt. *prif* teyrnas aduc ionas o perued kyt. **14–15g.** *IGE*[2] 273, Yn y nef yn bendefig, / Heb dranc, heb orffen a drig; / Lle mae *prif* pob digrifwch / A phlas ein penadur fflwch (Siôn Cent). *a.* **1587** *Y* 57, Nid oes vn meistr dyfeisdrafn / Ond dav *brîf* ar gerdd lif lafn.

(*b*) Dechreuad neu ymddangosiad cyntaf y lleuad newydd: *prime (of the moon).*
14g. *BT* 203, yny vlwydyn honno yr vgeinuet dyd o vis chwefrawr y deudecvet dyd o *brif* y lleuat . . . y krynnawd y dayar yn diruawr. **14g.** *Cy* vii. 135, Os duw llun vyd *prif* y lleuat ryuel vyd y rwg y tywyssogyon . . . Os duw mawrth vyd y *prif* drwc vyd llawer lle. *c.* **1400** *DB* 109, Os y lleuat y pedwyryd dyd o'r *prif* a gocha ual lliw eur, gwynt a ardengys. **1547** *WS*, *prif* y lleuad, prime of the mone. **1632** *D*, *prif*, primus lunæ dies. **1780** *W* d.g. *prime, the prime . . . of the moon.* **1803** *P*.

(*c*) Rhif rhwng 1 a 19 sy'n dynodi safle blwyddyn yng nghylch y lleuad ac a ddefnyddir i rifo dyddiad y Pasg, rhif euraid: *golden number.*
Diw. **15g.** *Pen* 53, 38, Modd y gael y *prif* / Bwrw a wnawn oed brenin nef / Bob sikl lloer pan vo oeraf / Ac y sydd dros ben gennyf / Wedu [*sic*] bwrw vn yw dy *bryf*. *id.* 39, y gael ir ynyd / Rif o *brifiau* ddau rrif ddau ddydd / Or ail ar ol ystwill dofydd. **1545** *B* vii. 9, Llyma y nadurie y bylynyddoedd wrth y kalan Jonor ac wrth y *prifie* ac wrth y seikyle yr hon sy yn symudo bob bylwyddyn. **1546** *YLlH* [21], Rhif y *prif* a elwir y rhif auraid. **1567** *LlGG* [xxvii], cyfeiria dy lygat tu ac y waeret o ywrthei, yn y ddelych yn vnion ar gyfor y *prif*. **1632** *D*, *prif* . . . Aureus numerus. **1670** J. Hughes: *AP* [xx], Wedi cael Llythyren y Sul yn y lin vchaf, edrych . . . hyd oni ddelych gyferbyn a'r *Prif*, neu'r Nifer Auraid y fyddo yn cerdded y flwyddyn honno. **1722** *Llst* 189, *prif* . . . the golden number, the prime. **1768** J. Roberts: *R* 148, Y *Prif* neu y Rhifedi Euraid, yw Dychweliad, y Pedair Blynnedd ar Bumtheg; yn y rhai y mae'r Lleuad yn dyfod i'r un Tremynt a'r Haul. **1780** *W* d.g. *prime, the prime* [*in Chronology*]. **1803** *P*.

(*d*) Planed (sy'n cylchdroi'n uniongyrchol o gwmpas yr haul): (*primary*) *planet.*
1850.

(*e*) Prifswm, cyfalaf, hawl, hefyd yn *ffig.*: *principal (sum of money), capital, also fig.*
1786 W. Williams: *I* 16, y taliad ag y ddarfu i'n Meichiau ni rwymo ei hunan i gyflawni yn ein lle ni oedd am ddyled dwbl: Y *Prif* (principal) a'r achlysurol (accessory;) y *prif*, a'r pennaf ddyled oedd ufudd-dod i Gyfraith sancteiddiolaf Duw.

(*f*) Preim (bywyd), blodau oedran, dewredd: *prime (of life).*
1732 *AABI* 3, er iddo farw yn y *prif* a blodau ei oedran.
Cfn.: **prif achos:** (i) *principal cause, chief cause.* **1618** J. Salisbury: *EH* 298. [**1740**] L. Anwyl: *CA* viii. **1803** *P* d.g. *privachos*. (ii) *First Cause, Creator.* **1733** J. Owen: *TBG* 62. **1755** *CBB* 21. **p. afon:** *great river, principal river, also fig.* **14g.** *WML* 55, Nyt teruyn *prif auon* engiryawl rwg deu kymhwt onyt yny hengyrryrt. **1547** *WS*, Temys *prif afon*, Thames. **1790** Twm o'r Nant: *GG* viii, Ffrwd Awen burwen yn berwi, iawn faeth, / Ni fethodd fy mhorthi, / A'i *phrif Afon* i'w phrofi, / A'm gwlithodd, iawn faethodd fi. **1803** *P* d.g. *privavon*. **P. Arglwydd y Morlys:** *First Lord of the Admiralty.* **1836.** **P. Arglwydd y Drysorfa** = **P. Arglwydd y Trysorlys.** **1814.** **P. Arglwydd y Trysorlys:** *First Lord of the Treasury.* **20g.** **p. arhosfa:** *headquarters.* **1870.** **p. athraw, p. athro,** gw. *prifathro*. **p. athrofa,** gw. *athrofa —p. athrofa*. **p. awdur, p. awdwr:** (i) *chief creator or originator.* **1632** *D*, *prifawdur* d.g. *proauctor, seminator.* **1679** C. Edwards: *GGG* 12, Satan; yr hwn yw'r *prif-awdwr* ohonynt [meddyliau annuwiol]. (ii) *principal author, classic (writer).* **1710** *LlGG* sig. †iv. **p. fardd,** gw. *prifardd*. **p. gaer,** gw. *prifgaer*. **p. gainc,** gw. *prifgainc*. **p. gangen:** *main branch, also fig.* **1833.** **p. gantor:** *precentor.* **1604–7** *TW* (*Pen* 228), y *prif cantor* [*sic*] d.g. *chorostates*. **1722** *Llst* 189. **1771** *W* d.g. *chanter, or precentor* [*the chief singer in a cathedral*]. **p. genhadwr:** *chief representative, ambassador, or legate.* **1809** T. Jones: *CCA* 395. **p. gennad** = **p. genhadwr.** **1632** *D* d.g. *legatio*. **1744** *CMC* 48. **p. golofn:** *main post, main column, also fig.* **1632** *D* d.g. *columen*. **1790–1** H. Jones: *T* 83, *prif-golofnau* a seliau [*sic*] iechydwriaeth. **p. gwnstabl,** gw. *cwnstabl—p. gwnstabl*. **p. ddadl,** gw. *prifddadl*. **p. ddaioni:** *chief or supreme good, summum bonum.* **1618** J. Salisbury: *EH* 82. **1630** *YDd* 23. **1727** J. Jones: *DFF* 56. **p. ddeddf,** gw. *prifddeddf*. **p. ddinas,** gw. *prifddinas*. **p. ddirprwywr,** gw. *dirprwywr —p. ddirprwywr*. **p. ddull,** gw. *prifddull*. **p. eglwys:** *cathedral; collegiate church.* **1725** *SR* d.g. *a Collegiate Church*. **y B. Eglwys:** *the Primitive Church.* **1595** M. Kyffin: *DFf* [17], [148]. **1677** C. Edwards: *FfDd* 237. **1776** I. Brydydd Hir: *P* ii. 65. **p. esgob:** *archbishop, primate; supreme pontiff.* **1604–7** *TW* (*Pen* 228) d.g. *pontifex maximus*. **1731** E. Samuel: *AE* [vi]. **1753** *HFfS* 8. **p. ffordd,** gw. *priffordd*. **p. air,** gw. *prifair*. **p. weinidog:** *prime minister; chief (government or religious) minister.* **1771** *W* d.g. *chief* [*prime*] *minister of state, premier.* **1772** S. Philipps: *ET* 83. **p. weinydd:** *prime minister; head waiter.* **1827.** **p. weithredwr:** *chief executive; main or chief agent.* **1810.** **p. wreiddyn:** *tap root, main root.* **1807.** **p. ŵyl,** gw. *prifwyl*. **p. hwylbren,** gw. *hwylbren—y p. hwylbren*. **p. iaith,** gw. *prifiaith*. **p. lais,** gw. *priflais*. **p. le,** gw. *prifle*. **p. lenor:** *winner of the Prose Medal in the National Eisteddfod.* **20g.** **p. y lleuad,** gw. adran (*b*) fel e. uchod. **p. lyngesydd:** *commander-in-chief (of navy).* **1806.** **p. lys,** gw. *priflys*. **p. lythyren,** gw. *priflythyren*. **p. lywodraethwr:** *governor; president; prime minister.* **1797** Jac Glan-y-gors: *TD* 24, [d]yn gorthrymus, pa un bynnag ai pab ai brenin, ai tywysog, ai *priflywodraethwr*. **p. lywydd:** (i) *governor; president; prime minister.* **1828.** (ii) (*ship's*) *captain.* **1830.** **p. faer:** (*first*) *consul.* **1814.** **p. fynach:** *superior (of male religious order).* **1846.** **p. nod,** gw. *prifnod*. **p. bechod:** *chief sin, deadly sin.* **1611** R. Smyth: *SG* 179. **1618** J. Salisbury: *EH* 322. **1723** J. Jones: *LlA* 68. **p. bwnc,** gw. *prifbwnc*. **p. reol:** *maxim.* *c.* **1730** *Thos. Lloyd D* (LlGC) 195b. **1760** Wll: *SAC* 77. **p. reswm:** *maxim, aphorism; main reason.* **1604–7** *TW* (*Pen* 228) d.g. *axioma, profatum.* **1701** E. Wynne: *RBS* 53, [Rh]eol *prîf-Reswm* yn cyfatteb i brîf-anghenion yr Holl fŷd. **1770** *W* d.g. *aphorism*. **1790** *HNDd* 3, da yw Duw . . . i Israel . . . Dylai'r *prif-reswm* auraidd hwn gael ei gynnal yn ddiddadl ymhlith y ffyddloniaid. *Math.* **p. rifedi:** *cardinal numbers; prime numbers.* **1771** *W* d.g. *cardinal numbers, prime numbers.* **p. rinwedd:** *cardinal virtue.* **1771** *W* d.g. *the cardinal virtues.* **1803** *P*. **p. sail,** gw. *prifsail*. **p. sgrifen,** gw. *p. ysgrifen*. **p. swm,** gw. *prifswm*. **p. swyddog:** *chief or principal officer, chief minister, prime minister, (first) consul.* **1632** *D* d.g. *consul*. **1725–6** *Madd Ed* 12b. *c.* **1730** *Thos. Lloyd D* (LlGC) 194b. **p. dad,** gw. *prifdad*. **p. dref,** gw. *prifdref*. **p. ustus:** *chief justice, justiciar(y).* **1604–7** *TW* (*Pen* 228), Arglwydd *prif Iustus* d.g. *prætorius*. **1794** E. Jones: *CP* 29. **p. ymadrodd:** *maxim, aphorism.* **1632** *D*

d.g. *enunciatio*. **1722** *Llst* 189. **1728** T. BADDY: *DDG* 136. **p. ynad:** *chief judge, justice, or magistrate, also fig.* **1632** *D* d.g. *prætor*. **18g**. *Hop M* 236. **1770** P. WILLIAMS: *BS, Barn* v. **1780** *W* d.g. *pretor*. **p. ysgol,** gw. *prifysgol*. **p. ysgrifen, p. sgrifen:** (i) *signature, autograph*. **15g**. *GTP* 5. **1770** *W* d.g. *autography*. (ii) *original text*. *c*. **1730** *Thos. Lloyd D* (LlGC) 194b, *prifscrifen*. AZ. 35. an Original. **1733** J. THOMAS: *HYB* 46, yspysu, fod yr Ymadrodd o ymddiddan a'n Calonnau, yr un peth yn Jaith y *Brif-Scrifen* a holi ein Cydwybodau.

prifadwy [*prif+-adwy*] *a*. Prif, pennaf: *principal, chief*.

1595 *Egl Ph* 74, Arlef . . . i gloi araith *brifadwy*. **1604–7** *TW* (*Pen* 228) d.g. *primarius*.

prifai[1], **prifrai(d)** [ansicr yw ff. a thrdd. y gair hwn, gw. *LlC* 54; ansicr hefyd yw prth. *prifai*, *GIG* 94 (gw. *id*. 310)] *eg*. *Cyfr*. Eiddo y mae gan y wraig yr unig hawl arno mewn priodas, gan gynnwys ei chowyll, ei gowyn, a'i sarhad (weithiau mewn ystyr ehangach, gan gynnwys, e.e., ei hamobr): (*in the Welsh laws*) *property to which a wife has exclusive right within marriage, comprising her 'cowyll', 'gowyn', and 'sarhad' (sometimes in wider sense, including, e.g., her 'amobr')*.

13g. *LlI* 28, Try *pryfurey* (*WLW* 170, Tri *phriuei*) gureyc: e chowyll a'e gowyn a'e sarhaet; sef achaus e gelwyr e try henne en try *prifurey*, urth eu bot en try pryaut gureyc ac na ellyr eu duen o nep achaus e genthy. *id*. 32, Try agkyuarch gureyc yu e thry *pryurey*, a henne nys ran hythey a'e gur. **13g**. *LlC* 3, Anhebcorev gureyc yu y *prifhey* (*id*. 54, *pryurey* . . . *priurey* . . . *pryfurey* . . . *phrifei* . . . *phrywreyt*) a hyny a dyly hytheu en ragor. **13g**. *LTWL* 243, Pimp *priuei* gureic: scilicet, aguedi, amobyr, argyureu, gouin, sarhaet; sextum puelle: scilicet, cowyl. **1730** *Leg Wall* 386, Tri Phrif-fraint [al. *Phrifjeu* [*sic*] . . .] Gwraig.

prifai[2], **prife** [bnth. S. Diw. Cyn. *privey*, *prive* 'lavatory'] *eb*. Toiled, tŷ bach, lle chwech, geudy, hefyd yn *ffig*.: *lavatory, toilet, privy, also fig*.

1547 *WS*, *prife* lle imwasannaythy, preuy. **1615** R. SMYTH: *GB* 105, Platina sy'n scriuenu o bab a wenwynwyd ar y *brifai* a phappyr a ystynodd i was iddo. *c*. **1624** *RWM* ii. 184, ai holldai ai n *brifai* brain.

prifair, prif air [*prif+gair*[1]] *eg*. ll. *prif eiriau*, *prifeiriau*.

(*a*) Gair rhagorol; y gair cyntaf o ran pwysigrwydd, safle, gwerth, &c.; dangosair: *excellent word; principal word; headword*.

c. **1400** *R* 1026. 16–17, Eiry Mynyd gwynt deheu. kanys traethaf *prif eiryeu*: tebyckaf yw mae angheu. **1773** J. ROBERTS: *GY* [x], Cewch weled weithiau, yr Hir lin hon—ar ol y *Prif Air*, y mae yn dangos mai yr un yw ei feddwl ar Gair o'r blaen . . . Mae rhai *Prif Eiriau*, wedi eu Rhanu. **1800** T. PRICE: *RT* 24, yr hwn a ddŵg fwy o gasgliadau, nâg sydd o *brif-eiriau* (*principal words*) yn y rhan honno o'r adnod.

(*b*) Gair gwreiddiol, gair cysefin; gwreiddair: *primitive word; root-word*.

1716 T. EVANS: *DPO* 23, o herwydd y geiriau groeg . . . a'r geiriau lladin . . . y mae'n jaith ni wedi dirywio ennyd oddiwrth y cyssefin burdeb. A hynny ydyw'r achos na ddeallwn ni jaith y Gwyddelod, canys nyni a gollasom lawer o'r *prif-eiriau* dechreuol (**1740** *id*. 22, yr hên Eiriau Cymraeg). **1721** J. P. PRYS: *DC* [vi–vii], dechreuodd y rhan fwyaf wŷr droi 'r Gelfyddyd i'r fâth ofer Gerddwriaeth . . . Yno llygrwyd y *Prîf Eiriau*, drylliwyd y Mesurau. **18–19g**. *Llr* C 4, 20, *Prifair*, a primitive word.

(*c*) *Gram*. Berf: *verb*.

1818.

prifai-sêl, pryfai-sêl, prifi-sêl, &c. [bnth. S. C. *privei* (*priuie*, &c.) *sel*] *e?b*. Y sêl fach, sêl swyddogol ar rai dogfennau a roddir allan drwy awdurdod brenhinol; ?ceidwad y sêl honno fel swyddog uchel yn y llywodraeth; hefyd yn *ffig*.: *privy seal; ?Keeper of the Privy Seal, Lord Privy Seal; also fig*.

15g. *GHC* 38, Alswn fechan i'w annerch, / Angel a *phrifisêl* serch. **15g**. *GLGC* 177, Dafydd y sydd *bryfai sêl* / a llywiawdr Castellhywel. **15g**. *GGl*[2] 126, *Prifei sêl* y parfis wyd, / Perl mewn dadl parlment ydwyd. *id*. 221, Seler gwin pêr gwyn parod, / Syl cloi a *phrifei sêl* clod. **15–16g**. *TA* 154, Pob prif swydd, pob *pryfai sêl*, / Pob achwyn, pawb heb ochel. **1547** *WS*, *prife sel*, a preuy seale. **16–17g**. *HG* 62, wrth hynn beth awnawn pan ddel, val *pryvai sel* yn kymryd.

prifan [*prif+ban*[1]] *e?g*. ll. *-nau*. (Prif) egwyddor, prif bwynt (dadl, traethawd, &c.), pwnc pennaf neu bwysicaf: (*main*) *principle, principal point or head (of argument, discourse, &c.), chief or most important topic*.

1658 R. VAUGHAN: *PS* d.d., *Prifannav* Sanctaidd (*Sacred Principles*) Neu Lawlyfr, O Weddiau. **1672** R. PRICHARD: *Gw* [xxx], Fe ellyd casclu o'r llyfr hwn holl *Brifannau* [:– Gwyddorion] crefydd. **1679** C. EDWARDS: *GGG* 199, i edrych pa fath wybodaeth a fo cennym ynghylch *prif-fannau* 'n crefydd. **1693** *HC* 13, yn gwisco lifreu Christ . . . ac yn hyddysc ar *brifannau* (*points*) crefydd. **1718** E. SAMUEL: *HDdD* (Gweddïau) 35, *Prif-Fannau* (*heads*) byrrion i'n holi ein hunain wrthynt. **1725** *SR*, *prifannau* d.g. *a Principle*. *c*. **1730** *Thos. Lloyd D* (LlGC) 196a, *prifan*, pl. *-annau*, principles.

prifardd, prif fardd [*prif+bardd*] *eg*. ll. *prifeirdd*, *prif feirdd*. Y bardd cyntaf o ran pwysigrwydd, safle, &c., pencerdd, bardd cadeiriol neu goronog yn yr Eisteddfod Genedlaethol; bardd hynafol, un o'r Cynfeirdd: *chief bard or poet, master-poet, chaired or crowned bard at the National Eisteddfod; ancient poet, one of the Welsh bards of the earliest period*.

12–13g. *GLlLl* 35, Ardunyant *prifueirt*, eurdwrn prydytyon. *id*. 42, Mi y'm detyf wyf diamrysson / O'r *prif ueirt*, 'ym prif gyueillyon. *c*. **1300** *H* 72a. 21–4, Rym gelwir yn fyryf yn fysc arab hwyl . . . yn brydyt yn *brifuart* dysc (Cynddelw). **14g**. *GDG*[3] 25, Ponid digrif i *brifardd* / Gweled hoyw gynired hardd. **14–15g**. *IGE*[2] 164, Od wyd ti *brifardd*, hardd hawl / Y byd, a thra gwybodawl, / Dywed pa fesur dwywaith / Y sydd ar awen o saith (Rhys Goch Eryri). *c*. **1400** *R* 1338. 9, lle diheird *prifveird* profyedic. **15g**. *GLGC* 218, aur ungost er awengerdd / a bair ef ar i *brifardd*. **1592** S. D. RHYS: *Inst* [xviii], peri printio goreuon Lyfreu y *Prifeirdd*, er mwyn cadw côf o'r hên addysc. **1593** W. MIDLETON: *B* 11, Owdl yw kaniad o amryw fesurau . . . eithr wrth gerdd y tri *phrifardd*, a dull Kynddelw . . . ny ddyly onyd vn mesur fod yn yr vn kaniad. *c*. **1600** *id*. 96, kanllaw fv kanwyll i feirdd / a roe brofiad ar *brifeirdd*. **1755** *ML* i. 395, Gwae finnau na fedrai yr *Prif Fardd* [Goronwy Owen] ymgadw rhag yfed gormod. *id*. 405, Pe basai gennyf dudded rhydd sgrifenaswn . . . at y *prifardd* Goronwy. Par ddelw sydd arno? **1760** *id*. ii. 249, od oes ich meddiant ryw faint o waith na Thaliesin, na Myrddin, nag Aneurin, na Llywarch Hen, nac yr un o'r hen *brifeirdd* i gael eich cymmorth tuag at lenwi y llyfr. **1780** *W* d.g. *poet, an ancient poet, poet, a chief poet, or poet laureat*. **18–19g**. *MA* iii. 296, Tair cangen celvyddyd barddoniaeth: cyntav, *privvardd*, neu vardd trwyddedawg o vraint, ac iddo ei rádd a'i vraint, o drovedigaeth [*sic*] gan athraw gwarantedig o vardd gorseddawg. **1803** *P*. Cf. *RhSEG* (1935) 132, Cyrchwyd ein *prifardd* ar fuddugol hynt; / . . . / Henffych *Brifardd*! Gweiniwyd llafn y cledd.

prifat, prifatîr, prifatrwydd, prifathraw, gw. **preifat, preifatîr, preifatrwydd, prifathro.**

prifathrawes, gw. **prifathro.**

prifathrawiaeth [*prifathro, prifathraw+-iaeth*] *eb*. Swydd neu safle prifathro: *headship (of school, college, &c.), principalship, headmastership*.

20g.

prifathro, prifathraw, prif athro, prif athraw [*prif+athro, athraw*] *eg*. (b. (-)*athrawes*, ll. *-au*) ll. *prifathrawon, prif athrawon*. Pennaeth ysgol, coleg, &c.; pennaeth adran (mewn coleg); athro neu ddysgawdwr pennaf (ar bwnc): *headmaster, head teacher, principal (of school, college, &c.); head of department (in a college); chief or foremost teacher (in a subject)*.

1731 E. SAMUEL: *AE* [vi], Ysgrifennadau *Prif-Athrawon* Vniongred yr Eglwys Grist'nogol. *c*. **1762–79** W. WILLIAMS: *P* 300, Un Antiochus o Socho oedd y cyntaf, yr hwn oedd . . . yn *brif Athro* o'r ysgol Iuddewig.

prifathrofa, gw. **athrofa—p. athrofa.**

prifathrofaol [*prif athrofa+-ol*] *a*. Yn perthyn i brifysgol, ac iddo brifysgol: *pertaining to a university, having a university*.

1859.

prifawdl, gw. **prifodl.**

prifawdurol [*prif awdur+-ol*] *a*. Clasurol (am awdur, llyfr, &c.): *classic(al) (of author, book, &c.)*.

1850.

prifbwnc, prif bwnc [*prif+pwnc*] *eg*. ll. *prif bynciau, prifbynciau* (*-bwnciau*). (Prif) egwyddor, prif bwynt (dadl, traethawd, &c.), pwnc pennaf neu bwysicaf, thema ganolog: (*main*) *principle, principal point or head (of argument, discourse, &c.), chief or most important topic, central theme*.

1568 MORYS CLYNNOG: *AG* [i], Athra[w]aeth Gristnoga[w]l, Lle cair wedi cynnwys yn grynno'r holl *brifbynciau* sydd i gyfarwyddo dyn ar y phordd i baradwys. *p*. **1584** G. ROBERT: *GC* [333], Symblen Yr Abostolion, a eilw'r cymru, y gredo, a deuddeg *prifbwnc* ynddi. **1604–7** *TW* (*Pen* 228), y summ ne'r *prifbwnc* d.g. *caput*. **1632** *D*, y *prifbwngc* d.g. *punctum, status*. **1632** J. DAVIES: *LlR* 41, cynnifer o'r rhifedi bychan sy'n dwyn enw Christianogion, yn debyg i fyned i golledigaeth, eisiau cyflawni 'r ddau *brif-bwngc* (*principall points*) yma. **1658** R. VAUGHAN: *YPS* 13, [y rhai] ni fedrant roi cyfrif am y chwech o *brifbwngciau* St. Paul. **1672** J. LANGFORD: *HDdD* 397, fe ddyle 'r holl rannau o Gariad yn yr ystyriaeth honno gael ei crynhoi tan y *Prif-bwngc* o Gyfiawnder. **1675** R. JONES: *HCh* 92, gellir dwyn y Gweithredoedd o Drugaredd ir ddau *brif-byngciau* hyn. 1. Y cyfryw ac sy'n perthyn i Enaid. 2. Y cyfryw ac sy yn perthyn i Gorph eich Cymmydog. **1677** R. JONES: *BB* 193, A ydych chwi yn ymarfer . . . yn ôl y *Prifbyngciau* (*Principles*). . .? **1701** J. OWEN: *YE* 134, Yr oedd y . . . Sadduceiaid yn gwadu *prif-byngciau*'r wir grefydd. *c*. **1730** *Thos. Lloyd D* (LlGC) 194b, *prifbwnc*, a principle point. **1740** T. EVANS: *DPO* 317–18, llwyr-addysgent eu Plant a'i Gweision yn holl *Brif-byngciau* Crefydd. **1770** *W*, *prif-bwngc* d.g. *an article* [*head of a discourse*], *point, a principal point*.

prifdad, prif dad [*prif+tad*] *eg*. ll. *prif dadau, prifdadau*. Patriarch, cyndad; (yn y ll.) Tadau'r Eglwys: *patriarch, forefather; (in pl.) Fathers of the Church, Church Fathers*.

1604–7 *TW* (*Pen* 228), *prif dat* d.g. *patriarcha*. **1704** E. SAMUEL: *BA* 256, ni dderbyniwyd mono megis rhan or yscrythur lân, er bod llawer o *Brif-dadau*'r Eglwys yn meddwl mai Barnabas oedd yr Awdur. **1721** J. P. PRYS: *DC* [ix], dan yr hên Destament nag yn amser *Prif Dadau* 'r Eglwys. *id*. 11, Mae'r un Yscrythyrau a'r ddiwyll *brif Dadau*, / A Siamplau a Chyneddfau y rhai gorau sy iw cael. **1731** E. SAMUEL: *AE* 162, *Prif-Dadau* 'r Eglwys y rhai oedd hyfryd ganddynt edrych a myfyrio ar y Dirgeledigaeth mawr. **1778** *W* d.g. *patriarch*.

prifdeg [*prif+teg*] *a*. a hefyd gyda grym enwol. Mawr a theg, gwych iawn: *great and fair, very fine*.

c. **1300** *H* 64a. 12, anrec *brifdec* breyenhin (Cynddelw). *c*. **1400** *R* 1043. 17, pedeir prifgat ar dec am *brifdec* brydein. *id*. 1197. 7, Anrec *brifdec* bryt. y roi bud yr byt. *id*. 1199. 13–14, Hil gweilch groec. hoewlwys *brifdec*. *id*. 1381. 20–1, Brooed ysgauael. bryt ar drychafael. y *brifdec* caffael. hael yd hwylya. **1803** *P*.

prifder [*prif+-der*; dichon mai engh. o'r e. *pryfder* a welir yn y dfn. cyntaf] *eg*. ?Y cyflwr o fod yn bennaf neu'n orau, anterth, rhagoriaeth: *the condition of being principal or best, prime, excellence*.

14g. *T* 23. 12, bum geir yn llythyr. bum llyfyr ym *prifder*. **18–19g**. *Llr* C 48, 332, Tair Swyddoldeb Beirdd . . . [P]rifardd . . . [T]euluwr . . . Ofydd . . . Ag ar bob un or tri y mae dangos ag arddangos parth ai swyddoldeb o arbenigrwydd a *phrifder* ei râdd. **1803** *P*, *privder*, s. m. primeness.

prifdlws [*prif+tlws*] *eg*. Tlws pennaf, trysor mwyaf, yn *ffig*.: *chief jewel, greatest treasure, fig*.

1658 R. VAUGHAN: *PS* 446–7, O fy enaid *Prifdlws* o eiddo Duw, na fydd cym mhelled yn ostyngedig i ddiafol.

prifdref, prif dref [*prif+tref*] *eb*. ll. *-ydd, -i*. Prifddinas, dinas, tref fawr: *capital (city), large town*.

1604–7 *TW* (*Pen* 228) d.g. *Londinum*.

prifdda [*prif+da*] *a*. a hefyd fel *eg*. Da iawn, rhagorol, gorau; y daioni pennaf: *very good, excellent, best; the chief or supreme good, summum bonum*.

c. **1400** *R* 1154. 36–7, peryf nef parhaus gwrdda. parwydyd eluyd peris *prifda*. **15g**. *IGE*[2] 228, Dysgais yn *brifdda* drahydr / Dysg deg, ramadeg a'i mydr; / Gwn, bûm hyddysg ymysg mil, / Gyfraith ddwys hoywfaith sifil (Ieuan ap Rhydderch). *c*. **1585** G. ROBERT: *DC* [xvii], gwnn yn *brifdda* y modd y gnottaynt gynt yr hen bobl o scrifennu ag adrodd eu historiaæ. **16–17g.** *CRC* 12, Fo alle a [*sic*] cewch i glod n siwr / ach galw yn sowldier *prifdda* / ond pei tale hyny ond grod / ni chewch i na chlod na gairda. **1604–7** *TW* (*Pen* 228) d.g. *optimus, præclarus.* *c.* **1648** *DCR* 273, bydd di gymen a da d'absen / od ei di i wreica cais vn *brifdda.*

prifddadl, prif ddadl [*prif*+ *dadl*] *eg.?b.* Acsiom, gwireb, dadl neu osodiad (pennaf): *axiom, aphorism,* (*chief*) *argument or proposition.*

1604–7 *TW* (*Pen* 228) d.g. *axioma, proloquium.* **1722** *Llst* 189, *prifddadl,* m. a thesis, proposition, principle, maxim. **1725** *SR* d.g. *an A*[*x*]*iom.* **1795** J. THOMAS: *AIC* 251, *Prif Ddadl* neu Reol 1 (Axiom).

prifddeddf, prif ddeddf [*prif*+ *deddf*] *eb.* ll. *-au.* Deddf gysefin neu sylfaenol; prif gynneddf, cynneddf bwysicaf: *primary or basic law; principal or most important attribute.*

c. **1300** *H* 24a. 19–20, Gwr eurfut dilut hep doli. Gur diletyf *prifddeddyf* pryderi (Hywel Foel ap Griffri). **1711** M. MAURICE: *YAD* 110, Pa beth yw rhaglinîaeth [*sic*] Gyffredinol Duw? . . . Yr hyn trwy ba un y mae ef yn paratoi gyferbyn ar Creadur mewn ffordd gyffredinol, yn ol *prif-ddeddf* nattur. **1803** *P.*

prifddinas, prif ddinas [*prif*+ *dinas*] *eb.g.* ll. *-oedd, prif ddinesydd.* Dinas sy'n brif ganolfan gwlad, talaith, &c., ac fel arfer yn eisteddle llywodraeth a gweinyddiaeth, metropolis, dinas bwysicaf, prif dref, dinas fawr neu bwysig: *capital* (*city*), *metropolis, principal city, chief town, great or important city.*

13g. *BD* 2, teir prif avon . . . Ac y gyd a hynny kyn yd oet dec ac arderchavc o vyth dynas ar ugeynt o *pryf dynassoed,* a rei o hynny ysyd hedyv yn dyffeyth. **14g.** *WM* 179. 38–40, A *phrif dinas* a welei yn aber yr auon. aphrif gaer yny dinas. **15g.** *FfBO* 46, dywedassant y mi vot yn y wlat honno, Mansi, mwy no dwy uil o *brif dinessyd. id.* 50, dinas a elwir Kambelech. Hen *brif dinas* yw hwnnw yngwlat Kattai. **1588** *Act* xvi. 12, oddi yno i Philippi yr hon sydd *brif ddinas* (*TN* 198a, [d]inas pennaf) ym mharthau Macedonia. **1604–7** *TW* (*Pen* 228), *prif ddinas* d.g. *metropolis.* **1632** *D,* esgob *prifddinas* d.g. *metropolitanus.* **1704** E. SAMUEL: *BA* 241, Ei drigfa gartrefol oedd Alexandria un o *Brif-Ddinasoedd* yr Aipht. *c.* **1762–79** W. WILLIAMS: *P* 187, hon [Carthage] a ddaeth yn ddinas boblog iawn, ac yn *brif ddinas* o holl Affrica. **1770** *W, prif-ddinas* d.g. *a capital, or capital city.* **1771** *PDPh* 61, Paris, *prif-ddinas* y Ffrangcod. **1798** *WR, prif-ddinas* Cerniw, a Dyfneint d.g. *Exeter.* **1803** *P.*

prifddinasol [*prifddinas, prif ddinas*+ *-ol*] *a.* Yn perthyn i brifddinas, ac iddo natur prifddinas; *Egl.* yn dynodi metropolitan, yn perthyn i fetropolitan neu i'w dalaith eglwysig: *metropolitan* (*also eccl.*).

1746 T. RICHARDS: *CER* 31, yr Archesgob *Prifddinasol* (*Metropolitan*). **1776** *W* d.g. *metropolitical.* **1803** *P.*

prifddinesydd, prifddinasydd [*prifddinas, prif ddinas*+ *-ydd*[3]] *eg. Egl.* Metropolitan: *metropolitan* (*eccl.*).

1604–7 *TW* (*Pen* 228), *prifddinesydd* d.g. *metropolitanus.* **1720** *App DP* 11, yr oedd ganddynt, Arch Escob neu *Brif Ddinasydd* a'm [*sic*] Fatterion Eglwysig ymmhob Escobaeth.

prife, prifed, prifedig, gw. **prifai**[2], **prifet, prifiedig**[2].

prifem [*prif*+ *gem*[1]] *eg.* Diamwnd: *diamond.* **1850.**

prifenid [cfdds. o'r Llad. *prīmōgenitus*] *a.* neu *e?g.* Cyntaf-anedig: *first-born.*

1609 R. SMYTH: *CAC* 12, mal y gallai ef [Crist], fod . . . yn *Brifenid* [:– Primo genitus] yn mysc llawer o frodyr. *id.* 16, codi o'r un Crist i fuw yn anfarwedigawl ag yn o gonedys [*sic*] *prifeni*[*d*] o'r meirw.

prifenw [*prif*+ *enw*] *eg.* ll. *-au.* Enw mawr, gwych, neu ragorol; enw gwreiddiol; epithet, cyfenw, ffugenw: *great, fine, or excellent name; original name; ?epithet, pseudonym.*

14g. *GDG*[3] 19, Rhoist im swllt, rhyw ystum serch, / Rhoddaf yt *brifenw* Rhydderch [i Ifor Hael]. *id.* 231, Tri milwr, try ym olud, / A wyddyn' cyn no hyn hud —/ Cad brofiad, ceidw ei *brifenw,* / Cyntaf, addfwynaf oedd Fenw. **15g.** *IGE*[2] 234, Mae i'th gwmpas, ail Iaswy, / Mil o *brifenwau,* a mwy (Ieuan ap Rhydderch). **1716** T. EVANS: *DPO* 22, mae yn canlyn mae Gaelia hefyd oedd *prif-enw* y wlâd hon . . . canys pan fyddo cenhedl yn newid gwlâd, hi a geidw ei *phrif-enw* er hynny. Cf. WILLIAM MORRIS: *Clychau Gwynedd* (1941), 31, Eifion Wyn yn *brif-enw* oedd / Hyd ei chwmwd a'i chymoedd.

prife-sêl, gw. **prifai-sêl.**

prifet, pryfet, prifed [bnth. S. *privet*] *eg.* ll. *prifets. Bot.* Gwyros, rhyswydd, *Ligustrum vulgare*: *privet.*

1632 *D* (*Bot*), *pryfet,* vid. Gwyros. **1688** *TJ* (*Bot*), *pryfet,* gwŷros: Privet. **1813** *WB* 228, *Pryfet.* edr. Yswydden. Ar lafar, 'coed *prifet*', 'sietin *brifet*, 'Ma'r *prifets* yn tyfu'n dda 'leni'.

prif-fan, prif-fardd, gw. **prifan, prifardd.**

prif-ffordd, gw. **priffordd.**

prifgad [*prif*+ *cad*] *eb.* Byddin orau; prif frwydr: *best army; principal battle.*

12–13g. *GLlLl* 88, Gruffut, tyyrnud tut Elisse. / Mab cor dor dewred, ef dwyre—*prifgat.* *c.* **1400** *R* 1043. 16–17, Katwallawn kynnoedyuot. ae goruc andigonot. pedeir *prifgat* ar dec am brif dec brydein.

prifgaer, prif gaer [*prif*+ *caer*] *eb.* Prifddinas, metropolis, dinas; prif amddiffynfa, prif gastell: *capital* (*city*), *metropolis, city; chief stronghold, chief castle.*

c. **1300** *B* iv. 115, Kymysc gwydylyeith yn aer. / a chymro a chymrud daer. / ef vyd arglwyd wyth *brif gaer.* **1604–7** *TW* (*Pen* 228), *prifgaer* d.g. *ciuitas, metropolis.* **1722** *Llst* 189, *prif-gaer,* f. a metropolis. **1771** *W* d.g. *a capital or capital city.*

prifgainc, prif gainc [*prif* (?a bôn y f. *prifiaf*: *prifio*) + *cainc*] *eb.* ll. *prif geinciau, prifgeinciau.*

(*a*) Prif gangen; cangen ieuanc; hefyd yn *ffig.*: *main branch; young branch; also fig.*

1604–7 *TW* (*Pen* 228), mapcainc, y *brifgainc* yn cadw'r winwydden d.g. *resex.* **1700** D. MAURICE: *AC* 15, Dymma'r Ail *brif-Gainc* o'n dyledswydd. *c.* **1730** *Thos. Lloyd D* (LlGC) 194b.

(*b*) Prif alaw, alaw neu gân orau: *principal tune, best tune or song.*

15–16g. *GLM* 267, Cân dannau, acw'n dyner, / â thelyn byth a'th law'n bêr: / pob *prifgainc,* i'r dalfainc dos. / Pwy'n croywi pynciau'r eos?

prifgamp [*prif*+ *camp*[1]] *eb.* ll. *-au.* Gorchest, un o'r campau a oedd yn rhan o addysg gŵyr ieuainc bonheddig gynt, gêm, chwarae: *feat, one of the accomplishments which were part of the education of noble youths, game, sport.*

15g. *GLGC* 119, Dug bedair camp ar hugain, / hyddgarw hir a ddygai'r rhain. / Pedair *prifgamp* o'i hydab / a wnâi efô er yn fab; / saethu, neidio tyno teg, / yn nwfr rhyd nofio, rhedeg. *id.* 326, pedwar nod Phelpod o'i gyff a'i had, / pedair *prifgamp,* lamp i bawb o'r wlad. **1604–7** *TW* (*Pen* 228), meithrin mabolgamp, *prifgamp* d.g. *institutio. id.* anghelfydd yn y *prifgampeu* gorchest d.g. *apalestr*[*i*]*s.* **1632** *D* d.g. *pancratium.* *c.* **1730** *Thos. Lloyd D* (LlGC) 196a, *prifgamp,* feat.

prifgerdd [*prif*+ *cerdd*[1]] *eb..* Cerdd fawr neu aruchel, crefft bennaf: *great or sublime poem or song, main or chief craft.*

13g. *C* 79. 3–4, Teernweilch pridein prydaw ych *priwgert.* ych priwclod adigaw. **14g.** *GP* 57, Tri ryw *brifgerd* ysyd, nyt amgen: kerd dant, kerd vegin, a cherd dauawt. Teir *prifgerd* tant ysyd, nyt amgen: kerd grwth, kerd delyn, a cherd timpan. Teir *prifgerd* megin ysyd, nyt amgen: organ, a phibeu, a cherd y got. Teir *prifgerd* tauawt ysyd: prydu, a dachanu, a chanu gan delyn. Teir prifgerd prydydiaeth ysyd: gwengerd, a rieingerd, ac vnbengerd. *c.* **1400** *R* 1149. 1–2, yn pryduerth gwerth *prifgerd* aganant [crefyddwyr]. **16g.** *AP* 4, Raid oedd i vyned brifardd, a *phrif gerdd* davod gantaw.

prifglod [*prif*+ *clod*] *e?g.* a hefyd fel *a.* Clod uchaf; enwog iawn: *highest praise; very famous.*

13g. *C* 79. 3–4, Teernweilch pridein prydaw ych priwgert. ych *priwclod* adigaw. *c.* **1300** *H* 93b. 26–7, Trosti yr treisdwyn gwendud. aeth mab ywein prein *prifglod* (Y Prydydd Bychan).

prifgolegol [*prif goleg*+ *-ol*] *a.* Yn perthyn i brifysgol, academaidd: *pertaining to a university, academic.* **1898.**

prifgosb [*prif*+ *cosb*] *eb.* Cosb ddihenydd, cosb eithaf: *capital punishment, death penalty.*

1775 E. GRIFFITHS: *GF* 62–3, Beth a feddylir wrth dorri ymaith oddi wrth y bobl . . .? Mewn rhai beiau 'sgeler . . . fe arwyddai y *brif-gosp* neu farwolaeth trwy law y barnwyr.

prifiad [bôn y f. ddil. + *-iad*[1]] *eg.*

(*a*) Tyfiant, twf, cynnydd, ffyniant, prifiant (hefyd am y lleuad): *growth, increase, a prospering, thriving, waxing* (*of the moon*).

16g. *WLl* 176, Aed fel pen twssen mewn tes / Ich cynnydd chwi ag Annes / Prennau o goed purion gwych / Pur freuder prifio r ydych / [B]a ryfedd fod ar *brifiad* / Ag urddas Duw yn gwreiddio stad. *a.* **1587** *LlCy* viii. 209, Y pren eurdop, rawn irdeg, / Union cryf a dyf yn deg, / . . . / Pand tebyg, cynnig cannyn, / Profiad teg, yw *prifiad* dyn (Wiliam Cynwal)? **16–17g.** *GST* i. 461, Ni bu wlad *prifiad* ar na's profodd, / Na nasiwn oedïog nas enwaedodd. **1621** E. PRYS: *Ps* 45b, Drwy Dduw y cafas ef ryddhâd, / a *phrifiad* er ei garu. *c.* **1730** *Thos. Lloyd D* (LlGC) 194b, *prifiad* y lleuad, G. 190. **1803** *P.*

(*b*) Y weithred o roddi prawf ar, prawf: *a proving or testing, proof.*

1688 *TJ* [xii], *Prifiad* mwy o eiriau yn hwn, nag yng-Eirlyfr y Dysgawdr Dafis (*More words than in Dr. Davies's Dictionary proved in this*). **1725–6** *Madd Ed* 46, y mae'n gymmaint mwy cyssurus peth . . . i fod heb archoll, na gwneuthur *prifiad* o'r feddiginiaeth jachyssaf.

prifiaf, prifaf: prif(i)o [bnth. S. (*to*) *pr*(*i*)*eve* (amr. ar (*to*) *prove*) 'to prove; prosper, thrive'; ansicr yw dosbarthiad rhai o'r enghrau. isod] *bg.a.*

(*a*) Tyfu('n gryf), ffynnu, peri ffyniant i, aeddfedu, cynyddu, llwyddo: *to grow* (*strongly*), (*cause to*) *flourish or thrive, mature, increase, prosper.*

15–16g. *TA* 146, *Prifio*'r wyd, pa ŵr fwy'i wraidd? **16g.** LEWYS MORGANNWG: *Gw* 394, penn kenedl dad i dad / penn daethder hap bendithdad / prif ras duwn *privio* r ystad. **1547** *WS, prifio,* thryue. **16g.** SIÔN BRWYNOG: *C* 51, Da *prifiaist* drwy hap ryfel, / Diwag byth y dygi y bêl. **1632** *D, prifio,* augeri, crescere, eualescere, florere. **17g.** HUW MORUS: *EC* i. [118]–19, Cariad yw 'r cur, / A borthais i yn bur, / . . . / Fe *brifiodd* yn hy' / Lle gwreiddiodd yn gry' / Er llidiog drallodion, athrodion, ni thry. *id.* ii. 152, Mi a'u cyffelybaf etto, / I wartheg culion Pharo', / Yr holl rai tewion a fwyt'ent, / Er hyn nid allent *brifio.* **1680** J. THOMAS: *UN* 12, gŵr ddefosionau sy'n *prifio* ac yn cynnyddu, megis cwmmwl bychan Elias. **1696** *CDD* 48, Y fammaeth fwŷneidd-dro (yn fawr wedi ei *brifio*) / Ai dug [Moses] i ferch Pharoh, hôff Euraid argoedd [*sic*]. **1701** E. WYNNE: *RBS* 19, bêth bynnac a fô angenrhaid ac er iechyd i'th Enaid *prifio* hwnnw a'i borthi o flaen dim. **[1740]** L. ANWYL: *NG* [1]–2, Nid oes mâth yn y bŷd ar bechod, nad ŷw yn ei rym ac yn *prifio* ar bôb ymdrech yn grŷf. **1776** I. BRYDYDD HIR: *P* ii. 144, achos o lawenydd mawr i rieni weled eu plant yn *prifio* yn dda ac yn raslon. **1800** W. OWEN[-PUGHE]: *CP* 28, [rh]aid wrth ryw ddefnydd i bob peth a *brifio,* neu a dyfo yn fwy ei faint. **1803** *P.* Cf. D. OWEN: *RL* 372, Capel y Batus ddaru chi ddeyd oedd o . . . dydio fawr o beth. Ddyliwn nad ydyn nhw'n *prifio* fawr yma. Ar lafar yn y Gogledd a Chered. yn y ff. *prifio, WVBD* 444, *TGG* (1904) 46, (1907–8) 96; hefyd ym Morg. yn y ff. *prifo* yn yr ystyr 'gwella (am greaduriaid)'.

(*b*) Dangos ei fod (yn), profi('n); mynd, dod, neu droi('n), tyfu neu ddatblygu('n): *to prove or turn out* (*to be*); *become, turn, grow, or develop* (*into*).

1609 *CRC* 327, *prifia* yn gowir ith ffrind ffyddlon / kar ag ofna ddvw yn dy galon. **1630** *YDd* 153, er i ti gael mawl trwy haeddiant rhyglyddus, derbyn yn gall, rhag iddo *brifio* (*prove*) yn fwy peryglus na diystyrwch. *c.* **1658** R. VAUGHAN: *E* 16, ni eill ein gweddiau moi gyfnewid ef, am hynny hwy a *brifiant* yn afraid. **1658** R. VAUGHAN: *PS* 193, A rhai ydynt fwyaf eu [c]efeillach a mi yr awrhon, eill *brifio* yn elynion chwerwaidd im herbyn. **17g.** HUW MORUS: *EC* i. [166], 'R oedd impyn nodedig 'r wy 'n dywedyd i chwi, / Yn dangos mawr gariad drwy ymweliad â mi; / Er bod fel glas fedwen, braf irbren o bryd, / Fe *brifiodd* fel gwernen yn geubren i gyd. *id.* 167, Er taered y glanddyn i ganlyn ei gŵyn, / Fe *brifiodd* o'r diwedd yn fudraidd an-fwyn. **1677** C. EDWARDS: *FfDd* 20, *prifiodd* eraill o'r brenhinoedd Groegaidd yn erlidwyr chwerwon yn erbyn y wîr grefydd. **1696** *CDD* 87, Tafl wŷe'r asp heibio, rhag iddŷn nhwŷ *brifio,* / Yn Seirph i wenwŷno dy einioes wrth raid. **1703** E. WYNNE: *BC* 67, aneirif o edafedd aur, ac edafedd arian . . . ac ymbell edy 'n *prifio* 'n well at ei diwedd a myrddiwn yn *prifio* 'n waeth. **1723** WM: *PGG* 45, [eu] Balchder a'u Calon-galedwch eu hunain, yr hyn or diwedd a *brifia* yn ddinistr tragwyddol iddynt. [**1738**] E. JONES: *CE* 124, na fydded i'r Trwm-gwsg hwn a syrthiodd ar dy wâs *brifio* yn Gŵsg marwolaeth. **1754** *ML* i. 303, Da iawn clywed fod Sion . . . yn *prifio* yn llanc da. Ydyw fo yn gallu ymwrthod a'r diotta? **1774** H. JONES: *CH* 51, fod cyfoeth . . . yn *prifio* yn wenwyn chwerw i laweroedd. **1795** *R. Crusoe* 118, aethom ar fordaith i China yr hyn a *brifiodd* yn llwyddiannus iawn. **1800** W. OWEN[-PUGHE]: *CP* 35, Profiadau o droi dwr dros y tirodd . . . yn ymgais á *brifiws* yn dra buddiol idd y tirodd.

(*c*) Rhoddi prawf ar, rhoddi prawf o, dangos drwy brawf, tystio: *to test, give proof of, prove, attest.*

a. **1587** *Y* 133, Ofer yw dysc, afraid aeth, / Wyrth nod taer, wrth naturiaeth. / Arnad, Prys, echrys ddychryn, / Pâr fwynhav hêdd, *prifiwn* hyn. **16–17g.** *PCWG* 141, Wrth yr argoel yma yr oedd Job yn *privio* fod i hyder o ar ddvw. *id.* 266, Gwirionedd diymwad nid rhaid moi *brifio*. **16–17g.** *GHCEM* 112, Nad yw hoff, o daw coffa, / Na doeth i ustus, nad da / D'wedyd ar ŵr godidawg / Yr hyn nis *prifia* yrhawg. **1664** J. DAVIES: *Art* 20, Y Llyfr hwn o'r Articulau rhagddywededig a *brifiwyd* trachefn, ac a gynnhwyswyd i'w gynnal a'i arfer o fewn y deyrnas. **17g.** HUW MORUS: *EC* i. 361, O's coelio gwirionedd yn iawnaidd a wnewch, / Union farn gyfiawn yn gyflawn a gewch; / Y weithred sy 'n tystio, ac yn *prifio* ym mhob bro, / Fod yn rhaid i chwi ymostwng i'ch meistr y Go'. **1695** T. JONES: *Alm* 6, I *brifio* fôd y sêr (dan dduw) yn Llyfodraethu 'r Bŷd. **1699** T. JONES: *TP* 93, Nid ŷw gwaith Dŷn yn chwedleua am Grefŷdd yn ddigonol i *brifio* fôd gantho Galon a Buchedd ffrwŷthlon a Daionus. **1718 (1721)** S. THOMAS: *HB* 101, fel hyn y *prifiant*, fod Priodas yn Sacrament. **1744** D. ROWLAND: *RY* 165, yr wyf yn adnabod y Gŵr hwn er yn blentyn, ac a allaf *brifio* (*attest*) mae Gau-Heddwch yw ei Enw ef. **18g.** E. T. RHYS: *DA* 23, Gan haerui *brifo*, / I fod, yn lle tiriondeb, / Wrth'nebrwydd a chasineb, / Creulondeb ynddo.

Gw. hefyd **prufiaf: prufio, prwfiaf: prwfio, pryfiaf[1]: pryfio.**

prifiaith, prif iaith [*prif+iaith*] *eb.* ll. *prif ieithoedd, prifieithoedd*, hefyd gyda grym ansoddeiriol. Heniaith, iaith wreiddiol, testun gwreiddiol; iaith gyntaf o ran pwysigrwydd, safle, &c., iaith bennaf; iaith orau, iaith ddyrchafedig, iaith wych neu ragorol: *ancient language, original language, original text; principal language, main language; best language, elevated language, splendid language.*

13g. *C* 104. 3–5, Kywarchaw kywercheise canweith. Y prowi prydv. *opriwieith* [drll.] eurgert. *c.* **1300** *H* 47b. 22, yt wyf penn prifueirt om *prifyeith* (Cynddelw). *c.* **1400** *R* 1052. 3–5, Yna yt vyd prydyd heb pryder. o brydyat gobennyat gloewder. o *prifieith* penytweith pader. o brif parch pan yth gyuarcher. **16g.** *GGH* 84, O'th enau pumiaith union / A'r un sydd i'r ynys hon: / Brig perffaith Lladiniaith deg, / Brau groyw Ebryw a Gröeg—/ Band hyfedr ben to ifainc?—/ Brytaniaith a *phrifiaith* Ffrainc [i William Salesbury]. **1708** *EGE* [xviii], Eglurhau pob' scrythyr yn ol dull ei *Phrifjaith*. *id.* 85, megis y mae yn yr yscrythyr *Brif-jaith* (*the Original text*). *c.* **1730** *Thos. Lloyd D* (LlGC) 194b, *prifiaith* yr Ysgrythyr lân . . . original text. [**1740**] D. LLWYD: *YDD* 10, y gair ym ni yn gyfieithu, Canu . . . Yn arwyddaccau [*sic*] yn y *brifiaith*, Canu ag offeryn. *id.* 84, fe all fod rheswm da am ddarllen y *Brifeithoedd* [*sic*] mewn cynnilleidfaodd cyhoeddus, Gan fod y faeth [*sic*] arfer yn foddion Effeithiol o gadw gwybodaeth o honynt. **1793** DAFYDD IONAWR: *CD* 107, Cu hynod yw iaith Cana 'n [*sic*], / . . . / Mae 'n *brifiaith*, mae 'n bêr hefyd, / Mae 'n berffaith geiniaith i gyd.

prifiannol [*prifiant+-ol*] *a.* Ffyniannus, llewyrchus, cynyddol: *thriving, flourishing, increasing.*

16–17g. *PhA* 273, berr fu i einioes *brifianol* / a hir gwyn y rhawg yw ol. *id.* 310, *Prifiannol* yw pur fonedd / Parhau hwnn sy n peri hedd. **1729** *ML* (Add) 5, Yr ychydig linellau hyn sydd i ddymuned i chwi a'ch anwyl gariadrwym gywely . . . heppil doraethlon . . . ac yn ol eu cynnyrch *prifiannol*, ar iddynt fod . . . yn glod ac yn harddwch. *c.* **1730** *Thos. Lloyd D* (LlGC) 196a, *prifiannol* AH. 94.

prifiant [bôn y f. fl.+-*iant*] *eg.* ll. -*iannau.*

(*a*) Tyfiant, ffyniant, cynnydd, datblygiad: *growth, a thriving, increase, development.*

16g. *GGH* 350–1, *Prifiant* ar bren pêr Hwfa / Pan gad hwn o'r pen-gwaed da. **16–17g.** *GST* i. 493, Trig drimis yn y Ddiserth, / Teg iawn yw, ti a gei nerth; / . . . / Minnau caf, ni myn nacáu, / *Brifiant* waith brofant weithiau. **16–17g.** (**17g.**) *CC* 402, Enynnodd wrth fyw n vniawn / yt *brifiant* a llwyddiant llawn (Rhys Cain). **1604–7** *TW* (*Pen* 228) d.g. *incrementum.* **1661** E. LEWIS: *Drex* [x], deisyfu ar Dduw . . . iddo fawrhau a chynnyddu beunydd fwy fwy eu *prifiant* o'u dysgeidiaeth. **17g.** HUW MORUS: *EC* ii. 214, Teg y tyfodd, buan ' gwywodd, / . . . / Trwy ymddwyn yn addfwyn gynneddfol dduwiol ddawn, / Mewn ffyniant didrachwant, ar *brifiant* llwyddiant llawn. **1701** E. WYNNE: *RBS* 94, [p]rofi tŵf a *phrifiant* dy Enaid. **1795** J. THOMAS: *AIC* 348–9, Onions . . . dâ y'w eu bôd, yn deneuon at eu *prifiant* gael iddynt lê i dyfu 'n gwmpasog.

(*b*) Prawf: *trial, test.*

16g. *GGH* 23, A gwell ydyw, ac o llidiant, / Ym mhob rhyfel, ym mhob *prifiant.* **1603** W. MIDLETON: *Ps* 40, Ni lithraf o chaf wych ion o *brifiant* / Gennyd brofi 'nghalon.

Cfn.: **ar (ei) brifiant (eu p., &c.):** *growing, developing.* **1924.** Ar lafar. **ar ei lawn b. (eu llawn b., &c.):** *fully grown, in full growth.* **1833.**

prifiedig[1] [bôn y f. fl.+-*iedig*] *a.bfl.* Wedi ei brofi, profedig: *proved, proven.*

1801 *MMf* 153, byw ar y bara . . . a llaeth geifr . . . ti a iachai yn ebrwyddach; a hynn sydd *brifiedig* yn wir.

Gw. hefyd **pryfiedig[1], prwfedig, pryfedig.**

prifiedig[2], prifedig [*prif+-(i)edig*] *a.* Prif, goruchel: *principal, supreme.*

1696 *GGTY* xxvii, Ni ddichon donniau mwyaf *prifiedig* yr yspryd (*The highest Gift of the Spirit*) ryddhau neb oddiwrth ddarostwng eu hunain i'r ordinhâad hon. **18g.** *Musica* 7, dyma 'r pum Cowair *prifedig*; neu Brinsipal.

prifi-sêl, gw. **prifai-sêl.**

priflais, prif lais [*prif+llais*] *eg.* ll. *prif leisiau, prifleisiau.* Alaw, prif ran leisiol; ?llais da: *melody, chief voice; ?fine voice.*

14g. *GIG* 81, Gŵr digabl, paun chwaen, chwannawg—i gerddlais, / Gŵr a gâr *priflais*, prelad baglawg.

prifle [*prif+lle[1]*] *eg.* ll. *prif leoedd, prifleoedd.* Canolfan, lle pwysicaf, prifddinas: *centre, chief place, capital (city).*

1604–7 *TW* (*Pen* 228), *prifle* 'n Ruvain d.g. *capitolium.*

priflyfr [*prif+llyfr[1]*] *eg.* ll. -*au.* Llyfr gweddi i'r lleygwr, llyfr plygain; llyfr a ddefnyddir i ddysgu plant i ddarllen, cynllyfr: *primer (prayer-book); primer (book for teaching children to read).*

1682 R. LLWYD: *LlH* 490, Y Mae'r awrhon *Briflyfr* Newydd wedi dyfod allan, yn cynwys Gwyddorion Ysprydol a Naturiol, gyd ag ysbysrwydd o'r amser, a Ffeiriau Cymru, fel yr oedd yn y llyfr Plygain gynt, iw dyscu i'r ieuaingc. **1688** T. JONES: *Alm* 45, amrŷw o fân Lyfrau . . . tan henw plygeiniau, neu *prif lyfrau.* **1723** J. JONES: *LlA* 230, nid yw'r Ysgolhaig hwnnw byth debyg i ddarllain yn dda, yr hwn sydd raid iddo fod yn ei Ramadeg, cyn myned o hono o'i *Briflyfr.* *c.* **1730** *Thos. Lloyd D* (LlGC) 196a, *priflyfr*, a Primer. *Diw.* **19g.** *SE MS* 389b, *priflyfr*, -*au*, sm. a primer, or small elementary book.

priflys, prif lys [*prif+llys[1]*] *eg.b.* ll. -*oedd.* Llys pennaf (brenin, tywysog, &c.), palas, hefyd yn *ffig.*; uchel lys (cyfiawnder), goruchel lys: *chief court (of king, prince, &c.), palace, also fig.; high court (of justice), supreme court.*

14g. *WM* 1. 1–5, Pwyll pendeuic dyuet . . . yd oed yn arberth *prif lys* (*RM* 1, *priflys*) idaw. *c.* **1400** *R* 1256. 1–2, Teir kynnedyf yssyd tirion lewenyd. ar*briflys* dauyd di veuyl ryuic. *c.* **1425** *TYP[2]* 211, Teir *Prif Lys* Arthur: Kaerllion ar Wysg yg Kymry, a Chelli Wic y Ghernyw, a Phenryn Rioned yn y Gogled. Teir Prif Ŵyl yn y Teir *Priflys.* **15g.** *FfBO* 50, Yn y dinas hwnnw y mae *priflys* a phalis yr Amherawdyr Kan (*sedem suam principalem, & suum magnum palatium*). **15g.** *GLGC* 257, *Priflys* Syr Rhisiart sy'n un siarter / â *phriflys* Arthur am win pur pêr. **1632** *D*, *priflys* d.g. *palatium, regia.* **1661** E. LEWIS: *Drex* 179, nid mawr golled yw, os dattodir y babell ddaiarol hon o'n cyrph, gan fod *priflys* brenhinol wedi ei ddarparu i ni. **1772** *W*, *prif-lys* cyfraith d.g. *court of law, the principal [royal] court of law.* *id.* *priflys* d.g. *palace, a chief palace.* **1803** *P*, *privlys*, s. m. pl. t. *odd*, a principal court, a supreme court.

priflythrennaf: priflythrennu [bf. o'r e. dil.] *ba.* Ysgrifennu neu argraffu (testun) mewn priflythrennau, ysgrifennu neu argraffu (llythyren gyntaf gair) fel priflythyren, cyflenwi priflythrennau (wrth ddiweddaru testun): *to capitalize (text or word), supply capital letters (when modernizing a text).*

1916.

priflythrennog [*priflythyren+-og*] *a.* Wedi ei ysgrifennu neu ei argraffu mewn priflythrennau: *written or printed in capitals.*

20g.

priflythyren [*prif+llythyren*] *eb.* ll. -*lyth(y)rennau.* Llythyren fawr o'r math a ddefnyddir ar ddechrau brawddeg, enw priod, byrfodd, &c., e.e. 'A,B,C', llythyren fras; llythyren fawr ar ddechrau enw priod, yn enw. enw person, llythyren gyntaf, llythyren flaen: *capital letter, upper case letter, majuscule; initial (letter).*

1701 E. WYNNE: *RBS* 26, yn wastad ger ein bron, fel y *Prif-/lyth'rennau* i olwg cibddall. *c.* **1730** *Thos. Lloyd D* (LlGC) 194b, *priflythyren*, a Capital letter. **1771** *W*, *prif-lythyren* d.g. *a capital letter.* Cf. T. H. PARRY-WILLIAMS: *OPG* 45–6, Mi gofiais fod E LL ac E . . . wedi torri *priflythrennau* eu henwau ar un o'r trawstiau.

Cfn.: **priflythyren fach:** *small capital.* **1925** J. MORRIS-JONES: *CD* [xix], Talfyrrir . . . teitlau llyfrau â *phriflythrennau bach.* **p. fawr:** (*large*) *capital.* **1925** J. MORRIS-JONES: *CD* [xix], Talfyrrir enwau awduriaid â *phriflythrennau mawr.*

prifnaws [*prif+naws*] *eg.* Un o bedwar prif hiwmor y corff (yn ôl ffisioleg yr Oesoedd Canol): *one of the four cardinal humours of the body (according to medieval physiology).*

1604–7 *TW* (*Pen* 228) d.g. *temperamentum.* *c.* **1700** D. MAURICE: *CGG* 18, I mae moesau'r meddwl yn canlyn tymmer y corph; sêf, pedwar *prifnaws* sŷdd yn y corph.

prifnod, prif nod [*prif+nod[1]*] *eg.b.* ll. -*au.*

(*a*) Digwyddiad o bwys hanesyddol a ddefnyddir fel cyfeirnod amseryddol (hefyd am ddigwyddiad o bwys ym mywyd person), oes, gorgyfnod, cyfnod, pwynt, cam: *noteworthy historical event used as a chronological point of reference (also of an important event in a person's life), epoch, era, period, point, stage.*

1701 E. WYNNE: *RBS* 64, rhanneu a *phrif-nodau* (*parts and periods*) meddwdod . . . Ystumiau Eppa . . . Hurtrwydd y synhwyreu . . . Cŵsc pensyfrdan. **1773** *W*, cyfnod (*prif-nod*) amser d.g. *epoch* . . . [*in Chronology, a solemn date or period of time, from whence the succeeding years are counted*]. **1774** G. HOWEL: *Alm* [7], Cof-restr gynnhwysol o amryw Damweiniau [*sic*], a *Phrifnodau* arbennig . . . yn ol cyfrifiad yr Historiawyr mwya gwarantedig. **1798** *WR*, *prif-nod*, amser d.g. *era.* **1803** *P*, *privnod*, s. m. pl. t. *au*, a prime point . . . an epoch.

(*b*) Prif ddiben neu fwriad, amcan pennaf: *chief end or purpose, main objective.*

1630 *YDd* 31, os wyt yn credu fod Duw yn brydferthwch ac yn wir berffeithrwydd, pa ham nad wyt yn ei wneuthur ef yn *brifnod* (*chiefe end*) vnig i'th holl hoffderau. **1771** J. THOMAS: *TA* 270, Y geiriau; Ynddo ef, yng Nghrist, yn yr Arglwydd, yr wyf yng Nghrist . . . Minnau a'i dewisais fel fy *mhrif-nod* hefyd.

(*c*) Marc (arbennig), arwydd, nodwedd: (*special*) *mark, sign, characteristic.*

1630 *YDd* 144, Nac anghofia, fel y mae'r Ysprydd glân yn rhoi ar lawr megis yn *brifnod* (*special note*) ar golledigion: ni alwant ar yr Arglwydd. *id.* 305, [b]od fyth yn *brifnôd* (*publike marke*) agored o grefydd, i ddangos rhagor rhwng Cristianogion, a Sectau eraill o gau grefydd. **1675** R. JONES: *HCh* 106, Profiad dy ffydd, a yw hi gywir a chadwedigawl; Ti a elli ei hadnabod hi drwy y ddau *Brif-nodau* hyn (*these two Characters*). **1680** J. THOMAS: *UN* 3, mae'r Ysprydd glân yn rhoi 'r *brifnôd* hon ar golledigion. *c.* **1730** *Thos. Lloyd D* (LlGC) 197a, *prifnod*, nota specialis.

(*d*) Nodyn (mewn llyfr, &c.): *note (in book, &c.).*

1606 E. JAMES: *Hom* ii. 32, Yr hyn leoedd fel yr ydwyf yn eich annog i'w darllen yn fynych . . . mi a dynnaf i'wch ryw *brif-nodau* byrrion er dangos beth y maent yn ei ddywedyd am ddelwau ac eulynod. *c.* **1730** *Thos. Lloyd D* (LlGC) 194b, *prifnodau*, brief notes.

(*e*) Enwogrwydd mawr: *great fame.*

c. **1400** *R* 1317. 22–3, Neut mael hael hynot. anud prud *prifnot.*

(*f*) *Math.* Rhif cysefin: *prime number.*
1780 *W, prif-/nodau* Rhifyddiaeth d.g. *prime numbers.* **1803** *P, prinvnod,* s. m. pl. t. *au,* a prime . . . number.

prifodl, prifawdl [*prif+odl, awdl*] *eb.* ll. *-au.* Odl ar ddiwedd llinell o farddoniaeth neu uned fydryddol: *end-rhyme.*
a. **1575** *GP* 120, Kroes ddisgynnedic a vydd pann vo y ssilldaf nessaf at y *brifodl* yn prostio a'r brif orffywyssva. *id.* 125, Prost i'r awdl . . . a vydd pann vo prif orffywyssva y gynghanedd a'r *brifawdl* yn prostio ynghyd. **1593** W. MIDLETON: *B* 3, Vnodli, yw bod sillafau or unrhyw yn kydateb yw gilydd: naill ae mewn perfedd braich, neu yn y *brifodl. id.* 4, ni ddichin yr vn gair fod ddwywaith ar y *brifodl* oni bydd fynychach, neu yn traethu ysmalhawch kariad. **17g.** *GP* 197, Gormod odlav yw pann fo yr vn fath odl ag o'r vn bwys yn y braich ag yn y *brifodl.* **18g.** *Gron* 115, Dylech mewn *prifodl* ei dilyn,—rhagoch, / Megis rhigol corddyn [englynion i Elis y Cowper]. **1803** *P* d.g. *privawdyl.*

prifodlog [*prifodl+-og*] *a.* Yn cynnwys y brifodl: *containing an end-rhyme.*
1839.

prifoesol [*prif oes+-ol*] *a.* Cyntefig, cynnar iawn: *primitive, very early.*
1850.

prifog [*prif+-og*] *eg.* ll. *-ion.* Gair gwreiddiol neu gysefin, gwreiddair; (yn y ll.) pobl bwysig, ?prif feirdd: *primitive or original word, root-word;* (*in pl.*) *important people, ?chief poets.*
18–19g. *Llr* C 4, 1, *prifog,* a primitive plur. *prifogion. id.* 27, *prifogion,* ye primitives of words. **18–19g.** *Llr* C 57, 438, Tri Gwynofydd Beirdd Ynys Prydain. Balchnoe ab Cynedur falch . . . a *phrifogion* oeddynt.

prifol [*prif+-ol*] *a.* a hefyd fel *eg.* ll. *-ion. Math.* (Rhif sydd) yn dynodi nifer (e.e. *un, dau, tri,* &c.) yn hytrach na threfn o fewn grŵp (e.e. *cyntaf, ail, trydydd,* &c.); yn dynodi nifer yr elfennau mewn set fathemategol: *cardinal* (*number*) (*in math.*); *cardinal* (*of elements in a mathematical set*).
20g.

prifrai, prifraid, gw. prifai[1].

prifsail, prif sail [*prif+sail*] *eb.* ll. *prif seiliau, prifseiliau.* Prif sylfaen, egwyddor: *principal or main foundation, principle.*
1710 *LlGG* (*Gos*) 12, [D]ysgu Ieuenctid . . . a hyfforddio Plant ym *Mhrif-seiliau* (*principles*) Gwîr Grefydd. **1716** E. SAMUEL: *GGG* 64, Ei Ryfeddol. Adgyfodiad Ef gwedi ei groeshoelio ai farw . . . megys *Prif-sail,* neu sylfaen gadarnaf eu crefydd (*the principal foundation of their faith*). *id.* 86, nid yw'r amryfusedd sydd rhwng Christ'nogion ynghylch rhyw bethau, yn rhwystro iddynt gyttuno yn eglur ynghylch *prif-seiliau* eu Hathrawiaeth. **1731** E. SAMUEL: *AE* 140, ar Dragwyddol *Brif-seiliau* Rheswm a Chrefydd, yr amddeffynnodd ein Jachawdr Anrhydedd y fann honno.

prifswm, prif swm [*prif+swm*] *eg.* ll. *prif symiau, prifsymiau.* Swm neu gorff o gyfalaf (o'i gyferbynnu â llog neu incwm), hawl: *principal* (*sum of money*).
1790 *CTGC* d.d., chwanegir y Cynllog a'r Adlog at y *Prif-swm.*
Amr.: **prisum. 1850. priswm. 1860.**

prifswyddogaeth [*prif swyddog+-aeth*] *eb.* Conswliaeth, prifweinidogaeth: *consulship, premiership, prime-ministership.*
c. **1730** *Thos. Lloyd D* (LlGC) 196a, *prifswyddogaeth,* consulatus.

prifwaith, prif waith [*prif+gwaith*[1]] *eg.* ll. *prif weithiau, prifweithiau.* Campwaith; gorchwyl pennaf, gwaith pwysicaf: *masterpiece; chief task, most important work.*
1711 H. POWEL: *TY* 242, *Prif-waith* Diafol oedd cwymp Addaf. *c.* **1730** *Thos. Lloyd D* (LlGC) 196a, *prifwaith,* a masterpiece. **1803** *P.* **1809** T. JONES: *CCA* 235, y deall yw cynneddf arweiniol yr enaid; ac felly y mae'n agor y ffordd at y *prif-waith,* sef addoliad tufewnol y galon.

prifweinidogaeth [*prif weinidog+-aeth*] *eb.* Swydd a safle prif weinidog: *premiership, prime-ministership.*
1858.

prifweinyddiaeth [*prif weinydd+-iaeth*] *eb.* Prifweinidogaeth: *premiership, prime-ministership.*
1836.

prifwig [*prif+gwig*[1]] *eb.* Coedwig, tir coediog anghysbell: *forest, backwoods.*
18g. *Gron* 117, Bro coedydd, gelltydd gwylltion,—pau *prifwig,* / Pob pryfed echryslon;—/ Hell fro eddyl llofruddion—/ Indiaid, eres haid, arw son!

prifwr [*prif+gŵr*] *eg.* ll. *-wyr.* Prif ymladdwr, pendefig, gŵr mawr, pennaeth, prif swyddog: *chief fighter, nobleman, great man, chief, chief officer.*
12–13g. *GLlLl* 43, Hil Ywein Prydein, praf wron, / Hil Rodri yn helw rodolyon, / Yn eryr *prifwyr,* priodoryon—clod, / Yn cludaw anoethyon. *id.* 172, Wytt priawd tir Prydein a'e chlas, / Wytt *prifwyr* eryr arddyrnuras. *id.* 197, Eryr araf *prifwyr* Prydein. *c.* **1300** *H* 22a. 8, eryr yn ryuyr *prifwyr* prydein (Einion ap Gwgon).

prifwyd, priwyd [*prif+gwŷd*] *eg.* Pechod pennaf neu farwol (fel arfer un o saith, sef balchder, cenfigen, llid, llesgedd, cybydddod, glythineb, a thrachwant, ond weithiau un o wyth wrth gynnwys digalondid): *cardinal or deadly sin.*
Diw. **13g.** *Pen* 45, 292b, vyth *priflwyt* pechawt. *c.* **1300** *H* 98a. 43, kyfyrdwyth kyfafyrdwyth prifwyth *prifwyd. c.* **1400** *R* 1145. 39–40, wyth *brifwyt* yssyd ys enbyt. orwyt gwyth gwaethaf syberwyt. *id.* 1161. 21, Seith *briwyt* pechawt yw pechodeu yr bobyl. mae yny bibyl euhenweu. *c.* **1400** *Ymborth* 1, Seith *brifwyt,* pechawt marwawl, yssyd . . . Balchder . . . Anghawrder . . . Kynghoruynt . . . Aniweirdeb . . . Glythineb . . . Irlloned . . . Llesged. *Dchr.* **15g.** *B* vii. 373–4, mi a ennwaf ytti y seith *briwyt* pechawt. Nyt amgen. balchder. llit. kynghoruynt. kebydyaeth. llesged. glythni. a godineb. **15g.** *DN* 16, Glaw diliw am saith *briwyd,* / Golchi y bu gylch y byd. **16g.** *Hop M* 186, torir gorchmynion ywn hynt, a gawson gynt oddiwchod / arfer saith *priwyd* bob cain, / heb gwnto r hain yn bechod. **1604–7** *TW* (*Pen* 228) d.g. *peccatum . . . peccata capitalia.* **1632** *D,* prif . . . Y saith *brifwyd,* septem peccata primaria. [**1783**] *W* d.g. *sin . . . the seven capital sins.* **1803** *P.*

prifwydd [*prif+gwŷdd*[1]] *eg.* ac *e.ll.* Prif bren (hefyd am Groes Crist), coed mawr: *principal tree* (*also of Christ's Cross*), *great trees.*
c. **1300** *H* 4b. 18–19, hi a hawt borthes lles llin y enhyt. Rac llwyth wyth bechawd priawd *prifwyt* (Gwalchmai). **1793** DAFYDD IONAWR: *CD* 40, Pren odiaeth gwybodaeth bur, / Pren yttyw pêr ei nattur: / A'i profo, penial *prifwydd,* / Nid marwol, anfarwol fydd. *id.* 108, Mae yng Nghana 'n loywlân lwys, / Bro-dir ail i Baradwys, / *Brif-wydd,* mi wn wrth brofiad / Aeron melysion y Wlâd. **1803** *P, privwydd,* s. pl. aggr. . . . primary trees.

prifwyl, prif ŵyl [*prif+gŵyl*[1]] *eb.* ll. (-)*wyliau.* Gŵyl arbennig, uchel ŵyl, dydd gŵyl (grefyddol); (yr) Eisteddfod Genedlaethol: *principal festival, high feast,* (*religious*) *holiday;* (*the*) *National Eisteddfod.*
c. **1425** *TYP*[2] 211, Teir Prif Lys Arthur . . . Teir *Prif Wyl* yn y Teir Priflys: Pasc a Nadolic a Sulgwyn. **1604–7** *TW* (*Pen* 228) d.g. *festum.* **1773** *W* d.g. *festival, a principal festival. id. prif-ŵyliau* d.g. *festival, solemn festivals.*

prifwynt [*prif+gwynt*] *eg.* ll. *-oedd, prifwyniau.* Un o'r pedwar gwynt pennaf, sef y deheuwynt, y dwyreinwynt, y gogleddwynt, a'r gorllewinwynt, gwynt mawr; y gwynt mwyaf cyffredin (mewn man penodol); hefyd yn *ffig.*: *one of the four cardinal or principal winds* (*north, south, east, and west*), *chief wind, great wind; prevailing wind; also fig.*
13g. *DB* 59, E guynt yu awyr kynyruedic a chyffroedic . . . yn deudec y dosperthir . . . A phetwar onadunt ysyd *prifwynhyeu,* a'r lleill yn eskyllwynnyeu. *ib.* Kentaf o'r petwar *prifwynt* yu septentrio, hwnnw yu y gogledwynt. **14g.** *GDG*[3] 194, Ni bu *brifwynt* planetsygn, / Na rhuthr blawdd rhwng deuglawdd dygn, / . . . / Nas cyfflybwn, gwn gyni, / Grefdaer don, i'th gryfder di. *c.* **1400** *YCM*[2] 52–3, [t]aryan drom gadarn, wedy yryskythru . . . ygkylch y bogel y pedwar *pryfwynt,* a'r deudec sygyn, a deudec mis y vlwydyn. **15g.** (*Diw.* **16g.**) *Gwyn* 3, 144, Dy hun y gwn dy henwi / Yn ŵyth ascell-wynt i ni. / Dy rif yn bedwar *prif-wynt* / a ninnau i'w gael yn vn gwynt [Meredudd ap Rhys i'r gwynt]. **15g.** *GDID* 96, Ef yw'r haul i'w fro ei hun; / Ef yw'r gwynt i Frogeuntun; / Ef yw'r rhod oddi ar ŵyr hen, / A *phrifwynt* y ffurfafen [i Hywel Amhadog o Fochnant]. **15g.** *DN* 17, Os rrif y pedwar *prifwynt* / A wnaeth y gwellt yn noyth gynt, / Gwnaed Pedroc vawrweirthioc ynn / Yrrv'r twod [*sic*] o'r Tywynn. **1547** *WS, prifwynt,* pryncypall wynde. **1604–7** *TW* (*Pen* 228) d.g. *ventus primarius.* **1794** *W,* y *prifwyntoedd* d.g. *wind, the cardinal winds.* **1803** *P.*

prifydd [*prif+-ydd*[3]] *eg.* ll. *-ion.* Planed sy'n cylchdroi'n uniongyrchol o gwmpas yr haul: *primary planet.*
1851.

prifyddiaeth [*prif+-ydd*[3]*+-iaeth*] *eb.* Blaenoriaeth: *priority.*
20g.

prifyddol [*prif+-ydd*[3]*+-ol*] *a.* a hefyd gyda grym enwol. *Drg.* Yn perthyn i'r cyfnod daearegol cynharaf: *primary* (*in geol.*).
1850.

prifysgol, prif ysgol [*prif+ysgol*[1]] *eb.* ll. *-ion.* Sefydliad addysg uwch sydd ag awdurdod i roddi graddau ac sydd fel arfer yn darparu cyrsiau gradd i fyfyrwyr ac yn cynnal ymchwil mewn nifer o ddisgyblaethau; yr adeiladau, y staff, y myfyrwyr, &c., sy'n ffurfio sefydliad o'r fath; coleg, athrofa, academi, addysgfa; ysgol (gynradd); hefyd yn *ffig.*: *university; college, academy, seminary;* (*primary*) *school; also fig.*
1604–7 *TW* (*Pen* 228) d.g. *academia, musæum.* **1607** *Rhyddiaith Gymraeg* i. 141, [ll]awer o scolheicion y *prifyscolion* Rydychen a Chaer Grawnt. **1655** WL: *DP* 68, Teilyngu o honot fendithio pôb Mam-Ysgol, a hadleuoedd [*sic*] addysg a duwiolder; yn enwedig y ddwy *Brif-Ysgol* o'r deirnas hon. **1696** *CDD* 68, Hôll ddŷsc y *brîf yscol,* a rhinwedd rhagorol. / Nid ennill lê buddiol, worsibiol i Sant. **1710** *LlGG* (*Gos*) 8, Na urdded Esgob yn y byd o hyn allan neb o Esgobaeth arall, o'ni bydd . . . o un o *Brif-Ysgolion* y Deyrnas. **1725** *SR* d.g. *an Academy, or University. c.* **1730** *Taith C* 75, Coledg [:– *Prif-Ysgol*] y Physygwyr. **1740** T. EVANS: *DPO* 257, yr Ysgolheigon mawr eu Donniau o'r *Brif-ysgol* Caer-lleon-ar Wysc, Lle mor hynod agos y pryd hwnnw ag yw Rhyd-ychen ynawr. **1753** *TR* xx, Joan Dafydd Rhŷs, yr hwn a fuasai fyw yn hir yn yr Ital, ac a gymmerasai y Grâdd o Ddoctor mewn Meddyginiaeth yn un o *Brif-Ysgolion* y Wlâd honno. *c.* **1762–79** W. WILLIAMS: *P* 579, [t]aliad addas i ryw ysgolhaig tlawd yn un o'r ddwy *brif-ysgol* Cambridge neu Rydychen. **1778** J. THOMAS: *HB* 63, gosododd Mr. William Evans *brif ysgol* i fynu yng Nghaerfyrddin. **1803** *P.*

prifysgoldy [*prifysgol+tŷ*] *eg.* ll. *-dai.* Prifysgol: *university.*
1778 M. WILLIAMS: *BM* 12, Universities, sef *Prif-ysgol-dai.*

prifféb [bnth. S. *prefab*] *eg.* (bach. *-yn*) ll. *-s,* a hefyd gyda grym ansoddeiriol. Adeilad wedi ei wneud o ddarnau parod (yn enw. am y tai cyngor unllawr o'r fath a godwyd yn ystod yr Ail Ryfel Byd a'r cyfnod yn union wedyn): *prefab.*
20g. Ar lafar, 'byw mewn tai *prifféb*'.

priffordd, prif ffordd [*prif+ffordd*] *eb.?g.* ll. *priffyrdd, prif ffyrdd.*

(*a*) Ffordd gyhoeddus, yn enw. ffordd fawr sy'n cysylltu trefi, ffordd, stryd, llwybr: *highway,* (*main*) *road, street, path.*
13g. *WM* td. 94b. 10–12, medylyus elen gwneithur *priffyrd* (*id.* 188. 1, *prif fyrd*) o pob caer idi hyt y gilid ar draus enys brydein. **14g.** *id.* 13. 15–20, gwreic ar uarch . . . yn dyuot ar hyt y *prifford* a gerdei heb law yr orssed. *id.* 170. 24–5, A thalym or *priffordd* a gerdawd hyny gyfaruu ochelfford ac ef. *id.* 431. 29–30, [c]anlyn yr oleu a dyuot y *brifford* uawr. **14g.** *GDG*[3] 78, Tadmaeth wyd, proffwyd *priffyrdd,* / Teml daearlwyth, garddlwyth gwyrdd [i'r haf]. **15g.** *BB* 48, peris ef gwneithur *prif fyrd* kyureithaul o veyn a chalch drwy yr ynys. **15–16g.** *TA* 178, Y llu o'i hol, gar llaw hon, / A wnâi *briffyrdd* yn breiffion; / Ffordd yn gyfled a phedair, / Mal ffordd a fai'n emyl ffair. **1547** *WS, prif ffordd,* hyghe way. **16g.** *THSC* (1923–4) (At.) 48, ymagores y mor yn ddav hanner, ac y safodd y dwr yn llonydd o bob ty iddaw yn ddav vynydd, ac yn *briffordd* ryngtynt. **1551** W. SALESBURY: *KLl* liiib, Does allan ir *prif-fyrdd* ar caeu [*sic*]. **1632** *D* d.g. *veha.* **1699** T. JONES: *TP* 163, y ffordd newŷdd, yr hon oedd yn arwain ir *brif ffordd* . . . ac a'u dygodd hwŷnt oddiwrth y Ddinas. **1803** *P.*

(*b*) (enghrau. *ffig.*: *fig. exx.*).
14g. *GIG* 94, *Priffordd* a gwelygordd gwawd, / Profestydd pob prif ystawd, / Prifeistr cywydd Ofydd oedd [marwnad Llywelyn Goch ap Meurig Hen]. **15g.** *GGl*[2] 18, Arglwydd-Rys, eryr gwleddrym, /

Abad wyd a bywyd ym. / A *phriffordd* cerdd a'i phroffwyd, / A philer aur teml Fflur wyd. *a.* **1564** *GST* i. 148, *Priffordd* tir, praff irwydd tau, / Paun dwys, na wypon' d'eisiau. **1567** G. Robert: *GC* 69–70, Beth yw phugr? . . . [Ll]wybr ne fath ar ddoedyd ag scrifennu wedi dieithro . . . oddi[w]rth y phordd gyphredin . . . Pamser y dieithrir yn gylfyddus o ddiar y *briphordd* . . . i ochel drygsain, i achub pennill. **1604** R. Holland: *BD* 2a, y *briphordd* sathredig i'ch dwyn chwi i'r gwybodaeth hyn, yw darllen o honoch air duw yn ddyfal. **1718** E. Samuel: *HDdD* 111, yn sefyll ar ei ffordd, ym*mhriffordd* pob profedigaethau. **1721** J. P. Prys: *DC* 2, Drwy Grist a Croeshoeliwyd yn *priffordd* ben prophwyd / Mann ydyw Eneiniwyd i ninne. **1759** *DG* 141, Pob Merch a Morwyn dda ei chymeriad / Sydd ogoneddus ar gynyddiad, / Yn rhodio'r *brif-ffordd* hyffordd hoffa / Mewn cywir dycciant caredicca. **1763** *DT* 149, Ei ffau yw Cyffiniau'r ffordd, / I Lwybr Uffern loyw *brif-ffordd.*

Cfn.: **priffordd (y) brenin:** (*the*) *king's highway, also fig.* **14g.** *WML* 55, Messur *prifford brenhin.* deudec troetued. **1604–7** *TW* (*Pen* 228), *prifphordd y brenhin* d.g. *via . . . publica.* **1699** T. Jones: *TP* 66, yr wŷfi yn teithio ar *brif ffordd y Brenin*, sef yn y ffordd o sancteiddrwŷdd.

prifforddaidd [*priffordd*+-*aidd*] *a.* Tebyg i briffordd, yn *ffig.*: *resembling a highway, fig.*
15g. *GHC* 28, *Prifforddaidd* y'i praff urddwyd / I roi i bawb aur a bwyd. **15–16g.** *TA* 146, Prins byw, aparawns bywyd, / Penrhyn, beirdd, penrhan y byd; / Prifio'r wyd, pa ŵr fwy'i wraidd? / Praffáu, urddol *prifforddaidd* [i Wiliam Gruffudd y Siambrlen]. **15–16g.** *GRB* 53, Pŵer ei blwy'n peri blas, / *prifforddaidd,* praff ei urddas.

priffwn, priffwnt, gw. **pryffwnt.**

prìg [bnth. S. *prig*] *eg.* (bach. *prigyn*). Coegyn, dyn cysetlyd: *prig.*
1935.

prigiaf, prigaf: prig(i)o [bnth. S. (*to*) *prig* 'to steal'] *ba.* Pigo, casglu; dwyn: *to pick, gather; steal.*
1832. Cf. D. Owen: *RL* 411, roedd gen i rai punnoedd, a mi fyddwn . . . yn 'u cario nhw ymhoced frest fy ngwasgod y dydd, rhag ofn i rwfun 'u *prigio* nhw. *id.* 417, ydi'r dyn sy'n *prigio* pregeth ddim gwell na'r dyn sy'n *prigio* sofren.

prigyn, gw. **prìg.**

pring, pringaeth, pringder, pringedig, gw. **prin¹, priniaeth, prinder, prinedig.**

pringhaf: pringhau, pringiaeth, gw. **prinhaf: prinhau, priniaeth.**

prilím [bnth. S. *prelim*(*inary*)] *eg.* ll. -*s.* Rhagbrawf: *preliminary* (*competition*).
20g. Ar lafar.

prill [?cf. S. *prill* 'small stream, rill'] *eg.* ll.-*ion*, -*iau.* Afonig, nant fechan: *rivulet, small brook.*
1848.

prim, gw. **preim.**

primaidd [cfdds. o'r S. *prim*(*ary*)+-*aidd*] *a.* Cynradd, sylfaenol, gwreiddiol, elfennol, cyntaf yn nhrefn amser neu ddatblygiad: *primary.*
20g.

primar, gw. **preimer¹.**

primas [bnth. dysg. Llad. C. *prīmās* 'pennaeth, pendefig, gŵr mawr'] *eg.* *Egl.* Prif brelad talaith neu wlad; pendefig, pennaeth; hefyd yn *ffig.*: *primate* (*eccl.*); *nobleman, chief; also fig.*
14g. *Bren Saes* 114, wynt a doethant y warchadw ford, ford y deuwei *primas* o Flandrys, William Braban oed y henw, a'y lad a orugant ydaw. **14g.** *GDG*³ 56, Pwy a gân ar ei lân lyfr, / Prydydd Goleuddydd liwddyfr? / Parod o'i ben awengerdd, / *Primas* ac urddas y gerdd [marwnad Gruffudd Gryg]. *id.* 81, Prydydd cerdd Ofydd ddifai, / *Primas* mwyn prif urddas Mai [i'r ceiliog bronfraith]. **14g.** *GIG* 78, Ieuan, apostol glân glwys, / Periglor, pôr yr eglwys; / . . . / *Primas* wyd yn lle Asa, / Pennaeth o dadwysaeth da. **15g.** *BB* 200, ny pherthyn arnam ni na phregethu ydunt nac vfydhau y neb; onyt y archesgob caer llion. canys hwnnw yssyd *primas* dros ynys brydein. **1547** *WS, primas,* a prymate. **1604–7** *TW* (*Pen* 228) d.g. *primas.* *c.* **1730** *Thos. Lloyd D* (LlGC) 195b.

primat, primer¹,², primin, gw. **preimat, preimer¹,², preimin.**

primitif [bnth. S. *primitive*] *a.* Cyntefig, cynnar; cysefin, primaidd, gwreiddiol, sylfaenol; plaen, syml: *primitive, early; primary, original, fundamental; plain, simple.*
1567 *LlGG* 140a, Y Brodyr yn yr Eceles [*sic*] *primitif* [:- gyntaf, gynt].

primordaidd, primordiaidd [cfdds. o'r S. *primord*(*ial*)+-(*i*)*aidd*] *a.* Yn bodoli ar y dechrau, cynoesol, cyntefig, *Biol.* yn ymwneud â chyfnod neu stad gynnar o ddatblygiad; *Drg.* Cambraidd: *primordial* (*also in biol.*), *primeval, primitive; Cambrian* (*in geol.*).
1899.

primpan, gw. **ffrimpan** (At.).

primrosys, primrhosys [bnth. S. *primroses*] *e.ll.* (un. *primrhosyn*). Briallu: *primroses.*
1617 *Minsheu* 382b, *primrhossyn* d.g. *primrose.* **1769** E. Roberts: *GN* 48, Narssasus ffudd *Brim Roses* sudd, / Ar newudd ffordd y ne.

primurddol, gw. **preimurddol.**

prin¹, pring (*prin*≡*prin*) [am yr amr. -*in*, -*ing*, cf. *Lladin, Llading*; ansicr yw'r engh. gyntaf yn adran 1 (*b*)] *a.* ll. -*ion*, hefyd gyda grym enwol ?ac arddodiadol, ac fel *adf.*

1. (*a*) Anarferol, anghyffredin; odid, anaml, heb fod yn lluosog neu'n helaeth, cynnil, cyfyng, annigonol, diffygiol, byr (yn enw. am fesur, &c.): *rare, uncommon; scarce, sparse, frugal, scanty, limited, inadequate, lacking, deficient, short* (*esp. of measure, &c.*).
14g. *DGG*² 120, Llygedyn gwydryn gwiwdraws, / Llestair serch, llin llestr y saws, / Aberth a ffyrlingwerth ffair; / O *brin* ddysgl wybren ddisglair [Madog Benfras am ddrych]. **15g.** *GGl*² 95, Gweled Syr Bened, pe bai / Yn iach, a'm llawenychai. / . . . / Er pan aeth, gwaeth ydyw'r gwŷr, / A *phrinnach* offerenwyr. **15g.** (*Diw.* **16g.**) *ID* 45, y may par ym ü barwyd / *pring* vydd er vn par ym vwyd [i ofyn chwech o ychen]. **15g.** *HCLl* 112, Mab bron Mair ymhob *prin* mau / Iarll oedd iwch yr holl ddechrau. **1547** *WS, prin,* scant, scarse. **16g.** *WLl* 130, Ffol yw r oes arr ffael a red / Ffei or einioes i *ffrined* / Nid oes ym lle nodais wr / Na choel adail na chlydwr. **1588** *Dan* v. 27, ti a bwyswyd yn y cloriannau, ac i'th gaed yn *brinn.* **1588** *Mic* vi. 10, Y mae etto dryssorau anwiredd o fewn tŷ y gŵr anwir, a'r Epha *brin,* peth ffiaidd. **1592** S. D. Rhys: *Inst* [xvii], 'i amlháu [llyfr] lle y mae yn rhy *brin.* **16–17g.** *HG* 59, er i bod hin vlwyddyn dost, yn vawr y kost ar dlodion / a phob ffrwyth ny mysg yn *bring,* ag yn gyving ddigon. **1632** *D, prin,* parcus, rarus. **1676** W. Jones: *GB* 42, dy gam-bwysau, a'th fesurau *prin.* **17–18g.** *Llst* 133, 59a, *Prin* yw ystod pren wstyn / *Prinach* fydd diwedydd dyn. **18–19g.** *IMCY* 225, Nid *prin* y coed pereni. **1800** W. Owen[-Pughe]: *CP* 9, Mynai rai y dylid ei ddodi mor *brin* â 30 neu 40 mesur ar bob erw. **1803** *P.* Ar lafar yn y Gogledd, "Dwi' n *brin* iawn o bres y dyddie yma', ac yng Nghered. a'r De yn y ff. *pring,* "Fuon ni ddim yn *bring* o fwyd amser y dirwasgiad'.

(*b*) Crintachlyd, cynnil; anghenus, rheidus, tlawd; main, llwm, gwasgedig (am amgylchiadau): *niggardly, mean; needy, indigent, poor; impoverished, straitened* (*of circumstances*).
c. **1400** *R* 1278. 37–9, Gwr ae roes gwydyat voes vawaf goruynyd geir vanon *pringhaf. id.* 1364. 24–7, Gwedy mot nossweithgwell mynet ymeith. yny llys diffeith ger llaw ystwffyl. Gwac oedwn drannoeth. yngadaw r kyuoeth. gwed bran ysgeirnoeth. *brinn* ysgornach. **15g.** *GHC* 19, Parch a gair, och! cellweiriaw, / Prynu llyn, nid *prin* y llaw. **15g.** *HCLl* 59, Ni ddêl prinder i werin / Siôn fab Rhys oni fo *prin.* **15–16g.** *TA* 232, I chlod, ferch, a haeled fu, / Llaw *brin* ni allai i brynu. *c.* **1585** G. Robert: *DC* 16b, Yr oedd brenhin . . . cyn *brinned* arno, ag iddo ymroi i'r gelynion . . . er cael vn ddiod o ddwfr i dorri i syched. **1588** *Nu* xxxv. 8, oddi ar yr aml ei ddinasoedd y rhoddwch yn aml, ac oddi ar y *prin* y rhoddwch yn *brin.* **1677** R. Jones: *BB* 202, elusen *prin* a grwgnachus. **1716** T. Evans: *DPO* 300, [c]eryddodd yr Esgob o herwydd ei fod . . . yn rhy hael a llaw-egor i'r Gweiniaid, ac a'i cynghorodd fod yn *bringach* yn ei roddion a'i Elusennau. **1765** *W Ballads* 83, [5], Ac yn byw weithie ar y *prinna,* / I gael cadw Liws a Martha. Cf. D. Owen: *GT* 180, Os wyt ti yn galw dyn heb ddim arian yn *brin,* yr ydw inau yn *brin.* Ar lafar yn ardal Llanelli 'defnyddir *pring* am rywun na wna ddim pwt o waith dros ben yr hyn a ofynnir iddo', *B* xii. 24.

2. (*a*) O'r braidd, fawr (ddim), nemor, odid, (dim ond) gydag anhawster, bron dim (un), nid yn hollol; annhebygol; nid cynt; ?dim ond newydd (o flaen be.): *hardly* (*at all*), *barely, scarcely,* (*only*) *with difficulty, hardly* (*any*), *not really; unlikely; no sooner, only just;* ?(*having*) *only just.*
1567 *TN* [xxix], a' thrachwant y byt wedi dwyn i lleferydd [peryglorion], ac attal eu llais . . . ac yn *bring* cael vn darlleydd gair Duw. **1588** *Gen* xxvii. 30, A phan ddarfu i Isaac fendithio Iacob, ac i Iacob yn *brinn* fyned allan o ŵydd Isaac ei dâd, yna Esau ei frawd a ddaeth oi hela. **1588** *Act* xxvii. 7–8, wedi i ni hwylio yn anniben lawer o ddyddiau, a dyfod yn *brin* ar gyfer Gnidus . . . Ac wedi i ni *brin* fyned heibio iddo. **16–17g.** E. Prys: *Gw* 318, *Prin* deucant mlynedd meddwn, / Piner gwaed er pan yw'r gwn. **1615** R. Smyth: *GB* 65, rhai cyn glymed ag a [*sic*] medront yn *brin* gerdded sy 'n cwympo. **1672** R. Prichard: *Gw* 162, Fe gai Isaac wrth fyfyried / Lafyr gan Dduw ar ei ganfed. / Pan bae eraill heb weddio, / *Prin* [:- Braidd] yn cael y chweched gantho. **1677** R. Jones: *BB* 143, Mi a dybygwn mai *prin* digon mynych (*scarce too oft*) y gallaf adrodd yr ymadrodd rhagorol hwnnw o'r eiddo Seneca. **1753** *Gron* 58, Cyfaill neu ddau a'm cofiant, / *Prin* ddau, lle'r oedd gynnau gant. **1777** W. Williams: *DN* 52, Mae rhai bechgyn wedi neidio o'r ysgol . . . i 'stat briodasol: ac ambell un *prin* gado ei ŵn a'i bais yn dechreu margenna am ryw lodesen.

(*b*) (enghrau. mewn cyd-destun neg.: *exx. in a neg. context*).
c. **1585** G. Robert: *DC* 28b, Pan ollynged ef yn rhydd, ny allei yn *brin* sefyll ar ei draed. **1740** *ML* i. 44, Nid oes ymma geffyl a eill *prin* garrio Gwenhidyw chwaethach llwyth Cartwen o swyddog. **1741** *id.* 62, pump o blantos na fedr yr un o naddynt *prin* wisgo am dano. **1758** *id.* ii. 98, mi'ch clywaf chwi yn hebu nad oes gennych chwi mo'r amser *prin* i'w darllain. **1760** Wll: *SAC* 56, gan nad yw'n Jachawdwr, *prin* ûn amser, yn sôn am ei farwolaeth. **1761** *ML* ii. 291, Llencyn 4 neu 5 ar hugain oed, yr hwn sydd beunoeth yn boddi llawnder o ddysg a dawn . . . Ond y bol a bil y cefn, ni fedd *prin* a'i cuddia. **1792** H. Harris: *H* 30, fel na's gallwn *prin* sefyll ar fy nhraed. Ar lafar, "Soch chi'n cofio am y teulu 'na *prin*'. Cf. D. Owen: *RL* 266, aeth Wil ymaith heb i mi *prin* gael rhoi fy mhig i fewn.

(*c*) (enghrau. ynghyd ag *ond*¹ neu *namyn*: *exx. in conjunction with* '*ond*¹' *or* '*namyn*').
1574 (1604) *Rhyddiaith Gymraeg* ii. 201, llyfyr . . . oedd erchyll edrych arno, ag allan o bob maint, a chyn drymed na ellid ond yn *bring* y gario. **1595** H. Lewys: *PA* 210, Pan ddamweinio i blentyn, 'rhwn ni ddichon ond 'n *brin* gerdded, daro i droed wrth garreg. **1595** M. Kyffin: *DFf* [127], nid oes er hynny namyn *prin* pedair blynedd ar ddeg. **16–17g.** *CRC* 435, kynn flined fi ar ki / heb allel ond *prin* kodi. **1615** R. Smyth: *GB* 119, opheiriaid . . . mor anyscedig . . . megis na fedrant darllen i opheren ond yn *brin.* **1632** J. Davies: *LlR* 375, er na bo ond dau ddiwrnod yn gorwedd yn y bedd, ni all vn o'r rhai oedd yn ei hoffi yn gymmaint o'r blaen, ond *prin* edrych arno. **1661** E. Lewis: *Drex* 16, bydded i angeû ond *prin* cyffwrdd a ni, a Tragwyddoldeb [*sic*] a'n llynca ni yn ddioedy [*sic*]. **1717** Iaco ab Dewi: *MN* 118, Nid oes ond *prin* Bechod ag y mae Dŷn yn bechu, nad oes gan ei Gorph ef Ran ynddo. **1740** T. Evans: *DPO* 77, pan nad oedd yn y wlad, ond *prin* wr wedi ei adael, i daro Ergyd yn eu herbyn! **1751** *GIA* iii, ond nad allwn ni wneuthur dim daioni arnoch chwi, na chaffael ond *prin* sobr wrandawiad. **1759** J. Evans: *PF* 10, nad oedd ond *prin* bosiblrwydd i'r cyffredin Bobl wybod.

(*d*) (enghrau. o flaen cym. bfl., &c.: *exx. preceding a vbl. clause, &c.*).
15–16g. *GLM* 25, Pren acw oedd, *prin* y'i cai. / Pe ag arf, pwy a'i gwyrai? **16g.** *WLl* 95, Prenn per nid *prinn* i para / O ffrith dec a ddwc ffrwyth da. **1567** *TN* 357a, Ac os *pring* ir iacheir y cyfion, yr enwir ar pechadur ple ir ymddengis. **1588** *Ecclus* xxi. 23, Y ffôl yn chwerthin a gyfyd ei lêf, eithr *prin* y chwardd gŵr call yn ddistaw. **1675** R. Jones: *HCh* 49, *prin* y mae moddion gwell i helaethu 'r Efengyl. **1703** E. Wynne: *BC* 15, *prin* y gallei ymlwybran o glun i glun. *id.* 123, *Prin* y traethasei Lucifer y farn ar y rhain . . . dyma Uffern eilwaith yn dechreu dadseinio 'n aruthrol. [**1724**] G. Wynn: *YGD* 16, *prin* y ceid gwybod fod Emerodr wedi ei ddewis yno, cyn y byddai wedi ei fwrdro. **1740** T. Evans: *DPO* 80, *prin* oedd y Rhufeiniaid wedi dychwelyd adref i'r Ital, ond wele y Brithwyr . . . yn tirio drachefn o'i Coryglau. **1740** *ML* i. 46, *prin* y gwybuant erioed eisiau eu mam gan eu bod dan asgell yr hen nain. **1763** *id.* ii. 599, *prin* y medraf gymmaint a roddi [*sic*] pin ar bapur gan fethiantwch. **1771** *PDPh* 85, y mae unwaith yn gwasanaethu, ond *prin* y mae dwy waith byth yn methu. **1790** T. Jones: *TOS* 2, *prin* y crêd dynion yn awr, fod y fath ddedwyddwch, ac a fu iddynt gynt. *id.* 146, *prin* y canfyddir grâs yn symmud nac y

clywir ei lais, gan fwstwr y llygredigaeth hon. **1800** W. OWEN[-PUGHE]: *CP* 6, Lle bynag y byddo mawndir du *prin* y gellwch osod gormod o galch arno. *id.* 76, *Prin* y rhaid imi sôn am lês yr anifeiliaid hyn [moch], gan fod ansawdd dda ein mochgig (bacon) yn dangos y gwyddoch hyny yn burion. Ar lafar yn y Gogledd, '*Prin* y gwneiff o brynu tocyn'; 'Go *brin* y bydd o yma cyn naw'.

Cfn.: **prin na:** *almost, nearly, wellnigh.* **1588** *Salm* lxxiii. 2, braidd na lithrodd fy nhraed, *prinn na* thrippiodd fyng-herddediad. **1740** T. EVANS: *DPO* 188, y bu hi gyfyng ar y Rhufeiniaid o eisiau Dwfr, a *phrin na* threngasont o syched.

prin² (*prîn*) [gair geir.; ?cf. WILIAM LLŶN: *Gw* (R. Stephens) (At.), primpan, padell] *e?g. Swol.* Brenigen, llygad maharen, *Patella*: *limpet.*
17g. *LlGC* 13215, 376, *prîn*, patella. **1707** *AB* 219d, *prîn*, patella [S]. A limpet. **1753** *TR*, *prîn*, patella, H. S. a shell-fish called a limpet. **1776** *W* d.g. *limpet.*

principal¹,², gw. **prinsipal, prinsipl.**

prinder, pringder [*prin¹*, *pring*+*-der*] *eg.* ll. *-au.* Y cyflwr o fod yn brin, anamlder, diffyg (yn enw. angenrheidiau bywyd), eisiau, angen, tlodi, newyn; cynildeb, crintachrwydd; cyfyngder, perygl: *scarcity, rareness, shortage, deficiency, lack* (*esp. of the necessities of life*), *dearth, want, need, poverty, famine*; *sparingness, niggardliness*; *difficult position, danger.*
c. **1400** *R* 1280. 11, Om gallu am gollwg vy ner. kynn ymdynn yn amdo *prinder.* **15g.** *HCLl* 59, Ni ddêl *prinder* i werin / Siôn fab Rhys oni fo prin. **1547** *WS*, *prinder*, scarnesse [*sic*]. **1567** *TN* 122a, wy oll o ei gormoddder y bwriesont ymplith y'r offrymae Duw: a' hon oi *phrinder* [:– heisie, diddimder, angenoctit] a vwriawdd y mywn yr oll vywyt oedd y-ddei. **1588** *Barn* xviii. 10, lle'r hwn nid oes ynddo *brinder* o ddim oll a'r y sydd yn y bŷd. **1588** *Salm* xxxvii. 16, Gwell yw *prinder* y cyfiawn, na mawr olud yr annuwolion cedyrn. **1588** *Esec* xii. cs., newyn a *phrinder* mawr. **1595** *Egl Ph* 1–2, Troell ymadrodd . . . yw bath ar addurneg cynefin . . . *Prinder* geiriau o'r dechreuad ydoedd achos o'r rhyw honn. **1604–7** *TW* (*Pen* 228) d.g. *egestas, parcitas.* **1615** R. SMYTH: *GB* 152, ef a gwympodd y cyfryw *brinder* ag eisie fal nad oedd genthynt ddim ymborth ordeniawl cyphredin. **1632** *D*, *prinder*, penuria. **17g.** *DCR* 239, fe ddaw *pringder* yr fel ynys / ond ny thrig e ddim ond whemis. **1711** TP: *CG* 48–9, dyweded y Planedyddion . . . pa ham na buasau [*sic*] Daniel g[a]n arfer y cyfryw gelfyddyd, os harferodd hi erioed pan daeth i fywyd ef . . . i fod mewn *prinder*, eisiau gwybod breuddwyd y Brenin. *c.* **1729** S. RHYDDERCH: *LlCD* 66, Clywch ddangos rhagorieth, rhwng *prinder* a chyweth, / A'n heulun addolieth, gelynnieth nid glân, / Mae 'r Byd anwybodol, yn treiglo 'n rhyfeddol, / A phawb yn naturiol at arian. **1803** *P.* Ar lafar, 'Mae 'na *brinder* athrawon sy'n gallu dysgu drwy gyfrwng y Gymraeg'; hefyd yn y ff. *pringder* yn sir Benf. a'r De, *GDD* 235.

prindod, prindotaf: prindota, gw. **pererindod, pererindotaf: pererindota.**

prindra [*prin¹*+*-dra*] *eg.* Prinder, anamlder: *scarcity.*
1803 *P.*

***prinedig, pringedig** [*prin¹*, *pring*+*-edig*] *a.* Prin, wedi mynd yn brin: (*become*) *scarce.*
16–17g. *HG* 115, kredy r kyviawna, trwy ffydd y llawena / nes myned y bara, n *bringedig* [am borthi'r pum mil].

prineiriog [*prin¹*+*geiriog*] *a.* Prin neu gryno ei eiriau, cynnil, cryno: *sparing* (*with words*), *succint, concise.*
1839.

prinfyd [*prin¹*+*byd¹*] *eg.* Bywyd o dlodi, caledi, adfyd: *life of poverty, hardship, adversity.*
1589–93 *Rhyddiaith Gymraeg* ii. 138, taly am i byssogwrieth cyn ddrytted fel i gorfydd iddo fyw mewn *prinfyd* holl ddyddie o'i fowyd. **16–17g.** *GST* i. 234, Dwyn marchog calonnog, glân, / Dawns ryfedd, dwyn Syr Ifan. / Ym *mhrinfyd* mae ar henfardd / Eisiau Nudd Hael, Sandde Hardd. **1801** *TY* 370, Yn rhodd, Naf hyfodd hefyd,—o'i fwynwaith / Anfonodd helaethfyd: / Llawnder wedi culni c' ŷd [*sic*], / Pêr iawn-fael ar ol *prin-fyd.*

prinhad [bôn y f. ddil.+*-had*] *eg.* Lleihad, cyfyngiad, prinder: *a diminishing, restriction, scarcity.*
1632 *D* d.g. *attenuatio, minutio.* *c.* **1730** *Thos. Lloyd D* (LlGC) 195b, *prinhaad*, rarefactio, minutio. **1803** *P* d.g. *prinâad.*

prinhaf, pringhaf: prin(g)hau [bf. o'r a. *prin¹*, *pring*] *bg.a.* Mynd neu wneud yn brin, yn anaml, neu'n dlawd, lleihau, cwtogi, cyfyngu, hefyd yn *ffig.* ?bychanu, dibrisio: *to become or make scarce or poor, lessen, diminish, curtail, restrict, also fig.* ?*belittle, disparage.*
14g. *DGG²* 143, Clau wyd, eurwalch, clod Urien, / Call o iawn had Collwyn hen; / O hwn dwg hy enw digoll / Heb *brinhau* ei arfau oll (Gruffudd Gryg). **15–16g.** *TA* 103, Rhan Nudd, yr hyn a wyddir, / Ni *phrinhâi*, na pharhau 'n hir; / Dy ran di'n y dwrn deau / Ni phery'n hir na *phrinhau.* **16g.** *THSC* (1923–4) (At.) 46, [p]ann *bringhaodd* yr yd gida jacob, y gorvy arno ddanvon beniamyn y gyrchv mwy or yd. **16g.** *WLl* 165, Y pump difeth o bethau / Ai para n hir heb *prinhau* / Yr heulwen ar mor heli / A thir a dwr ath air di. *a.* **1587** *Y* 17, Bv, waith dichell, beth dychan. / Haeryd fy mod, siglglod sâl, / Wych naid, fel merch anwadal, / A *phrinhav*, ni phery'n hedd, / Iaith genynf, bennaeth Gwynedd. **1588** *Nu* xxvi. 54, I'r aml ei dylwyth chwanega ei etifeddiaeth, ac i'r anaml *prinhâ* ei etifeddiaeth. **1588** *Jud* xi. 11, O blegit iw llyniaeth hwynt ddarfod, ac iw dwfr hwynt *brinhau.* **1592** S. D. RHYS: *Inst* [xvii], ewyllyssu o honof' (er im *brinhâu* o m' gallu) 'ossod perpheithrwydd . . . eych Hiaith chwi a' 'ch petheu i 'olwc holl Eurôpa. **16–17g.** (**17g.**) *CC* 41, tybio ond mudo ir môr / i trowswn wrth bob tryssor / . . . / prynnais long *prinheis* y wlad / am arrian ir cymeriad (Thomas Prys). **1630** R. LLWYD: *LlH* 72, *Prinhewch* ar fwyd a diod, ac fe oera serchowgrwydd. **1632** *D*, *prinhâu*, minuere, rarefacere; Minui, rarefieri, rarescere. **1798** W. RICHARDS: *CC* 19, gwir yspryd efangylaidd. Ysbryd ag sy'n awr . . . ar ei drai, ac yn *prinhau* beunydd yn ein plith. **1803** *P* d.g. *prinâu.*

priniaeth, pring(i)aeth [*prin¹*, *pring*+*-(i)aeth*] *e?b.* Prinder, diffyg, tlodi: *scarcity, deficiency, lack, poverty.*
16–17g. *GST* i. 859, Mae'n anodd byw ar *brinieth*, / Na gwrthod cam mewn cyfreth; / Pawb a ddywaid yn heleth, / Gwael yw'r dyn a fo heb gyweth. **17g.** *CC* 452, *Prinniaeth* am laeth yw ei lŵ / was taer [o] eisiau teirw / fo chwennych nid sŷch yw serch / ofyn vn o fewn annerch. **1658** R. VAUGHAN: *PS* 162, na âd i mi gardotta neu fod mewn *priniaeth.* *c.* **1730** *Thos. Lloyd D* (LlGC) 194b, *priniaeth*, scarcity. Ar lafar yn sir Drefn. yn y ff. *pringieth.*

prinnaidd [*prin¹*+*-aidd*] *a.* Prin, diffygiol, annigonol: *scarce, deficient, lacking, inadequate.*
1848.

prinpan [gair geir.; ?ffrwyth camddarllen WILIAM LLŶN: *Gw* (R. Stephens) (At.), primpan, padell] *bg.* ac *e?g.* Dadlau, ymryson; llys barn: *to argue, dispute*; *lawcourt.*
1604–7 *TW* (*Pen* 228), *prinpan*, datleû, lle r cwrt d.g. *curia . . . curiæ dominicales.* **1632** *D*, *prinpan, idem quod Dadleu, ait [William] Ll[yn]. **1688** *TJ*, *prinpan*, dadleu: to reason, to dispute, to argue. **1725** *SR* d.g. *to dispute.* **1772** *W* d.g. *to dispute.*

prins, pryns [bnth. H. Ffr. *prince*, o bosibl drwy'r S. C.] *eg.* (b. *-(i)es*, bach. b. *-en*) ll. *-iau, -iaid, -ys.* Tywysog, hefyd am Iesu; ?mab hynaf, etifedd, cyntaf-anedig: *prince, also of Jesus*; ?*eldest son, heir, first-born.*
14–15g. *IGE²* 126, Lle profed gerllaw Profyns, / Llew praff yn gwarchadw llu *pryns* [Gruffudd Llwyd i Owain Glyndŵr]. **15g.** *GLGC* 370, dau *bryns* o frenhinwaed Brân. **15g.** GWILYM TEW: *Gw* 462, Y *Prins* a fu ar y pren / Biau'r oesoedd a'r bresen. **15g.** *HCLl* 70, Syr Wiliam, ail Siarlmaen wyd. / *Prins* Syr Rhisiart ['Cywydd i erchi âb . . . i Syr Wiliam, *pryns* Syr Rhisiart Herbert o Went']. **1547** *WS*, *prins* ne dwysoc, a prynce. **16g.** *LlGC* 1559, 235, O 'r gorvchel arglwydd rad heb nerth na ad ein *princes* [i'r Frenhines Elisabeth I]. **16–17g.** EDWARD URIEN, &c.: *Gw* 29, Od â llid, drwy dwylliad traill, / Soriant rhwng *prinsiaid* eraill. **16–17g.** *CRC* 376, sidanen *brynnsies* dduwiol. **1604** *RhRC* (At.) 238a, kwmperidi ef y ywchder brennhinoedd ag y gorone *prinsied.* **1672** R. PRICHARD: *Gw* [xliv], Pwysa 'r rhodd yn ôl yr 'wllys, / Hi gyd-bwysa roddion *Prinsys.* **1770** R. PRICHARD: *CC* 51, A thymma '*r Prins* aeddfwyn. **1791** SIÔN LLYWELYN: *DD* 56, Ni bu'r fath wledd ar ddaear lawr, / Gan *brinsis* mawr Ewropa. Yn ardaloedd y chwareli defnyddir *prinsys* (un. *prinsan*) am 'lechi sy'n mesur pedair modfedd ar hugain wrth bedair ar ddeg'.

Amr.: **preins** [bnth. S. Diw. Cyn. *preins*]. **16g.** DAFYDD AP LLYWELYN, &c.: *Gw* 22. **16g.** *AWLl* 56.

prinsbal¹, prinsipal [bnth. H. Ffr. *principal*, o bosibl drwy'r S. C.] *a.* hefyd gyda grym enwol ac fel *eg.* Prif, pennaf; pwysig; gŵr pennaf; prif droseddwr; *Her.* cefndir tarian, maes: *principal, main*; *important*; *principal man*; *principal offender*; *field* (*in heraldry*).
15g. *FfBO* 47, ac vn porth ar ugeint o rei *prinsipal* ar y gaer. **15g.** *ID* 51, *prynspal* ymhob [diwyg.] hal ay pen / pob rrod wych pab rydüchenn. **15–16g.** *TA* 15, *Prinspal* ffydd, Ddafydd, oedd ef. **1508–10** *Rhyddiaith Gymraeg* i. 17, Hysbyssaf amser o'r holl amseroedd a mwyaf *principal* i'r Kristynogion yw genedigaeth Krist o Vair Vorwyn. **1547** *WS*, *prinsipal*, pryncypall. **16g.** *Mos* 113, 23, yr assûr oedd rywndwal a *phrinsbal* (*Med H* 14, maes) yr arfaü. *c.* **1585** *Llst* 178, 16a, mi addyweda wrthyd yrhai *prynsbala* o honynt. *Diw.* **16g.** *WLB* 23, Tri *ffrincipal* ranneu. *id.* 24, ir rhan *brinsipal* nesaf. **16–17g.** *LlCy* xi. 226, Dod ni y ganlyn gorey stor / y *prynsbal* or gorchmynionn. *c.* **1600** *March C* 51, y tair Rhinwedd *prynspal.* **18g.** *Musica* 7, dyma'r pum Cowair prifedig; neu *Brinsipal.*

Amr.: **preinsmal, prinsmal, pr(e)ismal** [am yr *-ei-*, ?cf. *preins, preint* (amr. ar *prins, print*); am *-sb-* > *-sm-*, cf. *tresmasu*; am *-ns-* > *-s-*, cf. *oreis* (ff. ar *oraens¹*)]. **16g.** *GGH* 102, *Prinsmal*, i'th ardal a'th waed; / Pawb, brigyn pob rhywiowgwaed. **1560–87** *GP* 161, Pann fo berf yn dyfod ar ol henw dygedic o'i flaenawr, ni chaiff hono mo'r bod yn *breinssmal.* **1602** *GST* i. 910, *Prins mâl* [*sic*] (amr. *id.* 912, *preismal*; *Thos. Lloyd D* (LlGC) 196a, *preinsmal*) yn arddal in oedd [marwnad Siôn Tudur gan Edward ap Raff]. **1658** R. VAUGHAN: *PS* 420, wyt ti yn brifgarn, neu *brismal*, i aneirif ddrygau . . .? *c.* **1716** S. RHYDDERCH: *CEH* 31, mal yn *brismal* neu garn om drwg fy hun, mi am gwneuthum fy hun yn accessari . . . i ddrygau rhai eraill. *c.* **1730** *Thos. Lloyd D* (LlGC) 195b, *prinsmal*, principal.

prinsbal², prinses, gw. **prinsipl, prins.**

prinsipl, prinsbal² [bnth. S. *principle*] *eg.* ll. *prinsiplau.* Egwyddor: *principle.*
16–17g. E. PRYS: *Gw* 244, Hi a ddŷl o'i hy' ddilyn, / Yn y *principal* [*sic*] dal yn dyn. **1676** W. JONES: *PGG* d.d., *Principlau* neu Bennau y Grefydd Ghristianogol. **1725** T. BADDY: *CS* 41, pan fo'r ffyddloniaid (cymalau'r Eglwys) yn rhodio mewn vndeb cariad a chymundeb y Saint, o *Brincipl* da mewn jawn fodd yno y mae fel tlysau hardd. **1728** *GMJ* 112, beth yw ei *brinciplau* sy'n ei lywodraethu. *id.* 187, Er fod gwîr ffydd yn *brincipl* (neu ansodd) siccr o ufudd-dod.

prinswaed, gw. **prins**+**gwaed.**

print, prynt [bnth. S. *print*; ansicr yw dosbarthiad rhai o'r enghrau. isod, yn enw. yr engh. gyntaf] *eg.* (bach. b. *printen*) ll. *printiau, -s,* a hefyd fel *a.*

(*a*) Y cyflwr o fod wedi ei argraffu, ffurf brintiedig; llythrennau printiedig, teip: *print, printed form*; *printed letters, type.*
15g. *CSTB* 16, Dilwch yw d'ael, du o lir, / Dawn popi'n duo papur. / . . . / . . . Copi wrth *brint* y capel, / Campus bwyth cwmpas y bêl; / Crest o'r inc, croes Duw ar wen, / Cryn lath arwydd cron lythyren. **1595** *Egl Ph* [108], o ran tegwch *print.* **1630** R. LLWYD: *LlH* xiv, Am y *print*, nid ydyw ddifai er a ellais. **1670** J. HUGHES: *AP* [ix], mewn *Print* nei[ll]tuol. Gw. hefyd y *Cfn.*

(*b*) Gwasg argraffu; (proses) argraffu: *printing-press*; *printing* (*process*).
1546 *YLlH* [3], yr awr y Rhoes duw y *prynt* yn mysk ni er amylhau gwybodaeth. **1547** *WS*, [xxi], er pan ddoeth kelfyddyt *print* yw mysc. **1567** *TN* [xxviii], Eithr mor ddiystyr fyddai iaith y Cymro, a chyn bellet ir esceulusit, ac na allodd y *print* ddwyn ffrwyth yn y byt yw gyfri ir Cymro. *id.* [xlix], Y Beiæ y ddiangasant yn y *print.* **1684** H. OWEN: *DC* [xii], wrth ei baratoi i'r *Print.* **1770** J. PRYS: *Alm* 14, i ddyfod o'r *print* ymmhen y flwyddyn. Cf. D. OWEN: *D* 140, a wnewch ch'i fy nysgu i scrifenu i'r *print.*

(*c*) Llun, &c., wedi ei argraffu neu ei brintio o floc, plât, negatif, &c.; (geir.) engrafiad, cerfiad: *print, picture, &c., printed from a block, plate, negative, &c.*; (*dict.*) *engraving, carving.*
1632 *D*, *print*, insculptio, sculptura. **1688** *TJ*, *print*: Graving. **1753** *TR*, *print*, a carving, a graving. **1756** *ML* i. 407, mae rhyw ffrind i mi wedi erchi arnaf yrru am ddau *brint* Hogarth at 12d. Ar lafar, 'Fe brynes i ddau *brint* o waith Kyffin Williams'.

(*d*) Brethyn cotwm wedi ei brintio: *printed cotton.*
1894. Ar lafar yn nwyrain Morg., ''Wishgws dy dad grys *print* ariôd'.

(*e*) Stamp pren cerfiedig at roddi patrwm ar ymenyn; clap o ymenyn: *butter-print*; *print or pat of butter*.

1688 *TJ*, breuan o ymenŷn, (*preint*) o ymenŷn, a print of butter. Ar lafar yn y ff. *printan*, *printen* am 'lwmp o fenyn fyddai'n weddill ar ôl pwyso'r corddiad. Fel rheol byddai'n llai na phwys', *Geir Geg* 165.

(*f*) Marc, nod, stamp, argraff; delw, tebygrwydd: *mark, stamp, impression*; *image, likeness*.

Dchr. **15g.** *IGE*² 202, Ac efo pan ddêl gofyn, / Aur naf teg, yw'r nawfed dyn / I godi rhwysg, gwaed yr hawg, / O *brint* ais bron tywysawg [Llywelyn ab y Moel i Feredudd ab Ifan]. **15–16g.** LLAWDDEN, &c.: *Gw* 27, Un o wenith ein ynys / Yw *print* Maredudd ap Rhys. **15–16g.** *TA* 87, Pen bid ar bob henw bedydd, / *Print* dy sêl ar bob rhent sydd. *id.* 146, Braint tan un *brint* yn y wedd, / Coronau ceirw o Wynedd. *id.* 154, Tirionaf *print*, ar wyneb, / Tomasîn, tu yma i Siêb. *id.* 170, *Print* Arthur, pe rhoent wrthyd, / A pheintio 'i gorff hwnt, i gyd. **16g.** *GGH* 321, Drwy eich wyneb, drych ynys, / Da y rhoed *print* Edward Prys; / Brig Dafydd, garennydd grym, / Bren teg eilwaith, *brint* Gwilym. **1567** *TN* 389, a phwy bynac y dderbyno *print* y enw ef. **1588** *Lef* xix. 28, na roddwch rwygiad yn eich cnawd am vn marw, ac na roddwch *brint* nôd arnoch. **1595** *Egl Ph* 17, Pei gwelyd ti, gringi crog, / *Brint* dy wyneb brwnt tonnog. **1599 (1677)** R. HOLLAND: *AB* 108, canys hynny yw megis *print* neu lun trugaredd Duw yn ei galon. **1739** D. ROWLAND: *LlY* 6, Cwyr wedi dwymo yn barod i dderbyn pob math o *brint*. **1775** *W* d.g. *impress* [*a print or mark made by pressure*], *a mark made by pressure*. Ar lafar ym Môn yn yr ymad. 'yr un *brint*' 'the spitting image', M. WILIAM: *DY* 84.

Fel *a*. Printiedig, argraffedig, hefyd yn *ffig.*: *printed, also fig.*

16–17g. *HG* 62, ef a rhoes i voesen gynt, mewn tabl *prynt* na chollyd / ddeg gorchymyn nydoes vawr, ny kadw yn awr pei synyd. **1750** *CLlC* iv. 44, Llyma ystori a ddarllennais / O Lyfr *print* Cymraeg a welais.

Amr.: **preint** [bnth. S. Diw. Cyn. *preinte*] (bach. *-yn*; ll. *-iau*). *Diw.* **16g.** *DE* 51. **16–17g.** *Cer RC* 126. **1615** R. SMYTH: *GB* 256. **1688** *TJ* d.g. *breuan o ymenŷn*. Ar lafar yn sir Benf., *GDD* 232, ac ym Mrych., *Cymru* xxxix. 95.

Cfn.: **print,** &c., **bras:** *large print or type*. **1757** *ML* i. 481. Ar lafar, hefyd yn sir Benf. yn y ff. *preint bras*, *GDD* 232. **p. mân:** *small print or type*. **1672** R. PRICHARD: *Gw* [xix]. Ar lafar, hefyd yn sir Benf. yn y ff. *preint mân*, *GDD* 232. **p. (y)menyn:** *butter-print*. **1872.** Ar lafar, *Geir Geg* 149. **mewn (mywn) p.:** *in print, in printed form*; *in print, available*. *c.* **1585** G. ROBERT: *DC* [xxiii], Yr achos ar modd y dodwyd y llyfr yma *mywn Print*. **1630** R. LLWYD: *LlH* iv, cymmwys iw osod allan *mewn print*. **1776** I. BRYDYDD HIR: *P* ii. 200, ei chyhoeddi *mewn print*. Ar lafar yn gyff., hefyd yn y ff. *mewn print oer*. Cf. D. OWEN: *RL* 9, Buasai ei bregethau '*mewn preint*' yn sefyll cymhariaeth ffafriol â goreuon y pulpud Cymreig. **ym mh.** = **mewn p. 1567** *LlGG* [xii], ny welpwyt vot yn rraidiol hei dody *ym-print*. **1595** M. KYFFIN: *DFf* [121], pan rowsont hwy *ymhrint* yn hwyr o amser, y llyfr a scrifennase'r hen Dad Origenes. **yn b.** = **mewn p. 1567** *TN* [xxx], yn dwyn yt yn gymraeg, ac *yn brint* yr yscrythyr 'lan. *Diw.* **16g.** W. MIDLETON: *B* 93, oth frest y doeth gorchestion / Ai gyrrv *yn brint* gar ein bron [cywydd moliant i Wiliam Midleton gan Edward ap Raff].

printaf: printo, printar, printedig, gw. **printiaf: printio, printer, printiedig.**

printer, printar [bnth. S. *printer*] *eg.* Argraffydd, printiwr; print ymenyn: *printer*; *butter-print*.

1547 *WS* [164], Johan Waley y *prenter* yn danfon anerch ar popol Kymry. Cf. H. EVANS: *CE* 100, y *printar*—offeryn i ffurfio'r pwys menyn fel y gellid ei adnabod oddi wrth ei nod.

Amr.: **prenter** [bnth. S. Diw. Cyn. *prenter* 'printer']. **1547** *WS* [164].

printiad [bôn y f. ddil. + *-iad*¹] *eg.* ll. *-au.* Y weithred o argraffu neu brintio; nifer o lyfrau, &c., a argreffir ar yr un pryd, argraffiad; print (llun, &c.); marc, nod, stamp, argraff, hefyd yn *ffig.*: *a printing*; *a printing, impression* (*of books, &c.*); *print* (*of picture, &c.*); *mark, stamp, impression, also fig.*

16g. D. R. THOMAS: *DS* 139, fel y gallo y *printiad* nesaf fod cyn bured ac y mae efe (megis y dylit tithe fod) yn ewyllysio ac yn ceisio ei wneuthur. **1595** M. KYFFIN: *DFf* [36], arwyddion, nodeu, *printiadeu*, euluneu. **1604–7** *TW* (*Pen* 228) d.g. *character*, *impressio*. *id.* comet ne *brintiat* notol yn y Furuauen d.g. *pitheta*. **1651** SIÔN TREREDYN: *MDD* 52, y scrifenniad or dec orchymmyn . . . yn nghalon Adda wedi ei fawr difwyno ar y cwymp, etto efe a arhosodd ryw *printiad*, neu weddillion o hono ar ol. **1672** R. PRICHARD: *Gw* [xx], rhai beiau sy wedi diangc ym *mhrintiad* Bibl cymraeg yr Eglwysydd. **1681** T. JONES: *Alm* d.d., Yr ail *Brintiad*. **1728** T. BADDY: *DDG* 39, daethai dau neu dri o Grist'nogion . . . a'u celfyddyd oedd, gwneuthur llun Bedd ein Jachawdwr . . . aethant yn y man i weithio ar rai o honom, gan ddangos i ni gynlluniau o amryw o *brintiadau*. **1733** W. WILLIAMS: *TC* 81–2, Pan bo rhyw beth mawr wedi cael ei wneuthur gan ryw un na bu erioed sôn am dano . . . gwna hynny *Brintiad* a nôd dwys . . . ar feddyliau dynion. **1740** T. EVANS: *DPO* 2, Beiau yn y *Printiad*. **1775** *W* d.g. *impression*. **1803** *P*.

Amr.: **preintiad** [bôn y f. *preintiaf*: *preintio* (amr. ar y f. ddil.) + *-iad*¹]. **1675** R. VAUGHAN: *YDd* d.d., [429]. **1688** W. FOULKES: *EGE* 65, ond fel y mae yn dwyn rhyw *breintiadau* arno o'th hawddgarwch di. **1700** D. MAURICE: *AC* 7, adel i olygynau ei synnwyrau wneuthur dwfn *breintiad* a chael nerthol weithrediad ar ei feddwl ef.

printiaf, printaf, &c.: **print(i)o,** &c. [bf. o'r e. *print*] *bg.a.* Atgynhyrchu (testun, llun, &c.) ag inc, &c., ar bapur, &c., drwy gyfrwng un o nifer o brosesau (e.e. argraffu â phlwm neu'n lithograffig, gan brintydd matrics, laser, &c.), peri cynhyrchu neu atgynhyrchu (llyfr, &c.) drwy un o'r dulliau hyn, mynegi neu gyhoeddi mewn print, argraffu; gosod ôl llun neu batrwm ar rywbeth drwy ddefnyddio stamp, print, &c.; (geir.) cerfio, engrafu; ysgrifennu yn debyg i brint heb gysylltu'r llythrennau; cynhyrchu print ffotograffig o (negatif, &c.); hefyd yn *ffig.*: *to print*; *stamp, imprint, impress*; (*dict.*) *carve, engrave*; *print* (*in writing*); *print* (*in photography*); *also fig.*

1547 *WS*, *printio*, imprint. *id.* [164], ni chefeis o enhyd *printo* pop gair kyn ddifeied . . . ac y mynysswn Herwydd paam od gwelaf y gallwyf vod ynkysemyl digolled o ymarfer o *brinto* ywch. **16g.** *NBSGaerf* 410, Troi wnaethost fel apostol / Braint ein iaith a'i *brintio*'n ôl [am yr Esgob Richard Davies]. **1567** *TN* [xxx], nit escrifennodd ac ni *phrintiodd* neb o honynt ddim yn dy iaith di. **1568** MORYS CLYNNOG: *AG* 3–4, Rhaid yw gwneuthur llun y groes nid yn vnig a'r [*sic*] y corph, eithr trwy phydd gadarn hefyd yn y galon. Canys os *printid* di [*sic*] y groes yn y modd hwnnw, ni lefys yrun [*sic*] o'r cythreulig ysprydion ymgyfar/fod a thi. *c.* **1585** G. ROBERT: *DC* [7b], *Printwch* y geirie hyn yn ych clonne. **1595** H. LEWYS: *PA* 187, *Printia* hynn yn dda, ac yn siccr yn dy feddwl. **1632** *D*, *printio*, insculpere, inscribere, imprimere, excudere. **1672** R. PRICHARD: *Gw* 293, A'r rhai trwy ddwylo Moesen, / Y roes Duw ar ddwy dablen, / Gwedi *printio* [:– Scrifennu] â'i fys ei hun, / Yn hawdd i ddŷn i darllen. **1688** S. HUGHES: *TSP* [vi], Yr oedd Arian yn niffyg i *brintio* 'r cwbl. **1725** D. LEWIS: *GB* 39, Buwyd yn hîr cyn Dyfaisio *Printio*. **1775** *W* d.g. *to impress* [*print, or mark by pressure*], *to print*. **1803** *P*. Ar lafar; hefyd yn yr ymad. '*printo* menyn'.

Amr.: **preintio, preinto** [bf. o'r e. *preint* (amr. ar *print*)]. **16g.** (*LlEG*) *Mos* 158, 472b, yn ysgriuennv ac ynn *preinttio*. **1583** *LlGC* 716, 53a, yn ddyfnach *preintio* [:– wreiddio] ei cenat-ol neges yngalonae y rheini. **1615** R. SMYTH: *GB* 43, fod natur . . . yn *preintio* ag yn gwrai[dd]io yn yr anifeiliaid ryw gyfraithiau. **1672** R. PRICHARD: *Gw* 154, Dywaid fôd Duw 'r Barnwr cyfion, / Yn ei *preinto* ar dy galon. **17g.** HUW MORUS: *EC* ii. 32, Fe *breintir* pob brynti o'th drychni a'th drais. **1779** *DS* 3, *preintio* neu argraphu llyfreu. **prento** [bnth. S. Diw. Cyn. (*to*) *prent* 'to print']. **1547** *WS* [164], *prentais* hydic nifer o ryw lyfreu.

printiedig, printedig, &c. [bôn y f. ffl. + *-(i)edig*] *a.* Wedi ei brintio, argraffedig, hefyd yn *ffig.*: *printed, also fig.*

1547 *WS*, *printiedic*, prynted. **1592** S. D. RHYS: *Inst* [xiv], yn *brintiêdic* mywn Coflyfreu. **1595** *Egl Ph* d.d., *Printiedig* gann Ioan Danter. **16–17g.** *HG* 138, ysgrythyr lan *bryntedig*. **1604–7** *TW* (*Pen* 228), *printiedic* d.g. *consignatus*, *formatus*, *insculptus*. *id.* *printiedic* yn y meddwl d.g. *obsignatus*. **1677** *TC* [xi], a bod dwy fîl o eiriau ynddo, ychwaneg nag y sydd yn ei Ddictionary ef yn *brintiedig*. **1696** *CDD* 4, fôd cŷn lleied o feiau yn y llyfr hwn, ag mewn odid o lyfr Cymraeg ag sŷdd yn *Brintiedig* y dŷdd heddŷw. **1716–18** *Llsgr R. Morris* 95, dowch yn nes gwrandewch ar newudd / sudd *brintiedig* drwu awdurdod. **1717** M. WILLIAMS: *Cofrestr* d.d., Cofrestr O'r Holl Lyfrau *Printjedig* . . . A Gyfansoddwyd Yn Y Iaith Gymraeg. **1776** I. BRYDYDD HIR: *P* ii. 200, [t]aer ddeisyf arnaf . . . adael iddynt gael copiau *printiedig* o honi. **1778** J. THOMAS: *HB* 182, yn Hanes *printiedig* y gymmanfa. **1780** *W* d.g. *printed*. **1803** *P*.

Amr.: **preintiedig, preintedig** [bôn y f. *preintiaf*, *preintaf*: *preint(i)o* (amr. ar y f. ffl.) + *-(i)edig*]. *a.* **1587** *Y* 145, Ag mae'r cwbl, trwbl i tric, / Breiniwyd tadl, yn *breintiedic*. **16–17g.** *CRC* 334, [*p*]*reintiedic* Lythrenne. **1687 (1715)** J. OWEN: *TB* d.d., *Preintiedig* yn Llundain. **1739** D. ROWLAND: *LlY* d.d., *Preintedig* gan Nicholas Thomas.

printiwr, printwr, &c. [bôn y f. ffl. + *-(i)wr*] *eg.* ll. *printwyr*. Un sy'n argraffu neu'n printio, argraffydd: *printer* (*person*).

1546 *YLlH* [33], Beieu y ddiskynnodd o wall y *pryntiwr* wrth daro. **1547** *WS*, *printiwr*, a printer. **1567** *TN* [xlv], a'r *printwyr* eb ddyall vngair erioed or iaith. **1604** R. HOLLAND: *BD* 4, gwedi imi yn gyntaf dyngu'r *Printiwr* am gadw cyfrinach. **1630** R. LLWYD: *LlH* xiv, rhai o'r beiau hyn a ddiangasant gan y *Printiwr*, yr hwn oedd anghydnabyddus a'r iaith. **1632** *D*, *printiwr* d.g. *excusor*, *typographus*. **1683** H. EVANS: *CTF* 45, mi adewais lawer o bethau ynthi, heb eu rhoddi ir *printiwr*. **1722** *Llst* 189, *printwr*, m. a printer. **1723** WM: *PGG* [xxvii], naill ai trwy anwybodaeth neu ddiofalwch y *Printwyr*. **18g.** *W Ballads* 185B, 8, Oni bae'r *Printwr* a'r Prentis. **1762** *CGC* d.d., Argraphwyd gan Wiliam Roberts, *Printiwr* y Gymdeithas. **1780** *W*, *printiwr* d.g. *printer*. **1803** *P* d.g. *printiwr*.

Amr.: **preintiwr** [bôn y f. *preintiaf*, *preintaf*: *preint(i)o* (amr. ar y f. ffl.) + *-iwr*]. **1609** R. SMYTH: *CAC* [66]. **1611** R. SMYTH: *SG* [2]84. **1754** J. PRYS: *Alm* [1].

Gw. hefyd **printydd.**

printwasg [bôn y f. ffl. + *gwasg*] *eg.b.* Gwasg argraffu: *printing-press*.

1630 R. LLWYD: *LlH* xiv, y mae yr Ymarfer o Dduwioldeb ynteu tan y *Print-wasc*. **1661** E. LEWIS: *Drex* [396], y beiau pennaf y ddarfu i mi ddal sulw arnynt yn y llyfr hwn, pan ddaeth odditan y *Printwasg*. **1675** R. JONES: *HCh* [170], Diwygiwr y *Printwasc*. **1687 (1715)** J. OWEN: *TB* 113, ac etto trwy ddaioni Duw ni bu farw un or Cyfieithwyr, na golygwyr y *Print-wasg*. **1716** M. WILLIAMS: *CA* [3], Argraphiad newydd y Bibl, Llyfr Gweddi gyffredin, &c., sy'n awr yn y *Print-Wasg*. **1725** D. LEWIS: *GB* ii, Gan fod yr Awdr ym mhell oddiwrth y *Printwasg*, mae amryw Feiau wedi diangc. **1762** *ML* ii. 513, Mi ddisgwyliais yn hir ac yn hwyr am y gweddill o'ch prydyddiaeth i'w roi yn y llyfr yma yn ol eich addewid, a'r *brintwasg* yn sefyll am dano. **1780** *W* d.g. *press* [*the printer's*].

Amr.: **preintwasg** [bôn y f. *preintiaf*, *preintaf*: *preint(i)o* (amr. ar y f. ffl.) + *gwasg*)]. **1675** R. VAUGHAN: *YDd* [429].

printwr, gw. **printiwr.**

printydd [bôn y f. ffl. + *-ydd*³] *eg.* ll. *-ion.* Peiriant sy'n printio (yn enw. allbwn cyfrifiadur); printiwr, argraffydd: *printer* (*esp. computer printer*); *printer* (*person*).

1592 S. D. RHYS: *Inst* [xxi], ac yno a' 'ch cappieu ynn eych dwylo, deisyf o honoch' arr y *Printyddion* 'wella pêth arr eu dwylo. **1780** *W* d.g. *printer*.

Gw. hefyd **printiwr.**

prinwaith [*prin*¹ + *gwaith*²] *a.* Anaml: *infrequent*.

c. **1785–90 (1829)** *CBYP* 50, Cyhydedd Orllaes, neu Hwy Na Hir, ag arfer honn mewn Traethodyn ar brydiau, yn *brinwaith*.

prinwydd [bnth. Llad. Diw. *prīn*(*us*) 'Quercus ilex', o bosibl drwy'r S. *prine* + *gwŷdd*¹] *e.ll.* (un. b. *-en*). *Bot.* Derw bytholwyrdd o gyffiniau'r Môr Canoldir, *Quercus ilex*: *holm-oaks*.

c. **1588** *B* ii. 235, *prinwydden*: math ar dderwen, ond vadwen yw r hen air a holm yn saysneg. **1588** *Sus* 58, tann *brinwŷdden*. **1722** *Llst* 189, *prinwydden*, f. a pri[n]e-tree, holm-oak. **1753** *TR*, *prinwydden*, mâth ar dderwen, a kind of oak called by some Holm; the scarlet oak. **1778** *W*, *prinwydden* d.g. *holme*, *the scarlet-oak*. **1803** *P* d.g. *prinwydd*, *prinwydden*. **1813** *WB* 228, *Prinwydden* . . . Quercus coccifera; Scarlet Oak.

priod [bnth. Llad. *prīvātus*, cf. H. Grn. (*gur*) *priot*, gl. *sponsus*, Crn. C. *pries*, Crn. Diw. *preas*, *pryas*, *prîes*, Llyd. C. *priet*, Llyd. Diw. *pried*] *a.* a hefyd fel *eg.b.* ll. (prin) *-au*.

(*a*) Priodol, iawn, addas, cymwys, gweddus, naturiol: *proper*, *right*, *appropriate*, *suitable*, *fitting*, *natural*.

14g. *LlB* 72, kanyt *priawt* datanhud o gwbyl y neb namyn y'r brawt hynaf. **14g.** *WML* 13, Ef adengys y *priawt* le y pawb yny neuad. *id.* 109, Nyt oes *priawt* ran na *phriawt* enw ar ach pellach no hynny. *c.* **1400** *Ked AA* 12, y gwr yssyd *priawt* idaw bot yn drugarawc. **1595** *Egl Ph* 26, Trawsymddwyn . . . pan newider gair o'i arwyddocad *priod*, i am-mrhiod [*sic*]. **1620** 1 *Tim*

ii. 6, Yr hwn a'i rhoddes ei hunan yn bridwerth dros bawb, i'w dystiolaethu yn yr amseroedd *priawd* (**1588** *ib.* yn ei iawn brŷd). *id.* vi. 15, Yr hwn yn amserau *priod* (**1588** *ib.* yn y dyledus amser) a ddengys y bendigedig a'r vnic Bennaeth. **1661** E. Lewis: *Drex* 81, *Priod* i hwn [ci] yw dal cyfarth i ddyn (*whose property is to bark at a man*), i rûthro iddo ac i'w frathu. **1701** E. Wynne: *RBS* 14, [g]wneuthur daioni, megis *priod* neges ein hôll amser. **1730** (**1755**) E. Wynne: *PAC* 6, dylent arfer pôb môdd *priod* a phwyllog ir perwyl mawr yma. **1803** *P*, *prïawd* . . . appropriate . . . fitting.

(*b*) Neilltuol, penodol, arbennig; preifat; unigol: *specific, particular, peculiar, special; private; individual.*

1567 *LlGG* iiia, bod psalme *priawt* ir diwarnawt hwnnw. **1567** *TN* 310b, y Apostolieth ef, yr hyn 'sy yn *briawt* ir Cenetloedd, yn testolaethu. *id.* 35[9]b, na does vn proffedoliaeth yn yr scrythyr ac iddi ladmeriaeth neilltuol [:– o angerdd *priawd*, o awenydd dynawl] (**1620** 2 *Pedr* i. 20, o ddeongliad *priod*). *p.* **1584** G. Robert: *GC* 171, o ddieithr bod arfer *briawd* i ryw wlad, ne sir yn neillduol. **1655** WL: *DP* d.d., Defosiwneu *Priod* (*Private Devotions*). **1701** E. Wynne: *RBS* 64, Meddwdod . . . od ymofynnir am derfyneu pennodol a *phriod* arwyddion y pechod hwn. *id.* 179, iachau holl *briod* achosion Anobaith, a rheiny yw gwendid yspryd neu gryfder gwŷn. *id.* 237, os deellir edifeirwch yn ôl *priod* feddwl Cyfammod yr Efengyl, ac nid yn ôl y cyffredin ystyr. **1707** *AB* [xv], Er mwyn sain *priod* anwahanedig i bob rhiw lŷn, ne bob rhith llythyren. **1710** *LlGG* (*Gos*) 11 [123], Nad oes i Weinidogion Bregethu na gwasanaethu'r Cymmun mewn tai *priod.* **1723** E. Samuel: *PDdC* 15, y Deml yn Jerusalem . . . Tŷ Gweddi . . . yr hyn sy'ndangos [*sic*]. . . mai Gweddi oedd *priod* orchwyl y Tŷ hwnnw. **1776** I. Brydydd Hir: *P* i. 161, I mae trugaredd yn briodoldeb mor hanfodol i natur Duw, ag yw cyfiawnder; a'i *phriod* swydd yw dangos ei hun ar bob achos ag sydd yn gofyn ei chymmorth. *id.* ii. 202, *Priod* orchwyl ein iachawdwr . . . oedd myned oddiamgylch gan wneuthur daioni. **1803** *P*, *prïawd* . . . peculiar.

(*c*) Dilys, iawn, gwir, gwreiddiol, cynhenid, brodorol: *rightful, true, original, native, indigenous.*

12–13g. *GlLl* 72, O Ynys Brydein, *briawd* ureint, / A'e Their Racynys, rec hoffeint. **13**g. *C* 74. 1–2, Tir brycheinauc. dy iaun *priaud.* paup ae gwelhwy. **13**g. *BD* 208, o hynny allan y colles *priavt* genedyl yr enys eu henv ac eu dylyet. *c.* **1300** *H* 81b. 24, gwythuawr briodawr *briawd* de[d]feu (Gwynfardd Brycheiniog). **14**g. *GIG* 94, Prydyddfardd *priod* addfwyn, / Proffwyd cerdd, praffed yw cwyn [marwnad Llywelyn Goch ap Meurig Hen]. **1615** R. Smyth: *GB* 234, yn aer i deyrnas nef, fe[l] etifedd *priod* cyfraithlawn.

(*d*) Yn perthyn i, yn perthyn iddo (iddynt, &c.) ei hun (eu hun, &c.), eiddo iddo (iddynt, &c.), ei . . . ei hun (eu . . . eu hun, &c.): *belonging to (oneself, itself, &c.), (one's (its, &c.)) (very) own, proper.*

13g. *B* ix. 336, loneit e law a gemyrth Julian apostat oe *briaut* creu. *id.* 340, emrodes e chorff e buteinddra [*sic*]. . . rodi ei *phriaut* gorff dros e lle ae hemborth ar e mor. **13**g. *DB* 65, Lleuat . . . nyt oes *priaut* leuuer ohonei ehun (*proprium lumen non habet*), namen val drych y venfygyau e gan er heul. **13**g. *BD* 157, Arthur . . . guisgav coron y *priavt* teyrnas am y ben. *id.* 205, y mae reit yn yn toruoed adav an *priavt* wlat a thref an tat. **1346** *LlA* 12, dyn avynnawd yvot yny *briawt* vedyant ehun (*in propria potestate*). **14**g. *BT* (*RB*) 52, anuonet hwy hyt ynn Ros drwy wrthlad odyno y priodolyonn giwdawdwyr, y rei a gollassant eu *priawt* wlat a'e *priawt* le. *id.* 224, doeth llythyreu ataw y gann y brenhin ac archescop Keint y erchi idaw dyuot yn y *priawt* persson y atteb ger y bronn wyntwy. *c.* **1400** *DB* 65, yr edyn eissyoes o'e *briaut* gyffro (*proprio motu*) a lavuryei en erbyn yr olwyn. *c.* **1400** *YSG* i. 48, paham na wney ditheu idaw efo eistedua *briawt*, lle nyt eistedo neb onyt efo ehun? **15**g. *BB* 3–4, om coydiawl ethrylit am *priaut* binnieu vy hvn y prydereis trossi ac ymchwe/lut y llyuyr kymraec hwnnw yn lladin. **1551** W. Salesbury: *KLl* iiib, in gwneuthyr yn popul *priawd* iddo ehunan. *id.* xxxiiib, pop vn yn achup bwyta i *briawd* swpper [:– i swper e hun] ymblaynllaw. *id.* xxxixa, kymerth y discipl yhi yn *priawd* [:– eino, sef megys pe i vam e hun]. **1567** *TN* 305b, gweithiaw a'ch dwylo eich vnain [:– *priod*]. **1651** Siôn Treredyn: *MDD* [iv], ef a ddanfonodd Christ ei Apostolion . . . i ddyscu yr holl Cenedloedd yn eu iaith *priawd* [*sic*]. **1759** T. Thomas: *WWDd* 122, fe a elwir ei waed ef [Crist] yn *brïod* waed Duw. **1803** *P*, *prïawd* . . . possessed.

(*e*) Wedi ei uno ag arall mewn priodas (ffurfiol), wedi priodi; wedi dyweddïo; priodasol: (*formally*) *married, wedded; betrothed; marital, matrimonial, conjugal, wedding-.*

13g. *LlI* 30, Ny dele gureyc na prenu na guerthu ony byd *pryaut.* *id.* 57, Keureyth eglues a dyweyt na dele un mab tref tat namen e mab hynaf e'r tat o'r wreic *pryaut.* **13**g. *B* vi. 136, Ny [diwyg.] darfu yn neithawr ni bu *priawd.* **14**g. *BT* 126, ygwr yr oed yna wladus . . . yn *briawt* ganthaw. **1346** *LlA* 50, megys dynyon *priot* (*conjugati*). *id.* 159, [g]wyry. *briawt* (*desponsatam*) y wr yr hwnn aoed yenw Joseph. **14**g. *WM* 251. 39–252. 1, affan uu varw y harglwyd *priawt.* *c.* **1400** *YE* 10, Ffyrnigrwyd yw pob kytcnawtawl weithret y maes o'r gwely *priawt.* **15**g. *GLGC* 183, Phylib sy'n ffynu'n fuan / am fod yn *briod* â brân. *Diw.* **15**g. *Pen* 41, 29, O dyweit yntev na dyly y wraic argyfrev or na bu *briawt* gan y gwr yna anvoner ar yr esgob i edrych a vv *briot* [*sic*]. **1609** R. Smyth: *CAC* 44, oblegyd dy fod yn *briod* heb lugru dy forwyndod. **1618** J. Salisbury: *EH* 80, Gwîr yw, na bydd yn y byd nessaf, ddim . . . gwyr a gwragedd yn *briod* a'u gilydd. **1632** *D* d.g. *iugalis, maritus, a, um.* **1753** *ML* i. 265, gronyn o hen ddyn a cheden o wallt llwyd ganddaw, yn *briod* a hen grimpan o wrechyn foneddigaidd. **1764** Dewi Nantbrân: *CB* 7, Mae Sacrament Priodas yn rhoddi Grâs ir Bobl *briod* i garu eu gilydd. **1803** *P*, *prïawd* . . . married. Ynglŷn â'r union ystyr yn y testunau cyfreithiol, gw. *WLW* 214.

(*f*) *Gram.* Yn enwi person, lle, neu wrthrych neilltuol (gthg. *cyffredin*): *proper* (*of noun in gram.*).

14g. *GP* 42–3, Deu ryw henw kadarn ysyd, henw *priawt*, a henw galwedic. Henw *priawt* yw hwnn a gytwedo y vn peth drwy alwedigaeth, val y mae Madoc, neu Yeuan. Henw galwedic yw hwnn a gytwedo y lawer o betheu drwy alwedigaeth, val y mae march, neu eidyon. **1595** *Egl Ph* 63, Pan fo'r vn gair *priod* yn dechreu, ac yn dyweddu yr vn fannod, ac nid gair cyphredin; Attill y gelwyr: ac yno yr ail gair sydd o arwyddocad ansoddawl: fal hynn. Arthur yn y fuddigoliaeth honno a'm ddangosodd [*sic*] yn Arthur. Cf. J. Morris-Jones: *CD* 26, Odid nad yw enwau *priod* yn amrywio mwy hyd yn oed na geiriau cyffredin yn eu gwerth barddonol.

Fel *e.* (*a*) Person priod, gŵr neu wraig; dyweddi, darpar ŵr neu wraig: *married person, husband or wife, (marriage) partner, spouse; betrothed (n.), prospective husband or wife.*

14g. *WM* 132. 11–12, gan gymryt y wreic hon yn *briawt.* *id.* 174. 13–14, Mi arodaf it vym merch yn *briawt.* **14**g. *RC* xxxiii. 217, kymryt Meir yn *briaut* ytt. **14**g. *GDG*[3] 110, Gar llys Eiddig a'i *briod.* *id.* 266, Cyd bai brid ein newid ni / Prid oedd i'r *priod* eiddi. **14–15**g. *IGE*[2] 264, Nid â'i *briawd* hoywffawd hy, / Fain ŵyl, o fewn ei wely (Siôn Cent). **15**g. *GLGC* 134, Dy *briawd* Fawd, ef a fudwyd / heno i'r bedd, fo'n rhybuddiwyd [marwnad Tomas ap Rhydderch]. *Diw.* **15**g. *Pen* 67, 12, o dyw trist amkan / i *briawt* wychlan. **1567** *TN* 90a, A ellwchwi wneythy'r plant ystafell-briodas y vmprydiaw, tra vo'r *Priawd* [:– dyweddiwr] y gyd ac wynt. **1588** 2 *Esd* xvi. 35, Yn y rhyfel y difethir eu *priod* (**1988** *ib.* darpar-wŷr) hwy. **16–17**g. *HG* 29, krau Addaf rhydd naf, dan rhod, ffyrfaven / ag or asen brüddwen, ve grau [*sic*] i *briod.* **1632** *D*, *priod* o wr neu wraig d.g. *coniunx.* *id.* d.g. *maritus, i.* **1763** *DT* 242, Y ffrewyll aeth i'w *phrïawd*, / O friw am anwyla frawd. [**1783**] *W* d.g. *spouse.* **1791** T. Morris: *LlB* 11, Gwr anwyl, ei arwyl oedd / Alarwm i laweroedd; / I'w *Briod* wiw ber ewig, / Y loes yn drymloes a drig. **1803** *P*, *priawd* . . . a married person, a spouse. Digwydd mewn iaith ffurfiol, ac weithiau'n gellweirus, 'Sut mae d'annwyl *briod*?'

(*b*) (enghrau. *ffig.*: *fig. exx.*).

1588 *Eseia* liv. 5, dy *briod* yw'r hwn a'th wnaeth, Arglwydd y lluoedd yw ei enw. **1632** J. Davies: *LlR* 82, rhinweddau a doniau'r yspryd glân, y rhai oedd yn gwneuthur yr enaid yn hardd yngolwg ei *briod.* *id.* 102, ordeiniodd Christ ei *briod* yr Eglwys yn ei le ei hun i ddatgan . . . madeuant pechodau yn ei enw ef. **1790** Twm o'r Nant: *GG* 38, Er i Satan byd a phechod, / Darfu'r praidd oddiwrth eu *Prïod.* *a.* **1791** W. Williams: *GP* 875, Pryd hyn, 'fe wawdd ei *Briod* bur. / Tyr'd yma 'mewn i'th nefol dir. Gw. hefyd adran (*d*) isod.

(*c*) Eiddo, meddiant; ei wlad ei hun: *property, possession; (one's) own country.*

13g. *LlI* 28, Try pryfurey gureyc: e chowyll a'e gowyn a'e sarhaet; sef achaus e gelwyr e try henne en try prifurey, urth eu bot en try *pryaut* gureyc ac na ellyr duen o nep achaus e genthy. **13**g. *C* 42. 14–16, Ban dywu guas duv diwarnaud attav. ir imbrav ae *briaud.* *c.* **1300** *H* 4b. 18–19, hi a hawt borthes lles llin y enhyt. Rac llwyth wyth bechawd *priawd* prifwyt (Gwalchmai). *id.* 42b. 28, mal cadarn yn cadw y *briawd* (Cynddelw). **1346** *LlA* 161, Oe *briawt* ydeuth (*In propria venit*). Sef oed hynny ywlat yr issrael oed megys gwlat briawt idaw. **18–19**g. *IMCY* 245, Rhoes iddyn ddeuddyn yn ddwys, / *Briodau* holl Baradwys.

(*d*) (dichon fod rhai o'r enghrau. hyn yn perthyn i adran (*b*) uchod) Gwir berchennog: *true owner or possessor.*

12g. *MA*[2] 190b. 2, Dyfu Grist ynghnawd *priawd* prifed [diwyg.] (Cynddelw). *id.* 236a. 20, Duw drindawd bwyf *priawd* prifiaith (Seisyll Bryffwrch). **12–13**g. *GlLl* 172, Wytt *priawd* tir Prydein ae chlas [i Lywelyn ap Iorwerth]. **13**g. *Études* v. 97, Kanaf waut yr *pryaut* ae pryn (Cynddelw). *c.* **1300** *H* 1a. 23, pasgadur kynrein prydein *briawd* [marwnad Gruffudd ap Cynan gan Feilyr Brydydd]. *id.* 32a. 28, *Priawd* kert cadeir prydytyon (Cynddelw). *id.* 40b. 40, Tryfrwyd wawd ym *priawd* prydir (Cynddelw). **14**g. *T* 31. 8–9, Tri diwedyd kat am tri *phriawt* gwlat. **15**g. *GGl*[2] 15, Aeth *priawd* cerdd dafawd hy, / A'r awdurdod i'r derwdy [marwnad Llywelyn ab y Moel].

Cfn.: **priod elw:** *self-interest.* **1710** *LlGG* sig. Hhhhh2r, fel na ddi-affeithio'n gwyniau pechadurus, na'n *Priod-elw* ei Gofalon hi [brenhines] am y Llês cyffredin. *c.* **1730** *Thos. Lloyd D* (LlGC) 194b, *priodelw*, self-interest. C.P. **1771** *W* d.g. *by-end, interest, private [self-]interest.* **p. feddyginiaeth:** *specific (in med.).* [**1783**] *W* d.g. *a specific, in Medicine [a remedy peculiarly adapted to some certain disease* . . .].

Am *priod iaith, p. ŵr, p. wraig,* gw. **priodiaith, priodwr, priodwraig.**

priodadwy [bôn y f. ddil.+-*adwy*] *a.bfl.* Addas (yn enw. o ran oedran) i briodi (fel arf. am ferched): *marriageable (usu. of women), of marriageable age, eligible.*

1776 *W* d.g. *marriage-able.* **1803** *P*, *priodadwy* . . . marriageable. Cf. D. Owen: *S* 67, Merch ydoedd hi i amaethwr cefnog . . . yr hon, heblaw ei bod wedi cael addysg dda, oedd feinwen landeg a hardd . . . edrychid ar Miss Richards . . . fel y ferch ieuanc fwyaf *priodadwy* yn y lle.

priodaf: priodi [bf. o'r a. *priod*] *bg.a.*

(*a*) Cymryd rhywun (yn ŵr neu'n wraig) mewn priodas; uno (pâr) mewn priodas; rhoddi (merch neu fab) mewn priodas; (geir.) cymryd meddiant llwyr o, meddiannu: *to marry, wed; join in matrimony; give (in marriage); (dict.) appropriate, take possession of.*

14g. *YBH* 37b, Mi aaf . . . y *briodi* Josian ac y gytgysgu a hi. *id.* 39a, tagu yr iarll o honei ae *priodyssei* hitheu oe hanuod. *id.* 39b, morwyn a losgir yn y tan racco a *briodet* ddoe oe hanuod. **14**g. *GIG* 140, Gyda'r gŵr brawdwr a'th *briodes*, / A theilwng o beth y'th etholes [i Fair]. *c.* **1400** *MM* 72, bot deudec niwarnawt ar hugeint yn y ulwydyn yn beriglus . . . a phwy bynnac a *briotter* yn un ohonunt ef a uyd marw heb o hir [*sic*]. *c.* **1400** *RB* ii. 393, *priodes* ef chwaer brenhin hwngari yn wreic idaw. *c.* **1400** (*SG*) *HMSS* i. 346, megys y gwnathoed pan y *priodassei.* **1567** *TN* 250a, gwell yw *priodi*, nac ymlosci. *Diw.* **16**g. *LBS* iv. 401, os tydi am *priotta.* **1588** *Doeth Sol* viii. 2, [c]eisiais ei *phriodi* yn ddyweddi i mi. **1632** *D*, *priodi*, uxorem ducere, Viro nubere. q.d. Sibi appropriare, in proprium accipere. **1672** J. Langford: *HDdD* 322, Y mae dau bêth a ddyle Rhieni ei ystyried yn enwedig wrth *Briodi* ei Plant. **1725** D. Lewis: *GB* 164, Y mae megis Un Dŷn o bob Pedwar a Enir yn *Priodi.* **1747** *ML* i. 129, Na, *phriodws* Roberts ddim. **18**g. L. Morris: *LW* 147, *Priodi* y Plygain ddydd nadolig heb ymofyn na Leisens. **1775** *W* d.g. *to impropriate, marriage, to give in [to] marriage, to marry [join in marriage, as the priest].* **1803** *P*, *priodi* . . . to espouse; to marry; to be married.

(*b*) (enghrau. *tros.* a *ffig.*: *transf. and fig. exx.*).

12–13g. *GlLl* 53, Mab Ywein Prydein, *priodes*—gwendud. **15**g. *GGl*[2] 116, Duw Tad wedi deuoed hydd / A'th *briodes* â'th brydydd. / Rhoi'n dystion, rhan dwy osteg, / Ydd wyf dri chywydd ar ddeg [i Hywel ab Ifan Fychan]. **1588** *Eseia* lxii. 4–5, bodlon yw 'r Arglwydd i ti, a'th dir, a berchennogir (**1620** *ib.* *briodir*). . . fel y prioda gŵr ieuangc forwyn, y *prioda* dy feibion dithe. **1630** *YDd* 347, Cymered gwyr cyfoethogion eraill, rybydd oddiwrth y cyfryw siamplau gresynaidd, i beidio a *phriodi* eu meddyliau a'i harian fel na wnelont ddim daioni a'i da, nes ei [*sic*] farwolaeth eu hysgar hwynt. **1725** D. Lewis: *GB* 381, Y mae Dynion yn yr Oes ymma, yn *Priodi* Plesserau pechadurus. **18–19**g. R. Davies: *DB* 66, *Priodynt* bob rhyw adeg / G[y]llymau cerdd dannau 'n deg. Sonnid gynt am '*priodi*'r domen er mwyn y tail' yn achos rhywun yn priodi er mwyn arian, *Mont Coll* xiii. 323.

Amr.: **peiriodi** [ff. â llaf. lusg ac aff., cf. *peiriodas* (amr. ar *priodas*)]. *c.* **1550** *RC* xlvi. 62. **1582** *Rhyddiaith Gymraeg* ii. 51. **1589–90** *HP* 132. **periodi** [ff. â llaf. lusg, cf. *periodas* (amr. ar *priodas*)]. **16**g. *Yst Kym* 52. **1658** R. Vaughan: *PS* 47. **pyriodi, piriodi** [ff. â llaf. lusg, cf. *pyriodas* (amr. ar *priodas*)]. **16**g.

GIllV 48, O bu raid i *byriodi* / Y ddaiar ach ysgar chwi. **16g.** DAFYDD BENWYN: *Gw* 428, *Pyriodaist*, gawr pvr odwych, / (per yw'r gwaith) pywr o wraig wych. *Dchr.* **17g.** *ID* 8. **1615** R. SMYTH: *GB* 135, yr wyt yn *piryodi* meistres flin i thrin.

Cfn.: **priodi arian:** *to marry (into) money.* Ar lafar. **p. drwy'r berth:** *to marry a (close) relative.* **1887.** Ar lafar ym Morg., *TGG* (1906) 15; hefyd yn Arfon, yn yr ystyr '[m]ynd i'r llwyn cyn priodi', yn ôl J. JONES: *Gwerin-eiriau*[2] 197.

priodas [*priod*+-*as*[2]] *eb.* ll. -*au.*

(*a*) Uniad (ffurfiol) rhwng dyn a menyw fel arfer er mwyn byw gyda'i gilydd ac yn aml i gael plant; seremoni sy'n sefydlu uniad o'r fath; un uniad arbennig o'r fath: *marriage, matrimony, wedlock; marriage (ceremony), wedding; an instance of this union.*

13g. *BD* 27, nat oed reit idav ef vrth dim namyn gureic telediw dyledavc y caffei plant ohonei yn etiued ar y gyuoeth. Ac yn diannot y cadarnhavyt y *priodas* y rygthunt. *id.* 140, angheu Gorlois . . . llawen uu o achavs bot Eigyr yn ryd ellyngedic o rvym y *briodas.* **14g.** *LlB* 79, O tri mod y dosperthir dadyl datanhud rwg etiuedyon . . . Eil yw breint *priodas* rwg etiued kyfreithawl ac vn aghyfreithawl, kanys y kyfreithawl a'e keiff oll. **1346** *LlA* 37, dywedir . . . vot *priodas* (*conjugium*) yn lan ac yn da. *id.* 145–6, seith rinwed ynyr eglwys . . . *priodas.* a honno awnaethpwyt yr dibechv kytknawt rwg gwr. agwreic. ac yr ennill plant y wassannaethv duw. *id.* 153, yneb . . . a torrassant y *priodasseu.* **14g.** *YBH* 52a, archesgob gris agant yr efferen ac awnaeth eu *priodas.* **14g.** *B* xiv. 259, buam yn y lle vrth *priodas* meir. *c.* **1400** *Ked AA* 5, A chytsynnyaw a wnaethant am y *briodas* a gwneuthur neithyawr. **15g.** *GLGC* 73, Un a dau gorff, nid o gas, / dau un bryd, un *briodas.* *Diw.* **15g.** *Pen* 53, 39, y gaethu *priodassau* / O loer chwefror oer ar eiriau / Ryfedd irrifir [*sic*] deng niau / Dyna Sul yn dynessau / Duw sul y *priodassau.* **1547** *WS*, *priodas*, a weddyng. **1551** W. SALESBURY: *KLl* lxvia, pwy a wnaethadd *priodas* [:– neithior] yw vap. **1606** E. JAMES: *Hom* i. 92, Trwy y cyffelyb addewid sanctaidd y mae dirgelwch *priodas* yn rhwymo gŵr a gwraig mewn cariad an-nherfynol. *Dchr.* **17g.** *J* 10, 133b, *priodas* . . . wedlocke, matrimonium. Nuptiae. **1618** J. SALISBURY: *EH* 270,Sagrafen *Priodas* yw cyfreithlawn gyssylldiad, ag ymglymiad gwr a gwraig, yn briod i'w gilidd. **17g.** *Bl B XVII* i. 286, Rhag *priodas* heb un fodrwy, / Libera nos, Domine. **1672** J. LANGFORD: *HDdD* 176, mae pób rhyw Weithred o'r cyfryw fáth yn hollawl yn erbyn Diweirdeb, oddieithr yn unic mewn *Priodas* gyfreithlon. **1716** E. SAMUEL: *GGG* 197, Mae'r naill Grefydd [Cristnogaeth] yn Gorchymmyn cadw Cyfammod *Priodas* yn gyfan ac yn wastadol . . . a'r llall [Islâm] yn rhoddi cennad i ymadael ac ysgar au gilydd. **1741** *ML* i. 58, Drwg y clywed fod y *priodasau* Cymreig yna yn digwydd mor anhapus, gobeithio na chyll Sion mor clôs. **1757** *ML* (Add) 299, *Priodas* among the Britains is plainly derived from Property, so that Priodi means to make a woman one's property; & it is an expression in some parts of North Wales. Y wraig, y wraig eiddo fi i.e. my wife, literally the wife my property; or according to the Northern Britain's phrase, The woman whom I govern: so much for *Priodas.* **1803** *P.* Ynglŷn â'r union ystyr yn y testunau cyfreithiol, gw. *WLW* 214.

(*b*) (enghrau. *ffig.*: *fig. exx.*).

12–13g. *GLlLl* 172, Ac Ynys Brydein *briodas*—yn hir [i Lywelyn ap Iorwerth]. **15g.** *GGl*[2] 116, Rhodd *priodas* urddas oedd, / Rhwymyn Duw rhôm ein deuoedd. / Anhebig heb genfigen / I briodas gwas â Gwen. / Nis gwnaeth, digaeth ostegion, / Brawd Sais y *briodas* hon [i Hywel ab Ifan Fychan]. **1567** *TN* 395a, Bendigedic ynt y rei y elwir y wledd [:– swper] *priodas* yr Oen. **1687 (1715)** J. OWEN: *TB* 10, megis arwydd o'r *briodas* ysprydol, a'i undeb â Christ. **1768** W. WILLIAMS: *HTS* 39, y fath *briodas* rhwng nattur a'r creaduriaid.

Amr.: **peiriodas** [ff. â llaf. lusg ac aff., cf. *peiriodi* (gw. *priodaf*: *priodi*)]. **16g.** *YT* 73. **1582** *Rhyddiaith Gymraeg* ii. 52. *c.* **1730** *Thos. Lloyd D* (LlGC) 188a, *peiriodas* . . . priodas. **periodas** [ff. â llaf. lusg, cf. *periodi* (gw. *priodaf*: *priodi*)]. **15g.** *GO* 57, Gofvn bod dy *beriodas* / Val dyn yn gofyn i gas. **16g.** *Yst Kym* 18. *c.* **1658** R. VAUGHAN: *E* 215. **pyriodas** [ff. â llaf. lusg, cf. *pyriodi* (gw. *priodaf*: *priodi*)]. **1615** R. SMYTH: *GB* 130, 133.

Cfn.: **priodas arian:** *silver wedding anniversary.* Ar lafar. **p. aur:** *golden wedding anniversary.* Ar lafar. **p. fach, p. fechan:** (i) *informal wedding without benefit of clergy.* **1757** *ML* i. 468, Mae arnaf ofn mae *priodas vach* [*sic*] Sir Aberteifi fu yn Leghorn. **1761** *id.* ii. 348, Digrif o'r hanes a roddasoch o'r *priodasau bychain* yna a'r archoffeiriadau. *a.* **1765** *Ceredigion* viii. 201, Of the Little wedding or *Priodas vach.* Some Couples (especially among the miners) either having no friends, or seeing this kind of public marriage too troublesome and Impracticable, procure a man to wed them Privately which will not cost above two or 3 mugs of ale. Sometimes half a dozen Couple[s] will agree at a merry meeting and are thus wedded and bedded together. This they call *Priodas vach* . . . The little wedding doth not bind them so Effectually, but that after a months trial they may part by Consent, when the Miner leaves his Mistress, and removes to a Minework in some distant Country, and the Girl is not worse look'd upon among the miners than if she had been an unspotted virgin, so Prevalent & Arbitrary is Custom. (ii) *civil marriage ceremony.* Gw. T. M. OWEN: *CTW* 114. **p. geffylau:** *wedding in which the bridal party and guests rode on horseback, often racing each other to the church.* **1898.** Ar lafar gynt yng ngodre Cered., sir Benf., a sir Gaerf., D. E. JONES: *HLlP* 367, *GDD* 235. Gw. T. M. OWEN: *WFC*[3] 162–3. **p. ceiliog ac iâr:** *cohabitation not formalized by a legal or religious ceremony.* Ar lafar yng Nghwm Gwaun, sir Benf. **p. coes ysgub,** gw. *p. ysgub.* **p. gymorth:** *wedding to which the guests were invited to bring gifts to help the new couple begin their married life.* **1794** *P* d.g. *cymhorth.* **p. dda:** *greeting used to congratulate a newly married couple.* Ar lâfar yn gyff. **p. ddiemwnt:** *diamond wedding anniversary.* **20g.** **p. wahodd, p. wa(w)dd** = **p. gymorth.** **1861.** **p. wyllt:** *clandestine wedding.* **1722** *Llst* 189. **p. leygol:** *civil wedding.* **1938.** **p. fawr:** *wedding attended by a great number of guests; church wedding.* **1861.** Cf. *Ceredigion* viii. 201, The Minister of a parish . . . complained . . . that in one little village there was above 50 families that were only married by the little wedding and never took to the great wedding in his church, whereby he Entirely lost his fees, tho' some came and underwent the great wedding by way of Confirmation. Gw. T. M. OWEN: *CTW* 114. **p. ruddem:** *ruby wedding anniversary.* **20g.** **p. draed:** *wedding in which the party walked to the church.* Ar lafar gynt yn y De-orllewin, T. M. OWEN: *WFC*[3] 162. **p. (coes) ysgub:** *informal wedding in which the parties jump over a broomstick in the presence of witnesses.* Ar lafar gynt, cf. E. AC A. O. H. JARMAN: *SC* 38, [*p*]*riodas ysgub* . . . Gosodid ysgub fedw ar draws drws agored ty, gyda pen yr ysgub ar y rhiniog, a phen y goes ar ffram y drws. Yna neidiai y llanc drosti gyntaf i'r ty a'r ferch wedyn yr un modd. Ni chyfrifid y neidio yma yn briodas os y byddai i un o'r ddau dwtsh rhyw ran o'r ysgub wrth neidio, neu ei symud ar ddamwain o'r lle. Yr oedd yn rhaid neidio yng ngwydd tystion hefyd. *Her.* **mewn p.:** *in marriage (in her., used for two coats impaled, often those of husband and wife).* *a.* **1564** *DWH* i. 364.

priodasaf: priodasu [gair geir., sef bf. o'r e. bl.] *b?a.* Priodi; ?addasu: *to marry; ?adapt.*

1604–7 *TW* (*Pen* 228) d.g. *accomodo.* **1632** *D* d.g. *marito.*

priodasfab [*priodas*+*mab*] *eg.* ll. -*feibion.* Priodfab, hefyd yn *ffig.*: *bridegroom, also fig.*

1567 *TN* 394b, ny chlywir lleis *priodasvab* a phriodasverch ynot i mwy. **1632** *D*, priodfab, & *Priodasfab*, sponsus. *id.* d.g. *neogamus, nymphus.* **17g.** *BL Add* 14890, 31b, Glânhâ diŵgia hyd eigion gwaelod / Dirgelwch dy galon / Ir *priodas-fâb* graslon / Tirion hap gael tario n hon. **1803** *P.*

priodasferch [*priodas*+*merch*[1]] *eb.* ll. -*ed.* Priodferch, hefyd yn *ffig.*: *bride, also fig.*

1567 *TN* 394b, ny chlywir lleis priodasvab a *phriodasverch* ynot i mwy. *id.* 397b, y *priodasverch* [*sic*], gwreic yr Oen. **1588** 2 *Esd* vii. 26, [y] *briodas-ferch* a ymddengys. **1595** H. LEWYS: *PA* 24, Hefyd eglwys Ghrist, (sef yw hynny) y gynelleidfa Ghristnogaidd yr hon yw *priodasferch* crist. **1606** E. JAMES: *Hom* iii. 100, Onid ydwyt ti nac yn ofni Duw gwneuthurwr y wledd hon, nac yn perchi Christ . . . nac yn ystyried ei *briodasferch* ef a'i anwyl wahoddedigion. **1615** R. SMYTH: *GB* 122, nid ynt yn harddu *priodasferch* Iesu Grist. *id.* 136, dydd y byryodas . . . y *bryodasferch* a oedd heini. **1632** *D*, priodferch, & *Priodasferch*, sponsa. *id.* d.g. *conjunx, nupta, nympha.* **1687 (1715)** J. OWEN: *TB* 43, ni welwyd mwy mor gwyr, na'i [*sic*] meirch, na'r *briodas-ferch.* *c.* **1762–79** W. WILLIAMS: *P* 625, Yr wyf yn cyfaddef hefyd mai yr eglwys honno sydd yn wir *briodasferch* Crist, ymha un y mae gair Duw yn cael ei wir ddysgu. **1803** *P.* Cf. D. OWEN: *GT* 331, [t]aflodd Gwen ddeubar o hen esgidiau ar ol y *briodasferch.*

priodasgan [*priodas*+*cân*[1]] *eb.* Priodasgerdd: *nuptial song or poem, epithalamium.*

1771 *W* d.g. *bridal song.* **1803** *P.*

priodasgerdd [*priodas*+*cerdd*[1]] *eb.* ll. -*i.* Cân neu gerdd briodas: *nuptial song or poem, epithalamium.*

1630 *YDd* 76, Fal y caiff y gân honno . . . ei gwirio yn hollawl . . . a'r *briodasgerdd* honno yn Ioan [*Dat* xix. 7]. **1632** *D* d.g. *epithalamium, hymenæus.* **18g.** *Wy* 8, 24, Clodforwn Canwn pob Cerdd, mewn golau, / ac eiliwn Gysongerdd, / Dysgwn ryw *Briodasgerdd* / erbyn diwrnod cyfnod Cerdd. **1754** *Gron* 41, Awdl *Briodasgerdd.* **1754** *ML* i. 273, 311. **1757** *ML* (Add) 296, Dyma fi gwedi derbyn drwy law Mrawd Rhisiart ddwy *briodasgerdd.* **1771** *W* d.g. *bridal song, epithalamium* [*a nuptial song*]. **1803** *P*, *priodasgerdd*, s. f. pl. t. *i*, an epithalamium.

priodasol [*priodas*+-*ol*] *a.* Yn perthyn i briodas, yn deillio o briodas, hefyd yn *ffig.*; wedi priodi: *marital, matrimonial, conjugal, wedding-, resulting from a marriage, also fig.; married.*

15g. *LHDd* 84, Ail yw gwreic: Ac arglwyd gwialen *priodassawl* erni. **1609** R. SMYTH: *CAC* 44, [d]oeth allan o hono ti megis priod, oi stafell *briodasawl.* **1615** R. SMYTH: *GB* 134, swyddogion newydd a elwid tyngnefyddwyr y rhai *priodasawl.* **1759** T. THOMAS: *WWDd* 312, trwy fod yr Enaid yn cael ei nerthu, i ymroddi i undeb cyfammodol a *phriodasol* â Christ. *c.* **1762–79** W. WILLIAMS: *P* 496, [y] cwlwm *priodasol.* **1767** J. THOMAS: *TFFf* 54, Fe a ddywaid yr Apostol fod *priodasol* undeb rhyngom ni a'r ddeddf. **1772** *W* d.g. *connubial, nuptial.* **1778** J. HUGHES: *BB* 216, Roedd cariad *priodasol*, / Mwyn wiw-serch a mynwesol. **1782** P. WILLIAMS: *CC* 18, undeb *priodasol* ag Awdwr y bywyd. **1789** W. RICHARDS: *ABD* 29, [y] berthynas *briodasol.* **1798** *WR* d.g. *matrimonial, spousal.* **1803** *P.*

Amr.: **periodasol** [*periodas*+-*ol*]. **1658** R. VAUGHAN: *PS* 171, mewn cyflwr *periodasol.*

priodaswr [*priodas*+-*wr*] *eg.* ll. -*wyr.* Priodfab: *bridegroom.*

1567 *LlGG* xxivb, [Ll]ywodraethwr y wledd a alwodd ar y *priodaswr* (*TN* 133b, [:– y gwr a briodesit]).

priodbwys [*priod*+*pwys*[1]] *eg.* ll. -*i.* *Ffis.* Dwysedd cymharol: *specific gravity (in physics).*

1834.

priod-ddull [*priod*+*dull*] *eg.* ll. -*iau.* Grŵp o eiriau a arferir yn gyffredin gyda'i gilydd ac fel rheol mewn ystyr wahanol i gyfanswm ystyr y geiriau unigol, e.e. *mynd dros ben llestri*, idiom; defnydd o iaith sy'n naturiol i siaradwr brodorol iaith; cymeriad neu athrylith iaith, teithi; dull mynegiant nodweddiadol o unigolyn, ysgol, cyfnod, &c., mewn llenyddiaeth, cerddoriaeth, celfyddyd, &c.; tafodiaith: *idiomatic collocation, idiom; idiom, linguistic usage natural to native speakers of a language; character or genius of a language; mode of expression typical of an individual, school, period, &c., in literature, music, art, &c.; dialect.*

1773 *W*, prïodoledd (*prïod-ddull*) y Ffrangeg d.g. *gallicism.* *id.* d.g. *grecism, hebraism, idiom, latinism.* Cf. D. OWEN: *D* 136, meistrolodd Aelod Jones sillebiaeth a *phriod-ddull* y Gymraeg.

priod-ddulliol [*priod-ddull*+-*iol*] *a.* O natur priod-ddull, neilltuol i iaith arbennig neu nodweddiadol ohoni, a nodweddir gan briod-ddulliau: *idiomatic.*

1847.

priodedig [bôn y f. *priodaf*: *priodi*+-*edig*] *a.bfl.* Priod, wedi priodi; priodasol; (geir.) wedi ei feddiannu; hefyd yn *ffig.*: *married; marital; (dict.) appropriated; also fig.*

1770 *TG* ii. 83, Mae rhai mor *briodedig* i'w gwlad enedigol . . . na fynnant byth gychwyn o honi. **1803** *P*, *prïodedig*, appropriated.

priodelw, gw. **priod—p. elw.**

priodfab [*priod*+*mab*] *eg.* ll. -*feibion*, -*faib.* Dyn ar fin priodi, yn priodi, neu newydd briodi, hefyd yn *ffig.*: *bridegroom, also fig.*

1567 *LlGG* 30b, dauet y *priawdvap* o ei ystavell, ar priodverch [*sic*] o ei chuvicul. **1588** *Math* xxv. 6, wele y *priod-fab* yn dyfod. **1588** *Io* ii. 9, llywodraeth-wr y wlêdd a alwodd ar y *priod-fab.* *id.* iii. 29, Yr hwn y mae iddo briod-ferch yw 'r *priod-fab.* **1620** 2 *Esd* xvi. 33, Y morwynion ieuaingc a alarant heb *briod-feibion* (**1588** *id.* 34, heb wŷr) iddynt. **1630** *YDd* vii, [p]e deuai y *priodfab* yr awrhon, pa rifedi (or rhai sy'n eu tybied eu hunain yn ddigon doeth . . .) a gaid yn forwynion ffolion, heb vn defnyn o olew ffydd . . . yn eu lampau? **1632** *D*, *priodfab* . . . sponsus. *id.* d.g. *neogamus, nymphus.* **1684** J. DAVIES: *LlR* 380, cofleidio trwy ffydd yr Arglwydd Iesu Grist megis ei *Phriodfab.* **1688** *TJ*, *priodfâb* . . . a Bridegroom. **1714** D. LEWYS: *CN* 9, A llawenydd glan *priodfab*, / Am Briodferch yn llawn Cudab. **1803** *P.*

priodferch [*priod*+*merch*[1]] *eb.* ll. -*ed.*

Menyw ar fin priodi, yn priodi, neu newydd briodi, hefyd yn *ffig*.: *bride, also fig.*
1567 *LlGG* 30b, dauet y priawdvap o ei ystavell, ar *priodverch* [*sic*] o ei chuvicul. **1588** *Io* iii. 29, Yr hwn y mae iddo *briod-ferch* yw 'r priod-fab. **1618** J. SALISBURY: *EH* 65, [yr] Eglwys, *priod-/ferch* Dduw. **1631** O. THOMAS: *CC* 40, y *Briod-ferch*, sef yr Eglwys. **1632** *D*, priodfab . . . *priodferch* . . . sponsa. *id.* d.g. *coniunx, nupta, nympha.* **1687 (1715)** J. OWEN: *TB* 43, ymaflodd un o honynt yn llaw y *briodferch* i ddawnsio gyda hi. **1688** *TJ*, *priodferch* . . . a Bride. **1714** D. LEWYS: *CN* 9, A llawenydd glan priodfab, / Am *Briodferch* yn llawn Cudab. **1790** T. JONES: *TOS* 308, pa gân o lawenydd fydd . . . [p]an addurnir y ddinas sanctaidd, fel y *briodferch*, gwraig yr Oen. **1803** *P*, *prïodverch*, s. f. pl. t. *ed*, a bride.

priodgariad [*priod*+*cariad*] *eg.* Hunan-gariad, yn ddifr.: *self-love* (*derog.*).
1672 J. LANGFORD: *HDdD* 355–6, fal hyn y gwelwn ni yn rhŷ fynych mewn *priod-gariad*, fe a wná i ni feddwl yn uchel o honom ein hunain. *id.* 404–5, [y] *Priod-gariad* hwnnw, yr hwn sydd . . . yn ei [*sic*] meddiannu hwynt . . . nad yw yn gadael lle i Gariad . . . tu ac at ein Cymydog.

priodiaith, priod iaith [*priod*+*iaith*] *eb.* ll. *-ieithoedd.* Iaith frodorol; tafodiaith; ieithwedd; priod-ddull: *vernacular or native language*; *dialect*; *diction*; *idiom*.
1603 W. MIDLETON: *Ps* [viii], ad-fyw-hau bagad o bethau rhagorawl yn eyn *priod-iaith.* **1603** E. KYFFIN: *Ps* [v], helaethiad Gogoniant Duw, mawrhâd eyn *Priod-iaith*, a chyssur eyn Eneidiau erbyn y dydd a ddâw. **1652** *Cylchg LlGC* vii. 193, cyn belled ac i harcho cyfraith y Beirdd yn eu *priodiaith* eu hun Farddoniaeth eu hen dderwyddon. *c.* **1730** *Thos. Lloyd D* (LlGC) 195b, *priodiaith*, lingua nativa. **1772** J. PRYS: *Alm* 12, Yw canu i gymru gain / Waith ar *briodiaith* brydain. **1772** *W* d.g. *diction.*

priodl, gw. priodol.

priodnodaf: priodnodi [*priod*+*nodaf*[1]: *nodi*] *ba.* Nodweddu: *to characterize.*
1771 *W* d.g. *to characterize.*

priodol [*priod*+*-ol*] *a.* ll. *-ion*, hefyd gyda grym enwol ac adferfol ac fel *eg.*

(*a*) Iawn, addas, cymwys, gweddus: *proper, right, appropriate, suitable, fitting.*
14–15g. *IGE*[2] 120, Obrudd i fardd, ebrwydd fawl, / I brydu cerdd *briodawl* (Gruffudd Llwyd). *c.* **1400** *RC* xxxiii. 444, panyw glastynbri y gelwir kanys frydyeu ac auonyd o eigyawn mor hafren yssyd yny gylch. kyt bei *priodolach* y galw keffinyd auonyd. **?15g.** *LGC* 478, Gwènol *briodol*, a brain, / A wna lendid i Lundain [i Siasbar Tudur]. *c.* **1514** *B* v. 12, ol i draed ef yn y maen yn *briodol* ffurfaidd. **16g.** *Hop M* 184, ag ymdrwsio gyda r tad, mewn dillad *priodolion.* **1595** M. KYFFIN: *DFf* [156], y petheu a ddoetpwyd yn ddiau, ag yn *briodol* iawn, am Grist ei hun. **1606** E. JAMES: *Hom* ii. 253, cynulleidfa bobl Duw (yr hon yn *briodol* a elwir yr Eglwys). **1618** J. SALISBURY: *EH* 17, Am fod yr holl alluawg yn henw *p*[*r*]*iodawl* iawn i [Dd]uw. Ag er bod iddo fagad o rai *priodawl* eraill, megys tragywyddol, an-herfynol, anfesurol, ag eraill. *id.* 51, ymadrodd *briodawl*, gyfaddas. **1630** *YDd* 15, Yr enw hwn [Θεος] â arferir, naill ai'n amhriodol ai'n *briodol* . . . Eithr pan gymmerir yr enw hwn yn *briodol* ac yn ddidueddol, y mae yn arwddycau [*sic*] tragwyddol sylwedd Duw. **1631** O. THOMAS: *CC* 37, y cyfryw fannau o Air Duw ac â berthyn yn *briodol*, ac yn gymmwys i bôb dŷn. **1803** *P* d.g. *prïodawl.*

(*b*) Neilltuol, penodol, arbennig; preifat: *specific, particular, peculiar, special*; *private.*
1604–7 *TW* (*Pen* 228) d.g. *peculiaris, specialis.* **1606** E. JAMES: *Hom* i. 146, ac na chymmeront gleddyf drwy eu *priodol* awdurdod eu hunain (*by their private authority*). **1607** *Rhyddiaith Gymraeg* i. 138, ny ddylywn gadw'n *briotol* ymyhun y peth a ddylei vod yn gyphredin y laweroedd. **1611** R. SMYTH: *SG* 134, bod duw [*sic*] fath ar iawn, un *priodawl* i Iesu Grist, y llall y[n] gyphredin i gristion yw gwneythyd. **1630** *YDd* 236, Ceremoniau y rhai a berthynent i'r Iuddewon yn *briodol*, ac nid i bobl eraill. **1664** *LlGG* sig. 11r, Llithiau *Priodol* neu neilltuol i bob dydd Gwyl. **1672** R. PRICHARD: *Gw* [xix], y llythyrennau sy'n *briodol* i'n iaith ni yn anad vn iaith arall. **1679** C. EDWARDS: *GGG* 141, torrwch i lawr geinciau mwyaf pechod: sef y trachwantau *priodol* a fo yn eich cythryblu fwyaf. **1701** E. WYNNE: *RBS* 30, nad rhaid ond llai o hyspysu dim neilltuol; etto'n *briodolaf* ôll mae'r ymarfer hwn . . . Yn help godidoc i weddi. **1711** H. POWEL: *TY* 174, [P]rynedigaeth fel y mae hi yn *briodol* i'r Etholedigion. **1721** RD: *CFf* 88–9, nid yw Gwaith Pregethu 'r Gair . . . wedi ei derfynu cyn *briodoled* attynt hwy, fel na ddichon . . . eraill hefyd . . . ei chyflawni hi. **1735** S. THOMAS: *HP* 67, yr Opiniwnau a gyfryfid yn ddieithr, ac yn *briodol* iddo efe ei hun. **1776** I. BRYDYDD HIR: *P* i. 254, Cynneddf *briodol* yr efengyl yw dwyn dyn i wybodaeth o hono ei hunan. **1803** *P*, *prïodawl* . . . peculiar.

(*c*) Dilys, iawn, gwir, gwreiddiol, cynhenid, brodorol: *rightful, true, original, native, indigenous.*
14g. *BT* (*RB*) 52, anuonet hwy hyt ynn Ros drwy wrthlad odyno y *priodolyonn* giwdawdwyr, y rei a gollassant eu priawt wlat a'e priawt le. **15g.** *LHDd* 59, ef gynhattawd y bob uchelwr or a vo yn kynal y dir *priodawl* dan y arglwyd. vreint y dir. *id.* 66, Onyd y tri lle y mae kystal amriodawl a*phriodawl* yn [*sic*] yw yny breint y ganer. **1710** *LlGG* sig. a2r, [p]ob Lleoedd lle bo'r Eglŵyswr *Priodol* o ryw Barsonoliaeth neu Ficariaeth neu Rent a Chur yn preswylio ar ei Rent, ac yn cadw Curad dano. **1730** *Leg Wall* 332, Mab mab ailld . . . Brenin neu Freyr, yr hwn a eilw Cyfraith yn Alldud [al. Ailld, S.2] *priodawl*, yr hwn a dricco gyd a'i Arglwydd yn ddisymmud. **1791** GW. MECHAIN: *Rh* 71, nid ydym ni hiliogaeth Bryttaniaid gwrthgiliedig . . . ond *priodol* drigolion gwlad. **18–19g.** R. DAVIES: *DB* 80, Wyf etifedd gwedd gain / *Priodol* goron Prydain. **1803** *P*, *prïodawl* . . . legitimate.

(*d*) Yn perthyn i, yn perthyn iddo (iddynt, &c.) ei hun (eu hun, &c.), eiddo iddo (iddynt, &c.), ei . . . ei hun (eu . . . eu hun, &c.): *belonging to* (*oneself, itself, &c.*), (*one's* (*its, &c.*)) (*very*) *own, proper.*
13g. *HGK* 6, bryssyvn y'v *briodolyon* weithredoed. *c.* **1400** *RB* ii. 145, Odyna ydymchoel y dreic coch yny *phriodolyon* deuodeu. **1588** *Act* i. 19, hyd oni elwir y maes hwn, â'u tafod *priodol* hwy, Aceldama. **1595** *Egl Ph* [vii–viii], gwybodaeth o Dduw a dyn drwy gyfrwyddo yn hydda pob rhyw amsodd gweithredoedd at ei dyben *priodawl.* **1620** *Tit* ii. 14, Yr hwn a'i rhoddes ei hun trosom . . . i'n puro iddo ei hun, yn bobl *briodol.* **1620** 1 *Pedr* ii. 9, chwy-chwi ydych rywogaeth etholedig . . . pobl *briodol* i Dduw. **1661** E. LEWIS: *Drex* 53, A[u]gustus . . . ar ei gost *briodol* ei hun, a osod[o]dd allan . . . chwareuon a champau chwareyfeydd. **1691** T. WILLIAMS: *YB* 18, fod y bŷd nesaf yn ei naturiaeth ei hunan drwy rym ei *briodol* fraint yn rhagori cymmaint ar y bŷd ymma. **1693** *PGLl* 89, Cyn *Briodoled* Bobol (i Dduw) y gwnae hynny i ni fôd! **1776** I. BRYDYDD HIR: *P* ii. 164, [p]uro iddo ei hunan bobl *briodol*, awyddus i weithredoedd da. **1795** J. THOMAS: *AIC* [5], B. Sy'n cwbl golli ei Sŵn pan fo 'n diweddu gair ac (m) o'i blaen . . . ymhob man arall hi a Swnia yn ei *phriodawl* Sŵn. **1803** C. EVANS: *FfYI* 35, nad oedd angeu'r groes, neu waed *priodol* Duw, yn ddigonol i sicrhau dim o fywyd hanner y bobl y bu ef farw drostynt.

(*e*) Priod, wedi priodi (yn ffurfiol); priodasol, yn perthyn i briodas: (*formally*) *married, wedded*; *marital, matrimonial, conjugal, wedding-.*
15g. *GDID* 114, Er bod yt ŵr *priodawl*, / Er fy mwyn, aro fy mawl. **16g.** *YT* 81, *priodol* wragedd ynttwy a'i llygranntt. **1552** *Rhyddiaith Gymraeg* i. 50, ond hevyd gwragedd *priodol* a gweddwon. *Diw.* **16g.** *CRC* 308, Beth am wscar [*sic*] lletteion / gwyr a gwragedd *priodolion.* **1595** M. KYFFIN: *DFf* [124], Yr hen Gymanfa-Gyngor Gangrense sy'n peri na wnelo neb y fath ragoriaeth rhwng offeiriad *priodol*, ag amhriodol. **1604–7** *TW* (*Pen* 228) d.g. *maritus, nubens.* **1617** R. PRICHARD: *CE* [13], Ag oyl ith lamp, ath wisc *briodol.* **1675** R. JONES: *HCh* 143, Ac am hynny myfi a orchymynaf y rheol hon i bobl *briodol*, I ochelyd bod ill dau yn ddig a'r [*sic*] unwaith. **1683** H. EVANS: *CTF* 26, Câs yw hefyd fod dyn grassol, / A Chythreules yn *briodol.* **1687 (1715)** J. OWEN: *TB* 65, gwr *priodol*, oedrannus, dysgedig . . . eithr yr oedd ef yn arfer cy/feillach anghyfreithlon a llanges [*sic*] jefangc. **1688** *TJ*, gwriog, *priodol* ferch; a married woman. *c.* **1688** *YHD* 2, Os ydych chwi mewn ystâd *Briodol* . . . er y gallasech gael Gwraig neu wr gwell. **1701** E. WYNNE: *RBS* 70, mae rhai yn nghyflwr Priodas . . . wrth roi siampl fawr o serch *priodol.* **1803** *P* d.g. *prïodawl.*

(*f*) *Gram.* Priod (am enw): *proper* (*of noun in gram.*).
c. **1455** *GP* 68, Henw *priodol* a vydd ar wr nev ar le. *a.* **1575** *id.* 137, Enw ffyrf yssydd y naill ai yn enw *priodol* i'r peth a arwyddockao, val y mae Simwnt, Havren, nev yntav yn gyffredin i vwy, val y mae dyn. **1808** R. DAVIES: *GC* 35, Enw cadarn *priodol* yw enwau anghyfranogol dynion, lleoedd, &c. sef, pethau nad yw eu henwau yn brïodol ond iddynt eu hunain; megys, Ioan, Mair, Caerludd.

(*g*) *Math.* Bondrwm: *proper* (*in math.*).
1861.

Fel *e.* (*a*) Person(au) priod, pobl briod, priod: *married person*(*s*), *married people, spouse.*
16–17g. *HG* 23, ar kariad ail, rhai ai kynail / rhwng *priodolion*, a chyd ddynion. **1606** E. JAMES: *Hom* i. 175, O herwydd mae 'r *priodol* yn rhwym wrth gyfraith Dduw, i garu ei gilydd . . . heb i vn o honynt geisio cariad dieithr. **1677** C. EDWARDS: *FfDd* 334, Y *priodol* a geidw ei wely yn ddihalogedig. **1683** H. EVANS: *CTF* 26, Edrych nid am râs yn unig, / Ond am natur hyfryd, pwyllig: / Y mae cyssur y *priodol*, / Yn y peth hyn yn gynhwysol [wrth ddewis gwraig]. **1701** E. WYNNE: *RBS* 70, mae'r *Priodol* (*married persons*), y Gweddwon a'r Gwyryfon i gŷd ôll yn weision i Dduw.

(*b*) Eiddo: *property.*
1567 *TN* 161a, pan ich goyscerer pawp at yr eiddaw [:– pop vn i *briodolion*].

(*c*) Nodwedd: *characteristic.*
1845.

(*d*) *Gram.* Deusain ddisgynedig: *falling diphthong* (*in gram.*).
1592 S. D. RHYS: *Inst* 2, Dipthongi propriæ. Rhywiogion & *Priodolion.* **1728** S. RHYDDERCH: *GC* 2, Ynghylch y Lliosseiniaid neu'r dipthongiaid. Rhai a elwir Rhywogion, *Priodolion* a wneir o'r Bogeiliaid uchod, sef a e i o u wy y.

Amr.: **priodl.** **1709** H. POWEL: *G* 23, 26, 41.

priodoladwy [bôn y f. ddil.+*-adwy*] *a.bfl.* Y gellir ei briodoli; y gellir ei gymhwyso: *attributable*; *applicable.*
1716 IACO AB DEWI: *PTE* 3, mor *briodoladwy* i bawb ereill.

priodolaeth, gw. priodoliaeth.

priodolaf: priodoli [bf. o'r a. *priodol*] *ba.*

(*a*) Ystyried fod (rhywbeth) yn perthyn i (rywun neu rywbeth) neu wedi ei wneud gan (rywun neu rywbeth) neu'n ganlyniad i (rywbeth); defnyddio at bwrpas arbennig, neilltuo (at bwrpas arbennig); trosglwyddo (eiddo) i rywun arall; cynysgaeddu; rhoddi fel meddyginiaeth neu rwymedi: *to attribute, ascribe, impute*; *apply, set apart or aside* (*for a particular purpose*); *transfer* (*possession*) *to another person*; *endow*; *apply, administer as a remedy.*
1346 *LlA* 86, Ar tri pheth hynny a*briodolir* Atheir personn ydrindawt. kannys yr tat y*priodolir* gallu. **15g.** *LHDd* 57, Perchen tir diettifed oe gorff a dychawn *priodoli* y dir yr neb y myno. **1615** R. SMYTH: *GB* 98, gan roi iddynt henwau adar . . . dylesent yn hytrach *briodoli* iddynt henwae cythreliaid uphernol. **1630** *YDd* 8, y mae yr hyn sydd briodol ir naill weithiau hefyd iw *briodoli* (*attributed*) ir llall. **1675** R. JONES: *HCh* 45, gan fôd y dydd hwnnw [dydd yr Arglwydd] wedi ei *briodoli* i ddyledswyddau ysprydol. **1679** C. EDWARDS: *GGG* 96, am ei fod ef yn Enneiniog, sef wedi ei *briodoli* . . . â doniau Cymmwys i fod yn Gyfryngwr. **1717** IACO AB DEWI: *CS* 92, A ydyw 'n rhaid *priodoli* y waredigaeth attom ni? (*Must the Redemption be apply'd to us?*) **1719** T. EVANS: *CDW* 18, Ond nid oedd hyn wedi ei neillduo a'i *briodoli* wrth Eppil Abraham yn unig yn ôl y Cnawd. **1725–6** *Madd Ed* 336, Oherwydd y rheswm hwn y mae fod holl Gyflawniadau Cristion yn cael eu *priodoli* i'w ffydd ef. **1727** J. JONES: *DFF* 301, Darlleinwch, ystyriwch, *Priodolwch* (*apply*), a chymhellwch wrth Orseddfaingc Grâs yr Addewid hono yn Ezec. 36. 26. *c.* **1730** *Thos. Lloyd D* (LlGC) 196a, *priodoli*, to ascribe. **1746** G. JONES: *HWI* v. 95, nerthu fy Ffydd i *briodoli* ffrwythau ei Ddioddefaint attaf fy hun. **1762** D. ROWLAND: *PA* 66, yn *prïodoli*'r Iachawdwr i'r Enaid, fel y triagl o gilaed [*sic*]. **1792** TOMOS GLYN COTHI: *A* 13, Yr oedd Crist yn *priodoli* ei eiriau, a'i weithredoedd i'w Dad.

(*b*) Cymryd meddiant llwyr o, meddiannu, hawlio: *to appropriate, take possession of, claim.*
1604–7 *TW* (*Pen* 228) d.g. *vendico. Dchr.* **17g.** *J* 10, 133b, *priodoli*, cleimio. **1632** *D*, *priodoli* . . . appropriare. **1649** E. ROBERTS: *SCG* 33, trwy ba un [ffydd] ymae dyn yn ymaflyd yn Ghrist a'i holl ddoniau ac yn ei [*sic*] *priodoli* hwynt igid iddo ei hun. **1675** R. JONES: *HCh* 127, Gweithred arall i ffydd iw harfer yn Swpper yr Arglwydd, yw cymmhwyso a *phriodoli* Crist i ti dy hun. **1675** R. DAVIES: *PY* 222–3, Os cais neb . . . derfynu, neu *briodoli* Christ iw Sect neillduol. **1677** R. JONES: *BB* 107, yn hoffi ymneulltuo, a chwennych *priodoli* yr enw o Dduwioldeb yn unig iddynt eu hunain. **1688** *TJ*, *priodoli*, meddiannu: to possess, or make a thing one's own. **1725** *SR* d.g. *to appropriate, or take to ones self.* **1775** *W* d.g. *to impropriate.*

priodoldeb [*priodol*+*-deb*] *eg.* ll. *-au.*

(*a*) Yr ansawdd neu'r cyflwr o fod yn briodol, addasrwydd; dilysrwydd; cydymffurfiad â safon ymddygiad; defnydd neu ystyr briodol (am iaith), priod-ddull; priodoledd, natur, ansawdd, nodwedd, nod amgen: *propriety, appropriateness*; *genu-*

ineness; propriety (of behaviour); proper meaning or use (of language), correct diction, idiom; property, attribute, nature, quality, characteristic, distinguishing feature.

1547 *WS* [xiii], Ond raid yw madde i bob tafawd i ledlef, a goddef i bob iaith i *phriodoldeb.* **1567** *LlGG* 112b, Eithr ty [*sic*] yw'r vn Arglwydd yr hwn biau o *briodoldep* yn wastat drugarhau. **1567** G. ROBERT: *GC* 33, y mae cymaint o floescni a llediaith ar y saesson wrth ddoedyd cymraeg . . . a hynny sydd yn erbyn tegwch a *phriodoldeb* yn hiaith ni. **1595** H. LEWYS: *PA* 36, naturiol, ag iawn *briodoldeb* duw, yw, bod yn gariadlawn ac yn garedigawl. **1595** *Egl Ph* 29, ysmudo gair o'i *briodoldeb* ei hunan, i'r rhyw gyphlybrwydd cyfnesaf. **1604–7** *TW* (*Pen* 228) d.g. *idioma.* **1615** R. SMYTH: *GB* 30, gwyddent rinwedd a *phriodoldeb* amryw lysiau. *id.* 237, naturiaeth a *phriodoldeb* y pedair elefen. **1658** R. VAUGHAN: *LlB* 8, Mae i bob vn rhyw hynodol *briodoldeb.* **1672** J. LANGFORD: *HDdD* 517, i'r Tâd, i'r Mâb, ac i'r Yspryd glân, y rhai yn ôl yr Esampl berffeithiaf o gyfundeb a wahanredir ym *mhriodoldeb* Personau. **1710** *CBGEL* 103, nad oes iddo [bara'r Cymun] *briodoldeb* cîg . . . canys fe a ellir ei fwytta ef y Grawys. **1722** *Llst* 189, iaith, *priodoldeb* Iaith, idiotism, propriety of language. **1752** *EGG* vi, Dull a *Phriodoldeb* y ddwy Jaith. **1755** *GAGC* 30, Am y Beirdd hynaf . . . Prawf o *Briodoldeb* eu Gwaith hwynt. **1803** *P.*

(*b*) Hawl (i berchenogi), iawn berchenogaeth; meddianiad; eiddo: *right (of possession), proprietary right, proprietorship, ownership; appropriation; property.*

1604–7 *TW* (*Pen* 228) d.g. *possessio. id.* hwn sy'n cael aruer a benthyc y peth ai frwyth, ag nyt y *priotoldeb* ar perchenogaeth d.g. *usufructarius.* **1672** J. LANGFORD: *HDdD* 243, Yr ail péth at ba ûn y mae 'r Cyfiawnder hwn tu ag at Feddiannau ein Cymydog yn cyrrhaeddyd yw ei Ddâ ef, tan ba air cyffredinol y cynnhwysir ei Dŷ ef, a'i Dîr, a'i Anifeiliaid, a'i Arian, a'r cyffelyb, ymmha rai y mae gantho iawn a *phriodoldeb.* **1688** *TJ*, *priodoldeb* . . . meddiant, hawl; propriety. **1693** *TYGD* 24, [y] gorchymmynion am dalu dyled . . . sydd yn arwydd bod gan bobl *briodoldeb*-yn y byd. **1712** T. WILLIAMS: *CDdG* 115, nid oedd neges wrth y Cyfryw Arwydd o *Briodoldeb* (*Badge of Appropriation*) [enwaediad]. **1730** *Leg Wall* 581, *priodoldeb* . . . plena proprietas, quam nemo nisi Quartus possessor sive Proprietarius habuit. **1753** *TR*, *priodoldeb* . . . the right of a thing, propriety, property. **1778** J. HUGHES: *BB* 185, Nid ydyw dŷn ei eiddo ei hun, / I'w ofyn na'i atteb, / Ond un a Christ mewn *priodoldeb.* [**1783**] *W* d.g. *right* [*just claim* . . .].

Amr.: **priodoldab** [*priodol*+-*dab*]. **1552** W. SALESBURY: *Gw* 319, *P*[*r*]*iodaldab* id yr amadrodd yr hwn nag ar draethawd nag ar yscriven ni bo dim ampriawd ynto.

priodolder [*priodol*+-*der*] *eg.b.* ll. -*au.*

(*a*) Priodoldeb, addasrwydd; defnydd neu ystyr briodol (am iaith), priod-ddull; priodoledd, natur, ansawdd, nodwedd, nod amgen: *propriety, appropriateness; proper meaning or use (of language), correct diction, idiom; property, attribute, nature, quality, characteristic, distinguishing feature.*

14g. *LlB* 101, Kanys ym peth bynhac y bo breint, yn yr vn ryw hwnnw vyd *priodolder* diwahan. Megys y mae breint anyanawl ym *priodolder* corff, velly breint tir yssyd *priodolder* tir; ac velly breint swyd yssyd *priodolder* swyd; ac wrth hynny, pan wahaner brawdwr swydawc a'e swyd trwy gyfreith, velly y gwehenir a breint y swyd. **14g.** *THSC* (1919–20) 124, [y] trugaredd honno yw *priodolder* caryat. **14g.** *B* v. 196, pan trosser ieith yn y llall . . . na ellir yn wastat symut y geir yn y gilyd, a chyt a hynny kynnal *priodolder* yr ieith a synnvyr yr ymadravd yn tec. *ib.* dodeis synnvyr yn lle y synnvyr heruyd mod a *phriodolder* yn ieith ni. *c.* **1400** *YCM*[2] 29, Vn ryw y Tad, ac vn ryw y Mab, ac un ryw yr Yspryt Glan. Yn y personyeu y mae *priodolder*, ac yn y dwywolyaeth y mae unolder. *c.* **1400** *DB* 25, tan, awyr, dwfyr, dayar . . . [p]ob rei onadunt oc eu *priodolder* a ymrwymant pob vn a'e vreich dros y gilyd. **1567** *LlGG* 143a, Ti biau o *briodolder* drugarhau. *Diw.* **16g.** *B* ix. 121, *priodolder* pob substans. **1688** T. JONES: *Alm* [27], gweddeidd-dra, Cywirdeb, hyswiaeth, a morwŷndod . . . os bŷdd arnŷnt [merched] eiseu un o'r pedwar *priodolderau* a henwŷd uchod, ni wnant fwŷ hyfrŷdwch i ŵr. **1691** T. WILLIAMS: *YB* 8, Ond mewn *priodolder* a gwirionedd, nid felly y dylem ni alw dim o'r pethau a allwn ni ei Colli. *c.* **1785–90** (**1829**) *CBYP* 34, Duw a folir yn Drindod . . . a Doethineb; ag ym mhob *Priodolder* arno. **1793** B. JONES: *AD* 55, Pa *briodolder* a fyddai yn y fath air, oni b'ai fod personau fwy nag un yn y Duwdod? **1803** *P.*

(*b*) Hawl (etifeddol ddiwrthdro) (i berchenogi) (yn enw. am dir), iawn berchenogaeth; eiddo: (*indefeasible hereditary*) *right (of possession) (esp. of land), proprietary right, proprietorship, ownership; property.*

13g. *LlI* 46, mynegy y uot ef en wyr pryodaur ar e tyr hun a'r dayar, ac osyt a amheuo y uot ef en wyr pryodaur bot ganthau enteu a gatwo y *pryodolder* o ach ac edryf hyt y mae dygaun en e keureyth. *id.* 55, en petwaregur yd a dyn en pryodaur. Ac nyt euelly e dyscyn dyn o *pryodolder* ene uo alltut . . . o deruyd e den bot eg gulat arall . . . e kyureyth a dyweyt na dyffyd y *pryodolder* ef hyt e nauuet dyn . . . Os e nauuet den a dau y ouyn tyr, dyffodedyc yu e *pryodolder. id.* 58–9, yd a alltudyon e meybyon uchelwyr en petwaregur en pryodoryon . . . Ac o henne allan ny deleant uynet y urth e meybyon uchelwyr, canys pryodoryon ynt adanadunt ac na deleant huynteu due *pryodolder*: vn en e wlat yd hanuoent ohoney ac arall yma. **13g.** *HGK* 16, emchuelus y'u *briodolder* a thref y dat e hun. **13g.** *B* ix. 336, os duw a gemerei dial or brenhin creulavn kemryt o bop vn onadunt e *briodolder. Dchr.* **14g.** *id.* xxxv. 79, priodaur wyf vy en eyste ar ve *pryodolder.* **14g.** *BT* (*RB*) 180, talu y hen deilygdawt y'r Kymry a'e hen *priodolder* a'e teruyneu. **1604–7** *TW* (*Pen* 228), hwn y caphom ei vwyniant ag nyt y *priotol*[*der* or peth, na'r berchenogaeth d.g. *usuarius.* **1730** *Leg Wall* 581, priodoldeb, *Priodolder*, plena proprietas, quam nemo nisi Quartus possessor sive Proprietarius habuit. **1753** *TR*, priodoldeb, & *priodolder*, the right of a thing, propriety, property. [**1783**] *W* d.g. *right* [*just claim; what belongs to a person, &c.*]. **1803** *P*, *priodolder* . . . property, the right to a thing.

Cfn.: **o briodolder:** *properly, strictly speaking.* **1712** T. WILLIAMS: *CDdG* 192, nad ydyw 'r Enaid *o Briodolder* (*properly*) yn Anfarwol. **1733** T. EVANS: *PP* 209. Cf. R. DAVIES: *GC* 27, nid yw sill *o briodolder*, ond cynnulleidfa o lythyrenau ynghyd.

priodoledig [bôn y f. fl.+-*edig*] *a.bfl.* Wedi ei briodoli; (geir.) wedi ei amfeddu, wedi ei feddiannu: *attributed, ascribed; (dict.) impropriated, appropriated.*

1775 *W* d.g. *impropriated.* **1803** *P*, *priodoledig*, appropriated.

priodoledd [*priodol*+-*edd*[1]] *eb.g.* ll. -*au.*

(*a*) Nodwedd gynhenid a briodolir i beth neu berson, cynneddf, teithi, priodwedd, natur, ansawdd, nodwedd, hynodrwydd, arbenigrwydd, nod amgen; defnydd neu ystyr briodol (am iaith), priod-ddull; addasrwydd, priodolder, priodoldeb; *Gram.* traethiad, dibeniad: *attribute, property, nature, quality, characteristic, peculiarity, distinguishing feature; proper meaning or use (of language), correct diction, idiom; appropriateness, propriety; predicate (in gram.).*

1675 R. DAVIES: *PY* 163–4, yr wyf yn atteb fôd y gair groeg mewn *priodoledd* ymadrodd yn arwyddoccâu nid dysgu . . . ond gwneuthur discyblion. **1718** M. WILLIAMS: *P* 15, *Priodoledd* ymadrodd, a Jawnsgrifenyddiaeth. **1719** T. EVANS: *CDW* 39–40, beth a wnaeth i'n Cyfieithwyr ni newid Amgylchiad yr Amser? Mae 'n debygol fod *Priodoledd* Jeithoedd yn gyfryw, a bod yn angenrheidiol wneuthur. **1722** *Llst* 189, *priodoledd*, m. property, specialty. **1723** J. JONES: *LlA* 3[3], Ewyllysiant . . . nesau at Dduw . . . ni ddichon mai *Priodoledd* Rhagrithiwr ydyw hon. **1733** T. EVANS: *PP* 61, y mae hynny o *Briodoledd* yn ynglyn [*sic*] wrth ei Natur [Duw]. **1741** *CAG* 97, nad ydych chwi yn gymmwys i lefaru wrth ymbil a Duw gyda'r fath Râdd o *Briodoledd* a harddwch ymadrhodd [*sic*]. **18g.** E. T. RHYS: *DA* 9, [g]wneuthur camwedd / A *phriodoledd* Duw. **1756** G. OWEN: *L* 171, Ond beth a dâl Cynghanedd heb synwyr, cymmesurdeb a *phriodoledd*? **1759** T. THOMAS: *WWDd* 52, mae 'n groes i'r *Briodoledd* o gyfiawnder [yn Nuw] fyned a Dŷn anghyfiawn i'r Nefoedd. *id.* 121, y mae'r *Briodoledd* hon [anfarwoldeb] yn brïodol i'r holl Dduwdod. **1767** J. THOMAS: *TFFf* 125, Yr hyn sy'n dangos yr jawn *briodoledd* o'i ddiscreifio yma wrth yr enw hwn. **1773** *W*, *priodoledd* y Ffrangeg d.g. *gallicism.* **1798** R. DAVIES: *CG* 93, Fy nghariad felly, cynneddf yw, / Mae cariad Duw 'n *Briodoledd.* **1803** *P*, *priodoledd*, s. m. appropriateness.

(*b*) Hawl (i berchenogi), iawn berchenogaeth; eiddo: *right (of possession), proprietary right, proprietorship, ownership; property.*

1588 *Mal* iii. 17, byddant eiddo fi medd Arglwydd y lluoedd y dydd yn yr hwn y gwnelwyf *briodoledd.* **1679** C. EDWARDS: *GGG* 233, Y *priodoledd* sydd i Dduw yn y se[i]thfed dydd. Y se[i]thfed dydd yw Sabboth yr Arglwydd dy Dduw. **1688** *TJ*, priodoldeb, *priodoledd*, meddiant, hawl; propriety. **1693** *TYGD* 24, Canys eglur yw fod *priodoledd* ar dda'r byd yn gyfreithlon. **1704** *AGF* 9, y mae'r hwn sydd gyfrannog o'r Sacrament hwn . . . yn siccrhau ei *briodoledd* yn addewidion yr Efengyl. **1721** RD: *CFf* 92, [yr] Hawl neu 'r *Briodoledd* sydd gan bob gŵr yn ei Dda a'i Feddiannau ei hun. [**1783**] *W* d.g. *right* [*just claim; what belongs to a person; &c.*].

priodoleddaf: priodoleddu [bf. o'r e. bl.] *ba.* Priodoli: *to attribute, ascribe, impute.* **20g.**

priodoliad [bôn y f. *priodolaf*: *priodoli*+-*iad*[1]] *eg.* ll. -*au.* Y weithred o briodoli; priodoldeb, addasrwydd; meddianiad, neilltuad at bwrpas arbennig; cymhwysiad; *Egl.* bywoliaeth eglwysig a drosglwyddwyd o blwyf i dŷ crefydd: *attribution, ascription; propriety, appropriateness; appropriation, a setting aside for a particular purpose; application; (eccl.) appropriation.*

1716 IACO AB DEWI: *PTE* 8, Y mae i ni gan hynny, weled yn y *Priodoliad* (*application*) pa Achos fydd i ni yn awr i roddi Diolch i Dduw. **1727** J. JONES: *DFF* 268, Ysbryd Duw a fyddo yn priodoli'r cwbl at y Galon Pen xiii. y *Priodoliad* (*application*). **1744** *CMC* 18–19, a'i gwelodd ef, fel ei Bryniawdwr ef ei hun, gyda *Phriodoliâd* (*with appropriation*), neu fel un priodol iddo. **1765** J. POPKIN: *Ll* 246, mi a gaf anghwanegu yma rai Sylwiadau ar y Sicrwydd, neu'r *priodoliad* a ddywedir ei fod yn hanfodol i Ffydd gadwedigol. **1770** *W* d.g. *an appropriation.* **1803** *P*, *priodoliad*, s. m. an appropriating, a rendering peculiar to; a dedication.

priodoliaeth, priodolaeth [*priodol*+-(*i*)*aeth*] *eb.g.* ll. -*au.*

(*a*) Priodoledd, cynneddf, teithi, priodwedd, ansawdd, nodwedd, hynodrwydd, arbenigrwydd; priodoldeb, addasrwydd; priod-ddull, idiom, tafodiaith; *Gram.* traethiad, dibeniad: *attribute, property, quality, characteristic, peculiarity; appropriateness; idiom, dialect; predicate (in gram.).*

1595 *Egl Ph* 2, pan o-edd [*sic*] eisiau geiriau i lunhoeddu [*sic*] naturiaeth, a *phriodoliaethau* pethe amrafael. *id.* 102, vn o'r *priodoliaethau* pennaf, a'r sydd yn perthyn i araithiwr phraethlon . . . yw; bod o'i dafawd yn wisci. **1599** (**1677**) R. HOLLAND: *AB* 56, a'i *Briodoliaethau* ef, megis ei ddoethineb, ei allu, ei gyfiawnder. **1630** *YDd* 11, y mae rhagoriaeth rhyngddynt, ac fe, [*sic*] ai gwahanredir o herwydd eu *priodoliaeth* personol. **1676** W. JONES: *PGG* 4, *Priodoliaethau* Duw ydyw rhyw ragoriaethau godidawg a roddir iddo ef: fel pan ddywedir ei fod yn dragwyddol. **1703** T. BADDY: *PCh* 37, y mae efe yn ei wneuthur ei hun yn gydnabyddus trwy'r *briodoliaeth* hon, ei fod yn Dduw eiddigus. **1722** *Llst* 189, *priodoliaeth*, f. an attribute. **1774** T. JONES: *DG* iv, yn gyfarwydd ym *mhriodoliaeth* y Saes'naeg a'r Cym'raeg [*sic*]. **1776** I. BRYDYDD HIR: *P* ii. 74–5, chwennychu aflês, ag ymhyfrydu yn niwaid neb arall, y rhai ydynt mewn modd mwy hynodol yn *briodoliaethau* diawl. **1795** J. THOMAS: *AIC* 261, pa *Briodoliaethau* neu Effeithi[a]u eraill Sydd gan oleuni? **1796** *Geirgrawn* 211, yn ystyried *priodoliaethau* a chynneddfau cyssefin a hanfodol y defnydd. **1803** *P*, *priodoliaeth*, s. m. pl. t. *au* . . . the state of being peculiar; an attribute.

(*b*) Hawl; *Egl.* bywoliaeth eglwysig a drosglwyddwyd o blwyf i dŷ crefydd neu i leygwr: *claim, right; (eccl.) appropriation, impropriation.*

1604–7 *TW* (*Pen* 228), *priotoliaeth* d.g. *sacerdotium.* **1649** E. ROBERTS: *SCG* 33, Pa fodd y mae dyn yn priodoli Crist iddo ei hun, gan ein bod ni ar y ddaiar ac yntef yn y nefoedd? Y *priodolaeth* ymma a wneir drwy sicrhâd hysprydwydd drwywaith [*sic*] yr yspryd glân. **1682** R. LLWYD: *LlH* 488, Hawl, cwyn, *pri*[*o*]*dolaeth.* **1731** E. SAMUEL: *AE* 135, mae iddo [Duw] hawl a *phriodoliaeth* ynddynt [eglwysydd]. **1775** *W* d.g. *impropriation* [*the state of a church-benefice that is in the hands or possession of a lay-person*].

priodoliaethaf: priodoliaethu [bf. o'r e. bl.] *ba.* Hawlio; priodoli: *to claim, appropriate; attribute.*

1710 *CBGEL* 26, ni welwn ni pa reswm sydd i ran fechan or Eglwys Gyffredinol, sef ir rhai sydd o Gymmundeb Eglwys Rhufain, *briodoliaethu*'r Addewid hwn iddynt eu hunain. **1794** J. WILLIAMS: *AGDd* 11, y mae'r Iesu yn *priodoliaethu* iddo ei hun y Titlau yma. **1803** *P*, *priodoliaethu*, to make an appropriation.

priodoliaethol [*priodoliaeth*+-*ol*] *a.* Yn hawlio, yn meddiannu; wedi ei briodoli; yn priodoli: *claiming, appropriating; attributed; attributive.*

1744 *CMC* 11, Y mae y derbyniad hwn, neu weithred *briodoliaethol* ffydd yn cynnwys dra chymmwys, megis pe b'ai yn adlais yr enaid i alwad a chynnigiad yr Efengyl. *id.* 12, Ni bydd im' chwanegu . . . fod y weithred *briodoliaethol* hon yn anwahanol oddi wrth yr adnabyddiaeth . . . a'r cydsynniad grybwyllwyd. *id.* 47, Ystyriwch mai Anfonedig Duw, yw y Iachawdwr digonol hwn. Y mae yr Enw, [*sic*] *priodoliaethol* hwn, (sef un anfonedig) yn cael ei roddi iddo [Crist] ddeg ar ugain neu ddeugain o Weithiau. **1777** W. DAVIES: *CHL* 83, yn cael ei alluogi drwy ffydd *briodoliaethol* i ddywedyd, 'Efe sydd eiddo fi, a minnau yw eiddo yntau'.

priodoliaith [*priodol+iaith*] *eb.* Tafodiaith; arwyddair: *dialect; motto.*
1632 *D* d.g. *dialectus.* **1723** J. JONES: *LlA* 5, Ysgrifennedigaeth y Cymreigyddion newydd, a *Phriodoljaeth* [*sic*] Pob Cwr o Gymru. *id.* 241, llymma *Briodoljeith* (*Motto*) y Credadyn, Y lleiaf o'r Sainct, mwyaf o'r Pechaduriaid; eithr *Priodoljeith* (*Motto*) y Dŷn cnawdol ydyw, Diolchaf i Dduw nad wyf fi fel Dynion eraill. **1772** *W* d.g. *dialect* [*a mode or manner of speech peculiar to the different parts of a country*].

priodolrwydd [*priodol+-rwydd*] *eg.* Priodoldeb, addasrwydd; hynodrwydd, arbenigrwydd: *propriety, appropriateness; peculiarity.*
1778 *W* d.g. *peculiarity.* **1798** T. ROBERTS: *CG* 47, ymresymu a dadlu efo y Brenin a'i wyr . . . ar *briodolrwydd*, neu anmhriodolrwydd y pêth [talu degwm]. **1803** *P*, *priodolrwydd*, s. m. appropriateness.

priodolwr [bôn y f. *priodolaf*: *priodoli+-wr*] *eg.* ll. *-wyr.* Perchennog; *Egl.* tŷ crefydd neu gorfforaeth sy'n berchen ar ffioedd a gwaddolion bywoliaeth: *proprietor; (eccl.) appropriator.*
1700 D. MAURICE: *AC* 9, unig *briodolwr* ac Arglwydd pennaf ar yr holl ddaiar. *c.* **1730** *Thos. Lloyd D* (LlGC) 196a, *priodolwr*, proprietarius.

priodor [*priod+-awr*³, *-or*; dichon mai i un o'r adrannau enwol y perthyn rhai o'r enghrau. yn yr adran fel a.] *eg.* (b. *-es*) ll. *-ion*, a hefyd fel *a.*

(*a*) Un sydd â hawl, yn enw. un sydd â hawl etifeddol ddiwrthdro ar dir yn y Cyfreithiau Cymreig, iawn berchennog, meistr tir: *proprietor, esp. one who has an indefeasible hereditary right to land in the Welsh Laws, rightful owner, landlord.*
12–13g. *GLlLl* 4, *Priodawr* Pennwaet: pan gaffad—ut ner [i Ddafydd ab Owain]. *id.* 43, Yn eryr prifwyr, *priodoryon*—clod [i Rodri ab Owain]. **13g.** *LlI* 46, mynegy y uot ef en wyr *pryodaur* ar e tyr hun a'r dayar, ac osyt a amheuo y uot ef en wyr *pryodaur* bot ganthau enteu a gatwo y pryodolder o ach ac edryf hyt y mae dygaun en e keureyth. *id.* 55, Puybynnac enteu a uynho holy tyr o ach ac edryf, dangosset y ach hyt e kyff yd henyu ohanau. Ac ot edyu ef eno en petwaregur, *pryodaur* yu, canys en petwaregur yd a dyn en *pryodaur.* . . . o deruyd e den bot eg gulat arall . . . e kyureyth a dyweyt na dyffyd y pryodolder ef hyt e nauuet dyn . . . Ac ony byd ereyll gwedy ev hescynnv en *pryodoryon* en e erbyn en eysted ar e tyr, deleu kubyl ohonau o'r a edewys; ac o byd ereyll en *pryodoryon* en y erbyn, deleu keureyth kyhyded erygthunt a keuran, cany dele *pryodaur* ragor rac e gylyd. Os e nauuet den a dau y ouyn tyr, dyffodedyc yu e pryodolder, a hunnu a dyt dyaspat am e uot en mynet o *pryodaur* en ampryodaur. *id.* 58, ual yd a alltudyon en *pryodoryon* en e petwaregur guedy e dotter ar dyffeyth brenhyn uynt, euelly yd a alltudyon e meybyon uchelwyr en petwaregur en *pryodoryon* o bydant en guarchadu tyr adanadunt en kyhyt a henne. Ac o henne allan ny deleant uynet y urth e meybyon uchelwyr, canys *pryodoryon* ynt adanadunt. **13g.** *C* 58. 10–12, Ami disgoganaue. Deu *priodaur.* a luniont tegnevet onef. hid laur. **13g.** *MA*² 221b. 44–5, Hwy hwyliesynt gynt hyd gaer llion / Owein prydain *priodorion* (Dafydd Benfras). *c.* **1300** *H* 22b. 47–8, Rychyngein prydein yn dibryder. y *briodawr* llawr yn llawn niuer [Einion ap Gwgon i Lywelyn ap Iorwerth]. **14g.** *BT* 143, [c]eissyaw talu yr kymry eu kysseuin deilyngdawt ac ymchwelut eu teruyneu ar eu *priodoryon.* **14g.** *GIG* 78, *Priodor*, gyfaill prydydd, / Prydlyfr, offerenllyfr ffydd [i Ieuan, esgob Llanelwy]. *c.* **1400** *RB* ii. 165, Ar tired a gollyssynt eu *priodoryon* yrei hynny a rodes emrys oe gyt uarchogyon. **1561–2** *Rhyddiaith Gymraeg* i. 64, kymwynas a halaetha karedigrwydd rrwng vn *priodawr* a'r llall. **1632** *D* d.g. *proprietarius.* **1756** *ML* i. 432, Cadwallon ap Madog ap Idnerth, who was *Priodawr* or Gwledic of yᵉ country between Hafren a Gwy. **1790** TWM O'R NANT: *GG* 128, Y Parchedig Fonddigaidd / Rector, *Priodor* praidd. **1800** W. OWEN-[-PUGHE]: *CP* d.d., Cynghorion *Priodor* (*landlord*) O Garedigion I Ddeiliaid Ei Dyddynod. **1803** *P.* Digwydd fel epithet, Gorust *priodawr*, *EWGT* 73.

(*b*) (enghrau. yn cyfeirio at Dduw: *exx. referring to God*).
13g. *C* 85. 11–12, Can vid *priodaur.* canuid meidrad maur. *c.* **1300** *H* 19a. 6–7, Gwertheuin dewin duw ym gwared. gwerthuawr *briodawr* gwawr gwaredred (Llywelyn Fardd). *id.* 98a. 1, Deng grat benn berchen barch *briodawr.* **1688** W. FOULKES: *EGE* 21, tydi [Duw] yw 'r unic arglwydd a *phriodawr* pôb peth.

(*c*) Brodor, un brodorol (am anifail, &c.), preswylydd: *native, inhabitant.*
13g. *BD* 100, y truan aerua honno ar y *pryodoryon* y gan yr ysgymun pobyl. *id.* 206, bot enys Prydein yn diffeith heb neb o'e *phriodoryon* (*indigena gente*) yn y hamdiffyn. **1588** *Ecs* xii. 19, yr enaid hwnnw a dorrir ymmaith o gynnulleidfa Israel, yn gystal y dieithr a'r *priodor.* *id.* 49, Yr vn gyfraith fydd i'r *priodor*, ac i'r dieithr a arhoso yn eich mysc. **1588** *Lef* xxiii. 42, pôb *priodor* yn Israel a drigant mewn bythod. **1632** *D* d.g. *enchorion.* **1664** *LlGG* sig. f2v, [b]edyddio *prioddorion* [*sic*] yn ein Planwledydd tra-mor. **1707** *AB* 219d, *priodor*, a native. **1722** *Llst* 189, *priodor*, p. *dorion*, ones country-man, bred and born in yᵉ same place or countrey, native. **1773** G. RHYSIART: *MACP* 9, sefydlu eu ffansi ar, [*sic*] lancesau ag oedd *briodorion* [:– Natives] Babilion [*sic*]. **1803** *P.*

Fel *a.* Priodol, cyfreithlon, ac iddo hawl gyfreithlon ar dir, &c.; priod; brodorol, genedigol, cynhenid; naturiol: *proper, rightful, legitimate, proprietary; own; native, innate; natural.*
13g. *D Col* 56, ny delaant [*sic*] uenet uyth e'r gulat er hanuedant ohoney e urth er argluyd *pryodaur.* **13g.** *HGK* 7, y ganorthuyav y gaffael tref y dat, canys ef oed eu hargluyd *priodaur.* *c.* **1300** *H* 8a. 9, gwyndeyrn prydein *priodawr* ut (Gwalchmai). **14g.** *LlB* 72, Py diw bynhac y barnher datanhud, ny dichawn neb o gyfreith y wrthlad ohonaw, onyt etiued *priodawr* ar datanhud herwyd y oet vyd. **14g.** *Cy* vii. 137, Teir bendith ny adant dyn y newyn . . . bendith y arglvyd *priodawr.* **15g.** *GLGC* 379, a'r pysgod yn *briodawr* / a rewa mewn y dŵr mawr. **1633** *Addysg i Farw* 112, Y sêr drwy i symidiadau *priodor*, a arweynir, o'r gorllewin tua'r dwyrain. **1688** *TJ* d.d., gyda *phriodor* ddeunŷdd neu Arwŷddoccad yr hôll orddiganau, a'r Attalion. *id.* [xxii], prŷd no [*sic*] bo iw gael yn ei *briodor* fan o'r wŷddor. **1697** *LlGC* 7008, 44, llyma weithian ferched *priodorion* yr Arglwydd Rys, nyd amgen Margaret . . . a Gwenllian. **1710** *LlGG* (*Gos*) 6, [*p*]*riodorion* Ddeiliaid genedigol y Brenhin. *c.* **1730** *Thos. Lloyd D* (LlGC) 195b, *priodor*, proprius. **1753** D. JONES: *SD* 82, O pa mor dêg i'n golwg yw / Temlau ein Duw o gwmpas: / Anrhydedd ein *priodor* fan, / Ac ymddiffynfa'n teyrnas.
Amr.: **priawdr** [dan ddyl. y trf. *-awdr*]. **14g.** *AL* i. 604, 606. **15g.** *id.* ii. 408, 430. *c.* **1730** *Thos. Lloyd D* (LlGC) 195b, *priawdr*, proprietarius. Tal. Gw. hefyd *henbriawdr.*

priodoriaeth, priodoraeth [*priodor+-(i)aeth*] *eb.g.* ll.*-au.* Eiddo; perchenogaeth, iawn berchenogaeth; hawl; priodwedd, priodoledd, nodwedd: *property; (rightful) ownership, proprietorship; right; property, attribute, characteristic.*
1195 *MA*² 241b. 45, Gwae brydain am *briodoriaeth* [marwnad Rhodri ab Owain gan Elidir Sais]. *c.* **1300** *H* 99a. 33–4, kynytwys mawr wr mawr ureuolaeth gnif. yn kynnif y brif *briodoryaeth.* **1567** *TN* 353b, chwichwi cenhedlaeth etholedic ytych . . . pobl syn yn [*sic*] *briodoriaeth* y Ddyw. **1620** *Salm* cxxxv. 4, O blegit yr Arglwydd a ddetholodd Iacob iddo ei hun, ac Israel yn *briodoriaeth* iddo. **17g.** *LlGC* 13215, 376, *priodoriaeth*, proprietas. **1672** J. LANGFORD: *HDdD* 237, pa bêth a wná'r hwn a ymddiala trosto'i hûn ond dynessu yn rhy agos at *briodoriaeth* neillduol Duw ei hûn? *id.* 238, Y mae'r *briodoraeth* enwedigol sydd gan bôb gŵr yn ei Wraig, mor hyspus na fydde ond ofer i mi ddywedyd dim i brofi hynny. **1710** *CBGEL* 116, Y mae iddi . . . gystal hawl iw hôll Awdurdod, Cyfiawnderau, ac Uchelfreintiau, ac a ddichon fôd gan neb or Deiliaid i'w Hanrhydedd, *Pr*[*i*]*odoriaethau* (*properties*), neu eu Hetifeddiaethau. **1722** *Llst* 189, *priodoriaeth*, f. ones peculiar property. **1760** E. WILLIAMS: *UYB* 181, Ei eiddo Ef ydwyfi, ei *briodoriaeth.* **1778** *W* d.g. *a peculiar treasure, one's peculiar.* **1791** DAFYDD DDU: *A* 24, Dull o wiw-drefn da yw llywodraeth / Ein bro dirion, wen *brïodoriaeth.* **1803** *P*, *priodoriaeth*, s. m. pl. t. *au*, a peculiar property.

priodorol [*priodor+-ol*] *a.* Brodorol: *native.*
1836.

priodrwydd [*priod+-rwydd*] *eg.* Hynodrwydd; preifatrwydd: *peculiarity; privacy.*
1778 *W* d.g. *peculiarity.*

priodwedd [*priod+gwedd*¹] *eb.g.* ll. *-au*, *-ion.* Priod-ddull, idiom; priodoledd, cynneddf, teithi, natur, ansawdd, nodwedd: *idiom; attribute, property, nature, quality, characteristic.*
16g. OWAIN GWYNEDD: *Gw* 297, Beth yw bardd bwythai berwddysg, / Brydydd don, *briodwedd* dysg? **16–17g.** *HG* 167, I lwys Baradwys *briodwedd* braffwawd / Aeth Brophwyd cyfannedd.

priodweddol [*priodwedd+-ol*] *a.* Idiomatig: *idiomatic.*
1858.

priodwr, priod ŵr [bôn y f. *priodaf*: *priodi+-wr* a *priod+gŵr*] *eg.* ll. *-wyr.* Priodfab; gŵr (priod); hefyd yn *ffig.*: *bridegroom; husband; also fig.*
1547 *WS*, *priod wr*, bryde grome. **16–17g.** LLYWELYN SIÔN, &c.: *Gw* 598, Prelad digariad yw'r gŵr, / A phrydydd a *phriodwr.* **1632** *D* d.g. *sponsus.* **1656** (**1745**) *MLl* ii. 179, fel *Priodwr* galluog doeth yn ymuno ar Briodferch wan. **1658** R. VAUGHAN: *YPS* 28, Ydych chwi yn sobrach yn eich Meddyliau? . . . Yn well cymydogion; deiliaid, gwyr, plant, gweision *priodwyr*? **1743** G. JONES: *HWI* ii. 135, Mae'r Eglwys yn Briodwraig i Grist, a Christ yn *Briodŵr* i'r Eglwys. **1793** B. JONES: *AD* 53, (yn ol yr Hebraeg) Dy *Briodwyr* yw dy wneuthurwyr. *id.* 54, Gan fod Gwneuthurwyr a *Phriodwyr* i Eglwys Dduw.

priodwraig, priod wraig [bôn y f. *priodaf*: *priodi* a *priod+gwraig*] *eb.* Priodferch; gwraig (briod); hefyd yn *ffig.*: *bride; wife; also fig.*
1547 *WS*, *priod wraic*, bryde. **1743** G. JONES: *HWI* ii. 135, Mae'r Eglwys yn *Briodwraig* i Grist, a Christ yn Briodŵr i'r Eglwys.

prion, gw. **purion**².

prior [bnth. Llad. C. *prior*] *eg.* ll. *-(i)aid*, *-au.*

(*a*) Uchel swyddog mewn tŷ crefydd neu urdd, dirprwy abad mewn abaty, pennaeth mynachlog lai, pennaeth tŷ brodyr neu ganoniaid: *prior.*
13g. *HGK* 32, *prior* manachlog Kaer. **13g.** *BD* 190–1, yn y uanachloc honno y dywedit bot yn gymeint eiryf eu cvuent o uynych a guedy rannet en seith ran y bydei trychan mynach ym pob ran, heb eu *prioryeit* ac eu svydwyr. **14g.** *LlB* 1, holl eglwysswyr y teyrnas a aruerynt o teilygdawt bagleu, megys archescob Mynyw ac escyb ac abadeu a *phrioreu.* **14g.** *SC* viii/ix. 184, awstin . . . a ossodes kynhonwyr o reol yr ebestyl yn yr eglwys honno . . . gorchymyn a oruc y *prior* yr eglwys cadw a[ll]wyd yr agoryat. *id.* 185, a gwedy darffo hynny galwet y *prior* y cwuent ygyt. *c.* **1400** *RB* ii. 237, cant adwy vil ygyt a*ephrioreit.* **15g.** *B* v. 102, [m]ynet i dai y brodyr pregethwyr y ymdidan ar *prior.* **15–16g.** *TA* 399, *Prior*, conffessor a phab / Penmon, mwyaf hap unmab. *id.* 401, Dabre a'r march, da *Brior* Môn [i Syr Siôn Ingram, prior Penmon, i ofyn march]. **16g.** (*LlEG*) *Mos* 158, 7a, gosodes Ef Norman yn abad ne yn *brior* ynn yr hran vwyaf o greuydddai tyrnas loygyr. **16g.** *BL Add* 15046, 15a, y nessaf at Abad yw *Pri/or* o grefydd. *Diw.* **16g.** *LBS* iv. 419, Herberin Abad y Mwythic a gafas yny gyngor anfon hyd at Robert y *Brior* ef. *c.* **1600** L. DWNN: *HV* 7, llyfrau y tai o grefydd, a barasai yr abadiaid ar *prioriaid* i kynnyll ai sgrifenu. *c.* **1762–79** W. WILLIAMS: *P* 489, y Caloirs a ymddangosant o flaen y *Prior* neu'r Abbot. **1780** *W* d.g. *prior.*

(*b*) (enghrau. *ffig.* ac mewn cyd-destun *ffig.*: *fig. exx. and exx. in a fig. context*).
15g. *GGl*² 60, Peddestr o eddestr addwyn, / *Prior* ffraeth yn pori'r ffrwyn [i ofyn ebol]. **15–16g.** (**17g.**) *CC* 197, dilliwyd gida dwy allawr / fynachlog yn feichiog fawr / . . . / a *ffrior* (*AAST* (1935) 104, ffriw) hon o ffraw r rhyd / ai chwarae oedd wych hefyd [Dafydd Trefor i ysgraff Porthaethwy]. **16g.** *WLl* 153, Breyr adail *brior* dulwyd / Byw obaith hir ba beth wyd [i'r aderyn du]. **16–17g.** EDWARD URIEN, &c.: *Gw* 337, Pêr organ pob rhyw irgoed, / *Prior* call, emprwr y coed [i geiliog bronfraith].
Amr.: **preior** [bnth. S. *prior*]. **1718** (**1721**) S. THOMAS: *HB* 121, ufudd . . . i'r Pen-Monach; sef yr Abbot neu'r *Preior.* *c.* **1762–79** W. WILLIAMS: *P* 426, Y tai mae'r Ffriars ynddynt, elwir Preior-dai . . . pen y Preiordy yw y *Preior.*
Gw. hefyd **priores.**

prioraeth, gw. **prioriaeth.**

priordy [*prior+tŷ*] *eg.* ll. *-dai.* Tŷ crefydd a lywodraethir gan brior neu briores ac sydd weithiau o dan awdurdod abaty; mynachlog, cwfaint: *priory; monastery, convent.*
14g. *Bren Saes* 40, ny bu blwydyn ny wnelei ay manachlauc ay *priorde* ay eglwys arrall yn enryded y Duw a'r seint. **15–16g.** *TA* 399, Pa lys a'i frig fal Powls fry? / Pwy'r warden i'r *Priordy* [i Syr Siôn Ingram, prior Penmon]? **16g.** (*LlEG*) *Mos* 158, 287a, y *priordy* aelwir saint Mari o vyrws yn sowthwark. *id.* 509a, [t]ynnv Ir llawr gymaint o *brior dai* ac o dai o

greuydd. **1606** E. JAMES: *Hom* ii. 163, mewn manachlogydd a *phriordai*. **1632** *D* d.g. *monasterium*. *c*. **1700** E. LHUYD: *Par* i. 25, Maelgwn Gwynedd . . . a wnaeth *priordy* penmon. **1780** *W* d.g. *priory*.

Amr.: **preiordy** [*preior*+*tŷ*]. **1718 (1721)** S. THOMAS: *HB* 133, Y Tai y mae y ffreiars ynddynt a alwn *Preiordai*. *c*. **1730** *Thos. Lloyd D* (LlGC) 196a, *Preiordy*, a priory. *c*. **1762–79** W. WILLIAMS: *P* 423, 426.

priores [bnth. S. *prioress* neu *prior*+-*es*[1]] *eb*. ll. -*au*. Lleian ac iddi swydd mewn cwfaint sy'n cyfateb i swydd prior mewn tŷ crefydd i wrywod, hefyd yn *ffig*.: *prioress, also fig*.

?**15**g. *WLl* 242, *priores* herlodes lwyd [i'r gog]. **16–17**g. (*Gesta Rom*) *LlGC* 13076, 100b, ir *briores*, a oedd yn wraig santeiddiol. **1632** *D* d.g. *antistita*. **1780** *W* d.g. *prioress*.

prioriaeth, prioraeth [*prior*+-(*i*)*aeth*] *eb*. Swydd neu statws prior: *priorate, priorship*.

1722 *Llst* 189, *prïoraeth*, f. priorship. **1770** *TG* ii. 80, y gorfydd . . . i bob prior wadu ei *brioriaeth*. **1780** *W* d.g. *priorship*.

pris[1] [bnth. S. C. *pris* 'price, prize', neu'n uniongyrchol o'r H. Ffr.; ansicr yw dosbarthiad nifer o'r enghrau. isod] *eg*. ll. -*iau*, -*oedd*.

(*a*) Y swm o arian neu'r nwyddau a ofynnir am rywbeth wrth ei werthu, y swm o arian neu'r nwyddau sy'n angenrheidiol i brynu rhywbeth, gwerth ariannol, cost; pridwerth: *price, monetary value, cost; ransom*.

15g. *GO* 309, Os drvd *pris* daiar Edwin, / i dav werth aeth ar dy win. *Diw*. **15**g. *Pen* 67, 40, had vorgan an hyd vyrgwin / ap rrys gwyr a wyr *pris* gwin (Hywel Dafi). **15–16**g. *GLM* 317, O dônt i'th gylch, deintio'th gaf, / oll dan *bris* y llwdn brasaf. **15–16**g. *GIF* 66, Pwyntio bron canpunt o *bris* / plas derw pur o'r plastr Paris [i Wiliam Mathau a'i blas]. **1588** 2 *Sam* xxiv. 24, gan brynnu y prynnaf ef mewn *prîs* gennit . . . felly Dafydd a brynodd y llawr-dyrnu, a'r ychen er dec a deugain o siclau arian. **1588** *Sech* xi. 12–13, a'm cyflog a bwysasant yn ddêc ar hugain o arian . . . A dywedodd yr Arglwydd wrthif, bwrw i'r crochenydd yr ardderchog *brîs* i'm prissiwyd ganddynt. **1631** O. THOMAS: *CC* 19, mewyn [*sic*] llyfrau bychan eu *prîs*. **1632** *D*, *pris*, pretium. **1632** J. DAVIES: *LlR* 388, pan ystyrio faint yw *pris* y bwydydd. **1672** J. LANGFORD: *HDdD* 256, twyll y gwerth-ŵr gan mwyaf yw celu beiau ei farchnad, neu rhoi [*sic*] gormod o *brîs* arnynt. **1688** S. HUGHES: *TSP* [v], mynnant hwy *brîs* mawr am y Llyfr. *id*. [vi], Y mae Llyfr da, a elwir Trugaredd a Barn, o *bris* 9d. heb ei findio, a swllt wedi ei findio. **1722** *Llst* 189, *pris*, m.p. *prisiau*, a price. **1803** *P*. Ar lafar, 'a *prish* tato fel ma nw ar hyn o bryd', *Wês wês* 11.

(*b*) Gwerth; cyfrif, parch: *value, worth; estimation, esteem, regard, respect*.

14–15g. *IGE*[2] 296, Yn Unduw nef, yn Iawndad, / Yn fwyaf *pris*, yn Fab Rhad (Siôn Cent). **15**g. *GLGC* 362, Mantell Degau'n y neuadd, / ni bu'n yr Aifft neb un radd; / mae'r ail, myn Mair, i Elis, / â'r we yn braff o'r un *bris*. **1595** H. LEWYS: *PA* 216, fal y byddo genym fwy *pris* am dduw, ac am y bywyd tragwyddawl, nac am ein pryfedwledd gnawd. **1618** J. SALISBURY: *EH* 35, os gwasnaethwr a ddiosc ei hettan, a'i fonet i'r Tywyssog, ni bydd fawr *bris* o hynny. **1759** T. THOMAS: *WWDd* 59, gellir dywedyd, fod barnu y gall Dŷn anghyfiawn, fod yn gadwedig, yn gosod allan Ddyfodiad Crist i'r Bŷd yn beth bâch, a'i waith ef yn y Bŷd, yn beth o *brîs* bâch jawn. **1776** I. BRYDYDD HIR: *P* i. 2, Pa mwyaf fo o ddelw Duw ar un creadur, mwyaf oll fydd ei *bris* a'i werth. **1799** DAFYDD IONAWR: *MB* 19, Mwy o *bris* nac Ambrosia / Yw'ch Bwydydd; Diodydd da.

(*c*) Yr hyn a wneir, a aberthir, a ddioddefir, &c., er mwyn cael neu gyflawni rhywbeth, cost: *price or cost (of doing something)*.

c. **1585** G. ROBERT: *DC* 6b, y pleser yn fyr ag yn frwnt. Y *pris* yw colli r enaid. **1630** *YDd* 382, fel y talodd ef drosot ti *bris* mor werthfawr. **1672** J. LANGFORD: *HDdD* 443, yr hwn a wnaethost o'r ûn gwaed ac a brynaist a'r ûn *prîs* bob rhyw genhedl o ddynion. **1682** E. LLWYD: *EI* [ii], a'th fod hefyd gwedi dy brynu a *phris* neu elw mawr. **1696** *CDD* 71, A'n dug am *brîs* helaeth i ffafr ei Dâd eilwaith. **1703** E. WYNNE: *BC* 81, Gwybydd y bydd i ti *brîs* / Os cemmi rîs yn lledcam. **1786** W. WILLIAMS: *I* 24, Pwrcas pris-fawr yn wir yr hwn nad oedd i'w brynu â dim llai *pris* na Gwaed Mab Duw. Ar lafar, ''Na'r *pris* ma'n rhaid 'i dalu os wyt ti'n mynd i gellwer â'r gyfreth'.

Cfn.: **(mae, bydd, &c.) pris (da) ar dy groen (eu croen, &c.)**: (*you* (*they, &c.*) *are, will be, &c.*) '*in for it*'. Ar lafar yn gyff., '*Ma prish ar dy grôn* di na fuost ti ddim yn gweld dy fam-gu'. **p. cyfanwerth(ol)**: *wholesale price*. **1866**. **p. y ffair = p. y farchnad**. Ar lafar, *WVBD* 444. **p. gostyngol**: *reduced price*. **1814**. **p. y farchnad, p. marchnad**: *market price*. **1776** *W* d.g. *market-price*. **p. marchnadol = p. y farchnad**. **1889**.

pris[2] [bnth. S. *prise* 'prising-instrument'] *eg*. (bach. -*yn*). Darn o bren, carreg, &c., a roddir dan drosol i weithredu fel ffwlcrwm: *prise (under a lever to act as a fulcrum)*.

1604–7 *TW* (*Pen* 228), *pris* dan g[a]rrec vawr, ne brenn defnydd, yw godi a throsolion d.g. *hypomochlium*. *c*. **1700** E. LHUYD: *Par* i. 82, *Prîs* a galwant y peth a roant dan y trossol wrth godi pwyse etc. Ar lafar yn y ff. *prisyn* yng ngorllewin sir Ddinb.

prisaf: priso, prisedig, gw. **prisiaf: prisio, prisiedig**.

prisfawr [*pris*[1]+*mawr*] *a*. Gwerthfawr, drudfawr, costus; gwerthfawrogol: *valuable, precious, costly; appreciative*.

16–17g. *PhA* 147, Aer Elis a'i wroliaeth / Prys fu ar faingc *prisfawr* faeth. **1655** R. JONES: *PC* 171, maen *prisfawr*. **1670** J. HUGHES: *AP* [i], yr Anrheg ymma o Allwydd fechan, yr hon er nad yw hi ond o ychydic faint a gwael olwg, etto mae hi yn rhagoral [*sic*] iawn ac yn *brisfawr*. **1725** *SR* d.g. *costly*. *c*. **1729** S. RHYDDERCH: *LlCD* 373, Oen *prisfawr* mewn Preseb, diweiniaeth ei Wyneb. **1764** DEWI NANTBRÂN: *CB* [iv–v], yr Eneidau *prisfawr*, a gymmynodd Iesu Ghrist ein Harglwydd i'ch Pryder chwi. **1778** J. THOMAS: *HB* [vi], Dysg beunydd, ddarllenydd llon, / Brisio dy freintiau breision: / Hynodol *brisfawr* ydynt. **1780** *W* d.g. *precious*. **1786** W. WILLIAMS: *I* 24, Pwrcas *pris-fawr* yn wir yr hwn nad oedd i'w brynu â dim llai pris na Gwaed Mab Duw. **1796** T. JONES: *CCA* 92, Perl o werth mawr, neu fodrwy . . . os gosodir hwynt o'r golwg, ein cyfrifiad *prisfawr* o honynt yn peri i ni . . . feddwl ddarfod eu colli. Ar lafar ym Morg. yn y ff. *prishfor*.

prisiad [bôn y f. ddil.+-*iad*[1]] *eg*. ll. -*au*. Y weithred o brisio neu amcanu pris neu werth ariannol, amcangyfrif, dyfynbris, pris; gwerthusiad, gwerthfawrogiad, asesiad, cyfrif, parch: *a pricing, estimate, valuation, quotation, price; evaluation, appreciation, assessment, estimation, esteem, regard, respect*.

1583 *LlGC* 716, 99b, ef a gododd, megis, treeth oddiar y Tir . . . ef, megis, a prisiodd, pob vn o'r popyl o'r Tir . . . ynol eu *prisiat*, i roi arrian ac avr i Pharaoh. *a*. **1587** *Y* 43, Prŷs, dyscaist *prisiad* escob, / Pavn vwch gwyr, pa na chai gob? **1604–7** *TW* (*Pen* 228) d.g. *æstimatio*. **1632** *D* d.g. *licitatio*. **1672** J. LANGFORD: *HDdD* 23, Nid ydyw 'r Ofn hwn ddim amgen ond y fath *Brisiad* parchedig ô Dduw, ac an ceidw ni rhag ei anfoddhau ef. **1677** R. JONES: *BB* 213, ac arfer pob rhyw râs ar sydd addas i roddi gwir fraint a *phrisiad* ir drugared [*sic*]. **1696** *GGTY* 80, fod yr Apostol yn bwriadu o hyn allan ymmwrthod a'r fath *brisiad*, parch neu wybodaeth o honynt. *c*. **1730** *Thos. Lloyd D* (LlGC) 196a, *prisiad*, valuation. **1773** I. LEWIS: *FfB* 47, ac yma y mae'r Graig a'r gallu o ychydig bris, o blegyd y *prisiad* sydd ar beth arall. **1773** *W* d.g. *estimate*. **1793** DAFYDD IONAWR: *CD* 181, *Prisiad* y Ceidwad cadarn / Cyfiawndeg, yw tri dêg darn / O arian. **1803** *P*.

prisiadwy [bôn y f. ddil.+-*iadwy*] *a.bfl*. Gwerthfawr: *valuable*.

1716 IACO AB DEWI: *PTE* 19, od oes dim dajonus a *Phrisiadwy* (*good and valuable*) ynghrefydd y Protestant. **1728** J. THOMAS: *GDN* 136, eu bod yn wir yn Ddoniau *Prisiadwy*.

prisiaf, prisaf: pris(i)o [bf. o'r e. *pris*[1]] *bg.a*. a'i dilyn yn aml gan yr ardd. *am, ar, o, yn (mewn)*.

(*a*) Ystyried yn werthfawr, gwerthfawrogi, meddwl yn fawr o, edmygu, parchu; cyfrif, ystyried, cymryd i ystyriaeth; asesu; hidio, malio: *to prize, value, appreciate, esteem, admire, respect; count, consider, take into account; assess; care, mind*.

14–15g. *IGE*[2] 163, Pwy a beris it *brisiaw* / Fy ngherdd, briawd angerdd braw (Rhys Goch Eryri)? **15**g. *GGl*[2] 177, *Prisio* Morgan ap Rosier / Y bu ar glod bwa'r glêr. **15–16**g. *TA* 302, Tri mab Rhys, trwm y *prisiwn*, / Trychan haer, tri chenau hwn. **16**g. *B* xvii. 92, Holl alluawl Dduw, *prissia* yn llesgedd. **1567** *TN* 295a, ny ddarbodawdd am [:– ny *phrisiodd* ar] ei einioes. **1588** *Job* xxxvi. 19, A *brissia* efe ar dy olud ti? ni *phrissia* efe ar aur, nac ar holl gadernid nerth. **1595** H. LEWYS: *PA* 211, ni *phrisiant* er ei [*sic*] cwilydd, nac er dim arall . . . am y gallant ddwyn i chwant . . . i benn. *id*. 235, Mae ef yn meddwl, nad yw duw yn *prisiaw* ynthaw. **16–17**g. *HG* 70, pawb heb *priso*, sy nym graino [*sic*] / ag yn ymod, mewn pob pechod. **1606** E. JAMES: *Hom* i. 47, Trwy ffydd ni *phrisiodd* efe ar fygylau brenin Pharao, o herwydd yr ydoedd ef yn ymddiried yn-Nuw yn gymmaint nad ydoedd ef yn *prisio* am lwyddiant y byd hwn. **1630** R. LLWYD: *LlH* 22, ni *phrisiant* o bregethau mwy nac o hên chwedlau. **1632** *D*, *prisio*, appretiare. **1684** H. OWEN: *DC* 13, a *brisio* bob peth daearol megis tomm. **1696** *CDD* 42, Ni *phrisiwn* mewn sylltau, pan awn i dafarnau. **1710** *LlGG* (*Gos*) 15, fel y *prisiant* ac yr arswydant ofnadwy Frawdle yr Ustus Goruchaf. **1723** WM: *PGG* 203, nid oedd yn *prisio* beth a ddywedai'r Bŷd am dano. **1778** J. THOMAS: *HB* [vi], Dysg beunydd, ddarllenydd llon, / *Brisio* dy freintiau breision: / Hynodol brisfawr ydynt. **1803** *P*. Ar lafar yng ngogledd Cered. a'r De, ''Dw i ddim yn *prisio* ryw lawer ar hwnna'; 'Clyw 'ma, 'dyw a'n *prisio* dim o'r rap am ddim'; ''Odd e'n *priso* dim beth wede fe'.

(*b*) Pennu pris ariannol (peth), gosod pris ariannol ar, asesu gwerth ariannol: *to price, set a monetary value on, assess monetary value*.

1583 *LlGC* 716, 99b, ef a gododd, megis, treeth oddiar y Tir . . . ef, megis, a *prisiodd*, pob vn o'r popyl o'r Tir . . . ynol eu prisiat, i roi arrian ac avr i Pharaoh. **1588** *Sech* xi. 12–13, a'm cyflog a bwysasant yn ddêc ar hugain o arian . . . A dywedodd yr Arglwydd wrthif, bwrw i'r crochenydd yr ardderchog brîs i'm *prissiwyd* ganddynt. **1615** R. SMYTH: *GB* 165–6, gan ddanfon masnachwyr a negeswyr dan law i beri *prisio* da 'r bobl druain ar ol i pris ynthwy i hunain. **18**g. E. T. RHYS: *DA* 68, Os bydd rhyw fargen yn ein bro, / Ac eisieu *prisio*'r peth. **1795** J. THOMAS: *AIC* 62, rhaid i'r Cyfryw euddo gael eu *prisio* i ryw gywir Swm o arian. Ar lafar, 'Mân' nw 'di *prisio*'r tŷ 'na'n rhy uchel o lawer—'wnân' nw byth 'i werthu fe am hynna'.

Cfn.: **prisio draen:** (*in neg. phrase*) *not to give a fig, damn, &c., not to mind*. **1752** G. OWEN: *L* 12, os cânt hwy eu gwasanaethu, deued a ddêl o'r Gwasanaethwr, ni *phrisiant* hwy *ddraen*, er gwario o hono ei holl nerth a'i amser. *id*. 29, ni *phrisiwn ddraen* er gwneuthur pwtt o Gywydd ir Gymdeithas o Hên Frutaniaid. **1756** *ML* (Add) 880, ag nid oedd ef yn *prisio draen* am un gwr yn y deyrnas.

prisiant [bôn y f. fl.+-*iant*] *eg*. Prisiad (ariannol), dyfynbris; gwerthfawrogiad: (*monetary*) *valuation, quotation* (*of price*); *appreciation*.

1628 *NBSD* 73, ych *prisiant* drwy foliant fŷdd / ywch a dŷf o chwe dafydd (Siôn Cain).

prisiedig, prisedig [bôn y f. fl.+-(*i*)*edig*] *a.bfl*. a hefyd gyda grym enwol. Wedi ei brisio, a'i werth ariannol wedi ei bennu; costus, gwerthfawr: *priced, valued; costly, precious*.

1620 *Math* xxvii. 9, pris y *prisiedig* (*TN* 46a, gwerthedic). **1688** W. FOULKES: *EGE* 19, cynnorthwya fi i'th garu . . . ac i feddwl nad oes dim rhŷ *brisiedig* i ti. **1696** *GGTY* xxvi, donniau mwy[af] *prisiedig* yr ysbryd. **1776** DEWI NANTBRÂN: *AN* 391, A hwy a gymmerasant y deg ar hugain arian, pris y *prisiedig*. **1794** E. JONES: *CP* 84, rhaid iddo fforffetio y cyfryw swm, a fo yn *brisiedig* ar y gwaith a ommeddo wneuthur. **1803** *P*.

prisiesiwn, gw. **prosesiwn**.

prisiwr, priswr [bôn y f. fl.+-(*i*)*wr*] *eg*. ll. *priswyr*. Un sy'n asesu gwerth (ariannol), un sy'n gosod pris (ar), aseswr; un sy'n rhoddi pris neu werth ar: (*monetary*) *valuer, one who sets a price (on), assessor; one who prizes*.

15g. GWILYM TEW: *Gw* 435, Ynial fu'r dial, rhoi dyn—mawr werthiog / A'i werthu i'w elyn—/ *Prisiwr* Presen, ein pont a'n pen, / Ym mynwes pren mwy nis pryn. **15**g. *DE* 27, bwyf i barddwas dan laswydd / *brisiwr* krwyn byroes ir krydd. **1604–7** *TW* (*Pen* 228), *prisiwr* ar beth d.g. *aestimator*. *id*. d.g. *censor*. **17**g. *Llst* 14, 178, *Prisiwr* awdl prysur ydwyf. **1670** J. HUGHES: *AP* 251, attolygwn arnat, nid fel *Prisiwr* ein haeddiant, ond fel Rhoddwr maddeuant. **1773** *W* d.g. *esteemer*. **1794** E. JONES: *CP* 136, oddigerth tyngu y *priswyr*, (o's na thelir yr ardreth mewn pryd) yn y modd hyn. **1803** *P*.

prism [bnth. S. *prism*] *eg*. ll. -*au*. Ffigur solet geometraidd a'i ochrau yn baralelogramau a'r ddau ben iddo'n ffigurau unionlin tebyg cyfartal cyfochrog, corff tryloyw o'r cyfryw siâp, fel arfer yn drionglaidd, ac iddo arwynebau ar ongl lem i'w gilydd sy'n plygu golau gwyn a'i rannu'n sbectrwm o liwiau, hefyd yn *ffig*.: *prism, also fig*.

20g.

prismaidd [*prism*+-*aidd*] *a.* Prismatig: *prismatic.*
1816.

prismal, gw. **prinsbal**[1].

prismatig [cfdds. o'r S. *prismat(ic)*+-*ig*[2]] *a.* Yn perthyn i brism, tebyg i brism, yn cynnwys prism: *prismatic.*
1916.

prîst [bnth. S. *priest*] *eg.* Offeiriad: *priest.*
1788 E. ROBERTS: *CD* 43, Bydd hwn yn ddŷdd trist os awn o flaen Crist / Rol codi or Bedd gîst yn athrist ddieithred, / Heb fod o du'r Enaid na phrofiad na *Phrist.* Cf. TALHAIARN: *Gw* iii. 51, Y Cardinal Rheims a eisteddai yn drist, / O'i amgylch r'oedd [*sic*] Abad a Phrelad a *Phrist.*

prîst-crafft [bnth. S. *priestcraft*] *e?g.* Dichell offeiriadol: *priestcraft.*
1846.

prîst-crafftyddol [*prîst-crafft*+-*ydd*[3]+-*ol*] *a.* A nodweddir gan ddichell offeiriadol: *characterized by priestcraft, priestcrafty.*
c. **1874.**

prisum, priswm, gw. **prifswm.**

priswr, prisyn, gw. **prisiwr, pris**[2].

pritsiel [bnth. S. *pritchel* 'blacksmith's, &c., punch'] *e?g.* Offeryn pigfain at wneud tyllau mewn pedol ar gyfer yr hoelion: *pritchel, punch for making nail-holes in horseshoes.*
Ar lafar.

priwn, priwnen, gw. **prŵns.**

priwniaf, prwniaf: pr(i)wnio [bnth. S. (*to*) *prune*] *bg.a.* Tocio (llwyn, coeden, &c.): *to prune.*
1845. Ar lafar.

priwns, priwnsen, gw. **prŵns.**

priwyd, gw. **prifwyd.**

prob [bnth. S. *probe*] *eg.* ll. -*iau.* Dargludydd metel hirfain sy'n rhan o ddyfais mesur, profi, &c., ac a gysylltir dros dro â'r hyn a fesurir neu a brofir; offeryn llawfeddygol hirfain a ddefnyddir i archwilio clwyf, ceudod, &c.: *probe* (*in electronics, &c.*); *surgical probe.*
20g.

probast, gw. **probost.**

probat [bnth. S. *probate*] *eg.* Profiant (ewyllys): *probate.*
1710 *LlGG* (*Gos*) 13, a rhoi ger ei fron ef y dywededig Farnwr y *Probat* neu Administrasiwn dan Sêl y Rhagorfraint o' fewn y deugain nhŷdd nessaf wedi. *ib.* a phob cyfryw *Brobat* o 'Wyllys neu Administrasiwn o Dda a genhiader felly. **1775** *CY* 37, Mae gantho ef y *probat* o'r holl destamentau o fewn ei dalaith.

problem [bnth. S. *problem*] *eb.* ll. -*au.* Peth, mater, pwnc, neu berson anodd delio ag ef neu anodd ei ddeall, mater dyrys, anhawster; pos a osodir i'w ddatrys, cwestiwn i'w ateb; *Math., Ffis.,* &c., gosodiad sy'n mynegi'r hyn sydd i'w ddatrys neu ei brofi: *problem*; *puzzle, question*; *problem* (*in math., physics, &c.*).
1888.

problematig [cfdds. o'r S. *problemat(ic)*+-*ig*[2]] *a.* Llawn problemau, heb ei benderfynu neu ei setlo, anodd ei ddatrys, anodd delio ag ef: *problematic.*
1931.

problemus [*problem*+-*us*] *a.* Yn peri problem(au), ac iddo broblem(au); problematig: *causing a problem or problems, having a problem or problems; problematic.*
20g. Ar lafar ym Mhenllyn.

probost, probast [?bnth. Llad. C. *propositus*; ?a'r -*a*- yn yr ail ff. drwy ddadf.] *eg.* (b. *probostes*). Profost: *provost.*
13g. *B* x. 21, a dodi *probostes* ene lle ar er holl vynachloc. **14g.** *GIG* 66, Ab Ieuan Llwyd, annwyd arth, / *Probost,* hoywbwst Deheubarth. **1547** *WS, probast,* prouost. **1608** *Pen* 217, 51–2, Ay ty dy heb y *probast* y gwr mawr y orfoledd wrth y plwyvev.
Gw. hefyd **profost.**

probwyll [ansicr yw ff., trdd., ac union ystyr y gair hwn; am drafodaeth, gw. F. PAYNE: *AG* 66–7] *eg.* ll. -*au.* Darn o aradr, ?cebystr aradr; (?geir.) y ffon rhwng yr haeddeli: *part of a plough, ?plough-sheath*; (?*dict.*) *plough-spindle.*
13g. *LlI* 95, *Probuylleu* a racarnaud, i. k' (F. PAYNE: *AG* 71, Frowylleu y racarnavd; Frovylleu aradyr). **18–19g.** *ACL* iii. 44, *probwyll,* a bar between the plough handles. **1803** *P, probwyll,* s. m. pl. t. *au* . . . the bars between the handles of a plough.

proc[1] [bnth. S. taf. *proke* 'poke'] *eg.* ll. *prociau.* Y weithred o brocio, prociad, pwniad, treiddiad, trywaniad, hyrddiad, hefyd yn *ffig.,* ysbardun, hwb: *poke, nudge, a poking, penetration, a piercing, thrust, also fig., stimulus.*
Dchr. **17g.** *J* 10, 134b, *proc.* **17g.** *LlGC* 13215, 377, *pròc,* penetratio. **1707** *AB* 219d, *pròc,* a penetrating or piercing through S. *c.* **1730** *Thos. Lloyd D* (LlGC) 195b, *proc,* a gore, thrust. *c.* **1757** *Bangor* 1733, 40, mi na na rhothoch chwi yn tynu un *proc* / mi rho arnoch chwi ioc a delbren. **1803** *P, proc,* s. m. pl. t. *iau,* a thrust or drive in, a stab. Ar lafar, 'Wth wilia sia ti, ma 'i'n un i roi *proc* iti o'i phenelin'; 'Rho *broc* bach i'r tân'.

proc[2], **procaf: proco, procar,** gw. **prog, prociaf: procio, procer.**

procator, procatwr [bnth. a chfdds. o'r S. Diw. Cyn. *procatour* 'steward, tithe-collector'(+-*wr*)] *eg.* ll. *procatwyr, procatorion,* -*iaid.* Warden eglwys; ?casglwr degymau: *churchwarden*; ?*tithe-collector.*
1574 *RhRC* (At.) 185a, ar gwr yma ydoedd heb fyned yr llan . . . y gymyno y bara gwenwynllyd hwy ond . . . fo fyr *prokatwyr* mor dost wrtho . . . ag a ddoyth yr llan. **1690** *Ymofynion* [iii], Llwf y *procatorion* neu Wardeiniaid. **18g.** *W Ballads* 135B, 6, Mr. Labute a Mr. Hill y *Procatorion.* **1756** G. OWEN: *L* 173–4, hanes o ryw heldrin rhwng *Procatorion* Llanfair a f'Ewythr Rhobert Gronw, ynghylch yr hên Dŷ. **1758** *ML* ii. 71, Ydyw'n anghenraid cael certificate person a *phrocatoriaid* cyn chwiliaw'r llyfrau? **1758** *ML* (Add) 348, Nyni *Brocatorion* Llan-Vigel, ar lan Alaw, yn Sir Fon, drosom ein Hunain, a thros y Relyw or Bachynigyn Blwyf hwn. *c.* **1773** *CAWA* 3, Cyfreithlawn . . . i *Brocattorion* neu Wardeiniaid. **1794** E. JONES: *CP* [1], Wardeiniaid, neu *Brocatorion* [:– Fal y gelwir Wardeiniaid ym Môn ac amryw barthau ereill. Procuratores Ecclesiæ Parochialis].
Amr.: **bocartwr. 1725** *SR* d.g. *church warden.* **brocatwr. 1725** *SR* d.g. *warden, a church-warden.* **1753** *TR, brocattwr,* a church-warden. Glamorg. **parcatwr, barcatwr. 1772** *W, parcatwr* d.g. *church-warden.* Ar lafar gynt ym Morg. **precator. 1604–7** *TW* (*Pen* 228) d.g. *aeditimus.*

procedaf: procedo, gw. **prosidiaf: prosidio.**

procer, procar, procyr [bnth. S. taf. *proker* 'poker'] *eg.b.* ll. -*s, proceri.* Rhoden fetel i brocio tân, pocer: *poker.*
1828 *Geir Pob* 20, *procar,* pig-wanydd. Ar lafar, 'Estyn y *procar* 'na i fi, i fi gæl roi proc i'r tæn 'na'; 'Dyn tal, a'i gefn o'n syth fel *procar*'; ''On i'n stiff fel *procer* ar ôl bod yn y dosbarth cadw'n heini'.
Cfn.: *Bot.* **procar coch = p. poeth.** Ar lafar ym Meir., G. AWBERY: *BM* 25. **procer naddu:** *cat's-paw, stooge, tool, person used to carry out unpleasant work for another.* Ar lafar. *Bot.* **procar poeth:** *red-hot poker, Kniphofia.* Ar lafar ym Môn, sir Gaern., a sir Ffl., *PGICC* ii. 5, G. AWBERY: *BM* 25.
Gw. hefyd **pocer**[1].

procesio, gw. **prosesio.**

procesion, procesiwn, gw. **prosesiwn.**

prociad [bôn y f. ddil.+-*iad*[1]] *eg.* ll. -*au.* Y weithred o brocio, proc, pwniad, hyrddiad, hefyd yn *ffig.*: *a poking, poke, nudge, thrust, also fig.*
1803 *P, prociad,* s. m. pl. t. *au,* a thrusting. Ar lafar yn y Gogledd, 'Rho *brociad* bach i'r tân'.
Cfn.: **prociad clust:** *earache.* Ar lafar yn y Gogledd-ddwyrain, *LGW* 483.
Gw. hefyd **pocad, pocrad.**

prociaf, procaf: proc(i)o [bnth. S. taf. (*to*) *proke* 'to poke'] *bg.a.* Pwtio neu bwnio â phenelin, bys, ffon, &c., gwthio procer i mewn i (dân), hyrddio, hefyd yn *ffig.* ysbarduno, rhoddi hwb i('r cof); curo (gan boen): *to poke or nudge* (*e.g. with elbow*), *poke* (*fire*), *thrust, also fig. spur on, stimulate, jog* (*memory*); *throb* (*with pain*).
Dchr. **17g.** *J* 10, 134b, *proccio,* to thrust. *c.* **1730** *Thos. Lloyd D* (LlGC) 195b, *proccio,* to gore, proke. **1789** TWM O'R NANT: *TChB* 12, Ac yn lle Tea i'ch breackwest mi fydda fi'n [e]ich *procio* / I gym'ryd Pottes gwyn bâch. **1803** *P, prociaw,* to thrust, to stick in. **1808** TWM O'R NANT: *BB* 21, Fod 'u Mr. yn mwstro, a'r cythraul yn ei *broccio.* **1828** *Geir Pob* 20, *procio,* pig-wânu. Ar lafar, '*Proco* gida'r bwyleri yn y ffatri yw 'i waith a'; hefyd yn y Gogledd ac yng ngogledd Cered. yn yr ystyr 'to throb', e.e. 'bys yn *procio*', ac yn Arfon yn yr ystyr 'to tease', e.e. 'Paid â *procio*'r plant' (ond ?cf. *pryfociaf: pryfocio*), *WVBD* 444–5.
Gw. hefyd **pociaf**[2]**: pocio, pocraf: pocro.**

prociedydd [bôn y f. fl.+-*iedydd*] *eg.* Procer: *poker.*
1834.

prociog [bôn y f. fl.+-*iog*] *a.* Yn curo (gan boen): *throbbing* (*with pain*).
1896. Ar lafar yn Arfon, 'bys yn *brociog*', *WVBD* 445.

prociwr, procwr [bôn y f. fl.+-(*i*)*wr*] *eg.* ll. *procwyr.*
(*a*) Un sy'n procio, fel arfer yn *ffig.* un sy'n ysbarduno (person i wneud rhywbeth): *one who thrusts or jabs, usually fig. one who spurs* (*someone*) *on.*
17g. *LlGC* 13215, 377, *procciwr,* stimulator. **1803** *P, prociwr,* s. m. pl. *procwyr,* a thruster, a sticker, a stabber.
(*b*) Procer: *poker.*
Ar lafar yn nwyrain Morg. yn y ff. *procwr.*

prociwriaf: prociwrio, gw. **procuriaf: procurio.**

proclaimiaf, proclaimaf, proclaem(i)af, &c.: **proclaim(i)o, proclaem(i)o,** &c. [bnth. S. (*to*) *proclaim*; ansicr yw grym yr -*ai*- yn y ff. hyn] *bg.a.* Cyhoeddi, datgan: *to proclaim, declare.*
16g. (*LlEG*) *Mos* 158, 41b, yr hwn mewn hryw dref or dyrnas a *brockleymiid* yn vrenhin kyureithlon. *id.* 301a, y neb a *brocklaemiwyd* yn vrenin. **1580** *GGN* 35, yny man fo *broklemid* ef yn draytyr . . . onyd pen *broklaymed* fo yn draytyr. **1583** *LlGC* 716, yr hwn a *proclaimiase* y gwr i dduw. **16–17g.** (*Gesta Rom*) *LlGC* 13076, 67b, ef a barriodd *proklemo* mewn llawer o eglwysi, i ymovyn, a oedd neb gwedy kolli y vath gyvoeth hynny. **1604–7** *TW* (*Pen* 228), *proclaimio* d.g. *præclamito.* **1672** R. PRICHARD: *Gw* 3, Herawld yn *proclaimo* 'n heddwch. **1688** S. HUGHES: *TSP* 184, Yna y *Proclaimwyd* [:– Cyhoeddwyd], o'r 'doedd gan neb ddim i ddywedyd . . . yn erbyn Carcharor wrth y barr . . . i roddi eu Tystiolaeth ir Cwrt. *c.* **1689** (**1802**) L. WILLIAM: *Sherlyn Benchwiban* 14, Fy ngwas Walters, *proclaima,* / Darllen sentens y gwr yma. **1718** (**1721**) S. THOMAS: *HB* 81, nid oeddent etto yn gallel eu *proclaimio* eu hunain yn Ben-Escobion. *c.* **1730** *Thos. Lloyd D* (LlGC) 196b, *proclaimio,* to proclaim.

proclamasiwn, proclamasion [bnth. S. *proclamation*] *eg.* ll. -*s, proclamasiynau.* Cyhoeddiad, datganiad: *proclamation.*
16g. (*LlEG*) *Mos* 158, 14a, Or man I gwnaeth Ef I glaim a shialains drwy *brocklamashiwn* I vod Ef ynn wir attiuedd I goron loygyr. **16g.** *B* xv. 271, ac i wnneuthud *proclamasyons* J ddangos J kae boob kyuriw ddyn o gyffredin y wlad safkwndid. **1580** *GGN* 35, kymint yr vn ag oedd yn gwrando ar y *proklamassiwn.* *p.* **1584** G. ROBERT: *GC* [203–4], od oes geiriau saesneg wedi i breinio ynghymru ni wasanaetha moi gwrthod nhwy. mal . . . *proclamasiwn.* *c.* **1588** *Rhyddiaith Gymraeg* ii. 81, A'r *proclamacon* [*sic*] hwn a wnaeth e yn fynych heb gael neb y gwrdd ag ef. **16–17g.** (*Gesta Rom*) *LlGC* 13076, 91b, ag ef a baroedd yr amherawdr ddodi *proklymasiwn.* **1671** C. EDWARDS: *FfDd* 32, rhoddodd allan *broclamasiwn* gwaedlyd i lâdd y Cristnogion oll. **1716** T. EVANS: *DPO* 40, [c]yhoeddi Diaspad (neu *Broclamasiwn*). **1735** S. THOMAS: *HP* 247, [d]anfon allan *Broclamasion,* neu Orchymmyn cyhoeddus. **1757** *ML* i. 454, Chwi glywsoch ddywedyd nad yw gweithredoedd y Senedd ar *Proclamasiwns* yn dyfod ddim pellach na phont Gaer.

proclemaf: proclemo, gw. **proclaimiaf: proclaimio.**

proclitig [cfdds. o'r S. *proclit(ic)*+-*ig*[2]] *a.* a hefyd fel *eg.* ll. -*ion.* (Ffurf) nad oes iddi

acen annibynnol ond a yngenir ynghlwm wrth y gair dilynol: (*a*) *proclitic*.
1930.

proclymasiwn, gw. proclamasiwn.

proconswl, proconsul [bnth. S. *proconsul*] *eg*. ll. *-iaid*. Llywodraethwr talaith (yn yr Ymerodraeth Rufeinig), rhaglaw: *proconsul*.
1488–9 *BSM* 15, Gwasanaethwr oedd yn yr vn amser i wr a elwid Tetradius *prokonsul* gwedy myned kythrel ynddo. **16g**. *B* xv. 281, a *phroconswl* dros y rhvfeinwyr yn asia. **1722** *Llst* 189, *proconsul*, m. p. *suliaid*, a proconsul. **1770** P. WILLIAMS: *BS*, *Tablau*, *&c*. [i], *Proconsuliaid*, neu Raglawiaid Taleithiau.

Procrwstaidd, Procrustaidd [cfdds. o'r S. *Procrust(ean)* + *-aidd*] *a*. Yn perthyn i Procrwstes, lleidr chwedlonol yn Attica gynt y dywedir iddo estyn neu fyrhau cyrff ei garcharorion i beri iddynt fod yr un hyd â'i wely ef; yn ceisio gorfodi unffurfiaeth, yn enw. drwy ddulliau treisgar neu ddidrugaredd: *Procrustean*.
1849.

procsi [bnth. S. *proxy*] *eb*. (Awdurdodiad i weithredu fel) dirprwy, dogfen sy'n cyfleu'r awdurdodiad hwn, yn enw. wrth bleidleisio, pleidlais gan ddirprwy, hefyd yn *ffig*.: *proxy*, *also fig*.
16–17g. *GST* i. 524, Ei lyfr hir, meddir i mi, / A'i bricsong oedd ei *brocsi*. **18g**. RH. IFANS: *SR* 150, Doed yn nes er lles 'wyllysiwn / I ateb *procsi* hyn o bricsiwn. **1762** H. JONES: *HCF* 32, Eu donniau nhw, yn amla peth, / Tu a Bangor yw'r Gyfraith ben-gam. / . . . / Ni wiw mo'r siarad *Proxi*, / Mae'n rhaid cyttuno â rheini / Neu fynd i'r Eglwys, drwg ei raen, / I ddwyn penyd o flaen cwmpeini. **1769** E. ROBERTS: *GN* 51, Fo gollo[dd] y Lecsiwn er undun ar wndwn, / A gwneis i fo yn ddifri yn *brocsi* ag yn bricsiwn. **1769** TWM O'R NANT: *TChD* [3], Fe ddweude un i ddechre ymbyngcio, / O ni a gawn Interlute iw gwrando; / . . . / Atteba'i'r llall mor ddicllon, / [Y]n boeth y bo 'i *Proxi* wirion.

proctor [bnth. S. *proctor*] *eg*. ll. *-iaid*, *-ion*. Asiant, dirprwy, procsi, cynrychiolydd; twrnai (mewn llys cyfraith sifil neu eglwysig); casglwr degymau a thaliadau eglwysig eraill; hefyd yn *ffig*.: *proctor*, *agent*, *proxy*, *representative*; *proctor* (*in civil or ecclesiastical court*); *proctor* (*collector of church tithes*, *&c*.); *also fig*.
1547 *WS*, *proctor*, proctour. **16g**. (*LlEG*) *Mos* 158, 105b, I gwnaeth Ef wys a dyvyn ar holl esgobion kred . . . i ddyuodi yn gorforol ne I ddanuon I *proctoriaid* erbynn serttein ddydd ac amser I dreef yn frainc. **16g**. WILIAM CYNWAL: *Gw* (G. P. Jones) 45, *Proctor* iaith, rhagor wrth rôl, / Pôr dwyswych, pur dewisol. **16g**. WILIAM CYNWAL: *Gw* (R. L. Jones) 701, A pherffaith deiriaith *broctorion*—trwyadl / A egyr y ddadl, gwir a ddoedon'. *a*. **1587** *Y* 196, Os ewch i, a sech awen, / Yn *broctor* i'r rhychor hên. **16–17g**. *GST* i. 831, Pedair wythnos yn y mis, / Rhaid i'r *proctor* gael ei ffis. **1604–7** *TW* (*Pen* 228) d.g. *cognitor*. **17g**. E. MORUS: *Gw* 65, Fel *proctor* a freibid, mawr wendid, fe 'mrodd. **1690** *Ymofynion* 9, Dadleuwr ne *Broctor* neu Rhynghyll. **1710** *LlGG* (*Gos*) 9, Y Llw hwn . . . i'w gym'ryd ef ei hunan, ac nid trwy *Broctor*. *id*. 14, Ac o bydd Llŷs neu Orsedd rhyw Esgob heb 'r un Dadleuwr, yna fe wasanaeth' fod wrthi Law *Proctor* sy'n ymarferu yn y Llŷs hwnnw. *id*. 17, Na chaiff *Proctorion* gynnal Dadleuon heb gyfreithlon bennodiad y Partiau. **1714** R. PRYDDERCH: *RT* [v], 'Does *Broctor* na Thwrnaion, / Iw hatteb yr ail waith. *c*. **1762–79** W. WILLIAMS: *P* 525, Ynteu ddanfonodd ei *broctoriaid* i Rufain, y rhai attebodd drosto. **1789** TWM O'R NANT: *TChB* 33, Os cei di'r *Proctoriaid* yn wyr tirion.
Amr.: **proctwr**. **16g**. DAFYDD BENWYN: *Gw* 405.

procuraf: procuro, gw. **procuriaf: procurio.**

procurator, procwrator, &c. [bnth. Llad. *prōcūrātor*] *eg*. ll. *-iaid*. Asiant, dirprwy, procsi, cynrychiolydd; swyddog ariannol taleithiol yn yr Ymerodraeth Rufeinig; warden eglwys: *procurator*, *agent*, *deputy*, *proxy*, *representative*; *procurator* (*provincial financial official in the Roman Empire*); *churchwarden*.
13g. *D Col* 53, o deruyd y dyn cemryt mach y arall en y absen ar peth, a . . . deuot e mach ar e *procurator* er hun esyt en lle e den y cemryt e uechny ydau . . . cet el llau pob un yn y gylyt o'r nyuer e buant en y uechny, ny henwyt hy e'r *procurator* er hun a'y cemerth. **15g**. *BB* 81, y gwnaethpwyt Pilatus . . . yn *procurator* yngwlat Judea. *c*. **1514** *RC* xlviii. 48, a ganmolo gwas i thad a'i gymydawg a'i dylwyth a'i *brockyratorieid*. **16g**. (*LlEG*) *Mos* 158, 408b, ar duwk o longuild *prokurattor* y brenin ffrengig. **1586** *LlGG* 104a, ei Curat, neu ei *brocuratorieit*. **1604–7** *TW* (*Pen* 228), *procurator* bywyt ecclwysic d.g. *decumanus*. *id*. warden yr ecclwys, *procurator* d.g. *hierophylax*. **1716** J. MORGAN: *LlT* 13, Torpasion, *Procurator* Ewhodia. **1722** *Llst* 189, *procurator*, m. p. *curatoriaid*, a deputy.

procuriaf, procuraf, pryciwriaf: procur(i)o, pryciwrio [bnth. S. (*to*) *procure*] *ba*. Gofalu am, ymorol am; trefnu, peri, achosi; darbwyllo, perswadio: *to attend to*, *look after*; *arrange*, *bring about*, *cause*; *prevail upon*, *persuade*.
1508–10 *Rhyddiaith Gymraeg* i. 15, ef a roes i vrenhin Parthia mil o talennev [*sic*] aur er i helpv a l o vorynion jeveinck; a Lysania i wyr oedd yn *procurio* hynny. **16g**. (*LlEG*) *Mos* 158, 13b, hroddes Ef orchymyn ar holl bennaethiaid y gwyr Eglwysig drwy holl gredd [*sic*] ar *brockurio* ac annogg y llygiawl bennaethiaid I ymdrwsio ac I vynned I ynnill Kaerselem. *id*. 235a, I *brockurio* dyweddi hrwng y brenin a'r vrenhines. *id*. 252a, yr ymbassadyr a edawyd ynn fiainck I *Brockur*/*io* y matter hwn. *id*. 282a, I daruu Iti *Brockurio* ymrauaelion oth genedyl Im llaadd. *id*. 390a, yn *prokurio* ac yn anog kynal . . . y kyngor. *id*. 399b, Yr hynn a wnaeth ac a *br*/*ockuriodd* Ef yn vwy o herwydd ac o achos i vod ef ynn gobeithio drwyr kyuriw ysdyriw ac amkan a hwn i dynnu ffrainck . . . allan or kyuriw berigyl. **1567** *LlGG* [ix], yn nep ryw vodd *procuro* neu maynteno nep Person, Vicar neu Vinister arall . . . y ganu ai dywedyt gweddi gyffredin . . . yn amgenach . . . nac a espeswyt yn y dywededic lyvr. *Dchr*. **17g**. *Card* 12, 403, Gweddiwn archwn orchest i fair / y forwyn addfwynfrest / pasio kyn *prokvrio* kwest / Traffordd wen trwy ffordd onest (Thomas Anwyl). **18g**. *Beirdd y Berwyn* 34, Nid ar fy mun yr ydw i'n beio, / Ond bod i cheraint i *phryciwrio* / I ddewis golud mwy nag alle, / Calon union oedd gen inne.

procuriwr [cfdds. o'r Llad. *prōcūr*(*ātor*) (?a'r S. C. *procur*(*our*)) + *-iwr*, a bôn y f. fl. + *-iwr*] *eg*. ll. *procurwyr*. Procurator (yn yr Ymerodraeth Rufeinig); ?cynrychiolydd, twrnai; ?un sy'n peri neu'n trefnu: *procurator* (*in the Roman Empire*); ?*representative*, *attorney*; ?*instigator*, *arranger*.
14g. *BY* 56, yr anuonet Componius yn *brocurywr* ac yn bennaeth (*procurator*) ar y deyrnas ef [Idumea]. **14–15g**. *IGE*² 116, Ni myn gael, mael hael helmlas, / Dwyllwyr na *phrocurwyr* cas (Gruffudd Llwyd). **16g**. (*LlEG*) *Mos* 158, 459a, goruu ar bawb roddi sswm . . . o dda bathol i nechwynn Ir brenin ac ynn *brockuriwr* or matter yma o vewn Iarllaeth gent ir ydoedd Esgob Kaint.

procwrator, procyr, Prodestannaidd, Prodestant, gw. **procurator, procer, Protestannaidd, Protestant.**

prodin, prodinaidd, Prodistannaidd, gw. **protein, proteinaidd, Protestannaidd.**

proest [?cf. *proestlawn*] *eg.b*. ll. *-(i)au*.
(*a*) *c.d*. Math o ledodl neu hanner odl a'r cytseiniaid diweddol yn cyfateb, ond y llafariaid yn amrywio, enghraifft o hyn: *type of partial rhyme* (*in Welsh prosody*) *in which final consonants correspond*, *but vowels vary*, *instance of this*.
14g. *GP* 40, 'eu' heuyt ysyd diptonn dalgronn, val y mae 'kleu', a honno yw y diptonn ny cheffir *proest* yn y herbynn. *id*. 46, Tri ryw ynglynn ysyd, nyt amgen, ynglynn vnawdyl, ac ynglynn *proest*, ac ynglynn o'r hengerd. *id*. 47, Tri ryw ynglynn *proest* ysyd, nyt amgen, *proest* dalgronn, a lledyfbroest, a *phroest* gadwynawc. **1593** W. MIDLETON: *B* 21, [*p*]*roest* kadwynodl. **1728** S. RHYDDERCH: *GC* 8, Tair Sillaf ni chair *proest* ai hattebo, Dipton dawddleddf; Dipton dalgronleddf a dipton wib. **1803** *P*, *proest*, s. m. pl. *-iau* . . . a term in prosody for a counterchange of vowels. Cf. J. MORRIS-JONES: *CD* 254, Cyfatebiaeth diwedd geiriau ydyw *proest* hefyd; ond lle mae cyfatebiaeth odl yn dechreu â llafariad y sillafau, mewn *proest* y mae'r llafariaid yn amrywio, a'r elfennau cytseiniol ar y diwedd yn unig a gynwysir yn y gyfatebiaeth. Ond rhaid i'r rhain gyfateb fel mewn odl: (1) nid etyb cytsain ddwbl i un sengl . . . (2) y mae'r lled-lafariaid yn cyfrif . . . Mewn gair, hanner odl yw *proest*, sef yr hanner olaf ohoni.
(*b*) *c.d*. (yn y ff. *prost*, a chan Ruffydd Robert yn unig) Cyfatebiaeth gytseiniol, enghraifft o hyn: *consonantal correspondence*, *instance of this*.
p. **1584** G. ROBERT: *GC* [226–7], Yw dynion, beilchion, y byd . . . ,b, yn'r orddarn, yn ymgloi yn *brost* a ,b, yn'r odlddarn. *id*. [228], Mae ,dd, o'r odlig yn *brost* i ,dd, o flaen 'rodl. *id*. [247], mi a wn mae cynghanedd *brost* yw honno sydd yn cloi ar y cysseiniaid yn unig.
Amr.: **profest**. **1455–6** *B* iv. 211. *a*. **1575** *GP* 92. *c*. **1785–90 (1829)** *CBYP* 176. **prost**. **1579** *GP* 61, 63. *p*. **1584** G. ROBERT: *GC* [226]. **18–19g**. *Llr* C 42, 198.
Cfn.: **proest**, &c., **ac unodl:** *a fault in Welsh prosody where one half of an englyn uses 'proest' and the other half has full rhyme*. *c*. **1400** *GP* 14, Bei ar eglyn yw *proest ac unawdyl*, bot y neill dryll y'r eglyn yn vnawdyl, a'r llall yn broest. **p. (y) bogaliaid = p. llafarog**. **15g**. *GP* 26–7, Proest dalgron gweitheu y teruyna yn y bogalyeit, pan deruyno pedeir awdyl yr eglyn mywn pedeir bogal amyrauael, a hwnnw a elwir *proest y bogalyeit*. *a*. **1575** *id*. 113, *provest bogaliaid*. **p. cadwynodl = p. cadwynog**. **1593** W. MIDLETON: *B* 4. **1744** L. MORRIS: *LW* 107. **1803** *P*. **p. cadwynog (gadwynog):** (*englyn using*) *'proest' between adjacent lines and rhyme between alternate lines*, *e.g*. '. . . *euraid* / . . . *ydwyd* / . . . *lonaid* / . . . *wyd*'. **14g**. *GP* 48, Ynglynn o *broest gadwynawc* a vyd pan vo yr awdyl gyntaf y'r ynglynn yn atteb y'r dryded, a'r eil y'r bedwared; a deu ryw *broest gadwynawc* ysyd, nyt amgen, *proest* dalgronn *gadwynawc*, a lledyf*broest gadwynawc*. **1455–6** *B* iv. 211, Devryw ynglyn provest y sydd nid amgen provest gyfnewidioc ac [*sic*] *ffrovest gadwynoc*. **1593** W. MIDLETON: *B* 21, *Proest Kadwynog*. **18g**. *W Ballads* 7, 7, Englyn *Prost cadwynog*. Cf. J. MORRIS-JONES: *CD* 326, '*Proest gadwynog*', pob llinell yn proestio â'r nesaf ati, ond y gyntaf yn odli â'r drydedd, a'r ail â'r bedwaredd. **p. cyfnewidiog (gyfnewidiog, gyfnewidiol):** (*englyn using*) *'proest' between all four lines* (*opp. to 'proest cadwynog'*). **1455–6** *B* iv. 211, *Provest gyvnewidioc*. **1593** W. MIDLETON: *B* 4, *Proest kyfnewidiog*. **1727** J. JONES: *DFF* 357, *Proest gyfnewidiol*. **1803** *P*. **p. (i'r) odl (awdl):** *a fault in Welsh prosody consisting of 'proest' between the word before the caesura and the end-rhyme*, *when both have the same accentuation*. *a*. **1575** *GP* 124, [*p*]*rovest i'r awdl*. *id*. 125, *Prost i'r awdl* . . . a vydd pann vo prif orffywyssva y gynghanedd a'r brifawdl yn prostio ynghyd. **1587** *id*. 193, *prosd odl*. **17g**. *id*. 190, [*p*]*rost i'r odl*. **1808** R. DAVIES: *GC* 154, *Proest i'r awdl*. Cf. J. MORRIS-JONES: *CD* 256, Ym mhob un o'r rhain y mae'r orffwysfa'n ffurfio proest perffaith â'r brifodl, a hynny dan yr un aceniad. Yn ddiweddarach fe waharddwyd hyn fel bai a elwid '*proest i'r odl*'. **p. llafarog (lafarog):** *'proest' between words ending in a vowel*. **1808** R. DAVIES: *GC* 135. **p. dalgron:** (*englyn using*) *'proest' between final vowels* (*opp. 'lleddfbroest'*) *and between all four lines* (*opp. 'proest cadwynog'*). **14g**. *GP* 47.
Gw. hefyd **hanner—h. proest, lleddfbroest.**

proestaf: proestu, proestawdl, gw. **proestiaf: proestio, proestodl.**

proestiad, prostiad [bôn y f. ddil. + *-iad*¹] *eg*. Y weithred o broestio: *the act of forming a 'proest'*.
a. **1575** *GP* 128, Lleddf a Thalgronn a vydd pann vo silldaf leddf yn ateb i silldaf dalgronn nev i ddieithr . . . mewn ynglyn prost yn y *prostiad*. *c*. **1785–90 (1829)** *CBYP* 132, [t]wyll gynghanedd o *broestiad*. **1803** *P*.

proestiaf, proestaf: proest(i)o, proestu [bf. o'r e. *proest*] *bg.a*. Ffurfio proest (â), defnyddio proest, cyfansoddi (englyn, triban, &c.) gyda phroest: *to form a 'proest'* (*with*), *use 'proest'*, *compose* ('*englyn*', '*triban*', *&c*.) *using 'proest'*.
a. **1575** *GP* 120, Kroes ddisgynnedic a vydd pann vo y ssilldaf nessaf at y brifodl yn *prostio* a'r brif orffywyssva. **1592** S. D. RHYS: *Inst* 140, gwib y gelwir . . . am na cheiph ddim mywn cerdd a'i *proesto*. **1593** W. MIDLETON: *B* 4, *Proestu* yw newid vogaliaid neu diptongiaid, ag heb newid kydsonaniaid yn y brifodl. *id*. 5, Ni chydwedda sillaf, yr orphwysfa i *broestu* ar brifodl mewn braich o bennill vnodl. *c*. **1785–90 (1829)** *CBYP* 102, fe ellir *proestio* os mynner ar y bannau. **1803** *P*, *proestiaw*, to interchange vowels.
Amr.: **profestu** [bf. o'r e. *profest* (amr. ar *proest*)]. **17g**. *B* iv. 217. **prostio, prosti** [bf. o'r e. *prost* (amr. ar *proest*)]. *a*. **1575** *GP* 120. *id*. 125, pann vo y sseiniad y'r odliad diwaethaf o'r gynghanedd yn *prostiaw* a'r brifawdl. **1728** S. RHYDDERCH: *GC* 167, ni fynn yr Odl ddim i gyf Odli nag i *brostio* a hi yn y Bann. **1795** J. THOMAS: *AIC* 33, Dybryd Sain, y'w pan fo'r orphw[y]sfa yn *prostio*, a'r odl bennaf o hono yn Gynghanedd Sain. **18–19g**. *Llr* C 42, 198, *Prosti*, to rhime.

proestiol [*proest* + *-iol*] *a*. Yn perthyn i broest, yn defnyddio proest (am englyn,

&c.), hefyd yn *ffig.*: *pertaining to 'proest', using 'proest' (of an 'englyn', &c.), also fig.*
1877.

proestlawn [?elf. *proest (cf. yr e. prs. *Proistri*, *VSB* 315)+*-lawn*; os cywir uniaethu'r elf. hon â'r e. *proest* 'lledodl', dichon fod ystyr *P* isod yn gweddu ar gyfer yr ail engh.; ynglŷn â'r enghrau. eraill, gw. *CT* 68, *P Tal* 88–9] *e.* neu *a.*

13g. (17g.) *AH* 29, tewynt rieu krawn rac *proystlawn*. c. 1300 *H* 34b. 5, A dyryt y wut y ueirt *proestlawn* (Cynddelw). 14g. *T* 61. 23–4, y vd prydein pen perchen *broestlawn*. 1803 *P*, *proestlawn* . . . harmonious.

proestodl, proestawdl [*proest*+*odl*, *awdl*] *eb.* ll. *-au*, a hefyd gyda grym ansoddeiriol. Proest: '*proest*'.

c. 1785–90 (1829) *CBYP* 54, 'Awdl Gymmysg'; sef cymmysg o Broest ag Unodl, sef dwyn Odl ar ddeusill olaf y Bann a'r sill olaf oll yn Unodl, a'r sill o'r blaen yn *Broestodl* wrth ei sill cymmhar ar y Bann nesaf atti, fal hynn . . . amcanion; / . . . [d]ibenion; / . . . union / . . . bonion, / . . . [d]ibrinion, / . . . Englynion. *id.* 70, adlaw yw Brithodl a *Phroestodl*. 1803 *P* d.g. *proestawdyl*.

proestodlaeth [*proestodl*+*-aeth*] *eg.* Defnydd o broest: *use of 'proest'*.
c. 1785–90 (1829) *CBYP* 102, ei unodlaeth, a'i *broestodlaeth*, a'i gymmysgodlaeth. 1803 *P*.

proestodlaf: proestodli [bf. o'r e. *proestodl*] *bg.* Proestio, defnyddio proest: *to form a 'proest', use 'proest'*.
c. 1785–90 (1829) *CBYP* 53, yn *proestodli* ar y cyntaf a'r trydydd o'r Bannau. *id.* 138, rhai a farnant *proestodli* yn fraint ar Englyn. 1803 *P*.

profadwy, profiadwy [bôn y f. ddil.+*-(i)adwy*] *a.bfl.* Y gellir rhoddi prawf arno neu ei destio; wedi ei brofi'n wir (yn effeithiol, yn ddibynadwy, &c.), profedig; wedi ei brofi a'i gael yn dderbyniol (am berson), wedi ei brofi ei hun; wedi ennill profiad, profiadol; cymeradwy, wedi ei ganiatáu; ?cynefin; canfyddadwy; tebygol: *provable, testable; proven, proved, tried, tested; tried and true (of person), having proved oneself; veteran, experienced; approved, acceptable, allowed; ?familiar; perceptible; probable.*

13g. *LlI* 101, o hanner haf hyt Aust . . . en er amser hunnu y byd teruenyd e guarthec *prouadwy* . . . o Aust hyt vyl Ueyr gyntaf . . . yna y byd teruenyd y kynflythed. 14g. *LlB* 36, Ac velly o'r deu pwnc, trwy tyston *profadwy* yd eir yn y erbyn ef. 14g. *YBH* 4a, a chyrchu y vam awnaeth a dywedut wrthi. oi abuttein druan *prouadwy* paham y pereist i llad giwn vyn dat i. c. 1400 *R* 1284. 23–5, prifvard wyf y duw ar volawt. *provadwy* ardelw yr [e]urdelw vrdawt. *id.* 1291. 6–7, hael brif awdur. hwyl *brofadwy*. c. 1400 *YSG* i. 78, A *phrofadwy* yw ry golli ohonaf i vyng golwc . . . am na elleis edrych ar Seint Greal. ?15g. *MA*² 515b. 56–7, Custennyn er hwnn e syd *brovadwy* (*Llst* 1, 112, clotvavr) em mylwryaeth. 15g. *GDID* 41, Caws *profadwy*, glas, cas pryfedog! *Diw.* 15g. *Pen* 67, 98, Ni daf om gwlad *brofyadwy* (Hywel Dafi). 1547 *WS*, *profadwy*, proued. 1567 *TN* 239a, pwy pynac yn yr ei hynn a wasanaetha Christ, 'sy gymradwy gan Dduw, a chanmoladwy [:- *phrofadwy*] gan ddynion. 1632 *D*, *profadwy*, probatus. *id.* d.g. *probabilis, ratus, spectatus, testatus*. c. 1658 R. VAUGHAN: *E* 70, mal y mae rhai yn tybed yn *brofadwy* (*as some probably think*). 1710 *LlGG* (*Gos*) 8, neu Bregethwyr *profadwy* eraill o'r un Esgobaeth. c. 1730 *Taith C* 73, hên Physsygwr *profadwy* (*well-approved*). 1803 *P*, *provadwy*, provable, essayable.

profaf: profi [bnth. Llad. *prob(ō)*, Crn. C. *provas* 'profodd', H. Wydd. *promad*, Gwydd. C. *promad, fromad*, Gwydd. Diw. *promhadh, fromhadh*] *bg.a.*

(*a*) Rhoddi prawf o (rywbeth), dangos gwirionedd neu ddilysrwydd (rhywbeth): *to prove, give proof of (something), show truth, validity, &c., of (something).*

12–13g. *GLlLl* 5, Cabyl arnaw, ut Fraw, a *frouwch*, —nyd oes. 13g. *LlI* 8–9, o dychavn e den hvnnv *prouy* bot en cam e uravt a uarnvs er egnat, collet e tauavt. 13g. *LlC* 31, ny ellyr tyst byth o dyn a tegho anudon . . . os adef neu o gellyr y *prouy* arnau. 1346 *LlA* 72, Mi a vynnwn *broui* hynny drwy anghkreifft. 14g. *B* xv. 266, Mi a *brofaf* . . . nat o wironed y mae dy duw dy. 14g. *WM* 167. 33–5, Ti a ledeist vy arglwyd oth twyll ath vrat. ahynny mi ae *profaf* arnat. 15g. *FfBO* 35, Nyni a *brouassam* y'th wyd di, trwy wirioned, bot Crist yn wir Duw ac yn wir dyn. 1567 *TN* 213a, ny allant chwaith *provi* y pethae, y maent im cyhuddaw am danwynt. 1594–6 *B* iii. 275, 'eithyr mi sydd yn meddyliaw mai trech yw rhann anian na rhann addysc'. Yna dywedai Selef: 'Os ti ny *phraw* hynn, dy eneit ti a wahenir a'th gorph'. 1606 E. JAMES: *Hom* ii. 171, mae yn wirionedd mor amlwg y dylyem ni ymprydio, nad rhaid ymma ei *brofi*. 1676 W. JONES: *GB* 14, Gadewch ini gan hynny *brofi* ein hail-enedigaeth, nid yn vnig trwy beidio a phechu, ond trwy ddilyn sancteiddrwydd. 1716 E. SAMUEL: *GGG* 96, [d]ylai wybod mae megys y mae rhagoriaeth rhwng amryw fath ar bethau, fod rhagoriaeth hefyd rhwng yr amryw ffyrdd i *brofi*, ac i eglurhau 'r cyfryw bethau. 1803 *P*, *provi* . . . to prove. Ar lafar, 'Fe ethbwd ag e i'r cwrt ond fe *brofws* man 'ny taw neci fe odd y llidir'.

(*b*) Rhoddi prawf ar, testio, gwirio, siecio, arholi, rhoddi (person) ar ei brawf, temtio; rhoddi (person) ar ei brawf mewn llys barn; ystyried a phenderfynu (achos, &c.) yn farnwrol; sefydlu dilysrwydd (ewyllys): *to put to the test, test, check, examine, put (person) to the test, tempt; try (person) in court of law; try (case, &c.) judicially; prove (a will).*

12–13g. *GLlLl* 52, Ny chwsc y gywlad, ny chysgoges—glew, / Glyw Prydein rwy *proues*. 13g. *C* 5. 8–6. 1, Seith meib eliffer. Seith guir ban *brouher*. *id.* 67. 8, Neumduc. i. elffin. y *prowi* vy bartrin. 13g. *Cy* xvii. 146, Iawn yw *proui* ae gwir adyweit. c. 1300 *H* 59a. 33–4, Gwaethyl edlid om bronn pan *brouer*—kynrein. yr kynran y doter (Cynddelw). 14g. *WM* 443. 34–5, Mi a *brofaf* y allu heb hi. c. 1400 *SDR*² 75, *prawf* yn gyntaf annwyt dy wr. 15g. *GGl*² 42, Pan *brofes* Moeses y môr, / Treiai ymaith mal trimor. 1551 W. SALESBURY: *KLl* xviib, Na *phraw* (1588 *Math* iv. 7, na themptia) yr Arglwydd dy ddeo. *id.* liiib, mi brynais pemp iau o ychen, ac ydd wyf vi yn mynet ew *provi* [:- hyweddy] wy (1988 *Luc* xiv. 19, i roi prawf arnynt). 1567 *TN* 246a, a'r tan a *braw* [:- dreia] waith pop dvn. 1618 J. SALISBURY: *EH* 302, megys ag y *profir* aur yn y ffwrnes. 1685 *Art* 10, A oes yr un llythur Cymmun rhai wedi marw heb ei *profi*. 1725 D. LEWIS: *GB* 237, Y mae amryw Ffordd i *brofi* Pwys yr Awyr. 1770 *TG* iv. 24, Ddoe'r borau y *profwyd* lleiddiaid Mr. Pywel . . . a'r profiad a barhaodd hyd lawer o'r nos. 1803 *P*, *provi* . . . to examine.

(*c*) Ceisio (gwneud rhywbeth), trio; rhoddi cynnig ar: *to try (to do something), attempt; give (something) a try.*

12–13g. *GLlLl* 25, Gwynndeyrn Prydein, *prawf* uy llochi. 13g. *C* 104. 4–5, Y *prowi* prydv. opriwieith [drll.] eurgert. 13g. *B* ix. 340, y *proues* hitheu vynet yno a nys gallei. 14g. *GDG*³ 206, Ffroen eiddig wenwynig nod, / Ffriw ddifwyn, o *phraw* ddyfod, / Wrth wyn esgar, lafar lef, / Y du leidr, y dêl adref. c. 1400 *RB* 31, adaw awnaeth alexander y ecuba *brovi* gweneuthur brat achelarwy. 1547 *WS*, hangian [*sic*] val dyn meddw yn *profi* kerddet. 16–17g. *HG* 27, er mwy[n] jesü, *provwch* vy helpü. *Diw.* 17g. *B* iii. 98, ond y dydd hwnnw na *ffraw* di ollwng gwaed ar y gwithi. 1688 S. HUGHES: *TSP* 92, gan edrych yn ofalus y tu yma, a'r tu arall . . . i *brofi* a allai fo ysgatfydd gael cwrdd a'i blyg-lyfr. *id.* 241, Yna hwy a *brofasant* i edrych trwyddo. 1703 E. WYNNE: *BC* 72, Eich cynghori'r wyfi i *brofi* pôb ffordd bossibl iw gollwng hwy 'n eu hôl i'r Byd. 1740 T. EVANS: *DPO* 129, rhai o honynt a *brofasant* i dynnu y Cleddyf allan, ond ni's gallent. 1776 I. BRYDYDD HIR: *P* ii. 72, Mi a *brofaf* ddangos. 1803 *P*, *provi* . . . to attempt; to essay.

(*d*) Cael profiad o, gwybod drwy brofiad, dioddef, teimlo, synhwyro, canfod, gweld, cyffwrdd â: *to experience, know through experience, undergo, feel, sense, perceive, see, touch.*

1346 *LlA* 69, deu wynnvydedigaeth yssyd. Vn yssyd lei ymparadwys. Ac arall yssydd voe yn teyrnnas nef. Achanny *phrouassam* ni yr vn onadunt wy. etwa ny aallwn ni kyffelybrwyd amdanunt wy. 14g. *RC* xxxiii. 220, Yna y kanhadaud Meir idi y *phrouy*. Hy a estynnawd y llaw. ac a diffruythod [*sic*] y llau yn diannot. c. 1400 (*SG*) *HMSS* i. 430–1, y mae yndaw efo llawer o rym a chywirdeb. a thi awdost hynny ual y *profeist* ef. 1551 W. SALESBURY: *KLl* xxb, o cheiddw [*sic*] vn vy amadrodd i ny vlasa [:- *phraw*] ef vyth o angeu. 1595 H. LEWYS: *PA* 29, ac er i ni'n hunain *brofi* a theimlaw, y cyfiawn gosbedigaethae. 1615 R. SMYTH: *GB* 76, oes fath yn y byd ar drueni nas *brofaist* [*sic*]? 1684 H. OWEN: *DC* 26, a *phrofi* peth myfyrdod nefawl. 1725 T. BADDY: *CS* 51, Ond dyn di-râs ni *phrawf* fod blâs ar Grist. c. 1730 *Taith C* 33, ond yn awr minneu a ddeuthum hefyd, canys *profeis* nad oes ffordd uniawn onid hon. *id.* 85, Canys yr oedd efe'n *profi*'r Awyr yn hyfryd. 1751 *GIA* xii, Nid ydynt yn *profi* o'r difyrrwch nefol oddifewn. 1773 *W* d.g. *to experience, or have experience of.* 1774 B. FRANCIS: *A* 3, *profi* yr ydwyf ryw serch neillduol at wlad fy ngenedigaeth.

(*e*) Blasu, bwyta, yfed: *to taste, try, eat, drink.*

14g. *YBH* 50a, A *phroui* a oru[c] hi llysewyn. *Diw.* 15g. *Pen* 53, 27, *praw* vaw yth ginyaw [Ieuan ap Rhydderch i'r Prol]. 16g. *GILlV* 24, I finegr a bustl . . . / Y per wefussau ai *profasson*. 1551 W. SALESBURY: *KLl* xxia, A gwedy *proui* o pengwastrat y neithior y dwfyr. *id.* xxivb, gwedy iddo i vlasy [:- *provi*], ef a wrthotadd i yfet. *id.* liiib, mi ddywedaf ychwi, na vlasa [:- *phraw*] yr vn or gwyr hynny or a ohaddwyt vy swpper. 1588 2 *Esd* ix. 24, na *phrawf* gig. 16–17g. *NBSF* 818, Nis kae fwyd nes kau i fant / ni *ffrawf* na gwair na ffrofant. 1606 E. JAMES: *Hom* ii. 177, a phwy bynnag a *brofai* ddim cyn yr hwyr, ar y dydd a osodwyd i ymprydio, a gyfrifid ei fod yn torri ei ympryd. 1632 *D* d.g. *gusto*. 1701 E. WYNNE: *RBS* 65, disgwiliant gael *profi*'r wenwynllys heb farw. 1735 L. MORRIS: *T* 3, pwy ŵyr flâs Pêth nes ei *brofi*? 1778 J. HUGHES: *BB* xi, *Praw* 'r seigiau, byrddau, di ball, a'r dysglau, / P'run orau, *praw* un arall. 1803 *P*, *profi* . . . to taste. Ar lafar, 'Cymwch beth, 'tydi'r bwyd ddim ond i' *brofi*', *WVBD* 445; ''Ŷch chi wedi *profi* bara llechwan?'; ''*Phrofas* i ddim ifad ariôd, y ddiod feddwol 'wi'n feddwl'.

(*f*) Cnydio, cynhyrchu: *to crop (of land), produce.*
Ar lafar yn nwyrain Morg., ''Dyw 'ngardd i ddim yn *profi* 'leni gistal â llynadd'; ''Dyw'r ardd ddim yn *profi*'n ddæ'.

Amr.: **profio.** 1567 *TN* 111a. 1651 SIÔN TREREDYN: *MDD* 128. c. 1730 *Thos. Lloyd D* (LlGC) 196b.
Cfn.: **profi blas:** *to taste, also fig.* 1830. **p. dy (ei, &c.) hun:** *to prove oneself.* 1790 T. JONES: *TOS* 248, gosod dy sylfaen yn gadarn i *brofi dy hun*. **p. yn:** *to prove (to be), turn out.* **1870.**

profant, profand(r) [bnth. S. *provant*, *provand* a Ffr. Lloegr *provendre*; yn ôl *RC* xlix. 264, dichon mai yma y perthyn *brouent*, *H* 29b. 4] *eg.* Ymborth i anifeiliaid, ebran, hefyd yn *ffig.*: *provender, fodder, also fig.*

14g. *YBH* 16b, nyt oed neb a ueidei y wassanaethu onyt or soler uch y ben bwrw y *brofandyr* idaw. 1547 *WS*, *profand*, prouender. 16g. *Pen* 86, 139, dot mewn ystabyl gylyd a *ffyrofant* gar ifyron ac wellt tano hyd idor. 16–17g. *GHCEM* 79, Gwylier iddo roi *profant*, / A'i gael pei gwrth'nebai gant. 16–17g. *GST* i. 486, A syber groeso hybarch, / A *phrofant* i fant ei farch. 16–17g. *NBSF* 818, Nis kae fwyd nes kau i fant / ni ffrawf na gwair na *ffrofant*. 17g. HUW MORUS: *EC* i. 345, Mi aethym yn ddi-chwant am *brofant* y brag. 1688 *TJ*, Ebran, (*Profant*), bwyd cyffylau, Provender, horse-meat. 1704 J. MORGAN: *B* 76, Fy nghnawd yn dlawd, mal y dled / Ydyw *profant*, bwyd pryfed. Ar lafar yn sir Ddinb. yn y ff. *profaint*, 'Mae'r *profaint* yn brin', *Cymru* xlvii. 142.

profeb, prawfeb [bôn y f. fl. a *prawf*¹+*-eb*] *eb.* ll.*-au*, *-ion*. Problem; arbrawf; copi o ewyllys wedi ei phrofi ynghyd â thystysgrif a roddir i'r ysgutorion; ?prawf (o rywbeth): *problem; experiment; probate (copy and certificate); ?proof.*
1842.

profedig, profiedig [bôn y f. fl.+*-(i)edig*] *a.bfl.* a hefyd gyda grym enwol.

(*a*) Wedi ei brofi'n wir (yn effeithiol, yn ddibynadwy, &c.), wedi ei destio, wedi ei archwilio; wedi ei brofi a'i gael yn dderbyniol (am berson), wedi ei brofi ei hun; wedi ennill profiad, profiadol; cymeradwy, wedi ei ganiatáu; wedi ei seilio ar brofiad, profiadaidd: *proven, proved, tried, tested; tried and true (of person), having proved oneself; veteran, experienced; approved, acceptable, allowed; experiential.*

13g. *BD* 140, a marchavc *prouedic* clotuavr. *id.* 144, pvy bynnac a uo ganthav haelder anyanavl y gyd a *phrouedic* uolyant. 14g. *GIG* 94, Prifeistr cywydd Ofydd oedd, / *Profedig*, prifai ydoedd. c. 1400 *R* 1338. 9, lle diheird prifveird *profyedic*. c. 1400 *MM* 76, Berwi garllec drwy lastwr llefrith, ae yuet, *prouedic* yw. 1488–9 *BSM* 5–6, Ac ef a dystiolaethodd wrth i vrodyr y kaffai ef lawer o vlinder . . . yr hynn a vv *brovedig* gwedy hynny. 1567 *TN* 172b, Iesu o Nazaret, gwr *provedic* gan Ddew. *id.* 241a, Anerchwch Apelles y *provedic* in-Christ. *id.* 377a, aur puredic [:- *provedic*] trwy dan. 1632 *D* d.g. *exploratus, probatus, spectatus*. 1672 J. LANGFORD: *HDdD* 342, nid yw hyn ond bwrw ymmaith y tryssor mwyaf yn y bŷd hwn, canys y cyfryw yn ddiammeu yw Cyfaill *profedig*. 1675 R. JONES: *HCh* 104, Nid oes ganddo ef yn unic wybodaeth gyffredinol a gwybodaeth pen am Dduw . . . eithr y mae ganddo ef hefyd wybodaeth *brofedig* o Dduw (*an Experimental Knowledge of God*). **1800** W. OWEN[-PUGHE]: *CP* 15, Y ffordd *brofedicaf*. **1803** *P*, *profedig*, proved, approved.

(*b*) ?Llawn treialon neu brofedigaethau, truenus, yn peri trallod: *full of trials or tribulations, wretched, vexatious.*

1788 J. OWEN: *TA* 13, O'r afal hi gymmerodd, nid ofnodd fwytta 'nawr, / I'w gwr hi a'i rhoddodd hefyd yn y *brofedig* awr. **1794** W. RICHARDS: *YDY* 9, yn eu hamser *profedig*, a than amgylchiadau creulon eu caethiwed. **1797** B. EVANS: *CG* 291–2, ym mhen ychydig fe syrthiodd i'w arferiadau drwg gyd â mwy o wangc nâg erioed . . . Rhaid bod hyn yn *brofedig* iawn (*very trying*)? Pa beth a wnaeth ei rieni druain wedi'n?

Amr.: **prawedig, prawfedig** [*praw(f)*[1]+*-edig*]. **1567** *TN* 345b, *prawedig*. **1725** *SR*, *prawfedig* d.g. *a probate*.

profedigaeth [*profedig*+*-aeth*] *eb.g.* ll. *-au*.

(*a*) Prawf (ar berson), treial, temtasiwn; aflwydd, gofid, cystudd, trallod (yn enw. ynglŷn â cholled drwy angau): *trial* (*of person*), *test*, *temptation*; *misfortune*, *affliction*, *tribulation* (*used esp. with ref. to bereavement*).

1346 *LlA* 118, ae vlinder. ae drallawt. ae *brouedigaetheu*. *id.* 149, Et ne nos inducas in temptationem. Sef ywnt [*sic*] pwyll ygeireu hynny. nadwc ti ni ym*prouedigaeth*. *c.* **1400** *ChO* 3–4, yn amser y credant, ac yn amser *prouedigaeth* y kilyant. *Dchr.* **15**g. *IGE*[2] 167, *Profedigaeth* a wnaethost / Arnaf, a dystiaf yn dost (Llywelyn ab y Moel). **1567** *TN* 345a, Can wybod y pair *profedigaeth* ych ffydd chwi ymynedd. *id.* 356b, y praw sy arnoch trwy dan, rrwn a wneid ir *profedigaeth* ywch. *id.* 377a, mi ath cadwa di oddiwrth awr y *profedigaeth*. **1630** *YDd* 162, Pryd ith arweinir i *brofedigaeth*, i wneuthur gweithred ddrwg, cofia fod Satan gyd a'i orchwyl ef. **1670** J. HUGHES: *AP* 180, Y *Profedigaeth* hwn yn ol geiriau'r Apostl, profed dyn eihûn [*sic*]. **1723** WM: *PGG* 24, Tra bôm yn y Byd hwn, nid oes fodd i ddiangc heb ryw fesur o Gystudd a *phrofedigaeth*. **1780** *W* d.g. *probation*. **1803** *P*, *provedigaeth*, s. m. pl. t. *au* . . . temptation. Ar lafar, ''Odd hi'n ddrwg gen' i glywed am ych *profedigeth* chi'. Cf. D. OWEN: *D* 227, aeth dros yr un ymresymiad yn gymhwys ag a ddefnyddiais i gydag ef pan fu farw ei fam . . . er fy mod yn teimlo yn ddwys dros Jim pan oedd yn y *brofedigaeth*, ni ddeallais ei ofid a'i hiraeth nes i mi ddyfod i'r un amgylchiad fy hun.

(*b*) Profiad: *experience.*

1609 R. SMYTH: *CAC* 4, Nid ydiw'r phydd yn edrych am helynt na chwrs natur, nag yn coelio i *brofedigaeth* (*experience*) synwyr. **1615** R. SMYTH: *GB* 105, oni chawsomi [*sic*] *brofedigaeth* (*l'experience*) o hyny yn yn amser, [*sic*] ni. **1632** *D* (*Diar*), Câs bethau gwŷr Rhufain . . . Marchog heb *profedigaeth*.

(*c*) Prawf (o rywbeth), tystiolaeth: *proof*, *evidence*, *testimony.*

13g. *LlDW* 135, Teyr *provedygaeth* a ellyr ar anyveyl. vn yv pvybvynnac [*sic*] y lladher y ki o dyweyt y vot yn wvgeylky ef a dely y provy. *Diw.* **15**g. *Pen* 41, 32, A phryt na allo amdiffynnwr llyssu tystyon a dyccer o ryw *brovedigaeth* honno. **16**g. (*LlEG*) *Mos* 158, 518b, Ar y nneb [*sic*] I dyckpwyd digon o *brouedigaeth* i vo[d] ef . . . ynn euog or weithred. **1567** *TN* [xxxiii], Yr hyn sy *profedigaeth* digonawl vot yr Scrythyr 'lan yn gyffredin ym hen pob bath ar ddyn. *id.* 265b, Cymeryd y mae ef yn esempl ffydd y Corinthieit yn *brouedigaeth* o'r gwirionedd a precethawdd ef. **1588** 2 *Cor* viii. 24, dangoswch . . . *brofedigaeth* o'ch cariad. **1604–7** *TW* (*Pen* 228), *prouedigaeth* drwy dystion d.g. *testificatio*. **1630** *YDd* 116, siccraf *profedigaeth* o grefydd gwr ydyw dull a buchedd ei gyfeillion. **1698** T. JONES: *Art* 2, Llawer mwŷ o *brofedigaethau* a allaswn dynnŷ o'r yscrythur lân, i ddwŷn ar ddeall i chwi fôd breuddwŷdion gŷnt yn genadon, a rhybuddion oddiwrth yr Holl Alluog Dduw. **1712** T. WILLIAMS: *CDdG* 208, y mae ei adgyfodiad ei hun yn *brofedigaeth* eglur oi allu ef i gyflawni hynny. **1716** E. SAMUEL: *GGG* 165, *Profedigaeth* yn erbyn yr Luddewon o herwydd y cydnabyddant Addewid am Fessiah rhagorol. **1768** RISIART AP ROBERT: *CB* 82, er bod ei dystiolaeth ef yn *brofedigaeth* dda. **1803** *P*, *provedigaeth*, s. m. pl. t. *au*, the act of rendering proved.

Amr.: **profedigiaeth** [*profedig*+*-iaeth*]. **14**g. *Bren Saes* 66. **profiadigaeth** [?dan ddyl. yr e. *profiad*]. **1567** *TN* 294b. **profiedigaeth** [*profiedig*+*-aeth*]. **1824**.

profedigaethol [*profedigaeth*+*-ol*; gwelir gwall cyfieithu yn yr ail ddfn. isod] *a.* Llawn treialon neu brofedigaethau, truenus: *full of trials or tribulations*, *wretched.*

1711 M. MAURICE: *YAD* 295, rhaglyniaethau Cystuddiol, *profedigaethol*. **1777** W. DAVIES: *CHL* 102, ystyriwch a [*sic*] pregethwr . . . fel un y ddanfonodd yr Arglwydd yn *brofedigaethol* (*providentially*) ac yn bendant attoch chwi ar y pryd hwnnw.

profedigaethus [*profedigaeth*+*-us*] *a.* Yn cael ei brofi neu ei demtio, yn dioddef profedigaeth(au), trallodus; yn profi (person), yn temtio; llawn treialon neu brofedigaethau, truenus; yn peri profedigaeth neu drallod: *beset with trials or tribulations*, *troubled*; *testing* (*a person*), *tempting*; *full of trials or tribulations*, *wretched*; *causing tribulation*, *vexatious.*

[**1710**] GW. AB IERWERTH: *SB* 59, [g]wrth[r]ych *profedigaethus* neu hudolaidd (*tempting or ensnaring Object*). **1719** IACO AB DEWI: *TG* 184, pettawn i yn *brofedigaethus*, myfi a ddeuwn yn bryssurach . . . at Jesu Grist. **1732** *AABI* 84, i wrthsefyll pob Profedigaethau a alloch chwi gyfarfod â hwynt oddi wrth Ddiafol *Profedigaethus*, a Bŷd *Profedigaethus*. **1746** G. JONES: *HWI* iii. 89, Dyled Rhieni yw, dwyn eu Plant i fynu . . . i ryw Waith neu Alwäd onest, a fo'n fwyaf cymmwys iddunt yn ôl eu Dawn, ac yn lleiaf *profedigaethus*. **1754** R. REES: *GGG* 71, [y] byd Annuwiol . . . er eu bod hwynt ar rhai [*sic*] cyfrifon yn llwyddiannus, pan yr ydych chwi yn *brofedigaethus*; gwybyddwch . . . y daw dydd datguddiad cyfiawn farn Duw. **1765** J. POPKIN: *Ll* 216, ynghanol pob amgylchiad anfanteisiol, *profedigaethus* a brawychus. **1772** IOAN WALLTER: *DB* 36, anialwch *profedigaethus* y byd drwg presennol. **1777** W. WILLIAMS: *TEA* 71, Os stiwart society fydd yn glebrog, ac yn datgu[dd]io dirgelion y rhai *profedigaethus*. **1778** J. HUGHES: *BB* 168, Yn ŵr gofidus a dolurus, / *Profedigaethus*, trallodus ymmhob lle. **1789** J. THOMAS: *DdS* 13, mewn cyflwr cystuddiedig, a *phrofedigaethus*. **1798** *WR* d.g. *trying*. Cf. D. OWEN: *D* 60, yr oedd ei ymadawiad mor *brofedigaethus* i'w fam â phe buasai efe yn myned i ben arall y byd.

profedigiaeth, gw. **profedigaeth.**

profedigol [*profedig*+*-ol*] *a.* Ar brawf; ?profedig; ?profadwy: *probationary*; ?*proven*, *proved*; ?*provable.*

1678 *Mos* 149, 345, ei *ffrofedigol* Dystioleth o Athrawol ddyfn-ddysg y prif-feirdd gynt. **1780** *W* d.g. *probationary*. **1803** *P*, *provedigawl*, probationary.

profeg [bôn y f. *profaf*: *profi*+*-eg*[1]] *eb.* ll. *au.* Arbrawf; problem: *experiment*; *problem.*

1849.

profeidiaf, profeidaf, profid(i)af: profeid(i)o, profid(i)o [bnth. S. (*to*) *provide*] *bg.a.* Darparu, paratoi; amodi, gwneud amod: *to provide*, *prepare*; *stipulate*, *make* (*it*) *a condition.*

1567 *LlGG* [xi], *Prouider* yn oystat . . . bot ir oll ac y bop Archescopion, ac Escopion . . . gahel gwpl veddiant ac auturtat trwy rym yr Act hon. **16**g. HUW CORNWY, &c.: *Gw* 50, *Profidiodd*, mynnodd, mae'n wâr, / pwys gwiw ged, pysg ac adar. **16–17**g. *GST* i. 828, Llawer morwyn wrth y tân / Yn *profeidio* swper bychan. **1615** R. SMYTH: *GB* 275, gan wybod fod pwy[ll] doethineb a deall gentho ef i *brofidio* iddo i hun y pethau angenrh[e]idiawl a necadd natur iddo. **1637** *ICRC* iii. 135, pob peth sydd raid wrtho mae gwedi *brofeidio*. **1691** T. WILLIAMS: *YB* 57, o herwydd fod gennym well modd i *brofeidio* dros ein cyrph ag i'w bodloni hwynt nag sydd gan eraill. **1702** T. JONES: *Alm* [41], Dymma flwŷddŷn i'r meibion / I *brofeidio* ffynn hirion. **18**g. E. T. RHYS: *DA* 107, Mae bonedd holl Sir Benfro / Yn dwys *brofeidio*'n faith. **1753** *ML* i. 236, *Profeidiwch* chwithau le iddo fynd yn gadpen llong. **1759** *BC* 263, *Profeidiwn* mewn prŷd, i ymgynnull ynghyd. **1774** H. JONES: *CH* 15, Pa odiaethol gristnogion a fyddem ni, ped faem mor ofalus am *brofeidio* ein hunain erbyn gauaf marwolaeth. **1782** M. WILLIAMS: *BM* 12, yr ydys wedi *profeidio*'r Swm o bedwar Miliwn ar hugain. *id.* [26], Hwyliwch *profeidiwch* a theiliwch eich tir. Cf. D. OWEN: *RL* 331, ffasiwn fwyd mae nhw yn 'i *brofeidio* i chi yno?

Amr.: **perfeidio. 1744** *CM* 120, 45. **porfeidio. 18**g. *CM* 39, 40. **pyrfeidio.** *Dchr.* **18**g. RH. IFANS: *SR* 171.

Profensaleg [bnth. S. *Provençal*+*-eg*[1]] *eb.g.* a hefyd fel *a.* Ocsitaneg: *Occitan*, *Provençal.*

20g.

profent, profest, profestaf: profestu, gw. **profant, proest, proestiaf: proestio.**

profestydd [?bnth. S. C. *provest* 'provost' +*-ydd*[3]] *eg.* ?Barnwr, beirniad: *judge*, *adjudicator.*

14g. *GIG* 94, Priffordd a gwelygordd gwawd, / *Profestydd* pob prif ystawd [marwnad Llywelyn Goch ap Meurig Hen]. Cf. *id.* 98, Troed awgrym gwawd tra digrif, / Prydydd, pen profestydd prif [marwnad Ithel Ddu].

profiad[1] [bôn y f. *profaf*: *profi*+*-iad*[1]; gw. hefyd *profiad*[2]] *eg.b.* ll. *-au*, (prin) *-on.*

(*a*) Gwybodaeth bersonol (am ffeithiau, sefyllfa, digwyddiad, &c.) sy'n deillio o gymryd rhan neu arsylwi, y weithred o gymryd rhan neu arsylwi, gwybodaeth neu fedr (ymarferol) a enillir drwy'r cyfryw; digwyddiad sy'n effeithio ar berson neu'r teimlad a achosir gan y digwyddiad hwnnw; yr hyn y mae unigolyn yn ei brofi yn ei fywyd ysbrydol mewnol (yn enw. fel y'i hadroddir mewn seiat, cyfeillach, cwrdd gweddi, &c.): *experience*; (*a good*, *bad*, *&c.*) *experience*; *religious experience* (*esp. as related personally at religious meeting*, *&c.*).

15g. HUW CAE LLWYD, &c.: *Gw* 136, *Profiad* llawen yw gennym / Praffed gras y Proffwyd grym. **1567** *TN* 227b, gorthrymder a ddwc ddioddefgarwch, a' dioddefgarwch, *broviat*. **1672** J. LANGFORD: *HDdD* 49, y mae *profiad* gyffredinol yn dangos i ni fôd dial Duw mewn môdd hynodol yn cynllwyn y pechod hwn o Gyssegr-yspeiliad. **1675** R. JONES: *HCh* 48, dyro brawf i eraill o'r *profiadau* a gefaist di o Drugaredd, Gallu, a Daioni Duw. **1688** S. HUGHES: *TSP* 154, Y mae fo 'n chwedleua am Weddi, am Edifeirwch, am Ffydd, ac am yr Ad-enedigaeth; eithr nid oes gantho yn ei enaid ei hun *brofiad* yn y byd o honynt. **1725** D. LEWIS: *GB* 25[5], *Profiad* sy'n dweyd, nad yw Glaw Blwyddyn ond 20 Modfedd. **1742** H. HARRIS: *SDS* 11, O herwydd mae taflu perlau oflaen [*sic*] Moch, yw dyweyd *profiadau* wrth yr Annuwiol. **1759** J. EVANS: *PF* 8, Gwyr o ddysc a ddechreuasant osod *Profiad* o'r neilldu; adeiladu Physygwriaeth ar Egwyddorion gosodedig; a ffurfio Barnau ammhrofiadol o Glefydau a'r ffordd o'u hiachau, a gosôd y Petheu hyn yn lle *Profiad*. **1773** *W* d.g. *experience*. **1777** W. WILLIAMS: *TEA* 10, a haerant mai balchder yw dweud *profiadau*, ac mai nid buddiol i bawb i glywaid yr amryw demtasiynau sydd yn cyfarfod eraill. Ar lafar, 'Mae e wedi câl *profiade* rhyfedd yn 'i fywyd'; ''Odd yr 'en ddynon yn cwnnu yn y gyfeillach a gweud 'u *profiad*'.

(*b*) Profedigaeth, temtasiwn; prawf (ar berson neu beth), cyfnod prawf; treial, prawf mewn llys; profiant (ewyllys); ymgais; arbrawf: *trial*, *temptation*; *test*, *probation*; (*legal*) *trial*; *probate*; *attempt*; *experiment.*

16g. DAFYDD AP LLYWELYN, &c.: *Gw* 179, Bwriais, gloywnaid braisg glanwych, / *Brofiad* ar ddyn wastad, wych. **1551** W. SALESBURY: *KLl* lxxvb, can wybot may *proviat* ar ych ffydd a ddwc ymmynedd da. **1588** *Gal* iv. 14, A'r *profiad* o honof yr hyn oedd yn fynghnawd. *c.* **1600** W. MIDLETON: *B* 96, kanllaw fv kanwyll i feirdd / a roe *brofiad* ar brifeirdd. **1632** *D* d.g. *tentamentum*. **1672** J. LANGFORD: *HDdD* 124, Chwi a wyddoch fod llawer o bethau y rhai sydd yn edrych megys yn anhawdd ar y *profiad* cyntaf. **1688** S. HUGHES: *TSP* 147, Y *Profiadau* [:– Temptasiwnau] sy 'n cyfarfod / Pawb sy'n teithio mewn vfydd-dod, / Ir wir Alwad nefol, hyfryd, / Y'nt yn amal ac yn enbyd. **1710** *LlGG* (*Gos*) 13, heb ryfygu ymyrru â *Phrofiad* y dywededig 'Wyllys. **1724** S. WILLIAMS: *ADA* 114, Paracelsus Physygwr mawr, a gŵr cyfarwydd iawn mewn *profiadau* Ceymical [*sic*]. **1770** *TG* iv. 24, Ddoe'r borau y profwyd lleiddiaid Mr. Pywel . . . a'r *profiad* a barhaodd hyd lawer o'r nos. **1780** *W* d.g. *probat*, *probation* [*the act of proving or trying*]. **1803** *P*, *proviad* . . . a trying, or essaying; a probation . . . an essay, or trial.

(*c*) Prawf (o); adnod a ddyfynnir i brofi pwynt o ddiwinyddiaeth: *proof*; *proof-text* (*from Scripture*).

1567 *TN* 276b, Can y-chwy geisio *profiat* o Christ. **1588** *Phil* ii. 22, chwi a adwaenoch y *profiad* sydd am dano ef, canys fel mâb gyd a thâd y gwasanaethodd efe gyd â myfi yn yr Efengyl. **1604–7** *TW* (*Pen* 228) d.g. *probatio*. **1671** C. EDWARDS: *FfDd* d.d., Adroddiad O Helynt Y Grefydd Gristianogol . . . a *phrofiad* (*proofe*) oi gwirionedd. **1672** J. LANGFORD: *HDdD* 167, o hyn nid rhaid wrth ûn *profiad* (*proof*) ymmhellach na chyfarwyddid cyffredinol. **1675** R. JONES: *HCh* 89, Am *brofiadau* o'r Scrythur y maent yn llawer, yn yr Hên Destament a'r Newydd. **1704** T. JONES: *Alm* [46], Holiadau ac Attebbion [*sic*], yngŷd a'u *Profiadau* allan o'r Scrythŷr lân. **1731** E. SAMUEL: *AE* 106, Afraid yw dwyn *Profiadau* am y peth a allwn ei ddeall yn hawdd wrth ein Cyfarwyddid ein hunain. **1740** T. EVANS: *DPO* 63, Meddyliodd ynddo ei hun i gael *profiad* hollol, pa un a'i Chrisnogion [*sic*] cywir a'i Rhagrithiwyr oedd Swyddogion ei Lys. **1754** R. REES: *GGG* 8, fel *Profiad* o'r hyn yr ydwyf yn ei haeru. **1768** J. ROBERTS: *R* 31, Os y Cyfryw 472 osodir dair gwaith ar lawr y naill tan llall y Swm fydd yr un faint wedi ei Chysylltu ac uchod, fel y gwelwch, yn ochr y Ddalen, *brofiad* o honi. **1803** *P*, *proviad*, s. m. pl. t. *au*, a proving.

(*d*) *Crdd.* Term technegol (?am fath arbennig o fesur) yng nghyfundrefn cerdd dant, preliwd: *technical term* (?*for a particular type of metre or measure) in traditional Welsh string music, prelude, voluntary.*

15g. *GLGC* 257, Ef a wŷr *profiad* fal ei bader, / *profiadau*, ceinciau Wiliam Cwncwer. **15g.** *OBWV* 140, Oes dyn wedi'r Eos deg / Yn gystal a gân gosteg, / A *phrofiad* neu ganiad gŵr / A chwlm gerbron uchelwr [marwnad Siôn Eos gan Ddafydd ab Edmwnd]? **1592** S. D. RHYS: *Inst* 304, ef a ddyly Datceiniad 'wybod cyweiriaw Telyn neu Grwth, a' chanu amcan o *Brofiâdeu*, drwy Blethiâdeu yn 'warentêdic. **16–17g.** *CRC* 398, *proviadav* / kaniadav / rhŵw byngkiav newidiog. **16–17g.** *GST* i. 343, Pob *profiad*, cywiriad call, / Pob llais ir, pob lles arall [marwnad Edward Llwyd o Lanynys]. **1604–7** *TW* (*Pen* 228), Gostec, *prouiat*, cynn y Caniat d.g. *prælugium*. **1609** *SChC* 593, *proviad* athro grythor a vesurir val hyn y bragod gowair. **1632** *D*, *profiad* . . . Præludium musicum. **17g.** *Musica* 56, Pwngc ar ôl pob *profiad* . . . terfyn pwngk ar ol *profiad* . . . *profiad* kyffredin. *id.* 57, *profiad* yr eos brido.

Amr.: **prawfiad** [*prawf*[1] + *-iad*[1]]. **1567** *TN* 281b. **1658** R. VAUGHAN: *YPS* 15, y fath *brawfiadau*. **1752** J. PRYS: *Alm* 31, cafwyd *prawfiadau* Diamheuol.

Cfn.: **ar brofiad:** *on trial, on probation.* **1751** *GIA* 208. **1778** J. THOMAS: *HB* 327. **1788** J. GRIFFITH: *DCC* 216. **profiad gwaith:** *work experience.* **20g.**

profiad[2] [?bôn y f. *profaf*: *profi* + *-iad*[2]; ond dichon mai enghrau. o *profiad*[1] a welir isod] *eg.* ?Un sy'n rhoddi prawf (ar berson neu beth), ?person profiadol: *one who puts (person or thing) to the test, ?experienced person, veteran.*

14g. *GDG*[3] 231, Cad *brofiad*, ceidw ei brifenw, / Cyntaf, addfwynaf oedd Fenw. *c.* **1400** *R* 1349. 16–17, vn *prouyat* angat eigylwyr adyll. **15g.** *GLGC* 326, pedwar prifwynt, bid pedwar *profiad*, / pedwar maib Phelpod yn cymod cad.

profiadaeth [*profiad*[1] + *-aeth*] *eb.* Empeiraeth; ?prawf (ar beth): *empiricism; ?test.*

1849.

Amr.: **prawfiadaeth** [*prawfiad* + *-aeth*]. **1876.**

profiadaethol [*profiadaeth* + *-ol*] *a.* Empeiraidd; profiadaidd: *empirical; experiential.*

1927.

profiadaidd [*profiad*[1] + *-aidd*] *a.* Yn perthyn i brofiad, yn deillio o brofiad, wedi ei seilio ar brofiad (yn enw. am wybodaeth): *experiential.*

20g.

profiadigaeth, gw. **profedigaeth.**

profiadol [*profiad*[1] + *-ol*] *a.* Wedi ennill llawer o brofiad, medrus (drwy brofiad helaeth); profedig; profadwy; arbrofol; empeiraidd; llawn treialon neu brofedigaethau, yn profi (person), profedigaethus; ar brawf, profedigol; hysbys (drwy brofiad), cynefin, profiadaidd; yn profi (teimlad, &c.), yn gwybod (drwy brofiad), ymwybodol (o): *experienced, veteran; proven; provable; experimental; empirical; full of trials or tribulations, testing (person); probationary; known (through experience), familiar, experiential; experiencing, knowing (through experience), conscious (of).*

1657 RE: *CDd* 294, nhwy allant glywed ynghylch dedwydd gyflwr plant Duw, ond heb wybod oddiwrth[o] yn *brofiadol.* **1683** J. JONES: *TG* 76, ond un yw cyfaddef iddo, a pheth arall yw ei wybod yn *brofiadol.* **1696** *GGTY* 121, sef hên gristnogion *profiadol* (*experienced*). **1722** *Llst* 189, *profiadol*, experimental. **1724** S. WILLIAMS: *ADA* 142, nid oes un Darian nac Astalch, nac Arfau *profiadol* a all ein hymddiffyn. **1725** I. HARRI: *RD* 414, ond pa hyd y bydd yr amser *profiadol* hwn? **1733** J. OWEN: *TBG* 86, Amser *profiadol* jawn ydyw, ac amser ag y mae y dïafol yn ddyfal jawn i ysgythru y blodeu[y]n. **1737** J. EINNON: *HR* 135a, O hyn y cefais fyngwneuthur yn *brofiadol* (*sensible*) ddigon wrth Weddi Dafydd. **1759** T. THOMAS: *WWDd* 50, efe a fŷdd yn dragwyddol, yn deimladwy, ac yn *brofiadol*, o annioddefol Boen. **1773** D. MORYS: *CPC* d.d., Ychydig o Emynau *Profiadol.* **1773** *W* d.g. *experimental, probationary.* **1777** W. WILLIAMS: *TEA* 27, [p]retens mawr i . . . awdurdod dwyfol, a chrefydd *brofiadol.* **1792** H. HARRIS: *H* 217, O! na fyddai gwir gymdeithas â dioddefiadau Crist yn *brofiadol* gan bawb sydd yn clywed am dano ef. **1795** J. THOMAS: *AIC* 253, Natturiol a *phrofiadol* philosophyddiaeth Dr. Derham. **1803** *P.*

Amr.: **prawfiadol** [*prawfiad* + *-ol*]. **1848.**

profiadur [bôn y f. *profaf*: *profi* + *-iadur*] *eg.* ll. *-on.* Archwiliwr cyfrifon; un sy'n profi (teimlad, &c.); empeirwr; ?swyddog gweinyddol wedi ei benodi gan y llywodraeth: *auditor (of accounts); experiencer; empiricist; ?administrative official appointed by the government.*

1827.

Amr.: **prawiadur, prawfiadur** [*praw(f)*[1] + *-iadur*]. **1852.**

profiadus [*profiad*[1] + *-us*] *a.* Profiadaidd: *experiential.*

20g.

profiadwy, profiaf: profio, gw. **profadwy, profaf: profi.**

profiannaeth [*profiant* + *-aeth*] *eb.* ll. *-au.* *Cyfr.* System o ohirio dedfryd ar droseddwr ar yr amod ei fod yn ymddwyn yn dda o dan oruchwyliaeth: *probation (in law).*

20g.

profiant [bôn y f. *profaf*: *profi* + *-iant*; ansicr yw'r ystyr yn yr enghrau. llenyddol isod] *eg.* ll. *profiannau.* Y weithred o brofi ewyllys; copi o ewyllys wedi ei phrofi ynghyd â thystysgrif a roddir i'r ysgutorion, profeb; prawf (ar berson neu beth), cyfnod prawf: *probate; probate (copy and certificate); trial, test, probation.*

c. **1400** *R* 1373. 24–5, Selyf vn nawt wawt wyndodic *brofyant.* **15g.** *DE* 67, gair iddi prifiwyd gwir oedd y *profiant.* **1605–18** *RWM* i. 91, Mil pvmkant *profiant* pob rhi. **1803** *P*, *proviant*, probation.

profidaf, profidiaf: profid(i)o, profiedig, profiedigaeth, gw. **profeidiaf: profeidio, profedig, profedigaeth.**

profiedydd [bôn y f. *profaf*: *profi* + *-iedydd*] *eg.* ll. *-ion.* Person neu beth sy'n rhoddi prawf (ar), archwiliwr, sensor; prob llawfeddygol; *Cem.* adweithydd cemegol a ddefnyddir i brofi sylwedd, defnydd, &c.; mynegair; safon, maen prawf; un sydd ar brawf; un sy'n profi (teimlad, &c.): *tester, examiner, censor; surgical probe; test (in chem.); concordance; standard, criterion; probationer; experiencer.*

1780 *W* d.g. *probe* [*a surgeon's instrument* . . .]. **1785** E. BARNES: *MH* 9, Oh! ddedwydd *brofiedydd* (*Probationer*)! yn gymmeradwy heb dy brofi! **1803** *P*, *proviedydd*, s. m. pl. t. *ion*, a probator.

Amr.: **prawfiedydd** [*prawf*[1] + *-iedydd*]. **1874.**

profijiwns, gw. **profisiwn.**

profins [bnth. dysg. Llad. *prōvincia*, o bosibl drwy'r H. Ffr. neu'r S. C.] *eg.* Rhanbarth, talaith: *province.*

c. **1400** *DB* 37, Yno y mae *prouins* (*provincia*) Thebaida. *ib.* Kyntaf *prouins* o'r Asia Uechan yw Bitinia. **1583** *LlGC* 716, 168a, yn y *provins* o Narbon. **1635** *Cylchg LlGC* iii. 69a, o fewn y *profins* yma.

profinsial [bnth. S. *provincial*; ansicr yw prth. *prounisal*, *R* 1339. 29] *a.* Yn perthyn i'r taleithiau (yn ddifr.), heb fod yn soffistigedig: *provincial (derog.), unsophisticated.*

20g.

profisiwn [bnth. S. *provision*] *eg.* ll. *-s.* Rhagddarpariaeth; (yn enw. yn y ll.) bwyd ac angenrheidiau eraill: *provision (for something); (esp. in pl.) provisions.*

1704 *CDGT* 57, Y mae llawer o Gynnorthwyau i'r pwrpas hyn mewn amryw Lyfrau; eithr rhag ofn na ddaeth yr un o honynt i'ch dwylo chwi: tybiais yn gymwys wneuthur y *provisiwn* neu'r Rhagddarpariad hyn i chwi wrtho ei hun. **1718 (1721)** S. THOMAS: *HB* 31, Ac am hynny y mae'nt yn gosod i lawr *Brofisiwn* o fwyd a diod yn y Bedd-le gyda'r Cyrph. **1736 (1812)** *YRW* 16, Ni cheir fawr *brofisiwn* bol eu gyd, / Am rottan nid yw reitach. **1744** D. ROWLAND: *RY* 4, Yr oedd ganthi bob amser Ddigonolrwydd o bethau anghenrheidiol, neu *Brofisiwn* y tŷ [*sic*] fewn i'w Chaerau. **1768** TWM O'R NANT: *CTh* 36, Heb edrych oedd digon o *brofisiwns* iw canlyn. Cf. D. OWEN: *RL* 368, wyt ti 'n cael digon o *brofijiwns* yma, dywed?

profle, prawfle [bôn y f. *profaf*: *profi* a *prawf*[1] + *lle*[1]] *eg.* Llys barn, brawdle; cwarantin: *court of law, tribunal; quarantine.*

c. **1400** *R* 1348. 27, Ae gwir yr gwr hir herw gywrych *brofle.* **1799** A. AB D. SION: *CR* 18, [b]rawdle ei gydwybod ei hun? Ni's gall deall cyflym y dadleuwr mwyaf dysgedig a ffraeth, ddim profi o flaen y *prawf-le* (*tribunal*) hyn nad yw lladd yn fwrdd-dra.

proflen, prawflen [bôn y f. *profaf*: *profi* a *prawf*[1] + *llen*] *eb.g.* ll. *-ni*, *prawflennau.* Copi prawf o destun wedi ei gysodi ar gyfer ei gywiro; dogfen yn cofnodi ffeithiau (fel tystiolaeth mewn llys barn, &c.): *proof-sheet, proof; written statement (of facts, in court of law, &c.).*

1780 *W*, *prawf-len* d.g. *proof, or proof-sheet, revise, in Printing.*

Cfn.: **proflen gali:** *galley proof.* **1945. p. hir = p. gali. 20g. p. dudalen:** *page proof.* **20g.**

proflw, praw(f)lw [bôn y f. *profaf*: *profi* a *praw(f)*[1] + *llw*] *eg.* ll. *-on.* Llw neu ddatganiad o deyrngarwch i'r grefydd sefydledig a fynnid gan berson a ddymunai ddal swydd gyhoeddus neu fynd i brifysgol (dan y Ddeddf Brawf a oedd mewn grym o 1672 hyd 1828): *religious test (oath or declaration of allegiance to the established religion as required under the Test Act in force 1672–1828).*

1850.

proflys, prawflys [bôn y f. *profaf*: *profi* a *prawf*[1] + *llys*[1]] *eg.* ll. *-oedd.* Llys barn: *court of law.*

1822.

profôc, profoc(i)af: profoc(i)o, profociwr, &c., gw. **pryfôc, pryfociaf: pryfocio, pryfociwr,** &c.

profost [bnth. S. *provost*] *eg.* ll. *-ion.* Pennaeth coleg, yn enw. yn Rhydychen neu Gaer-grawnt; pennaeth cabidwl eglwys gadeiriol; pennaeth cymuned grefyddol; prif ynad tref; swyddog, rheolwr, stiward, goruchwyliwr, ceidwad: *provost (of college, cathedral chapter, religious community); provost (chief magistrate); provost (official, steward, &c.).*

16g. (*LlEG*) *Mos* 158, 147a, nid oedd y *prouosd* ynn abyl i seuyll ynn I herbynn wynt ynn y lle i torasantt twy holl garchardai y dinas. *id.* 393b, *Prouost* y dref ai holl oreugwyr. **1604–7** *TW* (*Pen* 228) d.g. *præpositus.*

Gw. hefyd **probost.**

profwr, profydd [bôn y f. *profaf*: *profi* + *-wr*, *-ydd*[3]] *eg.* ll. *-wyr*, *-yddion.* Un sy'n rhoddi prawf (ar berson neu beth), testiwr, arholwr, archwiliwr, arolygydd, barnwr, ?sensor; temtiwr; archwiliwr cyfrifon, profiadur; un sy'n profi meteloedd; blaswr; un sy'n ceisio, ymgeisiwr: *one who puts to the test, tester, examiner, trier, inspector, judge, ?censor; tempter; auditor (of accounts); assayer (of metals); taster; attempter.*

1567 *TN* 5b, Yno y daeth y temptiwr [:– *provwr*, methlwr] atto. **1632** *D*, *profwr* d.g. *explorator, spectator, tentator.* **1675** R. JONES: *HCh* 13, Mae ef yn hollwybodus . . . efe yw *profwr* a chwiliwr ein calonnau. **1684** H. OWEN: *DC* 155, a *phrofwr* caled yr holl rai defosionol. **1688** *TJ*, menestr, *profwr* gwîn, yfwr gwîn: a Wine-Taster, a Wine-Bibber. **1725** *SR* d.g. *A apposer, or Examiner.* **1773** *W*, *profwr, profydd* d.g. *essayer, trier.* **1778** J. THOMAS: *HB* 32, Trefnwyd rhai trwy'r deyrnas, i wrando dynion ieuaingc yn pregethu, galwyd y rhai'n Triers, sef *Profwyr.* . . . Wedi cytunai'r *Profwyr* fod gwr yn gymmwys i'r gweinidogaeth [*sic*]; rhoddent orchymmyn i'r Commissioners roddi awdurdod i'r cyfryw i fynd allan i'r weinidogaeth. **1803** *P*, *provwr*, a prover, a tryer, an examiner; one who attempts; a taster. Cf. T. LEWIS: *HPF* 434, [c]ynnulleidfa o weinidogion, ac ereill wedi eu dewis gan Cromwell i eistedd yn Whitehall, wrth yr enw *Profwyr* . . . gan ba rai yr oedd awdurdod i brofi pawb a fyddent am gael eu hordeinio a'u gosod mewn eglwysi.

Amr.: **prawfwr** [*prawf*[1] + *-wr*]. **1762** *CGC* 9. **1799** *TY* 173. **prawfydd, prawydd** [*praw(f)*[1] + *-ydd*[3]]. **1849.**

proffân [bnth. S. *profane*] *a.* Seciwlar; annuwiol: *profane, secular; ungodly.*

1670 J. HUGHES: *AP* 118, os digwydd i neb o honynt siarad neu ddywedyd vn gair *prophan* sef annuwiol. *id.* 127, sathrwch Fab Duw tan eich traed, gan gyfrif Gwaed y Testament Newydd megis peth llygredic, *prophan*, neu gyffredin.

proffanaidd [bnth. S. *profane* + *-aidd*] *a.* Seciwlar: *profane, secular.*

1615 R. SMYTH: *GB* 152, yn gystal yn y scruthurau

prophanaidd, ag yn y scrythurau santaidd (*tant des prophanes que des sainctes lettres*). *c.* **1700** *CM* 15, [48], Pa beth a warafuner ynddo [y Sabath] Caeth orchwylion gweinidogawl ac arferau *propha/naidd*.

proffedoliaeth, proffeil, gw. **prophwydoliaeth, proffil.**

proffes[1] [?bnth. dysg. Llad. *professus* 'datganiad o ffydd'] *eb.g.* ll. *-au*, a hefyd gyda grym ansoddeiriol.

(*a*) Cyffesiad o ffydd grefyddol, athrawiaeth, &c., cyffes, credo (hefyd am y ffydd, &c., a arddelir yn y fath gyffesiad), datganiad neu adduned(au) a wneir wrth ymuno ag urdd grefyddol; datganiad, cyhoeddiad: *profession of faith, &c.* (*also of the faith, &c., professed*), *profession* (*on entering religious order*); *declaration, announcement.*

13g. *Cylchg LlGC* v. 61, E braut gilbo conuers[us] . . . a digwydus en yavn ryv delli . . . en gymeint ac na chymerit e ganthav *proffes* e conuers[us]eit. **1346** *LlA* 28, Beth adywedy di am yneb agymero abit creuyd. Ac odyna ymchwelut yr byt dracheuen gwedy eu *proffes*. **14g.** *GDG*[3] 205, Meddyliwch, graff braff *broffes*, / Am ei ladd, gwnewch ymy les [i ddymuno boddi'r gŵr eiddig]. *c.* **1401** *AL* ii. 326, Tri dyn nyt geir eu geir ar neb nac ar dim: creuydwr wedy torro y *broffes*; a dyn adycco cam tystolyaeth; alleidyr kynneuodic. **1567** *LlGG* 133a, yddwy vi yn eiriol arnat yn enw Duw, goffau y *profess* a wnaethost y Dduw yn dy vedydd. **1588** 1 *Tim* vi. 13, Iesu Grist, yr hwn tann Pontius Pilatus a dystiodd *broffes* dda. **1630** R. Llwyd: *LlH* 86, hyderu yr ydym ar Dduw, a rhyfygu oi ffafor ef o herwydd ein *pro[ff]ess*, a'n crefydd. **1632** *D*, *proffess*, professio. **1723** WM: *PGG* 71, Oh, mor hyfryd yw gweled Cristianogion yn . . . byw yn ôl eu *Proffes*. **1733** T. Evans: *PP* viii, Y mae 'r Esgob yn wir (megis y gweddai i Wr o'i *Broffes*) yn cymmeryd ei Resymmau allan o'r Efengyl. **1773** I. Lewis: *FfB* 55, Gwrandewch . . . Chwi Wasgaredigion, ar y mynyddoedd diffrwyth o *broffes* . . . chwi y rhai sydd yn ceisio'r byw ym mysg y *proffesau* meirwon, a'ch bara mewn lleoedd anghyfannedd. **1803** *P*. Ar lafar, 'gneud *proffas* o grefydd', *WVBD* 444; ''Wi'n cofio'r amsar pan odd dishgwl i wŷr tai cyrdda fyw yn unol o'u *proffas*'.

(*b*) Proffesiwn, galwedigaeth: *profession, vocation.*

1688 *TJ*, *proffes*:) geilwad, Celfyddŷd, Cymeriaeth: profession. **1803** *P*.

Amr.: **pryffes.** **1618** J. Salisbury: *EH* 70, 250.

Cfn.: **proffes gyhoedd(us):** *public profession.* **1710** *CBGEL* 58, [*P*]*roffes gyhoedd.* **1759** T. Thomas: *WWDd* 253, 'fe a all Dyn, wneuthur *proffes gyhoedd* o'r gwîr Grist, dros hir amser; ac etto heb gael ei wisgo â chyfiawnder Crist, byth. **1786** B. Francis: *A* ii. 149, [*p*]*roffes gyhoedd* iawn o Grist. Cf. **1687 (1715)** J. Owen: *TB* 148, Francis Spira . . . adderbyniodd [*sic*] y wir Grefydd, ac a wnaeth Broffes yn gyhoeddus. **p. ffydd:** *profession of faith.* **1764** Dewi Nantbrân: *SAG* d.d., *Profess* [*sic*] *Ffydd* A Gyhoeddwyd Gan Bâb Piws y Bedwerydd. **wrth (ei, dy, &c.) b.:** (i) *professed, professing.* **1659** *GIA* 17, Cristianogion *wrth eu proffess*. **1792** H. Harris: *H* 155, Yr ydym *wrth ein proffes* . . . yn tystoliaethu. (ii) *professional.* **1858.**

proffes[2], gw. **preffas.**

proffesaf, proffesiaf: proffesu, proffes(i)o [bf. o'r e. *proffes*[1]] *bg.a.*

(*a*) Datgan neu arddel (yn enw. ffydd grefyddol) yn gyhoeddus, cyffesu, addef; honni, haeru: *to profess* (*esp. religious faith*), *confess, avow; profess, claim.*

15g. *BB* 33–4, Ac ydaeth pawb ydorwestu ac y *professio* ac ywediaw. **16g.** *IICRC* iii. 323, does dithe yn Iach y Kymro / may digon y *proffeso* / yladd y gwyr nid yn Rhin / fel lly y brenin ffaro. **16g.** D. R. Thomas: *DS* 150, ai trwssiad o ddillad gweddus . . . mal i gweddai i ferched a *brophessai* ddywiolaeth. **1567** *LlGG* 121a, A yw-ti yn enw y plentyn hwn yn *proffessio* y ffydd hon. **1567** *TN* 322b, Y maent yn *proffessu* [:- cy[ffessu]] yr adwaenant Dduw. **1588** 1 *Tim* vi. 12, cymmer afael ar y bywyd tragywyddol, i'r hwn hefyd i'th alwyd, ac y *proffessaist* broffes dda ger bron llawer o dystion. **1606** E. James: *Hom* ii. 205, dysced y fath fesur ac sydd weddus i vn a fo'n *proffesso* gwir dduwioldeb. **1630** *YDd* 30, y mae cynnifer yn *proffessu* pob rhan arall o grefydd Dduw mor amharchus ac mor rhagreithus. **1676** W. Jones: *PGG* 29, Nid digon ini *Broffessu* y gwîr Dduw, ond rhaid ini ei gymeryd ef yn Dduw ini. **1688** S. Hughes: *TSP* 209, nis gallafi dybied llai, nas gwerth hwnnw ei Grefydd am y byd, yr hwn a'i *proffessodd* hi er mwyn y byd. **1710** *LlGG* (*Gos*) 7, amryw o ba rai a ddioddefasant yn glau am *broffessu*'r gwirionedd. **1718 (1721)** S. Thomas: *HB* 23, Y mae'r trigolion gan mwya yn *proffessu* crefydd y Mahomet. *c.* **1730** *Taith C* 39, mae'n hawsach i Ddyn ddechrau *Proffessu* 'n dda na pharhau fel y dŷlei hyd y Diwedd. **1803** *P*, *profesu* . . . to profess.

(*b*) Ymarfer â (gwaith, crefft, celfyddyd, &c.) fel proffesiwn, busnes, &c.: *to make* (*work, craft, art, &c.*) *one's profession, business, &c., follow the profession of.*

p. **1584** G. Robert: *GC* [206], [g]wne[u]thur traethiad cyfanbarth, ar yr holl ramar: megis y mae'rhai [*sic*] sy'n *prophessu*'r gelfyddyd, ymhob iaith, yn gwneuthur. **1780** *W* d.g. *to profess, follow, or practise* [*a trade, some science, &c.*]. **1798** Gw. Mechain: *D* 17, mae'r swydd y maent yn *broffesu*, yn haeddu parch.

Amr.: **pryffesu** [cf. *pryffes*, amr. ar *proffes*[1]]. **1568** Morys Clynnog: *AG* 5. **1618** J. Salisbury: *EH* 66, 232.

Cfn.: **proffesu ei (dy, &c.) hun(an):** *to profess oneself, claim to be.* **1806.**

proffesedig [bôn y f. fl. + *-edig*] *a.bfl.*

(*a*) Wedi ei broffesu, wedi ei ddatgan, addefedig; wedi gwneud proffes (yn enw. o ffydd grefyddol); wedi gwneud addunedau crefyddol; ?agored, cyhoeddus: *professed, declared, acknowledged; professed, professing, having made profession* (*esp. of religious faith*); *professed, having taken religious vows*; ?*open, public.*

1660 *WBD* 1, yr Yscolhigion . . . ar boble, sin ddywedid [*sic*] Chwi . . . wrth un din yn unig . . . yn cyf[e]iliorni oddi wrth I rheol *Profesedig* [*sic*] I hinain, y Scrythyrau, ar Grammar. **1723** J. Jones: *LlA* 147, y Pechadur cnawdol *proffesedig*, ni's gall bechu y pechod hwnnw, o blegid ei fod yn gnawdol ac yn wammal, heb yr Ysbryd ganddo. *c.* **1730** *Thos. Lloyd D* (LlGC) 196b, *proffesedig* . . . professed, professing. **1759** T. Thomas: *WWDd* 316, Gallir dywedyd, bod y credadyn yn dyfod i undeb *proffesedig* â Christ, pan y mae 'n dyfod i broffesu crefydd Crist yn gyhoeddus. **1765** J. Popkin: *Ll* 40, gan eu bod yn *proffesedig* bregethu y wir athrawiaeth o Gyfiawnhad. **1774** IG: *AF* 17, I arddel a chydnabod ein ymostyngiad *proffesedig* i'r Arglwydd Iesu Grist. **1780** *W* d.g. *professed.* **1793** *Cylchg* 21, [g]elynion *proffesedig* i bob chwanegol wybodaeth. **1800** C. Evans: *EJU* [iii], llyfr Mr. Edwards yn erbyn egwyddorion y Bedyddwyr . . . yn Lloegr . . . wneuthur attebiad iddo. Gwnaeth Mr. Edwards attebiad *proffessedig* i un o honynt. *id.* 40, Megis na ddylai dim gael ei ystyried, fel sefydlog reol ffydd, a'r nad yw yn cael ei amlygu, yn rhyw le yn y Bibl, gyd â eglurdeb; a dylid ceisio'r eglurdeb hwnnw, lle byddo y pwngc yn cael ei *broffesedig* drafod. Cf. T. Lewis: *HPF* 51, Efe a lithiodd fonaches *broffesedig* hefyd.

(*b*) Proffesiynol: *professional.*

1850.

proffesïa [bnth. dysg. Llad. Diw. *prophētīa*] *eg.* Proffwydoliaeth: *prophecy.*

c. **1400** *R* 1155. 26–7, Chwechet oes. oes iessu ahyt vrawt ypara. Ac yndi y prouet y *prophessya*. *Diw.* **16g.** *Gwyn* 3, 268, medd Daniel brophwyd *brophesia*.

proffesiad[1] [bôn y f. fl. + *-iad*[1]] *eg.b.* ll. *-au.*

(*a*) Proffes (ffydd, &c.), datganiad, addefiad: *profession* (*of faith, &c.*), *declaration, acknowledgement.*

16g. D. R. Thomas: *DS* 156, ag i proffesaist *broffesiad* da (**1588** 1 *Tim* vi. 12, broffes dda). **1718 (1721)** S. Thomas: *HB* 91, *Proffessiad* gyhoeddus o'r grefydd Gristnogawl. **1722** A. Thomas: *DR* 26, yn onest ac yn berffaith yn ei holl *broffessiadau*. **1735** J. Evans: *YMS* 117, *proffesiad* amlwg o Grist. **1741** G. Jones: *HWI* i. 21, [*p*]*roffesiad* fy rhieni o'r Ffŷdd Gristionogol. **1803** *P*.

(*b*) Proffesiwn, galwedigaeth: *profession, vocation.*

1851.

proffesiad[2] [bôn y f. fl. + *-iad*[2]] *eg.* ll. *-iaid.* Un sy'n proffesu (crefydd): *one who professes* (*religion*).

1567 *LlGG* [vii], Act am vnffurfiat ar Gyffredin weddi . . . yr hon a repeliwyt . . . i vawr advail dledus anrhydedd Dew, ac anconfort *professieit* gwirionedd Cred-ddeddyf Christ.

proffesiaeth [*proffes(or)* + *-iaeth*, neu amr. ar *proffesoriaeth*; ?cf. S. *profession* 'professorship, professorate'] *eb.* Swydd athro mewn coleg neu brifysgol: *professorship, professorate.*

1851.

proffesiaf: proffesio, proffesion, proffesional, gw. **proffesaf: proffesu, proffesiwn, proffesiynol.**

proffesiwn, proffesion [bnth. S. *profession*; ansicr yw'r engh. gyntaf yn adran (*b*)] *eg.*?*b.* ll. *proffesiynau* (*-iwnau*).

(*a*) Proffes (ffydd, &c.), datganiad, addefiad; ffydd, crefydd; proffes (wrth ymuno ag urdd grefyddol): *profession* (*of faith, &c.*), *declaration, acknowledgement; faith, religion; profession* (*on entering religious order*).

1670 J. Hughes: *AP* 127–8, gyru y sawl sy'n byw, megis pettent heb vn Ffydd, i wneuthur *proffesiwn* cyhoedd o ryw Ffydd. *id.* 232, yngwir a phurlan *broffession* o'r Ffydd Gatholic. **1683** H. Evans: *CTF* 16, Dewis lyfrau fo 'n cyttuno, / Ath *broffessiwn*. **1683** J. Jones: *TG* 184, un o'r Maglau mwyaf sydd gan y diafol i dwyllo a hi ymmysc dynion ac felly drwy fod dan *Broffesion* y maent yn ewyllyscar iw goelio ef. **1684** H. Owen: *DC* 28, a'n bod ni'n well . . . yn nechreu ein hymarweddiad crefyddol, nac arol [*sic*] llawer blwyddyn o'n *proffessiwn*. **1706** T. Jones: *Alm* [33], yn Cael eu Cythruddo gan Rai o wrthwynebol *Broffesiwnau*. **1735** S. Thomas: *HP* 18, Pelagius o ran ei *Broffession*, Monach ydoedd. **1773** I. Lewis: *EG* 5, mai'r Geiriau a aethant allan oe'nt ond celwyddau a thramgwyddiadau, a gyfodwyd fel Ffigys ddail i guddio noethni *Proffesiynau* eraill [am y Crynwyr]. **1774** H. Jones: *CH* 24, Dioddeu colli gwaed eu calon, / Am eu Crefydd a'u *Proffession*. **1784** M. Williams: *S* i. 223, Am eu crefyddau, mae yma rai o bob *proffesiwn*.

(*b*) Galwedigaeth (yn enw. un sy'n gofyn hyfforddiant arbennig yn y celfyddydau neu'r gwyddorau): *profession, vocation.*

1703 O. Lewis: *ADC* 53, trymder, ing, a blinderau ach Gorchguddia chwi pa beth bynnag a foch *proffesiwnau*. **1784** M. Williams: *S* i. [iii], i bob gradd, galwad, a *phroffessiwn* o ddynion.

proffesiynol [*proffesiwn* + *-ol*] *a.* Yn perthyn i broffesiwn neu alwedigaeth; yn dilyn proffesiwn fel galwedigaeth, yn ennill bywoliaeth drwy weithgarwch penodol; a wneir er mwyn ennill cyflog neu gydnabyddiaeth ariannol; o'r safon a ddisgwylir gan berson mewn proffesiwn neu gan waith y cyfryw; hefyd yn *ffig.*: *professional, also fig.*

1937.

Amr.: **proffesional** [bnth. S. *professional*]. **1907.**

proffesiynoldeb [*proffesiynol* + *-deb*] *eg.* Yr ansawdd neu'r cyflwr o fod yn broffesiynol, safon broffesiynol: *professionalism.*

20g.

proffesiynoleiddiaf: proffesiynoleiddio [*proffesiynol* + *-eiddio* (At.) ar ddelw'r S. (*to*) *professionalize*] *ba.* Gwneud (person neu beth) yn broffesiynol: *to professionalize.*

20g.

proffesiynoliaeth [*proffesiynol* + *-iaeth*] *eb.* Proffesiynoldeb: *professionalism.*

20g.

proffesiynolrwydd [*proffesiynol* + *-rwydd*] *eg.* Proffesiynoldeb: *professionalism.*

20g.

proffesol [*proffes*[1] a bôn y f. *proffesaf*: *proffesu* + *-ol*] *a.* a hefyd gyda grym enwol ac fel *eg.*

(*a*) Wedi gwneud proffes grefyddol (yn enw. am aelod o urdd grefyddol); wedi ei phroffesu (am athrawiaeth, &c.), yn proffesu (am eglwys, &c.); yn perthyn i broffes grefyddol; hunanaddefedig (e.e. am elyn): *professed* (*in religion, esp. of a member of a religious order*); *professed* (*of doctrine, &c.*), *professing* (*of church, &c.*); *pertaining to religious profession; professed, self-acknowledged* (*e.g. enemy*).

13g. *Cylchg LlGC* v. 61, Seint edmwnd oth eiryawl di pan oedwn dall em gvnaethpwyt i en *brofessavl*. **1346** *LlA* 144, treissaw gwreic. pechv . . . adyn diofuredawc. nev adyn ac vrddev kyssegredic arnaw. neu achrefydyn *proffessawl*. *c.* **1401** *AL* ii. 320, Os y kwyn a vyd yn gyssylltedic rac yr abat ay *broffessawl* deuent y gyt yr llys yn amserawl. **15g.** *ib.* 404, Llymar gwahan yssyd herwyd kyfreith rwg gwr krefydys *proffessawl* a gwr arall eglwissic: gwr *proffessawl* ny dychawn gwranty vn dadl dros arall. **15g.** *FfBO* 31, Minheu, y Brawt Odric, o greuyd y Brodyr Troetnoeth, yn *broffessawl* o Fforomlij. **1682** *CWE* 27, Cymmydog . . . yw neb rhyw ddyn . . . mewn eisieu . . . er ei fod ei elyn *proffesol.* **1741** G. JONES: *HWI* i. 21, Perthynas ac undeb *proffesol* â Christ. **1766** T. THOMAS: *RP* 14, ni ddylem ni ddim gyfyngu'n [*sic*] cariad at yr Eglwys *broffesol.* **1769** *DRh* 82, athrawiaethau *proffesol* yr eglwys. **1789** W. RICHARDS: *ABD* 11, galw i gof ei ddaliadau *proffesol* ef. **1791** W. RICHARDS: *TDB* 22, y derbyniad *proffesol* o'r efengyl. **1792** H. HARRIS: *H* 61, [g]wahaniaethu rhwng Crist'nogion *proffesol*, a Christ'nogion meddiannol. **1799** T. JONES: *DEW* 7, beth ydyw Eglwys weledig? . . . Corph o bobl yn sefyll mewn perthynas *broffessol* i Dduw. **1803** *P* d.g. *profesawl.*

(*b*) Proffesiynol: *professional.*
1803 *P* d.g. *profesawl.*

Fel *e.* Athro coleg, &c., proffesor: (*college, &c.*) *professor.*
1664 *LlGG* sig. e1v, [B]reiniol *Broffesawl* y Gyfraith yn yr Unifersiti o Rydychen.
Amr.: **pryffesol** [cf. *pryffes*, amr. ar *proffes*[1]]. **15**g. *LHDd* 84, mynach *pryffessawl* rwymedic mewn yr deu [*sic*] kysecredic.

proffesor [bnth. S. *professor*] *eg.* ll. *-iaid.*

(*a*) Un sy'n proffesu (crefydd): *one who professes* (*religion*).
1670 J. HUGHES: *AP* 141, amryw o *Broffesoriaid* yr un Crefydd. **1677** *CyfA* (*Can C*) 34, Tydi (y *Pro*[*ff*]*esor* claiar) . . . oddieithr iti fwytta fy nhgig [*sic*] ac yfed fyngwaed . . . ni elli fod yn gadwedig. **1687 (1715)** J. OWEN: *TB* 148, Barnedigaetheu ar Apostats . . . Richard Denton a fuasse *Broffesor* chwannog o'r gwirionedd or blaen. **1688** S. HUGHES: *TSP* 73, mi a fum tros drô yn *Brofessor* têg blodeuog.

(*b*) Athro coleg, &c., proffeswr: (*college, &c.*) *professor.*
1664 *LlGG* sig. c2r, [p]ob *Proffessor* Public a Darlleniwr. *ib.* lle *Proffessor* neu ddarlleniwr. *id.* sig. e1v, [ll]e yr ûn *Proffessor* i'r Brenin. **1710** *id.* sig. b1r, [b]renhinol *Broffesor* (**1664** *id.* sig. e1v, Broffessawl) y Gyfraith ymhrif-ysgol Rydychen. Ar lafar, hefyd yn ehangach am unrhyw aelod o staff academaidd coleg, &c.

proffesoriaeth [*proffesor*+*-iaeth*] *eb.* Swydd athro coleg, &c., proffeswriaeth: *professorship.*
1664 *LlGG* sig. c2v, Pennaethiaeth, Brodoriaeth, *Proffesoriaeth*, Darllenyddiaeth. **1722** *Llst* 189, *proffesoriaeth*, f. professorship.

proffeswr, proffesydd [bôn y f. *proffesaf*: *proffesu*+*-wr*, *-ydd*[3], hefyd dan ddyl. yr e. S. *professor*] *eg.* (b. *proffeswraig*, ll. *-wragedd*) ll. *proffeswyr.*

(*a*) Un sy'n proffesu (crefydd): *one who professes* (*religion*).
1630 R. LLWYD: *LlH* 146–7, Cyfaddeu y maent yr adwaenant Dduw, eithr ar eu gweithredoedd y maent yn ei wadu ef . . . Llawn yw'r oes hon or cyfryw *Broffeswyr* cnawdol. **1653** *MLl* i. 161, Mae rhai o'r *proffeswyr* newyddion ymma mor wangcus a minnau. *c.* **1688** *YHD* 14, y *Proffeswr* gwâg sy yn siommi neu'n twyllo dau ar unwaith. **1710** *LlGG* (*Gos*) 18, duwiol a chrefyddol *Broffeswyr* yr Efengyl. [**1740**] D. LLWYD: *YDD* 206, modd nas gadawoch i un gymmeryd arno Enw *Proffeswr*, neu ddyn Crefyddol, nad yw . . . yn tynnu at y sgrythur siampl yn y peth hyn. **1741** G. JONES: *HWI* i. 31, Dyledswydd *proffeswyr* Crefydd yw, byw mewn undeb â'i gilydd. **18**g. E. T. RHYS: *DA* 150, Am lygredd *proffeswyr*, yr eglwys a geblir / Ym mysg yr erlidwyr, rhai budur sy'n bod. **1765** J. POPKIN: *Ll* 57, Pa drefn sydd orau i gymmeryd at *broffeswr* i gael rhyddhâd o'i amheuon. **1767** J. THOMAS: *TFFf* 56, mae genym lawer o *broffeswyr* yn ein plith, ie *proffeswyr* mawr hefyd, yrhai [*sic*] ydynt anwybodus o gyfiawnder Duw. **1776** I. BRYDYDD HIR: *P* ii. 105, i'r [*sic*] oedd amser pan oedd yr efengyl mewn parch gan ei *phroffeswyr.* **1777** W. WILLIAMS: *TEA* 16, meibion Duw, sef *proffeswyr* y gwir Dduw. **1790** TWM O'R NANT: *GG* 107, A'r holl *Broffeswyr* hunan gnawdol; / Nid yw eu rhyfig, / A'u dull unig, ond allanol.

(*b*) Athro coleg, &c., proffesor: (*college, &c.*) *professor.*
1664 *LlGG* sig. c2v, a phob *proffessydd* a Darllennydd Public o fewn ûn o'r ddwy-Unifersiti. **18**g. *LlGC* 2620, 7, A ŵyr un *proffeswr* / Para ffasiwn sy ar Longe / Os Llongau yw rhain accw. *c.* **1762–79** W. WILLIAMS: *P* 550, [*P*]*roffeswr* Difinyddiaeth. *id.* 552, y seneddwyr, y gweinidogion, *proffeswyr* y coleg, a'r holl bobl. **1778** J. THOMAS: *HB* 156, Bu yno . . . dan ofal y *proffeswyr* Leemsden a Gerard. **1779** M. WILLIAMS: *BM* 36, yn ol Tablau *propheswr* Mayer. **1795** J. THOMAS: *AIC* 39, Professor of Musik at Gresham College. *Proffeswr* clêr Yngholeds Gresham. **1800** *TY* 356, gwr o fonedd a chyfoeth, a *phroffeswr* areithyddiaeth.

proffeswriaeth, proffeswraeth [*proffeswr*+*-*(*i*)*aeth*] *eb.* ll. *-au.* Swydd athro coleg, &c., proffesoriaeth; proffesiwn, galwedigaeth: *professorship*; *profession, vocation.*
1780 *W* d.g. *professor-ship.*

proffeswriaethol [*proffeswriaeth*+*-ol*] *a.* Proffesiynol: *professional.*
1875.

proffeswrol [*proffeswr*+*-ol*] *a.* Proffesiynol; yn perthyn i (swydd) athro coleg, &c.: *professional*; *professorial.*
1866.

proffesydd, gw. **proffeswr.**

proffesyddaf: proffesyddu [*proffes*[1]+ *-yddu*, cf. *penedryddu*, *penetryddu*, *proponyddu*] *ba.* Proffesu (ffydd grefyddol): *to profess* (*religious faith*).
1609 R. SMYTH: *CAC* [iv], [ll]yma'r phydd y mae'r Eglwys gatholic yn i *broffesyddu* ag yn i gredu. **1611** R. SMYTH: *SG* 10, barnu rhagoriaeth rhwng y cristion a'r anuw, yr hwn nid yw yn *prophesy*[*dd*]*u* phy[dd] yn y byd, ne or hyn lleiaf yn *prophesuddu* [*sic*] iawn phydd Grist.

proffesyddiaeth [*proffesydd*+*-iaeth*] *e?b.* Swydd athro coleg, &c., proffeswriaeth; proffesiynoldeb: *professorship*; *professionalism.*
1780 *W* d.g. *professor-ship.*

proffesyddol [*proffesydd*+*-ol*] *a.* Proffesiynol: *professional.*
1873.

proffet, proffét, proffetes, proffetoliaeth, gw. **proffwyd, pyrffét, proffwydes, proffwydoliaeth.**

proffid, proffit [bnth. H. Ffr. *profit*, o bosibl drwy'r S. C.] *eg.b.* ll. *proffidiau*, a hefyd fel *a.*

(*a*) Elw, budd, lles, mantais, hefyd yn *ffig.*: *profit, gain, benefit, advantage, also fig.*
14g. *GDG*[3] 278, D'ymlid heb gael *proffid* prudd; / Ni chaf arfod, och Forfudd! *Dchr.* **15**g. *IGE*[2] 191, Dodi'n hamcan ar rannu / *Proffid* o lleddid y llu [Llywelyn ab y Moel i frwydr Waun Gaseg]. **15**g. *GDLl* 188, *Proffid* i feirdd, proffwyd fu, / Pen cenedl, penáig canu [marwnad Dafydd Llwyd gan Ddafydd ap Hywel]. **1547** *WS* [v], datclario pa lessad pa vudd a phwy *broffit* a ddelsai ir neb a dreuliai ddim amser wrth ddarllen a mefyriaw ar y llyfer hwn. *a.* **1561** *B* vi. 45, or gelly di amlhay *proffyd* yt o'th dir a'thayar. *c.* **1585** G. ROBERT: *DC* 11b, natur dyn a fydd fynychaf i garu yn gynt er mwyn y daioni a r *prophid* a r elw, y mae yn i gael ar law y sawl i mae yn i garu. **16–17**g. *GST* i. 578, Proffidiol wrth rol i'th raid, / Praff y tyf *proffid* defaid. **1670** J. HUGHES: *AP* 365, caniada . . . na bo byth eisiau cymmorth daearol arni [yr Eglwys], a chwanegu ohoni bob amser mewn *proffit* ysbrydol. **1696** *CDD* 285, Yn prisio bydol *broffid*, / Yn fwŷ na golud nê. **1763** *DT* 103, Os oes *proffit* o'i hoffi, / Hwdiwch, a chym'rwch i chwi (Lewis Morris). Cf. D. OWEN: *SP* 141, [t]ynodd ddarlun dymunol o'r *broffit* fawr a ellid wneud yn y busnes. Ar lafar, 'buwch yn 'i llawn *broffit*' 'a cow which has just calved', *WVBD* 444.

(*b*) *Crdd.* ?Profiad (yng nghyfundrefn cerdd dant): *a 'profiad'* (*in traditional Welsh string music*).
16g. *B* i. 143, ac or messurau i gwnair y *proffidiau* gostegion, keinkiau klymau a chaniadau.

Fel *a.* (yn y radd gmhr.) Elwach, llesach: *more profitable or beneficial.*
1604–7 *TW* (*Pen* 228), iachach, *profitiach* d.g. *salubrior.*

proffidiaf, proffitiaf: proffidio, proffitio [bf. o'r e. bl.] *bg.a.* Dwyn elw (i), bod o fudd (i), llesu, tycio; elwa, cael budd neu elw: *to profit, be beneficial or advantageous* (*to*), *avail*; (*make*) *profit, benefit.*
1547 *WS*, *proffitio*, profyte. **1567** *LlGG* [xvii], E dybiwyt bot yn gymesur nad edrychyt cymeint ar geisio boddloni . . . yr vn or pleidiae hyn, ac ar voddhay Duw, a *phrofitio* y ddwy bleit. **1567** *TN* 142b, ny lesa [:– vuddola, *proffitia*] 'r cnawt ddim. *id.* 278a, ac a vuddiais [:– *brofidiais*, lwyddais] yn y ddeddyf-Iuddewic. *id.* 282b, ny vuddia [:– lesa, *phrofitia*] Christ ddim ywch. *id.* 313b, ymarfer corphorawl ychydig a *broffittia.* **1574 (1604)** *Rhyddiaith Gymraeg* ii. 200, gweledigaythe a geirie hwn a *broffidioedd* lawer i rai eraill, onyd ny wnaython yddo ef ddim lles. **1611** R. SMYTH: *SG* 109–10, y mae . . . y rhinwedd yma [bedydd esgob] sy'n *Prophydio* yn rhyfeddawl, fel y gall rhai a ddechreuasont ddirgelwch yn Phyddni [*sic*] . . . i'n cryfahau [*sic*]. **1684** H. OWEN: *DC* 35, Mewn temptasiwnau a thrallodau y profir dyn, ac y gwybyddir pa faint y mae ef wedi *proffitio.* *c.* **1730** *Thos. Lloyd D* (LlGC) 195b, *proffitio*, to profit.

proffidiol, proffit(i)ol [*proffid*, *proffit*+ *-*(*i*)*ol*] *a.* Yn dwyn elw neu les, buddiol, llesol, manteisiol, defnyddiol, iachusol; yn perthyn i elw: *profitable, beneficial, advantageous, useful, salutary*; *pertaining to profit.*
1545 ELIS GRUFFYDD: *Ll* 152, ar y dderwen j mae pumpeth *profidiol* ar lles kyrf dynnion. **1547** *WS*, *proffitiol*, profytable. **1567** *LlGG* [xiv], Y mae yn vwy *profitol* achos bot yma yn gady allan [ll]awer o bethe. *id.* 135b, yn vuddiol [:– *broffidiol*] y iechyt ei enaid. **1595** H. LEWYS: *PA* 88, ef a ddwg allan ffrwyth da *proffidiol.* **16–17**g. *GST* i. 578, *Proffidiol* wrth rol i'th raid, / Praff y tyf proffid defaid. **1604–7** *TW* (*Pen* 228), *profitiol* d.g. *amicus, salutaris, vtilis.* **1609** R. SMYTH: *CAC* 41, y pethau a fo *prophidiawl* i'n dwyn i'r nefoedd. **1670** J. HUGHES: *AP* [v–vi], Oblegid nas gall na Bedydd . . . na dioddef marwolaeth er mwyn Christ, wneuthur dim lles, neu fod yn *broffittiol* i iachaw[dw]riaeth, tra fo dyn yn aros mewn melltigedic anwiredd Heresi. *id.* 341–2, bwrw oddi-wrthym bob peth a wnelo niweid i ni, a dyro i ni yr hyn oll ac sydd yn *broffittiol.* [**1761**] *GGJ* 20, mi af ymlaen at bethau Eraill yn dda ag yn *Phroffidiol* [*sic*].

proffidiwr [bôn y f. fl.+*-iwr*] *eg.* ll. *proffidwyr.* Un sy'n budrelwa, gorelwr: *profiteer.*
1919.

proffidus [*proffid*+*-us*] *a.* Proffidiol, buddiol: *profitable, beneficial.*
a. **1561** *B* vi. 45, y mae swrn o ddynion a llawer o dir a dayar yddynt, ac ny wddont y lwodraythu ef yn *broffwydys.* **17**g. *id.* iii. 101, y dydd hwnw sydd *broffydus* i wneuthur Pob Peth dibechod. Ar lafar yn nwyrain Morg. yn y ff. *proffidus*, *proffitus.*
Amr.: **proffwydus.** *a.* **1561** *B* vi. 45. Ar lafar yn neddwyrain Morg., 'Ma'r siop fach 'na wedi bod yn *broffwydus* iawn iddyn' nhw'.

proffil, proffeil [bnth. S. *profile*] *eg.* ll. *-iau.* Amlinelliad gwrthrych, yn enw. un yr wyneb neu'r pen dynol o'u gweld o un ochr; delwedd gyhoeddus (person, sefydliad, &c.); croestoriad fertigol yn dangos haenau'r pridd o'r wyneb i'r garreg sylfaenol; *Daearydd.* darlun yn dangos croestoriad fertigol drwy ran o'r ddaear; amlinelliad ar graff neu siart sy'n cynrychioli sgoriau profion gwahanol (hefyd am set o nodweddion a ddefnyddir i roi gwybodaeth am berson, sefydliad, &c.); cynrychioliad fflat o eitem neu olygfa (ar lwyfan): *profile, outline*; *profile* (*public image of person, institution, &c.*); (*soil, &c.*) *profile*; *profile* (*in geog.*); *profile* (*on graph or chart, also of a set of characteristics giving information about a person, institution, &c.*); *profile* (*flat scenery on stage*).
20g.

proffilacsis, gw. **proffylacsis.**

proffit, proffitiaf: proffitio, proffitiol, gw. **proffid, proffidiaf: proffidio, proffidiol.**

proffitiwr, proffitol, proffitus, gw. **proffidiwr, proffidiol, proffidus.**

proffowndist, proffulacsis, gw. **proffwndis, proffylacsis.**

proffwndis, &c. [rhan o agoriad y fersiwn Lladin o Salm cxxx (cxxix yn y Fwlgat), sef (*De*) *profundis*] *eb.* Enw ar Salm cxxx ('O'r dyfnderau y gwaeddais arnat . . .'): *name for Psalm cxxx, the 'De profundis'.*
16g. *THSC* (1923–4) (At.) 39, yr oedd ef yn aruer bob dydd o ddywedyd y *broffwnndis* rac enait y dad. [**1745**] W. ROBERTS: *FfM* 47, Os ydyw f'erth Siencyn heb fynd yn Bapist, / Mi gyrra fo yma yn y man, / Ar ffwdan i ddyweyd y *Broffowndist* [*sic*].

proffwyd [bnth. ?dysg. Llad. *prophēta*; cf. H. Grn. *profuit*, gl. *propheta*, Crn. C. *profus* (ll. *profugy*), Llyd. C. *profoet*, Llyd. Diw. *profed*] *eg.* ll. *-i*, (prin) *-au*, *-on.* Un sy'n llefaru dan ysbrydoliaeth ddwyfol, gan fynegi ewyllys duw, yn enw. awdur llyfr proffwydol yn yr Hen Destament, un o'r llyfrau hyn; bardd neu awdur ysbrydoledig; un sy'n proffwydo'r dyfodol, daroganwr, rhagfynegwr; hefyd yn *ffig.*: (*biblical, &c.*) *prophet; inspired poet or author; prognosticator, vaticinator, foreteller; also fig.*

12–13g. *GLlLl* 26, Gogwnn Duw, pryffwn y *proffwydi*, / Nad adwc o'e dawn y daeoni. **13g.** *C* 85. 13–14, Canuid bron *proffuid.* canuid inad. *c.* **1300** *H* 10a. 2–3, Boed ym disgwy duw dwywawl annwyd. mal y dysgws duw dauyt *broffwyd* (Gwalchmai). **14g.** *T* 46. 15, Neu rygigleu gan *proffwydeu* lleenawc. **14g.** *GDG*[3] 78, Tadmaeth wyd, *proffwyd* priffyrdd, / Teml daearlwyth, garddlwyth gwyrdd [i'r haf]. **14g.** *GIG* 94, Prydyddfardd priod addfwyn, / *Proffwyd* cerdd, praffed yw cwyn [marwnad Llywelyn Goch ap Meurig Hen]! *c.* **1400** *RB* ii. 15, yn yr amser hwnnw y dathoed offeirat troea calax y enw. a *phroffwyt* oed y dwyn abertheu dros y bobyl ef y apollo. **15g.** *FfBO* 39, yn gwatwaru y *Proffwyt* Mahumet. ?**15g.** *IGE*[2] 259, Fy ngheidwad hoff, fy *mhroffwyd*, / Fy nghydymaith uniaith wyd [?Siôn Cent am ei bwrs]. **1551** W. SALESBURY: *KLl* lxxixa, Ieremias, ne vn or *Prophwyton* (*TN* 26a, *Prophwyti*). **1567** *TN* 49b, mal ydd ysgrifenir yn y *Prophwyti.* **1588** 1 *Sam* ix. 9, Gynt yn Israel fel hyn y dywede gŵr wrth fyned i ymgynghori a Duw, deuwch, ac awn hyd at y gweledudd: canys y *prophwyd* heddyw a elwid gynt yn weledudd. **1632** *D*, *prophwyd*, propheta. **1651** SIÔN TREREDYN: *MDD* 262, pa fo[dd] y gwyr dyn fod Christ yncwblhau [*sic*] ei swydd o *brophwyd* (*prophetical office*) ynddo? **1688** S. HUGHES: *TSP* 173–4, ni a wyddom yn ddilys, mai *Prophwyd* ydych, ac y gellwch chi ragfynegi y pethau a ddigwyddant i ni rag-llaw. **1711** M. MAURICE: *YAD* 393, Pa beth yw y *Prophwydi* tan Oruwchwiliaeth Doniau Cyffredinol yr Yspryd a Barheur [*sic*] yn yr Eglwysydd? A[teb]. Y fath Frodyr ydynt, gan eu Bod yn rhagori yngrassyssau a Doniau yr Yspryd, ydynt yn cael ei [*sic*] galw allan gan yr Eglwys i Weddiau a Chid-ymddiddanion Sanctaidd. **1759** *ML* ii. 144–5, Ni bu rew fal hwn er pan wyf yn perchen gardd. Ond oeddwn i yn ddarn o *brophwyd* pan wnaethum cyddugl yn ei erbyn? **1803** *P* d.g. *profwyd.*

Amr.: **proffet** [dan ddyl. Llad. *prophēta*]. **1567** *TN* 192b, Samuel y *Prophet.*

Cfn.: **Proffwydi Byrion:** *Minor Prophets.* **20g.** **proffwyd efangylaidd:** *evangelical prophet* (*used of Isaiah*). **1733** J. OWEN: *TBG* [7]. **1759** T. THOMAS: *WWDd* 139. **1790** *Prif Crist* 54. **Proffwydi Hirion:** *Major Prophets.* **20g.** **p.'r llwyni (llwynau):** *prophets of the groves, prophets of the goddess Asherah.* **1588** 1 *Br* xviii. 19, [*p*]*rophwydi y llwynau* (**1752** *ib. llwyni*). **proffwyd tywydd:** *weather prophet, weather forecaster.* **1899.**

Gw. hefyd **proffwydes.**

proffwydaf: proffwydo [bf. o'r e. bl.] *bg.a.* Llefaru fel proffwyd; dehongli'r Ysgrythurau; canmol (Duw); rhagddywedyd, rhagfynegi, darogan, darganfod drwy foddion goruwchnaturiol, dewinio; datgan: *to prophesy; expound the Scriptures; praise* (*God*); *foretell, vaticinate, prognosticate, divine; declare.*

13g. *BD* 207, Ac yna y kymyrth Alan amrauael lyureu o darogan Myrdin Emreis, a darogan yr eryr a *Proffwydvs* yg Caer Septon. **14g.** *T* 5. 6–7, Yndi y*proffwydwys* crist vab meir verch ioachim. **14g.** *HMSS* ii. 254, ereill a dodynt eu llaw ar y wyneb ac ae bonclustynt ef. ac erchi ydaw *prophwydaw* pwy ae trawssey. **14g.** *OBWV* 92, Dafydd llwyd a'th *broffwydawdd* / Er cyn dy dyfu rhag cawdd [Gruffudd Gryg i'r ywen uwchben bedd Dafydd ap Gwilym]. *Dchr.* **15g.** *B* viii. 135, o damunawd ef angeu neu gollet oe gymodawc. Ac os *proffwydawd* idaw drwy weithret. neu gyngor neu o vod arall. **15g.** (*Diw.* **16g.**) *Gwyn* 3, 199, praff awdur i'm *proffwydwyd* / prudd yw Maredudd am rwyd [Maredudd ap Rhys i ofyn rhwyd]. **15g.** *DGG*[2] 44, Mydriwr wyd a *broffwydais*, / Medrud sôn uwch Medrod Sais [i'r ceiliog mwyalch]. **1551** W. SALESBURY: *KLl* xxxiiia, *Prophita* [*sic*] [:– dychymig], pwy vn yw hwn ath drawodd. **1588** 1 *Cr* xxv. 3, ill chwech tann law Ieductun eu tad ar y delyn yn *prophwydo* i foliannu, ac i glodfori yr Arglwydd. **1588** *Joel* ii. 28, a'ch meibion, a'ch merched a *brophwydant.* **1772** D. RISIART: *HFP* 41–2, Y mae *proffwydo* yn ordinhad efangylaidd arall, yr hyn yw naill ai rhagddywedyd pethau i ddyfod . . . neu ynte llefaru wrth ddynion er adeiladaeth a chyngor a chysur. **1793** T. JONES: *SD* 30, Y mae'n debygol mai canmol a chlodfori Duw sydd i ni'n bennaf ddyall, wrth *brophwydo*, yn y lle yma. **1803** *P* d.g. *profwydaw.*

proffwydaidd [*proffwyd*+-*aidd*] *a.* Tebyg i broffwyd, nodweddiadol o broffwyd, proffwydol: *prophet-like, characteristic of a prophet, prophetical.*

c. **1400** *R* 1377. 18, pur mur praff awdur verw *proffwydeid.* **15g.** *GLGC* 264, Yr wyd Trahaearn yn *broffwydaidd* / . . . / yn llawn gwybodau ac yn lluniaidd. **16g.** HUW ARWYSTL: *Gw* 86, praff ydiwn [*sic*] dawn *proffwydaidd* / pvrion graens per yn y gwraidd. **1651** SIÔN TREREDYN: *MDD* 263, y mae Christ yn cwblhau ei swydd *Prophwydaidd* (*prophetical office*), ynddo ef, gan ei ddyscu a chan ddatcuddio iddo y cyfammod o ras.

proffwydawd [*proffwyd*+-*awd*[3]] *eb.g.* Proffwydoliaeth, hefyd yn *ffig.*: *prophecy, also fig.*

14g. *DGG*[2] 147, Pob cloch blygain damwain dig, / . . . / O thyr heb nidr ei thidraff, / A'i thafawd *proffwydawd* praff (Gruffudd Gryg). Cf. *CEG* (1919) 39, *Proffwydawd* lwyd ac awdlef (D. Cledlyn Davies).

proffwydedig [bôn y f. fl.+-*edig*] *a.bfl.* Wedi ei broffwydo, rhagddywededig: *prophesied, foretold.*

1818.

proffwydes [*proffwyd*+-*es*[1]] *eb.* ll. -*au.* Gwraig sy'n broffwyd; daroganwraig, rhagfynegwraig; hefyd yn *ffig.*: *prophetess; female prognosticator or foreteller; also fig.*

14g. *BY* 31, yn oes Cyrus vrenhin, y bu deu brophwyt . . . Aggeus a Zacharias, a Judith, merch Aggeus, yn *brophwydes.* ?**15g.** (*Dchr.* **17g.**) *Mos* 212, 116, *Proffwydes* abades bur [i'r frân]. **1567** *TN* 84a, ydd oedd *Prophwetes* [*sic*] vn Anna verch Phanuel. *id.* 206b, Pedair merchet Philip yn *prophwytesse* (**1588** *Act* xxi. cs., *brophwydessau*). *id.* 375b, Jezabel, yr hon ysydd yn galw y hyn yn *broffwydes*, y ddusgy ac y dwyllo vyngwasnaethwyr i y beri yddynt godyneby. **1588** 2 *Br* xxii. 14, aethant at Huldah y *brophwydes*, gwraig Salum mab Ticfa. **1588** *Neh* vi. 14, cofia di Tobia . . . a Noadia y *brophwydes* hefyd a'r rhan arall o'r prophwydi. **1604–7** *TW* (*Pen* 228) d.g. *prophetis, vaticinatrix.* **1632** *D* d.g. *phœbas.* **1780** *W* d.g. *prophetess.*

Amr.: **proffetes** [*proffet*+-*es*[1]]. **1604–7** *TW* (*Pen* 228) d.g. *propheta.*

proffwydol [*proffwyd*+-*ol*] *a.* Yn perthyn i broffwyd, proffwydaidd, yn proffwydo; yn proffwydo('r dyfodol), daroganol, rhagfynegol: *pertaining to a prophet, prophetic*(*al*), *prophesying; prophetic* (*of future events*), *vaticinatory, foretelling.*

14g. *HMSS* ii. 276, ac o daroganneu *prophwydolyawl* [*sic*] y kyulenwis petheu da y rei da. petheu drwc y rei drwc. **1488–9** *BSM* 6, Marthin ai hatebodd o lef *broffwydol.* **16g.** HUW ARWYSTL: *Gw* 438, brydlyfr beirdd *proffwydol.* **1620** *Jer* i. cs., Ei *brophwydol* weledigaeth ef, am y wialen Almon. **1632** *D* d.g. *vaticinus.* **1658** R. VAUGHAN: *LlB* 23, Ei swydd *brophwydol* a brenhinol. **1675** R. JONES: *HCh* 163, Onid ydych chwi tan y felltith *Brophwydol* (*Prophetical Curse*) honno? **1675** R. DAVIES: *PY* 214, y mae yn angenrheidiol cyfarwyddo llinell y *prophwydol*, a'r Apostolaidd ddeongliad. **1712** T. WILLIAMS: *CDdG* 252, yr oedd ganthynt [geiriau] *brophwydol* berthynasrwydd i Dderchafael ein Harglwydd bendigedig i'r Nêf. **1720** *App DP* 4, Hoffodd felltith a hi ddaeth iddo, ac ni fynnai fendith, a hi bellhaodd oddiwrtho. H[y]n a lefarwyd yn *Brophwydol* a'm [*sic*] Judas. *c.* **1762–79** W. WILLIAMS: *P* 233, gwisgwch ef [Mwhamad] a gwisg Adda . . . ystofwch arno ddoniau'r prophwydi . . . ac un o honynt argraphodd y sel *brophwydol* rhwng ei ysgwyddau ag offeryn disglair. **1780** *W* d.g. *prophesying, prophetic, or prophetical, prophetically.* **1803** *P* d.g. *profwydawl.*

Gw. hefyd **proffwydolion.**

proffwydolaethaf: proffwydolaethu, gw. **proffwydoliaethaf: proffwydoliaethu.**

proffwydoliaeth, proffwydolaeth [*proffwydol*+-(*i*)*aeth*] *eb.*?*g.* ll. -*au.* Swyddogaeth neu ddawn proffwyd; datganiad proffwydol, daroganiad; (cyfarfod ar gyfer) dehongliad o'r Ysgrythur: (*a*) *prophecy; prediction, vaticination;* (*meeting for the purpose of*) *interpretation of Scripture.*

13g. *Brut B* 133, koffav a orvc Vthyr *proffwydolaeth* a gwnathoed Verdyn ydav trwy e dreyc. **14g.** *THSC* (1919–20) 124–5, bendigaw ybobyl awnaeth [Moesen] yvynet ydyrchauel yteir gwialen aoedynt o enev adaf. Achan ydysgu oysbryt *proffwydolyaeth.* achub yteir gwialen aoruc. ac eu tynnv. **14g.** *BT* (*RB*) 268, Ac uelly y cwplawyt *prophwytolyaeth* (*BT* 226, dewindabaeth) Vyrdin. *c.* **1400** *RB* ii. 254, Ac yna ykymerth alan amryfaelon lyfreu o *brofwydolyaeth* (*BD* 207, darogan) yr eryr a broffwydwys ygkaer septon. ?**15g.** *IGE*[2] 93, Wrth rôl ei *phroffwydoliaeth*, / I'r Aifft â'r Iesu yr aeth. **1588** 1 *Cor* xiii. 8, Cariad byth ni chwymp ymmaith, er pallu *prophwydoliaethau*, a pheidio tafodau. **1588** 2 *Pedr* i. 21, Canys nid trwy ewyllys dŷn y daeth gynt *brophwydoliaeth*: eithr dynnion sanctaidd Duw a ddywedasant megis y cynhyrfwyd gan yr Yspryd glân. **1632** *D* d.g. *carmen, profatus, prophetia, vaticinium.* **1672** J. LANGFORD: *HDdD* 516, Dyro i'r Esgobion y dawn o *brophwydoliaeth*, fal y bo iddynt yspysu a deongli'r Scrythur lân, nid o'i synwyr ei hunain, ond o'th ysprydoliaeth di. **1710** *LlGG* (*Gos*) 11, Cyfarfodau i Bregethau a eilw rhai *Prophwydoliaethau* (*Prophetiae*), neu Dynghedau. *c.* **1762–79** W. WILLIAMS: *P* 641, Yr offeiriaid . . . a osodasant i fynu . . . fath o ymarferiadau crefyddol eraill o agoryd testynau o'r ysgrythyrau, un yn dweud ei feddwl am dano ar ol y llall: y rhai'n oedd yn cael eu galw *prophwydoliaethau* . . . cyfaddefiad ffydd y rhai oedd yn aelodau o'r *prophwydoliaethau* hyn. **1795** J. ROBERTS: *C* 2, Cyfarchwyliad ar Ddaroganau cyffredinol. Nid yw yn addas i neb alw y cyfryw, yn *Brophwydoliaethau.* **1803** *P*, *profwydoliaeth*, s. m. a prophesy, a prognostication. Ar lafar yn nwyrain Morg., ''Odd proffwydi gintyn' nhw yn gwrdd yr Apostolics . . . ac 'on' nhw'n roi mæs *broffwydoliaetha*, ysbo'.

Amr.: **proffedoliaeth, proffetoliaeth** [cf. *proffet*]. **1567** *LlGG* 24a, *prophetoliaeth.* **1567** *TN* 35[9]b, *proffedoliaeth.* **1604–7** *TW* (*Pen* 228), *prophetoliaeth* d.g. *prædictio, prophetia.* **pryffodolaeth. 1567** *TN* 395a.

proffwydoliaethaf, proffwydolaethaf: proffwydol(i)aethu [bf. o'r e. bl.] *bg.a.* Proffwydo; darogan: *to prophesy; foretell.*

1588 1 *Br* xxii., cs., Michea yn *prophwydoliaethu* y gŵr yn erbyn y gau brophwydi. **1606** E. JAMES: *Hom* ii. 301, mae S. Peter yn *prophwydolaethu* y bydd y fath watwarwyr yn y byd cyn y dydd diwethaf.

proffwydoliaethol [*proffwydoliaeth*+-*ol*] *a.* Yn perthyn i broffwyd neu i broffwydoliaeth, proffwydol; yn proffwydo'r dyfodol, rhagfynegol, daroganol: *pertaining to a prophet or prophecy, prophetical; prophetic* (*of future events*), *vaticinatory.*

1725 I. HARRI: *RD* 227, ni allwn ystyried mae mewn hanes *Brophwydoliaethol* wrth y Bwystfil y meddylier y bedwerydd Frenhiniaeth. **1728** J. THOMAS: *GDN* 23, Llyfrau *Prophwydoliaethol* yr Hên Destament. **1743** D. ROWLAND: *T* 14, y Scrythur *brophwydoliaethol* hon. **1767** J. THOMAS: *A* 101, Rhai ohonynt [enwau] oeddent er Coffadwriaeth o Drugareddau hynod a dderbyniwyd, eraill yn *broffwydoliaethol.* **1780** *W*, mewn môdd *prophwydoliaethol* d.g. *prophetically.* **1786** W. WILLIAMS: *I* 34, mewn perthynas i'r pethau sy'n perthyn i Dduw y mae y prif gyflawniad o Offeiriadaeth ein Iachawdwr yn sefyll . . . mewn pethau sy'n perthyn i ddyn mae Ef yn arferyd ei Swydd *Brophwydoliaethol.* **1790** T. JONES: *TOS* 269, Pa fendithion *prophwydoliaethol* oedd gan Isaac a Jacob i'w plant wrth farw? **1792** W. THOMAS: *MRB* 90, Ioan yn danfon ei lythyrau at y saith eglwys . . . ac yn rhoi rhybudd, a chalondid *prophwydoliaethol*, yn gymmwys i'w cyflyrau. **1799** A. AB D. SION: *CR* 6, yn *brophwydoliaethol* yn cyrraedd i bawb o bob oes.

***proffwydoliol,** gw. **proffwydol.**

proffwydolion [*proffwydol*+-*ion*[2]] *e.ll.* Proffwydi: *prophets.*

c. **1400** *R* 1196. 3–5, prif obeith praff adeilyat yeith *proffwydolyon.*

proffwydus, gw. **proffidus.**

proffwydwr, proffwydydd [bôn y f. *proffwydaf*: *proffwydo*+-*wr*, -*ydd*[3]] *eg.* (b. -*wraig*, -*yddes*) ll. *proffwydwyr.* Proffwyd, un sy'n proffwydo; daroganwr, brudiwr: *prophet, prophesier; vaticinator.*

15g. *GDLl* 160, Dafydd Llwyd ein *proffwydwr*, / Prydydd ar gynnydd yw'r gŵr. / Mi gawn gerdd gan ail Merddin (Syr Rhys o Garno). **15–16g.** *BY* 76, Adam, Noe, Abram, Moysen wybrwr—doeth / Dafydd daith *broffwydwr.* **16g.** (*LlEG*) *Mos* 158, 290a, serttayn o *br*[*o*]*ffwydwyr* widi [*sic*] dangos mewn proffwydoliaethau. **1581** *B* ix. 105, dydd i kladdwyd *proffwydwr* / duw jav gwnn gof dv gann gwr [marwnad Hywel ap Syr Mathew gan Lewys Dwnn]. *a.* **1587** *Y* 158, A'r trywyr eiriav trwyadl / Oedd *broffwydwyr* di-dyr-dadl [am y ddau Fyrddin a Thaliesin]. **1588** *Barn* vi. 8, Yna'r Arglwydd a anfonodd *brophwydwr* at feibion Jsrael. **1604–7** *TW* (*Pen* 228) d.g. *vaticinator.* **1632** *D* d.g. *propheta.* **1759** *DG* 101, Elizeus yn Siwr, *prophwydwr* moddwr maith. **1780** *W*, *prophwydwr* d.g. *prophet. id. prophwydydd* d.g. *prophesier, prophet. id. prophwydyddes*; *prophwydwraig* d.g. *prophetess.*

Gw. hefyd **proffwyd.**

proffylacsis [bnth. S. *prophylaxis*] *eg.* Triniaeth ataliol yn erbyn afiechyd, clwyrwystriad: *prophylaxis, a prophylactic.*

20g.

proffylactig [cfdds. o'r S. *prophylact*(*ic*) +-*ig*[2]] *a.* Yn (tueddu i) atal afiechyd neu

amddiffyn rhagddo, clwyrwystrol: *prophylactic.*
20g.

prog, proc[2] (*ò*) [?amr. ar *broc*[1], ond cf. y f. ddil.] *eg.b.* ll. *-ys.* Broc (môr): *driftwood, flotsam and jetsam, wreckage.*
1756 *ML* i. 409, Chwerthasech pe i'm gwelsech y dydd arall ar lygad distyll a ffon badl i'm llaw am mhab ai fasged ar ei fraich yn cludo'r *prog.* Ar lafar ym Môn, '*prog*: gair Niwbwrch am froc môr . . . Roedd ffurf luosog, *progis*', *ISF* 62; hefyd yn Arfon yn yr ymad. '*prog (proc)* y môr', *WVBD* 444.
Gw. hefyd **broc**[1].

progiaf: progio [bnth. S. (*to*) *prog* 'to poke about for, search about (esp. in order to pilfer)'] *bg.a.* Chwilota, chwilmanta, chwilio; herwhela, chwilenna, pilffro: *to poke about (for), rummage, search; poach, filch, pilfer.*
1828 *Geir Pob* 20, *progio*, maelgrafu, hel i'r bol. Ar lafar yn y Gogledd, 'fuo rioud i siort o am *brogio.* Mi *brogia* Dafudd o bob man', *LlLlM* 121; '*progio* am waith', *WVBD* 444; *Cymru* lxii. 73.
Gw. hefyd **prociaf: procio.**

progiwr [bôn y f. fl. neu *prog*+-*iwr*] *eg.* (b. *progwraig*, *progreg*) ll. *progwyr*, *progiwrs.* Un sy'n progio neu'n chwilota, un sy'n hel broc môr: *one who pokes about or rummages, one who collects driftwood, &c., beachcomber.*
1742 *ML* i. 73, Mae gwr Beggi Morgans honno yn un or *progiwrs* o gwmpas y llong ymma a dorrodd—bywiolaeth wych! **1758** *ML* (Add) 955, Digrif y dywetsoch ynghylch y Llong a dorrodd a'r *Progwyr* yn yfed yr Ink yn lle gwin coch! Ar lafar yn Arfon yn yr ystyr 'one who pokes about looking for things . . . one who is good at picking up work', 'Hen *brogiwr* garw ydi o', '*prograg* . . . a woman who pokes about looking for things', *WVBD* 444.

prognosis [bnth. S. *prognosis*] *eg.* ll. *-au. Meddyg.* Rhagolwg ar gwrs afiechyd (yn enw. o ran y tebygolrwydd o wellhad): *prognosis (in med.).*
20g.

prognosticasiwn, prognosticasion [bnth. S. *prognostication*] *eg.* Darogan(iad), cerdd sy'n darogan ynghylch y flwyddyn i ddod: (*a*) *prognostication, poem giving a prediction of the year to come.*
1545 *CM* 1, 38, Ar achos yma ysydd yn peri ir kyuriw wyr ac yssydd yngwneuthud *pronosteikassiw[n]* I Roddi dedryd Agwybodaeth orkyuriw bethau. **16–17g.** *GST* i. 564, Ceisio'r ail cysur a wn, / Ceisio *prognosticasiwn.* **16–17g.** E. Prys: *Gw* 331, Cywydd i Ofyn *Prognosticasiwn.* *id.* 334, Da gwyddost dy *brognosti / Casiwn*, teg cyson wyt ti. **1608** *CRC* 188, llyma araith a wnaeth Sion Tvdvr ac ai galwodd hi *Prognostikation* . . . doctor Powel. **1692** *id.* 203, Llymma *Brognosticasiwm* [*sic*] Thomas llenn Dio ap howel.
Amr.: **pronosteicasiwn, pronydiceisiwn, pronstigasion,** &c. [?cf. S. C. *pronosticacio(u)n*]. **1545** *CM* 1, 38, *pronosteikassiw[n].* **17g.** *CRC* 223, llyma *bronydickaisiwn* y vlwyddyn honn Gwaith Twm hwsmon gwr anenwog o veyrchinog. *c.* **1730** *Thos. Lloyd D* (LlGC) 195b, *pronstigasion*, prognosticatio G. 15.

prognostig [cfdds. o'r S. *prognost(ic)*+-*ig*[2]] *a.* Daroganol, proffwydol, argoelus, rhagfynegol: *prognostic.*
20g.

progo [?bnth. S. taf. *progger* 'person who or thing which progs or stabs'] *eg.* Pren i hel pysgod allan o dan gerrig, hefyd yn *ffig.*: *stick for getting fish out from under stones, also fig.*
Ar lafar yn Arfon, '*progo* . . . pren i hel allan bysgodyn o dan garrag. . . also said of persons who are too keen and wide-awake—given to search out things . . . "Hen *brogo* garw ydi o", "Mae o'n hen *brogo* anodd 'i drin"', *B* i. 100; hefyd ym Môn am berson direidus neu gellweirus.

progolowtha, gw. **prygawthaf: prygawthan.**

program [bnth. S. *programme*] *eg.* ll. *-au*, *-s.* Rhaglen (cyfarfod, cyngerdd, &c.); rhaglen (o ddigwyddiadau), agenda; rhaglen (deledu, radio, &c.); hefyd yn *ffig.*: *programme (of meeting, concert, &c.); programme (of events); (radio, television, &c.) programme; also fig.*
1872. Cf. D. Owen: *RL* 419, Mi ddeudwn gelwydd pe deudwn i nad ydi crefydd ddim i lawr ar y *mhrogram* i. Ar lafar, ''Oes gen ti *brogram*?'; 'Be sy ar y *program* heddi?'

progreg, gw. **progiwr.**

progres [bnth. S. *progress*] *e?g.* Symudiad ymlaen at ryw nod, datblygiad, cynnydd, gwellhad; cylchdaith, ymdaith, taith swyddogol (e.e. o gwmpas gwlad): *progress; progress, official tour or journey.*
16–17g. *CRC* 77, Canu a Dawnsio, *Progress*, Parlio / Yr ydŵy'n barrio'ch Cwmni. **1604–7** *TW* (*Pen* 228), Awdurdawt a gallû wasneuthû [*sic*] cyfreith val y mae'r Iustusieit yn eû *progress* ai helyntiæ d.g. *jurisdictio.* [**1693**] *Cylchg LlGC* xvii. 107, Yr Elen hon yn ei *ffrogres* a ddoeth tros Ferwyn, a gwyr yn torri ffordd oi blaen, fel yr adweinir hi heddiw Ffordd gam Helen.

progwraig, gw. **progiwr.**

project, prosiect [bnth. S. *project*] *eg.* ll. *-au.* Cynllun, ymgymeriad, neu orchwyl (yn enw. dros dymor penodol gan dîm, neu fel gwaith a osodir i fyfyriwr, &c.): *project.*
20g.
Cfn.: **project (prosiect) ymchwil:** *research project.* **20g.**

projector [bnth. S. *projector*] *eg.* ll. *-s.* Taflunydd: (*slide, &c.*) *projector.*
Ar lafar.

prol, prôl [?cf. Llad. *prologus* a S. *prologue*; ansicr yw'r enghrau. llenyddol] *eg.b.* Rhagymadrodd, prolog, rhaglith, rhagair; ?rhyddiaith, araith; (?geir.) celwydd: *introduction, prologue, preamble, preface; ?prose, oratory; (?dict.) lie.*
13g. *HGK* 21, pei bedvn kyn huotled a Thullius vard ym *prol* ac a Maro vard en traethaut mydyr. **13g.** *RC* xxxiii. 238, Hwn Yu *Prol* Yr Esgyp. **15g.** *GTP* 84, Murniwn i ganu marwnad / A gwnawn rôl o *brol* a brad (Ieuan ap Tudur Penllyn). *a.* **1587** *Y* 130–1, Ba gywilydd, big waeliaith, / A allvd i mi er llid maith, / Ond taerv yn annaturiol, / O anaf brâd, arnaf *brol*? **16–17g.** E. Prys: *Gw* 225, Hir wyd, Brys, hir yw dy *brôl*, / A rhyw swm anrhesymol (Huw Machno). **1604–7** *TW* (*Pen* 228), heb racymadrodd ne *brol* d.g. *abruptus.* *id. prol* d.g. *prologus.* *Dchr.* **17g.** *J* 10, 134b, *prol*, falsum. Prologus. **1632** *D*, *prol*, prologus. **1688** *TJ*, *prol*: rhag y madrodd [*sic*] ch[wa]ryddiaeth: a Prologue. *id.* proliad, yr hwn a ddywedo'r *prol*: he that speaks the Prologue. **1722** *Llst* 189, *prol*, d. a prologue, preface. **1725** *SR*, *prol* d.g. *preamble.* **1753** *TR*, *prol*, a prologue, a preface. **1773** *W* d.g. *fore-speech* [*prologue*], *pre amble* [*sic*]. Digwydd (?yn ddifr.) yn e.'r bardd *Y Prol*, *R* 1311. 4, *Pen* 53, 26, *IGE*[2] xxvi.
Amr.: **prul** [cf. *prulog*, amr. ar *prolog*]. **1604–7** *TW* (*Pen* 228) d.g. *prologus.*

prolegomenon [bnth. S. *prolegomenon*] *eg.* ll. *prolegomena.* Rhagymadrodd neu ragair (yn enw. un dysgedig neu feirniadol), sylw rhagarweiniol: *prolegomenon.*
1928.

proleptig [cfdds. o'r S. *prolept(ic)*+-*ig*[2]] *a. Gram.* Yn achub y blaen (am ragenw, e.e. 'Mi a'*i* dywedaf it yr ystyr', gw. *GMW* 56–7): *proleptic (of pron.).*
20g.

proletaraidd [cfdds. o'r S. *proletar(ian)* +-*aidd*] *a.* Nodweddiadol o'r proletariat neu'n perthyn iddo, gwerinaidd: *proletarian.*
1936.

proletareiddiaf: proletareiddio [bf. o'r a. bl.] *ba.* a hefyd gyda grym enwol i'r be. Gwneud neu fynd yn broletaraidd, gwerineiddio: *to proletarianize.*
1938.

proletariad [cfdds. o'r S. (*a*) *proletar(ian)* +-*iad*[2]] *eg.* ll. *-iaid.* Aelod o'r proletariat neu'r dosbarth gweithiol, gweithiwr, gwerinwr: (*a*) *proletarian.*
20g.

proletariaeth [cfdds. o'r S. *proletar(iat)* +-*iaeth*] *eb.* Proletariat: *proletariat.*
20g.

proletariat [bnth. S. *proletariat*] *eg.* ac yn eithriadol *eb.* Dosbarth y gweithwyr cyflogedig, yn enw. y rheini sydd heb gyfalaf ac sy'n dibynnu'n llwyr ar werthu eu llafur, weithiau'n ddifr.: *proletariat, sometimes derog.*
1926–7.

proliad [*prol*+-*iad*[2]; tra ansicr yw'r engh. gyntaf isod] *eg.* ll. *-iaid.* Llefarydd, siaradwr, areithiwr: *speaker, orator.*
c. **1610** *RWM* i. 671, J erchi Telyn: *Proliad* (*id.* 401, prelyad; *id.* 588, Prelad) kyfarf brynarfaes. **1632** *D*, *proliad*, elocutor, prolocutor. **1688** *TJ*, *proliad*, yr hwn a ddywedo'r prol: he that speaks the Prologue. **1722** *Llst* 189, *proliad*, m.p. *liaid*, a prolocutor, speaker, oratour. **1753** *TR*, *proliad*, a prolocutor. **1780** *W* d.g. *prolocutor.*

proliaf: prolio [gair geir., sef bf. o'r e. *prol*] *bg.a.* Dweud (celwydd), twyllo; ?gwneud, ffurfio: *to tell (lies), lie, deceive; ?make, fashion.*
Dchr. **17g.** *J* 10, 134b, *prolio* celwydd, to forge lyes. ludo, conflo, fabrico. **17g.** *LlGC* 13215, 377, *prolio*, ludo.

proliwr [gair geir., sef bôn y f. fl.+-*iwr*] *eg.* Celwyddgi: *liar.*
Dchr. **17g.** *J* 10, 134b, *proliwr*, aretalogus, falsarius. **17g.** *LlGC* 13215, 377, *proliwr*, falsarius.

prolog [bnth. H. Ffr. *prologue*, o bosibl drwy'r S. C.] *eg.* ll. *-au.* Rhagymadrodd, rhagair, rhagarweiniad, (llefarydd) araith ddechreuol yn cyflwyno drama, &c., hefyd yn *ffig.*: *prologue, also fig.*
14g. (*LlDB*) *LlGC* 7006, 1, *Proloc* yw hwn. yn ystoria daret yr hwnn a draetha gwir am disdriwedigaeth. troea. *c.* **1400** *RB* ii. 41, Yma y teruyna y *prolog.* **16g.** (*LlEG*) *Mos* 158, 59b, megis ac I mae y *prolog* o hyn o lauur ynn dangos yn echreuad [*sic*] kronig y dyrnas hon. **1588** *Ecclus* Prolog (teitl), *Prolog* doethineb Iesus fab Sirach. **1658** R. Vaughan: *GA* [90], Y waedd gyntaf a rô r plentyn / *Prolog* yw mae r chwarau n canlyn. **1661** E. Lewis: *Drex* 269, Chwi a glywsoch y *Prolog*; eithr nid oes mor Interluwd yn canlyn. **1703** E. Wynne: *BC* 48, nid oedd hyn ond *Prolog* neu dammeid prawf wrth oedd i galyn. *c.* **1730** *Thos. Lloyd D* (LlGC) 196b, *prolog*, prologus. **18g.** *LlGC* 833, 3, y *Prologue*, sef y Rhagymadrodd. Cf. D. Owen: *GT* 302, gan ddarllen rhyw *brolog* hir am delerau y sale. Ar lafar gynt yn Arfon yn yr ystyr 'lol', 'ryw hen *brolog*', *WVBD* 57.
Amr.: **prolôg. 1930. prulog** [cf. *prul*, amr. ar *prol*]. **1604–7** *TW* (*Pen* 228) d.g. *prologus.* **prylog. 1567** *Rhyddiaith Gymraeg* ii. 10, Y *Prylog* ne'r Rhagddodeiad. **1632** *D* d.g. *prologus.* **1773** *W* d.g. *fore-speech* [*prologue*], *pre amble* [*sic*].

prom [bnth. S. *prom* neu dalf. o *promenâd*] *eg.* Rhodfa ar lan y môr, promenâd: (*seaside*) *prom(enade).*
20g. Ar lafar yn gyff. Cf. D. J. Williams: *ChHO* 209, un o flaen y *prom* yn Aberystwyth, yn fy nyddiau coleg.
Gw. hefyd **promenâd.**

promais, promis[1], &c. [bnth. S. *promise*; nid amhosibl mai engh. o *promision*[1] a ddyfynnir fel ff. l. isod] *eg.b.* ll. *promeis(i)on*, *promision.* Addewid: *promise.*
16g. *IICRC* iii. 334, ond eskidie yw fy nghais / o bart dy *bromais* fengil. **16g.** (**17g.**) *B* xv. 22, Dogtor mwyn deg trem Myniw / Dafis dy *bromis* nid briw [Hywel ap Syr Mathew i'r Esgob Richard Davies]. **1567** *TN* 364b, hwn yw'r addewit [:– *promiss*] a addawodd ef y ni. **16g.** Dafydd Benwyn: *Gw* 686, Am iddi dorri . . . / o waith y *ffromaissonn.* *id.* 689, Vn *promais*, o gais, gann wenn gall gyviawn / a gevais o'r hirball. *c.* **1588** *Rhyddiaith Gymraeg* ii. 83, Er mwyn yti gael dy *bromeis* mofi [*sic*] a ddawaf. **1608** *CRC* 217, kawn Rai na all vn Criston / ymddiried yw *Bromeison.* **1672** R. Prichard: *Gw* 84, Dala afel tra fech byw, / Ar *bromais* Duw ai 'ddewid. *id.* 85, Cyn torro Duw *bromeision* [:– Addewidion]. *id.* 536, Ni thorodd Duw erioed o'i *bromys* [:– addewid]. **1711** TP: *CG* 38, [C]onsyrwyr . . . er nad ydynt wedi gwneuthur cyfammod, a *Phromishion* oddiallan ar Diafol. **1791** Siôn Llywelyn: *DD* 38, Fe gafas *bromeision*, mam pob addewidion. Ar lafar ym Morg. yn y ff. *promis(h)*, '*promish* teg ymell yn ôl i gatw'r ffôl yn folon', *GWG* 334.
Amr.: **promes** [bnth. S. Diw. Cyn. *promess*]. **16–17g.** *CRC* 335, o daw gofyn hyn yn phraeth / a phwy a wnaeth y *bromes.* **1683** H. Evans: *CTF* 33, Felly bydd it' fontais wiw-les, / Fod mewn rhan, yn well nâ'th *bromes.* **prwmais. 1574** *Llst* 171, 141. **1585–90** *B* xviii. 356, yna koffav a wnaethant ar gyflenwi i

prwmaison. **16–17g.** SIÔN MAWDDWY: *Gw* 339, Am dorri, goleuni'r glod, / Y *brwmais* gynt, brau amod.

promeisiaf, promeisaf, promis(i)af: promeis(i)o, promis(i)o [bf. o'r e. bl.] *bg.a.* Addo, addunedu: *to promise, vow.*
16g. *IICRC* iii. 321, bydd lawen mi *bromeisa* / dyfyny yn rhydd naddowtia. **1567** *TN* 364b, hwn yw'r addewit a addawodd [:– *promissoedd*] ef y ni. **1651** SIÔN TREREDYN: *MDD* 121, a[d]ro[dd]ais wrtho pa wedd yr arfaethaswn, ac [*sic*] *promisiaswn* . . . ac yr ymboenaswn cymmaint ac y bai bossibl i mi, i [g]adw cyfraith Dduw. *id.* 164, yn *promisio* gwneuthur cyfammod tragwyddol a chwi. **1654** *LlCy* iii. 102, [ ]y gawn etto yn wiwlwys bob peth yn yr Eglwys / Mab düw fo *bromeiswys* mi y Creda. **1672** R. PRICHARD: *Gw* 40, Christ yn vnig yw 'r hâd dinam, / Y *bromeisiodd* Duw i Abram. **1683** H. EVANS: *CTF* 27, Os ith ran y daeth gwraig weddus, / Etto na *phromeisia* 'n ddilys, / I dy hun mor llwyr ddedwydd-dra. *c.* **1730** *Taith C* 144, mi a *bromisaf* i chwi ei fod ef yn ei throedio hi o'r goreu. **18g.** *Hop M* 230, Oedd unwaith yn *promisio* rhyw lawnder hoywder hedd. **1782** M. WILLIAMS: *BM* 12, At dalu Biliau Exchequer a *bromheiswyd* ar ucha Crediniaeth. Ar lafar ym Morg. yn y ff. *promisio*, ac yn sir Benf. yn y ff. *permeisio*, *GDD* 222.
Amr.: **promis²**. **19g.** *TM* 109, Mae'n *promis* cwrdd, os ceidw'i gair / Wrth Eglwys Fair y Mynydd. **prwmeiso** [cf. *prwmais*, amr. ar *promais*]. **16g.** *Hop M* 188. *Diw.* **16g.** *Rhyddiaith Gymraeg* i. 119. **1596** *HG* 278. **16–17g.** (*Gesta Rom*) *LlGC* 13076, 25b.

promeisol [bôn y f. fl. + -*ol*] *a.* Addawedig, wedi ei addo: *promised.*
18g. *CM Archives* (LlGC), *Trevecka Misc. MS* 3278, [1], Dyma *bromeisol* hâd y wraig (the womans promisd seed). *id.* [2], Daeth Hâd y wraig y'n plith yn ôl / yr hên *bromeisol* air.

promenâd [bnth. S. *promenade*] *eg.* ll. *promenadau.* Rhodfa (fel arfer ar lan y môr neu ar lan afon); ffigur mewn dawnsio gwerin, &c., lle bo cyplau yn dal dwylo ac yn dawnsio mewn gorymdaith: (*seaside, riverside*) *promenade*; *promenade* (*in folk-dancing*).
1934.
Gw. hefyd **prom.**

promes, promis¹, gw. **promais.**

promis², promisaf: promiso, promisiaf: promisio, gw. **promeisiaf: promeisio.**

promision¹ [bnth. H. Ffr. *promissïon*, o bosibl drwy'r S. C.] *eg.* Addewid: *promise.*
c. **1400** (*SG*) *HMSS* i. 362, ahanoedynt odir y *promission*.
Gw. hefyd **promais.**

promision², gw. **promais.**

promosiwn, promosion [bnth. S. *promotion*] *eg.* ll. *promosiynau* (*promosiwnau*), *promosionau.* Dyrchafiad (i swydd), penodiad neu swydd (yn enw. yn yr Eglwys) sy'n arwain at ddyrchafiad ariannol neu gymdeithasol: *promotion* (*to a position*), *advancement, preferment* (*esp. eccl.*).
1547 *WS*, *promosiwn*, promotion. **1567** *LlGG* [viii], [p]roffit ei h oll [*sic*] renti ysprytawl neu *promotioneu*. *ib.* yr oll a phob vn o r *promosioneu* ysprytol hyny. *ib.* nebun . . . eb gantaw *promoision* [*sic*] ysprytal. **1664** *id.* sig. c1v, o'i holl Renti Eglwysic ai *Bromosionau* (**1710** *id.* sig. a2r, a *Phromosiwnau*) dywededig.

promoter, promwter [bnth. S. *promoter*] *eg.* ll. *promoters, promwteriaid.* Erlynydd, cyhuddwr: *prosecutor, denouncer.*
1608 *CRC* 216, kawn Rai yn *Bromwterieyd* / Gwaeth y hawl na Chethreyled. **1636** *Pen* 321, 174b, fe ddigwyddodd J fagad droi n *promoters* (*promooter-like persons*) J gyhuddo amryw. **17–18g.** *LlGC* 6499, 83, Ie: Lloyd . . . a happiassai iddo ordde[rchu] merch eu [*sic*] *brymowter*, ag ar ôl hynny [ei] fâb ai aer r oeddid yn heurv arno garv merch ei borthmon, ag am hynny ei kellweirie eu [*sic*] dâd ar mâb gan ddweydyd, a fy mâb, ai yn borthmon yr ewch i . . . ag yna y mâb ai hattebodd ni lyfassa fi rhag y *prymowter*. *c.* **1730** *Thos. Lloyd D* (LlGC) 196b, *prymowter* . . . a promoter.
Amr.: **pyrmowter. 17g.** *LlGC* 253, 396, rhowch fram a dwyfram dewfras / bram eto i *byrmowter* atgas.

promotiwr [cfdds. o'r S. *promot*(*er*) + -*iwr*] *eg.* ll. *promotwyr.* Erlynydd, cyhuddwr: *prosecutor, denouncer.*
1730 IACO AB DEWI: *YL* 171, y mae'r Gwyr hyn . . . yn myned yn freision ar Dreul ereill. At y rhai hyn . . . y gellir chwann[e]gu'r Beili errant cyffredin, a'r *Promotwyr* (*Promoters*) diwall.

promowtwas [cfdds. o'r S. *promot*(*er*) + *gwas¹*] *eg.* Erlynydd, cyhuddwr: *prosecutor, denouncer.*
16–17g. *GST* i. 585, *Promowtwas* diflas a deflir i ddiawl. **1605–18** *Mos* 131, 15, Gwell yw bailif sierif siriol—ffrom atteb / a *phromowtwas* gwrol. *c.* **1730** *Thos. Lloyd D* (LlGC) 195b, *promowtwas* . . . promoter.

promtiaf: promtio [bnth. S. (*to*) *prompt*] *bg.a.* Cofweini: *to prompt* (*in theatre, &c.*).
Ar lafar yn gyff.

promtiwr, promtwr [bôn y f. fl. + -(*i*)*wr*] *eg.* ll. *promtwyr.* Cofweinydd: *prompter* (*in theatre, &c.*).
Ar lafar yn gyff.

promwter, promys, gw. **promoter, promais.**

prôn [bnth. S. *prawn*] *eg.* ll. -*s*. *Swol.* Corgimwch, locust y môr: *prawn.*
20g.

pronosteicasiwn, gw. **prognosticasiwn.**

pronownsiaf, pronwnsiaf: pron(o)wnsio [bnth. S. (*to*) *pronounce*] *ba.* Ynganu: *to pronounce.*
1547 *WS* [xv], a ninneu yn *pronwnsio* yr ch / einom o eigawn yn gyddwfeu. Ar lafar yn Arfon yn y ff. *pronownsio*.

pronstigasion, pronydiceisiwn, gw. **prognosticasiwn.**

prop [bnth. S. *prop*] *eg.* ll. -*iau*, -*s*. Polyn, trawst, neu beth anhyblyg arall sy'n cynnal, yn arbennig pan nad yw'n rhan gynhenid o'r peth a gynhelir, pren cynnal, cynhalbost, cynhalbren, ateg, hefyd yn *ffig.*; un o'r blaenwyr y naill ben a'r llall i'r rhes flaen mewn sgrym (mewn rygbi); (yn y ll. *props*) celfi, dodrefn (ar lwyfan theatr), cyfarpar, taclau (rhyw alwedigaeth): *prop, support, also fig.*; *prop* (*forward in rugby football*); (*pl.*) (*stage*) *props, equipment.*
1856. Ar lafar, '*prop* lein ddillad', hefyd yn sir Ddinb. am gynhalbren tas, *Cymru* xlvii. 142. Cf. T. H. PARRY-WILLIAMS: *C* 45, Rhwng *prop* a pholyn, ar ryw beipen gron, / Gwelais ddylluan,—a daeth braw i'm bron.

propa', propach, gw. **propor.**

propaf: propo, gw. **propiaf: propio.**

propaganda [bnth. S. *propaganda*] *eg.b.* Y weithred o ledaenu cyhoeddusrwydd, gwybodaeth ddethol, &c., i hyrwyddo achos, athrawiaeth, neu bolisi gwleidyddol neilltuol, yr wybodaeth, &c., a ledaenir felly, fel arfer yn ddifr.: *propaganda, usu. derog.*
1866. Cf. R. WILLIAMS PARRY: *CG* 68, *Propaganda*'r Prydydd.

propagandaidd [*propagand*(*a*) + -*aidd*] *a.* Yn nodweddiadol o bropaganda, o natur propaganda, a nodweddir gan bropaganda: *propagandistic.*
1933.

propagandeiddiaf, propaganeiddiaf: propagan(d)eiddio [bf. o'r a. bl.] *bg.* Lledaenu propaganda: *to propagandize.*
20g.

propagandydd [cfdds. o'r S. *propagand*(*ist*) + -*ydd³*] *eg.* ll. *propagandwyr, propagandyddion.* Un sy'n lledaenu propaganda: *propagandist.*
1934.

propagandyddol [*propagandydd* + -*ol*] *a.* Nodweddiadol o bropagandydd, o natur propagandydd neu bropaganda: *propagandizing.*
20g.

propaganeiddiaf: propaganeiddio, gw. **propagandeiddiaf: propagandeiddio.**

propan, propân, propen, propên [bnth. S. *propane*] *eg.* ll. *propanau. Cem.* Hydrocarbon nwyol di-liw hyfflam sy'n digwydd mewn petrolewm ac a ddefnyddir fel tanwydd, C_3H_8: *propane.*
20g.

propasaf: propasu, proped, gw. **pwrpasaf: pwrpasu, propor.**

propelor, propelar, propeler, &c. [bnth. S. *propeller*] *eg.* ll. -*au*. Dyfais yn cynnwys siafft sy'n troi ac arni lafnau ar lun sgriw at yrru llong, awyren, &c., sgriw peiriant: (*screw*) *propeller* (*of ship, aircraft, &c.*).
20g.

propen, propên, gw. **propan.**

proper, gw. **propor.**

propiaf, propaf: prop(i)o, propian [bf. o'r e. *prop*] *bg.a.* Ategu, cynnal â phrop(iau), hefyd yn *ffig.*: *to prop* (*up*), *also fig.*
Ar lafar yn sir Ddinb., '*propio* 'r dâs', *Cymru* xlvii. 142; ac yn y De yn yr ymad. '*propa* nhw lan!' (am ddyrnau'r sawl a anerchir wrth ei wahodd i ymladd).

propolis [bnth. S. *propolis*] *e?g.* Sylwedd browngoch ystorus a gesglir o flagur gan wenyn at wneud eu cychod, glud gwenyn, gwenynlud: *propolis, bee-glue.*
20g.

proponyddu [cfdds. o'r S. (*to*) *propone* 'to propose' neu'r Llad. *prōpōnere* + -*yddu*; cf. *penedryddu, penetryddu, proffesyddu*] *ba.* Cynnig, gosod allan (i'w ystyried neu i'w drafod): *to propose.*
1609 R. SMYTH: *CAC* 11, Beth y mae y trydydd pwnc o'r gredo yn i *broponuddu*, n'en [*sic*] i osod a[ll]an yw gredu. *id.* 17, y mae'n *proponyddu*'r dydd brawd diwaethaf. **1611** R. SMYTH: *SG* 139, i atteb i'r cwestiwn a *proponyddwyd* [*sic*].

propor, propr, &c. [bnth. H. Ffr. *propre*, o bosibl drwy'r S. C.] *a.* Priodol, gweddaidd, addas, cymwys; priod iddo (iddi, &c.) ei hun; destlus, taclus; cywir, gofalus; hardd, tlws, golygus; dymunol, hawddgar, cyfeillgar: *proper, seemly, appropriate, suitable*; *own*; *neat, tidy*; *precise*; *fine, pretty, handsome*; *pleasant, amiable, friendly.*
14g. *IGE²* 215, Ŵyl gethlydd *bropr* ael goethloyw, / Ail distrych ar ddwfr crych croyw [Sypyn Cyfeiliog i ferch]. **14–15g.** *id.* 301, Mae arno gainc, llathrfainc llu, / Etifedd *propr* yn tyfu [Rhys Goch Eryri i Robert ap Meredudd]. *id.* 311, Och ŵr! er Mab Duw na chêl / Ei chwpwrdd *propr* a'i chapel [Rhys Goch Eryri i lys Gwilym ap Gruffudd o'r Penrhyn]. **15g.** *GGl²* 275, Iolo, tuthiodd at Ithael, / *Propr* oed dydd, ap Ropert hael. **1545** *CM* 1, 31, I mae ynhraid I ni ddyalld . . . nad ydiw treiglad . . . y plannedau yn *broppyr* ac yn grynno Ar draws y ffuruauen or gorllewin ir dwyrain. **16g.** (*LlEG*) *Mos* 158, 376a, ynn llu hwn ir ydoedd deulu *propper* o almaens yr hrain oll a longed mewn llongau ar vordorau y dyrnau. **1547** *WS*, *propyr*, proper. *c.* **1548** *CM* 1, 693, I boobun or hrain I mae I *bropyr* ne i berfaith haint. **1552** *Rhyddiaith Gymraeg* i. 48, Juvenall hevyd yn govyn question *propyr* [:– govynniat tlws]. **1574** *RhRC* (At.) 311b, hyn y ddwad S. sierom yn *broppor* am yr opiniadwyr. **16–17g.** *GST* i. 668, Wrth weled *propred* pob pren / Nid glân ond y gelynnen. **1604–7** *TW* (*Pen* 228), yn *bropr* d.g. *apposite*. **1632** *D*, *propr*, nitidus, elegans. *id.* *propr* d.g. *concinnus*. **1688** *TJ*, tlŵs, neu *proppor*: pretty, pleasant, amiable. **1722** *Llst* 189, *propr*, brave, well-contrived, neat. **1749–50** *W Ballads* 127, 8, Ond ordrwch ych ffon i ryw scyttor, / A fotho 'n Ddyn *propor* bob pryd. / Ni welwyd trwy Gymru i harddach, / Nai *proprach*, nai inionach mae 'n iawn. **1753** *TR*, *propr* . . . spruce, trim. **1756** G. OWEN: *L* 176, ac oni ddowch, gadewch gael gweled *bropred* esgus a geir genych. **1757** *ML* i. 488, un or dynion sythaf, *propraf*, a glanaf, a mwyaf ei wrhydri oedd Brown ag a safodd erioed. **1768** TWM O'R NANT: *CTh* 15, Pe daliase hi beth yn rhagor, / Mi wnaethwn i Fusnes *propor*. **1773** *W* d.g. *elegant*. Ar lafar yn y Gogledd clywir *propor* yn yr ystyr 'hardd, del, tlws', *WVBD* 445, *Cymru* xlvii. 142, liii. [31].
Amr.: **propa', propach, proped** [ff. cymhariaeth; drwy ddadf.]. **1853** W. REES: *AFR* 343, mae o'n *bropach* na rhosyn coch.
Gw. hefyd **cyweirbropr, propryn.**

propos, propr, propren, gw. **pwrpas, propor, propryn.**

propriad [gair geir.] *eg.* ll. -*iaid*. *Swol.* Gwybedyn mân, piwiad: *gnat, midge.*
1604–7 *TW* (*Pen* 228), *proprieit* d.g. *ciniphes*. *id.*

propriat d.g. *cynips*. **1632** *D*, *propriaid*, ciniphes, conopes. **1688** *TJ*, *propriaid*, Gwybed mân: little Flies like Gnats. **1722** *Llst* 189, *propriad*, m.p. *priaid*, a gnat[,] dog-fly. **1753** *TR*, *propriaid*, little flies like gnats which sting cruelly.

propryn [gair geir., sef *propr*+-*yn*[1]] *eg.* (b. *propren*, ll. -*nod*) ll. -*ion*. Person bach taclus, dandi, coegyn: *neat little person, dapper man, dandy, beau.*
1604–7 *TW* (*Pen* 228), *propryn* d.g. *pulchellus* (hefyd *D*). **1722** *Llst* 189, *propren*, f.p. *prennod*, a neat little woman. *id. propryn*, m.p. *prynion*, a neat little man. **1770** *W*, *propryn* d.g. *a beau, a dapper* [*tight little*] *fellow*. *id.* chwarae'r *propryn* d.g. *to spruce it*.

propylen [bnth. S. *propylene*] *eg. Cem.* Hydrocarbon nwyol a ddefnyddir wrth wneud cemegolion: *propylene*.
20g.

propyr, gw. **propor.**

pros [bnth. S. *prose*] *eg.* ll. (prin) -*au*, a hefyd gyda grym ansoddeiriol. Rhyddiaith (gthg. *barddoniaeth*), hefyd yn *ffig.*: *prose* (*as opposed to 'poetry'*), *also fig.*
1547 *WS*, *pros*, prose. **1603** E. KYFFIN: *Ps* [iv], Mi a rois y Psalmae *prôs* ar gyfer y Gynghanedd. **1604–7** *TW* (*Pen* 228), troet ne vesûr mewn mytr ne'r *pros* d.g. *anapæstus*. *id.* araith mewn *pros* d.g. *pedester*. **1718** **(1721)** S. THOMAS: *HB* 197, y Psalmau-darllain, neu'r Psalmau yn y *Pros*. Cf. D. J. WILLIAMS: *HW* 37, *pros* ydoedd rhediad naturiol ei feddwl. Cf. ymhellach enw'r gyfrol *Yr Areithiau Pros* (gol. D. Gwenallt Jones, 1934).

prosaidd [*pros*+-*aidd*] *a.* Tebyg i ryddiaith, anfydryddol, anfarddonol, cyffredin: *prose-like, prosy, prosaic, unpoetic, commonplace.*
20g.

prosäig [cfdds. o'r S. *prosa*(*ic*)+-*ig*[2]] *a.* Tebyg i ryddiaith, prosaidd, anfydryddol, anfarddonol, cyffredin: *prose-like, prosy, prosaic, unpoetic, commonplace.*
1925.

prosbectws [bnth. S. *prospectus*] *eg.* ll. -*ys*. Llyfr(yn), &c., sy'n hysbysebu neu'n disgrifio prifysgol, menter fasnachol, &c.: *prospectus* (*of a university, commercial enterprise, &c.*).
20g.

prosecuto [bnth. S. (*to*) *prosecute*] *ba. Cyfr.* Erlyn: *to prosecute.*
c. **1762–79** W. WILLIAMS: *P* 557, attorney yr ymerawdwr yr hwn oedd yn ei *brosecuto* ef.

proseleit, proselit, gw. **proselyt.**

proselitiaf: proselitio, gw. **proselytiaf: proselytio.**

proselyt, proseleit, &c. [bnth. S. *proselyte*] *eg.b.* ll. -(*i*)*aid*, *proseleits*. Un sydd wedi troi (yn enw. yn ddiweddar) o'r naill gred, barn, plaid, &c., i'r llall, yn enw. un o'r Cenhedloedd wedi troi at Iddewiaeth: *a proselyte, convert.*
1567 *LlGG* 63b, Juddaeon, ac *proselyteit* (**1588** *Act* ii. 10, yn *broselytiaid*), Creteit, ac Ara[b]ieit. **1567** *TN* 37b, amgylchiwch vor a' thir i wneythy'r [*sic*] vn o'ch proffes eich vnain [:– *proselyt*] (**1588** *Math* xxiii. 15, vn *proselit*). *id.* 179a, Nicolas y *proselyt* [:– dieithr] o Antiocheia. *id.* 193b, llawer or Juddaeon, ac o *proseliteit* [:– dieithreit] (**1588** *Act* xiii. 43, *proselytiaid*) o'r oedd yn ofny Dew. **1693** J. OWEN: *BP* 127, nad oes un *proselyt* heb enwaediad a bedydd. **1704** E. SAMUEL: *BA* 245, *Proselyt* Jddewig o ran crefŷdd oedd. **1718** **(1721)** S. THOMAS: *HB* 31, Ymbell *Broselyt* y mae'r Offeiriaid Pabaidd yn gwneuthur yn eu mysc. **1719** T. EVANS: *CDW* 18, yr oedd yn rhaid i'r *Proselyt* enwaedu ei holl wrrywiaid. *id.* 25, bedyddio y cyfryw Blant, a'i galw yn *Broselytiaid*. **1722** T. EVANS: *PS* 54, ni chaniattaid gan y Brif Eglwys i *Broselytiaid*-Bedydd fod yn bresennol a'r [*sic*] Weddi 'r Arglwydd. **1722** *Llst* 189, *proselyt*, c.p. *lytiaid*, a proselyte. **1735** S. THOMAS: *HP* 37, nad allai mwyach wneuthur *Proseleits* trwy Ymddiddanion dirgel. **1775** E. GRIFFITHS: *GF* 152, Y gair *proselyt* sy'n arwyddo un yn cofleidio crefydd newydd.
Cfn.: **proselyt y cyfamod:** *proselyte of the covenant* (*adopting all the ordinances of the Mosaic Law*). **1773** J. ROBERTS: *GY*, Proselytiaid . . . Y rhai gymerai eu henwaedu . . . Gelwid hwy *Pros*[*e*]*lytiaid y Cyfammod*. **p. cyfiawnder = p. y cyfamod. 1775** E. GRIFFITHS: *GF* 152, Y cyfryw genhedloedd ag a gymmerai eu henwaedu . . . am hynny y galwyd hwy yn *broselytiaid cyfiawnder*. **p. y porth:** *proselyte of the gate* (*not submitting to all the ordinances of the Mosaic Law, esp. circumcision*). **1704** E. SAMUEL: *BA* 46, gwr cenhedlig o Enedigaeth, a *Phroselyt y porth* o ran crefydd. **1770** P. WILLIAMS: *BS*, *Tablau, &c.* i, *Proselyt y Porth* neu ddieithr, yr hwn a addolai un Duw, eithr a arosai yn ddienwaededig. **1773** J. ROBERTS: *GY*, Proselytiaid . . . Dieithriaid, na chymmerai eu henwaedu. Ettohwy [*sic*] addolant y gwir Dduw: Gan sylwi saith Orchymmyn Noa . . . Yr rhai hyn a elwid *Pros*[*e*]*lytiaid y porth*. **1775** E. GRIFFITHS: *GF* 151, y daeth y Paganiaid . . . yn *broselytiaid y porth* . . . Beth a feddylir wrth *broselyt y porth*? . . . Y cenhedloedd hynny a wrthodent eilun-/addoliaeth, ac a dderbynient wybodaeth . . . y gwir Dduw.
Gw. hefyd **proselytiwr.**

proselytâf: proselytáu [*proselyt*+-*hau*] *ba.* Proselyteiddio: *to proselytize.*
1788 B. EVANS: *LlG* 23, rhai mewn Oedran, a *broselyteir* i'r Eglwys.
Gw. hefyd **proselyteiddiaf: proselyteiddio, proselytiaf: proselytio.**

proselytaidd, proselytiaidd [*proselyt*+-(*i*)*aidd*] *a.* Yn proselyteiddio: *proselytizing.*
1765 J. POPKIN: *Ll* 77, er eich bod yn parhau iw cludo gyda'r Phariseaid a'r Juddewon *proselitiaidd*. *id.* 257, fel ag y bu o'r blaen gan yr Apostolion yn erbyn yr Iuddewon a'r Cristianogion *Proselytiaidd*.

proselyteiddiaf: proselyteiddio [cfdds. o'r S. (*to*) *proselyt*(*ize*)+-*eiddio* (At.), neu f. o'r a. bl.] *bg.a.* Troi (person) o'r naill gred, barn, plaid, &c., i'r llall: *to proselytize.*
20g.
Gw. hefyd **proselytâf: proselytáu, proselytiaf: proselytio.**

proselytgar [*proselyt*+-*gar*] *a.* Yn proselyteiddio: *proselytizing.*
1765 J. POPKIN: *Ll* 33, Chwi gewch weled yno, fy mod yn ystyried y Pregethwyr poblogaidd yn yr un goleuni ac y mae Crist a Phaul yn gosod allan y Phariseaid, a'r Juddewon *Proselytgar*. *id.* 63, nad wyf yn ammeu nad oeddynt yn ddynion ag oedd yn difrifol ymberthynnu mewn achos Crefydd, yr unwedd ag yr wyf yn barnu fod y Phariseaid a'r Juddewon *proselytgar*.

proselytiad [bôn y f. ddil.+-*iad*[1]] *eg.* Y weithred o broselyteiddio: *proselytization, conversion.*
1707 *GREE* 79, Peter a fedyddiodd Cornelius . . . Paul a fedyddiodd Sergius . . . nid oes yr un o honynt yn canfod bai yn eu *Proselytiad*.

proselytiaeth [*proselyt*+-*iaeth*] *eb.* Yr arfer o broselyteiddio: *proselytism.*
1822.

proselytiaf: proselytio [bf. o'r e. *proselyt*] *bg.a.* Proselyteiddio: *to proselytize.*
1851.
Gw. hefyd **proselytâf: proselytáu, proselyteiddiaf: proselyteiddio.**

proselytiaidd, gw. **proselytaidd.**

proselytiedig [bôn y f. fl.+-*iedig*] *a.bfl.* Wedi ei broselyteiddio: *proselyte.*
1796 *Geirgrawn* 130, yr eglwys gyntaf . . . o'r cenhedloedd goleuedig neu *broselytiedig*.

proselytiol [*proselyt*+-*iol*] *a.* Yn proselyteiddio, nodweddiadol o broselyteiddio, a nodweddir gan broselyteiddio: *proselytizing.*
1843.

proselytiwr [bôn y f. fl.+-*iwr*] *eg.* ll. *proselytwyr*. Proselyt: *proselyte.*
1858.

proseniwm [bnth. S. *proscenium*] *eg.* Y rhan o'r llwyfan o flaen y llen, fel arfer ynghyd â'r bwa uwchben: *proscenium.*
20g.

proses [bnth. H. Ffr. *proces*, o bosibl drwy'r S. C.; ansicr yw'r engh. gyntaf yn adran (*b*)] *eg.b.* ll -*au*, -*i*.
(*a*) Cyfres o newidiadau neu symudiadau (graddol) neu o weithrediadau sy'n arwain at ganlyniad penodol; cyfres o weithrediadau ac iddynt ddiben penodol, dull penodol o gynhyrchu; cyfres o weithrediadau meddyliol: (*natural, historical, &c.*) *process*; (*industrial, manufacturing, &c.*) *process*; (*mental*) *process.*
1896. Ar lafar.
(*b*) Adroddiad, stori, traethiad, traethawd; ?llith o'r Ysgrythur; pwnc, mater: *narration, story, discourse, treatise*; ?*lesson or reading from Scripture*; *subject, matter.*
14g. *GDG*[3] 425, Rhoes *broses* fal Taliesin, / Rhol o wawd, rhy hael o win [marwnad Dafydd ap Gwilym gan Fadog Benfras]. **15g.** *BB* 109, Agwedy m[yn]egi o gorthern y holl *prosses*. bodlavn oed gan ybrenhyn pob peth or awneley. **1545** *CM* 1, 54, Ymkanna Ir *proses* Ac Ir matter yma vod ynn wir. **16g.** *B* x. 290, J'r hrain ac y'w holl bobyl J dangossed y *proses* a dreithir ynn y blaen o laddedigaeth y naill ettiuedd ac o vuddegoliaeth y llaall. *a.* **1587** *Y* 102, Soniais heb *broses* enwir. **16–17g.** *CRC* 283, fyngredigion dowch yn nes / i wran do *broses* [*sic*] fechan / addarlleir yn ddiav / yngeiriav dŵw jhvnan. **1667** C. EDWARDS: *FfDd* 28, dewisodd yr escobion Iwan yn Bab . . . cans dillad gwr y wiscei hi . . . Cywilyddiodd yr escobion yn ddirfawr oi phlegyd hi, am ddarllen o honynt yr offeren a'r *prosessi* wrth ei dewis hi. **17g.** HUW MORUS: *EC* i. [233], O achos un traetur, yn danfon ei lythyr, / I'r bradwyr yn brysur ei *broses*. **1778** J. HUGHES: *BB* 61, Ymrithio ar lun creadur, / I ddweud ei *broses* brysur llythyr llawn.
(*c*) (Holl weithrediadau) achos cyfreithiol, gwŷs; gorchymyn (gan rywun mewn awdurdod): *legal process or action, summons*; *command* (*by one in authority*).
15g. *AL* ii. 406, Or lledir lladron nar neb a vo ymaes o gyfreith ahedwch yr arglwyd drwy weithred kyhoydawc neu deol kyfreithawl a*phrosses*. **1567** *LlGG* [x], gwneuthur *process* (**1710** *id.* sig. a1r, *proses*) er esecuto yr vnryw. *id.* [xi], escommundot, sequestration, neu ddeprivation, ac eraill censurae a' *process* (**1710** *id.* sig a1r, *phrosessau*). **16–17g.** *CRC* 432, ni bydde vddyn mwy o groeso / na ffetten yn gwassnevthv *prosses* arno. *c.* **1600** *id.* 177, Mi a rown gyngor da i bob rhai / rhag bod yn llai i hariane / ado yr wlad yn gwit er neb / Rhag ateb or *processe*. **1615** R. SMYTH: *GB* 189, y mae yr holl gwynion a *phrosesau* yn llenwi gorsedau [*sic*] y cristnogion. **1636** *Pen* 321, 115b, mae n addas J failied a chynffone senedde ymattal ar y dydd hwn oddiwrth wsneuthu i *prosesse* yn ol ordinhad Leo. **1710** *LlGG* (*Gos*) 13, ni chaiff fynnu na chodi . . . ddim côst amgen nac a ddyleir am y Dyfyn, a pha *Broses* arall a gaed ac a wasanaethwyd yn erbyn y partïau dywededig. *id.* 16, Na ddyfynner neb i Lysoedd Eglwysig drwy *Brosses* o Quorum nomina. Na adawed un Esgob . . . yrru dim *Prosessau* cyffredinol o Quorum nomina o'i Lŷs. *id.* 17, wrth drosi *Prosessau* at y Barnwr Ad quem. **1759** *BC* 109, Bydd dranoeth y borau, rai yn gyrru *professau* [*sic*], / A rhai yn ôl Gwarantau, nid doniau têg. *id.* 240, Fe a'i gwelir o'r bore, yn bwrw brâs gamre / Fel cariwr *Prossese*, traws eirie trwy sŵn. **1794** E. JONES: *CP* 16, y neb a fynnir o'r plwyf, fyddo ag achos iddo, a eill drwy *broses* [:– Offeryn cyfreithiol] eu galw i gyfrif ger bron y barnwr eglwysig.
(*d*) Gorymdaith (grefyddol): (*religious*) *procession.*
16g. (*LlEG*) *Mos* 158, 335a, [t]rwy ordeinio i bawb o yfeiriaidd [*sic*] y gwladoedd vynned ar *brossessi* o amgylch i plwyyfuau [*sic*]. *id.* 521b, ymrauaelion serremoneis megis kusannv y packs dilin *prosessi* dwr benndigaid a bara fferen a chyffesu ynghlusd y feiriad [*sic*]. **16g.** *B* xviii. 313, ynn Llundain i derbynniwyd yvo drwy *brossessi* o'r gwyr eglwysig o boob plwy ynn y dinas a'i ffenntreuydd, yr hrain a ddaruoedd i gosod mewn ordyr o'r naill du i'r esdryd i seuyll ynn i gwisg eglwysig a'i kroesau o'i blaenn, yr hrain a oedd yn kyrheuddud o eglwys Saint Sior ynn Swthwark hyd ynn eglwys Bawl. **1636** *Pen* 321, 52a, ag mewn amser *pryssessi* na lyfase gwragedd gonest rodio allan rhag i hofn hwy n llechu i gymeryd gafael arnynt. **1712** T. WILLIAMS: *CDdG* 528, Yn yr amser yr ymwrthodwyd ar Bapyddiaeth, pan ddilewyd pob *Processi* (*all processions*) o achos y cam-arfer a wnelsid o honynt.
(*e*) Cwrs (amser); datblygiad (stori, &c.): *course* (*of time*); *development* (*of story, &c.*).
16g. *Cylchg LlGC* iii. 155, megis ac J mae'r ysgriuen yn dangos drwy hir *brosses*. **16g.** *B* xi. 89, megis J dengys *proses* yr ysdori. **16g.** **(1698–9)** *YT* 67, y rhedodd hi [Ceridwen] allan o'i thy megys dyn mewn gorffwyll yn ol Gwion Bach yr hwnn, megis ac mae *proses* yn dangos, a ganfu hi yn ffo yn ffest yn rhith ysgyfarnog. Gw. hefyd y *Cfn*.
Cfn.: **drwy hir broses:** *by a long period* (*of*); *at length*. **16g.** *Cylchg LlGC* iii. 155. **16g.** *B* xi. 86, yr hrain a laddodd ef *drwy hir broses* o ymladd. *id.* xvi. 187, y vo a ddangoses J'r brenin *drwy hir brosses*. **yn ôl hir b.:** *after a long time, in due course*; *at length*. **16g.** *B* xi. 85. *id.* 88, nes Jddo, *ynn ol hir broses*, ddyuod J'r dinas. *id.* xv. 275. **16g.** *Rhyddiaith Gymraeg* i. 27, megis ac J

mae'r esdori yn dangos *ynn ol hir broses.* **yn y p. (b.):** *in the process, by so doing.* **1934.** Ar lafar, 'Fe ddath ag achos yn erbyn 'i frawd ynghylch y tŷ, ac *yn y broses* fe gollodd yr arian hefyd'.

prosesaf, prosesiaf: prosesu, prosesio[1] [bf. o'r e. bl.] *ba.*, a'r be. hefyd gyda grym enwol.

(*a*) Trin drwy broses penodol; trin (bwyd, &c.) rhag iddo ddirywio; trin (data ar gyfrifiadur drwy gyfrwng rhaglen): *to process, treat by processing; process (food, &c.) to prevent decay; process (in computing).* **20g.**

(*b*) ?Dwyn achos yn erbyn, erlyn: *bring a case against, prosecute.* **15–16g.** *GRB* 35, *Proseswyd* mewn pris isel / Merthyr Mawr am werthu'r mêl.

Cfn.: **prosesu geiriau:** *to carry out word processing, word-process.* **20g.**

prosesio[2] [bnth. Llad. C. *prōcessiō* 'gorymdaith grefyddol'] *eg.* (Gweddi a adroddir neu a genir mewn) gorymdaith grefyddol: (*prayer said or sung in*) *religious procession.* **13g.** *B* ix. 339, Sef yd oed eu devavt en ruvein pan wnelit *processio* (*Pen* 5, 43a, procession) yg kylch egluys beder en vn or gwyllyeu pennaf a vei e beder kentaf e delyei er argluyd pab venet e mevn or bobyl. ac odena er holl *processio* (*ib.* holl procession) ene ol enteu. **13g.** *BD* 159, o bob parth udunt y cvuenhoed o uynych a chanonwyr ac ysgolheigyon yn amrauael urdassoed yn eu *processio* yn canu amrauael geinyadaeth ac organ yn dvyn eu brenhin y'r uam eglwys vrth efferen. **14g.** *SC* viii/ix. 185, a cherdent ac ef parth a drws y purdan dan ganu *processio* (*id.* 160, *prossessio*) a letania a bwrw dwfyr swyn. *ib.* ymhoelet dracheuen yr eglwys ae *brocessio* (*ib.* a'r *prossessio* ganthaw). Ar bore trannoeth doet yr eglwys. ac y drws yr ogof yn y *processio.* *c.* **1400** *YCM*[2] 183, A galw niueroed attaw a oruc y padriarch, a mynet gan *prossessio* ac ymnev a chywodolyaetheu parth a'r eglwys. *id.* 202, A gwnawn *brossessio* yngkylch yr escopty. *ib.* A gwedy y *prosessio* hwnnw Turpin a gant udunt efferen yn anrydedus. *c.* **1400** (*SG*) *HMSS* i. 236, ac adoeth yr dref yny ol. ac agyfaruu ac ef *processio* mawr o offeiryeit ac ysgolheigyon. a chroes oc eu blaen. Gwalchmai yna a diskynnawd o achaws y *processio.* Ar bwrgeis aaeth y eglwys ar *processio* yny ol ynteu. *id.* 237, ef awelei yn dyuot yny erbyn yr offeiryeit ar ysgolheigyon dan ganu a*phrocessio.* **15g.** (*LlDB*) *LlGC* 7006, 63, ac y daeth pawb i dorwest ac i *prosses*/*sio* ac i wediaw yn y gowsant ardymyr a ffrwythlonder yr daear megis y gnottei gynt. **1707** *AB* 238b, *processio*, a Procession.

prosesiwn, prosesion, &c. [bnth. S. C. *processioun* a hefyd yn uniongyrchol o'r H. Ffr. *processïon*] *eg.* ll. *prosesiynau* (*prosesiwnau*). Gorymdaith (grefyddol): (*religious*) *procession.* **14g.** *Pen* 5, 43a, Sef yd oed yn deuaut ynrufein pann wnelit *procession* (*B* ix. 339, processio) yg kylch egluys peder ynvn or gwylyeu [diwyg.] pennaf a vei y beder. kynntaf y dylyei y argluyd bap vynet ymywn or bobyl. ac odyna yr holl *procession* (*ib.* holl processio) yny ol ynteu. **14g.** *SC* viii/ix. 191, pan deuth ef yno y mywn. y deuth y ryw *processiwn* yn y erbyn yn gyweir o grogeu. a llumannev. a thapreu cwyr. a cheigeu budugolyaetheu o eur megys na welat eiroet yn y byt hwnn y ryw *processiwn* hwnnw y veint. . . . Gwedy daruot y *processiwn* ar kywydolaetheu y deuth deu archescop. **15g.** *ID* 50, pwyr ssais yn y *prissiessiwn* [*sic*] / gyda dysc a gwaed ū dwnn. **1547** *WS*, *prosession*, procession. **16g.** (*LlEG*) *Mos* 158, 23a, yntwy a gordiasant ar ddyuo[d] Ireglwys benna ordinnas ar ddiwyrnod vchel drwy *bros*/*essiwn* a gweddiau. *Diw.* **16g.** *LBS* iv. 423, Val ydd oedd y menych ar gwisgoe[dd] teckaf or creiriaü ar llyfraü ganthünt yny *procesion.* **1595** M. KYFFIN: *DFf* [68], wrth fynd mewn *prosessiwn* amgylch y dref. **16–17g.** (*Gesta Rom*) *LlGC* 13076, 100b, hwy aethant yny erbyn ef a *phrysieswn* [*sic*], ag ai derbynysant ef yn anrydeddus. **1606** E. JAMES: *Hom* iii. 121, Y Pâb Ihoan y buttain honno, yr hon a escorodd ar blentyn yn yr heol wrth gerdded *prosesiwn.* **1757** *ML* i. 452, gwych a fai eich gweled yn myned mewn *processiwn.* *c.* **1762–79** W. WILLIAMS: *P* 412, er mwyn cael gwlaw *prosessiynau* beunyddiol oedd y[n] cael eu gwneud o ryw fonachlog neu gilydd.

Amr.: **presesiwn** [cf. S. C. *precessio*(*u*)*n*, S. Diw. Cyn. *precessyon*]. *Diw.* **16g.** *Rhyddiaith Gymraeg* i. 112, Yr hwnn y mae eglwys Duw yn gwnaythyr *peressessiwn* [*sic*] er kof am y *pressessiwn* a wnaethbwyd yn erbyn Krist. **pyrsesiwn** [drwy drsd., cf. *pyrnu* < *prynu*]. **1722** *Llst* 189, *pyrsesiwn*, m.p. *sessiynau*, a procession.

proseswr [bôn y f. fl. a *proses*+-*wr*] *eg.* ?Gwysiwr (gerbron barnwr, &c.): *summoner* (*before judge, &c.*). **18g.** *Card* 84, 418, *Proseswr* yttwr etto / Plu wr [*sic*] ai fryd iw plau r frô.

prosesydd [bôn y f. fl.+-*ydd*[3]] *eg.* ll. -*ion.* Peiriant neu berson sy'n prosesu; cylched electronig (i brosesu data), cyfrifiadur sy'n cynnwys y cyfryw gylched, prosesydd geiriau: *processor* (*machine or person*); (*central*) *processor*, (*micro*)*processor, computer, word processor.* **20g.**

Cfn.: **prosesydd bwyd:** *food processor.* **20g.** **p. geiriau:** *word processor.* **20g.**

prosidiaf: prosidio [bnth. S. (*to*) *proceed*; ansicr yw ystyr rhai o'r enghrau. isod] *bg.* Symud ymlaen o un radd (e.e. un academaidd) i un uwch, hefyd yn *ffig.*; deillio, dod: *to proceed from one rank or academic degree to a higher one, also fig.*; *proceed, issue, come.* **16g.** SIÔN BRWYNOG: *C* 45, Ysgolwaith nid ysgiliant, / Astudio, *prosidio*'n sant. *id.* 125, Bar trwm, o Robart a'i rodd, / Ap Rhys hydr y *prysydiodd* (SIÔN BRWYNOG: *Gw* 183, *prosidiodd*). **16g.** MORUS DWYFECH: *Gw* 79, *Prosidiodd*, mynnodd, mae'n wâr, / Pwys gwiw ged, pysg ac adar. *a.* **1587** *Y* 89, Y Prys gwych ymhob rhwysg gwr, / Pavn gloewsyth, pen eglwyswr, / *Prosidiaist* vwch pris Sawden, / Pur oedd holl hap raddav llen. **16–17g.** EDWARD URIEN, &c.: *Gw* 96, *Prosidiaist*, parhaus hedeg, / Praff arwydd dawn, priffordd deg / . . . / Y radd hoff wych, rwydd o'i phen, / A roed ywch o Rydychen [i'r Dr John Davies, Mallwyd].

Amr.: **procedo** [ansicr yw union ynganiad y ff. hon]. **1567** *LlGG* 10a, Dew Ysprvd glan, yn deilliaw [:- *procedo*, dyuot] ywrth y Tad a'r Mab.

prosiect, gw. **project.**

prosodi [bnth. S. *prosody*] *eg.* Rheolau barddoni, system fydryddol, mydryddiaeth: *prosody.* **1699–1700** E. LHUYD: *SH* 44, Hen *Bprosodi* [*sic*] Gwyddelig.

prosodig [cfdds. o'r S. *prosod*(*ic*)+-*ig*[2]] *a.* *Ieith.* Yn perthyn i nodweddion gorsegmental traw, pwyslais, cyplysiad, &c.: *prosodic* (*in linguistics*). **20g.**

prospectws, prost, gw. **prosbectws, proest.**

prostad [bnth. S. *prostate*] *eg.* ll. -*au*, a hefyd gyda grym ansoddeiriol. Chwarren sy'n amgylchynu gwddf y bledren mewn mamoliaid gwryw ac sy'n gollwng hylif sy'n ffurfio rhan o'r hadlif: *prostate* (*gland*). **20g.**

prostaf: prosti, gw. **proestiaf: proestio.**

prostaglandin [bnth. S. *prostaglandin*] *eg.* Un o nifer o sylweddau tebyg i hormonau a geir ym meinweoedd mamoliaid (yn enw. mewn hadlif dynol), ac sy'n effeithio ar y system nerfol, ar fetabolaeth, ac ar bibellau gwaed, ac yn peri cyfyngiadau yng nghyhyrau'r groth: *prostaglandin.* **20g.**

prostat, prostiaf: prostio, gw. **prostad, proestiaf: proestio.**

prosthesis [bnth. S. *prosthesis*] *eg.* *Meddyg.* Peth(au) artiffisial a roddir yn lle rhan(nau) o'r corff sy'n eisiau (e.e. dannedd gosod, coes neu fron artiffisial): *prosthesis* (*in med.*). **20g.**

prosthetig [cfdds. o'r S. *prosthet*(*ic*)+-*ig*[2]] *a.* *Meddyg.* Yn perthyn i brosthesis, yn perthyn i ddarparu a ffitio prosthesis; *Gram.* (am lafariad neu sillaf) wedi ei hychwanegu ar ddechrau gair (e.e. *y* ar ddechrau'r ff. Cym. C. *yneuad* 'neuadd', *yniuer* 'nifer'): *prosthetic* (*in med. and gram.*). **20g.**

protecsiwn [bnth. S. *protection*] *eg.* ll. *protecsiynau* (*protecsiwnau*).

(*a*) (Dogfen sy'n rhoddi) amddiffyniad (yn enw. gan frenin i rywun yn ei wasanaeth, neu'n erbyn gorfodaeth i'r llynges): (*document conferring*) *protection* (*esp. by a king to someone in his service, or from being pressganged*). **16g.** (*LlEG*) *Mos* 158, 671a, or achos I hroddes y brenin harir viijued I *br*/*otteckshiwn* iddo ef. **1739–40** *ML* i. 14, Mae ei *protecsiwn* allan, a'r gwyr wedi diangc oll i lan, rhag ofn cael eu pressio gan wyr y Bonetta. **1756** *id.* 399, Ai tybied na fedrach i gontreifio cael *protecsiwnau* ir mân lestri yma. *id.* 403, Roedd y Doctor Lloyd yn gweled y *protecsiwn* yn ddrud am hynny. **1756** G. OWEN: *L* 169–70, Ai [*sic*] ddeisyfiad yn fawr arnaf yw ceisio iddo *Brotecsiwn* . . . Nid wyf yn cofio glywed [*sic*] erioed son am *Brotection* i ddyn tir . . . Ni fu mono erioed ar y môr oddigerth unwaith . . . Ac os digwyddws iddo erioed biso'n groes i neb yn y dref honno, dyma'r amser i ddial arno, yn enwedig gan fod arian am gyhuddo morwyr a fo'n ymgudd. **1757** *ML* ii. 10–11, I was obliged to make rhyw eulun *protecsiwn.* **1758** *id.* 62, Dyma ddyn yn croch waeddi am werth chweigan o *brotecsiwn* . . . N.B.—A protection for three men belonging to the sloop Good Intent . . . to be procured as soon as possible. **1800** *Eurgr* 22, y cymmerth y brenin hwynt yn ei *brotecsiwn.*

(*b*) Diffyndollaeth: *protectionism.* **1913.**

Amr.: **tecsiwn.** **1762** *ML* ii. 490, nid bychan oedd llawenydd fy nghymydawc Watcyn glywed fod ei '*decsiwn* wedi cyrraedd. *id.* 517, derbybiais eich ebystol . . . a'r tri *thecsiwn.*

protectaf, protectiaf: protect(i)o [bnth. S. (*to*) *protect*] *ba.* Amddiffyn: *to protect.* **1672** R. PRICHARD: *Gw* 165, Cais ei adain i'th *brotecto* [:- Amddiffyn].

protector [bnth. S. *protector*] *eg.* Amddiffynnwr, rhaglaw yn gofalu am wladwriaeth yn ystod mabolaeth brenin neu yn ei absenoldeb: *protector* (*also of regent in charge of state*). **16g.** (*LlEG*) *Mos* 158, 314a, am wneuthud y duwk o Iork ynn *brottecktor.* *id.* 338b, yr hwn a gymerth y *protector* ynni gadwodaeth i hun. **16g.** *Hop M* 190, cans ef ywn jor, an *protecdor.* **1670** J. HUGHES: *AP* 43, O fy Nuw, a'm *Protector* daionus i. *c.* **1762–79** W. WILLIAMS: *P* 575, Edward Seymour, duwc o Somerset; yr hwn yn fuan a wnawd yn *Brotector.*

protein, protin, prodin [bnth. a chfdds. o'r S. *protein*] *eg.* ll. -(*i*)*au.* Un o nifer o gyfansoddion organig nitrogenaidd a wneir o gadwyn(i) asid amino a gyplysir gan fondiau peptid gan ffurfio rhan hanfodol o bob organeb fyw: *protein.* **1931.**

proteinaidd, protinaidd, prodinaidd [*protein, protin, prodin*+-*aidd*] *a.* Yn perthyn i brotein(iau), yn cynnwys protein(iau): *proteinous, proteinic.* **20g.**

proteolytig, proteolytic [cfdds. o'r S. *proteolyt*(*ic*)+-*ig*[2]] *a.* Yn hollti proteiniau neu beptidau, yn enw. yn y proses o dreulio bwyd (am ensymau): *proteolytic.* **20g.**

Proterosöig [cfdds. o'r S. *Proterozo*(*ic*)+-*ig*[2]] *a.* *Drg.* Yn perthyn i ran ddiweddaraf y gorgyfnod Cyn-Gambraidd, a nodweddir gan ffurfiau hynaf bywyd: *Proterozoic.* **20g.**

protest [bnth. S. *protest*] *eb.g.* ll. -*iadau*, -*au.* Gwrthdystiad, gwrthdystiolaeth, gwrthfarn: *protest.* **1866.** Cf. D. OWEN: *GT* 192, Ni allwn i a Harri beidio meddwl am *brotest* Twm.

Protestaneiddiaf: Protestaneiddio [bf. o'r a. *Protestannaidd*] *bg.a.* Gwneud neu fynd yn Brotestannaidd neu'n Brotestant: *to Protestantize, make or become Protestant.* **1850.**

Protestaniad, gw. **Protestant.**

Protestaniaeth [*Protestant*+-*iaeth*] *eb.* System grefyddol Gristionogol seiliedig ar egwyddorion y Diwygiad Protestannaidd, ymlyniad wrth yr egwyddorion hynny, yr Eglwysi Protestannaidd fel cyfangorff: *Protestantism.*

1775 *PHBA* 15, A oes unrhyw ddoethineb . . . tuag at aduno ei haelodau, fel unig ddiogelwch rhydd-did a *phrotestaniaeth.* **1780** *W* d.g. *Protestantism.* **1790** W. RICHARDS: *LlA* 24, o ran athrawiaeth taenelliad babanod, y mae yn gwbl ddilys, ei bod yn ymgynnyg yn uniawngyrch i ddadymchwelyd crist'nogaeth a *phrotestaniaeth* hefyd. **1791** B. EVANS: *AD* 9, [g]weled Protestant yn ymegnio i wradwyddo *protestaniaeth.* **1799** D. JONES: *AP* 23, fe adfywiodd *protestaniaeth* yno [Ffrainc] drachefn. **1800** C. EVANS: *EJU* 43, gelyn *protestaniaeth* a phurdeb crefydd ydyw ef.

Protestannaidd, Protestaniaidd [*Protestant*+-(*i*)*aidd*] *a.* Yn perthyn i Brotestaniaeth neu Brotestaniaid, nodweddiadol o Brotestaniaeth neu Brotestaniaid, yn arddel Protestaniaeth: *Protestant* (*adj.*).

1687 (1715) J. OWEN: *TB* 168, Nid oes ûn Genedl *Brotestanaidd* tan yr haul mewn mwi o ddyffig [*sic*] llyfrau [na'r Cymry]. **1693** E. EVANS: *LlGCG* [xvi], o'r holl Eglwysi *Protestanaidd.* **1710** *CBGEL* 15–16, na throed Pabyddieth allan or Deyrnas hon trwy lwyr sefydlu y ffydd *Brotestanaidd. id.* 118, tôst iawn y fyddei na chae gwledydd *Protestanaidd* gymmaint awdurdod i ddiogelu eu Crefydd, ac y sy gan Dywysogion a gwledydd Pabyddaid [*sic*]. **1735** S. THOMAS: *HP* 141, a'r Athrawiaeth a dderbyniasid, ac a gynhelid yn yr Eglwysi *Protestanaidd* oddiamgylch. **18g.** E. T. RHYS: *DA* 80, Pob milwr sy'n wrolaidd, / Yn mentro'u bywyd dros ein bro, / A'r grefydd *Brotestanaidd.* **1759** W. WILLIAMS: *SFf* 38, [D]ifynyddion *protestanaidd.* **1764** DEWI NANTBRÂN: *SAG* 87, y Bibl *Protestanaidd.* **1775** *CY* v, Crist'nogaeth *Brotestanaidd.* **1775** *PHBA* 16, ymrous am frenhinoedd *protestanaidd.* **1780** *W*, proffeswr . . . y grefydd *brotestanaidd* d.g. *Protestant* [*one professing the reformed religion* . . .].

Amr.: **Prodestannaidd, Prodistannaidd** [cf. *Prodestant*]. **1725** I. HARRI: *RD* 281, yr Eglwys *Brodestanaidd. c.* **1800** E. ROBERTS: *NLl* 9, daw hên winwydden *Brodistanaidd* i flodeuo.

Protestant [bnth. S. *Protestant*] *eg.* ll. *Protestan(t)iaid, Protestants,* a hefyd fel *a.* Aelod o un o Eglwysi Cristionogol y Gorllewin sy'n arddel egwyddorion y Diwygiad Protestannaidd, ac yn anghydffurfio â'r Eglwys Gatholig Rufeinig: *a Protestant.*

1653 *MLl* i. 136, Mae'n hawdd gweled yr awron . . . fod llawer iawn yn golledig or proffesswyr, ag or *protestanniaid.* **1667** C. EDWARDS: *FfDd* 39–40, ymûnodd twysogion Germania ac arglwyddi dinasoedd breiniol mewn protestatiwn, sef cyhoedd ddatcan eu meddwl i gyd gynal dywygiad, ac am hynny y galwyd hwynt yn *Brotestants* (**1677** *id.* 115, *Brotestaniaid*). **1672** R. PRICHARD: *Gw* 304, Fel hyn mi roddais i chwi sylwedd . . . ein hathrawiaeth ni y *Protestantiaid* yn y matter ymma. **1680** J. THOMAS: *UN* 37, Hæreticiaid neu *Brotestaniaid.* **1681** S. HUGHES: *AC* 1, Gweinidog Eglwys y *Protestaniaid* yn y Dref honno. **1693** *HC* 70, gofidus ydoedd y golwg pan gaewyd ar liaws o *brotestantiaid* mewn yscybor . . . lle lladdo[dd] cigidd gwaedly[d] hwynt. **1718 (1721)** S. THOMAS: *HB* 35, Bû dros ryw faint o amser *Protestaniaid* yn dra aml yn eu plith. **1759** T. THOMAS: *WWDd* 264, y mae'n breintiau ni'r *Protestaniaid* . . . yn rhagori ar freintiau llawer. **1764** DEWI NANTBRÂN: *SAG* 17, Y Catholigion, ac nid y *Protestantiaid,* ydunt o wir Eglwys Crist. **1778** J. HUGHES: *BB* 152, Nid eiff na *Phrotestanied,* / Na Rowndied na Chwacceried, / Papistied, Methodistied, / . . . / Na neb i'r ddinas nefol, / Wrth enw eu plaid neillduol, / Heb galon edifeiriol, fucheddol dduwiol ddawn. **1795** J. THOMAS: *AIC* 103, Mae 'r gair *protistaniaid,* yn Arwyddocau nailltuwyr, y Cyfryw enw Sydd gan y papustiaid ar bob Sect. **1797** J. OWEN: *GAE* 10, [y] modd y darfu Esgob Pabaedd, arwaen byddin o Filwyr . . . i ymlid, dal a difetha'r *protestanied.* Yr oedd *Y Protestant* yn bapur wythnosol eglwysig a gyhoeddwyd gyntaf ym 1839.

Fel *a.* Protestannaidd: *Protestant* (*adj.*).

1935.

Amr.: **Prodestant** [?ymgais i Gymreigio'r gair; cf. *Prodestannaidd*]. **1684** T. JONES: *GG* 14, denu'r *prodesdaniaid* beunudd. *id.* 15, O ran nhw a heudden wrth eu gweithred / Gael lle yno am ystyno'r *prodesdantied.* **1779** *DS* 4, pryd y darfu i'r gwyddelod ladd dau cant-mil o'r *prodestanied.* **Protestaniad** [adff. o'r ff. l. *Protestaniaid,* neu gfdds. o'r S. *Protestant*+-*iad*[3]]. **1815.**

protestasiwn [bnth. S. *protestation*] *eg.* ll. *protestasiynau* (*protestasiwnau*). Datganiad cryf, yn enw. un sy'n mynegi anghytundeb neu wrthwynebiad: *protestation.*

16g. (*LlEG*) *Mos* 158, 192b, y *prottestassiwn* a wrandawodd y brenin ai gyngor ynn ysgauyn. *id.* 405b, o herwydd y *prottestassiwn* ar araith a wnaethai Ef ynny blaen. **1667** C. EDWARDS: *FfDd* 39–40, ymûnodd twysogion Germania ac arglwyddi dinasoedd breiniol mewn *protestatiwn* (**1677** *id.* 115, *protestasiwn*), sef cyhoedd ddatcan eu meddwl i gyd gynal dywygiad, ac am hynny y galwyd hwynt yn Brotestants. **1670** J. HUGHES: *AP* 265, Yna gwna y *Protestatiwn* hwn. **1730** IACO AB DEWI: *YL* 92, y *Protestasiwneu* neu'r Geirieu hyn.

protestgar [*protest*+-*gar*] *a.* Tueddol i brotestio, hoff o brotestio, protestiol, gwrthdystiol, a nodweddir gan brotest, yn perthyn i brotest: (*given to*) *protesting, characterized by protest, pertaining to protest.*

1939.

protestiaf: protestio [bf. o'r e. *protest*] *bg.* Gwneud protest (yn erbyn), gwrthdystio; datgan yn ffurfiol neu gydag argyhoeddiad, ardystio: *to protest* (*against*); *protest, declare formally or with conviction.*

1658 R. VAUGHAN: *PS* 10, pe cai rydd-dyd ef a *brotestiai* [:– Ragdystiai] yn e[in] herbyn ni. **1715** *GER,* Crefydd y Protestaniaid (yr hynn nid yw ond Enw arall ar Grefydd Ghristianogol, o achos darfod inni *Brotestio* yn erbyn Beiau Pabaidd). Cf. D. OWEN: *D* 98, *protestiai* ei fod yn berffaith rydd oddiwrth y dylanwad y cyfeiriais ato.

Protestiaid [bôn y f. fl.+-*iaid*[1]] *e.ll.* Protestaniaid; Presbyteriaid yr Alban a brotestiodd yn 1650 yn erbyn uno â'r Brenhinwyr, neu'r rheini a brotestiodd yn ffurfiol yn erbyn penderfyniadau llysoedd yr eglwys: *Protestants; Protesters* (*in Scottish ecclesiastical history*).

1658 R. VAUGHAN: *PS* 5, y *Protestiaid* ar pabyddiaid. **1675** R. DAVIES: *PY* 92, y Papistiaid, ar *Protestiaid* dysgediccaf yn y deyrnas hon. *id.* 121, Y maent yn ein gwanhâu ni y *protestiaid.*

protestiol [*protest*+-*iol*] *a.* Tueddol i brotestio, hoff o brotestio, protestgar, gwrthdystiol, a nodweddir gan brotest, yn perthyn i brotest: *given to protesting, characterized by protest, pertaining to protest.*

20g.

protestiwr, protestwr, protestydd [bôn y f. fl.+-(*i*)*wr,* -*ydd*[3]] *eg.* (b. *protestwraig*) ll. *protestwyr.* Un sy'n protestio, gwrthdystiwr; Protestant: *protester; Protestant.*

1629 R. LLWYD: *P* 29, yn Dduwiol ym mlith [*sic*] Duwiol, *Protestwyr* ym mhlith *Protest-wyr.* **1658** R. VAUGHAN: *PS* 5, pa vn a wna y *Protestwr* ai bod yn Gristion damnedig ai nad ydyw. Ar lafar am un sy'n protestio, 'Ma fe'n ryw fath o *brotestiwr* proffesiynol'.

protestlyd [*protest*+-*lyd*] *a.* Yn protestio, yn mynegi protest: *protesting, expressing protest.*

20g.

protestwr, protestydd, gw. **protestiwr.**

protin, protinaidd, gw. **protein, proteinaidd.**

protocol [bnth. S. *protocol*] *eg.* ll. -*au.* Rheolau ymddwyn swyddogol neu ffurfiol, moesgarwch diplomatyddol; drafft gwreiddiol dogfen ddiplomatyddol, cytundeb (rhyngwladol a benderfynir mewn cynhadledd): *protocol* (*official etiquette, formalities, &c.*); *protocol,* (*international*) *accord.*

1879.

proton [bnth. S. *proton*] *eg.* ll. -*au.* *Ffis.* Gronyn elfennol sad ac iddo wefr drydanol bositif o'r un maint ag electron a geir ym mhob niwclews atomig: *proton.*

20g.

protoplasm [bnth. S. *protoplasm*] *eg.* ll. -*au.* *Biol.* Defnydd coloidaidd cymhleth sy'n ffurfio rhan fyw celloedd ac sy'n ymrannu'n gytoplasm a niwcleoplasm: *protoplasm.*

1926–7.

protosoa [bnth. S. *protozoa*] *e.ll.* *Swol.* Protosoaid: *protozoa.*

1936.

protosoad [cfdds. o'r S. *protozo(an)*+-*ad*[2], trf. prs.] *eg.* ll. -*aid.* *Swol.* Organeb ungell ficrosgopig ddi-asgwrn-cefn o adran y *Protozoa*: *a protozoan.*

20g.

prototeip [bnth. S. *prototype*] *eg.* ll. -*iau.* Ffurf wreiddiol ar wrthrych y gwneir copïau ohoni, gwelliannau iddi, &c., person sy'n batrwm i eraill, cynddelw, model; model arbrofol neu fersiwn cynnar o beiriant, proses, &c.: *prototype* (*person or thing*); *prototype* (*trial or preliminary version of machine, process, &c.*).

20g.

prototonig [cfdds. o'r S. *prototon(ic)*+-*ig*[2]] *a.* *Ieith.* A'r acen ar yr elfen gyntaf (am ferf gyfansawdd): *prototonic, accented on the first element* (*of compound verb in linguistics*).

1935.

protractor [bnth. S. *protractor*] *eg.* ll. -*au.* Offeryn i fesur neu ddarlunio onglau, fel arfer darn o blastig tryloyw ar lun hanner cylch a'r graddau wedi eu marcio arno, onglydd: *protractor* (*for measuring angles*).

20g.

prothorus, prothorys [gair geir.] *a.* Propr: *proper.*

1707 *AB* 219d, *prothorys,* proper. V. **1725** *SR, prothorus* d.g. *proper. c.* **1730** *Thos. Lloyd D* (LlGC) 195b, *prothorys,* proper. V. **1753** *TR,* †*prothorus,* proper. V. Sed q.

prothrombin [bnth. S. *prothrombin*] *eg.* Protein a ffurfir yn yr afu i'w roddi fel rheol yn y gwaed gan droi'n thrombin fel rhan annatod o'r proses o geulo: *prothrombin.*

20g.

prowd [bnth. S. *proud*] *a.* Balch, trahaus: *proud, haughty.*

c. **1689 (1802)** L. WILLIAM: *Sherlyn Benchwiban* 32, Meistr *Prowd* o blwyf Llanlwccus. Ar lafar, 'Man' nhw'n siwr o fod yn *prowd* iawn ohono ar ôl clywed y canlyniad'.

prowes [bnth. S. *prowess*] *eg.* Dewrder, medrusrwydd: *prowess.*

20g.

prowl [bnth. S. *prowl*] *e?g.* Y weithred o browlio: *prowl, a prowling about.*

20g. Cf. D. J. WILLIAMS: *ChHO* 130, lle 'r oedd y llewpardiaid brych a'r dragonesau mwyn ar eu *prawl* [*sic*].

prowlaf, prowliaf: prowla, prowl(i)an, prowlio [bnth. S. (*to*) *prowl*] *bg.a.* Crwydro'n llechwraidd (megis) ar drywydd ysglyfaeth, hela; chwilota, chwilmanta, crwydro a busnesa; hefyd yn *ffig.*: *to prowl, hunt; pry, rummage, snoop about; also fig.*

1854. Ar lafar, *Cymru* xlvii. 142, lxii. 73. Cf. D. OWEN: *GT* 56, Pam na weithiff o fel rhyw lanc arall, yn lle *prowla* hyd y wlad, a byw na ŵyr neb sut?

prowliwr [bôn y f. fl.+-*iwr*] *eg.* ll. *prowlwyr.* Un sy'n prowla: *prowler.*

20g.

prudd [bnth. Llad. *prūdēns*; ansicr yw'r engh. gyntaf yn adran (*c*) isod] *a.* ll. -*ion,* a hefyd gyda grym enwol.

(*a*) Doeth, call, hirben, synhwyrol, pwyllog; meddylgar, myfyriol; difrifol, sobr, dwys: *wise, prudent, shrewd, sensible, discreet, cautious, circumspect; thoughtful, pensive; serious, sober, earnest.*

12g. *MA*[2] 237a. 29–30, Cawsant warthrudd / Gan fab Gruffudd *prudd* prifaerawg (Seisyll Bryffwrch). **13g.** *B* ix. 338, Constans amperauder . . . pennaf a *phrudaf* oed ef eg kylch diwyll duw. *id.* x. 25, En ruvein yd oed deu vroder ar neill oed y enw peder a hvnnv oed archdiagon egluys bedyr gur *prud* a chybyd eissyoes. **13g.** *BD* 207, a dechreu edrych y rei hynny yn llvyr vrth vybot ae *prud* yr atteb yr gavssei ef y gan yr angel. *Dchr.* **14g.** *H* 75b. 53, Dragon ut dremrut dreic emreis ual *prut* (Einion Wan). **14g.** *WM* 98. 16–21, Ac yna amgenu eu pryt awnaethant a chyrchu y porth yn rith deu was ieueinc eithyr y uot yn *prudach* pryt gwydyon noc un y guas. **14g.** *RC* xxxiii. 213, Kanys kynn *brudet* y [*sic*] ymrodei y wedieu. *c.* **1400** *B* ii. 19, bot yn vassw ymplith dynyon ieueingk heb pechu. A bot yn *brud* ac yn araf ymplith dynyon *prudyon*. *c.* **1401** *AL* ii. 348, ny dyly y datcanu yny vo mywn synnwyr ac oetran, affrudder: canys deuawt y ieuanc yw bot yn anwastat anwadal; adeuawt *prud* bot yn wastat. **1547** *WS*, *prudd* ne ddoeth, prudent, saage. **1551** W. SALESBURY: *Kll* lxxiiib–lxxiva, can y ti cuddio y petheu hyn o ywrth y doethion a'r *pruddion*, aeu dangos y rei bychein. **1632** *D*, *prûdd*, prudens, serius. **1672** R. PRICHARD: *Gw* 112, Lle gwnaethost gam, gwna iawn yn *brûdd* [:– O ddifrif yn brysur]. **1688** S. HUGHES: *TSP* 166, Trwy Gyfaddefiad *prûdd* [:– Serious, pryssur] difrifol o'i ffŷdd yng-Hrist. **18g.** E. T. RHYS: *DA* 168, Am hyny'n *brudd* deisyfwch / Da ddoniau Duw'r diddanwch. **1803** *P*, *prudd*, circumspect, prudent, discreet; serious.

(*b*) Trist, pendrist, pruddaidd, melancolaidd, pruddglwyfus, digalon, isel ei ysbryd, hefyd yn *ffig.*: *sad, sorrowful, gloomy, melancholy, dejected, downhearted, despondent, depressed, also fig.*

14g. *GDG*[3] 214, Meddwl calon a bron *brudd* / Drwy amgylch draw a ymgudd. **14g.** *OBWV* 75, Mae yman, hoedran hydraul, / Uwch dy fedd, huanwedd haul, / Ŵr *prudd* ei wyneb hebod, / Llywelyn Goch, gloch dy glod [marwnad Lleucu Llwyd gan Lywelyn Goch ap Meurig Hen]. **14g.** *DGG*[2] 162, Aur ni thâl cylch dy ddeurudd, / Gweryd y corff priddlyd *prudd* [Llywelyn Goch ap Meurig Hen i'r benglog]. **15g.** *GGl*[2] 140, Martha, irder merthyrdawd, / Mair *brudd* wedi marw ei brawd. **1547** *WS*, *prudd* difri, sadde. **1567** *TN* 25b, can vot yr wybr yn goch ac yn drist [:– *brudd*]. **1595** H. LEWYS: *PA* 120, y sawl oeddynt alarus a *phruddion* o blegit i ddolur ef (*sorry for his sickness*), a lawenychant. **1615** R. SMYTH: *GB* 100, Rhai diddynt [*sic*] ufyddhau ag ymostwng i bawb . . . bod . . . yn drist ag yn *brydd* [*sic*] wrth yr hain sy'n drist a *phrvdd*. *id.* 246, rhwng y llawen a'r *prudd*. **1632** *D*, *prûdd*, . . . tristis, mœstus. **1672** R. PRICHARD: *Gw* 23, Clywch fi'n adrodd genedigaeth / Prynwr Crêd, a'i *brudd* [:– Drist] farwolaeth. **1701** E. WYNNE: *RBS* 57, ffordd arw *brudd* (*a sad and melancholy way*) . . . yn hytrach na'r ffordd lydan, ddifyr. **1764** G. HOWEL: *DB* 46, Hiraethu 'r wyf a'm bronnau 'n *brudd* / Bob nos [a] dydd am 'madael. **1803** *P*, *prudd* . . . sad, sorrowful.

(*c*) Wedi ei dewychu, tew: *thick*(*ened*).

c. **1400** *Études* viii. 70, Rac gwaetlin o archoll: kymer yr eirinllys, a berw drwy lefrith *prud* (*MM* 44, pur). **1722** *Llst* 189, *prudd*, p. *Pruddion* . . . thick. **1794** *W* d.g. *thick* [*not very fluid; not thin, &c.*].

Cfn.: **prudd glwyf**, gw. *pruddglwyf*. **o b.**: *seriously*. **14g.** *GDG*[3] 341, Os *o brudd* y'm gwarthruddiawdd. **1567** *LlGG* 97a, ac a' orchmynaist yddaw *o brudd* [:– ddyfri] borthi dy ddeveit. **1632** *D* d.g. *seriò*. **1725** *SR* d.g. *seriously*.

pruddaf: pruddo [bf. o'r a. bl.] *bg.* Bod neu fynd yn ddoeth, callio: *to be*(*come*) *wise*.

14–15g. *IGE*[2] 272, O'r pridd y doetham er praw, / I'r pridd ydd awn, er *pruddaw* (Siôn Cent).

pruddaidd [*prudd*+*-aidd*] *a.* Trist, prudd, melancolaidd, pruddglwyfus; difrifol, sobr, dwys; hefyd yn *ffig.*: *sad, gloomy, melancholy; serious, sober, earnest; also fig.*

1552 *Pen* 403, 19, merch vrddasol *Brvddaidd* y doedd y Caia yma. **16–17g.** *CRC* 32, *Prvddaidd* gen weled nad allan i yn ddvried [*sic*] / am enaid ni aned mab mor drwch. **1620** *Doeth Sol* xvii. 4, gweledigaethau *pruddaidd* ag wyneb sarric yn ymddangos iddynt. **1620** *Math* xvi. 3, canys y mae 'r wybr yn gôch, ac yn *bruddaidd* (**1588** *ib.* drist). **17g.** HUW MORUS: *EC* i. 9, Gwae 'r bonedd, *pruddaidd* bob rhai, / Gwae 'r gwerin—gwŷr a garai. **1677** R. JONES: *BB* 208, ein bod ni yn eu galw hwynt oddi wrth bob . . . difyrrwch, at fuchedd surllyd, drwmbluog, *bruddaidd* (*melancholy*). **1725–6** *Madd Ed* [447], y mae'n *bruddaidd* (*serious*) [edifeirwch] ac yn bwyllog, nid yn fyrbwyll ac yn ddisymmwth. **1778** J. THOMAS: *HB* 359, Yr oedd Mr. J. James yn cael ei gyfrif yn wr duwiol, *pruddaidd*, a phrofiadol.

pruddchwarae [*prudd*+*chwarae*] *eg.b.* ll. *-on.* Trasiedi (fel arfer am fath o ddrama): *tragedy* (*usu. of a kind of play*).

1850.

pruddchwaraegerdd [*prudd*+*chwaraegerdd*] *eb.* Trasiedi (math o ddrama): *tragedy* (*kind of play*).

1896.

prudd-deb, prudd-dab [*prudd*+*-deb, -dab*] *eg.* Doethineb, callineb, synnwyr, pwyll; meddylgarwch; difrifoldeb, dwyster; tristwch, y felan, iselder ysbryd, pruddglwyf: *wisdom, prudence, sense, discretion, caution; pensiveness; seriousness, gravity; sadness, melancholy, depression, dejection.*

1547 *WS*, *pruddteb*, sadnesse. **1567** *TN* 80b, a'r ei anhydyn i *brudddap* [:– at, ar ddoethineb] (**1588** *Luc* i. 17, ddoethineb) y cyfiawnion. **1567** (*Dchr.* **17g.**) *Rhyddiaith Gymraeg* ii. 16, tybiais y gwnawn beth nyd cwbl anwiw ar gydrychioli y [*sic*] *prûddap* chwi y ddywedcdic statût. **1604–7** *TW* (*Pen* 228), *prudddab* d.g. *phronesis*. **1632** *D*, *prudd-deb*, prudentia. **1688** *TJ*, *prudd-deb*, doethineb, Callineb: prudence. **1722** *Llst* 189, *prudd-deb* . . . m. discretion, seriousness, thoughtfulness, melancholy. **1725–6** *Madd Ed* [v], Ynilliadau a *phrudd-deb* Doethineb. **1753** *TR*, *prudd-deb*, prudence, discretion. **1772** *W*, *prudd-deb* d.g. *discretion*. **1803** *P*, *prudddeb*, s. m. prudence; seriousness.

prudd-der [*prudd*+*-der*] *eg.*

(*a*) Doethineb, callineb, synnwyr, pwyll; meddylgarwch; difrifoldeb, dwyster: *wisdom, prudence, sense, discretion, caution; pensiveness; seriousness, gravity.*

13g. *BD* 51, Ac nac amheuet dy *prudder* di dim o'r ymadrodyon hyn. *Dchr.* **14g.** *H* 84b. 7, Dybu grist ym bru ym *brutder* y ron (Llywelyn Fardd). **14g.** *BT* 95, ay parodrwyd yn ryuel ac o *brudder* y gyngor ynteu y gobeithynt wy kael yvvdygolyaeth. *c.* **1400** *RB* ii. 98, gwr enryued y *brud der* ae doethineb oed hwnnw. *c.* **1400** *R* 1051. 32–3, crist keli yr peri *prudder* vy mardawt traethawt traethatter. **15g.** *BB* 60, A chyffelib oed o ssynnwyr a*phrudder* a doethineb. **1704** *Cym Cr* 17, Llefarwch wrth Dduw gydac ofn a *phrudd-der* (*Caution*). . . . Soniwch am bethau Sanctaidd yn fynych, ond yn wastadol gyda *phrudd-der* (*seriously*). **1722** *Llst* 189, prudd-deb, [*prudd-*]*der*, m. discretion, seriousness, thoughtfulness. *c.* **1730** *Taith C* 45, chwanegodd [sêl] hefyd at eu *prudd-der* (*gravity*), a gwnaeth eu gwêdd yn debyccach i Angylion. **1749** G. JONES: *LlDdG* 29, a thrwy *brudd-der* eu zêl a'u cyfrwystra. **1803** *P*, *prudder*, s. m. seriousness; pensiveness.

(*b*) Tristwch, tristyd, digalondid, y felan, iselder ysbryd, pruddglwyf: *sadness, sorrow, gloom, melancholy, depression, dejection.*

c. **1400** *R* 1159. 40–1160. 1, ef ynoet yn edrym llymder. ef yn wr ynareil *prudder*. **1545** ELIS GRUFFYDD: *Ll* 89, ynn erbyn *prudder* a vo yn magv o amharodrwydd ac angoof o'r ymenydd. *id.* 165, ynn erbyn tristowch [*sic*] a *ffrudder* ynn y meddwl gwna bowdwr o'r blode. **16g.** *TRP* 222, Gwae ni ssattan heb y lisiffer / yma i drigwn mawr yw yn *prydd-der*. **16g.** *B* xi. 26, ych trisdwch a'ch digouaint a'ch *prudder*. **16g.** *WLl* 121, Bwy ni ddaliai bann ddelon / *Brudd-der* bann sonier am Sion [marwnad Siôn Brwynog]. **1595** H. LEWYS: *PA* 162–3, y sawl sy aelodae o vn corff a gymerant ofal a *ffrudd-der* (*sorrow*) y naill tros y llall. **16–17g.** *CRC* 290, yn ynwedig ar dduw gwener / or pvm harcholl ar pvm *prvdder*. **1604–7** *TW* (*Pen* 228), hwn a wna drymder a *phrudd-der* d.g. *tristificus*. *Dchr.* **17g.** *J* 10, 134a, *prudder*, sadness. Tristitia. **1630** *YDd* 78, Y mae yno [yn y nefoedd] [o]leuni heb dywyllwch: llawenydd heb *prudd-der* (*sadnesse*). **1632** *D*, *prudd-der*, tristitia, mœstitia. **1722** *Llst* 189, prudd-deb, [*prudd-*]*der*, m. . . . melancholy. **1723** WM: *PGG* 140, troir fy'ngwendid yn Gadernid am *Prudd-der* yn Llawenydd. *c.* **1730** *Taith C* 8, fod *Prudd-der* [:– Melancholy] gwedi ei orfod ef. [**1783**] *W* d.g. *sadness*.

prudd-dra [*prudd*+*-dra*] *eg.* Pwyll, difrifoldeb; tristwch: *discretion, seriousness; sadness, sorrow.*

1803 *P*, *prudddra*, s. m. discreetness; seriousness; sorrowfulness.

pruddedig [*prudd*+*-edig*] *a.* Wedi ei dristáu, trist: *saddened, sad.*

1831.

pruddedd [*prudd*+*-edd*[1]] *eg.* Doethineb; (geir.) tristwch: *wisdom*; (*dict.*) *sadness.*

c. **1400** *R* 1144. 40–1145. 1, Areil yw priawt enw *pruded*. tros vwynyant trigyant trugared. *id.* 1165. 29–30, kyrch kyflawn kyfle difroed. Mat gymerth arnaw praw *pruded*. **1803** *P*, *pruddedd*, s. m. discreetness; sadness.

pruddeiddiaf: pruddeiddio [bf. o'r a. *pruddaidd*] *ba.* Gwneud yn bruddaidd, digalonni: *to make gloomy or sad, depress.*

1833.

pruddfawr [*prudd*+*mawr*; ansicr yw *prutuawr*, *H* 57b. 4 (?≡*pruddwawr*)] *a.* Doeth iawn; trist iawn: *very wise; very sad.*

15g. *DN* 99, Y chweched dydd yn fawr, / Ydeiladav y myrav mawr. / Llosgir mewn vn dydd yn *bryddfawr* / O'r naill i'r llall, dyna vall vawr. *c.* **1525** *TA* 737, *Pruddfawr* oedd, faen gwyrthfawr gwawd [marwnad Tudur Aled gan Lewys Morgannwg].

pruddfelys [*prudd*+*melys*] *a.* Melyschwerw, yn *ffig.*: *bitter-sweet, fig.*

1885 D. OWEN: *RL* 255, O! y mae gan yr efengyl ei Fleet Street i'r credadyn, llawn o swyn, llawn o adgofion *pruddfelus*. *id.* 385, dyna y cyfnod mwyaf hapus a bendithiol ar fy oes; ac yr ydwyf yn edrych yn ol arno gyda hiraeth *pruddfelus*.

pruddfwyn, pruddfyd, gw. **prudd**+**mwyn**[1], **byd**[1].

pruddgan [*prudd*+*cân*[1]] *eg.* Trasiedi (math o ddrama); cerdd drasig neu drist: *tragedy* (*kind of play*); *tragic or sad poem.*

1907.

pruddgerdd [*prudd*+*cerdd*[1]; ansicr yw'r ystyr yn y dfn. cyntaf isod] *eb.* Cerdd drasig neu drist, ?cerdd ddoeth; trasiedi (math o ddrama): *tragic or sad poem, ?wise poem; tragedy* (*kind of play*).

c. **1400** *R* 1337. 5–6, Kyfyawn arglwyd rwyf rwymedic breidgard. o *brudgerd* ennwedic. **1735** *Llsgr R. Morris* cxii, *Pruddgerdd*, a ganwyd Yngharchar.

pruddglwyf, prudd glwyf [*prudd*+*clwyf*; digwydd fel arfer ar ôl y fan.] *eg.* ll. (prin a diw.) *-au.* Y felan, melancoli, iselder ysbryd, digalondid, prudd-der; un o bedwar hiwmor y corff, y ddueg, y geri du, y coler du: *melancholy, melancholia, depression, low spirits, despondency, downheartedness, dejection, gloom; one of the four bodily humours, black bile.*

1699 T. JONES: *Alm* [2], Hypochondriach [*sic*] melancholy / Y *Pruddglwŷf*. *id.* [6–7], Y *prudd glwŷf*, a fagodd drwŷ hîr fyfyrdod a diwŷd ddal wrth lyfrau. *id.* [7], Ar ddiod honno a esmwŷthau [*sic*] lawer ar y *prudd-glwŷf*. **1755** *CBB* 14, y Melancholi neu'r *Prudd Glwyf*. **1765** JM: *DDdC* 10, yr achos pennaf yw fod gormodedd o wlybwr y *prudd-glwyf* yn aros yn y corph. **1767** *Aberth Cym* 92, y mae'r cyfryw bregethwyr . . . yn tueddu i daflu dynion i'r *Prudd-glwyf*, (Melancoli). **1789** H. JONES: *FfH* 3, y mae'r byd yn beio ar grefydd ei bod yn chwanegu tristwch ymhlith ei phroffeswyr, ac yn achos o'r *prudd-glwyf*, neu melancoli, yr hwn y mae rhai yn ddarostyngedig iddo; pan nad oes a fynno crefydd â'r *prudd-glwyf* . . . ymhellach na'i yrru ymaith. **1798** *WR*, y *pruddglwyf* d.g. *melancholy, spleen*. Ar lafar yn nwyrain Morg., 'Ma'i wedi bod a'r *pruddglwyf* arni'n 'ir, ar ôl colli'r bachgan'. Cf. D. OWEN: *D* 206, Yr oeddwn yn meddwl wrth dy wep . . . fod y *pruddglwyf* arnat.

pruddglwyfaf: pruddglwyfo [bf. o'r e. bl.] *bg.a.* Bod, mynd, neu wneud yn bruddglwyfus: *to be*(*come*) *or make melancholy.*

1850. Ar lafar yn nwyrain Morg., 'Fe wyddia fynta beth oedd cæl 'i *bruddglwyfo*, wedi colli'i wraig a'r ferch'.

pruddglwyfaidd [*pruddglwyf*+*-aidd*] *a.* Pruddglwyfus, isel ei ysbryd: *melancholy, melancholic, dejected, depressed.*

1848.

pruddglwyfder [*pruddglwyf*+*-der*] *eg.* Y felan, pruddglwyf, iselder ysbryd: *melancholy, dejection, depression.*

1838.

pruddglwyfedd [*pruddglwyf*+*-edd*[1]] *eg.* Y felan, pruddglwyf, iselder ysbryd: *melancholy, dejection, depression.*

1855. Cf. D. OWEN: *RL* 274, yr oedd rhywbeth yn ei olwg ag oedd yn gweddu i *bruddglwyfedd* ac unigrwydd y lle.

pruddglwyfni [*pruddglwyf*+*-ni*] *eg.* Y felan, pruddglwyf, iselder ysbryd: *melancholy, dejection, depression.*

1853.

pruddglwyfus [*pruddglwyf*+*-us*] *a.* Yn dioddef gan y felan neu'r pruddglwyf, digalon, isel ei ysbryd; yn peri iselder ysbryd, yn digalonni: *melancholy, melancholic, dejected, depressed; depressing.*

1816. Cf. D. OWEN: *RL* 238, syrthiais i sefyllfa ddiwaith, bendrymaidd, a *phruddglwyfus*. Ar lafar yn nwyrain Morg., 'Ma'i mor *bruddglwyfus*, ma'i'n 'ym 'ela i'n isial'.

pruddhad [bôn y f. ddil.+*-ad*[2], trf. han.] *eg.* Tristâd; (geir.) difrifoliad: *a saddening*; (*dict.*) *a becoming serious.*

17g. E. MORRIS: *B* 30, Ifor gwyr ei fawr gariad, / A barodd hyn yn *bruddhad*. **1759** *DG* 10, Na *phruddhâd* ni pharodd Hi / Tan ael ûn, tan yleni. **1803** *P* d.g. *pruddâad*.

pruddhaf: pruddhau [bf. o'r a. *prudd*]

bg.a. Gwneud neu fynd yn ddoeth neu'n gall, callio; bod yn ddifrifol, ymddifrifoli; gwneud neu fynd yn drist, tristáu, galaru: *to make or become wise or prudent; be(come) serious; make or become sad, sadden, grieve, mourn.*

1346 *LlA* 137, Ahi aelwir yn fynnawn ydrugared y olchi ac y *prudhav* pawb or a alwho arney. **15–16g.** *GLM* 247, Parai Dduw hael ein *pruddhau* / pan laesodd pen Elisau. **16g.** *GIIJV* 8, A pharodd hyn i *phruddhau* / Prudd fun i parodd finnau. **1547** *WS*, *pruddhau*, waxe sadde. **?16g.** *DGG*[2] 19, Y hi olwg a'i haeliau / A barodd hyn im *bruddhau.* **1567** *TN* 67a, A' *phruddhau* gan yr ymadrodd hyn a wnaeth ef (**1588** *Marc* x. 22, efe a dristaodd wrth yr ymadrodd hwn, **1620** *ib.* efe a *bruddhaodd* wrth yr ymadrodd). **1574** *RhRC* (At.) 266b, na *ffryddha* [*sic*], ag na anobitha. **1595** H. Lewys: *PA* 219, Iesu Grist, 'rhwnn a ddichon . . . dy gonfforddio . . . yn fwy, nac y dichon holl aflwydd y byd, dy ansirio, ath *bruddhau.* **1604–7** *TW* (*Pen* 228) d.g. *mœro.* **1630** *YDd* 39, Os colled am olud bydol a'th *bruddhâ* di yn fawr, pa faint mwy y dylai golled am y nefawl drysor yma dy drymhau. **1632** *D*, *prudd-hau*, mœrere, dolere. **17g.** *TBM* 276, Os *pruddheist* o gariad merch / Fe dry dy serch oddi wrthi. **1722** *Llst* 189, *pruddhau*, to grow melancholy; to mourn, grieve. **1803** *P*, *pruddâu*, to use circumspection; to become prudent; to be serious; to become sad, or sorrowful.

pruddhaol [bôn y f. fl.+*-ol*] *a.* Yn peri digalondid neu bruddglwyf; (geir.) call, difrifol: *causing despondency or dejection; (dict.) prudent, serious.*

1803 *P*, *pruddâawl*, of a prudent tendency; tending to become serious.

pruddlwyd [*prudd*+*llwyd*] *a.* Hen a doeth; trist a phruddaidd: *old and wise; sad and gloomy.*

c. **1400** (*SG*) *HMSS* i. 232, marchogaeth yny welei dy meudwy. ar meudwy yn wr *prudlwyt.* **15–16g.** *TA* 299, Am arch y llew mowrwych, llwyd, / Mae priddlawr, y mab *pruddlwyd.* **16g.** Huw Arwystl: *Gw* 401, portreiad bvdd pren prvdd pres / *prvddlwyd* lwch priddled loches.

pruddnaws [*prudd*+*naws*] *eb.* Un o bedwar hiwmor y corff, y ddueg, y geri du, y coler du: *one of the four bodily humours, black bile.*

1776 *W*, y *brudd-naws* d.g. *melancholy* [*one of the 4 elements or complexions of the body so called*]. **1793** N. Williams: *HM* i. 57, eisteddfa'r *Brudd-naws* ydyw.

pruddni [*prudd*+*-ni*] *e?g.* Y felan, pruddglwyf, iselder ysbryd: *melancholy, dejection, depression.*

1722 E. Lloyd: *MC* 25, pob math ar aflawenydd, a *phruddni*, a gofalon . . . sydd yn digwyddo i ddyn yn wastadol yn ei fowyd ai hoedl. *c.* **1730** *Thos. Lloyd D* (LlGC) 197a, *pruddni.* Cyw. 728.

pruddwawd [*prudd*+*gwawd*] *e?g.* Trasiedi (math o ddrama): *tragedy (kind of play).*

1850.

pruddwyllt, gw. **prudd+gwyllt.**

prufiaf, prufaf: pruf(i)o [cf. *pryfiaf*[1]: *pryfio*] *bg.a.* Profi, rhoddi prawf o, dangos drwy brawf, rhoddi prawf ar: *to prove, give proof of, test.*

16g. *GGH* 59, Bai ar fil, a'i *brufio* yw, / Bid hawdd ei wybod, heddiw [i Rolant Gruffudd o'r Plasnewydd]. **16g.** Huw Arwystl: *Gw* 4, a ddoi drwy iben oedd draw ber / a *brufiwyd* heb air ofer. / tynn or gwarant ragoriad / ni thynnwyd Iav Ith hen dad. *id.* 312, per vry oedd *prufio* I wreiddin / paladr ac imp pladav r gwin. **16g.** Wiliam Cynwal: *Gw* (R. L. Jones) 394, Ofer pan ddelo, gellir *prufi*[*aw*]—hynny, / Hwn a'n cyrch yn ddistaw. **1606** E. James: *Hom* i. 29, A hyn y mae S. Pawl yn ei *brufo* yn ei epistol at y Galathiaid. *id.* iii. 130–1, beth rhagor a ellir i ddywedyd i *brufo* [:– brofi] fod pob daioni yn dyfod oddiwrth yr holl-alluog dduw? *c.* **1730** *Thos. Lloyd D* (LlGC) 188b, *prufo*, profi.

Gw. hefyd **prifiaf: prifio, prwfiaf: prwfio, pryfiaf**[1]**: pryfio.**

prul, prulog, gw. **prol, prolog.**

p'run, p'run a, p'run ai, gw. **pa**[1]**—p. ryw un, p. un a, p. un ai.**

pruns [bnth. S. *prunes*] *e.ll.* Eirin sych: *prunes.*

1604–7 *TW* (*Pen* 228) d.g. *tamarindi.* **1736** S. Rhydderch: *Alm* [7], [pob] math ar yd, Ystôr, *Prun's* [*sic*].

Cfn.: **pruns Damasgen:** *damsons.* **1604–7** *TW* (*Pen* 228), y ffrwyth megys y *pruns damascen* d.g. *tamarindi.*

Gw. hefyd **prŵns, prwyn.**

Prusiaidd, prw, gw. **Prwsiaidd, prwy**[1].

prwdi [*prw*+*di*[5]; ansicr yw'r engh. gyntaf isod] *ebd.* Gair a ddefnyddir wrth yrru a galw gwartheg: *word used to drive and call cattle.*

1842 Dewi Wyn: *BA* 194–5, Nid un odl ond ei nadlef, / A'i nâd yw ei nodau ef. / . . . / Ai *prwdi* ddysg y prydydd? / *Prwdi* bach, ai prydu bydd? Ar lafar yn y De, D. Thomas: *ACW* 71.

Gw. hefyd **trwdi.**

prwfaf: prwfo, gw. **prwfiaf: prwfio.**

prwfedig [bôn y f. ddil.+*-edig*] *a.bfl.* Wedi ei brofi, profedig: *proven, proved.*

16g. Dafydd Benwyn: *Gw* 473, iawn air prif awdûr, yn wr *prwfedig*, / at hold o ddwyffordd, wyt hael di-ddiffig. *id.* 569, a hwnn a gan, diddan dig, / y profiadav *prwfedig.*

Gw. hefyd **prifiedig**[1]**, pryfedig**[2].

prwfiaf, prwfaf: prwf(i)o [bnth. S. (*to*) *prove*] *bg.a.*

(*a*) Profi, rhoddi prawf ar, rhoddi prawf o, cadarnhau, dangos drwy brawf, tystio, tystiolaethu: *to test, give proof of, prove, confirm, attest, testify.*

16g. *IICRC* iii. 319, fy oed yw seith mil didrain / foi *prwfiar* beibl kowrayn [am dristyd]. **16g.** *Hop M* 192, ny bûont hir, hawdd i *prwvir* / hyd yn doryn, y gorchymyn [Adda ac Efa]. *c.* **1585** *Rhyddiaith Gymraeg* i. 99, eithr mi a *brwfais* fy mod yn ffol hollawl. *c.* **1590** *RC* xlvi. 68, [d]ywad gael ohonaw ar ddewiniaeth vod barilaid o aur yn ymyl porth y dref ynghudd . . . A chwedy *prwfo* (*SDR* 61, proui) hynny a'u gael yn wir. **16–17g.** *GST* i. 16, Pyrs drydydd, parhaus dradoeth, / *Prwfia* ddysg, mab Priaf ddoeth. **16–17g.** *DCR* 271, swyddogion offeiriaid cybyddion a charlaid / dyna'r cythreuliaid ai *prwfo.* *c.* **1600** *March C* 35, gorchfygodd ein Harglwydd . . . y Phariswr ffol hwnw, drwy ei *brwfo* ef yn waeth (*was convicted, and reproved . . . to bee worse*) no'r wraig bechadures. **1606** E. James: *Hom* ii. 36, Mifi a brofaf [:– *brwfaf*] yn ddiogel yr athrawiaeth hon. **1672** R. Prichard: *Gw* 486, [G]orfod *prwfo* [:– Tystiolaethu] hyn yn d'erbyn, / Ddydd y farn, heb gelu gronyn. **1677** R. Jones: *BB* 56, ni byddei ond colli 'r amser fyned iw *brwyfio* [*sic*] ef. **1734** *YCTM* 12, fe wyr Nefolion, *prwfa*, / Beth yw ein Buchedd ymma. **1746** T. Richards: *CER* vii, Nid rhaid i mi, meddaf, sefŷll ar hyn, gan ei fôd gwedi ei ddangos a'i *brŵfio* yn ddigonol. Cf. *PT* 33, Mae 'n un o'r gloch, rwy'n coelio, / Mae'r watch a'r cloc yn *prwfo.*

(*b*) Dangos ei fod (yn), profi('n); mynd, dod, neu droi('n), tyfu neu ddatblygu('n); prifio, ffynnu: *to prove or turn out (to be); become, turn, grow, or develop (into); thrive, flourish.*

1604/5 *Rhyddiaith Gymraeg* ii. 210, Mae hi [gwraig] yn ifank, a ffy ddelw y *prwfia* hi, ni wyr neb ond Dvw; a ffy ddelw bynnag, rhaid ydiw bellach i chymeryd hi fal i bo. **1672** R. Prichard: *Gw* 556, Lle ni phorthir praidd ni *phrwfia* [:– chynydda]. **1681** S. Hughes: *AC* 40, A gwir y *prwfiodd* ei eiriau ef. **1683** H. Evans: *CTF* 26, Rhyfedd yw, i ferch ddrygion[u]s, / *Brwfio* bod yn wraig rinweddus. **1734** *YCTM* 14, I'r Nêf nid entra Pechod, / Medd Gair Duw sy'n *prwfo*'n llon. **1791** Siôn Llywelyn: *DD* 1, Gwedi'm codi i'r lan yn grwttyn, / *Prwfo*'n wyllt a wneuthym gwed'yn. Ar lafar ym Morg., 'Siŵd ma'r moch'n *prwfo*?'.

Gw. hefyd **prifiaf: prifio, prufiaf: prufio, pryfiaf**[1]**: pryfio.**

prwff [bnth. S. *proof*; nid yw'r engh. gyntaf yn sicr] *e?g.* Prawf, cadarnhad; gallu i wrthsefyll prawf (am arfwisg): *proof, confirmation; capability of withstanding a test (of armour).*

16–17g. (**17g.**) *CC* 49, praff ymasgu *prwff* mwsced [Thomas Prys i ofyn pâr o arfau gwynion]. **17g.** *LlGC* 10249, 195, Mae *prŵff* o eirie r prophwyd / mae diweddfŷd, enbyd wŷd. *c.* **1730** *Thos. Lloyd D* (LlGC) 196b, *prwff* . . . G. 181, proof. **1734** *YCTM* 11, Saint Paul fu gynt yn wylo, / Cei weled *Prwff* am dano. *id.* 15, I dynnu *Prwff* or 'Scrythur Lân, / Di cei nhwy o'th flaen yn ddiogel.

prwmais, prwmeisaf: prwmeiso, gw. **promais, promeisiaf: promeisio.**

prwmlid, prwniaf: prwnio, gw. **bara**[1]**—b. plwmbryd** (hefyd At.), **priwniaf: priwnio.**

prŵns, priwns [bnth. S. *prunes*] *e.ll.* (un. b. *pr*(*i*)*wnsen*). Eirin sych: *prunes.*

Ar lafar yn gyff.

Amr.: **priwn** (*e.ll.*; un. b. *-en*). **1850.**

Gw. hefyd **pruns, prwyn.**

Prwsaidd, gw. **Prwsiaidd.**

Prwsiad [yr e. lle *Prws*(*ia*)+*-iad*[3]] *eg.* ll. *-iaid.* Brodor o Brwsia (tiriogaeth yn yr Almaen gynt): *a Prussian.*

1815.

Prwsiaidd, Prwsaidd [yr e. lle *Prws*(*ia*)+*-*(*i*)*aidd*] *a.* Yn perthyn i Brwsia (tiriogaeth yn yr Almaen gynt), nodweddiadol o'i thraddodiad militaraidd: *Prussian.*

1814.

prwy[1]**, p(t)rw,** &c. [cf. S. *proo* 'call to stop cows, oxen, or horses, or to make them come near'; gw. D. Thomas: *ACW* 74] *ebd.* Gair a ddefnyddir i yrru gwartheg neu i'w stopio: *word used to drive or stop cattle.*

1786 Twm o'r Nant: *PCG* 41, Holo, daccw ddwy o'r buchod, / Wedi dwad a lloue'n barod, / Ow, rhed attyn hwy'n sedyn Sian, / *Prw* Brechen hwy fwytan eu Brychod. Ar lafar yn sir Benf. a dwyrain sir Gaerf. yn y ff. *prwy*, fel arfer yn y cfn. '*prwy-prwy*', '*prwy* fach', a '*prwyen* fach', *GDD* 140, cf. G. M. Roberts: *HPLl* 284–5, '*Prwy prwy*' oedd yr ymadrodd cyffredin, gydag ambell '*prwy* fach' o anwyldeb pan fyddai'r gwartheg yn agos; ac ym Meirion, D. Thomas: *ACW* 73; ym Morg. yn y ff. *prw*, *TGG* (1906) 17; yn Arfon yn y ff. *ptrw*, '*ptrw* bach', *WVBD* 447.

Gw. hefyd **prwdi, tprwy.**

prwy[2] [?adff. o'r e. *dirprwy*] *eg.* ll. *-on.* Gweithredydd, asiant: *agent.*

1848.

prwyad [*prwy*[2]+*-ad*[2], trf. prs.] *eg.* ll. *-on, -au, prwyaid.* Cynrychiolydd, gweithredydd, asiant, comisiynydd; dirprwyaeth, comisiwn: *delegate, agent, commissioner; commission.*

1848.

prwyadaeth [*prwyad*+*-aeth*] *eb.* Dirprwyaeth; rhaglawiaeth; gweithrediad, cyfrwng: *deputation, delegation; proconsulship; agency, means.*

1850.

prwyadfa [*prwyad*+*-fa, ma*] *eb.* Conswliaeth: *consulate.*

1898.

prwyadur [*prwy*[2]+*-adur*] *eg.* ll. *-on, -iaid.* Dirprwy(wr), comisiynydd, cynrychiolydd, proctor, procurator: *deputy, commissioner, representative, proctor, procurator.*

1848.

prwyaduriaeth, prwyaduraeth [*prwyadur*+*-*(*i*)*aeth*] *eb.g.* Swydd procurator; comisariat: *procuratorship; commissariat.*

1852.

prwyadwyr [*prwyad*+*-wyr*] *e.ll.* Dirprwywyr, cynrychiolwyr, comisiynwyr: *deputies, delegates, representatives, commissioners.*

1877.

prwyaeth [*prwy*[2]+*-aeth*] *eb.* ll. *-au.* Gweithrediad: *agency, operation.*

1850.

prwydal [*prwy*[2]+*tâl*[1]] *eg.* Comisiwn (a delir i asiant): *commission (paid to agent).*

1851.

prwyden, prwydydd, prwyen, gw. **parwyden, pared**[1]**, prwy**[1].

prwygraifft [*prwy*[2]+*graifft*[1]] *eg.* ll. *-greifftiau.* Rhaglen (eisteddfod, cyngerdd, &c.): (*eisteddfod, concert, &c.*) *programme.*

1863.

prwyn [gair Iolo Morganwg, gw. *IMCY* 65; cf. *AB* 33a–b, Armoric words nearer than the Welsh to Latin . . . A. prûyn, pruna:

Eirin] *eg.* ac *e.ll.* (bach. *b.* -*en*) ll. -*i*. Eirin(en) sych; eirin(en): *prune(s); plum(s).*

18–19g. *IMCY* 230, Aml hŷd tewlwyn y *prŵyni* / Yn gwrel a mel i mi. 18–19g. *Llr C* 4, 12, *prŵyn*. a prune. a plumb, lat. pruna. aml blâs dan orlas irlwyn / ag aml ffrwythau prennau *prwyn*. *id.* 262, *prwynen*, a prune (Sil) = prunen (Armoric). 18–19g. *Llr C* 51, 241, eirin geilig prunes *prŵyn*.

Gw. hefyd **pruns, prŵns.**

prwy-prwy, gw. prwy[1].

prwystl, *RC* xxxiv. 368, gwall am *abrwysgl*, gw. *B* v. 126.

prwywr [*prwy*[2]+-*wr*] *eg.* ll. -*wyr*. Asiant, comisiynydd, dirprwy, cynrychiolydd: *agent, commissioner, delegate, representative.*
1850.

pry, gw. pryf[1].

prycan, *LTWL* 363, gw. brycan.

pryciwriaf: pryciwrio, gw. **procuriaf: procurio.**

pryd[1] [H. Grn. *prit*, gl. *hora*, Crn. C. *prys*, Llyd. C. *pret* 'amser; pryd o fwyd', Llyd. Diw. *pred*; ?yr un gair yn wr. â *pryd*[2]] *eg.* ll. -*au* (yn ystyr adran (*c*) bellach), -*iau* (yn ystyr adran (*a*) bellach), -*oedd*, -*ion*, a hefyd fel *cys.* ac *adf.*

(*a*) Amser, gwaith, adeg, achlysur, cyfnod, tymor: *time, occasion, period, season.*

13g. *B* x. 30, pregethu diw sul am *bryt* echwyd. *Dchr.* 14g. *H* 84b. 13, dy bo ym diffryd kyn *pryd* pryder (Llywelyn Fardd). *c.* 1400 *R* 1159. 26, nachrynei bop *pryt* rac pryder. cwympaw y mywn kwymp luciffer. 1567 *TN* 120b, Ac ar ryw *bryd* [:- amser], yd anvones ef was. *id.* 170b, Nid yw ychwy wybot yr amserae, nai yr *prydiae* [:- cyfamserae]. *c.* 1585 G. Robert: *DC* 12b, Can mwy rhwymedig wyti i Dduw, am faddeu itti . . . *brydieu* heb rifedi. 1588 *Gen* viii. 22, *Pryd* hâu, a chynhaiaf . . . ni pheidiant mwy holl ddyddiau y ddaiar. *id.* xxix. 7, nid yw *bryd* casglu yr anifeiliaid. 1592 S. D. Rhys: *Inst* [xvi], y bô . . . gogoniant mawr i'r Iaith . . . y *pryd* yr ail printier y llyfr yma. 1632 *D*, *pryd*, tempus. 1632 J. Davies: *LlR* 98, i wneuthur gwahaniaeth rhwng *prydiau* ac amserau. 1699 T. Jones: *TP* 37, onid ŷw hi'n *brŷd* i mi fyned i'm ffordd bellach? *id.* 183, Ac a geill ef weled y pechod ynom, y *prŷd* ar man na chanfyddom ni mono ynom ein hunain. 1704 E. Samuel: *BA* 26, *pryd* caniad y ceiliog. 1712 T. Williams: *CDdG* xx, i wneuthur y defnydd goreu o Sanctaidd *Brydau*'r Eglwys (*the Holy Seasons of the Church*). 1764 W. Williams: *Th* 21, Ond yntau Theomemphus tan gysgu, ambell *bryd*, / Oedd a tharanau Sinai fel breuddwyd yn ei fryd. 1803 *P*, *prŷd* . . . a stated period, set time, hour, or season. Ar lafar, 'Mae'n *bryd* ichi fynd i'ch gwely', *WVBD* 445; yng nghanolbarth Cered. a sir Gaerf. clywir y ff. l. *prydodd*, ''Wi'm wedi'i weld e os pwy *brydodd*'.

(*b*) Dydd, diwrnod: *day.*

1346 *LlA* 150, gwedy yr vnprydyaw ohonaw deugeinos adeugein *pryt*. 14g. *B* ix. 225, ymdangosses y disgyblon yn y cnavt . . . a bot ygyt ac wynt deugein *pryt*. *id.* 229, gossot dyruest tri *phryt* a orugant y wediav duv. *c.* 1400 *R* 1301. 36–7, ar tra doeth gyuot y *pryt* trydyd. *c.* 1400 *MM* 42, a pheidaw a bwyt . . . hyt ym penn y naw *pryt*. *c.* 1400 *YCM*[2] 95, glewach oed no llew a uei yn rwym naw *pryt* heb vwyt. 1632 *D* d.g. *dies*.

(*c*) Un o'r adegau rheolaidd megis brecwast, cinio, swper, &c., pan geir bwyd a diod, amser bwyd; y bwyd a'r ddiod a geir ar adeg felly: *mealtime; a meal.*

1545 Elis Gruffydd: *Ll* 106, a chymysgv'r ddiod a yvo ef ar i *bryd* ac ychydig o'r dwr yma. 1588 *Diar* xv. 17, Gwell yw *pryd* o ddail lle byddo cariad: nag ŷch pascedig â châs gyd ag ef. 1630 *YDd* 193, nad arferaist erioed o dalu diolch ar *brydiau*. 1632 *D*, *pryd* . . . Vsurpatur & pro cibi refectione vna, prandio s. vel cœnâ fortasse à tempore quo sumitur. 1703 T. Baddy: *PCh* 28, *Prydau* er magwriaeth a ddylent fod yn fynych. 1776 *W* d.g. *meal* [*of meat*]. 1778 J. Hughes: *BB* x, Bara dŵr, *bryd* i werin, / A *phryd* o ddail, ffrydoedd o win. 1801 *MMf* 113, a chymmer rhwng *prydiau* lwyaid dda o fel pur. 1803 *P*, *pryd* . . . a meal time. Gw. hefyd y cfn. *pryd bwyd, p. o fwyd* isod.

Fel *cys.* (*a*) Ar (yr) adeg (y), pan, tra: *at the time (that), when, while.*

13g. *MA*[2] 220b. 50–1, Gwae fi i'm poeni rhac pum edau / Ucher rhac pryder *pryd* i'm goddeu (Dafydd Benfras). *c.* 1300 *H* 3b. 33, *pryd* y bo kyfnod yn kyuodi (Meilyr Brydydd). *c.* 1400 *R* 1284. 13–14, *Pryt* ysomes byt bwyt a diawt. prud borthes adaf naf anevawt. 1547 *WS* [xv], nad gwell gan y llatinwyr y llythyr vchot *pryd* bont yn dylyn yr vnwedd ar groecwyr. 1551 W. Salesbury: *KLl* xxi, rhwn *pryd* ytoedd yn ffurf Deo. 1630 R. Llwyd: *LlH* 180, Joab . . . â gyfarchodd . . . i Amasa . . . *prŷd* yn ddisymwth y brathodd ef hefyd. 1675 R. Davies: *PY* 58, Pâb Gregorius . . . a syrthiodd drwy anwybodaeth, *pryd* y caniataodd ef i wr gymmeryd ail gwraig. 1759 T. Thomas: *WWDd* 185, y mae 'r pechadur yn credu i gyfiawnder y *pryd* cyntaf y mae 'n ffoi at Grist. 1764 W. Williams: *Th* 8, Yr hyn enynnodd ryfel anfeidrol jawn ei rym, / *Pryd* gwnaethpwyd meibion Benjam trwy ryfel bron yn ddim. 1779 *DS* 3, *pryd* lladdodd y Saeson 460, [*sic*] o Benaethiaid Cymru.

(*b*) (o flaen y gn. neg. *na*(*d*)) Pan . . . na; gan . . . na, yn wyneb y ffaith . . . na, ac ystyried . . . na; ?na: (*preceding the neg. prt. 'na(d)') when . . . not; since . . . not, seeing that . . . not, considering that . . . not; ?that . . . not.*

12–13g. *GLlLl* 111, Peir Prydein *pryd nad* oet rawch. 14g. *T* 14. 10–12, Mab meir mawr aeir *pryt nas* terdyn. kymry rac goeir breyr ac vnbyn. *id.* 80. 9, kyfarchaf y gwr heb byt *pryt nam* dyweit. 14g. *WM* 386. 34–6, pa beth yssyd arnaw ef . . . *pryt na* welut eiroyd y gyfryw. *id.* 448. 12–14, pa uedwl yw dy teu di unben *pryt na* bwyteych ti. *id.* 489. 16–17, Arthur py holydi y mi *pryt nam* gedy yn y tarren honn. 14g. *GDG*[3] 104, Mi a'th gaf, addwyn wyneb, / Fy nyn, *pryd na*'th fynno neb. *c.* 1400 *DB* 21, yd wyf . . . yn adolwyn gwrychonen o'th fflamawl wybot, *pryt na* leihaer hi itti (*cum tibi non minuatur*). *c.* 1400 *ChO* 23, dyuot a wnaeth y llygoden y'r ffreutur, a disgwyl a welei dim y wrth y cath. A *phryt nas* gweles, llawen a hyfryt vu. 15g. *B* ii. 14, Nertha wynt y gayaf *pryt na* allont glodyaw. 1551 W. Salesbury: *KLl* xlvib, E ddaw'r amser *pryd nad* ymddiddanwy a chwi . . . ar ddamegion. *id.* lxxxa, A *phryd nad* ytoedd gantunt ddim oe daly e vaddeuadd vdynt eulldeu. 16g. *WLl* 133, Ac yno yr aeth gwaew n yr ais / Oth alar *pryd nath* welais. 1595 H. Lewys: *PA* 46, fal i mae Cartweiniwr yn curo i feirch . . . *pryd na* thynant. 1630 *YDd* 330, Pa fodd y gallaf fi roi diolch cymhesur i ti, *pryd na* allaf ond prin eu mynegi? 1675 R. Jones: *HCh* 2, A *phryd nad* oes un dŷn yn dy weled. 1753 *TR*, prŷd . . . *Prŷd na* ddaethost, seeing that thou didst not come. 1803 *P*, pryd . . . *Pryd nad* elit, seeing that thou wouldest not go.

Fel *adf.* (mewn cwestiynau uniongyrchol ac anuniongyrchol ac mewn cystrawennau tebyg lle mae'r e. *pryd* (heb y fannod) yn ben.) Pa bryd, pa amser, yr amser pryd (y): (*in direct and indirect questions and in a similar rel. construction where the n. 'pryd' (without the definite article) is definite) when, at what time, the time when.*

c. 1745 *LlGC* 78, 119, *pryd* proffsant hwy [angylion] o gariad rhad / *pryd* proffsant hwy o rinwedd gwaed / *pryd* dugwyd hwy or ffernol nyth / yn briodferch yr Iesu byth. Ar lafar yn gyff., '*Pryd* codith y lleuad?', '*Pryd* fasa'n ora i mi odro?', *WVBD* 445; '*Pryd* dethon' nw 'ma?', '*Pryd* och chi'n meddwl cychwyn am y capel?', ''Dw'i ddim yn gwybod *pryd* gweles i e ddwetha', 'Dyna *pryd* prynes i e', 'Ma fe'n gwbod *pryd* i fynd'. Gw. hefyd *pa*[1]—*p. bryd.*

Amr.: **bryd**[2] [fel adf.; ?talf. o'r ymad. *pa bryd*]. *c.* 1745 *LlGC* 78, 122–3, O *bryd* y cai Aberthu'n llyn / fy Isaac ar foriah fryn. *id.* 123, *bryd* byddaf jach om ffiaidd friw / *bryd* gwiscir fi a Delw Duw. Ar lafar yn y Gogledd, ''Na' 'i 'ddarllan o *bryd* ga' i amsar', *WVBD* 445. Cf. D. Owen: *RL* 69, Ond *bryd* y gweles di neb yn cael 'i dori allan o'r Eglwys?

Cfn.: **pryd anterth:** *third hour of the day (i.e. 9 a.m.), terce.* 14g. *BT* 222. 14g. *WM* 456. 31–2. *c.* 1400 *Ked AA* 11. **p. arall:** *another time, some other time.* *c.* 1585 G. Robert: *DC* 3a, weithie am angeu . . . *bryd arall* am vphern. 1759 T. Thomas: *WWDd* 341, mae Duw *brydiau eraill*, yn ymddangos iddo. 1764 W. Williams: *Th* 11. **p. ar glud:** *meals on wheels; take-away (meal).* 20g. **p. aros:** *packed lunch.* Ar lafar yn ne-ddwyrain Morg. **p. bwyd:** *mealtime.* *c.* 1400 *Ked AA* 16, A gwedy gwylaw llawer o'r dyd, a bot yn *bryt bwyt*, y vwyta yd aethant. 1675 R. Jones: *HCh* 33, *Prydoedd bwyd*. *id.* 94, *prydiau bwyd*. *id.* 152, *prydau bwyd*. 1776 Dewi Nantbrân: *AN* 315. Ar lafar, 'Mae e'n siŵr o gyrradd bob amser pan fydd hi'n *bryd bwyd*'. Gw. hefyd *p. o fwyd.* **p. bynnag:** *whenever.* 20g. **p. cinio:** *dinner time.* 1588 *Sus* 13. Ar lafar ym Morg. '*pry' cino*', *GWG* 332. **p. cwmpli:** *compline.* *c.* 1400 *YCM*[2] 86, Llyna y bydei urwydyr heb peidyaw onadunt hwy, pei na darffei y dyd, a'e bot wedi *pryt cwmpli*, a'e llesteiryaw o'r nos. **p. cyflychwr:** *dusk.* 14g. *WML* 101. 15g. *BB* 152. **p. cyllell a fforc:** '*knife and fork meal', sit-down meal, substantial meal.* Ar lafar. **p. echwydd:** *third hour of the day (i.e. 9 a.m.), terce; afternoon, evening.* 13g. *B* x. 30, am *bryt echwyd* (*hora diei tertia*). 1567 *LlGG* (*Sall*) 32a, yr hwyr [:- prydnawn *prid echwydd*]. 1632 *D* d.g. *vespera*. 1722 *Llst* 189 d.g. *afternoon, towards 3 o clock in the Afternoon.* **p. gosber:** *evening.* 1346 *LlA* 108. 1551 W. Salesbury: *KLl* xxxb. 1632 *D* d.g. *vesper*. 1761 *ML* ii. 370. **p. gwaith:** *work-time, hours of work, working day.* 1547 *WS*, *pryde gwaith*. *Dchr.* 17g. *J* 10, 133b, *pryd gwaith*, a working day. *c.* 1730 *Thos. Lloyd D* (LlGC) 195b, *prydau gwaith*, work-time. **p. gwely:** *bedtime.* 1813 *WB* 216. **y p. hwnnw = y p. hynny.** 1759 T. Thomas: *WWDd* 197. **(y) p. hyn:** *(at) this time.* 1604–7 *TW* (*Pen* 228), *y pryt hynn* d.g. *impresentiarum*. 1763 W. Williams: *FfW* 17, Ni gofiwn y croesbren o newydd *pryd hyn*. 1775 D. Jones: *HCY* 165, Ein Duw *bryd hyn* Tân yssol oedd. Gw. hefyd *o'r p. hyn.* **y p. hyn a'r p.:** *at such and such a time.* 1766 *OU* 61. 1797 W. Thomas: *CC* 63. **(y) p. hynny:** *at that time, (just) then.* *c.* 1585 G. Robert: *DC* 17a, beth a roesei *y pryd hynny* er cael iechyd. 1758 *ML* ii. 85, a chyn gymaint yttoedd fy ffwdan *pryd hynny*. 1764 T. Thomas: *M* 66, A gaiff fy enaid i, O Dduw, / Fod gyd a'r saint, *bryd hynny*'n byw? Ar lafar, *pryd hynny*, *WVBD* 445; hefyd yn y De a sir Benf. mewn amr. ff., e.e. *perny, prynny, pwrny, pyrny, prytynny, pyrtinny, pry(t) 'ny, pyr(t) 'ny.* **p. llaeth,** gw. *prytllaeth.* **p. nawn,** gw. *prynhawn.* **p. o fwyd:** *meal.* 1592 S. D. Rhys: *Inst* [xv]. 1632 *D* d.g. *refectio*. 1776 *W* d.g. *meal* [*of meat*]. Ar lafar. Yn Arfon dywedir am un hael ei groeso nad yw'n 'edrach dim yn llygad *pryd o fwyd*', *WVBD* 445. Gw. hefyd *p. bwyd.* **p. o dafod:** *a scolding, talking to.* Ar lafar yn y De, *TGG* (1907–8) 84. **p. pan:** *(a time) when.* 13g. *A* 34. 20. *c.* 1300 *B* ii. 28, 31. 14g. *T* 11. 13. *c.* 1400 *R* 1388. 33. **p. parod:** *ready (prepared) meal.* 20g. **p. pecyn = p. aros.** 20g. **p. ucher = p. gosber.** *c.* 1400 *R* 1296. 28. **ar y p.:** *at the time (when, that); at the time, at that time, then; extempore.* 1759 T. Thomas: *WWDd* 118, *ar y prŷd* yr ymadawodd efe â'r Yspryd, fe rwygodd llen y Deml. Ar lafar, ''Odd e'n dysgu yn y coleg *ar y pryd*'; ''Odd e'n un da am neud englyn *ar y pryd*'. **ar brydiau:** *at times, sometimes, from time to time, occasionally.* 1672 R. Prichard: *Gw* 5. 1683 H. Evans: *CTF* 19. **cyn pryd:** *prematurely, early, before one's time.* 1780 *W*, *cyn y prŷd, cyn ei brŷd* d.g. *prematurely*. Ar lafar, 'Fe gath y babi 'i eni *cyn pryd*'. **o'r p. hyn:** *henceforth, from this time on.* 1567 *LlGG* (*Sall*) 74b, *o'r pryd hyn* yd yn tragyvyth. 1588 *Salm* cxxi. 8, cxxxi. 4. **o b. i b.:** *from time to time, occasionally.* 1592 S. D. Rhys: *Inst* [xv]. Ar lafar. **o b. i'w (bwy) gilydd = o b. i b.** 15g. *LHDd* 19, a gaffer o da y llofryd *o pryd y gilyd*. 1759 T. Thomas: *WWDd* 250, ambell air *o bryd i'w gilydd*. 1784 M. Williams: *S* i. v, ei gasglu allan *o bryd bwy-gilydd* o waith llawer o awdwyr. 1803 *P*, prŷd, s. m. . . . *O bryd bwy gilydd*, from one time to another. **o'r p. i'w gilydd, o'r p. pwy (bwy) gilydd:** *until the same time next day, from one day to the next; from time to time, occasionally.* 13g. *LlI* 99, y warchae *o'r pryt buygylyd*. 14g. *LlB* 86, dalyet wynt *o'r pryt y gilyd*. 14g. *WML* 44, a gaffer o da *or pryt ygilyd* yr llofrud. y brenhin bieiuyd. 14g. *WM* 86. 1–3, ny phara yr hut namyn *or pryt pwy gilyd*. 1730 *Leg Wall* 581, pryd, o'r *pryd bwy gilydd*, a tempore in tempus alterum, i.e. A quavis hora unius diei vel noctis ad eandem horam diei vel noctis insequentis. **ym mh. (ac amser),** gw. *ymhryd.* **yn gynt na ph.:** *before time, early, prematurely.* 1632 *D*, *yn gynt nâ phrŷd* d.g. *temporius*. 1716 T. Evans: *DPO* 254, distewi *yn gynt na phryd*. **yn ei b. (a'i amser), yn eu p. (a'u hamser),** &c.: *in due time or season, at the right time.* 1588 *Salm* i. 3, prenn . . . yr hwn a rydd ei ffrwyth *yn ei brŷd*. *id.* civ. 27, am roddi eu bwyd *yn ei brŷd*. 1672 R. Prichard: *Gw* 164, Rho wrth fessur y glaw Cynnar, / *Yn ei brŷd* a'r glaw diweddar. 1779 D. Davies: *BDED* 3, os cadwant odfaon addoliad *yn eu pryd*.

pryd[2] [H. Wydd. *cruth* 'ffurf, ymddangosiad, tegwch': < Clt. *k^{u}*ritu*- < IE. *k^{u}*rtu*- o'r gwr. *k^{u}*er*- 'ffurfio, llunio, gwneud'; cf. yr e. prs. H. Lyd. *Pritient, Pritmael*; ?cf. hefyd Gwydd. C. *creth* 'barddoniaeth'; gw. hefyd *pryd*[1]] *eg.* Golwg, ymddangosiad, gwedd, lliw (wyneb, gwallt, &c.); wyneb, wynepryd; delw, llun, ffurf, cyffelybrwydd, tebygrwydd; tegwch, harddwch, prydferthwch: *sight, appearance, aspect, complexion, colouring; face, countenance; image, shape, form, likeness, similitude, resemblance; comeliness, beauty.*

12–13g. *GLlLl* 265, Ac o'r *pryd* y prouaf nad fled / Na'th adws Yessu eissywed / Yn hygant y Tri, yn tecced—Adaf. 13g. *C* 73. 9–10, rotei crist aarched *prid* mirein prydein wogoned. 13g. *A* 25. 11, Pubell peleidyr pevyr *pryt* neidyr. *c.* 1300 *H* 22a. 9, pryduawr lywelyn *pryd* dyn dadyein (Einion ap Gwgon). *Dchr.* 14g. *id.* 123a. 38, am *bryd* ewyn gwyn ym gweindid am gwyl (Iorwerth Fychan). 14g. *T* 28. 5–7, ryfedaf yn llyfreu nas gwdant yn diheu. eneit pwy y hadneu pwy *pryt* y haelodeu. 14g. *WM* 97. 26–7, yna yd ellyngwys ef y uab yny *bryt* ehun. 14g. *GDG*[3] 137, *Pryd* cain, pan fu'r damwain da, / A roes Duw Nef ar Efa. 14g. *OBWV* 78, Gwae fi drymed y gweryd / A'r pridd ar feistres y *pryd* [marwnad Lleucu Llwyd gan Lywelyn Goch ap Meurig Hen]! 14g. *IGE*[2] 213, Fy lloer â'i gwallt fal lliw'r gwin, / A'i *phryd* fal ffrwd y felin (Sypyn Cyfeiliog). c. 1400 GP 16, Riein a uolir o bryt, a thegwch. 15g. DE 2, dy bryd val dillad brodyr / du a gwyn i hudaw gwyr. 1547 WS, pryd tegwch, Beaultie. 1588 Barn xiii. 6, gŵr Duw a ddaeth attafi, ai brŷd ef oedd fel prŷd angel Duw yn ofnadwy iawn. 1632 D, prŷd, forma, species, vultus. Pulchritudo, decor, speciositas. 1696 CDD 60, Gwnaeth prŷd a gwên dirion y bachgen fe'n fodlon. 18–19g. R. DAVIES: DB 234, Mae dinas Llundain glodsain glyd / O hir ffordd yn hardd ei phryd. 1803 P, prŷd . . . the favour of the countenance, or visage; an aspect; also comeliness, handsomeness, beauty.

Cfn.: **pryd a gosgedd = p. a gwedd.** 13g. BD 36, 58. 1575–6 B vi. 315. **p. a gwedd:** *personal appearance or aspect, looks.* 14g. GDG^{3} 369, Brad y gwŷr o bryd a gwedd. 1618 J. SALISBURY: EH 22, yn ei bryd a'i wedd. 1705 T. WILLIAMS: PD 4, F[e] newidia'r Prŷd at Gwêdd yn y man. 1754 Gron 18. **p. cochlyd:** *(of a) reddish complexion.* Ar lafar. **p. golau:** *(of a) light complexion.* Ar lafar, WVBD 446. **p. tywyll:** *(of a) dark complexion.* Ar lafar, WVBD 446.

pryd^{3}, gw. **prydaf: prydu.**

prydaf: prydu [bf. o'r e. *pryd^{2}*] *bg.a.*

(*a*) Prydyddu, barddoni, cyfansoddi, llunio (cerdd, barddoniaeth), clodfori ar gân: *to compose poetry, versify, write (a poem, poetry), praise in poetry.*

12g. MA^{2} 236b. 26, Rhif brif brydu bry[d]est ragor (Seisyll Bryffwrch). 12–13g. GLlLl 238, Prydu nyd anoeth y gyuoethawc. 13g. C 79. 3–4, Teernweilch pridein prydaw ych priwgert. 13g. MA^{2} 221a. 53–4, Griff ner o'm pryder y prydaf / Prif farwnad ir mab tad teccaf (Dafydd Benfras). c. 1300 H 1a. 12–13, Pedawant anant na frydant wawd. y eduyn terrwyn toryf y vorawd (Meilyr Brydydd). id. 79a. 9–10, Nyd ef y canaf can digofyeint. uym mryd. namwyn mi ae pryd kywyd kywreint (Gwynfardd Brycheiniog). 14g. GDG^{3} 70, Paradwys, iddo prydaf, / Pwy ni chwardd pan fo hardd haf? id. 363, Cyn rheitied i mi brydu / Ag i tithau bregethu. 14g. GIG 17, Aesawr gwlad fawr, golud fu, / Yswain brwydr sy'n ei brydu. c. 1400 GP 15, kanys ny phryta neb y'r drwc. 15g. GHC 14, Ni ddywaid, f'enaid yw fo, / Brudiwr neu fardd a brydo. 1632 D, prydu, carmine laudare, ἐγκωμιάζειν. . . canere, carmen componere. 18g. Gron 104, Am a'i prydawdd, o dawr pwy, / Sef a'i prydes Goronwy. 1752 id. 26, Ieuan Brydydd Hir . . . a brydws Farwnad I Ffredrig, Tywysawg Cymru. 1793 DAFYDD IONAWR: CD 138, E bryda fwyn barod fawl / Yn ufudd i Dduw nefawl. 1803 P, prydu . . . to compose poetry.

(*b*) Llunio (bwriad, &c.) yn y meddwl, dyfeisio, cyfansoddi: *to form (intention, &c.) in the mind, devise, compose.*

13g. BD 143, ym plith pob peth prydu a medylyav a wnaethant o bob ford guneuthur brat y brenhin. c. 1400 YCM^{2} 183, y lle y dywedir prydu o'n Harglwyd ni y pader. id. 198, deuawt an gwlat ni oed, wedy diawt prydu geireu chwaryus. 15g. BB 170, Ac ydoed cwvennoed yn canv amrauaelion gywydolaethiev o bob tu ydunt; or pyngheu teckaf ar kyssonaf or abrydawt Mussic. 1803 P, prydu . . . to form; to compose.

Amr.: **pryddu** [?gwall, neu cf. *pryddest*]. 1754 G. OWEN: L 110, hynny sydd yn llestair i'r Llew bryddu fal cynt.

Cfn.: **prydu canu:** *to compose poetry.* Dchr. 14g. H 123a. 36. c. 1400 R 1363. 14.

Gw. hefyd **prydiaf: prydio.**

Prydain^{1} [< Brth. *Pritanī, cf. Gr. Πρετ(τ)ανοί '(trigolion) Prydain'; gw. hefyd *Prydyn^{1}*] *eb.* ac *e.ll.* (Trigolion) ynys fwyaf Ewrop sy'n cynnwys Cymru, Lloegr, a'r Alban (gynt weithiau mewn gthg. â Lloegr neu'r Saeson, ac weithiau'n eithrio'r Alban): *(inhabitants of) Britain (sometimes formerly contrasted with England or the English, and sometimes excluding Scotland).*

c. 1100 EWGT 12, Pappo post Priten. 12–13g. GLlLl 95, Kynheilwad Prydein, wyd priodawr—clod, /Ac wyd clo byddinawr [i Ruffudd ap Cynan]. id. 188, Tremyn Llywelyn, llyw rydyrch—Prydein, / Prid y Loegyr y dissyrch [i Lywelyn ap Iorwerth]. 13g. C 52. 12–13, Hid in aber taradir rac trausev prydein. 13g. A 5. 8, gwledic gwd gyfgein nef enys brydein. 13g. LTWL 118, Unbeynayth Predeyn. c. 1300 H 57b. 6–7, Prydein am galwant om gwarandaw. Prydyt [marwnad Rhirid Flaidd ac Arthen gan Gynddelw]. 14g. GIG 37, Llew Prydain, llaw Peredur, / Llew siaced tew soced dur [i Owain Glyndŵr]. 15g. GDID 68, Pwy yw'r mab wnaeth puraw Main / Powys, paradwys Prydain? 15–16g. GLM 218, can marchog rhywiog o'r rhain: / cae'r brud, fal carw o Brydain. 1632 D d.g. Britannia. 1703 E. WYNNE: BC 83, a Phrydain baradwysedd yn gwisco lifrai gwychion. 1771 W, Prydain, ynys Brydain d.g. Britain. 1803 P, prydain . . . Ynys Prydain . . . the Isle of Britain. Digwydd hefyd fel e. prs., TYP^{2} 495.

Amr.: **Brydain.** 13g. C 100. 7. 15g. GDLl 50. 1768 Gwaseila 1089. **Prydyn^{2}** [?ff. wallus; am engh. arall bosibl, gw. Arm P^{2} 49]. c. 1400 R 1419. 8, llywelyn llyw prydyn (GLlLl 213, Prydein) ae phar. 1803 P, Prydyn, s. m. a name synonymous with Prydain, or Britain, and sometimes used for it; but in general applied to Scotland.

Cfn.: **Prydain Fawr:** *Great Britain.* 15g. GDLl 172. 15–16g. GRB 17. 1703 E. WYNNE: BC 54. 1771 W d.g. Britain, Great-Britain.

Gw. hefyd **Prydyn^{1}.**

Prydain^{2}, gw. **Prydyn^{1}.**

prydaw [?*pryd^{2}*+elf. *-*aw* (?cf. *gaflaw*; ond nid yw ff. nac ystyr y gair yn sicr] *a.* ?Hardd, prydferth: *beautiful, lovely.*

14g. T 16. 8–9, yr gobeith anneiraw ar yn prydaw luyd. id. 17. 14–15, Dybi o lydaw prydaw gyweithyd.

Prydeinaidd [*Prydain^{1}*+-*aidd*] *a.* Prydeinig: *British.*

1834.

Amr.: **Prydanaidd.** 1794 W. RICHARDS: YDY 7, ymofynwyr Prydanaidd.

Prydeindod [*Prydain^{1}*+-*dod*] *eg.b.* Yr ansawdd neu'r cyflwr o fod yn Brydeinig (yn enw. mewn gthg. â Chymreictod): *Britishness (esp. as opposed to Welshness).*

20g. Mae'n enw cyfrol gan J. R. Jones (1966).

Prydeineiddiaf: Prydeineiddio [bf. o'r a. *Prydeinaidd*] *ba.* Gwneud yn Brydeinig: *to make British.*

20g.

Prydeingar [*Prydain^{1}*+-*gar*] *a.* Yn tueddu i gefnogi ac i ddyrchafu Prydain, Prydeindod, &c., (yn enw. mewn gthg. â Chymru a Chymreictod): *tending to support and extol Britain, Britishness, &c., (esp. as opposed to Wales and Welshness).*

20g.

Prydeiniad^{1} [*Prydain^{1}*+-*iad^{1}*] *eg.* Y weithred o wneud yn Brydeinig: *a making British.*

20g.

Prydeiniad^{2} [*Prydain^{1}*+-*iad^{3}*] *eg.* ll. -*iaid.* Brython, Brytaniad; Prydeiniwr: *ancient Briton; Briton.*

1803 P, Prydeiniad, s. m. pl. prydeiniaid, an inhabitant of Britain, a Briton.

Prydeiniaeth [*Prydain^{1}*+-*iaeth*] *eg.* Prydeindod (yn enw. mewn gthg. â Chymreictod): *Britishness (esp. as opposed to Welshness).*

20g.

Prydeinig [*Prydain^{1}*+-*ig^{2}*] *a.* Yn perthyn i Brydain neu i'w phobl, nodweddiadol o Brydain neu o'i phobl: *British.*

1852.

Prydeiniol [*Prydain^{1}*+-*iol*] *a.* Prydeinig, hefyd yn ddifr.: *British, also derog.*

1873.

Prydeiniwr [*Prydain^{1}*+-*iwr*] *eg.* ll. -*wyr.* Brython, Brytaniad; brodor o Brydain, Prydeiniad, yn enw. un Prydeingar: *ancient Briton; Briton, esp. one tending to support and extol Britain, Britishness, &c.*

14g. BT (R) 74, [p]an welas y Prydeinwyr hynny megys morgrugyon . . . y kyfodassant . . . y ymlit eu hanreith.

Prydeinllyd [*Prydain^{1}*+-*llyd*] *a.* Prydeinig, yn ddifr.: *British, derog.*

20g.

Pryden, gw. **Prydyn^{1}.**

pryder [Crn. C. *preder, pryderow* (ll.), Llyd. C. a Diw. *preder*] *eg.* ll. -*au*, -*on.*

(*a*) (Achos) poen neu flinder meddwl, baich meddwl, gofid, anesmwythyd, ofn, hefyd yn ffig.: *(cause of) anxiety, concern, distress, disquiet, fear, also fig.*

12g. MA^{2} 189b. 46–7, Erwan teyrnedd teyrn udd —Prydain / Pryder Lloegr ai cythrudd [i Lywelyn Fawr]. 12–13g. GLlLl 112, Pryder beirt neud ryuawr / Mynet ut, but bytinawr, / Mynawc llary, y mynwes llawr [marwnad Gruffudd ap Cynan]. 13g. MA^{2} 220b. 42–3, Bu oer ym aros y chwedlau / Na bum farw o fawr bryderau [marwnad Gruffudd ap Llywelyn gan Ddafydd Benfras]. 13g. Études v. 99, Kywryssed brydeyn yssy bryder ym (Cynddelw). 13g. BD 90, yna diruavr oual a phryder oed ar Ortheyrn. c. 1400 RB ii. 195, Ofyn agymerassant brenhined tramor . . . Ac wrth hynny rac gofeilon aphrydereu. Sef awnaei pawb o honunt atnewydu ykeyryd ar dinassoed. 15g. FfBO 38–9, pryder a oed arnaw yd ae ynghyfyrgoll o eu hachaws. 15g. GGl^{2} 9, Bu ar glêr bryder a braw / Ban ddaliwyd, beunydd wylaw [am garchariad Mathau Goch]. 1630 R. LLWYD: LlH 432, Os bydd deiliad wedi myned yn anghymeradwy gyd ai feistr tîr, y mae hynny yn achos o bryder iddo. 1632 D d.g. agonia, anxietas, metus. 18g. I. BRYDYDD HIR: Gw 73, Gwr du yw Coler mewn pryderau. 1770 W d.g. anxiety, care [concern, trouble, or anxiety of mind . . .]. 1803 P, pryder, anxiety.

(*b*) Gofal, carc, gofalaeth, gwarchodaeth, cadwraeth; gwyliadwriaeth: *care, solicitude, charge, protection, custody; vigilance, alertness.*

13g. B x. 29, ac o henne allan tra diodevaud [Mair] alltuded y byt hvnn ym pryder yeuan y presswyllyvs. 14g. BT 196, gyllyngawd grigor bab . . . kadwgawn esgob bangor . . . oy esgobawl bryder. 14g. WML 39, Pryder etiued y lladedic auyd aryreeni ae gyt etiuedyon. 14g. RC xxxiii. 209, yr hvnn nyt oed amgen bryder arnaw namyn cadw y deueit. c. 1400 R 1166. 38–9, Canu dreic brydein abrydir. obryder berthualch yt berchir. Diw. 16g. LBS iv. 411, mwyaf fydd pryder düw ai gaidwadaeth ynghylch y lle hwnn. 1681 R. PRICHARD: CC 278, Ni wyr nêb o'r awr na'r amser, / Byddwn bôb awr ar ein pryder. 1764 DEWI NANTBRÂN: CB iv–v, yr Eneidau prisfawr, a gymmynodd Iesu Ghrist ein Harglwydd i'ch Pryder chwi. 1776 I. BRYDYDD HIR: P i. 6, a thybied eu bod yn haeddu eich pryder a'ch gofal mwyaf.

pryderaf: pryderu [bf. o'r e. bl.; Crn. C. *predyry, pridiry*, H. Lyd. *preteram*, gl. *perpendo*, Llyd. C. *pridiry*, Llyd. Diw. *prederiañ*, taf. Gwened *predereiñ*] *bg.a.*

(*a*) Poeni'n feddyliol (am), ymboeni (ynghylch), (peri) gofidio, becso, ofni, petruso; ystyried (yn ddwys); edifarhau: *to be anxious (about), (cause to) worry (over), vex, fret, fear, hesitate; consider (seriously); repent.*

12–13g. GLlLl 5, Teyrnet Prydein, pryderwch! id. 122, Betrawd a'n daearawd, pob deurut—prydus, / Pryderwn yn achlut. 13g. B iv. 7, Dyhunit a brydero. c. 1300 H 79b. 27–8, Breinhyawl uyth uytaf ban delwyf eno. ny byt yn eu bro a bryderwyf (Gwynfardd Brycheiniog). c. 1400 YCM^{2} 76, Arglwyd Rolant . . . na phrydera mwy no chynt. 15g. DN 21, Dy vaner a bryderant, / Dy swrn gwŷr, d'isarnav gant. 16g. B xi. 27, [g]ormes . . . a ymddangoses vwchlaw'r dwr mor aruthyr . . . Neithyr ni ffryderodd ar Erkwlf. 1567 TN 9b, A' pha am y govelwch [:– pryderwch] am [dd]illat? id. 168b, Tristau [:– Pryderu] a wnaeth Petr o bleit yddo [dd]ywedyt wrthaw y drydedd waith. 1722 Llst 189, pryderu . . . fear, muse. 1773 J. JENKIN: P 8, nid wyf yn pryderu i haeru gyd ag eithaf hyder. 1803 P.

(*b*) Gofalu (am), bod yn gyfrifol (am), gwarchod, gwylio, edrych ar ôl; ymdrafferthu (i wneud rhywbeth): *to take care (of), be responsible (for), watch over, look after; take trouble or pains (to do something).*

c. 1300 B ii. 26, Prydera oth dylwyth. 14g. LlB 76, pryderu yr anafus a oruyd arnaw o uwyt a dillat. 1346 LlA 78, prydera ditheu am vyn diwed ynhev . . . Pa delw heb Jeuan ygallafi vyhun paratoi dy diwed di. 14g. BT (RB) 88, Gruffud vab Rys a pryterawd am anuon disgwyleit am torri y castell. c. 1400 R 1157. 12–14, Gwae yn erbyn dydbrawt ny chospo y gnawt. ac amypriawt nyphrydera. c. 1400 RB ii. 19, aphryderu awnaeth am gladu y kyrf ereill oll. id. 256, Ar ywed honn y prydereis inheu yymchoelut ef Yr Ladin. c. 1400 YSG i. 47, ac a ordinaawd Josep y bryderu am y Gristonogaeth. Diw. 16g. LBS iv. 411, Y ti . . . y gorchymynnaf i geidwadaeth y wyry honn . . . a phrydera ymhob peth ar a berthyno iddi. 1606 E. JAMES: Hom i. 44, ei fod ef [Duw] yn pryderu . . . drosom ni, megis y gofala'r tâd am ei blentyn. 1632 D d.g. inuigilo. 1722 Llst 189, pryderu, to attend unto. 1753 TR, pryderu, to care for, to be solicitous for. 1776 I. BRYDYDD HIR: P i. 171, Ein rhan ni yw meddwl a phryderu am gyflawnu ein dyledswydd. [1783] W, pryderu . . . am d.g. solicitous, to be solicitous about or for. 1803 P.

pryderi [*pryder*+-*i^{1}*; H. Lyd. *pritiri*, gl. *iactura*, Llyd. C. *pridiry*, Llyd. Diw. *prederi, perderi*; cf. yr e. prs. *Pryderi*, WM 36. 16, a gw. PKM 157–8] *eg.* Pryder, gofid;

meddylgarwch; gochelgarwch: *anxiety, distress; pensiveness; wariness.*
1632 *D*, *pryderi*, cura, sollicitudo. Est & nomen proprium viri. **1688** *TJ*, *pryderi*, gofal: care, pensiveness. *c.* **1692** *LBS* iv. 435, gwae fi *bryderi* dyrys / gwyr fy mron gwewyr am Rys. **1771** *W* d.g. *chariness*. **1803** *P*, *pryderi*, s. m. . . . anxiety, deep thought.

pryderus [*pryder*+-*us*; H. Grn. *priderus*, gl. *sollicitus*, Llyd. C. *prederyus*, *perderyus*, *pridiryus*, Llyd. Diw. *prederius*] *a.* Yn pryderu, gofidus, poenus, anesmwyth, anniddig; synfyfyriol; gofalus, gwyliadwrus, gochelgar; dychrynllyd, ofnadwy; ofnus, i'w ofni: *anxious, distressed, uneasy, fretful; pensive; careful, vigilant, wary, chary; fearsome, terrible; to be feared.*
13g. *Études* v. 102, Un llofrud prydeyn pryderun y gerd. *pryderus* y kanun (Cynddelw). **13g.** *B* ix. 146, *pryderus* a goualus am e gnotaedic urdas ae vedyant. *c.* **1300** *H* 18b. 16, yt wyf *pryderus* ual pryderi [Einion ap Gwalchmai i Nest ferch Hywel]. **14g.** *GDG*[3] 146, Prydu i'th wedd a wneddwyf, / Prid yw'r swydd, *pryderus* wyf. *c.* **1400** *RB* ii. 13, gwr mawr *pryderus* llidiawc bloesc. *c.* **1400** *R* 1284. 26–7, *Pryderus* vu grist kynn prit arawt. *id.* 1391. 18–19, Gwahalyeth wosged wasgawt prydydyon *pryderus* ywn deuawt. *c.* **1585** G. ROBERT: *DC* xx, wrth gyfieithu r Scrythur lan . . . rhaid yw bod yn *bryderus* i geisio geiriau cyfaddas. **16–17g.** *HG* 28, achos pan ddel yr enaid, ar kythraülaid ar pwyse / maen *bryderys* ony chair, gan vair ddodi phadere [*sic*]. **1632** *D* d.g. *meditabundus, solicitus*. **1722** *Llst* 189, *pryderus*, anxious, wary, scrupulous, irresolute, thoughtfull. **1760** E. WILLIAMS: *UYB* 53, coffadwriaeth brudd, *bryderus*. **1771** *W* d.g. *chary*. **1776** I. BRYDYDD HIR: *P* ii. 30, gadewch ini rodio . . . a gwyliadwriaeth ofalus a *phryderus* am danom ein hunain. **1791** W. RICHARDS: *TDB* 56, Y mae'n gofyn fod darllenwyr Mr. E[vans] oll o'i bath hi [menyw o'r dref], onitte y mae'n *bryderus* y caiff llawer o'i eiriau eu hanghredu, ac y cyfrifir yntef yn dyst celwyddog. **1803** *P*.

pryderwch [*pryder*+-*wch*[1]] *eg.* Pryder, gofid: *anxiety, distress.*
16g. LEWYS MORGANNWG: *Gw* 458, a briw dug o *bryderwch* / y mraych gwayw march y fflwch. **16g.** WILIAM LLŶN: *Gw* (R. Stephens) 86, Ac yn ôl haelder mae *pryderwch* / A byd yn oeraidd heb dynerwch.

prydest, prydestawd, gw. **pryddest, pryddestawd.**

prydfawr [*pryd*[2] a bôn y f. *prydaf*: *prydu* +*mawr*] *a.* Hardd neu osgeiddig iawn, gwych; mawr ei awen, ysbrydoledig; ?a folir yn fawr ar gân: *very beautiful or graceful, splendid; of great muse, inspired; ?greatly praised in poetry.*
12g. *MA*[2] 189b. 38–9, Ym Mon bendragon ban dreigiau—Prydein / Wyt *prydfawr* ith arfau [i Lywelyn Fawr]. **12–13g.** *GLlLl* 6, Dadolwch teyrn, tarw catuc —*pryduawr*. *id.* 35, Arwynyawl *pryduawr*, arwyneb Prydein. *id.* 122, Ut *pryduawr* y wrhyd. *id.* 300, Llawer bart *pryduawr* yn y ohen. *c.* **1300** *H* 22a. 9, *pryduawr* lywelyn pryd dyn dadyein (Einion ap Gwgon). **14g.** *GIG* 94, *Prydfawr* fu'r ffyddfrawd mawr mau, / Prydlyfr i bob pêr odlau [marwnad Llywelyn Goch ap Meurig Hen]. *c.* **1400** *R* 1387. 33–4, arwr wawr *prytuawr* warant prydein. *c.* **1525** *TA* 737, Prydferw dwfn, *prydfawr* dafawd, / Pruddfawr oedd, faen gwyrthfawr gwawd [marwnad Tudur Aled gan Lewys Morgannwg]. **18g.** *W Ballads* 195, 7, Mewn gwlad o feini gwerthfawr Disglairfawr *Brydfawr* Bryd. **1803** *P*, *prydvawr*, magnificent.

prydferth[1] [*pryd*[1]+*berth*] *a.* Cyfleus, hwylus, hawdd, rhwydd, parod: *convenient, handy, easy, free, ready.*
13g. *LlI* 4, E lety yv y ty mvyhaf en e tref . . . ac ygyt ac ef er rey a vynho o'r teylu, a'r lleyll en y gylch, ual y bo *prytuerth* ydav ef eu caffael hvy vrth y reyt. *id.* 55, o deruyd e den bot eg gulat arall . . . mal na allo ef caffael e wlat en *prytuerth* e kyureyth a dyweyt na dyffyd y pryodolder ef hyt e nauuet dyn. **14g.** *HMSS* ii. 77, a breid vu o chauas y brenhin hun *brytuerth* y nos honno. yn achubeit vynych vedylyeu am ymadrodyon y kennadeu. *c.* **1400** *RB* ii. 61, kymryt alltudes hediw yn wreic ytt . . . a gwrthot vy merch ineu. Ednebyd nat *prytuerth* itt hynny. tra vo nerth yn y vreich deheu honn. **1730** *Leg Wall* 581, *prydferth* . . . Yn *brydferth*, Opportune, sine periculo. **1753** *TR*, *prydferth*, Yn *brydferth*, K.H. conveniently, seasonably, without danger. From Prŷd, time. **1803** *P*, *prydverth*, of fair time, seasonable.

prydferth[2] [*pryd*[2]+*berth*] *a.* ll. -*ion*, a hefyd gyda grym enwol. Hardd, gwych, golygus, hyfryd, teg, gweddus, gweddaidd: *beautiful, splendid, handsome, fine, fair, seemly, decent.*
12–13g. *GLlLl* 97, Deliis Gruffut mawr a maon—Prydein / (Nyd *pryduerth* y'w alon) [i Ruffudd ap Cynan]. *c.* **1400** *R* 1149. 1–2, yn *prytuerth* gwerth prifgerd aganant. **15g.** *OBWV* 109, Gweniaith *brydferth* a chwerthin / Erioed a fu ar dy fin. **16g.** (*LlEG*) *LlGC* 5276, 366b, val ac Ir ydoeddynt twy *bryduertha* yn Eisde. **1567** *LlGG* 88b, Mor *prydverth* (**1551** W. SALESBURY: *KLl* [lxxb], Mor weddus) yw traet managwyr tangneddyf. **1567** *TN* 282b, Yr oeddech yn redec yn *brydverth* [:– dec dda]. **1588** *Esr* viii. 27, dau o lestri o brês melyn dâ morr *brydferth* ag aur. **1588** *Can* ii. 10, cyfot ti fyng-hyfeilles, a thyret ti fy *mhrydferth*. **1592** S. D. RHYS: *Inst* [xv], iaith morr odìdoc ac morr *brydferth*, ac yw y Gymráec. **1595** H. LEWYS: *PA* 76, ac i gwnair 'n *brydferthach* ac 'n fwy gogoneddus. **1632** *D* d.g. *luculentus, ornatus, a, um, perpulcher*. **1732–3** J. OWEN: *GB* 71, wedi fy sefydlu yn *brydferth* ym mysg Pobl a'm carai yn annwyl. **1740** T. EVANS: *DPO* 75, fe allasai y rhai hyn fod yn Bobl led *brydferth* a llonydd ar y cyntaf. **1758** *ML* ii. 90, Mae'r tywydd mor *brydferth* nad oes gennyf mor amunedd [*sic*] i eiste yn y ty. **1803** *P*, *prydverth* . . . handsome, decent.
Cfn.: *Bot.* **prydferth ôd:** *snowdrop, Galanthus nivalis.* Ar lafar yn sir Drefn., G. AWBERY: *BM* 26.

prydferthaf: prydferthu [bf. o'r a. bl.] *bg.a.* Gwneud yn brydferth, harddu, tecáu, addurno, gwychu; ffynnu: *to make beautiful, beautify, grace, adorn, embellish; flourish.*
1567 *LlGG* 126b, yr hon wynfydedic stat [priodas] a addurnawdd ac a *brydferthawdd* Christ. *id.* (Sall.) 84a, efa [*sic*] *brydvertha* [:– addurna, gymmenna] yr ei gwar gan ymwared. *Dchr.* **17g.** *J* 10, 133a, *prydverthv*, to beautifie, orno. **1632** *D* d.g. *venusto*. **1636** *Pen* 321, 307a, o arglwydd caniadha iddi [y deyrnas hon] *brydferthu* (*flourish*) llawer oes yn ol f oes J. **1677** C. EDWARDS: *FfDd* 342, Grâs a *brydferthai* flodau ieuenctid plant Duw. **1716** E. SAMUEL: *GGG* 184, Crefydd . . . a *brydferthwyd* trwy gymmaint a chynnifer o Ryfeddodau. **1728** T. BADDY: *DDG* 124, [y] Deml Sanctaidd . . . wedi ei Hadailadu, ei Sylfaenu ai *Phrydferthu*. **1757** *Cylchg LlGC* (1943) (At.) 5, tuagat Loywi a *Phrydferthu'r* Iaith Gymraeg. **1779** D. DAVIES: *BDED* 20, pan yr oedd presennoldeb Iesu yn *prydferthu* ac yn goleuo'r ddaearen. **1803** *P*, *prydverthu*, to render becoming; to beautify.

prydferthol [*prydferth*[2]+-*ol*] *a.* Prydferth, hardd, teg, gwych: *beautiful, comely, fair, splendid.*
16g. **(1763)** W. SALESBURY: *LlM* 144, yn llawn blode *prydferthol*. **1595** *Egl Ph* 41, Ei ddail *prydferthawl* oeddynt ynarwyddocau [*sic*] ei wiscoedd. **16–17g.** E. PRYS: *Gw* 320, Prydaf wyrthiau *prydferthawl*, / Priodas: **1688** *TJ*, cymmbrŷd, mor *brydferthol*, cyn degced.

prydferthrwydd [*prydferth*[2] ?a *prydferth*[1] +-*rwydd*] *eg.* Prydferthwch, harddwch, tegwch, glendid, gosgeiddrwydd; esmwythyd, hawddfyd, moethusrwydd: *beauty, handsomeness, comeliness, gracefulness; ease, comfort, luxury.*
c. **1400** *MM* 146, pwy bynnac . . . a orffowysso . . . mywn *prytuerthrwyd* neu mywn caledi. *Diw.* **16g.** *WLB* 8, kusgu mewn *pryd ferthrwydd* [*sic*]. **1604–7** *TW* (*Pen* 228), y Gweddusrwydd[,] y tecwch, ar *prytuerthrwydd* a vo gan vn wrth wneuthur, ne ddywetyt peth d.g. *decor*. *id.* d.g. *flos, formositas, venustas*. **1720** *App DP* 27, yn gweddu i *Brydferthrwydd* ac Anrhydedd Addoliad Crist'nogol. **1803** *P*, *prydverthrwydd*, becomingness, comeliness; gracefulness.

prydferthwch [*prydferth*[2] ?a *prydferth*[1]+ -*wch*[1]] *eg.* Yr ansawdd neu'r cyflwr o fod yn brydferth, harddwch, tegwch, glendid, gwychder; gwedduster; hawddfyd, pleser: *beauty, handsomeness, comeliness, splendour; decorum; ease, pleasure.*
13g. *BD* 29, mvy poen yw coffau kyuoeth a *phrytuerthvch* guedy y koller nogyt dyodef aghanogtit heb ordyfneit *prytuerthvch* kyn no hynny. [**1547**] W. SALESBURY: *OSP* [viii], A nyd yr vn *prydüerthwch* yw diarebion mewn iaith, ar ser yr fyruauen? **1551** W. SALESBURY: *KLl* lxxvia, a *phrydverthwch* y golwc arno a golles. **1588** *Deut* xxxiii. 17, Cyntafanedic ei ŷch ef sydd *brydferthwch* iddo. **1588** *Salm* viii. 5, corônaist ef hefyd â gogonia[n]t, ac â *phrydferthwch*. *id.* xc. 17, A bydded *prydferthwch* yr Arglwydd ein Duw arnom ni. **1592** S. D. RHYS: *Inst* [xvi], dodi allan mywn print . . . degwch a' *phrydferthwch* y Brydyddiaeth Gymreic. **1630** *YDd* 31, os wyt yn credu fod Duw yn *brydferthwch* ac yn wir berffeithrwydd. **1632** *D* d.g. *formositas, ornamentum, philocalia*. **1701** E. WYNNE: *RBS* 46, a phôb *Prydferthwch* Grâs. **1716** E. SAMUEL: *GGG* 149, pan ddelont [plant] mewn oedran . . . dangosir iddynt *Brydferthwch* a gwobr cywirdeb ac ymarweddiad da diniwed. **1740** T. EVANS: *DPO* 146, [d]adwrdd yn erchyll yn erbyn pob Trefn a *Phrydferthwch*, a Rheol a Rheswm. *id.* 216, Ni thycciai ymbyngcio a hwy [gau athrawon] mewn *Prydferthwch* a Gweddeidd-dra ddim. **1803** *P*.

prydgwaith, gw. **prytgwaith.**

prydiad [bôn y f. *prydaf*: *prydu*+-*iad*[1]] *eg.*
(*a*) Prydyddiad, mydryddiad, barddoniaeth, cerdd, cân: *a versifying, versification, prosody, verse, poetry, song.*
14g. *Bl B XIV* 98, Nêr dreisgwyn bryder, dros gain *brydiad* (Hywel ab Einion Llygliw). **14g.** *GP* 46, Mydyr neu *brydyat* yw kyuansodyat ymadrodyon perfeith. *c.* **1400** *R* 1217. 17–18, Molaf arwyraf ar eireu *prydyat*. mawr dat y mab rat mat amodeu. *id.* 1223. 16–17, Anuonaf traethaf treth ogaryat eurchwedyl ymkenedyl kanon *brytyat*. **14–15g.** *IGE*[2] 326, I warandaw, gloyw braw glwys, / *Prydiad* Adar Paradwys (Rhys Goch Eryri). *Dchr.* **15g.** *B* ii. 186, or ymadrawdd y gwneir mydyr a *phrydiat* a resswm. **15g.** *HCLl* 40, Ennynnv volyant yn vn avaelyad / i ddvw n ysbrydol ddawnvs i *brydiad*. **16–17g.** *IMCY* 228, Eithr darllain yn diriongar fy awenyddawl *brydyad*. **1632** *D* d.g. *versificatio*. **1794** *W* d.g. *versification* [*the art, or practice, of making verses*]. **1803** *P*.
(*b*) Cynllwyn, brad, dichell: *plot, intrigue.*
15g. *GO* 43, Adwythedic i deithiadav / A vwrw bradav drwy vawr *brydiad*.

prydiaf: prydio [?bf. o'r e. *pryd*[2]] *bg.a.* Ymdebygu (i'w rieni, am blentyn, &c.), tyfu'n debyg (i): *to resemble or take after (its parents, of a child, &c.), grow to look like.*
Ar lafar yn sir Gaerf., *Cymru* xl. 243, a sir Benf., 'Mae e'n *pridio*'n anhweth idd i dad', *TGG* (1907–8) 84. Fe'i clywir hefyd yng Nghwmtawe yn yr ystyr 'adnabod plentyn wrth ei debygrwydd i'w rieni', cf. T. J. MORGAN: *Dal Llygoden* (1937) 63, ac weithiau gallaf '*brydio*' plentyn (dyna'r gair ar lafar gwlad) ar y ddwy ochr drwy adnabod llygaid . . . ei dad a rhywbeth yn ei siâp a'i gerddediad a ddywed o ba lwyth y mae ei fam.
Gw. hefyd **prydaf: prydu.**

prydiol, prydlaeth, gw. **prydol**[2], **prytlaeth.**

prydles [*pryd*[1]+*les*[1]] *eb.* ll. -*au*, -*i*, -*oedd.* Les (ar dir, &c.), hefyd yn *ffig.*: *lease, also fig.*
1850.

prydlesaf: prydlesu [bf. o'r e. bl.] *ba.* Gosod neu ddal (tir, &c.) ar brydles, lesio: *to lease.*
1850.

prydlesai [*prydles*+-*ai*[3]] *eg.* ll. -*eion.* Un sy'n dal tir, &c., ar brydles; prydleswr: *leaseholder, lessee; lessor.*
1850.

prydlesddeiliad [*prydles*+*deiliad*[1]] *eg.* ll. -*iaid.* Un sy'n dal tir, &c., ar brydles, prydlesai: *leaseholder, lessee.*
1916.

prydlesol [*prydles*+-*ol*] *a.* A ddelir ar brydles, yn perthyn i brydles: *leasehold (adj.).*
1851.

prydleswr, prydlesydd [*prydles*+-*wr*, -*ydd*[3]] *eg.* ll. *prydleswyr, prydlesyddion.* Un sy'n gosod tir, &c., ar brydles; prydlesai: *lessor; leaseholder, lessee.*
1858.

prydlon [*pryd*[1]+-*lon*] *a.* Yn digwydd (cyrraedd, &c.) ar yr amser penodedig, (am berson) gofalus i gyrraedd, &c., ar yr amser penodedig, heb fod yn hwyr, mewn pryd, mewn amser da, amserol, tymhoraidd; cyfaddas, cymwys, priodol: *punctual, prompt, timely, seasonable; suitable, appropriate, proper.*
1620 *Ecclus* xxii. 6, Megis cerdd mewn tristwch, yw ymadrodd allan o amser: eithr *prydlon* bôb amser fydd ffrewyllau, ac addysc doethion. **1630** R. LLWYD: *LlH* [ii], megis plentyn . . . yn y grôth, yn disgwyl yr amser pennodol, a'r tymp *prydlawn* . . . sef yr achlysur cymmwys. **1632** *D*, *prydlawn*, tempestiuus, tempestiuè. **1661** E. LEWIS: *Drex* 98, bydded i'n *prydlawn* (*timely*) edifeirwch ragflaenu ein cospedigaethau. **1679** C. EDWARDS: *GGG* 252, a'n gwaredu ni yn ei amser *prydlawn* (*due time*). **1688** T. JONES: *Alm* [29], Yr amser hwn sŷ *brydlawn* i hel Rhosau. **1696** *GGTY* 347, [c]yngor *prydlawn* i rieni. **1761** E. ELLIS: *CPLl*

d.d., Cofiadur *Prydlon* Lloegr. **1773** *W* d.g. *good, in good time, or at a good time, seasonable* [*that is done, &c. in season*]. **1799** DAFYDD IONAWR: *MB* 27, Daeth Sôn yn *brydlon* i'w Bro / . . . / Fod ynfyd Lu . . . / Yn dynesu 'n dân ysawl. **1803** *P* d.g. *prydlawn*.

prydlondeb [*prydlon*+-*deb*] *eg.* Yr ansawdd neu'r arfer o fod yn brydlon, gofal ynglŷn â chadw at amser penodedig; adeg gymwys, tymoreiddiwch: *punctuality; timeliness, seasonableness.*
[**1783**] *W* d.g. *seasonableness.*

prydlonder [*prydlon*+-*der*] *eg.* Adeg gymwys, tymoreiddiwch; prydlondeb: *timeliness, seasonableness; punctuality.*
1632 *D* d.g. *tempestiuitas.* [**1783**] *W* d.g. *seasonableness.* **1803** *P.*

prydlonedd [*prydlon*+-*edd*[1]] *eg.* Adeg gymwys, tymoreiddiwch; prydlondeb: *timeliness, seasonableness; punctuality.*
[**1783**] *W* d.g. *seasonableness.* **1803** *P.*

prydlyfr[1] [bôn y f. *prydaf*: *prydu*+*llyfr*[1]; ansicr yw dosbarthiad nifer o'r enghrau. rhwng *prydlyfr*[1] a *prydlyfr*[2]] *eg.* Adran yng ngramadegau'r penceirddiaid (yn enw. un sy'n rhoddi egwyddorion y canu mawl), ?llyfr barddoniaeth, hefyd yn *ffig.*: *section of traditional Welsh bardic grammar* (*esp. one setting out the principles of eulogistic poetry*), ?*book of poetry, also fig.*
14g. *GIG* 94, Prydfawr fu'r ffyddfrawd mawr mau, / *Prydlyfr* i bob pêr odlau [marwnad Llywelyn Goch ap Meurig Hen]. *a.* **1575** *GP* 124, yn ddiwaethaf o'r pump llyfr kerddwriaeth kerdd davod, yr hwnn a elwir *prydlyfr*, yr hysbysswn bellach, ac yn gyntaf o'r beiav gocheladwy. *a.* **1587** *Y* 124, *Prydlyfr* a'r beirdd parodwledd / A wnai wyr byw yn o'r bêdd. **1587** *id.* 236, Bu radlawn yn i *brydlyfr*, / Beraidd gân wrth i lan lyfr [marwnad Wiliam Cynwal]. **1587** *RWM* i. 943, *Pryd lyfr*: Raid yw bellach wybod para ffyrf i molir pob peth ar y mynir kanv iddaw. *ib.* fal llyn i terfyna y llyfr kerddwriaeth ner *pryd lyfr* yr hwn a naeth einion yffeiriad.

prydlyfr[2] [*pryd*[1]+*llyfr*[1]; gw. *prydlyfr*[1]] *eg.* Llyfr plygain, llyfr oriau, hefyd yn *ffig.*: *primer, book of hours, also fig.*
14g. *GIG* 78, Priodor, gyfaill prydydd, / *Prydlyfr*, offerenllyfr ffydd [i Ieuan, esgob Llanelwy]. *id.* 139, *Prydlyfr* gweryddon wyd a'u priodles [i Fair]. **1547** *WS*, *prydlyfyr* ne lyfer plygain, a prymer. **1604–7** *TW* (*Pen* 228), *prytliuer*, y ddywedyt plygein d.g. *matutinus.*

prydllaeth, gw. prytllaeth.

prydnawn, prydnawnaf: prydnawnu, prydnawnfwyd, prydnawnol, &c., gw. **prynhawn, prynhawnaf: prynhawnu, prynhawnfwyd, prynhawnol,** &c.

prydnwydau, gw. prynhawnfwyd.

prydol[1] [*pryd*[2]+-*ol*] *a.* Prydferth, golygus, prydweddol: *beautiful, handsome, comely.*
14–15g. *IGE*[2] 113, Gwn na wnaeth . . . / Paentiwr balch ar galch neu gŵyr, / Llun gŵr, a'i roi'n llawn o ged, / Na delw cyn *brydoled* (Gruffudd Llwyd). **16g.** HUW ARWYSTL: *Gw* 68, karw hoff *prydol* korff predyr. *id.* 106, llvn predur llawen *prydol.* **1587** *NBSD* 27, pur adail gwaith *prydol* gwych (Lewys Dwnn). **1588** *Jud* viii. 6, yr oedd hi yn lluniaidd, yn *brydol*, ac yn lân iawn yr olwg.

prydol[2], **prydiol** [*pryd*[1]+-(*i*)*ol*] *a.* Cyfamserol, amserol, tymhoraidd; prydlon: *timely, seasonable; punctual.*
1664 *LlGG* sig. E4V, [d]erbyn yr unfath *brydol* gymmorth. *c.* **1730** *Thos. Lloyd D* (LlGC) 195b, *prydol*, tempestiuus. **1732** *AABI* 28, y Ffigusbren . . . yr hwn ni ddugodd ffrwyth *prydiol* ac amserol. **1803** *P*, *prydawl* . . . seasonable. *id.* *prydiawl* . . . seasonable.

prydus [*pryd*[2] (?a bôn y f. *prydaf*: *prydu*)+-*us*; ansicr yw engh. *CRC*] *a.* Prydferth, hardd, teg, golygus; ?enwog, moliannus: *beautiful, comely, fair, handsome; ?famous, praised.*
12–13g. *GLlLl* 122, Betrawd a'n daerawd, pob deurut—*prydus. id.* 215, Ninheu ueirt Prydein, *prydus*, eiryan. **13g.** *C* 77. 2, *Prydus* perchen priodaur ben. *c.* **1300** *H* 22a. 10, *prydus* diesgus esgar dilein (Einion ap Gwgon). **14g.** *GDG*[3] 3, Gwirdad a Mab rhad *prydus*—ac Ysbryd. **1547** *WS*, *prydus* tec, Beautyfull. **1586** *CRC* 376, sidanen y vel ynys / sidanen fwyn a *ffryttys.* **17g.** *PBA* liii. 136, Bedd Elidir Mwynfawr ynglan mawr Meweddus, / fawd *brydus* briodawr. **1632** *D*, *prydus*, formosus. *id.* d.g. *pulcher, speciosus.* **1770** *W*, *Brydused* ydyw! d.g. *beauteous* . . . *How beautiful she is!* **1796** *Geirgrawn* 181, Dichon dadleuwr cywraint a ffraeth ddwyn mil o resymmau *prydus* i gadarnhau pwngc.

prydusrwydd [*prydus*+-*rwydd*] *eg.* Prydferthwch: *beauty.*
1770 *W* d.g. *beautifulness.*

prydwedd [*pryd*[2]+*gwedd*[1]] *eg.* ll. -*au*, -*ion.* Ymddangosiad, golwg, wyneb, pryd a gwedd, llun; nodwedd, priodoledd, hynodrwydd: *appearance, aspect, countenance, complexion, form; feature, characteristic, trait.*
1764 I. BRYDYDD HIR: *Gw* 100, A'i hoew ardd dirion, lon, lwys, / Oedd o *brydwedd* Baradwys [am ardd William Morris, Caergybi]. [**1794**] M. WILLIAMS: *DUJ* 21, Benywod glân o *bryd-wedd.*

prydweddiad [*prydwedd*+-*iad*[1]] *eg.* Ymddangosiad, golwg, pryd a gwedd; nodweddiad, priodoledd, natur: *appearance, aspect, complexion; characteristic, feature, nature.*
1800 *CLl* 229, Deiliw'r [*sic*] Cwrel, dolur Cariad, / dy *brydweddiad* i Brydyddion (Twm Pedrog).

prydweddol [*pryd*[2]+*gweddol*] *a.* Prydferth, golygus, teg; gweddus, addas: *beautiful, handsome, fair; seemly, fitting.*
1588 *Deut* xxi. 11, A gweled o honot . . . wraig *brŷdweddol.* **1588** *Ecclus* ix. 8, Na thro dy olwg at wraig *brŷdweddol.* **1632** *D* d.g. *formosus, honestus, liberalis, pulcher.* **1661** E. LEWIS: *Drex* 197, Rahel *brydweddol* oll heb un brycheuyn arni. **1684** H. OWEN: *DC* 386, mor *brydweddol* yw'r Priodfab. **1691** T. WILLIAMS: *YB* 84, a ddarparodd i'ni y cyfriw gorph, ag sydd yn *brudweddol* ag yn wasanaethgar hefyd. **1709** HUW MORUS: *EC* i. [98], Piler y gân gyfan gu, / *Prydweddol* yw prydyddu [marwnad Huw Morus gan Owain Gruffydd]. **1722** T. EVANS: *PS* 61, nad oes un peth . . . yn afraid yn nechreu ein Gweddiau, eithr pob peth . . . yn *brydweddol* ac yn gymmwys. **1727** J. JONES: *DFF* 128, yn deg a *phrydweddol* mewn Ymddygiad ac Ymarweddiad oddi allan. **1776** *W* d.g. *likely* [*handsome, &c.*], *personable* [*of a good person or external appearance*]. **1790** T. JONES: *TOS* 265, Pob peth sydd *brydweddol* a rhagorol yn ei bryd.

prydweddoldeb [*prydweddol*+-*deb*] *eg.* Prydferthwch, harddwch: *beauty.*
1810.

prydweddolrwydd [*prydweddol*+-*rwydd*] *eg.* Prydferthwch, harddwch; hawddgarwch: *beauty; amiableness.*
1773 *W* d.g. *goodliness.*

prydwen [*pryd*[2]+*gwen*] *a.* (*b.*) a hefyd fel *eb.* ll. -*nod.* Gwyn ei lliw neu ei hymddangosiad; llun, delw, ffurf (wen); gwraig hardd: *of a white hue or appearance; shape, image,* (*white*) *form; beautiful woman.*
1632 *D*, *prydwen*, specie candida . . . Sic vocant Arthuri Regis Clypeum. **1688** *TJ*, *prydwen*, llun, delw: a figure, image, form or shape. **1722** *Llst* 189, *prydwen* f.p. *wennod*, A beautifull woman. **1725** *SR* d.g. *image.* **1753** *TR*, *prydwen*, of a white form. **1794** *W* d.g. *woman, a pretty young woman* [*for feature and complexion*]. **1803** *P*, *prydwen*, s. f. that is white. Digwydd fel enw ar long Arthur, a thrwy gamgymeriad ar ei darian, gw. *CO*[2] 147.

prydydd [bôn y f. *prydaf*: *prydu*+-*ydd*[3]; H. Grn. *pridit*, gl. *poeta*] *eg.* (bach. -*yn*) ll. -*ion.* Bardd (wedi ei hyfforddi yng nghelfyddyd cerdd dafod), mydrwr, rhigymwr: (*trained*) *bard, poet, versifier, rhymester.*
12–13g. *GLlLl* 7, Mi *brydyt* brydest annyanawl. *id.* 35, Ardunyant prifueirt eurdwrn *prydytyon. c.* **1300** *H* 6b. 27, kymyt ath *brydyt* ny bryd yn uas (Gwalchmai). **14g.** *BT* 127, deuryw ymrysson . . . vn yrwng beird a*phrydydyon.* vn arall y rwng telynoryon achrythoryon. **14g.** *GP* 56–7, Ni pherthyn ar *brydyd* ymyrru ar glerwryaeth . . . kanys gwrthwyneb yw eu kreffteu. Kanys krefft *prydyd* yw kanmawl, a chlotuori, a digrifhau, a gwneuthur molyant a gogonyant a didanwch, a dosparthus yw y gerd, a barnu a ellir arnei . . . Ef a dichawn *prydyd*, hagen, ymyrru ar deuluwryaeth, kanys disgybyl y *brydyd* yw teuluwr, a cherd dosparthus yw. **14g.** *GDG*[3] 285, *Prydydd* i Forfudd wyf fi, / Prid o swydd, prydais iddi. *c.* **1400** *GP* 17, Tri ryw gerdwr yssyd: clerwr, teuluwr, a *phrydyd. ib.* Tri pheth y kae kerd arnaw heb vynet yn y erbyn: hengerd yr hen *brydydyon*, ac awdurdawt y *prydydyon* newyd, a cheluydyt o gerdwryaeth ny aller yn y herbyn. **15g.** *GLGC* 307, Cŵyn *prydydd* am F'redydd fry / oedd awdl a chywydd wedy. **1547** *WS*, *prydydd*, a ryme maker. **1632** *D*, *prydydd*, poëta, encomiastes. **1687** (**1715**) J. OWEN: *TB* [v], yr hen *brydydd* Rhufeinig, Fœlix. **17–18g.** IACO AB DEWI: *Gw* 299, Ond fe w's'naeth pob *Prydyddyn* / Mewn rhyw dyrfa. **1754** *ML* i. 299, onid oes rhyw dynged yn dywedyd nad â *prydydd* byth yn gyfoethawg. **1803** *P.* Ar lafar ym Morg. yn y ff. *pritydd* 'rhigymwr, awdur penillion', cf. *GWG* 331, *pretidd* . . . a local bard. Also *prytidd.* Fe'i ceir fel epithet, e.e. Meilyr *Brydydd*, Ieuan *Brydydd* Hir. Cf. hefyd *Prydydd* y Moch, y *Prydydd* Bychan. Digwydd yn yr e. lle *Sarnyprydydd* ym mhlwyf Llaneilian, sir Ddinb., *Études* xi. 402.
Gw. hefyd **prydyddes.**

prydyddaf, prydyddiaf: prydyddu, prydydda, prydyddio [bf. o'r e. bl.] *bg.a.* Cyfansoddi (prydyddiaeth), llunio (cerdd), barddoni, mydryddu; trosi (rhyddiaith) i fydr: *to compose* (*poetry*), *write* (*a poem*); *versify* (*prose*).
p. **1584** G. ROBERT: *GC* [250], penceirddied wrth *brydyddu*, gwe[ll] genthynt fod llythyren ar gam, nog ystyr ddiflas. **1632** *D* d.g. *poëtor.* **1709** HUW MORUS: *EC* i. [98], Piler y gân gyfan gu, / Prydweddol yw *prydyddu* [marwnad Huw Morus gan Owain Gruffydd]. **1725** *SR* d.g. *to versifie.* **1756** *Gron* 83, *Prydyddwch*, wŷr per diddan, / Anfarwol, ragorol gân. **1759** *DG* 70, Cerddorion nef lŵyslef lân / *Prydyddant* y'w brawd diddan. **1790** TWM O'R NANT: *GG* 120, Ni chaid un, â chô dawnus, *brydyddai*, / Yn Rhod y dyddiau mor Anrydeddus. **1793** J. HARRIS: *Alm* 8, Yr un Gofyniad wedi ei *Brydyddio.* **1803** *P*, *prydyddu*, to poetise, to compose poetry, to write verses. Ar lafar ym Morg. yn y ff. *prydydda*, *GWG* 331, a *prydyddio.* Cf. *PT* 9, Os wyt ti am *brydydda*, / Der' di a'th bill yn gynta.

prydyddaidd [*prydydd*+-*aidd*] *a.* Yn perthyn i brydydd neu brydyddiaeth, tebyg i brydydd, barddonol, awenyddol: *pertaining to a poet or poetry, poet-like, poetical, poetic.*
14g. *GDG*[3] 43, Nid byd heb Wyndyd pryd *prydyddaidd.* **16g.** (*LlEG*) *Mos* 158, 502b, ymrauaelion wersi *prydyddaidd* Eraill. **1707** *AB* 123a, barddonædd, *prydyddædd* d.g. *poeticus.* **1780** *W* d.g. *poetic, or poetical* [*of the nature of poetry, &c.*]. **18–19g.** *LlGC* 21408, 2, Y mae Englynion y Prydydd hwn yn ddigon rheolaidd. Rhai o honynt yn *brydyddaidd.* **1803** *P*, *prydyddaidd*, like a poet.

prydyddes [*prydydd*+-*es*[1]] *eb.* ll. -*au.* Gwraig sy'n cyfansoddi prydyddiaeth, barddes, barddones, hefyd yn *ffig.*: *poetess, also fig.*
?**14g.** (*a.* **1577**) *Pen* 49, 6, prit yw i chof gan ovydd / *prydyddes* gwehyddes gwydd [i'r eos]. **15g.** *GGl*[2] 217, Bod yt (ni wn na bai dau) / Ddwsin o *brydyddesau.* **1552** *Pen* 403, 27, [p]edair morwyn a chwbl yn boets hynny ydiw megis *prydyddesev* ond i bod yn ddyscedic. **16g.** D. R. THOMAS: *DS* 16, Daildai ddehuddai hoywddysg—bro diddan / *Brydyddes* y man-wrysg [i'r eos]. **1592** S. D. RHYS: *Inst* 185, Dydi yn *brydyddes* beisgoch. **16–17g.** *GST* i. 527, Prydaist i fab, rhodiaist fyd, / *Prydyddes* parod oeddud [i'r bi]. **1632** *D* d.g. *poëtria.* **1778** J. THOMAS: *HB* xxvii, Yr oedd hi yn *brydyddes* yn y iaith Gymraeg. **1803** *P.*

prydyddfardd, gw. **prydydd**+**bardd.**

prydyddiaeth [*prydydd*+-*iaeth*] *eb.g.* ll. -*au.* Barddoniaeth, mydryddiaeth, cerdd; priod swydd a gwaith prydydd, yr uchaf o dair cainc cerdd dafod: *poetry, poem; profession and function of a 'prydydd', the highest of the three branches of traditional Welsh poetry.*
14g. *GP* 46, Teir keing ysyd o gerd dauawt, nyt amgen, klerwryaeth, teuluwryaeth, a *phrydydyaeth* . . . Teir keing ereill a berthynant ar *brydydyaeth*, nyt amgen, ynglynnyon, ac odlau, a chywydeu kerdwreid, anhawd eu kanyat a'y dychymic. **14g.** *GDG*[3] 57, Ef aeth y *brydyddiaeth* deg / Mal ar wystl, mul yw'r osteg [marwnad Gruffudd Gryg]. *id.* 280, Megais, neur guriais, gariad, / Mab maeth o *brydyddiaeth* brad. **16g.** *Hop M* 207, *prydyddiaeth* parod wyddost / pob arch cerdd pawb ar ych côst. **1592** S. D. RHYS: *Inst* [xvi], dodi allan mywn print . . . degwch a' phrydferthwch y *Brydyddiaeth* Gymreic. **16–17g.** *Cer RC* 42, Sawdwr ydwy' mewn gwlad bell / Heb fedru gwell *prydyddieth.* **1632** *D* d.g. *musa, poëtica, versificatio.* **1687** (**1715**) J. OWEN: *TB* 101, Pan ddannododd un i Beza ei *brydyddiaeth* anllad yn ei Jeuenctyd. **1732** *AABI* 132, Mi ddarllenais am ddyn tlawd, a berswadiodd ysgolhaig ifangc i adel heibio darllen *Prydyddiaeth.* **1754** *ML* i. 310, hen *Brydyddiaeth* o'r eiddo Gwalchmai ai gydoesiaid. **1762** I. BRYDYDD HIR: *Gw* 69, Chwareu gainc a chywir gân / O *brydyddiaeth* brau diddan. **1798** W. RICHARDS: *CC* 20, y pethau

mwyaf cethin a gwâg a welodd y byd erioed, dan enw *prydyddiaeth*. **1803** *P*.

prydyddiaf: prydyddio, gw. **prydyddaf: prydyddu.**

prydyddig [*prydydd*+-*ig*[2]] *a*. Prydyddol, barddonol: *poetic, poetical.*

p. **1584** G. ROBERT: *GC* [250], amhyn[n]y wrth ryfig *prydyddig* . . . nhwy [penceirddiaid] weithiau a a[ll]ant, heppian . . . yn ddifarn.

prydyddlyd [*prydydd*+-*lyd*] *a*. Coegfydryddol, barddonllyd: *pretentiously poetic.*

1852.

prydyddol [*prydydd*+-*ol*] *a*. Barddonol, barddol; ar fydr neu ar gân, mydryddol: *poetic, poetical; metrical.*

1595 *Egl Ph* 19, ymadrodd araithiawl, neu *brydyddawl*. **1655** R. JONES: *PC* xv, a phawb er ioed a lefarasont wrth Dduw mewn caniadau, cytgerdd, neu *brydyddawl* ddiolchgarwch. **1688** *TJ*, barddoniaidd, *prydyddawl*. Poetical. [**1740**] D. LLWYD: *YDD* 2, gan fod y geiriau rhain [o'r Salmau] yn *Brydyddol*. **1780** *W* d.g. *poetic, or poetical* [*of the nature of poetry, &c.*]. **1791** *AUA* 17, newidiwch hwynt [gwallau mewn awdl] . . . canys ni safant mwy nac ûs o flaen corwynt yn y frawdle *brydyddol*. **1798** W. RICHARDS: *CC* 20, un o'u pregethwyr *prydyddol* hwy. **1799** DAFYDD IONAWR: *MB* xi, myfi a wnaethum fy rhan tu ag at gadw y Gelfy[dd]y[d] *brydyddawl* rhag llwyr ddiflannu. *id*. 16, Beunydd hwy a dderbynnian' / Y bywiawl *brydyddawl* dân / O'r Nef. **1803** *P* d.g. *prydyddawl*.

prydyddwas [*prydydd*+*gwas*[1]] *eg*. Prydydd, bardd: *poet.*

1789 *BDG* 505, Clâs y *prydyddwas* diddan. **1790** TWM O'R NANT: *GG* vi, Tomas *Prydyddwas* diddan ab Edward.

prydyddwawd, gw. **prydydd**+**gwawd.**

prydyddwr [bôn y f. *prydyddaf*: *prydyddu* +-*wr*] *eg*. (b. -*wraig*) ll. -*wyr*. Prydydd, bardd: *poet, bard.*

1764 I. BRYDYDD HIR: *Gw* 99, Cynnull gwaith (canwyll y gân) / Y *prydyddwyr* per diddan [marwnad William Morris]. **1789** GW. MECHAIN: *Gw* i. 237, Wele yr o *brydyddwyr* dyddan.

prydyddyn, gw. **prydydd.**

Prydyn[1], **Pryden** [*Prydyn* < Brth. **Pritenī* (godd. ll.), cf. Gwydd. C. *Cruithin*; *Pryden* < Brth. **Pritenon* (gen. ll.); cf. *Prydain*[1], ?a *pryd*[2]] *e.ll.* a hefyd fel *eg.?b.* (Pobl) yr Alban, (gwlad y) Pictiaid: (*people of*) *Scotland*, (*land of the*) *Picts.*

c. **1200** *VSB* 84, Cau *Pritdin*, seu Caur, dudum uocitabar. **13g**. *LlI* 59, Ef a uessurus er enys hon o Penryn Blathaon em *Pryden* hyt em Penryn Penwaed eg Kernyu. **13g**. *A* 24. 18–19, goruchyd y lav loflen argynt a gwydyl a *phryden*. **14g**. *T* 13. 9–10, Gwydyl iwerdon mon a*phrydyn*. *id*. 15. 1–2, ryfel heb dychwel y tir*prydyn*. **14g**. *GDG*[3] 31, Llwybr urddas bar bras yn bwrw bryn,—eglur / Oglais Lloegr a *Phrydyn*. *id*. 156, O chlyw fod, taer orfod tyn, / Brwydr yng ngwlad Ffrainc neu *Brydyn*. **14g**. *GIG* 2, Cof cyfeddliw heddiw hyn, / Bob ail brwydr, gan bobl *Brydyn*. *c*. **1400** *R* 1268. 20–1, llefant hyt *brydyn* llynn llumonwy. **15g**. *GDLl* 28, Llychlyn a *Phrydyn* a Ffrainc. **1730** *Leg Wall* 581, *Prydyn*, Caledonia. Scotland. **1803** *P*, *Prydyn*, s. m. a name synonymous with Prydain, or Britain, and sometimes used for it; but in general applied to Scotland.

Amr.: **Prydain**[2] [?enghrau. gwallus]. **14g**. *BT* 59, hyd ymhenryn blathaon y*mhrydein*. **14g**. *WM* 464. 28. *id*. 482. 23–5, kadw [*sic*] o *prydein*. trugein cantref *prydein* yssyd danaw ef. **14g**. *TYP*[2] 228.

Gw. hefyd **Prydain**[1].

Prydyn[2], gw. **Prydain**[1].

prydd [?gair Iolo Morganwg; ?cf. *prudd*] *a*. a hefyd fel *eg*. Da, ffrwythlon, toreithiog; hapus, llawen; lle ffrwythlon: *good, fertile, rich; happy, glad; fertile place.*

18–19g. *MA* iii. 277, Tri pheth à ennillant air da i venyw: ei chell yn *brŷdd* [:– *Prydd*, very good, rich, substantial. Glamorgan.], ei thŷ yn loyw, a'i thylwyth yn drwsiadus. **1803** *P*, *prydd*, s. m. that is teeming with produce; a luxuriant spot. *id*. *prydd*. a. good . . . rich, or luxuriant; comfortable, happy. Byw yn *brydd*, to live well; gwlad *brydd* iawn, a country abounding with every comfort; llaeth *prydd*, rich milk; yd *prydd*, fine corn. Sil. Tragwyddoldeb yw dy oes *brydd*; / Pawb ereill sydd i ddarfod . . . Syr S. Owain. Mae ganto'r bwydydd gorau, / Ac oll o'i brydiau'n *brydd* . . . Dafydd o'r Nant.

pryddest, prydest [bôn y f. *prydaf*: *prydu* +-*est*, cf. *gloddest*, *bloddest*; tebyg mai camddeall org. Cym. C. a roes fod i'r ff. yn -*dd*-] *eb*. ll. -*au*, (prin a diw.) *pryddeist*. Cerdd (hir), cân; cerdd gymharol hir ar fesur(au) rhydd (ond nid o angenrheidrwydd yn ddigynghanedd) y cynigir y goron amdani yn yr Eisteddfod Genedlaethol (gthg. *awdl*): (*long*) *poem, song; fairly long poem in free metre, sometimes with 'cynghanedd', for which the crown is offered at the National Eisteddfod.*

12–13g. *GLlLl* 7, Mi brydyt *brydest* annyanawl. **13g**. *MA*[2] 221a. 19, Llwrw y gŵn gwenwawd *bryddestau* [*sic*] (Dafydd Benfras). *c*. **1300** *H* 23a. 38, pennyadur prydein *prydest* deilwng (Einion ap Madog). *id*. 35a. 16–17, Om *prydest* ym prydein amgant amgre[in] bryd o bryder aduant (Cynddelw). *id*. 40a. 33, *Prydesteu* kymry kymrodyal kynhelw (Cynddelw). **14g**. *T* 7. 13–14, y veird brython *prydest* ofer. **15–16g**. *GRB* 48, *Prydest* hyd y parwydydd, / prid iawn fu'r Bewper y dydd. **1632** *D*, *pryddest*, poësis, poëma, encomium, encomiasticum. **1688** *TJ*, *pryddest*, Cerdd gyson: a Poem. **1722** *Llst* 189, *pryddest*, a poem, panegyrick. **1753** *TR*, *pryddest*, a poet's work, a poem, a piece of poetry, a copy of verses in one's praise. **1780** *W*, *pryddest* d.g. *poem* [*the composition of a poet*]. **1803** *P* d.g. *pryddest*. Gw. hefyd *CLC* 487–8.

pryddestaf: pryddesta, pryddestu [bf. o'r e. bl.] *bg*. Llunio pryddest, prydyddu, barddoni: *to write a 'pryddest', compose poetry.*

1803 *P* d.g. *pryddestu*.

pryddestaidd [*pryddest*+-*aidd*] *a*. Tebyg i bryddest, hefyd yn ddifr.: *'pryddest'-like, also derog.*

20g.

pryddestawd, prydestawd [*pryddest, prydest*+-*awd*[4]; tebyg mai camddeall org. Cym. C. a roes fod i'r ff. yn -*dd*-] *eg*. Cerdd, cân, pryddest: *poem, song, 'pryddest'.*

c. **1400** *R* 1143. 18–19, *prydestawt* ordrindawt traethu. **1803** *P*, *pryddestawd*, s. m. a poetical composition.

pryddestol [*pryddest*+-*ol*] *a*. Yn perthyn i bryddest, tebyg i bryddest, nodweddiadol o bryddest, barddonol, hefyd yn ddifr.: *pertaining to a 'pryddest', 'pryddest'-like, characteristic of a 'pryddest', poetical, also derog.*

1707 *AB* 96b d.g. *musicus*. **1803** *P* d.g. *pryddestawl*.

pryddestwr [bôn y f. fl.+-*wr*] *eg*. ll. -*wyr*. Cyfansoddwr pryddestau, bardd, rhigymwr: *composer of 'pryddestau', poet, versifier.*

1803 *P*, *pryddestwr* s. m. a versifyer; a minstrel.

pryf[1] [H. Grn. *prif*, gl. *uermis*, Crn. C. *pref*, Llyd. C. *preff*, Llyd. Diw. *preñv*, e. lle Gal. *Prim*(*antia*), H. Wydd. *cruim*: < IE. **k*[u]*r̥mi*- 'cynrhonyn'] *eg*. (bach. *pryfyn*, *pryfedyn*) ll. *pryfed* (?ll. dwbl *pryfedau*).

(*a*) Trychfil, yn enw. un o deulu'r *Muscidæ*, hefyd am anifeiliaid eraill tebyg: *insect, esp.* (*house*)*fly, also of other similar animals.*

14g. *BT* (*RB*) 160, ryw *bryuet* a deuth y ulwydyn honno y yssu deil y gwyd, yny diffrwythawd hayach pob ryw brenn. **14g**. *WM* 467. 2–3, penn y *pryuet* ayssynt rac newyn. *c*. **1400** *DB* 33, y mae y ryw *bryuet* (*vermes*) kyffelyb y granc, a deu vreich udunt o whech kufyt yn eu hyt. *c*. **1400** [*RB*] *WM* td. 98. 23–5, [c]ymryt ereill or *pryuet* ae briwaw ymplith dwuyr . . . ydistriw kenedyl y coranyeit. **1547** *WS*, gwrach y lludw *pryf*, a sowe. **1595** H. LEWYS: *PA* 97, llau, chwain, *pryfed* (*flies*), ar cyfryw gymyscbla. **1632** *D*, *prŷf* tebyg i'r morgrugyn d.g. *serphus*. *c*. **1648** *Llst* 124, 416, Y gwreinyn bach gronvn byw / cyndyn *bryfedyn* ydyw. **1725** D. LEWIS: *GB* 107, *Prŷf* gwenwynig rhyfeddol ag sydd yn Italy, ac a elwir Tarantula. **1775** *W* d.g. *insect*. Ar lafar yn sir Benf. a'r De yn y ff. *pryfŷn*, *pryfedyn*, *GDD* 235, yn y Gogledd yn y ff. *pry*, ac yng Nghered. yn y ff. *pryfyn*, *Nat* xvi. 7. Ar lafar yn Arfon am 'bluen bysgota', *WVBD* 445.

(*b*) Larfa amrywiol drychfilod, macai, cynrhonyn, abwydyn, hefyd am anifeiliaid eraill tebyg: *larva of various insects, maggot, grub,* (*earth*)*worm, also of other similar animals.*

a. **908** (*Diw*. **14g**.) *Cormac* 19, *Prem* . . . isin chombreic is cruim isin gāidilg. **1346** *LlA* 168, Achrwyn auyd yn ev kylch [salamandriaid] megys crwyn y*pryfet* awna ysydan. *c*. **1400** *YCM*[2] 30, Yr hwnn . . . a wna tyuu *pryuyn* y mywn y ffaen, ac a wna tyuu *pryf* creadur y mywn y prenn. **1547** *WS*, gel *pryf*, horse leche. *id*. *pryf* a vwyty gadachau, a mothe. **16g**. *SChC* 274, Chwerw 'i flas, lais garwgas ged, / Y fo'i profodd y *pryfed* [Syr Robert Powel am grwth]. **1567** *TN* 107a, [t]resawr . . . yn y nefoedd, lle . . . ny lygra *pryf* [:– gwyfyn]. **1588** *Ecs* xvi. 20, efe [manna] a fagodd *bryfed* ac a ddrewodd. **1588** *Deut* xxviii. 39, ni chesgli y grawn-win canys *pryfed* ai bwyttu. **1588** *Jona* iv. 7, A'r Arglwydd a baratôdd *brŷf* . . . ac efe a darawodd y Cicaion, ac yntef a wywodd. **1595** H. LEWYS: *PA* 89, Brethyn sydd raid i fynych haulo ai frwyssio, rhag . . . i yssu gann *bryfed*. **1615** R. SMYTH: *GB* 58, eulun *pryf* truan sy'n diellu allan o 'r ddaear. **1677** R. JONES: *BB* 103, Nid oes un Brenin o'i gyffelybu i Dduw cymmaint, ac yw gwybedyn neu *bryfedyn* (*worm*) wrth y Brenin hwnnw. **1696** *CDD* 78, Edrŷch i wared, wrth wraidd y pren gweled. / Dau *brŷ* cŷn ddiwŷdied heb arbed y bôn, / Ond yssu hwn drwŷddo, a'i gnoi oddi tano. *c*. **1730** *Thos. Lloyd D* (LlGC) 195b, *pryfyn*, vermiculus—*Pryfedyn*. **1758** *ML* ii. 69, fe ddarfu i'r sychdwr . . . fagu mwccaiod y rhai a ddifasant fy afalau yn erchyll, ond dyma . . . law graslon ai difa . . . bod y *pryf*. **1803** *P*. Ar lafar yn Arfon yn yr ystyr 'worm', *WVBD* 445, ac yn siroedd Caerf., Morg., a Brych. am gynrhon, e.e. cynrhon ar ddefaid, *LGW* [250]–1.

(*c*) Cynrhonyn, abwydyn, &c., sy'n ysu corff yn y bedd, &c., neu yn uffern: *maggot, earthworm, &c., which devours a body in the grave, &c., or in hell.*

1346 *LlA* 31, *pryuet* ae goresgynn wynt yng gogouev uffernnawl. *id*. 40, yr arglwyd adyry eu kic yr *pryuet*. Ac yr tan ny diffyd. *id*. 53, Y tryded boen [yn uffern] yw. *pryfet* annvarwawl oseirff adreigev. *id*. 134, Pann vo dyanustyr gorff yny dayar yn gudyedic. Ar *pryfuet* yn bwytta dy ystlysseu. *c*. **1400** *R* 1234. 6–7, Trefneist wern uffern affeith sathan. trefret i *bryuet* lle ydymbrouan. *c*. **1400** *Ked AA* 3, [p]an del angheu y wahanv dy eneit a'th gorff, y byrir y corff ryvygus y'r *pryuet* a'r eneit y boeneu uffern. **14–15g**. *IGE*[2] 272, Ac wythgant, meddant i mi, / O *bryfed* yn ei brofi (Siôn Cent). **1551** W. SALESBURY: *KLl* xxixa, Nycha wyntwy oll a henant mal gwisc, ar *pryf* ae yssa wy. **1588** *Job* xxiv. 20, melus gan y *pryf* ef, ni chofiir ef mwy. **1588** *Eseia* lxvi. 24, A hwynt . . . a welant gelanedd y rhai a wnaethant gamwedd i'm herbyn, canys eu *pryf* ni bydd marw, ai tân ni ddiffudd. **1588** *Jud* xvi. 17, yr Arglwydd holl-alluog a ddial arnynt hwy yn nydd y farn, drwy anfon tân, a *phryfed* ar eu cnawd hwynt. **1588** *Marc* ix. 45–6, i vffern . . . Lle ni bydd marw eu *pryf* hwynt, ac ni ddiffydd y tân. **1595** H. LEWYS: *PA* 198, nid yw ein cyrff ni ond bwyd i'r *pryfed*. **1762** W. WILLIAMS: *C* 64, Fuasau genni Obaith, / Am ddim ond Flammiau [*sic*] syth, / Y *pryf* nad yw yn Marw, / A'r Tywyllwch dudew byth. **1790** T. JONES: *TOS* 121, a'n rhoddi i orwedd yn y llwch . . . yn ymborth *pryfed*.

(*d*) Cynrhonyn sy'n magu yn y corff, sy'n peri afiechyd, neu y tybir ei fod yn peri afiechyd; gewyn ar ffurf cynrhonyn o dan dafod ci y credid gynt mai cynrhonyn ydoedd a achosai'r gynddaredd: *maggot or worm breeding in the body, causing illness, or thought to cause illness; worm, ligament under dog's tongue formerly believed to be a worm which caused rabies.*

c. **1400** *MM* 50, Rac y danhoed . . . llosci y ganhwyll yn nessaf y galler yr deint . . . Ar *pryuet* a dygwydant yn y dwfyr. *id*. 82, Y lad *pryuet* a uo y mywn kylla neu groth. *id*. 90, O genir *pryuet* y mywn dyn neu lwdyn. *c*. **1400** *Études* vii. 281, Rac y dannoed . . . ef a lad y *pryf* a vo yn y dant. **1547** *WS*, *pryf* a vydd dan dafod ki, the gredy worme. **16g**. W. SALESBURY: *Ll* ii. 144, Da yw yr suc yw vwrw mewn clust y ddifa *pryfed*. **1588** *Job* vii. 5, Fyng-nhawd a wiscodd *bryfed*. **1604–7** *TW* (*Pen* 228), rhyw *bryf* ynhauawt ci; hwn os tynnir ef ymeith anhwy'n ieueinc, ny chynddeiriogant, ag nys chwyddant y cwn d.g. *lytta*. **1632** *D*, *prŷf* ynnhafod ci, a bair iddo gynddeiriogi d.g. *lytta*. *id*. cnofa a gwewyr yn y bol gan *bryfed* d.g. *vermina*. **1759** T. THOMAS: *WWDd* 50, A'i gydwybod ef hefyd a fydd fel *prŷf* parhäus yn ei flino ef byth. **1760** *ML* ii. 171, ni wybuum i mai *pryfed* bywion a fai yng ngwynebau pobl ar ei pennau mal drain, eu tynnu mewn amser ydyw'r ffordd oreu mae'n debyg. Math eraill ar *bryfaid* sydd yn tirriaw'r mau dal . . . rhai anweledig a wnant lannerchi crynnion. **1771** *PDPh* 12, Rhag *Pryfed* mewn clustiau. Yng ngogledd Cered. sonnir am '*bryfed* yn nhin' rhywun aflonydd, 'Iste'n llonydd, grwt, 'rwyt ti fel 'se *pryfed* yn dy din di'.

(*e*) Ymlusgiad, sarff, neidr, draig: *reptile, serpent, snake, dragon.*

13g. *B* xxi. 288, kyuyt *pryf* Germania. Nyt amgen . . . kyvodassant e Saesson. **1346** *LlA* 132, gofuynnawd duw yr neidyr pa ham *bryf* vffernnawl ypereisti vdunt pechv [diwyg.] val hynn. *id*. 168, ymae *pryfet* (*vermes*) aelwir yn yn ieith ni salamandre. ar *pryfet* hynny ny allan vot yn vyw namyn ymywn tan. **14g**. *WM* 154. 11–16, Yn ymlad ar *pryf* du or garn . . . yn lloscwrn y *pryf* y mae maen. ?**14g. (1640)** *B* v. 133, y may *pryf* atkas / goris kayr Satnas. / . . . / kyfled y enau / a mynydd Mynnau. / . . . / un llygad yn y benn / gwyrdd mal glas iaen. **14g.** *YBH* 15b, Yn yr eol honno yd oed amylder acholubyr [*sic*] affryuet ereill gwenwynic. *c.* **1400** *MM* 90, Ot al [*sic*] sarff yg geneu dyn, neu or byd yndaw *bryuet* ereill byw. *c.* **1400** *YSG* i. 58, gwedy ymrydhau y wrth y sarff . . . gymryt gwynt rac meint o wres a gawssoed y wrth y *pryf.* **1677** R. JONES: *BB* 159, *pryfedyn* o ymlusgiad.

(*f*) Anifail gwyllt (bychan), bwystfil, creadur, anifail a helir, ysglyfaeth, (yn y ll.) fermin, anifeiliaid sy'n peri niwed: (*small*) *wild animal, beast, creature, animal which is hunted, quarry,* (*in pl.*) *vermin.*

13g. *LTWL* 120, habebunt mel et pisces et parva silvestria animalia, id est, *preuet.* **1346** *LlA* 10, Ae duw anwnaeth yr ednog. ar gwydbet. ar *pryuet* ereill aargywedant ydyn. *id.* 49, bethbynnac awnneler nae cladv maes. nac ygkoet . . . nae hyssu ovwystuileit. nac o*bryuet* (*bellua*). **14g.** *WM* 77. 1–2, *pryf* a welaf ith law di ual llygoden. *id.* 83. 5–9, mi a gigleu dyuot yr deheu yryw *bryuet* ni doeth yr ynys honn eiroet . . . hobeu. **14g.** *BT* (*RB*) 10, dyfygyawd bwyt yn Iwerdon, kanys *pryfet* o neff a dygwydawd ar weith gwad a deudant y pop vn; a rei hyny a vwytaawd yr holl ymborth. **14g.** *GIG* 79, Celfydd y gwnaeth, bu coelfain, / I'r *pryfed* myned i'r main; / Llyffaint mewn naint, maeddu wnâi, / A neidr yn fyw ni adai, / Na bronwen bach, *bry'* enwir, / Na charlwng teilwng i'r tir [i Badrig]. *c.* **1400** *RB* ii. 79, doeth ruw uwystuil aruthyr y veint ywrth vor iwerdon . . . daeth ynteu ehun y ymlad ar *pryf.* *c.* **1400** *R* 1277. 26–7, *Pryf* cloffdroet ym roet rat lwynawc mirein [dychan i'r llo]. *c.* **1400** (*SG*) *HMSS* i. 319, anrueil gwynn mwy ychydic noc ysgyuarnawc . . . y *pryf* affoes. **16g.** WILIAM LLŶN: *Gw* (R. Stephens) 565, E braw cadnaw, *bry'* cydnerth. **1567** *TN* 219b, e ddaeth gwiper allan o'r gwres, ac a ruthrawdd yn ei law . . . y bwystvil [:– *pryf*] yn-crog wrth ei law. **1615** R. SMYTH: *GB* 152, cwn, cathod, llygod phrengig, a phob math eraill ar *bryfed.* **18g.** *Hop M* 371, Nid oedd *pryfyn* hen nac ifanc / Ar y ddaear all'sai ddianc [i helgwn Castella]. **1794** *W*, *pryfed* [sing. *pryfyn, pryfedyn*] d.g. *vermin* . . . [*any offensive animal or insect, generally applied to those of the smaller kind*]. **1795** J. THOMAS: *AIC* 355, [c]adw draŵ [*sic*] 'r Adar a phob *pryfed* niweidiol eraill. **1803** *P*, *pryv* . . . any small animal . . . a term often used for an animal that is hunted for prey, but more particularly applied to the hare. Ar lafar yn Arfon am anifeiliaid gwyllt bychain, *WVBD* 445, ac yn arbennig am ysgyfarnog; cf. R. WILLIAMS PARRY: *CG* 81, O'r eithin wrth ei fôn [peilon] fe wibiodd *pry'* / Ar garlam igam-ogam hyd y mawn.

(*g*) (enghrau. *ffig.*: *fig. exx.*).

14g. *DGG*[2] 120, Pam gennyf am y *pryf* pryn / Y wiwdraul drem o wydryn [Madog Benfras am y drych]. **1595** H. LEWYS: *PA* 89, yr ysbrydol *bryfedae* [*sic*], a gwyfynnae . . . sydd yn llai i grymm . . . os nyni a gurir. **1615** R. SMYTH: *GB* 128, pen fythonthwy mewn gradd o ur[dd]as, mae genthynt *bryfarall* [*sic*] yn i cnoi. **17g.** E. MORRIS: *B* 38, Pa drydar pendro ydwyt, / *Pry'n* y pen, pa['r] anhap wyt [yn ymliw â'i awen]? **18g.** I. BRYDYDD HIR: *Gw* 45, Dirinwedd yw had Ronwen, / A ffals, megys y sarff hen: / Rhwystr-wch i hon, gynffon gau, / *Bry'* annwn, ddwyn ein breiniau. **1790** T. JONES: *TOS* 69, cofio am eu pengaledrwydd, a feithrin y tân, ac a geidw *brŷf* eu cydwybod rhag marw byth. Ar lafar yn Arfon mewn ymad. megis 'Ma na *bry'n* 'i ben o' 'he is not quite all there', *WVBD* 445. Ar lafar yn nwyrain Morg., i gyfleu cyflwr o ddiffyg amynedd, ''On i'n *bryfid* isha mynd ers amserodd'.

(*h*) (enghrau. am berson, gan amlaf fel gwrthrych dirmyg neu dosturi, truan: *exx. with ref. to a person, usu. as an object of contempt or pity, wretch*).

1567 *LlGG* (*Sall*) 11b, A minef *pryf* ytwyf, ac nid dyn. **1588** *Job* xxv. 6, Pa faint llai dŷn yr hwn sydd *bryf*: a mab dŷn yr hwn sydd abwydyn. **1588** *Eseia* xli. 14, Nac ofna di *pryf* Jacob. **1606** E. JAMES: *Hom* ii. 15, nid ydynt ond *pryfed* yn ymlusgo ymma ar y ddayar wrth ei dragwyddol fawrhydi ef. **1632** J. DAVIES: *LlR* 72, [y] truain ad-ddynion hyn, y rhai nid ydynt ond gwael *bryfed* y ddaiar. **17g.** *CRC* 174, Tyrd yma i chware, / Y rwyt ti n *bry* chwerw. **1670** J. HUGHES: *AP* 45, fyfi *bryfedyn* gwaelaf a bechais yn erbyn Nêf. **1677** R. JONES: *BB* 150, Oni ddylei y cyfryw *bryfed* a nyni vfuddhau ir anfeidrol Dduw a'n gwnaeth ni? **1684** H. OWEN: *DC* 156, Myfi ydwyf dy weisyn . . . tlawd, a'th *bryfedyn* gwael. **1751** *GIA* 11, Ai rhaid ir Hollalluog sefyll wrth frawdle *pryf?* **1786** B. FRANCIS: *A* ii. 179, Pa beth yw dyn ond *pryfyn* brau? **1790** T. JONES: *TOS* 205, hyn oll dros *bryfed* aflan, sy 'n well ganddynt ddinystrio eu henaid na gwadu un chwant. **1797** W. THOMAS: *CC* 18, rhyfyg . . . i *bryfedyn* gwael o Ddyn. Cf. W. REES: *AFR* 199, mae y cybydd yn *bryf* cyfrwys iawn; *id.* 206, Fu 'rioed y fath *bryfyn* llechgiedd! Ar lafar yn Arfon dywedir 'hen bry (*bryfyn, brufyn*)' am berson call a chyfrwys, un chwilfrydig, ac am un croes a haerllug, *WVBD* 446. Yn sir Ddinb., dywedir '*Pry* oddi ar faw (gachu) godith ucha' am rywun mawreddog a gafodd fagwraeth dlodaidd, M. WILIAM: *DY* 89.

Amr.: **pryfaid** [cf. *merchaid*] (ff. l.). **1704** E. SAMUEL: *BA* 49, ynteu ei hun a fu farw . . . gan *bryfeid* yn ei yssu. **1718 (1721)** S. THOMAS: *HB* 152, buase y *Pryfaid* hyn [mynachod]. . . yn difa ffrwyth y tir i feithrin eu haflendid. **1757** *ML* ii. 14, [p]*ryfaid* cochion a elwir 'bugs' yn fy mhigo'r nos. **1771** *PDPh* 70, Rhag y *Pryfaid* mewn Ceffyl. **1792** H. HARRIS: *H* 213, i farnu ei *bryfaid* gwrthryfelgar. **1803** *P* d.g. *pryfad.* Ar lafar yn Arfon, *WVBD* 445; hefyd yn nwyrain Morg. yn y ff. *pryfid.* **pryfetyn** [cf. *pryfetach*[1], *pryfetos*, a hefyd fel ff. daf. gyda chld. ym Morg.] **20g.**

Cfn.: **pryf yr (pry'r) afu:** (*liver*) *fluke.* **20g.** **pry(f) Americanaidd:** *Hessian fly, Mayetiola destructor.* **1848.** **p. bach:** (i) *housefly, a fly of the family Muscidæ, esp. Musca domestica.* Ar lafar yn siroedd Môn, Arfon, Dinb., a Ffl., *Nat* xvi. 7. (ii) *gnat.* Ar lafar mewn rhai mannau yn sir Ffl., sir Ddinb., a sir Drefn., '*pry(fed) bach*', *LGW* 241. **p. bach yr haf:** *ladybird.* Ar lafar yn Llŷn. **pryf y (pry'r) blawd:** ?*flour moth, mill moth, Ephestia kühniella.* **1604–7** *TW* (*Pen* 228), *pryf y blawt* yn magu'n y velin ag yn byw ar vlawt o vaint ceilioc rhedyn d.g. *mylacris.* **1632** *D*, *prŷ 'r blawd* d.g. *mylacris.* **pryf blewog** [cf. Llyd. Diw. *preñv-blevek*; nid oes sicrwydd mai'r cfn. a welir yn y dfn. cyntaf isod]: *hairy caterpillar, palmer-worm.* **1604–7** *TW* (*Pen* 228), *pryf blewoc*, amldraet, yn magû ar ddail y coet d.g. *auscaripeda.* **1632** *D* d.g. *auscaripeda.* **1725** *SR* d.g. *the Palmer Worm.* **1778** *W*, y *prŷf blewog* . . . vulgò Sini flewog d.g. *palmer-worm.* **pryfyn y brag:** *malt-worm, tippler, drunkard.* **1766** *CD* 16, [P]regethwr . . . a'u galwodd hwynt [meddwon], *Pryfed y Brâg.* **19–20g.** *SE*, *pryfyn y brag* (pl. *pryfed y brag*), a malt-worm; a tippler d.g. *brag.* **pryf y bresych:** *cabbage-worm, cabbage-devouring larva, esp. that of the Large White butterfly, caterpillar.* **1803** *P*, pryv . . . *pryv y bresych*, llindys, a caterpillar. **pry(f) (pryfyn) cadachog:** *palmer-worm, hairy caterpillar, centipede, millipede,* (*dict.*) *grass-hopper.* **1547** *WS*, *pryf kadachoc*, palmer. **1615** R. SMYTH: *GB* 181–2, gwlad yr hon a oedd pawb wedi ymwrthod ag yhi, ob[l]egydfod [*sic*] *pryfed cydachog* (*chenilles*) a cheliogod rhedyn yn i dinystro. **1617** *Minsheu* 220b, *prukadachog* d.g. *a Grasse-hopper.* **1632** *D*, *prŷf cadachog*, auscaripeda, millepeda, hirsuta. *id.* d.g. *campe, oniscus.* **17g.** *CLl* 216, Dwy hosan lydan oludog—profwch / Fal *pryfed cydachog.* **1803** *P* d.g. *pryv.* **pry'r gannwyll, pryf y gannwyll, pry(f) (pryfyn) cannwyll:** *moth; crane-fly.* **1604–7** *TW* (*Pen* 228), *pry'r ganwyll* d.g. *hepialus* (hefyd *D*). **1632** *D* d.g. *pyralis.* **1657** *MLl* ii. 116, Fel y llew, neu hwrdd yn gwibio, / Neu *bryf canwyll* yn disgleirio. **1803** *P.* Ar lafar yn sir Gaern. yn yr ystyr 'gwyfyn', 'troi o gwmpas fel *pry'r ganwyll*', J. JONES: *Gwerin-eiriau* 164; hefyd yng ngogledd Cered. ac Arfon yn yr ystyr 'crane-fly', *WVBD* 445. **pryf cantroed:** *hairy caterpillar, palmer-worm, centipede, woodlouse.* **1632** *D*, *prŷf can troed* d.g. *centipeda.* **1722** *Llst* 189, y *Prŷf* cadachog neu *cantroed*, the palmer worm, thurse-louse. **p. y cawl** [geir.; cf. Llyd. C. *preff an caul*, Llyd. Diw. *preñv-kaol*; cf. **1632** *D*, pry'r dail . . . Arm. Prŷf an cawl]: *caterpillar.* **1803** *P*, pryf . . . *pryf y cawl* . . . a caterpillar. **p. (y) (pry'r) caws:** *cheese-mite.* **16g.** WILIAM LLŶN: *Gw* (R. Stephens) (At.), llyc, *pryved caws.* **1604–7** *TW* (*Pen* 228), *pry'r caws* d.g. *tinea.* *Dchr.* **17g.** *J* 10, 133b, *pryv y caws*, tinea. **pryf(yn) clust(iau), pry(f) clustiog:** *earwig, Forficula auricularia, also fig.*; *thatcher's tool.* **1547** *WS*, *pryf klustioc*, an erwygge. *c.* **1548** *CM* 1, 727, *pryued klustie* chwain llau. **1632** *D*, *prŷf clustiau*, fullo. **1725** *SR*, *pryfclust* [*sic*] d.g. *an Ear-wig.* **1803** *P* d.g. *pryv.* Ar lafar yn y Gogledd yn y ff. *pry(f) clust(iog)*, *WVBD* 266, 445, ac yn y De yn y ff. *prifyn clust*, *GDD* 235, hefyd am ddyn sy'n sibrwd geiriau ofer yng nghlust merch ifanc, *ib.* Ar lafar yn Llŷn am brif offeryn töwr brwyn, *Y Genhinen* xxix. 176. **pry coch:** *fox.* Ar lafar yn sir Drefn., *Nat* xix. 18. **p.'r coed** [cf. Llyd. Diw. *preñv-koad*]: *timberworm, galleyworm, iulus.* **1632** *D* d.g. *iulus.* **1722** *Llst* 189, *prŷ'r coed*, a gally-worm. **1794** *W* d.g. *timber, the timber-worm.* **pry(f) cop(yn):** *spider.* **[1547]** W. SALESBURY: *OSP* [iv], megys y meidyr y wenynen hela mel ar yr vn llyseun ac yr hela y *prycopyn* wenwyn. **1547** *WS*, rwyd *pry copyn*, spynners webbe. **1588** *Diar* xxx. 28, Y *pryf coppyn* a afaela ai law. **1615** R. SMYTH: *GB* 17, rhwydau *pryfed coppin.* **1772** D. ROWLAND: *PP* 55, trueni fod *pryfgopynnod* [*sic*] yn sugno gwenwyn o'r blodeuyn melus hwn. **1803** *P*, pryv . . . *pryv copyn* . . . a spider. Ar lafar yn y Gogledd, *LGW* [234]. **p. cop(yn) y dŵr:** *water spider, Argyroneta aquatica.* **1604–7** *TW* (*Pen* 228) d.g. *tipula* (hefyd *D*). **[1783]** *W*, carw (*prŷf coppyn*) *y dŵr* d.g. *spider, a water-spider.* **p. copyn y meysydd:** (i) *field-spider.* **16g. (1763)** W. SALESBURY: *LlM* 12, brath *pry goppun* [*sic*] *y meusydd.* (ii) *spider root, spiderwort, plant of the genus Authericum.* **1604–7** *TW* (*Pen* 228), y Llyseun phalangites, *pryf Copyn y meysydd* d.g. *phalangites.* **pry'r cor:** *shrew.* **1632** *D*, *pry'r corr* d.g. *araneus mus.* *c.* **1730** *Thos. Lloyd D* (LlGC) 195b. **pry(f) corff:** *death-watch beetle, Iestobium rufovillosum.* **20g.** **pry'r crëyr:** *hawk-fly.* **20g.** **p.'r gyfarwydd:** *glow-worm.* **1688** *TJ*, cyfarwydd neu *prŷ'r gyfarwŷdd.* The glow-worm. **p.'r cylla:** *tapeworm.* **20g.** **p.('r) gynffon:** *tail-worm, tail-ill.* *c.* **1730** *Thos. Lloyd D* (LlGC) 196b. Ar lafar yn y Gogledd, *FfTh* i. 10. **pry(f) (pryfyn) chwythu:** (i) *blow-fly, bluebottle.* **20g.** Ar lafar yng ngogledd Cered., 'Ma 'na hen *bryfyn hwthu* ar hyd y lle 'ma', ac yn Arfon yn y ff. *pry chwthu.* (ii) *blow-fly strike, disease affecting sheep.* **20g.** **pryf y ddaear, pryfyn daear** [cf. Llyd. C. *preu douar*, Llyd. Diw. *preñv-douar*]: *earth-worm, also fig.* **1676** W. JONES: *GB* 101, byw fel y waddod neu *Bryfed y ddaiar.* **1763** W. WILLIAMS: *FfW* 10, *Pryf y ddaear*, &c. / A ddaw hwnnw mewn i'r nef. **p. y (pry'r) dail:** *caterpillar, cankerworm.* **1547** *WS*, *pryf y dail*, caterpyllers [*sic*]. **1632** *D*, *pry'r dail*, eruca, voluox, conuoluulus, inuoluulus. *id.* d.g. *auscaripeda, volucra.* **1688** *TJ*, *prŷ'r Dail*: a Palmer or Cankerworm. **1803** *P* d.g. *pryv.* **p. dall:** *slow-worm, blindworm.* **1617** *Minsheu* 453a, *prufdall* d.g. *a Sloe-worme.* Ar lafar yn sir Drefn. a godre Cered., *Nat* xix. 20. **p. dillad, pry'r dillad** [cf. Llyd. C. *preff an dillat*, Llyd. Diw. *preñv-dilhad*; cf. *D*, prŷf an dillad. Arm. Tinea]: *moth.* **1688** *TJ*, *prŷf Dillad*, Gŵyfyn: a Moth. **1725** *SR*, *pry'r dillad* d.g. *moth.* **1803** *P* d.g. *pryv.* Ar lafar ym Morg. **pryfyn Duw:** *butterfly.* **1707** *AB* 1[12]b, gloyn Dyw; [Dim. *Pryvyn Dyw* . . .] d.g. *papilio.* *c.* **1730** *Thos. Lloyd D* (LlGC) 195b, *pryfyn Duw*, papilio, a butterfly. **pry(f) ffenestr:** *housefly, a fly of the family Muscidæ, esp. Musca domestica.* **20g.** Ar lafar yn y Gogledd, *Nat* xvi. 7. **p. (pryfyn) garw:** (i) *able and cunning person; inquisitive or peevish surly person.* **1720/1** *WDS*, (Llandaff), *Pruvin garw* wyti a du [*sic*] y gnochest y Mhen y Bont cunn yti priodi. Ar lafar yn Arfon, *WVBD* 445. (ii) *wild animal.* **18g.** E. T. RHYS: *DA* [91], Rhwng y coed a'r gelltydd gwyllt-ion, / Lle bu'n gorwedd *bryfed geirwon.* Cf. *Gardd Aberdar* 54, bleiddiaid, a *phryfaid geirwon* ereill. **pry(f) (pryfyn) genwair:** *earthworm, also fig.* **1547** *WS*, *pryf genwair*, the reed worme. *a.* **1587** *Y* 4, Byan y dysc ar ben dôl, / *Bry genwair*, boeri o'i ganol [i erchi bwa]. **1604–7** *TW* (*Pen* 228), *pryvet genweir* d.g. *intestinum* . . . *intestina terræ.* **[1762]** E. POWELL: *HEI* 8, Amwyd, neu *Bryfed y genwair* y geilw rhai hwynt. Ar lafar yn gyff. yn y Gogledd yn y ff. *pry genwa(i)r* ac yng ngogledd Cered. a rhannau o sir Drefn. yn y ff. *pryfyn genwer*, *LGW* [248], hefyd yn Arfon yn y ff. dalf. *pry gen*, *Nat* xvi. 9. **p. glas:** *greenfly; bluebottle.* **1695** T. JONES: *Alm* 43, llawer o *bryfed gleision* a fagant, ac a fwŷtânt ffrwŷthŷdd y coed a'r ddaiar. Ar lafar ym Môn am 'greenfly', *ISF* 62. **p. golau** [cf. Llyd. Diw. *preñv-goulou*]: *glow-worm.* **1930.** Ar lafar ym Meir. a rhannau o Glwyd, *Nat* xviii. 18. **pryf (y) (pry'r) goleuad** [cf. Llyd. C. *preff gueleuyat* 'madfall'; cf. *D*, pry'r ganwyll, Arm. Prŷf goleuad]: *moth.* **1688** *TJ*, *prŷf goleuad*: a Candle-worm. *c.* **1730** *Thos. Lloyd D* (LlGC) 196b, *pry'r goleuad*, a candle-worm. **1803** *P*, pryv . . . *pryv y goleuad* . . . a moth. **p. gormes:** *wild animal.* **1688** *TJ*, bestfil . . . *prŷf gormes.* A wild beast. **pryfed y grugiad** [cf. *grugion, morgrug*]: *ants.* **1762** *ML* ii. 523, Nid oes yma ond o'r llaw i'r genau. Dim casglu mal *pryfaid y grugiaid.* **pry'r gwellt:** *corn-eating caterpillar; locust; caddis.* **1604–7** *TW* (*Pen* 228), *pry'r gwellt* d.g. *bruchus* (At.) (hefyd *D*). *c.* **1730** *Thos. Lloyd D* (LlGC) 196b, *pry'r gwellt*, a locust. **1771** *W* d.g. *cadew, or cade-worm, locust.* **1803** *P.* **pryf y gwenith:** *wheat fly.* **1848.** **p. gwenwynig:** *serpent;* (*in pl.*) *poisonous vermin.* **14g.** *THSC* (1919–20) 125, aebrath *pryf gwenwynic.* **14g.** *YBH* 15b, doeth *pryf gwenwynic* a cholubyr oed y enw. *c.* **1400** *DB* 45, *pryuet gwennwynic* (*serpentes*). **16g.** *Yst Kym* 24, syrthiodd aneirif o *bryfed gwenwynig.* A rhwng gwenwyn y pryfed hynu a marfolaeth fawr . . . bu feirw anifeiru o'r dynion. **1661** E. LEWIS: *Drex* 14, lliaws o seirph, a *phryfed gwenwynig* (*poysonous vermine*). **1759** J. EVANS: *PF* 82, Brathiad *Pryf gwenwynig* (a venomous Sting). **pry(f) gweryd, pryf gweryn:** *warble-fly.* **20g.** **pryf y (pry'r) gwinwydd (winwydden):** *vine-worm, caterpillar.* **1632** *D*, *pry'r gwinwydd* d.g. *conuoluolus.* *c.* **1730** *Thos. Lloyd D* (LlGC) 196b, *pry'r wynwydden*, convolvolus. **1803** *P*, pryv . . . *pryv y gwinwydd* . . . a palmerworm. **p. y (pry'r) gwlith:** *earthworm, brandling.* **1770** *W*, *prŷf y gwlith* (*prŷ'r gwlith*) yr hwn sydd abwyd neu lîth i'r brithyll d.g. *brandling.* **pry'r gwreichion:** *slow-worm.* Ar lafar yn sir Drefn. a sir Ddinb., *Nat* xviii. 18. **p.'r gwŷdd:** *a kind of woodworm.* **1794** *W* d.g. *wood-fretter* (hefyd *WR*). **pryf gwyllt:** *wild animal, wild beast.* **1615** R. SMYTH: *GB* 170, myned i'r anialwch i fyw gida'r bestfiliaid, a'r *pryfed gwlltion.* *c.* **1700** E. LHUYD: *Par* i. 32, [p]*ryv gwyllt* oedd yn ormes mawr . . . mâth a'r [*sic*] vaedd gwyllt. *c.* **1730** *Thos. Lloyd D* (LlGC) 195b, *pryf gwyllt*, fera. **1779** *DS* 15. **p. gwyn** [cf. Llyd. Diw. *preñv-gwenn*]: *maggot; whitefly.* **1814.** **p. gwyrdd:** *greenfly.* **1916.** **p. Hesiaidd:** *Hessian fly, Mayetiola destructor.* **1848.** **p. (yr) ic(h)newmon:** *ichneumon-fly.* **20g.** **pry'r lludw:** *woodlouse.* Ar lafar. **pryf (y) llusern:** *lantern-fly.* **1851.** **pry(f) (pryfyn) llwyd:** (i) *badger.* **1604–7** *TW* (*Pen* 228) d.g. *melis, taxo.* **1699–1700** E. LHUYD: *SH* 64, Dywedant vôd gan y *prŷ llwyd* dwll yn i dîn am bôb blwydd oi oedran. **1761** *ML* ii. 354, [g]weled *pryf llwyd* alias penfrith a ddalesid yn fyw. **1803** *P*, pryv . . . *Pryv llwyd* . . . a badger. Ar lafar yn sir Gaern., sir Ddinb., a sir Ffl., *WVBD* 445, *Nat* xix. 19, *LGW* [244]–5. (ii) *horsefly, gadfly, also fig.* **1547** *WS*, kryeren ne *bry llwyd*, a gad flye. **1696** *CDD* 186,

Nid ŷw dŷn ond megis gwlithŷn, / Neu *brŷ llwyd*, neu geiliog rhedŷn. Ar lafar yng Nghered. yn y ff. *pryfyn llwyd* (*pryfed llwyd*(*ion*)). Ym Morg. clywid *pryfed llwyton* am 'bryfed dillad'. Ar lafar yn Arfon yn yr ystyr 'horsefly' ac am bobl sy'n 'brathu', *WVBD* 445. **pryf llydan:** *flatworm.* **16**g. **(1763)** W. Salesbury: *LlM* 201, [p]air I *bryfaid Llydain* vyned allan or Boly. **pry'r llyfrau:** *bookworm, also fig.* **1770** *W* d.g. *book-worm.* **p. mân:** *gnat.* Ar lafar mewn rhai mannau yn siroedd Ffl., Dinb., a Threfn., '*pry*(*fed*) *mân*', *LGW* 241. **pry(f) mawr:** (*brown*) *hare.* **1938.** Ar lafar mewn rhannau o'r Gogledd. **pryfyn mawr:** *blow-fly, bluebottle.* Ar lafar yng ngogledd Cered. **pryf melfedog:** *palmer-worm, hairy caterpillar.* **1604–7** *TW* (*Pen* 228), *pryf meluedoc* d.g. *campe.* **1722** *Llst* 189, y *Prŷf melfedog* . . . The canker-worm. **1771** *W* d.g. *caterpillar, palmer-worm.* **p. y (pry'r) melinydd:** *moth.* **1604–7** *TW* (*Pen* 228), *pryf y melinydd* d.g. *pyralis.* **1632** *D*, *pry 'r melinydd* d.g. *pyralis.* **1773** *W* d.g. *fly, a candle-fly.* **1803** *P*, pryv . . . *pryv y melinydd* . . . a moth. **pryfed mud:** *bots.* Ar lafar yn Arfon, *WVBD* 445. **pry'r nos** [cf. Llyd. Diw. *preñv-noz*]: *glow-worm.* Ar lafar mewn mannau ym Meir. a sir Drefn. **pry(f) penfrith:** *badger.* **1547** *WS*, moch bychain ne *pryfed* [*sic*] *penfrithion. id. pryf penfrith*, a brocke. **16**g. *Celtica* v. 150, wnys. o saim *pyry penfyrith.* **1803** *P*, pryv . . . *pryv penfrith*, a badger. **p. perfedd = p.'r cylla.** Ar lafar. **pryfed piso:** *ants.* Ar lafar yng ngogledd Cered. a rhannau o sir Drefn. **pry(f) pren** [cf. Llyd. C. *preff an prenn*, Llyd. Diw. *preñv-prenn*; ffrwyth dehongli H. Grn. *prifpren*, gl. *eruca* fel cfn. Cym. yw'r ystyr 'lindys']: *woodworm*; (*dict.*) *caterpillar.* **1604–7** *TW* (*Pen* 228), *pryf pren.* li[ber] ll[an] d[af] d.g. *eruca.* Ar lafar. **p. pric:** *wireworm*; *caddis-fly*; *stick-insect.* **20**g. **pry rhedyn:** *grasshopper.* Ar lafar yn Arfon, *Nat* xvi. 7. **pry(f) (y) rhwd:** *caterpillar, also fig.* **1588** *Nah* iii. 15, yssa efe dydi fel *pryf y rhŵd.* **1722** *Llst* 189, y Prŷf melfedog, *Prŷf y rhŵd*, the canker-worm. **1765** J. Popkin: *Ll* 71. **18–19**g. R. Davies: *DB* 32, Ni roes Duw . . . / . . . na *phryf rhwd* / . . . / i lymâu'r ŷd. Cf. W. Rees: *LlHFf* [134], Y fath locust, a lindyst, a *phry rhwd* . . . a llofrudd, ar amser a chysuron. **pryf (y) (pry'r) sidan:** *silkworm.* **1725** D. Lewis: *GB* 213, Corrynod, a *Phryfed y Sidan.* **[1783]** *W*, *prŷ'r sidan* d.g. *silk-worm.* **1794** E. Jones: *MPR* 54, Englyn gorchestol i *Brŷv Sidan.* **pry(f) (y) tân, p.'r tân, pryfyn tân** [cf. Llyd. Diw. *preñv-tan*]: (i) *glow-worm, firefly.* **1632** *D*, *pry'r tân* d.g. *pyrausta.* Ar lafar yn y Gogledd ac yn sir Benf., *Nat* xviii. 18, *GDD* 235. (ii) *salamander, also fig.* **[1783]** *W*, *pry'r tân* d.g. *salamander* [*an animal of the lizard kind, supposed to live in the fire, and to be very venomous*]. **1809** T. Jones: *CCA* 409, rhyw *bryf tân* yw y balchder yma; a fedr fyw mewn tanllwyth o erledigaeth. (iii) *cricket.* **1894.** **p. teiliwr:** *crane-fly, daddy-long-legs.* Ar lafar yn Arfon, *WVBD* 445. **p. twca:** *wood-louse.* Ar lafar yn Arfon, *WVBD* 445. **p. (pryfyn) tŷ:** *housefly, fly of the family Muscidæ, esp. Musca domestica.* **1895.** Ar lafar yn y Gogledd yn y ff. *pry tŷ*, *Nat* xvi. 7. **pry'r (pryf(yn) yr) ŷd:** *corn-weevil.* **1771** *W*, *prŷ'r* (*pryfyn yr*) *ŷd* d.g. *calender, or calendar* [*a weevil, or worm that preys upon corn*]. **1803** *P*, pryv . . . *pryv yr yd*, the calender.

Gw. hefyd **pryfes, pryfetach[1], pryfetos, pryfig[1].**

pryf[2], gw. **prif.**

pryfaf: pryfo, pryfaid, pryfai-sêl, gw. **pryfiaf[1]: pryfio, pryf[1], prifai-sêl.**

pryfder [bnth. Llad. llafar *præbyter* < *presbyter*, ?drwy Lad. Prydain **premiter*, cf. Ogam *qrimitir*, Gwydd. C. *cruimther*; am engh. arall bosibl o'r gair, gw. d.g. *prifder*] *eg.* Offeiriad: *priest.*

a. **908** (*Diw.* **14**g.) *Cormac* 19, Cruimther .i. gōidelg indī as prespiter. *Premther* didiu a combrec sidie . . . In Bretain didiu robādar i comaitecht Pātric occon procept, it ē dorintāiset 7 is annī as *premter* dorintāiset.

pryfed, ff. l., gw. **pryf[1].**

pryfedach, gw. **pryfetach[1].**

pryfedaf: pryfedu, pryfedo [bf. o'r e. *pryfed*, cf. Llyd. Diw. *preñvediñ*] *bg.* Magu cynrhon, mynd yn llawn cynrhon, cynrhoni, cael ei fwyta gan gynrhon, hefyd yn *ffig.*: *to breed worms or maggots, become infested with worms or maggots, become wormeaten, also fig.*

15g. (**17**g.) *AL* ii. 592, llostlydan . . . sef a wna yna y tynnu [ceillieu] ehun y wrthaw . . . ac yna *pryfeda* y lle. **[1547]** W. Salesbury: *OSP* [v], I ba beth y gedwch ich llyfreu lwydo mewn coggleu, a *phryfedy* mewn ciste. **16**g. *GGH* 47, Ais a *bryfedodd* sy brofedig. **1632** *D*, *pryfedu*, verminare, vermes gignere. *id.* d.g. *vermiculor.* **1688** *TJ*, *pryfedu*, magu pryfed: to breed Worms. **1740** T. Evans: *DPO* 103, A'r rhai a laddwyd ar wyneb y Maes, a adawyd yno . . . i *bryfedu* a drewi. **1794** *W* d.g. *to vermiculate.* **1803** *P.* Cf. Dewi Wyn: *BA* 201, chwi a achubwch eich ceraint . . . rhag bod yn *pryfedu* mewn carcharau. Ar lafar yng Nghered. a'r De, 'dafad yn *pryfedu*', ym Morg., 'caws wedi *pryfetu*', ac yn sir Gaerf. yn y ff. *prifedo*, 'dillad wedi *prifedo*', *TGG* (1907–8) 84; ym Morg. clywir hefyd yr ymad. 'jyst â *phryfetu* (am rywbeth)' 'dyheu'n fawr (am rywbeth)', 'jyst â *phryfetu* am dy weld ti'n dod'.

Gw. hefyd **pryfeta.**

pryfediad [bôn y f. fl. + *-iad[1]*] *eg.* Y weithred o bryfedu, magiad cynrhon: *worm or maggot infestation, vermination.*

Dchr. **17**g. *J* 10, 132b, *pryvediad*, vermiculatio. **1803** *P*, *pryvediad*, s. m., vermination.

pryfedig[1] [bôn y f. fl. + *-edig* neu *pryfed* + *-ig[2]*] *a.bfl.* neu *a.* Wedi ei fwyta gan gynrhon, llawn cynrhon, cynrhonllyd: *worm-eaten, maggoty.*

1803 *P*, *pryvedig*, affected by worms. Pren *pryvedig*, worm-eaten wood.

pryfedig[2], pryfiedig[2] [bôn y f. *pryfiaf[1]*, *pryfaf*: *pryf*(*i*)*o* + -(*i*)*edig*] *a.bfl.* Profedig: *proven.*

16g. Lewys Morgannwg: *Gw* 400, *pryviedig* pryviau ydoedd / pynkau ar ddysg penkerdd oedd. **16**g. Gr. Hiraethog: *Gw* 103, ais a bryfedodd sy *bryfedic* (*GGH* 47, brofedig). **16–17**g. *HG* 115, a phymp torth o vara, a physgod mi wela / mae'n vychan ir dyrfa, n *bryvedig.*

Gw. hefyd **prifiedig[1], prwfedig.**

pryfedlyd [*pryfed* + *-lyd*] *a.* Llawn cynrhon, cynrhonllyd, wedi ei fwyta gan gynrhon: *maggoty, verminous, wormeaten.*

Dchr. **17**g. *J* 10, 132b, *pryvedlud*, vermiculatus. **1693** *HC* 16, cymmer ith law dy garpiau *pryfedlyd.* *c.* **1730** *Thos. Lloyd D* (LlGC) 196b, *pryfedlyd* . . . wormeaten.

pryfedog [*pryfed* + *-og*, cf. Llyd. Diw. *preñvedek*] *a.* Yn magu cynrhon, cynrhonllyd, wedi ei fwyta gan gynrhon, llawn pryfed neu drychfilod, o natur pryfed neu drychfilod; nadreddog: *breeding worms or maggots, wormy, maggoty, verminous, wormeaten, abounding with insects, insect-like*; *full of snakes.*

15g. *GDID* 41, Caws profadwy, glas, cas *pryfedog*! **16**g. *Pen* 59, 81, ni ffydyra y Koyd hwnw byth na bod yn *bryfedog.* **1604–7** *TW* (*Pen* 228), hen gaws *pryfetoc* d.g. *tyrotarichus.* **1630** *YDd* 150, [rh]odio yn droednoeth trwy'r maes *pryfedog* (*snakie*) hwn. **1632** *D*, *pryfedog*, vermiculosus, verminosus. **1655** WL: *DP* 229, ein cyrph pydron, *pryfedog.* **1688** *TJ*, *pryfedog* . . . llawn o bryfed: full of Vermine or Worms. **1693** *HC* 37, nad yw ei gyfiawnder ef ond cadachau *pryfedog*, misglwyfus. **1703** E. Wynne: *BC* 143, Belphegor Pennaeth *pryfedog* y Diogi. **18**g. *CC* 311, dannedd o hyd hoel dynniad / *Pryfedog* yn i siol ai siad [i ofyn rhyw fath ar geffyl]. **1794** *W* d.g. *vermiculous.* **18–19**g. *Cymru* ii. 272, Wrth botes myglyd bydd e'n ddig, / Profadwy, a chig *pryfedog.* **1803** *P.*

pryfedol [*pryfed* + *-ol*] *a.* Tebyg i gynrhon, o natur pryfed, trychfilod, neu larfâu, pryfedog; yn cynnwys cynrhon, pryfed, neu drychfilod, o waith cynrhon, pryfed, neu drychfilod: *like worms, insects, or larvae*; *consisting of or caused by worms or insects.*

1794 *W* d.g. *vermicular* [*wormlike, or acting like a worm*].

pryfedos, pryfedyn, gw. **pryfetos, pryf[1].**

pryfes [*pryf[1]* + *-es[1]*] *eb.* ll. *-au.* Anifail benywaidd, yn enw. un a helir, megis ysgyfarnog, llwynoges, &c.; hefyd yn *ffig.*: *a female animal, esp. one that is hunted, such as a hare, vixen, &c.*; *also fig.*

16–17g. T. Prys: *Bardd* 100, Y *bryfes* gynnes geinach / ar garrav ar berrav bach [i anfon yr ysgyfarnog yn llatai]. **16–17**g. *GHCEM* 131, Cydlais yw'r adlais erioed—yn cweirio / Carol *pryfes* feindroed [i'r bytheiad]. **18**g. *Beirdd y Berwyn* 87, Ar *bryfes* bach yng nghysgod perth [am ysgyfarnog]. **1803** *P*, *pryves*, s. f. pl. t. *au*, a vermin of the female kind. Cf. Gw. Mechain: *Gw* i. 128, Os digir un beunes, hi ä'n *bryfes* mewn braw, / Ac a'u geilw o'u nythod yn wyth ac yn naw [i'r gwenyn]; W. Rees: *AFR* 339, ydi Topsi ar gael—rhw *bryfes* 'rywinol, wyllt ydi hòno sy gin ti. Ar lafar yn Arfon am wraig alluog neu hunangeisiol.

pryfet, gw. **prifed.**

pryfeta, pryfetach[2] [*pryfed* + *-ha* (At.)(+ *-ach[3]*)] *bg.a.* Hel fermin; chwilio am gynrhon (ar ddefaid); chwilio hwnt ac yma, chwilota; ymddwyn fel pryfyn neu drychfilyn; pryfedu: *to hunt vermin*; *search for maggots* (*on sheep*); *hunt about, pry about*; *behave like an insect*; *become infested by maggots or worms, be struck with blow-fly.*

1703 E. Wynne: *BC* 122, Am y Ceisbyliaid, gedwch hwy'n rhyddion i *bryfetta.* **1803** *P*, *pryveta* . . . to hunt for vermin. Ar lafar yn Arfon, '*pryfeta*' 'to pry about', *WVBD* 446, ac yn ne-ddwyrain Morg., '*pryfeta*(*ch*) defid'.

pryfetach[1], pryfedach [*pryfed* + *-ach[2]*; â'r ff. yn *-t-*, cf. *merchetach, gwybetach, pryfetos, pryfetyn*] *e.ll.* Mân gynrhon, gwybetach, trychfilod, anifeiliaid neu drychfilod sy'n peri niwed, &c., hefyd yn *ffig.*: *small worms or maggots, flies, gnats, insects, vermin, also fig.*

16g. *IICRC* iii. 339, Ach prud gweddaydd suber Iach / yn *Brufedach* Gwenwyn llud. **1630** R. Llwyd: *LlH* 83, Cybydd-dod yw'r gwenwyn cry[f]af ir enaid . . . Rhyw gymmysc-blâ ydyw megis or holl *bryfedach*, ac ymlusciaid mwyaf eu gwenwyn ar y ddaiar. *id.* 150, y dihirwyr hyn, ie *pryfedach* gwenwynig y ddaiar. **1677** R. Jones: *BB* 178, bôd y mwyaf o ddynion iw cyffylybu ag ef, yn llai na *phryfedach* sy yn Ymlusgo. **1683** H. Evans: *CTF* 52, Ni chei di'n lle'th gyfeillion . . . / Ond amwyd a *phryfedach*, ym-herfedd daiar gron. **1723** J. Jones: *LlA* 57, [ll]aweroedd a'r y sydd yn Bryfedos, yn Llygod Crefydd . . . y mae Duw yn troi 'r Olwyn ar Broffes Crefydd, sef, i yrru y *Pryfedach* o honi. **1725** D. Lewis: *GB* 103, y mae 'r Blew a'r Cŵyr . . . hyn yn cadw 'r Clust rhag i *Bryfedach* fynd i mywn. **1751** *GIA* vi, a feiddia y fâth *bryfedach* disynwyr â chwi, ei wrthwynebu ef mor ddiofn. **1756** W. Williams: *GDC* 18, Mae'n gadael y Pennaethiaid rai cedyrn cryfion mawr, / Yn edrych Gostyngeiddrwydd *Pryfettach* gwael y Llawr. Ar lafar yn y De a'r Gogledd yn y ff. *pryfetach.*

pryfetach[2], gw. **pryfeta.**

pryfetos, pryfedos [*pryfed* + *-os*; â'r ff. yn *-t-*, cf. *pryfetach[1]*, *pryfetyn*] *e.ll.* Mân anifeiliaid neu gynrhon, pryfetach, trychfilod, hefyd yn *ffig.*: *small animals, worms, or maggots, insects, also fig.*

16g. **(1763)** W. Salesbury: *LlM* 15, brath gwennyn a chaccwn ne'r cyfryw *bryfetos.* **1604–7** *TW* (*Pen* 228) d.g. *tineosus.* **1629** R. Llwyd: *P* 16, pa wedd y mae *pryfedos* coeg-ddeillion y byd hwn yn eu siommi eu hunain. **1722** *Llst* 189, *pryfedos*, p. little worms. **1723** J. Jones: *LlA* 57, [ll]aweroedd a'r y sydd yn *Bryfedos*, yn Llygod Crefydd. **1751** *GIA* xxvi, y fath *bryfedos* gwirionffol ac yw dynion. **1759** J. Evans: *PF* 58, I lâdd mân *Bryfedos* (*animalcula*) a fo 'n ysu ymaith Gig y Dannedd. **1760** E. Williams: *UYB* 102, rhyw *bryfedos* o ddynion. **1794** *W*, *pryfedos* d.g. *worm* . . . *little worms.*

Cfn.: **yn bryfetos (bryfedos):** *in small pieces.* **1604–7** *TW* (*Pen* 228), *yn bryfetos* d.g. *vermiculatim.* **1632** *D*, *yn bryfedos* d.g. *vermiculatim.*

pryfetyn, pryfgopyn, gw. **pryf[1], pryf[1]—p. cop.**

pryfiaf[1], pryfaf: pryf(i)o [amr. ar y f. *prwfiaf*: *prwfio*] *bg.a.*

(*a*) Ei ddangos ei hun i fod (yn), profi('n); mynd, dod, neu droi('n), tyfu neu ddatblygu('n): *to prove or turn out* (*to be*); *become, turn, grow, or develop into.*

16g. Siôn Brwynog: *C* 59, *Pryfio*'n wir (Pa farwn well?) / Pwys dug wyt, post o Gadell [i Risiart ap Rhisiart Owain, Penmynydd]. **1733** T. Evans: *PP* 189, o'r diwedd ar ôl i ni ei lyngcu, fe a *bryf* yn dammaid chwerw. **1735** S. Thomas: *HP* 135, Ar ol torri allan y Refformasion bu'r Efengyl dros hir Amser yn llwyddianus; *pryfiodd* yn arogl peraidd o Fywyd i Fywyd i [*sic*] laweroedd. *id.* 217, Eithr y Llangc a *bryfia* yn esgeulus. **1743** J. Thomas: *AIG* 58, eich gwaith . . . a *bryfiei* yn Gyfaredd. **1775** E. Griffiths: *GF* 19, Esau . . . a *bryfiodd* yn heliwr yn hytrach nâ llafurwr. **1787 (1812)** Twm o'r Nant: *PG* 4, Rhag i'n llawenydd, dramgwydd dro, / Neu 'n chwareu *bryfio*'n chwerwedd.

(*b*) Rhoddi prawf ar, rhoddi prawf o (rywbeth), dangos neu ymddangos drwy brawf, tystio: *to test, give proof of, prove, attest.*

16g. *THSC* (1923–4) (At.) 52, ef a vynnai *bryfo* y gwas, a gwybod beth oedd hyny, ai gwir ai kelwydd. **1567** *TN* 334b, Y mae ef yn provi [:– *pryfo*] yn gystal ddarvot diley Offeiriadeth y Leuiteit . . . y gan ysprytawl a' thra-/vythawl [*sic*] Offeiriadaeth Christ. *id.* 362b, a' phrovi [:- *ffryvo*, threio]'r y[s]prytion. **1574 (1604)** *Rhyddiaith Gymraeg* ii. 193, na bydde raid *pryfio* yddynt vn pwnk o'i ffydd. **16–17g.** *HG* 74, na throwch och ffydd, byddwch yvydd / vel y bü jo, wrth i *bryvo.* **1693** *PGLl* 11, cyn *pryfio* fôd y Ffurf a osodir gan ein Heglwys ni . . . yn cyttûno a Rheol yr Apostol. **1709** H. POWEL: *G* 53, yr ydym . . . yn darllein i'n Iachawdwr *bryfio* o'r Hen Destament mae efe oedd y gwir Fessias. **1711** TP: *CG* 47, pa'r beth sydd yn yr Scrythur hon, ac sydd yn *pryfio*, fod gan y Ser, lywodr[a]eth ar feddylfryd, a gweithredoedd dynion. **1735** S. THOMAS: *HP* 53, Yr oedd yn ddiau y Peth yn scrifenedig; eithr nid i *bryfio*, ac i wneuthur yn dda y Peth yr oedd efe yn ei ddywedyd. **1741** S. THOMAS: *DY* 47–8, i *bryfio* i Grist gael ei adgyfodi oddiwrth y meirw. **1772** D. ROWLAND: *PP* 10, yr ên honno yn *pryfio* ei wroldeb ef.

(*c*) Tyfu: *to grow.*

19g. Ar lafar yng ngogledd Cered. yn y ff. *pryfio*, ac ym Mrych. a'r De yn y ff. *pryfo.*

Gw. hefyd **prifiaf: prifio, prufiaf: prufio, prwfiaf: prwfio.**

pryfiaf[2]**: pryfio, pryfid,** gw. **priddaf: priddo, pryf**[1].

pryfiedig[1] [*pryf*[1] + *-iedig*] *a.* Llawn cynrhon, wedi pryfedu: *abounding in worms or maggots, infested with worms or maggots.*

c. **1400** *R* 1216. 35–6, kynn gwely gwaelawt *pryuyedic.*

pryfiedig[2], gw. pryfedig[2].

pryfig[1] [*pryf*[1] + *-ig*[1]] *eb.* Pryfyn neu gynrhonyn bychan, pryfedyn: *small insect or worm.*

1604–7 *TW* (*Pen* 228), *pryfig* d.g. *vermiculus.*

pryfig[2] [*pryf*[1] + *-ig*[2]] *a.* ?Wedi ei fwyta gan gynrhon, tebyg i gynrhonyn: *wormy.*

c. **1400** *R* 1338. 29–30, Adaf rasgyl twyllgasgyl tyllgorn *pryuic.* **1803** *P.*

pryfigedd, gw. perfigedd.

pryfleiddiad, pryleiddiad [*pryf*[1], *pry* + *lleiddiad*[1]] *eg.* ll. *-iaid.* Sylwedd a ddefnyddir i ladd pryfed neu drychfilod: *insecticide.*

20g.

pryfôc, profôc [bnth. S. *provoke*] *eb.g.* Y weithred o blagio rhywun (gan amlaf yn chwareus), cellwair, ysmaldod; un sy'n pryfocio, achos tramgwydd: *a teasing, raillery, jest; teaser, tease, cause of offence.*

1916. Ar lafar yng Nghered. a'r De, 'Ma hen *bryfôc* gas gydag e o hyd', 'Ma fe'n llawn *profôc*'.

Gw. hefyd **pryfocyn.**

pryfocen, gw. **pryfocyn.**

pryfociaf, profoc(i)af: pryfocio, profoc(i)o [bnth. S. (*to*) *provoke*] *bg.a.* Plagio'n chwareus, tynnu coes, cellweirio; cyffroi (i ddicter), ennyn dicter: *to tease, pull one's leg; provoke* (*to anger*), *exasperate.*

1893. Ar lafar yn y De yn y ff. *profoco.* Cf. D. J. WILLIAMS: *STG* 85, Rhoddai ambell waedd sialensaidd i *bryfocio* ei dad yn waeth.

Amr.: **prymoco.** Ar lafar yng ngogledd Cered., 'Paid â *prymoco*'r ci 'na, ne ma fe'n siŵr o droi arnot ti'.

pryfociwr, profociwr [bôn y f. fl. + *-wr*] *eg.* ll. *pryfocwyr, profocwyr.* Un sy'n pryfocio, tynnwr coes, cellweiriwr: *teaser, tease, leg-puller, jester.*

1937. Cf. D. J. WILLIAMS: *ChHO* 44, Y fath ydoedd deheurwydd y *pryfociwr* hwn fel nad oedd gwadu ond prawf sicrach o euogrwydd.

Amr.: **prymocwr.** Ar lafar yng ngogledd Cered.

pryfoclyd, profoclyd, profocllyd [bôn y f. fl. + *-lyd, -llyd*] *a.* Yn profocio, cellweirus, yn goglais chwilfrydedd: *provocative, provoking, teasing, tantalizing, exasperating.*

1836. Cf. D. J. WILLIAMS: *STG* 113, chwarddodd Teimoth yn ei ddull mwyaf *pryfoclyd* am ben ei ddigrifwch ei hun.

Amr.: **prymoclyd.** Ar lafar yng ngogledd Cered., 'Hen un *prymoclyd* iawn yw e'.

pryfocyn, profocyn [bôn y f. fl. + *-yn*[1]] *eg.* (b. *pryfocen*). Pryfociwr, tynnwr coes, cellweiriwr: *teaser, tease, leg-puller, jester.*

20g.

Amr.: **prymocyn** (b. *prymocen*). Ar lafar yng ngogledd Cered.

pryfol [*pryf*[1] + *-ol*] *a.* Tebyg i gynrhonyn, llyngyraidd: *vermicular, vermiculate, vermiform, worm-like.*

1794 *W* d.g. *vermicular.* **1803** *P.*

pryfydd [*pryf*[1] + *-ydd*[3]] *eg.* ll. *-ion.* Entomolegwr; (geir.) difäwr fermin: *entomologist;* (*dict.*) *vermin-exterminator.*

1803 *P.*

pryfyddiaeth [*pryfydd* + *-iaeth*] *eb.g.* Entomoleg; (geir.) gwaith difäwr fermin: *entomology;* (*dict.*) *the work of a vermin-exterminator.*

1803 *P.*

pryfyn, gw. pryf[1].

pryfysol [*pryf*[1] + *ysol*] *a.* Yn bwyta pryfed neu drychfilod: *insectivorous.*

1858.

pryff, gw. praff.

pryffaidd, pryffaith, gw. perffaith.

pryffeithiaf: pryffeithio, pryffes, pryffesaf: pryffesu, pryffesol, pryffodolaeth, gw. **perffeithiaf: perffeithio, proffes**[1]**, proffesaf: proffesu, proffesol, proffwydoliaeth.**

pryffwn, pryffwnt, priffwnt, &c., *eg.* a hefyd fel *a.* Pennaeth, arweinydd, blaenor; blaen cad, rheng flaenaf (byddin); gwrthrych pennaf, canolbwynt, pen, uchafbwynt, anterth: *chief, leader, foremost one; vanguard, front line* (*of army*); *chief object, focus, head, climax, prime.*

12–13g. *GLlLl* 26, Gogwnn Duw, *pryffwn* y proffwydi. *id.* 252, Ym *pryffwn* rywr yn rwyoli—gwrys. **13g.** *A* 27. 7–8, Kynvelyn gasnar ysgwn *bryffwn* bar. **13g.** *Études* v. 102, Ym puyllat am pryfgat *pryfun* (Cynddelw). *Dchr.* **14g.** *H* 87a. 49–50, ti ureiscaf mab dyn o dir cred a wn ym prifgyrch *pryffwn* praff dyled (Llygad Gŵr). **14g.** *T* 43. 24, yscriuen brydein bryder *briffwn.* **14g.** *GDG*[3] 175, Gadewais, a hyntiais hwnt, / Priffyrdd y bobl a'u *pryffwnt.* **14–15g.** *IGE*[2] 308, Fab Bleiddud, un sud â Sieb, / Fab Brutus, a'n pair ateb / Ar briffordd orau *briffwnt,* / Ysgwd hir i esgid hwnt (Rhys Goch Eryri). **15–16g.** *TA* 170, Rhoi *pryffwnt* ar hap Ruffudd, / Rhydain Rhys, rhoi dy win rhudd. **16g.** *GGH* 428, Dafydd hael a dyfodd hwnt / Broffwyd wyt yn ei *briffwnt.* **1632** *D, pryffwnt,* & *Pryffynt,* & Antiquis *Pryffwn,* ἀκμή, Præcipuum, summum. **1722** *Llst* 189, *pryffwn, pryffwnt, pryffynt,* m. the chief; the chief point. **[1756]** *Gron* 28, Ceneist foliant fal nad attreg—ym hwnt, / Dy foli, *pryffwnt* praff Gymraeg. **1780** *W* d.g. *prime,* Subst. **1793** R. POWELL: *ADV* 13, Pur ei efaith yw *pryfwnt* [:- Pen, neu ddechre] / Yr hollvyd [i'r haf].

Fel *a.* Pennaf, blaenaf, gorau, (mwyaf) rhagorol, arbennig: *chief* (*adj.*), *foremost, best,* (*most*) *excellent, special.*

12–13g. *GLlLl* 203, Wyr Ywein uirein y auarwy. / *Pryffwn* y digreit, praff y ddirwy. *id.* 218, Wytt ditawl o bob chwant / O borfor, o *bryfwn* uliant, / O bali ac eur ac aryant. *c.* **1300** *H* 18b. 26–8, a dec kywrein seint senet ureui. / am wun a wudyt y hamnuodi. / ar gystlwn *pryffwn* y profwydi [Einion ap Gwalchmai]. **1688** *TJ, pryffwnt, pryffynt,* enwedig, penaf: especial, chiefest. **1771** *W* d.g. *chief* [*choicest, most excellent, best* . . .], *the choicest.* **1776** DEWI NANTBRÂN: *AN* 57, St. Dewi *pryffwn* Sant y Cymry. **18–19g.** *Iolo MSS* 258, A glywaist ti chwedl hen wr clau, / Athraw *pryffwnt* wybodau? / Taer yw'r gwir am y golau. **1803** *P, pryffwn* . . . excellent, principal, superior.

prygawthaf, pregawthaf, prygowthaf, &c.: **prygawtha(n), pregawtha(n), prygowtha(n),** &c. [cf. *brygawthaf: brygawthan*] *bg.a.* Baldorddi, gwag-siarad, clebran yn ffôl: *to babble, prattle, talk foolishly.*

1894 D. OWEN: *GT* 163, pwy yn y byd feder gyfri' pan fyddi di yn *prygywtha* dy lol wirion o hyd? Ar lafar yn Arfon yn y ff. *prygowtha, WVBD* 59, ac ym Morg. yn y ff. *prygywthan, prygywthach.*

prygawthen, pregawthen, prygowthen, &c. [cf. *brygawthen*] *eb.*

(*a*) Baldordd, gwag-siarad, cleber, lol, nonsens: *babble, prattle, jabber, nonsense.*

16g. SIÔN BRWYNOG: *C* 133, Y gweinidog annedwydd / Â gŵn ffwr, egwan ei ffydd, / Wrth y bwrdd o nerth ei ben / A bregetha *brygawthen.* **16–17g.** HUW MACHNO: *Gw* 98, Ond dydi, llei seini sen, / Berw gwthiaist *bregowthen* [cywydd dychan Rhys Wyn]. **17g.** *CLlC* ii. 27, Esglyso a phob dirmyg 'r Eglwys Gatholig / Ar Doctor dyskedig etholedig lên / A mynd i'r esgobtu ar plas wrth y pandu / I ddysku pregethu *prygothen* [*sic*]. **1725** *SR, prygowthen* d.g. *talk, foolish talk. c.* **1730** *Thos. Lloyd D* (LlGC) 196b, *prygowthen,* idle talk, nonsense. **1741** *ML* i. 62, Dyma fi yn dibennu'r *bregowthen* ymma. **1752** *id.* 201, deg i un y cawsech ddim chwaneg o'm *prygowthen.* **1755** G. OWEN: *L* 155, Os digwydd iwch weled y Llew, chwi ellwch ddywedyd wrtho yn hydr ddigon, nad â na Phregeth na *Phregowthen* ymlaen yma nes darfod Cywydd Llwdlo. **1759** *BC* iii, Llosger a bwrier heb eiriach, gethin / *Brygowthen* Saesonach / Seithug ydyw eu Sothach, / A'u hawen groes fal hun gwrach. **1769** E. ROBERTS: *GN* 21, Nid coelio hen *brygawthen* Gras. **1796** *Geirgrawn* 58, Os na bydd awdur y Seren Tan Gwmmwl yn gwel'd y *Bregawthen* a ymddangosodd yn y Rhifyn cyntaf.

(*b*) Menyw sy'n siarad lol: *woman who talks nonsense.*

Ar lafar yn Arfon yn y ff. *prygowthan, WVBD* 446.

prygawthwr, pregawthwr, prygowthwr [cf. *brygawthwr*] *eg.* ll. *-wyr.* Dyn sy'n siarad lol; Ranter (aelod o'r Methodistiaid Cyntefig): *man who talks nonsense; Ranter* (*member of the Primitive Methodists*).

1874. Ar lafar yn Arfon clywir *prygowthwr* yn yr ystyr 'dyn sy'n siarad lol', *WVBD* 446.

pryglawr, pryglwr, gw. **periglor.**

prygowthaf: prygowtha(n), prygowthen, prygowthwr, prygywthaf: prygwthan, gw. **prygawthaf: prygawthan, prygawthen, prygawthwr, pyrgawthaf: prygawthan.**

pryleiddiad, prylog, gw. **pryfleiddiad, prolog.**

prymocaf: prymoco, prymocen, prymoclyd, prymocwr, prymocyn, gw. **pryfociaf: pryfocio, pryfocyn, pryfoclyd, pryfociwr, pryfocyn.**

prymowter, gw. **promoter.**

prŷn[1]**, pryn**[1] [bôn y f. ddil.] *a.* a hefyd fel *eg.* Prynedig, wedi ei bwrcasu; wedi ei brynu (o feddiant pechod, &c.): *bought, purchased; redeemed* (*from sin, &c.*).

14g. *DGG*[2] 120, Pam gennyf am y pryf *pryn* / Y wiwdraul drem o wydryn (Madog Benfras). **15–16g.** *TA* 220, Prifiaist ymhob rhyw ofyn, / I roi d'aur praff ar dir *pryn.* **[1547]** W. SALESBURY: *OSP,* Gwell eidion gwerth nac vn *pryn.* **1588** *Lef* xxvii. 22, ei dîr *prynn* yr hwn ni bydd o dîr ei etifeddiaeth, a sancteiddia efe i'r Arglwydd. **1588** *Jud* iv. 10, hwynt hwy, ai gwragedd, ai plant, ai hanifeiliaid a phôb dieithr, a gwâs cyflog, a gweision *pryn* a osodasant sach-liain am eu lwynau. **1632** *D,* peth *prŷn* d.g. *emptitius.* **1677** C. EDWARDS: *FfDd* 232, pan gaffent gyngor i geisio rhyddhâd oddiwrth wasanaeth pechod drwy râs Crist, dywedai pob un agos fel y gwâs *pryn* . . . hoff genifi fy meistr, nid afi allan yn rhydd. **1803** *P, prŷn* . . . a. Bought. Ar lafar yn y Gogledd, 'bara *pryn*', *WVBD* 446; ac ym Morg., 'bara *prŷn*'.

Fel *e.* Pryniad, pwrcasiad, pwrcas; prynedigaeth (o feddiant pechod, &c.): *a buying, purchasing, purchase; redemption* (*from sin, &c.*).

14g. *GDG*[3] 351, Hir yw'r cylch, cylchwy didryf, / A hy yw'r cariad a'i hyf. / Hawdd yfaf, dibrinnaf *bryn,* / Hawdd yf a wŷl ei hoywddyn. *c.* **1400** *R* 1162. 27–32, E Duw yn gyntaf y kyuarchaf. bennaf bieu. Nef a daear . . . A pharatwys ef an prynnwys *pryn* godeheu. **15g.** *LHDd* 111, O dervyd y dyn gaffel kic anefeil ny bo ynny eidaw ef . . . dirwy vyd y kosp amdanaw py fford bynac ydel . . . nac o gaffel nac o *bryn.* **1547** *WS, pryn,* sale. **16g.** *GGH* 210, Iawn i Dduw fynnu'i ddewis / A dwyn ei *bryn* dan ei bris. **1632** *D, prŷn* . . . emptio. **17–18g.** O. GRUFFYDD: *Gw* 92, felly Angau, saethau sydyn, / I ffoi o'i ran, ni pheya ronyn / . . . / Nid oes *brynn* ar einioes brenin, / Mwy na'r sala o silion melin. **1722** *Llst* 189, *prŷn,* (sub), m., a buying. **1794** E. JONES: *CP* 33, na ellir symmud neb oddiwrth ei eiddo ei hun, pa'r un ai digwydd iddo o dreftadaeth, trwy rôdd neu *brŷn.* **1803** *P, prŷn* . . . a purchase.

Amr.: **pwrn** [bôn y f. *pwrnaf*: *pwrnu* (amr. ar y f. *prynaf*: *prynu*)]. Ar lafar yn sir Benf., 'Diod *pwrn* . . . Brethyn *pwrn* . . . Bara *pwrn*', *GDD* 237.

prŷn[2]**, pryn**[2], gw. **prynaf: prynu.**

prynadwy [bôn y f. ddil. + *-adwy*] *a.bfl.* Y gellir ei brynu neu ei bwrcasu, prynedig, pwrcasedig; hawdd ei brynu (am berson): (*that can be*) *bought or purchased; venal.*

1632 *D* d.g. *emptitius.* **1768** RISIART AP ROBERT: *CB* 230, y rhan gyfryngol . . . sydd i ddwyn i lawr y bendithion *prynadwy* (*purchased*) ar bawb mewn pob amseroedd. [**1783**] *W* d.g. *redeemable.* **1798** *WR* d.g. *venal.* **1803** *P.* Cf. D. OWEN: *D* 156, nid oedd odid ddim *prynadwy* na gwerthadwy nad oedd gan Jeremiah law ynddo.

prynaf: prynu [H. Grn. *prinid* (rhang. grff.), Crn. C. *prenne, perna*, Llyd. C. *prenaff*, Llyd. Diw. *prenañ*, Gwydd. C. *crenaid* 'prŷn (ef, &c.)': o'r gwr. IE. **kᵘrei-* 'prynu', cf. Sans. Fedig *krīṇāti*, Gr. πρίαμαι; gw. hefyd *prid*] *bg.a.*

(*a*) Cael (rhywbeth) drwy roddi arian, &c., yn gyfnewid amdano, bod yn swm digonol i gael (rhywbeth) (am arian, &c.), pwrcasu, ffeirio, adbrynu, pridwerthu: *to buy, purchase, exchange, redeem, ransom.*

9g. *B* v. 234, Dou punt petguar hanther scribl *prinit* hinnoid. iiii. aues. **13g.** *LlI* 23, Try peth ne dele taeauc y werthu hep ganhyat y arglued: amvs a mel a moch . . . ac onys *pryn* e arglued, guerthet ef e ford e menho. **14g.** *BT* 155, daly rotpert esgob bangor yny eglwys ay *brynnu* awnaethpwyt yr deukant ehebawc. **14g.** *WML* 66, Or lledir hagen ymywn ygoloren ywerth oll atelir. A dilis vyd yrwnsi yr neb a*eprynwys.* **14g.** *YBH* 19b, Ar march hwnnw a *brynassit* y grandon yr y driffwys o eur coeth. *c.* **1400** *B* ii. 14, A *brynych* o anïueileit . . . *pryn* rwng y pasc ar sulgwyn . . . Dy ueirch kynn eu bot yn ry hen, trafnitra wynt. A*phryn* rei ieueinc yn eu lle. *Diw.* **15g.** *Bren Saes* 268, gorvv ar vwrdeisiaid Llvndain *brynv* i mynyglav. **1547** *WS, pryny*, bye. **1551** W. SALESBURY: *KLl* ib, Ac Ieshu aeth y mewn y templ ddeo ac a vwriodd allan kwbyl or rei oedd yn gwerthy ac yn *pryny* yny templ. **1588** *Ecs* xxxiv. 20, y cyntafanedic i assyn a *brynni* di ag oen. **1588** *Neh* v. 8, nyni a *brynasom* ein brodyr yr Iddewon y rhai a werthasid i'r cenhedloedd. **1632** *D, prynu*, emere, redimere. **18g.** E. T. RHYS: *DA* 64, Pe âi i'r farchnad, yn un swydd, / A diolch rhwydd pob rhai, / Ni *phrŷn* e ledr coch na llîn, / Neu gŵyr at drin ei drai. **1803** *P.* Ar lafar yn gyff., '*Pryn* hen *pryn* eilwaith, *pryn* newydd fe bery byth', *WVBD* 446.

(*b*) (enghrau. *ffig.*: *fig. exx*).

13g. *A* 9. 14–16, ancwyn mynydawc enwawc e gwnaeth. a phrit er *prynu* breithyell gatraeth. **13g.** *MA²* 221a. 13, Gwr an *pryn* prynhawn ddifiau (Dafydd Benfras). **13g.** *BD* 58, kymyrth yr Arglvyd Yessu Grist diodeiueint ym pren croc yr *prynu* cristonogyon o geithiwet uffern. **14g.** *H* 118a. 10–12, areil dalym om salym na sawd uerw awgrim wawrwiwgroc am *prynawd* (Dafydd ap Gwilym). **1346** *LlA* 62, Pwy yw yrei a vernnir. y rei . . . a*brynassant* ev pechodeu obenyt. **14g.** *WM* 3. 1–3, o gwneuthum gam mi a*brynaf* dy gerennyd. *c.* **1400** *R* 1204. 15–16, Trwy rat mawr gwawr gwreisc yn breisc *brynv.* **1567** *LlGG* (*Sall*) 61b, Dywedant yr ei y*brynwyt* [:– waredwyt] gan yr Arglwydd, modd y gwaredawdd ef hwy o law y gorthrymwr. **1606** E. JAMES: *Hom* iii. 101, ei drugaredd ef, yr hwn a *brynnwyd* ac a bwrcaswyd trwy waed ei anwyl garedig fâb ef Iesu Ghrist. **1632** J. DAVIES: *LlR* 204, Pa ham na *phryni* di y gogoniant yma gantho ef er cyn lleied o boen ac y mae efe yn ei ofyn gennyti? **1658** R. VAUGHAN: *YPS* 15, A phwrs llawn a *brŷn* Schism. **1712** T. WILLIAMS: *CDdG* 15, arwydd or etifeddiaeth nefol, yr oedd rhai a *brynnasei* Christ yn ei disgwil. *a.* **1791** W. WILLIAMS: *GP* 861, Ac yno ni gawn orphwys, / O fewn i'r wir baradwys, / Tan gysgod pren y bywyd cun, / Yr hwn ei hun a'n *prynws* [*sic*]. **1803** *P, prynu* . . . Gwerth dy wybodaeth i *brynu* synwyr.

Amr.: **pernu** [drwy drsd.]. Ar lafar yn sir Benf., *TGG* (1904) 62. **pwrnu** [drwy drsd.]. Ar lafar yn sir Benf., *GDD* 238. **pyrnu** [drwy drsd.]. **15g.** *HCLl* 79, O cerdd Siasbar ddaearen / E'i *pyrn* ei esgyrn a'i ên. Ar lafar yn gyff., *WVBD* 446.

Cfn.: **prynu a gwerthu (rhywun) o dan ei drwyn:** *to be quicker or more cute than (someone).* Ar lafar yn ne-ddwyrain Morg., 'Ma fa lawar smartach na ti, 'ngwas i! *Fe dy bryniff a dy werthiff di o dan dy drwyn*'. **p. amser:** *to seize an opportunity, make the most of the time, redeem the time.* **1567** *TN* 290a, gan *brynu* yr *amser* [:– achup yr adec]. *id.* 301b, [*p*]*rynwch* yr amser. **1677** R. JONES: *BB* 157, byddwch fwy diwyd yn *prynnu* eich *amser.* **1790** T. JONES: *TOS* 263, [*p*]*rynu amser.* **p. cath mewn cwd (mewn cod, yng nghwd, yng nghod):** *to buy a pig in a poke.* **1780** *W, prynu câth mewn cŵd* (*ynghŵd*) d.g. *poke, to buy a pig in a poke.* Ar lafar. **p.'n echwyn (ar echwyn):** *to buy on credit, buy on tick.* **1672** R. PRICHARD: *Gw* 174, Gwachel *brynu* mawr *yn echwyn*, / Pawb ar air y werth yn 'scymmyn: / *Prynu 'n echwyn* y wna i Borthmon, / Ado'r wlâd a mynd i Werddon. **1794** *W*, cymmeryd (*prynu*) *yn* neu *ar echwyn* d.g. *to* [*take, or buy, upon*] *tick.* **p. porchell mewn cwd = p. cath mewn cwd.** **1615** R. SMYTH: *GB* 166.

Gw. hefyd **prid, rhybrynaf: rhybrynu.**

prynawdr, prynawdur, prynawdwr, gw. **pryniawdr.**

prynedig [bôn y f. fl.+-*edig*] *a.bfl.* a hefyd fel *eg.* ll. -*ion.* Wedi ei brynu neu ei bwrcasu; wedi ei brynu (o feddiant pechod, &c.): *bought, purchased; redeemed (from sin, &c.).*

c. **1730** *Thos. Lloyd D* (LlGC) 195b, *prynedig*, emptus. **1744** *CMC* 90, Pa rai o'r holl *brynedig* Had. **1770** *W* d.g. *bought, redeemed.* **1791** GW. MECHAIN: *Gw* i. 272, E ddaw y *prynedig* ddyn. **1794** E. JONES: *CP* 49, Gan na wna pryniad tan ddeg punt ar hugain sefydlu y prynwr am ddim hwy amser nag y cyfanneddo yn y tîr *prynedig*, ni sefydla yr un o'i blant ef trwy sefydliad disgynol oddiwrtho ef. **1803** *P.*

Fel *e.* Person a brynwyd (yn enw. o feddiant pechod, &c.): *one who has been redeemed (esp. from sin, &c.).*

1567 *LlGG* 40b, blwyddyn vym-*prynedigion* a ddaeth. **1620** *Nu* iii. 51, A Moses a roddodd arian y *prynedigion* i Aaron ac i'w feibion. **17g.** HUW MORUS: *EC* ii. 291, Er mwyn *prynedigion*, o'i fodd y bu fodlon, / I'w ladd gan elynion, Juddewon o ddig. **1792** T. JONES: *GE* 134, Duw a dyn wedi eu huno mewn un Crist, yr hwn sydd oll yn hawddgar yngolwg ei *brynedigion.*

prynedigaeth [bôn y f. fl.+-*edig*+-*aeth*] *eg.b.* Gwaredigaeth dyn rhag pechod, &c., drwy'r iawn a dalodd Crist ar y Groes; pryniad, pwrcasiad: *redemption (from sin, &c.); a buying, purchase.*

1346 *LlA* 7, os krist agymerei engylyawl annyan ygann vn angel. hwnnw ehun a bryney. ar lleill oll avydynt o dieithyr *prynnedigaeth.* **14g.** *B* xiv. 271, dyrcheueist dy groc yn y daear yn aruyd yn *prynedigaeth* ni. *Dchr.* **15g.** *GM* 30–1, Canys gan yr Arglwyd y mae trugared, / Diruawr *brynedigaeth* heb gyndared. **1551** W. SALESBURY: *KLl* livb, edrych am y mabwyseth *prinedigaeth* (*TN* 231b, *prynedigaeth*) ewn corph. *id.* lxxxia, Megys na ddaeth map y dyn yw weini, eithyr er gweini, ac y roddy i einioes yn *prynedigeth* y tros lawer. *id.* lxva, na thristawch ar ysprÿt glan Deo trw'yr [*sic*] hwn yr hynotwyt chwi erbyn dydd y *prynedigeth.* **1588** *Jer* xxxii. 12, mi a roddais lyfr y *prynedigaeth* at Baruc . . . yng-wydd y tystion y rhai a scrifennasid yn llyfr y *prynedigaeth.* **1632** *D, prynedigaeth*, emptio, redemptio. **1696** *CDD* 108, Yr Jesu a Gynyddodd, yn brafiach a brifiodd, / A'r amser a nesodd, a bwŷsodd ar ben; / I wneud *prynedigeth*, drwŷ gwbwl achubeth, / A dyddie marwolaeth mor filen. **1778** J. THOMAS: *HB* 158, Yr oedd y gwr hwnnw . . . yn dal *prynedigaeth* gyffredinol yr amser hwnnw. **1791** E. BARNES: *CGT* 16, Gweled dwyfol weithrediadau ydyw yr hyn sy'n argraffu ar y galon fawredd o sicrwydd *prynedigaeth.* **1800** W. THOMAS: *P* 96, *Prynedigaeth*, wrth ba un y meddylir yn yr ysgrythur, rhyddhad un o gaethiwed a thrueni. **1803** *P, prynedigaeth*, s. m. the act of taking, buying, or purchasing; redemption.

prynedigol [*prynedig*+-*ol*] *a.* Yn prynu (o feddiant pechod, &c.); wedi ei brynu (o feddiant pechod, &c.): *redeeming (from sin, &c.), redemptive; redeemed.*

16–17g. T. R. ROBERTS: *EP* 234, Mi gaf weled a'm golwg, / Y mab rhad heb gad na gwg, / A barn deg *brynedigol* / Gwlad nef a'i golud yn ol, / Y da a roes Duw yr Iôn / O'i gariad at y gwirion. **1725** T. BADDY: *CS* 60, [e]i *Brynedigol* rasol waith. [**1783**] *W* d.g. *redemptory.* **1790** T. JONES: *TOS* 321, dyfais rhâd *brynedigol* râs, bwriad tragywyddol gariad. **1792** T. JONES: *GE* v, Yr angylion glân sy' o amgylch gorsedd Duw a welant fwy o ddyfnderoedd ei ogoniant yn ei *brynedigol* gariad. **1803** *P.*

prynhawn, pryd nawn, prydnawn, &c. [*pryd¹*+*nawn*, cf. Gwydd. C. *tráth nóna*] *eg.* (bach. *prynhawnyn*) ll. -(*i*)*au*, (prin) -*oedd*, (prin) *prynhoniau.* Yr amser rhwng canol dydd a machlud haul, diwedydd, min nos, y nawfed awr o'r dydd, sef tua 3 o'r gloch y prynhawn, hefyd yn *ffig.*: *afternoon, evening, the ninth hour of the day, approx. 3 o'clock in the afternoon, also fig.*

13g. *MA²* 221a. 13, Gwr an pryn *prynhawn* ddifiau (Dafydd Benfras). *c.* **1300** *H* 34b. 25, krynei elorueirch bre . . . *bryd nawn* (Cynddelw). **14g.** *WM* 70. 21–5, A*phrynhawn* byrr guedy bot yn diheu gantaw ef na chaei chwedleu y wrth pryderi . . . dyuot a oruc parth ar llys. **14g.** *GDG³* 386, O *brynhawn*, sôn digawn syml, / Hyd y nos, hoed annisyml. **14–15g.** *IGE²* 253, Doe yn gyfflybrwydd y daw, / Dydd oedd a diwedd iddaw. / Boregwaith hardd bregeth hy, / Hanner dydd yn ôl hynny. / *Prynhawn* yr aeth i draethu / Einioes y dydd yn nos du. **16g.** SIÔN BRWYNOG: *C* 178, Y bore codai, y brig gwaedol, / Yn eurwych eustus yn orchestol; / Er hyn *brynhawn yn* [*sic*], brenhinol—wyneb / Yr âi ar wrtheb â'r aur warthol. **1588** 1 *Cr* xxiii. 30, sefyll bob borau i foliannu, ac i ogoneddu yr Arglwydd: felly hefyd *bryd nawn.* **1632** *D, prydnhawn* d.g. *pomeridianus. id. prydnawn* d.g. *vespera.* **1661** E. LEWIS: *Drex* 110, Yn ddiammeu y *prydnhawn* a ddaw, ar ol yr hwn ni chei di weled un bore . . . Am hynny bydded gennit ti ofal yspysol yn dy holl weithredoedd. **1670** J. HUGHES: *AP* 262, yr vn modd y *Prynhawnoedd* gan ddyfod ynghyd y gellir darllain rhyw rai o Fucheddau y Sainct. *c.* **1730** *Thos. Lloyd D* (LlGC) 195b, *prynhawn*, pl. *prynhoniau.* **1775** M. RHYS: *GBN* 74, Aeth yn *brŷdnhawn*, mae yn hwyrhau, / Mae drws trugaredd heb ei gae. **1803** *P, prydnawn*, s. m. pl. t. -*au*, the time from mid-day to the sixth hour; the afternoon. Ar lafar, yn aml yn y ff. *pnawn, prawn.*

Amr.: **brynhawn** [cf. *bythefnos*]. **1600** *Card* 3.240, 249a, 253b, 255a. **pyrn(h)awn** [drwy drsd.]. **13g.** *DB* 71. **15g.** *GLGC* 224. **1632** *D.* **1803** *P.* Ar lafar ym Morg.

Cfn.: **prynhawn, &c., da:** *good afternoon.* **20g.** Ar lafar. **p. hir = p. hwyr.** *c.* **1400** [*RB*] *WM* 239. 7–9, a bwytta ac yuet aoruc owein yny oed *pryt nawn hir.* **p. hwyr:** *late afternoon, late evening.* **14g.** *GDG³* 101. **15g.** *GLGC* 224. **15g.** *ID* 7. **1793** DAFYDD IONAWR: *CD* 129.

prynhawnbryd, prydnawnbryd [*prynhawn, prydnawn*+*pryd¹*] *eg.* Cinio (canol dydd), te (prynhawn), swper: *dinner, lunch, (afternoon) tea, supper.*

1803 *P, prydnawnbryd*, s. m. an afternoon meal; a dinner. Cf. W. DAVIES: *Agric* . . . *S. Wales* ii. 312, in Glamorgan Upper, dinner is called 'ciniaw echwydd', and Meirionydd, &c in North Wales, 'nawnbryd', and tautologically, '*pryd*' *nawn* '*bryd*'.

Gw. hefyd **nawnbryd.**

prynhawnddydd, prydnawnddydd [*prynhawn, prydnawn*+*dydd*] *eg.* Prynhawn, hefyd yn *ffig.*: *afternoon, also fig.*

1686 FFOULKE OWEN: *Cerdd-lyfr* 126, Ail roses ar y manwydd, / Neu ail i flodeu'r coedydd, / Ail i beraidd lysiau Mai, / Ail borau cyn *prydnawnddydd.* *c.* **1730** *Thos. Lloyd D* (LlGC) 196b.

prynhawnfwyd, prydnawnfwyd [*prynhawn, prydnawn*+*bwyd*] *eg.* Cinio (canol dydd), te (prynhawn), swper, hefyd yn *ffig.*: *dinner, lunch, (afternoon) tea, supper, also fig.*

16g. *MTA* 23, Tair krynnoc rhowioc i rhed / tair sach kynn torri i syched / Bwriwn hynn yw *byrnhownwyd* (*GLD* 54, o'i *brynhawnfwyd*) / [o] phery r llynn ir ffrir llwyd [Lewys Daron i erchi maen melin]. **1547** *WS*, kino echwydd ne *pyrnhawnfwyt*, nonemeat. **1604–7** *TW* (*Pen* 228), yvet diot rhwng ciniaw ar cwynos ne swper, yr awrhon *prytnawnvwyt* d.g. *antecœnium.* **1630** *YDd* 259, Ar ol p[r]ydnawnol weddi ar dy Swpper [:– *Prydnawnfwyd* y gelwid gan yr hên gymru.] ymddwg dy hûn yn yr vnrhyw sanctaidd a chrefyddol ymarfer. **1630** R. LLWYD: *LlH* 117, [p]aratoi iddynt eu lluniaeth beunydd, sef eu cinio, a'u *prydnawn-fwyd*, a'u swpper bob dydd. **1725** *SR* d.g. *nunchion.* **1740** T. EVANS: *DPO* 98, byddai chwant Saig felus ar y Bodaod, nid dim arall a wasanaethai eu tro ond Colommen at Giniaw a *Phrydnawnfwyd.* **18g.** E. RICHARD: *E* 6, A hunan *brydnhawn-fwyd* yw bywyd y balch. **1770** *W* d.g. *beaver* [*meal of meat*], *beverage* [*a colation*], *lunch, an afternoon's luncheon.* **1803** *P* d.g. *prydnawnvwyd.* **1813** *WB* 216, yfed y clwyfus lonaid gwydr-gwîn deirgwaith yn y dydd, sef un ar gythlwng, arall ynghylch awr o flaen *prydnawn-fwyd*, a'r trydydd ar bryd gwely.

Amr.: **prydnwydau, pyrnwydau** [?defnydd o ff. l. gyw. ar yr amr. dil. fel e. un.]. Ar lafar gynt, cf. *SE MS* 401b, *pyrnwydeu*, sm . . . a dinner, a midday meal . . . It is used as a singular . . . S.W.; *Cymru* xxxix. 95, *prydnwyde*, hen air am ginio [yn nhafodiaith Brych.]. **prynhawnwyd, prydnawnwyd, pynywnwyd, pyrnhawnwyd,** &c. **16g.** *MTA* 23. **1604–7** *TW* (*Pen* 228), *prydnhownwyt* d.g. *antecœnium.* **1716–18** *Llsgr R. Morris* 131, *prydnhawnwud.* **pnawnyd** [trwy gyw.]. **1908.** Ar lafar yn y Gogledd, *LlLlM* 100, *BILlE* 32. **pynywnwyd**, gw. *prynhawnwyd.* **pyrnhawnfwyd** [*pyrnhawn*+*bwyd*]. **1547** *WS*, kino echwydd ne *pyrnhawnfwyt*, nonemeat. **1632** *D* d.g. *vesperna.* **1770** *W* d.g. *beaver* [*meal of meat*], *lunch, an afternoon's luncheon.* **pyrnhawnwyd**, gw. *prynhawnwyd.* **pyrnwydau**, gw. *prydnwydau.*

prynhawngwaith, prydnawngwaith [*prynhawn, prydnawn*+*gwaith²*] *eg.* (Un) prynhawn, rhyw brynhawn, (un) min nos, ?canol dydd, hefyd yn *ffig.*: (*one*) *afternoon, (one) evening, ?noon, also fig.*

14g. *WM* 38. 12–17, Bendigeiduran uab llyr aoed urenhin coronawc ar yr ynys hon . . . a*frynhawngueith* yd oed yn hardlech . . . yn llys idaw. **15–16g.** *TA* 544, Hawddamawr bob awr bybyrwaith,—dylwn / I'r delyn o'r henwaith, / Wrth glywed mwyned i'm iaith / I brenhin-gerdd, *brynhawn-gwaith.* **1588** *Jud* ix. 1, offrymmwyd yr arogldarth yn Jerusalem o fewn tŷ yr

Arglwydd y *prydnawn-[g]waith* hwnnw. **16–17g.** *GST* i. 784, Y brenhingyw, *brynhawngwaith*, / O'r fforest, â'i frest yn fraith, / Ympiriodd im, mab hardd oedd, / Drwy goedwig fel draig ydoedd. **16–17g.** *CLlC* iii. 45, A bod yno nos Dodecho, / A *phrnawngwaith* o Fowrth hirfaith, / A bore o Fai wedi klanmai. **1620** *2 Sam* xi. 2, A bu ar *brydnawn-gwaith* gyfodi o Dafydd oddi ar ei wely. **1630** *YDd* 207, sefyll o'r haul a'r [*sic*] *brydnawngwaith* (*noone*) yn amser Ioshua, tros ddiwrnod cyfan. **1703** E. WYNNE: *BC* 5, Ar ryw *brydnhawngwaith* têg o hâ hir felyn tesog, cymmerais hynt i ben un o Fynyddoedd Cymru. **18g.** E. T. RHYS: *DA* 33, I maes o Aberystwyth, / *Brydnawn-gwaith* yn ddiadwyth, / Yr wyth, hwy aethant. **1773** *W* d.g. *evening*. **1803** *P* d.g. *prydnawngwaith*.

Amr.: **pyrnhawngwaith** [*pyrnhawn*+*gwaith*[2]]. **1878.**

prynhawni, prynhawno, gw. **prynhawnu.**

prynhawnol, prydnawnol [*prynhawn, prydnawn*+*-ol*; tebyg mai dyl. y Llad. *nōna* a welir ar yr engh. gyntaf isod] *a.* Yn perthyn i'r prynhawn, yn digwydd yn y prynhawn, hwyrol, yn ymddangos yn y prynhawn neu gyda'r hwyr: *pertaining to or occurring in the afternoon, (of the) evening, appearing in the afternoon or evening.*

1567 *LlGG* 104a, yn y Gauell lle bo'r Voreuol ar *Brydnonawl* [*sic*] weddi. **1588** *2 Br* xvi. 15, llosc ar yr allor fawr y poeth offrwm boreuol, a'r bwyd offrwm *prynhawnol*. **1588** *Salm* cxli. 2, Cyfeirier fyng-weddi i'th ŵydd di fel arogldarth, a derchafiad fy nwylaw fel yr offrwm *prydnhawnol*. **1630** *YDd* 208, darllain rhai o'r Psalmau . . . a osodwyd, yn llyfr gweddi gyffredinol yr Eglwys iw darllain a'r foreuol neu *brydnawnol* weddi. **1632** *D*, *prydnownol* d.g. *vesper*. **1672** R. PRICHARD: *Gw* 322, Yn ôl dy boen a'th waith y dydd, / Pan delo'r nôs ymro yn brûdd, / I roi i Dduw *brydnhawnol* Aberth, / O galon bûr â geiriau prydferth. **1701** E. WYNNE: *RBS* 75, ymgeidw ef . . . rhag y diawliaid *prydnhawnol* a phlygeiniol hynny a barant i ni yn afreolus ac yn annuwiol addoli cywilydd. *c.* **1730** *Thos. Lloyd D* (LlGC) 195b, *prydnawnol*, vespertinus. **1775** *CY* 9, fe annogodd annuwioldeb, trwy attal pregethau *prydnhawnol*, ac ail gyhoeddi y llyfr chwareyddiaeth. **1794** *W* d.g. *vespers*. **1803** *P* d.g. *prydnawnawl*.

Amr.: **prynhawnol** [*pyrnhawn*+*-ol*]. **1567** *LlGG* 7a.

prynhawnu, prynhawni, prydnawni, pyrnhawni, prydnawnio, &c. [be. o'r e. *prynhawn, prydnawn,* &c.] *bg.* Mynd yn brynhawn neu'n fin nos, treulio'r prynhawn, hefyd yn *ffig.*: *to become afternoon or evening, pass the afternoon, also fig.*

16–17g. E. PRYS: *Gw* 354, Trwch i ddyn o'i wŷn a'i ynni—na ddaw / Cyn i'w ddydd *brynhawni*, / Cyn gweled mo'r caledi, / Cyn darfod ein arfod ni. **1722** E. LLOYD: *MC* 53, [y] dydd teccaf egluraf . . . heb ddim cynnwrf na rhyferthwy ynddo . . . na *phyrnhowni* na machludo haul yntho nid oes. *c.* **1730** *Thos. Lloyd D* (LlGC) 196b, *prydnownio*, to pass the afternoon. **1803** *P*, *prydnawni*, to grow late in the day, to become evening. *Diw.* **19g.** *SE MS* 393a, *Prydnawno*, vn. to become afternoon, to draw towards the evening. Mae hi yn *prydnawno* yn hyfryd—it becomes fine as the afternoon advances (also as it gets later in the afternoon (S. W.). Ar lafar yng nghanolbarth Cered., 'Mae 'i'n *prynhawno*'n neis' 'it's turning out fine', *ZCP* xx. 421.

prynhawnwyd, prynhawnyn, gw. **prynhawnfwyd, prynhawn.**

pryniad [bôn y f. *prynaf*: *prynu*+*-iad*[1]; dichon mai *-iad*[2] a welir yn rhai o'r enghrau. isod] *eg.* ll. *-au.* Y weithred o brynu, pwrcasiad, hefyd yn *ffig.*; prynedigaeth (o feddiant pechod, &c.): *the act of buying, purchase, also fig.*; *redemption (from sin, &c.).*

c. **1400** *R* 1202. 3, Jor deg radwlat. yawn a*brynyat*. ion y breineu. *id.* 1255. 15–16, Agwaew dan vronn agwaet gwirion gwerin *brynnyat*. **15g.** *GLGC* 395, O'r mau i prynaist gywydd deuair. / fal *pryniad* ar dda'r farchnad ŵyl Fair. **1547** *WS*, *prynyad*, byeng. **16g.** *Hop M* 157, dir y ddüw darw y ddewis / di wad fyr *pryniad* ar pris. **1588** *Salm* xlix. 8, gwerth-fawr yw *prynniad* eu henaid. **1588** *Jer* xxxii. 11, mi a gymmerais lyfr y *prynniad* wedi ei selio wrth gyfraith a defod. **1632** *D* d.g. *emptio, mercatio, redemptio*. **17g.** *DCR* 263, dyw ywn keidwad dyw yn dechreyad / dyw ywn brenin dyw ywn *pryniad* / dyw yn kyfodiad dyw yn derchafiad / vn dyw aeddfwyn y fon diweddiad. **17g.** E. MORUS: *Gw* 102, Duw'n ddyn dan oddefiad am bechod yn cyn-tad / A weithiodd ein *pryniad*, gwnawn grediad i'w grog. **1661** E. LEWIS: *Drex* 329, yr hyn yr ydwyt yn ei golli *pryniad* amser yw. **1786** W. WILLIAMS: *I* 25, y drefn ag oedd . . . yn Israel ynghylch *pryniadau*, mai iddo ef, yr hwn oedd nesaf câr y perthynai yr hawl o fod yn brynwr etifeddiaeth. **1790** T. JONES: *TOS* 35, Anrhydedd tra neillduol i orphwysfa 'r saint yw, ei galw yn *bryniad* y pwrcas . . . h.y. ffrwyth gwaed Mab Duw. **1803** *P*.

Gw. hefyd **rhybryniad.**

pryniadol [*pryniad*+*-ol*] *a.* Yn prynu, yn pwrcasu; prynedigol (o feddiant pechod, &c.): *buying, purchasing; redeeming (from sin, &c.).*

1875.

pryniadwr [*pryniad*+*-wr*] *eg.* Prynwr (o feddiant pechod, &c.), gwaredwr: *redeemer (from sin, &c.).*

1768 RISIART AP ROBERT: *CB* 198, rhaid i'r *pryniadwr* hwn fod yn Dduw. **1790** T. JONES: *TOS* xii, O na byddei i Ysprydd a grâs y *Pryniadwr* beri hynny.

pryniant [bôn y f. *prynaf*: *prynu*+*-iant*] *eg.* Pryniad, pwrcasiad, pwrcas, hefyd yn *ffig.*; prynedigaeth (o feddiant pechod, &c.): *a buying, purchasing, purchase, also fig.*; *redemption (from sin, &c.).*

1567 *LlGG* 98b, deuth Map y dyn nyd y'w wasanaethy, 'namyn er gwasanaethu, ac y rody ei vywyt yn *bryniant* tros lawer. **1567** *LlGG* (*Sall*) 27a, gwerthvawr yw *prynyant* ei heneidiae. **1567** *TN* 68a, rhoi ei einioes yn bridwerth [:– *bryniant*] dros lawer. **16–17g.** E. PRYS: *Gw* 346, Maddeuant on [*sic*] *pryniant* prid. **1604–5** *B* xxv. 124, vo all gwirionedd dystiolaethv y *prynniant* ar Adda allan a deliverans ar Adda o vffern. **17g.** *LlGC* 13215, 376, *prynniant* . . . emptio. **1703** E. WYNNE: *BC* 62, bargeinion bol clawdd, a llêd llaw o scrifen am ddyddyn canpunt, a chodi carnedd . . . yn goffadwriaeth o'r *pryniant* a'r terfyneu. **1712** T. WILLIAMS: *CDdG* 470, nid oedd y *pryniant* (*Redemption*) ymma a bwrcaswyd ini ond dan ammod edifeirwch. **1718** E. SAMUEL: *HDdD* (Gweddïau) 75, O Iesu anwyl, yr hwn am prynaist a gwerthfawr bridwerth dy waed dy hun. Hola yn awr dy *bryniant*. **1798** R. DAVIES: *CG* 26, A'r rhai Profiadol rhydd / Fawrhân y dydd, yn 'rhwn y daeth / Fath waredigaeth rad, / . . . / Dydd chwerw i gnawdol chwant, / Oedd Diwrnod *pryniant* Dyn.

Cfn.: **pryniant gorfodol:** *compulsory purchase.* **20g.**

pryniawdol [?*pryniawd(r)*+*-ol*] *a.* Prynedigol (o feddiant pechod, &c.): *redeeming (from sin, &c.).*

[**1783**] *W* d.g. *redeeming.*

pryniawdr, prynawdr, pryn(i)awdwr, prynawdur [bôn y f. *prynaf*: *prynu*+*-(i)awd(w)r, -awdur* (At.)] *eg.* ll. (prin) *pryniodron.* Prynwr (o feddiant pechod, &c.), gwaredwr; prynwr, pwrcaswr: *redeemer (from sin, &c.); buyer, purchaser.*

14g. *H* 122b. 11–12, arbennic lywyawdyr *brynawdyr* breiniawl. Erbynnyeist llyweist llu bedytyawl. **1346** *LlA* 37, velle ybu adaf yn bellen lygredic. Aphawp oraanet ohonaw. Alygrwyt o bechawt pei na wnelit yn vyw drwy vedyd yn anghev y*prynnyawdyr*. **14g.** *RC* xxxiii. 220, Dynessa ar y mab . . . euo yssyd *brynnawdur* yr holl ossoed [*sic*]. *c.* **1400** *CHDd*[2] 81, Y neb a wertho march llwygus, atueret traean y werth y'r *prynawdyr* (*LlB* 92, prynwr). **15g.** *DN* 93, Duw Ysbryd Glân dewisbraff, / Duw'n *bryniawdr*, a'n kreawdr kraff. **1567** *LlGG* (*Sall*) 1b, yma y mae Christ ein vnic *brynawdr*, a'n cyfryngwr. **1567** *TN* 221a, na dderbynynt yr Iuddaeon Grist . . . ac na chredynt mai efe oeddy [*sic*] gwir *Brynawdur* [:– Brynwr]. **1632** *D*, prynwr, & *Pryniawdr*, emptor, redemptor. **1651** SIÔN TREREDYN: *MDD* 61, ochneidio, ac hiraethu am y *Pryniawdwr* addawedig. **17g.** HUW MORUS: *EC* ii. 77, Cariad Duw Nefol i bobl y byd, / Oedd danfon Iachawdwr, *Pryniawdwr* mewn pryd; / A chariad Crist Iesu, fu i'n prynu ar y pren, / A'i serch i'n derchafu i fynu i'r Nef wen. **1711** M. MAURICE: *YAD* 167, Pwy yw *Pryniawdwr*? . . . Yr hwn y sydd . . . yn tynny arall allan o rwymedigaeth, caethiwed, neu Gyfyngder. **1722** *Llst* 189, *pryniawdr*, m. a buyer, redeemer. **1792** T. JONES: *GE* 2, amlygu i bechaduriaid, mai cariad yw Duw ein *pryniawdwr*. **1803** *P*, *pr[y]niawdwr*, s. m. a purchaser; a redeemer. *id.* d.g. *pryniawdyr*, s. m. pl. *pryniodron*, a purchaser; a redeemer.

pryniawdydd [?*pryniawd(wr)*+*-ydd*[3], cf. *creawdydd*] *eg.* Prynwr (o feddiant pechod, &c.), gwaredwr: *redeemer (from sin, &c.).*

1856.

pryniedydd [bôn y f. *prynaf*: *prynu*+*-iedydd*] *eg.* Prynwr, pwrcaswr; prynwr (o feddiant pechod, &c.), gwaredwr: *buyer, purchaser; redeemer (from sin, &c.).*

1777 H. JONES: *M* 59, mawl i'n *pryniedydd* Hollalluog. **1780** *W* d.g. *purchaser.*

prynol, pryniol [bôn y f. *prynaf*: *prynu*+*-(i)ol*] *a.* Yn prynu, yn pwrcasu; yn perthyn i brynu; yn prynu (o feddiant pechod, &c.): *buying, purchasing; pertaining to purchasing; redeeming (from sin, &c.).*

1787 (**1812**) TWM O'R NANT: *PG* 43, Dyna ddengys i chwi yn benaf beth yw bath *bryniol*, / Fo heb ddelw'r brenin. **1803** *P* d.g. *prynawl.*

pryns, prynsbal, prynsies, gw. **prins, prinsbal, prins.**

prynt, pryntaf: prynto, pryntiwr, gw. **print, printiaf: printio, printiwr.**

prynwr, prynydd [bôn y f. *prynaf*: *prynu*+*-wr, -ydd*[3]] *eg.* ll. *prynwyr, prynyddion.*

(*a*) Un sy'n prynu, pwrcaswr, cwsmer: *buyer, purchaser, customer.*

14g. *LlB* 92, Y neb a wertho march llwygus, atueret trayan y werth y'r *prynwr*. *c.* **1400** *R* 1260. 25, Brys y parei. *brynwr* clarei. **16g.** *Med H* 16, bydd brethynnwyr sylltai yn crogi brethyn coch uwch ben i ffenestri, val na allo y *prynwyr* adnabod rrywiogaeth y lliwieu. **1567** *TN* 68a, Tavlu allan y *prynwyr* a'r gwerthwyr o'r Templ. **1588** *Eseia* xxiv. 2, bydd vn fath y bobl a'r offeiriad, y gwâs a'r meistr . . . y *prynudd* a'r gwerthudd, yr hwn a roddo, ac a gymmero echwyn. **1588** *Lef* xxv. 28, aed y *prynnwr* allan yn y Jubili, a deued y gwerthwr drachefn iw etifeddiaeth. **1632** *D*, *prynwr* . . . emptor. **1672** J. LANGFORD: *HDdD* 256, Yr ail fâth o Dwyll sydd mewn marsiandiaeth a bargen, lle y dichon fôd Twyll yn gystal yn y *Pryn-ŵr*, a'r Gwerth-ŵr. **1688** S. HUGHES: *TSP* 206, [g]wellhau ei gyflwr . . . trwy ennill mwy a gwell *prynwyr* idd ei Siop. **1703** E. WYNNE: *BC* 19, Siopwyr (neu Siarpwyr) a elwant ar angen, neu anwybodaeth y *prynwr*. **1795** J. THOMAS: *AIC* 281, i dwyllo 'r *prynnwr*. **1803** *P*, *prynwr*, a buyer. *id.* *prynydd*, s. m. pl. t. *ion*, a buyer.

(*b*) Un sy'n prynu (o feddiant pechod, &c.), gwaredwr: *redeemer (from sin, &c.).*

c. **1400** *YCM*[2] 160, Arglwyd Iessu Grist . . . mi a gyfadevaf o'm holl gallon, ac a gredaf dy uot yn *Brynwr* buw arnaf. **15g.** *ID* 100, mair onn a vagai *mhrynnwr* / gwedi gael heb gyd a gwr. **1551** W. SALESBURY: *KLl* xxvia, ti Arglwydd yw n tat, an *prynwr*: a chyn oes y may dy enw. **16g.** *WLl* 64, Iessu brenin sy *brynwr* / Ai roes ac aeth mewn rwysc gwr. **1568** MORYS CLYNNOG: *AG* 17, [d]arfu iddo yn prynu ni . . . mor fawr rwymedig ydym i Grist yn *prynnwr*. **1588** *Job* xix. 25, myfi a wn fod fy *mhryn-wr* yn fyw. **1606** E. JAMES: *Hom* i. 33, ein vnic *brynwr* a'n ceidwad, a chyfiawnydd, Jesu Grist. *id.* 40, Duw, mor drugarog, ac mor garedig *brynydd*. **1632** *D*, *prynwr* . . . redemptor. **1688** S. HUGHES: *TSP* 317, edrych yn wyneb eu *Prynwr* gydâ llawenydd. **1759** T. THOMAS: *WWDd* 304, fel *Prynwr*, y mae grâs a doniau 'r Ysprydd-glân yn dyfod trwyddo ef [Crist], i bechadur. **1793** DAFYDD IONAWR: *CD* 223, E wybu gyflawn obaith, / Cyn bedd a diwedd ei daith, / Cu olwg, y cai weled / Y pur Nêr Crist, *Prynwr* Cred.

Gw. hefyd **rhybrynwr.**

prynwriaeth [*prynwr*+*-iaeth*] *e?b.* Prynedigaeth (o feddiant pechod, &c.): *redemption (from sin, &c.).*

1595 *Egl Ph* 8, Crist a elwir y gair, o achos mai ef ym mhob ryw a eglurodd i'r eglwys ddirfodd duw yn eyn *prynnwriaeth*. *c.* **1730** *Thos. Lloyd D* (LlGC) 202a, *prynwriaeth*, redemptio. *Diw.* **19g.** *SE MS* 395a, *prynwriaeth*, redemption.

prynydd, gw. **prynwr.**

prypariaf: prypario, gw. **prepariaf: prepario.**

prys, gw. **prysg.**

pryseddaf, preseddaf: pryseddu, preseddu [?cf. *preswyliaf*: *preswylio*, *gorseddaf*: *gorseddu*; ansicr yw union ystyr *præsideo J* 10, a dichon mai ymgais i ystyried y gair Cym. fel bnth. dysg. o'r Llad. a geir yno] *bg.a.* Byw, trigo, preswylio, cyfanheddu, ymsefydlu: *to dwell, inhabit, settle.*

1536 *Rhyddiaith Gymraeg* i. 40, [c]ael lle i *barseddv* tra vai vyw. **1545** *CM* 1, 54, Or achos I mae pobyl ynn *presseddu* yn theunt [*sic*]. **16g.** (*LlEG*) *LlGC* 5276, 89a, man I aros ag I *breseddu*. *id.* 115b, a oedd yn *preseddu* tir kambria. *id.* 237a, ynn y modd hwn J *presedd/odd* kenhedlaeth y gothys gyntta. **1604–7** *TW* (*Pen* 228), vn a ddelo o vn wlad allan. ag a drigo neû a *bryseddo* mewn vn arall d.g. *accola*. *Dchr.* **17g.** *J* 10, 132b, *pryseddu*, præsideo. **1632** *D*, *pryseddu*, habitare, commorari. **1722** *Llst* 189, *pryseddu*, to abide,

dwell, inhabit. **1776** DEWI NANTBRÂN: *AN* 81, i *bryseddu* yn ein mŷs[c] ni mewn Pabell fechan.
Amr.: **parseddu. 1536** *Rhyddiaith Gymraeg* i. 40.

pryseddfod, preseddfod [bôn y f. fl.+ *bod*[1]] *eb.* ll. *-au.* Trigfan, preswylfod, preswylfa: *a dwelling, habitation.*
1604–7 *TW* (*Pen* 228), *presedduot* d.g. *habitaculum.* **1632** *D, pryseddfod* d.g. *habitaculum.* **1722** *Llst* 189, *pryseddfod*, f.p. *fodau*, an abode, dwelling-place. **1770** *W, pryseddfod* d.g. *an abode* [*dwelling place*], *a dwelling, dwelling-house, or dwelling-place.*

pryseddwr, preseddwr [bôn y f. fl.+ *-wr*] *eg.* Preswyliwr, trigiannydd, cyfanheddwr: *inhabitant, dweller.*
1722 *Llst* 189, *pryseddwr*, m. an inhabitant, dweller, sojourner. **1725** *SR, preseddwr* d.g. *an Abider-* [*sic*] *or Dweller.* **1775** *W, pryseddwr* d.g. *inhabitant, or inhabiter.*

prysennol, prysentiad, prysesiwn, gw. **presennol, presentiad, prosesiwn.**

prysg, prys [yr e. lleoedd Crn. *Priske, Preeze*: < Clt. *k^{u}restio-, cf. *pren*, H. S. *hyrst*; dichon mai benthyciadau yw Gwydd. Diw. *spreas* 'brigyn', Gael. *preas*] *eg.* ll. *prysgau, prys(g)oedd*, a hefyd fel *e.ll.* Clwstwr o (fan)goed, celli, planhigfa, meithrinfa neu nyrseri (o goed); (geir.) prysglwyn(i); (geir.) tanwydd, coed tân: *copse, grove, plantation, nursery* (*of trees*); (*dict.*) *shrub(s)*; (*dict.*) *firewood.*
12g. *LL* 43, Riu brein. cair castell. penni*prisc.* Tref mebion ourdeuein. *c.* **1200** *VSB* 132, Finis huius agri est a Pull Tenbuib usque Dir*prisc.* **13g.** *C* 57. 14–16, Oian aparchellan. aparchell. guin gvis. Nachus[c]te hun bore. nachlat im *prisc* (*B* iv. 127, *prys*). Rac dyuod. Riderch hael. Ae cvn kyfruys. **14g.** *T* 61. 17–18, kat ym*prysc.* katleu kat yn aber. **14g.** *WM* 422. 27–30, or *prysg* gynneu a dywetpwyt vchot rwydir arucheldech gvastadlwys erdrym a gerdassant. **15g.** *DN* 29, Aml blodav'n groyssav am grys—draenennav. / Aml dalennav prennav mewn *prys.* **1632** *D, prŷs*, & *Prŷsg* . . . arbusta, arboretum. **1688** *TJ, prŷs, prysg*, prysgoed, coedwig, coedfa, coedlwŷn, coed plann, plan goed: a Grove, a Nursery of young Trees. **1707** *AB* 285c, *prys* d.g. *a Shrub.* **1753** *TR, prŷs*, and *Prŷsg* . . . shrubs. **18–19g.** *Iolo MSS* 226, gwna di mewn *prys* / a wneit mewn llys / Cofia mhob Cêl / Bod Duw a'th wêl. **1803** *P* d.g. *prŷs, prysg.* Ar lafar gynt ym Morg. clywid *prysg* yn yr ystyr 'a hazel copse', *GWG* 333. Am y defnydd o'r gair fel elf. mewn e. lleoedd, gw. I. WILLIAMS: *ELl* 50, *ELISG* 114.
Amr.: **pres**[a]. **18–19g.** *Llr* C 30, 177, *Pres*, fewel, *pres* ffwrn. **1803** *P.* **prysgl. 1803** *P* d.g. *prysgyl.*

prysgen [*prysg*+*-en*] *eb.* ll. *-nau.* Prysglwyn, llwyn, hefyd yn *ffig.*: *shrub, bush, also fig.*
1805.
Amr.: **brysgen. 1805.**

prysgfa [*prysg*+*-fa, ma*] *eb.* ll. *-oedd.* Planhigfa neu dyfiant o brysglwyni; jyngl: *shrubbery; jungle.*
1850.

prysgl, gw. **prysg.**

prysgle [gair geir., sef *prysg*+*lle*[1]] *eg.* Celli, prysgfa, twmpath: *grove, shrubbery, thicket.*
1725 *SR* d.g. *a Grove.* *c.* **1730** *Thos. Lloyd D* (LlGC) 202a, *prysgle*, a Thicket. **1753** *TR, prysgyle* [*sic*], a place overgrown with shrubs. **1771** *W, prysgyle* [*sic*] d.g. *bushy-place, a shrubby place.*

prysglog [*prysgl*+*-og*] *a.* Llawn prysglwyni: *shrubby.*
1850.

prysglwyn [*prysg*+*llwyn*[1]] *eg.* ll. *-i.* Planhigyn prennog iseldwf ac iddo amryw o fonion fel arfer, prysgfa, llwyn, perth, mangoed, twmpath, clwstwr o (fan)goed, jyngl, hefyd yn *ffig.*: *shrub, shrubbery, bush, brake, undergrowth, thicket, copse, jungle, also fig.*
1604–7 *TW* (*Pen* 228), *prysclwyn* bach d.g. *amomum.* *Dchr.* **17g.** *J* 10, 132b, *prysclwyn*, bushes, frutetum. **1632** *D* d.g. *frutetum, virgultum.* *id. prysglwyni* d.g. *frutetosus, vespices.* **1725** *SR* d.g. *a Thicket.* **1803** *P.*
Gw. hefyd **brysglwyn.**

prysglwynog [*prysglwyn*+*-og*] *a.* Yn perthyn i brysglwyn(i); llawn prysglwyni: *pertaining to a shrub or shrubs; shrubby.*
1840.

prysgoed [*prys(g)*+*coed*] *e.ll.* (un. b. *-en*) ll. dwbl *-ydd.* Prysglwyni, llwyni, mangoed, prysgfa, celli, twmpath, brigau, hefyd yn *ffig.* ac yn *dros.*: *shrubs, bushes, undergrowth, shrubbery, grove, thicket, twigs, also fig. and transf.*
15g. *GLGC* 303, Bro Wysg a aeth yn *brysgoed*, / ond gwŷr a aned o'i goed. / O un cyff iawn yw caffael / deri, a hwynt yn dra hael. **15g.** *Pen* 57, 13, Dy liw breisgwiw dan *brysgoe*[*t*] / Dy wr wyf o doy yr oet. **15g.** *GOLIM* 44, Mae'n bwrw ysgithr mewn *brysgoed* / mynweiriau cyrn mewn ieir coed. **15–16g.** *TA* 136, Brenhinbren, capten y coed / A bair esgyb yn *brysgoed*; / Siampler a philer y ffydd, / Samson gwŷr cryfion crefydd. **1604–7** *TW* (*Pen* 228) d.g. *arbusta, caudex.* *id. prysgoeten* d.g. *frutex.* *id.* eiliawc, or gwieil ne'r *pryscoet* d.g. *viminalis.* **1632** *D, prŷs*, & *Prŷsg*, & *Prysgoed*, arbusta, arboretum. **1725** *SR* d.g. *a Grove.* **1752** *Gron* 21, Dreiniach, fal pigau draenog, / Hyd ên ddu, fal dannedd og; / Brasgawn, neu swp o *brysgoed*, / Piccellau fal cangau coed [i'r farf]. [**1783**] *W* d.g. *shaw, under-wood.* **1803** *P.*
Amr.: **brysgoed. 16g.** *GGH* 229, Aeth anhrefn weithian rhyfawr, / E ddarfu oes y ddâr fawr; / Noethlwm-unig fydd brig bron—/ *Brysg-goed* heb dderi breisgion, / A lle gweler, prudd-der praff, / Heb benbrenhinbren henbraff. **16g.** WILIAM CYNWAL: *Gw* (R. L. Jones) 760, Fal dâr wrth *frysgoed* erioed oedd Rhys.

prysgoediog [*prysgoed*+*-iog*] *a.* Llawn prysglwyni: *shrubby.*
1833.

prysgollen, prysgreib(i)af: prysgreib(i)o, gw. **prysgyll, presgreibiaf: presgreibio.**

prysgwydd [*prysg*+*gwŷdd*[1]] *e.ll.* (un. b. *-en*). Prysglwyni, llwyni, mangoed: *shrubs, bushes, undergrowth.*
1604–7 *TW* (*Pen* 228), *prysgwydden* d.g. *frutex.* [**1783**] *W, prysgwydden* d.g. *shrub.* *c.* **1785–90 (1829)** *CBYP* 163, Llais y cwn a'u swn yn seinio, / A wna'i ddyffryn union ddeffro; / . . . / Rhed eu miwsig 'rhyd y meysydd; / Sain eu presgerdd sy'n y *prysgwydd.* **1803** *P* d.g. *prysgwydd, prysgwydden.*
Amr.: **pryswydd** [*prys*+*gwŷdd*[1]]. **1852.**

prysgwyddog [*prysgwydd*+*-og*] *a.* Llawn prysglwyni; tebyg i brysglwyn: *shrubby; shrub-like.*
1860.

prysgyle, gw. **prysgle.**

prysgyll [*prys(g)*+*cyll* (ll. yr e. *coll*[2])] *e.ll.* (un. b. *prysgollen*) a hefyd fel *eg.* Prysglwyni, llwyni; llwyn cyll, collen: *shrubs, bushes; hazel grove or tree.*
1632 *D, prysgyll* d.g. *frutex.* [**1783**] *W* d.g. *shrubs.* **18–19g.** *Iolo MSS* 156, pa le mae dy ffon cylch di? ebe'r adarwr. docco lle mae ar fon *prysgollen* a weli di yn union o'th flaen. **1803** *P.* Ar lafar ym Meir. yn y ff. *presgyll*, 'Llwyn o goed cyll', *B* iii. 197; hefyd yn yr ystyr 'coediach. . . fe'i defnyddir am fân goed o lawer math . . . yn ogystal â chyll', *id.* xiv. 292.

prysidiaf: prysidio, gw. **prosidiaf: prosidio.**

prysur[1] [?cf. *prysur*[2]] *a.*
(*a*) Wrthi'n ddyfal yn cyflawni gweithred neu'n canolbwyntio'r sylw ar ryw weithgaredd, bisi, diwyd, gweithgar, llawn gweithgarwch neu brysurdeb; cyson; sydyn, buan, cyflym, chwim, brysiog, byrbwyll: *busy, industrious, active, full of activity; constant, continual; sudden, fast, quick, swift, hasty, rash.*
13g. *C* 71. 8–9, Y duv. y. harchaw arch giwreint bresswil in*prissur* pop pilgeint. *c.* **1300** *H* 7a. 6–7, ystryw dra messur ysgawl pybyl pobyl dur. pressent pennadur *pryssur* durawd (Gwalchmai). **14g.** *WM* 86. 1–3, reit yw in gerdet yn *bryssur.* ny phara yr hut namyn or pryt pwy gilyd. *c.* **1400** *R* 1162. 31–2, Ar ffuruauen ar holl presen. *bryssur* donyeu. **1545** *CI* 199, j mae yn anghenhraid ymaruer yn hresymol a'r kyuriw vwydydd ac a vo j nattur i veithring y knawd yn *brysur.* **16g.** (*LlEG*) *Mos* 158, 7b, paham nachodeseint twy yn *brysurach* I seuyll ynnerbyn I gelynion. **1547** *WS, pryssur*, besy. **1588** *Pr* v. 1, Na fydd ry *brysur* a'th enau. **1588** *Seff* i. 18, gwnaiff yr Arglwydd drangc *pryssur* ar holl bresswyl-wŷr y ddaiar. **1595** H. LEWYS: *PA* 15, *prysur* irr anghofiwn y pleser . . . 'rhain ni chowson ond tros fyrr o amser. **1620** 2 *Mac* xi. 36, Eraill yr vn modd yn dringo ar eu hôl hwynt, tra'r oeddynt hwy yn *brysur* â'r rhai oedd oddi mewn. **1632** *D, prysur*, sedulus, operosus, festinans, festinabundus. **1703** E. WYNNE: *BC* 132, pan oeddynt *brysura*, ymddangosodd y Diawl ei hun i chwarae ei bart. **1768** J. ROBERTS: *R* 47, Mae ffordd arall a ddaeth allan yn ddiweddar, o'r Italy, yr hon sydd yn *brysurach*, ac yn Cymmeryd llai o le; trwy roddi lein gam, rhwng y Cyfranwr ar Cyfranedig, a lein union tanynt. **1803** *P.* Ar lafar yn y Gogledd, 'cyn *brysurad* â chwmffon oen', 'cerddad yn *brysur*', *WVBD* 446; gw. hefyd *LGW* 193.
(*b*) Difrifol, dwys; trist: *serious, earnest; sad.*
c. **1400** *R* 1181. 23–5, pan uu ympresseb ym*pryssur* wed. yr ych ar assenn gyt a iossed. **1567** *LlGG* 108b, As y pethau hyn a ystyriwch [diwyg.] yn ddivrivol [:– *brysyr*], chwi a drowch drwy 'rat Duw i veddwl a vo gwell. **1567** *TN* 303a, derbyn yr Euangel mor ddyfri [:– *brysur*]. **16g.** DAFYDD BENWYN: *Gw* 313, *Prysur* yn gwnaeth (gwaeth yw'n gwart): / *prvsur* am Harri Prisiart. / Owch! ond trwm (ywch yno y troes, / och orybl) na chae hiroes? *c.* **1600** *March C* 54–5, dy gariad a'th ddaioni, drwy yr hwn yr wyd yn bywhau fy ysbryd godrwm, ac yn llewychu fy nghalon *brysyr*, drwy ddangos i mi dy nefol hoffder. **1672** R. PRICHARD: *Gw* 246, Llef o'i flaen â chalon *bryssur* / Duw bydd rassol im bechadur. **1688** S. HUGHES: *TSP* 160, ymddiddanwch ag ef yn ddifrifol [:– yn serious, *pryssur*, Prûdd] ynghylch Grym Crefydd. [**1740**] D. LLWYD: *YDD* 196, ymddygiad Defosionol a *phryssur.* **1752** J. THOMAS: *FG* 209, yr oedd ei holl Grefydd yn gymhedrol ac yn *brysur*, ac yn hoffi cael ei gweled, yn hytrach nâ chael ei chlywed. **1753** *TR, prysur* . . . serious, earnest, in S.W. **1760** *ML* ii. 225, *Pryssur* in this country [Cered.] is serious. **1779** W. WILLIAMS: *BH* 28, Mi ofynnais a oedd neb Crist'nogion *prysur* yn cyfaneddu yno. **1798** W. RICHARDS: *CC* 14, Gad imi . . . ofyn itti, yn *brysur* ac yn onest, un cwestiwn yn ychwaneg. **1803** *P.* Ar lafar yng Nghered. a'r De, 'Ma golwg *brysur* arno fe'.
Cfn.: **o brysur:** *earnestly, seriously, in earnest, in truth, indeed.* **1567** *LlGG* [x]. **1696** *CDD* 237. **1798** *WR* d.g. *agood.* Ar lafar yn y De, 'Odi, *o brysur*, ma'r peth 'wi'n wed yn wir'.

prysur[2], **presur** [bnth. Llad. *pressōrium* 'gwinwryf' neu *pressūra* 'gwasgiad'] *e?g.* ll. *-au.* Gwinwryf: *winepress.*
13g. *BD* 115, Er aryant a wynhaa yn y gylch, ac amryualyon *bryssureu* (*diversa torcularia*; *RB* ii. 154, *bressureu*) a vlinhaa. En y bo gossodedic y guin y medwant y rei marwavl.

prysuraf: prysuro [bf. o'r a. bl.] *bg.a.* Brysio, hastio, rhuthro, cyflymu, mynd yn brysur; peri i (rywun) frysio, hastio, neu ruthro, peri i (rywbeth) ddod, digwydd, &c., yn fuan neu'n gynt; hefyd yn *ffig.*: *to hurry, hasten, rush, accelerate, become busy; cause (someone) to hurry, hasten, or rush, cause (something) to come, happen, &c., soon(er), expedite; also fig.*
1547 *WS, pryssuraw*, haste. **1567** *LlGG* 135b, Pan visiter y claf . . . bid yna ir Offeiriat er mwyn *prysuro* yn gynt dori ymaith ffurf y visitat lle mae'r psalm . . . ac aet yn vnion i'r Commun. *id.* 138a, atolygu y-ty ryngu bodd yt oth radlawn ddaioni, gyflawni ar vyrder niuer dy ddetholedigion a' *phrysuraw* dy deyrnas. *id.* (*Sall*) 38a, A Ddew, brysia [:– *prysura*, ffrysta] im gwaredu: Arglwydd *prysura* im cymporth. **1588** *Ecs* v. 13, A'r meistred gwaith oeddynt yn *pryssuro* (**1620** *id.* eu *pryssuro*) gan ddywedy[d]: gorphennwch eich gwaith. **1595** H. LEWYS: *PA* 103, felly yr enaid, pan i llwyther, ne pan i gorthrymer, gan adfyd . . . yno i *prysuriff* at loyndddwch. **1632** *D, prysuro*, festinare. **1703** E. WYNNE: *BC* 114–15, hyd wylltoedd duon y Tywyllwch *prysurodd* Lucifer a'i luoedd. **1725–6** *Madd Ed* 287, Brodyr Joseph gan genfigennu iddo . . . oeddent yn bwriadu . . . i'w *brysuro* (*dispatch*) ef allan o'r ffordd. **1770** *W* d.g. *accelerate.* **1790** T. JONES: *TOS* 4, pawb yn *prysuro* yn gyflym tua thragywyddol ddistryw, ac yn myn'd ar redeg tuag uffern. **1803** *P.*

prysurdeb [*prysur*[1]+*-deb*] *eg.*
(*a*) Y cyflwr o fod yn brysur, diwydrwydd, gweithgarwch, busnes; brys (gormodol), hast, cyflymder, buander: *busyness, diligence, activity, business; hurry, haste, speed, swiftness.*
14g. *GDG*[3] 239, Ni chaf eithr sias o draserch, / Ni chred neb *brysurdeb* serch. **1547** *WS, pryssurdeb*, haste, busynesse. **16g.** *THSC* (1923–4) (At.) 40, bellach y dlywn ninev vod yn vwy yn *pryssyrdeb* y wnaythyr yn henaide yn lan. **1588** 2 *Esd* v. 42, fel nad oes anibenrwydd o'r diwethaf, felly nid oes *brysurdeb* yn y cyntaf. **1595** M. KYFFIN: *DFf* 195,

[t]roi onaw ef yn y fan adref drachgefn heb wneuthyr dim o'i *frussurdeb* [*sic*]. **1620** *Mos* 204, 134, O mynni *brysurdeb*, cais long, melin, a gwraig. **1630** R. LLWYD: *LlH* 75, *Prysurdeb* mewn gwaith a gorchwyl. **1632** *D*, *prysurdeb*, festinatio; curiositas, operositas. **1703** E. WYNNE: *BC* 76, Fy lluoedd ofnadwy anorchfygol na arbedwch ofal a *phrysurdeb* i hebrwng y Carcharorion hyn allan o'm Terfyneu i. **1776** I. BRYDYDD HIR: *P* i. 139, malais a *phrysurdeb* y diafol, yn ein denu a'n hudo ni i bechu. **1803** *P*.

(*b*) Difrifoldeb, dwyster; tristwch, gofal, pryder: *seriousness, earnestness; sadness, care, anxiety.*

1567 *TN* 274b, y mae arnaf gymelri [:– vaich, *prysurdep*, ympenbleth, cyni] mawr beunydd. *c.* **1585** *Llst* 178, 124a, yr hwn wyd yn roddi cyfnerth a diddanwch y nyni ynghenol yn blinder an trallod drwy dy ddywiol ras o syna arnaf dryan bechadyr cyflawn o *brysyr deb* [*sic*]. **1677** *TC* 4a, difrifwch, *pryssurdeb*, seriousnes. **1725–6** *Madd Ed* 296, [p]a ragor o sicrwydd a ddichon Duw roddi iddi o'i *brysurdeb* (*earnestness*) a'i Wirionedd. **1733** J. THOMAS: *CGGD* 18, [p]eidio a chrybwyll un amser am Enw Sanctaidd Duw gyda *Phrysyrdeb* a Pharch. **1753** *TR*, *prysurdeb* . . . seriousness, earnestness in S.W. **1754** R. REES: *GGG* 22, [T]eimlad dwfn ac arswydus o Fawredd yr hwn yr ydym yn gwrando ar ei Air, gan amlygu neu ddangos hyn oddiallan trwy weddeidddra ein trwsiad, *Pryssurdeb* a Difrifwch ein Hedrychiad. **1760** *HDY* 47, Crist yn ceryddu Petr am ei *brysurdeb* ynghylch Joan. *c.* **1762–79** W. WILLIAMS: *P* 78, [g]an godi eu Golygon i fynu gyda'r *prysurdeb* mwya, rhoddent Ddiolch i'r Haul am eu Dïod. **1768** W. WILLIAMS: *HTS* 26, [y] lle pwyntiedig o addoliad; ystafell . . . ymha le yr ymddangosent oll gyd â difrifwch, pwyll ac eitha *prysurdeb*. **1803** *P*, *prysurdeb* . . . earnestness.

Amr.: **presurdeb.** **15**g. *Pen* 57, 59. **16**g. (*LlEG*) *Mos* 158, 232a. *c.* **1730** *Thos. Lloyd D* (LlGC) 195b.

Cfn.: **mewn prysurdeb:** *in earnest, seriously.* **1725–6** *Madd Ed* 189. *c.* **1750** J. THOMAS: *T* 27. **1790** W. RICHARDS: *LlA* 52.

prysurder [*prysur*[1] + *-der*] *eg.* Prysurdeb, diwydrwydd: *busyness, diligence.*

Dchr. **14**g. *H* 84a. 46–7, ny mad erlyn dyn dim ehofynder o gadwent pressent hep *pryssurder* (Llywelyn Fardd).

prysurdod [*prysur*[1] + *-dod*] *eg.* Prysurdeb: *busyness.*

1815.

prysurddyn [*prysur*[1] + *dyn*] *eg.* ll. *-ion.* Person prysur, yn ddifr.: *busy person, derog.*

1790 TWM O'R NANT: *GG* iv, At yr hynawseiddion dyalladwy yr wyf yn cyfeirio fy Mrythoneg, gan daflu o'r tu ol i'm cefn y *prysyrddynion* pigdduon—sydd a'u hunan fawr ar Orsedd Nattur.

prysuredig [bôn y f. *prysuraf*: *prysuro* + *-edig*] *a.bfl.* Wedi ei brysuro neu ei gyflymu; ?prysur: *hastened, accelerated; ?busy.*

1632 *D* d.g. *citatus.* **1722** *Llst* 189, *prysuredig*, hastned. **1774** *W* d.g. *hasted, or hastened.* **1803** *P*.

prysuriad [bôn y f. *prysuraf*: *prysuro* + *-iad*[1]] *eg.* Cyflymiad, brysiad: *acceleration, hastening.*

1803 *P*, *prysuriad* . . . a hastening.

prysuriaeth [*prysur*[1] + *-iaeth*] *eg.* Prysurdeb, diwydrwydd; sylw; ?gwasgfa (brwydr): *busyness, diligence; attention; ?press (of battle).*

12–13g. *MA*[2] 242a. 5–7, Och Dduw [n]a ddaw ef etwaeth / I ystwng treiswyr treiswriaeth cynnygn / Ynghynif *pryssuriaeth* [marwnad Rhodri ab Owain gan Elidir Sais]. **1803** *P*, *prysuriaeth*, s. m. the state of being diligent; a state of bustle; attention.

prysurol [*prysur*[1] + *-ol*] *a.* Yn prysuro, yn cyflymu; buan, cyflym; prysur: *hastening, accelerating; fast, quick; busy.*

1603 W. MIDLETON: *Ps* 69, Arglwydd mwyn aroglaidd maeth / Dewrwych fy iechydwriaeth. / Brysia eryr *brysurawl* / Im kymorth am ymborth mawl. **1803** *P*, *prysurawl*, tending to be assiduous, or busy; tending to hasten.

prysurwaith [*prysur*[1] + *gwaith*[1]] *a.* a hefyd fel *eg.* Cyflym, bywiog, gweithgar; prysurdeb: *quick, lively, active; busyness.*

16–17g. *GST* i. 499, Y biog rywiog, reiol, / A'i bron deg rhwng bryn a dôl, / Pa ryw siarad *prysurwaith*? / Pa gân fry, piogen fraith? **1604–7** *TW* (*Pen* 228) d.g. *actuosus.*

prysurwch [*prysur*[1] + *-wch*[1]] *eg.* Hast, brys, prysurdeb, ffwdan: *haste, hurry, busyness, bustle.*

1803 *P*.

pryswydd, pryswyliaf: pryswylio, gw. **prysgwydd, preswyliaf: preswylio.**

prytgwaith [*pryd*[1] + *gwaith*[2]] *eg.* Pryd o fwyd, lluniaeth; amser penodedig; cyfnod: *a meal, repast; appointed time; period.*

16–17g. *PCWG* 316, defod . . . ar ol cymuno . . . o gydfwytta *prytgwaith.* **1604–7** *TW* (*Pen* 228), yr amser pwyntiedic, *prytgwaith* d.g. *tempore.* **1632** *D*, *prytgwaith* o fwyd d.g. *refectio.* **1719** IACO AB DEWI: *TG* 30, yr oedd y Newyn . . . yn gwneuthur ei *Brydgweith* olaf o honynt. **1727** J. JONES: *DFF* 3[10]–11, bydd eich Gofid a'ch Tristwch chwi ond dros Amser, tros *Brydgwaith* (*for a season*), tros Amser byr. *c.* **1730** *Thos. Lloyd D* (LlGC) 196b, *prydgwaith*, a meal. **1733** J. THOMAS: *CGGD* 33, a derbyn y Sacrament bendigedig megis y gwnawn *Brydgwaith* arferol. **1776** *W*, prŷd (*prydgwaith, prytgwaith*) o fwyd d.g. *refection* [*refreshment after hunger, &c.*].

prytllaeth, pryd llaeth [*pryd*[1] + *llaeth*] *eg.* ll. *-au.* Y llaeth a dynnir ar un tro wrth odro, godroad: *yield of one milking, a meal's milk.*

13g. *AL* i. 770, a*frytllaetheu* ytayogeu oll . . . y wneuthur caws. **1730** *Leg Wall* 581, *prydllaeth*, quantitas lactis quam vacca una vice praebet. Angl. A meal's milk. **1753** *TR*, *prydllaeth*, as much milk as a cow gives at one milking, a meal's milk. **1776** *W*, *pryd-llaeth*, y *prŷd llaeth* d.g. *meal* . . . *A meal's milk . . . The meal's milk.*

Amr.: **prydlaeth.** **1803** *P*.

prytwn [*pryd*[1] + *hwn*, cf. *dwthwn* < *dythwn*] *eg.* (Yr) adeg (hon), (yr) amser (hwn): (*this*) *time.*

14g. *WM* 102. 5–8, Dioer heb hi ni a gawn yn goganu gan yr unben oe ady y *prytwn* y wlat arall onys guahodwn.

prytyr, gw. **preutur.**

ps-, gw. s-.

pterodactyl, ptisan, gw. **terodactyl, tisan.**

Ptolemaidd, Ptolemïaidd [yr e. prs. *Ptolem(i)* + *-aidd*] *a.* Yn perthyn i Ptolemaios (seryddwr, mathemategydd, a daearyddwr yn yr 2g. O.C.) neu i'w ddamcaniaeth am symudiad y planedau: *Ptolemaic.*

1886.

ptrw, ptyalin, gw. **prwy**[1], **tyalin.**

puad, puaf: puo, gw. **peuad, peuaf: peuo.**

pubell [bnth. Llad. *pūpilla*] *e?b.* ?Llygad: *eye.*

13g. *A* 25. 11, *Pubell* peleidyr pevyr pryt neidyr. o lwch nadred.

public, publican, pubr, pubraf: pubro, gw. **pyblig, pyblican, pybyr**[1], **pybyraf: pybyro.**

pubren[1] [*pubr* + *-en*] *eb.* ll. *pubrod.* Losinen ac arni flas mintys poethion, botwm gwyn; mintys poethion, *Mentha piperita*: *peppermint (sweet and plant).*

Ar lafar yn sir Gaerf. a sir Benf., *Geir Geg* 55; hefyd yn y ff. *pipren* yng ngodre Cered., *TGG* (1907–8) 107. Digwydd *pibrwn* ym Morg., 'Te *pibrwn* ac organs', *LlGC* 1171, 126.

pubren[2], **pubur, puburen,** gw. **pybyr**[1].

puburlys, puburllys, gw. **pybyrllys.**

puburment, pybyrmint [cfdds. o'r S. *peppermint* dan ddyl. yr e. *pubur, pybyr*[1]] *eg.* Losinen ac arni flas mintys poethion, botwm gwyn: *peppermint (sweet).*

1895. Ar lafar yn sir Gaerf. a sir Benf., '*pibirment*', *GDD* 223.

puch [bôn y f. ddil.; gair geir. yn wr.] *eg.* ll. *-au, -ion.* Dymuniad, dyhead, ewyllys; ochenaid: *wish, desire, will; sigh.*

1632 *D*, *puch*, voluntas, desiderium. **1688** *TJ*, *pûch*, ewyllus, dymmuniad: a desire, a wish. **1722** *Llst* 189, *puch* . . . m., an eager desire, lust, will, wish. **1764** DEWI NANTBRÂN: *CB* 41, I farweiddio 'n anwydau a'n *puch* pechadurus. *id.* 64, Berw chwant i gospi arall, neu anghymmesurol *buch* i ddial. **1803** *P*, *puch*, s. m. pl. t. *ion*, a sigh; earnest desire, a wish.

Gw. hefyd **rhybuch.**

puchaf, puchiaf: puch(i)o, *bg.a.* Dymuno, dyheu (am), ewyllysio, chwennych, ?bod yn eiddigeddus (o): *to wish, desire, will, covet, ?be envious (of).*

c. **1300** *H* 17a. 14–17, ar eu pechodeu *puchswn* (*R* 1180. 30, *puchysswn*) arwyt croc. ymdwyn croes yr crist ar uy ysgwyt. agheu yr eneid aureid aurwyt. a daw o *buchyaw* (*id.* 32, *buchaw*) ambechrwyt (Einion ap Gwalchmai). *c.* **1400** *R* 1147. 30–1, deuawt dibechawt ym a *bucho.* *id.* 1434. 22–3, Dywallaw dyr corn kannym *puchant* hirlas yn llawen yn llaw uorgant. *c.* **1400** [*RB*] *WM* 506. 27–30, Ac yna y kychwynnwys kulhwch. A goreu uab custennin gyt ac ef. ar sawl a *buchei* drwc y yspadaden pennkawr. *c.* **1400** (*SG*) *HMSS* i. 198, A unben heb y gwalchmei nytyttoedut ti yn *puchaw* ymi dim o da. **15–16**g. *GIF* 11, ni cheir ffrwyn na gwrthwyneb, / hyd yr un awr, i droi neb. / A *buchon* yt bychain ŷnt: / os dy ladd nis dêl uddunt. **1567** *LlGG* 140a, y dywededic dyscyplaeth (yr hyn a ddleit ei ddamunaw [:– *bucho*] yn vawr). **16–17**g. *IMCY* 226, Damvnent rei geyrydd a ' llyssoedd . . . / *Pvchent* ereill diroedd a brasddaearoedd. **1632** *D*, *pucho*, desiderare, velle, optare. **1688** *TJ*, *pucho*, dymmuno, ewŷllysio: to wish or desire. **1722** *Llst* 189, *pucho*, to covet, wish, desire. **1803** *P* d.g. *puchaw, puchiaw.*

Amr.: **pycho.** *c.* **1585** *Llst* 178, 111b. **16–17**g. LLYWELYN SIÔN, &c.: *Gw* 553.

Gw. hefyd **pechaf**[2]**: pechu, rhybuchaf: rhybucho.**

puchant, gw. **puchiant.**

puched [bôn y f. fl. + *-ed*[1]] *eg.* Dymuniad, dyhead, blys, ewyllys: *wish, desire, a craving, will.*

1567 *LlGG* (*Sall*) 11a, Dysyfiat [:– *Puchet*] ei galon y roddeist iddo. *id.* 43b, A' themtiesant Ddew yn ei colonae: gan erchy bwyt wrth ei *puchet.* **1632** *D* d.g. *voluntas.* **1722** *Llst* 189, puch, *Puched*, Puchiant, m. an eager desire, lust, will, wish.

Gw. hefyd **rhybuched.**

puchiaf: puchio, gw. **puchaf: pucho.**

puchiant, puchant [bôn y f. *puchaf, puchiaf*: *puch(i)o* + *-(i)ant*] *eg.* Dymuniad, dyhead, chwant, ewyllys: *wish, desire, lust, will.*

c. **1300** *H* 14b. 31–2, kyn dyuod chwerw gyfnod chwetleu. kyn aduant *puchyant* pechodeu (Einion ap Gwalchmai). *c.* **1400** *R* 1144. 34–5, redeis o bechawt nyt bychoded. o*buchant* (*MA*[2] 242a. 19, *buchiant*) trigyant ym trugared. *id.* 1147. 31–2, O *buchyant* mawruot ef am rodho. rodyon didywyll am didwyllo. **1632** *D*, *puchiant*, desiderium. **1688** *TJ*, *puchiant*, dymmuniad: a desire. **1722** *Llst* 189, puch, Puched, *Puchiant*, m. an eager desire, lust, will, wish. **18**g. I. BRYDYDD HIR: *Gw* 24, Maddau arw feiau a ryfuant, / Gwydiau, anafau, ieu'nctyd, nwyfiant; / Gollyngdod pechod yw'r *puchiant*—mau, / A llys nef orau, lles nifeiriant. **1794** *W* d.g. *will, or desire.* **1803** *P* d.g. *puchiant.*

Gw. hefyd **rhybuchiant.**

pufawr [?bnth. Llad. *pōmārius* 'yn perthyn i ffrwythau neu i goed ffrwythau'] *a.* ?Yn dwyn ffrwythau: *fruit-bearing.*

13g. *C* 48. 4–5, Afallen peren per y chageu. *puwaur* maur we[irth]auc enwauc in vev. *ib.* 13–14, Afallen peren pren hyduf glas. *Pvwaur* y chagev hy ae chein wanas.

puliol, pulial, pilio(e)l, pwlial, &c. [bnth. S. C. *puliol, pulial* neu'n uniongyrchol o'r H. Ffr.] *eg.* *Bot.* Brymlys, breflys, coluddlys, llysiau'r coludd, llysiau'r gwaed, *Mentha pulegium*; gruwlys, teim gwyllt, *Thymus drucei*: *pennyroyal; wild thyme.*

c. **1400** *Études* vii. 56, pullegium regale, *pulyol.* **16**g. *Pen* 204, [54], Pulagium y *piliol. Diw.* **16**g. *WLB* 64, Rhinwedd pulegium regale: viz. *pulial*, ne lysse yr eglwys. Y llysse yma sydd debyg i ddail ond i bod yn hwy a sawyr tebig ir mintis. *id.* 69, Kymer y gwelltglas a dyf ar y dom, ar *puliol*, a berw hwynt mewn dwfr a dyro ir claf yw yfed.

Cfn.: **piliol,** &c., **mowntein,** &c. = **p. mynydd.** **1545** ELIS GRUFFYDD: *Ll* 196, *pulial mowntteín.* *Diw.* **16**g. *WLB* 42, Meddyginiaeth y killa. Kymer sage dof . . . a bustyl y ddauar ar *piliol* reial ar *mwntaen.* *id.* 50, kymer basilicon mintis . . . rosemari *pilioel montaen* lawer. **p. mynydd:** ?*wild thyme, Thymus drucei.* **1545** ELIS GRUFFYDD: *Ll* 141, Pulegium Munttannun . . . y *pulial mynydd.* **p. reial:** *pennyroyal, Mentha pulegium*; ?*wild thyme, Thymus drucei.* **1545** ELIS GRUFFYDD: *Ll* 138, Pulegium Regale Y llyssiewyn a elwir ynn

Lloegyr chertchworte or *puliall reial*, yr henw a wsnaetha ynn y Gymraeg. *id.* 139, y *pwlial reial*. *Diw.* **16g.** *WLB* 42, Meddyginiaeth y killa. Kymer sage dof . . . a bustyl y ddauar ar *piliol reial*. **p. ruwral:** ?*corn mint, Mentha arvensis.* **1545** ELIS GRUFFYDD: *Ll* 141, Pulegium Ruwral . . . [y] *pulial ruwral* ysydd gyffelib i'r pulial mynydd ac o'r vn nattur.

pulpud, pwlpud, pulput, &c. [bnth. S. C. *pulpit, pulput*] *eg.* ll. *-au, -oedd, pulputs.*

(*a*) Llwyfan amgaeedig ddyrchafedig ar gyfer pregethu, &c.: *pulpit.*

16g. (*LlEG*) *Mos* 158, 449a, ynn gymaint ac i sertein o bregethwyr ynneglur ynn y *pwlpit* ddangos y modd ac I daruodd ir deuaid . . . [l]yncku peth diufesur o ddynion. **1547** *WS, pulpyt* lle i bregethyn [*sic*] ynthaw, a pulpyt. **1567** *LlGG* 140a, gwedy darvot hynny aed yr Offeiriat i'r *Pulpyt* a' dyweded vel hyn. **1588** 2 *Cr* vi. 13, Salomon a wnaethe *bulpud* prês. **1606** E. JAMES: *Hom* ii. 151, sefyll . . . yn y *pulpudau* i ddyscu'r bobl a roddwyd iddynt i'w hathrawiaethu. **1632** *D, pulpud* d.g. *pulpitum.* **1732–3** J. OWEN: *GB* 42, yr A[th]rawiaetheu a bregethwyd yn gyffredin . . . mor debyg i Waith Calvin ag y gellid eu dwyn hwy i'r *Pulpidoedd* mwyaf Cynnulleidfaol yn Lloegr. **18g.** *Hop M* 221, A chodwyd hen Lewelyn / I ben ei *bylpud*, gwedi'r trwch, / I draethu heddwch iddyn'. **1780** *W, pulpud, pulpid, pylpid* d.g. *pulpit.* **1790** T. JONES: *TOS* 179, Na thybiwch fod eich holl waith yn eich llyfrgell a'r *pulpid.*

(*b*) (enghrau. *tros.* a *ffig.*: *transf. and fig. exx.*).

15g. DAFYDD LLWYD: *Gw* 277, Parlwr pregeth cywethrydd / Pell *bulpud*, pa ryw fyd fydd [i Garnedd Llywelyn]? **15g.** *GLGC* 274, Chwŷl yr Ebystyl drwy'r byd / a'm helpodd yn 'y *mhulpud*; / i bob tu i bregethu gynt / o wyrth Iesu'r aethasynt; / . . . / Doe, dduw Sul, gweithredoedd Siôn / a draethais hyd ar Ieithon [moliant Siôn ap Hywel ap Tomas o Euas]. **16g.** (**17g.**) *B* xv. 21, Pedr gwr ffydd Padrig ar ffawd / Pawl poet dadl *pvlpvd* didlawd [Hywel ap Syr Mathew i'r Esgob Richard Davies]. **16–17g.** *GST* i. 765, Cyw bronfraith, fwyniaith annerch, / Crys aur, yw ficar y serch. / . . . / Teg fwyalch, difalch mewn dail, / Torddu, mewn *pulput* irddail. **1658** R. VAUGHAN: *YPS* 14, yr Athrawon newydd yma yn erbyn yr Ecclwys, ydynt yn chwarae r Siaplen lle gore[u] r Saig. Eu *Pulput* gan hynny ydyw r Bwrdd a wasanaetha yn dalgrwn i bregethu ac i fwyta arno. **1763** *DT* 198, I'th *Bulput* mi af yn ffyddlon, / Mi ro' iti Bregeth raslon; / Ni fowntia ungwr monot ti / Mor wych â mi'n Nhregaron. Ar lafar yn yr ystyr 'ffrâm gerdded'.

pulpudaidd, pwlpudaidd [*pulpud, pwlpud*+*-aidd*] *a.* Yn perthyn i'r pulpud neu nodweddiadol ohono (yn enw. ynglŷn â phregethu): *pertaining to or characteristic of the pulpit* (*esp. with ref. to preaching*).
1810.

pulpudol, pwlpudol [*pulpud, pwlpud*+*-ol*] *a.* Pulpudaidd: *pertaining to or characteristic of the pulpit* (*esp. with ref. to preaching*).
1844.

pulpudwr [*pulpud*+*-wr*] *eg.* (b. *-wraig*). Pregethwr, yn aml yn ddifr., hefyd yn *ffig.*: *preacher, often derog., pulpiteer, also fig.*

16–17g. *GST* i. 966, *Pulpudwraig*, coedwraig caeadros,—glasliw, / Glwyslais pêr ddiweddnos [i'r eos].

pulput, pulpyt, gw. pulpud.

puls[1,2]**, pulw, pum, puma,** gw. pils, pwls, pilw, pump, piwma.

pumaib, gw. pump+mab.

pumawd [*pum*+*-awd*[3]] *eg.* ll. *-au. Crdd.* (Cerddorion sy'n perfformio) cyfansoddiad cerddorol ar gyfer pum llais neu offeryn; pumed (cyfwng): *quintet* (*in mus.*); *fifth* (*interval*).
1858.

pumb, gw. pump.

pumban [*pum*+*ban*[1]] *a.* a hefyd fel *eg.* ll. *-nau.* (Pennill o farddoniaeth) yn cynnwys pum llinell; yn cynnwys pum curiad (am linell o farddoniaeth): (*stanza of poetry*) *having five lines*; *having five stressed syllables* (*of a line of poetry*).

1803 *P, pumban*, s. m. pl. t. *au*, a term in prosody for a stanza of five verses.

pumblyg, gw. pumplyg.

pumbys, pum bys, pum mys, &c. [*pum* + *bys*] *e.ll.* ac *eg.*

(*a*) Pump o fysedd, llaw, hefyd yn *ffig.*: *five fingers, hand, also fig.*

15g. *GGl*[2] 39, Pum mroder, pwy ym Mhrydyn, / Pwy mor hael â'r pumwyr hyn? / *Pumbys* i ynys Wynedd, / Pum llew'r glod, pum llaw ar gledd [i feibion Llywelyn ap Hwlcyn]. *id.* 214, Melys yw yn malu sain, / Megis bol enfys blaenfain. / Bwmbart i ŵr a'i *bumbys*, / Brig llef hyd ar barc y llys. *Diw.* **15g.** *Pen* 67, 77, aeth aur o bvmbath ar y *bvmbys* / aur o bedair bath ar bedwarbys / aryan hyd rvban ar y dribys / ac ar y ddwy vawt heb gav r ddevvys (Hywel Dafi). **15–16g.** *TA* 113, Pum synnwyr, pumoes union, / *Pum bys* i ŵr, pum maib Sion. *id.* 298, *Pum mŷs* im ynys am un, / Pum wayw sydd, pum oes uddun. **1803** *P, pumbys*, s. pl. five fingers.

(*b*) *Bot.* Llwynhidydd, *Potentilla reptans*: *creeping cinquefoil, five-leaved grass, fiveleaf.*

1604–7 *TW* (*Pen* 228) d.g. *pentaphyllon, quinquefolium.* **1632** *D* (*Bot*). **1688** *TJ* (*Bot*), *pumbŷs*, pumnalen: Five-leaved-grass. **1725** *SR* (*Bot*) d.g. *five Finger'd or five leav'd Grass.* **18g.** *Llr* C 24, 275, Cymer grestys fawr fendigaid ar *pympys.* **1813** *WB* 228.

Cfn.: *Bot.* **pumbys yr Alban:** *least cinquefoil, Sibbaldia procumbens.* **1813** *WB* 228. *Bot.* **p. Mair:** *globe-flower, Trollius europæus.* Ar lafar ym Meir., G. AWBERY: *BM* 39.

pumcant, pum(p) can(t), pymcan, pym(p) cant [*pum(p), pym(p)*+*cant*[1], *can*[5]] *rhif.* a hefyd fel *e.ll.* ac *eg.* Pump o gannoedd: *five hundred.*

13g. *LlI* 59, o Grugyll . . . hyt en Sorram . . . *pymp can* mylltyr. *id.* 60, deudec eru a *pymp cant.* *c.* **1300** *H* 25a. 39, Ny byt kyuoed pawb *pymcan* mlynet (Gruffudd ap Gwrgenau). **14g.** *T* 74. 19–20, Pymp llong a *phym cant* o ranant o niant o brithi brithoi. **14g.** *YBH* 35b, ar esgob a rodes idaw yn nerth . . . *pump cant* marchawc kyweir. *id.* 58b, [p]um mil o lieineu bordeu o eur gwedy restru. a *phum cant* o lewot. A*phump cant* o eirth. **15–16g.** *TA* 113, Pum canwaith y gobeithiwn, / *Pum can* hoes, pum cenau hwn [i bum mab Siôn Salbri]. *Diw.* **16g.** (*c.* **1644**) *CM* 25, 36, Mil *pvmcant* gwarant gweryd trioed / trigain deg hefyd / i bv iau drychafael byd / a'r ebrill fis o rybryd. **1588** 1 *Cr* iv. 42, *pum-cant* o ddynion. **1632** *D* d.g. *quingeni, quingentarius numerus, quingenti.* **1754** *ML* i. 301, Newydd da a fai clywed fod y *pum cant* punnau wedi ei sefydlu ar y distain. **1803** *P, pumcant*, s. m. five hundred.

pumdalen, pumpdalen, pympdalen [*pum(p), pymp*+*dalen*, ar ddelw'r Llad. *quinquefolium*] *eg.b. Bot.* Llwynhidydd, pumbys, *Potentilla reptans*: *creeping cinquefoil, five-leaved grass, fiveleaf.*

c. **1400** *Études* vii. 54–6, pentafolium, y *pump dalen.* *id.* 56, quinque folium, y *pymp dalen.* **1604–7** *TW* (*Pen* 228), y *pvmpdalen* d.g. *quinquefolium.* **1632** *D, pumdalen* d.g. *quinquefolium.* **18g.** *Llr* C 24, 365, y *pum dalen.* **1772** *W, pum-dalen* d.g. *cinquc-foil.* **1803** *P, pumdalen*, s. f. a cinquefoil.

Amr.: **pumddolen, pumpdolen** [*pum(p)*+*dolen*[2]]. *Diw.* **16g.** *WLB* 42, [y] *bumddolen.* *id.* 43, [y] *bump dolen.* **pumnalen** [geir. yn wr.]. **1632** *D* (*Bot*), pumbys, *pumnalen*, quinquefolium. **1725** *SR* (*Bot*) d.g. *five Finger'd or five leav'd Grass.* **1813** *WB* 228. **pumnolen** [*pum*+*dolen*[2]]. *Diw.* **16g.** *WLB* 31, [y] *pumnolen.* *id.* 99, y *pum nolen.* **1604–7** *TW* (*Pen* 228), y *bvmnolen* d.g. *pentaphyllon.* *id.* y *bvm nolen* d.g. *quinquefolium.* **pymdeilen** [*pym*+*deilen*]. *Dchr.* **17g.** *J* 10, 127a.

Cfn.: **pumdalen y graig:** *rock cinquefoil, Potentilla rupestris.* **20g. p. (pumnalen) ymlusgol:** *creeping cinquefoil, Potentilla reptans.* **1867.**

pumdeg, pum deg [*pum*+*deg*] *eg.* ll. *-au.* Hanner cant; (yn y ll.) y rhifau rhwng 50 a 59, gan gynnwys y rhifau hynny, yn enw. wrth gyfeirio at flynyddoedd canrif neu oedran: *fifty*; (*in the pl.*) *fifties.*

1759 *BC* 332, Clywch yr oedran, un Mîl gyfan, / Saithgan Weithian, *Pumdeg* meddan, / Naw rhifan a'r [*sic*] i hŷd. **1803** *P, pumdeg*, s. m. fifty.

Amr.: **pumeg. 1848. pumneng. 1862** *Barddas* i. 96, 100.

pumdryll, pum dryll, pum ddryll [*pum* + *dryll*] *e.ll.* a hefyd fel *a.* Pum darn toredig; yn dryllio (gwaywffon) yn bum darn: *five broken pieces*; *shattering* (*a lance*) *into five pieces.*

c. **1300** *H* 92a. 27–8, Franc uyth ueit kyfranc kyfrwysgar gwerssyll. rwym pebyll *bumddryll* bar (Y Prydydd Bychan). *Dchr.* **14g.** *id.* 72a. 29–30, pergyng par gueilgyng gualadyr. *pum dryll* gunai pyll oe paladyr (Cynddelw). **1803** *P, pumdryll*, s. pl. five pieces.

pumddolen, gw. pumdalen.

pumed, pymed [*pumed* < *pymed*, Crn. C. *pympes*, Llyd. C. *pempet*: < Brth. **pimpeto-* < **pempeto-* (cf. *pymp* ac *-ed*[7] (At.)), cf. Gal. *pinpetos*, H. Wydd. *cóiced*, Gwydd. Diw. *cúigiú*] *rhif.* a hefyd gyda grym enwol ac fel *eg.* ll. *pumedau.* Nesaf mewn trefn ar ôl y pedwerydd, olaf mewn cyfres o bump, yn dynodi un rhan o bump: *fifth.*

9g. *B* v. 234, ir *pimphet* eterin diguormechis lucas. **13g.** *LlI* 8, *Pemhet* yv er egnat llys. **13g.** *C* 54. 1–4, Ojan aparchellan oet reid gweti. Rac offin pimp penaeth o nortmandi. Ar *pimhed* in myned dros mor heli. y oreskin iwerton tirion trewi. *c.* **1300** *H* 66a. 17, *Pymhed* welygort pymhedran om kert (Cynddelw). **14g.** *WML* 40, Kyntaf o naw affeith lledrat yw syllu twyll acheissiaw ketymeith . . . *pymhet* yw rwygaw y buarth neu torri y ty. **14g.** *RC* xxxiii. 225, Gwedy kerdet o Iessu yr Eifft . . . yn dechreu y *bymet* vlwydyn oe oet. *c.* **1400** *Études* viii. 382, Wyth rann a dyly bot ym pob dyn. Y rann gyntaf o'r daear . . . y *bymhet* o'r wybyr. **1588** *Gen* i. 23, A'r hwyr a fû, a['r] borau a fû, y *pummed* dydd. **1632** *D, pummed*, quintus. **1803** *P* d.g. *pummed.* Digwydd mewn trefnolion cfns. megis *pumed ar hugain.*

Fel *e.* (*a*) Un rhan o bump: *fifth* (*part*).

1768 J. ROBERTS: *R* 87, ½, [¾], ⅘ sef hanner[,] Tri phedwerydd, pedwar*pumed* [*sic*].

(*b*) *Crdd.* Cyfwng rhwng pum nodyn dilynol yn y raddfa ddiatonig (e.e. C–G); dau nodyn eithaf y cyfwng hwn; y ddau nodyn hyn wedi eu seinio ynghyd: *fifth* (*interval or chord in mus.*).
1862.

Amr.: **pumfed** [*pum*+*-fed* (At.); cf. Llyd. Diw. *pemved*]. **1730** M. MAURICE: *YDG* 37.

Cfn.: **y Bumed Frenhiniaeth:** *the Fifth Monarchy.* **1852. y b. golofn:** *the fifth column.* **1940. p. ran, pymed ran,** gw. *pumedran.* **y Pumed Ymerodraeth = y B. Frenhiniaeth. 1799** M. WILLIAMS: *HHG* 138, Milinariaid, neu Bobl *y Pummed Ymmerodraeth.* **dan (ar, at) y b. ais:** *under* (*on, to*) *the fifth rib* (*of a blow to the heart, also in fig. context*). **1693** *HC* 74, canys tra fyddo yn gwenu ar ddyn efe ai trywana ef *dan y bumed ais.* Cf. W. REES: *AFR* 471, Y mae wedi ei thrywanu megys â gwaewffon *dan y bummed ais.*

pumedran, pumed ran, pymhedran, pymed ran [*pumed, pymed*+*rhan*[1]] *eb.* Pumed ran, un rhan o bump: *fifth part, one fifth.*

13g. *HGK* [1], Avloed, vrenhin dinas Dulyn a *phymet rann* Ywerdon. *id.* 4, Tethel, vrenhin Laine, *pymhet ran* Ywerdon. *c.* **1300** *H* 66a. 17, Pymhed welygort *pymhedran* om kert (Cynddelw). *c.* **1400** [*RB*] *WM* 499. 29–30, *pymhet ran* y iwerdon awnaeth yn diffeith. **1588** *Gen* xli. 34, a chymmered *bummed ran* cnwd gwlad yr Aipht. **1800** W. OWEN[-PUGHE]: *CP* 17, *pummedran* o galch. **1803** *P* d.g. *pummedran.*

pumeib, gw. pump+mab.

pumfed, gw. pumed.

pumffrwd, pumpffrwd, pym(p)ffrwd, &c. [*pum(p), pym(p)*+*ffrwd*] *e.ll.* Pum ffrwd, ?hefyd yn *ffig.*: *five streams*, ?*also fig.*

c. **1400** *R* 1159. 30–4, darllein pob pechawt ual y pecher. Achrist ymprenn croc yr creulonder. yny boen y bu duw gwener. Ar *pumpffrwt.* pumpffrwyth nyt ouer. *id.* 1284. 25–7, Prif adwyth bymffrwyth *bymffrwt* ffossawt. Prydervs vu grist kynn prit arawt. **15g.** *BB* 123–4, govyn aoruc yr mab aoed fford y ellwng yllyn odeno . . . Ac yna ydoeth y mab idaw oy geluydodeu; ac ay dillynghawd yn *pymp frwt* (*MA*[2] 457b. 53, ym *bymffrwt*) y redec. **16g.** *WLl* 132, Y ddau eurwalch ddi erwin / A ffump gwawr hoff impiau gwin / Wmffre doeth dann *bumffrwd* aur / Yw kiw r gossawc gwregysaur [marwnad Sion Wyn].

pumffrwyth, pumpffrwyth, pymffrwyth [*pum(p), pym*+*ffrwyth*] *e.ll.* Pum budd neu ennill: *five profits, gains, or advantages.*

c. **1400** *R* 1159. 30–4, darllein pob pechawt ual y pecher. Achrist ymprenn croc yr creulonder. yny boen y bu duw gwener. Ar pumpffrwt. *pumpffrwyth* nyt ouer. *id.* 1284. 25–7, Prif adwyth *bymffrwyth* bymffrwt ffossawt. Prydervs vu grist kynn prit arawt.

pumgwaith, gw. pumwaith.

pumgwryw [*pum*+*gwryw* ar ddelw'r Llad. Diw. *pentandria*] *a. Bot.* Ac iddo bum briger, yn perthyn i ddosbarth y *Pentandria*

yn ôl cynllun Linnaeus: *having five stamens, pentandrous.*
1813 *WB* 19, Cenedl V. Pentandria.—*Pumgwrryw.* *id.* 65, Ordo I. Pentandria.—Llwyth I. *Pumgwrryw.*

pumhugain, gw. **pump—p. ugain.**

pumil, pum mil, pymp mil [*pum, pymp + mil*[1]] *e.ll.* ac *eg.* Pump o filoedd: *five thousand.*
13g. *LlI* 60, eyryf erwy en e cantref, chuech cant a *pymp myl* ar ugeynt. **14g.** *B* ix. 333, y credassant *pym mil* o wyr. **14–15g.** *IGE*[2] 170, Deucan mlynedd, heulwedd hil, / Nod hoff amod a *phumil* (Rhys Goch Eryri). *c.* **1400** *R* 1155. 37–8, ef porthes *pum mil* ar y pum torth bara. *id.* 1220. 21–3, Or pum torth hawdborth heidbal ardeu bysc ior oed dibwl. ry borthes meus deus duwsul. radeu heb ammeu *bummil.* **15g.** *DN* 4, Rif y gwŷdd a fydd i ddwyfil—a'i avr, / A'i arrian i deirmil, / A'i baement yma i *bvmil,* / A gwin a medd i gan mil. **15g.** *GGl*[2] 208, Bwriaist ti wŷr, brau ystwnd, / *Bummil,* Dafydd ab Iemwnd. *Diw.* **15g.** *Pen* 67, 7, Arthvr vydd wrth aerav vil / heb i amav o *bvmil* (Llywelyn ap Morgan). **15–16g.** *TA* 269, Pe am ladd *pum mil* o wyr. **16g.** *THSC* (1923–4) (At.) 50, y mae yn raid iddaw gymryd ymborth ar bvm torth o vara a dav vrithill . . . val y porthes krist y *pvmmil* pobyl ar pvm torth bara haidd ar dday byscodyn. **1588** 1 *Mac* iv. 34, hwy a darawsant yng-hyd, a *phum-mil* o wŷr o werssyll Lysias a laddwyd. *id.* x. 42, y *pum-mil* sicl o arian y rhai a gymmerasant hwy allan o raid y cyssegr. **1595** H. LEWYS: *PA* 130, Angel, rhwnn a laddodd mewn vn noswaith, gant, pedwar vgain a *ffum mil,* oi wyr ef. **1754** *ML* i. 284, Ond os un or Sioriaid, pei rhoddai *bummil* ni bai ddim nes. **1803** *P, pummil,* s. m. five thousand.

pumis, pum mis, pymis, pym mis [*pum, pym + mis*] *e.ll.* ac *eg.* Pump o fisoedd: *five months.*
14g. *RC* xxxii. 209, paham y dugost vy gwr y gennyf. llyma *pymhis* na weleis vy gwr. ac na wn pa du y bu varo. val y kaffwn peri y gladu. *c.* **1400** *RB* ii. 400, Y Jeuan hwnnw awledychawd . . . vn vlwydyn ar bymthec a *phum mis.* a phedwar niwarnawt. *Diw.* **15g.** *Pen* 67, 115, Mae poen ym ymhob hanner / val poen am yr aval per / *pvmis* vymlid y ddidach / pvmoes byd vv r *pvmis* bach. **1567** *TN* 383a, anesmwytho arnynt *pym mis.* **1632** *D, pummis* oed d.g. *quinquemestris.* **1803** *P, pummis,* s. pl. five months.

pumloes [*pum+*(*g*)*loes*] *e.ll.* Pum clwyf (Crist): *five wounds* (*of Christ*).
c. **1400** *R* 1217. 25–7, Mawr greawdyr brynawdyr ar brenneu gloewgroes. pumhoes o *bumloes* olys agheu. *id.* 1236. 23–4, Doeth oe greu purgoeth perging drudyon. yr pumoes *pumloes* pumlif cochyon. **1803** *P, pumloes,* s. pl. the five agonies; a term in theology.

pumlwydd, pum mlwydd, pymlwydd [*pum, pym+blwydd*] *a.* Wedi byw am bum mlynedd; yn parhau am bum mlynedd: *five years* (*old*); *lasting for five years, quinquennial.*
1346 *LlA* 41, rei *pumlwyd.* amwy aant ygkyfuyrgoll. **16g.** *THSC* (1923–4) (At.) 35, a phan oedd ef yn *bymlwydd* ar hygain. **1604–7** *TW* (*Pen* 228), *pvm mlwydd* oetran d.g. *quinquennis.* **1618** J. SALISBURY: *EH* 168, y mae Sant Gregor yn scrifennu, fel y digwyddodd i fachgennyn *pummlwydd* oed (a ddyscasse gablu . . .) farw'n ddysymmwth.

Pumllyfr, Pum(p) Llyfr [*pum*(*p*) + *llyfr*[1]] *e.ll.* ac *eg.* yn aml yn yr ymad. *Pumllyfr* (*Pum*(*p*) *Llyfr*) *Moesen* (*Moses*). Pum llyfr cyntaf yr Hen Destament, Pentatewch: *Pentateuch.*
Diw. **13g.** *B* xxiv. 441, *pump llyfyr* Moessen. **15g.** *GLGC* 312, *Pump llyfr* Moesen sy awen i Siôn, / pump llawenydd Mair dros ungair Siôn. **15g.** *GDID* 105, Ef a droes *bum llyfr* Moesen / Dalm i ffydd, delom i'w phen [marwnad Dafydd ap Tomas a moliant ei bum mab]. **1567** *TN* [xxxiii], cof yw cenyf welet *pump llyfr* Moysen yn Gymraeg. **1632** *D, pumllyfr* d.g. *pentateuchus.* **1718** (**1721**) S. THOMAS: *HB* 69, ni a gawn *Bum-Llyfr* Moses. **1778** *W, Pum-llyfr* Moesen d.g. *Pentateuch.* **1803** *P, pumllyvyr,* s. pl. the pentateuch. Ynglŷn â'r *Pum Llyfr Kerddwriaeth,* gw. *GP* lxi–lxxxviii, 89–142.

pumnalen, pumnolen, gw. **pumdalen.**

pumnyn, pum nyn [*pum+dyn*] *e.ll.* Pum person, pump o ddynion: *five persons, five men.*
14g. *WML* 99, *Pvm nyn* nessaf ywerth adiwat beich keuyn ony holir ynlletrat. **14g.** *SC* viii/ix. 183, Ynteu a dywat na wydat yn hyspys a ladasei mwy no *phum nyn.* **15g.** *GLGC* 312, pumoes byd sy oes i Siôn —hyd orwyr. / Pwy'r *pum nyn* a wŷr pum synnwyr Siôn? *Diw.* **15g.** *Pen* 67, 33, *Pvmnyn* y sy n adail y lle ymharadwys nid amgen no hael anyanol a glew trvgaroc kadarn kyfyawn pylgainwr haf a ffol anyanol ar pvmp hynn a gaiff Nef kynn oeron i gwaet. *a.* **1600** *CRC* 347, ni weddill fawr o bvm torth / yn bryd i ymborth *pvm nyn.* **1620** *Gen* xlvii. 2, Ac efe a gymmerth rai o'i frodyr, sef *pum-nŷn* (**1588** *ib.* pum dyn).

pumochr [*pum+ochr*] *eg.* ll. *-au.* Pentagon: *pentagon.*
1803 *P, pumochyr,* s. m. a pentagon.

pumochrog [*pum ochr+-og*] *a.* Ac iddo bum ochr: *pentagonal, five-sided.*
1632 *D* d.g. *quintangulus. c.* **1700** E. LHUYD: *Par* i. 31, y mae Llawer o Golovneu pedwar ochrog a *phymochrog.* **1803** *P* d.g. *pumochrawg.*

pumoed, pymoed [*pum, pym+oed*; ansicr yw'r ail engh.] *e.ll.* (Pobl y) pum oes neu gyfnod, hefyd yn *ffig*: (*the people of the*) *five ages or periods, also fig.*
12g. *MA*[2] 190b. 4–5, Dyfu *bumoed* byd o boen galled, / O dwyll o dywyll, trydwyll trefred (Cynddelw). **14g.** *T* 37. 5–6, Ac ef yn gyfoet aphymhoes *pymhoet.* aheuyt yssyd hyn pet pemhwnt ulwydyn. *c.* **1400** *R* 1176. 12–13, *Pymhoet* pobyl rac pobyant ordwy. pymhoes byt aheuyt ynhwy. **1803** *P, pumoed,* s. pl. five ages; a term used sometimes for 'Pumoes'.

pumoes, pum oes, pymoes, pym hoes [*pum, pym+oes*[1]] *e.ll.* (Pobl) y pum cyfnod (fel arfer am yr amser rhwng y Creu a dyfodiad Crist yn ôl cronoleg yr Oesoedd Canol), hefyd yn *ffig.*: (*the people of the*) *five ages or periods* (*usu. of the time between the Creation and the coming of Christ according to medieval chronology*), *also fig.*
c. **1300** *H* 15a. 17–18, Portheist yr *pym hoes* gloes glas uereu. Pym weli keli keluytodeu (Einion ap Gwalchmai). **14g.** *GDG*[3] 8, Da fu Duw Iôr, dioer oroen, / Ar groes ddwyn *pymoes* o'u poen. *id.* 356, Pantri difydig digeirdd, / Pentan, buarth baban beirdd. / Paement i borthi *pymoes,* / Pell ym yw eu pwyll a'u moes [i dref Niwbwrch]. **14–15g.** *IGE*[2] 267, Unwedd ŷm, Gymry annwyl, / Â'r *pumoes* yn hiroes hwyl, / Yn uffern gynt, iawn affaith, / Limbo patrum, cwm y caith (Siôn Cent). *c.* **1400** *R* 1217. 25–7, Mawr greawdyr brynawdyr ar brenneu gloewgroes. *pumhoes* o bumloes olys agheu. **15g.** *GDID* 106, Pwy a amau fod *pumoes* / Cyn Cred ac amcanu Croes?/ Ystôr hoff nis diria rhaib; / Oes y *pumoes* i'r pumaib [marwnad Dafydd ap Tomas a moliant ei bum mab]. *Diw.* **15g.** *Pen* 53, 17, Peris y *pymhoes* ay hoessoedd a secula. kyntaf vu oes Addaf ac Eva. Eil a vu noe a novyes yn archa. Trydedd oes Abram pater patriarcha. pedwyridd [*sic*] oes moesen yn mynydd syna . . . pymhet oes davydd dedwydd propheta. Chwechet oes Jessu hyd dyddbrawt. **15–16g.** *BY* 76, Adam, Noe, Abram, Moesen wybrwr—doeth / Dafydd daith broffwydwr; / Llyma'r *pvm oes* kyn kroesswr / Iessv gwynn chweched oes gŵr. **17g.** HUW MORUS: *EC* i. 44, Mis y gwayw, a mis gwewyr, / Ni bu mis gwaeth *bum-oes* gŵyr. / Clamai oer fu clymu 'i wallt, / A'i droi is daear Oswallt. **1803** *P, pumoes,* s. pl. five lives or five periods; a term in theology for the period before the coming of Christ.
Cfn.: **pumoes,** &c., **byd:** (*the people of*) *the five ages or periods of the world, also fig. c.* **1300** *H* 16b. 26–7, Pan doeth yessu ury oe urenhindawd. yt oet *pym hoes byd* yn gyd gaethnawd (Einion ap Gwalchmai). *c.* **1400** *R* 1176. 12–13, Pymhoet pobyl rac pobyant ordwy. *pymhoes byt* aheuyt ynhwy. *id.* 1294. 29–30, *Pumoes byt* ygyt ogeith yn rydyon. an kovyon ywn kyfyeith. **15g.** *ID* 15, bum is y berth *bumoes byd* / a rhif o oriau hefyd / gwylio r llwybr is yr wybren / a golwg iwrch a galw gwen. *Diw.* **15g.** *Pen* 67, 115, Mae poen ym ymhob hanner / val poen am yr aval per / pvmis vymlid y ddidach / *pvmoes byd* vv r pvmis bach. **16g.** *THSC* (1923–4) (At.) 37, or achos hwnnw yr aeth *pymoes byd* y yffern.

pumongl [*pum+ongl*[1]] *eg.* ll. *-au,* a hefyd fel *a.* Pentagon; ac iddo bum ongl, pumochrog: *pentagon; pentagonal, having five angles, five-sided.*
1632 *D* d.g. *quintangulus.* **1778** *W* d.g. *pentagon, pentagonal.* **1803** *P, pumongyl,* s. m. that has five angles. a. Of five angles.

pumonglog [*pumongl+-og*] *a.* Ac iddo bum ongl, pumochrog: *pentagonal, five-angled, five-sided.*
1778 *W* d.g. *pentagonal.* **1803** *P* d.g. *pumonglawg.*

pumol [*pum+-ol*] *a.* Yn perthyn i bump; ac iddo bum rhan: *relating to five; having five parts, quinary.*
1838.

pump, pum, pym(p) [*pum*(*p*) < *pym*(*p*), Crn. C. *pymp,* H. Lyd. *pem*(*p*), Llyd. C. a Diw. *pemp*: < Brth. **pimpe* < **pempe* (cf. Gal. *pinpe-,* πεμπέ-) < Clt. **kʷenkʷe* (cf. H. Wydd. *cóic*) < IE. **penkʷe* 'pump'; cf. Llad. *quinque,* Sans. *páñca*; weithiau pair dr. trwynol i *b-, d-* (*pum* mlynedd, *pum* nyn); am y tr. ml. i eiriau sy'n dechrau â *gw-,* ac ychwanegu *h-* o flaen llaf., gw. *Treigladau* 136–7] *rhif.* a hefyd fel *eg.* ll. *pumoedd, -au, pumpiau, pumps.*

(*a*) Un o'r prifolion, sef un yn fwy na phedwar neu un yn llai na chwech, rhifolyn (e.e. 5, V, v) sy'n cynrychioli'r rhif hwn, y nifer hwn o bobl neu bethau: *five.*
9g. (*Ox* 1) *B* v. 230, Duo .u. int dou *pimp.* **13g.** *C* 39. 2, allosci *pimp* kaer. **13g.** *A* 2. 7, kwydei *pym* pymwnt rac y lafnawr. **13g.** *BD* 2, *pvmp* kenedyl ysyd yn y chyuanhedu, nyd amgen, Nordmannyeyt, a Brytannyeyt, a Saesson, a Gvydyl Fychti, ac Yscoteyt. *c.* **1300** *H* 82a. 36, *Pym* allawr breui (Gwynfardd Brycheiniog). *id.* 120b. 41, keueis *bymp* o rei gwymp eu gwyngnawd (Hywel ab Owain Gwynedd). **14g.** *WML* 62, Y neb adiotto coet gan ganhyat y perchenawc ytir. *pym* mlyned ydyly ef ynryd. *id.* 112, *Pvmp* allwed ygneitaeth yssyd. **14g.** *T* 79. 13–16, Eil synhwyr pwyllat . . . Athri a waedaf. Aphetwar avlassaaf. A*phymp* awelaf. **14g.** *BT* (*RB*) 214, Ac yna y hedychawd bwrdeisseit y dref a Llywelin trwy Rys . . . gann rodi *pum* hwystyl (*RB* ii. 359, *pum* gwystyl) y Lywelin. **15g.** *GGl*[2] 39, *Pum* mroder, pwy ym Mhrydyn, / Pwy mor hael â'r pumwyr hyn? **1547** *WS, pump,* fyue. **1588** *Gen* xiv. 9, pedwar o frenhinoedd yn erbyn y *pump.* **1632** *D,* gosodiad coed plann yn rhesi vnion, o *bumpiau* bob ffordd d.g. *quincunx. id.* bob yn *bump,* yn *bumpiau* d.g. *quini. c.* **1715–28** *PRB* d.d., Llyfr newydd o Ddigrifwch ar *Bummoedd.* **1803** *P* d.g. *pum, pump.* Digwydd hefyd mewn rhifolion cfns. megis *pump ar hugain, pump a deugain,* &c. Gw. hefyd y cfn. *pum ugain* isod, a *pum deg* d.g. *pumdeg.*

(*b*) Pum bys, llaw: *five fingers, hand.*
18–19g. *Llr* C 4, 93, dodi *pump* arno, to steal. Ar lafar mewn ymadroddion megis 'Catw dy *bumps* o'r man 'yn'.
Amr.: **pemp. 1551** W. SALESBURY: *KLl* liib. **1567** *LlGG* 35a. **1567** *TN* 59b, 138a. **pumb, pymb 13g.** *BD* 28, ac erchi o'e that ellvng y uarchogyon y vrthav eithyr *pymb* a'e guassanaethei. **1693** J. OWEN: *BP* 32, chwech cant a *phumb* ar hugain.
Cfn.: **pum(p),** &c., **(h)archoll:** (i) *five wounds* (*of Christ*). **13g.** *MA*[2] 221a. 16, *pum harcholl* (Dafydd Benfras). *c.* **1400** *R* 1162. 11, *pymharcholl. id.* 1331. 8, *pumharcholl.* **16–17g.** *CRC* 290, *pvm harcholl.* (ii) *sanicle, Sanicula europæa; ?creeping cinquefoil, Potentilla reptans.* **16g.** *LlGC* 4581, 196b, Y *Pumparcholl* . . . Sanicula yn lladin . . . yn saesneg Sanickl. *c.* **1730** *Thos. Lloyd D* (LlGC), 194b, *Pum archoll* yn bum nalen. G. 1.
p. mlwydd, gw. *pumlwydd.* **p. brenhinllwyth Cymru,** gw. *brenhinllwyth.* **p. bys, p. mys,** gw. *pumbys.* **p. cant,** gw. *pumcant.* **p. dalen,** gw. *pumdalen.* **p. deg,** gw. *pumdeg.* **p. dolen,** gw. *pumdalen.* **p. d(d)ryll,** gw. *pumdryll.* **p. nyn,** gw. *pumnyn.* **p. ffrwd,** gw. *pumffrwd.* **p. (g)waith,** gw. *pumwaith.* **p. (g)weli,** gw. *gweli.* **p. (g)wregys, pumwregys,** &c.: *the five zones into which the surface of the earth is divided by the tropics and polar circles.* **12–13g.** *GLlLl* 162, *Pumwregys* dewrwrys daiar. *Diw.* **13g.** *B* xxiv. 441, [*p*]*ump wregys* tan. **14g.** *T* 79. 23, *pymp gwregys* terra. **15–16g.** *TA* 112, *Pum gwregys,* pum geirw eigion, / Drwy Dduw rhoed i'r ddaear hon. Cf. *GGl*[2] 40, Pum arf is i Gaernarfon, / Pum wregys am ystlys Môn [i feibion Llywelyn ap Hwlcyn]. **p. gŵyl Mair:** *the five festivals of Mary.* **15g.** *GDID* 105. **p. llawenydd,** &c.: *five joys* (*usu. with ref. to the five joys of Mary, according to Roman Catholic devotion*), *also fig. c.* **1400** *R* 1251. 11–12, Kauas oe naf bom llawenaf *bump llewenyd.* **15g.** *DGG*[2] 32, Dy wên yw'r *pum llawenydd,* / Dy gorff hardd a'm dwg o'r ffydd. **15g.** *GLGC* 312, *pump llawenydd* Mair dros ungair Siôn. **15g.** *GDID* 104, Pum llys, llin Rhys, felly'n rhydd, / Llyna ein *pum llawenydd* [marwnad Dafydd ap Tomas a moliant ei bum mab]. **15g.** *DE* 123. **p. llu, pymllu:** *large number* (*of people*), *great host.* **15g.** *GDID* 105, Â phum torth ef a borthed / *Bum llu* Crist, bôm well o'u cred [marwnad Dafydd ap Tomas a moliant ei bum mab]. **15g.** GWILYM TEW: *Gw* 435, Rhyddhau y *pum llu* (S. D. RHYS: *Inst* 236, *pymllu*) o'u poen a wnâi Fair. **P. Llyfr,** gw. *Pumllyfr.* **p. mil,** gw. *pumil.* **p. mis,** gw. *pumis.* **p. mlwydd,** gw. *pumlwydd.* **p. nolen,** gw. *pumdalen.* **p. oes,** gw. *pumoes.* **pump bob ochr:** *five a side* (*soccer*). **20g. pum(p),** &c., **pryder:** *five sorrows* (*of Mary*), *also fig.* **15g.** *GO* 147, I wên 'vv 'r pvm llywennydd / Ar veirdd, a'r *pvm pryder* 'vydd. *id.* 243, Y nos yr aeth at Dduw Nêr, / Y priodes *bvmp pryder. c.* **1714** *DE* 121, [*P*]*ump Pryder* Mair. **p. prudd-der:** *five sorrows* (*of Mary*). **16–17g.** *CRC* 290. **y P. Pwnc:** *the five points of Calvinism agreed at the Synod of Dort, 1619.* **1778** J. THOMAS: *HB* 390–1, [c]adw cyfarfod wrth bont Llandysyl, a chael pum gweinidog

i bregethu ar y *pum pwngc* mewn dadl . . . pregethodd Mr. Timothy Thomas ar y pwngc cyntaf, sef Pechod gwreiddiol. **p. rhan Iwerddon:** *the five provinces of Ireland.* **13g.** *B* xxi. 295, *pym rhan Ywerdon*, Laini a Muen ac Wlid a Chonnacht a Midi. **14g.** *WM* 61. 5. **p. synnwyr:** *five senses. Diw.* **13g.** *B* xxiv. 441, *pump synnwyr* corff. *c.* **1400** *R* 1153. 27. **15g.** *GLGC* 312. **1632** *D* d.g. *auditus.* **1688** S. HUGHES: *TSP* 68, Y synhwyrau yw y Galluoedd y sydd ynom, i Weled, i Glywed, i Arogli, i Flasu, ac i Deimlo. Oh! mor echryslon gan hynny yw y rhêg honno, pan y bo Dyn yn dywedyd, 'colli fy *mhum synwyr* a wnelo i'. **p. (h)ugain:** *five score, one hundred.* **13g.** *LlI* 60, *pymp ugeyn* tref. **14–15g.** *IGE*^{2} 126, *Bum hugain* ar Lundain lys, / Coronog, ceirw yr ynys (Gruffudd Llwyd). **15g.** *LHDd* 73, *pymhigein* tref. **1604–7** *TW* (*Pen* 228), *pvmp vgein* d.g. *centum.* **1632** *D, pum hugain* d.g. *centum. c.* **1700** E. LHUYD: *Par* i. 45, *[p]ym igein.*

pumpdalen, pumpdolen, gw. pumdalen.

pumped, gw. pumed.

pumpernel, gw. pimpernel.

pumpffrwd, pumpffrwyth, gw. pumffrwd, pumffrwyth.

pumplyg, pumblyg, pymplyg [*pum, pym+plyg*^{1}] *a.* Pum cymaint, pum gwaith cymaint; wedi ei blygu bum gwaith; ac iddo bum rhan: *quintuple, fivefold; folded five times; having five parts.*

1604–7 *TW* (*Pen* 228), *pvmplyc* d.g. *quincuplex.* **1780** *W, pum-plyg* d.g. *quintuple.* **[1784]** *LlGD* 14, yr olwg *pymplyg* hon. **1803** *P* d.g. *pumplyg.*

Cfn.: **pumblyg hanfodiad:** *quintessence, fifth essence.* **1658** R. VAUGHAN: *PS* 440, cuintessens neu r *pumblyg hanfodiad* o rinwedd nefol.

pumporth [*pum+porth*^{3}] *e.ll.* Nifer o borthladdoedd (pump yn wr.) ar arfordir de-ddwyrain Lloegr ac iddynt freintiau hynafol: *Cinque Ports.*

1772 *W* d.g. *cinque-ports* [*five havens, which lie on the east part of England, towards France . . . viz. Hastings, Dover, Hithe, Romney, and Sandwich*].

pumpran, pumptheg, gw. pumrhan, pymtheg.

pumpunt, pum punt [*pum+punt*] *e.ll.* ac *eb.g.* ll. *pumpunnoedd.* Pump o bunnoedd, swm o arian neu bapur cyfwerth â hyn: *five pounds (sum of money), five-pound note, fiver.*

15g. *GGl*^{2} 184, Oeded bwrdeisied Oswallt / Y gwerth, nes ym dyfu gwallt. / O daw *pumpunt* ar untal, / Wynt-wy cymain hun a'u tâl. **15g.** *DE* 37, prenn ai dvc nid prin y da / *pvmpvnt* a dal y pwmpa. **17g.** *TBM* 267, Nid oedd rhyngom ni werth *pumpunt.* **18g.** *W Ballads* 123, 8, Mae *pumpynt* Erill arnoch chwi / Am fod ar wely hefo 'm fi. Ar lafar, ''Dos gin' i ddim dima o'r *bumpunt* godish i ddoe', 'y *pumpunt*', 'Mi hoffwn eu cael mewn *pumpunnoedd*', 'papur *pumpunt*'.

pumpustl, pumpyrnel, pumran, pumrannol, gw. pumustl, pimpernel, pumrhan, pumrhannol.

pumrot [*pum+grôt*] *e.ll.* ac *eg.* Pum grôt, swllt ac wyth ceiniog: *five groats, one shilling and eightpence.*

1759 *BC* 245, Llenwi'r Fflagen fawr a'r fyrr, / I'w gwneuthur nhw'n gymdeithion: / Yfed attyn drwy deccau / Cymryd arna i gyd y bai, / Talu *pum-rott* heb ddim llai. Ar lafar gynt yn y Gogledd.

pumryw, gw. pump+rhyw^{1}.

pumrhan, pumran, pym(p)ran, pum rhan, pymp rhan [*pum, pym(p)+rhan*^{1}] *e.ll.* ac *eb.* a hefyd fel *a.* Pum cyfran, pum rhan neu ddarn; ac iddo bum rhan, wedi ei rannu yn bump: *five portions, five parts; having five parts, divided into five parts.*

13g. *BD* 114, Teir *pymrann* (*ter quinque portiones*; *BB* 135, *pympran*) a dwc yn un, ac ehun a uyd arglvyd ar y bobyl. **14g.** *WM* 61. 5, *pymp rann* ywerdon. **1604–7** *TW* (*Pen* 228), yn *bvmrhann* d.g. *quinquepartito. id.* wedy barthu'n *bvm rhann* d.g. *quinquepartitus.* **1632** *D*, llyfr *pumrhan* d.g. *pentateuchus.* **1693** *Cylchg LlGC* xviii. 414, brenin Emrys y *bumran.* **1803** *P, pumrhan*, s. pl. five shares. a. of five shares.

pumrhannol, pumrannol [*pumr(h)an+-ol*] *a.* Ac iddo bum rhan, a rannwyd yn bump: *having five parts, divided into five parts.*

1803 *P* d.g. *pumrhanawl.*

pumrhyw, gw. pump+rhyw^{1}.

pumseiniol [*pum+seiniol*] *a.* *Crdd.* Pentatonig: *pentatonic (in mus.).*

1865.

pumsill [*pum+sill*] *a.* Ac iddo bum sillaf: *having five syllables.*

1803 *P.*

pumswllt [*pum+swllt*] *e.ll.* ac *eg.* ll. *pumsylltau.* Pump o sylltau, swm neu ddarn o arian cyfwerth â hyn, coron: *five shillings, five-shilling piece, crown.*

?**18g.** *W Ballads* 148, 3, Ac a roesant iddo *bumswllt.* Cf. H. EVANS: *CE* 62, Gwelodd . . . nad oedd yr ail *bumswllt*, ac yn enwedig y trydydd *pumswllt*, yn dylifo i mewn . . . Ymddengys na chafodd ddigon o *bumsylltau* i dalu'r cludiad.

pumtant [*pum+tant*] *eg.* a hefyd fel *a.* (Offeryn cerdd) ac iddo bum tant: (*musical instrument*) *having five strings, pentachord.*

1778 *W* d.g. *pentachord.* **1803** *P, pumtant*, s. m. a pentachord. a. Of five strings.

pumthefnos, pumtheg, pumthegnos, gw. pythefnos, pymtheg, pythefnos.

pumustl, pumyst(l), pym(p)ystl [*pum, pym(p)+bustl, bystl*] *eg.* *Bot.* Cegyr mawr, cegid y dŵr, *Cicuta virosa*: *water hemlock, cowbane.*

c. **1400** *R* 1333. 43, rac poeneu pumoes *pumystyl* egyrwed. *c.* **1400** *Études* vii. 52, cicuta mortifera, y *pymystyl. id.* 352, gwreid y *pumystyl*, y greulys uawr a'r gruc. *Diw.* **16g.** *WLB* 35, Rhag pob gwaew. Kymer dalm mawr o flodeu r banadl . . . a dyrnaid mawr o wraidd y *pumyst* a dail y morgelyn. *id.* 54, J Beri i gnawd oeri le bo anodd gantho oeri. Gwna blastr o wraidd y *pumustl* ac y menyn [*sic*]. **18g.** *Llr* C 24, 366, Cnita Mattifera [*sic*], *pympystyl* (*MMf* 284, *pymystl*). **1813** *WB* 230, *Pymystyl.* edr. Cegyr Mawr.

Gw. hefyd **bumustl.**

pumwaith, pumgwaith, pymwaith, pum (g)waith [*pum, pym+gwaith*^{2}] *adf.* a hefyd fel *e.ll.* Ar bum achlysur, pump o weithiau, pum tro; (gwell, &c.) bump o weithiau, o ffactor o bump: *on five occasions, five times; five times (better, &c.).*

13g. *LlI* 102–3, keynnyauc o'r dauat neu o'r auyr guedy y dalhyer *pymweyth. c.* **1400** *R* 1307. 18–20, Parchusweith *bumweith* heb ommed a mwy ym rodes goronwy gordwy gyrded. *c.* **1400** *RB* ii. 393, Ar edmwnt hwnnw aryuelawd *pvm weith* yn erbyn kawntwn brenhin denmarc. **15–16g.** *TA* 77, *Pumwaith* gwaed pymtheg ydwyd, / *Pumwaith* gwell na'r pymtheg wyd. **16g.** *THSC* (1923–4) (At.) 28, *Pymwaith* yn yr awr ym yssgyrssiwyd. **1551** W. SALESBURY: *KLl* xivb, Can yr Iuddeon yd-erbyniais i *bumwaith* deuugein gwialenot namyn vn: Teirgwaith im curwyd a gwiail. *Diw.* **16g.** *Gwyn* 3, 303, Pedair-gwaith [fab Duw i'th gyfarchaf] / Pedwar man byd sy bellaf. / *Pumwaith* [fab Duw i'th gyfarchaf] / pum-harcholl Iesu Grist sy dostaf. **1604–7** *TW* (*Pen* 228), *pumgwaith* d.g. *quinquies.* **1632** *D, pumwaith*, ar *bumwaith* d.g. *quinquies. id.* dyblygu *bumwaith* d.g. *quinquiplico.* **1632** J. DAVIES: *LlR* 345, *Pumwaith* i'm maeddwyd gan yr Iuddewon. **1803** *P, pumwaith*, s. pl. five times. a. Five times.

Amr.: **pempgwaith** [*pemp+gwaith*^{2}]. **1567** *TN* 274b.

pumwan, pymwan [*pum, pym+gwân*^{1}] *e.ll.* Pum clwyf (Crist): *five wounds (of Christ).*

c. **1300** *H* 99a. 25–7, yr un duw un dyn na uid hydraeth brad. yr mab rad yr tad tec hynafyaeth. Can duc *pymwan* crist pym oes o gaeth. **1803** *P, pumwan*, s. pl. five wounds, a term in christian theology.

pumwlad, gw. pum+gwlad.

pumwnt, pymwnt [*pumwnt* < *pymwnt*, H. Lyd. *pimmont*: < Brth. **pimpont-* < **pempont-* < Clt. **k*^{u}*enk*^{u}*(ek)ont-* (cf. H. Wydd. *coica*) < IE. **penk*^{u}*e-konta* 'pum deg'] *eg.* Hanner cant, deg a deugain, pum deg; (geir.) pum can mil: *fifty*; (*dict.*) *five hundred thousand.*

9g. *DGVB* 286, *pimmunt* guar un, gl. *unum quinquaginta.* **13g.** *A* 2. 7, kwydei pym *pymwnt* rac y lafnawr. *id.* 5. 17–18, Teithi etmygant tri llwry nouant. *pymwnt* a phymcant. **14g.** *T* 26. 2–3, o euron o vodron o pymp *pumhwnt* keluydon. *id.* 37. 5–6, aheuyt yssyd hyn pet *pemhwnt* ulwydyn. *id.* 45. 13–14, Cant armell yn arffet. A*phympwnt* cathet. **1803** *P, pummwnt*, s. m. five hundred thousand.

pumwr, pumwyr, pymwyr [*pum, pym+gŵr, gwŷr*] *e.ll.* ac *eg.* Pump o wŷr, pum dyn: *five men.*

13g. *LlI* 75, *pymwyr* hep alltvdyon hep wyr not a'y gwatta [rhaith]. **14g.** *WM* 423. 29–33, Ac yn uudygawl orawenus goruot a oruc Gereint ar y *pymwyr.* Ar pymp arueu a rodes yny pymp kyfrwy. **15g.** *GGl*^{2} 39, Pum mroder, pwy ym Mhrydyn, / Pwy mor hael â'r *pumwyr* hyn [i feibion Llywelyn ap Hwlcyn]? **15–16g.** *TA* 470, *Pumwyr* o Gred, pwy mor gryf? / Aeth nerth, weithian, o iwrthyf. *c.* **1510** *THSC* (1943–44) 55, Nicholaus de Lyra drwy wirionedd yr histori a ddywad bod yn yr amser hwnnw *bvmwyr* o henw Booz bob vn o honynt yn ol yn ol. **1588** *Barn* xviii. 2–7, meibion Dan a anfonasant oi tŷlwyth bump o wŷr oi brô sef gwŷr grymmus . . . Yna y *pum-wr* a aethant ymmaith. **1588** 2 *Br* xxv. 19, efe a gymmerth vn stafelludd yr hwn oedd swyddog ar y rhyfel-wŷr, a *phum-ŵr* o'r rhai oeddynt yn gweled wyneb y brenin. **1588** *Esec* viii. 16, wrth ddrws Teml yr Arglwydd, rhwng y porth a'r allor, yng-hylch *pum-ŵr* ar hugain. **1632** *D, pumwyr* d.g. *pentarchus, quinqueuir.* **1803** *P, pumwr*, s. pl. five men.

pumwregys, pumwyr, gw. pump—p. gwregys, pumwr.

pumwyraethau [gair geir.; ?*pumwyr+-aeth+-au*; nid yw ffurfiant y gair yn eglur] *e.?ll.* Cymdeithas, bwrdd, &c., yn cynnwys pum aelod: *quinquevirate.*

1604–7 *TW* (*Pen* 228), *pumwyraethæ* d.g. *quinqueuiratus.* **1632** *D* d.g. *quinqueuiratus.* **1722** *Llst* 189, *pumwyraethau*, p. the office of 5 men.

p'un, p'un a, p'un ai, gw. pa^{1}—p. un, p. un a, p. un ai.

Punaidd [cfdds. o'r S. *Pun(ic)+-aidd*] *a.* Yn perthyn i Garthago (ac yn enw. i'r rhyfeloedd rhwng Carthago a Rhufain): *Punic, Carthaginian.*

1848.

punes [bnth. H. Ffr. *punaise* 'lleuen, pryfyn'] *e.ll.* Pryfed: *insects.*

1346 *LlA* 10, Kannys nyt yr eirth nar llewot adistrywassant phamo [*sic*] vrenhin gynt. namyn lleu. Achwein. A*phunes* (*ciniphes*). *Diw.* **16g.** *B* ix. 122, tymhestloedd ar lluchadenoedd . . . a chyd ar bwystuledd creulawn ar pryfed gwenwynic ar adyrcob ar *punes* a chyd a phetheu ys ydd aflonyddach noc a ddyweid y llyfyr hwnn.

punt [bnth. H. S. *pund* 'pound'; cf. Crn. C. *puns*, Gwydd. C. *punt*; ansicr yw dosbarthiad nifer o'r enghrau. isod] *eb.g.* (bach. b. *-en, -ig*) ll. *punnoedd, -au*, (prin) *puntoedd.*

(*a*) Pwys, pownd: *pound (weight).*

13g. *BD* 54, Sef oed meint y teyrnget, teir mil o *punhoed* o aryan Lloegyr. **14g.** *Bren Saes* 28–30, ac a berys ydunt talu teyrnget ydaw . . . sef oed hynny try chant *pvnt* o areant ac vgein *pvnt* o eur. **15g.** *FfBO* 50, ef a geffir pwys deugeint *punt* yn llei noc wyth grot. **15g.** *GLGC* 260, O'th fwnai fal treth Fanaw / mae hob oll ym ym mhob llaw; / o'th henaur fal treth ynys / eto mae *punt* ym mhob bys. **1567** *TN* 153b, Yno y cymerth Mair *bunt* [:– bwys] o irait . . . ac a irawdd draet yr Iesu. **1588** 1 *Br* x. 17, A thrychant o dariannau o aur dilin, tair *punt* o aur a roddes efe ym mhob tarian. **1588** *Neh* vii. 71, dwy fil, a deu cant o *bunnau* o arian. **1801** *MMf* 134, Cymmer *bunt* (*Llr* C 24, 290, bound) o floneg twrch . . . a hanner pwys o'r ystor a elwir tus.

(*b*) Uned ariannol safonol (symbol £), a rennir bellach yn y Deyrnas Unedig yn 100 ceiniog (gynt yn gyfwerth ag ugain swllt neu 240 o geiniogau), arian bath neu bapur cyfwerth â'r uned hon: *pound (monetary unit, coin, and note).*

9g. (*Ox* 1) *B* v. 234, Dou *punt* petguar hanther scribl prinit hinnoid .iiii. aues. **13g.** *LTWL* 288, Amobor filie penchenedel est *punt.* **13g.** *BD* 130, pei kaffwn i dyn a allei wneuthur a dywedy ti, mi a rodwn idav teir mil o *punne* aryant. *c.* **1300** *LTWL* 380, Un anyueil a a o pedair keinawc y *punt* yn un dyt: gellgi. Os taeawc pieiuyt, pedeir keinawc uyt y werth: ac or rotir yr brenhin, *punt* a tal. **14g.** *LlB* 10, Pennteulu a geiff ancwyn yn y lety . . . Teir *punt* pob blwydynn a geiff ynn y gyuarws y gan y brenhin. **14g.** *WML* 56, *Punt* yw gwerth gwestua brenhin. wheugeint yg kyfeir y vara. **15g.** *GDLl* 121, Farchog urddol, fraich gwrddwas, / Pen ni werthid er *punnoedd*, / Pen glân fal pen Ieuan oedd. **15g.** *GO* 141–2, Glynn

Egwest, gelenigwawr, / Glann Rrin lle daw'r vyddin vawr, / Pant y Groes lle rroir *punt* gronn / Pawb iddo val pe Baddonn. **1604–7** *TW* (*Pen* 228), or cyfrif hwnnw mae'n codi y 133 o *bunoedd*, ag arian dros benn hynny d.g. *talentum*. **17g.** (**18g.**) *J. Gwenogvryn Evans II* 5, 5a, os ydiw fy ngist [*sic*] i fel ag yr oedd / mae ynddi hi *buntoedd* bentwr. **1688** *TJ*, *punt*: a pound or twenty shillings. **1755** *ML* i. 351, Gwnewch chwi a fynnoch a'r Aldremon, mi roddais i lawer *puntig* allan drosto. **1803** *P*. Ar lafar, hefyd yn y ff. bach. *puntan*, *punten*.

Cfn.: **punt y gynffon:** *extra pound paid monthly to quarrymen for voting according to their employers' wishes.* **1893. p. werdd:** *green pound.* **20g. p. dwnc (dwng):** *'twnc' pound* (*commutation of a food-render, in the Welsh laws*). **13g.** *LlI* 60, e *punt tung* (*Leg Wall* 158–9, y *Bunt Dwng* [al. *Dwngc* . . .]).

punt-dâl [*punt*+*tâl*[1]] *eg.* Tâl neu doll o hyn a hyn y bunt: *poundage.*
1818.

punten, puntig, gw. **punt.**

puntur, puntr [?bnth. dysg. Llad. *punctūra* 'pigiad', o bosibl drwy'r H. Ffr. *pointure* neu'r S. C.; â'r ystyr 'brwsh', cf. *pwyntel*] *eg.* ll. *-au.* Brwsh paent (arlunydd), pensil, creon, grafell, stilws, ?hefyd yn *ffig.*; ?pigiad, yn *ffig.*: (*artist's*) *paintbrush, pencil, crayon, graver, burin, stylus,* ?*also fig.*; ?*a piercing or pricking, used fig.*

14g. *GDG*[3] 424, Pentref cerdd, pen trofa cad, / Pantri cur, *puntur* cariad [marwnad Dafydd ap Gwilym gan Fadog Benfras]. *c.* **1400** *R* 1408. 15–17, Pentyryeis gerd pwynt dirrym *puntur* serch pon trahaus ym. **1547** *WS*, *puntur*, pensyll. **1604–7** *TW* (*Pen* 228), yscythrû. . . torri a metelgyn, a *phuntur* d.g. *cælo*. *Dchr.* **17g.** *J* 10, 128b, *puntur*. . . scalper, stilus. **1632** *D*, *puntr*, graphium, penicillus, pictoris stilus. Et *Puntur*. **1661** E. Lewis: *Drex* 349, cyhyd yn tynnu ei linellau, ac mor araf yn y triniad o'i *buntr*. **1688** *TJ*, *puntr*, *puntur* (pensel:) the Pen or Pencil of a Painter. **1722** *Llst* 189, *puntr*, *puntur*, m. a painter's pencil, engraver, bodkin. [**1740**] L. Anwyl: *NG*, hysbyseb, yslattas [i] Ysgrifennu arnŷnt, gyda *Phuntyrau* o'r un pêth. **1752** *EGG* [i], Y mae ar werth am y prisiau isaf, Llyfra[u] o bob math . . . Llechau, *Puntrau* neu Pencils. **1798** *WR* d.g. *crayon*.

puper, pupr, gw. **pupur.**

pupraf, pupuraf: pup(u)ro [bf. o'r e. *pupur*, *pupr*] *ba.* Taenellu neu flasuso â phupur, gorchuddio â phupur, hefyd yn *ffig.*: *to sprinkle or season with pepper, cover with pepper, also fig.*

1778 *W*, *puputo* d.g. *to* [*season with*] *pepper*. **1798** *WR*, wedi ei *bup*/*raw* d.g. *peppered*. Cf. T. Lewis: *HPF* 373, esgob Llundain, wrth weled y brenin yn *pup'ro* y Puritaniaid mor lew, a aeth ar ei liniau. Ar lafar yn y gyff. yn y ff. *pupro*, *WVBD* 451, *LlLlM* 19; hefyd yn sir Drefn. dywedir am nwydd sydd wedi ei brisio'n uchel ei fod 'wedi'i *bupro*'.

Gw. hefyd **pybyraf: pybyro.**

puprog, gw. **pupurog.**

pupur, pupr, puper, &c. [bnth. S. C. *piper* 'pepper'; gw. hefyd *pybyr*[1]] *eg.* ll. *puprau*, a hefyd fel *e.ll.* (un. g. *pup(u)ryn*, ll. *puprynnau*, b. *pup(u)ren*, ll. *puprennod*).

(*a*) (Sylwedd blasus poeth persawrus a geir drwy falu aeron sychion) un o nifer o blanhigion o'r tylwyth *Piper*, yn enw. *Piper nigrum*; (un o) aeron sychion y planhigion hyn; (ffrwyth(au)) un o nifer o blanhigion trofannol o'r tylwyth *Capsicum*: *pepper*; *peppercorn*(*s*); *capsicum*.

15g. *GLGC* 306, pob gwin o arian, pob rhyw ganel, / *pypyr* ac orais, pob rhyw gwrel. **15g.** *GGl*[2] 226, Sinamwn, clows a chwmin, / Siwgr, mas, i wresogi'r min. / Pob rhyw fwyd mewn *pupur* a fai / O fewn siaffr a fyn Sieffrai. *id.* 240–1, Mor hael uwch ben dy aelwyd / O'th bob rhyw fudd a'th *bupr* fwyd! / Rys, dy fwrdd gan a rhost faeth, / Ancwyn hail, yw'n cynhaliaeth. **1545** *CI* 25, Bwyd j vagu kolor . . . garlleg, winiwn, rockatt, kerses, kenin, mustart, meel, *puppur*, bwydyd melis. **1547** *WS*, *pupur*, peper. **1586** (**1604**) *B* v. 306, ag ofewn fforest tambur / i mae llawer o *bupur*. *Diw.* **16g.** *WLB* 9, kymer naw gronyn o *bupur* krynion. *id.* 27, Rhag y ddanoedd. Kymer deir ewin garllec . . . a chymer dri gronyn o *buppur*, ai gwneuthur yn bowdr. **16–17g.** E. Prys: *Gw* 205, Nid oes claf ar anafwyd, / Eb rywrai a braw ei fwyd; / Yn iach byth, yn wych ei ben, / Pe poerai pob *pupuren*. **1604–7** *TW* (*Pen* 228), *pyper*, *piper* d.g. *piper*. *Dchr.* **17g.** *J* 10, 128b, *pupuryn*. **1759** J. Evans: *PF* 60, Neu, gnowch bump neu chwech o *Buppur* tros ychydig. **1762** *ML* ii. 491, gwinegr o'r Werddon, *pupr* o'r India. **1778** *W*, *pupur* d.g. *pepper*. **1798** *WR*, *pupren* d.g. *peppercorn*. Ar lafar yn gyff.

(*b*) (enghrau. *tros.* a *ffig.*, ac enghrau. mewn cyd-destun *ffig.*: *transf. and fig. exx.*, *and exx. in a fig. context*).

15g. *GLGC* 392, ei dafod parod fegis peren—abl / a wnâi bob parabl yn *bupuren*. **15–16g.** *TA* 453, Pedair pêl fel grawn celyn, / *Pupur* gof mewn papur gwyn; / Pob bwcled fal llucheden [i fwcled]. **1661** E. Lewis: *Drex* 238, Y mae Tragywyddoldeb yn y fath gyfrif a hynny, mewn pethau ni thal fawr, pettei ond tair *pupuren*. **1696** *CDD* 90, Mawrygwn Genadon, 'mae Duw gwedi danfon, / I achub ei ddynnion yn gryfion dan Grist, / I ymddiffŷn'r yscrythŷr, a phawb o'i Dilyn-wŷ[r]; / A helpu rhoi *puppur* i'r Papist. **1722** *Llst* 189, *pupren*, f.p. *prennod*, a peevish woman. **1744** D. Rowland: *RY* 224, Hên Wr Bonheddig annynad a gymmerth *Byppiren* yn ei Drwyn, ac a drôdd ein Cydymaith allan o'i Dŷ. Yn Arfon clywir yr ymad. 'Mae hi'n hen *bupur* (*bupran*)' am ddynes biwis.

Cfn.: **pupur,** &c., **a halen:** *pepper-and-salt* (*of colour of cloth, hair, &c.*). Ar lafar, 'cot *bupur a* (*h*)*alan*'; 'Yn lle gwynnu'n syth, ma 'ngwallt i'n mynd yn *bupur a halan*'. **p. caiân:** *cayenne pepper*. *c.* **1877. p. coch:** (i) *red pepper, cayenne pepper*. Ar lafar yn nwyrain Morg., *Geir Geg* 64. (ii) *red pepper*(*s*), *red capsicum*(*s*). Ar lafar. **p. y ddaear:** *pillwort, Pilularia globulifera*. **1813** *WB* 229. **p. du(on):** *black pepper*(*corns*). **1545** Elis Gruffydd: *Ll* 195, *pupur duon*. **16g.** *Pen* 204, 157, [*p*]*upvr du*. **1771** *PDPh* 22, 73. Ar lafar, 'Ma'n well gin' i *bupur du* na phupur gwyn'. **p. gwyn(ion):** *white pepper*(*corns*). **15g.** *GDLl* 154, Papur ac inc fal *pupr gwyn*. **16g.** (**1763**) W. Salesbury: *LlM* 239, *puppur gwynn*. *Diw.* **16g.** *WLB* 50, *pupur gwnnion*. **1610** *Brog I* 9, 2a, *pyper gwyn*. *c.* **1740** *LlM* 14, *Pupur gwynion*. Ar lafar, 'Mae isie prynu dipyn o *bupur gwyn* pan ei di i'r siop'. **p. gwyrdd:** *green pepper*(*s*), *green capsicum*(*s*). Ar lafar. **p. hirion:** *long pepper*(*corns*). **15g.** *DE* 47. **1545** Elis Gruffydd: *Ll* 195. **1725** *SR* (*Bot*) d.g. [*pepper*], *long pepper*. **1771** *PDPh* 14. Ar lafar yn Arfon, *WVBD* 450. **p. y fagwyr:** *wall pepper, Sedum acre*. **1604–7** *TW* (*Pen* 228), *pyper y vagwyr* d.g. *sedum* . . . *tertium*. **1688** *TJ* (*Bot*). **1813** *WB* 229. **p. fintys,** gw. *pupurfintys*. **p. y mynydd:** *mezereon, Daphne mezereum*. **1604–7** *TW* (*Pen* 228) d.g. *mezereon*. **1688** *TJ* (*Bot*). **1813** *WB* 229. **puburen o rent:** *peppercorn rent*. **1778** J. Thomas: *HB* 106, nid oedd ond *puburen o rent* bob blwyddyn, os gofynnid hi.

Gw. hefyd **puryn, pybyr**[1].

pupuraf: pupuro, gw. **pupraf: pupro.**

pupuraidd [*pupur*+*-aidd*] *a.* Wedi ei daenellu neu ei flasuso â phupur, ac arno flas poeth fel pupur: *peppered, peppery.*

c. **1548** *CM* 1, 712, gwahardd Iddo yved diodudd Kedyrn na bytta dim o'r bwydydd *puppuraidd*. **16g.** *AP* 7, Kael gweled arlwy vy sswper o win ac elyrch ac adar y bynnoedd, ac ymrafael olwythion *purpuraidd* [*sic*]. *c.* **1730** *Thos. Lloyd D* (LlGC) 194b, *pupuraidd* . . . pepper'd. **1780** *W* d.g. *piperine*.

pupuredig [bôn y f. *pupuraf*: *pupuro*+ *-edig*] *a.bfl.* Wedi ei daenellu neu ei flasuso â phupur: *peppered.*

15g. *GLGC* 171, Pob rhyw adar *pupuredig* / ynn a nodan' yn anedig; / sy o fwydau yn safedig / a gâi wawdydd fai ddysgedig. **1778** *W* d.g. *peppered*.

pupuren, gw. **pupur.**

pupurfintys [*pupur*+*mintys*] *eg. Bot.* Mintys poethion, *Mentha piperita*: *peppermint.*

1813 *WB* 229, *Pupur Fintys*; Mentha piperita; Pepper Mint.

pupurlys [*pupur*+*llys*[5]] *eg. Bot.* Un o amryw fathau o blanhigion croesffurf o'r tylwyth *Lepidium*, yn enw. berwr gwyllt, *Lepidium campestre*; costmair, mintys Mair, *Tanacetum balsamita*: (*common*) *pepperwort*; *costmary.*

c. **1730** *Thos. Lloyd D* (LlGC) 188b, *pupurlys*, costmary, alecost.

Gw. hefyd **pybyrllys.**

pupurog, puprog [*pupur, pupr*+*-og*] *a.* Ac arno flas poeth fel pupur, hefyd yn *ffig.*: *peppery, also fig.*

1722 *Llst* 189, *pupurog*, of pepper. **1774** *W* d.g. *high* [*in Cookery, hot with spices* . . .].

pupuryn, gw. **pupur.**

pupys [?elf. anh.+*pys*] *e.ll.* (un. b. *-en*). Ffacbys, *Vicia*: *vetches.*

Diw. **19g.** *SE MS* 397a, *puppys* . . . (for ffugbys, ffacbys), Vetches. sg. *puppysen*. (Lleyn). Ar lafar yn Arfon, '*pupys* gwylltion', *WVBD* 191.

Cfn.: **pupys brain:** *cranberries, Vaccinium oxycoccos*. Ar lafar yn Arfon, *WVBD* 450.

pur[1] [bnth. Llad. *pūrus*, cf. Crn. C. *pur* 'tra, iawn', Llyd. C. a Llyd. Diw. *pur* 'pur', *peur* 'yn llwyr'] *a.* ll.-*ion*, a hefyd fel *adf.*

(*a*) Heb ei gymysgu ag unrhyw sylwedd arall, digymysg, di-lwgr, heb ei heintio, heb ei gymysgu neu ei deneuo (am ddiod, &c.); ?yn puro: *pure* (*of substance*), *unadulterated, uncontaminated, neat* (*of drink, &c.*); ?*purifying.*

13g. *DB* 63, e mae teneuach a gloewach e tan no'r awyr. Hwnnw a elwir y *pur* awyr, ac a echtywynyca o dragywydaul oleuat. **14–15g.** *IGE*[2] 258, Pwy'n ei ôl a ddug ddolur / Er tynnu pawb o'r tân *pur* (Siôn Cent)? *c.* **1400** *MM* 116, O byd *pur*, a nywl arnaw [trwnc], agos uyd agheu hwnnw. *c.* **1400** (*SG*) *HMSS* i. 389, [y]r awyr aoed *pur* a glan. **15g.** *GLGC* 257, Priflys Syr Rhisiart sy'n un siarter / â phriflys Arthur am win *pur* pêr. **15–16g.** *TA* 50, Oes dur ag aur *pur*, goreu pery—rhain / Ar yr hwn a'u dyly. **1632** *D*, gwin *pûr* digymmysg d.g. *merum*. **1655** R. Jones: *PC* 20, ceiff fwyta *purion* bethau. **1798** *WR* d.g. *unadulterated*. **1800** W. Owen[-Pughe]: *CP* 94, [u]n rhan o laeth newydd, yn *bur* oddiwrth y fuwch. **1803** *P*.

(*b*) Dihalog (yn foesol neu'n rhywiol), diwair, anllygredig, difai, rhinweddol, da, sanctaidd; diffuant, ffyddlon, teyrngar; digymysg neu ddilychwin (am wirionedd, iaith, awen, bonedd, ach, &c.); ac iddi un amledd heb uwchdonau (am sain): (*morally or sexually*) *pure, undefiled, chaste, uncorrupted, faultless, virtuous, good, holy; sincere, faithful, loyal; pure* (*of truth, language, inspiration, nobility, lineage, &c.*); *pure* (*of sound*).

12–13g. *GLlLl* 263, Crist uab Meir a'm peir *pur* uonhet—synnhwyr / Kyn synhyaw enwiret. **13g.** *C* 40. 7–9, Ym paraduis. im*pur* kynnuis rac puis pechaud. *c.* **1300** *H* 16a. 28–30, par ym duw parablu o honawd parabyl gwir pan dreithir draethawd per uegys *pur* uelys uolawd (Einion ap Gwalchmai). *Dchr.* **14g.** *id.* 84a. 7, Iolafy beir o *bured* arwar (Llywelyn Fardd). **14g.** *GDG*[3] 81, Pregethwr a llŷwr llên, / Pêr ewybr, *pur* ei awen [i'r ceiliog bronfraith]. *id.* 91, *Pur* yw dy lais, parod lef [am y paun]. **15g.** *GLGC* 66, Brân Urien *bur* a'n arail, / brân Syr Rhys ei brins yw'r ail. **15–16g.** *TA* 314, Bwrw un hen-gyff brenhin-goed, / Braenu cainc *bura* 'n y coed [marwnad Tomas Salbri Hen]. **15–16g.** *GLM* 138, Henwi cyff—i hon y caid—/ hir o *burion* Herberiaid. *id.* 192, Pam mae *purach* pwmparis / no chan pren bychain eu pris? **16g.** Dafydd ap Llywelyn, &c.: *Gw* 179, Brau doedaf, *bured* ydyw, / Beth a wnaf fi byth yn fyw. **16g.** *WLl* 6, Brau wyt eryr bort euraid / Barti ton Robert y taid / A *ffur* waed Griffri ydwyd / Ymric llu a Meiric Llwyd. **1567** *TN* 312b, mi a fynnaf ir gwyr we/ddio ym-pob man gan ddyrcha dwylo *purion* heb ddicter. *id.* 315a, Na ddod ddwylo yn ebrwydd ar neb, ac na fydd cyfranoc a phechodau rrei eryll: cadw di dyhun yn *bur*. **1595** H. Lewys: *PA* 56, A wyd ti yd *pur*? . . . Wrth dy ddyrnu ath nithio, ith dynnir ac ith naill du-ir [*sic*], oddiwrth yr vs, ag ith wnair yn *burach* nac oeddit or blaen. **1704** E. Samuel: *BA* 60, yn *bur* ac yn garedig i'w Arglwydd. **1751** *GIA* 38, oni fynnech i mi ddywedyd y *pûr* wirionedd. **1771** *W* d.g. *chaste, sincere*. **1803** *P*.

(*c*) Yn digwydd ar ddiwedd gair heb gytsain yn dilyn (am lafariad neu ddeusain): *occurring in final position with no following consonant* (*of vowel or diphthong*).

p. **1584** G. Robert: *GC* [219], Canys pob sain sydd naill ai *pur*, yntau amhur; y sain *bur* yw honno a fytho ynniwedd gair, heb un gyssain ar i hol.

(*d*) Llwyr, trwyadl, rhonc, noeth, yn unig; damcaniaethol (gthg. *cymhwysol*, &c., am fathemateg, pwnc gwyddonol, &c.): *complete, thorough, rank, sheer, mere; pure* (*opp.* '*applied*' *of mathematics, scientific subject, &c.*).

15–16g. *GIF* 20, Dy air a gair drwy gerrig: / dywed ddau air ond wyd ddig. / O digiaist, rhyw daeogyn / neu *bur* Sais a beris hyn. **1675** R. Jones: *HCh* 108, nid yw, cymmeryd arnom wneuthur Adgyweiriad oddifewn, heb y ffrwythau o wellhâd oddiallan, ddim ond *pûr* ffolineb. **1684** H. Owen: *DC* 363, nad yw'r holl bethau, a dybygir eu bod yn peri esmwythdra a dedwyddwch, heboti ond *pûr* ddim. **1691** T. Williams: *YB* 311, proffessu ffydd Grist . . . er i'ni fyw fel *pûr* Baganiaid. [**1740**] D. Llwyd: *YDD* 165, nad yw yr holl gynnilleidfa ddim ond unig *pûr* Edrychwyr (*meer Spectators*) a Gwrandawyr y naill ir llall, nid Cydaddolwyr. Ar lafar, 'Damwain *bur* oedd yn bod ni wedi cyfarfod yn fanna'.

Fel *adf.* Lled, gweddol, braidd (yn), eithaf, reit, iawn, tra: *somewhat, fairly, rather, quite, very.*

Diw. **16g.** *WLB* 9, Kymer ysglatysen neu garreg . . . a dod yn tân oni fo yn *bûr* goch. **1691** T. Williams: *YB* 90, Mae hyn yn ein gwneuthur yn *bûr* rwymedig i ufyddhau gorchymynion ein hiachawdr Crist. **1707** *AB* 91b, yn *bŷr* vân, yn *bŷr* vychan, exceeding small, very little d.g. *minutissimus.* **1712** T. Williams: *CDdG* 51, ar ôl iddo ddywedyd yn fynych yn *bûr* eglur, yr Adgyfodai ef y trydydd dydd. **1728** T. Baddy: *DDG* 34, Monachlog dda *bur* ydyw (*a very good Convent*). *c.* **1730** *Thos. Lloyd D* (LlGC) 201a, yn *Bur* eglur . . . very plainly. [**1740**] L. Anwyl: *NG* 99, gwahaniad rhyngddŷnt yn *bûr* angenrheidiol. **1759** J. Evans: *PF* 82, Deliwch y Fan mewn Dwfr *pur* oêr (*very cold water*). *c.* **1762–79** W. Williams: *P* 67–8, y mae yn *bur* debig eu bod ar Ddyddiau Gwylion . . . yn aberthu Dynion. **1795** J. Thomas: *AIC* 352, tana bridd *pûr* fân arno. **1803** *P*, *pûr*, adv. essentially; very. *Pûr* dda, very good; *pûr* dost, very severe. Ar lafar, 'yn *bur* anamal' 'very seldom', *WVBD* 451. Cf. W. J. Gruffydd: *Y Tro Olaf* (1939) 205, yn *bur* llwyddiannus.

Am *pur air, p. dân,* gw. **purair, purdan.** Gw. hefyd **piwr, purion².**

pur², purad, gw. **pôr¹, puriad.**

puradwy [bôn y f. ddil. + *-adwy*] *a.bfl.* Yn puro; y gellir ei buro: *purifying; that can be purified.*

1588 *Mal* iii. 2, y mae efe fel tân *puradwy.* *c.* **1730** *Thos. Lloyd D* (LlGC) 202a, *puradwy,* purgans, excoquens. **1803** *P, puradwy,* capable of being pure.

puraf¹: puro [bf. o'r a. *pur¹*] *ba.* Gwneud (sylwedd) yn bur, coethi, glanhau, carthu; gwneud (iaith) yn bur; cywiro; gwneud yn bur (yn foesol, yn ysbrydol, yn ddefodol, &c.), rhyddhau rhag pechod neu euogrwydd, sancteiddio; golchi (pechod) ymaith: *to purify (substance), refine, cleanse, purge; purify (language); correct; purify (morally, spiritually, ritually, &c.), free from sin or guilt, sanctify; cleanse (sin).*

13g. *A* 3. 16–17, coch eu cledyuawr na *phurawr* eu llain. *c.* **1300** *H* 16a. 27–8, Peryf nef *pura* uyg keudawd. par ym duw parablu o honawd (Einion ap Gwalchmai). *c.* **1400** *R* 1175. 14, traethawt ber y *buraw* eneit. *c.* **1400** *Études* vii. 371, Or byd du yr vrin. reit yw *puraw* y dyn hwnnw drwy yr ethrylithyr mwyaf a aller, ac aruer yn vynych o enneint ac o olew. **1547** *WS, puro,* puryfie. **1567** *LlGG* 50a, yr offrymwyr a *buresit* [:– garthesit] vnwaith. **1588** *Lef* viii. 15, Moses . . . a gymmerth o'r gwaed, ac a'i rhoddes ar gyrn yr allor . . . ac a *burodd* yr allor. **1588** *Sech* xiii. 8–9, A bydd yn yr holl dir medd yr Arglwydd y diwreiddir, ac y difethir dwy ran ynddo a'r drydedd a adewir ynddo. A dygaf y drydedd i'r tân, a *phuraf* hwynt fel *puro* arian. **1595** H. Lewys: *PA* 50, y ffyddlonieit Gristnogion yw 'r aur, yr amhuredd ar llwgr yw pechod . . . duw a *buriff* ac a lanheiff y rheini a berthynant iddaw ef. **1612** *LlP* [238], o blegid nad oedd vn Cymbro yn y cyf-amser yn *puro* beieu'r Crefftwr. **1620** *Heb* i. 3, wedi *puro* ein pechodau ni trwyddo ef ei hun. **1632** *D, puro,* purificare, defæcare. **1632** J. Davies: *LlR* 102, Sacrament y Bedydd i lanhau ac i *buro* 'n heneidiau ni oddiwrth bechod. **1677** *Cyf A* (*Can C*) ii, fel y mae'r saesoneg, felly y mae 'r Gymraeg wedi ei *phuro* yn fawr oddiar yr amser hynny. **1762** *ML* ii. 488, archodd imi anfon i chwi'r cywydda' yna o waith yr Eginyn Bardd o Geint, chwi *burasoch* un o honynt, anfonwch hwynt i'r Myglwyt mal y caffont eu hargraphu. **1778** J. Hughes: *BB* 107–8, Crist oedd gyda 'g efo, i'w gadw'n gyfion, / Efe fu: Yn ei e[g]lwys gymwys gu, / Yn ei dyweddio, fel morwyn iddo, / Gwedi ei *phuro* . . . / Yn deg heb frychŷn du. **1803** *P* d.g. *puraw.* Ar lafar ym Meir. yn yr ymad. '*puro* gwêr' 'to clarify lard', *Geir Geg* 111.

puraf²: puro [?defnydd ffig. o'r f. fl., ond cf. *puror²*] *bg.a.* Cyfansoddi (barddoniaeth, cerdd), canu: *to compose (poetry, poem), sing.*

16–17g. *GST* i. 919, Parod Ofydd pur dafawd, / Pur i wŷr y *purai* wawd. / Parod i bawb y *purodd,* / Parod frau, pured fu'i rodd. *id.* 920, Pur oedd ei fawl, peraidd fo, / Pa'r fodd y *puraf* iddo. **1603** W. Midleton: *Ps* 113, Chwi a genwch ogoniant / O lawn swydd yw gu-enw sant / *Purwch* i fawl parch a fedd / A rhagair ag anrhydedd. *c.* **1730** *Thos. Lloyd D* (LlGC) 201a, *puro,* to warble.

puraidd [*pur¹* + *-aidd*] *a.* Pur (yn enw. yn foesol neu'n rhywiol), dihalog, diwair; ?ffyddlon; digymysg (am iaith); yn puro: *pure (esp. morally or sexually), undefiled, chaste; ?faithful; pure (of language); purifying.*

?**15g.** *LGC* 57, O bu Arthur, wedd *buraidd,* mewn bryn, / Yn rhoi ei gryvwledd yn nhrev Gaerlyn. **1567** *TN* 361b, dadebru trwy atcoffedigaeth ych meddwl *puraidd.* **16–17g.** *CRC* 335, pedfai bawb or byd yn phyddlon / ag yn beraidd *bvraidd* galon. **17g.** E. Morris: *B* 20, Ymgodais yma gwedi, / Astudiwyd, arferwyd fi; / Difeinyddion dwfn addysg, / A beirdd dan *bureiddia* dysg. **1672** J. Langford: *HDdD* 418, gweithia yn fy nghalon i wîr ffydd, gobaith *puraidd* (*purifying*), a diffûant gariad. **1675** R. Jones: *HCh* 40, Ymroa ac ym[e]gnia ar fôd yn ffyddlon ac yn *buraidd* yn holl weithredoedd dy alwedigaeth. **17g.** Huw Morus: *EC* ii. 283, Mab Duw a fu foddlon, i'w rwymo ym mysg lladron, / . . . / A'i werthfawr waed *puraidd,* oddiwrth bechod ffiaidd / Yn garuaidd wŷngalchaidd fe'u golchwyd. **1684** H. Owen: *DC* 218, Oh fy'm Priodfab carediccaf Jesu Christ! y Cariad *pureiddaf,* Llywodraethwr y creaduriaid oll. **1696** *CDD* 96, Y lleill nid ŷnt *buredd,* ond sâl Ordderchwragedd / Yn rhuo eu ffoledd, rhŷw oferedd heb râd. **1727** J. Jones: *DFF* [xv], Deisyfiad *puraidd* Printwyr y Llyfr hwn yw bod i'r Cymru faddeu iddynt aml Feiau y Printiad presennol. **18g.** I. Brydydd Hir: *Gw* 205, iaith rhai o honynt yn *buraidd* ddigymmysg. **1803** *P.*

purair, pur air [*pur¹* + *gair¹*] *eg.* ?a hefyd gyda grym ansoddeiriol. Gair pur, iaith bur: *pure word, pure language.*

14g. *H* 122b. 25–6, guir digabyl barabyl *bureir* guar gein heul virein hael veir. *c.* **1400** *R* 1301. 39–42, Henpych well haelwych ynhwylwawt prydyd hard dy veduard vyd. wiwryd wirawt Huawdyl greir *pureir* parawt wrhydri hoedwr dayoni hyder dunawt. **16g.** *GIlIV* 35, Gwnewch chwithau n ol fy nolur / Hyn yma im coffa cur / Bob amser pan gymerir / Bara a gwin *bur-air* gwir. **1655 (1759)** *BC* 141, Meddylied pob Cristion am ddydd y Farn union, / Cybyddion a'r Dewrion Wyr Diras. / . . . / Am hynny gweddiwn a chyd anrhydeddwn, / Moliannwn a darparwn er *purair.* **17g.** E. Morris: *B* 69, Cofia dy ddiwedd, wr gwaredd, a gwel, / Gynghorion dyn diwair, sy'n terfyn ar ungair / Rwy'n cymryd â *phurair* fy ffarwel. **17g.** Huw Morus: *EC* ii. 89, I'th lyfr ysgrifenwyd, yr amser y'm lluniwyd, / A'r mcdd i'm darparwyd o'r *pur-air.* *c.* **1729** S. Rhydderch: *LlCD* 359, I was-'naethu wrth ei Garu ei Ewyrth gorau, / Trwy Ufudd dod parod *purair,* / Mae ganddo'n ebrwydd gwn dda awydd ac yn ddiwair. *c.* **1762–79** W. Williams: *P* 641–2, Eu bod yn credu yng air Duw yn gynnwysedig yn yr hen Destament a'r newydd . . . Ac yr y'm ni yn boddloni ein hunain, meddent, â symlrwydd y *pur air* hwn i Dduw.

puramid, puramides, gw. **pyramid.**

puran, purau, gw. **puren, papur.**

puraur, gw. **pur¹ + aur.**

purawr¹,²,³, gw. **puror¹,², puraf¹: puro.**

purblaid, gw. **pur¹ + plaid.**

purboeth [*pur¹* + *poeth*] *a.* Poeth iawn, chwilboeth, gwynias, eiriasgoch, llosg; brwd, tanbaid, angerddol, anllad; pranciog: *very hot, piping hot, white-hot, red-hot, burning; ardent, fervent, passionate, wanton; frolicsome.*

1604–7 *TW* (*Pen* 228) d.g. *conflagro, præferuidus.* **1630** R. Llwyd: *LlH* 258, mor gynhwynol, mor danllyd, mor frŵd ac mor *burboeth* yn eu cynddaredd. **1704** J. Morgan: *B* 41, meddyliwn y bydd cyfrif tôst ar y cyfiawn ar rhai diniweittiaf. fe eglurodd llawer or tadau y tostrwydd hwn trwy dân *pur-boeth.* [**1724**] G. Wynn: *YGD* 186, Y Synwyr o Deimlad Megis ac y mae yn cyrhaeddyd bella o'r Synhŵyrau oll, felly y caiff ei phoeni fwya yn y Tân *purboeth* hwnnw. **1727** J. Jones: *DFF* 160, mwy fydd eu poenedigaeth . . . mwy nâ phe tynnid allan eu Calonnau hwynt â Gefeiliau *purboeth* llosg. *id.* 266, Tân Uffern yn *burboeth* ac yn annoddefadwy. *c.* **1730** *Thos. Lloyd D* (LlGC) 201a, *purboeth,* red hot. **1733** J. Owen: *TBG* 26, Nid oeddynt yn arbed na Seintiau byw na seintiau meirw yn yr amserau tanllyd, *purboeth* hynny. *c.* **1785–90 (1829)** *CBYP* 230, *Purboeth* wyd y mab byrbwyll. *Diw.* **19g.** *SE MS* 397a, *purboeth,* very hot . . . frolicksome, wanton, etc. SW. Ar lafar yng nghanolbarth Cered., 'Ma'r dŵr ma'n *byrboth*'.

purboethaf: purboethi [bf. o'r a. bl.] *bg.a.* Gwneud neu fynd yn boeth iawn, deifio; bod yn anllad; prancio: *to make or become very hot, scorch; be wanton; frolic.*

1604–7 *TW* (*Pen* 228) d.g. *torrefacio.* **1657** *MLl* ii. 64, pan fo 'r corph yn farw, mae'r enaid wedi i dreiddio drwyddo drosto oll a chariad Duw, ag wedi i gwbl oleuo a goleuni Duw, fel y mae 'r Tân yn *purboethi* yr hayarn. *c.* **1730** *Thos. Lloyd D* (LlGC) 201a, *purboethi,* to make red hot. *Diw.* **19g.** *SE MS* 397a, *purboethi,* v. to gamble, &c. to be wanton (SW).

purcasaf: purcasu, purdab, gw. **pwrcasaf: pwrcasu, purdeb.**

purdan, pur dân [*pur¹* + *tân*] *eg.* *Diwin.* (yn enw. yn yr Eglwys Gatholig Rufeinig) Man neu gyflwr lle purir eneidiau'r meirwon cyn eu derbyn i'r nefoedd (gyda phwyslais, yn hanesyddol, ar ddelweddau o buro drwy boenedigaeth); lle neu gyflwr o ddioddefaint neu boenedigaeth, yn enw. dros dro: *purgatory.*

13g. *B* x. 25, ef a damweinyvs marw peder e vravt ef ae dwyn er *purdan* am e garedeu. **1346** *LlA* 51–2, Pa baeth [*sic*] yw y *purdan.* Yrei ybyd *purdan* yny byt. megys gouudyon . . . Gwedy anghev y byd *purdan* yr eneit. Ac o ormod gwres ytan . . . Ac oryw genedyl boennev ereill. **14–15g.** *IGE²* 159, Yn llaw hoff Dafydd Broffwyd, / Yw y llei rhoir Gruffudd Llwyd, / I'w ddwyn dan adolwyn dwys, / Brydydd Mair, i Baradwys. / Buan ydd êl, heb ohir, / Pardwn hardd heb *burdan* hir (Rhys Goch Eryri). **15g.** *GO* 271, Pennaeth y sir, pan aeth Siôn, / Y diwreiddiodd Duw roddion; / Weithian mae'n *bvrdan* y byd / A nef vv yn i vowyd. **15–16g.** *TA* 475, Dyn wyf ym *mhurdan* Ofydd, / Nes nid wyf na nos na dydd; / . . . / Mae'n od, Wen, mwyn dy annerch, / Marw neu fyw am yr un ferch. **16g.** *Pen* 76, 91, trvan o *byrdan* yw bod / yn llwynav y tvllyanod / devddrwc oedd amlwc i ddyn / y barryc a gwynt berwyn. **1568** Morys Clynnog: *AG* 21, a phwy sy'n myned i boenau'r *purdan*? . . . Eneidieu'r heini a fuont farw yngras duw, ag ni ddarfu iddynt wneuthur cwbl iawn am i pechodau. **16–17g.** *HG* 145, ai ir nef i gartrevü / ai r *pür dan* ai ir pair dü. *Dchr.* **17g.** *J* 10, 128b, *purdan,* purgatorie. **1632** *D, purdan,* ignis purgatorius. **1672** R. Prichard: *Gw* 560, Y Mae 'r Papistiaid yn dala, fod heb-law nêf ac vffern Drydydd le [*sic*], ble mae eneidiau pobl, trwy ddioddef cospedigaeth tân, yn rhoddi iawn i Dduw am ryw bechodau nas maddeuwyd iddynt yn y Byd hwn; ac yn cael trwy hynny lanhâd oddiwrthynt: Ac a dichon ffryns y marw trwy weddiau, ac Offerennau, ac Arian a roddir ir Pâb, gael gollyngdod ir cyfryw eneidiau allan o'r *Pur-dan.* Yn erbyn yr athrawiaeth gelwyddog, gythreulig hon y mae'r Awdwr fel hyn yn dywedyd . . . Ni ddangossodd Christ yn vn man, / Drydydd ffordd yn mynd i'r *pûrdan.* **1703** E. Wynne: *BC* 68, Mae genni faddeuant o'm hôll bechodeu tan law'r Pâp ei hun . . . ynte roes i mi gynnwysiad i fynd yn union i Baradwys, heb aros funud yn y *purdan.* **1751** *ML* ii. 31, i'r *purdan* yr â'r Pabistiaid, ag i uffern yr â y rhan fwyaf o'r bobl yma sy'n protestio yn eu herbyn. **1803** *P.*

Cfn.: **Purdan Padrig:** *Saint Patrick's Purgatory or Purgatorium Sancti Patricii ((title of) legend relating Saint Patrick's vision of the other world), also as name of the cave on Lough Derg, Donegal, where, according to the legend, Saint Patrick received this vision.* **14g.** *SC* viii/ix. 182, *Pvrdan padric* y gelwir hwnn. *id.* 184, yn y lle hwnnw y purheir dyn oe bechodeu. y lle hwnnw wrth hynny a elwir *purdan padric.* **15g.** *GDLl* 121, Ym *Mhurdan* yr arganfod / *Padrig* y bûm, pe drwg bod.

purdeb [*pur¹* + *-deb*] *eg.* ll. (prin) *-au.* Yr ansawdd neu'r cyflwr o fod yn bur (yn enw. yn ysbrydol, yn foesol, neu'n rhywiol) neu'n ddigymysg (e.e. am iaith), diweirdeb, diffuantrwydd, cywirdeb: *purity (esp. spiritual, moral, or sexual), pureness (e.g. of language), chastity, sincerity, integrity.*

1551 W. Salesbury: *KLl* xlia, cadwn wyl, nyd ar hen waddot, nag a gwaddot maleis a drygrioni [*sic*] eithyr ar petheu angwaddodlyt hynn sef *purdab* a gwirionedd. **1567** *LlGG* (*Sall*) 9b, Am hynny i'm gobrwyawdd yr Arglwydd . . . yn ol *purdep* vy-dwylaw yn y olwc ef. **1620** *Eff* vi. 24, Gras fyddo gyd â phawb sydd yn caru ein Harglwydd Iesu Grist mewn *purdeb* [:– anllygredigaeth]. **1632** *D, purdeb,* puritas, munditia, synceritas, integritas. **1656 (1745)** *MLl* ii. 133, Nid yw'r Bŷd yn dŷall mo'r Jaith ymma, ond yn bŷw mewn llawer o Sŵn arall, mewn Geirjau, Llwybrau ac Opinjwnau neillduol: Ac y mae 'r Cymmysc yn rhwystro 'r *Purdeb.* **1664** *LlGG* sig. f2v, [c]ymeradwyo ein *purdeb* yn y peth (hyd a oedd ynom) i Gydwybodau pawb oll. **1672** J. Langford: *HDdD* 176, y rhai [rhinweddau] a berthyn i'n Cyrph . . . Y cyntaf o ba rai yw Diweirdeb neu *Burdeb.* **1710** *LlGG* (*Gos*) 7, nid ymadawodd Hi [Eglwys Loegr] â hwynt ond yn y pyngciau gwahanredol hynny'r oeddynt hwythau wedi syrthio oddiwrthynt eu hunain yn eu dechreuol *burdeb* (*integrity*). **1715** T. Evans: *CCG* [iii], nad oeddem yn canfod y godidowgrwydd, nag yn ystyried *purdeb* y jaith anghyvartal helaith hon [y Gymraeg]. **1716** E. Samuel: *GGG*

188, Dechreuwyd . . . osod Crefydd nid mewn *purdeb* meddwl, eithr . . . mewn cysgodion a Defodau. **1779** D. DAVIES: *BDED* 18, Wrth *Burdeb* yr wyf fi'n deall, iawn ymrydd-had oddi wrth y corph a meistrolaeth ar ei wyniau ef. **1803** *P*.

Amr.: **purdab** [*pur*[1] + -*dab*] **1551** W. SALESBURY: *KLl* xlia.

purdebwr [*purdeb* + -*wr*] *eg*. ll. -*wyr*. Purydd (o ran iaith, arddull, &c.): *purist*.
1898.

purdeg, gw. **pur**[1] **+ teg.**

purder [*pur*[1] + -*der*] *eg*. Purdeb: *purity, pureness*.

16g. *GGH* 205, Ac arfau sêl Hywel hwnt / Oedd gwych Ruffudd Goch riffwnt; / A tharged, dosbarth wirgerdd, / O *burder* aur a bordr werdd. **16g.** *WLl* 146, Y delyn barod lan o *burder* / Yr honn ni chordia ar hen chwerwder. **1606** E. JAMES: *Hom* iii. 28, Yn lle bod yn ddinesydd nef, ef a aeth yn gaethwas i vffern, heb fod gantho ynddo ei hun vn rhan o'r *purder* ar' [*sic*] glendid oedd ynddo o'r blaen. **17g.** E. MORUS: *Gw* 19, Fe a'n prynodd drwy *burder*, bodlonodd gyfiawnder, / Duw nefol uchelder, wych hael-Dad. **1721** J. P. PRYS: *DC* 3, Teyrnwiail Cyfiawnder i'w Dwylo bob amser, / Coronau o Aur *burder* yw Baner pob pen. **18g.** *Beirdd y Berwyn* 27, Am iddo drwy *burder* roi i Dduw cyfiawnder, / F' enillodd drwy fwynder i fendith. **1759** *DG* 100, Fe gafodd wraig iw Feister, llawn *purder* eurber Jaith. **1759** *BC* 289, Llysiau ffansi, a dail trugaredd; / Rhôs y Tra-serch blodeu *purder*. **1777** H. JONES: *M* 52, Nac awn rhagom yn ein pechod, / Na ddistyrwn Enw 'r Drindod; / Cymmoder ni â Duw mewn amser, / Ni gawn bardwn gan ei *burder*. **1780** *W* d.g. *purity*. **1793** DAFYDD IONAWR: *CD* 376, Minnau, o *burder* monwes, / Yn rhâd gwnawn i'm Gwlad gu les.

purdda, purddawn, purddoeth, gw. **pur**[1] **+ da, dawn, doeth**[1].

purddu [*pur*[1] + *du*] *a*. Hollol ddu, du iawn, ?hefyd yn *ffig*.; yn gwisgo dillad galar du: *pure black, very black,* ?*also fig; wearing black mourning(-clothes)*.

1346 *LlA* 95, esgittyeu or kordwan *purdu* yn arwydockav ydynyawl gnawt. **14g.** *WM* 230. 39–231. 3, ti awely varchawc y ar varch *purdu* agwisc o bali *purdu* ymdanaw ac ystondard o vliant *purdu* ar y wayw. *c.* **1400** *R* 1028. 30–1, Eiry mynyd hyd ynllwyn. *purdu* bran buan jyrchwyn. iach ryd ryuedot pa gwyn. *c.* **1400** *YSG* i. 64, hi [llong] a nessaawd attaw ef ual y gallei y gwelet yn kymryt tir, a hwyl *burdu* arnei ny wydyat ynteu ae o vrethyn ae o hemp y gwnathoedit hi. **15g.** *GLGC* 387–8, a llif ar ruddiau rhai amddifaid, / a llef a dolef gan y deilieid, / a llu yn *burddu* deucan byrddaid, / a llyna oerchwedl llawn i eirchiaid [marwnad Rhys ap Dafydd]. **15g.** *CSTB* 15, F'osoded o'r melfed mân / I le uchel, ael fechan; / Amlwg yn lle dwg y du / Ar wawr berddoeth wair *burddu*. / Nod bas, lle'r cwmpas a'r calch, / Oll ar ifanc lliw'r fwyalch. **16–17g.** *GST* i. 528, O gweli fab gŵyl a fu / Egin bardd, ac yn *burddu*, / Argae dadl, saer gwawdodyn, / Siôn Phylib, ddienllib ddyn. **16–17g.** E. PRYS: *Gw* 204, Cenais i fardd, cynnwys fodd, / A chenais, fo'm dychanodd. / Siôn Phylip sy yn ffoli, / Bardd mwyn, mor *burddu* â mi. **1632** *D* d.g. *obsidianum vittum*. **1747** *ML* i. 120, Digrif fyddai'ch gweled mewn llostryddyn o wn *purddu* yn pregethu'r Efengyl.

purddyn [*pur*[1] + *dyn*] *eg*. Dyn pur, dyn da; (geir.) piwritan: *pure man, good man*; (*dict.*) *puritan*.

16–17g. HUW MACHNO: *Gw* 111, Bwrdd angylion ar *burddyn*, / Y maen sy' ar Huw, mae'n siwr hyn, / Ag yno trig awenydd, / A'r gorau, fesurau sydd [marwnad Huw Machno gan Watgyn Clywedog]. **17g.** WILIAM BODWRDA: *Gw* 222, iach hopcyn *pvrddyn* mewn parth / a hybarch waed dehevbarth. **1780** *W* d.g. *puritan*.

purddysg, gw. **pur**[1] **+ dysg.**

puredig, puriedig [bôn y f. *puraf*[1]: *puro* + -(*i*)*edig*] *a.bfl*. ll. -*ion*. Wedi ei buro neu ei goethi (am sylwedd), pur, hefyd yn *ffig*.; wedi ei buro('n ysbrydol, yn foesol, yn ddefodol, &c.), pur, anllygredig, diwair; yn puro: *purified or refined* (*of substance*), *pure, also fig.; purified* (*spiritually, morally, ritually, &c.*), *pure, uncorrupted, chaste; purifying*.

c. **1400** *R* 1374. 15–16, callon yn brydyon yn *buryedic*. *c.* **1400** *Études* vii. 310, Kymer y llysseu hynn: bugyl, pigyl, samkwl . . . ac emenyn Mei *puredic*. *c.* **1525** *TA* 725, Bwriwyd unbardd, brad enbyd, / Bwriai Dduw ben beirdd y byd! / Brad gwawd *buredig* ydoedd, / Bwrw niwl ar bêr awen oedd [marwnad Tudur Aled gan Ruffudd ap Ieuan ap Llywelyn Fychan]. **1545** *CM* 1, 22, Namyn gorwedd ac aros ynn daan *puredig* ynn wasdadol. **16g.** *THSC* (1923–4) (At.) 31, val y herchis duw iddo, noe aeth allan, ac y kymerth ef serten o anifailiaid nid oeddynt *byredic*. **16g.** *GGH* 24, A roes Iesu wlad rasusach, / O Loegr deg lle garedigach, / I fawr ac i fach, i glaf ac i iach, / Yn *buredigach*, no bro Degeingl. **1551** W. SALESBURY: *KLl* lxviia–b, angwanegy ettwa och cariat vwyvwy mewn gwybyddieth . . . mal y galloch dderbyn y petheu pennaf, a bod yn *puredygion* (**1588** *Phil* i. 10, fel y byddoch bur), ac yn ddianvad, erbyn dydd Christ. **1567** *TN* 377a, aur *puredic* [:– provedic] trwy dan. **16–17g.** *GST* i. 690, Dy fwynder sydd yn peri / Cariad y teirgwlad i ti. / *Puredig* wyt, pryd a gwedd, / Hael beunes o hil bonedd. **1696** *CDD* 308, Dwg ni'th Dragwŷddol Deŷrnas, / Yn y Wisg Briodas; / *Buredig* wenn. **1714** IACO AB DEWI: *CB* 14, Chwychwi wŷr dyscedig, a Sŷnhwŷreu *puredig* (*refined wits*) yr oes deuwch yma, a rhyfeddwch anwybodaeth a symlrwydd y forwyn dlawd wledig yma. **1759** J. EVANS: *PF* 30, Ysigtod . . . rhoddwch Driagl wedi ei dana [*sic*] ar Bappur llwyd . . . Neu, Fêl *puredig* (i.e, wedi ei loewi a'i buro). **1780** *W* d.g. *purified, refined*. **1784** M. WILLIAMS: *S* i. 70, mae'n beth rhyfedd fod crefydd mor *buriedig*. **1803** *P* d.g. *puredig*.

puredigaeth [*puredig* + -*aeth*] *eb.g*. ll. -*au*. Y weithred o buro('n ddefodol), purdeb, glanhad (defodol), carthiad: (*ritual*) *purification, purity,* (*ritual*) *cleansing, purgation, a purging*.

16g. (*LlEG*) *Mos* 158, 646b, I gadw *puredigaeth* annwyldra disgybliaeth yr yvengil. **1551** W. SALESBURY: *KLl* lxxiiia, Gwedy cyflowny dyddieu eu *puredigaeth* (yn ol cyfraith Moysen) wy ae ducysont ef i Caersalem. **1567** *LlGG* 24b, chwech ddwfyrlestri o vain wedy gosot yn ol devot *puredigaeth* yr Juddaeon. **1588** *Lef* xii. cs., *Puredigaeth* gwraig yn ol escor. *id.* xvi. cs., Gwyl y *puredigaeth*. **1588** *Nu* viii. 7, taenella arnynt ddwfr *puredigaeth* . . . a golchant eu gwiscoedd ac ymlanhânt. **1588** *Esth* ii. 12, felly y cyflawnyd dyddiau eu *puredigaethau* hwynt. **1632** *D* d.g. *purgatio, purificatio*. **1670** J. HUGHES: *AP* 1, Y Dyddiau Gwyl gorchymmynedic . . . Dydd-Calan, Dydd-gwyl Ystwyll, *Puredigaeth*. **1772** *W* d.g. *defecation, lustration*. **1773** J. ROBERTS: *GY*, *Puredigaeth*, Glanhad Deddfol. neu Aflendid Gwraig wedi ymddwyn Dyn bach i'r byd. **1803** *P*.

puredigaethol [*puredigaeth* + -*ol*] *a*. Yn perthyn i buredigaeth (ddefodol), puredigol, glanhaol: *pertaining to* (*ritual*) *purification, purificatory, purifying, cleansing*.

1776 *W* d.g. *lustral, mundatory*. **1803** *P*.

puredigol [*puredig* + -*ol*] *a*. Yn perthyn i buredigaeth (ddefodol), yn puro, puredig: *pertaining to* (*ritual*) *purification, purificatory, purifying, purified*.

1769 J. GRIFFITH: *A* 130, effaith *buredigol* rhagluniaethau cystuddiol. *id.* 230, gras bywioccaol, cynnorthwyol a *phuredigol*. **1775** E. GRIFFITHS: *GF* 35, y defodau allanol yma o lanhâd . . . cynnifer o'r seremoniau *puredigol* yma . . . oeddent wystlon ac arwyddion i sicrhâu iddynt y maddeuai Duw bechod. **1780** *W* d.g. *purificative*. **1803** *P* d.g. *puredigawl*.

puredydd, gw. **puriedydd.**

puredd [*pur*[1] + -*edd*[1]] *eg*. Purdeb, coethder, anllygredigaeth, diniweidrwydd, dieuogrwydd, cywirdeb, diffuantrwydd, ?teyrngarwch; puredigaeth (ddefodol): *purity, pureness, incorruption, innocence, guiltlessness, integrity, sincerity,* ?*loyalty*; (*ritual*) *purification*.

15g. *DE* 100, oi waisc gweryl ni wysgarwn / jddo parwn addaw *puredd* / yw dec eryl wawd a garwn / owchlid varwn achlod vowredd. **1547** *WS*, *puredd*, purenesse. **1551** W. SALESBURY: *KLl* xviia, mewn angenion mewn caledi mawr . . . ym poeneu, yn gwiliau, yn vmprydieu, ym *puredd* a gwybodaeth. **1567** *TN* [xxvi], Y Chrystynogaeth a ddug Awstin ir Sayson a lithrasai beth o ddiwrth *puredd* yr Efengel. *id.* 336a, os gwaed teirw . . . wedi y danu ar y llygredigion, a deilynga ar ran *puredd* y knawd . . . O ba faint mwy, y pura gwaed Christ. *c.* **1585** G. ROBERT: *DC* 63a, edrychwch ar degwch blode r ddayar . . . ar *buredd* aur, ag arian. **1588** *Dan* vi. 22, Fy Nuw a . . . gaeodd safn y llewod, fel na wnaethant i'm niwed, o herwydd *puredd* a gaed ynof. **1588** *Doeth Sol* i. 1, ystyriwch o'r Arglwydd yn ddaionus, a cheisiwch ef mewn *puredd* calon. **1618** J. SALISBURY: *EH* 156, A'r Yspryd glân a beyntir yn rhith Colomen, i arwyddocau'r doniae, a'r rhoddion O Wiriondeb, *Puredd*, a Santeiddrwydd. **1632** *D* d.g. *candor, puritas*. **1722** T. EVANS: *PS* 76, darfu iddo bigo hon o'r hên Lyfrau Gweddi, gyda rhyw ychydig o'i chwanegiadau ei hun; yn gymmaint a chael ei [*sic*] Litani ef ei galw . . . Y *Puredd* eithaf rhagor pob dim a fu o'r blaen. **18g.** E. T. RHYS: *DA* 96, Fe fu hen brydyddion Cymru / I'r cŵn yma'n 'mryson canu, / . . . / Felly finau'n ceisio'n gynnil / Ganu peth i rai o'r epil, / Sydd eto o'r Gilwern i'r Crynga, / Yn eu *puredd* byth yn para. [**1783**] *W* d.g. *simplicity, sincerity*. **1803** *P*.

pureidd-dra [*puraidd* + -*dra*] *eg*. Purdeb, diffuantrwydd: *purity, sincerity*.

1630 *YDd* x, geill eich Mawrhydi beunydd gael dyscu *pureidd-dra* crefydd. **1658** R. VAUGHAN: *PS* 401, ath cydwybod hefyd, yr hwn ywr gwir *bureidd-dra* o honot dy hunan. **1803** *P*.

pureiddiad [bôn y f. ddil. + -*iad*[1]] *eg*. ll. -*au*. Puredigaeth (ddefodol), glanhad (defodol); coethiad (chwaeth); carthydd: (*ritual*) *purification,* (*ritual*) *cleansing; a refining* (*of taste*); *purgative*.

1620 *Heb* ix. 13–14, os ydyw gwaed teirw . . . yn sancteiddio i *bureiddiad* y cnawd . . . Pa faint mwy y bydd i waed Christ . . . buro eich cydwybod. *c.* **1730** *Thos. Lloyd D* (LlGC) 197b, *pureiddiad*, purificatio. **1770** *W* d.g. *ablution*. **1771** *PDPh* 68, Y ffordd i wneuthur y *Pureiddiad*, Purge. **1800** T. PRICE: *RT* 92, *Pureiddiadau* a ddodwyd heibio. **1803** *P*.

pureiddiaf: pureiddio [bf. o'r a. *puraidd*] *bg.a*. Puro (sylwedd), puro('n ysbrydol, yn ddefodol, &c.), ymburo, glanhau, carthu; puro (iaith): *to purify* (*substance*), *purify* (*spiritually, ritually, &c.*), *purify oneself, cleanse, purge; purify* (*language*).

1603 (**1748–9**) *B* xxv. 40–1, Hwn a'm cynghorodd yn ddoeth . . . i *bureiddio* o enaid a chorff i ddarllain yr yskruthur lân. **1630** *YDd* 101, y ffydd sydd yn cyfiawnhau a *bureiddiâ* y galon ac a sancteiddia yr holl ddŷn trwyddo. **1658** R. VAUGHAN: *PS* 425–6, ef ath waeda ai ddwysbigiad i gystudd calon . . . dy *bureiddio*, ath troad. *c.* **1730** *Thos. Lloyd D* (LlGC) 197b, *pureiddio*, purifico. **1731** E. SAMUEL: *AE* 20, Yn y bywyd hwn yn unig y mae ini gael ein *pureiddio*; mae n danfon Cystuddiau a Gorthrymderau ar Ei Wasanaethyddion iw profi a'u puro. *id.* 95, Ffieidddra a Gwrthini [*sic*] Pechod a ddylai wneuthur Dynion yn chwannog i gael ei glanhau a'u *pureiddio* oddiwrtho trwy ddiragrith Edifeirwch. **1767** *AADdG* 122, Ni allai eu heberth [*sic*] hwy ar y goreu ond *pureiddio*'r cnawd. **1771** *PDPh* 44, cymmerwch gymmaint a fyddo digonol o fêl, *pureiddiwch* ef yn dda, a chymmerwch naw llwyaid o hono. *id.* 67, Pan fyddo'r Gysp neu'r Stagers ar eich Ceffyl . . . Gwaedi [*sic*] a *phureiddio* yw'r ffordd i wella hyn. Na roddwch bwrge byth i geffyl newydd ei dynnu i mewn oddiar y borfa. **1780** *W* d.g. *to purify*. **1803** *P*, *pureiddiaw*, to render pure; to become of a pure nature.

pureiddiol [*puraidd* + -*iol*] *a*. Yn puro, puredigol, ?pur; carthedigol, hefyd yn *ffig*.: *purifying, purificatory,* ?*pure; purgative, also fig*.

1658 R. VAUGHAN: *PS* 90, bod yn *bureiddiawl* mewn yspryd anfarwol, ac yn dderchafedig i radd a chyflwr Angelion. **1772** D. RISIART: *HFP* 66, [y] ddiod *bureiddiol* (Potion) ag y mae Crist yn ei rhoi i ni.

pureiddiwr [bôn y f. fl. + -*iwr*] *eg*. Un sy'n puro, purwr; purydd (o ran iaith, arddull, &c.), purdebwr: *purifier; purist*.

1780 *W* d.g. *purifier*.

pureiddlan [*puraidd* + *glân*] *a*. Pur (a sanctaidd): *pure* (*and holy*).

1630 *YDd* 24, yn llwyr *bureidd-lân* (*pure*) ynddo ei hûn, y mae yn ymhoffi ymhurdeb a diweirdeb ei weision. **1696** *CDD* 51, Ordeiniodd Duw'r owran, bôb un iw lê ei hunan, / Ar gonest *pureiddlan*, yn gyfan o'i gûr. *id.* 96, Pob Cristion *pureiddlan* ymgesclwch i'r unfan, / I'r Eglwŷs rywioglan yn gyfan dan gô. **18g.** E. T. RHYS: *DA* 15, Rhaid golchi'r cyfan / Yn ngwaed *pureiddlan* / Ein Prynwr diddan, da. **1776** DEWI NANTBRÂN: *AN* 164, Aberth *bureiddlân*, sanctaidd.

pureiddrwydd [*puraidd* + -*rwydd*] *eg*. Purdeb: *purity, pureness*.

16g. (*LlEG*) *Mos* 158, 646b, E ymkanv distrowio *pureiddrwydd* dysgybliaeth yn keidwad an harglwydd ni. **1568** MORYS CLYNNOG: *AG* 43, gofyn *pureiddrwydd* diwair gen y santei[dd]iaf forwyn fair. **1609** *Rhyddiaith Gymraeg* ii. 32, rhaid hefyd i *bureiddrwydd* cydwybod fod gida'r rhain. **1611** R. SMYTH: *SG* 202, gwneythyr niwed i *buraiddrwydd* gwirionedd catholig. **1803** *P*.

puren [*pur*[1] + -*en*] *eb*. ll. -*nau*. Gogr, rhidyll, puriedydd, hefyd yn *ffig*.: *sieve, screen, purifier, also fig*.

1761 *ML* ii. 297, Nid da y gwnaeth y Côch fardd anfon yno'r Cywydd cyn ei buro . . . minnau ai hanfonais i Benbryn iw fwrw drwy *buren* y gwr hwnnw. **1762** *id.* ii. 477, Mae cywydd Môn wedi bod drwy *buran* Llywelyn, ond ni feddwn i mor pur ŷd. **1763** *id.* ii. 572, gollyngwch y gerdd drwy eich *puran*, a phan wneloch yn ddiefrau, anfonwch yn ol. **1803** *P, puren*, s. f. pl. t. *au*, a purifying machine, a sifting skreen.

purfa [bôn y f. *puraf*[1]: *puro*+*-fa, ma*] *eb.* ll. *-feydd, -faoedd.*

(*a*) Adeilad neu waith lle coethir nwyddau fel siwgr, olew, metel, &c., neu lle purir dŵr: *refinery, water purification plant.*
1846.

(*b*) Purdan: *purgatory.*
1868.
Cfn.: **purfa olew:** *oil refinery.* **20g.**

purfawl, purfelyn, purfoes, gw. pur[1]+mawl, melyn, moes[2].

purffawd [*pur*[1]+*ffawd*] *eb.g.* a hefyd gyda grym ansoddeiriol. Ffawd bur, bendith, llwyddiant, hapusrwydd: *pure fate, blessing, success, happiness.*

13g. *C* 39. 10–11, Duu angobeith. teilug pirfeith. tec y *purfaud*. *c.* **1400** *R* 1217. 23–4, Mor vndat un rat un reidyeu *purffawt*. *id.* 1284. 4, kedyrn dut kadarn adoeth. kar *purffawt* kywir perffeith. *Dchr.* **15g.** *IGE*[2] 167, O'r Ysbryd, iawngyd angerdd, / Glân y'i cad, goleuni cerdd, / Ac a'i rhoes, deilyngfoes dôn, / Yng ngolau siampl angylion, / Llwybr araith, berffaith *burffawd*, / Ar y Sul Gwyn, eursal gwawd (Llywelyn ab y Moel). **16g.** Huw Arwystl: *Gw* 60, Praff yw dy ddysg *pvrffawd* ddawn. **1588** (**16–17g.**) *CC* 340, Mi a welais Jeirll ymlas hwnn / A llv gwyr lle a garwnn / ni welsai r Jeirll lys or iaith / A mawr *bvrffawd* mor berffaith (Rhys Cain). *c.* **1730** *Thos. Lloyd D* (LlGC) 201a, *purffawd*, happiness. **1772** *Hop M* 354, i ganu'r gerdd wingerdd wen / yn *burffawd* gainc heb orphen / accen haeddfawl cân hawddfyd / a gan ef fyth gwŷn ei fŷd. **18–19g.** R. Davies: *DB* 42, Eithr pob rhawd *burffawd* berffaith / Duw'n gyflwyr a wyr ei waith.

purffydd [*pur*[1]+*ffydd*] *a.* a hefyd fel *eb.* Pur ei ffydd, uniongred, ffyddlon; ffydd bur neu ddilychwin, iawnffydd: *of pure faith, orthodox, faithful; pure or uncorrupted faith, true faith.*

c. **1400** *R* 1223. 1–2, parawtrod unrod anreith ny deruyd. kerennyd peryd *purffyd* perffeith. *id.* 1301. 31–3, Twr diorwacieith perffeith *purffyd*. torreist byrth uffern gwlyb uigynwern gwlyd. **16–17g.** *GST* i. 158, Campus gorff mewn cwmpas gwych, / Cwmpn[ï]-wr, heliwr haelwych, / *Purffydd* gyneddfau perffaith, / Perchen tŷ, parchant dy waith. **16–17g.** Huw Machno: *Gw* 22, Duw Nef a flodeuai'n iaith / O iawn *burffydd*, yn berffaith. **1603** W. Midleton: *Ps* 56, Pa wr a chwennych pa waith / *Purffydd* a bowyd perffaith: / A daeoni adwaenir / A byd da a bowyd hir. **17g.** Huw Morus: *EC* ii. 283, Mae didranc lawenydd yn Nghaer Salem newydd, / I'n derbyn trwy *burffydd*, heb orphen. **1716–18** *Llsgr R. Morris* 51, ni bu erioed oen rhwng cig a chroen / mor *burffudd* berffaith afiaeth oen. *c.* **1730** *Thos. Lloyd D* (LlGC) 194b, *purffydd* . . . ffyddlawn. *id.* 201a, *purffydd*, orthodox. [**1756**] *Gron* 16–17, Yn lle malais trais traha, / Byddi'n llawn o bob dawn da, / *Purffydd*, a chariad perffaith, / Ffydd, yn lle cant mallchwant maith. **1798** R. Davies: *CG* 48, A[']n puro o bob haint, / Mewn hyder ffydd fywiol, gyfrifol gu fraint. / . . . / Ac yna cawn gynydd / Drwy'r *purffydd* oen Pasg.

purgasiwn, purgiaf: purgio, gw. pwrgasiwn, pwrjaf: pwrjo.

purgoch [*pur*[1]+*coch*] *a.* Hollol goch, coch iawn, coch llachar, ysgarlad, rhudd, gwaetgoch; eiriasgoch: *pure red, very red, bright red, scarlet, ruddy, blood-red; red-hot.*

c. **1300** *H* 96b. 35–6, llary uadawc brif enwawc brwydyr llew gwrthgloch *burgoch* baladyr (Y Prydydd Bychan). **14g.** *WM* 173. 10–13, A hi arodes idaw march ac arueu achwnsallt *purgoch* ar uchaf y arueu a tharyan velen ar y yscwyd. **14g.** *GDG*[3] 424, Pergyn ei dudded *purgoch*, / Perllan cerdd, par llinon coch [marwnad Dafydd ap Gwilym gan Fadog Benfras]. *c.* **1400** [*RB*] *WM* 233. 10–12, [p]alffrei gwineudu. a mygen *burgoch* idaw kyn gochet arkenn. *c.* **1400** *R* 1277. 2–4, Gwedy gruffud nud yn nyd gwrthgroch trin gwnae oeingyl gwaetlin purgin *purgoch*. *Dchr.* **15g.** *IGE*[2] 206, Garw yw o beth ar gwr boch / Ei bod fel bargod *burgoch*. / Bondo o frig perth bendew, / Byrion fydd blaenion ei blew [Llywelyn ab y Moel i'r farf]. **16g.** *B* xi. 89, y vo a'i trewis ef ar i ben . . . onid oedd y ffon yn *burgoch* o liw j waed. **16g.** (*Diw.* **16g.**) *Gwyn* 3, 162, Cethlydd lleis-groch *burgoch* bais / cathlwr blygein-ddydd coethlais [Huw Arwystl i'r ceiliog]. *Diw.* **16g.** *WLB* 31, Rhag clefyd yr Arch. Kymer bedol rydlyd yn y tân oni fo *purgoch* ai dodi mewn hen gwrwf kadarn. **1632** *D* d.g. *rubicundus.* [**1783**] *W* d.g. *ruddy.*

purgoeth, gw. pur[1]+coeth.

purhaf: purhau [*pur*[1]+*-hau*] *ba.* Puro (sylwedd), puro('n ysbrydol, yn ddefodol, &c.), glanhau, carthu, coethi: *to purify (substance), purify (spiritually, ritually, &c.), cleanse, purge, refine.*

1346 *LlA* 28, ar ypeiryannev hynny y*purhaa* ef llestri evreit y brenhin nefawl. *id.* 30, Yrei drwc aedir yn vyw yn hir yofudyaw yrei gwiryon. Ac y*burhav* ypechodeu drwydunt. **14g.** *SC* viii/ix. 184, yn y lle hwnnw y *purheir* dyn oe bechodeu. y lle hwnnw wrth hynny a elwir purdan padric. *c.* **1400** *MM* 86, Yuet y centawrya drwy dwfyr twym, hynny a tyrr sychet ac a *burha* dwy vron ar kylla. *c.* **1400** *Études* viii. 90, Y porpius . . . Diffodi cryt gwressawc . . . a *phurhau* cornwydon. **16g.** *Cylchg LlGC* iv. 79, o lauur a gwaith ac o veuyrdod yr hain J *purhawyd* Deuddeg Pwnck y Fydd, y rhain y ssydd ynkydsynio a gwaith y Profwydi. **1567** *TN* 135a, Yno y bu 'orchest rhwng discipulon Ioan a'r Iuddaeon, yn-cylch *purhau* [:– carthiat, glanhat]. *id.* 187a, Y pethae a garthodd [:– lanhodd [*sic*], *purhaodd*] Dew, na chyffredina di. *Diw.* **16g.** *B* ix. 124, gwedv y *purhaer* yr enaid oi garedd drwy adnabodedigaeth y corph. *Diw.* **16g.** *WLB* 92, Pwy bynnag a yfo ddwfr twymyn ar i gythlwng hynny a ylch y kylla ac ai *purha* o waddawd. **1595** H. Lewys: *PA* 50, Eurwr, a deifl ddryll o aur, ir ffwrn danllyd, nid yw yssu gan y tan, ond yw *burhau* oddiwrth lygredigaeth sy ynthaw. **1606** E. James: *Hom* ii. 305, Duw . . . a *burhao* ein meddyliau ni trwy ffydd yn ei fâb Iesu Grist. **1638** *TBM* 653, Pwy ar ei hôl i'n *purhau*? / Pura' gŵr piau'r gorau. *c.* **1730** *Thos. Lloyd D* (LlGC) 188b, *purhau* . . . cleanse.

puriad, purad [bôn y f. *puraf*[1]: *puro*+*-iad*[1], *-ad*; ansicr yw'r ddwy engh. lenyddol isod] *eg.* ll. *-au.* Y weithred o buro, puredigaeth, coethiad: *a purifying, purification, refining.*

c. **1581** *Pen* 72, 49, bara bendigaidd *bvriad* (*GIIIV* 32, bwriad) / a gymrai diolchav yw dad. **16–17g.** (**17g.**) *CC* 35, Thomas Hanmer bêr *buriad* / aeth ir bedd neithiwr heb wâd (Thomas Prys). **1780** *W, purad* d.g. *a purifying, a refining.* **1803** *P* d.g. *purad, puriad.*

puriaith [*pur*[1]+*iaith*] *a.* a hefyd fel *eb.* Pur ei iaith neu ei lais; iaith bur: (*of*) *pure language.*

16g. *WLl* 216, Hwyr weithian am Hiraethawg / Gamrau rhwydd drwy Gymru rhawg / Bu ardd *puriaith* bardd purawd / Brwynog yn gyffbren gwin gwawd. **16–17g.** *CLlC* iii. 24, A chog serchog ddoniog ddownus / Yn kanu yn lwus lais kofiadus; / A chiw bronfraith *buriaith* beredd / Yn kanu yn hardd fardd gyfanedd. **17g.** E. Morris: *Gw* 295, Yno y mae, awn i'w mysg, / Prydyddion parod addysg; / Mae Parry ymhob *puriaith*, / Mae Syr Rys yn mesur iaith. *c.* **1730** *Thos. Lloyd D* (LlGC) 188b, *puriaith* . . . purity of language. **18–19g.** *HG* 213, Hywel Lewys . . . awdur yr Englynion o flaen llyfr y Tri Aderyn, a rhai eraill yn yr Egwyddor uchod . . . ac oll yn rheolaidd, a *phuriaith* a mesur.

puriawn, puriedig, gw. purion[2], puredig.

puriedydd, puredydd [bôn y f. *puraf*[1]: *puro*+*-(i)edydd*] *eg.* ll. *-ion, puredwyr.* Person neu beth sy'n puro; purydd (o ran iaith, arddull, &c.), purdebwr: *purifier; purist.*

1780 *W, puredydd* d.g. *purifier.* **1803** *P, puriedydd*, s. m. pl. *-ion*, a purifier.

purion[1], ff. l., gw. pur[1].

purion[2], **puriawn** [*purion*[1] fel e. ac fel a. un. a *pur*[1]+*iawn*] *e.ll.* ac *eg.* a hefyd fel *a.* Y gorau neu'r goreuon (o), y puraf (o), y perffeithiaf (o), hanfod; eithaf (peth, &c.), da (o beth, &c.): *the best (of), the purest (of), the most perfect (of), quintessence; (quite a) good (thing, &c.).*

15g. *GDID* 6, Parod yn dy blaid yw *purion*—Gwynedd, / Powys o'u tuedd â'u peisiau tewion. **15g.** *GGl*[2] 313, Bwria haya yn hawdd, / *Burion* mawl iddo a'i bwriawdd. / Gruffudd, gloywlain fuchudd glew, / Fychan, leifdan alafdew. **16g.** *CLl* 160, Oernad a gyfyd wrando 'i gofion, / Adwyth ag eisiau, nid iaith gysson; / A galar a bâr am *burion*—Cymru, / A mawr och Iesu! mae 'r achosion (Morys Dwyfech). **16g.** *WLl* 3–4, Y prenn o wydd *purion* aur / A bric hwnn yw bark henaur / Dwy iarllaeth yw dy eurllin / Dy ryw ynn goed aeron gwin. *id.* 24, Prenn tec orr *purion* wyt ti. *id.* 66, O *burion* parch ryw brenn per / Y daw afal diofer. **1567** *LlGG* (*Sall*) 46b, A' Dew y bwydesei wynt a braster [:– *phurion*] gwenith. **1661** E. Lewis: *Drex* 2[9]9, nid oes yr un cystadl a'r meddwl am Dragywyddoldeb, yr hwn y ellir yn deilwng ei alw y *Purion* (*Quintessence*). *c.* **1740** *LlM* 42, Cymmer Draflwngc o *burion* Ambr gwedi ei wneud yn Bowdr mân. **1742** *ML* i. 73, Mae'r plant i gyd wedi rywun neu gilydd ei cymryd . . . ar wraig yn cael *purion* gwaith, sef dwyn plant i'r byd. **18g.** *W Ballads* 71B, 5, Yn *buriawn* cydymeth mewn tirion natturieth. **18g.** E. T. Rhys: *DA* 152, Llifanu hon ni bydd, / Na'i hogi nos na dydd, / Ni ddaeth o bell erioed mo'i gwell, / Mae'n *burion* cyllell crydd. **1752** *Gron* 2, Cymru a rif ei phrif-feirdd, / Rhifid ym Mon *burion* beirdd. **1753** G. Owen: *L* 58–9, Mae genym ddigonedd o *burion* llenllieiniau, llieiniau bwyd, &c., heb ei gwerthu. **1753** *ML* i. 265, Roedd y petheuau yn y box mewn *purion* trefn. **1762** *id.* ii. 484, Bydd anghenrhaid i chwi . . . gymeryd llawer o draul a blinder cyn dyfod o honoch i hyd i'r trysor cuddiedig . . . mi fuswn wedi pigo allan y *purion* a thaflu heibiaw'r sothach. **1793** Dafydd Ionawr: *CD* 245, Dyma garreg lyfndeg lwyd, / Tro hon yn *burion* bara.

Fel *a.* Da (iawn), iawn, eithaf da, gweddol; diffuant: (*very*) *good, fine, fairly good, all right, not bad; sincere.*

16g. Wiliam Cynwal: *Gw* (R. L. Jones) 751, A ffeiriau helaeth, a *phurion*—glared / Obry i'w yfed fal y berw afon. **1677** R. Jones: *BB* 143, i ddangos ein bod ni yn *burion* (*sincere*) mewn gwirionedd. **1740** T. Evans: *LlA* 16, Yr wyf yn tybied fod Gwlad Cymru mewn *pur-jawn* dymmer i dderbyn yr Efengyl. **1763** *DT* 141, Sion Parri, a'i Swn *purion*, / Melus dant, molais ei don. **1803** *P, purion*, adv. essentially, purely; very well. Wyd *burion* i gyrchu angeu at wr boneddig. Thou art very well to fetch death to a nobleman. Adage, applied to a dilatory one. Ar lafar, hefyd yn y ff. *prion* yng Nghered., sir Benf., a'r De, '*Prion* odd 'i heddi wedyn'. Cf. D. Owen: *D* 88, Mae o a fine yn cyttuno 'n *burion* hyd nes y daw hi'n lecsiwn. Fe'i clywir hefyd yn cyfleu anghymeradwyaeth, '*Purion* 'machgan i, gna di os leici di . . . (but you'll regret it)', *WVBD* 451.

Cfn.: **purion peth:** *quite a good thing, not a bad idea.* **1861.** Ar lafar, 'Am 'wn i mai *purion peth* fydde holi John am hyn'; 'Mae'n *brion peth* iddi ddod'.

puritan, puritanaidd, gw. piwritan, piwritanaidd.

purlan [*pur*[1]+*glân*] *a.* Pur a glân neu sanctaidd, dihalog, di-lwgr, difai, diffuant: *pure and clean or holy, undefiled, uncorrupted, faultless, sincere.*

?**16g.** *MA*[2] 342b. 31–4, Archwn ir Drindod drwy wir ufuddod [*sic*] / Roi ini lwyr gymmod on pechodau / A pherffaith fuchedd a *phurlan* ddiwedd / A chwbl drugaredd o'n camweddau. **1567** *LlGG* 91a, caniatha eyn presentio yti a meddyliau *purlan*, trwy Iesu Christ eyn Arglwydd. **1592** S. D. Rhys: *Inst* [xvi], dodi allan mywn print . . . y Brydyddiaeth Gymreic, yn *burlan* ac heb lygru ddim o henei. **1618** J. Salisbury: *EH* 263, godidawg o'r da yw cyffessu yn fynech, a chadw'r gydwybod yn *burlan*. **1632** *D* d.g. *incorruptus, inuiolatus, purus.* **1661** E. Lewis: *Drex* 333, Yno mae 'r gan *burlan* iawn o lawenydd, heb gymmysgedd o'r defnyn lleiaf o fustl chwerwder. **1675** R. Jones: *HCh* [172], Diffuant, *Purlan*, diragrith. **1701** E. Wynne: *RBS* 283–4, ac yna aethost i 'r Ardd lle nid oedd dim ond mieri a gofidiau, lle y goddefaist ing anrhaethadwy [*sic*] yn hidlo 'r chwŷs drwy dy groen *purlan* yn ddefnynnau o waed. *c.* **1730** *Thos. Lloyd D* (LlGC) 201a, *purlanach*, AH. 63. *id.* 202a, *purlan*, purissimus,—*anaf.* **1772** *W* d.g. *clean, pure.* **1790** Twm o'r Nant: *GG* 8, Oh Ceisiwn ddeffro'n hunan ddi-ffrwyth, / Gan deimlo'n trwmlwyth trist; / Pwy rydd beth *purlan*, o beth aflan? / Medd croywlan Eiriau Crist. **1803** *P.*

purlas [*pur*[1]+*glas*[1]] *a.* ll *-leision.* Hollol las neu wyrdd, glas neu wyrdd llachar, glas iawn neu wyrdd iawn, gwyrddlas, llwyd grisialaidd (am rew ac iâ), ?tryloyw (am hylif): *pure or bright blue or green, very blue or green, bluish-green, crystal grey (of frost and ice), ?transparent (of liquid).*

c. **1400** [*RB*] *WM* 216. 32–4, Cledyf eurdwrn mawr un min ar glun y gwas. agwein *burlas* idaw. *Diw.* **15g.** *Pen* 67, 101, Tomas ar medd *pvrlas* per / ac yn solas gwin seler (Hywel Dafi). **15–16g.** *TA* 423, Gŵn o berl ag iâ'n *burlas*, / Gwëad ar glôg o wydr glas [i farch glas]. **16g.** *B* xi. 21, ynys . . . ysydd mor wasdad a llawr y demyl ac ynn *burlas* beunoeth, ac ar honn J mae amdler o ddeueid yn poruau. **16g.** (**1763**) W. Salesbury: *LlM* 125, Y Benlas . . . paladr sy gonglog a Dail meinion . . . a chlochenne bylchddyfnion *purleision*. **16–17g.** (**17g.**) *CC* 154, parlwr rhyd brîg dwr *purlas* [Thomas Prys i ofyn bad hir o

Sbaen]. **1789** *BDG* 518, Periadur fflur ar hoff lwyn, / *Purlas* drwsiadur perlwyn [i'r haf].

purloyw [*pur*[1] + *gloyw*] *a.* ll. *-on.* Gloyw iawn, disglair, hefyd yn *ffig.*: *very bright, shining, also fig.*
14g. *GDG*[3] 132, Rhai o ferched y gwledydd, / Sef gwnân' ar ffair, ddiddan ddydd, / Rhoi perls a rhubi *purloyw* / Ar eu tâl yn euraid hoyw. **15g.** *IGE*[2] 229, Da yw yntau a'i deinticls, / A'i siecr gwmpasau a'i sicls, / A'i ffilas a'i blwm glas gloyw, / A'i berl arnaw yn *burloyw* (Ieuan ap Rhydderch). **15–16g.** *TA* 263, Pob wâr o ddaear ddierth, / Pob bath win, pob peth i werth; / Pendistiau, rhagtalau tês, / Parlyrau *purloyw*, eres [i dref Croesoswallt]. **1595** H. LEWYS: *PA* xii, goreu vn perl a garwn, / *purloew* hap, yw y perl hwnn. **1603** W. MIDLETON: *B* 100, *Pur-loew* i owdl perl ydoedd, / Parchedig dysgedig oedd. **1609** *CRC* 393, Pe gwele r gelynion yn i harfe *pvrloiwon* / a thai i gymdogion yn llosgi / yn i galon i mage glwy / na roese fo mwy o drethi. **1630** *YDd* 127, Na fodlona mo honot dy hûn a'r grefydd weledig, yr hon a luniodd gwyr diadenedig iddynt eu hunain yn lle buchedd *burloiw.* **1789** J. THOMAS: *DdS* 81, casglir yr aur, seintiau euraid Duw . . . ac a'u dygir at y brenin Solomon . . . â'r hwn yr adeilada efe iddo ei hun ddinas o aur *pur-loyw.*

purlwys [*pur*[1] + *glwys*] *a.* Pur a hardd, hyfryd neu brydweddol iawn: *pure and beautiful, very pleasant or beautiful.*
1600 *HVN* 487, gwnaeth eglwys *bvrlwys* eb wad / I dduw gwynn oi ddigoniad (Lewys Dwnn). **1669** *TBM* 665, Esgob Bangor loyw gôr lân / Sy *burlwys* a syberlan. **18g.** *Beirdd y Berwyn* 45, dangos fod i grisial ddwyrudd / Fel blode gwynwydd gardd; / Ond gweld i graen hi'n deg o'i flaen, / *Purlwys* bwnc fel perl Ysbaen. *c.* **1730** *Thos. Lloyd D* (LlGC) 201a, *purlwys* . . . venustus. **1793** DAFYDD IONAWR: *CD* 186, Rhodder, mewn mwynder a mawl, / I hwn y wisg frenhinawl, / . . . / Ac ar gymmwys *burlwys* ben / Y Gwr doder y Goron.
Amr.: **purllwys** [*pur*[1] + *llwys*]. **17g.** HUW MORUS: *EC* i. 154.

purllwyn [*pur*[1] + *llwyn*[1]] *eg.* Llwyn pur neu wych, yn *ffig.* teulu neu dylwyth pur neu wych, llinach bur neu wych: *pure or fine bush or grove, fig. pure or fine family or lineage.*
15–16g. *TA* 131, Ach Degeingl, i chwi dygwyd, / Awstin lân, Ystanlai wyd; / O'r Torbocs, yr wyt irber, / O *burllwyn* Bowld, berllan bêr. **16g.** *WLl* 133, Gelwais arnad vab Gwilim / Galwad tost heb glowed dim / *Purllwyn* praff perllan proffwyd / Paladr iaith pa wlad yr wyd. *id.* 227, Bid oi blant mewn ffyniant ffydd / Blaid ganoes blodau gwinwydd / Prenau had pur yn i hol / Perllan werdd *purllwyn*-urddol. **17g.** *CC* 16, plant nefol gartrefol dri / kanghennau pren derwen dol / . . . / *purllwyn* gardd perllan gwirdduw / planhigion kredigion duw (Watgyn Clywedog).

purllwys, gw. **purlwys.**

purnerth, gw. **pur**[1] **+ nerth**[1].

purni [*pur*[1] + *-ni*] *eg.* Purdeb: *purity, pureness.*
16g. *B* xxiv. 285, Drwy *burni* draw y bernynt / Flas ei gerdd fel osai gynt [marwnad Siôn Erch gan Raff ap Robert].

purnod, gw. **pur**[1] **+ nod**[1].

purol [*pur*[1] + *-ol*] *a.* Pur; diffuant; puredigol, glanhaol, carthedigol: *pure; sincere; purifying, cleansing, purgative.*
1567 *TN* 248b, Y mae ef yn ceryddu y cam arver o'r ryddit Christianol. Ac yn dangos y dlem ni wasanaethu Duw yn *burol* ys o gorph ac enait. *id.* 293a, Y'n aillplaid yn precethu Christ o gynnen ac nyd yn *burol*, gan dybied dwyn mwy o vlinder im rhwymeu. *a.* **1587** *Y* 3, Mae hiraeth am gydsaethu / A Rys Wyn, llorf, rhosyn llu. / Bu wrol Rys, *burol* wraidd, / Weithian hwn aeth yn henaidd. **17g.** *CC* 451, *Purol* a durol nid us / diwan lacc ond anlwccus / . . . / J werddon môn a manaw / pur ei frud y parai fraw. *c.* **1730** *Thos. Lloyd D* (LlGC) 201a, *purol* . . . purus. **1803** *P*, *purawl*, purifying, cleansing.
Cfn.: **yn burol:** *full well.* **16–17g.** *HG* 67, a diwraidda n baie n llwyr, kans ti ai gwyr *yn bürol* / allan om kalon am knawd, a phob rhyw bechawd marwol.

purolchaf: purolchi [*pur*[1] + *golchi*] *ba.* Puro neu lanhau (yn ddefodol): *to purify or cleanse (ritually), lustrate.*
1800 *TY* 320, Hwythau 'r Hottentots, cyn hir, / Dônt yn lluoedd / . . . / Yfed gânt o afon hedd / Y Messia, / A'u *pur-olchi* 'n hardd eu gwedd; / Haleluia.

puroniad [*pur*[1] + *-on*[1] + *-iad*[1]] *eg.* ll. *-iaid.* Piwritan; purydd (o ran arddull, iaith, &c.): *puritan; purist.*
1854.

puroniaeth [*pur*[1] + *-on*[1] + *-iaeth*] *eb.* Purddiaeth: *purism.*
1890.

puror[1] [bôn y f. *puraf*[1]: *puro* + *-awr*[3], *-or*; gw. hefyd *puror*[2]; ansicr yw'r enghrau. llenyddol isod] *eg.* Purwr, glanhawr; purydd (o ran arddull, iaith, &c.): *purifier, cleanser; purist.*
c. **1400** *R* 1238. 31–2, Ret att beriglawr *purawr* pareu. reudus kerydus rac karedeu. **15g.** *THSC* (1899–1900) 95, Hwn a beris hen *burawr* / Lladd y dewinion ir llawr [Llywelyn ap Cynfrig Ddu i Owain Lawgoch]. **15g.** *GLGC* 383, ab Ieuan wyd, heb un well, / ab Ifor, *puror* gwin pêr. **1803** *P* d.g. *purawr.*

puror[2] [?defnydd ffig. o'r e. bl.; dichon mai i *puror*[1] y perthyn rhai o'r enghrau. isod] *eg.* ll. *-ion.* Cerddor, canwr (pereiddlais), telynor, hefyd yn *ffig.*; bardd cyffredin (gthg. *prydydd*): *musician, (sweet-voiced) singer, harpist, also fig.; ordinary bard (as opp. to a 'prydydd').*
c. **1300** *H* 32a. 25–6, Credaf y beryf nef yn eluyt. am gwnaeth o *burawr* yn brydyt (Cynddelw). **14g.** *GIG* 93, Cyntaf gofynnir, wir waith, / I'r *purorion* pêr araith, / Rhieingerdd y gŵr hengoch, / Lliaws a'i clyw fal llais cloch. *id.* 95, *Puror* telyn, pôr teulu, / Serchog, edifeiriog fu. **15g.** *GGl*[2] 241, Bwrw rhif, ti a'th *burawr*, Rhys, / Brenhinedd bro ein hynys. / Dwyn ar fyfyrdod ein dau / Drioedd ac ystoriau. **1567** G. ROBERT: *GC* 2, Os byddai vn yn chwennychu digrifwch, e gai *bu/ror* ai delyn i ganu mwyn bynciau, a datceiniad peroslau i ganu gida thant. *p.* **1584** *id.* [283], nid oes gan *burorion* telyn, na chwaith gann yr rhann fwyaf o'r gwyr wrth gerdd, mo'r ceinciau musigawl, cymmesur i ganu y cyfryw fessurau. *Diw.* **16g.** W. MIDLETON: *B* 86, Manylwawd parawd *puror*,—y tannau / Tŷner lais anhepcor, / Mwyna i cân y mîn cor / Cainc melys Robert Maelor. **16–17g.** *GST* i. 7, Weithiau desgan, ran di-rus, / Weithiau drebliaith ddidrwblus. / . . . / Mwyn gan hwyr, gwiw laswyr glau, / Mae'n *burawr*, mwyn y borau. **16–17g.** *LlCy* viii. 223, Pur yw'r llais o'r ais erioed—yn canu / Mewn ceunant a glyngoed, / Pêr yw'r gainc, *puror* o goed, / Pencerdd glân, organ irgoed [Siôn Mawddwy i'r fronfraith]. **1632** *D*, *puror*, modulator, harmonicus. **1688** *TJ*, *puror*, peraiddleisiwr: an harmonious or pleasant Tuner. **1794** E. JONES: *MPR* 78, Peraidd yw llais pôb *pûror.*
Gw. hefyd **peror.**

puroriaeth [*puror*[2] + *-iaeth*] *eg.b.* ll. *-au.* Cerddoriaeth (bersain), cân, cainc, alaw, cyseinedd, hefyd yn *ffig.*; ?cerdd: *(melodious) music, song, tune, melody, harmony, also fig.; ?poem.*
14–15g. *IGE*[2] 302, Canu'n deg, clod osteg clau, / Ffair uthr, a *phuroriaethau*, / Da lon lais ar delyn loyw / Gras gyseingras gysongroyw (Rhys Goch Eryri). **15g.** *DE* 80, oes dyn wedir eos deg / yn gysdal a gan gosdeg / . . . / pwy rowran mewn *pvroriaeth* / pa na bai a wnai yn waeth. *a.* **1587** *Y* 58, Cyd bo caeth *puroriaeth* pen, / Coeth i ryw, caeth yw'r awen. **1588** *Am* v. 23, Symmud oddi wrthif luosogrwydd dy ganiadau: canys ni wrandawaf *buroriaeth* dy nablau. **16–17g.** *B* i. 144, *Puroriaeth* a elwir Ceinihogwerth yssydd yn dyuot o vesur a elwir Ysgwirin. **16–17g.** *GST* i. 766, Gwrandawed gair un duwiol, / Gwen draw, a gwnaed ar ei ôl. / Ac o wrando gwirionder / Y bregeth, *burorieth* bêr, / O'r man hwn yr â meinir / I dâl ne' o dewlwyn ir. **1604–7** *TW* (*Pen* 228), hwn a gan y byrdon ne'r *puroriaeth* d.g. *incentor.* **1615** R. SMYTH: *GB* 36, n[i]d yw holl *buroriaethau* music dim arall, ond lladrad a ddug dyn o ddiar yr adar. **1632** *D*, *puroriaeth*, melodia, harmonia. **1651** SIÔN TREREDYN: *MDD* 276, oni lwyr rhagodir llawer gwr cerdd-gar, rhac cael gwir [dd]iddanwch yn yr Arglwydd, gan wrando ar *puroriaeth* cydsoniarus ar ryw cerdd [*sic*] offeryn? **1752** J. THOMAS: *FG* 130, mewn Cyflwr lle nad oes dim ond Llawenydd, na bo Cyssondeb gwastadol o *Buroriaeth* melus dros ben yn eu plith hwynt. **1789** H. JONES: *EN* 49, A ydych yn ymhyfrydu mewn *puror-iaeth*? . . . yn y nefoedd y mae'r seintiau a'r angylion mewn cyd-gynghanedd, yn canu trag'wyddol Haleluia.
Gw. hefyd **peroriaeth.**

puroriaethaf: puroriaethu [gair geir., sef bf. o'r e. bl.] *bg.* Canu neu chwarae offeryn yn beraidd, cwafrio, telori: *to sing or play an instrument sweetly, warble, trill.*
1632 *D* d.g. *modulor.* **1722** *Llst* 189, *puroriaethu*, to sing or play tuneably, warble, run divisions. **1772** *W* d.g. *division, to run division* [*quaver*].

purpos, purpul gw. **pwrpas, pwrpwl.**

purpur [bnth. dysg. Llad. *purpura*] *a.* a hefyd fel *eg.* (Lliw) porffor, ysgarlad, neu goch, brethyn porffor: *purple, scarlet, or red (colour), purple cloth.*
1567 *LlGG* 45a, ef a gymerei waet lloie a' geifr, gyd a dwfr a gwlan *purpur* ac ysop ac a danellei ar y llyfer. *id.* 141b, a' chyd byddant mal y *purpur*, eto wy vyddant cyn wned a'r gwlan. **1567** *TN* 46b, roesant am danaw huc coch [:– mantell *purpur*]. *id.* 77b, gwiscesant ef a phorphor [:– ryw wisc o liw *purpur*]. *id.* 198a, rryw wreic y elwit Lydia, erwerthai *burpur.* *id.* 392a, gwisc y wreic oedd pwrpwl [:– *purpur*]. **16g.** **(1763)** W. SALESBURY: *LlM* 74–5, Blode Amor . . . y rhyw *purpur* nei wyngoch sydd a th[r]oedfedd o vchder yntho ac a phalatr a naws gwyngochter. *c.* **1730** *Thos. Lloyd D* (LlGC) 201a, *purpur*, purpura.
Gw. hefyd **porffor, pwrpwl.**

purpwl, gw. **pwrpwl.**

purserch, gw. **pur**[1] **+ serch.**

pursifand, pursifant, gw. **pwrsifant.**

purslan, gw. **pwrslan.**

purswydd, gw. **pur**[1] **+ swydd.**

purwaed [*pur*[1] + *gwaed*] *eg.* a hefyd fel *a.* Gwaed pur, hefyd yn *dros.* ac yn *ffig.*; pur ei waed: *pure blood, also transf. and fig.; pure-blooded.*
16g. *GGH* 83, Yma i gynnal mae gennyt, / O *burwaed* iawn, briod yt. *id.* 370, Pedwar mewn hap, hyder mawr, / Pyst mawl, hapuswaed Maelawr. / Gorau *pur waed* a gâr Prys / O rieni yr ynys. / Rhagoriaeth rhyw a gerir / Hangmeriaid yng Nghymru dir. **16g.** *WLl* 4, Dy iraidd had aur oedd hwnn / Dewr o *burwaed* aer barwnn. *id.* 122, Rhown air ir hwnn a eurwyd / Rhyw *burwaed* llawn Robert Llwyd. **16g.** *Hop M* 208, gwraiddio ir wyd or graddau da / gwirgoeth ryw Groeg a Throea / bond garw i wraig orau i gyd / O *bürwaed* a briodid. **1588** *Deut* xxxii. 14, brasder grawn gwenith, a *phur-waed* grawn-wîn. **16–17g.** *GHCEM* 81, Rhoddiog ydych, rhwydd godiad, / Rhyw *burwaed* hoff, rhoi bu'r tad. **17g.** WILIAM BODWRDA: *Gw* 228, hir *bvrwaed* hen Harbart wych / a Cheselgyfarch oeswych.

purwaith, purwalch, purwawd, purwawr, purwedd, gw. **pur**[1] **+ gwaith**[1]**, gwalch, gwawd, gwawr, gwedd**[1]**.**

purwen, gw. **purwyn.**

purwin, gw. **pur**[1] **+ gwin.**

purwr, purydd [bôn y f. *puraf*[1]: *puro* + *-wr*, *-ydd*[3]] *eg.* ll. *purwyr, puryddion, puryddwyr.*
(*a*) Person neu beth sy'n puro, carthydd, coethydd (aur, &c.), hefyd yn *ffig.*; piwritan: *purifier, purger, refiner (of gold, &c.), also fig.; puritan.*
1588 *Mal* iii. 3, Efe a eistedd fel *purudd* (**1620** *ib. purwr*), a glanheudd arian, ac efe a burhâ feibion Lefi, ac ai coetha hwynt fel aur, ac fel arian. **1604–7** *TW* (*Pen* 228), *purwr* d.g. *aurifex.* **1606** E. JAMES: *Hom* ii. 246, Yr vnic *burudd* trwy'r hwn y mae ini obaith cael ein cadw yw angau a gwaed Christ. **1656** **(1745)** *MLl* ii. 166, Dinistriŵr Satan, a *Phurwr* Enaid pob Dŷn ai caro. **1701** E. WYNNE: *RBS* 297, Physygwr fy Enaid, goleuni fy llygaid, *purwr* fy mrychau. *c.* **1730** *Thos. Lloyd D* (LlGC) 188b, *purwr*, purifier. *id.* 197b, *purwr*, purgator, excoctor. **1778** J. THOMAS: *HB* 59, mewn ffordd o wawd, galwyd y rheini, Puritaniaid, neu *Pûrwyr.* **1803** *P.*
(*b*) Un sy'n rhoddi pwys mawr ar reolau traddodiadol cywirdeb ffurf neu burdeb iaith, arddull, &c., purdebwr: *purist.*
1920.

purwych, gw. **pur**[1] **+ gwych.**

purwydd [*pur*[1] + *gwŷdd*[1]] *e.ll.* Coed gwych, hefyd yn *ffig.*: *fine trees, also fig.*
16g. HUW ARWYSTL: *Gw* 51, deisif i mae chwarav chwyrn / dros gerdd farch dras gwrdd fowr chwyrn / in llen par winllan *pvrwydd* / llafn o gnyw teg llyfn gnawd hydd. **16g.** *WLl* 138, Nich fferiwn barwn o *burwydd*—Dyfed / Am wr a aned ymeirionydd. **1709** HUW MORUS: *EC* i. 101, O ffarwel! hoff wir alarch, / Cyff awenydd, *purwydd* parch [marwnad Huw Morus gan Owain Gruffydd].

purwyn [*pur*[1] + *gwyn*[1]] *a.* (b. *-wen*) ll. *-ion,* weithiau gyda grym enwol. Hollol wyn, gwyn iawn, claerwyn, gwyn fel llaeth, disglair, hefyd yn *ffig.*; ?pur a sanctaidd;

gwynias: *pure white, very white, brilliant white, milk-white, shining, also fig.*; ?*pure and holy*; *white-hot.*

13g. *BD* 159, pedeir g[ur]aged y brenhined . . . yn arwein pedeir colomen *purwynnyon* yn eu llav. 14g. *WM* 47. 4–10, dechreuwyt kymyscu y tan ar glo . . . a dechreu chwythu y megineu yny uyd y ty yn *burwen* am eu penn. *id.* 254. 27–8, llew *purwyn* a oed yn emyl y sarff. 14g. *GIG* 53, Dengwaith, annwyd ieuangwas, / Y tynna'r llafn gloywhafn glas / I droi'n fy nghylch yn dröell / Fel mellten *burwen* o bell [i ddiolch am gyllell]. *c.* 1400 *R* 1168. 10–11, llann bowys baradwys *burwenn.* llann gamarch llaw barch y berchenn. *c.* 1400 *YSG* i. 86, Y deu deirw *burwynnyon* a gyffelybir y Alaath a Pheredur, y rei yssyd degach no'r lleill oll. 15g. *DE* 48, pardwn vn per dan enav / *pvrwen* verch ai pair yn vav. *p.* 1584 G. ROBERT: *GC* [339], Grasol mair ydwyd, dy groessi, *burwen*, / a baro duw Celi: / mae'r arglwydd ni ddigwyddi, / ag odieth da, gidath di. 16–17g. *Cer RC* 76, Cellwair ychneidie a thrymion feddylie; / A pham y gydawe' 'y *mhurwen* myfi? 1632 *D* d.g. *leucon.* 1672 R. PRICHARD: *Gw* 93, A'th ffafar wi 'n ei ofyn, / Er mwyn fy mhrynwr *purwyn.* 1776 *W* d.g. *milk-white.* 1790 TWM O'R NANT: *GG* viii, Ffrwd Awen *burwen* yn berwi. *id.* 189, Mi 'ro i ti Swllt *purwyn* yn addfwyn am wneud, / A'th Swpper yn siapus ŵr happus yn rhwydd, / Os rhedi di 'rywle o'r gole i ddwyn Gŵydd. 18–19g. *IMCY* 240, drossof nad angof a dos / y *bvrwenn* Edn heb aros [i'r wylan].

puryd [*pur*[1] + *ŷd*] *eg.* Ŷd digymysg, (yr) ŷd puraf, (y) grawn gorau, yn aml yn *ffig.* neu mewn cyd-destun *ffig.*: *pure corn,* (*the*) *purest corn,* (*the*) *best grain, often fig. or in a fig. context.*

15g. *GDLl* 156, Ei swydd ef hyd yn Nhrefawr, / Ar hyd y Mars, rhuad mawr, / Erchi rhyg, a'r ceirch i rai, / A'r *puryd* nis dirperai. 16–17g. *GST* i. 120, Fy ngwineufarch fwng nwyfus, / Fyw be doi raid, fab di-rus, / Poraist fy ngwair a'm *puryd*, / Poraist a gefaist i gyd. 16–17g. E. PRYS: *Gw* 303, Y tir, ail llety'r helwyr, / Yma sy er byw amser byr, / . . . / Ffrwyth heb ar, ffrith o *buryd*, / Ffyniant o borthiant y byd. 1677 C. EDWARDS: *FfDd* 352, Ni ddwg y llafurwr nefol iw yscuboriau uchaf ond y *puryd* ffrwythlon. 1703 E. WYNNE: *BC* 121, Maelwyr, a fydd yn attal neu 'n rhagbrynnu 'r ŷd, ac yn ei gymmyscu, yna gwerthu 'r ammur yn nwbl brîs y *puryd.* *c.* 1729 S. RHYDDERCH: *LlCD* 395, O'r Gwenith 'roedd gwrol, Gnŵd llwys o râd llesiol, / Yn tyfu'n flynyddol tra buddiol trwy barch; / Yn awr y mae'n amla, bob Gwŷg or diffeitha, / Ar *pur-ŷd* tyn yma tan Amharch. 1740 T. EVANS: *DPO* 212, Anhyfryd yw trin efrach, wedi'r hyfryd *bur-yd* bach. 1759 *BC* 337, Rhaid medi, ac ymborthi; / Ar ffrwyth eu gwegi gynt; / Am na hauwyd, yn lle *pur-ŷd*, / Ond gwag-ŷd yn y gwynt. 1761 *ML* ii. 299, perswaediwch Huw i beidio cymmysgu gwagedd blith draphlith a cherddi godidawg . . . os rhydd o ŷs ymhlith *pur-yd*, rhoed o ar ei ben ei hun fal y gellir i daflu gyda'r gwynt. 1778 J. HUGHES: *BB* 154, Dyma 'r winllan wiwlan ole, / Lle mae 'r llafurwr llafar eirie, / A'r hauwr hâd ddwy fron ddi frâd, / Ar gwysiad ei gwyse, / Yn hau ei wir *buryd*, hwyr a bore. 1798 R. DAVIES: *CG* 73–4, Dawn medrusgall dyn rhodresgar, / Gwneud ei dduw o gnwd y ddaear, / Ysgyboriau gwaliau'n gwlwm, / A Storehouses ys da rheswm, / Ond eill naws ing dywyllnos Angau, / Alw'r ynfyd, / I ado'i *buryd*, cyn y borau. Ar lafar ym Môn am 'yr ŷd gorau a ddaw o'r dyrnwr', *LlLlM* 101.

purydd, gw. **purwr.**

puryddiaeth [*purydd* + *-iaeth*] *eb.* (Yr arfer o roddi) pwys mawr ar reolau traddodiadol cywirdeb ffurf neu burdeb iaith, arddull, &c.: *purism.*

20g.

puryn [?talf. o'r e. *pupuryn*] *eg.* Mymryn, tamaid: *least bit, whit.*

1880. Ar lafar yn ne-ddwyrain Morg., "Odd dim *puryn* o liw yn 'i gruddia 'i', "Odd dim *puryn* o ola iddi weld yn unman'.

Cfn.: **(dim, heb fod) puryn gwaeth:** *none the worse.*

1880. Ar lafar yng nghanolbarth a godre Cered., '*Dim puryn gwaeth*', *Cymru* xxxiv. 121, a sir Benf., '*Dim purin gwâth* na newy", *GDD* 235. Cf. D. J. WILLIAMS: *ChHO* 250, a Rhydcymerus ei hun *buryn gwaeth* ar ôl cymryd ei enw yn ofer fel hyn.

pus, gw. **pys.**

Puseyad, Pusead, Piwsead, Piwsiad [yr e. prs. *Pusey* + *-ad*[2], trf. prs.] *eg.* ll. *-aid.* Enw difr. ar un sy'n arddel Puseyaeth: *Puseyite* (*n.*).

1842.

Puseyaeth, Piwseaeth [yr e. prs. *Pusey* + *-aeth*] *eb.* Enw difr. ar egwyddorion ac athrawiaethau Edward B. Pusey (1800–82) a'i ddilynwyr ym Mudiad Rhydychen a oedd yn pwysleisio'r elfen Gatholig yn Eglwys Loegr: *Puseyism.*

1842.

Puseyaidd, Puseaidd, Piwseaidd [yr e. prs. *Pusey* + *-aidd*] *a.* Yn perthyn i Buseyaeth, yn arddel Puseyaeth: *Puseyite* (*adj.*).

1842.

pustol, gw. **pistol.**

putain [bnth. H. Ffr. *putain*, o bosibl drwy'r S. C.] *eb.g.* ll. *pute(i)n(i)aid*, a hefyd fel *a.* Person, yn enw. gwraig neu ferch, sy'n ymgymryd â gweithgareddau rhywiol am arian, hwren, hefyd yn *ffig.*: *prostitute, harlot, whore, also fig.*

13g. *LlI* 32, Nyt oes breynt e *puteyn*: ket dyccer treys e arney, ne dele caffael yaun. 13g. *B* ix. 147, Raab *putain.* a Dauid prophuyt. 14g. *YBH* 4a, oi a *buttein* druan. *c.* 1400 *ChO* 6, [c]ael ar dauarneu ymdidan a *phuteineit*, ac ymdyualu, a gwarandaw clerwryaeth orwac. 1547 *WS*, *putayn*, a queane. 1567 *TN* 113a, dy vap hwn, yr vn a ysawdd dy dda y gyd a *phutenieit* [:– budroget]. *id.* 391b, mi [dd]angosaf ytti ddamnedigeth y *bytten* vawr ysydd yn eistedd ar lawer o ddyfroedd. 1606 E. JAMES: *Hom* i. 166, trwy butteindra y troir ymmaith y wraig honest ddieniwed, ac y derbynir *puttain* yn ei lle hi. 1632 *D*, *puttain*, meretrix, mæcha, scortum. 1703 E. WYNNE: *BC* 69, hithe 'n Ferch fwyn, ne 'n rhwydd o'i chorph . . . a *Phuttain.* 1755 *ML* i. 391, Tebyg i *butain* yw Sion Paynter . . . oblegid mae gantho ddau buteindy yn ei eiddo i hun. 1780 *W* d.g. *prostitute* [*a common woman or strumpet*]. 1794 J. MORGANS: *CN* 3, Pryd hyn llewyrcha'r hyfryd wawr / Y gorfoledda nef a llawr, / Wrth weled barnu'r *butain* fawr, / A'i dial 'n awr yn bod.

Fel *a.* (yn y ff. gmhr. yn unig) ?A nodweddir gan buteiniaid, llawn puteiniaid: *characterized by or full of prostitutes.*

17g. E. MORRIS: *Gw* 326, Ail Sodom dinllom danllid,—trig mawr, / Tre Gomora fyglyd; / *Puteiniach* feddwach fyddid, / Yn llawn baw na lle'n y byd [am Ddolgellau].

Amr.: **butain.** 1547 *WS*, *bytain*, a hore.

Gw. hefyd **puteinig**[2].

putain-wraig, gw. **puteinwraig.**

puteinaf: puteina, gw. **puteiniaf: puteinio.**

puteinaidd, puteiniaidd [*putain* + *-(i)aidd*] *a.* Nodweddiadol o butain, puteinllyd, hwrllyd, godinebus, hefyd yn *ffig.*: *characteristic of a prostitute, whorish, fornicating, adulterous, also fig.*

1579 *RC* xlviii. 90, hi amgwairia, ag ymhoywa, ac a wna llawer o ddrygioni, megis y dywaid Selyf Ddoeth am y wraig a gyfarfu ag ef mewn addurn *puttainaidd.* 1604–7 *TW* (*Pen* 228), *puteinieidd* d.g. *meretricius, stuprosus.* 1615 R. SMYTH: *GB* 121, gwenidogion Iesu Grist sy 'n gwasnaethu Antichrist, y mae'nthwy'n blaenori pawb mewn urddas, ag anrhydedd . . . oddyno mae 'r trwsiad *puttainiaidd* . . . yn dyfod. 1620 *Eseia* lvii. cs., Duw yn argyoeddi'r Iuddaeon, am eu *putteiniaidd* ddelw-addoliaeth. 1651 SIÔN TREREDYN: *MDD* 159, un Manasses. Llofruddiog anrhugarog, neu un Saul cablaidd herllidiaidd dditraha . . . un Fagdalen *butteiniaidd* odinebaidd. 1677 C. EDWARDS: *FfDd* 128, bod yr eglwys *butteiniaidd* yn ymdrwssio â defodau brithion, ond bod yr eglwys briod yn blayn hebddynt, ac yn d[e]g oddifewn. *id.* 270, Nid digon gan y galon *butteiniaidd* adel a gwrthod ei Harglwydd. 1770 *W*, *putteiniaidd* d.g. *adulterous, whorish.* 18–19g. *MA* iii. 228, Tri pheth *puteiniaidd* eu lliw ar venyw: bod yn voethus, yn chwerthinus, ac yn chwannog i ymdrwsiadu yn wych a chostus.

puteindra [*putain* + *-dra*] *eg.* Y cyflwr neu'r arfer o fod yn butain, gweithgaredd(au) putain, godineb, anlladrwydd, hefyd yn *ffig.*: *prostitution, whoredom, fornication, adultery, licentiousness, also fig.*

13g. *B* ix. 340, Meir egiptiaca . . . wedy e chymell o aniweirdep e kerdws hyt en alexandria. Ene wal honno yd emrodes e chorff e *buteindra.* 1551 W. SALESBURY: *KLl* lxib, gweithredoedd y cnawt ynt eglur, ac wyntwy yw'r y rei hyn: Gordderchyat *puteindra* [:– godineb], aflendit, anlladrwydd. 1588 *Nu* xiv. 33, A'ch meibion chwi . . . a ddygant gosp eich *puteindra* chwi. 1595 M. KYFFIN: *DFf* 68, cadw *putteindra* cyffredin yn Rhufain. 1595 H. LEWYS: *PA* 58, mor fuan irr ymrodd Dafydd, gann dorri allan mewn vfudd-dod . . . ymynedd, a chydnabod oi *buteindra*, pan ffoadd ef rhag Absalon. 1606 E. JAMES: *Hom* i. 154, [p]echod *putteindra* a godineb. 1630 *YDd* 109, galw . . . *puteindra* caru merched. 1632 *D*, *putteindra*, fornicatio, stuprum, adulterium. 1672 J. LANGFORD: *HDdD* 176, y mae'r Rhinwedd ymma o Ddiweirdeb yn sefyll mewn perffaith ymattal rhag pób máth a'r [*sic*] aflendid . . . rhag godineb a *phutteindra.* 1746 G. JONES: *HWI* iii. 114, *Putteindra*; sef, Aflendid rhwng dau a fytho yn sengl, ac heb fod yn briod. 1759 T. THOMAS: *WWDd* 291, nid oes dim y mae 'r Dŷn anllad, a phuteinllyd yn ei hoffi, yn fwy nag anlladrwydd a *phutteindra.* 1803 *P.*

puteindraeth [*putain* + *traeth*[2]] *e?g.* Pornograffi: *pornography.*

1916.

puteindy [*putain* + *tŷ*] *eg.* Adeilad lle mae merched yn gweithio fel puteiniaid, hefyd yn *ffig.*: *brothel, whorehouse, also fig.*

c. 1585 *Llst* 178, 34b, hi a wisgai yn fynych trwsiad gwr am deni . . . ag ai yr *pytaindy* cyffredin i wnaethyr godineb yno gada [*sic*] llawer o ddynion . . . dan fostio iddi ragori pob putain yn y *puteindy.* 1604–7 *TW* (*Pen* 228) d.g. *fornix, prostibulum.* *id.* mynychû *puteindai* d.g. *lustror.* 1632 *D*, *putteindy*, lupanar, prostibulum meretricum. 1658 R. VAUGHAN: *PS* 171, Trythyllwch . . . Delwaddolaidd yw, wneuth[u]r y corph (teml Dduw) yn *butteindy.* *id.* 377, Oni weli di . . . mal y mae tafodau llawn o fudreddi a serthedd i galonnau aniwair? A *phuteindy* yn y genau, pan fyddo puttain yn y galon? 1693 *HC* 58, Pe cymmerai Duw bobl o'r Cutt a'r *Putteindŷ* ir nef, tybid nad yw mor gâs ganddo bechod ac y dywed yr yscrythyr ei fod. 1724 S. WILLIAMS: *ADA* 6[1], Eraill ydynt yn treulio eu hamser gwerthfawr mewn Tafarn-dai, a *Phuttein-dai* o ddŷdd i ddŷdd. 1755 *ML* i. 391, Tebyg i butain yw Sion Paynter . . . mae gantho ddau *buteindy* yn ei eiddo i hun. 1791 GW. MECHAIN: *Rh* 106, ni â ddarllenwn ddarfod i'r pâb Sixtus IV, adeiladu *putteindy* yn Rhufain . . . ac i chwanegu cybydd-dod at ei drachwant, fe roddes wythnosawl dreth ar y budrogod. 1794 *W* d.g. *a whore-house.* 1803 *P.*

puteingar [*putain* + *-gar*] *a.* Yn (arfer neu'n hoffi) puteinio; ?puteinllyd: *whoring* (*adj.*); ?*whorish.*

1655 R. JONES: *PC* 165, Cwymp Ninef: waedlyd, truan yw . . . / *putteingar* ryw. 1794 *W* d.g. *whoring* [*given to whores, or to whoring*]. 18–19g. *MA* iii. 275, Tri brodyr gwallgov: chwareugar, diodgar, a *phuteingar.*

puteiniaeth [*putain* + *-iaeth*] *eb.* Puteindra: *prostitution.*

1909.

puteiniaf, puteinaf: puteinio, putein(i)a [bf. o'r e. *putain*] *bg.a.*

(*a*) (fel *bg.*) Cyfathrachu'n rhywiol â phutain, hwrio, gordderchu, godinebu; gweithio neu ymddwyn fel putain; hefyd yn *ffig.*: *to whore, fornicate, commit adultery; work as a prostitute, play the harlot; also fig.*

15g. *GP* 37, Tri pheth a dyly kerdawr y gochel: llynna, a *phutteina* (*id.* 17, gwrageda), a chlerwryaeth. 1567 *LlGG* (*Sall*) 40b, dinystri bawp 'sy yn *puteinio* y wrthyt. *id.* 61a, Mal hyn yr ymhalogent yn ei [*sic*] gweithredoedd y unain, ac y *putunient* [*sic*] yn ei [*sic*] dychymygion y unain. 1588 *Gen* xxxviii. 24, Thamar dy waudd di a *butteiniodd.* 1588 *Barn* ii. 17, *putteiniasant* ar ôl duwiau dieithr. *Diw.* 16g. *Gwyn* 3, 91, Treulio ei dda a wna'r nos / a'i guddio iw wragedd-os. / . . . / Yn llwyr ddig gwna n llawr ei dda / heibio y tynn i *buteinia.* 1630 R. LLWYD: *LlH* 145, Rhai a redant i *butteinia* ar y suliau; rhai i'r twmpath chwareu, ac i ddawnsio. 1632 *D*, *putteinio*, meretricari, libidinari, mæchari, adulterari. 18g. *Beirdd y Berwyn* 23, Er *puteinio* mewn tro trwch / O'r golwg mewn dirgelwch, / . . . / Gochel ddyn, ac na chel ddig / Uffernol bechod ffyrnig. 1794 *W*, *putteinio* d.g. *whoring, to go a whoring.* 1803 *P* d.g. *puteiniaw.*

(*b*) (fel *ba.*) Diraddio, darostwng: *to degrade, debase, prostitute.*

1920.

puteiniaidd, gw. **puteinaidd.**

puteinig[1] [*putain* + *-ig*[2]] *a.* Puteinllyd, godinebus, hefyd yn *ffig.*: *whorish, adulterous, also fig.*

1588 *Diar* vi. 26, O blegit y fenyw *buteinig* y dâw gwr [*sic*] i gardotta tammaid o fara, a gwraig gŵr arall a hela yn ôl yr enaid gwerth-fawr. 1588 *Ecclus* ix. 3, Na ddos i gyfarfod â gwraig *butteinic.* *id.* xli. 25, edrych ar wraig *butteinig* ni byddo eiddo ti. 1658 R. VAUGHAN: *PS* 130, mor ffieidd a charu y . . . buttain, mor ffieidd ath wneuthur di yn fwy *puteinig* rhwyddwll o ran dim om trythyllwch i. 1720 *App DP* 31, gwych drwsiad *Putteinig* ei Ddelw Addoliaeth. 1722 *Llst* 189, *putteinig* . . . whorish, adulterous. 1770 *W* d.g. *adulterous.* 1791 GW. MECHAIN: *Rh* 32, nid oedd ganiataol i neb ei weled ond ei gariad-ferch *butteinig*. **1803** *P.*

puteinig[2] [gair geir., sef *putain*+-*ig*[1]] *eb.* Putain fechan neu ieuanc: *little or young whore.*

1632 *D* d.g. *meretricula, scortillum.* **1722** *Llst* 189, *puteinig*, f. a young whore. **1794** *W* d.g. *whore, a little or young, whore.*

puteiniol [*putain*+-*iol*] *a.* Puteinllyd, hefyd yn *ffig.*: *whorish, also fig.*

Dchr. **15g.** *B* viii. 138, Yn eu harogleu y kodant duw y rei a digrifhaant yn adurn *puteinyawl.* ac a wnant udunt arogleuedigaeth. **1803** *P.*

puteiniwr, puteinwr [bôn y f. ll.+-(*i*)*wr*] *eg.* ll. *puteinwyr.* Gŵr sy'n ymhél â phuteiniaid, hwrgi, gordderchwr, godinebwr, anlladwr: *whoremonger, fornicator, adulterer, wanton.*

1547 *WS*, *byteinwr*, a hore hunter. **1567** *TN* 289b, hyn a wyddoch, am *puteiniwr* [:– godinebwr], na neb aflan . . . nad oes yddo ddim etiueddiaeth ynteyrnas Christ. *id.* 342a, Na fid vn *putteiniwr*, neu anlan megis Esau. *id.* 343a, Urddasawl yw priodas ym hob dyn, ar [*sic*] gwely dilwgr: eithyr y *putteinwyr* ar ei [*sic*] godinabus Duw ay barna. **1595** H. Lewys: *PA* 184, ni ddinystr . . . y *puteiniwr*, ar treisiwr ar vnwaith a mellt a tharaneu. **1632** *D*, *putteiniwr* d.g. *fornicator.* **1632** J. Davies: *LlR* 15–16, ystyried na chaiff vn *petteinwr* [*sic*], na godinebwr, nac eulynaddolwr, na thorrwr priodas . . . etifeddu teyrnas Dduw. **1703** E. Wynne: *BC* 130, oni ddygaf i chwi ugain *putteinwr* am bôb blwyddyn y bwy allan, rhowch arnai'r gôsp a fynnoch. **1722** *Llst* 189, *putteiniwr*, m. a whoremonger. **1790** T. Jones: *TOS* 300, A ydyw 'n well gan y *putteiniwr* golli ei barch . . . na'i blesereu anifeilaidd? **1803** *P.*

Amr.: **buteinwr** [cf. *butain*, amr. ar *putain*]. **1547** *WS.*

Gw. hefyd **puteinwraig.**

puteinllyd [*putain*+-*llyd*] *a.* Yn perthyn i butain, tebyg i butain, nodweddiadol o butain, chwannog i buteinio, godinebus, anllad, hefyd yn *ffig.*: *whorish, like a whore, characteristic of a prostitute, adulterous, wanton, also fig.*

1588 *Esec* vi. 9, Yna dy rai diangol a'm coffânt i ymmysc y cenhedloedd y rhai y caethgludwyd hwynt attynt, y modd i'm drylliwyd, ai calon *butteinllyd* . . . y rhai a butteiniasant ar ôl eu heulynnod. **1595** M. Kyffin: *DFf* [72–3], Nid oes gennym-[n]i deie cyffredin *putte*[*in*]*llyd*, na llu o ordderchion, a godinebwyr. *c.* **1658** R. Vaughan: *E* 206, aeth Zimri ddigywilydd ym mhlaen o chosbi [*sic*] *buteinllyd* (*his shameless Cozbi*). **1725–6** *Madd Ed* 428, mor anhawdd yw i neb a rwydwyd unwaith mewn gyrfa o bechod eu dad-ddrysu eu hunain drachefn, o herwydd . . . fod swynion mewn halogrwydd, a bod Gwefusa[u] Menyw *butteinllyd* yn Faglau a Glyd. **1727** J. Jones: *DFF* 117–18, a allai dim ddiddyfnu eich Calonnau *pyteinllyd* chwi oddi wrth y Bŷd? **1759** T. Thomas: *WWDd* 291, nid oes dim y mae 'r Dŷn anllad, a *phutteinllyd* yn ei hoffi, yn fwy nag anlladrwydd a phutteindra. **1795** Jac Glan-y-gors: *SG* 16, mae hanes penau coronog Lloegr yn drwstan a gwaedlyd, a *phuteinllyd* agos drwyddo. **1803** *P.*

puteinrwydd [*putain*+-*rwydd*] *eg.* Puteindra: *prostitution, whoredom.*

1346 *LlA* 24, Agodineb. A*phuteinrwyd*. Agwydyeu ereill (*in adulterio, fornicatione, et caeteris flagitiis*). *id.* 38, Aargyweda dim yrei bychein oe geni ogam welyeu. megys o *buteinrwyd.* nev ogaressev. neu odynyon kreuyd. *c.* **1400** *B* xiv. 188, Meir o'r Eifft . . . wedy y chymell o aniweirdeb y kerdawd hyt yn Alexandria. Yn y val honno yd ymrodes hi y *buteinrwyd* o'e chorff heb gaffel y dogyn. **1588** *Jer* xiii. 27, Gwelais dy odineb, a'th weryriadau, brynti dy *butteinrwydd* ar y brynnoedd. **16–17g.** *IICRC* iii. 76, byw mewn enw o wraig ffeyrad / mewn *pyteinrwydd* ag ar Ledrad.

puteinwr, gw. **puteiniwr.**

puteinwraig, putain-wraig [*putain*+*gwraig*] *eb.* ll. *puteinwragedd.* Putain, hwren: *prostitute, whore.*

1588 *Lef* xxi. 7, Na chymmerant *buttain-wraig* neu vn halogedic yn wraig. **1588** *Jer* iii. 2–3, ti . . . a halogaist y tir a'th butteindra . . . ac ni bu glaw diweddar, er hynny talcen *putteinwraig* oedd i ti, gwrthodaist wladeiddio. **1588** *Esec* xxiii. 44, daethant atti fel dyfod at *butteinwraig.* **1630** R. Llwyd: *LlH* 95, Mi â welaf yn eglur nad yw y byd ond megis *putteinwraig*, abwyd cryf, neu rwyd faglog, yn yr hon y delir miloedd. *c.* **1730** *Thos. Lloyd D* (LlGC) 202a, *putteinwraig*, meretrix. **1740** T. Evans: *DPO* 276, Dywed yr Awdur i *Buttein-wraig* eistedd ar Feddrod Sanctes a elwid Osanna. **1774** *W* d.g. *harlot.* **1778** J. Hughes: *BB* 232, Medde am rai cyndyn a neccâ, / Mai 'r fath gyndynna oeddent, / Fod ganddyn dalcen *putten wraig*, / Gwynebe a gruddie fel y graig, / A sugun laeth didennau 'r ddraig a dynnent. *Diw.* **19g.** *SE MS* 397a, *puteinwraig, wragedd*, sf. a wanton . . . a harlot.

Gw. hefyd **puteiniwr.**

puwc [bnth. S. *puke* 'superior kind of woollen cloth'] *e?g.* Defnydd gwlân o liw tywyll ac o ansawdd da: *puke* (*woollen cloth*).

15–16g. *GLM* 113, Piau cau gown *puwc* i gyd, / er ei ddwyn o wyrdd ennyd? / Du âi gennyd i gannyn: / dwyawr o haul a dyr hyn. *id.* 160, ni thyr gwaedd fyth a ry gwen, / ni thau wylo nith Olwen. / Dwyn *puwc* hyd ei hwyneb hi, / du o lir; a dôi Lowri. **15–16g.** *TA* 379, Gwraig a wisg ar i gosgedd / Gŵn o *buwc* o'i gau'n y bedd.

puwdr, gw. **powdr.**

Puweiddiaf: Puweiddio [yr e. prs. *Pughe* +-*eiddio* (At.)] *ba.* Trosi (orgraff) i system orgraffyddol William Owen[-Pughe] (1759–1835): *to change* (*orthography*) *to the orthographical system of William Owen-*[*-Pughe*].

1898.

puwr, puwraidd, puwritan, gw. **piwr, piwraidd, piwritan.**

pw[1] [bnth. S. *pooh*] *ebd.* a hefyd gyda grym enwol. (yn mynegi diffyg amynedd, dirmyg, neu ddiflastod, a ffieidd-dod wrth glywed aroglau drwg) Twt!, ỳch a fi!, pỳch!: *pooh!*

1688 S. Hughes: *TSP* 7, *Pw*, ebe Cyndyn, ymmaith â'ch llyfr. **1735** L. Morris: *T* 13, pa faint a dâl yr adar ar Pryfed hynny yr wyt yn Ceisio cynifer o bethau i'w Hela . . . *Pwh*! ebr Heliwr, rhyw ychydig fatter nis gwn i'n union pa faint. **1778** N. Williams: *D* 38, Mae'n ddrwg gennyf dy fod di mor bengaled . . . *Pw*, gad di fy mhen i yn llonydd, a dywed dy feddwl. **1780** *W* d.g. *pish!* **1791** *Dialogous* 22, *Pw*, mi es yn benwan o'r diwedd. Cf. W. Rees: *AFR* 297, *Pw*! y mae eich cymdeithion gogleddol yn waedoerllyd. Ar lafar. Fe'i clywir hefyd, yn enw. yn iaith plant, yn yr ystyr 'cach, caca'.

Cfn.: **pw pw:** *pooh-pooh!* **1838.** Cf. Dewi Wyn: *BA* 139, Iwan bach, pob bach, *pw, pw.* Fe'i clywir, yn enw. yn iaith plant, yn yr ystyr 'cach, caca'.

pw[2], ***pw**[3], gw. **pwy**[1,3].

pŵant, *e?g.* Cafn melin, pynfarch: *mill-leat.*

Ar lafar gynt yn sir Gaerf.

pwblic, pwblican, gw. **pyblig, pyblican.**

pwca, pwci [cf. *bwci* a'r S. Diw. *puck, pook* (< S. C. *pouke* < H. S. *pūca*); ?cf. hefyd H. Norwyeg *púki*, Gwydd. Diw. *púca*] *eg.* ll. *pwcaod, pwcïod.* Coblyn, ellyll, bwci, ysbryd: *goblin, sprite, bogey, ghost.*

1773 *W*, vulgò coblyn, pŵg, *pwcci, pwcca.* **18–19g.** *Llr* C 30, 186, *pwcca*, a goblin [Glam]. **1803** *P*, *pwca*, s. m. pl. t. *od*, a hobgoblin. *id. pwci*, s. m. pl. t. *od*, a hobgoblin. Ar lafar ym Morg. yn y ff. *pwca*, *B* viii. 324.

Gw. hefyd **bwci, bwca** (At.).

pwcaf: pwco [?bnth. S. (*to*) *pucker* neu amr. ar *bwcaf**: *bwco*] *bg.* Codi, chwyddo (yn enw. am lawr mewn gwaith tanddaearol): *to bulge, swell* (*esp. of the floor in underground workings*).

Ar lafar yn y De, *Geir Glo* 64, *B* viii. 220; 'Ma'r 'en lawr 'yn yn dychra *pwco*'.

pwced [bnth. S. *bucket*; am *b*- > *p*-, cf. *planced, plocyn*] *eb.* ll. -*i.* Bwced, hefyd yn *ffig.*: *bucket, also fig.*

1786 Twm o'r Nant: *PCG* 20, Ac ysmocio nes aeth hi yr un lliw a'r Gwr-drwg, / Hên *bwcced*, gan fŵg Dybacco. Ar lafar yn Arfon, 'Mi fydd raid inni gal *pwcad* newydd—ma twll yn hon'.

Gw. hefyd **bwced.**

pwcedaid [*pwced*+-*aid*[1]] *eb.* ll. *pwceidiau, pwceidi.* Bwcedaid: *bucketful.*

20g. Ar lafar yn Arfon, 'Tyd â *pwcedad* o lo i'r tŷ, 'nei di?', 'Ma isio *pwceidia* o ddŵr i gal y car 'ma'n lân'.

pwcen [bôn y f. *pwcaf*: *pwco*+-*en*] *eb.* Haen o dir meddal mewn pwll glo: *stratum of soft earth in a coal mine.*

Ar lafar yng ngorllewin Morg. a sir Gaerf., *Geir Glo* 56.

pwci, gw. **pwca.**

pwcins [cf. *pwcaf*: *pwco*] *e.ll.* Codiad neu chwydd yn y llawr mewn gwaith tanddaearol a achosir gan bwysedd tanddaearol: *a swelling or bulge in the floor of underground workings caused by underground pressure.*

Ar lafar ym Morg. a sir Gaerf. yn aml yn yr ymad. 'torri *pwcins*', *Geir Glo* 63, *B* viii. 220. Cf. *LlGC* 1172, 9, *pwcins*: puckers—the effect of the great pressure underground, where the roads are swelling upwards, causing them to become impassable, without cutting away the puckers. torri'r *pwcins.*

pwcs [?bnth. S. *push*] *eg.* ll. *pycsiau.* Sbel (o amser), sbel (o waith, &c., yn enw. yn egnïol neu ar frys), pwl, hwrdd; pwl (o salwch, pesychu, &c.): *spell* (*of time*), *spell* (*of work, &c., esp. one done energetically or in a rush*), *bout, 'push'*; *bout* (*of illness, coughing, &c.*).

1912. Ar lafar, 'gwneud rhyw *bwcs* o waith', 'gweithio fesul *pycsia*', *ISF* 62; '*pwcs* cas o besychu' (Môn); 'heb wneud *pwcs* drwy'r dydd', 'am *bwcs*' 'am sbel' (Arfon).

Amr.: **bwcs**[2]. Ar lafar, 'gneud ryw *fwcs* o waith', *WVBD* 60. **pwts**[2]. Ar lafar, 'Dyna nhw'n *bwts*', *WVBD* 60.

Cfn.: **yn bwcs, yn bwts:** *suddenly, in a hurry, in a rush, all of a sudden.* Ar lafar, 'Mi eish i'*n bwcs* i fewn', 'Mi eish i'*n bwcs* i'w wynab o', 'Dyna nhw'*n bwts*', *WVBD* 60; 'mynd *yn bwcs* iddo' 'taro'n sydyn arno' (Arfon).

pwcsiaf: pwcsio, gw. **pycsiaf: pycsio.**

pwcslyd [*pwcs*+-*lyd*] *a.* Brysiog, byrbwyll: *hasty, rash.*

Ar lafar, 'Mi ath yn *bwcslyd* iawn . . . i ryw dramgwydd, heb gynsidro cyn mynd', 'Dyn yn gweld bai arno 'i hun am 'i fod wedi bod yn rhy *bwcslyd*', *WVBD* 60.

pwd[1] [?cf. S. C. *pouten out* 'to swell, erupt', a *pwd*[2]] *eg.* Clwy'r afu, braenedd, ffliwc; llaid, llaith, lamri, afiechyd llidus ar y droed (ar ddefaid a gwartheg); twbercwlosis (ar wartheg); afiechyd (ar ddefaid) sy'n peri chwydd dan yr ên; hefyd yn ddifr. am berson: *liver rot, fluke, the rot* (*disease of sheep*); *foot-rot*; *tuberculosis* (*of cattle*); *disease* (*of sheep*) *causing a swelling under the chin*; *also derog. of a person.*

c. **1400** *R* 1346. 20–1, Penn Jeuan nyt glan glin pres. pannord fford ffeirdyn cablus. *pwt* croen divrwt crawn dy vrys. **1672** R. Prichard: *Gw* 556, Nâd ei ddefaid fynd ar ddidro, / Nâd ir Blaidd, na 'r llew eu scliffio, / Nâd ir cwâl a'r *pŵd* eu mallu, / Eisieu trîn, a'u troi au [*sic*] maethu. **1722** *Llst* 189, y *Pŵd* ar ddefaid, the rot on sheep. **1740** T. Evans: *DPO* 50, hên Ddefaid yn trigo o'r *Pwd* mewn Gaiaf dyfrllyd. **1753** *TR*, *pŵd*, rottenness in sheep. [**1762**] E. Powell: *HEI* 66, Rhag y Garget neu Glefyd y Tafod, a'r Gegen, neu'r *Pwd.* [**1783**] *W*, malldod, mellni, y *pŵd* d.g. *rot, the rot* [*a disease in sheep, &c., so called*]. **1803** *P.* Cf. *Hanes Bywyd yn Ardal Tyddewi tua 1850* 5, Yr ydoedd un neu ddwy . . . o wartheg godro ar bob fferm yn marw o'r hyn a alwen yn '*pwd*' (tuberculosis). Ar lafar, '*pŵd* ar ddefaid . . . rot in sheep', *B* iv. 300; ''On i'n sylwi bod sawl dafad yn pylyno achos bod y *pwd* arni' [ynglŷn â dolur ar draed].

pwd[2] [bnth. S. *pout*] *eg.* Y cyflwr neu'r weithred o bwdu neu deimlo'n ddigofus neu'n sarrug, soriant, y weithred o laesu gwefl: *sulk*(*s*), *sullenness, a pouting.*

1722 *Llst* 189, *pŵd*, m., a powt, the frets. **1773** *W*, y *pŵd* d.g. *the frets or sullens, the pouts or sullens. id.* myned i'r . . . *pŵd* d.g. *to pout. id.* Y mae'r *pŵd* arno d.g. *to pout . . . He pouts.* Ar lafar yng Nghered. a sir Benf., *B* iv. 300, *Cymru* xxxiv. [121], *SC* vi. 125.

Cfn.: **ar y pwd:** *in a sulk, in a huff.* **1923.** Ar lafar yn sir Gaerf., *Cymru* xl. 243. **yn y p.** (**yn ei ph.,** &c.): *in a sulk, in a huff, also fig.* **1780** *W*, Y mae efe *yn y pŵd* d.g. *to pout . . . He pouts.* Ar lafar yn sir Benf., *Wês wês* 17. Cf. *CYLl* 82, Mae'r bladur hithau *yn ei phŵd* / Mewn 'rhwd' yn awr yn hongian.

pwd[3], *eg. Adar.* Pela gynffonnir, *Ægithalos caudatus*: *long-tailed tit.*

20g.

pwdaf: pwdu, pwdo [bnth. S. (*to*) *pout*] *bg.a.* Bod yn dawel neu'n sarrug oherwydd dicter neu ymdeimlad o fod wedi cael cam, llyncu mul, sorri, monni, digio, llaesu (gwefl): *to sulk, be sullen, take offence, pout (lips).*

1722 *Llst* 189, *pwdi*, to powt. **1780** *W*, *pwdu* d.g. *to pout.* **18–19g.** *Llr* C 75, 203, *pwdo* [Glamorgan Words]. Ar lafar, *Cymru* xxxiv. [121], xlvi. 24, *SC* vi. 125. Ym Morg. clywir y ff. *pwtu*. Cf. D. OWEN: *WBC* 98, y mae Jack yn dysgwyl y tamaid a'r llymaid goreu ym mhob ty, ac onis caiff hyn bydd yng nghanol y *pwdu* yn uniongyrchol; *SE MS* 397a, Y mae efe yn *pwdu* ar ei fwyd—he pouts at his food or victuals.

pwdel [bnth. S. *puddle*] *eg.* ll. *-i.* Pwll o ddŵr (mwdlyd), dŵr lleidiog, mŵd, llaca, baw, hefyd yn *ffig.*: *puddle of (muddy) water, muddy water, mud, mire, dirt, also fig.*

1688 S. HUGHES: *TSP* 12, gadaw-wyd Cristion i ymdroi yn y *Pwdel* o Anobaith (*Slough of Dispond*) wrtho ei hun. *c.* **1730** *Taith C* 161, pwll . . . yn llawn o *Bwdel*. *c.* **1730** *Thos. Lloyd D* (LlGC) 197b, *pwdel*, a Puddle. Dem. [**1761**] *GGJ* 76, Y maent yn Plastro'r lle . . . a pheth Calch a pheth morter (nid clai ond y *pwdel* ac y sydd wedi ei Gasgli gan ddwr i riw Bant). **1779** W. WILLIAMS: *HT* 13, yngwres yr haf yn edrych i lawr i fudreddi pydew . . . gwelwn filiwnau o bethau yn ymlusgo ynghanol y dom drewllyd a'r *pwdel* aflan. Ar lafar yng Nghered., sir Benf., a sir Gaerf., *Cymru* xxxiv. [121], *B* iv. 300, *GDD* 235; 'yn wlyb *bwdel*'. Clywir hefyd y ff. *pwdwl*. Digwydd yn yr e. lle *Rhyd y Pwdel*, Llanwenog, Cered.

Amr.: **bwdel.** **1784** M. WILLIAMS: *S* i. 154. Ar lafar ym Morg. yn y ff. *bwtal*.

pwdelacs, gw. **pwdlac.**

pwdelog [*pwdel*+*-og*] *a.* Llawn pwdeli, yn ffurfio pyllau o ddŵr (mwdlyd), lleidiog: *full of or forming puddles of (muddy) water, muddy.*

20g. Cf. D. J. WILLIAMS: *ChHO* 57, drwy'r llaca *pwdelog* ar gors y Bryniau.

pwding, pwdingen, pwdingien, gw. **pwdin.**

pwdin, pwding [bnth. S. *pudding*] *eg.* (bach. b. *pwding(i)en*) ll. *-au, -s.*

(*a*) Unrhyw un o amryw seigiau melys neu safri, yn enw. un feddal neu weddol solet a wneir o gymysgedd o gynhwysion sy'n cynnwys grawnfwyd neu ddefnydd blodiog wedi eu berwi, eu stemio, neu eu pobi, poten; saig felys fel cwrs mewn pryd o fwyd: (*sweet or savoury*) *pudding*; *sweet course of a meal, dessert, pudding, afters.*

1547 *WS*, *pwdyngen*, a podyng. **1582** *Rhyddiaith Gymraeg* ii. 49, Ow, fy ewyrth, ni buassai raid vwch hanner y brys hwnnw i ddyfod i'ch kinio: braidd y tywymnodd y *bwdingien* etto. **16–17g.** *GST* i. 481, Da gan Rys deg yn ŵr iach / Bastai o aelod bustach. / *Pwding* mwya' hap ydoedd, / A chod wen ei iechyd oedd. **1604–7** *TW* (*Pen* 228), *pwdingen*, a elwir gwaetogen d.g. *apexabo*. *id.* rhyw waedogen a wneler o gic twrch, selsigen, mynochen, *pwdingen* d.g. *tomaculum*. **17g.** HUW MORUS: *EC* i. 68, Cwch oedd fe—cochodd ei fin, / Padell i ferwi *pwdin* [i ofyn cap mownturo]. *c.* **1689** (**1802**) L. WILLIAM: *Sherlyn Benchwiban* 39, Mi fynna faip a halen, / A'r rhai'n mi wnaf *bwdingen*. **1722** *Llst* 189, *pwding*, *dingen*, f.p. *dingau*, a pudding. **1760** *ML* ii. 264, uwd a llymru . . . sew, a phosel, ie, a gylfined o *bwdin* a meddalfwyd o'r fath. **1795** J. THOMAS: *AIC* 218, Bydded fod darn o *Bwding* ar y Bwrdd yn 10 Mod. hŷd, llêd, a dyfnder, pa sawl dyn a Giniewa arno, a phob ûn fwytta [*sic*] un Fodfedd yscwar ? Atteb 1000. Ar lafar yn gyff., hefyd yn y ddihareb 'Gormod o *bwding* a dag (dagith) gi', *WVBD* 447; ac yn y ff. *pwdingan* yn sir Gaern. am deisen a wnaed gan ddefnyddio llaeth tor, *Geir Geg* 41.

(*b*) Perfeddion, ymysgaroedd, coluddion: *guts, entrails.*

14–15g. (*Diw.* **16g.**) *Gwyn* 3, 167, Llym leiddiad dafad, tefyrn y *pwding* / pydew gwêr a mebcyrn [dychan i'r llwynog gan Rys Goch Eryri]. **16g.** (*LlEG*) *Mos* 158, 134a, yr hwn a vrathodd yr iarll oddi dann i aruau drwyr bontt ynni beruedd oni oedd i *bwding* ef ynghylch i draed. **1615** R. SMYTH: *GB* 272–3, Llawer o physygwyr o wlad Roeg ag Arabia a arferasont 'mer [*sic*] escyrn a mennydd dyn ai golyddion ne i *bwding*. **1716–18** *Llsgr R. Morris* 115, mae ymma hŵch a heudda glod / ag ond i bod yn llodig / yn second cwrs cewch *bwding* hon / os byddwch dynion diddig. Ar lafar yn sir Benf. yn y ff. *pwdins*, *SC* vi. 125, *Geir Geg* 76, a hefyd yn y ff. *pwdlins*.

(*c*) Ffender raff am ben blaen cwch rhag iddo daro yn erbyn wal y cei: *pudding* (*kind of fender on a boat*).

Ar lafar yn sir Gaern. yn y ff. *pwdin*, *B* xxv. 58.

Cfn.: **pwdin afal(au):** *boiled apple pudding.* Ar lafar ym Môn, *Geir Geg* 45. **pwdingen afu, p. au:** (*dict.*) *liver pudding.* **1547** *WS*, *pwdyngen au*, a lyueryng podyng. **1776** *W*, *pwdingen afu* d.g. *livering*. **pwdin bara:** *bread pudding.* **1860.** Ar lafar yn gyff., *Geir Geg* 45. **p. bara menyn:** *bread-and-butter pudding.* **20g.** Ar lafar yn gyff., *Geir Geg* 45. **p. (wedi) berwi, p. berw:** *boiled pudding.* **1921.** Ar lafar yn gyff., *Geir Geg* 45. **p. cawl:** *kind of savoury pudding or dumpling eaten with stew.* Ar lafar yng Nghered., *Geir Geg* 35. **p. clwt:** *bag pudding, pudding boiled in a bag.* **20g.** Ar lafar yn sir Gaern., *Geir Geg* 45. **p. cwd, pwdingen gwd:** *bag pudding, pudding boiled in a bag.* **1725** *SR*, *pwdingen gwd* d.g. *a Bag-pudding*. **1770** *W*, potten (*pwding*) *gŵd* d.g. *a bag-pudding*. Ar lafar yn sir Gaern., *Geir Geg* 46. **p. cymysg:** *bag pudding, pudding boiled in a bag.* Ar lafar yn sir Gaern., *Geir Geg* 46. **p. dwrn:** *rice pudding of solid consistency.* **1920.** Ar lafar yng ngorllewin sir Ddinb. **p. fflŵr:** *kind of dough pudding or dumpling eaten with stew.* Ar lafar yn sir Benf., *Geir Geg* 35–6. **p. ffrwt:** *hasty pudding.* Ar lafar yn nwyrain sir Drefn., *Cymru* liii. [31]. **p. (pwding) gwaed, pwdingen waed:** *black pudding, blood pudding.* **1768** J. PRYS: *Alm* [2], [y]r un fath ydyw llyfr heb ragymadrodd, a *phwding gwaed* heb ddim siwed. **1780** *W*, *pwdingen waed* d.g. *pudding, a black [blood-] pudding.* Ar lafar yn gyff., *Geir Geg* 36, *B* iii. 206, *WVBD* 447. Cf. T. H. PARRY-WILLIAMS: *OPG* 19, byddai raid blingo llysywen . . . wedyn ei sgleisio'n fân ddarnau, fel . . . [*p*]*wdin-gwaed*. **p. gwaed gwyddau:** *goose-blood pudding.* Ar lafar yn Eifionydd, S. M. TIBBOTT: *AB* 22. **p. gwyliau:** *Christmas pudding.* Ar lafar yn nwyrain Morg. yn y ff. *pwdin gwyla*, *Geir Geg* 46. **p. hastus:** *hasty pudding.* Ar lafar yn sir Ddinb. **p. lwmp:** *pudding boiled in a bag for Christmas and other special occasions.* **1869.** Ar lafar ym Môn, sir Gaern., a Meir., *Geir Geg* 46. **p. llaeth brith:** *beestings pudding.* Ar lafar ym Meir. a sir Drefn., *B* iii. 206, *Geir Geg* 46. **p. llaeth tor (torro) = p. llaeth brith.** Ar lafar ym Môn, Cered., a sir Gaerf., *Geir Geg* 46. **p. llo bach = p. llaeth brith.** Ar lafar yn y Gogledd a Chered., *B* iii. 206, xiv. 292, *Geir Geg* 46, S. M. TIBBOTT: *AB* 65. **p. mam-gu:** *kind of fruit charlotte.* Ar lafar yng ngorllewin Morg., *Geir Geg* 46–7. **p. medi:** *harvest pudding, rice pudding containing sultanas and raisins.* Ar lafar ym Morg., *Geir Geg* 47. **p. modryb Martha:** *boiled pudding made of breadcrumbs, butter, sugar, raisins, nutmeg, eggs and milk.* Ar lafar yng ngorllewin Morg., *Geir Geg* 47. **p. mwyar duon:** *blackberry pudding made of boiled blackberries and sugar spread on white bread.* Ar lafar yn sir Gaerf., *Geir Geg* 47. **p. Nadolig ('Dolig):** *Christmas pudding.* **1923.** Ar lafar yng Nghered. a'r De, *Geir Geg* 47. **p. o'r un badell:** *person of the same nature, 'chip off the old block'.* **1903. p. pancos:** *pudding made with pastry and pancake batter.* Ar lafar yn sir Gaerf. **p. peips:** *macaroni pudding.* Ar lafar. **pwdingen pen medi:** *harvest pudding.* Ar lafar gynt yn sir Gaern., J. JONES: *Llên Gwerin* 273. **pwdin plwm(s), p. plym:** *plum pudding.* Ar lafar ym Morg., *Geir Geg* 47. **p. (pwding) pys:** *pease pudding, also fig.* **1831.** Ar lafar ym Morg., *Geir Geg* 36. **p. (pwding) reis:** (*baked or boiled*) *rice pudding.* *c.* **1740** *LlM* [48]. Ar lafar yn gyff., *Geir Geg* 48. **p. rhynion:** *groats pudding.* Ar lafar ym Meir. am '[b]wdin i'w fwyta gyda'r ŵydd i ginio Nadolig', *Geir Geg* 36, ac yn sir Benf. am '[bwdin i'w] fwyta gyda phwdin reis i ddathlu dydd Calan', *id.* 48. **p. siwet (siwed):** *boiled suet pudding or dumpling.* Ar lafar yn sir Gaern., *Geir Geg* 48. **p. tatws:** *baked potato pudding.* Ar lafar yn sir Gaern., *Geir Geg* 36. **p. toes:** *boiled dough pudding.* Ar lafar yn sir Gaerf., *Geir Geg* 36. **p. wedi berwi,** gw. *p. berwi.*

pwdin-teim [bnth. S. *pudding-time*] *eg.* yn y cfn. *yn y pwdin-teim.* Ar yr union amser iawn, mewn pryd; ar adeg braidd yn anghyfleus: *at the right time, in the nick of time; at a somewhat inconvenient time.*

Ar lafar, *ISF* 62, R. E. JONES: *LlIC* 265.

pŵdl [bnth. S. *poodle*] *eg.* ll. *-s.* Math o gi a chanddo flew cyrliog a dorrir yn gwta gan amlaf, hefyd yn *ffig.* person di-asgwrn-cefn, dilynwr gwasaidd: *poodle, also fig. of person.*

20g. Ar lafar, 'hen *bŵdl* o ddyn'.

pwdlac [bnth. S. taf. *pudlock* 'puddle'; cf. hefyd *pwdel* a *llac*[2], *llacs*] *eg.* Pwll o ddŵr lleidiog, mŵd: *puddle of muddy water, mud.*

1870. Ar lafar yng nghanolbarth a godre Cered., *TGG* (1907–8) 107, *B* iv. 301. Yng ngodre Cered. a gorllewin sir Gaerf. clywir y ff. (?ll.) *pwd(e)lacs*, *Cymru* xlvi. 22.

pwdlaf: pwdlo, pwdle, pwdler, pwdlins, gw. **pydlaf: pydlo, pydle, pydler, pwdin.**

pwdlyd [*pwd*[2]+*-lyd*] *a.* Yn pwdu neu'n dueddol o gael pyliau o bwdu, yn llyncu mul, sorllyd, sarrug, yn llaesu gwefl, hefyd yn *ffig.*: *sulky, sullen, pouting, also fig.*

1722 *Llst* 189, *pwdlyd*, powting. Ar lafar, hefyd yn yr ymadr. 'tŷ mwglyd, gwraig *bwdlyd*', M. WILIAM: *DY* 40. Cf. D. OWEN: *WBC* 103, y creaduriaid mwyaf *pwdlyd* yw y Jacks o bob creaduriaid, yn y rhai dwy droediog a phedwar troediog.

pwdr[1], gw. **powdr.**

pwdr[2] [bnth. Llad. *putris*; cf. Crn. Diw. *podar*; gw. hefyd *pydredd*] *a.* (b. *podr*) ll. *pydr(i)on*, a hefyd gyda grym enwol. Yn dadelfennu neu'n dirywio, yn enw. oherwydd oed neu draul, dadfeiliedig, llygredig (o ran ansawdd materol); afiach; dirywiedig, llygredig yn foesol neu'n ysbrydol neu'n wleidyddol; diog, dioglyd, swrth: *rotten, decayed, putrid*; *unhealthy*; (*morally or spiritually or politically*) *corrupt*; *lazy, indolent.*

14g. *WM* 107. 25–7, ef awelei yr hwch yn pori kic *pwdyr* achynron. **14g.** *GIG* 157, Moelrhawn bresychlawn sychlodr, / Mab cleiriach o'r bwdrwrach *bodr* [dychan i'r Brawd Llwyd]. *c.* **1400** *Études* vii. 58, Dwy genedlaeth yssyd o'r halen, un man ac un bras . . . Pob un ohonunt a lanhaa ac a dissycha gormodder y glwyboreu *pwdyr*, ac a geidw y glwybwr anyanawl. **1545** *CM* 1, 16, Ai ddanedd yn pallu ynn *bwdwr*. **1547** *WS*, *pwdyr*, rotten. **16g.** *GRCG* 35, Gwas *pwdwr*, os rhoi ysbardun / Wrth ei fol, brathu a fyn [i ofyn march]. **1567** *TN* 10b, pop pren da a ddwc ffrwyth da a' phren drwc [:– *pwtr*] a ddwc ffrwyth drwc. **16g.** *LlGC* 4581, 122, cornwydydd *pytron*. *a.* **1587** *Y* 169, Dy gerdd, diog i vrddas, / Cawn i lliw fel canwyll lâs, / . . . / Heb râs beirdd, heb wrês barddawl, / Heb dro mwyn, yn *bodr* ei mawl. *Diw.* **16g.** *WLB* 12, Rhag chwydd a gwres o natur briw neu yssic . . . er maint fo'r llid ar chwydd ag er *pytred* fo'r clwyf. **1588** *Doeth Sol* xiv. 1, efe a waedda ar bren *pyttrach* na'r llong yr hon a fyddo yn ei ddwyn ef. **1632** *D*, *pwdr*, putris, marcidus, rancidus . . . fœm. *Podr.* **1658** R. VAUGHAN: *YPS* 32, Os eraill mal aelodau *pydrion* a gwympant ymaith oddiwrth y corph, gadewch vddynt fyned. **1684** H. OWEN: *DC* 369, myfi yr hwn nid wyf ond creadur *pwdr*, pafodd y beiddiaf mor hawdd dderbyn Gwneuthurwr y Gyfraith a Rhoddwr bywyd? **1688** *TJ*, *pwdr*, rotten, corrupt, putrified. **1725** D. LEWIS: *GB* 132, Heb Wynt byddai'r Awyr yn *bwdr*, yn llygredig ac yn afiach. *c.* **1753** *Gron* 93, Dowch y *pydron* ddynionach, / Ynghyd, feirw byd, fawr a bach: / Dowch i'r farn a roir arnoch. **1759** J. EVANS: *PF* 48, [d]au neu dri Diferun o sûg Afalau *Pydrion.* **1803** *P* d.g. *podyr*, *pwdyr*. Ar lafar, '*pwdwr*' 'rotten', *WVBD* 447; yng Nghered., sir Benf., a'r De defnyddir *pwdwr* yn yr ystyr 'diog', *GDD* 235. Fe'i clywir yn ne-ddwyrain Morg. gyda grym enwol, 'crafu'r *pwdwr* i gyd yn læn cyn doti pishyn newydd o bren'.

Am *pwdr sêr*, gw. **pydredd—p. sêr.**
Gw. hefyd **pwdryn.**

pwdraf: pwdru, gw. **pydraf**[1]**: pydru.**

pwdran [amr. ar *bwdran*] *eg.* Bwdran, llymru, sucan gwyn, brwchan, hefyd yn *ffig.*: *kind of caudle or thin flummery, washbrew, gruel, also fig.*

1578–80 (**17–18g.**) *Cylchg LlGC* vii. 276, Powdr awyr grimp budr a'i grwydr / *Pwdran* toesfrain [*sic*] pottesfrwydr. *ib.* Llwydrew dwr glew ar dôr glân / Llyn budr yn llawn o *bwdran* [dychan Hywel ap Syr Mathew i Fynydd Hirddywel].

pwdrchwilen [*pwdr*[2]+*chwilen*] *eb.* ll. *pwdrchwilod.* *Swol.* Genau-goeg, madfall, hefyd yn *ffig.*: *lizard, also fig.*

1592 S. D. RHYS: *Inst* [xx], ny 'oddêfynt byth y fâth ddieithr Gyrwydraid *Bwdrchwîlod* i breswyl ynn eu plîth. **18g.** *Llr* C 24, 266, Cais dair or *pwdwrchwilod* Melynion eraill ai geilw genergoeg y rhai a fydd yn y Rhedyn amser haf. Ar lafar ym Morg. yn y ff. *pywdwrwilan.*

Amr.: **pedairchwilen, pederchwilen** [?adff. fel *pedair* + *chwilen*]. **1725** *SR*, *pederchwilen* d.g. *lizard*. *c.* **1762–79** W. WILLIAMS: *P* 262, hwn [y crocodil] eilwaith sydd greadur tir a mor, o hyd mawr, rhai oddautu ugain troedfedd, o lun *pedairchwilen*, a phedair troed ferr. **pydrchwil.** *c.* **1730** *Thos. Lloyd D* (LlGC) 194b, *pydrchwil*, a lizzard.

Gw. hefyd **budrchwil, modrychwilen.**

pwdre—p. sêr, gw. **pydredd—p. sêr.**

pwdren, pwdri, pwdrllyd, gw. **pwdryn, pydri, pydrllyd.**

pwdryn [*pwdr*[2]+*-yn*[1]] *eg.* (b. *pwdren*) ll. *pwdrod.* Person diog, segurddyn, person diffaith: *lazy person, idler, good-for-nothing.*

1848. Ar lafar yng Nghered., sir Benf., a'r De, *TGG* (1907–8) 108, *GDD* 235. Cf. D. J. WILLIAMS:

STC 26, ni bu'r *pwdryn* diwerth hwnnw unwaith yn y tŷ.
Amr.: **pydryn** (b. *pydren*). Ar lafar yn ne-ddwyrain Morg.

pwdwl, pwdwr, gw. pwdel, pwdr[2].

p'wedd, gw. gwedd[1]—pa wedd.

pŵer, power [bnth. S. *power*] *eg*. ll. *p(o)werau, -oedd*.

(*a*) Grym, cryfder, nerth, gallu, cynneddf; awdurdod, rheolaeth, dylanwad; ansawdd, priodoledd, natur: *power, strength, force, ability, faculty; authority, rule, influence; quality, property, attribute, nature*.
15g. *DE* 104, Person Chwitffordd rhag gorddwy / pa wr a fynn *power* fwy. **15–16g.** *TA* 185, Rhyw draul, nis rhoid ar olwg, / Ni bu'r draul o *bower* drwg. **1567** *TN* 233b, y beri adnabot ei veddiant [:– allu, *bwer*]. **16–17g.** *DCR* 238, yn y brag y mayr kryfder / yn y berem y may r *pwer* / y mayr adwyth yn sertenol / yn llaw r dyn syn kodi r ffiol. **1672** R. PRICHARD: *Gw* 132, Ym-mhôb man ac ar bob amser, / Y mae gweddi o fawr *bwer*. *id*. 177, Na chais wraig â gwaddol lawer, / Ac heb fedru trîn ei *phwer*. **17g.** HUW MORUS: *EC* i. 283, Y chwi ni bydd ddim llai eich *pwer*, / A hithau fydd yn well o lawer. **1696** *GGTY* 339, ym*mhwer* ac awdurdod gair Duw. **1725** D. LEWIS: *GB* 35, Y mae *Pwereu*, Galluoedd, a chynheddfau mawrion yntho. **1735** S. THOMAS: *HP* 63, i'r Deall gael ei oleuo tu ag at sancteiddio'r holl *Bwerau* a Nwydau a berthynant i Enaid Dyn. **1767** W. WILLIAMS: *CAA* 3, y gynulleidfa fwya ei gogoniant, ei zel, a'i disgleirdeb o ran nerthoedd y Nefoedd, a *phweroedd* yr Ysbryd Glan. **1791** W. WILLIAMS: *MDR* 4, O *bweroedd* pur prydyddiaeth. Cf. TWM O'R NANT: *H* 28, oblegid eu bod hwy [cymdogion] yn fwy ardderchog o ran *pŵer* ac ablwch.

(*b*) Sain (llythyren): *sound (of letter)*.
1547 *WS* [xix], Eithyr u / yn vocal a etty[b] *bwer* y ddwy lythyren gamberaec hyn, u, w . . . vegys y tystolaytha y geirieu hyn true truw kywir. *a.* **1575** *GP* 89, Pedwar peth a berthyn ar lythyrenn, nid amgen, henw, ffügr, ordr, a *ffower*.

(*c*) Person neu beth ac iddo rym, dylanwad, awdurdod, &c.; gwlad neu wladwriaeth (bwerus); llu arfog; (yn y ll.) grymoedd neu awdurdodau cosmig: *person or thing having power, influence, authority, &c.; (powerful) country or state; armed force; (pl.) cosmic forces or authorities*.
15–16g. *TA* 312, Priddwyd yn *pwer* heddyw, / Pen bras pob urddas, pe byw [marwnad Ieuan ap Dafydd ab Ithel a'i wraig]. *id*. 329, Pwyswyd yn imp a'n pyst ni, / Pobl Einion, pawb, eleni, / *Power* cryf mewn parc rhyfawr / Pan elai un pen i lawr [marwnad Hywel ap Siencyn ap Ierwerth]. **16g.** RHISIART FYNGLWYD, &c.: *Gw* 133, Pwy'n ben hyd Hafren hyfryd? / Piau r bêl, *pŵer* y byd [Siôn Teg i Ruffudd Dwnn]? **1567** *TN* 355b, ar Angylion ar *poweroedd* [:– Awdurdode Galluoedd] . . . wedi ymddarostwng iddo. **18g.** L. HOPKIN: *FG* 4, Do' i'r Mab o'r uchelder wir *bwer* i'r byd. **18g.** E. T. RHYS: *DA* 177, *Pwerau* oddiuchod / Yn barchus fo'n dy warchod. **1793** *Cylchg* 179, mae holl *bwerau* Ewrop yn eu herbyn.

(*d*) Dogfen sy'n rhoddi hawl gyfreithiol: *document conferring legal authority*.
1758 *ML* ii. 90, [g]wneuthur llythyr cymmun a rhoddi *pwer* atwrnai i'w wraig dlawd yma. **1770** *HGD* iv, aethant . . . mewn meddwl i ddâl Wm. Powel, a chyfraith ag oedd Wm. Wallter Evan yn [d]ywedyd ei fod ganddo yn erbyn Corff Wm. Powel, ond yr oedd y cyfaddefwr hwn yn Anllythrennog nid alleu [*sic*] ddarllain y *Pwer*. Cf. TWM O'R NANT: *GH* xvii, mi a ofynais i'r bailiaid, pa le yr oedd eu *pŵer* i aros yno.

(*e*) Unrhyw ffurf ar ynni neu rym a gymhwysir ar gyfer gwaith, ynni trydanol: *power (as form of energy or force), electrical energy*.
1930. Ar lafar yn gyff., ''S dim lot o *bŵer* 'da'r car 'ma'; hefyd yn yr ystyr 'trydan', 'Ma'r cig 'ma'n hir iawn yn cwcan heddi'—ma'n rhaid bod y *pŵer* lawr'; hefyd gynt yn y Gogledd-ddwyrain, 'The horse engine (locally *pŵar*, pit, hewl) was used in the area both to drive barn machinery and to churn', E. WILIAM: *TFB* 151.

(*f*) Nifer, swm, &c., sylweddol, lot, llawer: *good or great deal, lot, much, many*.
1863. Ar lafar yng Nghered., sir Benf., a'r De, 'Faint yw rhif *pwer*? Ma rhif *pwer* yn imddibinu ar y sawl sy'n iwso'r gair. Pam bo dyn sy'n byw yn y wlad yn gweyd "*pwer*", ma hiny 'n goligu haner cant neu rwbeth tebyg; pam bo dyn sy'n byw 'n y dre 'n iwso'r gair, ma hiny 'n goligu cant a mwy; a pam bo dyn sy'n byw miwn tre fowr fowr yn iwso'r gair, ma hiny 'n goligu mil a mwy. Ma mowredd y siniad yn imddibini ar amgiffred a phrofiad y dyn. Faint, 'nte, yw "*pwer*" Duw? Mwy nas gellith neb 'i rifo. Nid yw tŵod mân holl foroedd y byd ond megis dwrned o farlish i'r Bod Mowr', *GDD* 235–6; 'Sana i'n ame na wêdd *pwêr* [*sic*] o wir yn hinny', *Wês wês* 14; ''Odd *pŵar* wedi dod 'no acha noswith ôr'; '*pŵer* o bobl'.
Amr.: **pwfer** [cf. *lwfans, lŵans*]. **15–16g.** *GIF* 62, gwedy'i farw—gwaed a fwriwn—/ y bu farw holl *bwfer* hwn [marwnad Morgan Mathau]. **16–17g.** *HG* 30. *c.* **1730** *Thos. Lloyd D* (LlGC) 201a. **pwyer** [cf. *pwyerus*]. **1801** *MMf* 277. **pywer.** **15g.** *GO* 301, Piau'r grym, *pywer* a gras. **1696** *CDD* 123. **1787** E. ROBERTS: *PCF* 23.
Cfn.: *Cyfr.* **pŵer atwrnai:** *power of attorney*. **1758** *ML* ii. 90. **p. corddi:** *horse engine used to churn, &c.* Ar lafar ym Mhenllyn.

pweraf: pweru [bf. o'r e. *pŵer*] *ba*. Cyflenwi â phŵer; gwneud yn bwerus: *to power; make powerful*.
20g.

pwerdy [*pŵer*+*tŷ*] *eg*. ll. *-dai*. Gorsaf gynhyrchu trydan, hefyd yn *ffig*.: *power station, powerhouse, also fig*.
20g.
Cfn.: **pwerdy atomaidd (atomig):** *atomic power station*. **20g.** **p. niwclear:** *nuclear power station*. **20g.** **p. trydan:** *power station*. **20g.**

pwerol [*pŵer*+*-ol*] *a*. Pwerus, nerthol: *powerful*.
1788 J. GRIFFITH: *DCC* 61, Duw dy hollalluog farnydd; yr hwn, oni wrandawi ar lais ei weision, a lefara ar frŷs wrthyt mewn modd mwy digyfrwng, ac mewn modd mor *bwerol* a dychrynnadwy ac y bydd yn rhaid i ti wrando.

pwerus, powerus [*pŵer, power*+*-us*] *a*. Ac iddo bŵer, galluog, grymus, cryf, nerthol; effeithiol, effeithlon: *powerful, strong, mighty; effectual, effective*.
16–17g. (**17g.**) *Pen* 116, 49, gŵr *powerus* gynt (Siôn Cain). **1709** H. POWEL: *G* 70, Yr oedd y gair cyflawni mor *bwerus* ac y bodlonoedd hwynt oll. **1718** (**1721**) S. THOMAS: *HB* 146, y fath gymmydog *pŵerus* ac ydoedd yr Emprwr. **1725–6** *Madd Ed* 367, Y mae Esampl (I.) yn ymlithro i mewn yn llariaidd, yn gweithio yn ddideimlad ond yn *bwerus*. **1735** S. THOMAS: *HP* 209, [*p*]*werus* a sanctaidd Weithrediad. **1744** D. ROWLAND: *RY* 323, y galwad mwyaf naill-tuol a mwyaf *pŵerus*. **1752** J. THOMAS: *FG* 178, y fath Eiriolaeth *bwerus*. **1759** T. THOMAS: *WWDd* 102, yr ydoedd efe 'n gwneuthur y Gweithredoedd mwyaf *pŵerus*. **1759** J. EVANS: *PF* 14, [M]eddiginiaethau *powerus* a diberigl. **1768** W. WILLIAMS: *HTS* 36, yspryd y nef yn desgyn ar y bobl fwya *pwerus*, ac awdurdodol. **1774** T. JONES: *DG* 102, Efe a ddaeth yn bregethwr abl a *phwerus* o'r efengyl.
Amr.: **pwyerus** [cf. *pwyer*]. **1739** *AGN* 19, 23. **1740** *LlWS* 19.

pwfer, gw. pŵer.

pwff[1] [bnth. S. *puff*] *eg*. (bach. *-yn*) ll. *pyff(i)au, pwffiau*.

(*a*) Chwa, cwthwm, chwiff, chwyth, chwythad; cwmwl bach (o fwg, &c.) a ollyngir ar un pwffiad; sŵn chwa, cwthwm, &c., sŵn pwffian; anadl, gwynt; pwl (o grio, chwerthin, tisian, &c.); canmoliaeth eithafol (yn enw. wrth werthu peth); darn o ddefnydd neu frethyn a grychdynnir nes iddo fochio allan yn y canol; crwst ysgafn a wneir o haenau tenau o does a braster rhyngddynt: *puff, blast, gust; puff (of smoke, &c.); (sound of) puffing; puff (breath); fit or bout (of crying, laughing, sneezing, &c.); extravagant praise, puff, hype; puff (in garment); puff pastry*.
1547 *WS*, *pwff* o wynt, a puffe of wynde. **1584** R. WHITE: *C* 58, ai ben ir rhiw bvan i rhydd / paff o flaen *pwff* aflonydd [am ddryll]. *Dchr.* **17g.** *J* 10, 131a, *pwf*, blaste, flabrum. Nimbus. Sclopus. Stloppus. **1703** E. WYNNE: *BC* 76, cododd *pwff* o gorwynt, ac a chwalodd y Niwl pygdew. **18g.** *Wy* 4, 35, mae *pwff* o grio ymron yn hagu. **1753** *TR*, *pwff*, a puff of wind, a puffing. **1777** E. ROBERTS: *DG* 67, Daeth *pwff* o disian arnai'n brysur. **1803** *P*. Ar lafar, *WVBD* 447, *Cymru* xlvii. 142; 'mas (allan) o *bwff*' 'out of breath'; 'Fe æth *pwff* o wyrthin trw'r lle'. Digwydd hefyd yn nwyrain Morg. i ddisgrifio person sydd â'i wynt yn ei ddwrn, 'Ma fa'n disgwl yn *bwff*'.

(*b*) Math o haint ar wartheg: *kind of disease affecting cattle*.
1843.
Cfn.: **pwff yr adladd:** *complaint (also known as 'haint y gwellt') to which cows are subject when first turned out to grass, or to superior from inferior pasture*. Ar lafar gynt yng Nghyfeiliog, *SE MS* 397a. **p. o wynt:** *puff or blast of wind*. **1547** *WS*. **1604–7** *TW* (*Pen* 228), *pwph* mawr *o wynt* d.g. *nimbus*. **1694** T. JONES: *Alm* [29], bŷdd *pyffiau o wŷnt* uchel. **1722** *Llst* 189, *pwff o wynt* . . . violent blast of wind. **1763** *DT* 170, Yno dringo fal Malwoden, / A dal gafael mewn Rhedynen / Fe ddae *Pwff o Wynt*, dan chwyrnu, / Ac a'm taflai â'm torr i fynu. Ar lafar, ''Ddoth rhyw *bwff o wynt* yn sydyn'. *Bot.* **pwff y mwg:** *fumitory, Fumaria officinalis*. **1850.** **yn fy mhwff:** *in (all) my puff*. Ar lafar ym Morg., ''Chlŵas i ddim siŵd ddwli *yn 'y mwff*'; hefyd yn y Gogledd yn y ff. '*yn fy mhyff*' (*y*≡*ə*), e.e. ''Chlywes i 'rioed y fath gabaleitsio *yn 'y 'mhyff*, naddo 'tawn i'n glem'.
Gw. hefyd **piff.**

pwff[2] [?cf. *pwff*[1]] *ebd*. Ebychiad sy'n mynegi dirmyg neu anfodlonrwydd: *interjection expressing contempt or discontent*.
Ar lafar, '*Pwff*! 'dwi'n 'ito dim beth wetan' nw'; 'O *pwff*! 'dwy ddim yn mynd'; '(Naw) *pwff* iddo fe'.
Cfn.: **pwff baw:** *tut-tut*. Ar lafar yn nwyrain Morg.

pwff[3]**, pŵff, pwffe** [bnth. S. *pouf, pouffe*] *eg*. Clustog fawr solet a ddefnyddir fel sêt neu droedfainc: *pouffe, pouf*.
20g. Ar lafar, 'Rho dy drad lan ar y *pwffe* os wyt ti wedi blino'; hefyd yn y ff. *pwffi*, 'Mi 'stedda i ar y gader, 'stedda di ar y *pwffi*'.

pwff[4] [bnth. S. *poof*] *eg*. ll. *-s*. Dyn cyfunrhywiol, yn ddifr.: *poof, male homosexual, derog*.
Ar lafar, 'Rho gweir iawn i'r *pwff* ddiawl'.

pwffaf: pwffan, pwffo, pwffach, gw. **pwffiaf: pwffian.**

pwffalad, *bg*. Ymbalfalu, chwilota (am): *to fumble, grope (for)*.
20g.

pwffe, pwffét, pwffi, gw. pwff[3], pyrffét, pwff[3].

pwffiad [bôn y f. ddil. + *-iad*[1]] *eg*. ll. *-au*. Y weithred o bwffio, pwff, chwythiad; canmoliaeth eithafol neu ffuantus: *puff, gust, a blowing, a puffing; excessive praise, puff, hype*.
1604–7 *TW* (*Pen* 228) d.g. *proflatus*. **1722** *Llst* 189, pwff o wynt, *pwffiad*, a violent blast of wind. *c.* **1730** *Thos. Lloyd D* (LlGC) 202a, *pwffiad*, a puff. Ar lafar, '*pwffiad* o wynt sydyn', *WVBD* 447.
Amr.: **pyffiad.** **1867.**

pwffiaf, pwffaf: pwff(i)an, pwff(i)o, pwffial [bf. o'r e. *pwff*[1]] *bg.a.* (Cael ei) chwythu (allan) mewn pyffiau, ffrwtian; ysmygu (sigarét, cetyn, &c.) gan ollwng pwffiadau o fwg; anadlu'n fyr a chyflym (gan ddiffyg anadl), dyheu; gollwng pwffiadau (o fwg, stêm, &c.), symud dan ollwng pwffiadau (am drên, &c.); bolio allan, chwyddo; canmol yn eithafol neu'n ffuantus (yn enw. wrth werthu): *to puff, emit or be emitted in puffs, sputter; puff on (cigarette, pipe, &c.); puff, pant; emit puffs (of smoke, steam, &c.), puff along (of train, &c.); puff up, swell out; praise exaggeratedly, puff, hype*.
1604–7 *TW* (*Pen* 228), *pwphio* d.g. *proflo*. *c.* **1730** *Thos. Lloyd D* (LlGC) 202a, *pwffio* allan, proflo. **1770** *W*, *pwffial* d.g. *to blow*. **1771** *PDPh* 76, y mae eu llygaid yn ymddangos yn bŵl ac y maent yn mynych *bwffian*. **1803** *P*, *pwffiaw*, to puff; to come in puffs. Ar lafar, '*pwffian*' 'to puff out the cheeks', '*pwffio*' 'to blow in puffs (of the wind)', *WVBD* 447; '*pwffial*' 'puffing', *GDD* 236; ''Odd a'n *pwffo*'n fudur wth fynd lan i'r tila'; ''Odd i'n *pwffo* 'i gruddia mæs'.
Amr.: **pwffach.** Ar lafar yn ne-ddwyrain Morg., '*pwffach* 'i 'unan mæs, fel 'ta fe mor bwysig'. **pyffio, pyffian.** **1828** *Geir Pob* 21, *pyffio*, chwyddo, awelu.
Cfn.: **pwff(i)an (pwffo, pyffian) chwerthin:** *to snigger*. **1788** E. ROBERTS: *CD* 11, Byddwch sad nid *pwffian chwerthin*. Ar lafar, '*pwffian chwerthin*' 'to puff out the cheeks with suppressed laughter', *WVBD* 447; ''Odd pobun yn *pwffan wyrthin*'; 'Peth di-barch yw *pwffo wyrthin* y tu ôl i ddinon'; 'Mi ddechreuodd o *bwffian chwerthin* pan welodd o 'i het newydd hi'. Cf. K. ROBERTS: *LW* 34, ac wrth gwrs, *pwffiem chwerthin* yn aml.
Gw. hefyd **piffiaf: piffian.**

pwffin, pwffing [bnth. S. *puffin*] *eg*.

(bach. b. *-en*) ll. *-od*, *-iaid*. *Adar*. Pâl, *Fratercula arctica*: *puffin*.

1604–7 *TW* (*Pen* 228), yr hwn a vo'n byw yn gystal ar y dwr ac ar y tir: megys yr Adar duon o ynys E[n]llif, a elwir yn gyphredin y *pwffinieit* d.g. *amphibium*. **1753** *ML* i. 234, na chlyw ddim ond mulfranod, gwylyn a *ffwffingod* yn crôch waeddi. **1754** *id.* 273, Mae'n debyg y gwyddoch mae gwilym yw enw math ar fôr aderyn, 'rhwn sydd gyffredin amser haf yn y moroedd yma . . . math o'r *pwffingod* ydyw. **1761** *id.* ii. 354, ni welais i un carfil na *phwffingen*. *id.* 367, Adar duon y gelwir *pwffingod* yn Enlli. Ar lafar yn sir Gaern., *WVBD* 447, *B* xxv. 54.

Cfn.: *Adar*. **pwffin Manaw, pwffingen Fanaw:** *Manx shearwater*, *Puffinus puffinus*. **1934.**

pwffins [cf. S. taf. *puffings* 'pastry-puffs'] *e.ll.* Picau cytew, leicecs: *pikelets*.

Ar lafar yn nwyrain Morg.

pwffiol, pyffiol [*pwff*[1] + *-iol*] *a.* Yn pwffian (am injan drên): *puffing* (*of railway locomotive*).

1873.

pwfflyd [*pwff*[1] neu fôn y f. fl. + *-lyd*] *a.* Chwyddedig, wedi bolio neu fochio allan; trahaus, ffroenuchel; yn pwffian (gan ddiffyg anadl), yn dyheu: *puffy*, *swollen*, *bloated*, *puffed up*; *arrogant*, *haughty*; *puffing*, *panting*.

1856. Ar lafar, '*pwfflid*' 'large and fat', 'plentyn *pwfflid*', 'dyn *pwfflid*', *B* xvi. 100; 'Ma'i gwynab 'i'n dishgwl yn *bwfflyd* iawn witha peth cynta'r bora'.

pwffyddiaeth [bôn y f. fl. + *-ydd*[3] + *-iaeth*] *eg.* Canmoliaeth eithafol neu ffuantus: *exaggerated or false praise*, *puff*, *hype*.

1866.

pwffyddol [bôn y f. fl. + *-ydd*[3] + *-ol*] *a.* Yn defnyddio canmoliaeth eithafol neu ffuantus, a nodweddir gan ganmoliaeth o'r fath: *using or characterized by puff or hype*.

1871.

pwg [bnth. S. *pug* 'small demon or imp; monkey; pug(-dog)'; cf. hefyd *pwca*] *eg.* Ellyll, bwgan, dieflyn; mwnci, epa; brid o gi bychan tebyg i gi tarw: *goblin*, *sprite*, *imp*; *monkey*, *ape*; *pug*(*-dog*).

16–17g. *NBSB* 162, Y *pwg*, on'd tebyg y peth / I fab yr âb o rywbeth [Siôn Mawddwy i ofyn mwnci]. **1722** *Llst* 189, *pŵg*, m. a goblin, pisgin. **1773** *W*, vulgò coblyn, *pŵg*, pwcci d.g. *goblin*. **1798** *WR*, y *pwg*, un o'r tylwyth têg d.g. *puck*. **18–19g.** *Llr* C 32, 190, Y *pwg* yn un drwg a'i drefn / nid unrhyw nod ei annhrefn.

pẁg, pwgddu, gw. **pỳg, pygddu.**

pwng[1] [?cf. *pwng*[2], *pwnga*] *eg.* ll. *-au*, *pyngau*. Clwstwr, sypyn, clwm, tusw, cnwd: *cluster*, *bunch*, *crop*.

1803 *P*, *pwng*, s. m. pl. t. *au* . . . a cluster; a crop, as of a field, of a tree, or the like. Sil. Cf. J. T. JONES: *DY* 97, Mae ei ffrwyth yn debyg iawn i afal . . . yn crogi yn *byngau* o dri neu bedwar yn nghyd. Ar lafar, 'Ma'r goeden 'ma'n *bynge* o flode'.

pwng[2], gw. **pwnc.**

pwnga [?cf. *pwng*[1,2]] *eg.* ll. *pwngâu*, *pwngaod*, *pwnganau*. Pendduyn, cornwyd, casgl, crugyn, llinoryn, chwysigen, potheil; clwstwr, sypyn, clwm, tusw; cnap: *boil*, *abscess*, *pustule*, *blister*; *cluster*, *bunch*; *knob*.

1545 *CM* 1, 565, leiprosi ynn tannv ar lleed . . . weithiav ynn *bwnganne* weithiau yn blorynnod. **1547** *WS*, *pwnga* gorun, blayne. **16g. (1763)** W. SALESBURY: *LlM* 14, ar les gwalie chwarene *pwngae*. *id.* 29, Iachant y *pwngaowot* [*sic*]. *id.* 90, ac y Dilea *pwngae* a chwydde erill. *id.* 133, rhyd *pwngae* ne Dardd. **1604–7** *TW* (*Pen* 228) d.g. *abscessus*. *Dchr.* **17g.** *J* 10, 130b, *pwnga*, blaine, papula. **1632** *D*, *pwnga*, pustula. *id.* d.g. *tuber*. **1722** *Llst* 189, *pwnga*, m. a blister, pimple; a knob; cluster of grapes &c, bunch of any thing growing together. *c.* **1729** S. RHYDDERCH: *LlCD* 414, Y Dyn y byddo o bechod bwn, / Ar Galon hwn yn *bwnga*. **1753** *TR*, *pwnga*, a push, a blister, a wheal. **1770** *W* d.g. *abscess*, *blister*, *bunch* [*a swelling* . . .]. **1803** *P*, *pwnga*, s. m. . . . a push, a wheal, a blister.

Gw. hefyd **pwngen.**

pwngaf: pwngo, pwngad, gw. **pyngaf: pyngo.**

pwngen [*pwng*[1] (?cf. *pwnga*) + *-en*] *eb.* ll. *-nau*. Ploryn, tosyn, chwysigen, pothell, hefyd yn *dros.*: *pimple*, *blister*, *also transf.*

1604–7 *TW* (*Pen* 228), *pwngen* a godo ar vara a graser d.g. *hecta*. *id.* d.g. *herpes miliaris*, *tuber*. *id.* *pwngenæ* cochion . . . ar yr wynepæ d.g. *varæ*. *Dchr.* **17g.** *J* 10, 130b, *pwngen*, papula, pustula. **1615** R. SMYTH: *GB* 148, yr oeddyd yn i cael ynthwy'n feirw tan y prenniau 'n y maesydd ai cyrph yn llawn *pwngenau* a chornwydodd [*sic*]. **1725** *SR* d.g. *a Blister*. *c.* **1730** *Thos. Lloyd D* (LlGC) 202a, *pwngen* . . . wheal.

Gw. hefyd **pwnga.**

pwngol, gw. **pyngol.**

pwins(h), pwint, pwits, gw. **pwnsh**[1], **pwynt**[1], **pwyts.**

pwl [bnth. S. *pull*] *eg.* ll. *-(i)au*, *pyl(i)au*.

(*a*) Cyfnod (o salwch, gwaith, &c.), ymosodiad sydyn a byr (o hiraeth, chwerthin, &c.): *bout* (*of illness*, *work*, *&c.*), *fit*, *attack*, *paroxysm*.

1621 (*c.* **1748**) *B* xx. 104, Rhag *pwl* rhag pechawd / Rhag ysgar trallawd [i Lurig Alecsander]. **1688** S. HUGHES: *TSP* 226, llwgfa [:– *Pwl* o'r ffeinte]. *id.* 307, Gobeithiol hefyd a gafodd fâs [:– *Pwl*] neu ddwy o'r vn clefyd. **1727** J. JONES: *DFF* 162, Y mae'r Clefydau mwyaf poenus ymma ar *Bylau*, y rhai nid ŷnt yn parhau'n hîr. *c.* **1730** *Thos. Lloyd D* (LlGC) 202a, *pwl*, a fit. **18–19g.** *Llr* C 70, 17, *Pẁl* o ddolur[.] Sil. *Diw.* **19g.** *SE MS* 397a, *pwl* o ddolur (Sil. & Dyv.). Ar lafar yn sir Ddinb., gogledd Cered., a'r De, *Cymru* xlvii. 142, *GDD* 236, *SC* vi. 125; 'Ma fa'n ca'l *pwla* budr'.

(*b*) Dringfa (serth), (tipyn o) ffordd: *pull*, (*steep*) *climb*, (*quite*) *a way*.

Ar lafar yn y De a sir Drefn., *SC* vi. 125; ''Odd y twyn 'na'n itha' *bwl* i ddyn o'i oetran e', 'Mae hen *bwl* i siopa'.

Cfn.: **pwl dihangol:** *hysterical fit*. Ar lafar yng ngodre Cered. **p. o ieuenctid:** *fit of youthful high spirits*. Ar lafar yn ne-ddwyrain Morg., 'Ma fe'n cæl *pwl o ienctid*, chi welwch!'

pŵl[1], *a.* (b. *pôl*) ll. *pylion*, a hefyd gyda grym enwol ll. *pyliaid*. Di-fin, heb fod yn finiog neu'n bigog, hefyd yn *ffig.*; gwan, egwan, aneglur, di-raen, afloyw; diffygiol mewn canfyddiaeth (am lygaid, clustiau, &c.); araf (o ran dealltwriaeth, ymateb, emosiwn, &c.), twp; aflem (am ongl); disgynedig (am acen): *blunt*, *obtuse*, *without edge or point*, *also fig.*; *weak*, *faint*, *pale*, *dull*, *dim*, *lacklustre*; *dull* (*of senses*), *dim* (*-sighted*), *hard of hearing*; *dull*(*-witted*), *slow*, *stupid*; *obtuse* (*of angle*); *grave* (*of an accent*).

1346 *LlA* 46, Yrei hen . . . avyd *pwl* ysynnwyr. **14g.** *GDG*[3] 163, Cychwyn yn braff ei drafferth, / Adain *bôl*, y dan y berth [i'r cyffylog]. *id.* 173, Torrid diawl, ffenestrawl ffau / Â *phŵl* arf ei philerau [i'r ffenestr]. **14g.** *GIG* 17, Pwy a ludd gwerin, *pŵl* ym, / Llychlyn a'u bwyaill awchlym [marwnad Tudur Fychan]? *id.* 29, Gorddu gennym ac arddwl / Gweled pawb fal gwyliad *pŵl*. *id.* 56, Pwy a'i deil tra pedolwyf? / Pwy a lŷn arno?—*pŵl* wyf [i ofyn march]. **15–16g.** *GIF* 68, Fe gâi bawb elai—bu *bylach* bwyaill—/ i lysoedd eraill le sydd oerach. **15–16g.** HYWEL RHEINALLT: *Gw* 88, Gofyn Llywelyn eilwaith / Ap Hywel wych, nid *pŵl* waith. **1547** *WS*, *pwl* o olwc, dymme. *id.* *pol* val aryf, blont. **1567** *LlGG* (*Sall*) 52b, Y gwr andoeth [:– dyn *pwl*] ny wyr hyn. **1567** *TN* 20b, aei clustiae *pwl* y clywant. **1567** G. ROBERT: *GC* 61, Accen, ne don a elwir naill ai dyrchafedig dyrchafiawl, llem: yntau dyscynedig, dyscynianawl, *pwl*, trwm. *a.* **1587** *Y* 68, A'th gwmpas, wyd âs yn ôl, / A'th *bylion* gynion i gyd. **1606** E. JAMES: *Hom* iii. 109, Nid oedd gantho ond ychydig ddeall am yr Yspryd glân, ac am hynny mae efe yn myned yn *bŵl* [:– ddwl] ynghyl[c]h y gwaith. **1725** D. LEWIS: *GB* 114, Pe buasai'n Synhwyrau oddiallan, yn graffach neu yn *bylach*. **18g.** *Gron* 115, Os rhaid i *byliaid* gaboli,—rhigwm, / Rhag im' ebargofi. *c.* **1752** I. BRYDYDD HIR: *Gw* 63, Dywedai ei bod [cerdd], i'w dyb wan, / Ag agwedd gerdd goeg egwan, / . . . / Yn ffol, heb wybodaeth ffur, / Yn blymaidd, yn *bol* ammhur. **1778** *W* d.g. *obtuse* [*apply'd to an Angle*]. **1800** C. EVANS: *EJU* 6, ond rhyfedd *bwled* ei olwg i ganfod dim o rinweddau gweinidogaeth yr yspryd. **1803** *P* d.g. *pol*, *pwl*. Digwydd fel epithet, 'Deio *Bwl*', 'Mredith *Bwl*', *B* iii. 41. Ar lafar, 'Ma ngolwg i'n *bŵl* iawn', 'My eyesight is very weak', 'Ma'r glàs ma'n *bŵl* iawn', 'This mirror reflects faintly', *GDD* 236; 'corn buwch yn mynd yn *bŵl* wth heneiddio', *WVBD* 447; 'Ma'r ôl stêm wedi 'ela'r pres yn *bŵl*'.

Cfn.: **pŵl y lleuad:** (*dim*) *moonlight*. **1628** *CRC* 311, Gwae a gerddo y nos wrth *bŵl y llevad*.

pŵl[2] [bnth. S. *pool* 'common fund; game on a billiard table'] *eg.* ll. *-s*. Y cyfanswm o arian a fetir mewn gêm neu hapchwarae; (yn y ll.) math o hapchwarae ar ganlyniadau gemau pêl-droed lle mae'r enillwyr yn derbyn symiau a gronnir o'r arian a delir wrth gystadlu; enw ar amryw fathau o gemau a chwaraeir ar fwrdd pocedog (llai fel rheol na bwrdd snwcer llawn faint) â phêl wen a phymtheg o beli lliw: *pool* (*in gambling*); (*pl.*) (*football*) *pools*; *pool* (*game*).

1936. Ar lafar, 'Awn ni am beint a gêm o *pŵl*'; 'Beth nelet ti 'set ti'n ennill y *pŵls*?'

pwlaf: pwlu, gw. **pylaf: pylu.**

pwlaidd, gw. **pylaidd.**

pwlawê [bnth. S. *pull away*] *eg.* ll. *-s*. Stondin ffair lle penderfynir y wobr gan fagatél mecanyddol: *fairground sideshow in which the prize is determined by a mechanical bagatelle*.

1931.

pwl-dall [?*pŵl*[1] + *dall*] *e?g.* *Swol.* Neidr ddefaid, slorwm, *Anguis fragilis*: *blindworm*, *slow-worm*.

18g. *Pant* 19, 88, *Pwl dall*, a species of serpent called Blindworm. **1803** *P*, pwl . . . *pwl dall*, a blindworm.

pwlder, gw. **pylder.**

pwled [bnth. S. *pullet*] *e?b.* Cywen: *pullet*.

Diw. **16g.** *WLB* 53, Kymer giw ne *bwled* ievank.

pwlff [?cf. S. taf. (sir Henffordd) *pulfin*] *e?g.* (bach. g. *-yn*, b. *-en*) ll. *-od*, *-ach*. Horwth (o berson neu blentyn), clobyn neu globen (o berson), palff, person byrdew: *large unwieldy lump* (*of a person or child*), *well-built person*, *squat person*.

18g. *Wy* 4, 25, mae belffegor yn *bwlff* hagar. Ar lafar, '*pwlffan*', '*pwlffyn* o hogyn', '*pwlffyn* o lodas', *WVBD* 447; '*pwlffyn*', '*pwlffen*', *SC* vi. 125; 'Merch fach fain bert odd 'i'n ifanc, ond 'i æth yn *bwlffan* fawr, dew'. Cf. D. J. WILLIAMS: *ChHO* 37, Wil y Wenallt . . . y *pwlffyn* bach, tew, rhadlon.

Amr.: **bwlff(yn). 18–19g.** *Llr* C 16, 171. **18–19g.** *Llr* C 30, 183. Ar lafar yn Arfon, '*bwlffyn*', *WVBD* 447.

pwlffacan, pwlffacad [cf. *ffwlffachad*, *bwlffacan*] *bg.* Straffaglio, stryglo; mynd i drafferth (i wneud rhywbeth): *to make one's way with difficulty*, *struggle* (*along*); *put oneself out* (*to do something*).

1940. Ar lafar yn sir Gaerf. a sir Benf. Cf. T. H. PARRY-WILLIAMS: *OPG* 78, gwylio trên bach yr Wyddfa yn *pwlffacan* yn fyglyd i fyny i'r top.

Amr.: **pwl(l)ffagan. 20g.** Ar lafar yn sir Benf., *GDD* 236.

pwlffen, pwlffyn, gw. **pwlff.**

pwli [bnth. S. *pulley*] *eg.* ll. *-s*, *pwlïau*. Chwerfan: *pulley*.

c. **1762–79** W. WILLIAMS: *P* 430–1, mae ganthynt ryw arwydd . . . trwy ba un y dyall y poenwr yn union pa ryw fydd y poenau fydd y teidau sanctaidd hyn am ddodi arno, er mwyn ei gael i'r grefydd babaidd; a rhai mwyaf cyffredin yw y Cordynau y *Pwlies* . . . gan ei godi i fynu â'r *pwli* wrth y rhai'n yn uchel iawn. Ar lafar.

pwliaf[1]**: pwlio** [amr. ar *bwliaf*[2]: *bwlio*] *bg.a.* Gormesu: *to bully*.

1860.

pwliaf[2]**: pwlio** [bnth. S. (*to*) *pool*] *ba.* Rhannu (rhywbeth) yn gyffredin: *to pool*.

20g.

pwliaf[3]**: pwlio** [amr. ar *bwliaf*[1]: *bwlio*] *ba.* Gwthio (coetsh fach): *to push* (*a pram*).

Ar lafar yn Arfon.

Gw. hefyd **powliaf**[1]**: powlio.**

pwlial, pwlni, gw. **puliol, pylni.**

pwlofer [bnth. S. *pullover*] *eb.g.* ll. *-i*, *-s*. Siwmper: *pullover*.

20g.

pwlog, gw. **pylog.**

pŵl-ongl, pylongl [*pŵl*[1] + *ongl*] *eb.* ll. *-au*. *Math.* Ongl rhwng 90° a 180°, ongl aflem: *obtuse angle*.

1803 *P*, *pwlongyl*, s. f. pl. *pwlonglau*, an obtuse angle.

pŵl-onglog [*pŵl-ongl* + *-og*] *a.* *Math.* Ac

iddo ongl aflem neu onglau aflym: *obtuse-angled.*
1778 *W*, *pŵl-onglog* d.g. *obtusangular, or obtuse-angular [having obtuse angles].* **1803** *P*, *pwlonglawg*, having obtuse angles.

pwlp [bnth. S. *pulp*] *eg.* ll. *pylpiau.* Mwydion, sylwedd meddal trwchus gwlyb, yn arbennig yr hyn a geir o ferwi neu falu a mwydo mater organig, sylwedd o'r fath a wneir o glytiau, pren, &c., i'w ddefnyddio wrth wneud papur: *pulp.*
20g.

pwlper, pylper [bnth. S. *pulper*] *eg.* Peiriant pwlpio: *pulper.*
20g.

pwlpiaf, pwlpaf, pylp(i)af: pwlp(i)o, pylp(i)o [bnth. S. (*to*) *pulp*] *bg.a.* Troi'n bwlp: *to pulp.*
1929.

pwlpid, pwlpit, pwlpud, gw. **pulpud.**

pwlpudaidd, pwlpudol, gw. **pulpudaidd, pulpudol.**

pwls [bnth. S. *pulse* 'throb'] *eg.* ll. *-ys, pylsys.* Dychlamiad rheolaidd y rhydwelïau fel y gyrrir y gwaed drwyddynt, yn enw. fel y gellir ei deimlo yn yr arddyrnau, yr arleisiau, &c., man lle y teimlir y pwls hwnnw, curiad calon; dirgryniad unigol sŵn, golau, cerrynt trydanol, &c.: *pulse, throb, place where a pulse is felt, beat of artery or heart; pulse (of sound, light, electric current, &c.).*
1545 Elis Gruffydd: *Ll* 118, oel o'r mandrack . . . a wna mawr lees j goluro y *pwlses* ar yr arddyrne yn erbyn yr haint gwres neu gryd poeth. *c.* **1548** *CM* 1, 722, [y] *pwlses* ynn vowiog ac ychydig iawn o hun ac esmwythdra j gysgu. *Diw.* **16g.** *WLB* 62, da yw i hwnw iro i *bwls* ar oyl hwnw. **1604–7** *TW* (*Pen* 228), trawiat val cornwyt ne'r *pwls* d.g. *exultantia.* **1725** D. Lewis: *GB* 77–8, Er bod y Galon yn tywallt y gwaed gyda Nerth mawr, ac er bod yr Arterieu yn ymwasgu yn gryf iw yrru yn y blaen, ac hefyd er ei fod yn rhedeg trwy'r Corph fel Ffrŵd gref, etto Dyn jach ni chlyw ddim oddiwrth y cwbl, oddieithr iddo deimo ei *Bwls* a'i Fŷs. [**1740**] T. Baddy: *DDGH* 31, [p]rin deimlo eu *pwls* (neu i' [*sic*] rhedweliau) yn curo. **1771** *PDPh* 34, Y *Pwls* yn curo yn fuan. *id.* 51, y mae'r *pwls* yn isel ac yn anghysson. **1771** J. Rowlands: *PGW* 23, ni's gallesid ffeindio bywyd yn ei *bylsis* ef . . . yn ffeindio wrth ei *bwls* fod poenau angau yn dyfod arno.
Amr.: **puls**[2] [?amr. orgraffyddol]. **1709** H. Powel: *G* 71, Reol Pysygwyr yw, yr adwaenir y Galon wrth y *Puls* neu drewiad y Gwaed. **1766** *CD* 163, Ac a ddyweda drwy gyffrô, / Fod fy *Mhuls* i'n gweithio. **pyls** ($y \equiv ə$). **1812.**

pwlsadaf: pwlsadu [cfdds. o'r S. (*to*) *pulsate*] *bg.a.* Chwyddo a lleihau'n rhythmaidd: *to pulsate.*
20g.

pwltari [?amr. ar *pelitori*] *eg. Bot.* Murlys, llysiau'r pared, pelydr y gwelydd, *Parietaria diffusa*: *pellitory of the wall.*
Dchr. **17g.** *J* 10, 130b, *pwltari*, parietaria.
Cfn.: **pwltari gwyllt:** *sneezewort, wild pellitory, Achillea ptarmica.* **1632** *D* (*Bot*), *pwltari gwŷllt*, Pyretrum syluestre. **1688** *TJ* (*Bot*), *pwltarî gwŷllt*: wild Pellitory. **1813** *WB* 229.

pwltis, powltis [bnth. S. *poultice*] *eg.* ll. *-au, -ys.* Talp meddal (poeth iawn yn aml) (o fara, blawd, perlysiau, mwstard, &c.) a gedwir â lliain ar rannau llidus neu anafus o'r corff, sugaethan, hefyd yn *ffig.*: *poultice, also fig.*
18g. *WLl* (*Geir*) 286, uwd sugaethan: *pwltis.* **1759** J. Evans: *PF* 29, Neu, ychydig o Saffron mewn *Pwltis* Bara gwynn. *id.* 33, Neu, *Bwltis* o Wynwyn wedi eu rhostio, yn boeth. *id.* 49, Rhoddwch wrthynt megis *Pwltis*, Afalau wedi eu berwi. *id.* 74, rhoi 'r Dail yn boeth megis *Pwltis* o 'r tu allan wrth y llê. [**1762**] E. Powell: *HEI* 18, [C]ymmer wraidd Solomon Sêl, a gwraidd Cwmffre . . . Mae'r gwraidd wedi ei sigo oni bont yn *bowltis* yn dda i'w rhoi wrth y Clwy. **1771** *PDPh* 10, *pwltis* o fara gwyn a llaeth. *id.* 19, berwch hwynt nes y bônt yn *bwltis. id.* 43, gosodwch wrth y clwyf fel *Pwltis. id.* 52, *pwltis* o waelodion diod sur a blawd ceirch. *id.* 63, Fe iacha dau neu dri o'r *pwltisau* hyn ysigiad ieuangc. **1793** *Cylchg* 41, gosodwch *bwltys* o fara llaeth wrtho. **1828** *Geir Pob*, *powltis*, sugaethan. Ar lafar, *Cymru* liii. [31]; *GDD* 232; ''Odd 'i wedi doti *pwltish* o fara arno fa i drio 'i dynnu a'i dorri'.
Amr.: **powltris. 1823.** Ar lafar yn y Gogledd, *WVBD* 441, *Cymru* lxii. 73. **pwltris.** Ar lafar yn y Gogledd, *B* xiv. 292–3; 'rhoi *pwltris* ar goes bren ydi hynna' [am waith ofer], *ISF* 62.
Cfn.: **powltis,** &c., **bara:** *bread poultice.* Ar lafar ym Mhenllyn. **p. blawd llin = p. had llin.** Ar lafar yn neddwyrain Morg. **p. had llin:** *linseed poultice.* **1875. p. mwstard:** *mustard poultice.* **1875.**

pwltisiaf, powltis(i)af, poltisaf: pwltisio, powltis(i)o, poltiso [bf. o'r e. bl.] *bg.a.* Gosod powltis (ar): *to apply a poultice (to).*
1898. Ar lafar yn sir Benf. a'r De, '*powltisio*', *SC* vi. 125; ''Ni 'di *powltiso*'i chos'; 'Fe fuon yn *pwltisio* am wthnosa, 'wi'n cofio'; ''Wi'n 'i *boltiso* fa bob nos'.
Amr.: **powltrisio** [cf. *powltris*]. Ar lafar yn y Gogledd, *WVBD* 441. **pwltrisio. 1922.**

pwltri [bnth. S. *poultry*] *e.ll.* ll. dwbl *-s.* Dofednod: *poultry.*
17g. *IICRC* iii. 72, Melin odli sti yr biddü gida hynnu Roomes yr *pwltri. c.* **1762–79** W. Williams: *P* 134, ac yn magu moch[,] *pwltris*, cwn, a chreaduriaid dofion eraill.
Amr.: **powltri** (ll. dwbl *-s*). **1828** *Geir Pob* 21, *powltris*, adar dofion.

pwltris[1,2], **pwltrisiaf: pwltrisio,** gw. **pwltis, pwltri, pwltisiaf: pwltisio.**

pwll [H. Grn. *pol*, gl. *puteus*, Crn. C. *pol*, Crn. Diw. *poll*, yr e. lle H. Lyd. *Pul-Bili*, Llyd. C. *pul*, *poul*, Llyd. C. a Diw. *poull*, Gwydd. C. a Diw. *poll*; ?cf. H. S. *pōl* 'pool'] *eg.* (bach. *pyllyn* (*pwllyn*), ll. *-nod*) ll. *pyllau* (*pwllau*), *pyllod*, (geir.) *pyll.*

(*a*) Twll (yn enw. yn y ddaear), pydew, pant, ffos, cloddfa, glofa, hefyd yn *ffig.*: *hole (esp. in the ground), pit, depression, ditch, (coal-)mine, also fig.*
14g. *YBH* 43a, a heb odric y peris bown dwyn plwmen a chladu *pwll* yny dayar a dodi y plwmen yny *pwll. c.* **1400** *Études* vii. 272, kymer wynwyn, a thorr yn deu hanner a gwna *bwll* ym pob hanner idaw a dot yndaw oyl a llinat. **15g.** *IGE*[2] 237, Darfu fy nhrwyn a'm hwyneb / Mud iawn wy', ni'm edwyn neb; / Nid oes na llygad na dau, / Eithr yn ball aeth yn *byllau* (Ieuan ap Rhydderch). **1567** *TN* 70a, Yr oedd gwr a blannai winllan . . . ac a gloddiawdd *bwll* y dderbyn y gwin. **1632** *D*, *pwll*, fossa. **1693** *HC* 116, wedi cwympo i'r fath *bwll* o drueni (*the ditch of that misery*). **1722** *Llst* 189, *pŵll*, m.p. *pyllau.* and *pyll* . . . ditch. *c.* **1762–79** W. Williams: *P* 285, eillio ei ben, y *pyllau* ta[n] fon ei freichiau, a'i ddirgelwch. **1780** *W*, *pyllyn* d.g. *pit, a little pit.* **1803** *P*, *pwll*, s. m. pl. *pyllau* . . . a pit. Ar lafar, ''Wi'n cofio'r tanad ym *bwll* Singenydd'. Digwydd fel elf. mewn e. lleoedd, e.e. *Llanfihangel-y-pwll* (Michaelston-le-Pit), Morg.

(*b*) Corff neu groniad o ddŵr neu o hylif arall, e.e. metel tawdd, hefyd yn *ffig.*: *pool, puddle, pond, also fig.*
12g. *LL* 142–3, nant biuguan yny hit bet *pullou* rinion dyr dou *pull. id.* 145, dyuynyd dyr *pyllou.* **14g.** *GDG*[3] 249, Pell glywid o'r *pwll* gloywia / Garm a bloedd, garw y mau bla. **1547** *WS*, *pwll*, a pole. **1618** J. Salisbury: *EH* 87, bod dwfr y *pylleu*, yn farw, am ei fod yn aros yn ei vnlle. **1632** *D* d.g. *lacus.* **1632** J. Davies: *LlR* 205, a'i bod yn prynu dwfr y *pwll*, â mwy o boen nag a ofynnai efe am ddeg cymmaint o loyw-ddwfr allan o'r ffynnon ei hun. **1638** *RWM* i. 926, Ni ddoe grothell bell o *byllod* llynav. **1672** R. Prichard: *Gw* 532, 'Neb a 'molche ym *mhwll* Bethesda. **1693** *HC* 117, A yw *pwllau* drewllyd pechod (*the vile puddle of sin*) yn well na dyfroedd y bywyd . . .? **1714** D. Lewys: *CN* 33, Ffynhonneu pur a *phyllau* Gwlaw. **1760** *ML* ii. 161, [Ll]ywelyn . . . yn chwareu cat ac yn nofio llongau bach a hwyliau papur iddynt, yn y *pwll* cam gerllaw'r garreg velen. **1780** *W*, *pyllyn* o lacca d.g. *puddle.* **1803** *P*, *pwll*, s. m. *pyllau*, a small pool. Ar lafar, 'Fe 'lychodd 'i drad yn y *pwll* yn iard yr ysgol'; '*pwllyn*' 'a small pool on the roadside', *GDD* 237; hefyd yn yr ystyr 'man dwfn mewn afon neu nant lle y mae'r dŵr yn rhedeg yn araf'. Digwydd yn gyff. fel elf. mewn e. lleoedd, e.e. *Pwllheli*, sir Gaern., *Pwll y Grawys*, sir Ddinb., *Pyllau Teifi*, Cered., *Pwll Deri*, sir Benf. Cf. G. Owen: *DP* iv. 635–6.

(*c*) (enghrau.'n cyfeirio at y bedd neu uffern, neu mewn cyd-destun tebyg: *exx. referring to the grave or hell, or in a similar context*).
14g. *SC* viii/ix. 189, kyflawn oed lawr y ty o *byllev* crynnyon dwfyn . . . a phob vn or *pylleu* hynny oed lawn o amgen vwyn yn tawd brwt. ac yn sodi yndunt gwyr. a gwraged. **14g.** *GIG* 72, Gwae di Iolo, gwae'i deulu, / o'r pyllaid aur i'r *pwll* du [marwnad Ithel ap Robert]. *Diw.* **14g.** *MA*[2] 353b. 50–1, Mewn *pwll* i dodir / Mewn pridd i cuddir (Dafydd Ddu Hiraddug). **14–15g.** *IGE*[2] 291, *Pyllau*, ffyrnau uffernawl, / Peiriau, dreigiau, delwau diawl (Siôn Cent). *id.* 294, Hyd yr awr, hoywder oroen, / Ydd êl i'r *pwll*, ddaliwr poen [Siôn Cent i'r cybydd]. *c.* **1400** *R* 1192. 19–20, hynny el y *bwll* y bell drigyaw. *id.* 1217. 30, ac uffern uarwar bar berw *bylleu. id.* 1261. 39, *Pwll* a gud yrud. **15–16g.** *GLM* 92, Ai llai coedydd lle'i cadwer, / er bwrw'n y *pwll* irbren pêr? **15–16g.** *TA* 326, Ple cawsant,—pa elw ceisiaw?—/ Ball ar hwn, hyd *bwll* a rhaw? **1567** *TN* 172b, Can na adawy vy eneit yn y bedd [:- yffern, *pwll*, ffos]. *id.* 397b, y *pwll*, ysydd yn llosgi o dan a' brymstan. **1588** *Eseia* xxxviii. 17, rhyngodd it fodd hefyd waredu fy enaid / o *bwll* llygredigaeth. **1630** *YDd* 245, pan fyddont yn dawnsio ar ddydd yr Arglwydd . . . nad ydynt ond dawnsio ar fîn y *pwll.* **1657** *MLl* ii. 77–8, or diafol y maent oll. ag i *bwll* y tywyllwch y maent yn perthyn. **1780** *W* d.g. *the pit or grave.*
Cfn.: **pwll awyr:** *air-pit, ventilating-shaft in mine.* **1864. p. (y) fraich:** *armpit, axilla.* **1771** *PDPh* 9, *pyllau'r breichiau.* **p. calon, p. y galon,** &c.: *pit of the stomach, solar plexus.* **1545** *CM* 1, 129, goris *pwll y galon. Diw.* **16g.** *WLB* 30, ar *bwll i galon. id.* 49, ar *bwll kalon* y dyn claf. **16–17g.** *DCR* 232, *pwll fynghalon.* **1762** T. Williams: *HHO* 191. Ar lafar yn y Gogledd, *WVBD* 448. **p. cerddorfa, p. y gerddorfa:** *orchestra pit.* **20g. p. claddu:** *grave.* **1632** *D* d.g. *sepulchrum.* **1707** *AB* 149a, Dimet. . . . *pwll kladdy* d.g. *sepulchrum.* **p. clai:** *clay-pit.* **1588** *Gen* xiv. 10, A dyffryn Sidim oedd lawn o *byllau clai.* Digwydd fel e. lle, e.e. ym mhlwyf Llanbadarn-y-Creuddyn Isaf, Cered. ac ym mhlwyf Glyntraean, sir Ddinb. (**1631** *Chirk Castle F* 4060, y *pwll clay*). **p. (y) cylla:** *pit of the stomach, solar plexus.* **1816. p. diwaelod:** *bottomless pit, hell.* **1620** *Dat* xi. 7. **1661** E. Lewis: *Drex* 37. **1719** *TDP* 29. **p. dom(en):** *dung-pit.* **1848. p. du:** *the pit, hell.* Ar lafar yn sir Benf., *GDD* 236. **p. (y) dŵr:** *stock comparison for a talkative person.* Ar lafar, 'Bydd ddistaw, 'ti'n siarad fel *pwll y dŵr*'. **p. glo:** *coal mine, coal-pit.* **1643** *MLl* i. 86. **1725** D. Lewis: *GB* 242. **p. halen:** *salt-pit.* **1588** 1 *Mac* xi. 35, *pyllau halen.* **1604–7** *TW* (*Pen* 228) d.g. *salina.* **1725** *SR* d.g. *a Wych House.* **p. heb waelod = p. diwaelod. 1567** *TN* 385a. **p. heli = p. halen.** [**1783**] *W* d.g. *salt-pit, wyche or wych* [*a salt pit*]. Cf. yr e. lle *Pwllheli*, sir Gaern. (**1292–3** *NTCB* 155, *Pwllhely*). **p. (yr) hwyaid:** *duck-pond.* **15g.** Bedo Aerddrem, &c.: *Gw* 222, y kwrsie gore a gaid / ai rhoi y*mhwll yr hwyaid.* Ar lafar, 'Mi ddisgynnodd Dad i'r *pwll chwiad* pan oedd o'n hogyn bach'. **p. llaca:** *puddle.* **1722** *Llst* 189, *pŵll llacca*, a puddle, slab. **1780** *W* d.g. *puddle.* **p. llif:** *saw-pit.* [**1783**] *W* d.g. *saw-pit.* **1803** *P.* Ar lafar, '*pwll lli*', *WVBD* 349; '*pwll llif*', *Geir Glo* 8; hefyd ym Mrych. yn y ff. *pwllif.* **p. llif(i)o (coed) = p. llif.** [**1783**] *W* d.g. *saw-pit.* **p. lludw:** *ash-pit, ash-hole.* Ar lafar yn sir Benf., *GDD* 237. **p. (y) llygad:** *eye-socket.* **1850. p. marl:** *marl-pit.* **16g.** *Pen* 181, 384, *pylle meiryl.* **1776** *W* d.g. *marl* . . . *marl-pit.* **p. mawn:** *turf-pit, peat-pit.* **14g.** *GDG*[3] 337. **1585** *Ceredigion* ix. 9. **1803** *P.* Ar lafar, *WVBD* 366, *TGG* (1907–8) 80. **p. mawnog = p. mawn. 1905. p. mawr:** *grave.* Ar lafar yng ngorllewin sir Gaerf., *TGG* (1907–8) 84. **p. melyn:** *yellow-ochre pit.* Ar lafar yn sir Benf., *GDD* 237. **p. y môr:** *stock comparison for a talkative person.* Ar lafar, ''Chewch chi ddim gair gan 'i gŵr, ond ma hi fel *pwll y môr* wastad'. **p. mwyn, p. mŵn:** *mine (for ore). c.* **1700** E. Lhuyd: *Par* i. 65, Llawer o *bylle mŵn.* **1752** *ML* i. 214. **p. (pwllyn) nofio:** *swimming-pool.* Ar lafar. **p. odyn:** *kiln pit.* **12g.** *LL* 258. **13g.** *LTWL* 134. **14g.** *LlB* 81. *c.* **1730** *Thos. Lloyd D* (LlGC) 201a. **p. padlo:** *paddling-pool.* Ar lafar. **pyllau pêl-droed:** *football pools.* **20g. pwll stêm:** *steam-coal mine.* Ar lafar ym Morg. a dwyrain sir Gaerf., *B* viii. 220. **p. (y) stumog, p. (yr) ystumog:** *pit of the stomach, solar plexus.* **1873. p. tro:** *whirlpool, also fig.* **1604–7** *TW* (*Pen* 228), llawn *pyllæ tro* d.g. *voraginosus.* **1651** Siôn Treredyn: *MDD* 20, anchwiliadwy yw *pwlltro* [*sic*] pechod y dyn ym mharadwys. **1752** J. Thomas: *FG* 28. **1796** T. Jones: *CCA* 104, y *pwll tro* o demtasiwn. Ar lafar, *LGW* [408]–9. Dywedir am berson siaradus ei fod yn 'siarad fel *pwll tro*'. **p. uffern:** *the pit of hell.* **14g.** *GIG* 133, I *bwll uffern* ni fernir / Enaid dyn, yn anad tir, / A gladder, diofer yw, / Ym mynwent Dewi Mynyw. *c.* **1400** *R* 1163. 24, Ym *pwll uffern.* gyt ar gethern. **1632** J. Davies: *LlR* 416. **1790** T. Jones: *TOS* 281. **p. (yr) ystumog,** gw. *p. stumog.* **mynd i b.:** *to become dilapidated.* **20g.** Ar lafar yng ngodre Cered.

pwllaf: pwllu, pwllfa, pwllffagan, gw. **pyllaf: pyllu, pyllfa, pwlffacan.**

pwllif, gw. **pwll—p. llif.**

pwlltrach [?*pwll*+elf. anh., cf. *llwtrach*] *eg.* ll. *-au.* Pwllyn: *puddle.*
Ar lafar ym Morg., *LlGC* 1172, 12.

pwllyn, gw. **pwll.**

pwma, pwmcin, gw. **piwma, pymcin.**

pwmel [bnth. S. C. *pumelle*, ff. ar *pomel(le)* 'pommel'] *eg.b.* ll. *-au, -s.* Bwlyn ar garn cleddyf, &c.; corf flaen (cyfrwy); hefyd yn *dros.* ac yn *ffig.*: *pommel* (*of sword, &c.*); *pommel* (*of saddle*); *also transf. and fig.*

c. **1400** *R* 1346. 20–3, Penn Jeuan nyt glan glin pres . . . piw paeletliw pel lwytlas. Glasblwm *bwmmel* pel palwr. *c.* **1400** *YSG* i. 114, cledyf ac amrafael weith arnaw, kanys y *bwmel* a oed o vaen. *c.* **1400** (*SG*) *HMSS* i. 326, y *pwmel* yn anodi yn y dor. **15g.** *GDID* 56, Hywel yw'r *pwmel*, heb bai. *Diw.* **15g.** (**15–16g.**) *B* xvii. 87, llawer cvsan mel yr croes ar *bwmel.* **1545** *CM* 1, 33, Ac yseuyll yn wasdad ynn yr vn lle yn ddisymud ne heb dreiglo allan oi kyuleydd yr hrain aellwir *pwmelaur* byd. **1547** *WS*, *pwmel* cleddyf, a pomell of a swerde. **16g.** (*LlEG*) *Mos* 158, 489a, helynt yr honn aoedd dan y powls ner *pwmels* ynn vchder gymaint ac wyth a deugain. **16g.** *GGH* 330, Dyrnod clod, ran Hawdyclŷr, / Â dur *bwmel* drwy bumwyr. **16–17g.** T. Prys: *Bardd* 118, *pwmel* ddiogel ddigawn. **1681** S. Hughes: *AC* 34, canys mi gefais fy ngheffyl unwaith gwedi ei gyfrwyo gantho, â'r crwpper ym-mlaen, a'r *pwmel* yn ól. *c.* **1785–90** (**1829**) *CBYP* 198, [c]leddau heb *pwmel.*

pwmgarnat, gw. **pomgranad.**

pwmis [bnth. S. *pumice*] *eg.* ll. *-iau.* Carreg folcanig fân-dyllog ysgafn a ddefnyddir fel ysgraffinydd wrth lanhau neu gaboli, darn o'r garreg hon a ddefnyddir at rwbio croen caled i ffwrdd: *pumice*(*-stone*).

16–17g. T. Prys: *Bardd* 238, kareg *bwmys.* **1780** *W*, yspyngfaen, vulgò *pwmis* d.g. *pumice, or pumice-stone.*

pwmp[1] [bnth. S. *pump*] *eg.* ll. *pymp*(*i*)*au* (*pwmpau*). Unrhyw ddyfais a ddefnyddir at godi, symud, neu gywasgu llifyddion (e.e. hylif, awyr), neu at leihau eu pwysedd, hefyd yn *dros.*: *pump, also transf.*

16g. *Rhyddiaith Gymraeg* i. 35, ynn bwrw y dwr allan o'r llong, weithiau drwy'r *pwmppe.* **1722** *Llst* 189, *pwmp*, m.p. *pympau*, a pump. **1759** J. Evans: *PF* 87, Daliwch y llê . . . tan Bistill Melin, neu tan *Bwmp* neu Goc. **1760** *ML* ii. 217, Fy ngwaith i beunydd yw trwsio kiblau a barilau . . . a swebiau, a *phympiau.* **1795** *R. Crusoe* 8, bod pedair troedfedd o ddwfr yn y llestr; ar hyn, galwyd yr holl ddwylaw at y *pwmp.* Ar lafar, 'Rhyw fath o *bwmp* yw'r galon'.

Cfn.: **pwmp beic:** *bicycle pump.* Ar lafar. **p. petrol:** *petrol pump.* **1939.**

Gw. hefyd **plwmp**[2].

pwmp[2] [?bnth. S. *bump* 'a swelling', cf. S. taf. *bump* 'great deal, quantity, lot', *bumper* 'anything unusually large or well developed', *bumping* 'large, big'] *eg.* (bach. g. *-yn*; b. *-en*) a'i ddilyn yn fynych gan yr ardd. *o* mewn ymad. fel '*pwmp* o lythyr', '*pwmp* o ddyn', &c. Clamp, talp, lwmp: *mass, lump, pile.*

1741 *ML* i. 49, Ni throis i heibio etto mo *bwmp* o groen arth a wisgais i dros fy 'sgwyddau drwy'r gauaf. **1745** *id.* 86, ymhen byr amser cafodd y pleser o weled geni iddi *bwmp* o gyw offeiriad. [**1746**] *id.* 100, Dyma Mr. Ellis wedi rhoddi allan *bwmp* o Lyfr Cymraeg yn erbyn y Methodistiaid. **1748** *id.* 131, Sgrifenais attoch er's dyddiau *bwmp* o lythyr ag yr wyf yn disgwyl atteb. **1753** *TR*, *pwmp* o ddŷn, a lusty fellow. R.M. **1769** E. Roberts: *GN* 24, Nid rhaid i Sais yn Lloeger ond rhoi *pwmp* o rech, / Dyna bump neu chwech yn tori. **18–19g.** *IAW* (LlGC) 101, 10, *pwmp*, any thing somewhat round & bulky. *pwmp* o ddyn, *pwmp* o garreg, &c. N. Wales. **1803** *P*, *pwmp*, s. m. a round mass. *Pwmp* o ddyn, a large heavy man. Ar lafar clywir ymad. fel ''Wnaeth o ddim *pwmp* o waith'; hefyd ym Mhenllyn, 'Mae hi'n *bwmpen* o eneth braf'.

pwmp[3] [amr. ar *bwm*[1], *bwmp*] *eg.* Gair: *word.*

1753 G. Owen: *L* 57, Dyn garw ydoedd y Curad diweddaf! Nid âi un amser ond prin i olwg yr hên gorph, ac os âi, ni ddywedai *bwmp* ond a ofynid iddo. Ar lafar yn Arfon, 'heb ddeud na *phwmp* na be' 'without saying a word', ''Ddeudodd o ddim *pwmp* na be' 'He didn't say a word'.

pwmp[4] [bnth. S. *bump* 'blow'] *eg.* Ergyd: *blow.*

c. **1756** *Bangor* 1007, 62, oni thewi di min cawr mi ro iti *bwmp* / beth ddarfy i'r Lwmp anigri. Ar lafar yn Arfon, 'Y fo roth *bwmp* i mi i ddechra ac mi pwmpish inna fo wedyn', 'pawb a'i *bwmp* i bembwl', *WVBD* 448; 'Mi es yn *bwmp* iddo' 'I bumped into him'. Fe'i clywir yno hefyd yn yr ystyr 'rhech', 'Nes i wllwn *pwmp* yn y capal a ges i row gin Mam'. Cf. y pennill llafar, 'O diar, diar, doctor, / Ma gin' i boen 'n yn ochor; / Mae well gin' i roi *pwmp* a rhech / Na talu chwech i'r doctor'. Cf. dfn. 1769 d.g. *pwmp*[2].

pwmpa [?bnth. S. C. *po*(*u*)*me* (cf. y ff. ll. S. C. *pompis, pumpes*) neu'r H. Ffr. *pome*, ond gw. *B* xi. 122–3] *eg.b.* ll. *pwmpâu.* Afal (mawr), ?ffrwyth, ?pren ffrwythau; (geir.) pompiwn; hefyd yn *ffig.*: (*large*) *apple*, ?*fruit*(*-tree*); (*dict.*) *pumpkin*; *also fig.*

15g. *GHC* 4, Pand oedd ŵraidd y gwreiddyn? / *Pwmpau* doeth pum pen y dyn / O feibion cryfion eu cred, / A merch wych yma'r chweched. **15g.** *GGl*[2] 286, Pacs o nef pob cusan yw. / *Pwmpa* annerch pump einioes, / Pren pêr yr haelder a'i rhoes. **15g.** *DE* 37, prenn ai dvc nid prin y da / pvmpvnt a dal y *pwmpa* [i ddyfalu afal]. **15–16g.** *TA* 110, *Pwmpâu* Siôn, fal pump o sêr [i bum mab Siôn Salbri]. **15–16g.** *GLM* 193, mae pren imp ymhob bron ynn / mae *pwmpa* ymhob himpyn. **16g.** Lewys Morgannwg: *Gw* 522, *pwmpa* Ruffydd pum proffwyd / paladr imp Elidir wyd. **1547** *WS*, *pwmpa*, pome. **16g.** *GGH* 206, Pwy'r rheini? Pump o'r pren pêr, / *Pwmpâu* Robert, pump breuber. **16–17g.** *GST* i. 66, Pump Tomas ag urddas gwŷr, / *Pwmpâu*, fel pump o filwyr. *a.* **1614** *NBSF* 253, pura i lin ŵyd perl ein iaith / *pwmpa* teilwng pum talaith [moliant Lewys Gwynn gan Rys Cain]. **1632** *D*, *pwmpa*, pomum grande. **1722** *Llst* 189, *pwmpa*, m. a pompion. **1762** *ML* ii. 489, Rhyfedd i Wheeler's russet ffaelio; *pwmpa* odiaethol mae gennyf o'r ffrwyth er y llynedd. **1770** *W* d.g. *apple, a large apple, pompion, or pumkin.* **1803** *P*, *pwmpa* . . . a large kind of apple.

Gw. hefyd **bwmpa.**

pwmpad, pwmpaf[1,2]**: pwmpo,** gw. **pwmpiad**[2]**, pwmpiaf**[1, 2]**: pwmpio.**

pwmpaliri [?< *pwmpalili*, drwy ddadf.] *e?g. Bot.* Rhosyn mynydd, blodau'r brenin, coronllys, *Pæonia*: *peony.*

20g. Cf. S. Lewis: *S* 19, Ymerodres gloynnod Duw / Ar orsedd *pwmpaliri* ar daen.

Amr.: **pwmpalili** [?*pwmpa*+*lili*]. Ar lafar yn sir Drefn., G. Awbery: *BM* 24.

pwmparis [?bnth. S. C. *powmperes* 'pome-pears, pears resembling apples'] *e.ll.* a hefyd fel *eg.* ?(Pren sy'n dwyn) math o ellyg tebyg i afalau, hefyd yn *ffig.*: (*tree bearing*) *pome-pears, also fig.*

15g. *GDLl* 133, Er bwrw pren bydd byr y pris / Heb imp pêr o *bwmparis.* **15g.** *GLGC* 389, ac o'i wraidd ac o'i frig, Rhys, / y mae eilwaith bren melys; / Tomas, â chant o iemyn, / ap Rhys, goed *pwmparis* gwyn. **15g.** *GDID* 105, Pawb a'u mawl ar dwf pob mis, / Pump o aeron *pwmparis*; / Arwydd y dôn' o wraidd da—/ Arwain pump o'r un pwmpa. *a.* **1500** *CH* 233, Un oes a dwy oes i'n dewis—emprwr, / Un impren *pwmparis* (Ieuan Dyfi). **15–16g.** *GLM* 26, *Pwmparis*, nawmis yw'r nod, / a ddaw, ancwyn o'i ddeincod. *id.* 192, Pam mae purach *pwmparis* / no chan pren bychain eu pris? **1547** *WS*, *pwmparis*, pomepares. **16g.** *GGH* 89, Purach bren, perwych ei bris, / Perach wyd no *phwmparis.* *id.* 248, Baham, peraidd *bwmparis*—/ Bath bren ni wnair byth i bris. **16g.** Huw Cornwy, &c.: *Gw* 43, Bu ynddo yntau —graddau gris—/ impiau aeron *pwmparis.* **16–17g.** *PhA* 282, *pvmparis* or pvmp ryw sydd / pvmryw wyd imp meredydd.

Amr.: **pomparis.** **1604–7** *TW* (*Pen* 228), a llygeit *pomparis* d.g. *exophthalmus.*

Gthg. **pomparadwys.**

pwmpen[1] [cfdds. o'r S. *pump*(*ion*) 'pumpkin'+*-en*] *eb.* ll. *-ni.* Maro; pompion, pompiwn: (*vegetable*) *marrow*; *pumpkin.*

1916. Ar lafar yn y De a'r Gogledd.

Amr.: **pompen** [cfdds. o'r S. *pomp*(*ion*)+*-en*]. Ar lafar yn ne-orllewin Morg. **pwmpien.** Ar lafar yn sir Benf., *SC* vi. 125.

Gw. hefyd **pompion.**

pwmpen[2], gw. **pwmp**[2].

pwmpi, *a.* Llawn (am ŷd): *full* (*of corn*).

?**19g.** Ar lafar yng nghanolbarth Cered. i ddisgrifio llygaid ar dor y croen; clywir hefyd yr ymad. *pwmpi pys* am 'yellow-bunting', *ZCP* xx. 421. Cf. D. Jones: *Cerddi Isfoel* (1958) 45, Ŷd melyn, clir, *pwmpi*'r pau, / Godidog ŷd i hadau.

pwmpiad[1] [bôn y f. ddil.+*-iad*[1]] *eg.* Y weithred o bwmpio: *a pumping.*

20g.

pwmpiad[2]**, pwmpad** [bôn y f. *pwmpiaf*[2], *pwmpaf*[2]: *pwmp*(*i*)*o*+*-iad*[1], *-ad*] *eg.b.* Ergyd, trawiad: *a blow, thump.*

1803 *P*, *pwmpiad*, s. m. . . . a thumping, a banging. Ar lafar yn nwyrain Morg., 'Fe gas *bwmpad* dost pan gwmpws a 'ddar y beic'.

Amr.: **pompad.** Ar lafar yn nwyrain Morg., 'Fe rows *bompad* iddo fa nes bo fa'n 'bychad'; 'Fe rows *bompad* iddo dan 'i ên a'i fwrw fa mæs'.

pwmpiaf[1]**, pwmpaf**[1]**, pympiaf**[1]**, pympaf**[1]**: pwmp(i)o, pymp(i)o** [bf. o'r e. *pwmp*[1]] *bg.a.*

(*a*) Codi, symud, cywasgu, neu leihau pwysedd (llifydd, e.e. hylif, awyr) â phwmp, llenwi (teiar, &c.) ag awyr, hefyd yn *ffig.*; llifo fel petai pwmp yn ei yrru (am lifydd); gweithio (megin, pedalau organ, &c.) mewn ffordd debyg i bwmp; holi (person) yn daer er mwyn cael rhyw wybodaeth: *to pump* (*fluid, e.g. air, liquid*), *pump up* (*tyre, &c.*), *also fig.*; *pump* (*intr.*); *pump* (*bellows, organ pedals, &c.*); *pump* (*someone for information*).

1846. Ar lafar, '*pwmpio, pympio*', *WVBD* 448; 'Man' nhw'n *pwmpio*'r dŵr o'r ffordd ar ôl y llifogydd'; '*Pwmpia*'r teiar 'na i fyny—mae o'n edrach yn fflat'; 'Bues i'n *pwmpo* Ifan am 'i swydd newydd, ond 'wede fe ddim'.

Amr.: **pompio**[2]. **1868.**

pwmpiaf[2]**, pwmpaf**[2]**, pympiaf**[2]**, pympaf**[2]**: pwmp(i)o, pymp(i)o** [bf. o'r e. *pwmp*[4]] *bg.a.* Taro, ergydio, pwnio; peledu, taflu: *to hit, strike, punch*; *pelt, throw.*

1762 *ML* ii. 503, Gwych yr escus a ges i'ch *pwmpiaw* a phystolau bob yn awr dan rith roddi i chwi hanes Anghared. **1803** *P*, *pwmpiaw* . . . to thump, to bang. Ar lafar, 'Y fo roth bwmp i mi i ddechra ac mi *pwmpish* inna fo wedyn', *WVBD* 448; 'Mae Wil yn fy *mhympio* i am ddim byd', *Cymru* lxiii. 84; '*pwmpio* cerrig ato fo', *ISF* 62; ''Odd a'n *pwmpo*'r crotyn yn ddidrugaredd'. Clywir *pwmpio* yn y Gogledd yn yr ystyr 'rhechain', *LlG* xxi. 22; 'Paid â byta gormod o gabej ne mi fyddi di'n *pwmpio* trwy'r pnawn'.

pwmpien, pwmpiwn, gw. **pwmpen**[1], **pompion.**

pwmpiwr [bôn y f. *pwmpiaf*[1]: *pwmpio*+*-iwr*] *eg.* ll. *pwmpwyr.* Un sy'n pwmpio: *pumper.*

1928.

pwmpl [gair geir., sef bnth. S. *pumple* 'pimple'] *eg.* ll. *-au.* Bwrlwm, cloch y dŵr; boglyn, boglwm, cnap, bwlyn, nobyn, pen (hoelen); ploryn, tosyn; genfa ar ffurf cloch: *bubble*; *boss, knob, head* (*of nail*); *pimple*; *bell-bit.*

1617 *Minsheu* 55b, *pwmpl* d.g. *a Bubble.* *ib.* yn llawn *Pwmple* d.g. *full of Bubbles.* **1632** *D*, *pwmpl*, bulla. **1688** *TJ*, *pwmpl*, pen hoel: a Boss of a Nail or Bridle. **1722** *Llst* 189, *pwmpl*, m.p. *pwmplau*, a boss of a bridle &c. drop of a drawer; bubble, pumple. *id.* d.g. *a Bell-bit, a Boss, a Bubble.* *c.* **1730** *Thos. Lloyd D* (LlGC) 197b, *pwmpl*, a Pimple . . . a boss. a load. **1770** *W* d.g. *a boss, bubble* [*of water*], *drops* [*of drawers, &c.*], *to emboss.* **1803** *P*, *pwmpyl*, s. m. pl. *pwmplau*, a knob, a boss; also the drop of a drawer.

pwmplaf: pwmplo, pwmplu [bf. o'r e. bl.] *bg.* Byrlymu; boglynnu, ymffurfio'n foglyn: *to bubble*; *take the form of a boss or knob.*

1617 *Minsheu* 55b, i *Bwmplo* fal dwr d.g. *to Bubble as water doth.* **1770** *W*, *pwmplo* d.g. *to boss* [*bunch*] *out.* *id.* *pwmplu* d.g. *to bubble* [*rise in bubbles*]. **1803** *P*, *pwmplaw*, to boss, to knob.

pwmpleren, gw. **poplar.**

pwmplog [gair geir., sef *pwmpl*+*-og*] *a.* Boglynnog: *bossed, embossed.*

1722 *Llst* 189, *pwmplog*, bossed, embossed. **1770** *W* d.g. *bossed.* **1803** *P*, *pwmplawg*, knobbed, bossed.

pwmps[1]**, pymps** [bnth. S. *pumps* 'light shoes'] *e.ll.* (un. b. *pympsen*). Esgidiau ysgafn ar gyfer chwaraeon, dawnsio, &c.; llopanau, sliperi: *pumps, plimsolls*; *slippers.*

16–17g. *RAGR* 302, am *pwmps* cyn deneved am pantalls o felfed. **1768** Twm o'r Nant: *CTh* 20, Rhaid cael clôs Buph mewn mynŷd, / A *Phumps* teneuon hefyd. Ar lafar, 'I ddawnso, 'odd a'n gwishgo *pwmps* a bycla melyn arnyn' nw'; 'Ma'n rhaid i fi gael crie newydd i '*mhymps* i'; 'Newydd gwnnu odd a ac yn 'i *bwmps*'; ''Dwi 'di colli '*mhympsen* chwith —mi fydd yn rhaid i mi gal hyd iddi cyn y gêm'.

pwmps[2]**, pwmpyn,** gw. **pompion, pwmp**[2].

pwn [bnth. Llad. *pondus* drwy'r ff. **pundus*]

eg. ll. *pynnau* (*pwnnau*), (ar ôl y rhif. *can*) *pyn.*

(*a*) Llwyth, baich, hefyd yn *ffig.*; pac, sach, cwdyn; lluosogrwydd, nifer neu swm mawr, maint mawr, pentwr: *load, burden, also fig.*; *pack, sack, bag*; *multiplicity, large number or sum, large amount, pile.*

13g. *Ll* 20, Ef a dele o pob *pvn* kynnut. **14g.** *YBH* 34b, *pynneu* o eur ac aryant. **14g.** *RC* xxxiii. 246, aeth yr tir ac y duc ganthau ychydic o gravn . . . pan doeth amser yu vedi e kynullut can *pyn* o hanau. **14g.** *GIG* 105, Pais draenog oediog ydyw, / *Pwn* ar ên fal penwar yw [i'r farf]. *c.* **1400** *R* 1301. 27, Torreis ogredeu *bynneu* beunyd. *c.* **1400** *YCM*[2] 177, ryanuon yr ymladwyr *pwnn* deugein meirch o win gloyw da y'w yvet. **15g.** *DE* 26, Krwybr aur ban i kribai / *pwn* mawr o ysgub paun mai [i wallt merch]. *id.* 51, safr hwn sy fwy or hanner / val *pwnn* o yfalav per [i'r cusan]. **1547** *WS*, *pwn* ne vaich, a lode. *Diw.* **16g.** *LBS* iv. 378, a phann yttoeddynt yn dyfod ai meirch ai *pynnau* tu a thref. **1632** *D*, *pwnn*, onus, sarcina. pl. *Pynnau*, & *Pynn.* **1672** R. Prichard: *Gw* 359, Pe rhoed iddo Aur yn *bwnnau*. *id.* 428, Fe rydd dy groes, yn ol dy gyflwr, / Ni bydd dy *bwnn* vchlaw dy gryfdwr. **1714** R. Prydderch: *GD* [xii], a hwnnw [gwallt] yn hir llaes neu'n *bwn* mâwr yn cyrhaeddid hyd y gwregis. **1777** W. Williams: *DN* 71, mwy happus yw dy gyflwr, llai dy brofedigaethau, llai dy *bwn*. **1803** *P*, *pwn* . . . a pack; a burden, a load. Digwydd yn yr e. lle *Rhydypynnau*, Llanfihangel Glyn Myfyr, sir Ddinb., *Études* x. 218. Ar lafar, 'Mae'r *pwn* yn troi', '*pwn* o ddillad', *WVBD* 448.

(*b*) (enghrau.'n cyfeirio at uned fesur sych neu bwysau amrywiol ei faint: *exx. with ref. to a variable unit of dry measure or weight*).

1897 G. Roberts: *Pum Plwy Penllyn* 117, Blawd ceirch £2 1s. y *pwn* . . . Blawd, £2 y *pwn* o 240 lbs. Cf. G. Roberts: *Atgofion Amaethwr* (1929) 24, gwenith, yr hwn a werthid wrth y *pwn* sef hobaid a hanner. Mesur y *pwn* oedd 6 pecaid a phwysai 252 pwys. Ar lafar ym Mhenllyn am 'wyth pec o geirch a haidd' neu 'chwe phec o wenith', *B* iii. 206.

Cfn.: **pwn ceffyl:** *horse-load; load, lot.* **1615** R. Smyth: *GB* 160, [*p*]*wn cephyl* o wenith. **1749** *ML* i. 146, nid ewch byth i adeiladu heb *bwn ceffyl* o arian. *c.* **1762–79** W. Williams: *P* 593, [*p*]*ynnau ceffylau.* **p. march:** *horse-load.* **13g.** *Ll* 75. **13g.** *LTWL* 376. **15g.** *LHDd* 12. **p. traws:** *?load laid across a horse's back.* **13g.** *Ll* 84, E theythy yu tynnu karr en allt . . . a duyn *pvn traus.* **16g.** (*LlEG*) *Mos* 158, 344b, ar geuyn keffyl ynn *bwn traws.* **(o) dan b., tan b.:** *loaded, laden, burdened, weighed down, also fig.* **15g.** *GLGC* 386, *dan bwn* neidio'n grwn hyd Gaereiniawn [i ddiolch am farch]. **1588** *Ecs* xxiii. 5, assyn . . . yn gorwedd *dann ei phwn* [*sic*]. **1630** *YDd* xix, march bychan a anturiai fyned *tan bwn* mwy nac a allai ei ddwyn. **1632** *D*, *dan ei bwnn* d.g. *onustus.* **17g.** Huw Morus: *EC* i. 288, A'r dydd mewn adfyd, yn dwyn ei phenyd, *dan ei phŷnau* [i ofyn caseg]. **1771** *W*, *tan* . . . *ei bwn* d.g. *burdened.* Ar lafar, 'Fe ddaeth a'i becyn ar 'i gefan a mydda fa, di weli 'mod i *dan* '*y mwn*'; 'Ma 'itha'n gwpod beth yw bod *o dan* '*i phwn* wedi colli Dai, a'r plant idd'u cwnnu'.

pwnad, pwnaf: pwno, pwnar, gw. **pwniad, pwniaf**[1]**: pwnio, pwnner.**

pwnc [?bnth. dysg. Llad. *pūnctum*, cf. H. Wydd. *ponc*, Gwydd. Diw. *ponc*; cf. ymhellach *pwyth*] *eg.* (bach. *pyncyn* (*pwncyn*), ll. *-nau*) ll. *pync*(*i*)*au* (*pwnc*(*i*)*au*).

(*a*) Testun, mater, achos, ystyriaeth, pwynt, thesis; pwynt neu erthygl (o athrawiaeth, crefydd, &c.); achos (mewn cyfraith); adran neu faes o astudiaeth (mewn ysgol, &c.): *subject, matter, issue, consideration, point, thesis*; *point or article* (*of doctrine, religion, &c.*); *case* (*in law*); *subject* (*of study in school, &c.*).

13g. *Ll* 51, un o'r try *pung* esyd keureythaul. **13g.** *Cylchg LlGC* iv. 78, E *pwnc* kyntaf o'r deuddec *pwnc* [yn y Credo] a perthyn ar y Tad Mawr o'r nef. **14g.** *LlB* 36, Ac velly o'r deu *pwnc*, trwy tyston profadwy yd eir yn y erbyn ef. **14–15g.** *IGE*[2] 164, Yno y caiff dyn, englyn ongl, / Deall *pynciau* a'u deongl (Rhys Goch Eryri). *c.* **1400** *SDR*[2] 65, Pei rodut dy gret ar vym priodi i, mi a'th rydhawn o'r *pwnc* hwnnw. **15–16g.** *TA* 520, Penna trais yw poen traserch, / Penna cas yw *pynciau* serch. **1546** *YLlH* d.d., Y gredo, ney *bynkeu* yr ffydd gatholig. *a.* **1587** *Y* 90, *Pwnciav* vrddas pencerddaidd. **1604** R. Holland: *BD* 3a, [y] Scruthyr-lan heb pwy vn y mae holl *bwngcau* crefŷdd yn ofer. **1632** *D*, gosod yn *byngciau* d.g. *articulo.* **1672** R. Prichard: *Gw* 107, Gwachel dorri 'r *Pwnccie* lleiaf, / O holl gyfraith Dduw goruchaf. **1722** *Llst* 189, *pwngc*, m.p. *pyngciau*, a point, thesis, position, case in law, inference, head or matter of a discourse, article. **1725–6** *Madd Ed* 24, synniol o'r *pwngcyn* lleiaf ag a fyddau'n wrthwyneb i'w Crefydd hwynt. **1803** *P*, *pwnc* . . . a subject, or what is under observation. Ar lafar, 'Cymraeg oedd 'i *bwnc* o yn y coleg', 'Catw di at y *pwnc*, nid wilia am bopeth dan 'oul'.

(*b*) Nodyn neu fesur cerddorol, cân: *musical note or measure, song.*

14g. *SC* viii–ix, 192, a molyant y duw a seinei yndunt o gywydolaethu a *phynckeu* melys. **14g.** *GDG*[3] 167, A bronfraith ar ir brenfrig / Cyn y glaw yn canu'n glau / Ar las bancr eurlais *bynciau.* *c.* **1400** *YCM*[2] 168, Ac ar ny wypo honno [music], breuu a wna ual eidyon. Y gradeu a'r *pyngkeu* nys gwybyd. **15–16g.** *TA* 47, Llorfdant, cyweirdant, lle cordier—moliant, / Canoldant, cildant, *pynciau* haelder. **1547** *WS*, *pwnc*, a note. **16g.** *WLl* 170, Mae n i chob oi mewn chwebys / Ag i mae *pwnck* ymhob bys / . . . / Dwylo oi mewn fal dal maner / A fâl gan *pwnck* val gwin per [i ofyn telyn]. *c.* **1566** *B* i. 143, iiii cyweirdant gwan a wna vn kadarn ar vn modd am y tynniadau kedyrn ac or rhai hynny i gwnair y *pynkiau* ac or *pynkiau* i gwnair y messurau. **1567** G. Robert: *GC* 2, Os byddai vn yn chwennychu digrifwch, e gai bu/ror ai delyn i ganu mwyn *bynciau.* **16–17g.** *Cer RC* 96, *Pynciau'r* Syren sydd i'm soddi. **1615** R. Smyth: *GB* 35, y mae [eos] yn derchafu i llais i anirif o *bunciau* [*sic*] melysper. **1632** *D*, *pwngc* . . . nota. **1672** J. Langford: *HDdD* 515, un Llais, un *Pwngc*, un Gân. **1794** E. Jones: *MPR* 74, Llawenydd *pynciau* llawnion, / Y dôn hyvrydlon vrâv. **1803** *P*, *pwnc* . . . a note in music.

(*c*) Dot, pwynt; *Gram.* atalnod: *dot, point*; *full stop* (*in gram.*).

1632 J. Davies: *LlR* 182–3, gan nad yw'r holl ddaiar i gyd ond megis *pwngc* neu ditl bychan wrth y maint rhyfeddol sydd yn y nefoedd. **1722** *Llst* 189, *pyngcyn*, a small point. **1780** *W* d.g. *point, a small* [*little*] *point, a prick, or point, punctilio, tittle.* **1803** *P*, *pwnc* . . . a point or stop, in grammar.

(*d*) Pwynt (mewn lle), pegwn: *point* (*in space*), *pole.*

13g. *DB* 77, ena e kerda er heul en e *pung* isaf. *c.* **1400** *id.* 53, Pan el yr heul heuyt y'r *pwnc* uchaf y byd gwyllt heuyt y llanw. **1596** *Pen* 187, 36b, llin y sydd iddi ddav *bwnck* nev bigiad, vn ymhopen a rheini heb na hyd na lled. **1604–7** *TW* (*Pen* 228) d.g. *locus, draco* (At.). **1632** *D*, y *pwngc* o'r ffurfafen a fo 'n vnion vch ben vn pa le bynnag y bo d.g. *zenith.*

(*e*) Pwynt (mewn amser), adeg; cyflwr, stad: *point* (*in time*); *condition, state.*

1346 *LlA* 45, Beth amyrei adalyher yna yn gwnneuthur drwc. Ac avarnner ydihenyd. Ac yny *pwnc* hwnnw (*et in ipso mortis articulo*) dyuot ediuarwch yndunt. *c.* **1400** *YSG* i. 28, Yna ef a baratoes geir dy vronn coron o eur. Ac yr awr y gweleist ditheu hi, ti a'i chwenycheist. Ac yn y *pwngk* hwnnw ti a syrthyeist yn yr eil pechawt. *id.* 42, Eissyoes yn y *pwnc* yr wyt ti ef a vydei ouer ytt neb ryw gynghor. **1609** R. Smyth: *CAC* 26, mal i gallo ddoydud, ie yn y *pwnc* diwaethaf oi fowyd wrth drengu, mi a wn fo[d] fyrhybrynwr [*sic*] i yn fuw. **1632** *D* d.g. *articulus.* **1800** W. Owen[-Pughe]: *CP* 27, ei ddwyn i eithaf *pwnc* o frwysedd. *id.* 125, dealla felly os daeth hyd y *pwnc* addas o allu ymgrynôi. **1803** *P*, *pwnc* . . . a point of time.

(*f*) Gweithred, digwyddiad, peth: *action, event, thing.*

c. **1300** *H* 23b. 2, Gnawd yd gyrch kynnygyn oe gynnif *pwg* (Einion ap Madog ap Rhahawd). *c.* **1400** *Ked AA* 4, Keisswn ninheu vedylyaw y'r Idewon dehol Iessu Grist, a'e anurdaw, a'e grogi . . . gwerthu heuyt o veibyon Iago badriarch Ioseph . . . a throssi o Duw pob vn o'r deu *bwngk* hynny yn glot ac enryded udunt. *id.* 17, oherwyd y Duw gwneuthur *pyngkeu* kymeint a hynn yrom ni, nyt a pharableu gwac y dylyem ni y diolwch y Duw. *c.* **1400** *YSG* i. 102, Ac o gedy ditheu yni oll varw am beth kyn vychanet a hynny, ny wnaeth marchawc urdawl eiryoet *pwngk* vilyeinyach [*sic*]. *c.* **1400** *B* ii. 9, treuly yn y ulwydyn ystent a ffrwyth dy tir ath dayar. A damweinaw un or *pynckeu* vry. **15g.** *GGl*[2] 242, A nwydau gŵr anwadal, / Ocr ei serch, yw caru sâl. / Caru un hwyrfun hirfyw, / Caru'r ail, *pwnc* oerwr yw. *Diw.* **15g.** *B* v. 102, Llyma *pwnk* a damweiniawd wythnos a diwyrnawt kyn y nodolic. Mil a thrychant a phedair blyned ar ugeint wedy geni crist yn tre Alescy . . . gwir vu varw bwrdeissor a elwit. Gwidw.

(*g*) Darn o'r Beibl a gydadroddir neu a lafargenir gan gynulleidfa, a'u holi wedyn yn ei gylch, oedfa (flynyddol) a gynhelir ar gyfer hyn, cymanfa holi, gwasanaeth tebyg lle canolbwyntir ar un thema grefyddol; holwyddoreg, catecism: *biblical passage recited or chanted by a congregation, on which they are catechized,* (*annual*) *service for this purpose, similar service concentrating upon one religious theme*; *catechism.*

1848. Cf. D. Owen: *WBC* 106–7, efe a gyfansoddodd y *pwnc* byr a bychan canlynol . . . Holiad . . . Ateb. Ar lafar yng Nghered. a sir Benf., 'Am fish cyn bob Sulgwyn 'na gyd fiddwn ni'n neud in 'r Isgol Sul yw practeiso i'r *pwnc*'; 'Ma 'i'n siow clywed Rhydwilym in canu'r *pwnc*'; hefyd yn sir Gaerf. am 'destun o'r Beibl a ddefnyddir fel man cychwyn pregeth', ''Odd e'n gallu datrys *pwnc* a'i roi e i'r dinnon'. Fe'i clywir hefyd yn yr un ardal yn yr ystyr 'pos ar ffurf barddoniaeth', ''On i'n 'neud *pwnce* iddyn' nw'.

Amr.: **pwng**[2] [cf. *ieuanc, ieuang*] (ll. *pyngau*; bach. un. *pyngyn*). **13g.** *Ll* 51. *c.* **1300** *H* 23b. 2. **14g.** *B* xiv. 258, yn gyntaf . . . ar eil *pwng* . . . trydyd pwnc yw. **15g.** *BB* 170, or *pyngheu* teckaf or a brydawt dyn. **16–17g.** *B* v. 28, [*p*]*yghev* yr ystatut hwnn. **1780** *W*, pyngcyn, *pyngyn* d.g. *punctilio.*

Cfn.: **pwnc craidd:** *core subject.* **20g.** **p. llosg(ol):** *burning issue.* **20g.** **p. sylfaen:** *foundation subject.* **20g.** **p. trafod:** *subject for discussion.* **20g.** **ar b.:** *on the point of, at the point of.* **1723** J. Jones: *LlA* 12, tebygid fod Agrippa *ar Bwngc* troi i'w Broffes ef. **1776** *W*, *ar bwngc* (fin, lygad) canol dŷdd d.g. *meridian, Adj.*

pwncaf, pwnciaf: pwnc(i)o, pwncwr, gw. **pynciaf: pyncio, pynciwr.**

pwndit, pwndid, pyndit [bnth. S. *pundit*] *eg.* ll. *-iaid.* Arbenigwr hunanbenodedig; Braman hyddysg yn yr iaith Sansgrit a chrefydd yr Hindŵ, &c.: *pundit.*

1868.

Pwneg [cfdds. o'r S. *Pun*(*ic*) + *-eg*[1]] *eb.g.* Iaith y Carthaginiaid gynt: *Punic* (*language*).

20g.

pwngarned, pwngranad, gw. **pomgranad.**

pwniad, pwnad [bôn y f. ddil. + *-iad*[1], *-ad*] *eg.b.* ll. *-au.* Y weithred o bwnio (yn enw. yn ysgafn â'r penelin), gwthiad, hyrddiad, trawiad, ergydiad, hefyd yn *ffig.*; curfa, cweir, cosfa; curiad trwm (y galon, cerddoriaeth, &c.): *nudge, dig, push, thrust, knock, also fig.*; *a beating, hiding*; *a pounding* (*of heart, music, &c.*).

c. **1730** *Thos. Lloyd D* (LlGC) 202a, *pwnniad*, a beating. **1803** *P*, *pwniad*, s. m. . . . a beating, a banging. Ar lafar yn y De a'r Gogledd yn yr ystyr 'y weithred o bwnio', *WVBD* 448, 'Rhowch *bwniad* i'r tân', '*pwnad* o'i benelin'; hefyd yn sir Benf. a'r De yn yr ystyr 'curfa, cosfa', *LGW* 203; 'Fe gas *bwnad* ddidrugaradd 'da'r mishtir'.

Amr.: **pyniad. 1937.**

pwniaf[1]**, pwnaf: pwn(i)o, pwnian** [bnth. S. C. (*to*) *poune* 'to pound; beat'] *bg.a.*

(*a*) Taro, curo, ergydio, gyrru (peth i mewn); rhoddi curfa neu gosfa i, dyrnu; llabyddio; procio (e.e. tân), gwthio neu brocio'n ysgafn (yn enw. â'r penelin), rhoddi pwt (i rywun); gorfodi (bwyd, diod, &c., ar rywun); baldorddi, siarad (lol); hefyd yn *ffig.*: *to beat, strike, hit, drive* (*something in*); *give* (*someone*) *a hiding, wallop, thrash*; *stone*; *poke, nudge*; *force* (*food, drink, &c., on someone*); *babble, talk* (*nonsense*); *also fig.*

15g. *LGC* 25, A thrwy dre Warwig, a thro draw weywyr, / Myn *bwniaw* y bobl am na baen bybyr. **1574 (1604)** *Rhyddiaith Gymraeg* ii. 201, ag yr owran y maen megis yn holldi fy mherfedd i, ag yn y *mwnio* [*sic*] y ddyfndwr fy nghorff i. *p.* **1584** G. Robert: *GC* 253, Y mab pennaf, a'm *pwnniodd.* **17g.** E. Morus: *Gw* 48, Gwyr paenes, gŵr a'i *pwnia*, / Guddio ei nyth, godde a wna. **1672** R. Prichard: *Gw* 424, F'orfu ar Stephan odde ei *bwnian* [:–Labyddio]. **1731** T. Lewys: *BMA* 121, mae'n rhaid i'r hwn a wnelo'r anwiredd hwn yn gynta gael amser i'w ddychmygu ar ei Wely a *phwno* ei Ben arno, a gwneuthur ei gydfwriad yn grif. **18g.** *W Ballads* 155B, 8, A Saeson ar redeg o feswl y pymtheg / Sy'n *pwnio* ffrithoneg ffraeth yno. *c.* **1762–79** W. Williams: *P* vii, Mae ef y nawr . . . wedi ei *bwnnian* gan Brofedigaethau, ei arwain trwy bob Tymherau. *id.* 34, ac yna'r lleill o'r Barnwyr a gwympant arno, ac a'i *pwnniant* ef i Farwolaeth. **1768 (1813)** Twm o'r Nant: *FF* 73, A *phwnio* i mi gwrw, nes y meddwes yn gaeth. **1789** Twm o'r Nant: *TChB* 30, Yr iawn Athrawiaeth araith Oreu / Yn lle gwrando rhai 'n *pwnnio* wrth eu pennau / Ydyw adrodd y gwir er gwell ac er gwaeth. **1803** *P*, *pwniaw* . . . to beat, to bang, to thump. Ar lafar, '*pwnio*'r tân', '*pwnio* rhywun i'w ddeffro fo', ''Dwi'n trio 'y ngora *bwnio* rwbath yn 'i ben', '*pwnio* bwyd iddo fo', *WVBD* 448; ''Odd Richard 'di bod yn *pwnio* tân'; 'Paid â '*mhwnian* i'; 'Ma rwun yn *pwno* ar y drws'; hefyd yn nwyrain sir Gaerf. yn yr ystyr 'gyrru helgig i gyfeiriad yr heliwr', ac yn ne-ddwyrain Morg. yn yr ystyr 'gweithio'n galed', ''Dwi ddim yn mynd i *bwno*'n galed dan ddaear am yr arian 'ynny'.

(*b*) Pwyo (grawn, sbeisiau, cnau, &c.), morteru; stwnsio, potsio; hefyd yn *ffig.*: *to pound* (*in a mortar*), *mortar*; *mash* (*potatoes, &c.*); *also fig.*

c. **1566** *B* xv. 120, dirisga almons a *ffwnia* ag ardymhera a ffeth or isgell hwnw. **1588** *Diar* xxvii. 22, Er i ti *bwnnio* ffôl mewn morter â phestl ym mhlith grawn. **1672** R. PRICHARD: *Gw* 420, Y clôfs a 'rogla 'n well o'u *pwnian*. **1683** *LlP* 58a, o Fustl neu Gall gwedi ei *pwnio* yn fân. **1699** T. JONES: *Alm* [6], Ychydig o'r hâd hynnŷ wedi eu *pwnnio*, a'u hyfed mewn diod frŵd. *c.* **1740** *LlM* 24, Cais Bint o Salet Oel a Dwsing o Lyffaint y Dwr, a *phwnia* hwynt mewn Morter. **18g.** *Llr* C 24, 257, Cymmer had y persli a *phwna* a berwa hwy mewn secc. *c.* **1762–79** W. WILLIAMS: *P* 123, Plantain . . . pan y bont yn gwneud diod o hono cymmerant fywyn 5. neu 6. ac a'u *pwnniant*. **1771** *PDPh* [5], berwch ddyrnaid da o Cummin wedi eu *pwnio* yn fân. **1795** J. THOMAS: *AIC* 43, Cymmer 20 o Gnau Côls, a ½ onz o Roman Vitrial . . . a *phwnnia* nhw 'nghyd, hŷd nes yr elo 'nhw 'n bowdr mân. Ar lafar yng Nghered., '*pwnio tatws*', a hefyd yn sir Gaerf. '*pwnno* tatws, sweds', *Geir Geg* 111; hefyd yng ngorllewin Morg. yn yr ystyr 'tylino', '*pwnno* tôs', *id.* 112.

Cfn.: **pwn(i)o arni:** *to persevere, keep going.* **1919.**

Gw. hefyd **poniaf[2]**: **ponio, pwyniaf: pwynio.**

pwniaf[2]: pwnio, gw. pyniaf: pynio.

pwniard, gw. pwyned.

pwniedig [bôn y f. *pwniaf*[1]: *pwnio*+*-iedig*] *a.bfl.* Wedi ei bwnio, wedi ei stwnsio: *beaten, mashed.*

c. **1730** *Thos. Lloyd D* (LlGC) 202a, *pwnniedig*, beaten.

pwnier, gw. pwnner.

pwnisiaf: pwnisio [bnth. S. (*to*) *punish*] *bg.* Cosbi: *to punish.*

17g. *IICRC* iii. 96, mae Duw yny gaeth *bwnisio*. **1683** H. EVANS: *CTF* 30, Dangos mai gwell gennit wabro, / Cynneddf dda nâ'r drwg *bwnisho* [:– Cospi].

pwniwr [bôn y f. *pwniaf*[1]: *pwnio*+*-iwr*] *eg.* Curwr, dyrnwr, pwywr: *beater, one who batters or pounds.*

15g. *DE* 114, mae ar hwn yma yr hawg / alanas pob ryw lwynawg / miniwr a *ffwniwr* ffav / min dyrys mewn dayarav [i ofyn cŵn]. **1725** *SR* d.g. *a beater.* *c.* **1730** *Thos. Lloyd D* (LlGC) 202a, *pwnniwr*, a beater.

Gw. hefyd **poniwr[2]**.

pwnnaf[1,2]: pwnno, gw. **pwniaf[1]: pwnio, pyniaf: pynio.**

pwnner, pwnier [?bnth. S. *pounder*, dan ddyl. y f. *pwniaf*[1]: *pwnio*] *eg.* ll. *-i*. Offeryn i stwnsio tatws, &c.; golchbren: *masher*; *washing-dolly.*

Ar lafar yn y De, *Folk Life* xix. 45, *Geir Geg* 149; ''Well gen' i iwso fforc na *phwniar*'.

Gw. hefyd **ponner.**

pwns[1,2,3], pwnsaid, gw. **pwnsh[1,2,3], pwnsiaid.**

pwnsh[1], pwns[1], pwyns, &c. [bnth. S. *punch* (drink)] *eg.* (bach. *pwnsyn*). Diod o win(oedd) neu wirod(ydd) neu'r ddau wedi eu cymysgu â dŵr, sudd ffrwythau, sbeisys, &c., a ddarperir yn boeth fel arfer: *punch* (*drink*).

18g. *NBSF* 193, *Pwns*, Medd a Bragod diwaelodion, / A chwrw, a biroedd, gwinoedd gwynion (Rhys Jones o'r Blaenau). **1756** G. OWEN: *L* 172, yfed o honof ran o phiolaid o *Bwins* yn nhŷ y câr H. Prŷs. **1757** *ML* i. 454, Oni fyddaf inneu yn cymeryd deigryn o *bwyns* brŵd yn o fynnych iw cadw [peswch ac annwyd] draw . . . oni fâg *pwyns* y gofid, ie gout, wrth ei hir ymarfer. *id.* ii. 18, yn aros am y Cadpen Edwards i ddyfod i yfed padelled o *bwyns* i ganu ffarwel. **1758** *id.* 99, llymaid o *bwyns* twym. **1759** *DG* 53, A bir o ddull aberoedd / Hoffa iawn sug a *phwns* oedd. **1760** *ML* ii. 161, ambell ddeigr o *bwyns* gwan gwan, rhag yr anwyd. **1762** H. JONES: *HCF* 34, Yn lle yfed pob Ysgwins, / I gael Bowl o *Bwynsh* y bensych. **1769** E. ROBERTS: *GN* 25, Yn i *Pwinch* ai gwin yn bwuta brasder. **1777** E. ROBERTS: *DG* 33, yn ei *Pwins* ai Gwîn. **1777** W. WILLIAMS: *TEA* 74, y *pwnch*, y todi, neu y rymbo. **1795** *R. Crusoe* 6, a chyda bowlied *bwnsh* a'm gwnaeth yn hanner meddw.

Amr.: **pynsh** (*y*≡*ə*). Ar lafar, ''Gawn ni'r *pynsh* ar ddechre'r parti 'leni?'

pwnsh[2], pwns[2] [bnth. S. *punch* (tool)] *eg.* ll. *pwnsiau, pynsiau.* Teclyn neu beiriant i wneud tyllau neu bantiau: *punch* (*tool or machine*).

1725 *SR*, *pwns* d.g. *a Punch.* **1780** *W*, vulgò . . . *pwns* d.g. *punch* [*with which holes are made*]. Ar lafar.

Amr.: **pawns[3]** [bnth. S. *pounce* 'punch' (tool)]. **1780** *W*, vulgò *pawns* d.g. *punch* [*with which holes are made*]. *id.* tyllu â *phawns* d.g. *to punch* [*make holes with a punch*].

pwnsh[3], pwns[3] [bnth. S. *punch, Punch* (puppet-show figure)] *eg.* (bach. g. *pwnshyn*, b. *pwnsien*). Y prif gymeriad yn y sioe bypedau *Pwnsh a Jiwdi*; dyn hapus neu fodlon, dyn bach tew: *Punch* (*in 'Punch and Judy' show*); *happy or contented man, small fat man.*

1852. Gw. T. M. OWEN: *WFC* 51–3. Ar lafar yn sir Gaerf. ac ym Morg., 'Mae a fel y *pwnsh*', ''Odd a mor 'apus â'r *pwnshyn* taw pryd gwelsat ti a', hefyd fel cyfarchiad i blentyn, 'Siŵt wyt ti, *pwnsh*?'. Digwydd hefyd fel enw ar gymeriad yn y Fari Lwyd, cf. *TNS* 190, 'Odd *Pwnsh* a Jiwdi wastod gida'r Feri. Dou ddyn wedi gwishgo fel dyn a menyw, a wedi duo'u gwynepa odd *Pwnsh* a Jiwdi.

pwnsh[4]—p. maip, gw. **ponsh—p. maip.**

pwnshyn[1] [amr. ar *bwns*(*h*)*yn*] *eg.* Tusw, swp: *bunch.*

Ar lafar ym Morg. Cf. *LlGC* 1172, 14, *pwnshin* o flota, *pwnshin* o genin.

pwnshyn[2], pwnsiad, gw. **pwnsh[3], pwnsiaid.**

pwnsiaf: pwnsio [bnth. S. (*to*) *punch* (*a hole*)] *bg.a.* Gwneud twll neu bant â phwnsh: *to punch* (*a hole*).

1780 *W*, vulgò . . . *pwnsio* d.g. *to punch* [*make holes with a punch*].

Amr.: **pawnsio** [bf. o'r e. *pawns*[3], amr. ar *pwnsh*[2]]. **1780** *W*, vulgò *pawnsio* d.g. *to punch* [*make holes with a punch*].

pwnsiaid, pwnsaid, pwnsiad [amr. ar *bwnsiaid*] *eg.* ll. *pwnsiadau.* Bwnsiaid: *bunch.*

1873. Ar lafar, '*pwnshad*, s.m., pl. *pwnshada*', '*pwnshad* o floda', *WVBD* 448; '*pwnshed*', *Cymru* liii. [31] (dwyrain sir Drefn.); '*pwnshid* o flota' (de-ddwyrain Morg.); a hefyd am '[g]lwstwr o fwyn yn y graig neu wythïen gyfoethog o fwyn', *Geir Mwyn* 49.

Cfn.: **pwnsiad y gog:** *violet, Viola.* Ar lafar ym Môn, G. AWBERY: *BM* 58.

pwnsien, pwnsyn, gw. **pwnsh[3], pwnsh[1].**

pwnt[1] [bnth. S. *pound* 'body of still water'] *eg.* ll. *pyntau.* Pwll o ddŵr a ddefnyddir i droi olwyn melin, pynfarch: (*mill*)*pond, mill-dam.*

1770 *W*, gwarr *pwnt* melin d.g. *bank* [*dam, mole* . . .]. *id.* pynfarch (vulgò *pwnt*; gwarr *pwnt*) melin d.g. *dam, mill-dam.* **18–19g.** *Llr* C 42, 209, *pwnt* plur *pyntau* a millpond Glam. **1803** *P*, *pwnt*, s. m. . . . *Pwnt* melin, a mill dam.

Cf. **pownd.**

pwnt[2] [bnth. S. *punt* (kick)] *eg.* Cic (pêl, yn enw. un rygbi) ar ôl iddi ddisgyn o'r dwylo a chyn iddi gyrraedd y ddaear: *punt* (*kick*).

20g.

pwnter [bnth. S. *pointer* (dog)] *eg.* Math o gi sy'n cyfeirio heliwr at helgig pan arogleua ef: *pointer* (*dog*).

Ar lafar yn sir Benf., *GDD* 237; *SC* vi. 125.

pwntredyn, gw. **pwyntryd.**

pwntrel [gair geir.; ?ffrwyth camddarllen engh. o'r gair *trwmbel*] *e?g.* (bach. *-yn*) ll. *-au.* Twba gwiail neu frwyn a ddefnyddid at gario tail, cert at y pwrpas hwn: *dung-pot, tumbrel, dung-cart.*

Dchr. **17g.** *J* 10, 130b, *pwntrel*, trwmbel. Scirpea. Scirpea crates. *ib. pwntrelyn*, scirpiculum. **17g.** *LlGC* 13215, 376. **1707** *AB* 219d. **1753** *TR.*

pŵp [bnth. S. *poop*] *eg.* Pen ôl (llong), starn, llywle: *poop.*

1809 *Eurgr Wes* 65, [g]orweddai wrth y *pŵp* (llywle).

pwpa [bnth. S. *pupa*] *eg.* ll. *pwpâu.* Pryfyn sydd wedi peidio â bod yn larfa ond heb ddatblygu'n llawn, chwiler: *pupa.*

20g.

pwpadaf: pwpadu [cfdds. o'r S. (*to*) *pupate*] *bg.* Troi'n bwpa: *to pupate.*

20g.

pwped, pwpedwr, gw. **pyped, pypedwr.**

pwpleren, gw. **poplar.**

pwpwiaf, pwpŵaf: pwpwio, pwpŵo [bf. o'r ebd. *pw pw*] *ba.* Mynegi dirmyg ynglŷn â (rhywbeth), wfftio at: *to pooh-pooh.*

1938.

pw'r, gw. **pwy[1]—pw'r.**

pŵr [bnth. Heb. *pūr*] *eg.* Coelbren: *lot.*

1588 *Esth* iii. 7, a barodd fwrw *Pwr* (hwnnw yw y coelbren) ger bron Haman o ddydd i ddydd, ac o fîs i fis. *id.* ix. 26, Am hynny y galwasant y dyddiau hynny Pwrim ar enw y *Pwr.* **1764** *Perl* 39, Dŷdd ammod, a dŷdd ymwasc, / O'r dyddiau *pŵr* iw'r Dŷdd Pasc.

pwran, gw. **pyriaf: pyrio.**

pwrcas [bôn y f. ddil. neu fnth. rhyw ff. ar y S. C. neu'r H. Ffr. *pourchas*, cf. y cyfenw S. C. *Purkas, Purkaz*] *eg.* ll. *-au, -oedd*, a hefyd gyda grym ansoddeiriol. Y weithred o brynu; yr hyn a brynwyd; y gallu i brynu; ennill, y weithred o gael gafael ar rywbeth, neu'r hyn a gafwyd felly; pridwerth; y weithred o brynu ar draul dioddefaint, prynedigaeth; y weithred o hela; hefyd yn *ffig.*: *a purchasing; purchase; ability to purchase; gain, an obtaining, that which is obtained; ransom; a purchasing at the cost of suffering, redemption; a hunting; also fig.*

?**14g.** (**17g.**) *Pen* 49, 67, Pennaig hoyw ar ddwfr croyw cred / *Pwrcas* arweddawdr perced [i'r brithyll]. **15g.** DAFYDD LLWYD: *Gw* 274, Chwarae mewn parciau *pwrcas*, / A chŵn y sir ni chaen' siâs. **15g.** *GO* 265–7, Dy dir, *pwrkas* vrddassol, / Dy blas sy'n vrddas yn ôl. **15–16g.** *TA* 61, Tyrau, parcau, tir *pwrcas*, / Tros weoedd plwm, tros wŷdd plas. **1543–8** *B* xxiii. 166, wrth J dresbas a wnaeth yn y kymeriadav a'r *pwrkassav* a ddywedpwyd vchod. **1547** *WS*, *pwrkas*, purchas. **16g.** *Med H* 44, Dwyn merliwn mewn arveu arwydd yw wneuthur y dygiawdr yn urddassol drwy i wrolder a'i gryfdwr . . . yr hwnn nid oedd iddo vawr gyvoeth na bowyd, ond bod yn byw ar i *bwrkas* megis peth ac eissieu growndwal. **1588** *CRC* 369, gwyn fyd y dyn ay pryno, / llymar *pwrcas* gore ar gant [i ddiolch am y Beibl Cymraeg]. **16–17g.** *HG* 97, val i gallon, ni pan ddelon / drwy nerth dy ras, gael yn *pwrkas.* **1632** *D*, *pwrcas*, acquisitium, perquisitium. **1644** *LlGC* 10249, 194, Mae draw keisiaw *pyrkassoedd* / Pattens, am bob seiens oedd (Wmffre Dafydd ab Ifan). **1661** E. LEWIS: *Drex* 238, yr etifeddiaeth o Deyrnas Tragywyddol, yr hon a geir wrth *bwrcas* ychydig flynyddoedd. **1672** J. LANGFORD: *HDdD* 66, credu . . . ddarfod i Grist ein prynu ni, a ddyle wneuthur i ni ein rhoddi ein hunain i fynu iddo ef megys ei *bwrcas.* *id.* 179, y rhai a dâl mor ddrûd am ddamnedigaeth nhw a haeddant y[n] dda feddiannu'r *pwrcas.* **1688** W. FOULKES: *EGE* 26, dy fod ti . . . yn arglwydd arnom ni bechaduriaid trwy *bwrcas.* **1701** E. WYNNE: *RBS* 173, ni ymddiriedodd i longwriaeth Columbus am hynny yntef a gollodd *bwrcas* y ffydd honno. **1722** *Llst* 189, *pwrcas*, a purchase, gain. [**1740**] L. ANWYL: *NG* 29, y mae eu prisiau uwchlaw *pwrcas* llawer. **1753** *TR*, *pwrcas* . . . a thing purchased. **1776** I. BRYDYDD HIR: *P* i. 160–1, gosodir marwolaeth Crist allan megis prynedigaeth; pridwerth neu *bwrcas.* **1790** T. JONES: *TOS* 15, dyma 'r *pwrcas* drud na phrynid a gwerth llai na gwaed Crist.

pwrcasaf: pwrcasu [bf. o'r e. bl. neu fnth. H. Ffr. Normanaidd *pourkachier, purcacier*, &c.] *bg.a.* Prynu; prynu ar draul dioddefaint, prynu'n ôl; cael gafael ar: *to purchase; to purchase at the cost of suffering, redeem; obtain.*

c. **1400** *ChO* 20–1, ef a dywedir, ar bob tameit o'r a *bwrcasser* yngkam, vot y kythreul . . . yn eisted yn barawt y lyngku y pwrcasswr. *Dchr.* **15g.** *IGE*[2] 177, Pwy fyth a wyddiad pa fodd / Pan gad oleurad lawrodd, / Oni bai'r wawd barawd bur, / A'i *pwrcasai*, parc asur (Llywelyn ab y Moel). **15–16g.** *TA* 29, Tyrau a bronnydd, tir a brynoch, / Tyddynnau, cwysau a *bwrcasoch* [i Rosier Salbri o Leweni]. **1547** *WS*, *pwrcasy*, purchase. **1551** W. SALESBURY: *KLl* lxxiiib, ef e a *purcasadd* [*sic*] vays. **1567** *TN* 206a–b, Eccles Dew, yr hon a *bwrcasodd* ef aei briawt waet. **1595** H. LEWYS: *PA* 153, Iesu Grist, 'rhwn a *bwrcasodd* i ni trwy i angeu ai ddioddefaint, faddeuant pechodae. **1632** J. DAVIES: *LlR* 130, yr wyfi yn ofni ddarfod i mi *bwrcasu* damnedigaeth dragywyddol am ychydig fyrr ddifyrrwch bydol. **1675** R. JONES: *HCh* 105, ti a *bwrcesi* ei orthrwm ddigofaint ef. *c.* **1700** E. LHUYD: *Par* i. 109, Mr Morris Jones . . . ai *pyrckassodd* . . . oddiwrth Sr Ievan Lloyd. **1701** E. WYNNE: *RBS* 274, Ti . . . a'n *pwrcesaist* i ti dy hun yn bobl briodol. **1722** *Llst* 189, *pwrcasu*, to purchase, buy. **1795** *R. Crusoe* 25, hwyliais gan obeithio *pwrcasu* caethion i'n cynnorthwyo.

Amr.: **pwrcasa.** **16–17g.** *DCR* 271. **1606** E. JAMES: *Hom* iii. 197. **17g.** *IICRC* iii. 71. **pwrgasu.** *c.* **1585** G. ROBERT: *DC* 54a. **1732–3** J. OWEN: *GB* 62. **pwrtsiasu** [bnth. S. (*to*) *purchase*]. **1675** R. DAVIES: *PY* 2, [*p*]*wrchassodd.* *c.* **1700** E. LHUYD: *Par* i. 63, *pyrchasodoh* [*sic*].

pwrcasedig [bôn y f. fl.+-*edig*] *a.bfl.* Wedi ei bwrcasu (ar draul dioddefaint), wedi ei brynu: *purchased* (*at the cost of suffering*), *bought.*

1721 RD: *CFf* [59], lle y cant fwynhau eu Meddiant *pwrcasedig.* **1727** J. JONES: *DFF* 340, Y mae'r Arglwydd Jesu Grist wedi pwrcasu y Dedwyddwch hwn i chwi, yr ydys yn ei alw yn Etifeddiaeth *bwrcasedig.* **1743** D. ROWLAND: *T* 81, Y mae Hawl o'r Nêf wedi ei bwrcassu trwy Wâed Crist, a'r Credadŷn ye Etifedd ifangc y Gogoniant *pwrcassedig* hwnnw. **1764** *DC* 10, Y mae 'r Nefoedd yn cael ei galw yn Etifeddiaeth *bwrcasedig.*

pwrcasiad [bôn y f. fl.+-*iad*[1]] *eg.* ll. -*au.* Y weithred o bwrcasu, pwrcas (ar draul dioddefaint); pryniad: *a purchase* (*at the cost of suffering*); *a buying.*

1719 T. EVANS: *CDW* 35, Haeddedigaethau a *Phwrcasiad* Crist. **1744** *CMC* 6, y *pwrcasiad*, a chymmwysiad y prynedigaeth. **1744** D. ROWLAND: *RY* 94, trwy rinwedd *Pwrcassiad* Drŷd. *ib.* [yr] achos o'm *Pwrcassiad* o honi [tref].

pwrcasiwn, gw. **pwrgasiwn.**

pwrcasol [*pwrcas*+-*ol*] *a.* Yn pwrcasu (ar draul dioddefaint), prynedigol; y gellir ei bwrcasu, y gellir ei brynu; wedi ei bwrcasu: *purchasing* (*at the cost of suffering*), *redemptive*; *purchasable, redeemable*; *purchased.*

16–17g. *GST* i. 1009, Dymunwn, ceisiwn, mae'n *bwrcasol*—in, / Lawenydd tragwyddol. **1604–7** *TW* (*Pen* 228), wedy ynill drwy vawr erlynn ai gaphael yn *bwrcasol* d.g. *ambitus.* **1703** T. BADDY: *PCh* 93, onid oes ymma waed *purcassawl* [*sic*]? Prynwyd fi ag ef megis â gwerth. **1724** E. WELLS: *CC* 96, Dedwyddwch tragwyddol yn ol llaw *pwrcasol* trwy farwolaeth Crist. [**1725**] *TS* 154, y Nefoedd . . . a wnaethpwyd . . . yn Etifeddiaeth *bwrcasol* i ni. **1728** *GMJ* 22, [y] cymmod a wnaeth efe yw'r unig brîs *pwrcasawl.* *c.* **1730** *Thos. Lloyd D* (LlGC) 201a, *pwrcasol* . . . purchasable. **1793** L. REES: *MB* 22, y *pwrcasol* achos o'n maddeuant. **1798** J. THOMAS: *CIC* 89, y bywyd haeddiannol, *pwrcasol*, buddugoliaethus hwn.

pwrcaswr [bôn y f. fl.+-*wr*] *eg.* ll. -*wyr.* Un sy'n pwrcasu neu'n cael gafael (ar rywbeth), prynwr (hefyd am Iesu): *purchaser, buyer, obtainer, redeemer* (*of Jesus*).

c. **1400** *ChO* 20–1, ef a dywedir, ar bob tameit o'r a bwrcasser yngkam, vot y kythreul . . . yn eisted yn barawt y lyngku y *pwrcasswr.* **15g.** *NBLl* 59, Palis wyt bob mis am wŷr, / Parc esyth rhag *pwrcaswyr* [Hywel Rheinallt i Siôn Gruffudd]. **15–16g.** DAFYDD TREFOR: *Gw* 310, pleser hydd or plas yr haf / *pwrcaswr* ir parc isaf. **1632** *D* d.g. *partor.* *Diw.* **17g.** *B* iii. 101, Pwy bynnag a aner y dydd hwnw ef a geiff gyfoeth . . . a *Phwrcaswr* mawr a fydd. *c.* **1700** D. MAURICE: *CGG* 20, yr Arglwydd Jesu yw *pwrcaswr* y mesur lleiaf o râs. **1704** *Cym Cr* 3, Y Tâd ŷw 'r Ffynnon a'r dechreuad, a Mab ŷw['r] *Pwrcasswr*, yr Ysprŷd glân y cymhwyswr ar [*sic*] seliwr o honi [iechydwriaeth]. **1722** *Llst* 189, *pwrcaswr*, a purchaser, buyer. [**1740**] L. ANWYL: *CA* 103, llaweroedd a fyddai eu *pwrcaswyr*, pe prynnyd [*sic*] hwynt am ychydig. [**1740**] D. LLWYD: *YDD* 223, yr hwn yw Duw Trugaredd, a *Phwrcasswr* ei Eglwys. **1771** P. WILLIAMS: *GWM* 24, Fe ddisgwylir i bob *bwrcaswr* dalu dau Swllt gyd â'i enw. **1775** *EDPP* 63, canys fe ddylai 'r *pwrcaswr* wrth reswm gael ei gyfrif uwchlaw'r pwrcas. **1786** W. WILLIAMS: *I* 24, ein perthynas ni i'r *Pwrcaswr.*

pwrcwin [?amr. neu ff. wallus ar yr e. lle *Bwrgwyn, Byrgwyn*] *e?g.* ?Bwrgwyn; math o benwisg: *Burgundy*; *kind of head-dress.*

13g. *LlI* 93, *Pyrchuyn*, dam[dug]. **14g.** *YBH* 9a, am y ben y dodet penguch *bwrkwin.* *c.* **1400** [*RB*] *WM* 236. 20–3, Ac ar hynny owein adrewis dyrnawt ar y marchawc trwy y helym. ar pennffestin. ar penguch *pwrqwin.*

Amr.: **peregwyn** [?gwall]. **13g.** *LlDW* 102. 36. **pyrchwyn.** **13g.** *LlI* 93.

pŵr-dab [bnth. S. *poor*+*dab* 'small child, chit; untidy woman'] *eg.* ll. -*s.* Truan, creadur: *poor thing, poor fellow.*

1934. Ar lafar yn y De. Cf. T. H. PARRY-WILLIAMS: *M* 43, mi lithrais yn ddirgel i'r babell ac eistedd yn y pen-draw yng nghanol yr isel-radd a'r *pŵr-dabs*; *Wês wês* 45, Wêdd e *pŵr dab*, a'i goese'n whip—fel dyn ynghanol y ffliw.

pwrfil, pwrffét, gw. **pwrffil, pyrffét.**

pwrffil [bnth. Ffr. Lloegr *purfil*, o bosibl drwy'r S. C.] *eg.b.* ll. -*au.* Ymyl (addurnedig) godre gwisg, hefyd yn *dros.*: (*decorated*) *edge, border, purfle, train, also transf.*

14g. *GIG* 77, Ymysg o gwrlidau mil, / A'r porffor drud o'r *pwrffil* [i lys Ieuan, esgob Llanelwy]. *id.* 123, Gwas *pwrffil* aneiddil nen, / Gwasgarbridd gwiw esgeirbren [i'r llafurwr]. **15g.** *GTP* 12, A'r wedd i hon o ruddaur, / Elsbeth a'i phleth *bwrffil* aur. **15g.** *GGl*[2] 275, Llyn perffaith fal llun *pwrffil*, / Llys o'i fewn, lle iso i fil. **15–16g.** LLAWDDEN, &c.: *Gw* 173, A fflam ym *mhwrffil* i ŵn. **15–16g.** *TA* 255, Fflwrens mewn *pwrffil* arian, / Ffristial o wŷdd fforest lân [i lys Wiliam ap Siôn Edwart]. **16g.** WILIAM CYNWAL: *Gw* (R. L. Jones) 126, Llaes a gwych, lluosog waith, / Llyna *bwrffil* llen berffaith. **1604–7** *TW* (*Pen* 228) d.g. *instita, limbus, syrma.* *id.* huc heb vn *pwrfil* d.g. *toga* . . . *purpuræ omnis expertem.* **1620** *Esth* (Apocr.) xv. 4, A'r llall [llawforwyn] oedd yn dwyn ei *phwrffil* hi. **1780** *W* d.g. *purfle, or purfile.*

Amr.: **ffwrbil** [?ff. wallus; dichon nad yma y perthyn]. **1855.** **porffil** [bnth. S. C. *porfil*]. *c.* **1425** *B* i. 317, am[a]erwy . . . *porffil.* **15g.** *GLGC* 238, ei osog perffaith a wisg *porffil.* **pwrfil** [?ff. wallus]. **1707** *AB* 219d, *Pwrvil*, a train or trail of a woman's gown. [S]. **1753** *TR.* **pwrffill** [?ff. wallus]. **1722** *Llst* 189, *pwrffill*, m.p. *ffillau*, the train of a garment, purfle, border. **1753** *TR.*

pwrffilwas [*pwrffil*+*gwas*[1]] *eg.* Macwy: *page.*

1778 *W* d.g. *page* [*a lad attending on a great person as his train-bearer, &c.*] (hefyd *WR*).

pwrffill, gw. **pwrffil.**

pwrg, pwrgaf: pwrgo, pwrgasaf: pwrgasu, gw. **pwrj, pwrjaf: pwrjo, pwrcasaf: pwrcasu.**

pwrgasiwn, pwrgasion [bnth. S. *purgation*] *eg.* ll. -*s.* Carthydd, carthiedydd; puredigaeth: *purgative, purge*; *purgation, purification.*

1545 ELIS GRUFFYDD: *Ll* 144–5, ynn erbyn incanttashiwn a ssurffett o ormod bwyd a diod . . . gwna i'r goddeuwr gymerud *pwrgashiwn* kadarn j lanhau'r koorf ar i wared. **1545** *CM* 1, 140, dim meddiginiaeth yrhrain [*sic*] a henwir pottassiwns, lasgys, voments, *pwrgashiwns* na dim arall. **16g.** *GGH* 148, Os o ran crysiaw'r annwyd, / Ac os gwres, heb gysgu'r wyd, / Gorau i wneuthur gwared / Gair Crist o bisigwyr Cred; / Ac Iesu a'i *bwr*[*g*]*asiwn* / A dro help i dorri hwn [i iacháu Robert ap Morys]. **16g.** (**1763**) W. SALESBURY: *LlM* 56, Dau Dram o honaw a Escor lysnafedd a gwlwbwr y color . . . yn ol y *pwrgasiwn* . . . rhaid ir claf yfed Dwrf [*sic*]. *Diw.* **16g.** *WLB* 55, tri achos y sydd i anadl ddrewi, eisie *pwrgasion*, a gormod kyfeddach a chlwyf or dannedd ar ysgyfaint. *id.* 96, I wneuthur *pwrgasiwn.* Kymer lawrial . . . a thempria ef gyda mel . . . ac arfered y claf o hwnw ac iach fydd. **1604–7** *TW* (*Pen* 228), *pwrgation* d.g. *aloidarium.* **18g.** *Llr* C 24, 361, y wneythyr *Pwrgasiwnn.*

pwrge, pwrgiaf: pwrgio, gw. **pwrj, pwrjaf: pwrjo.**

pwrian, gw. **pyriaf: pyrio.**

pwrj [bnth. S. *purge*] *eg.* ll. -*ys.* Carthydd, carthiedydd, hefyd yn *ffig.*: *purgative, purge, also fig.*

1672 R. PRICHARD: *Gw* 405, Cais gan hynny gynta ag allech / Ffeirad attad pan glefychech, / I roi *pwrg* [:– Physygwriaeth] yn erbyn pechod, / Rhwn yw achos dy holl nychdod. *id.* 419, Ni wna'r clefyd niwed itti, / Mwy nâ'r *pwrg* sy'n carthu 'r geri. *c.* **1730** *Thos. Lloyd D* (LlGC) 201a, *pwrg*, a purge. *c.* **1740** *LlM* 39, pan fo'n eich bryd dorri Coes neu Law, rhowch *Bwrg* i'r clâf i lanhau'r Corph oddiwrth bob Humor. **1759** J. EVANS: *PF* 24, [c]ymerwch *Bwrge* tyner ddwy waith neu dair. Nid oes un Ffefer lem a oddef aml bwrgio. **1771** *PDPh* 28, cymmerwch *bwrges* oerion. *id.* 67, Pan fyddo'r Gysp neu'r Stagers ar eich Ceffyl . . . Gwaedi [*sic*] a phureiddio yw'r ffordd i wella hyn. Na roddwch *bwrge* byth i geffyl newydd ei dynnu i mewn oddiar y borfa.

pwrjaf, pyrjaf: pwrjo, pyrjo [bnth. S. (*to*) *purge*] *bg.a.* Carthu (o'r corff), (peri) gwacáu'r coluddion, rhoddi carthiedydd i, puro, glanhau, hefyd yn *ffig.*: *to purge* (*from the body*), (*cause to*) *empty the bowels, administer a purgative to, purify, cleanse, also fig.*

1604–7 *TW* (*Pen* 228), rhyw vadarch . . . arveredic er *pwrgio* ac arloesi'r phlem ne'r gwlybwr llysnaueddawc or corph d.g. *agaricum.* *id.* gwreiddyn mawr aruer ohono y arloesi ag er *purgio* a charthu phlem d.g. *turbith.* **1617** *CC* 417, gormodedd anraslon yn pwyso ar y galon / ai gyr megis Cleifion i *bwrtsio* [carol Morgan Powel yn ebyn carowsio]. **1672** R. PRICHARD: *Gw* 422, Mae Duw'n garcus iawn am danad, / Gwell it' odde loes nâ bagad / Mae 'n dy *bwrgio* [:– Lanhau] nawr trwy gystydd, / I gael iechyd yn dragwyddol. *c.* **1730** *Thos. Lloyd D* (LlGC) 201a, *pwrgio*, to purge. puro . . . purgo. **1759** J. EVANS: *PF* 45, Arferwch ymdrochi mewn Dwfr oêr bob Dydd ond *pwrgio* yn gyntaf. *id.* 95, Yn gyntaf gwaedwch. Yna *pwrgiwch* dair gwaith ac ugain pwys gronyn o Rhubarb. **1771** *PDPh* 15–16, Rhag y Consumsiwn neu'r Darfodedigaeth . . . fe fu malwod wedi eu berwi mewn llaeth yn dda rai prydiau, ac hefyd Barc Peru, pan na byddo yn peri i'r corph *bwrgio.* *id.* 67, Os rhaid i chwi *bwrgio* eich ceffyl . . . na adewch iddo gyffwrdd â dwfr oer. *id.* 95, rhowch iddynt [moch] ynghylch pint o win gwyn, neu Raisins wedi berwi . . . Fe'u *pwrgia*'r fetswn hon hwynt, ac a'u gwellha. **1775** D. ROWLAND: *TP* 75, Pan y byddo meddygon yn *pwrgo*'r corph, maent yn bwrw allan y da a'r drwg.

pwrjin [bnth. S. *purging*] *eg.* Dolur rhydd: *diarrhoea.*

Ar lafar ym Morg., 'Ma'r *pwrjin* yn nafus arno'.

pwrn, pwrnaf: pwrnu, gw. **prŷn**[1], **prynaf: prynu.**

pwrpas [bnth. S. Diw. Cyn. *purpas*] *eg.* ll. -*au*, -(*i*)*on*, (prin) -*oedd.* Y rheswm dros wneud rhywbeth neu dros fodolaeth rhywbeth, bwriad, amcan, nod, diben, arfaeth; penderfyniad: *purpose, intention, aim, object*; *resolution.*

1547 *WS*, *pwrpas*, purpose. **16g.** DAFYDD BENWYN: *Gw* 695, Karawdd gynt helynt haelwas a'i kelai: / kiliawdd wedy'r *pwrpas.* / Korren goeg (pwy kar vn gas?), / kovied am wr a'i kavas. **1661** E. LEWIS: *Drex* 222–3, llawer o arian y dreuliasant i ychydig *bwrpas.* **1676** W. JONES: *GB* 18, Yr awron, *pwrpasson* Duw a saif. **1684** H. OWEN: *DC* 401, gwna *bwrpas* diogel o wella dy fuchedd bobamser [*sic*]. **1688** S. HUGHES: *TSP* 199, ni ymadawaf i byth â'm hên brîf-byngciau a'm *pwrpasson.* **1701** J. WILLIAMS: *BG* 17, yn erbyn pa addunedau a *phwrpasau* i'r gwrthwyneb . . . y trosseddodd ef. *c.* **1762–79** W. WILLIAMS: *P* 626, i bob dibenion a *phwrpasion.* **1790** TWM O'R NANT: *GG* 64, Ond nattur anwir wynias, / Fel Suddas aflan Serch, / Yw 'mwneuthur trwy weneithio, / I hudo a moedro merch; / A chwedi cael eich *pwrpas*, / I'ch nattur ddiras ddu; / Hawdd gennych Ediliw a chodlo, / Neu fostio fel y fu. **1798** W. RICHARDS: *CC* 46, Nid oedd ef ddim, mae'n debyg, yn un cyfangwbl at eu *pwrpas.*

Amr.: **porpas** [cf. S. Diw. Cyn. *porpos, purpas*, amr. ar *purpose*]. **1611** R. SMYTH: *SG* 77. **propos** [cf. *propasu*, amr. ar *pwrpasu*, a'r S. *propose* 'purpose, intention']. **1567** *LlGG* [xvii], swrn [o seremonïau] . . . a ddaroedd ei dychymygy o entent ac [*sic*] *propos* da. **pwrpos** [bnth. S. Diw. Cyn. *purpose*]. **1567** *LlGG* [xiii], a's chwilid ymysc gwaith yr hen Dadae, e geffir gwelet nad ordeiniwyt y gwasanaeth hwnw namyn er *purpos* daonus, ac er mawr dderchafiat dywoldap. **1567** *TN* 189b, ef a annogawdd bawp oll, ar vot yddwynt trwy arvaeth [:– *pwrpos*] calon 'lyny wrth yr Arglwydd. *id.* 320a, A'thi a lwyr adwaenost vy-dysceidaeth i, helhynt vy-buchedd, vy-*purpos* [*sic*], ffydd, ammyned [*sic*], cariat, dioddefgarwch. **1604–7** *TW* (*Pen* 228), cadarn arvaeth a *phwrpos* d.g. *pertinacia.*

Cfn.: **i bwrpas:** *to the purpose.* **1709** H. POWEL: *G* 43. *c.* **1730** *Taith C* 74. **1790** T. JONES: *TOS* 136. **i'r p. hwn (hyn):** *to this purpose or end.* **1672** J. LANGFORD: *HDdD* [xii], fe a wnaeth Gyfamod . . . ac ef *i'r pwrpas hwn.* **1681** S. HUGHES: *AC* 45, Ond fe attebodd y Gweinidog ef *ir pwrpas hyn.* **i'r p. hwnnw:** *to that purpose or end.* **1615** R. SMYTH: *SG* 257. **i'r p. yma:** *to this purpose or end*; *to this effect.* **1595** H. LEWYS: *PA* 78, ac *i'r pwrpas yma* gwrando ac ystyr ddau escampl odidawg. **1760** WLL: *SAC* 111–12, *I'r pwrpas yma* y darfu'r Esgobion gynt . . . osod i fynu ddau o fyrddau. **i bob p.:** *to all intents and purposes.* Ar lafar. Cf. W. WILLIAMS: *P* 626, i bob dibenion a phwrpasion. **o b.:** *to the purpose, on purpose, purposely, intentionally.* **1657** *MLl* ii. 10. **1688** S. HUGHES: *TSP* 220. **1780** *W* d.g. *purposely*. Ar lafar, 'Ddim damwain odd 'i, mi 'nath o hynne *o bwrpas*'.

pwrpasaf: pwrpasu [bf. o'r e. bl.] *bg.a.* Bwriadu, arfaethu, penderfynu; cynllunio, paratoi; cymryd arno, honni: *to intend, design, resolve; plan, prepare; purport, pretend.*

1567 *TN* 205b, hwyliesam i ddinas Affos, er mwyn bot i ni dderbyn Paul yno: can ys velly y daroedd iddo arvaethy [:– *bwrpasy*]. *id.* 222b, mi wyllyswn na baech yn anwybot, modd y *pwrpasais* yn vynech ddyvot atoch. **16–17g.** *HG* 93, a rhag ofn bod, pawb yn nabod / pwy beth ody, ny *bwrpasy* / mae am dano, gwedy gwisgo / yr un drwsiad, a gwisg davad. **1604–7** *TW* (*Pen* 228) d.g. *tendo*. **1672** R. PRICHARD: *Gw* 108, Mae yn vffern fil o filiodd / O wyr Ifaingc y *bwrpassodd* / Yn eu henaint brudd ddifaru, / Heb gael arfod wneuthur felly. **1681** S. HUGHES: *AC* 19, etto mi *bwrpassais*, na rown ormod coel i'r fath stori ryfeddol. **1696** *CDD* 357, Hŷn a gaiff wasnaethu am ddarfod i'r Iesu, / *Bwrpasu* lle iw foli yn ofalus. **17–18g.** O. GRUFFYDD: *Gw* 102, Meddiannwch ddiddanwch, wir heddwch ar i hyd, / A ddarfu *bwrpasu* cyn bod sylfaenu byd. **1721** J. P. PRYS: *DC* 14, Os wyt yn *pwrpasu* fel call wedi dallù, / Chwennychu pentyrru da i fynu hyd dy fêdd, / Gâd Ddôr dy Fron galed i Air Duw Gogoned, / Cei Glywed ofered dy fawredd. *c.* **1730** *Thos. Lloyd D* (LlGC) 201a, *pwrpasu*, to purpose. **1735** S. THOMAS: *HP* 9[5], fe arfaethodd, fe *bwrpasodd* eu gwneuthur o Dragwyddoldeb. *a.* **1791** W. WILLIAMS: *GP* 100, A myn'd tan ganu tu a'r wlad / *Bwrpaswyd* i mi fyw. *id.* 260, Nid yw angau ddim ond hûn / I'r ffyddloniaid, er *pwrpasodd* / Duw i wisgo natur dyn. **1799** M. WILLIAMS: *HHG* 144, Mae'r llithiau hyn yn atteb y diben ag oeddent wedi eu *pwrpasu*. Ar lafar ym Morg., "Ych chi'n *pwrpasu* mynd?'

Amr.: **porpasu** [bf. o'r e. *porpas*, amr. ar *pwrpas*]. **1615** R. SMYTH: *GB* 232, Er mwyn hynny o achos i *porpesais* . . . scrifenu. **propasu** [cf. *propos*, amr. ar *pwrpas*, a'r S. (*to*) *propose*]. **1567** *TN* 204a, wedy cyflawny hynn yma, y *propasodd* Paul trwy'r yspryt teithiaw trwy Macedonia. **pwrpasa.** **1686** FFOULKE OWEN: *Cerdd-lyfr* 136. **pwrposi** [bf. o'r e. *pwrpos*, amr. ar *pwrpas*]. **1567** *TN* 285b.

Gw. hefyd **pasa.**

pwrpasiad [bôn y f. fl. + *-iad*[1]] *eg?b.* Arfaeth, bwriad: *purpose, intention.*

1756 W. WILLIAMS: *GDC* 31, Bywyd a Marwolaeth, ac Uffern faith a'r Nef, / Sy'n hongian oll yn gyfan ar ei *Pwrpasiad* [*sic*] ef. *a.* **1791** W. WILLIAMS: *GP* 890, Nid yw'r cystudd isa ei ryw, / Heb hen drefn a *phwrpasiad* / Lawn [*sic*] y gogoneddus Dduw.

pwrpasol [*pwrpas* + *-ol*] *a.* Bwriadol, wedi ei fwriadu, wedi ei bwrpasu; (wedi ei wneud) i'r pwrpas, unswydd; addas, priodol: *deliberate, intentional, intended; (made) for the purpose; suitable, appropriate.*

1620 2 *Cor* viii. cs., [y] brodyr, y rhai ar ei ddisyfiad, a'i annog, a'i orchymmyn ef, a ddaethent attynt hwy yn *bwrpassol* ynghylch y pêth hyn. **1672** J. LANGFORD: *HDdD* 197, Y mae etto fai mwy, y mae llawer o'r rhai nerthol ymma i Yfed yn euog o hono, sef, ei gosod ei hunain yn *bwrpasol* i feddwi eraill. **1675** R. JONES: *HCh* 43, Hyn am fyfyrdod disymmwth ac achlysurawl. Dewn yn awr at fyfyrdod pennodol, *pwrpasol*. **1708** *EGE* [iv], er mwyn ffynnu o hono iw ddiben *pwrpasol*. **1718** E. SAMUEL: *HDdD* 78, Clefyd neu ryw flinder arall a fo megis wedi ei ddanfon yn gennad *bwrpasol* i'n dychwelyd ir jawn ffordd. *c.* **1730** *Thos. Lloyd D* (LlGC) 201a, *pwrpasol*, purposely . . . yn *Bwrpasol*, on purpose, *pwrpasol*, intended. **1743** J. JONES: *LlAW* 23, a'i drin [amser] yn fwy llesawl a *phwrpasol* i chwi eich hunain. **1759** J. EVANS: *PF* 14, Myfi'n *bwrpasol* a osodais i lawr . . . amryw Feddiginiaethau. *id.* 39, Sugnwch y Mŵg trwy Bibell *bwrpasol*. **1768** RISIART AP ROBERT: *CB* 71, anfon offeiriaid . . . atto ef yn *bwrpasol* i ymofyn, a'i [*sic*] efe ei hun oedd y Crist. **1775** E. GRIFFITHS: *GF* 168, Efe a roddodd orchymmyn allan, ar i'w holl ddeiliaid ef fod o'r un grefydd, yn *bwrpasol* i drallodi'r Iuddewon. **1795** J. THOMAS: *AIC* 359, tori 'r pren . . . mewn Troedfedd i'r Ddaear a rhyw Erfyn awchlym neu Lîf *bwrpasol*. Ar lafar yn gyff., 'cynnig *pwrpasol* iawn' 'a very appropriate proposal'.

pwrpasoldeb [*pwrpasol* + *-deb*] *eg.* Y cyflwr o fod â phwrpas, addaster: *purposefulness, suitability.*

1864.

pwrpin, pwrpl, pwrpos, pwrposaf: pwrposi, gw. **porpin, pwrpwl, pwrpas, pwrpasaf: pwrpasu.**

pwrpwl, pwrpl [bnth. S. *purple*] *a.* a hefyd fel *eg.* (Y lliw) porffor, ysgarlad; brethyn neu ddillad porffor: (*the colour*) *purple, scarlet; purple (cloth or clothes).*

15–16g. LLAWDDEN, &c.: *Gw* 172, Pelydr asur *pwrpl* (**16g.** *Llst* 6, 119, *pwrpwl*) drwsiad. **16g.** *B* xxiv. 302, y tywysog, yr hwn oedd yn eisde yn i gadair o sdaat mewn dillad o *bwrppwl*. **16g.** *id.* xviii. 313, doeth y ddau Gardinal i eglwys Bawl gidag aniuer mawr o luosowgrwydd y dyrnas, ynn y lle i daruoedd gosod trauers o sidan *pwrpwl* ynn y kwir. **1552** *Rhyddiaith Gymraeg* i. 50, ni wnaeth Dvw na *phwrpwl* na melved, ac ni ddyscodd Ef gyluro drwy sugyn llyssievoedd. **1567** *TN* 336b, ef gymerai waed lloiau a' geifr, cyd a gwlan *pwrpwl* ac ysop, ac ai taynellei ar y llyfr. *id.* 393b, Marsiandiaeth o aur ac arian, a' maen gwerthfawr, a pherle, a' lliein-mein, a' *phwrpul*, a' sidan, ac scarlla. *c.* **1585** G. ROBERT: *DC* 29a, cuddio ei wyneb, ag yna ei gernodio . . . rhoi gwisc *bwrpl* yn ei gylch. **1672** R. PRICHARD: *Gw* 49, Vn droppyn sancteiddlon, o wir waed ei galon, / All olchi'n hôll ffinion ddiffeithdra; / Pe baent hwy cyn goched â'r *Pwrpwl* neu'r scarled / A'u gwneuthur cyn wnned ar Eira. *id.* 461, Mynnais drwssiad gwŷch am danaf, / *Pwrpl* côch [:– Yscarled] bôb dydd o'r meinaf. **1771** *PDPh* 91, noppynnau bychain yn y croen, naill ai rhai cochion neu o liw 'r *pwrpl*.

Amr.: **purpul.** **1545** ELIS GRUFFYDD: *Ll* 74, [b]lode o liw *purpul*. **purpwl.** **16–17g.** *DWH* i. 335, pwrpwr, *purpwl*.

pwrren, gw. **pwrryn.**

pwrri [?bnth. H. Ffr. *pourri* neu S. C. *pourry* 'putrid'] *a.* ?Pwdr, pydredig, braenllyd: *rotten, putrid, decayed.*

c. **1400** *YSG* i. 42, Lawnslot galedach no maen, chwerwach no phrenn *pwrri* drewedic. *id.* 43, yr wyf i chwerwach no phrenn *pwrri*.

pwrryn, *eg.* (b. *-en*). Dyn byrdew cryf: *strong stocky man.*

Ar lafar yn ne-ddwyrain Morg., *GTN* 670.

pwrs [bnth. S. C. *purs, pours* 'purse; scrotum'] *eg.* (bach. *pwrsyn, pyrsyn*) ll. *pyrsau* (*pwrsau*).

1. Cod fechan o ledr, brethyn, &c., i ddal arian, &c., pwtsh, bag, hefyd yn *ffig.*: *purse, pouch, bag, also fig.*

14g. *DGG*[2] 116, Lleidr dirrwyn morwyn nid mau, / Lleidr purserch, nid lleidr *pyrsau* (Gruffudd ab Adda). *c.* **1400** *YSG* i. [129], wynt a welsant ar glustawc yn y gwely *pwrs* wedy'r wneuthur o sidan . . . Ac yn y *pwrs* ef a gafas llythyr. **15g.** *DN* 55, A gair a ddyly, bennaig urddolion, / A phennaeth i ryw, a phenn athrawon. / A'u law yn y *pwrs*, haela un person, / O'r môr i gilydd, ŵr mawr i galon. **15g.** *GLGC* 393, Hywel Goch, a heliai gaith, / ap Rhys hael o'r *pwrs* eilwaith. **15g.** *GGl*[2] 68, *Pwrs* i minnau, pris mwynwawd, / A roes merch un ras â Mawd. / Amner yw hwn mewn aur rhudd / A frodies merch Feredudd. **15–16g.** *AAST* (1935) 93, Gŵr urddol graddol i'r grog, / *Pwrs* yn tir, person Twrog (Dafydd Trefor). **1547** *WS*, *pwrs*, a purse. **1567** *TN* 58a, [g]orchymynawdd yddwynt, na chymerent dim y'w hymddeith amyn ffon yn vnic . . . efydd yn ei gwregysae [:– arian yn i *pyrse*]. **1615** R. SMYTH: *GB* 88, [g]weled i bod g[w]edi i siomi ai diddymu o'r peth yr oeddynt cyn siccred o hono a'r peth a oedd yn i *pwrsau*. **1632** *D*, *pwrs*, crumena. **1672** J. LANGFORD: *HDdD* 216, mae'r cybydd . . . yn dinistrio ei iechyd, ei hoedl, iè ac or diwedd ei Enaid hefyd i . . . safio ei *Bwrs*. **1753** *ML* i. 224, Mi ge's inneu bwmp o lythyr i wrth y Gownsler ynghylch y fôt honno, oni egyr o ei *bwrs* yn llettach nag y byddai ei dad ag yntau arferol, rwy'n ofni mai colli fal cynt a wna. **1780** *W*, *pwrs* d.g. *purse*. *id.* *pyrsyn* d.g. *purse, a little purse.*

2. (*a*) Chwarren laeth (buwch, dafad, &c.) ar ffurf cod ac iddi ddwy neu ragor o dethi, cadair, piw: *udder.*

1547 *WS*, piw *pwrs* anifal, the vdder. **1604–7** *TW* (*Pen* 228) d.g. *echinus* . . . *echinus conditaneus, uber*. **1677** C. EDWARDS: *FfDd* 244, trigau [*sic*] llydnod newydd fwrw eisieu medru sugno, oni bae ei fod ef yn eu dyscu: gwelir hwynt yn ceisio *pursau* eu mammau, cyn iddynt er ioed weled y fath beth. **1774** H. JONES: *CH* 9, Efe sy'n gwisgo 'r porfeydd rhywiog a meillion, i ddigoni 'r buchod blithion, fel y dylifo 'i [*sic*] *pyrsau* laeth i'n maethu. **1809** T. JONES: *CCA* 279, Y mae'r *pwrs* yn llenwi tra y mae'r buchod yn pori, neu yn cnoi'r cil. Ar lafar yn y Gogledd, *WVBD* 448, *LGW* [266]–7.

(*b*) Ceillgwd, sgrotwm: *scrotum.*

c. **1400** *R* 1338. 25–6, Adaf gwyn anaf gwennwynic y*bwrs*: bors lyngeul adwythic. **18g.** *Llr* C 24, 298, Rhag hwydd a gwy dolyrus mewn *pwrs* ne Arene dyn. Ar lafar yn sir Benf. a'r De, *GDD* 238, *GTN* 670. Fe'i clywir yn ddifr. am ddyn, hefyd yn y ff. *pwrsyn*.

Cfn.: **pwrs a gwregys:** *the custom of setting aside an evening for an engaged couple to receive gifts from their friends.* **1791** *Gentleman's Magazine* lxi. 1103, the day of marriage is always, or most commonly ordered on a Saturday; and Friday is allotted to bring home the Ystafell, or chamber . . . That whole evening is employed in receiving presents of money, cheese, and butter, at the man's house from his friends, and at the woman's house from her friends. This is called *Pwrs a Gwregys*, or purse and girdle, an antient British custom. *Bot.* **p. broga:** *yellow rattle, Rhinanthus.* **20g.** Ar lafar yn sir Gaern. a Chered., G. AWBERY: *BM* 61. *Bot.* **p. y bugail:** (i) *shepherd's purse, Capsella bursa-pastoris.* **14g.** *ACL* i. 38, Bursa pastoris, *pwrs y bugeil*. *c.* **1400** *Études* vii. 350. **1632** *D* (*Bot*). **1813** *WB* 230. Ar lafar yn gyff., *WVBD* 448, G. AWBERY: *BM* 52. (ii) *yellow rattle, Rhinanthus.* Ar lafar yn sir Gaern., Meir., sir Ddinb., Cered., a sir Gaerf., *B* i. 100, G. AWBERY: *BM* 61. (iii) *ribwort plantain, Plantago lanceolata.* Ar lafar yn sir Ddinb., G. AWBERY: *BM* 51. *Bot.* **p y gaseg:** *lousewort, Pedicularis sylvatica.* Ar lafar ym Meir., G. AWBERY: *BM* 46. *Bot.* **p. y dryw:** *bladder campion, Silene vulgaris.* Ar lafar yn sir Drefn., G. AWBERY: *BM* 31. *Bot.* **p. gwag** (i) = **p. y bugail** (i). **20g.** (ii) = **p. y bugail** (ii). Ar lafar yn sir Gaerf., G. AWBERY: *BM* 61. **p. y wlad:** *the public purse.* **1913.** Ar lafar; hefyd yn yr ymadrodd 'Hael (yw Hywel) ar *bwrs y wlad*'. **p. y forwyn, p. y fôr-forwyn, p. môr-forwyn:** *sea purse, mermaid's purse.* **20g.** *Bot.* **p. y mwg:** *toadstool, esp. puff-ball, Lycoperdon.* **1896.** Ar lafar yng ngodre Cered., *TGG* (1907–8) 99, a sir Benf., *GDD* 238.

Gw. hefyd **pyrsan.**

pwrsifant, pwrsfant, pwrsifand, &c. [bnth. S. C. *pursuivant* 'messenger'] *eg.* ll. *-iaid.* Cennad (wladol neu frenhinol): (*state or royal*) *messenger, pursuivant.*

15g. *GGl*[2] 5, Dug *pwrsifand* o Normandi / Duw Mawrth chwedlau da i mi. **15–16g.** *GLM* 215, Wyth *bwrsifant*, o chwant i'ch ôl, / âi i Lyweni olynol: / wyth ugain mil o filiau: / ni'th friwai hyn, na'th frawhau. **1547** *WS*, *pwrsifant* kenad, a purcyuaunt. **16–17g.** *GST* i. 369, Oes ar wledd ei siwrleiddiach / A drewiant o *bwrsfant* bach. **1604–7** *TW* (*Pen* 228), *pwrseuant* d.g. *ceryx*. *c.* **1730** *Thos. Lloyd D* (LlGC) 202a.

pwrslan [bnth. S. *purslane*] *eg.* *Bot.* Un o nifer o blanhigion (yn enw. *Portulaca oleraceum*) ac iddynt ddail trwchus a ddefnyddir mewn saladau ac fel perlysieuyn, gwlyddyn: *purslane.*

c. **1400** *Études* vii. 54, porcelina, *pwrslyn*. **1546** *YLlH* [13], Mjs Mai haya dy haidd yn echreu yr mis, a had kenin wynwn *pwrslau* [*sic*], Coliander ar vath hynny. **1561–2** *Celtica* ii. 99, Y saffir y sydd weddvs oddiwrth vrenhinnoedd ac jeirll . . . a thebic ynt j lyssevyn a elwir *pwrslan*. **1562** *B* ii. 235, *pwrslan*: llyssewyn. **16g.** **(1763)** W. SALESBURY: *LlM* 218, Vn ddail a phaladr ar *pwrslan* yw yr orpin ag yn tyfy bob Dwy a Dwy. *c.* **1588** *B* ii. 235, *pwrslan* . . . gardd lyssewyn. **1604–7** *TW* (*Pen* 228) d.g. *andrachne*. *c.* **1730** *Thos. Lloyd D* (LlGC) 201a, *pwrslan* . . . gardd-lysieuyn.

Amr.: **porslan**[1] [bnth. S. Diw. Cyn. *porselaine*, amr. ar *purslane*]. **16g.** **(1763)** W. SALESBURY: *LlM* 26. **1604–7** *TW* (*Pen* 228), deilen mal *porslan* d.g. *helioscopium*. **pwrslyn** [bnth. S. C. *porcelline*]. *c.* **1400** *Études* vii. 54.

Cfn.: **pwrslan y môr:** *brooklime, Veronica beccabunga.* **1604–7** *TW* (*Pen* 228), *purslan* [*sic*] *y mor*, Claearllys y dwr, llysæ Taliesin d.g. *becabunga* (At.).

pwrsyn, gw. **pwrs.**

pwrtreiaf: pwrtreio, pwrtsiasaf: pwrtsiasu, gw. **portreiaf: portreio, pwrcasaf: pwrcasu.**

pws [bnth. S. *puss*] *eb.* Enw anwes ar gath: *puss.*

1736 **(1812)** *YRW* 33, Wedi i *Bws* dy bassio. Ar lafar, yn enw. wrth alw cath, 'Dere di, *pws* fach'; yng nghanolbarth Cered. clywir 'Tshitw *pws* miew a losgodd i blew' fel llinell gyntaf y rhigwm adnabyddus 'Pwsi Meri mew . . .', *B* xiv. 281.

Gw. hefyd **pwsi.**

pwsach [gair geir., sef bôn y f. ddil.; tebyg mai gwall am y byrfodd 'S.' [Henry Salesbury] yw 'Brec.' yn *AB* isod] *eg.* Gwrthlef, gwrthwaedd: *outcry.*

17g. *LlGC* 13215, 376, *pwsach*, ejulatus. **1707** *AB* 219d, *pwsach*, an out-cry [Brec]. **1753** *TR*, *pwsach*, an outcry. H.S. **1803** *P*, *pwsach*, s. m. . . . an outcry.

pwsachaf: pwsachu [gair geir.] *bg.* Gweiddi (yn erbyn): *to cry out (against).*

1604–7 *TW* (*Pen* 228) d.g. *ejulo*. **17g.** *LlGC* 13215, 376, *pwsachu*, ejulo.

pwsh [bnth. S. *push*] *eg.* Gwth(iad),

hyrddiad, sgwd, hefyd yn *ffig.*: *a push(ing), shove, also fig.*
Ar lafar, 'Ma'r car wedi nogio gen' i—'allet ti roi *pwsh* bach iddo fe?'

pwsi[1] [bnth. S. *pussy*] *eb.* Enw anwes ar gath: *pussy.*
1922. Ar lafar; digwydd yn y rhigwm '*Pwsi* Meri mew, lle collest ti dy flew?', *B* xiv. 281. Clywir *pwsi meri mew* hefyd yn sir Ddinb. yn yr ystyr 'willow catkins', G. AWBERY: *BM* 59.

pwsi[2], gw. **pwysi**[1].

pwsiaf: pwsio [bnth. S. (*to*) *push*] *bg.a.* Gwthio: *to push.*
Ar lafar, *LGW* 463; ''Drycha ar hwnna'n *pwshio* pawb o'r ffor'.

pwslaf: pwslo, gw. **pyslaf: pyslo.**

pwstwla [bnth. dysg. Llad. *pustula*] *eg.* ll. *pwstwlâu.* Llinoryn: *pustule.*
20g.

pwt[1] [?bnth. S. *butt* 'thicker end, stub'] *eg.b.* (bach. g. -(*s*)*yn*, ll. -*synnod*; b. -*an*, -*en*, *pyten*, *potsen*, ll. *potsennod*) ll. *pytiau*, *pwtod*, a hefyd fel *a.* (b. (prin a geir.) *pot*) a chyda grym adferfol. Mymryn, tamaid, tipyn, ychydig, darn (bach neu fyr), peth neu berson bychan neu ddinod (hefyd weithiau i gyfleu anwyldeb); ennyd fer; ffon fer, pastwn byr: *bit, scrap, a little, small amount,* (*small or short*) *piece, small or insignificant person or thing* (*also as a term of endearment*); *short while; short stick or club.*
1547 *WS*, *pwt* o ddyn, a dwarfe. **16g.** DAFYDD BENWYN: *Gw* 647, pot ffael fodd, *pwt* ffola fy, / Rydderch, y possned ryddŷ [i Rydderch Bach]. **1604–7** *TW* (*Pen* 228), *pwt* o ddyn d.g. *nanus.* **1707** *AB* 219d, *pwt*, a blunt short truncheon, a short piece of wood, &c. Dimet. **1752** *ML* i. 216–17, [d]igrifed oeddym pan oedd *pyttiau* o esgyll gennym fal cywion hwyaid yn ceisiaw dyscu ehedeg. **1756** *id.* 416, Dyna i chwi ddarn arall o gowydd, nage o awdl, ac un neu ddau o *byttiau.* **1800** W. OWEN[-PUGHE]: *CP* 103, Cymmerer *bwt* o bren crwn glân. **1800** *AUA* 19, Lluniais er's dechreu haf, *Bwttyn* o Gywydd, annerch i'r Cymry. **1803** *P*, *pwt*, s. m. pl. *pytiau*, any short thing. *Pwt* o bren . . . *pwt* o ddyn . . . *pwt* o gleddyf. *id.* d.g. *pwtan*, *pwtyn.* *Diw.* **19g.** *SE MS* 397b, *pwtsyn* -*od*, *potsen* -*od*, a short, stubby, or stumpy person (SW). *Pwtsyn* o ddyn; *pwtsen* o fenyw. *id. pwten* (pl. *pwtod*). *Pwtod* o ferched—short or stumpy women. Cf. D. OWEN: *RL* 296, pam yr ydych yn y fath drafferth yn ysgrifenu *pwt* o lythyr at eich modryb? *id.* 314, a ydach chi'n meddwl eich bod yn adnabod Iesu Grist erbyn hyn? . . . Wel, mi obeithiwn y mod i cyn geni dy dad di, y *mhwt* i. Ar lafar yn gyff., '*pwt* o ddyn byr', '*pytia* bach o gerrig', '*pwt* baco', '*pwtyn* byr ydi o', ''y *mhwtyn* mêl annwyl i', *WVBD* 448–9; 'mi ddo i mewn dau funud a *phwt*', *Cymru* liii. [31]; digwydd hefyd yn yr ystyr 'a remark made in a meddlesome manner' 'rhoid 'i *bwt* yn 'u petha nhw', *WVBD* 448; ac yng ngodre Cered. a gorllewin sir Gaerf. yn yr ystyr 'rhywbeth ar fargen', 'Faint o *bwt* rowch chi 'dag e i fi am hwn?', *Cymru* xlvi. 22.

Fel *a.* Byr, byrdew; smwt, pŵl, di-fin; sydyn, disymwth, swta; prin, annigonol: *short, stocky; snub, blunt; sudden, abrupt, curt; lacking, inadequate.*
Dchr. **17g.** *J* 10, 131a, *pwt*, blunte. **17g.** *LlGC* 13215, 376, *pwt*, obtusus. **1787 (1812)** TWM O'R NANT: *PG* 51, Ac a syrthiais *pwt* i'w potes. *Diw.* **19g.** *SE MS* 397b, *Pwt* m., *pot* f., squab, thick; stubby, stumpy; short, short+thick. Blunt abrupt Darfod yn *bwt*—to end abruptly Blaen *pwt*—a blunt end. Ar lafar, e.e. am offeryn di-fin, *Geir Glo* 91; digwydd yn ne-ddwyrain sir Gaerf. yn yr ystyr 'marwaidd, difywyd' am dân, *B* xii. 24, ac yn sir Benf. a'r De yn yr ystyr 'swta', 'buodd e'n *bwt* iawn i atebiad', *Wês wês* 23; 'Rhyw ateb *pwt* ges i gydag e'; hefyd mewn ymadr. megis 'sorri'n *bwt*', 'digio'n *bwt*', *WVBD* 449. Gw. hefyd *llaw*[1]—*ll. bwt.*
Cfn.: **pwt y gynnen** [?cf. S. *boutefeu* 'one who kindles discontent and strife' neu'r f. *pwtiaf: pwtio*]: *trouble-maker; bone of contention, cause of quarrel.* **1732–3** J. OWEN: *GB* 50, mae'n dda na ddygbwyd mor Gwr i fynu i fod yn Gyfreithiwr, canys pe gwnaethid, fo fuasai efe yn sefyll mor deg ag Ungwr i gael Cyfraith am fod yn *Bwt y Gynnen.* **1770** *W* d.g. *bate, a make-bate, boutefeu.* **1803** *P*, pwt . . . *pwt y gynnen*, a mischief maker. Ar lafar yng ngodre Cered., *B* iv. 301, sir Benf., *GDD* 238, a Morg.

pwt[2] [bôn y f. *pwtiaf: pwtio* neu fnth. S. *put* 'thrust, push, shove'] *eg.* ll. *pytiau.* Pwniad, sgwd, proc(iad), cyffyrddiad, hyrddiad, trywaniad: *nudge, shove, poke, touch, thrust, stab.*
Dchr. **17g.** *J* 10, 131a, *pwt* . . . punctum. **1722** *Llst* 189, *pwtt*, m.p. *pyttiau*, a stab, thrust. Cf. D. OWEN: *D* 147, rhoddodd Mr. Pugh *bwt* i mi yn fy ystlys. Ar lafar, *GDD* 238, *Cymru* liii. 134.

pwtaf: pwto, gw. **pwtiaf**[1]**: pwtio.**

pwtan, pwten, gw. **pwt**[1].

pwtffalaf: pwtffala, pwtffalu [?amr. ar *bwtffalaf: bwtffala*] *bg.* Palfalu'n ffwdanus: *to fumble.*
20g. Ar lafar yn nwyrain sir Drefn., *Cymru* liii. 134.
Gw. hefyd **bwtffalaf: bwtffala.**

pwtgyn [?bnth. S. *bodkin*] *eg.* Math o aing neu gŷn ar gyfer tyllu ac agor craig; bwytgyn: *gad* (*pointed iron or steel wedge used in mining*); *bodkin.*
20g.
Gw. hefyd **bwytgyn.**

pwti, pyti [bnth. S. *putty*] *eg.* Past meddal a wneir o olew had llin a sialc sy'n caledu wrth sychu ac a ddefnyddir i osod gwydr mewn fframiau ffenestri, i lenwi tyllau, &c. (weithiau'n ehangach am sylweddau eraill a ddefnyddir i ddiben tebyg): *putty.*
1862. Ar lafar, 'Ma'r adar wedi byta tylle yn y *pwti* rois i ar y ffenest ddoe'. Yn ne-ddwyrain Morg. fe'i clywir yn yr ystyr 'busnes' mewn ymad. megis 'rynto fe a'i *bwti*'.

pwtiad [bôn y f. ddil. + -*iad*[1]] *eg.* Pwniad, prociad: *nudge, poke.*
1803 *P.*

pwtiaf, pwtaf: pwt(i)o, pwtian[1] [bnth. S. (*to*) *put*(*t*) 'to push, thrust, butt'] *ba.* Pwnio, gwthio, hyrddio, hergydio, cornio, procio, pigo, hefyd yn *ffig.*: *to nudge, push, thrust, shove, butt, poke, prick, also fig.*
Dchr. **17g.** *J* 10, 131a, *pwttio*, pungo. **1707** *AB* 219d, pwt . . . Dimet. *P*[*w*]*ttio*, to prick. **1722** *Llst* 189, *pwttio*, to thrust, push. **18g.** E. T. RHYS: *DA* 154, Yn sydyn serth, fel cewri certh, / Daeth gwyr Llan'silio'n fawr eu nerth, / I *bwtio* bawb o bob tu'r berth. **18g.** *WLl* (*Geir*) 279, gyrthio, *pwttio* fel hwrdd. **1780** *W*, *pwttio* d.g. *to poke* [*search for any thing with a pole, &c.*], *to prick* [*with any sharp-pointed thing*]. *id. pwttian* d.g. *to potch, or poke.* **1786** TWM O'R NANT: *PCG* 17, Ond am Dreth y Goleu, ar bob rhyw Dwlc, / Mae'r gair mai Pitt sy'n *pwttio.* **1803** *P* d.g. *pwtian, pwtiaw.* Cf. D. OWEN: *RL* 259, Wrth i mi ddal ati i *bwtian* y pendil yr oedd yr hen wyth yn myn'd yn go lew, ond gynted y stopiwn i *bwtian* mi stopie fynte fyn'd. Ar lafar yn Arfon, *WVBD* 449, dwyrain sir Drefn., *Cymru* liii. 134, a Morg.; hefyd yn ardal Cwm-twrch yn y ff. *pwtian*, ac ardal Cwmtawe yn y ff. *pwto*, yn yr ystyr 'procio'r glo yn y ffas', *Geir Glo* 36; clywir *pwto* hefyd ym Morg. yn yr ystyr 'chwilio am lo ar wyneb y ddaear drwy fwrw i mewn i'r tir', *ib.*

pwtian[2], gw. **potiaf: potio.**

pwtiedydd [bôn y f. *pwtiaf*: *pwtio* + -*iedydd*] *eg.* ll. -*ion.* Procer; hyrddiwr: *poker* (*for fire*); *thruster.*
1780 *W* d.g. *poker.* **1803** *P*, *pwtiedydd*, a thruster.

pwtienydd [?*pwtian*[1] + -*ydd*[3]] *eg.* Procer: *poker* (*for fire*).
1780 *W* d.g. *poker.* **1803** *P*, *pwtienydd*, a thruster, a poker.

pwtîs [bnth. S. *puttees*] *e.ll.* Darnau hirgul o frethyn i'w rhwymo o amgylch y goes o'r ffêr hyd y pen glin, yn enw. fel rhan o lifrai milwr yn y Rhyfel Byd Cyntaf: *puttees.*
1927.

pwtiwr [bôn y f. *pwtiaf*: *pwtio* + -*iwr*] *eg.* ll. *pwtwyr*, *pwtiwrs.* Procer; un sy'n procio, gwthiwr, hyrddiwr: *poker* (*for fire*); *one who pokes, thruster.*
1780 *W* d.g. *poker.* **1803** *P*, *pwtiwr*, s. m. pl. *pwtiwyr* [*sic*], a thruster, one who pokes. Ar lafar yn Rhosllannerchrugog yn yr ystyr 'bachgen ifanc fel arfer, a weithiai â cheffyl, gan gludo dramiau gwag a llawn rhwng fflat y *pwtiwrs* a'r wyneb', *Geir Glo* 21.

pwtner, gw. **powtner.**

pwtog [*pwt*[1] + -*og*] *eb.* ll. -*au.* Gwraig fechan ferdew, hefyd yn *ffig.*: *short stocky woman, also fig.*
1768 TWM O'R NANT: *CTh* 4, Corph Barcuttan! ond dyma fy chwaer Catti, / Sian a Gwenno, mewn synn gyni; / Mali, ai Snising hyd ei Thrwŷn, / A'r *Bwttog* fwyn, gan Betti. **1773** *W* d.g. *fustilugs, squab* [*a short fat person*]. **1803** *P.* Ar lafar yn Arfon yn yr ystyr 'a shank of pork', *WVBD* 449.

pwtri, gw. **bwtri** (At.).

pwts[1,2], gw. **pwtsh**[2], **pwcs.**

pwtsh[1], *a.* a hefyd gyda grym adferfol. Disymwth, sydyn: *abrupt, sudden.*
1863. Ar lafar yn nwyrain sir Drefn., 'mi eson yn *bwtsh* i'w gilydd', *Cymru* liii. 134.

pwtsh[2], **pwts**[1] [?cf. *pwd* neu *pwtsh*[3]] *e?g.* Pwd, soriant, y weithred o laesu gwefl: *sulk*(*s*), *pout.*
Ar lafar yn nwyrain Morg., ''Otiw a yn 'i *bwts* 'dd ar 'ny?', ac yn nwyrain sir Drefn., 'neud i geg yn *bwtsh*', *Cymru* liii. 134.

pwtsh[3], *eg.* Chwistrell: *squirt.*
Ar lafar gynt yn Eifionydd, '*pwtsh* dwr = chwysdrell', *TGG* (1907–8) 95.

pwtsh[4,5], gw. **pwyts, potsh.**

pwtsiaf[1]**: pwtsio, pwtsian** [bf. o'r e. *pwtsh*[3]] *bg.a.* Chwistrellu, pistyllio: *to squirt.*
Ar lafar gynt yn y Gogledd, '*pwtsio* dŵr o'i geg', '*pwtsian* dŵr ar ych gwymad chi', 'dŵr yn *pwtsio* o'r botal', *WVBD* 449.

pwtsiaf[2]**: pwtsian,** *bg.* Glanhau platiau tun â blawd llif neu fran: *to clean tin plates with sawdust or bran.*
1909. Ar lafar yn nwyrain sir Gaerf. a gorllewin Morg.

pwtsiaf[3]**: pwtsiach** [?cf. y f. fl. neu'r f. *poitsiaf: poitsio*] *bg.* Poitsio, trafod: *to mess around or play* (*with*).
Ar lafar yn ne-ddwyrain Morg., 'Paid o *bwtsiach* sia dy ddillad'.

pwtsyn, gw. **pwt**[1].

pwtwn [ffrwyth camddeall yr e. prs. *Powtwn*, *GGl*[2] 12] *eg.* Chwisgi, whisgi: *whisky.*
1803 *P*, *pwtwn*, s. m. a kind of liquor; probably the same as the whiskey of the Irish. Cwrw iach, o vrig ceirch y vro, / Yw *pwtwn*, val gwin Paito . . . Gutto y Glyn.

pwtyn, gw. **pwt**[1].

pwy[1] [Crn. C. *pyw*, H. Lyd. *piu* (yn yr e. prs. *Piu-e-tat*), Llyd. C. *piu*, *piou*, Llyd. Diw. *piv*, taf. Gwened *più*, H. Wydd. *cía*, *ce*, *ci*, Gwydd. Diw. *cé*: ff. ar yr un bôn gof. a phth. IE. *$k^{u}ei$ ag a welir yn *pa*[1], gw. *SC* x/xi. 59–69; cf. Llad. *quī*, *quis*, Gr. πότερος, τίς; dichon fod *pwy* 'pa beth' < *py*[1] + *wy* (amr. ar *yw*[1])] *rh. gof.* a hefyd fel *rh. pth.*

1. Pa berson: *who*(*m*).

(*a*) (yn annib.: *independent use*).
12–13g. *GLlLl* 203, Nyd reid tra dilyn pell ofyn *pwy*, / Py geidw yr gorddwfyr rac pob gorddwy. *Dchr.* **14g.** *H* 88a. 22–3, o gouynnir *pwy* py ryd uwyhaf. o ssaffun as gun nas ranaf (Llywelyn Fardd). **14g.** *GDG*[3] 95, Pybyr fu pawb ar fy ôl, / A'u '*Pwy*?' oedd ymhob heol. *id.* 288, Pobl wrthrych, llewych llywy, / Pefr feinwyr, pawb a ŵyr *pwy.* **1547** *WS*, *pwy*, who. **1632** *D*, *pwy*, quis, quæ.

(*b*) (o flaen bf. neu gym. pth.: *before a vb. or rel. clause*).
12–13g. *GLlLl* 216, A duc y Wytgruc a'e dycco,— gwylywch! / Gwelhator *pwy* llutyo! / . . . / Edryched Powys *pwy* uo—breyenhin / Breisc werin. **13g.** *Ll* 77, *Puy* a wercheydu hun? **13g.** *C* 96. 14–15, *Puy* guant cath paluc. **13g.** *HGK* 7, A phan gigleu enteu *puy* oed ef . . . ef a edewis bot en ganorthuywr idav. **14g.** *T* 69. 4–6, *pwy* gwahardwy *pwy* attrefna. Ylwrw aedon *pwy* gynheil mon mwyn gowala. **14g.** *GDG*[3] 70, Paradwys, iddo prydaf, / *Pwy* ni chwardd pan fo hardd haf? *c.* **1400** *R* 1154. 22–3, *pwy* nyth vawl or sawl ar aseilych. *id.* 1156. 24–6, Y gethern ael y uffern. gan luciffer yda. *Pwy* yw. *pwy* ynt *pwy* ae koffa. *pwy* onyt kyfrwys aekyfriua. **15–16g.** *TA* 291, *Pwy* sy hael, *pwy* sy heliwr, / Pwy'n llew ag oen, pwy'n lle gŵr? **1588** *Barn* xxi. 5, *pwy* yw efe (o holl lwythau Israel,) yr hwn ni ddaeth i fynu gyd a'r gynnulleidfa at yr Arglwydd. **1604–7** *TW* (*Pen* 228), disgwyliwr *pwy* a ddelo d.g. *despicus.* **1672** R. PRICHARD: *Gw* 217, Fe nebydd ŷch, fe nebydd assen, / *Pwy* yw porthwr, *pwy* yw perchen. **1703** E. WYNNE: *BC* 93–4, *Pwy* fu 'n dyfod gyda mi i'r Dafarn, yn lle mynd gyda 'r Person i'r Eglwys? **1759** T. THOMAS:

WWDd 197, Ni all Dynion nawr, yn y Bŷd hwn ddim farnu yn sicr am y naill y llall; *pwy* sydd gyfiawn, na *phwy* nid yw: ond y pryd hwnnw, fe gair gweled yn eglur *pwy* a fŷdd. **1784** D. Jones: *LlDI* 31, *Pwy* welaf o Edom yn dod, / Mîl harddach nâ thorriad y wawr? **1798** R. Davies: *CG* 39, *Pwy* rioed su ry aflan i'r mwynlan Iôr maith.

(*c*) (yn dilyn e., mewn cst. enidol: *following a noun, in a gen. construction*) *whose*.
c. **1400** *R* 1259. 19–20, Olwyn dyuot perffeidvot *pwy*. eiliw briw breisc vronn mawrdon mordwy. **1588** 1 *Sam* xii. 3, ŷch *pwy* a gymmerais, neu assyn *pwy* a gymmerais. **1588** 2 *Sam* iii. 12, eiddo *pwy* yw 'r wlâd? **1606** E. James: *Hom* i. 173, Oh, calon *pwy* ni ddifera ddafnau gwaed wrth wrando ac ystyried y pethau hyn? **1620** *Luc* xx. 24, Dangoswch i mi geiniog: llun ac ar-graff *pwy* sydd arni? **1706** *Nat Con* 7, Dylei wybod beth y mae'r Ordinhad Sanctaidd hon yn ei arwyddocau; ac i swydd, a galwedigaeth *pwy* yn unig y perthyn ei Ministrio hi. **1794** *W*, eiddo *pwy* d.g. *whose* [*a Pronoun interrogative and indefinite implying property*].

(*d*) (dan reolaeth ardd.: *governed by a prep*).
14g. *B* xxv. 265, A vorwyn dec heb ef y *boy* y credy dy. **1567** *TN* 28a, Beth a dybygy di Simon? Y gan *bwy* y cymer Brenhinedd y ddaiar deyrnget . . .? *id.* 142b, atepawdd Simon Petr yddaw, Arglwydd, at *pwy*'r awn? **1588** *Job* xxvi. 4, Wrth *bwy* y mynegaist yr ymadroddion? **1588** *Eseia* xxxvi. 5, ar *bwy* attolwg yr hyderaist, pan wrthryfelaist i'm herbyn? **1599 (1677)** R. Holland: *AB* 10, yn erbyn *pwy* y mae efe yn cyhoeddi cynifer Gwae. **1604** R. Holland: *BD* [1], I *Bwy* y geill y Llyfr hwn . . . yn iownach berthyn. **1632** J. Davies: *LlR* 246–7, a *phwy* y mae 'r annuwiol yn ymgynghori yn ei negeseuau a'i betrusder. **1712** T. Williams: *CDdG* 238, ein Iachawdwr, am *bwy* y clywsent gymmaint o sôn Moliannawl. **1725** I. Harri: *RD* 142, I *bwy* y caiff y Bŷd a ddaw ei ddarostwng. *c.* **1730** *Thos. Lloyd D* (LlGC) 188b, adnabyddwch blant i *Bwy* yddŷm ni. **18g.** *W Ballads* 8, 8, Gan *bwy* mae ffrwythau gwir berffeithwch.

(*e*) (mewn cym. di-ferf: *in a verbless clause*).
13g. *HGK* 14, '*Pwy*,' hep e Gruffud, 'y brenhined a gerdant trwy dy wyr di a'th gyuoeth mor vydinauc a hene?' *c.* **1300** *B* iv. 114, *pwy* yr vnic arwynawl a darogeny di ynaeth. *Dchr.* **14g.** *H* 112b. 12, *pwyr* gle[w] llew llit aer ddywal (Llywarch Llaety). *id.* 28, *pwy* briw uch browysuarch cann (Llywarch Llaety). **14g.** *T* 19. 20–1, *Pwyr* byw ae diadas gwaet yarwynwas. *id.* 34. 24, *pwy* y tri chynweissat. **14g.** *WM* 209. 6–7, *pwy* y marchawc gynneu. *id.* 391. 7–8, Mi aaf heb y gereint y vybot *pwy* y marchawc. *id.* 474. 6, *Pwy* ef hwnnw. **14–15g.** *IGE^2* 174, *Pwy* pendefig da ddigawn / Y llys, a phob bwrdd yn llawn (Rhys Goch Eryri). *c.* **1400** *HMSS* ii. 40, *pwy* y crist y credy di idaw. *c.* **1400** *B* v. 139, *Pwy* y subdiagon kyntaf a vu. Alobus. *Dchr.* **15g.** *GM* 5, *Pwy*'r brenhin gogonyant hwnn a daw attam yn dirgel? **15g.** *ID* 50, *pwyr* ssais yn y prissiesswn. **16g.** *Llst* 6, 61, *pwyr* hael er pyr wehelyth / *pwyr* hai baylch syn parhay byth. **16–17g.** *Bl B XVII* i. 20, *Pwy* nid iach yn ôl poen dig?

(*f*) (enghrau. mewn cym. di-ferf, o flaen a. yn un o'r graddau cmhr.: *exx. in a verbless clause, preceding an adj. in one of the degrees of comp.*).
c. **1300** *H* 13a. 40, *pwy* goreu gwledic yny gwladoet (Gwalchmai). **14g.** *T* 27. 24, *Pwy* gwell yadwyt ae ieuanc aellwyt. **14g.** *YBH* 55b, gouyn a oruc *pwy* henaf o nadunt. **14g.** *GDG^3* 402, Prifenw dysg, profwn ein dau / Pa ŵr ym mrwydr, *pwy* orau (Gruffudd Gryg). **14–15g.** *IGE^2* 182, Y gŵr mul a gâr mawlair / A'i cred mal llw ar y crair. / O Dduw, *pwy* oeraf o'r ddau, / Ai'r gŵr ai'r prydydd gorau [Siôn Cent i'r awen gelwyddog]? *c.* **1400** *RB* ii. 162, hir y buant heb wybot *pwy* oreu na phwy dewraf. nac y bydiw y damweinhei y uudugolyaeth onadunt. **15g.** *GGl^2* 39, Pum mroder, pwy ym Mhrydyn, / *Pwy* mor hael â'r pumwyr hyn? **15–16g.** *TA* 207, Oes, o wybr da, ysbryd uwch? / Pa wiw gofyn? *pwy* gyfuwch? *id.* 326, Pawb â'i ofn, pe byw a iach,—/ Pob pases—*pwy* hapusach? —/ Wedi Siôn, nid oes, unnos, / Bryder i neb rodio'r nos. *id.* 470, Pumwyr o Gred, *pwy* mor gryf? / Aeth nerth, weithian, o iwrthyf. **1595** H. Lewys: *PA* 59, *Pwy* ffyddlonach na brytach mewn zel na Phetr? *id.* [247], *Pwy* oreu i ged pa wr gwych? **17g.** *Bl B XVII* i. 239, Pugh, ddewr ydyw, *pwy* ddrudach? **1754** G. Owen: *L* 130, Cicero . . . *pwy* well a gwyliadwrusach gwladwr? **1763** *DT* 243, *Pwy* mor ddyfal fal y fo, / Gwrolaidd yn gwir eilio? **1789** *BDG* [xli], *pwy* mwy melus ei beroriath [*sic*] nag ef [Dafydd ap Gwilym]?

(*g*) (enghrau. mewn cym. di-ferf, o flaen ymad. ardd., &c.: *exx. in a verbless clause, preceding a prep. phrase, &c.*).
14g. *GIG* 36, Pwy a ddylai, ped fai fyd, /—*Pwy* ond Owain, paun diwyd?—/ Y ddwy Faelawr mawr eu mâl, / Eithr efo, a Mathrafal? / Pwy a ostwng Powystir, / Pe bai gyfraith a gwaith gwir? / *Pwy* eithr y mab penaethryw, / Owain Gruffudd, Nudd in yw. **15g.** *GLGC* 311, *Pwy* is y Bannau'n hapusion—hwyntau? / *Pwy* uwch y Bannau ond selau Siôn? **15g.** *GGl^2* 39, Pum mroder, *pwy* ym Mhrydyn, / Pwy mor hael â'r pumwyr hyn? *id.* 101, Gwir gywyddol, gwrageddwr, / Gwas gwych, *pwy* megis y gŵr? *id.* 107, *Pwy* yn Llanelwy neu Iâl? / A phwy sydd fwya offisial [i Ddafydd Cyffin]? **15–16g.** *TA* 291, *Pwy*'n llew ag oen, *pwy*'n lle gŵr? / *Pwy*'n farchwr, *pwy*'n gerddwr gwych, / Priddwyd y campau rhoddwych! *id.* 406, *Pwy* yn dwyn traul pendant draw, / Iawn im nodi'n nomnadiaw. **15–16g.** Llawdden, &c.: *Gw* 146, Ple daeth penaduriaeth dwys? / Pa bryd? *Pwy* o baradwys? **16g.** *WLl* 121, *Pwy* n prissio mawl pennpres Mon [marwnad Siôn Brwynog]. **16g.** Dafydd Benwyn: *Gw* 99, Pwy sy orav, pass eryr? / pwy vn rhyw walch? *pwy'n* rhoi i wyr? **1595** H. Lewys: *PA* [247], Pwy oreu i ged pa wr gwych? / *Pwy* ond Iesu penn dwysair / Oreu mab o wiwryw mair? *c.* **1630** *RWM* ii. 76, *Pwy* n aer gwyth pwy n wr y god.

2. Pa beth: *what.*

(*a*) (yn annib.: *independent use*).
9–10g. (*Ox* 1) *VVB* 206, *Pui*, gl. *quid*. **1632** *D*, *pwy* . . . Antiquis interdum, Quid.

(*b*) (o fl. bf.: *before a vb.*).
14g. *WM* 144. 7–9, mynet dwylaw mynwgyl idaw. A gofyn *pwy* oed y enw. Peredur vab efrawc. **14g.** *GDG^3* 350, O Dduw, ai grym ym amwyll? / A wyddant hwy *pwy* yw pwyll? *c.* **1400** (*SG*) *HMSS* i. 200, y meudwy . . . aovynnawd y walchmei *pwy* oed y henw. *c.* **1400** *B* iii. 87, A gofyn a wnaeth pawl yr angel, *pwy* oet enw yr auon honno.

(*c*) (mewn cym. di-ferf: *in a verbless clause*).
13g. *C* 66. 2–4, Ebeteu hir yg guanas ny chauas ae dioes. pvy vynt vy *pvy* en neges. **14g.** *T* 55. 2, peir pen annwn *pwy* y vynut. *c.* **1400** *YCM^2* 78, dywet ym dy enw, a *phwy* dy uonhed. *c.* **1400** *R* 1054. 13–14, uffern. *pwy* tewet yllenn. *pwy* llet y geneu. *pwy* meint enneinheu. Gw. hefyd y cfn. *p. enw* isod.

(*d*) (enghrau. mewn cym. di-ferf, o flaen a. yn y radd gmhr.: *exx. in a verbless clause, preceding an adj. in the comp. degree*).
14g. *T* 27. 22–3, Awdosti *pwy* gwell ae von ae y vlaen. **14g.** *WM* 487. 21–2, *Pwy* well genhyt arnaw ae guynseit ae grwmseit. *c.* **1400** *R* 1054. 1–2, *pwy* kynt ae tywyll ae goleuat.

3. Pa (gof. a phth., o flaen e.): *which, what* (*interrog. and rel., preceding a n.*).
Dchr. **14g.** *H* 112b. 36–7, *pwy* wr pennaytheid geneu racpawb pieu y dechreu (Llywarch Llaety). **14g.** *WM* 454. 5–6, *Pwy* ystyr yw gennyt ti kelu dy blant ragof. i. **15g.** *GGl^2* 204, *Pwy* beth fu bregeth heb rus / Ieuan lwydwyn i Wladus? / Os caru hon nis cair hi, / Cared dyn ifanc Harri. **16g.** *Llst* 6, 61, *pwy*ddyc [*sic*] obai dday waith / *pwy* vrenhin heb varw [u]nwaith. **1547** *WS* [v], datclario pa lesaad pa vudd a *phwy* broffit a ddelsai ir neb a dre/uliai ddim amser wrth ddarllen . . . y llyfer hwn. **1595** *Egl Ph* 95, *pwy* wedd y mae i ddyn ymddwyn tuagat y swyddog. **1655** WL: *DP* 139, Ond yn enwedig pan groeshoiliwyd ef; rhwng *pwy* beth a'r Sacrafen hwn, y mae cyfflybaeth nodedig. **1672** R. Prichard: *Gw* 249, Cofia 'n garcus, *pwy* [:- Pa] sancteiddrwydd, / *Pwy* ymgweirio, *pwy* barodrwydd, / Gynt ossododd Duw ar dâsc, / Cyn cae Israel fwytta 'r Pâsc? **1735** S. Thomas: *HP* 224, Ar *bwy* gyfri, neu o herwydd pa ryw beth, y mae Dyn yn cael ei waredu rhag Dioddefaint Poenau Uffern? **1759** T. Thomas: *WWDd* 45, *pwy* Ddrygau a allwn ni feddwl am danynt, nad yw Dynion yn ddarostyngedig iddynt? **1784** M. Williams: *S* i. 54, Nid oes neb yn gwybod at ba bwrpas, nag ar *bwy* achos y gosodwyd y rhai'n. **1798** W. Richards: *CC* 25, Gofynais iddo, Yn *mhwy* wlad yr oeddem? Ar lafar yng Nghered. a'r De, '*Pwy* got sy gyda ti?'

4. Pa, dyna (o flaen a. yn y radd gfrt.): *how* (*before an equat. adj.*).
1733 T. Evans: *PP* 152, *Pwy* gymmaint o'n Cyd-Gris'nogion sy 'n goddef Prinder a Chaledi . . . a ninnau yn byw mewn digonolrwydd o bob dim? **1746** T. Richards: *CER* d.d., [T]raethawd Ym mha ûn y dangosir, *Pwy* mor wrthwyneb yw Ysprydherledigol Eglwys Rufain. Ar lafar yng Nghered. a'r De, '*Pwy* mor amal ma'r bws yn rhedeg?'

5. Rhyw (ddydd, ddiwrnod, noswaith, &c.) yn ddiweddar, y (dydd, &c., o'r blaen): *a certain* (*day, evening, &c.*) *recently, the other* (*day, &c.*).
1924. Ar lafar yng Nghered. a'r De, 'Fi gwelas a *pwy* ddydd'. Cf. hefyd *pa*^{1}.

Fel *rh. pth.* Yr hwn, yr hon, y sawl: (*he, she, &c.*) *who, whom.*
[**1547**] W. Salesbury: *OSP* [x], y dyscedic vardd *pwy* a gant Englynion yr eiry. **1551** W. Salesbury: *KLl* viiia, [y] prophwyt *pwy* a ddywait: Nychaf, morwyn veichioc a yscor ar vap. *id.* xxib, yr archoffeirat (*pwy* a elwit caiphas). *id.* lviib, Nyt *pwy* bynac a ddywet wrthyf, Arglwydd, arglwydd a ddaw y mewn y teyrnas nefodd namyn *pwy* a wna ewyllys vymtat. *id.* lxvib, Ydd oedd ryw Teyrn *pwy* oedd ae vap yn glaf. **1567** *TN* 287b–288a, Iddaw ef can hyny *pwy* [:- rhwn] a ddychon dra lliosocau bop peth ar archom. *id.* 328b, gweddus oedd yddo ef, herwydd *pwy* y may pob peth, a thrw yr hwn y may pob peth. **1588** 2 *Esd* viii. 16, Israel am yr hwn yr ydwyf, drist, ac Iacob er mwyn *pwy* yr ydwyf yn athrist. **1604** R. Holland: *BD* 1a, dyscwch adnabod a charu Duw, i *bwy* yr ych yn rhwym. **1655** WL: *DP* 210, Cyrch am . . . y sawl i *bwy* y gwneist di gam. *c.* **1730** *Thos. Lloyd D* (LlGC) 202a, Moliannwn Grist *Pwy* an prynodd ni. Gw. hefyd *pwy bynnag* isod.

Amr.: **bw^4**. **16g.** *Llst* 6, 61. **bwy^1**. **15g.** *HS* 7. **15g.** *DN* 101. **15g.** Gwilym Tew: *Gw* 454. **16g.** *WLl* 121. **poe** [drwy ymgyfnewid *wy* ac *oe*, cf. *mwy, moe, pwyo, poeo*]. **14g.** *B* xiv. 265, 271. **pw^2**. **16g.** Dafydd Benwyn: *Gw* 294, 427. Gw. hefyd *pw'r* yn y *Cfn.* **pwyf** [cf. *daf, llef^2*]. **1595** *Egl Ph* 8.

Cfn.: **pw'r**: *what (sort of), which.* **1589–90** *Rhyddiaith Gymraeg* i. 110–11, danfonodd Dolphyn i Drwmpeter at Arglwydd Debiti i wybod *pw'r* gaptenied a *phw'r* wyr o ryfel o'i wyr ef a ddalyssid yn yr ymladd hwnnw. **1605–16** *Mos* 131, 88, *Pwr* beth a gaiff y dyn i gyd / o dir a daear a golyd. **1693** *HC* 120, Yn awr *pw'r* atteb a ddygaf (*what answer will you send me with*). **pwy bynnag (bynna)** [Crn. C. *pyu penagh*, Llyd. C. *piou bennac, piu pennac*]: (i) *whoever, whosoever.* **13g.** *LlI* 76, 84. **1632** *D*, *pwybynnag*, quicunque. **1803** *P* d.g. *pwybynag*. (ii) *whichever, whatever, whatsoever.* **14g.** *YBH* 16a, *pwy bynnac* wreic. *c.* **1750** J. Thomas: *T* 2, pob math o Weithredoedd *pwy bynnag*. **1759** J. Evans: *PF* 51, y mae 'n cymeryd ymaith . . . un mâth o Ddolur *pwy bynnag* (*any soreness whatever*). **1790** *RLlD* 97, [p]ob pechod ac anwiredd arall *pwy bynnag*. **p. . . . bynnag**: *whichever, whatever.* [**1547**] W. Salesbury: *OSP* [iv], *pwy* ryw sawl Gymbry *pynac*. **1606** E. James: *Hom* iii. 131, *pwy* ddaioni *bynnag* sydd ynom. **p. (dy, ei, &c.) (h)enw(au)**: *what is (are) the name(s) (of), what is your (his, &c.) name.* *Dchr.* **14g.** *H* 112b. 29, *pwy* y *henw* hynot gyurrann (Llywarch Llaety). **14g.** *WM* 83. 8, *Pwy eu henw* wy. *id.* 95. 17–18, *Pwy enw* dy uab di heb hi. **14g.** *YBH* 36a, *pwy dy enw* di . . . girat arglwyd heb ynteu. **14g.** *GDG^3* 252. *c.* **1400** *R* 579. 42. *id.* 1054. 11, *pwy enw* y porthawr. *c.* **1400** *B* v. 139, *Pwy enweu* y pedeir seren y kaffat enw adaf ohonunt . . . *Pwy enweu* y pedeir auon a redant trwy baradwys. **p.'n**, gw. *pwy un*. **p.'n bynnag**, gw. *pwy un bynnag*. **p.'n bynnag ai . . . ai**, gw. *pwy un bynnag ai . . . ai*. **p. rai**: (i) *who, whom* (*interrog. and rel. pl.*). **1551** W. Salesbury: *KLl* xxiib, a thorf vawr . . . *pwy rei* a ddanuonesit can yr archoffeireit. (ii) *which* (*interrog. and rel. pl.*). **1655** WL: *DP* 151–2, hên bechodau, oddiwrth *pwy rai* i'm glanheuaist fi. **1740** T. Evans: *DPO* 180, nid yw mor hawdd i wybod *pwy Rai* oedd y Cenuadon [*sic*] a ddygasont y Newyddion da. **p. rai bynnag**: *whoever, whosoever* (*pl.*). **1551** W. Salesbury: *KLl* lxiia, A *phwy rei bynnac* a ddylynant y Reol hon. **p. sawl**: *how many.* **1650** *B* x. 49, *Pwy sawl* blwyddyn ddrwg ei rhin / a gawn yn flin ai cofio. **p. swd**: *how?* **18–19g.** *Llr C* 4, 97. **p. un, p.'n**: (i) *who, whom* (*interrog. and rel.*). **16g.** *GSC* [65], Pwy'n y siroedd pan sorren'? / Pan na ŵyr pawb *pwy'n* yw'r pen? **1567** *TN* 18b–19a, a's myvi trwy Beelzebub a vwriaf allan gythraulieit, trwy *pwy vn* y bwrw eich plant chwi'n wy allan? *id.* 63a, *Pwy'n* medd dynion ytwy vi? *id.* 71a, gwraic y *bwy'n* o naddynt vydd hi. *id.* 94b, ys gwybysei ef *pwy'n*, a' pha ryw 'wreic yw hon. **1672** J. Langford: *HDdD* 121, gweddio ar ein Tad yn y dirgel, oddiwrth *bwy ûn* yn unic y mae i ni ddisgwyl ein gwobr. **1675** R. Jones: *HCh* 143, ymegnied pob un *pwy un* gyntaf a ddêl i geisio heddwch a chymmod (*let each strive who should first seek after Peace and Reconciliation*). **1759** T. Thomas: *WWDd* 138, yn perthyn i'r Duw mawr, ger bron *pwy un*, y mae'r pechadur yn eüog. (ii) *which (one)* (*interrog. and rel.*). **1567** *TN* 89b, 102b, *Pwy'n* hawsaf dywedyt, Ys maddeuwyt yty dy pechotae, ai dywedyt, Cyuot a rhodia? **1588** *Barn* xxi. 8, *pwy vn* o lwythau Israel a'r na ddaeth i fynu at yr Arglwydd i Mispah. **1604** R. Holland: *BD* [3a], wedi i sylfaenu ar wir-eirieu'r Scruthyr-lan heb *pwy vn* y mae holl bwngcau crefŷdd yn ofer. **1655** WL: *DP* 47, Am râs etholedigaeth, trwy *bwy un*, y dewisaist fi yn ôl bodlonrwydd dy ewyllys. (iii) *of whom, whose* (*interrog. and rel., following a n.*). **1655** WL: *DP* 42, er mwyn Iesu Grist, yn enw bendigedig a geirieu *pwy un*, y gorffennwn ein gweddiau amherffaith hyn. **1719** *EGBG* 141, Gwaith *pwy un* yw gwaith Sancteiddiad? **1725** D. Lewis: *GB* 27, Jarll Winchester Enw *pwy un* oedd Finch. **p. un ai . . . ai**: *whether . . . or.* **1595** *Egl Ph* 103, *pwy vn ai* pregethwyr duwiol, *ai* cyfreithwyr parablbur. **1595** M. Kyffin: *DFf* [105], *pwy vn ai* gwir, *ai* celwydd. **p. un (p.'n) bynnag**: *whoever, whosoever; any one* (*whatsoever*). **14g.** *B* ix. 333, A *phwy vn bynnac* yd archo ef yti vadeueint o'e bechodeu na omed ef. **15–16g.** *GIF* 24, Pen holl Went, pwy'n well a wedd / *pwy'n bynnag* fo pen bonedd? **16g.** Dafydd ap

LLYWELYN, &c.: *Gw* 179, Bwriedais, bore ydoedd, / Bun ben gall *bwy'n bynnag* oedd. **1567** *TN* 92b, *Pwy'n pynnac* a ddaw ata vi. **16–17g.** *Cy* xxvii. 126, heb ddim llai meintiolaeth ei gorph no *phwy un bynnac* o'r cewri uchod. **1604–7** *TW* (*Pen* 228), *pwy vn bynac* d.g. *quisquis*. **p. un (p.'n) bynnag (. . .) ai . . . ai:** *whether . . . or.* **1588** *Lef* iii. 1, offrymmed ef ger-bron yr Arglwydd yn berffaith-gwbl *pwy vn bynnac ai* yn wryw *ai* yn fenyw. *id.* xiii. 48, *Pwy vn bynnac ai* yn yr ystof, *ai* yn yr anwê. **1595** H. LEWYS: *PA* 1, bob bath ar adfyd a chledi, *pwy vn bynnag* fyddo, *ai* perthyn attom ni ein hunain, *ai* att ein cyfeillion. **16–17g.** *DCR* 198, *pwy'n bynag* afythach *ai* kwaethog *ai* t[l]awd. **1604** R. HOLLAND: *BD* [1], *pwy vn bynnag au* [*sic*] mal y mae efe yn ymddwyn ei hun yn debig i gristion yn gyphredinol tu ac at dduw, *aû* [*sic*] yn i ymwreddiad yn arbennig tu ac at i werin. **1696** *CDD* 181, *Pw-un bynag* fyddi *ai* crŷ *ai* gwan, / Fe dâl it am dy weddi. **p. (yd)yw p.:** *who's who.* **20g.** Ar lafar, 'Pidwch rhoi lifft i neb, 'wyddoch chi ddim *pwy yw pwy* y dyddie hyn'.

pwy[2] [amr. ar *po*[1]] *gn.* yn cyflwyno a. yn y r. eithaf. Po (fwyaf, &c.): *the* (*more*, *&c.*, *the better*, *&c.*).

c. **1585** *Llst* 178, 117b, *Pwy* mwyaf y caro Dduw, mwy y tyf ef mewn cyddnabyddiaeth [*sic*] Duw. *Diw.* **16g.** *WLB* 50, *pwy* gore fo i flas mwyaf a gymer dyn o hono. *id.* 76, a *ffwy* brassa a fo . . . goreu yw. **1595** H. LEWYS: *PA* 90, Mae yn ddihareb wir, *pwy* tosta yr lleisw, glana y gylch. *id.* 119–20, Yn y rhyfel *pwy* dosta in amgylchiff ein gelynion . . . mwya fydd y llawenydd . . . pann i gorchfygir. *a.* **1791** W. WILLIAMS: *GP* 102, *Pwy* fwyaf gawn o wres y dydd, / Mwy yno fydd ein moliant.

Amr.: **pwyn**[1] [*pwy*[2]+-'*n*[4], ?cf. *hwyn*[1], *pan*[5], *pwy'n* 'pa un']. *c.* **1585** G. ROBERT: *DC* 14a, A *phwy n* bellaf a fo peth oddiwrth naturiaeth gorphorol, tebyccaf a fydd i Dduw. *id.* 54b, *pwy n* vwchaf ir eloch, mwya fydd y rhifedi.

Gw. hefyd **pan**[5].

pwy[3], **bwy**[2], **py**[3], **by**[3] [*pwy* < **pw*[3] neu **po*[4] (cf. *bo*[5])+'*i*; cf. H. Wydd. *co*: < Clt. **q*[u]*u*; ceir y ff. *py*, *by* drwy wanychiad; weithiau *py* < *py*+'*i*] *ardd.* sy'n digwydd gan amlaf yn y cfn. (*am*, *o* . . .) *pwy*, &c., *gilydd*. (O . . .) i: (*from* . . .) *to*, (*from one* . . .) *to* (*another*).

13g. *A* 30. 14–15, ny weleis or mor *bwy*r mor marchauc a vei waeth no od gur. **13g.** *WM* td. 90b. 22–3, e kerdei traws er enys or mor *puy* (*RM* 83, *py*) gilid. *id.* 274, Clwyf *py* glwyf, gloywferch feinwen, / Plwm a ffals, pla ar ei phen! *id.* 318, Hoyw erddigan a ganai, / Awr *by* awr, poen fawr pan fai. **14–15g.** *IGE*[2], 138, Mireinwr i'r môr yna / O'r lan *bwy* ddylan ydd a [Gruffudd Llwyd am y gleisiad]. *id.* 267, Awr *py* awr, Gymru fawr fu, / Disgwyl ydd ŷm, a dysgu (Siôn Cent). **1753** *TR*, *pwy*, to, unto.

Amr.: **bo**[5]. **16g.** *Mos* 113, 30, o flwyddyn *bo* i gilydd.

Cfn.: **pwy, &c., gilydd:** *from . . . to*, *from one . . . to another*; *for* (*hours*, *days*, *&c*) *on end*; ?*from end to end.* **14g.** *GDG*[3] 115, Yn deg o uncorff y dydd, / Bugeiles wybr *bwygilydd*. **14–15g.** *IGE*[2] 267, Dydd *py gilydd* y gwelwyf, / Gobeithiaw a ddaw ydd wyf (Siôn Cent). **1798** R. DAVIES: *CG* 67, Etholedig a thylodion, / Un *bwygilydd* bawb un galon. **1803** *P*, *pwygilydd*, adv. to another. Gw. hefyd *pen*[1]—*p. bwy gilydd*. **am . . . pwy, &c., gilydd:** *for* (*hours*, *days*, *&c*) *on end.* **20g. o . . . pwy, &c., gilydd:** *from . . . to*, *from one . . . to another*; *for* (*hours*, *days*, *&c*) *on end.* **13g.** *WM* td. 90b. 22–3. **13g.** *BD* 15, Ac anreithav y vlat a wnaethant *o*'r emyl *pvy gylyd*. *c.* **1300** *H* 42a. 20, Or mor *pwy gilyt* py gelaf uy geir (Cynddelw). *c.* **1400** *RB* ii. 249, Ac ydyrrwys katwallawn ef ar ffo *o* le *py gilyd* (*BD* 201, o le y le). **15g.** *BB* 88, *o* weithret da *pwy gilyd* yn caer loyw ytervynws y uuched. **15–16g.** *TA* 159, Bywyd hyd fab *o* dad fydd, / Byw *o* galan *bwygilydd*. **1567** *TN* [xxii], o ddydd i ddydd, ac *o* flwyddyn *bigilydd*. *id.* 39b, o'r eithafoedd *by gylydd* i'r nefoedd. **1718** E. SAMUEL: *HDdD* 246, felly y cerdd [yr enllib] *o* law *bwygilydd* hyd oni thaner or diwedd tros yr holl Dref. **1753** *TR*, pwy, to, unto. O'r môr *pwy gilydd*, from sea to sea.

?Cf. **cynt—c. pwy c.**

pwy[4] [bôn y f. ddil.] *eg.* ll. *-au*, *-on*. Curiad, ergyd: *throb*, *blow*.

1759 *BC* 497, Llei gallwn ninnau, drwy'n oesoedd, / Ystyr jâsau, griddfanau *pwyau* poen. **1803** *P*, *pwy*, s. m. pl. t. *on*, a beat, a knock.

pwyad [bôn y f. ddil.+-*ad*[2], trf. han.] *eg.* ll. *-au*. Trawiad (caled), curiad, ergyd, hyrddiad, curfa, crasfa, hefyd yn *ffig.*: *a striking*, *pounding*, *blow*, *ramming*, *beating*, *thrashing*, *also fig.*

1604–7 *TW* (*Pen* 228) d.g. *fistucatio*. **1632** *D* d.g. *contusio*, *pulsus*. **1688** S. HUGHES: *TSP* 253, Yr wyfi 'n tybied y gallasai fo ddal vn tacc [:– vn *pwyad* neu ymladdfa] (*stood one brush*) ag hwynthwy. **1770** *W* d.g. *a beating*, *a stamp with the foot*. **1803** *P*.

pwyadur [bôn y f. ddil.+-*adur*] *eg.* Pestl; morthwyl mawr: *pestle*; *large hammer*.

1828.

pwyaf: pwyo, *bg.a.* Curo, taro, cnocio, dulio, colbio, waldio, curo â'r traed, taro â morthwyl, pwnio, malu'n fân (mewn morter, &c.), hefyd yn *ffig.*; meddwl yn galed; curo, dychlamu (am y gwaed a'r rhydwelïau): *to beat*, *strike*, *knock*, *batter*, *thrash*, *bang*, *thump*, *stamp*, *hammer*, *ram*, *grind* (*in a mortar*, *&c.*), *pound*, *also fig.*; *rack one's brains*; *throb*, *pulse* (*of blood and arteries*).

13g. *B* xviii. 139, Pan ytoed en arglvyd ac an achwydavl ni yessu grist . . . wedy *pwyav* kethri endav en diodef en e prenn. **1346** *LlA* 155, mi arodet arygroc ac a *pwywyt* yr hoellon ym dwylaw. *c.* **1400** (*SG*) *HMSS* i. 245, croc uawr a gwr arnei wedy y *bwyaw* a hoelon. **15g.** *GLGC* 228, Bid erof yn dy gofion / *bwyo* Sais, Dafydd ab Siôn. **15g.** *GGl*[2] 297, Pob gordd yn *pwyaw* heb gam, / Pricswng y siop o Wrecsam [i ddiolch am fwcled]. **15–16g.** LLAWDDEN, &c.: *Gw* 239, Sarff osawg dan hoelion, ni fo un hawnt penaeth / Mae'r *pwyo* hiraeth am aer aparawnt. **15–16g.** *GLM* 67, Och am ŷd. Ni chwimia un, / mewn gwynt y mae'n ei gyntun; / ac o'r llyn garllaw Annwn / e ddaw ffrwd i ddeffrói hwn. / Cynion gof yn cnoi'n ei gil / can pic yn *pwyo*'i wegil. **16g.** *B* xi. 28, yvo a ddaruoedd Jddo ef *bwyo*'r penn megis na allai ddyn onid yn anodd wybod pa uath a ffuryf a uiassai ar i ffen y hi. **1588** *Barn* iv. 21, ac a *bwyodd* yr hoel yn ei arlais ef. **1620** 2 *Br* viii. 12, a'u plant a *bwyi* (**1588** *ib.* ddrylli). **1620** *Diar* xxvii. 22, Er i ti *bwyo* ffôl mewn morter, â phestl ym mhlith gwenith. **1632** *D*, *pwyo* cerrig palmant d.g. *fistuco*. *id.* d.g. *commitigo*. **1672** R. PRICHARD: *Gw* 100, Os *pwyodd* Duw â'r fath ddihenydd, / Y dŷn ddy[dd] Sul am gasglu briwydd, / Bwedd y *pwya* bedwar ascwrn, / Y dreulio'r Sûl yn waeth nâ'r Sadwrn. **17g.** HUW MORUS: *EC* i. 299, eiff drosodd i Rufain, i *bwyo*'r Pâb milain. **1722** *Llst* 189, *pwyo*, to beat, batter, stamp, knock. *id.* *pwyo* pwy a alle un fod, to examine diligently who a man should be. **1759** J. EVANS: *PF* 62, *Pwywch* hwynt gyd ag ychydig o Floneg Môch mewn Mortar. **1803** *P.* Cf. D. OWEN: *RL* 134, Yr oedd rhyw fath o wybodaeth am 'gwymp dyn' . . . yn cael ei *phwyo* i fy mhen pryd y dylaswn fod yn chware 'marbles'. Ar lafar yn sir Ddinb., *Cymru* xlvii 142.

Amr.: **poeo** [-*wy*- ac -*oe*- yn ymgyfnewid, cf. *pwy*[1], *poe*, *mwy*, *moe*]. **1346** *LlA* 77.

Cfn.: **pwyo ar yr un hoel:** *to harp on* (*about something*). **1926.** Ar lafar. **p. (hoelen, &c.) i dre:** *to drive* (*a nail*, *&c.*) *home*, *usually fig.* **1914. p. ei (dy, &c.) ymennydd:** *to rack one's brains.* **1772** *W* d.g. *to cudgel one's brains about a thing.*

***pwyd,** [*p*]*uyt*, *B* v. 200–1, gwall neu fyrfodd am *proffwyd*.

-pwyd, trf. bfl. amhrs. grff., e.e. *aethpwyd*, *dalpwyd*, *gwnaethpwyd*.

pwyedig [bôn y f. fl.+-*edig*] *a.bfl.* Wedi ei guro neu ei daro, wedi ei guro â'r traed, wedi ei falu'n fân (mewn morter, &c.), wedi ei wneud yn ronynnau bach drwy ei guro neu ei wasgu rhwng pethau caled: *beaten*, *banged*, *stamped*, *pounded* (*in a mortar*, *&c.*), *ground*.

c. **1400** *R* 1337. 21–2, Chware nyt dyre teirw *pwyedic* pla. **1722** *Llst* 189, *pwyedig*, brayed, stamped. **1764** J. POPKIN: *ABG* 39, os yw Cariad i Gîg *pwyedig* . . . yn Nod o Foethgarwch. **1770** *W* d.g. *beaten*. **1801** *MMf* 91, Cymmer linhad *pwyedig*, a gwynn wi . . . gwna'n blasder, a dod wrth y briw. *id.* 258–9, Y Geidwad . . . [c]ymmered y llysewyn hwn a phwyed yn fâl . . . neu doded i sefyll yn *bwyedig* mewn gwin gwynn. **1803** *P*, *pwyedig*, beaten, banged; pounded.

pwyedigaeth [*pwyedig*+-*aeth*] *eg.* Y weithred o guro neu daro; rhywbeth a felir yn fân (mewn morter, &c.): *a beating*, *striking*, *banging*; *something pounded* (*in a mortar*, *&c.*) *or ground*.

1801 *MMf* 218, Cymmer ddail y geidwad, a rhud, a gemmau . . . a dod mewn mortyr . . . a'u pwyo'n dda, ag a pheth o'r *pwyedigaeth* gwna yn blaster. **1803** *P*, *pwyedigaeth*, s. m. the act of beating, striking, or banging.

pwyedydd [bôn y f. fl.+-*edydd*] *eg.* ll. *-ion*. Pestl; offeryn hyrddio, hwrdd palmantu: *pestle*; *rammer*, *pounder*.

1780 *W* d.g. *pounder*.

pwyer, pwyerus, pwyf, gw. **pŵer, pwerus, pwy**[1].

Pwyl [adff. o'r e. (*Gwlad*) *Pwyl*] *eg.* neu *e.ll.* Pwylia(i)d: *a Pole or Poles*.

1816.

Pwylaeg, gw. **Pwyleg.**

Pwylaidd [yr e. (*Gwlad*) *Pwyl*+-*aidd*] *a.* Yn perthyn i Wlad Pwyl, nodweddiadol ohoni neu o'i thrigolion: *Polish* (*adj.*).

1816.

Pwyleg [yr e. (*Gwlad*) *Pwyl*+-*eg*[1]] *eb.g.* Iaith trigolion Gwlad Pwyl: *Polish* (*language*).

1921.

Amr.: **Pwylaeg** [yr e. (*Gwlad*) *Pwyl*+*aeg*]. **1870.**

Pwyles [yr e. (*Gwlad*) *Pwyl*+-*es*[1]] *eb.* Gwraig neu ferch o dras neu genedligrwydd Pwylaidd: *Polish woman*, *Polish girl*.

20g.

Pwyliad [yr e. (*Gwlad*) *Pwyl*+-*iad*[3]] *eg.* ll. *Pwyliaid*. Brodor o wlad Pwyl, un o dras neu genedligrwydd Pwylaidd: *a Pole*.

1816.

pwyll[1] [Llyd. Diw. *poell*, H. Wydd. *ciall* 'synnwyr': < **k*[u]*eis-l-*, o'r IE. **k*[u]*eis-* (cf. H. Wydd. *ad-cí* 'fe wêl'), est. ar y gwr. **k*[u]*ei-* 'dal sylw ar'; gw. hefyd *gorffwyllog*, *gwyddbwyll*] *eg.b.*

(*a*) Trafodaeth neu ystyriaeth ofalus o fater, gofal, gochelgarwch; y gallu i wneud penderfyniadau cyfrifol, callineb, doethineb, amynedd, dealltwriaeth, deallusrwydd, dirnadaeth, barn, meddwl, deall, rheswm, synnwyr (cyffredin), iechyd meddwl, hefyd yn *ffig.*: *deliberation*, *consideration*, *care*, *caution*; *discretion*, *prudence*, *wisdom*, *patience*, *understanding*, *intelligence*, *perception*, *judgement*, *mind*, *wit*(*s*), *reason*, (*common*) *sense*, *sanity*, *also fig.*

9g. (*Juv*) *B* vi. 206, un hamed ha*puil* haper. *c.* **1188** GIRALDUS CAMBRENSIS: *IK* 188, Erbyn dibuilh *puilh* paraut. **13g.** *LlI* 53, e rodyr oet e'r egnat e emgoffau ac e emdydan a guyr a uo hyn eu *pwyll* noc ef. **13g.** *Cylchg LlGC* v. 63, [p]an oed drymaf y heint . . . colli o honav e *bwyll* a chyn orthrymet vu y heint ac e colles e dywedwydyat. *c.* **1300** *H* 67b. 20, nym twyll *pwyll* pan ym kyuarcher (Cynddelw). **14g.** *T* 4. 9–10, Pell *pwyll* rac rihyd racwed. **14g.** *GDG*[3] 96, Dilonydd *bwyll*, ddidwyll ddadl, / Dilynais fel dal anadl. *id.* 204, Un llygad, cymyniad cawdd, / Ac unclust yw ar ganclawdd; / A chorn celwydd-dwyll *pwyll* pŵl, / A chosbwr bun, a'i cheisbwl. **14g.** *GIG* 61, Llugorn y *bwyll* a'i llogell, / Llygad y Berfeddwlad bell. *c.* **1400** *R* 1045. 2–3, Stauell gyndylan ystywyll heno. heb dan heb gannwyll. namyn duw pwy am dyry *pwyll*. **15g.** *GGl*[2] 223, Pwy well ei lun, *pwyll* y wlad, / Pwy wrolach no'r prelad [i Syr Hywel ap Dai ab Ithel]. **1551** W. SALESBURY: *KLl* lxivb, na bo ychwi mwy rodio megis ac y rodia cenedletheu ereill, ymgwagedd [*sic*] eu meddwl, pan yw ew [*sic*] *pwyll* wed'yr tywylly. **1604–7** *TW* (*Pen* 228) d.g. *comprehensio*, *discretio*, *intellectus*. *Dchr.* **17g.** *J* 10, 130a, *pwyll*, gravitas. Prudentia, Sagacitas. **1632** *D*, *pwyll*, sensus, discretio, prudentia. *id.* d.g. *deliberatio*. **1661** E. LEWIS: *Drex* 239–40, Gwelwch ein ffolineb a'n diffyg *pwyll*. **17g.** HUW MORUS: *EC* i. 150, Cwmwl tros enau cymhen, / Pais dew'r *pwyll*, pastai'r pen [i ofyn cap mowntuor]. **1707** *AB* 283a, *pwyll* . . . is now used for Patience d.g. *patience*. [**1740**] L. ANWYL: *CA* ix, Cyfrifwch y beiau afraid a rhyfygus hynnŷ a welîr mewn ffôl ach [*sic*] hurt ieuengctŷd yn digwydd o herwydd *pwyll* fabanaidd a gwreigaidd. [**1740**] D. LLWYD: *YDD* 173, wedi ei adael yn gwbl i *bwyll* y gweinidogion. **1803** *P.*

(*b*) Anian, natur, tymer, ysbryd: *nature*, *disposition*, *temperament*, *spirit*.

12–13g. *GLlLl* 25, Nyd adawaf, hael o hil Beli, / Na bwyf *bwyll* sarruc o bell sorri. *c.* **1300** *H* 26b. 7, Hanbych well hyd bell *bwyll* ardderchawc (Llygad Gŵr). *id.* 47a. 20, Pedrydawc pwyllawc *Pwyll* goteith (Cynddelw). *Dchr.* **14g.** *id.* 72a. 31, Bed pyll *puyll* enwir enwauc. yn trydar (Cynddelw). *c.* **1400** *R* 1038. 17–18, [V]yn dewis ar vy meibon. pann gyrchei bawb yalon pyll wynn *pwyll* tan trwy lu[m]on. *c.* **1400** *YCM*[2] 117, ry hawd yw gennyt ti gyffroi dy anyan yn y neges honno . . . myvi a eruynnaf vyg gadu y'r neges honno . . . kanys arauach yw vym *pwyll* noc vn Rolant y diodef geiryeu Marsli. **16g.** WILIAM CYNWAL: *Gw* 32, *Pwyll* diddan,—pwy well dyddiwr?

(*c*) Ystyr, meddwl, arwyddocâd, synnwyr: *meaning, significance, sense.*
13g. *Cylchg LlGC* iv. 78, Credo in Deum, Patrem omnipotentem . . . Sef yw *pwyll* y geireu hynny: Mi a Gredaf Yn Duw Tad Hollgyuoethawc. **13g.** *B* x. 23–4, Gaude dei genitrix . . . *pwyll* er antem honno. Llawenhaa vam duw. **1346** *LlA* 147, Pater noster qui es in celis. Sef yv *pwyll* hynny. yn tat ni yrhwnn ysyd yny nefoed. *c.* **1400** *YCM*[2] 167, Gramadec . . . yssyd vam y kelvydodeu . . . A thrwy y geluydyt honno y dyeill y lleodron yn yr eglwys *pwyll* yr ymadrawd y darlleont. **1567** *LlGG* (*Sall*) d.d., Psallwyr neu Psalmae Dauid, wedy ei Gambereigiaw yn nesaf ac 'allit, a' chadw'r *bwyll*, i'r llythyr Ebrew. **1567** *TN* [xxxii], ffyguray, cyscoday, arwyddion, ac amryw ceremoniae . . . Yn yr hein . . . oe egori ai esponio i ceid *pwyll*, ac arwyddocaat sprydol am tracwyddawl wollys Duw ay gyfraith. **16g. (1763)** W. Salesbury: *LlM* 190, popul cermania [*sic*] . . . sy yn ei alw teuffels abbiffy [*sic*] ar phrancod nhwythe sy yn dilin yr un *bwyll* gan roddi yr enw arno Mord de Diable sef tamaid y Diavol. **1595** *Egl Ph* 36, mor angenrheidiawl yw gwybod trofegau ymadrodd, i iawn ddeall *pwyll* yr scruthur lan. **1707** *AB* 283a, *pwyll* . . . formerly signified Sense or Meaning d.g. *patience.* **1733** T. Evans: *PP* d.d., *Pwyll* y Pader.
Cfn.: **pwyll gwahan, p. wahan:** *discernment.* **1604–7** *TW* (*Pen* 228), *pwyll gwahan* d.g. *discretio. id. pwyll wahan* d.g. *grauis, grauitas.* **1607** *Rhyddiaith Gymraeg* i. 139, heb na dysc na dawn na dim *pwyll wahan.* **1609 (1656)** *AP* 65, or pan wybu *pwyll gwahan* rhwng tec a hagr. **1772** *W, pwyll gwahan* d.g. *discernment.* **o'i b. (o'u p., &c.):** *out of one's mind, beside oneself, insane.* **1677** R. Jones: *BB* 154, bôd ir rhai oedd ganddynt y synwyr sydd gan ddŷn yn gyffredinol mewn matterion eraill, fôd cyn belled *o'u pwyll* yn yr hyn yw 'r unig bêth y mae 'n ganmholiaeth.

pwyll[2] [?cf. *bwylltid*] *e?g.* Bwylltid, swifl: *swivel.*
Ar lafar yng nghanolbarth Cered., *B* iv. 301, xiii. 138.

pwyllad, pwylliad [bôn y f. ddil. + *-iad*[1], *-ad*, cf. Llyd. C. *poellat* 'bwriad, meddwl'] *e?g.* ll. *-oedd, -au.* Bwriad, amcan, cynllun; meddwl, myfyrdod, ystyriaeth, y weithred o bwyso a mesur, pwyll: *intention, intent, goal, aim, design; thought, meditation, consideration, a pondering, deliberation.*
12–13g. *GLlLl* 5, Ef goreu a wu o uab tad / A mab gwreic: gwrygwys y *pwyllad.* **13g.** *C* 71. 14–15, Rac gereint gelin dihad. gueleise meirch crimrut o kad. A guydi gaur garu *puyllad.* **13g.** *A* 3. 22–4. 2, rac bedin ododin pan vudyd neus goreu deu[r] *bwyllyat* neirthyat gwychyd. **13g.** *Études* v. 102, Ym *puyllat* am pryfgat pryfun. praff etlyt yssyt yssassun (Cynddelw). *c.* **1300** *H* 13a. 34, Dymgwatoles duw dyuyn *bwylladoet* (Gwalchmai). *id.* 14b. 19–20, dawn yssim yn yawn yn dyn ethrylith. a thrylwyn *bwylladeu* (Einion ap Gwalchmai). *id.* 20a. 12–13, koffau yessu yssy *bwyllad* ym bann a moli kaduan gan y gannyad (Llywelyn Fardd). **14g.** *T* 78. 22–3, pobyl *pwyllat* enwir eu tir nywys. *id.* 79. 13–14, Eil synhwyr *pwyllat* ym pwyllwys vyn tat. *id.* 80. 1–2, yn tri yt rannat. yn amgen *pwyllat.* *c.* **1400** *R* 1147. 36–7, Caru ym ydjm am digaplo. caryat ae *bwyllyat* ym ny ballo. **1803** *P* d.g. *pwyllad, pwylliad.*

pwyllaf: pwyllo [bf. o'r e. *pwyll*[1]] *bg.a.*
(*a*) Cymryd pwyll, ymbwyllo, pwyso a mesur yn ofalus, ystyried, meddwl (am neu dros), myfyrio; deall, tybio, dychmygu, bwriadu; oedi, mynd neu fod yn amyneddgar neu'n wyliadwrus, arafu; gwneud yn bwyllog: *to exercise discretion, deliberate, consider, think* (*of or over*), *contemplate; understand, suppose, imagine, intend; pause, be*(*come*) *patient or wary,* (*become*) *slow; make discreet or prudent.*
12–13g. *GLlLl* 5, *Pwyllaf* a ganaf, a genwch,—ueirtyon: / Y uawrdawn a geffwch. **13g.** *C* 49. 12, pir *puyllutte* hun. **14g.** *T* 14. 7–8, Gwrthottit trindawt dyrnawt a*bwyller. id.* 57. 6–7, kat gwortho ny bu ffo pan *pwyllatt* glyw reget reuedaf i pan ueidat. *id.* 79. 13–14, Eil synhwyr pwyllat ym *pwyllwys* vyn tat. **14g.** *WM* 153. 8–11, yr duw ac yr dy syberwyt *pwylla* wrthaw. Yrot ti mi a*bwyllaf* ac a rodaf y eneit idaw heno. *c.* **1400** *R* 1040. 36–7, *Pwyllei* dunawt marchawc gwein. erechwyd gwneuthur kelein. *id.* 1385. 30, Mab duw dylyaf dy *bwyllaw.* *c.* **1400** (*SG*) *HMSS* i. 255, A unbenn heb hi wrth lawnslot. *pwylla* ychydic ac na lad y gwr. **15g.** *GLGC* 56, gwell pwyll, y mae'n gall y pen, / nog aur, benáig o Urien. / *Pwylla*, heddycha bob ddau / o'r diwedd, wŷr y Deau. **15g.** *DE* 76–7, doe brussiast ti o bresen / i gyscv yn brydd mewn gwisc bren / bellach rraid i ddyn *bwyllaw* / bvost drud drwy Bowys draw. **1551** W. Salesbury: *KLl* [xl]b, *Pwyllwch* or pethe uchot ac nid or pethe ar y ddayar cans ych meirw chwi. **1588** *Salm* cxix. 104, Trwy dy orchymynnion di y *pwyllais.* **1632** *D, pwyllo,* considerare, deliberare. **1717** Iaco ab Dewi: *MN* 251, Eithr *pwylla*, fy Eneid, na reded dy Feddylieu ar Deilyngdod dy Swydd. **1722** T. Evans: *PS* 64, e fydd y Dysgawdwr . . . filldir o'i blaen, tra fônt hwy yn ôl yn *pwyllo* ar ryw beth a ddaliasant sulw arno o ddamwain. **1803** *P.* Ar lafar gan goryglwyr clywir yr ymadr. '*pwyllo*'r ffuniau', sef 'arranging the rope and nets in a coracle (Tywi); . . . the bunching of the net meshes together when a fish is caught (Teifi)', J. G. Jenkins: *NC* 133; ond dichon mai bf. wahanol a welir yma, gw. *B* vi. 313.
(*b*) Crybwyll: *to make mention, allude.*
[**1547**] W. Salesbury: *OSP* [xi], yn vanylach y gerdd na yr eino yr hen Brytanait y *pwyllwyt* o hanynt vchot. **16g. (1763)** W. Salesbury: *LlM* 6, [y] wermod . . . wermod y môr ac yn enwedig yr hwn a *bwylla* Dioscorides o honaw. *id.* 21, y crydie a *bwyllais* onaddynt or blaen a ddichon ef I Iachiau yn unig a chyfriw ac a fo yn addfed. **1632** *D, pwyllo* . . . Mentionem facere, memorare. **1753** *TR.*

pwyllaidd [*pwyll*[1] + *-aidd*] *a.* Pwyllog, meddylgar, gofalus: *characterized by deliberation, discreet, thoughtful, careful.*
16g. Huw Arwystl: *Gw* 463, trwy anian y tan tynyd yn *bwyllaidd* / dann dy wres d[o]ddaidd dyn dew[r] asdwythyd [i Forys ab Owain]. **1738** G. Jones: *GOG* 94, gan ystyriaid yn synhwyrol ac yn *bwyllaidd.*

pwyllair [*pwyll*[1] + *gair*[1]] *eg.* a hefyd fel *a.* Araith ddwys; pwyllog, meddylgar, neu ofalus ei ymadrodd: *grave speech; discreet, thoughtful, or careful of speech.*
15g. *DN* 120, Llwyr wylais, ai llai'r ailwaedd? / Lloer vainael, *bwyllair* vwynaidd. **1604–7** *TW* (*Pen* 228) d.g. *grauiloquentia.* *c.* **1730** *Thos. Lloyd D* (LlGC) 194b, *pwyllair* . . . discreet.

pwylledd [*pwyll*[1] + *-edd*[1]] *eg.b.* Pwyll, y gallu i wneud penderfyniadau cyfrifol, meddylgarwch, doethineb, callineb, gochelgarwch: *deliberation, discretion, wisdom, prudence, caution.*
1567 G. Robert: *GC* [ix], [c]ynne[dd]fau gwyr rhinweddol . . . cowreinrhwydd meddygon, *pwylledd* dinasswyr, gwybodaeth philosophyddion. **1568** Morys Clynnog: *AG* 55, y pedair prif rinwedd, *pwy*[*ll*]*edd*, gry/mhysedd, cyfionedd, [a] thymheredd. *id.* 63, *pwylledd*, prudentia. *p.* **1584** G. Robert: *GC* [395], Cwyntws . . . yr ydoedd yn y gwr hwnnw, *bwy*[*ll*]*edd* wedi thymheru a hygaredd, a rougeiddrwydd [*sic*]. **1595** *Egl Ph* 48, Rhaid yw canmawl teyrnoedd am ei doethineb . . . ynadoedd am ei *pwylledd.* **1604–7** *TW* (*Pen* 228) d.g. *constantia, grauitas.* **1618** J. Salisbury: *EH* 162, Beth yw tyngu trwy Farnedigaeth . . . Tyngu trwy *bwylledd* diamryfus, ag addfedrwydd. **1661** E. Lewis: *Drex* [xiv–xv], y rhestr o'ch rhinweddau Christionogol: yn enwedig eich [c]ymmedrolder, eich *pwylledd* a'ch duwioldeb. **1710** *CBGEL* 133–4, felly y mae *Pwylledd* hefyd yn fy annog . . . i fyw îs-law'r hyn sydd yn dyfod i mewn. **1764** Dewi Nantbrân: *CB* 70, *Pwylledd* sydd yn peri i ni fod yn gall ac yn gynnil ym mhob peth; fal nad ellir mo'n twyllo ni, na ninneu dwyllo eraill. **1770** *W* d.g. *advisement, reserve* [*closeness of speech and behaviour*]. **1803** *P.*

pwyllgar [*pwyll*[1] + *-gar*] *a.* Pwyllog, a chanddo'r gallu i wneud penderfyniadau cyfrifol, meddylgar, gofalus, gochelgar: *characterized by deliberaton, discreet, prudent, thoughtful, careful, cautious.*
1703 *CE* 3, yn gymmaint ac i ti yn *bwyllgar* ddewis. *id.* 5, yn egluro dy *bwyllgar* Synwyr dithau. *c.* **1730** *Thos. Lloyd D* (LlGC) 201a, *pwyllgar*, AH. 122. Discreet. deliberate. **18–19g.** *MA* iii. 218, Tri thywysogaeth *pwyllgar*: mwynder, aravwch, a chadernyd. **1801** *MMf* 274, doeth o ddyn ag yn gadarn ei awen, ag yn amyneddgar, ag yn ddioddefgar, ag yn ddyn *pwyllgar.*

pwyllgor [*pwyll*[1] + *côr*[1]] *eg.* ll. *-au.* Corff o bobl a ddirprwywyd neu a benodwyd i ystyried, i ymchwilio, neu i reoli rhyw fater, i gyflwyno adroddiad, neu i drefnu neu weinyddu cymdeithas, digwyddiad, &c., cyfarfod: *committee, meeting.*
1835.
Cfn.: **pwyllgor adrannol:** *departmental committee.* **1929. p. brys:** *emergency committee.* **20g. p. cyllid:** *finance committee.* **20g. p. dethol:** *select committee.* **20g. p. gwaith:** *executive committee.* **1938. p. gweinyddol = p. gwaith. 1844. p. gweithiol = p. gwaith. 1844. p. llywio:** *steering committee.* **20g. p. marchogol:** *riding committee* (*of ministers in 18c. Scotland*). **1890. p. rheoli:** *management committee.* **20g. p. sefydlog:** *standing committee.* **20g. p. staffio:** *staffing committee, establishment committee.* **20g. p. ymgynghorol:** *advisory committee.* **20g.**

pwyllgora [be. o'r e. bl.] *bg.* Cynnal neu fynychu pwyllgor(au), mynd i bwyllgor(au), weithiau'n gellweirus neu'n ddifr.: *to hold, frequent, or attend a committee or committees, sometimes facet. or derog.*
1911.

pwyllgoraidd [*pwyllgor* + *-aidd*] *a.* Nodweddiadol o bwyllgor, yn ymwneud â phwyllgor(au): *characteristic of a committee, pertaining to a committee or committees.*
20g.

pwyllgorddyn [*pwyllgor* + *dyn*] *eg.* Aelod o bwyllgor, pwyllgorwr, weithiau'n gellweirus neu'n ddifr.: *member of a committee, committee-man, sometimes facet. or derog.*
1929. Cf. D. J. Williams: *HW* 31, rhaid wrth genedlaethau o bwyllgora pilio brwyn cyn codi un gwir *bwyllgorddyn.*

pwyllgoriaeth [*pwyllgor* + *-iaeth*] *eb.* Pwyllgor: *committee.*
1844.

pwyllgorol [*pwyllgor* + *-ol*] *a.* Nodweddiadol o bwyllgor, yn ymwneud â phwyllgor(au): *characteristic of a committee, pertaining to a committee or committees.*
1924.

pwyllgorwr [*pwyllgor* + *gŵr*] *eg.* ll. *pwyllgorwyr.* Aelod o bwyllgor: *member of a committee, committee-man.*
1891.

pwylliad, gw. **pwyllad.**

pwyllig [*pwyll*[1] + *-ig*[2]] *a.* Pwyllog, a chanddo'r gallu i wneud penderfyniadau cyfrifol, doeth, yn ei iawn bwyll, rhesymol, dwys, call, meddylgar, wedi ei lawn ystyried; gochelgar, gofalus, amyneddgar, hamddenol, araf (hefyd am dwymyn, &c.): *characterized by deliberation, discreet, wise, sane, rational, grave, prudent, thoughtful, considered; cautious, careful, patient, leisurely, slow* (*also of fever, &c.*).
1346 *LlA* 157–8, Amynhev vyf *pwyllic* vrth pechaduryeit dayarawl yedrych aymhoelont ywir penyt. **14g.** *WM* 142. 33–5, mal doeth a*phwyllic* y dywedy ti. Ados titheu ragot achymer digawn o arueu ymdanat. *c.* **1400** *R* 1216. 38–40, Kynn pallu pump synnwyr *pwyllic.* kynn pwll dwfyn pall diualch etmic. **1567** *TN* 290a, Gwelwch gan hyny vot i chwi rodio yn ddiyscaelus [:– ddarbodus, ddichlin, *bwyllic*]. **1630** *YDd* 157, bydded dy eiriau yn an-aml, ac yn *bwyllig* (*advised*): rhagfyfyria ydyw [*sic*] y peth yr wyt ar fedr ei ddywedyd, yn weddaidd iw ddywedyd. **1632** *D* d.g. *cogitatè, deliberator, discretus.* **1651** Siôn Treredyn: *MDD* 288, efe y fydd ei cydwybod yn ei cyhuddo [*sic*] yn wastadol . . . ei fod yn rhy oed, ac yn rhy *pwyllig* yn nghwblhaad o'r gwasanaeth hyn. **1722** *Llst* 189, *pwyllig* . . . Well advised, cautious, considerate, discreet, grave. *c.* **1762–79** W. Williams: *P* 277, y tair gwaith gyntaf gydâ brys . . . ond y pedwar tro arall y cerdd efe yn *bwyllig.* **1771** *PDPh* 89, dodwch fanadl gleision . . . mewn o ddautu deg galwyn [o ddŵr], a gadewch iddo ferwi'n *bwyllig* hyd nes bo mor dewed a Jelly. **1772** D. Rowland: *TPEN* 40, Mewn awrlais mae rhai rhodau yn troi . . . yn gyflymach, rhai yn fwy *pwyllig.* **1796** N. Williams: *HM* ii. 11, Fe allir rhannu'r fath hyn o Dwymmynon, yn amrywiol rannau: y Poethion, y *Pwyllig*, a'r Gewynnog. **1803** *P, pwyllig*, rational; discreet.

pwylligrwydd [*pwyllig* + *-rwydd*] *eg.* Iawn bwyll, rhesymoldeb, synnwyr; amynedd: *right mind, sanity, rationality, sense; patience.*
16–17g. *PCWG* 13, Ar *pwylligrwydd* yma wrth bechadvr. **1803** *P, pwylligrwydd*, s. m. rationality.

pwyllineb [*pwyll*[1] + *-ineb*] *eg.* Pwylledd, y gallu i wneud penderfyniadau cyfrifol, meddylgarwch, rhesymoldeb, callineb, ystyriaeth: *deliberation, discretion, rationality, prudence, consideration.*
1595 M. Kyffin: *DFf* [12], nid ydwyfi ynfyd, fal y rwyd ti'n tybied, eithr geirieu 'r Gwirionedd a *phwyllineb* yr wyf i yn eu adrodd. *id.* [138], Os gwir na ddichyn Eglwys Rufain gyfeiliorni nag amryfysso, diau ynte, may rhaid fod happussrwydd yr Eglwys yn fwy no'u *pwyllineb* nhwy. *id.* [176], ni ddarfu i ni wneuthyr dim ar fyr-bwyll nag o falchder; na dim chwaith namyn drwy hir hamdden, a *phwyllineb.* **1717** Iaco ab Dewi: *MN* 210, y mae llawer jawn o

Bwyllineb a Challineb Ysbrydol idd eu harfer yn hyn, rhag i ereill fy ngheryddu i yn gyfiawn am fy Ngherydd anghall i ereill. *c.* **1730** *Thos. Lloyd D* (LlGC) 201a, *pwyllineb* . . . prudentia. **1733** J. OWEN: *TBG* 102, Rhaid i Weinidog fôd yn gall, ac yn arglwydd ar ei wynjau a'i serchjadau; o's amgen, efe, o bawb yn y bŷd, yw'r gŵr mwyaf anaddas i'r gwaith hwn . . . sydd yn gofyn y gwaredd, y *pwyllineb* . . . pennaf, yn y nêb a'i gwnelo. **1803** *P*, *pwyllineb*, s. m. rationality, prudence.

pwylliowgrwydd, gw. pwyllogrwydd.

pwyllog [*pwyll*[1] + *-og*] *a.* a hefyd gyda grym enwol. A nodweddir gan bwyll a meddylgarwch, a chanddo'r gallu i wneud penderfyniadau cyfrifol, doeth, deallus, yn ei iawn bwyll, rhesymol, synhwyrol, dwys, sobr, call, meddylgar, ystyriol, wedi ei lawn ystyried; gochelgar, amyneddgar, gofalus, araf: *characterized by deliberation, discreet, wise, intelligent, sane, rational, reasonable, sensible, grave, sober, prudent, thoughtful, considerate, considered, deliberate; cautious, patient, careful, slow.*

12–13g. *GLlLl* 238, Gwrawl hawl, hwyskynt pellhynt *pwyllawc.* **13g.** *LlDW* 120. 5–7, Pa dyn *puyllauc* benac a ladho enuyt talet y alanas ual galanas dyn *puyllauc.* *c.* **1300** *H* 47a. 20–1, Pedrydawc *pwyllawc* Pwyll goteith Pell y glod o gludaw anreith (Cynddelw). *Dchr.* **14g.** *id.* 27b. 11–12, a perthyn am ddyn a ddywedaf. a bortho gofid bid *bwyllokaf* (Bleddyn Fardd). **14g.** *WM* 391. 33–4, Doeth *afwyllawc* y medreist heb hi. [**1547**] W. SALESBURY: *OSP* [x], gwyr kyn *pwyllocket* a reini [casglwyr diarhebion]. **1567** *TN* 323a, Eithr adrodd di y petheu y weddant y ddysc iachus . . . Bot yr henafgwyr yn sobr [:– *bwylloc*, syberw, call], honest, diseml, iach yn y ffydd, yn-cariat, ac ammynedd. **1604–7** *TW* (*Pen* 228), yn *bwyllocach* d.g. *consultius.* **1632** *D*, *pwyllog*, prudens, consultus, prouidus, discretus. **1661** E. LEWIS: *Drex* 107, nid ydym ni un amser yn ymchwedleua ym-mysg ein difyrrwch na rhwng ein cwppaneidiau am y cyfryw byngciau *Pwyllog.* **1688** S. HUGHES: *TSP* [vi], ond ir Dyscedig a'r *Pwyllog* gwmparo . . . yr hên Lyfr a'r newydd ynghyd. *id.* 114, myfi a ystyriais, fal y gwnaeth dynion *pwyllog* eraill, a ellwn i wellháu fy nghyflwr. **1701** E. WYNNE: *RBS* 59, Na fwytta yn rhŷ brysur a ffwdanus, eithr yn weddaidd ac arafaidd . . . ystyried yn *bwylloc* wrth fwytta. **1725–6** *Madd Ed* 81, nid ydynt bechodau *pwyllog*, ac nid oedd cydsyniad llawn o'r ewyllys attynt. **1771** *PDPh* 53, bydd gwythienau ei ystlysau yn curo yn gyson ac yn *bwyllog.* **1790** T. JONES: *TOS* 345, pan edrychwyf arno a llygad *pwyllog.* **1803** *P*, *pwyllog* . . . rational, prudent, discreet, considerate, well-advised; circumspect, wary.

pwyllogaf: pwyllogi [bf. o'r a. bl.] *bg.a.* (Peri) mynd yn bwyllog neu'n rhesymol, (peri) bod yn ddoeth, ystyried: *to (cause to) become careful or rational, (cause to) be wise, consider.*

1567 *LlGG* (*Sall*) 2b, Yr awrhon gan hyny *pwyllogwch* Vrenhinedd. *Dchr.* **17g.** *J* 10, 130a, *pwyllogi*, rescpisco [*sic*]. **1803** *P*, *pwyllogi*, to endue with reason; to become rational.

pwyllogddoeth, gw. pwyllog + doeth[1].

pwyllogrwydd, pwyll(i)owgrwydd [*pwyllog* + *-rwydd*] *eg.* Pwylledd, y gallu i wneud penderfyniadau cyfrifol, meddylgarwch, rhesymoldeb, dwyster, sobrwydd, hunanddisgyblaeth: *deliberation, discretion, rationality, gravity, sobriety, self-discipline.*

16g. *CLl* 171, Trwn di yssig trin deisen, / Tabl hardd mal gwaith Tubal hen / Pall o wiwgrefft *pwyllowgrwydd,* / Print dinam siop Wrexam rwydd [Morys Dwyfech i ofyn bwcled]. **1567** *LlGG* 124b, cymedroldeb, sobredd [:– *pwyllogrwydd*], a' diweirdeb. **1567** *Rhyddiaith Gymraeg* ii. 22, a thrwy *bwyllogrwydd* duwiol myfyrio yn ddyfal a llafurio yn ystig . . . i ddiphyn y Phydd Gatholig. **1567** *TN* 317b, Can na rodes Duw y ni yspryt ofnusrwydd, anyd yspryt nerthowgrwydd, a' chariat, a' *phwyllogrwydd.* *id.* 323a, Uch pen pop dim oll dod dy hun yn esempl o weithredoedd da gyd a dysceidieth anllygredic, gyd a *phwyllogrwydd*, a' chyfandep. **1604–7** *TW* (*Pen* 228) d.g. *dignitas, maiestas, temperantia.* *c.* **1730** *Thos. Lloyd D* (LlGC) 197b, *pwyllowgrwydd.* *id.* 201a, *pwyllogrwydd*, discretion. **1772** *W* d.g. *deliberateness* [*considerateness*]. **1803** *P*, *pwyllogrwydd*, s. m. rationality; considerateness.

pwylltreisiaf: pwylltreisio [*pwyll*[1] + *treisio*] *ba.* Peri newid sylfaenol yn syniadau gwaelodol a chredoau (person) drwy ddulliau trwytho a chyflyru: *to brainwash, indoctrinate.*

20g.

pwyllus [*pwyll*[1] + *-us*] *a.* Pwyllog, a chanddo'r gallu i wneud penderfyniadau cyfrifol, doeth, cymedrol, rhesymol, synhwyrol, dwys, call, meddylgar, ystyriol; gochelgar, gofalus, hamddenol, araf: *characterized by deliberation, discreet, wise, moderate, rational, sensible, grave, prudent, thoughtful, considerate; cautious, careful, leisurely, slow.*

c. **1400** (*SG*) *HMSS* i. 199, nyt wyt ti mor *bwyllus* di ac y tebygasswn i. **16g.** HUW ARWYSTL: *Gw* 131, *pwyllus* wyd grwndwal talaith / pell ir a'r pwyllwr ai waith. **1595** M. KYFFIN: *DFf* [46], Pob peth a'r ydoedd gau-addoliaeth . . . neu ynn erbyn y Scrythurau glan, neu'n anghyfaddas i ddynion *pwyllus.* **17g.** E. MORUS: *Gw* 36, Na thrown yn ein gwrthol yr ordinhad nefol, / Ond credwn yn dduwiol, oen haeddol, yn hwn, / Mewn gobaith ei moliant da *bwyllus* diballiant / Ei dduwdod a'i ogoniant ni a ganwn. **1672** J. LANGFORD: *HDdD* 89, os bydd neb . . . yn chwennych Cyngor a chyssur ymhellach, yna aed at ryw Wenidog Gair Duw a fyddo *pwyllus* a dysgedig. **17g.** HUW MORUS: *EC* i. [115], Gwiw seren gysurus, / Clyw dy annerch, clod ynys, / A derbyn bur ewyllys yn *bwyllus* o bell. **1696** *CDD* 133, Y dŷn ifangc nwŷfus, meddwl yn *bwŷllus,* / Y daw henaint dihoenus, anrymmus i'r iâch. **1721** J. P. PRYS: *DC* 50, Ystyriwn yn barchus mai Brawdle Ogoneddus, / I'w [*sic*] hon lle'r ymddengus, Duw'n *bwyllus* mewn barn. **1722** *Llst* 189, *pwyllus*, grave, discreet, moderate. **1759** *BC* 457a, O gymeryd byrr feddwl hir ofal a ddaw, / Myn gyngor rhai *pwyllus* cyn ystyn dy law. **1794** E. JONES: *CP* 123, i mae yr ustus yn gosbadwy, os rhydd warrant . . . heb achos tebygol, yn ol pa un y barnai dyn *pwyllus* diduedd, y cyfryw un yn euog. **1803** *P*, *pwyllus* . . . rational; discreet.

pwyllwastad [*pwyll*[1] + *gwastad*] *a.* a hefyd fel *eg.* Yn ei iawn bwyll, rhesymol, doeth; iawn bwyll, iechyd meddwl: *in one's right mind, sane, rational, level-headed, wise; right mind, sanity.*

13g. *C* 50. 16–18, Trafu vm *puyll. wastad.* Am buiad inibon. A. Bun wen warius. vn weinus vanon. **14g.** *GDG*[3] 45, Gorhoffter eurner, arnad—Dduw Dofydd, / Y mae fy ngherydd am Angharad, / Gan yt fynnu, bu *bwyll wastad,*—ei dwyn / Yn rhwyf ebrwydd frwyn, yn rhefbridd frad. **1604–7** *TW* (*Pen* 228), gwastatrwydd synhwyr, *pwyllwastat* d.g. *sanitas.*

pwyllwr [bôn y f. *pwyllaf*: *pwyllo* + *-wr* neu *pwyll*[1] + *gŵr*] *eg.* (b. *pwyllwraig*) ll. *pwyllwyr.* Person pwyllog, synhwyrol, neu ddoeth: *discreet, sensible, or wise person.*

15g. *DE* 121, fflam a chwyr a phabwyren / ac vn oll yw r gannwyll wenn / ac felly mae gwiw *bwyllwr* (*CC* 12, diball i mae duw *bwyllwr*) / tri ac vn gore vn gwr / duw tad duw fab pvrad praff / duw ysbryd glan dewisbraff. **16g.** HUW ARWYSTL: *Gw* 131, pwyllus wyd grwndwal talaith / pell ir a'r *pwyllwr* ai waith. **16–17g.** EDWARD URIEN, &c.: *Gw* 7, Cadw f'enaid, clyw f'ochenaid, claf achwynodd, / Rhag fy nhwyllwr, a'm Duw *bwyllwr* a'm diballodd. **17g.** E. MORUS: *Gw* 100, Yn iach, sanctes, monwes mawl, / A synwyr ddefosionawl; / . . . / Rywiog wir *bwyllwraig* i'r bedd / O'i rhyw enwog a rhinwedd. **1803** *P.* Ar lafar yn ne-ddwyrain Morg. am 'frêc ar gart'.

pwyllwyddeg [*pwyll*[1] + *gwyddeg*] *eb.* Ffrenyddeg, penofyddiaeth: *phrenology.*

1854.

pwyllwyddoreg [*pwyll*[1] + *gwyddoreg*] *eb.* Ffrenyddeg, penofyddiaeth: *phrenology.*

1847.

pwyllwyddwr [?*pwyllwydd(eg)* + *-wr*] *eg.* Ffrenyddwr: *phrenologist.*

1860.

pwyllyddiaeth [*pwyll*[1] + *-ydd*[3] + *iaeth*] *e?b.* Seicoleg; ffrenyddiaeth: *psychology; phrenology.*

1828.

pwyma [*pwy*[1] + (*y*)*ma*; cf. *bethma, pwyna*] *ymad.* a ddefnyddir pan na wyddys enw person: *what-d'you-call-him (her).*

1913. Ar lafar ym Meir., *B* xiv. 293, *Cymru* lxiii. 84.

pwyn[1], **pwyn**[2], **pwy'n,** gw. pwy[2], pwynt[1], pwy[1]—p. un.

pwyna [*pwy*[1] + (*y*)*na*; cf. *pwyma*] *ymad.* a ddefnyddir pan na wyddys enw person: *what-d'you-call-him (her).*

Ar lafar ym Meir. a sir Ddinb. yn y ff. *pwyne,* '*pwyne* o llene'.

pwynadw, pwynadwy, gw. pwyned.

pwynct, pwynctiaf: pwynctio, pwynctiedig, gw. pwynt[1], pwyntiaf[1]: pwyntio, pwyntiedig[1].

pwyne, gw. pwyna.

pwyned, pwynied, pwyniad [bnth. S. *poniard*] *eg.b.* ll. *pwyniadau, pwynedi.* Dagr fechan ac iddi lafn main; sbigyn, sgiwer; hefyd yn *dros.* ac yn *ffig.*: *poniard; spike, skewer; also transf. and fig.*

15g. *GGl*[2] 104, Ni thorred dan *bwynied* bach / Llaw gŵr na llw gywirach. **15–16g.** *GRB* 9, Gormes trydydd i'm gormail, / trwm anwar mewn talar tail / . . . / yw'r wadd bridd neuaddbridd noeth. / *Pwyned* pryf, penyd prifardd, / parod ei gorddod i'm gardd. **15–16g.** LLAWDDEN, &c.: *Gw* 134, Llyna faes ar gwrr llain fydd / Llun yr Eff, ellyn Ruffudd. / Un â'i ben yn i *bwynied* / A chroes draw yn-nechrau stred [i ddiolch am gleddyf]. **16g.** DAFYDD AP LLYWELYN, &c.: *Gw* 64, Tân awchlym, tewyn awchlas, / Tudded aur*bwynied* yw'r bas [i erchi dagr]. **1803** *P*, *pwyniad*, s. m. pl. t. *au*, any pointed tool; a spike; a skewer. Tri anharddwch gwr mewn gwledd: *pwyniad* rhyver . . . a skewer too short. Cf. *Barddas* i. 154, llosgi ar ebill . . . ag weithiau a man bigiadau *pwyned* boeth ffurfio 'r Llythyrenau ar goed.

Amr.: **pwniard. 16–17g.** *CRC* 182, O gyffywch i am i harfe / *pwniard* raper dager kledde. **pwynadw, pwyniado, pwynadwy** [bnth. S. *poi(g)nado*, amr. ar *poniard*]. **16–17g.** *DCR* 233, *pwynadw* drefnys o fechan. **1604–7** *TW* (*Pen* 228), *pwyniado* d.g. *pugiunculus.* *c.* **1648** *RWM* ii. 637, J o[fyn] rapier a *phwynadwy.* **pwyniart. 15g.** *GGl*[2] 266, Nid ery Hywel ai doryn—a'i ffon / A'i *phwyniart* carn felyn [i erchi bidog dros Hywel Grythor].

pwyniaf: pwynio [?bf. o'r e. *pwyn(ed)* neu amr. ar y f. *pwniaf*[1]: *pwnio*; ansicr yw'r engh. gyntaf] *ba.* Pigo, gwthio (sbigyn, sgiwer, &c., i), hefyd yn *ffig.*: *to prick, spike, skewer, poke, thrust, also fig.*

1604–7 *TW* (*Pen* 228), *puinio* [*sic*] d.g. *pungo.* *Dchr.* **17g.** *J* 10, 130a, *pwynio*, to pricke, pungo. **1738–48** *LlCy* x. 55, Lodes ifangc . . . nhwy ai rhoesant ar ei chefn ar Lawr ag a Ledasant ei thraed, ag a wthiasant ryw beth ar Lun Rholbren i waelod ei bol hi . . . ag ai *pwyniasant* ag ai Holldasant hyd nad oedd hi yn Crechwen ag yn gwichian. **1803** *P*, *pwyniaw*, to spike, to skewer. Cf. *SE MS* 399a, [*pwyniaw*], to poke, to thrust.

pwyniart, pwynied, gw. pwyned.

pwynmaint, pwynmannaf: pwynmannu, pwynmant, gw. pwyntmant, pwyntmannaf: pwyntmannu, pwyntmant.

pwyns, pwynsh, gw. pwnsh[1].

pwynt[1] [bnth. S. C. *puinte*, neu'n uniongyrchol o'r H. Ffr. *puint*] *eg.b.* ll. -(*i*)*au*, -(*y*)*s*, *pwyntion.*

(*a*) Dot neu farc bychan; atalnod, marc atalnodi; dot a roddir o flaen ffracsiwn degol; llafarnod: *point, small dot or mark; punctuation mark; decimal point; vowel-point.*

Diw. **16g.** *WLB* 25, kymered . . . afrlladen ac ysgrivened arni . . . a gwna dri *ffwynt* . . . a ffar ir klaf i bwytaf. **1608** *GP* 221–2, a phan archo y *pwyntie* iddo ostegu a thewi, tewi, canys amser sydd i bop peth. Llyma lun y tri phrif *bwynt* ',' ':' '.'; . . . Kynta yw kymma, yr hwnn a elwir yn iaith Roec 'comma' . . . A'r ail *pwynt* yw kanoli, ac a elwir yn iaith Roec 'colon' . . . ac am nad ydiw ond hanner yr ymadrodd wedi dreuthu y gelwir hwnn hanner *pwynt* . . . Trydydd *pwynt* . . . a roir wedi trayther yr ymadrodd yn gyflawn berffaith. Ac yna y gwybyddir dalld yr ymadrodd yn ysbys ac yn beraidd. Am hynny, nyni a allwn alw y *pwynt* hwn 'pereiddus', yr hwn a eilw y Groecwyr 'periodus' . . . A phan ddelych i'r nod hwnn, ti a ddyli orffowys peth i gymeryd dy anadl yn hwy noc i gorffennaist yn yr un o'r *pwyntieu* eraill, kanys hwnn a elwir y *pwynt* kyflawn . . . I mae math arall ar y *pwynt* a elwir kanoli, pan vo yr ymadrodd yn erchi holi neu edliw . . . val hynn '?'. A hwnnw a elwir 'holiad' . . . Pwy bynnac ni vettro ac ni wyr i *bwyntie*, ni wyr hwnnw lawer gwaith para reswm i mae yn i ddarllen. **1681** S. HUGHES: *AC* [51], na ryfyddwch [*sic*] weled yn y Llyfr hwn, mewn ambell mann, Lythyren neu *bwynt* yn niffig neu 'n ormod. **1753** *TR*, *pwynt*, a point, a prick. **1780** *W* d.g. *prick, or point.*

(*b*) Safle benodol mewn lle, olyniaeth, graddfa, &c.; adeg fer o amser, ennyd, moment; adeg argyfyngus neu dyngedfennol; cyfeiriad, un o'r cyfeiriadau a nodir ar gwmpawd, un o'r pedwar prif gyfeiriad (Gogledd, De, Dwyrain, Gorllewin, e.e. ar gwmpawd); safle ganol, canolbwynt: *point in space, succession, degree, &c., stage; brief period of time, instant, moment; critical or decisive moment, climacteric; direction, point (of compass), one of the four cardinal points; centre.*

1346 *LlA* 32, Ar ennyt *pwynt* bychan (*in puncto*). **14g.** *GIG* 30, Erbynied Duw, ar *bwynt* dwys, / Y brodyr i Baradwys. **14–15g.** *IGE*[2] 230, A *phwynt* uchder pob seren / A phob rhyw dir, a phob pren (Ieuan ap Rhydderch). *c.* **1400** *DB* 25, A *phwynt* (*centrum*) yssyd yn y kymherued y'r byt mal *pwynt* (*punctus*) yg kymherued kylch. **15g.** *FfBO* 53, A phan del yr awr a'r *bwynt* yr archant y'r ringhyll griaw hynn. **15–16g.** *TA* 406, Pen at y côr, pont y caf, / Pand doeth yn y *pwynt* eithaf. **16g.** *THSC* (1923–4) (At.) 67, Eithr, gristnogion da, y mae yr arglwydd yn danvon doniav yr ysbryd glan mewn amrafael *bwyntie*, nid amgen no rai mewn gradde ychel, eraill yn Jssel. **1604–7** *TW* (*Pen* 228) d.g. *locus.* **1632** *D* d.g. *centrum.* **1638** *IICRC* iii. 131, Y gwynt sydd yn chwythu heb arbed o ddiobru / ar cwmpas sy'n colli *pwynt* soweth drwy wall / y saeler mewn gefyn ar hwyl yn ei llowndyn / ar cefnfor im dilyn rwy'n deuall. **1793** DAFYDD IONAWR: *CD* 247, Torrai ymwriai'r mawrwynt / O'i garchar o'r pedwar *pwynt*. **1798** *WR*, y *pwynt* sydd yn uniawn dan ein traed d.g. *nadir.* **1799** DAFYDD IONAWR: *MB* 63, Ein Craig ni'n fwy caerawg nerth / Na 'u craig hwynt; pob *Pwynt*, pob Parth / Sydd Dystion i'r Cyfion certh.

(*c*) Pwnc, mater, testun, thema; pwrpas, diben, nod, amcan, bwriad: *subject, matter, topic, theme; purpose, end, object, goal, intention.*

1655 WL: *DP* 201, canys marw yn dda sydd bennaf *pwynt* yn y bŷd, canys mae tragwyddoldeb yn sefyll arno. **1703** E. WYNNE: *BC* 41, gwel ei [*sic*] bawb rywbeth yn ei flino, ac felly cyd-ddychwelasant oll i 'studio'r *pwynt*, ni welais i 'r un etto yn dyfod wedi dyscu ei wers. **1767** J. THOMAS: *TFf* 109, Os gall ef ei cael oddiwrth ei hymddiried ar Grist, mae yn carrio ei *bwynt*. *id.* 116, Os dechreui ymresymu ar y *pwynt*, fe ath [dd]wg o ddiar dy amddyffynfa ac a'th goncweria. Ar lafar, 'Pwy *bwynt* sy mwn dadla o 'yd?'

(*d*) Eitem, manylyn, ban, rhan gyfansoddol, rhaniad (pwnc); uned sgorio (mewn chwaraeon, &c.); uned mesur teip sy'n gyfwerth â deuddegfed ran o *pica*, neu'n fras 0·001384 o fodfedd: *item, detail, constituent part, division (of subject); point (unit of scoring in games, &c.); point (unit of measurement of type in printing).*

13g. *LlDW* 57. 34–5, ceytweyt addylyant tyghu unryu lv ac a dygho llowrud. yneu blaen ym pob *puynt*. *c.* **1400** *YSG* i. 18, Yna ef a draethawd idaw y *pwynteu* goreu or Euengylyeu. **15g.** *GLGC* 439, Tri Phasg, tri Sulgwyn fal *pwynt* o'r ffydd, / . . . / tair gŵyl yw pob gŵyl yn ei gilydd. **15–16g.** *TA* 406, Pand hwn a ŵyr *pwyntiau* 'n iaith / Pand hael am ganpunt eilwaith. *Dchr.* **16g.** *Pen* 127, 205, megis o bydd y tad yn dwyn arvau i dad ai vam val y dywaid y *pwynt* vchod. **1552** *Pen* 403, 68, *pwynt* yw hwnnw o valchder kythrevlic. **17g.** *B* vi. 307, llyma r *pwintie* penna yn ystatys hela a wnaethbwyd yn amser y brenhynoedd or bryttanied. **1672** R. PRICHARD: *Gw* 11, Bellach moeswch in rhag cwilydd, / Bob rhai ddyscu *pwynctiau* crefydd. *id.* 460, Eisie cadw *pwyntau* 'r Gyfraith. **1675** R. JONES: *HCh* 87, gosodwch eich golwg yn grâff ar y Pregethwr. Ac fel y mae ef yn myned or naill *bwynt* ir llall, meddyliwch ar fyr ar y *pwynt* a aeth heibio. **1677** *CyfA* (*Can C*) 21, Canys pwy a ddichon ddywedyd ei fod ef yn cadw cyfraith Dduw ym mhob *pwynt*. **1696** *CDD* 209, Bŷdd drâ Sanctaidd i'r Galluog, / Bydd yn union i'th Gymmydog: / Bŷdd yn sobor it dy hunain [*sic*], / Dyna'r tri *phwŷnt* rheita allan. Ar lafar, ''Odd *pwynta* dæ iawn ginto yn 'i arith'; ''Wi'n dyall y *pwynt* yna'; ''Dwi'n gwbod mai Cymru 'nillodd, ond faint o *bwyntie* 'naethon' nw sgorio?'

(*e*) Cyflwr, stad, sefyllfa; iechyd, cyflwr (corfforol) da, graen, gwedd (lewyrchus); anian; nod angen, nodwedd: *condition, state, situation; health, good (physical) condition, (thriving) appearance; disposition; characteristic feature, trait.*

14g. *GDG*[3] 71, Gwynt ni ad, gwasgad gwisgaf, / Gwŷdd ym *mhwynt*, gwae ddoe am haf! *c.* **1400** *R* 1408. 14–15, Pwy a allei pei pennsaer peintyaw achalych *pwynt* vy chwaer. **15g.** *GHC* 7, A Dywmawrth am dy amwynt / Oeddym bawb heb ddim o *bwynt* / . . . / A phawb, heb na lliw na *phwynt*, / Yn drist yma dros d'amwynt. **15g.** *GLGC* 96, Duwmawrth y cafad arwynt, / Duw Mercher heb hanner *pwynt*. *id.* 179, Pond truan *pwynt* rhai ieuainc? / Pond anhyfryd byd pob un? **15g.** *GGl*[2] 118, Dy gwymp oer a'm dug o'm *pwynt*, / Dy gymal a'm dwg amwynt. **15g.** *DE* 30, yr vn ym a ran amwynt / a all am hyn wellav *ymhwynt*. **16g.** *Rhyddiaith Gymraeg* i. 40, A ffan ddoeth yno, ef a welai y kastell teka a'r a welsai irioed, a meirch a bech[g]in yn i marchogeth . . . a gore *pwynt* i meirch. *Diw.* **16g.** *WLB* 80, dos at y claf . . . a gofyn iddo para *bwynt* sydd arno. **16–17g.** *GST* i. 27, Claf fûm, er celu f'amwynt, / Collais dan fy mhais fy *mhwynt*. **1632** *D*, *pwynt*, valetudo. **17g.** HUW MORUS: *EC* ii. 244, Pan gollais a'm carodd, ammharodd fy *mhwynt*. **1722** *Llst* 189, *pwynt*, m.p. health. **18g.** *Beirdd y Berwyn* 48, A hynny a'u taflodd nhw i *bwynt* aflwydd. **1803** *P*, *pwynt* . . . a state, condition, case, or plight; good case, or plight.

(*f*) Pen blaenllym neu finiog, pigyn, colyn, hefyd yn *ffig.*: *point (of pin, knife, pencil, &c.), tip, sting, also fig.*

c. **1400** *HMSS* ii. 276–7, *pwynt* blaenllym megys *poynt* scorpion. **1604–7** *TW* (*Pen* 228), wedy gwneuthur *pwynct* arno d.g. *mucronatus.* *id.* y *pwynt*, y noddwydd mewn deal d.g. *sciatheras.* **1731** T. LEWYS: *BMA* 18, iddo ddechreu'r Lleidr wrth ddwyn pinnau a *phwyntus*. **1828** *Geir Pob*, *pwynt* . . . blaen. Ar lafar yn Arfon yn yr ystyr 'pentir, penrhyn', 'Dacw long yn hwylio'n hwylus heibio'r *pwynt*, ac at yr ynys', *WVBD* 449.

(*g*) Carrai, lasen (i gau esgid, staes, &c.); blaen metel neu blastig ar garrai, pill: *lace or string (for fastening shoe, corset, &c.); aglet, tag.*

1547 *WS*, *pwynt* karey, a poynte. **16–17g.** E. PRYS: *Gw* 329, Hoprannau, crochanau chwant, / Hyd ei liniau dilynant, / O'u pennau bydd *pwyniau* bach, / Meinion, fel cwcwll mynach [i ofyn galigasgyn]. **1722** *Llst* 189, *pwynt*, m. p. *Pwyntau* . . . a shoe-string, woman's lace, Ar lafar yng ngorllewin Meir., am 'flaen metel neu blastig ar garrai esgid'. Cf. *CYLl* 52, Braid ac incil cul a llydan, / Bach-a-llygaid yn ddiri', / *Pwynt* i steiso'r merched gwiwlan.

(*h*) *Her.* Un o naw safle benodol ar darian, pendant (ar label): *point (on shield or of label, in her.).*

16g. *Mos* 113, 39, o *bwynt* y darian i mae dechraü disgrio pob arfaü, lle i bo y *pwynt* ynn vnlliwioc. **16g.** *Card* 4.265, 140b, label avr o dri *phynt*.

(*i*) Un o'r rhaniadau ar dabler (tawlbwrdd), bwrdd gwyddbwyll, neu fwrdd drafftiau: *one of the divisions on a backgammon board, chessboard, or draughtsboard.*

14–15g. *IGE*[2] 302, Yn treio pob *pwynt* trwyadl / Tabl a gwyddbwyll, ddidwyll ddadl (Rhys Goch Eryri). **15–16g.** *TA* 255, Pyst Sîn yn gwmpas hyd sêr, / Peintiad dwbl, *pwyntiau* tabler. **16–17g.** *GST* i. 439, Dyro, gwell yw na dwyrodd, / Dabler, Huw, on'd abl yw'r rhodd? / Pand teg iach, *pwyntiau* gwychion, / Paentiad teg y pwyntiwyd hon? **16–17g.** (**17g.**) *CC* 63, llen baentiad llawn o *bwyntiau* / lleuad a wna frâd yn frau [Thomas Prys i ofyn tabler]. **1632** *D*, *pwynt* yn y dabler d.g. *statio.* **17g.** *CC* 199, pont deuddis *pwyntia* diddawn / print fel nis gwnaeth prentis iawn / . . . / gwedi dichell gael dychan / a chashau ei *ffwyntiau* ffeils / a llawr bradog lliw r breudeils [Morys ab Ifan ab Einion i'r dabler]. Gw. hefyd *as*[5] —*pwynt yr a., a. pwynt.*

Amr.: **poent, point**[1], &c. [bnth. S. C. *point*]. *c.* **1400** *HMSS* ii. 277, *poynt* scorpion. **1567** *TN* [169b], eraill bwythae [:– *boyntie*, vanneu] arbennic o'n ffydd. **1583** *LlGC* 716, 152a, ond i ba beth y safa I cehyd yn y *povnt* hwn. **1711** TP: *CG* 18, [rh]ai or pethau neu'r (*pointiau*) penaf mewn Cristianogaeth. **pwyn**[2]. *c.* **1550** *RWM* ii. 104. **16–17g.** E. PRYS: *Gw* 329, *pwyniau*. *Dchr.* **17g.** *J* 10, 130a, *pwyn*, punctum. **1803** *P.* **pwynct** [dan ddyl. Llad. *punctum*]. **1604–7** *TW* (*Pen* 228) d.g. *mucronatus.*

Cfn.: **pwynt apêl:** *grounds for complaint or appeal.* **14g.** *GDG*[3] 95. **14–15g.** *IGE*[2] 191. **p. yr as,** gw. *as*[5]. **p. berwi, p. berwedig:** *boiling-point.* **1869. pwyntiau cardinal:** *cardinal points.* **20g. pwynt cyflawn:** *full stop.* **1608** *GP* 222. **p. degol:** *decimal point.* **1850. p. dileu:** *punctum delens.* **20g. p. mesur:** *gauge-point.* **1768** J. ROBERTS: *R* 140. **p. o wybodaeth:** *point of information.* **20g. p. o drefn:** *point of order.* **20g. p. perfedd:** *centre, middle.* *c.* **1400** [*RB*] *WM* td. 98. 40–1, td. 99. 30. **1632** *D*, perfedd . . . y *pwynt perfedd*, centrum, punctus medius. **1771** *W* d.g. *center* [*middle point*], **p. rhewi, p. rhewllyd, p. (y) rhew:** *freezing-point.* **1842.**

pwynt[2] [?gair yn dynwared sŵn yr aderyn] *eg.* -*aid.* *Adar.* Ji-binc, asgell fraith, gwinc, *Fringilla cœlebs*: *chaffinch.*

Ar lafar yn Arfon, *WVBD* 447.

pwynt[3] [?bôn y f. *pwyntiaf*[2]: *pwyntio*] *eg.* Oed, trefniant i gyfarfod, dêt; trefniant: *appointment, date, tryst; arrangement.*

16g. WILIAM CYNWAL: *Gw* (R. L. Jones) 265, Iesu wyn o'i asennau / A roes ar y groes ir grau, / Band hyn oll, o *bwynt* Duw Naf—/ Budd oedd—achubodd Addaf? Ar lafar yn Arfon, *WVBD* 449.

Gw. hefyd **points.**

pwyntaf[1,2]**: pwynto, pwyntedig,** gw. **pwyntiaf**[1,2]**: pwyntio, pwyntiedig**[2]**.**

pwyntel, pwyntil, pwynt(y)l, &c. [bnth. S. C. *pointel, pointil* 'writing-instrument, stylus'] *eg.b.* ll. *pwynt(y)lau, pwyntelau, pwynt(e)li.* Offeryn ysgrifennu, pensil, creon, brwsh peintio (arlunydd), stilws, hefyd yn *ffig.*; blaen metel neu blastig ar garrai esgid, pill; gwayw, picell; set o linellau neu belydrau sy'n cyfarfod ar un pwynt: *writing-instrument, pencil, crayon, (artist's) paintbrush, stylus, also fig.; aglet, tag; spear, lance; pencil (of lines or rays).*

13g. *HGK* 11, lladaud senedwyr Ruvein ef o vrat a *phwyntleu*. **14–15g.** *IGE*[2] 270, Un fodd yw'r byd, cyngyd cêl, / A phaentiwr delw â *phwyntel* (Siôn Cent). **1547** *WS*, karrei leder hep *poyntle*, a thong. **1567** G. ROBERT: *GC* 55, Oni byddai orau roddi .y, ag [w]eithia[u] w, rhwng y fud ar dawdd mal lleidyr, meigyr, meidyr, *pwyntyl*, cwpwl, trwmplys. **1604–7** *TW* (*Pen* 228), cynawon y Coet Cyll, yn ymddibynû mal *pwyntlæ* d.g. *cachryes.* *id.* *pwyntel* d.g. *graphium.* *id.* wedy 'scythru megys . . . a *phwyntel* paintiwr d.g. *pergraphicus.* *Dchr.* **17g.** *J* 10, 130b, *pwyntl*, tagge, aglet. Graphium. **1632** *D*, *pwyntl*, graphium, penicillus. **1716–18** *Llsgr R. Morris* 6, Cael cun hauarn blaen llum llydan / [. . .]ntluro *pwuntli.* **1722** *Llst* 189, *pwyntl*, m.p. *lau*, a pencil, grover. **1773** *W*, *pwyntl* d.g. *an engraving instrument, pencil* [*a painter's, &c*]. **1803** *P*, *pwyntel*, s. m. pl. t. *i*, any pointed tool; a pencil, a painter's brush or tool. *id.* *pwyntyl*, s. m. pl. *pwyntlau*, a pointed end; a tag. Ar lafar yn Llŷn ac Eifionydd ac ym Mhenllyn am 'flaen metel neu blastig ar garrai', ac yn Llŷn ac Eifionydd am 'flaen pensel', *BILlE* 34.

Cfn.: **pwynt(y)l (pwyntil) carrai:** *aglet, tag.* **1547** *WS*, *pwyntyl carrey*, an agglet. *c.* **1730** *Thos. Lloyd D* (LlGC) 202a, *pwyntl carreu*, an agglet. **1770** *W*, *pwyntil carrai* d.g. *an aglet.* **1803** *P*, *pwyntyl carai*, the tag of a lace.

pwyntelaf: pwyntelu, gw. **pwyntiliaf: pwyntilio.**

pwyntell [*pwynt*[1] + -*ell*, ?dan ddyl. *pwyntel*] *e?g.* Pensil; deintbig: *pencil; toothpick.*

1860.

pwynter [bnth. S. *pointer*] *e?g.* Ffon ar gyfer pwyntio at fwrdd du, siart, &c., pwyntydd: *pointer (for pointing at blackboard, chart, &c.).*

20g. Ar lafar ym Morg.

pwyntiad[1] [bôn y f. ddil. + -*iad*[1]] *eg.* Y weithred o roddi blaen pigog (ar rywbeth); y weithred o gyfeirio (at rywbeth neu rywun) â'r bys, &c.: *the action of putting a sharp point (on something); a pointing (at something or someone).*

1604–7 *TW* (*Pen* 228) d.g. *exacutio.*

pwyntiad[2] [bôn y f. *pwyntiaf*[2]: *pwyntio* + -*iad*[1]] *eg.* Gorchymyn, ordinhad: *command, decree, ordinance.*

1796 *Geirgrawn* 9, Rhai gwyr enwog yn ol ei *pwyntiad* ef, a 'scrifennasant ei gyfarwyddyd mewn côflyfr.

pwyntiaf[1]**, pwyntaf**[1]**: pwynt(i)o** [bf. o'r e. *pwynt*[1]] *bg.a.*

(*a*) Estyn (bys, llaw, ffon, &c.) i ddangos lleoliad neu gyfeiriad (rhywbeth), (peri) wynebu cyfeiriad neu le arbennig, anelu, hefyd yn *dros.* ac yn *ffig.*: *to point (finger, hand, stick, &c.), point in a certain direction or to a certain place, aim, also transf. and fig.*

1552 *Pen* 403, 42, A *phwintio* i law tv ac at i ddyscyblion. **1675** R. JONES: *HCh* 62, Bŷs Duw . . . yn *pwyntio* at ei'ch [*sic*] pechodau chwi. **1688** *TJ* (At.) [27], fe fŷdd y Bŷs yn *pwŷntio* tua rhŷw . . . barabliad pwŷsfawr. **1712** T. WILLIAMS: *CDdG* 130, trwy drefnu Seren oleu, i *bwyntio* tua'g-at Godiad haul Cyfiawnder a Meddiginiaeth tan ei adenydd. **1773** I. LEWIS: *EG* 21, [C]rist, y Swm a'r Sail o bop peth, (y cyntaf) a *bwyntwyd* atto gan bawb. **1795** *R. Crusoe* 69, Fel yr oeddym yn myn'd heibio i'r fan lle claddasai 'r ddau ddyn, *pwyntiodd* yn union at y lle. Ar lafar, *WVBD* 447, *GDD* 239.

(*b*) Blaenllymu, miniogi, hogi, rhoddi min ar: *sharpen.*

1828 *Geir Pob* 21, *pwyntio* . . . blaenllymu.

(*c*) Marcio allan; llafarnodi; atalnodi, nodi (salm, &c.) i'w chanu, &c.: *to mark out; vocalize, insert vowel signs, point; punctuate, point (psalm, &c.).*

16–17g. *GST* i. 439, Pand teg iach, pwyntiau gwychion, / Paentiad teg y *pwyntiwyd* hon [i ofyn tabler]. **1664** *LlGG* sig. Xxir, Y Psallwyr neu Psalmau Dafydd, ar ôl cyfieithiad y Bibl Mawr, wedi eu *pwyntio* fel y maent i'w canu, neu i'w dwedyd mewn eglwysau. **1753** *TR*, *pwyntio* . . . to mark out. *c.* **1762–79** W. WILLIAMS: *P* 259, arferant lythrennau'r Alphabet [ym Mhersia]; a'r un llythrennau wedi eu *pwynto* yn wahanol a ddioddefant ugain amrywiol arwyddoccad.

(*d*) Pesgi, tewychu; bod mewn cyflwr da: *to fatten or grow fat; be in good condition.*

1547 *WS*, *pwyntio*, knowdio, to be in plyte. **16g.** WILIAM CYNWAL: *Gw* (G. P. Jones) 109, *Pwyntian'* oll mewn pant yn wir, / Pur fedan' frig porfadir. **1588** *Deut* xxxii. 15, brasseaist, tewychaist, *pwyntiaist.* **1604–7** *TW* (*Pen* 228), porfadir, da i *bwyntio* niueilieit d.g. *pascuus. Dchr.* **17g.** *J* 10, 130b, *pwyntio*, alesco, impinguo. Opimo. Pasco. Sagino. ubero. vigeo. *a.* **1620** *BM* 38, 32a, I beri [i] farch *bwyntio.* **1632** *D*, *pwyntio*, saginari, & saginare. **1661** E. LEWIS: *Drex* 13, yn ei borthi a daintaithfwyd, yn ei *bwyntio* a gwleddoedd. **1688** *TJ*, *pwŷntio*, pesgi: to make fat, or to be fatted. **1722** *Llst* 189, *pwyntio*, to wax fat, grow big, mend in flesh. **1753** *TR*, *pwyntio*, to make fat, to be fatted, to grow fat. **1800** W. OWEN-[-PUGHE]: *CP* 75, [p]wyso pob eidion cyn yr elo iddei breseb, o ba le nis dawa faes nes *pwyntio*, pan y pwysir eiltro. Ar lafar yn Llŷn, Eifionydd, ac Arfon, *BILlE* 34, *WVBD* 447.

(*e*) Llanw'r tyllau mewn wal rhwng brics, cerrig, &c., â sment, cymrwd, &c.: *to point (a wall).*

15–16g. *GIF* 66, *Pwyntio* bron canpunt o bris / plas derw pur o'r plastr Paris. **17g.** *IICRC* iii. 90, Golchir gwelydd *pwyntio* achalch. Ar lafar, *WVBD* 447; 'Mae a wrthi'n fishi'n *pwynto* wal gefan y tŷ'.

Amr.: **poentiaf¹: poentio. 1849. pwynctio** [ff. ddysgedig dan ddyl. y Llad. *punctum*]. **1604–7** *TW* (*Pen* 228) d.g. *demonstro.*

Cfn.: **pwyntio allan:** *to point out, identify, indicate.* **1792** H. HARRIS: *H* 56, efe a gymmerodd arno fy *mhwyntio allan* fel Cennad dros Satan. **p. bys (at):** *to point a finger (at), accuse.* **1894** D. OWEN: *GT* 78, rhywrai nad oeddynt hwyrach yn euog o bechodau cyhoeddus, ac nad allai neb *bwyntio bŷs atynt.* **p. (i) maes = p. allan.** Ar lafar yng Nghered. a'r De.

pwyntiaf², pwyntaf²: pwynt(i)o [bnth. S. (*to*) *point*, amr. ar (*to*) *appoint*] *ba.* Pennu, penodi, gosod, trefnu, ordeinio: *to appoint, assign, set, order, arrange, ordain.*

15g. *GLGC* 12, Tri ac Un lle *pwyntir* gwawd. **15g.** *DN* 96, Peila[d] a *bwyntiodd* Lladin / . . . / A hefyd, enyd einioes, / Ebryw a Gryw ar y groes. *Diw.* **15g.** *Pen* 67, 32, A vv bont ef a *bwyntir* / yn benn hyd lan hafren hir [Hywel Dafi i Siôn Pilstwn]. **15–16g.** *TA* 347, Bu wae hwynt hwy *bwyntio* awr, / Bobl, unoed, heb eu blaenawr. **1547** *WS*, *pwyntio* amser, appoynte. *id.* seinio *pwyntio*, assygne. **16g.** *B* xvi. 187, Ac velly y brenin a *bwyntiodd* J shiwrnai o vanachlog bigilidd. **16g.** DAFYDD BENWYN: *Gw* 386, Harri ap Harri pvrwedd yn waithion, / a'v [*sic*] *bwynto* arnon yn benn tavrnedd. *c.* **1587** *B* xvii. 93, O Arglwydd . . . [*p*]*wyntia* vddvnt fod yn gymydeithion a'th ssaint. **1604–7** *TW* (*Pen* 228), monei wedy *pwyntio* y ryw vwyniant neulltuol d.g. *pecunia.* **1620** 2 *Mac* x. 11, ac a'i *pwyntiodd* ef yn ben-capten. **17g.** E. MORUS: *Gw* 19, Ni *phwntiwyd* [*sic*] mo'r gwilie i galyn heb lwydd. **1664** *LlGG* sig. b2v, yr (Unig) Lyfr a *Bwyntier* i'w arfer gan bawb. **1672** R. PRICHARD: *Gw* 412, Oni *phwyntiaist* fy marwolaeth, / A diweddu fy milwriaeth. **1683** H. EVANS: *CTF* 21, *Pwynted* [:– Ordeinied] pwyll y cymmwys odfa. **1688** S. HUGHES: *TSP* 92, y gorphwysfa honno, a *bwyntiasai* Arglwydd y Bryn, yn vnic i gomfforddi eneidie Pererinion. **1696** *CDD*, 331, Os *pwŷntir* cloriannau yn union, gwae nin[n]au, / I bwyso ein camweddau, an beiau cŷn bêdd. **1790** T. JONES: *TOS* 274, Pe byddai on'd i angel o'r nefoedd *bwyntio* dy gyfarfod.

Amr.: **poentaf, poentiaf²: poent(i)o** [cf. *poent*]. **16g.** D. R. THOMAS: *DS* 167, megis ag i *poyntiais* i tydi. *c.* **1588** *Rhyddiaith Gymraeg* ii. 82, *poyntodd* ef y Keheylyn vardd gysgy yn yr vn stavell ag ynte.

Cfn.: **pwyntio maes, p. i faes:** *to (arrange a) duel.* **15–16g.** *GLM* 284, ac arch di, goruwch Dwywent, / at Harri Wyth eto rent. / Cwysa'n wiw cais o newydd: / cyn *pwyntio i faes*, canpunt fydd. **17g.** *LlGC* 10249, 157, Gwna,n, wehelyth byth, Düw na bytho mwy / *pwyntio maes* a tharo. **1691** T. WILLIAMS: *YB* 194, [y] sawl a ymrafaelio ag a leddir wrth *bwyntio maes* (*fall in a Duel*). **1763** *DT* 236, *Pwyntiaf faes*, pa faint a fydd / Ei Wrolder, yr ail-[dd]ydd.

pwyntiedig¹ [bôn y f. *pwyntiaf¹*: *pwyntio* + -(*i*)*edig*] *a.bfl.* Pigog: *pointed.*

1803 *P.*

Amr.: **pwynctiedig** [cf. *pwynctiaf*: *pwynctio*]. **1604–7** *TW* (*Pen* 228), maen gwerthûawr dû a thrwm, *pwynctiedic* a gwythennæ cochion d.g. *apsyctos.*

pwyntiedig², pwyntedig [bôn y f. *pwyntiaf²*: *pwyntio* + -(*i*)*edig*] *a.bfl.* Penodedig, gosodedig, ordeiniedig: *appointed, set, ordained.*

16g. *Yst Kym* 26, Ag ar hynu ir aeth Porrex i fewn stafell *bwyntiedig.* **16–17g.** *HG* 100, ewch medd wrthyn hwy yn ddig, y melldigedig vaibon / ar vy asau law i gur, *pwyntedig* ür kasogion. *id.* 139, ni wisgwn drwsiadau hardd, ag awn ir ardd *bwyntedig.* **1604–7** *TW* (*Pen* 228), *pwyntiedic* yw ofrymu y dduw mal Aberth d.g. *sacratus. id.* yr amser *pwyntiedig* d.g. *tempore.* **17g.** *DCR* 235, fel pete ddiwrnod Marchnad / ne ddydd *pwyntiedig* ffair. **17g.** *LlCy* iii. 106, Gweddi büwredig A ffregeth dysgedig / gann Athro *Pwintedig* y medre. **1664** *LlGG* sig. d2r, i bawb . . . a fyddo rhagllaw Leisensedig, Asseignedig[,] *pwyntiedig* (*appointed*), neu dderbynniedig megis Lecturwr. **1675** R. DAVIES: *PY* 82, y mae gweddi *bwyntiedig*, gwedi ei gosod. **1683** *JWBS* iv. 251, y Cydfrad twyllodrus a ddatcuddiwyd . . . yn erbyn ei ardderchawg Berson, ar Llywodraeth *Pwyntiedig.* **1722** T. EVANS: *PS* 70, pan na bo '*pwyntiedig* ddarllain y Litani. **1778** J. HUGHES: *BB* 22, Fe 'i ganwyd e ar y dydd *pwyntiedig*, / O'r fendigedig fair.

Amr.: **poentedig, pointiedig.** *c.* **1588** *Rhyddiaith Gymraeg* ii. 84, A hyny a wnaeth Keheylyn fardd wrth dri thlws a'y rhan *boyntedig.* **1656** W. JONES: *TPG* 33, 'r ydym ni yn darllen fod yn *bointiedic* ir Israeliaid gynt . . . fyned i fynu i Gaersalem.

pwyntil, gw. **pwyntel.**

pwyntiliaf: pwyntilio [bf. o'r e. *pwyntil*] *ba.* Pensilio; tynnu llun gan ddefnyddio dotiau; rhoddi pwyntil (ar garrai); ?pwyntio (at rywbeth): *to pencil; draw or paint in stipple; tag (a lace); ?point (to something).*

1794 *W*, *pwyntilio* . . . carrai d.g. *to tag* . . . *a lace.*

Amr.: **pwyntelu. 18–19g.** *Llr* C 4, 31, hwyn uchel yn *pwyntelu.* N i Glochdy Caerdyf. *Diw.* **19g.** *SE MS* 399a. **pwyntlo. 1858.**

pwyntiog [*pwynt¹* + -*iog*] *a.* Pigog, hefyd yn *ffig.*: *pointed, also fig.*

1916.

pwyntiol, pwyntol [*pwynt¹* + -(*i*)*ol*] *a.* Pigog, hefyd yn *ffig.*: *pointed, also fig.*

1803 *P* d.g. *pwyntiawl.*

pwyntiwr¹ [bôn y f. *pwyntiaf¹*: *pwyntio* + -*iwr*; dichon mai i *pwyntiwr²* y perthyn rhai o'r enghrau. isod] *eg.* ll. *pwyntwyr.* Person neu beth sy'n pwyntio (at rywbeth); un sy'n pesgi (anifeiliaid); hefyd yn *ffig.*: *pointer; fattener (of animals); also fig.*

Dchr. **15g.** *IGE²* 163, Pwyllfab Moel, berw ferw fawredd, / *Pwyntiwr* mawl, Pantri y medd (Rhys Goch Eryri). **15g.** *GDID* 97, Nid elwyf i wlad Eleirch / Heb antur mawr, *bwyntiwr* meirch. **16g.** LEWYS MORGANNWG: *Gw* 237, pen trydydd *pwyntiwr* ydych / penaf ar faink penfro uch. **1789** *BDG* 522, *Pwyntiwr* dedwydd y gwŷdd gwiw [i yrru'r haf yn llatai]. **1803** *P.*

Gw. hefyd **pwyntydd.**

pwyntiwr² [bôn y f. *pwyntiaf²*: *pwyntio* + -*iwr*] *eg.* ll. *pwyntwyr.* Penodwr, gosodwr: *assigner, appointer.*

1604–7 *TW* (*Pen* 228) d.g. *adsignator* (At.).

pwyntl, pwyntlaf: pwyntlo, gw. **pwyntel, pwyntiliaf: pwyntilio.**

pwyntmannaf: pwyntmannu, pwyntmanna [bf. o'r e. *pwyntmant*] *bg.* Gwneud oed neu drefniant i gyfarfod, trefnu dêt: *to make a tryst or an appointment, arrange a date.*

16–17g. *CRC* 359, gwych oedd geni weled kwmpni / yn *pwynt mana* J fynd i dyrfa. **16–17g.** (**17g.**) *CC* 150, *pwyntmannu* n faith gwaith a gwyl / a merched dyna i orchwyl [Thomas Prys i yrru'r gog yn llatai].

Amr.: **pwynmannu** [cf. yr e. *pwynmant*]. **16–17g.** *PCWG* 231, mae yn amlwg i bod nhw yn *pwynmannv* ymgyfarfod yr amser hwnnw mewn teie a lleoedd neilltvol eraill.

pwyntmannol [*pwyntmant* + -*ol*] *a.* Penodedig: *appointed.*

16–17g. *PCWG* 230, fo ordeiniodd duw yr amser hwnnw uddyn nhw nethur tuy rhydd . . . i ba un yr oedd yn *bwyntmannol* ir holl bobl ymgyfarfod.

pwyntmant, pwyntment [bnth. S. *appointment*] *eg.* ll. -*au*, *pwyntmannau.* Oed, trefniant i gyfarfod, dêt; ordinhad, gorchymyn: *appointment, date, tryst; ordinance, command, decree.*

16g. *B* xviii. 323, yn y lle i gwnaeth y brenin a'i gyngor *bwyntment* a'r marshial Ffrengig. **1589–90** *HP* 37, [t]ynnawdd *bwyntmant* y ymddiddan a'e vrawt. **1595** H. LEWYS: *PA* 2–3, ni ddylem ni feddwl i bod yn dyfod o ddamwain . . . onid trwy i ragwybodaeth, i ragordeiniad, ai *bwyntmant* (*appointment*) ef. **16–17g.** *CRC* 167, Yn wîr Sieffre Holant / A luniodd y *pwyntmant.* **1609** *id.* 327, ffarwel gario meddwl vchel / ffarwel ir hen *bwyntmane* dirgel. *c.* **1621** *id.* 138, Chwi a wyddoch y *pwyntmannav* / oedd rhyngom er ys dyddiav. **17g.** E. MORRIS: *B* 48, Edifeirwch Gwr Ieuanc Am dori *Pwyntmant* a'i Gariad. *id.* 64, Mi fynna i ti gyfle, drwy ddirgel *bwyntmante.* **1672** R. PRICHARD: *Gw* 396, Nid aiff clefyd ffwrdd wrth *bwyntment* [:– Arch], / Loe, nac Antwn, Cât na Chlement. *id.* 397, Nid wrth dreiglad lloer na seren, / Y daw clefyd, mawr na bychain [*sic*]; / Ond wrth *bwyntment* Duw ei hunan. **1768** TWM O'R NANT: *CTh* 13, 'R ôl hynny 'Riwl hwy, cewch wneud yn eich Nwy, / Tan seinio Cusaneu *Bwyntmanneu* fo' [*sic*] mwy. Ar lafar yn sir Ddinb., *Cymru* xlvii. 142.

Amr.: **pwynma(i)nt** [cf. *pwynmannaf*: *pwynmannu*]. **1716–18** *Llsgr R. Morris* 48, ni bu ond llai nag awr o garu / llinio *pwunmant* a phriodi. **1768** (**1813**) TWM O'R NANT: *FF* 12, A gwell nâ'r cwbwl i'ch meddwl chwi myn, [*sic*] / Gael *pwyn'maint* ar noswaith at afiaith gytun.

pwyntol, gw. **pwyntiol.**

pwyntryd, pwyntred [?*pwynt¹* + elf. anh. (?S. *thread*)] *eg.* (bach. *pwyntredyn*). Edau crydd, edau gref: *shoemaker's thread, strong thread.*

17g. HUW MORUS: *EC* i. 312, Ond cofiwch i'r tailiwr a'r gweithiwr yn gain, / Pan ddarffo ei defnyddio a llunio pob llain, / Roi *pwyntryd* i'w gwnïo, a chwyro rhag chwain. *c.* **1756** *Bangor* 1007, 76, a holant oedd ei hwilie / a wnaed yn oleu yr hendre / gwedi gwnio a *ffwintryd* hyd at y llawr / gen dailiwr mawr dol gelle. **1759** *DG* 155, Ceiff ynte ledr hyfryd, / A gwrychyn ar ei *bwyntryd*, / A llawer peth heblaw y rhai'n; / Ceiff gennyf wain mynawyd. Cf. D. OWEN: *RL* 329, hidie Barbara a fine 'r un blaen *pwyntryd.* Ar lafar yng Nghered., sir Benf., a'r De yn y ff. *pwyntred(yn)*; ''Dyw eta gyffretin ddim gwerth—*pwyntretyn* fysa ora'. Cf. *GDD* 239, *pwyntred*, shoemaker's thread, with bristle attached ready for use; *LlGC* 1171, 16, *pwyntretyn*, n. masc. pl. *pwyntriad*, shoe makers thread Mid Glam called '*Pwnthread*' at Lantwit Major; D. J. WILLIAMS: *HW* 49, gan gydio mewn twysged o wrych mochyn at yrru'r *pwyntredyn* drwy'r lledr.

pwyntus¹ [*pwynt¹* + -*us*] *a.* Llyfndew, tew, graenus, cigog, mewn cyflwr da: *plump, fat, sleek, fleshy, in good condition.*

14g. *GDG³* 70, Bangaw llais eos dlosaf / *Bwyntus* hy dan bentis haf. **15–16g.** LLAWDDEN, &c.: *Gw* 172, Pelydr asur pwrpl drwsiad / Pennau *pwyntus* arfau siâd [i ofyn tarw]. **16g.** WILIAM CYNWAL: *Gw* (G. P. Jones) 33, Pand da sad?—*pwyntus* ydyw. **1604–7** *TW* (*Pen* 228) d.g. *carnosus, habitus. Dchr.* **17g.** *J* 10, 130b, *pwyntus*, carnulentus. opimus. Habitus, grosse. **1630** R. LLWYD: *LlH* 27, Paham na ddichon dŷn ni fwyttao ddim bwyd, fod mor *bwyntys*, ac mor olygûs a'r hwn sy'n bwytta holl fwydydd y byd. *id.* 289, Pa obeithio a wna neb o fod yn *bwyntys*, ac yn olygus, heb gymmeryd bwyd. **1722** *Llst* 189, *pwyntus*, in good plight, fat, fleshy. **1773** *W* d.g. *fat, Adj.* [*opposite to lean, plump, fleshy, &c.*], *fleshy.* Ar lafar yng Ngwynedd, *WVBD* 449, *DGG²* 207. Cf. hefyd *R* 1377. 22, *pwyntus*walch doeth babyl parabyl pereid.

pwyntus², gw. **pwynt¹.**

pwyntydd [bôn y f. *pwyntiaf¹*: *pwyntio* + -*ydd³*] *eg.* ll. -*ion.* Peth sy'n pwyntio (at rywbeth), pwynter; *Bot.* pistil; *Ser.* (yn y ll.) y ddwy seren ddisgleiriaf yn yr Aradr sy'n pwyntio at Seren y Gogledd: *pointer; pistil (in bot); (pl.) the pointers (in astron.).*

1839.

Gw. hefyd **pwyntiwr¹.**

pwyntyl, gw. **pwyntel.**

pwyodr, pwyawdr [gair geir., sef bôn y f. *pwyaf*: *pwyo* + -*awdr*, -*odr*, cf. *llywiawdr¹*, *llyw(i)odr*] eg. ll. *pwyodron*. Pestl; gordd (i bwyo palmant), hwrdd (palmantu): *pestle*; (*paving-*, *&c.*)*rammer*, *pounder*, *beetle*.

1632 *D*, *pwyodr* d.g. *pistillum*. **1722** *Llst* 189, *pwyodr*, m. a pestle; rammer, pounder, paving-beetle. **1725** *SR*, *pwyodor* d.g. *a Pestle*. **1772** *W*, *pwyodr* d.g. *commander* [*a rammer, or paving beetle*], *a pavement-beater, rammer* [*a ramming-instrument, so called*]. **1803** *P*, *pwyawdyr*, s. m. pl. *pwyodron*, a pounder, a rammer, a beetle, a pavior's beetle.

pwyol [bôn y f. *pwyaf*: *pwyo*+-*ol*] *a.* Yn pwyo, yn curo: *beating*, *pounding*.

1803 *P*, *pwyawl*, beating, striking, banging.

pwyor [bôn y f. *pwyaf*: *pwyo*+-*awr*[3], -*or*] *eg.* Pestl: *pestle*.

1828 *Geir Pob* 19.

pwyraf: pwyri, gw. **poeraf: poeri**.

pwys[1] [bnth. Llad. *pēnsum* drwy'r ff. **pē-sum*; cf. Crn. C. *poys*, *pos* 'trwm', Crn. Diw. *pûz*, H. Lyd. *pois*, *puisou*, gl. *pensibus*, Llyd. C. *poes*, Llyd. Diw. *pouez*, taf. Gwened *pouiz*, Gwydd C. *pís*; y mae'r ll. yn ymddwyn yn aml fel e. un., cf. *nef*, *nefoedd*; ansicr yw rhai o'r enghrau. yn yr adran fel *a.* isod] *eg.b.* (bach. g. -*yn*) ll. -*au*, -*i*, a hefyd fel *a.*

1. (*a*) Trymder o'i ystyried fel priodoledd, y grym fertigol a roddir ar fàs oherwydd disgyrchiant; pwysedd, gwasgedd; hyrddynt: *weight considered as a property or force*; *pressure*; *impetus*.

13g. *BD* 9, cany allassey y dwyn bellach no hynny rac *pvys* y heyrn. **1346** *LlA* 9, ytraet yn kynnal holl*bwys* ycorff. *id.* 73, pann wnaeth pob [peth] yn perffeith ovessur. Arif. A*phwys*. **14g.** *OBWV* 78, A chôr eglwys a chreiglen / A *phwys* o bridd a phais bren [marwnad Lleucu Llwyd gan Lywelyn Goch ap Meurig Hen]. **14g.** *GIG* 108, Rhoi *pwys* y ffon ar honno / Ar hyd ei phen—bu rhaid ffo. **1488–9** *BSM* 12, A oes gennyt ti hyder yn dy Duw . . . val y gellych sevyll dan y prenn lle mae i *bwys* i syrthio. *id.* 31, A Roi i *bwys* ar i ffonn. **1588** *Can* viii. 5, yn bwrw ei *phwys* ar ei hannwylyd. **1588** *Jud* vii. 4, A phan welodd meibion Israel eu lluosogrwydd hwynt . . . hwynt a orescynnant ŵyneb yr holl ddaiar: canys ni ddichon y mynyddoedd vchel . . . gynnal eu *pwys* hwynt. **1632** J. Davies: *LlR* 226, bod y *pwys* i gyd ar wddf yr ŷch mawr. **17g.** (**18g.**) *CLlC* ii. 25, Ag medde'r cnâ, myn ci mi wna / I chwi wybod *pwys* fy llaw. **1709** H. Powel: *G* 38, gadel i'r Cloriannau droi lle byddo mwyaf y *Pwys*. **1725** D. Lewis: *GB* 131, Y mae'r Awyr tua'r Ddaear yn cael ei gwasgu ynghŷd gan ei *Phwys* ei hun. **1771** *PDPh* 33, fel na's gellir dioddef *pwys* dillad y Gwely. **1773** J. Roberts: *C* 17, [p]*wys* yr Awyr y[n] Gwasgu pob peth at Ganolfa'r Ddaear. **1778** J. Hughes: *BB* 99, Ni fedrwn ni mo'i weled na'i ystyried megis Duw, / Er bod ei ddirgel ysbryd, / Heb *bwys* na swm yn symud, yn ein bywyd anian byw. **1800** W. Owen[-Pughe]: *CP* 28, dwr yw, o leiaf dair rhan o bedair o *bwysi* gwellt. *ib.* Gwellt ac ŷd yn amser eu tyfiad á ddysychant ogylch hanner eu *pwys* o ddwr beunydd. Cf. D. Owen: *GT* 16, gallai gyfrif *pwysau* mochyn. Ar lafar, 'Mae tipyn o *bwysa* yn y llyfra ma', *WVBD* 449; 'Mi fydd yn rhaid i mi golli *pwysa* ar ôl byta gymaint dros y gwylia'; 'Dotwch ych *pwys* lawr myn 'yn' 'Eisteddwch'. Gw. hefyd y cfn. *a'i bwys ar* isod.

(*b*) Peth sy'n pwyso('n drwm), llwyth: *a* (*heavy*) *weight*, *burden*.

14g. *YBH* 15a, rwymaw y draet . . . a dodi *pwys* am y vynwgyl a bwyssei pymthec llat o wenith. **1632** *D*, a *phwys* arno d.g. *onustus*. **1723** WM: *PGG* 39, Y mae *Pwys* ysgafn a chywled fechan yn ebrwydd yn ein blino. **1799** Dafydd Ionawr: *MB* 52, Drain fu 'n ddwys *bwys* ar ei Ben.

(*c*) Pwysau penodol a ddefnyddir i bwyso rhywbeth, i'w godi er mwyn ymarfer corff, neu mewn mecanwaith, e.e. cloc; tafol, clorian: *a weight used for weighing*, *for lifting as physical exercise*, *or in a mechanism*, *e.g. a clock*; *scales*, *balance*.

14g. *GDG*[3] 178, A'i *bwysau*, pelennau pŵl, / A'i fuarthau a'i fwrthwl [i'r cloc]. *c.* **1400** *RB* ii. 20, dwyn cof am ymesureu ar *pwysseu* a dysgu y llu. **15g.** *Cy* iv. 126, yntwyllaw ykyffredin bobyl ar ych masnache trwy liw llw *pwys* a messur. **1567** *TN* 379b–80a, a *phwyse* yn llaw yr vn oedd yn eistedd arno ef. *id.* 391b, A chwympo y wnaith cenllys [*sic*] mawr, mal *pwyse* [:– talentae]. **1588** *Lef* xix. 35, Na wnewch gam ar farn, ar lathen, ar *bwys* nac ar fesur. **1588** *Deut* xxv. [13], Na fydded gennit yn dy gôd amryw *bwys*: sef mawr a bychan. **1588** *Diar* xx. 23, Ffiaidd gan yr Arglwydd amryw *bwysau*. **1588** *Eseia* xl. 12, Pwy . . . a bwysodd y mynyddoedd mewn *pwys*. **1630** R. Llwyd: *LlH* 95, Cyffelyb yw i *bwysau* clocc â rwymid wrth ein eneidiau, ac au tynnai i lawr ir ddaiar. **1760** T. Evans: *P* 9, Nid ydym o honom ein hunain, ond agos fel Clocc heb *Bwysau*. **1794** *W*, *pwysyn* d.g. *weight*, *a little weight*. Ar lafar, 'Mae o 'di dechra codi *pwysa* er mwyn magu cyhyra', ''Wi'n cwnnu *pwysa*'r cloc bob nos Satwn'.

(*d*) Cyfundrefn unedau safonol a ddefnyddir i fynegi pwysau gwrthrych neu sylwedd; uned bwysau yn y gyfundrefn hirbwys, sef 16 owns, yn cyfateb i 0·4536 kg., uned bwysau yng nghyfundrefn troy, sef 12 owns, yn cyfateb i 0·3733 kg., hefyd weithiau am unedau pwysau eraill, pownd: (*avoirdupois and troy*, *&c.*) *weight*; *pound*.

15g. *DN* 117, Betin, riw, centri, wermod sydd— o'r powdr / *Pwys* o'r pedwar defnydd. **1547** *WS*, *pwys*, peice, a pounde. **1567** *TN* 165b, [d]uc gymysc or myrrh ac Aloes, yn-cylch cant *poys* [:– punt]. **1632** *D*, *pwys* . . . libra. **1661** E. Lewis: *Drex* 57, Yr oedd gan Gommodus a Chlaudiûs hefyd rai [delwau] o aûr, pob un o honynt yn pwyso mil o *bwysau*. **1681** S. Hughes: *AC* 36, fo daflodd gerrig . . . a rhai o honynt yn pwyso dwy neu dair *pwys*. **1688** *TJ*, *pwŷs*, a pound weight. **1725** D. Lewis: *GB* 23, rhai o honynt [cerrig] yn 6 *Pwys* neu ragor o *Bwyseu*. **1728** T. Baddy: *DDG* 64, gan roddi i bob un, ddau *Bwys* a chwech Wns o Fara bob Dydd. **1759** J. Evans: *PF* 24, Rhoddwch *bwys* o Galch poeth dâ, i sefyll mewn 6 Chwart o Ddwfr Spring. *c.* **1762–79** W. Williams: *P* 136, y prîs oeddid yn ei brynu ef y prŷd hynny yn Holand oedd tair punt y *pŵys*, neu bound. **1768** J. Roberts: *R* 4, [T]ynellau, Cantoedd, *Pwysau*, Wnsau, &c. **1770** *W*, *pwys* yn cynnwys ynddo un wns ar bymtheg d.g. *avoirdupois-weight*. *id.* mîl a saith gant o *bwysi* o lîn neu blu d.g. *a last* [*1700 lb.*] *of flax or feathers*. *id.* *pwys* o ddeuddeg wns d.g. *troy-weight*. **1798** *WR*, y *pwysau* sydd yn cynnwys un wns ar bymtheg yn y *pwys* d.g. *avoirdupois-weight*. **1814** W. Davies: *Agric* . . . *S. Wales* ii. 499, 2lb. avoirdupois in the *pwys*. **1820** *CWM* 29, *Pwys*,—S. Wales: of wool, about 2 pounds, $^1/_{14}$ of a maen. Cf. H. Evans: *CE* 88–9, mynnodd fy nain roddi deunaw owns yn ei *phwys* 'menyn i ddiwedd ei hoes, er na chai ddim rhagor na'r rhai oedd yn rhoi un owns ar bymtheg ynddo. Ar lafar yn y Gogledd, gogledd Cered. a gorllewin sir Benf., *LGW* 228.

(*e*) Maint a bennir drwy bwyso; swm sy'n pwyso maint penodol: *weight*, *amount determined by weighing*; -*weight*, *quantity weighing a specified amount*.

c. **1400** *YCM*[2] 80, [p]wy bynnag a gaffei *bwys* vn geinawc ohonaw. *c.* **1400** *Etudes* viii. 388, kymryt *pwys* punt o'r llyssewyn a elwir y tresgyl terebilurion [*sic*]. **15g.** *FfBO* 50, Pan prittaf y sidan yno, ef a geffir *pwys* deugeint punt yn llei noc wyth grot. **16g.** *Celtica* v. 150, haner *pwys* pvnt o ymenyn a chynhiegewerth o gwyr newydd. **1604–7** *TW* (*Pen* 228), *pwys* y bvnt d.g. *assipondium*. *id.* *pwys* punt d.g. *pondo*. **18g.** *W Ballads* 150, 8, Grot am bob *pwysyn* a bwysodd hi draw. **1759** J. Evans: *PF* 27, [c]ymerwch wyth neu ddêg *pwys* gronyn o hono bob Nôs. **1763** *ML* ii. 570, 27 lb. oedd ei *bwysau* [aderyn]. **1771** *PDPh* 32, dodwch *bwys* ŵyth geiniog . . . o Rubarb. **1801** *MMf* 96, Cymmer ddryll o surdoes trasur, yr un *bwys* o ferman. **1813** *WB* 166, ynghylch *pwys* ugain gronyn.

(*f*) Disgyrchiant: *gravity*.

1725 D. Lewis: *GB* 130, Am y Byd Daearol, yn enwedigol Awyr, Goleuni, a *Phwys*. *id.* 136, Am *Bwys*, Gravity. Wrth *Bwys* yr ydwyf yn dyall Tueddrwydd a Chwymp pob Cyrph tua chanol y Ddaear. *id.* 275, Y mae bod *Pwys* pob Peth tua chanol y Ddaear . . . yn ei chadw ynghŷd. **1778** M. Williams: *BM* 5, fod *pwys* pob peth tua chanol bwynt y ddaear; canys mae'r ddaear trwy sygn (neu Attraction) . . . yn sygno pob peth atti o bob tu, ar sygn hyn neu'r Attraction . . . a elwir *pwysau*'r cyfryw ddeunydd.

2. (*a*) (enghrau. *ffig.* ac enghrau. mewn cyd-destun *ffig.*: *fig. exx. and exx. in a fig. context*).

12–13g. *GLlLl* 95, Pan dellid rac Lloegyr llucuryd, / Dellis dreic Bowys *bwys* byd. **13g.** *C* 40. 7–9, Ym paraduis impur kynnuis rac *puis* pechaud. **13g.** *LlC* 17, o deruyt y dyn gurthot tref y tat ar y argluyd o'r na allo y kynnal rac y *puys* a tremet y hardreth. *c.* **1400** *YCM*[2] 118, etholwch ymi wr prud dosparthus a wedo idaw godef *pwys* y neges honno. *id.* 156, blinaw a oruc Rolant gan *bwys* yr ymlad. *c.* **1400** *R* 1145. 20–1, garawys kymerth *pwys* penyt. **15g.** *GO* 235, Dŵyn i gŵr dan y gweryd, / Dydd o *bŵys*, diwedd y byd. **1567** *TN* 267b, yscavnder ein gorthrymder . . . a bair y ni dra ardderchawc a' thragyvythawl *bwys* o 'ogoniant. *c.* **1585** G. Robert: *DC* [xv], i mae r llyfr yma . . . yn dangos . . . gwaelodfaen pob daioni spr[y]dol . . . y maen cyntaf yn cynhal yr holl *bwys* a ddodir arno. **1588** *Job* xxviii. 25, Wrth wneuthur *pwys* i'r gwynt. **1588** *Ecclus* viii. 2, Nac ymsywyn â dyn cyfoethog, rhag iddo roddi *pwys* i'th erbyn di. **1599** (**1677**) R. Holland: *AB* 28, Mal hyn y mae *pwys* y rheswm yn sefyll. **1604** R. Holland: *BD* [1], [t]rymder *pwys* eich mawr a'ch vchel Swydd. **1618** J. Salisbury: *EH* 283, Ar ba beth y mae Gobaith yn sefyll, ag yn ymgynnal ei *phwys*? . . . Mae hi'n sefyll, ag yn ymgynnal ei *phwys*, ar an-herfynol ddaeoni a thrugaredd Duw. **1629** R. Llwyd: *P* 25, pan wnelo efe ryw bechod, a bod ei gydwybod yn dwyn ar gôf iddo hynny, yn y man efe a glyw *bwys* yn ei wascu oddifewn, ac yn ei wneuthur cyn drymmed â—phlwm. **1631** O. Thomas: *CC* 81, gwasanaeth-wyr Duw . . . yn dwyn mwy *pwys* arnynt mewn matterion bydol, na nêb yn ein mysc ni. **1658** R. Vaughan: *YPS* 13, [y] gwirion a symudir gyd a phob awel o athrawiaeth, o ran diffyg *pwys* o feddwl pur gwasdattach. **1680** J. Thomas: *UN* [ix], diammeu fôd ein gweddiau ni yn gymmeradwy gan Dduw, megis wrth eu *pwys*, nid wrth y llath. **1747** T. Evans: *DDM* 17, eu bod yn teimlo *pwys* Digofaint, [*sic*] y Duw cyfiawn mewn Barn. **1794** E. Jones: *CP* 70, fe ellir symmud dŷn heb sertiffICAT pan fai ef yn debygol o ddyfod yn *bwysau* ar y plwyf. Ar lafar, '*Pwysa* gwaith oedd 'i esgus o dros beidio â dod i'r cyfarfod'; yn Arfon clywir ymad. megis ''Oes 'na *bwysa* gwynt ar y tŷ 'ma?' 'Is this house exposed to the full force of the wind?', *WVBD* 449.

(*b*) Pwysigrwydd; gwerth; difrifoldeb: *importance*, *significance*; *value*; *gravity*, *seriousness*.

1599 (**1677**) R. Holland: *AB* 134, Pa wedd y mae Duw yn gwrando ar weddiau ei wasanaethwyr? . . . trwy nâgcau iddynt y peth . . . a rhoddi iddynt ryw beth arall o'r vn *bwys* attebol i hwnnw. **1630** *YDd* 110, y maent hwy yn tybied nad ydyw y sanctaidd ordiniadau hyn, bethau o *bwys* mawr. **1631** O. Thomas: *CC* 39, [llyfrau] eraill dyfnach eu ystyriaith [*sic*], ac ynddynt mwy o *bwys*. **1632** J. Davies: *LlR* 49, Y cospedigaethau hyn . . . am bechodau llai o *bwys*, a llai o rifedi nâ 'n pechodau ni. **1677** R. Jones: *BB* 188, gosod at eu calon *Bwys* a defnydd y pethau a gredant. **1711** H. Powel: *TY* 230, Gossod Achosion, yn lle Effeithiau; ac Effeithiau, yn lle Achosion, sydd ynfydrwydd mawr mewn pethau naturiol: Eithr pa mor barod ydym i wneuthur hynn[y] mewn pethau o Dragwyddol *bwys*. **1740** T. Evans: *LlA* 23, eich bod mewn cyflwr diogel yn y gwaith mawr yn gofalu dros eich Heneidiau . . . eu hystyried mor ddifrifol ac mor ddi-dueddol ac yw *Pwys* y matter yn gofyn. **1751** *GIA* 15, Pettych chwi ond hollawl gredu y gwirionedd hwn [am uffern], mi a dybygwn y dylei ei *bwys* ef eich annog iw gofio. *id.* 109, Ac ni eill dim daiarol . . . fôd yn escus cymhedrol, i esceuluso pethau o'r cyfryw oruchel, a thragwyddol *bwys*. **1775** *W* d.g. *importance*, *or importancy*. **1790** T. Jones: *TOS* 179, Bydded i nerth eich cynghorion ddangos eich bod yn teimlo *pwys* eich swydd. **1792** H. Harris: *H* 105, os nid yw dy Waed o fwy *pwys* na'm holl bechodau, yna na wrando arnaf. Ar lafar, 'Dim llawar o *bwys* p'run' 'it doesn't much matter which', *WVBD* 450; ''Dyw hi ddim o unrhyw *bwys* a ddaw e ne bido'. Gw. hefyd y cfn. *o bwys* isod.

(*c*) (Person sy'n) awdurdod: (*one who is an*) *authority*.

14g. *GIG* 13, *Pwys* dwy ynys, post henaur, / Pen gwlad wyd, a'u pinagl aur [i Ieuan ab Einion]. **15g.** *GGl*[2] 107, Pwy'r blaenaf parabl ynad, / *Pwys* cyfraith eglwys a'i thad. *id.* 177, Mae *pwys* hwn ymhob synnwyr, / Dilechdyd i gyd y gŵyr [ateb i Hywel Dafi]. **16g.** *NBSA* 146, Paun dilwfr, hap i'r ddwywlad, / Powys i'th law, *pwys* wyth wlad [moliant Syr Rhisiart Prys gan Huw Machno]. **16g.** *GGH* 59, Ysgwier, *pwys* gŵyr a'u parch, / Wyt, llew Robert, llwyr hybarch. **1567** *TN* 304a, pan allesem vot yn *bwys* [:– awdurdot, drwm], val Apostolion Christ. **1699** T. Jones: *TP* 31, I mae'r Ddihareb honno . . . a mwŷ o *bwŷs* (*authority*) ynthi gyda hwŷnt, na'r hôll dystiolaethau Duwiol ynghŷlch Daioni y Bŷd a fŷdd. **1776** I. Brydydd Hir: *P* i. 159, a mawredd a *phwys* ei orchymynnion ef.

(*d*) Hyder, ymddiriedaeth; dibyniaeth: *confidence*, *trust*; *dependence*.

15–16g. *GLM* 122, mae aur rhudd ym o'r eiddi, / mae '*mhwys* ar ei mam a hi. **1567** *TN* 243a, y mae yn ddangos [*sic*] yddyn nad yw ef yn rhoi ei *bwys* ar varn dyn. **1595** H. Lewys: *PA* 168, oni fwriem o hynn allan ymhob trallod . . . ein *pwys* arnaw ef, gann adel iddaw ef ofalu trossom. **1658** *Examen* 31, O Arglwydd arnat i mae '*mhwys*. **1696** *CDD* 191, Na ddôd *bwŷs* [:– Hyder] yn falch ar ddynnion. **1701** E. Wynne: *RBS* 185, dy anghenion a'th *pwys* (*dependencies*) nid yn unic ar Dduw ond hefyd a'r [*sic*] y gwaelaf o i greaduriaid ef.

(*e*) Pwyslais neu acen (ar sillaf neu air): *stress*, *emphasis*, *or accent* (*on a syllable or word*).

a. **1575** *GP* 91, Tri Reolaeth ssilldaf: i hyd, i *phwys*, a'i natvr. *id.* 94, yr hwnn beth yssydd yn peri i ssilldaf ac akenn drom arni, val y mae 'gwenn', golli i *phwys*, kans pann gyvanssodder hi i gyd a ssilldaf nev ssilldavav, val pei dywedid 'meinwen', yna y kyll hi i *phwys*.

1772 *W* d.g. *deliberate* [*circumspect, discreet, well-advised; wary, &c.*]. **1803** *P*.

pwysgwr, gw. **pwys**¹—**p. cŵyr.**

pwysi¹ [bnth. S. *poesy* 'posy'] *eg.* ll. *pwysïau.* Tusw, sypyn, neu fwnshyn (o flodau), clwstwr, hefyd yn *ffig.*: *posy, nosegay, bouquet, or bunch* (*of flowers*), *cluster, also fig.*

16g. *GILlV* 22, Arwydd pwy oedd o wraidd per / Ar y *pwyssi* or piser / Irder or pisser ar *pwyssi*—garddau / Ac irddail y lili. **1547** *WS*, *pwysi* o lysseu, a posy. *ib.* *pwysi* val o g[n]au, a clustre. **1588** *Can* i. 13, Fy annwylyd sydd i'm [*sic*] yn *bwysi* myrh. **16–17g.** *Cer RC* 160, Fy nghariad i a wnaeth *bwysi*, / Ac a'i rhoddes yn i mynwes. *Dchr.* **17g.** *J* 10, 130b, *pwysi*, nosegay . . . sertum. **1615** R. SMYTH: *GB* 172, y naill o honynt a anrhegodd y llall a *phwysi* o flodau aroglus. **1658** R. VAUGHAN: *PS* 415, Ac nid drwg aroglu *pwysi* a wneler or fath flodau. **1771** J. THOMAS: *TA* 331, Ond prennau myrrh a blannodd Duw / Yw Sion bêr, yn *b*[*wy*]*si* byw? **1790** TWM O'R NANT: *GG* 138, A Lili 'n dêg oleuliw, / *Pwysiau*, llysiau bob lliw. **1794** E. JONES: *MPR* 65, Myn'd i'r ardd i dorri *pwysi*, / Gwrthod lavant, gwrthod lili, / Gwrthod mintys, a rhôs cochion, / Dewis *pwysi* o ddanadl poethion! **1795** J. THOMAS: *AIC* 343–4, o Lysiau mae 2 Ryw . . . dylai y *pwisiau* gael eu gwahanu oddiwrth y Bŵyd.

Amr.: **pwsi**². **17g.** HUW MORUS: *EC* i. [121]. Ar lafar yn sir Gaern. yn y ff. *pwshi*.

Cfn.: *Bot.* **pwsi'r gog:** *bluebell, Hyacinthoides non-scripta.* Ar lafar yn sir Gaern., G. AWBERY: *BM* 31. **p.('r) mêl:** *honeysuckle, Lonicera periclymenum.* Ar lafar ym Meir. a sir Gaern., G. AWBERY: *BM* 44. **p. menyn:** *buttercup, Ranunculus.* Ar lafar yn sir Gaern., G. AWBERY: *BM* 32. **p. nadroedd:** *red campion, Silene dioica.* Ar lafar yn sir Gaern., G. AWBERY: *BM* 50.

Gw. hefyd **bwysi, posi.**

pwysi², gw. **pwys**¹.

pwysiad, pwysad [bôn y f. *pwysaf*: *pwyso* + *-iad*¹, *-ad*] *eg.* ll. *-au.* Y weithred o bwyso (ar), gwasgiad, hefyd yn *ffig.*; pwysau; pwysedd; pwyslais neu acen (e.e. ar sillaf); *Math.* lluosiad â ffactor a ddewisir i roddi ei phriod bwysigrwydd i ryw elfen: *a weighing, leaning* (*on*), *pressing, also fig.*; *weight; pressure; stress, emphasis, or accent* (*e.g. on syllable*); *weighting* (*in math.*).

1722 *Llst* 189, llaw, *pwysad* wrth y llaw, awncel weight. **1732** *AABI* 112, am hynny uwchlaw pob *pwysiad* pwysiwch [*sic*] arno ef. **1794** *W*, *pwysad* d.g. *a weighing.* **1798** *WR*, *pwysiad* d.g. *recumbence, recumbency.* **1800** W. OWEN[-PUGHE]: *CP* 68, Rhai [erfin Sweden] á dyfasant i 16 pwys, a thybia Mr. Daikin fod canoligrwydd y cnwd yn 8 pwys, ac yn rhagori yn fawr o *bwysiad* yr erw ar yr erfin cyffredin. **1803** *P*, *pwysiad*, s. m. a pressing; a weighing.

pwysiant [bôn y f. *pwysaf*: *pwyso* + *-iant*] *eg.* Disgyrchiant; pwysedd; pwysiad i lawr: *gravity; pressure; a pressing down.*

1803 *P*, *pwysiant*, s. m. depression.

pwysiel, gw. **pwysel.**

pwysig [*pwys*¹ + *-ig*²] *a.*

(*a*) Ac iddo arwyddocâd neu werth mawr (am fater, peth, &c.), ac iddo statws neu awdurdod uchel (am berson), pwysfawr, o bwys (mawr); gofalus, pwyllog, dwys, difrifol; beichus, llethol; pwysleisiol: *important, weighty, momentous; cautious, deliberate, serious, severe; onerous, burdensome; emphatic.*

c. **1400** *R* 1373. 27–8, Hopkyn eil meruyn mawr var *pwyssic.* **1606** E. JAMES: *Hom* ii. 185, Mae ympryd a arferir fel hyn yngŷd â gweddi yn rymmus iawn ac yn *bwysig* ger bron Duw (*weighteth much with God*). **1672** R. PRICHARD: *Gw* [xxv], Yr wŷf yn attolwg i chwi gyd-ddwyn â'm helaethrwydd i, canys y mae 'r matter yn *bwysig. id.* 283, Ac am hynny . . . fe chwanegodd Mr. Prichard rassol y geiriau *pwysig* hyn at eiriau 'r Catechism. **1738** G. JONES: *GOG* 96, llefaru . . . heb geisio dirnad yn *bwysig* pa eirchjon y maent yn eu gosod at Dduw. *id.* 134, a barai iddunt [meddyliau] fôd yn fwy safadwy a *phwysig* ym mhôb rhan o'r Gwaith pwysfawr hwn. *id.* 173, o's digwydd i ryw beth *pwysig* eu rhwystro fyned ar eu glinjau. **1749** J. OWEN: *PG* 21, fel hyn y mae Petr, 'r Apostol *pwysig* a rhagorol hwnnw 'n dodi at 'r Addewid hwnnw yn Joel. **1758** *DPMB* 42, Pe buasei holl gyfoeth y bŷd ynghyd, nid oeddent ddim mwy *Pwŷsig* yngolwg Cyfiawnder y Brenin na gwybedyn. **1759** T. THOMAS: *WWDd* 90, Nid oeddwn yn meddwl wrth ddechreu, aros cyhŷd ar y peth hwn; ond nid yw hynny gymaint i'w ryfeddu, gan ei fod wedi bod mor *bwysig* a'r [*sic*] fy meddyliau i. **1771** J. THOMAS: *TA* 86, cyn ymyrraeth ag un peth arall yn ein galwedigaeth, er mor angenrhaid a *phwysig* y bo. **1773** *W* d.g. *emphatic, momentous.* **1775** D. JONES: *HCY* 120, A *phwysig* Boen a'i gwasgei i lawr. **1788** J. ROBERTS: *AR* 14, Am *bwŷsig* eiriau. Emphasis. **1799** *TY* 166, rhaid bod yn *bwysig* ac yn ochelgar. **1803** *P*, *pwysig*, pressing . . . emphatic. Ar lafar yn gyff., hefyd yn yr ystyr 'hunan-bwysig', ''Na hen fenyw *bwysig* oedd hi'.

(*b*) Trwm, trymfawr, praff, dwys; ?ac iddo bwysau, pwysadwy: *heavy, massive, stout, dense; ?having weight, weighable, ponderable.*

1617 *Minsheu* 297a d.g. *massie, or Massiue.* **1725** D. LEWIS: *GB* 291, Y mae gwaith Antimony yn mynd yn fwy *pwysig*, wrth ei ddala yn yr Haul mywn Llosgwydr. **1725** *SR* d.g. *heavy, massy.* **1756** W. WILLIAMS: *GDC* 44, Sadwrn *bwysig* oerllyd. *c.* **1762–79** W. WILLIAMS: *P* 262, Mae'r Ostrich yn yr Aipht . . . yr aderyn mwya welwyd, mor *bwysig* nas gall ehedeg. *id.* 417, rhai oedd yn dwyn crwys mawrion, y rhai oedd yn ymddangos yn *bwysig* rhyfedd ar eu hysgwyddau. **1769** J. GRIFFITH: *A* 94, [ll]awer o feichiau *pwysig* arno. **1774** *W* d.g. *heavy* [*weighty, ponderous, &c.*], *ponderously.* **1784** M. WILLIAMS: *S* ii. 31, Mae'r aer yn fwy *pwysig* pa agosaf b'o at wyneb y Ddaear. **1803** *P*, *pwysig* . . . ponderous. **1808** *Eurgrawn Cymraeg* 104, Awyr . . . sydd ddefnydd . . . estynedig, gwasgedig, *pwysig.*

Gw. hefyd **pwysigion.**

pwysigddyn [*pwysig* + *dyn*] *eg.* ll. *-ion.* Dyn pwysig, weithiau'n ddifr.: *important man, VIP, sometimes derog.*

20g.

pwysigen, gw. **pwysigion.**

pwysigfawr [*pwysig* + *mawr*] *a.* Pwysig iawn, pwysfawr: *very important, momentous.*

1843.

pwysigion [*pwysig* + *-ion*] *e.ll.* (un. g. *pwysigyn*; b. *pwysigen*). Pobl bwysig, yn aml yn ddifr.: *important people, VIPs, often derog.*

20g. Ar lafar, ''Roedd y *pwysigion* i gyd yn eistedd yn y rhes flaen'.

pwysigrwydd [*pwysig* + *-rwydd*] *eg.* Yr ansawdd neu'r cyflwr o fod yn bwysig, pwysfawredd; difrifoldeb; trymder, pwysau; ?pwysedd: *importance; seriousness; heaviness, weight, weightiness; ?pressure.*

1780 *W* d.g. *ponderousness, or ponderosity.* **1803** *P*, *pwysigrwydd*, s. m. . . . ponderousness, weightiness. **1808** *Eurgrawn Cymraeg* 105, mae awyr yn cael ei hystyried mewn amrywiol gyflyrau neu berthynasau, megys *pwysigrwydd*, teneuder, tewder, ystwythder, ymestyniad, gwasgiad, llieithder [*sic*], sychder, oerni, gwres, &c.

pwysigyn, gw. **pwysigion.**

pwysineb [*pwys*¹ + *-ineb*] *eg.* *Ffis.* Disgyrchiant; pwysau, trymder: *gravity* (*in physics*); *weight, heaviness.*

1803 *P*.

pwysïog [*pwysi*¹ + *-og*] *a.* Llawn pwysïau neu flodau: *full of posies or bouquets, full of flowers.*

1839.

pwysïol [*pwysi*¹ + *-ol*] *a.* Llawn pwysïau neu flodau, blodeuog, hefyd yn *ffig.*: *full of posies or bouquets, full of flowers, flowery, also fig.*

1873.

pwyslais [*pwys*¹ + *llais*] *eg.* ll. *-leisiau*, weithiau gyda grym ansoddeiriol. Pwysau ar sillaf, gair, ymadrodd, &c., acen bwys; pwysigrwydd neu arwyddocâd arbennig, pwys, pwysfawredd: *stress, emphasis, or accent* (*on syllable, word, phrase, &c.*); *special importance or significance, stress, emphasis.*

1800 *TY* [371], Ceir yma ambell air â dim ond un Gydsain (Consonant) yn sillaf y *pwyslais*, lle y byddai dwy . . . yn cael eu rhoddi; megis ysgrifenu, dirymu . . . yn lle ysgrifennu, dirymmu.

pwyslath [*pwys*¹ + *llath*] *eb.* ll. *-au.* Durlath, stilian: *steelyard.*

[**1783**] *W* d.g. *steel-yard.*

pwysleisgar [*pwyslais* + *-gar*] *a.* Pwysleisiol: *emphatic.*

1900.

pwysleisiad [bôn y f. ddil. + *-iad*¹] *eg.* ll. *-au.* Pwyslais: *emphasis.*

1838.

pwysleisiaf: pwysleisio [bf. o'r e. *pwyslais*] *bg.a.* a'i dilyn yn aml gan yr ardd. *ar.* Rhoddi pwyslais neu acen (ar), acennu: *to lay stress* (*on*), *stress, emphasize, accent.*

1822.

pwysleisiedig [bôn y f. fl. + *-iedig*] *a.bfl.* Wedi ei bwysleisio, dan bwyslais, acennog: *stressed, emphasized, accented.*

1931.

pwysleisiog [*pwyslais* + *-iog*] *a.* Pwysleisiol; pwysleisiedig, dan bwyslais, acennog: *emphatic; stressed, emphasized, accented.*

[**1858**].

pwysleisiol [*pwyslais* + *-iol*] *a.* Wedi ei bwysleisio, dan bwyslais, acennog (am sillaf, gair, ymadrodd, &c.); grymus (am iaith, ystum, gweithred, &c.), pendant iawn, uniongyrchol; yn perthyn i bwyslais: *stressed, emphasized, accented* (*of syllable, word, phrase, &c.*); *emphatic* (*of language, gesture, action, &c.*), *definite, direct; pertaining to stress or emphasis.*

1808 R. DAVIES: *GC* 100, Acen Ddyrchafedig . . . a arferir uwch ben llafariad, i nodi llythyren *bwys-leisiol* y gair. *id.* 109, Geill fod amryw o eiriau *pwysleisiol* weithiau yn yr un ymadrodd.

pwysment, gw. **bwysmant** (hefyd At.).

pwysnod [*pwys*¹ + *nod*¹] *eg.* Pwyslais, acen bwys; (marc diacritig yn dynodi) acen: *stress, emphasis, accent;* (*printed or written*) *accent.*

1847.

pwysol [*pwys*¹ a bôn y f. *pwysaf*: *pwyso* + *-ol*] *a.* Yn perthyn i bwyso, yn pwyso (am glorian, &c.); ac iddo bwysau, pwysadwy; *Math.* wedi ei luosi gan ffactor a ddewisir i roddi ei phriod bwysigrwydd i ryw elfen; hefyd yn *ffig.*: *pertaining to weighing, weighing* (*of scales, &c.*); *having weight, weighable, ponderable; weighted* (*in math.*); *also fig.*

1604–7 *TW* (*Pen* 228) d.g. *librarius.* **1689** *TBM* 337, Geiriau *pwysol* diwedd pasio / Cwlwm hirfaith, oer ias ymdaith, aros amdo. **1803** *P* d.g. *pwysawl.*

pwysolaf: pwysoli [bf. o'r a. bl.] *ba.* *Math.* Lluosi â ffactor a ddewisir i roddi ei phriod bwysigrwydd i ryw elfen: *to weight* (*in math.*).

20g.

pwyster [*pwys*¹ + *-der*, cf. Crn. Diw. *pysder*] *eg.* Pwysau: *weight.*

1820.

pwyston [*pwys*¹ + *tôn*] *eg.* ll. *-au.* Pwyslais, acen bwys: *stress, emphasis, accent.*

1863.

pwystonol [*pwyston* + *-ol*] *a.* Wedi ei bwysleisio, dan bwyslais, acennog: *stressed, emphasized, accented.*

1863.

pwystonyddaf: pwystonyddu [*pwys*¹ + *tonyddaf*: *tonyddu*] *bg.a.* a'i dilyn yn aml gan yr ardd. *ar.* Rhoddi pwyslais (ar), pwysleisio, acennu: *to lay stress* (*on*), *emphasize, accent.*

1863.

pwysty [bôn y f. *pwysaf*: *pwyso* + *tŷ*] *eg.* ll. *pwystai.* Tŷ pwyso: *weighing-house.*

1858. Ar lafar ym Morg. a sir Gaerf., *Geir Glo* 8.

pwyswasg [*pwys*¹ + *gwasg*] *e?b.* Pwysedd, gwasgedd: *pressure.*

1850.

pwyswasgaf: pwyswasgu [bf. o'r e. bl.] *bg.a.* Gwasgu; dodi pwysedd: *to press; exert pressure.*

1850.

pwyswasgiad [bôn y f. fl. + *-iad*¹] *eg.* Pwysedd, gwasgedd: *pressure.*

1850.

pwyswr, pwysydd [bôn y f. *pwysaf*: *pwyso*

+-*wr*, -*ydd*[3]] *eg*. (b. *pwyswraig*) ll. *pwyswyr*, *pwysyddion*. Un sy'n pwyso, hefyd yn *ffig*.: *weigher, weighman, also fig*.

1588 *Eseia* xxxiii. 18, pa le y mae y *pwysudd*? **1604–7** *TW* (*Pen* 228), *pwyswraic* gwlan d.g. *lanipendia*. *id. pwyswr* d.g. *libripens*. **1620** *Diar* xxiv. 12, onid yw *pwyswr* y calonnau yn deall? **1632** *D*, *pwyswraig* d.g. *libraria, æ*. *c*. **1730** *Thos. Lloyd D* (LlGC) 201a, *pwyswr*, ponderator. **1770** *TG* iv. 58, *Pwyswyr* blawd yn Llundain. **1794** *W* d.g. *weigher*. **18–19g**. R. DAVIES: *DB* 181, Hen *bwyswr* y byd mewn clorianau, / Pryd hyn mewn cadachau caed ef. **1803** *P*, *pwyswr*, s. m. pl. *pwyswyr* . . . a weigher. *id. pwysydd*, s. m. pl. t. *ion* . . . a weigher. Ar lafar yn y ff. *pwyswr* yn ardaloedd chwareli y Gogledd am 'Y dyn yn y "mashin" neu'r cwt pwyso sy'n cadw cyfrif o bob tunnell o wast a ddaw o'r twll', E. JONES: *Canrif y Chwarelwr* (1963) 153; hefyd yn y De, yn enw. am '[dd]yn a gyflogid gan y cwmni i bwyso cynnwys dramiau'r glöwr yn y tŷ pwyso', *Geir Glo* 21.

Cfn.: **pwyswr y gwaith:** *weighman* (*in colliery*). Ar lafar ym Morg., *GTN* 668. **p. y dynion:** *check-weighman* (*in colliery*). Ar lafar ym Morg. yn y ff. *pwyswr y dinnon*, *GTN* 668.

pwysyddiaeth [*pwysydd*+-*iaeth*] *e?b*. Stateg: *statics*.

[**1783**] *W* d.g. *statics*.

pwysyn, gw. **pwys**[1].

pwytri, gw. **poetri.**

pwyts, pwtsh[4], **powtsh** [bnth. S. *pouch*] *eg*. ll. -*ys*. Cwdyn bach, yn enw. un i gadw arian ynddo, cod, pwrs; *Swol*. cod (marswpialiaid): *pouch, purse*; *pouch* (*of marsupials*).

15g. *GGl*[2] 246, Ban gefais, benaig afael, / *Bwyts* o law Rys, baetsler hael. **15–16g**. LLAWDDEN, &c.: *Gw* 161, Nwyts gwisgiad *pwyts* gwasgiad pen. *a*. **1547** *GGH* 410, Ac uwch ei ben, Goch ei *Bwyts*, / Iawn rhoi hognadd anrhegnwyts [i Goch y Pwyts am ddychanu Tegeingl]. **1547** *WS*, *pwyts*, a pouche. **16g**. WILIAM LLŶN: *Gw* (R. Stephens) 584, Â nwyts a *phwyts* hyd ei ffêr. **16–17g**. *GST* i. 608, A rhol achau rhy lychwin, / A'i baits crach yn ei *bwyts* crin. *id*. 953, Yna y daeth Siôn Tudur, â *phwyts* gwyn ar ei glun. **17g**. *IICRC* iii. 267, O chaid nag aur nag arian, fo fydde ei *bwyts* fo n egored. **18g**. *CM* 39, 126, rhowch fy *mhwyts* i Hugun mabli. Ar lafar yn Arfon ac yn sir Benf. a'r De yn y ff. *pwtsh*, *WVBD* 29, *GDD* 239; ''Odd 'en fenyw 'na'n gwyrthu *pwtshys*'; hefyd yng ngogledd Cered. yn y ff. *powtsh*.

Cfn.: **pwtsh arian:** *purse*. Ar lafar yn sir Benf. **p. baco:** *tobacco pouch*. **20g**. Ar lafar yn y Gogledd a sir Benf., *Cymru* liii. [134], *WVBD* 29; hefyd yng ngogledd Cered. yn y ff. *powtsh baco*.

pwytsiaf; pwytsio, gw. **poitsiaf: poitsio.**

pwytur, gw. **piwter.**

pwyth [bnth. Llad. *pūnctum*, drwy'r Brth. *pu(n)χton, cf. *pwnc*] *eg*. ll. -*au*, -(*i*)*on*, -*i*.

(*a*) Taliad yn ôl, ad-daliad, iawn, hefyd yn *ffig*.; tâl, taliad, gwobr, rhodd, hefyd yn *ffig*.; (?geir.) gwerth; gwrthateb, ateb parod: *requital, recompense, return, amends, also fig*.; *payment, fee, reward, gift, also fig*.; (?*dict*.) *worth*; *retort, riposte*.

13g. *A* 8. 9–10, men yth glawd e offer e *bwyth* madeu. **13g**. *MA*[2] 218a. 42–3, Arwar udd Kessar [o]'m ceissy am *bwyth* / Ys da beth ym ceffy [Dafydd Benfras i Lywelyn ap Iorwerth]. **1346** *LlA* 57, amrauaelon [*b*]*wytheu*. Athaleu dros ygobrwyev. **14g**. *WM* 254. 4–8, ar iarll a rodes owein yn anrec yr iarlles adywedut wrthi val hyn. welydi yma ytti *pwyth* yr ireit bendigedic agefeis i genhyt ti. **14g**. *GDG*[3] 267, Cair gair o garu'n ddigrif, / Caf, nid arbedaf fi, *bwyth*. **14–15g**. *IGE*[2] 263, Er peth byd, er *pwyth* bydawl, / Er ei dda yr eir i ddiawl (Siôn Cent). **1567** *TN* 235b, yn daledigeth [:– daliat, *bwyth*] yddynt. **16g**. *Hop M* 175, haû hadau da er cael *pwyth*, a ddyco ffrwyth aeddfedol. **1632** *D*, *pwyth*, pretium, merces, premium . . . *Pwyth* celwydd, Precium vel premium mendacij. **1722** *Llst* 189, *pwyth*, m. p. *pwythau*, a recompence, fee, concernment, worth. **1733** J. THOMAS: *HYB* 47, tybygant nad gwiw iddynt wybod neu wilied [*sic*] pa fodd mae'r *Pwyth* yn sefyll rhwng Duw a'u Heneidiau. **1803** *P*, *pwyth* . . . a retaliation, a requital, a return. Ar lafar ym mlaenau cymoedd Morg. a Myn. yn yr ystyr 'cymorth, cymwynas', 'Ro *bwyth* i fi. Ma plant 'eddi nēn nw ddim pen *pwyth* i chi', *BIBC* 42.

(*b*) (ll. -(*i*)*on*) (Ad-daliad) anrheg briodas: (*repayment of*) *wedding present*.

18g. *Ceredigion* viii. 197, Saturday as aforesaid being the Wedding day the friends of the man come all on Horseback, to the number of some time of 80 or 100 to his house, and have Bread & Cheese and a mug of ale each at his cost, and these they make their presents or pay *Pwython*, and out of them they pick about 8 or 10 or sometimes 20 of the best mounted to go to the Intended Bride's house to demand her in marriage. *id*. 200, Sunday being come the bride & bridegrooms business is to sit down all day, and receive presents, Good will & *Pwython* . . . The *Pwython* are the presents they had made at others weddings repaid. **1803** *P*, pwyth . . . *Pwython*, requitals; certain presents given, according to the old usage, to a newly married couple, by the persons invited to the wedding. Ar lafar ym Morg.

(*c*) Hynny o edau, &c., a dynnir drwy frethyn, lledr, croen, &c., ag un gwthiad o'r nodwydd, y symudiad a wneir wrth gyflawni hyn, gwnïad, dolen o edau, &c., a wneir ag offeryn gweu, crosio, &c., magl, hefyd yn *ffig*.; dull arbennig o bwytho, gweu, crosio, &c., neu'r ffurf a gynhyrchir yn y dull hwnnw; edau: (*single*) *stitch, tack, suture, also fig*.; (*type or form of*) *stitching or tacking*; *thread*.

15–16g. *GIF* 89, *Pwythau*'n lle ceilliau, fal caw ar wasbren, / a rôi'r ysbryd arnaw: / *pwyth* a chlwm, peth uwch ei law. / Pa waeth dynnu *pwyth* danaw [i haeru i ysbryd Deicyn ysbaddu Lang Lewys]? **1547** *WS*, *pwyth* o wniad, a stytche. *p*. **1584** G. ROBERT: *GC* [187], A hynny sydd orau, canys pann ddangossochwi y ty[ll]au, mi a'[ll]afinnau yn ymann roi *pwyth* ne cl[w]tt arnyn. **16–17g**. *B* ii. 235, *pwyth*, edau. **1632** *D*, *pwyth*, sutura . . . A Stiche. **1672** *Catec* [16], Rhesymmau 'n *bwythau* bathol rhoes dri-dêg / rhês dradoeth ragorol. **18g**. E. T. RHYS: *DA* 63, Rhoi *pwyth* i hwn, a chlwt i'r llall. [**1783**] *W* d.g. *stitch* [*in sewing*]. **1803** *P*. Cf. C. EVANS: *At* 32, Ond fe ddaeth Iesu i wnëyd gwaith na wnaeth neb *bwyth* o hono cyn iddo ddyfod i'r byd. Ar lafar yn gyff., *WVBD* 450; ''Odd y *pwytha* i gyd yn gorfod bod yn fæn, mæn, a phob un yn ogyfor o'i gilydd'; 'Ddim dyna'r *pwyth* wyt ti isio!'

(*d*) Pwynt, pwnc, testun: *point, subject*.

1567 *TN* [169b], ediveirwch, ac ofn Dew, ac eraill *bwytheu* [:– boyntie, vanneu] arbennic o'n ffydd. *p*. **1584** G. ROBERT: *GC* [194], amser arall . . . ni a gawn odfa . . . i roi man *bwthau* [*sic*] trwy'r holl ramar. **1672** J. LANGFORD: *HDdD* 228, y mae'r hwn a laddo ŵr megys yn dwyn ymmaith yr awdurdod hon allan o law Duw, yr hyn yw'r *pwyth* eithaf o Ryfyg gwrth[r]yfelgar a all fod. **1683** H. EVANS: *CTF* 51, Mae gennif i [Angau] gommissiwn, ac ynddo lawer *pwyth*, / Os gofynnir ymddiddan yn ei ddarllen, fe wna'n dy galon fwyth. **1712** T. WILLIAMS: *CDdG* 56, hi ddylei fod yn gwbl sefydlog ar ôl ystyrio pob peth i'r *pwyth* eithaf. **1765** J. EVANS: *CPE* 26, yr un yw gwir Grefydd . . . yn ei brâs *bwythau*, a 'i gwersi pennaf. *id*. 40, cadarnhâu y *pwythau* pennaf o 'r hanes. *id*. 193, hynny a gyfrifid yn *bwyth* mawr o barch. **1803** *P*, *pwyth* . . . a point. **1813** *WB* (Rhagymadrodd) [iii], Y *pwyth* cyntaf, gan hynny, tuagat y cyfryw wybodaeth, ydyw bod yn gyflawn ysbys o enw dalen.

Cfn.: **pwyth blanced,** gw. *p. planced*. **p. bras:** *tack* (*in needlework*). **1895**. Cf. *brasbwyth*. **p. cadwyn:** *chain stitch*; *kettle stitch*. **20g**. **p. cas pêl:** *herringbone stitch*. Ar lafar yn Eifionydd. **p. croes:** *cross stitch*. Ar lafar yn Arfon, *WVBD* 450. **p. gratur:** *moss stitch*. Ar lafar ym Môn, J. JONES: *Gwerin-eiriau*[2] 184. **p. hosan:** *stocking stitch*. **20g**. **p. mwnci:** *hame-strap*. Ar lafar yn neorllewin sir Gaerf., *TGG* (1907–8) 84. **p. o chwith(ig):** *purl stitch*. Ar lafar ym Meir., '*pwyth o chwith*', ac yn Arfon, '*pwyth o chwithig*', *WVBD* 450. **p. o dde(thau):** *plain stitch*. Ar lafar ym Meir. yn y ff. *pwyth o ddetha*. **p. ôl:** *backstitch*. **1933**. **p. pêl:** *oversewing*. Ar lafar ym Mhenllyn. **p. planced (blanced):** *blanket stitch*. **20g**. **p. rhedeg:** *running stitch*. **1933**. **p. dros ben:** *overcasting* (*in needlework*). Ar lafar yn Arfon, *WVBD* 450. **p. drwy'r mur:** *tie stone, stone traversing wall*. **1932**. **p. drwy('r) wal** = **p. drwy'r mur.** Ar lafar yn y Gogledd, *Cymru* liii. [134], *WVBD* 450. **p. twll botwm:** *buttonhole stitch*. **20g**. **bu b. gan (i gan, i):** ?*have to, be obliged to*. **16g**. (*LlEG*) *Mos* 158, 37a, Ynn yr amser I *bu bwyth I gan* veibion kadwgan ymchwelud yw gwlad yn anuuddygol a gado y kyuoeth I vchdrud. *id*. 347b, ac ymladd mor greulon ac I *bu bwyth gann* y sarssiniad dr/oi I Keuynnau a ffo. *id*. 359a, Y vo *uu bwyth Ir* am/erodyr adel I lu ynno. **o b.:** *as recompense* (*for*); *in retaliation*. **14g**. *CR* 162, *o bwyth* rod kymint a hwnnw. **15g**. *CSTB* 27, Y mae modd, os adroddaf, / I ddial hyn pan ddêl haf: / Fo wna gwen fwy nog unoed, / *O bwyth* i'r carl boethi'r coed! **dan b. (y p., ei b., &c.):** *in payment, in return, as recompense*; *in revenge, in retaliation*; ?*at risk, under threat* (*of*), *in peril*. **14g**. *GDG*[3] 128, Deuddeg ceiniog dan ddormach, / Neu wyth *dan bwyth* i'm dyn bach. **15–16g**. *GLM* 317, Llu ar gil llawer golwyth. / Llundain, pand llawn *dan y pwyth*? **16g**. *Llst* 6, 113, dy galont yw y goler / *dan y pwyth* hwde win per [Huw Pennal i ofyn milgi]. **16–17g**. *GST* i. 80, A rhybudd fy aer Rhobart, / *Dan bwyth*, alw Duw'n ei bart. **16–17g**. *B* ii. 235, pwyth . . . *dan bwyth*. dan warant. gwna *dan dy bwyth*, id est, dan dy berigl. *Dchr*. **17g**. *Mos* 147, 22, o chaf vn a ddamvnais / *dan i bwyth* dv iawn i bais / korn a vydd val kynydd kall / am llowrodd im llaw arall [Hywel Rheinallt i ofyn milgi du]. **ym mh.:** *in payment* (*for*), *in return* (*for*), *as recompense* (*for*). **13g**. *LlDW* 125. 8–9, Oderuyt roy pedh *em puyth*. **13g**. *HGK* 27, kynullaw holl wrachiot mantach . . . ag eu kynnig uddunt *ym pwyth* eu bradwryaeth. **1346** *LlA* 9, Ac *ympwyth* hynny (*in remuneratione*). yn diannot y kadarnnhawyt. **14g**. *TYP*[2] 159–60, Rodi i Vlkessar a gvyr Ruuein lle y karneu blaen eu meirch ar y tir *ym pwyth* Meinlas. **14g**. *GDG*[3] 270, Ystwyth, *ym mhwyth*, gad ym hon, / Dreisdew ddwfr, dros dy ddwyfron.

Gw. hefyd **pwythyn.**

pwythad, gw. **pwythiad.**

pwythaf: pwytho [bf. o'r e. *pwyth*] *bg.a*. Rhoddi pwythau mewn (brethyn, lledr, &c.) er mwyn sicrhau darnau wrth ei gilydd neu gyweirio darn, gwnïo, gweithio ag edau a nodwydd, &c., cyweirio, hefyd yn *ffig*.: *to stitch* (*up*), *sew, tack, suture, mend, also fig*.

15–16g. *TA* 404–5, Pa swydd â nodwydd a wnânt? / Pa ddewisgamp a ddysgant? / Ni bu, is mwng, na bys main, / Na llaw i wnïo llïain; / Ba waith i'r rhain *bwytho* rhawg?—/ Brwyn a grug bron garegawg [i ofyn gre o gesig]. **1547** *WS*, *pwytho*, stytche. **16g**. *Cylchg LlGC* iv, 81, Chychwi esgyrn sychion, myui a roddaf J chwi ysbryd. A myui a *bwythaf* wthi a giau arnoch chwi, a myui a wna J gynawd dyuu arnoch chwi. *a*. **1587** *Y* 62, Pe'th goelid, *pwytho* gwaelwawd, / Celwyddog wy'n cloddio gwawd. **16–17g**. LLYWELYN SIÔN, &c.: *Gw* 355, vaeth i gywydd braswydd brych / oerwr, yn llawn gwaith aürych. / *pwythed* y tyllav poethion / yn llwyr mewn synwyr, mab Sion. **1617** *Minsheu* 48a, i *bwytho*, i glyttio d.g. *to Botch, patch, peece, or mend*. **1632** *D*, *pwytho*, consuere, mullare. **1658** R. VAUGHAN: *GA* 22, yn *pwytho* cerddi newydd . . . iw canu yn yr Eglwys. **1688** S. HUGHES: *TSP* [iv], y Catechism, a elwir sail y Grefydd Gristianogawl, a phethau da eraill wedi eu *pwytho* gydag ef. **1715** T. EVANS: *GC* 12, gan ei *bwytho* ef [dwbled] tra 'r oedd y Doctor yn pregethu. **1763** *DT* 180, Ni chad mewn Gwair, (cair i'n Co') / Ei bath, na'i hail am *bwytho* [Lewis Morris am 'Gyffoden hynod o Gaerludd']. **1788** J. THOMAS: *CS* ii, [llyfr] wedi ei *bwytho* mewn Papur glâs. **1789** TWM O'R NANT: *TChB* 29, Mae 'r cythraul yn gweithio neu 'n *pwytho* 'mhob peth. **1803** *P* d.g. *pwythaw*. Ar lafar; hefyd yn Arfon yn yr ystyr 'to pay (someone) out, get a dig at someone', e.e. ''Ddaru o *bwytho* fo'n ofnadwy'. Cf. W. REES: *AFR* 129, yr hen byrgethwr hwnw, y daru fy hen ffrind i *bwytho* fo ar y stêm paced.

pwythiad, pwythad [bôn y f. fl.+-*iad*[1], -*ad*] *eg*. ll. -*au*. Y weithred o bwytho, pwyth, gwnïad, hefyd yn *ffig*.: *a stitching, stitch, sewing, also fig*.

1632 *D*, *pwythiad* d.g. *sarcimen*. *c*. **1730** *Thos. Lloyd D* (LlGC) 194b, *pwythad*, sewing. [**1783**] *W*, *pwythad* d.g. *a stitching*. **1803** *P*, *pwythiad*, s. m. a stitching.

pwythog [*pwyth*+-*og*; ansicr yw'r ystyr yn y dfn. cyntaf] *a*. Wedi ei bwytho neu ei gyweirio ag edau, gwniedig: *stitched or mended with stitches, sewn*.

a. **1587** *Y* 207, Gallai fod, mewn gwall fedydd, / Yn beth o Gayn, *bwythog* wydd! **1803** *P*, *pwythawg*, having stitches.

pwythwr, pwythydd [bôn y f. fl.+-*wr*, -*ydd*[3]] *eg*. (b. *pwythwraig*, ll. -*wragedd*) ll. *pwythwyr, pwythyddion*. Un sy'n pwytho, gwnïwr, clytiwr, teiliwr; bardd; dychanwr, ceryddwr, dwrdiwr: *stitcher, sewer, patcher, tailor*; *poet*; *satirist, rebuker, chider*.

Dchr. **17g**. *J* 10, 130b, *pwythwr*, botcher, rudiarius, sarcinator, veteramentarius, sutor. **1620** *Mos* 204, 86, Mab arddwr, ardded, mab *pwythwr*, pwythed. **1759** *DG* 44, Egwan *bwythwr* / O ddiffrwythwr y ddaw ffraethach / Wrth ŷch pillion / A'i bennhillion / i bann holliach. **1789** TWM O'R NANT: *TChB* 17, Degymwyr Trethwyr *pwythwyr* pur. **1803** *P*, *pwythwr*, s. m. pl. *pwythwyr*, a stitcher. *id. pwythydd*, pl. t. *ion* . . . a stitcher. Cf. J. H. JONES: *O'r Mwg i'r Mynydd* (1913) 14, na chaffai'r beirniad a'r *pwythwr* hwnnw ddim codi mwy i boeni beirdd a sgrafellu pregethwyr yr oes hon.

pwythyn [*pwyth*+-*yn*[1]] *eg*. ll. -*nau*. Pwyth; (nodwyddaid o) edau; rhwymyn; pwynt, pwnc, testun; hefyd yn *ffig*.: *stitch*; (*needleful of*) *thread*; *ligature*; *point, subject*; *also fig*.

1722 *Llst* 189, *pwythyn* (m) o edef, a needlefull or stitch of thread. *c*. **1730** *Taith C* 131, Chwi a ddaethoch *bwythin* dâ (*a good stitch*), ebe yntef, ni ellwch chwi lai na bod yn ddeffugiol. **1765** J. EVANS: *CPE* 431, y medrai efe . . . ragfynegi i'w ddisgyblion bob *pwythyn* a berthynai i'r neges yr oedd-ynt yn myned yn ei chylch. [**1783**] *W* d.g. *stitch* [*in sewing*]. *Diw*. **19g**. *SE*

MS 399b, *Pwythyn, -au*, sm. *pwythyn* o edaf—a needleful of thread; about as much as a needleful of thread. S.W. *pwythyn* o ffordd—a good bit of road or distance. Rhoi *pwythyn* mewn nodwydd—to thread a needle S.W. Ar lafar ym Morg. am '[dd]arn sylwedd-ol o lo yn y ffas', *Geir Glo* 56; hefyd mewn cyd-destun negyddol yn yr ystyr 'gronyn (o waith, &c.)', "Naiff 'i ddim *pwythyn* dros neb, os gall 'i'; "Dwi ddim wedi nuthur *pwythyn* 'eddi"; "Dôs dim *pwythyn* o waith yndo fe'; "Ches i ddim *pwythyn* o help gan neb'. Sonnir am '[g]ēl *pwythyn* bach' 'cael cyfathrach rywiol', *BIBC* 42. Digwydd yn sir Gaern. am 'offeryn pren crwn a ddefnyddir i reoli maint "mesgyn" wrth wau rhwyd', *B* xxv. 54.

Cfn.: **pwythyn y gadwyn:** *chain stitch.* **20g.** Ar lafar yn nwyrain Morg., *GTN* 668. **p. y gaib:** *blanket stitch.* Ar lafar yn nwyrain Morg., *GTN* 668. **p. clwm cariad:** *French knot.* Ar lafar yn nwyrain Morg., *GTN* 668. **p. dannedd y gath:** *herringbone stitch.* Ar lafar yn nwyrain Morg., *GTN* 668. **p. dyrlifau:** *honeycomb stitch.* Ar lafar yn nwyrain Morg., *GTN* 668. **p. fforchog:** *feather stitch.* Ar lafar yn nwyrain Morg., *GTN* 668. **p. gwar (ei war, &c.):** *neck-bone.* Ar lafar yn nwyrain Morg., 'Torri *pwythyn 'i war*', *GTN* 669. **p. maglau:** *purl stitch.* Ar lafar yn nwyrain Morg. **p. o dde:** *plain stitch.* Ar lafar yn nwyrain Morg., ac yn sir Benf. **gwneuthur p. o'i ddeg (o'i deg, o'm deg, &c.) ewin:** *to do a stroke (of work).* Ar lafar yn nwyrain Morg., "I ishteddws trw'r dydd yn macu 'i dilo 'eb *nuthur pwythyn o'i deg ewin*'; "Dw' i ddim wedi *nuthur pwythyn o 'neg ewin* 'eddi', *GTN* 668.

Gw. hefyd **pwyth.**

pwywr [bôn y f. *pwyaf*: *pwyo*+*-wr*] *eg.* ll. *-wyr.* Person neu beth sy'n pwyo, curwr, maeddwr, dyrnwr, maluriwr: *striker, beater, smiter, pounder, shatterer.*

c. **1400** *R* 1307. 10, *Pwy wr* [*sic*] ar adwy mywn paroded. **1632** *D* d.g. *excusor, tritor.* **1770** *W* d.g. *brayer, pounder* [*that pounds or beats any ingredient in a mortar, &c.*], *stamper.*

py[1,2,3], gw. **pa**[1], **pe, pwy**[3].

pyb (*y≡ə*) [bnth. S. *pub*] *eg.* ll. *-s.* Tŷ tafarn: *pub, public house, tavern.*

Ar lafar yn gyff., "Wyt ti'n mynd lawr i'r *pyb* heno?'; "Foties i'n erbyn agor y *pybs* ar ddydd Sul bob tro'.

pybl [ll. yr e. *pobl*] *e.ll.* Pobl(oedd); y bobl gyffredin, gwerin: *people(s)*; *the common people, folk.*

12–13g. *GLlLl* 264, Ros diuro, Penuro penn uateu —*pybyl*, / Pobyl uedyt rwy kigleu. **12–13g.** *MA*[2] 241a. 43, Gwresaic *pybyl* pobyl ofynag (Elidir Sais). *c.* **1300** *H* 8b. 28, cheredic *bebyl* ba hyd dullyeis (Gwalchmai). *Dchr.* **14g.** *id.* 75a. 16, gosparth *pybyl* pobyl dynyadon (Einion Wan). *id.* 89b. 50, achhyuarwot *pybyl* penn yn ervyt (Phylip Brydydd). **16g.** (*LlEG*) *LlGC* 5276, 211a, A chwbwl or kyffredin *bybyl* . . . Ar a ddoethai ynno. **16–17g.** *HG* 114, ag yno ny byddai vül, o chai *bybyl* a chwarddo. **1604–7** *TW* (*Pen* 228), y Cyphredin bobul . . . y werin, *pybyl* d.g. *plebs.* **1632** *D, pybl,* populus. Demet. **1722** *Llst* 189, *pybl* p. people, folk. **1778** *W*, pobl, *pybl*; pobloedd d.g. *people.*

Amr.: **pibl** [geir.]. **1547** *WS, pibyl* ne popyl, people. **1604–7** *TW* (*Pen* 228), *pibyl* d.g. *populus.*

Gw. hefyd **pobl.**

pyblic, gw. **pyblig.**

pyblican, publican, pwblican [bnth. dysg. Llad. *pūblicānus* a bnth. S. *publican*] *eg.* (b. *-es*) ll. *-iaid, -od.*

(*a*) *Beibl.* Un sy'n trosglwyddo'r gwaith o gasglu trethi, &c., i berson arall am dâl, casglwr trethi: (*bibl.*) *publican, tax-farmer, tax-collector.*

13g. *LlI* 25, Puebennac enteu a torro kemen kyureythyavl . . . eskemunedyc uyd mal *publican* (*WLW* 164, *publican* neu pagan). **1567** *TN* 1b, honneit yw may *Publican* [:– Cais] neu gynnullwr cyllit oedd Matthew. *id.* 8a, A ny wna'r *Publicanot* [:– Amobryddot, tollwyr] yr vn ryw? *id.* 29a, a's ef ny vynn wrandaw 'r Eccleis . . . bit ef y-ty megis Cenedlic [:– anffyddlon] a *Phublican* (**1588** *Math* xviii. 17, yr ethnic a'r *Publican*). *id.* 52a, *Publicanieit* lawer. *c.* **1585** *Llst* 178, 132a, megis y traethoedd y *pwplican* [*sic*]. **1611** R. SMYTH: *SG* 239b, Sacheus wedi i gyphroi drwy airiau Crist o dwysog ne benadur y *pwblicaniaid*, awnaethwyd yn ddrych, ef a roes haner i dda i'r tylodion. **1670** J. HUGHES: *AP* 121, y Sawl ni wrandawant ar yr Eglwys . . . megis yr Ethniciaid a'r *Publicanod.* **1672** R. PRICHARD: *Gw* 384, Cûr dy ddwyfron yn gystyddiol, / Fel y *Pwblican* difeiriol. **1704** E. SAMUEL: *BA* 195, [c]ymmerodd arno swydd *Publican* neu gyllidwr i godi trethi oddiar yr Jddewon tan y Rhufeiniaid. **1722** *Llst* 189, *publican* . . . a publican, gatherer of taxes. **1765** J. EVANS: *CPE* 164, *Publicanod* y gelwid casglwyr trêth, toll, a theyrnged.

(*b*) Ceidwad tŷ tafarn, tafarnwr: *landlord of a public house, innkeeper, taverner.*

1849.

pyblig, pyblic, pwblic, &c. [bnth. a chfdds. o'r H. Ffr. a'r S. *publ(ic)*(+*-ig*[2])] *a.* Cyhoeddus, agored, amlwg, hysbys, cyffredinol wybyddus: *public, open, manifest, generally known.*

14g. *GIG* 133, Noter *pyblig* un natur / Â phin a du â phen dur. **1567** *LlGG* [xvii], ny ddyly nep gymeryd arnaw . . . newydio vn drefn *bublic* nei gyffredin yn Eccles Christ. **1615** R. SMYTH: *GB* 124, yn barnu yn *bwblic* . . . yn barnu yn brifat. **1664** *LlGG* sig. d1v, Eglwys, Cappel, neu le *Public* arall. *id.* sig. d2r, yn amlwg, yn *Bublic* ac yn gyhoedd. **1672** J. LANGFORD: *HDdD* 113, [cyffes gyffredinol] pa ûn bynnag ai'n *Bublic*, ai'n neillduol. **1704** J. MORGAN: *B* 94, Gŷnt lladdwyd llaweroedd yn *byblic* o bobloedd. **1740** T. EVANS: *LlA* 4, bod Gweddio ar Dduw yn y stafell yn gystal ac yn *bublic* yn yr Eglwys yn flasus. **1776** H. JONES: *GC* 29, A diodde' o Grist farwolaeth ddîg, / Yn *byblig* dros ei Bobloedd. **1778** J. HUGHES: *BB* 39, Y tyngwr meddwa lleia ei râs, / Sy'n *byplig* [*sic*] wâs i sattan.

pybr, gw. **pybyr**[1].

pybraid, pebraid [?*pybr* (> *pybyr*[1])+*-aid*[2]; tebyg mai amr. orgraffyddol yw'r ff. yn *-e-*] *a.* Wedi ei bupro: *peppered.*

14g. *WM* 456. 21–2, golwython poeth *pebreit* i titheu a gwin goryscalawc. *id.* 458. 15–17, gvassanaethet rei a buelin goreureit ac ereill a golwython poeth *pebreit* (*RM* 104, *pybreid*).

pybyr[1], **pub(u)r** [bnth. Llad. *piper*; ?*pybyr* < *pybr*, Llyd. C. a Diw. *pebr*, taf. Gwened *pibr*, Gwydd. C. *pipur*; dichon mai *pybr* gyda llaf. lusg a gynrychiolir gan rai o'r enghrau. o *pybyr* isod ac mai i'r gair *pupur* y perthyn yr engh. gyntaf] *eg.* ac *e.ll.* (un. b. *pyb(y)ren, pub(u)ren*). Pupur (planhigyn neu flaslyn), aeron pupur, hefyd yn *ffig.*: *pepper (plant or condiment), peppercorns, also fig.*

13g. *LlI* 14, E dysteyn a dele e dywallv o lyssyeuoed vrth ardymheru e anregyon, y am *pypyr* a llyssyeuoed ereyll. **14g.** *T* 32. 15, A*phybyr* aphyc. ac vrdawl segyrffyc. **1346** *LlA* 166, Ymbrenhinyaeth arall yni ytyf yr hoire *pybyr.* *c.* **1400** *DB* 29, Ymplith y rei hynny y tyf y *pybyr* yn wynn. *c.* **1400** *MM* 92, ac yuet hwnnw drwy win a *phybyr.* *c.* **1400** *Études* vii, 58, *Pybyr*, gwressawc ynt a sych yn y dryded rad. *id.* 332, *Pybyr* yssyd wressawc a da y gylla oeruelawc gwlyb. **16–17g.** *HG* 2, ny ddwg undyn, bwys tri gronyn / o *bybyr* y, [*sic*] nef heb daly. **18g.** *Llr* C 24, 323, naw *pybyren* (*MMf* 183, *puburen*). *c.* **1762–79** W. WILLIAMS: *P* 129, nid yw hon yn dŵyn dim Spice, ond *pubur.* **1778** *W*, *pybyr* d.g. *pepper.* *id.* rhoi puppur (*pybyr*) ar beth d.g. *to* [*season with*] *pepper.* **1798** *WR*, *pubyr, pubr* d.g. *pepper.* *id.* *pubren* d.g. *peppercorn.* **1801** *MMf* 98, Cymmer ddail y geidwad, a rhuw, a chwmmin a phwya nhwy'n fâl gyda *phybyr.* Ar lafar yn sir Benf. ac yng nghanolbarth a godre Cered. yn y ff. *pubur*, ac yng ngogledd sir Gaerf. yn y ff. *pybyr.*

Cfn.: **pubur coián:** *cayenne pepper.* **1842. p. cochion:** *chilli (peppers).* Ar lafar yn sir Benf., *GDD* 223. **pybyr (pubur) duon:** *black pepper(corns).* **1816. pybyr gwyn(ion):** (i) *white pepper(corns).* *c.* **1400** *MM* 66, kymer y *pybyr gwynn* y mywn brwet. (ii) *Bot.* (*salad*) *rocket, Eruca sativa.* *c.* **1400** *Études* vii. 52, eruca, y *pybyr gwynn.* **18g.** *Llr* C 24, 366, eruca, y *pybyr gwyn.* *Bot.* **pubur y fagwyr:** *wall pepper, Sedum acre.* **1778** *W* d.g. *pepper, wall-pepper.*

Gw. hefyd **pubren**[1], **pupur.**

pybyr[2] [?ff. ddyddyblyg ar fôn y f. *paraf*: *peri*; ond cf. o bosibl *pybyr*[1]] *a.* Bywiog, eiddgar, selog, brwd, tanbaid; grymus, cryf, cadarn, calonnog, dewr; gwych, ysblennydd, gloyw, disglair, croyw: *lively, eager, zealous, staunch, enthusiastic, ardent; vigorous, strong, mighty, valiant, brave; fine, splendid, bright, shining, clear.*

13g. *C* 98. 6, *pebir* gur pan iv dyechen. *Dchr.* **14g.** *H* td. 346, Ewein arwyrein yr oroet. ar bawb o *bybyr* genedloet (Cynddelw). **14g.** *GDG*[3] 71, Gwisgo gwe lân amdanaf, / Gwnsallt *bybyr* harddwallt haf. *id.* 95, *Pybyr* fu pawb ar fy ôl, / A'u 'Pwy?' oedd ymhob heol. **14g.** *GIG* 37, Barwn mi a wn ei ach, / Ni bu barwn *bybyrach.* *c.* **1400** *R* 1148. 3–4, Caru duw y bawp oed *bybyryaf.* *id.* 1388. 14–15, Rif *pybyr* eryr arwyrein. **15g.** *DE* 46, pwy bier gwalld *pybyr* gwiw. **15–16g.** *TA* 35, Pob swydd, tŷ arglwydd yn teirgwlad—yn grwn, / *Pybyred* yn hwn pob ordinhad. **1547** *WS, pybyr,* thryfty. **16g.** *Rhyddiaith Gymraeg* ii. 37, Kymer siampl y geiriaû *pybyr* a glowaist kenyf i. **1567** *TN* 315b, Ymladd ymladdiad gorchestol [:– tec, claer, prydverth, [*p*]*ybyr*] y ffydd. **1588** 1 *Esd* ii. 47, y rhai a safasent mor *bybyr* wrth enw yr Arglwydd. **1632** *D, pybyr,* strenuus, robustus, fortis. **1675** R. DAVIES: *PY* 103, ni feiddia . . . nar gwr *pybyraf* gymmeryd arno swydd tywysog llu . . . heb awdurdod y brenin. **1688** S. HUGHES: *TSP* 119, fe a gwympodd Apol-lyon arno yn *bybyrach* neu 'n fwy nerthol. **1725** D. LEWIS: *GB* 294, [c]anfod mywn Dwfr *Pybyr*, Hâd Anifeiliaid, a phetheu eraill. **1764** DEWI NANTBRÂN: *CB* 53, Dewr amcan, cryf fwriad . . . a *phybyr* ymroad . . . i ochelyd pechod. **1803** *P, pybyr,* strenuous, stout, vigorous; valiant. Digwydd fel epithet, *Ruavn Bybyr*, gw. *TYP*[2] 500.

Amr.: **pebyr** [tebyg mai ff. orgraffyddol ar *pybyr* neu *pefr* yw'r rhan fwyaf, onid y cwbl o'r enghrau. isod]. **13g.** *C* 98. 6. **13g.** *A* 9. 13–14, en ol gwyr *pebyr* temyr gwinvaeth. *c.* **1400** *R* 1330. 25, athro *pebyr* bab eithyr mab meir. **1567** *TN* 202b, ac a esponiesont iddaw ffordd Ddew yn berffeithiach [:– vanylach, *bebyrach*]. Digwydd fel epithet, *Ruuawn Bebyr* (*Pebyr*), gw. *GLlF* 125, *CO*[2] 71–2, *Gronv(y) bebyr*, gw. *TYP*[2] 367 (gw. hefyd *pefr*). Cf. hefyd *pebyrddor*, *H* 83a. 14; [*p*]*ebyrwen*, *R* 1407. 24.

pybyraf, pubraf: pybyro, pubro [bf. o'r e. *pybyr*[1], *pubr*] *bg.a.* Pupro, hefyd yn *ffig.*: *to pepper, also fig.*

1778 *W* d.g. *to* [*season with*] *pepper.*

pybyraidd [*pybyr*[2]+*-aidd*] *a.* Cryf, dewr, gwych; bywiog, brwd: *strong, brave, fine; lively, enthusiastic.*

16g. SIÔN BRWYNOG: *C* 123, Pren erioed pur iawn ei wraidd / Pe byw eryr *pybyraidd.* **16–17g.** *PhA* 148, Pob rhodd twf *pybyraidd* teg / Hyd yn oedd [*sic*] awen wiwdeg. **1803** *P.*

pybyrddoeth, pybyrddor, gw. **pybyr**[2]+**doeth**[1], **dôr.**

pybyren, gw. **pybyr**[1].

pybyrfawr, pybyrgerdd, pybyrglod, pybyriaith, gw. **pybyr**[2]+**mawr**[1], **cerdd**[1], **clod, iaith.**

pybyriol, gw. **pybyrol.**

pybyrllys, pybyrlys, puburl(l)ys [*pybyr*[1], *pubur*+*llys*[5]] *eb.* *Bot.* Un o amryw fathau o blanhigion croesffurf o'r tylwyth *Lepidium*, yn enw. berwr gwyllt, *Lepidium latifolium*: (*broad-leaved*) *pepperwort, dittander.*

c. **1400** *MM* 18, ar bennlas, ar *bybyrllys*, a llygat y dyd. *Diw.* **16g.** *WLB* 50, pupur gwnnion pupur gwllt-ion y *bybyrlys.* **1632** *D* (*Bot*), y *Bybyrllys*, Medd[ygon] Mydd[fai]. **1778** *W*, y *bybyr-llys* d.g. *pepper-wort.* **1813** *WB* 230, *Pybyrllys*; Lepidium latifolium; Broad-leaved Pepperwort, Dittander.

Gw. hefyd **pupurllys.**

pybyrmint, gw. **puburment.**

pybyrog [*pybyr*[2]+*-og*] *a.* Pybyr, brwd, selog: *lively, enthusiastic, zealous.*

1873.

pybyrol, pybyriol [*pybyr*[2]+*-(i)ol*; nid amhosibl mai *pybyr*[1]+*-ol* a geir yn yr ail engh.] *a.* Gwych, ysblennydd, disglair; bywiog, eiddgar, selog: *fine, splendid, bright; lively, eager, zealous.*

c. **1400** *R* 1199. 5–6, O berffeithrwyd ar bop arwyd. awr *bybyryawl.* **15g.** *GLGC* 99, I ni siwgr candi a ddêl cyn—cyfedd / a *phybyrol* wledd a phob rhyw lyn.

pybyrwaith, pybyrwawd, gw. **pybyr**[2]+**gwaith**[1], **gwawd.**

pybyrwch [*pybyr*[2]+*-wch*[1]] *eg.* Cryfder, nerth, grym, cadernid, glewder, gwroldeb, dewrder; bywiogrwydd, eiddgarwch, selogrwydd, brwdfrydedd: *strength, power, vigour, sturdiness, stoutness, valour, bravery; liveliness, eagerness, zeal, enthusiasm.*

15–16g. *TA* 268, Heddwch, *bybyrwch* y byd, / Cyfoeth yw a fag hefyd. **1547** *WS, pybyrwch,* thryfte. **16g.** *GGH* 231, Bob gwlad, gariad ragorion, / *Bybyrwch* sir, bu barch Siôn. **1604–7** *TW* (*Pen* 228) d.g. *alacritas, valentia, vigor, viriditas.* **1632** *D, pybyrwch,* strenuitas, fortitudo. **17g.** E. MORRIS: *B* 38, Pa barch yw *pybyrwch* iaith? / Pa ryw enill pur unwaith? **1717** IACO AB DEWI: *MN* 191, ni ennillir un Fuddugoliaeth, heb lawer o *Bybyrwch* a Bwriad. **1744** D. ROWLAND: *RY* 104, Am Wroldeb a *Phybyrwch* y Ddau Gapten. **1755** *GAGC* 8, ym *Mhybyrwch* ei hymadroddion nid ydyw hi islaw yr un. **1773** J. EVANS: *DC* 2, hyder a *phybyrwch* calon i wasanaethu

Duw. **1776** *W* d.g. *lustiness* [*stoutness, vigour, &c.*], *stoutness.* **1778** J. HUGHES: *BB* 286, A'r goes ychydig llai na llathen, / A mwy ei *phybyrwch* na phabwyren [am fwtsias]. **1803** *P.*

pybyrwych, gw. pybyr² + gwych.

pycbren [*pyg*+*pren*] *eg. Bot.* Pygwydden, ffynidwydden, pinwydden: *pitch tree, fir tree, pine.*

1604–7 *TW* (*Pen* 228), prenn pyc, ne'r prenn y daw'r ystor pyc o honaw ag y divera[,] *pycbrenn* d.g. *picca. id.* gwyllt *bycbrenn* d.g. *piceastrum. id.* rhywogaeth pinwydden wyllt ei changhenæ ai Frwyth sydd debyg yr *pygbren* d.g. *cirnoli* (At.). *id.* d.g. *pituina refina* (At.), *spagas* (At.), *strobulina refina* (At.). **1632** *D, pycbren* gwŷllt d.g. *piceastrum.* **1780** *W* d.g. *a pitch tree.* **1803** *P, pygbren,* a pitch tree. **1813** *WB* 230, *Pygbren*; Pygwydden; Pinus Abies; Common Fir, or Pitch-tree.

pycs, gw. pics¹.

pycsiaf, pwcsiaf: pycsio, pwcsio [amr. ar *bwcsiaf*: *bwcsio*; ?cf. *pwcs*] *bg.a.*, weithiau gyda grym enwol i'r be. Gwneud llanastr neu stomp (o), stompio, potsian, stwna: *to make a mess* (*of*), *mess up, potter.*

1760 *ML* ii. 188, Dewi Fardd has sent hither 100 of his Blodeugerdd . . . wfft i'r fath *bwcsio* yn yr orgraph. **1761** *id.* 402, dyma fel y mae'n *pwcsio*'r peth [am gyfieithiad]. **1767** *ML* (Add) 693, och! y *pwcsio* a wnaeth [Siôn Rhydderch] yn ei Ramadeg o eisiau dysgedigaeth. Ar lafar ym Môn, '*pycsio* gwneud rhywbeth'; hefyd mewn ymad. fel 'Mae'r hen gar yma'n *pycsio* mynd'.

Gw. hefyd **bwcsiaf: bwcsio.**

pyctew [*pyg*+*tew*] *a.* Tywyll iawn, du: *pitch-dark, black.*

1703 E. WYNNE: *BC* 76, chwalodd y Niwl *pygdew.*

pych, pŷch, pech² (*ŷ≡ə*) [tebyg fod yma ddau air; ?ffrwyth camddarllen 'A wypych i'r mawrnych mau', *GDG*³ 168, a ?bnth. S. *puke*] *eg.* Anhwylder, clefyd, annwyd, peswch; cyfog, piwc, pwys, yn *ffig.*: *ailment, disease, cold, cough*; *vomit, puke, nausea, used fig.*

1632 *D, pŷch* q. Dyro i'm gyngor or [*sic*] gorau, Am y *pych* a'r mowrnych mau. D. G. **1688** *TJ, pŷch,* Clefyd: a Distemper. **1753** *TR, pŷch,* a cough. **1758** *ML* (Add) 952, Mae'r Tywydd yn lled oeraidd . . . yr hyn a barodd i lawer . . . gael yr anwyd neu'r *Pych* yn dost iawn. Ar lafar yn nwyrain sir Gaerf. a'r cyffiniau i fynegi cas at rywbeth, 'Mae'n hala'r *pŷch* arna' i', 'Mae'n codi *pech* arna' i'. Clywir *pŷch* yn y Gogledd fel ebd. i fynegi dirmyg neu ddiflastod; hefyd yn y ff. *pach.*

pyd¹ [?bnth. Llad. *puteus* drwy'r ff. **putịus*, cf. H. Wydd. *cuithe*; gw. hefyd *pydew*; ynglŷn â'r dfn. cyntaf gw. *B* xxiii. 218, 229] *eg.b.* ll. -(*i*)*au*, -*oedd.* Perygl, enbydrwydd, rhagod, ymosodiad cudd, magl, trap; pwll, pydew, yn *ffig.* uffern; antur; peryglus, enbydus: *danger, peril, risk, jeopardy, ambush, trap*; *pit, fig. hell*; *adventure*; *dangerous, perilous.*

13g. *B* iv. 4, Ar ny diuo pwyll *pyd* iw. **13g.** *Brut B* 138, kyvody a gwnaethant wyntev oc ev *pyt* ac ev kyrchv en dyssyvyt. **13g.** *BD* 174, ual yd oedynt yn dyuot parth a'r lle yd oed y *pyt,* kyuodi a oruc guyr Ruuein. *c.* **1300** *H* 15a. 28, Difyrth chwech oes [b]yd rac *pyd* poeneu (Einion ap Gwalchmai). **14g.** *WM* 169. 13–14, rac ofyn bot *pyt* gan y gwr it. **14g.** *GDG*³ 146, Dêl cyn no'i gymryd, *pyd* pell, / Yn dy gof, Indeg efell. *id.* 337, *Pyd* ar ros agos eigiawn, / Pwy a eill mwy mewn pwll mawn? *c.* **1400** *R* 1225. 26–7, Penn reith mawlweith am olut post pywys vadawc rac *pyt.* **1632** *D, pŷd,* periculum. **1722** *Llst* 189, *pŷd,* m.p. *pydau,* danger, harm. *Diw.* **18g.** *AL* ii. 548, sev a wareto Gymro yn *mhyd* angeuawl. **1792** R. WILLIAMS: *LlA* 75, Y Beirdd, wiw ganu, brudda' gweiniaid, / A *phyd* erwin ae'n ffoaduriaid. **1796** *Geirgrawn* 203, cawn ein bodd-hau a newydd-der *Pŷd* (adventure). **1803** *P, pŷd* s. m. pl. t. *odd.* . . a pit; a snare; danger. a. Dangerous. Ynglŷn â'r e. prs. *Pyd,* gw. *EWSP* 184.

pyd², gw. pe.

pydew [bnth. Llad. *puteus* drwy'r ff. **putẹus* (cf. *llew, olew*), gw. hefyd *pyd*¹] *eg.* (bach. -*yn*) ll. -(*i*)*au.*

(*a*) Siafft a dorrwyd er mwyn cael dŵr, &c., ffynnon, seston, tanc; twll yn y ddaear (weithiau wedi ei orchuddio â choed a dail i ddal anifeiliaid gwyllt, &c.), pwll; mwd, llaid, llaca: *well, cistern, tank*; *pit* (*sometimes covered with branches and leaves to trap wild animals, &c.*); *mud, mire.*

10g. (*Ox* 2) *VVB* 202, *peteu,* gl. *puteus.* **13g.** *Cylchg LlGC* v. 62, urth gladu *pydew* dwuyn . . . y digwydus enteu o uchel hyt yg gvaelavt y *pydew. c.* **1400** *DB* 49, yn y lle y mae y *pydew* . . . o tri ugeint kyfut, ac yn y waelawt y tywynna yr heul. **1547** *WS, pydew,* a pytte. **1567** *TN* 136a, Nyd oes genyt ddim y godydwfr, a'r *pytew* 'sy ddwfyn . . . Ai mwy wy-ti na'n tat ni Jacov, yr hwn a roes i ni y *pytew* hwn. [:– ffynnon hon]. **1588** 1 *Sam* xiii. 6, y bobl a ymguddiasant mewn og[o]feudd . . . ac mewn *pydewau.* **1588** *Diar* v. 15, Yf ddwfr o'th *bydew* dy hun. **1588** *Jer* ii. 13, hwynt a'm gadawsant . . . i gloddio iddynt eu hunain *bydewau,* ie *bydewau* wedi eu torri ni ddaliant ddyfroedd. **1604–7** *TW* (*Pen* 228), prenn hir y dynnu dwr or *pytewiæ* d.g. *telo.* **1632** *D, pydew,* puteus. **1688** *TJ, pydew*: a Pit, a muddy Water. *c.* **1730** *Thos. Lloyd D* (LlGC) 197b, *pydew* . . . puddle. **1794** *W, pydewyn* d.g. *well, a little well.* **1795** *R. Crusoe* 57, ymroais i dreio *pydewau* iddynt [geifr gwyllt] syrthio i mewn. **1798** *WR* d.g. *tank.* **1800** W. OWEN[-PUGHE]: *CP* 29, Pob llyn â ellir ei wneyd drwy groniad y ffrwd á gasglai lawerodd o *bydew* (*mud*).

(*b*) (enghrau. tros. a *ffig.*, ac enghrau. ynglŷn ag uffern: *transf. and fig. exx., and exx. with ref. to hell*).

1346 *LlA* 154, nyweleiste eto nemawr o boenev vffernn. Ac yna dangos *pydew* aoruc idaw. a seith ynseil arnaw. . . . Aphann agoret genev y*pydeu.* ef agyuodes drewant ohonaw. **14g.** *SC* viii/ix. 193, y rei a ettelir odis genev *pydeu* vffernn. **14g.** *GDG*³ 338, *Pydew* rhwng gwaun a cheunant, / Plas yr ellyllon a'u plant [i'r pwll mawn]. **14–15g.** *IGE*² 291, Pa les er hyn plas y rhew? / Peidiwn rhag naws y *pydew* (Siôn Cent). *c.* **1400** *R* 1233. 11, ar*pydew* llenn rew llawn rych. *id.* 1345. 42–3, Blin yw meint y uin anuanyar ribwt ryw *bydew* kerd wattwar. *id.* 1360. 38, corff *pydew* trum idew trwm. **1567** *LlGG* (*Sall*) 18b, eb achos y cloddiesont *bytew* i'm enait. **1567** *id.* 30b, Tithe Ddew, y descenny wynt yr *pytew* llwgr: y gwyr gwaetlyt a' thwyllodrus ny chan vyw haner ei [*sic*] dyddiae. **1567** *TN* 37[3]a, Satan . . . ys y yr owrhon wedy ei davly . . . ir *pytew* tan. **1762** G. JONES: *CFfOG* 96, rhag disgyn o honom i *bydew* dinystr. Cf. W. REES: *AFR* 334, dyna y *pydew* dyfnaf o drueni y gall natur ddynol suddo iddo yn y bywyd hwn; DEWI WYN: *BA* (At.) 61, Nid yw'r byd ond oer *bydew,* / Cymrwd o rwd ac o rew.

Cfn.: **(y) pydew diwaelod:** (*the*) *bottomless pit, hell.* **1567** *TN* 382b, agorodd y pwll heb waylod [:– *pytew diwaelod*]. **1751** *GIA* v, os medrant gellwair ag uffern, a dawnsio ynghylch *y pydew diwaelod.*

pydfan [*pyd*(*ew*)+*man*¹] *eg.* Pydew, ffynnon, cronfa ddŵr: *well, reservoir.*

1852.

pydiaf: pydio [bf. o'r e. *pyd*¹] *bg.a.* Peryglu, peri perygl (i), gwneud yn agored i berygl, rhagod; bod mewn perygl: *to endanger, cause danger* (*to*), *imperil, ambush*; *be at risk.*

13g. (1641) *HGK* 29, wrth hynny ydd ofynhaws y brenhin y ddigwyddaw yn llaw Ruffudd o'e *pydyaw,* pann ddisgynnei o'r myñydd. **13g.** *BD* 38, sef a wnaeth ynteu . . . a'e lu, eu *pydyav* vyntvy y myvn glyn dyrys oed ar eu ford. **14–15g.** *IGE*² 144–5, Na ad ar y winwlad wen, / Na rhylaw, er *pydiaw* pynt, / Na rhew gormodd, na rhywynt [Gruffudd Llwyd i ddanfon yr haul i annerch Morgannwg]. *c.* **1400** *R* 1153. 30–1, Titheu yr eneit peit nam*pyttyych. id.* 1386. 1–2, Ny byd a mab duw di/ymadaw. a vo mynws byt yny *bydyaw. id.* 1418. 8–9, pany welwch chwir byt wedyr *bydyaw.* **15g.** (*Dchr.* **17g.**) *Mos* 147, 209, padell ar ddwr nim *pydia* (*Gwyn* 3, 203, peidia) / o groen kv eidion dv da [Ieuan Fychan ap Ieuan ab Adda i ofyn cwrwgl]. **1632** *D, pydio,* periclitari. Habent antiqui. **1688** *TJ, pydio,* peryglu: to be in danger. **1722** *Llst* 189, *pydio,* to hazard, run yᵉ risque of. **1753** *TR, pydio,* to be in danger; to expose to danger. **1803** *P, pydiaw,* to ensnare, to endanger, to expose to danger; to be in peril.

pydlaf, pwdlaf: pydlo, pwdlo [bnth. S. *to puddle*] *bg.a.* Cymysgu a thrin clai i'w galedu; troi haearn bwrw yn haearn gyr drwy ei gydboethi ag ocsid fferrig mewn ffwrnais er mwyn ocsideiddio'r carbon: *to puddle* (*clay*); *puddle* (*pig-iron*).

1852. Cf. H. EVANS: *CE* 115, gwelir dynion yn *pydlo* clai . . . i'w galedu.

pydle, pwdle [?bnth. S. *buddle*+*lle*¹; am *b-* > *p-* cf. *ponc, potel*] *eg. Mwyn.* Ffrâm, cafn, neu bant yn y ddaear at olchi mwyn: *frame, vat, or depression in the ground for washing ore.*

Ar lafar, *pydle, Geir Mwyn* 49; *pwdle, Cymru* xlvi. 24.

Gw. hefyd **bydl** (At.).

pydler, pwdler, pydlyr [bnth. S. *puddler*] *eg.* ll. *pydleriaid, pwdlers, pydlyrs.* Un sy'n pydlo haearn: *iron-puddler.*

1854.

pydoldeb [*pyd*¹+*-oldeb*] *eg.* Perygl: *danger.*

18–19g. *Llr* C 54, 278, a gwaeth waeth bob dydd ag ym *mhydoldeb* angeu. **1803** *P, pydoldeb,* dangerousness. Rhys mab Tewdwr a foes i'r Iwerddon, rhag *pydoldeb* y lleddid ev . . . Ieuan Brechva.

pydraf¹, pwdraf: pydru, pwdru [bf. o'r e. *pwdr*²] *bg.a.* Mynd yn amhûr neu'n ddrwg, llygru, crawni neu gasglu (am glwyf, &c.), (peri) madru, braenu, adfeilio, hefyd yn *ffig.*: *to become corrupt, go bad, fester, suppurate, putrefy,* (*cause to*) *rot, decompose, decay, also fig.*

14g. *GIG* 162, Pader i hon—pwy ydoedd?—/ Poed ar awr dda, *pydru*'dd oedd [dychan i Herstin Hogl]. **1547** *WS,* gori *putry,* matre. *c.* **1585** G. ROBERT: *DC* [xviii], ny byddei hyn oll onyd gwneuthur croen newydd or tu allan, a gadu gwreiddin y clwyf . . . a gadel iddo *bydru* yno. *id.* [xix], Y maer brath yn ddyfn aruthr a chwedy *pydru* r enaid. *Diw.* **16g.** *B* ix. 121, pani ddoluria dy holl gorph di o *phytra* daint yt. **1588** *Nu* v. 22, aed y dwfr melldigedic hwn i'th goluddion . . . i *bydru* dy forddwyd. **1588** *Diar* x. 7, enw y drygionus a *bydra.* **1588** *id.* xiv. 30, cenfigen a *bydra*'r escyrn. **1588** *Eseia* xl. 20, Yr hwn sydd arno eisieu offrwm a ddewis bren heb *pydru.* **1588** *Jer* xiii. 7, *pydrase* y gwregys ac ni wnai lesâd i ddim. **1599 (1677)** R. HOLLAND: *AB* 91–2, efe [manna] a *budre* [*sic*], a fage bryfed, ac a ddrewe. **16–17g.** *DCR* 210, *Pydrv* a wna yr ellygen. **1606** E. JAMES: *Hom* ii. 83, cyrph y saint, y rhai sydd etto yn *pydru* yn y beddau. **1632** *D,* pwdr . . . *pydru,* putrescere, putrefacere. **1703** E. WYNNE: *BC* 21, wrth ddwyn cant o hobeidieu i *bydru.* **1759** J. EVANS: *PF* 98, Archollion yn *pydru.* **1803** *P.* Ar lafar yn sir. Benf. a sir Gaerf. yn y ff. *pwdru, Cymru* xl. 243. Ar lafar yn ardal y chwareli yn yr ystyr 'cleisio (llaw neu droed) drwy ddamwain', 'wedi *pydru* ei droed mae o', E. JONES: *Canrif y Chwarelwr* 153.

pydraf²: pydru [?bnth. S. taf. (*to*) *pooder,* amr. ar (*to*) *powder* 'to rush'; cf. *powdraf*²: *powdro*] *bg.a.* Dyfalbarhau (i), dal ati (i); curo: *to persevere* (*in*), *strive persistently* (*to*); *thrash.*

1894. Ar lafar, 'Mi *pydra* i di', *WVBD* 451.

Cfn.: **pydru ar(ni):** *to keep or stick at* (*it*), *carry on doing* (*something*). **1893.** Ar lafar yn y Gogledd, '*pydru ar* rwbath' 'to powder away at something, e.g. of a speaker or preacher', *WVBD* 451. **p. cerdded = p. mynd. 1933** *Ll* xii. 246, [c]lywn Ned Jones yn *pydru cerdded* ar f'ôl ar ei daith i'r Gors Bach (W. J. Gruffydd). **p. iddi = p. arni.** Ar lafar yn y Gogledd. **p. mynd:** *to plod along*; *go as fast as one can.* **1927.** Ar lafar yn y Gogledd, *WVBD* 451, *ISF* 62. **p. ymlaen:** *to plod along, carry on, also fig.* Ar lafar yn y Gogledd.

pydraidd [*pwdr*²+*-aidd*] *a.* Yn peri pydru, llwgr, llygredig: *corrupting, corrupt, rotten.*

1803 *P, pydraidd,* tending to rot, carious.

pydrchwil, gw. pwdrchwil.

pydredig [bôn y f. *pydraf*¹: *pydru*+*-edig*] *a.bfl.* Wedi pydru, pwdr, llwgr, hefyd yn *ffig.*: *rotten, rotted, putrefied, putrid, decayed, corrupt, also fig.*

1595 H. LEWYS: *PA* 43, Mal y mae yn rhaid ir physygwr . . . dorri ymaith, a llosci, ymarwgig *pydregig* [*sic*]. **1800** W. OWEN[-PUGHE]: *CP* 20, Mae camamcan . . . gan drinwyr tîr, y bydd tail, ond iddo rîth o fod yn *bydredig,* yn gyfartal ei effaith i hwnw â fo wedi twymo yn iawn. **1803** *P, pydredig,* being rotted, corrupted.

pydredigion [*pydredig*+*-ion*] *e.ll.* Sylweddau pydredig a ddefnyddir fel gwrtaith: *rotten substances used as manure.*

1814 W. DAVIES: *Agric . . . S. Wales* ii. 141, Manures from putrefaction (*pydredigion*) as dung of all sorts, rotten straw and vegetables, &c.

pydredd [*pwdr*²+*-edd*¹; cf. Crn. C. *podrethes* (ll.)] *eg.* Y cyflwr o fod wedi pydru, malltod, madredd, llygredd, sylwedd pydredig, hefyd yn *ffig.*; (geir.) diogi, syrthni: *putrescence, putrefaction, rottenness, corruption,* *rotten substance, also fig.*; (*dict.*) *laziness, sloth.*

16g. (*LlEG*) *Mos* 158, 632, mewn mallaint a nychdod o herwydd *pydredd* ac aviechyd y bwydydd ar diodudd. **16g.** DAFYDD BENWYN: *Gw* 646, *Bydredd* bileinwedd, bwy lanach bwndel? / ba vndyn y leitrach? / Bernwch chwi, ba wr na chach, / bwkl anoeth, baw y glanach? **1588** *Eseia* v. 24, bydd eu gwreiddyn hwynt [sofl a mân us] yn *bydredd*. **1588** *Hos* v. 12, mi a fyddaf fel gwyfyn i Ephraim, ac fel *pydredd* i dŷ Iuda. **1588** *Hab* iii. 16, daeth *pydredd* i'm hescyrn. **1630** *YDd* 368, [c]orph dyn heb ddwyn dim ond llau, pryfed, *pydredd*, a sawyr drewllyd. **1632** *D* d.g. *putredo*. **1657** RE: *CDd* 338, Mae 'r cyntaf [plentyn i Dduw] yn gweled llawer o *bydredd* ac o waeledd yn ei ddyled-swyddau gorau. **1693** *HC* 45, Yma yr ymddengis *pudredd* [*sic*] y rhagrithiwr. **1703** E. WYNNE: *BC* 138, lle ceula sorod pob *pydredd* a snafedd dinistriol. **1722** *Llst* 189, *pydredd*... corruption, rottenness, slothfulness. **1780** *W* d.g. *putridness*. **1803** *P*.

Cfn.: **pydredd coed:** *dry rot*. **20g. p. dannedd:** *tooth decay, caries*. **20g. p. pren = p. coed. 20g. p. sêr:** *star-slime*. Ar lafar yn sir Benf. yn y ff. *pwdre'r sêr*, *GDD* 145. **p. sych:** *dry rot*. **20g. p. traed, p. y droed:** *foot-rot* (*in sheep*). **1813**.

pydredd-dod [*pydredd* + *-dod*] *eg.* Pydredd, madredd, llygredd: *putrescence, rottenness, corruption.*
1839.

pydreddol [*pydredd* + *-ol*] *a.* Pwdr; yn peri pydredd: *putrid; putrefying.*
1814.

pydren, pydreuaf: pydreua, gw. **pwdryn, padereuaf: padereua.**

pydri, pwdri [*pwdr*[2] + *-i*[1]] *eg.* Pydredd, madredd, llygredd; diogi, syrthni: *putrescence, rottenness, corruption; laziness, sloth.*

c. **1400** *Études* vii. 296, ae y kic a ys y llall ae *pydri* arall. **1545** ELIS GRUFFYDD: *Ll* 4, A ffan ddigwyddo . . . bod y dwr ynn edrych yn dew ac o liw llaeth, diuera vii ne viii o ddauyne o uinegyr guyn mewn pwys ne ddav o'r kyurw [*sic*] ddwr ac y vo a wna j'r towyllwg ac i'r *pydri* ysydd o'i vewn ef syrthio j'r gwaelod. **1545** *CI* 102, j mae ynn hraid j *bydri* dyuod ar y nattur, ac ynn ol *pydri* ar y suddoedd natturiol j dilin kleuyd ynn y korf. **18g.** *Llr* C 24, 345, i brofi pa un fo lley bo chwydd ai Cig or ais yr llall ai *pydri* arall. **18–19g.** *Iolo MSS* 206, Berwi pillwydd a pheithwydd . . . au cadw rhag mall a *phydri*. Clywir *pydri* (canolbarth Cered.) a *pwdri* (de-orllewin sir Gaerf.) yn yr ystyr 'diogi', *B* xiv. 281, *TGG* (1907–8) 84.

pydriad [bôn y f. *pydraf*[1]: *pydru* + *-iad*[1]] *eg.* Y weithred o bydru, pydredd, madriad, braeniad, dadfeiliad, llygriad: *a rotting, rottenness, putrefaction, decomposition, decay, corruption.*

1604–7 *TW* (*Pen* 228) d.g. *caries, tabes*. *c.* **1730** *Thos. Lloyd D* (LlGC) 202a, *pydriad* T. 1. **1803** *P*, *pydriad*, a rotting; putrefaction.

pydrllyd, pydrlyd, pwdrllyd [*pwdr*[2] + *-llyd, -lyd*] *a.* Pwdr, pydredig, madredig; swrth, diog: *rotten, putrid, putrefied; slothful, sluggish, lazy.*

15g. *RWM* i. 401, kynneddvav anian dyfrlled yw kyssgadur trymlyoc *pydrllyd*. **1630** *YDd* 136, Somma dy gnawd *pwdrllyd* o gymmaint a hynny o gwscu. *id.* 168, rhaid torri ymmaith aelod *pydrllyd*, rhag i'r holl gorph wywo.

pydrni [*pwdr*[2] + *-ni*] *eg.* Pydredd, madredd, braenedd, dadfeiliad, llygredd; peth pwdr; diogi, syrthni; hefyd yn *ffig.*: *rottenness, rot, putrefaction, decay, corruption; rotten thing; laziness, sloth; also fig.*

1588 *Job* xiii. 28, A'r cyfryw vn megis *pydrni* a heneiddia. **1588** *Ecclus* xix. 3, *pydyrni* [*sic*] a phryfed ai cânt ef yn etifeddiaeth. *Dchr.* **17g.** *J* 10, 123a, *pydrni*, rotte. **1630** *YDd* 119, *Pydrni* dy ddannedd. *id.* 139, glanhau fynghalon hefyd oddiwrth *bydrni* fy llygredigaeth anianol. **1632** *D*, pwdr... *pydrni*, putredo, marcor. *id. pydrni* coed d.g. *caries*. **1632** J. DAVIES: *LlR* 368, Mi a ddywedais . . . wrth *bydrni* a llygredigaeth, Ti yw fy nhad. **1658** R. VAUGHAN: *PS* 400, drewi dy ber arogl, ath holl addurn-wisgoedd, cawiau o *bydrni*. **1661** E. LEWIS: *Drex* 346, bydded i *bydrni* ddyfod i mewn i'm hesgyrn. **1688** *TJ*, *pydrni*: rottenness, putrefaction. **1691** T. WILLIAMS: *YB* 116, Mae dyn anghymhedrol yn gwanychu y corph cadarnaf . . . trwy ei yrru i *Bydrni* ag ir conswmsiwn. **1722** *Llst* 189, pydredd, *pydrni*, m. corruption, rottenness, slothfulness. **1776** DEWI NANTBRÂN: *AN* 426, Yr wyf fi yn gorchymmyn fy Enaid, i Dduw: a'm Corph i'r Ddaear; i *Budrni* [*sic*], ac i'r Pryfed. **1803** *P*.

pydrol [*pwdr*[2] + *-ol*] *a.* Yn peri llygredd, yn tueddu i bydru, pydredig: *corrupting, rotting, putrid.*

1800 W. OWEN[-PUGHE]: *CP* 40, [d]arostwng tyfolion i ansawdd *pydrawl*, a dadleithio ireidon. **1803** *P*, *pydrawl*, tending to rot, corruptive.

pydrwch [*pwdr*[2] + *-wch*[1]] *eg.* Diogi, syrthni: *laziness, sloth.*

Ar lafar yng ngogledd Cered., "Chodith e ddim o'i fys bach i neud dim byd—ma *pydrwch* bron â'i ladd e'; hefyd ym Morg.

pydryd [*pwdr*[2] + ?*-yd*[1]; ?dan ddyl. y S. *putrid*] *a.* Pwdr, pydredig, mall: *rotten, putrid, blighted.*

1692 T. JONES: *Alm* [27], Cynhaiaf *pydrŷd* iawn i wair. **1708** *id.* [15], A llawer yn bŷw mewn Caethiwed o beswch, Cloffni neu ofud yn y Cymmalau, dolur yn y pen a'r Clustiau, Postwm mewn rhai, A chrŷd poeth *pydrud* ar eraill Mewn Rhai mannau. *c.* **1730** *Thos. Lloyd D* (LlGC) 194b, yn *Bydryd* yn y bedd. BM. 254. **18g.** (**1818**) R. JONES: *GP* 73, Y mae Lewis mêl Awen, / Draw yn brudd fal darn o bren, / Brau *pydryd* mewn oerllyd âr, / A'i ddwyen yn y ddaear.

pydryn, gw. **pwdryn.**

pydwran, pydyran, gw. **pedwaran.**

pyddelw, pydderw, gw. **pa**[1]**—p. ddelw.**

pyddiw, gw. **paddiw.**

pyff, pyffiad, pyffiaf: pyffio, pyffiol, gw. **pwff**[1]**, pwffiad, pwffiaf: pwffio, pwffiol.**

pyg [Crn. C. *pek*, H. Lyd. (*a*) *pic*, gl. *pice*, *pec*, gl. *pix*, Llyd. C. *pec*, Llyd. Diw. *peg*, Gwydd. C. *pic*(*c*): bnth. Llad. *pic-*, bôn traws yr e. *pix*] *eg.* a hefyd fel *a.* Sylwedd gludiog du neu frown tywyll sy'n lled hylifol pan fo'n boeth ac yn galed pan fo'n oer ac a geir drwy ddistyllu tar neu dyrpant ac a ddefnyddir i wneud llongau'n ddwrglos, &c., pitsh; bitwmen; y resin neu'r tyrpant amrwd a geir mewn pinwydd a ffynidwydd; pygddu, pyglyd; hefyd yn *ffig.*: *pitch* (*for caulking, &c.*); *bitumen; resin or turpentine of pine and fir trees; pitch-black; also fig.*

13g. *DB* 57, O achaus fynnonheu llynedic o *byc* (*bituminis*), o'r kyfryu *byc* ac yd adeilut Tur Babel ohonav. **13g.** *B* x. 28, Ef a gymerwys prenvol or fynitwyd ae rwymav o *byc* a llafneu heyrn. **14g.** *BY* 12, [p]eithyneu . . . wedy eu gordineu o *byc*, a deugein kufyd oed tewet y mur. *c.* **1400** *R* 1341. 39, breint racdor ywrpegor *pyc*. *id.* 1362. 22, or trysor trawsuyc lawdyr *byc* bagan. *c.* **1400** *Études* vii. 298, dot halen yndaw ac arnyment, a *phyc*. **15g.** *BB* 196, kymryt b[l]isg y knev. ac ev llenwi yn llawn o yspwng. a brynstan. a *phyc*. a dodi tan yndunt. **1546** *YLlH* [20], dal adar a rhwydeu ac a *phyg*. **1547** *WS*, *pyc*, pytche. **16g.** R. WHITE: *C* 43, rrai mewn peirie *pyg* a phlwm / mewn penyd trwm tragwyddol. **1588** *Gen* vi. 14, a phŷga hi [Arch Noa] oddi fewn, ac oddi allan a *phŷg*. **1588** *Eseia* xxxiv. 9, troir ei hafonydd hi'n *bŷg*, ai llwch yn frwmstan, ai daiar yn *bŷg* lloscedic. **1588** *Ecclus* xiii. 1, Yr hwn a gyffyrddo a *phŷg* a halogir ganddo ef. **1604–7** *TW* (*Pen* 228), prenn or hwn yn gyphredin y daw *pyc* d.g. *apinus*. **1687** (**1715**) J. OWEN: *TB* 35, megis ffrwd o waed . . . mor ddu ar [*sic*] *pyg*, yn ffiaidd iawn yr olwg. **1728** T. BADDY: *DDG* 100, Asphaltites, a alwyd felly o herwydd y *Pŷg* y mae yn i chwydu allan. **1803** *P*, *pŷg* . . . rosin of pine. Cf. OWAIN LLEYN: *Gw* 48, Gwyliwn Bab a'i galon *byg*, / Ei ddu ormes, a'i ddirmyg!

Cfn.: **pyg caled:** *stone-pitch*. **1722** *Llst* 189. **p. defaid:** *sheep-smearing*. [**1762**] E. POWELL: *HEI* 12. **p. gwlyb, p. teneuwlyb:** *tar*. **1722** *Llst* 189, *pyg teneu-wlyb*, tar. **1725** *SR*, *pŷg gwlŷb* d.g. *tarr*.

pỳg, pẁg (*y* ≡ *ə*) [cf. S. taf. *puggy* 'damp and warm (of weather); dirty'] *a.* O liw gwael, diraen (am ddillad heb eu golchi'n iawn, &c.); wedi colli ei sglein a'i liw (am addurn); tywyll a diflas (am dywydd): *having a poor colour, discoloured* (*of badly washed clothes, &c.*); *tarnished* (*of an ornament*); *murky* (*of weather*).

Ar lafar, 'Mae golwg *pỳg* arnyn' nw' (am ddillad heb eu golchi'n iawn), 'croen *pỳg*' 'dark muddy complexion', *WVBD* 451; 'Ma colar y crys 'ma wedi mynd yn itha' *pỳg*' (Morg.); 'tywy' *pẁg*' (sir Benf.).

pygaf, pygiaf: pygu, pyg(i)o [bf. o'r e. *pyg* (cf. Llyd. C. *pega*, Llyd. Diw. *pegañ* 'glynu') ac o'r a. bl.] *bg.a.* Gorchuddio neu drin (rhywbeth) â phyg, iro neu ddwbio â phyg, gwneud yn ddwrglos (â phyg), diddosi, calcio; duo, tywyllu; diraenu lliw (dillad wrth eu golchi'n wael); pereneinio; hefyd yn *ffig.*: *to cover or treat with pitch, daub with pitch, make watertight* (*with pitch*), *caulk; blacken, darken; discolour* (*clothes by washing them badly*); *embalm; also fig.*

14g. *WM* 165. 39–166. 1, Duach . . . nor hayarn duhaf adarffei y *bygu*. **16g.** (*LlEG*) *Mos* 158, 414a, Mewn lliain gwedi I *Byggu*. **1588** *Gen* vi. 14, a *phŷga* hi [Arch Noa] oddi fewn, ac oddi allan a phŷg. **16–17g.** *B* viii. 114, ac ai *pygawdd* hyd pan ei gwnaeth yn ddiddos rhac y dwfr. **16–17g.** *GHCEM* 149, Ag ystôr pygor y *pygwyd*—dy raen. **1604–7** *TW* (*Pen* 228) d.g. *impico, pico*. **1632** *D*, *pygu*, pice linere, picare. **17g.** *CM* 49, 41, I *bygu* fo a wnayd (*he was embalmed*) i gayl i ddwyn i wlad ganan. **1653** *MLl* i. 207, Fe barwyd *pygu* yr Arch . . . y pŷg yw'r heddwch, a'r cytundeb rhwng dyn a'r hwn ai [*sic*] gwnaeth . . . A'r hwn sydd yn iawn gredu, mae efe wedi i glymmu, a'i *bygu* i ddilyn y wîr eglwys. **17g.** E. MORRIS: *B* 96, *Pygu* o niwl, pa gau nos, / Pa oer ochain pa'r achos? **1686** FFOULKE OWEN: *Cerdd-lyfr* 37, Hi au gweithiau [*sic*] nhw [llafrwyn] 'n gawell cauad ei wedd, / Ai *byggi* 'n glos ddigon ym miniwn yr afon. **1803** *P*. Ar lafar yn Arfon clywir *pygu* 'diraenu lliw (dillad)', *WVBD* 451.

pygaidd [*pyg* + *-aidd*] *a.* Tebyg i byg, o natur pyg: *pitch-like, pitchy.*
1848.

pygan, pyganol, gw. **pagan, paganol.**

pygbinwydd [*pyg* + *pinwydd*] *e.ll.* (un. b. *en*). *Bot.* Enw ar amryw fathau o binwydd y ceir llawer o resin ohonynt, yn enw. *Pinus rigida* a *P. palustris*, pren y coed hyn: *pitch-pine*(*s*).
1892.

pygbren, gw. **pycbren.**

pygddu [*pyg* a *pỳg*, *pẁg* + *du*] *a.* Mor ddu â phyg, tywyll iawn, hollol dywyll, hefyd yn *ffig.*: *pitch-black, jet-black, completely dark, also fig.*

17g. E. MORRIS: *B* 107, Mae yn ol am anwylyd, / Niwl *pygddu* drwy Gymru i gyd. **1677** R. JONES: *BB* 108, *Pygddu* amliw eu meddyliau . . . a ellir eu deall wrth eu gwawd, â'u gwatwor. **1696** *CDD* 319, Os gwnâf fy ngwelu yn uffern *bygddu*, / Yno mae dy allu yn dôst. **1703** E. WYNNE: *BC* 59, mi'm gwelwn mewn Dyffryn *pygddu*. **18g.** *W Ballads* 151, [1], hen hwch oedd i deunydd, / A roed yn y cutt i dwchu gida dau fochyn *pygddu*. **1764** W. WILLIAMS: *Th* 15, Mi wela'r fottel *bygddu* a'r fflagen loyw fawr. **1772** G. HOWEL: *Alm* 27, Rwy'n taer ddeisyfu, gael dyfwn gladdu, / Pob pechod *pygddu*. **1793** DAFYDD IONAWR: *CD* 148, Llu *pygddu* y fagddu fawr. *id.* 207–8, Cymmylu'n *bygddu* uwch ben / Yn ebrwydd wnai y wybren. **1799** DAFYDD IONAWR: *MB* 13, Gweniaith, Rhagrith ddigonedd, / *Bygddu*, sy'n gwenu'n eu gwedd. Ar lafar, '*pygddu*' 'of a bad colour . . . rhwng gwyn a du', *WVBD* 451; '*pygddu*' 'pitch black', 'Ma'r claish wedi troi'n *bygddu*', *GTN* 671; hefyd yng ngodre Cered., sir Benf., a sir Gaerf. yn y ff. *pwgddu*, *TGG* (1907–8) 107, *GDD* 236.

pygdduaf: pygdduo [bf. o'r a. bl.] *bg.a.* Mynd neu wneud yn dywyll iawn, duo: *to become or make very dark, blacken.*
1839.

pygdduol [*pygddu* + *-ol*] *a.* Tywyll iawn, du: *very dark, black.*
1851–2.

pygedig [bôn y f. *pygaf*: *pygu* + *-edig*] *a.bfl.* Wedi ei orchuddio neu ei drin â phyg, wedi ei iro neu ei ddwbio â phyg: *covered, treated, or daubed with pitch.*

16g. (*LlEG*) *Mos* 158, 278a, [Ll]iain *pygedig*. **1803** *P*, *pygedig*, covered with pitch.

pygfaen [*pyg* + *maen*[1]] *eg.* Carreg folcanaidd dywyll wydraidd sy'n debyg i byg caled: *pitchstone.*
1866.

pygffagl [*pyg* + *ffagl*] *eb.* ll. *-au.* Ffagl (wedi ei mwydo mewn pyg), tors: *flambeau, torch.*
1834.

pyg-gannwyll [*pyg* + *cannwyll*] *eb.* ll. *pyg-*

ganhwyllau. Ffagl (wedi ei mwydo mewn pyg), tors: *flambeau, torch*.
1815.

pyg-glai [*pyg*+*clai*] *eg*. Bitwmen: *bitumen*.
1844.

pygiaf: pygio, pygilydd, gw. **pygaf: pygu, pwy**[3].

pyglech [*pyg*+*llech*[1]] *eb*. ll. *-i*. ?Pygfaen: *pitchstone*.
1851.

pyglen [*pyg*+*llen*] *eb*. ll. *-ni*. Tarpowlin; llen dywyll, yn *ffig*.: *tarpaulin; dark sheet, fig*.
1794 *W* d.g. *tarpawling* (hefyd *WR*).

pygliain [*pyg*+*lliain*] *eg*. ll. *pyglieiniau*. Lliain wedi ei drin â sylwedd gludiog, &c., at wahanol bwrpasau, e.e. i lapio corff, fel powltis neu blastr, neu i dynnu blew o'r croen, cwyrliain: *cerecloth*.
1604–7 *TW* (*Pen* 228) d.g. *ceratum* (hefyd *D*). **1632** *D*, *pygliain*, dropax. **1688** *TJ*, *pŷg-liain*: a Searcloth. **1725** *SR* d.g. *cerecloth, depilatory, a poultis*. **1796** *Geirgrawn* 91, yn peri i ddyn eillio ei ben, a rhoddi *pyg-liain* er [*sic*] ei goryn noeth. **1803** *P*, *pyglian*, s. m. a cere-cloth. Ar lafar gynt yn nwyrain sir Drefn. yn y ff. *pig lian*, 'plastr glynu', *Cymru* lii. 242.

pygliw [*pyg*+*lliw*[1]] *a*. Pygddu, du iawn, tywyll iawn: *pitch-black, jet-black, very dark*.
?**14g**. **(1789)** *BDG* 432, Gwa[i]s[g] baglog mewn gwisg *bygliw* [?Madog Benfras i'r Brawd Du]. **15g**. *GDID* 40, A buwch *bygliw*, lom a bwch baglog. **1547** *WS*, *pycliw*, pitchecolour. **16g**. *GGH* 365, Byclodd ac ymdrwsiodd draw, / *Bygliw* gyrn baglog arnaw [i ofyn hwrdd]. **16g**. WILIAM CYNWAL: *Gw* (G. P. Jones) 80, Trwm anwr, fostiwr fustach, / Ab Ieuan sur, hen bwn sach; / Gŵr ail, ac ar ei olwg / Baglau mawr o *bygliw* mwg. **1632** *D*, *pygliw*, piceus. *id*. d.g. *impluviatus, niger*. **1688** *TJ*, *pŷgliw*: black as Pitch. **1770** *W* d.g. *black* [*of colour*]. **1803** *P*.

pyglo, pyglöyn [*pyg*+*glo, glöyn*] *eg*. ll. *pygloau*. Bitwmen, asffalt; glo sy'n cynnwys bitwmen: *bitumen, asphalt; bituminous coal*.
1547 *WS*, *pycloun*. **1604–7** *TW* (*Pen* 228), *pycloun* d.g. *bitumen* (hefyd *D*). *id*. *pycloun, pyclo* d.g. *terra*.
Cfn.: **pyglöyn gludiog:** *bitumen*. **1632** *D* d.g. *bitumen*. **1722** *Llst* 189, *pygloyn gludiog*, clammy clay like pitch. **1770** *W* d.g. *bitumen*.

pygloaidd [*pyglo*+*-aidd*] *a*. Yn cynnwys bitwmen, asffaltaidd: *bituminous, asphaltic*.
1867.

pyglool [*pyglo*+*-ol*] *a*. Yn cynnwys bitwmen: *bituminous*.
1846.

pyglöyn, gw. **pyglo**.

pyglyd [*pyg*+*-lyd*, a cf. S. taf. *puggy* (gw. d.g. *pỳg*)] *a*. Tywyll, pygddu; o liw gwael neu ddiraen (am ddillad heb eu golchi'n iawn), budr, brwnt; wedi ei iro neu ei ddwbio â phyg, o natur pyg, yn cynnwys bitwmen neu resin: *dark, pitch-black; discoloured* (*of badly washed clothes*), *dirty; daubed with pitch, pitchy, bituminous, resinous*.
1346 *LlA* 153, morynyon duon *pyclyt*. agwiscoed duon *pyclyt* amdanadunt. **1604–7** *TW* (*Pen* 228) d.g. *piceatus, piceus*. **1677** C. EDWARDS: *FfDd* 2, [y] môr marw yn yr hwn nis gall dim fyw gan ei Sawr *pyglyd* ef. **1778** J. HUGHES: *BB* 119, Goleuni oedd un a bywyd, a'r llall yn dwllwch *pyglyd*. **1803** *P*, *pyglyd*, pitchy, of a pitchy quality. Digwydd yn Arfon am ddillad heb eu golchi'n iawn, am groen nad yw'n glir, ac am berson budr, 'Mae 'na olwg *pyglyd* iawn ar y dyn 'na', *WVBD* 451.

pyglyn [*pyg*+*llyn*[2]] *eg*. Tyrpant: *turpentine*.
1852.

pyglys [*pyg*+*llys*[5]] *eg*. *Bot*. Planhigyn o deulu'r *Umbelliferæ* sy'n tyfu mewn tir corsiog ac yn dwyn blodau bychain o liw melyn gwelw, ffenigl y moch, *Peucedanum officinale*: *hog's fennel, sow-fennel, sulphurwort*.
1604–7 *TW* (*Pen* 228) d.g. *peucedanus . . . et peucedanum* (hefyd *D*). **1632** *D* (*Bot*), ffenigl y môch, *pyglys*. **1688** *TJ* (*Bot*), *pyglŷs*, ffenigl y moch: Swine's-Fennel, Sulphurwort. **1774** *W* d.g. *hog's fennel, sulphur-wort*. **1803** *P*.

pygog [*pyg*+*-og*] *a*. Wedi ei iro neu ei ddwbio â phyg, tebyg i byg, llawn pyg, pyglyd: *daubed with pitch, pitch-like, full of pitch, pitchy*.
1604–7 *TW* (*Pen* 228), cadach *pycoc* d.g. *ceratum*. **1632** *D*, cadach cwyrog *pygog* d.g. *ceratum*. *c*. **1730** *Thos. Lloyd D* (LlGC) 202a, *pygog*, piceatus. **18g**. *Llr* C 24, 338, Y wneuthyr Cadach *pigog* [*sic*]. **1780** *W* d.g. *pitchy* [*having the qualities of pitch; smeared with pitch . . .*].

pygwydd [*pyg*+*gwŷdd*[1]] *e.ll*. (un. b. *-en*). *Bot*. Coed conifferaidd y ceir resin, tyrpant, neu byg ohonynt, ffynidwydd, pinwydd: *pitch trees, fir trees, pine trees*.
1632 *D*, *pyg-wydden* d.g. *picea*. **1722** *Llst* 189, *pygwydden*, f. a pitch-tree. **1780** *W* d.g. *a pitch tree*. **1803** *P*, *pygwydd*, pine woods. *id*. *pygwydden*, a pitch tree. **1813** *WB* 230, Pygbren; *Pygwydden*; Pinus Abies; Common Fir, or Pitch-tree.

pyngaf, pyngiaf, pwngaf: pyngo, pyngu, pyng(i)ad, pwngo, pwngad, pwngan [bf. o'r e. *pwng*[1]] *bg.a*. Tyfu'n glystyrau, clystyru, cynhyrchu'n doreithiog (am goed ffrwythau, &c.), bod yn drymlwythog (â ffrwythau), (peri) gwyro gan bwysau ffrwythau, hefyd yn *ffig*.: *to grow in clusters, produce abundantly* (*of fruit-trees, &c*.), *be heavily laden* (*with fruit*), (*cause to*) *bend under the weight of fruit, also fig*.
1722 *Llst* 189, *pwngo*, to grow in clusters. **1727** J. JONES: *DFF* [358], A Ffrwyth Sancteiddrwydd fel y Grawn / fai'n *pyngo*'r llwyn i'r llawr. **1764** W. WILLIAMS: *GDC* 80, A'i ffrwythau [pren y bywyd] o bob lliwiau . . . / . . . yn *pyngo* arno 'n llawn. **1766** *FfA* 34, dal sylw pa fodd y maent yn *pyngo* gan ffrwythau. **1770** *TG* ii. 73, ffrwythau aeddfed yn *pwngo*'n ddibaid. **1772** *W*, *pwngo, pwngad, pyngad* d.g. *to cluster, or grow in clusters*. **1772** D. ROWLAND: *PP* [119], 'Run wedd eu ffrwythydd llawn; / Sy'n *pyngo* i'r llawr, yngardd Duw Nêr. **1803** *P*. Ar lafar yng Nghered. a'r De, yn y ff. *pingo*, *TGG* (1907–8) 107; yng Nghwm Rhondda clywir y ff. *plyngad*; yng Nghered. digwydd y ff. *plingo*, a chlywir hefyd *byngad*.

pyngol, pwngol [*pwng*[1]+*-ol*] *a*. Yn tyfu'n glwstwr neu'n glystyrau (am ffrwythau, &c.), hefyd yn *ffig*.: *growing in clusters, clustering* (*of fruits, &c*.), *also fig*.
1803 *P*, *pyngawl*, clustering, swarming.

pyngyn, gw. **pwnc**.

pyjamas, pajamas, pejamas [bnth. S. *pyjamas*] *eg*. ll. *-ys, pyjamsys*. Siwt o dillad nos sy'n cynnwys siaced a thrywser llaes: *pyjamas*.
20g. Ar lafar.

pylaf, pwlaf: pylu, pwlu [bf. o'r e. *pŵl*[1]] *bg.a*.

1. (fel *bg*.) (*a*) Mynd yn bŵl neu'n ddi-fin, colli min neu awch: *to become dull or blunt, lose sharpness*.
13g. *BD* 33, A hyt tra barhavs Dyuynwal y *pylvs* cledyfeu y lladron. *id*. 106, Ef a aballa cribdeil y barcutanot, a danhed y bleideu a *bylant*. *c*. **1400** *DB* 31, [p]ann *bylo* hwnnw [corn] y try y llall y ymlad. **1588** *Pr* x. 10, Os wedi i'r fwyall *bŷlu* ni hogir ei mîn hi. **1604–7** *TW* (*Pen* 228) d.g. *hebeo*. **1632** *D*, pŵl . . . *pylu* . . . Hebescere. **1688** *TJ*, *pylu*: to wax dull or blunt. *c*. **1730** *Taith C* 153–4, Nî *phwla* ei awch ef [llafn cleddyf] fyth, efe a dyrr Gnawd ac Esgyrn, ac Enaid, ac Ysbryd.

(*b*) Colli disgleirdeb, tanbeidrwydd, neu eglurder, tawelu: *to lose brightness, intensity, or clarity, fade, grow dim* (*of sound*).
1632 J. DAVIES: *LlR* 148, ac a *byla* lawer [tân] os bydd oer yr awel o'i amgylch. **18g**. *W Ballads* 26, [5], Fe *bylodd* swn y malu.

(*c*) Pallu neu ddiffygio (am y synhwyrau, y galluoedd meddyliol, &c.): *to grow dim or become weak*(*er*) (*of senses, mental faculties, &c*.).
13g. *BD* 170, yny *pylvs* y glusteu ynteu gan sein y dyrnavt. ?**15g**. (**16g**.) *Llst* 6, 139, *pyloedd* [*sic*] vynr(h)em hen glement. **1632** J. DAVIES: *LlR* 460, y mae tueddiad ein meddwl . . . yn *pylu*, wrth fynych arfer o bechod. **1696** *CDD* 303, Y deall, a'r co perffaith, / Ar golwg gwâr ar unwaith, / *Pylu* a wnant mewn dŷdd. **1776** I. BRYDYDD HIR: *P* i. 176, pan fo 'r golwg yn pallu, y corph yn flinderog, a'i synhwyrau yn *pylu*. Ar lafar, '*pylu, pwlu*' 'to fail . . . (of sight)', 'golwg yn *pylu*', *WVBD* 451. Cf. R. ROBERTS: *Daearyddiaeth* 426, y maent [Creoliaid] yn *pwlu* yn nghynt, ac yn arddangos henaint cyn cyrhaedd blynyddoedd canol oed.

(*d*) (enghrau. *ffig*.: *fig. exx*).
13g. *BD* 121, [p]an doeth y uydin honno y *pylvs* y Saesson ac y kilyassant. **15–16g**. *Pen* 54, i. 279, a chynan a beli heb *byly* yn y ffydd / a bieuuyddant y goron ar holl geurydd (Rhys Fardd). *a*. **1587** *Y* 57, Na thybia fyth, beiav fu, / Hên Apeles yn *pylv*. **16–17g**. E. PRYS: *Gw* 263, *Pylodd* iaith Apolo dda / A mwyn arfod Minerfa. **1696** *CDD* 341, Y Werddon a gafodd yr haeddiad a haeddodd, / I balchder a gwŷmpodd, fe *bylodd* ei brî.

2. (fel *ba*.) (*a*) Gwneud yn bŵl neu'n ddi-fin, peri colli min neu awch: *to blunt*.
13g. *BD* 68, a *phylu* cledyfeu y lladron a oruc. **15g**. *BB* 127, dannet y bleideu a *bylhir*. **1632** *D*, *pylu*, hebetare, obtundere.

(*b*) Peri colli disgleirdeb, gostwng (golau neu sain, mewn theatr, stiwdio, &c.): *to cause to lose brightness, dull, dim or fade* (*light or sound, in theatre, studio, &c*.).
20g.

(*c*) Peri pallu neu ddiffygio (am y synhwyrau, y galluoedd meddyliol, &c.): *to cause to grow dim or become weak*(*er*) (*of senses, mental faculties, &c*.), *dull*.
c. **1400** *RB* ii. 213, y gwaet yn rydec ar hyt y wyneb ae lygeit a *bylwys* y drem. *c*. **1475** *B* xiii. 177, Y gwyrtheu . . . a *byla* synhwyreu y dynyon gweinyon yn eu fyd. **1615** R. SMYTH: *GB* 236, ni all towyllni yr awyr *bulu* [*sic*] cyflymdra i ddeall ai synuyr [*sic*].

(*d*) (enghrau. *ffig*.: *fig. exx*.).
13g. *Llst* 1, 95, Crypdeyl e lladron a *pyley*. dywalder er rey enwyr crevlawn a sathrey. **13g**. *BD* 18, mwy teir gveith oed lu y Freinc noc un Brutus, ket ry*bylit* ar y dechreu vynt. *id*. 93, y Saesson a ymladassant yn gyn wrolet a'r gelynyon a oedynt yn *pylu* y kyvdavdwyr. *c*. **1400** *YCM*[2] 128, na ellit *pylu* ruthur o'e allu ef. **16g**. **(1763)** W. SALESBURY: *LlM* 23, *pylu* y colic . . . a bair od yfir yn fynych. **1599** **(1677)** R. HOLLAND: *AB* [154], rhag ofn . . . *pylu* ei saesoneg. **1677** C. EDWARDS: *FfDd* 209, nid rhyfedd i anwybodaeth *bylu* ein cenedl ni. **1677** R. JONES: *BB* 133, i'n hoeri, a'n *pylu*, a'n cadw rhag gwasaneuthu Duw. **1704** *Cym Cr* 35, gwachel rhag i'th achosion bydol *bylu* dy Serchiadau at bethau nefol. **1728** S. RHYDDERCH: *GC* 45, Y pethau hyn a *bylant* Gerdd. **1790** T. JONES: *TOS* 334, anghrediniaeth . . . yn *pylu* fy mywyd.

pylafar, gw. **palafar**.

pylaidd, pwlaidd [*pŵl*[1]+*-aidd*] *a*. Pŵl (hefyd am y golwg), di-fin, hefyd yn *ffig*.: *blunt, dim* (*of sight*), *also fig*.
1803 *P*, *pylaidd*, somewhat blunt, bluntish. **1853** W. REES: *AFR* 125, y chwi yn dalentog, ac yntau yn *bwlaidd*.

pylder, pwlder [*pŵl*[1]+*-der*] *eg*. Pylni (hefyd am y golwg), hefyd yn *ffig*.: *bluntness, dullness, dimness* (*of sight*), *also fig*.
1611 R. SMYTH: *SG* 184, Glothineb yw awydd anllywadraethys, i fwyd a diod, ag y mae hyn o ferched iddo . . . bus[t]ledd *pwlder* synwyr a deallt. *c*. **1730** *Thos. Lloyd D* (LlGC) 201a, *pwlder*, stupidity.

pyldra [*pŵl*[1]+*-dra*] *eg*. Pylni (hefyd am y golwg), hefyd yn *ffig*.: *bluntness, dullness, dimness* (*of sight*), *also fig*.
1830.

pyledig [bôn y f. fl.+*-edig*] *a.bfl*. Wedi ei bylu, hefyd yn *ffig*.: *blunted, also fig*.
1655 R. JONES: *PC* xv, y chwennychent un linell o ddifinyddiol gân, o flaen cant mewn *pyledig*, drymlyd ymadroddiad. **1770** *W* d.g. *blunted*. **1803** *P*.

pyledrydd, ff. l., gw. **paladr**.

pyledd [*pŵl*[1]+*-edd*[1]] *eg*. Pylni, hefyd yn *ffig*.: *bluntness, also fig*.
1778 *W* d.g. *obtuseness, obtusion*. **1803** *P*, *pyledd*, bluntness, obtuseness.

pylgain(t), pylgeingerdd, pylgeiniol, gw. **plygain, plygeingerdd, plygeiniol**.

pylgeiniwr, pylgeinwr, plygeiniwr [*pylgain, plygain*+*-*(*i*)*wr*] *eg*. ll. *pylgeinwyr, plygeinwyr*. Codwr bore; mynychwr plygain: *early riser; one who attends matins or a 'plygain'*.
14g. *GDG*[3] 197, Hoed gwyliwr, *pylgeiniwr* pŵl, / Hynag fydd, hunog feddwl. **15g**. *Glam Bards* 4–5, gwardd llywelyn y dyn dy / dy was myn dyw a iessy / . . . / helwr *pylgainwr* gwenen / hwyl pryf awyr hwiliwr pren / ay vyall vach velly vydd / ay gryfach hir a gorvydd [Ieuan Gethin i'r bydafau]. **15g**. *GLGC* 66, i ganu fal

1604–7 *TW* (*Pen* 228) d.g. *oneratus, onustus.* **17g.** *LlGC* 13215, 373.

pynilodd, ff. l., gw. **penelin.**

pyniog, pynnog [*pwn*+-(*i*)*og*] *a.* Yn cario pwn neu faich, llwythog: *burdened, laden.*
1632 *D, pynnog* d.g. *onustus.* **1803** *P* d.g. *pyniawg.*

pynioraf: pyniori, pynioreg, pyniwl, gw. **pynoriaf: pynorio, pynoreg, peinioel.**

pyniwr, pynnwr [bôn y f. *pyniaf, pynnaf: pynio, pynno, pynnu*+(*i*)*wr*] *eg.* ll. *pynwyr.* Llwythwr, beichiwr, paciwr: *loader, burdener, packer.*
1722 *Llst* 189, *pynniwr* d.g. *a Burdener.* **1769** *DRh* 25, yn *Bynnwr*, Cludwr, Certwynwr. **1771** *W, pynniwr* d.g. *burdener, packer* [*that packs up things*]. **1803** *P, pyniwr*, s. m. pl. *pyniwyr* [*sic*], a burdener, a loader.

pynnaf: pynno, pynnu, gw. **pyniaf: pynio.**

pynnag [gw. *bynnag*; tebyg nad yma y perthyn yr enghrau. cynnar isod, ac mai enghrau. ydynt o beidio â dangos treiglad] *rh. amhd.* Bynnag: (*who*)*soever,* (*what*)*soever.*
9g. (*MC*) *VVB* 201, papedpinnac, gl. *quoduis.* **13g.** (*LlDW*) *ZCP* xx. 53, pa uacht *panaac* [*sic*] a vrtegho ar a kanogon rith vit or haul ac or vechni . . . pa vac *pennac* ni vrhtegho talet ehun er aul. **1567** *TN* 15a, Ac i pa ddinas *pynac* nei dref yd eloch. *ib.* A phwy *pynac* a'r ny's derbyn chwi. *id.* 98a, A' pha tuy *pynac* ydd eloch iddo. **1575–6** *B* vi. 316, Marcholphus a ddowod: *Pynnag* o by wlad j henym, dyma nyni. **1803** *P.*
Cfn.: **pynnag pwy:** *whosoever.* **16g.** Huw Arwystl: *Gw* 200, brauch dwrn yn barch wyd arnynt / pen aig parch *pynag pwy* ynt. **18g.** *Llr* C 24, 326. **1803** *P* d.g. *pynag.*
Gw. hefyd **bynnag.**

pynner, pynier [bnth. Llad. *ponder-*, bôn traws yr e. *pondus* (cf. *pwn*)] *eg.* ll. *pynerau.* Llwyth, baich, pwysau, pwn, sypyn, bwndel, hefyd yn *ffig.*: *load, burden, weight, pack, bale, bundle, also fig.*
13g. *Études* v. 98, pevnoeth oed pennhaf wedy *pynnyer* (*H* 45b. 9, *pynner*) kat. gan llary llaurodyat llat a llvyrder (Cynddelw). *id.* 99, Aervr var aerbeyr par *pynner* (*H* 59a. 7, aerbeir bar *bynnyer*) (Cynddelw). **13g.** *BD* 188, o diruavr a gorthrvm *pynnyer.* *Dchr.* **14g.** *H* 84b. 3–4, trymaf a glywaf ar eglycter byd traserch syberwyd penyd *pynner* (Llywelyn Fardd). **1632** *D, pynner*, pondus, onus. **1688** *TJ, pynner*, pwŷs, baich, pwn: a weight, burden or pack. **1771** *W* d.g. *bundle* [*a fardel, packet, pack, truss*].

pynnog, pynnwr, gw. **pyniog, pyniwr.**

pynoraf: pynori, gw. **pynoriaf: pynorio.**

pynoreg, pynioreg [?*pwn*+elf. anh.; ?cf. *pynner, pynier*] *eg.b.* ll. (geir.) *-au.* Cyfrwy pwn, pilyn pwn, ystrodur, ?un o bâr o fasgedi a gludir gan geffyl, &c.; cefnlliain march, hws: *packsaddle,* ?*pannier; horse-cloth.*
14g. *WM* 119. 23–4, A*fynorec* (*RM* 195, [*p*]*ynnyorec*) awascwys yn gyfrwy arnaw. **1604–7** *TW* (*Pen* 228), *pynoræc*, sadell y ddwyn pynnæ d.g. *clitellæ.* *id. pynorec* d.g. *dorsule.* **1632** *D, pynnoreg*, clitellæ. **1688** *TJ, pynnoreg*, ystrodur bwnn: a Pannel, a Pack-saddle. **1725** *SR, pynnoreg* d.g. *cloth, a Horse cloth, a Pack-Saddle.* **1771** *W, pynnoreg* d.g. *cart-saddle, dorser, a pack-saddle.* **1803** *P, pynioreg*, s. f. pl. t. *au* . . . a pack-saddle. *id.* d.g. *pynoreg*, s. f. pl. t. *au*, a pack-saddle. It is also called 'ystrodur'.

pynorfarch [bôn y f. ddil.+*march*] *eg.* ll. *-feirch.* Ceffyl pwn, pynfarch: *packhorse.*
1632 *D, pynnorfeirch* d.g. *clitellari.* **1778** *W* d.g. *a pack-horse.*

pynoriaf, pynoraf, pwnoriaf: pynori(o), pwnorio [cf. *pynoreg*] *bg.a.* Llwytho, beichio, pacio, sypynnu, bwndelu, hefyd yn *ffig.*: *to load, burden, pack, bale, bundle, also fig.*
1604–7 *TW* (*Pen* 228), *pynnorio* bob cwd ac screpan d.g. *conuaso.* **1632** *D, pynnorio*, onerare, sarcinare, onustare. **1688** *TJ, pynnorrio*: to pack up. **1740** *PTY* 11, Megis yn dwyn baich, mae modd iw *bwnorio* felly, fel na phwyso 'n rhy drwm, os croga yn gwbl o'r nailltu, mae'n pwyso'r corph i lawr. **1770** *W, pynnorio* d.g. *to bale* [*pack up in a bale*], *to bundle up.* **1772** J. Prys: *Alm* 20, Trethi ar Drethi yn Drithro, pob cêd / Yn codi ac yn prifio, / Pob blaenor yn *pynorio*, / Crŷ a gwan ddaw dan eu dô [*sic*] [ynglŷn â'r 'Ang-hydfod . . . am godi'r milisia']. **1778** J. Hughes: *BB* 319, *Pynnorio* 'r cyffylau. *id.* 369, *Pynorio* mwy, wneir ar y March / . . . / *Pynnorio*, pwnnio' n arwach, / Rhoi Plwm, gryn swm yn y sach. **1787 (1812)** Twm o'r Nant: *PG* 50, Ac felly darfu i mi'n ddi-feth, / *Bynorio* pob peth yn arian. **1789** *AUA* 11, *Pynnoraf* a'm Pin Arian,—peth allaf / Pwyth wallus i'w [*sic*] nghyngan, / Pobwr oer wyf pe bai rà'n / Pin eurwych im pen oerwan. **1793** *Cylchg* 101, yn cymmeryd pob mantais i ysgafnhau eu beichiau eu hunain, fal y caffont *bynnorio*'n drymach ar y gweiniaid. **1795** Jac Glan-y-gors: *SG* 18, a hwythau'n *pynorio* ychwaneg arno fe o hyd, oni bo asgwrn ei gefn ef yn mron torri. **1803** *P* d.g. *pynoriaw.* Ar lafar yn y ff. *penorio*, 'rhoi pynnau ar fulod', *TGG* (1904) 46.
Amr.: **pyniori. 1803** *P.*

pynoriog, pynorog [bôn y f. fl.+-(*i*)*og*] *a.* Yn cario pwn neu faich, llwythog; wedi eu sypynnu neu eu bwndelu (am nwyddau): *burdened, laden; baled, bundled* (*of goods*).
Dchr. **17g.** *J* 10, 122b, *pynnoriog*, clitellarius mulus. **1803** *P* d.g. *pynoriawg.*

pynoriwr [bôn y f. fl.+*-iwr*] *eg.* Paciwr, llwythwr, hefyd yn *ffig.*: *packer, loader, also fig.*
1778 *W* d.g. *packer.*

pynorog, pynoryn, pynsh, pynt, gw. **pynoriog, plorod, pwnsh[1], pont.**

pyntewyn, pyntwynaf: pwyntwyno, pyntwynion, gw. **pentewyn, pentwynaf: pentwyno, pentewyn.**

pynwent, penwent [?*pwn*+elf. anh.] *eg.b.* ll. *-au, -ydd.* Y llwyth cyntaf o rawn a ddygid yn flynyddol i'r felin, ?rhialtwch cysylltiedig â'r achlysur hwn: *first batch of grain taken annually to the mill,* ?*merry-making associated with this occasion.*
1722 *Llst* 189, *pynwent*, m.p. *-wentau, wentydd*, a great quantity of corn dressd or to be dressd for the use of the house, May grist or Michaelmass grist. Ar lafar yn sir Benf. a'r cyffiniau, 'Mae'n rhaid i mi fyn'd i grasu a melina *penwent* drost yr hâf', *GDD* 221; '*pinwent* = all the grain that was brought down to the mill for the "bing"', *TGG* (1907–8) 83. Cf. E. Llwyd Williams: *Crwydro Sir Benfro* ii. (1960) 40, Wrth wrando ar straeon ynghylch y felin hon [Pont-hywel] y clywais i'r sôn gyntaf am 'byng'—rhialtwch crwts a rhocesi'r ardal yn ystod y noson y deuai'r '*benwent*', y llwyth cyntaf o rawn, i'w sychu a'i falu. Ymgasglent o amgylch y felin y nos honno i chwarae a'u difyrru eu hunain. Yr oedd y cyfan yn ddigon diniwed, ond gwae'r cymydog amhoblogaidd.

pynywl, pynywnwyd, gw. **peinioel, prynhawnfwyd.**

pyped, pypet, pwped [bnth. S. *puppet*] *eg.* ll. *-au.* Model bach ar lun person, anifail, &c., a symudir â llinynnau sy'n gysylltiedig â'r aelodau, neu drwy roddi llaw y tu mewn i'r corff, er mwyn adloniant, marionét, hefyd yn *ffig.*: (*string or glove*) *puppet, marionette, also fig.*
20g.

pypedaidd [*pyped*+*-aidd*] *a.* Tebyg i byped, o natur pyped, fel petai'n cynnwys pyped(au): *puppet-like.*
20g.

pypedwr, pwpedwr [*pyped, pwped*+*-wr*] *eg.* ll. *-wyr.* Un sy'n gweithio pyped(au): *puppeteer.*
20g.

pypyr, pypyrmint, pypys, gw. **pupur, pepermint, pupys.**

pyr[1] [*py*[1]+*-r*; ansicr yw *T* 61. 23, pyr yganet, gw. *P Tal* 88] *rh. gof.* a *chys.* a ddilynir yn uniongyrchol gan f. Paham, pam; oherwydd, gan: *why; because, since.*
12–13g. *GLlLl* 97, Peryf nef, *pyr* ddywettwn / Parabyl prif hyfryd hyd hwnn? **13g.** *C* 19. 5–6, Guae ti di hewid *pir* doduid im bid. *id.* 22. 10–12, Gvae vi *pir* imteith genhide in kyueith. Gvae vi *pir* wuuf ar dikiuolv. *id.* 23. 6–7, Guir yw guae uin hev [*sic*] *pir* deuthoste im gotev. *id.* 49. 12, *pir* puyllutte hun. *id.* 100. 9–10, *pyr* toei wanec carrec camhur. *c.* **1300** *H* 42a. 14, O voli peir deon *pyr* dawaf (Cynddelw). **14g.** *T* 68. 12–13, Gwenwyn *pyr* doeth pedeir pennoeth.

pyr[2], pahyr [*py*[1], *pa*[1]+*yr*[2]; cf. H. Wydd. *cair* 'paham'; ansicr yw'r engh. olaf] *rh. gof.* a *chys.* sy'n digwydd yn annib. ac o flaen geiryn rhagferfol. Paham, pam; oherwydd, gan: *why; because, since.*
c. **1300** *H* 8b. 17, pell nad hunawc gwenn gogwn *pa hyr* (Gwalchmai). **14g.** *T* 17. 4–5, Neu vreint au seint *pyr* ysaghyssant. neu reitheu dewi *pyr* ytorrasant. *id.* 19. 12, *pyr* na threthwch traethawt. *id.* 27. 15–16, meneich aleit *pyr* nam dyweit. *pyr* nam eregryt. *ib.* 26–8. 1, eilewyd kelwyd *pyr* nam dywedyd. *id.* 28. 11, *pyr* y traethwn i traythawt. namynt o honawt. **14g.** *WM* 456. 2–4, athitheu ny bo teu dy benn *pyr* y kyuerchy di. *c.* **1400** *R* 1054. 3, neu y dan tytwet. *pyyr* y seilyat.
Amr.: **byr[2]** [*by*[1]+*yr*[2]]. *c.* **1400** *R* 1045. 11, owi a angheu *byrr* ymgat.

pŷr[1], gw. **pôr[1].**

pŷr[2] [?bnth. Llad. *pirus* neu *pirī*; tebyg mai ffrwyth ymgais i'w gysylltu â'r e. *ffyr*[1] yw'r ystyr 'ffynidwydden'] *eg.* ?ac *e.ll* ?Coeden ellyg neu goed gellyg; (geir.) ffynidwydden: *pear tree or trees;* (*dict.*) *fir tree.*
c. **1400** *R* 1028. 44, Eiry mynynyd [*sic*] coch blaen *pyr.* **1803** *P, pyr*, s. m. . . . a fir tree. Cf. *Minsheu* 353b, melys-byr, i. pyra dulcia d.g. *Katerne Peares.* ?Cf. hefyd yr e. lle *Penypyrau, ELlSG* 87.
Gw. hefyd **pêr[2].**

pyrad, gw. **pirat.**

pyraf: pyro, pyran, gw. **pyriaf: pyrio.**

pyramid, piramid [bnth. S. *pyramid*] *eg.* ll. *-*(*i*)*au, -iaid, -s.* Adeilad mawr (o feini, fel arfer) ac iddo waelod sgwâr, ac ochrau taironglog yn gogwyddo tuag i mewn ac yn cyfarfod yn gopa pigfain yn y canol (yn enw. bedd brenhinol Eifftaidd), unrhyw wrthrych o'r siâp hwn, *Math.* solid tebyg a'i sylfaen yn bolygon, hefyd yn *ffig.*: *pyramid, also fig.*
16–17g. Huw Machno: *Gw* 79, Pur galawnt, pur y gwelon' / *Puramides* heuldes ar hon [cywydd i'r Tŷ Newydd yn y Gwigau yng Ngwedir]. **1615** R. Smyth: *GB* 79, i *piramydiaid* ag adailadau eraill ardderchawg. *id.* 216, na hefyd holl statue teg na *phramidiau* [*sic*] . . . na phomp a rhodres. **1658** R. Vaughan: *PS* 235, *Pyramid* . . . wedi ei osod i fynu yn yr Ecclwys am goffadwriaeth arbennig oth farwoleth. **1696** *CDD* 20, A'r *Pyramid* hefŷd, gwŷch hyfrŷd uwch hon [am fedd y Frenhines Mari II]. *c.* **1762–79** W. Williams: *P* 63, adeilad pedwar onglog, a'r [*sic*] ddull *piramid.* *id.* 263, y peth mwya rhyfeddol trwy holl wlad yr Aipht . . . yw'r *Piramids.*
Amr.: **peiramid. 1780** *W* d.g. *pyramid.* **pyramides** [bnth. S. Diw. Cyn. *pyramides* (ff. un.)] (*eb.*). **16–17g.** Huw Machno: *Gw* 79. **1620** 1 *Mac* xiii. 28, saith *pyramides.* **1696** *CDD* 327, Gwelwn Gastel cywraint uch, / *Pŷramides* [:– Lluman] ddisglair wŷch.
Cfn.: **pyramid cymdeithasol:** *social pyramid.* **20g.**

pyramidaidd [*pyramid*+*-aidd*] *a.* Ar lun pyramid, tebyg i byramid: *having the shape of, or similar to, a pyramid.*
1837.
Amr.: **peiramidaidd** [*peiramid*+*-aidd*]. **1780** *W* d.g. *pyramidal, or pyramidical.*

pyramides, gw. **pyramid.**

pyramidol, pyramidiol [*pyramid*+-(*i*)*ol*] *a.* Pyramidaidd: *having the shape of, or similar to, a pyramid.*
1875.
Amr.: **peiramidol** [*peiramid*+*-ol*]. **1780** *W, peiramidawl* d.g. *pyramidal, or pyramidical.*

pyrc, pyrcs, gw. **porc.**

pyrchwyn, gw. **pwrcwin.**

pyrecsia [bnth. S. *pyrexia*] *eg.* *Meddyg.* Twymyn: *pyrexia.*
20g.

Pyrenïaidd, Pyrenaidd [cfdds. o'r e. lle S. *Pyren*(*ee*(*s*))+*-aidd*] *a.* Yn perthyn i'r Pyreneau: *Pyrenean.*
1850.

pyrfeidiaf: pyrfeidio, gw. **profeidiaf: profeidio.**

pyrffét, pwrffét, &c. [?bnth. S. *beaufette, buffet* 'cupboard in a recess for china and glass'] *eg.* Math o gwpwrdd cornel ac iddo ddrysau gwydr a silffoedd i arddangos tsieina, gwydr, &c.: *type of corner cupboard*

with glass doors and shelves for the display of china, glass, &c.
Ar lafar ym Morg. yn y ff. *pyrffét, pw(r)ffét, proffét*; cf. *LlGC* 1172, 20, *Pyrffet* . . . a piece of furniture of Welsh design & make, which was perhaps the most important in the young woman's 'stafell', prepared at her home by the Country Carpenter, months before the wedding . . . to keep under lock and key (either the best china and glass) or every kind of wearing and bed clothes. As a rule they were made to fit a particular place in a house, & for that reason they would hardly suit any other.

pyrffor, pyrfformans, gw. **porffor, perfformans.**

pyrhaf: pyrhau, pyrhawnfwyd, gw. **parhaf: parhau, prynhawnfwyd.**

pyriaf, pyraf: pyr(i)o, pyr(i)an [bnth. S. (*to*) *purr*] *bg.* Canu grwndi, canu crwth (am gath): *to purr.*
Ar lafar mewn rhannau o'r Gogledd yn y ff. *pyr(i)o, pyrian*, ac yn y De yn y ff. *pyran*, gw. *LGW* 405.
Amr.: **pwr(i)an. 1915.**

pyrier [bnth. H. Ffr. *p(i)errier*] *eg.* ll. *-au.* Peiriant rhyfel i hyrddio cerrig, magnel, blif: *perrier (type of mangonel or catapult).*
c. **1400** *YCM*² 12, dyrchauel *pyrryereu* a magneleu a bliuieu, ac amryw peiranneu ereill.

pyriodaf: pyriodi, pyriodas, gw. **priodaf: priodi, priodas.**

pyrjaf: pyrjo, gw. **pwrjaf: pwrjo.**

pyrm (*y≡ə*) [bnth. S. *perm* 'permanent wave'] *eg.* (Dull o gynhyrchu) cyrls neu donnau gwneud yn y gwallt sydd i fod i bara am rai misoedd: *perm, permanent wave.*
20g.

pyrmowter, pyrnaf: pyrnu, gw. **promoter, prynaf: prynu.**

pyrnawn, pyrnhawn, gw. **prynhawn.**

pyrnhawnfwyd, pyrnhawnol, pyrnhawnwyd, pyrnhowni, pyrnwydau, gw. **prynhawnfwyd, prynhawnol, prynhawnfwyd, prynhawnu, prynhawnfwyd.**

pyrocsen [bnth. S. *pyroxene*] *eg.* Un o nifer mawr o fwynau tywyll eu lliw sy'n cynnwys silicadau o fagnesiwm, haearn, a chalch, ac a geir mewn creigiau igneaidd a rhai creigiau metamorffig: *pyroxene.*
20g.

pyromaniac [bnth. S. *pyromaniac*] *eg.* Un sy'n dioddef gan afiechyd meddwl a nodweddir gan yr awydd i roddi pethau ar dân: *pyromaniac.*
20g.

pyrs [?yr e. prs. *Pyrs*] *eg.* Personoliad o ddiogi: *personification of indolence, laziness.*
Ar lafar yn sir Drefn., '"*Pyrs*" ar ei gefn', *Mont Coll* xi. 310.

pyrsaf, pyrsiaf: pyrsu, pyrsio [bf. o'r e. *pwrs*] *bg.a.*

(*a*) Rhoddi neu gadw mewn pwrs, pocedu: *to (put or keep in a) purse, pocket.*
15–16g. Dafydd Trefor: *Gw* 138, Pa berson, pwy a *byrsiodd*? / Pentwr aur, punt yw 'i rodd. **16g.** (*LlEG*) *Mos* 158, 201a, megis ac I gellei/nn twy *byrssu* yr arian. **16g.** Wiliam Cynwal: *Gw* (G. P. Jones) 137, Blawr bach, am dabler y bydd; / Bragiwr twymn, brau, gŵyr Tomas / *Byrsu* swllt o bwrw seis as. **16–17g.** *PhA* 368, Person wyd prys ni wedir / maint yw r corph mayntwrog hir / a pherson D'aur ni *phyrsiwyd* / Awstin gall ffestiniog wyd. **1604–7** *TW* (*Pen* 228), wedy gadw mewn codae a phyrsæ, wedy *byrsio* d.g. *confiscatus.* *c.* **1730** *Thos. Lloyd D* (LlGC) 202a, *pyrsu* . . . To pocket.

(*b*) Llenwi yn y piw neu'r chwarren laeth, piwo: *to become full in the udder or mammary gland.*
1893. Ar lafar ym Meir., '*pyrsio*, buwch neu ast yn hel pwrs cyn dyfod â rhai bach', *B* iii. 207.

pyrsaid, pyrsiaid [*pwrs*+*-aid*¹, *-iaid*²] *eg.* Llond pwrs: *purseful.*
1688 S. Hughes: *TSP* 246, a chan wthio ei law i'w boced e, fo a dynnodd allan *byrsed* [:– Gôd] o Arian. *c.* **1730** *Thos. Lloyd D* (LlGC) 197b, *pyrsed*, a pursefull. Cf. *PT* 140, Os ei di 'i [*sic*] garu merch y dafarn, / Cais it *byrsiad* mawr o arian.

pyrsan [*pwrs*+*-an*¹] *eg.* Pwrs bychan, ?hefyd yn *ffig.*: *little purse, ?also fig.*
16–17g. E. Prys: *Gw* 331, Person wyf, *pyrsan* ofer / Llwydlo, lle anaml clo clêr. **1604–7** *TW* (*Pen* 228) d.g. *locellus.* *id. pyrsan* o groen meddal d.g. *pasceolus.* **1722** *Llst* 189, *pyrsan*, m. a little purse.
Gw. hefyd **pwrs.**

pyrsennol, gw. **presennol.**

pyrser [bnth. S. *purser*] *eg.* ll. *-iaid.* Swyddog ar fwrdd llong, &c., sy'n gyfrifol am gadw'r cyfrifon ac am anghenion y teithwyr: *purser.*
1760 *ML* ii. 247, Nid hwyrach mae'r *purser* a ŵyr oddiwrth y matterion yma.
Gw. hefyd **pyrswr.**

pyrsesiwn, pyrsgreibiaf: pyrsgreibio, gw. **prosesiwn, presgreibiaf: presgreibio.**

pyrsiad, pyrsiaf: pyrsio, pyrsiaid, gw. **pyrsaid, pyrsaf: pyrsu, pyrsaid.**

pyrsiog [*pwrs*+*-iog*] *a.* Ac iddi gadair fawr neu lawn (am fuwch): *having a large or full udder (of cow).*
Ar lafar yn y Gogledd.

pyrsir, gw. **pwrs+hir.**

pyrswadiaf: pyrswadio, gw. **perswadiaf: perswadio.**

pyrswr [*pwrs*+*-wr*, ar ddelw'r S. *purser*] *eg.* Pyrser: *purser.*
1762 *CGC* 8, Henry Williams . . . *Pyrswr.*
Gw. hefyd **pyrser.**

pyrsyn, pyrticlar, pyrth¹,², **pyrthladdoedd,** gw. **pwrs, particiwlar, porth**², **porthaf: porthi, porthladd.**

pyrthynaf: pyrthynu, pyrthynas, gw. **perthynaf: perthyn, perthynas.**

pyrwydd [*pŷr*²+*gwŷdd*¹] *e.ll.* (un. b. *-en*). *Bot.* Pefrwydd, sbriws, *Picea*; ffynidwydd, *Abies*; pinwydd, *Pinus*: *spruce (trees); fir (trees); pine (trees).*
1800 W. Owen[-Pughe]: *CP* 113, Un pintaid o ddistyll *pyrwydd* [:– Sef spirit of Turpentine].
Cfn.: **pyrwydd Albanaidd:** *Scots pines, Pinus sylvestris.* **1851. p. cegidaidd:** *hemlock spruce (trees), Tsuga.* **1851.**

pys [Crn. Diw. *pêz*, Llyd. C. *pisen* (un.), *pesen* (un.), Llyd. Diw. *piz*, H. Wydd. *pis(s)*: ?bnth. Llad. *pisum*; ag adran (*b*) isod, cf. S. *pea, pease* 'spawn of fish'] *e.ll.* (un. b. *-en*).

(*a*) (Hadau bwytadwy'r) planhigion codlysol *Pisum sativum*, weithiau am blanhigion codlysol eraill neu eu hadau, hefyd yn *ffig.*: *peas, pea-plants, sometimes used of other legumes, also fig.*
14g. *BY* 15, Esau . . . gwedy gwerthu y vreint ohonaw yr ychydig o vressych *pys* melyn. **14g.** *GIG* 154, Ystum ar sofl, gofl gowen, / Ystlys ysgub *pys* heb ben [dychan i'r Brawd Llwyd o Gaer]. *c.* **1400** *R* 1272. 22–3, bwyt vynghar oed vwyara [*sic*] a *phys* aphipkneu affa. *id.* 1335. 8–9, llygat ymrein glein llygat gronyn *pys*. yn pissaw kynronyn. *c.* **1400** *YCM*² 87, na thal y bedyd, na'r Gristonogaeth a gymereisti . . . vn *byssen* yn erbyn an dedyf ni. **15g.** *GTP* 52, Sôn am *bys*, Wiliam Beisir, / Sôn o'r ail am dail i'w dir. [**1547**] W. Salesbury: *OSP*, Mae achos ir *byssen* i vot ar y barth. **1547** *WS*, *pys*, pese. **1615** R. Smyth: *GB* 32, er nad yw i gorph [pryf copyn] fwy na *physen*, eto, y mae . . . yn dal ednoc mawr. **1632** *D*, *pŷs*, Sing. *Pysen*, pisum. **1756** *ML* i. 407, Mi heuais yr hadau a yrrasoch imi, Lupins oedd y *pys* rheini. **1759** J. Evans: *PF* 31, Y mae'n gyffredin ar y cyntaf yn dyfod yn Chŵydd o amgylch cymaint a *Physen.* **1760** *ML* ii. 176, Nid oes un gwr pwysig o du'r Trawsgoed ond y Pwel, a hwnnw nid yw ond fal ffagl o wellt *pys* cric crac yn chwilboeth. **1803** *P.* Ar lafar yn gyff., hefyd yn sir Benf. am 'ffacbys, *Vicia*'.

(*b*) Grawn (pysgod), gronell: *roe, spawn (of fish).*
1725 D. Lewis: *GB* 220–21, Y mae Llaeth y Gwryw, a *phŷs* y Fenyw, yn gludo wrth eu gilydd yn y Dwfr, fel y mae Pysgodyn i ddyfod oddiwrth bob un o'r *Pŷs* hyn. *c.* **1730** *Thos. Lloyd D* (LlGC) 194b, *pys* y fenyw, the spawn. Ar lafar yn sir Benf. a sir Gaerf.

(*c*) Pilen (ar y llygad), cataract; llyfrithen, llefelyn: *cataract (of the eye); sty (on eyelid).*
1547 *WS*, *pysen* ar lygad, peerle. **1588** *Lef* xxi. 20, magl, neu *byssen* ar ei lygad. **1604–7** *TW* (*Pen* 228) d.g. *albugo, chalasium, leucoma, unguis.* **1632** *D*, *pysen* neu ddafaden o'r tu mewn i gaead y llygad d.g. *sycosis.* **1691** T. Williams: *YB* 54, fe ddylau [*sic*] hyn ein gwneud mor gwbl-fodlon i ymadel a'r llen hon, sef y cnawd, ag a fyddem i ymadel a phliscin, neu *bysen* oddiar ein llygaid (*to take the Film off our eyes*). **1722** *Llst* 189, *pyssen* . . . a pearl in the eye. **1778** *W*, Magl (*pysen*, perl, perlyn) ar lygad d.g. *a pearl in the eye.* Ym Mhenllyn defnyddir *pysen* am 'lwmp bach mewn teth buwch a deimlir (yn rhedeg i fyny ac i lawr) wrth odro'.

(*d*) Clefyd y llyngyr (mewn moch), brech y moch: *measles (in pigs), swine-pox.*
1722 *Llst* 189, *pŷs* . . . the measles in pigs, the swine-pox. **1776** *W*, y *pŷs* d.g. *measles* [*a disease in swine*].
Cfn.: *Bot.* **pys yr aren:** *kidney vetch, Anthyllis vulneraria.* **1936.** *Bot.* **p. bach y wlad:** *peas grown for fodder.* **1802.** *Bot.* **p. brychion:** *partridge-peas, grey peas.* **1547** *WS*, *pys brychion*, gray pese. **1760** *ML* ii. 214, Mae yma *bŷs brychion* o Hwlant. **1814** W. Davies: *Agric* . . . *S. Wales* i. 496. *Bot.* **p. y fwyall:** *ax-fitch, Securigera coronilla.* **1604–7** *TW* (*Pen* 228) d.g. *securidaca.* **1632** *D* (*Bot*), Pedol y march, *pŷs y fwyall*, securidaca. **1688** *TJ* (*Bot*), *Pŷs y fwŷall*, pedol y march: Ax-fitch, Hatched-fitch, Ax-wort. **1813** *WB* 230, *Pysen y Fwyall*; Coronilla;—Hatchet-vetch. *Bot.* **p. y gath:** *tufted vetch, Vicia cracca.* **1935.** *Bot.* **p. ceffylau:** *vetches grown for horse fodder.* **1725** *SR* d.g. *fetches.* [**1762**] E. Powell: *HEI* 46, rhoent Haidd a *Phŷs Cyffylau* ynghymmysgc iddo [ceffyl]. *Bot.* **p. (y) ceirw:** *any of various pea-flowers, esp. bird's-foot trefoil, Lotus corniculatus; also used more loosely of a number of other plants, e.g. cuckoo-pint, Arum maculatum.* **14g.** *ACL* i. 38, Barba aron. *pys y keirw.* *id.* 42, Lolium. *pys y keirw*, pabi. **16g.** (**1763**) W. Salesbury: *LlM* 81, Aphace yn groeg a lladin wilde tares yn saesoneg *pys y ceirw* yn Cambraeg. *id.* 221, had mewn code mal *pys y ceirw.* **1604–7** *TW* (*Pen* 228), *pys y Ceirw* d.g. *aphaca, melilotus, pratellum, sertula uel Sertula Campana.* **1632** *D* (*Bot*), *Pys y ceirw*, lotus urbanus . . . Y gwyn o'r rhywogaeth a elwir Melfrugum. **1813** *WB* 230, *Pysen y Ceirw*; Lotus corniculatus; Bird's foot Trefoil. Ar lafar yng Nghered. am *Lotus corniculatus*, G. Awbery: *BM* 30. *Bot.* **p. y coed:** (i) *white bryony, Bryonia dioica.* **1604–7** *TW* (*Pen* 228) d.g. *vitis.* **1632** *D* (*Bot*), bloneg y ddaiar . . . *pys y coed*, bryonia, vitis alba, ampeloleuce, cedrestris, psylothrum. **1803** *P*, pys . . . *pys y coed*, briony. (ii) *vetches, esp. wood bitter vetches, Vicia orobus.* **1813** *WB* 230, *Pysen y Coed*; Orobus;—Heath Pea. Ar lafar yng Nghered., G. Awbery: *BM* 58. *Bot.* **p. y garanod, p. yr aran:** (*certain species of*) *tares or vetches.* **1604–7** *TW* (*Pen* 228), *pys y Geranot* [*sic*] d.g. *eruum.* **1632** *D* (*Bot*), *Pŷs y garanod*, eruum. **1688** *TJ* (*Bot*), *Pys y garanod*: Crane-pease. **1801** *MMf* 284, Ervwm, *pys yr aran.* **1803** *P*, pys . . . *pys y garanod*, crane's peas, bitter-vetch. **1813** *WB* 230, *Pysen y Garanod*; Ervum;—Tare. *ib. pysen yr Aran*; Ervum;—Tare. *Bot.* **p. gardd, p. gerddi:** *garden peas, Pisum sativum.* **1894** D. Owen: *GT* 37, nes oedd y dagrau yn byrlymu i lawr ei ruddiau fel *pŷs gerddi.* Ar lafar, *pys gardd*, *GTN* 643. **p. gleision:** *green peas.* Ar lafar yn Arfon, *WVBD* 451, ac ym Morg., *GTN* 643. *Bot.* **p. y wyg:** *vetches, tares, lentils.* **1722** *Llst* 189, pŷs y llygod, *Pŷs y wŷg*, fetches. **1794** *W* d.g. *vetch* [*a kind of pulse*]. **1798** *WR* d.g. *fitch, lentils, vetch.* **1813** *WB* 230, *Pysen y Wig*; Vicia;—Vetch. Gw. hefyd *gwycbys.* **p. gwylltion:** *vetches.* **1934.** Ar lafar ym Môn, G. Awbery: *BM* 58. **p. gwynion:** *white peas.* *c.* **1400** *Études* vii. 300. **1547** *WS*, *pys gwnion*, whyte pese. *c.* **1730** *Thos. Lloyd D* (LlGC) 202a. **p. gwyrddion = p. gleision.** **1547** *WS*, *pys gwyrddion*, grene pese. *Diw.* **16g.** *WLB* 78. *c.* **1730** *Thos. Lloyd D* (LlGC) 202a. *Bot.* **p. hirion:** *kidney beans.* **1604–7** *TW* (*Pen* 228) d.g. *phaseolus.* **1725** *SR* d.g. *a Kidney bean.* **1778** *W* d.g. *phasels* [*kidney-beans*]. **p. hollt:** *split peas.* **20g. p. llwyd(i)on:** *grey or brown peas.* **1807** *Eurgrawn Cymraeg* 49, *Pŷs llwydion.* **1814** W. Davies: *Agric* . . . *S. Wales* i. 495, 1. *Pys llwydon* mowr—the clay-coloured large hog-pea, with black eyes. 2. *Pys llwydon* bach—a brownish clay-coloured small pea, with black eyes, peculiar to Cardiganshire, and some parts of the adjoining counties of Pembroke and Caermarthen. **pysen (ar) y llygad (mewn llygad,** &c.), gw. adran (*c*) uchod. *Bot.* **pys (y) llygod** [cf. Llyd. C. *pes logot*, S. *mouse-peas*]: (*certain species of*) *vetches, tares, or lentils.* *a.* **1484** *Pen* 54, i. 64, mwdl o *bys y llygod* / mair a glyw mawr yw i glod. **1545** Elis Gruffydd: *Ll* 128, Y llyshiewyn yn Lloegyr a elwir mows pees, ynGhymru *pys y llygod.* **1547** *WS*, *pys y llygod*, fytche. **16g.** (**1763**) W. Salesbury: *LlM* 216, Dail y Lenticula ne *bys y Llygod.* **1604–7** *TW* (*Pen* 228), *pys y llygot* d.g. *bicion, eruilia, lenticula, vicia.* **1725** *SR*, *pŷs y llygod* d.g. *fetches, fitch, tares, vetch.* **1790** M. Williams: *BM* [23], gwag-bys, hynny yw *pŷs llygod.* **1810** W. Davies: *Agric* . . . *N. Wales* i. 214, These native vetches are called by the Welsh by the

general name of *pys llygod*, or mice pease. **1813** *WB* 230, *Pysen y Llygod*; Cicer;—Chick Pea. Ar lafar yn gyff., G. AWBERY: *BM* 58. *Bot.* **p. melyn:** *lentils, Lens culinaris.* **14g.** *BY* 15. **1632** *D* d.g. *lens.* **1775** *W* d.g. *lentils* [*vetches*]. Ar lafar yn nwyrain Morg., hefyd yn yr ystyr 'pys hollt', *GTN* 643; fe'i clywir ym Mhenllyn am 'india-corn'. *Bot.* **p. y bedol:** *horseshoe vetches, Hippocrepis comosa.* **1936.** *Bot.* **p. pêr:** *sweet peas, Lathyrus odoratus.* **1929.** Ar lafar yn gyff., G. AWBERY: *BM* 27. *Bot.* **p. y berth:** *bush vetches, Vicia sepium.* **1936. p. poced:** *conkers.* Ar lafar ym Mhenrhyndeudraeth, Meir. **p. potsh:** *mushy peas.* Ar lafar yng ngogledd sir Benf. a rhannau o Forg. **pysen saethwr:** *Japanese knotweed, Fallopia japonica.* **20g. pys slwtsh** = **p. potsh.** Ar lafar yn sir Ddinb. *Bot.* **p. walbi** = **p. pêr.** Ar lafar yn ne-ddwyrain Morg., *GTN* 643.

pysewnoth, gw. pythefnos.

pysg [bnth. Llad. *piscis* (fel e. un.), ?a bnth. dysg. Llad. *piscēs* (fel e.ll.); H. Grn. *pisc*, gl. *piscis*, Crn. C. *pysk*, Llyd. C. *pesq*, Llyd. Diw. *pesk*; petrus yw dosbarthiad rhai o'r enghrau. yn adrannau (*a*) a (*b*), yn enw. yr engh. gyntaf yn adran (*a*)] *e.ll.* ac *eg.*

1. (*a*) Pysgod, weithiau mewn ystyr ehangach: *fishes, fish* (*pl.*), *sometimes in a wider sense.*

?**12–13g.** (**17g.**) *LlGC* 4973, 35a, Y pum torth ar *pysg* pasgaduriaeth gwyr (Elidir Sais). **1551** W. SALESBURY: *KLl* lvb, ydd oedd ef wedy sanny arno ac ar pawp oyddynt y gyd ac efo can veiscyat y *pysc* a ddaliesynt. **1588** *Ecs* vii. 18, A'r *pysc* y rhai ydynt yn yr afon a fyddant feirw. **1588** *Esec* xxix. 4, holl *bysc* dy afonydd. **1604–7** *TW* (*Pen* 228), gwerthwr *pysc* hallt d.g. *salsamentarius.* **1703** E. WYNNE: *BC* 87, eich Byd chwi ac oll sy ynddo . . . anifeiliaid, *pŷsc* a phryfed, adar ascellog. **1757** *ML* ii. 20, er bod prisiau da . . . am olew'r *pysg* hyn. **1760** *id.* 247, Mi glywais y Cadpen Weller yn dywedyd weled o hono rai o'r *pysg* rheini [llifbysg] yn y Canolfor. **1762** *id.* 491, fe ddarfu imi lewa ar *bysg*, bwytäed y Pabistiaid nhw'r Merchura [*sic*] a'r Gwenerau, rwyfi yn eu clywed cystal Ddifiau a nemor ddiwrnod. **1763** *id.* 586, gwell imi *bysg* o'r eigion, haws eu cnoi o lawer na chig bychod. **1793** DAFYDD IONAWR: *CD* 4, Awyr cu o adar cain, / Y moroedd o *bysg* mirain. Cf. R. WILLIAMS PARRY: *CG* 45, Aeth heibio'r hen amseroedd / Pan yfai'r beirdd fel *pysg*.

(*b*) Pysgodyn, weithiau mewn ystyr ehangach: *a fish, sometimes in a wider sense.*

13g. *A* 22. 19, penn *pysc* o rayadyr derwennyd. **13g.** *LlDW* 123. 10–16, Puybennac auenno hele py[s]cgaut akeuody *pysc* ohonau ay emlyd ac ar yemlyd ef mened *epysc* en ruyd ar all okefreyt ekentaf aykeudesby/euuyd. **14g.** *T* 9. 27, At[wyn] *pysc* yny lyn llywyawt. **14g.** *Cy* vii. 146, dyuot pob *pysc* oe odep / hyt ar wyneb yr eigiawn. **14g.** *B* ix. 225, Odyna or pym torth ar deu *bysc* y porthes y pym mil o dynyon. *c.* **1400** [*RB*] *WM* 493. 15–16, Mynet aoruc kei abedwyr ardwy yscwyd y *pysc*. *c.* **1400** *YCM*[2] 189, Yn y penn issaf, is y kynted, yd oed delw y mor yn ysgythredic, a phob ryw greadur *pysc* o'r a uacker yn y mor. **15g.** *FfBO* 42, o blor ryw *bysc* (*de quodam pisce*), ny wnn y enw euo, y parant y'r brath iachau. **16g.** *Med H* 46, cans nattur y *pysc* hwnn [luws] yw bwytta pyscod a vo llai noc ef. **1632** *D*, *pŷsg*, piscis. **1757** *ML* ii. 24, newydd orphen llun y *pysg* mawr [morfil] ag ysgrifennu dissertation arno i'r Llywydd. **1772** *W*, y *pysg* y gelwir ei asgwrn Bron-alarch d.g. *cuttle-fish.* **1803** *P*, *pysg*, s. m. fish.

2. *Ser.* (a'i ragflaenu gan amlaf gan y fannod) Yr olaf o ddeuddeg arwydd y Sodiac; y cytser *Pisces*: *Pisces, the last of the twelve signs of the Zodiac; the constellation Pisces.*

15g. *DN* 105, I rran i bawb ar hyn bid, / Mae i *Bysc* ymhob escid. / . . . / Haul yn y gwâr Vyharen, / Wedi'r *Pysc* y daw i'r pen [i'r sygnau a'r misoedd]. *id.* 109, Krank Sarff *Pusg* iyfank os gwiw oer—a gwlyb / Glybod elment dŵr oer [i'r sygnau a'r pedwar ban]. **1546** *YLlH* [10], Mis chwefrawr . . . Yr haul yn y *pysc.* **1795** J. THOMAS: *AIC* 333, Arwyddion y Deheu ydynt, y Fantol, y Ddraig, y Swethydd [*sic*], yr Afr, y Dyfrwr, y *Pysg.*

Cfn.: *Pysg.* **pysg cragen, p. cregyn:** *shellfish*(*es*). **1831.** Gw. hefyd *pysgod—p. cregyn. Pysg.* **p. cragennog:** *shellfish*(*es*). **1850.** Gw. hefyd *pysgod—p. cragennog.* **p. dŵr croyw:** *a freshwater fish.* **1604–7** *TW* (*Pen* 228) d.g. *piscis.* Gw. hefyd *pysgod—p. dŵr croyw.* **p. hedegog:** *flying fish* (*also as a constellation of the Southern Hemisphere*). **1816.** Gw. hefyd *pysgod—p. hedegog.* **p. y môr:** *sea fish*(*es*), *salt-water fish*(*es*). **1567** *LlGG* (*Sall*) 5a. **1588** *Gen* i. 26. **1759** T. THOMAS: *WWDd* 6. Gw. hefyd *pysgod—p. môr. Pysg.* **p. penfras:** *cod, Gadus morrhua.* **1604–7** *TW* (*Pen* 228) d.g. *capito.* Gw. hefyd *pysgod—p. penfras.*

Gw. hefyd **pysgod.**

pysgadain, pysgaden [*pysg*+*adain*, *aden*] *eb.* ll. *-edyn, -adenydd.* Asgell pysgodyn: *fin* (*of fish*).

1850.

pysgadur [?ffrwyth deall H. Grn. *piscadur*, gl. *piscator* fel gair Cym.] *eg.* Pysgotwr: *fisherman.*

18–19g. *Llr* C 4, 46, *Pysgadur*, pysgottwr, Rhodiaf yn fad *bysgadur*, / yn nawn gloyw uwch nennig glur, I[eua]n Geth[i]n ap I[eua]n ap Lleision ynghywydd i ofyn ffon Genwair. **18–19g.** *Llr* C 55, 105, *Pysgadur.* a fisherman Piscadur.

pysgeryr [*pysg*+*eryr*[1]] *eg.* *Adar.* Gwalch y pysgod, *Pandion haliætus*: *osprey.*

1832.

pysgfa [*pysg*+*-fa, ma*] *eb.* ll. *-faoedd, -fâu.* Pysgodfa: *fishery.*

1838.

Gw. hefyd **pysgodfa.**

pysglud [*pysg*+*glud*[1]] *eg.* Math o jelatîn a wneir o bysgod ac a ddefnyddir wrth wneud jelïau, glud, &c.: *isinglass.*

1839.

pysglyn [*pysg*+*llyn*[1], cf. H. Grn. *pisclin*, gl. *vivarium*] *eg.* ll. *-nau, -noedd.* Pysgodlyn: *fish-pool, fish-pond.*

18–19g. *Llr* C 4, 76, *Pysglyn*, a fishpond. arllwyswyd y *pysglynau* i chwilio am gyfoeth . . . Hanes difethiad Castell Rhaglan.

Gw. hefyd **pysgodlyn.**

pysgnau [*pys*+*cnau*] *e.ll.* (un. b. *-gneuen*] Cnau daear, hadau *Arachis hypogæa*: *peanuts.*

1916.

pysgod [bnth. Llad. *piscātus*; Crn. C. *puskes*, Llyd. C. *pesqued*, Llyd. Diw. *pesked*; gw. hefyd *pysg*] *e.ll.* (un. g. *-yn*, ll. *-nau*) ll. dwbl *-au, -oedd.*

(*a*) Anifeiliaid oer eu gwaed ac iddynt asgwrn cefn a thagellau (ac, fel arfer, esgyll a chroen cennog) ac sy'n byw mewn dŵr, weithiau'n ehangach am unrhyw anifeiliaid sy'n byw mewn dŵr (e.e. morfilod, llamidyddion, cramenogion, molysgiaid, &c.), hefyd yn *ffig.*: *fish*(*es*), *sometimes used loosely to include cetaceans, crustaceans, molluscs, &c., also fig.*

13g. *C* 89. 6–7, Oer gwely *pisscaud* ygkisscaud iaen. **13g.** *LlDW* 123. 10–16, Puybennac auenno hele *py*[*s*]*cgaut* akeuody pysc ohonau ay emlyd ac ar yemlyd ef mened epysc en ruyd ar all okefreyt ekentaf aykevodesby/euuyd. *c.* **1300** *H* 46a. 34, Eiliw *pysgawd* glas gleissyeid dylan (Cynddelw). **14g.** *B* ix. 326, Tebic wyfi vrithyll neu *bysgodyn* wedy dygywydau ymwyn rwyt. **15g.** *GGl*[2] 98, Mae hergod o *bysgodyn*, / Moelrhon yn nwyfron fy nyn [dychan i'r bardd gan Lywelyn ap Gutun]. **1545** *CM* 1, 541, Ar waith a llun y *pesgodyn* a hennwir y/nn y Lading Cancer. **1547** *WS*, pysc *pyscawt*, fysshe. **1567** *TN* 25b, Pasawl torth 'sy genwch? . . . Saith, ac ychydic *byscod*-bychain [:– *byscodyne*]. **16g.** WILIAM CYNWAL: *Gw* (G. P. Jones) 88, Pob lle'n hardd, pob llawenhau, / Pob pêr siwgr, pupur seigiau, / Pob pwys ged, pob *pysgodoedd.* **1588** *Jona* i. 17, A'r Arglwydd a ddarparase *byscodyn* mawr i lyngcu Ionas. **1615** R. SMYTH: *GB* 175, pesawl miloedd o ddynion a gollasont i henioes, ag a gladdwyd ymmoliau y *pyscodae.* **1632** *D*, pŷsg . . . pl. *Pysgod*, vnde & sing. *Pysgodyn.* **1756** *ML* i. 429, Haid fawr o ryw *bysgod* ym maeau Carnarvon; herring hogs medd rhai, bottle noses medd eraill, a sort of young whales medd y trydydd. **1760** *id.* ii. 184, Nid *pysgodyn* pigog gwenwynig oedd fy *'sgodyn* i. **1803** *P.* Ar lafar yn gyff., a'r un. hefyd yn y ff. dalf. *'sgodyn*, *WVBD* 451 (a'r ll. *'sgodods* weithiau yn nhre Caernarfon); yn sir Benf. defnyddir *pysgodyn* yn yr ystyr 'eog', *TGG* (1904) 65. Digwydd yn yr e. lle *Dinbych-y-pysgod*, sir Benf.

(*b*) (Cnawd) yr anifeiliaid hyn fel bwyd: (*flesh of*) *fish as food.*

13g. *LlI* 61, Maenaul e taler tung ohoney ny dele er argluyd n[a]'e mel na'e *pyscaut*, canys med a deleyr ohoney. **13g.** *DB* 29, Ac ereill yssyd yno a ymborthant ar *byscawt* [*pisces*] amrwt. **1346** *LlA* 113, disgyblon dauid arodassant ary bwrd ger bronn y seint. *piscawt* digoned. **14g.** *WM* 63. 36–64. 3, ny welsynt eiryoet wlat gyuanhedach no hi. na heldir well nac amlach y mel nay *physcawt* no hi. *c.* **1400** *MM* 26, Ac odyna gwahard racdaw [y claf] kic eidon mawr, a chaws, a chenyn, a *physcawt* mawr, ac ehogeu. **1588** *Nu* xi. 4–5, pwy a'n portha ni a chîg? Cof yw gennym y *pyscod* y rhai a fwyttawsom yn yr Aipht yn rhad. **1703** E. WYNNE: *BC* 61, Ac ni wyddis beth yw nghnawd, / Ai Cîg ai *Pyscawd.* **1773** *W*, *pysgod*, *pysgawd* d.g. *fish* [*not flesh*]. Ar lafar yn gyff. Ym Môn, wrth sôn am beidio â gwahaniaethu'n annheg rhwng plant, sonnir am beidio â 'gwneud cig o un a *'sgodyn* o'r llall', M. WILIAM: *DY* 84.

(*c*) *Ser.* (a'i ragflaenu gan y fannod) Yr olaf o ddeuddeg arwydd y Sodiac: *Pisces, the last of the twelve signs of the Zodiac.*

13g. *DB* 77, Deudecuet sygyn yu y *pyscaut.*

Cfn.: *Pysg.* **pysgod afon(ydd):** (i) *trout, Salmo trutta.* Ar lafar yn Arfon, '*pysgod afon*', *WVBD* 452. (ii) *river fish*(*es*), *freshwater fish*(*es*). **14g.** *BT* (*RB*) 244, *pyscawt* na mor nac *auonyd.* **1773** *W*, *pysgod afon* d.g. *fish, Fresh-water-fish. Pysg.* **p. arian:** ?*variety of bream or wrasse.* Ar lafar yn Arfon, 'fishes described as being exactly like the black sea-bream (Cantharus lineatus), but . . . of a silvery colour,—apparently [a variety] or the young of one of the breams or wrasses', *WVBD* 451. **p. a sglodion:** *fish and chips.* **20g.** Ar lafar; hefyd weithiau'n gellweirus yn y ff. ''*sgod* a sglods'. *Pysg.* **p. aur:** (i) ?*variety of bream or wrasse.* Ar lafar yn Arfon, 'fishes described as being exactly like the black sea-bream (Cantharus lineatus), but . . . of a golden . . . colour,—apparently [a variety] or the young of one of the breams or wrasses', *WVBD* 451. (ii) *goldfish, Carassius auratus.* **1935.** Ar lafar yn gyff. **p. aweddwr:** *freshwater fish*(*es*). *c.* **1400** *MM* 35, Iachaf *pyscawt awedwr* yw draenogyeit a brithyllyeit. *Pysg.* **pysgodyn bwyall:** *greater weever, Trachinus draco.* Ar lafar yn Arfon, yn y ff. (*py*)*sgodyn wyallt*, *WVBD* 452, 571. *Pysg.* **pysgod bychain:** *sand eels.* **1753** *TR*, llymriaid, *pysgod bychain*, sand-fish saith R[ichard] M[orris]. **18–19g.** *Llr* C 4, 133, *Pysgod bychain* Môn Sand eels v Llamrhied. **1803** *P* d.g. *pŷsg.* Ar lafar yn y Gogledd, H. E. FORREST: *FNW* 477. *Pysg.* **p. cegddu:** *hake, Merluccius merluccius.* Ar lafar yn Arfon, *WVBD* 451. *Pysg.* **p. cragennog** = **p. cregyn.** **1765** J. POPKIN: *Ll* 213, o'r ymlusciad gwaelaf, neu *Byscodyn cragenog* i fynu at ddyn. Gw. hefyd *pysg—p. cragennog. Pysg.* **p. cregyn:** *shellfish*(*es*). **1547** *WS* [xix], Ac o mynny chwanec o hyspysrwydd ynkylch i llais [Sh] gwrando ar *byscot Kregin* yn dechreu berwi. **1604–7** *TW* (*Pen* 228), rhyw *bysgot cregyn* d.g. *calcendix.* **1761** *ML* ii. 300–1, mae'n wir hefyd fod pob *pysgod cregyn* yn dda rhag yr asthma. Gw. hefyd *pysg—p. cragen.* **p. cyfrin:** *salmon caught or supplied by poachers.* Ar lafar yn sir Benf., '*Pisgod-cifrin* . . . Salmon caught by the "biddin bisgota" . . . i.e. by the organised band of poachers', *GDD* 227. *Pysg.* **p. darn arian:** *John Dory, Zeus faber.* Ar lafar yn Arfon, *WVBD* 451. **p. du(on):** (*dict.*) *porpoises; seals.* *c.* **1730** *Thos. Lloyd D* (LlGC) 202a, *pysgodyn du*, phocæna. A porpoise. **1803** *P*, pysgod . . . *pysgod duon*, porpoises. Gthg. *YCM*[2] 4, dyfwr a aeth drosti, ac yno y keffir pysgawt duon. **p. dŵr croyw:** *freshwater fish*(*es*). **1773** *W*, *pysgod* afon (*dŵr croyw*) d.g. *fish, Fresh-water-fish.* Gw. hefyd *pysg —p. dŵr croyw.* **p. dŵr glân** = **p. dŵr croyw.** Ar lafar yn ne-ddwyrain Morg., *GTN* 673. **p. ehedegog,** gw. *p. hedegog. Pysg.* **p. geirwon:** *bass, Dicentrarchus labrax.* Ar lafar yn Llŷn ac Arfon, '*pysgodyn garw* . . . *pysgod geirwon*', *B* xxv. 54. **p. gemog:** *scaly fish*(*es*). Ar lafar yn Llŷn, *B* xxv. 54. **p. gwaelod:** *fish*(*es*) *living on the bottom of the sea* (*e.g. wrasse, sole*). Ar lafar yn Llŷn, *B* xxv. 54. *Pysg.* **p. gwynion:** *pollack, Pollachius pollachius;* ?*cod, Gadus morrhua; white fish.* **1842.** Ar lafar yn Llŷn, '*pysgodyn gwyn* . . . pollock', *B* xxv. 54. **p. hallt, p. heilltion:** *salted fish*(*es*). **1547** *WS*, dyfyrhau kic ne *byscod hallt*, stepe. **1632** *D*, gwerthwr *pysgod heilltion* d.g. *salsamentarius.* **1762** *ML* ii. 523, Daccw yng nghrôg yn y nen chwe phennog côch, 4 o *bysgod heilltion* yr ynys. *Pysg.* **p. yr haul** = **p. darn arian.** **1722** *Llst* 189, *pysgodyn yr haul* d.g. *a Dorry fish.* **1772** *W* d.g. *dorado, or doree.* **p. hedegog, p. ehedegog:** *flying fish*(*es*), *also in sing. as a constellation of the Southern Hemisphere.* **1805.** Gw. hefyd *pysg—p. hedegog.* **p. jeli:** *jellyfish*(*es*). **20g. p. llethban, p. lleithon:** *milters, male fish*(*es*). **1776** *W*, *pysgodyn llethpan* d.g. *milter* [*the male or he fish*]. **p. (y) môr:** *sea fish*(*es*), *salt-water fish*(*es*). **14g.** *BT* (*RB*) 244, *pyscawt* na *mor* (*RB* ii. 372, *pysgawt mor*) nac auonyd. *c.* **1400** *MM* 36, iachaf *pysgawt mor* yw lledyn. *c.* **1400** *Études* vii. [270], Llyma ual y kedwir dyn brathedic: na vwytaet na chaws, nac emenyn, nac wyeu, na *physgawt mor*, na chic eidyon, ac na wnel godineb. **1588** *Gen* ix. 2, holl *byscod y môr.* **1604–7** *TW* (*Pen* 228), rhyw *byscotyn mor* penvras d.g. *acarne.* **1761** *ML* ii. 306, A ofynasoch i biniwn y Doctor Owen ynghylch y sea salt sydd yn y *pysgod mor*, whether it is not a proper dissolvent of flegms and catarhs? Sea fish . . . stop my coughing. **1773** *W*, *pysgod y môr* d.g. *fish, Sea-fish.* Gw. hefyd *pysg—p. y môr. Pysg.* **p. penfras:** *cod, Gadus morrhua.* **1870.** Ar lafar yn ne-ddwyrain Morg., *GTN* 628. Gw. hefyd *pysg—p. penfras. Pysg.* **pysgodyn witsian:** *witch, Glyptocephalus cynoglossus.* Ar lafar yn Arfon, *WVBD* 451–2.

Gw. hefyd **pysg, pysgodig, pysgotach.**

pysgodaeth, gw. pysgotaeth.

pysgodaidd, pysgotaidd [*pysgod* a bôn y f. *pysgotaf*: *pysgota*+*-aidd*] *a.* Yn perthyn i

bysgod neu nodweddiadol ohonynt, ar lun pysgod; yn perthyn i bysgota, pysgotwrol: *fishy, piscine; piscatory, piscatorial.*
1722 *Llst* 189, *pysgodaidd,* of fish, fishy. **1773** *W, pysgodaidd* d.g. *fishy [having the qualities of, or tasting like, fish].* **1798** *WR, pysgodaidd, pysgotaidd* d.g. *piscatory.*

pysgodfa, pysgotfa [*pysgod* a bôn y f. *pysgotaf: pysgota+-fa, ma*] *eb.* (hefyd yn achlysurol yn *eg.*) ll. *pysgodfeydd, pygodfaoedd.* Lle dal neu fagu pysgod, gwaith neu ddiwydiant pysgota neu fagu pysgod, pysgodlyn; marchnad bysgod: *fishery, fish-pond; fish market.*
1632 *D, pysgodfa* d.g. *ichthyotrophium, piscaria.* **1722** *Llst* 189, *pysgodfa,* f.p. *feydd,* the fish-market. *c.* **1762–79** W. Williams: *P* 451, Mae ganddynt [trigolion Holland] un fantais fawr . . . ym *mhysgodfa*'r 'scadan ynghyd â *physgodfa*'r morfilod, trwy ba rai y casglasant olud anrhaethol. [**1763**] JE: *AHS* 14, Y mae *Pyscodfa* werth-fawr yn y lleoedd hyn. **1770** *TG* iv. 120, Clywn . . . fod y *bysgotfa* 'sgadan yng enau [*sic*] Frith Forth yn parhau yn llwyddiannus iawn. **1773** *W, y bysgodfa* d.g. *the fish-market, fishery [a fishing-place].* **1784** M. Williams: *S* i. 56, Yma [Yr Alban] gellid gwneuthur *pysgotfa* hynod. *id.* 235, *p[y]sgotfa* o berlau pris-fawr. *id.* 252, yn dwyn ymlaen *bysgotfa* fawr yn y moroedd. **1803** *P, pysgodva,* s. f. pl. t. *odd,* a fishery, a fishing-place; a fish-market.
Gw. hefyd **pysgfa.**

pysgodfad, gw. **pysgod+bad².**

pysgodfwyd [*pysgod+bwyd*] *a.* a hefyd fel *eg.* Yn bwyta pysgod; pysgod (fel bwyd); blawd pysgod: *ichthyophagous, piscivorous, fish-eating; fish (as food); fish-meal.*
14g. *GDG³* 313, Ysgafn ar don eigion wyd, / Esgudfalch edn *bysgodfwyd* [i'r wylan]. **16–17g.** *PhA* 93, A byw esgudferch *bysgodfwyd* / Tan yr allt a'r tonnau'r wyd [i'r wylan]. **18–19g.** *Iolo MSS* 239, ymborth ydd wyd ar *bysgodfwyd* [i'r wylan]. **1803** *P, pysgodvwyd,* s. m. fish-meal; a. living on fish.

pysgodig [*pysgod+-ig²*; nid oes sicrwydd mai yma y perthyn yr engh. gyntaf] *a.* ?Yn drewi fel pysgod; (geir.) llawn pysgod: *?stinking like fish; (dict.) full of fish.*
c. **1400** *R* 1338. 28, Adaf cnaf cnifdelff *pysgodic.* **1803** *P, pysgodig,* teeming with fishes.

pysgodlawn [*pysgod+-lawn*] *a.* Llawn pysgod (am afon, &c.): *full of fish (of river, &c.).*
1824.

pysgodle, pysgotle [*pysgod* a bôn y f. *pysgotaf: pysgota+lle¹*] *eg.* ll. *pysgodleoedd.* Pysgodfa: *fishery.*
1845.

pysgodlong, gw. **pysgod+llong¹.**

pysgodlyd [*pysgod+-lyd,* a'r ystyr dan ddyl. y S. *fishy*] *a.* Amheus, i'w ddrwgdybio: *dubious, suspect, 'fishy'.*
20g.

pysgodlyn [*pysgod+llyn¹*] *eg.b.* ll. *-lynnau, -lynnoedd.* Llyn neu bwll ar gyfer cadw neu fagu pysgod, hefyd yn *ffig.*: *fish-pool, fish-pond, also fig.*
14g. *WM* 176. 11–14, dyuot a wna beunoeth ac yfet y *byscotlyn* yny diawt agadu y pyscawt yn noeth a meirw. **14g.** *GDG³* 338, *Pysgodlyn* i Wyn yw ef / Fab Nudd, wb ynn ei oddef [i'r pwll mawn]! **14g.** *GIG* 47, *Pysgodlyn,* cudduglyn cau, / A fo rhaid i fwrw rhwydau [i lys Owain Glyndŵr yn Sycharth]. **15g.** *BB* 5, frwithlawn yw y *pysgodlynneu* (*BD* 2, llynnyeu). ac auonyd o bysgawt. **15g.** *B* ii. 11, Melineu a *physcotlynneu.* beth a dalo y rei hynny yn y vlwydyn. **1547** *WS, pyscodlyn,* fysshepoole. **1588** *Eseia* xix. 10, Yna y bydd ei rhwydau hi'n ddrylliedic a'r rhai oll a wnânt *byscod-lynnau.* **1620** *Can* vii. 4, dy lygaid fel *pysgod-lynnoedd.* **1588** *ib.* llynnoedd) yn Hesbon. **1632** *D, pysgodlyn,* ichthyotrophium, piscina. **1757** *ML* (Add) 903, pan oeddent yn Torri Argaea'r *Pysgodlyn,* fe ddaeth Mʳ Lloyd o'r Cefn Coed ac a Ddeusyfodd arnynt beidio a Thorri'r Cae a gollwng y llyn am ben ei Dir i'w anrheithio &c. **1760** *ML* ii. 214, Gwnewch chwitheu *bysgod lynnau* fal Salmon, a dywedwch ar fyr mai gwagedd ydynt wedi torri'r argeuoedd a cholli'r pysgod. **1803** *P.*
Gw. hefyd **pysglyn.**

pysgodog, pysgotog [*pysgod* a bôn y f. ddil. *+-og*] *a.* Llawn pysgod; pysgodaidd; pysgotwrol, yn perthyn i bysgota, yn pysgota: *full of fish; fishy, piscine; piscatory, piscatorial, (pertaining to) fishing.*
1632 *D* d.g. *piscosus.* **1722** *Llst* 189, *pysgodog,* full of fish. **1773** *W* d.g. *fish, full of fish or fishes.* **1803** *P, pysgodawg,* having fishes.

pysgodol, pysgotol [*pysgod* a bôn y f. ddil. *+-ol*] *a.* Pysgodaidd; pysgotwrol, yn perthyn i bysgota, yn pysgota: *fishy, piscine; piscatory, piscatorial, (pertaining to) fishing.*
1803 *P, pysgodawl,* relating to fishes.

pysgodwaith [*pysgod+gwaith¹*] *eg.* (Gwaith) pysgota: *a fishing.*
1712 T. Williams: *CDdG* 365, Un o gydgymmorwyr Simon Petr, yn ei *byscod-waith* (*in the Trade of Fishing*). *c.* **1730** *Thos. Lloyd D* (LlGC) 201a, *pysgodwaith,* fishery.

pysgodwr, pysgodwraeth, gw. **pysgotwr, pysgodwriaeth.**

pysgodwraig, pysgotwraig [*pysgod* a bôn y f. ddil. *+gwraig*] *eb.* ll. *pysgodwragedd.* Menyw sy'n gwerthu pysgod (yn aml mewn cyd-destun difr.); menyw sy'n pysgota: *fishwife (often in derog. context); fisherwoman.*
1604–7 *TW* (*Pen* 228), *pyscotwraic* d.g. *piscatrix.*

pysgodwriaeth [*pysgodwr+-iaeth*] *eb.g.* Pysgodfa, (diwydiant) pysgota: *fishery, fishing (industry).*
15g. *Glam Bards* 235, gwenwynwyd Taf gwae ninnau / dyrrwyd y *bysgodwriaeth* / gyda ni i gyd yn waeth [Lang Lewys i Syr Gruffudd Fychan pan syrthiodd i afon Taf]. **1803** *P, pysgodwriaeth,* s. m., the vocation of a fisher. Cf. T. Lewis: *HPF* 269, [act] arall am ympryd, na fwyteid cig, ond pysgod yn y Grawys . . . nid oedd lle tori yr act hon dan gospedigaeth, gan ei bod yn annogaeth fawr i *bysgodwriaeth.*
Amr.: **pysgodwraeth** [*pysgodwr+-aeth*]. **18–19g.** *Llr* C 4, 46, *Pysgodwraeth,* a fishery. **pysgotwriaeth** [*pysgotwr+-iaeth*]. **1866.**

pysgodydd [*pysgod+-ydd³*] *eg.* ll. *-ion.* Pysgotwr: *fisherman.*
1760 *ML* ii. 266, Pwy a anfonai . . . ond Breis *Bysgodydd,* yr hwn sy'n taring yn y Sun Fire Office. *id.* 267, A dyna ddigon ynghylch y *pysgodydd.* **1761** *id.* 380, pam na yrrwch hosanau'r *pysgodydd* bellach?

pysgodyddiaeth [*pysgodydd+-iaeth*] *e?b.* (Diwydiant) pysgota: *fishing (industry).*
1835.

pysgodyn, gw. **pysgod.**

pysgotach [*pysgod+-ach²*; ynglŷn â'r *-t-,* cf. *merchetach, pryfetach*] *e.ll.* Pysgod (gwael, &c.): *(bad, &c.) fish.*
20g.

pysgotaeth, pysgodaeth [bôn y f. ddil. a *pysgod+-aeth*] *eb.* Y weithred o bysgota neu enweirio; pysgodfa, (diwydiant) pysgota: *an angling, fishing; fishery, fishing (industry).*
1770 *TG* iv. 86, y niweid a wnaethid i'r Coral *bysgodaeth,* yr hyn *bysgodaeth* a rwystrasai'r Bey.

pysgotaf, pysgotâf: pysgota, pysgotáu [*pysgod+-ha* (At.), *-hau,* cf. Crn. Diw. *pysgetta, pysgetsha,* Llyd. C. *pesqueta,* Llyd. Diw. *pesketa*] *bg.a.* a'r be. fel *eg.* (Ceisio) dal pysgod, &c., genweirio, (ceisio) dal (math arbennig o bysgod, &c.), (ceisio) dal pysgod, &c., mewn (afon neilltuol, &c.), codi peth allan o (ddŵr, lle cyfyng, &c.), hefyd yn *ffig.*: *to fish, angle, fish for, fish (something) out, also fig.*
1346 *LlA* 113, ewch y *byscotta* yrmor. **14g.** *WM* 127. 8–9, Agweisson yn *pyscotta* ymywn kafyn ar y llyn. *c.* **1400** *YCM²* 49, Atalie yw y enw, hyt na wnaeth Duw yn dyn a allei ludyas udunt vynet y hela ac y *pyscotta* y maes ohonaw. **1567** *TN* 167b, Mi af i *pyscota.* **1588** *Jer* xvi. 16, Wele fi yn anfon am byscod-wŷr lawer . . . y rhai ai *pyscottânt* (**1620** *ib. pyscottant*) hwynt. **1604** R. Holland: *BD* 14, [*p*]*ys-gotta* (mal y mae'r ddihareb) mewn llynnoedd a dwfr gwyr erill (*to fishe in other folkes waters*). **1608** *Pen* 217, 62, a rhwydeu eureit y *pysgodtaei* ef. **1632** *D, pysgotta,* piscari. **1703** E. Wynne: *BC* 23, afonydd gloew tirion iw *pyscotta.* **1772** *W* d.g. *to drag [fish] for oysters &c., to fish out [a thing].* **1790** T. Jones: *TOS* 140, Fe ŵyr satan pa fodd i *bysgotta* am eneidiau yn well na dangos iddynt y llinyn a'r bach. **1803** *P.* Ar lafar yn gyff., hefyd yn y ff. *'sgota, WVBD* 452, *B* xxv. 54.

Fel *e.* Y weithred o bysgota, diwydiant pysgota, hefyd yn *ffig.*: *a fishing, fishing industry.*
13g. *LlDW* 42. 20–1, bod en rid *peskod ha* ar e teyr auon. **1604–7** *TW* (*Pen* 228), *pyscota* d.g. *piscatio, piscatus.* **17g.** *CM* 22, 186, Gwrandewch i wyr da fal i bv r *pyscotta.* **1722** *Llst* 189, *pysgotta* (sub) m. a fishing, the fishing-trade. **1773** *W* d.g. *fishing, a fishing.* **1794** J. J. Evans: *MJRhA* 152, Nid *pyscotta* dyfroedd lleidiog, / Credo Athanasius draw. Ar lafar, "Roedd 'na *bysgota* mawr yn y nant 'ma cyn iddi gal 'i llygru gan y gwaith plwm'.
Cfn.: **pysgota ym mlaen (o flaen) (y) rhwyd:** *'to fish in front of the net', seek advance payment.* *c.* **1400** *J* 1, 973, *Pyscotta ymblaen rwyt.* **1803** *P,* pysgota . . . *Pysgota ym mlaen y rhwyd.* To fish in front of the net. Adage. Ar lafar gynt yn y ff. *pysgota o flaen y rhwyd.*

pysgotaidd, gw. **pysgodaidd.**

pysgotaol [*pysgota+-ol*] *a.* Yn perthyn i bysgota, pysgotwrol: *piscatory, piscatorial.*
1872.

pysgotfa, pysgotle, pysgotog, pysgotol, gw. **pysgodfa, pysgodle, pysgodog, pysgodol.**

pysgotwr, pysgodwr [bôn y f. fl. a *pysgod +-wr*] *eg.* ll. *-wyr.*
(*a*) Person neu anifail sy'n pysgota, genweiriwr, hefyd yn *ffig.*: *fisherman, fisher, angler, also fig.*
14g. *YBH* 54a, ny bu hwyrach y *pyscodwr* nemawr noc ynteu . . . ar *pyscodwr* yn arwein miles. **15g.** (*Diw.* **16g.**) *Gwyn* 3, 201, gwell bod yn wraig *pyscod-wr* / na'r rhai nid elai i'r dŵr (Meredudd ap Rhys). **15g.** (**17g.**) *DE* 128, *Pysgodwr* (amr. *pysgot(t)wr*) wy mewn pais gwtta rudd / ar oddeg pwll gwepra / *pysgodwr* swydd i wr sydd dda / *pyscottwr* wy yn pyscotta. **15–16g.** *GIF* 86, *Pysgodwr* yw'r gŵr gwirion a'i rwydau / a'i fadau ynfydion. **1551** W. Salesbury: *KLl* lvb, ar *pyscotwyr* a ddescennysont o honynt, ac oeddent yn golchy eu rhwyteu. *id.* lxxia, mi a'ch gwnaf chwi yn *pyscotwyr* (**1588** *Math* iv. 19, *byscod-wŷr*) dynon. **1604–7** *TW* (*Pen* 228), *pyscotwr* d.g. *piscator.* **1632** *D, pysgodwr* d.g. *piscator.* **1687** (**1715**) J. Owen: *TB* 73, ffôdd yn ol drachefn mewn bâd *pyscodwr* tlawd, wedi colli ei holl wyr a'i longau. **1704** E. Samuel: *BA* 11, y gwneid ef o hynny allan yn *Bysgodwr* dynion. **1707** *AB* 17a, *Pyskottwr,* a fisher-man. **1761** *ML* ii. 345, gwyn eu byd y *pysgodwyr* a'r morinwyr. **1803** *P* d.g. *pysgodwr, pysgotwr.* Cf. *DGG²* 40, Cael bod yn ben pysgodwr [i'r alarch]. Ar lafar yn gyff.; hefyd yn y ff. *'sgotwr* (ll. *'sgotwrs*) yn Llŷn, Môn, ac Arfon, *WVBD* 452, *B* xxv. 58.
(*b*) *Adar.* Glas y dorlan, *Alcedo atthis*: *kingfisher.*
1934.
(*c*) Gwerthwr pysgod: *fishmonger.*
1604–7 *TW* (*Pen* 228), *pyscotwr* d.g. *piscarius, rij.* **1632** *D, pysgodwr* d.g. *piscarius.* **1773** *W, pysgodwr* d.g. *fish-monger.*
Gw. hefyd **pysgodwraig, pysgodydd.**

pysgotwraig, pysgotwriaeth, gw. **pysgodwraig, pysgodwriaeth.**

pysgotwrol [*pysgotwr+-ol*] *a.* Yn perthyn i bysgota neu i bysgotwr: *piscatory, piscatorial.*
20g.

pysgoty [*pysgod+tŷ*] *eg.* ll. *-tai, -tyau.* Siop bysgod; adeilad neu danc at gadw ac arddangos pysgod byw: *fishmonger's shop; aquarium.*
1604–7 *TW* (*Pen* 228), *pyscotuy* d.g. *piscina.* **1773** *W, pysgod-ty* d.g. *fish-house, or fish-shop.* **1803** *P, pysgotty,* s. m. pl. t. *au* a fish-house.

pysgranc [*pys+cranc¹*] *eg.* Cranc bychan, *Pinnotheres pisum,* sy'n byw yn gydfwytaol mewn cragen molwsg deufalf: *pea-crab.*
1866.

pysgwydd, gw. **pisgwydd.**

pysgydd [*pysg+-ydd³*] *eg.* ll. *-ion.* Arbenigwr yng ngwyddor pysgod: *ichthyologist.*
1803 *P, pysgydd,* s. m. pl. t. *ion,* an ichthyologist.

pysgyddiaeth [*pysgydd+-iaeth*] *eb.g.* Gwyddor pysgod: *ichthyology.*
1803 *P, pysgyddiaeth,* s. m. ichthyology.

pysl (*y*≡*ə*) [bnth. S. *puzzle*] *eg.* ll. *-s.* Pos, problem: *puzzle, problem.*
1828 *Geir Pob* 21, *pysl,* dyryswch, petrusdod. Ar

lafar, 'Mae'n *bysl* i fi siŵt ma hwnna'n gallu rhedeg car fel'na'.

pyslaf, pysliaf, pwslaf: pysl(i)o, pyslan, pwslo, pwslan [bf. o'r e. bl.] *bg.a.* Pendroni (ynghylch), myfyrio (uwchben), ystyried yn ddwys; peri penbleth i, drysu (rhywun): *to puzzle (over), ponder, reflect (upon); puzzle, perplex.*

1895. Ar lafar yn y Gogledd yn y ff. *pysl(i)o*, '*pyslo* a betio', '*pyslio* gweithio', '*pyslio* (dysgu) rwbath', *WVBD* 452; ac yn sir Benf. a'r De yn y ff. *pwslan, pyslo, pwslo*, ''Own i'n *pwslan* a fi'n hunan', *GDD* 238; ''Wedd e'n *pwslan* yn jogel cyn ateb', *SC* vi. 125; ''On i'n *pyslo* ffor' odd 'deryn mor fawr mewn nyth mor fach'.

pysogwriaeth, pysoidiaf: pysoidio, pysownoth, gw. **ffisigwriaeth, perswadiaf: perswadio, pythefnos.**

pyst[1,2], gw. **post[1,2].**

pystachaf: pystachu, gw. **bustachaf: bustachu.**

pystaf, pystiaf: pyst(i)o [bf. o'r e.ll. *pyst*[1]] *bg.a.* Gosod pyst (mewn gwaith glo), gosod pyst mewn (rhan benodol o waith glo): *to set pit-props in place, set pit-props in (a particular part of a colliery).*

Ar lafar yng ngweithfeydd glo sir Gaerf. a Morg., '*pysdo*, gosod pyst', *Geir Glo* 75.

pystalad, pystau, pysteimio, pystelens, gw. **pystylad, post[1], pasteimio, pestilens.**

pystilad, pystillan, gw. **pystylad.**

pystion, pystl, gw. **post[1], pistl.**

pystodaf, bystodaf: pystodi, bystodi [?cf. *ymystodaf: ymystodi, pystylad*] *bg.a.* Carlamu'n wyllt (am wartheg), rhuthro, brysio; sengi dan draed, damsang; gwneud stomp o (rywbeth), bwnglera: *to stampede (of cattle), rush, hurry; trample; make a mess of, bungle.*

1862. Ar lafar yn Arfon, cf. J. JONES: *Gwerin-eiriau*[2] 187, *pystodi*: rhuthro, ffrwcsio; *WVBD* 68, *bystodi*, 'to run about wildly' (of cattle in hot weather); *TGG* (1903) 25, *Bystodi* . . . To make a mess, e.g. *bystodi*'r gwair. Ym Môn clywir y ff. '*stodi*, cf. *ISF* 71, 'gwartheg yn *stodi*', neu'n *pystodi*, h.y. yn rhedeg o flaen y pry. Cf. ymhellach T. H. PARRY-WILLIAMS: *Y* 74–5, Robin y Gyrrwr . . . rhyw ysbryd aflan . . . yn meddiannu'r gwartheg druain ac yn peri iddynt *bystodi*'n llamsachus.

pystol, gw. **pistol.**

pystolad, pystolod, gw. **pystylad.**

pystolwyn, pystwn, gw. **postolwyn, bystwn.**

pystwr [bôn y f. *pystaf, pystiaf: pyst(i)o*+ *-wr*] *eg.* Un sy'n gosod pyst mewn gwaith glo: *one who sets pit-props in place.*

Ar lafar yn nwyrain Morg., *Geir Glo* 21.

pystylad, bystylad, pystyladu, &c. [?cf. Llad. Diw. *pistāre* 'pwyo'; gw. hefyd *pystodaf: pystodi*; tra ansicr yw *bystylwch, GIF* 32]. *bg.a.* a hefyd gyda grym enwol. Curo neu bwyo â'r traed (am anifail), curo neu bwyo('r traed), damsang, hefyd yn *ffig.*; neidio, prancio, gwingo, bod yn aflonydd: *to stamp or pound with the feet (of an animal), stamp or pound (the feet), trample, also fig.; jump, caper, fidget, be restive.*

14g. *T* 34. 23–4, Arwyneb yg kat. Ar naw *bystylat. id.* 58. 24–5, gnawt amdanat twrwf *pystylat. Pystalat* [*sic*] twrwf ac yuet cwrwf. **14g.** *WM* 182. 16–17, Agweryrat y meirch ac eu *pestylat* (*WM* td. 91b. 18, [*p*]*ystolat*). **[1745]** W. ROBERTS: *FfM* 26, A phob Ystalwyn ar ddiwedd y *Pystolod.* **1803** *P, pystylad*, s. m. . . . the restlessness or capering of a horse under restraint. *id. pystyled*, to jump about, to caper. Mae y bachgen yn *pystyled*, the boy is capering. *id. pystylu*, to move about in a restless manner; to caper. Ar lafar yng Nghered., sir Benf., a'r De, 'tarw mowr du . . . in *bistilad* in pen draw'r parc', *Wês wês* 23; hefyd yn yr ystyr 'bod yn aflonydd', 'Beth iw'r *bistilad* si arnati?', *TGG* (1907–8) 60; ac yn yr ystyr 'brysio'. Yn nedwyrain Morg. clywir y ff. *bistillo, pistillan*, a *pystello*, *GTN* 67, 639, 673.

pyswydd [*pys*+*gwŷdd*[1]] *e.ll.* (*un.* b. *-en*). *Bot.* Tresi aur, euron, banadl Ffrainc, onn Sbaen, leloc melyn, *Laburnum: laburnums, golden chains.*

1801 *MMf* 287, *pyswydd* d.g. *labwrnwm.* **1813** *WB* 230, *Pyswydden*; Cytisus Laburnum; Bean-trefoil tree.

pysychaf: pysychu, pysychiad, pysychlyd, pysygwr, pysygwriaeth, gw. **pesychaf: pesychu, pesychiad, pesychlyd, ffisigwr, ffisigwriaeth.**

pytatws, potatws, potato(s), &c. [bnth. S. *potato(es)*] *e.ll.* (un. b. *pytaten*, (geir.) *pytatwysen*). Tatws; cloron: *potatoes; tubers.*

Dchr. **17g.** *J* 10, 130a, *potatos*, bulbus esculentus. **1722** *Llst* 189, *pytatwys* s. *wysen* f. potatoes. **1725** *SR, pyttatws* d.g. *potatoes. c.* **1730** *Thos. Lloyd D* (LlGC) 202a, *pytatten*, a potatoe. **1755** G. OWEN: *L* 156, pa fodd y prynnir *Potatws* heb ddimmeiau? **1757** *ML* i. 461, llaeth enwyn sur a *phytatws.* **1790** M. WILLIAMS: *BM* [11], Tua diwedd y mis chwi ellwch ddodi *potato* cynnar. Ar lafar yn ne-ddwyrain Morg. yn y ff. *pytatws*, ac yn Arfon yn y ff. un. *pytatan*, yn enw. yn y cfn. *titw pytatan* fel enw anwes ar gath, *WVBD* 534.

Amr.: **bitato. 1839. bwytatw(s), bwydatws** [?dan ddyl. *bwyd, bwyta*]. **1760** *ML* ii. 192, Dyma fi gwedi hau llawer o *fwydatws* ers dyddiau. **1763** *DT* 163, Roedd gantho Ardd *Fwytatws*, / A Bwch, a dwy Afr gwplws. **bytatw(s), botatws,** &c. **1699–1700** *Pen* 119, 12, rhostio i *Bytatws* . . . ag yn amser swpper bwyta y *bytatws* efo ymenyn. *id.* 13, llosci i crimogau wrth rostio i *Bwtatws.* **18g.** *W Ballads* 151, [6], Gwne[u]d drwg a digon rhai cymdogion, / Torri murie tirrio moron, / Os cên *Fotattws* yn eu siwrne, / Dyna'r fan lle gwnae nhw i cartre. **1752** *ML* i. 191, cyn amled . . . â *bytatws* Ynghaer Gybi. **1762** *id.* ii. 519, Daccw eraill yn offrwm wya ieir, eraill *fytatw* teg, eraill babwyr. **1763** *DT* 120, Dwy *Fyttatten* mewn Pencwd, / Llon y ceir yn llenwi Cwd. **1784** M. WILLIAMS: *S* i. 60, [yr] hen wyddelod . . . eu cynnaliaeth fwyaf sy'n cynnwys mewn . . . ychydig o dir, i ddwyn eu cyfreidiau o *fyttato.* **pytatw. 1847.**

Cfn.: **pytatw pêr:** *sweet potatoes, Ipomœa batatas.* **1874.**

Gw. hefyd **tatws.**

pyten, pyti, gw. **pwt[1], pwti.**

pytiog [*pwt*[1]+*-iog*] *a.* Tameidiog, darniog, bras, digyswllt: *bitty, fragmentary, sketchy, scrappy.*

20g.

pytisiwn, gw. **petisiwn.**

pytyn [?cfdds. o'r S. *putt(y)*+*-yn*[1]] *eg.* Pwti: *putty.*

Ar lafar yn Arfon, 'bodio'r *pytyn*', *WVBD* 452.

Gw. hefyd **pwti.**

pyth [amr. ar *byth*, drwy lunio ff. gsf. newydd, gw. *Treigladau* 262; digwydd gan amlaf yn yr ymad. *a phyth, am byth*; cf. *a chwedyn*] *adf.* a hefyd fel *eg.* ll. *-oedd.* Byth: *always, (for) ever.*

14g. *B* ix. 334, Iessu Grist, y gur yssyd vyv a *phyth* a vyd vyv. *c.* **1400** *R* 1028. 4–5, llawer deu aymgarant. a*phyth* ny chyfuaruydant. *id.* 1364. 43–4, a *phyth* ny cheffit odit edeu. **15g.** *GLGC* 178, ac hyd yr êl gwehelyth, / a sine fine a *phyth. id.* 216, doe hwylio, da'i wehelyth, / trennydd a pheunydd a *phyth.* *c.* **1730** *Thos. Lloyd D* (LlGC) 197b, *pyth*, byth, semper. **18–19g.** *Iolo MSS* 99, Ar hynny syrthwys Syr Lawrens Berclos yn fud gan syndod, a *phyth* wedi hynny ni chafas efe ei oddeg. **1803** *P, pŷth* . . . ever, never.

Fel *e.* Cyfnod neu gylchdro maith: *long period or revolution of time.*

1803 *P, pŷth*, s. m. pl. t. *odd*, a space, revolution or period of time . . . Tri feth nis gall namyn Duw: dyoddef *pythodd* y ceugant. Cf. R. ROBERTS: *Daearyddiaeth* 66, Annus magnus, y flwyddyn fawr, neu y *pyth* mawr, yn cynnwys 25920 o flynyddoedd.

Pythagoraidd, Pythagoreaidd [yr e. prs. *Pythagor(as)* a chfdds. o'r S. *Pythagore(an)*+*-aidd*] *a.* Yn perthyn i Bythagoreaeth: *Pythagorean.*

1915.

Pythagoread, Pythagoriad (?*i*≡*i*) [cfdds. o'r S. *Pythagore(an)*+*-ad*[2], trf. prs., a'r e. prs. *Pythagor(as)*+*-iad*[3]] *eg.* ll. *Pythagoreaid, Pythagoriaid* (?-ïaid). Arddelwr Pythagoreaeth: *a Pythagorean.*

1741 *ML* i. 52, [c]ymeryd taith . . . i ben yr Wyddfa . . . ambell un er mwyn cael edlyw yw cymydogion y buasent yn nes ir nef na hwynt (*Pythagoriaid* oedd rheini). **1752** J. THOMAS: *FG* 276–7, yn ôl hên Ymarfer y *Pythagoreaid* . . . oeddent . . . yn cymmeryd Gofal cyn machludo Haul i wneuthur Heddwch. *c.* **1762–79** W. WILLIAMS: *P* 311, ond bod eneidiau'r ffyddloniaid i gael eu trosglwyddo i gyrph dynion da eraill yn ol barn y *Pythagoriaid.* **1771** J. REES: *H-A* 71, na fachluded yr haul ar eich digofaint chwi . . . fe ddywed Plutarch fod y *Pythagoreaid* yn cadw'r gorchymyn hwn mewn ystyr lythrennol.

Pythagoreaeth [*Pythagore(ad)*+*-aeth*] *eb.* Dysgeidiaeth yr athronydd Groegaidd Pythagoras (6g. C.C.) a'i ddilynwyr, yn enw. ynghylch seiliau mathemategol y bydysawd a thrawsfudiad eneidiau: *Pythagoreanism.*

20g.

Pythagoreaidd, Pythagoriad, pythawr, gw. **Pythagoraidd, Pythagoread, pathawr.**

pythefnos, pythewnos, &c. [*pymtheg*+ *nos*; cf. *wythnos*, a Gwydd. C. *cóicthiges*] *eg.b.* Cyfnod o ddwy wythnos: *fortnight.*

13g. *LlI* 45, *petheunos* o'r dyd hunnu e byd er oet. **13g.** *LTWL* 250, pen y *pytheonos.* **14g.** *BT* (*RB*) 88, cadw y castell o Ywein ap Cradawc *pethawnos.* **14g.** *WM* 446. 8–9, *affethefnos* a mis y buant yno. **14g.** *GDG*[3] 190, Ei threfn fydd bob *pythefnos* / (Ei thref dan nef ydyw nos) / I ddwyn ei chwrs odd yna [i'r lleuad]. **15g.** *GGl*[2] 123, Mae i'm cefn es *pythefnos* / Henwayw ni ad hun y nos. **1545** *CM* 1, 58, yr hyn a bery y mewn hryw van or ddaiar wythnos gyua ac m/ ewn man arall *pytheuynos.* **1588** *Lef* xii. 2–5, os gwraig a feichioga ac a escor ar wryw, yna bydded aflan saith niwrnod . . . Ond os ar fenyw yr escor hi, yna y bydd hi aflan *bythefnos.* **1632** *D, pythefnos*, & passim *Pythewnos* . . . quindena, spacium quindecim dierum. **1687 (1715)** J. OWEN: *TB* 165, ac yno porthwyd ef *bythewnos* cyfan gan jâr yr hon . . . a ddodwodd wy bob dydd yn ei ymmyl ef. **1755** *ML* i. 365, ac na che's na'm côf na'm synwyr gan ryw weilch segurllyd er's *pythewnos.* **1795** J. THOMAS: *AIC* 77, yn diweddu, *Bythefnos* i'r Mercher nesaf ar ei ôl. **1803** *P* d.g. *pythewnos.* Ar lafar yn y Gogledd a Chered. yn y ff. *p(y)thefnos*, *WVBD* 447, *B* xiv. 281, ac yn y De a Chered. yn y ff. *pythewnos, pythownos, &c.*, *ib.*; 'Fe gæs 'i lædd cyn bod *pythownos* dan ddaear'.

Amr.: **bysewnoth,** gw. *pysewnoth.* **bythefnos, bythewnos,** &c. **1792** H. HARRIS: *H* 161, Efe a fu yn garcharor yngharchardŷ [*sic*] Aberhonddu o gylch *bythefnos.* Ar lafar yn sir Benf., 'Ond ffeindo Dafydd un o'r hwrddod in gorwe'n eitha marw in parc Jim John *fithawnos* nôl', *Wês wês* 12. **pumthefnos. 1798** *WR* d.g. *fortnight.* **pymthefnos. 1918. pymthegnos, pumpthegnos, pymthengnos,** &c. [adff. dysg.]. **1547** *WS, pumpthecnos*, a fourtenyght. **1604–7** *TW* (*Pen* 228), *pymthecnos* d.g. *quindena.* **1632** *D*, pythefnos, & passim Pythewnos, corruptè pro *Pymthengnos.* **1740** T. EVANS: *DPO* 307, *Pymthengnos.* **1752** *ML* i. 204, *pymthegnos.* **1803** *P* d.g. *pymthegnos.* **pysewnoth, pysownoth, bysewnoth** [drwy drsd.]. Ar lafar yng Nghered., sir Gaerf., a sir Benf., *TGG* (1906) 20.

pythefnosol [*pythefnos*+*-ol*] *a.* Yn digwydd neu'n cael ei wneud neu ei gyhoeddi, &c., unwaith bob pythefnos: *fortnightly.*

1772 D. RISIART: *HFP* 123, amryw gyfarfodydd yn wythnosol, yn *bythefnosol.*

Amr.: **pymthegnosol. 1851. pymthengnosol. 1838.**

pythefnosolyn [*pythefnosol*+*-yn*[1]] *eg.* ll. *pythefnosolion.* Cyfnodolyn a gyhoeddir yn bythefnosol: *fortnightly (periodical).*

1844.

pythewnos, gw. **pythefnos.**

pythol [*pyth*+*-ol*] *a.* Tragwyddol, bythol: *eternal, everlasting.*

1803 *P* d.g. *pythawl.*

Gw. hefyd **bythol.**

python, gw. **peithon.**

pythones [bnth. S. *pythoness*] *eb.* ll *-au.* Offeiriades oraclaidd Delphi gynt: *pythoness (at Delphi).*

1850.

pythownos, gw. **pythefnos.**

pyw [?gwr. tybiedig yr e. *pywer*] *a.* a hefyd fel *eg.* Praff, cadarn, solet; o safon uchel, perffaith, gwych; egni, hoen; aelod: *stocky, sound, solid; of good quality, perfect, excellent; vigour, energy; member.*

18–19g. *Llr* C 2, 391, *Pyw.* Sil, sound, solid, of good consistence excellent in its kind, possessing its' true or proper excellence, or its' truly characteristic or essential excellence. qu? hinc Pywer. or Pywyr (pywyr Lew) Pywys, &c. Bara *pyw*—cig *pyw*, carreg, pren, dur, Brethyn, papir, tir, daear, lledr &c, &c, &c, *pyw*—said of all these things when they possess what constitutes their highest characteristic excellence. Iaith *byw*, gwaith *pyw*. **18–19g.** *Llr* C 64, 41, *Pyw*, sound, stocky, well made, well set, solid, Dyn *Pyw* iawn ywefe [*sic*], ie he is a well-made able man, Ceffyl *Pyw*, ych *pyw*, brethyn *pyw* &c. (Glyncorrwg). qu whether also a foot or limb ar ei bedwar *pyw*. **1803** *P*, *pyw*, s. m. that is together or in unison; that is in order, or perfect; a member, a limb. Dyna ve yn cerdded ar ei bedwar *pyw* (bedwar agor), There he is walking upon all fours. Sil. *id. pyw*, a. in order or unison, regular, complete, perfect. Dyn *pyw*, a well-formed man; brethyn *pyw*, cloth of good quality. *Diw.* **19g.** *SE MS* 401b, *pyw*, vigour, energy. I[orwerth] G[wi]l[ym] Edm. Jones.

pywdrach, pywdraf: pywdro, pywdwr, gw. **powdrach, powdraf[1]: powdro, powdr.**

pywdwrwilan, pywer, pywerus, gw. **pwdrchwilen, pŵer, pwerus.**

pywlan[1,2], gw. **powl[2], powlen[1].**

pywlin [bnth. S. *poling*] *eg.* ll. *-s.* Lagen, pren lago: *poling, lag(gin(g)), length of timber placed between the crossbars of two pairs of timber in a colliery to support the roof.*

Ar lafar yn ardaloedd glofaol y Gogledd-ddwyrain, *Geir Glo* 75.

pywnsaf: pywnso [bnth. S. (*to*) *bounce*; am *b* > *p*, cf. *ponc, potel*] *bg.* Sboncio (am lo o'r ffas): *to bounce* (*of coal from the coal-face*).

Ar lafar ym Morg., *Geir Glo* 64.

pywnsen [bôn y f. fl. + *-en*] *eb.* Sbonciad o lo o'r ffas: *lump of coal which bounces from the coalface.*

Ar lafar ym Morg., *Geir Glo* 64.

pywraidd, Pywyseg, pyx, pyyr, gw. **piwraidd, Powyseg, pics[1], pyr[2].**

Ph

ph, cytsain, a'r ugeinfed lythyren yn yr wyddor Gymraeg; ar ddechrau gair digwydd fel cts. gsf. rhai geiriau benthyg ac fel tr. lls. *p*.

phaeton, gw. **ffaeton** (At.).

Pharao [bnth. dysg. Llad. Diw. *Pharao*; cf. *Pharaon, Pharo*] *eg.* Pharo, brenin yr Aifft gynt: *Pharaoh.*

1346 *LlA* 10, nyt yr eirth nar llewot adistrywassant *phamo* [*sic*] vrenhin gynt. namyn lleu. *id.* 18, megys yduc moyssen pobyl yr ysrael o geithiwet *pharao* vrenhin yr eifft. *c.* **1400** *YCM[2]* 174, Arglwyd Iessu Grist . . . ti . . . a ettelleist *Pharao* a'e lu. **1567** *LlGG* (*Sall*) 7[7]a, Anvonawdd ef arwyddion a rhyueddodae ith pervedd wlad yr Aipht, ar *Pharaóh*, ac ar ei oll weision. **1567** *TN* 233a, Can ys yr Scrypthur 'lan a ddywait, wrth *Pharao.* **1588** *Ecs* xiii. 15, pan oedd anhawdd gan *Pharao* ein gollwng ni y lladdodd yr Arglwydd bôb cyntaf-anedic yng-wlâd yr Aipht. **1588** *Neh* ix. 10, A thi a roddaist arwyddion, a rhyfeddodau yn erbyn *Pharao.* **1672** R. Prichard: *Gw* 484, Tebig ydwyt ti i *Pharao*, / Oedd â'i galon gwedi sero.

Pharaon [bnth. dysg. Llad. Diw. *Pharaon-*, bôn traws yr e. *Pharao*; dichon mai at *Ffaraon Dandde* (gw. *CLlLl[3]* xxxv–xxxvii) y cyfeiria rhai o'r enghrau. isod] *eg.* Pharo, brenin yr Aifft gynt, hefyd yn *ffig.*: *Pharaoh, also fig.*

12g. *GLlF* 176, Pann uchel uchet, pann achupet—Freinc, / Pann *Ffaraon* foet. **12g.** *GCBM* ii. 122, Mor gadarn y fwyr ar *Faraon*—Freinc. **13g.** *GDB* 285, A dugost yn fyryf rac *Faraaon* / Pan doeth pobyl Ysrael ker anherron—dir. **13g.** *GBF* 186, Difefyl ner, fyryfder *Ffaraon.* **14g.** *T* 22. 4–5, py lenwis auon arpobyl *pharaon.* ?**14g.** *MA[2]* 337b. 11, Dug *Pharaon* y dyniadon y dan noded (Gronw Ddu).

Amr.: **Pharaonus** [?gwall am y gen. Llad. Diw. *Pharaonis* neu adff. o'r bôn traws]. **14g.** *T* 44. 19.

Pharisad, gw. **Pharisead.**

Pharisai [bnth. dysg. Gr. Φαρισαῖος neu'r Llad. Diw. *Pharisæus*] *eg.* ll. *-on, -aid.* Pharisead: *Pharisee.*

1551 W. Salesbury: *KLl* lia, Yd oedd dyn or *Pharisayon*, ae enw yn Nicodemus. **1567** *TN* 4b, [p]an welawdd ef lawer o'r *Pharisaiait* ac or Sadduceit. *id.* 103a, ffuc sancteiddruydd [*sic*] y *Pharysai. id.* 178a, neb *Pharisai*, a' ei enw Gamaliel. *id.* 211a, Myvi 'sy *Pharisai*, ac yn vap i *Pharisai. id.* 216a, bot i mi yn ol y sect cynnilaf o'n creddyf vyw yn *Pharisai.* **1606** E. James: *Hom* i. 18, Mai fe 'n gosod y Publican etifarus ymmlaen y *Pharisai* sanctaidd balch clodforus. *id.* ii. 172a, Hyn y mae dammeg y *Pharisai* a'r Publican yn ei ddangos.

Pharisead [cfdds. o'r Llad. Diw. *Pharisæ(us)* + *-ad[2]*, trf. prs.] *eg.* ll. *-aid.* Aelod o sect Iddewig gynt a oedd yn nodedig am gadw'n gaeth at y ddeddf draddodiadol yn ogystal â'r ddeddf ysgrifenedig, hefyd am berson hunangyfiawn, deddfol, neu ragrithiol: *Pharisee, also used of a self-righteous, legalistic, or hypocritical person.*

1588 *Math* iii. 7, A phan welodd efe lawer o'r *Pharisæaid* ac o'r Saducæaid yn dyfod iw [*sic*] fedydd ef, efe a ddywedodd wrthynt hwy: ô genhedlaeth gwiberod. **1588** *Luc* xviii. 10–11, Dau ŵr a aethant i fynu i'r Deml i weddio; vn yn *Pharisæad*, a'r llall yn Bublican . . . Y *Pharisæad* o'i sefyll a weddiodd ynddo ei hun fel hyn: ô Dduw yr wyf yn diolch i ti nad ydwyf fel dynion eraill y rhai ydynt drawsion, anghyfiawn, odineb-wŷr. **1588** *Phil* iii. 5, yn Hebræwr o'r Hebræaid, wrth y ddeddf yn *Pharisæad.* **1599 (1677)** R. Holland: *AB* 60, mal yr ymddangosodd [balchder] yn y *Pharisæad.* **1632** *D*, Darnau o femrwn a wisgai yr *Pharisæaid* d.g. *Phylacteria.* **1672** J. Langford: *HDdD* 328, y *Pharisæad* balch. **1677** R. Jones: *BB* 139, Os coelid y *Pharisæaid*, nid hwynt hwy ond Crist oedd y Rhagrithiwr. **1684** J. Davies: *LlR* 373, hwy a wenhieithiant iddynt eu hunain â thŷb o'i cyflwr da . . . yr hyn ydoedd dwyll y *Pharisæad* balch. **1775** *EDPP* 192, yr oeddent yn edrych arnynt eu hunain yn fwy sanctaidd nâ dynion eraill, a hwy a alwyd yn *Phariseaid*, h. y. rhai yn ymddidoli oddiwrth eraill. **1778** *W* d.g. *Pharisee.* Ar lafar yn sir Gaerf. am berson rhagrithiol, 'Mae e'n rial *Pharisead*'.

Amr.: **Pharisad** [cfdds. o'r Llad. Diw. *Pharis(æus)* + *-ad[2]*, trf. prs.] (ll. *Pharisaid*). **1551** W. Salesbury: *KLl* iiib, wynt a ddanvonesit, oeddent rei or *Phariseit. id.* lixb, Y *Pharysat* oe sefyll a weddiawdd. **Phariseiad** [cf. *Pharisai*]. **1567** *TN* 295b, wrth y Ddeddyf yn *Pharisaiad.* **Pharisiad** (?*i* ≡ *i*). **1551** W. Salesbury: *KLl* lxxixb, *Pharysiat. c.* **1585** *Llst* 178, 86b, a gwatwar y *ffarisiaid* ewn bailchion.

Phariseaeth [*Pharise(ad)* + *-aeth*] *eb.* Credoau ac arferion y Phariseaid, hefyd am hunangyfiawnder, deddfoldeb, neu ragrith: *Pharisaism, also used of self-righteousness, legalism, or hypocrisy.*

1840.

Phariseaidd [*Pharise(ad)* + *-aidd*] *a.* Yn perthyn i'r Phariseaid, tebyg i (eiddo)'r Phariseaid: *Pharisaic(al).*

1604 R. Holland: *BD* 6a, Puwritaniaid *pharisæaidh* ofer. *c.* **1658** R. Vaughan: *E* 71, yn fwy ffrwythlon nag vnrhiw Philacterau *Phariseaidd.* **1723** J. Jones: *LlA* 10, Cyn troi *Phariseaidd* jawn ydoedd. **1743** D. Rowland: *T* 49, Nid Bywŷd *phariseaidd*, o Gŷdffurfiad ammherffaith, deddfol allanol i'r Ddeddf ydŷw. **1764** *DC* 11, y mae yr Apostol Paul yn dywedyd i ni, nad oedd efe yn cyfrif ei Gyfiawnder *Phariseaidd* cyn ei Droedigaeth. **1765** J. Popkin: *Ll* 133, fe ddeuai 'r Broffes gristianogol fel hyn yn Ddyfais *phariseaidd.* **1774** W. Williams: *A* 14, Sêl *phariseaidd*, a diogelwch antinomiaidd, yw dau offeryn Satan. **1778** *W* d.g. *Pharisaïcal.* **1792** H. Harris: *H* 183, a *Phariseaidd*-dymherau proffeswyr cnawdol. **1792** P. Williams: *TG* 17, y beilchion *Phariseaidd.*

Amr.: **Phariseiaidd** [*Pharisai* + *-aidd*]. **1631** O. Thomas: *CC* 120, er mwyn arddangos i'r bŷd nad oedd ganddo galon *Phariseiaidd* yn disgwil clod.

Phariseiad, gw. **Pharisead.**

Pharisewyddon, Pharisewyddion [?cfdds. o'r Llad. Diw. *Pharisæ(us)* + bôn *gwydd-* (cf. *gwyddom, gwyddoch, gwyddant*) y f. *gwn[2]*: *gwybod* (o bosibl ar lun *derwydd*) + *-(i)on[2]* neu + *-ydd[3]* + *-(i)on[2]*, cf. S. C. *Pharisewus, Farisew*, &c.; cf. ymhellach *Philistewyddion*] *e.ll.* Phariseaid: *Pharisees.*

13g. *THSC* (1919–20) 115, ymgynnullasant tywyssogyon yr effeiryeit ar *pharisewydyon* hyt ar bilatus. **14g.** *RC* xxxiii. 221, hyneif y *Ffarisewydon.* **1604–7** *TW* (Pen 228), *pharisewydhion* d.g. *pharisæi.*

Pharisi [bnth. S. *Pharisee*] *eg.* Pharisead, hefyd am berson hunangyfiawn, deddfol, neu ragrithiol: *Pharisee, also used of a self-righteous, legalistic, or hypocritical person.*

1604 R. Holland: *BD* 11a, nid odhi-alhan (gyda'r chwydhedig *Pharisi*) gan orfoledhu yn eich duwioldeb.

Pharisiad, gw. **Pharisead.**

Pharistywysogion [?cfdds. o'r Llad. Diw. *Pharis(æus)* + ff. l. *tywysogion*; dichon mai ff. wallus ydyw] *e.ll.* Phariseaid: *Pharisees.*

1346 *LlA* 26, am wybot vot Judas. ar *pharistywyssogyon* yn teruyscu.

Pharo [< *Pharaw* < *Pharao*] *eg.* Teitl brenin yr Aifft gynt, hefyd yn *ffig.*, yn enw. am ddyn creulon neu ddrwg ei dymer: *Pharaoh, also fig., used esp. of a cruel or bad-tempered man.*

15g. *GDID* 102, Efô roes ffordd i Foesen / I ffo rhag llu *Ffaro* hen. **15g.** *GGl[2]* 41, Y modd y ffoes llu Moesen / I'r ffrwd rhag gwŷr *Pharo* hen. *id.* 186, Yn ŵr ffyrf yn nhir *Pharaw* / Y bu'n llywodraethu draw. **15–16g.** *TA* 334, Môr a droes, fal Mara, draw, / Marw ffeiriad, fal môr *Ffaraw.* **16g.** *WLl* 103, Unwaith i Foessen aeth i veissiaw / Agorai fferi mlaen gwyr *Ffaraw. id.* 157, Aeth eraill am na tharien / Irr ffrwd val gwyr *Ffaraw* hen. **16–17g.** *Cer RC* 126, Yno y doeth y dogtor du; / Ail i *Pharo* efô a'i lu. **1672** R. Prichard: *Gw* 358, *Pharo* 'r Prins ac Eli 'r ffeiriad, / . . . / Y ddifethwyd gan yr Angeu. **1775** I. Brydydd Hir: *Gw* 116, Daeth Israel, drwy drafaelu, / I'r lan, er *Pharo* a'i lu [marwnad Wiliam Fychan o Gorsygedol]. Ar lafar, 'hen *Pharo* o ddyn', *WVBD* 129, *TGG* (1909–11) 35; ''Odd a fel *Pharo*, yn gweiddi a glyriach', 'Ma fa wedi bod fel *Pharo* trw'r dydd', *GTN* 369, ac yn yr ymad. 'Twll dy din di, *Pharo* (yn taro tân)!'

Phenicaidd, Pheniciaeg, Pheniciaid, Pheniciaidd, Phenisiaid, gw. **Phoenicaidd, Phoeniciaeg, Phoeniciaid, Phoenicaidd, Phoeniciaid.**

phenomenon, phial, phialaid, phylacterau, gw. **ffenomenon, ffiol, ffiolaid, phylacterau.**

Philipaidd [yr e. lle S. *Philipp(ines)* + *-aidd*] *a.* Yn perthyn i'r Pilipinas: *belonging to the Philippines.*

1844.

Philipiad [yr e. lle *Philipp(i)* + *-iad[3]*] *eg.* ll. *-iaid.* Un o drigolion Philippi ym Macedonia gynt; (yn y ll.) epistol yr Apostol Paul at yr eglwys yn Philippi: *Philippian*; (*pl.*) *Philippians* (*epistle*).

1567 *TN* 292b, Epistol Paul at y *Philippieit. id.* 297a, chwi *Philippieit*, a wyddoch can ys . . . ny chyfrannawdd vn Eccles a mi o bleit devnydd rhoddy a' derbyn, amyn chwichwi yn vnic. Ar lafar, ''Dwi'n credu fod yr adnod yma yn dod o'r *Philipiaid*'.

philistaidd [cfdds. o'r S. *philist(ine)* + *-aidd*] *a.* Gelyniaethus tuag at ddiwylliant neu ddihidio amdano: *philistine* (*adj.*).

1906.

Philistewysion, Philistewyddion [?cf. *Pharisewyddion*] *e.ll.* Philistiaid: *Philistines.*

13g. *HGK* 20, vegys Dauyd vrenhin em plith y *Philistewyssyon.* **13g.** *BD* 14, Ac odyna yd aethant hyt ar Alloryeu y *Philistewydyon. id.* 21, yd oed arch ystauen yg keithiwet gan y *Phylystewyssyon.*

Philistia [bnth. Llad. Diw. *Philistia*] *eb.* Gwlad y Philistiaid ym Mhalesteina gynt, hefyd yn *ffig.*: *Philistia, also fig.*

1620 *Salm* lx. 8, *Philistia* (**1588** *ib.* Palesteina) ymorfoledda di o'm plegid i. **1620** *id.* lxxxvii. 4, wele *Philistia* (**1588** *ib.* Palesteina) a Thyrus ynghyd ag Ethiopia. Cf. S. Lewis: *Yr Artist yn Philistia—I. Ceiriog* (1929) d.d.

Philistiad, philistiad [?cfdds. o'r Llad. Diw. *Philist(īnus)* + *-iad[3]*] *eg.* ll. *-iaid.* Aelod o'r bobl a wrthwynebai'r Israeliaid ym Mhalesteina gynt; un sy'n elyniaethus tuag at ddiwylliant neu'n ddihidio amdano: *a Philistine; a philistine.*

1588 *Gen* x. 14, Pathrusim hefyd, a Chassuhim, a'r Capthoriaid y rhai y daeth y *Philistiaid* allan o honynt. *id.* xxi. 34, Ac Abraham a ymdeithiodd ddyddiau lawer yn nhir y *Philistiaid.* **1588** *Ecs* xiii. 17, ni arweiniodd yr Arglwydd hwynt drwy wlâd y *Philistiaid.* **1588** *Jos* xiii. 2, holl orwledydd y *Philistiaid.* **1588** *Barn* xiii. cs., Y *Philistiaid* yn gorthrymmu Israel am eu hanwiredd. **1588** 1 *Sam* xvii. 8, onid ydwyf fi *Philistiad*? *id.* 37, Yr Arglwydd yr hwn a'm hachubodd i o grafangc y llew . . . a'm hachub i o law y *Philistiad* hwn. **1588** *Eseia* ii. 6, swyn-wŷr ydynt megis y *Philistiaid*.

philistiaeth [cfdds. o'r S. *philist(inism)*+ *-iaeth*] *eb.g.* Meddylfryd neu ymddygiad philistaidd: *philistinism*.
1891.

philoleg, philologaidd, philologiaeth, philologydd, gw. **ffiloleg, ffilolegaidd** (At.), **ffilolegiaeth** (At.), **ffilolegydd** (At.).

Philonaidd [cfdds. o'r S. *Philon(ian)*+ *-aidd*] *a.* Yn perthyn i'r athronydd Iddewig Helenistaidd Philo: *Philonian*.
1926.

Philoniaeth [cfdds. o'r S. *Philon(ism)*+ *-iaeth*] *eb.* Athrawiaeth yr athronydd Iddewig Helenistaidd Philo: *Philonism*.
1899.

philoreg, gw. **ffiloreg.**

philosoph [bnth. S. *philosoph*] *eg.* ll. *-iaid, -ion.* Athronydd: *philosopher*.
1604 R. Holland: *BD* 5a, yr holh *philosophiaid* a'r beirdh.

philosophaidd [*philosoph*+*-aidd*] *a.* Athronyddol, tawel (am feddwl): *philosophical*.
1611 R. Smyth: *SG* 227, arall a elwir, un pryd *phylosophaidd*, drwy arbed bwyd adiod [*sic*]. **1656 (1745)** *MLl* ii. 171, I'th ddwyn allan o'th Reswm bŷdol *philosophaidd* diffrwŷth dy hunan. **1759** J. Evans: *PF* 8, Gwŷr o duedd *philosophaidd*. *id.* 104, nid Hysbysiadau celfyddgar a *Philosophaidd*, ond y cyfryw ac oedd addas i Ddynion o Gyrhaeddiadau cyffredin. *c.* **1793** E. Barnes: *HBF* 16, gofyn, ai barn *philosophaidd* oedd.

philosopher, philosophwr, &c. [bnth. a chfdds. o'r S. C. *philosoph(er)*+*-wr*] *eg.* ll. *-wyr.* Athronydd: *philosopher*.
c. **1400** *MM* 144, Y *philoffwyr* [*sic*] ar gẟyr doethon a racwelsant ry wneuthur dyn o bedwar defnyd. *id.* 146, Ny dywaẟt *philosofwyr* eiryoet dim amgen. **15g.** *IGE*[2] 229, Llawer dysg, ffysg *ffilosoffr* (*Pen* 53, 59, *philosophor*), / Llyfr mad, a gafad o'i goffr (Ieuan ap Rhydderch). **15g.** *FfBO* 53, y bydant y *philosoffwyr* yn synnyeit eu keluydyt. **15g.** *Med H* 8, a'r hyn a ddywaid y *philossoffer* yn i lyfr 'De Sensu et Sensato'. **1455–6** *RWM* ii. 464, nid oes gyfflybrwydd gan y *ffilossffyr* [drll.] yr neb a enir. **16g.** (*LlEG*) *LlGC* 5276, 213b, y *ffyloseiffer* doeth. **16g.** *Pen* 127, 245, lliw coch ywr lliw trydydd canolic ac y sydd vnion o bellder rwng eithavoedd gwynn a dv megis i dywaid y *philosophyr*. **16g.** *Pen* 86, 198, ar sawl aner dan yr arwydd hwn sydd well noc dan arwyddion eraill ag a gyfflybir medd *ffylosiffer* ir llwynoc. **1617** *Minsheu* 361a, *Feilosoffwr* [*sic*] d.g. *Philosopher*. *c.* **1762–79** W. Williams: *P* 224, yr hwn [Zoroaster] oedd y *Philosopher* mwya yn yr oes yr oedd yn byw.

philosophi, &c. [bnth. S. *philosophy*] *eb.* Athroniaeth; gwyddoniaeth: *philosophy; science*.
1545 *CM* 1, 139, ynn gymaint abod . . . yr hoedyl Ac Iechyd kyrff dynnion . . . mewn perigyl . . . o eishiav gwyr keluydd mewn asdronimei *phi*[*l*]*ossoffei* a ffussig. **16g.** (*LlEG*) *LlGC* 5276, 245a, ynysdvdio *philowseffei*. **1567** *TN* 299a, Ymogelwch rac bot neb a'ch espeilio trwy *philosophi* [:– vchelddysc] a' gwac ehudrwydd. **1691** C. Edwards: *GGG* 192, Y mae *Philosophi* yn dywedyd fod i bob gwir gorph gyfran fesurol. **1722** *Llst* 189, *Philosophi*. f. Philosophy. *c.* **1762–79** W. Williams: *P* 317, lle galwent hwy eu crefydd yn *Philosophi* a dderbyniasant oddi wrth eu teidau. **1763** *ML* ii. 551, Brygowthen ynghylch coed, meusydd, etc., coelgrefydd a gwagedd, *philosophi* y dyddiau gynt. **1790** *Prif Crist* 46–7, yr hwn sy'n datguddio Crist a Duw i'r enaid . . . Ni's gall cig a gwaed ei wneuthur, Rhydychen a Chambridge ni allant ei wneuthur, tafodau a *philosophi* ni allant ei wneuthur. **1793** *Cylchg* 18, Pan dechreuwyd cymmysgu gwag *philosophi* âg athrawiaethau syml yr efengyl. *id.* 28, Yr oedd yn dra hyddysg mewn amryw ganghennau o *philosophi*.
Cfn.: **philosophi,** &c., **naturiol:** *natural philosophy, natural science*. **16g.** (*LlEG*) *LlGC* 5276, 272a, ynn un or gwyr mwyaff I geluyddyd mewn *p*[*h*]*ilosseiffei natturiol*. **1710** *CBGEL* 138–9, holl *Philosophi Naturiol*, a Phrofedig.

philosophiaeth [*philosoph(i)*+*-aeth*] *e?b.* Athroniaeth; gwyddoniaeth: *philosophy; science*.
1604–7 *TW* (*Pen* 228), *philosophiaeth* anianawl d.g. *physica*, æ. **1606** E. James: *Hom* i. 6, Mae 'n gywilyddus i ddyn os gelwir efe yn philosophydd, fod heb ddarllen llyfrau *philosophiaeth*. *c.* **1730** *Thos. Lloyd D* (LlGC) 188b, *philosophiaeth*, philosophia.
Cfn.: **philosophiaeth anianol:** *natural philosophy, natural science*. **1604–7** *TW* (*Pen* 228) d.g. *physica*, æ.

philosophor, philosophr, philosophwr, gw. **philosopher.**

philosophydd [*philosph(i)*+*-ydd*[3]] *eg.* ll. *-ion, -iaid.* Athronydd; gwyddonydd; un sy'n ceisio byw yn ôl goleuni athroniaeth a rheswm: *philosopher; scientist; one who endeavours to live according to philosophy and reason*.
1567 G. Robert: *GC* [ix], gwybodaeth *philosophyddion*. *id.* 4, gwir felly a ddowad y *phylosòphydd*, na bydd vniawn barn lle bo cariad negas [*sic*] yn rheoli. *c.* **1585** G. Robert: *DC* 63a, Aristoteles ar *Philosophydhieid* ereilh. **1588** *Act* xvii. 18, A rhyw *Philosophyddion* o'r Epicuræaid, ac o'r Stoiciaid a ymrysonâsant ag ef. **1595** H. Lewys: *PA* 199, dysceidiaeth . . . y doethion, ar ardderchawg wyr cenedlig gynt, 'rhain a alwn ni *Philosophyddion*. **1595** *Egl Ph* 91, Megys py dywedwn yn lhe'r gair *philosophydh*, bhod vn yn caru doethineb. **1606** E. James: *Hom* i. 6, Mae 'n gywilyddus i ddyn os gelwir efe yn *philosophydd*, fod heb ddarllen llyfrau philosophiaeth. **1632** *D* d.g. *Philosophus, Sophista*. **1653** *MLl* i. 260, vn o'r *philosophyddion* gweigion. **1677** R. Jones: *BB* 115, Gâd y chwareu dysgedig hwn i *Philosophyddion*. **1691** T. Williams: *YB* 60, nyni a welwn fod trwm a maith glefyd, yn gwneud gwŷr, tra parhao ef arnynt, yn *philosophyddion* pur grynno, drwy ei gwneud hwynt yn ddigon difatter a'm [*sic*] bleserau 'r corph. **1730** J. Lewis: *CCPG* 13, Mae y gŵr doetha y *Philosophydd* pennaf ymma [awdur 'Llyfr Ecclesiastes'] yn proffesu anwybodaeth mewn perthynas i'r corph a'r Ysbryd. **1739** *ML* i. 19, Ond chwi wnaethoch yn dda wneyd uniondeb rhwng y ddeu wr, i ddangos ych bod yn *philosophydd*. **1779** M. Williams: *BM* 10, yr anghydmarol *Philosophydd*, Sir Isaac Newton. **1799** M. Williams: *HHG* [3], Mae'n bosibl nad oedd y *philosophyddion* yma yn wir Atheistiaid.

philosophyddaf: philosophyddu, gw. **philosophyddiaf: philosophyddio.**

philosophyddaidd, philosophyddiaidd [*philosophydd*+*-(i)aidd*] *a.* Athronyddol; gwyddonol: *philosophical; scientific(al)*.
1657 RE: *CDd* 1–2, gan adel heibio lawer o ddadleuon *Philosophyddaidd*. **1722** *Llst* 189, *Philosophyddaidd*. Philosophical. **1730** J. Lewis: *CCPG* 16, trwy resymmau cedyrn *Philosophyddiaidd*. **1760** E. Williams: *UYB* 180, mewn tyb *philosophyddaidd*. **1764** J. Popkin: *ABG* vi, eu Gwybodaeth *Philosophyddiaidd* am Rinweddau moesol. **1765** J. Popkin: *Ll* 160–1, rhyw beth o fwy awdurdod a phwys na 'r casgliad cywiraf o Resymmau *philosophyddiaidd*. **1770** *TG* ii. 19, ymadroddai yn goeth ac yn *philosophyddaidd*. **1784** M. Williams: *S* d.d., *Philosophyddaidd* Naturiaethau'r Aer. **1792** Tomos Glyn Cothi: *Ap* 30, y Cristianogion *Philosophyddaidd* hyn. **1799** M. Williams: *HHG* 118, trwy ddala'n *philosophyddaidd*, nad oes dim o'r fath beth mewn nattur.

philosophyddiaeth [*philosophydd*+*-iaeth*] *eb.* Athroniaeth; gwyddoniaeth: *philosophy; science*.
1567 G. Robert: *GC* 5, yno'r scrifonnent [*sic*] hwy ryw beth i hyphorddi gwyr i gwlad mewn rhinwedd, dysc, ne bethau eraill . . . fal y gwnaeth Twlliws i lyfrau o *philosophyddiaeth* gan mwyaf igyd. **16–17g.** E. Prys: *Gw* 195, Tynnaist attad awenydd, / A phob dirgelwch y ffydd, / A than wyrth, enau aeth, / Ffyddiau'r *ffilosoffyddiaeth* (Siôn Phylip). **1606** E. James: *Hom* i. 187, A annog *philosophyddiaeth* fwy arnynt hwy, nag a annog gair Duw arnom ni? **1615** R. Smyth: *GB* 33, ci mevvn llong, pen gododd syched arno ef yn absen y morvvyr, a fvvriodd gregin a cherrig i bot o olevv megis y gallae yn havvs ddyfodd [*sic*] atto ef. Ond pvvy a ddyscodd i'r anifeiliaid dirgelvvch y *philosophyddiaeth* yma. *id.* 95, pa *philosophyddiaeth* pa santeiddrvvydd pa ddivviniaeth . . . a gyddivvyd o fevvn ymadroddion un pagan. **1632** *D* d.g. *Philosophia*. **1677** C. Edwards: *FfDd* 227, Nid oes mor llawer iawn er pan arferwyd *Philosophyddieth*, a dysceidieth, a phreintio, a chyfraith a physygwrieth. **1684** H. Owen: *DC* 81, *Philosophyddiaeth* ddyscedic. **1707** *GREE* 62, ni allent ddioddef, fod y fath Athrawiaeth ddisyml annyscedig yn gorchfygu ei *Philosophyddiaeth* hwy. **1759** T. Thomas: *WWDd* 39, Nid yw rhesswm dynol, a *Philosophyddiaeth*, yn Rheol ddigonol i ddeall meddwl Duw. **1792** M. Williams: *BM* 32, Bywyd trefnus yw'r *Philosophyddiaeth* oreu. **1795** J. Thomas: *AIC* 247, Beth ydyw *philosophyddiaeth*? . . . Gwybodaeth, neu Astudrwydd nattur a moesoldeb. **1797** J. Owen: *GAE* 5, Gau *Philosophyddiaeth*.
Cfn.: **philosophyddiaeth anianol:** *natural philosophy*. **1755** *GAGC* 34. **1776** I. Brydydd Hir: *P* ii. 216. **philosophyddiaeth naturiol** = **philosophyddiaeth anianol.** **1714** R. Prydderch: *GD* 143.

philosophyddiaethol [*philosophyddiaeth* +*-ol*] *a.* Athronyddol: *philosophical*.
1795 J. Thomas: *AIC* 248, ymadrodd *philosophyddiaethol*. *id.* 309, Eglwys Groeg *philosophyddiaethol*.

philosophyddiaf, philosophyddaf: philosophyddio, philosophyddu, philosophydda [bf. o'r e. *philosophydd*] *bg.a.* Athronyddu: *to philosophize*.
1615 R. Smyth: *GB* 13, ni phiaidiodd [*sic*] *philosophyddu* y darn arall oi enioes. *id.* 20, nid oes neb a *philosophyddiodd* yn fvvy tyladvvy o'n naturiaeth ni na Phlinius. *id.* 74, o hervvydd na soniasom ddim etto am Blato, hvvn a *philosophyddiodd* yn fvvy nefavvl na'r holl Baganiaid eraill. *id.* 116, *philosophyddu* a chynhemlu yn ddyfal o ddirgelvvch a gvvrthiau natur. **1677** C. Edwards: *FfDd* 156, cai glywed pawb ym-hob man yn *philosophyddio* ynghylch pethau'r scrythyrau. **1711** H. Powel: *TY* 171, ffordd yscafn ormodol o *Philosophyddio* mewn Duwioldeb. *c.* **1730** *Thos. Lloyd D* (LlGC) 191b, *Philosoffyddio*. Philosophor. **1797** B. Evans: *CG* 9, a choed Derw, dan ba rai yr hoffent *philosophyddio*. Cf. D. Owen: *GT* 200, wrth *philosophydda* yn fy meddwl.

philosophyddiaidd, gw. **philosophyddaidd.**

philosophyddol, philosophyddiol [*philosophydd*+*-(i)ol*] *a.* Athronyddol: *philosophical*.
1680 J. Thomas: *UN* 3, yn lle *Phylosophyddiol* a moesawl ymadroddion. **1781** M. Williams: *BM* 5, rhag i mi fod yn rhy *philosophyddiol* i dymherau fy nghydwladwyr. **1791** J. Harris: *Alm* [ii], Ymddiddan *Philosophyddiol* ar yr Ehangder. **1799** M. Williams: *HHG* 7, [c]ymmerodd y gorchwyl yma mewn llaw yn ei Hanes *Philosophyddiol*.

philosophyr, gw. **philosopher.**

phiol, phiolen, gw. **ffiol.**

phisigwr, phisygwr, gw. **ffisigwr.**

Phoenicaidd, Phoeniciaidd [yr e. lle *Phoenic(ia)*+*-(i)aidd*] *a.* Yn perthyn i Phoenicia, sef gwlad gynt ar arfordir Syria, i'r Phoeniciaid, neu i'w hiaith: *Phoenician*.
1844.
Amr.: **Phenicaidd. 1875. Pheniciaidd. 1926.**

Phoeniciaeg, Pheniciaeg [yr e. lle *Phoenici(a)*+*aeg*] *eb.* Iaith Semitig a siaredid gan y Phoeniciaid gynt: *Phoenician (language)*.
1848.

Phoeniciaid, Pheniciaid, Phenisiaid [yr e. lle *Phoenic(ia)*+*-iaid*[1]] *e.ll.* Pobl Phoenicia, sef gwlad gynt ar arfordir Syria, a'i threfedigaethau: *Phoenicians*.
1784 M. Williams: *S* i. 21, yn perthyn i'r *Phenisiaid*.

Phoeniciaidd, gw. **Phoenicaidd.**

phosphad, phosphoraidd, gw. **ffosffad, ffosfforaidd.**

Photiniad [yr e. p. *Photin*+*-iad*[3]] *eg.* ll. *-iaid.* Un sy'n dilyn athrawiaethau Photin, esgob Sirmium, a ddaliai nad oedd Iesu Grist yn ddwyfol yn ei hanfod ond yn hytrach iddo ddod yn ddwyfol drwy dywalltiad dwyfol a ddisgynnodd arno: *Photinian*.
1809.

Photinian [bnth. S. *Photinian*] *eg.* ll. *-od.* Photiniad: *Photinian*.
1718 (1721) S. Thomas: *HB* 38, *Photinianod*, Arianod a'r cyfryw.

phras, gw. **ffras**[1].

phylacterau [bnth. dysg. Llad. Diw. *phylactēria* neu'r Groeg *φυλακτήρια*] *e.ll.* Pâr o flychau bach sy'n cynnwys darnau o'r Ysgrythur Hebraeg ar groen llo ac a wisgir gan ddynion Iddewig wrth weddïo yn y bore yn ystod yr wythnos, hefyd yn *ffig.* am gadwraeth ragrithiol o ddefodau crefyddol; ymylon (dilledyn): *phylacteries, also fig. of hypocritical observance of religious practices; fringes, borders (of garment)*.
1588 *Math* xxiii. 5, yn gwneuthur yn llydan eu *Phylacterau*. *c.* **1658** R. Vaughan: *E* 71, yn fwy ffrwythlon nag vnrhiw *Philacterau* Phariseaidd. **1722**

Llst 189, *Philacterau*. p. Phylacteries. **1773** J. Roberts: *GY*, *Phylacterau*, math o Rimynau . . . o Sidan . . . a oedd gan yr Iuddewon, er harddwch yng ngodreu eu dillad, a phiga o ddrain ynddynt.

Amr.: **phylacter** (*eb.* (prin)). **1908** Eifion Wyn: *TMM* 88, Tlws yw'r dail fel gwerdd *phylacter* / Eddi gwisg o liain main [i berthi Mai].

physig, physyg, gw. **ffisig.**

physygwr, physygwriaeth, &c., gw. **ffisigwr, ffisigwriaeth,** &c.

R

r, cytsain, a'r unfed lythyren ar hugain yn yr wyddor Gymraeg; ar ddechrau gair digwydd fel cts. gsf., ac fel tr. meddal *rh*, e.e. *rhieni*, *dy rieni*, *ei rieni*; hefyd yn nhafodieithoedd de-ddwyrain Cymru digwydd *r* yn gyson lle ceir *rh* yn yr iaith safonol a'r tafodieithoedd eraill.

'r[1], gw. **y[1].**

'r[2] [amr. ar *ar*[3]; trafodir enghrau. o *a'r* d.g. *ar*[3]] *rh. dng.* Yr hwn, yr hon, yr hyn, y rhai: *who, which, those.*

12g. *GMB* 142, Nyd oes gystetlyt y hael heuelyt / O'*r* a pyrth bedyt a ffyt a ffaỽd. *id.* 513, Bydaỽt nef dichleis y'*r* a'e keisso,—ryd, / Brenhineid gynnyd creuyd credo. **12**g. *GCBM* i. 256–7, Nyd oet ny geffyn o'*r* a gaffei / . . . / Nyd oet am Galan yt ymgelei—hael, / Nyd hautuyd kauturyd y'*r* a'e cotei! **13**g. *GDB* 327, Trannoeth, o'*r* pan el trwm ddylyn, —ys gwael / Nas gwyl neb yr gouyn. **13**g. *LlI* 12–13, Ef a dele medegynyaeth rat e'*r* a uo en e llys. **13**g. *BD* 2, y rei a vac kerd a hun y'*r* a gysco ar eu glanneu. *id.* 116, ac aruthred uyd y'*r* a'e hedrycho. **14**g. *T* 15. 11–12, ny byd y vedyc mỽyn o*r* awnaant. *id.* 48. 25–7, O*r* yssyd is awyr gỽedy kassolwir. nyt byỽ or mod meint am gỽyr. **14**g. *WM* 1. 36–7, Ac o*r* aỽelsei ef o helgỽn ybyt. ny ỽelsei cỽn un lliỽ ac ỽynt. *id.* 55. 10–11, A phaỽb o*r* aeguelei yny garu. *id.* 82. 24–7, ba hustyng bynnac yr yuychanet o*r* auo yrỽng dynnyon o*r* ykyuarfo yguynt ac ef. ef ay guybyd. *id.* 144. 12–14, dy glot rygigleu ympob gỽlat o*r* y ryfuum (*RM* 214, o*r* y bum) o vilỽryaeth. *id.* 618. 13–14, Ti ageffy . . . cwbyl o*r*aercheist. *c.* **1400** *YCM*[2] 199, ny omedit wynt yn llys Hu o dim o'*r* a erchynt, ac o'*r* a debyckit y vynnv ohonunt. **1592** S. D. Rhys: *Inst* [xv], yn gybhrannol o dhim o'*r* a bhei yndhynt.

Gw. hefyd **ar**[3], **o**[1] adran 6(*k*).

'r[3], r', -r, gw. **rhy**[2].

rab [bnth. S. taf. *rab* 'rough or stony subsoil; mudstone'] *eg.* Carreg laid, pridd neu isbridd caregog: *mudstone, stony soil or subsoil.*

Ar lafar yn sir Gaerf. a sir Benf., *GDD* 240, *SC* vi. 125; ''Sim gwmint o *rab* indo lawr 'ma â sy lan man'na'.

rabad, rabed, rhabad [bnth. S. *rabbet*] *eg.* ll. *rabadau, rabedi.* Cyngwys, rhigol unochrog: *rabbet, rebate.*

1780 *W*, ymyl gysylltgwys, vulgò *rhabad* d.g. *Rabate, or rabat, in joinery.*

Amr.: **rabet. 1828** *Geir Pob* 21.

rabadaf, rhabadaf[1], rabedaf: r(h)abadu, rabedu [bf. o'r e. *rabad*, &c.] *ba.* Cysylltu drwy gyfrwng rabad, torri rabad mewn: *to rabbet, rebate.*

1780 *W*, ymyl-gysylltgwyso, vulgò *rhabadu* d.g. *To rabate, in joinery. id.* canŵyr *rhabadu* d.g. *rabate-plane.*

rabbi, gw. **rabi.**

rabed, rabedaf: rabedu, rabet, gw. **rabad, rabadaf: rabadu, rabad.**

rabi[1] [bnth. Heb. *rabbi*, o bosibl drwy gyfrwng iaith arall; *rabbi* yw sillafiad y rhan fwyaf o'r enghrau. a hefyd y sillafiad a argymhellir yn *OIG*; ynglŷn â'r ll. yn *-n-*, cf. S. *rabbin*] *eg.* ll. *rabiniaid, rabïaid, ?rabiaid.* Person a awdurdodwyd i ddysgu, i esbonio, ac i reoli yn ôl deddf draddodiadol yr Iddewon, arweinydd cynulleidfa Iddewig, teitl o barch a ddefnyddid yn gfrch. gan ddisgyblion Iddewig gynt wrth eu hathro: *rabbi.*

1551 W. Salesbury: *KLl* xxiib, Henphych *rabi* [:- athro]. *id.* xxviiia, ef aeth ato yn y van, ac a ddyuot wrtho: *Rabbi, rabbi* ac ae cysanadd ef. *id.* lia, Hwn a dda/eth at Ieshu liw nos ac a ddyuot wrtho: *Rabbi* nyny a wyddam dy vod ti yn athro. **1567** *TN* 37a, a'ei galw gan ddynion *Rabbi, Rabbi,* Eithr na'ch galwer gan ddynion *Rabbi*: can ys vn dyscyawdr ys ydd y chwi 'sef yvv, Christ. *id.* 134a, Nicodemus . . . a ddeuth at yr Iesu liw nos, ac a ddyvot wrthaw, *Rabbi* [:- Athro]. **1696** *GGTY* 187, traddodiad aflan, halogedig a dynol *Rabbiniaid* yr Iddewon. **1715** T. Evans: *CCG* 32, Na fydded opiniwn neb rhyw *Rabbi* yn rheol i chwi. **1728** T. Baddy: *DDG* 106, ynghylch 300 o *Rabbiaid* neu Juddewon. **1780** *W* d.g. *Rabbi. id.* canlynwyr y *rabbiniaid* d.g. *Rabbinist.*

rabi[2], gw. **rhabi**[2].

rabiaf, rapiaf[1]: rabio, rapio [bnth. S. taf. (*to*) *rap* 'to exchange, barter'] *ba.* Cyfnewid, ffeirio, trwco: *to barter.*

1828 *Geir Pob* 22, *Rapio*, newid, ffeirio. Ar lafar yn Arfon, '*rabio* cyffyla', '*rabio* gafr a bwch am ddafad ac oen', *WVBD* 452.

rabïaidd [*rabi*[1] + *-aidd*] *a.* Rabinaidd: *rabbinic, rabbinical.*

1798 *WR* d.g. *Rabbinical.*

rabinaidd [cfdds. o'r S. *rabbin(ic)* + *-aidd*] *a.* Yn perthyn i'r rabiniaid, yn enw. i rai cyfnod y Talmwd neu'r Oesoedd Canol: *rabbinic, rabbinical.*

1798 *WR* d.g. *Rabbinical.*

Amr.: **rhabinaidd. 1780** *W* d.g. *Rabbinical.*

rabiniaeth [cfdds. o'r S. *rabbin(ism)* + *-iaeth*] *eb.* Athrawiaethau a thraddodiadau rabiniaid cyfnod y Talmwd: *rabbinism.*

1858.

rabinig [cfdds. o'r S. *rabbin(ic)* + *-ig*[2]] *a.* Rabinaidd: *rabbinic, rabbinical.*

20g.

rabiwr, rapiwr[1] [bôn y f. *rabiaf, rapiaf*[1]: *rabio, rapio* + *-iwr*] *eg.* ll. *rapwyr.* Ffeiriwr: *barterer.*

1898. Ar lafar yn Arfon, '*rabiwr* cyffyla', *WVBD* 452.

rabl[1] [bnth. S. *rabble* 'mob, crowd'] *eg.* Torf o bobl derfysglyd neu afreolus, ciwed, mob: *rabble, mob.*

1946.

rabl[2] [bnth. S. *rabble* 'iron bar'] *eb.* Bar haearn ac iddo flaen cam a ddefnyddir fel procer: *rabble (used as a poker).*

Ar lafar yn ne-ddwyrain sir Gaerf.

rabsen [bnth. S. *raps* 'counterfeit coins of low value' + *-en*] *eb.* Darn arian bychan: *small coin.*

Ar lafar yn Arfon, 'heb yr un *rabsan*', 'Ma pob *rabsan* wedi mynd', *WVBD* 452.

Gw. hefyd **rap**[4].

rabsgaliaf: rabsgalio [?cf. *rabsgaliwn*] *b?g.* Torri cerrig mwyn i faint priodol â gordd: *to cut ore-stone to size with a sledge-hammer.*

Ar lafar, *Geir Mwyn* 50.

rabsgaliwn [bnth. S. *rapscallion*] *eg.* ll. *-s,* (prin) *rabsgaliynau.* Cnaf, gwalch: *rapscallion, rascal, scamp.*

1838. Ar lafar, 'Mae'r teulu 'na mewn trwbwl o hyd —man' nhw 'n rêl *rabsgaliwns*'.

Amr.: **rabsgaldiwn. 1937. rabsgoliwn.** Ar lafar yn sir Benf., *SC* vi. 125. **rasgaliwn. 1919. rhabsgaliwn. 20**g. **sgaliwns** [ff. affetig]. Ar lafar yn nwyrain Morg., 'Ma ryw 'en *sgaliwns* wedi torri pob lamp ar yr 'ewl'.

rac[1], rhac[1] [bnth. S. *rack* 'framework, &c.'] *eb.g.* ll. *-(i)au.* Fframwaith ac iddo fariau, bachau, rheiliau, &c. i ddal, storio, estyn, neu arddangos pethau; llond neu gynnwys rac; bar danheddog neu reilen sy'n cydio mewn olwyn neu biniwn; arteithglwyd: *rack, framework; rackful; rack, cogged or toothed bar or rail; rack, instrument of torture.*

1547 *WS*, *rac* bwa croes. **1604–7** *TW* (*Pen* 228), y *Rack* d.g. *Eculeus. Dchr.* **17**g. *J* 10, 12a, *Rhac.* wrest of a crosse bow. **1803** *P*, *Rhac*, s. m.—pl. t. *au* . . . the wrest of a cross-bow. Ar lafar ym Morg. yn yr ystyr 'cratsh, rhesel, rhastal', *LGW* [366]–7.

Amr.: **rhec** (*eb.* ll. *-au*). **1722** *Llst* 189, *Rhecc.* f. pl. *Rheccau.* A rack. Ar lafar yn sir Benf., 'a wooden rack fastened to the roof used to hold articles, particularly cured bacon', *SC* vi. 126.

Cfn.: **rac bwa croes:** *wrest of a crossbow.* **1547** *WS.* **rac llwyau:** *spoon-rack.* Ar lafar, *Geir Geg* 149.

Gw. hefyd **rag**[3].

rac[2], rac[3], gw. **rhac**[2], **rhag.**

raca[1,2], racanaf[1,2]: racanu, gw. **rhaca**[1,2], **rhacanaf: rhacanu, rhag-ganaf: rhag-ganu.**

†racdam, †racdut, gw. **rhag.**

raced, gw. **rhaced.**

racem [bnth. S. *raceme*] *eb.* ll. *-au. Bot.* Fflurgainc ac ynddi flodau coesynnog unigol ar hyd y prif goesyn: *raceme.*

20g.

racemeiddiaf: racemeiddio [*racem* + *-eiddio* (At.)] *bg.* Ymffurfio'n racem: *to racemize.*

20g.

racet[1,2], gw. **rhaced, racets.**

racets [bnth. S. *racket(s)* 'uproar, din'] *e.ll.* Twrw, randibŵ: '*racket*', *noise, din.*

Ar lafar yn sir Benf., *SC* vi. 125; clywir hefyd ff. un. *racet* yn y De.

Gw. hefyd **ragat**[2].

raciaf[1], rhaciaf[3], rhacaf: racio, rhac(i)o [bf. o'r e. *rac*[1], *rhac*[1]] *bg.a.* Codi rhent uchel iawn ar, cribddeilio; arteithio ar y rac: *to rack (a tenant); rack, torture on the rack.*

16–17g. *CRC* 424, Yr arglwyddi oedd kynn chwannocked / yn *rackio* i tennantied. **1606** E. James: *Hom* i. 48, Rhai a ddirdynnwyd [:- *rhaccwyd*], rhai a laddwyd. **1667** C. Edwards: *FfDd* 43–4, Anne Ascew . . . yr hon a ddangosodd yw herlidwyr, fal yr oeddent yn gwrthwynebu'r yspryd glan, y rhai ai *racciâsant* hi yn greulon, oni thynnasant agos ei holl gymalau ai hescyrn oddiwrth eu gilidd, eisieu caffael genddi wadu ei ffydd, neu ochan dan ei phoen.

Cfn.: **r(h)acio ei (fy, &c.) ymennydd:** *to rack one's brains.* Ar lafar.

raciaf[2]: racio, racis, gw. **rhaciaf[1]: rhacio, rachis.**

raclaf: raclo [?bnth. S. (*to*) *rattle*] *bg.* Codi cynnwrf: *to cause a commotion.*

Ar lafar yn nwyrain sir Drefn., *Cymru* liii. [134], 'yn meddwi ac yn *raclo*'.

Gw. hefyd **ratlaf: ratlo.**

raco, racs, gw. **rhaco, rhacs.**

racsaf: racso, racsach, gw. **rhacsaf: rhacso.**

racsen, racsiaf: racsio, gw. **rhacsen, rhacsaf: rhacso.**

racsiog, gw. **rhacsiog.**

racsiwns, rycsiwns, &c. [bnth. S. *ructions*] *e.ll.* Dadleuon neu adweithiau amhleserus, cynnwrf: *ructions.*

20g. Ar lafar, 'a wedyn aeth hi'n *racsions*', 'Mae 'i wedi mynd yn *rycsiwns* 'ma'.

racsiwr [bôn y f. *racsiaf*: *racsio* a *racs* + *-iwr*] *eg.* ll. *-s.* Carpiwr, dyn hel rhacs; un sy'n distrywio neu'n difetha: *ragman; one who destroys or spoils.*

1789 Twm o'r Nant: *TChB* 17, Baledwrs *Raxiwrs* clocsiwrs clau. Ar lafar yn Arfon am 'rywun distrywiol', *WVBD* 453.

racslyd [*racs* + *-lyd*] *a.* Carpiog, rhacsiog: *ragged, shabby.*

Ar lafar yn Arfon, *WVBD* 453.

racsog, gw. **rhacsiog.**

racsyn, racsys, gw. **rhacs.**

racw, gw. **rhacw.**

racŵn [bnth. S. *racoon*] *eg.* ll. *-s, racwnod. Swol.* Mamolyn o'r tylwyth *Procyon* a'i gynefin yn fforestydd a choedwigoedd Gogledd a Chanolbarth America sy'n anifail

trwynfain ac iddo flew llwytgoch a streipiau du ar y gynffon a'r wyneb: *racoon*.
c. **1762–79** W. WILLIAMS: *P* 447, guanoes, gwiwerod hedegog, *racwns*.

racwrde, gw. **rhagwt.**

rachis, racis [bnth. S. *rachis*] *eg.* ll. *-au*. *Bot.* Prif goesyn fflurgainc neu ddeilen gyfansawdd: *rachis (in bot.)*.
20g.

radamant, gw. **adamant.**

radar [bnth. S. *radar*] *eg.* System i ganfod presenoldeb, lleoliad, neu gyflymder gwrthrych pell (e.e. awyren neu long) drwy anfon allan guriadau o donnau electromagnetig amledd uchel a adlewyrchir gan y gwrthrych y dymunir ei ganfod; yr offer a ddefnyddir ar gyfer system o'r fath: *radar*.
1946. Ar lafar yn y ff. *redar*.

radell, radfach, radgwarfod, gw. **gradell, adfach, bradgyfarfod.**

radiadur [cfdds. o'r S. *rad(iator)* + *-iadur*] *e?g.* ll. *-on*. Rheiddiadur: *radiator*.
20g.

radial [bnth. S. *radial*] *a.* Yn deillio o ganolbwynt cyffredin, rheiddiol; yn perthyn i radiws: *radial*.
20g.

radian [bnth. S. *radian*] *eg.* ll *-au*. Uned mesur onglau, a 2π radian yn gyfartal â 360°, sef 57·296° (yn fras), ac yn hafal i'r ongl a gynhelir yng nghanol cylch gan arc a'i hyd yn hafal i radiws y cylch: *radian*.
20g.

radiator [bnth. S. *radiator*] *e?g.* Rheiddiadur: *radiator*.
20g. Ar lafar yn y ff. *redietyr*.

radical [bnth. S. *radical*] *eg.* ll. *-iaid*, *-au*, a hefyd fel *a.*

(*a*) (ll. *-iaid*) Person radicalaidd; aelod o adran eithafol o'r Blaid Ryddfrydol yn ystod y 19g.: *a (political) radical*.
1836.

(*b*) (ll. *-au*) *Math.* Gwreiddyn rhif neu faint: *a radical (in math.)*.
20g.

Fel *a.* Radicalaidd: *radical*.
20g.
Cfn.: *Cem.* **radical rhydd:** *free radical (in chem.)*. **20g.**

radicalaeth, gw. **radicaliaeth.**

radicalaidd [*radical*+ *-aidd*] *a.* Pleidiol i newid eithafol neu sylfaenol mewn amgylchiadau, sefydliadau, arferion meddwl, &c., gwleidyddol, cymdeithasol, neu economaidd, yn perthyn i newid o'r fath, radical; yn perthyn i adran eithafol o'r Blaid Ryddfrydol yn ystod y 19g.: *radical*.
1837.

radicaleiddiaf: radicaleiddio [bf. o'r a. *radicalaidd*] *bg.a.* Peri bod yn radicalaidd; mynd yn radicalaidd: *to radicalize*.
1933 R. T. JENKINS: *Hanes Cymru yn y Bedwaredd Ganrif ar Bymtheg* 51, A all Ymneilltuaeth yn ei thro *radicaleiddio*'r Methodistiaid?

radicaliaeth, radicalaeth [*radical*+ *-(i)aeth*] *eb.* Egwyddorion, dyheadau, neu arferion radicaliaid gwleidyddol; mudiad radicalaidd, yn enw, mewn gwleidyddiaeth; y cyflwr o fod yn radicalaidd, yn enw. mewn gwleidyddiaeth: *radicalism*.
1836.

radio [bnth. S. *radio*] *eg.b.* ll. *-s*. Trosglwyddiad, darllediad, neu dderbyniad negeseuon sain, &c., heb wifrau cysylltiol drwy gyfrwng tonnau electromagnetig a'u hamledd rhwng 10 kHz a 300,000 MHz; set neu offer i dderbyn, i ddarlledu, neu i drosglwyddo signalau o'r fath; neges neu raglen a anfonir neu a dderbynnir gan radio; darllediad sain yn gyffredinol; gorsaf neu sianel radio: *radio*.
1926. Ar lafar, "Dach chi'n gwerthu *radios* VHF?".
Cfn.: **radio bro:** *community radio*. **20g. radio gweld:** *television*. **1938. radio'r werin:** *Citizens' Band*, *CB*. **20g. radio beirat:** *pirate radio*. **20g.**

radio- [bnth. S. *radio-*] *rhgdd.* Ymbelydredd: *radio-*.
20g.

radioactif [bnth. S. *radioactive*] *a.* Ymbelydrol: *radioactive*.
1946.

radioactifedd [*radioactif*+ *-edd*[1]] *eg.* Ymbelydredd: *radioactivity*.
20g.

radiodidraidd [*radio-* + *didraidd* (At.)] *a.* Nad yw pelydrau-X nac ymbelydredd arall yn treiddio drwyddo: *radiopaque*.
20g.

radio-egnïol [*radio-egnïol*] *a.* Ymbelydrol: *radioactive*.
20g.

radiofeddygaeth [*radio-* + *meddygaeth*] *eb.* Radiotherapi: *radiotherapy*.
20g.

radiograff [bnth. S. *radiograph*] *eg.* ll. *-au*. Llun a geir drwy gyfrwng pelydrau-X, pelydrau gama, &c.: *radiograph*.
20g.

radiograffaeth [cfdds. o'r S. *radiograph(y)* + *-aeth*] *eg.b.* Cynhyrchiad radiograffau o wrthrychau didraidd ar gyfer eu defnyddio mewn meddygaeth, diwydiant, &c.: *radiography*.
20g.

radiograffeg [cfdds. o'r S. *radiograph(y)* + *-eg*[1]] *eb.* Radiograffaeth: *radiography*.
20g.

radiograffi [bnth. S. *radiography*] *eg.* Radiograffaeth: *radiography*.
20g.

radiograffydd [cfdds. o'r S. *radiograph(er)* + *-ydd*[3]] *eg.* ll. *radiograffwyr*, *radiograffyddion*. Un sy'n ymarfer radiograffaeth, un a chanddo gymhwyster i weithio offer pelydrau-X: *radiographer*.
20g.

radio-isotop [bnth. S. *radioisotope*] *eg.* ll. *-au*. Isotop ymbelydrol: *radioisotope*.
20g.

radioleg [cfdds. o'r S. *radiol(ogy)* + *-eg*[1]] *eb.* Gwyddor a defnydd pelydrau-X a defnyddiau ymbelydrol, yn enw. mewn perthynas â diagnosis a thriniaeth afiechyd: *radiology*.
20g.

radiolegol [*radioleg*+ *-ol*] *a.* Yn perthyn i radioleg, hefyd yn *ffig.*; yn perthyn i ddefnyddiau ymbelydrol: *radiological, also fig.*
20g.

radiolegydd [*radioleg*+ *-ydd*[3]] *eg.* ll. *radiolegwyr*. Arbenigwr mewn radioleg: *radiologist*.
20g.

radiometrig [cfdds. o'r S. *radiometr(ic)* + *-ig*[2]] *a.* Yn perthyn i fesuriad neu ïoneiddiad ymbelydredd: *radiometric*.
20g.

radiotherapeg [cfdds. o'r S. *radiotherap(y)* + *-eg*[1]] *eb.* Radiotherapi: *radiotherapy*.
20g.

radiotherapi [bnth. S. *radiotherapy*] *eg.* Triniaeth afiechyd drwy ddefnyddio pelydrau-X neu ymbelydredd arall: *radiotherapy*.
20g.

radish, radis [bnth. S. *radish*] *e.ll.* ac *eg.* *Bot.* Planhigyn neu blanhigion o deulu'r *Cruciferæ*, *Raphanus sativus*, rhuddygl; gwraidd neu wreiddiau bwytadwy cryf eu blas y planhigion hyn: *radish(es)*.
c. **1400** *Études* vii. 276, kymer centori, a beton . . . a fenygyl, a *radis*. **16g. (1763)** W. SALESBURY: *LlM* 12, oel palma christi ne *radis*. **1681** S. HUGHES: *AC* 33, A llawer gwaith y plethodd efe *radish* ynghyd yn y fath fodd, ac nad ellit gwneuthur y cyffelyb beth, oni roddei ddyn ei fryd ar hynny . . . gyda llawer o hîr amynedd. **1759** J. EVANS: *PF* 26, Sûg *Radis* neu Ruddigl a wna lawer o lês. *id.* 40, Neu, ferwch sûg *Radis*, hyd oni byddo digon têw iw danu fel Plaster. *id.* 61, Neu, lyngcwch sûg *Radis* bob yn ychydig. **1771** *PDPh* 27, un neu ddau o wraidd *Radis* ieuaingc. **1788** M. WILLIAMS: *BM* [9], hauwch erfyn, lettys, *radis*. *id.* [15], symmydwch eich *radish* i gael had. Ar lafar, "Dos neb yn lico *radish* yn tŷ ni', 'Rho un *radish* bach yn y salad'.
Amr.: **radys** [dan ddyl. y trf. *-ys*] (un b. *-en*). **20g. redeins. 1813** *WB* 230. **redins, redyns.** *c.* **1400** *Études* vii. 56, raphanum, y *redyns*. **1813** *WB* 230. Ar lafar yn sir Gaern., *EEW* 250. **redis. 1681** T. JONES: *Alm* [27]. **1777** E. ROBERTS: *DG* 42.

radiwm [bnth. S. *radium*] *eg.* *Cem.* Elfen fetelaidd wen ymbelydrol (symbol Ra; rhif atomig 88) sydd i'w chael mewn mwynau wraniwm ac a ddefnyddir mewn radiotherapi ac i wneud paentiau goleuol: *radium*.
1902.

radiws [bnth. S. *radius*] *eg.* ll. *radiysau*. *Math.* Llinell syth o ganol cylch neu sffêr i bwynt ar y cylchyn neu'r arwyneb; hyd y llinell hon; y tewaf a'r byrraf o'r ddau asgwrn ym mlaen y fraich; yr asgwrn cyfatebol mewn anifeiliaid asgwrn-cefn eraill: *radius*.
1925.

radon [bnth. S. *radon*] *eg.* *Cem.* Elfen nwyol ddi-liw ymbelydrol (symbol Rn; rhif atomig 86) a geir yn hybrin fel cynnyrch dadfeilio radiwm ac a ddefnyddir mewn radiotherapi: *radon*.
1930.

radys, radysen, gw. **radish.**

raddig, gw. **rhaddig.**

rae, rhae [bnth. S. *ray* 'array'] *eb.* Rhes, rheng: *array, rank*.
15–16g. *TA* 146, Seithgan *rae*, saith gannwr waets, / Sarff Wiliam, sêr a phelaets. **1547** *WS*, *ray* gossodiat ar wyr ymlad Array. **16g.** (*LlEG*) *Mos* 158, 129a, or achos I trawai yg/wyr me[i]rch ynni mysc ac a dorai *rae* y battel y llu seissnig. *id.* 385b, kerddodd y gwyr traed mewn *Ra/y* ac ordyr vrddassol. **16g.** *B* xv. 270, ynn gyffelib J vod ynn i *ray* ar hyd y sertein vwaff o'r noos. *c.* **1550** *TYP*[2] 64, amchwelodd yn lladrad ar faenrred y gamlan o hyd nos a chymyscu i *rae* oi wyr. **16g.** WILIAM CYNWAL: *Gw* (G. P. Jones) 71, Myn ei roi gwŷr mewn *rae* a gwart. **1686** FFOULKE OWEN: *Cerdd-lyfr* 107, Ac yno 'r oedden nhw yn eu *ray*, / Yn aros dowad ir ystay. *c.* **1730** *Thos. Lloyd D* (LlGC) 201a, *Rae*. An Array. **1803** *P*, *Rhae*, s. f. A constraint, a battle.

raeaf, rhaeaf: raeo, rhaeo [bf. o'r e. *rae, rhae*] *ba.* Gosod mewn rhes neu reng, trefnu, mwstro, byddino: *to array, put in order, muster (for battle)*.
1547 *WS* [vii], Ac val hyn y *rayed* y llaill pop vn i sefyll dan vaner i Captenlythyr ddechreuol. **16g.** WILIAM CYNWAL: *Gw* (R. L. Jones) 273, Yn ei stad, pan fo'n gadarn, / Yn *rhaeo* byd, yn rhoi barn. *c.* **1588** *B* ii. 237, ryssv, *raeo* gwyr. *c.* **1730** *Thos. Lloyd D* (LlGC) 198a, *Rayo*, To array, put in array. WS.

raelffordd, gw. **rheilffordd.**

raeliaf: raelio [bnth. S. (*to*) *rail* 'to be abusive'] *bg.* Siarad yn ddifrïol, lladd (ar): *to rail (at, against)*.
1547 *WS*, *raylio* Rayle. *a.* **1587** *Y* 7, am i'r archiagon, meddai fo, *raelio* arno fo pen gyfarfv ag ef. *id.* 21, 'R ol oerni, '*raelio*' arnad. / Gair hwn o Loegr a hanyw, / Sos yn y gerdd, Saesnaeg yw. / Reol gerdd, ni '*raelia*' gŵr, / 'Ymsennv' yw moes anwr.

raels, raelsen, gw. **rheil.**

raement, rhaement [bnth. S. *raiment*] *eg.* Dillad, gwisg, lifrai; dilledyn; hefyd yn *ffig.*: *clothes, clothing, livery; article of clothing; also fig.*
15g. *CH* 157, Da iawn y caem ei *raement*, / Da bob awr, da bawb o Went (Thomas Derllys). **15g.** *GDLl* 102, Digon o goel, da gan Gent / Dy Gymry, deg eu *raement*. **15g.** *GTP* 80, Un rym wyd yn y *raement* / A'r

llew coch gyda Iarll Cent. **15g.** *GLGC* 257, ni chaem ei gyfryw yn *raement*—y Pab. **15g.** *GGl*[2] 13, Brëyr rheimwyr a'u *rhaement*. **15g.** BEDO AERDDREM, &c.: *Gw* 105, yn *raement* oni rwymwyd / ag yn vn flew ar llew llwyd. *Diw.* **15g.** *Pen* 67, 8, ai wyr ymwan ai *raement* / o von iewerddon i went. *id.* 74, am gyrchy n rymys / hwndrwt ai *raement*. **16g.** DAFYDD AP LLYWELYN, &c.: *Gw* 19, Mae'n ei rym, mewn ei *raement*, / Mwy no chawr, Mynyw a Chent. *id.* 221, Mynnwch rwym, maen eich *raement*, / Merch â gwaed marchog o Went. *Dchr.* **17g.** *RWM* ii. 699, Pwy genym o rym ag o *raement* mawr.

Amr.: **rhemant. 15g.** *HCLl* 132. **16g.** HUW CORNWY, &c.: *Gw* 34. *Dchr.* **17g.** *Card* 12, 491.

raenaf: raeno, gw. **raeniaf**[1]**: raenio.**

raenedigaeth [bôn y f. *raeniaf*[1]: *raenio*, &c. + *-edig* + *-aeth*] *e?b.* Teyrnasiad: *reign.*

c. **1570** *Llst* 195, 3, yr vgeinved dydd o vis gorffena y bymthegfed floyddyn o *Raynedigaeth* harri wythved.

raeniaf[1]**, raenaf, rhaen(i)af,** &c.: **r(h)aen(i)o,** &c. [bnth. S. (*to*) *reign*] *bg.a.*

(*a*) Teyrnasu, rheoli, hefyd yn *ffig.*: *to reign, rule, also fig.*

15–16g. *TA* 86, *Raenia*'n grair union i Gred, / Rosyn baner Sain Bened [i'r Esgob Dafydd ab Owain]. **16g.** LEWYS MORGANNWG: *Gw* 257, oen or ynys ni *raenwyd* / ar gwlan aur o raglan wyd. **16g.** *GGH* 365, Os *rhaenio* amser anian, / Hanner Mawrth i hwn yw'r man [i ofyn hwrdd]. **16g.** *Hop M* 166, ag i ddawn at satan wael, i vynny cael yn cosbi / trwy valchder llid cenfigen, trachwant aflawen diogi / glwth godineb pan *rhaenoedd* [*sic*], awnaer dinasoedd soddi. **16g.** WILIAM CYNWAL: *Gw* 67, Yr aur nid estyn yr oes / O *rhaeniwyd* hyd yr einioes. **16–17g.** *Cer RC* 128, A phoed hir y bo hi'n *rainio* [i Elisabeth I]. **1672** R. PRICHARD: *Gw* 71, Mae Dduwdod [*sic*] cyn uchled a'i Dâd y gogoned, / Pob amser i'w weled yn *rhaino* [:- Teyrnasu]. **1684** T. JONES: *GG* 14, A phan ddoent i *raynio*'r deyrnas / Y Caen hwythau, yma swyddau, Cymwys addas. *Diw.* **17g.** *CLlC* iv. 24, Emprwr oedd yn Rhufain gaerog / . . . / Lle bai gyfraith hwn yn *raino* / Raid i bawb ymostwng iddo. **1734** *YCTM* 12, Ni all Antichrist gael Pwer / I *raino* ond tair a hanner. **18g.** *Hop M* 333, Am dy frenin tra'n *rino* [*sic*]. **1770** *TG* iii. 13, A llawer o anwiredd i *reyno* yn wirionedd. **1790** TWM O'R NANT: *GG* 75, A pheth bleth blîn, a dreiwch yma drîn, / Heb Frenin crŷf i *Raenio*.

(*b*) Bod yn nerthol (am blaned, &c.): *to reign, be powerful* (*of planet, &c.*).

16g. *Hop M* 159, ag ve ddwede am bob dyn / or pryd ar llun vai arno / i natüriaeth pan aned / ar blaned oedd yn *rraeno*. **16–17g.** *CRC* 222, Pen fo'r llevad hyn sy siwr / miawn planed ddwr yn *raeinio* [*sic*]. **17g.** E. MORUS: *Gw* 65, A Mars oedd yn *raenio* ag yn rhiwlio yn rhy oer.

(*c*) Ymledu, bod yn ei anterth, rhedeg ei gwrs (am afiechyd, salwch, &c.): *to spread, be catching, rage, be prevalent, run its course* (*of disease, illness, &c.*).

Ar lafar ym Morg., *Hop M* 166; 'Ma' raid i'r annwd *raeno*'; 'Fe fu'r teulu i gyd farw wedi'r ryfal pan odd y ffliw'n *reino*'; 'Ma'r ffefar yn *reino*'n fudur'.

raeniaf[2]**, reiniaf,** &c.: **raenio, reinio,** &c. [?bnth. S. (*to*) *raign*, amr. ar (*to*) *arraign*] *bg.a.* ?Cael ei alw i gyfrif, cael ei farnu; dod â (chŵyn neu gyhuddiad) gerbron: *to be arraigned or judged; make* (*complaint or accusation*).

16g. WILIAM CYNWAL: *Gw* (R. L. Jones) 378, Ar enau ffalswr wrth *reiniaw*—ei gŵyn / Bydd gwenwyn i dwyllaw. **1696** *CDD* 295, Pan alwo Duw'r Enaid i *raenio* ger bron; / I wneuthur ei gyfri drwŷ symu'r nôs hon. **1714** J. JONES: *Alm* [8], A r Enaid eiff i *rainio*, / Lle y pwintier [*sic*] iddo ei rann. **1721** *id.* [7], Oi flaen i *rainio* 'r Enaid â.

Gw. hefyd **areiniaf: areinio.**

raens[1]**, rênj** [bnth. S. *range*] *eb.* Rhychwant, amrediad, ystod, gofod; stof fawr ac iddi losgyddion ac un neu ragor o ffyrnau: *range, extent, space;* (*cooking-*)*range.*

1916. Ar lafar ym Môn yn y ff. *rêj*, e.e. 'Cadwch ddigon o *rej*', sef '[c]adw [d]igon o le rhwng y dynion a'i gilydd pan fônt yn trin gwair neu ŷd', *Môn* (Gwanwyn, 1954) 10, ac yn gyff. yn y ff. *rênj* '(cooking-)range'.

Gw. hefyd **ransh**[1].

raens[2]**, raesin,** gw. **rêns, rhesin.**

rafiaf, rhafiaf: rafio, rhafio [bnth. S. (*to*) *rave*] *bg.* a *ba.* (yn yr ymad. *ei rafio hi*). Ymddwyn fel gwallgofddyn; siarad yn uchel, yn drystiog, neu'n afreolus; rhuo (am y gwynt, storm, &c.); mwynhau'n wyllt ac yn ddiymatal: *to rave, act like a madman; speak loudly or incoherently; roar* (*of wind, storm, &c.*); *enjoy oneself in a wild and uninhibited manner.*

16–17g. T. PRYS: *Bardd* 163, nid af hynn gwyriaf heb gel / i *rafio* mwy i ryfel. **1828** *Geir Pob* 22, *Rafio*, gwallgofi, penwanu. Ar lafar yn Arfon, '*rafio* yn 'i ddiod', 'yn bwrw trwyddi hi ac yn 'i *rafio* hi', *WVBD* 453; hefyd yn yr ystyr 'chwarae triwant, mitsio' e.e. 'Mae o wedi'i *rafio* hi'.

rafil, gw. **graful.**

rafin [bnth. S. *raving*] *eg.* ll. *-s.* Person sy'n byw bywyd ofer, oferddyn: *good-for-nothing, layabout.*

Ar lafar yn Arfon, 'Mae o wedi mynd yn *rafin*', *WVBD* 453; ac yn Llanymawddwy, sir Drefn., yn y ll., gyda'r ystyr 'sŵn, stŵr', 'Fydde 'na ryw *rafins* ofnadwy 'ddeutu'r tŷ ar nosweth cyn priodas, yn' bydde, cogie o gwmpas yn trio gneud rywbeth i stopio'r wraig ifanc fynd ffwr' i'r briodas yn y bore yndê', *CyCC* 112. Cf. *rafin boi, LlLlM* 112.

rafiwr [bôn y f. *rafiaf*: *rafio* + *-iwr*] *eg.* Rafin, oferddyn: *good-for-nothing, layabout.*

1855 TALHAIARN: *Gw* i. 53, Dy alw'n *rafiwr*, yfwr ofer. Ar lafar yn Arfon, 'Hen *rafiwr* ofnadwy ydi o', *WVBD* 453.

rafliaf, r(h)aflaf: raflio, r(h)aflo [bnth. S. (*to*) *ravel*] *bg.a.* Datod, ymddatod, mysgu, treulio hyd yr edau, hefyd yn *ffig.*: *to ravel, unravel, come apart, fray, become frayed, also fig.*

1722 *Llst* 189, *Rheflo.* To ravel, unravel. **1828** *Geir Pob* 22, *Raflio*, ymddadweu, dattod. Ar lafar yn y Gogledd yn y ff. *raflio*, *WVBD* 453, ac yng Nghered. a'r De yn y ff. *r(h)aflo*, *Cymru* xxxiv. 122, *GTN* 675.

Amr.: **reflo.** Ar lafar ym Morg., *GTN* 680, ac yn sir Benf., 'Ma' llewys 'i got e'n *reflo*', *SC* vi. 125. **ryflo.** Ar lafar ym Morg. **rheflo. 1722** *Llst* 189.

Cfn.: **reflo ei (dy, &c.) drwyn:** *to wrinkle one's nose.* Ar lafar yn ne-ddwyrain Morg., 'Dishgwl fel ma'r babi na'n *reflo'i drwyn* wth werthin!' *GTN* 680.

raflin, reflin, rhaflin [bnth. S. *ravelling*] *eg.* ll. *-s, r(h)aflon, r(h)afls, refls, rhaflau.* Ymyl defnydd sydd wedi treulio hyd yr edau, hefyd yn *ffig.*: *frayed edge* (*of material*), *also fig.*

Ar lafar yng ngodre Cered., sir Benf., a'r De, '*rhafls*', *Cymru* xxxiv. 122; '*reflyn*', *SC* vi. 126; '*rafls*', *GTN* 675; ''Odd ymyl 'i ffetog 'i'n *reflins* i gyd'.

rafliog, raflog, rhaflog [bôn y f. *rafliaf*: *raflio*, &c. + *-(i)og*] *a.* Wedi raflio, wedi treulio hyd yr edau: *ravelled, frayed.*

20g.

Amr.: **rheflog. 1722** *Llst* 189, *Rheflog.* Ravelling, unravelling.

raflon, rafls, gw. **raflin.**

raffia [bnth. S. *raffia*] *eg.* Ffibr dail y balmwydden *Raffia ruffia* a'i chynefin ym Madagasgar a ddefnyddir at glymu planhigion, &c., ac at wneud matiau, hetiau, basgedi, &c.: *raffia.*

20g.

Amr.: **roffia** [bnth. Malagaseg *roffia*]. **1842.**

raffl [bnth. S. *raffle*] *eb.* ll. *-s.* Lotri er mwyn codi arian at achosion da, &c., a nwyddau, arian, &c., yn wobrau: *raffle.*

1935.

raffliaf, rafflaf: raffl(i)o [bnth. S. (*to*) *raffle*] *bg.a.* Cynnig (rhywbeth) fel gwobr mewn raffl; cymryd rhan mewn raffl: *to raffle; take part in a raffle.*

1762 *ML* ii. 516, ffaelio cael subscribers i *rafflio* am tano. Ar lafar.

rafft [bnth. S. *raft*] *eb.* ll. *-iau.* Adeiladwaith hynawf syml o foncyffion, planciau, &c., a ddefnyddir i gludo pobl, nwyddau, &c., neu fel llwyfan wedi ei hangori neu ei chlymu wrth y lan, cludair: *raft.*

1795 *R. Crusoe* 31, Mi gefais amryw hwyliau afraid, a thrawstiau mawr o goed . . . mi ai rhwymais ynghyd i wneuthur *raft*.

rag[1] (*à*) [bnth. S. *rag* 'rough stone'] *e?g.* ll. *-iau.* Darn o lechfaen nad yw'n addas i'w droi'n llechi toi ond a ddefnyddir i godi côb neu wal, yn bwysau ar bentwr o lechi, neu gynt i wneud llechi ysgrifennu: *rag* (*of slate*), *ragstone.*

Ar lafar yn y Gogledd, *WVBD* 452, *B* xx. 373.

rag[2] (*à*) [bnth. S. *rag* 'student fund-raising event'] *eb.* Rhaglen o ddigwyddiadau adloniadol, &c., a drefnir gan fyfyrwyr er mwyn codi arian: *rag, student fund-raising event.*

20g.

rag[3]**, rhac**[3] (*à*) [bnth. S. *rack* (*of mutton*)] *eg.* ll. (geir.) *-au.* (Ochr) gwddf neu (ben blaen) asgwrn cefn dafad neu oen, yn enw. fel toriad sy'n cynnwys yr asennau blaen: (*side of*) *neck, rack, or spine* (*of lamb or mutton*).

Dchr. **17g.** *J* 10, 12a, *Rhac* mollt. a racke of mutton. Spina vervecis . . . Glaen cevn. **1803** *P*, *Rhac*, s. m.—pl. *au* . . . the spine of a quadruped, also called 'glain cevyn'. Ar lafar yn Arfon, 'y ddau *rag*', *WVBD* 452; ac yn y De 'pen gora'r *rag*' 'best end of neck of lamb', *Geir Geg* 71.

rag[4]**,** gw. **ffon—ff. rag.**

ragamwffin [bnth. S. *ragamuffin*] *eg.* ll. *-s.* Person, yn enw. plentyn, heb ymolchi mewn dillad aflêr brwnt: *ragamuffin.*

1839.

ragat[1] [bnth. S. taf. *raggart* 'wretch, rough and ragged vagabond'] *eg.* Cnaf, dihiryn: *villain, rascal.*

Ar lafar yn nwyrain Morg., '*Ragat* o ddyn yw a—paid o'i dristo fa', ' yr 'en *ragat* ishtag wyt ti', *GTN* 675.

ragat[2] [?bnth. S. *racket* 'uproar, din'] *eg.* Twrw, mwstr, sŵn: '*racket*', *noise, din, row, disturbance.*

Ar lafar yn nwyrain Morg., ''Ôs dim isia *racat* mawr o flæn tai dinon', *GTN* 678; 'catw mwstwr a *ragat* budur'.

Gw. hefyd **racets.**

raglyd [bnth. S. *rag* + *-lyd*] *a.* Carpiog, rhacsiog: *ragged.*

Ar lafar yn Arfon, *WVBD* 453.

ragman[1]**,** gw. **rhagman.**

ragmon, ragman[2] [bnth. S. *ragman*] *eg.* Carpiwr, dyn hel rhacs: *ragman.*

20g. Ar lafar yn Aberdâr, Morg. clywir yr ymad. 'Dwy owns yn sgafnach na balŵn *ragman*' am rywun nad yw'n 'llawn llathen', M. WILIAM: *DY* 61.

rags, ragwt, ragyn, gw. **rhacs, rhagwt, regyn.**

raien, rail[1]**,** gw. **rhaien, rhail**[1].

rail[2]**, railen,** gw. **rheil.**

railffordd, railgae, railgerbyd, gw. **rheilffordd, rheilgae, rheilgerbyd.**

rails, railsydd, gw. **rheil.**

rain, rainaf: raino, Rainis, rains, raion, gw. **rêns, raeniaf: raenio, Rhenis, rêns, reion.**

raisin, gw. **rhesin.**

raistiaf: raistio, R. SMYTH: *SG* 181, gw. **restiaf**[1]**: restio.**

raja [bnth. S. *raja*] *eg.* Brenin neu dywysog yn yr India: *raja.*

1868.

rali [bnth. S. *rally*] *eb.g.* ll. *ralïau, ralis.*

(*a*) Difyrrwch, sbort; parti; mwstr, sŵn, cythrwfl: *merriment; party; noise, row.*

a. **1853.** Ar lafar yng Nghered., sir Benf., a'r De, 'We *rali* fowr yn Llwynbedw neithwr', *GDD* 240; 'Man nw'n catw *rali* fudur', *BIBC* 43; ac yn Arfon yn yr ystyr 'pryd o dafod', 'Mi rois i *rali* iddo fo', *WVBD* 453.

(*b*) Cyfarfod mawr o gefnogwyr achos neilltuol; cystadleuaeth i foduron, &c., fel arfer ar ffyrdd cyhoeddus: (*political, &c.*) *rally; motor rally.*

1936.

(*c*) Cyfnewid estynedig o ergydion (mewn tennis, badminton, &c.): *rally* (*in tennis, badminton, &c.*).

20g.

Amr.: **reli.** Ar lafar ym Môn, *LlLlM* 121.

Cfn.: **rali gocsen:** *riotous party or gathering.* Ar lafar yn ardal Llanelli, 'ro'dd hi'n *rali gocsen* yno', *B* xii. 24. **Rali Twm Siôn:** *name of a Welsh folk-dance; a riotous party or gathering, 'riot'.* Ar lafar ym Morg., *GTN* 679; '*Rali Twm Siôn* odd 'i 'no ar ôl y te-parti'.

raligampiaf: raligampio [?*rali*+*campiaf*[1]: *campio*; cf. enw'r rhaglen radio *Raligamps*] *bg.* Prancio, llamsachu: *to caper, gambol, frisk.*
20g.

ralïwr [*rali*+-*wr*] *eg.* ll. *ralïwyr.* Un sy'n cymryd rhan mewn rali: *rallier, one who takes part in a rally.*
20g.

râls, ralsen, gw. **rheil.**

Ramadan [bnth. S. *Ramadan*] *e?g.* Nawfed mis y flwyddyn Fwslimaidd pan ddisgwylir i'r Mwslim ymprydio'n gaeth o godiad haul hyd y machlud: *Ramadan.*
20g.

ramaf: ramo, ramar, gw. **ramiaf: ramio, ramer.**

ramblaf, rambliaf: rambl(i)o [bnth. S. (*to*) *ramble*] *bg.* Crwydro neu rodianna er mwyn pleser; siarad, ysgrifennu, &c., yn ddigyfeiriad, yn wag, neu'n ddigyswllt, mwydro: *to ramble, wander for pleasure; ramble (in speech, writing, &c.).*
1722 *Llst* 189, *Rhemblo* (in Cardig[an]shire). To rave, dote. **1784** M. Williams: *S* i. 72, Yn Ffraingc mae'r gwragedd yn cael pob rhyddid i *ramblo*, ac ymgyfeillachu â'r sawl y fynont. **1828** *Geir Pob* 22, *Ramblio*, gwibrodio, crwydro. Cf. D. Owen: *D* 195, 'roedd hwnyma yn dyweyd pethe rhyfedd arw neithiwr; ydach chi'n meddwl fod o'n *ramblo*?
Amr.: **rhemblo. 1722** *Llst* 189. Ar lafar yng ngodre Cered., *TGG* (1907–8) 108, *Cymru* xxxiv. 122.

ramer [bnth. S. *rammer*] *eg.* ll. *-au.* Offeryn hyrddio, yn enw. ar gyfer gwthio defnydd ffrwydro i dwll; ?topyn: *rammer, esp. one used to ram explosive material into a hole; ?stopper.*
1718 *Cân o Senn* 3–4, Blwch a ffibell, dûr a Chyllell, / *ramer* [:– Stoppel] Gymmell ambell Bin, / Gwînwidd parod, fflint a bawcôd, / gefail briod fael ddibrin. **1760** *ML* ii. 217, ebillion, a nodwyddau, a *ramerau*, a cherwyni golchi. Ar lafar ym Morg. a sir Gaerf. yn y ff. *ramar*, *Geir Glo* 80; ac yn y Gogledd, *B* xx. 373.

ramiad [?bôn y f. *ramiaf*: *ramio*, &c. (neu gfdds. o'r S. *ramm(ing)*)+-*iad*[1]] *e?g.* ?Ramin: *substance used to ram a hole containing explosive material.*
c. **1730** *Thos. Lloyd D* (LlGC) 202b, *Ramiad.* Ramin. II. 794.

ramiaf, ramaf: ram(i)o [bnth. S. (*to*) *ram*] *bg.a.* Hyrddio (defnydd) i dwll, llanw (twll) drwy hyrddio defnydd iddo: *to ram.*
1811. Ar lafar ym Morg. a sir Gaerf. clywir *ramo* yn yr ystyr 'llenwi twll i'w enau â chlai, neu ryw ddeunydd meddal tebyg, ar ôl rhoi'r deunydd ffrwydro i mewn ynddo', *Geir Glo* 80.

ramin [?bnth. S. *ramming*] *eg.* Clai, llwch glo a dŵr, &c., a ddefnyddir i ramio twll sy'n cynnwys defnydd ffrwydro: *substance used to ram a hole containg explosive material.*
c. **1730** *Thos. Lloyd D* (LlGC) 202b, Ramiad. *Ramin.* II. 794. Ar lafar ym Morg. a sir Gaerf., *Geir Glo* 81.

ramp[1] [bnth. S. *ramp*] *eb.g.* ll. *-iau.* Llawr, llethr, llwybr, &c., sy'n cysylltu dwy lefel wahanol; grisiau symudadwy sy'n galluogi teithwyr i fynd i mewn i awyren a dod allan ohoni; cefnen neu drum ar ffordd er mwyn rheoli cyflymdra cerbydau, atalfa: *ramp.*
20g.

ramp[2] [talf. o'r a. *rampant* neu fnth. S. (*to*) *ramp* 'to be rampant'] *a.* neu *bg. Her.* (Yn) sefyll ar ei draed ôl a'i draed blaen i fyny (am anifail): (*to be*) *rampant* (*in heraldry*).
15–16g. *GRB* 65, Llwdn ifanc llwyd anufudd, / llew'n *ramp* a thwll yn ei rudd.

ramp[3], **rampaf: rampo,** gw. **rhamp**[1], **rhampiaf: rhampio.**

rampant, rampiant, rhamp(i)ant [bnth. S. *rampant*] *a.*, weithiau gyda grym enwol. *Her.* Yn sefyll ar ei draed ôl a'i draed blaen i fyny (am anifail): *rampant* (*in heraldry*).
15g. *GLGC* 257, Mae trillew arian yn ei faner, / tri *rampiawnt* ar lawnt wrth ryol R. **15–16g.** *TA* 241, Piau 'r cwbl oll, parc o blant, / Pell yr impia llew *rhampant.* **16g.** Lewys Morgannwg: *Gw* 313, Y llew pasant lle i pwyswyd / or imp band llew *rampant* wyd. **16g.** *GGH* 180, O rym—pand pwynt *rampant* pur / Ar lawr aesawr liw'r asur. *id.* 245, At ryw lew *rhampant* yrhawg, / Llew Dudur, lliwiad wiwdeg. *id.* 313, *Rhampant* hwn, gwiwgrwn gogryg, / Rhwmp, daradr plwmp, dridro plyg [am alarch]. **16g.** *Mos* 113, 49, a phob Llew ar a fo ynn dringo neü ynn sevyll ar i draed ol a elwir ynn llew *rampiant.* *id.* 60, *Rampant* yw pann fo ynn sevyll ar y traed ol ar traed blaen i vyny. **16g.** Dafydd Benwyn: *Gw* 263, Y llew *rhampiant* glew, da'i glod. **1575 (1587)** W. Midleton: *B* 55, lliwier o rym parch, llew ôr *rampant,* / ewig o mwythig maethant ar gyhoer. **16g.** Wiliam Cynwal: *Gw* 11, A thi hyd hyn, tyn y tant, / Yw'r trwmp, y llewpart *rampant.*
Amr.: **rampiawnt** [bnth. S. C. *rampaunt*]. **15g.** *GLGC* 257. **16g.** *Med H* 84, llew dywal neu *rampiawnt* o gowls. *c.* **1600** L. Dwnn: *HV* ii. 8, deu lew yn *rampiawnt* o arian wyneb y wyneb. **rampawnd** [bnth. S. C. *rampaund*]. **16g.** *Med H* 84, A'r llew a vo megis yn dringo, neu yn sevyll ar i draed ol, a elwir llew *rampawnd.* **rampont. 17g.** *CC* 415, llew *rampont* o sabl.

rampiaf: rampio, gw. **rhampiaf: rhampio.**

rampiant, rampiawnt, rampont, gw. **rampant.**

ramswn, ramswnaf: ramswno, ranc, gw. **ranswm, ransymaf: ransymo, rhanc**[1].

randibŵ, randif(o)w, &c. [bnth. S. taf. *randivoo, randivow,* &c., amr. ar S. *rendezvous*] *eb.g.* Twrw, cynnwrf; miri neu rialtwch (swnllyd); sbri, bowt o ddiota, criws; ?cyfarfod: *commotion, bustle; (noisy) merriment or jollity; spree, booze(-up); ?meeting.*
Diw. **17g.** *LlGC* 7191, 179, Gwnawn yn *Randifow* y forŷ. **1691** *Mos* 130, 353, mwy na gwerth meini gwerthfawr / o *Rendevou* 'r India fawr. **1784** M. Williams: *S* i. 208, ac a ddygir i'r *randifws* fawr hon. Cf. D. E. Jones: *HLlP* 365, Yfid a meddwid, a chenid a chedwid pob *randifw* ynddo hyd oriau man y bore. Ar lafar yn sir Benf. a'r De, 'A'r *randibŵ* mwya weles i erio'd fel canlyniad i dipyn o facsu wêdd y flwyddyn honno pan wên i yn treial tewhau yr hen Siwsan druan', *Wês wês* 47; ''Glywsoch chi siŵd *randibŵ* ariôd?', 'Mae a ar y *randibw* heddi yto'.
Gthg. **rondefŵ.**

randoms [bnth. S. *randoms*] *e.ll.* Llechi a'u hyd a'u lled yn afreolaidd: *slates of irregular length and breadth.*
Ar lafar yn y Gogledd, *B* xx. 373.
Gw. hefyd **randwm.**

randrad, randraf: randro, gw. **rendrad, rendraf: rendro.**

randwm [bnth. S. *random*] *e?g.* a hefyd fel *a.* Antur, hap; afreolaidd, ar hap: *chance; irregular, random.*
1828 *Geir Pob* 22, *Randwm*, antur.
Gw. hefyd **randoms.**

ranj, gw. **ransh**[1].

ranjaf: ranjan [bnth. S. (*to*) *range*] *bg.* Crwydro: *to roam.*
Ar lafar yn sir Benf., '*Ranjan* o bwti i idrych am rhyw [*sic*] job i neyd', *GDD* 240.

ranjar, ranjel [bnth. S. *hydrangea*] *eg. Bot.* Blodyn trilliw ar ddeg, *Hydrangea*: *hydrangea.*
Ar lafar yn nwyrain Morg. yn y ff. *pren ranjar*, *GTN* 677, ac yng Nghered. a sir Benf. yn y ff. *ranjel*, G. Awbery: *BM* 20.

ranjin, ranshin [bnth. S. taf. *ranging* 'raging'] *eg.* Tanllwyth: *a roaring* (*of fire*).
Ar lafar yn sir Benf. yn yr ymad. '*ranjin* o dân', *SC* vi. 126; 'wêdd ganddyn nhw gatre cysurus, glân fel pin a *ranshyn* mowr o dân yn y grat', *Wês wês* 63.

rannawt, rans, gw. **rennet, ransh**[2].

ransaciaf: ransacio [bnth. S. (*to*) *ransack*] *ba.* Chwilio drwy (rywbeth) yn drwyadl, archwilio'n drylwyr; anrheithio, ysbeilio: *to ransack.*
1846.

ransh[1], **ranj** [bnth. S. *range*] *eb.g.* Bing, ffodrwm, wâc; preseb: *bin, alley in a cowhouse; manger.*
Ar lafar ym Mrych. a Morg. '*ransh* o flân y da', a hefyd ym Morg. a sir Gaerf. yn yr ystyr 'y pellter glo gerbron y glöwr y disgwylid iddo ei weithio', *Geir Glo* 56.
Gw. hefyd **raens**[1].

ransh[2], **rans** [bnth. S. *ranch*] *eb.* Fferm wartheg (neu anifeiliaid eraill) fawr yn enw. yn America: *ranch.*
1928.

ranshin, gw. **ranjin.**

ransiaf: ransio [bf. o'r e. *ransh*[2]] *bg.* Ffermio ar ransh: *to ranch.*
20g.

ransiwr [bôn y f. *ransiaf*: *ransio* (neu gfdds. o'r S. *ranch(er)*)+-*wr*] *eg.* ll. *ranshwyr.* Perchennog neu reolwr ransh: *rancher.*
20g.

ranswm, ranswn, rhanswm [bnth. S. C. *ransoum, ransoun*, o bosibl drwy'r H. Ffr.] *eg.*

(*a*) Pridwerth, hefyd yn *ffig.*; swm mawr o arian: *ransom, also fig.; large sum of money*
14g. *GIG* 56, Pei caffwn *ranswn* rownsi / Heb fwng, ef âi hebof i. *c.* **1400** (*SG*) *HMSS* i. 417, ef a uu reit ymi roi *ranswn* yrcael mynet drwy y wlat awely di. **1547** *WS*, *ranswm* A raunsome. **16g.** (**17g.**) *B* xv. 22, Rhai a fynnai r Rhvfeinwaith / rhai nis mynn nai *rhanswm* maith / Pardynv benn pürdan byd / pawb yn i bv.r. pâb enyd [Hywel ap Syr Mathew i'r Esgob Richard Davies]. *c.* **1588** *Rhyddiaith Gymraeg* ii. 83, y taley pob mwdrwy ayr ag oedd yn y gymaley ef *ranswm* brenin. **1828** *Geir Pob* 22, *Ranswm*, pridwerth, iawn.

(*b*) (enghrau. am Iesu a'i aberth ar y Groes: *exx. with ref. to Jesus and his sacrifice on the Cross*).
1567 *TN* 31b, Christ yn taly ein *ranswm* a'n prynedigaeth. **16–17g.** *HG* 29, pan ddel jesü i varny, yn vod, yny deau / ar y llaw asau, ir llu jsod / trwy *rhanswm* trwm. **1655** *llCRC* iii. 138, Na hefud pa *ranswm* a roes Jesu duw yn dalgrwn. **1672** R. Prichard: *Gw* 256, Arglwydd grassol rhwn y roddaist, / Jesu Grist y mwya geraist, / 'Fôd yn *ranswm* [:– Bridwerth] dros ein beiau, / Ac yn ymborth i'n eneidiau. **1770** R. Prichard: *CC* 48, Ac yn Iawn i dalu 'n *rhanswm* [:– Pryniad y Pwrcas].
Amr.: **ramswn** [bnth. S. Diw. Cyn. *ramson*]. **1574** *RhRC* (At.) 89a–b, rydym yn dywedyd ddarfod y dduw yn pryny drwy waed y fab ef iessu grist, os y waed ef ydoedd y pris, y bwy taled y *Ramswn.* **rawnswn, rawnswm** [bnth. S. C. *raunsoum, raunsoun*]. *c.* **1400** (*SG*) *HMSS* i. 209, kanys digawn yw vyngkyuoethocket i y dalu vy *rawnswn.* ?**16g.** *MA*[2] 474b. 6–9, Ac y cynigiod Oswyt *rawnswm* mawr o da y Baynda er cael y hedwch.

ransymaf: ransymo, ransymu [bf. o'r e. *ranswm*] *ba.* Talu pridwerth am: *to ransom.*
1589–90 *Pen* 168, 215b, rhai ohonünt hwy a laddwyd ac eraill a grogwyd ac eraill a *ransymwyd.* **1611** R. Smyth: *SG* [2]74, ag ny fyn dderbyn na rhoddion ne Anrhegion ermvvyn i *ransumu* [*sic*].
Amr.: **ramswno** [bf. o'r e. *ramswn*]. **16–17g.** (*Gesta Rom*) *LlGC* 13076, 82b, ef a ysgryvennawdd att i dad, am i *ramswno* ef.

rant [bnth. S. *rant* neu fôn y f. *rantiaf*: *rantio*] *eg.* Llafar uchel, chwyddedig, neu fygythiol: *rant.*
16g. Bedo Hafesb, &c.: *Gw* 3, y ddwy wynedd a ddunant / ir un Drws i wrando i *rant* [moliant y Dr Elis Prys o Blas Iolyn].

Ranter [bnth. S. *Ranter*; dichon nad gwall am y gair hwn a welir yn yr ail engh.] *eg.* ll. *-iaid, -s.* Aelod o sect Antinomaidd a gododd yn Lloegr *c.* 1645: *Ranter.*
1675 R. Davies: *PY* 209, Adamitiaid, *Ranteriaid*, Enthusiastiaid, Cwaceriaid, a llawer eraill ni wn i o ba opiniwn. **1724** S. Rhydderch: *DP* 5, y *Rantiaid* [*sic*] sy fath ar Ddynion di grefydd Echryslon, y rhai a wawdiant am ben pob Crefydd, gan droi pob peth sy'n sanctaidd a Duwiol yn wawd ac yn Watwor.

Ranteriaeth [*Ranter+-iaeth*] *eb.* Arferion ac athrawiaethau'r Ranteriaid: *Ranterism.*
1810.

rantiaf, rhantiaf: r(h)antio [bnth. S. (*to*) *rant*] *bg.* Siarad yn uchel, yn chwyddedig, neu'n fygythiol; byw'n rhwysgfawr ac yn ofer: *to rant; live ostentatiously and dissolutely:*
c. **1730** *Thos. Lloyd D* (LlGC) 201b, *Rhantio.* CW. 261. To rant. **18g.** *W Ballads* 71B, 5, Pob Ifangc lân Gymro mewn rhydit sy'n rhodio / Tan *rantio* ac yswagro naws egredd. *a.* **1771** *LlGC* 351, 21, os gwel o nhw mund iw sagrament / budd ynte am i rent yn *rantio.* **1776** H. JONES: *GC* 71, Ni godwn Renti, ni gawn *rantio,* / A gwnawn i chwitheu fod yn effro. **1795–6** *Trys Gym* 102, Am arian meddan i mi, / Accw i *rantio* ceir rhenti. / Rhost a berw a chwrw haidd, / Sy am enw simonaidd. **1828** *Geir Pob* 22, *Rantio,* crôch ddadwrdd. Ar lafar yn Arfon, "tásachi wedi *rantio* llai mi fasa 'ch amgylchiada yn well'. *B* i. 100; 'yn ei *rantio* hi', 'yn canu nerth ei ben' am bobl ac am adar, *ib.*
Cfn.: **rantio canu:** *to sing loudly.* **1828** *Geir Pob* 22, *Rantio* canu, bloeddio canu. Ar lafar yn Arfon am bobl ac am adar, e.e. 'mi glwis i y gog yn *rantio canu*', *B* i. 100.

Rantiaid, gw. **Ranter.**

Rantiwr [bôn y f. *rantiaf: rantio+-iwr*] *eg.* ll. *Rantwyr.* Ranter: *Ranter.*
1683 J. JONES: *TG* 231, pair y diafol i rai goelio, na chant fyth roi cyfrif i Dduw am eu gweithredoedd, ac felly 'n byw fel *Rantwyr* eu holl ddyddiau. *c.* **1730** *Thos. Lloyd D* (LlGC) 201b, *Rantiwr.* CW. 261.

rap[1], rhap[1] [bnth. S. *rap* 'blow, knock'] *e?g.* Clamp, clobyn; sŵn mawr, rhech: *a mountain* (*of a thing or person*), *an enormous thing or person, whopper; loud noise, fart:*
18–19g. *Llr* C 30, 173, *Rhàp* Glam, rhyw *rhap* [*sic*] o ddyn, o ferch, yw e, hi &c., *rhap* o lw. Ar lafar ym Morg. a Myn., 'cêl *rap* o rali', *BIBC* 43; '*Rhap* o drwst', 'Fe ddwad shwd *rap* o gelw'dd', 'Gellwng *rap* o ergid', *LlGC* 1172, 44; a hefyd yn Arfon yn yr ystyr 'cnocer drws', *WVBD* 453.
Cfn.: **rhap y dwndwr:** *a gossip, loud-mouthed person.* **18–19g.** *Llr* C 55, 53, *Rhap y dwndwr,* an inconsiderate open-mouthed person, a blab. Gthg. *llap y dwndwr* (gw. d.g. *llap*).

rap[2], rhap[2] [bôn y f. *rapaf[2]*: *rapo*] *eg.b.* ll. *r(h)apau.* Rhwyg: *tear, rip.*
Ar lafar ym Morg. a Myn., *BIBC* 43; "Odd *rap* mawr yn 'i ffetog 'i, lle odd 'i wedi citsio yn y ddraenan'; hefyd yn yr ystyron 'darn o gân', 'ychydig bach o gwsg', e.e. 'canu *rapa* o emyn', 'cysgu *rapa* . . . trw'r nos', *GTN* 677.

rap[3], rhap[3] [?yr un gair â *rap[1]*, *rhap[1]*, ond cf. o bosibl S. (*to*) *rap* 'to move with speed'] *adf.* a hefyd fel *e?g.* Yn gyflym, yn sydyn, yn union, chwap; brys: *quickly, straight away; haste.*
18–19g. *Llr* C 55, 53, *Rhap,* Glam, abruptly, instantaneously, hasty—also hastiness, ar y *rhap,* ar ei *rap,* dere *rhap,* siwd *rhap.* Cf. D. OWEN: *WBC* 2, i mewn *rap* â Wil i siop.

rap[4] [bnth. S. *rap* 'counterfeit coin of low value'] *e?g.* Y peth lleiaf, botwm corn, ffeuen, &c.: *the least bit, a damn, a jot, &c.*
Ar lafar yn nwyrain Morg., "Dyw e'i 'unan ddim yn prisio *rap*'.
Gw. hefyd **rabsen.**

rap[5] [bnth. S. *rap* 'form of popular music'] *e?g* Monolog rythmig odledig a adroddir i gefndir cerddorol sydd fel rheol wedi ei recordio ymlaen llaw: *rap* (*form of popular music*).
20g.

rapad [bôn y f. *rapaf[2]*: *rapo+-ad[2]*, trf. han.] *eb.* Rhwygiad: *tear, rip.*
Ar lafar yn nwyrain Morg. 'Fe geso' i *rapad* yn y got wrth groeshi'r ffens i ôl mŵar'.

rapaf[1]: rapan [bf. o'r e. *rap[1]*] *bg.* Gweithio, berwi, canu (am lo): *to 'ferment'* (*of coal*).
Ar lafar yng ngorllewin Morg., *Geir Glo* 64.

rapaf[2], rhapaf: r(h)apo [?bnth. S. (*to*) *rap* yn y cfn. *to rap and rend*] *ba.* Rhwygo: *to tear, rip.*
Ar lafar ym Morg., 'Paid o *rapo*'r papar', *GTN* 678; "Odd a wastod yn *rapo* 'i ddillad a fynna'n cwiro'.

raper, rapier [bnth. S. *rap(i)er*] *eb.* Cleddyf hir pigfain daufiniog; cleddyf pigfain ysgafn: *rapier.*
16g. HUW ARWYSTL: *Gw* 271, *raper* dager ferr a fydd. **16–17g.** EDWARD URIEN, &c.: *Gw* 316, *Rapier* —gwylier: fe'i gwelas—/ A ddyry glwyf o ddur glas. **16–17g.** (**17–18g.**) *Llst* 133, 158b, Glan *raper* i'w siampler sydd / Gannaid graff gennyd Gruffydd (Rhisiart Phylip). *c.* **1648** *RWM* ii. 637, J o[fyn] *rapier* a phwynadwy. **17g.** *TBM* 357, Mae y dyrnwr truan prudd / A ddyrnai gynt am ddimai'r dydd / 'Rŵan, yn taflu'r ffust ymhell / A'i *rapier* fain wrth ddrws ei gell (Siôn Gruffudd). **1658** R. VAUGHAN: *GA* 35, Pan fyddo gwr wedi henwi baw yn dyfod ychydig ar hol hynny iw alw ef Tom? Neu ar ol iddo siarad am gleddyf, ef a ddaw i siarad am *Rapier* .

rapiaf[1]: rapio, gw. **rabiaf: rabio.**

rapiaf[2]: rapio [bnth S. (*to*) *rap* 'to perform raps'] *bg.* Perfformio rapiau: *to rap, perform raps.*
20g.

rapier, rapiwr[1], gw. **raper, rabiwr.**

rapiwr[2] [bôn y f. *rapiaf[2]*: *rapio+-iwr*] *eg.* ll. *rapwyr.* Person sy'n perfformio rapiau: *rapper, one who performs raps.*
20g.

raplas, r(h)eplas, *eb.* ll. *rheplesi.* Cyfres hir (o eiriau, englynion, &c.); baldordd, lol: *long series* (*of words, verses, &c.*); *balderdash, nonsense.*
Ar lafar ym Morg., 'Fe wetws *raplas* fawr o rwpath na ddyallas i', *GTN* 678; 'Ma fa'n wlia *replas*'. Cf. *LlGC* 1172, 48, Adrodd *rheplas* fawr o englynion. Yr o'dd *rheplas* ddigynig o ostegion yn yr eclws heddy! Beth yw shwd *rheplas* yna o gelwyddach sy gen' ti?.

rapsgaliwn, rapsgowls, gw. **rabsgaliwn, lobsgows.**

rar, gw. **gardd.**

'rargian, 'rargien, gw. **argen.**

'rargol, rar-ŷd, gw. **argoel, gardd—g. ŷd.**

ras[1], rhas [bnth. S. *race* 'course, contest of speed'] *eb.* ll. *-ys, -au.*

(*a*) Rhedegfa, rhedfa, cystadleuaeth gyflymdra, hefyd yn *ffig.*: *race, contest of speed, also fig.*
1684 T. JONES: *GG* 36, Dan wyr grasol, lle Cefych di groeso. / Ag yma oth *ras* [:– Rhedfa] mwy na thrô. **1757** *ML* ii. 29, Mr. Meurig mi wranta, fydd yn rhedeg *râs. a.* **1771** *LlGC* 351, 16, a mund i *rasus* ym hob lle / hefo agi [*sic*] iachys gyffyle gwchion. **1791** SIÔN LLEWELYN: *DD* 22, O'm crefydd mi ymladda mi reda'n y *ras. id.* 30, Heb gynnyg am orphwysfa, / Nes delo i ben y *ras.* **1792** H. HARRIS: *H* 47, *Râsus,* putteindra, a meddwdod. Ar lafar, "Roedd hi'n *ras* wyllt i orffen mewn pryd'; 'mynd acha *ræs*' 'to go in a rush' (dwyrain Morg.).

(*b*) Llinell neu haenen o fwyn, &c.: *thread or layer of ore, &c..*
1814 W. DAVIES: *Agric . . . S. Wales* ii. 359, Yr *âs* lâs bottom coal, 3 feet—Pinching, 4 inches.—*Yr as* lâs engine coal, 1 foot.—*Yr as* lâs top coal, 4 feet 9 inches.

(*c*) Llif cyflym o ddŵr, cerrynt, ffrwd; sianel ar gyfer hyn: *race* (*of water*).
Ar lafar ym Môn ac Arfon yn y ff. *ras* ynglŷn â'r môr. Cf. *WVBD* 453, *ras* gre' o'r sownd i fyny; *ISF* 63, *Ras* Leinws yw'r lli yn y môr ar Drwyn y Leinws, Llaneilian. Digwydd mewn e. lleoedd ym Myn., Morg., a sir Gaerf. ynglŷn â sianelau i olchi mwyn, e.e. *Rasa(u),* Myn., *Pant-y-rhas,* pl. Llangyndeyrn, sir Gaerf., *Morgannwg* xxxvi. 114–15.
Cfn.: **ras,** &c., **aredig:** *ploughing match.* **1861.** Ar lafar ym Môn ac Arfon yn y ff. *ras redig, WVBD* 453. **ras arfau:** *arms race.* **20g. ras geffylau:** *horse-race.* **1892. ras glwydi, ras dros y clwydi:** *hurdle-race.* **20g. ras gŵn, ras cŵn defaid:** *sheep-dog trial.* **1933.** Ar lafar yn Llŷn. **ras gyfnewid:** *relay race.* **20g. ras ffos a pherth:** *steeple-chase.* **20g. ras hyrdlau = ras glwydi.** Ar lafar. **ras filgwn:** *greyhound-race.* **1935. ras fulod:** *donkey derby.* **1894. ras deircoes:** *three-legged race.* Ar lafar. **ras droi:** *ploughing-match.* Ar lafar ym Meir., *B* xiv. 293. **ras dros y clwydi,** gw. *ras glwydi.* **ar ras (wyllt):** *at a furious pace, racing along, at top speed, in a rush.* **1936.**
Gw. hefyd **rasien.**

ras[2] [?bnth. S. *race* 'cut, slit, scratch'] *eb.* ll. *-ys.* Rhigol mewn maen melin: *groove in a mill-stone.*
Ar lafar yn ne-ddwyrain sir Gaerf.

rasach, gw. **rasiaf: rasio.**

rasaf[1], rhasaf[1], rhasiaf[1]: raso, rhas(i)o [?bnth. S. (*to*) *raise*] *ba.* Pentyrru cnapiau o lo uwchben ochrau (dram) i lwytho arni gymaint â phosibl: *to pile lumps of coal above the sides of* (*a colliery tram*) *to maximize the capaciy.*
Ar lafar yn y De, *B* viii. 221, *Geir Glo* 115, *GTN* 679, *BIBC* 43; "On i wedi *raso*'r ddram yn barod i "wpo 'i mas'.

rasaf[2]: raso, rasal, rasalaidd, gw. **rasiaf: rasio, rasel, raselaidd.**

rasamatás [bnth. S. *razz(a)matazz*] *e?g.* Sbloet, sioe: *razzamatazz.*
20g.

rasar, gw. **rasel.**

rasb, rhasb [bnth. S. *rasp*] *eb.g.* (bach. b. *-en*) ll. *-(i)au.* Rhathell, hefyd yn *ffig.*: *rasp, also fig.*
1762 T. WILLIAMS: *HHO* 163, Gwifon ar afon drws Enfys, Glain glasb, fel dur *rasb* ar ddwy Ynus. Ar lafar ym Mrych. ac yng ngodre a chanolbarth Cered. Cf. *CEG* (1943) 169, dyna i chwi *raspen* o fenyw; D. J. WILLIAMS: *ChHO* 149, a'm gwddwg fel *rhasb* gan y llwch tew.

rasbaf: rasbo, gw. **rasbiaf: rasbio.**

rasbell, rhasbell [*r(h)asb+-ell*] *eb.* ll. *-au.* Rhathell: *rasp.*
Ar lafar yn sir Benf., *GDD* 244; "Wedd e'n iwso *rasbell* wedyn i gael nhw'n deidi'.

rasben, gw. **rasb.**

rasbi, rhasbi [bnth. S. *raspis,* ?a cholli *-s* drwy ystyried y ff. honno fel ff. l.; ond cf. H. Ffr. *raspé*] *e?g.* Math o win (?coch melys): *raspis, type of* (*?sweet red*) *wine.*
15g. *HS* 13, Gwin blaen yr Ysbaen gwin *Rasbi.* **15g.** *GDLl* 112, *Rasbi* o dir yr Ysbaen, / Gwin melys a ganmolir. **15g.** (*Diw.* **16g.**) *Gwyn* 3, 146, Twrci o *rasbi* 'r Yspaen / ai grys o sangwin y graen [Llawdden i'r tarw coch]. **15g.** *GDID* 81, O Ffrainc, ei *rasbi,* y caf ddiod, / Oni bydd ym môr angor yngod. **15g.** *GLGC* 301, Da yw'r *rasbi* drwy'r Ysbaen, / deuwell pawb yng Nghastell-paen. **15g.** *GGl[2]* 65, Aml oedd i'm cymalau i / Win o'r Ysbaen neu *Rasbi.* **15–16g.** *GLM* 187, E ddaw'r gwin, drwy Freiddin fry, / *rasbi* yt, o'r Ysbyty. **16g.** DAFYDD AP LLYWELYN, &c.: *Gw* 216, Mae blas siwgr neu *rasbi,* / Gwiw sud, ar ei gwefus hi. **16–17g.** *CRC* 206, *Raspi* a seck a mawnseu / a mwsgidel o'r goreu. **18–19g.** *Iolo MSS* 230, Gorlliw ei grudd gwin rudd *rhaspi.*
Amr.: **arasbi. 15g.** *GLGC* 363, ef a roddes i feirddion / *arasbi,* walch Rhys ap Siôn. **rasbis. 1545** ELIS GRUFFYDD: *Ll* 122, gwna j'r dyn yvedd [*sic*] y sugyn ynghymusg a gwin *rasbis* ne vn koch.

rasbiaf, rasbaf, rhasb(i)af: r(h)asb(i)o [bf. o'r e. *rasb, rhasb*] *ba.* Rhathellu, hefyd yn *ffig.*: *to rasp, also fig.*
[**1761**] *GGJ* 28, rho yntho, ddau ddyrned o'r Brasil Wood wedi ei *Raspio. id.* 36, dod i mewn dy logwood wedi ei *raspio.* Ar lafar, '*rhaspio* carn ceffyl', *Cymru* xlvii. 142 (sir Ddinb.); "Odd e'n *rasbo* fe off bob siâp'. Cf. K. ROBERTS: *LW* 20, Mae'r blewyn yn *rasbio* fy nhafod.

rasbis, gw. **rasbi.**

rasel, rhasel [bnth. S. *raser,* amr. ar *razor,* a'r *-l* drwy ddadf., cf. *cornel, dresel*] *eb.* ll. *-i, -ydd, -au.* Ellyn: *razor.*
1828 *Geir Pob* 21, *Rasel,* ellyn. Ar lafar yn y Gogledd, *WVBD* 453, *Cymru* xlvii. 142; 'A smalio torri'i wddw fo efo *rasal*'; ac yn ne-ddwyrain Morg., 'stropo 'i *rasal* cyn siafo', *GTN* 679.
Amr.: **raser** (ll. *-i*). **1942.** Ar lafar yng Nghered. a sir Gaerf.; hefyd yn ne-ddwyrain Morg. yn y ff. *razar* (ll. *-z*), *GTN* 679. **rhaser** (ll. *-i*). Ar lafar yn sir Benf., *GDD* 244, *SC* vi. 126.
Cfn.: **r(h)asel ddiogel:** *safety razor.* **20g. r(h)asel hogi:** *cut-throat razor.* **20g. r(h)asel Occam:** *Occam's razor, law of parsimony.* **20g.**

raselaidd, rasalaidd [*rasel, rasal+-aidd*] *a.* Tebyg i ellyn neu rasel, llym, yn *ffig.*: *razor-like, sharp* (*fig.*).
20g.

rasen[1], rhasen [?cf. S. *race* 'rail, board'+ *-en*] *eb.* Pedol flaen clocsen: *the plate or shoe under the sole of a clog.*
Ar lafar yn sir Benf. a godre Cered., *GDD* 244, *SC* vi. 126.

rasen^{2}, raser, gw. **rasien, rasel.**

rasgal, rasg(o)l [bnth. S. *rascal*] *eg.* Dihiryn, gwalch: *rascal.*
16g. DAFYDD AP LLYWELYN, &c.: *Gw* 116, O chlyw y *rasgl* pan gasglwy' / Sôn am ilt ni sai' yno mwy; / Heb un dafn a'i safn yn sych / Y ffy allan â'i ffellych [Siôn ap Hywel ap Llywelyn Fychan i ganmol y cwmnïwyr a'r chwaryddion]. *c.* **1730** *Thos. Lloyd D* (LlGC) 202b, *Rasgol.* A rascall. P. 135. **1795** T. LEWIS: *CD* 10, Er maint ei rwysg, fe ga's y *rasgal* / Ei wthio o'i dŷ ag eitha' dial. **1808** TWM O'R NANT: *BB* 31, Bydd rhywyr cael treial, yr Esgob ar y *rasgal.*

rasgaliwn, gw. **rabsgaliwn.**

rasgl, rasgol, gw. **rasgal.**

rashnaf, rashniaf: rashn(i)o [bnth. S. (*to*) *ration*] *ba.* Dogni: *to ration.*
Ar lafar yn gyff., ''Odd y cig iawn yn câl 'i *rashno*'.

rashyn, gw. **rasien.**

rasiaf, r(h)asaf^{2}, rhasiaf^{2}: r(h)as(i)o [bf. o'r e. *ras^{1}*, *rhas*] *bg.a.* (Peri) cymryd rhan mewn ras; rhedeg ras yn erbyn; rhedeg, cerdded, gyrru, &c., yn gyflym, rhuthro, hefyd yn *ffig.*; rhedeg (peiriant) ar gyflymdra mawr: *to race; rush; also fig.*
1868. Ar lafar, '*rasio* mynd', *WVBD* 453; 'rhedeg a *raso*', *Wês wês* 42; '*raso* 'i geffyl', '*raso* 'i gilydd', *GTN* 679; ''Oeddat ti'n *rasio* rownd'.
Amr.: **rasach.** Ar lafar yn ne-ddwyrain Morg., 'Ma'r 'en blant wedi *rasach* abothdu trw'r dydd', *GTN* 679; hefyd yn yr ystyr 'mynd ar negeseuon', ''Wi wedi *rasach* 'ym siær drostyn' nw', *ib.*

rasien, rasen^{2} [?*ras^{1}*+-*en*] *eb.* Haenen o dir meddal yng nghanol gwythïen o lo neu odani: *a layer of soft soil in the middle of a vein of coal or under it.*
Ar lafar ym Morg. a sir Gaerf., *Geir Glo* 56.
Amr.: **rashyn, rasyn^{1}** (*eg.*). Ar lafar ym Morg. a sir Gaerf., *Geir Glo* 56.

rasin [?bnth. S. *rising*] *eg.* Wal o lo wedi ei bentyrru'n uchel wrth raso dram: *wall of coal piled high above the sides of a colliery tram.*
20g. Ar lafar yn y De, *BIBC* 43.

rasins, gw. **rhesin.**

rasiwn, rasion [bnth. S. *ration*] *eg.* ll. -*s.* Lwfans swyddogol o fwyd, dillad, &c. a bennir pan fo prinder; dogn: *ration.*
20g. Ar lafar, 'Dau owns yr wythnos, 'na beth we'r *rasion*'.
Cfn.: **ar rasiwn, ar rasion(s):** *rationed.* Ar lafar, ''Odd popeth *ar rasions*'.

rasmws [talf. o'r e. p. *Erasmws*] *ebd.* Yr argian, esgyrn Dafydd: *good gracious, good God:*
Ar lafar yn Arfon, *WVBD* 453. Fe'i clywir fel e. yn sir Gaerf. yn yr ymad. 'hen *rasmws*' 'old devil'.
Cfn.: **rasmws annwyl:** *good gracious, good God.* Ar lafar yn Arfon, *WVBD* 453. **rasmws Dafydd:** *good gracious, good God.* **20g.** Ar lafar.

Rasta [bnth. S. *Rasta*] *eg.* Rastaffariad: *a Rastafarian.*
20g.

Rastaffariad [cfdds. o'r S. *Rastafar(ian)* +*iad^{3}*] *eg.* ll. -*iaid.* Aelod o sect a gododd yn Jamaica ac sy'n dal mai pobl dduon yw'r bobl etholedig ac mai Duw yn y cnawd oedd Haile Selassie (1892–1975), ymherodr Ethiopia: *a Rastafarian.*
20g.

rasti [bnth. S. *reasty*] *a.* A blas cryf arno, mws: *rancid.*
Ar lafar yn sir Drefn.

raswr^{1} [bôn y f. *rasaf^{1}*: *raso*+-*wr*] *eg.* ll. -*wyr.* Un sy'n raso dram: *one who piles coal high above the sides of a colliery tram.*
Ar lafar yn y De, *BIBC* 43.

raswr^{2} [bôn y f. *rasaf^{2}*: *raso*+-*wr*] *eg.* ll. -*wyr*, -*wrs.* Un sy'n rasio, rhedwr mewn ras, hefyd yn *ffig.*: *racer, runner in a race, also fig.*
1770 SIÔN LLYWELYN: *DD* 17, Can yn cyffelybu bywyd y Cristion i yrfau a milwriaeth ac ymdrechwr yn ol siampl mae St. Paul, yn ei osod o'n blaen. / Mae Paul y pregethwr mor groyw ag un gwr / Yn dywedyd mae *raswr* a ymdrechwr ar donn / Dwed Pedr apostol mewn geiriau digonol, / Mai alltud d eithrol [*sic*] yw'r Cristion. *id.* 26, Mai *raswr* yw y Cristion, / I redeg yn ei fla'n. Ar lafar yn nwyrain Morg., *GTN* 679.

rasyd [bnth. S. C. *rasyd* 'jagged'] *a. Her.* Toredig, danheddog, endeintiog: *erased, jagged, indented* (*in her.*).
16g. *Med H* 58, Mae rrai yn dwyn arfe kwarteroc *rassyd*, a chwartere yr arfe hyn a vydd megis peth a ddiwreiddid. *id.* 62, Mae rrai yn dwyn arveu parthedic *rassyd*, ac val hynn i disgrir: Mae yn dwyn yn barthedic *rassyt* ar hyd ariann a gowls. *id.* 80, Mae eraill yn dwyn penneu aniveiliaid yn arw, megis peth a dynnid o'r gwraidd heb i dorri ac arf. A hynny a elwir *rasid.* Ac val hynn i disgrir: Mae'n dwyn aur tri phen baedd *rasid* neu arw o sabl, a ssieffrwn engraelyt o arian.
Amr.: **erasyd.** *c.* **1600** L. DWNN: *HV* i. 160, pen unigkorn *erasyd.*

rasyn^{1,2}, gw. **rasien, rasin.**

rât [bnth. S. *rate*] *eg.* ll. -*au.* Graddfa; ardreth, treth (awdurdod lleol, &c.): *rate, scale;* (*local authority, &c.*) *rate.*
16g. (*LlEG*) *Mos* 158, 102a, gwn[a]eth ef y *Raatt* o bwy/se a mesurau ynn y ffuryf ar modd hwn. *id.* 631a, [y] bara megis or vn pr/is ynol y *Raatt.* **1710** *LlGG* (*Gos*) 17, *Rât* neu Summ safadwy o Ffïoedd dledus i bob Swyddogion Eglwysig. *id.* 18, [g]osod dau Dabl yn cynnwys yr amryw *Ratau* a Summie'r holl ddywededig Ffïoedd.

ratatŵi, ratatwî, &c. [bnth. S. *ratatouille*] *eg.* ll. -*s.* Caserol llysiau a wneir drwy ffrio planhigion wy, tomatos, wynwyn, pupurau, perlysiau, &c., a'u stiwio: *ratatouille.*
Ar lafar, 'Ma'r *ratatŵi* 'ma'n ffiadd, ma'r llysia'n slwtsh'.

ratl [bnth. S. *rattle*] *eg.b.* Teclyn sy'n gwneud sŵn ratlo (yn enw. fel tegan i fabi), morthwyl sinc; sŵn ratlo: (*baby's*) *rattle; rattle, rattling sound.*
1906. Ar lafar, 'Estyn y *ratl* i'r babi i' stopio fo grio'.

ratlaf, ratliaf, rhatlaf: ratl(i)o, ratl(i)an, ratlach, rhatlan [bnth. S. (*to*) *rattle*] *bg.a.* Rhuglo, clecian, cloncian, hefyd yn *ffig.*; dwrdio, brygawthan: *to rattle, also fig.; rail, rant.*
1828 *Geir Pob* 22, *Ratlio*, crôch ddwrdio, chwyrnu. Ar lafar yn y ff. *ratlan, ratlo, ratlach*, 'Ma'r llawr i gyd yn *ratlan* pan boch chi'n mynd i'r gwely'; 'Ma rywbeth yn *ratlan* dan y car'; 'Mae'r drws yn *ratlo*'; 'Paid â *ratlo*'r gwydre 'ne wrth 'u cario nw'.
Gw. hefyd **raclaf: raclo.**

ratlar [bnth. S. *rattler*] *eb.* Dram hirgul mewn pwll glo ac iddi ochrau haearn sy'n ratlo: *long narrow colliery tram with iron sides which rattle.*
Ar lafar yn Resolfen, Morg., *Geir Glo* 116.

ratliaf: ratlio, gw. **ratlaf: ratlo.**

ratlin [bnth. S. taf. *ratlin* 'smallest pig of a litter'] *eg.* Cwlyn, cardodwyn, tin y nyth, bach y nyth: *runt.*
Ar lafar yn sir Drefn., *LGW* [260]–1.

rawnswm, rawnswn, gw. **ranswm.**

ray, rayaf: rayo, rayliaf: raylio, gw. **rae, raeaf: raeo, raeliaf: raelio.**

re^{1} [bnth. S. *re, ray*] *eg. Crdd.* Ail nodyn y raddfa sol-ffa: *ray, re* (*in tonic sol-fa*).
1818. Ar lafar, 'Cana fo eto—'toedd y *re* ddim cweit mewn tiwn'.

re^{2}, gw. **rhe.**

real^{1}, rial^{1}, reial^{2} [bnth. S. *real* 'actual, true'] *a.* a hefyd gyda grym enwol ac adferfol. Ac iddo fodolaeth wrthrychol, diriaethol, gwirioneddol, gwir, dirweddol, dilys, go iawn; realaidd, realistig: *real, true, actual, genuine, proper; realistic.*
1797 D. DAVIES: *SEG* 88, corph *real*, gwirioneddol. **1828** *Geir Pob* 22, *Real*, diledrith, gwirioneddol. Ar lafar, ''Wedd e'n *rial* deryn'; 'Mae 'wnna wedi mynd yn *rial* dwl yn 'i 'en ddyddia'.
Amr.: **reiol^{2}** [?drwy gymysgu â *reiol^{1}*]. **1768** TWM O'R NANT: *CTh* 11, Mae ambell Grydd neu Dailiwr [*sic*] ffrolic, / A wnaethai *reiol* Wr bonheddic. Ar lafar yng ngorllewin Meir., *Cymru* lxii. 73. **rêl^{1}.** **1916.** Ar lafar yn y Gogledd, 'Mae o'n *rêl* boi efo'r hogia'.

real^{2} [bnth. S. *real* 'royal'] *a.* Brenhinol (hefyd am fath o dennis): *royal, real* (*of tennis*).
16–17g. *DGA* 129, Yr anwylferch ganolfain / O *real* (*CMOC* 78, reiol) fodd a'r ael fain.
Gw. hefyd **reiol^{1}.**

realaeth, realiaeth, rial(i)aeth [*real^{1}*, *rial^{1}*+-(*i*)*aeth*] *eb.* (a hefyd yn achlysurol fel *eg.*) ll. -*au.* Yr arfer o ystyried pethau yn eu gwir natur a delio â hwy fel y maent; ffyddlondeb i natur neu realiti yn y celfyddydau; *Athr.* damcaniaeth sy'n dal fod i gysyniadau haniaethol fodolaeth real, damcaniaeth sy'n dal fod i wrthrychau corfforol fodolaeth real sy'n annibynnol ar unrhyw ganfyddiad ohonynt, dirweddaeth; realiti, dirwedd: *realism* (*also in the arts and philos.*); *reality.*
1927.
Cfn.: **realaeth sosialaidd:** *socialist realism.* **20g.**

realaidd [*real^{1}*+-*aidd*] *a.* Yn perthyn i realiti (hefyd mewn athr.), yn darlunio neu'n dynwared realiti (yn y celfyddydau), realistig: *realist* (*also in philos. and the arts*), *realistic.*
1932.

realedd [*real^{1}*+-*edd^{1}*] *eg.* Realiti, dirwedd: *reality.*
20g.

realeiddiaf: realeiddio [*real^{1}*+-*eiddio* (At.)] *ba.* a hefyd gyda grym enwol i'r be. Gwneud yn real; troi (asedau) yn arian; mynd am, cael ei werthu am (swm o arian); *Ieith.* llefaru neu ynganu (ffonem, &c.): *to make real; realize* (*assets*); *realize, fetch, make* (*sum of money*); *realize* (*in linguistics*).
20g.

realiaeth, gw. **realaeth.**

realist, rialist [bnth. S. *realist*] *eg.* ll. -*iaid.* Person realistig, realydd: *realist.*
1929.

realistaidd [cfdds. o'r S. *realist(ic)*+ -*aidd*] *a.* Realistig: *realistic.*
1899.

realistiaeth [*realist*+*iaeth*] *eb.* Realaeth (hefyd mewn athr. ac yn y celfyddydau): *realism* (*also in philos. and the arts*).
1899.

realistig, rialistig [cfdds. o'r S. *realist(ic)* +-*ig^{2}*] *a.* Yn derbyn realiti (sefyllfa, &c.) ac yn gweithredu mewn modd ymarferol, seiliedig ar realiti (sefyllfa, &c.), realaidd (hefyd yn y celfyddydau): *realistic* (*also in the arts*).
1922.

realiti, rialiti [bnth. S. *reality*] *eg.b.* ll. (prin) -*s.* Y cyflwr o fod yn real, yr hyn sy'n real, dirwedd; cyflwr pethau fel y maent neu fel yr ymddangosant yn hytrach na fel y dymunir iddynt fod: *reality.*
c. **1864.**

realrwydd [*real^{1}*+-*rwydd*] *eg.* Realiti; realaeth: *reality; realism.*
20g.

realydd [*real^{1}*+-*ydd^{3}*] *eg.* ll. *realyddion, realwyr.* Realist, un sy'n arfer neu'n arddel realaeth (hefyd mewn athr. ac yn y celfyddydau): *realist* (*also in philos. and the arts*).
1923.
Amr.: **rhealydd. 20g.**

realyddiaeth [*realydd*+*iaeth*] *eb.* Realaeth: *realism.*
1924.

reatir, gw. **rhaeadr.**

rebadiaf: rebadio [bnth. S. (*to*) *rebate*] *bg.* Crebachu: *to shrink, shrivel.*
1552 *Pen* 403, 121, kanis pe i gadawyti iddo ef vnwaith gyflenwi i wyllys arnati . . . Ar byr ddiddanwch hwnnw yna pan *rebadio* y corff vo ddiflanna i hoffder ynte ymaith hevyd. **1604–7** *TW* (*Pen* 228) d.g. *Adduco.*
Gw. hefyd **rhabadaf^{2}: rhabadu.**

rebec [bnth. S. *rebec*] *eg.* Math o grwth trithant: *rebec.*
20g.
Amr.: **rebi(e)c. 16–17g.** SIÔN MAWDDWY: *Gw* 35, Un â *rebiec* yn rwbiaw, / A lowt lwmp a liwt i'w law. *id.* 380, Y Seisnig *rebic* a rwbiodd—ar fai, / A'r feiol a chwyrnodd.

Rebecaÿddiaeth [yr e. prs. *Rebeca* (cf. *Gen* xxiv. 60)+*-ydd*[3]+*-iaeth*] *eb.* Arferion ac egwyddorion 'Beca a'i phlant', sef y rhai a ddistrywiai dollbyrth yng ngorllewin Cymru yn ystod ail chwarter y 19g.: *Rebeccaism.*
1843.

rebel, rhebel [bnth. S. *rebel*] *eg.* ll. *-iaid, -s.* Gwrthryfelwr, hefyd yn *ffig.*: *rebel, also fig.*
15g. *GDLl* 44, A'r âb a aeth yn *rebel*, / Gorau yn ddiau na ddêl. **1606** E. JAMES: *Hom* iii. 285, erchyll fywyd a gweithredoedd a diwedd ac angau cywilyddus pob *rhebel* a gwrthryfelwr hyd yn hyn. **1672** R. PRICHARD: *Gw* 86, Ai lwyr droi yn ddŷn o newydd, / O *rebel* [:– Gwrthyfelwr] ffôl yn blentyn vfudd. *id.* 226, Fel y bwrodd Abram Ismael, / Ffwrdd o'i dŷ, am chwhareu'r [*sic*] *Rebel* [:– Gwrthryfelwr]. *id.* 383, Ni ddaw ffryns yn agos attad; / . . . / Mwy nag at rhyw anfad *rebel* [:– Gwrthryfelwr]. **1699** T. JONES: *TP* 116, Yr awron i mae'r *Rebel* ymma wedi troseddu y cyfreithiau hŷn igŷd. **1716–18** *Llsgr R. Morris* 123, ag yn yr amser yna daeth scotiad [*sic*] yn dost / i frydain fel *rebels* dan reibio pob cost. **1725** D. LEWIS: *GB* 315, Y mae'r Dŷn Didduw yn *Rhebel* yn erbyn ei Resswm, yn gystal ag yn erbyn ei Dduw. **1791** SIÔN LLYWELYN: *DD* 28, Tro'r *rebels* dwl o'r deyrnas. Ar lafar, ''Odd o wastad yn dipyn o *rebel* pan odd o yn y coleg'; hefyd yn nwyrain Morg. am rywun aflywodraethus, 'Ma fa wedi mynd yn *repal* gwyllt', *GTN* 682; 'Ma plant 'eddi wedi mynd yn *repal* am frwa popath'. Cf. *AKAS* 56, ystyr 'rebals' yn nhafodiaith Sir Gaernarfon yw . . . 'gwehilion cymdeithas'.

rebelaeth [*rebel*+*-aeth*] *eb.* Gwrthryfel: *rebellion.*
20g.

rebelaf: rebelo, rebela, gw. **rebeliaf: rebelio.**

rebeldod [*rebel*+*-dod*] *eg.* Gwrthryfel: *rebellion.*
1841.

rebeliaf, rebelaf: rebel(i)o, rebelian, rebela [bf. o'r e. *rebel*] *bg.* a hefyd gyda grym enwol i'r be. Gwrthryfela, hefyd yn *ffig.*: *to rebel, also fig.*
1589–90 *Rhyddiaith Gymraeg* ii. 125, Ac ef [Ioacim] a *rebeliodd* ynn erbyn y brenhin a'e rhoesse yno. **16–17g.** EDWARD URIEN, &c.: *Gw* 243, Pan oedd eraill, traill fu'r tro, / Aur baladr, yn *rebelio.* **1606** E. JAMES: *Hom* iii. 291, i Escobion Rufain gyffro'n an-naturiol y deiliaid i *rebelio* yn erbyn eu tywysogion. **1828** *Geir Pob* 22, *Rebelio*, gwrthryfela. Ar lafar, 'Ma *rebelio*'n erbyn y drefn yn ail natur iddo fo'; ''Dech chi'n dod i'r ysgol i ddysgu, nid i *rebelian*'; 'plant yn *rebelo*'.

rebeliwn, rhebeliwn [bnth. S. *rebellion*] *e?g.* ll. *-au, -s.* Gwrthryfel; ?gwrthryfelwr; hefyd yn *ffig.*: *rebellion; ?rebel; also fig.*
1547 *WS*, *Rebeliwn* un [*sic*] kody yn erbyn y gyfraith A rebellyon. **16g.** *GGH* 27, Llewygwr *rebeliwns. id.* 340, A da i Fôn gael dy faen gwns, / Aur biler rhag *rebeliwns.* **16–17g.** *GST* i. 207, Tra fu'n Norffog gyffro gwns, / Troi biliau at *rebeliwns.* **1606** E. JAMES: *Hom* iii. 293, Am hyn gan adnabod mai y rhai hyn [esgobion Rhufain] yw offerau a gwenidogion espysawl y diawl i gyffro pob *rebeliwn*, gocheled pob deiliad da hwy. **17g.** *IICRC* iii. 82, ynawr faeth gwlad tref a marchnad / eylwaith gan hwn yn*rhebiliwn* [*sic*]. **1670** J. HUGHES: *AP* 46, nid ydyw yn ddrwg gennyf er dim poen ar a allwyf ddioddef fy *Rhebeliwn*, a'm hafreolaeth: hyn yn vnic sy'n rhwygo fy-nghalon, ddarfod i mi . . . ddigio . . . Duw. *id.* 111, a'r *rebeliwnau*, a'r rhyfeloedd. *id.* 115, yn eu *Rhebeliwn* yn erbyn Duw.

rebetsh, gw. **rwbitsh.**

rebowndiaf, ribowndiaf: rebowndio, ribowndio [bnth. S. (*to*) *rebound*] *bg.* Adlamu, gwrthlamu: *to rebound.*
1828 *Geir Pob* 22, *Rebowndio*, dadlamu.

rebúwc, rebýwc, rybýwc [bnth. S. *rebuke*] *e?g.* Cerydd: *rebuke.*
1547 *WS*, *rebuwk* Rebuke. **16g.** *THSC* (1923–4) (At.) 21, Ac yna yr [*sic*] rydd yr arglwydd *rebywck* yr kywoethogion. *id.* 42, heb arbed dim er kywilydd nac er *rybywck* nac er ofn. *Diw.* **16g.** *WLB* 69, gwnewch yr oyntment yma ac nis siomir ac ni chewch *rebywk.*
Amr.: **rhebúwc.** *c.* **1730** *Thos. Lloyd D* (LlGC) 202b.

rebuwciaf, rebycaf, &c.: **rebuwcio, rebyco,** &c. [bf. o'r e. *rebúwc*, &c.] *ba.* Ceryddu: *to rebuke.*
1547 *WS*, *rebuwkio* Rebuke. **16g.** BEDO HAFESB, &c.: *Gw* 202, gwr a gwraig orau ei gras / rinweddol or un vrddas / Rebeca ni *rebuwciwyd* / gwaisc ei gwledd Isac Lwyd. **16–17g.** (*Gesta Rom*) *LlGC* 13076, 37b, hwy a *rebikysant* yr ystiwart yn ffyrnig, am y gwaithred kwilyddys hynny. **1672** R. PRICHARD: *Gw* 404, Cans llais Christ ei hun yw hynny, / Ith *rebycco* [:– Ceryddu], neu 'th ddiddanu. **1693** *PGLl* 16, ond pan fynych *rebyccer*, (neu rybuddier) ni yn ei gylch ef.
Amr.: **rhebuwcio.** *c.* **1730** *Thos. Lloyd D* (LlGC) 202b.

rec [bnth. S. *wreck*] *eg.* Llongddrylliad, hefyd yn *ffig.*: *wreck, also fig.*
1898. Ar lafar ym Môn, *LlLlM* 107. Fe'i clywir weithiau am berson, 'Mae o wedi bod yn yfad yn drwm es amsar—mae o'n dipyn o *rec* erbyn hyn'.

recantasiwn [bnth. S. *recantation*] *eg.* Datgyffesiad: *recantation.*
c. **1762–79** W. WILLIAMS: *P* 442, A'r fath oedd zel annaturiol y Frenhines babaidd hon [Mari I] yn erbyn y rhai fu'n Brotestaniaid, fel na's gwnae *recantaiwn*, neu alw yn ol, i gadw neb o honynt. *id.* 543, Ond Eccius ddywedodd wrtho, nad oedd yr ymerawdwr ddim yn boddloni ar yr atteb hyn, ond ei fod yn gofyn ei *recantasiwn* ef. **1763** *ML* ii. 547, troi yn Brodestant a gwneuthur ei *recantasiwn* yn gyhoedd yn un o eglwysi Dduflyn [*sic*].

reciwsant [bnth. S. *recusant*] *eg.* ll. *-iaid.* Un (yn enw. Catholig Rhufeinig) a wrthodai fynychu gwasanaethau Eglwys Loegr yn ôl gofynion deddf gwlad yng Nghymru a Lloegr o'r 16g. hyd y 18g.: *a* (*Roman Catholic*) *recusant.*
20g.

reciwsantaidd [*reciwsant*+*-aidd*] *a.* Yn perthyn i'r reciwsantiaid: *recusant* (*adj.*).
20g.

reciwsantiaeth [*reciwsant*+*-iaeth*] *eb.* Y cyflwr neu'r arfer o fod yn reciwsant: *recusancy.*
20g.

recofraf: recofro, gw. **recyfraf: recyfro.**

recomendiaf, recomendaf: recomend(i)o [bnth. S. (*to*) *recommend*] *ba.* Cymeradwyo: *to recommend.*
1828 *Geir Pob* 22, *Recommendio*, canmol, cymmeradwyo. Ar lafar, ''Fedra' i *recomendio* neb i chi'; 'Alla' i *recomendo*'r llyfr 'na i chi'.

record [bnth. H. Ffr. *record*, o bosibl drwy'r S.; yn y dyf. o *GHCEM* 117 isod, *recórd* yw'r ynganiad (fel yn S. yn wr.), a dichon mai felly yr yngenid rhai o'r enghrau. eraill hefyd] *eb.* ll. *-(i)au, -s.* Cofnod, cofysgrif; tystiolaeth; enw da, bri; disg plastig tenau ac arno sain wedi ei recordio mewn rhigolau i'w hatgynhyrchu gan ddyfais bwrpasol; y perfformiad gorau hyd yn hyn (yn enw. mewn chwaraeon) neu'r digwyddiad hynotaf o'i fath ar glawr; ?llys record: (*written, &c.*) *record*; *testimony, witness*; *reputation, repute*; (*gramophone*) *record*; *record* (*of sport, feat, &c.*); *?court of record.*
14g. *GIG* 61, A'i fwyd a'i lyn ar ei ford, / Ŵyr Ricart—wi o'r *record.* **15g.** *GLGC* 44, Un dyn *recort* seithfed Henricus / yw'r tarw dewrdeg o'r tri Edwardus. **15–16g.** *GRB* 66, Myn osod am 'y neisyf, / mae *record* ym mar Caerdyf. **16g.** (*LlEG*) *LlGC* 5276, 228a, Ar shiaptur gyntta y sydd yn dangos megis ac I dug Ieuann v[ed]yddiwr *Record* o grisd. **1547** *WS*, *record* Recorde. **16g.** (*LlEG*) *Mos* 158, 115b, ynn yr amser megis ac maer ysdori ynn dangos I kaad Sr Shion baelal yn vone/ddicka or tri drwy *Record* llyure yr herawdes. **1567** *TN* [xl], llyfru [*sic*] Achey a' Chronic, hen *Recordeu*, Registreu. **16–17g.** *GHCEM* 117, Ymyrrodd â chan morwyn, / Trwy *recórd*, treier y cwyn. *c.* **1600** L. DWNN: *HV* i. [5], hen weithredoedd a *Reckords* Lladin. **1604–7** *TW* (*Pen* 228), hen *recordæ* d.g. *Logista.* **1664** *LlGG* sig. E1V, i'w cadw a'u cynnal byth, gyda *Recordau* y Llyssoedd dywededig, a Chyda *Recordau* y Twr-Gwyn. Ar lafar, ''Gadwest ti *record* o'r coste?'; ''Does 'na neb yn prynu *recordie* 'ŵan, dyna'r peth'; 'Fe dorrodd sawl *record* am redeg pan odd e yn yr ysgol'.
Amr.: **regord.** *c.* **1600** L. DWNN: *HV* i. 7, hen *Regords.* **17g.** *Y Genhinen* (1959–60) 15, hen lyfyr o *regord.*
Cfn.: **record sain:** *sound recording.* **20g. record sengl:** *single* (*record*). **20g.**

recordaf: recordo, gw. **recordiaf: recordio.**

recorder[1] [bnth. S. *recorder* 'person who, or thing which, records'] *eg.* ll. *-au.* Cofnodwr; *Cyfr.* cofiadur; peiriant recordio, recordydd: *one who records, recorder*; *recorder* (*in law*); *recorder* (*machine*).
1547 *WS*, *recorder* Recorder. **16–17g.** *GST* i. 260, Bu'n swyddwr, yn ŵr er neb, / Yn *recorder* cywirdeb. *id.* 604, Rhai i'r blwch, gwyliwch y gêr, / Rhai i'r cardiau, rhai i'r *recorder.* **16–17g.** LLYWELYN SIÔN, &c.: *Gw* 358, teg i gwyr, llwyr heb ddim llog, / traio gwir hael trigarog; / a *rekorder* rhag hwyrdaith, / gwirion yw y gwr ny waith.
Amr.: **recordor. 1703** E. WYNNE: *BC* 70.

recorder[2] [bnth. S. *recorder* (wind instrument)] *eg.* ll. *-au, -s.* Math o ffliwt dopyn: *recorder* (*wind instrument*).
20g. Ar lafar, 'Man' nhw'n cal gwersi ar y *recordyr* a'r ffidil yn yr ysgol'; ''On i'n ffeindio'r ffliwt yn anodd, ond mi nes i ddysgu chwara'r *ricorder* hefyd'.

recordiad [bôn y f. *recordiaf*: *recordio*, &c. +*-iad*[1]] *eg.* ll. *-au.* Y weithred o recordio, yr hyn a recordir, cofnod, record: *a recording, record.*
20g.
Cfn.: **recordiad sain:** *sound recording.* **20g.**

recordiaf, recordaf: record(i)o [bf. o'r e. *record*] *bg.a.* Cofnodi mewn ysgrifen, &c., yn enw. mewn cyd-destun swyddogol, cyfreithiol, &c.; cofrestru (tŷ, &c.) fel addoldy; trosi (sain, llun, &c.) i ffurf barhaol y gellir ei hatgynhyrchu: *to record in writing, &c., esp. in an official, legal, &c., context*; *register* (*house, &c.*) *as a place of worship*; *record* (*sound, pictures, &c.*).
16g. *GGH* 63, A choel a wnêl uwchlaw neb / I *record-io*'r cywirdeb. *c.* **1762–79** W. WILLIAMS: *P* 646, ar ba achos y tynnwyd i fynu y terfyniad sefydlog hyn, ac y dymunwyd iddo gael ei *recordio.* Cf. T. LEWIS: *HPF* 514, fe gaiff y cyfryw ddyn ag a wrthodo felly [gymryd llw], y pryd hyny ac yno ei goffadwriaethu (*recordo*), ac fe gaiff ei gymmeryd o hyny allan i bob amcan a phwrpas yn ymorthodwr Pabaidd. Ar lafar, ''Wyt ti 'di *recordio*'r raglen 'na nithwr'; ''Fydda i'n *ricordio* efo'r un bach'.

recordiwr, recordydd [bôn y f. *recordiaf, recordio*, &c.+*-iwr, -ydd*[3]] *eg.* ll. *recordwyr, recordyddion.*
(*a*) *Cyfr.* Cofiadur: *recorder* (*in law*).
1703 E. WYNNE: *BC* 120, gyrr o wŷr y Sessiwn . . . Ustusiaid a myrdd o'u sil yn Gyfarthwyr, Twrneiod, Clarcod, *Recordwyr.*
(*b*) Peiriant recordio: *recorder* (*machine*).
20g.
Cfn.: **recordiwr (recordydd) tâp:** *tape recorder.* **20g.**

recordor, gw. **recorder**[1].

recriwt, recriwt(i)af: recriwt(i)o, recriwtiwr, gw. **ricriwt, ricriwtiaf: ricriwtio, ricriwtiwr.**

recrutaf: recruto, recsyn, gw. **ricriwtiaf: ricriwtio, rhacs.**

recto [bnth. S. *recto*] *e?g.* a hefyd gyda grym ansoddeiriol. Tudalen dde llyfr agored; y tu blaen i ddalen argraffedig neu lawysgrif: *recto.*
20g.

rectol [cfdds. o'r S. *rect(al)*+*-ol*] *a.* Yn perthyn i'r rectwm, drwy'r rectwm: *rectal.*
20g.

rector[1] (?*r*≡*rh*) [bnth. dysg. Llad. *rector*; ?cf. *rhechdyr*; gw. hefyd *CA* 257] *eg.* Arweinydd, llywodraethwr, pennaeth: *leader, ruler, chief.*
13g. *A* 32. 10, *rector* rwyvyadur.

rector[2] [bnth. S. *rector*] *eg.* ll. *-iaid.* Rheithor: *rector.*
1866.

rectoraidd [*rector*[2]+*-aidd*] *a.* Rheithorol: *rectorial.*
1847.

rectoriaeth [*rector*[2]+*-iaeth*] *eb.* ll. *-au.* Rheithoriaeth: *rectorship, rectorate.*
1836.

rectwm [bnth. S. *rectwm*] *eg.* Y rhan olaf o'r coluddyn mawr sy'n diweddu yn yr anws, rhefr: *rectum.*
20g.

recusant, gw. **reciwsant.**

recyfraf, rhycyfriaf, recofraf, &c.: **recyfro, rhycyfrio, recofro,** &c. [bnth. S. (*to*) *recover*] *bg.a.* Adfer (i iechyd, &c.); adennill (peth), cael (peth) yn ôl; gwella (o ran iechyd): *to restore* (*to health, &c.*); *recover* (*something*); *recover* (*of health*).
Diw. **16g.** *Rhyddiaith Gymraeg* i. 121, a'u [*sic*] dad yn taring gyda' i giw [brân] i gaiso trwydded yddy vagv a'u *rekyfro* ef. **1672** R. PRICHARD: *Gw* 404, Deisyf arno brudd weddio, / Ar i'r Arglwydd dy *recyfro* [:- Wella]. *id.* 533, Fe all Christ *recyfro* itti, / Faint y gollodd dy rieni. **1730** J. LEWIS: *CCPG* 16, fel y tebygwn i bid bodd bid anfodd y mynnant *Recofro* Paradwys. **1748** P. PUGH: *DGG* viii, y mae'r Grâs a dderbyniasant . . . yn eu hadgyweirio ac yn eu *recofro* yn ebrwydd oddi wrth Feiau llai. *c.* **1757** *Bangor* 1733, 32, rhwi fi yn gobeithio heb ame / y *rhycyfriachi* etto or gore. **1760** *W Ballads* 77B, 7, Oni chawn i fwyd o rywle / Ni *Rycyfriwn* i byth mo'r Siwrne. **1828** *Geir Pob* 22, *Recyfrio*, gwellhau, adgryfhau. Ar lafar, 'Mae o wedi bod yn sâl ers sbel, ond mae o wedi *ricyfrio* erbyn hyn'; 'Ma fe wedi *recyfro*'n go lew ar ôl yr hen salwch 'na llynedd'.

Rechabaidd [yr e. prs. *Rechab*+*-aidd*] *a.* Yn perthyn i Annibynnol Urdd y Rechabiaid: *pertaining to the Independent Order of Rechabites, Rechabite.*
1840.

Rechabiad [yr e. prs. Heb. *Rechab*+*-iad*[3]] *eg.* ll. *-iaid.*

(*a*) *Beibl.* Aelod o deulu Iddewig a ddilynai orchymyn eu cyndad Jonadab, mab Rechab, i ymwrthod ag yfed gwin a byw mewn tai (gw. *Jer* xxxv): *Rechabite* (*bibl.*).
1588 *Jer* xxxv. c, Vfydd-dod yr *Rechabiaid.* **1655** R. JONES: *PC* 141, Qlôd [*sic*] *Rechabiaid* nid yf win. **1704** E. SAMUEL: *BA* 212, Mae Dr. Cave . . . yn tybied ei fod yn Offeiriad yn ol hên urdd y *Rechabiaid.*

(*b*) Aelod o fudd-gymdeithas ddirwestol (Annibynnol Urdd y Rechabiaid) a sefydlwyd yn 1835, Rechabydd: *member of the Independent Order of Rechabites, Rechabite.*
1841.

Rechabiaeth [yr e. prs. *Rechab*+*-iaeth*] *eb.* Egwyddorion a delfrydau dirwestol Annibynnol Urdd y Rechabiaid: *Rechabitism.*
1842.

Rechabydd [yr e. prs. *Rechab*+*-ydd*[3]] *eg.* Aelod o Annibynnol Urdd y Rechabiaid, Rechabiad: *member of the Independent Order of Rechabites, Rechabite.*
1841.

-red [Crn. C. *-reys*, H. Lyd. *-ret*, H. Wydd. *-rad*, *-red*; cf. *rhed*] *oldd. enw.*, e.e. *brithred, gweithred, hydred, trefred.*
18–19g. *Llr* C 2, 297, *Rhed.* term[n] as in parthred, gwahanred, gweithred. **18–19g.** *Llr* C 7, 1[9]5, *Red* termination as parthred Gwahanred, modred.

redacteg, gw. **beirniad** (At.)—**beirniad redacteg, beirniadaeth** (At.)—**beirniadaeth redacteg.**

redans, redar, redeins, redic, redietyr, redig, gw. **rhidens, radar, radish, rhaddig, radiator, rhaddig.**

redimadesi, redimedesi [bnth. S. *Reading Made Easy*] *e?g.* Llyfr darllen i blant o'r enw 'Reading Made Easy': *children's reading book entitled 'Reading Made Easy'.*
Ar lafar yn sir Benf. a sir Gaerf., *GDD* 240, *TGG* (1907–8) 84.

redi-mêd [bnth. S. *ready-made*] *a.* Wedi ei wneud i'w brynu a'i ddefnyddio ar unwaith gan unrhyw gwsmer, parod, hefyd yn *ffig.*: *ready-made, also fig.*
1932.

redimedesi, gw. **redimadesi.**

redins, redis, gw. **radish.**

red-led [bnth. S. *red lead*] *e?g.* Ffurf goch ar ocsid plwm (Pb_3O_4) a ddefnyddir i liwio, mwyn coch, plwm coch: *red lead.*
1771 *PDPh* 83, Cymmerwch . . . [b]loneg mochyn, olew had llin, a *red Led*, toddwch yr oil a'r bloneg ynghyd, malwch y *red led* a dodwch ynddo [i ddarostwng chwydd ar ych neu fuwch]. **1828** *Geir Pob* 22, *Red led*, mwyn coch, plwm coch.

redyns, gw. **radish.**

ref [bnth. S. *rave*] *eg.b.* ll. *rêfs.* Digwyddiad neu barti mawr a drefnir yn broffesiynol gyda dawnsio i gerddoriaeth drydanol boblogaidd gyflym ac a gynhelir fel arfer mewn cae, adeilad gwag, &c.: *rave, acid-house party, warehouse party.*
20g.

refaf: refo, gw. **refiaf: refio.**

refeniw [bnth. S. *revenue*] *eg.b.* Incwm, yn enw. incwm a geir drwy drethiant: *revenue.*
15g. *Glam Bards* 281, tew o grig i tyf yr onn / tewach yw Kardotaion / bai yd a gwellt bwyd a gwyr / *ry van yw* [*sic*] i rivainwyr (Ieuan Du'r Bilwg). *c.* **1762–79** W. WILLIAMS: *P* 401, *Refeniw*'r Pab fel tywysog tymhorol sydd o ddautu un filiwn o bunnau yn y flwyddyn. **1784** M. WILLIAMS: *S* i. 165, a'i *refeniw*, neu'r deyrnged flynyddol, o ddeutu ddwy [*sic*] filiwn ar bymtheg ar hugain o bunnau [am ymherodr Japan]. **1791** J. HARRIS: *Alm* 34, yn dwyn *refenyw* fawr i'r ymmerodr.

referens, refrans [bnth. S. *reverence*] *e?g.* Parch: *reverence.*
16g. (*LlEG*) *LlGC* 5276, 211a, Yntwy agurasant Idwyuronau drwy vawr *reuerens* ac ovyn Luck. **16g.** (*LlEG*) *Mos* 158, 397a, bod y paab ynn ymkannv kaffael *Reuerens* yr amerodyr. **1567** *TN* 339b, yn llawn o *referens* [:- barch]. **16g.** *Haf* 22, 353, ynte a wnaeth kwrtaissi a *refrans* yw vam ac y Josseph.

refetiaf: refetio, gw. **rifetiaf: rifetio.**

refiaf, refaf, rhefiaf: ref(i)o, rhefio [bnth. S. (*to*) *rev*] *bg.a.* Peri i (beiriant car, &c.) gylchdroi'n gyflym(ach); gwneud hyn mewn car, &c., a symud ymaith yn gyflym: *to rev; rev up and move* (*off*).
20g. Ar lafar, 'Mae ishie *refo*'r car 'ma yn y bore'; ''Odd hi'n swnllyd iawn tu allan neithiwr—sŵn *refio* ceir dros bob man'.

reflaf: reflo, reflin, refls, gw. **rafliaf: raflio, raflin.**

refolfer, gw. **rifolfer.**

refoliwsion, refolusion [bnth. S. *revolution*] *eg.* *Gwleid.* Chwyldro: *revolution* (*in politics*).
c. **1761** *CBF* 14, gweithred enwog Rhagluniaeth ydoedd y *Refoliwssion* yn amser y Brenhin William. **1793** *BLl* [ii], wrth y *Refoliwsion* y meddylir y Cyfnewidiad Llywodraeth a fu yn yr Ynys hon yn y Flwyddyn 1688. **1828** *Geir Pob* 22, *Refoliwsion*, chwyldroad.
Amr.: **rhyfeliwsion** [dan ddyl. yr e. *rhyfel*]. **1927.**

refrans, gw. **referens.**

reff [bnth. S. *ref*] *eg.* Dyfarnwr (mewn chwaraeon): *ref*(*eree*) (*in sport*).
20g. Ar lafar, 'Bydde'r tîm yn gwneud dim o'i le byth yng ngolwg Twm—ar y *reff* bydde'r bai wastad'.
Gw. hefyd **reffarî.**

reffarî, refferî [bnth. S. *referee*] *eg.* Dyfarnwr (mewn chwaraeon): *referee* (*in sport*).
1931.
Gw. hefyd **reff.**

reffectori [bnth. S. *refectory*] *eb.* Ffreutur: *refectory.*
1670 J. HUGHES: *AP* 430, Pa le y mae fy *reffectori.* *id.* 446, Ac ef a ddengys i chwi *Reffectori* fawr wedi ei thanu.

reffeiniaf: reffeinio [bnth. S. (*to*) *refine*] *ba.* Puro, coethi: *to refine.*
1828 *Geir Pob* 22, *Reffeinio*, puro, coethi.

refferendwm [bnth. S. *referendwm*] *eg.* Y proses o osod cwestiwn gwleidyddol gerbron holl etholwyr gwlad, talaith, sir, &c., i'w benderfynu drwy bleidlais, pleidlais o'r fath: *referendum.*
20g.

refferî, gw. **reffarî.**

refformasiwn, refformasion [bnth. S. *reformation*] *eg.* Diwygiad, yn enw. y Diwygiad Protestannaidd: *reformation, esp. the Protestant Reformation.*
1664 *LlGG* sig. d1r, Alltudion a Dieithriaid o Eglwysau y *Refformasiwn* trâmôr. **1714** *PYHFf* 15, adgyweirwyd ffydd Grist, a elwir yn gyffredinol y *Refformasiwn.* **1718 (1721)** S. THOMAS: *HB* 86, trwy wneuthur *Refformasion* neu Ddywigiad [*sic*]. **1723** E. SAMUEL: *PDdC* ii. 60, rhaid i mi chwilio am Feddwl ac Arfer . . . ein Heglwys yn yr achos ymâ er dechreu'r Diwygiad . . . neu *Reformasiwn* [*sic*], neu . . . er yr amser yr adferwyd hi ir [*sic*] Drefn ar [*sic*] Ffurf Apostolaidd sydd arni 'r awrhon, ac oedd arni ar y cyntaf. A hynny a gyfrifwn er Teyrnasiad y Brenin Edward y Chweched. **1735** S. THOMAS: *HP* 244, yr Athrawiaeth a settlwyd yn Lloegr yn nechrau'r *Refformasion.* **1741** S. THOMAS: *DY* xvi, [g]adawsant athrawiaeth y *Refformasion.* **1741** *CAG* 141–2, Nyni Brotestaniaid a allwn beryglu colled ein *Refformasiwn* neu Ddiwygiad. **1764** DEWI NANTBRÂN: *SAG* 18, nid allai Hi bŷth fod mewn Angen o Ddiwygiad neu *Refformatiwn* [*sic*] Protestanaidd. **1772** S. PHILIPPS: *ET* 18, y *Refformasiwn* oddiwrth Babyddiaeth. **1790** TWM O'R NANT: *GG* 90, Wrth Raffau moesau *Refformasion.*

reffresiad [bôn y f. *reffresiaf*: *reffresio*+*-iad*[1]] *eg.* Adfywiad, adnewyddiad: *a refreshing, refreshment, renewal.*
1725 I. HARRI: *RD* 166, [y] mawr *reffressiad* a fydd oddiwrth ei bresennoldeb Personol.

reffresiaf: reffresio [bnth. S. (*to*) *refresh*] *ba.* Adfywio, dadflino, adnewyddu: *to refresh, revive, rest oneself, renew.*
1552 *Pen* 403, 55, Kwpanaid o ddwfr or nef i *reffressio* i gorff ac ef. **16–17g.** (*Gesta Rom*) *LlGC* 13076, 58b, ag mal i ddoedd ydrony yn dyvod ar vedr *reffresio* i hvnan ir ffynnon. **1672** R. PRICHARD: *Gw* 58, Christ sy'n cynnig dy *reffreshio* [:- adfywio]. *id.* 62, Mae'n addo 'ch *reffreshio* [:- dadflino], dewch atto mewn pryd. *id.* 137, Gan *reffreshio* [:- adfywio] beunydd felly, / F'egwan gorph â melus gyscu.

regal[1] [?ffrwyth camrannu: *y regal* < *yr heg(a)l*, gw. *B* xxviii. 600–1] *eb.* Stribyn o dir gwael: *a strip of poor land.*
Ar lafar ym Môn ac Arfon, 'Dos â'r gwartheg i'r *regal*', *ISF* 63; 'y *regal* ganol', *B* xxviii. 600; hefyd yn y ff. *rhegal.* Am yr e. mewn e. lleoedd, gw. *ib.*

regal[2] [bnth. S. *regal*] *a.* a hefyd gyda grym enwol. Brenhinol, gwerthfawr (am faen): *royal, precious* (*of stone*).
16g. *BL Add* 15046, 16a–b, Lyma ddechreü graddeu bydol . . . Nessa iddaw yntaü yw Brenin coronawc gwedi y annoyntio ai gyssegrü a rhoddi abid vrenhinawl amdano a *Regal* am y law, honno ydiw modrwy y dyrnas. **16g.** SIÔN BRWYNOG: *C* 93, Fo weled hwnt fal . . . / Faen *regal* a fu'n Rhaglan; / Y pren rhywiog o'r Penrhyn, / Pybyr, hardd, pawb a ŵyr hyn.
Gw. hefyd **rhigal.**

regalia [bnth. S. *regalia*] *e.ll.* Emblemau neu fathodynnau (awdurdod) brenin, maer, archdderwydd, urdd, &c.: *regalia.*
1936.

regan, gw. **rhegen**[2].

regardant, rygardant [bnth. Ffr. *regardant*] *a.* *Her.* Yn edrych yn ôl; yn edrych ar: *regardant* (*in her.*); *looking at.*
15–16g. LLAWDDEN, &c.: *Gw* 237, Hannibal wyt, Eidal *rygardant*, llwydfrych. **16g.** *Med H* 86, Camber y trydydd mab a dduc dau lew o goch yn kerddet ac yn troi i hwynebeu at i kefneu mewn maes arian. A rrai a eilw y rreini yn *regardant.* **16g.** *Mos* 113, 60, *Regardant* y gelwir pann fo ef ynn troi i benn dros i gefn tü ar tü ol y ddisgwyl.

regarég [?bnth. S. *negro-head* 'strong plug of tobacco of a black colour'] *e?g.* Baco melys, baco caled: *ship tobacco, cake tobacco.*
Ar lafar yn Arfon, 'baco *regarég*', *WVBD* 29.

regarŷd, regarŷg, gw. **rhegen**[2]—**rhegen yr ŷd, rhegen y rhyg.**

rege [bnth. S. *reggae*] *eb.* Math o gerddoriaeth boblogaidd o India'r Gorllewin ac iddi guriad isradd cryf: *reggae.*
20g.

†**regenaul, regestor,** gw. **rhieiniol**[2], **register.**

regilar, regiwlar, regular [bnth. S. *regu-*

lar] *a.* Rheolaidd, cyson, yn mynychu yn rheolaidd; *Egl.* rheolaidd: *regular, constant, regularly attending; regular (eccl.).*

1684 H. OWEN: *DC* [xvii], Canon *Regular* a gwr tra duwiol. Ar lafar ym Morg., 'Un bach *regilar* iawn yw a', ''Wi'n gweud 'thoch chi'n *regilar* am newid ych cot pan bo 'i'n lyb'.

regiment, registr, gw. **rejiment, rejistr.**

regolith [bnth. S. *regolith*] *eg. Drg.* Haenen o ddefnydd rhydd sy'n gorchuddio creigwely planed, lleuad, &c.: *regolith.*

20g.

regols [bnth. S. *regols*, amr. ar *regals* 'small portable organ'] *e.ll. Crdd.* Math o organ fechan symudol: *regal(s), small portable organ.*

1615 R. SMYTH: *GB* 122, y telynau y virginals, y *regols*, a'r cyphelib.

regord, regular, gw. **record, regilar.**

regyn, ragyn [bnth. S. *rag*+-*yn*[1]] *eg.* Clwt, rhecsyn, hefyd yn *ffig.* am un tlodaidd yr olwg: *rag, also fig. ragamuffin.*

18g. *Beirdd y Berwyn* 43, A gwaeth na dim, nid oes o'i ddillad / Un dilledyn, nag un *regyn*, heb gan rhwygiad. **18g.** TWM O'R NANT: *CO* 32, Nhw dyngan' ac a regan', ac a rwygan' bob *regyn.* Ar lafar yn Arfon, 'heb yr un *regyn* amdano'.

Gw. hefyd **rhacs.**

renglos, gw. **ingloes.**

rei, reiad, reial[1], **reial**[2], gw. **rhai, reiat, reiol**[1], **real**[1].

reiat, reiet, riat, &c. [bnth. S. *riot*] *eb.g.* ll. *-s, reiadau.* Ymddygiad swnllyd, sŵn, twrw, cynnwrf; terfysg, cythrwfl; cyfeddach; afradlonedd, gormodedd; arddangosfa lachar: *noisy behaviour, noise; riot, disturbance; revelry; prodigality, excess; vivid display, riot.*

16g. *GGH* 299, Y gyfraith rwydd nis gwyddant: / Ar dwyn ŷd *rheiad* a wnânt [i ofyn deg o gesig]. **16g.** HUW ARWYSTL: *Gw* 420, twrn a wnaeth am i vaeth vo / ar twrn a n *reiat* arno. **1567** *TN* 322a, yr ei nyd enllybir o nwyfiant [:– rwyf, dra, wtres, ormodedd, *reiat*]. **17g.** *CM* 21, 291, vn air ydynt un *reiad* / un ras duw yn ore stad. **1828** *Geir Pob* 22, *Reiat*, afreolaeth, rhysedd. Ar lafar yn gyff. 'Arglwydd mowr, beth yw'r *reiets* ma wyt Ti'n gadw?' [allan o weddi ar storm o daranau], *GDD* 241; *WVBD* 454; *Cymru* liii. [134].

reid [bnth. S. *ride*] *eb.g.* (bach. b. *-en*) ll. *-s.* Tro mewn cerbyd, ar gefn beic neu geffyl, &c.; ceffyl wedi ei gyfrwyo: *ride; mount.*

18–19g. JAC GLAN-Y-GORS: *Gw* 37, Mae ganddo fo *reid* i rodio'n gynffonlon. Ar lafar yn gyff., 'Ma'r plant yn dwlu câl *reid* yn y gambo'.

reidaf: reido, reidar, reiden, gw. **reidiaf: reidio, reider, reid.**

reider, reidar, ridar [bnth. S. *rider*] *eg.* Marchog, un sy'n marchogaeth neu'n reidio; haenen denau o lo yn gorwedd dros brif haen: *rider; thin seam of coal overlying a principal seam.*

16–17g. EDWARD URIEN, &c.: *Gw* 50, Y *reider*, i'n amser ni, / All fyned yn Llefenni. Ar lafar ym Morg. a sir Gaerf. am weithiwr 'a eisteddai ar flaen siwrneion . . . ar eu taith o waelod y pwll i'r partynon ac yn ôl', *Geir Glo* 116; hefyd ym Morg. am 'haenen denau o lo', *LlGC* 1172, 31, ac am 'long staple fixed in both sides of the cart, or car', *id.* 33.

reidiaf, reidaf: reid(i)o [bnth. S. (*to*) *ride*] *bg.a.* Mynd neu deithio ar gefn (ceffyl, beic, &c.), mewn cerbyd, &c., neu ar gerbyd, &c., marchogaeth; gorwedd wrth angor (am long): *to ride; lie at anchor.*

1761 *ML* ii. 313, Llongau oedd yn y Friers ar y lon oll, un oedd am *reidio* curantîn [*sic*] ond fo roes y ddryghin, mal ac i chwithau gynt, ollyngdod. Ar lafar yn gyff. ''Wi ddim bolon iddo fa *reido*'r 'en gasag fwy na mwy', '*rido* siwrna' (mewn pwll glo).

Cfn.: **reidio c(w)arantîn:** *to ride quarantine, also fig.* **1761** *ML* ii. 313.

reien, reiet, gw. **rhaien, reiat.**

reiffl, rheiffl [bnth. S. *rifle*] *eg.* ll. *-au, -s.* Dryll ac iddo faril hir wedi ei rigoli yn droellog ar y tu mewn: *rifle.*

1898.

reil, reilen, gw. **rheil.**

reilffordd, gw. **rheilffordd.**

reiliaf: reilio, gw. **raeliaf: raelio.**

reilin, reling, rheilin, r(h)elin, &c. [bnth. S. *railing*]. *eg.* ll. *-s.* Ffens neu wrthfur wedi ei ffurfio o reiliau a gynhelir gan byst: *railing.*

20g. Ar lafar, 'Ma'r *reilinz* ar waelod yr ardd yn dechra pydru', *GTN* 699; 'Tyd or wrth y *relings* 'na rhag ofn iti frifo arnyn' nw' (Arfon).

reilsen, reilwe, reilyn, gw. **rheil, relwe, reilin.**

reinaf: reino, reiniaf: reinio, reins, gw. **raeniaf**[1,2]**: raenio, rêns.**

reiol[1], **rh(e)iol, riol**[1] [bnth. S. C. *riol(le)* 'royal'] *a.* ll. *riolion*, hefyd gyda grym enwol ac fel *eg.* Brenhinol, bonheddig, tywysogaidd; gwych, ardderchog, ysblennydd, helaethwych, moethus; iawn, purion, (eithaf) da: *royal, kingly, noble, princely; splendid, magnificent, wonderful, lavish, sumptuous; fine, impressive, (quite) good.*

14–15g. *IGE*[2] 159, Perllan *reiol* y moliant, / Pwyll ddelw, mal Cynddelw y cant [marwnad Gruffudd Llwyd gan Rys Goch Eryri]. **15g.** *DN* 1, A'r llall [gwledd] a wnaeth Caswallawn / Yn Nhre' Ludd yn *reiol* iawn. **15g.** *GLGC* 257, Mae trillew arian yn ei faner, / tri rampiawnt ar lawnt wrth *ryol* R. **15g.** *GGl*[2] 145, Tros Deau wead troes dy lin, / Trwy Loegr waed *rheiol* egin. **15g.** BEDO AERDDREM, &c.: *Gw* 406, Minnau'r owran mae'n *riawl* / Dros Huw Smyth a drosses mawl. **15–16g.** *AAST* (1935) 91, Y *reiol* yw ar y lan, / A *reiolach* na'r wylan [Syr Dafydd Trefor i ofyn alarch]. **15–16g.** *TA* 56, Rhoi elusennau'n *rheiol*, Sioned, / Rhoi gynau gwynion, rhag yn gwanned. **1544–52** *B* xv. 117, kinio mawr *reiol.* **1547** *WS*, *reiol* brenhinol Royall. **16g.** *LBS* iv. 414, anrhyfeddodaü mynych or *rhiawl* wyrthiaü y wynfydedic wyryf. *c.* **1566** *B* i. 155, eisteddfae ney neithorau *Riolion.* **16–17g.** *CRC* 424, Yno i gwelwn Esgobion / yn byw yn *reiol* ddigon. **1632** *D*, *rhiol* d.g. *Basilicus.* **1632** J. DAVIES: *LlR* 177, A'r wledd hon fydd mor *reiol* ac y bydd i fab Duw ei hun, Arglwydd pennaf y wledd, fod yn fodlon i ymwregysu ac i wasanaethu ynddi. **1696** *CDD* 187, I Gaers[a]lem Ddinas *reiol*, / Ceisiwn fynd ar frŷs yn siriol. **1763** *DT* 117, A'm Traed ar led y rhedais, / *Reiol* beth! ar ol y Bais. **1766** *CD* 144, A phawb arall yn yr Ysgol, / Yn mynd rhagddynt yn *reiol.* **1795–6** *Trys Gym* 40, Mor Siriol *reiol* yr oes, / Mul dyn ym mlodeu einioes. **18–19g.** *Llr* C 43, 405, Peculiarities of the North Walian Dialect . . . *Rheiol* ffordd, y mae *rheiol* ffordd yno. Ar lafar yn Arfon, 'Mi neith y tro yn *rheiol* (*reiol*)', *WVBD* 460. Cf. D. OWEN: *RL* 206, Pethe yn talu yn *riol* . . . ydi fowls, os cân nhw 'u ffidio yn dda.

Fel *e.* Darn o aur bath gynt a oedd yn gyfwerth â deg swllt yn wreiddiol yn Lloegr: *rial (former gold coin).*

15–16g. *GIF* 47, Bro Went a'i gwŷr o renti, / deiliaid ŷnt wrth dy law di. / Nid i chwi onid *rhial*, / ni byddant ywch heb ddwyn tâl. **1547** *WS*, *reiol* aur A royall of gold. *a.* **1587** *Y* 124–5, Ynillodd gwâs bâs i ben / Lawer *reiol* ar awen; / . . . / O ddawn iaith, bydd iddo yn ôl / O ball roi ymbell *reiol.*

Amr.: **reial**[1], **rh(e)ial, rial**[2] [bnth. S. C. *reial, rial(le)*]. **15g.** *HS* 19, ni roed gwin *rhial* i neb amlach. **15g.** *GGl*[2] 122, Efô sydd fwyaf ei sâl, / O dri Owain, waed *reial.* *id.* 240, Rolant y moliant melys, / *Rial* oreusal ŵyr Rys. **16g.** *AWLl* 18, Plas crisial *rheial* yrhawg, / Powls cryswyn, palis croesawg? **1632** *D*, *Rhial*, [Nobilis, generosus]. Nunc corruptè Rheiol. **1770** R. PRICHARD: *CC* 281, y Dref *reial* yma.

Gw. hefyd **real**[2], **rhioltach.**

reiol[2], gw. **real**[1].

reiolti, rheiolti, r(h)iolti, rhialti, &c. [bnth. S. *riolte, rialty*, &c. '(royal) pomp or splendour, (royal) power'; nid oes sicrwydd i ba adran y perthyn yr engh. o *WS* isod] *eg.b.*

(*a*) Gogoniant, gwychder, ardderchogrwydd, rhwysg; rhialtwch, afiaith, miri: *splendour, glory, magnificence, pomp; jollity, exuberance, festivity.*

1544–52 *B* xv. 117, llyma val i gwysyneithir ar vwrdd lle bo *rreiolti* mawr mewn ffiest onest mewn kinio mawr reiol. **1547** *WS*, *reiolti* Royaltie. **16g.** *TRP* 132, j weled brenin erod / ai ddefod ai *riolti.* **1567** *TN* 106b, Ystyriwch' y lili . . . dywedaf wrthych, na bu Selef y un [*sic*] yn ei oll ar[dd]erchawgrwydd [:– *reiolti*, 'ogoniant, wychder], wedy'r wiscaw val vn or ei hyn. **1661** E. LEWIS: *Drex* 131, na syflyd i fyned allan un amser i weled rhwysc a *rhialti* chwareuon neu chwarwyddfeydd. **1671** C. EDWARDS: *FfDd* 96, Dywed Croniclau Germania i Leucius adel ei *reiolti* fydol (**1677** *id.* 154, bydol) a myned i bregethu'r efengyl. **1751** *ML* i. 179, rhy debyg i rodres a *rhiolti* Eglwys Rufain. *id.* 250, Bu yma *riolti* mawr, yr wythnos ddiwaetha pan oedd Brenin y Gwyddelod yn ein plith. *id.* ii. 122, Dydd Iau daw'r Dorset yatch (mae'n rhywyr troi ei henw) i ddisgwyl wrth Fedffordd. Dyma lle bydd *riolti*, nage *reiolti.* **1766** *CD* 118, Ar Ty Ifori / A llawer o *reolti.* **1769** TWM O'R NANT: *TChD* 38, Dyma Lestri Tea, a phôb *Rhiolti.* Cf. *Ll* xv. (1936) 105, ni chlywaf gri / Mynydd fy maboed na *rheiolti*'r gwynt (T. H. Parry-Williams). Cf. ymhellach K. ROBERTS: *LW* 63, gan fod mwy o hwyl a *riolti* yn y dref ar y Llungwyn.

(*b*) Awdurdod, rheolaeth: *authority, rule.*

16g. (*LlEG*) *Mos* 158, 509b, kymerth y brenin *Reioltti* pob arglwyddiaeth ynny dyrnas. **16g.** *TRP* 174, ydd wyvi [Peilat] yn barnv yn ffraeth / o *riolti* vy mhenaeth. **16g.** *BL Add* 15046, 18a, wrth fraint a chymeriad a *riolti* parlament. *ib.* arglwydd mean heb *riolti* ar i arglwyddiaeth.

reioltus, rhialtus [*reiolt(i), rhialt(i)*+ *-us*] *a.* Brenhinol: *royal.*

1589–90 *HP* 91, Ac ef [Gorbonian] a gladdwyt yn *reioltus* ynn Troea Newydd. *Diw.* **17g.** *CLlC* iv. 28, A phan y daeth i'r Cwrt *rhialtus* / Ei gnawd oedd dêg ai wên gariadus. *c.* **1730** *Thos. Lloyd D* (LlGC) 202b, *Rhialtus.* Royall. #. 68.

reion [bnth. S. *rayon*] *eg.* Un o nifer o ffibrau neu ddefnyddiau gweol a wneir o seliwlos: *rayon.*

1936.

reiot, gw. **reiat.**

reis, rheis, r(h)is [bnth. H. Ffr. *ris* (o bosibl drwy'r S. C.) a S. *rice*] *eg.* a hefyd weithiau fel *e.ll.* (Grawn bwytadwy) gweiryn, *Oryza sativa*, a dyfir ar dir gwlyb, yn enw. yn Asia: *rice.*

14g. *GIG* 76, Yn ystafell . . . / Yr esgob y cawn pob peth: / Grawn de Paris, *rhis*, rhesin, / Llysiau, medd, gwenwledd a gwin. *c.* **1400** *Études* vii. 56, risus, *riys* [*sic*]. **16g.** (*LlEG*) *LlGC* 5276, 21a, ffiolaid o bottes . . . gwedi i gwneuthud ar yyd a hennwir *Reis.* **16g.** W. SALESBURY: *Ll* 48–9, Llysæ Simeon . . . blodæ bychain vegis *Ris. Diw.* **16g.** *WLB* 22, J wneuthur flowr o *reis.* Kymer *reis* a golch hwynt. **1604–7** *TW* (*Pen* 228), Cawl or *Riz* d.g. *ptisanarium.* **1722** *Llst* 189, *Ris* m. Rice (grain). *c.* **1740** *LlM* [48], hanner Pwys o *Rice.* *c.* **1762–79** W. WILLIAMS: *P* 101, llwyeid neu ddwy o *Rise.* *id.* 260, y *rice* ag sydd yn tyfu mewn dwfr sydd yn cael ei hau gan mwyaf yn yr Aipht isa. [**1783**] *W*, Mâth ar yd-rawn o'r enw, vulgò *Reis* d.g. *Rice.* **1795** *R. Crusoe* 51, ugain hobed o Haidd, Ac yn agos yr un faint o *Reis.* **1799** M. WILLIAMS: *HHG* 30, lle maent yn cynnyg arian a *reis.* Ar lafar yn y ff. *reis*, a hefyd yn sir Benf. yn y ff. *rheis*, *GDD* 234.

Cfn.: **reis (rheis) a llaeth:** *rice pudding; porridge lightened with rice.* Ar lafar yn sir Benf., '*rheis-a-llâth*', *GDD* 234; '*reis a llaeth*', *Geir Geg* 24, 48. *Bot.* **reis gwyllt:** *wild rice, Indian rice, Zezania.* **20g. reis llongwr:** *rice pudding (with currants).* Ar lafar ym Môn, *Geir Geg* 48.

reister, gw. **rhystair.**

reit [bnth. S. *right*; am y diffyg treiglad i a. ar ôl *reit* a geir yn achlysurol yng ngwaith Daniel Owen, gw. *Treigladau* 36] *a.* ac *e?g.*, a hefyd fel *adf.* ac *ebd.* Cywir, iawn, purion; hapus, bodlon; hawl: *right, correct, fine; happy, contented; a right.*

c. **1729** S. RHYDDERCH: *LlCD* 367, Ar Sêr yn prysuro i riwlio mor *reit*, / Ar môr yn ddiymaros yn dangos ei Deit. *c.* **1761** *W Jew* 5, nid oes neb yn *right* am i gladdedigaeth hud y dudd heiddiw ple ryden i yn darlle[n] . . . fel y darfu ir Diawl Gyfarfod a Michael yr Arch-Angel ag ofynodd iddo fo hanes Corff Moses. **1828** *Geir Pob* 22, *Reit*, iawn, hawl. Ar lafar, ''Dyw 'wnna ddim yn *reit*', *GTN* 700; 'Cofia 'neud hwnna'n *reit* y tro 'ma'; 'Ti sy'n *reit*'; 'Ond i fi gal sguthan on i'n *reit*'; 'Mae e'n *reit* on' jys' bo nw'n cal tinnu'r ffroth bant'. Digwydd hefyd wrth sôn am allu neu gyflwr meddyliol person, 'Druan, bæch, dyw a ddim yn *reit*'; ''Wyt ti'n *reit* yn di 'en benglog?', *GTN* 700. Cf. D. OWEN: *GT* 34, Ydi'ch cloc chi'n *reit*, Sali?

Fel *adf.* (*a*) Eithaf, iawn, tra (yn goleddfu a.): *quite, very (qualifying an adj.).*

Ar lafar, ''Dw i'n *reit* dda', 'Ma'n *reit* ddrwg gin' i', *WVBD* 454; ''Odd i wyneb o *reit* binc ar ôl bod allan yn yr haul'; 'Fe fydda' i'n mynd i deimlo'n sâl *reit* wrth feddwl am deithio ar long'. Cf. D. OWEN: *RL* 374, erbyn hyn yr ydan ni wedi dŵad yn *reit* clên, a chysidro. Cf. ymhellach D. J. WILLIAMS: *STC* 43, dihuno'n ffres *reit*.

(*b*) Yn union, yn syth; yn hollol, yn llwyr (yn goleddfu ymad. adf.): *directly, straight; completely* (*qualifying an adv. phrase*).

Ar lafar, 'Ma 'na dwll yn y ffordd *reit* o flân y tŷ'; 'Ma'r llyfrgell *reit* gyferbyn â'r siop fferins'; 'Cerwch *reit* i'r pen, a trowch ar y chwith'; 'wedi troi'r car *reit* drosodd'. Cf. T. H. PARRY-WILLIAMS: *Y* 46, ymwthio fel y tywod *reit* i mewn iddynt mor ddigywilydd; K. ROBERTS: *LW* 20, Yr ydym yn gweld *reit* at Bont y Borth.

Fel *ebd*. O'r gorau, (yn) iawn: (*all*) *right*.

Ar lafar, 'Os wyt ti'n cael benthyg y car, rhaid iti fod 'n ôl erbyn deg, *reit*!'; '*Reit*, beth am y tatw 'na, odyn' nhw'n barod?'; 'Cofia bod ti'n cau'r drws 'na ar y ffor' mas.' '*Reit*!'; '*Reit* ta; dyna 'wnna wedi cwplo!', *GTN* 700.

Cfn.: **reit ei wala:** *right enough; absolutely right*. Ar lafar yn sir Benf. a'r De, 'Wêdd hi wedi ca'l gafel arni *reit i wala* ac yn canu i gwêr hi', *Wês wês* 16, ''Odd y peth 'wetast ti'n *reit 'i wala*', *GTN* 700. **reit rownd** [bnth. S. *right round*]: *right round, all round; all over the place, everywhere*. Ar lafar, 'Fe redodd *reit rownd* y stafell sawl gwaith a'r gath ar 'i hôl'; ''Fydd raid i chi fynd *reit rownd*—'chewch chi ddim troi i'r chwith'.

Gw. hefyd **olréit.**

reitaf: reito [bnth. S. (*to*) *write*] *bg.a.* Ysgrifennu: *to write.*

Ar lafar yn sir Benf. a'r De, 'Sana i'n gwbod a wêdd e wedi bod in ir isgol ario'd, achos wê eno in galler darllen na *reito* 'no', *Wês wês* 38; 'We' neb in dishgwil iddi farw mor glou a so 'na pam *reitodd* 'i ddim o'i 'wyllis'.

reitô [bnth. S. *righto*] *ebd*. Ebychiad yn mynegi neu'n gofyn cytundeb neu gydsyniad, o'r gorau: *righto.*

Ar lafar yn gyff., '"*Reitote*" mynte fi, wedi peth cocso', *Wês wês* 14; 'ryw bum munud, *reitô*?'

Amr.: **reiti(h)ô** [bnth. S. *righty-ho*]. Ar lafar.

rêj, gw. **raens**[1].

rejiment [bnth. S. *regiment*; tebyg mai *j* a gynrychiolir gan *g* yn yr enghrau. isod] *eb*. Catrawd, hefyd yn *ffig*.; deiet a chwrs o ymarfer, &c., a argymhellir gan feddyg, &c.: *regiment, also fig.*; *regimen.*

c. **1548** *CM* 1, 799, Y *Redgiment* nerhriolaeth [*sic*] ynerbyn poobp [*sic*] ky[u]riw opulashiwns. Y mae ynnhraid Ir goddeuwr ymaruer ovwyttav kyuriw bethau ac a vo hawdd Ir kylla I mwynhav Ac y chydig ar vnwaith. **1761** J. EVANS: *BHNO* 19, ymha *Regiment* yn Ffrainc y byddeu goreu genynyf [*sic*] wasanaethu. *id*. 24, James Harbuckle; Drwm-wr o'n *Regiment* ni. Ar lafar, 'Fe gas 'i symud i *rejiment* arall wedyn, a 'odd honno'n fwy na'r llall'. Digwydd hefyd wrth sôn am dyrfa fawr o bobl, 'Bach iawn o deulu odd gyda mam, ond ma' teulu 'nhad fel ryw *rejiment* fawr'.

Amr.: **rijmant, rijment.** *c*. **1920.** Ar lafar.

rejistr [bnth. S. C. *registre* 'register; record keeper', neu'n uniongyrchol o'r H. Ffr.; tebyg mai *j* a gynrychiolir gan *g* yn yr enghrau. isod] *eg*. ll. *-au, -i, -s, -iaid*. (â'r ff. l. *-au, -i, -s*) Cofrestr; (â'r ff. l. *-iaid*) cofnodwr, cofrestrydd: *register; record keeper, registrar.*

14–15g. *IGE*[2] 228, Bûm'n yr art dau drimwart derm / Yn *registr* soffistr sywfferm (Ieuan ap Rhydderch). **1567** *TN* [xl], hen Recordeu, *Registreu*, a 'Siartereu. **1574** *RhRC* (At.) i. 203b, yn yr vn modd ag y rydoedd yn kredy yr .4. fyngyliwr. hyn y may ny ddoydyd ny *registri*. **1690** *Ymofynion* 9, y Llechrês neu stred memrwn o ffis a Osodwyd i fynu yn swydd leu [*sic*] y *Registr*. Ar lafar yn yr ystyr 'cofrestr', ''Odd 'na ddau *rejister* yn cal 'u cadw—un i'r plant bach ac un i'r plant mawr'.

Amr.: **rejest(e)r** [bnth. S. Diw. Cyn. *regestre, regester*]. **16g.** DAFYDD BENWYN: *Gw* 344, rhygwyn yw dwyn, gwalch Llandaf, / *rredsiestr*'n y ol: ble rrodiaf [marwnad Rheinallt Dafydd o Landaf]? *Dchr*. **17g.** *RWM* i. 674, Dychan i Siawnsler ac i *Redsiester* Bangor fawr. **rejestor** [bnth. S. Diw. Cyn. *regestor*]. **1604–7** *TW* (*Pen* 228), *Regestorieit* d.g. *Ligographi*.

rejistraf: rejistro [bf. o'r e. *rejistr*] *ba*. Cofrestru; gwneud argraff (am ffaith, &c., ar feddwl person): *to register; register* (*mentally*).

Ar lafar, ''Doedd dim gair o Gymraeg ar dystysgrif *rejistro* genedigaeth amser 'ny'; ''Roedd e wedi rhoi gwbod i fi, medde fe, ond mae'n rhaid bod e ddim wedi *rejistro* ('da fi)'.

rêl[1,2], gw. **real**[1], **rheil.**

relatifiaeth [cfdds. o'r S. *relativ*(*ity*)+ *-iaeth*] *eb*. Perthnasolaeth (mewn athr., &c.); *Ffis*. perthnasedd: *relativism* (*in philos*., *&c*.); *relativity* (*in physics*).

1929.

relen, gw. **rheil.**

reles, relês [bnth. S. *release*] *eb*. (Dogfen sy'n cofnodi) rhyddhad (e.e. o ddyletswydd) neu ollyngiad (e.e. o hawl): *release* (*from duty, claim, &c*.).

1547 *WS*, *reles* yscrifen A releace. **16g.** (*LlEG*) *Mos* 158, 14a, ynn gymaint ac I bu gymhesur gan Robarth wneuthud yrles ne *reles* I William goch oi glaim ai gyuiown/der I goron ydyrnas. *id*. 267a, I wnuthud *Relees* I vonneddigion a chyfredin y dyrnas or llw ar gwriogaeth. *ib*. yn y weithred ner *Relees* hon.

relesiaf, relesaf: relesio, relesu [bf. o'r e. *reles*] *ba*. Rhyddhau person o (gosb pechod, treth, &c.): *to remit, grant remission of.*

1547 *WS*, *relesio* Relaxe. **1605–10** *IICRC* iii. 26, Ni all un dyn bydol ucheldad rhinweddol / *relessio* vy marwol bechode. **17g.** *B* xxiii. 164, nineu yr un Rissiart sydd yn *relessu* (amr. *rrelesio*) trossom ni a'n etifeddion ymaddeu i'n deiliaid ni . . . treth a elwir treth melin.

reli, gw. **rali.**

relic, rhelic [bnth. S. *relic*] *eg*. ll. *-iau, -s*. Crair, hefyd yn *ffig*.: *relic, also fig.*

15g. *IGE*[2] 245, Rhyw le hardd, rhy olau hoyw, / *Rhelics* a gwisgoedd rhyloyw [Ieuan ap Rhydderch am Dyddewi]. **16g.** *IMCY* 242, galwei Rhol goel o *Rhelix* / gwisgo n dal y bal ai bix [Siôn Mawddwy i Ficer Brynbuga]. **1670** J. HUGHES: *AP* 84, Cablu . . . y Creiriau, y *Relicciau*. **1684** H. OWEN: *DC* 370–1, mae rhagor mawr iawn rhwng Arch y Cyfammod a'i *Relicciau*, a'th gorph tra purlan di. Ar lafar, 'Ma'r radio 'ma'n hen fel pechod—ma hi fel rhyw *relic* o'r chwedege'; digwydd hefyd am berson, '*Relic* o rw oes arall ydi o'.

reling, gw. **reilin.**

relijon, relijwn [bnth. S. *religion*; tebyg mai *j* a gynrychiolir gan *g* yn yr enghrau. isod] *eb*. Crefydd: *religion.*

1567 *LlGG* [xviii], eithr *Religion* yw hi y wasanaethu Duw. **17g.** *B* x. 44, o bôb *Religiwn* ag y sy.

relin, relins[1], gw. **reilin.**

relins[2], gw. **relish.**

relish, relis, rhelish, &c. [bnth. S. *relish*] *eg*. Blas (da), hefyd yn *ffig*.; mwynhad (mawr), pleser: (*appetizing*) *taste, relish, also fig.*; (*great*) *enjoyment, delight, relish.*

1672 R. PRICHARD: *Gw* 203, Christ ni fwyttei fara barlish, / Chwaethach bwyd oedd well ei *relish*, / Nes yn gyntaf ei fendithio. *id*. 368, Gan gynddrwg yw *rhelish* [:- Blas] y pilcorn a'r barlish. *id*. 488, Y corr y dynn y gwenwyn lindys, / O'r blodeuyn goreu ei *relys*. **1714** D. LEWYS: *CN* 11, Heb hyn fe heneiddia 'r Gwin, / Mewn myllter hin fe wyddis; / Ond Cariad Crist sy fawr ei rym, / Ni chyll ef ddim oi *Relis*. Ar lafar, 'Cig idon yw'r gore. 'Does dim cymint o *relish* ar ffowlyn'; 'Buodd y stori'n cal 'i hadrodd gyda *relish* yn yr ardal 'ma'; hefyd yn sir Gaern. yn y ff. *relins*, *EEW* 250.

rêls, relsen, gw. **rheil.**

relwe, relwê, reilwe, rhe(i)lwe, &c. [bnth. S. *railway*] *eb*. Rheilffordd; gorsaf, stesion: *railway; station.*

c. **1877.** Ar lafar, 'Buodd 'i gŵr hi'n gwitho ar y *reilwe* am flynyddoedd'; ''We lot o bobl yn gweithio ar y *reilwei* pyrny'; 'Mi odd i'n braf teithio ar y *relwe* blynyddoedd yn ôl'. Cf. D. OWEN: *RL* 178, 'oedd ene lawer o'r colliers yn y *rel-wê*?' ('*Rel-wê*' y galwai fy mam y Station).

relweddol [*relwe*+*-ol*, gydag *-dd-* ymwthiol] *a*. Yn perthyn i reilffordd: *railway-.*

20g.

relyw, gw. **rhelyw.**

remedi, r(h)ymedi [bnth. S. *remedy*] *eg*. ll. *-ïau*. Cyfrwng gwellhad, meddyginiaeth, rhwymedi, hefyd yn *ffig*.: *remedy, also fig.*

1547 *WS*, *remedi* Remedy. **16g.** *IICRC* iii. 295, Y Wraig / fo vydd digon hawdd y kyfri / ynawr nyd oes *rymedi* / pen ddarfy ymi farkio / Ar dyfath [*sic*] ti ynfyd fyo / pemedraswn [*sic*] gyfarch y ddyw / Ni ffriodasswn ddim oth gyfryw. *id*. 341, Moes glowed yn sertenol / Oes dim *remedi* grasol. **16g. (1763)** W. SALESBURY: *LlM* 189, yfed medd yn ddieiriach sy *remedy* rhag y ddiod yma. **1583** *LlGC* 716, 21b, fal y gallae wynt . . . gofio attofo yn vnig am help a *remedi*. **1593** *IICRC* iii. 208, Gwîr ŷw hŷn, hi dorrodd eusys / Os gwîr Coel, 'r ŵyd titheu'r glŵyfus / Och! rhŷ wîr, o gwna *Rymedi*. **16–17g.** *HG* 62, na chyffes lan na phenyd / na dim *rhymedi* na gras, pob un vel gwas aniwyd. **1604–7** *TW* (*Pen* 228) d.g. *Salus utis*. **1606** E. JAMES: *Hom* ii. 119, Ac mor wir yw nad oes . . . vn *remedi* ac a allwyd neu a ellir ei ddychymmyg yn abl i attal ac i gadw rhag delw-addoliaeth, os gosodir neu os goddefir delwau yn gyhoeddus. *id*. 122, nac vn modd na *remedi* arall. **17g.** *CLlC* v–vi. 53, Oes *remedi* ar ôl hynn / Im gael yn erbyn Cywpyd. **1734** *YCTM* 2[6], Os aeth nid oes *Remedi*, / Ni allwn ni ddim wrthi.

Gw. hefyd **rhwymedi.**

remlyn, *eg*. Oferddyn: *waster.*

Ar lafar yn nwyrain Morg., ''Wi wedi clywad es cetyn fod a'n *remlyn* parod'.

remnant, rhemnant [bnth. S. *remnant*] *e?g*. Gweddill, rhelyw: *remnant, remainder.*

1545 *CM* 1, 47, [p]e/dwarugain A x o Radde or hrain I mae yn hraid ini dyn/vn [*sic*] kymaint A xl a vii Radd, Ar *Remnant* ydiw xliii o Raddau. **16g.** (*LlEG*) *Mos* 158, 134a, Ac ynn yr vn modd I gwnaeth y gwyr eraill am *yremnant* or barwniaid a oedd ar y bontt. *id*. 253b, tuac att goost yr *Remnant* o wyr lloegyr. *id*. 384b, yr *Remnand* or [d]ydd ac or nos honno. **16g.** *B* xi. 86, Erkwlf . . . a laddodd y hrann vwiaf o'i bobyl ac a yroedd ynno yr *emnantt* [*sic*] J gilio yn ol J keuynav. *id*. 89, J'r *remnantt*, yr hrain a ffoesant parth ac avon vawr. **16g.** *id*. xviii. 325, A tharianne yr *emnant* [*sic*] o'r shialeinswyr a groged mewn ordyr ynn amgylch y prenn. **16g.** *Hop M* 170, Mal am Sodma gynt ai phlant, ar *rhemnant* or dinasedd. Ar lafar ynglŷn â brethyn, 'Ges i fargan yn y sêl—ges i bishyn o *remnant* o ddiwadd y rôl.'

rem-rem, gw. **grem.**

rên, rend, gw. **rêns, rhent.**

rendrad, randrad [bôn y f. *rendraf, randraf*: *rendro, randro*+*-ad*[2], trf. han.] *eg*. Haen denau o blastr neu forter a roddir i orchuddio brics, cerrig, &c., neu rhwng y tulathau a'r llechi: *a rendering, render* (*of plaster or mortar*).

Ar lafar; ym Môn ac Arfon yn y ff. *randrad*, *B* xxiv. 179, *WVBD* 453.

rendraf, randraf: rendro, randro [bnth. S. (*to*) *render*] *bg.a.* a'r be. fel *e?g*. Gorchuddio (brics, cerrig, &c.) â phlastr neu forter; rendrad: *to render, cover with plaster or mortar; a rendering, render.*

1830. Ar lafar, '*rendro*'r wal' (Morg.); ym Môn, Arfon, a Llŷn yn y ff. *randro*, *B* xxiv. 179, *WVBD* 453.

rendsina [bnth. S. *rendzina*] *eg*. ll. *-âu, -au*. *Drg*. Math o bridd ffrwythlon ac ynddo lawer o galch a geir ar ben creigwely meddal calchaidd: *rendzina.*

20g.

rênj, gw. **raens**[1].

renjiaf: renjio [bnth. S. (*to*) *range*] *ba*. Gosod (gwair mewn cae) yn rhesi: *to put* (*hay in a field*) *in rows.*

Ar lafar yn sir Drefn. '*renjio*'r gwair', 'Mae'r cae wedi'i *renjio*'.

rennet [bnth. S. *rennet*] *eg*. Cwyrdeb, caul: *rennet.*

Ar lafar yn nwyrain sir Gaerf., 'dodi *rennet* yn y llath'.

Amr.: **rannawt.** *c*. **1543** *Rhyddiaith Gymraeg* i. 42, kymer . . . bwys pedair kenioc o *rannawt*, cans hynny a dynn y gwlybwr oerveloc o enau y kylla.

rêns [bnth. S. *reins*] *e.ll.* (un. b. *rensen*, (prin) *rên*). Awenau: *reins.*

1929.

Amr.: **raens**[2]. **1934.** Ar lafar yn sir Benf. Cf. D. J. WILLIAMS: *STG* 70, y *raens* mewn un llaw, a whip . . . yn y llall. **rains** (un. g. *rain*). Ar lafar yn ne-ddwyrain Morg., *GTN* 677. **rhains.** Ar lafar yn sir Benf., *SC* vi. 126.

rensiaf: rensio, rent, rental, gw. **rinsiaf: rinsio, rhent, rhental.**

rentrol [bnth. S. *rent roll*] *eg*. Rhol rent: *rent roll.*

1710 *LlGG* (*Gos*) 13, Ordeiniwn, i'r Archesgobion . . . fynnu (hyd y bo ynddynt) *Rentrol* a Thirlyfr cywir o bob Glebau, Tiroedd . . . a Darnau o Ddegymmeu. **1798** *Art OA* 7, Oes gennych Dir-Lyfr cywir, neu *Rentrol* o holl Lebau Tiroedd, Tai, ac

Adeiladau . . .? *ib.* Ydyw y cyfryw Dir-lyfr neu *Rentrol* yn cael ei gadw yn ddiogel . . .?

rêp [bnth. S. *rape*] *eg.* ll. *-iau.* *Bot.* Planhigyn a dyfir yn fwyd i ddefaid ac ar gyfer gwneud olew o'i hadau, bresych yr ŷd, maip yr ŷd, erfin yr ŷd, *Brassica napus*: *rape (in bot.).*
1931.

repairiaf: repairio, gw. **reparaf: reparo.**

repâr, ripâr, rypâr [bnth. S. *repair*] *eb.* ll. *-s.* Cyflwr (da); atgyweiriad: *(good) repair; repair.*
1712 T. WILLIAMS: *CDdG* 486, gofalu fod yr Eglwysydd mewn *repâr* dda. Ar lafar yn nwyrain Morg., "Odd dim posib cal neb i neud dicyn o *ripârs*'; hefyd yn Arfon yn y ff. *rypârs.*

reparaf, repariaf, rheparaf, &c.: **repar(i)o, rheparo,** &c. [bnth. S. *(to) repair*] *bg.a.* Atgyweirio, trwsio, adnewyddu, hefyd yn *ffig.*: *to repair, do repairs, mend, also fig.*
1672 R. PRICHARD: *Gw* 61, Hôll-alluog yw dy Brynwr, / F'all *reparo* [:– Adnewyddu] gwaith y temptiwr. *id.* 406, Corph pob dyn yw tŷ ei enaid, / Rhaid *rheparo* [:– Adnewyddu] hwn a'i drefnaid. **1707** *GREE* 12, megis nerth i *repeirio* ein gwendid. **18g.** *LlGC* 833, 17, Fo geiff yr hên ffardalie / *repairio*'r tir ar Teie. **1787 (1812)** TWM O'R NANT: *PG* 52, 'Doedd ben yn y byd i mi fel y dylasai, / Ond gwaed ac aflwydd o'm dwylo a'm gweflau; / Ar ol i mi feddwi a cholli 'ngho', / 'Roedd gwaith *reparîo*'r boreu. Ar lafar yn y De, '*riparo* (*ryparo*) sgidie', a hefyd yn Llŷn yn y ff. *pario.* Yng ngodre Cered. clywir y ff. *rhaparo, Cymru* xxxiv. 122.

reparasiwn [bnth. S. *reparation*] *e?g.* Atgyweiriad(au): *repair(s).*
15–16g. *TA* 89, Na'd ti yn d' oes un tŷ 'n dwn, / Er pris y *reparasiwn* [moliant Dafydd ab Owain, esgob Llanelwy]! **1583** *LlGC* 716, 90, Y Templ ne'r eglwysy [*sic*] a edawait heb *reparasiwn*, neu ymgleddiat.

repariaf: repario, repeiriaf: repeirio, gw. **reparaf: reparo.**

repêl [bnth. S. *repeal*] *e?g.* Diddymiad: *repeal.*
1567 *LlGG* [vii], Enacter am hyn gan awturtat y Parliament presentol, pan yw ir ddywededic estatut *Repel*, a phob dim wedy r amgyffred ynaw, yn vnic o bleit y dywededic lyvr.

repeliaf: repelio [bnth. S. *(to) repeal*] *ba.* Diddymu: *to repeal.*
1567 *LlGG* [vii], Act am vnffurfiat ar Gyffredin vveddi a ministrat y Sacramentae, yr hon a *repeliwyt* [:– wrthladdwyt ddirym/wyt] ac a gymerwyt ymaith can Act Parliament. *c.* **1730** *Thos. Lloyd D* (LlGC) 198a, *Repelio*: To repeal. Dirymio.

repentaf, repentiaf, &c.: **repent(i)o,** &c. [bnth. S. *(to) repent*] *bg.* Edifarhau: *to repent.*
16–17g. *HG* 151, *repentyn* [*sic*] yn gynar, trwy airiol am ffavar / kyn myned ir ddaear gaüedig. **17g.** *LlCy* iii. 104, ddwi n gobeitho y cayr *rhepento.* **1672** R. PRICHARD: *Gw* 69, Ma'n rhaid i ninne'r dynion *repento* [:– Edifaru] â chalon brûdd. *id.* 154, Os cais gennyd wan-obeitho, / Am drugaredd, er *repento* [:– Edifaru]. **1734** *YCTM* 14, O ddiffig it *repento*, / 'Rwyti yn waeth na Pharo. **1741** E. DAVIES: *Alm* [26], Mi neses i wrando ar y Pwynt a *Repentio.* **1759** *BC* 309, A danfon un i'n galw, / Yn Bost oddiwrth y meirw, / *Repentwn* rhag ein bwrw / I uffern ffwrdd i bant. **1770** R. PRICHARD: *CC* v, Dywaid wrthynt i'r hen Ficcer, / Wylo'n dost a chalon dyner, / Am eu brynti a'u rhybyddio, / Wella e'u buchedd a *repento* [:– Edifaru].

repertwâr [bnth. S. *repertoire*] *eg.* Y cyfan o'r caneuon, y dramâu, yr operâu, neu'r gweithiau eraill y mae canwr, cwmni, dawnsiwr, &c., yn eu gwybod ac yn barod i'w perfformio, hefyd yn *ffig.*: *repertoire, also fig.*
1935. Ar lafar yn y ff. *repy(r)twâ(r).*

repêt [bnth. S. *repeat*] *e?g.* *Crdd.* Ailadroddiad: *repeat (in mus.).*
Ar lafar gynt yn ne-orllewin Cymru, *Cy* vi. 120.

repetiaf, repetaf: repet(i)o [bnth. S. *(to) repeat*] *ba.* Ailadrodd: *to repeat.*
1672 R. PRICHARD: *Gw* 129, Pâr i bawb *repeto* [:– Ail-adrodd] allont, / A byw'n ôl y wers y ddyscont.

replas, repórt, reporter, reportiaf: reportio, repreiaf: repreio, represennaf: represennu, gw. **raplas, ripórt, riporter, riportiaf: riportio, reprïaf: reprïo, representaf: representu.**

representaf, representiaf: representu, represent(i)o [bnth. S. *(to) represent*] *ba.* Cynrychioli, arwyddocáu; disgrifio, portreadu; honni: *to represent; describe, portray; allege.*
1618 J. SALISBURY: *EH* 220, gan gyndrychôli, *ryprysennu*, a gossod gerbron eyn golwc y dirgel effeith, a'r gwaith y mae Gras yn ei weithio oddimewn, yn yr enaid. **1670** J. HUGHES: *AP* 197, gellid rhifo 300. o rithiau, A[r]wyddion, a Ceremoniau Sacraidd a wneir ymmhob Offeren . . . a phob vn ohonynt yn *representu* . . . amryw Ddirgeleddion. **1672** R. PRICHARD: *Gw* 79, Nid oedd dim a'n helpei ninnau, / . . . / Ond Christ Jesu gwedi hoelio, / Oedd y Sarph yn *represento* [:– Arwyddocau] [cf. *Io* iii. 14–15]. **1718 (1721)** S. THOMAS: *HB* 126, fe wneud [*sic*] Delw o Bren . . . i *representio* neu arwyddoccau y Sanct. *id.* 199–200, y mae ein Jachawdwr yn *representio* neu'n gosod allan y Pharisæad yn gweddio heb ffurf. **1728** *GMJ* 115, Fel yr oedd yn un yn *representio* neu'n sefyll tros eraill. **1730** M. MAURICE: *YDG* 60, Bu Crist farw fel person Cyffredin, yn *represento* ei holl blant a'i Eglwys. **1735** S. THOMAS: *HP* 217, Y mae'r Ysgrythur yn fynych yn gosod allan, neu yn *represento* Duw yn dywedyd mewn Dull ddynol. **1757** *ML* i. 453, mi glywais fod y Surveyor General a'r Frisco yn cydymgynghori am *represento* i'r Commissiwners that he was not capable of the duty. *c.* **1762–79** W. WILLIAMS: *P* 223, amryw luniau cysgodol yn *representio*'r haul, a dirgeledigaethau eraill o'i grefydd newydd ei hun. *c.* **1793** E. BARNES: *HBF* 11, nad yw rhai Lloegr yn rhwymo ond yn unig y rhai y maent yn eu *representio.*
Amr.: **represennu.** *c.* **1700** *CM* 15, [6], Pa fodd y *represenna* arwydd y Grog ymgnawdoliaeth a Marwolaeth ein Achubwr? *id.* 51, Enneiniog Duw ydynt yn *represennu* Person Crist. **ryprysennu.** **1618** J. SALISBURY: *EH* 220, 270.

reprïaf, repreiaf: reprïo, repreio [bnth. S. *(to) reprie*, amr. ar *(to) reprieve*] *ba.* Gohirio, oedi; diddymu, gohirio, neu newid cosb (person), yn *ffig.*: *to postpone; reprieve (from punishment), fig.*
1604–7 *TW* (*Pen* 228), *reprio* d.g. *Amplio.* **17g.** *IICRC* iii. 2, maen dy ddewis riain fain / ai mwyn ai fy *repreio* / karcharwr wyf i ar i barr / yn godde karchar chwaneg.
Amr.: **repryfio** [bnth. S. *(to) reprieve*]. **1670** J. HUGHES: *AP* 77, fod Duw . . . wedi *repryfio* neu adael y llaill i golledigaeth bythol.

reprobat, reprobad [bnth. S. *reprobate*] *eg.* Person sy'n wrthodedig gan Dduw: *a reprobate.*
1670 J. HUGHES: *AP* 76, pob pechod yn farwol i'r *Reprobat.* *id.* 78, bod pob peth a wnelo'r *Reprobad* yn bechod.

reprofedig, repryfedig [cfdds. o'r S. *re(probate)* + *profedig*] *a.* Gwrthodedig gan Dduw: *reprobate (adj.).*
1670 J. HUGHES: *AP* 111, eu trochi ynghanol poenau annraethadwy y Tân Vffernol, gyda'r Angelion *Repryfedic.* *id.* 158, Ysprydion *Repryfedic* a ganmolant y Farn, gan eich dannod chwi yn fwy na neb. **1684** H. OWEN: *DC* 31, [y] sawl ni allasant ddioddef temptasiwnau a aethant yn *reprofedic*, a ddarfu amdanynt.

reprograffeg [cfdds. o'r S. *reprograph(y)* + *-eg*[1]] *e?b.* Y proses neu'r weithred o gopïo drwy ffotograffiaeth, ffotocopïo, &c.: *reprographics, reprography.*
20g.

repryfedig, repryfiaf: repryfio, gw. **reprofedig, reprïaf: reprïo.**

reps, rheps [bnth. S. *raps* 'rascals'] *e.ll.* (un. g. *-yn*). Dihirod, cnafon: *rascals, scoundrels.*
Ar lafar yn sir Gaerf. ac yng nghanolbarth a godre Cered., *B* iv. 301, *Cymru* xxxiv. 122, *TGG* (1907–8) 108.

reptil [bnth. S. *reptile*] *e?g.* ll. *-iaid, -iau.* *Swol.* Ymlusgiad: *reptile.*
1928.

republicanaidd, repwblicanaidd (?*u*≡*ə*) [bnth. S. *republican* + *-aidd*] *a.* Gweriniaethol: *republican.*
1855.

republicaniaeth (?*u*≡*ə*) [cfdds. o'r S. *republican(ism)* + *-iaeth*] *eb.* ((Ymlyniad wrth) egwyddorion) llywodraeth weriniaethol, gweriniaetholdeb: *republicanism.*
1835.

repy(r)twâ(r), gw. **repertwâr.**

reredos [bnth. S. *reredos*] *eg.* ll. *-au.* *Egl.* Sgrin addurniadol sy'n gorchuddio'r mur y tu cefn i allor: *reredos.*
1913.

resáit, gw. **rysáit.**

resan, resawns, gw. **rhesin.**

resbaid, gw. **resbit.**

resbectabl [bnth. S. *respectable*] *a.* Parchus: *respectable.*
1907.

resbiradaeth [bôn y f. *resbiradaf*: *resbiradu* + *-aeth*] *eb.* ll. *-au.* Anadliad; *Biol.* proses metabolaidd sy'n creu ynni a charbon deuocsid o ocsidiad sylweddau organig cymhleth: *respiration, also in biol.*
20g.

resbiradaf: resbiradu [bf. o'r bôn S. *respirat-* (cf. S. *respiration, respirator*)] *bg.* Anadlu awyr (i mewn ac allan); *Biol.* gweithredu resbiradaeth: *to respire, also in biol.*
20g.

resbiradol [bôn y f. *resbiradaf*: *resbiradu* + *-ol*] *a.* Yn perthyn i resbiradu neu i anadlu: *respiratory.*
20g.

resbit, resbaid, rysbaid [bnth. S. *respite*] *e?g.* Seibiant, oediad: *respite, delay.*
1527 *B* ii. 205, yn noll yrwaydd [*sic*] o *resbaid* govun a nnayth yr ymerodyr yw gyngor . . . pa ddihenydd a wnnaid jr mab. **16g.** (*LlEG*) *Mos* 158, 55a, damunodd yr es/gob ar y brenin gaffael *Rysbaid* serttain o amser. *id.* 357a, Ac ynnol Ir ambasadur ddattkanv y matterion yma garbron y duwk a Sennatt Vennis Yn twy a ddamunasant gaffel serttein o amser o *Resbaid* ne o Ennyd I gymerud i kyngor I wneuthud atteb I anrhydedd yramerodyr ynn yr achos. **1672** R. PRICHARD: *Gw* 359, Ni rŷ Angeu Pan y delo, / Awr o *resbyt* [:– Amser] i ni ymgweirio.

resbond [bnth. S. *respond*] *e?g.* ll. *-au.* *Egl.* Atebiad: *responsory.*
1547 *WS, respon* [*sic*], A responde. **1567** *LlGG* [xiv], toret y vaes, Anthemae, *Respondae*, Inuitatoriae, a' chyfryw wac pethae amperthynasawl ar oedd yn tori cwrs cyfan ddarlleniat yr Yscrythur.

resbondiaf: resbondio [bnth. S. *(to) respond*] *bg.* Ymateb: *to respond.*
1934.

resbonsori [bnth. S. *responsory*] *eg.* *Egl.* Atebiad: *responsory.*
1670 J. HUGHES: *AP* 282, Wedi i'r enaid ymadael a'r corph dyweder y *Responsori* hwn. *Resp.* Cymmorthwch ef, O Seinctiau Duw . . . Vers. Cymmered di Christ yr hwn a'th alwodd.

resefaf: resefo, gw. **resefiaf: resefio.**

resefer, rysefer [bnth. S. *receiver*] *eg.* Derbynnydd, derbyniwr: *receiver.*
16g. WILIAM CYNWAL: *Gw* 238, Y *rysefer* ffres ifanc, / Hwde air draw hyd awr dranc [i Edward Huws, resefer gras y frenhines]. **1828** *Geir Pob* 22, *Resever*, derbyniwr.
Gw. hefyd **rhysyfwr.**

resefiaf, resefaf, rysefaf: resef(i)o, rysefo [bnth. S. *(to) receive*] *ba.* Derbyn (cymun): *to receive (communion).*
16–17g. (*Gesta Rom*) *LlGC* 13076, 52b, pan vont yn *rysevo* y Sakraven. *c.* **1600** *March C* 37, cyn ym' fyned i *rysefo* yr aberth santaidd. **1670** J. HUGHES: *AP* 179, am *recefio* Sacrafen. **1672** R. PRICHARD: *Gw* 248, A pha beth yr wyt ti ar feder, / I *recefo* [:– Dderbyn] yn y swpper? **1684** H. OWEN: *DC* 385, i *recefio* y Dirgeleddion duwfol.

reseiniaf: reseinio [bnth. S. *(to) resign*] *bg.a.* Rhoddi'r gorau i, rhoddi o'r neilltu, ymwrthod â; ymddiswyddo: *to resign, renounce; resign (from a job, position, &c.).*
1547 *WS, reseinio* Resygne. **16g.** (*LlEG*) *Mos* 158, 123b, Selesdeinws [esgob Rhufain] Irwytti ynn varnedig ynn drago/wydd gar bron Duw oni bydd I ti ar *Reseinio* y goruchaui/aeth Ir gwr a elwir bonniffas. *id.* 267a, Drwy *Reseilinio* [*sic*] Koronn y dyrnas yw

geuynnder. **1604–7** *TW* (*Pen* 228) d.g. *depono, Ejuro.* Cf. D. OWEN: *SP* 77, mai'r peth goreu i mi . . . ac i'r eglwys, oedd i mi *reseinio* ar unwaith.

reseit, resêt, gw. **rysáit.**

resguw, gw. **resgyw.**

resguwiaf, rhesguwiaf, &c.: **resguwio, rhesguwio,** &c. [bf. o'r e. *resguw*, &c.] *bg.a.* Achub: *to save.*
1547 *WS*, *rescuwyo* Reskewe. **16g.** HUW ARWYSTL: *Gw* 227, Rhwysg rhai *rhysgowio* bai'r byd / Rhyfig ar drawster hefyd. *c.* **1730** *Thos. Lloyd D* (LlGC) 198a, *Rhescuwio.* To rescue . . . II 99.
Amr.: **rhysgwyo** [bf. o'r e. *rhysgwy*]. **17g.** EDWARD DAFYDD, &c.: *Gw* 229, Yn fawrglod iddi frodyr, / Yn ben i'w dylwyth, iawn bur, / Yn hoywran ei hwiorydd, / O'u bron i'w *rhysgwyo*'n brudd.

resgyw, resguw, &c. [bnth. S. *rescue*] *eg.* Achubiaeth, amddiffyniad, lloches, cymorth, nawdd, ffynhonnell nawdd: *rescue, protection, shelter, succour, patronage, source of patronage.*
14–15g. *IGE*[2] 235, Ac o'r *resgyw* goresgyn / Lloegr, Cerniw, heddiw hyn (Ieuan ap Rhydderch). **15g.** *GLGC* 61, Teiriaith fydd *resgyw*'n iaith ni, / teiroes roed Duw i Harri. **1547** *WS*, *rescuw* Rescue. **16g.** (*LlEG*) *Mos* 158, 635b, [C]amp y brenin ffrengig yrhrain [*sic*] a oedd yn gwarchod y bobyl aoedd ynn gweithio'r beili or ttu gorlle[w]in I vlwlen . . . yr hwn erbyn y kyuamser yma a ddaruedd [*sic*] vddunt J wneuthud ynn vchel ac ynn gadarn Iawn Ac ynn abyl i aros ssiddgi ac y/w kadw i hun iij wythnos oni ddelai *Reskuw.* **16g.** HUW ARWYSTL: *Gw* 94, mae ar vn bwrdd mawr in byw / yn hir esgob yn *rysgyw.* *id.* 435, Trwy gynnydd dafydd i dêl: *rhysgyw* grym / rhwysg a gras ith fetel. **16–17g.** *GST* i. 594, Deuant i fan, od ŷnt fyw, / Dau ŵr esgud i *resgyw* [diwyg.]. **1721** B. MEREDITH: *PJ* 63, Y mae Pechaduriaid mawrion . . . yn gydnabyddus a dau beth ag sydd yn *rhescyw* mawr i'w eu ffŷdd hwynt. *c.* **1730** *Thos. Lloyd D* (LlGC) 198a, *Rhescyw.* A rescue. WS.
Amr.: **rhwysgwy.** **1672** R. PRICHARD: *Gw* 434, *Rhwyscwy* [:– Cynhaliwr]'r weddw, Tâd ymddifad / Yw'r Gorucha wrth ei Alwad. *c.* **1762–79** W. WILLIAMS: *P* 542, Elector Saxony hefyd o'i fodd ei hun, heb gymmell a gymmerodd arno i fod yn *rhwysgwy* i Luther. **rhysgwy** [ff. gyda thrsd.]. **16–17g.** LLYWELYN SIÔN, &c.: *Gw* 521. **1672** R. PRICHARD: *Gw* 272, Helpa 'r gwan a chladd y marw, / Swccra 'r noeth, cyfrwydda 'r weddw, / Bydd yn *Rhyscwy* ir ymddifaid, / Na fydd anfwyn wrth ddieithriaid. **rhysgwydd** [adff. o *rhysgwy* trwy dybio colli *-dd*]. **1707** *AB* 220a, *Rhysgwydd*, Succour, patronage. S. **1776** DEWI NANTBRÂN: *AN* 151, onid deuent dy Drugareddau di i'n *Rhysgwydd*, oblegid fod arnom ni Eisieu mawr o honynt. **1784** M. WILLIAMS: *S* i. 47, Efe yn unig yw nawdd, *rhysgwydd*, a rhoddwr yr holl esgobaethau. **18–19g.** *Iolo MSS* 41, Bu newyn cadarn a gorfod myned yng Ngwyllys Estroniaid a gwyr yr Ormes am fodd bywyd yn fwyd a *rhysgwydd.* *id.* 93, Ifor Hael . . . bu'n fawr ei roesaw ai *rysgwydd* lawer Blwyddyn. **1803** *P*, *Rhysgwyz*, s. m. Succour; patronage, protection.

resing, resin[1], gw. **rhesin.**

resin[2] [bnth. S. *resin*] *eg.* ll. *-au.* Unrhyw un o nifer o sylweddau gludiog anhydawdd mewn dŵr a secretir gan goed a phlanhigion ac a ddefnyddir wrth wneud meddyginiaethau a farneisiau, rosin, ystor; unrhyw un o nifer mawr o sylweddau polymeraidd synthetig tebyg i resin naturiol a ddefnyddir fel (cynhwysion) plastigau: *resin, rosin.*
16g. **(1763)** W. SALESBURY: *LlM* 50, Ei fwg ef gyda *resin* nei ystor a garth y fam. *id.* 110, o chymyscir a *resin* ai ocymaint o gwyr fe addfeda gnyccie a chwarenne.

resipi [bnth. S. *recipe*] *eg.* ll. *-s.* Rysáit, hefyd yn *ffig.*: *recipe, also fig.*
Ar lafar, "Fydd Mam byth yn dilyn *resipis* yn union'.

resis, gw. **rhesin.**

reslaf: reslo [bnth. S. (*to*) *wrestle*] *bg.* Ymaflyd codwm, hefyd yn *ffig.*: *to wrestle, also fig.*
20g.

reslar [bnth. S. *wrestler*] *eg.* Ymgodymwr, un sy'n ymaflyd codwm: *wrestler.*
20g.

reslwr, resliwr [bôn y f. *reslaf*: *reslo*+ -(*i*)*wr*] *eg.* ll. *reslwyr.* Ymgodymwr, un sy'n ymaflyd codwm: *wrestler.*
20g.

resolfaf, resolfiaf: resolf(i)o [bnth. S. (*to*) *resolve*] *bg.a.* Penderfynu, peri penderfynu: *to resolve,* (*cause to*) *decide.*
1658 R. VAUGHAN: *PS* 415, Y mae yn rhaid iddi [calon] ymroi a *Resolfio* ir weithred. **1661** E. LEWIS: *Drex* 264, cyn i ti *resolfio*, hola ac ystyria y peth yn dda rhyngot a'th di dy hun. *id.* 266, *Resolfia* rhyngot a'th di dy hun pa beth sydd yw wneuthur. *id.* 268, Gan hynny efe a *resolfiodd* gymmeryd ei gennad gan ei rieni . . . Ni *resolfiodd* ef ar frys, ond etto efe a barhâodd yn ei resolution yn ddianwadal. **1707** *GREE* 40, nyni a ddylaem ymroi a *resolvio* nad edrychom ar Fenyw. **1711** H. POWEL: *TY* 28, Ond etto a *ressolfodd*, ni'th ollyngaf oni'm bendithi. *c.* **1762–79** W. WILLIAMS: *P* 617, Am hynny y *resolfwyd* i fynn[u] act o unffurfiad mewn gwasanaeth cyhoedd. **1766** E. SAMUEL: *A* 5, Ar hyn fe *resolfioedd* St. Petr ac Joan. **1777** W. WILLIAMS: *DN* 22, *resolfais* i ymwadu â'm hesmwythder fy hun. **1791** SIÔN LLYWELYN: *DD* 29, Fy neall a'm cydwybod, / A'm llwyr *resolfodd* i, / I ymrwymo â'r disenters, / A thyna'r modd y bu. **[1792]** M. J. RHYS: *D* 13, *Resolfed* pob un drosto ei hunan, na fydd mwyach a wnelo â suwgr, rum, na thriagl. **1828** *Geir Pob* 22, *Resolfio*, llwyrfwriadu.
Amr.: **solfo.** Ar lafar yn sir Gaerf.

resolfiad [bôn y f. *resolfaf, resolfiaf*: *resolf*(*i*)*o*+*-iad*[1]] *eg.* Penderfyniad: *resolve.*
1800 W. THOMAS: *P* 130, bwriad a *resolfiad* i achub.

resolfiaf: resolfio, gw. **resolfaf: resolfo.**

resolusiwn, resolusion [bnth. S. *resolution*] *eg.* ll. *resolusionau.* Penderfyniad: *resolution.*
1632 J. DAVIES: *LlR* d.d., Llyfr y *Resolusion.* **1658** R. VAUGHAN: *PS* 52, bydded i mi trwy nerth ymroad, *resolusion* sanctaidd gostyngedig . . . fyngosod fy hunan i dorri ymaith fy rhwymau. **1661** E. LEWIS: *Drex* 137, sawl a addawant, ac a addunant, ac a ffurfiant *resolusionau* da o wellhad. **1670** J. HUGHES: *AP* 149, gwnewch *Resolutiwn* [*sic*] a bryd cadarn a diogel. **1676** W. JONES: *GB* 72, yr oedd bwriad Pedr yn bur-lân, a'i *resolusiwn* neu frŷd yn dda. **1740** T. EVANS: *LlA* 7, wrth ganfod ein Llescedd a'n Gwendidau yn gwneuthur *Resolusiwn* i wilied a gweddio rhac Syrthio drachefn. **1797** D. DAVIES: *SEG* 241, H. Pa fodd y mae pechod yn cael ei drymhau . . .? A. Pan y b'o dyn yn pechu . . . yn gyndyn a chyd â *resolusiwn.*

resonabl, gw. **rhesonabl.**

rest[1], **rhest**[1] [bnth. S. *rest* 'remainder'] *eg.* ac *e.ll.* Gweddill, (y) rhai sydd ar ôl, (y) lleill: *rest, remainder.*
1672 *Catec* [xiii], rhowch yn vnic y sheete gyntaf iddynt ddyscu wrtho, a chedwch y *rhest* yn anwyl wedi wnio mewn lleder. **1672** R. PRICHARD: *Gw* 66, Ni chedwir vn enaid o'r oes hon y sydd, / . . . / Ond vnig eneidie y gatwo Mab Duw, / Y *rhest* eisie credu y gollir bob rhyw. *id.* 445, Nid wi gwell nâ'r *rhest* om Tadau. **1696** *CDD* 186, Einioes dŷn mae hŷn yn goel-sain, / Sŷ o flwŷddau'n ddêg a thrugiain, / Os eiff ychwaneg drwŷ nerth nattur, / Nid ŷw y *rest* ond poen a llafur. **1701** *Cylchg LlGC* vii. 195, Rai yn gloddio [*sic*]. . . Nis gwni yn dda ymle yroedd y *rest.* **1712** T. WILLIAMS: *CDdG* 150, y Coeg-falchder sy'n gwneuthur i bobl feddwl ein bod ni yn llawer Callach na'r *rest* o'r bŷd. *id.* 211, fod y *rest* i gŷd yn troi drachefn yn ei ôl. *id.* 212, ar ôl llygru y *rest* or gronyn [ŷd]. **1718 (1721)** S. THOMAS: *HB* 54, Y *Rest* ydynt Eulunaddolwyr. *id.* 72, am [y] *Rhest* nid ydynt ddim ond Hên Chwedlau. **1735** S. THOMAS: *HP* 243, nid oes iddynt geisio gan Dduw, ond yn unig gael o'u Deall ei oleuo: am y *rhest* y mae'r Gallu ynddynt eu hun. **1757** G. OWEN: *L* 196, Yr ydym yn hwylio pan gyntaf y bo'r gwynt yn deg gyda'r *rest* o'r llynges. **1766** E. SAMUEL: *A* [3]–4, Fe wnaeth y dydd hwn yn sanctedd uwch law y *rhest.* **1777** E. ROBERTS: *DG* 18, y *rest* om dyddie. Ar lafar yn sir Benf. a'r De, *GDD* 245; 'Ma'r *rest* o'r tatws yn y basgad'.

rest[2], **rhest**[2] [bnth. S. *rest*, ff. affetig ar *arrest*] *e?g.*, weithiau gyda grym ansoddeiriol.
(*a*) Arestiad; ?ataliad; hefyd yn *ffig.*: *arrest*; ?*obstruction*; *also fig.*
15g. *HCLl* 43, Bod *rhest* ar ddeulew byd trist urddolion, / Bronnau sgwieriaid fal braenu sgyrion [marwnad Wiliam a Rhisart Herbert]. **15–16g.** *GLM* 168, Dy *rest* â bil heb drwst bys: / a rôi *rest*, hyr i'r ustus. **16g.** WILIAM LLŶN: *Gw* (R. Stephens) 320, Y milwyr hen aml eu rhyw / A'r swyddwyr y sy heddiw, / Pe dôi *rest*, pwy â drostyn' / Pan alwo Duw, pen-elw dyn? **16–17g.** *GST* i. 708–9, Na bo a garo'i goroen / Na dim hwy enaid ym mhoen, / Na hwy mewn *rhest* a llestair / Nag y safo Gwenno i'w gair. **1692** *BM* 49, 88b, i le di obaith ofer / heb allael bŷth mynd o *rest* / y Cuwpit ffêst ei brofer. *c.* **1730** *Thos. Lloyd D* (LlGC) 201b, *Rêst.* an Arrest #. 85.
(*b*) Dyfais ar arfwisg i ddal bôn gwaywffon, arést; *Her.* llun dyfais o'r fath: *rest* (*on armour*), *also in her.*
14g. *GIG* 44, Arwain *rhest* a phenffestin, / A helm wen, gŵr hael am win. **15g.** *GLGC* 119, Y gŵr hir â'r gwayw o'r *rhest* / yn ei gyrch a wna gorchest. *id.* 286, cannwr rhif â'u canwayw *rhest.* **15g.** *DN* 22, Bv ar dy *rest*, mewn brwydr oydd, / Brenn vyrr yn bwrw niveroedd. **15g.** *GGl*[2] 8, Pan fu ymgyrchu gorchest / Ym min Rôn, a'i wayw mewn *rest.* *id.* 192, Brest dur o Baris dirion, / Ac ar y frest *rest* i'r onn. **15g.** *HCLl* 132, Rhiain ni chair hun na chof, / Rhoest, Ann, wayw yn *rhest* ynof. **15g.** *GOLlM* 11, dwyn ydd wyd fel dannedd og / goed o *rest* i gadw'r Ystog. **15–16g.** *TA* 10, A'ch llinon trymion, trumiog,—ar ych *rest.* **16g.** *GSC* 120, Gŵr yn rhoi gwewyr yn *rhest*, / Gwŷr yn ôl a gornelest. **16g.** *B* xviii. 329, jr ydoedd ynn abraidd i'r gwr mwyaf i nerth o'r teulu gosdwng I ffon yni *resd.* **16g.** *WLl* 206, Ffriw a gyrch ffrae a gorchest / Ffroen yr arth mewn ffrwyn a *rest.* **16–17g.** LLYWELYN SIÔN, &c.: *Gw* 505, athithav'n gwarav gwyarog / wayw'n *Rest*, / yn jor am orchest, yn orav marchog.
Cfn.: **dan rest, dan ein,** &c., **rhest:** *under arrest.* **15g.** *HCLl* 76, Os *dan rest* yna yr wyd, / Â thair astell y'th restiwyd, / Gwrthod di rest neu gwest gwan, / Galw am fach Gwilym Fychan [marwnad Gwilym Fychan]. **1588** *CC* 339, Errioed ni rodd wr *dann rest* / A fai n vnion fyw n onest [marwnad Thomas Powell gan Rys Cain]. **1714** D. LEWYS: *CN* 35, Ym *dan ein Rhest* yma bob rhai. / Am hyn gwae gwae Bechadur, / Ein bwrw i'n Colli y sydd raid. / Heb gael dim plaid na chyssur.

rest[3], **rhest**[3] [bnth. S. *rest* 'repose; support'] *eg.b.* Gorffwys, seibiant; *Crdd.* tawnod; cynhalydd, ateg: *rest, repose, period of resting*; *rest* (*in mus.*); *rest, support.*
20g. Ar lafar, 'mynd am dipyn o *rest*', 'cal *rest* fach.

restaf[1,2]**: resto,** gw. **restiaf**[1,3]**: restio.**

restiad, rhestiad [bôn y f. *restiaf*[1], *rhestiaf*: *restio, rhestio*+*-iad*[1]] *eg.* Arestiad, hefyd yn *ffig.*: *arrest, also fig.*
16g. SIÔN BRWYNOG: *Gw* 246, Dyma dro, Duw, mae dy rad? / Dwyn yr ustus dan *restiad* [marwnad Siôn Wyn ap Maredudd]. *c.* **1785–90 (1829)** *CBYP* 198, Rhaid i Arglwydd drwy erglyw / Roi i stad tan *restiad* Duw.

restiaf[1], **restaf**[1], **rhest(i)af: rest(i)o, rhest(i)o** [bf. o'r e. *rest*[2], *rhest*[2]] *bg.a.* Arestio; meddiannu (eiddo); atal, llesteirio; hefyd yn *ffig.*: *to arrest*; *seize* (*goods*); *stop, check*; *also fig.*
15g. *DN* 24, Ni ad Mair, ni chair yn garcharawr— plaid, / Na *rhestio*'r enaid, na rhwystr unawr. *id.* 67, ni bv leidr nas *rrestud* (*CC* 258, *rhestyd*). **15g.** *HCLl* 76, Os dan rest yna yr wyd, / Â thair astell y'th *restiwyd* [marwnad Gwilym Fychan]. *id.* 132, Yma y rhoist fi i'm *rhestiaw*, / O'ch mwynder Ann a'ch min draw. *c.* **1525** *GSC* 128, *Rhestio*'n cerdd; rhoes Duw'n y côr; / Rhoes yn unman Rhys Nanmor [marwnad Tudur Aled]. **16g.** (*LlEG*) *Mos* 158, 158a, ai *Rhesdio* ef Ai ddwyn ef garbron kyngor yr henn vrenhines. **16g.** *WLl* 45, Ustus fu rymus i rodd / Ar ustus Duw ai *restiodd.* **16g.** DAFYDD BENWYN: *Gw* 18, yn y ol bü nywl y byd, / aeth o'i *resto*, a thristyd [marwnad Wiliam Hopkin]. **1595** H. LEWYS: *PA* 138, weithiau fo *restir* ac a ddelir corff y gwr, weithieu i dda ef. **16–17g.** *GST* i. 180, Os daw'r angau, sad wrengyn, / Ystad oer, i *restio* dyn. **16–17g.** *CRC* 430, rhai yn aros mewn kyfle / yn *restio* pob vn a bassie. **1630** *YDd* 41, ai *restio* ef i atteb ger bron yr vsdus ofnadwy. **1696** *CDD* 284–5, Y corph oedd gwedi *restio*, / Gan Ange dû a'i daro. *c.* **1730** *Thos. Lloyd D* (LlGC) 202b, *Rhestio.* To arrest. **1759** *BC* 68, Pan ddelo fe a thristwch, i'th *restio.*
Amr.: **raistio.** **1611** R. SMYTH: *SG* 181, efe a ellir i farn[u] yn gubudd, hvvn nid yn vnic, yn *raistio*, Ond hefyd hvvnvv a chvvenycho dda arall. *c.* **1730** *Thos. Lloyd D* (LlGC) 198a, *Raistio.* To seize.

restiaf[2]**: restio** [bnth. S. (*to*) *wrest*] *b?a.* Agor hollt denau drwy bwyso dau gŷn manollt i groes gyfeiriad: *to prise open a thin crack by pushing two fine-splitting chisels in opposite directions.*
Ar lafar yn ardal y chwareli.

restiaf[3], **restaf**[2] **: rest(i)o** [bnth. S. (*to*) *rest*] *bg.a.* Gorffwys, cael seibiant, ymlacio; pwyso (ar, yn erbyn, &c.): *to rest*; *rest* (*on, against, &c.*).
Ar lafar, '*restio* yn y pnawn'; '*Resta* dy ben yn erbyn y ffenest'.

restiwr [bôn y f. *restiaf*[1]: *restio*+*-iwr*] *eg.* Ataliwr: *restrainer.*
16g. *WLl* 259, *Restiwr* iwrch was da i ryw / A roe naid ar waen ydyw [i ofyn milgi].

reswn, reswnen, reswns(en), gw. **rhesin.**

resyfwr, resyn(g), gw. **rhysyfwr, rhesin.**

reteiraf: reteiro, reteiriaf: reteirio, gw. **riteiriaf: riteirio.**

reticwlo-endothelaidd, reticwlo-endotheliaidd [cfdds. o'r S. *reticuloendothel(ial)*+*-(i)aidd*] *a. Biol.* Yn perthyn i system gorfforol sy'n cynnwys yr holl gelloedd (ac eithrio lewcoseitau) sy'n medru amlyncu bacteria, gronynnau coloidaidd, &c.: *reticuloendothelial.*
20g.

reticwlosis [bnth. S. *reticulosis*] *eg. Meddyg.* Afiechyd sy'n peri i'r celloedd reticwlo-endothelaidd amlhau'n annormal, rhwylledd: *reticulosis.*
20g.

reticwlwm [bnth. S. *reticulum*] *eg. Biol.* Ail stumog anifail cilgno, y god neu'r boten rwydog: *reticulum (of ruminant).*
20g.

retina [bnth. S. *retina*] *eg.* ll. *retinâu. Biol.* Pilen y tu cefn i belen y llygad sy'n sensitif i olau ac sy'n troi'r delweddau a ffocysir arni gan lens y llygad yn ysgogiadau nerfol a anfonir i'r ymennydd drwy'r nerf optig, rhwyden: *retina.*
1938.

retoric, retoricyddiaeth, gw. **rhetoric, rhetorigyddiaeth.**

retórt, ritórt [bnth. S. *retort*] *eg.* ll. *retortau, ritortau.* Llestr distyllu; llestr a ddefnyddir i boethi symiau mawr o ddefnydd, e.e. mwynau i gynhyrchu metal, neu lo i gynhyrchu nwy: *retort (for distilling, heating ore, coal, &c.).*
20g.

retorydd, gw. **rhetorydd.**

retric, retrig, gw. **rhetoric.**

retrofirws [bnth. S. *retrovirus*] *eg. Biol.* Unrhyw un o grŵp o firysau (e.e. HIV) sy'n eu copïo eu hunain drwy roddi copi asid deuocsiriboniwclëig o'u genom i mewn i gell letyol: *retrovirus.*
20g.

retsiaf: retsio [bnth. S. *(to) retch*] *bg.* Cyfogi, chwydu; cyfogi'n wag: *to vomit; retch.*
1828 *Geir Pob* 22, *Retsio,* sych gyfogi, ymystwyrio. Ar lafar, *SC* vi. 126, *TGG* (1907–8) 84; "Dwi'n teimlo'n sâl heddiw—'dwi'n *retsio* ond i mi weld bwyd'.

returiaf: returio, retyddiaf: retyddia, gw. **riteiriaf: riteirio, oetyddiaf: oetyddio.**

rethoric, rethrig, gw. **rhetoric.**

reubarb, gw. **riwbob.**

Reubeniad [yr e. prs. *Reuben*+*-iad*[3]] *eg.* ll. *-iaid.* Aelod o lwyth Reuben: *Reubenite.*
1588 *Nu* xxvi. 7, Dymma dylwyth y *Rubeniaid* (**1988** *ib. Reubeniaid*).

rew [bnth. S. taf. *rew* 'row (of something)'] *eb.* ll. *-au.* Rhes: *row (e.g. of potatoes).*
Ar lafar ym Myn., '*rew* o datws', '*rew* o erfin'.

reward, rewart, riwárd, rhywart, &c. [bnth. S. *reward*; â'r ff. yn *-t,* cf. *gwart, gward*] *e?g.* Gwobr, hefyd yn *ffig.*: *reward, also fig.*
15g. *GDLl* 137, Ystôr im, ys da *riw[á]rd* / I gael ymbo[r]th gal Lwmbard. **15g.** *GLGC* 364, Iawn oedd am waith min ei ddart / i lew rhyhael gael *rhywart.* **15g.** *GGl*[2] 148, *Rewart* gan Edwart gnawdwyn / Yw rhuddo gwar yr hydd gwyn. **1547** *WS, reward* Rewarde. **16g.** *GHD* 32, Syr Robart, *rhywart* i'n rhaid, / Synnwyr yr holl bersoniaid. **16–17g.** E. Prys: *Gw* 265, cyffroi awen ceiff *rewart* / Ystor fu waith Mastr of Art.

reynaf: reyno, riachod, riad, rial[1,2], gw. **raeniaf**[1]**: raenio, eurych, reiat, real**[1]**, reiol**[1].

rialaeth, rialist, &c., gw. **realaeth, realist,** &c.

rialti, riallu, riat, gw. **reiolti, rhiallu, reiat.**

rib[1]**, rip**[3]**, rhib, rhip**[2] [bnth. S. *rib*] *eg.b.* (bach. b. *-en*) ll. *-(i)au, -s,* a hefyd gyda grym ansoddeiriol.

(*a*) Defnydd rhesog, melfaréd: *ribbed material, corduroy.*
1885. Ar lafar yn gyff., *LGW* [298]–9. 'Fe olchas i'r trowsus *rib* i dy dad nes bo fa jest yn wyn'; hefyd yn y ff. *riban* yn nwyrain Morg., '*riban* lytan a *riban* gul sy yn y patrwn', *GTN* 683. Cf. D. J. Williams: *ChHO* 41, Gwisgem ni, gryts yn yr ysgol, fynychaf drowseri o fath o *rib* mân.

(*b*) *Mwyn.* Wal ochr mewn talcen neu hedin a adewir yn gyfan i gynnal y top: *rib (solid wall of coal left standing to support the roof).*
1928. Ar lafar ym Morg. a sir Gaerf., *Geir Glo* 8, 36; hefyd yn sir Gaerf. yn yr ystyr 'cwt (mewn talcen)', *ib.*

(*c*) Asen: *rib(-bone).*
Ar lafar ym Morg., 'Mae a wedi torri *riban* ne ddwy'; 'Ma fa wedi torri un o'i *ribs*', *GTN* 683.

rib[2]**, ribach, ribad,** gw. **rhip**[1]**, ebach, ribaid.**

ribaf[1]**: ribo** [bf. o'r e. *rib*[1]] *ba. Mwyn.* Torri cwt mewn (talcen glo), cwto, hedio: *to head (coal).*
Ar lafar yn sir Gaerf., *Geir Glo* 37.
Gw. hefyd **ripaf: ripo.**

ribaf[2]**: ribo,** gw. **rhipaf: rhipo.**

ribaid [*rib*[1]+*-aid*[1]] *eg. Mwyn.* Rib: *rib (solid wall of coal left standing to support the roof).*
Ar lafar ym Morg. a sir Gaerf. yn y ff. *ribad, Geir Glo* 8, 36.

ribaldi [?bnth. S. *ribaldy,* amr. ar *ribaldry* 'rabble'; a cf. *rybaldiaeth*] *eg.* Ymgynulliad o bobl afreolus, ciwed: *rowdy gathering, rabble.*
Ar lafar yn sir Benf., 'a promiscuous gathering of rowdies', *GDD* 241.

riban, ribanog, ribediaf: ribedio, gw. **rhuban, rhubanog, rhybediaf: rhybedio.**

ribela, *bg.* Ceisio darganfod gwrach: *to attempt to detect a witch.*
Ar lafar yn sir Benf., '*ribela* . . . When ill-luck attended a man or beast formerly, it was believed to be due to the wicked glance of the black witch. To discover the author of the mischief the names of all the local witches were written on separate slips of paper, which were folded up and placed in a bottle containing "lleishw"—urine that had been standing in a vessel for a number of days. The contents were shaken together, and then emptied. The slip of paper which came out first indicated the witch who was the author of the mischief', *GDD* 241.

riben, gw. **rib**[1].

†riberthi, ribi, ribidirês, gw. **rhyferthwy, riwbi, rhibidirês.**

riblen, ribls, gw. **ripls.**

ribofflafin [bnth. S. *riboflavin*] *eg.* Fitamin B_2 a geir mewn llysiau gwyrdd, afu, llaeth, &c.: *riboflavin.*
20g.

riboniwclëig—asid r., gw. **asid** (At.).

ribosom [bnth. S. *ribosome*] *eg.* ll. *-au. Biol.* Un o nifer o ronynnau mân iawn o asid riboniwclëig a phrotein a geir yn seitoplasm celloedd byw ac sy'n weithredol wrth syntheseiddio proteinau: *ribosome.*
20g.

ribowndiaf: ribowndio, ric[1,2,3], gw. **rebowndiaf: rebowndio, rhic**[1,2,3].

rica [?*ric*[2]+*cae*] *e?g.* Cadlas, ydlan, gardd ŷd: *rickyard.*
Ar lafar ym Morg., *LGW* [394]–5; *PGICC* ii. 79; 'Yng ngornal y cwrt 'odd y *rica*', *GTN* 683.

ricaf: rico, gw. **rhwygaf: rhwygo.**

ricets, ricedau [bnth. a chfdds. o'r S. *ricket(s)*(+*-au*)] *e.ll. Meddyg.* Y llech, hefyd yn *ffig.*: *rickets, also fig.*
1723 J. Jones: *LlA* 210, o's megis Plant yn y *Ricced-au* ydd wyf yn tyfu yn y Pen, eithr yn wan yn y Traed. *c.* **1740** *LlM* 42, Diod Ragorol rhag y *Riccets.* **1771** *PDPh* 47, y *Riccets* mewn Plant. Ar lafar, "Odd lot o blant bach yn diodde 'da *ricets* 'slawer dydd'; digwydd yn sir Drefn. yn yr ymad. '*ricets* ar y ty . . . Said of a house being built slowly', *Mont Coll* xi. 314.

riciaf: ricio, ricob, ricoc, gw. **rhicaf: rhico, rhicob, rhicoc.**

ricríwt, recríwt [bnth. S. *recruit*] *eg.* ll. *ricriwtiaid, recriwtiaid.* Aelod newydd o un o'r lluoedd arfog sy'n dal i gael ei hyfforddi, aelod neu gefnogwr newydd: *recruit.*
1936. Ar lafar, 'Ma 'na ddau *ricríwt* newydd yn y gwaith wsnos yma'.

ricriwtiaf, recr(i)wt(i)af: ricriwtio, recr(i)wt(i)o [bnth. S. *(to) recruit*] *bg.a.* Perswadio (rhywun) i listio, ymaelodi, &c., cofrestru (rhywun) fel ricríwt, sicrhau gwasanaeth (rhywun), hel ricriwtiaid; cyflenwi, adnewyddu: *to recruit, enlist; replenish, renew.*
1777 W. Williams: *TEA* 29, y pregethwyr ag sydd yn curo am foluntiers i lanw i fynu eu cynulleidfaoedd, fel y mae'r brenhin yn curo am wŷr i *recruto* byddinoedd prin. Ar lafar, "Odd 'y nhad yn ddeugen oed pan ddechreuodd y rhyfel felly 'chafodd e ddim 'i *ricriwtio* ar unwaith'.
Gw. hefyd **criwtiaf: criwtio.**

ricriwtiwr, recriwtiwr [bôn y f. *ricriwtiaf, recr(i)wt(i)af: ricriwtio, recr(i)wt(i)o*+*-iwr*] *eg.* Un sy'n ricriwtio (milwyr, &c.): *recruiter.*
20g.

rics, gw. **rìg**[2].

ricsio, ricsia [bnth. S. *rickshaw, ricsha*] *eg.* ll. *ricsios.* Cerbyd bychan dwy olwyn i deithiwr a dynnir gan un neu ddau o bobl ac a ddefnyddir mewn gwahanol rannau o Asia, cerbyd tebyg tair olwyn a yrrir gan berson fel petai'n reidio beic: *rickshaw, trishaw.*
20g.

ricyfriaf: ricyfrio, ridaf: rido, ridans, ridar, gw. **recyfraf: recyfro, ireidiaf: ireidio, rhidens, reidar.**

ridels, ridens, gw. **rhidens.**

riddm, gw. **rhythm.**

rifali [bnth. S. *reveille*] *e?g.* Arwydd a roddir drwy ganu utgorn neu guro drwm i ddeffro milwyr neu longwyr yn y bore: *reveille.*
20g.

rifet [bnth. S. *rivet*] *eg.* ll. *-i, -iau.* Rhybed, gwrth-hoel: *rivet.*
1828 *Geir Pob,* 23, *Rifet,* gwrth-hoel.

rifetiaf, rifetaf: rifet(i)o [bf. o'r e. *rifet*] *bg.a.* Gwrth-hoelio, rhybedu, hefyd yn *ffig.*: *to rivet, also fig.*
1864.
Amr.: **refetio** [bnth. S. Diw. Cyn. *(to) revet*]. **1547** *WS, refetio* Reuet.

rifíw [bnth. S. *revue*] *eb.g.* ll. *-s, rifiwiau.* Cynhyrchiad theatrig sy'n cynnwys sgetshys byrion, canu, dawnsio, &c.: *revue.*
20g.

rifolfer, r(h)ifolfar, &c. [bnth. S. *revolver*] *eg.* ll. *-s.* Pistol ac iddo silindr sy'n cynnwys sawl siambr i ddal bwledi ac sy'n cylchdroi i saethu nifer ohonynt heb ei ail-lwytho: *revolver.*
Diw. **19g.**

rifýrs [bnth. S. *reverse*] *eg.* Gêr a ddefnyddir

i beri i gerbyd, &c., deithio tuag yn ôl, neu i fecanwaith wrth-droi: *reverse (gear)*.
20g.

rifyrsiaf, rifyrsaf: rifyrs(i)o [bnth. S. *(to) reverse*] *bg.a.* Mynd tuag yn ôl, peri i (gerbyd) symud tuag yn ôl, peri i (fecanwaith) wrth-droi, bacio; gwrth-droi, dadwneud (triniaeth lawfeddygol, &c.): *to reverse (vehicle, mechanism), back; reverse (surgical operation, &c.)*.
20g. Ar lafar, 'Fe ges i dolc yn y car nithwr wrth 'i *rifyrso* fe i'r garej'.

riff[1], rhiff [bnth. S. *reef (of coral, &c.)*] *eg.b.* ll. *-iau*.
(*a*) Cefnen o graig, cwrel, tywod, &c., sy'n gorwedd ar wyneb y môr neu'n agos iddo, basgraig, creigres: *reef (of coral, &c.)*.
1935.
(*b*) Gwythïen o fwyn: *reef (of ore)*.
20g.

riff[2] [bnth. S. *reef (of sail)*] *eb.* ll. *-iau*. Rhan o hwyl a dynnir i mewn neu a adewir allan i reoli'r arwyneb sy'n agored i'r gwynt, crych hwyl: *reef (of sail)*.
20g.

rìff [bnth. S. *riff*] *eb.* ll. *riffiau*. *Crdd.* Ymadrodd cerddorol syml a ailadroddir drosodd a throsodd, yn aml fel cefndir i unawd byrfyfyr: *riff*.
20g.

riffiaf, rhiffiaf: r(h)iffio [bnth. S. *(to) reef*] *bg.a.* Lleihau'r cyfanswm o arwyneb (hwyl) sy'n agored i'r gwynt drwy adael allan ran ohoni neu dynnu rhan ohoni i mewn, crychu (hwyl): *to reef (sail)*.
1924. Ar lafar yn Arfon. Cf. *Hen B* 156, Gwell inni *riffio*'r hwyliau / Cyn delo'r tywydd trwm.

rifflaf, rhifflaf: r(h)ifflo [bnth. S. *(to) rifle* 'to gamble away'] *bg.a.* Oferdreulio, afradu: *to squander, dissipate*.
1894 D. OWEN: *GT* 197, mae y rhïeni yn byw yn gynil, yn glòs, ac yn slafio, a'r plant gynted y ca nhw bridd ar eu gwynebau nhw yn 'u *rifflo* nhw. *id.* 333–4, pedwar ugen punt a'r dodrefn . . . mi wyddost dithe am rywfun fase wedi'u *rifflo* nhw'n o handi blaw fod rhwfun arall yn edrach ar 'u hole nhw.

riffraff [bnth. S. *riff-raff*] *eg.* ll *-s*, ?a hefyd fel *e.ll.* (Un o'r) gwehilion, caridým(s), ciwed: *(one of the) riff-raff or rabble*.
1939.

rig, gw. **ig**.

rig[1] [bnth. S. *rig*] *eg.b.* ll. *rig(i)au*. Fframwaith â llwyfan sy'n cynnal offer drilio am olew, nwy, &c.: *(oil, gas, &c.) rig*.
20g.
Cfn.: **rig oel (olew):** *oil rig*. **20g.**

rìg[2] [bnth. S. *rig* 'trick, prank'] *eb.* ll. *rics*. Tric, cast, (yn y ll.) giamocs: *trick, prank, (pl.) frolics*.
Ar lafar, 'gneud *rics* drwg', *WVBD* 454; ''Odd lawar o ddinon yn neud *rig* fach er mwyn tynnu rwun arall i weud 'i gelwdd' (Myn.).

rigaf: rigo, rigal, gw. **rigiaf: rigio, rhigal.**

rigan, rhigian [bnth. S. *(to) rig* 'to tease'] *bg.a.* Tynnu ar (rywun), plagio, pryfocio: *to tease, provoke*.
Ar lafar yng ngorllewin Morg., sir Gaerf., a godre Cered. yn y ff. *rigan*, *TGG* (1907–8) 108, *Cymru* xxxiv. 122; ac yn sir Benf. yn y ff. *rhigian*, *GDD* 246.

rigarŷg, gw. **rhegen[2]—rhegen y rhyg.**

rigiaf, rigaf, rhigaf[2]: rigio, r(h)igo [bnth. S. *(to) rig* 'to fit out (a ship) with rigging; to clothe'] *bg.a.*
(*a*) Cyweirio (llong hwyliau) â hwyliau, rigin, &c., paratoi (llong) ar gyfer hwylio: *to rig (sailing-ship)*.
c. **1762–79** W. WILLIAMS: *P* 451, y mae ganddynt yn barod at adeiladu llongau yn Sardam goed, a defnyddiau eraill at eu *rhigo* hwynt. **1784** M. WILLIAMS: *S* i. 118, pob moddion angenrheidiol at *rigo* llongau.
(*b*) Dilladu, gwisgo â dillad crand, hefyd yn *ffig.*: *to clothe, rig out, also fig.*
1763 *ML* ii. 568, [c]ymwys fydd i Angharad fod ei chyfnither . . . yn yr un dref . . . Yr wyf yn myned iw *rigio* mewn uniforms or unicolors, gown i un a slip ir llall. **1828** *Geir Pob* 22, *Rigio*, gwisgo. Ar lafar ym Môn ac Arfon, *ISF* 63.
(*c*) Gosod neu godi (rhywbeth) ar frys neu dros dro: *to rig up*.
20g.

rigin [bnth. S. *rigging*] *eg.* ll. *-s*.
(*a*) (yn yr un.) Rhaffau, cadwyni, &c., ar long ar gyfer rheoli hwyliau, cynnal hwylbrenni, &c.: *rigging*.
1914.
(*b*) (yn y ll.) Dillad (crand), gwisgoedd (smart): *(smart) clothes*.
Ar lafar ym Môn ac Arfon, *ISF* 63.

riglaf: riglo, riglwr, gw. **rhuglaf: rhuglo, rhuglwr.**

rigmarôl, rigmirôl, rhigmarôl [bnth. S. *rigmarole*] *eg.* Unrhyw drefn hirfaith a chymhleth; truth, ffiloreg: *rigmarole*.
1863 CEIRIOG: *CG* 22, Ond 'vulgar sophistry' / Yw gweled 'introducio' / Ryw '*rigmirôl*' o air / Fydd Cymry ddim yn 'usio'. Ar lafar, ''Chlywais i 'rioed ffasiwn *rigmarôl*—pam na fedar y dyn siarad yn blaen ac yn gall'; 'Buodd 'na lot o hen *rigmarôl* cyn i fi gael gair â'r dyn iawn yn Neuadd y Dre'.

rigmaroliaf, rhigmaroliaf: r(h)igmarolio [bnth. S. *(to) rigmarole*] *bg.a.* Siarad rigmarôl, (yn ddifr.) rhigymu: *to talk rigmarole, (derog.) versify*.
1855.

rigmirôl, gw. **rigmarôl.**

rigowt, rigówt [bnth. S. *rig-out*] *eg.* ll. *-s*. Set o ddillad i'w gwisgo gyda'i gilydd, gwisg: *rig-out, outfit, costume*.
1945. Ar lafar, *rigowt*, *ISF* 63; 'Wêdd y *rig-owt* wedi costi ceinog', *Wês wês* 15; hefyd yn nwyrain Morg., 'Rhaid cæl *rigówt* newydd ar gyfer y gymanfa'.

ring[1] [bnth. S. *ring* 'circle of metal'; ansicr yw'r ystyr yn y ddau ddfn. cyntaf isod] *eb.* ll. *-s*.
(*a*) Modrwy; cylch; cylch neu sgwâr paffio: *ring (circle of metal); circle; boxing-ring*.
18g. *LlGC* 833, 68–9, Curwn y Cawr, A leiniwn o ar lawr / Ymdrwsiwn dros awr iw dresio, / Hai ding dong ding, Hai sili boŷ sing / Daw'r Ange ai *ring* iw ringio. / Canwn lediwn psalm yn syth / na welo ni byth tra bothon, / un or lladron yn rhodio llawr / o nafiaid y cawr mawr Albion. *c.* **1770** *LlGC* 352, 51, dyma fi'n myned i ddangos fy sbring / I redeg *ring* ar ange. **1828** *Geir Pob* 23, *Ring*, modrwy, cylch. Ar lafar; digwydd '*ring* fach' a '*ring* fawr' fel enwau ar gemau marblis, *LlG* iii. 14.
(*b*) Tro bach allan (ar droed, mewn car, &c.): *(short) walk, run or spin (in a car, &c.)*.
Ar lafar yn ne-ddwyrain Morg., 'Cera â'r ci am *ring*', *GTN* 685.
Amr.: **rhing, rhinc[2]**, gw. *glo—g. rhing* (hefyd At.).
Cfn.: **ring pŵer:** *circular path around a dairy followed by a horse attached to a shaft turning a wheel to supply power for churning, &c.* Ar lafar ym Môn, '*ring pŵar*'.

ring[2] [bnth. S. *ring* 'sound of, or like, a bell; telephone call'] *eb.* ll. *-s*. Sŵn cloch(aidd); galwad ffôn, caniad: *ring, sound of, or like, a bell; ring, telephone call*.
1925. Ar lafar, 'Rho *ring* i fi heno'.

ring[3], gw. **rhwng.**

ringaf[1,2]: ringo, gw. **ringiaf[1,2]: ringio.**

ringiaf[1], ringaf[1]: ring(i)o [bnth. S. *(to) ring* 'to encircle'; ansicr yw'r ystyr yn y ddau ddfn. cyntaf isod] *bg.a.* Ffurfio neu dynnu cylch (am), amgylchynu: *to ring, form a circle (around), encircle*.
18g. *LlGC* 833, 68–9, Curwn y Cawr, A leiniwn o ar lawr / Ymdrwsiwn dros awr iw dresio, / Hai ding dong ding, Hai sili boŷ sing / Daw'r Ange ai ring iw *ringio*. / Canwn lediwn psalm yn syth / na welo ni byth tra bothon, / un or lladron yn rhodio llawr / o nafiaid y cawr mawr Albion. **1750** *W Ballads* 147, 7, Ni thyfodd ar wyneb y Ddauar, / Un gangen mor howddgar a hi, / Mi wranta na ddaw ar ych cyfyl, / Na Bwystfil, na cheffyl na chi, / Fe rediff fo *ringiff* yr Ange, / Os cenfydd o i phigie yn i phen [i ffon]. Ar lafar yn Arfon, '*ringio* . . . in training a horse, to make it run on soft ground, holding it by a cord attached to the bridle: *ringio* ceffyl', *WVBD* 454; hefyd yn yr ystyr 'bwrw rhwyd dynnu' ymhlith pysgotwyr ardal Caernarfon, *B* xxv. 54.

ringiaf[2], ringaf[2]: ring(i)o [bnth. S. *(to) ring* 'to make a sound like a bell; (tele)phone'] *bg.a.* Canu fel cloch; ffonio: *to ring like a bell; (tele)phone*.
20g. Ar lafar, ''Wnei di *ringo* fi 'fory? 'Fydda i ddim adre heno'.

ringiaf[3]: ringio [bnth. S. *(to) wring*] *ba.* Gwasgu (dillad) yn sych: *to wring (clothes)*.
Ar lafar, 'Mae'n dda wrth y peirianna golchi modern 'ma—'sdim rhaid *ringio* dillad heddiw'.

ringlos, rihyrsiaf: rihyrso, gw. **ingloes, rihyrsiaf: rihyrsio.**

rihyrsal [bnth. S. *rehearsal*] *eb.* ll. *-s*. Ymarfer, yn enw. sesiwn o ymarfer drama, cyngerdd, &c., fel paratoad ar gyfer perfformiad cyhoeddus, hefyd yn *ffig.*: *rehearsal, also fig.*
1927. Ar lafar, 'Man' nhw'n cynnal y *rihyrsal* ola' cyn y ddrama heno'.

rihyrsiaf, rihyrsaf: rihyrs(i)o [bnth. S. *(to) rehearse*] *bg.a.* Cynnal rihyrsal, ymarfer: *to rehearse*.
20g. Ar lafar, ''Well i ni *rihyrsio*'n partia'n dda erbyn y perfformiad heno'.

rijmant, rijment, gw. **rejiment.**

ril[1] [bnth. S. *reel* 'spool'] *eb.* (bach. *-en*) ll. *-s, -iau*. Un o amryw ddyfeisiau ar ffurf silindr ar gyfer dirwyn edau, tâp, ffilm, &c., o'i gwmpas, un o'r rhain yn llawn (edau, &c.), dyfais debyg ar wialen bysgota ar gyfer dirwyn y lein, hefyd yn *ffig.*: *reel, spool, also fig.*
1898. Ar lafar yn gyff., e.e. 'Pryn *ril* ddu ac un wen'.
Cfn.: **ril (o) edau:** *reel of cotton, cotton-reel.* **20g.** Ar lafar; clywir y rhigwm 'Torth a *ril o eda* wen / Dyna ydoedd neges Gwen' yn ardal Tal-y-sarn, sir Gaern.

ril[2] [bnth. S. *reel* 'type of dance'] *eb.* ll. *-s*. (Cerddoriaeth mewn amser dyblyg ar gyfer) un o amryw o ddawnsiau gwerin bywiog (Albanaidd) ar gyfer nifer penodol o gyplau sy'n cyfuno mewn amrywiol batrymau (hefyd, yn Iwerddon, ar gyfer unigolyn): *reel (dance and music)*.
1855.

rilacsiaf, rilacsaf: rilacs(i)o [bnth. S. *(to) relax*] *bg.* Ymlacio: *to relax*.
20g. Ar lafar, 'Bydd hi'n braf mynd i Ffrainc a cha'l *rilacso* am wythnos fach'; ''Dwi'n poeni am y plant 'ma—fedra'i ddim *rilacsio* o gwbl nes down nhw'n ôl'.

rilen[1,2], gw. **ril[1], rheil.**

rim [bnth. S. *rim*] *e?g.* ll. *-iau*. Ymyl, rhimyn: *rim*.
20g.
Gw. hefyd **rhim[1]**.

rîm, rhîm [bnth. S. *ream*] *eb.g.* ll. *-(i)au*. Ugain cwir, sef 500 (weithiau 480 neu 516) o ddalennau o bapur: *ream*.
20g.
Amr.: **rhêm. 1898.**

rìn, rinc-dy-rinc, gw. **rhwng, rinc-ronc.**

rincl [bnth. S. *wrinkle*] *eb.g.* ll. *-s*. Crych(iad), rhych(iad): *wrinkle, crease*.
Ar lafar, ''Odd 'na ryw *rincl* mawr ar draws 'i grys e'; ''Fydd raid i ti smwddio eto, ma na ddwy ne dair o *rincls* ar 'i hyd o'.
Amr.: **rhinclyn. 1924.**
Gw. hefyd **rinclins.**

rinclaf, rhinclaf, r(h)incliaf: r(h)inclo, r(h)inclio [bnth. S. *(to) wrinkle*] *bg.a.* Crychu, rhychu: *to wrinkle, crease*.
1924. Ar lafar yn gyff. yn y ff. *rinclo*, 'Mae hi'n tynnu 'mlaen erbyn hyn, a'r gwynab yn dechra *rinclo*'. Yn Arfon digwydd yn y ff. *ringl(i)o*, *r(h)inclio* yn yr ystyron 'to crumple', 'to become entangled', a hefyd wrth sôn am grefftwaith gwael, '*ringlio* gweithio', *WVBD* 454.

rinclins [bnth. S. *wrinklings*] *e.ll.* Crychiadau, rhychiadau, rincls: *wrinkles, creases.*
Ar lafar yn y Gogledd, 'Ma'r dillad ma'n *rinclins* byw er ' mod i 'di'u smwddio nhw'. Yn Arfon clywir y ff. *ringlis*, *WVBD* 454, ac yn Llŷn ac Eifionydd yn y ff. *rhinclus*, *BILlE* 35.

rinc-ronc [cf. *ling-di-long*, *linc-(di-)lonc*] *adf.* Yn hamddenol, wrth ei bwysau, yn honcian o'r naill ochr i'r llall: *leisurely, with a swaying gait.*
Ar lafar yn Arfon, 'mynd *rinc-ronc* i'r dre'. Clywir hefyd 'o *rinc* i *ronc*'. ?Cf. E. WYNNE: *BC* 101, Yscowliaid, wedi mynd yn gan erchyllach na Nadroedd yn cnoi fyth dy-rinc, dy-rinc au [*sic*] colyn gwenwynig; *CD* 175, Ma'i olwg Sûr afrywiog, / Yn edrych fel hên gostog, / Ni fydd un Dydd yn ddiddig, / Ond rinc dyrinc i fiwsig.

ringlaf, ringliaf: ringl(i)o, gw. **rinclaf: rinclo.**

ringlis, †ringuedaulion, rinoseros, gw. **rinclins, rhinweddolion, rhinoseros.**

rinsiaf, rinsaf: rins(i)o [bnth. S. (*to*) *rinse*] *ba.* Cael gwared o sebon o (ddillad, &c.) drwy olchi â dŵr glân, golchi'n ysgafn â dŵr, yn enw. heb ddefnyddio sebon, strilio: *to rinse.*
1877. Ar lafar, 'Fydd raid i mi *rinsio* 'ngwallt yn iawn ar ôl bod yn y pwll nofio'; 'Cofia *rinso*'r llestri ar ôl 'u golchi nhw, achos ma hen gemege yn y sebon 'na'. Clywir y ff. *rensio* yn nwyrain sir Drefn., *Cymru* liii. [134].

rint, riol[1,2], **riolti,** gw. **rhwng, reiol**[1], **rheol**[1], **reiolti.**

riolwr, riolwraig, gw. **rheolwr.**

rip[1], gw. **rhip**[1].

rip[2] [?bnth. S. *rip* 'rush, burst'] *e?g.* Tymer ddrwg: *bad temper.*
1909. Ar lafar yng ngorllewin Morg., 'Mae e mewn *rip* ofnadw heddi'.

rip[3], gw. **rib**[1].

ripaf[1], **rhip(i)af**[1], **ripiaf**[1]: **r(h)ip(i)o** [bnth. S. (*to*) *rip*] *bg.a.* Torri neu ffrwydro (to) neu drimio('r ochrau) mewn pwll glo, rhwygo, torri: *to cut or blast down* (*the roof*) *or trim* (*the sides*) *in a coal mine, rip, cut.*
1828 *Geir Pob* 23, *Ripio*, tori. Ar lafar yn ardaloedd glofaol Morg. a sir Gaerf., '*ripo*, tynnu'r top i lawr â bar er mwyn gwneud uchder', *Geir Glo* 37; '*rhipo*, to trim the sides of the road . . ."*Rhipo*'r top", to trim the roof, so as to make it passable for horses', *B* viii. 221; digwydd *ripo* (Morg.) a *rhipo* (sir Benf.) yn yr ystyr 'stripio (to)', 'Ma'r mashwned wrthi'n fishi, yn *rhipo*'r scubor', *GDD* 247; hefyd ym Morg. yn yr ystyr 'rhwygo', '*ripo* dillad'.

ripaf[2], **ribaf**[2], **rhip(i)af**[2]: **ripo, ribo, rhip(i)o** [bf. o'r e. *r(h)ip*[1], *rib*[2]; nid oes sicrwydd mai yma y perthyn yr engh. o *W* isod] *bg.a.* Hogi (pladur, &c.) â rhip, ?curo, ?curo'r naill figwrn yn erbyn y llall wrth gerdded, &c.: *to sharpen* (*scythe, &c.*) *with a strickle,* ?*hit,* ?*hit one ankle against the other whilst walking, &c.*
1774 *W*, *rhippo*, *rhippio* d.g. *To hitch* [*strike one ankle against the other in going*]. Ar lafar yn ne-ddwyrain sir Gaerf. ac ym Morg. yn y ff. *ripo*, 'Rip odd 'da chi'n *ripo*'r bladur i 'awchu ddi'; hefyd ym Morg. yn y ff. *ribo*, '*ribo*'r blatur', ?ac weithiau yn yr ystyr 'curo', 'Rodd gŵr y tŷ nesa yn *ribo*'r wraig y ddo yn druenus, am iddi feddwi', *LlGC* 1172, 30.

ripaf[3]: **ripo,** gw. **ripiaf**[3]: **ripio.**

ripar, ripyr [bnth. S. *ripper*] *eg.*
(*a*) Erfyn at gael gwared o hen lechi oddi ar doeau: *ripper* (*for removing old slates*).
Ar lafar yn ne-ddwyrain sir Gaerf. yn y ff. *ripyr*.
(*b*) Llif bras, rhwyglif: *rip-saw.*
Ar lafar yn sir Drefn. yn y ff. *ripar*.

ripâr, gw. **repâr.**

riparaf, ripariaf: ripar(i)o, gw. **reparaf: reparo.**

riparwr [bôn y f. *riparaf*: *riparo*+-*wr*] *eg.* ll. -*wyr*, -*s*. Trwsiwr, yn enw. gweithiwr sy'n gyfrifol am drwsio ac ailosod polion mewn pwll glo: *repairer, esp. worker responsible for repairing and replacing wooden posts in a coal mine.*
20g. Ar lafar yn ardaloedd glofaol Morg. a sir Gaerf., *Geir Glo* 21, *B* viii. 221.

ripiaf[1,2]: **ripio,** gw. **ripaf**[1,2]: **ripo.**

ripiaf[3], **rhipiaf**[2], **r(h)ipaf**[3], &c.: **r(h)ipio, r(h)ipo, rhipian,** &c. [?yr un gair a *ripaf*[1]: *ripo*; nid oes sicrwydd mai yma y perthyn pob engh. a ddyfynnir isod] *bg.a.* Rhuthro, gwneud ar frys neu'n amherffaith, gadael heibio, hepgor, methu, colli: *to rush, do in haste or imperfectly, leave out, skip, miss.*
Dchr. **17g.** *J* 10, 16b, *Rhipio* to overscippe. **1744** *CM* 120, 61, I fynd i wrando ar blant yn geran / Gwedi mynd ir ffasiwn oedran / A rhain yn *rhipien* bwyta'n wastad. **1762** T. WILLIAMS: *HHO* 147, Englynion i ofyn Spectol . . . Ni fedraf ond trwy ofidio, Yn anian, iawn linio na gwnio, Na sgrifennu gan dwyllni do, Na darllen yn happus heb *ripio*. **1777** E. ROBERTS: *DG* 68, Mi geisias [*sic*] snîsio rhoi rhêch go fechan / hi *rippiodd* ddianc allan. **1828** *Geir Pob* 23, *Ripio* . . . gadael heibio. Ar lafar yn Arfon yn y ff. *rhipio*, 'to do something in a hasty, imperfect way', '*rhipio* gneud rwbath heb 'i orffan', '*rhipio* trwsio sanna', '*rhipio* palu', *WVBD* 463; ac yn sir Fôn yn y ff. *ripio*, 'gweld llecyn heb hâd o gwbwl ac ofn y baswn i wedi *ripio* . . . h.y. gadael clwt o dir heb ei hadu', '*ripio* pryd . . . yw colli pryd o fwyd o achos prysurdeb neu ddiogi', *ISF* 63.

ripil, gw. **ripl.**

ripins [bnth. S. *rippings*] *e.ll.* Y defnydd a dorrir neu a ffrwydrir oddi ar y top mewn pwll glo: *material cut or blasted from the roof in a coal mine.*
20g. Ar lafar yn ardaloedd glofaol sir Gaerf. a Morg., *Geir Glo* 37, 56. Sonnir hefyd am 'ail *ripins*', sef 'haen o dop rhydd; canlyniad i wasg, a dynnid i lawr', *id.* 51. Cf. D. J. WILLIAMS: *ChHO* 116, Gallai'r talcenni ddod i ben â *ripins* y top, rhyw ddwy droedfedd ohono, a dynnid i lawr er mwyn i geffyl a dram ddod i mewn.

ripl [cf. S. taf. De Cymru *ribbles*, ?amr. ar S. *rubbles* 'small coal'] *e.ll.* (ll. dwbl *riplon*). Clapiau bach o lo neu o gols wedi eu rhidyllio ar gyfer eu llosgi eto: *small coal, small cinders sifted for reburning.*
Ar lafar ym Morg. a sir Gaerf., *Geir Glo* 50.
Gw. hefyd **rhiblo, rhiblyn.**

ripls, ribls [bnth. S. taf. *ripples* 'thripples'] *e.ll.* (un. *riplen*, *riblen*). Dau ddarn o bren a roddid ym mhen blaen a phen ôl cert neu ar ochrau cert fel y gellid cario llwythi mwy (o wair, &c.), ofergarfanau, seidbords, wasbws: *thripples, sideboards* (*of a cart*).
Ar lafar ym Mhenllyn, *B* iii. 209, sir Drefn., *Cymru* liii. [134], ac yng Nghered., *B* iv. 301, D. J. EVANS: *HCS* 129, *Cymru* xlvi. 23.

ripórt, repórt [bnth. S. *report*] *eb.* ll. -*s*. Adroddiad (ysgol, papur newydd, &c.); enw (da): (*school, newspaper, &c.*) *report;* (*good*) *report, reputation.*
1630 *Pen* 116, 209, parch Rolant chwarddant ywch aeth / puw r Taid ai *report* odiaeth [Siôn Cain i Rolant Puw]. Ar lafar.

riporter, reporter [bnth. S. *reporter*] *eg.* ll. -*s*. Gohebydd: *reporter.*
1885 D. OWEN: *RL* 301, O flaen ac ar ol pob cyfarfod cyhoeddus, gofala am ysgwyd llaw yn gynhes hefo'r *reporters*.

riportiaf, reportiaf: riportio, reportio [bnth. S. (*to*) *report*; ansicr yw'r ystyr yn yr engh. gyntaf] *bg.a.* Adrodd, disgrifio, gweithredu fel gohebydd, gohebu; gwneud adroddiad ffurfiol (ar) (am bwyllgor, corff deddfwriaethol, &c.); ymbresenoli neu fod yn bresennol mewn lle penodedig neu i bwrpas penodol; achwyn am (berson) drwy roi adroddiad, e.e. i'r heddlu: *to report, describe, act as a reporter; make a formal report* (*on*) (*of a committee, legislative body, &c.*); *present oneself or be present at an appointed place or for a specific purpose; report* (*person*) *to the police, &c.*
15g. *GDLl* 69, Ni allai'r R. yn lle'r I / Na rhywlio Lloegr na'i rholi. / Nid âi, ni *reportiai*'r part, / I'r adwy lle'r âi Edwart. **1766** *CD* 167, Pan glybu fy Nain, / Ruad y rhain: / *Reportiodd* hithau, / Lawer o bethau. Cf. D. OWEN: *RL* 301, gofala am ysgwyd llaw yn gynhes hefo'r reporters . . . Mi glywes fod rhai yn *reportio* 'u hunain—paid byth a gneyd hyny. Ar lafar.

rips, gw. **rib**[1].

ripwr [bôn y f. *ripaf*[1]: *ripo*+-*wr*] *eg.* ll. -*wyr*. Person a gyflogir i dynnu top anniogel i lawr mewn pwll glo: *person employed to remove an unsafe roof in a coal mine.*
Ar lafar ym Morg., *Geir Glo* 21.

ripyr, gw. **ripar.**

ririaf: ririo [bnth. S. (*to*) *rear*; dichon mai **rer*- y dylid ei ddarllen yn yr engh. gyntaf os bnth. S. C. *reren* ydyw] *ba.* Codi, cychwyn (rhyfel): *to raise, start* (*war*).
14g. *GIG* 2, Gwisgaist, a *ririaist* yr aer, / Crest gwedy cwncwest cancaer. **1547** *WS*, *ririo* Rere.

rirward [bnth. S. *rearward*] *e?g.* Y rhan o fyddin a leolir y tu ôl i brif gorff y fyddin, ôl-fyddin; amddiffyniad o'r cefn: *rearguard.*
16g. (*LlEG*) *Mos* 158, 362, drwy ordeinio I bobun o honnaunt twy vodd [*sic*] ynn vawngard ac ynn *Rirward* bobun yw gill/id [*sic*]. **16g.** *B* xv. 270, Jr yddoedd y gwyr traed o'r *rirward* ne o'r vydding olaff ynn sevyll garbron y dref.

ris, gw. **reis.**

risbectabl [bnth. S. *respectable*] *a.* Parchus, yn aml yn ddifr.: *respectable, often derog.*
1916.

riseb, gw. **rhiseb.**

riséit, risêt, gw. **rysáit.**

risfeio, gw. **rhosfeio.**

risg, &c. [bnth. S. *risk*] *eb.* ll. -*iau*. Y posibilrwydd o golled, anffawd, neu niwed, enbydrwydd, perygl, bygythiad; person neu beth o'i ystyried mewn perthynas â'r posibilrwydd o golled, &c. (e.e. i yswiriwr): *risk, hazard, peril, danger, threat; risk* (*person or thing*).
c. **1762–79** W. WILLIAMS: *P* 128, Maent eich dau yn rhwym i fwytta o'r un ddisgl, yn arwyddoccad eu bod i redeg yr un *rysg* o raglvniaeth, ac i fwynhau yr un llawenydd. **1828** *Geir Pob* 23, *Rusc*, perygl antur. Ar lafar.

risgiaf, risgaf: risg(i)o [bnth. S. (*to*) *risk*] *ba.* Mentro, peryglu: *to risk, expose to hazard or danger.*
a. **1892.** Ar lafar.

risol [bnth. S. *rissole*] *eb.* ll. -*s*. Cymysgedd o friwgig, &c., wedi ei orchuddio â briwsion bara a'i ffrio, pelen: *rissole.*
Ar lafar.

risteir, gw. **rhystair.**

riteiriaf, riteiraf, reteir(i)af: riteir(i)o, reteir(i)o [bnth. S. (*to*) *retire*] *bg.* Ymddeol; cilio: *to retire; retreat.*
1926. Ar lafar.
Amr.: **returio.** **17g.** (**18g.**) *CM* 42, 28, Nyni a ymladdwn am y bêl / Mae Crwmel yn *Returio* / Nyni a fentrwn i faes Asbri / un ai Cael ein lladd ai Colli / ag oddiyno yno ni awn yn union / i Relivio gwŷr Caer lleon.

ritiwal, ritual [bnth. S. *ritual*] *eb.* Defod; llyfr defodau; hefyd yn *ffig.*: *ritual* (*action and book*), *also fig.*
1866.

ritórt, ritual, rityddiaf: rityddio, gw. **retórt, ritiwal, oetyddiaf: oetyddio.**

rith [bnth. S. *wreath*] *eb.* ll. -*od*, *rîths*. Torch, coronbleth (o flodau): *wreath.*
Ar lafar.

rithm, rithmig, riw, riwárd, gw. **rhythm, rhythmig, ruw, reward.**

riwbi, r(h)ubi, r(h)wbi, &c. [bnth. H. Ffr. *rubi*, o bosibl drwy'r S. C.] *eg.b.* ll. *riwbis*, *rwbïau*, a hefyd fel *e.ll.* ac *a.* Rhuddem(au) (gem(au) a lliw); o liw rhuddem: *ruby* (*rubies*) (*gem*(*s*) *and colour*); *ruby-coloured.*
14g. *GDG*[3] 132, Rhoi perls a *rhubi* purloyw / Ar eu tâl yn euraid hoyw. **15g.** *GDID* 97, Bywyd hir i fab y

tad / A wisg erlont ysgarlad. / Morus, nerth wyt Mars i ni, / Mab Robert, wyneb *rhubi.* / Iachus yw dy liw uchel. **15g.** *GLGC* 292, Syr Tomas, curas y gŵyr caerog, / asur yw ei helm a sêr hoelog, / a mwg o *rubi* ar helm gribog, / ac ymyl ei ŵn lliw'r melynog. **15–16g.** *TA* 239, Aur i'r glin, eryr glanwych, / Sy am ryw waed Swmre wych, / A daw Rabi ar dribys, / A *rywbi* pur ar bob bys. *a.* **1584** *Rhyddiaith Gymraeg* i. 106, vnbenes gwedi ymgyfanssoddi mewn ymrafailion fain gwrthfawr, *ribi* [*sic*] (*AP* 13, *Rubi*; *IG* 668, *Rowbi*) a fferl a saffyr. **1588** *Esec* xxviii. 13, pob maen gwerth-fawr a'th orchuddie di . . . Saphir, *Rubi*, Smaragdus. **16–17g.** T. R. ROBERTS: *EP* 276, Y du anhar os tynwn / O doe lliw haul i'r dull hwn, / A berthyn *rwbu* wrthi / A ddoe mwn mor dda a mi? **1722** *Llst* 189, *Rubi* f. A ruby. *c.* **1730** *Thos. Lloyd D* (LlGC) 205b, *Rhuwbi* . . . A ruby. **1760** E. WILLIAMS: *UYB* 214, Fel *Rubi*, gwaedliw Belydr roes.

Gw. hefyd **maen**[1]**—m. rubi.**

riwbob, rhiwbob, rhiwbarb, rubarb [bnth. S. *rhubarb*] *eg.* (bach. b. *r(h)iwboben*; g. *r(h)iwbobyn*). Unrhyw un o amryw fathau o blanhigion o'r tylwyth *Rheum*, yn enw. *Rh. rhaponticum* y coginnir ei goesynnau hir i'w bwyta, a *Rh. officinale* y sychir ei wreiddiau i'w defnyddio fel carthydd, rheonllys: *rhubarb*.

c. **1548** *CM* 1, 776, Ac yvo a wna mawr les kymerud llasg o bwrggashiwn o *Rubarbe.* **1604–7** *TW* (*Pen* 228), Gwreidhyn gwerthuawr arueredic ym Me[dh]eciniaeth y garthu ag y arloesi choler . . . *Rubarb* d.g. *Rha.* **18g.** *Llr* C 24, 288, Cymer Riscil y pren a elwyr *Rywbarb* a dod e mewn gwin gwyn a golch dy ben ag e. **1771** *PDPh* 11–12, os bydd y corph yn rhwym, rhaid cymmeryd hanner dram o *Rubarb* yn y bore ddwy waith yn yr wythnos. **[1783]** *W*, *Rhiwbarb* d.g. *Rhubarb* [*a purgative root, much in use*]. Ar lafar yn gyff. yn y ff. *r(h)iwbob*, hefyd yng Nghered. yn y ff. *rwybo(b)*, ac ym Morg. yn y ff. *riwbo*.

Amr.: **r(h)eubarb** [bnth. S. Diw. Cyn. *rheubarb*]. **1632** *D*, *reubarb* d.g. *Rha.* *c.* **1730** *Thos. Lloyd D* (LlGC) 201b, *Rheubarb*. Rhabarbarum.

Cfn.: **riwbob gwyllt**: *wild rhubarb*. Ar lafar.

riwl, ruwl, rhuwl, &c. [bnth. H. Ffr. *riule*, o bosibl drwy'r S. C.] *eb.g.* ll. *-iau*, *-(y)s*.

(*a*) Rheol, rheoliad; rheol (urdd grefyddol); trefn neu arfer sefydledig; safon (o farn); rheol mewn system (e.e. gramadeg): *rule, regulation*; *rule* (*of religious order*); *established procedure or custom*; *standard* (*of judgement*); *rule in system* (*e.g. grammar*).

14g. *GIG* 28, Gweled am Rys a Gwilim / Abid du heb wybod dim / O *ruwl* y crefydd erioed, / Ac o gwfaint gogyfoed. **15g.** *GLGC* 161, Y dyn a wypo dwned—a *rhywlys* / a rhoi yn felys yr hen foled. *id.* 194, pob rhyw lyn, pob *rhuwl* uniawn, / pob rhyw wledd, pob baril lawn. *id.* 494, Fo garai'r trywlwf a gair Troilys, / a'r un rheolaeth â'r hen *ruwlys.* **15–16g.** *GLM* 321, Achwyn y beirdd och na bu / o fewn tabl faint a wybu. / Y rhòl ddysg a'r *rhuwl* a ddug, / a thrwyddi waith Hiraddug [marwnad Dafydd ab Edmwnd]. **1547** *WS* [xiii–xiv], E . . . o vlaen s, ynniwedd enweu lliosawc . . . a ddiflanna wrth eu dywedyt . . . A gwybyddet y darlleydd nad yw y *Ruwl* yma yn gwasanaythy i bob enw lliosawc. *id.* [xxii], sum a chrynodeb yr holl *ruwls* vchot. **16g.** *GGH* 226, 'R hwn a dâl ar henw Duw lwyd / Wrth wŷr gynt a ferthyrwyd, / Yntef i nef hynt a wnaeth / Wrth *rywl* y ferthyrolaeth. **1562** *GST* i. 538, Purchwedl, pencenedl canu, / Paun sir Fôn a'i pensaer fu; / Dysgu *ruwls* ar dasg yr oedd, / Dysgedig o dasg ydoedd [marwnad Siôn Brwynog]. **1669** *TBM* 414, Yn ddyfal cedwch ei orchmynion, / . . . / Byddant i chwi'n *riwl* i weled, / Beth i wneuthud, beth i'w wylied. **1764** *W Ballads* 79, [7], [I] ddechreu *riwl* moesol 'rôl missio. **1790** TWM O'R NANT: *GG* 91, Fe roed llyfrion ffyrfion ffurfiau, / Yn *riwl* gyffredin i'r 'Ffeiriadau, / Hwythau uwch bennau doniau dynion, / Mewn gwisg oesawl a gwsgason.

(*b*) (Ymarferiad) awdurdod neu reolaeth, arglwyddiaeth, llywodraeth: *rule, exercise of authority or control, dominion, government.*

14–15g. *IGE*[2] 131, Gruffudd *ruwl* graffaidd rylew, / Ab Iefan Llwyd, heb ofn llew (Gruffudd Llwyd). **15g.** *GLGC* 93, Deuddeg arwydd yw blwyddyn / a dau a deg ydiw dyn, / a'r haul a aeth mewn *rhuwl* well / i Ddafydd yn ddwy efell. **15g.** *DN* 107, Brathau, dyrnodiau ni adant—holl *rrwwl* / Lloer haul pan gyd gerddant. / Ac oriau iachâu ni chânt, / Yw'r trugain awr y trigant. **15g.** *GGl*[2] 26, Rhad yr Iesu rhoi draw wyswr, / Rhoed eglwyswr rhedeg leisiad. / Rhòl cun Iesu, *rhiwl* cynhwyswr, / Rhyw dywyswr rhai dewisiad. **15g.** *ID* 64, swyddog ydyw sydd gadarn / a Sir gaer a roes ar garn / mae ar wilim reoli / el y maes *Ruwl* om sir i / meibion yw dynion danaw / mal yn dad ymlaen y daw. **15g.** *DE* 86, keidw *rwwl* ar a ddyko drais / kyrtiwr val sieinkyn kwrtais. **15–16g.** *GLM* 179, Os rhoi dadl, sorod ydyn, / dod di beth: nid etyb un. / Esgobod yn d'amod aeth, / i'th *ruwl* ac i'th reolaeth. **1576** *Gwyn* 3, 255, mae Lloegr a'i *rhywl* dan nywl nos / a'i dugiaid o waed agos [marwnad Iarll Essex gan Huw Llŷn]. **16–17g.** *GST* i. 125, Serfyll yw cwmpas Arfon, / Eisiau *rhuwl* yn y sir hon. / Llai dra fu i bob lleidr ei faeth, / Lladrad ac anllywodraeth [marwnad Morys Wyn o Wydir]. *id.* 319, Dwy wlad sydd, dyledus sant, / Dan *ruwl* y Deon Rolant. *id.* 385, Cyn ei fynd ef i'r nefoedd / *Rhuwl* well ar y rheol oedd [marwnad Rhisiart Miltwn]. **16–17g.** EDWARD URIEN, &c.: *Gw* 111, Rhoed ar feilch, rhydaer ei farn, / Reiol geidwad, *riwl* gadarn. **17g.** WILIAM BODWRDA: *Gw* 196, Awdurdod Sion Bodurda / Ai *riwl* a ddwg reol dda [Siams Dwnn]. **18g.** TWM O'R NANT: *CO* 16, [d]arllen y papur newydd, / A gweled pa sut y mae *riwl* y gwledydd. **1790** TWM O'R NANT: *GG* 73, Ni ddichon Brenin dichlyn daith, / Wneud yn faith *Riwl* ar fyd, / Heb help yr Hwsmon wiwlon waith, / Yn rhwyddfaith, yma ar hyd.

(*c*) Pren mesur, riwler, ffon fesur; llinell (wedi ei thynnu â riwl): *ruler, rule*; (*ruled*) *line.*

c. **1566** *B* i. 155, cans wrth y main ar trebl, ar byrdwn y gwnaethbwyd y plaensong yr hwn elwir yn Gymraeg y can ara. ag ny does yn hwnw ond pedair *Rywl* a ffedwar ysbas . . . wedy dwr diliw y cad hwynt yny maen ar pres. a Dafydd brotffwyd ychwanegoedd y mvsic ag a roes pymp *Rywl.* a ffymp ysbas. *c.* **1720** *CIF* [3], arferir Mesur wrth y *Riwl* a elwir y Ddwydroedfedd. Cf. J. ROBERTS: *R* 104, Byddioldeb [*sic*] y Sliding Riwl, mewn Rhifyddeg.

Cfn.: **riwl blyg:** *folding rule.* **20g.** **riwl gyfrif = r. rifo. 20g.** **riwl rifo:** *slide-rule.* **20g.**

riwler, rwler [bnth. S. *ruler* 'rule'] *eb.g.* ll. *-s*, *-i*. Darn o bren, metel, &c., ac iddo ymylon syth, a ddefnyddir i fesur neu i dynnu llinellau syth, pren mesur, riwl, ffon fesur: *ruler, rule.*

1828 *Geir Pob* 23, *Riwler*, llinellawr. Ar lafar yn gyff., *WVBD* 454.

riwliad[1]**, ruwliad**[1]**, rhuwliad**[1]**,** &c. [bôn y f. *riwliaf*, &c.: *riwlio*, &c. + *-iad*[1]; dichon mai i *riwliad*[2] y perthyn rhai o'r enghrau. isod] *eg.?b.* Rheolaeth, awdurdod, llywodraeth, trefn; ?rheol, rheoliad; ?rheol mewn system (e.e. gramadeg): *rule, control, authority, government, order*; ?*rule, regulation*; ?*rule in system* (*e.g. grammar*).

16g. HUW ARWYSTL: *Gw* 17, i *rhywliad* heb laddiad blwng / i try wellwell y trallwng. *a.* **1595** *GST* i. 373, Gosodaist, nodaist yn ôl, / Gymraeg rwydd, Gymro graddol, / Yn cadw *rhuwliad* gramadeg / Yn berffaith, Frytaniaith teg [i'r Dr Morgan i erchi ganddo Feibl Cymraeg]. **16–17g.** IEUAN TEW IEUANC: *Gw* 136, Gwae'r wlad o *ruwlaid* [*sic*] rewloer. **16–17g.** EDWARD URIEN, &c.: *Gw* 228, Perl Rolant, purloyw *riwliad*, / Puw, aros dwyn pur ystad. **1655** *NBSF* 490, Mor hynod y nod a wnaeth / i mae *rywliad* marfolaeth / Marw Alexander y mowredd / Mynd or byd mewn daear bedd (Gruffudd Phylip). **1716–18** *Llsgr R. Morris* 141, yr haul ar lleuad yn ol i hordeiniad / ar dudd or dechreuad yn canlun i *riwliad* / drwu archiad yr Iawndad yr unduw. **18g.** *Beirdd y Berwyn* 35, Duw bendithia ni ymhob man, / . . . / A chadw d'eglwys rhag pob brad, / A Sior, os sei fo [*sic*] gyda 'n gwlad, / A chynnal bawb yn ol i stad, / Wrth *riwliad* Un a Thri.

riwliad[2]**, ruwliad**[2]**, rhuwliad**[2]**,** &c. [bôn y f. *riwliaf*, &c.: *riwlio*, &c. + *-iad*[2]; dichon mai i *riwliad*[1] y perthyn rhai o'r enghrau. isod] *eg.* Rheolwr, llywodraethwr: *ruler, governor.*

15g. *GHC* 21, Ni bu o'r haelion neb un *rhiwliad* (*CC* 347, *Rhuwliad*) / A roddes cymaint heb ddiwreiddiad, / Ni wyddwn rhif hwn,—ni wyddiad—pen pres, / Ar feirdd a gostes fyrddau gwastad. **15g.** *DE* 95, Rywliwr reg noddwr hv gynyddion / *rwwliad* ryw hoewlad y rhai haelion. *ib.* rannwr ri heliwr roe hwylion *rhywliad* / rad roed ynyliad rydain eilon. **16–17g.** SIÔN MAWDDWY: *Gw* 109, Siôn, pen yr haelion, pwy un *ruwliad?* / Siôn, Ifor mwynion, fawr ymwaniad. *c.* **1620** *NBSG* 110, Pen gwlad a *rhuwliad* yr hedd [marwnad Wiliam Glyn gan Gadwaladr Cesail].

riwliaf, ruwliaf, rhuwliaf, &c.: **riwlio, ruwliaf, rhuwliaf,** &c. [bnth. S. (*to*) *rule*] *bg.a.* Rheoli, llywodraethu, cadw dan reolaeth: *to rule, govern, control.*

15g. *GLGC* 236, Bernir Hengist yn ddiran, / a Rhys a wŷr *rhuwlio*'i ran. *id.* 258, Edwart Bedwerydd, saethydd Cing Sâl, / a *rywla* ynys, hil Syr Liwnel. **15g.** *GDID* 107, Pum cant *rhuwliant* o'r heolydd, / Pumplaid ymddifaid ŷm am Ddafydd. **15–16g.** *TA* 265, Aer Hywel, bu'n *rhywlio* byd, / Ap Siancyn, a'n pwys encyd. **1547** *WS*, *ruwlio* Ruwl. **16g.** HUW ARWYSTL: *Gw* 18, yn gyfoeth iawn yw gofyn / i *rywlio* ffair lv o ffynn. **16g.** WILIAM CYNWAL: *Gw* (G. P. Jones) 25, Bu'n dwyn merched, o credynt, / Bele gwych, o'r Bala gynt / I ddôl y Glyn neu ddail glas / A'u *rhuwlio* 'nghoed y Rhiwlas. **16g.** *Yst Kym* 122, gorchymin i Vedrod, i nai, fab i chwaer, *riwlio* a ilyfodraethu yr ynis yn dda. **16–17g.** *GST* i. 52, Yr aer mawr ar wŷr mawrion / A *ruwlia* tir y wlad hon. **1686** FFOULKE OWEN: *Cerdd-lyfr* 145, Mae Chwalu mawr mae chwilio, / Mae glwth yn rhwth yn *riwlio* (*CDD* 273, *rhiwlio*). **1763** *DT* 165, Fe luniodd ei Holwynion, / Fe godai'r Cerrig crynion, / A throsten wrth y Cafn Ysgwd, / I *riwlio* ffrwd yr Afon. **1766** *CD* 186, Uwch ben y wlâd honno [yr India], / Mae Blaned Sadwrn yn *riwlio.* **1776** H. JONES: *GC* 46, Mae'n rhaid bod Cariad Un a Thrî, / Yn trigo yn ein Calonneu ni; / Cyn del i *riwlio* mewn da rôl. Ar lafar yn Arfon, 'dyn yn methu *riwlio* i hun', '*Riwliwch* y plant', *WVBD* 454.

riwliwr, ruwliwr, rhuwliwr, rhywlydd, &c. [bôn y f. *riwliaf*, &c.: *riwlio*, &c. + *-iwr*, *-ydd*[3]] *eg.* ll. *riwlwyr*, &c. Rheolwr, llywodraethwr: *ruler, governor.*

15g. *DE* 95, *Rywliwr* reg noddwr hv gynyddion / rvwliad ryw hoewlad y rhai haelion. **15g.** *HCLl* 94, Cydriwlio y caid *rhiwlwyr*, / Cydildio, cydgostio gwŷr. *c.* **1525** *TA* 744–5, Cau tŷ rheswm co trasyth, / Caewyd ar fardd cadair fyth; / *Rhuwliwr* oedd, rhol Hiraddug, / Rhyw angau diau a'i dug [marwnad Tudur Aled gan Raff ap Robert]. **16g.** WILIAM CYNWAL: *Gw* (R. L. Jones) 719, Dwg wroliaeth, deg *ruwliwr*, / Dewr awchuswalch, drwy chwesir. **16–17g.** *GST* i. 50, Twytsia'r sias, Tomas, gotymog—*riwliwr*, / Ŵyr Syr Rolant, farchog. **16–17g.** *CC* 152, ych hynaf o iach vnion / a ruwliai tîr y wlâd hon / dithau mewn cadau rhag cam / wyt *ruwliwr* in tîr Wiliam (Thomas Prys). **16–17g.** *LlCy* x. 93, Tewdwr fu'r *rhywliwr* haelwyn, / Ti ydyw'r ail Tewdwr ynn; / I rywlio'r rhain, eurlew rhwydd, / Ar deirgwlad yr wyd arglwydd (Siôn Cain). **16–17g.** *NBSF* 464, Gruffydd *rhywlydd* yw r alarch / nannau sy benn hynaws barch (Siôn Cain). **17g.** HUW MORUS: *EC* i. 64, Hwn yw Rolant, hen *riwliwr*, / Hwyr a boreu, goreu gwr. **1828** *Geir Pob* 23, *Riwliwr*, rheolwr.

riwm, ruwm, &c. [bnth. S. *rheum*] *e?g.* ll. *-s*. Rhedlif dyfrllyd o'r llygaid neu'r trwyn, diferwst: *rheum.*

1545 ELIS GRUFFYDD: *Ll* 56, j dori y *rum* [*sic*] ynn y pen. **16–17g.** HUW MACHNO: *Gw* 90, Bwrw *ruwm* a barai ar awr, / A bwrw dŵr y bore deirawr / A bwrw gwynt bob awr a gaid, / A bwrw fflem yn braff lymaid [i ofyn baco]. *id.* 107, Iesu, yn llesu yr holl iaith,—i gyd / A geidw pawb yn berffaith; / Eich cur a dyn, Gwyn, da'r gwaith, / A'ch *ruwm*, a'r nych hir ymaith. **1681** T. JONES: *Alm* [17], pôb mâth ar lysnafedd a glafoerion, sef, *riwms* a flêms. *c.* **1740** *LlM* 21, Cymmer Colomen [*sic*] ac agor yn fyw, a dod wrth y Dolur, a hi sugn yr holl *Rywms* drwg ar afiechyd allan. Mewn rhannau o'r De defnyddir *riwms* am boen debyg i'r ddannoedd yng nghig y dannedd.

Amr.: **rhewm** (ll. *-au*). **16g. (1763)** W. SALESBURY: *LlM* 211, attal Dryc wlybyroedd a *rhewm* rhag gwneuthur eniwed i'r geneu. **1604–7** *TW* (*Pen* 228), y *Rhewm* ne'r gwlybwr Lhysnauedhawc yn dygwydho'i [*sic*] lawr or penn yr bochgernæ d.g. *Branchus.* **1615** R. SMYTH: *GB* 23, y catarau *reumau* svvrphet ag aneirif o glvvyfau eraill.

riwmatic, rhiwmatic, r(h)iwmatig [bnth. a chfdds. o'r S. *rheumat(ic(s))* (+ *-ig*[2])] *eg.* a hefyd fel *a.* Gwynegon, cryd cymalau; yn perthyn i'r gwynegon neu i'r cryd cymalau: *rheumatism*; *rheumatic.*

1930 E. TEGLA DAVIES: *Y Doctor Bach* 11, '*Rhiwmatic*?. . . y riwmitis wyt ti'n feddwl. Pam na siaredi di Gymraeg?' Ar lafar yng Nghered., sir Benf., a Morg., *LGW* 214–15. Cf. D. J. WILLIAMS: *STG* 84, gweithredai'r *rhiwmatic* yng nghlun chwith y tad yn lled gywir fel barometer.

riwmatis, rhiwmatis [bnth. S. taf. *r(h)eumatis*] *e?g.* Gwynegon, cryd cymalau: *rheumatism.*

1881 D. OWEN: *D* 109, Dase fo wedi dyodde cymint o *riwmatis* â fi, fase fynte ddim mor sharp ar 'i droed. Cf. D. OWEN: *RL* 369, mae hi 'n cael i thrwblo yn anwêdd gan y *riwmatis* a phoen yn i lode.

riwmatism, rhiwmatism, &c. [bnth. S. *rheumatism*] *e?g.* Gwynegon, cryd cymalau: *rheumatism.*

1791 SIÔN LLYWELYN: *DD* 14, Can a wnaeth yr awdur i'w wraig yr hon oedd Gw[ay]w'r *Rhywmitism*, gwedi mysgu ei chymmalau allan o'u lle. **1828** *Geir Pob* 22, *Riwmatism*, crydcymmalau.

riwmitis, riwmits, rhiwmit(i)s, &c. [cfdds. o'r S. *rheumatism*, cf. S. taf. *rimmit-*

tis] *eg.* Gwynegon, cryd cymalau: *rheumatism.*

1760 *ML* ii. 273, Ie, ie, *riwmits* sydd ar y Clive. Bwytaed fêl ac yfed fedd. **1763** *id.* 552, Da clywed nad oes mo'r mawr achos i achwyn ar y bendro ar fygfa, er bod y *rhywmits* yn drwblus. *id.* 596, Dyma'r ysgwydd chwith yn nacca gweini, mae'n debyg mai'r *rhywmitis* sydd ynddi. Ar lafar yn sir Benf. yn y ff. *rhiwmitis*, *GDD* 248. Cf. E. TEGLA DAVIES: *Y Doctor Bach* (1930) 11, 'Rhiwmatic?. . . y *riwmitis* wyt ti'n feddwl. Pam na siaredi di Gymraeg?'

riwmor, gw. **ruwmwr.**

rob, rhob [bnth. S. *robe*] *e?b.* ll. *r(h)ôbs.* Gwisg (seremonïol): (*ceremonial*) *robe.*

15–16g. LLAWDDEN, &c.: *Gw* 252, Ritsmwnt is Mars hwnt Symyrsed *robs* deyrnas / Rhaib Satwrnws blaned; / Rhodiaist Loegr, Westmestr holl gred, / Rhwygwyd creigiwyd Caer Rheged. **16g.** *GP* 202, dyly fod yn y dyrnas xv yn dwyn *robs*, honno yw gwisc parlment. *ib.* Cyfaill i arglwydd yw marchoc o'r Gartyr, a'r gartyr am y escair a wisc, a *rob* amdanaw pan fo mewn plas o gwnsel y brenhin. **16g.** HUW ARWYSTL: *Gw* 374, Durgafn ir ddautu dewrgar / Dwy n *rhôb* yn danrhew bâr [i'r bais bwffledr]. **1672** R. PRICHARD: *Gw* 590, Doed ein Brenin, a'i Gynghoriaid, / Doed y Ieirll, a'r holl Bennaethiaid, / Yn eu *Rhôbs* a thrwps o bobtu / I Resewi Prins y Cymru.

robaf: robo, gw. **robiaf: robio.**

Robert—llysiau Robert, gw. **llysiau.**

robiaf, robaf, rhob(i)af: r(h)ob(i)o [bnth. S. (*to*) *rob*] *bg.a.* Cymryd rhywbeth gan (berson) neu o (le) heb hawl, yn enw. cymryd eiddo personol drwy drais neu fygwth trais, lladrata neu ddwyn (oddi ar), ysbeilio, hefyd yn *ffig.*: *to rob, steal* (*from*), *also fig.*

18g. *Y Drysorfa* ci. 281, bachcen ofer drwg . . . yr hwn a ddysgodd imi lawer o driciau drwg, megis torri'r Sabbath . . . a cheisio fy nhynnu gydag ef i *rhobio* [*sic*] perllanau. *c.* **1762–79** W. WILLIAMS: *P* 443, yr Offeiriaid a roisant i'r bobl gyflawn faddeuant yn y Mass, a rhydd-did i fyned allan a chymmeryd perchennogaeth o'u holl diroedd, fel hefyd eu diosg, eu *rhobbo* a'u 'speilio o'u holl feddiannau a'u hanifeiliaid. **1770** *TG* iv. 88, tri gwr bonheddig . . . a *robiwyd* ar y Black-Heath, gan dri o yspeilwyr. **18g.** TWM O'R NANT: *CO* 24, Dyma'r Cybydd wedi'r cwbwl, / Yn cael ei *robio*'r caled frebwl. **1789** TWM O'R NANT: *TChB* 16, Gad lonydd ir Stewardiaid ar Cyfraithwyr hefyd / Y nhw Sy'n rhoi neiliaid yn fy nwylo 'i bob ennyd / Oni bae rai'n pinssio ac yn *rhobio* 'n rhaibus / Ni fyddei'r Wlad fyth mor Anghenus. **1828** *Geir Pob* 23, *Robio*, ysbeilio, llatratta. Cf. D. OWEN: *GT* 350–1, Mi gredaf . . . fod fy meddwl wedi cartrefu cymaint gyda marw'r Groes fel ag i *robio* hyny o ddychryn a all fod yn fy marw i. Ar lafar, 'Yr oedd lladron wedi 'mosod ar Dic ar y ffordd a'i *robio* fo o'i arian a'i wats' (Môn), ''i *robo* fe o bob peth odd 'dag e' (dwyrain sir Gaerf.).

robin[1], Robin, rhobin [yr e. prs. *Robin* fel e.c. ac fel personoliad, cf. S. *robin*] *eg.b.* ll. (prin) *-od.*

(*a*) *Adar.* Aderyn bychan Ewropeaidd a chanddo gefn brown a gwddf a bron goch, bronrhuddyn, brongoch, hobi goch, *Erithacus rubecula*: *robin* (*redbreast*).

1604–7 *TW* (*Pen* 228), *robin* Goch d.g. *Rubecula.* **1672** R. PRICHARD: *Gw* 138, *Rhobin* [:– Bronrhuddyn] bâch cyn glycho'i gene, / A gaan [*sic*] ir Arglwydd psalm y bore, / Am ei chadw 'r nôs rhag niwed, / Er bod gwely hon yn galed. Cf. *PT* [29], Y sawl a dynno nyth y *robin*, / Fe gaiff ei hongian wrth y cordyn. Ar lafar; ym Morg. yn y ff. *ropin* (ll. *ropod*).

(*b*) Cleren lwyd, pryf(yn) llwyd: *gadfly, horsefly.*

Ar lafar yn nwyrain Morg. yn y ff. *ropin.*

Cfn.: *Adar.* **robin bola coch = robin goch.** Ar lafar gynt ym Morg., *LlGC* 1172, 37. *Bot.* **robin fratiog:** *ragged robin, Lychnis flos-cuculi.* Ar lafar yn sir Gaern., G. AWBERY: *BM* 49. *Adar.* **r(h)obin frongoch = robin goch. 1680** J. THOMAS: *UN* 42, yr aderyn bâch a elwir *Rhobin frongoch.* **1696** *CDD* 20, Dyriau ar *Robin-fron-goch*, yr hwn sŷ'n Canu ar fê[dd] y Frenhines Mary yr ail. **18g.** *Pant* 19, 104, *Robin frongoch*, yr hobi goch, the redbreast. **robin (y) busnes:** *busybody.* **20g.** *Bot.* **robin y clawdd:** *herb robert, Geranium robertianum.* Ar lafar yn sir Benf., G. AWBERY: *BM* 43. *Adar.* **r(h)obin goch:** *robin* (*redbreast*), *Erithacus rubecula.* **1604–7** *TW* (*Pen* 228), *robin Goch* d.g. *Rubecula. Dchr.* **17g.** *J* 10, 18b, *Rhobin gôch.* × Bronrhuddyn. **1722** *Llst* 189, *Rhobin gôch.* A Robin redbreast. **1762** *ML* ii. 497, Fe ddaw'r Pwt pan ddelo angen arno, fal *robin gôch* ar y rhew. Ar lafar yn gyff., *WVBD* 454. Digwydd hefyd mewn ymad. megis 'Ma'i 'di mynd yn dena'n ddiweddar—ma'i choesa 'i fatha *robin goch*'. *Bot.* **robin y gors:** *ragged robin, Lychnis flos-cuculi.* Ar lafar yn sir Drefn. G. AWBERY: *BM* 49. *Bot.* **robin grynwr, robin grynu:** *quaking grass, Briza media.* **1897.** Ar lafar yn Arfon yn y ff. *robin grynu*, *WVBD* 454, ac ym Môn yn y ff. *robin gyrnu*; hefyd gynt yn y ff. *robin grynwr* yn y Fach-wen (pl. Llanddeiniolen, sir Gaern.) am fath o dop trwm, T. V. JONES: *Chwaraeon* 418. **robin y diawl gwyllt:** *gadfly, horsefly.* Ar lafar yn sir Benf., *GDD* 242. *Bot.* **robin ddiog:** *ragged robin, Lychnis flos-cuculi.* Ar lafar ym Môn, G. AWBERY: *BM* 49. **robin (y) gyrrwr:** (i) *gadfly, horsefly, also fig.* **1707** *AB* [xix], y guybedyn lluyd a eilu rhai *Robyn y gŷrwr.* **1725** *SR*, *robin y gyrrwr* d.g. *a Horse-Fly.* **1769** E. ROBERTS: *GN* 37, Wel Bydol ceisiwch gydio yn bowdwr, / Yn nwylo ych hen garied [*sic*] fel *Robin y gyrwr.* Ar lafar yn gyff., *WVBD* 194, 454, *GDD* 242. (ii) *nightjar, goatsucker, Caprimulgus europæus. c.* **1870.** Ar lafar gynt yn Arfon. (iii) *cattle-drover's assistant.* Ar lafar gynt yn Arfon, *WVBD* 194. **Robin bysgod mân:** *personification of an angler.* **1743** *LlCy* x. 35. *Bot.* **robin racs(iog):** *ragged robin, Lychnis flos-cuculi.* Ar lafar yn sir Gaern. yn y ff. *robin racs*, ac ym Meir. yn y ff. *robin racsiog*, G. AWBERY: *BM* 49. **r(h)obin rhydog (rhwdog, rhuddog):** (i) *robin* (*redbreast*), *Erithacus rubecula.* [**1783**] *W*, Bronrhuddyn vulgò *robin rhwdog* (*rhuddog*) d.g. *Red-breast, or robin-redbreast.* **18–19g.** *IAW* (LlGC) 101, 49, Robin Red Breast, *Rhobin Rhuddog.* (ii) *russet* (*apple*). **18–19g.** *Llr* C 33, 268, *Rhobin Rhydog*, Russeting. **18–19g.** *Llr* C 2, 64, *Rhobin Rhydog*, Hervey russet. **robin sbonc:** *grasshopper.* Ar lafar ym Môn, *LGW* [246]–7, *ISF* 8. *Adar.* **robin siaced coch:** *robin* (*redbreast*). Ar lafar gynt ym Morg., *LlGC* 1172, 37. **robin dan y gwagr:** *a robin caught under a sieve, used fig. of someone caught in an accident underground.* Ar lafar yn ne-ddwyrain Morg., ''Dwi ddim mofyn i ti fod yn *ropin dan y gwacar* cyn bod pythewnos dan ddaear', *GTN* 693. *Adar.* **robin y troellwr:** *nightjar, goatsucker, Caprimulgus europæus. c.* **1870.** Ar lafar gynt ym Môn. **mae pawb yn Robin i rywun:** *every Jack has his Jill.* Ar lafar yn Arfon, *WVBD* 454.

Gw. hefyd **hobi[4].**

robin[2], gw. **ropin.**

robiwr [bôn y f. *robiaf*: *robio*+*-iwr*] *eg.* Un sy'n lladrata neu'n dwyn drwy drais neu fygwth trais, lleidr, ysbeiliwr: *robber, thief.*

1837.

robot [bnth. S. *robot*] *eg.* ll. *-iaid*, *-(i)au.* Peiriant sy'n cyflawni swyddogaethau mecanyddol penodol yn awtomatig yn null dyn, person sy'n gweithio neu'n ymddwyn fel peiriant: *robot.*

1933.

robotaidd [*robot*+*-aidd*] *a.* Yn perthyn i robot, tebyg i robot, neu nodweddiadol o robot: *robotic.*

20g.

roboteg [*robot*+*-eg*[1]] *eb.* Yr wyddor sy'n ymwneud â chynllunio, gwneud, a defnyddio robotiaid: *robotics.*

20g.

robri, rhobri [bnth. S. *robbery*] *e?b.* Y weithred o ladrata neu ddwyn, yn arbennig drwy drais neu fygwth trais, lladrad, ysbeiliad: *robbery.*

1547 *WS*, *robri* Robberye. *c.* **1730** *Thos. Lloyd D* (LlGC) 198b, *Rhobri.* Robbery. WS.

roc[1], rhoc [bnth. S. *rock* 'stone; confection'] *eb.* ac *e.ll.* (un. (bach.) b. *-en*) ll. *-s*, *-(i)au.*

(*a*) Craig: *rock.*

16g. *Haf* 22, 389, pan ddayth yr Iddewon a Iesû yr lle a elwir kalvari yr hwnn le a oedd mewn *Rock* athylav ychel ar *rrok* [*sic*] honno oedd wynn achwedy y gymy/ssgv a choch ac y mae gwyr yn dywedyt mae yny *Rock* honno y kafad penn addaf. *Diw.* **16g.** *Rhyddiaith Gymraeg* i. 119, mab . . . a noevawdd i benn *rock* a oedd yn y mor. *c.* **1590** *RC* xlvi. 80, y mor a vyroedd y mab i ystlys *rock* a oedd ynghenol y mor, ag ar i droed a'u ddwylo idd aeth y mab i benn y *rock.* **16–17g.** *HG* 19, a pheth or had, a ddigwyddiad / ar phyrdd a than, draed hwy sathran / . . . / ar rhann arall, ymlith ysgall / . . . / ar drydedd ve, gwymp ar *roke* / ond i saethy, mae n difflanny [*sic*]. *id.* 20, ar *rock* na bo, r, had yn gwraiddo / gwedy egin, mae mynd yn grin. **1714** D. LEWYS: *CN* 24, Yn ty sy a'i sylfaen ar y *Roc. c.* **1730** *Thos. Lloyd D* (LlGC) 198b, *Rhoc.* A rock. C. 140. **1784** M. WILLIAMS: *S* i. 54, [y] fath greigiau dychrynllyd yn hongian uwch ei [*sic*] pennau, ac ar rhai [*sic*] prydiau ddarnau o *rhoc* [*sic*] neu gerrig mawrion yn llithro lawr. Cf. W. DAVIES: *Agric* . . . *S. Wales* ii. 357, This rock is also called Carreg Wyllt; Nicholas's rock; *Roken* Gymraeg; *SE MS* 424a, *rhoc*, *-iau*, sf. a rock; the only word for craig of other parts used in Brec. and Carm.shire.

(*b*) (Darnau o) india-roc: (*pieces of*) *rock* (*confection*).

1864. Ar lafar, *Geir Geg* 56, hefyd yn y ff. *rocan*, *rocs* ym Myn.

roc[2], roc-a(n)-rôl [bnth. S. *rock* (*and roll*)] *eg. Crdd.* Math o gerddoriaeth boblogaidd fodern ac iddi guriad trwm: *rock* (*and roll*).

20g. Ar lafar.

rocaf: rocan, gw. **rociaf: rocian.**

roced, rocet, rhoced [bnth. S. *rocket*] *eb.* ll. *-i*, *-au.* Teflyn ar ffurf silindr llawn tanwydd a losgir i'w yrru'n uchel neu'n bell fel tân gwyllt, arwydd cyfyngder, &c., cerbyd hedeg a yrrir gan roced, yn enw. un a ddefnyddir i gludo llong ofod, taflegryn a yrrir gan roced: *rocket.*

1824. Ar lafar, '[p]an gwelodd hi fi, 'te, tyma hi'n dod ata i fel *roced*, chweld', *Wês wês* 49–50.

rocedwr [*roced*+*-wr*] *eg.* ll. *rocedwyr.* Un sy'n saethu rocedi, arbenigwr ar rocedi: *rocketeer.*

20g.

roces, rocet, gw. **rhoces, roced.**

rociaf, rocaf, rhociaf: r(h)oc(i)an, r(h)ocio [bnth. S. C. *rokken* 'to rock'] *bg.a.* Siglo, honcian, gwegian: *to rock, sway.*

14g. *GIG* 147, *Rhocian* a wnâi, bai o beth, / Ar ei hochr, oer ei hachreth [i'r llong]. *c.* **1400** *R* 1357. 11–12, A chynheic nest gest gwst ogan kelui ae racki ny *rockyan.* **16g.** (*LlEG*) *Mos* 158, 597a, y bara arddiod [*sic*] or hwn [*sic*] i kollid llawer ar hyd y fordd y/n *hrogkian* allan or barile ynny wagens. **16–17g.** *CC* 75, a thrwy ddwnstabl mowrgabl mîl / dan fawr *roccian* i Friccil [Thomas Prys i yrru'r llygoden i Gymru]. *id.* 112, drwy r haf pan dry yr hîn / doi i *roccio* ymlaen dryccin [Thomas Prys i yrru'r llamhidydd yn llatai]. Ar lafar; '*rhocian* cerddad' 'to waddle like a duck', *WVBD* 465; 'catar *rocan*', *GTN* 690; clywir hefyd y ff. *hocian.*

rococo [bnth. S. *rococo*] *eg.b.* Arddull faróc ddiweddar sy'n gyforiog o addurnwaith: *rococo.*

20g.

rocos, gw. **rhocos.**

rôcs, ff. l., gw. **rog.**

rocsach, rocsiach [yr e. ll. *rôcs*+*-ach*[2], *-iach*[2]] *e.ll.* Cnafon, gweilch: *rogues.*

1704 T. JONES: *Alm* [52], ni yrrwn heb eiriach / Y Sothach, ar [*sic*] *Rôcsiach* i Wrexam. **1777** E. ROBERTS: *DG* 61, fe rydd ŷ *Rocsiach* y Tir ar Oxiwn. **1787 (1812)** TWM O'R NANT: *PG* 19, Dyna ddysgu rai goelio *rocsach* dig'wilydd. **18–19g.** *GABC* 125, Ni fyddwn yn bricsiwn gan *rocsiach* y wlad, / Na thawan' hwy flwyddyn funudun a'u nad.

Gw. hefyd **rog.**

rocsyn, gw. **rog.**

rocynghanedd [*roc*[2]+*cynghanedd*] *eb.* Penillion cynganeddol a genir i gyfeiliant cerddoriaeth roc: *stanzas of 'cynghanedd' sung to the accompaniment of rock music.*

20g.

rocyn, gw. **rhocyn.**

ròd, rhòd [bnth. S. *rod*] *eb.* ll. *r(h)odiau.*

(*a*) Gwialen bysgota; rhoden: *fishing-rod*; *rod.*

16–17g. (*Gesta Rom*) *LlGC* 13076, 35b, [b]ach aüraid . . . Kymer ef, a dod ef wrth benn *Rod*, a chymer amwydyn.

(*b*) Mesur arwyneb tir sy'n cyfateb i 30¼ llathen sgwâr: *rod* (*unit of square measure of land*).

1846.

Gw. hefyd **rhoden.**

roden, gw. **rhoden.**

rodent [bnth. S. *rodent*] *eg.* ll. *-od*, *-au.* Cnofil: *rodent.*

20g.

rodni, rhodni [bnth. S. *rodney*] *eg.* ll. *-s.* Segurwr, oferwr, dihiryn, adyn, caridým, trempyn: *idler, waster, rascal, rotter, good-for-nothing, tramp.*

?*Diw.* **19g.** Ar lafar yng Nghered., sir Benf., a'r De, *TGG* (1907–8) 85, 108; 'Ma fa fel 'en *rodni* wastod, a ma'i dulu fa'n rai sypar cryno . . . Ma'n bryd iddo sbriwso dicyn', *GTN* 691; 'Ma'n gas gen' i ddod lan o Gaerdydd ar y train ola', ma hwnnw'n wastod yn llawn *rodnis'*.

Amr.: **rodne. 1918.**

rodnïa, rodnïan [bf. o'r e. *rodni*] *bg.* Mynd am dro, rhodianna; segura: *to go for a walk, ramble; idle.*

Ar lafar yn nwyrain Morg., 'Nw fuon' 'wnt yn Lloegar rwla, yn *rodnïa'*, *GTN* 691.

roddeg, roeso, gw. **goddeg**[2] (hefyd At.), **groeso** (hefyd At.).

rofiaf: rofio [bnth. S. (*to*) *rove*] *bg.* Crwydro: *to rove, roam.*

16–17g. *GST* i. 388, Saethu'r wyf saeth i *rofiaw*, / Saethaf i'r drin saeth fawr draw. **17g.** *Brog* 6, 292, Ni dawson i dyrnas, na rhyfel oi chwmpas / na ffraink na fflawndras heb *rofio*. *id.* 293, ni adawson na sowndia, na mangre hüd gwlen / na gwlad hüd yn rhyfain heb *rofio*. **1828** *Geir Pob* 23, *Rofio*, crwydro.

rofunaf: rofun, rofynaf: rofyn, gw. **arofunaf: arofun.**

roffia, rofft, gw. **raffia, grofft.**

rog, rhog[2] [bnth. S. *rogue*] *eg.* (b. *roges*; bach. *rogyn, rocsyn*) ll. *rôcs, rogiaid.* Person anonest neu ddiegwyddor, cnaf, gwalch, dihiryn: *rogue, knave, rascal, scoundrel.*

16g. *Hop M* 193, ar cnawd hevyd, sy waeth nar byd / ar cythrel *rhog*, brwnt ny annog. **1592** S. D. RHYS: *Inst* [xvi], lhusgassant euhûnain . . . alhan o bôb teilyghdod ac vrdhas; ac yn gystal ac i bhraint *Rogyeit*, heb nag Eistedhbhôdeu . . . ganthynt, na chwaith Breinieu. **16–17g.** *CLlC* ii. 27, Fo bledia ryw eror heb ddysku moi gwyddor / A rhaid yn rhoi ragor i *rogyn*. **16–17g.** (**17g.**) *CC* 158, i nychu heb ran iechyd / i galon dra bo n y byd / nes mynd or *rôg* i ymgrogi / i fol y coed fal y cî (Thomas Prys). **16–17g.** *HG* 105, delwch y *rhog* divydd brwnt, a chwipwch hwnt o chorden / ne rhowch mewn kyffon y knaf, beth nawnni or slaf aniben. **16–17g.** IEUAN TEW IEUANC: *Gw* 262, Maddau, os iach, meddwi, Siôn, / Maddau lle bo rhai meddwon. / Ni roed meddwi (gwae fi'n fawr!) / Ond i *rogsyn* yn ddrygsawr. **1688** *TJ*, cidwm, blaidd, (*Rôg*), A wolf. also a rogue. **1688** S. HUGHES: *TSP* 176, cair gweled yn y ffair hon . . . Hudolwyr, Twyllwyr, Chwaryddion, Ynfydion, Eppaðd, Cnafiaid, *Rogiaid* o bob math; Lladron, Llofruddion. **1751** *ML* i. 170, nid oes dim daioni i gael . . . ond i ambell *rôg* a chnâ. **1757** *ML* (Add) 928, *Rôcs*, Lladron, &c. yw'r holl fyd ond y fo ei hunan, medd ef, medd pawb eraill mai y fo ydyw'r gwaethaf o'r cwbl. **18g.** TWM O'R NANT: *CO* 21, Wel, digon hyn o fyrdwn, / Hwylied pawb i'r Lecsiwn; / Bydd yno lawer math o ystrocs, / Fe geiff pob *rocs* rhyw bricsiwn. Ar lafar yn y Gogledd, 'Rêl *rog* ydi o, gwyliwch rhag iddo'ch twyllo chi'; hefyd yn Arfon yn y ff. *rogyn*, 'yr hen *rogyn* drwg', *WVBD* 455. Clywir *rog* hefyd weithiau ynglŷn â rhywun direidus. Cf. W. REES: *AFR* 281, Mae gwriondeb Jacki yn brofedigeth i *roges* wel [*sic*] Cati neyd sport o hono fo; D. OWEN: *GT* 342–3, nid fel Rogers y cyflogais y *rôg* ar y dechreu. Williams y galwai efe ei hun y pryd hwnw.

Gw. hefyd **rocsach.**

rogaf: rogo, rogan, gw. **rogiaf: rogio.**

rogen, roges, gw. **torogen, rog.**

rogiaf, rogaf: rog(i)o, rogan [bf. o'r e. *rog* neu fnth. S. (*to*) *rogue*] *bg.a.* Ymddwyn fel rog, bod yn rog; twyllo: *to behave like a rogue, be a rogue; cheat.*

17g. *CLlC* iv. 20, Does ymmaith i *rogo* (**1716–18** *Llsgr R. Morris* 165, *rogio*), na chais mo'th hir brattio, / Rag darfod i'm geisio, swyddogion. **1791** SIÔN LLYWELYN: *DD* 25, Rhowch iddo'r holl gyfan yn aur ac yn arian, / Daw'r filan i *rogan* am ragor. Ar lafar yn nwyrain sir Drefn., '*rogio*, twyllo', *Cymru* liii. 134.

roglyd [*rog*+-*lyd*] *a.* Direidus; ?tebyg i rog, nodweddiadol o rog: *mischievous, roguish;* ?*rogue-like.*

1885.

rogni [*rog*+-*ni*] *eg.* Anfadwaith, dihirwch; direidi, castiau chwareus: *roguery, villainy; roguishness, mischievousness.*

1856.

rogri, rhogri [bnth. S. *roguery*] *eg.* Anfadwaith, dihirwch: *roguery, villainy.*

1768 (**1813**) TWM O'R NANT: *FF* 8, Ar ol hyn daw Rhagrith, i adrodd ei *rhogri*. *id.* 54, Ow! madam Rhagrith, peth llai o'ch *rhogri*. **1776** *LlCy* i. 244, Ni soniais i air wrth Evan James i gwn i ddim oddiwrth ei gnefri a'i *rogri*. Ar lafar, *Cymru* xlvii. 142 (sir Ddinb.).

rogsyn, gw. **rog.**

rogyn[1,2], gw. **rog, torogen.**

rong [bnth. S. *wrong*] *a.* a hefyd fel *e?g.* Heb fod yn iawn, anghywir, cyfeiliornus, drwg; drygioni, camwri: *wrong* (*adj. and noun*).

20g. Ar lafar yn gyff., ''Dwi'n siŵr Dduw o neud y peth *rong*'; ''On' nw wedi doti'r tŷ yn y lle *rong*', *GTN* 691; ''Wedd e'n gwybod 'i fod e wedi gwneud *rong*'.

rol, gw. **rhol.**

rôl[1] [bnth. S. *role*] *eb.g.* ll. *rol(i)au.* Patrwm ymddygiad disgwyliedig mewn cymdeithas, wedi ei bennu fel arfer gan statws unigolyn mewn cymdeithas neilltuol, swyddogaeth; rhan (mewn drama, &c.): *role, function; role* (*in play, &c.*).

20g.

rôl[2], gw. **rhol.**

rolar, roliaf[1]: **rolio,** gw. **rholer, rholiaf: rholio.**

roliaf[2]: **rolio** (?*r*≡*rh*) [bnth. S. (*to*) *roll* 'to enrol'] *bg.a.* Cofrestru, cofnodi: *to enrol, record.*

Diw. **15g.** *Pen* 41, 9, o [g]wybyddant nep a dylyo dihenyd nev dorri ae[l]ot idaw *rolhent* ynghyurinach yn rol y viccwnt. *id.* 10, A *rolher* henwev y meichiev wrth ev dwyn . . . rac bronn Justus. *id.* 17, eth/oler a *rolher* ev henwev.

roli-poli, rholi-poli, rowli-powli, &c. [bnth. S. *roly-poly*] *eg.* ll. -*s.* Math o bwdin siwet wedi ei rowlio a'i lanw â jam, &c., hefyd yn *ffig.*: *roly-poly* (*pudding*), *also fig.*

20g. Cf. K. ROBERTS: *BSC* 78, Now Bach, y *rowlyn-powlyn* o hogyn bach mwyaf digrif yr olwg.

roloc [bnth. S. *rowlock*] *eg.* ll. -*s.* Dyfais ar ynwal cwch sy'n gweithredu fel ffwlcrwm wrth rwyfo: *rowlock, oarlock.*

20g.

rolyr, gw. **rholer.**

Romanaidd[1] [cfdds. o'r S. *Roman*(*esque*) +-*aidd*] *a.* Yn perthyn i arddull bensaernïol a ddatblygwyd yng ngorllewin a de Ewrop rhwng y 9g. a'r 12g., ac a nodweddir gan fwâu crynion, arcedau addurnedig, a mold-iadau cywrain: *Romanesque.*

1926.

Romanaidd[2] [cfdds. o'r S. *Roman*(*y*)+ -*aidd*] *a.* Yn perthyn i'r Sipsiwn, Romani: *Romany.*

1933.

Romaneg, gw. **Rwmaneg.**

Romani[1] (?*R*≡*Rh*) [?bnth dysg. Llad. *Rōmānī*] ?*e.ll.* ?Rhufeiniaid; ymerodraeth neu deyrnas Rhufain: *Romans; the empire or kingdom of Rome.*

13g. *C* 61. 14–15, Gwitil abrithon a *romani*. awnahont dyhet a divysci. **13g.** *WM* td. 92a. 12–14, yr e vot en was ystavell idaꝺ brenhin heuyt en *romani* (*id.* 183. 9–10, brenhin *romani*) oed. *id.* td. 92b. 18–19, Ac ena e dywaut brenhin *romani* urth er amperauder. **14g.** *T* 34. 3–4, teir kenedyl gꝺythlaꝺn o iaꝺn teithi. Gꝺydyl a brython a *romani*. *id.* 76. 15–16, Yn wir dymbi *romani* kar. Odit ovab dyn arall y par. **14g.** (*Dchr.* **17g.**) *Cy* xxvi. 138, Penn cun llys yw Rys rhysedd Beli mawr / Amerodr *Romani* / Rwyf bost rhyfel gymhelrhi / Raidd rhoddiawg Rys frowys fri (Einion Offeiriad). Cf. *BB* 72, y brytanieit a romanyeit.

Romani[2] [bnth. S. *Romany*] *eb.g.* a hefyd fel *a.* Iaith y Sipsiwn; Sipsi; yn perthyn i'r Sipsiwn neu i'w hiaith: *Romany* (*language, person, and adj.*).

1933.

Romáwns, Románs, Rwmáwns[1], **Rhwmáwns** [bnth. S. *Romance*] *a.* (Yn perthyn i'r grŵp o ieithoedd, e.e. Ffrangeg, Eidaleg, Ffriwleg, Galisieg, Catalaneg, sydd) yn tarddu o'r Lladin: *Romance.*

20g.

Gw. hefyd **Rwmáwns**[2].

rompaf, r(h)ompiaf: rompo, romp(i)an, rhompio, rhompian [bnth. S. (*to*) *romp*] *bg.* Rhampio: *to romp.*

20g. Ar lafar, 'Ma 'wech o'enyn' nw wedi bod yn *rompo* lawr fel 'yn'; '*rompan* ar 'yd lle'; ''Wnei di ista lawr am funud, hogyn, yn lle *rompio* dros y lle fel peth gwyllt'; '*rhompio* o gwmpas'.

Gw. hefyd **rhampiaf: rhampio.**

ron—ron bach, gw. **gronyn—gronyn bach.**

rondefŵ [bnth. S. *rendezvous*] *eg.* Cyfarfyddiad neu drefniant i gyfarfod ar adeg ac mewn lle penodedig, oed, hefyd yn *ffig.*: *rendezvous, also fig.*

20g.

Gthg. **randibŵ.**

ronden, gw. **rhondyn.**

rondo [bnth. S. *rondo*] *eb.* ll. -*s*, -*au.* *Crdd.* Darn o gerddoriaeth lle ailadroddir byrdwn rhwng atganau, yn aml fel symudiad olaf sonata neu gonsierto: *rondo.*

1938.

rondyn, gw. **rhondyn.**

ropi [cf. S. (*to*) *rope* 'to form rope-like threads', S. *ropy*, a *ropin*[1] isod; dichon fod mwy nag un gair wedi ei gynnwys yma] *bg.* a hefyd fel *eg.* ac *e.ll.* Llwydo (am fara); llwydni (ar fara); cynrhon pryfed gweryd: *to become mildewed* (*of bread*); *mildew* (*on bread*); *warble-fly larvae.*

Ar lafar yn ne-ddwyrain Morg., 'Paid o fyta'r bara! Ma *ropi* arno'; 'Ma'r bara wedi *ropi*', *GTN* 693; ''Odd y *ropi* wedi nuthur llanast ar yn craduriid ni yr 'æf 'ynny, 'ôn' nw'n fyw arnyn' nw', *ib.*

ropin[1], **robin**[2] [cf. *ropi* neu *ropin*[2], *robin*[1]] *eg.* a hefyd gyda grym ansoddeiriol. Llwydni neu ryw ddrwg arall (ar fara), hefyd yn *ffig.*: *mildew, taint, or imperfection* (*in bread*), *also fig.*

1850. Ar lafar yng ngodre Cered., '*Robyn* yn y Bara.—A pest in the bread', *Cymru* xxxiv. 122, ac ym Morg yn y ff. *ropin* 'peth wedi mynd yn ofer, yn enw. y llwydni ar hen fara', ''Wi ddim wedi gweld *ropin* yn y bara, 'ddar on i'n grotan'; 'bara *ropin*, fungus covered bread'. Cf. *LlGC* 1172, 35, *Ropin* ar y bara = Ropy bread from flour made from diseased corn; *id.* 37, 'Mynd yn *Ropin*' = (gone mad); *ib.* Gn'uthyr *ropin* o'i hunan' = make a fool of himself.

ropin[2], ff. laf. Morg., gw. **robin**[1].

ropins, ropis [bnth. S. *ropings* 'ropes'] *e.ll.* Rheffynnau: *small ropes.*

1828 *Geir Pob* 23, *Ropins*, mân reffynau. Ar lafar ym Môn yn y ff. *ropis*, 'cig yn wydyn fel *ropis*', *ISF* 64; ''Roedd 'i wallt o wedi mynd fel *ropis*'.

rôr [bnth. S. *roar*] *e?g.* Rhuad: *roar.*

1672 R. PRICHARD: *Gw* 28, Ynte rodiodd ar 'y môr, / Gan ostegu ei rwyf a'i *rôr*. **1759** *BC* 506, Gwell oedd ganddynt wrando ar *rôr* / Esgobion o'r ysgubor.

roriaf, rhoriaf, roraf: r(h)orio, roro, roran [bf. o'r e. *rôr* neu fnth. S. (*to*) *roar*; dichon fod mwy nag un gair yma] *bg.a.* Rhuo, gweiddi, crochfloeddio; afradu: *to roar, shout, bellow; squander.*

1696 *CDD* 91, Brydain Rwi'n brudio sŷdd oreu ei swŷdd etto / Gan wared oddiyno ymlowio a'r y Lann, / Er hynnŷ mae Pleidio yn blaen yn ein blino, / Drwŷ reibio a *rorrio* am yr Arian. **1716–18** *Llsgr R. Morris* 97, ces grudd yn briod hynod heini / oedd goccun ai siop ddisiapri / ag yno quaker hwn cin cweccio / yr aur ar arian a ges i *rorrio*. *c.* **1730** *Thos. Lloyd D* (LlGC) 205a, *Rhorio*. To roar. FfO. 12. AL. 50. [**1745**] W. ROBERTS: *FfM* 17, Pa beth a dal Trad i ddyn truan, / A rhoi 'r mawr anhunedd arno fo / 'i hunan, / I yrru Dynion anonest i'r Ne, / Dan *rorio* oni cheiff ynte 'r Arian. **18g.** *W Ballads* 3, 7, Gwario *rorio* blysio pleser. **1766** *CD* 169, Wedi i mi Wario, / Yr Arian ai *Rorio*; / Y Gêg oedd yn llosgi, / Heb ddim iw diffoddi. **1769** E. ROBERTS: *GN* 39, Yn mynuch remainio a *rorio* ar yr ieir. **1828** *Geir Pob* 23, *Rorio*, rhuo, croch floeddio. Cf. TALHAIARN: *Gw* i. 154, Ond cwrw a yrr holl feirdd y fro / I *rôrio* a gweryru.

Ar lafar ym Morg., ''Odd dim isia iddo fa *roran* fel 'na'.

roros, rorors [bnth. S. *horrors* (a thrwy gamraniad *yr orors > y rorors*)] *eg.* Ffit o arswyd neu iselder ysbryd eithafol, deliriwm tremens, marwerydd y meddwon: *the horrors, delirium tremens.*

1910. Ar lafar yn sir Benf., '*rorors*', *GDD* 242, *SC* vi. 126, a godre Cered., '*roros*', *TGG* (1907–8) 108. Clywir *horos* hefyd yng Nghaernarfon, 'Mae'r *horos* arno fo' (am berson sy'n pwdu). Cf. D. JACOB DAVIES: *HF* 26, ma Defi John yn câl pwle o henllyg yn y nos . . . mae e'n mynd yn *roros* gwyllt a bwrw'r dillad gwely dros y lle i gyd.

rosari [bnth. S. *rosary*] *eb.g.* ll. *rosarïau.* Llaswyr (y Forwyn Fair), hefyd yn *ffig.*: *rosary, also fig.*

1670 J. HUGHES: *AP* 262, [d]ywedyd y Litaniau . . . Neu ddywedyd *Rosari* ein Harglwyddes Mair fendigedic. **1715** *GER* [20], Yn y Gweddiau a elwir y *Rosari* a ordeiniodd Pâb Pius y V. mae'r Geiriau hynn at Fair forwyn. *c.* **1762–79** W. WILLIAMS: *P* 410, mae ganthynt *Rosary*, yr hwn a ddatguddiwyd meddant gan y forwyn Fair . . . A'r *Rosari* hyn sydd wedi cael ei rannu yn 3 rhan. **1776** DEWI NANTBRÂN: *AN* 359, llaswyr Fair fendigaid a elwir yn gyffredin y *Rosari*, neu'r Paderau, a gyfansoddir o bymtheg Deg o Ave.

rosét [bnth. S. *rosette*] *eb.g.* ll. *-s, roseti, rosetiau.* Addurn tebyg i rosyn, yn enw. trefniant o rubanau ar ffurf rhosyn i'w wisgo fel bathodyn (i gefnogi plaid, achos, &c.) neu i'w gyflwyno fel gwobr, rhosglwm, hefyd yn *ffig.*: *rosette, also fig.*

20g.

rosin, r(h)osing, rhosin, rosyn[1] [bnth. S. C. *rosin* 'resin'; â'r ff. yn *-ng*, cf. *dwsin, dwsing*, ond cf. hefyd S. C. *roising*] *eg.* Resin, ystor: *resin.*

c. **1400** *Études* vii. 292, Rac gwewyr mywn bratheu neu dyrnodeu . . . kascla y blodeu . . . a briw wynt gyt a hen vlonec . . . a cens, a *rosin*, ac ychydic o gwyr newyd. *id.* viii. 352, berw . . . emenyn, a gwer gafyr, a gwer dauat, a chwyr, a gwasc drwy liein yn da, a dot yndaw god a *rosing.* *Diw.* **16g.** *WLB* 97, J wneuthyr oyl twrpentin i roi mewn tretys. Kymer dri chwarter pwys o *rosyn* glân a chwarter o saim cig hwch . . . a chlarefeia dy *rosyn.* **18g.** *Llr* C 24, 264, Cymer *Rosyn* a phwna ef yn fân. **1784** M. WILLIAMS: *S* i. 230, [c]yflawnder mawr o bŷg, tar, *rhosin*, turpentine, a gwms gwerthfawr eraill. **1801** *MMf* 127, ychydig o gŵyr melyn newydd a *rhosin.* Ar lafar ym Morg. yn y ff. *rozin* ac yn sir Benf. yn y ff. *rhosin*, *TGG* (1907–8) 85.

Amr.: **rwsing.** [**1762**] E. POWELL: *HEI* 63. **rwsin. 1813.** Ar lafar yng nghanolbarth a godre Cered. **rhoswn.** Ar lafar yn sir Benf., *GDD* 250. **rhwsing. 18g.** *Llr* C 24, 282, 329. **rhwsin. 1771** *PDPh* 38. **1784** M. WILLIAMS: *S* i. 229.

Gw. hefyd **resin**[2].

rosmari, rostaf: rosto, gw. **rhosmari, rhostiaf: rhostio.**

rostrwm [bnth. S. *rostrum*] *eg.* ll. *rostra, rostrymau.* Llwyfan ar gyfer siarad cyhoeddus, llwyfan arweinydd yn wynebu'r gerddorfa: *rostrum.*

1937.

rosyn[1,2], gw. **rosin, rhosyn.**

rôt [bnth. S. *rote*] *e?b.* *Crdd.* Math o grwth: *rote (a kind of crowd, in mus.).*

15g. *GGl*[2] 133, Ni bydd ef, myn bedd Ifan, / Heb *rôt* a luwt, Herbart lân.

rota [bnth. S. *rota*] *eb.* ll. *-s.*

(*a*) Y llys eglwysig a lleyg goruchaf (yn yr Eglwys Gatholig Rufeinig): *Rota (the supreme ecclesiastical and secular court in the Roman Catholic Church).*

p. **1858.**

(*b*) Rhestr o bersonau a ddylai weithredu, neu o ddyletswyddau y dylid eu cyflawni, yn eu tro, cylchres: *rota, roster.*

20g.

Rotariad [cfdds. o'r S. *Rotar(ian)* + *-iad*[2]] *eg.* ll. *-iaid.* Aelod o glwb Rotari, sef clwb sy'n perthyn i Rotary International (cymdeithas elusennol fyd-eang o ddynion busnes, proffesiynol, &c.): *Rotarian.*

20g.

rotiffer [bnth. S. *rotifer*] *e?g.* ll. *-au.* *Swol.* Unrhyw anifail dyfrol bychan o'r ffylwm *Rotifera*, a chanddo organ debyg i olwyn a ddefnyddir i nofio a bwydo, rhodfilyn: *rotifer.*

20g.

rotiwlorwm, gw. **cwstos—cwstos rotwlorwm.**

rotograff [bnth. S. *rotograph*] *eg.* ll. *-au.* Print ffotograffig a wneir drwy oleuo gwrthrych drwy lens a phrism fel y teflir delwedd wrthdro ohono ar bapur sensitif: *rotograff.*

1926.

rotor [bnth. S. *rotor*] *eg.* ll. *-au.* Rhan o beiriant sy'n cylchdroi, yn arbennig yn nosbarthwr peiriant tanio mewnol, both a set o lafnau sy'n troi ar echel hofrenydd: *rotor.*

20g.

rots [bnth. S. *roach* (fish)] *e?b.* ll. *rotsiaid, rotsys.* *Swol.* Rhufell, torgoch, cochiad, *Rutilus rutilus*: *roach (fish).*

c. **1566** *B* xv. 119, Yr ail cwrs yw gleisied . . . a llysywod wedy berwi ay pobi, *rodstys* penne hwyaid. **1604–7** *TW* (*Pen* 228), *rotsiet* d.g. *Erythinus.*

rotsiwn, gw. **erioed—erioed ffasiwn (beth, &c.).**

rotwlorwm, gw. **cwstos—cwstos rotwlorwm.**

rotwnda [bnth. S. *rotunda*] *eb.* ll. *rotwndâu.* Adeilad crwn neu ystafell gron, yn arbennig un â chromen: *rotunda.*

20g.

row [bnth. S. *row* 'quarrel, reprimand'] *eb.* ll. *-iau, -s.* Ffrae, cerydd, pryd o dafod: *row, quarrel, reprimand.*

1930. Ar lafar, ''Ges i lot o *rows* 'da Mam pan ôn i'n fach' (de-ddwyrain sir Gaerf.).

rowbi, rowgwanau, gw. **riwbi, ofergarfanau.**

rowl, rowlar, rowlen, rowler, rowliaf: rowlio, gw. **rhol, rholer, rholen, rholer, rholiaf: rholio.**

rowlin-pin [bnth. S. *rolling-pin*] *eb.g.* Rholbren: *rolling-pin.*

1930. Ar lafar, *GTN* 701.

rowli-powli, gw. **roli-poli.**

rowlyn, rowlyn-powlyn, rowm[1], **rowm**[2]**—rowm bowt,** gw. **rholyn, rolipoli, rŵm, rownd—rownd abowt.**

rownd, rhownd [bnth. S. *round*; ansicr yw'r engh. gyntaf yn yr adran gyntaf] *eb.* ll. *-iau, -s*, a hefyd fel *a.*, *adf.*, ac *ardd.* Cylchdaith, llwybr, neu daith a ddilynir yn gyson (e.e. gan ddyn llaeth neu blismon), wâc, cyfres o ymweliadau cymdeithasol neu broffesiynol; un o gyfres o unedau o weithgarwch, un cam mewn cystadleuaeth, y weithred o chwarae pob twll ar gwrs golff; nifer o ddiodydd a brynir ar un adeg ar gyfer grŵp o bobl; toriad o gig eidion o'r glun; brechdan wedi ei gwneud o sleisiau cyfain o fara; hefyd yn *ffig.*: *round, circuit, beat, habitual route, series of social or professional visits; round (in a game or sport, e.g. golf); round (of drinks); round (of beef); round (of sandwiches); also fig.*

16g. *GSOG* 3, Nid un dad, nid un deidiau, / Nid un wedd i dynnu iau. / Er a adwen, yr ydwyd / Ira' un dyn, ei *rownd* wyd [i Rys Dwnn]. *c.* **1730** *Thos. Lloyd D* (LlGC) 199b, yn *Rowndiau.* AF. 86. **18g.** *W Ballads* 197, 8, Trwm iw fynghalon . . . / Yma yn Siwr am fyngwr [*sic*] Mewn dirfawr daith. / Sy'n hîr dynu ar draws y Tonna / I Ledio i *Rownds* yngwlad yr India. **1751** *CM Archives* (LlGC), *Trevecka Letters* 2013, Ar ol y mi ymad o hon och [*sic*] yn Trefecka mi a ddeuthum Ar Fy *Rownd* Trwy Gil y Cwm a Chaio . . . ag fellu Trwy Dal llecha. **1828** *Geir Pob* 23, *Rownd* . . . amgylchiad. Cf. D. J. WILLIAMS: *STG* 94, yno y bu . . . yn ymgodymu mewn ing a phoen yn ei wely . . . gan ymladd *rownd* galetaf ei fywyd,—ei *rownd* olaf yn erbyn y Shistans oddi fry!; D. J. WILLIAMS: *ChHO* 213, Dechreuodd y *rownd* gyntaf . . .'r own i'n bocso fy ngwrthwynebwr.

Fel *a.* Crwn, ar lun cylch, ar ffurf pêl, hefyd yn *ffig.*: *round, circular, spherical, also fig.*

1711 H. POWEL: *TY* 279, megis Lin gron neu *rownd.* **1718** (**1721**) S. THOMAS: *HB* 18, Y Ddaiar . . . sydd dalgrwn neu *Rownd* (yn gron bob ffordd). *c.* **1762–79** W. WILLIAMS: *P* 630–1, Rhai sy'n gweinidogaethu'r cymmun â gwenwisg a chap . . . rhai â chap pedwaronglog, rhai â chap *rhownd.* **1777** W. WILLIAMS: *TEA* 37, fel Sir Isaac Newton wrth ychydig o ffigiwrau *rownd* a thri-chornelog yn deall holl droiadau ser a phlanedau. **1784** M. WILLIAMS: *S* i. [1], yr oeddid yn gyffredin . . . yn tybied ei fod [y byd] yn *rhound*, neu yn grwn o amgylchiad megis bwrdd. **1828** *Geir Pob* 23, *Rownd*, crwn. Ar lafar yng nghanolbarth a godre Cered., sir Benf., a'r De, *LGW* 233.

Fel *adf.* ac *ardd.* O gwmpas, o amgylch: *(a)round.*

Ar lafar, *WVBD* 455; yn sir Benf. clywir y ff. *rown, rhownd*, *Wês wês* 11, 37. Cf. T. H. PARRY-WILLIAMS: *Y* 21, Ar ei dro Sabothol *rownd* y stoc yr oedd. *id.* 65, Gwyddwn . . . beth a welwn *rownd* y gornel i'r dim lleiaf.

Cfn.: **rownd abowt, rownd bowt, rowm bowt:** *round about, round the place; all the time, continually.* **16–17g.** *GST* i. 568, A chware, o châi arian, / *Rownd abowt* ar y luwt lân. **1828** *Geir Pob* 23, *Rownd a bowt* [*sic*], o amgylch ogylch. Ar lafar yng Nghered., y De, a sir Benf., 'Beth wit ti yn neud lan ar ben y miny na *rownd bowt*?', *Wês wês* 57. Yn ne-ddwyrain Morg. clywir hefyd y ff. *rownd abownt*, 'Ma 'onna 'bothdu'r tai *rownd abownt*!', *GTN* 2; ''Odd a'n mynd *rownd abownt* i'r cæ', *id.* 701. **rownd (y) bedlan (bedlam)** = **rownd y ril. 20g.** Cf. *bedlan—ar hyd y b.* **rownd y ril:** *all the time, continually.* **20g.** Ar lafar yn y Gogledd. **rownd robin = r. y ril. 20g.** Ar lafar yn sir Gaerf. **ar ei (eich, &c.) rownd(s):** *on one's round(s).* Ar lafar, 'Ma'r becyr ar *'i rownds* yn gynnar', 'Rhaid ifi fynd *ar 'yn rownds* i weld y teulu heddi'. **yn r(h)ownd:** *(a)round (adv.).* **1784** M. WILLIAMS: *S* i. 124, Nid oes yn Nhwrci ddim gwelyau . . . maent yn cysgu ar sophas, neu fath o feingciau, sy'n *rhownd* eu ystafelloedd. Ar lafar, 'mynd *yn rownd*' ' to go round', *WVBD* 455.

Gw. hefyd **rownden, rowndyn.**

rowndabowt [bnth. S. *roundabout*] *eg.b.* ll. *-iau, -s.* Meri-go-rownd, dyfais sy'n cylchdroi i blant farchogaeth arni mewn maes chwarae, hefyd yn *ffig.*; cyffordd lle cyfeirir moduron i'r un cyfeiriad o amgylch ynys ganolog, cylchfan: *merry-go-round, roundabout (in a playground), also fig.; traffic roundabout, traffic circle.*

20g. Ar lafar, ''Gest ti reid, bach, ar y *rowndabowt*?'; 'Ma 'na ddau *rowndabowt* newydd yn Parc-y-llyn'; 'Ma 'na *rowndabowt* fowr newydd yn ganol y dre''.

rowndaf: rowndo, gw. **rowndiaf: rowndio.**

Rownded [bnth. S. *Roundhead*] *eg.* ll. *-s.* Un o'r Pengryniaid: *Roundhead.*

17g. *CLlC* ii. 13, Duw a nel imi gael clowed cunn gweled y gog / Bob *rowndhead* o honyn wrth dennyn yngrog. **17g.** *LlCy* iii. 105, fo ddwad wrthi gymro y garwn y goelio / fod *Rywnded* yn bostio y bychode. **17g.** *Cylchg LlGC* viii. 24, Curodd *Rowndieds* [*sic*] o'u caerau / cofion llwyr, cyfan wellhau. **17g.** (**1716–18**) *Llsgr R. Morris* 155, Dowch yn nes bob Cabalier mwun gwrandewch ar gwun y *rowndhead.*

rownden [*rownd* + *-en*] *eb.* Toriad o gig eidion o'r glun: *cut of beef from the haunch.*

Ar lafar yng ngogledd Cered.

Gw. hefyd **rowndyn.**

rownders, rownderi [bnth. a chfdds. o'r S. *rounder(s)* + *-i*[2]] *e.ll.* Gêm debyg i bêl-fas lle bydd chwaraewyr yn rhedeg o un bas i'r llall ar ôl taro'r bêl, cylchau, pêl-gylch: *rounders.*

20g.

Rowndiad [*rownd* + *-iad*[3]] *eg.* ll. *Rowndiaid.* Un o'r Pengryniaid: *Roundhead.*

?**17g.** (**18g.**) *CLlC* ii. 36, Ffarwel i chwi *Rowndied*, del arnoch chwi drai / Pe dweyden i Rebels ni byddau [*sic*] arna i fai / Dymynwn [*sic*] na bytho yn troedio mor tir / Un Rowndyn y Nghymru na Pharlamanttir. *c.* **1652** (**1750–75**) *CM* 216, 171, Pei cawn i'r *Rowndied* ar ben goriwared / . . . / â ffastwn dû [dd]raenen . . . / Fo'm gwelech i'n llawen yn llowio (Wiliam Phylip). **1703** E. WYNNE: *BC* 36, Dyna, ebr ef, *Rowndiad* sy 'n mynd yn Siri. *id.* 99–100, ni fasei waeth iddynt fy ngyrru at *Rowndiad* i ddyscu bod yn hael, neu at Gwacer i ddyscu bod yn foesol. **18g.** *Traeth* xlii.

(1887) 72, Yn buraidd eich bwriad, y glân Brotestaniaid, / Yn erbyn y '*Roundiaid*', di-doriad bob dydd. **1759** *BC* 51, I Gorlan y Defaid, ni ddae un o'r bleiddiaid / A henwed yn *Rowndia[i]d*, i wrando. **1778** J. HUGHES: *BB* 152, Nid eiff na Phrotestanied, / Na *Rowndied* na Chwacceried, / Papistied, Methodistied, / . . . / Na neb i'r ddinas nefol. **1828** *Geir Pob* 23, *Rowndiaid*, Penau crynion. Cf. *Hen B* 175, Pe cawn i'r *Rowndied* (cf. *id.* 58, Pengrynied) ar ben goriwaered.

rowndiaf, rowndaf, rhowndaf: rownd(i)o, rhowndo [bnth. S. (*to*) *round*] *bg.a.* Mynd neu ddod o gwmpas, cerdded o gwmpas, teithio o gwmpas (y byd, lle, &c.), gwneud cylchdaith gyflawn o amgylch, dilyn ffordd neu lwybr cwmpasog, teithio ar hyd llwybr neu ffordd a ddilynir yn gyson, mynd o amgylch (lle) gan ei archwilio'n ofalus; dod i ben (â gwneud rhywbeth); gwneud yn grwn; amgylchynu; crynhoi, casglu ynghyd; hefyd yn *ffig.*: *to go or come round, walk round, travel round (the world, a place, &c.), make a complete circuit of, follow a circuitous route or road, follow a route habitually traversed, go round (a place) and inspect it carefully; get round (to doing something); make round; surround; round up, gather together; also fig.*

c. **1730** *Thos. Lloyd D* (LlGC) 199b, *Rowndio*. BP. 56. To Round patridge. **1768** *RBM* [3], Ar hebog hono ynteu yn *rowndio* Castell Gwent. **1770** *TG* iii. 12, Iddi *Rowndio* tu a'r India, ferch nett, i farchnatta / Snwff, te, mae'n debycca, a Dybacco. **1774** W. WILLIAMS: *AB* 23, fel mae goleuni'r gogledd yn *rowndio* 'r awyr, bydd yr efengyl ymhen amser i *rowndio* 'r byd. **1777** W. WILLIAMS: *TEA* 32, trueni mawr yw yn y dyddiau llonydd hyn o'r Efengyl, nad oes dyn tan y nef a stopio un o'r rhai'n i *rowndio*'r byd o gwmpas. **1785** W. WILLIAMS: *MA* 5, Mi *rowndia* 'nol fy arfer a'm hysbryd llesg yn drwm, / Tros warr y fforest oerllyd i bulpit Cil y cwm. **1786** TWM O'R NANT: *PCG* 5, Gostegwch bawb, gostegwch, / O's ydych am wrando *roundiwch* [*sic*]. *a.* **1791** W. WILLIAMS: *GP* 902, Mentra'r morwr i'r ystormydd, / B[r]yniau o ddyfroedd cuwch a bronydd / . . . / Etto 'mla'n, hwylio wna'n', / *Rowndian* i'r India, / Ymfoddloni i bob gwasgfa, / I gael gweled aur eu gwala. **1828** *Geir Pob* 23, *Rowndio*, amgylchu, hefyd crynhoi, gwneyd yn grwn. Ar lafar yn y Gogledd a gogledd Cered. yn y ff. *rowndio*, yn sir Gaerf. a Morg. yn y ff. *rowndo*, *B* viii. 221, *GTN* 701, ac yn sir Benf. yn y ff. *rhowndo*, *GDD* 250.

rowndin, gw. rowndyn.

rowndws [bnth. S. *roundhouse*] *e?g.*

(*a*) Rheinws, dalfa: *roundhouse (temporary prison), lock-up.*

1885 D. OWEN: *RL* 179, Mae ene gryn dair battel wedi bod, a Ned Un Llygad wedi gymryd i'r *rowndws*.

(*b*) Caban neu set o gabanau yn y starn ar fwrdd uchaf llong: *roundhouse (cabin(s) on a ship).*

1928.

rowndyn, rowndin [*rownd*+-*yn*[1], a bnth. S. *rounding*] *eg.*

(*a*) Un o'r Pengryniaid: *Roundhead.*

?**17g.** (**18g.**) *CLlC* ii. 34, Ewch ymaith bodlonwch a choeliwch im gair / Un *Rowndyn* yn f'einioes ni fynna mynn Mair. *id.* 36, Dymynwn [*sic*] na bytho yn troedio mor tir / Un *Rowndyn* y Nghymru na Pharlamanttir. **1787** (**1812**) TWM O'R NANT: *PG* 15, Rhyw garpiach fawiach yn gwaeddu [*sic*] ar f'ol, / A'm galw i Rondol *Roundun* [*sic*].

(*b*) Toriad o gig eidion o'r glun: *a cut of beef from the haunch.*

Ar lafar yng Nghered., sir Benf., a'r De, *Geir Geg* 71; "Liciech chi *rowndyn* bach o biff?" Cf. *CYLl* 102, Pedyll at wneud pwdin / A dysglau at y *Roundin*.

(*c*) Taith gwmpasog, ffordd gwmpasog: *circuitous journey, roundabout way.*

Ar lafar yng ngogledd Cered. a Morg.

Gw. hefyd **rownden.**

rownsi, gw. rhwnsi.

rowsiaf, rowsaf: rows(i)o [bnth. S. (*to*) *rouse*] *ba.* Deffro, cynhyrfu, cyffroi: *to arouse, excite, rouse.*

1828 *Geir Pob* 23, *Rowsio*, cyffroi, cynhyrfu.

rowt[1,2], **rowter, rowtiaf: rowtio**, gw. **rhowt, rhawd**[2], **rhowter, rhowtiaf: rhowtio.**

rubald, rubalt, gw. **rhubald.**

ruban, rubanaf: rubanu, rubanog, gw. **rhuban, rhubanaf: rhubanu, rhubanog.**

rubarb, rubi, gw. **riwbob, riwbi.**

rubric, rubrig [bnth. a chfdds. o'r S. *rubr(ic)*(+-*ig*[1])] *eg.b.* ll. -*au.* Rhuddell, rheol neu gyfarwyddyd (litwrgaidd), hefyd yn *ffig.*: *rubric, also fig.*

15g. *GGl*[2] 248, Dectant a gaf i Ddafydd, / Deulain fwy no'r delyn fydd. / Glain ir obry, glân *rubrig*, / A glain fry i'w gloi'n ei frig [i'r Deon Cyffin i ddiolch am baderau]. **1664** *LlGG* sig. f2r, er manylach gyfarwyddo y gwenidogion ar bob rhan o wasanaeth Duw, a hyn a wneir yn bennaf yn y Calenderau a'r *Rubricau*. **1706** *Nat Con* 8, doeth Reolaeth Eglwys Loegr . . . sy 'n ein dwyn o fesur ychydig ac ychydig, wrth ei *Rubricau* a'i Chanonau, i gyflawni . . . yr Ordinhad Sanctaidd hon. **1708** *EGE* [viii], yn nessaf ar ol y Catechism, mae genym y Ddwy *Rubric* hyn. **1711** M. WILLIAMS: *YEY* 14, Cyfryw ydyw Disgyblæth ein Mam gyssegr-lân ni, a'i bod wrth ei *Rubric* a'i Chanoneu yn ein dwyn i fynu . . . i fod yn Gyfrannogion teilwng o'r Ordinhâd. **1722** *Llst* 189, *Rubric*. m. A rubrick. **1723** E. SAMUEL: *PDdC* 36, [d]wy Reol newydd, neu fel y gelwir hwynt *Rubricau* (oddiwrth y Gair Llading ruber, sef côch . . .). [**1783**] *W*, Rhuddel, rhuddell, vulgò *rubric* d.g. *Rubric* [*directions in the Liturgy, &c.* . . .].

Amr.: **rhybric. 1850.**

ruddm, rufet, gw. **rhythm, rifet.**

rugan ryg, rugarŷg, gw. **rhegen**[2]—**rhegen y rhyg.**

ruliaf: rulio, rum, rusg, gw. **riwliaf: riwlio, rym, risg.**

rut, ruthm, gw. **rhud, rhythm.**

ruw, rhuw, ryw, rhyw[2], **riw, rhiw**[2] [bnth. H. Ffr. *rüe*, ?drwy Ffr. Lloegr *ruwe*, neu'r S. C. *rue*] *eg.* *Bot.* Prysgwydden Ewrasaidd bersawrus ac iddi flodau bychain melyn a dail bytholwyrdd sy'n rhoddi olew chwerw a ddefnyddid gynt fel narcotig a symbylydd, llysiau'r echrysaint, *Ruta graveolens*: *rue (shrub).*

c. **1400** *Études* vii. 56, ruta, y *ryw*. *id.* 338, *Ryw* yssyd wressawc a sych yny dryded rad. Da yw y'r kylla y yfet yn vynych gyt a gwin ac rac pessychu. **15g.** *DN* 117, Betoni a ssendyrni y sydd—a *rvw* / A'r wermod bedwerydd. *ib.* Betin, *riw*, centri, wermod sydd—o'r powdr / Pwys o'r pedwar defnydd. *p.* **1500** *Pen* 57, 46, llyma mal igwnair diod rac brech yreiddeon [*sic*] ky[m]er *yrvw* achyribe ssanffraid ac ysscol vair. **1547** *WS*, rut ne *ruw* llyseun Rewe. **1567** *TN* 105a, chwi degymwch y myntys a' rut [:– *ruw*]. *Diw.* **16g.** *WLB* 25, J ladd llyngyr. Kymer *ryw* ai stompia ef. **1615** R. SMYTH: *GB* 29, pen fytho 'r bele ai bryd i ymladd a 'r llygoden phrangeg hi amlenvvis i hun a *ryvv* ivv chryfhau. **1632** *D* (*Bot*), *Rhyw*, Ruta. **1632** *D*, *ruw* d.g. *Ruta*. *c.* **1730** *Thos. Lloyd D* (LlGC) 204a, *Rhuw*. Ruta. Rue.—Aliquis. WM. 210. [**1783**] *W*, *Rhuw*, *rhyw* d.g. *Rue*. **1813** *WB* 233, *Ryw* . . . edr. Llys Yr Echryshaint. Ar lafar yn Arfon, '*riw, rhiw*', *WVBD* 454; hefyd yn sir Benf. yn y cfn. 'tê *rhiw*, a decoction of rue, much used formerly as a food beverage', *GDD* 248.

Cfn.: **ruw('r)**, &c., **gerddi:** *rue, Ruta graveolens*. *c.* **1740** *LlM* 2, [d]yrnaid mawr o *Ryw'r Gerddi*. Ar lafar yn Arfon, '*riw gerddi*', *WVBD* 454. **ruw'r muriau:** *wall rue, Asplenium ruta-muraria*. **1813** *WB* 233, *Ryw'r Muriau*.

ruwbi, ruwl, ruwliad[1,2], gw. **riwbi, riwl, riwliad**[1,2].

ruwliaf: ruwlio, ruwliwr, ruwm, gw. **riwliaf: riwlio, riwliwr, riwm.**

ruwmwr, riwmor [bnth. S. *rumour*] *eg.b.* Si, sôn, stori: *rumour.*

16g. (*LlEG*) *Mos* 158, 154a, maer ysdori yn dangos bod y kyuriw *Ruwmwr* a son ym hlith bonneddigion a chyfredin y dyrnas. *id.* 592a, *Ruwmwr* a shiarad mawr ymysg y bobyl. Ar lafar, 'Ma 'na hen *riwmor* gas yn mynd rownd fod Sali drws nesa' wedi rhedeg i ffwrdd'.

rw, rŵal, 'rŵan, rwb, rwbaf: rwbo, gw. **rhyw**[1], **rhywel, yrŵan, rhwb, rhwbiaf: rhwbio.**

rwbaitsh, rwbatsh, rwbej, gw. **rwbitsh.**

rwbel, rhwbel, rwbl [bnth. S. *rubble*] *eg.* Darnau toredig o garreg, &c. (yn enw. defnydd gwastraff y pyllau glo neu'r chwareli llechi), malurion, hefyd yn *ffig.*: *rubble (esp. waste material of coal-mining or slate-quarrying), debris, also fig.*

1547 *WS*, *rwbel* Rubbel. *c.* **1730** *Thos. Lloyd D* (LlGC) 204a, *Rwbl*. Rubble. Rubbish. W.S. *Rhwbel*. BP. 16. **18–19g.** *LlrC* 4, 11, *Rhwbel* . . . Glam. rubish [*sic*]. Cf. TALHAIARN: *Gw* i. 56, Ond Huw ar gefn ei gaseg goeswen, / . . . / Oedd yn gwyllt yrru a charlamu, / Yn cicio, chwipio a spardynu; / Heb hidio'r gwlaw, na'r baw, na'r *rhwbal*. Ar lafar yn ardaloedd chwareli llechi'r Gogledd, *WVBD* 455, *B* xx. 373, ac yn ardaloedd glofaol gorllewin Morg., *id.* viii. 221.

rwbela, gw. **rybela.**

rwbelach, rhwbelach [*rhwbel*+-*ach*[2]] *e.?ll.* Rwbel: *rubble.*

18–19g. *LlrC* 4, 11, *Rhwbelach*, Glam. rubish [*sic*].

rwbelu, rwbelwr, gw. **rybela, rybelwr.**

rwber, rhwber, rybar, ryber, rybyr [bnth. S. *rubber*] *eg.* ll. -*i*, -*s*, a hefyd fel *a.* (Wedi ei wneud o) sylwedd hydwyth a geir drwy geulo a sychu nodd amryw o blanhigion (yn enw. y goeden *Hevea brasiliensis*), hefyd am nifer o sylweddau synthetig hydwyth tebyg; darn o'r cyfryw at ddileu ysgrifen, &c., rhwbiwr: (*made of*) *rubber*; *a rubber, eraser.*

1935. Ar lafar yn y ff. *rybyr*, 'Mi fuo' 'na lot o *rybyrs* yn y ddesg 'ma, ond 'wela i ddim un 'rŵan'; "Well iti tsiecio'r teiar dde 'na, ma 'na ogla *rybyr* yn llosgi 'ma'; ac yn y ff. *rwber*, hefyd yn yr ystyr 'pren golchi' yn y De, *Folk Life* xix. 46.

Amr.: **rhwbyr** (ll. -*ion*). **1851.**

Cfn.: **rhwbyr Indiaidd:** *India rubber*. **1801.** Gw. hefyd *rhwbiwr*.

rwberaidd, ryberaidd [*rwber, ryber*+-*aidd*] *a.* Tebyg i rwber, fel rwber: *rubbery, rubber-like.*

20g.

rwbesh, rwbetsh, gw. **rwbitsh.**

rwbi, rwbiaf: rwbio, rwbian, gw. **riwbi, rhwbiaf: rhwbio.**

rwbitsh, rwbish, rwba(i)tsh, rwbetsh, &c. [bnth. S. *rubbage, rubbish*] *eg.* Sothach, ysbwriel, hefyd yn *ffig.*: *rubbish, also fig.*

20g. Ar lafar yn gyff. yn y ff. *rybish*, 'Man' nhw'n deud y bydd hi'n braf dros y 'Steddfod.' 'Paid â siarad *rybish*—glaw fydd hi fath ag arfar'; 'Cofia roi'r *rybish* allan erbyn daw'r lorri dydd Mercher'; hefyd ym Morg. '*rwbetsh, rwbedj, rwbish, rwbidj, rwbitsh*', *B* viii. 221, ac yn sir Benf., '*rwbetsh*', *SC* vi. 126; clywir *rwbatsh* yn Arfon yn yr ystyr 'pobl gyffredin, poblach'. Digwydd hefyd yn sir Benf. yn y ff. *rebetsh*, 'Jiw caton, wê no Cerwyn a finne wedi cliwed shwt *rebetsh* ers slawer dy'', *Wês wês* 75.

rwbl, gw. **rwbel.**

rŵbl [bnth. S. *rouble*] *eb.* ll. -*s*, *rwblau.* Uned ariannol safonol Rwsia, &c., a'r Undeb Sofietaidd gynt: *rouble.*

1858.

rwbu, rwbwliaf: rwbwlian, rwbwr, gw. **riwbi, rwmblaf: rwmblo, rhwbiwr.**

rwcsac, rycsac [bnth. S. *rucksack*] *eb.g.* Bag mawr a gludir ar y cefn ac a ddefnyddir yn aml i ddal offer gwersylla, &c., sach deithio: *rucksack.*

20g. Ar lafar, 'Mi dynna' i'r *rycsac* 'ma oddi ar 'y nghefn 'rŵan—mae o'n sobor o drwm'.

Amr.: **rhychsach. 20g. rwcsach. 20g.**

rwd, gw. **rhwd**[2].

rwdins [bnth. S. *rooting(s)*] *e.ll.* (un. b. *rwden*). Swêds, *Brassica napobrassica*, hefyd weithiau am erfin, *B. rapa*: *swedes, occasionally also used of turnips.*

1814. Ar lafar ym Môn ac Arfon, *WVBD* 455.

Amr.: **r(h)wdin. 1848. r(h)wdis. 1866.** Ar lafar yn Arfon, *WVBD* 455.

rwdl [?bôn y f. *rwdlaf*, &c.: *rwdlan*, &c.] *eg.b.* Lol, ffwlbri, gwag-siarad, clecs: *nonsense, tomfoolery, idle talk, gossip.*

1893. Ar lafar yn Arfon yn y ff. *rwdwl*, *WVBD* 456. Ceir rhai enghrau. o (*rwdl-mi-*)*rwdl-mi-ri.*

rwdlaf, rwdliaf, rhwdl(i)af, rwtliaf:

rwdlan, rwdl(i)o, rhwdl(i)an, rhwdlio, rwtlio [?S. *to rootle* 'to root, rummage'; dichon fod mwy nag un gair wedi ei gynnwys yma] *bg.a.* Siarad lol, malu awyr, ymddiddan yn ddoniol, cellweirio, clebran, hel clecs; cynhyrfu, ysgwyd, sgramblo (wy); hefyd yn *ffig.*: *to talk nonsense, blather, banter, jest, chatter, gossip; stir up, shake, scramble (egg); also fig.*

1907. Ar lafar yn y Gogledd, ''Fydd o'n *rwdlio* hefo'r merched yn arw' (Arfon); 'A finna' wthi'n *rwdlo* efo 'i' (Llŷn). Cf. *WVBD* 467, *rhwdlio, rwdlio, rwdlian, rwtlio* . . . 'to stir up, stir about, turn round and round': 'Mwya'n y byd *rwtliwch* chi ar y dŵr, butra'n y byd eith o' . . . '*rwdlio*'r dŵr' . . . 'plant yn *rwdlio*'n y dŵr' . . . 'rhoi rwbath mewn gogor a *rhwdlio* fo hefo'r llaw' . . . fig. . . . 'to rake up': ''Well i chi adal llonydd i straeon fel 'na; peidiwch â *rwtlio* arnyn' nw' . . . 'to keep harping on the same subject; to speak inconsequently; to talk nonsense': 'Mae o'n *rwdlian* 'r un peth o hyd' . . . 'Paid â *rwdlio* siarad' . . . 'to prattle' (of children beginning to talk): ''Mae o'n dechra *rwdlian*'.

rwdlyn [*rwdl* a bôn y f. *rwdlaf*, &c.: *rwdlan*, &c. + *-yn*[1]] *eg.* (b. *r(h)wdlen*). Lolyn, un sy'n malu awyr, clebrwr, un sy'n hel clecs: *one who talks nonsense, blatherer, chatterer, gossip.*

1913. Ar lafar yn y Gogledd, '*rwdlan*', '*rhwdlan*', *WVBD* 455, 467.

rwff [bnth. S. *roof*] *eg.* To; top (mewn pwll glo): *roof; top (of a working or gallery in a coal mine).*

1828 *Geir Pob* 23, *Rŵff*, nèn, cron-glwyd, pen tŷ. Ar lafar yn ardaloedd glofaol sir Ddinb. a sir Ffl., *Geir Glo* 37, 57.

rẁff[1], **rhẁff**[1], **ryff**[1] (*y* ≡ *ə*) [bnth. S. *ruff*] *eg.* ll. *-iau.* Coler gron bletiedig neu rychog, yn enw. fel rhan o wisg yr 16–17g., crychdorch: *ruff (collar).*

16g. *Def Hen* 49, yn gwlyddys genthynt . . . edrych tya'r nefoedd pen weddiont rhag ffrwmplio i *rwffie.* **1592** S. D. Rhys: *Inst* 274, *Rwph* bhy nyn 'orhophwn i. **16–17g.** *HG* 168, kodi *rhwff* kyd a rheffyn / castell am dagell pob dyn. *c.* **1600** *Cylchg LlGC* i. 78, hanner lathen [*sic*] o liain main iddi hi i wnevthvr *Rwff* partlett iddi hi. *id.* 79, i wnevthyr *Rwffie* iddi hi ag iminne [*sic*]. **1606** E. James: *Hom* ii. 212, Mae rhai yn rhoi eu holl olud am eu gyddfau mewn *rwffiau.* **1630** R. Llwyd: *LlH* 49, Beth a ddywedwch chwi am y *rwffiau* mawrion y rhai a gynhelir i fynu ag attegion. *id.* 55, Ac y mae rhai cyn falched o'u colerau llyfnion, ac o'u *rwffiau* byrrion vn-plŷg, ac ydynt eraill o u [*sic*] *rwffiau* mawrion. *c.* **1730** *Thos. Lloyd D* (LlGC) 204a, *Rhwff.* pl. *-iau.* a Ruff. FP. 43. **1784** M. Williams: *S* i. 67, colerau siaccedau sy'n cael eu leinio a math o *ryff*, a chlogau bychain dros y cyfan.

rẁff[2], **rhẁff**[2], **ryff**[2] (*y* ≡ *ə*) [bnth. S. *rough*] *a.* Garw: *rough.*

1828 *Geir Pob* 23, *Rwff* neu *Ryff*, garw, gerwin. Ar lafar yn gyff., '*ryff* . . . *ryffiach*', *WVBD* 456; '*ryff* . . . *ryffad* . . . *ryffach* . . . *ryffa*'', *GTN* 699; '*rhwff* . . . an epithet applied to a person who is somewhat "boisterous" but kind-hearted. It does not mean "rough" in the English sense of the word', *GDD* 251; 'y lle *ryffa*' yn Llunden'; ''Odd rai yn *rŵff*, rai yn fwyn'; ''Rodd y môr yn *ryff* ofnadwy y noson honno'; 'Ma'r defnydd 'ma'n rhy *ryff*—mi fydd o'n cosi 'nghoes i'; 'Paid â bod mor *ryff* hefo'r gath—mae'n siŵr o ddychryn'; ''On i'n teimlo'n reit *ryff* bore wedyn'.

Cfn.: **yn rŵff:** *rough (in the open air, without shelter, &c.).* **20g.** Ar lafar mewn ymad. megis 'cysgu'*n rŵff*, byw'*n rŵff*.

rẁff[3], **rhẁff**[3] [?yr un gair â'r a. *rŵff*[2], *rhŵff*[2]] *a.* Llawn (dop), dan ei sang: *full, crammed full, crowded.*

Ar lafar yn nwyrain Morg., ''Rodd y capal yn *rŵff* heno'; 'Ma'r afon yn cwnnu a ma cylfart y nant yn *rŵff*', *GTN* 693. Fe'i clywir yn sir Benf. yn yr ystyr 'level with, up to, filled up', 'Mae'n *rhwff* â phen y wâl', *GDD* 251.

rẁff[4] [?bnth. S. *rough* mewn rhyw gfn. anh., cf. *rŵff*[2]] *eb.* ll. *ryffiau.* Siafft gyswllt (mewn mwynglawdd neu chwarel): *winze (connecting shaft in mine or quarry).*

Ar lafar. Cf. *Geir Mwyn* 50, *rwff* (ll. *ryffiau*), math o siafft fach a gysylltai un lefel wrth y llall . . . (S. winze).

rwffaf[1], **rwffiaf**[1]: **rwff(i)o** [bf. o'r e. *rwff*] *bg.* Crafu yn erbyn y top (am gefn ceffyl mewn pwll glo): *to scrape against the roof (used of a horse's back in coal mine).*

Ar lafar yn ardaloedd glofaol Morg., Caerf., a sir Ffl., *Geir Glo* 116.

rwffaf[2], **rwffiaf**[2], **ryffiaf**[2]: **rwff(i)o, ryffio** [bf. o'r e. *rŵff*[4]; ?a'r a. *rŵff*[2]; dichon fod mwy nag un gair wedi ei gynnwys yma] *bg.a.* Torri siafft o un lefel i'r llall (mewn chwarel neu bwll glo); clirio'r graig o dop y fargen (mewn chwarel): *to open a shaft from one level to another (in quarry or coal mine); clear the rock from the top of a 'bargain' (in quarry).*

Ar lafar yn ardaloedd chwareli'r Gogledd yn y ff. *rwffio, ryffio*, 'Clirio'r graig o dop y fargen. Hefyd llunio . . . siafft . . . ar i fyny . . . daw'r siafft allan i lefel yr agor uwchben', *B* xx. 373; '*rwffio, ryffio*, gwneud neu yrru rwff', *Geir Mwyn* 50; hefyd yn ardaloedd glofaol Morg., '*rwffo* lan', *Geir Glo* 37.

rwffaf[3], **rhwffaf: r(h)wffo** [bf. o'r a. *rŵff*[3], *rhŵff*[3]] *bg.?a.* gan amlaf yn yr ymad. *wedi rwffo.* Bod neu fynd dan ei sang, mynd yn orlawn; ?gorlenwi: *to be or become crowded, fill up; ? overfill.*

Ar lafar ym Morg., 'Ma'u tŷ nw wedi *rwffo* o gelfi'; ''Odd y lle wedi *rwffo* 'annar awr cyn i'r consart ddychra', *GTN* 693; ''Odd y lle yn *rwffo*'. Cf. *LlGC* 1172, 56, Mae'r dawlod wedi i *rhwffo*, dos na ddim lle i bicid o wair yn rhacor.

rwffcast [bnth. S. *roughcast*] *e?g.* Plastr bras a ddefnyddir i orchuddio arwyneb wal allanol, plastr garw: *roughcast.*

[**1761**] *GGJ* 75, Am *Rwff cast* ne Plaster garw oddi allan y Tai &c. **1828** *Geir Pob* 23, *Rwffcast*, bras galchiad.

rwffiaf[1,2]: **rwffio,** gw. **rwffaf**[1,2]: **rwffo.**

rwg [bnth. S. *ruck* neu S. taf. *roog* 'heap or pile'] *eg.* Pentwr: *heap.*

Ar lafar yn Arfon, '*rwg* o gerrig' 'a large heap of stones containing twenty or thirty tons', *WVBD* 456.

rẁg, rhẁg, rŷg (*ŷ* ≡ *ə*) [bnth. S. *rug*] *eg.b.* ll. *r(h)wgiau, rygiau, rygs.* Math o fat llawr wedi ei wneud fel arfer o ddefnydd trwchus neu gedenog; math o frethyn tewban bras, dilledyn, yn enw. clogyn, wedi ei wneud o'r defnydd hwn; cwrlid: *rug, mat; (garment, esp. cloak, made from) type of rough woollen material; coverlet.*

16–17g. *GST* i. 339–40, Campusgrair hug cwmpasgrwn, / A hyd y llawr dulliaw hwn. / Llewys arth yn llaes wrtho, / Hyd ar fin ei odre fo. / Gorau *rwg* a gariai'r un / O wlad Nel hyd yn Nulyn [i ofyn gown]. **17g.** *LlGC* 13215, 346, *rhwg*, gausapina. **1707** *AB* 220a, *Rhwg*, A rough friez'd mantle or garment, a rug. **1736** S. Rhydderch: *Alm* [6], Gwlanenni, Llieiniau, Llin a Chywarch . . . Hettiau, *Rwgiau*, Tic Gwelau. [**1783**] *W*, *rhwg* d.g. *Rug* [*a sort of covering for a bed* . . .]. **1828** *Geir Pob* 23, *Rwg*, huling gwely, cadwy. Ar lafar, 'Mi fasa'r *rŷg* fach goch 'ma'n edrach yn ddel iawn o flaen y tân'; 'Llawr cerrig oedd gyda ni, a *rŷg* mawr ar 'i ganol e'. Clywir y ff. *rigan* (*eb.* ll. *-au*) yn ne-ddwyrain Morg., *GTN* 689.

rwgiaf: rwgio [bnth. S. (*to*) *ruck* neu S. taf. (*to*) *roog* 'to heap or pile up', neu f. o'r e. *rwg*] *ba.* Pentyrru: *to heap together.*

Ar lafar yn Arfon, '*rwgio* y cerrig at 'i gilydd', *WVBD* 456.

rwler, gw. **riwler.**

rwlét [bnth. S. *roulette*] *eg.b.* Math o hapchwarae lle gollyngir pêl ar olwyn lorweddol sy'n troelli ac wedi ei rhannu'n nifer o rigolau wedi eu rhifo, a'r chwaraewyr yn betio ar y rhigol y bydd y bêl yn disgyn iddi, hefyd yn *ffig.*: *roulette, also fig.*

20g.

rwliaf: rwlio, gw. **riwliaf: riwlio.**

rwm, gw. **rym.**

rŵm, rhŵm, &c. [bnth. S. *room*] *eb.g.* ll. *rhwmau, rhŵms, r(h)wm(s)ydd, rwmsys.* Ystafell; lle, gofod: *room (in building); room, space.*

15–16g. *TA* 90, Dy *rŵm*, nid eir i'w amau, / Lle goreu 'stad Lloegr sy dau. *id.* 159, Mynn dy *rŵm* ym mando, rydd, / Mur Gwawl o'r môr i gilydd. **16g.** Lewys Morgannwg: *Gw* 353, mawr ywch gras marchog o rent / mwyhewch *rowm* yma ich rhament. **1547** *WS*, *rwm* ne ehengdwr Roume. **16g.** Owain Gwynedd: *Gw* 91, Mae ichwi ail *rŵm* uchel radd / O chiniewir, uwch-neuadd [i blas Llwydiarth]. *c.* **1600** *Rhyddiaith Gymraeg* i. 128, yddo ef [ysgwïer] gadw vy *rwm* j yny ddelwyf j vy hvnan. **1611** *CM* 49, 209, eistef yn y *rhowm* uchaf. **1672** R. Prichard: *Gw* 38, Y nefoedd fawr a'i *Rhwm* mor rhial [:– Ei stafelloedd mor ragorol], / Yma yn gorwedd yn y Stabal. *id.* 357, Rhaid i'n fynd i wneuthur cyfri, / A rhoi *rhwm* [:– Lle] i eraill godi. *id.* 522, Rhaid it wneuthur anwyl gristion, / *Rŵm* [:– Lle] i Ghrist cyn dêl i'th galon. **1759** *BC* 412, *Rŵm* i rodio o Edifeirwch, / Studi i ddarllain o ddiddanwch. **1828** *Geir Pob* 23, *Rŵm*, lle, cell, ystafell. Cf. D. J. Williams: *STG* 62, Dwy ystafell oedd i'r ysgol, y *rhwm* mowr a'r *rhwm* bach. Ar lafar yn gyff., *WVBD* 456; clywir y ll. dwbl *rwmsys* yn sir Gaern., *EEW* 103, a *rwmsydd* yn nwyrain Morg. Digwydd hefyd yn nwyrain Morg. yn yr ystyr 'parlwr' gyda'r ll. *rwma.*

Cfn.: **rŵm (rhŵm) (y) ford:** *servants' dining-room in farmhouse.* **1898.** Ar lafar yng ngodre Cered., sir Benf., a gorllewin sir Gaerf., *TGG* (1907–8) 60; gw. *Ceredigion* iv. 251, 253. **rŵm ffrynt:** *front room, parlour.* Ar lafar. **rŵm dan stâr:** *cupboard under the stairs.* Ar lafar yn sir Gaerf. a sir Benf., *LGW* 318–19.

Rwmaneg [e.'r wlad *Rwman(ia)* + *-eg*[1]] *eb.g.* Iaith pobl România: *Rumanian (language).*

20g.

rwmatig, gw. **riwmatic.**

Rwmáwns[1], gw. **Romáwns.**

Rwmáwns[2] [bnth. S. C. *Romaunce*] *eb.g.* Ffrangeg: *French (language).*

c. **1400** *YCM*[2] 204, ystorya a beris Reinallt . . . y throssi . . . o *Rwmawns* yn Lladin.

Gw. hefyd **Romáwns.**

rwmblaf, rwmbliaf, rymblaf: rwmblo, rwmbl(i)an, rymblo [bnth. S. (*to*) *rumble*] *bg.* Gwneud trwst isel parhaol tebyg i daranau pell, symud gan wneud y fath sŵn, trystio, hefyd yn *ffig.*: *to rumble, also fig.*

[**1783**] *W*, gorddyar; vulgò *rhwmbwlian* d.g. *To rumble* [*make a rolling noise* . . .]. Ar lafar, 'Ma 'mol i'n *rwmblan* ise bwyd'.

Amr.: **r(h)wbwlian** [cf. *rhwmbwlian, rybwlian*]. **1863–5** D. Owen: *WBC* 52, Nid gweddi . . . ydoedd, ond rhyw guro perth a llwyn, a rhyw *rwbwlian* yma ac acw, a gwaeddi, ac ysgrechain. Cf. *LlGC* 1172, 56, Ma'r trysa'n *rhwbwlian* yn iawn . . . Mae *rhwbwlian* budyr yn y mola i. **rhwmbwlian** [cf. yr e. *rhwmbwl*]. [**1783**] *W* d.g. *To rumble* [*make a rolling noise* . . .]. Cf. **1865** *Yr Haul* 116, nid oes ond clecs y Sul yn *rhwmbwlian* drwy'r ardaloedd. Ar lafar yn sir Benf., *SC* vi. 126. **rybwlian** [cf. *rwbwlian*]. **1909.** Ar lafar yn nwyrain Morg., 'Ma 'mola i'n *rybwlian* es amserodd'.

rwmbwl, rhwmbwl [bnth. S. *rumble*] *eg.* ll. *r(h)ymbylau.* Trwst isel fel taranau pell, twrf: *rumble.*

1859–60.

rwmen, rhwmen [bnth. S. *rumen*] *eg.* ll. (prin) *rwmena.* Stumog gyntaf anifail cilgno lle mae bacteria'n rhannol dreulio'r bwyd, poten fawr: *rumen.*

20g.

rwmlaf: rwmlo, rwmlai, gw. **rwmplaf: rwmplo, rwmnai.**

rwmnai, rhwmnai [bnth. S. C. *rumnei*] *eg.* Gwin coch melys o un o wledydd y Môr Canoldir: *rumney (wine).*

15g. *GDLl* 112, Osai a *Rhwmnai* glan Rhîn, / A Chlared, ni chlyw oerin! **15g.** *GLGC* 170, Tir a anturiai, amnaid ar *rwmnai*, / malmsai, rhyw osai, a gwin Rhosiel. **15g.** *GGl*[2] 217, Eich gwledd a roddwch i glêr, / A'ch *rwmnai*, a chau'r amner. **15–16g.** *GLM* 162, Bron yr ŵyl i brynu'r âi—/ byd da i'r amner—bwt *rwmnai.* **15–16g.** *TA* 46, A ato undyn i oed hender, / A roe *rwmnai*, a'r aur i'r amner. **1547** *WS*, *rwmnai* win Rumney. Cf. *HS* 12, Gwin *Rwmnai* heb lai ar blaen gwin Kolobr / gwin Kwlen ar Almaen.

Amr.: **rwmlai.** **16g.** Wiliam Cynwal: *Gw* (R. L. Jones) 547.

rwmp, rymp, rhwmp[2] (*y* ≡ *ə*) [bnth. S. *rump*] *eg.* ll. *rympiau.* Pen ôl, bontin, crwper, gwar y gynffon, cwt: *rump.*

1547 *WS*, *rwmp* bon kloren Rompe. *c.* **1740** *LlM* 37, da yw pliccio cynffon Jar a rhoi'r *Rwmp* noeth yn y briw. [**1745**] W. Roberts: *FfM* 47, Bendith yr Emprwr gyda bon eich *Rympiau.* *c.* **1756** *Bangor* 1007, 19, ryn fath a hen geffyl wedi gogio i *rwmp* / fo ofyn i chwi bwmp o bympunt. **1771** *PDPh* 93, eu gwaedi [moch] yn eu cynffonnau, o ddautu dwy fodfedd islaw y *rhwmp.* **1828** *Geir Pob* 23, *Rwmp*, bôn y gloren.

Ar lafar ym Môn, 'Dyma fuwch a *rwmp* da arni', *Môn* (Gwanwyn, 1954) 10.

rwmplaf, rymplaf: rwmplo, rymplo [bnth. S. (*to*) *rumple*] *bg.a.* Crychu; gwneud yn anhrefnus: *to crease, wrinkle; make untidy, ruffle.*
Ar lafar yn y De, ''Alla' i ddim darllen y papur 'ma, ma fe 'di *rwmplo* i gyd', 'Paid â gadel y dillad ar y llawr ne newn' nhw *rwmplo*' (de-ddwyrain sir Gaerf.); 'Bydd raid ifi smwddo'r siacad 'ma, ma 'i wedi *rymplo*'n afnadw', 'Fe *rymplws* wallt y crotyn bæch wrth fynd 'ipo iddo', *GTN* 700; hefyd yn sir Benf. yn y ff. *rwmlo*, 'Paid *rwmlo*'r drôr 'na', *SC* vi. 126.

rwmsi, rwnen, gw. **rhwnsi, rhwnen.**

rwnig, rhwnig [cfdds. o'r S. *run(ic)*+*-ig*[2]] *a.* O natur gwyddor Germanaidd a ddefnyddid gan y Llychlynwyr a'r Eingl-Sacsoniaid o'r 3g. O.C. ac a ffurfiwyd trwy addasu llythrennau Rhufeinig neu Roeg i'w cerfio; ac arno lythrennau o'r wyddor hon: *runic.*
1866.

rwning, rwnin, gw. **rhwning.**

rwnner [bnth. S. *runner*] *eg.* ll. *-s.* Rheilen haearn ar siafft cert ac arni dri bach er mwyn cysylltu harnais ceffyl â'r cert: *runner.*
Ar lafar yn sir Benf., *SC* vi. 126.

rwnsi, gw. **rhwnsi.**

rŵol, 'rŵon, Rwsaeg, Rwsaidd, Rwseg, gw. **rheol, yrŵan, Rwsieg, Rwsiaidd, Rwsieg.**

Rwsiad, &c. [e.'r wlad *Rws(ia)*+*-iad*[3]] *eg.* ll. *-iaid.* Brodor o Rwsia, un o drigolion Rwsia: *a Russian.*
1728 T. Baddy: *DDG* 79, y mae'r *Russiaid* yn dwedyd fod amryw Eiriau Arabaeg yn eu Hiaith. **1770** *TG* iv. 9, Y mae 'n debyg y pâr y *Rhussiaid* ychydig flinder i'r Twrc y leni etto.

Rwsiaeg, gw. **Rwsieg.**

rwsiaf: rwsio, rwsian, gw. **rhysiaf**[1]**: rhysio.**

Rwsiaidd, Rwsaidd [e.'r wlad *Rws(ia)*+*-(i)aidd*] *a.* Yn perthyn i Rwsia neu iaith Rwsia: *Russian* (*adj.*).
1814.

rwsial [bnth. S. (*to*) *rustle*] *bg.* Siffrwd: *to rustle.*
Ar lafar yng nghanolbarth a godre Cered.

Rwsianeiddiaf: Rwsianeiddio [cfdds. o'r S. (*to*) *Russian(ize)*+*-eiddio* (At.)] *ba.* Gwneud yn Rwsiaidd o ran cymeriad, &c.: *to Russianize.*
1874.

Rwsieg, Rwseg, Rws(i)aeg [e.'r wlad *Rws(i(a))*+*-eg*[1], *aeg*] *eb.g.* Iaith trigolion Rwsia: *Russian* (*language*).
1854.

rwsien [?bnth. S. *rush*+*-en*] *eb.* ll. *rwshys.* Cawod fer sydyn: *short sudden shower.*
Ar lafar yn sir Benf., *SC* vi. 126.

rwsing, rwsin, gw. **rosin.**

rwst, gw. **rhwst**[2].

rwstaf[1]**: rwsto** [bf. o'r e. *rwst(yn)*] *bg.* Mynd yn hen ac yn sych (am facwn): *to become stale and dry* (*of bacon*).
Ar lafar yn ne-ddwyrain Morg., ''Odd a wedi *rwsto* cyn bo' ni'n 'i gæl a'.

rwstaf[2]**: rwsto** [bnth. S. (*to*) *roost*] *bg.* Clwydo (am ieir, &c.): *to roost* (*of hens, &c.*).
Ar lafar yn nwyrain sir Gaerf.

rwstyn [bnth. S. *rust(y)* 'reasty, rancid'+*-yn*[1], ?ar ddelw *crwstyn*] *eg.* Crofen hen a sych (ar facwn): *stale dry rind* (*on bacon*).
Ar lafar yn ne-ddwyrain Morg. 'Y ci odd yn cæl y *rwstyn*'.

rwtaf: rwto, gw. **rhwtaf: rhwto.**

rwter, gw. **rhawter.**

rwtîn [bnth. S. *routine*] *eg.b.* Trefn arferol (o wneud rhywbeth): *routine.*
20g.

rwtliaf: rwtlio, gw. **rwdlaf: rwdlan.**

rwtsh [bnth. S. *rush* 'hasty work'] *eg.* Gwaith, cynnyrch, &c., o ansawdd gwael, peth(au) dibwys neu ansylweddol, sothach, lol, dwli, ponsh; person di-nod neu dda i ddim: *shoddy or poor quality work, produce, &c., insignificant or insubstantial thing(s), rubbish, nonsense, balderdash, hotchpotch; insignificant person, good-for-nothing.*
Ar lafar, 'ryw *rwtsh* o waith' 'a badly done piece of work', 'ryw *rwtsh* o forwyn' 'a maid who works in a slapdash fashion', *WVBD* 456; 'Paid â siarad *rwtsh*!' (gogledd Cered.). Clywir hefyd y ff. *rwtsh-ratsh*, 'Hen raglan *rwtsh-ratsh* 'di honna', 'bwyd cwningan a rhyw *rwtsh-ratsh* felly'.

rwtsiaf: rwtsio, rwtsian [bnth. S. (*to*) *rush*] *bg.* Gweithio mewn ffordd frysiog a diofal, chwarae'r ffŵl, chwarae'n wirion; rhuthro: *to work in a shoddy or slapdash manner, fool about; rush.*
1855 Talhaiarn: *Gw* i. 338, i ffwrdd a Huwcyn, a i wynt yn ei ddyrnau . . . Ar ol *rwtsio* ar draws y caeau, y gwrychoedd, a'r cloddiau, daeth i weirglodd. Ar lafar yn Arfon, '*rwtsio* golchi = golchi'n fudur', 'gormod o *rwtsio* sy o lawar iawn yn y dyddia 'ma', *WVBD* 456, ac yn Llŷn yn yr ystyr 'chwarae'r ffŵl, chwarae'n wirion'.

-rwydd, -rhwydd [cf. yr a. *rhwydd*; ynglŷn â'r ff. *-rhwydd*, gw. *Treigladau* 28, 41, 142] *oldd. enw.*, e.e. *amherffeithrwydd, hapusrwydd, mileinr(h)wydd, ynfydrwydd.*
18–19g. *Llr* C 11, 200, *Rwydd*, signifies a falling or running freely or with ease into any quality, nature, disposition, &c. as serchogrwydd feasibility of being lovely, or serchog.

rwyll, ryb, gw. **ŵyll, rhwb.**

rybaldiaeth [cfdds. o'r S. *ribald(y)* 'ribaldry'+*-iaeth*] *e?b.* Serthedd, maswedd: *ribaldry.*
16g. *THSC* (1923–4) (At.) 23, [d]iogi mewn gwssanaeth duw, nev ddywedyd *rybaldiaeth.*

ryban, rybanog, rybar, rybediaf: rybedio, rybedian, gw. **rhuban, rhubanog, rwber, rhybediaf: rhybedio.**

rybela, rybelio, rhybela, r(h)wbela, rwbelu [bf. o'r e. *rwbel, rhwbel*] *bg.a.* *Mwyn.* Casglu cerrig o rwbel, rhai a wrthodwyd gan chwarelwyr mewn bargeinion neu rai dros ben ganddynt, a'u gweithio'n llechi (yn enw. fel math o brentisiaeth), hefyd yn *ffig.*: *to collect stones from rubble or those rejected or unwanted by quarrymen in 'bargains' and turn them into slates* (*esp. as a form of apprenticeship*), *also fig.*
1872. Cf. *Traeth* xl. (1885) 154, Ei waith ef . . . oedd *rhwbela*, hyny ydyw, hel y ceryg a droid heibio gan y dynion fyddai yn dal bargeinion, ac ar ol eu casglu at eu gilydd eu gweithio yn llechau. Y ffordd o brentisio chwarelwyr oedd hyn; K. Roberts: *TMC* 88, *Rybela* y bu Wiliam hyd yn hyn . . . ac nid oedd ganddo obaith am ddim byd arall.
Cfn.: **rybela siawns:** *to look for stones in the rubble or beg them from other quarrymen* (*of a 'rybelwr mawr'*). Ar lafar yn ardal y chwareli llechi, *B* xx. 373.

rybelwr, rhybelwr, rwbelwr [bôn y f. *rybela*, &c.+*-wr*] ll. *-wyr, -s.* *Mwyn.* Un sy'n rybela, prentis o chwarelwr: *quarryman who depends on stones collected from rubble, rejected by quarrymen in 'bargains', or begged from them, apprentice quarryman.*
1875. Ar lafar yn ardal y chwareli llechi, *WVBD* 456, *B* xx. 373.
Cfn.: **rybelwr bach:** *young apprentice quarryman.* Ar lafar yn ardal y chwareli llechi, *B* xx. 373. **rybelwr hyd y tyllau:** *a 'rybelwr' working on the rock face.* Ar lafar yn ardal y chwareli llechi, *B* xx. 373. **rybelwr mawr:** *quarryman who has served his apprenticeship but is without a 'bargain', depending on quarrymen in 'bargains' for stones to turn into slates.* Ar lafar yn ardal y chwareli llechi. **rybelwr yn y sièd:** *a 'rybelwr' working in a slate-mill.* Ar lafar yn ardal y chwareli llechi, *B* xx. 373.

ryber, ryberaidd, gw. **rwber, rwberaidd.**

rybish, rybitsh, gw. **rwbitsh.**

rybwliaf: rybwlian, gw. **rwmblaf: rwmblo.**

rybwnaf: rybwno, rybwnach [?cf. S. (*to*) *rub*] *bg.a.* Rhwbio, caboli: *to rub, polish.*
Ar lafar yn nwyrain Morg., ''Ŷch chi wedi *rybwno*'r ffenast?'; ''Man' nw drws nesa'n 'ela 'u bywyd i *rybwnach* y celfi', 'Fi *rybwnas* i ddicon ar yr 'en beth', *GTN* 697.

rybyr, rybýwc, gw. **rwber, rebúwc.**

ryc (*y*≡*ə*) [bnth. S. *ruck*] *eb.* ll. *-iau.* Sgrym rydd sy'n ymffurfio o gwmpas y bêl ar y ddaear (mewn rygbi): *ruck* (*in rugby*).
20g.

rycsac, rycsiwns, gw. **rwcsac, racsiwns.**

rycwiliaf: rycwilio [bnth. S. (*to*) *recoil*] *bg.* Cilio: *to retreat.*
17g. *CRC* 179, y cebyst ir cybydd *rycwilia* rhag cwilidd.

rycyfriaf: rycyfrio, gw. **recyfraf: recyfro.**

ryflaf: ryflo, ryff[1,2]**,** gw. **refliaf: reflio, rŵff**[1,2]**.**

ryffiaf[1]**: ryffio** [bf. o'r a. *rŵff*[2]] *ba.* Garwhau: *to roughen.*
c. **1877.**
Cfn.: **ei ryffio hi:** *to rough it.* **20g.**

ryffiaf[2]**: ryffio,** gw. **rwffaf**[2]**: rwffo.**

ryffian [bnth. S. *ruffian*] *eg.* ll. *-s.* Person treisgar digyfraith, dihiryn: *ruffian.*
20g.

rỳg, rygan rŷg, rygardant, rygarŷg, gw. **rẁg, rhegen**[2]**—rhegen y rhyg, regardant, rhegen**[2]**—rhegen y rhyg.**

rygbi [bnth. S. *rugby*] *eg.* Gêm a chwaraeir rhwng dau dîm â phêl hirgron y gellir ei chicio, ei chario, a'i phasio o law i law ar gae a gôl ar ffurf H yn y ddau ben, gan geisio sgorio pwyntiau drwy gario'r bêl heibio i linell gôl y gwrthwynebwyr a'i llorio, neu drwy ei chicio rhwng pyst a thros groesfar gôl y gwrthwynebwyr: *rugby.*
1930.

rygbïaidd [*rygbi*+*-aidd*] *a.* Yn perthyn i rygbi: *pertaining to rugby.*
20g.

ryger [bnth. S. *rugger*] *eg.* Rygbi: *rugger.*
20g.

ryng, gw. **rhwng.**

rym, rhym, r(h)wm (*y*≡*ə*) [bnth. S. *rum*] *eg.* Gwirod a ddistyllir o waddod sudd gwiail siwgr neu driagl: *rum.*
c. **1740** *LlM* 33, ai wlychu mewn *Rym* neu Frandi. **1768** J. Roberts: *R* 5, Am Dea a *Rym* £5602. **1771** *PDPh* [5], *Rum* neu Sac. **1778** J. Hughes: *BB* 318, Mae gan i dea [*sic*] Coffi, *Rum*, Brandi. [**1783**] *W*, vulgò *Rhwm, Rhym* d.g. *Rum.*

rymblaf: rymblo, gw. **rwmblaf: rwmblo.**

rymedi, rymp, gw. **remedi, rwmp.**

rympiaf: rympio [?bnth. S. (*to*) *rump* 'to turn one's back upon (someone)'] *bg.* Ymadael yn ddirybudd cyn pen tymor (am was ffarm, &c.): *to leave without notice before the end of the term of employment* (*of farm-hand, &c.*).
Ar lafar ym Meir., Llŷn, ac Eifionydd, 'Mae na ryw ddrwg ar y ffarm 'na—dyma'r ail was i *rympio* mewn pythefnos', *B* xiv. 293; *id.* iii. 207; *Cymru* xxxi. 195; *id.* lxii. 73; *BILlE* 34.

rymplaf: rymplo, gw. **rwmplaf: rwmplo.**

rymplyn [bôn y f. *rymplaf*: *rymplo*+*-yn*[1]] *eg.* ll. *rymplau.* Crychiad: *crease, wrinkle.*
Ar lafar, 'Beth yw'r 'oll *rympla* 'ma sy ar dy ddillad ti?', ''Odd dim *rymplyn* yn 'i gwinab 'i'n 'en fenyw', *GTN* 700.

ryn (*y*≡*ə*) [bnth. S. *run*] *eb.* ll. *-s.*
(*a*) Y weithred o redeg, sbel o redeg, taith (bleser), siwrnai; ymddangosiad di-dor

(e.e. am ddrama): *a run (on foot, by car, &c.), journey; run (e.g. of drama).*
1828 *Geir Pob* 23, *Ryn*, rhedfa llong, &c. Ar lafar, 'Mynd am *ryn* fach rownd y ca chware'; ''Gest ti fynd am *ryn* yn 'i gar newydd e?'

(*b*) Set o wageni ynghyd, siwrnai: *set of wagons coupled together, journey.*
Ar lafar yn ardaloedd chwareli'r Gogledd yn yr ystyr 'rhes o wageni yn mynd i fyny ac i lawr yr inclên, neu res ohonynt yn mynd heb injan o'r cei i'r porth-ladd', *B* xx. 374; sonnir hefyd yn Arfon am 'geffyla *ryns*', sef ceffylau a fyddai'n tynnu'r wageni hyn, a dywedir am rywun digywilydd 'Mae o fel wagan gynta'r *ryn*'. Cf. E. JONES: *Canrif y Chwarelwr* (1963) 154, *Ryn* . . . Nifer o wageni neu geir yn cael eu tynnu gan beiriant. Dywedir '*ryn* o gerrig', '*ryn* o sledeidiau' neu '*ryn* o faw'. Ar y gelltydd (inclêns) tair gwagen sydd mewn '*ryn*'.

(*c*) Ramp i hwyluso symud berfa, &c., mewn gwaith adeiladu: *ramp to facilitate use of wheelbarrow, &c., in building work.*
Ar lafar yn Arfon, *WVBD* 456.
Cfn.: **ryn wag:** *railway for empty trams at the bottom of the coal mine.* Ar lafar yn sir Ddinb., *Geir Glo* 116. **ryn lawn:** *railway for full trams at the bottom of the coal mine.* Ar lafar yn sir Ddinb., *Geir Glo* 116.

ryndraf: ryndro, gw. **rendraf: rendro.**

ryntot, &c., gw. **rhwng.**

rypâr, ryparaf, rypariaf: rypar(i)o, ryparwr, gw. **repâr, reparaf: reparo, riparwr.**

rypreseniad [bôn y f. *rypresennaf*: *rypresennu*+-*iad*¹] *eg.* Cynrychioliad: *representation.*
1568 MORYS CLYNNOG: *AG* 53, yr ypheren sydd cophaant a gwir *rypresenniad*, o fowyd, dioddefaint, a morfoleth yn harglwydd ni Iesu Grist.

ryprysennaf: ryprysennu, gw. **representaf: representu.**

rysáit, rysêt, resêt, risêt, rysît, &c. [bnth. S. *receipt*] *eb.g.* ll. *ryseitiau*, &c., *rysetiau*, &c., -*s*.

(*a*) Rhestr o gynhwysion a chyfarwyddyd ynglŷn â pharatoi bwyd, meddyginiaeth, &c., resipi, hefyd yn *ffig.*; meddyginiaeth, moddion: *recipe, also fig.; medicine.*
1582 *Rhyddiaith Gymraeg* ii. 50, Doctor Berthelet a yrrodd Robin a serten o *resets* i'r Duc o Vwckingam. Ar lafar yn y De, ''Odd 'i 'di roi *resáit* am disien i'r BBC'; 'Ma gin' i *risáit* y disian 'na yn y tŷ, di caid a gin' i', *GTN* 686. Cf. D. OWEN: *RL* 409, Mi gofies am un o *rysêts* Mr. Edwards o Gaerwys.

(*b*) Derbynneb: *receipt.*
1828 *Geir Pob* 22, *Resêt*, tal-nod, tâl ysgrif. Ar lafar, '*risêt*', *WVBD* 479; ''Nawr dyma'r *risáit* bot ti wedi talu, catw fa'n sæff', *GTN* 686; ''Dwy'n gwbod 'mod i wedi talu, ond 'fedra' i ddim ffendio'r *risît* rwan'. Cf. D. J. WILLIAMS: *ChHO* 201, Ei harfer hi ydoedd anfon y *reseitiau* heibio i'r trethdalwyr ymlaen llaw.

rysbaid, rysefaf: rysefo, rysefer, gw. **resbit, resefiaf: resefio, resefer.**

rysg, rysgyw, rysiaf: rysio, gw. **risg, resgyw, rhysiaf¹: rhysio.**

rystics [bnth. S. *rustics*] *e.ll. Mwyn.* Llechi ac iddynt wynebau cochddu: *slates with a reddish-brown surface.*
Ar lafar yn ardaloedd chwareli'r Gogledd, *B* xx. 374, ac yn sir Benf.

rysyddwr, rysyfwr, gw. **rhysyfwr.**

ryt, ryteiriaf: ryteirio, rytlan, rytsiwn, gw. **rhud, riteiriaf: riteirio, ydlan, erioed —erioed ffasiwn (beth, &c.).**

rytydda, gw. **oetyddiaf: oetyddio.**

ryw, rywbi, rywel, gw. **ruw, riwbi, rhywel.**

rywl, rywliad, rywliaf: rywlio, &c., gw. **riwl, riwliad², riwliaf: riwlio,** &c.

rywm, Rywnded, gw. **riwm, Rownded.**

Rh

rh, cytsain, a'r ail lythyren ar hugain yn yr wyddor Gymraeg; fe'i treiglir yn feddal gan ei throi yn *r*, ond erys yn ddigyfnewid ar ddechrau enwau b. un. sy'n dilyn y fannod neu'r rhif *un*, e.e. *y rhaff, un rhaw*, ac ar ddechrau geiriau sy'n dilyn y geirynnau *cyn, mor*, ac *yn*, e.e. *cyn rhated, mor rhesymol, yn rhwydd, yn rhosyn.*

rhabad, rhabadaf¹: rhabadu, gw. **rabad, rabadaf: rabadu.**

rhabadaf²: rhabadu [bnth. S. Diw. Cyn. (*to*) *rabat*, amr. ar (*to*) *rebate*] *bg.* Crebachu: *to shrink, shrivel.*
1545 *CM* 1, 16, I mae I gorf Ef gwedi pwyso mewn Oedran hennaint Ac wedi k/olli I nerth ai wres natturiol Ai ddannedd yn pall/u yn bwdwr gw[e]di *hrabadu*. **1615** R. SMYTH: *GB* 243–4, henafgvvyr gvvedi iddynt *rabaddu* [*sic*] ag myned yn fantach sy 'n bloesci, heb fedryd parablu na [d]vvyn allan i gauriau [*sic*].

rhabaf: rhabu, *ba.* Gorfodi, atal: *to constrain, check.*
1803 *P.*

rhaban, *e?b.* ll. -*au*. Pant, ffos neu rigol ddofn a achosir gan ddŵr: *hollow, deep ditch or trench caused by water.*
1822. Ar lafar ym Mrych., '*rhaban*, rhigol dwfn wedi ei dorri gan ddwfr yn y ddaear', *Cymru* xxxix. 95, ac yng Nghered., '*rhaban*, pant mewn tir', *id.* xlvi. 23. Digwydd hefyd yn yr e. lle *Rhaban-y-dŵr* ym mhlwyf Llanbadarn Fawr, Cered.

rhabi¹ [?cf. *rhabi²*] *eb.* (bach. *rhabïen*) ll. *rhabïod*. Merch fywiog chwareus, hoeden, mursen: *lively playful girl, wench, flirt.*
c. **1760** (**19g.**) *CM* 522, 60, Roedd fy ngeni i yn ddi feth / Yn rhywbeth i chwi y *rhabi. id.* 111, Hai How heno y merched heini / R'wy'n siampal rhybydd i bob *rhabi* / Mi gollais i y bri ar braint / Daeth henaint i'm dihoeni. **1766** *CD* 148, I gael Arian yn fy mhocced, / I fynd i garu Merched: / . . . / Pan fyddwn yn talu 'Scorion / . . . / Am Gwrw, ac am Fragod, / I roi y moliau *Rhabbiod.* **18–19g.** *Llr* C 55, 51, *Rhabi*, a romp, a rompish Girl, Glam. *ib. Rhabïen.*

rhabi², rabi² [?bnth. S. C. *Arabi* 'an Arab horse'] ?*eg.* a hefyd fel *a.* ?March; ?llamsachus: *?stallion; ?prancing.*
c. **1400** *R* 1345. 31, Ysgerbŵt ribŵt *rabi* gosgeidic. **16–17g.** T. PRYS: *Bardd* 154, Kostrel anynad kestrwth / yn Kroch weiddi *Rabi* Rwth [i ofyn tarw]. *Dchr.* **17g.** *NBSBM* 136, A march gwinau tenau tingregyn, / *Rhabi* yn rheibio gwair pob dyffryn.

rhabïen, gw. **rhabi¹.**

rhabire [?*rhabi²*+*rhe*] ?*a.* ?Llamsachus: *prancing.*
12g. *GMB* 263, Gnaŵd march o veirch *rabire* / Yn varch dewr, yn ŵarch dyre.

rhabodau, rhabwdau [?cf. *trabŵd*] *e.ll.* Carpiau, rhacs: *rags, tatters.*
Ar lafar yng ngodre Cered., '*rhabode* mân'. Cf. *SE MS* 403a, *Rhabodau* . . . Upper Cards *Rhabwdau* . . . lower Cards.

rhabsgaliwn, rhabwdau, gw. **rabsgaliwn, rhabodau.**

rhabwst [?cf. *llabwst*] *eb.* Gair difr. am fenyw, slaf, slebog: *derog. term for a woman, drudge, slattern.*
1832 A. ROBERTS: *LlM* 114, 'R oedd yma wragedd cneifio, / Pob *rhabwst*, pawb yn rheibio. Ar lafar yn Arfon, 'hen *rabwst* ddiog', *WVBD* 456.

rhac¹, gw. **rac¹.**

rhac², rac² [bnth. S. *rake* (implement)] *eg.* ll. -(*i*)*au*. Cribin, rhaca, neu un o nifer o declynnau neu offer tebyg o ran ffurf neu bwrpas, e.e. colrac, cribin popty: *rake, or any of a number of implements similar in shape or function, e.g. cole-rake, oven-rake.*
1547 *WS*, *Rack* popty A colerake. *c.* **1588** *B* ii. 235, *rhacc* popty yw colrhen popty, fel pren srite ag iddo droed hir i dynu ato garthion y pobtu kyn i lanhau. **1604–7** *TW* (*Pen* 228), *Rac* Fwrn d.g. *Rutabulum.* **17g.** *LlGC* 13215, 344, *rhâc*, rutellum. **18g.** *Beirdd y Berwyn* 77, *Rhac* a batog, caib a gwddi, / Car, ystrodur, mynwr, mynci, / Picwarch, cribin, ffust i ddyrnu, / Gogor nithio gyda hynny. Ar lafar yn ardaloedd y chwareli llechi yn yr ystyr 'arf i grafu a symud llwch llechi o'r "cafn dŵr"', *B* xx. 374, ac yn Arfon am declyn a ddefnyddir i grafu mŵd oddi ar ffordd, i lanhau popty, &c., *WVBD* 453. Fe'i clywir yn sir Ddinb. am erfyn a ddefnyddir i lanhau ffordd neu fuarth, *Cymru* xlvii. 142; ym Meir. yn yr ystyr 'colrac', *Geir Geg* 149, ac yn nwyrain Morg. yn yr ystyr 'cribin gwair'.

rhac³, gw. **rag³.**

rhaca¹, raca¹ [bnth. S. *rake* (implement); ansicr yw'r engh. gyntaf, ond ?cf. S. (*to*) *rake hell, rakehell*] *eb.g.* ll. *rhacaeau*. Cribin, neu un o nifer o declynnau neu offer tebyg o ran ffurf neu bwrpas, e.e. peiriant mawr i grynhoi gwair a chanddo res o ddannedd ar echel olwynog a dynnir gan geffyl neu dractor: *rake, or any of a number of implements similar in shape or function, e.g. horse-rake.*
16g. HUW ARWYSTL: *Gw* 366, Rhai a garav n rhygorawl / rhoi kiw i ddwyn *rhacka* i ddiawl ['cywydd heb reswm']. **1707** *AB* 219d, *Rhacca.* A rake. S.W. **1722** *Llst* 189, *Rhacca.* f.p. *caeau.* A rake. *c.* **1730** *Thos. Lloyd D* (LlGC) 201a, *Rhacca.* A rake. rastrum. *c.* **1730** *Taith C* 34, Gwr . . . a chantho *Racca* (neu Ressel Tom). Ar lafar yn y Canolbarth a'r De, gw. *LGW* 16–17, ac yn sir Benf., *SC* vi. 125. Digwydd hefyd mewn ymadd. megis 'mor dene a *rhaca*', *B* iv. 301.
Amr.: **rhacan¹** (ll. -*au*). **1760** *ML* ii. 193, Inventions of tools for my garden are these: tair *rhaccan* yn lle un, one of 18 inches, one of ten inches, and one of 6 inches for small hollows or narrow places. **1803** *P*, *Rhacan*, s. m.—pl. t. *au* . . . A rake. Clywir y ff. l. *racana* yn ne-ddwyrain Morg., *GTN* 674. **rhacai** [?dan ddyl. yr oldd. -*ai²*; cf. *rhaceiaf*: *rhaceio*] (ll. *rhaceion*). **1803** *P.* **reca.** Ar lafar yn sir Benf., *SC* vi. 125.
Cfn.: **rhaca fach, rhaca bach:** *small hand-rake.* Ar lafar yng Nghered. a Morg. **rhaca ceffyl, rhaca geffyl:** *horse-rake.* Ar lafar, *GTN* 674, a hefyd yn sir Benf. **rhaca gwair, rhaca wair:** *hay-rake, horse-rake.* **1917.** Ar lafar, *GTN* 674, a hefyd yn sir Benf. **rhaca fawr:** *horse-rake.* Ar lafar yn sir Benf.

rhaca², raca² [bnth. S. *rake* 'dissolute man'] *eg.* a hefyd fel *a.* Dyn afradlon, oferddyn; gwacsaw, diffaith, afradlon: *rake, dissolute man; frivolous, dissolute, prodigal.*
1672 R. PRICHARD: *Gw* 199, Er fy mendith na lyssenwa, / Neb yn rhwyl, neu 'n ffol, neu 'n *rhaca* [:- dyn gwâg di-dda]: / R'hwn [*sic*] a alwo ei frawd yn lletffol, / Mae ê'n haeddu tân vffernol. **1773** J. ROBERTS: *GY*, *raca*, ofer-wag, Penysgafn.

rhaca³, rhacan² [?bathiad Iolo Morganwg ar ddelw'r H. Grn. *racca*, gl. *comedia*] *eg.* ll. *rhacaon*. Anterliwt, sioe: *theatrical spectacle, interlude, show.*
18–19g. *Llr* C 4, 85, *Rhaccan*, an interlude Glam. whare *rhaccan*—the same as chware enterlut in Vened. **1803** *P*, *Rhaca*, s. m.—pl. t. *on* . . . a spectacle, or show.

rhacadair [*rhag-*+*cadair*] *eb.* ll. *rhacadeiriau.* ?Eisteddfod ragbrofol o feirdd: *preliminary convention or session of bards.*
18–19g. *Iolo MSS* 52–3, Dyddiau rhagorsedd a *rhaccadair* ydynt ddyddiau Bann Lleuad . . . cynnal rhagorsedd a *rhaccadair* a golychwyd er addysg ac athraw Gwlad a chenedl. ac er dangos i Awenyddion a noddedigion y petheu a ddylynt eu dysgu . . . ac yn y rhagorseddau a'r *rhaccadeiriau* hynn nis gellir rhoddi dim ar osteg a rhybydd.

rhacadwaf: rhacadw, gw. **rhag-gadwaf: rhag-gadw.**

rhacaer, rhag-gaer [*rhag-*+*caer*] *eb.* ll. *rhacaerau, rhag-gaeroedd, rhag-geyrydd.* Maestref; mur allanol: *suburb; outer wall.*
14g. *WM* 489. 12–13, dyuot aorugant hyt yn *rackaer* glini. **1707** *AB* 238b, *Raccaer*, A Suburbs. **1753** *TR*, *rhaccaer*, a suburb of a city. **1770** *TG* iv. 9, naw milltir o gwmpas tu fewn i'r caerau, a deunaw ynghyd â'r *rhaccaerau*, neu'r maesdrefi, (Suburbs). **1794** *W*, *Rhaccaer* d.g. *Suburbs.* **1803** *P*, *Rhaggaer*, s. f.—pl. t. *oz* . . . Any advancework in fortification; an outwork; the suburbs of a city.

rhacaf: rhaco, gw. **raciaf¹: racio.**

rhacai, rhacan¹, gw. **rhaca¹.**

rhacan², gw. **rhaca³.**

rhacanaf, racanaf: r(h)acanu [bf. o'r e. *rhaca*[1]; cf. *cwtanu, rhacan*[1]] *bg.a.* Cribinio (ynghyd), defnyddio cribin neu raca ar (gae, &c.), hefyd yn *ffig.*: *to (use a) rake, rake together, rake (a field, &c.), also fig.*

1617 *Minsheu* 400b, *rackánu* d.g. *to Rake.* **1711** TP: *CG* 15, y dyn iefangc i ymddangos ac i *rhaccanu* [*sic*] (neu gribinio) yr tir ar yr hâd Hemp. **1725–6** *Madd Ed*, 440, ni *raccana* efe yng nghlwyfau Dynion (*he will not rake in men's wounds*), ac ni rwyga i fynu eu hên ddoluriau, ond a faddeu fel y mae ef yn gobeithio cael maddeuant. *c.* **1730** *Thos. Lloyd D* (LlGC) 198a, *Rhaccanu*. Cribinio. *c.* **1730** *Taith C* 34, yn *Rhacannu* iddo ei hun y Gwellt, a'r Briwydd. *c.* **1762–79** W. WILLIAMS: *P* 402, maent oddi wrth yr athrawiaethau hyn o wahardd priodi yn ennill, ac yn *rhaccanu* iddynt eu hunain oddi wrth y bobl gyfoethog yn aneirif ac yn meithrin godineb, a phutteindra. **1767** *AADdG* 181, o ystruan melldigedig! a *rhaccanu* uffern trwyddi . . . prin y ceir dy gydymaith. **1769** *DRh* 47, amryw gyfeiliornadau a *raccanwyd* oddi ar dommen Pabyddiaeth. **1784** M. WILLIAMS: *S* i. 196, Nid yw'r halen yma yn costi dim, ond rhyw ychydig o gydnabyddiaeth am ei *raccanu* ynghyd. **1803** *P*, *Rhacanu* . . . To rake. Ar lafar yng Nghered., sir Benf., a'r De, *GTN* 674; hefyd yn sir Benf. yn yr ystyr 'to sift chaff . . . The chaff . . . is sifted by passing it through a rake', *GDD* 243; digwydd y be. *rhacano* yng nghanolbarth Cered.

rhacastell, rhag-gastell [*rhag-* + *castell*] *eg.* Mur allanol castell, beili: *outer ward of castle, bailey.*

14g. *BT* 65, ef alosges hagen y *rackastell. ib.* nychawssant heuyd dim rac y kastellwyr namyn llosgi y *rackastell. id.* 67, gwedy llosgi y *rac kastell* adiang y tyreu yr ymchwelassant yr koed allawer o yspeil ganthunt.

rhaced, raced, racet[1] [bnth. S. *racket* 'bat'] *eg.b.* ll. *r(h)acedi, racets.* Bat ac iddo ffrâm gron neu hirgron yn dal rhwydwaith o neilon, gwt, &c., a ddefnyddir i geisio taro'r bêl neu'r wennol mewn tennis, sboncen, badminton, &c.: (*tennis, &c.*) *racket.*

1938. Ar lafar yn gyff. yn y ff. *racet.*

rhaceiaf: rhaceio, gw. **rhaciaf**[1]**: rhacio.**

rhaciad, rheciad [?bôn y f. *rhaciaf*[2], *rheciaf*: *rhacio, rhecio* + *-iad*[1], neu amr. ar *haciad* drwy gamrannu *yr haciad* > *y rhaciad*] *eg.* ll. *-au.* Toriad (y wawr): *break (of day).*

1722 *Llst* 189, *Rhecciad* y dydd, neu y wawr. Break of day, the dawning. **1803** *P*, *Rhaciad*, s. m.—pl. t. *au* . . . *Rhaciad* y wawr, the first breaking of the dawn.

rhaciaf[1]**, raciaf**[2]**: r(h)acio, rhacian** [bf. o'r e. *rhac*[2]] *bg.a.* Cribinio (ynghyd), clirio â chribin, pocer, &c.: *to rake (together), clear with a rake or poker, &c.*

17g. *LlGC* 13215, 344, *rhaccio*, sarculo. Ar lafar yn y Gogledd yn y ff. *r(h)acio*, *WVBD* 453, ac yn nwyrain sir Drefn., '*Rhacian*,—clirio'r lludw o waelod y grat a'r procar', *Cymru* liii. [134].

Amr.: **rhaceio** [bf. o'r e. *rhacai*] **20g. rhecian. 20g.**

rhaciaf[2]**, rheciaf: rhacio, rhecio** [cf. *haciaf*: *hacio*, a gw. hefyd *rhaciad, rheciad*] *bg.* Torri (am y wawr): *to break (of day).*

1722 *Llst* 189, *Rheccio*, To break as the day, dawn. **1772** *W*, *rhaccio* o'r wawr neu'r dydd d.g. *To dawn.* **1803** *P*, *Rhaciaw* . . . Dacw y wawr yn *rhaciaw.*

rhaciaf[3]**: rhacio,** gw. **raciaf**[1]**: racio.**

rhaciog [cf. *haciog*] *a.* Haciog, danheddog: *hacked, jagged.*

1902.

rhaclod [*rhag-* + *clod*] *eb.* Clod neu foliant blaenllaw neu eang, enwogrwydd: *pre-eminent or widespread praise, fame.*

12g. *GCBM* i. 118, Trydet yw ar dec a digaun—*raclod*, / Yn ragod ragordа6n. *id.* 132, Kynnetyf y Bowys kynnossod—yn aer / Yn aros eu *raclod. id.* ii. 21, Nyd etiw hebod *raclod* ragor. **13g.** *GDB* 256, Hud el yn ryuel hyd yn Ruuein / A'e *raclod* a'e rod o riw uetgein.

rhaclyd, gw. **rhaglyd.**

rhacllafn [*rhag-* + *llafn*; ansicr yw'r union ystyr yn y dfn. cyntaf isod, a rhoddir y diff. ar sail y geiriaduron] *eg.* Blaen neu fin cleddyf, dagr, neu gyllell: *point of sword, dagger, or knife.*

14g. *WM* 455. 9–10, Cledyf eurd6rn ar y glun a *rac llauyn* eur ita6. **1707** *AB* 238b, *Racllauyn*, The forepart of a blade; The point of a Sword, Dagger, or Knife. **1753** *TR* d.g. *rhagllafn.*

rhacno, gw. **rhagno.**

rhaco, raco [ff. adfl. ar yr ardd. *rhag*, gw. *GMW* 60, 84–5] *adf.* a hefyd gyda grym ansoddeiriol.

(*a*) Acw, yna, draw: (*over*) *there, yonder.*

14g. *WM* 39. 3–5, Mi a6elaf longeu *racco* . . . ac yn dyuot yn hy parth ar tir. *id.* 402. 32–3, Argl6d [*sic*] heb ef may *racco* wenh6yuar heb neb gyt a hi. **14g.** *YBH* 10a, nyt oes na ffr6yth na nerth yny bopyl awel6ch *racco. id.* 26a, weldy *racco* iuo[r] yn dyuot. *id.* 28b, y mae *racco* o nifer hyt na allei vndyn ymerbynneit ac eu haner. *c.* **1400** [*RB*] *WM* 240. 30–1, vy argl6ydes i y6 honn *racko. c.* **1400** *YCM*[2] 74, Welwch *racco* y paganyeit. *c.* **1400** *ChO* 20, Yna y dywawt llygoden y ty wrth y llall, 'Neitta *racco*. Ti a wely yssyd o ymborth ytt, os mynny'. **15g.** *GLGC* 285, rhai diofn rhag ofn rhyw gad, / *rhaco* eraill er cariad. **16g.** *Haf* 22, 352, *rrako* y mae oen dŵw. **1707** *AB* 238b, *Racco*, Thither, before thee, yonder, there, that there. Sylldi *racco*, Look there. **1803** *P* d.g. *Rhaco.*

(*b*) (ar ôl e. neu r. a ragflaenir gan y fan.) (Y . . .) hwnnw (honno, hynny, yna): *that, those, yonder (adj.).*

1346 *LlA* 106, mab ylleian *raco* yrodes du6 ida6 pennaduryaeth ar ba6p or ynys honn. **14g.** *WM* 118. 25–6, Ymam heb ef beth y6 y rei *racco*. egylyon uy mab heb hi. *id.* 147. 13–14, G6yr y6 y rei hynny ym tat i oll. yg6r ll6yt *racco. id.* 444. 33–4, yr ty *racco* yd aeth dy uarch di. **14g.** *YBH* 12a, kymer y gwisc las *racco. id.* 21a, gwell genhyf vy modi yn y d6fyr nom kael or pagannieit *raco* ym [m]erthyru. *id.* 39b, mor6yn a losgir yn y tan *racco* a briodet ddoe. *c.* **1400** *Ked AA* 10, os budugolyaeth a ryd Duw ytti o'r gwr *racko* . . . mi a rodaf Belisent, vy merch, yn briawt itt. *c.* **1400** *RB* ii. 56, G6issg6ch ych arueu wyr abydin6ch. a chyrch6ch yr hanner g6yr *racko* (*BD* 17, rakv) megis deueit. *id.* 117, [c]ynulla6 can mil or bobyl Jeuaf . . . Ac anuon hynny hyt yn llyda6. hyt pan vei y can mil *racco* a gyfanhedei y wlat. *c.* **1400** *GP* 5, Geirieu ereill ar ny hanffont o'r dwy rann ymadrawd *racko*, henw, neu rachenw, a beryf. **1803** *P* d.g. *Rhaco.*

Gw. hefyd **acw, rhacw.**

rhacs, racs [bnth. S. *rags*] *e.ll.* (un. g. *r(h)acsyn, r(h)ecsyn*, b. *r(h)acsen*) ?ll. dwbl *racsys.* Tameidiau treuliedig neu rwygedig o frethyn, carpiau, hen ddillad neu ddillad treuliedig, darnau toredig o unrhyw ddefnydd, dernynnach, darnau mân, cyrbibion, hefyd yn *ffig.* ac yn ddifr.: *rags, tatters, old or worn clothes, fragmentary pieces of any material, scraps, small pieces, smithereens, also fig. and derog.*:

16g. WILIAM CYNWAL: *Gw* (R. L. Jones) 324, Pe cawn Wen Ddwynwen ddinam . . . / Angyles hil Abram, / A gyrru'r gŵr, coegwr cam, / Dwrf *racsys*, i dref Wrecsam. *c.* **1762–79** W. WILLIAMS: *P* 264, rhai'n sydd yn myned oddautu yn hollol noeth, heb gymmaint ag un *rhegsyn* yn eu gorchguddio. **1828** *Geir Pob* 21, *Rags*, carpiau, bratiau. Ar lafar yn gyff., 'heb yr un *racsan* o ddim'; 'malu'r drol yn *racs* a'r ferfa hefyd', *WVBD* 453; 'Fe gæs 'i ddala yn y glaw ac 'odd dim *recsyn* sych arno pyn dæth a mywn', *GTN* 680; ac yn yr ystyr 'scoundrel, a contemptible fellow', *SC* vi. 126, ac mewn ymad. megis 'nerfe . . . wedi mynd yn *rhacs*', *Wês wês* 35, '*rhacsen* o gôt', 'hen *recsyn* o landrofer', 'cafodd ei sbwylio'n *rhacs*' (am blentyn), ac yn ddifr. am bapur newydd.

Cfn.: **r(h)acs gyrbibion, r(h)acs grybibion = racs jibidêrs.** Ar lafar, *WVBD* 453. **r(h)acs jibidêrs,** &c.: *tatters, pieces, smithereens, also fig.* Ar lafar yn gyff., D. J. EVANS: *HCS* 129, *Rhacs-jibiders.* Cf. W. LLEWELYN WILLIAMS: *'S Lawer Dydd* (1918) 81, cesen ni'n towlu'n *rhacs-jibbedêrs* yn erbyn y creige. **recsyn tynnu llwch:** *duster.* Ar lafar yn ne-ddwyrain Morg., *GTN* 680. **r(h)acs ulw mân = racs jibidêrs.** Ar lafar. **r(h)acs yfflon = racs jibidêrs. 1935.** Ar lafar. **yn racs rubanau:** *in shreds, completely ragged.* Ar lafar yn nwyrain Morg., 'Man' nw'n mynd *yn racs rubana* mwn shiffad [am ddillad plentyn]', *GTN* 674.

Gw. hefyd **ffon—ffon rag, regyn, rhacsach.**

rhacsach [*rhacs* + *-ach*[2]] *e.ll.* Rhacs, hefyd yn *ffig.* ac yn ddifr.: *rags, also fig. and derog.*

Ar lafar. Cf. D. J. WILLIAMS: *ChHO* 25, Rhyw *racsach* o bilynnau a thameidiau lliwgar ar ôl yr wniyddes a chwilotai ein mam i ni.

rhacsaf, racsaf, r(h)acsiaf: r(h)acs(i)o, rhacsan [bf. o'r e. *rhacs, racs*] *bg.a.* a hefyd gyda grym enwol i'r be. Torri neu rwygo'n rhacs, darnio, distrywio, difetha, hefyd yn *ffig.*: *to cut or tear into tatters, break into pieces, destroy, spoil, also fig.*

1863–5 D. OWEN: *WBC* 27, y mae llawer . . . o'n pobl ni ein hunain a'n gwrandawyr wedi diflasu ar y difrïo a'r *rhacsan* mawr sydd wedi ac yn cymmeryd lle. Ar lafar yn gyff., *WVBD* 453, *B* xiv. 293.

Amr.: **racsach.** Ar lafar yn ne-ddwyrain Morg., 'Tria bido *racsach* dy ddillad', *GTN* 674. **rhacsu** (ff. brin). **20g.**

rhacsen, gw. **rhacs.**

rhacsiog, racs(i)og, rhacsog [*rhacs, racs* + *-(i)og*] *a.* Wedi mynd yn rhacs, carpiog, tlodaidd ei wisg, aflêr, hefyd yn *ffig.*: *ragged, tattered, shabby, untidy, also fig.*

1904. Ar lafar, *WVBD* 453, *Cymru* liii. [134]; 'trywzyz *racsog*', *GTN* 675.

rhacsyn, gw. **rhacs.**

rhactaf [gr. eith. yr ardd. *rhag*, cf. *eithaf, gwarthaf*; ond gw. *CA* 257] *a.* (gr. eith.) Blaenaf: *foremost.*

13g. *A* 16. 11, *ractaf* rwyuyadur.

rhactal[1] [*rhag-* + *tâl*[2]; ynglŷn â'r engh. gyntaf isod, gw. *CT* 104] *eg.b.* ll. *-au, -oedd.*

(*a*) Rhwymyn (addurniadol) i'w wisgo ar y talcen, penrhwymyn, talaith, coronbleth; phylacteri; (geir.) ychwanegiad at ffrwyn sy'n gorchuddio talcen ceffyl; hefyd yn *dros.* ac yn *ffig.*; (geir.; yn y ll.) milwyr sy'n gwarchod y ffin: *frontlet, headband, chaplet, garland; phylactery; (dict.) front-stall (of bridle); also transf. and fig.; (dict.; in pl.) frontier guards.*

14g. *T* 65. 12, Tyllynt tal ysc6yda6r *rac taleu* y veirch. **14g.** *WM* 120. 22–5, mor6yn wineu teledi6 yn eisted yn y gadeir a *ractal* eureit am y thal. a mein damllywychedic yn y *ractal. id.* 181. 6–8, G6isc ymacc6yeit oed pali purdu. a *ractaleu* o rudeur yn kynhal eu g6allt. **14g.** *GDG*[3] 119, Mae ar ei thâl, mawr ei thwyll, / Fflwch *ractal*, mau benial boen, / Fflwring aur, ffloyw reng oroen. *id.* 132, Nid rheidiach i'm byd rhydeg / Rhoi *rhactal* am y tâl teg. **16g.** WILIAM LLŶN: *Gw* (R. Stephens) (At.), *ractal*, kantel. mae *Ractal* vwch y tal tec Gan John brwynoc. *a.* **1587** *Y* 175, Rhois ar *ractal* pob dalen / Y bai a nôd ar i ben, / Felly'n haws am gerdd draws dro, / Iach wyr, caent i chyweirio. **1588** *Ecs* xiii. 15–16, 'r ydwyf yn aberthu i'r Arglwydd bôb gwryw cyntaf-anedic . . . bydded hynny yn arwydd ar dy law, ac yn *ractalau* rhwng dy lygaid. **1604–7** *TW* (*Pen* 228) d.g. *Corona, Frontale. id. Rhagdalæ* d.g. *prætenturæ. Dchr.* **17g.** *J* 10, 13a, *Rhagdal.* frontlet. **1632** *D*, *Rhagtal*, Frontale. **1672** R. PRICHARD: *Gw* 7–8, Cadw 'r gair bob pryd ith galon, / . . . Dôd ê'n gadwyn am dy fwnwg, / Dôd ê'n *rhactal* o flaen d'olwg. **1688** *TJ*, *rhagtal*, ffunen, gwîsg talcen: a Frontlet, or Forehead-cloth. **1753** *TR*, *rhagtal* . . . the front-stall of a horse-bridle. **1773** J. ROBERTS: *GY*, *rhacdalau*, darnau o Femrwn 'Scrifenedig: A wisgid rhwng y llygaid. **1803** *P*, *Rhagdal*, s. m. . . . a frontlet, a frontstal.

(*b*) Pentis, feranda; bargod, bondo: *penthouse, verandah; eaves.*

15–16g. *TA* 263, Pob wâr o ddaear ddierth, / Pob bath win, pob peth i werth; / Pendistiau, *rhagtalau* tês, / Parlyrau purloyw, eres [i dref Croesoswallt]. **1588** *Esec* xl. 9, Ac a fesurodd gyntedd y porth yn wyth gufydd, ai *ractaloedd* yn ddau gufydd. *Dchr.* **17g.** *J* 10, 13a, *Rhagdal* . . . Pentise. **1632** *D*, *Rhagtal* . . . imbricamentum, suggrundia, prominentia ædificij. **1722** *Llst* 189, *Rhagtal.* f.p. *talau* . . . the brow of a wall &c. pent-house, eves of an house. **1773** *W* d.g. *Eaves, Pent-house.*

Cfn.: **rhactal tes:** *shelter from the heat.* **15–16g.** *TA* 263. **1604–7** *TW* (*Pen* 228), *rhactal tes*, ne'r cyfryw le a wneler yn y meysydh y achlesu 'niueilieit d.g. *Mandra.*

rhactal[2]**,** gw. **rhag-dâl.**

rhacter [*rhag* + *-der*; cf. *gwarther*] *eg.* Blaen, blaen y gad, blaen byddin, rheng flaenaf (byddin), hefyd yn *ffig.*; (geir.) amharodrwydd, gwrthwynebiad, gwrthsafiad, rhwystr: *front, van of battle, vanguard, front line (of army), also fig.; (dict.) reluctance, opposition, resistance, obstruction.*

12g. *GCBM* i. 326, Teruysc yn racfysc yn *racter*—a wnaeth / T6ryf tonn fraeth frau aber. *id.* ii. 54, Par anwar, anwas yn *racter. id.* 165, Cadyr yt ymdengys Rys yn *racter.* **13g.** *GDB* 65, Yscrud drud, dreic feleic fer, / Ysc6n yscwyd, rwyd *racter.* / *Racter* y niuer, naf llednеis—y hil, / Hael ureenhin Kemeis. **1632** *D*, **Rhagter*, Resistentia. **1688** *TJ*, *Rhacter*, sefŷll yn erbŷn: resisting. **1722** *Llst* 189, *Rhagter.* m. Resistance, reluctance. **1803** *P* d.g. *Rhagder.*

rhacto [*rhag-*+*to*¹] *eg.* ll. *-ion.* Pentis; bwth, oriel, arcêd: *penthouse; booth, gallery, arcade.*

1632 *D, rhagto* d.g. *Præstega, Protectum.* **1722** *Llst* 189, *Rhagto.* m: A pent-house. **1725** *SR, rhagto* d.g. *Booths, Cabbins, or Standings.* **1772** *W, rhagto* colofnog d.g. *Cloister.*

rhactref, rhactrws, gw. **rhagdref, rhagddrws.**

rhacty [*rhag-*+*tŷ*] *eg.* ll. *-au.* Portsh, cyntedd, porth, mynedfa; tŷ allan: *porch, vestibule, portal, entry; outhouse.*

1632 *D, rhagty* d.g. *vestibulum.* **1722** *Llst* 189, *Rhagty.* m. A porch, portal. **1725** *SR, Rhactŷ* d.g. *A Porch.* **1773** *W* d.g. *Entry, Porch or vestibule.* **1803** *P, Rhagdy,* s. m.—pl. t. *au* . . . An outhouse.

rhactyb, rhactyddyn, gw. **rhagdyb, rhagdyddyn.**

rhacw, racw [ff. adfl. ar yr ardd. *rhag,* gw. *GMW* 60] *adf.* a hefyd gyda grym enwol ac ansoddeiriol.

(*a*) Acw, yna, draw; dacw: (*over*) *there, yonder; see* (*over*) *there, there is.*

13g. *LlI* 63, emteruenu erug deu wyr gymbreynt am tyr, a'r neyll en teruenu hyt *racu* a'r llall hyt ema. **14g.** *GIG* 37, Hawddamor pôr eurddor pert, / Hwyl *racw* ym mrwydr, hil Ricert [i Owain Glyndŵr]. **15g.** *HS* 15, un braich rac ofn briw / yt Edwart ydiw / o York i gaeriw / *rakw* gwiriant. **1469** (**15–16g.**) *RWM* i. 415, Ni bo i berchen bwa / *Rakw* n swydd iork vnnos dda [marwnad Wiliam Iarll Penfro gan Hywel Swrdwal]. **15–16g.** *GLM* 195, Mae *racw* lys am war Clwyd; / am y sêr y'i mesurwyd. **1604–7** *TW* (*Pen* 228), *raccw* vo, *raccw* hei, *raccw* n hwy d.g. *Eccum.* **1632** *D, raccw* fo d.g. *Eccum.*

(*b*) (ar ôl e. neu r. a ragflaenir gan y fan.) (Y . . .) hwnnw (honno, hynny, yna): *that, those, yonder* (*adj.*).

13g. *LlI* 38–9, bu well ganthau ef menet en uab e'r gur *racu* er e da no bot en argluyd. *id.* 75, Sef yu gyrr keureythyaul, llv e perchennauc ar uot en wyr ar e den *racu* e lledrat a yrr ef. **13g.** *BD* 17, Guisgvch avch arueu, wyr, a bydinvch, a chyrchvch yr hanner gvyr *racv* megys deueit. **14g.** *RC* xxxiii. 187, da oed gennyf beth or aualeu *rackw* pei gellit yw caffel. *Dchr.* **15g.** *B* ii. 191, gwraic wenn i throet . . . kyt boet gwriw troet y gair *rackw* gwenn a dygir ar y wraic ac nyt ar y troet. **15g.** *BB* 123, dan y broynsswrn *rackw* yssyt ymherued y plas. ymae yr llyn teckaf. *id.* 139, ymledwch yn duhun diueiriawc ar castell *rackw. Diw.* **16g.** *LBS* iv. 421, Os daw neb yma . . . a fynno dyrchafel y corph kyssegredic *rhackw* mogel rhac y wrafyn. **1716** T. EVANS: *DPO* 81, A'r amser hwnnw y beichogais i ac y ganwyd y mab *rhaccw.* *c.* **1730** *Thos. Lloyd D* (LlGC) 197b.

Gw. hefyd **acw, rhaco.**

rhacymeriad, rhacytundeb, gw. **rhaggymeriad, rhag-gytundeb.**

rhad [Crn. C. *ras,* yr e. prs. H. Lyd. *Rad*(*ueten*), yr e. prs. Gal. (*Su*)*ratus,* H. Wydd. *rath* 'gras', be.'r f. *ern*(*a*)*id* 'cyflwyna, rhydd', cf. Gr. πορεῖν 'darparu'] *eg.* ll. *-au,* (prin) *-oedd,* a hefyd fel *a.*

(*a*) Gras, bendith, ffafr; haelioni, daioni, graslonrwydd; dawn, rhodd: *grace, blessing, favour; generosity, bounty, goodness, graciousness; talent, gift.*

9g. (*Ox* 1) *VVB* 208, *rat. Dchr.* **12g.** *GMB* 7, O Morccanhvc, o Rieinvc, *radev* rvytheint. *ib.* Vrten arnav, *rad* ac anaw a ffav a phlant! **12g.** *id.* 142, Boed kyuoed dy *rad* a'th wlad a'th waỽd. *id.* 152, Medressid maỽr ri maỽr rann gan deithi, / Arwystli arwystyl *rad.* **12–13g.** *GLlLl* 4, Prif deyrn kedyrn, kydwet *rad,* / Preityei baỽb, y bob digarad. *id.* 25, Gỽallouyad eur *rad,* Rodri—essillyt. *id.* 218, Minheu o'm *radeu,* rym anant, / Yn ruteur, yn rwyt ardunyant. **13g.** *C* 68. 20–69. 1, Piev ybet ar lan ryddnant. Run .y. env *radev* keucant. **14g.** *T* 20. 10–11, Gogỽn dedyf *radeu* awen pan deffreu. **14–15g.** *IGE*² 120, Mawr yw *rhadau* llyfrau llên, / Rho Duw, nid llai *rhad* awen (Gruffudd Llwyd). **1632** *D, Rhâd,* Gratia, benedictio. *id. Rhâd* . . . quod gratis venit. **1639** *NBSB* 62, Mae'n d'wyneb, man a 'dwaenynt, / Mawr *radoedd* gwaed M'redudd gynt. **17g.** HUW MORUS: *EC* ii. [370], Mae *rhad* fy nghariad, fy nghwyn—a'm hannerch, / A'm henaid i'th gynllwyn. **1803** *P.*

(*b*) (mewn cyd-destun crefyddol: *in a religious context*).

12g. *GCBM* ii. 331, Neud oedd fwy no rhaid *rhad* mwyaf / Rhwyf cedyrn yn cadw ar eithaf [marwysgafn Cynddelw]. **13g.** *Brut B* 137, Arthvr . . . ydav e rodassey Dyw e veynt *rat* hon o daeony. **14g.** *T* 46. 21–3, Meint dy godet boet im dy *rat.* Gỽyeiliesse *arat* iessu llathyr yblodeu. **1346** *LlA* 159, henpych gỽell gyfulaỽnn *orat.* **14g.** *GDG*³ 368, Rhoed Duw hoedl a *rhad* didlawd, / Rhinllaes frân, i'r rhawnllaes frawd. / . . . / Rhwyd yw'r bais yn rhodio'r byd, / Rhyw drawsbren, *rhad* yr ysbryd. *c.* **1400** *YCM*² 4, A'r Galiscyeit a bregethassei Iago a'e disgyblon udunt, ac aymchoelassei ar anffydlawn genedyl paganyeit. adatennynhwys o *rat* y bedyd trwy law turpin archescob. **1551** W. SALESBURY: *KLl* liiib, Deo a wrthlad y beilchion, ac ir gestyngedigion e dyry *rat* [:– ras]. *id.* lxiib, *Rat* ewn [*sic*] Arglwydd Ieshu Christ a vo y gyd ach yspryt chwi. **1567** *TN* 176b, rhoes yr Apostolon testiolaeth cyfodiat yr Arglwydd Jesu, a' *rrat* mawr ytoedd arnwynt oll. **1606** E. JAMES: *Hom* ii. 263, gweled pa fendithion y mae Duw yn eu rhoddi, a pha *radau* nefol sydd yn dyfod i'r fath bobl, ac a arferant o ddyfod i'w eglwysydd yn ewyllysgar. **1672** R. PRICHARD: *Gw* 160, Cais gan Dduw dy brûdd fendithio, / A rhoi *rhâd* [:– Bendith] ar waith dy ddwylo. **1718** E. SAMUEL: *HDdD* 31, rhydd Duw ychwaneg o *râd* ir sawl a wnaeth y goreu or hyn sydd ganddo eusys. **1793** DAFYDD IONAWR: *CD* 14, E luniwyd holl olwynion / Y Gre'digaeth helaeth 'hon [*sic*], / O *râd* y mawr Greawdydd.

(*c*) Defnydd (diwastraff); yr ansawdd neu'r cyflwr o fod yn rhadus: (*economical*) *use; the quality or state of being economical or good value.*

1722 *Llst* 189, *Rhad* . . . Cheapness. *c.* **1730** *Thos. Lloyd D* (LlGC) 197b. **18–19g.** *Llr* C 41, 463, *Rhâd* œconomy, Glam, prudence. Gwneuthur *rhad* ar beth: nid oes dim *rhad* ar hyn a hyn.—Nid yw nhwy'n ceisio gwneuthur y gronyn lleiaf o *rad* ar ddim yn y byd. Ar lafar ym Morg., "Wi wedi nuthur *ræd* o'r ffowlyn 'na, cofia, ma fa wedi nuthur dou bryd i bump o' ni!", *GTN* 680.

Fel *a.* Heb fod yn ddrud, tsiêp, a geir am dâl bach; a roddir am ddim, di-dâl, di-gost, digyflog; diwerth, gwael, isradd; rhadlon, graslon, llawn gras; rhoddgar, hael, rhydd; hefyd yn *ffig.*: *cheap, costing little; free* (*of charge*), *without cost, gratis, unpaid; valueless, poor, inferior; gracious, full of grace; giving, generous, free; also fig.*

12g. *GMB* 274, Hi yn ỽam wy Thad, hi yn wyry heb wad, / Hi yn hollaỽl *rad,* yn recouyt. **12–13g.** *GLlLl* 88, Mab cor dor dewred, ef dwyre—prifgat / Megys y hendat o'y *rat* rodre. **13g.** *LlI* 12–13, Ef a dele medegynyaeth *rat* e'r a uo en e llys ac e'r teylu. **15g.** *GO* 177, O rroed ym aur *rrad* a medd. **15g.** *ID* 100, ni bu *rad* iawn i bridwerth / y gorffai roi i gorff ar werth. **1547** *WS,* Newid da ne *rad* Good chepe. *id. Rad* eb werth ne diddrud For nought. *a.* **1587** *Y* 225, Dy ddawn ym nid oedd iawn iach, / Dy ddireidi oedd *radach.* **1588** 2 *Sam* xxiv. 24, nid offrymmaf i'r Arglwydd fy Nuw boeth offrymmau *rhad.* **16–17g.** EDWARD URIEN, &c.: *Gw* 263, Ni ddôi'r un awenydd *rhad* / O ddwyfil i'w ddyfaliad. / Siôn oedd, heb gwrs anweddol, / Saer yr heirdd fesurai rôl. **1606** E. JAMES: *Hom* i. 25, er bod y cyfiawnhâd hyn yn *rhâd* ini, etto nid ydyw yn dyfod mor *rhâd,* megis pe byddid heb dalu vn rhyw daledigaeth drosto. **1632** *D, Rhâd,* Gratis . . . minimè carus. *id. rhad* iawn d.g. *Peruilis.* **1675** R. JONES: *HCh* 134–5, ystyried, fod Duw yn edrych ar ei ddaioni ei hun . . . a bod ei râs ef bob ffordd o'r fâth *rattaf.* **1677** R. JONES: *BB* 180, y drugaredd o Iechydwriaeth a brynwyd cyn ddrutted, ac a gynygiwyd cyn *rhated* iddynt. **1771** *PDPh* 88, eli'r Banadl . . . y mae yn atteb diben y tar, ac yn llawer *rhattach* nâ thar. **1803** *P.* Ar lafar yn gyff. yn y Gogledd ac mewn rhai ardaloedd yn y De, *LGW* 229.

Cfn.: **rhad ac am ddim:** *free* (*of charge*), *without cost, gratis, unpaid.* **1910.** Ar lafar, *WVBD* 457. **rhad a phenllad:** *grace and blessing.* **1722** S. RHYDDERCH: *Alm* [6], Gwir *Râd a Phenllâd* fo'n lledu 'amgylch / Yn ymgais a'th Lettu. **1801** *MMf* 298. Gw. hefyd *rhad penllad.* **rhad ar (arno, arnynt,** &c.**):** *bless* (*him, them, &c.*), *a blessing on* (*him, them, &c.*), *also used ironically.* **15g.** *GGl*² 9, *Rhad ar* eu dewrder a'u hynt, / Rhyw flodau rhyfel ydynt. **1755** *ML* i. 383, Dyna fal y gwelais i fy meistred i erioed; Duw ro *rad arnynt,* yn gadel pob peth dan y dydd diwaethaf. Ar lafar yn Arfon, *WVBD* 456–7. Cf. D. OWEN: *RL* 81, Am Mr. Brown, *rhad arno* fo!; *Traeth* cxii. (1957) 40, Pan fo dyn wedi gwneud tro sâl â rhywun, clywir yn aml . . . 'Fydd 'na byth *rad* na bendith *arno* fo am wneud y fath beth'. Gw. hefyd *rhad Duw ar.* **rhad gariad:** *unmerited favour, gracious love.* **1793** B. JONES: *AD* 89–90, am *rad-gariad* Duw tu âg attom yn ei Fab. **1803** *P.* **rhad Duw:** (i) *the grace of God, God's blessing.* **14g.** *LlB* 1, Hywel Da o *rat Duw,* mab Kadell, tywyssawc Kymry oll. **14g.** *GDG*³ 309, *Rhad Duw* wyd ar hyd daear, / Rhuad blin doriad blaen dâr [i'r gwynt]. **1567** *TN* [xxi], Richard can '*rat Dyw* Episcop Menew. **1803** *P* d.g. *Rhâd.* (ii) (*dict.*) *surplus, excess.* **1604–7** *TW* (*Pen* 228), y *rhat duw* d.g. *Corollarium* (hefyd *D*). **1722** *Llst* 189. *c.* **1730** *Thos. Lloyd D* (LlGC) 202a. (iii) *grace of God, gratia Dei* (*kind of ointment or plaster for cleaning and healing wounds*). *c.* **1400** *Études* vii. 312, Llyma vedeginyaeth diballedic a elwir *Rat Duw* . . . kanys y lle y dotter wrth vratheu . . . mae gwyrtheu Duw neu wyrtheu nefawl a wna yn vynychach no gweithredoed bydawl. **rhad Duw ar (arnat, arnynt,** &c.**):** *God's blessing upon* (*you, them, &c.*), *God bless* (*you, them, &c.*), *also used ironically.* **13g.** *C* 44. 14–15, y randir a *rad duv erni.* **1604–7** *TW* (*Pen* 228), *rhat duw arnoch* d.g. *Aue.* **1757** *ML* ii. 14. **1786** TWM O'R NANT: *PCG* 17, Mae nhw fel cenau y Llwynog . . . / Yn ymroi i gyd ysbailio'n gas, / Ein teyrnas, *rhad Huw arnyn'.* **1803** *P* d.g. *Rhâd.* **rhad Duw ar y gwaith (eich gwaith, eu gwaith,** &c.**):** *God's blessing on the work* (*your work, their work, &c.*). **1567** *TN* [xxxix], *Rhad tuw ar y gwaith. a.* **1587** *Y* 167, *RhâTŵw ar ych gwaith.* **1604–7** *TW* (*Pen* 228) d.g. *Aue.* **1658** R. VAUGHAN: *YPS* 17, am yr hon [athrawiaeth] ni ddylent gael *rad Duw ar eu gwaith.* **1803** *P, Rhâd* . . . *Rhâd Duw ar y gwaith!* God prosper the work! **rhad fel baw:** *dirt cheap.* Ar lafar. **rhad mochyn:** *dirt cheap.* Ar lafar yn Arfon, *WVBD* 457. **rhad ras:** *free grace.* **1676** W. JONES: *GB* 58. **1679** C. EDWARDS: *GGG* 135, Mabwysiad yw Gwaith *Rhâd Râs* Duw yn ein cymmeryd ni i rifedi ei blant. **1798** T. ROBERTS: *CG* 14. Cf. J. THOMAS: *Rhad Ras* (1810), d.d. **rhad penllad (benllad):** *the greatest gift or grace, the chief or supreme good, the summum bonum, special favour, abundance, surplus.* **1588** 2 *Br* iv. cs., A honno yn cael *rhâd penllâd,* ai mab o farw i fyw. *Dchr.* **17g.** *J* 10, 13a, *Rhad penllad* . . . Auctarium. **1632** *D,* Llâd . . . *Rhad penllâd,* Summa gratia, summum beneficium. **1722** *Llst* 189, *Râd penllad.* An exuberant bounty, cornucopia. **18–19g.** *IMCY* 233, A rhannu gwenau'r hinon / Yn *rad benllad* i'r wlad lòn. **1803** *P* d.g. *Rhâd.* Gw. hefyd *rhad a phenllad* uchod. **rhad rodd,** gw. *rhadrodd.* **gan rad:** *fortunately.* **13g.** *GDB* 521. **yn rhad:** *as a gift, free* (*of charge*), *without cost, gratis, unpaid; gratuitously, for no* (*good*) *reason; cheaply; freely, unchecked, unrestrained.* **12g.** *GLlF* 441, Mab Sant syw gormant, gormes heint—ny ad / Na lledrad *yn rad,* rwyd ysgereint. **13g.** *GDB* 303, Yn llutwaỽ Llidỽm *yn rat.* **13g.** *LlI* 8, Ef [ynad llys] a dele barnu ar e llys . . . *en rat.* **14g.** *WM* 153. 19–20, ny chaffei y eneit genhyf nac *yn rat* nac ar werth. **15g.** *GLGC* 461, Gwin *yn rhad* ac enrhydedd / a gâi'r beirdd ar gwr ei bedd. **1551** W. SALESBURY: *KLl* lxxxiva, Wy am casasant i *yn rhat* (**1588** *Io* xv. 25, yn ddi-achos). **1604–7** *TW* (*Pen* 228), *yn rhat* d.g. *Gratuito.* **1620** *Hos* xiv. 4, caraf hwynt *yn rhâd* (**1588** *ib.* yn ewyllyscar). **1672** R. PRICHARD: *Gw* 497, os tyngaist, yr hwn sydd yn bechod y mae dynion yn ei wneuthur *yn rhâd* ac yn fynychaf. **1728** T. BADDY: *DDG* 89–90, Ynysoedd Solomon a Chaersalem . . . gwyr y Wlad . . . megis y rhei'ny o'r Ynys gynta, aca [*sic*] ddaethont a Defaid a ffrwythydd ac Ymborth iddynt, y rhai a roddasant iddynt *yn rhad* ac yn rhwydd. Ar lafar ym Morg. clywir y ddihar. 'A geir yn *rad* a gerdd yn rwydd'.

rhadaf: rhadu [bf. o'r e. *rhad*; ansicr yw'r ail engh.] *ba.*

(*a*) Rhoddi gras ar, bendithio; rhoddi'n hael: *to bestow grace upon, bless; give generously.*

c. **1400** *R* 1027. 9, Vyn dillat mi ae *radaf.* *id.* 1209. 20–2, Gỽnaeth tudur aervur aruot lymder. kynn rudglaỽr llawr llann y rann *ratter.* **1803** *P, Rhadu* . . . to bestow grace.

(*b*) Gwneud yn rhad, gostwng pris (rhywbeth): *to make cheap, lower the price* (*of something*).

1803 *P, Rhadu* . . . to render cheap.

rhadaidd [*rhad*+*-aidd*] *a.* Rhad, rhydd: *free.*

1803. Cf. **16–17g.** *PhA* 345, Yr Iessu mynn o'i ras maith / anrhydeddu yn rhadeiddwaith / porth ras power a thryssawr / priodas mewn urddas mawr (Siôn Phylip).

rhadbost, gw. **rhatbost.**

rhadedd [*rhad*+*-edd*¹] *eg.* Rhadrwydd; graslonrwydd: *cheapness; graciousness.*

1803 *P.*

rhadeiddwaith, gw. **rhadaidd**+**gwaith**².

rhadell¹ [bnth. dysg. o'r Llad. *rādula* dan ddyl. yr e. *gradell*] *eb.* Gratiwr, rhathell: *grater.*

1707 *AB* 219d, *Rhadelh,* A grater, &c, D. *c.* **1730** *Thos. Lloyd D* (LlGC) 202a, *Rhadell.* Radula. D. **1774** *W* d.g. *Grater* [*an instrument for grating*].

rhadell², gw. **gradell** (At.).

rhadellaf: rhadellu [bf. o'r e. *rhadell*¹] *ba.* Gratio: *to grate.*
1774 *W* d.g. *To grate.*

rhadfawr [*rhad+mawr*] *a.* ll. *-forion.* Rhadlon, graslon, llawn gras: *gracious, full of grace.*
1604–7 *TW* (*Pen* 228) d.g. *Gratiosus.* **1651** SIÔN TREREDYN: *MDD* 157, o Jesu rasusol, o'm harglwydd *rhâdfawr*, O Christ faddeu-gar, yr wyf fi yn pechadur [*sic*] tylawd truan. **1672** R. PRICHARD: *Gw* 499, O Arglwydd daionus, fe fu wiw gennit o'th *rhâdfawr* [*sic*] diriondeb tu ag attaf, roddi i mi y moddion i allu chwilio . . . fynghyflwr. **18–19g.** *HG* 78, Mae bagad mewn mannau yn salwon eu prydiau / Mewn diffyg o eisiau cael cennad / I fyw ar y rhoddion yn *radfawr* a gawson / O ddwylaw'r Duw graslon mewn cariad. **1803** *P*, *Rhadvawr* . . . Gracious. Tri eilldeyrn ynys Prydain . . . eu cynnezvau clodvorion a *rhadvorion.*

rhadferth [*rhad+berth*] *a.* Haelionus: *beneficent.*
1803 *P.*

rhadferthedd [*rhadferth+-edd*¹] *eg.* Haelioni, graslonrwydd: *beneficence, graciousness.*
1842.

rhadferthwch [*rhad+berth+-wch*¹] *eg.* Graslonrwydd, haelioni, caredigrwydd, ffafr: *graciousness, beneficence, generosity, kindness, favour.*
1595 *Egl Ph* 100, Y neb a arbhero'r dhulh honn, edryched ar bhod y debhnydh yn dha: rhac idho ei bhwrw ei hun alhan o bob *rhadbherthwch* wrth gynnic gormod. *Dchr.* **17g.** *J* 10, 13a, *Rhadverthwch.* favoure. H.I. **1707** *AB* 219d. [**1710**] GW. AB IERWERTH: *SB* 32, Nid ydyw Duw mo'r [*sic*] afradlon o'i drugareddau a'i *râdferthwch* (*mercies and Favours*), a bod iddo eu taflu hwynt ar y cyfryw rai na thybiont y talant weddio am danynt. **1764** DEWI NANTBRÂN: *CB* 57, O achos fod y Pâb yn caniadu 'r Cuedd neu 'r Maddeuant hwn o'r poen amserol o dryssorau 'r Eglwys ar brydiau I ba berwyl y caniathair hyn o *Râdferthwch* gan Eglwys Duw I ddenu pechaduriaid i droi at Dduw. **1776** DEWI NANTBRÂN: *AN* 176, pob Clod a Diolwch a fo i ti . . . am dy fawr Gariad a'th *radferthwch*, o'm gwneuthur y dydd heddyw yn gydrychiol ar amser Aberth yr Offeren. **1789** *LlCy* i. 30, Dymunem eich *Rhadferthwch* os byddwch gystal a chyflwyno i ni ryw anrheg fechan, o wllys da i rai sy'n ceisio croppian ar ol ein mamIaith. **18–19g.** *MA* iii. 207, Tri pheth nis gellir doethineb hebddynt: haelioni, dirwest, a *rhadverthwch.* **1803** *P.*

rhadfodd [*rhad+bodd*] *eg.* Bwriad, arfaeth, ewyllys da: *purpose, goodwill.*
1567 *TN* 285b, egorodd i ni ddirgelwch ei wyllys erwydd ei *radvodd* [:– wirvodd, vodlonrwydd] rhwn a lunieithesei ef ynddaw. *Dchr.* **17g.** *J* 10, 13a, *Rhadvodd.* gratuita Voluntas. *c.* **1730** *Thos. Lloyd D* (LlGC) 205a, *Rhadfodd.* Beneplacitum.

rhadforedd [*rhadfawr+-edd*¹] *eg.* Graslonrwydd: *graciousness.*
1803 *P.*

rhadffon, gw. **rhatffon.**

rhadgaredig [*rhad+caredig*] *a.* hefyd gyda grym enwol. Wedi derbyn gras neu ffafr: *endowed with grace, favoured.*
1567 *LlGG* 92b, Hynpych gwell y *rad-garedic* (*TN* 81a, y *rad-garedic* [:– yr hon ath gerir yn rhat]): yr Arglwydd ys y gyd â thi. *c.* **1730** *Thos. Lloyd D* (LlGC) 205a, *Rhadgaredig*, gratiosus. **1803** *P.*

rhadgaredigol [*rhadgaredig+-ol*] *a.* Wedi ei ffafrio: *favoured.*
1842.

rhadgarwch [*rhad+-garwch*] *eg.* Gras, ffafr: *grace, favour.*
1842.

rhadicl, rhadicul [bnth. dysg. Llad. *rādīc(u)la* ?a bnth. dysg. Llad. *rādīc-*, bôn traws yr e. *rādīx* gydag *-l* ymwthiol] *eg. Bot.* Rhuddygl, radish, *Raphanus*: *radish.*
c. **1400** *Études* viii. 348, Rac brath ki kyndeirawc da yw bwyta gwreid y *ratikyl* (*MM* 124, yr *hadigyl*).
Cfn.: **y rhadicul gwyllt:** *wild radish, Raphanus raphanistrum.* **1604–7** *TW* (*Pen* 228) d.g. *Raphanus maior.* **rhadic(u)l y Mawrth:** *horseradish, Armoracia rusticana; wild radish, Raphanus raphanistrum.* **1604–7** *TW* (*Pen* 228), *Rhadicul y Mawrth* d.g. *Raphanus maior. id. rhadicl y mowrth* d.g. *Rhaphanus Agria.*

rhadig, gw. **rhaddig.**

rhadineb [*rhad+-ineb*] *eg.* Gras, graslonrwydd: *grace, graciousness.*
1842.

rhadioni [*rhad+-ioni*] *eg.* Gras, graslonrwydd: *grace, graciousness.*
1842.

rhadionus [*rhadion(i)+-us*] *a.* Graslon: *gracious.*
1842.

rhadiws, rhadlawnder, gw. **radiws, rhadlonder.**

rhadlon, rhadlawn [*rhad+-lon, -lawn*] *a.*

(*a*) Hael, rhydd, caredig, addfwyn, tirion, llariaidd, cymedrol, hydrin; llawn gras, graslon, bendithiol: *generous, free, kind, gentle, benign, genial, good-natured, temperate, docile; full of grace, gracious, conferring blessings.*
12g. *GCBM* i. 254, Edmygaf radeu rieu *radlawn. id.* ii. 331, Cyfarchaf-i, Dduw, cyfarchwel iawn / I foli fy Rhi rhwydd, *rhadlawn* [marwysgafn Cynddelw]. **12–13g.** *GMB* 486, Kyn bod ym oerglat, boed ym Arglwyt! / Rydalwyf ya6n yn *radla6n* rwyt. **14g.** *GDG*³ 300, Llef *radlon*, llywiwr odlau, / Llwybr chweg, llafur teg yw'r tau [i'r ehedydd]. *c.* **1400** *R* 1195. 39–40, Eryrot eurglot arglwyd pennaf y6. allyw marw a by6 ry6 *radlonaf. id.* 1269. 13, *Ratla6n* y6 mab du6 ac nyt rydla6t. **1545** *CI* 142, y kyuriw bobyl ac a vo yn byw yn *hradlon* (*temperate*) ac yn kadw deiett kymhesur. **1547** *WS*, *radlawn* Graciouse. **1551** W. SALESBURY: *KLl* lxxixb, Hon a agor eu genau ar ddoethineb a chyfreith *radlawn* id [*sic*] ar i thavot. **1567** *TN* 354a, hyn sy rasol [:– *radlon*, ddiolchgar]. **1604–7** *TW* (*Pen* 228) d.g. *Urbanus.* **1632** *D*, *Rhadlawn*, Gratiosus; Comis, mansuetus. **1656** W. JONES: *TPG* 13, Cymru . . . nid oes ymhlith pobl y byd . . . gwell ei ymarweddiad, na *rhadlonach* ei ymadrodd. **1716** E. SAMUEL: *GGG* 78, [g]adael y cwbl . . . ar Rhagluniaeth Duw, gan ymfodloni 'n *rhadlon* (*being contented*) ac yn ddi-betrusder beth bynnag a ddigwyddo. **18–19g.** *Llr* C 41, 463, *Rhadlawn*, Glam. Orderly. **1800** W. OWEN[-PUGHE]: *CP* 43, dilëant [erydr dwygwys] y fath gwynfan ynfyd ac anniolchgar, yn erbyn cyfraniad y doeth a *rhadlawn* ragluniaeth, o eisieu y rhyw hîn dymhoraidd. **1803** *P.* Ar lafar, 'caseg *radlon* yw hi', *GDD* 243; 'menyw fach fwyn *radlon* odd 'i wraig a', *GTN* 675.

(*b*) Rhad, tsiêp; a roddir am ddim, di-dâl: *cheap; free* (*of charge*), *gratis.*
1827.

rhadlonaeth [*rhadlon+-aeth*] *eg.* Graslonrwydd: *graciousness.*
12g. *GCBM* ii. 268, Ef bieu radeu *ratlonaeth* / Vch na6 torof, na6 tywyssogaeth. **1803** *P*, *Rhadlonaeth*, s. m. . . . Graciousness.

rhadlonaf: rhadloni [bf. o'r a. *rhadlon*] *bg.a.*

(*a*) Gwneud neu fynd yn raslon, bod yn hael, (peri) mynd yn addfwyn, tyneru, tawelu: *to make or become gracious, be generous, make or become gentle, calm.*
1799 M. WILLIAMS: *HHG* 39, Am y diafol, maent yn meddwl fod yn angenrheidiol i ymheddychu ag ef . . . maent yn offrymmu plant bychain iddo er mwyn ei *radloni.* **1803** *P*, *Rhadloni* . . . To render generous; to become gracious; to be generous; to become gentle or placid. Cf. D. OWEN: *WBC* 26, os oedd rhywbeth yn y ty fuasai yn *rhadloni* ei ystumog.

(*b*) Gwneuthur yn rhad, gostwng pris: *to cheapen, lower the price of.*
1860.

rhadlondeb [*rhadlon+-deb*] *eg.*

(*a*) Graslonrwydd, haelioni, rhydd-der: *graciousness, generosity, freeness.*
1711 H. POWEL: *TY* 120, tyred gyd a ni i'n gwneuthur yn well, i'n nawsseiddio, ac i faddeu i'n: Canys yn hynnu yr amlygir *rhadlondeb* dy ras i ni. *c.* **1730** *Thos. Lloyd D* (LlGC) 201a, *Rhadlondeb.* EC. 120. Freeness. **1767** J. THOMAS: *TFFf* 39, nid oes ganddynt eglur grediniol olwg ar ei gyflawnder, a'i *radlondeb* ef. **1803** *P*, *Rhadlondeb* . . . Graciousness.

(*b*) Rhadrwydd: *cheapness.*
1827.

rhadlonder, rhadlawnder [*rhadlon, rhadlawn+-der*] *eg.* Graslonrwydd, haelioni, rhydd-der, hynawsedd; boddhad: *graciousness, generosity, freeness, good nature; gratification.*
1604–7 *TW* (*Pen* 228), *rhatlonder* d.g. *Gratificatio.* **1767** *AADdG* 135, eglurhau *rhadlawnder* ac anghyfnewidioldeb (*free and unchangeable to men*) Cyfammod Gras Duw. *id.* 236, [rh]yfeddu *rhadlawnder* a chalon-dynerwch Crist. **1769** J. GRIFFITH: *A* 153, fe ammau rhai *radlawnder* yr Efengyl, trwy ddychymmygu, gan fod Crist a'i ras yn hollol rad, am hynny nad oes ganddynt ddim i wneuthur. **1803** *P*, *Rhadlonder* . . . Graciousness.

rhadlonedd [*rhadlon+-edd*¹] *eg.b.* ll. *-au.*

(*a*) Graslonrwydd, haelioni, helaethrwydd, hynawsedd, moesgarwch, llarieiddrwydd: *graciousness, generosity, bounty, abundance, good nature, civility, gentleness.*
12g. *GLlF* 448, Drwy eiryoled Meir, mam *radlonet.* **13g.** *GDB* 566, Ef yn Un dihun, dianhyed, / Ef goreu Rieu *ratloned*—ryuu, / G6ra6l Iessu, Penn llu llaryed. **1722** *Llst* 189, *Rhadlonedd.* m. Civility, meekness. [**1783**] *W* d.g. *Serenity.* **1803** *P*, *Rhadlonez*, s. m. . . . Graciousness.

(*b*) Rhadrwydd: *cheapness.*
1820.

rhadlonrwydd, rhadlawnrwydd [*rhadlon, rhadlawn+-rwydd*] *eg.*

(*a*) Graslonrwydd, haelioni, rhydd-der, hynawsedd; duwioldeb: *graciousness, generosity, freeness, good nature; piety.*
1655 WL: *DP* 299, derbyn ni i'th *radlawnrwydd.* **1675** R. JONES: *HCh* 153, Byddwch siamplau o *radlonrwydd* a duwioldeb (*Piety and Godliness*) i'ch plant. **1744** *CMC* 72, edrych ar *Radlonrwydd* y Cyfammod. **1765** J. POPKIN: *Ll* 12, gwir Berswasiwn calonnog o Gyfiawnder a *Rhadlonrwydd* Crist. **1767** *AADdG* [v], [g]osod allan *radlawnrwydd* a chyflawnder yr Efengyl. **1790** T. JONES: *TOS* 36, Y Tâd yn rhoddi 'r Mâb yn rhâd . . . O fel y bydd i'r saint, dros dragywyddoldeb, synnu gan ryfeddod wrth gofio am y *rhadlonrwydd* hwn! *id.* 279, dyro ffydd beunydd ar waith, a gosod ger ei bron *radlonrwydd* a siccrwydd yr addewidion.

(*b*) Rhadrwydd: *cheapness.*
1836.

rhadol [*rhad+-ol*] *a.* Llawn gras, graslon, yn perthyn i ras, bendithiol; hael, rhydd; a roddir am ddim, di-gost, di-dâl: *full of grace, gracious, pertaining to grace, conferring blessings; generous, free; free* (*of charge*), *without cost, gratis.*
a. **1587** *Y* 95, Ys gwir ydyw, dysc *radawl*, / Er sain pwyll, eiriav Sain Pawl. **16–17g.** T. R. ROBERTS: *EP* 282, Mae *rhadawl* wyrth nefawl naf / Gyda thi nerth gydwaith nef. **1658** R. VAUGHAN: *PS* 35, [d]engys serch pur nid naturiol ond *rhadol.* **17g.** HUW MORUS: *EC* i. 308, Rhowch er Dyw, flodeuyn Cymru, / Wr mawr *rhadol*, iddo feiol i'w ddiofalu. *id.* ii. [299], Am reidiol wiw *radol* Waredydd. **1696** *CDD* 278, Mae'r ydau oll mor *rhadol*, / Yn tarddu i'n llesu yn llesol. **1712** T. WILLIAMS: *CDdG* 143, dyro imi y cyfryw fesur o'th Râs, fel y bô imi gan redeg ar hŷd ffordd dy orchymmynion, gyrhaeddyd dy *radol* addewidion. *c.* **1730** *Thos. Lloyd D* (LlGC) 201a, *Rhadol* . . . Gracious. **1745** E. JONES: *DPB* 20, Y mae y Cenhedloedd yn cael eu hiachâu yn *rhadol*, (neu yn rhad) (*freely*). *id.* 20–1, y maent . . . yn cael eu hiachâu yn siccr, yn gyflawn . . . a hynny hefyd yn *rhâdol* neu am ddim. **18g.** I. BRYDYDD HIR: *Gw* 101, Bydd Wiliam, wr dinam da, / Un o dorf y lân dyrfa, / Yn canu mawl *rhadawl* rhydd / Yn ddifyr i Dduw Ddofydd. **1803** *P.*

rhadrodd, rhad rodd [*rhad+rhodd*] *eb.* ll. *-ion.* Rhodd o ras (Duw), rhodd rasol, rhodd a roddir yn rhad ac am ddim; haelioni: *gift of* (*God's*) *grace, gracious gift, free gift; generosity.*
c. **1730** *Thos. Lloyd D* (LlGC) 197b, *Rhadrodd.* Donum gratuitum. [**1738**] E. JONES: *CE* 44, Dawn Duw yn gyfan gwbl yw Bywyd tragywyddol . . . nid allwn dderbyn mono ond megis *rhâd-Rôdd* neu Ddawn Duw. **1744** D. ROWLAND: *RY* 178, hyn a wnaeth efe heb iddynt hwy ei geisio, Sef o'i *Râd-rôdd* (*frankness*), a'i Feddwl Boneddigaidd ei hun. **1783** P. WILLIAMS: *FfA* 83, pob trugaredd heblaw hynny, *Rhad-rhodd* ydyw. **1784** P. WILLIAMS: *YC* 72, Trwy'r *rhad-rodd* hon y mae'r pechadur yn cael ei wneuthur yn gyfiawn ger bron Duw. **1803** *P.*

rhadrwydd [*rhad+-rwydd*] *eg.* Yr ansawdd neu'r cyflwr o fod yn rhad: *cheapness.*
20g.

rhadus [*rhad+-us*] *a.* Graslon; hael; rhad, gwerth yr arian, diwastraff, defnyddiol, cynnil, darbodus: *gracious; generous; cheap, good value, economical, useful, thrifty.*
17g. HUW MORUS: *EC* i. 181, Ceir sawdiwr mor hwylus, mewn moesau a Moses, / I daenu 'r gwir dawnus, ond *rhadus* yw 'r rhod; / Pe chwilid y'mhellach,

ei fron a'i gyfrinach, / Fe 'i ceid e'n ddihirach na Herod. **1748** *W Ballads* 139, 5, Gweddi ddilus gwaith *radus* ei gweithrediad. **1765** *Cyf C* 53, Am ofal bydol heb arbediad, / Fel y soniais gynt iw syniad, / Nid wy'n gwadu i deulu dilus, / Nad yw fe'n rheidiol ag 'n [*sic*] *rhadus*. **1790** TWM O'R NANT: *GG* 56, Duw, Duw: / Yn ôl ei Ewyllys *radus* ryw, / Wnel ini'n berffaith feirw a byw, / Ni awn oll unrhŷw, i'r llawr. **1798** R. DAVIES: *CG* 79, Mae eich maesydd wych rymusiant. / A'ch 'Nifeiliaid i chwi'n foliant, / Ychain, Defaid, a Cheffylau, / A Dâ Blithog laethog lwythau, / Pob angenrheidiau'n *rhadus*, / A threfnus yma a thraw. Ar lafar yn sir Benf. a'r De, 'tamed *rhadus* o gig . . . (h.y. dim gwastraff ynddo)', *Cymru* xl. 243 (sir Gaerf.); 'Mae'n fwy *ratus* i brynu llon' cwtyn'. Cf. *LlGC* 1172, 42, [B]ydd di'n *rhatus* ar dy gi'no'g, / H[i] a yn chwap, hi ddaw yn ddiog.

rhadwen, gw. **rhad+gwyn**[1].

rhadwr[1] [*rhad+gŵr*] *eg.* Gŵr hael: *generous man.*

1603 W. MIDLETON: *Ps* 124, Llawen gwên pob gwr / Ath gais ais oeswr / Ynot i gyflwr *rhadwr* rheidiau.

rhadwr[2], gw. aradwr (At.).

rhaddig, rheddig, raddig, &c. [bnth. dysg. Llad. *rādīc-*, bôn traws yr e. *rādīx*; cf. *yr hadigyl, MM* 124 (gw. d.g. *rhadicl*); ansicr yw union berthynas y ff. yn *-d-* isod] *eg. Bot.* Rhuddygl, radish, *Raphanus*: *radish.*

16g. (1763) W. SALESBURY: *LlM* 173, Raphanus yn groeg a lladin Redyhs [*sic*] yn saexonaeg y *Redic* [*sic*] yn Cambraeg. **1604–7** *TW* (*Pen* 228), y *raddic* gwyllt d.g. *Apios. id.* y *Rhaddic* or ardd, ne'r Raphanus, da i beri gwneuthur dwr d.g. *Radicula. id.* [y]n perthynu yr *Rhadic* [*sic*] d.g. *Raphaninus. id. Redics* [*sic*] y gardhæ d.g. *Raphanus. Dchr.* **17g.** *J* 10, 15b, *Rheddig*. Raphanus.

rhae, rhaead, gw. rae, rhaeadr.

rhaeadr, rheadr [H. Wydd. *ríathor*: < *Clt. *riįātro-* o'r gwr. IE. **rei-* 'llifo, rhedeg'] *eb.g.* ll. *rhaeadrau, rhëydr, rheiydr, rhyeidr, rhe(i)eidr, rheidr.*

(*a*) Ffrwd neu afon yn llifo dros ddibyn neu ar hyd llechwedd, sgwd, dyfrgwymp, cwymp dŵr, llifeiriant: *waterfall, cataract, cascade, torrent.*

10g. (*Juv*) *VVB* 208, *réátir*, gl. *torrentum*. **13g.** *A* 22. 18–19, penn hyd. penn grugyar vreith o venyd. penn pysc o *rayadyr* derwennydd. **14g.** *RC* xxxiii. 233, megys y kerda *raeadyr* or ffynnaun. **1588** *Nu* xxi. 15, wrth *raiader* yr afonydd, hwn a dreigla i breswylfa Ar, ac a bwyssa at derfyn Moab. **1604–7** *TW* (*Pen* 228) d.g. *Catadupa*. **1632** *D*, *Rhaiadr*, Cataracta . . . locus pręceps in flumine vbi aqua ruit potiùs quam fluit. **1688** *TJ*, *Rhaiadr*, ffrŵd chwyrn, syrthiad dŵr: a Cataract or great downfal of Water. **1703** E. WYNNE: *BC* 117, Elltydd heirn tanllyd ar y ffordd . . . a splentydd dibyn o rew anhygyrch, ac ymbell *raiadr* serthgry. **1722** *Llst* 189, *Rheieidr*, p. of *Rhaiadr*. **1757** *ML* ii. 5, *Rhaiadr* (nid cascade) sydd yn syrthio tros y graig. **1771** *W* d.g. *Cascade*. **1803** *P*, *Rhaiadyr*, s. m.—pl. *rheieidyr* . . . A spout or stream of falling water, a cataract. Digwydd mewn e. lleoedd, e.e. *Rhaeadr Gwy* (**1191** *NTCB* 159, *Raidergoe*), sir Faesd. Cf. hefyd *c.* **1200** *VSB* 132, *Reathr*.

(*b*) (enghrau. *tros.* a *ffig.*: *transf. and fig. exx.*).

12g. *GCBM* i. 148, O beleidr *rheeidr* rhuddgrau. *id.* 361, Yn y redei rut wyar, / *Raeadyr* ar paladyr ar par. **13g.** *GBF* 619, Gꝟaed *raeadyr* baladyr, o lin Beli, / Gwaeꝟddur ual Arthur ꝟrth Gaer Uenlli. **14g.** *T* 22. 16, cꝟdynt deu *rayadyr* gꝟynt. **14g.** *WM* 166. 24–7, o vlaen y gꝟayꝟ dafyn o waet. Ahꝟnnꝟ yn redec yn *rayadyr* hyt yn dꝟrn y maccꝟy. **14g.** *GDG*[3] 244, Aml yw *rhëydr* (**1789** *BDG* 101, *rheiydr*) o'r bargawd, / Ermyg nwyf, ar y mau gnawd. *c.* **1400** *R* 1204. 31–3, Areadyr o win ynghy[l]ch rieu. hydyr myꝟwn eur agꝟydyr muner gꝟaꝟdeu. *id.* 1222. 18, gꝟaet *ryeidyr* beleidyr. heb oleith yggryt. **15g.** *DE* 62, y mae arnaf *reydr* mornaint / om llif olwg mall ofeiliaint / yn vchaf haint na chaf honn. *Diw.* **16g.** *Gwyn* 3, 108, Pistill o waith hapusteg / a roed it radau teg. / Mawr ei glod miracl ydyw, / ffrwd groiw-deg or garreg yw. / ffynnon o'r eigion a red / . . . / *Rhaiadr* grâs i bob nassiwn. **1595** *Egl Ph* [72], O py rhon i'm penn bhod yn dhybhroedh, a'm lhygaid yn *rheidr* o dhagreu. Cf. D. OWEN: *D* 173, byddai y gerddoriaeth yn hoewach ac ysgafnach, ac fel mân ffrydiau arianaidd . . . yn ymchwyddo yn barhâus . . . ac yn ymdywallt yn *rhaiadrau* gwallgofus, i'r nentydd islaw.

Amr.: **rhaead** [cf. *arad*(*r*)] **1703** E. WYNNE: *BC* 86, yn synio gan y *rhaiadydd* dyfroedd yn descyn ar y Taneu. *id.* 88, sŵn y *rhaiadydd* geirwon. **rhuadr** [dan ddyl. yr e. *rhu*] **1862.**

rhaeadraf: rhaeadru [bf. o'r e. *rhaeadr*] *bg.a.* Disgyn neu lifo yn rhaeadr, disgyn yn serth, llifeirio, ffrydio, hefyd yn *ffig.*: *to fall or pour in a cascade or waterfall, fall steeply, gush, flow, stream, also fig.*

1604–7 *TW* (*Pen* 228) d.g. *Fluo*. **1632** *D*, *Rhaiadru*, Fluere cum impetu. Jolo. **1688** *TJ*, *rhaiadru*, syrthio i lawr yn erchill [*sic*]: to fall down violently. **1773** *W* d.g. *To fall down headlong or with violence, To pour down* [*rush down a steep*]. **1803** *P*, *Rhaiadru* . . . To spout out, to flow or to stream in a cataract.

rhaeadraidd [*rhaeadr+-aidd*] *a* Tebyg i raeadr: *like a waterfall.*

1881.

rhaeadriad [bôn y f. *rhaeadraf*: *rhaeadru* +*-iad*[1]] *eg.* Y weithred o ddisgyn neu lifo fel rhaeadr: *the act of falling or flowing like a waterfall.*

1803 *P* d.g. *Rhaiadriad*.

rhaeadrog [*rhaeadr+-og*] *a.* Yn disgyn neu'n llifo fel rhaeadr, ffrydiol, wedi ei orchuddio gan raeadr, ac iddo sŵn fel rhaeadr, hefyd yn *ffig.*: *falling or flowing like a waterfall or cascade, gushing, covered by a waterfall, sounding like a waterfall, also fig.*

1847.

rhaeadrol [*rhaeadr+-ol*] *a.* Yn disgyn neu'n llifo fel rhaeadr, ffrydiol, ac iddo sŵn fel rhaeadr, hefyd yn *ffig.*: *falling or flowing like a waterfall or cascade, gushing, sounding like a waterfall, also fig.*

1803 *P* d.g. *Rhaiadrawl*.

rhaeaf: rhaeo, rhaement, gw. **raeaf: raeo, raement.**

rhaenaf, rhaeniaf: rhaen(i)o, gw. **raeniaf**[1]**: raenio.**

rhafell [*rhaw* (cf. y ff. ll. *rhofiau, rhafiau*) +*-ell*] *eb.* ll. *-i.* Rhaw fechan, rhaw dân, trywel; rhawlech, sleis: *small shovel, fire shovel, trowel; slice (for turning cakes, &c.).*

18–19g. *Llr* C 41, 400, *Rhafell*, a little shovel, a slice, a fire shovel, a Trowel. Ar lafar ym Môn yn yr ystyr 'sleis', *Geir Geg* 150.

rhafen, rhafn[1], *eb.* ll. *rhafennau, rhafnau.* Tywysen ŷd (a adewir ar ôl yn y cae ar ôl rhwymo ŷd): *ear of corn (left in the field after binding corn).*

1722 *Llst* 189, *Rhafn.* f.p. *Rhafnau*. An ear of corn. **1773** *W*, *rhafn* o ŷd d.g. *Ear* [*of corn*]. Ar lafar yn sir Benf. am dywysen ŷd a adewir yn y cae ar ôl rhwymo, *rhafen*, ll. *rhafenne*, *GDD* 243.

Gw. hefyd **rhafn**[2].

rhafiaf: rhafio, rhaflaf: rhaflo, gw. **rafiaf: rafio, rafliaf: raflio.**

rhaflau, rhaflech, rhaflin, gw. **raflin, rhawlech, raflin.**

rhaflog, rhaflon, rhafls, gw. **rafliog, raflin.**

rhafn[1], gw. **rhafen.**

rhafn[2] [bnth. dysg. Llad. *rhamnus*, ?yn wr. fel elf. yn y gair *rhafnwydd(en)*] *e?b.* (un. b. *-en*). *Bot.* Rhafnwydden: *buckthorn.*

1801 *MMf* 292, Rhamnus, *rhafn*, pren *rhafn*, *rhafnen*.

Gw. hefyd **rhafen.**

rhafnwydd [*rhafn*[2]*+gwŷdd*[1]] *e.ll.* (un. b. *-en*). *Bot.* Prysglwyni neu goed dreiniog o'r tylwyth *Rhamnus*, yn enw. *Rhamnus catharticus* y defnyddid eu haeron fel carthiedydd: *buckthorn.*

1707 *AB* 140c, *Rhavn-wydhen* d.g. *Rhamnus*. **1753** *TR* (*Bot*), *Rhafn-wydd*[*e*]*n*, buck-thorn. **1771** *W* d.g. *Buckthorn*. *Diw.* **18g.** *AL* ii. 562, Tri phrenn nid rhydd eu tori heb genad gwlad ac arglwydd: mesbren, sev derwen; a bedwen; a *rhavnwydden*. **1801** *MMf* 107, Cymmer rëol y *rhafnwydden*, a gwasg eu sudd, a dod dwy lygaid o hono am benn llwnc syched o frecci cwrw da, ag yf. **1803** *P* d.g. *Rhavnwyz*, *Rhavnwyzen*. **1813** *WB* 230, *Rhafnwydden*; Rhamnus catharticus; Buckthorn.

rhaff [?cf. Hen Uchel Alm. *reif*, H. S. *ráp* (> S. *rope*)] *eb.* (bach. *-an, -en*) ll. *-au.*

1. Cortyn trwchus cryf wedi ei wneud o geinciau o gotwm, cywarch, gwifrau, &c., wedi eu cyfrodeddu ynghyd, tamaid hirgul o ddefnydd tebyg i raff neu i'w ddefnyddio fel rhaff, cortyn, llinyn, lein (bysgota), cêbl; rhaff ac ynddi gwlwm rhedeg a ddefnyddir i grogi dyn, cebystr: *rope, cord, string, (fishing-)line, cable*; (*hangman's*) *noose, halter.*

13g. *LlI* 93, *Raff* bleu (*LlB* 96, *raff* vlew) deudec keuelyn. **13g.** *LTWL* 223, nisi in ludo qui dicitur guarae *rafan*. **13g.** *Brut B* 139, tynnv a gwnaethant a *raffev* attadvnt y mevn ef. **14g.** *BT* (*RB*) 238, wedy bwrw *raff* drwy fenestyr y twr allann a disgynnv ar hyt y *raf*. **14g.** *GDG*[3] 178, Och i'r cloc yn ochr y clawdd / Du ei ffriw a'm deffroawdd. / Difwyn fo'i ben a'i dafod / A'i ddwy *raff* iddo a'i rod. *c.* **1400** *R* 1291. 39–41, kawldrꝟm hokys llaꝟn crockys [diwyg.] crocker ꝟrth *raff*. *c.* **1400** *CHDd*[2] 56–7, Ki kynneuodic ar vrathu dynyon . . . y rwymaw a dylyir wrth droet y arglwyd a *raff* o dwy rychwant. **15g.** *GLGC* 500, a'i theirhwyl yn dri thoryn, / a'i *rhaffau* oll fal rhyw ffyn. **1547** *WS*, *raff* A rope. **1567** *LlGG* (*Sall*) 2a, Drylliwn ei rhwymae hwy, a' bwriwn ei *rraffeu* y wrthym. **1588** *Jos* ii. 15, hi [Rahab] ai gollyngodd hwynt i wared wrth *raff* drwy y ffenestr. **1632** *D*, *Rhâff*, Funis, restis. *c.* **1762–79** W. WILLIAMS: *P* 107, yna'r Helwyr a ddyfeisiant faglu ei draed ef [eliffant gwyllt] a *rhaffau* mawrion. **1803** *P* d.g. *Rhâf*, *Rhafan*. Ar lafar yn gyff.

2. (*a*) (enghrau. *tros.* a *ffig.*: *transf. and fig. exx.*).

14g. *OBWV* 75, Myfi, fun fwyfwy fonedd, / Echdoe a fûm uwch dy fedd / Yn gollwng deigr llideigrbraff / Ar hyd yr wyneb yn *rhaff* [marwnad Lleucu Llwyd gan Lywelyn Goch ap Meurig Hen]. **15g.** *DE* 41, duw a aurawdd y darren / ar vlaen gwallt hir velyn gwen / au llvn val y vaillonen / a *rhaffau* aur ar ei phen. **16g.** *GIIJV* 33, Yr hwn [gwaed] ollyngir yn *rhaff* / Gwers oerbrudd ar groes hirbraff. **1545** *CM* 1, 541, [y] poerion ynn diueru yn *hraffe* allan or gennav. **1618** J. SALISBURY: *EH* 256, rhyddau'r enaid honno, oddiwrth glymmæ, a *rhaffeu* pechod, oeddent yn ei rhwymo. **1621** E. PRYS: *Ps* 2b, A chan y dwfr a red yn *rhaff*. **1630** *YDd* 296, deisyfiadau ein eneidiau yn ymddylifo trwy ffydd a'r Yspryd glân, megis trwy *raffau* cariad nes-nes at ei Sancteiddrwydd ef. **1768 (1841)** TWM O'R NANT: *CTh* 33, Mi dd'wedwn *raff* o gelwydd wrthi. **1778** J. HUGHES: *BB* 155, Nid yw 'r efengyl *râff* o draethod, / I blant ofer ar flaen tafod. Ar lafar, ''Odd y glaw yn dod lawr yn *raffa*', *GTN* 680.

(*b*) (mewn ymad. megis *cael digon o raff, rhoi gormod o raff*, &c.) Rhyddid, penrhyddid, cyfle: *freedom, licence, scope.*

1757 *ML* i. 467, Cewch yr hanes ryw dro, nid hwyrach yr ymgrŷg rhai o honynt pei caent ddigon o *râff*. **18–19g.** *Llr* C 50, 295, Welsh idioms, Silurian . . . Rhoi *rhaff* iddei feddyliau, ei anwydau, ei chwantau, &c. Cf. D. OWEN: *GT* 76, gall y gynulleidfa ro'i [*sic*] *rhâff* i'w theimlad drwy guro traed a dwylaw. Ar lafar.

Cfn.: **rhaff (yr) angor:** *anchor-rope, cable, also fig.* **14g.** *GDG*[3] 13, Da fydd plethiad mad y môr—a'i hirwlych / I herwlong *raff angor*. **16g.** (*LlEG*) *Mos* 158, 573a, treulior [*sic*] *hraffer angore* yn yr hawses. **1547** *WS*, *raff ancor* Cable. **1632** *D*, *Rhâff angor*, Rudens. **1658** R. VAUGHAN: *PS* 210, Gobaith a wna galon gadarngref. Y mae yn *rhaff angor* iddi ar ddrygcin. **1771** *W* d.g. *Cable, or cable-rope*. Ar lafar ym Môn, am raff 'yn cysylltu rhaff arall a ddeuai o ben rhwyd . . . wrth angor allan yn y môr', *B* xxv. 54. **rhaff allan:** *rope attached to the furthest point of a salmon-net.* Ar lafar ymhlith pysgotwyr y glannau, *B* xxv. 54. **rhaff flaen:** *foresheet.* **20g. rhaff flew:** *hair rope.* **13g.** *LlI* 93, *Raff bleu* [*sic*]. **13g.** *LTWL* 152, *Raf welew*. **14g.** *LlB* 96, *raff vlew*. **rhaff gerdded:** *narrow (straw or rush) rope pulled along the length of a haystack to secure the top.* **1913.** Ar lafar yn y Gogledd, *WVBD* 457, *B* iii. 207, *LlLlM* 101. **rhaff groes:** *straw or rush rope pulled across the width of a haystack to secure the top.* Ar lafar ym Mhenllyn, *B* iii. 207. **rhaff ddirwyn:** *pulley.* **1604–7** *TW* (*Pen* 228) d.g. *Axiculus, Modiolus* . . . *Modiolus Erogatorius.* **rhaff lan:** *shore-rope.* Ar lafar ymhlith pysgotwyr y glannau am 'y rhaff a gysylltir wrth y pen hwnnw o'r rhwyd a fwrir i'r dŵr gyntaf ac a ddelir gan bysgotwr yn sefyll ar y lan', *B* xxv. 54. **rhaff wair:** *straw or hay rope.* **15g.** *GLGC* 228, Gwisgen' am droed ac esgair / ar eu ffo, gwn, *raffau gwair*. Ar lafar yn Arfon, *WVBD* 457. **rhaff wellt:** *straw or hay rope, also fig.* **1653** *MLl* i. 193, nid yw rhesymau genau ond *rhaffau gwellt*. Ar lafar yn Arfon, *WVBD* 457. **rhaff hir:** *a hundred-yard-long rope attached to the seat of a fishing boat.* Ar lafar ymhlith pysgotwyr afon Conwy, *B* xxv. 54, J. G. JENKINS: *NC* 254. **rhaff lwyf:** *elm-bark rope.* **13g.** *LlI* 93. **13g.** *LTWL* 152. **14g.** *LlB* 97. **rhaffau men:** *cart-ropes.* **1588** *Eseia* v. 18. **1630** R. LLWYD: *LlH* 315. **17g.** HUW MORUS: *EC* ii. 150.

rhaff o arlleg: _bunch, rope, or string of garlic._ **1617** _Minsheu_ 57a d.g. _a Bunch of Garlicke._ **1632** _D_ d.g. _Restis._ **rhaff o baderau:** _string of beads, rosary._ **1764** DEWI NANTBRÂN: _CB_ 78, yn wastad ar ddechreu _rhâff o Baderau_ dywedwch . . . un Credo, un Pater, a thri Ave. **rhaff o wynwyn:** _rope or string of onions._ **1632** _D_ d.g. _Restis._ [**1783**] _W_ d.g. _A rope of onions._ **rhaff benbawd:** _rope made by twisting hay or straw round the thumb, thumb-rope._ Ar lafar gynt ym Môn, _rhaff bembawd._ **rhaff y pwll:** _pit-rope._ **1909.** Ar lafar yn ardaloedd pyllau glo'r De, _B_ viii. 220. **rhaff rawn:** _rope made from the hair of horses or cattle._ **1761** _ML_ ii. 356, Pe'i bawn i o fywn hyd pigfforch a _rhaff rawn_ atto, mi a awn i gyfarch gwell i'r Periglor. Ar lafar gynt ym Meir., _B_ xiv. 293. **rhaff risg:** _bark rope._ **15**g. _LTWL_ 490. **16**g. (_c._ **1621**) _CRC_ 162, Roedd wr or bermo / a _rhaffe rhisg_ gantho. **rhaff sgipio:** _skipping-rope._ Ar lafar. **rhaff deircainc:** _threefold cord, three-ply rope._ **1588** _Pr_ iv. 12. **1714** D. LEWYS: _CN_ 8. **18**g. _Hop M_ 313. **rhaffau traws:** _straw or rush ropes pulled across the width of a haystack to secure the top._ **1923.** Ar lafar gynt yn y Gogledd, _WVBD_ 457. **rhaff uchel:** (_high_) _tightrope, high wire._ **20**g. **fel (tynnu) rhaff trwy dwll:** _easily._ Ar lafar.

Gw. hefyd **rheffyn.**

rhaffaf, rhaffiaf: rhaffu, rhaff(i)o [bf. o'r e. _rhaff_] _bg.a._

(_a_) Clymu â rhaff neu gortyn, gosod rhaff ar, rhwymo rhaff o gwmpas, hefyd yn _ffig._; gwneud rhaff: _to tie with a rope or a cord, rope, fix a rope on, wind a rope around, also fig._; _make a rope._

16g. _Celtica_ v. 152, Rac i farch ffowndio . . . _rraffa_ or dyraed hyd y koryff fal na orweddo. **1631** _AAST_ (1937) 55, yn _rhaffu_ r yd. **1722** _Llst_ 189, _Rhaffo._ To rope. **1772** _W_, _rhaffo_ d.g. _To cord, or cord up, Rope, To_ [_bind or tie with a_] _rope._ **1803** _P_, _Rhafiaw_ . . . to make a rope. Ar lafar, '_Raffa_ fa rywnd i'r pren', 'Nw ffindson' y dyn wedi cæl 'i _raffu_ wth 'i gatar', _GTN_ 675; yn ardal y chwareli llechi, '_rhaffu_ clogwyn' i'w archwilio; hefyd yn _ffig._ 'tynnu sylw, cyfareddu', ''Rodd hi'n _rhaffio_ fi 'r u' fath â prygethwr', _WVBD_ 457.

(_b_) Cysylltu (geiriau, &c.) ynghyd yn un stribed hir, cadwyno: _to string or join_ (_words, &c._) _to form one continuous composition, connect together, link._

1778 J. HUGHES: _BB_ 186, Nid mewn diotta gwledda gloddest, / Y ceir cariad cywir gonest, / Mewn Tafarn dŷ mhlith un llu, / Sy 'n _rhaffu_ sŵn rhyffest. Cf. W. REES: _LlHFf_ 52, tydi o use yn y bud iddyn nhw foni a strancio—a _rhaffu_ pynillion clwddog arna i a Sian; D. OWEN: _WBC_ 17, Yr oedd Sion yn deall ei fod yn dyweyd celwydd; ac wedi i Wil _raffo_ mwy na mwy, efe a gyfododd . . . ac ymaith ag ef. Ar lafar yn enw. mewn ymad. megis 'ei _rhaffu_ hi', 'eu _rhaffu_ (_rhaffo_) nhw' yn yr ystyr 'dweud celwydd(au)'.

(_c_) Crychu, difetha, gwastraffu, afradu; bwyta'n awchus, sglaffio; cipio: _to crumple, spoil, waste_; _eat eagerly, gobble_; _snatch._

18–19g. _GABC_ 80, Myn'd a'i gynhysgaeth yn ei bocced, / A'i gwario a'i _rhaffu_, / Rhampio a'i tanu rhwng putteiniaid. Ar lafar ym Mhenllyn ac Arfon yn yr ystyr 'crychu, difetha', 'Paid â _rhaffio_'r (_rhaffu_'r) dillad, plygwch nhw mewn trefn yn y drôr', yn Arfon yn yr ystyr 'cipio', 'Paid â _rhaffu_ hwnna', ac ym Morg., 'Mae a'n wair da, fe 'llwch weld, wrth fel ma'n nw'n 'i _raffo_ fa'.

Cfn.: **rhaffu (rhaffo) celwydd(au):** _to lie profusely, concoct a tissue of lies, spin a tale or tales._ **1837.** Ar lafar, _B_ iv. 301. **rhaffu defaid:** _to tie sheep together with straw ropes to keep them on pasture._ **1864.** Ar lafar gynt yn sir Benf. **rhaffu tafod drwg:** _to abuse_ (_someone_) _verbally._ **1851 (1878)** W. REES: _LlHFf_ 126, Trodd Sion i'w Sasneg . . . a dechreuodd _raffu tafod drwg._

rhaffaid, rhaffiaid [_rhaff_+_aid_[1], _-iaid_[2]] _eb._ ll. _rhaffeidiau, rhaffeidi._ Llawn rhaff, yr hyn a ddelir wrth raff, hefyd yn _ffig._: _rope_(_ful_), _that which is held by a rope, also fig._

Ar lafar yn yr ystyron 'wageni yn glwm wrth raff yr inclên' a 'darnau gweddol fawr o gerrig wedi eu clymu â chadwyn i'w cysylltu â'r rhaff awyr', _B_ xx. 374 (ardaloedd y chwareli); yn yr ystyr 'y nifer a gludai'r cariar i waelod y pwll', _Geir Glo_ 117 (Rhosllannerchrugog); a 'rhaff o wynwyns', e.e. ''Odd ginto _raffidi_ i winwns ar 'i feic', _GTN_ 675.

rhaffan[1], gw. **rhaff.**

rhaffan[2] [bnth. Llad. _raphanus_, o bosibl drwy'r H. Ffr. neu'r S. C.] _e?g._ Rhuddygl, radish, _Raphanus_: _radish._

_c._ **1400** _MM_ 88, Rac brath neidyr.—Dyro y myỽn olew sud y fenigyl, neu _raphan_, neu y rut neu y wermot, ac yuet hỽnnỽ neu vỽyttaet.

rhaffdalwrn [_rhaff_+_talwrn_] _eg._ Iard ar gyfer gwneud rhaffau, rhafflan: _rope-yard._

1770 _TG_ iv. 43, ym mysg pa rai yr oedd Mr. Gray, yn _rhaff-dalwrn_ yr hwn y dechreuwyd y derfysg. **1798** _WR_ d.g. _Rope-yard._

rhaffddawns [_rhaff_+_dawns_] _eb._ Y weithred o falansio neu gerdded ar raff uchel: (_tight_)_-rope-dance,_ (_tight_)_rope-walking, funambulism._

[**1783**] _W_ d.g. _Rope-dancing._

rhaffddawnsiaf: rhaffddawnsio [_rhaff_+_dawnsiaf_: _dawnsio_] _bg._ Balansio neu gerdded ar raff uchel: _to rope-dance, rope-walk, dance or walk on a tightrope._

1891.

rhaffddawnsiwr, rhaffddawnsydd [_rhaff_+_dawnsiwr, dawnsydd_] _eg._ ll. _rhaffddawnswyr._ Un sy'n balansio neu'n cerdded ar raff uchel: (_tight_)_rope-dancer,_ (_tight_)_rope-walker, funambulist._

1798 _WR_, _rhaff-ddawnsydd_ d.g. _Rope-dancer._

rhaffell, rhaffen, gw. **rhathell, rhaff.**

rhaffgerddedwr [_rhaff_+_cerddedwr_] _eg._ ll. _-wyr._ Un sy'n balansio neu'n cerdded ar raff uchel: (_tight_)_rope-walker,_ (_tight_)_rope-dancer, funambulist._

1632 _D_ d.g. _Funambulus._ _id._ Y bêl neu 'r pwys plwm a ddeil _rhaffgerddedwyr_ yn eu dwylo d.g. _Halter._ **1722** _Llst_ 189, _Rhaff-gerddedwr._ m. A rope-dancer. **1772** _W_ d.g. _Dancer, A rope-dancer._

rhaffgerddwr [gair geir., sef _rhaff_+_cerddwr_[2]] _eg._ ll. _-wyr._ Rhaffgerddedwr, rhaffddawnsiwr: (_tight_)_rope-walker,_ (_tight_)_rope-dancer, funambulist._

1926.

rhaffiaf: rhaffio, rhaffiaid, gw. **rhaffaf: rhaffu, rhaffaid.**

rhafflan [gair geir., sef _rhaff_+_llan_] _eb._ Iard ar gyfer gwneud rhaffau: _rope-yard._

[**1783**] _W_ d.g. _Rope-yard._

rhaffol [_rhaff_+_-ol_] _a._ Ac arno raff(au), wedi ei wneud o raff(au), a weithir gan raff(au) neu gêbl (geblau): _roped, made of rope_(_s_), _funicular._

1803 _P_, _Rhafawl_ . . . Formed of rope.

rhaffordd [gair geir., sef _rhaff_+_ffordd_] _eb._ Rheilffordd a weithir gan raff(au) neu gêbl (geblau): _funicular railway, cable railway, rope railway, ropeway._

20g.

Cfn.: **rhaffordd awyr:** _aerial ropeway._ **20**g.

rhaffrodiwr [_rhaff_+_rhodiwr_] _eg._ ll. _-rodwyr._ Rhaffgerddedwr, rhaffddawnsiwr: (_tight_)_-rope-walker,_ (_tight_)_rope-dancer, funambulist._

20g.

rhaffty [_rhaff_+_tŷ_] _eg._ ll. _-tai._ Adeilad ar gyfer gwneud a storio rhaffau: _rope-house._

1770 _TG_ [iv]. 98, Y _rhaffdŷ_, a'r hen lindŷ.

rhaffwaith [_rhaff_+_gwaith_[1]] _eg._ Rhaffau, cortynnau, hefyd yn _ffig._: _rope-work, ropes, cords, also fig._

1822.

rhaffweithfa [_rhaff_+_gweithfa_] _eb._ Darn o dir a ddefnyddir ar gyfer gwneud rhaffau: _rope-walk._

1870.

rhaffwr, rhaffydd [bôn y f. _rhaffaf_: _rhaffu_+_-wr, -ydd_[3]] _eg._ ll. _rhaffwyr, rhaffwrs._ Un sy'n gwneud rhaffau; creigiwr: _rope-maker_; _rockman_ (_in slate-quarry_).

1604–7 _TW_ (_Pen_ 228), _Rhaphwr_ d.g. _Restio, Schœnoplocos._ [**1783**] _W_, _Rhaffwr_ d.g. _Roper, or rope-maker._ **1803** _P_, _Rhafwr_, s. m.—pl. _rhafwyr_ . . . A roper. Ar lafar yn Arfon yn yr ystyr 'creigiwr'; hefyd yn yr ystyr 'un a deithiai ar siwrne wag o'r llygad i berfedd y gwaith gan ddatgysylltu'r dramiau gwag yn y pen draw, ac yna rhoi dramiau llawn at ei gilydd cyn dychwelyd i'r llygad' (Rhosllannerchrugog), _Geir Glo_ 21.

Cfn.: **rhaffwr celwyddau:** _one who lies profusely, compulsive liar._ **20**g.

rhag [Crn. C. _rag_, H. Lyd. a Llyd. C. _rac_, Llyd. Diw. _rak_: < Brth. *_rak-_, ff. broclitig ar *_rāk-_ (> (_y_)_rhawg_ yn acennog; > _rhog_ (gw. _Amr._) o flaen yr acen) < IE. *_prō-ko-_, ff. ôl-ddodiadol ar *_prŏ_, o'r gwr. *_per_, cf. Gr. πρόκα 'ar unwaith', Llad. (_reci_)_procus_ 'yn symud yn ôl ac ymlaen', H. Slafoneg Eglwysig _prokŭ_ 'ar ôl'] _ardd. rhed._ gyda'r ff. prs. _rhagof, rhagot_ (Cym. C. _rhagod_), _rhagddo_ (Cym. C. _rhagddaw_), _rhagddi_ (Cym. C. _rhagddei, rhegddi_), _rhagom_ (Cym. C. _rhagon_), _rhagoch, rhagddynt_ (Cym. C. _rhagddudd, rhagddun_(_t_), _rhagddu_, a hefyd fel _cys_ ac fel _e._ (yn y cfn. _o rag_).

1. (_a_) O flaen, o'r tu blaen i, gerbron, yn wyneb: _before, in front of, in the presence of, in the face of._

12g. _LL_ 260, gulich nihit iuinid cann teireru irynis _rac_ pouisma deui. **12–13**g. _GLlLl_ 78, Mal heu _rac_ moch meryerid. _id._ 215, Lloegyr diwreit, llu rutleit Rutglann, / Llu _racdaỽ_ a llaỽ ar lluman. **13**g. _GDB_ 135, _Rac_ deulin Trined tri niuer—a daw. **13**g. _LlI_ 19, Teyr kyuelyn en hyt e waev: dve trach keuyn ac un _racdav._ **13**g. _C_ 99. 1–2, gueleis aer _rac_ kaer wantvy. **13**g. _A_ 15. 17, _rac_ catraeth oed fraeth eu llu. **14**g. _T_ 55. 5–6, A_rac_ drỽs porth vffern llugyrn lloscit. **14**g. _LlB_ 22, canet y canu a elwir 'Vnbeinyaeth Prydein' _racdunt._ _c._ **1400** _YCM_[2] 55, [llurig] a llun ederyn odidawc ar y choler o'r tu _racdei._ _id._ 203, diolwch y Duw uot yn rwyd _racdunt_ eu pererindawt ac eu hynt. _c._ **1400** [_RB_] _WM_ 490. 20–1, mi a af yn gyuarwyd _ragoch_ yno. **1547** _WS_, _Rac_ . . . Byfore. **1567** _TN_ 177b, a'r ceidweit yn sefyll allan, _rac_ [:– ar gyv[e]r, gyverbyn] y drysae. **1632** _D_, _Rhag_ . . . coram, ante. **1770** _W_, Tŷ _rhagddaw_ d.g. _Before . . . The house before him._ **1803** _P_, _Rhag_ . . . Before, fore. Gw. hefyd adran 3(_a_) isod.

(_b_) Ymlaen, hefyd yn _ffig._: _forward, on_(_ward_), _also fig._

12g. _GCBM_ i. 256, Clod itaỽ! _racdaỽ_ y ragores. _id._ 327, Kertoryon kertassan _racdut_ / Ar llary uronn, ar Uryneich gystut. **12–13**g. _GLlLl_ 266, Dreic Prydein, syll _ragod!_ **13**g. _DB_ 75, Ac uegys y kerda y cranc tra 'e geuyn val _racdau._ **14**g. _WM_ 423. 41–2, A cherdet _recdi_ yr coet a oruc y uorỽyn. _id._ 477. 4–6, Ac y kerdassant _racdu_ ar neuad. _c._ **1400** _YSG_ i. 59, A'r ieuaf a doeth _racdi_ att Beredur. **15**g. _BB_ 213, ny mynnei ef dym namyn ryuelu _racdaw._ **1547** _WS_, _Rac_ . . . Forwarde. **1567** G. ROBERT: _GC_ [vii], i'm gossod i [yr iaith Gymraeg] _rhagof._ **1588** _Ecs_ xiv. 15, dywet wrth feibion Israel a'm [_sic_] gerdded o honynt _rhacddynt._ **1595** H. LEWYS: _PA_ 115, ein gwthio ac yn ein cymell _rhagom_, i bob rhinwedd. **1703** E. WYNNE: _BC_ 76, Oddiyno gwelwn y Carcharorion yn mynd _rhagddynt_ i'w dihenydd tragwyddol. **1768** W. WILLIAMS: _HTS_ 6, ond ewch _rhagoch_, mae'm hyspryd yn griddfan am newydd. **1772** _W_, myned _rhagddo_ d.g. _To continue_ [_go on_].

2. (Yn rhagori) ar, (yn fwy, yn hytrach) na (yn cyflwyno'r ail elfen mewn cmhr. (ynghyd â _rhagor, rhagori_, &c.)): (_superior_) _to,_ (_greater, more, rather_) _than_ (_introducing the second element of a comparison_ (_in conj. with 'rhagor', 'rhagori', &c._)).

12–13g. _GMB_ 475, Ragorỽn greuyt a ffyt a faỽd / _Rac_ agheu lledrad, brad bredychaỽd. **12–13**g. _GLlLl_ 97, Hwnn a duc ragor _ragoch,_—wyr Kymry. **13**g. _BD_ 5, ryuel a oed y ryngthunt am try chastell a adavssei y tat y Assaracus yn y varwolaeth yn ragor _rac_ y vravd. **1346** _LlA_ 10, A megys yragorei duw _rac_ pob peth yny nef. velle y ragorei dyn _rac_ pob peth ar y dayar. _id._ 74, vn gogonnyant yn ragoraỽl _rac_ arall. _id._ 102, yn ragorus _rac_ pawb. _c._ **1400** _B_ ii. 12, A pheth yw cost y march yn rhagor _rac_ yr ych. _c._ **1400** _GP_ 13, kany dyly bot yn y geir wedy lluossogi namyn vn sillaf ragor _rac_ y geir kynn y luossogi. _c._ **1400** _YSG_ i. 48, y mae ragor y llew _rac_ y llewpart. **15**g. _GLGC_ 340, Wyntau yw'r ddau, antur dda, / _rhag_ eraill a ragora. **1527** _B_ ii. 223, [p]ren, yr hwn a gaar ef yn hragorrol _rac_ prennav eraill. **16**g. WILIAM LLŶN: _Gw_ (R. Stephens) 274, Oni wyddost, uwch cost call, / Ragoriaeth gŵr _rhag_ arall? **18**g. I. BRYDYDD HIR: _Gw_ 24, Merthyron, ddewr-llu'r ffydd ddiffuant, / Mewn gwawl cyhoeddawl y cyweddant, / A hoew, _rhag_ eraill, y rhagorant, / Da weis eglurwedd, a dysgleiriant.

3. (_a_) Oherwydd, o achos, yn ganlyniad i, ar gyfrif, o; o flaen (gydag ystyr achosol, yn enw. ar ôl berfau sy'n dynodi symudiad): _because_ (_of_), _on account of, as a result of, from_; _before_ (_with causal force, esp. following verbs of movement_).

12g. _GCBM_ i. 62, Neud llutedic glann _rac_ glas vordwy. **13**g. _GDB_ 303, Ny safei _racdun_, rỽych pell, / Nac aer na chaer na chastell. **13**g. _C_ 72. 3, aguir rut _rac_ ruthir gereint. **13**g. _GBF_ 610, Meu, _rac_ dolur cur kyr ỽy mron,—_rac_ dic, / Dygyn atnabod weithyon. **13**g. _BD_ 9, cany allassey y dwyn bellach no hynny _rac_ pwys y heyrn. _id._ 82, Ednebydvch hefyt bot guyr

Ruuein yn blinav *ragoch*, ac yn ediuar ganthunt y gniuer hynt a gymerassant tros uor a thir. **14g.** *T* 51. 23–4, mil cant riallu auu var6 *rac* sychet. *id.* 76. 16–17, *Racda6* rygly6ha6r ma6[r] gyfagar. **14g.** *GDG*^{3} 130, Plygu *rhag* llid yr ydwyf, / Pla ar holl ferched y plwyf. **14g.** *GIG* 44, Pob drygddyn, pawb dioer *rhagddaw* / Yn gweiddi megis gwyddeifr [i Owain Glyndŵr]. *c.* **1400** *ChO* 1, Sef a oruc yr adar yna dyuot y gwynaw wrth yr eryr *rac* y vran. **1547** *WS*, ferry *rhac* anwyd Starue for colde. **1567** *TN* 53a, can gyd-[dd]oluriaw *rrac* [:– o bleit; gan] caledrwydd y calonae hwy. **1588** *Deut* ii. 25, y rhai a glywant dy henw di a ddychrynant, ac a lescaant *rhagot* ti. **1588** *Esec* vi. 11, ôh *rhac* holl ffieidd-dra drygioni tŷ Israel. **1679** C. EDWARDS: *GGG* 61, chwi oll a'r a achwyn wch *rhag* profedigaethau Satan, ewch at Grist am gymmorth. **1803** *P*, *Rhag* . . . because.

(*b*) (o flaen a. yn y radd gfrt., *mor*, a *maint*, *hyd* (gyda grym gradd gfrt.): *before an adj. in the equat. degree, and 'mor', 'maint', 'hyd' (with equat. force)*).

13g. *GDB* 468, Mor rhyfedd, *rhac* mor fu roddiad, / Na roddes fy llyw y lleuad! **13g.** (*LlDW*) *ZCP* xx. 75, *rac* hid e trikassant en e lluyd e keskus eu gruaket [*sic*] can eu gueyssion kaet [*sic*]. **13g.** *Brut B* 66, *rac* meynt onadvnt [drll.] a vodes . . . lley oed ev nyver. **13g.** *BD* 8, heb allu y dvyn hvy no hynny *rac* trymet yr heyrn oed arnav. **14g.** *Bren Saes* 38, [g]wreic Adylwold jarll, a dugassei y ar y gwr . . . *rac* y thecket. **14g.** *WM* 31. 36–32. 1, ny 6elei ef y t6r6f *rac* ty6yllet y nos. **14g.** *GDG*^{3} 271, Os marw fydd, ys mawr wae fi, / Y gwiwddyn pefr o'm gweddi; / *Rhag* mor anawdd, drymgawdd dro, / Ei hennill, hoedl i honno; / Dewisaf oedd, gyhoedd ged, / Ei dianc, *rhag* ei däed. *c.* **1400** [*RB*] *WM* 203. 13–15, *rac* an/nesm6ythet gantunt eu kerdet dyffygya6 aorugant. *id.* 222. 30–1, *rac* meint y kynn6r6f h6nn6 deffroi a oruc ronab6y. **15g.** *GGl*^{2} 281, Pan frwysgodd, galwodd am gawg, / Ban feddwodd, bu anfoddawg. / Y bara gwyn breua a gâi, / *Rhag* ei feddwed, rhyg fyddai. **1551** W. SALESBURY: *KLl* xlvb, ny ddaw yn y chof am y drauel, *rac* mor llawen yw genthei eni dyn ir byd. **1588** *Jos* ix. 13, ein gwiscoedd . . . a'n hescidiau a heneiddiasant *rhac* meithed y daith. **1588** *Jud* ii. 20, nid oedd rhifedi arnynt *rhag* cymmaint oedd o honynt. *c.* **1600** (**1681**) *Rhyddiaith Gymraeg* ii. 161, Dydd-da a fo i Dudyr a chan dydd-da fo iddo, *rhag* mwyned a fydde i chwedleu. **1800** W. OWEN[-PUGHE]: *CP* 18, ond *rhag* eu druted ni henwais monynt.

4. O, oddi wrth, oddi ar, yn erbyn: *from, against.*

(*a*) (ynghyd â geiriau sy'n dynodi amddiffyn, gwared, rhyddhau, &c.: *in conjunction with words denoting defence, protection, liberation, &c.*).

12g. *LL* 120, ryd o pop guasanaith breennin bydaul . . . ryd *rac* brennin aracpaup namyn dy teliau. **12–13g.** *GLlLl* 203, Py geidw yr gordd6fyr *rac* pob gorddwy. **12–13g.** *GMB* 376, Arg6yd nef a lla6r, Gwa6r gwerina6l, / Ardelwaf oth na6d *rac* ta6d tana6l. **13g.** *C* 98. 10–11, Canisti guin gur kiwir. *racod* ny ryimgelir. minnev guitnev garanhir. **14g.** *WML* 130, Hyn o dynyon adieinc *rac* ll6 g6eilyd. argl6yd. **14g.** *GDG*^{3} 6, Cadw *rhag* pechod feddwdod fi. **1588** *Math* vi. 13, Ac nac arwain ni i brofedigaeth, eithr gwaret ni *rhag* drwg. **1592** S. D. RHYS: *Inst* [xv], i warchâdw iaith *rhac* ei cholhi. **1703** E. WYNNE: *BC* 45, un [cleddyf] yn yr asswy a elwid Cyfiawnder i gadw ei deiliaid *rhag* Dynion y Ddinas ddihenydd, a'r llall yn ei llaw ddeheu iw cadw *rhag* Belial. *id.* 78, Oes dim help *rhag* Angeu Gawr. **1768** W. WILLIAMS: *HTS* 28, eu hamddiffyn, a'u hachub *rhag* geiriau drwg.

(*b*) (ynghyd â geiriau sy'n dynodi gwahardd, amddifadu, atal, cuddio, gwahaniaethu, &c.: *in conjunction with words denoting prohibition, privation, prevention, concealment, differentation, &c.*).

10g. (*Juv*) *VVB* 207, *racdam*, gl. *sibi*. **13g.** *GDB* 469, I Goron Lundain, er garwedd—heiyrn, / Ni roddes teyrn ty o Wynedd! / Duw a'i dug *rhagon*, ddeon ddiwedd, / Dafydd fuddugawl, gedawl gyfedd. **14g.** *GDG*^{3} 34, Cyn hyn, Lywelyn, olud—tiriogaeth, / Tŷ *rhagof* ni chaeud. *c.* **1400** *MM* 26, Ac odyna g6ahard *racda6* kic eidon ma6r. **15–16g.** *GLM* 205, Ba nad edwyn y dyn dall / beth yw aur *rhag* bath arall? **16g.** *Med H* 2, val i gellid adnabod pob un o honynt hwy a'i etiveddion *Rac* arall drwy yr arwyddion hynn. **1567** *LlGG* (*Sall*) 7a, yd pa hyd y cuddiy dy wynep *rhagof* [:– ywrthyf]? *c.* **1585** G. ROBERT: *DC* [xii], Dyma r chwech rhwystr pennaf sy n dala llawer *rhag* bod yn Gristianogion. **1661** E. LEWIS: *Drex* 87, Oni wyddost ti fod Crist yn cau 'r drws *rhag* llawer? **1703** E. WYNNE: *BC* 11, mae e'n eu dallu *rhag* gweled . . . mae'n eu synnu *rhag* ymwrando. *id.* 92, ceir rhyw rwystr arall fyth, a hefyd *rhag* cychwyn tu a Phorth Sancteiddrwydd. **1768** W. WILLIAMS: *HTS* 10–11, Mil o ffyrdd oedd gan y gwr awyddus hwnnw i ddyfod â'r geiniog i mewn, a dwy fil o ffyrdd, pan y deuai i'w chadw hi *rhag* myned allan. **1771** W. WILLIAMS: *GIE* i. 54, Cudd fy meiau *rhag* y werin. Ar lafar, 'Os fedri di'i gadw fo *rhag* gneud dim byd gwirion, 'fydd o'n iawn'.

5. (Fel amddiffyniad) yn erbyn; fel na, rhag ofn: (*as a protection*) *against, for fear of, in case of; lest, for fear that, in case.*

(*a*) (enghrau. o flaen e. neu yn ei ff. prs.: *exx. before a n. or in its prs. forms*).

12g. *GLlF* 120, Ys da deint *rac* taua6d! **12–13g.** *GLlLl* 95, Pan dellid *rac* Lloegyr llucuryd, / Dellis dreic Bowys bwys byd. **13g.** *A* 19. 10, gwr frwythlawn flamdur *rac* esgar. **13g.** *BD* 78, ynteu yn vravl ac yn vychyr yn ymdifrit ac yn ymgynhal *racdunt* hvy, gan talu aerua dros y gilid. **14g.** *WML* 74, Y neb awertho llo neu dinawet bit ydana6 *rac* yclauyri o galan gayaf hyt 6yl patric. *c.* **1400** *Études* vii. 50, *Rac* brath neidyr neu gi claf, yscriuenna y geireu hynn mywn gwaelawt fiol vassarn. **15g.** *GDLl* 153, Gwell fuasai pan gawsai gof, / Gras rhugl, Ymgroesi *rhagof* (Llywelyn ap Gutun). **15g.** *GGl*^{2} 276, Tŵr i ymladd *rhag* tromlef, / Talwyn, o waith teulu nef. **1595** H. LEWYS: *PA* 37, ef ai dilladodd, *rag* rhew. **1703** E. WYNNE: *BC* 79, Ond mawr na fedrei Sioncrwydd Ffrainc, / Rygyngu cainc *rhag* Angeu. **1771** *PDPh* 26, *Rhag* y Dropsi. Ar lafar, 'rhoid rwbath o flaen y drws *rhag* gwynt', ''mochal *rhag* yr eira', *WVBD* 457.

(*b*) (enghrau. o flaen be. neu gymal berfenwol: *exx. before a vn.* (*clause*)).

12–13g. *GLlLl* 6, *Rac* talu y agheu, te6ch! **13g.** *C* 57. 15–16, Na chuste hun bore. nachlat im prisc. *Rac* dyuod. Riderch hael. Ae cvn kyfruys. **1346** *LlA* 26, e6ch oc eu plith wy. *rac* ych bot ynn gyfuranna6c ar ev poenev. **14g.** *GDG*^{3} 103, Od wyf fi ŵr, nid af fyth / I geisio merch naf gwaywsyth, / *Rhag* fy ngalw, gŵr salw ei swydd / Coffa lwybr, y cyfflybrwydd. *c.* **1400** *YCM*^{2} 24, atal y niuer hwnnw aoruc yny gapel *rac* eu llad yn y urwydyr. *c.* **1400** (*SG*) *HMSS* i. 197, pan griawd morwyn y gadeir ar walchmei *rac* idaw esgynnu ar y varch. **1592** S. D. RHYS: *Inst* [xvi], nyd enwabh nêb o honynt; *rhac* i rai o honynt gáel cywîlydh. **1620** *Pr* vii. 21, Na osod dy galon ar bob gair a ddyweder; *rhag* i ti glywed dy wâs yn dy felldithio. **1703** E. WYNNE: *BC* 20, Gwrthodwyd y Stiwardiaid y cynnyg cynta, *rhag* iddynt dlodi 'r holl Stryd . . . *rhag* iddynt o'r diwedd droi 'r Dywysoges ei hun allan o feddiant. **1778** J. HUGHES: *BB* 97, *Rhag* darfod fyth am dano, / Mae 'n dechreu curo a cheisio, / A chalon effro grio am Grist. Ar lafar, '*rhag* bod y ffrwyn ar 'i ben', 'tynnu teciall i lawr *rhag* iddo ferwi'n sych', *WVBD* 457.

(*c*) (enghrau. fel *cys.* o flaen cymal berfol: *exx. as a conj. before a verbal clause*).

13g. *BD* 90, fo ac vynt hyt yn Llydav . . . *rac* na bei oc eu etiued a dalyei y teyrnas o diuetheit y rein hyny. *c.* **1300** *B* ii. 27, Edrych hagen y bwy y rodych *rac* nas keffych vyth. **16g.** *GHCEM* 11, *Rhag* na cheffych, edn gwych gwâr, / Ddwyoes ei bath ar ddaear. *p.* **1584** G. ROBERT: *GC* [390], *rhag* na byddai ond rhyfychan o awdurdod i'r phafwlan. *Dchr.* **17g.** *Bl B XVII* i. 211, *Rhag* na bôm ni yn y byd / O heno hyd yfory (Siôn Morus). **1653** *MLl* i. 245–6, *rhag* na bo goleuni ynot i ddangos i ti ba le yr ei di wrth farw. **1672** R. PRICHARD: *Gw* 10, *Rhag* na fetrom wneuthur cyfri, / Ddydd y farn am gyfryw wrthni. **1675** R. DAVIES: *PY* 189, llwon . . . *rhag* na chyflawnom hwynt. **1679** C. EDWARDS: *GGG* 197, ai bod yn ofni . . . *rhag* a fyddai iddynt dynnu melldith arnynt eu hunain. **1740** T. EVANS: *DPO* 61, A *rhac* y gelwid ef i gyfrif am hynny, efe a lanwodd ei Longau a'r Yspail. **1754** G. OWEN: *L* 122–3, deg i un nad yw [llyfr] bellach gan faned ag us o waith y gwellaif, a'r hyn diweddaf o honaw'n eirionyn mesur o'r culaf, yn barod i'w droi heibio *rhag* na ddalio un nicc ychwaneg. **1759** T. THOMAS: *WWDd* 229, ystyria *rhag* mai un o blant y nôs y cair di yn y Diwedd.

Amr.: **rhago** (3 un. g.). **1778** J. HUGHES: *BB* 333, A gwelwn nad oes dwll i 'mguddio, / Neu 'mgadw 'n ddiangol, / Mewn un rhigol i ni *rhago* [angau]. **1800** W. OWEN[-PUGHE]: *CP* 118, Traul. Dyged *rhago* 5 4 o. **rhog**[1] (*ò*). **13g.** *GBF* 79, *roc*. **14g.** *WM* 444. 40, *rogda6*. **14g.** *YBH* 6a, *rocdun*. *id.* 12a, *rocddi*. **15g.** *Pen* 57, 35, *rogot*. **16–17g.** *HG* 70, a gweglyd, *rhog*, bod yn aüog. **16–17g.** *DCR* 227, *rogon*. Ar lafar yn ne-ddwyrain Morg. yn y ff. *rog*, *roc*, e.e. '*roc* treni', '*roc* cwilydd', 'mynd *rog* 'i flæn', *GTN* 691; '*rog* ofan', *id.* 609, (ac weithiau'r ff. 3 un. g. *roctho*; b. *rocthi*; ll. *rocthyn*', *TNG* 92); hefyd yn sir Benf. yn yr ymadrodd '*rhog* ofon', *GDD* 249.

Cfn.: **rhag angen:** *if necessary, as necessary, in case of need.* *Dchr.* **15g.** *IGE*^{2}, 210, Rhof gyngor it, *rhag angen*, / Rhyw fenybr ir, rhaw fawn bren [Llywelyn ab y Moel i'r tafod]. **16–17g.** *Bl B XVII* i. 143, *Rhag angen* y rhôi gyngor / I mi, rhag myned i'r môr (Thomas Prys). **1703** E. WYNNE: *BC* 35, hwy a fedrant lyncu Llyffaint *rhag angen*. **rhag blaen (rhag fy mlaen, ein blaen, &c.):** (i) *at once, forthwith, straight away.* **1795** *R. Crusoe* 98, yntau . . . a saethodd y Blaidd *rhag blaen*. Cf. W. REES: *AFR* 176, Dywedwch wrthi *rhag blaen*. Ar lafar, 'Ma hi'n crychu 'i dail *rhag blaen*', *WVBD* 457. (ii) *forward.* **1595** H. LEWYS: *PA* 22, er yn symbylu, a'n gwthio *rhag ein blaen*. **1728** T. BADDY: *DDG* 125, [m]yned *rhag yn blaen*. **rhag bron (rhag dy fron, ei fron, &c.):** *before (you, him, &c.), in(to) the presence of, in (your, his, &c.) presence, in front of (you, him, &c.).* **12g.** *GCBM* i. 131, Ny thelir o wir, o vreitrwyt—breisc / A brwsgau yn rodwyt, / Ebediw g6r briw, braw dygwyt, / Yn dyt brwydyr *rac bronn* y arglwyt. **13g.** *LlI* 3, a guassanaethwyr yn sevyll *rac y uron* yn y wassanaeth megys *rac bron* y brenhyn. **1346** *LlA* 78, ae d6yn yntev or arg6yd *rac bronn* dr6s yty yd oed veir ynda6. **14g.** *WM* 420. 14–16, kymmer y pedwar meirch a gyrr *rac dy uron*. **1547** *WS*, *rac bron* ne garbron Before. **1567** *TN* 89b, cyuodes y vynydd *rhac y bron* wy. *id.* 126a, Dwyn yr Iesu *rac bron* Pilat. **1620** *Jer* v. 22, oni chrynwch *rhag fy mron*. **1632** *D*, *Rhagbron*, Coram. **1780** *W* d.g. *Presence, In presence.* **rhag (rhog) cywilydd,** gw. *cywilydd*. **rhag enaid (rhag ei enaid,** &c.**):** *for the sake of one's (his, &c.) soul.* **13g.** *C* 84. 3–5, ba beth orev *rac eneid*. Pader a buyeid a bendiceid creto. ae canho *rac eneid*. **13g.** *BD* 204, Ac adanav y gunaethpvt eglvys, a'e chysegru yn anrydedd Seint Marthin, vrth ganu efferennau *rac y eneit*. **14g.** *WML* 130, canu ypater adyly yna *rac eneiteu* cristonogyon ybyt. ?**15g.** *OBWV* 108, A'r gog *rhag f'enaid* a gân, / Ar irgoed fal yr organ. *Diw.* **16g.** *Gwyn* 3, 91, pan ddel a'i ffrost ar osteg, / *rhag d'enaid* dywaid yn deg. **16–17g.** *Cer RC* 101, Lle y bo gŵr o wan gredinieth, / O chyll un, fe chwilia am ddeubeth: / *Rhag ych enaid*, nedwch iddo / Fynd i uffern am gam dybio. **rhag llaw:** (i) *in the future, later (on), after this (these, &c.), from now (then) on, henceforth, thenceforth, hereafter, thereafter, afterwards, longer, still, again; coming, following, ensuing.* **12g.** *GLlF* 36, Yssit im eniwet a einiwaf—6rtha6; / Y liwaw *rac llaw* ry-s-lla6asaf. **13g.** *HGK* 7, doeth gureic brud . . . y darogan y uot en vrenhin *raclaw*. **14g.** *LlB* 39, ny dylyir y warandaw *rac llaw*, ony phallwys kyfreith idaw o vywn y vlwydyn. **14g.** *BT* (*RB*) 226, Y ulwydyn *rac llaw* y bu varw Lewys, brenhin Ffreinc. *c.* **1400** *YCM*^{2} 14, rodi rydit a oruc y bawp . . . ac y eu hetived *rac llaw*. **15g.** *BB* 163, darparawt arthur llynghes yn erbyn yr haf *rac law*. **15–16g.** *GRB* 35, Bara rhyg, llyn byr *rhag llaw*; / bwrw'n tylwyth gerbron Teiliaw. *a.* **1561** *B* vi. 45, ef a wella arnynt megis y dywaid *rac llaw*. **1567** *TN* 202a, wedy i Paul aros yno *rac llaw* niver da o ddyddiae. *id.* 228b, megis *rac llaw* [:– yn ol hyn, mwyach] na wasanaethom bechot. *Dchr.* **17g.** *J* 10, 12b, *Rhag-llaw*. hereafter. **1630** *YDd* 25, [t]rwy yr hwn . . . y mae efe *rhagllaw* yn rheoli (*still ruleth*) y nefoedd ar ddaiar. **1688** S. HUGHES: *TSP* 51–2, Nis gwaredodd efe [Deddfoldeb] neb erioed etto, ac nid oes tybygoliaeth y gwareda efe yn dyn byth *rhagllaw*, oddiwrth Faich ei Bechodau. **1722** *Llst* 189 d.g. *Again*. **1798** W. RICHARDS: *CC* 33, efe a'i cynghorodd i fod yn fwy gofalus *rhag llaw*. (ii) *beforehand.* **1790** T. JONES: *TOS* 226, dangosodd *rhag-llaw* y llawenydd a gawn fwynhau. **rhag (rhog) (dy,** &c.**) ofn:** *for fear of (you, &c.), because of fear, from fear, (just) in case; lest, for fear that.* (i) *before a n., &c.* **12g.** *GLlF* 75, Creaduryeu yt grynant / *Rac ofyn* diliw diarchar. **13g.** *HGK* 8, anvones emladwyr meibeon Merwyd . . . ar nodva *rac ouyn* gwyr Powys. **13g.** *GBF* 39, Doeth id . . . / Trethoet . . . / Treul ked, rwyf Dyfed, *rac dy ofyn*. **14g.** *T* 69. 24–5, Ef canet *rac y ofyn* ae ars6yt oergerdet. *c.* **1400** *R* 1360. 4, *rac fy* [diwyg.] *ovyn* y cryn. *c.* **1400** *RB* ii. 222, na thebyg6ch ymae *rac eu hofyn* 6y y kyrcheis i y dinas hwnn. **15–16g.** *GRB* 61, a chrwys *rhag ofn* echrysaint. **16–17g.** *Cer RC* 164, *Rhag ofn* hen wrechyn mantach. **1766** *CD* 126, *Rhag ofn* pob Gwrthwyneb. Ar lafar, '*Rhac ofn* y glaw', *WVBD* 457; hefyd ym Morg. yn y ff. *rog ofan*, ''Wi'n ofni mynd 'co, *rog ofan* beth 'wetiff 'i', *GTN* 609. (ii) *before a vn.* (*clause*). **13g.** *BD* 200, mynet yrdanc arnei *rac ouyn* o damwein y adnabot o'e elynyon. **14g.** *WM* 169. 13–14, *rac ofyn* bot pyt gan y g6r it. **14g.** *GDG*^{3} 371, Na ad yn wag fynagwael / O fewn gŵr, *rhag ofn* ei gael. *c.* **1400** *YSG* i. 26, ffo a oruc hwnnw *rac ofyn* y lad yn gwbyl. **16–17g.** *CRC* 16, oni bav [*sic*] *rhag ofn* kael yscwd / or badell frwd ir marwor. **1703** E. WYNNE: *BC* 42, Ffidler, a fasei trwodd er's ennyd, oni bai *rhagofn* torri 'r Ffidil. **1795** *R. Crusoe* 17, *rhag ofn* ir barbariaid ddyfod yn eu cychod. Ar lafar, '*Rhac ofn* iddi daflu cafod', 'Tendiwch chi *rhac ofn* i chi syrthio', *WVBD* 409; hefyd ym Morg. yn y ff. *rog ofan*, 'Citsh yndo, *rog ofan* iddo gwmpo', *GTN* 609. (iii) *before a vb.* **1672** R. PRICHARD: *Gw* 405, *rhag ofn* y bydd hi yn rhy hwyr yn ein clefyd i wneuthur felly. **1704** *CDGT* 57, *rhag ofn* na ddaeth yr un ohonynt [llyfrau] i'ch dwylo. **18–19g.** JAC GLAN-Y-GORS: *Gw* 81, *Rhag ofn* y cewch frathiad. Ar lafar, '*Rhac ofn* na welach chi moni hi'n fan acw', *WVBD* 409; ''Well i fi 'neud teisan, *rhag ofn* daw fusutyrs' (Arfon). (iv) *absolute usage.* **12g.** *GMB* 176, Ef gwr, g6elitor goleith y dewdor / *Rac ofyn*, an angor hyd oror Mor Rut! **14g.** *GDG*^{3} 189, Gwyw fy nrem *rhag ofn*, er oed. **1653** *MLl* i. 158, Ni ddaw hi [y golomen] i'n cwmni ni *rhag ofn*. **1773** *W*, Hwy a waeddasant *rhag ofn* d.g. *Fear . . . They cryed for fear.* Ar lafar, ''Well 'ti 'neud e, *rag ofon*' (de-ddwyrain sir Gaerf.). Cf. T. H. PARRY-WILLIAMS: *OPG* 17, nid oedd eu gwaith yn hollol ddi-alw-amdano, *rhag ofn* . . . y mae deuparth ein gweithgareddau gwerthfawrocaf wrth fyw yn seiliedig ar athrawiaeth y *rhag-ofn*. **rhag wyneb (rhag fy wyneb, dy wyneb,** &c.**):** (i) *later, hereafter, following, coming, next.* **13**g. *LlI* 35, Sef yw oet y reyth honno, vythnos o'r Sul *rac uynep*. **13**g. *Llst* 1, 77a, dynyon . . . a etnebydynt e damweynyew a delhynt en e wlwydyn *rac wynep*. **1346** *LlA* 150, Gwynn ev byt yrei glan y callonnev. kannys yrei hynny *rac wyneb* a wnelant [*sic*] duw. **15**g. *GLGC* 449, Heb nos, heb ddydd ni bydd byd, / heb haf *rhag wyneb* hefyd. *Dchr.* **17**g. *J* 10, 12b, *Rhagwyneb*. hereafter. **1701** E. Wynne: *RBS* [viii], yn y Dalennau *rhagwynèb*. **1803** *P*, *Rhagwyneb* . . . Ensuing, forthcoming, following. (ii) *before (you, him, &c.), in(to) the presence of, in (your, his, &c.) presence, in front of (you, him, &c.), in the face of; in front.* **14**g. *B* xiv. 266, guelas vy llygeit dy iechyt ti. yr hvnn a baratoeist *rac wyneb* (**1588** *Luc* ii. 31, yng-ŵydd). yr holl bopload. **14**g. *WM* 465. 3–6, pan dycco beich na mawr na bychan uo. ny welir uyth na *rac vyneb* na th[r]aegeuyn. *Dchr.* **15**g. *GM* 33, Pwy a odef *rac wyneb* y oerus loesseu (*Ante faciem frigoris eius quis sustinebit?*)? **1546** *YLlH* [26], Na vid yt vn geuduw, *rhac vy wyneb* i. **1551** W. Salesbury: *KLl* iiia, wele vi yn danfon vyangel *rhac dy wyneb*. **1567** *LlGG* (*Sall*) 65b, *Rac wynep* yr Arglwydd yr ergrynawdd y ddaiar, sef *rhac wynep* Dew Iaco. **1803** *P*, *Rhagwyneb* . . . Before, in presence. (iii) *before others, in(to) the presence of other people.* **14**g. *LlB* 39, Y neb a alwo tyston ac ny allo eu dwyn *rac wyneb*, dygwydet y dadyl. *c.* **1400** *Ked AA* [1]–2, gwedy ymwelet o'r iarll a'r gwrda hwnnw, a dyuot eu meibyon *rac wyneb*, nyt oed yn vyw yn [*sic*] dyn a wypei wahan y rwng y meibyon. (iv) *forward, straight ahead.* **1620** *Esec* i. 9, aent bob vn yn vnion *rhag ei wyneb* (**1588** *ib.* yn ŵysc ei wyneb; **1988** *ib.* yn syth yn ei flaen). **o rag:** *before, in front of.* **13**g. *GBF* 357, Ac eu manac seren o'e *rac* yn roi goleu.

Gw. hefyd **acw, rhaco, rhacw.**

rhag- [gw. *rhag*] *rhgdd.* a ddefnyddir yn gfns. mewn enwau, ansoddeiriau, a berfau, ac a gyfetyb i'r S. *pre-, fore-, ante-, before-, previous*, e.e. *rhagfarn, rhaglaw, rhaglwybrol, rhagbaratoi, rhagfynegi, rhag-weld*, &c.

rhagacen [*rhag-* + *acen*] *eb.* Acen eilradd o flaen y brif acen mewn gair: *secondary accent (preceding the main accent in a word).*
20g.

rhagachubaf: rhagachub [*rhag-* + *achubaf*: *achub*] *ba.* a hefyd gyda grym enwol i'r be. Achub y blaen ar, rhagflaenu, rhwystro, atal neu feddiannu (peth) ar ei ffordd o un lle i'r llall, rhwystro neu atal (peth) rhag cyrraedd neu fynd yn ei flaen; mynd o flaen: *to anticipate, forestall, prevent, intercept; go before.*
Dchr. **15**g. *GM* [1], *racachubwn* y wyneb ef yg kyffes, a chanwn seilym ydaw. **1567** *TN* 28a, yr Iesu a ei *rhac* vlaenodd [:– *achubodd*] ef. **1604–7** *TW* (*Pen* 228) d.g. *Anteoccupo, præoccupo.* **1672** J. Langford: *HDdD* [vi], os byddwn ni mewn perigl o golli ein llygaid . . . bychan gennin ni ein holl ofal i *ragachub* hynny. **1689** E. Morus: *RC* 44, Ac i *ragachub* eich tlodi, gadewch i mi yn enwedig eich rhybuddio chwi yn erbyn . . . [M]eddwdod. **1716** Iaco ab Dewi: *PTE* 19, od oes dim dajonus a Phrisiadwy ynghrefydd y Protestant, na dim Drwg ac Anrasrwydd yn yr un Babeidd, y mae gennym Achos i Ddiolch i Dduw, am *ragachub* yr un, a'n gwaredu ni rhag y llall. **1725–6** *Madd Ed* 130, anfodloni'r Hollalluog, trwy *ragachub* ei Addoliad ef (*intercepting his worship*). *id.* 400, Hawddfyd ac Adfyd ydynt yn *rhag achub* ac yn canlyn eu gilydd (*intercept and succeed each other*). **1740** T. Evans: *DPO* 131, Ac efe yn wr call, i *racachub* cynnen ym mysc ei Farchogion . . . a ddyfeisiodd y Ford gron. **1770** *TG* iv. 103, Daliwyd offeiriad pabaidd yma wedi cymmeryd arno agwedd garddwr, yr hwn a lettybiwyd gyntaf wrth y nifer fawr o lythyrau a dderbyniai efe o bob parth o'r deyrnas. *Rhagachubwyd* llawer o'r llythyrau . . . trwy ba rai y cafwyd datguddiadau pwysfawr. **1771** *W* d.g. *To catch before another, To intercept, To possess before.* **1803** *P*, *Rhagaçub* . . . To save the vantage; to obtain a priority; to come before.

rhagachubiad [bôn y f. *rhagachubaf*: *rhagachub* + *-iad*[1]] *eg.* Y weithred o achub y blaen, rhagflaeniad, rhwystrad; rhagwybodaeth, rhagdybiaeth: *an anticipating, a forestalling, prevention; anticipation, foreknowledge, preconception.*
1604–7 *TW* (*Pen* 228) d.g. *Anteoccupatio.* **1725–6** *Madd Ed* 119, y mae gennym fath o *Ragachubiad* (*anticipation*), Blâs ac Archwaeth dyallus o Wirionedd a Thwyll. **1770** *W* d.g. *An anticipation, or anticipating.* **1803** *P.*

rhagachubol [bôn y f. *rhagachubaf*: *rhagachub* + *-ol*] *a.* Yn achub y blaen, yn rhagflaenu; rhagdybiedig, acsiomatig: *anticipative; preconceived, axiomatic.*
1725–6 *Madd Ed* 118, Egwyddorion *rhagachubol* (*proleptick principles*) o wybodaeth. **1780** *W* d.g. *Proleptic, or proleptical* [*of an anticipating nature or quality*]. **1803** *P* d.g. *Rhagaçubawl.*

rhagadeilad [*rhag-* + *adeilad*] *eg.* ll. *-au.* Tŷ allan; ?porthdy: *outbuilding; ?lodge (of porter, &c.).*
1894.

rhagadroddaf: rhagadrodd [*rhag-* + *adroddaf*[1]: *adrodd*] *ba.* Nodi ymlaen llaw, rhagymadroddi; rhag-ddweud: *to note beforehand, preface; foretell.*
1721 *Llst* 111, 16a, Wedi *rhagadrodd* hyn, ni a edrychwn weithian pa un a bod dim Quantum terfynedig o'n Cyfoeth wedi ei gadw gan Dduw. **1803** *P*, *Rhagadrawdd* . . . To preface.

rhagadroddiad [bôn y f. *rhagadroddaf*: *rhagadrodd* + *-iad*[1]] *eg.* Rhagymadrodd; cyhoeddiad neu hysbysiad ymlaen llaw: *preface; announcement or declaration beforehand.*
1780 *W* d.g. *Prenunciation* [*a declaring before-hand*]. **1803** *P*, *Rhagadroddiad* . . . A prefacing.

rhagadwaen: rhagadnabod [*rhag-* + *adwaen*: *adnabod*] *ba.* Adnabod neu wybod ymlaen llaw: *to know or recognize beforehand, foreknow.*
c. **1400** *YCM*[2] 184, Ac adnabot a oruc y padriarch yn y gyndrycholder enryded y brenhin, yr hwnn a *racatwaenat* o glybot y glot. **1567** *TN* 235a, Ny wrthodawdd Duw ei bopul y *racadnabu* ef yn y blaen. **1711** M. Maurice: *YAD* 62, os oedd Duw yn *rhag adnabod* ei weithredoedd . . . pe amgen nyd oeddynt yn câl ei *rhag-adnabod*. *c.* **1762–79** W. Williams: *P* 250, yr amser, y lle, a'r dull y *rhagadnabyddwyd* hwynt er tragwyddoldeb. [**1791**] J. Thomas: *GB* 6, y rhai a ragluniodd, y rhai a *ragadnabu* efe. **1803** *P.*

rhagaddasaf: rhagaddasu [*rhag-* + *addasaf*: *addasu*] *ba.* Cymhwyso neu gyfaddasu ymlaen llaw: *to adapt in advance, fit beforehand.*
1780 *W*, yr hyn a wnêl yn addas ym mlaenllaw neu a *rag-addasa* d.g. *A preparative.* **1789** J. Thomas: *DdS* 10, ei *rag-addasu* â mesur cymhedrol o'r Yspryd. **1803** *P*, *Rhagazasu* . . . To adapt or to fit beforehand.

rhagaddawaf: rhagaddo [*rhag-* + *addawaf*: *addo*] *ba.* Addo ymlaen llaw: *to promise beforehand.*
1567 *TN* 222a, yr hon [yr Efengyl] a *racaddawodd* ef drwy ei Brophwyti. *c.* **1730** *Thos. Lloyd D* (LlGC) 199a, *Rhagaddaw.* To promise aforehand. **1803** *P* d.g. *Rhagazaw.*

rhagaddewid [*rhag-* + *addewid*] *eb.* ll. *-ion.* Addewid ymlaen llaw: *a promise beforehand.*
1768 Risiart ap Robert: *CB* 59, *rhagaddewidion* y prophwydi. *id.* 94, yn cyflawni eu *rhagaddewidion.* **1803** *P*, *Rhagazewid*, s. f. . . . A previous promise.

rhagaddfed, gw. **rhagaeddfed.**

rhagaddfedaf: rhagaddfedu [gair geir., sef bf. o'r a. *rhagaddfed*] *bg.* Aeddfedu cyn pryd: *to ripen prematurely.*
1632 *D*, *Rhagaddfedu* d.g. *Præcoquo.* **1771** *W*, Addfedu (gwyw-sychu, gwywo) cyn llenwi, *rhagaddfedu* d.g. *To catch* [*as corn*]. **1803** *P*, *Rhagazvedu* . . . To ripen beforehand.

rhagaddfedrwydd, gw. **rhagaeddfedrwydd.**

rhagaeddfed, rhagaddfed [gair geir. yn wr., sef *rhag-* + *aeddfed, addfed*] *a.* Aeddfed cyn pryd, cynamserol, hen o'i oed, henffel: *ripe before its time, premature, precocious.*
1632 *D*, *Rhagaddfed* d.g. *Præcoquus, Præcox.* **1722** *Llst* 189, *Rhagaddfed.* Early ripe, premature. **1722** *Llst* 190, afal peatus *rhag-addfed*, an avant peach. **1780** *W*, *Rhag-addfed* d.g. *Precocious. id.* Llangc *rhag-addfed* d.g. *Princock. id. Rhag-addfed* d.g. *Premature. id. Rhagaddfed* d.g. *Ripe before the time.* **1803** *P* d.g. *Rhagazved.*

rhagaeddfedrwydd, rhagaddfedrwydd [gair geir. yn wr., sef *rhagaeddfed, rhagaddfed* + *-rwydd*] *eg.* Y cyflwr o fod yn aeddfed cyn pryd, llawn oed cyn ei amser: *prematureness, precocity.*
1780 *W*, *Rhag-addfedrwydd* d.g. *Precocity, Prematureness.* **1803** *P* d.g. *Rhagazvedrwyz.*

rhagaf: rhagu [?bf. o'r ardd. *rhag*] *bg.a.* Ceryddu, gwrthwynebu, gwrth-ddweud, gwadu: *to rebuke, object to, contradict, deny.*
1567 *TN* 63b, ac a ddechreodd roi iddo sen [:– ei geryddy, *ragy* arno]. *id.* 121a, ny allesont veio ar y eiriae ef [:– argyweddy oganu *ragu*]. **16–17**g. *HG* 13, rygas i *rhagwyd*, tynn jawn i tynnwyd / gwir jesü hoelwyd, ar y groes hoelion. **1632** *D*, *Rhagu*, Contradicere, negare. W.S. Luc. 20. **1688** *TJ*, *rhagu*, gwrthŵynebu, gwadu: to contradict, also to deny. **1771** *W* d.g. *To challenge* [*gain-say*], *To disacknowledge* [*deny*], *To object, To traverse an indictment.* **1803** *P*, *Rhagu* . . . to oppose, to withstand; to controvert.

rhagafaelaf: rhagafaelu [*rhag-* + *gafaelaf*: *gafaelu*] *bg.a.* Achub y blaen (ar); (geir.) gafael ymlaen llaw neu o flaen person arall: *to forestall; (dict.) take hold beforehand or before another person.*
1595 *Egl Ph* 96, Gwelwch yma bhod Pawl yr apostol yn *rhacabhaelu* (*forestall*) yn hydhoeth ar reswm y dyn cnawdol. **1722** *Llst* 189, *Rhagafaelu.* To take hold of before another. **1803** *P*, *Rhagavaelu* . . . To hold previously.

rhagafon [*rhag-* + *afon*] *eb.* ll. *-ydd.* Afon sy'n llifo i afon fwy, isafon, llednant: *tributary (of river).*
1916.

rhagagweddaf: rhagagweddu [*rhag-* + *agweddaf*: *agweddu*] *ba.* Rhagddarlunio, rhagddangos, cysgodi: *to indicate beforehand, prefigure, foreshow, foreshadow.*
1721 RD: *CFf* 65, Ordinhadau cysgodol . . . yn *rhagagweddu* Crist. *id.* 10[4], *Rhagagweddu* rhagosod gwedd allan. **1803** *P*, *Rhagagwezu* . . . To preform.

rhagagweddiad [bôn y f. *rhagagweddaf*: *rhagagweddu* + *-iad*[1]] *eg.* Rhagddarluniad, rhagddangosiad: *prefiguration, a foreshowing, foreshadowing.*
1803 *P*, *Rhagagweziad* . . . A preformation.

rhagair [*rhag-* + *gair*[1]] *eg.* ll. *-eiriau.*
(*a*) Datganiad rhagarweiniol mewn llyfr, &c., yn esbonio bwriad yr awdur, cwmpas y gwaith, &c., rhagymadrodd, rhaglith: *preface (of book, &c.), foreword, introduction.*
1916.
(*b*) Rhagddodiad; arddodiad; geiryn; cipair: *prefix; preposition; particle; catchword.*
18–19g. *Llr* C 4, 18, *Rhagair*, plur. *rhageiriau* a particle a preposition or prefix. **1803** *P*, *Rhagair* . . . A leading word, a catch-word.

rhagamcan [*rhag-* + *amcan*] *eg.* ll. *-ion.* Bwriad, diben, neu amcan ymlaen llaw, amcan blaenorol: *previous intention, purpose, or design.*
1722 T. Evans: *PS* 56, a'i [*sic*] o ddamwain neu *rag-amcan* y digwyddodd hynny fod. **1768** Risiart ap Robert: *CB* 85, y pethau i ddyfod . . . sydd guddiedig ynghyngor a rhagluniaeth y Goruchaf, *rhagamcanion* yr hwn a gauwyd rhagddynt hwy [ysbrydion aflan]. **1780** *W* d.g. *Presupposal* [*a supposal formed before-hand*]. **1803** *P*, *Rhagamcan*, s. m. . . . A prior purpose, or design; a prenotion.

rhagamcanaf: rhagamcanu [*rhag-* + *amcanaf*: *amcanu*] *ba.* Amcanu neu fwriadu ymlaen llaw; ?rhagarfaethu: *to intend beforehand; ?predestine.*
1704 J. Morgan: *B* 65, cymmaint oedd cariad D[u]w i ddynol ryw, fel ac y darparodd anfeidrol lawenydd . . . i ddyn cyn iddo ei greu, ac ni *ragamcanodd* ef mono i ddrwg yn y byd. **1735** J. Evans: *YMS* 112, gogoniant Duw, ac adeiladaeth eu heneidiau eu hunain. Hyn yw'r peth y mae pôb un difrif yn ei *ragamcanu* cyn bôd yn gyfrannog. **1803** *P.*

rhagamlygaf: rhagamlygu [*rhag-* + *amlygaf*: *amlygu*] *ba.* Rhagddarlunio, rhagddangos, cysgodi: *to indicate beforehand, prefigure, foreshow, foreshadow:*
1743 D. Rowland: *T* 14, fod ein Rhydd-did Ni oddiwrth y Ddeddf wedi cael ei *rag-amlygu* yn Nheulû Abraham. **1748** P. Pugh: *MDC* 52, Yr holl Gysgodau yn *rhagamlygu* ei Ddioddefiadau ef.

rhagamnaid [*rhag-* + *amnaid*] *eb.* Arwydd neu awgrym ymlaen llaw: *prior signal or hint.*
1803 *P*, *Rhagamnaid* . . . A previous signal.

rhagamod [*rhag-+amod*] *eb.* ll. *-au.* Amod y mae'n ofynnol ei chyflawni ymlaen llaw, cynrhaid; rhag-gytundeb: *precondition, condition precedent, prerequisite; pre-contract.*
1780 *W* d.g. *Precontract* [*a contract enter'd into before another*], *Preliminary, Subst.* [*something settled, concluded, or agreed upon as introductory to the main matter or subject*]. **1803** *P, Rhagammod,* s. f.—pl. t. *au* . . . A preliminary agreement.

rhagamodaf: rhagamodi [*rhag-+amod-af: amodi* neu f. o'r e. *rhagamod*] *bg.a.* Ymrwymo neu gytuno ymlaen llaw; ?gwneud (peth) yn rhagamod; tanysgrifio (i lyfr, &c.): *to agree beforehand; ?make (something) a precondition; subscribe (to a book, &c.).*
18–19g. *IAW* (LlGC) 110, 20, Ni argreffir ond rhifedi bychan [o 'Cyfrinach Beirdd Ynys Prydain'] yn fwy nag a *ragammoder* amdanynt. **1803** *P, Rhagammodi* . . . To agree beforehand.

rhagamodol [*rhagamod+-ol*] *a.* Dan ymrwymiad neu gytundeb ymlaen llaw, ar amod flaenorol: *under a prior agreement, preconditional.*
1803 *P, Rhagammodawl* . . . Belonging to a preliminary agreement.

rhagamodwr [bôn y f. *rhagamodaf: rhagamodi+-wr*] *eg.* ll. *-wyr.* Un sy'n ymrwymo neu'n cytuno ymlaen llaw; tanysgrifiwr (i lyfr, &c.): *one who enters a prior agreement; subscriber (to a book, &c.).*
18–19g. *IAW* (LlGC) 110, 20, Pris 8[s] i *Ragammodwyr.* **1803** *P, Rhagammodwr* . . . One who agrees beforehand.

rhagamseraf: rhagamseru [*rhag-+amseraf: amseru*] *ba.* Priodoli dyddiad cynharach na'r gwir ddyddiad i (ddogfen, llyfr, &c.), amseru ymlaen llaw, rhagddyddio: *to antedate.*
1722 *Llst* 189, *Rhagamseru.* To antedate, anticipate the time. **1803** *P, Rhagamseru* . . . To fix a previous time.

rhaganfonaf: rhaganfon [gair geir., sef *rhag-+anfonaf: anfon*] *ba.* Anfon ymlaen llaw: *to send beforehand.*
1632 *D* d.g. *Præmitto.* [**1783**] *W* d.g. *To send before.* **1803** *P, Rhaganvon* . . . To send beforehand.

rhaganfonedigaeth [*rhag-+anfonedigaeth*] *eg.* *Diwin.* Rhagarfaeth, rhagordeiniad; (geir.) y weithred o anfon ymlaen llaw: *predestination, preordination (in theol.); (dict.) a sending beforehand.*
1346 *LlA* 34, Beth yỽ. *rac anuonedigaeth* (*praedestinatio*) duỽ yllunyeith awnnaeth duỽ ehun. gwneuthur ybyt y drossi rei oe teyrnnas ef. Ac ny dichaỽn nep onadunt mynet ygkyfuyrgoll. **1803** *P, Rhaganvonedigaeth* s. m. . . . The act of sending before.

rhagapwyntiad [*rhag-+apwyntiad* neu fôn y f. *rhagapwyntiaf: rhagapwyntio+-iad*[1]] *eg.* *Diwin.* Rhagarfaeth, rhagordeiniad: *predestination, preordination (in theol.).*
1696 *GGTY* 166, y rhai sydd etto heb gael eu galw, mewn modd o *rag-appwyntiad* (*decretively*). *c.* **1730** *Thos. Lloyd D* (LlGC) 199a, *Rhagappwyntiad* BG. 166. Præordinatio. **1799** M. WILLIAMS: *HHG* 191, fe welir annedwydd gyflwr y rhei'ny ag sy'n gollwng Duw yn angof, yr hwn gyflwr . . . a ddangosir nad o arglwyddiaethol *rag-appwyntiad* y mae, ond o . . . ganlyniad o ddrwg ac anystyriol fywyd.

rhagapwyntiaf: rhagapwyntio [*rhag-+apwyntiaf: apwyntio*] *ba.* Rhagderfynu, rhagdrefnu, rhagbennu; *Diwin.* rhagarfaethu, rhagordeinio: *to predetermine, prearrange, appoint beforehand; predestine, preordain (in theol.).*
1711 H. POWEL: *TY* 72, os *rhag-appwyntiwyd* Cenhedloedd neilltuol i Daleithiau neilltuol. *id.* 73, Nid . . . bod y lleodd hynny gwedi eu parattoi i rhai [*sic*] Credadwy yn gyffredinol . . . ond eu bod gwedi eu *rhag-appwyntio* i rhyw [*sic*] ddynion yn neilltuol. *id.* 293, yr holl bethau ac y gwedi eu rhagflaenu y Diben . . . gwedi eu *rhag appwyntio* gan Dduw. **1716** T. EVANS: *DPO* 266–7, fod yr holl Grist'nogion yn cyfarfod . . . i'r un lle i wasanaethu Duw . . . Yr hyn ni allasent wneuthur oni fuasai fod y lle hwnnw wedi ei *rag-appwyntio* at y diben hwnnw. *c.* **1730** *Thos. Lloyd D* (LlGC) 199a, *Rhagappwyntio* EC. 72. Prædestino.

rhagaraith [*rhag-+araith*] *eb.* ll. *-areithiau.* Rhagair, rhagymadrodd, rhaglith, prolog, rhagarweiniad: *preface, foreword, prologue, preamble.*
1780 *W* d.g. *Pre amble* [*something done, say'd, or written, by way of introduction*], *Prologue* [*a speech or address to the audience before a play*]. **1793** *Cylchg* 238, fe gyhoeddir y *ragaraith* a'r bregeth gyd â'u gilydd. **1798** T. ROBERTS: *CG* 40, y *rhagaraith* i'r un [cyfraith] sydd fel hyn. **1803** *P, Rhagaraeth,* s. f.—pl. *rhagareithiau* . . . A prefatory discourse.

rhagarawd [*rhag-+arawd*] *eb.* Rhagair, rhagymadrodd, prolog, cyflwyniad: *preface, foreword, prologue, introduction.*
1780 *W* d.g. *Prologue.* **1803** *P, Rhagarawd,* s. f. . . . An introductory speech, an exordium.

rhagarchebaf: rhagarchebu [*rhag-+archebaf: archebu*] *bg.a.* Archebu ymlaen llaw: *to order or book in advance.*
20g.

rhagarchwaeth [*rhag-+archwaeth*] *eg.* Rhagflas: *foretaste.*
1700 D. MAURICE: *AC* 4, fal y gallo wrth hyn roddi ini ddedwydd *ragarchwaeth* or nefoedd. **1725–6** *Madd Ed* 348, a rŷdd iddynt *rag-archwaeth* o'r Nefoedd. **1773** *W* d.g. *A fore-taste.* **1803** *P, Rhagarçwaeth,* s. m. . . . A foretaste.

rhagarchwaethaf: rhagarchwaethu [*rhag-+archwaethaf: archwaethu*] *ba.* Cael rhagflas ar, rhagflasu: *to have a foretaste of, foretaste.*
1632 *D* d.g. *Prolibo.* [**1710**] GW. AB IERWERTH: *SB* 14, a *rhag archwaethu* rhyw faint o Lawenydd y Nef. **1773** *W* d.g. *To fore-taste* [*take a taste or essay before*]. **1803** *P.*

rhagarchwaethiad [bôn y f. *rhagarchwaethaf: rhagarchwaethu+-iad*[1]] *eg.* Y weithred o ragflasu, rhagflas: *a foretasting, foretaste.*
1672 J. LANGFORD: *HDdD* 175, y mae hyn yn rhyw fâth o *rag-archwaethiad* o honi hi. [**1710**] GW. AB IERWERTH: *SB* 16, a chael rhyw *ragarchwaethiad* o gwynfydedigrwydd [*sic*] y byd a ddaw. **1803** *P.*

rhagarddangosaf: rhagarddangos [*rhag-+arddangosaf: arddangos*] *ba.* Rhagddarlunio, rhagddangos, cysgodi: *to indicate beforehand, prefigure, foreshow, foreshadow.*
20g.

rhagarddangosiad [*rhag-+arddangosiad*[1]] *eg.* Rhagddarluniad, rhagddangosiad: *a prefiguration, foreshowing, foreshadowing.*
1874.

rhagarfaeth [*rhag-+arfaeth*] *eb.g.* ll. *-au.* *Diwin.* (Athrawiaeth) rhagordeiniad popeth er tragwyddoldeb gan Dduw, yn enw. iachawdwriaeth yr etholedigion: *predestination, preordination (in theol.).*
1567 *TN* 287b, erwydd y *rrac* 'osodiat [:– ddodiat, *arvaeth,* ddarpar] tragyvythawl, 'rhwn a weithiawdd ef yn-Christ Iesu ein Arglwydd. **1735** S. THOMAS: *HP* [93], ei Opiniwn a'i Farn o blegid *Rhag-Arfaeth* Duw. *id.* 229, *Rhag-Arfaeth* Duw mewn perthynas i Gyflwr tragywyddol Dyn. **1780** *W* d.g. *Predestination.* **1792** TOMOS GLYN COTHI: *Ap* 32–3, yr athrawiaeth . . . o *rag-arfaeth* arglwyddiaethol, rhyw rai neullduol o ddynol-ryw i fywyd tragywyddol, tra yw y lleill o ddynol-ryw wedi eu gadel mewn cyflwr o wrthodedigaeth. **1798** T. ROBERTS: *CG* 24, Pe bae etholedigaeth a gwrthodedigaeth yn bod . . . ni byddai gwaeth yn y byd pa beth fyddai tŷb dyn . . . mae yn ol *rhagarfaeth* yn siccr o fyned i'r man lle y mae i fyned, pa un bynnag ai nef a'i [*sic*] uffern. **1803** *P, Rhagarvaeth,* s. f.—pl. t. *au* . . . Predestination.

rhagarfaethaf: rhagarfaethu [bf. o'r e. *rhagarfaeth*] *bg.a.* *Diwin.* Rhagordeinio (popeth er tragwyddoldeb, yn enw. iachawdwriaeth yr etholedigion, gan Dduw); amcanu neu fwriadu ymlaen llaw: *to predestine; intend beforehand.*
1604–7 *TW* (*Pen* 228), rhaglûnieuthu, *rhagaruaethu,* rhagordeinio peth y ddyuot d.g.*prædestino.* **1620** 2 *Cor* ix. 7, Pôb vn megis y mae yn *rhag-arfaethu* yn ei galon, felly rhodded. **1711** H. POWEL: *TY* 18, er bod eu cyflyrau gwedi eu *rhagarfaethu* gan Dduw. *id.* 273, Yr oedd Saul gwedi ei *ragarfaethu* i fod yn frenhin. **1716** E. SAMUEL: *GGG* 34, pa Weinidogion bynnag a ddewiso Ef ir Perwyl hwnnw megys peth wedi ei *ragarfaethu* gantho, fel y dewisodd Ef Cyrus, ac Alexander, a Julius Cæsar. **1727** M. MAURICE: *WE* 45, i Dduw . . . *rag-arfaethu* y peth[a]u a ddygwyddant yn y byd. **1770** P. WILLIAMS: *BS* vii, yr amser a *ragarfaethodd* y Tad. **1780** *W* d.g. *To predestinate.* **1792** TOMOS GLYN COTHI: *Ap* 33, iddo ef *rag-arfaethu* y rhai oedd ef yn weled yn gymmwys. **1803** *P, Rhagarvaethu* . . . To predestinate; to predispose.

rhagarfaethedig [bôn y f. *rhagarfaethaf: rhagarfaethu+-edig*] *a.bfl.* *Diwin.* Wedi ei ragarfaethu, rhagordeiniedig; rhagderfynedig: *predestined, preordained (in theol.); predetermined.*
1769 *DRh* 54, y dynion *rhagarfaethedig.* **1780** *W* d.g. *Predestinated.* **1803** *P, Rhagarvaethedig* . . . Predestinated, predisposed, predetermined.

rhagarfaethiad [bôn y f. *rhagarfaethaf: rhagarfaethu+-iad*[1]] *eg.b.* *Diwin.* Rhagarfaeth, rhagordeiniad; ?bwriad neu bwrpas ymlaen llaw: *predestination, preordination (in theol.); ?prior intention or purpose.*
1779 *DS* 10, hyn sydd yn argoel hynodol fod llawer o'r gwyr ardderchog au tueddol fwriadau at heddwch . . . a Duw a gynhorthwyo y cyfryw rai yn eu *rhagarfaethiad.* **1780** *W* d.g. *Predestination.* **1798** T. ROBERTS: *CG* 8, Diammau fod yr Athrawiaeth hon o *ragarfaethiad* yn gwneud mwy o ddrwg yn y byd. **1799** M. WILLIAMS: *HHG* 14, yr oeddynt yn dal *rhag-arfaethiad* ddiammodol.

rhagarfaethol [*rhagarfaeth+-ol*] *a.* Yn perthyn i ragarfaeth ddwyfol; rhagderfynedig: *predestinarian (adj.); predetermined.*
1782 E. JONES: *DB* 5, Yr oedd yr Arch . . . yn gysgod o Grist yr Achubwr; a sicr yw hefyd ei bod yn ei *rhag-arfaethol* ddefnyddioldeb . . . yn gysgod neillduol o Iachawdwriaeth dynolryw. **1803** *P* d.g. *Rhagarvaethawl.*

rhagarfaethwr, rhagarfaethydd [*rhagarfaeth+-wr, -ydd*[3]] *eg.* ll. *-wyr, -yddion.* Un sy'n credu mewn rhagarfaeth ddwyfol: *a predestinarian.*
1798 T. ROBERTS: *CG* 31, Y mae y *Rhagarfaethwyr* yn gwrthddadlu yn y modd hyn. **1803** *P, Rhagarvaethyz,* s. m.—pl. t. *ion* . . . A predestinarian.

rhagarfogaf: rhagarfogi [*rhag-+arfogaf: arfogi*] *bg.a.* Arfogi ymlaen llaw, hefyd yn *ffig.*: *to forearm, also fig.*
1733 W. WILLIAMS: *TC* 143, y Filwriaeth Grist'nogol, a chwedi eich rhagrybuddio a'ch *rhagarfogi* yn erbyn pob peth a all ddigwydd i chwi, nid oes dim Anhawsder a gyfyd yn eich herbyn. **1744** D. ROWLAND: *RY* 42, A chwedi i Diabolus Fel hyn Arfogu, a *Rhagarfogu* [*sic*] ei Weision. **1752** J. THOMAS: *FG* 306, ei gyffrôi ef . . . i'w *rag-arfogi* a'i gefnogi ei hun â'r holl Rasusau. **1803** *P, Rhagarvogi* . . . To arm beforehand, to forearm.

rhagarfogiad [bôn y f. *rhagarfogaf: rhagarfogi+-iad*[1]] *eg.* Y weithred o arfogi ymlaen llaw: *a forearming.*
1803 *P.*

rhagarganfyddaf: rhagarganfod [gair geir., sef *rhag-+arganfyddaf: arganfod*] *ba.* Canfod ymlaen llaw, rhag-weld: *to perceive beforehand, foresee.*
1632 *D* d.g. *Prouideo.* **1770** *W* d.g. *To be aware.* **1803** *P, Rhagarganvod* . . . To foresee, to forecast.

rhagargoel [*rhag-+argoel*] *eb.g.* ll. *-ion.* Rhagarwydd, argoel, arwydd, rhagrybudd; ymdeimlad fod rhywbeth (drwg) ar fin digwydd, rhagarswyd, rhag-ofn: *portent, omen, sign, prognostication, forewarning, premonition; presentiment, foreboding.*
1659 *GIA* 52, syml ewyllysgarwch . . . Yw prif weithred yr Ewyllys yn canlyn syml Amgyffrediad . . . gwaith yr Ewyllys yn dewis sydd weithred ddyly nawl [*sic*], ac yn rhoi *rhag-argoel* o Braithic waith y Deall yn cyffelybu: ar ddwy weithred hyn a allant fôd ai tynfa at nôdau gwrthwynebol. **1798** *WR* d.g. *Prognostic.* **1803** *P, Rhagargoel,* s. f.—pl. t. *ion* . . . A foretoken. Cf. T. H. PARRY-WILLIAMS: *Y* 35, Mi wyddwn yn sydyn trwy *ragargoel* beth i'w ddisgwyl.

rhagargoelaf, rhagargoeliaf: rhagargoeli, rhagargoelio [*rhag-+argoelaf, argoeliaf: argoeli, argoelio*] *ba.* Rhagarwyddo, darogan, rhagfynegi: *to portend, presage, foretell.*
1720 *App DP* 61, megis ac y rhodiodd Esay, yn noeth ac heb Escidiau dair blynedd, yn Arwydd ac yn Argoel, yn erbyn yr Aipht, ac Ethiopia, i *Rag-argoeli* eu hadfyd. **1780** *W,* Arwyddoccâu peth cyn ei ddamweinio . . . *rhag-argoelio* d.g. *To portend.*

rhagargoelus [*rhagargoel+-us*] *a.* Yn

rhagarwyddo, rhagfynegol: *foretelling, prognostic.*
1780 *W* d.g. *Prognostic.*

rhagargraffaf: rhagargraffu [*rhag-+ argraffaf: argraffu*, ar ddelw'r Gr. προεγράφη] *ba.* Disgrifio; (geir.) ?ysgrifennu ymlaen llaw: *to describe*; (*dict.*) ?*write beforehand.*
1567 *TN* 280a, i ba'r ei y racyscythrwyt [:- *rac arg[r]aphwyt*], Iesu Christ o vla/en eich llygait. *Dchr.* **17g.** *J* 10, 12b, *Rhagargraffu.* to prescribe. **17g.** *LlGC* 13215, 344, *rhagargraffu*, præscribo.

rhagarloeswr, rhagarloesydd [*rhag-+ arloeswr, arloesydd*] *eg.* ll. *rhagarloeswyr.* Arloeswr: *pioneer.*
1868.

rhagarlun [*rhag-+arlun*] *eg.* ll. *-iau.* Rhagddarluniad: *prefiguration.*
1874.

rhagarlwy [*rhag-+arlwy*] *eg.* Paratoad neu ddarpariaeth (ymlaen llaw): (*prior*) *preparation or provision.*
1604–7 *TW* (*Pen* 228), *rhagarlwy* . . . ymgadarnhaat blaenllaw d.g. *præmunitio. id.* barnedigaeth drwy *ragarlwy* d.g *Vindiciæ.* **1632** *D* d.g. *Præparatus.* **1758** *ML* ii. 76, daccw . . .'r Cardinal Hillary wedi anfon i'm air yr anrhydedda fi heddy ai bresen! Tra mawr y *rhagarlwy* sydd yman o'r achos! **1780** *W* d.g. *Preparation* [*provision made for some enterprize, &c.*]. **1803** *P.*

rhagarlwyad [bôn y f. *rhagarlwyaf: rhagarlwyo+-ad²*, trf. han.] *eg.* Paratoad neu ddarpariaeth (ymlaen llaw): (*prior*) *preparation or provision.*
[**1725**] *TS* 61, nid oedd y Sancteiddrwydd hynny ond *rhagarlwyad* i hwnnw. **1803** *P.*

rhagarlwyaf: rhagarlwyo [*rhag-+arlwyaf: arlwyo*] *bg.a.* Paratoi neu ddarparu (ymlaen llaw): *to prepare or provide* (*beforehand*).
1551 W. SALESBURY: *KLl* xia, *Rac arlwywch* betheu kymesur yngwydd pop dyn. **1604–7** *TW* (*Pen* 228) d.g. *præparo.* **1722** *Llst* 189, *Rhagarlwyo.* To prepare, provide. **1730** IACO AB DEWI: *YL* 28, Rhag y ddau fath ymma o Aflonyddion y Gydwybod, nyni a ddylem yn ofalus *ragarlwyo* i ni ein hunnein [*sic*] Gyfareddion: nid y cyfryw ac y mae Bydôlion anfedrus yn eu harfer. **1803** *P* d.g. *Rhagarlwyaw.*

rhagarnodd [*rhag-+arnodd¹*] *eg.b.* Paladr aradr, arnodd: *plough-beam.*
13g. *LlI* 95, Probuylleu a *racarnaud*, i. k'. **1803** *P, Rhagarnawz*, s. f. . . . A plough-handle.

rhagarswyd [*rhag-+arswyd*] *eg.* Rhag-ofn, rhagargoel: *foreboding, presentiment.*
1803 *P, Rhagarswyd*, s. m. . . . A previous dread. Cf. T. H. PARRY-WILLIAMS: *Y* 75, *Rhagarswyd* . . . felly, —ofn cael ofn, ydyw'r ysbryd sy'n gyrru'r gwartheg.

rhagarweiniad [bôn y f. *rhagarweiniaf: rhagarwain+-iad¹*] *eg.* ll. *-au.* Cyflwyniad, rhagymadrodd, rhagair; *Crdd.* adran agoriadol mewn symudiad neu gyfansoddiad: *introduction, preamble, foreword; introduction* (*in mus.*).
1803 *P.* Ar lafar, 'Fe gmerws y *ragarweiniad* fwy na annar 'i brecath', *GTN* 675.

rhagarweiniaf: rhagarwain [gair geir. yn wr., sef *rhag-+arweiniaf: arwain*, ar ddelw'r Llad. *prædūcō*] *ba.* Cyflwyno; (geir.) arwain ar y blaen: *to introduce*; (*dict.*) *lead in front.*
1632 *D* d.g. *Præduco.* **1775** *W* d.g. *To lead before.* **1803** *P, Rhagarwain* . . . To lead before.

rhagarweiniol [bôn y f. *rhagarweiniaf: rhagarwain+-iol*] *a.* Cyflwyniadol, paratoadol, dechreuol, cychwynnol: *introductory, preparatory, initial, preliminary.*
1780 *W* d.g. *Preparative, or preparatory.* **1803** *P* d.g. *Rhagarweiniawl.*

rhagarweinydd [bôn y f. *rhagarweiniaf: rhagarwain+-ydd³*] *eg.* ll. *-ion, rhagarweinwyr.* Person neu beth sy'n rhagflaenu neu'n cyflwyno, rhagflaenydd: *person or thing which precedes or introduces, precursor.*
1848.

rhagarwydd [*rhag-+arwydd*] *eg.b.* ll. *-ion.* Arwydd o rywbeth sydd i ddod, rhagrybudd; rhagddarluniad, rhagddangosiad: *portent, omen, presage, prognostication, a forewarning, premonition; prefiguration, a foreshowing, foreshadowing.*
1630 R. LLWYD: *LlH* 248, Gan fod cynnifer o *rag arwyddion* yn arddangos digofaint Duw. *id.* 346, [g]wlâd yr addewid, yr hon oedd *rag-arwydd* o dragwyddol deyrnas Dduw. **1704** E. SAMUEL: *BA* 170, *rhagarwyddion* a phrophwydoliaethau'r ysgrythyrau am farwolaeth y Messiah. **1723** E. SAMUEL: *PDdC* 24, [m]arwolaeth Oen Duw, yr hwn nid oedd Aberthau'r Gyfraith ond rhag-ddangosiad . . . a *rhagarwyddion* o honaw. **1731** E. SAMUEL: *AE* 168, [C]orph a Gwaed Christ, or hyn nid oedd yr Oen Pasc ond *rhag-arwydd* neu Gynddelw. **1765** J. POPKIN: *Ll* 120, yn llawenhau mewn rhyw *Rag-arwyddion* dychymmygol o'r cyfryw Lwyddiant. **1780** *W* d.g. *Presage* [*a sign or token of something to come*]. **1803** *P, Rhagarwyz*, s. f.—pl. t. *ion* . . . A prognostic, a foretoken, a presage.

rhagarwyddaf: rhagarwyddo [*rhag-+ arwyddaf: arwyddo*] *ba.* Rhoddi rhagarwydd o, rhagargoeli, darogan, rhagfynegi, rhagrybuddio; rhagddarlunio, rhagddangos, cysgodi: *to portend, presage, foretell, predict, forewarn; indicate beforehand, prefigure, foreshow, foreshadow.*
1604–7 *TW* (*Pen* 228) d.g. *præsignifico.* **1676** W. JONES: *GB* 14, Canys dwyn i mewn vn ffurf sydd yn *rhag-arwyddo* rhoi allan. **1770** *W* d.g. *To bode, To prefigurate, or prefigure* [*show by some figure or token before-hand*]. **1776** DEWI NANTBRÂN: *AN* 212–13, O Dduw, yr hwn . . . a lleferydd yn dyfod o'r cwmmwl gloyw, a *ragarwyddaist* . . . fabwysiad perffeithlawn y plant. **1803** *P, Rhagarwyzaw* . . . To prognosticate, to foresignify.

rhagarwyddocâd [bôn y f. *rhagarwyddocâf: rhagarwyddocáu+-ad²*, trf. han.] *eg.* Rhagddarluniad; (geir.) daroganiad: *prefiguration*; (*dict.*) *prognostication.*
1704 E. SAMUEL: *BA* 151, yn gwybod nad oedd yr Oen Pasc [o]nd *rhagarwyddoccâd* o r Messiah. **1803** *P, Rhagarwyzocâad* . . . A prognosticating.

rhagarwyddocâf: rhagarwyddocáu [*rhag-+arwyddocâf: arwyddocáu*] *ba.* Rhagddarlunio, rhagddangos, cysgodi; darogan, argoeli: *to indicate beforehand, prefigure, foreshow, foreshadow; foretell, portend.*
1632 *D* d.g. *Præsignifico.* **1667** C. EDWARDS: *FfDd* 62, [d]wyn i ben yr hyn yr anfonodd y weledigaeth yw [*sic*] *ragarwyddoccáu.* **1723** E. SAMUEL: *PDdC* 19, yr holl Aberthau oeddynt yn *rhag-arwyddoccau* ac yn portreiadu Marwolaeth Christ. *id.* 24, trwy rinwedd y Gwaed a *rag-arwyddoccawyd* yn eu Teml hwynt. *id.* 28, gorchymmynwyd Offrymmu 'r Aberth Prydnhawnol bob dydd ar y Nawfed awr, fel y gellid wrth hynny rag-ddangos a *rhagarwyddoccau* union amser dioddefaint Christ. **1729** S. RHYDDERCH: *Alm* [16], y[n] *Rhagarwyddoccau* Rhyfel Ymladdiadau mawrion, trwy Dân â Chle[dd]yf, Llifeiriant, a chreulondeb. **1770** P. WILLIAMS: *BS* [xxiii], yr holl aberthau deddfol yn *rhagarwyddoccau* yr Aberth mawr yma. **1780** *W* d.g. *To portend, To prefigurate, or prefigure.* **1803** *P, Rhagarwyzocâu* . . . To prognosticate, to foresignify.

rhagarwyddol [*rhagarwydd* neu fôn y f. *rhagarwyddaf: rhagarwyddo+-ol*] *a.* Yn rhagddarlunio, rhagddangosol, cysgodol; daroganol, yn argoeli drwg: *prefigurative, foreshowing, foreshadowing; foretelling, ominous.*
1803 *P, Rhagarwyzawl* . . . Foretokening, forewarning, premonishing.

rhagarwyddwr [bôn y f. *rhagarwyddaf: rhagarwyddo+-wr*] *eg.* Rhag-gennad, blaengennad; rhagfynegwr: *harbinger; predictor.*
1727 J. JONES: *DFF* 3, Joan Fedyddiwr, ei Ragflaenor a'i *Ragarwyddwr* ef.

rhagataliad [bôn y f. *rhagataliaf: rhagatal +-iad¹*] *eg.* Y weithred o achub y blaen, rhwystrad neu ataliad (ymlaen llaw): *a forestalling, prevention, stopping* (*beforehand*).
1797 B. EVANS: *CG* 104, manwl gadwriaeth o gyfraith Cariad, a *rhag-attaliad* o bob peth sy'n groes iddi. **1803** *P.*

rhagataliaf: rhagatal [*rhag-+ataliaf: atal*] *ba.* Achub y blaen ar, rhwystro neu atal (ymlaen llaw): *to forestall, prevent, stop* (*beforehand*).
1672 J. LANGFORD: *HDdD* 88, diammeu yw, y syrth hi oddigaeth i edifeirwch eu *rhag-attal* hi. *id.* 244, ei bód hi yn ddylêd arnoni . . . *ragattal* y niwed a'r golled honno. **1718** E. SAMUEL: *HDdD* 214, i *ragattal* Pob Achosion a allo ein tynnu ir pydew yma. *id.* 333, gwell . . . Arfogaeth i *rag-attal*, nag megys Eli i jachau'r Briw. **1723** E. SAMUEL: *PDdC* 40, er mwyn *rhag-attal* pob cyfryw groes-ddadleuon. **1725** *SR* d.g. *to Supersede.* **1733** J. THOMAS: *HYB* 118, bydded i'th Gerydd yn y Bywyd hwn *ragattal* ergydion anoddefadwy dy Ddialedd yn y Bŷd a ddaw.

rhagawgrym [*rhag-+awgrym*] *eg.* Awgrym neu arwydd ymlaen llaw: *prior suggestion or indication.*
1888.

rhagawgrymaf: rhagawgrymu [*rhag-+ awgrymaf: awgrymu*] *bg.a.* Awgrymu neu arwyddo ymlaen llaw: *to suggest or indicate beforehand.*
1892.

rhagawr, gw. rhagor.

rhagbaratoad, rhagbarotoad [bôn y f. *rhagbaratoaf, rhagbarotoaf: rhagbaratoi, rhagbarotoi+-ad²*, trf. han.] *eg.* ll. *-au.* Paratoad (ymlaen llaw), rhagddarpariad: *a preparing or providing* (*in advance*), *preparation beforehand.*
1701 E. WYNNE: *RBS* 79, tros amser dyfosiwnau eu Darparwyl a'u *Rhag-baratoad* (*preparatory devotions*). **1710** *CBGEL* 152, a pha *Rag-baratoâd* sydd raid ini wneuthur yn erbyn Gwrthddadleuon. **1722** A. THOMAS: *DR* 2, pa mor alaethys fydd cyflwr y dyn hwnnw[,] nas gwnaeth *ragbaratoad* yn y Byd. *c.* **1762–79** W. WILLIAMS: *P* 473, y mae ganddynt Rawys ym mis Medi . . . fel *rhag-barottoad* i wyl y Groes sanctaidd. **1765** J. POPKIN: *Ll* 69, heb un golwg ar unrhyw *rag-barottoad.* **1803** *P* d.g. *Rhagbarotôad.* Ar lafar ynglŷn â gwasanaeth ar y nos Sadwrn cyn dydd Sul cymundeb, *GTN* 675.

rhagbaratoadol, rhagbarotoadol [*rhagbaratoad, rhagbarotoad+-ol*] *a.* Rhagbaratoawl: *preparatory.*
1828.

rhagbaratoaf, rhagbarotoaf: rhagbaratoi, rhagbarotoi [*rhag-+paratoaf, parotoaf: paratoi, parotoi*] *bg.a.* Paratoi neu ddarparu (ymlaen llaw): *to prepare or provide* (*in advance*).
1567 *TN* 271b, yn *racparatoi* petheu syberw. **1620** *Rhuf* ix. 23, y rhai a *rag-baratoodd*, efe i ogoniant. **1632** *D, rhagbarottoi* d.g. *Præparo.* **1803** *P* d.g. *Rhagbarotôi.*

rhagbaratoawl, rhagbarotoawl, rhagbaratool, rhagbarotoeol [bôn y f. *rhagbaratoaf: rhagbaratoi* ?a'r be. *rhagbarotoi+ -awl, -ol*] *a.* Yn paratoi neu'n darparu (ymlaen llaw), darpariadol, cyflwyniadol: *preparatory, preparative, introductory.*
1797 B. EVANS: *CG* 115, Nid oedd ganddynt ond un diwrnod; a hwnnw a dreiliwyd mewn gweddi, cyfeillach . . . a phethau *rhag-barotoiol* a bennwyd, fel y gallent fyned ymlaen mewn iawn drefn y dydd canlynol. **1803** *P* d.g. *Rhagbarotôawl.*

rhagbaratoëdig, rhagbarotoëdig [bôn y f. *rhagbaratoaf, rhagbarotoaf: rhagbaratoi, rhagbarotoi+-edig*] *a.bfl.* Wedi ei baratoi (ymlaen llaw): *prepared* (*in advance*).
1844.

rhagbaratool, gw. rhagbaratoawl.

rhagbaratous, rhagbarotous [bôn y f. *rhagbaratoaf, rhagbarotoaf: rhagbaratoi, rhagbarotoi+-us*] *a.* Rhagbaratoawl: *preparatory.*
1672 J. LANGFORD: *HDdD* [iii], un Ddled-swydd gyffredinol *rhagbarattôus* i'r lleill oll. [**1738**] E. JONES: *CE* 6, Ar ôl hyn o Gychwynfa *ragbarotous* tu ag at y Gorchwyl hwn.

rhagbarodrwydd [*rhag-+parodrwydd*] *eg.* Darpariaeth; (geir.) parodrwydd ymlaen llaw: *provision*; (*dict.*) *prior readiness.*
1716 IACO AB DEWI: *PTE* 21, yn eu cefnogi hwynt [gwrthryfelwyr] âg Arian, cyngor, neu *Ragbarodrwydd* (*provisions*), neu Gymmwynaseu buddiol ereill. **1803** *P, Rhagbarodrwydd*, s. m. . . . The state of being ready beforehand.

rhagbarotoad, rhagbarotoadol, &c., gw. rhagbaratoad, rhagbaratoadol, &c.

rhagbenderfynaf: rhagbenderfynu

[*rhag-* + *penderfynaf*: *penderfynu*] *bg.a.* Penderfynu ymlaen llaw, rhagderfynu; *Diwin.* rhagarfaethu, rhagordeinio: *to predetermine; predestine, preordain (in theol.)*.
1803.

rhagbenderfyniad [bôn y f. *rhagbenderfynaf*: *rhagbenderfynu* + *-iad*[1]] *eg.* ll. *-iau.* Y weithred o ragbenderfynu, rhagderfyniad; *Diwin.* rhagarfaeth, rhagordeiniad; *Cyfr.* cynsail: *predetermination*; *predestination, preordination (in theol.)*; *precedent (in law)*.
1805.

rhagbenedig [*rhag-* + *penedig*[2]] *a.bfl.* Wedi ei ragbennu, gosodedig: *prescribed, set*.
1710 *LlGG* (*Gos*) 6, y *rhagbennedig* Ffurf o Wasanaeth Duw (*Liturgiæ publicæ præscriptus*). *c.* **1730** *Thos. Lloyd D* (LlGC) 199a, *Rhagbennedig*. Prescribed. GC.

rhagbennaeth [*rhag-* + *pennaeth*] *eg.* ll. *-benaethiaid*, (geir.) *-benaethau.* Dirprwy (bennaeth), rhaglaw; arglwydd: *deputy (chief), lieutenant; lord, peer.*
1595 M. KYFFIN: *DFf* [102], Enwiredd sy'n deilliaw oddi wrth yr Henuriaid, a'r Barnwyr, a'r *rhagBennaethiaid*. *id.* [173], anrhydeddus *Ragbennaethiaid* Ffrainc o brif waedogaeth y Deyrnas. *ib.* gan allu o'r *Rhagbennaethiaid* a'r gwyr mwya'u gwaedog[a]eth. *Dchr.* **17g.** *J* 10, 13a, *rhagbennaeth*. peere. **1769** *DRh* 34, fe a ddylasai 'r llythyr a ddanfonodd efe at Esgob Salisbury yn sicr gael ei gadarnhau gan Mr. H. y *Rhag-bennaeth*, gan ei fod yn rhedeg cymmaint yn ei enw ef ag yn enw 'r pennaeth. **1803** *P, Rhagbenaeth*, s. m.—pl. t. *au* . . . A vice-chief.

rhagbennaf: rhagbennu [*rhag-* + *pennaf*[2]: *pennu*] *ba.* Pennu ymlaen llaw, rhagderfynu: *to appoint beforehand, predetermine*:
1822.

rhagbenodaf: rhagbenodi [*rhag-* + *penodaf*: *penodi*] *bg.a.* Pennu ymlaen llaw, rhagderfynu, *Diwin.* rhagarfaethu, rhagordeinio: *to appoint beforehand, predetermine, predestine (in theol.)*.
1717 IACO AB DEWI: *MN* 32, wedi dyfod i'r Byd . . . megis y *rhagbennodwyd*. **1722** *Llst* 190, *rhagbennodi*'r amser. To antedate. **1780** *W* d.g. *To prefix* [*appoint before-hand*]. **1796** T. JONES: *CCA* 271, eu cyflawni . . . yn yr amserau a *ragbennodwyd*. *id.* 274, a gyflawnwyd . . . ar y dydd a *ragbennodwyd*. **1803** *P, Rhagbenodi* . . . To predetermine.

rhagbenodedig [bôn y f. *rhagbenodaf*: *rhagbenodi* + *-edig*] *a.bfl.* Rhagderfynedig, gosodedig: *predetermined, set*.
1843.

rhagbenodiad [bôn y f. *rhagbenodaf*: *rhagbenodi* + *-iad*[1]] *eg.* Penodiad ymlaen llaw; rhagderfyniad: *preappointment*; *predetermination*.
1780 *W* d.g. *Prefixion* [*the act of prefixing*]. **1803** *P, Rhagbenodiad* . . . A predetermination.

rhagbenodol [bôn y f. *rhagbenodaf*: *rhagbenodi* + *-ol*] *a.* Rhagderfynedig, gosodedig: *predetermined, set*.
1803 *P* d.g. *Rhagbenodawl*.

rhagbenrhaith [*rhag-* + *penrhaith*] *eg.* Rhaglaw: *proconsul*.
1595 M. KYFFIN: *DFf* [63], yna yr annoge'r bobl y *Rhagbenrhaith* (*Proconsulem*) i ladd . . . y sawl a addefent yr Efengyl. *c.* **1730** *Thos. Lloyd D* (LlGC) 199a, *Rhagbenrhaith* . . . Proconsul.

rhagberfformiad [*rhag-* + *perfformiad*] *eg.* ll. *-au.* Ymarfer (drama, &c.), rihyrsal: *rehearsal*.
1916.

rhagblaen, gw. rhag—rhag blaen.

rhagbleidiol [*rhag-* + *pleidiol*] *a.* Pleidiol, rhagfarnllyd: *partial, biased*.
1843.

rhagbortread, rhagbortreiad [*rhag-* + *portre(i)ad*] *eg.* ll. *-au.* Rhagddarluniad, rhagddangosiad; llun rhagbaratoawl, braslun: *prefiguration, a foreshowing, foreshadowing; preliminary drawing, sketch*.
1771 *W, Rhag-bortreiad* d.g. *Carton, or cartoon* [*in Painting, a sketch* . . .].

rhagbortreadaf, rhagbortreiadaf: rhagbortre(i)adu [bf. o'r e. *rhagbortre(i)ad* neu *rhag-* + *portre(i)adaf*: *portre(i)adu*] *ba.* Rhagddarlunio, rhagddangos; darlunio ymlaen llaw yn y meddwl, dychmygu: *to indicate beforehand, prefigure, foreshow, foreshadow; visualize beforehand, imagine*.
1810.

rhagbortreiad, rhagbortreiadaf: rhagbortreiadu, gw. **rhagbortread, rhagbortreadaf: rhagbortreadu.**

rhagborth [*rhag-* + *porth*[2]] *eg.* ll. *-byrth.* Porth neu ddrws allanol, porth neu gyntedd blaen: *foregate, outer door, front porch*.
1722 *Llst* 189, *Rhagborth*. m. A fore-porch or gate. **1773** *W* d.g. *Fore-porch, Gate* . . . *An outer gate, Portal* [*before a door*]. **1803** *P, Rhagborth*, s. m.—pl. *rhagbyrth* . . . An outer gate; a fore porch.

rhagbrawf, rhagbraw [*rhag-* + *praw(f)*] *eg.* ll. *-brofion.*

(*a*) Rhagflas, blaenbrawf, ernes: *foretaste, anticipation, earnest*.
1632 *D, Rhagbrawf* d.g. *Prætentatus, Proludium*. **1716** J. MORGAN: *MB* 12, mae gennym Wystl a *Rhagbrawf* cyssurus o Fywyd tragwyddol. **1718** E. SAMUEL: *HDdD* 165, F'a gymmer Duw ymmaith y grâs, a welo ei esgeuluso felly . . . yn wir rhyw fath ar *rag-braw* o Uffern ydyw. **1722** *Llst* 189, *Rhagbrawf*. m. A fore-test, trial. **1727** J. JONES: *DFF* 347, *Rhagbrawf* o'r Dedwyddwch hwn. **1773** *W* d.g. *A fore-taste*.

(*b*) Prawf cyntaf mewn cystadleuaeth i ddethol y goreuon ar gyfer prif gystadleuaeth: *prelim(inary round or contest) in a competition, heat*.
1936.

rhagbregethaf: rhagbregethu [*rhag-* + *pregethaf*: *pregethu*] *bg.a.* Pregethu neu gyhoeddi ymlaen llaw: *to preach or announce beforehand*.
1567 *TN* 174b, ef a ddenfyn Iesu Christ, yr hwn a *rag pregethwyt* ychwy. **1620** *Act* xiii. 24, Gwedi i Ioan *rag-bregethu* o flaen ei ddyfodiad ef i mewn, fedydd edifeirwch.

rhagbrofaf: rhagbrofi [*rhag-* + *profaf*: *profi*] *bg.a.* Cael rhagflas ar, rhagflasu; rhoddi prawf (o), profi (ymlaen llaw); ymarfer neu roddi prawf (ar) ymlaen llaw: *to have a foretaste of, foretaste; prove (beforehand); practise or try beforehand*.
Dchr. **17g.** *J* 10, 13a, *rhagbrovi*. Prætento. **1632** *D, Rhagbrofi* d.g. *Prælibo, Prætento*. **1770** *W, Rhag-brofi* . . . canu i gyweirio'r tannau; ymgyweirio d.g. *To assay before hand* [*in music*]. **1803** *P, Rhagbrovi* . . . To try beforehand.
Amr.: **rhagbrofio** [*rhag-* + *profio*]. **1696** *GGTY* 40, Ordeiniodd Christ fedydd i fod yn arwydd . . . oi farwolaeth . . . ai adgyfodiad ei hunan, megis y *rhag brofiwyd* eisoes (*as I have proved*).

rhagbrofiad [*rhag-* + *profiad*[1]] *eg.* ll. *-au.* Rhagflas, blaenbrawf, ernes; ymarfer neu brawf ymlaen llaw: *foretaste, earnest; practice or trial beforehand*.
1707 S. WILLIAMS: *ADA* 242, Blaen golwg neu *ragbrofiad* o felysder . . . a gogoniant yr Arglwydd Iesu. **1710** *CBGEL* 79, gan fôd Escymmundod . . . megys rhyw Ernes neu *Rag-brofiad* or farn ddiweddaf. **1711** H. POWEL: *TY* 58, Ni ddylem gyfrif y pethau hyn yn hanessau historiol yn unig . . . nhwy a allant fod yn *rhagbrofiad* rhagorol i'r hyn yr ydym yn son am dano. **1768** *Cyf W* [2], pa *Rag-/brofiadau* bynnag sydd gennym ni . . . o Happusrwydd tragwyddol. **1770** *W*, gosteg mewn cerdd, *rhag-brofiad* d.g. *An assaying*. **1790** T. JONES: *TOS* 106, y *rhagbrofiadeu* hyn o uffern. **1803** *P, Rhagbroviad*, s. m.—pl. t. *au* . . . A trying beforehand; a foretasting.

rhagbrofiaf: rhagbrofio, gw. **rhagbrofaf: rhagbrofi.**

rhagbroffwydaf: rhagbroffwydo [*rhag-* + *proffwydaf*: *proffwydo*] *bg.a.* Rhagfynegi, rhag-ddweud, darogan: *to predict, prophesy, foretell, prognosticate*.
1630 *YDd* 213, cyflawni yr hyn oedd wedi ei ffurfio a'i *rag-brophwydo* tan yr hên Destament. **1679** C. EDWARDS: *GGG* 100, *Rhag-brophwydasid* y genid ef o Forwyn. **1770** P. WILLIAMS: *BS, Math* i, y Siloh a *rag-brophwydwyd*.

rhagbron, gw. rhag—rhag bron.

rhagbryd [*rhag-* + *pryd*[1]] *eg.* Cinio (canol dydd): *lunch(eon)*.
1846.

rhagbrynaf: rhagbrynu [*rhag-* + *prynaf*: *prynu*] *bg.a.* a hefyd gyda grym enwol i'r be. Prynu cyflenwad helaeth neu'r cwbl o (nwydd arbennig) er mwyn sicrhau monopoli, monopoleiddio, prynu er mwyn gwerthu (am elw); (geir.) cael (tir, &c.) drwy ragbryniant; ?adennill: *to corner the market in (a commodity), monopolize, engross, forestall, buy for resale (at a profit)*; *(dict.) pre-empt (land, &c.)*; *?regain, recover*.
1604–7 *TW* (*Pen* 228) d.g. *Promercor*. **1701** E. WYNNE: *RBS* 56, eu ffrwyno [chwantau cnawdol]. . . yw'r ffordd oreu i *ragbrynnu* llonyddwch ganddynt (*redeem their trouble*). *id.* 151, pan na bô dim . . . *rhagbrynu* (*no monopoly*) i ddruttau'r farchnad. *ib.* Ni ddylei nêb . . . wneuthur anghenion: megis trwy *ragbrynu* i godi'r gwerth (*by engrossing a commodity, by monopoly*). **1703** E. WYNNE: *BC* 121, Maelwyr, a fydd yn attal neu 'n *rhagbrynnu* 'r ŷd, ac yn ei gymmyscu, yna gwerthu 'r ammur yn nwbl brîs y puryd. **1773** *W* d.g. *To engross* [*monopolize, seize upon the whole of a commodity, &c.*]. **1803** *P, Rhagbrynu* . . . To buy beforehand; to forestal.

rhagbryniad [*rhag-* + *pryniad* neu fôn y f. *rhagbrynaf*: *rhagbrynu* + *-iad*[1]] *eg.* ll. *-au.* Rhagbryniant: *pre-emption*.
1780 *W* d.g. *Pre-emption* [*a fore-buying*]. **1803** *P, Rhagbryniad*, s. m.—pl. t. *au* . . . A buying beforehand; a pre-emption.

rhagbryniant [*rhag-* + *pryniant* neu fôn y f. *rhagbrynaf*: *rhagbrynu* + *-iant*] *eg.* ll. *-bryniannau.* Y weithred o brynu neu'r hawl i brynu (nwydd, tir, &c.) cyn i neb arall gael y cyfle: *pre-emption*.
1850.

rhagbrynwr [bôn y f. *rhagbrynaf*: *rhagbrynu* + *-wr*] *eg.* ll. *-wyr.* Un sy'n rhagbrynu, monopolwr; tanysgrifiwr (i lyfr, &c.); (geir.) un sy'n cael (tir, &c.) drwy ragbryniant: *one who corners the market, monopolist, engrosser; subscriber (to a book, &c.)*; *(dict.) pre-emptor*.
1604–7 *TW* (*Pen* 228) d.g. *Dardanarius*. *id.* *rhagbrynwyr* yn drutau'r varchnat d.g. *Timiopolæ*. *Dchr.* **17g.** *J* 10, 13a, *rhagbrynnwr*. Dardanarius. forestaller . . . or Ingrosser. **1719** *EGBG* 283, gellir cyfri ymhlith y cyfryw yspeilwyr cyhoeddus . . . *Rhagbrynwŷr* er dryttau'r farchnad. **1725** *SR, rhag-brynnwr*, a râd brynno, ac a ddrud wertho d.g. *a Badger, or Carrier of Corn*. **1773** *W* d.g. *Engrosser* [*a monopolizer*]. **1803** *P.*

rhagbwysaf: rhagbwyso [*rhag-* + *pwysaf*: *pwyso*] *ba.* Gorbwyso, hefyd yn *ffig.*; (geir.) ystyried ymlaen llaw: *to outweigh, also fig.*; *(dict.) consider in advance*.
1604–7 *TW* (*Pen* 228) d.g. *præpondero*. **1672** J. LANGFORD: *HDdD* 79, [g]ofidiáu [*sic*] tôst, ac arswydau Cydwybod euog, yr hyn . . . a *ragbwysa* 'r lleill [pleserau byrion pechod]. **1725** *SR* d.g. *to preponderate*. **1771** J. THOMAS: *TA* 305, dodwn . . . y naill bwys o'n gweddïau ar ol y llall ynghlorian y Cyssegr; diau y *rhagbwysir* ein cyfyngderau mwyaf, a iechydwriaeth a ddaw i lawr. **1774** H. HARRIS: *CHH* 33, dy waed yn *rhagbwyso* fy holl bechodau. **1779** *DBW* 55, annogaeth . . . a *rag-bwysa* bob gwrthddadleuon. **1780** *W* d.g. *To preponder* [*weigh beforehand*: *&c.*]. **1803** *P.*

rhagbynciau [*rhag-* + *pynciau* (ll. yr e. *pwnc*)] *e.ll.* Rhagosodiadau (mewn rhesymeg): *premisses*.
1721 RD: *CFf* 1[20], y maent hwy ac sydd yn casglu fod i bob cyfryw blant . . . hawl i fedydd, yn gosod, yn ein tyb ni fwy yn y pwngc cload nac y gair yn y *rhagbyngciau*. **1723** J. JONES: *LlA* 19, Bai Crist'nogion gweinion ydyw Tynnu Diweddbyngciau . . . allan o *Ragbyngciau* (*premises*) . . . nad ŷnt yn perthyn dim oll iddynt hwy.

rhagchwaethaf: rhagchwaethu [gair geir., sef *rhag-* + *chwaethaf*: *chwaethu*] *ba.* Cael rhagflas ar, rhagflasu: *to have a foretaste of, foretaste*.
1604–7 *TW* (*Pen* 228) d.g. *prægusto, prælibo*. **1773** *W* d.g. *To fore-taste* [*take a taste or essay before*]. **1803** *P.*

rhagchwarae[1] [*rhag-* + *chwarae*] *eg.* ll. *-on.* Digwyddiad, sefyllfa, &c., sy'n gweithredu fel cyflwyniad i rywbeth arall, rhagarwein-

iad; *Crdd.* preliwd, agorawd; gweithgaredd erotig sy'n rhagflaenu cyfathrach rywiol: *prelude, introduction; prelude, overture (in mus.); foreplay.*
1632 *D* d.g. *Præludium.* **1722** *Llst* 189, *Rhagchwarae.* m. A prelude. **1725–6** *Madd Ed* 98, y *Rhagchwareu* (*prelude*) i Ymadawiad y Mab. *id.* 284, [p]eidio ymddiried i Ragymadroddion a *Rhagchwareuon* . . . Edifeirwch. **1773** *W* d.g. *A flourish before the matter, Prelude.* **1803** *P* d.g. *Rhagçware.*

rhagchwaraeaf: rhagchwarae[2] [gair geir., sef *rhag-* + *chwaraeaf*: *chwarae*] *bg.?a. Crdd.* Canu preliwd; ?chwarae ymlaen llaw, ymarfer: *to play a prelude; ?play beforehand, rehearse.*
1604–7 *TW* (*Pen* 228) d.g. *præludo.* **1773** *W* d.g. *To flourish in music, To play before, To prelude.* **1803** *P, Rhagçwareu* . . . To make a prelude.

rhagchwedl [*rhag-* + *chwedl*[1]] *eb.g.* ll. *-au.* Rhagarweiniad, rhagymadrodd; chwedl ragarweiniol: *preamble, introduction; introductory tale.*
1780 *W* d.g. *Pre amble* [*something done, say'd, or written, by way of introduction*]. **1803** *P* d.g. *Rhagçwedyl*, s. m.—pl. *rhagçwedlau* . . . A prior report; a preamble.

rhagchwegr [gair geir., sef *rhag-* + *chwegr*] *eb.* Mam gu neu nain y gŵr neu'r wraig, 'mam gu neu nain yng nghyfraith': *grandmother of one's husband or wife, 'grandmother-in-law'.*
1632 *D*, Nain fy ngwraig i, *rhagchwegr* d.g. *Prosocrus.* **1722** *Llst* 189, *Rhagchwegr.* f. An husband or wife's grandmother. **1794** *W* d.g. *Wife . . . The wife's grandmother.* **1803** *P, Rhagçwegyr* . . . A grandmother-in-law.

rhagchwegrwn [gair geir., sef *rhag-* + *chwegrwn*] *eg.* Tad cu neu daid y gŵr neu'r wraig, 'tad cu neu daid yng nghyfraith': *grandfather of one's husband or wife, 'grandfather-in-law'.*
1632 *D*, Taid fy ngwraig i, taid yn y gyfraith, *rhagchwegrwn* d.g. *Prosocer.* **1722** *Llst* 189, *Rhagchwegrwn.* m. An husband or wife's grandfather. **1794** *W* d.g. *Wife . . . The wife's grandfather.* **1803** *P, Rhagçwegrwn* . . . A grandfather-in-law.

rhagchwiliad [bôn y f. *rhagchwiliaf*: *rhagchwilio* + *-iad*[1]] *eg.* ll. *-au.* (Ar)chwiliad ymlaen llaw, y weithred o ragchwilio: *search or examination beforehand, reconnaissance.*
1803 *P.*

rhagchwiliaf: rhagchwilio [*rhag-* + *chwiliaf*: *chwilio*] *ba.* (Ar)chwilio ymlaen llaw, archwilio (llecyn, ardal, &c.), yn enw. er mwyn ennill gwybodaeth am safle'r gelyn, ei adnoddau, &c.: *to search or examine beforehand, reconnoitre.*
1803 *P* d.g. *Rhagçwiliaw.*

rhagdafliad [*rhag-* + *tafliad*] *eg.* ll. *-au.* Rhagddarluniad, rhagddangosiad: *prefiguration, a foreshowing, foreshadowing.*
1892.

rhag-dâl, rhactal[2] [*rhag-* + *tâl*[1]] *eg.?b.* ll. *rhagdalion, rhactalau.* Rhagdaliad, blaendal, ernes; tâl mynediad: *prepayment, deposit, earnest; entrance fee.*
1722 *Llst* 189, *Rhagtal* . . . f.p. *talau* . . . advance mony. **1773** *W*, Rhâg-arian (*rhâg-dâl*) ysgol, arian derbyniad i mewn d.g. *Entrance, or entrance-money* [*at a school*]. **1799** *CGGLl* 4, Fod i bob un dalu 1s. am ei dderbyniad i'r Gymdeithas hon . . . a bod i'r *rhag-dâl* fod gwedy'n yn ddiymmod yn 5s. bob un. **1803** *P, Rhagdâl* . . . Payment beforehand; earnest.

rhagdalaf: rhagdalu [*rhag-* + *talaf*: *talu* neu f. o'r e. *rhag-dâl, rhactal*[2]] *bg.a.* Talu ymlaen llaw, blaendalu, tanysgrifio (i lyfr, &c.): *to pay in advance, prepay, subscribe (to a book, &c.).*
1765 *Rhed Y* 49, pwy bynnag a *rag-dalo* am 6 fe gaiff un tros ben. **1774** W. WILLIAMS: *AB* 24, mae ef yn fodlon i wneuthur hynny [argraffu 'Haleluia'] os bydd iddo gael Rhagdalwyr am bum cant o Lyfrau, ac iddynt *ragdalu* wrth y Dwsen, a chael tri ar ddeg o Lyfrau yn y Dwsen. **1774** T. JONES: *DG* [ix], wedi *rhagdalu* am danynt [llyfrau]. **18–19g.** *IAW* (LlGC) 117, 13a, hwy a allant *ragdalu* am y nifer a fynnont o Rannau. **1803** *P, Rhagdalu* . . . To pay beforehand.

rhagdaledig [bôn y f. *rhagdalaf*: *rhagdalu* + *-edig*] *a.bfl.* Wedi talu amdano ymlaen llaw, wedi ei dalu neu i'w dalu ymlaen llaw: *prepaid, prepayable.*
1844.

rhagdaliad [bôn y f. *rhagdalaf*: *rhagdalu* + *-iad*[1]] *eg.* ll. *-au.* Taliad ymlaen llaw, blaendal, ernes, tanysgrifiad (i lyfr, &c.): *prepayment, deposit, earnest, subscription (to a book, &c.).*
1765 *Rhed Y* 49, fy mod yn meddwl ei gyhoeddi [llyfr] . . . wrth *Rag-daliad.* **1771** P. WILLIAMS: *GWM* [24], derbyn *rhagdaliadau* at y Bibl. **1776** *LlCy* i. 249, Ir wyf yn bwriadu . . . argraphu dau lyfr . . . drwy gynnorthwy Subscribers . . . ond nid oes dim *rhagdaliad* i fod ir rheini, gan obeithio i bydd yn hawsach gan ddynion subscribio. **1788** J. THOMAS: *CS* v, yr wyf yn rhwymedig i'r rhai a'm cynnorthwyodd â'u *rhagdaliadau* i'w ddwyn allan [llyfr]. **1789** *Cylchg LlGC* xiv, 252, Os digwydd . . . i un rhyw Aelod ffaelu a chynnal ymlaen ei *Ragdaliadau.* **1798** *WR* v, Ni oddefai telerau y *rhagdaliad* ddim . . . i'r gwaith gael ei ystyn ymmhellach. **1803** *P.*

rhagdalwr [bôn y f. *rhagdalaf*: *rhagdalu* + *-wr*] *eg.* ll. *-wyr.* Un sy'n rhagdalu, blaendalwr, tanysgrifiwr (i lyfr, &c.): *one who prepays or pays a deposit, subscriber (to a book, &c.).*
1765 *Rhed Y* 49, Fe fydd i'r Gwaith fyned yn y blaen mor gynted ag y ceffir 500. o *Rag-dalwyr.* **1766** *FfA* 80, Fe gaiff *Rhag dalwyr* am chwech, un tros ben. **1768** *Ll* viii (1929) 161, *Rhagdalwyr* am lyfr Ficar Llanymddyfri. **1770** *TG* iii. 47, yr wyf yn amcanu bod yn *Rhagdalwr* tu ag at y Geir-Lyfr Saesneg a Chymraeg. **1774** W. WILLIAMS: *AB* 24, mae ef yn fodlon i wneuthur hynny [argraffu 'Haleluia'] os bydd iddo gael *Rhagdalwyr* am bum cant o Lyfrau, ac iddynt ragdalu wrth y Dwsen, a chael tri ar ddeg o Lyfrau yn y Dwsen. **1776** *LlCy* i. 248, mi a gefais ddeg a deugain or pregethau yma, y rhai a ddosberthais ir *Rhagdalwyr* yn y dref ar wlad. **1792** M. WILLIAMS: *BM* [36], Pob *Rhagdalwr* i ro'i Swllt wrth 'scrifennu ei Enw. **1803** *P.*

rhagdebygaf: rhagdebygu [*rhag-* + *tebygaf*: *tebygu*] *ba.* Rhagdybio, cymryd yn ganiataol: *to presuppose, assume, take for granted.*
1672 J. LANGFORD: *HDdD* 66, gan ein bôd ni yn addaw ei credu, fe a *rag-debygir*, ein bod ni hefyd yn add[a]w ei dyscu hwynt. **1780** *W* d.g. *To presuppose* [*suppose before-hand*]. **1798** *WR, rhagdybygu* d.g. *Presurmise.* **1803** *P, Rhagdebygu* . . . To foredeem; to presuppose.

rhagdebygiad [bôn y f. *rhagdebygaf*: *rhagdebygu* + *-iad*[1]] *eg.* Rhagdybiaeth, hypothesis: *presupposition, hypothesis.*
1780 *W* d.g. *Presupposal* [*a supposal formed beforehand*]. **1803** *P, Rhagdebygiad* . . . A fore-deeming; presupposition.

rhagdeimlad [bôn y f. *rhagdeimlaf*: *rhagdeimlo* + *-ad*[2], trf. han.] *eg.* Ymdeimlad neu synhwyriad ymlaen llaw, rhagargoel, rhagarswyd, rhagofn: *presentiment, foreboding.*
1803 *P, Rhagdeimlad* . . . A feeling beforehand.

rhagdeimlaf: rhagdeimlo [*rhag-* + *teimlaf*: *teimlo*] *bg.a.* Ymdeimlo neu synhwyro ymlaen llaw: *to have a presentiment of.*
1604–7 *TW* (*Pen* 228) d.g. *præcontrecto.* **1803** *P, Rhagdeimlaw* . . . To feel beforehand.

rhagder, gw. **rhacter.**

rhagderfynaf: rhagderfynu [*rhag-* + *terfynaf*: *terfynu*] *bg.a.* Penderfynu ymlaen llaw, rhagdrefnu, rhagbennu; *Diwin.* rhagarfaethu, rhagordeinio; dod i ben, diweddu, terfynu: *to predetermine, prearrange, appoint beforehand; predestine, preordain (in theol.); come to an end, expire.*
1567 *TN* 176a, i wneythy'r [*sic*] beth bynac . . . ith law . . . *racdervyny* ei wneithy'r [*sic*]. *id.* 232a, A'r sawl a racluniodd [:– *racdervynawdd*] ef, yr ei hyny hefyd a alwodd ef. *id.* 285b, yr hwn a'n *rac dervynawdd* ni, i vabwrieth. *id.* 330b, may yn *rracderfynu* rryw ddydd. **1588** *Job* xiv. 5, Ond ydyw ei ddyddiau ef wedi eu *rhac-derfynu*? **1604–7** *TW* (*Pen* 228) d.g. *præfinio.* **1630** *YDd* 348, o bydd rhif gosodedig dy ddyddiau heb *ragderfynu* (*be not expired*). **1711** M. MAURICE: *YAD* 151, y ffordd a *rag-derfynnwyd* gan Dduw. **1728** T. BADDY: *DDG* 163, William Rufus a *Ragderfynodd* neu Appwyntiodd Ddadlwriaeth . . . iw chadw yn Llundain. **1780** *W* d.g. *To predetermine.* **[1791]** J. THOMAS: *GB* 24, darfod i Dduw . . . *rag-derfynu* . . . sicr ddamnedigaeth rhai o'i greaduriaid. **1793** *Cylchg* 150, yr oedd wedi *ragderfynu* yn ei feddwl i fyned, ac felly efe a aeth. **1803** *P.*

rhagderfynedig [bôn y f. *rhagderfynaf*: *rhagderfynu* + *-edig*] *a.bfl.* Wedi ei benderfynu neu ei drefnu ymlaen llaw, wedi ei ragbennu; *Diwin.* wedi ei ragarfaethu, rhagordeiniedig: *predetermined, prearranged, preappointed; predestined, preordained (in theol.).*
1588 *Job* xxx. 23, myfi a wn y troi di fi i farwolaeth: ac i'r tŷ *rhacderfynedic* i bôb dŷn byw. **1677** C. EDWARDS: *FfDd* 91, a osododd amser *rhagderfynnedig* i'ch marwolaeth, a'ch adgyfodiad. **1710** *LlGG* (*Gos*) 9, wedi y darffo dyddieu eu Trigannoliad *rhag-derfynedig.* **1711** H. POWEL: *TY* 311, *rhagderfynedig* Gynghor Duw. **1716** E. SAMUEL: *GGG* 166, yr amser *rhagderfynedig* am ddyfodiad y Messiah gwedi myned heibio. **1769** *DRh* 54, Y mae nifer *ragderfynedig*, a sicr o'r Etholedigion. **[1791]** J. THOMAS: *GB* 24–5, y bwriad *rhagderfynedig* hwn [cosbedigaeth dragwyddol]. **1803** *P.*
Amr.: **rhagderfyniedig** [bôn y f. *rhagderfynaf*: *rhagderfynu* + *-iedig*]. **20g.**

rhagderfyniad [bôn y f. *rhagderfynaf*: *rhagderfynu* + *-iad*[1]] *eg.* ll. *-au.* Penderfyniad neu beniad ymlaen llaw, rhagdrefniad; *Diwin.* rhagarfaethiad, rhagordeiniad; (yn y ll.) ?mesurau rhagarweiniol: *predetermination, preappointment, prearrangement; predestination, preordination (in theol.); (pl.) preliminaries.*
1615 R. SMYTH: *GB* 119, cymmeint o fuga[i]liaid . . . yn y byd, a vvyddant yn vvell arfe[r]au y cowrt . . . [na dehongli] *rhagderfyniad* ne o rydid evvlys [*sic*]. **1727** J. JONES: *DFF* 204, Pethau i ddyfod yn sefyll ac yn pwyso ar ei *Ragderfyniad* a'i Ragfwriad ef. *c.* **1762–79** W. WILLIAMS: *P* 316, yn dal fod y cwbl o arfaeth, a *rhagderfyniad* gyda'r Pythagoriaid. **1777** W. WILLIAMS: *DN* 74, ni's cwymp blewyn o wallt dy ben heb ei wybodaeth, a'i *ragderfyniad* ef. **1778** J. THOMAS: *HB* 242, Cytunwyd yno [cymanfa Eglwysig] . . . i adnewyddu yr hên *Rhagderfyniadau* [*sic*] [:– Preliminaries], y rhai a arferid gynt yn y gymmanfa; ond a esgeuluswyd yn ddiweddar. **1780** *W* d.g. *Predetermination.* **[1791]** J. THOMAS: *GB* 25, *Rhag-derfyniadau* Duw mewn perthynas i ddinystr y creadur. **1793** T. JONES: *SD* 9, Fe ddarfu i Dduw (nid yn unig ragderfynu, ond) egluro ei *rag-derfyniad* am hyd einioes Hezecia. **1796** J. HARRIS: *Alm* 9, Ond ef [Duw] trwy *ragderfyniad* sy'n trefnu yn ddiwad. **1803** *P, Rhagdervyniad*, s. m.—pl. t. *au* . . . Predetermination.

rhagderfyniedig, gw. **rhagderfynedig.**

rhagdestun [*rhag-* + *testun*] *eg.* ll. *-au.* Sylw, datganiad, digwyddiad, &c., rhagarweiniol, rhagarweiniad: *preliminary remark, statement, occurrence, &c., introduction.*
1720 *App DP* 60, chwi a roddasoch heibio 'ch gwaith yn dala prynedigaeth Cyffredinol, ac a'i gwneuthoch yn brydferth ddigon, oblegid chwi ddygasoch i'm Côf rai geiriau o'r *Rhag-destyn*, Act. 15. 14. **1722** *Llst* 189, *Rhagdestun.* m. A preliminary. **1780** *W* d.g. *Preliminary, Subst.* [*something settled, concluded, or agreed upon as introductory to the main matter or subject*]. **1803** *P* d.g. *Rhagdestyn*, s. m.—pl. t. *au* . . . A preliminary theme, or discourse.

rhagdeyrn, rhag-deyrn [*rhag-* + *teyrn*] *eg.* ll. *-iaid.* Rhaglaw (brenin); dirprwy lywodraethwr: *viceroy; deputy governor, nabob.*
c. **1762–79** W. WILLIAMS: *P* 153, pob *rhag-deyrn*, neu lywodraethwr ardal elwir Nabob. *id.* 155, can's pob *rhag-deyrn*, neu Nabob, a llywodraethwr sydd . . . i anfon i lŷs yr Emerawdwr fath o drêth.

rhagdorraf: rhagdorri [*rhag-* + *torraf*: *torri*] *bg.a.* Torri ymaith, torri i ffwrdd, pario; (?geir.) blaendorri, torri'n fyr neu'n fyrrach, byrhau, cwtogi: *to cut off, cut away, pare; (?dict.) cut the front off, curtail.*
1604–7 *TW* (*Pen* 228) d.g. *præseco.* **1632** *D* d.g. *Præcido.* **1672** R. PRICHARD: *Gw* 423, Rwyt ti 'n ûn o fain y Demel, / . . . / Rhaid ir mwrthwl dy lwyr bario [:– *Rhagdorri*], / Os yn y nef y mynny drigio. **1770** *W* d.g. *To break before, To chop short, To cut before, or on the fore part.* **1803** *P, Rhagdori*, v. a. . . . To break before.

rhagdraeth, rhagdraith[1] [bôn y f. *rhagdraethaf*: *rhagdraethu* a *rhag-* + *traeth*[2], *traith*] *eg.b.* Rhagair, rhagymadrodd, cyflwyniad, prolog: *preface, introduction, preamble, prologue.*
1818–20.

rhagdraethaf: rhagdraethu [*rhag-*+ *traethaf*: *traethu*; ansicr yw'r engh. gyntaf isod (sy'n cyfeirio at *Luc* xviii. 28–30)] *bg.a.* Mynegi, crybwyll, &c., ymlaen llaw neu ynghynt; rhagymadroddi, cyflwyno; rhagfynegi, darogan: *to state, mention, &c., beforehand or previously; preface, introduce; foretell, prophesy.*

1655 R. JONES: *PC* 185, rhai 'n gado 'r cwbwl *rhagdraeth* [*sic*] ef. 1710 *LlGG* (*Gos*) 16, i'r un perwyl ac a *ragdraethwyd*. 1722 *Llst* 189, *Rhagdraethu*. To premise. 1799 DAFYDD IONAWR: *MB* 18, Y Sêr yn *rhag-draethu* sydd / Dreigliadau drwy y Gwledydd. 1803 *P*.

Amr.: **rhagdraith**[2] [ff. eir. a phrin; cf. *rhagdraith*[1]]. 1780 *W* d.g. *To preface.*

rhagdraethawd [*rhag-*+ *traethawd*] *eg.* ac (yn eir. ac yn brin) *eb.* ll. *-draethodau.* Rhagair, rhagymadrodd, cyflwyniad, rhagarweiniad: *preface, introduction, preamble.*

1632 *D* d.g. *Præfatio.* 1701 E. WYNNE: *RBS* 1, *Rhagdraethawd* am y Moddion . . . cyffredinol at Fuchedd Sanctaidd. 1722 *Llst* 189, *Rhagdraethawd.* m. A preface. 1740 G. JONES: *HOG* [i], Y *Rhagdraethawd*: Neu . . . Lythyr yr Awdwr. 1774 D. ELLIS: *GYGG* xxxi, Gweddïau neillduol a theuluaidd, *Rhag-draethawd* prïodol. 1780 *W* d.g. *Pre amble* [*something done, say'd, or written, by way of introduction*]. 1803 *P*, *Rhagdraethawd*, s. f. . . . An introductory discourse.

rhagdraethedig [bôn y f. *rhagdraethaf*: *rhagdraethu*+*-edig*] *a.bfl.* Y soniwyd amdano eisoes, rhag-grybwylledig, rhagddywededig: *aforementioned, aforesaid.*

1710 *LlGG* (*Gos*) 14, oddieithr dan y ffurf *ragdraethedig*. *id.* 17, y *rhagdraethedig* Lŵ arferol i'r Esecutor.

rhagdraethedigion [*rhagdraethedig*+ *-ion*[2]] *e.ll.* Pynciau, &c., y soniwyd amdanynt eisoes, (y) rhag-grybwylledig, (y) rhagddywededig: (*the*) *aforementioned*, (*the*) *aforesaid.*

1710 *LlGG* (*Gos*) 13, yngwrthwyneb i fwriad y *Rhagdraethedigion*. *id.* 14, Os un Proctor, nac ungwr arall dr[wy]ddo ef, a gamwedda yn un o'r *Rhagdraethedigion* . . . troer ef ymmaith o Wasanaethu ei Swydd.

rhagdraethiad [bôn y f. *rhagdraethaf*: *rhagdraethu*+*-iad*[1]] *eg.* ll. *-au.* Rhagair, rhagymadrodd, cyflwyniad, rhagarweiniad; darogan, proffwydoliaeth: *preface, introduction, preamble; prediction, prophecy.*

1806.

rhagdraith[1,2], gw. **rhagdraeth, rhagdraethaf: rhagdraethu.**

rhagdref, rhactref [*rhag-*+ *tref*] *eb.* ll. *-i.* Maestref, rhan o dref y tu allan i'r muriau: *suburb, part of a town outside the walls.*

1604–7 *TW* (*Pen* 228), *rhagdref* d.g. *propolis, Suburbia.* 1632 *D*, *rhacdref* d.g. *Propolis.* 1722 *Llst* 189, *Rhagtref.* f. Suburbs. [1783] *W*, *rhagtref* d.g. *Suburbs, sing. suburb* [*that part of a city, or town, that lieth without the walls*]. 1784 M. WILLIAMS: *S* i. 182, yn y *rhag-dref* oddi faes i'r pyrth.

rhagdrefn [*rhag-*+ *trefn*, neu fôn y f. *rhagdrefnaf*: *rhagdrefnu*] *eb.* ll. *-au.* ?Trefn flaenorol; ?rhaglen (ddigwyddiadau, &c.); (geir.) darpariaeth ymlaen llaw, rhagordinhad: ?*previous method*; ?*programme* (*of events, &c.*); (*dict.*) *prior provision, preordinance.*

[1761] *GGJ* 18, Am y Coch gwan . . . Dilin y *rhag drefn* am y coch cyffredin. 1780 *W*, *rhag-drefn* d.g. *Provision* [*care, or measures, taken beforehand*]. 1803 *P*, *Rhagdrevyn*, s. f.—pl. *rhagdrevnau* . . . A preordinance.

rhagdrefnad, gw. **rhagdrefniad.**

rhagdrefnaf: rhagdrefnu [*rhag-*+ *trefnaf*: *trefnu*] *bg.a.*

(*a*) Trefnu ymlaen llaw, rhagderfynu, rhagbaratoi; *Diwin.* rhagarfaethu, rhagordeinio: *to prearrange, predetermine, prepare in advance; predestine, preordain* (*in theol.*).

1704 E. SAMUEL: *BA* 151, Mab Duw, yr hwn a *ragdrefnwyd* i fodloni cyfiawn ddigllonedd yr Hollalluog. 1711 GJ: *LlW* 11, pe gadewid pob un yn rhwŷdd i ganlŷn ei farn ai dŷb neilltuol ei hun, mewn matterion heb eu *rhag drefnu* yn yr Ysgrythŷr. 1711 H. POWEL: *TY* 51, ni all dynion raglyniaethu, oherwydd na allant . . . *ragdrefnu* pethau ac sydd etto heb fod. 1716 E. SAMUEL: *GGG* 168, y peth . . . a *ragdrefnwyd* i jachau 'r Dolur. 1770 P. WILLIAMS: *BS*, *Deut* xxxi, [b]od Duw yn rhagweled ac yn *rhagdrefnu* pob peth. 1780 *W* d.g. *To predispose* [*dispose before-hand*]. 1792 P. WILLIAMS: *TG* 21, [b]od etifeddiaeth plant Duw wedi ei *rhag-drefnu* gan y Tad. 1803 *P*, *Rhagdrevnu* . . . To order beforehand, to preordain; to predispose; to predestinate.

(*b*) Sefydlu (clerigwr mewn bywoliaeth eglwysig): *to institute* (*a cleric to a benefice*).

1710 *LlGG* (*Gos*) 8, Na *ragdrefned* un Esgob neb i Rent o'r a urddwyd gan ryw Esgob arall. *id.* 14, pob Gweinidog, wedi ei bresentio ef iddo i'w *Ragdrefnu* . . . i ryw Rent. *ib.* na *Ragdrefno*'r Esgob . . . neb arall yngwrthwyneb i'r Parti presentiedig o'r blaen.

Amr.: **rhagdrefnio** [*rhag-*+ *trefnio*]. 1797 JAC GLAN-Y-GORS: *TD* 23, y maintioli a *ragdrefniais* i'r llyfryn hwn.

rhagdrefnedig [bôn y f. *rhagdrefnaf*: *rhagdrefnu*+*-edig*] *a.bfl.* Wedi ei ragdrefnu, rhagderfynedig: *prearranged, predetermined.*

1716 E. SAMUEL: *GGG* 131, eu hwŷl au symmudiad [y sêr], yr hwn sydd safadwy a *rhag-drefnedig* (*determinate*). 1803 *P*, *Rhagdrevnedig* . . . Fore-ordained.

Amr.: **rhagdrefniedig** [bôn y f. *rhagdrefnaf*: *rhagdrefnu*+*-iedig*]. 20g.

rhagdrefniad, rhagdrefnad [bôn y f. *rhagdrefnaf*: *rhagdrefnu*+*-iad*[1], *-ad*] *eg.* ll. *-au.*

(*a*) Trefniad ymlaen llaw, rhagderfyniad, rhagbaratoad; agenda; *Diwin.* rhagarfaeth, rhagordeiniad: *prearrangement, predetermination, preparation beforehand; agenda; predestination, preordination* (*in theol.*).

1727 J. JONES: *DFF* 264, *Rhagdrefniadau* (*contrivements*) dros lawer o Flynyddau canlynol. 1773 J. JENKIN: *P* 7, Fe allai y dywedir, mai 'Damwain oedd y cwbl;' nid wyf fi'n barnu iddo ddigwydd trwy *rag-drefnad*, neu achos goruch-naturiol. 1803 *P*, *Rhagdrevniad* . . . A preordination, a preordaining.

(*b*) Sefydliad (clerigwr mewn bywoliaeth eglwysig): *institution* (*of a cleric to a benefice*).

1710 *LlGG* (*Gos*) 8, Na dderbynnier neb o hyn allan i'r Weinidogaeth, na'i gynnwys drwy *Ragdrefniad* na Rhoddiad i nebryw Rent Eglwysig. *id.* 9, cyn pob cyfryw Dderbyniad, *Rhagdrefniad* . . . a chyn Siccrhau Dewisiad undyn. *id.* 18, Gwelwn yn gymmwys i bob Parson, Ficar . . . roi o'i flaen ef [esgob] ei Lythyrau-Urdda [*sic*], ei *Ragdrefniad* a'i Feddiannoliad.

rhagdrefniaf: rhagdrefnio, rhagdrefniedig, gw. **rhagdrefnaf: rhagdrefnu, rhagdrefnedig.**

rhagdrem [*rhag-*+ *trem* neu fôn y f. *rhagdremiaf*: *rhagdremio*] *eg.* Rhagolwg; golwg ymlaen llaw: *prospect; preview.*

1850.

rhagdremaf: rhagdremu, gw. **rhagdremiaf: rhagdremio.**

rhagdremiad [bôn y f. *rhagdremiaf*: *rhagdremio*+*-iad*[1]] *eg.* Rhagolwg; rhagargoel: *prospect; portent.*

1845.

rhagdremiaf, rhagdremaf: rhagdremio, rhagdremu [*rhag-*+ *tremiaf*, *tremaf*: *tremio*, *tremu*] *bg.a.* Edrych ymlaen (at): *to look forward* (*to*).

1839.

rhagdremyn, rhagdremynt [*rhag-*+ *tremyn*, *tremynt*] *eg.* Rhagolwg; prosbectws: *prospect; prospectus.*

1780 *W*, *rhagdremyn*, *rhagdremynt* d.g. *Prospect* [*a fore-view, both in a literal and a figurative sense*]. 1803 *P* d.g. *Rhagdremyn, Rhagdremynt.*

rhagdrochaf: rhagdrochi [gair geir., sef *rhag-*+ *trochaf*: *trochi*] *ba.* Trochi ymlaen llaw: *to immerse beforehand.*

Dchr. 17g. *J* 10, 13a, *rhagdrochi.* Prætingo. 1803 *P*, *Rhagdroçi* . . . To immerse beforehand.

rhagdrychaf: rhagdrychu [gair geir., sef *rhag-*+ *trychaf*: *trychu*] *ba.* Torri ymaith, cwtogi: *to cut off, shorten.*

1604–7 *TW* (*Pen* 228) d.g. *præcido, prætrunco.* 1803 *P*.

rhagduedd [*rhag-*+ *tuedd*, neu fôn y f. *rhagdueddaf*: *rhagdueddu*] *eb.* ll. *-ion.* Tuedd gynhenid, tueddbeniad; tueddiad (i gael clefyd (penodol)): *predisposition; susceptibility* (*to* (*a particular*) *disease*).

1816.

rhagdueddaf: rhagdueddu [*rhag-*+ *tueddaf*: *tueddu*] *bg.a.* Bod neu wneud yn dueddol (ymlaen llaw); gwneud yn (fwy) agored neu dueddol (i glefyd (penodol)): *to predispose; make* (*more*) *susceptible* (*to* (*a particular*) *disease*).

1815.

rhagdueddiad [bôn y f. *rhagdueddaf*: *rhagdueddu*+*-iad*[1]] *eg.* ll. *-au.* Tuedd gynhenid, tueddbeniad; tueddiad (i gael clefyd (penodol)): *predisposition; susceptibility* (*to* (*a particular*) *disease*).

1816.

rhagdueddol [*rhag-*+ *tueddol*] *a.* Tueddol (ymlaen llaw); yn peri rhagdueddiad; tueddol neu'n peri rhagdueddiad (i gael clefyd (penodol)): *predisposed; predisposing; susceptible or causing susceptibility* (*to* (*a particular*) *disease*).

1816.

rhag-dŵr, rhagdwr [*rhag-*+ *tŵr*] *eg.* ll. *rhagdyrau.* Tŵr gwylio sy'n taflu allan o fur amddiffynnol, hefyd yn *ffig.*: *projecting watch-tower, barbican, also fig.*

1753 L. OWEN: *ADdE* 47, am-mhosibl i Babyddiaeth ynnill Tîr yn ein plith ni, cŷ'd ag y bô y Gweddiau cyffredin yn cael eu harfer . . . Ond os y *Rhag-dŵr* hwn a dynnid un-waith heibio . . . ein Gwrthwynebwr mawr a gwblhaei'n ebrwydd ei amcanion maleisus.

rhagdyb, rhag-dyb, rhactyb [*rhag-*+ *tyb* neu fôn y f. *rhagdybiaf*: *rhagdybio*] *eb.g.* ll. *rhagdybiau, -ion.* Syniad neu farn a ffurfir ymlaen llaw, rhagsyniad, tybiaeth; rhagfarn, tuedd; hypothesis, amcandyb; rhagarswyd, rhagofn, rhagargoel; ?darogan: *preconception, presupposition, presumption, assumption; prejudice, bias; hypothesis; foreboding, presentiment;* ?*prediction.*

1677 R. JONES: *BB* 152, Iaith y goludog damnedig hwnnw . . . a ddichon eich cymmorth yn eich *rhagdybiau* (*predictions*) am eich trueni sydd i ddyfod. 1722 *Llst* 189, *Rhagtyb.* f. A presupposal. 1780 *W*, *Rhagdyb* d.g. *Preconceit* [*an opinion formed beforehand*], *Preopinion, Presupposal.* 1803 *P*, *Rhagdyb*, s. m.—pl. t. *iau* . . . A preconceit, a preopinion, a prenotion.

rhagdybiad [bôn y f. *rhagdybiaf*: *rhagdybio* +*-iad*[1]] *eg.* ll. *-au.* Rhagdyb, rhagsyniad, tybiaeth: *preconception, presupposition, presumption, assumption.*

1710 *CBGEL* 92, gall fôd rhyw *Rag-dybiadau* cyfeiliornus yn pwyso ar e'u [*sic*] Meddyliau hwynt. 1803 *P*.

rhagdybiaeth [bôn y f. *rhagdybiaf*: *rhagdybio*+*-iaeth*] *eb.* ll. *-au.* Rhagdyb, rhagsyniad, tybiaeth; rhagarswyd, rhagofn, rhagargoel: *preconception, presupposition, presumption, assumption; foreboding, presentiment.*

1822–3. Cf. D. OWEN: *RL* 175, Yr oedd ynof presentiment na ddeuai Bob gyda'r trên hwnw ychwaith, ac yr oedd fy *rhagdybiaeth* yn gywir.

rhagdybiaf: rhagdybio, rhagdybied [*rhag-*+ *tybiaf*: *tybio*, *tybied*] *bg.a.* Tybio ymlaen llaw, credu cyn gwybod neu brofi, cymryd yn ganiataol, rhagsynied; cymryd (peth) fel rhagamod angenrheidiol (mewn rhesymeg, &c.), ymhlygu: *to presuppose, presume, take for granted, assume, preconceive; presuppose* (*in logic, &c.*), *imply.*

1672 R. PRICHARD: *Gw* [xl], [g]weled cyflawni yr hyn oeddwn i yn ei *rag-dybied* a ddigwyddei ar brintiad gwaith yr Awdwr. 1722 *Llst* 189, *Rhagtybio.* To foreguess. 1780 *W*, *rhagdybio* d.g. *To presuppose* [*suppose before-hand*]. 1803 *P*, *Rhagdybied* . . . To presuppose.

rhagdybiedig [bôn y f. *rhagdybiaf*: *rhagdybio*+*-iedig*] *a.bfl.* Wedi ei ragdybio, wedi ei gymryd yn ganiataol: *preconceived, presupposed.*

1833.

rhagdybiol [*rhagdyb*+*-iol*] *a.* Wedi ei seilio

ar ragdybiaeth, rhagdybiedig: *presumptive, preconceived.*
1807.

rhagdyddyn, rhactyddyn [*rhag-+tydd-yn*] *eg.* ll. *-od.* Fferm fechan a gydiwyd wrth un arall: *smallholding joined to another.*
1803 *P, Rhagdyzyn,* s. m.—pl. t. *od* . . . An outtenement; a bordering farm. Ar lafar yng ngorllewin Meir. yn y ff. *rhactyddyn.*

rhagdynghedaf: rhagdynghedu [*rhag-+tynghedaf: tynghedu*] *ba. Diwin.* Rhagderfynu, rhagarfaethu: *to predetermine, predestine (in theol.).*
20g.

rhagdystiad [bôn y f. *rhagdystiaf: rhagdystio+-iad*[1]] *eg.* Datganiad, gwrthdystiad: *declaration, protestation.*
1658 R. VAUGHAN: *GA* 16, y *rhagdystiad* ar weddi a adroddir . . . vddynt hwy, yr rhai [*sic*] a ddaethai i dalu eu tairblynyddol ddegymau. *c.* **1730** *Thos. Lloyd D* (LlGC) 197b, *Rhagdystiad.* protestatio. **1803** *P.*

rhagdystiaf: rhagdystio [*rhag-+tystiaf: tystio*] *bg.a.* Gwrthdystio, protestio; rhagfynegi; tystiolaethu ymlaen llaw: *to protest; foretell; testify beforehand.*
1658 R. VAUGHAN: *PS* 10, pe cai rydd-dyd ef a brotestiai [:– *Ragdystiai*] yn eu [*sic*] herbyn ni. **1765** JM: *DDdC* 7, llawer iawn o ddiffig traul ymborth yn y corph, yr hyn sy'n *rhag-dystio* angau. **1803** *P, Rhagdystiaw* . . . To testify before hand; to witness beforehand.

rhagdystiol [bôn y f. *rhagdystiaf: rhagdystio+-ol*] *a.* Gwrthdystiol: *protesting.*
1658 R. VAUGHAN: *PS* 4, Seiliau Crefydd Protestaidd *rhagdystiol.* **1803** *P.*

rhagdystiolaeth [*rhag-+tystiolaeth* neu fôn y f. *rhagdystiolaethaf: rhagdystiolaethu*] *eb.* ll. *-au.* Daroganiad, rhagfynegiad; tystiolaeth flaenorol: *prediction, forecast; previous testimony.*
c. **1716** S. RHYDDERCH: *CEH* 22, achos i ofni'n ddirfawr bod *rhag-dystiolaethau,* tyfiad Llygredigaeth a Halogiad yr Oes nesaf yn fawr. **1803** *P, Rhagdystiolaeth,* s. f.—pl. t. *au* . . . A previous testimony.

rhagdystiolaethaf: rhagdystiolaethu [*rhag-+tystiolaethaf: tystiolaethu*] *ba.* Tystiolaethu (ymlaen llaw) i, datgan: *to testify (to) (beforehand), declare.*
1620 1 *Pedr* i. 11, pan oedd efe yn *rhag-dystiolaethu* dioddefaint Christ. **1630** *YDd* 214, y mae S[t]. Paul yn *rhag-dystiolaethu* (*protesteth*), na roddes ef iddynt hwy vn ordeinhâd . . . ond yr hyn a dderbynniodd ef gan yr Arglwydd. *id.* 400, y mae Crist yn *rhag-dystiolaethu* (*protesteth*), fod yr hwn a gredo ynddo ef i gael bywyd tragwyddol. **1803** *P.*

rhagdywyllaf: rhagdywyllu [*rhag-+tywyllaf: tywyllu*] *ba.* Taflu cysgod dros, hefyd yn *ffig.*: *to throw a shadow over, also fig.*
1632 *D* d.g. *Præumbro.* **1803** *P.* Cf. ISLWYN: *Gw* 12, Ac nid oedd gofal am yfory fyth, / . . . / Yn *rhagdywyllu* ei ragluniaeth ddofn.

rhagdywysaf: rhagdywys(o) [gair geir., sef *rhag-+tywysaf: tywys(o)*] *ba.* Tywys o flaen, rhagarwain: *to lead before.*
1604–7 *TW* (*Pen* 228), *Rhagdywyso* d.g. *præterduco.* **1632** *D, Rhagdywys* d.g. *Præduco.* **1803** *P* d.g. *Rhagdywys.*

rhagddalen [*rhag-+dalen*] *eb.* ll. *-nau.* Dalen deitl; (yn y ll.) tudalennau rhagarweiniol: *title-page; preliminaries, prelims (to book, &c.).*
1869.

rhagddangosaf: rhagddangos [*rhag-+dangosaf: dangos*] *bg.a.*

(*a*) Dangos neu gynrychioli ymlaen llaw drwy gyfrwng symbol, teip, &c., cysgodi, rhagddarlunio, rhagarwyddo; rhagfynegi, darogan, rhagrybuddio: *to foreshow, foreshadow, prefigure; foretell, predict, forewarn.*
c. **1400** *DB* 55, kyuyt enynua yn y dayar ac yn y dwfyr, y *racdangos* tan uffern. **1567** *TN* 106a, *rhac ddangosafy*-chwy, pwy'n a ofnwch: ofnwch hwn . . .'sy iddo veddiant i vwrw i'r yffern. *id.* 121b, A' bod ir meirw adgyuodi, 'sef Moysen ei *racddangoses* yn y dyrysllwyn. **1606** E. JAMES: *Hom* ii. 126–7, y bobl ddiwybod ddifedr . . . y rhai yn enwedig y mae'r Scrythur yn *rhagddangos* (*foreshew*) ac yn rhagfanegi eu perigl . . . i gwympo . . . i ddelw-addoliad. **1632** *D* d.g. *Prædiuino, Præfiguro, Præmonstro, Prænuncio.* **1651** SIÔN TREREDYN: *MDD* 75, cyffeswyd gan bawb . . . fod y defodau ar ceremoniau yn *ragddangos* [*sic*] Christ. **1698** T. JONES: *Art* 12, Breuddwŷdio fôd megis yn ddall . . . sŷdd yn *rhagddangos* colled. **1718 (1721)** S. THOMAS: *HB* 36, mawr Bŵer a Chadernid y Rhufeiniaid *rhag ddangoswyd* i'r Prophwyd, Daniel. **1723** E. SAMUEL: *PDdC* 28, fel y gellid . . . *rag-ddangos* a rhagarwyddoccau union amser dioddefaint Christ megis y *rhag-ddangddangoswyd* [*sic*] y lle hefyd. **1773** *W* d.g. *To fore-shew.* **1783** E. THOMAS: *Alm* 24, Y llynedd mi a *rag-ddangosais* y caem fuddygoliaeth . . . yn y Gwanwyn. **1791** W. RICHARDS: *TDB* 3, Holl brophwydoliaethau . . . yr Hen Destament, a *ragddangosent* Grist i ddyfod.

(*b*) Dangos (ymlaen llaw), arddangos: *to show (beforehand), display.*
1696 *GGTY* 50, megis y *rhag-ddangosais* eisoes (*as I shewed before*). **1722** E. LLOYD: *MC* 90, Pa leshad ydyw i ni *ragddangos* rhinwedd mewn geiriau ac mewn gweithredoedd dinistrio'r gwirionedd? **1735** S. THOMAS: *HP* 201, Cyn gallel o honom roddi Dangosiad eglur o'r peth hwn, y mae rhyw bethau eraill i'w *rhagddangos.* **1803** *P* d.g. *Rhagzangaws* [*sic*].

rhagddangosiad [bôn y f. *rhagddangosaf: rhagddangos+-iad*[1]] *eg.* ll. *-au.* Y weithred o ragddangos, rhagddarluniad; (rhag)argoel; dangosiad neu gyflwyniad (dogfen) (ymlaen llaw): *a foreshowing, foreshadowing, prefiguration, foretoken; omen, portent; presentation (of document) (beforehand).*
1700 *TDP* [i], Llyfr Difrifol Duwiol . . . fu yn hir o amser yn guddiedig yn yr Hebrew . . . o herwidd fod ynddo mor aml *rag-ddanghosiad* o Grist. **1723** E. SAMUEL: *PDdC* 24, yr hwn nid oedd Aberthau'r Gyfraith ond *rhag-ddangosiad* yn unig . . . o honaw. **1780** *W, rhagddangosiad* cysgodol d.g. *Prefiguration* [*a representation before-hand*]. **1782** M. WILLIAMS: *BM* 15, yn tystiolaethu fod *rhag-*[*dd*]*angosiadau* yn y ffurfafen cyn dinystr Jerusalem. **1794** E. JONES: *CP* 133, trysorydd y sîr a dâl i'r petit-gwnstabl, trwy *rag-ddangosiad* y sertifficat ac ereill bapurau perthynasol. **1803** *P, Rhagzangosiad,* s. m.—pl. t. *au* . . . A prognostication.

rhagddangosiadol [*rhagddangosiad+-ol*] *a.* Yn rhagddangos, cysgodol, yn rhagddarlunio; yn (rhag)argoeli: *foreshowing, foreshadowing, prefigurative; ominous, portentous.*
1805.

rhagddant [*rhag-+dant*] *eg.* ll. *-ddaint, -ddannedd.* Dant blaen, blaenddant: *incisor, front tooth.*
13g. *LTWL* 137, genuinus, id est, *racdant.* **14g.** *LlB* 56, Gwerth *racdant* dyn, pedeir ar hugeint. **1632** *D, Rhagddant,* Dens anterior. **1688** *TJ, Rhagddant,* daintblaen: a Fore-tooth. **1771** *W, Rhag-ddannedd* llydain d.g. *Butter-teeth.* **1803** *P, Rhagzant,* s. m.—pl. *rhagzannez* . . . A fore-tooth.

rhagddarbod [*rhag-+darbod* neu fôn y f. *rhagddarbodaf: rhagddarbod(i)*] *eg.* ll. *-au.* Darpariaeth neu baratoad (ymlaen llaw), darbodaeth, rhagluniaeth (ddwyfol); cyflenwad (o fwyd, &c.): *provision or preparation (beforehand), (divine) providence; provision or supply (of food, &c.).*
1620 *Rhuf* xiii. 14, na wnewch *rag-ddarbod* tros y cnawd, er mwyn cyflawni ei chwantau ef. **1632** *D* d.g. *Prouidentia.* **1664** *LlGG* sig. Bbbb2v, nid ein *rhagddarbod* (*foresight*) ni, eithr dy ragluniaeth di a'n gwaredodd ni. **1670** J. HUGHES: *AP* 30, ymddiried yn hollawl yn dy *Ragddarbod* di. **1676** W. JONES: *GB* 36, nid ŷnt yn gofalu dim yr awron, nac yn gwneuthur dim *rhagddarbod* erbyn y dydd ofnadwy. **1679** C. EDWARDS: *GGG* 24, gellir ein cymeryd ni ymaith cyn i ni wneuthur *rhagddarbod* cymmhedrol iddynt [gwragedd a phlant]. **1717** IACO AB DEWI: *CS* 53, Ai o *Ragddarbod* Duw ei hun y mae y Gwaredwr hwnnw? **1725** D. LEWIS: *GB* 155–6, y mae Dau Lygad gan Fywiolion . . . mywn Ffordd o *Ragddarbod,* fel os digwydd colli un y bo Un eilwaith yn ôl. *id.* 372, y Paratoad a'r *Rhagddarbod* y sydd, gogyfer a goleuo a gwressogi'r Ddaear. **1762** *ML* ii. 523, Oes, y mae wrth gofiaw beth *rhagddarbod* yma . . . chwe phennog côch, 4 o bysgod heilltion. **1788** J. GRIFFITH: *DCC* 19, y *rhagddarbod* addas . . . a wnaeth efe er cynnhaliaeth dŷn ac anifail. **1803** *P, Rhagzarbod,* s. m.—pl. t. *au* . . . Provision beforehand.

rhagddarbodaeth [*rhag-+darbodaeth*] *eb.g.* Darpariaeth neu baratoad (ymlaen llaw), darbodaeth, rhagluniaeth (ddwyfol): *provision or preparation (beforehand), (divine) providence.*
1606 E. JAMES: *Hom* i. 11, Diolchwn i Dduw . . . am ei Ddaionus ffafor, a'i dadawl *ragddarbodaeth. id.* iii. 89, Os arferwn y gofal a'r *rhagddarbodaeth* (*foresight*) hyn. **1630** R. LLWYD: *LlH* 113, ymgeleddus *ragddarbodaeth* Duw tu ag at ei blant. **1632** *D* d.g. *Prouidentia.* **1632** J. DAVIES: *LlR* 315, trwy yspyssol *ragddarbodaeth* a rhagweliad Duw. **1664** *LlGG* sig. F4v, o herwydd dy ymgeledd a'th *ragddarbodaeth* drosom. **1682** E. LLWYD: *EI* 118, [c]ynhyrfur [*sic*] bobl i gredu *rhagddarbodaeth* difinyddiawl. **1716** E. SAMUEL: *GGG* 32, *Rhagddarbodaeth* y Nefol Ragluniaeth. **1725** D. LEWIS: *GB* 226, Y mae rhai Coed . . . yn gwasanaethu yn fynych rhyfedd yn lle Ffynhoneu Dyfroedd. Ac y mae hyn yn *Rhagddarbodaeth,* ac yn Rhagluniaeth fawr mywn Gwledydd sychion. **1757** E. EVAN: *GB* 121, *Rhagddarbodaeth* neu ddeallus fwriad a Diwidrwydd. **1796** *Geirgrawn* 31, y mae yn yr Amddiffynfa hynny *ragddarbodaeth* am flwyddyn. **1803** *P, Rhagzarbodaeth,* s. m. . . . A preparation beforehand; providence.

rhagddarbodaf: rhagddarbod(i) [*rhag-+darbodaf: darbod(i)*] *bg.a.* a'i dilyn yn fynych gan yr ardd. *tros.* Darparu neu baratoi (ymlaen llaw), gwneud darpariaeth (dros): *to provide (beforehand), prepare (in advance), make provision (for).*
1606 E. JAMES: *Hom* ii. 178, yn *rhagddarbod* ac yn rhagddarparu y cyfryw bethau. **1630** R. LLWYD: *LlH* 114, *rhag ddarbododd* Duw tros Hagar a'i phlentyn. *id.* 118, A *ragddarboda* efe dros ddieithraid, ac estroniaid . . .? **1632** *D* d.g. *Prospicio, Prouidens, Vindiciæ.* **1688** S. HUGHES: *TSP* 107, A Gofal Iesu Grist am Ddynion, / . . . / Yn *rhagddarbod* [:– Rhagbarottoi] a thosturio. **1717** IACO AB DEWI: *CS* 125, A *ragddarbodir* yn dda tros Gyrph y ffydd[l]oniaid ym Marwolaeth? **1725** D. LEWIS: *GB* 170, Y mae 'r Creawdr wedi *rhagddarbod* yn rhyfeddol dros Greaduriaid Ifeingc. [**1740**] T. BADDY: *DDGH* 97–8, [rh]oddi dy hun i fyny iddo, fel gwraig iw gwr iw haddyscu, ai rheoli . . . i gael edrych ar ei hôl, a chael *rhagddarbodi* trosti. **1776** I. BRYDYDD HIR: *P* i. 13, yn esceuluso ei gorph, ac yn naccau *rhagddarbod* drosto. **1783** P. WILLIAMS: *FfA* 3, cystal ag y mae Duw wedi *rhagddarbod* drosom. **1803** *P* d.g. *Rhagzarbodi.*

rhagddarbodiad [bôn y f. *rhagddarbodaf: rhagddarbod(i)+-iad*[1]] *eg.* Darpariad neu baratoad (ymlaen llaw): *provision or preparation (beforehand).*
1803 *P, Rhagzdarbodiad* . . . A providing or furnishing beforehand.

rhagddarbodol [*rhag-+darbodol*] *a.* A nodweddir gan ragddarbodaeth, rhaglun-iaethol: *provident, providential.*
1780 *W* d.g. *Provisional* [*of the nature of a provision or caution*]. **1803** *P, Rhagzarbodawl* . . . Providential.

rhagddarbodus [*rhag-+darbodus*] *a.* Yn darparu ar gyfer y dyfodol, yn gofalu ymlaen llaw, darbodus, gofalus; yn hyrwyddo cynilo (am gymdeithas, &c.): *provident, thrifty, careful; provident or friendly (of society, &c.).*
1661 E. LEWIS: *Drex* 74, Pa sawl llywiawdr *rhagddarbodus* a lywodrathaesant eu pobl yn synhwyrgall. **1675** R. JONES: *HCh* 144, *Rhagddarbodus* ofal am eneidiau eu gilydd. **1704** E. SAMUEL: *BA* 101, Ein gwir Dduw ni a ddichon amddeffyn y sawl a'u haddolant [delwau], ac y mae beunydd trwy ei *ragddarbodus* ragluniaeth, yn eu cadw. *id.* 189, Hollalluog Greawdr, a *rhagddarbodus* lywodrathwr [*sic*] y byd. **1716** E. SAMUEL: *GGG* 34, [yr] un *Rhagddarbodus* gyfarwyddid sy'n Rhagluniaethu'r cwbl. **1760** *YTWN* 32, clodforant drugareddau tra *rhagddarbodus* eu Duw. **1766** *FfA* 65, y mae yn rhaid cymmeryd gofal *rhagddarbodus.* **1803** *P.*

rhagddarbodwr [bôn y f. *rhagddarbodaf: rhagddarbod(i)+-wr*] *eg.* ll. *-wyr.* Person darbodus: *provident person.*
1803 *P, Rhagzarbodwr,* s. m.—pl. *rhagzarbodwyr* . . . One who provides beforehand.

rhagddarlun [*rhag-+darlun*] *eg.* ll. *-iau.* Braslun, amlinelliad, patrwm; rhagddarluniad: *sketch, outline, pattern; prefiguration.*
1803 *P, Rhagzarlun* . . . Prefiguration.

rhagddarluniad [bôn y f. *rhagddarluniaf: rhagddarlunio+-iad*[1]] *eg.* ll. *-au.* Y weithred o ragddarlunio, rhagddangosiad: *prefiguration, a foreshadowing, foreshowing.*
1780 *W* d.g. *Prefiguration* [*a representation beforehand*]. **1803** *P, Rhagzarluniad,* s. m.—pl. t. *au* . . . A prefigurating.

rhagddarluniaf: rhagddarlunio [*rhag-*

+*darluniaf*: *darlunio*] *ba.* Darlunio neu gynrychioli ymlaen llaw drwy gyfrwng symbol, teip, &c., cysgodi, rhagddangos; darlunio neu ddangos ymlaen llaw: *to prefigure, foreshadow, foreshow; depict or show beforehand.*

1774 IG: *AF* 96, Yn y ffordd a'r modd hyn, fel y *rhagddarluniwyd*, y rhoddir yr awdurdod hwn yn gyntaf. **1803** *P, Rhagzarluniaw* . . . To prefigurate.

rhagddarn [*rhag-*+*darn*] *eg.b.* ll. *-au.* Darn blaen, darn cyntaf; *c.d.* darn cyntaf llinell o gynghanedd sain sy'n odli â'r gorddarn, darn cyntaf llinell o gynghanedd groes neu draws (fel arfer yr holl ddarn hyd at yr orffwysfa): *forepart, forepiece*; (*in Welsh prosody*) *first part of a line of* '*cynghanedd sain*' *which rhymes with the second part, first part of a line of* '*cynghanedd groes*' *or* '*cynghanedd draws*' (*usu. everything up to the caesura*).

p. **1584** G. ROBERT: *GC* [212], [b]od ymhob braich o saith si[ll]af . . . a fytho a chynghanedd sain rowiog inddo [*sic*] dair darn . . . *rhagddarn*, gorddarn, odlddarn . . . Y ddarn gyntaf, y[w]'r *rhagddarn. id.* [248], O'r awr (ith welais) erioed. Awr sydd ragodl, ioed sydd odl, er, sydd, odl[dd]arn o'r sydd *ragddarn*, ith [w]elais; sydd llanw yn colli, rhwng y [dd]wy ddarn. Mo. pessawl darn a fydd mewn braich y bytho cynghanedd brost ynddo? Gr. dwy yn unig, s. odlddarn a fo a'r odl yn ddiwedd iddi, a *rhagddarn*, ai diwedd hithau yw'r rhagodl, Mo. beth sydd raid i farcio gyntaf, ynghylch cynghanedd groes? Gr. fod yn rhaid i'r gyssain gyntaf o'r *rhagddarn* ymgloi a'r gyntaf o'r odlddarn, i'r ail a'r ail ag felly o radd i radd nes dyfod at yrhagodl [*sic*] a'r odl. **1803** *P, Rhagzarn*, s. m.—pl. t. *au* . . . A fore-piece.

rhagddaroganaf: rhagddarogan [*rhag-*+*daroganaf*: *darogan*] *ba.* Rhagfynegi, rhag-ddweud, proffwydo, rhagrybuddio: *to prognosticate, foretell, prophesy, forewarn.*

1688 T. JONES: *Alm* [iv], amriw bethau a ddigwŷddasant fel ag i'r *rhag ddaroganwŷd* hwŷnt drwy sywedyddiaeth.

rhagddarpar[1] [*rhag-*+*darpar*] *eg.* ll. (geir.) *-au.* Darpariaeth neu baratoad (ymlaen llaw), rhagluniaeth (ddwyfol); cyflenwad (o fwyd, &c.): *provision or preparation* (*beforehand*), (*divine*) *providence*; *provision or supply* (*of food, &c.*).

1567 *TN* 213a, a' bot gwneythyr llawer o bethe gwiw, ir genedl hon drwy dy racddyall [:– *rrac ddarpar*] di. **1604–7** *TW* (*Pen* 228) d.g. *prædestinatio.* **1632** *D* d.g. *Præparatus, Prouidentia, Prouisio.* **1676** W. JONES: *PGG* 15, *Rhagddarpar* Christ tros ei Eglwys. **1688** *TJ*, Heiniâr, heniâr, *Rhagddarpar* neu arlwy o ŷd. **1724** S. WILLIAMS: *ADA* 141, rhai sy'n gwneuthur y Byd yn gartref iddynt, sy a'u Nefoedd y tu yma i'r Nefoedd, ac hêb ddim *rhagddarpar* neu gyfran y tu hwnt i'r bêdd. **1767** *Aberth Cym* 74, [yr] holl *ragddarpar* ag y mae Duw wedi ei wneud er jechydwriaeth yr enaid. **1789** J. THOMAS: *DdS* 140, yn ergydio hefyd at yr apostolion, y rhai ydynt ddeuddeg dan eu henwau, a'r rhai a wnaethant *rag-ddarpar* o luniaeth i dŷ Dduw. **1803** *P, Rhagzarpar*, s. m.—pl. t. *au* . . . Previous order or disposition.

Fel *a.* Rhagbaratoawl, paratoadol: *preparatory.*

1670 J. HUGHES: *AP* 172, Gweddi *rhag-ddarpar* o flaen Cyffes. **1776** DEWI NANTBRÂN: *AN* 271, Pyngciau *rhagddarpar* i ystyried, ac i myfyrio [*sic*] arnynt.

rhagddarpar[2], **rhagddarparaeth,** gw. **rhagddarparaf: rhagddarpar**[2], **rhagddarpariaeth.**

rhagddarparaf: rhagddarpar[2], **rhagddarparu** [*rhag-*+*darparaf*: *darpar(u)*] *bg.a.* Darparu neu baratoi (ymlaen llaw); *Diwin.* rhagarfaethu, rhagordeinio: *to provide or prepare* (*beforehand*); *predestine, preordain* (*in theol.*).

1588 2 *Cor* viii. 21, Y rhai ydym yn *rhagddarpar* pethau onest. **1599 (1677)** R. HOLLAND: *AB* 91, onis gallwn *ragddarparu* yn erbyn yr amser sydd yn dyfod? **1606** E. JAMES: *Hom* ii. 178, yn rhagddarbod ac yn *rhagddarparu* y cyfryw bethau. **1620** *Eff* ii. 10, [g]weithredoedd da, y rhai a *rag-ddarparodd* Duw. **1630** *YDd* 101, Os *rhagddarparwyd* ef i fod yn gadwedig, ni eill ef amgen na bo. *id.* 371, [y] farwolaeth yr hon a ddarfu ei Dduw . . . ei raglunio, a'i *ragddarparu* i ti, er cyn dy eni. **1632** *D* d.g. *Præmolior.* **1672** J. LANGFORD: *HDdD* [xxi], pennaeth ty, yr hwn sydd yn *rhagddarparu* ymborth i'w weision. **1696** *CDD* 249, *Rhag-ddarpara* eu lluniaeth iddŷn [gweision a morynion], / Yn eu gwaith nâd ddiffŷg arnŷn. **1711** H. POWEL: *TY* 51, *Rhagddarparu*, Arfaethu neu Ragordeinio pethau i ddyfod. **1756** W. WILLIAMS: *GDC* 72, Doethineb mawr diderfyn wedi *ragddarpar* sydd. **1782** D. HUGHES: *TFf* 8, *rhagddarparwyd* pob . . . bendithion ysprydol iddynt. **1803** *P* d.g. *Rhagzarparu.*

rhagddarparedig [bôn y f. *rhagddarparaf*: *rhagddarparu* a *rhagddarpar*[1]+*-edig*] *a.bfl.* Wedi ei ddarparu neu ei baratoi (ymlaen llaw), rhagdrefnedig, rhagderfynedig: *provided beforehand, prepared in advance, prearranged, predetermined.*

1567 *TN* 272a, eich be[n]dith *rac ddarparedic.* **1567** *Rhyddiaith Gymraeg* i. 71, a'v plany [diarhebion] yn y lleodd *rragddarparedig* yddynt. **1803** *P, Rhagzarparedig* . . . Being previously ordered.

rhagddarpariad [bôn y f. *rhagddarparaf*: *rhagddarparu*+*-iad*[1]] *eg.* ll. *-au.* Darpariaeth neu baratoad (ymlaen llaw); *Diwin.* rhagarfaeth, rhagordeiniad; rhagdueddiad: *provision or preparation* (*beforehand*); *predestination, preordination* (*in theol.*); *predisposition.*

1630 *YDd* 101, athrawiaeth tragwyddol *rhagddarpariad* (*Predestination*) Duw. **1672** J. LANGFORD: *HDdD* 31, edrych i fynu atto êf am *ragddarpariad* (*provision*) pôb pethau anghenrheidiol i' ni. **1683** H. EVANS: *CTF* 31, Ac na âd ith *rhag-ddarpariad*, / Rwystro'th Fâb i drin ei alwad. **1704** *CDGT* 57, Y mae llawer o Gynnorthwyau i'r pwrpas hyn mewn amryw Lyfrau; eithr rhag ofn na ddaeth yr un ohonynt i'ch dwylo chwi: tybiais yn gymwys wneuthur y provisiwn neu'r *Rhagddarpariad* hyn i chwi wrtho ei hun. **1710** *CBGEL* 44, y mae *Rhag ddarpariad* wedi ei wneuthur yr awrhon, y derbynnir gwir Ufudd-dod o'r galon. **1746** T. RICHARDS: *CER* 52, trwy ganniattau iw hoff Anwyliaid Lythyrau o *Ragddarpariad*, trwy ba rai yr enwid hwynt i ddyfod ar [ô]l y Gwr enwedigol hwn neu hwn. **1803** *P.*

rhagddarpariaeth, rhagddarparaeth [bôn y f. *rhagddarparaf*: *rhagddarparu* a *rhagddarpar*[1]+*-(i)aeth*] *eb.g.* ll. *-au.* Darpariaeth neu baratoad (ymlaen llaw); rhagluniaeth (ddwyfol); cyflenwad (o fwyd, &c.): *provision or preparation* (*beforehand*); (*divine*) *providence*; *provision or supply* (*of food, &c.*).

1606 E. JAMES: *Hom* ii. 206, gan gyfaddef *rhagddarparaeth* Duw. **1759** W. WILLIAMS: *SFf* 40, Gwybodaeth a chydsynniad ynt *Rhagddarpariaeth* at Gymhwysiad.

rhagddarparol [*rhagddarpar*[1]+*-ol*] *a.* Rhagbaratoawl, paratoadol: *preparatory.*

1651 SIÔN TREREDYN: *MDD* 166, y dechreuadau *rhagddarparol* hynny o edifeirwch. **1717** IACO AB DEWI: *MN* 114, rhyw Ddyledswyddeu . . . *rhagddarparol.* **1780** *W* d.g. *Preparative, or preparatory.* **1803** *P* d.g. *Rhagzarparawl.*

rhagddarparwch [*rhagddarpar*[1]+*-wch*[1]] *eg.* Darpariaeth neu baratoad (ymlaen llaw); rhagluniaeth (ddwyfol): *provision or preparation* (*beforehand*); (*divine*) *providence.*

1599 (1677) R. HOLLAND: *AB* 84, ymaros a gorphwys ar ei *ragddarparwch* ef am bethau perthynol i'r bywyd hwn. *id.* 87, dangos a dyscu i ni, fod *rhagddarparwch* Duw trosom ni yn enwedig ac yn neulltuol. **1630** *YDd* 112, dechrau maent hwy ammeu *rhagddarparwch* Duw a'i gyfiawnder. **1675** R. JONES: *HCh* 60, nid ydynt [adar y nefoedd] yn arfer y moddion o *ragddarparwch* ac y mae dynion. **1677** R. JONES: *BB* 67, Gwna ef [gwaith] gyda phob *rhagddarparwch* a Darbodaeth angenrheidiol. **1682** R. LLWYD: *LlH* 489, Rhagddarbodaeth, *rhagddarparwch.* **1716** IACO AB DEWI: *PTE* 16, rhag i'r Terfynnedigion Hiliogaeth hynny ddibennu, megis y darfu iddynt yn wîr yn y Brenîn a'r Frenhines ddiweddar, gan eu meirw yn ddi Blant, y brenin a'r Parliament a wnaeth *Ragddarparwch* ym mhellach i gadw 'r Goron yn yr Hiliogaeth Brotestanneidd. **1803** *P.*

rhagddatganaf: rhagddatgan [*rhag-*+*datganaf*: *datgan*] *ba.* Rhagfynegi, darogan: *to foretell, prophesy.*

1803 *P* d.g. *Rhagzadgan.*

rhagddatguddiad [*rhag-*+*datguddiad*] *eg.* Datguddiad neu ddadleniad (ymlaen llaw): (*prior*) *revelation.*

1768 J. THOMAS: *NSGG* 23, Lle caed neillduol *rag-ddatguddiad* / O ogoniant nattur dyn.

rhagddawd, gw. **rhagddod.**

rhagddeall[1], **rhagddyall** [*rhag-*+*deall, dyall*] *eg.* Rhagluniaeth (ddwyfol); (geir.) rhagwybodaeth, rhagweledigaeth: (*divine*) *providence*; (*dict.*) *foreknowledge.*

1567 *TN* 213a, a' bot gwneythyr llawer o bethe gwiw, ir genedl hon drwy dy *racddyall* [:– rrac ddarpar] di. **1632** *D, Rhagddeall*, rhagwybodaeth d.g. *Præscientia.* **1803** *P.*

rhagddeallaf: rhagddeall[2] [*rhag-*+*deallaf*: *deall*] *ba.* Deall, amgyffred, neu wybod ymlaen llaw: *to understand or know beforehand.*

1604–7 *TW* (*Pen* 228), *rhagdheualh* peth cyn ei dhyuot y benn d.g. *præscientia.* **1770** *W* d.g. *To be aware, To perceive before-hand.*

rhagddealltwriaeth [*rhag-*+*dealltwriaeth*] *eg.* Dealltwriaeth neu amgyffrediad ymlaen llaw, rhagwybodaeth: *prior understanding, foreknowledge.*

1711 M. MAURICE: *YAD* 64, trwy *ragddealldwriaeth* neu ragwybodaeth.

rhagddeddf [*rhag-*+*deddf*] *eb.* Is-ddeddf; ?deddf eilradd: *by-law*; ?*secondary law.*

1766 *GDTD* 41, [y] Brif-ddeddf, fawr wreiddiol; sef, Duw ei hun . . . Y *Rhag-ddeddf* yn deilliaw oddiwrth, a chwedi cael ei gosod allan yn ol y patrwn dwyfol hwnnw: y ddeddf ysgrifenedig, y Deng gair yw hon . . . Y mae y *rhag-ddeddf* wedi ei rhoi o'r nefoedd, fel rheol i saint i rodio yn ei hol.

rhagddelw [*rhag-*+*delw*] *eb.* ll. *-au.* Person neu beth sy'n rhagddangos neu'n rhagddarlunio, cysgod, teip; cynddelw, model: *person who, or thing which, foreshows or prefigures, figure, type; prototype, model.*

1630 *YDd* 29, i ddwyn . . . ynom *ragddelw* (*image*) neu gyffelybiaeth o'i ddoethineb. **1760** E. WILLIAMS: *UYB* 157, Yn yr hên Destament mae gennym ensampl neu *rag-ddelw* o hyn, lle cafodd pob llwyth ei ran-dir ei hun trwy goelbren. **1775** E. GRIFFITHS: *GF* iv, Adda . . . oedd Gysgod neu *Rag-ddelw* (*type or figure*) Iesu Grist, yr ail Adda. *id.* 8, yn *rhag-ddelw* o Grist yr Aberth mawr. **1794** J. WILLIAMS: *AGDd* 52, y maent [yr Ysgrythurau] gwedi diflannu a throi yn rhyw *ragddelw* farw ddiffrwyth o foesoldeb. **1803** *P, Rhagzelw*, s. f.—pl. t. *au* . . . A prototype, a model.

rhagddelwaf: rhagddelwi [bf. o'r e. *rhagddelw*] *ba.* Rhagddangos, cysgodi, rhagddarlunio: *to foreshow, foreshadow, prefigure.*

1632 *D* d.g. *Præfiguro.* **1696** *GGTY* xxxiv, nad yw babanod . . . yn gyfrannogion o'r pethau hynny a *rhagddelwyd* mewn bedydd (*prefigured in Baptism*). **1722** *Llst* 189, *Rhagddelwi.* To prefigure, tipifie. **1773** *W, rhagddelwi*'n gysgodol d.g. *To prefigurate, or prefigure.* **1803** *P.*

rhagdderbyniad [*rhag-*+*derbyniad*[1]] *eg.* ll. *-au.* Rhagddisgwyliad, disgwyliad; (geir.) rhagdybiaeth; *Rhet.* dull ymadrodd lle rhagdybir gwrthwynebiadau a'u hateb, rhagflaeniad: *anticipation, expectation*; (*dict.*) *presumption*; *prolepsis* (*in rhetoric*).

1632 *D* d.g. *Præsumptio, Prolepsis.* **1768** *Cyf W* [2], Pa *Rag-dderbyniadau* (*anticipations*) bynnag o'r Nefoedd sydd ymma ar y Ddaiar. **1780** *W* d.g. *Presumption* [*a supposition* . . .], *Prolepsis.* **1803** *P, Rhagzerbyniad*, s. m. . . . A receiving beforehand.

rhagdderbyniaf, rhagdderbynnaf: rhagdderbyn [*rhag-*+*derbyniaf*: *derbyn*] *ba.* Derbyn neu gael ymlaen llaw: *to receive beforehand.*

1711 L. EVANS: *LIW* [12], Eilwaith, nid oes gan yr Scrythur honno yn Heb. 13. 17. ddim Terfŷn wedi ei osod arni, trwy ba un yr Attalir yr Ufudd-dod a Orchymynnir ynddi, yn unig i'r cyfryw Bethau a *ragdderbynwyd* gan Grist a'i Apostolion. **1803** *P, Rhagzerbyn* . . . To receive beforehand.

rhagddeuaf: rhagddyfod [*rhag-*+*deuaf*: *dyfod*] *bg.* Dyfod o flaen neu ymlaen llaw: *to come before or beforehand.*

1632 *D* d.g. *Antevenio.* Cf. T. H. PARRY-WILLIAMS: *O* 26, Wrth ddyfod cyn eu tro fel hyn y mae'r profiadau miniog . . . yn rhoddi cyfle i ddyn gael ei draed dano . . . Wrth *rag-ddyfod* ffurfir byffer o ryw fath.

rhagddewiniaf: rhagddewinio [*rhag-*+*dewiniaf*: *dewinio*] *bg.a.* Rhagfynegi'r

dyfodol trwy foddion goruwchnaturiol, darogan, rhag-ddweud, brudio, proffwydo: *to divine, predict, prognosticate, vaticinate, prophesy.*
1604–7 *TW* (*Pen* 228) d.g. *prædiuino.* **1632** *D* d.g. *Præsagio.* **1770** *W* d.g. *To bode* [*presage, or prognosticate*], *To divine* [*foretel or forebode . . .*], *To portend, To prognosticate.* **1789** M. WILLIAMS: *BM* 33, wrth yr un gelfyddyd yn pretendo rhag-fynegu da[ear]grynfaoedd . . . mae'n ddiammeu nad oedd [eu] gwybodaeth ddim chwaneg na rhyw sywedyddawl farned[i]gaeth . . . i *ragddewinio* amryw bethau eraill.

rhagddewisaf: rhagddewis [*rhag-* + *dewisaf*: *dewis*] *ba.* Dewis ymlaen llaw, rhagethol; ffafrio: *to choose beforehand, preselect, pre-elect; prefer, favour.*
13g. *Llst* 1, 30a, kanys pellav y vrth yavnder agwyryoned a gwnaeth [*sic*] a *rac dewyssav* crevlonder. **1769** *DRh* 61, wedi eu *rhag-ddewis*, arfaethu, ac appwyntio i fywyd tragywyddol. **1780** *W* d.g. *To pre-elect* [*choose before-hand*]. **1803** *P*, *Rhagzewis* . . . To choose before.

rhagddewisiad [bôn y f. *rhagddewisaf*: *rhagddewis* + *-iad*[1]] *eg.* ?Blaenoriaeth; (geir.) dewisiad ymlaen llaw, rhagetholiad: ?*preference*; (*dict.*) *a choosing beforehand, preselection, pre-election.*
1780 *W* d.g. *pre-election.* **1803** *P*, *Rhagzewisiad*, s. m. . . . Pre-election.

rhagddiacon [*rhag-* + *diacon*] *eg.* ll. *-iaid.* Is-ddiacon: *sub-deacon.*
1718 (1721) S. THOMAS: *HB* 106, efe [offeiriad] . . . a'i Ddiacon a'i *Rag Ddiacon* a a'nt [*sic*] i fynnu [*sic*] i'r Gangell. *c.* **1762–79** W. WILLIAMS: *P* 487, a diaconiaid eilwaith, a *rhag ddiaconiaid* i ddarllen yr epistol a'r efengyl.

rhagddiffiniedig [*rhag-* + *diffiniedig*] *a.* Wedi ei ddiffinio neu ei benderfynu ymlaen llaw: *predefined, predetermined.*
20g.

rhagddiffynwaith [*rhag-* + bôn y f. *diffynnaf*: *diffyn* + *gwaith*[1]] *eg.* Gwrthglawdd neu wrthfur allanol: *outer fortification.*
1838.

rhagddinas [*rhag-* + *dinas*] *eb.* Maestref, rhan o ddinas y tu allan i'r muriau: *suburb, part of a city outside the walls.*
1604–7 *TW* (*Pen* 228) d.g. *propolis, Suburbia.* **1722** *Llst* 189, *Rhagddinas.* f. Suburbs. **1794** *W* d.g. *Suburbs, sing. suburb* [*that part of a city, or town, that lieth without the walls*].

rhagddiogeliad [*rhag-* + *diogeliad*] *eg.* Yswiriant: *insurance.*
1803 *P*, *Rhagziogeliad*, s. m. . . . A securing beforehand.

rhagddirnadaf: rhagddirnad(u) [*rhag-* + *dirnadaf*: *dirnad(u)*] *bg.a.* Dirnad, amgyffred, neu ganfod ymlaen llaw, rhagddeall; ?bwrw amcan am: *to comprehend or perceive beforehand;* ?*conjecture.*
1716 E. SAMUEL: *GGG* 136, [yr] oeddynt [atebion oraclau] yn gyfryw ag y gellid eu *rhag-ddirnad* (*perceived beforehand*) trwy Achosion naturiol. **1803** *P*, *Rhagzirnadu* . . . To presurmise.

rhagddisgwyliad [bôn y f. *rhagddisgwyliaf*: *rhagddisgwyl* + *-iad*[1]] *eg.* ll. *-iau.* Disgwyliad (ymlaen llaw), edrychiad ymlaen, gobaith: (*prior*) *expectation, anticipation, hope.*
1839.

rhagddisgwyliaf: rhagddisgwyl: [*rhag-* + *disgwyliaf*: *disgwyl*] *bg.a.* Disgwyl (ymlaen llaw), edrych ymlaen (at): *to expect* (*beforehand*), *anticipate.*
1839.

rhagddod [bôn y f. *rhagddodaf*: *rhagddodi*] *eg.* (bach. *-yn*, ll. *-nod*) ll. *-au.* *Gram.* Rhagddodiad; arddodiad; rhagymadrodd, rhagair: *prefix* (*in gram.*); *preposition; introduction, preface.*
1780 *W*, *rhagddod* d.g. *Prefix* [*some particle put before a word in composition*], *Preposition, in Grammar* [*one of the 8 parts of speech*]. **1803** *P*, *Rhagzawd* [*sic*], s. m.—pl. *rhagzodau* . . . A prefix.

rhagddodaf: rhagddodi [*rhag-* + *dodaf*: *dodi*] *ba.* Gosod o flaen neu ar ddechrau (gair, llyfr, &c.), blaenddodi: *to place before or at the beginning of* (*a word, book, &c.*), *prefix.*
16–17g. *B* viii. 113, Mathusalem . . . a genhedlodd Lamech . . . a laddodd nebun wr ieuanc ac etto ni ddangossir pa vn oedd enw yr laddedic. Yr hynn y mae y rhai doeth yn tybiaid ei fod gwedi eu [*sic*] *ragddodi* i arwyddocau rhyw gyfrinach. [**1783**] *W* d.g. *To set before.* **1803** *P*, *Rhagzodi* . . . To prepose.

rhagddodiad [bôn y f. *rhagddodaf*: *rhagddodi* + *-iad*[1]; ansicr yw ystyr dfn. 1727] *eg.* ll. *-ddodiaid, -ddodiadau.* *Gram.* Elfen a chwanegir ar ddechrau gair i oleddfu ei ystyr, e.e. 'ad-', 'cyd-', 'go-', 'hy-'; arddodiad: *prefix* (*in gram.*); *preposition.*
p. **1584** G. ROBERT: *GC* [96], rhagferf, cyssy[ll]tiad, *rhagddodiad.* **1604–7** *TW* (*Pen* 228) d.g. *præpositio. id. rhagdhodiadæ* d.g. *præuerbia.* **1725** *SR* d.g. *Preposition.* **1727** J. JONES: *DFF* [xiii], i bob Cymro . . . ddiwygio ac nid digio lle bynnag y gwelo ef . . . Fod *Rhagddodiad* deuair wedi ei chydio [*sic*]. **1780** *W* d.g. *Preposition, in Grammar* [*one of the 8 parts of speech*]. **1803** *P.*

rhagddodyn, gw. **rhagddod.**

rhagddoedaf: rhagddoedyd, rhagddoededig, rhagddoediad, rhagddoedwr, gw. **rhagddywedaf: rhagddywedyd, rhagddywededig, rhagddywediad, rhagddywedwr.**

rhagddor [*rhag-* + *dôr*] *eb.* (bach. *-ig*) ll. *-au.* Drws allanol, drws ffrynt, rhagddrws; gorddrws, hanner isaf drws dau hanner, agorfa i fwrdd llong neu mewn drws mwy, &c., hatsh, caead; hefyd yn *ffig.*: *outer door, front door, wicket; hatch, lower half of a divided door, cover; also fig.*
13g. *A* 29. 12, esgor eidin *rac dor.* *c.* **1400** *R* 1341. 39, breint *racdor* yorpegor pyc. **1604–7** *TW* (*Pen* 228), *rhagdhor* d.g. *Foricula.* *Dchr.* **17g.** *J* 10, *Rhagddorig.* foricula. **1632** *D*, *Rhagddor*, Ostiolum. *id.* d.g. *Prothyrum.* **17g.** *Brog* 6, 111, prynwch ddüsg prennwch i ddor / rhagddynt, lle ni bo *rhagddor.* **17g.** HUW MORUS: *EC* ii. 157, A'th wefusau hynod, *rhag-ddorau* dy dafod. **1688** *TJ*, Gorddor, drws bychan, *Rhagddor*: a Hatch, or little Door, a Postern. [**1693**] *Cylchg LlGC* xvii. 188, And Wicket is put for *Rhagddôr.* **1772** *W* d.g. *Door, A fore-door, Hatch* [*a short or half door*]. **1797** J. HARRIS: *Alm* 25, fe ddigwyddodd i'r Pedler osod *rhagddor* ar ei ddrws. **1798** M. JONES: *DG* 34, nis cawsom achos i wasgu lawr ein *rhagddorau* (hatches). **1803** *P*, *Rhagzor*, s. f.—pl. t. *au* . . . A fore-door; a wicket; a half-door. *id.* d.g. *Rhagzorig.* Ar lafar yn Arfon yn y ff. *rhagddor, rhagrodd*, 'the outer door in old-fashioned cottages, half the height of the inner door', 'Cau'r *rhagrodd* 'na rhag i'r mochyn ddŵad i'r tŷ'; 'either half of a door divided horizontally' '*rhagrodd* ucha', *rhagrodd* isa'', *WVBD* 457; hefyd ym Meir., '*rhagddor*, darn isaf o ddrws deuddarn (e.e. mewn beudy neu ystabl)', *B* xiv. 293.

rhagddrws [*rhag-* + *drws*] *eg.* ll. *-ddrysau.* Drws allanol, drws ffrynt, rhagddor; porth, cyntedd, mynedfa, portsh; gorddrws, hanner isaf drws dau hanner, hatsh, caead: *outer door, front door, wicket; lobby, vestibule, entry, porch; hatch, lower half of a divided door, cover.*
1547 *WS*, ports *Racddrws* A portche. **1604–7** *TW* (*Pen* 228) d.g. *Aditus, Atriolum, Cauædium, porticus, Vestibulum.* **1617** *Minsheu* 532a d.g. *a Wicket.* **1772** *W* d.g. *Door, A little door, A fore-door, Entrance* [*a going in . . .*], *Hatch* [*a short or half door*]. **1797** J. HARRIS: *Alm* 26, ag ef yn sefyll o'r tu ol i'r counter yn y siop . . . yn syllu trwy ei lygaid-wydr ar y *rhagddrws* newydd. **1803** *P*, *Rhagzrws*, s. m.—pl. *rhagzrysau* . . . A fore-door; a wicket; a half-door. Ar lafar yn nwyrain Morg. yn yr ystyr 'hanner drws sydd yn llanw'r hanner gwaelod', ''Odd *racddrws* yn bob un o'r tai 'no es llawar dydd'; hefyd yn y ff. (*r*)*actrws*, *GTN* 3, 674, ac *acrws.*

rhagdduw [*rhag-* + *duw*[1]] *eg.* ll. *-iau.* Duw cyntefig, duw cynnar, isdduw; ?duw amddiffynnol: *primitive god, proto-god, demigod;* ?*protecting deity.*
1606 E. JAMES: *Hom* ii. 93, Dij presides, *rhagdduwiau* [:– Goruwch-dduwiau] y delwaddolaidd Genhedloedd. *c.* **1762–79** W. WILLIAMS: *P* 22, Nid ynt yn rhoi un addolaid [*sic*] i'r Duw pennaf hwn, ond i amrywiol o *rag dduwiau.* *id.* 42, Brenhin pa un sydd yn cael ei ofni a'i anrhydeddu fel *rhag-dduw*, gan ei holl ddeiliaid. *id.* 63, uwch ben pob porth yr oedd pedair delw o ryw *rag-dduwiau.* *id.* 78, A oedd un *rhag-dduw* ganthynt ond yr Haul i'w addoli. **1766** *Cylchg LlGC* (1943) (At) 22, ar Gwerinos truain yn tybied eu bod hwy yn gywir genadon tros Dduw neu ryw *rag Dduwiau.*

rhagddyall, gw. **rhagddeall**[1].

rhagddychymyg [*rhag-* + *dychymyg*[1]] *eg.b.* ll. *-ion.* Rhagdybiaeth: *presupposition.*
1780 *W* d.g. *Presupposal* [*a supposal formed beforehand*]. **1803** *P*, *Rhagzycymyg*, s. f.—pl. t. *-ion* . . . A prior device or invention; a presupposal.

rhagddyddiaf: rhagddyddio [*rhag-* + *dyddiaf*: *dyddio*] *bg.a.* Bod neu ddigwydd yn gynharach na, dyddio (dogfen, llythyr, &c.) yn gynharach na'r gwir ddyddiad: *to predate, antedate.*
1770 *W* d.g. *To antedate.* **1803** *P*, *Rhagzyddiaw* . . . To antidate.

rhagddyfalaf: rhagddyfalu [*rhag-* + *dyfalaf*: *dyfalu*] *bg.a.* Dyfalu, bwrw amcan, neu ddychmygu (ymlaen llaw): *to conjecture or imagine* (*beforehand*).
1803 *P.*

rhagddyfaliad [bôn y f. *rhagddyfalaf*: *rhagddyfalu* + *-iad*[1]] *eg.* Y weithred o ddyfalu, bwrw amcan, neu ddychmygu (ymlaen llaw): *a conjecturing or imagining* (*beforehand*).
1803 *P.*

rhagddygaf: rhag-ddwyn [*rhag-* + *dygaf*: *dwyn*] *ba.* Ffafrio, cyfrif yn well na; (geir.) dwyn o flaen: *to favour, prefer;* (*dict.*) *carry before.*
1604–7 *TW* (*Pen* 228) d.g. *præfero.* **1771** *W* d.g. *To carry before.*

rhagddygiad [bôn y f. *rhagddygaf*: *rhagddwyn* + *-iad*[1], a *rhag-* + *dygiad*[1]] *eg.* *Gram.* Hepgoriad sain, llythyren, neu sillaf ar ddechrau gair, sillgolliad ar ddechrau gair, blaendoriad, blaendrwch; dygiad ynghynt neu ymlaen llaw: *aphesis, aphæresis; a bringing previously or beforehand.*
1552 W. SALESBURY: *Gw* 294, Aphæresis, *racddygiat*, id pan dynner ymaith ddarn or pen kyntaf ei [*sic*] air. Llythyren val hyn, 'sef tros ys sef. Sillaf val hyn, trewy tros dystrewy. **1604–7** *TW* (*Pen* 228) d.g. *Aphæresis.*

rhagddysgaf: rhagddysgu [*rhag-* + *dysgaf*: *dysgu*] *bg.a.* Dysgu (person neu beth) ymlaen llaw: *to teach or learn beforehand.*
1604–7 *TW* (*Pen* 228) d.g. *prædisco.* **1620** *Math* xiv. 8, hithau wedi ei *rhag-ddyscu* gan ei mam. **1775** *W* d.g. *To learn before.* **1803** *P.*

rhagddysgedig [*rhag-* + *dysgedig*] *a.* ?Rhagfwriadol: *premeditated.*
13g. *BD* 135, canys yn gyweir *racdysgedic* (*cum premeditatione*) y dothoed y Brytannyeit am eu pen ac vynteu yn amparavt andysgedic dirybud.

rhagddywedaf: rhagddywedyd, rhagddweud [*rhag-* + *dywedaf*: *dywedyd, dweud*] *bg.a.* Rhagfynegi, darogan, brudio, proffwydo; dweud neu grybwyll ynghynt neu ymlaen llaw: *to predict, foretell, prognosticate, vaticinate, prophesy; say or mention previously or beforehand.*
14g. *BT* (*R*) 124, Maredud uab Ryderch yr hwnn a *rac dywedessam* ni vry. *c.* **1400** *RB* ii. 11, Hi adechreuis deuinyaw adywedut. adywawt ar gof yrhynn *aracdywedassei.* **1551** W. SALESBURY: *KLl* lxxiiia–b, [y]r yscrythur yma yr hona [*sic*] *rac ddywedawdd* yr yspryt glan. **1567** *TN* 3[71]b, cofiwch y gairieu y *ragddywetpwyt* y gan Apostolieit Iesu Christ. **1618** J. SALISBURY: *EH* 34, ef . . . a *ragddywedodd* i'w Ddyscyblion, fod yr Iddewon yn ceisio ei hoedl ef. *id.* 143, *rhagddywedyd* petheu damweiniol a'r [*sic*] ddyfod. **1632** *D* d.g. *Antedico, Prædico, Præsagio.* **1672** J. LANGFORD: *HDdD* [xv], gwaith Prophwyd gynt oedd nid yn unic *rhagddywedyd*, ond Dyscu hefyd. **1677** C. EDWARDS: *FfDd* 15, Darfu ir pendefigion y *ragddywedpwyd* ymddwyn yn rasol mewn profedigaeth a goruchafieth. **1769** J. GRIFFITH: *A* 200, Mewn trefn i arwain i mewn atteb cymmwys i'r cwestiwn hwn, bydd yn angenrheidiol i *ragddywedyd* dau neu dri pheth. **1774** IG: *AF* 94, nad oes unrhyw awdurdod . . . ond eiddo Iesu Grist, fel y *rhag-ddywedwyd.* **1793** DAFYDD IONAWR: *CD* 232, Can 's hon yw 'r Ddinas lon lwyd, / Dda odiaeth, a *ragdd'wedwyd.*
Amr.: **rhagddoedyd** [*rhag-* + *doedaf*: *doedyd*]. **1551** W. SALESBURY: *KLl* lxib, am pa [b]etheu y *rac ddoedaf* ywch, megys ac y *rac ddoedais.* **1567** *TN* 361b, y geiriau, a *racddoydasant* y prophwydi.
Cfn.: **rhagddywedyd am** [ar ddelw'r S. (*to*) *speak*

for 'to order']: *to order (goods)*. **1772** D. ROWLAND: *TPEN* [ii], Mor anghyffredin oedd galwad y wlad amdanynt [llyfrau], fel y *rhagddywedwyd am* filoedd o honynt mewn ychydig o amser.

rhagddywededig [bôn y f. *rhagddywedaf*: *rhagddywedyd+-edig*] *a.bfl.* ll. *-ion*, a hefyd fel *eg.* Y cyfeiriwyd ato eisoes, dywededig, rhag-grybwylledig; wedi ei ddarogan: *previously referred to, aforementioned, aforesaid; foretold.*

13g. *BD* 80, y *racdywededigyon* elynyon uchot a foassynt Ywerdon. **14g.** *LlB* 51, gwnaet ymdanaw yn y *racdywededic* vod. *id.* 87, megys y mae *racdywededic* kyn no hyn. **14g.** *YBH* 58b, ac erchi idaẃ anuon attaẃ y da *racdywededic*. *c.* **1400** *RB* ii. 166, gofyn idaẃ gyghor am y*rac dyẃededigyon* weithredoed a vynnei y brenhin y wneuthur [*sic*]. **1567** *LlGG* [x], Prouider hefyt, ac inacter trwy'r auturtat *racddywededic*. **1604–7** *TW* (*Pen* 228), *rhagdhywededic*, wedy brophwyto d.g. *prædictus*. **1661** E. LEWIS: *Drex* 150, fe a ddygwyd o flaen y *rhag-ddywededig* Isaac. **1733** J. OWEN: *TBG* 27, Pe buasech chwi byw ar yr amserau *rhagddywededig*. [**1740**] L. ANWYL: *MW* 42, er mwyn cyrrhaeddyd y diben *rhagddywededig*. **1792** GW. MECHAIN: *Gw* ii. 146, Wedi y gyflafan *ragddywededig* ym Mangor. **1803** *P*.

Fel *e.* Person neu beth y cyfeiriwyd ato eisoes, (y) rhag-grybwylledig: *aforementioned person or thing, (the) aforesaid.*

13g. *HGK* 3, A bit honneit ry gerdet ar vor o dri broder y *racdywededic* hvnnv. *c.* **1400** *RB* ii. 238, pan yttoed y *racdyẃedic* creulaẃn h̃onnẃ yn kyrchu bangor.

Amr.: **rhagddoededig** [bôn y f. *rhagddoedaf*: *rhagddoedyd+-edig*]. **1567** *TN* [xxxii]. **1595** H. LEWYS: *PA* 37.

Gw. hefyd **rhagwededig.**

rhagddywediad [bôn y f. *rhagddywedaf*: *rhagddywedyd+-iad*[1]] *eg.* ll. *-au.* Rhagfynegiad, daroganiad, proffwydoliaeth; rhagair, rhagymadrodd, cyflwyniad; crybwylliad neu sôn (blaenorol): *prediction, prognostication, prophesy, forecast; preface, introduction; (previous) reference or mention.*

1567 G. ROBERT: *GC* 1, Y Prylog Ne'r *Rhagddoediad*. **1604–7** *TW* (*Pen* 228), *rhagdhywediat* d.g. *Vaticinatio*. **1606** E. JAMES: *Hom* ii. 26, adrodd yr vn gairiau dair gwaith neu bedair, cyn ei ddyfod ef at y peth y mae ef yn enwedig yn eu rhybyddio hwy am dano, megis mewn *rhag-ddywediad* (*preface*). *id.* 277, Mae S. Cyprian yn dywedyd fod yr offeiriad yn darparu meddyliau y brodyr â *rhag-ddywediad/au* ymlaen y weddi, gan ddywedyd derchefwch eich calonnau. **1618** J. SALISBURY: *EH* 253, Y Præfas, neu'r *rhagddywediad*. **1632** *D* d.g. *Omen, Prædictio, Præfatio*. **1688** W. FOULKES: *EGE* 40, yn ôl dy *ragddywediadau* didwyll dy hûn. **1765** J. POPKIN: *Ll* 59, a'i *ragddywediad* y byddai iw [*sic*] Efengyl ef gael ei chasau. **1781** M. WILLIAMS: *BM* 32, *Rhagddywediad* am y Tywydd oddi wrth Bethau naturiol. **1795** J. HARRIS: *Alm* 6, i brofi y daw eich *rhag-ddywediadau* i ben. **1803** *P*.

Amr.: **rhagddoediad** [bôn y f. *rhagddoedaf*: *rhagddoedyd+-iad*[1]]. **1567** G. ROBERT: *GC* 1. **1595** M. KYFFIN: *DFf* [vii]. **1609** R. SMYTH: *CAC* 35, 52.

rhagddywedol [bôn y f. *rhagddywedaf*: *rhagddywedyd+-ol*] *a.* Rhagddywededig, dywededig, rhag-grybwylledig: *aforementioned, aforesaid.*

1794 E. JONES: *CP* 65, A'r *rhagddywedol* ustusiaid. *id.* 72–3, y *rhagddywedol* lyfr a gedwir gan y wardeiniaid a'r overseers. **1803** *P*.

rhagddywedwr, rhagddywedydd [bôn y f. *rhagddywedaf*: *rhagddywedyd+-wr, -ydd*[3]] *eg.* ll. *-ddywedwyr.* Rhagfynegwr, daroganwr, proffwyd: *foreteller, prognosticator, prophet.*

c. **1762–79** W. WILLIAMS: *P* 144, Dewinwyr, Sywedyddion, a *Rhagddywedwyr* tynged.

Amr.: **rhagddoedwr** [bôn y f. *rhagddoedaf*: *rhagddoedyd+-wr*; tywyll yw'r ystyr yn yr engh. isod]. **1609** *Haf* 24, 372, Nid hwyrach y cyhuddi gerdd yn *rhagddoedwr* y lateion.

rhagedrychaf: rhagedrych [*rhag-+edrychaf*: *edrych*] *ba.* Edrych neu archwilio ymlaen llaw; rhag-weld: *to look at or examine beforehand; foresee.*

1618 J. SALISBURY: *EH* 289, *rhag-edrych*, ag ystyrio'r peth a fo i'w wneuthur. **1803** *P, Rhagedryç* . . . To look before; to foresee.

rhagefangelaf: rhagefangelu, rhagefangyl, rhagefangylaf: rhagefangylu, gw. **rhagefengylaf: rhagefengylu, rhagefengyl, rhagefengylaf: rhagefengylu.**

rhagefengyl, rhagefangyl [*rhag-+efengyl, efangyl*] *eb.* Efengyl wreiddiol neu gyntefig, *protevangelium* (enw efengyl apocryffaidd): *proto-gospel, protevangelium.*

1704 E. SAMUEL: *BA* 218, Dywedir arno ysgrifennu Llyfr Gweddi Gyffredin, a llyfr arall a elwir *Rhag-Efangyl* St. Jaco.

rhagefengylaf, rhagefangylaf, rhagefangelaf: rhagefengylu, rhagefangylu, rhagefangelu [*rhag-+efengylaf*, &c.: *efengylu*, &c.] *bg.a.* Pregethu('r Efengyl) ymlaen llaw: *to preach (the Gospel) beforehand.*

1567 *TN* 280a, yr Scrythur . . . a *rac euangelawdd* (**1620** *Gal* iii. 8, a *rag-efangylodd*) i Abraham, gan ddywedyt, ynot-ti y bendithir yr oll Genetloedd. **1651** SIÔN TREREDYN: *MDD* 41, *rhagefangylodd* i Abraham. **1677** C. EDWARDS: *FfDd* 14–15, Adnewyddwyd y Cyfammod i Abraham, a *rhag-efangylwyd* yr efengyl iddo.

rhageglur [*rhag-+eglur*] *a.* Gloyw iawn, tra disglair neu amlwg, llachar, hefyd yn *ffig.*: *shining, very bright or clear, brilliant, also fig.*

1346 *LlA* 18, Ar seren *rac eglur* (*stella praeclara*). yẃ y pennaf or seint. Sef yẃ h̃onnẃ krist. *id.* 70, edrych ar adeiladeu *rac eglur*. *Diw.* **16g.** *LBS* iv. 418, Llawer oedd yn Gonphessoriod *rhageglür* kyfwlch yno.

rhagehediad [*rhag-+ehediad*[1]] *eg.* Gwibiad neu grwydrad (y dychymyg, &c.) ymlaen llaw: *prior flight (of fancy, &c.).*

1873.

rhageirlen [*rhagair+llen*] *eb.* ll. *-ni.* Rhaglen (y digwyddiadau, &c.): *programme (of events, &c.).*

1851.

rhageisteddiad [*rhag-+eisteddiad*[2]] *eg.* Swyddog a ddaliai draed y brenin (yn y cyfreithiau Cymreig), troediog: *king's footholder (in the Welsh laws).*

14g. *WML* 99, *Rac eistedyat* cantref nyt amgen y troedaẃc. **1730** *Leg Wall* 581, *Rhageisdeddjad* . . . Idem quod Troedjawg, i.e. Pedifer. **1753** *TR, Rhageisteddiad* Cantref, K.H. An officer who held the king's feet on his lap at banquets. **1803** *P*.

rhagenw, rhacenw [*rhag-+enw, henw*] *eg.* ll. *-au.*

(*a*) *Gram.* Un o'r rhannau ymadrodd, sef gair a ddefnyddir yn lle enw i gyfeirio at berson neu beth y cyfeiriwyd ato eisoes neu sydd yn hysbys o'r cyd-destun; terfyniad personol (arddodiad neu ferf rediadol): *pronoun; personal ending (of a conjugated preposition or verb).*

14g. *GP* 44, Rann arall ymadrawd ysyd a dodir weithyeu yn lle henw ac a . . . elwir *rachenw*. Sef yw *rakhenw*, pob peth o'r a arwydokao personolyaeth, neu vedyant, neu amouyn; personolyaeth, val y mae 'mi', 'ti', 'llall'; medyant, val y mae 'meu', 'teu', 'eidaw'; amouyn, val y mae 'pwy', 'pa beth'. Pedwar *rakhenw* ar hugeint ysyd. *ib.* Deu ryw *rakhenw* ysyd, odidawc, val y mae mi, ti, a chyfansodedic, val y mae 'mi hunan', 'ti hunan'. *Dchr.* **15g.** *B* ii. 190, Gyt a hynny ran ymadrawd arall yssyd a dodir dros henw a honno a elwir *rachenw*. *c.* **1455** *GP* 68, rrai [henwau] ysydd a grym *rraghenwav*, ac er hynny, henwav ynt. **15g.** *DN* 119, Y Pennyll o *rac henw* j gyd. / Ti, hwnnw, yntav, honno, / Ni, chwychwi, myfi, evô. *p.* **1584** G. ROBERT: *GC* [120], Beth yw *rhyaghenw* [*sic*]? . . . rhann o, madrodd, a'r ferir [*sic*], yn lle henw, wrth fanegi rhyw beth, ne gopha peth a ddarpho i grybwyll o'r blaen. *ib.* Pob *rhaghenw* yn y gymraeg sydd naill, ai cynglyn, yntau anghynglyn: cynglyn yw'rheini a fyddan ynglyn [w]rth i perthynas, i wneuthur un gair ill dau, mal: wrthyf wrthych, mae'r *rhaghenw*, wedi'roi ynghyd ag wrth, yr arddodiad. **1604–7** *TW* (*Pen* 228) d.g. *pronomen*. **1723** J. JONES: *LlA* 270, Efe a ŵyr fod Rhagorfreintiau 'r Cristion yn sefyll mewn *Rhagenwau* (*Pronouns*), a bod ei Ddyledswydd mewn Anoreiriau (*Adverbs*). **1803** *P*.

(*b*) Enw cyntaf, enw blaen, enw; ?cyfenw; tanysgrifiwr: *first name, fore-name, name; ?surname; subscriber.*

1591 *CM* 16, 143, mae defod . . . ym mhlith yr hereticciaid, i goluro ac i baentio ym mlaenllaw eu hadau coegion a'u gwenwynllyd ddiodydd, a *rhagenwau* (*names*), ac a thitlau meddeginiaeth arbennig. **1604–7** *TW* (*Pen* 228), *Rhaghenw* d.g. *prænomen* (hefyd *D*).

Cfn.: **rhagenw amhenodol:** *indefinite pronoun.* **1887. rhagenw amlygol:** *demonstrative pronoun.* **1808** R. DAVIES: *GC* 49, *Rhagenwau amlygol.* **rhagenw annherfynol:** *indefinite pronoun.* ?**1811 (1825). rhagenw annibynnol:** *independent pronoun.* **20g. rhagenw arddangosiadol:** *demonstrative pronoun.* **1854. rhagenw atblygol:** *reflexive pronoun.* **20g. rhagenw ategol:** *affixed pronoun.* **1923. rhagenw atodol = rhagenw ategol. 1818. rhagenw blaen:** *prefixed pronoun.* **20g. rhagenw cadarn:** *personal pronoun.* ?**1811 (1825). rhagenw cilyddol:** *reciprocal pronoun.* **20g. rhacenw coffedigol:** *relative pronoun. p.* **1584** G. ROBERT: *GC* [121]. **rhagenw cyfeiriadol:** *anaphoric pronoun.* **20g. rhacenw cynglyn:** *personal ending (of a conjugated preposition or verb). p.* **1584** G. ROBERT: *GC* [120]. **rhacenw cymerchennig:** *possessive pronoun together with an affixed pronoun. p.* **1584** G. ROBERT: *GC* [122]. **rhagenw dangos = rhagenw dangosol. 1595** M. KYFFIN: *DFf* [60]. **rhagenw dangosiadol = rhagenw dangosol. 1808** W. OWEN[-PUGHE]: *CIG* 27, Y *rhagenwau dangosiadawl* ynt . . . Unig. Hwn, g. Hon, b. Hyn, c. Lliossawg. Y rhai hyn, y rhai yma . **rhagenw (rhacenw) dangosol:** *demonstrative pronoun. p.* **1584** G. ROBERT: *GC* [121]. **rhagenw dibynnol:** *dependent pronoun.* **1933. rhagenw dwbl:** *reduplicated pronoun.* **1928. rhagenw dynweddiadol:** *personal pronoun.* **1808** W. OWEN[-PUGHE]: *CIG* 25, Y *rhagenwau dynweddiadawl*, sef â arwyddocâo ddyndawd, neu ddynoldeb, 'ynt . . . Cyntaf dyndawd unig. Mi, fi, i, ym . . . Cyntaf dyndawd lliossag. Ni. **rhagenw gofynnol:** *interrogative pronoun.* **1933. rhagenw goreiriol:** *infixed pronoun.* **1846. rhagenw gwan:** *pronoun other than a personal pronoun.* ?**1811 (1825). rhagenw holiadol:** *interrogative pronoun.* **1775** *W* d.g. *Interrogative, Subst.* [*in Grammar, a pronoun used in asking questions* . . .]. **rhagenw (rhacenw) meddiannol:** (i) *possessive pronoun.* **1567** G. ROBERT: *GC* 49. Cf. *GP* 108, y meddiannol rachenw. (ii) *infixed pronoun.* ?**1811 (1825). rhagenw mewnol:** *infixed pronoun.* **1923. rhagenw ôl:** *affixed pronoun.* **20g. rhacenw perchenogol:** *possessive pronoun. p.* **1584** G. ROBERT: *GC* [123]. **rhacenw perchenogol cyweithas:** *infixed possessive pronoun. p.* **1584** G. ROBERT: *GC* [130]. **rhagenw (rhacenw) personol:** *personal pronoun. p.* **1584** G. ROBERT: *GC* [121]. **1794** J. THOMAS: *AD* 6. **rhagenw perthynasol:** *relative pronoun, also in a wider sense.* **1808** W. OWEN[-PUGHE]: *CIG* 8, 26. **rhagenw perthynedigol = rhagenw perthynol.** [**1783**] *W* d.g. *Relative* . . . *A pronoun relative.* **rhagenw perthynol:** *relative pronoun.* **1803** *P* d.g. *Perthynawl.* **rhagenw proleptig:** *proleptic pronoun.* **20g. rhagenw tadog:** *primitive pronoun.* **1780** *W* d.g. *Primitive pronouns.* Gw. hefyd *tadog.* **rhagenw ymofynnol:** *interrogative pronoun.* ?**1811 (1825).**

rhagenwad [*rhag-+enwad*] *eg.* Rhagenw; (geir.) y weithred o enwi ymlaen llaw: *pronoun; (dict.) a naming beforehand.*

1605–10 *GP* 205, Wyth rann ymadrodd ysydd, enwad, *Rragenwad*. *ib. Rragenwad* sydd rann o ymadrodd gynhebig i enwad, ag sydd yn gwasneuthu i ddangos neu argofiaw petheu adroddedig rrag gorfod arfer yr enwad yn rry fynych. *ib.* Dau vath ar *Ragenwad* ysydd: (1) arddangossieid, (2) argofieid. **1780** *W* d.g. *Prenomination.* **1803** *P*.

rhagenwaf: rhagenwi [*rhag-+enwaf*: *enwi*] *ba.* Crybwyll ynghynt; (geir.) enwi neu grybwyll ymlaen llaw: *to mention previously; (dict.) name or mention beforehand.*

1728 T. BADDY: *DDG* 23, yr holl Leoedd Sanctaidd a *rhagenwyd*. **1780** *W* d.g. *To premise* [*lay down or mention before-hand*], *To prenominate* [*name before-hand*]. **1784** P. WILLIAMS: *YC* 18, y mae'n rhaid i weithred dda wrth y ddau beth a *rag-enwyd*. **1803** *P*.

rhagenwedig [bôn y f. *rhagenwaf*: *rhagenwi+-edig*] *a.bfl.* A enwyd eisoes, rhagddywededig, dywededig: *previously named, aforementioned, aforesaid.*

1763 R. THOMAS: *HR* 18, Ar y Gair *rhag-enwedig* y myfyriais, heb allu dywedyd pa beth iw wneuthur, yn neilltuol o'r gair (Ffŷdd). **18–19g.** *Iolo MSS* 290, [y] Syr Dafydd Hanmer *rhagenwedig* oedd Penn Ustus. **1803** *P, Rhagenwedig* . . . Before-named, forementioned.

rhagenwedigion [*rhagenwedig+-ion*] *e.ll.* Rhagosodiadau; (geir.) tai, tir, &c., a enwyd eisoes: *premisses; (dict.) premises, aforesaid houses, land, &c.*

1780 *W, rhag-enwedigion* d.g. *Premises or premisses, in Law* [*houses, lands, tenements, &c. mentioned before*].

rhagenwol [*rhagenw+-ol*] *a.* Yn perthyn i ragenw neu'n cymryd lle rhagenw; personol (am derfyniad); ac iddo derfyniad personol (am arddodiad); dywededig: *pronominal;*

personal (*of an ending*); *having a personal ending* (*of a preposition*); *aforementioned*.
1803 *P*, *Rhagenwawl* . . . Pronominal. **1808** W. OWEN[-PUGHE]: *CIG* 48, Y perwyddiaid cysefin, bod, oedd, mae, sy, sydd, á arferir . . . yn gynnorthwyolion, gyda neu heb arddodiad *rhagenwawl*: megys, 'bu dda iti beidiaw'. **1854** *Gardd Aberdar* 64, a'r *rhagenwol* Gymry dewrion, Meistri Thomas a Joseph.

rhagenwolion [*rhagenwol*+-*ion*] *e.ll.* (un. g. *rhagenwolyn*). *Gram.* Enwau neu ymadroddion rhagenwol: *pronominalia*.
20g.

rhagesampl, gw. **rhagesiampl.**

rhagesgob [*rhag*-+*esgob*] *eg.* ll. -*ion*. Esgob sy'n cynorthwyo esgob esgobaeth wrth ei gweinyddu, esgob esgobaeth sydd dan awdurdod metropolitan, swffragan: *suffragan* (*bishop*).
1858.

rhagesiampl, rhagesampl [*rhag*-+ *esiampl, esampl*] *eb.g.* Enghraifft flaenorol, cynsail: *prior example, precedent*.
1883.

rhagestynnaf, rhagystynnaf: rhagestyn, rhagystyn [*rhag*-+*estynnaf, ystynnaf*: *estyn, ystyn*] *ba.* Estyn, cyflwyno: *to hold out, present*.
1567 *TN* 294b, yn *racc estend* gair y bywyt. *Dchr.* **17g.** *J* 10, 12b, *Rhagystyn*. Prætendo.

rhagetholaf: rhagethol(i) [*rhag*-+*etholaf*: *ethol(i)*] *ba.* Dewis o flaen eraill; dewis neu ddethol ymlaen llaw; *Diwin.* rhagarfaethu: *to choose in preference to others*; *choose beforehand, pre-select*; *predestine* (*in theol.*).
Dchr. **15g.** *GM* 18, Duw a'e hetholes, ac o vlaen pawb a'e *racetholes*. *id.* 29, Duw a'e hetholes ac a'e *racetholes*. **1780** *W* d.g. *To pre-elect*. **1803** *P* d.g. *Rhagethol, Rhagetholi*.

rhagetholedig [bôn y f. *rhagetholaf*: *rhagethol*+-*edig*] *a.bfl.* ll. -*ion*. Wedi ei ddewis ymlaen llaw: *chosen beforehand*.
1551 W. SALESBURY: *KLl* xliia, Deo . . . ae dodes yym/ddangos [*sic*] . . . ir teston *racetholedigion* y can ddeo. **1803** *P*, *Rhagetholedig* . . . Fore-chosen.

rhagetholedigaeth [*rhag*-+*etholedigaeth*] *eb. Diwin.* Rhagarfaeth; (geir.) rhagetholiad: *predestination* (*in theol.*); (*dict.*) *pre-election*.
1780 *W* d.g. *Pre-election*. **1803** *P*.

rhagetholiad [*rhag*-+*etholiad*] *eg.* ll. -*au*. Etholiad neu ddewisiad ymlaen llaw; (yn UDA) etholiad rhagarweiniol i ddewis cynrychiolwyr ar gyfer cynhadledd un o'r pleidiau neu i ddewis ymgeiswyr ar gyfer etholiad, yn enw. yr un am arlywydd: *preelection*; *primary* (*election, in the USA*).
1780 *W* d.g. *Pre-election*. **1803** *P*.

rhagfaeliaeth [*rhag*-+*maeliaeth*] *eg.* Monopoli: *monopoly*.
1858.

rhagfanagaf: rhagfanegi, rhagfenegi, gw. **rhagfynegaf: rhagfynegi.**

rhagfarch [*rhag*-+*march*] *eg.* ll. -*feirch*. Ceffyl gwryw a anwyd ag un gaill neu wedi ei hanner ysbaddu, hefyd yn *ffig.*: *horse born with only one testicle, imperfectly castrated horse, ridgel, ridgeling, also fig.*
1848. Ar lafar yng Nghered. a sir Gaerf., hefyd yn yr ystyr 'ffrwyth paru ceffyl ac asyn' ac yn *ffig.* am 'berson nad yw'n wrywaidd nac yn hollol ferchetaidd chwaith'. Cf. *SE MS* 408a, *rhagfarch*, -*feirch*, s.m. a horse imperfectly castrated S.W. one that is neither a stallion nor a gelding.

rhagfarchog [*rhag*-+*marchog*[1]] *eg.* Postiliwn: *postilion*.
1780 *W* d.g. *Postilion*.

rhagfarchogwr [*rhag*-+*marchogwr*] *eg.* ll. -*wyr*. Postiliwn, rhagfarchog; un sy'n marchogaeth o flaen coetsh, &c.: *postilion*; *outrider*.
1722 *Llst* 189, *Rhagfarchogwr*. m. An avant-courier.

rhagfarn [*rhag*-+*barn*] *eb.g.* ll. -*au*. Barn wedi ei ffurfio ymlaen llaw (yn enw. un anffafriol ddi-sail), pleidgarwch, partïaeth: *prejudice, bias, partiality*.
1604 R. HOLLAND: *BD* 9, o gwelant hwy fod y rhesummau yn welh o'r tu aralh, idhynt (gan fwrw heibio pob *rhagfarn*) ymroi yn hedhuchlon a chydseinio . . . a nhwy. **1604–7** *TW* (*Pen* 228) d.g. *præjudicium*. **1620** 1 *Tim* v. 21, gadw o honot y pethau hyn heb *rag-farn*, heb wneuthur dim o gyd-bartiaeth. **1671** C. EDWARDS: *FfDd* 197, Dôd heibio *rag-farn*, dôs at yr scrythyrau i geisio gwybod ewyllys Duw, nid i godarnhâu [*sic*] dy ewyllys dy hun. **1675** R. DAVIES: *PY* 236, a chymmer oddiwrthynt bôb *rhagfarn*, ac ystyfnigrwydd. **1677** R. JONES: *BB* 107, hwy a wnaethant ffordd Duwioldeb yn gâs, ac a arfogasant drueiniaid yn ddigonol â *rhagfarn* ac a llyssiant. **1693** *HC* 42, A'r *rhagfarn* galed anghyfiawn ydoedd yn eu herbyn, a deflir allan o'r meddwl drwy oleuad rasol. **1709** H. POWEL: *G* 38, Rhaid i'n gan hynnu rhyddhau ein Meddyliau o nwydau drygionus, a *rhag farnau* anaddas. *c.* **1762–79** W. WILLIAMS: *P* 638, yr oedd cyndynrwydd, 'styfnigrwydd, a *rhagfarn* nid bychan yn perchennogi eu hysprydoedd. **1770** *TG* iv. 92, effaith *rhagfarn* poblogaidd ar feddyliau gweiniaid. **1793** *Cylchg* 82, fal dynion diduedd, wedi eu rhyddhau oddi wrth bob yspryd *rhagfarn*. **1803** *P*. Ar lafar, 'Ma siaw o 'en *ragfarna* mywn politics! 'Wi'n cofio'r Liberals yn llawn *ragfarn* yn erbyn y Lebyr', *GTN* 675.

rhagfarnaf: rhagfarnu [bf. o'r e. *rhagfarn* a *rhag*-+*barnaf*: *barnu*; ansicr yw *rac varnu*, *Pen* 192, 156 (gthg. *rhac barnû*, *B* xvi. 261)] *bg.a.* Barnu neu gondemnio (ymlaen llaw); (peri) bod yn rhagfarnllyd neu'n bleidiol; niweidio (achos, &c.); (geir.) darogan, rhagfynegi: *to prejudge, condemn* (*beforehand*); (*cause to*) *be prejudiced or biased*; *prejudice* (*cause, &c.*); (*dict.*) *foretell, predict*.
1604–7 *TW* (*Pen* 228) d.g. *præjudico*. **1632** *D* d.g. *Diuino*. *c.* **1658** R. VAUGHAN: *E* 262, yr hyn ni wasanaetha i ni fod yn rhy hy iw *ragfarnu*. **1672** R. PRICHARD: *Gw* 527, A'th gyhuddo, a'th *rag-farnu*, / A'th gondemno, a'th lwyr adu. **1677** R. JONES: *BB* 132, Oni bŷdd y diflassu Cyffredinol y sydd yn y byd ar Dduwioldeb, yn ddigon i beri iddynt *ragfarnu*, a gwyrdroi, heb dy gynnorthwyon di? **1696** *GGTY* 351, Nid oes dim rhesswm . . . y dylei drygioni y rhieni *ragfarnu* y plentyn (*prejudice the Children*). **1705** JO: *HS* 21, [C]adw o honot y pethau hyn heb *ragfarnu*, heb wneuthur dim o gŷd bartiaeth. **1725–6** *Madd Ed* 422, pe byddei iddo . . . trwy arfaeth echrydus, *ragfarnu* rhan fawr o Ddynolryw i boenau tragywyddol. **1777** E. ROBERTS: *DG* 3, bydd llawer yn *rhag farnu* arnaf, o achos henw y Llyfr yma sef Enterlut. **1777** W. WILLIAMS: *TEA* 8, hyn sydd yn peri iddynt na's condemnant, ac na's *rhagfarnant* neb arall. **1791** GW. MECHAIN: *Rh* 129, y naill yn *rhagfarnu* ffordd ymdaith y llall, gan farnu ei fod filldiroedd o'r iawn lwybr. **1803** *P*. Ar lafar, '*Ragfarnu* yw gwed 'ynny, waith 'all neb wpod ymlæn llaw', *GTN* 675.

rhagfarnedig [bôn y f. *rhagfarnaf*: *rhagfarnu*+-*edig*] *a.bfl.* Rhagfarnllyd; wedi ei farnu ymlaen llaw: *prejudiced*; *prejudged*.
1707 *GREE* [x], [g]wneud y Traethawd yma yn ddirmygus jawn yngolwg dynion *rhagfarnedig*, a chyndyn siaradus ac anystyriol. **1803** *P*, *Rhagvarnedig* . . . Prejudicate.

rhagfarnedigaeth [*rhagfarnedig*+-*aeth*] *eb.* Rhagfarn; y weithred o farnu ymlaen llaw: *prejudice*; *prejudgement*.
1803 *P*, *Rhagvarnedigaeth*, s. f. . . . Prejudication.

rhagfarniad [bôn y f. *rhagfarnaf*: *rhagfarnu*+-*iad*[1]] *eg.* ll. -*au*. Rhagfarn; y weithred o farnu ymlaen llaw: *prejudice*; *prejudgement*.
1701 J. WILLIAMS: *BG* 12, pa bêth bynnag a haero Balchder, *Rhagfarniad*, a Dadwrdd Gelynion Trefn Eglwysaidd. **1731** E. SAMUEL: *AE* 73, Er mwyn rhwystro pob cyfryw *ragfarniadau*, y rhai y mae pob mâth ar fywoliaeth afreolus yn gyffredinol yn ymgytgam â hwynt. **1773** *W* d.g. *A fore-judging, Prejudice* [*a judgment formed, or an opinion entertain'd, before due examination* . . .]. **1803** *P*, *Rhagvarniad*, s. m. —pl. t. *au* . . . A prejudging, a prejudication.

rhagfarnllyd [*rhagfarn*+-*llyd*] *a.* Ac iddo ragfarn(au), pleidiol; a nodweddir gan ragfarn(au), seiliedig ar ragfarn(au): *prejudiced, biased*; *characterized by, or based on, prejudice*.
1743 D. ROWLAND: *T* 19, Mi ddylwn fod yn gynnil yn yr hyn a dywedwyf yn yr Oes *ragfarnllyd* hon. **1769** *DRh* 31, pa fodd y gall ei elynion mwyaf *rhagfarnllyd* amddiffyn eu gwaith yn ei erbyn. **1770** P. WILLIAMS: *BS*, *Job* xxxii, Tawodd Elihu yn hir, eithr gorfu iddo lafaru o'r diwedd, ond nid mor *rhagfarnllyd* a'r cyfeillion eraill. **1793** TOMOS GLYN COTHI: *GG* [ii], Mi allwn feddwl fod hyd yn oed yn amhosibl i'r dyn mwyaf *rhagfarnllyd* ei ddarl[ll]ain . . . heb dderbyn rhyw argraphiadau ffafriol am yr awdwr. **1793** T. JONES: *SD* 10, yspryd dadleugar, hunanol, neu *ragfarnllyd*. **1795–6** *Trys Gym* 78, Wrth ddyn *rhagfarnllyd* yr wyf yn meddwl dyn cyfyng, cyndyn, gwrthnysig yn ei farn. Ar lafar, *GTN* 675.

rhagfarnol [*rhagfarn*+-*ol*] *a.* Rhagfarnllyd: *prejudiced*.
1798 W. RICHARDS: *CC* 17, yspryd *rhagfarnol* ac annuwiol. *id.* 20, yr yspryd Cainaidd, camgyhuddol, a *rhagfarnol*. **1803** *P* d.g. *Rhagvarnawl*.

rhagfarnus [*rhagfarn*+-*us*] *a.* Rhagfarnllyd: *prejudiced*.
1775 D. JONES: *HCY* [iii], o herwydd bod Dynion mor anwybodus a *rhagfarnus*. **1777** W. WILLIAMS: *TEA* 46, yspryd llai *rhagfarnus* at y rhai sy'n syrthio. *id.* 67, yspryd ysgafn, cras, cenfigennus, neu *ragfarnus*.

rhagfarnwr [bôn y f. *rhagfarnaf*: *rhagfarnu*+-*wr*] *eg.* ll. -*wyr*. Person rhagfarnllyd: *prejudiced person*.
1770 *TG* ii. 75, Urania . . . cynhenwyr, enllibwyr, *rhagfarnwyr* . . . nid oes un drwy'r holl deyrnas. **1773** *W* d.g. *Fore-judger*. **1790** TWM O'R NANT: *GG* 143, *Rhagfarnwr*, chwrnwr, awch oerni ydwyt. **1803** *P*.

rhagfeddaf: rhagfeddu [*rhag*-+*meddaf*[1]: *meddu*; ansicr yw'r engh. gyntaf isod] *bg.a.* Meddiannu, bod â grym (dros); (?gwall) rhagdybio: *to possess, have power* (*over*); (?*erron.*) *presuppose*.
12–13g. *GMB* 382, Goreu ym o'm Reen *racuedu*, / Rwyd areith o brifyeith brydu. **13g.** **(1641)** *HGK* 30, A'e feibeon, etwa yn weisseon yefeink, a ossodes ar y kantrefoedd eithaf iddaw, y *ragfeddu* ag y eu kynnal. **13g.** *BD* 162, a holl enyssed yr eigyavn y rei oed trethavl a theyrngedavl y Ruueinavl amherodraeth tra ytoedynt yn *racuedu* (*preualuit*) arnadunt. **1733** W. WILLIAMS: *TC* 51, y mae ein Calonnau wedi eu *rhagfeddu* gan y cyfryw râdd difesur o dueddiad trahaus. **1790** T. JONES: *TOS* 5, Yr holl betheu hyn a *ragfeddir* (*pre-supposed*) tuac at i ddyn gael hawl yn yr orphwysfa nefol. **1803** *P*.

rhagfeddianiad [bôn y f. *rhagfeddiannaf*: *rhagfeddiannu*+-*iad*[1]] *eg.* Rhagfarn: *prejudice*.
1803 *P*.

rhagfeddiannaf: rhagfeddiannu [*rhag*-+*meddiannaf*: *meddiannu*; cf. S. (*to*) *prepossess* 'to prejudice; possess beforehand'] *ba.* Peri bod yn rhagfarnllyd neu'n bleidiol; meddiannu (ymlaen llaw): *to prejudice*; *prepossess, possess* (*beforehand*).
1604–7 *TW* (*Pen* 228) d.g. *præoccupo*. **1658** R. VAUGHAN: *PS* 413, o chymeri di ofal, or modd y gwrandewi hyn, a chalon onest ostyngedig, heb nag i amryfusedd na thrachwant ei *rhag feiddiannu* [*sic*], ni elli di ddewis na byddych o fywyd gwell. **1672** J. LANGFORD: *HDdD* 340–1, Y mae'r cyfryw anewyllysgarwch yn y rhan fwyaf o ddynion i glywed sôn am ei beiau, a bód yn rhaid i'r néb a gymmero'r gwaith hwn arno fód gwedi *rhagfeddiannu* ei calonnau hwynt yn ddirfawr (*have a great possession of their hearts*), er mwyn ei gwneuthur hwynt yn oddefus o hynny. **1688** W. FOULKES: *EGE* 129, yr hwn a'm cyssegraist i yn foreu i ti dy hûn, i'm *rhagfeddianu* a'th gariad. **1703** O. LEWIS: *ADC* 18, a *rhagfeddiannu* meddyliau pobl yn ei erbyn ef. **1780** *W* d.g. *To possess before, To pre-occupate, To prepossess*. **1798** W. RICHARDS: *CC* 19, ceisio duo a rhagfarnu carcharorion cyn y caffo eu hachos ei brofi mewn brawdle, a cheisio *rhagfeddiannu* y wlad yn eu herbyn. **1803** *P*.

rhagfeddiannol [bôn y f. *rhagfeddiannaf*: *rhagfeddiannu*+-*ol*] *a.* Yn meddiannu ymlaen llaw; deniadol, yn creu argraff dda: *occupying or possessing beforehand*; *prepossessing*.
1803 *P*.

rhagfeddiannwr, rhagfeddiannydd [bôn y f. *rhagfeddiannaf*: *rhagfeddiannu*+ -*wr*, -*ydd*[3]] *eg.* ll. *rhagfeddianwyr*, *rhagfeddianyddion*. Un sy'n meddiannu ymlaen llaw: *one who occupies or possesses beforehand*, *preoccupier*, *prepossessor*.
1780 *W*, *rhagfeddiannwr* d.g. *Prepossessor*. **1803** *P*, *Rhagveziannwr*, s. m.—pl. *rhagveziannwyr* . . . A preoccupier. *id.* *Rhagveziannyz*, s. m.—pl. t. *ion* . . . A preoccupier.

rhagfeddiant [*rhag*-+*meddiant*] *eg.* ll. -*feddiannau*. Rhagfarn; (geir.) meddiant

blaenorol: *prejudice*; (*dict.*) *preoccupancy*, *prepossession*.
1780 *W* d.g. *Pre-occupancy*, *Prepossession*. 1803 *P*.

rhagfeddwl[1] [*rhag-* + *meddwl*[1]] *eg.?b.* ll. *-feddyliau*. Meddwl ymlaen llaw; rhagofn, rhagargoel; rhagsyniad, rhagdybiaeth: *forethought*; *foreboding*; *preconception*, *supposition*.
1676 W. JONES: *GB* 32, Oh, mi debygwn y dylai teimlad ystyriol, a *rhagfeddwl* difrifol o'r pethau hyn . . . wneuthur i'r galon galettaf grynu. 1685 G. GRIFFITH: *GA* 72, y *rhag-feddyliau* a ddylei fod gennym pan fom ar fedr hyn. 1727 J. JONES: *DFF* 331, a'r *Rhagfeddyliau* am hyn a allont fod yn Ddeunydd o Ddiddanwch llawn rhagorol. 1732 J. JONES: *C* 50, ni ddylwn i na llefaru na gwneuthur dim heb *Ragfeddwl* ac Ystyriaeth. 1732–3 J. OWEN: *GB* 22, ac efe wedi dyfod yno heb Fymryn o Ragfarn na *Rhagfeddwl* oleddgam yntho. 1751 *GIA* xii, Gwell gennyfi gael ychydig o'u cyssurau hwynt [credinwyr], y rhai y maent yn eu cael oddiwrth eu *rhagfeddyliau* am eu nefol etifeddiaeth. 1778 T. JONES: *TGEL* 32, Ond yna, fel yr ydys yn gweinyddu bedydd yn unig, ar y *rhagfeddwl*, y bydd i'r cynnyrcholaeth yma fod mewn amser cyfaddas yn sicrwydd. 1798 *WR* d.g. *Preconception*. 1803 *P*.

rhagfeddwl[2], gw. **rhagfeddyliaf: rhagfeddwl.**

rhagfeddyginiaeth [*rhag-* + *meddyginiaeth*] *eb. Meddyg.* Moddion, triniaeth, &c., ataliol neu broffylactig, gwrthwenwyn, hefyd yn *ffig.*: *preventive medicine*, *treatment*, *&c.*, *prophylactic*, *antidote*, *also fig.*
1722 *Llst* 189, *Rhagfeddyginiaeth*. f. A preservative (medicine.). *id.* d.g. *An Antidote*. 1780 *W* d.g. *Preservative*.

rhagfeddyliaf: rhagfeddwl[2], **rhagfeddylio** [*rhag-* + *meddyliaf*: *meddwl*, *meddylio*] *bg.a.* Meddwl neu ystyried (ymlaen llaw); rhagdybied, tybied: *to think or consider* (*beforehand*); *presuppose*, *presume*.
13g. *BD* 163, Canys pa beth bynnac a *racuedylyo* doethon yn da. *c.* 1400 *RB* ii. 205, Ac yn doeth *rac vedylyo̵ch* py beth a uo iao̵n y atteb. *id.* 207, Ac wrth hynny yr hyn a *racuedylyao̵d* medo̵l doeth anyanao̵l go̵astat. *id.* 291, Ago̵edy *rac vedylyao̵* or escob yn gynnil. y acho̵ysson ef. *c.* 1400 *YCM*[2] 197, Kymrawv a oruc Chyarlys gan yr ymadrawd hwnnw, a *racuedylyaw* ychydic. *c.* 1400 *YSG* i. 20, Arglwyd . . . a wney ditheu yr Duw vyng gwneuthur i yn varchawc urdawl? Kanys os da gan Duw, mi a'e *racvedylyaf* yn da. *id.* 23, edrych a *racvedylya* dy vot yn uarchawc urdawl kywir y Duw. 1632 *D*, *rhagfeddylio* d.g. *Præmeditor*. 1658 R. VAUGHAN: *GA* 60, yr wyf yn *rhagfeddwl* am bob peth sydd angenrheidiol im bywyd. 1675 R. JONES: *HCh* 20, Eithr *rhagfeddylia* di (*do thou fore-think*); a ydyw y peth yn addas. 1677 R. JONES: *BB* 152–3, Och ryfedded fydd gennych chwi . . . na roesech fwy o'ch meddwl ar rybyddion yr Arglwydd, ac ar *rag-feddylio* am y llawenydd neu y trueni tragywyddol! 1733 J. OWEN: *TBG* 64, Yr ydys ymma yn eglur yn *rhagfeddwl* y gall dynjon dderbyn Grâs Duw yn ofer. 1803 *P* d.g. *Rhagvezwl*, *Rhagvezyliaw*.
Amr.: **rhagfeddyliaid.** 1632 *D*, *rhagfeddylied* d.g. *Præsumo*. 1790 T. JONES: *TOS* 1, Y petheu mae 'r orphwysfa hon yn eu *rhagfeddyliaid* (*pre-supposes*). 1803 *P* d.g. *Rhagvezylied*.
Cfn.: **rhagfeddwl ar:** *to rely on*. 1774 HUW AB HUW: *RBD* 24, Pwy 'wyt ti o ddyn yr hwn 'wyt yn *rhag feddwl ar* dy ddoethineb (*that presumest on thine own wisdom*).

rhagfenegedig, rhagfenegi, gw. **rhagfynegedig, rhagfynegaf: rhagfynegi.**

rhagferf [*rhag-* + *berf*] *eb.* ll. *-au*.
(*a*) *Gram.* Adferf: *adverb*.
c. 1455 *GP* 67, Pa sawl rrann ymadrodd ysydd? Wyth, nid amgen, henw a rraghenw, a beryf, a *rracveryf*, a chyfranniad, a chysylldiad, ac arddodiad, a thaflodiad. *id.* 72, Beth yw *rragveryf*? Rran araith a osoter wedy beryf, ac yn gyflawn synnwyr yn ol beryf. *a.* 1575 *id.* 98, Rai o'r *rragvervau* a arwyddokaant le, val y mae 'yma', 'akw', 'vchod'. *id.* 101, ni byddant hwy arddodiadav namyn newidiol vyddant yn *Ragvervau*, val y mae 'y neb ni ochelo ymlaen a vydd adiveiriol yn ol'. *p.* 1584 G. ROBERT: *GC* [190], beth am ry, ne dir ai *rhagferfau* ynt, yntau arddodiadau. 1632 *D* d.g. *Adverbium*. 1688 *TJ*, Gorair, *Rhagferf*, un o' rannau ymadrodd: a part of Speech called an Adverb. 1770 *W* d.g. *Adverb*.
(*b*) *Gram.* Geiryn neu ragddodiad rhagferfol: *preverbal particle or prefix*, *preverb*.
1928 *OIG* xvi.

rhagferfol [*rhagferf* + *-ol*] *a.*
(*a*) *Gram.* Adferfol: *adverbial*.
1850.
(*b*) Yn digwydd o flaen berf (am eiryn, rhagddodiad, &c.): *preverbal* (*of particle*, *prefix*, *&c.*).
20g.

rhagfil [*rhag-* + *mil*[2]] *eg.* ll. *-od*. *Swol.* Protosoad: *a protozoan*.
1858.

rhagfilwriad [*rhag-* + *milwriad*] *eg.* ll. *-iaid*. Is-gyrnol, is-filwriad: *lieutenant colonel*.
1852.

rhagfintai [*rhag-* + *mintai*] *eb.* (Safle) corff milwrol a leolir ymhell o'r prif gorff, yn enw. er mwyn rhwystro ymosodiad annisgwyl, terfyn eithaf (tiriogaeth, &c.): *outpost*.
1916.

rhagflaen [*rhag-* + *blaen*, cf. *cynflaen*] *eg.* Pen blaen (byddin), hefyd yn *ffig.*: *front line*, *vanguard* (*of army*), *also fig.*
13g. *GBF* 285, *Raculaen* cad, cadarn dywyssaö̵c. 1604–7 *TW* (*Pen* 228) d.g. *Exercitus* . . . *Exercitus frons*. 1803 *P*, *Rhagvlaen*, s. m. . . . The fore point, the fore end.

rhagflaenaf: rhagflaenu [bf. o'r e. *rhagflaen*, a *rhag-* + *blaenaf*: *blaenu*; ansicr yw ystyr a dosbarthiad rhai o'r enghrau. isod] *bg.a.*
(*a*) Mynd (dod, digwydd, bod, &c.) o flaen neu cyn; goddiweddyd, mynd heibio (i), pasio, hefyd yn *ffig.*: *to go* (*come*, *occur*, *exist*, *&c.*) *before*, *precede*; *overtake*, *outstrip*, *pass*, *also fig.*
13g. *B* ix. 336, marchavc lu o nef en kudyav e menyd. ac em plith henne e guelei nebun en abit gureigyaul vrenhines ac en *racvlaenu* e mevn cadeir. 13g. *Brut B* 50, pan kyglev gwyr er Eydal henny, emadav a gwnaethant a Germanya ac emchwelv parth a Ruveyn, a cheyssyav *racvlaenv* Bran kyn no'e dyvot yr [*sic*] Ruveyn. 1346 *LlA* 169, Pann gerdom . . . ar yn heddo̵ch rac bronn yn mao̵ro̵rdaeath [*sic*] ni. y *raculaenha* croc brenn. 14g. *WM* 39. 15–17, nachaf un or llongeu yn *rac ulaenu* rac y rei ereill. 14g. *HMSS* ii. 252, my ach *raculaenaf* chwi yggalilea. *Dchr.* 15g. *GM* 19, Ti a'e *raculeyny* ef y arlwyaw fyrd Duw, dy Naf. *Dchr.* 15g. *B* vii. 375, ac o *racvlaenawd* ef y brofedigaeth. neu o *racvlaenawd* y brofedigaeth ynteu. 1547 *WS*, *rac flayny* Go afore. 1551 W. SALESBURY: *KLl* ixb, llyma'r serenn a welsynt yn y dwyrein yn i *rhac vlayny*'n hwy. 1632 *D* d.g. *Antegredior*, *Præcedo*, *Præcurro*, *Prægredior*, *Prævenio*, *Præuerto*. 1677 R. JONES: *BB* 86–7, Cynghora hwynt . . . yn gall onidê Satan a'th *ragflaena*. 1718 (1721) S. THOMAS: *HB* 141, megis y wawr-ddydd yn *rhag flaenu* y Goleuni mawr a dorrodd allan yn y Refformasion. 1777 W. WILLIAMS: *DN* 5, Martha drafferthus yw hi . . . nid oes dim da fyth yn ei *rhagflaenu*, nac yn ei chanlyn. 1803 *P*, *Rhagvlaenu* . . . To go before.
(*b*) Rhagori (ar), bod ar y blaen (i); rhoddi blaenoriaeth; bod â blaenoriaeth ar; rheoli: *to excel*, *surpass*; *give precedence*; *have precedence over*; *rule*.
13g. *Llst* 1, 12a, emdyryet oy gallter ef . . . a glewder er yewenctyt er oed entev en *rac vlaynv* arnadvnt. *id.* 21a, o pryt a thegvch a glewder *rac vlaenv* agwnaey [*sic*] rac holl vrenhyned enys prydeyn. 1346 *LlA* 79, tidi bieu dechreu ygo̵assannaeth ho̵nno̵ mal y*raculaeny* oll yn ebostolyaeth. *id.* 165, yn *raculaennv* holl vrenhined ydayar o nerth agallu. 14g. *WM* 401. 2–3, gvedy hyny pao̵b ual y *raculaynei* y anrydet. *c.* 1400 *RB* ii. 202, kanys ar y veint teilygdao̵t honno ydoed ynys prydein megys y *rac vlaenei* yr holl ynyssed o amylder eur ac aryant. 15g. (1594) *BY* 4, Ac ef a wnaeth Dûw yna ddaû oleûni, y goleûni mwyaf y *racvlaenû* y'r dydd, a'r goleûni lleiaf y *racûlaenû* y'r nos. 1567 *TN* 306a, na bydd i ni yr ei 'sy yn vyw . . . *ragvlaenu* ysawl a hunesant. 1632 *D* d.g. *Præcello*.
(*c*) Atal, rhwystro (ymlaen llaw), achub y blaen ar; rhwystro (marchnad) drwy brynu neu werthu nwyddau ymlaen llaw: *to prevent*, *forestall*, *anticipate*; *forestall* (*market*).
14g. *BT* (*RB*) 80, Edrych na hwyrheych dyuot at y brenhin, rac *raculaenu* o ereill cael kedymdeithas y brenhin. *id.* 196, Ac eissoes Rys Gryc a'e *raculaennawd* ac a gadarnnhawd y castell. *Dchr.* 15g. *B* x. 125, Drwy *racvlaenu* profedigaeth kythreul. 1567 *TN* 28a, yr Iesu a ei *rhac vlaenodd* [:– achubodd] ef. 1595 H. LEWYS: *PA* 20, oni byd' i ni *ragflaenu*, a thaflu ymaith mewn amser, y cyfryw wag feddylieu. 1632 *D* d.g. *Intercipio*, *Præoccupo*, *Præripio*, *Præsumo*, *Præteruerto*, *Surripio*. 1661 E. LEWIS: *Drex* 98, bydded i'n prydlawn edifeirwch *ragflaenu* ein cospedigaethau. 1676 W. JONES: *PGG* 37, trwy *ragflaenu* (*forestalling*), neu achub y farchnad, a'i rhwystro i eraill, fel trwy hynny y coder y prîs. *c.* 1730 *Taith C* 22, hi a *ragflaenodd* Gristiana rhag Eîrioli ymhellach drosti, trwy guro ei hun wrth y Porth. 1771 *PDPh* 92–3, y mae math o bendro yn cydfyned a hyn, yr hyn sydd yn peri iddynt syrthio i'r llawr a threngu, os na *ragflaenir* mewn pryd. 1778 *W* d.g. *To Obviate*. 1803 *P*, *Rhagvlaenu* . . . to anticipate.
(*d*) Cynorthwyo neu arwain (am Dduw, yn enw. drwy ras rhagflaenol): *to help or guide* (*of God*, *esp. through prevenient grace*).
1567 *LlGG* (*Sall*) 32b, Vy-Dew trugaroc a'm *rhacvlaena*. *id.* 45a, brysia ath dostur drugareddeu an *rracvlaeno*. 1606 E. JAMES: *Hom* iii. 145–6, Os bydd vn ewyllys ynom i gyfodi, efe sydd yn *rhagflaenu* ein ewyllys ni, ac yn ein hyweddu ni i hynny. 1630 *YDd* 172, Gan attolygu ei Ysprŷd glân i'th *rhagflaenu* i wellhau dy fuchedd. 1680 J. THOMAS: *UN* 25, er bôd Duw yn ein *rhagflaenu* ni, etto yr ym ni i arferu 'r moddion. 1723 WM: *PGG* 155, O Dduw grasusaf, *rhagflaena* fi bôb amser â'th Ras âth Drugaredd. 1756 *W Ballads* 159, 51, O Dduw *rhag flaena* di ein holl waith y mhob rhuw daith fel doithion. 1788 J. THOMAS: *CS* 168, *Rhagflaena* wael drueiniaid sy, / Yn teithio'r ffordd tu ag uffern ddu.
Cfn.: **wedi rhagflaenu:** '*gone before*', (*pre*)*deceased*. Ar lafar, 'Dyna fynta *wedi ragflaenu*', *GTN* 675.

rhagflaenafiad [*rhag-* + *blaenafiad*] *eg.* ll. *-iaid*. Hynafiad, rhagflaenydd: *forebear*, *predecessor*.
1871.

rhagflaenedig [bôn y f. *rhagflaenaf*: *rhagflaenu* + *-edig*] *a.bfl.* Yn blaenori, blaenorol, cynharach; wedi ei flaenori; ataliol (am feddyginiaeth); (geir.) wedi achub y blaen arno, wedi ei atal: *preceding*, *antecedent*, *previous*; *preceded*; *preventive* (*of medicine*), *prophylactic*; (*dict.*) *forestalled*, *prevented*.
1704 J. MORGAN: *B* 23, Fe ddatcenir yn uchel trwy ddamweiniau *rhagflaenedig* digyfrwng am fawrhydi y Barnwr a dychrynfaau y farn. 1706 *Cyf Cym* 18, Mae ei gariad ef tuag at ei ddeiliaid yn gyntaf . . . Ei gariad ef ydyw'r achos *rhagflaenedig*; ein cariad ni ydyw'r Effaith neu'r [Ff]rwyth Canlynedig. [1740] L. ANWYL: *CA* 118, heb wybodaeth *rhagflaenedig*, mae'n rhaid ini yn anocheladwy dramgwyddo. 1770 *W* d.g. *Anticipated*, *Obviated*. 1803 *P*, *Rhagvlaenedig* . . . Anticipated.

rhagflaenedigol [*rhagflaenedig* + *-ol*] *a.* Ataliol: *preventive*.
1780 *W* d.g. *Preventive*. 1803 *P*.

rhagflaeniad[1] [bôn y f. *rhagflaenaf*: *rhagflaenu* + *-iad*[1]] *eg.* Y weithred o achub y blaen, ataliad; *Rhet.* y weithred o achub y blaen ar wrthwynebiad mewn dadl drwy ei ateb cyn iddo godi; disgwyliad, rhagddisgwyliad, rhagweledîad; rhagarweiniad; y weithred o fynd o flaen, blaenoriad (y cyhydnosau); arweiniad neu gymorth dwyfol drwy ras rhagflaenol: *a forestalling*, *prevention*; *procatalepsis*, *prolepsis* (*in rhetoric*); *expectation*, *anticipation*, *premonition*; *introduction*; *a preceding*, *precession* (*of the equinoxes*); *divine guidance or help through prevenient grace*.
1604–7 *TW* (*Pen* 228) d.g. *Anteoccupatio*. *c.* 1658 R. VAUGHAN: *E* 85, oddieithr i *ragflaeniad* a chynnorthwy ddyfod oddi vchod. 1730 IACO AB DEWI: *YL* 105, *Rhagflaeniad* y Petheu a ellir eu dywedyd bôd yn Llonydd. Cyn yr elwyf ym mlaen i helaethu y Rheolau cyffredin hynny ac sydd i'w pennodi i fôd yn Llonydd. *c.* 1762–79 W. WILLIAMS: *P* 479, yr hon seremoni sydd *ragflaeniad*, a pharotoad i fedydd. 1778 *W* d.g. *An obviating*, *Precession*, *Prevention*. 1803 *P*. Cf. R. DAVIES: *GC* 126, *Rhagflaeniad* yw, pan fyddo yr awdur yn codi gwrthddadl yn ei ymadrodd.

rhagflaeniad[2] [bôn y f. *rhagflaenaf*: *rhagflaenu* + *-iad*[2]; tywyll a thra ansicr yw'r ddwy engh. isod; 1839 yw dyddiad yr engh. nesaf] *eg.* ll. *-iaid*. Rhagflaenydd: *predecessor*.
16g. *GGH* 43, Afrwydd gŵyn o'i ddwyn, Efrog—*ragflaeniad*, / Êl och a'i 'dwaeniad, walch adeiniog. 16–17g. *Cer RC* 48, Chwi a glowsoch ddechreuad stori a'i diweddiad: / Cewch glowed *rhagflaeniad* sawl rhinwedd a'th gâr.

rhagflaeniadol [*rhagflaeniad*[1] + *-ol*] *a.* Yn

rhagddisgwyl, yn rhag-weld; (geir.) ataliol: *anticipatory*; (*dict.*) *preventive*.

1780 *W* d.g. *Preventional*. **1803** *P*, *Rhagvlaeniadawl* . . . Tending to anticipate.

rhagflaenol [bôn y f. *rhagflaenaf*: *rhagflaenu*+*-ol*; dichon mai gwall a welir yn y dfn. cyntaf isod] *a.* a hefyd gyda grym enwol. Yn mynd o flaen neu yn y blaen, yn rhagflaenu, blaenorol, cynharach; *Ser.* yn rhedeg yn nhrefn arwyddion y Sidydd (am blaned, &c.); rhagarweiniol; *Diwin.* (am ras Duw) yn rhagflaenu edifeirwch a thröedigaeth, gan beri i'r un sy'n ei dderbyn droi at Dduw; *Gram.* wedi ei ragddodi; *Meddyg.* ataliol; llorweddol: *going before or in front, preceding, antecendent, previous; progressional* (*in astron.*); *introductory; prevenient* (*in theol.*); *prefixed* (*in gram.*); *preventive* (*in med.*), *prophylactic; horizontal.*

1346 *LlA* 43, yraculaenna6l (*praecedere*) kysga6t yg6ir aberth ynyr oen pasc. **1688** W. FOULKES: *EGE* 129, dy râs *rhagflaenol*. **1695** T. JONES: *Alm* 5, yr haul ar lleuad a symŷdant . . . Rhag eu blaen; y 5 planedau eraill a symŷdant yn amla yr un ffordd ar haul, a hynnŷ a elwir *Rhagflaenawl* chwimiad y planedau. **1696** *CDD* 205, A ydŷnt ddifrif edifeiriol, / Am Bechodau fu *rhagflaenol*. **1706** T. JONES: *Alm* [35], Y blaned mercher sŷdd yn *Rhagflaenol* ac yn chwŷrn ei chwimiad. **1709** H. POWEL: *G* 66, yr hyn a adroddir yn eglyr yn y geiriau *rhagflaenol*. **1716** T. EVANS: *DPO* 182, Colect *rhagflaenol* i'r Cyssegriad. **1769** D. ROWLAND: *CG* 60, y berthynas sydd rhwng Duw â chwi . . . Ystyriwch ef fel gwaith eich Duw . . . yn waith *rhagflaenol*, i'ch cae [*sic*] i fynu rhag rhedeg i'r llwybrau pechadurus. **1798** *WR* d.g. *Proleptic*. **1800** W. OWEN[-PUGHE]: *CP* 88, a thair dynes gan osod eu dwylaw yn erbyn y cornyn, á wasgent yn esmwyth ond yn nerthol ei gwmpas yn agos yn *rhagflaenol* (*horizontal*). *id.* 98, Yr ydym ni yn gwneyd caws rhostiô odiaethol; a chan fod y cyfarwyddyd wedi byrâu llawer arni oddiwrth y *rhagflaenol* (*the foregoing*), crybwyllaf hi yma. **1803** *P*. Cf. W. OWEN[-PUGHE]: *CIG* 11, Pan lunier geiriau cyfansoddawl, mae y cyfranau *rhagflaenawl*, oddigerth, am, cy, gor, tra yn gofyn ysgafnu sain llythyrenau dechreuawl y rhai a ganlynant.

rhagflaenor [*rhag-*+*blaenor*] *eg.* ll. *-iaid, -ion.* Rhagflaenydd, rhagredegydd, peth, amgylchiad, &c., sy'n rhagflaenu; un sy'n gweinyddu'r Cymun; swyddog seremonïol mewn coleg, prifysgol, &c.; cynrhaid; *Rhes.* y gosodiad cyntaf (a gyflwynir gan 'os, pe') mewn gosodiad amodol: *predecessor, precursor, forerunner, antecedent; one who celebrates communion; beadle* (*in college, university, &c.*); *prerequisite; antecedent* (*in logic*).

1567 *TN* 333a, Ir man yr entriodd y *rracflaynor* trosomni. **1604–7** *TW* (*Pen* 228) d.g. *Antecedens*. *Dchr.* **17g.** *J* 10, 13a, *Rhagvlaenor*. præcursor. **1632** *D* d.g. *Anteambulo*. **1658** R. VAUGHAN: *PS* 9, a ddangosodd y creulonaf . . . fwy llid . . . nag a wnaeth Sergius yn erbyn ffôrmosus ei *Ragflaenor*. **17g.** HUW MORUS: *EC* ii. [349], Mae Paul yn *rhagflaenor* yn agor i ni, / Nad ydyw bucheddol weithredoedd, ond marwol, / Heb gariad yn wrol aneiri'. **1677** C. EDWARDS: *FfDd* 35–6, dygir bara, a phioled o ddwfr, a gwîn i'r hwn sy'n flaenor ar y brodyr . . . Wedi i'r *rhagflaenor* orphen y weithred o ddiolchgarwch, y diaconiaid a roddant y bara a'r gwîn a'r dwfr i bôb vn o'r rhai presennol. **1693** *HC* 110, un o'th *ragflaenoriaid* ti mewn anwiredd. **1696** *GGTY* 53, ffydd a ofynnir fel *rhagflaenor* (*prerequisite*) i'r bedydd. **1722** *Llst* 189, *Rhagflaenor*. m. p. *flaenoriaid*. An avauntcourier . . . conductor, harbinger: predecessour. **1731** E. SAMUEL: *AE* 123, Gormodedd ac Anghymmedroldeb oedd *Rhagflaenoriaid*, onid oeddynt yn achos o'u Pechod. **1770** *W* d.g. *An antecessor, Beadle* [*under-officer at the University*]. **1791** W. RICHARDS: *TDB* 27, y mae y *rhagflaenor* (antecedent) yn wir, am hynny rhaid fod y canlyniadur (consequent) hefyd felly. **1803** *P*, *Rhagvlaenawr*, s. m.—pl. *rhagvlaenorion* . . . A predecessor; an anticipator.

rhagflaenoraf: rhagflaenori [bf. o'r e. *rhagflaenor*] *bg.a.* Rhagflaenu, blaenori, mynd o flaen, goddiweddyd, hefyd yn *ffig.*; cael blaenoriaeth: *to precede, go before, overtake, also fig.*; *take precedence.*

1630 *YDd* 82, Pan welom ni ddoethineb dynion, y rhai sydd yn meistroli creaduriaid cryfach nac hwynt eu hunain; a'i deongliad yn *rhagflaenori* (*out runne*) yr haul ar lloer: gan osod ar lawr yr amser yr ecclipsiant neu y tywyllant hwy. **1693** *HC* 127, yn y geiriau sydd yn *rhagflaenori* 'r testyn. **18–19g.** *Llr* C 2, 340, Rhagfyned—Rhagflaenu—*Rhagflaenori*. **1803** *P*, *Rhagvlaenori* . . . To take the lead or precedency.

rhagflaenoriaeth [*rhagflaenor*+*-iaeth*] *e?b.* Arweiniad; ?cynsail: *leadership*; ?*precedent.*

1723 E. SAMUEL: *PDdC* ii. [vi], ac amryw Gynneddfau rhagorol Eraill, a weithiant yn eginol [*sic*] ar Galonnau a Bucheddau Pawb o'ch Caredigion ach cydnabod, i ddilyn eich *rhagflaenoriaeth*, ac wrth hynny i ddledus ymarferu ar Ddledswydd Wynfededig yma.

rhagflaenorol [*rhagflaenor*+*-ol*] *a.* Rhagflaenol, blaenorol, cynharach; rhagarweiniol: *preceding, antecedent, previous; introductory.*

1727 J. JONES: *DFF* 3[9], Y pummed Peth *rhagflaenorol* i Farn y rhai cyfion fydd eu Cyfarfod â'r Arglwydd yn yr Awyr. *id.* [2]15–16, nac yn canfod fod tueddrwydd y Galon, ac ym[s]ymmudiad *rhagflaenorol* tu ag at Gydsynniad yr Ewyllys at ddrwg. **1765** J. POPKIN: *Ll* 9, yn cymmell dynion i ryw Weithredoedd *rhagflaenorol* er Cyfiawnhad. **1770** *W* d.g. *Antecedaneous, Before going*. **1789** J. THOMAS: *DdS* 85, yn arwisgo, megis gynt, eu gogoniant *rhag-flaenorol*. **1803** *P*, *Rhagvlaenorawl* . . . introductory.

rhagflaenorwr, rhagflaenorydd [bôn y f. *rhagflaenoraf*: *rhagflaenori*+*-wr, -ydd*[3]] *eg.* Rhagflaenydd, rhagredegydd, peth, amgylchiad, &c., sy'n rhagflaenu; *Gram.* rhagflaenydd: *predecessor, precursor, antecedent* (*also in gram.*).

1595 M. KYFFIN: *DFf* [29], ag may efo [y Pab] yw *Rhagflaenorwr* Anghrist.

rhagflaenwr, rhagflaenydd [bôn y f. *rhagflaenaf*: *rhagflaenu*+*-wr, -ydd*[3]] *eg.* (b. *rhagflaenwraig, rhagflaenyddes*) ll. *rhagflaenwyr, rhagflaenyddion.* Person sy'n rhagflaenu person arall, yn enw. mewn swydd, rhagredegydd, peth, amgylchiad, &c., sy'n rhagflaenu; *Gram.* gair, ymadrodd, cymal, neu frawddeg y cyfeiria gair arall (yn enw. rhagenw perthynol) ato; meddyginiaeth ataliol; un ac iddo flaenoriaeth: *predecessor, precursor, forerunner, antecedent* (*also in gram.*); *preventive medicine, preventative, prophylactic; one having precedence.*

Diw. **16g.** *LBS* iv. 411, ar gweryddon eraill yn kymryd tadwys anrhydedd . . . genthi hi [Gwenfrewi] ac yny gwneüthyr ynn *rhac vlaenwraic* vdünt ymhob iechyd a phob addfwynder. **1595** M. KYFFIN: *DFf* [196], doedodd Gregorius yn ddigon hynod amdano may efe yw *rhag-flaenwr* a llumanydd Anghrist. **1632** *D*, *rhagflaenwr* d.g. *Prodromus*. **1658** R. VAUGHAN: *YPS* 26, Aerius ai ddilynwyr (eich *rhagflaenwyr* chwi). **1759** J. EVANS: *PF* 4, un prîf *Ragflaenŷdd* (*preventative*) Poen a Chlefyd. **1784** P. WILLIAMS: *YC* 64, Balchder yw *rhag-flaenwr* y saith ffiaidd-beth. **1803** *P*, *Rhagvlaenwr*, s. m.—pl. *rhagvlaenwyr* . . . A preceder; a precursor. *id. rhagvlaenydd*, s. m. pl. *t. ion*, a preceder; a precursor, a forerunner.

rhagflas, rhag-flas [*rhag-*+*blas*] *eg.* ll. *-au.* Profiad rhannol o rywbeth sydd i ddod: *foretaste.*

1677 R. JONES: *BB* 205, I gael *rhag flâs* o'r didrangc lawenydd. **1717** IACO AB DEWI: *MN* 131, *Rhag-flas* Bendithion Canaan. **1760** E. WILLIAMS: *UYB* 205, Pan gefais *Rag-flâs*, / Oen hawddgar, o'th Râs. **1803** *P*, *Rhagvlas*, s. m.—pl. t. *au* . . . A foretaste.

rhagflasaf: rhagflasu [bf. o'r e. *rhagflas*] *ba.* Profi'n rhannol (rywbeth sydd i ddod), cael rhagflas o: *to foretaste, have a foretaste of.*

1632 *D* d.g. *Prægusto*. **1684** H. OWEN: *DC* 203, y mae' rhai ysprydol, a'r rhai glân eu calon (ymarweddiad y sawl sy'n y Nêf) ambell weithiau'n cael ei *rhagflasu* ymma. **1803** *P*.

rhagfod [*rhag-*+*bod*[2]] *eg.* ll. *-au.* Cynfodolaeth: *pre-existence.*

1780 *W* d.g. *Pre-existence*. **1803** *P*, *Rhagvod*, s. m. pl. t. *au* . . . A prior existence.

rhagfodiad [*rhagfod*+*-iad*[1]] *eg.* Cynfodolaeth: *pre-existence.*

1926.

rhagfodol [*rhag-*+*bodol*] *a.* a hefyd fel *eg.* ll. *-ion.* Cynfodol, yn bod eisoes; cynrhaid: *pre-existent, pre-existing; prerequisite.*

1711 M. MAURICE: *YAD* 66, *rhag fodawl* ffurfiad neu ddarlyniad yn-Nuw oi holl weithredodd [*sic*]. *id.* 104, O ba ddefnydd *rhag-fodawl*, y gwnaethpwyd yr Enaid o honaw? **1780** *W* d.g. *Pre-existent*. **1803** *P*, *Rhagvodawl* . . . Previously existing. Tri *rhagvodolion* doethineb: deddvoldeb, trangneveddoldeb [*sic*], a dwyvoldeb.

rhagfodolaeth [*rhagfodol*+*-aeth*] *eb.* Cynfodolaeth: *pre-existence.*

1798 *WR* d.g. *Pre-existence*.

rhagfodolaf: rhagfodoli [bf. o'r a. *rhagfodol*] *bg.a.* Bodoli yn gynt (na): *to pre-exist.*

1913.

rhagfoel [gair geir., sef *rhag-*+*moel*[1]] *a.* Moel yn y tu blaen, moel iawn: *bald at the front, very bald.*

1632 *D* d.g. *Præcalvus*. **1770** *W* d.g. *Bald before*. **1803** *P*.

rhagfraint [*rhag-*+*braint*[1]] *eg.* ll. *-freintiau.* Rhagorfraint: *prerogative.*

Dchr. **17g.** *J* 10, 13a, *Rhagvraint*. Prærogativa. **1803** *P*, *Rhagvraint*, s. m.—pl. *rhagvreintiau* . . . A prerogative.

rhagfras [*rhag-*+*bras*] *a.* Mawr iawn: *very large.*

12g. *GMB* 177, Ardwyrews uyn tad y ureisc vrenhindad, / Ar awen amnad y rad *racuras*. **1803** *P*.

rhagfreiniol [*rhagfraint*+*-iol*] *a.* A chanddo ragorfraint, breintiedig: *having a prerogative, privileged.*

1604–7 *TW* (*Pen* 228) d.g. *prærogatiuus* (hefyd *D*).

rhagfrenin [*rhag-*+*brenin*] *eg.* ll. *rhagfrenhinoedd.* Rhaglaw; rhaglyw: *viceroy; regent.*

1615 R. SMYTH: *GB* 109, y mae 'n son am *ragfrenin* (*Viceroy*) o Sisilia. *c.* **1762–79** W. WILLIAMS: *P* 147, Mae gan frenhin Japan o ddautu 28 o Brifi Counsil. o ba rai mae pedwar yn *rhag-frenhinoedd*, a *rhagfrenhinoedd* hyn sydd yn gorfod disgwyl yn y llŷs brenhinol tros hanner blwyddyn. **18–19g.** *Llr* C 63, 245, Etymologies for Seren Gomer. Regent. Prince Regent. *Rhagfrenin*.

rhagfryd [*rhag-*+*bryd*] *eg.* ll. *-iau.* Pwrpas, bwriad (blaenorol): *purpose,* (*previous*) *intention.*

1567 *TN* 232a, ir ei a 'alwyt erwydd y pwrpos [:– *racvryd*] ef [*sic*]. **1803** *P*, *Rhagvryd*, s. m.—pl. *iau* . . . A previous design.

rhagfuan [*rhag-*+*buan*] *a.* Cyflym iawn: *very swift.*

13g. *A* 10. 14, *racvuan* y veirch. *id.* 21. 20–1, ragorei veirch *racvuan*. **1803** *P*.

rhagfudaeth [*rhag-*+bôn y f. *mudaf*: *mudo*+*-aeth*] *e?b.* Cynnydd: *progress.*

1903.

rhagfudiant [*rhag-*+*mudiant*] *eg.* Cynnydd: *progress.*

1877.

rhagfudol [*rhag-*+*mudol*] *a.* Cynyddol: *progressive.*

1859–60.

rhagfur [*rhag-*+*mur*] *eg.* ll. *-iau.* Mur amddiffynnol, gwrthglawdd, bastiwn, barbican, parapet, bwtres, hefyd yn *dros.* ac yn *ffig.*: *bulwark, rampart, bastion, barbican, parapet, buttress, also transf. and fig.*

1567 *LlGG* (*Sall*) 27a, Deliwch yn graff ar hi magwyr [:– *rhacvur*, chaer] (**1620** *Salm* xlviii. 13, Ystyriwch ei *rhagfuriau*). **1588** *Salm* cxxii. 7, Heddwch fyddo o fewn dy *ragfur*. **1588** *Eseia* xxvi. 1, efe a esyd iechydwriaeth yn gaerau ac yn *rhacfur*. **1588** *Galarn* ii. 8, am hynny y gwnaeth efe i'r *rhacfur*, ac i'r mûr alaru. *Dchr.* **17g.** *J* 10, 13a, *Rhagvur*. rampier . . . promurale. **1620** *Nah* iii. 8, i'r hon y mae y môr yn *rhagfur*. **1632** *D* d.g. *Antemurale, Fulcimentum, Minæ, Promurale, Propugnaculum*. **1722** *Llst* 189, *Rhagfur*. m. A buttress, outwork, rampart, outward wall. **1770** *W* d.g. *Barbacan, or barbican, Bastion, Parapet, Wall, An outer wall*. **1772** D. ROWLAND: *PP* 13, Dyma i chwi ddau *ragfur* i'ch cadw yn uniawn gyrch ar ffordd y bywyd. Un *rhagfur* yw'r lleidr a adawyd; dysgwch oddiwrtho i ofni rhag eich bod yn debyg i fod yn ol . . . A'r *rhagfur* arall yw'r lleidr ag a gafodd ei achub . . . sydd yn ein cadw rhag anobaith. **1803** *P*.

rhagfuriaf: rhagfurio [bf. o'r e. *rhagfur*] *bg.a.* Codi rhagfur(iau) (o amgylch): *to fortify.*

1722 *Llst* 189, *Rhagfurio*. To ensconse, barricade. **1803** *P*.

rhagfwrdd [*rhag-*+*bwrdd*] *eg.* Fframwaith o flaen siop; pared sy'n ffurfio cabanau mewn llong neu'n rhannu'r howld yn adran-

nau dwrglos: *framework in front of a shop; bulkhead (of a ship).*
1771 *W, Rhag-fwrdd* . . . ffenestr d.g. *Bulk [before a shop].*

rhagfwriad [*rhag-* + *bwriad*[2]] *eg.* ll. *-au.* Y weithred o benderfynu ymlaen llaw, penderfyniad, bwriad (ymlaen llaw), rhagfeddwl; *Diwin.* rhagarfaeth, rhagordeiniad; peth yr arfaethir ei wneud yn y dyfodol, project, cynllun; rhagdybiaeth; darogan: *predetermination, determination, intention, premeditation, forethought; predestination (in theol.); project; presupposition; forecast.*
1595 *Egl Ph* 48, y penlhu am ei cywreinrwydh ei *rhagbhwriad [sic]*, a phydhlondeb. **16–17g.** *HG* 162, rhac yn bechy fry oer frad / rhag fawrwaith mywn *rhagfwriad.* **1632** *D* d.g. *Composito, Præsagitio.* **1661** E. LEWIS: *Drex* 142–3, Y maent yn treulio eu holl synwyr yn y cyfryw *rag-fwriadau.* **1711** H. POWEL: *TY* 51, pob peth yn dyfod i ben yn ol y *rhagfwriad. id.* 123, Tra yr oeddent yn nattur yr oeddent yn caru y Byd, a'r Byd yn ei [*sic*] caru hwyntau: eithr pan byddo Etholedigaeth yn ymddangos yn ei ffrwyth; pan unwaith eu galwed hwynt yn ol *rhagfwriad*, yna gelynion Dyn y fydd y rhai o'i Dû ei hŷn. **1727** J. JONES: *DFF* 204, pan yw pethau i ddyfod yn sefyll ac yn pwyso ar ei Ragderfyniad a'i *Ragfwriad* ef. **1757** E. EVAN: *GB* 88, Nid ydynt yn pechu yn faleisus, neu yn Ewyllysgar, neu gyda diben a *rhagfwriad.* **1769** J. GRIFFITH: *A* 176, wedi *rhagfwriad* difrifol . . . a gweddi daer. **1772** S. PHILIPPS: *ET* 82, ychydig o Ofal a *Rhagfwriad.* **1780** *W* d.g. *Predetermination, Presumption [a supposition, or an opinion taken up before examination], Presupposal.* **1803** *P, Rhagvwriad*, s. m. . . . A forecasting.

rhagfwriadaf: rhagfwriadu [bf. o'r e. *rhagfwriad*] *bg.a.* Meddwl neu gynllunio ymlaen llaw, bwriadu; rhagdybio; rhagderfynu; rhagordeinio, rhagarfaethu: *to premeditate, deliberate, intend; suppose; predetermine; preordain, predestine.*
1604–7 *TW (Pen* 228) d.g. *præmunio.* **1606** E. JAMES: *Hom* ii. 290, mae rhai pan glywant yr Scruthyrau yn peri ini fyw yn ddiofal heb fyfyrio na rhagfwriadu, yn gwatwaru eu disymldra hwy. **1672** J. LANGFORD: *HDdD* 436, na âd i'm calon i fód gwedi ei llenwi a gofalon y bŷd hwn, gan *rag-fwriadu* beth a fwytawyf, neu a yfwyf. **1701** E. WYNNE: *RBS* 120–1, pettei gennit hôll Sidaneu Tyrus a Phioleu arian i foddi dy iechyd ynddynt, nid yw rhain ôll ond Arfeu oferedd a phechod, sy'n *rhagfwriadu* clefyd yn yr enaid, cyn y dêl yno flys na hiraeth am un o honynt. *id.* 242, fel y bo pechod yn dychwelyd yn anamlach, yn wannach, yn llai ei groeso, ac yn yngwrth, heb ei *ragfwriadu*, eithr ei fawrgasau. **1721** RD: *CFf* [3]1–2, [b]wyta y Ffrwyth gwaharddedig, yr hyn y rhyngodd bôdd i Dduw yn ôl ei ddoeth a'i Sanctaidd Gyngor ei oddef, gan ddarfod iddo *ragfwriadu* ei drefnu ef. **[1761]** *ML* i. 333–4, Gwyn ei fyd a allai wneuthur Urbin neu Angelo o honaw, mae o megys yn *rhag fwriadu.* **1768** RISIART AP ROBERT: *CB* 361–2, os bydd i ddyn *rag-fwriadu* gwneuthur cam. **1780** *W* d.g. *To predetermine.* **1790** T. JONES: *TOS* 143, Mae llawer yn *rhagfwriadu* pa farn i'w rhoddi, cyn ymholi. **1798** T. ROBERTS: *CG* 24, os yw Duw gwedi *rhagfwriadu* hapusrwydd dyn. **1803** *P.*

rhagfwriadedig [bôn y f. *rhagfwriadaf*: *rhagfwriadu* + *-edig*] *a.bfl.* Wedi ei ragfwriadu: *premeditated.*
18–19g. *Llr* C 44, 468, yn Dadwrdd Celwydd *Rhagfwriadedig.* am bethau na wyddaief [*sic*] y gronyn Lleiaf am danynt.

rhagfwriadol [*rhagfwriad* + *-ol*] *a.* Wedi ei ragfwriadu, bwriadol; yn rhagderfynu: *premeditated, aforethought, intentional; predetermining.*
1763 R. THOMAS: *HR* 89, nad oedd câsineb *rhagfwriadol* gennyf atto. *id.* 92, Ynghylch Esau yn gwerthu ei Enedigaeth-fraint . . . yr ydwyf yn awr yn ystyried . . . Mai nid Meddwl burr-bwyll [*sic*] oedd hwn, eithr Meddwl *rhagfwriadol*, trwy wastadol Esgogiad y Galon lygredig. **1798** *WR* d.g. *Prepense.* **1803** *P, Rhagvwriadawl* . . . Predetermining, foredooming.

rhagfwriadus [*rhag-* + *bwriadus*] *a.* Penderfynol; yn rhagfwriadu: *determined; premeditating.*
1650 *B* xxii. 141, [g]wr celfydd rhagolygus a *rhagfwriadus.* **1803** *P, Rhagvwriadus* . . . Premeditating.

rhagfwriaf: rhagfwrw [*rhag-* + *bwriaf*: *bwrw*] *bg.a.* Cymryd (yn ganiataol), bwrw, rhagdybio; bwrw amcan, dyfalu, darogan; taflu allan, bargodi; (geir.) taflu o flaen: *to presume, suppose, presuppose; estimate, guess, forecast; project; (dict.) cast before.*
1604–7 *TW (Pen* 228) d.g. *præiacio. c.* **1688** *YHD* 6, Meddwl lawer am y Bregeth a glywaist, a gwna ryw ddefnydd o honi yr holl wythnos o hŷd . . . Bob boreu trwy 'r wythnos *rhagfwrw* . . . Rhaid i mi farw. **1722** *Llst* 189, *Rhagfwrw.* To fore-cast, guess. **1723** J. JONES: *LlA* 3[3], Weithian dymma Ddyledswydd a'r nid yw yn *rhagfwrw* ac yn gofyn Gwirionedd Grâs yn unig yn y Galon, eithr Grym Grâs. **1725–6** *Madd Ed* 168–9, Dŷn . . . a *ragfwrw* beth a ddichon ddigwydd . . . yn ôl llaw. *id.* 172, *rhagfwrw*'n gâll y cwbl o'r Anhawsdra. **1751** *GIA* 56, nid ar gospi neb mewn ûn môdd, ond yn unig trwy *rag-fwrw* nad ufyddhaont iw eirchion ef. *id.* 102, chwi a ellwch weled, ar ba sail y mae Duw yn *rhag-fwrw*, fod yr annuwiol yn fodlon iw dinistr eu hunain. **1752** J. THOMAS: *FG* 305, *rhagfwrw* am y fath Barotoad tu ag attynt. **1754** R. REES: *GGG* 41–2, O's *rhagfwrwn* hefyd y gorfydd i Ddiafol . . . fod yn bresennol. **1771** *W* d.g. *To cast before, Estimate, To make an estimate of, To presume [presuppose, or take for truth before examination], To presuppose.* **1803** *P.*

rhagfwriedig [bôn y f. *rhagfwriaf*: *rhagfwrw* + *-iedig*] *a.bfl.* Wedi ei ragarfaethu: *predestined.*
1721 RD: *CFf* 23, Er bod Duw yn gwybod yr hyn bynnag a allo fod ar bob *rhagfwriedig* ammodau, etto nid arfaethodd efe ddim o herwydd iddo ei weled megis i ddyfod.

rhagfwynhad [*rhag-* + *mwynhad*] *eg.* Rhagddisgwyliad, mwynhad (o rywbeth) cyn yr amser priodol: *anticipation.*
1770 *W* d.g. *An anticipation.*

rhagfwynhaf: rhagfwynhau [*rhag-* + *mwynhaf*: *mwynhau*] *ba.* Rhagddisgwyl, mwynhau (rhywbeth) cyn yr amser priodol: *to anticipate.*
1815.

rhagfyfyrdod [*rhag-* + *myfyrdod*] *eg.* ll. *-au.* Myfyrdod ymlaen llaw, rhagfwriad, bwriad: *(pre)meditation, intention.*
1630 *YDd* 328, y dyledion sydd iw cyflawni wrth dderbyn y Sacrament sanctaidd, yr hyn a elwir *rhagfyfyrdod (Meditation).* **1672** J. LANGFORD: *HDdD* 75, pan bechoni trwy *Ragfyfyrdod.* **1751** *GIA* 127, ym [*sic*] fy *rhag-fyfyrdodau* am y dydd bendigedic sydd i ddyfod. **1767** *AADdG* 216, rhaid gwneuthur hyn . . . wedi cael rhyw oleuni . . . nid yn ddisymmwth . . . Ond gyd a rhyw faint o *ragfyfyrdod* blaenllaw. **1772** D. RISIART: *HFP* 61, na byddo i *ragfyfyrfod [sic]* ymbarottâol i weddi attal gweddi ei hun. **1776** I. BRYDYDD HIR: *P* i. 32, Ni a ystyriwn yma, *Ragfyfyrdod* y gwr duwiol hwn. **1779** D. DAVIES: *BDED* 98, *rhagfyfyrdod* am y stat wynfydedig honno. **1780** *W* d.g. *Premeditation.* **1803** *P.*

rhagfyfyriad [bôn y f. *rhagfyfyriaf*: *rhagfyfyrio* + *-iad*[1]] *eg.* Rhagfyfyrdod, rhagfwriad: *premeditation.*
1775 *EDPP* 30, Y mae yn beth cyffredin rhyfeddol y dydd hwn hefyd gan ddynion i weddio yn ddiragfyfyrdod. Y mae darllain gweddi mewn llyfr, yn ol ffurf o *ragfyfyriad*, yn awr allan o arfer. **1780** *W* d.g. *Premeditation.* **1792** H. HARRIS: *H* 26, mewn perthynas i swm fy ymadrodd, yr ydoedd oll yn cael ei roddi i'm [*sic*] mewn modd anarferol, heb y *rhagfyfyriad* lleiaf. **1803** *P.*

Bfflrhagfyfyriaf: rhagfyfyrio rhag- + *myfyriaf*: *myfyrio*] *bg.a.* Myfyrio (ar), meddwl neu ystyried ymlaen llaw, cynllunio ymlaen llaw: *to meditate (upon), think or consider beforehand, premeditate.*
1567 *TN* 72b, na rag ovelwch, ac na *rac vefyriwch* pa beth a ddywetoch. **1630** *YDd* 157, *rhagfyfyria* . . . y peth yr wyt ar fedr ei ddywedyd. **1632** *D* d.g. *Præmeditor.* **1680** J. THOMAS: *UN* [x], Y nêb yn drefnus a Siarado, / Yn drefnus dysced *ragfyfyrio*; / Fy hunan dim ni *ragfyfyriais*, / Gan hynny dim fy hun ni ddwedais. **1701** E. WYNNE: *RBS* 209, Ni elli di ond gweneud dy oreu, a gweddio ar Dduw am fendith a gadel y ffynniant arno ef; pellach na hyn nid oes i ti na gofalu na *rhagfyfyrio.* **1704** *Cym Cr* 17, oni *ragfyfyria*'r Galon, rhaid ir Tafod wŷro. **1709** H. POWEL: *G* 59, i rhai shiarad [*sic*] yn anweddus ac yn amharchus wrth weddio . . . efe ellir dywedid hyn hefyd am bregethu, (er *rhagfyfyrio*) yn gystal ac am weddio. **1710** *CBGEL* 81, nad oes antur ŵr yn y bŷd na ymadrodda yn well ac yn fwy defnyddiol, drwy *Ragfyfyrio*, nac allan o law. **1722** *Llst* 189, *Rhagfyfyrio.* To premeditate. **1747** T. EVANS: *DDM* 11, yr hyn y bu efe yn *rhac fyfyrio* er gwneuthur niweid a Cholled iddo. **1776** *W* d.g. *To meditate before-hand.* **1803** *P.*

rhagfyfyriedig [bôn y f. *rhagfyfyriaf*: *rhagfyfyrio* + *-iedig*] *a.bfl.* Wedi ei ragfyfyrio: *premeditated.*
1683 J. JONES: *TG* 59, [ll]efarasant yr hyn a lefarasai Duw wrthynt, neu ynddynt, drwy ei ysprydd, ac nid rhwybeth *ragfyfyriedig [sic].* **1777** W. DAVIES: *CHL* 146, [m]anylrwydd a threfn *rag-fyfyriedig.* **1794** *W* d.g. *Studied.* **1803** *P.*

rhagfyfyriol [bôn y f. *rhagfyfyriaf*: *rhagfyfyrio* + *-iol*] *a.* Wedi ei ragfyfyrio, bwriadol: *premeditated, intentional.*
1633 *Addysg i Farw* 133, [rh]oddi cyngor ysbrydol i'r enaid drwy fod meddylfryd gonest ac amcan diffug i wneuthur lleshâd a daoni i'r claf. Anghoriad *rhagfyfyriol* ar ôl llawn ddehalliad [*sic*] o dueddiad a naturiaeth y claf sydd angenrheidiol iawn; ofer driniad ac ysgafn synniad am fatterion nefol . . . sydd yn fynych yn mawr ddibrisio uchel ac aneirif ddoethineb yr Scrythur Lân. **1672** J. LANGFORD: *HDdD* 374, oddigaeth iti fód mor anhynaws a dewis marwolaeth yn *rhagfyfyriol. id.* 396, [g]weithred bwyllog a *rhag-fyfyriol.* **1731** E. SAMUEL: *AE* 74, Iê a phan bechom o'n gwirfodd ac yn *rhagfyfyriol.* **1794** E. JONES: *CP* 130, *rhag-fyfyriol* lofruddiaeth. **1803** *P, Rhagvyvyriawl* . . . Premeditating.

rhagfygythiaf: rhagfygythio [*rhag-* + *bygythiaf*: *bygythio*] *ba.* Bygwth ymlaen llaw: *to threaten beforehand.*
1770 P. WILLIAMS: *BS, Hos* x, y farn a *ragfygythwyd [sic]* a gyflawnwyd. **1803** *P, Rhagvygythiaw* . . . To threaten beforehand.

rhagfynag [*rhag-* + *mynag*] *eg.* Datganiad ymlaen llaw, rhagymadrodd; ?rhagarwydd; (geir.) datganiad blaenorol: *declaration in advance, introduction; ?portent; (dict.) previous declaration.*
18–19g. *Llr* C 1, 234, Tri *rhagfynag* Cof Ach a Bonedd Gweithredoedd gorchestolion er gwlad a Chenedl, gwybodau gorchestion er Caingynnal Buchedd Bywyd. A Chynneddfau Gorchestion er gwellhâd Moes a Defawd. **1803** *P, Rhagvynag*, s. m. . . . A prior declaration.

rhagfyned [*rhag-* + *myned*[1]] *ba.* Mynd o flaen, digwydd cyn, rhagflaenu, blaenori: *to go or occur before, precede.*
1711 M. MAURICE: *YAD* 230, [b]od Ymwared oddiwrth bechod a Marwolaeth yn dra Siccir a di[og]el i'r holl Etholedigion, nyd yn unig trwy Etholedigaeth, ond trwy Brynnedigaeth, a Rhoddiad neulltuol Gyfammodol i Jesu Christ; yn *rhagfyned* ffydd ac Etifeirwch [*sic*]. **1750** *RBHM* 15, yr Edifeirwch cyntaf, yr hwn sydd yn *rhag'fyned* Ffydd yn Ghrist. **18–19g.** *Llr* C 2, 340, *Rhagfyned*—Rhagflaenu —Rhagflaenori. **1803** *P, Rhagvyned* . . . To go before.

rhagfynediad [*rhag-* + *mynediad*[1]] *eg.* ll. *-au.* Y weithred o fynd o flaen rhywun neu rywbeth neu o ddigwydd cyn rhywbeth, y cyflwr o fod yn gwneud hyn; *Ser.* rhagflaeniad, blaenoriad; *Diwin.* gweithred ragflaenol: *a preceding, precession; precession (in astron.); prevenient action (in theol.).*
1630 *YDd* 21, Tragwyddoldeb . . . heb derfynau o ran *rhagfynediad (precession)*, neu ol-ddilynniad [:– O ran dim â aeth oi flaen neu ddêl, oi ol]. **1636** *Pen* 321, 220b, fe droir drygioni n ddaioni J ni drwy *ragfynediad* yr arglwydd yn yn cospi ni n y byd hwn fel a gallom ddianc n y byd a ddaw. **1790** *RLlD* 93, trwy *ragfynediad* ein harch-offeiriad mawr . . . iddi [y nef]. **1803** *P, Rhagvynediad*, s. m.—pl. t. *au.* . . A precession.

rhagfynedig [*rhagfyned* + *-ig*[2]; ?dan ddyl. yr oldd. *-edig*] *a.* Blaenorol, ?cynfodol, yn bod eisoes: *preceding, ?pre-existing.*
1711 M. MAURICE: *YAD* 101, pa rai ydynt y pethau a wnaed yn berffaith mewn modd graddol? . . . Y rhai a wnaed o ddefnydd rhag-hanfodol . . . neu Elfenau *rhag-fynedig. a.* **1735** *W Ballads* 64, [1], Awdur y *Rhagfynnedig* Annerch.

rhagfynedol [*rhag-* + *mynedol*] *a.* Blaenorol, rhagflaenol; rhagymadroddol; daroganol: *preceding, prevenient; introductory; prognosticating.*
1796 N. WILLIAMS: *HM* ii. 71, yr Haint Digwydd . . . Mewn perthynas i'w arwyddion *rhagfynedol (prognostics).* Mae Arbuthnot yn sylwi, nad oes un clefyd . . . sydd yn fwy dychrynllyd. **1803** *P, Rhagvynedawl* . . . Preceding.

rhagfynedwr, rhagfynedydd [*rhag-* + *mynedwr, mynedydd*] *eg.* ll. *rhagfynedwyr.* Rhagflaenydd: *predecessor.*
1842.

rhagfynegadwy [bôn y f. *rhagfynegaf*:

dynol-ryw. **1799** M. WILLIAMS: *HHG* 60, er yn ei *rag-hanfodol* gyflwr y maent yn gosod iddo wahanol raddau o fawrhydi. **1803** *P.*

rhag-hanffod, gw. **rhag-hanfod**[1].

rhag-hanwyf: rhag-hanfod[2] [*rhag-* + *hanwyf: hanfod*] *bg.* Cynfodoli, rhagfodoli: *to pre-exist.*
1780 *W* d.g. *To pre-exist.*
Gw. hefyd **rhag-hanfodaf: rhag-hanfodi.**

rhag-holiad [*rhag-* + *holiad*] *eg.* ll. *-au.* Holiad neu arholiad ymlaen llaw: *a prior questioning or examination.*
1636 *Pen* 321, 240a, ai fod yn dderbyniwr anheilwng hwn nid ydiw n darparu drwy *ragholiad* (*fore-examination*). **1803** *P, Rhagholiad,* s. m.—pl. t. *au* . . . A questioning beforehand.

rhag-hyfforddaf, rhag-hyfforddiaf: rhag-hyfforddi, rhag-hyfforddio [*rhag-* + *hyfforddaf, hyfforddiaf*[1]: *hyfforddi, hyfforddio*] *bg.a.* Hyfforddi neu gyfarwyddo ymlaen llaw: *to train or instruct beforehand.*
c. **1773** *CAWA* 5, [rh]oddant Henw'r Gwr gyda 'r Rhestr rhagddywededig i 'r Ustusiaid yn eu Eisteddfod, megis y *rhag-hyfforddiwyd.*

rhag-hyfforddiad [*rhag-* + *hyfforddiad*] *eg.* Hyfforddiad neu gyfarwyddyd ymlaen llaw: *prior training or instruction.*
1718 (1721) S. THOMAS: *HB* [iv], Nid ydym yn cyfri yn angenrheidiol ddywedyd dim yma mewn ffordd neilltuol oblegit y pethau [s]ydd gynnwysedig ynddo, gan wybod y medr darllennydd synhwyrol (heb y cyfryw *Rag-hyfforddiad*) wneuthur ddefnydd [*sic*] o honynt ar ei Adeiladaeth. **1743** J. JONES: *LlAW* [i], *Rhag-Hyfforddiad* Ynghylch hael Anrhegu y Llyfr hwn. **1778** T. JONES: *TGEL* [i], Traethawd 1. *Rhag-hyfforddiad.*

rhag-hyfforddiaf: rhag-hyfforddio, gw. **rhag-hyfforddaf: rhag-hyfforddi.**

rhag-hysbysaf, rhagysbysaf: rhag-(h)ysbysu [*rhag-* + *hysbysaf, ysbysaf*: (*h*)*ysbysu*] *bg.a.* Rhag-ddweud, darogan, proffwydo; rhagddangos, rhagddarlunio, cysgodi, rhagarwyddo; gwneud yn wybyddus neu roi gwybod ymlaen llaw: *to predict, foretell, forecast, prophesy; prefigure, foreshadow, typify; make known or inform beforehand.*
1620 *Doeth Sol* xviii. 19, y breuddwydion . . . a *rag-yspyssasent* (**1588** *ib.* arwyddocassent) hyn. **1780** *W, rhagyspysu* mewn cysgod d.g. *To prefigurate, or prefigure.* **1790** W. RICHARDS: *LlA* 34, [bod] y prophwydoliaethau a gynhwysir yno yn *rhag-hysbysu* y fath amrywiaeth. **1803** *P* d.g. *Rhagysbysu.*

rhag-hysbysiad, rhagysbysiad [bôn y f. *rhag-hysbysaf, rhag-ysbysaf*: *rhag-*(*h*)*ysbysu* + *-iad*[1]] *eg.* ll. *-au.* Rhagddywediad, darogan, proffwydoliaeth; hysbysiad ymlaen llaw, hysbyseb: *prediction, forecast, prophecy; preliminary notice, advertisement.*
1765 JM: *DDdC* 17, Galen . . . yn ei lyfr a elwir *Rhaghysbysiad* Dyfroedd Dynol. **1790** W. RICHARDS: *LlA* 46, y mae hefyd y ffyrdd y mae'r offeiriaid yn llygru'r efengyl, a'r gwatworwyr yn ei dirmygu, yn gwasanaethu i brofi ei dwyfol awdurdod, trwy eu cyfattebiad i'w *rhaghyspysiadau.* **1803** *P* d.g. *Rhagysbysiad.*

rhagialaf: rhagial [?*rhagial* yn fe. o'r ardd. *rhag* a'i gymryd yn fôn ferfol] *ba.* a'r be. hefyd fel *eg. Cyfr.* Gwadu neu wrthddweud (cyhuddiad, &c.) yn ffurfiol; gwadiad neu wrthddywediad ffurfiol: *to deny (an allegation, &c.) formally, traverse (in law); formal denial or contradiction, traverse (in law).*
1794 *W, Rhagial* cwyn neu hawl d.g. *Traverse, in Law.* **1794** E. JONES: *CP* 105, Ni cheir symmud un achwyniad, neu indictment, am un esgeulusdra neu drosedd, drwy Certiorari, neu un modd arall, allan o'r fath swyddogaeth, hyd oni *ragialir* [:– Traversed] y cwyn, a chae barn ar y cyfryw. *id.* 107, o's oedd gan Kingsley achos cywir i wrthwynebu ac i *ragial* yr achos. *id.* 150, Traverse—*Rhagial* cwŷn, gwadiad cwŷn heddwch, neu yn enw y brenin. **1803** *P, Rhagial* . . . To controvert.

rhagisel [*rhag-* + *isel*] *a.* Isel (iawn), wedi ei ostwng: (*very*) *low, lowered.*
c. **1400** *Études* vii. 66, Y neb y bo llygeit *rac issel,* yn edrych ryngthaw ar llawr. **1604–7** *TW* (*Pen* 228), rhyw 'scidiæ *rhagisel* d.g. *Baxeæ. id.* lhyseubrenn *rhagisel* d.g. *Cinnamum.* **1803** *P.*

rhaglafar [*rhag-* + *llafar*] *a.* Yn llefaru (?yn gyntaf neu ymlaen llaw): *speaking* (?*first or beforehand*).
Diw. **18g.** *AL* ii. 552, Tri mud gorsedd: un, arglwydd, neu vrenin, sev nid iawn iddo ev vod yn *raglavar,* namyn gwrandaw. **1803** *P, Rhaglavar* . . . a. Prolocutory.

rhaglafarwr, rhaglaferydd, gw. **rhaglefarwr.**

rhaglafn, gw. **rhacllafn.**

rhaglam [*rhag-* + *llam*] *eg.* ll. *-au.* ?Cyrch cyntaf, blaengyrch, blaen yr ymosodiad: *first assault, vanguard of attack.*
12g. *GCBM* i. 193, Coch y lafyn o lat yn ragor, / Yn *raclam* yn raclym eissor. **1803** *P.*

rhaglamaf: rhaglamu, rhaglemain [gair geir., sef *rhag-* + *llamaf: llamu, llemain*] *bg.* Dawnsio, crychneidio, neu gamu ymlaen neu o flaen: *to dance, skip, or step forward or before.*
Dchr. **17g.** *J* 10, 12b, *Rhaglemmain.* præsulto. **17g.** *LlGC* 13215, 344, *Rhaglammu* præsulto. **[1783]** *W, rhaglammu* d.g. *To skip before.* **1803** *P, Rhaglamu* . . . To step forward; to step before.

rhaglan [*rhag-* + *llan*] *e?b.* Cwrt o flaen tŷ; porth neu ragystafell mewn rhai eglwysi Cristionogol cynnar ar gyfer penydwyr, disgyblion bedydd, &c.: *court in front of a house; narthex.*
18–19g. *Llr* C 4, 35, *Rhaglan,* a court before a house. Dr. Wms.

rhaglaw [*rhag-* + *llaw*[1]; tebyg mai dyl. y Llad. *āmanuensis* a welir yn adran (*b*) isod] *eg.* (b. *-es*) ll. *-iaid, rhaglofiaid,* (prin) *rhaglawiau,* (prin) *-on.*
(*a*) Un sy'n rheoli ar ran rhywun uwch ei awdurdod, rhaglyw, dirprwy, yn enw. prif gynrychiolydd yr arglwydd mewn cwmwd; un o amryw o swyddogion gwladwriaeth, llywodraeth, &c. (e.e. (is-)arlywydd, llywydd, is-lywydd, conswl, llywodraethwr, maer, ynad, &c.); uwchgapten; hefyd yn *ffig.*: *vicegerent, viceroy, regent, deputy, esp. the lord's chief representative in a commote; any of various officials of state, government, &c. (e.g. (vice-)president, consul, governor, mayor, magistrate, &c.); major; also fig.*
13g. *LlI* 76, Ac odyna doet er effeyryat ar e *raglau* a dywedet rygaffael y kubyl. **13g.** *D Col* 20, O deruyd y dyn guneuthur cam eg kymut ny hanuo ohonau, ac enteu en anlloedauc a da ydau en y kymut, o delyr ef en y kymut hunnu byt y dyruy a'y camluru e'r *raglau* y kymut y bo endau. **14g.** *WM* 456. 4–7, Mi auydaf porthaór y arthur pob dyẃ kalan ionaẃr. Am *raclouyeit* hagen y uŀydyn eithyr hynny. **14g.** *GDG*[3] 309, Ni'th dditia neb, ni'th etail / Na llu rhugl, na llaw *rhaglaw* [i'r gwynt]. *c.* **1400** *B* xiii. 64, chwant ac enwired y *raclofyeit* a'r swydogyon. **15g.** *GGl*[2] 21, Rhugl abad, rhywiawg loywbor, / *Rhaglaw* cerdd, anrheglyw côr [i Rys, abad Ystrad-fflur]. **1567** *TN* 198b, a' ei llusco ir varchnatva at y *Raclawieit.* **1588** *Dan* vi. 1–2, Gwelodd Darius yn dda osod o honaw ef ar y deyrnas chwe vgain o dywysogion i fod ar yr holl deyrnas. Ac arnynt hwy yr oedd tri *rhaglaw.* **1632** *D, Rhaglaw,* Senescallus, surrogatus, præfectus, præpositus. **1670** J. HUGHES: *AP* 161, [D]uw, yr hwn sy bennaf President neu *Raglaw* yn y Sacrafen hon. **1675** R. JONES: *HCh* 67, *Rhaglaw* Duw yw dy Gydwybod di. **1716** J. MORGAN: *LIT* 10, Ni allwn hefyd osod o'ch blaen Ddiben rhai *Rhaglawon,* y rhai y doeth i'w Cof yn Niwedd eu Hoes bechu o honynt wrth gystuddio'r Cristnogion. **1775** *W* d.g. *Lieutenant, President, Usher of a school.* **1803** *P, Rhaglaw,* s. m.—pl. t. *iau* . . . A deputy, a surrogate; a lieutenant; a vice president.
(*b*) Ysgrifennydd, clerc: *secretary, clerk.*
1604–7 *TW* (*Pen* 228) d.g. *Amanuensis.* **1722** *Llst* 189, *Rhaglaw* . . . a secretary, clerk. **1770** *W* d.g. *An amanuensis.*
Cfn.: **rhaglaw esgob:** *suffragan bishop.* **1778** *W* d.g. *Ordinary* [*an established judge* . . .]. . . *A bishop's ordinary.*

rhaglawaidd, rhaglawiaidd [*rhaglaw* + -(*i*)*aidd*] *a.* Yn gweithredu fel rhaglaw neu ddirprwy, dirprwyol, cynorthwyol (hefyd am esgob); dan awdurdod esgob cynorthwyol; dan lywodraeth proconswl Rhufeinig (am Asia gynt); yn perthyn i raglaw, llywodraethwr, &c.: *acting as a vicegerent or deputy, lieutenant, auxiliary, suffragan; subject to the authority of a suffragan bishop; proconsular (of Asia under the Romans); pertaining to a vicegerent, governor, &c.*
1772 D. RISIART: *HFP* 44, llywodraethwyr (pa un bynnag a'i [*sic*] goruchel neu *raglawiaidd* (*subordinate*)). *id.* 157, y carcharor . . . i'w gadw mewn cadwraeth ddiogel nes cael pellach awdurdod oddi wrth yr arglwyddi *rhaglawiaidd.* **1790** W. RICHARDS: *LlA* 62, esgobion taleithog a *rhaglawaidd.*

rhaglawdy, gw. **rhaglaw** + **tŷ.**

rhaglawes, gw. **rhaglaw.**

rhaglawiad [*rhaglaw* + *-iad*[3]] *eg.* Rhaglaw, dirprwy: *vicegerent, deputy.*
1799 M. WILLIAMS: *HHG* 27, y Chinese . . . y maent yn credu ei fod ef yn llywodraethu pob peth trwy *raglawiad,* ac y maent hwy yn ei alw Laocon Tzanty.

rhaglawiadol [*rhaglawiad* + *-ol*] *a.* Dan lywodraeth rhaglaw, dan lywodraeth proconswl Rhufeinig (am Asia gynt): *governed by a vicegerent, proconsular (of Asia under the Romans).*
1818.

rhaglawiaeth [*rhaglaw* + *-iaeth*] *eb.g.* ll. *-au.* Swydd neu lywodraeth rhaglaw, proconswl, llywodraethwr, arlywydd, &c.; talaith, ardal, &c., dan lywodraeth rhaglaw, proconswl, &c.: *vicegerency, deputyship, proconsulship, governorship, presidency; province, area, &c., governed by a vicegerent, deputy, proconsul, &c.*
13g. *Brut B* 109, a rody tyr a dayar a gwnaeth y Heyngyst ev tewyssavc en *raclovyaeth* Lyndysey, megys e galley kynhal y varchogyon y gyt ac ef. *c.* **1469 (1527)** *Card* 5, 44, ai roi ynllaw ith*raglawiaeth* / Bevnno i wnio aunaeth [*sic*]. **15g.** *GO* 257, Golevo tair *rraglawiaeth* / Ydd oedd, hyd y dydd ydd aeth [marwnad Siôn Eutun ap Siâms]. **1604–7** *TW* (*Pen* 228) d.g. *Apolipolitis, præfectura, præsidium, prouincia.* **1632** *D* d.g. *Præpositura, Proconsulatus.* **1722** *Llst* 189, *Rhaglawiaeth.* f. p. *aethau.* Government, prefecture, province. *c.* **1762–79** W. WILLIAMS: *P* 646, hwy [rhai pendefigion] annogasant gynnifer o giwradiaid plwyfau ag oedd o fewn i'w *rhaglawiaeth* hwy . . . i ddarllain y gweddiau a'r llithiau yn Saisneg. **1770** *W* d.g. *A bailiwic, Electorate* [*the territory, dominion, or government of an Elector*], *Government, A deputy-government* [*lieutenancy or vicegerency*], *Jurisdiction, Lieutenancy, Presidency, Presidentship, Proconsulship, Regency.* **1774** T. JONES: *DG* 137, [d]arostwng y genedl drachefn i *raglawiaeth* estronol. **1775** *PHBA* [ii], Mewn Cyfarfod Swyddogion y 3dd. Fyddin o Ddinas Philadelphia a *rhaglawiaeth* Southwark. **[1795]** W. RICHARDS: *YDY* 18–19, maent hwy wedi ymgynnefino â llyffeitheiriau ufudd-dod, ynghyd â ffrewyllau *rhaglawiaeth* esgobaidd yn hongian uwch eu pennau. **1799** D. JONES: *AP* 18, rhyw ran neillduol o *raglawiaeth* Rufain. **1803** *P, Rhaglawiaeth,* s. f. . . . The office, or jurisdiction of a deputy; a lieutenancy; a prefecture; a vice presidency.
Amr.: **rhaglofiaeth** [1916 yw dyddiad yr engh. nesaf]. **13g.** *Brut B* 109.

rhaglawiaethaf: rhaglawiaethu [bf. o'r e. *rhaglawiaeth*] *bg.* Rheoli fel rhaglaw, llywodraethwr, proconswl, &c.: *to rule as a vicegerent, governor, proconsul, &c.*
1803 *P.*

rhaglawiaethol [*rhaglawiaeth* + *-ol*] *a.* Yn perthyn i raglawiaeth: *pertaining to vicegerency, governorship, proconsulship, &c.*
1803 *P* d.g. *Rhaglawiaethawl.*

rhaglawiaidd, gw. **rhaglawaidd.**

rhaglawiol, rhaglawol [*rhaglaw* + -(*i*)*ol*] *a.* Yn gweithredu fel rhaglaw neu ddirprwy, dirprwyol, cynorthwyol (hefyd am esgob); dan awdurdod esgob cynorthwyol; yn perthyn i raglaw, llywodraethwr, &c.: *acting as a vicegerent or deputy, auxiliary, suffragan; subject to the authority of a suffragan bishop; pertaining to a vicegerent, governor, &c.*
1744 D. ROWLAND: *RY* 193, ar Onest *Raglawiol* (*subordinate*) Bregethwr Mr. Cydwybod. *id.* 195, Mr. Cofiadur, y Pregethwr *rhaglawiol. id.* 305, yn Gaptenaid *Rhaglawiol* (*lieutenants*). **1770** *TG* iv. 17, Yr ydym yn clywed i farchawglu o Russiaid, dan dywys-

iad Ffelaig *rhaglawiol* de Stoffeln ynnill Castell Brailow.

rhaglawr [*rhag-*+*llawr*¹] *eg.* Blaendir: *foreground.*

18–19g. IEUAN LLEYN: *C* 80, Creigydd gerwin mîn y mor, / Crochfaith oedd tonau crychfor; / Llithrigle, a llaith *raglawr*, / Enbyd byw benyd bob awr.

rhaglawyddol [*rhaglaw*+*-ydd*³+*-ol*] *a.* Yn gweithredu fel rhaglaw neu ddirprwy, yn perthyn i raglaw neu ddirprwy: *acting as, or pertaining to, a vicegerent or deputy.*

1827.

rhaglefaraf: rhaglefaru [*rhag-*+*llefaraf*: *llefaru*] *ba.* Dweud ymlaen llaw: *to say beforehand.*

Dchr. **17g.** *J* 10, 12b, *Rhaglevaru.* Præloquor. **1653** *Wy* 12, 321b, Hyn o amnaid talgwtta a welais yn dda-füddiol ei *raglefaru.*

rhaglefarwr, rhaglefarydd, rhaglafarwr, rhaglaferydd [bôn y f. *rhaglefaraf*: *rhaglefaru*+*-wr*, *-ydd*³, a *rhag-*+*llafarwr*, *llaferydd*¹] *eg.* ll. (prin) *rhaglafarwyr.* Llefarydd (yn enw. Llefarydd Tŷ'r Cyffredin), cadeirydd: *speaker* (*esp. Speaker of the House of Commons*), *chairman.*

1780 *W*, *Rhaglaferydd* d.g. *Prolocutor* [*the speaker or chairman in a convocation*]. **1803** *P*, *Rhaglavarwr*, s. m.—pl. *rhaglavarwyr* . . . A prolocutor.

rhaglemain, *be.*, gw. **rhaglamaf: rhaglamu.**

rhaglen [*rhag-*+*llen*] *eb.* ll. *-ni.* Cynllun o ddigwyddiadau, trefniadau, &c., ar gyfer y dyfodol, agenda, maes llafur, cwricwlwm; rhestr (ysgrifenedig neu brintiedig) o'r cyfryw, yn enw. rhestr o ddigwyddiadau, perfformwyr, &c., mewn perfformiad cyhoeddus, prosbectws, poster; darllediad teledu neu radio o'i ystyried fel uned; cyfres o gyfarwyddiadau mewn cod i reoli gweithrediad cyfrifiadur neu beiriant arall: *programme* (*of future events, arrangements, &c.*), *agenda, syllabus, curriculum*; (*written or printed concert, &c.*) *programme, prospectus, poster*; (*television or radio*) *programme*; (*computer, &c.*) *program*(*me*).

1850. Cf. D. OWEN: *RL* 136, Yr oedd rhagluniaeth wrth baratoi *rhaglen* bywyd fel pe buasai wedi anghofio rhoddi profedigaeth ar gyfer enwau Thomas a Barbara Bartley.

Cfn.: **rhaglen gylchgrawn:** *magazine programme.* **20g. rhaglen ddogfen:** (*television, radio, &c.*) *documentary.* **20g. rhaglen y dydd:** *daily programme* (*of eisteddfod, &c.*). **20g. rhaglen nodwedd:** *feature* (*programme*); *variety programme.* **20g.**

rhaglenedig [bôn y f. *rhaglennaf*: *rhaglennu*+*-edig*] *a. bfl.* Wedi ei raglennu (ynglŷn â chyfrifiaduron neu beiriannau eraill, defnyddiau dysgu, &c.): *programmed.*

20g.

rhaglennaf: rhaglennu [bf. o'r e. *rhaglen*] *bg.a.* Cyfarwyddo (cyfrifiadur neu beiriant arall) drwy gyfrwng rhaglen, ysgrifennu rhaglen gyfrifiadurol; cynllunio neu drefnu rhaglenni (teledu, &c.); cynllunio neu drefnu (defnyddiau dysgu, &c.) yn unedau bychain na cheir symud ymlaen drwyddynt heb eu meistroli'n olynol; ?cyhoeddi neu hysbysebu drwy gyfrwng poster: *to program*(*me*); ?*advertise by poster.*

1916.

rhaglennol [*rhaglen* a bôn y f. *rhaglennaf*: *rhaglennu*+*-ol*] *a.* Yn perthyn i raglen neu i raglennu: *pertaining to a programme or programming.*

20g.

rhaglennwr, rhaglennydd [bôn y f. *rhaglennaf*: *rhaglennu*+*-wr*, *-ydd*³] *eg.* ll. *rhaglenwyr.* Person sy'n ysgrifennu rhaglenni cyfrifiaduron: (*computer*) *programmer.*

20g.

rhaglith [*rhag-*+*llith*¹] *eb.g.* ll. *-oedd*, *-iau.* Rhagair, rhagymadrodd, rhagarweiniad, hefyd yn *ffig.*; *Egl.* rhagymadrodd: *preface, introduction, preamble, also fig.*; (*eccl.*) *preface.*

1568 MORYS CLYNNOG: *AG* 1, *Rhaglith.* S[ef]. Adrodd i dowys vn ag megis oi lithio i'r athrawaeth Gristnogawl. *id.* 62, Geiriau . . . nid ydynt chwaith sathredig imisc [*sic*] y cyphredin o gymru. *Rhaglith*, ne Raglwybr, introductio. **1604–7** *TW* (*Pen* 228) d.g. *Introductio, prælectio.* **1618** J. SALISBURY: *EH* 91, Megys *rhaglith* ferr yw hyn o eiriau, neu ddarpariad, ag ymbarattoiad i'r weddi. **1632** *D*, *Rhaglith*, Præfatio, præfectio. **1688** *TJ*, *Rhaglith*, Rhagymadrodd, y llîth flaena: a preface. **1762** D. ROWLAND: *PA* 26, Llyfr Genesis sydd flaenaf o ran Trefn, etto mae pawb yn cyfaddef ei 'scrifennu gan Foses, wedi rhoddi 'r Gyfraith . . . fel *rhag-lith* i Hanes ei Ddyddiau ef. **1764** DEWI NANTBRÂN: *SAG* 82, Ar y cyntaf; eb y Luther, mewn *Rhaglith* iw Weithredoedd eihun, yr oeddwn wrth fy hunan. **1775** *W* d.g. *Introduction to a discourse, &c., Pre-amble, Prelection.* **1776** DEWI NANTBRÂN: *AN* 125, Y sursum corda, a'r *Rhaglith* o flaen y Canon, sydd yn arwyddo ei orfoleddus fyned i mewn i ddinas Caersalem. **1803** *P*, *Rhaglith*, s. m.—pl. t. *oz* . . . A preface.

rhaglithiaf: rhaglithio [bf. o'r e. *rhaglith*] *bg.a.* Cyflwyno (â rhaglith, rhagair, &c.), rhagymadroddi, hefyd yn *ffig.*: *to preface, introduce, also fig.*

1717 IACO AB DEWI: *CS* 141, Ai addas oedd eu bôd [y deg Gorchymyn] wedi eu *rhaglithio* â Rhagym[a]drodd arbennig? **1780** *W* d.g. *To preface.* **1803** *P.*

rhaglithiol, rhaglithol [*rhaglith*+*-*(*i*)*ol*] *a.* Yn perthyn i raglith, rhagair, &c., rhagarweiniol, hefyd yn *ffig.*: *prefatory, introductory, also fig.*

1775 *W*, *Rhaglithawl* d.g. *Introductory, Prefatory, Preliminary* [*Adj.*]. **1803** *P* d.g. *Rhaglithiawl.*

rhaglithiwr, rhaglithydd [bôn y f. *rhaglithiaf*: *rhaglithio*+*-wr*, *-ydd*³] *eg.* ll. *rhaglithwyr.* Ysgrifennwr rhaglith, rhagair, &c.; ?darlithydd: *writer of a preface*; ?*lecturer.*

1803 *P*, *Rhaglithiwr*, s. m.—pl. *rhaglithwyr* . . . One who makes a preface.

rhaglithol, gw. **rhaglithiol.**

rhaglofiaeth, gw. **rhaglawiaeth.**

rhaglofiaid, ff. l., gw. **rhaglaw.**

rhaglofydd [*rhaglof* (cf. y ddwy ff. fl.)+ *-ydd*³] *eg.* ll. *-ion.* Rhaglaw, llywodraethwr: *vicegerent, governor.*

1803 *P.*

rhagluddiaf: rhagluddias [*rhag-*+*lluddiaf*: *lluddias*] *ba.* Achub y blaen ar, rhagflaenu, rhwystro, rhoddi terfyn ar: *to forestall, prevent, stop.*

1710 *LIGG* (*Gos*) 17, i *ragluddias* achwynion Hawlwyr mewn Llysoedd Eglwysig. **1716** IACO AB DEWI: *PTE* 21, Gan hynny mae eu *rhagluddias* hwynt [gwrthryfelwyr] yn Sail a Chyfle tra Rhesymol i roddi Diolch i Dduw. **1725** *SR* d.g. *To Supersede.*

rhaglumanwr [gair geir., sef *rhag-*+*llumanwr*] *eg.* Un sy'n mynd o flaen llumanwr; arweinydd, corn y gynnen: *one who precedes a standard bearer*; (*ring*) *leader.*

1632 *D*, *Rhaglummanwr*, a êl yn nesaf o flaen y faner d.g. *Antesignanus.* **1722** *Llst* 190, 5a, *rhaglummanwr* yr Adlawiaid cynhennus, a leader of the factious mob. **1722** *Llst* 189, *Rhaglummanwr.* That goeth before the standard to defend it. *id. Rhaglummanwr.* m. A ring-leader. **1772** *W* d.g. *Demagogue, Ring-leader, Standard-bearer . . . He that goes before the standard bearer.*

rhaglun [*rhag-*+*llun*¹] *eg.* ll. *-iau.* Cynllun, patrwm, dyluniad; llun(iau) fideo o flaen y llun sydd i'w recordio, &c.; hysbyseb am ffilm sy'n cynnwys darnau byrion o'r ffilm honno: *plan, pattern, design*; *run-up* (*in television*); (*film*) *trailer.*

1803 *P*, *Rhaglun*, s. m.—pl. t. *iau* . . . A prior form.

rhaglunaf: rhagluno, gw. **rhagluniaf: rhaglunio.**

rhagluniad [bôn y f. *rhagluniaf*: *rhaglunio* +*-iad*¹] *eg.* *Diwin.* Rhagarfaeth; cynllun, patrwm, model, cynddelw; ymddangosiad neu ffurfiad blaenorol: *predestination* (*in theol.*); *plan, pattern, model, prototype*; *previous appearance or formation.*

1721 RD: *CFf* 25, Yr Athrawiaeth o'r Dirgelwch uchel hwn o *ragluniad* sydd i'w thrîn gyd â challineb a gofal enwedigol. **1759** T. THOMAS: *WWDd* 199, gan eu cyfrif hwynt (o ran eu *rhagluniad*, a'i arfaeth [*sic*]) yn blant iddo er Trag'wyddoldeb. **1765** J. EVANS: *CPE* 177, Cynddelw a *rhagluniad* eglwys Grist oedd yr eglwys Juddewig. **1798** R. DAVIES: *CG* 96, Gelyniaeth o *ragluniad* / Duw ei hun, rhwng eu dau hâd. **1803** *P*, *Rhagluniad* . . . A preforming. Cf. ISLWYN: *Gw* 636, *Rhagluniad* o'r goleuni / Pur fydd am ein natur ni [am weddnewidiad Crist].

rhagluniaeth [bôn y f. *rhagluniaf*: *rhaglunio*+*-iaeth* a *rhag-*+*lluniaeth*] *eb.* ac yn eithriadol *eg.* ll. *-au.* *Diwin.* Gofal amddiffynnol Duw a'i lywodraeth ddaionus er lles ei greaduriaid (hefyd am enghraifft benodol o hyn), rhagarfaeth; darbodaeth, cynildeb; hefyd yn *ffig.*: (*specific instance of*) *divine providence, predestination* (*in theol.*); *providence, thrift*; *also fig.*

1567 *TN* 169a, ni a gawn weled yma *rhacluniaeth* Dew. **1588** *Job* xxii. cs., ai fod efe yn ammau *rhagluniaeth* Duw, ai lywodraeth. **1588** *Doeth Sol* xiv. 3, dy *ragluniaeth* di o Dâd sydd yn llywodraethu. **1604–7** *TW* (*Pen* 228) d.g. *prædestinatio.* **1630** *YDd* 227, Yr holl *ragluniaethau* goruchel (*Divine disposition*) o'r pethau rhyfeddol hyn. **1664** J. DAVIES: *Art* [9], *Rhagluniaeth* i fywyd (*Predestination to life*), yw tragwyddol arfaeth Duw. **1687** (**1715**) J. OWEN: *TB* 109, gobeithiwn yn *rhagluniaeth* Duw, attebodd hithau yn ei blinder ai ffrwst, wele danfonwch, *ragluniaeth* ir farchnad ac edrychwch beth a ddug hi adref. **1688** S. HUGHES: *TSP* 248, trwy *ragluniaeth* ddaionus yr Arglwydd. **1698** T. JONES: *Art* 14–15, Breuddwŷdio fôd y Trwŷn yn dêg ac yn fawr, sŷdd dda i bawb. Canŷs y mae'n arwŷddo cyfrwŷsder, a Synwŷr, a llwŷddiant, neu *ragluniaeth* mewn busnesau. **1716** E. SAMUEL: *GGG* 32, y mae'n eglur fod yr Hollfyd, tan Rêolaeth a Rhagddarbodaeth y Nefol *Ragluniaeth.* **1752** *ML* i. 212, Mynych mae *Rhagluniaeth* yn ein canfod ymhell bell. **1773** J. JENKIN: *P* 6–7, [d]ynion . . . yn ceisio ynnill bywioliaeth gywir . . . yn niweidio eu hunain, yn torri eu hesgyrn, neu yn syrthio i lawr yn farw; na ddywedwn fod y *rhagluniaethau* hyn yn farnau arnynt. **1793** *Cylchg* 12, ni chaniattaodd *rhagluniaeth* i'r diwygiad mawr hwnnw i wneud pen ar Babyddiaeth. **1803** *P*, *Rhagluniaeth*, s. m. . . . providence. Ar lafar yn gyff., "Odd a fel *ragluniath* iddi orffod tinnu'n ôl ar y funad ddwetha', waith, nw geson' anap budur yn y car a fe laddwd un', *GTN* 676.

rhagluniaethad, gw. **rhagluniaethiad.**

rhagluniaethaf: rhagluniaethu [bf. o'r. e. *rhagluniaeth*] *bg.a.* *Diwin.* Rhagarfaethu, rhagordeinio; ?rhagwybod; darparu; cynllunio: *to predestine, foreordain* (*in theol.*); ?*foreknow*; *provide*; *plan.*

1588 *Jud* ix. 6, dy holl ffyrdd di sy barod, a'th farnedigaethau wedi eu *rhacluniaethu.* **1588** *Eff* i. 5, Yr hwn a'n *rhagluniaethodd* ni i fabwysiad. **1630** R. LLWYD: *LlH* 78, a bod yn ffyddlon, ac yn ddiwid yn eu galwedigaeth er mwyn darparu [:– *rhagluniaethu*] iddynt eu hunain, ac iw teulu. **1632** *D* d.g. *Prædestino, Præfinio.* **1672** J. LANGFORD: *HDdD* 96, Hyn oll sydd raid i ti *ragluniaethu* (*contrive*) ei wneuthur yn yr amser y bo rhai eraill yn Cymmuno. *id.* 404, yr hwn, yn y cwbl a wnaeth ef, ac a ddioddefodd ef troston ni, oedd yn *rhag-luniaethu* (*designed*) ein cymmodi ni ac ef ei hun. **1711** H. POWEL: *TY* 51, Yn yr ystyr hyn ni all dynion *raglyniaethu*, oherwydd ni allant gyda sicrwydd yn y byd ragdrefnu pethau ac sydd etto heb fod. **1743** G. JONES: *HWI* ii. 58, Yr oedd i Grist ddioddef, trwy Arfaeth rasol y Tâd yn *rhagluniaethu* Jechydwriaeth dŷn. **1788** M. WILLIAMS: *BM* 36, nid oes dim ac sy'n digwydd . . . nad yw wedi cael ei *ragluniaethu.* **1803** *P.*

rhagluniaethedig [bôn y f. *rhagluniaethaf*: *rhagluniaethu*+*-edig*] *a. bfl.* *Diwin.* Rhagarfaethedig, rhagordeiniedig: *predestined, foreordained* (*in theol.*).

1807.

rhagluniaethiad, rhagluniaethad [bôn y f. *rhagluniaethaf*: *rhagluniaethu*+*-iad*¹, *-ad*²] *eg.* *Diwin.* Rhagarfaeth, rhagluniaeth ddwyfol: *predestination, divine providence* (*in theol.*).

1711 M. MAURICE: *YAD* 234, os yw Etholedigaeth ar yr ammod o rydd Ewyllys Dyn, nyd yw un Dyn yn cael ei Ddewis ac nyd arall, ond y mae pawb yn unwedd tan *raglyniaethiad* i'r Diben. **1769** *DRh* 55, [yr] athrawiaeth o *Ragluniaethiad.* **1773** J. ROBERTS: *GY*, Epicuriaid . . . a ddaliant . . . nad oes dim *Rhagluniaethiad.* **1800** C. EVANS: *EJU* 32, cyfammod sinai, o ran y *rhagluniaethiad* o hono. **1803** C. EVANS: *FfYI* 3, yn llafaru am bethau yn ei arfaethiad a'i *ragluniaethad* o honynt, megis pe baent yn weithredol wedi eu cyflawni. *id.* 6, Ei fod ef wedi rhag-adnabod y cyfryw fel meibion, mewn *rhagluniaethad.* *id.* 7, mae gair Duw yn gosod *rhagluniaethiad* Duw o'i bobl yn flaenol i'w galwedigaeth.

rhagluniaethol [*rhagluniaeth*+*-ol*] *a.* Yn perthyn i ragluniaeth ddwyfol, yn deillio o ragluniaeth ddwyfol neu nodweddiadol ohoni; ffodus: *providential; fortunate.*

1688 W. FOULKES: *EGE* 104, dy gariad *rhagluniaethol.* *c.* **1762–79** W. WILLIAMS: *P* 550, cyn i efengyl Crist gael ei dwyn yn *rhagluniaethol* iawn i'r ddinas honno. **1763** R. THOMAS: *HR* 59, y rhai oedd Duw yn eu castellu; yr oeddent o fewn ei ofal a'i amddiffynfa *ragluniaethol* er eu bod yn gwbl cynddrwg a minnau. **1769** D. ROWLAND: *CG* 15, trwy fod rhyw ddiwygiad *rhagluniaethol* neu gilydd, yn cyflawnu'r diffyg o ddoethineb ddynol, medr a galluogrwydd, y mae'r hwyrfrydig yn ynnill y rhedfa. **1774** B. FRANCIS: *A* 21, Ei *ragluniaethol* ofal sydd / Yn gwilied drosof nos a dydd. **1783** P. WILLIAMS: *FfA* 23, Nid yw cystuddiau yn dyfod yn ddamweiniol, ond yn *rhagluniaethol.* **1792** H. HARRIS: *H* 25, yr oedd ef [Mr. Whitefield] yn *rhagluniaethol* gwedi clywed peth o'm hanes. **1797** D. DAVIES: *SEG* 102, Ei deyrnas *rhagluniaethol* ef. **18–19g.** JAC GLAN-Y-GORS: *Gw* 21, Tan wir ofal *rhagluniaethol,* / Y nefol dwyfol Dad. **1803** *P* d.g. *Rhagluniaethawl.*

rhagluniaethus [*rhagluniaeth*+*-us*] *a.* Rhagluniaethol; ffodus: *providential; fortunate.*

1672 J. LANGFORD: *HDdD* 434, yn dy holl ymddygiad *rhagluniaethus* tu ac attaf fi. **1768** J. JONES: *HC* 11, Cyd-gofiwn ei wirionedd gwiw, / A'i *ragluniaethus* Rad. **1780** *W* d.g. *Providential.* **1803** *P.*

rhagluniaethwr [bôn y f. *rhagluniaethaf*: *rhagluniaethu*+*-wr*] *eg.* Enw ar Dduw fel yr un sy'n rhagluniaethu pob peth: *name for God in his providential aspect.*

1793 J. HARRIS: *Alm* [3], [T]refnwr a *Rhagluniaethwr* pob peth.

rhagluniaf: rhaglunio [*rhag-*+*lluniaf*: *llunio*] *bg.a.* *Diwin.* Rhagarfaethu, rhagordeinio; gorchymyn, pennu, neu benderfynu (ymlaen llaw); cynllunio, llunio ymlaen llaw, dylunio; darparu; rhagddangos, rhag-gysgodi; darogan, rhag-weld: *to predestine, foreordain (in theol.); decree, determine, or appoint (beforehand); plan, form beforehand, design; provide; prefigure, foreshadow; forecast, foresee.*

1567 *TN* 232a, Can ys yr ei y ragwybu ef, yr vn rei hefyt a *rac/luniawdd* ef y vot yn vnffurf a' delw y Vap ef . . . A'r sawl a *racluniodd* ef, yr ei hyny hefyd a alwodd ef. **1588** *Job* xxii. 28, Pan *ragluniech* di beth, efe a sicrhâ hynny i ti. **1604–7** *TW* (*Pen* 228) d.g. *præformo.* **1620** *Act* iv. 28, I wneuthur pa bethau bynnag a *ragluniodd* dy law a'th gyngor di, eu gwneuthur. **1630** *YDd* 83, os darfu i'n Duw anwyl *raglunio* i ni, gynifer o ddifyrrwch godidog tra fôm yn myned trwy Bochym. *id.* 371, yr hon a ddarfu ei [*sic*] Dduw . . . ei *raglunio,* a'i ragddarparu i ti, er cyn dy eni. **1657** RE: *CDd* 31, rhyfedda . . . fôd yn wiw gan y Duw gogoneddus ymma edrych ar y fâth bryfed . . . ac ydym ni, i *raglunio,* i amddiffin, ac i ladd ei fâb. **1661** E. LEWIS: *Drex* [389], dy holl donniau [*sic*] a th [*sic*] fendithion y rhai a *rhagluniaist* i ni yma yn y byd hwn, ac yn y byd a ddaw. **1725** *SR* d.g. *To prefigure.* **1765** J. EVANS: *CPE* 494, yn *rhaglunio* ac yn rhagddangos . . . gwirioneddau. **1775** E. GRIFFITHS: *GF* iv, wedi eu hamcanu i *raglunio* a chysgodi, yn gystadl ag i arwain i mewn y rhai canlynol. **1788** J. ROBERTS: *AR* 49, y mae Duw er Tragywyddoldeb wedi *Rhaglunio* rhai Dynion i fywyd. **1803** *P, Rhagluniaw* . . . To preform; to forecast, to foresee, to provide.

Amr.: **rhagluno.** **1759** T. THOMAS: *WWDd* 199.

rhagluniedig [bôn y f. *rhagluniaf*: *rhaglunio*+*-iedig*] *a.bfl.* Wedi ei gynllunio neu ei baratoi (ymlaen llaw); *Diwin.* rhagarfaethedig, rhagordeiniedig: *planned or prepared (beforehand); predestined, foreordained (in theol.).*

1632 *D* d.g. *Præcompositus.* **1776** *W* d.g. *Malice prepense.* **1803** *P.*

rhagluniol [bôn y f. *rhagluniaf*: *rhaglunio* +*-iol*] *a.* Rhagluniaethol, hefyd yn *ffig.*: *providential, also fig.*

1719 *TDP* [1], drwy *ragluniol* ewyllys Duw. **1723** J. JONES: *LlA* 140, yn Bravvf o'n Havvl yng Nghariad *Rhagluniol* Duw. **18–19g.** R. DAVIES: *DB* 242, Etto dïau natur dyn / Sy 'n gwingo 'n erbyn trefn *ragluniol* / Diwahanol Duw ei hun. **1803** *P* d.g. *Rhagluniawl.*

rhagluniwr [bôn y f. *rhagluniaf*: *rhaglunio* +*-iwr*] *eg.* ll. *-wyr.* Rhagluniaethwr (am Dduw); cynlluniwr, un sy'n cynllunio (ymlaen llaw), dyluniwr: *name for God in his providential aspect; one who plans (beforehand), designer.*

1810.

rhaglunlyfr [*rhaglun*+*llyfr*[1]] *eg.* ll. *-au.* Llyfr ar ffurf rhaglen addysgu: *programmed book.*

20g.

rhaglwybr [*rhag-*+*llwybr*] *eg.* ll. *-au.* Cyflwyniad, rhagymadrodd, rhagair, prolog, rhaglith, rhagarweiniad; elfennau; cwrs (bywyd); llwybr wedi ei baratoi, llwybr blaenorol; hefyd yn *ffig.*: *introduction, preface, prologue, preamble, preliminary; rudiments; course (of life); prepared or previous path; also fig.*

1568 MORYS CLYNNOG: *AG* [x], *Rhaglwybr* i'r athrawaeth Gristn[ogawl]. *id.* 62, Rhaglith, ne *Raglwybr,* introductio. **1609** *Haf* 24, 366–7, vod kerdd yn gynhyrchol o Dduw . . . a genau ac instrumentau vel i doedai wyr synhwyrol sydd yn dylyn *rha*[*g*]*lwybyr* i henafied . . . mewn arfer achyfarwyddyd. **1651** SIÔN TREREDYN: *MDD* 165, ef y roddir yr enw o edifeirwch weithiau i'r dechreuadau, a'r *rhaclwybrau* paratol [*sic*]. . . sef . . . ofn a dychryn. **1685** G. GRIFFITH: *GA* 61, Modd i gyflawni 'r un, sef, Sancteiddio Enw Duw, a *rhaglwybr* neu fynediad i mewn i'r llall, fforddiad iw Deyrnas. **1696** *GGTY* 82, Myfi yw'r Arglwydd eich Duw, &c. Hwn ydoedd y cywir *raglwybr* i'r rhan hynny or gyfraith a scrifenwyd ar lechau. **1701** E. WYNNE: *RBS* 80–1, danteithion a phêr-aroglau, gwîn a diodydd cedyrn, gnawd i'r rhain ôll erlid Diweirdeb, *Rhag-lwybr* (*prologues*) ydynt i Butteindra. [**1710**] GW. AB IERWERTH: *SB* 32, Mi a roddais yr ystyriaethau hyn o'ch blaen chwi megis *rhag lwybr* i'r traethawd canlynol. **1722** *Llst* 189, *Rhaglwybr* Gramadeg d.g. *The Accidence.* **1725** *SR* d.g. *An Introduction.* **1733** W. WILLIAMS: *TC* 125, y mae ein Iachawdwr yn gwneuthur Ystyriaeth yn *rhaglwybr* Anghenrheidiol i'n milwriaeth Grist'nogol. **1780** *W* d.g. *Pre amble* [*sic*], *Preliminary.* **1803** *P, Rhaglwybyr* . . . A previous path.

rhaglwybraf: rhaglwybro [bf. o'r e. *rhaglwybr*] *bg.a.* Paratoi neu drefnu'r ffordd (ar gyfer), tywys, hyfforddi, hefyd yn *ffig.*: *to prepare the way (for), guide, also fig.*

1604–7 *TW* (*Pen* 228) d.g. *præstruo.* **1722** *Llst* 189 d.g. *To Break the ice (make the way easie).* **1740** G. JONES: *HOG* 1, [y] Rhagymadrodd, ag sy'n tywys, neu'n *rhaglwybro*'r enaid yn y ffordd at Orseddfaingc Grâs. **1770** *W* d.g. *To walk before.* **1803** *P, Rhaglwybraw* . . . To open a path before.

rhaglwybrol [*rhaglwybr*+*-ol*] *a.* Rhagarweiniol, rhagbaratoawl: *preliminary.*

1780 *W,* Hwy a gyttunasant . . . ar ammodau *rhaglwybrawl* d.g. *Preliminary.* **1803** *P.*

rhaglwydd [*rhag-*+*llwydd*] ?*a.* ?Ffyniannus iawn: *very prosperous.*

13g. *GDB* 501, Kyuarwyd Kulwyd, *racl6yd* reet [*sic*].

rhaglyd, rhaclyd [?*rhag-*+elf. anh.] *eg.* Rhagluniaeth; rhagwelediad, rhagolwg: *providence; foresight, forecast.*

1604–7 *TW* (*Pen* 228), *rhagclyd* . . . dyuric Archescop caer llion, yr hwnn a etholassei dwyuawl *rhaclyd* (*BD* 129, weledigaeth). Brut d.g. *prouidentia.* *Dchr.* **17g.** *J* 10, 13a, *Rhag-glud.* providence. **1632** *D, Rhaclyd,* Prouidentia. **1655** R. JONES: *PC* 105, Datcan fawr allu . . . *rhaglyd* [:– rhaglu[ni]aeth] Jôr. **1722** *Llst* 189, *Rhaclyd.* m. Forecast, foresight. **1803** *P.*

rhaglydd, rhaglyddaf: rhaglyddu, rhaglyddol, rhaglyddus, gw. **rhyglydd, rhyglyddaf: rhyglyddu, rhyglyddol, rhyglyddus.**

rhaglyfnaf: rhaglyfnu [*rhag-*+*llyfnaf*: *llyfnu*] *bg.a.* Llyfnu, paratoi (tir) drwy ei lyfnu, hefyd yn *ffig.*: *to harrow, prepare (ground) by harrowing, also fig.*

1595 H. LEWYS: *PA* 48, Y llafurwr synhwyrol . . . a dry ac a eird' y tir, gann i ffaethu ai *raglyfnu.* **1677** C. EDWARDS: *FfDd* 23–4, Gwelodd rhaglunieth Duw yn dda *raglyfnu* peth ar y bŷd drwy philosophyddieth y Groegiaid, a rheolaeth foesawl y Rhufeiniaid, ac yno hauodd yr efengil. **18g.** *Wy* 8, 28b, Ar ol im franaru *rhaglyfnu*'n Ddi glôd, / A hau fy ngheirch gwylltion yn rhwyddion Dan rhôd. **1803** *P.*

rhaglyngesydd, rhaglyngeswr [*rhag-*+*llyngesydd, llyngeswr*] *eg.* Is-lyngesydd: *vice-admiral.*

1794 *W, rhag-lyngeswr* d.g. *Vice-admiral.*

rhaglym [*rhag-*+*llym*] *a.* Llym iawn, ffyrnig iawn: *very sharp, very fierce.*

12g. *GCBM* i. 193, Coch y lafyn o lat yn ragor, / Yn raclam yn *raclym* eissor. *id.* ii. 119, Raclyda6t a'e gletyf uch gwein, / *Raclym* vu yn pannu pennein. **13g.** *A* 10. 13, *raclym* e waeawawr. **1604–7** *TW* (*Pen* 228) d.g. *præacutus.* **1803** *P.*

rhaglymaf: rhaglymu [gair geir., sef bf. o'r a. *rhaglym*] *ba.* Miniogi, gwneud yn flaenllym: *to sharpen, make pointed.*

1604–7 *TW* (*Pen* 228) d.g. *præacuo* (hefyd *D*). **1803** *P.*

rhaglys [*rhag-*+*llys*[1]] *eg.* ll. *-oedd.* Llys maenor, cwrt lît: *court leet.*

1764 (1800) *MA*[2] 708b. 23–7, fe ymroddes Gruffydd ap Rhys i alw attaw y Gwyr Doethion a'r Ysgolheigion . . . a threfnu Llys ym mhob Cantref, a *Rhaglys* ym mhob Cwmmwd. **1803** *P, Rhaglys,* s. m. —pl. t. *oz* . . . the court of a comot, a court leet.

rhaglythyr [*rhag-*+*llythyr*] *eg.* Rhagymadrodd, rhagair: *introduction, preface.*

1755 *GAGC* 4, Y *Rhaglythyr.*

rhaglyw [*rhag-*+*llyw*] *eg.* (b. un. *-ies*) ll. *-iaid, -iau.* Un a benodir i lywodraethu gwladwriaeth oherwydd bod y brenin neu'r frenhines dan oed, yn absennol, neu'n analluog, rhaglaw, dirprwy lywodraethwr, arweinydd, hefyd yn *ffig.*: *regent, deputy governor, leader, also fig.*

14g. *GDG*[3] 29, *Rhaglyw* afael yw, neu ofeiliant—poen, / Ceinlliw haf oroen, caen llifeiriaint [marwnad Ifor a Nest]. [**1783**] *W* d.g. *Regent.* **1803** *P, Rhaglyw,* s. m.—pl. t. *iau* . . . A deputy governor.

rhaglywiaeth [*rhaglyw*+*-iaeth*] *eg.* ll. *-au.* Swydd rhaglyw, swydd dirprwy lywodraethwr; cyfnod rhaglywiaeth Siôr, Tywysog Cymru, rhwng 1811 a 1820: *regency, deputy governorship; Regency (period).*

[**1783**] *W* d.g. *Regency.* **1803** *P, Rhaglywiaeth,* s. m. —pl. t. *au* . . . A deputy governor [*sic*], a vice presidency, a prefecture. Cf. *Bl D* 135, Awdl Ar *Raglywiaeth* ein grasusaf Frenin Sior.

rhaglywiaf: rhaglywio [*rhag-*+*llywiaf*: *llywio* neu f. o'r e. *rhaglyw*] *bg.* Dirprwyo, arwain: *to deputize, lead.*

1632 *D* d.g. *Præmoderor.* **1803** *P, Rhaglywiaw* . . . To rule as a deputy.

rhaglywiawdr, rhaglywiawdwr [*rhag-*+*llywiawdr*[1], *llywiawdwr*] *eb.g.* ll. *rhaglywiodron, rhaglywiawdwyr.* Rhaglaw, Arglwydd Raglaw, dirprwy lywodraethwr, cynrychiolydd Iesu ar y ddaear (am y Pab neu Sant Pedr): *lieutenant, vicegerent, Lord Lieutenant, deputy governor, vicar (of the Pope or St. Peter).*

1632 *D, rhaglywiawdr* d.g. *Præses.* **1722** *Llst* 189, *Rhaglywiawdr.* m. as Rhaglaw. **1776** *W* d.g. *Lieutenant, Lord lieutenant of a province.* **1799** *TY* 52, Syr Egerton Leigh oedd yn y Gadair, fel *Rhaglywiawdwr.* **1803** *P, Rhaglywiawdyr* . . . pl. *rhaglywiodron* . . . A deputy governor.

rhaglywies, gw. **rhaglyw.**

rhaglywodraethwr [*rhag-*+*llywodraethwr*] *eg.* ll. *rhaglywodraethwyr.* Dirprwy lywodraethwr: *deputy governor.*

c. **1762–79** W. WILLIAMS: *P* 255, [p]lant i rieni crist'nogol; naill a'u [*sic*] wedi eu cymmeryd mewn rhyfel . . . neu eu rhoi gan y *rhag-lywodraethwyr* o'r amryw ardaloedd. **1784** M. WILLIAMS: *S* 153, Pob mab i'r ymerawdwr sy'n cael y titl o Sultan; a phob merch Sultanes; a phob *rhag-lywodraethwr* Nabob neu Rajas.

rhaglywydd [*rhag-*+*llywydd*] *eg.* ll. *-ion.* Rhaglyw, rhaglaw, Arglwydd Raglaw, dirprwy lywodraethwr, is-lywydd, darpar lywydd: *regent, vicegerent, Lord Lieutenant, deputy governor, vice-president, president elect.*

1606 E. JAMES: *Hom* i. 145, enneiniog frenhin, yr hwn yw rhaglaw a *rhaglywydd* Duw, a'i swyddog ef yn y wlâd y mae efe yn frenhin.

rhaglywyddol [*rhaglywydd*+*-ol*] *a.* Yn

gweithredu fel rhaglyw, yn perthyn i raglywiaeth: *acting as regent, pertaining to a regency.*
1827.

rhagllafn, gw. rhacllafn.

rhagllaw, gw. rhag—rhag llaw.

rhagman, ragman[1] [?bnth. S. C. *raggeman*; tywyll yw'r enghrau. isod, a rhoddir yr ystyr ar sail nodiadau'r golygyddion; am esboniad arall, gw. *ZCP* xlviii. [29]–33] *eg.* ?Diafol, hefyd yn *ffig.*: *devil, also fig.*
15g. *IGE*[2] 230, Gwn beth ddorwn byth eres, / Ynial yw er na wna les, / Rhod y dynghedfen a'i rhan / A rhyw igmars a *rhagman* (Ieuan ap Rhydderch). **15g.** *GLGC* 352, Siôn fawr ar orwydd ni ddiswyddir, / Siôn fychan *ragman* i geirw Wigmor.

rhagnant [*rhag-*+*nant*] *eb.* ll. *rhagnentydd.* Nant neu afon sy'n llifo i afon fwy neu i lyn, llednant, isafon: *tributary.*
20g.

rhagnawdd [*rhag-*+*nawdd*] *eg.* ll. *rhagnoddau.* Moddion sy'n cadw iechyd neu'n amddiffyn rhag afiechyd neu wenwyn; rhagofal: *preservative (in med.), prophylactic; precaution.*
1780 *W* d.g. *Preservative.* **1803** *P.*

rhagnawn [*rhag-*+*nawn*, ar ddelw'r S. *forenoon*] *eg.* Y rhan o'r dydd cyn canol dydd: *forenoon.*
1850.

rhagnegesydd [*rhag-*+*negesydd*] *eg.* Trafaeliwr (masnachol); rhagredegydd, yn *ffig.*: *commercial traveller; harbinger, fig.*
1814.

rhagneuadd [*rhag-*+*neuadd*[1]] *eb.* ll. *-au.* Cyntedd, porth: *entrance hall, porch, vestibule.*
1551 W. Salesbury: *KLl* xxviiib, ef aeth allan o yno yr *rac neua[dd]* [:– Ports]. *Dchr.* **17g.** *J* 10, 13a, *Rhagneuadd.* porch. vestibulum. **1803** *P, Rhagneuadd*, s. f.—pl. t. *au* . . . A hall of entrance.

rhagno, rhacno [tebyg fod testun *A* yn llwgr; seiliwyd y diffiniad ar y geiriaduron] *eg.* Cyngor, rhybudd, rhagfwriad: *counsel, warning, premeditation.*
13g. *A* 13. 4–5, ystre *ragno* ar y anghat. *c.* **1470** *B* ii. 235, *ragno*, kyngor. **1632** *D, Rhacgno*, Est Cyngor, ait D[auid] P[owellus]. Potiùs, Præmeditatio, præmansio, ruminatio. A Rhag, & Cnoi. **1688** *TJ, Rhacgno*, Cyngor, hefyd Rhybŷdd: Advice, Counsel, also premeditation. **1722** *Llst* 189, *Rhac-gno.* m. Premeditation. **1725** *SR* d.g. *Councell, Preindication.* **1772** *W* d.g. *Deliberation [a deliberating, consideration, &c.].*

rhagnod [*rhag-*+*nod*[1]] *eg.* ll. *-au, -ion.*

(*a*) Rhagarwydd, argoel: *foretoken, sign.*
1683 J. Jones: *TG* 68, Wele un *Rhagnod* ychwaneg; y rhan honno o Israel a bechodd ac nad ufuddhaodd i lais duw. **1701** E. Wynne: *RBS* 181, fel y mae'r Gobaith o iechydwriaeth yn gychwynfa dda tu ac atto, felly mae anobaith yn *rhagnod* hyspys i dragwyddol ddestryw. **1803** *P, Rhagnod*, s. m . . . *au* . . . A mark before; a prior mark.

(*b*) Coma: *comma.*
1879.

Gw. hefyd **rhagnodyn.**

rhagnodaf: rhagnodi [*rhag-*+*nodaf*[1]: *nodi*] *ba.*

(*a*) Nodi neu ddweud ymlaen llaw, tystio ag arwydd, darogan; nodi ynghynt; ordeinio: *to note or say beforehand, attest with a sign, foretell; note previously; ordain.*
1604–7 *TW* (*Pen* 228) d.g. *præsigno.* *Dchr.* **17g.** *J* 10, 13a, *Rhagnodi* . . . Præstituo. **1632** *D* d.g. *Prænoto.* **1701** E. Wynne: *RBS* 164, Caniattâ hyn O Frenhin y brenhinoedd er ei fwyn Ef trwy'r hwn y *rhagnodaist* ni i'th [*sic*] holl drugareddau a'th addewidion. **1776** *W* d.g. *To mark before, To prescribe.* **1803** *P.*

(*b*) *Meddyg.* Argymell neu orchymyn defnyddio (cyffur neu feddyginiaeth arall), yn enw. trwy ragnodyn swyddogol: *to prescribe (drug or other remedy) (in med.).*
20g.

rhagnodedig [bôn y f. *rhagnodaf*: *rhagnodi* +*-edig*] *a.bfl.*

(*a*) Rhagddywededig, wedi ei grybwyll eisoes; wedi ei ragfynegi: *aforesaid, aforementioned; foretold.*
1710 *LlGG* (*Gos*) 17, [y] Dirprwywr . . . âg e'n anghymmwys wrth a ragdraethwyd . . . a gaiff fyn'd tan yr un Gôsp yn y modd a'r dull *rhagnodedig.* *id.* 18, os â rhi'r Dyfynwyr awduredig dros y *rhagnodedig* derfyn . . . y sawl a'u hawdurdodo . . . a ddiswyddant y rhai a fo dros ben y rhifedi terfynedig. **1765** J. Evans: *CPE* 28, y mae gwyr o ddysg yn amlygu, bod dyfodiad Joan Fedyddiwr i bregethu yn yr anialwch, yn cyfatteb, ym mhob sut, i 'r amser *rhagnodedig* hwnnw. *id.* 32, [p]an gyflawnwyd y tair blynedd a phedwar ugain a phedwar cant *rhagnodedig* gan y prophwyd Daniel.

(*b*) *Meddyg.* Wedi ei ragnodi: *prescribed (in med.).*
20g.

rhagnodiad [bôn y f. *rhagnodaf*: *rhagnodi* +*-iad*[1]] *eg.* ll. *-au.*

(*a*) Yr hyn a nodir neu a ddywedir ymlaen llaw, nodyn rhagymadroddol: *that which is noted or said beforehand, introductory note.*
1803 *P.*

(*b*) *Meddyg.* Rhagnodyn: *prescription (in med.).*
20g.

rhagnodol [*rhagnod*+*-ol*] *a.* Yn gorchymyn neu'n cyfarwyddo; yn nodi ymlaen llaw: *prescriptive; noting beforehand.*
1803 *P, Rhagnodawl* . . . Marking before.

rhagnodyn [*rhag-*+*nodyn*] *eg.* *Meddyg.* Cyfarwyddyd meddyg (fel arfer wedi ei ysgrifennu) ar gyfer moddion a'r defnydd ohonynt: *prescription (in medicine).*
20g.

rhagnoddwr [*rhag-*+*noddwr*] *eg.* ll. *-wyr.* Dirprwy noddwr: *vice-patron.*
1814.

rhagnyth [*rhag-*+*nyth*] *eg.* ll. *-od.* Nyth, nythfa: *nest, nesting place.*
Dchr. **15g.** *IGE*[2] 208, Mwy no rhegen mewn *rhagnyth*, / Am nith Fair, ni thewi fyth [Llywelyn ab y Moel i'r tafod]. **1803** *P.*

rhagnythaf, rhygnythaf: rhagnythu, rhygnythu, rhygnytha [?*rhag*+*nythaf*: *nythu*; ansicr yw'r engh. gyntaf (cf. y ddihar. y ceir amryw ff. arni d.g. *rhagreithiaf*[1]: *rhagreithio*), a thywyll yw'r ail] *bg.* Paratoi nyth, nythu, swatio; symud yn aflonydd, aflonyddu: *to (prepare a) nest, nestle; fidget, grow restless.*
c. **1400** *J* 1, 1082, *Racnythat* [*sic*] iar kynnoedodi. **16g.** Bedo Hafesb, &c.: *Gw* 46, hwnn o bell fal hoen y bi / a Roe fram oi refr imi / o Dof iddo Dew fowddyn / ef a gach i afu gwynn / oer i gwnaeth ai *Rhygnythu* / i fin yn Din fonyn Du [i ateb dychan gan Ieuan Tew Brydydd]. *Dchr.* **17g.** *J* 10, 13a, *Rhagnythu.* to nestle. **1632** *D* (*Diar*), *Rhagnythed* iâr cyn dodwi. **1722** *Llst* 189, *Rhygnythu* . . . To nestle. *c.* **1730** *Thos. Lloyd D* (LlGC) 197b, *Rhagnythu.* Nidum paro. **1773** *W* d.g. *To fidge, fidget.* *id.* *Rhagnythu*, vulgò *rhygnythu* d.g. *To nestle about [as a hen when her laying-time approaches].* **18–19g.** *Llr* C 30, 201, *Rhagnythu, Rhygnythu*, Glam. to nestle. **1803** *P, Rhagnythu* . . . To prepare a nest. Ar lafar ym Morg., cf. *LlGC* 1172, 60, *Rhygnytha* = getting restless. 'Pwy *rhygnytha* wyt ti blentyn?' . . . applied to a hen that fidgets about in the straw, or hay, trying to find a place to build her nest in[,] 'Ma'r iâr yn *rhygnytha*'n fudyr, mae [*sic*] bron myn'd i ishta'.

rhagobaith [*rhag-*+*gobaith*] *eg.* ll. *rhagobeithion.* Gobaith: *hope.*
1848.

rhagoben [*rhag-*+*goben*] *eg.* *Gram.* Y sillaf olaf ond dwy mewn gair, y sillaf cyn y goben mewn gair: *the antepenultimate.*
1928.

rhagobennol [*rhagoben*+*-ol*] *a.* *Gram.* Yn perthyn i'r sillaf olaf ond dwy mewn gair: *antepenultimate (adj.).*
20g.

rhagochel[1] [*rhag-*+be. *gochel*] *eg.* ll. *-ion.* Rhybudd; gofal, pwyll; rhagofal: *a warning; caution; precaution.*
1677 R. Jones: *BB* 69, mi a'ch gwnaf yn gydnabyddus â'i ystyriaeth, trwy yr ychydig *rag-ochelion* (*cautions*) eglurawl [diwyg.] hyn.

rhagochelaf: rhagochel[2] [*rhag-*+*gochelaf*: *gochel*] *ba.* Atal, osgoi: *to prevent, avoid.*
1803 *P.*

rhagochelgar [*rhag-*+*gochelgar*] *a.* Gochelgar, gwyliadwrus: *cautious, wary.*
1730 Iaco ab Dewi: *YL* 66, yn *rhag-ochelgar* rhagorol (*exceeding warie*).

rhagocheliad [*rhag-*+*gocheliad*[1]] *eg.* ll. *-au.* Rhagofal; rhybudd: *precaution; a warning.*
1710 *LlGG* (*Gos*) 7, [d]igon o gyfryw *ragocheliadau* a namiau (*cautelis & exceptionibus*) rhag pob Coelgrefydd ac amryfusedd Pabaidd. **1722** *Llst* 189, *Rhagocheliad.* m. Precaution. **1790** *Prif Crist* 2, yr wyf yn tybied yn gymmwys roddi *rhagocheliad* i'r darllenydd . . . fel na byddo'r amrywiol ddull hyn o ymadrodd beri dim camsynniad neu anrhefn yn nëalldwriaeth y darllenydd. **1803** *P.*

rhagocheliadol [*rhagocheliad*+*-ol*] *a.* Rhagofalus: *precautionary.*
1780 *W* d.g. *Provisional [of the nature of a provision or caution].*

rhagod[1] [?*rhag-*+elf. anh.; dichon mai i'r f. *rhagodaf*: *rhagod* y perthyn rhai o'r enghrau. isod] *eg.* ll. *-ion.* Ymosodiad dirybudd o safle guddiedig, y weithred o aros mewn safle guddiedig er mwyn ymosod yn ddirybudd; atalfa, rhwystr, llestair, llesteiriad, byffer (rheilffordd): *ambush; obstacle, obstruction, hindrance, impediment, restraint, (railway) buffer.*
12g. *LL* 120, ycyfreith idi ynhollaul. o leityr o latrat. otreis . . . o cynluyn hac o losc . . . o*rachot.* **12g.** *GCBM* ii. 118, Camp *ragod* aruod, arueitya6—ac aryf / Ac arhos heb gilya6. **13g.** *LlI* 10, E navd [gwas ystafell] yv o'r pan el e keyssyav beych guellt adan e brenhyn a guedy ed el y guneythyr y wely a thanu e dyllat arnav ene tenno trannoeth y arnav, dven e den hep erlyt, hep *ragot.* **15–16g.** *GRB* 4, Yn ŵr pan oeddud yn nôd deuddengmlwydd / ar hugain, f'arglwydd, bu fawr *ragod*: / gwaith Siddas o gas gosod bradychu / a fu i'th werthu, gwae ef o'th wrthod. *Dchr.* **17g.** *J* 10, 12b, *Rhagawd.* s. *Rhagodion.* **1632** *D, Rhagod* . . . Impedimentum. *id. Rhagodion*, Remoræ. **1722** *Llst* 189, *Rhagod* (sub) m. An hindrance, stop; ambush; delay, rub, obstacle. **1774** *W* d.g. *Hank [a tie, check, or influence].* **1803** *P* d.g. *Rhagawd.* Ar lafar yn y ff. *rhagod* a *rhacod* yn ardal Brynaman, cf. *B* x. 131, Pan fo afon neu nant yn rhedeg drwy dir fferm, a ffin y fferm yn digwydd croesi'r afon, rhoir polyn neu bolion, neu weir bigog, neu ddrain, neu'n wir unrhyw beth ar draws yr afon rhag i'r gwartheg groesi'r ffin gyda'r dŵr . . . Deallaf hefyd fod y gair . . . yn fyw yng Ngwynfe, yr ochr draw i'r Mynydd Du.

rhagod[2], ff. 2 un. yr ardd. rhed. *rhag* mewn Cym. C.

rhagodaf: rhagod[3] [bf. o'r e. *rhagod*[1]; ansicr yw'r engh. gyntaf yn adran (*c*) isod] *bg.a.*

(*a*) Llechu ac ymosod ar, dallgipio, cymryd gafael yn, cipio, dal; dal, gyrru, neu gasglu (anifeiliaid) ynghyd, hela; hefyd yn *ffig.*: *to ambush, waylay, seize, snatch, catch; catch, drive, or round up (animals), hunt; also fig.*
12g. *GCBM* i. 118, Trydet yw ar dec a digaun—raclod, / Yn *ragod* ragorda6n. **13g.** *Brut B* 50, Ac ena pan wybv Bran henny, kynnvllav y lu a gwnaeth, a'r nos honno ev *ragot* oc ev blaen. **13g.** *BD* 174, kerdvs y niuer hvnnv yny gavssant lle adas y eu *ragot*, ac ymgudyav yno. A'r bore trannoeth kychuyn a oruc y Brytannyeit a'r carcharoryon. Ac ual yd oedynt yn dyuot parth a'r lle yd oed y pyt, kyuodi a oruc guyr Ruuein ac eu kyrchu yn dirybud ac eu guasgaru. **14g.** *BT* 80, maredud a anuones gweissyon yeueing y *ragot* y brenhin y neb vn wrth allt yfford ydoed yn dyuot wrth y erbynnyeit a bwaeu ac asaetheu. **14g.** *GDG*[3] 378, Llym arf grym, llyma f'aur gred, / Lle y'th roddaf llaw a thrwydded: / Rhag bod yng nghastell celli / Rhyw gud nos i'n *rhagod* ni [i gleddyf]. *c.* **1400** *YCM*[2] 193, paret Hu Gadarn auory tri emys y gyt y redec, a minneu a'e *ragodaf* ar eu hystlysseu. **15g.** *DGG*[2] 40, Gwaith teg yw marchogaeth ton / I *ragod* pysg o'r eigion. **15g.** *BB* 182, dethol pymptheng Mil o wyr aruawc. Ac ev gellwng o hyt nos or blaen y *ragot* y carcharoreon. ac y geisiaw ev rydhav. **15–16g.** *GIF* 89, *Rhagod* Lang Lewys, a rhwygaw'r cylla / a'r ceilliau oedd wrthaw. **16g.** *B* v. 118, Trystan gynheddfav hynod / nid ydem ith ydnabod / tevlv arthvr sydd ith *ragod.* **16g.** Wiliam Llŷn: *Gw* (R. Stephens)

(At.), *ragod*, achvb. **1719** IACO AB DEWI: *TG* 158, Canys oni buasei fod tueddiad ynom ni, i ofni bwrw allan, ni buasei raid i Grist fel pe buasei yn *rhagod* ein Hofn ni (*waylaid our fear*). **18g.** I. BRYDYDD HIR: *Gw* 82, Oedd o gad giliad y gwelwon—Ffrancod, / Oedd yno'n *rhagod* rhygaeth weision. Clywir *racod* yn nwyrain Morg. yn yr ystyr 'casglu anifeiliaid ynghyd', ''Ödd a byth yn lico gweld y ci'n *racod* y da'; 'ci *racod*'.

(*b*) Gosod rhagod ar (ffordd, &c.), meddiannu (tir, &c., am lu arfog): *to set an ambush on* (*road, &c.*), *occupy* (*land, &c., of armed force*).

c. **1400** *YCM*[2] 137, 'Kerda yn gyflym . . . a chymer vil o getymeith, a *ragodwch* y ffyrd, a'r mynyded, rac caffel arnam wall, a chaffel collet yn dirubud y gan yn gelynion.'. . . A chyn teruynu y atteb, brathu y varch y *ragot* y mynyded ar ffyrd y gyt a mil o getymeithon. *c.* **1400** *RB* ii. 218, Ar rufeinwyr . . . aetholassant pymthegmil o wyr aruaðc ac ae gellygassant hyt nos *yragot* yfford ytebygynt eu mynet trannoeth. **1604–7** *TW* (*Pen* 228), *rhagot* phordh d.g. *Insideo, Insidior.* **1632** *D*, Rhagod . . . *Rhagod* ffyrdd, præoccupare & obsidere vias. **1753** *TR*, Rhagod . . . *Rhagod* ffyrdd, to get to the ways aforehand, and to lie in wait in them, ready to do mischief.

(*c*) Atal, rhwystro, lluddias, llesteirio, ffrwyno, gwrthsefyll, gwrthwynebu, peidio â chefnogi, anghefnogi: *to prevent, obstruct, hinder, restrain, resist, oppose, discourage.*

15g. GWILYM TEW: *Gw* 515, Enwi ei gwallt, ym un gwaith, / Yn felyn a wnaf eilwaith; / O'i llen gêl ei llun a gaf; / Ar y gwydr y *rhagodaf.* **1567** *TN* 304a, anyd rwystro [:– llestair, lludd, deor, *rragot*] o Satan nyni. **1606** E. JAMES: *Hom* ii. 286, cyfarwyddyd hefyd yn erbyn pob peth ac sydd yn ein *rhagod* [:– Attal] neu yn ein rhwystro ni i fywyd tragwyddol. **1632** *D*, *Rhagod*, Impedire, remorari, obuiare. **1651** SIÔN TREREDYN: *MDD* 274–5, Och gwae, pa sawl mil o eneidiau yn y byd a rhwystrir, ie a lwyr *ragodir* rhac cael gorphwysder yn yr Arglwydd. **1652** *Cylchg LlGC* vii. 193, y mae yn addas sefyll ar yr adwy a *rhagod* dichellfwriadau anystywallt blant anwybodaeth. **[1725]** *TS* 134, Cymmerwch Grist ymmaith, a Gollyngfa Trugaredd a gwymp i lawr, ac Afon Trugaredd a *ragodir* (*the current of mercy stopt*). **1765** J. EVANS: *CPE* 29, mae 'r prophwydi yn *rhagod* yr wrthddadl hon fel hyn. *id.* 80, efe [Joseph] a'i cymmerodd hi [Mair] i'w dŷ, i fod yn gyssur ac yn ymgeledd iddi hi a'i phlentyn, ac i *ragod* enllibiau y drwg-dybus. **1775** E. GRIFFITHS: *GF* 284, Darfu hyn *ragod* (*discouraged*) eraill yn yr eglwys rhag gwneuthur y fath beth. **1776** I. BRYDYDD HIR: *P* i. 220, suddo yn anescorol dan allu profedigaeth, nad ellir na'u *rhagod* na'u gochel. **1803** *P*, *Rhagawd* . . . to stop, to hinder. Ar lafar ym Morg. yn yr ystyr 'rhwystro', *TGG* (1904) 47; 'os bydd plentyn bach yn cerdded, a rhywun yn ceisio'i rwystro, dywedir wrth hwnnw "paid â'i *ragod* e"; neu pan symudir gwartheg o'r mynydd i ryw gae, a bod bwlch ar y ffordd na fynnir i'r gwartheg fynd drwyddo, rhoir rhywun i aros yn y bwlch "i *ragod* y da"', *B* x. 131; 'ragotwr . . . i *racod* y cols rog cwmpo mæs', *GTN* 676; 'Raid *racod* yr 'en gwrcyn rog byta bwyd y gæth fæch', *id.* 679.

(*d*) Cysgodi, diogelu, arbed: *to shelter, protect, save.*

Ar lafar yn ne-ddwyrain Morg., ''Ddaw neb i gwnnu llaw i dy *racod* ti, cofia', ''Odd y ceffyl yn sefyll wth y berth i *racod* rog y glaw', 'Ma bràg bach o goed un ochor i'r tŷ, iddi *racod* a rog y gwynt', *GTN* 679; hefyd yn yr ystyr 'cadw (tŷ)', 'Ma fa wedi colli 'i wraig, ond ma ginto ben-forwn a ma 'i'n *racod* 'i dre' fa'n ddæ iawn', *ib.*

Amr.: **rhagodi.** *Dchr.* **17g.** *J* 10, 12b, *Rhagodi.* to prevente, obmolior. **17g.** *LlGC* 13215, 344, *rhagodi*-ffordd [*sic*], obsideo. **1803** *P.*

rhagodfa [*rhagod*[1] + *-fa*] *eb.* ll. *-fâu*, (prin) *-faon, -faoedd, -feydd.* Rhagod, cynllwynfa, trap, magl; ?rhwystr: *ambush, ambuscade, trap, snare;* ?*obstruction.*

13g. *HGK* 22, y kynullvs enteu llu y holl vrenhinyaeth, ac y kerdus ene erbyn ef, urth wneithur *ragotvaeu* idav en lleoed keuing pan disgynnei o'r menyd. **14g.** *DPh* 87, a phan doethant yr demyl y mewn ynychaf *ragodua* o bob parth yn eu kyrchu (*undique ex insidiis occurrunt*). *c.* **1588** *B* ii. 235, *rhagodva*: cynllwyn, insidiae, ambushe. **1604–7** *TW* (*Pen* 228) d.g. *Insidiæ. Dchr.* **17g.** *J* 10, 12b, *Rhagodva.* insidiæ. subsessa. **1707** *AB* 219d, *Rhagodva*, Cynlhwyn. V. A trap, a snare, an ambush. **1722** *Llst* 189, *Rhagodfa.* f. An ambush, trap, snare. *c.* **1762–79** W. WILLIAMS: *P* 454, Mae yn y wlad hon bont ar yr afon Danub . . . a'r bont hon sy'n *rhagodfa* ac yn fywyd, yn ymladd llawer am dani rhwng y Crist'nogion a'r Tyrciaid. **1770** *W* d.g. *An ambuscade, Snare.* **1803** *P*, *Rhagodva*, s. f.—pl. t. *on* . . . an ambuscade. Ar lafar yn ne-ddwyrain Morg. yn yr ystyr 'amddiffynfa, cysgod', 'Ma'r dæ wedi mynd i *ragotfa*'r co'd rog y gwres', 'Ma'r co'd 'ma'n *ragotfa* i'r tŷ rog y gwynt', *GTN* 676; hefyd yn yr ystyr 'ffens', ''Wi'n mynd i 'elcid co'd i nuthur *ragotfa* i'r ardd', *ib.* Digwydd yn yr e. lle *Bwlch Rhagodfa*, Llandeilo, sir Gaerf.

rhagodl [*rhag-* + *odl*] *eb.* ll. *-au. c.d.* Odl fewnol ar ddiwedd cymal mewn uned fydryddol hwy; yr odl fewnol gyntaf mewn llinell o gynghanedd lusg neu sain, hefyd wedi ei estyn i gynnwys y sillaf olaf o flaen yr orffwysfa mewn llinell o gynghanedd groes neu draws: *internal rhyme occurring at the end of a section of a larger metrical unit; first internal rhyme in a line of 'cynghanedd lusg' or 'cynghanedd sain', also extended to include the last syllable before the caesura in a line of 'cynghanedd groes' or 'cynghanedd draws'.*

p. **1584** G. ROBERT: *GC* [212], diwedd y rhagddarn . . . a elwir *rhagodl*, felly diwedd yr orddarn, a elwir gorodl. *id.* [222], y cysseiniaid a font yn yr odl . . . a elwir cysseiniaid odlig, yn yr orodl, gorodlig, yn y*rhagodl*, rhagodlig. *id.* [248], O'r awr (ith welais) erioed. Awr sydd *ragodl*, ioed sydd odl, er, sydd, odlddarn o'r sydd ragddarn, ith welais; sydd llanw yn colli rhwng y ddwy ddarn. Mo. pessawl darn a fydd mewn braich y bytho cynghanedd brost ynddo? Gr. dwy yn unig, s[ef] odlddarn a fo a'r odl yn ddiwedd iddi, a rhagddarn, ai diwedd hithau yw'r *rhagodl.* Mo. beth sydd raid i farcio gyntaf, ynghylch cynghanedd groes? Gr. fod yn rhaid i'r gyssain gyntaf o'r rhagddarn ymgloi a'r gyntaf o'r odlddarn, i'r ail a'r ail ag felly o radd i radd nes dyfod at y*rhagodl* a'r odl. *id.* [321], mi a welaf, yn y pedwar braich cyntaf nid yn unig yr odlau yn gadwynog eithr hefyd y *rhagodlau*, yn ymgadwyno. Cf. J. MORRIS-JONES: *CD* 330, Cywydd Llosgyrnog . . . Y mae goroff em a garaf / O gof aelaw ag a folaf, / O choeliaf gael 'i chalon . . . Yn y clymiad cyntaf . . . y mae folaf a choeliaf yn ffurfio 'odl gyrch'. . . ond y mae eisiau term i gynnwys garaf hefyd. Gwelir bod yr odl -af yn digwydd deirgwaith yma o flaen y brifodl; gelwir y cyfryw odl yn '*rhagodl*'; *id.* 332, Chwe phennill fel yr uchod yw'r gân, yr un *rhagodl* trwy'r pennill, a'r un brifodl i ddau bennill. Yn ddiweddarach yn y ganrif fe newidid y *rhagodl* ym mhob clymiad . . . ac fe ddechreuwyd tua'r adeg honno wneuthur y *rhagodlau*'n ddwbl.

rhagodlig [*rhagodl* + *-ig*[2]] *a.* a hefyd gyda grym enwol. *c.d.* Yn perthyn i ragodl: *pertaining to a 'rhagodl'.*

p. **1584** G. ROBERT: *GC* [210], penn fo'r gyssain *ragodlig* yn ddauwynebog, ni eill, y gynghanedd fod yn groes dymch[we]ledig. *id.* [222], y cysseiniaid a font yn yr odl . . . a elwir cysseiniaid odlig . . . yn yrhagodl, *rhagodlig. id.* [223], Ni royd un i raid einnioes. Mae ,n, ganol y[n] *rhagodlig*, yn brost i'r ,n, gyntaf, a hefyd i'r ,n, oflaen 'r odl. *id.* [250], chwi a ddoedassoch na chyfrifid na'r odlig, na'r *rhagodlig* wrth ymgadwyno'r cysseiniaid, mewn cynghanedd brost. etto mi a welaf, f, yn y drydedd siaml, yn *rhagodlig*, ag yn ymgloi ag, f, yn yr odlddarn, sydd nessaf o flaen yr odl. **1803** *P.*

rhagodwr, rhagodydd [bôn y f. *rhagodaf*: *rhagod* + *-wr, -ydd*[3]] *eg.* ll. *rhagodwyr, rhagodyddion.* Ffender; byffer (rheilffordd); (geir.) un sy'n ymosod yn ddirybudd o safle guddiedig, un sy'n llechu ar lwybr gelyn er mwyn ymosod arno; (geir.) gwrthwynebwr: *fender;* (*railway*) *buffer;* (*dict.*) *ambusher, waylayer;* (*dict.*) *opposer.*

1604–7 *TW* (*Pen* 228), *rhagotwr* d.g. *Insidiator. Dchr.* **17g.** *J* 10, 12b, *Rhagodwr* . . . subsessor. **1770** *W* d.g. *Ambush, a lier in ambush. id. rhagodydd* y marwor d.g. *Fender.* **1803** *P*, *Rhagodwr*, s. m.—pl. *rhagodwyr* . . . One who comes . . . against. *id. Rhagodyz*, s. m.—pl. t. *ion* . . . One who comes . . . against; an opposer. Clywir *ragotwr* yn ne-ddwyrain Morg. yn yr ystyr 'math o gard ar far[i]au'r grât i rwystro'r tân rhag syrthio allan', ''Odd *ragotwr* i gæl flynydda'n ôl i ddoti ar farra'r græt i racod y cols rog cwmpo mæs', *GTN* 676.

rhagoddefaf: rhagoddef [*rhag-* + *goddefaf*[1]: *goddef*] *ba.* Dioddef neu ganiatáu (ymlaen llaw): *to suffer or permit* (*beforehand*).

1771 J. REES: *H-A* 69, Trwy roi ffordd i ofnau poenydiol, drwgdybiau am ryw berygl agos neu ddamwain drallodus, y mae rhai nid yn unig yn *rhag-oddef* (*anticipate*), ond yn dyblu y drwg a ofnant.

rhagofal [*rhag-* + *gofal*] *eg.* ll. *-on.* Gweithred a gyflawnir ymlaen llaw er mwyn osgoi perygl, &c., neu sicrhau cyrraedd y nod, rhagocheliad, gocheliad, gochelgarwch; gofid, pryder; gofal (am berson), gofal rhagluniaethol: *precaution, caution, cautiousness; worry, anxiety; care* (*for a person*), *providential care.*

1710 *LlGG* (*Gos*) 15, Dadleuon Priodasau . . . yn gofyn mwy o *ragofal* (*caution*) pan ddelont i'w teimlo a'u holi mewn Barn. **1756** W. WILLIAMS: *GDC* 88, Nid oes or Gronin Gwenith ir rhain yn Cwympo lawr, / Heb Bwrpas, a *Rhagofal* Tywysog Nefoedd fawr. *id.* 97, Cans Cariad a ddangosaist yn oll a ddaeth im cwrdd, / Gweld dy Ofal di am danaf, aeth am *Rhagofal* Ffwrdd. *c.* **1777** J. THOMAS: *LlA* 46, O blegid bod eu ffydd yn wan, / Mae *rhag-ofalon* yn [*sic*] mhob man. **1780** *W* d.g. *Precaution, Provision.* **1788** J. GRIFFITH: *DCC* 221, bydd llawer . . . yn meddwl fod yr hyfforddiadau uchod, ar ol fy holl *ragofal* (*all the precautions*) trwy ba un y cynnygais hwynt, wedi eu cario i râdd o fanylrwydd afreidiol. **1803** *P.*

rhagofalaf: rhagofalu [*rhag-* + *gofalaf*: *gofalu*] *bg.a.* Cymryd gofal (ymlaen llaw), rhagbaratoi, rhagddarparu; pryderu (ymlaen llaw): *to take precautions(s), prepare or provide* (*beforehand*); *be anxious* (*beforehand*).

1567 *TN* 72b, na *rag ovelwch* [:– briderwch, drymveddyliwch] ac na rac vefyriwch pa beth a ddywetoch. *Dchr.* **17g.** *J* 10, 12b, *Rhagovalu.* to take thought. **1658** R. VAUGHAN: *GA* 18, yn Ail-gyweiriaid yr Eglwys, yr hyn a *ragofalodd* y Brenin da Ezeciah. **1710** *CBGEL* 62, oi Drugaredd y trefnodd Duw y Bŷd, ac achosion Pobl ynddo, fel y gall dyn yn haw[dd], or lleiaf trwy ychydig o *Ragofalu*, felly drefnu ei Fatterion, fel y byddo amser helaeth i Weddiau Cyhoedd a dirgel. **1725–6** *Madd Ed* 57, Eraill hefyd a fynent chwanegu Cyfraith Cariad . . . gwedi *rhagofalu* am dano trwy sefydlog Gyfraith Duw. **1780** *W* d.g. *Provision, To make provision against.* **1803** *P.*

rhagofalus [*rhagofal* + *-us*] *a.* Gwyliadwrus, gochelgar; pryderus: *wary, cautious; anxious.*

1771 *W* d.g. *Cautious.* **1803** *P.*

rhagofn, rhag-ofn [*rhag-* + *ofn*[1]] *eg.* ll. *rhagofnau.* Rhagargoel; rhagarwydd, rhagrybudd: *foreboding; portent.*

1844.

rhagofnaf: rhagofni [*rhag-* + *ofnaf*: *ofni*] *ba.* Ofni ymlaen llaw: *to fear beforehand.*

1604–7 *TW* (*Pen* 228), *rhag ofni* d.g. *præmetuo.* **1655** R. JONES: *PC* [205], achosion braw *rhag-ofnwyd.*

rhagofynedig [bôn y f. *rhagofynnaf*: *rhagofyn* + *-edig*] *a.bfl.* a hefyd gyda grym enwol. Gofynnol neu angenrheidiol ymlaen llaw: *prerequisite* (*adj.*).

1780 *W*, Peth *rhag-ofynnedig* d.g. *Pre-requisite.*

rhagofynnaf: rhagofyn [*rhag-* + *gofynnaf*: *gofyn*] *ba.* Gofyn neu fynnu ymlaen llaw: *to ask or require beforehand.*

1696 *GGTY* 173, Yr wyf yn dywedyd mae'r pethau y sydd yn gwneuthur dynnion yn addas o fedydd a *ragofynnir* cyn bedydd (*the Prerequisites of Baptism*) . . . pa rai ydynt ffydd a phroffes o honi. **1780** *W*, yr hyn a *rag-ofynnir* d.g. *Pre-requisite.*

rhagofynnol [bôn y f. *rhagofynnaf*: *rhagofyn* + *-ol*] *a.* Rhagofynedig, gofynnol (ymlaen llaw): *prerequisite* (*adj.*).

1769 D. ROWLAND: *CG* 51, A ydyw'r dymmer honno gan hynny yn gymhwysiad angenrheidiol *rhagofynol* i'n gwaith ni yn credu.

rhagolwg [*rhag-* + *golwg*] *eb.g.* ll. *-olygon.* Cyflwr, canlyniad, neu ffrwyth disgwyliedig neu debygol, yr hyn sy'n debygol o ddigwydd, tebygolrwydd o lwyddiant, disgwyliad; (yn aml yn y ll.) datganiad am y cyfryw; rhagwelediad, darbodaeth; golwg ymlaen llaw: *outlook, prospect, expectation;* (*often pl.*) *forecast; foresight, providence; preview.*

1720 *App DP* 59, ydych chwi'n credufod [*sic*] gan Dduw *Rhag-lolwg* a rhag-wybodaeth o'r sawl a gai'u hachub cyn marw o Grist. **1725** D. LEWIS: *GB* 208, y mae Solomon yn danfon y diog attynt, i ddysgu Doethineb, *Rhagolwg*, Gofal, a Diwydrwydd. **1725–6** *Madd Ed* 154–5, A wnâf fi y rhei'ny yn Arweinydd i mi sydd ganddynt cyn lleied *rhag-olwg*, fel na chanfyddant tu hwnt i fyrr amser Bywyd? **1752** J. THOMAS: *FG* 115, hwy wyddant y gall naill ai hwy eu hunain gael eu cippio . . . neu eu Meddiannau gael eu cippio oddi wrthynt . . . er gwaethaf eu *Rhag-olwg* neu eu Gallu hwynt. **1773** *W* d.g. *Fore-sight, Prospect.* **1803** *P.* Cf. D. OWEN: *D* 221, Yr oedd ei *ragolygon* erbyn hyn yn ddysglaer.

Cfn.: **rhagolygon y tywydd:** *weather forecast.* **20g.**

rhagolygaf[1]: **rhagolygu** [bf. o'r e. *rhagolwg*] *bg.a.* Rhag-weld, rhag-ddweud, awgrymu, argoeli; rhagdybio, ?bwriadu; goruchwylio, arolygu, archwilio: *to foresee, forecast, suggest, augur; presuppose, ?intend; oversee, investigate.*

1734 M. MAURICE: *BH* [93], Duw a ddewisiodd y rhai hyn Ynghrist, yn ol bodlonrwydd ei ewyllys ef, a'i wir Arglwyddiaeth, heb *ragolygu* ffydd na gweithredoedd da megis Achosion neu gondishwnau iw gyffroi ef i hynny. **1735** S. THOMAS: *HP* [100], er eu bod hwy yn dywedyd, fod Duw yn *rhag-olygu* Ffydd yn Etholedigaeth; etto y maent yn dala, fod Ffydd o ran ei dechreuad . . . o Weithrediad Rhydd Ras Duw. *ib.* ethol trwy *ragolygu* Ffydd. **1803** *P.*

rhagolygaf[2]: **rhagolygu** [*rhag-* + *golygaf*: *golygu*] *bg.a.* Golygu neu drefnu fel rhagbaratoad ar gyfer golygu diweddarach, paratoi (copi) ar gyfer prif olygydd: *to pre-edit, sub-edit.*

20g.

rhagolygawd [*rhag-* + *golygawd*] *eg.* Rhagolwg, disgwyliad: *outlook, prospect, expectation.*

1780 *W* d.g. *Prospect.* **1803** *P.*

rhagolygfa [*rhag-* + *golygfa*] *eb.* *-olygfeydd.* Rhagolwg, disgwyliad; blaendir: *prospect, expectation; foreground.*

1815.

rhagolygiad [*rhag-* + *golygiad*[1]] *eg.* ll. *-au.* Rhagwybodaeth, rhagwelediad; rhagolwg, arwydd; archwiliad; ?rhagair, rhagarweiniad: *prescience, foreknowledge, foresight; prospect, outlook, sign; inspection, investigation; ?preface, introduction.*

1630 R. LLWYD: *LlH* 335, *Rhag-olygiad* (*prescience*), a rhagwybodaeth Duw, ni ellir eu gwahanu oddiwrth ei ordinhâd ef. *id.* 334a, Pa beth yw'r hyn â elwch chwi *rhag-olygiad* yn Nuw? . . . *Rhag-olygiad* yn Nuw, yw'r peth trwy'r hwn y mae pôb peth yn aros yn bresennol o flaen ei lygaid ef. **1711** M. MAURICE: *YAD* 85, Y Mae rhag-weledigaeth a *rhag-olygiad* yn-Nuw gwedy ei Seilio ar ei dragwyddol ordinhâad ef, ny all Duw rhag-weled y peth ny wnaeth ef i ganlyn. *c.* **1730** *Thos. Lloyd D* (LlGC) 197b, *Rhagolygiad.* Prævisio. **1790** W. RICHARDS: *LlA* 39, fod Ioan yn ei epistolau, yn cymhwyso y gair anghrist at y gau-athrawon yn ei amser ef mewn ystyr ammhriodol, neu mewn ffordd o *rag-olygiad*, fel cyfrannogion o ysbryd yr anghrist ag oedd i ddyfod. **1803** *P.*

rhagolygiaeth [bôn y f. *rhagolygaf*[1]: *rhagolygu* + *-iaeth*] *eb.* Rhagwelediad; dyfaliad; ?goruchwyliaeth: *foresight; speculation; ?supervision.*

1841.

rhagolygiant [bôn y f. *rhagolygaf*[1]: *rhagolygu* + *-iant*] *eg.* Rhagolwg, disgwyliad: *prospect, expectation.*

1855.

rhagolygol [*rhagolwg* + *-ol*] *a.* Yn perthyn i'r dyfodol; daroganol, proffwydol: *prospective; predictive, prophetic.*

1780 *W* d.g. *Prospective* [*belonging, or having relation, to prospect;* &c.]. **1803** *P, Rhagolygawl* . . . Prospective.

rhagolygydd [bôn y f. *rhagolygaf*[2]: *rhagolygu* + *-ydd*[3]] *eg.* ll. *rhagolygwyr.* Un sy'n rhagolygu (copi, &c.): *pre-editor, sub-editor, review editor.*

1842.

rhagor [*rhag-* + *ôr*[1], cf. *goror*; ansicr yw dosbarthiad rhai o'r enghrau. isod] *eg.* ll. *-ion, -(i)au, -oedd,* hefyd fel *a.*, fel *ardd.*, ac fel *adf.*

(*a*) Blaen y gad, blaen byddin, rheng flaen: *vanguard, front line of an army, front rank.*

12g. *GCBM* i. 193, Coch y lafyn o lat yn *ragor*, / Yn raclam yn raclym eissor. *id.* ii. 21, Nyd etiw hebod raclod *ragor*. *id.* 91, Eurdorchauc deifnyauc o Dyfnant—*ragor*. **12–13g.** *GLlLl* 62, Ef gyrchyad *ragor*, wy gyrcheid—rac kwys. **13g.** *A* 29. 12, kenan kein mur e *ragor*. **13g.** *GBF* 39, Briw ragod *ragor* anuedyr, / Bradw yscwyd, hud blymnwyd hydyr. *id.* 112, A gwalch rwyt, eurualch *ragor*.

(*b*) Rhagoriaeth, ardderchogrwydd, arbenigrwydd, tra-rhagoriaeth, blaenafiaeth, blaenoriaeth; rhinwedd; person neu beth rhagorol; hefyd yn *ffig.*: *superiority, excellence, distinction, pre-eminence, primacy, supremacy, precedence, preference; virtue; excellent person or thing; also fig.*

12g. *GCBM* ii. 21, Beirneid am regyd, beirt am *ragor*. **12–13g.** *GLlLl* 97, Hwnn a duc *ragor* ragoch,—wyr Kymry. **13g.** *LlI* 55, o byd ereyll en pryodoryon en y erbyn, deleu keureyth kyhyded erygthunt a keuran, cany dele pryodaur *ragor* rac e gylyd. **13g.** *GBF* 357, Sỽllt agorant, eur anregant a *ragoreu*. **1346** *LlA* 53, Achymeint yỽ *ragor* y wres [tân uffern] rac an tan ni agỽres an tan ni vrth lun ytan ary paret. **14g.** *HMSS* ii. 267, gwelas pilatus *ragoreu* hwnnw yn y dedyfeu yn vwy noc ef. *c.* **1400** *YCM*[2] 18, y mae amlwc *ragor* an dedyf ni rac yr einwch chwi. *id.* 37, rodes Duw pennaduryaeth . . . y Bedyr a Iago a Ieuan . . . y *ragor* hwnnw a dangosses Duw udunt wynteu yn y byt hwnn. *c.* **1401** *AL* ii. 366, ef aỽnaethpỽyt seith *ragor* yr eglỽys rac llys y bot y pennaf: sef ynt . . . degỽm; ac offrỽm . . . a threis gole ar ỽr eglỽyssic: am pop vn or rei hynny y dyly gỽr olys hebrỽng iawn yỽr o eglỽys hyt y eglỽys. **15g.** *FfBO* 41, Yn y wlat honno, y gwraged a vydant gyffredin . . . A'e tir yssyd gyffredin, heb y neb geissyaw *ragor* ar y gilyd. **15g.** *Med H* 8, Am *Ragoreu* Lliwieu Weithion. Pa Liw Ysydd Anrrydeddusaf? **15g.** *GDID* 104, Dwyn y mae, megis ei dad, / Dau *ragor* ar dir Egwad. **15g.** *GLGC* 34, Marchog o'r gardr fal yr oedd Meirchion, / yw Siasbar a gâr ei *ragorion*. **16g.** *GILlV* 25, Archaf ar air a chof yr owron / Er i wir gariad ai *ragorion* [am Iesu]. **1547** *WS, Racor* Preferment. **16g.** *CLl* 151, A chredwn i Dduw a'i wych radau,—mawl / Nefawl Ri gwrawl, a'i *ragoriau*. **16g.** HUW ARWYSTL: *Gw* 310, i air gwr ai *ragoroedd* / ai dda dros y ddeudir oedd. **1604–7** *TW* (*Pen* 228) d.g. *Excellentia.* **1766** *CD* 103, Pe cae fy Mam ei *rhagor*, / Cyn y Pasc hi am gwnae'n Ddoctor. **1803** *P, Rhagor*, s. m.—pl. t. *au* . . . excellence . . . superiority . . . *Rhagorion*, excellencies. . . moli pob daionus a *rhagor* . . . to praise all the good and the excellent.

(*c*) Pellter, safle ar y blaen; ?uchder, dyrchafiad: *distance, lead; ?elevation.*

12g. *GLlF* 443–4, Rotes Duw Dofyt . . . / Dewi ar Ureui, urynn llewenyt, / *Ragor* maỽr uch llaỽr rac lluossyt. **14g.** *WM* td. 209. 27–8, Ac erchi aoruc ynteu y enyd escynnu ar y march acherdet or blaen achymryt *ragor* maỽr. *id.* td. 212. 20–1, Acherdet recdi ycoet aoruc y vorỽyn Achadỽ y*ragor* mal yd archyssit idi.

(*d*) Ychwaneg, mwy, ychwanegiad, peth ychwanegol: *more, addition.*

13g. *LlC* 35, Val hynn e ran brodyr . . . tref eu tat: gadu e'r mab yeuaf dewyssau y dydyn ac wyth eru . . . a'r try *ragor* y gyt a henny, nyt amgen y gallaur, a'r wyall, a'r kulldur. **14g.** *WML* 90, Os gỽedy y seith mlyned ygat: bit ran deu hanher yrydunt. onyt breint adyry *ragor* yr gỽr. **1346** *LlA* 32, Yrei auo *ragor* arnunt o deilyngdaỽt eglỽyssic yma megys esgyp. nev offeireit. **14g.** *GDG*[3] 30, Nest wengoeth, winddoeth, wenddaint,—ac Ifor / Â mwy no *rhagor* y'm anrhegaint. *c.* **1400** *Ked AA* 5, *ragor* o doethineb. **16g.** *WLl* 79, Bu wych i lliwiau bwch a llewod / *Ragor* o orchest rac yr iyrchod. **1567** *TN* 275a, Mi adwaen ddyn yn-Christ er ys *rhagor* i bedair blynedd ar ddec. **16–17g.** *GHCEM* 41, Ymhlith gwragedd, moeswedd maith, / Mae *rhagor* o'ch rhywogaith. **1672** R. PRICHARD: *Gw* 285, i dynnu *rhagor* o ddialedd Duw ar eu gwartha. **1683** H. EVANS: *CTF* 19, Arfer *ragor* [:- Ychwaneg] o fwyneidd-dra. **1753** *TR, Rhagor*, the same as Ychwaneg, more, in some parts of S. W. **1768** W. WILLIAMS: *HTS* 25, na's gwelais . . . tan y nef *ragor* o ffyddlondeb i benteulu. **1803** *P, Rhagor*, s. m.—pl. t. *au* . . . more. Ar lafar, "Waeth i chi hynny na *rhagor*' 'you cannot gainsay that', *WVBD* 457; "Fynna' i ddim *racor*, diolch', 'Cymar *racor* o fara', *GTN* 679.

(*e*) Gwahaniaeth: *difference, distinction.*

16g. *Mos* 113, 25, bydd brethynnwyr . . . ynn arfer o grogi brethynnaü cochion vwch benn phenestri i Siopaü, megis na allo y prynwyr adnabod *rhagoraü* (*Med H* 16, rrywiogaeth) y lliwiaü. **1567** G. ROBERT: *GC* 23, nid oes eglur *rhagor* rhyngthi ['y'] ag .u. ond pan fo hi mewn sillafau eraill, o flaen y diwaethaf, ef a fydd eglurach i llais a'r *rhagor* rhyngthi ag u. mal yma, phyddlon, crefyddol yfed. **1588** 1 *Br* iii. 9, dyro i'th wâs galon ddeallus i farnu dy bobl, gan ddeall *rhagor* rhwng dâ a drwg. **1588** 1 *Cor* xv. 41, canys y mae *rhagor* rhwng seren a seren mewn gogoniant. **1604–7** *TW* (*Pen* 228), heb vot gwahan ne *ragor* d.g. *Indifferens.* *Dchr.* **17g.** *J* 10, 12b, *Rhagor.* difference. **1618** J. SALISBURY: *EH* 21, Pan ymedrycho dyn mewn drych, fe a ganfydh yno yn dhisymmwth ei lûn a'i dhelw eihunan, cyn debycced idho, na bydh dim *hragor* [*sic*] rhwngthynt. *id.* 86, y nailh yn fwy ag yn dalach na'r lhalh, yn ôl *rhagor* eu hoedran. *id.* 284, ond a hyn o *ragor*, sef fod yn rhaid caru Duw, er ei fwyn eihun. **1630** *YDd* xx, Am yr iaith a arferais i iw gyfieithu: yr ydwyf fi yn gweled cymmaint a [*sic*] *ragor* rhyngddi, ac iaith y Saeson, ac sydd rhwng cochol newydd a chaberden glyttiog. **1632** *D, Rhagor* . . . discrepantia, discrimen. **1632** J. DAVIES: *LlR* 74, nid yr vn bai yw rhoi dyrnod i wasanaethwr, a rhoi dyrnod o'r vn faint i dywysog; y mae *rhagor* mawr rhyngddynt, a *rhagor* rhwng y gospedigaeth y maent yn ei haeddu. *id.* 150, Fel y mae *rhagor* rhwng pechod a phechod, felly y bydd amrafael boenau. **1759** *ML* ii. 148, mae llawer o *ragor* yn mhris pethau yma ac yna. **1803** *P.* Ar lafar, 'Ma *rhagor* rhynthyn' nw' 'There is a difference between them', 'Ma' 'na *ragor* ofnadwy rhwng ebol a cheiliog' 'said of two things which bear no resemblance to each other', *WVBD* 457–8.

Fel *a.* Gwell; mwy, ychwanegol; rhagorol, campus: *better, superior; more, greater, additional; excellent, outstanding.*

14g. *GDG*[3] 299, Câr trigain cariad *rhagor*, / Cais y glochyddes o'r côr [i gyrchu lleian]. *c.* **1400** *GP* 13, kany dyly bot yn y geir wedy lluossogi namyn vn sillaf *ragor* rac y geir kynn y luossogi. *c.* **1400** *YSG* i. 48, vn o'r tri a ragorei rac y lleill, megys y mae *ragor* y llew rac y llewpart. **15g.** *GLGC* 339, Mi a roes yma ar werth / gerdd i osog o'r Ddiserth; / yntau roes ym, nid trwy sor, / ei thrigwerth a pheth *rhagor*. **15g.** *GGl*[2] 127, *Rhagor* aur rhag yr arian, / *Rhagor* maes rhag erwi mân. **1546** *YLlH* [4], o herwyd hynny y dygwyddo mewn dyfynder pechodeu a gwy[d]yeu yn *rhagorach* no chenedloedd eraill. **16g.** *GGH* 244, Barwnad Ifan f'amcan fydd, / Barwn difai Bryndafydd; / Sy hawdd ei ddangos uddun' / Ei *ragor* waed rhag yr un. **1551** W. SALESBURY: *KLl* ivb, y may ef yn rhagori ar yr engylion, ac yr etiveddawdd ef amryw enw *ragor* ac wyntwy (**1588** *Heb* i. 4, enw *rhagorach* nag hwynt hwy). **1600** *Card* 3.240, 271a, ti a gav *rhagor* gymeriad gan ddüw. **1632** *D, rhagoraf* d.g. *Primus.* **1664** *LlGG* sig. f2r, yn gyfartal a'r cyfieithiadau *rhagoraf* o'r Scrythyr-lan ei hun. **1725** I. HARRI: *RD* 246–7, y rhyfedyddiaeth olaf [1335], sydd ddeugain a phump, *rhagor* na'r cyntaf [1290]. *c.* **1762–79** W. WILLIAMS: *P* 90, Nid yw eu Phisigwriaeth nemawr *ragor* na'r poethdy, neu'r Powaw: eu poethdy yw gogof fychan . . . ymha le, ar ol iddynt ei thwymo hi yn ofnadwy a thân: yr eistedd amryw o honynt i lawr i chwysu. **1768** W. WILLIAMS: *HTS* 35, [d]angos nad oedd dim *rhagor* zel, am un pwngc o'r ffydd . . . nag sydd o ddautu enwau, sectau, a barnau dynion.

Fel *ardd.* Yn well na, yn fwy na, uwchlaw, wrth, o'i gymharu â, mewn cymhariaeth â, oddi wrth; yn hytrach na: *better than, more than, above, compared with, in comparison with, from; rather than.*

16g. *GGH* 61, Rhyw chwarae llew rhoch a'r llaill, / Rhyw grair aur *rhagor* eraill. **1588** *Esth* ii. 17, A'r brenin a hoffodd Esther *rhagor* yr holl wragedd. **1588** *Can* v. 8, Beth yw dy anwylyd *rhagor* anwylyd arall? **1588** *Jud* xii. 18, fy enioes a fawrygwyd heddyw *rhagor* yr holl ddyddiau er pan i'm ganed. **1595** H. LEWYS: *PA* 56, yno i byd' hawd' adnabod y naill, *rhagor* y llall, sef, y ffyddlon *rhagor* 'r [*sic*] anffyddlon. **1604–7** *TW* (*Pen* 228), Brig y gwalht wedy blethu . . . ar gorun . . . [g]wraic archofeiriat y paganieit yn vnic, yw hatnabot hei [*sic*] *rhagor* gwragedh ereilh d.g. *Tutulus.* **1618** J. SALISBURY: *EH* 319, Pa fodd yr adweinir y pechod Marwol, *rhagor* y Maddeuol? **1630** *YDd* 335, y mae Tertullian yn tystiolaethu, yr adwaenid Cristion *rhagor* dyn arall . . . yn vnig wrth ei sancteiddrwydd a'i ymarweddiad bucheddol. **1632** *D,* gair nôd neu amnaid mewn rhyfel i gael o bawb adnabod ei gyfaill *rhagor* ei elyn d.g. *Tessera.* **1675** R. JONES: *HCh* 60, odidowgrwydd dŷn *rhagor* aderyn. **1676** W. JONES: *GB* 86, Canys beth a welodd Duw ynot ti *rhagor* eraill. **1701** E. WYNNE: *RBS* 82, Gostyngeiddrwydd yw'r odidoc Addurn a Thlŵs ein Crefydd ni, trwyddi hi yr adwaenir Cristianogaeth *ragor* Doethineb y bŷd. **1714** H. JONES: *CH* 11, Yr hâf sydd dymmor têg . . . a'r holl fyd ac sy ynddo yn hyfryd ei wêdd ai olwg, *rhagor* amser gauaf.

Fel *adf.* (*a*) Yn fwy, ymhellach, yn ychwanegol, ar wahân (i); yn hytrach, yn amgen: *more, further, in addition, apart (from); rather.*

14g. *GGrG* 8, Lluniaf gant moliant mawl heuedig / I Fangor *rhagor* rhag Celliwig. **1621** E. PRYS: *Ps* 20b, A phan welsant, rhyfedd a fu, / ar frys brawychu *rhagor.* **1768** W. WILLIAMS: *HTS* 35, Pa bryd y twyma . . . ag y gwresoga *ragor*, nâ phan y b'o ei sect ef yn cael ei diystyru. *id.* 36, heb ymholi *rhagor* pa un a oeddent [gwirioneddau] yn cytuno â'u gilydd a'i [*sic*] peidio. **1775** *CY* 11, Pa hyd y parhaodd y Wladwriaeth? . . . Ychydig *rhagor* na phedair blynedd. **1777** W. WILLIAMS: *DN* 18, fel y cawsai gariad attaf *ragor* nâ neb arall. *ib.* yn tynnu serch y rhai'n . . . o ddiben yn y diwedd, *ragor* i'w gwneud yn butteiniaid nag yn wragedd. **1794** J. WILLIAMS: *AGDd* 44, nid yw'r Ysgrythur yn gwneud un gwahaniaeth, *rhagor* na phersonoliaeth, rhwng Duw ac Yspryd Duw. *id.* 91, nid wyf yn cleimio hawl i un haeddiant *ragor* na honno, o fod yn goppiwr.

(*c*) *Math.* Gwahaniaeth: *difference (in math.).*
1761 *ML* ii. 312, D.S. fod pedair blynedd o *rhagoriaeth* rhof a chwi. **1768** J. ROBERTS: *R* 22, Y lleiaf o ddau Ryfedi yw 276, y *rhagoriaeth* . . . rhwng y ddau, yw 96; Pa faint yw y mwyaf. Ateb. 372.

(*d*) *Gram.* (Graddau) cymhariaeth: (*degrees of*) *comparison (in gram.).*
1605–10 *GP* 205, *Rragoriaeth* yw helaethu neu leihau dyall enw damweiniawl mewn graddeu rragorawl. Tair gradd: (1) y gymhedrol, (2) y Ragorol, (3) yr eithafol.

rhagoriaethol [*rhagoriaeth+-ol*] *a.* Mwy neu uwch o ran gradd neu ardderchogrwydd, tra rhagorol; (geir.) yn perthyn i ragoriaeth neu wahaniaeth: *surpassing, transcendent*; (*dict.*) *pertaining to excellence or difference.*
1741 *CAG* 68, a bydded i raddau *Rhagoriaethawl* eich hofn a'ch Cariad at Dduw . . . eich gwahaniaethu chwi os yw bossibl oddiwrth eich Cymmydogion. **1803** *P* d.g. *Rhagoriaethawl.*

rhagoriaith [*rhagor+iaith*] *eb.* Iaith neu fynegiant rhagorol neu aruchel: *excellent or sublime language or expression.*
c. **1400** *R* 1309. 34–5, canweit[h] *ragorieith* pob ryỽ garyat. kanhorthwyeist vi geli gỽylyat. *Diw.* **16g.** W. MIDLETON: *B* 87, Am buroriaith / A blaenoriaith / A *rhagoriaith* orau geiriog. *c.* **1785–90 (1829)** *CBYP* 45, Tri chyttundeb a ddylai fod ar Gerdd; rhwng amrafaeliant a chyfundeb; rhwng *rhagoriaith* a chyffrediniaith; a rhwng rhyfeddol a gwir.

rhagoriant [bôn y f. *rhagoraf*: *rhagori+-iant*] *eg.* Ardderchogrwydd; rhagoriaeth (dros eraill); (geir.) gwahaniaeth: *excellence*; *superiority*; (*dict.*) *difference.*
c. **1785–90 (1829)** *CBYP* 36, Angel . . . a folir herwydd yr ansawdd, a'r *rhagoriant* y sydd ernynt. **18–19g.** *CRIM* 67, E'm daw cur yn amdo caeth, / Gwae 'mron rhag hiraeth drymed, / Cur a baich yw caru bun, / *Rhagoriant* llun Eluned. **1803** *P*, *Rhagoriant*, s. m. . . . Excellence; difference.

rhagorineb [*rhagor+-ineb*] *eg.* Ardderchogrwydd; rhagoriaeth (dros eraill); (geir.) gwahaniaeth: *excellence*; *superiority*; (*dict.*) *difference.*
1803 *P.*

rhagornod [*rhagor+nod*[1]] *eg.* ll. *-au.* Nodwedd, nod angen: *characteristic, distinctive feature.*
1701 E. WYNNE: *RBS* 75, Ymgeisied Gwyryfon am wylder rhagorol, a'i rhan gyntaf hi [*sic*] yw bôd heb wybod gwahaniaeth gwryw a benyw, sef, *rhagornodeu*'r ddeu-ryw. **1771** *W* d.g. *Characteristic.*

rhagorol [*rhagor+-ol*] *a.* a hefyd fel *adf.*

(*a*) Hynod o dda, ardderchog, gwych, ysblennydd, godidog, rhyfeddol, gogoneddus, anrhydeddus, grymus, blaenllaw; eithafol; arbennig: *outstandingly good, excellent, splendid, magnificent, wonderful, glorious, honourable, mighty, eminent*; *excessive*; *extraordinary, special.*
14g. *BB* 49, a phob ryw helwyriaeth [*sic*] a wydiat yn *ragorawl* a marchogaeth ac ymwan. *c.* **1400** *R* 1376. 12–13, dros barch *ragoraỽl* gỽaỽl gỽeilch. hard vur ae wisgoed heird veilch. **1567** *LlGG* 17b, gymeint y gwnaethpwyt ef yn well n'ar [*sic*] Angelion, ac y meddawdd ef Enw mwy *ragorawl* nac wyntwy. **1567** *TN* 109a, y pethae *rhagorawl* [:– gogoneddus, arbenic, ardderchawc] a wnaethit y gantaw ef. *id.* 295b, cyfrif rwyf bop dim yn gollet er mwyn *rhagorawl* [:– ardderchoc, arbennic] wybodaeth am Christ. **1588** *Can* iv. 14, Synamwn a phob prenn Thus, Myrh, ac Aloes, yng-hyd â phob *rhagorol* aroglau. **1588** 2 *Mac* iv. 13, fel hyn y tyfodd serch i ganlyn arferau y cenhedloedd ac estroniaid drwy *ragorol* aflendid Iason. **1604–7** *TW* (*Pen* 228) d.g. *prærogatiuus.* **1632** *D*, *Rhagorol*, Præstabilis, excellens. **1691** T. WILLIAMS: *YB* 148, y siamplau *rhagorolaf*, a'r addewidion mwyaf dewisedig. **1728** T. BADDY: *DDG* 149, Yr Juddewon . . . a ymrodd i ddanfon tri o wyr . . . mewn natur Negesseuwyr *Rhagorol* i Smyrna. **1759** T. THOMAS: *WWDd* 199, y mae ei gyflwr ef yn llawer gwell, a mwy *rhagorol* nag or blaen. **1803** *P* d.g. *Rhagorawl.* Ar lafar, 'Ma cantorion *ragorol* yn 'i gôr a', *GTN* 676.

(*b*) Yn rhagori, uwch ei radd, gwell, mwy: *excelling, superior, better, greater.*
14g. *GDG*[3] 353, Hawddamawr, ddeulawr ddilyth, / Haeddai fawl, i heddiw fyth, / Yn *rhagorol*, dwywol daith, / Rhag doe neu echdoe nychdaith. *c.* **1400** (*SG*) *HMSS* i. 293, medylyaw aoruc ydylyei y marchawc aennillei y kylch eur . . . gael clot *ragorawl* rac arall. *c.* **1400** *Études* vii. 314, gwybydet bawb y Duw rodi gwybodolyaeth y wyr Groec, yn *ragorawl* ar neb, y adnabot pob keluydyd ac anyan pob peth. *id.* 324, kanys yr Holl Gyuoethawc Duw a rodes rat kymeint ywch yn *ragorawl* ar yr arglwydi daearawl. **1488–9** *BSM* 2, Anwydus ac vvydd oedd yn *Ragorol* Rac neb val i tybygid i vod ef yn vynach. *c.* **1514** *Rhyddiaith Gymraeg* i. 20, wellwell y kÿnhelynt weryddawl grefydd a phob dydd yn *ragorawl* rag i gilydd. **1563** *id.* 65, Llawer o anryveddode y sydd yn Ynys Brydain. Eissios mae pedwar onaddunt yn *rragorawl* rrac eraill. **1803** *P*, *Rhagorawl* . . . superior.

(*c*) *Gram.* Cymharol (am radd cymhariaeth): *comparative (of degree of comparison, in gram.).*
1605–10 *GP* 205, Rragoriaeth yw helaethu neu leihau dyall enw damweiniawl mewn graddeu *rragorawl.* Tair gradd: (1) y gymhedrol, (2) y *Ragorol*, (3) yr eithafol.

Fel *adf.* Iawn, dros ben, odiaeth, tra: *very, extremely, exceedingly.*
1588 *Dan* iii. 22, O achos bod gorchymyn y brenin yn gaeth, a'r ffwrn yn boeth *ragorawl*, fflamm y tân a laddodd y gwŷr. **1716** E. SAMUEL: *GGG* 129, ynfyd yw meddwl nad ymddiala Duw arnynt hyn. o ran ei fod yn dda *ragorol*, megys pe bai Dial yn anghyttunol ai Ddajoni Ef. **1730** IACO AB DEWI: *YL* 66, yn rhagochelgar *rhagorol* (*exceeding warie*). **1740** T. EVANS: *DPO* 8, y mae'r hen Sgrifennyddion y[n] helaeth *rhagorol* yn Sôn am eu Gwroldeb a'i Medr i drin Arfau Rhyfel. **1784** M. WILLIAMS: *S* i. 120, mae'r trigolion yn gwneuthur caws, a [*sic*] ymenyn, *rhagorol* dda.

Gw. hefyd **rhagorolion.**

rhagoroldeb [*rhagorol+-deb*] *eg.* ll. *-au.* Yr ansawdd neu'r cyflwr o fod yn rhagorol, ardderchogrwydd, godidowgrwydd; rhagoriaeth (dros eraill): *excellence, magnificence*; *superiority.*
1759 W. WILLIAMS: *SFf* 90, [g]weled *Rhagoroldeb* y gras o Ffydd. **1803** *P.* Cf. D. OWEN: *RL* 399, Cymerwyd trafferth i ddangos *rhagoroldeb* yr arch i mi.

rhagoroliaeth [*rhagorol+-iaeth*] *eg.* Rhagoroldeb, ardderchogrwydd, godidowgrwydd: *excellence, splendour.*
16g. RHISIART FYNGLWYD, &c.: *Gw* 4, Cad ar ddeiliad, cyd urddoliaeth, / O'th waedoliaeth a'th adeilad, / A'th renteiliaid i'th rentoliaeth / *Rhagoroliaeth* rhygarw alwad. **1809** *Eurgr Wes* 295, unrhyw *ragoroliaeth* bydol.

rhagorolion [*rhagorol+-ion*[2]] *e.ll.* Personau neu bethau rhagorol neu arbennig: *excellent or special persons or things.*
16g. *GGH* 20, A'i radolion, *ragorolion*, / Gywyddolion, ag a ddyler.

rhagorolrwydd [*rhagorol+-rwydd*] *eg.* Yr ansawdd neu'r cyflwr o fod yn rhagorol, ardderchogrwydd, arbenigrwydd, hynodrwydd: *excellence, distinction, remarkableness.*
1773 *W* d.g. *Egregiousness, Singularity.* **1803** *P.*

rhagorsaf [*rhag-+gorsaf*] *eb.* ll. *-oedd.* Gwladfa neu safle bellennig, gorsaf neu safle sydd yn bell oddi wrth y pencadlys neu mewn ardal anghysbell, hefyd yn *ffig.*: *outpost, outstation, also fig.*
1850.

rhagorsedd [*rhag-+gorsedd*] *e?b.* ll. *-au.* ?Eisteddfod neu sesiwn ragbrofol o feirdd taleithiol neu leol: *preliminary convention or session of provincial or local bards.*
18–19g. *Iolo MSS* 52, Dyddiau *rhagorsedd* a rhaccadair ydynt ddyddiau Bann Lleuad . . . ac ar y dyddiau Bann ac adfann lleuad hynn, y mae cynnal *rhagorsedd* . . . er addysg ac athraw Gwlad a chenedl. *id.* 52–3, yn y *rhagorseddau* a'r rhaccadeiriau hynn nis gellir rhoddi dim ar osteg a rhybydd.

rhagorus [*rhagor+-us*] *a.*

(*a*) Rhagorol, arbennig, ardderchog; yn rhagori, uwch ei radd, gwell: *excellent, special, splendid*; *excelling, superior, better.*
14g. *BT* 110, yn y blwydyn honno y bu varw henri vab arthen arderchawc athro *racorus* rac pawb or ysgoleigyon. **1346** *LlA* 65, Ydỽfuyr a obrynnaỽd gỽlychu corff crist yndaỽ. Ac aolches yseint yndaỽ ovedyd. auyd *ragorus* yna o wynnder Athegỽch pob kristial. *id.* 102, dynyon aarueront or ysprydolyon gampeu yn *ragorus* rac paỽb. *c.* **1400** *YSG* i. 40, kanys ef a'th wnaeth Duw di yn *ragorussach* o bryt ac yn gadarnach noc arall. *id.* 126, gwneuthur idaw ynteu ryw aryf a uei *ragorussach* y vreint noc aryf arall o'r a vu eiryoet. *Diw.* **16g.** *LBS* iv. 398, onid kynnal bonhedd y genedyl a wnai o ddefodaü da, ac ymddangos yn *rhagorüs* ymhob camp.

(*b*) ?Chwanegol neu eithafol: *additional or excessive.*
16g. *GIlIV* 24, Ar groes eilwaith *ragorus* hoelion / O amorth alar a morthwylion.

rhagorwaith [*rhagor+gwaith*[1]] *eg.* a hefyd fel *a.* Gwaith neu greadigaeth ragorol neu arbennig, campwaith; rhagorol, arbennig: *excellent or special work or creation, masterpiece*; *excellent, special.*
17g. *NBSF* 152, Blodau gorau *rhagorwaith* / Blodau stâd nawgwlad i'n iaith (Gruffudd Phylip). **1755** *Gron* 61, Ceir profi cwrw y prif-fardd, / A 'mgomio wrth rodio'r ardd; / Cawn nodi, o'n cain adail, / Gwyrth Duw mewn *rhagorwaith* dail. **1770** I. BRYDYDD HIR: *Gw* [17], Morwyn a fag, mawr iawn fydd, / Ogoned Fab a gynnydd; / O'r Iesse y daw rosyn, / A thardd o'r *rhagorwaith* hyn. *c.* **1785–90 (1829)** *CBYP* 5, y cyfryw oferbwyll gerddi disylwedd a disynwyr . . . yn cael y clyw celwyddog eu bod lawer gwell, a mwy rhagorbwyll a *rhagorwaith* na'r hen gerddi gynt. *id.* 31, Y Bardd a fo perchen Awen O Dduw, a esyd ei fryd bob amser ar ddylud cyfiawn fyfyrdod . . . fal y cano yn gyfiawnbwyll Fawl I Dduw; neu i wr clodgamp *rhagorwaith.* **1793** DAFYDD IONAWR: *CD* 156, Moesen, min diben ei daith, / I'r gwyr d'wedai *ragorwaith* / Yr Ion a'i Orchm'ynnion [*sic*] mâd, / Mawr gerydd, amryw gariad.

rhagorwalch [*rhagor+gwalch*] *eg.* Pendefig rhagorol neu arbennig, gwron gwych: *excellent or special nobleman, fine hero.*
16g. *WLl* 51, Y milwr hir mal aur hawc / O vilwyr gwlad Gyfeiliawc / . . . / Aed *rragorwalch* trwy gariad / I hau dawn val Huw i dad. **16g.** HUW CORNWY, &c.: *Gw* 172, Difalch *ragorwalch* gwrol-naws Gawen: esgwier ffortuniol. **1767** *Gron* 124–5, Aed, wâr enaid, aed, ŵr union, / Aed *ragorwalch*, diwair, gwirion, / I fro Iesu fry a'i weision; / I'w gain gaerau a gwen goron.

rhagorwerth [*rhagor+gwerth*] *eg.* a hefyd fel *a.* Gwerth rhagorol neu arbennig, rhagoriaeth (dros eraill); o werth rhagorol neu uwch: *excellent or special value, excellence, superiority*; *of excellent or superior worth.*
16g. *GGH* 246, Eto rhof at y rhai hyn / Tair mwlet o aur melyn, / Ac euraid gwpl *rhagorwerth*, / A'r maes yn waed, rymus nerth. *c.* **1785–90 (1829)** *CBYP* 15, Prif ragorgamp a *rhagorwerth* Iaith yw ei phurdeb. *id.* 17, Dychymmyg a Chrebwyll a wnant gyfiawn gasgl o'r pethau a fyddont hardd a *rhagorwerth.* *id.* 39, dyger yn y Gerdd synwyr . . . ag ystyr am bethau aborth deall a serch . . . eithr gofaler eu bod yn hardd a *rhagorwerth* eu rhyw a'u hanfod. *id.* 70, nid llwyr anhepcor hynn ernynt; eithr tlysder a *rhagorwerth*, ag nid bai bod hebddo. *Diw.* **19g.** *SE MS* 411a, *Rhagorwerth*, a. of superior quality or value . . . superior value, superiority.

rhagorwych [*rhagor+gwych*] *a.* Gwych iawn, ysblennydd, arwrol: *magnificent, splendid, heroic.*
16g. LEWYS MORGANNWG: *Gw* 414, Mae gair Gwalchmai *ragorwych* / ymhob kamp am hebog gwych. **1701** E. WYNNE: *RBS* 180, Rhoes hefyd ddioddefaint rhyfedd, a nerth i'r Dioddefwyr, gan eu harfogi â chalondid godidoc, gwroldeb *rhagorwych* (*heroical*), llownfryd anorchfygol ac amynedd gogoneddus. **1774** *W* d.g. *Heroic.* **1793** DAFYDD IONAWR: *CD* 67, Anwyldda wr, gwnai wledd wych / I'r gwyr hawddgar *rhagorwych.* *id.* 161, Pa wobr addas geiff gwâs gwych / A guro 'r Cawr *rhagorwych*? / . . . / Attebent hwy, gwobrwy gwych; / Y gwr geiff Ferch *ragorwych* / Y Brenin o bur rinwedd.

rhagorydd [bôn y f. *rhagoraf*: *rhagori+-ydd*[3]] *eg.* Un sy'n rhagori: *one who excels.*
18–19g. R. DAVIES: *DB* 286, *Rhagorydd* pob rhyw gyrion.

rhagosod[1] [*rhag-+gosod*[1]] *eg.* ll. *-ion.* *Rhes.* Rhagosodiad; (geir.) *Diwin.* rhagarfaeth, rhagordeiniad: *premiss (in logic)*; (*dict.*) *predestination, preordination (in theol.).*
1604–7 *TW* (*Pen* 228) d.g. *Intensio, prædestinatio.* **1722** *Llst* 189, *Rhagosod* (sub) m. Pre-ordination.

rhagosodaf: rhagosod[2] [*rhag-+gosodaf*: *gosod*] *ba.* Gosod, trefnu, neu bennu ymlaen llaw; *Diwin.* rhagarfaethu, rhagordeinio; datgan yn gyntaf neu ymlaen llaw, gosod (rhagair, &c.) o flaen, rhagddodi; dyfynnu: *to predetermine, preappoint*; *predestine, pre-*

ordain (in theol.); *state first or beforehand, premise, prefix*; *quote*.

1595 *Egl Ph* 96, Wele'r apostol yn dwyn ar dhalht i'r sawl, ni choelient y deue cybhodiadigaeth [*sic*] y meirw, drwy *ragosod* ei am-mhwylhbhryd, nad iawn oedh idhynt amheu hynny. **1604–7** *TW* (*Pen* 228) d.g. *præstituo*. **1632** *D* d.g. *Prædestino*. **1675** R. JONES: *HCh* 47, yn gyntaf mi a *rag-osodaf* (*I shall premise*) ychydig Hyfforddiadau ynghylch y Môdd i ti nessau at fwrdd yr Arglwydd. **1696** *CDD* 61, Gwrandewch fy myfyrdod, mi a geisiais *ragosod*, / Rhŷw ddameg ar draethod, air hynod yn rhwŷdd, / I ddangos o ddifri, faint achos sŷdd i ofni, / Mawrhydi'n Duw Celi, dêg hylwŷdd. **1701** E. WYNNE: *RBS* 4, Minneu a *ragosodaf* y tair ystyriaeth hyn yn dair Prîf hollawl Feddyginiaeth i holl fuchedd y Cristion. **1710** *LlGG* sig. Lllllv, megys (y *rhagosodwyd*) (*before appointed*) yn Ffurf Vrddo Diaconiaid. **1719** T. EVANS: *CDW* 19, chwi ellwch ddal sulw, fod S. Paul . . . Yn *rhagosod* (*quote*) y Geiriau hyn. **1722** *Llst* 189, *Rhagosod*. To fore-appoint, prefix. **1744** D. ROWLAND: *RY* 32, ar ryw amser gwedi ei *rag-osod* (*prefixed*) gan bob un o'r ddau, y byddai i Fab y Brenin gymmeryd ei Daith i Wlâd Mundus. **1770** *W* d.g. *To appoint before-hand, To premise, To set before*. **1803** *P*.

rhagosodedig [bôn y f. *rhagosodaf*: *rhagosod*+-*edig* a *rhag*-+*gosodedig*] *a.bfl.* Wedi ei osod, ei drefnu, neu ei bennu ymlaen llaw; *Diwin*. rhagarfaethedig, rhagordeiniedig; wedi ei ragddodi; wedi ei osod o flaen (person): *predetermined, preappointed*; *predestined, preordained (in theol.)*; *prefixed*; *set before (someone)*.

1567 *TN* 333a, trwy ddau beth disymmut . . . y gellem cael cysur cryf, rrain ydym yn daredec y ddala yn dynn y gobaith *rag-osodedic*. **1620** *Act* xvii. 26, efe a wnaetho [*sic*] vn gwaed bob cenedl o ddynion, i breswylio ar holl wyneb y ddaiar, ac a bennodd yr amseroedd *rhag-osodedig* (**1588** *ib*. gosodedig) a therfynau eu preswylfod hwynt. **1711** M. MAURICE: *YAD* 64, Pa beth yw *rhag-osodedig* amcan neu ddiben Duw? . . . Ei ogoniant ef ei hun, ae ddiscleirdeb ef allan mewn dull tra rhyfeddol. **1759** J. EVANS: *PF* 10, [c]au allan o honi [ffisigwriaeth] bob mainbleth gellfydd [*sic*] Farnau di brofiad, a *rhagosodedig* Egwyddorion. **1765** J. POPKIN: *Ll* 17, [p]eidio a cholli ein Golwg ar y *rhagoss*[*od*]*edig* Ddescrifiad o Ffydd. **1803** *P*.

rhagosodiad [*rhag*-+*gosodiad*; ansicr yw'r engh. gyntaf yn adran (*b*)] *eg*. ll. -*au*, (prin) -*iaid*.

(*a*) *Rhes*. Gosodiad a dderbynnir yn wir fel sail i ddadl neu resymiad, un o ddau osodiad cyntaf cyfresymiad; rhagderfyniad; *Diwin*. rhagarfaeth, rhagluniaeth neu arfaeth ddwyfol: *premiss (in logic)*; *predetermination*; *predestination (in theol.), divine providence or purpose*.

1551 W. SALESBURY: *KLl* ixa, er mwyn hyspysy ir [*sic*] pennaethieit . . . trwy'r communva, mor amlet doethineb Deo, yn ol y rhac ddosparth [:– *rac osodiat*] (**1588** *Eff* iii. 11, yr arfaeth dragywyddol) er kyn oesoedd. *id*. lxxvib, Yr hwnn gwedy iddo ddyuot yno . . . a cyccoradd i pawp o eu *rrac osodiat* calon parhay o honynt y aros yn yr Arglwydd. **1567** *TN* 233a, megis y trigei bwrpos [:– *ragosodiat*, arvaeth] Duw yn safedic erwydd ei etholedigaeth. *id*. 285b, Christ: yn yr hwn hefyt in detholwyt pan in rac derbynwyt erwydd ei *rac osodiat* ef. *id*. 287b, erwydd y *rrac 'osodiat* tragyvythawl. **1711** M. MAURICE: *YAD* 64, Pa beth ymhellach Sydd yw ystiried ynghyngor [*sic*] Duw? . . . Y Dibenion uchaf, gyda *rhag-osodiad* y cyfryngau gorau gogyfer ae cyrhaeddyd. [**1740**] D. LLWYD: *YDD* 9, naill oddiwrth ddigyfrwng *rhagosodiadau* [*sic*] (*Prescriptions*), a Datcuddiadau Duw . . . neu oddiwrth Ordeiniadau natur. **1780** *W* d.g. *Preordination*. **1799** M. WILLIAMS: *HHG* 47, Y Rhei'ny ag sydd wedi ystyried nattur y grefydd Baganaidd, er mwyn ei detholi oddiwrth y sorod, ydynt yn gyffredinol yn ei dwyn dan y *rhagosodiadau* canlynol. **1800** C. EVANS: *EJU* 73, Ffalsedd yw galw bedydd yn sêl Duw. Y mae y *rhagosodiad* yn gyfeiliornus. **1803** *P*.

(*b*) *Gram*. Arddodiad: *preposition (in gram.)*.

1604–7 *TW* (*Pen* 228) d.g. *præpositio*. **1725** *SR* d.g. *preposition*. **1780** *W* d.g. *Preposition, in Grammar*.

rhagosodol [bôn y f. *rhagosodaf*: *rhagosod*+-*ol*] *a*. Wedi ei drefnu neu ei bennu ymlaen llaw, rhagderfynedig; (geir.) blaenorol, cynharach: *preappointed, predetermined*; (*dict*.) *antecedent (adj.)*.

1803 *P* d.g. *Rhagosodawl*.

rhagosteg, gw. englyn (At.)—englyn rhagosteg.

rhagraith[1] [*rhag*-+*rhaith*] *eb*. ll. -*reithiau*. Llw'r person cyntaf sy'n tyngu (mewn llys barn); rhagfarniad, rhagfarn: *oath taken by the first person to swear (in a court of law)*; *prejudgement, prejudice*.

1604–7 *TW* (*Pen* 228) d.g. *præjuratio*. **18–19g**. *MA* iii. 261, Tri pheth ni chydvydd â dedwydd: rhaccraf, rhagrith, a *rhagraith* [:– Sev yw hyny rhagvarn. I[olo] M[organwg]]. **1803** *P*, *Rhagraith*, s. f.—pl. *rhagreithiau* . . . . a prejudication.

rhagraith[2], gw. rhagrith.

rhagras [*rhag*-+*ras*[1]] *eb*. ll. -*ys*. Ras ragbrofol: *qualifying race, heat*.

20g.

rhagre [ansicr yw ystyr *ragre GCBM* i. 193, ond dichon mai hwnnw, drwy gyfrwng *D* a *TJ*, yw man cychwyn y gair hwn] *eb*. Rhagymadrodd, rhagarweiniad: *preamble*.

1780 *W* d.g. *preamble* [*something done, say'd, or written, by way of introduction*]. **1803** *P*.

rhagredaf: rhagredeg [*rhag*-+*rhedaf*: *rhedeg*] *bg*. Rhedeg yn gynt (na), rhedeg o flaen neu ymlaen, hefyd yn *ffig*.: *to outrun, run before or onwards, also fig*.

1551 W. SALESBURY: *KLl* xlb–xlia, Petr . . . ar discipl hwnnw . . . rredec a wnaethont eulldeu ar vnwaith, ar discipul arall hwnw a *racredodd* ar (*TN* 166a, *ragredodd* o vlaen) Petr, ac a ddaeth yn gyntaf ir vonwent. **1604–7** *TW* (*Pen* 228) d.g. *præcurro*. **1632** *D* d.g. *Antecurro*. **1803** *P*.

rhagredegol [y be. *rhagredeg*+-*ol*] *a*. Rhagflaenol, rhagarweiniol: *precursory, preliminary*.

1916.

rhagredegydd, rhagredegwr [y be. *rhagredeg*+-*ydd*[3], -*wr*] *eg*. ll. -*redegwyr*, -*redegyddion*. Rhagflaenwr, rhag-gennad, blaengennad; un sy'n rhedeg o flaen (cerbyd): *forerunner, precursor, harbinger*; *one who runs before (a vehicle)*.

1595 H. LEWYS: *PA* 128, ple bynac y cymero yr ysbryd glan i orffwysle . . . ef a ddenfyn arlwywyr a *rhagredegwyr* (*forerunners*), rhai ynt, tristwch, adfyd . . . fal y byddo yddynt drallodi . . . a dwyn i lawr galon dyn. **1683** J. JONES: *TG* 174, fe anfonwyd Ioan yn *rhag-redegwr* i Grist. *c*. **1730** *Taith C* 115, y mae'r olwg ar y lliain, a'r *Rhag-redegwr* ymma on Swpper, yn ennill ynnofi . . . awydd at fy Lluniaeth. [**1762**] E. POWELL: *HEI* 70, Y Clefyd hwn yw *rhag-redegwr* yr holl glefydau eraill. Cf. D. OWEN: *RL* 367, Er y teimlid fel hyn mai y goler oedd y prif beth ac mai ail beth mewn cymhariaeth oedd Thomas, eto gwasanaethai hi fel *rhagredegydd* iddo.

rhagredwr [bôn y f. *rhagredaf*: *rhagredeg* +-*wr*] *eg*. ll. -*wyr*. Rhagredegydd, rhagflaenwr, rhag-gennad, blaengennad: *forerunner, precursor, harbinger*.

1604–7 *TW* (*Pen* 228) d.g. *præcursor, prodromus*. **1632** *D* d.g. *Antecursor*. **1661** E. LEWIS: *Drex* 127, bucheddwn . . . fel ped fae'm bob amser yn disgwyl marwolaeth, megis os rhynga bodd i Dduw un amser ein gofwyo ni a chlefyd *rhagredwr* (*forerunner*) marwolaeth, y gallom ni ei chroesawu yn gyssurus. [**1710**] GW. AB IERWERTH: *SB* 128, yr wyf yn barod i feddwl, gan fod cynifer o deuluoedd halogedig, ac anghrefyddol yn ein plith ni . . . ei fod yn *rhag-redwr* rhyw farnedigaeth dost y sydd ar ddyfod arnom. [**1725**] *TS* 113, Hon ydyw'r Wahanlen honno, trwy ba un . . . y mae yr Iesu yn *Rhagredwr* i ni wedi myned i mewn i Bresenoldeb ei Dâd. **1790** *Budd A* 16, Y mae gan angeu . . . lawer o gymdeithion a *rhagredwyr* dychrynllyd. **1793** DAFYDD IONAWR: *CD* 240, Yr ydwyf ei *Ragredwr*, / Dros dro, 'n bedyddio â dw'r. / Mae Hwn sy'n dyfod o'm hol, / Ior gwâr, yn fwy rhagorol. **1803** *P*.

rhagreithiad, gw. rhagrithiad.

rhagreithiaf[1], **rhagreithaf, rhagrith(i)af**[1]: **rhagreith(i)o, rhagrith(i)o** [*rhag*-+*rhithiaf*: *rhith*(*i*)*o*, ?a hefyd *rhag*-+ bf. o'r e. *rhaith*] *ba*. Ystyried neu ffurfio (barn, &c., ymlaen llaw): *to consider or form (opinion, &c., before hand)*.

13g. *B* iii. 27, *Ragrytha* dyeyr kynoydyweduyt. *Dchr*. **14g**. *Ll Cyn* 46, Ef a eirch heuyt y doethon: *racritha* dy eir kyn no'e dodi; a medylya dy weithred kyn y wneuthur. **14g**. *LlB* 70, gwedy darffo y'r henuryeit *racreithaw* (*AL* i. 536, *racreithya6*; *CHDd*[2] 67, [drll.]) eu synhwyr a chadarnhau eu dull trwy twg. *c*. **1400** *B* iii. 12, A glyweist di a gant bedwi / oed escob donyawc difri / *racreitha* dy eir kyn noe dodi. *c*. **1401** *AL* ii. 366, pan darffei y 6yr y llys honno *racreitha6* y cof achadarnhav y dull tr6y d6ng. **1803** *P* d.g. *Rhagreithiaw*.

Gw. hefyd **rhagnythaf: rhagnythu**.

rhagreithiaf[2]: **rhagreithio** [gair geir., sef bf. o'r e. *rhagraith*[1]] *bg*. Bod y cyntaf i dyngu llw (mewn llys barn): *to be the first to swear an oath (in a court of law)*.

1604–7 *TW* (*Pen* 228), tyngu, rhoi llwf o vlaen ereill, *rhagreithio* d.g. *præjuro*.

rhagreithiaf[3]: **rhagreithio, rhagreithiol**, gw. **rhagrithiaf**[2]: **rhagrithio, rhagrithiol**.

rhagreithiwr[1] [gair geir., sef bôn y f. *rhagreithiaf*[2]: *rhagreithio*+-*iwr*] *eg*. Y person cyntaf i dyngu llw (mewn llys barn): *the first person to swear an oath (in a court of law)*.

1604–7 *TW* (*Pen* 228) d.g. *præjurator*. *Dchr*. **17g**. *J* 10, 12b.

rhagreithiwr[2], **rhagreithus**, gw. **rhagrithiwr, rhagrithus**.

rhagreol [*rhag*-+*rheol*[1]] *eb*. ll. -*au*. Cynsail: *precedent*.

1810.

rhagrith [*rhag*-+*rhith*] *eg.b*. ll. (prin) -*iau*, (geir.) -*ion*. Yr arfer o arddel safonau, credoau, &c., sy'n groes i gymeriad neu ymddygiad gwirioneddol y sawl sy'n eu harddel, enghraifft o hyn, anniffuantrwydd, annidwylledd, ffuantrwydd, ffalsedd, esgus, twyll; ?cyfnewidiad, treiglad: (*instance of*) *hypocrisy, insincerity, disingenuousness, dissimulation, falseness, pretence, deception*; ?*alternation, mutation*.

1567 *TN* 313b, dywedyt celwydd trwy druth [:– hypocrisei, ffuant, *rhagrith*]. **1588** *Luc* xii. 1, mogelwch rhag surdoes y Pharisæaid, yr hwn yw *rhagrith*. **1595** H. LEWYS: *PA* 139, er bod rhai yn medru ymdaro dros ennyd . . . drwy gyfrwysdra, dichell, ffug, a *rhagrith*. **1606** E. JAMES: *Hom* i. 70, er eu bod yngolwg y byd yn wyr perffaith yn eu bywyd a'u hathrawaeth, etto nid ydoedd eu bywyd onid *rhagrith* . . . gwedy ei gymmyscu ag ofergoel, delwaddoliad a chamfarn. **1620** *Gal* ii. 13, A'r Iddewon eraill hefyd a gyd-ragrithiasant ag ef; yn gymmaint ag y dygwyd Barnabas hefyd i'w *rhagrith* (**1588** *ib*. lledrith) hwy. **1632** *D* d.g. *Hypocrisis, Simulatio*. **1672** J. LANGFORD: *HDdD* 432, Am Ddiragrithrwydd . . . yr wyfi'n ostyngedig yn attolwg i ti fy mhuro i oddiwrth bób ffûg a *rhagrith* (*insincerity*). **1703** T. BADDY: *PCh* 17a, Onid *rhagrith* mawr yw hyn, i achwyn am galedwch eich calon, ac etto nid arferwch y moddion iw meddalhau hi? . . Onid yw hyn yn *rhagrith* fawr [*sic*] . . .? **1712** W. ROWLANDS: *HEC* 24, Y mae'r Wyddeleg yn o debyg i'r Gymraeg, nid yn unig o ran cyffelyb Sain mewn Llaweroedd o Eiriau; ond hefyd o ran cyffelyb *Ragrith* yr unrhyw Lythyrennau. [**1757**] *ML* ii. 54, nid oes dim budd iw gael ond wrth *ragrith* a gwêniaith, sef gwênu. **1759** T. THOMAS: *WWDd* 348, Llawer sydd . . . yn llawen ym mhob twyll a *rhagrith*. **1772** *W* d.g. *Dissimulation, Hypocrisy*. **1774** HUW AB HUW: *RBD* 88, Mae ef [rhagrithiwr] yn ymddangos fel dyn gonest ac yn ymddyrchafu yn ei feddwl, a'i *ragrith* dwyllodrus. **1803** *P*, *Rhagrith*, s. m. —pl. t. *ion* . . . Hypocrisy, simulation, outward appearance. Ar lafar, 'Paid o ddangos *ragrith*! Bydd y peth wyt ti', 'Wth 'u penna nw 'odd a mor neis ac yn 'u trin nw yn 'u cefna. Dyna siŵ' beth yw *ragrith*', *GTN* 676. Cf. D. OWEN: *GT* 250, Edrychid ar ei dristwch . . . fel *rhagrith* digymysg, a chredent fod claddu ei dad yn amgylchiad yr oedd efe wedi hiraethu am dano er's tro byd.

Amr.: **rhagraith**[2] **16g**. *Def Hen* 39, o achos i *rhagreithie* a chyfyngdra i henioes, mae rhain ar y sydd o natiriaeth ymrafaelgar yn i calyn ag yn clodfori i gweithredoedd. **1684** H. OWEN: *DC* 238.

rhagrithaf[1,2]: **rhagritho**, gw. **rhagreithiaf**[1]: **rhagreithio, rhagrithiaf**[2]: **rhagrithio**.

rhagrithiad [bôn y f. *rhagrithiaf*[2]: *rhagrithio*+-*iad*[1]] *eg*. Rhagrith, gweithred ragrithiol, ffuantrwydd: *hypocrisy, hypocritical action, dissimulation*.

16g. *Def Hen* 13, *Rhagreithiad* a gwag coeliad oedd yn tywlly [*sic*] llygaid y Rhyfeinwyr. **1611** R. SMYTH: *SG* 180, *rhagrithiad* ne hipocrisi, ymryson, cynen, cyndynrwydd. **1630** *YDd* 109, addurno campau drwg ac enwau rhinweddau da: megis galw carowsio meddwaidd, yfed iechyd . . . felly or tu arall, galw llarieidd-dra mewn geiriau a gweithredoedd, *rhagrithiad*. **1803** *P.*

Amr.: **rhagreithiad** [bôn y f. *rhagreithiaf*[3]: *rhagreithio* + *-iad*[1]]. **16g.** *Def Hen* 13. *id.* 37, [d]angos oddi allan y fath gyscod o dduwioldeb fel nas gallase arglwyddes *rhagreithiad* i hynan ymdeimlo a'r achos yn gymhwysach. **17g.** *CLlC* ii. 31, Rhag rhoi yn drygau an *rhagreithiad* / At raglinieth Duw ucheldad / A halogi'r gyffredin-wlad.

rhagrithiaf[1]: **rhagrithio,** gw. rhagreithiaf[1]: rhagreithio.

rhagrithiaf[2], **rhagrithaf**[2]: **rhagrith(i)o** [bf. o'r e. *rhagrith*] *bg.a.* Bod yn rhagrithiol neu'n ffuantus, cogio, ffugio, twyllo, ffalsio, gwenieithio; ?trawsffurfio: *to be hypocritical, dissemble, pretend, fake, deceive, fawn, flatter; ?transform.*

1588 *Job* xxxii. 21–2, Ni dderbyniaf yn awr wyneb neb: ni *ragrithiaf* wrth ddŷn . . . ni wn pe *rhagrithiwn* pa gynted i'm cymmere fyng-wneuthur-wr fi ymmaith. **1588** *Salm* lxxviii. 36–8, Er iddynt *ragrithio* iddo ai gênau, a dywedyd celwydd wrtho ai tafod . . . efe yn drugarog a faddeuodd eu hanwiredd. **1588** *Ecclus* i. 28–9, Nac amme ofn yr Arglwydd pan fyddech mewn angen, ac na ddos atto ef â chalon ddau ddyblyg . . . Na *ragrithia* o flaen dynion, eithr gochel rhag dy wefusau. *Dchr.* **17g.** *J* 10, 12b, *Rhagrithio.* to counterfeite. **1615** R. SMYTH: *GB* 262, Socrates yn yr un modd drvvy gynhemlu yr haul yn rhy graph a *ragrithvvyd* (*transformé*) dros yspaid o amser. **1630** *YDd* 31, Os wyt yn credu fod Duw yn ddi-ffug, pa fodd y clywi di ar dy galon allael *rhagrithio* (*dissemble*) a bod yn ffuant'wr? **1632** *D, Rhagrithio* d.g. *Insimulo, Simulo.* **1703** E. WYNNE: *BC* 36, a'r bobl ar ganol y Gwasanaeth, yno gwelem rai 'n . . . ddyfal ar eu dyfosiwn, a llawer o rheini hefyd yn *rhagrithio.* **1774** T. JONES: *DG* 207, hereticiaid . . . sydd yn *rhagrithio* Duw, ac sydd . . . yn eon yn gosod eu hunain i fynu, ar ol drwg siampl eraill, yn erbyn mynediadau duwiol y frenhines. **1803** *P* d.g. *Rhagrithiaw.* Ar lafar, *GTN* 676. Cf. D. OWEN: *GT* 88, Gwyddai Harri fod yr Yswain yn siarad ei galon, ac nad oedd yn *rhagrithio.*

Amr.: **rhagreithiaf**[3]: **rhagreithio** [bf. o'r e. *rhagraith*[2]] **1630** R. LLWYD: *LlH* 78. **1731** T. LEWYS: *BMA* 83.

rhagrithiol [*rhagrith* + *-iol*] *a.* Llawn rhagrith, ffuantus, anniffuant, gwenieithus: *hypocritical, dissembling, insincere, flattering.*

1588 *Job* xxxvi. 13, y rhai *rhagrithiol* o galon a chwanêgant ddig. **1620** *Eseia* x. 6, At genedl *ragrithiol* yr anfonaf ef. **1688** S. HUGHES: *TSP* 208, Y Pharisæaid *rhagrithiol* . . . tan rîth hîr weddio, eu diben hwy oedd; i lwyr fwytta tai gwragedd gweddwon. **1712** T. WILLIAMS: *CDdG* 273, [g]wybod rhagoriaeth rhwng Gwirionedd a Rhagrith; ac rhwng fy Freins [*sic*] didwyll, ffyddlon, diddyfais, a'r rhai sy yn anffyddlon yn ddyfeisdrwg, ac yn *rhagrithiol.* **1772** *W* d.g. *Dissembling, Hypocritical, Insincere.* **1790** T. JONES: *TOS* 158, Ni thâl dywedyd fel y mâb *rhagrithiol* hwnnw . . . myfi a âf, Arglwydd, ac nid aeth efe. **1790** TWM O'R NANT: *GG* 60, Pob sŷth, oer drwst *Rhagrithiol* drŷth, / Dadwreiddia o'm hyspryd, a dysg fi'n astud. **1795** J. THOMAS: *AIC* 300, China . . . Paganiaid. Ynys Niphon . . . Pag[aniaid] *Rhagrithiol.* **1803** *P* d.g. *Rhagrithiawl.*

Amr.: **rhagreithiol** [*rhagraith*[2] + *-iol*]. **1688** S. HUGHES: *TSP* 150. **1733** T. EVANS: *PP* 182. **1735** S. THOMAS: *HP* 84.

rhagrithiwr, rhagrithwr [bôn y f. *rhagrithiaf*: *rhagrithio* + *-(i)wr*] *eg.* (b. *rhagrithwraig*) ll. *rhagrithwyr.* Person rhagrithiol, ffuantwr, ffalsiwr, gwenieithiwr: *hypocrite, dissembler, sycophant, flatterer.*

1567 *TN* 8b, na phar gany vtcorn geyr dy vron, mal y gwna'r hypocritae [:– lledrithwyr, ffugiolion, *rhagrithwyr*, ehudwyr]. **1588** *Eseia* ix. 16, ni lawenha 'r Arglwydd wrth ei wŷr ieuaingc ef . . . canys pob vn o honynt sydd *ragrithi-wr.* **1588** *Diar* xi. 9, Y *rhagrithiwr* ai enau a lygra ei gymmydog. **1604** R. HOLLAND: *BD* 3a, am bob pwnc o grefydh yn arbennig, nid rhaid i mi mo'i dangos yn helaeth: nid wyfi *ragrithiwr*, dilynwch fy llwybrau. **1606** E. JAMES: *Hom* ii. 282, Yn rhoddi iddo ei wobr ymlhith *ragrhithwyr* [*sic*], y rhai sydd yn ymddangos yn sanctaidd oddifaes, a'u calonnau yn llawn meddyliau ffiaidd. *Dchr.* **17g.** *J* 10, 12b, *Rhagrithwr* hypocrite. **1630** *YDd* 124, A'r *rhagrithiwr* yr hwn a dwyllodd eraill yn ei fywyd, a ddichon ei dwyllo ei hûn yn ei farwolaeth. **1632** *D* d.g. *Hypocrita, Simulator.* **1755** *ML* i. 346, Mi af i Ffraingc . . . cyn y caffont y gair i ddywedyd fy mod i yn dwyllwr nag yn *rhagrithiwr.* **1759** T. THOMAS: *WWDd* 291, felly hefyd y *Rhagrithwr*, y mae efe 'n ymhyfrydu mewn ymddangos ei fod ef, yr hyn nid yw ef. **1759** *DG* 103, Mae'r hen *Ragrithiwr* yntau, yn iwsio / Geiriau gwaredd; i foddio pob ryw ddynion. **1803** *P.* Ar lafar, *GTN* 676.

Amr.: **rhagreithiwr**[2] [bôn y f. *rhagreithiaf*[3]: *rhagreithio* + *-iwr*] **1629** R. LLWYD: *P* 28. **1630** R. LLWYD: *LlH* 25, 28. *c.* **1730** *Taith C* 46.

rhagrithrwydd [*rhagrith* + *-rwydd*] *eg.* Rhagrith, esgus, twyll: *hypocrisy, pretence, deceit.*

1588 2 *Mac* vi. 25, hudid hwythau hefyd o blegit fy *rhagrithrwydd* i. **1743** J. JONES: *LlAW* vii, na bô i'ch ymddygiad ddangos dim bwriad neilltuol, na chwaith fod a dim cyscod o *ragrithrwydd* yn perthyn iddo. **1796** *Geirgrawn* 238, Nid rhag ofn, oblegid yna buasai 'n dangos yr [*sic*] *rhagrithrwydd* a'r anffyddlondeb mwya.

rhagrithus [*rhagrith* + *-us*] *a.* a hefyd gyda grym enwol. Rhagrithiol, ffuantus: *hypocritical, dissembling.*

Dchr. **17g.** *J* 10, 12b, *Rhagrithus.* a dissembler. **1630** R. LLWYD: *LlH* 151, Nid ydynt yn cuddio eu drygioni yn *rhagrithus*, eithr yn ei osod allan ar gyhoedd fel Sodom. **1685** G. GRIFFITH: *GA* 197, Y *rhagrîthûs* Amen a mwy o sain yn y gena[u], na symlrhwydd, ac ystyr yn y galon, fel y Pharisæaid yn gweddio yn yr amlwg. **1803** *P.*

Amr.: **rhagreithus** [*rhagraith*[2] + *-us*]. **1630** *YDd* 30, a hyn yw'r vnig achos, pa ham y mae cynnifer yn proffessu pob rhan arall o grefydd Dduw mor amharchus ac mor *rhagreithus.*

rhagrithwr, rhagrithwraig, gw. rhagrithiwr.

rhagrodd, gw. rhagddor.

rhagrwym [gair geir., sef *rhag-* + *rhwym*] *eg.* ll. *-au.* Rhagrwymiad; ffedog: *pre-engagement; apron.*

1604–7 *TW* (*Pen* 228) d.g. *præcinctorium.* **1780** *W* d.g. *Pre-engagement.* **1803** *P, Rhagrwym*, s. m.—pl. t. *au* . . . A previous bond or tye.

rhagrwymaf: rhagrwymo [*rhag-* + *rhwymaf*: *rhwymo*] *bg.a.* Rhwymo ymlaen llaw, rhwymo dan amod i briodi, dyweddïo: *to bind beforehand, pre-engage, betroth.*

1604–7 *TW* (*Pen* 228) d.g. *præligo, præstringo.* **1722** *Llst* 189, *Rhagrwymo.* To bind or oblige before. **1733** W. WILLIAMS: *TC* 51, [y] pethau gweledig hyn sy oddiallan . . . y mae ganddynt y fantais i *ragrwymo* ein serch wrthynt. **1780** *W* d.g. *To pre-engage* [*engage before-hand*]. **1803** *P* d.g. *Rhagrwymaw.*

rhagrwymedigaeth [*rhag-* + *rhwymedigaeth*] *e?b.* Rhagrwymiad: *preengagement.*

1696 *GGTY* 315, Y mae Mr. Burkit yn dywedyd ei fod ef yn fwy buddiol i fabanod nag ir rhai fydd yn fwy oedrannus, megis ac y mae efe yn *rhagrwymedigaeth* (*pre-engagement*) arnynt am wrth-sefyll profedigaeth. **1780** *W* d.g. *Pre-engagement.*

rhagrwymiad [bôn y f. *rhagrwymaf*: *rhagrwymo* + *-iad*[1]] *eg.* ll. *-au.* Rhwymiad ymlaen llaw; ymrwymiad blaenorol: *pre-engagement; previous engagement.*

1780 *W* d.g. *Pre-engagement.* **1803** *P.*

rhagrwystraf: rhagrwystro [*rhag-* + *rhwystraf*: *rhwystro*] *ba.* Atal neu rwystro (ymlaen llaw): *to prevent or preclude* (*beforehand*).

1672 J. LANGFORD: *HDdD* 314, rhaid bod gofal a gw[y]liadwraeth mawr i *rag-rwystro* (*prevent*) bwriad y gelyn Eneidiau hwnnw. **1693** *PGLl* 18, mewn ffurf osodedig o Weddi, yr hôll drafael hyn a *rag-rwystrir* [:– Neu, a rag-achubir]. **1701** E. WYNNE: *RBS* 10, *rhag-rwystrwch* ymgyfreithiau. *id.* 270, Fy nirgel bechodeu Arglwydd sy'n aneirif . . . pechodeu a allasei yspryd diwyd a gwiliadwrus eu *rhagrwystro* ond ni's mynwn i. **1780** *W* d.g. *To preclude.* **1803** *P.*

rhagrybudd [*rhag-* + *rhybudd*] *eg.* ll. *-ion.* Rhagarwydd, rhybudd: *a forewarning, premonition, warning.*

1604–7 *TW* (*Pen* 228) d.g. *præmonitus.* **1719** IACO AB DEWI: *TG* 119, Y mae 'r Tywysog Tywyllwch yma . . . yn bwrw i mewn ei *Ragrybudd* yn wastadol yn dy erbyn di. *id.* 123, Abisai a neidiodd i fynu, ac a roddes ei *Ragrybudd* i mewn, gan ddywedyd, a'i [*sic*] o herwydd hyn ni roddir Simei i Farwolaeth? **1725** *SR* d.g. *A Precaution.* **1732** *AABI* 90, Yr ail ydyw Bygwthiad neu *Rag-rybydd* athrist a llym-dost. [**1740**] L. ANWYL: *CA* 122, a'u cynhysgaeddu a phob *rhagrybudd* angenrheidiol. **1741** *CAG* 24, yr wyf yn deisyf cael gosod ger eich bron yr un *Rhag-rybudd* hwn, sef, Na bo i ddim o'r hyn yr wyf fi yn myned i'w lefaru gael ei ddeongli i berthynu i . . . y rhai a ydynt o'r Râdd flaenaf yn Ysgol Crist. **1766** *OU* 141–2, Pa fath *Rag-rybudd* sydd yma? . . . O herwydd digofaint, gochel rhag iddo dy gymmeryd di ymaith â'i ddyrnod. **1790–1** H. JONES: *T* 146, y *rhagrybuddion* mynych a roddir i ni . . . yn yr ysgrythurau. 'Na thwyller chwi'. **1798** *WR* d.g. *Premonition.* **1803** *P, Rhagrybuz* . . . Premonishment.

rhagrybuddiad [bôn y f. *rhagrybuddiaf*: *rhagrybuddio* + *-iad*[1]] *eg.* ll. *-au.* Y weithred o ragrybuddio, rhagrybudd, rhagarwydd: *a forewarning, premonition.*

1682 E. LLWYD: *EI* 36, am iti farw tros ein pechodau . . . fe a [dd]arfu i mi yn awr trwy dy *ragrybuddiad* ti, dderbyn y gwystlon Sanctaidd. **1713** R. LLWYD: *YG* d.d., Ychydig *Rag-rybuddiadau* Ac Hyfforddiadau mewn trefn i fwy Defosionol a Pharchedig Gyflawniad o Addoliant Public Duw. **1803** *P, Rhagrybuziad*, s. m. . . . Premonition.

rhagrybuddiaf: rhagrybuddio [*rhag-* + *rhybuddiaf*: *rhybuddio*] *bg.a.* Rhybuddio ymlaen llaw (ynghylch): *to forewarn* (*of*).

1567 *TN* 4b, pwy ach *rac rybyddiawdd* i giliaw rac y digofeint a ddelai? *id.* 372b, in *rhac rybuddiaw* am berycleu a ddelent. **1604–7** *TW* (*Pen* 228) d.g. *præmoneo, præscribo.* **1632** J. DAVIES: *LlR* 280–1, ni allafi beidio a'th rybuddio di, ddarllennydd hynaws, a'th *rag-rybuddio* di trwy esampl S. Awstin. **1661** E. LEWIS: *Drex* 87, Oni wyddost ti pa beth a *ragrybuddiodd* Crist? *id.* 180, Christ . . . sy'n ein *rhagrybuddio* ni o'r farn ddiweddaf. **1698** T. JONES: *Art* 14, y mae ei freuddwŷd yn ei *ragrybuddio* ef i ddiogelu ac i gadarnhau ei dŷ. **1710** *LlGG* (*Gos*) [19], *Rhag-rybuddio* 'r Cymmun. **1728** T. BADDY: *DDG* 71, yr oedd tawelwch ym mysc y Christ'nogion, y rhai a *Ragrybuddiwyd* trwy Eiriau, ac amryw bethau Aruthrol eraill. **1792** H. HARRIS: *H* 56, yntau . . . a gymmerodd achlysur i *rag-rybuddio* y bobl ymlaen-llaw. **1798** *WR* d.g. *Premonish.* **1803** *P.*

rhagrybuddiol [*rhagrybudd* + *-iol*] *a.* Yn rhoddi rhagrybudd, yn rhagrybuddio: *premonitory.*

1780 *W* d.g. *Premonitory.* **1803** *P.*

rhagrymhaf: rhagrymhau [*rhag-* + *grymhaf*: *grymhau*, ?ar ddelw'r Llad. *prævalēre*] *bg.* Gorchfygu, rhagori: *to prevail, excel.*

13g. *B* xxi. 298, O symudedigyon aervaeu e dyguyd pob eilwers a dywalder e morvil a *racrymhaa.* **13g.** *BD* 104, En y diwed y *racrymhaa* (*preualebit*) y gywarsangedic. **14g.** *BT* (*RB*) 114, y gwyr a oedynt yn *racrymhau* o nerthoed eineideu a chyrff.

rhagsabath [*rhag-* + *Sabath*] *eg.* Y diwrnod cyn y Saboth: *the day before the Sabbath.*

1567 *TN* 78a, can y bot hi yn ddydd darpar, ys ef yw o vlaen y Sabbath [:– *racsabath*].

rhagsail [*rhag-* + *sail*] *eb.* ll. *rhagseiliau.* Sail (flaenorol), hefyd yn *ffig.*: (*previous*) *foundation, also fig.*

1803 *P, Rhagsail*, s. f.—pl. *rhagseiliau* . . . A prior foundation.

rhagsais [*rhag-* + *Sais*] *eg.* ll. *-saeson.* Dyn sy'n hanner Sais ac yn hanner Cymro: *man who is half English and half Welsh.*

Diw. **19g.** *SE MS* 411b, *Rhagsais, seison* . . . hanner Sais, a half-English and . . . half-Welsh man i.e. one that is neither; hanner sais a hanner Cymro; Dyfed.

rhagsefydlaf: rhagsefydlu [*rhag-* + *sefydlaf*: *sefydlu*] *ba.* Sefydlu ymlaen llaw: *to pre-establish.*

1744 D. ROWLAND: *RY* 45, a'r lle yr oeddent i ymfyddyno yntho gwedi ei *rag-sefydlu.* **1780** *W* d.g. *To pre-establish* [*establish before-hand*]. **1803** *P.*

rhagsefydledig [bôn y f. *rhagsefydlaf*: *rhagsefydlu* + *-edig*] *a.bfl.* Wedi ei sefydlu ymlaen llaw: *pre-established.*

1868.

rhagsefydliad [gair geir., sef bôn y f. *rhagsefydlaf*: *rhagsefydlu* + *-iad*[1]] *eg.* Y weithred o sefydlu ymlaen llaw: *pre-establishment.*

1780 *W* d.g. *Pre-establishment* [*establish before-hand*]. **1803** *P.*

rhagsefydlog [*rhag-* + *sefydlog*] *a.* Wedi ei sefydlu ymlaen llaw: *pre-established.*

1677 R. JONES: *BB* 107, hwy a dynnant eu barn am eu Gweithredoe[dd], at eu barn *ragsefydlog* am y Personnau. **1803** *P.*

rhagsgrif, rhagsgrifen, gw. rhagysgrif, rhagysgrifen.

rhagsgrifeniad, rhagsgrifennad, gw. rhagysgrifeniad.

rhagsgrifennaf: rhagsgrifennu, rhagsgrifiadol, gw. rhagysgrifennaf: rhagysgrifennu, rhagysgrifiadol.

rhagsonedig, gw. rhagsoniedig.

rhagsoniaf: rhag-sôn [*rhag-*+*soniaf*: *sôn*] *ba.* Crybwyll ynghynt: *to mention previously.*
1765 J. POPKIN: *Ll* 206, [y] tair pregeth a *ragsoniwyd.* **1769** *DRh* 38, [yr] Nid fy amcan yw gwneuthur amddiffyniad hir i'r athrawiaethau a *ragsoniwyd.*

rhagsoniedig, rhagsonedig [*rhag-*+*son(i)edig*] *a.bfl.* Rhagddywededig, wedi ei grybwyll ynghynt: *aforementioned, previously mentioned.*
1683 J. JONES: *TG* 43, yn Cyhoeddi rhydddid i'[r] Caethion . . . fel y gallont oll ar yr Ammodau *rhagsoniedig* hyn, ddyfod i fwynhau heddwch gida duw. *id.* 185, Yr holl bethau *rhagsoniedig* hyn, a llawer mwy a ell[i]d son am danynt, sy'n rhwystro llaweroedd i fyned i mewn, [i]'r porth cyfyng. **1762** D. ROWLAND: *PA* 110, Y Demel *ragsonedig* a agorid yn amser Rhyfel. **1763** R. THOMAS: *HR* 5, yr oedd ganthi hi ddau Lyfr . . . Y Llyfrau *rhagsoniedig* . . . cenhedlasant ynnof ryw ddymuniad i ddiwigio fy nrwg Fuchedd. *id.* 28, Ac efe a Esgynnodd i'r Mynydd . . . Yr 'Sgrythur *ragsonedig* a wnaeth i'm [*sic*] Lewgu gan ofn. **1765** J. POPKIN: *Ll* 22, eich *rhag-soniedig* Ddescrifiad o Ffydd. *id.* 107, Y Traethawd *rhag-soniedig.*

rhagswydd [*rhag-*+*swydd*] *eb.* ll. *-au.* Swydd is-swyddog; (geir.) swydd flaenorol: *subordinate post or position*; (*dict.*) *previous position or post.*
Diw. **18g.** *AL* ii. 550, Tair *rhagswydd* llys: cynghellawr; canllaw, neu bleidiwr; a rhingyll. **1803** *P*, *Rhagswyz*, s. f.—pl. t. *au* . . . A prior office.

rhagswyddog [*rhag-*+*swyddog*] *eg.* ll. *-ion.* Is-swyddog, dirprwy: *lower or minor official or officer, subordinate, deputy.*
1632 *D* d.g. *Succenturiatus.* **1711** L. EVANS: *LlW* [11], ac a farnent hwŷ yn gymmwŷs, er iawn Lywodraethu yr Eglwŷs, ac yn ddilynol i wneuthur Arch-Escobion, Arch-Ddiaconiaid, Canghellorion, *Rhag-swyddogion*, Rhingyllion, &c. **1722** *Llst* 189, *Rhagswyddog*, m. A deputy. **1772** *W* d.g. *Deputy.* **1798** *WR* d.g. *Underling.*

rhagswyddwr [*rhag-*+*swyddwr*] *eg.* ll. *-wyr.* Dirprwy, comisiynydd, is-swyddog: *deputy, commissioner, lower or minor official or officer*:
1805.

rhagsylw [*rhag-*+*sylw*] *eg.* Sylw rhagymadroddol: *introductory remark.*
1803 *P.*

rhagsylwad [*rhag-*+*sylwad*] *eg.* ll. *-au.* Rhagair, sylw rhagymadroddol: *preface, introductory remark.*
1801 J. G. BEVAN: *CH* [i], *Rhagsylwad.* **1803** *P.*

rhagsylweddyn [*rhag-*+*sylwedd*+*-yn*[1]] *eg.* ll. *rhagsylweddion. Cem.* Sylwedd y ffurfir un arall ohono drwy ddadfeiliad neu adwaith cemegol: *precursor* (*in chem.*).
20g.

rhagsyllaf: rhagsyllu [*rhag-*+*syllaf*: *syllu*] *bg.* Edrych ymlaen: *to look forward.*
1803 *P*, *Rhagsyllu* . . . To look forward.

rhagsylliad [bôn y f. *rhagsyllaf*: *rhagsyllu* +*-iad*[1]] *eg.* Edrychiad ymlaen: *a looking forward.*
1803 *P*, *Rhagsylliad*, s. m. . . . A looking forward.

rhagsyniad [bôn y f. *rhagsyniaf*: *rhagsynio* +*-iad*[1]] *eg.* ll. *-au.* Rhagdybiaeth; rhagfyfyrdod; rhagargoel: *preconception*; *premeditation*; *presentiment.*
1780 *W* d.g. *Pre-apprehension.* **1803** *P*, *Rhagsyniad*, s. m. . . . premeditation.

rhagsyniaf: rhagsynio, rhagsynied [gair geir., sef *rhag-*+*syniaf*: *synio*, *synied*] *ba.* Cael rhagargoel o, bod yn ymwybodol o, deall neu wybod ymlaen llaw; rhagdybio; rhagfyfyrio: *to have a presentiment of, be aware of, understand or know beforehand; preconceive; premeditate.*
Dchr. **17g.** *J* 10, 13a, *Rhagsynnio.* præsentio (hefyd *D*). **1722** *Llst* 189, *rhagsynied* d.g. *To be Aware of. id. Rhagsynnied*, to understand before hand, fore-know. **1803** *P*, *Rhagsynied* . . . To premeditate.

rhagsyniedig [bôn y f. *rhagsyniaf*: *rhagsynio*+*-iedig*] *a.bfl.* Rhagfyfyriedig: *premeditated.*
1803 *P.*

rhagto, gw. rhacto.

rhagwahan [*rhag-*+*gwahan*] *eg.* ll. *-au. c.d.* Rhagwant; (odl sy'n blaenori) ail orffwysfa llinell o gynghanedd sain; *Crdd.* ?term technegol yng nghyfundrefn cerdd dant: (*syllable preceding*) *break between two halves of the first line of a 'toddaid'*; (*rhyme preceding*) *second caesura in a line of 'cynghanedd sain'*; ?*technical term in traditional Welsh string music.*
c. **1566** *B* i. 154, Cerdd dant bellach . . . Pencerdd ney Athro . . . a vyno dwyn ariandlws telyn ney grwth raid yw yddo wybod y pedair cadair . . . ar pedwar mesyr ar hugain . . . a dosparthu pob gwahan a *Ragwahan* pob cynhwysiad a gorffwysva. *a.* **1575** *GP* 111–12, Ynglyn vnawdl uniawn . . . gossodiad y paladr yn y bvmed ssilldaf, sef yw hwnnw, *Racwahan. ib.* er na bo *Racwahan*, y mae yn rraid iddaw gael gorffywssva yn y bvmed sillaf. **1587** *id.* 187, yr vnodl inüon [*sic*], sef y hi a fyn yr vnRyw fogal a'r vnRyw gydsain. Ag mewn dav fann i mae yn kydateb, sef mewn gwahan a *Ragwahan.* A'r gwahan a ddyly bod ar y drydedd silldaf a'i *Ragwahan* ar y bvmed silldaf. *ib.* Vnodl lvsg a fydd ple bynag i terfyno y gwahan kyntaf e fydd y *rhagwahan* ar y chweched silldaf. *ib.* Vnodl gadwynog a fydd i *rhagwahan* ar y chweched silldaf. *id.* 188, Vnodl gyswllt fal hyn: os bydd y gwahan ne'r *Ragwahan* yn Ranv oddi wrth i gilydd. **18–19g.** *Llr* C 1, 41, Efe a wnaeth or gwahanau a'r *rhagwahanau* bedair arwydd Lle a llafar.
Gw. hefyd **rhagwant.**

rhagwahandro [*rhag-*+*gwahan*+*tro*[1]] *eg.* ll. *-au.* Dyfynodau: *quotation-marks, inverted commas.*
1688 *TJ* (At.) [27–8], " Y Nôd yma (a elwir y *rhagwahandro*,) aroddir [*sic*] y rhan fynychaf wrth ochor dalen mewn llyfr; ac ymbell waith ynghanol llain, neu ynghorph y ddalen: ac i mae fe yn Arwŷdd o fannau rhagorol: a pha le bynnag a gweloch y nôd yma wrth ddarllen, chwi a ddylech ddal sulw yn grâff ar y man o'r Traethawd ar sŷdd yn ei ganlŷn; canŷs y mae'r nôd yma yn Arwŷdd o rŷw fan godidog, neu o rŷw bet h [*sic*] ar sŷdd yn haeddu craffu arno. **1758** P. WILLIAMS: *BB* 17, Y Nodau Sulw . . . " y *Rhagwahan-dro.* **1788** J. ROBERTS: *AR* 20, " *Rhagwahandro*, Quotation . . . Arferir o flaen ac ar ôl ymadrôddion 'Scrythurol, neu o waith awdwŷr eraill. **1793** M. J. RHYS: *CA* 40, *Rhagwahandro*, a arferir o flaen ac ar ol ymadroddion benthycol. **1808** R. DAVIES: *GC* 100, *Rhagwahandro* (") a osodir i arwyddo nad yw yr ymadrodd hwnw o gyfansoddiad yr awdur ei hun. **1808** T. JONES: *S* 103, Dangosed mai rhan o'm dywediad i yw yr hyn mae'n ei alw felly, ac yn ei osod o fewn *rhagwahandro.*

rhagwahannod [*rhag-*+*gwahannod*] *eg.* ll. *rhagwahanodau.* Coma; hanner colon; colon; gwahannod (yr arwydd (¶) sy'n dynodi dechrau paragraff); paragraff: *comma*; *semicolon*; *colon*; *paragraph mark*; *paragraph.*
1567 G. ROBERT: *GC* 65, *Rhagwahannod* sydd o'r fath yma; , yn arwyddo bod yn y lle hwnnw [w]ahan, ond amherphaith. **1595** *Egl Ph* 47–8, *Rhagwahannod*, neu dornod sydh rann o'r araitheb ymadrodhus, wedi ei chybhansodhi heb vn gorair yndhi. A 'i nod sydh fal hynn. , . *id.* 50, 'o Absalom bhy mab, bhy mab!' Gwelwch yma gyssylhtu'r vn gair ygyhyd, heb dhim cybhrwgh rhwghthwynt, o dhigerth *rhagwahannod* yn yr vn bhraw/dhdaeg [*sic*]. **1604–7** *TW* (*Pen* 228) d.g. *Comma.* **1664** *LlGG* sig. Ff4v, fel yr ysbysir yn hwn, neu'r *rhagwahannod* (*paragraph*) nesaf o'r blaen o'r Rubric ymma. **1688** *TJ* (At.) [15], , Y *Rhagwahan-nôd* ŷw'r lleiaf ôr [*sic*] hôll attaliadau, ac etto nid ŷw heb ei ddefnŷdd . . . pan ganfyddoch (wrth ddarllen) a *rhagwahan-nôd*, bŷdd rhaid i chwi attal eich anadl dros dippin bâch o amser. **1722** *Llst* 189, *Rhagwahannod.* m. A comma: a paragraph. **1770** *TG* v. 79, nid oes iddi [seren] gynffon ond megis *rhagwahan-nod* mawr. **1772** *W* d.g. *Comma, Paragraph, in Printing.* **1793** *Cylchg* 58, (,) Y *Rhagwahanod* yw'r lleiaf o'r Attaliadau, dylid attal y llais wrtho tra y dywedir, un. **1803** *P*, *Rhagwahannod*, s. m.—pl. t. *au* . . . a semicolon.

rhagwahanodol [*rhagwahannod*+*-ol*] *a.* A flaenorir gan goma: *preceded by a comma.*
1595 *Egl Ph* 57, 'Lhydan oedh gastelh Edwart, / A'i dyrau gwych, a'i dair Gwart. / Caerau Edwart cwncwerwr, / Tyrau oedh ar gaerau'r gwr' . . . Y mae'r geiriau hynn 'caerau a thyrau' yn vnsain yn dechreu'r araith gybhannodawl, a *rhagwahannodawl.*

rhagwaharddaf: rhagwahardd [gair geir., sef *rhag-*+*gwaharddaf*: *gwahardd*] *ba.* Gwahardd neu rybuddio (ymlaen llaw): *to forbid or caution* (*beforehand*).
1632 *D* d.g. *Præueto.* **18–19g.** *Llr* C 2, 340, *Rhagwahardd*, to forbid, to caution.

rhagwan[1] [?bôn y f. *rhagwanaf*: *rhagwan* neu *rhag-*+elf. anh.; ?cf. yr e. prs. H. Lyd. *Racwant*; tywyll yw rhai o'r enghrau. isod] *eg.b.* Blaen, tu blaen, pen blaen: *front, forepart.*
14g. *YBH* 61a, a chyfarch gwell vdunt yny mod h6nn. Mah6n a6ch iachao. y kyfry6 am6s nys gweleis eiroet. Ymhoel y bedrein y *racwan* (*devant*) mi ae gweleis. **15g.** *ID* 57, hyd y *ragwann* at y wregis / hyn sy ar with hen ssyr Rys. **16g.** RHISIART FYNGLWYD, &c.: *Gw* 140, Tŷ Ruffudd mal Tŵr Offa, / Tŷ *rhagwan* deg, tŷ'r gwin da, / Tŵr y Dwnn, tir adeiniog, / Tŵr yw o rent tir yr og. **1803** *P*, *Rhagwan*, s. m. . . . An advance or front division.

rhagwan[2], gw. rhagwant.

rhagwanaf: rhagwan[3] [*rhag-*+*gwanaf*[1]: *gwân*] *bg.* Rhuthro ymlaen (mewn ymosodiad), arwain ymosodiad: *to charge forward* (*in attack*), *lead the attack.*
13g. *A* 2. 6, kynran en *racwan* rac bydinawr. **14g.** *T* 15. 17–18, kynan yn *racwan* ym pop discyn. *c.* **1400** *R* 1039. 3, ef a*racwan* rac reinya6c [*sic*].

rhagwant, rhagwan[2] [*rhag-*+*gwant*; dichon mai amr. ar *rhagwahan* yw'r ail ff. uchod] *eg.* ll. *-au. c.d.* (Sillaf sy'n blaenori'r) rhaniad rhwng dau hanner llinell gyntaf o doddaid; (odl sy'n blaenori) ail orffwysfa llinell o gynghanedd sain; *Crdd.* ?term technegol yng nghyfundrefn cerdd dant: (*syllable preceding*) *break between two halves of the first line of a 'toddaid'*; (*rhyme preceding*) *second caesura in a line of 'cynghanedd sain'*; ?*technical term in traditional Welsh string music.*
c. **1523** *Trans Liverpool WN Soc* 94, os Telynor raid iddaw wybod . . . dosbarth pob gwan a *ragwan. a.* **1575** *GP* 129, Kamossodiad mewn messvr yw gossod *Ragwan* nev ossodiad paladr ynglyn vnawdl vniawn yn y chweched ssilldaf. **1592** S. D. RHYS: *Inst* 164, Gwân neu Gwânt yw pôb gorphwysbha hyd y bymhed, a''r bymhed a elwir *Rhagwân* neu *Rhagwânt. id.* 276, Heb Dwylh Gyghhânedh, onyd mywn *Rhagwâneu*, neu Seinieu. **1593** W. MIDLETON: *B* 7–8, Kynghanedd sain vnodl yw, pann fytho y gwant, ar *rhagwant* yn vnodli, ar rhann or braich ar ol y *rhagwant*; yn kynghaneddu ar *rhagwant*; drwy gydateb kydsonaniaid, a chyfnewid vogaliaid, ag nid oes mesur hyd y gwant, na'r *rhagwant*, mwy no gorphwysfa kynghanedd lusg. **1632** *D*, *Rhagwant*, Prædistinctio. **1727** J. JONES: *DFF* [357], a'r Gwant a'r *Rhagwant* hefyd yn mynych harddu'r gerdd. **1728** S. RHYDDERCH: *GC* 62, o bydd y gwant Un Sillafog . . . Bid y *rhagwant* yn Bedwar Sillafog. **1753** *TR*, *Rhagwant*, yw attebiad y bummed syllaf o baladr englyn unodl union i ryw sain mewn syllaf o'r blaen. *c.* **1785–90 (1829)** *CBYP* 63, Yn y gynghanedd honn [sain] y cyntaf o'r ddeuair unodl a elwir y gwant, a'r ail y *rhagwant.* **1795** J. THOMAS: *AIC* 21, Geill y Gwant fod yn 1, Sillaf, neu 2, neu 3, neu 4, a'r *Rhagwant*, iw orphen yn 5 Sillaf. **1803** *P*, *Rhagwant*, s. m.—pl. t *au* . . . a term in prosody for the accented part of the second pause of a verse, of Unawdyl union. Cf. J. MORRIS-JONES: *CD* 275–6, Deg sillaf sy mewn llinell a gair cyrch ynddi . . . Rhennir y llinell o ddeg yn ddau hanner ar y bumed; gelwir y rhaniad hwnnw yn '*rhagwant*'. Rhaid i'r ail curiad ddyfod yng ngair y *rhagwant*, y trydydd yng ngair y brifodl, neu'r 'gwant', a'r pedwerydd yn y gair cyrch, sef o flaen yr 'adwant' . . . Yr un rheolau sy mewn grym pa un bynnag ai mewn toddaid byr o 16 ai mewn toddaid hir o 19 neu 20 y bo'r llinell; *id.* 277, Hyd yn oed â diwedd diacen, os terfyna'r *rhagwant* yn ddiacen hefyd, fe fydd tair sillaf wan ynghyd yn y canol; *id.* 320, Englyn penfyr . . . Yma y mae'r *rhagwant* ar y bedwaredd, ac yn odli â'r gwant; *id.* 321, fe dyfodd rhyw syniad mor gynnar â'r unfed ganrif ar bymtheg mai enw arbennig ar ail orffwysfa'r sain oedd '*rhagwant*'.
Gw. hefyd **rhagwahan.**

rhagwas [*rhag-*+*gwas*[1]] *eg.* ll. *-weision.*

(*a*) *Gram.* Term a ddefnyddid gynt am unrhyw ran ymadrodd fechan (bannod, geiryn rhagferfol, &c.) sy'n rhagflaenu (a goleddfu) rhan ymadrodd arall (enw, berf, &c.) (hefyd am ragddodiaid): *term formerly used for any minor part of speech (article, preverbal particle, &c.) preceding (and modifying) another part of speech (noun, verb, &c.) (also used of prefixes).*

1567 G. ROBERT: *GC* 73–4, Doedwch yn gyntaf beth yw *rhagwas.* Gr. Gair heb arwyddhau dim, ond yn vnig gwasneuthu i ryw air arall a fo pennaeth iddo, weithiau i henw mal y gwr, yr arth, ne'r amser; weithiau e [w]asnaetha i ferf, mal yr wyf, y mae, Ifan a dra[w]odd ddafydd. Chwi a welwch nad y[w] ,y, ag [,]a, yn arwyddo dim, ond y, [w]eithiau yn gwasneuthu i hen[w], weithiau i ferf; a, i ferf ynvnig [*sic*] y ladinwyr a eilw hwn articwlws. **1604–7** *TW* (*Pen* 228) d.g. *Articulus.* **1605–10** *GP* 206, Weithieu y kyfansoddir y *Rragwas* neu'r kyssyllydd a yr arddodiad, megis 'pettwn, pettyt'. . . yn lle 'pe byddwn, pe byddyt'. *ib. Rragwas* a roir o flaen geirieu i ysbyssu'r dyall neu i berffeithio yr ymadrodd, weithieu mewn kymblethiad, fal 'adfyd, arwein', ag weithieu allan o gymblethiad, fal 'y gwr, yr arglwydd'. **1722** *Llst* 189, *Rhagwas.* m. An article (part of speech) An adverb. **1728** S. RHYDDERCH: *GC* 47, 'mae 'r gwr'. . . fe dynnwyd 'y', *rhagwas* [diwyg.] yr henw ymmaith, ag . . . fe roddwyd 'r' lle y dylassai ef fod. *id.* 53, *Rhagweision* Berfau y gelwir, am fod pob [un] o honynt yn rhagwasanaethu. **1803** *P, Rhagwas* . . . a term used for the 'article', by some grammarians; and by others for the 'adverb'. Cf. J. MORRIS-JONES: *CD* 85, *rhagweision* berf ydyw 'pan' a 'tra' (fel cysylltair).

(*b*) Gwas bach, slaf: *menial servant, drudge.*

1765 *Rhed Y* 48, yr Arddwr, y *Rhag-was* (*scullion*). **1767** *AADdG* 186, [g]wneuthur y cyfryw *rag-was* (*drudge*) o Grist, a'i ddodi ef i wneuthur y cwbl, tra bom ni yn eistedd yn segur . . . yr wyt yn camsynied Iesu Grist, wrth ddywedyd dy fod yn gwneud *rhagwas* o hono, wrth ei adael i wneuthur y cwbl. **1769** *DRh* 94, fe aeth yn *rhag-was* i Apothecari. **1770** P. WILLIAMS: *BS, Tablau* [i], Nethiniaid, *Rhag-weision* yr Offeiriaid a'r Lefiaid. **18–19g.** *Llr* C 42, 514, *Rhagwas,* a subservant, Glam. Gwas i *Ragwas,* gwas i was y diawl, ib. **1803** *P, Rhagwas* . . . a deputy servant . . . Gwas i *ragwas*: neu, gwas i was y cwn . . . Adage.

rhagwe [*rhag-*+*gwe*] *eb.* Gorchudd, hefyd yn *ffig.*: *covering, also fig.*

Dchr. **17g.** *J* 10, 12b, *Rhagwe.* prætextum.

rhagwededig [*rhag-*+bôn y f. *gwedaf*: *gwedyd*+*-edig*] *a.bfl.* Rhagddywededig: *aforesaid, aforementioned.*

1800 W. OWEN[-PUGHE]: *CP* 89, y moddion *rhagwededig.*

Gw. hefyd **rhagddywededig.**

rhagwedd[1] [*rhag-*+?*gwedd*[1] neu *gwedd*[2]; ?cf. *blaenwedd, rhagyrwedd*] *e?b.*, hefyd gyda grym ansoddeiriol. ?(Safle o) anrhydedd neu barch arbennig: (*position of*) *special honour or respect.*

12g. *GCBM* i. 21, Areilrec, eildec dryganed / A ganꝺyf y'm rꝺyf o'm *racwed*: / Ragoruann rat, rann ragyrwed. **13g.** *A* 21. 6–7, a llu *racwed* en ragyrwed en dyd gwned yg kyvryssed. *id.* 25. 4–5, e uoli ri. a lluawr [*sic*] peithliw *racwed.* **14g.** *T* 4. 9–10, Pell pꝺyll rac rihyd *racwed. id.* 13. 14, ymperued eu *racwed* y discynnyn. *id.* 58. 19–20, *racwed* rothit y veird y byt.

rhagwedd[2] [*rhag-*+*gwedd*[1]] *eb.* Presenoldeb; ffasâd, tu blaen, pen blaen: *presence; façade, front.*

1803 *P, Rhagwez,* s. f. . . . A presence.

rhagweinydd [*rhag-*+*gweinydd*] *eg.* ll. *-iaid.* Rhagflaenydd; is-swyddog, cynorthwyydd; (is-)lifftenant, is-swyddog (milwrol); curad; ?ysgrifennydd neu weinyddwr: *predecessor, precursor; subordinate, assistant; lieutenant, adjutant, subaltern; curate; ?secretary or administrator.*

18–19g. *MA* iii. 88, Tri *rhagweinyddiaid* doethineb; addysg ddeddvawl, arver weithredawl, a serch awenawl. **18–19g.** *HG* 211, a'r un peth a wnaeth ei *Ragweinydd* ef Walter Cradoc. **1802** *BL Add* 15028, 74a, Trysorwr a *Rhagweinydd* Cymdeithas Dwyfundodiaid Deheubarth Cymru. **1803** *P.* Cf. *SE MS* 412a, [*Rhagweinydd*], one that is subordinate to another; a subordinate; assistant[;] a subaltern; lieutenant; curate.

rhagwel [bôn y f. *rhagwelaf*: *rhagweled*] *eg.* Rhagolwg; rhagwelediad: *prospect; foresight.*

1780 *W* d.g. *Prospect* [*a fore-view, both in a Literal and a figurative sense*]. **18–19g.** *Llr* C 12, 258, *Rhagwel,* a prospect, Rhagolwg, Rhagweliad, *Rhagwel* hardd ar hyd gardd gain. Daf. Edw[d] i b[l]as eweni, a *rhagwel* hyd yr hoywgoed. Daf Nant i'r Be[w]pur. **1803** *P, Rhagwel,* s. m. . . . Foresight, prescience. Da nad pell *rhagwel* dyn.

rhagweladwy [bôn y f. *rhagwelaf*: *rhagweld*+*-adwy*] *a.bfl.* Y gellir ei rag-weld: *foreseeable.*

1803 *P.*

rhagwelaf: rhag-weld, rhagwel(e)d [*rhag-*+*gwelaf*: *gweld, gweled*] *bg.a.* Gweld neu ganfod (ymlaen llaw); ?ystyried (ymlaen llaw); *Diwin.* rhagarfaethu, rhagordeinio; gwneud (rhywbeth) yn amod, trefnu, darparu, paratoi: *to foresee, see or perceive (beforehand), anticipate; ?consider (beforehand); predestine, preordain (in theol.); stipulate, arrange, provide, prepare.*

1346 *LlA* 6, Ac yr llys honno yracꝺelas (*praedestinavit*) ef anuon rif hysbys o etholedigyon. *id.* 35, Ac ny cheiff amgen bressꝺyluot noc *arac welas* (*praeordinatus*) duꝺ idaꝺ kynn dechreu byt. **14g.** *BT* (*RB*) 74, A gwedy gwelet (amr. *rac welet*, racvedylyaw) o'r escob ynn gynnil y achwysson ef, hep rodi messur ar hynny, y oedi a oruc. *c.* **1400** *MM* 144, y philo[so]ffwyr ar gꝺyr doethon a *racwelsant* ry wneuthur dyn o bedwar defnyd. *c.* **1400** *Ymborth* 7, Amprudder yw na *racweler* am y petheu a delont rac llaw o'r a aller eu *racwelet.* **1567** *LlGG* [x], Provider [:– *Raciweler* [*sic*]] yn oystad, ac inacter gan yr auturtat ddywededic. **1567** *TN* 172b, Yr Arglwydd a *racwelais* yn wastad ger vy-bron. **1630** *YDd* 382, Megis y *rhagwelodd* Duw yr holl bechodau ar a wnai'r byd. **1632** *D, rhagweled* d.g. *Præcipio, Præcontrecto, Præuideo, Prospicio, Prouideo.* **1661** E. LEWIS: *Drex* 231, Nid yw hi farwolaeth ddisymmwth os hi a *ragwelir* ac a ddisgwylir bob amser. **1725** D. LEWIS: *GB* 175, rhai [creaduriaid] wrth eu Ffroen, eu Clust, neu eu Llygad a *ragwe*[*l*]*ant,* ac a ragflaenant Beriglon. **1790** T. JONES: *TOS* 13, Dichon *ragweled* at y funud bob diffyg ar y planedeu. **1803** *P* d.g. *Rhagweled.* Ar lafar, ''Dwi ddim yn *ragweld* y bydd unryw draffith 'eno i baso'r cynnig', *GTN* 676.

rhagwelediad [*rhag-*+*gwelediad*] *eg.* Y weithred o rag-weld, gofal neu ddarpariaeth i'r dyfodol, rhagddarpariaeth, rhagluniaeth (ddwyfol); rhagolwg; ailolwg, lledritholwg, eildrem: *foresight, anticipation, provision, (divine) providence; prospect; second sight.*

1588 *Act* xxiv. 3, a gwneuthur llawer o ddaioni i'r genhedlaeth hon trwy dy *ragwelediad* di. **1595** H. LEWYS: *PA* 27, drwy ordeiniad a *rhagwelediad* (*provision*) duw i nefawl dad. *id.* 72, a bod holl bethau y byd yn digwyddo heb i ordeiniad, ai *ragwelediad* (*foresight*) ef. **1604–7** *TW* (*Pen* 228) d.g. *Cautio, prospicientia.* **1655** WL: *DP* 50, Am dy *ragwelediad* yn cyflawni fy angenrheidiau yn wastadol, ac yn fyngwared oddiwrth beryglau. **1717** IACO AB DEWI: *CS* 149, Ai pechod mawr yw ammeu *Rhagwelediad* Duw? **1733** T. EVANS: *PP* 135, i adael hynny i Ragluniaeth a *Rhagwelediad* ein Tâd yr hwn sydd yn y Nefoedd. **1757** E. EVAN: *GB* 29, *rhagwelediad* y Trefnwr Doeth. **1764** J. POPKIN: *ABG* 40, Ac os oedd *Rhag-welediad* drwg i'r Anifeiliaid o herwydd bwyta eu Gwaed yn Rheswm doeth o Waharddiad y cyfryw Ymborth i Ddynion. **1780** *W* d.g. *Prospect* [*a fore-view, both in a literal and a figurative sense*]. **1803** *P.*

rhagweledig [bôn y f. *rhagwelaf*: *rhagweled* +*-edig*] *a.bfl.* Wedi ei rag-weld; yn rhagweld, darbodus, doeth; rhagweladwy; wedi ei wneud yn amod, wedi ei drefnu: *foreseen, anticipated; foreseeing, anticipating, provident, wise; foreseeable; stipulated, arranged.*

c. **1400** *Études* vii. 68, Llef kymhedrawl o vraster a meinder kymhen vyd, a *racweledic,* a gwirion, a chyfyawn. *Diw.* **15g.** *Pen* 41, 9, *Racweledic* yw bot kwrner dwy vryuet y brenhin ynghymry val i keffir gyta bryvedev ereill yn ol. **1630** *YDd* 419, Mai o râs Duw y mae ein etholedigaeth ni, ac nid ex præuisis operibus, sef, o'n gweithredoedd, *rhagweledig. c.* **1658** R. VAUGHAN: *E* 95, yn ol *rhagweledig* (*advised*) ordinhad yr Ecclwys. **1711** M. MAURICE: *YAD* 67, y mae tragwyddol ordinhadau Duw [diwyg.] . . . heb ei [*sic*] hadeiladu ar unrhyw beth yn y Creadur, neu yn *rhag-weledig* yn y Creadur, Drwg na Da. **1711** H. POWEL: *TY* 87, [ceisio] sylfaenu Etholedigaeth ar ffydd a gweithredoedd *rhagweledig.* **1721** RD: *CFf* 40, [e]i Oruchwyliaeth ryfeddol ac . . . anchwiliadwy ef, a'r cwbl a hyrad a hollol Râs, heb un ammod *rhagweledig* ynthynt hwy. **1730** IACO AB DEWI: *YL* 16, Drygeu *rhagweledig* (*foreseene*). **1765** J. EVANS: *CPE* 368, eu hanghrediniaeth *ragweledig* hwynt. **1768** RISIART AP ROBERT: *CB* 153, ein cyfeillion . . . ydynt *ragweledig* gyd â Duw. **1788** J. GRIFFITH: *DCC* 206, [c]yflawnu y dyledswyddau *rhagweledig.* **1803** *P.*

rhagweledigaeth [*rhag-*+*gweledigaeth*] *eb.* ll. *-au.* Rhagwelediad, rhagwybodaeth, rhagluniaeth (ddwyfol): *foresight, anticipation, foreknowledge, (divine) providence.*

1346 *LlA* 33, Beth yꝺ *racweledigaeth* (*providentia*) duꝺ. Adnabodedigaeth y wybot ypethev rac llaꝺ. **14g.** *BT* (*RB*) 124, ef a'e dyrchafawd deissyuyt lywenyd drwy *racweledigaeth* Duw. *id.* 218, canys dwywawl *racweledigaeth* a peris y veint varwolyaeth ar y bopyl . . . hyt na allei y rei byw cladu y rei meirw. **1567** *TN* 201a, Addunet Paul. Y ffydd ef yn *racweledigaeth* Dew, A'i 'ofal ef dros y vroder. **1595** *Egl Ph* 48, Rhaid yw canmawl teyrnoedh am ei . . . *rhagweledigaeth. c.* **1600** (**1681**) *Rhyddiaith Gymraeg* ii. 167, Gwir yr wyt yn i ddywedyd, Tydur, am ragwybodaeth a *rhagweledigaeth* Duw. **1604–7** *TW* (*Pen* 228) d.g. *Fatum, prouidentia.* **1615** R. SMYTH: *GB* 3, peirhon a bod i *ragvv*[*eledigaeth* ai ddyfalrvvydd ef cymaint o hono i hun, megis i fod yn deall pob peth. **17g.** *CC* 319, Pale i mae Christ yn i *ragweledigaeth* i wybodeth yn i rym yn i ras ag yn i farn Atteb. Ymhob kyfriw le. **1711** M. MAURICE: *YAD* 85, *rhag-weledigaeth* a rhag olygiad. **1719** IACO AB DEWI: *TG* 150, Gweithrediad nerthol *Rhagweledigaetheu* Duw. **1803** *P, Rhagweledigaeth,* s. f.—pl. t. *au* . . . The act of foreseeing.

Amr.: **rhagweledigiaeth** [*rhag-*+*gweledigiaeth*]. **14g.** *BT* 174.

rhagweledol [y be. *rhagweled*+*-ol*] *a.* Yn rhag-weld, rhagwybodol: *foreseeing, anticipating, prescient.*

1916.

rhagweliad [bôn y f. *rhagwelaf*: *rhagweled* +*-iad*[1]] *eg.* ll. *-au.* Rhagwelediad, rhagwybodaeth, rhagluniaeth (ddwyfol), darpariaeth; *Cyfr.* rhagamod: *foresight, anticipation, foreknowledge, (divine) providence, provision; provision (in law).*

1567 *LlGG* [x], Er neb arall gyfraith, statut, priuileg, braint, neu *ragweliat* (*provision*) cyn na hyn yn wneuthuredic. **1603** W. MIDLETON: *Ps* [iii], Yr hwnn lyfr (drwy *râg-wêliad* Duw a channorthwy yr vrddasol M[r]. Thomas Middelton Ysgwier . . .). **1632** *D* d.g. *Prouidentia, Prouisio.* **1632** J. DAVIES: *LlR* 315, nad yw erlid a chystudd beth [*sic*] yn dyfod wrth ddigwydd a damwain . . . ond trwy yspyssol ragddarbodaeth a *rhagweliad* Duw a'i ordinhaad ef. **1661** E. LEWIS: *Drex* 138, cyn i ti wneuthur adduned neu addewid i Dduw, y mae yn dda i ti arfer dyledus ystyriaeth a *rhagweliad.* **1677** R. JONES: *BB* 80, Trwy ystyriol *ragweliad,* gofynnwch yn ddifrifol i chwi eich hunain y Cwestiwn hyn. **1701** E. WYNNE: *RBS* 147, Casclu trysor iw plant . . . Ac er na wasanaetha gwneud hyn trwy gybydd-dod ac anesmwyth wanc i ymgyfoethogi, etto dylid ei wneuthur trwy ofal a serch mawr, gŷd â phôb *rhag-weliad* a phwrpas synhwyrol. **1716** IACO AB DEWI: *LlCB* 37, Pa barotted a fum i, i fanson a grwgnach wrth ei *Ragweliadeu* ef, i wrthryfela yn erbyn holl Ddatcuddiadeu ei Ewyllys ef? **1720** *App DP* 36, nid oedd *rhagweliad* Pechod yn Achos gwrthodedigaeth. **1767** J. THOMAS: *A* 233, Fel na chynhyrfwyd ef i ddewis y blaenaf, trwy *Ragweliad,* o un Rhagoriaeth a Theilyngdod. **1795** J. THOMAS: *AIC* 139, Nid *Rhagweliad* o Ffydd . . . y'w 'r achos cynhyrfol, neu effeithiol, yn y rhai a Arfaethwyd: ond Ewyllys da, a phleser Duw yn unig. **1803** *P.*

rhagwerthwr [*rhag-*+*gwerthwr*] *eg.* ll. *-wyr.* Gwerthwr blaenorol: *previous seller.*

1803 *P, Rhagwerthwr,* s. m.—pl. *rhagwerthwyr* . . . One who sells beforehand.

rhagwlad [gair geir., sef *rhag-*+*gwlad*] *eb.* Talaith; gwlad ddibynnol: *province; dependency, dependent country.*

1780 *W* d.g. *Province* [*a country subject to, and dependent on, another*].

***rhag-wn: rhagwybod** [*rhag-*+*gwn*[2]: *gwybod*] *bg.a.* a'r be. fel *eg.* ll. *-au.* Gwybod ymlaen llaw, bod â gwybodaeth flaenorol (am); rhagwybodaeth; rhagargoel, rhagarwydd: *to know beforehand, foreknow; foreknowledge, prescience, precognition; prognostication, portent.*

[**1547**] W. SALESBURY: *OSP* [xi], ny bysei yddynt a *rac wybot* a deall ym blaenllaw vod dirvawr profit, budd anueidrawl. **1567** *TN* 232a, Can ys yr ei y *ragwybu* ef, yr vn rei hefyt a rac/luniawdd ef y vot yn vnffurf a' delw y Vap ef. **1604–7** *TW* (*Pen* 228) d.g.

præcognosco, prænosco, præscio. **1632** *D* d.g. *Prognosticon.* **1687 (1715)** J. OWEN: *TB* 100, Socrates . . . a attebodd yn ddigrif, Da fydde, pe gallei dynion *ragwybod* cyn mynd allan pa amser i wisgo helm i gadw eu Pennau. **1716** R. LLOYD: *LlGG* 18, a thi a *ragwyddost* gyfrif ei Fisoedd Ef. **1718** *Cân o Senn* 2, er na *ragwybyom* ni'n bai. **1724** J. JONES: *Alm* [10], Ychydig gyfarwyddid i *Rhag-wybod* [*sic*] yr Hin. **1735** S. THOMAS: *HP* 231, pa fodd y gall Duw *rag-wybod*, pa fodd y try Ewyllys Dyn. **1762** D. ROWLAND: *PA* 150, Can's mae rhag-wybodaeth . . . yn arwyddoccau, fod yn rhaid i'r peth hynny a *ragwybyddir* ddyfod i ben ryw bryd. **1767** J. THOMAS: *A* 99, Gwyddom y *rhag-wyddai* Duw . . . pwy a fyddent feirw'n Fabanod. **1773** *W* d.g. *To fore-know, To know before hand.* **1790** M. WILLIAMS: *BM* 4, Mi roddais i chwi Alluoedd i *rag/wybod* effeithiau llawer o Bethau damweiniol. **1803** *P, Rhagwybod* . . . To foreknow.

rhagwneuthur, rhag-wneud [*rhag-* + *gwnaf: gwneuthur, gwneud*] *ba.* Gwneud ymlaen llaw: *to make in advance.*
1818.

rhagwneuthuredig [*rhag-* + *gwneuthuredig*] *a.bfl.* Wedi ei wneud ynghynt: *made previously.*
1721 RD: *CFf* 105, yr hyn a fynegasom yn ein *rhagwneuthuredig* Gyffes.

rhagwt, ragwt, &c. [bnth. S. *ragwort*] *eg.* ll. *ragwts. Bot.* Llysiau'r gingroen, llysiau Iago, *Senecio jacobæa*: *ragwort.*
Diw. **16g.** *WLB* 54, Gwna blastr o *rracwrde* [*sic*]. Ar lafar yng ngodre Cered. a sir Benf. yn y ff. *r(h)agwt*, *GDD* 243, *SC* vi. 126; 'Mae'r hen *ragwts* yn mogi'r tyfiant' (sir Benf.).

rhagwybodaeth [*rhag-* + *gwybodaeth*] *eb.g.* Gwybodaeth ymlaen llaw: *foreknowledge, prescience, precognition.*
1567 *TN* 172b, wedy ei roddi gan dervynedic gyccor, a' *racwybodaeth* Dew. *id.* 351b, Detholedic o *racwybodaeth* Dyw tad. **1595** H. LEWYS: *PA* 2–3, ni ddylen ni feddwl i bod yn dyfod o ddamwain . . . onid trwy i *ragwybodaeth*, i ragordeiniad, ai bwyntmant ef. *c.* **1600 (1681)** *Rhyddiaith Gymraeg* ii. 167, Gwir yr wyt yn i ddywedyd, Tydur, am *ragwybodaeth* a rhagweledigaeth Duw. **1604–7** *TW* (*Pen* 228) d.g. *præscientia. Dchr.* **17g.** *J* 10, 12b, *Rhagwybodaeth.* foreknowledge. **1620** *Jud* ix. 6, dy holl ffyrdd di sy barod, a'th farnedigaethau yn dy *ragwybodaeth. id.* xi. 19, hyn a ddywetpwyd i mi drwy fy *rhac-wybodaeth.* **1630** *YDd* 164, gwilied yr amser sydd i ddyfod, trwy *ragwybodaeth* di-esceulus. *c.* **1658** R. VAUGHAN: *E* 33, [*rh*]*agwybodaeth* am ddydd farn [*sic*] a dirgelion Duw. **1746** G. JONES: *HWI* v. 9, Pan welodd Duw, yn ei *Ragwybodaeth* dragwyddol. **1762** D. ROWLAND: *PA* 150, Can's mae *rhag-wybodaeth* . . . yn arwyddoccau, fod yn rhaid i'r peth hynny a ragwybyddir ddyfod i ben ryw bryd. **1775** *W* d.g. *Knowledge before hand, Precognition.* **1803** *P.*

rhagwybodol [*rhag-* + *gwybodol*] *a.* Yn gwybod ymlaen llaw; gwybyddus ynghynt: *prescient; foreknown.*
1604–7 *TW* (*Pen* 228) d.g. *præscius.* **1803** *P.*

rhagwybodus [*rhag-* + *gwybodus*] *a.* Gwybyddus ynghynt, cydnabyddus ynghynt; rhagwybodol: *foreknown, previously acquainted; prescient.*
1722 *Llst* 189 d.g. *Aquainted before.* **1803** *P, Rhagwybodus* . . . Prescient. **1809** *Eurgr Wes* 193, eu meddyliau . . . yn *rhagwybodus* i Dduw.

rhagwybyddiaeth [*rhag-* + *gwybyddiaeth*] *eb.* Rhagwybodaeth: *precognition.*
1916.

rhagwyliaf: rhagwylio, rhagwylied [*rhag-* + *gwyliaf: gwylio, gwylied*] *ba.* Gwylio ymlaen llaw: *to watch beforehand.*
1604–7 *TW* (*Pen* 228), *rhagwylio* d.g. *procubo.* **1632** *D, Rhagwilio* d.g. *Procubo.* **1803** *P* d.g. *Rhagwylied.*

rhagwyliwr [bôn y f. *rhagwyliaf: rhagwylio* + *-iwr*] *eg.* ll. *rhagwylwyr.* Gwyliedydd, gwyliwr; un sy'n gochel ymlaen llaw: *sentinel, sentry; one who takes precautions in advance.*
1604–7 *TW* (*Pen* 228) d.g. *præcautor.* **1620** 1 *Mac* xii. 27, efe a osododd *rag-wilwyr* o amgylch y gwersyll. **1722** *Llst* 189, *Rhagwiliwr.* m. A sentinel. [**1783**] *W* d.g. *Sentery, or sentry.* **1803** *P.*

rhagwyneb, gw. **rhag—rhag wyneb.**

rhagwys [*rhag-* + *gwŷs*[2]; tywyll yw *rackuys*, (*LlDW*) *ZCP* xx. 75, ond tebyg nad yma y perthyn] *eg.b.* ll. *-iau.* Gwŷs flaenorol; rhagrybudd, rhagarwydd: *previous summons; a forewarning, premonition, portent.*
1632 *D, Rhagwys*, Præmonitio. **1688** *TJ, Rhagwŷs*, rhybudd: forewarning, premonition. **1722** *Llst* 189, *Rhagwys.* m. A summoning beforehand; a forewarning. **1725** *SR* d.g. *To Warn . . . A Fore-warning.* **1803** *P, Rhagwys*, s. f.—pl. t. *iau* . . . A previous summons; a premonition, a forewarning.

rhagymadrodd[1] [*rhag-* + *ymadrodd*[1]] *eg.b.* ll. *-ion.* Y rhan ddechreuol o lyfr, araith, &c., sy'n aml yn esboniadol, rhagair, prolog, rhaglith, rhagarweiniad, rhagdraeth; dadl, gosodiad, egwyddor; *Egl.* gweddi ragarweiniol yn yr Ewcharist: *introduction* (*to a book, speech, &c.*), *preface* (*also eccl.*), *prologue, preamble, proem, prolegomenon; argument, proposition, maxim.*
1554–8 *Cylchg LlGC* i. 141, Y *rhac ymadrodd* at y darllenyddion. **1567** *LlGG* 111b–112a, *Racymadroddion* priawt . . . Ar ol y *Racymaddroddion* [*sic*] hyn, y canlyn yn y vann. **1588** 2 *Mac* ii. 33, am y *rhagymadrodd* digon yw a ddywedasom ni, canys ffolineb yw arfer hîr ymmadro[dd] o flaen yr ystori, a bôd yn fyrr yn yr ystori. **1599 (1677)** R. HOLLAND: *AB* 22, y mae fo yn dechreu yn gyntaf a *rhagymadro*[*dd*] parchedig yn y ge[i]riau hyn, sef, Ein Tâd yr hwn wyt yn y nefoedd. **1604–7** *TW* (*Pen* 228) d.g. *Axioma, Enunciatio, præfatio, principium, prologium.* **1620** *Luc* i. cs., *Rhag-ymadrodd* yr holl Efengyl. **1630** *YDd* 199, Ar ôl Pregeth, y Psalm, a fynnir ar a fyddo yn perthyn i destyn neu *ragymadrodd* (*the chiefe argument*) y bregeth. **1632** J. DAVIES: *LlR* 353–4, gan ei fod ef cyn ei deongl hi [dameg] yn arfer y cyfryw *ragymadrodd*, ac yn dywedyd, I chwi y rhoddwyd gwybod dirgelion teyrnas nefoedd. **1672** J. LANGFORD: *HDdD* [iii], Y *Rhag-Ymadrodd* I'r Traethawd sy'n calyn. **1718 (1721)** S. THOMAS: *HB* 203, Y *Rhag ŷmadrodd* i'r Gyffes gyffredin. **1730 (1755)** E. WYNNE: *PAC* 144, *Rhagymadrodd* gyfaddas. **1762** *ML* ii. 506, dyma i chwi gowydd croesaw Tywysog Cymru a dryll o lythyr y bardd yn *rhagymadrodd* iddaw. **1763** *id.* 585, y mae *rhagymadrodd* at y Cymry wedi'r cyflwyniad yn nechreu ei lyfr. **1775** *W* d.g. *Introduction to a discourse, &c., Preamble, Preface, Prolegomena.* **1803** *P* d.g. *Rhagymadrawz.* Ar lafar yn yr ystyr 'rhan ddechreuol pregeth neu araith', 'Ma'r *ragymatrodd* yn fwy difyr yn amal na'r rest o'r brecath', *GTN* 676.
Cfn.: *Egl.* **rhagymadrodd priod(ol):** *proper preface.* **1567** *LlGG* 111a, Yma isot y ceffir y *Racymadroddion priodawl* wrth yr amser, a's bydd yr vn wedy'r 'osot yn espesawl. *id.* 111b, *Racymadroddion priawt.* **1723** E. SAMUEL: *PDdC* ii. 70.

rhagymadroddaf: rhagymadroddi, rhagymadrodd[2] [bf. o'r e. *rhagymadrodd*[1]] *bg.a.* Gwneud sylwadau rhagymadroddol neu agoriadol, rhoddi rhagymadrodd i (lyfr, araith, &c.); cynnig (iechyd da rhywun): *to make introductory remarks, preface; propose* (*someone's health*).
1632 *D, rhagymadrodd* d.g. *Proloquor. c.* **1762–79** W. WILLIAMS: *P* iii, Disgwylir gennyf ar ol yr arfer Gyffredin i *Ragymadroddi* rhyw ychydig am Bwrpas y Gwaith canlynol. **1784** P. WILLIAMS: *YC* 7, Ni raid i mi ychwaith *rhagymadroddi* yn helaeth i egluro'r ystyr o honynt. **1803** *P.* Cf. D. OWEN: *D* 59, os byddai arnynt eisieu benthyca arian gan Cadwaladr Rees, byddent yn gyffredin yn *rhagymadroddi* i'r cais drwy ganmawl Noah.

rhagymadroddiad [bôn y f. *rhagymadroddaf: rhagymadroddi* + *-iad*[1]] *eg.* Y weithred o ragymadroddi, rhagymadrodd: *introduction, preface, prologue.*
1840.

rhagymadroddol [*rhagymadrodd*[1] + *-ol*] *a.* O natur rhagymadrodd, rhagarweiniol: *prefatory, introductory, preliminary.*
1780 *W* d.g. *Prefatory.* **1803** *P.*

rhagymadroddwr [bôn y f. *rhagymadroddaf: rhagymadroddi* + *-wr*] *eg.* ll. *-wyr.* Un sy'n rhagymadroddi: *one who makes introductory remarks.*
1803 *P.*

rhagymarfer[1] [*rhag-* + *ymarfer*[2]] *eb.* Ymarfer, rihyrsal: *rehearsal.*
20g.

rhagymarferaf: rhagymarfer[2] [*rhag-* + *ymarferaf: ymarfer*] *bg.* Ymarfer, rihyrsio, hefyd yn *ffig.*: *to rehearse, also fig.*
1926.

rhagymddangosiad [*rhag-* + *ymddangosiad*] *eg.* Rhagddarluniad, rhagddangosiad: *prefiguration, a foreshadowing.*
1725 I. HARRI: *RD* 176–7, Yr ail *Ragymddangosiad* o Ddyfodiad Crist, oedd ei weddnewydiad . . . A'i Weddnewydiad ef o'i blaen hwynt, oedd yn Gysgod o'i Ddyfodiad ef yn ei Frenhiniaeth.

rhagymddygaf: rhagymddwyn [*rhag-* + *ymddygaf*[1]: *ymddwyn*] *bg.* a'r be. fel *eg.* Rhagflaenu; rhagflaeniad: *to go before, precede; prolepsis.*
1567 *TN* 315a, Pechodau rryw ray or blaen amlwg fyddant, yn *rrag ymddwyn* [:– myned or blaen] ir farn. **1803** *P, Rhagymzwyn*, s. m. . . . A prolepsis.

rhagymddygiad [*rhag-* + *ymddygiad*] *eg.* Esiampl: *example.*
1817.

rhagymeriad, gw. **rhag-gymeriad.**

rhagymgymeraf: rhagymgymryd [*rhag-* + *ymgymeraf: ymgymryd*, ar ddelw'r Llad. *praesūmō*] *bg.* a'r be. fel *e?g.* Rhyfygu, bod yn drahaus; rhyfyg: *to presume, be arrogant; presumption.*
c. **1400** *Ymborth* 3, Vn geingk ar bymthec yssyd y valchder . . . *racymgymryt. ib. Racymgymryt* yw gomed dylyedus anryded y brelatyeit neu y henafyon. **1567** *TN* 347b, Gwardd y may *racymgymryd*, a chwenychu anrrydedd tu hwnt eyn brodyr. *id.* 360b, y rrai sy yn rrodio ar ol y cnawd . . . yn rryvygus, ac yn *rrac ymgymryd.*

rhagymweliad [*rhag-* + *ymweliad*] *eg.* Rhagluniaeth: *providence.*
1630 *YDd* 340, Yr wyf yn cydnabod nad yw y dolur ar penyd hwn yn digwyddo o ddamwain neu o dynged, eithr trwy dy *ragymweliad* nefol, a'th prif ragluniaeth. *id.* 349, fe ddarfu i'th rasusol *ragymweliad* . . . ddarparu a threfnu moddion. **1657** *Cat BSCC* [12], aberth . . . o foliant a diolch, am dy *ragymweliad* grasusol trosom y dydd hwn. *ib.* yn dy ddoethgall *ragymweliad.* **1658** R. VAUGHAN: *PC* 6, Trwy ei *ragymweliad* y mae ef [Duw] yn coleddu a llywodraethu ei greaduriaid. **1658** R. VAUGHAN: *PS* 45–6, gosod dy *ragymweliad* tadol yn fyn nwylaw i gyweirio a pherffeiddio eu meddyliau yn well.

rhagynad [*rhag-* + *ynad*] *eg.* ll. *-on.* Dinesydd yn y cyfnod clasurol, yn enw. cynbraetor, y rhoddid awdurdod praetor iddo i'w ddefnyddio y tu allan i Rufain, yn enw. yn y rhanbarthau: *propraetor.*
1916.

rhagynys [*rhag-* + *ynys*; cf. yr e. lle Crn. *Raginnis*, a'r e. lle H. Lyd. *Rachenes*] *eb.* ll. *-oedd, -edd.* Ynys gyfagos: *adjacent island.*
Dchr. **12g.** *GMB* 6, Teir *Racynis* a'r Teir Inis a'r tramordvy. **12–13g.** *GLlLl* 72, O Ynys Brydein, briaod ureint, / A'e Their *Racynys*, rec hoffeint. **14g.** *WM* 187. 18–19, Ar teir *rac ynys* eu dala ydan amherodres rufein. **14g.** *TYP*[2] 228, Ynys Brydein . . . Teir Prif *Rac Ynys* yssyd idi . . . Sef ynt y Teir *Rac Ynys*: Mon, a Manaw, ac Ynys Weir. *c.* **1400** *B* v. 19, Enweu ynys prydein ae *rac ynyssed* ae anryuedodeu. **15g.** *GLGC* 107, Yn rhyw Gwen o'r *rhagynys* / golau oedd ryw'r Arglwydd Rhys. *id.* 489, Tri thir a nodir un wedd, / tair *rhagynys* tir Gwynedd: / Ynys Fôn, Ynys Fanaw, / Ynys Wair dros Ddefnsir draw. *id.* 494, Angau a dwyoch, ing a dywys / i'r rhai a ganodd i'r *rhagynys.* **1604–12** *THSC* (1943–4) 46, yn gyntaf i treithir yma am henwev yr ynys . . . Chwechet yw oi *rrag ynysedd* ystlysawl. **18–19g.** *Iolo MSS* 215, Ynys Prydain ai *rhagynysoedd.* **1803** *P, Rhagynys*, s. f.—pl. t. *oz* . . . An adjacent island.

rhagyrwedd [?cf. *rhagwedd*[1], cf. H. Lyd. *racrguoedhaom, racrguedha*] *e?b.* ?(Safle o) anrhydedd neu barch arbennig: (*position of*) *special honour or respect.*
12g. *GCBM* i. 21, Areilrec, eildec dryganed / A ganbyf y'm rbyf o'm racwed: / Ragoruann rat, rann *ragyrwed.* **12–13g.** *GMB* 397, A'm dodby Douyd . . . / Oesrann y delwyf y dangneued / Dyd y parther rei yn *ragyrwed.* **13g.** *A* 21. 6–7, a llu racwed en *ragyrwed* en dyd gwned yg kyvryssed.

rhagysbysaf: rhagysbysu, rhagysbysiad, gw. **rhag-hysbysaf: rhag-hysbysu, rhag-hysbysiad.**

rhagysgrif, rhagsgrif [*rhag-* + *(y)sgrif*] *eb.* ll. *-ion.* Gorchymyn, ordinhad; *Meddyg.* presgripsiwn; copi gwreiddiol: *prescript;* (*medical*) *prescription; original copy.*
1780 *W, rhag-'sgrif* d.g. *Prescript.* **18–19g.** *Llr* C 8,

be.: *exx. after the vb. 'wyf: bod' and before a vn.*).

13g. *LlI* 4, Pan uo *reyt* mynet y teylu e anreythyav. *id.* 38, Ac o byd *reyt* kemell ef a dele kemell ual e kemhelley e mach pey byu. **13g.** *C* 53. 1–2, Oet *reid* myned rac . Kinytion mordei beit llafassed. **13g.** *GBF* 591, Oydd *rait* ystyriait darvot kyffro—mawr / Am amerodr Kymro. **15g.** *DE* 38, nid yw *raid* ond ar redeg / newyd hwyl am fenaid teg. **1568** MORYS CLYNNOG: *AG* [iii], A llawer o eiriau, a fu *raid* i harfer. **1588** *Salm* xxxii. 9, yr hwn y mae *rhaid* attal ei ên â genfa. **1632** *D*, Y peth a wnaer gyntaf, ac a fo *rhaid* ei wellhâu d.g. *Protocolum*. *c.* **1658** R. VAUGHAN: *E* 51, y canolbwngc . . . sydd *rhaid* ei gadw rhwng ceremoniau gwarantedig, ac ynfydroau ofergoelaidd. **1730 (1755)** E. WYNNE: *PAC* 5, Fe [d]ebygei un na byddei *raid* ddim rhybuddio Rhieni. **1776** *W*, Beth sydd *raid* ei wneuthur? d.g. *Must . . . What must be done?* Ar lafar, 'Ma *raid* 'u cæl nw', *GTN* 676.

(*f*) (enghrau. ar ôl. y f. *wyf*: *bod*+*yn* ac o fl. be., hefyd gan hepgor y be.: *exx. after the vb. 'wyf: bod'*+*'yn' and before a vn., also with ellipsis of the vn.*).

14g. *GDG*^{3} 408, Gwae fi fod, cydnabod coeth, / Yn *rhaid* ym yn rhyw dymawr / Oedi dy wawd; ydwyd wawr. **16g.** *GSOG* 95, Y mae'n *rhaid* cael, er mael mau, / Boen ingwedd bun neu angau. **1595** H. LEWYS: *PA* 143, ni d'yle neb ym gymyrred' a materion gwyr eraill . . . heb fod yn *rhaid*. **1620** *Io* iv. 20, [y] man lle y mae'n *rhaid* (**1588** *ib.* lle y dyler) addoli. **1629** R. LLWYD: *P* 33, Oblegit eich bod fel meirch anystowallt ymae yn *rhaid* cael marchogwr garw. **1653** *MLl* i. 251, mae yn *rhaid* rhoi llin ar lin . . . i'r anneallus. **1658** R. VAUGHAN: *YPS* 2, y mae yn *rhaid* symudo. **1716** J. MORGAN: *MB* 16, Mae gwobr; ond mae'n *rhaid* ei Haeddu. **1768** W. WILLIAMS: *HTS* 30, canys mae 'n *rhaid* codi honno [croes] cyn gellir cyflawn ddilyn yr Arglwydd. Ar lafar, 'Mae'n *rhaid* mynd i'r dre heno'.

(*g*) (enghrau. gyda'r ardd. *i* (yn ei ff. prs. neu o fl. e.)+be., neu yn eithriadol+e.: *exx. with the prep. 'i'* (*in its personal forms or before a n.*)+*vn., or exceptionally*+*n.*).

12–13g. *GMB* 336, Nyt *reit* ynn ameu llyfreu llen. *ib.* Kan wyt Tri, nyt *reit* itt amgen. *id.* 522, *Reit* y minneu le l6r6 medyant. **13g.** *LlI* 86, *reyt* yu ydau rody llv e bugeyl. **13g.** *BD* 138, *reit* yv yt aruer o geluydodeu newyd. **14g.** *YBH* 23a, y mae *reit* it vynet. **14g.** *GDG*^{3} 131, *Rhaid* oedd ym fedru peidiaw / Â'r foes hon, breuddwydion braw. *c.* **1400** *RB* ii. 181, megys y bei *reit* ida6 kyrchu y dinassoed kadarn racdunt. **1567** *TN* [xxxviii], *rhaid* i mi dalvyrru'r araith. **1593** W. MIDLETON: *B* [ii], Ag os kaisi, ddysgu kanu kerdd dafawd yn benkerddiaidd, *rhaid* yt fedru kymraeg ddilediaith. **1606** E. JAMES: *Hom* i. 156, Hyn, wrth hynny, sy *raid* i ni ei wneuthur, os ceisiwn fodloni Duw. **1618** J. SALISBURY: *EH* 5, *Rhaid* i chwithe wybod, mae dau ddirgeledd arbennig sydd yn eyn Fydd. **1672** R. PRICHARD: *Gw* 64, Mae'n *rhaid* i Ghrist Jesu 'n goleuo â'i râs. **1703** T. BADDY: *PCh* 102, Ond ai *rhaid* imi lawenhau a thristau hefyd? **1798** W. RICHARDS: *CC* 46, Yr oedd *rhaid* iddo oddef. **1803** *P*, Rhaid, a. . . . mae yn *rhaid* i hyny vod, it is necessary for that to be. *id.* Rhaid, adv. . . . *Rhaid* imi vod yno, I must be there. Ar lafar, '*Rhaid* i mi fynd', 'Bydd yn *rhaid* i chi neud ych gora', 'Basa'n *rhaid* i chi gychwyn cyn un or ddeg', *WVBD* 458; '*Raid* ifi gæl amsar i feddwl am 'ynny', *GTN* 676.

(*h*) (enghrau. o fl. y be. *peidio*, i fynegi gwaharddiad: *exx. before the vn. 'peidio', expressing a prohibition, &c.*).

Ar lafar, '*Raid* pido gatal i neb wpod', '*Raid* iti bido gwed 'ynny yto', *GTN* 676.

(*i*) (enghrau. gyda'r ardd. *o*+be.: *exx. with the prep. 'o'*+*vn.*).

c. **1585** G. ROBERT: *DC* 45a, *rhaid* o adde ych bod yn cael llawer o ddaioni. *id.* 56b, *rhaid* o meddwl. *id.* 62a, *rhaid* o cymeryd. *id.* 62a, *rhaid* o ddeallt. *ib. rhaid* o bregethu. **1756** *ML* i. 420, *rhaid* o myned i ginhiewa efo'r Arglwydd. **1758** *id.* ii. 61, *Rhaid* o sgrifennu at fy athraw. *id.* 92, *Rhaid* o dywedyd yn deg wrthych chwi.

(*j*) (enghrau. gyda'r ardd. *â*+be: *exx. with the prep. 'â'*+*vn.*).

1753 *ML* i. 261, *rhaid* a mynd efo rhyw ferchettos. **1754** *id.* 309, Mae'n *rhaid* a brolio tippyn weithiau. *id.* 315, *rhaid* a rhoddi main clô ar y gwaith. *ib.*, *Rhaid* a dysgu i Siani hithau i ganu. **1760** *id.* ii. 157, *rhaid* a myned i huno. *id.* 197, *rhaid* a maddeu, er mwyn cael maddeuant.

(*k*) (enghrau. gyda'r ardd. *ar*+be.: *exx. with the prep. 'ar'*+*vn.*).

14g. *GDG*^{3} 408, *Rhaid* ar Ddafydd, gwehydd gwawd, / Ddial yr hyn a ddywawd. Ar lafar yn neddwyrain Morg., 'Os dim *raid* arnot ti i fynd'.

(*l*) (engh. gyda'r ardd. *gan*+be.: *ex. with the prep. 'gan'*+*vn.*).

14g. *GDG*^{3} 88, *Rhaid* bychan oedd gan y gŵr / Rhwymo bys cyfan rhimwr. Ar lafar, 'Ma *raid* gin' i 'bot 'i wedi prodi erbyn hyn' (Arfon).

(*m*) (enghrau. gyda'r ardd. *wrth*: *exx. with the prep. 'wrth'*).

12–13g. *GMB* 446, G6ennhed gwa6n a'e da6n o'e daeoni, / Gwynet anrydet, oet *reid* 6rthi! **13g.** *GBF* 421, Kadeir anryded: *reit* oed 6rtha6. **1346** *LlA* 46, pann vo *reit* vrthunt. 6ynt adeuant oe nerthu. **14g.** *GIG* 94, Nid *rhaid* wrthi hi yr haf, / Da y gŵyr ef y digrifaf. *c.* **1400** *YCM*^{2} 6, llyfreu, a phob kyfryw dotrefyn ereill a uei *reit* wrthunt. **15g.** *ID* 72, mae o wenwys ymwanwyr / ith raid pan vo *raid* wrth wyr. **16g.** HUW ARWYSTL: *Gw* 28, pen sirif glew owchgryf gledd / pleidier gwan gwaladr gwynedd / gwna na bo *rhaid* wrth bleidiaw / kaer drws ar dda r kowir draw. *Diw.* **16g.** *WLB* 44, a ffan fo *raid* wrtho kymer o hono gimaint a chinhwyllin kneuen. **1632** *D*, a fo *rhaid* wrtho d.g. *Opus*. **1653** *MLl* i. 158, *Rhaid* wrth gyngor y golomen. **1723** E. SAMUEL: *PDdC* [iii], Nid *rhaid* wrth Enw nac Awdurdod. **1740** T. EVANS: *DPO* 72, danfon am ei fyddinoedd oddiyma Adref i'r Ital, lle 'r oedd mwy *Rhaid* wrthynt. **1751** *GIA* 11, [g]waredu Adda a'i heppil bechadurus rhag y farwolaeth oedd wedi ei bygwth, fel na buasai *raid* wrth Grist.

(*n*) (enghrau. gyda'r ardd. *i* ac *wrth*: *exx. with the prepositions 'i' and 'wrth'*).

14g. *WM* 100. 1–2, Dio6n yn arueu 6eithon nit *reit* ynn 6rthunt. *id.* 487. 6–8, Ac vn o nadunt a dywa6t gallell yslipanu cledyueu. Oed *reit* y mi 6rth h6nn6. *c.* **1400** *RB* ii. 66, nat oed *reit* ida6 ef 6rth dim. *c.* **1400** *Ked AA* 2, yr karyat Duw, y rei yssyd *reit* udunt wrthaw. **1488–9** *BSM* 28, os *Raid* yth bobl di wrthyf vi ni wrthodaf vy llavur. *a.* **1561** *B* vi. 46, bid hyny yn ystor genyd erbyn pan vo *raid* yt wrtho. **1567** *TN* 90a, Nid *raid* [:– oes eisie] yr ei iach, wrth veddic. *id.* 331b, aythoch yn *rraid* ywch wrth layth. **1688** S. HUGHES: *TSP* 17, Gwnaf, os da y fydd eich Cynghor, canys digon *rhaid* i mi wrtho. **1759** T. THOMAS: *WWDd* 222, mae efe mewn gobaith . . . bod yn y Ddinas oleu, yr hon nid *rhaid* iddi wrth oleuni haul, na lleuad. **1778** *W*, Bod yn *rhaid* i un wrth beth d.g. *Need . . . To* [*have, or stand in*] *need*.

(*o*) (enghrau. o fl. cymal enwol, i fynegi tybiaeth, tebygolrwydd, sicrwydd, &c.: *exx. before a n. clause, expressing supposition, probability, certainty, &c.*).

1670 J. HUGHES: *AP* 181, mae'n *rhaid* nad elo neb at y Dirgeledd mawr hwn, ond . . . a moddustra. **1717** IACO AB DEWI: *MN* 31, *rhaid* bod Dyfodiad y Messiah . . . yn ôl y Gorchymmyn am adeiladu 'r Ddinas. **1743** D. ROWLAND: *T* 9, *rhaid* oedd fod ei Heresi ef yn un o'r Heresiau mwya. **1759** T. THOMAS: *WWDd* 14, mae'n *rhaid* fod ganddynt ryw Reolau. *id.* 115, y mae 'n *rhaid*, mai 'r un yw melldith Duw, a melldith y Ddeddf. **1789** W. RICHARDS: *ABD* 43, Os gwel ein hawdur yn amgen, y mae'n *rhaid*, yn ddiau, ei fod yn wr llygad-gam. **1790** T. JONES: *TOS* 18, Mae'n *rhaid* y bydd cariad anfeidrol yn ddirgelwch byth i ddeall meidrol. **1799** *TY* 153, Lle byddo Dadleuwr, mae'n *rhaid* bod yno hefyd hawlwŷr. Ar lafar, 'Mae *rhaid* i faco ddylanwadu 'r u' fath â cwrw', *WVBD* 458; 'Ma *raid* 'i fod o 'di mynd adre'n gynnar'.

(*p*) (defnydd lled ferfol, ar ôl y geirynnau *a*, *y*, *ni*, *na*: *quasi-verbal usage, after the particles 'a', 'y', 'ni', 'na'*).

1595 *Egl Ph* 44, Yr vn modh y *rhaid* barnu, pan dhigwydho cymhariat lleiadog. **1661** E. LEWIS: *Drex* 123, Pa ham y *rhaid* i mi ofni tonnau cynddeiriog y byd trallodus hwn? **1675** R. JONES: *HCh* 2, ger bron Browdle yr hwn y *rhaid* i ti sefyll. **1693** J. OWEN: *BP* 188, os rhaid trochi yr holl gorph mewn dwfr, fel y maent hwy yn dywedyd y *rhaid*. **1703** E. WYNNE: *BC* 46, pam y *rhaid* i mi fwy o siccrwydd . . . na gair y Pâp. **1730 (1755)** E. WYNNE: *PAC* 30, Pa wasanaeth y *raid* ini wneuthur iddo Ef? **1750** J. THOMAS: *AIG* 47, o herwydd y *rhaid* ir fath gred. **1764** DEWI NANTBRÂN: *CB* 79, A *raid* i chwi gredu fod rhyw rinwedd yn y nifer hyn o Pater, ac Afe? . . . Na *raid* yn ddiau. **18g. (1870)** TWM O'R NANT: *CO* 42, Wel, tewi a *raid* ryw adeg / Ar bob mwstwr a swn grymusdeg. **1789** B. EVANS: *LlG* 94, na *raid* i'r Gweinwyr o honi [ordinhad y bedydd] arfer eu Deall. **1797** B. EVANS: *CG* 259, Ei fod yn euog o feddwi sy wir . . . ond a *raid* oddi wrth hynny ei gyfenwi yn feddwyn? **1800** W. OWEN[-PUGHE]: *CP* 76, Prin y *rhaid* imi sôn am lês yr anifeiliaid hyn. **1803** *P*, Rhaid, adv. . . . A *raid* i tithau? must thou likewise? na *raid*, it is not necessary.

Fel *a.* (*a*) (yn y radd gfrt. neu yn y radd gysefin ar ôl *mor*^{1}) Mor angenrheidiol, hanfodol, neu weddus: (*in the equative degree or in the positive after 'mor*^{1}*'*) *as or so necessary, essential, or fitting.*

14g. *YBH* 41a, ac adol6yn nerth achanhorth6y can nybuassei eiroet kyn *reittet* ida6. **14g.** *GDG*^{3} 363, Cyn *rheitied* i mi brydu / Ag i tithau bregethu. *c.* **1400** *YSG* i. 68, ny bu gyn *reittet* ym eiryoet. **1574** *RhRC* (At.) 258b, pob vn or ddau Cynn *Ritied* vn ar llall. *c.* **1585** G. ROBERT: *DC* [xxvii], Y Pennod Cyntaf a dhengys *reitied* medhwl am betheu sprydol. **1588** *Ecclus* xxxiii. 31, fe a fydd mor *rhaid* i ti wrtho ef ac wrthit dy hun. **1631** O. THOMAS: *CC* 41, cyn *rheitue 'd* [*sic*] dyw i'r enaid gael ei ym borth ys prydol beunydd, nos a boreu, ac i'r corph ei ymborth corphorol. **1679** C. EDWARDS: *GGG* 200, A hyn a ddengis *reitied* ini chwanegu ffydd at wybodaeth. **1701** E. WYNNE: *RBS* 15, Cystal yw Meddylfryd pûr a'i fod yn sanct-eiddio'r weithred gyffredinaf; a chyn *rheitied*, ac na thâl ein gweithredoedd goreu ni ddim hebddo. **1717** IACO AB DEWI: *CS* 92, A ydyw cyn *rheittied* i ni wrth yr Ysprydd i briodoli y waredigaeth attom? **1746** G. JONES: *HWI* iv. 40, O blegid ei fod cyn *rheitied* gweddio am faddeuant beunyddjol, ag am fara beunyddjol.

(*b*) (yn y radd gmhr.) Gwell, mwy angenrheidiol, hanfodol, neu weddus: (*in the comp. degree*) *better, more necessary, essential, or fitting.*

14g. *GDG*^{3} 132, Nid *rheidiach* i'm byd rhydeg / Roi rhactal am y tâl teg. *c.* **1400** *Ked AA* 7, y gwr a oed *reidyach* idaw groessaw a llewenyd. *c.* **1400** (*SG*) *HMSS* i. 306, *reidyach* iddi wrth nerth. *id.* 417, a *reitach* oed yni peisgwnelem. **1546** *YLlH* [8], dyblu yr llythyreu . . . onyd nad rhaid hynny ynawr rac rhwystro y petheu y sy *reitach*. **16g.** *GGH* 400, Iawnach a *rheitiach* yrhawg / Holi merch hael y marchawg. **1567** *TN* [xxxiv], *rheitiach*, yw can i bot mor amyl, edrych pa rai a ddewiser. **1632** J. DAVIES: *LlR* 14, canys *rheitiach* o lawer i ti wrth ystyried yn y daith nefol nag yn yr vn ddaiarol. *c.* **1658** R. VAUGHAN: *E* 106, y mae yn *rheidiach* o lawer i erfynwyr Duwiol. **1703** E. WYNNE: *BC* 125, wel', ebr Lucifer, digon, digon! *rheitiach* arfeu na geirieu. **1716** E. SAMUEL: *GGG* 190, *rheitiach* arfer y Cynneddfau hynny. **1790** TWM O'R NANT: *GG* 64, Mwy *rheittiach* i ni, Ochel rhagddi / Na hoffi Cwmni hon. **1803** *P*, Rhaid, a. . . . *Reitiaç* vyzai i ti gadw dy arian, more necessary would it be for thee to keep thy money. Ar lafar, *WVBD* 458; '*rheitiach*', ''Fysei'n *rhytach* 'ddo fod yn gwely 'da'r annwyd 'na'.

(*c*) (yn y radd eith.) Mwyaf angenrheidiol, hanfodol, neu weddus: (*in the superl. degree*) *most necessary, essential, or fitting.*

12–13g. *GMB* 529, *Reittaf* (llsgr. rEidaf[*sic*]) oed ymi, *reittaf* (llsgr. reithaf)—y'm bywyt / Caru kymhlegyt y gryt grymhaf. *ib.* Crett6yf Di, vy Ri, pan vo *reittaf*! **14g.** *GDG*^{3} 304, Bai *reitiaf* dy rybuddiaw, / Tydi, fab teg arab, taw. *id.* 378, Hwn a'm ceidw rhag direidwyr, / *Rheitia* cledd, ŵyr Hawt y Clŷr. *c.* **1400** *YCM*^{2} 101, pan oed *reitaf* udunt wrthunt. *c.* **1400** *MM* 148, Nyt yr b6ytta y mae *re*[*i*]*ttaf* keisa6 parhau, kanys llawer a weleis i yn mei*r*6 o v6yta yn ry vynych. *c.* **1585** G. ROBERT: *DC* 9a, i dhangos i r cyphredin gymry y petheu *rheitiaf* sy idhynt feddwl a myfyrio arnynt. **16g.** *Yst Kym* 1, lle ir oedd *reittia* vddynt wybod hanes a chyfarwyddyd. **1604–7** *TW* (*Pen* 228), gadaw ymeith y peth *rheitia* i ddywedyt d.g. *prævaricor*. **1618** J. SALISBURY: *EH* 227, Ond os sôn, pa vn *reittiaf* wrthi; angenrheitiaf ydynt Bedydd, a Phænyd. **17g.** *Bl B XVII* i. 265, Bydd dra sanctaidd i'r galluog, / Bydd yn union i'th gymydog; / Bydd yn sobr it dy hunan, / Dyna'r tri phwynt *rheita'* allan (Rhys Prichard). **1677** R. JONES: *BB* 70, Rhaid yw rhoddi y Gorchwyl mwyaf a *rheittiaf* (*most urgent*) ymlaen. **1712** T. WILLIAMS: *CDdG* 599, *rheitiaf* oll iddo wrth Râs Duw ai Gynnorthwy. **1774** H. JONES: *CH* 30, Dyna aua, pan fo *reittia*, / Wrth Greawdwr a'n gwareda. Ar lafar, 'Wel, *rheitia*'n byd ydi 'fi fynd i edrach amdano fo' (Llŷn).

Cfn.: **i'th (i'w, &c.) raid**: *in one's hour of need, at need*; ?*to one's aid*. **14–15g.** *IGE*^{2} 311, Pob bwrdd gwiw o'r oliwydd, / Parth *i'n rhaid* pob porth yn rhydd (Rhys Goch Eryri). **15g.** *GHC* 12, Gwŷr y sir ar gwrseriaid / Weithian a redan' *i'w raid*. **15g.** *GDLl* 80, Galw'r eryr goler euraid / O'th ryw a'i giwion *i'th raid*. **15g.** *GLGC* 56, a doen' hwyntau'r Deheuwyr / *i'th raid* pan fo gwaith ar wŷr. **15–16g.** *GLM* 231, O rhout wŷr er rhaid Harri, / *i'w raid*, dy hun, yr aud di. **16–17g.** *GST* i. 578, Proffidiol wrth rol *i'th raid*, / Praff y tyf proffid defaid. **17g.** *TBM* 696, Yn un rhwydd, yn oen *i'n rhaid*, / Yn rhoi gwin i'r rhai gweiniaid. **ni thraid, ni'th raid, thraid, traid** [*ni thraid* < *nitraid* (≡ *nid rhaid*) drwy ei gamrannu a deall *ni* fel *ni*^{2}; ffrwyth sillgolli'r *ni* yw'r ff. olaf, a ffrwyth ailddehongli *-th-* fel rh. mewnol yw'r ail ff.; gw. hefyd *Treigladau* 353]: *it is not necessary* (*for you*). **1738** *MLl* i. 101, Lle mae'r Duw'r tad, oll, oll i gyd, / *Ni'th raid* mwy newyd cyflwr. *id.* 103, *Traid* mwyach alw arnat ti, / O fy Enaid i! i rodio. **1775** M. RHYS: *GBN* 86, Maent yn eu lle, *thraid* symmud mwy. *a.* **1791** W. WILLIAMS: *GP* 127, '*Th raid* i mi yno i gario'r groes. *id.* 205, '*Thraid* 'redig na medi. **o raid:**

necessarily, inevitably, unavoidably; if needs be. **1778** *W* d.g. *Necessity, of necessity.* Ar lafar, ''Dw i ddim isio mynd, ond mi a' i *o raid*'. **os rhaid iti (ichi, &c.) byth:** *whatever you, &c., say, no matter what (you, &c., say)!* Ar lafar yn ne-ddwyrain Morg., '*os raid iti byth!*' 'ebychiad o brotest gan siaradwr pan fo'r gwrandawr yn amau neu'n chwerthin am rywbeth a ddywedodd', 'Wel, *os raid iti byth!* Dyna beth wetson' nw', ''Dwi ddim yn lico'r 'et 'yn' '*Os raid iti byth!* Mae'n dishgwl yn iawnda net arnot ti', ''Wi gistal â fynta, *os raid iddo byth!*', *GTN* 69; '*Os raid iti byth!* Fi 'næ fa gistal â titha', *id.* 676–7. **wrth (dy, ei, &c.) raid:** (i) *in case of necessity or need, if needs be, at need, according to need, as the need arises; in one's hour of need, when(ever) you need (he needs, &c.).* **12g.** *GCBM* ii. 122, Keinwalch gyrth, *wrth reid* y dotwyd. **13g.** *LlI* 4, E lety yv y ty mvyhaf en e tref a chymeruedhaf, ac ygyt ac ef er rey a vynho o'r teylu, a'r lleyll en y gylch, ual y bo prytuerth ydav ef eu caffael hvy *vrth y reyt.* **15g.** *GHC* 12, A meirch *wrth raid* y marchog. **15g.** *GO* 91, *Wrth raid* ail Arthur ydwyd. **15g.** *GGl*[2] 241, A Duw a rydd *wrth dy raid* / Yt einioes, lyfr Brytaniaid. **1604–7** *TW* (*Pen* 228), petheu wedy cyweirio, ai trino, ai conseruio ai cytgadw mal y gallont wasanaethu *wrth reit* d.g. *Salgama.* **1788** *LlCy* v. 36, yn barod i bawb *wrth ei raid.* Ar lafar yn Arfon, *WVBD* 458. (ii) *inevitably, unavoidably.* **20g.** Cf. R. T. JENKINS: *Edrych Yn Ôl* (1968) 255, Gwelais, *wrth raid*, lawer ar Gruffydd pan oeddwn yn byw yn ei ymyl. **yn rhaid, yn dy, ei, &c., raid:** (i) *in hardship, in dire straits, in one's hour of need;* ?*in(to) battle.* **12g.** *GLlF* 229, Dywallaw-dy, venestyr, ved hidleit—melys / Y ergyrwaew gwrys gochwys *yn reit.* **13g.** *GDB* 119, Rybud drut ar dut gwolut gwylein—bleit, / Mal yd eit *yn reit* yn Ryt Angein. **13g.** *A* 9. 4, gosgord vynydawc enwawc *en reit.* **14g.** *WM* 495. 36–7, nyt ymyrrwys kei *yn reit* gyt ac ef o hynny allan. **14g.** *GDG*[3] 402, A dewr ydwyf a diriaid, / A rhwysg bonheddig *yn rhaid.* **15–16g.** *TA* 401, Dy gâr, o byddi'n taro, / Dy farch, *yn dy raid* a fo. Cf. *A* 27. 22, buan deu en dyd reit. (ii) *in the service of, in your, his, &c., service.* **c. 1400** *RB* ii. 209, A gwedy gwelet o arthur pawb ynbarawt *yny reit* ae wassanaeth. Erchi aoruc y bawb bryssyaw y wlat. **c. 1400** (*SG*) *HMSS* i. 386, apheth bynnac ahaeddassei lawnslot ar elinans. ny haeddassut ti ar elinans dim drwc. yr hwnn a ladawd lawnslot ef *yn dy reit* ti. **15g.** *HCLl* 42, Y pren a 'stynnawdd pery'n oes dynion / Yn yr hyd gorau *yn rhaid* y goron. **16–17g.** *RAGR* 213, dros i feister tir ai blaid / fo foi tynwyd o *yn rhaid* y brenhin. **17g.** *IICRC* iii. 251, Eraill sydd *yn rhaid* ei prins, heb neb oi ffrins yn cymmell. Gw. hefyd adran (*f*) uchod.

rhaidd[1] [bnth Llad. *radius*] *eb.g.* ll. *rheiddiau.*

(*a*) Gwaywffon, gwayw, picell: *spear, lance, pike.*

9g. (*MC*) *VVB* 209, reid, gl. *spicum.* **13g.** *GDB* 483, I abar feddau *rheiddiau* rhuddion. **13g.** (*LlDW*) *ZCP* xx. 75, guir aruon rudyon eu *redyeu.* **c. 1400** *R* 1289. 39–40, dyry rodyon mawr dur y *reidyeu.* *Dchr.* **15g.** *IGE*[2] 166, Rhos dy liw, Rhys deuluaidd, / Rhuthr Edlym, ail ruddlym *raidd* (Llywelyn ab y Moel). **15g.** *DE* 96, rad ryddwys gvrad *raidd* ysgyrion. *Diw.* **15g.** *Pen* 67, 7, wrth aros lonsias Jessv / yr i ddew [*sic*] dall ai *raidd* dv (Llywelyn ap Morgan). **1547** *WS*, *raidd* gwayw A spere. **1604–7** *TW* (*Pen* 228) d.g. *Lancea.* **1632** *D*, **Rhaidd*, Hasta, lancea. **1722** *Llst* 189, *Rhaidd*, f.p. *Rheiddiau.* A spear, lance. **1753** *TR*, †*Rhaidd* . . . a pike. **1803** *P.*

(*b*) Corn carw, cangen o gyrn carw: *antler, tine or branch of antlers.*

14g. *GDG*[3] 306, Llamwr allt, llym yw ei *raidd* [i'r carw]. **14–15g.** *IGE*[2] 310, Trefn *raidd* osgl, trafn rudd ysgwyd, / Traul Edwart, y llewpart llwyd (Rhys Goch Eryri). *id.* 337, am fwrw yn glau / O'r hyddod gwbl o'u *rheiddiau* (Rhys Goch Eryri). **c. 1400** [*RB*] *WM* 490. 29–31, Pandeuthum i [carw Rhedynfre] yma gyntaf. nyt oed namyn vn *reit* o bop tu ym penn. **1707** *AB* 238b, *Reit* . . . a branch. q. Yst[orya] K[ulhwch].

(*c*) Pelydryn, tywyn (o oleuni), hefyd yn *ffig.*: *ray, beam (of light), also fig.*

1707 *AB* 238b, *Reit*, A ray. [**1783**] *W*, *rheid* [*sic*] d.g. *Ray, or beam.* **1803** *P.*

(*d*) Radiws, hefyd yn *ffig.*: *radius, also fig.* **1916.**

(*e*) Fflam: *flame.*

?**15g.** *B* i. 305, Rhwydd y daw *rheiddiau* o dân. *Dchr.* **17g.** *J* 10, 12a, *Rhaidd.* flamma.

Gw. hefyd **rheiddyn.**

***rhaidd**[2], gw. **rheiddiau**[1].

rhaien, raien, rheien [bnth. S. *ray* (fish) neu fnth. dysg. Llad. *raia*+-*en*] *eb.* ll. -*nau*, *rhaiod.* *Pysg.* Morcath (bigog), *Raja* (*clavata*), cath fôr: (*thornback*) *ray, skate* (*fish*).

1604–7 *TW* (*Pen* 228), *raien* d.g. *Achantia, Batis, pastinaca, Raia.* **1722** *Llst* 189, *Rhaien*, f. p. *Rhaiod.* A ray-fish. **1725** *SR*, *Raien* d.g. *a Thorn-Back,* [*a Fish*]. **18g.** *Pant* 19, 88, *Rhaien* a Skate or Ray. **1774** *W*, *Rhaien* lefn d.g. *Homelyn* [*a fish so called*]. *id.* Morcath, vulgò *rheien* d.g. *Ray* [*a fish so called*]. *id.* *Rhaien* (*rheien*) lefn d.g. *Scate* [*a flat fish* . . .]. **1803** *P*, *Rhaien*, s. f.—pl. t. *au* . . . A ray, a fish so called.

rhail[1], **rail**[1] [gair geir.; bnth. S. *rail* 'garment, dress'; ffrwyth cymysgu Llad. *ralla* 'math o wisg denau' a Llad. *rallum* 'rhawffon at glirio pridd oddi ar swch' yw'r ail ystyr] *eb.* ll. *rheilion.*

(*a*) Gwisg: *garment, dress.*

1604–7 *TW* (*Pen* 228), *rail* d.g. *Ralla.* *Dchr.* **17g.** *J* 10, 12a, *Rhail.* Ralla. **17g.** *LlGC* 13215, 344, *Rhail* Ralla.

(*b*) Rhawffon (at glirio pridd oddi ar swch): *paddle (for clearing soil from a ploughshare).*

1707 *AB* 219d, *Rhail*, A paddle-staff. S. **1725** *SR* d.g. *A Paddle.* **1803** *P*, *Rhail*, s. f.—pl. *rheilion* . . . a paddle-staff, a paddle.

rhail[2], **rhailsen,** gw. **rheil.**

rhain[1] [cyw. o *y rhai hyn*] *rh.* a hefyd fel *a. dng. ll.*

(*a*) (Y) rhai hyn: *these.*

13g. *BD* 90, rac na bei oc eu etiued dalyei y teyrnas o diuetheit y *rein* hyny. **15g.** *DGG*[2] 45, A dwyros yn ei deurudd, / A'r *rhain* ar liw sangwyn rhudd [i'r eog]. **15g.** *HS* 3, mae plant mi ai gwarantaf / blaid i hwn fal blodau haf / yn rhwym i del un o *rhain* / ir baili glas ar bilain. **1567** G. ROBERT: *GC* 74, Eithr pan fo rhaghenw yn bennaeth iddo, e fydd hyfach i'mwascu ag ef mal hwn, yrhwn, yrhon, yrhyn, yrhain, yrheini, ne wrth wraidddorriad ei cwttoccir nhwy mal rhwn, *rhain*, rheini. **1567** *TN* 13[3]a, cai weled pethae mwy na '*rein.* **1595** *Egl Ph* 2, At y Rhyw cyntabh y perthyn y *rhein* a'i rhywogaethau. **1632** J. DAVIES: *LlR* 31, vn o'r *rhai'n.* **17g.** HUW MORUS: *EC* i. 11, Purder help, parod yw '*rhain* [plant], / Pur loyw bryd, perlau Brydain. **1679** C. EDWARDS: *GGG* 23, y *rhain* a ganlyn ydynt rai o Briodoliaethau Anghyfrannadwy Duw. **1701** E. WYNNE: *RBS* 66, [y] beieu hyn; diengiff y *rhain* allan o'r geneu pan ddêl y rheiny i'r Galon. **1722** *Llst* 189, *Rhain* . . . These men or things. **1730** (**1755**) E. WYNNE: *PAC* [i], At *yrhain* yr anghwanegwyd Gweddieu iw harfer mewn Teuluoedd. **1778** J. HUGHES: *BB* 103, *Rhain* oll oedd yn Broffeswyr. **1794** *W*, y *rhai'n* d.g. *These.* Ar lafar, 'Ma well gin' i *rhein* na rheicw' (Arfon).

(*b*) (fel rhagflaenydd cym. pth. ac fel math o ragenw pth.) (Y) rhai hyn (a, y, sydd, na): (*as antecedent of a rel. clause and as a kind of rel. pron.*) (*the*) *ones, those, things* (*which, who, whose*).

16g. *B* xi. 87, [p]obyl o serttain o oedrann, y *hrain* a barai ef J dwyn J'r temloedd a'i diennyddu wyntt: o waed yr *hrain* J llanwai ef demloedd Edgipt. *ib.* J'r duwiav, yr *hrain* a attebodd. **1567** *TN* [xxv], y Sayson, *rhain* y pryd hynny oeddent paganiait. **1593** W. MIDLETON: *B* [ii], darllain ag ysgrifennu llawer or hengerdd ar newydd *yrhain* a ddeuelli yn y dwned a henwais. **1595** H. LEWYS: *PA* 7, y dialed', ar trueni, '*rhain*, a fu ar ddafyd'. *id.* 16, llwyddiannus bethau eraill, '*rhain* sy genym a *rhain* yddym yn oestadol yn i mwynhau. **1630** *YDd* vii, y mae iddynt ryw bechodau cyfrinachol am yr *rhain*, y mae yn rhaid iddynt edifarhau. **1661** E. LEWIS: *Drex* 15, y mae pedair o risiau . . . Rhyd y *rhain* y mae plant bychain yn rhedeg i fynu ac i wared.

Fel *a. dng.* (*a*) Hyn: *these* (*a.*).

1552 *Pen* 403, 14, Pwy a vedyr yr owron draethu vaint y Kariad i mae y pethev *rrain* yn i chwanegv ymysc pobl. **1767** J. THOMAS: *TFFf* 40, Y deddfol anghredinioI resymau *rhai'n.* Ar lafar yn sir Benf., *LGW* [536]–7; ac yn iaith y capel, yn enw. yn yr ymad. 'y dyddiau *rhain*'.

(*b*) (o fl. e.: *preceding a noun*).

1699 T. JONES: *TP* 112, Y *rhain* opiniwnau y mae efe yn eu galw, yn wŷddorion fföydd a sancteiddrwŷdd. **1731** *ML* (Add) i. 19, Tybio ydd ŵyf fi y gall y geiriau hyn . . . wasanaethu mewn cynghanedd . . . os cyfeiliorni yr ydwyf am y *rhain* eiriau dymunwn arnoch eglurhau fy nghamsyniad imi.

(*c*) (yn bth. o fl. e. ar ddelw'r S. (*the*) *which*+e.: *rel. use preceding a n.*).

a. **1575** *GP* 108, yr wyd ti yn kysgv llawer ac yn yved yn vynych, y *rrain* bethav yll dav ynt elynion i'r korff.

Amr.: **hein**[2], **hain** [ffrwyth camraniad]. **16g.** *Llst* 6, 153, ystyr hir yw storir *hain.* **c. 1585** G. ROBERT: *DC* [iv]–[v], [P]ostolion y Cymbry: yr *hain* a drosant y Brenhin a llawer o r deyrnas i phydd Grist. **1592** S. D. RHYS: *Inst* [xiv], gwedy yr *hain* hynn. **1595** *Egl Ph* 10, y geiriau *hein.* **c. 1600** (**1681**) *Rhyddiaith Gymraeg* ii. 170, y bobl anuwiol *hein.* **rhein.** Ar lafar yn gyff., *GTN* 699, *GDD* 243; ''Dach chi wedi darfod hefo *rhein*', *WVBD* 460.

Cfn.: **y rhain acw:** *those (over there).* Ar lafar yn y ff. '*rh(e)inco* (*mynco*)'. **y rhain hyn:** *these.* **1592** S. D. RHYS: *Inst* [xiv]. **(y) rhain hynny:** *those.* **13g.** *BD* 90, dalyei y teyrnas o diuetheit *y rein hyny.* *id.* 102, a *rein hynny* a alwnn ni dieuyl gogwydedic. *id.* 117. **(y) rhain yma:** *these.* **1696** *CDD* 21, Ei odleu 'dderchafa i ymbyngcio a *rhain ymma.* *id.* 61, Ar ddau or *rhain ymma*, y rhoe e ei serch fwyâ. [**1748**] *W Ballads* 139, 8. **y rhain yna:** *those.* Ar lafar yn y ff. *rhinna.* Cf. *rheina* (gw. *rhai—rhai yna*).

Gw. hefyd **rhai—rhai hyn.**

rhain[2] [H. Wydd. *rigin* 'caled, di-ildio': o'r gwr. IE. **reg-* 'mynd ar ei union'] *a.* a hefyd gyda grym enwol. Marw syth, marw gelain, syth, sythedig: *stiff (of corpse), stone-dead, rigid, stiffened.*

12g. *GMB* 200, A chalanet *rein* a rut uehyr. **12g.** *GCBM* ii. 7, Gweleis gadeu geirw a rut ueirw *rein.* **13g.** *GDB* 118, Wyr Gwenwynwyn rynn awna *rein*—gorffeu. **13g.** *A* 24. 14–15, kelein *rein* rud guen. **14g.** *T* 39. 9, rac gwyr *rein* rudyon. *id.* 44. 10–11, Gwaywawr ryn *rein* aderllyssant. **14g.** *GEO* 8, Gwalch balch â bwlchlain, gwalchaidd flaidd raidd *rain.* **14g.** *GDG*[3] 60, Cras enau, geiriau ni ragorai—*rhain*, / Y truthain a'u traethai [dychan i Rys Meigen]. **c. 1400** *R* 1355. 12–13, *rein* uilein veleithyr ueithrin. **16g.** WILIAM CYNWAL: *Gw* (G. P. Jones) 9, A rhoddi'r corff, Rhwyddior cu, / Ar *rain* pren er ein prynu.

Cf. **argyfrain.**

rhain[3] [gair geir.; ffrwyth camddehongli *rhain*[2] a chymysgu o bosibl rhwng *torstain* 'boliog' a *trostan* 'polyn'] *e?g* ac *e.ll.* a hefyd fel *a.* Gwaywffon (gwaywffyn), picell, gwayw-fwyell; boliog, cestog: *spear(s), pike, halberd; big-bellied, corpulent.*

16g. WILIAM LLŶN: *Gw* (R. Stephens) (At.), *Rain* torstain Edrych ai vn Reiddur a Reiddior. **1604–7** *TW* (*Pen* 228) d.g. *Contus, dolo.* *Dchr.* **17g.** *J* 10, 12a, *Rhain.* × Trostan. **1632** *D*, *Rhain*, est Torstain, ait Wiliam Ll[ŷn]. **1707** *AB* 219d, *Rhain*, A halbert, a pike or spear. [S.]. **1722** *Llst* 189, *Rhain.* Gor-bellied. Also . . . A halbert, pike, spear. **1803** *P*, *Rhain*, s. pl. aggr. . . . Lances, spears.

rhainc, ff. 3 un. pres. myn., gw. **rhyngaf: rhyngu.**

rhaincboddiaeth, rhains, gw. **rhancboddiaeth, rêns.**

rhaith [yr e. prs. H. Lyd. *Reith*, Llyd. C. *rez, reiz*, Llyd. Diw. *reizh*, H. Wydd. a Gwydd. C. *recht*, Gwydd. Diw. *reacht*, yr e. prs. Gal. *Rextu-genos*: < Clt. **rektu-* o'r gwr. IE. **reg-* 'mynd ar ei union'; cf. Llad. *rēctus*, S. *right*] *eb.* ac yn eithriadol *eg.* ll. *rheith(i)au, -ioedd,* (geir.) *-iaid.*

(*a*) Cyfraith, deddf, rheol, gorchymyn; iawnder, cyfiawnder, hawl; iawndal, iawn; barn, rheithfarn; hefyd yn *ffig.*: *law, rule, decree; rightness, justice, right (to something); recompense, atonement; judgement, verdict; also fig.*

Dchr. **12g.** *GMB* 7, Terruin am tir, ri *reith* kywir o hil Morgant. *id.* 30, Gveith *reith* rysset, gvich ruich ryuet, rinuet reen. **12–13g.** *GLlLl* 4, Prydein hydyr, hud oet ymdiuad / Heb *reith*, heb gyfreith, heb gyfrad—a gwann. **13g.** *GDB* 136, Gwae ny gred Trined kyn ryred *reith.* *id.* 453, Gwan an rheg an *rhaith* heb rybudd. **14g.** *T* 17. 4–5, Neu vreint an seint pyr ysaghyssant. neu *reitheu* dewi pyr ytorrassant. **14–15g.** *IGE*[2] 186, Cyfraith Dduw (caf *raith* ddiwyd) / A chyfraith bylwaith y byd (Rhys Goch Eryri). **16g.** R. WHITE: *C* 16, ag ir honn [y ddaear] y bydd dy daith / i dalv *rraith* ir angev. **1595** M. KYFFIN: *DFf* [127], Moeswch weled . . . mor drefnus y maent hwy yn cadw y *rheithieu* a ddarfu iddynt eu hunain eu gwneuthyr yn sanctaidd. **16–17g.** SIÔN MAWDDWY: *Gw* 175, Ein hachles a'n lles yn lluosog, / A'n henaid perffaith, *rhaith* mawrweithiog. **1603** W. MIDLETON: *Ps* 41, Diolchgar lafar oleufedd da *raith.* / A draethaf om gorsedd. **1609** *CRC* 281, i wnevthvr iawn ne gynic *rhaith* / ni fynir gwaith pechadvr. *Dchr.* **17g.** *J* 10, 12a, *Rhaith.* decree. **1632** *D*, *Rhaith* . . . Heb *raith*, ex-lex. **1722** *Llst* 189, *Rhaith* . . . verdict. **18–19g.** R. DAVIES: *DB* 84, Cospent o raib ac yspail. / Heb *raith* iawn gyfraith nag ail. **1803** *P*, *Rhaith* . . . decision, verdict; right; law.

(*b*) (Nifer angenrheidiol o bersonau i ffurfio) corff o bobl sy'n cyd-dyngu ag un o'r pleidiau mewn achos, y drefn o ddiheuro yn y dull hwn (yn y cyfreithiau

Cymreig); rheithgor; cwest; llw, tystiolaeth ar lw, affidafid; (geir.) melltith: (*number of persons necessary to form a*) *body of compurgators, compurgation* (*in the Welsh laws*); *jury*; *inquest*; *oath, sworn evidence, affidavit*; (*dict.*) *curse*.

13g. *LlI* 35, llv e kennogen ar e seythuet o'e wadu: chwe guyr ac ef ehun en seythuet . . . Sef yu oet e *reyth* honno, vythnos o'r Sul rac uynep . . . Ac o cheyff e *reyth*, dogen yu ydau; ony keyff enteu e *reyth*, talet er haul. *id.* 75, E *reythyoed* hyn ny dele namyn en ol gyrr keureythyaul. **14g.** *LlB* 66, Or gwatta gwreic y godineb, rodet lw deg wraged a deu vgeint; ac velly y gwr a watto, llw deg wyr a deu vgeint . . . Ac am y tri chadarn enllip y rodir y *reitheu* hyn. **14g.** *WML* 123, Diuδyn dirδy ledrat yw. kyssδynaδ lledrat ar dyn. A gδadu o honaδ yn da arytauaδt. A gossot *reith* arnaδ ae phallu. lleidyr kyfadef can palδys y *reith*. **14g.** *HMSS* ii. 2, y vrenhines a dygywydws ar tal y deulin rac bronn y brenhin y erchi trugared. A chynnic y llw ygan y veint a vynnei o *reith*. pan yw or ware. a chellweir y dywedassei kymeint ac adywat. **15g.** *GGl*[2] 225, Mae cwyn na ddown i'm ciniaw, / A dirwy drom ond air draw. / A chred a meichiau a *rhaith*, / Od elwn, ddyfod eilwaith. **15–16g.** *TA* 281, Oni all Rhys, mewn llw, rhawg, / Roi *rhaith* o ŵyr Hiraethawg. **16g.** *Hop M* 200, anudon *raith*, wrth daith bedydd / gogan bob rhith, a brith gelwydd. *a.* **1587** *Y* 40, Be delyd, heb wâd eilwaith / O flaen y rhain fal vn *rhaith*. **1588** I *Br* viii. 31, Pan becho gŵr yn erbyn ei gymydog, a chynnig iddo *raith*, gan ei dyngu ef: yna deued y llw o flaen dy allor di yn y tŷ hwn. **1588** *Neh* x. 29, Eu pennaethiaid ai cadarnhausant ef tros eu brodyr, ac a ddaethant mewn *rhaith* a llŵ ar rodio yng-hyfraith Dduw. **1604–7** *TW* (*Pen* 228), rhoi *rhaith* cyhoedd d.g. *præsto . . . jusiurandum præstare*. **1632** *D*, *Rhaith*, Iusiurandum, iuramentum. **1722** *Llst* 189, *Rhaith*, m.p. *Rheithiau*, *Rheithiaid*. An oath, affidavit; a curse, execration; A jury. **1775** *CY* 36, ar ba rai y rhoddant farn heb *raith* neu gwest. **1794** E. JONES: *CP* 134, rhestrau o bobl addasedig i wasanaethu ar y *rheithiau*. **1803** *P*, *Rhaith* . . . a jury.

Cfn.: **rhaith gwlad**: *compurgation by fifty compurgators, comprising freemen holding their land under the king, and called by him* (*in the Welsh laws*); *trial by jury*. *c.* **1300** *LTWL* 353, Ubi enim *reith gwlad* pertineat, ibi regis est compellere iuratores ad sacramentum, id est, creir, quousque iurent legaliter negantem esse reum vel non reum. *Reith gwlad* autem est iuramentum l hominum terram de rege tenencium. **14g.** *LlB* 106, Lle y perthyno *reith gwlat*, yno y dyly y brenhin kymell reithwyr y greir y tygu yn dylyedus gyt a'r gwadwr neu yn y erbyn, ar eu dewis. *Reith gwlat* yw llw deg wyr a deu vgeint o wyr tiryawc dan y brenhin. **1753** *TR*, Rhaith . . . *Rhaith gwlâd*, K.H. The oath of the country. i.e. of fifty men holding their lands under the king. **1790** Gw. MECHAIN: *Gw* i. 218, Nid yw'n deddf yn nodi un dyn / I farw o gosp ofer gwyn, / Er llid, trais, ing-lais yng nglŷn, / Heb *raith* gwlad [:- Trial by jury], lles mad llys mwyn. **1803** *P*, Rhaith . . . *Rhaith gwlad*, the law or voice of the country. Cf. *LlB* 223, Gan mai'r brenin a barai alw'r 'rheithwyr' hyn, a hwythau wedyn yn cael dewis ar ba ochr y tyngent, nid hollol gywir eu galw yn 'jury of compurgators'. Cyfunid ynddynt beth o swydd tystion a rheithwyr y dyddiau hyn; *LTMW* 377, in *rhaith gwlad*, 'compurgation of country', the meaning approaches 'jury' in the modern sense. **(na) rhaith na rheswm**: (*neither*) *rhyme nor reason* (*in neg. construction*). **1897.**

Gw. hefyd **penrhaith.**

rhaitharchiad, rhaithchwiliad, gw. **rheitharchiad, rheithchwiliad.**

rhaithfilltir [*rhaith*+*milltir*] *e?b.* ll. *-oedd*. Milltir statudol: *statute mile*.
1850.

rhaith-holiad, rhaithysgrif, gw. **rheith-holiad, rheithysgrif.**

rhâl [?cf. *enrhyal*, *anrhyal*] *eg.* Nodwedd, hynodrwydd, natur; brid: *characteristic, trait, peculiarity, disposition*; *breed*.

1803 *P*, *Rhal*, s. m. . . . A particular, a specific part; a characteristic. Dyn o *ral* rhyfez wyd ti, thou art a person of an odd disposition. Sil. Hyd yr amser, yn mhob *rhal*, / Y pery 'r dial creulawn . . . H. Wiliam o Vlaenau Gwent.

rhaledd [*rhâl*+*-edd*[1]] *eg.* ll. *-au*. Nodwedd, hynodrwydd; manylyn: *characteristic, trait, peculiarity*; *detail*.

1803 *P*, *Rhalez*, s. m. . . . Particularity; characteristic; trait of disposition.

rhaliad [*rhâl*+*-iad*[1]] *eg.* Manylyn: *detail*.
1803 *P*.

rhamant [?bnth. H. Ffr. *romanz*, cf. S. Diw. Cyn. *romaunt*, *romant*; dichon mai i adran (*b*) y perthyn rhai o'r enghrau. yn adran (*a*)] *eb.g.* ll. *-au*, a hefyd fel *a*.

(*a*) Chwedl arwrol, yn enw. un sy'n perthyn i'r Oesoedd Canol ac yn adrodd am farchogion, sifalri, &c., hanes, stori (serch); gwrhydri, camp, rhagoriaeth, rhyfeddod; swyn, cyfaredd (yn enw. ym materion serch); *Crdd.* darn byr anffurfiol; rhyfeddol, rhagorol, yn rhagori: *romance* (*tale of chivalry*, &*c.*), *tale*, (*love*) *story*; *heroism, feat, excellence, wonder*; *charm, fascination, romance*; *romance* (*in mus.*); *wonderful, excellent, excelling*.

12g. *GCBM* ii. 49, Car kerteu, kertoryon *ramant* [marwnad Owain Gwynedd]. **12–13g.** *GLlLl* 219, Nyd gormot uyg geir, wytt gormant—teyrn, / Wyf tebic Eliffant. / Can oruod pob rod yn *ramant* / Can uolaδd a thauaδd a thant. **13g.** *GBF* 65, Oer y'm daδ treis uraδ tros diuant—dragon, / Ar pob dreic ys *ramant*! *c.* **1300** *B* iv. 123, yt vydant wyr *ramant* rydrouaus. **14g.** *GDG*[3] 79, 'Tynghedfen sy'm, rym *ramant*, / Tywysawg wyf,' tes a gant [i'r haf]. *c.* **1400** *R* 1364. 35, Medyr golgant *ramant* rimwr puteineit. **14–15g.** *IGE*[2] 117, *Rhamant* ydyw'r moliant mau, / Rhifer pan fynner finnau (Gruffudd Llwyd). *id.* 123, Cefaist *ramant* yn d'antur / Uthr Bendragon, gofion gur, / Pan ddialawdd, gawdd goddef, / Ei frawd â'i rwysg ei frwydr ef [Gruffudd Llwyd i Owain Glyndŵr]. **15g.** *GLGC* 263, Cynt wyf at Wiliam i gael *rhamant* / no'r hydd rhag cynydd dros war ceunant. **15g.** *GGl*[2] 240, Rhaid yn win, rhedwn yno, / Rhwymyn dy fawl, *rhamant* fo. **15g.** *DE* 68, gwiw iddi Rwymais gowyddav *Ramant*. **15–16g.** *GRB* 37, Mogel nerth y magl a wnânt, / mysgu rhwymau 'mysg *rhamant*. / Dygwch ar le diogel / y traed ywch, diantur dêl. **15–16g.** LLAWDDEN, &c.: *Gw* 34, *Rhamant* yw fal y rhwymer / Bod y glod, bywyd y glêr. **1587** *Y* 235, Rhy wîr, och, rhyŵyr achwyn, / *Rhamant* yw, mil cant a'i cŵyn [marwnad Wiliam Cynwal]. Ar lafar, 'Ma 'na rw *ramant* yn perthyn i'r lle'.

(*b*) Argoel; darogan drwy ddewiniaeth: *omen, portent*; *divination*.

c. **1588** *B* ii. 235, doydyd yn *rhamant* ne drogan drwg a hynny yw dyfo. **1604–7** *TW* (*Pen* 228), *rhamant* o ryw beth y ddyuot rhagllaw d.g. *Omen*. *id.* dywedyt yn *rhymant*, da, ne ddrwg d.g. *Ominor*. **1632** *D*, *Rhammant*, auspicium, omen. *id.* dywedyd yn *rhammant* d.g. *Ominor*. **1688** *TJ*, *Rhammant* . . . devination by simple Ceremonies. **1753** *TR*, *Rhammant*, a sign or token of success or events of things, signification of things to come, a fore-token, an omen. **1770** *W* d.g. *An augury*. *id.* a rydd *rammant* llwyddiannus d.g. *Auspicious*. **1773** G. RHYSIART: *MACP* [3], nid yw breuddwydion, *rhamantau*, arwyddion, argoelion . . . i'w cyfrif ddim yn y byd ond hudoliaethau'r diafol. **1803** *P*, *Rhamant*, s. f.—pl. t. *au* . . . an omen, sign, or token of future events.

Amr.: **rhwmawnt.** **18–19g.** *Iolo MSS* 72. Cf. *SE MS* 427b, *Rhwmawnt*, a romance.

rhamanta [be. o'r e. *rhamant*; ansicr yw'r engh. gyntaf isod] *bg*.

(*a*) Defnyddio swynion i ddarogan cymar bywyd, dewinio, darogan: *to use charms or spells to foretell the identity of a marriage partner, divine, foretell*.

15g. *DE* 7, oer ym or barvc ar ia / yw r mentyll i *remanta* [*sic*]. *c.* **1588** *B* ii. 235–6, *rhamanta* yw kodi ar nos ystwyll a rhoi tan tan y drybedd ar y barth a doydyd 3 ffader gan droi o gwmpas y tan a mynd allan heb siarad a thipyn o hayarn i afon . . . a chymryd llymed or dwr . . . a gollwng y llymed dan ben y gobenydd a hon ne hwn a weler y kyntyn kynta fydd gwr ne wraig ir serchog yn fab ne ferch os gwir y goyl. *id.* 236, *rhamanta*, kodi dwr a gro ne chw[a]ryddieth nos . . . **1604–7** *TW* (*Pen* 228), *rhymanta* d.g. *Auspicor*, *Ominor*. **1632** *D*, *Rhammanta*, Auspicari, auspicia & omina sectari. **1688** *TJ*, Rhammant, *rhammanta*: devination by simple Ceremonies. *id.* *Rhymanta*: to follow Soothsayings, to divine by gathering of Water and Sand on a certain night. **1722** *Llst* 189, *Rhammanta*. To speak ominously. **[1745]** W. ROBERTS: *FfM* 26, Ar nos hyd y Tai fel llysmanta [:- *Rhamanta*], / Yn coethi rhyw accen Cathricca. **1753** *TR*, *Rhammanta*, to seek or gather by divination, to observe omens, to gather tokens of good or bad luck from words, sights or any accident. **1770** *W* d.g. *To augurize, bode, omen, to observe omens*. *c.* **1793** R. WILLIAMS: *CB* 7, Gwarchae yn hynt taith goruwch ei neintyrch, / A *rhammanta* yno rhom a'i hentyrch, / Am well awen, mwy ei llewyrch, etto. *id.* 8, *rhammanta*, darogan. **1803** *P*, *Rhamanta* . . . to divine, to observe by omens.

(*b*) Rhamantu, rhamanteiddio; (geir.) gorliwio, gor-ddweud: *to be romantic, romanticize*; (*dict.*) *romance, exaggerate*.

1803 *P*, *Rhamanta* . . . to romance.

Gw. hefyd **llymantaf: llymanta, rhamantaf: rhamantu.**

rhamantaeth, gw. **rhamantiaeth.**

rhamantaf: rhamantu [bf. o'r e. *rhamant*] *bg.a.* Bod neu ymddwyn yn rhamantus, ysgrifennu, llefaru, &c., mewn dull rhamantus, rhamanteiddio: *to be romantic, act, write, speak*, &*c.*, *in a romantic fashion, romanticize*.
1803 *P*.

Gw. hefyd **rhamanta.**

rhamantaidd [*rhamant*+*-aidd*] *a.* Rhamantus; o natur Rhamantiaeth (yn y celfyddydau) neu yn perthyn iddi: *romantic*; *Romantic*.
1904.

rhamantedd [*rhamant*+*-edd*[1]] *eg.* Rhamant, agwedd ramantus: *romance, romantic attitude*.
1803 *P*.

rhamanteiddiaf: rhamanteiddio [bf. o'r a. *rhamantaidd*] *bg.a.* Gwneud yn rhamantus neu'n afreal, darlunio mewn dull rhamantus: *to romanticize*.
20g.

rhamantiaeth, rhamantaeth [*rhamant* +-(*i*)*aeth*] *eb.* Tuedd yn Ewrop yn y 18g. a'r 19g. a bwysleisiai deimlad ac emosiwn mewn gweithiau celfyddyd yn hytrach na ffurf ac ansoddau esthetig, syniadau'r mudiad hwnnw (gthg. Clasuraeth); yr ansawdd neu'r cyflwr o fod yn rhamantus, agwedd ramantus, rhamant: *Romanticism*; *quality or state of being romantic, romantic attitude, romance*.
1858.

rhamantlyd [*rhamant*+*-lyd*] *a.* Rhamantaidd (yn ddifrïol), wedi ei ramanteiddio: *romantic* (*derog.*), *romanticized*.
20g.

rhamantol [*rhamant*+*-ol*] *a.* Rhamantus; Rhamantaidd (yn y celfyddydau): *romantic*; *Romantic*.
1803 *P*.

rhamantrwydd [*rhamant*+*-rwydd*] *eg.* Rhamant; Rhamantiaeth (yn y celfyddydau): *romance*; *Romanticism*.
1873.

rhamantus [*rhamant*+*-us*] *a.* A nodweddir gan ramant neu yn perthyn iddi (yn enw. o ran serch delfrydol); Rhamantaidd (yn y celfyddydau); yn rhagargoeli, daroganol: *romantic*; *Romantic*; *ominous, portentous*.

1778 *W* d.g. *Ominous* [*containing omens, or foretokens, of something good or ill indefinitely*]. **1803** *P*.

rhamantusrwydd [*rhamantus*+*-rwydd*] *eg.* Yr ansawdd neu'r cyflwr o fod yn rhamantus, agwedd ramantus, rhamant; Rhamantiaeth (yn y celfyddydau): *quality or state of being romantic, romantic attitude, romance*; *Romanticism*.
1858.

rhamantydd, rhamantwr [bôn y be. *rhamanta* a'r f. *rhamantaf*: *rhamantu*+*-ydd*[3], *-wr*] *eg.* ll. *-wyr*. Cyfansoddwr rhamantau (yn enw. yn yr Oesoedd Canol); un sy'n arddel Rhamantiaeth (yn y celfyddydau); un sy'n rhamanteiddio; daroganwr: *composer of romances* (*esp. in the Middle Ages*); *a Romantic*; *romanticizer*; *soothsayer*.

Dchr. **17g.** *J* 10, 13b, *Rhymantwr*. Auspex. **1803** *P*, *Rhamantwr*, s. m.—pl. *rhamantwyr* . . . a romancer.

rhamantyddiaeth [*rhamantydd*+*-iaeth*] *e?b.* Rhamantiaeth (yn y celfyddydau): *Romanticism*.
1916.

rhamantyddol [*rhamantydd*+*-ol*] *a.*

Rhamantaidd (yn y celfyddydau); rhamantus: *Romantic*; *romantic*.
1912.

rhamp[1], rhampen [bnth. S. *ramp* 'bold woman, tomboy'(+*-en*)] *eb.* ll. *rhampennod.* Hoeden, merch fachgennaidd: *hoyden, tomboy.*
1828 *Geir Pob* 22, *Rhamp*, hoeden. Ar lafar yn y ff. *ramp*, '*Ramp* afnadw o ferch odd 'i, 'odd 'i'n tringad coed fel crotyn', *GTN* 677.

rhamp[2] [?bôn y f. *rhampiaf*: *rhampio*, ?cf. S. yr Alban *ramp* 'wanton, riotous'] *a.* Gwyllt, nwyfwyllt, llawn asbri: *wild, passionate, high-spirited.*
Ar lafar yn sir Benf. a'r cyffiniau, *TGG* (1907–8) 84.

rhampant, rhampen, gw. **rampant, rhamp[1].**

rhampiaf, rampaf: rhampio, rhampian, rampo [bnth. S. (*to*) *ramp* 'to romp, bound, rush about wildly'] *bg.* Chwarae'n wyllt, prancio, crychlamu, crychneidio: *to romp, prance, frolic, caper.*
1766 *CD* 162, A minne o'r tu arall, / Yn Ysgolheiges gall; / Yn dysgu *rhampio*, / Ar y Meinciau a phrancio. **18–19**g. *GABC* 80, A'i gwario a'i rhaffu, / *Rhampio* a'i tanu rhwng putteiniaid. **1828** *Geir Pob* 22, *Rhampio*, llamsachu. Cf. D. OWEN: *RL* 28, Oni weles i o, ac oni chlywes i o â'm llygid fy hun yn rhedeg ac yn *rhampio* ar hyd y capel! Ar lafar yn y Gogledd, hefyd yn y ff. *rhampian*, *rhempian*; clywir *rampo* yn sir Gaerf. yn yr ystyr 'yr hyn a wnâi'r glo o ganlyniad i'r bywyd a roddid ynddo gan effaith elfennau tebyg i nwy', *Geir Glo* 64.

rhampiant, gw. **rampant.**

rhan[1] [Crn. C. *ran*, Crn. Diw. *radn*, H. Lyd. *rannou*, gl. *partimonia*, *climatibus*, Llyd. C. *rann*, Llyd. Diw. *rann*, H. Wydd. *rann*, Gwydd. Diw. *roinn* 'rhan; dosbarthiad, masnach', *rann* 'plaid': o'r gwr. IE. **perə-* 'peri, rhoddi, rhannu'; cf. Llad. *pars*] *eb.* ac yn eithriadol fel *eg.* ll. *-nau*, *-noedd*, (prin) *-ion*, a hefyd fel *ardd.*

(*a*) Darn o rywbeth cyfan, swm, maint, nifer, &c., llai na'r cyfan, rhaniad, elfen, cyfansoddyn, cydran: *part* (*of something*), *portion*, *division*, *element*, *constituent*, *component.*
12g. *GCBM* i. 4, Ardwyreaf naf o na6 *rann*—uyg kert. **1346** *LlA* 5, Ef a6ahanna6d pob peth yn chwe di6arnna6t yn *rannev* (*partes*). *id.* 40, *rann* va6r onadunt a iacheir. *id.* 111, yna ykymerth de6i ybara g6enn6ynic Ae rannv yn teir *rann*. *c.* **1400** *MM* 104, Pedwar ry6 uoned yssyd yr tr6nc: kyntaf y6 sud y g6aet . . . Yr eil yr ymysgar . . . Y trydyd yr g6ythi . . . Y pedweryd *rann*, yr arenneu. *c.* **1400** *DB* 29, y mae ryw bopyl a *rann* yndunt o dynyon a *rann* arall o annuieileit. **1545** *CI* 141, Gwir a diogel ydiw mae vn o *rannoedd* evackuwashiwn ydiw ynnsissiwn a gillwng gwaed. **1551** W. SALESBURY: *KLl* xvb, pan ddel y kyfan yna yd yspeid y *rhan*. **1588** 2 *Esd* xiv. 11, y bŷd a rannwyd yn ddeuddec *rhann*. **1606** E. JAMES: *Hom* iii. 169, os goddef ef y wraig i gael *rhan* o'i meddwl. **1632** *D*, Y *rhan* i'r troed y tyf y fawd a'r bysedd arno d.g. *Tarsus.* **1703** E. WYNNE: *BC* 35, mae honno [Eglwys Loegr] yn y Ddinas ucha 'frŷ yn *rhann* fawr o'r Eglwys Gatholic. **1760** *HDY* 33, Mae Llyfreu 'r Testament newŷdd wedi eu dosbarthu yn bedwar *rhan*; yr Efangylau, Actau, Epistolau, a'r Dadguddiad. **1778** *W* d.g. *Part* [*a piece of any thing, not the whole*]. Ar lafar, 'Pa *ran* o'r gwaith oedd yr anodda'?'; 'Ma'r ardd yn ddwy *ran* gintyn' nw', *GTN* 677.

(*b*) Un o nifer o raniadau cyfartal neu led gyfartal; gwaith (e.e. yn 'canwaith'): *one of a number of* (*fairly*) *equal parts*; *times*, *-fold.*
12g. *GCBM* i. 60, Na6ued *rann* y'm poen, yr pan aned, / Nys ryborthes nep, na'e thebyked! *c.* **1400** *RB* ii. 185, o humyr hyt y mor a chatyneis yn y gogled. Sef oed hynny y dryded *rann* y ynys prydein. *a.* **1561** *B* vi. 47, gosodwn y'r march y chweched *ran* y'r llestraid baynydd. *c.* **1585** G. ROBERT: *DC* 40b, nid yw dyn wrth Dhuw ond megis yn brin y ganfed *ran* i wreinyn. **1588** *Esec* iv. 11, chweched *ran* Hin a yfi. **1592** S. D. RHYS: *Inst* [xiv], na's medrom y ganbhed *rann* o'r dhieithriaith a gymhersam arnam ei gwybod a''i doydud morr hybhedr. **1604–7** *TW* (*Pen* 228), gwinlhestr yn cynnwys wythûet *rann* Congij d.g. *Amphora.* **1632** *D*, degfed *ran* lleng d.g. *Cohors.* **1751** *GIA* xxvii, Canys y mae Brenhinoedd tan Dduw, megis ac y mae Cwnstabliaid tan frenhinoedd, a'r filfed *ran* îs (*a thousand-fold lower*). **1800** W. OWEN-[-PUGHE]: *CP* 18, yn ol pedeirarbymtheg *rhan* o ugain. Ar lafar, ''Odd dwy *ran* o dair o'r aelota'n fynwod', *GTN* 677.

(*c*) Cyfran, dogn, siâr; cyfraniad; hefyd yn *ffig.*: *share*, (*alloted*) *portion*; *contribution*; *also fig.*
10g. (*Cpt*) *B* iii. 256, hit niritarner *rann*. irbissei. **12**g. *GLlF* 14, Kan rotes ym *rann* ueirch cann kynnwad. **12–13**g. *GMB* 537, *Rann* eiryan ara6t traetha6t teithi. **12–13**g. *GLlLl* 123, Ry gelwir *rann* uar6 *rann* ua6r [marwnad Maredudd ap Cynan]. **13**g. *LlI* 13, e trullyat . . . Ef a dele *ran* o aryant y kvennos. **13**g. *C* 29. 12–30. 1, Ren new an rotone *ran* trugaret. **13**g. *GBF* 456, Yd archaf y'm Tat, Yspryt a Mab Rat / *Rann* o'e wir garyat, ual y'm goreu. **15**g. *GDLl* 74, Os mawr ysbyty Ieuan, / Mwy dy rent, o mynnud *ran*. **1567** *LlGG* (*Sall*) 34a, a' hwy vyddant yn *rhan* ir llwynogot. **1588** *Gen* xxxi. 14, attebodd Rahel a Lea . . . a oes etto i ni *rann*, neu etifeddiaeth yn nhŷ ein tâd. **1632** *D*, vn ni thalo ei *ran* d.g. *Asymbolus.* **1757** *Cylchg LlGC* (1943) (At.) 11, byddwch ddistaw a dirgel, oblegid os clyw rhyw rai, ni cha'r gweiniaid ond *rhan* y gwas o gig yr Iar. **1798** *WR* d.g. *Quota.* **1803** *P*, *Rhan* . . . share, or portion.

(*d*) Y weithred o rannu neu wahanu'n ddarnau llai, rhaniad; rhaniad (yn y gwallt), rhesen (wen): *division*, *partition*; *hair-parting.*
15g. *LHDd* 29, Teir gweith y renir yr vn tref tat rwng teir grad kenedyl yn gyntaf rwg brodyr. Eil weith yw rwg kefenderw. Trydyd *ran* rwg kyferderw. Odyna nidoes *ran* priawd ar dir. **15**g. *GLGC* 204, capten yn cae ar draean / Cymru yw oll rhag cam *ran*. **1529–36** *Cylchg LlGC* iii. [23], Ysbysu i bawb y dosbarth ar *rran* a wnaeth chwegwyr ar i llw o gymwd Dinmel ar dir o eiddo Rys ap Ylisse. **1730** *Leg Wall* 581, *Rhan*, Partitio fundorum inter fratres facta. Ar lafar yn y Canolbarth a'r De yn yr ystyr 'rhaniad (yn y gwallt)', *LGW* [474]–5.

(*e*) Un o nifer o raniadau mewn llyfr, cyfres deledu neu radio, &c. (a gyhoeddir neu a ddarlledir dros gyfnod), rhifyn; adran (mewn llyfr), act (mewn drama); israniad, isddosbarth: *part or instalment* (*of book*, *television or radio series*, *&c.*), *fascicle*, *number*; *section* (*of book*), *act* (*in play*); *subdivision*, *subsection.*
1567 G. ROBERT: *GC* d.d. Dosparth Byrr Ar Y *rhann* gyntaf i ramadeg cymraeg. **1618** J. SALISBURY: *EH* 13, [Y] Gredo sy'n cynnwys deuddeg *rhan*, y rhai a elwir pynciau. **1632** *D*, *rhan* chwarae mewn Comedi d.g. *Actus.* **1632** J. DAVIES: *LlR* 1, dosperthir y llyfr hwn yn ddwy *ran*. *id.* 211, Yr ail *rhan* o'r llyfr hwn. **1767** J. THOMAS: *TFFf* 103, ail *rhan* o'r traethawd hwn. **1793** DAFYDD IONAWR: *CD* 55, Yr ail *ran*. **1794** *W* d.g. *Tome.* Ar lafar yn gyff., 'Pryd bydd y *rhan* nesaf o'r Geiriadur yn dod allan?'

(*f*) Y weithred o rannu neu ddosbarthu, dosbarthiad (o rywbeth wedi ei rannu); lletyad (milwyr, &c.); ?rhannwr: *a sharing* (*out*), *distribution*; *billeting*, *quartering*; ?*distributor.*
12g. *GLlF* 446, Dewi yn ehag, yn *rann* rwytged. **12**g. *GCBM* i. 132, Yn eu byw, ar eu ryw rotyon / Na rennid *ranneu* kynyton. *id.* 190, Bot rot *rann*, gymann gymynad. **13**g. *A* 1. 22–2. 1, gwevrawr godiwaw[d] torchawr am *rann*. *id.* 19. 14–15, mynawc am *rann* kwynhyator. *id.* 27. 19–20, Etmygir e vab tecvann. wrth rif ac wrth *rann*. *c.* **1400** [*RB*] *WM* 202. 4–8, Ac y doeth ronab6y a chynnwric vrychgoch g6r o va6d6y. achad6ga6n vras g6r o voelure ygkynlleith y ty heilyngoch uab kad6ga6n uab idon yn *ran*.

(*g*) Rhan (mewn gweithred, menter, &c.), swydd, dyletswydd; (geiriau) cymeriad a chwaraeir gan actor: *share* (*in action*, *enterprise*, *&c.*), *part*, *duty*, *office*; *rôle*, *part* (*in play*, *film*, *&c*).
1568 MORYS CLYNNOG: *AG* [vi], vn a chwennychai wybod swydd, a *rhann* Cristion perpheithgred. *c.* **1585** G. ROBERT: *DC* [xix], Nyd yw fy *rhann* i guddio ragoch y petheu y mae Duw ar Saint yn eu dangos. **1618** J. SALISBURY: *EH* 67–8, i gyflowni *rhan*, a dyled-swydd Cristnogion. **1631** O. THOMAS: *CC* 89, i wneuthur ei *ran* yn yr achosion hyn. *id.* 91, ei *rhan* hi yw megis Abigail . . . cymmeryd ffordd i attal dial Duw rhag syrthio [a]r ei thŷ, a'i thylwyth. **1632** *D*, chwarau *rhan* vn arall d.g. *Ago.* *id.* *rhann* vn sef yr hyn a fo *rhan* iddo ei wneuthur d.g. *Officium.* **1751** *GIA* 82, gwnaeth Crist ei *ran* ar y groes. *id.* 89, Ac oni ddeallaist di y pryd hynny mai dy *ran* di oedd Troi ai wasanaethu ef? **1775** *W* d.g. *Interest* [*a share or part in any undertaking*], *Office*, *One's office or part*, *Part*, *or duty.* Ar lafar, ''Wyt ti'n cmeryd *ran* yn y consart?', *GTN* 677; 'Fo sy'n chware *rhan* y plismon'.

(*h*) Cwmni (o filwyr), llu; plaid, tu (mewn brwydr, dadl, &c.): *company* (*of soldiers*), *host*; *side* (*in battle*, *dispute*, *&c.*).
12g. *GMB* 152, Medressid ma6r ri ma6r *rann* gan deithi. **12**g. *GCBM* ii. 21, Nyd amdla6d na'm gua6d na'm gwetidor / Y'th uyw, Uaelg6n ry6, *rann* gyueissor. **13**g. *LlI* 5, A theyr *ran* a dele bot o teylu: er hen *ran* a'r *ran* perued a'r *ran* yeueync. **14**g. *T* 57. 8, G6eleis i *ran* reodic am vryen. *c.* **1400** *R* 1047. 6, nyn ta6r ny lada6r an *rann*. *id.* 1051. 43–4, am lann g6y *rann* ov6y ruduer. **15**g. *GHC* 10, Gwŷr chwe llan i'w *ran* a red, / O Gaereinion, gŵr honned. **1687 (1715)** J. OWEN: *TB* 34, ar hyn daeth gwr y ty ir fan a chan gymmeryd *rhan* ei wraig, efe a wthiodd y Milwr allan or ty. **1753** G. OWEN: *L* 79, ond, Duw yn fy *rhan*, camgyfri o'r mwyaf oedd hynny. Gw. hefyd y cfn. *ar ran* isod.

(*i*) Rhanbarth, ardal, parth, lle, ochr: *region*, *district*, *zone*, *place*, *side.*
Dchr. **12**g. *GMB* 6, Ros, Rowynniauc, *ran* arderchauc, rugil yg gortuy. **12**g. *GLlF* 441, A chyrchu Ru6ein, *rann* gyreifyeint. **12–13**g. *GMB* 460, Goresgynn6s Mab Duw, Difyeu . . . / . . . / Yn urten Reen yn *rann* deheu. **12–13**g. *GLlLl* 219, Can Duw Ren, yn *rann* westiuyant. **13**g. *A* 6. 13–14, Eveis y win a med e mordei can yueis disgynneis *rann* fin. **14**g. *T* 5. 24, Ac iwerdon ad6yn *ran*. *id.* 10. 20, llosca6t ynyal *ran* rac y va6r varan. *id.* 46. 11–12, yn *ran* eluyd yn temhyl selyf seil ogyffra6t. *c.* **1400** *R* 1216. 14–16, llywyd *ranneu*. hyt uedyanneu. lle6 hydyr cannyeu. llywyodor keinon. *c.* **1400** *YCM*[2] 5, Clotarius, Dagobertus . . . a oreskynnassant *ran* o'r Yspaen; *rann* arall a adawssant y Charlymaen. **1604–7** *TW* (*Pen* 228), *rhann* or byt rhwng Gogledd a deheû d.g. *Clima.* **1703** E. WYNNE: *BC* 9, Gwelwn un Ddinas anferthol o faintioli . . . a moroedd eraill fel afonydd yn ei gwahanu hi 'n *rhanneu*. **1778** M. WILLIAMS: *BM* 5, a elwir hefyd y *rhan* (neu'r Zone) Poethlyd. Ar lafar, 'Ma 'i'n oer iawn yn y *rhan* yna o'r byd yn y gaea''.

(*j*) Yr hyn a rennir i ddyn gan ragluniaeth, tynged, ffawd: *portion* (*allotted by providence*), *lot*, *fate*, *destiny.*
12g. *GCBM* ii. 272, G6r a'n g6yr, a'n g6ara6t o'e *rann* / Pymoes byt yr bedyd Ieuan. **13**g. *GDB* 470, Ys truan ei *ran*, rwyf marianedd. **13**g. *GBF* 552, Ry-m-dirwnaeth *rann* hiraeth rwy. *c.* **1400** *R* 1053. 13–14, Jechyt *rann* penyt poen geith. **1588** *Pr* iii. 22, ni welwn i ddim yn well i ddyn nag ymlawenychu yn ei weithredoedd ei hun, canys hyn yw ei *rann* ef. *id.* ix. 9, Dwg dy fŷd gyd a'th wraig annwyl holl ddyddiau dy fywyd ofer . . . dyna dy *rann* di yn dy fywyd. **1588** *Eseia* xvii. 14, Ac wele ddychryn ar bryd nawn, a chynn y boreu ni bydd: Dymma *rann* y rhai a'n sathrant ni, a choel-bren y rhai a'n yspeiliant ni. **1679** C. EDWARDS: *GGG* 242, Nid wyfi 'n dywedyd fod pob dymuniad i chwanegu peth at ein *rhan* (*Lot and Portion*) yn waharddedic. **1683** J. JONES: *TG* 72, y Cyfryw, meddaf, sydd raid iddynt etifeddu y fflammiau Tragywyddol, a chael eu *rhan* yn Y llyn sy'n llosci. **1696** *CDD* 172, Ar eira a dawdd, fel dyna *ran*, / Pob peth sŷdd dan yr wŷbren. **1766** *OU* 70, Eich *rhan* fydd tragwyddol Ogoniant. **1773** *W* d.g. *Fatalism.*

(*k*) Darn neu aelod o'r corff, organ: *part of the body*, *member*, *organ.*
1632 *D*, Vn a diffyg rhyw *ran* ynddo d.g. *Mutilus.* *id.* y *rhannau* bywiol d.g. *Vitalia.* **1688** S. HUGHES: *TSP* 24, Y mae Plentyn byw newydd eni yn Ddyn perffaith, pan y bo gantho bob Aelod y ddylai fod, yn ôl trefn nattur, mewn Dyn; A thymma i chwi 'r Perffeithrwydd o *Rannau*. **1775** *W* d.g. *Inward parts, or the inward parts.*

(*l*) Priodoledd, ansawdd, dawn: *attribute*, *quality*, *gift*, *talent.*
1769 J. GRIFFITH: *A* 170, ein tuedd, ein *rhannau* naturiol neu ein medr. **1797** B. EVANS: *CG* 97, mesur addas o ddoniau a *rhannau*.

(*m*) Cyfranddaliad: *share* (*in a company*).
1844.

(*n*) *Crdd.* Dilyniant o nodau a genir gan lais neu offeryn neilltuol, mewn cyfansoddiad ar gyfer dau berfformiwr neu ragor (hefyd am y llais neu'r offeryn ei hun, ac am gopi o'r nodau hyn): *part* (*in mus.*).
1938.

(*o*) Trigeinfed ran o funud (o amser), eiliad; deuddegfed ran o fodfedd: *sixtieth part of a minute* (*of time*), *second*; *twelfth part of an inch*, *prime.*
1736 S. RHYDDERCH: *Alm* [19–20], 7 Munud ac [*sic*] 30 *Rhan* neu eiliadau gwed[i] 1 ar y Gloch y Bore.

1768 J. ROBERTS: *R* 81, 12 Ailiad a Wna 1 *Rhan*, 12 *Rhan* a Wna 1 Fodfedd.

Fel *ardd.* (gan amlaf wedi ei dreiglo'n feddal) Parthed, o ran; ar gyfrif: *as regards, in respect of; on account of.*

c. **1729** S. RHYDDERCH: *LlCD* 405, Ni bydd neb esgusodol, / Na ddelo ir Wlêdd Nefol, / *Ran* dim trafferthion bydol, beidio byth. *c.* **1730** *Thos. Lloyd D* (LlGC) 205a, *rhan* dim trafferthion bydol . . . on account of. *c.* **1785–90 (1829)** *CBYP* iv, amlygasant eu . . . hawddgarwch cyfrinachol, *rhann* lles fy nhad, yn ei henaint. **1803** *P*, *Rhan*, adv. . . . On the part of, in respect, on account of . . . *Rhan* hyny, serç hyny, in respect of that. Gw. hefyd y cfn. *o ran* isod.

Cfn.: **rhan amlaf:** *for the most part, usually.* **1922.** Ar lafar yn y Gogledd, *WVBD* 10; 'Yn dre fydda' i'n siopa *ran amla*''. **rhan amser,** gw. *rhan-amser.* **rhan araith** [ar ddelw'r Llad. *pars ōrātiōnis*]: *part of speech. c.* **1455** *GP* 67. **rhan ar (yr) iaith** [?drwy ailddehongli *rh. araith*]: *part of speech. a.* **1575** *GP* 94, *Rann ar iaith. Dchr.* **17g.** *id.* 157, Beth yw kvfranniad nev barth? *Rann ar yr iaith* Gymraec. **rhan orau:** *better half, wife.* **1881. y rhan l(l)eiaf:** *the least part, minority.* **1677** O. THOMAS: *DDMB* 227, a'r *rhan leiaf* o honoch yn wir gristnogion. **1681** S. HUGHES: *AC* 11, [y] *rhan lleiaf* o ddynion. **1754** R. REES: *GGG* 31. **(y) rhan fwyaf (mwyaf):** *the most part, the greatest part, majority, most; for the most part, mostly, usually.* **14g.** *WM* 192. 8–10, yn honno y pressỽylei *y ran uỽyhaf* or uỽydyn. **1604–7** *TW* (*Pen* 228), *y rhann vwyaf* d.g. *plerique.* **1776** *W* d.g. *Majority, or a major [greater] number, The more [major] part, Most [the greater number] of, The most part.* Ar lafar, 'Canu ôn ni'r *ran fwya*' o'r amsar', *GTN* 677; 'Tua hannar awr wedi saith fydda i'n codi *rhan fwya*''; 'Yn y gwely fydda i'n darllen *rhan fwya*''. **(o'r, y) rhan fynychaf:** *for the most part, usually; almost.* **1547** *WS* [xiv], g o vlaen e i neu y val ch . . . vydd i llef *or rhan vynychaf.* **1595** M. KYFFIN: *DFf* [128], eithr hefyd *y rhan fynychaf*, yn wr o Ryfel. **1730 (1755)** E. WYNNE: *PAC* 53, y rhai *rhan fynycha* nid ydynt ond plant aflafar. Ar lafar, 'Ma'r pòst yn galw ma *ran-finicha* bob dy'' 'The postman calls here almost daily', *GDD* 240; 'Gida Twm ni ma fa, *ran fynycha*'', 'Acha dy' Sul 'wi'n mynd 'no, *ran fynycha*'', *GTN* 677. **(na) rhan na chyfran:** *(no) part at all, nothing at all.* **1777** E. ROBERTS: *DG* 21, Ni chvmrant lawer rhag digio satan / a pheidîo chwenych Tŷ Dyn truan / yn gvfa o honai mewn un man / ni adawsom *ran na chyfran.* Cf. D. OWEN: *GT* 308, n[i]d oedd gan Twm Nansi . . . *ran na chyfran* yn y weithred ysgeler. **rhan o ymadrodd,** gw. *rhan ymadrodd.* **rhan priodas:** *dowry.* Ar lafar yn ne-ddwyrain Morg., 'Pyn priotws 'i, 'i gæs *ran priotas* silweddol gin 'i thæd', *GTN* 677. **rhan (o) ymadrodd:** *part of speech.* **14g.** *GP* 42, Kanys o'r sillafeu y byd y geiryeu kyfann, y rei a elwir yn *ranneu ymadrawd*, wrth hynny, reit yw gwybot py sawl *rann ymadrawd* ysyd. *p.* **1584** G. ROBERT: *GC* [94], pob *rhann o'madrodd.* **1728** S. RHYDDERCH: *GC* 11. **ar ran, ar fy rhan (dy ran &c.):** (i) *on the side of, in support of, on behalf of, for.* **15–16g.** DAFYDD TREFOR: *Gw* 231, Tri meddig safedig sydd / *Ar ran* dyn o'r un deunydd. **16g.** *WLl* 52, Mae n oen gwynn *ar rann* gwannwr / Mae n llew du gwych mewn llid gwr. **1567** *TN* 392b, a'r rrey ysydd *ar y rran* [:- du, blaid] ef. **1788** J. THOMAS: *CS* 31, Mae'r Oen a laddwyd *ar dy ran.* Ar lafar, 'Gneud y gwaith *ar ran* rhywun arall ydw' i'. (ii) *with regard to, in respect of.* **1567** *TN* [xxxi], vn Testament ywr Hen a'r Newydd, *ar ran* devnydd. **mewn rhan:** *in part, partly, partial.* **1599 (1677)** R. HOLLAND: *AB* ii, dyma i ti Agoriad byrr ar weddi 'r Arglwydd, *mewn rhan* o waith Mr. Perkins . . . ac *mewn rhan* o waith a chyfieuthiad vn arall. **1684** J. DAVIES: *LlR* 375–6, eu hedifeirwch darniog, neu *mewn rhan.* **1784** M. WILLIAMS: *S* i. 101. **mewn rhan dda:** *in good part or spirit.* **1595** H. LEWYS: *PA* [xxiii], cymer bob peth *mewn rhann dda*, a thi am angoi i. **1677** O. THOMAS: *DDMB* 233, gan dderbyn pob peth *mewn rhan dda* a ddanfono ef or nef. **1714** R. PRYDDERCH: *GD* 84, Rhan Gŵr da yw cerŷddu, er na chymmerir ei Gerydd ef, *mewn rhan dda.* Gw. hefyd *yn y rhan gorau.* **mewn rhan ddrwg:** *in bad part or spirit.* **1677** R. JONES: *BB* 155, attolwg na chymmerwch *mewn rhan ddrwg*, fy môd i yn crybwyll cymmaint am y petheu hyn. *c.* **1762–79** W. WILLIAMS: *P* 429, o's â un gair allan o enau neb, yr hwn ellir ei gymmeryd *mewn rhan ddrwg* yn erbyn yr Eglwys. **mewn rhan fawr:** *to a great extent.* **1759** T. THOMAS: *WWDd* 355. *c.* **1762–79** W. WILLIAMS: *P* 75. **o ran, o'm rhan (o'th ran, &c.):** (i) *with regard to, as regards, in respect of, concerning; for (my, your, &c) part, as far as I am (you are, &c.) concerned. c.* **1300** *H* 19a. 2, *om rann* bechodeu nyd bychodet. **15g.** *GDID* 91, Rhoi a wnawn, *o'm rhan* innau, / Ar hwn dyrch y milgwn mau. **1630** *YDd* xxi, cwsc dithau mewn heddwch Camden lythrennog *o'm rhan i.* **1803** *P*, Rhan . . . *O ym rhan i*, on my part. Ar lafar, 'Yn 'fengach na mi *o ran* edrychiad', *WVBD* 458; 'Gnæ fel y mynni di, *o'm ran i*', 'Man' nw yno byth *o ran* dim a wn i', *GTN* 677. (ii) *because of, on account of, as a result of, from, out of (spite, &c.), for (fun, &c.).* **[1547]** W. SALESBURY: *OSP* [xii], nyd yw . . . yn moly pendeuigion gwledydd, *o ran* eu bonedd diledryw. **16g.** *GGH* 46, Ar ael tir y fawrwlad hon / Oerni caiff *o ran* cyffion. **1567** *TN* 296b, Nyd wy yn dywedyt erwydd [:- *o ran*] eisieu. **1795** J. THOMAS: *AIC* 343, *o ran* tynerwch yr egin ieuaingc, dylai eu muriau fôd yn uchel. Ar lafar, '*o ran* hwyl', *WVBD* 458; ''Doeddwn i ddim o ddifri, 'i ddeud o *o ran* hwyl wnes i', ''Don i ddim isio 'm byd ond mi es i yno *o ran* 'myrath', 'Hen gnawas ydi hi, mi ddudodd hi wrtho fo *o ran* sbeit'. (iii) *because, since. c.* **1585** G. ROBERT: *DC* 3b, bydde wyr da gynt megis yn cwympo i lawr yn feirw, *o ran* i bod yn i medhwl yn myfyrio mor phrwythlon. **1595** M. KYFFIN: *DFf* [14], a ddylaem [n]i . . . gael eyn . . . galw yn Hereticia[i]d, *o ran* nad ydym yn rhyngy bodd ag yn ymvfuddhau iw hewyllys nhwy. **1677** R. JONES: *BB* 155, Ac os etto y sefwch yn segur nid yw hynny *o ran* na allasech gael eich cyflogi. **1679** C. EDWARDS: *GGG* 119, 'r oedd y farfolaeth ar y groes yn boenus . . . *o ran* yr oeddynt yngrhog fagâd [*sic*] o oriau. **1730 (1755)** E. WYNNE: *PAC* 23, Pam yr oedd yn angenrhaid iddo Ef farw? . . . *O ran* heb hynnŷ rhaid a fasei ini fyned tan y farwolaeth. **1803** *P*, Rhan . . . *o ran* nid elli, because thou canst not. (iv) *on (his, her, &c., father's or mother's) side.* **15g.** *HCLl* 55, *O ran* ei thad, llwyth Adam, / O'r un modd *o ran* ei mam. **1740** T. EVANS: *DPO* 67, Macsen wledig, yr hwn oedd *o ran* ei Dâd yn Gymro . . . ond *o ran* ei fam yn Rhufeiniaid [*sic*]. **[1783]** *W*, o du'r (*o ran* y) fam d.g. *Side* [*in consanguinity*] . . . *By the mother's side.* (v) *on the side of, in support of, on behalf of, for.* **1683** H. EVANS: *CTF* 14, Duw sy *o ran* y rhai diniwed. **1762** D. ROWLAND: *PA* 168, Goleuodd Duw Gebezi 'n lân. / I weled trwch gerbydau tân. / Duw 'neinio Lygaid pob ffŷdd wan, / I wel'd y rhei'n y nawr *o'n rhan.* **1778** *W* d.g. *On, On your side.* (vi) *for the purpose of, for the sake of, for.* **16g.** *GGH* 15, Daw, *o ran* d'euraw unwaith, / Dynion byw'n rhoi d'enw'n benrhaith. **16g.** WILIAM LLŶN: *Gw* (R. Stephens) 124, Nid y gwan, ni oeda gwir, / *O ran* Duw a wrandewir. **1595** M. KYFFIN: *DFf* [88], A phan ymgyfarfydde'r Cristnogion, yn fynych, mewn lleoedd dirgel neulltuol, *o ran* gweddio ynghyd a gwrando pregethu gair Duw. **1677** R. JONES: *BB* 145, a'th holl nerthoedd wedi eu rhoddi i ti *o ran* Gwaith, ath [*sic*] brynu *o ran* Gwaith. **1699** T. JONES: *TP* 125, *o ran* difyrru 'r amser yn well, rhowch gennad i mi i ofŷn i chwi y cwestiwn hwn. **1751** *GIA* xxi, dy wneuthur di *o ran* Duw, ac *o ran* bywyd a ddaw (*for God and for a life to come*). (vii) *in part, partly. a.* **1547** *GGH* 418. **1551** W. SALESBURY: *KLl* xxxiiib. **1632** J. DAVIES: *LlR* 251. **18–19g.** ANN GRIFFITHS: *Gw* 37. (viii) *individually, separately, severally.* **1567** *TN* 256b, ydd yw chwi yn gorph Christ, ac yn aelodae bob vn *o ran.* Gw. hefyd yr adran fel *ardd.* uchod. **o('i, &c.) ran ei hunan (eu hunain, &c.):** *of his (her, its, their, &c.) own accord.* Ar lafar yng Nghered., y De, a sir Benf., 'ma'r blode cinhara'n dwâd lan *o ran 'u hinen*', *Wês wês* 11; 'Mae a wedi dod i'n 'elpu ni *o ran 'i 'unan*'. **o ran hynny:** (i) *for that matter, as far as that is concerned.* **1907.** Ar lafar, *WVBD* 458; ''Fedra' i ddŵad nos Fawrth *o ran hynny*'; '*O ran hynny* cystal i mi fynd'. (ii) *therefore, on that account.* **16g.** *GGH* 62. **1588** *Dan* iii. 8. **1618** J. SALISBURY: *EH* 90. **1709** H. POWEL: *G* 73. Gw. hefyd yr adran fel *ardd.* uchod. **yn hyn o ran:** *in this particular, in this matter.* **1675** R. JONES: *HCh* 144. **1681** S. HUGHES: *AC* 5. **yn y rhan gorau:** *in best part.* **1595** M. KYFFIN: *DFf* [65].

Gw. hefyd **pedeiran, rhannedd, rhannyn, rhennyn, teiran.**

rhan[2] [bôn y f. *rhannaf*[1]: *rhannu*] *a.* Wedi ei rannu neu ei ddosbarthu (am ddim), i'w rannu neu ei ddosbarthu (am ddim): *(to be) shared or distributed (gratis).*

1604–7 *TW* (*Pen* 228), Arian *rhann* d.g. *Congiarium.* **18–19g.** *Llr C* 59, 208–9, Bara *rhann* dydd gwyl eneidau. Caws *rhann* dydd gwyl Ieuan. Yd *rhann* dydd Gwyl Domas. Ar lafar yn Arfon, 'Oes 'na ddim son am lo *rhan* leni, dudwch?', *B* i. 100.

rhan[3], gw. **rhyngaf: rhyngu.**

rhanadwy [bôn y f. *rhannaf*[1]: *rhannu*+ -*adwy*] *a.bfl.* a hefyd fel *e?g.* Y gellir ei rannu neu ei wahanu'n rhannau; *Math.* rhannyn: *divisible; dividend (in math.).*

1803 *P*, *Rhanadwy* . . . Capable of being shared or parted, divisible.

rhan-amser [*rhan*[1]+*amser*] *a.* a hefyd gyda grym adferfol. Yn llanw rhan o amser person (am swydd gyflogedig, &c., yn wrthygyferbyniol i lawnamser), yn rhoddi rhan o'i amser (ac nid y cyfan ohono) i swydd neilltuol, &c. (am berson): *part-time.*

20g. Ar lafar, 'swydd *ran-amser*', 'Mae hi'n gweithio *rhan-amser*'.

rhanbared [*rhan*[1]+*pared*] *eg.* Pared, gwahanfur, hefyd yn *ffig.*: *partition, dividing-wall, also fig.*

1567 *TN* 286b, efe [Crist] yw'n tangneddyf, rhwn . . . a ddatododd y gayad y *rhan-baret* [:- piniwn, vagwyr genol]. **1636** *Pen* 321, 236a, torwyd y *rhanbared* rhyng had Abram a nyni drwy/ddo ef. *c.* **1730** *Thos. Lloyd D* (LlGC) 203a, *rhanbared*, a partition wall.

rhanbarth [*rhan*[1]+*parth*] *eg.b.* ll. -*au.* Rhan o wlad, ardal (weinyddol), talaith: *region, area, (administrative) district, province.*

1866.

rhanbarthiaeth [*rhanbarth*+-*iaeth*] *eb.* Teyrngarwch i ranbarth ac ymwybyddiaeth ohono; cyfundrefn weinyddol wedi ei seilio ar ranbarth(au): *regionalism.*

20g.

rhanbarthol [*rhanbarth*+-*ol*] *a.* Yn perthyn i ranbarth, wedi ei seilio ar ranbarth(au), taleithiol: *regional, provincial.*

1903.

rhanbartholdeb [*rhanbarthol*+-*deb*] *eb.* Rhanbarthiaeth: *regionalism.*

20g.

rhanberchennog [*rhan*[1]+*perchennog*] *eg.* Perchennog ar y cyd â rhywun arall neu rywrai eraill, cydberchennog: *part-owner.*

1877.

rhanberchenogaeth [*rhan*[1]+*perchenogaeth*] *eb.* Perchenogaeth ar y cyd â rhywun arall neu rywrai eraill, cydberchenogaeth: *part-ownership.*

1877.

rhan-bodd, gw. **rhanc-bodd.**

rhanc[1]**, ranc** [bnth. S. *rank*] *eb.* ll. -*iau.* Safle (mewn hierarchiaeth), statws, lefel; rhes, llinell; rheng (o filwyr): *rank, position, status, level; row, line; rank (of soldiers).*

16g. *IICRC* iii. 338, Rhaid ywch bawb yn ol y *rhangc* / Gael profi trang [*sic*] yr oerloes. **16–17g.** T. PRYS: *Bardd* 143, lon ddigrif fal gwr ifank / trawodd rai torrodd i *rank* / Kymrodd y traed yn waedwyllt / or battel Rag gwyddel gwyllt. **1672** R. PRICHARD: *Gw* 587, Mars mewn *rhangc* a'i holl Ryfelwyr. **1741** S. THOMAS: *DY* xiv, ei dynnu i lawr o fod yn Dduw, i *Ranc* y Creaduriaid. **18g.** E. T. RHYS: *DA* 171, Hi godai wr isel . . . / Cyfuwch â thŵr Babel, oruchel ei *ranc.* **1796** J. HARRIS: *Alm* [7], Treiswyr, rhibwyr o bob *rhangc.* Ar lafar yn nwyrain sir Gaerf.

Gw. hefyd **rheng, rhenc.**

rhanc[2]**,** gw. **rhyngaf: rhyngu.**

rhancaf[1]**: rhanco, rhancu** [?bf. o'r a. S. *rank* 'wanton, immoral'] *bg.* ?Bod yn anfoesol, yn chwantus, neu'n anllad: *to be immoral, lustful, or wanton.*

1786 TWM O'R NANT: *PCG* 24, A dywedwch, wrth sôn am ryw fenyw f'o'n *rhangco*, / O! fe fydd Plentyn siawns i honno. **1803** *P*, *Rhancu* . . . To crave, to want.

rhancaf[2]**: rhanco,** gw. **rhanciaf: rhancio.**

rhanc-bodd, rhancbodd, rhang-bodd, &c. [*rhanc*[2], *rhang*+*bodd*] *eg.* Pleser, boddhad, bodlonrwydd: *pleasure, satisfaction, contentment.*

1346 *LlA* 136, haelder yn tlodi . . . Acharu ygyt gristaỽn . . . Allyna *ranc bod* yduỽ. *id.* 141, Paỽl ebostol adyỽeit na ellir *ragkbod* yduỽ heb ffyd. **14g.** *WM* 488. 24–5, da yỽ y gueith a*ranc bod* yỽ genhyf. **16g.** *IICRC* iii. 305, O bydd *rang bodd* genwchi / ychel dy foliant o heni. *c.* **1600** *March C* 15, y pethau mwyaf a'r a fo *rancbodd* iti. **1707** *AB* 238b, *Ranc bodd* . . . Satisfaction. **1803** *P*, *Rhancboz*, s. m. . . . Content, satisfaction, pleasure.

Amr.: **rhan-bodd** [*rhan*[3]+*bodd*] **1575–6** *B* vi. 317, ag o bydd *rran bodd* gennyd ni a ymddiddanwn ymhellach. **rhyng-bodd** [*rhyng*[2]+*bodd*]. **1604–7** *TW* (*Pen* 228) d.g. *Gratificatio, procuratio.*

Gw. hefyd **rhyngaf: rhyngu—rhyngu bodd.**

rhancboddiaeth, rhaincboddiaeth [*rhanc(-)bodd*+-*iaeth*, a *rhainc*+*bodd*+-*iaeth*] *eg.* Pleser, mwynhad, boddhad: *pleasure, enjoyment, gratification, satisfaction.*

c. **1585** *Llst* 178, 44b, felly y ddaethon yr plas ner llys o *rhaincbo/ddiaeth* bydol. *id.* 61b, o achos da byd/

ol a dryg chwantay a *rangkboddiaeth* y sydd yn gynt nym gymysgy [*sic*] a ffethey chwerwon nag a phethey melyson. **1803** *P, Rhancboziaeth*, s. m. . . . Satisfaction of mind; enjoyment.

rhanciaf, rhancaf[2]**: rhanc(i)o** [bf. o'r e. *rhanc*[1]] *ba.* Gosod neu drefnu'n rhes(i): *to set or arrange in a row or rows.*
1938.
Gw. hefyd **rhengaf**[1]**: rhengu, rhenciaf: rhencio.**

rhanclaf: rhanclo [bnth. S. (*to*) *rankle*] *bg.* Crawni, gori, madru, braenu, hefyd yn *ffig.*: *to fester, rankle, also fig.*
1913. Ar lafar yn sir Benf., 'Ma cader yr anner yn *rhanclo*'.

rhandaith [*rhan*[1] + *taith*] *eb.* ll. *-deithiau.* Pwynt, adeg, neu gam mewn proses neu ddatblygiad; arhosfa ar daith: *stage* (*in process or development*); *stage* (*on route*).
[**1783**] *W* d.g. *Stage* [*a station or baiting-place in a journey*].

rhandal [*rhan*[1] + *tâl*[1]] *eg.* ll. *-oedd.* Rhandaliad, hefyd yn *ffig.*; ernes, blaendal; difidénd: *instalment, also fig.*; *deposit*; *dividend.*
1848.

rhandaliad [*rhan*[1] + *taliad*] *eg.* ll. *-au.* Ad-daliad rhannol o ddyled a delir ar adegau penodol dros gyfnod penodedig; *Cyfr.* swm o arian y cytunir ei dalu yn lle swm mwy; difidénd: *instalment* (*of money*); *composition* (*in law*); *dividend.*
1815.

rhander [*rhan*[1] + *-der*] *e?g.* ?Rhaniad: *division.*
16g. *LlGC* 722, 7, o rie [*sic*] saith yn wir y sydd / o *rander* yn yr vn dydd. *c.* **1730** *Thos. Lloyd D* (LlGC) 201b, *rhander* . . . partitio.

rhandibŵ, gw. **randibŵ.**

rhandir [*rhan*[1] + *tir*, gw. *Treigladau* 70; am drafodaeth ar ystyr y gair hwn yn y llyfrau cyfraith, gw. T. M. Charles-Edwards: *EIWK* 380–3] *eb.g.* ll. *-oedd, -edd, -au.*

(*a*) Rhan o wlad, ardal, bro, rhanbarth, tiriogaeth, sir; darn o dir, cae, maes; darn o dir a rentir i dyfu llysiau, blodau, &c., arno; hefyd yn *ffig.*: *part of a country, area, region, district, territory, shire*; *piece of land, field*; *allotment* (*for cultivation*); *also fig.*
13g. *C* 44. 13–15, Jn gueled imyned hebti. y *randir* a rad duv erni. **13g.** (**1641**) *HGK* 32, ydd oedd Angharat vrenhines, y wreig briawt ynteu, ag iddi y rhoddes ynteu hanner y dda, a dwy *randir.* **1346** *LlA* 120, Arodi idaỽ [Beuno] teir *ranndir* yn evas. Arbopyl oll aoed ar yr *ranndireu* hynny. **14g.** *Bren Saes* 2, galwassant y *randiroed* West Ssex, Est Ssex, Sswth Ssex yr hynny hyt hediw. **14g.** *GIG* 110, Degfed [apostol] Tomas, hoywras hir, / A'r India yw ei *randir.* **15g.** *GGl*[2] 112, Pererindod pob *rhandir*, / Pab Rhufain Cydewain dir. **1567** *TN* 303b, ym-pop ban [:– lle, *rrandir*]. *Diw.* **16g.** *LBS* iv. 427, ac y rhoessant bob vn o honynt iddaw *randir* oi tir hwynt. **1588** 2 *Sam* xiv. 30, gwelwch *randîr* Ioab ger fy llaw i. **1603** W. Midleton: *B* 102, Gorphennodd hwyliodd ei hoyw-eiliad waith, / Yn eitha estroniaid: / Hwnt o *ran-dir* yr Indiaid. [**1703**] *YGDB* 25, deuwch ôll yn gyttûn o bedwar *rhan-dir* y ddaiar. **18g.** *W Ballads* 176, 8, I *randir* ysprydol. **1771** *W* d.g. *Canton* [*a division, or part of a country, a district, a province*]. **1803** *P, Rhandir*, s. f.—pl. t. *oz* . . . A portion of land. Digwydd yn enw pentref *Rhandir-mwyn* yn sir Gaerf.

(*b*) Uned diriogaethol (yn y cyfreithiau Cymreig) a'i maint yn amrywio o un erw ar bymtheg i dri chant a deuddeg o erwau: *territorial unit* (*in the Welsh laws*) *varying between sixteen acres and three hundred and twelve acres*, '*shareland*'.
13g. *LlI* 60, petwar tedyn em pob *rantyr*; pedeyr *rantyr* em pob gauael. *ib.* pedeyr eru keureythyaul em pob teden; un ar pymthec em pob *rantyr.* **13g.** *LlC* 39, pedeyr gauel ym pob *randyr*, pedeyr *randyr* ym pob tref. . . iiii eru urth pob tedyn . . . lxiiii en yr *randyr.* **13g.** *LTWL* 135, Maynaur vero plenarie est que septem particulas, id est, *rantyr* continet. *id.* 226, In *randir* continentur ccc et xii acre, ut in ccc acris araturam et pascua et focalia possessor habeat, in xii domicilia. **14g.** *LlB* 71, Deudec erw a thrychant a vyd yn y *rantir* gyfreithawl, megys y kaffo y perchen o'e trychan erw, aradwy a phorua a chynnut, a lle adeil o'r deudec erw. **14g.** *WML* 54, Pedeir *rantir* auyd yny tref y talher gỽestua brenhin o heni . . . Deudec erỽ atrychant . . . auyd yny *rantir* rỽg rỽyd adyrys a choet amaes a gỽlyp a sych eithyr yr oruot tref. Ac o *rantired* hynny ygelwir amhinogyon tir yg kyfreith. *id.* 55, Teir *rantir* auyd yny tayaỽc tref. ym pop vn ordỽy y byd tri thayaỽc ar tryded ynporua yr dỽy. *Dchr.* **17g.** *J* 10, 12a, *Rhandir.* a portion land contayning 312. ackres. **1730** *Leg Wall* 581, *Rhandir* . . . in Legibus certam & fixam terrae quantitatem denotat. **1753** *TR, Rhandir* . . . In the Welsh laws it denotes a certain and fix'd quantity of land, consisting of sixteen acres, according to some copies of K. H. **1803** *P, Rhandir* . . . a shareland; a certain quantity of land.

(*c*) Rhan neu gyfran (yn enw. o dir, fel etifeddiaeth), treftadaeth, hefyd yn *ffig.*: *share or portion* (*esp. of land, as inheritance*), *patrimony, also fig.*
14g. *T* 17. 3–4, ny cheffir owir *rantir* an karant. **15g.** *GO* 309, Penn baedd dv o dv dy dad / Yw *rrandir* dy orhendad. **15–16g.** *GIF* 61, Pedwerydd, da fydd ei fod / am *randir* â morwyndod. **1567** *LlGG* (*Sall*) 59a, Can ddywedyt, I ti y rhoddaf dir Canaan *rhandir* o eich etiveddiaeth. **1588** *Nu* xxxvi. 3, a phrinheuir ar *randir* ein etifeddiaeth ni. **1588** *Jos* xvii. 5, dec *rhan-dir* a syrthiasant i Manasses. **1588** 1 *Br* xxi. 23, cŵn a fwytânt Iezabel yn *rhan-dir* Iezrahel. **1588** *Jer* xii. 10, sathrasant fy *rhandir.* **1603** W. Midleton: *Ps* 21, Doeth fy *rhandir* (**1588** *Salm* xvi. 6, Etifeddiaeth a syrthiodd i mi) gwir gwiw ion / Olud taer i le tirion. **1620** 1 *Esd* iv. 56, Efe hefyd a scrifennodd am iddynt hwy roddi dognau [:– Neu, *rhandiredd*], a chyflog i'r rhai oedd yn gwilied y ddinas. **1632** *D, Rhandir*, Pars hæriditaria, sors. *id.* d.g. *Hæredium.* **1701** E. Wynne: *RBS* 45, bid fy rhann i yn *rhandir* y Cyfiawn (*the lot of the righteous*). **1803** *P, Rhandir* . . . an inheritance.

rhandirol [*rhandir* + *-ol*] *a.* Rhanbarthol, tiriogaethol: *provincial, territorial.*
1850.

rhandwy [*rhan*[1] + elf. anh.; gair geir. yn wr.] *eb.g.* Rhan, cyfran, siâr, difidénd: *part, portion, share, dividend.*
1632 *D, Rhandwy*, Portio, pars. **1688** *TJ, Rhandwy*, rhan: a portion or part. **1722** *Llst* 189, *Rhandwy*, f. A part, portion. **1772** *W* d.g. *Dividend* [*a share, a part, or portion allotted in a division* . . .], *Parcel, Part, Snack* [*a share, part, or portion*]. **1803** *P, Rhandwy*, s. m. . . . A dividend, a portion.

rhandy [*rhan*[1] + *tŷ*] *eg.b.* ll. *-dai.* Llety; ystafell neu set o ystafelloedd sy'n ffurfio un breswylfa, fflat: *lodgings*; *room*(*s*), *apartment, flat, tenement.*
13g. *LTWL* 254, Ar eu pimhet y bydant mayr a chynghellaur can y brennin pan yt uo yn eu swyd, neu dewis eu *randy.* *c.* **1300** *id.* 373, Tri peth ny thelir kyd coller yn *randy*: kyllell, a chletyf, a llawdwr. **15g.** *DE* 95, Rhedaf rhad breisgaf lle rhed brwysgion / *rhandai* rhoid osai ir rhevdusion. **1722** *Llst* 189, *Rhandy.* f. Lodgings, chambers. **1730** *Leg Wall* 581, *Rhandy*, diversorium, hospitium. Pars nempe domus in qua Hospes commoratur. **1770** *W* d.g. *An apartment.* **1803** *P, Rhandy*, s. m. . . . A houseroom, an apartment where a guest dwells; a lodging.

rhanddaliwr, rhanddalwr [*rhan*[1] + *daliwr*, **dalwr*] *eg.* ll. *-ddalwyr.* Cyfranddaliwr: *shareholder.*
1858.

rhanedig [bôn y f. *rhannaf*: *rhannu* + *-edig*] *a.bfl.*

(*a*) Wedi ei rannu neu ei ddosbarthu, wedi ei wahanu'n rhannau, gwahanedig, wedi ei hollti, ar wahân, hefyd yn *ffig.*: *shared* (*out*), *divided, parted, split, separate, also fig.*
c. **1400** *RB* ii. 385, Ac uelly y bu ynys brydein gan mlyned yn *rannedic.* **15g.** *BB* 44, ar deyrnas a dan pymp brenhyn yn *rannedic.* **16g.** *GILlV* 56, Rrinweddau y gorau gynt / *Rranedig* ar hwnn ydynt. **1547** *WS, Ranedic* Parted. **16g.** Siôn Brwynog: *C* 161, Angharad fawr rad arferedig, / Yn rhoi yn odiaeth yn *rhanedig*; / Un i dylodion yn daledig. **1551** W. Salesbury: *KLl* xlviiib, Ac a ymddangoses yddynt tauodeu *rannedic*, mal yn dan. **1567** *LlGG* 33b, Pop teyrnas *rhanedic* oei mewn ehun, a diffaithir, a thuy *rhanedic* yny erbyn ehun a gwympa. **1632** *D* d.g. *Distributè, Diuiduus.* **17g.** Huw Morus: *EC* i. 36, Rhwygwyd, a siglwyd y sail, / *Rhanedig* yw 'r hen adail. **1701** J. Williams: *BG* 11, nad oes nêb rhyw ûn Gŵr wedi ei ordeinio gan Ghrist yn Benllywiawdr ar y Ddaiar ir Eglwys ôll, neu dros yr holl Eglwysi *rhanedig.* **1764** J. Popkin: *ABG* [iii], Ystyriaethau *rhannedig* am y Duwdod. **1790** W. Richards: *LlA* 24, defnyddiau mor wahanol a *rhanedig* ag yw haiarn a phridd. **1803** *P, Rhanedig* . . . Shared, parted, divided.

(*b*) *Gram.* Anghyfansawdd, syml: *uncompounded, simple* (*in gram.*).
c. **1455** *GP* 68, henw *rrannedic* dosbarthedic, val y mae 'vn, rrai'. *id.* 69–70, Dwy ffvgr ysydd, nid amgen, vn *rannedic*, ac vn gyfansoddedic: yr vn *rannedic* val y mae 'gwr'. Yr un gyfansoddedic a gyfansoddir a dav henw . . . val y mae 'kerdwr' . . . 'gwanddrwc' . . . 'gwannwr'. *a.* **1575** *id.* 92, Yr ail Reol i adnabod ssilldaf yw kyvanssoddiad y geiriav, val y mae 'lleidr' yn *rrannedic*, a 'lleidrddyn' yn gyvanssoddedic. **1592** S. D. Rhys: *Inst* 51, Simplex *Rhannedic* neu odidawc (tum primitiuorum tum deriuatiuorum) quæ ex alijs compositiuè non conflatur . . . gwynn. Composita cybhansodhedic . . . gwynnlhiw. *id.* 135, Canys sylhabh rhagor a dhyly bôd ynn y lhiossoc, nog ynn yr vnic; na *rhannêdig* na chybhansodhêdig bhô y gair.

Gw. hefyd **enw—enw rhanedig dosbarthedig.**

rhanedigaeth [*rhanedig* + *-aeth*; cf. Llyd. Diw. *rannidigezh*] *eg.* ll. *-au.* Rhaniad, dosbarthiad; *Math.* rhaniad; dyletswydd, gorchwyl; tynghediaeth: *division, a sharing* (*out*), *distribution*; *division* (*in math.*); *duty, task*; *fatalism.*
1567 *Rhyddiaith Gymraeg* ii. 46, bod o hono vi yn gywir ac yn gyfion yn vy holl *ranedigaethe.* *Diw.* **16g.** (**1605**) *GP* 219, Dwy orffwysfa a fydd yn yr amseroedd, a dwy yn y personiaid, a dwy a ddengys i synhwyrhau y *rranedigaethae* eraill. **1632** *D* d.g. *Diuisio.* **1650** *B* xxii. 142, y dygau ef amryw *ranedigaethef* [*sic*] i vn goron y deyrnas. **1773** *W* d.g. *Fatality, or fatalness* [*the quality of being caused or ordained by fate, &c.*]. **1803** *P, Rhanedigaeth*, s. m.—pl. t. *au* . . . distribution, the act of sharing.

rhanedigol [*rhanedig* + *-ol*] *a.* Dosbarthol: *distributive.*
1772 *W* d.g. *Distributive.* **1803** *P.*

rhanedydd, gw. **rhaniedydd.**

rhanfa [*rhan*[1] neu fôn y f. *rhannaf*[1]: *rhannu* + *-fa, ma*] *eb.* Côr (mewn stabl); ?mesur neu gyfran (o ŷd): *stall* (*in stable*); ?*measure or share* (*of corn*).
c. **1730** *Thos. Lloyd D* (LlGC) 201b, *Rhanfa* o yd. [**1783**] *W* d.g. *Stall* [*for a horse in a stable*].

rhanfaddau [*rhan*[1] + y be. *maddau*] *a.* Heb gyfran: *without a share.*
12–13g. *GMB* 537, Ny'n gattỽy Reen yn *rannuadeu.*

rhanfeddiannwr, rhanfeddiannydd [*rhan*[1] + *meddiannwr, meddiannydd*] *eg.* ll. *-feddianwyr.* Cyfranddaliwr: *shareholder.*
1837.

rhanfyddin [*rhan*[1] + *byddin*] *eb.* ll. *-oedd.* Grŵp o frigadau neu gatrodau: (*army*) *division.*
1823.

rhangan [*rhan*[1] + *cân*[1]] *eb.* ll. *-au, -ganeuon.* Cân ac iddi dair neu ragor o rannau lleisiol, yn aml yn ddigyfeiliant, ac yn harmonig yn hytrach nag yn wrthbwyntiol: *part-song.*
1863.

rhangylch [*rhan*[1] + *cylch*] *eb.* ll. *-oedd.* Segment; hemisffer, hanner cylch, bwa: *segment*; *hemisphere, semicircle, arch.*
1825.
Cf. **cylchran.**

rhangylchog [*rhangylch* + *-og*] *a.* Segmentaidd; hemisfferaidd, hanner-cylchog: *segmental*; *hemispherical, semicircular.*
1886.

rhangymeriad [*rhan*[1] + *cymeriad*[1]] *eg.* ll. *-au, -iaid.* *Gram.* Ffurf ar ferf a ddefnyddir fel ansoddair neu fel rhan o ffurfiau berfol cyfansawdd; y weithred o gymryd rhan: *participle* (*in gram.*); *participation.*
1661 E. Lewis: *Drex* 163, mai dyna 'r ffordd i'r adgyfodiad llawen, ac i'r *rhangymmeriad* (*participation*) a'r gyfeillach o Dragwyddoldeb gyd â 'r bendigedig. **1722** *Llst* 189, *Rhan-gymmeriad.* m. A participle. **1728** S. Rhydderch: *GC* 11, Wyth Ran Ymadrodd . . . Henw Rhag Enw. Gair neu Ferf, *Rhangymmeriad.* *c.* **1730** *Thos. Lloyd D* (LlGC) 202b, *rhangymmeriad*, participium. **1796** *Geirgrawn* 101, yr holl *Rangymme*[*ri*]*adau* (participles) a rhai o'r goreiriau. **1803** *P, Rhangymmeriad* . . . A participle.

'amddiffynfa, gwrthglawdd'] *eg.* Cloddwaith, caer, twmpath: *earthwork, fort, mound.*

Ar lafar gynt yn sir Benf. yn y ff. *rath*, *GDD* 240. Dichon mai'r gair hwn a welir yn yr e. lle *Y Rhath*, Caerdydd, gw. I. Williams: *ELl* 45, ac fel elf. mewn e. lleoedd yn sir Benf., gw. *PNP* 809; ond yn achos rhai o'r rhain o leiaf y mae cysylltiad â'r f. ddil. hefyd yn bosibl, gw. *id.* 465.

rhath[2] [?ymgais i ddehongli e. lle sy'n cynnwys yr elf. *rhath* fel bôn y f. *rhathaf: rhathu*] *eg.* Gwastatir: *plain.*

18–19g. *Llr* C 2, 290, *Rhath*, a plain, a champaign place. **18–19g.** *Llr* C 59, 428, *Rhath*, a plain, open field, cleared of wood, strip'd of its wilderness. **1803** *P*, *Rhâth*, s. m. . . . A cleared spot; a plain. Y vedwen harz—a zaeth o'r *rhath*, / Nid oes ei bath yn bod . . . Gr. Morys.

rhathaf: rhathu [?< **rasd-*, cf. Llad. *rādō* 'crafaf'] *bg.a.* Rhwbio (ymaith), sgwrio, rhuglo, crafu (ymaith), llyfnu, ffeilio, ysgraffio, raflio: *to rub (off), scrub, chafe, scrape (off), smooth, file (down), graze, fray.*

1604–7 *TW* (*Pen* 228) d.g. *Frico, perfrico, Scabo. Dchr.* **17g.** *J* 10, 13a, *rhathu*, to rubbe, frico, tero. **1722** *Llst* 189, *Rhathu*, To chafe with the hand &c. **1725** *SR* d.g. *to rub.* **1771** *PDPh* 36, *rhathu* neu rwbio genau 'r plentyn ag ychydig Alum. **1773** *W* d.g. *To fret, To rub, To scrub.* **18–19g.** *Llr* C 2, 290, *Rhathu*, croen, dail, rhisg, pluf, &c. **1803** *P*, *Rhathu* . . . To make clear, bare, plain, or smooth; to rub off, to rub; to strip. *Rhathu* plu, to strip feathers off; *rhathu* dail, to strip off leaves; *rhathu* croen, to strip off a skin. Sil. Ar lafar yn ne-ddwyrain Morg., ''Odd risgil y pren wedi *rathu* wth rwto'n erbyn y wal', ''Odd 'i ffrog 'i'n llusgo'r llawr ac yn *rathu*'r dunydd', 'Ymle wyt ti wedi bod i *rathu* dy fraich fel 'yn?' 'Fi *rathas* 'i wth gwmpo'n erbyn carrag', *GTN* 678.

rhathell [bôn y f. *rhathaf: rhathu*+*-ell*] *eb.* ll. *-au.* Offeryn ac iddo arwyneb(au) garw a ddefnyddir i lyfnhau neu siapio arwyneb arall, ffeil, durlif, llifddur, ffeil arw ac iddi resi o ddannedd, gratur, gratiwr; *Swol.* stribed corniog danheddog ar dafod molysgiaid a ddefnyddir i fwyta: *file, rasp, grater; radula (in zoology).*

18g. *LlGC* 833, 20, [Ma]e'r peth [lader] yn dwymyn etto / rhaid cael *Raffell* neu râw iw Rwbbio. **18–19g.** *Llr* C 12, 258, *Rhathell*, a Rhath (whence Rhathu) a Rasp or grater see Rhadell . . . ai rithiaw'n dêg ai *rathell* Tom[s] Llen, ir gof ar Cyweirgorn Telyn. **1803** *P*, *Rhathell*, s. f.—pl. t. *au* . . . A rasp.

Amr.: **rhaffell** [drwy ymgyfnewid *-th-* ag *-ff-*, cf. *benthyg, benffyg*]. **18g.** *LlGC* 833, 20.

rhathellaf: rhathellu [bf. o'r e. *rhathell*] *bg.a.* Llyfnu neu grafu â rhathell, rhathu, gratio, hefyd yn *ffig.*: *to file, rasp, grate, also fig.*

1803 *P*, *Rhathellu* . . . To rasp.

rhathiad [bôn y f. *rhathaf: rhathu*+*-iad*[1]] *eg.* ll. *-au.* Y weithred o rathu, rhwbiad, rhwtiad, rhugliad, ffrithiant: *a rubbing (off), chafing, friction.*

1604–7 *TW* (*Pen* 228) d.g. *Frictio.* **1707** *AB* 219d, *Rhathiad*, A rubbing [S]. **1722** *Llst* 189, *Rhathiad.* m. A rubbing. **1803** *P*, *Rhathiad*, s. m.—pl. t. *au* . . . a rubbing off, a rubbing.

rhathog [bôn y f. *rhathaf: rhathu*+*-og*] *a.* Yn rhathu, garw, crafog, hefyd yn *ffig.*: *abrasive, rough, also fig.*

Ar lafar yn ne-ddwyrain Morg., 'Dyma 'en gordyn *rathog*! Fe rwygiff dy gnawd ti, os caiff a ritag trw dy fisydd di', ''Os neb yn 'i lico 'i, ma tafod ry *rathog* ginti', *GTN* 678.

rhathwr [bôn y f. *rhathaf: rhathu*+*-wr*] *eg.* Rhathell, ffeil: *file (abrasive tool).*

Ar lafar yn ne-ddwyrain Morg., *GTN* 678.

rhau[1] [?cf. *argyfrau*; nid oes sicrwydd mai yma y perthyn pob un o'r enghrau. isod] *e?b.* ?Golud, hefyd yn ddifr.: *wealth, also derog.*

12g. *GCBM* ii. 179, Brisc risc *reu*, rieu rad baraɓd. *c.* **1400** *R* 1270. 17–19, Arch vlaɓt arch wadaɓt arch wedieur byt herwyd bot yt angeu. arch yr y groc waedogeu. arch y wr gɓann rann or *reu*. *id.* 1347. 27–8, oe chot ae chadach. aechodeu ae *reu* ae rech aechadɓyn ae manngrɓyn moch. *id.* 1356. 25–6, Re geubal vedal ny uadeu gɓeisson. *reu* bɓdyr von kynron kanrec bieu.

rhau[2] [gair geir.; ?cf. *rhoi*[2]; dichon nad yr un gair a welir gan Iolo Morganwg ag a geir gan *P* isod] *eb.* ll. *rheuoedd.* Rhwymyn, cadwyn: *band, chain.*

18–19g. *Llr* C 11, 247–8, Welsh Agricultural Terms, in Glamorgan . . . *Rhau.* **1803** *P*, *Rhau*, s. f.—pl. *rheuoz* . . . A band, a chain. Cethern gaeth-*rau* (?cf. *GMB* 376, Oer hagyrwern gethern, gaethraɓt varwaɓl), an infernal crew of strait bondage.

rhaw [Crn. Diw. *rêv*, Llyd. C. *reuf* 'rhaw; rhwyf', H. Wydd. a Gwydd. C. *ráma(e)* 'rhaw; rhwyf': < Clt. **rām-* o'r gwr. IE. **erə-* 'rhwyfo'] *eb.* ll. *-iau, rhofiau, rhafiau.*

(*a*) Offeryn tebyg i bâl a ddefnyddir i symud glo, pridd, &c., pâl: *shovel, spade.*

13g. *LlI* 93, *Rau* hayarn. **14g.** *T* 22. 20, bum kyff bum *raɓ*. **14g.** *GDG*[3] 73, O Eiddig (oerfel iddaw!) / Â'i gaib (wb o'i raib!) a'i *raw*! **15g.** *DE* 116, ai gwiw heb aradr ag og / im ytir *raw* a mattog. **1588** *Ecs* xxvii. 3, Gwna hefyd iddi [allor] grochanau i dderbyn ei lludw, ai *rhawiau*, ai chawgiau. **16–17g.** *CC* 154, Rhwyfau fel *rhowiau* in rhan / issel atteg i slottian [Thomas Prys i ofyn bad hir o Sbaen]. **1632** *D*, *Rhaw*, rutrum, ligo. **1760** *ML* ii. 217, [t]rwssio berfaau olwynog a *rhawiau.* **1770** *TG* ii. 118, [y] *rhofiau* a'r palau a arferir. **1803** *P*, *Rhaw* . . . a shovel. Ar lafar yn y Gogledd, '*rhaw*, s. f. pl. *rhawia*; *rhafia* . . . spade. . . shovel', *WVBD* 458; 'Estyn y *rhaw* i mi i gal roi paliad da i'r border'; hefyd yn y De, gyda'r ff. ll. *r(h)ofia, r(h)awia*, &c. *B* viii. 221, *GTN* 678; 'Fe dorrws cos y *raw* wth bo' fi'n rawio glo mæn', *ib.* Dywedir yn gyff. am rywun a chanddo ddwylo mawr fod ei ddwylo 'fel *rhawia*'.

(*b*) (enghrau. mewn cyd-destun sy'n cyfeirio at gladdedigaeth neu'r bedd: *exx. in a context referring to burial or the grave*).

14–15g. *IGE*[2] 279, A'i genedl yn ei gwynaw / Yrhawg, a'i orchudd â *rhaw* (Siôn Cent). **15g.** *OBWV* 155, Och Dduw Tad, o chuddiwyd hi, / Nad oeddwn amdo iddi. / Och finnau, o chaf einioes, / Ei rhoi'n fud â *rhaw* yn f'oes (Dafydd Nanmor). **15g.** *ID* 1, Mae rhyw amwynt im rhwymaw / ag e bair hwn gaib a *rhaw*. **15–16g.** *TA* 303, Calan Ionawr, clo 'n ynys, / Caib oedd a *rhaw* 'n cau bedd Rhys. **15–16g.** *GLM* 96, Dwywaith y rhoed o waith *rhaw* / i Erddylad arwydd wylaw. *id.* 103, Bu racw och heb roi cêl: / bwriodd *rhaw* bridd ar Hywel. **16g.** *WLl* 46, A *rraw* fawr i rryvoriwyd / Gro y llawr i roi r gwr llwyd. **16–17g.** *GST* i. 596, Pob dydd derfydd ei derfyn, / Peth rhyfedd yw diwedd dyn. / Ym mron y mae'n merwinaw / I'r gaib fawr ei rhaib a'r *rhaw*. **1753** *W Ballads* 112, 2, Mewn braw yr hên Eiff dan y *rhaw*.

(*c*) Mesur o fawn yn cyfateb i 120 neu 140 o lathenni ciwbig: *measure of peat corresponding to 120 or 140 cubic yards.*

1810 W. Davies: *Agric* . . . *N. Wales* 370, In other parts peat are sold by a measure called *rhaw*, being four yards square to the pole, and 15 poles to the *rhaw*, = 240 square yards. **1820** *CWM* 30, *Rhaw*—of peat, Wales, 140 or 120 cubic yards, 280 square yards 18 inches deep, or . . . 240 square yards, of the same depth.

Amr.: **rhawf. 1608** *TBM* 575. **rhoddiau** (ll.). Ar lafar gynt yn ne-ddwyrain Morg., *GTN* 678, a Myn.

Cfn.: **rhaw Aberaeron:** *shovel having a long handle angled towards the blade.* Ar lafar. **rhaw fach:** *fire-shovel.* Ar lafar, *LGW* [388]–9. **rhaw fiswail** [?ffrwyth camddeall yr engh. gyntaf yw'r ail ystyr isod]: *dung-shovel; drudge, menial servant.* **1604–7** *TW* (*Pen* 228), labwst o ddyn mewn tuy yn gwneuthur pob butrwaith mal *rhaw bisweil* d.g. *Mediastinus.* **1632** *D* d.g. *Mediastinus.* **1725** *SR* d.g. *a drudge.* **rhaw fwrw:** *shovel.* **1547** *WS*, Raw ruglo ne *Raw vwrw* A shouell. **1604–7** *TW* (*Pen* 228) d.g. *Ligo, pala, Rutrum. c.* **1730** *Thos. Lloyd D* (LlGC) 202b. **rhaw gafn:** *shovel used to clear slate dust from troughs under saw-tables.* Ar lafar yn ardaloedd chwareli'r Gogledd, *B* xx. 374. **rhaw codi baw:** *dustpan.* Ar lafar yn y Wladfa. **rhaw goes (coes) hir:** *long-handled shovel used to load coal from the face to the tram, 'lazy-back shovel'.* Ar lafar ym Morg. a sir Gaerf., *Geir Glo* 91. **rhaw golier:** *shovel having a broad pointed blade with a slightly raised edge.* Ar lafar ym Morg. a sir Gaerf., *Geir Glo* 92, *GTN* 678. **rhaw gron:** *shovel with a rounded blade.* Ar lafar yn ardaloedd chwareli'r Gogledd, *B* xx. 374. **rhaw ffwrn:** *baker's shovel, peel. Dchr.* **17g.** *J* 10, 12a, *rhaw fwrn*, infurnibulum. **17g.** *LlGC* 13215, 344. **rhaw lo:** *coal-shovel, fire-shovel.* Ar lafar. **rhaw llenwr:** *shovel used by a loader and having a larger blade than that of a collier's shovel.* Ar lafar yng nglofa'r Parlwr Du, sir Ffl., *Geir Glo* 92. **rhaw ludw** = **rhaw lo.** Ar lafar yn y ff. *rhaw lydu* yng Nghered., sir Benf., a sir Gaerf., *LGW* [388]–9. **rhaw fawn:** *peat-cutter, peat-spade, slane. c.* **1400** *R* 1363. 44, gɓywed henraɓ vaɓn. *Dchr.* **15g.** *IGE*[2] 210. **1803** *P.* Ar lafar yn y Gogledd, *WVBD* 458, *B* iii. 207. **rhaw fawr** = **rhaw llenwr.** Ar lafar yng ngorllewin Morg., *Geir Glo* 91. **rhaw forter:** *trowel.* Ar lafar yng nghanolbarth a godre Cered. **rhaw badell ffrio** = **rhaw llenwr.** Ar lafar yn Rhosllannerchrugog, sir Ddinb., *Geir Glo* 91. **rhaw bâl, rhawbal** (ll. *rhawbalau*): *spade, also fig. c.* **1400** *R* 1294. 21–2, rannaɓd ac adaf aval. ryɓ barch y ennill *raɓ bal.* **15–16g.** *GLM* 348, Oed â'th ŵr, dithau, hirwen, / a'r *rhaw bâl* a wna rhyw ben. **17–18g.** *Llst* 133, 266b, Trwyn *rhawbal* lle y dyfalwn / Nid oes un trwyn hwy nâ hwn [i'r gŵr â'r trwyn hir]. **1803** *P*, *Rhawbal*, s. f.—pl. t. *au* . . . A kind of spade made all of one piece of wood, having the head rounded and edged with iron. Ar lafar, *LGW* [386]–7, *WVBD* 458; 'Ma raw a cos 'ir iddi. *Rawbal* a cos byr iddi'. Cf. *GTN* 678, 'Dwi ddim wedi gweld *raw bæl* ys blynydda, ond raw odd 'onno odd 'i 'ochra i'n cwnnu lan dicyn, ac 'ôn' nw'n 'i 'iwso 'i'n amal yn y ffermydd i bwyso tatws iti. 'Ôt ti'n cæl y *raw bæl* wedi 'i thopo wth brynu tatws yn y fferm. 'Odd 'i'n dala 'bothdu bump pownd 'ôn' nw'n gwed. **rhaw balar** [*palar* < *pâl*[1]+*âr*, cf. Llyd. Diw. *palaradeg* 'paliad ar y cyd', *palarat* 'palu']: *spade.* **16g.** *YT* 84, J Adda a'i gymar / J hrodded *hraw balar* / J doroi [*sic*] daiar. **1803** *P*, *Rhawbalar*, s. f. . . . A delving spade. **rhaw balu:** *spade.* Ar lafar yn Arfon. **rhaw bengron:** *spade with a rounded blade.* Ar lafar yn sir Drefn. **rhaw bren:** *wooden spade or shovel.* **13g.** *LlI* 93, *Rau pren*, fyr. **1730** *Leg Wall* 269, *rhaw bren.* **rhaw ruglo:** *shovel.* **1547** *WS*, *Raw ruglo* ne Raw vwrw A shouell. *Dchr.* **17g.** *J* 10, 12a, *rhaw ruglo*, shovell, ligo. **rhaw ryforio:** *spade. Dchr.* **17g.** *J* 10, 12a, *rhaw ryvorio*, spade. rh. bâl. **17g.** *LlGC* 13215, 344, *rhaw ryvorio*, pala. **rhaw sgwâr:** *shovel with a right-angled blade.* Ar lafar yn ardaloedd chwareli'r Gogledd, *B* xx. 374. **rhaw siyflan:** *small shovel.* Ar lafar yn ardaloedd chwareli'r Gogledd, *B* xx. 374. **rhaw taflu'n ôl** = **rhaw llenwr.** Ar lafar yng ngorllewin Morg., '*rhaw twlu nôl*', *Geir Glo* 92. **rhaw dân** = **rhaw lo. 1725** *SR* d.g. *a fire shovel.* **1773** *W* d.g. *Fire-shovel.* Ar lafar, *LGW* [388]–9. **rhaw dywarch (dywyrch):** *paring-shovel or -spade. c.* **1730** *Thos. Lloyd D* (LlGC) 202b, *rhaw dywyrch.* **1803** *P*, Rhaw . . . *Rhaw dywarç*, a paring shovel. **rhaw ŷd:** *scoop (for shovelling corn).* **1632** *D* d.g. *Rutellum.* [**1783**] *W* d.g. *Scoop, Scooper.*

rhawaid, rhawiaid [*rhaw*+*-aid*[1], *-iaid*[2]] *eb.* ll. *rhaw(i)eidiau.* Llond rhaw neu bâl, hefyd yn *ffig.*; y dyfnder o bridd, &c., y gellir ei gyrraedd a'i godi ar un tro â phâl, paliad: *shovelful, spadeful, also fig.*; *spit (in digging).*

1547 *WS*, *Rawyet.* **1604–7** *TW* (*Pen* 228), Meûtwy . . . yn rodi *rhawieit* bod dydd oi vedd d.g. *Anachoreta. c.* **1730** *Thos. Lloyd D* (LlGC) 202b, *Rhawiaid.* A Spadegraft. WS. **1803** *P*, *Rhawaid*, s. f.—pl. *rhaweidiau* . . . A shovelfull. Ar lafar yn y De, 'Fi ddotas ddwy nu dair *rawid* o dail yn y bwcad ar gyfar yr ardd', *GTN* 678; ac yn y Gogledd, '*rhawiad*' 'spadeful, shovelful', *WVBD* 459.

Amr.: **rhoddiad**[3]. Ar lafar yn nwyrain Morg., ' Fe fydd yn waith dyfal i dawlu 'wn i gyd bob yn *roddiad*'. **rhof(i)ad, rhofiaid** (ll. *rhofeidiau*). **1899.** Ar lafar, '*Rhofiad* . . . ll. *rhofeidiau*', *B* xxiv. 180 (Môn); '*rhofied*', *TGG* (1904) 62 (sir Benf.); 'Gitsie mwn *rofed* o dail a dwle fe amdanoch chi gyd' (de-ddwyrain sir Gaerf.). Clywir y ff. *rhafiad* yn Arfon, *WVBD* 459.

rhawch [?*rhy*[1]+*awch*[2]] *a.* a hefyd fel *eg.* Llym iawn, poenus iawn; caledi, poen: *very sharp or painful; adversity, pain.*

12g. *GLlF* 50, Kerennyd vy rɓy, nyt raɓch—y erchi. **12–13g.** *GLlLl* 111, Peir Prydein pryd nad oet raɓch [marwnad Gruffudd ap Cynan]. **13g.** *GDB* 468, Mor *rhawch* ym ardawch ardwyad—cynnydd. **1632** *D*, *Rhawch*, q. **1803** *P.*

rhawd[1] [?adff. o fôn y f. *rhodiaf: rhodio*; ond dichon nad yma y perthyn rhai o'r enghrau. a restrir d.g. *rhawd*[2], ac os felly dichon mai'r un gair ydyw â hwnnw yn y bôn] *eb.* ll. *-iau.* Cwrs, hynt, ffordd, llwybr, taith, gyrfa; ysbaid, cyfnod; hefyd yn *ffig.*: *course, way, path, journey, career; course (of time), period; also fig.*

1803 *P*, *Rhawd*, s. f. . . . A way, course, or race. Ar lafar yn ne-ddwyrain Morg., 'Mynd dan ddaear odd 'i *rawd* ynta, fel 'i dæd'; 'Gwitha yn yr ysgol a myn addysg a we'ny di gaid well *rawd* na ceso i', *GTN* 678.

Cfn.: **ar (ei, &c.) rawd:** *wandering, roaming, moving (to and fro); on a (one's, &c.) journey, on one's way or course.* **1864.**

rhawd[2], **rhawt**[1] [tebyg fod yma fwy nag un gair: un < **rāto-* (?< **rōt-o-* o'r gwr. IE. **ret-* 'rhedeg' (gw. *rhedaf: rhedeg*)), cf. H. Wydd. *ráithe* 'tymor, chwarter (blwyddyn)' a'r oldd. H. Wydd. *-rad, -red* (e.e. *gaimred*, gw. d.g. *gaeafrawd*); a'r llall yn fnth. S. C. *rout(e)* 'host, crowd; pack, herd; collection (of objects)', neu'n uniongyrchol o'r H. Ffr.; ansicr yw dosbarthiad rhai o'r enghrau.; gw. hefyd *rhawd*¹] *eb.* ll. *rhawd(i)au.*

(*a*) Nifer mawr (o bobl), llu, lliaws, torf, tyrfa, ciwed, haflug; cwmni o filwyr: *large number* (*of people*), *host, multitude, crowd, mob, rabble; company* (*of soldiers*).

9g. (*Juv*) *B* vi. 206, rit ercis d[i] *raut* inadaut presen. **12g.** *GMB* 71, Ergyrwaew brwydrin kyn rewin *ra6d.* **12–13g.** *id.* 459, Kyn bwyf *ra6d* bedra6d ymplith beteu. **13g.** *GBF* 264, Rwyl Carrecoua! Cauas ynda6 / *Ra6d* Saesson lladron y eu lludwa6! **14g.** *GDG*³ 122, Beirniad fûm gynt, hynt hyntiaw, / Barned *rhawt* o'r beirniaid draw / Ai hywaith, fy nihewyd, / Ymy fy myw am fy myd. **15g.** *GDID* 87, Nid llai tua'th dai, taith deg, / Yn *rhawdiau*, bobl yn rhedeg. *Dchr.* **16g.** *NBSF* 562, kyfleu pob kyfle pybyr / aur at waith i *rowtt* o wyr. **1547** *WS, Rawt* Route. **16g.** (*LlEG*) *Mos* 158, 302b, kymerth y brenin ac anniuer mawr o ardderchogion I dy/rnas gidag ef i shiwrnai parth a chalais . . . A ffawb o honnaunt twy a *Rowt* vawr o wasnaethwyr ynniol. **1632** *D, Rhawd,* Caterua, turma. **1658** R. VAUGHAN: *PES* 2, na anturiai mo hono ei hunan ymhlith y cyfriw *rawd* anwybodawl. **1716** IACO AB DEWI: *LlCB* 4, y Tyrfaoedd Eneidiau anwybodus halogedig, annuwiol, ac sydd yn preswylio yn ein tir dedwydd ni! O y *Rhowdeu* o honynt, ac y sydd ymhob man iw cael! **1722** *Llst* 189, *Rhawd.* f. A band of souldiers, crowd. **1725** *SR, rhawd* d.g. *Company, or society, or fellowship.* **1771** *W, rhawd* d.g. *Brigade.* Cf. *SE MS* 415a, *Rhawdau,* pl. cro[w]ds, masses (of people) S.W. Cf. ymhellach *GMB* 476, Rwyf na6ra6d —gwerthua6r.

(*b*) Nifer mawr (o anifeiliaid), cnud, haid, diadell, gyr: *large number* (*of animals*), *pack* (*of dogs*), *swarm, herd, drove.*

14g. *GDG*³ 107, A *rhawt* fytheiaid ar hynt / Yn ei hôl [ewig wen], iawn eu helynt. **14–15g.** *IGE*² 184, Merddin, bu dewin bob dydd, / A fu'n cadw o fewn coedydd/ *Rhawd* o westfiledd yn rhydd (Rhys Goch Eryri). *c.* **1400** *R* 1295. 35, erot gaeth ae *ra6t* o gwn. **15g.** *Glam Bards* 313, *rhawd* o gwn ar hyd gweunydd. **15–16g.** *GLM* 125, rhos cochion yn nwyfron allt, / *rhawd* o geirw ar hyd gorallt. **16–17g.** *RWM* i. 579, ac ar bob rhiw *rhawd* o gicvrain. **1605–10** *AP* 40, na chadw a chalyn *rrawd* o refyrgwn. **1722** *Llst* 189, *Rhawd* . . . drove, pack, swarm.

(*c*) Nifer mawr (o bethau), lluosogrwydd, helaethrwydd: *large number* (*of things*), *multiplicity, abundance.*

12g. *GCBM* ii. 178, Gweleis-y glod a rod a *ra6d*— o beleidyr. **13g.** *GBF* 322, Gorflamliw kywiw kyheuelyd / Gorfflyc *rawt* wenyc ryt Derwennyd. **14–15g.** *IGE*² 175, *Rhawd* o farwor yn rhedeg, / Rhwymyn aur tawdd melyn teg (Rhys Goch Eryri). *Dchr.* **15g.** *id.* 189, Y bedwlwyn ir, bodlawn wyf / I'th goed *rawd,* a'th gadw'r ydwyf (Llywelyn ab y Moel). **1684** H. OWEN: *DC* 305–6, pan fyddwyf a'm meddwl yn myfyrio ar bethau nefolion . . . bydd *rhawd* o phansiau cnawdol yn rhuthro arnaf. **1793** DAFYDD IONAWR: *CD* 248, Pan ddeffry, pan gyffry 'r gwynt; / *Rhawd,* yn nerth y rhuadwynt, / O gaerawg donnau geirwon / Fygythiant, a hyrddiant hon.

rhawd³, rhawt² [?bnth. S. *raft*] *e?b.* Rafft: *raft.*

16g. (*LlEG*) *Mos* 158, 110a, daruu vddunt wnneuthud *hrawd* o goed ac o wydd tai a gwneuthud *hrawd* arall a byrddau I wyr I sseuyll ar Ysgraffau. **1604–7** *TW* (*Pen* 228), *rhawt* d.g. *Ratis, Schedia.*

rhaweidiaf: rhaweidio [bf. o'r e. *rhawaid*] *ba.* Rhawio, rhofio: *to shovel.*

20g.

rhawf, rhawforiaf: rhawforio, gw. rhaw, rhyforiaf: rhyforio.

rhawffon [*rhaw*+*ffon*] *eb.* ll. *-ffyn.* Pâl, rhaw, padl; (?geir.) coes rhaw: *spade, shovel, paddle*(*-staff*), *spud;* (*?dict.*) *shovel handle.*

1620 *Deut* xxiii. 13, A bydded gennit *raw-ffon* (**1588** *ib.* raw) ym mysc dy arfau: a bydded pan eisteddych allan, gloddio o honot â hi. *c.* **1730** *Thos. Lloyd D* (LlGC) 202b, *rhawffon,* paddle. **1778** *W* d.g. *Paddle-staff.* **1803** *P, Rhawfon,* s. f.—pl. *rhawfyn* . . . A shovel-handle.

rhawg, yrhawg [gw. *rhag*] *adf.,* weithiau gyda grym enwol.

(*a*) Am amser hir (eto), am dalm o amser, o hyn allan, yn y dyfodol, (am) byth; yn awr, bellach, erbyn hyn: *for a long time* (*to come*), (*for*) *a good while, from now on, in future,* (*for*) *ever* (*more*); (*by*) *now, by this time.*

12–13g. *GLlLl* 187, Rwyf bedyt ny beid *yrawc,* / Rwym Lloegyr, lliwed trahaawc. **14g.** *GDG*³ 91, Ym y rhoes, bydd hiroesawg, / Y rhodd a gadwaf *y rhawg.* *id.* 257, Er enaid, os rhaid *y rhawg,* / Brychan Yrth breichiau nerthawg; / Eiriol, er dy greuol gred, / Ar em Wyry roi ymwared. *id.* 287, Hon a wna, anrhegfa *rhawg,* / Hwyl berw llif, hael byrllofiawg [i'r galon]. *c.* **1400** *R* 1034. 33–4, Yn aber cua6c yt ganant gogeu. argangheu blodeua6c. coc lauar canet *yra6c.* **15g.** *DE* 90, yr hwn a welir *yr hawg* / ior dledawg ar dylodion. **16–17g.** *GST* i. 85, Di-gael nerth, digalon wyf; / Dilawn a dilawenydd, / Di-les *rhawg,* a di-lys rhydd. **1603** W. MIDLETON: *Ps* 113, Moliennwch Dduw mawl enwawg / I weision rhwyddion *yrhawg.* **17g.** HUW MORUS: *EC* i. 31, Yn ei alar ni' welwn, / Wylo '*rhawg* ar elor hwn. **1722** *Llst* 189, *Rhawg.* quæ. It seems to be only an expletive or an auxiliary jingle frequently used by Capt. Middleton in his welsh singing psalms. **18g.** *BM* 57, 144a, *rhawg* or *y rhawg* or *yr hawg,* a good while to come or after, not used in Cardiganshire. **1803** *P, Rhawg,* adv. . . . For a long while. Ar lafar yn Arfon, ''Ddaw o ddim *rhawg*', 'he won't come for a long time'; ''Fydd o ddim yma *rhawg* . . . Dim isio bwyd am *rhawg* eto', *WVBD* 459.

(*b*) (enghrau. ynghyd â bf. yn yr amser grff.) Am dalm o amser, o hynny allan, (am) byth, erioed; ?erbyn hynny; ?ers talwm: (*exx. in conjunction with a vb. in the past tense*) *for a long time, from then on, thenceforth,* (*for*) *ever, always;* ?(*by*) *then, by this* (*that*) *time;* ?*a long time ago.*

15g. *DE* 25, Da fu r himp ar dwf *yrawc.* **15–16g.** *GLM* 204, Aeth eu rhwysg i fethu *rhawg,* / aeth un llun â thân llwynawg. **16–17g.** *GHCEM* 80, Ni bu o'r rhyw neb *yrhawg* / O du'r Traean ond rhywiawg. *id.* 127, Myfyriais, rhifais *yrhawg* / Y plasau mawr palisawg. **16–17g.** *LlCy* xi. 114, Aeth *y rhawc,* medd athro hen / Y soweth yn gas awen (Simwnt Fychan). **18g.** I. BRYDYDD HIR: *Gw* 125, Crwydrodd a rhodiodd *y rhawg* / Yn wan iawn, yn newynawg. **1789** *BDG* 519, Ein parlwr glas cwmpasawg / Aeth yn fwth rhy rwth *yrhawg.*

Cfn.: **ymhen yr hwyr (yr hir) a'r rhawg:** *in the end, eventually.* **1895** D. OWEN: *SP* 141, *Yn mhen yr hir a'r rhawg,* perswadiodd Bellis Mr. Jones i ddechreu ar y busnes coed. **ymhen (y)rhawg:** *in the end, eventually.* **1894** D. OWEN: *GT* 168, *Yn mhen rhawg* wedi i Gwen ddechreu myn'd i gapel Tanyfron, ac ymuno â'r seiat, dechreuodd siarad â mi yn nghylch fy nirywiad. Ar lafar gynt yn Eifionydd clywid '*ymhen yrhawg* ar hugain'.

rhawiaf: rhawio [bf. o'r e. *rhaw*] *bg.a.* Symud (glo, pridd, &c.) â rhaw, palu, hefyd yn *ffig.*: *to shovel, dig, also fig.*

1766 *CD* 67, Cŵn addug cyn iddo, Wr graddol gael gwreiddio, / Ei Chwalu a'i Chwilio, a'i *rawio* yn ddi-rûs [hanes Syr John Heidden]. **1803** *P.* Ar lafar, ''Odd a'n *rawio*'r pridd i'r wilbar', 'Paid o *rawio*'r bwyd i dy geg fel 'na, blentyn!', *GTN* 678.

Amr.: **rhoddio.** Ar lafar ym Morg., *B* viii. 221; 'Ma 'i getyn ry ôr i chi *roddio* tail 'eddi'. Cf. *HVN* 166, Fe fydd yr aur yn cael ei *roddio* / Gan y Seintia' ar ol mynd yno! **rhofio.** [**1783**] *W* d.g. *To shovel.* Ar lafar. **rhyfio.** Ar lafar yn nhref Caerfyrddin, *TGG* (1904) 54.

rhawiaid, gw. **rhawaid.**

rhawiwr [bôn y f. *rhawiaf*: *rhawio*+*-iwr*] *eg.* ll. *rhawyr.* Un sy'n rhawio: *shoveller.*

[**1783**] *W, Rhofiwr* d.g. *Shoveler.* **1803** *P, Rhawiwr,* s. m.—pl. *rhawiwyr* [*sic*] . . . A shoveller.

Amr.: **rhoddiwr.** Ar lafar yn nwyrain Morg., 'Fe yw'r *rhoddiwr* a fi sy'n sgwaru'. **rhofiwr** (ll. *rhofwyr*). [**1783**] *W* d.g. *Shoveler.*

rhawlech [*rhaw*+*llech*¹] *eb.* ll. *-i.* Offeryn ar lun rhaw fechan ac iddo ben fflat llydan i droi teisennau, &c., ar lechfaen, rhafell, sleis, offeryn mawr tebyg a ddefnyddir gan bobydd i symud bara i mewn i'r ffwrn ac allan ohoni, pil; (geir.) rhaw dân; (geir.) sgŵp: *shovel or slice for turning cakes, &c., on a bakestone,* (*baker's*) *peel;* (*dict.*) *fire-shovel;* (*dict.*) *scoop.*

1753 *TR, Rhowlarch,* an wooden slice to turn cakes on a bake-stone. [**1783**] *W, rhaw-lech, rhowlech* d.g. *Slice* [*for turning cakes on a bake-stone, &c.*]. **18–19g.** *LlrC* 7, 192, *Rhawlech,* a fire shovel, Caerm. a spattle for turning oat cakes in Glam. mountains. **1803** *P, Rhawleç,* s. f.—pl. t. *i* . . . A slice; or shovel. Ar lafar, *Geir Geg* 150; '*Rhawlach*', *Cymru* xxxiv. 122 (godre Cered); hefyd yn y ff. *howlech* yng nghanolbarth Cered.

Amr.: **rhaflech. 18–19g.** *LlrC* 4, 85, *Rhaflech,* Glam. a slice, a slate, a kind of trowel made of a slate or shingle, to turn cakes, &c. **rhawlerch, rhawlarch. 1753** *TR, Rhowlarch.* [**1783**] *W, rhowlarch* d.g. *Slice* [*for turning cakes on a bake-stone, &c.*]. Ar lafar yn y ff. *rhawlerch, awlerch* yng nghanolbarth Cered., *B* iv. 301, *ZCP* xx. 296; ac yn y ff. *rhawlarch* yng ngodre Cered. a sir Benf., *TGG* (1907–8) 108, *GDD* 244.

Gw. hefyd **llechraw.**

rhawn [Crn. C. *ruen,* Crn. Diw. *rên,* Llyd. C. a Diw. *reun,* Gwydd. C. *rón*: ?< Clt. **raunos*; petrus yw dosbarthiad rhai o'r enghrau. isod] *eg.* ac *e.ll.* (un. g. *-yn,* b. *-en*) ll. *rhoniau,* a hefyd fel *a.*

(*a*) Blew hir a garw ar anifail, yn enw. ar geffyl, gwrych(yn); (dilledyn) wedi ei wneud o'r cyfryw; wedi ei llinynnu â'r cyfryw (am delyn); cynffon; (yn y ll.) gwlân garw ar gynffon neu ar ben ôl dafad; hefyd yn *dros.*: *long coarse animal hair*(*s*), *esp. horsehair*(*s*), *bristle*(*s*); (*garment*) *made from hair; strung with hair* (*of a harp*); *tail;* (*in pl.*) *coarse wool on tail or buttocks of sheep, breechings; also transf.*

13g. *LlI* 83, Puybynnac a ladho *raun* march, dottet y march en lle ny welher . . . ene uo y *raun* ual y bu oreu ar y uarch ehun gynt. **13g.** *C* 83. 1–2, Ystarnde wineu fruin guin. Redech. hiraethauc *raun* rin. **14g.** *LlB* 91, *Rawn* amws y maes o'r goloren. **14g.** *BT* (*RB*) 180, ac yn Aber Hodni y llusgwyt wrth *rawn* meirych drwy yr heolyd hyt y crocwyd. **14g.** *DGG*² 156, Dy farf a'th wnaeth, gaeth gythrudd, / A'th drawswch *rawn* morhwch rhudd (Llywelyn Goch ap Meurig Hen). **14g.** *GIG* 143, Doeth yw ymadrawdd hawdd hoyw / Y delyn o *rawn* duloyw. / Y delyn *rawn,* dawn difas, / O rad y Drindod a'i ras. *c.* **1400** *R* 1277. 40, *Ra6n* g6rcath m6rchath. **15g.** *Med H* 28–30, Weithian am ddwyn march . . . Tegwch yw bod iddo benn bychan . . . a *Rawn* byrr. **15g.** *GTP* 90, Gwylied ei fantais ddydd golau—ddigon / Ar ei ddwygaill gnapiau; / Glynu fyth, gwae'r galon fau, / Yn ei *rawn* a'i arennau. **15g.** *GGl*² 190, Gwŷr Iâl, heliwch yn greulawn, / Gwŷr Dyffryn Clwyd, gwnewch rwyd *rawn* [dychan i Ddafydd ab Edmwnd]. **15g.** *CSTB* 15, Pert y rhoed parti ar wen, / Plethu a rhannu *rhawnen.* **1488–9** *BSM* 29, Yr i vod yn gwisgo *Rawn* ac yn gorwedd mewn llvdw yr oedd i gnawd ef yn burach nor gwydr. **15–16g.** LLAWDDEN, &c.: *Gw* 20, A gwddw tebyg i Iddew, / A *rhawn* llaes fal yr hen llew [i ofyn tarw coch]. **16g.** *GGH* 299, Rhawd, bur anrheg, 'r hyd bronrhiw, / *Rhoniau* hyd lawr, hynod liw [i ofyn deg o gesig]. *a.* **1577** *Pen* 49, 40, a thrwyn kryf wyth *rownyn* (*GDG*³ 304, *rawn*) krin. **1604–7** *TW* (*Pen* 228) d.g. *Cauda. id.* Eryr ieuanc, cynn gwynnû '*rawn* d.g. *Immusulus.* **1632** *D, Rhawn,* Sing. *Rhownyn,* seta. **1707** *AB* 3b, *Rhaun,* Horse hair; and not us'd in Welsh for any other. **1803** *P, Rhawn* . . . The long or coarse hair of beasts, the hair of a horse's tail. *id.* Rhôn . . . *Gwlan rhoniau,* the wool of tails. **1814** W. DAVIES: *Agric* . . . *S. Wales* ii. 267, Breechings (*rhoniau*) are sheared, in most places, early in the season. Ar lafar, 'Ma 'na had caci mwci yn *rhawn* y fuwch', *WVBD* 459; '*Rawn* ceffyl yw'r dunydd du 'na sy' ar soffa dy fang-gu, dyna pam ma fa mor bicog', *GTN* 678; 'Fe æth Twm â blewyn o gwt y ceffyl. A dyma'r dyn yn trafod y *rownan*', *TNS* 183. Cf. *SE MS* 425a, Tocio *rhoniau*—to clip the coarse wool of sheep's tails. Mawddwy. Cneifio *rhoniau* to shear or clip the tails of sheep. Cyfeiliog.

(*b*) (yn y ff. *rhawnyn, rhawnen*) Y dim lleiaf, mymryn, tipyn: *smallest amount, least bit, scrap.*

1824.

Cfn.: **rhawn barcut:** *swallowtail* (*in carpentry*). **1632** *D, Rhawn barcut* yngwaith saer pren d.g. *Securicla.* *Bot.* **rhawn y gaseg:** (i) *mare's tail, Hippuris vulgaris.* **1813** *WB* 230. (ii) *mare's tails* (*type of cirrus cloud*). Ar lafar ym Meir., *B* xiv. 293. *Bot.* **rhawn yr ebol:** *stonewort, Chara.* **1813** *WB* 230. **rhawn gwynion yn ei (fwng a'i) gynffon:** '*white hairs in his* (*mane and*) *tail*', *used to denote untrustworthiness.* **1746** *ML* i. 92, Ni bydd un amser ddim cyfeillach rhyngwyfi a Dafis. Mae gormod o *rawn gwynion yn ei gynffon.* **1758** *id.* ii. 84, Os oes *rhawn gwynion yn ei fwng ai gynffon* ni bydd i Wilym a wnelo ac efo. **1762** *id.* 517, Na ymddiriedwch ormodd i'r cyhoeddwr, e ddywaid brain fod *rhawn gwnion yn ei gynffon.* *Bot.* **rhawn y march:** (i) *horsetail, Equisetum.* **1604–7** *TW* (*Pen* 228) d.g. *Codetum, Salix equina.* **1759** J. EVANS: *PF* 92. **1813** *WB* 230. (ii) *mare's tail, Hippuris vulgaris.* **1840.** (iii) *deadly nightshade, belladonna, Atropa belladonna.* **1688** *TJ* (*Bot*), *rhawn y march* . . . deadly Nightshade. **1725** *SR* (*Bot*) d.g. *deadly night shade.* **1756** J. PRYS: *Alm* [3], *rhawn y march* . . . Nightshade. **heb rawn na bogail:** *senseless.* *a.* **1587** *Y* 100, Heb reswm, heb plwm, heb pleth, / Bygwth *heb rawn na bogail,* / Heb gyswllt, heb swllt, heb sail. Cf. W. REES: *AFR* 134, i fochyn chwedi colli 'i go, yn hwchian ac yn gwawchian, *heb na dawn,* na synwyr, na rheswm, na *rhawn, na bogel* gyntho fo.

rhawnbais [*rhawn+pais*[1]] *eb.* Crys rhawn, hefyd yn *dros.*: *horsehair shirt, also transf.*

?**14g.** **(1789)** *BDG* 433, A wisg y munudiau certh, / Dew *rawnbais* du eirinberth [?Madog Benfras i'r Brawd Du]. **15g.** *GTP* 55, Blew du ffris fal dwbled ffrwl, / Bwrdais, du *rownbais*, drwynbwl [i ofyn tarw du]. **1604–7** *TW* (*Pen* 228) d.g. *Cilicium.* **1722** *Llst* 189, *Rhownbais.* f. A garment of hair-cloth. **1725** *SR* d.g. *cloth . . . an hair-cloth.*

rhawnen, gw. **rhawn.**

rhawnfrethyn [*rhawn+brethyn*] *eg.* ll. *-nau.* Crinolin (brethyn), ?cylchbais: *crinoline (cloth ?and petticoat).*

1867.

rhawngoch [*rhawn+coch*] *a.* a hefyd fel *eg.* ll. *-ion.* Ac iddo rawn neu gynffon goch; *Adar.* tingoch, *Phœnicurus*; coch y berllan, *Pyrrhula pyrrhula*: *red-haired, red-tailed; redstart; bullfinch.*

1604–7 *TW* (*Pen* 228), Ederyn *rhowngoch* d.g. *Rubicilla. id.* Ederyn a elwir *Rhowngoch* d.g. *Ruticilla.* **1725** *SR*, aderyn *rhowngoch* d.g. *bullfinch.* **18g.** *Pant* 19, 104, *Rhawngoch*, rhonellgoch, the redstart. **[1783]** *W* d.g. *Red-start, or red-tail.* **1803** *P*, *Rhawngoç* . . . Having red hair. *Y rhawngoç* . . . the redstar[t].

rhawngrych, gw. **rhawn+crych.**

rhawnir, rhawnhir [*rhawn+hir*] *a.*, weithiau gyda grym enwol. Ac iddo rawn neu flew hir (am anifail, hefyd yn *dros.* am berson), ac iddo fwng neu gynffon hir, ?ac iddo blu hir: *long-haired (of animal, also transf. of person), long-maned, long-tailed, ?having long feathers.*

Dchr. **15g.** *IGE*[2] 177, Â'r ddraig arynaig *rawnir* / Yn dwyn yr eurdlws i dir (Llywelyn ab y Moel). **15g.** *GDLl* 34, A choroni merch *rawnir*, / Arth hwnt, wedi Iorwerth Hir. **15g.** *GTP* 45, ni châr merch / Na'r llun blyc lun blac o lir / Na lliw'r wyneb, ŵyll *rawnir.* **15g.** *GGl*[2] 60, Eirch Rheinallt yt farch *rhawnhir.* **15–16g.** *AAST* (1935) 119, Y bore tyrr a'i brawd hir / 'I charennydd ferch *rawnhir* (Dafydd Trefor). **16g.** Lewys Morgannwg: *Gw* 661, Hydd meinglust a haedd mwynglych / *rhownhir* a welir yn wych. **16g.** (*Diw.* **16g.**) *Gwyn* 3, 163, lliw cwrel yw d'angel wedd / llawen *rhawn-hir*, llawn rhinwedd [Huw Arwystl i'r ceiliog iâr]. *Diw.* **16g.** *Llr* B 6, 41b, Y keiliog dissog ar dir / llawn rinwedd llawen *rawnir.* *c.* **1730** *Thos. Lloyd D* (LlGC) 198a, *rhawnir* . . . long feather'd.

rhawnllaes, rhawnlaes [*rhawn+llaes*] *a.*, weithiau gyda grym enwol. Ac iddo rawn neu flew hir (am anifail, hefyd yn *dros.* am berson), ac iddo fwng neu gynffon hir: *long-haired (of animal, also transf. of person), long-maned, long-tailed.*

14g. *GDG*[3] 368, Rhoed duw hoedl a rhad didlawd, / Rhinllaes frân, i'r *rhawnllaes* frawd. **14g.** *GIG* 86, Yn achen y ddraig wen wiw / *Rawnllaes* y mae'r arianlliw. **15g.** *GGl*[2] 60, Troednoeth fal brawd llednoeth llwyd, / *Rhownllaes* fal prior henllwyd [i ofyn ebol]. **15–16g.** *TA* 427, Yn llym iawn i ennill maes, / Yn rhiw Henllan, yn *rhownllaes* [i ofyn march]. **16g.** *GGH* 365, Mwdwl hygno'n minio maes, / Maharenlwmp mawr *rhawnlaes.* **16–17g.** *NBSF* 102, Erfyn y mae ar fin maes / Farch gwiw o'r henlliw *rhawnllaes* (Thomas Prys). **16–17g.** T. Prys: *Bardd* 48, Cyw *rhownllaes* accw'r henlliw / Cadw oer iawn lais cadarn liw [am bioden]. *id.* 359, *Rownllaes* sein hoewlaes sy'n holi ar gam / *Rownllaes* ar gast dyreidi / *Rownllaes* chwanog sy m krogi / *Rownllaes* aeth ir maes a mi.

rhawnog [*rhawn+-og*] *a.* Tebyg i rawn; wedi ei wneud o rawn; ac iddo rawn hir: *like horsehair; made of horsehair; long-haired.*

1803 *P*, *Rhawnawg* . . . Having long hair.

rhawnwyn [*rhawn+gwyn*[1]] *a.* Ac iddo flew, cynffon, neu fwng gwyn: *white-haired, white-tailed, white-maned.*

c. **1600** *DCR* 228, *Rawnwyn* Rywiog fola mein / or main y tyn er gwrychion [am geffyl]. *Dchr.* **17g.** *J* 10, 18a, *Rhownwyn* × Tinwyn.

rhawnyn, gw. **rhawn.**

rhawr [?ymgais gan *P* i roi tarddiad Cymraeg i'r S. *roar*] *eb.* ll. *rhorau.* Rhu (am ddyfroedd): *roar (of water).*

1803 *P*, *Rhawr*, s. f.—pl. *rhorau* . . . A roar, as of the sea or a cataract.

rhawt[1,2], gw. **rhawd**[2,3].

rhawter[1], **rhowter, rhwter** [?cf. *rhawt*[1]; gw. hefyd *rhawter*[2]] *eg.b.* Llu, torf, tyrfa, ciwed; cwmni o filwyr, brigâd: *host, crowd, throng, rabble, rout; company of soldiers, brigade.*

14g. *WM* 78. 11–12, Llyma *rotter.* escob a ϐelei ay sϐmereu ay yniuer. **15g.** *GTP* 52, A chroen glwth, chwerw yn eu gwledd; / Ymsgrwtian, ymysg *rhowter*, / Tan ei glog fal tin y glêr [dychan i dre'r Fflint a'r pibydd]. *id.* 55, Trwmper a'i *rowter* atom, / Traetur i'm ffridd, troetrwm, ffrom [i ofyn tarw du]. **15–16g.** *GLM* 120, Marchogaist o'r marchowgwaed, / y *rhawter*, ieirll ar eu traed. **16g.** Wiliam Cynwal: *Gw* 35, Rhwyfo yn wych, anhrefn oedd, / *Rowter* anial, 'rhyd tonnoedd. **16g.** Wiliam Cynwal: *Gw* (G. P. Jones) 109, Rhoi helynt hwyr, rhuwliant wŷdd, / 'R hyd tor gallt, *rhawter* gelltydd. **1604–7** *TW* (*Pen* 228) d.g. *Agmen, Cateruatim, Turba, Turmatim.* **1632** *D*, Rhawd, Caterua, turma . . . *Rhawter*, idem. **1661** E. Lewis: *Drex* 95, marwolaeth a orchymmyn i chwi dynnu ymmaith wyneb lledrithiog dedwyddyd, a sefyll ym mhlith y *rhowter.* **1722** *Llst* 189, *Rhawter*, m. as Rhawd. **1771** *W* d.g. *Brigade, Rout* [*a noisy and disorderly throng of people*]. **1803** *P*, *Rhawter*, s. f. . . . A multitude in motion.

rhawter[2] [bnth. S. *router* 'rioter'; dichon mai yma y perthyn rhai o'r enghrau. a ddyfynnir d.g. *rhawter*[1]] *eg.* Un sy'n peri cythrwfl, terfysgwr: *rioter.*

1547 *WS*, *Rawter* Riotter.

rhawtiaf[1]: **rhawtio, rhawtian** [?bnth. S. (*to*) *rout* 'to be riotous, behave riotously'] *bg.* Galifantio, cymowta, rhodianna: *to gallivant, gad about.*

a. **1587** *Y* 199, Rhy ynfyd canyd, Cynwal, / *Rhowtio* idd wyd; ai rhaid dy ddal? **18g.** *W Ballads* 164B, 7, Byw'n wargaled mewn bargeinion, / *Rhowtio* ar lâd y rhai t[y]lodion. **1761** *ML* ii. 414, daccw'r wreigyn wedi mynd i rodio (rhodienna neu *rhawtio*) . . . ag i ble ond ffair Fachynllaeth, a elwir yn gyffredin ffair y dom. **1803** *P.* Ar lafar, 'Fydd hi byth adra jest—*rhowtio* bydd hi o hyd', *B* i. 100 (Arfon).

rhawtiaf[2]: **rhawtio** [?bnth S. (*to*) *rout* 'to move with great force, to throw, to stir vigorously'] *ba.* Ysgwyd; peri tasgu: *to shake; cause to splash.*

1879. Ar lafar ym Meir., 'Paid â *rhowtio*'r tun llaeth, mae'r llaeth yn colli i bobman', *B* xiv. 294.

rhawtiwr [bôn y f. *rhawtiaf*[1]: *rhawtio+-iwr*] *eg.* ll. *rhawtwyr.* Un sy'n galifantio neu'n cymowta: *one who gallivants, gadabout.*

16–17g. *GST* i. 546, *Rhowtiwr* yfed 'rhyd trefydd / Rhys fal hobi hors a fydd. **16–17g.** T. R. Roberts: *EP* 281, Y trydydd, *rhowtiwr* ydyw, / Gwall dyb ag nid cwccwallt yw, / Y gwyllt hwn dan droi gwallt hir, / A wyr cau ar wraig cywir. **1803** *P.*

rhawth, rhawyn, gw. **grawth, rhewyn**[1].

rhe[1] [bôn y f. *rheaf*: *rhe*; fel e. gair geir. ydyw yn wr.] *a.* a hefyd fel *eb.* Buan, cyflym; ?llamsachus, chwareus; ?trythyll: *quick, swift; ?capering, playful; ?wanton.*

13g. *C* 72. 12, Oet *re* rereint dan vortuid gereint. **13g.** *A* 23. 7, Gueleys y deu oc eu tre *re* ry gwydyn. *c.* **1400** *R* 1037. 24, bydei *re* y ruthϐn y waeϐ. *id.* 1356. 25, *Re* geubal vedal ny uadeu gϐeisson. **1803** *P*, *Rhe* . . . Fleet, speedy; active.

Fel *e.* Symudiad cyflym, rhediad; cerrynt (trydanol): *swift movement, run; (electrical) current.*

1803 *P*, *Rhe*, s. f. . . . A swift motion, a run.

Gw. hefyd **dyre**[1].

rhe[2], gw. **rheaf: rhe.**

rhea [bnth. S. *rhea*] *eg.* *Adar.* Unrhyw un o ddau fath o aderyn o Dde America o'r teulu *Rheidæ*, *Rhea Americana* a *Pterocremia pennata*, sy'n debyg i'r estrys ond yn llai: *rhea.*

1851.

rheaf: rhe [bf. o'r gwr. IE. **reg-* 'mynd ar ei union', cf. *camre, dere, dwyreaf*: *dwyre, dwyrain, dyre*[2], *olrhe(ini)af*: *olrhain, pelre*; ansicr yw nifer o'r enghrau. isod] *bg.* Codi, mynd, cychwyn, ymadael; (?geir.) rhedeg: *to rise, go, set out, leave; (?dict.) run.*

12g. *GMB* 177, A racdaw *rewys* dwys dyuysgi. **13g.** (**17g.**) *B* iv. 46, deur in reid dy re paub oe gilit / . . . / rvy *rean* ryuel aruyvan. **14g.** *T* 39. 19, ny *reei* warthec heb ϐyneb rud. *c.* **1400** *R* 1424. 35–6, llawer ucheneit omreit yt *re* (*GLlLl* 140, dyre). **1632** *D*, Rhedeg . . . Et videtur vocis Br. radix esse *Rhe* . . . Eiddil hên hwyr yd *re* (*R* 1036. 28, hϐyr y dyre). **1722** *Llst* 189, *Rhe.* To run, speed away.

rhealydd, gw. **realydd.**

rheawdr[1], **rhyawdr** [?bôn y f. *rheaf*: *rhe +-awdr*] *eg.* ?Rheolwr: *ruler.*

14g. *GEO* [7], Rhuglddraig mewn brwydrau, rhiau, *rhuawdr* [*sic*]. *c.* **1400** *R* 1040. 32, Ymmyϐ run *reaϐdyr* dyhed.

rheawdr[2] [ymgais i ddehongli *rheawdr*[1] fel **rhe* (bôn tybiedig y f. *rhedaf*: *rhedeg*)+ *-awdr*] *eg.* ll. *rheodron.* Rhedwr, rhedegwr, rasiwr: *runner, racer.*

1632 *D*, Rhedeg . . . Et videtur vocis Br. radix esse Rhe . . . Hinc & *Rheawdr.* **1722** *Llst* 189, *Rheawdr.* m. A runner, foot-post, page. **[1783]** *W* d.g. *Runner.* **18–19g.** *Llr* C 4, 31, Rhëadr, *Rheawdr*, Rhedegwr. **1803** *P*, *Rhëawdyr*, s. m.—pl. *rhëodron* . . . That performs a race or course.

rhebel, rhebeliwn, gw. **rebel, rebeliwn.**

rhebest, rhebes, *eb.* Rhes, llinell, rhip (hir), hefyd yn *ffig.*: *row, line, (long) string, also fig.*

Ar lafar yn sir Benf. a'r cyffiniau, '*rhebes*, a long rigmarole', *GDD* 244; '*rhebest* = in a string', *TGG* (1907–8) 85. Cf. *Wês wês* 37, A phwy feddilie bo peil o enwogion / In martsho in *rhebest* rown 'Cerrig Marchogion'?

rhebres, gw. **rhybres.**

rhebúwc, rhebuwciaf: rhebuwcio, gw. **rebúwc, rebuwciaf: rebuwcio.**

rhebydd, *eg.* ll. (geir.) *-ion.* Arglwydd, pennaeth, rheolwr, llywodraethwr (hefyd am Dduw): *lord, chief, ruler, governor (also of God).*

12g. *GMB* 199, Gweleis rac Ywein Eigyl en atoed, / Ac o du Ribyll *rebyt* yg greid. *id.* 275, Er-yth-yolaf, Ren, *Rebyt* enuyn,—ar hynt [i Dduw]. **12g.** *GLlF* 379, Oedd *rebydd* coelrydd celennig [marwnad Owain Gwynedd]. **12g.** *GCBM* i. 26–7, Credaf vi vy Ri, vy *Rebyd*, / Vy Llywyaϐdyr, Creaϐdyr, Credouyd. **13g.** *GBF* 226, Ny thykya rybut, hael *rebyt*,—racdaw. *c.* **1400** *R* 1040. 19, *rebyt* uilet reget dull. *id.* 1242. 6–7, *rebyd* ryd rϐydwin. adewin dar. *c.* **1562** *B* ii. 236, *rebydd* . . . arglwydd. **1632** *D*, *Rhebydd*, Est Ior, ait [Wiliam] Ll[ŷn]. **1688** *TJ*, *Rhebŷdd*, jor, Llywŷdd, Arglwydd: a Governour, a Lord. **1722** *Llst* 189, *Rhebydd.* m.p. *byddion.* A governour.

Amr.: **rhybydd** [?ffrwyth camddiweddaru]. **12g.** *GMB* 101, Rex regϐm, Rebyt [llsgr. *rybyt*] rwyt y voli. **13g.** *GDB* 304, Engiryaϐl rybuch am *rybyd*—angerd.

rhec, rheciad, rheciaf: rhecio, gw. **rac**[1], **rhaciad, rhaciaf**[2]: **rhacio.**

rhecian, rhecsyn, gw. **rhaciaf**[1]: **rhacio, rhacs.**

rhech [< Clt. **rikkā* < **rit-ka* < IE. *pr̥d-kā* o'r gwr. **perd-* 'rhechain'] *eb.* (bach. *-en*) ll. *-od, -feydd,* (geir.) *-ion.* Gollyngiad gwynt drwy'r rhefr, cnec, hefyd yn *ffig.*: *fart, also fig.*

c. **1400** *R* 1272. 40–1, Diuiaϐc leidyr kipiaϐc copa *rech* chϐytua ae not yϐ amot yma. *id.* 1335. 20–1, yn dorraϐc o bedeir *rech. id.* 1343. 2, roch goedaϐr *rech* gadarn. **1632** *D*, *Rhêch*, Crepitus ventris. **1753** *TR*, *Rhêch*, a fart. **1769** Twm o'r Nant: *TChD* 56, Mi roesim *rêch* bûr iachus. **1773** *W* d.g. *Fart.* **1777** E. Roberts: *DG* 67, ac mi rois globen o *rêch* go fudr. **1803** *P*, *Rheç*, s. f.—pl. *t. ion* . . . a fart. Ar lafar, '*rhech*, s.f., pl. *rhechod*', *WVBD* 460; '*rhech*, wind broken', *GDD* 244. Sonnir yn gyff. am rywun da i ddim ei fod yn '*rhech* (wleb, wlyb)', neu ei fod 'fel *rhech* (mewn potel)'; hefyd yn y Gogledd gellir sôn am berson twp neu ddi-glem ei fod 'fel *rhech* 'di drysu', a defnyddir '*rhech* o ddynas' am wraig ffroenuchel. Ym Môn clywir 'fel *rhech* ar grib', 'Tendiwch chi, neu mi fyddwch chi allan o'ch swydd fel *rhech* ar grib', ac yn sir Gaerf. dywedir am rywun a adawodd yn sydyn, 'Fe ath fel *rhech* o dwll din gŵydd'. Ym Mhwllheli dywedir am bêl-droed y mae gwynt yn dianc ohoni bod '*rhechen* ynddi'.

Cfn.: **rhech groes:** *ill feeling, bad blood.* Ar lafar yng ngodre Cered. a gogledd sir Gaerf., ''Dyw e ddim wedi bod yn y cwrdd am dri mis o'r bron. Ma *rhech gros* fan'na, gewch chi weld'. **rhech (d)dafad:** *(something) worthless.* Ar lafar yn y Gogledd, ''Tydyn nhw ddim yn werth *rhech ddafad*', *BILlE* 34. **rhech ddistaw:** *silent fart.* **1722** *Llst* 189, *Rhêch ddistaw.* A fiest, fizzle. **rhech mochyn coron = rhech dafad.** Ar lafar yng ngogledd Cered., 'Paid â gwrando ar hwnnw—'dyw 'i farn e ddim gwerth *rhech mochyn coron*'. **rhech benfelen:** *fart that stains clothing.* Ar lafar yn ardal Edern, Llŷn, *LlG* xxi. 19. **(dim ond) rhech a rhwd:** *(of a person)* *of no account*, *'all wind'*. Ar lafar yng ngogledd Cered., 'Mae'n meddwl 'i bod hi'n rhywun ond 'dyw hi'n *ddim* byd *ond rhech a rhwd*'.

rhechaf: rhechain, rhechu [bf. o'r e. *rhech*] *bg.* Gollwng gwynt drwy'r rhefr, taro rhech, cnecian, ffleirio: *to fart.*
15g. *Glam Bards* 308, ni rydd fram mwy no rhyw frawd / nag un gnecc, fy nyn gwyngnawd / ag nid ymdrech dan *rechain* / orau merch dan aur a main (Ieuan Gethin). *c.* **1621** *CRC* 162, Yno i gwelech i slettenne / yn kodi i moel dine / ag yn neidio rhyche / fal geifr yn *rhechain.* **1632** *D*, *rhechain* d.g. *Pedo, ere.* **1722** *Llst* 189, *Rhechain.* To break wind backward. **1735** L. Morris: *T* 9, yn Rhwygo *Rhechain.* **1756** G. Owen: *L* 167, A geir dim dirmyg gan Blant Alis, heblaw gwaeddi Taffy, neu *rechain* rhyngom a'r gwynt? **1766** *CD* 136, Crôch boeri yngwallt dy ben / Pesychu dan *Rechen.* **1773** *W*, *rhechain* d.g. *To fart, or let a fart.* **1803** *P*, *Rheçain* . . . to fart. Ar lafar, '*rhechan*', *WVBD* 460; '*rhechu*', *GDD* 244; ym mhlwyf Llanwenog clywid y rhigwm 'Ma cosb am ffleirio'n fflwch. / 'Dyw *rhechen* ond difyrrwch'. Yn ardal Nantgarw, Morg., ystyr *rechan* yw 'chwerthin yn swnllyd iawn . . . ystyrid *rechan* yn fath comon o chwerthin. Nid gair cras yw *rechan* yn y dafodiaith . . . gwiddi a *rechan* . . . wyrthin a *rechan*', *GTN* 682. Yn ardaloedd glofaol sir Gaerf. digwydd *rhechen* yn yr ystyr 'yr hyn a wnâi'r glo o ganlyniad i'r bywyd a roddid ynddo gan effaith elfennau tebyg i nwy', *Geir Glo* 63.

rhechdyr, rhechdur [?cf. *rector*¹, ac o bosibl Gwydd. C. *recht(a)ire* 'stiward, gweinyddwr'] *eg.* ?Llywodraethwr, pennaeth, stiward; ?arglwyddiaeth: *?ruler, chieftain, steward; ?lordship.*
13g. *GDB* 302, Calchdoet seith riuet syr / Kylch vy rɯyf yn y *rechtyr.* / *Rechtyr* Croeseswallt cryssyassant —am dreic. **13g.** *GBF* 285, A *rechdyr* a'e wyr, bynt waretaɯc / Yt, ddreic y Weun. **14g.** *T* 34. 16–17, Ae ffonsa ae ffur. Aereom [*sic*] *rechtur.*
Gw. hefyd **rector**¹.

rhechen, gw. rhech.

rhechgar [*rhech*+*-gar*] *a.* Rhechlyd: *farting.*
c. **1400** *R* 1345. 40–1, bloedleidyr twr ereidyr tir ar. blif bleidyeu rochgeu *rech gar* [*sic*].

rhechgi [bôn y f. *rhechaf*: *rhechain*+*ci*] *eg.* Un sy'n drewi, drewgi: *stinker.*
Ar lafar yn sir Benf., *GDD* 244.

rhechiog [*rhech*+*-iog*] *a.* Rhechlyd: *farting.*
c. **1400** *R* 1340. 9–10, Gɯaryyd *rechyaɯc.* gɯerin vlonegaɯc.

rhechlyd [*rhech*+*-lyd*] *a.* Yn rhechain, hefyd yn *dros.* ac yn *ddifr.*: *farting, also transf. and derog.*
1786 Twm o'r Nant: *PCG* 15, Wele'r achlod i garpieu *rhechlyd.* **1803** *P*, *Rheçlyd* . . . Apt to be farting.

rhechwr [bôn y f. *rhechaf*: *rhechain*+*-wr*] *eg.* ll. *-wyr.* Un sy'n rhechain, hefyd yn ddifr.: *farter, also derog.*
1803 *P*, *Rheçwr* . . . A farter.

rhed [bôn y f. *rhedaf*: *rhedeg* fel e.; Llyd. C. *red*, *rid*, Gwydd. C. *ri(u)th*; tywyll yw nifer o'r enghrau. isod] *eb.g.* ll. *-ion.* Y weithred o redeg, cwrs, hynt, ras, hefyd yn *ffig.*: *a running, course, race, also fig.*
13g. *GDB* 501, Kywir vrenhin vry gogonet, / Kyuarwyd Kulwyd, racɯyd *reet.* **16g.** *GHCEM* 86, A nâd i'm mab, rwydd-dab *red*, / Wiliam Eutun, dy weled. *c.* **1590** *RC* xlvi. 85, dowod ar i *red* or lloffd i lawr. **1603** W. Midleton: *Ps* 108, Duw vcho ydwyd iechyd / Am gogoniant rhwyddiant *rhed.* *id.* 138, A blynyddedd ryfedd *rêd*, / Yr hên oesoedd hynawsed. **18g.** Ioan Siencyn: *Gw* 261, Un yw o ryw union *ret* / Dyfodd, o Wynnfardd Dyfet. **1803** *P*, *Rhêd*, s. f. . . . A course, or race.

rhedadwy [bôn y f. *rhedaf*: *rhedeg*+*-adwy*] *a.bfl. Gram.* Rhediadol, yn ffurfdroi: *conjugated, declinable (in gram.).*
20g.

rhedaf: rhedeg [Crn. C. *resek*, H. Lyd. *retec*, *rit(ec)*, Llyd. C. *redec*, Llyd. Diw. *redek*, taf. Gwened *ridek*, H. Wydd. *rethid* 'fe red', Gwydd. Diw. *rithim* 'rhedaf': o'r gwr. IE. **ret-* 'rhedeg, treiglo'; cf. *rhod*] *bg.a.* a'r be. hefyd fel *eg.b.* ll. *-au*, ac fel *a.*

(*a*) (Peri) symud â chamau cyflym heb fod y ddwy droed neu bob troed yn cyffwrdd â'r ddaear yr un pryd, carlamu, calapo, rasio, rhuthro; dianc yn gyflym ar droed, ffoi; hefyd yn *ffig.*: *to (cause to) run, gallop, canter, race, rush; run away, flee; also fig.*
12–13g. *GMB* 397, *Redeis* o bechaɯt nyt bychoded / O buchant trigyant y'm trugared. **13g.** *C* 58. 1, Kin caffael ohonautte y coed *reddaud.* dychuis. **13g.** *A* 29. 1, gwr a *ret* pan dychelwit. **13g.** *GBF* 314, Medylyaw yd wyf am dilid—lliw gwawr / Lle *red* olwynawr o Elenid. *ib.* Yn orlliw eiry riw, *rettid*—'ym pwyllad, / Yn orllat karyad men y kerid. **13g.** *BD* 10, *redec* yn noeth dyaryf ym plyth y rei aruavc. **1346** *LlA* 73, allaɯer pob peth a allɯn ni ywnneuthur . . . megys llamv neu *redec.* **14g.** *YBH* 43a, ac yna y *redaɯd* nebun at yr argɯydes y venegi idi chɯedleu. **14g.** *GDG*³ 156, Antur gwrdd, hwnt ar gerdded / Yn ŵr rhif yno y *rhed.* *c.* **1400** *R* 1238. 31–2, *Ret* att beriglaɯr puraɯr pareu. reudus kerydus rac karedeu. *c.* **1400** *RB* ii. 224, nachaf gereint garanɯys a boso . . . ac eu bydin yn eu kyrchu yn deissyfyt o *rydec* eu meirych. ac yn tyllu eu gelynyon. **1547** *WS*, *redec* Ronne. **1588** *Gen* xviii. 2, efe a *redodd* iw cyfarfod hwynt. **1632** *D*, *Rhedeg*, Currere. **1661** E. Lewis: *Drex* 15, plant bychain yn *rhedeg* i fynu ac i wared. **1803** *P*, *Rhedeg* . . . to run; to race. Ar lafar, '*rhedag*', *WVBD* 459; 'Paid â *rhedag* yr ŵyn yna', *B* xiv. 293; fe'i defnyddir hefyd wrth sôn am ddolur rhydd, 'Mi fues i'n *rhedag* trw' nos'.

(*b*) Rhedeg ymaith gan fynd â (pherson, cerbyd, &c.) gydag ef (am geffyl): *to bolt or run away with (person, carriage, &c.) (of horse).*
c. **1877.** Cf. *Cymru* i. 41, Mi gadd Enoc Ifan geffyl gwyllt unwaith yn fenthyg i fynd i'w daith fore Sul, ac mi *rhedodd* y ceffyl o.

(*c*) (Peri) mynd, symud, neu deithio('n fuan) (am wrthrychau difywyd), llithro; (peri) gweithio (am beiriant, &c.); (peri) mynd (o un lle i'r llall) (am fws, trên, llong, &c.); (peri) ymestyn (i gyfeiriad arbennig neu am hyd penodol) (am ffordd, ffos, &c.); lledu (am liwiau mewn dilledyn, &c.); mynd ar led (am syniad, si, &c.): *to run ((of) inanimate objects), go, move, or travel (swiftly), glide; run ((of) engine, &c.); run ((of) bus, train, ship, &c.); run ((of) road, trench, &c.), stretch; run (of colours in cloth, &c.); spread abroad (of idea, rumour, &c.).*
10g. (*Cpt*) *B* iii. 256, Intrited retec. *retit* loyr . . . guorhir seraul circhl. **13g.** *B* iii. 24, *redyt* mayn ene gafo guastat. **1346** *LlA* 5, Ac assynnyant eu rodyaɯdyr ynef ae synnya yndiheu. kannys oe a [*sic*] arch ef y *ret.* **14g.** *GDG*³ 309, A buaned y *rhedy* / Yr awrcn dros y fron fry [am y gwynt]. **15g.** *GLGC* 373, wythwyr ni bu gyn doethed, / o'th fru'r gair doethaf a *red.* **1588** *Salm* cxlvii. 15, yn anfon ei orchymyn ar y ddaiar: ai air a *rêd* yn dra buan. **1588** *2 Mac* ix. 7, digwyddodd syrthio o hono ef i lawr o'i gerbyd, yr hwn ydoedd yn *rhedeg* yn gyflym. **1751** *GIA* xv, barn wedi *rhedeg* trwy 'r tir megis tân. [**1783**] *W*, *rhedeg* llong i dîr neu i'r lann d.g. *To run a ship a-shore.* **1790** T. Jones: *TOS* 100, Ni *rêd* y fflamwe drwy'r sych-wellt, mor gyflym ag y llysg digofaint Duw y trueiniaid hyn. **1795** *R. Crusoe* 91, *rhedasant* eu cwch i'r lan, a daethant i dir. Ar lafar, 'Ma injan y car ma'n *rhedeg* yn dawel'; 'Ma ffenestri'r car wedi rhewi—well iti *redeg* yr injan am sbel'; 'Mae bws yn *rhedeg* bob awr o fan hyn i'r dre''; 'Ma 'na ffordd gul yn *rhedeg* lawr hibio'r capel'; 'Fe olches i'r ffrog goch a gwyn 'ma ddoe ac fe *redodd* y lliwie i gyd'; 'Pan fydd y batri'n fflat y peth gore i wneud yw *rhedeg* y car lawr y rhiw'; 'Be neuthon ni oedd *rhedeg* ffos lawr at yr afon i gael gwared ar y dŵr'. Yn y De defnyddir ymad. megis '*rhedeg* ei chwrs', '*rhedeg* yn driw' am wythïen o lo 'a redai'n gyson ac yn ôl y disgwyl', *Geir Glo* 37.

(*d*) Rhoi pàs i, cludo, cario: *to give (someone) a lift, transport.*
Ar lafar, 'Fe *redodd* John fi lawr i'r stesion, whare teg'.

(*e*) Rhedeg ar hyd (ffordd, pellter penodol, &c.), dilyn (llwybr, cwrs, &c.), cymryd rhan mewn (ras), hefyd yn *ffig.*: *to run along (a road, &c.), run (specified distance), follow (path, course, &c.), run (a race), also fig.*
13g. *HGK* 9, e llawenhaus enteu megys cavr y *redec* y ford (**1588** *Salm* xix. 5, a ymlawenhâ fel cawr yn *rhedeg* gyrfa). **15g.** *GLGC* 282, od â carw i *redeg* gorallt, / od â'r iwrch i rodio'r allt. **1551** W. Salesbury: *KLl* lxxxiiia, mi *redeis* yr yrva. **1588** *Heb* xii. 1, *rhedwn* mewn ammynedd yr yrfa a osodwyd i ni. **1632** J. Davies: *LlR* 469, i *redeg* yr yrfa, i gael ynnill y gamp. **1655** WL: *DP* 310, fel y gallom *redeg* ffordd dy orchmynion. **1714** D. Lewys: *CN* 25, O *rhedwn* ni yr yrfa hon, / Mae Aeth i'm bron rhag Colli. **1757** *ML* ii. 29, Mr. Meurig mi wranta, fydd yn *rhedeg* râs. **1789** B. Evans: *LlG* 45, y mae fe'n *rhedeg* Gyrfa â'i Gysgod ei hûn. Ar lafar, 'Mi *redish* i dair milltir i'r dre' neithiwr'; ''Wyt ti'n mynd i *redag* y ras marathon eleni?'

(*f*) (Peri) llifo, ffrydio; dyfrhau, dyfrio (am lygad, trwyn, clwyf, &c.); ymchwyddo (am y môr); hefyd yn *ffig.*: *to (cause to) flow, stream; run (of eye, nose, wound, &c.); surge, swell (of sea), run (high); also fig.*
12g. *GCBM* i. 361, Haɯl wenwyn hwyl wanar / Yn y *redei* rut wyar. **13g.** *GDB* 445, Ys gorwyn ewyn rhyn yn *rhedeg.* **13g.** *BD* 46, gyn galetet y vrvydyr yny oed y tywarcheu yn *redec* o'r guaet. *id.* 143, megys y bei llygredic . . . a *retei* ohonei [ffynnon] o dvuyr. **14g.** *WM* 135. 5–6, yd oed y uorɯyn ae dagreu ar hyt ygrudyeu yn *redec.* *c.* **1400** *RB* ii. 147, Yna *yret* yr auonyd o waet. *c.* **1400** *YCM*² 100, a'r gwaet yn *rydec* o'e ystlys hyd y llawr. *c.* **1400** *B* v. 23, a phedeir ffrwt yn *rydec* o penn y twr. [**1547**] W. Salesbury: *OSP*, Ir pant y *red* y dwfyr. **1588** *Pr* i. 7, Yr hôll afônydd a *rêdant* i'r môr. **1620** *Galarn* i. 16, fy llygad yn *rhedeg* gan ddwfr (**1588** *ib.* diferu y dwfr). **1632** *D* d.g. *Diffluo.* **1661** E. Lewis: *Drex* 228–9, yn cofio . . . fod ein hawr-wydr ymmron *rhedeg* i gyd. **1759** J. Evans: *PF* 64, Chwydd caled . . . yn torri i *redeg.* **18g.** I. Brydydd Hir: *Gw* 46, Ceinmygir dy waith lle y *rhed* Ieithon. **1795** *R. Crusoe* 27, ni welsom yn union fod y mor yn *rhedeg* mor uchel. **18–19g.** *Beirdd y Bala* 11, Pair o dân, pwy red yno / Dan y gwae, ond dyn o'i go? / Gwae a *rediff*, garw ydyw, / I gefn tân digofaint Duw [i'r llyn o dân]. Ar lafar, 'llycad yn *rytag*'; 'Mae eisie *rhedeg* y dŵr o'r boilar'.

(*g*) Mynd rhagddo, cymryd ei gwrs, parhau: *to proceed, take its course, continue.*
13g. *LlI* 1, yr hen kyureythyeu a edrechasant, a rey onadunt a adassant y *redec*, ac ereyll a emendassant. **1346** *LlA* 51, A*redec* ymis yndec nɯarnnaɯt arhugeint (*Triginta etiam diebus omnis mensis labitur*). *c.* **1400** *RB* ii. 211, A gɯedy *rydec* y nos . . . pan yttoed gɯaɯr dyd yn cochi.

(*h*) Cael ei hachosi (am ddyled): *to be incurred (of debt).*
1759 T. Thomas: *WWDd* 7[0], pwy a dâlai'r dyled sydd wedi *rhedeg* eisioes? *id.* 9[7], talu'r dyled sydd yn *rhedeg* bob Dŷdd. **1786** W. Williams: *I* 20, nid yw taliad dyledus o'r ardreth, neu y rhent blynyddol ar ol torriad cyfraith gael ei wneuthur ddim yn iawn digonol am y gosp neu'r fforffeit ag oedd eisoes wedi *rhedeg* (*already incurred*).

(*i*) Syrthio neu lithro (i bechod, &c.): *to fall or lapse (into sin, &c.).*
1710 *LlGG* (*Gos*) 7, yn ddi-Grefydd yn *rhedeg* i'r echryslon bechod o Anudonedd. *id.* 11, gan addaw ger bron ei Ordinari, na *rêd* o'i fodd i'r unrhyw mwy.

(*j*) Brathu (â chleddyf, &c.), gwanu neu drywanu (â); gwthio ((am d)draenen, &c., i'r croen): *to run (someone) through (with a sword, &c.), pierce or stab (with); run ((of) a thorn, &c., into flesh).*
1754 *W Ballads* 185, 6, Y cyntta ai *rheda* ai gledde. [**1783**] *W*, *rhedeg* pin i un . . . A thorn ran into my foot, Aeth (*rhedodd*) draen i'm troed d.g. *To run a pin into one.*

(*k*) Digwydd neu ailddigwydd yn barhaus, bod yn gynhenid: *to recur continually, be inherent.*
c. **1750** J. Thomas: *T* 1, [C]yfiawnhâd trwy Ffydd heb Weithredoedd, yr hwn sydd yn *rhedeg* trwy'r holl Epistol. **1790** T. Jones: *TOS* 58, a thymma'r pechod mwyaf a *rêd* yn ein natur ni. Ar lafar, ''Odd 'i dad a'i daid yn gerddorol hefyd—ma fe'n *rhedeg* yn y teulu'.

(*l*) Datod, datrys (am bwyth, &c.); (peri) ymollwng (am wal, clawdd, &c.): *to unravel, come undone (of stitch, &c.); (cause) to give (of wall, bank, &c.).*
Ar lafar, 'pwythyn yn *retag*', 'pwytha wedi *rhedag*'; yn ardal chwareli Dinorwig sonnir am 'ei *rhedeg* hi' am dynnu 'bargen' yn anhrefnus.

(*m*) Smyglo: *to smuggle.*
c. **1762–79** W. Williams: *P* 137, [t]rwy osod i fyny y drading o'i *redeg* ef [te] i'r ynys hon. *ib.* fe dalwyd Duties ar agos i bedair mîl o filoedd o bwysau heb yr hyn a ddaeth o Ffrainc trwy *redeg.* [**1783**] *W* d.g. *rhedeg* pethau (nwyfau, llynnoedd, &c.) d.g. *To smuggle, vulgo to run goods* [*import, or export, without paying the customs*].

(*n*) Disodli (rhywun), yn enw. mewn carwriaeth: *to oust (someone), esp. in courtship.*
Ar lafar yn y Gogledd, 'Mae o wedi *redag* o' 'he

has ousted him', 'Mae o wedi cael 'i *redag*' 'he has been ousted' 'he has been jilted', *WVBD* 459.

(*o*) Bod yng ngofal (busnes, &c.), bod yn gyfrifol am, rheoli, trefnu: *to run (business, &c.), manage, organize.*

20g. Ar lafar yn gyff., 'Ma brawd iddo'n *rhedeg* siop fawr yn Llunden'.

(*p*) *Gram.* Ffurfdroi: *to conjugate, decline (in gram.).*

20g.

Fel *e.* Rhediad, carlamiad, symudiad (cyflym), ras; cwrs; llif: *a running, galloping, (quick) movement, race; course; flow.*

10g. (*Cpt*) *B* iii. 256, In irtritid urd id est Intrited retec. retit loyr. **13g.** *DB* 65, ac am eu guibyauder *redec* (*cursum*) y gelwir wynteu planedeu. *id.* 67, Sef yu uchet eu *redec* (*absides*) o bervet y daear. **13g.** *BD* 61, A gwedy eilenwi ohonav *redec* (*cursum*) y uuched y doeth Coel y uab ynteu yn y ol yn urenhin. *id.* 107, baed ymladgar . . . Hvnnv a ouynhaant . . . canys ruthyr y *redec* ef a estyn y rei hynny: ac ev gnottahedic *rydec* adistrywiant. ... *id.* 195, Pelis Enwir [dewin] . . . a adnabydei ar *redec* y syr. **14g.** *WML* 5, Naʋd y pengʋastraʋt aparha hyt y par/ aho *redec* (*LlI* 9, talym) ymarch goreu yny llys. **1346** *LlA* 65, Ar dyfured ysyd yr awr honn yn dyfuryssaw o uuan *redec* (*cursu*). *c.* **1400** (*SG*) *HMSS* i. 210, dwfyr tec redegawc heb golli dim oe *redec*. **15g.** *BB* 137, Wyneb yssyr adrossant ywrth y rei hynny: ac ev gnottahedic *rydec* adistrywiant. **1632** *D*, Gollyngfa *redeg* d.g. *Carceres.* **1790** TWM O'R NANT: *GG* 177, Digon o goeg *redegau*, a wnaethom, / Hyd nythod Tafarnau. **1803** *P*, *Rhedeg*, s. m. . . . A course, a run, a race. Yng Nghaernarfon clywir *rhedag* yn yr ystyr 'symudiad nifer o bysgod drwy'r dŵr', *B* xxv. 54.

Fel *a.* (*a*) Yn rhedeg, yn rasio, hefyd yn *ffig.*; rhedegog, llifeiriol; rhedegog (am gwlwm, dolen, &c.): *running, racing, also fig.; flowing; running (of knot, noose, &c.).*

12g. *GCBM* ii. 53, Euranrec *redec* rodolyon. **13g.** *LTWL* 235, et ne sint baed *redec*. **1632** *D*, March *rhedeg* d.g. *Celes.* **1803** *P*, *Rhedeg*. . . a. Running. Ar lafar, 'dolan *redag*', *WVBD* 98; 'cwlwm *rhedeg*' (sir Benf.).

(*b*) Wedi ei smyglo: *smuggled.*

1770 *TG* iv. 110, oddi tan y pys cafwyd lliain main, a the *rhedeg*, &c. **1798** GW. MECHAIN: *D* 23, yn prynu eiddo *rhedeg* gan fynyched ac y gallont. Cf. T. LEWIS: *HPF* 482, ac a ddygodd ryw swyddogion yno i chwilio am foddion *rhedeg*.

Amr.: **rhes**[3] [< **ret-s-ti*, cf. *gwares*[2]; am engh. arall bosibl, gw. *B* vi. 104]. (ff. 3 prs. pres. dib.). *c.* **1400** *B* ii. 10, *ryres*. **rhydeg**[2]. **14g.** *Haf* I, 24b. *c.* **1400** *RB* ii. 224. **15g.** *BB* 166. *c.* **1475** *B* xiii. 181. Ar lafar yn y De yn y ff. *rydeg* (*ryteg*, *rytag*), *rideg* (*riteg*, *ritag*), e.e. 'Fe *ritws* rwun 'ipo ifi yn y twyllwch', 'Un ddæ i *ritag* ôn i'n ifanc', *GTN* 686.

Cfn.: **rhedeg allan:** (i) *to flow, flood, also fig.* **1604–7** *TW* (*Pen* 228), *rhedec alhan* val y gwna'r chwys alhan or chwysdylhæ d.g. *demano.* **1747** T. EVANS: *DDM* 14, ei natur arw . . . a *rêd allan* . . . yngwydd pawb. **1778** J. HUGHES: *BB* 285, Ei euraid wllys da *rêd allan*, / Fel gwin dros y gwppan o'i goppa. (ii) *to run (someone) out (in cricket).* **20g.** (iii) *to run out (of) (a commodity).* Ar lafar, 'Ma'n rhaid i fi fynd lawr i'r siop—'den ni wedi *rhedeg allan* o fara'; ''Fydd 'na fawr o de heddiw—ma'r bara 'di *rhedeg allan*'. **rhedeg ar:** (i) *to run down, disparage.* Ar lafar yn y Gogledd, ''Chlywis i mono fo'n *rhedag ar* neb erioed'. (ii) *to sue (someone) for debt.* **1805** TWM O'R NANT: *H* 36, yno fe *redwyd arnaf* am y[r] ardreth. (iii) *to run upon (of thoughts, &c.).* **1679** C. EDWARDS: *GGG* 171, meddyliau gwibiog, yn *rhedeg ar* achosion cnawdol. **1723** E. SAMUEL: *PDdC* ii. 44, Mae'n meddyliau bob amser yn *rhedeg ar* ddrwg. **1764** W. WILLIAMS: *GDC* 65, B'le gwrthddrych ar y ddaear . . . / . . . i *redeg arno* mryd. (iv) *to attack, rush upon.* **1620** *Eseia* xxxiii. 4, fel gwibiad ceiliogod rhedyn y *rhêd* efe *arnynt* (**1588** *ib.* myned yn ei erbyn ef). **1719** *TDP* 51, ni a *redasom arnynt* hwy . . . ac ai gyrasom hwynt oll i ffoi. *c.* **1730** *Taith C* 20–1, rhag ofn i'r Gwaed gî [*sic*] *redeg arnynt*. [**1783**] *W* d.g. *To run upon.* **rhedeg a ras(i)o:** *to rush about, be on the go.* **1881** D. OWEN: *D* 55, yn *rhedeg ac yn rasio* i dendio arno fo o hyd. Ar lafar, '*rhedag a rasio*', *WVBD* 453; '*rhedeg a raso*', *Wês wês* 42; 'Dim rhyfedd 'i fod o 'di ymlâdd, mae o 'di bod yn *rhedeg a rasio* drw'r dydd'. **rhedeg ar wyllt:** *to run out of control.* Ar lafar. Cf. RHYS J. DAVIES: *Seneddwr ar Dramp* (1935) 114, fel ambell i ddram wâg ym mhwll y Ton ers llawer dydd yn *rhedeg ar wyllt*. **rhedeg ar ei hôl hi:** *to work diligently, work 'against the clock'.* Ar lafar yn ardaloedd chwareli llechi y Gogledd 'am un yn gweithio'n ddiwyd, h.y. y mae mor brysur ag fel petai ganddo amser penodedig i wneud y gwaith ac yn ceisio dal amser', *B* xx. 374. **rhedeg ar y sgôr:** *to run up debt.* **1704** *AGF* 35, y rhai y mae eu cyfrifon yn drymmach, am eu bod wedi *rhedeg* yn hir *ar yr sgor* [*sic*]. Gw. hefyd *rhedeg i mewn* (iii). **rhedeg bil:** *to run up a bill.* **1894** D. OWEN: *GT* 315, mae gen i ofn na cha i ddim siawns i *redeg bil* efo ti. Ar lafar, ''Roedd y teulu 'na bob amser yn *rhedeg bil* mawr yn y siop'. **rhedeg calch:** *to slack or slake lime.* Ar lafar yn y De, 'A large quantity of lime is placed in a deep pit and water is poured upon it. This process of slaking lime is called *rhedeg calch*', *LlGC* 1134, 22. **rhedeg car:** *to run a car.* Ar lafar, 'Pawb yn teithio ar fws oedd hi bryd hynny—neb yn gallu fforddio *rhedeg car*'. **rhedeg ddwylo ym mwnwgl (i):** *to (rush to) throw one's arms around (someone's) neck, embrace.* **1589–90** *HP* 93, a thruanhau wrthaw a *rhedec ddwylaw ymwnwgl iddaw* a'i gusanu. Gw. hefyd (*myned*) *ddwylo* (*ym*) *mwnwgl* (*i*) d.g. *dwylo.* **rhedeg gwres:** (i) *to run a temperature.* Ar lafar. (ii) *the running of cattle, horses, &c., in hot weather.* Ar lafar ym Meir., *B* xiv. 293. **rhedeg i ddyled(ion):** *to run into debt, run up debt(s).* **1877.** **rhedeg i had:** *to run to seed.* [**1783**] *W* d.g. *To run to seed.* **rhedeg i lawr:** (i) *to run down, disparage.* **1740** T. EVANS: *DPO* 23. **1740** T. EVANS: *LlA* 18. Cf. D. OWEN: *D* 54, Yr oedd Becca . . . wastad yn *rhedeg* ei gŵr *i lawr*. (ii) *to run (someone) down or over (of a vehicle).* Ar lafar, 'Mi groesodd y lôn ar ôl cal tropyn yn ormod, ac mi gafodd 'i *redag lawr* gan gar'. **rhedeg i lewys (rhywun):** *to curry favour (with someone).* **1866.** **rhedeg i ferched:** *to womanize.* **1883.** Ar lafar yn Arfon. **rhedeg i mewn, rhedeg mewn:** (i) *to shrink (of material), also fig.* *c.* **1730** *Thos. Lloyd D* (LlGC) 198a, *rhedeg i mewn*, influo, to shrink in. Cf. D. OWEN: *RL* 222, byddai tywydd gwlyb ac oer yn peri iddo [Jones] *redeg i mewn* fel gwlanen Gymreig, gyda'r gwahaniaeth nad oedd fel y wlanen yn tewychu wrth *redeg i mewn*. (ii) *to run in (of vehicle).* Ar lafar, 'Fe ath â'i gar newydd yn erbyn wal cyn gorffen 'i *redeg e mewn*'. (iii) *to run into or incur (debt, &c.), run up (debt(s), &c.).* *c.* **1400** *B* ii. 10, O *ryres* dy wyr *y mywn* dirwyon yn dy lys, drwy gyghor dy wyr unwed ac wynt e hunein dirwya wynt. **16–17g.** *Cer RC* 180, rhai 'n *rhedeg mewn* dyledion. **17g.** *IICRC* iii. 246, gwilia *redeg mewn* yscor ar bost ne ddor yn rhybell. **1756** *ML* i. 424, neu *redeg mewn* dyled i'r wlad neu ryw ddiawl. [**1783**] *W*, *rhedeg mewn* dyled d.g. *Score, To run up a Score.* **1790** T. JONES: *TOS* 162. Gw. hefyd *rhedeg ar y sgôr.* **rhedeg maes (o):** *to run out (of) (a commodity).* Ar lafar yn y De. **rhedeg y meil:** *to move wagons quickly from place to place (in slate-quarry).* Ar lafar yn ardaloedd chwareli llechi y Gogledd, *B* xx. 374. **rhedeg mewn,** gw. *rhedeg i mewn:* **rhedeg off:** *to run off, run away, escape; elope, 'do a bunk'.* Ar lafar, 'Dyna'r ail waith i'r 'en grotyn 'na *ritag off*', 'Fe ddæth â merch i draffith a we'ny fe *ritws off* sia Merica', *GTN* 601; 'Fe *redodd off* gyda gwraig 'i ffrind gore'. **rhedeg (yn) reiat:** *to run riot.* **20g.** Ar lafar, ''Dwn 'im be' i' neud hefo'r plant 'ma—man' nhw'n *rhedag reiat* dros y lle i gyd' (Arfon); ''Odd y plant yn *redeg reiyt* rownd y lle ar ôl y parti' (de-ddwyrain sir Gaerf.). **rhedeg risg (rysg):** *to run a risk.* *c.* **1762–79** W. WILLIAMS: *P* 128, Maent eich dau yn rhwym . . . i *redeg* yr un *rysg* o ragluniaeth. Cf. D. J. WILLIAMS: *STG* 105, Ffolineb yw i ddyn *redeg risg* diangen. **rhedeg y trên:** *to travel by train without a ticket.* Ar lafar ym Môn. **rhedeg dros(odd) (trosodd):** (i) *to run over, study, consider, repeat, &c., rapidly.* **1604–7** *TW* (*Pen* 228), Rhedec drosodh d.g. *Transcurro.* **1606** E. JAMES: *Hom* ii. 243, Fe fyddai rhy hir imi adrodd a *rhedeg dros* bob gradd o ddynion. **1709** H. POWEL: *G* 60, nid gwaeth gentynt er *rhedeg dros* osodedic weddiau yr Eglwys. (ii) *to overflow, also fig.* **1604–7** *TW* (*Pen* 228), rhedec drosodh d.g. *Restagno.* **1728** T. BADDY: *DDG* 69, yn ol iw Pechodau *redeg trosodd* yn gyflawn (*having made the full measure of their Sins run over*). **1778** *W*, *rhedeg trosodd* d.g. *To over-run* [*V.N.*], *To run over* [*the brim, &c.*]. (iii) *to run over (with a vehicle).* **1914.** Ar lafar, 'Fe *redodd dros* ffowlyn y tro cynta ath e â char mas'. (iv) *to overrun, exceed (limit).* Ar lafar, 'Fe *redon*' nhw *dros* yr amser wrth recordio'r canu yn Hebron'. **rhedeg trwy'r cortyn:** *to skip with a rope.* Ar lafar yn ardal Penmachno, sir Gaern., 'Mi allwn *redeg trwy'r cortyn* oddi yma i'r bont'. **rhedeg wageni:** *to move wagons along rails in a slate-quarry without using an engine.* Ar lafar yn ardaloedd chwareli llechi y Gogledd, *B* xx. 374. **rhedeg ym mhen (yn fy mhen, &c.):** (i) *to fly at, rush upon.* **1632** *D* d.g. *Inuolo.* (ii) *to occur to, run through one's head (of idea, &c.).* **1796** J. GRIFFITHS: *H* 74, Yr oedd yn *rhedeg yn fy mhen* . . . fod achos mawr gofalu wrth ysgrifennu . . . i osod yr Attaliadau yn eu lle. **rhedeg yn y gwddf i:** *to run contrary to, fly in the face of, oppose.* **1851.** **ar (ei, &c.) redeg, ar lawn (ei lawn, &c.) r(h)edeg:** (i) *at a (full) run, speedily.* **13g.** *HGK* 8, megys y dothoed gynt nebun wryavc . . . *ar y redec* ar Dauid. *c.* **1400** (*SG*) *HMSS* i. 415, *ar eu llawn redec*. **15g.** *GLGC* 230, I Samled *ar lawn redeg*, / o gŵyr y daw esgair deg. **1604–7** *TW* (*Pen* 228), *ar y lawn rhedec* d.g. *Trepidarius.* **1632** *D* (*Diar*), Nid *ar redeg* y mae aredig. **1790** T. JONES: *TOS* 4, myn'd *ar redeg* tuag uffern. (ii) *flowing, in full flow, streaming (down).* **1739** *LlCy* x. 13, Cefais lawer dyna'r gwir / o râd y Bir *ar redeg*. **1784** J. ROBERTS: *C* 5, Cafodydd *ar redeg*.

Gw. hefyd **rhedaint, rhedegfain.**

rhedaint [tebyg fod yma fwy nag un gair; ?amr. ar *rhydain*; ?bôn y f. *rhedaf*: *rhedeg* +*-aint*; ?3 ll. amhff. myn. y f. *rhedaf*: *rhedeg*] ?*e.* ?Carw (ifanc); ?cwrs: ?*(young) deer*; ?*course.*

12g. *GLlF* 441, Neu hyt goruynyt rewyt *redeint.* *c.* **1400** *R* 1030. 9, Bit vuan *redeint* yn ardal mynyd. *id.* 1042. 41, Oed re *redeint* (*C* 72. 15, rereint) dan uordʋyt gerereint [*sic*]. *id.* 1056. 22, *Redeint* gorwyd rwyd pob traeth.

rhededig [bôn y f. *rhedaf*: *rhedeg*+*-edig*] *a.bfl.* Yn rhedeg: *running.*

9g. (*MC*) *VVB* 209, Ir catteiraul *retteticc* strotur, gl. *sella curulis.*

rhedegain, rhedegawd, gw. **rhedegfain, rhedegog.**

rhedegfa [*rhedeg*+*-fa, ma*; H. Grn. *redegua*, gl. *cursus*] *eb.* ll. *-fâu, -feydd.*

(*a*) Cwrs, hynt, llwybr; y weithred o redeg, rhediad; ras; hefyd yn *ffig.*: *course, route, path; a running, run; race; also fig.*

15g. *Cy* iv. 118, ydoant gwethillyon ycryaduryeid oy gygouew dan rodi *rydecuae* o le yn lle megys ynuydyon. *Diw.* **15g.** *Pen* 67, 120, Maint tra gwres havl ynny *rredegva.* **1567** *LlGG* 101a, gorphennels vy *rhedecva.* **1604–7** *TW* (*Pen* 228) d.g. *Curriculum, Cursus.* **1606** E. JAMES: *Hom* ii. 176, *rhedegfa* y blin fywyd hwn. *id.* 224, gwnaeth ef i'r haul a'r lleuad attal eu *rhedegfa.* **1784** M. WILLIAMS: *S* i. 214, Yn ei *rhedegfa* mae hon [afon] yn gwneuthur rhifedi mawr o aberoedd. **1788** J. GRIFFITH: *DCC* 228, [dy] *redegfa* a'th daith o'r ddaiar i'r nefoedd. **1803** *P*, *Rhedegva*, s. f.—pl. *rhedegveyz* . . . a course. Haul yn ei *redegva*, the sun in his course.

(*b*) Lle i redeg (ras, &c.), maes rasio: *running-place, racecourse, racetrack.*

1547 *WS*, *redecfa* A ronnyng place. **1771** *W* d.g. *Course* [*a place for running*]. **1803** *P.*

Amr.: **rhegedfa** [drwy drsd., cf. *rhegedog*, amr. ar *rhedegog*]. **15g.** *Cy* iv. 116, dan *rygedua* yrheul. *c.* **1590** *RC* xlvi. 79, a dwyn *rygedfa* tia'r yslys arall i'r ty. Ar lafar yn ne-ddwyrain Morg. yn yr ystyr 'racecourse', *GTN* 681.

Cfn.: **rhedegfa geffylau:** *horse-race.* **1836.**

rhedegfaes [*rhedeg*+*maes*[1]] *eg.* Maes rhedeg, maes rasio: *racecourse, racetrack.*

1843.

rhedegfagl [*rhedeg*+*magl*[1]] *eb.* Cwlwm rhedeg, byddeg: *slip-knot, noose.*

14g. *YBH* 38b, dyuot cof idi y gʋregis . . . ae wneuthur yn *redecuagyl* ac . . . y dodes dros y ben. **1604–7** *TW* (*Pen* 228), cwlwm *rhedecvagl* d.g. *Herculanus, ne Herculeus nodus.* **1608** *Pen* 217, 22, ry gyweiryaw . . . iddaw *rydecvagyl* wrth y grogi ehun.

rhedegfain, rhedegain, rhedegfan[2], &c. [bf. o'r be. *rhedeg*+*-fan*, **-fain* (?ar ddelw *wylofain*); tebyg nad yma y perthyn *redegein*, *A* 20. 3; gw. *CA* 303] *bg.* a hefyd fel *eg.* Rhedeg (yma a thraw): *to run (to and fro).*

1552 *Pen* 403, 110, Na byddet morwyn yn rvy drafferthus mewn tuy vn arall / Na *redecvain* a chwilio pob congyl. **1603** W. MIDLETON: *Ps* 18, Y rhai drwg kilwg koeliwch / Yn *rhedegfain* truain trwch. **1630** R. LLWYD: *LlH* 28, Yr wyfi yn rhyfeddu pa lesâd y mae dynion yn ei gael drwy *redegen* i bregethau. *id.* 316, Ac am wrando Pregethau nid wyf yn cael ennyd i *redegain* iddynt. **1632** *D*, *Rhedegfain*, Cursitare. **1661** E. LEWIS: *Drex* 143, yn *rhedegfain* i fynu ac i wared. **1688** *TJ*, *Rhedegfain*, *rhedegfan*: to run up and down. **1728** *GMJ* 32, pan y bo'nt yn arferol o *redegfan* draw ac ymma. **1770** *W* d.g. *Abroad, To run abroad* [*as a person*], *To beat* [*run*] *up and down, To run often, To whip up and down.* **1803** *P*, *Rhedegain* . . . To run continually. Cf. *SE MS* 415b, *Rhedegfain*, vn. to run to and fro; to keep running.

Fel *e.* Y weithred o redeg, rhediad (yma a thraw), cynnwrf: *a running (to and fro), stir.*

16g. *Yst Kym* 117, Ag yna i gwelid *rhydegain* amal o eglwys pa gilydd. **1588** *Jud* x. 18, yna yr oedd *rhedegen* (**1620** *ib.* *rhedegfein*) drwy 'r holl werssylloedd. *Dchr.* **17g.** *J* 10, 15b, *Rhedegain.* Postinge. **1630** R. LLWYD: *LlH* 29, diddadl yw y bydd hwnnw cadwedig heb y *rhedegen* ymma i bregethau. **1722** *Llst* 189, *Rhedegfain* . . . m. A concourse. **1772** *W* d.g. *Concourse.*

rhedegfan[1] [*rhedeg*+*man*[1]] *eb.* Maes rasio, rhedegfa, stadiwm: *racecourse, racetrack, stadium.*

1803 *P*, *Rhedegvan*, s. f. . . . A race-course.

rhedegfan[2], be., gw. **rhedegfain.**

rhedegfarch [*rhedeg+march*] *eg.* ll. *-feirch.* Ceffyl rasio: *racehorse.*
?**15g.** *TYP*[2] 120, Tri *Rydecvarch* (*ib.* Rodedicvarch) Ynys Prydein. **1632** *D* d.g. *Celes, Equus . . . Equus cursorius.* **1661** E. LEWIS: *Drex* 218, âed i yrfa y *rhedeg feirch.* **1780** *W* d.g. *Race-horse.* **1803** *P.*

rhedegiad [*rhedeg+-iad*[1]] *eg.* Rhediad, rhedfa; cwrs: *a running, racing; course.*
1793 *Cylchg* 15, gan droi heibio i ba rwystr bynnag a wrthwyneba ei *redegiad.* **1803** *P.*

rhedegod, gw. **rhedegog.**

rhedegog [*rhedeg+-og*] *a.* a hefyd fel *eg.* Yn rhedeg, yn symud (yn gyflym); cyfredol, yn mynd o law i law; llifeiriol, ffrydiol, yn ymchwyddo (am y môr); hylif, llifyddol; yn gweithio'r corff, rhyddhaol; yn gollwng (crawn, &c.); yn llithro'n rhwydd (am fagl, &c.); *Bot.* ymlusgol; hefyd yn *ffig.*: *running, moving* (*quickly*); *current, going from hand to hand; flowing, streaming, surging* (*of the sea*); *liquid; purging, laxative; discharging* (*pus, &c.*); *running* (*of noose, &c.*); *creeping* (*in bot.*); *also fig.*
12g. *GLlF* 442, Deu gar a gertynt . . . / Y hebrỽg anrec yn *redecaỽc* / Y Lasgỽm. **12–13g.** *GLlLl* 239, A geloreu creu, a gwan, a gwaedfreu, / A gwaedffriw *redecaỽc.* **13g.** *C* 88 (ymyl y ddalen), *Redecauc* duwyr echwit. **13g.** *GBF* 285, Maỽretus dy wlad, rad *redegaỽc.* **14g.** *T* 28. 13, pan yỽ mor *redegaỽc.* **14g.** *WM* 225. 4–5, avon *redegaỽc* a oed ar hyt y glyn. *c.* **1400** *R* 1030. 13, bit *redegaỽc* gorỽyd. *c.* **1400** *MM* 22, ar gannwreid *rydegaỽc.* *c.* **1400** *Études* viii. 82, Rudyon y gwenith gwressawc yw a *redegawc*; golchi a wna a glanhau. **15g.** *AL* ii. 240, tlyssev *redegoc* ny trait mach arnvnt . . . gwregis a chae a chyllell. **1547** *WS, redecoc* Ronnynge. *p.* **1584** G. ROBERT: *GC* [205], mae ymysg blodau ifienctid, cymru lawer un, a chentho . . . awenydd *redegog.* **1632** *D* d.g. *Fluidus, Fluxus.* [**1641**] *SCG* 25, megis gwahanglwy *rhedegog* o gorun y pen hyd gwadan y troed. **1657** *MLl* ii. 122, Rhai a ddwedant fod y ddayar. / Yn troi beynydd yn olwyngar. / Eraill mai'r Haul sydd *redegog.* / Ar [*sic*] ddayaren yn ddiysgog. **1693** *DQM* 19, yn anfodlon i ganiattau iddynt yr un ond meddyliau *rhedegog.* **1718** E. SAMUEL: *HDdD* 327, ar Dŷb ddrwg honno'n *rhedegog* yn eu plith. **1778** *W*, clwm *rhedegog* d.g. *Noose* [*a running knot*]. **1803** *P* d.g. *Rhedegawg.* Digwydd hefyd fel epithet, gw. *B* iii. 48. Ar lafar yn ne-ddwyrain Morg. yn y ff. *ridecog*, ''On nw'n arfadd gwed na chroesiff ysbryd ddim o ddŵr *ridecog*', *GTN* 684.

Fel *e. Bot.* Llysiau'r ysgyfaint, *Pulmonaria,* ?hefyd am blanhigion eraill: *lungwort, ?also of other plants.*
c. **1400** *MM* 26–8, ar griessyn, ar vnsyc, ar *redegaỽc. id.* 32, ar ganwreid benngoch, ar *redegaỽc.* Cf. *id.* 22, [y] gannwreid rydegaỽc. *Dchr.* **17g.** *J* 10, 15b, *Rhedegawd.* Pulmonaria.
Amr.: **rhedegod** [drwy ddadf.]. *c.* **1400** *MM* 44, gỽaetlin *redegaỽt.* **16g.** *LlS* 118, 184. *Dchr.* **17g.** *J* 10, 15b. **rhegedog** [drwy drsd., cf. *rhegedfa*, amr. ar *rhedegfa*]. *c.* **1400** *R* 1354. 16–17, a *rygedaỽc* neint. **15g.** *LlCy* viii. 77, reit yw symut mein y rydyeu *rygedawc* neint. **1707** *AB* 219d, *Rhegedog* corrupted from rhedegog. **1753** *TR*, Dwr rhedegog . . . for which we say corruptly Dŵr *rhegedog* d.g. *Rhedegog.* [**1783**] *W*, Rhedegog . . . (vulgò *rhegedog*) d.g. *Running* [*that runs*]. Ar lafar ym Morg., hefyd yn y ff. *rygetog, GTN* 699. Digwydd hefyd ym Morg. yn yr ystyr 'ar i waered (o ran iechyd, &c.)', 'Ond yw hi wedi mynd yn *rygetog* yr wythnos dwetha' 'ma?'.
Cfn.: *Bot.* **rhedegog (rhedegod) y derw:** *lungwort, Pulmonaria; tree lungwort, Lobaria pulmonaria.* **16g.** *LlS* 118, Pulmonaria yn Llatin, Loongwort yn Saesonaec, *Rhedegot y derw*, Clustiæ yr Derw, ne Gallodr yn Camberaec. **1632** *D* (*Bot*), *Rhedegog y derw.* vid. Clustiau 'r derw. **1633** J. GERARDE: *Herball, Rhedegat* [*sic*] *y derw.* v. Galladr [*sic*]. **1813** *WB* 230, *Rhedegog y Derw*; Lichen plicatus; Tree Lichen, or Liverwort.

rhedegol [*rhedeg+-ol*] *a.* Rhedegog, llifeiriol; cyfredol, cyfoes; yn perthyn i redeg; yn perthyn i hynt neu gwrs; rhedol (am ysgrifen, &c.); hefyd yn *ffig.*: *flowing; current, contemporary; pertaining to running; pertaining to a way or course; joined* (*of writing*), *cursive; also fig.*
1633 *Addysg i Farw* 110, Drwy gofio yn gyntaf mae ordinhad y Goruchaf yw *rhedegol* reoledigaeth pob cnawd. **1752** *LlGG* [13], Am y Ganrhif nesaf . . . anghwanegwch at y Flwyddyn *redegol* ei phedwaredd Ran. Cf. OWAIN LLEYN: *Gw* iv, [d]isgynydd o Rhys ab Tewdwr . . . ac felly o'r un llinell *redegol* a theuluoedd Angelog, Bodwrdda . . . &c.

rhedegolion [*rhedegol+-ion*[2]] *e.ll.* Llythrennau rhedol: *cursive characters.*
1882.

rhedegwas [*rhedeg+gwas*[1]] *eg.* Negesydd, cennad: *messenger, courier.*
1703 E. WYNNE: *BC* 114, dyma *redegwas* cythreulig arall.

rhedegwr, rhedegydd [*rhedeg+-wr, -ydd*[3]] *eg.* ll. *rhedegwyr, rhedegyddion.*
(*a*) Rhedwr, rasiwr; negesydd, cennad; gwyliwr, gwarchodwr; smyglwr: *runner, racer; messenger, courier; guard, sentry; smuggler.*
1588 1 *Sam* xxii. 17, A'r brenin a ddywedodd wrth y *rhedeg / wŷr* . . . lleddwch offeiriaid yr Arglwydd. **1588** 2 *Cr* xxx. 6, Felly y *rhedeg-wŷr* a aethant a'r llythŷrau o law y brenin. **1632** *D, rhedegwr* d.g. *Cursor.* **1661** E. LEWIS: *Drex* 57, ffordd . . . i *redegwr* buan i'w rhedeg . . . mewn pûm diwrnod. *c.* **1730** *Taith C* 171, yr oedd sŵn yn y Drêf fod *Rhedegwr* (*post*) gwedi dyfod o'r Ddinas Nefol. **1758** *ML* ii. 66, Mae'r wlad hon wedi mynd yn ffau *rhedegwyr*, the gentry turnd smugglers. **1765** *Rhed Y* d.d., Y *Rhedegwr* Ysbrydol: Neu Bortreiad o'r Dyn ag sydd yn rhedeg i'r Nefoedd. **1769** J. GRIFFITH: *A* 48, rhaid i chwi fod fel *rhedegwyr* yn cyrchu at y nod. **1790** T. JONES: *TOS* 202, A ydyw 'r ymdeithydd yn hiraethu am gartref, a'r *rhedegwr* am y gamp? **1795** *R. Crusoe* 67, Yr oedd ef yn llawer gwell *rhedegwr* na hwynt, ac yn bur debyg o ddiangc oddiarnynt. **1803** *P* d.g. *Rhedegwr. ib. rhedegydd*, s. m. pl. t. *ion*, a runner. Ar lafar yn ne-ddwyrain Morg. yn y ff. *ridecwr*, *GTN* 684. Yr oedd *Y Rhedegydd* yn enw ar bapur newydd a gyhoeddid ym Mlaenau Ffestiniog, 1878–1951.
(*b*) *Bot.* Ymledydd: *runner* (*of plant*).
1812.

rheden [bôn y f. *rhedaf*: *rhedeg+-en*] *eb. Math.* Riwl gyfrif, riwl rifo, llithriwl: *slide-rule.*
1796 J. ROBERTS: *R* 91, Ar y *Rheden* (slide).
Cfn.: **rheden fesur (fesurol, fesuraidd):** *slide-rule.* **1796** J. ROBERTS: *R* v, *Rheden Fesuraidd.*

rhedfa [bôn y f. *rhedaf*: *rhedeg+-fa, ma*] *eb.* ll. *-fâu, -feydd.*
(*a*) Rhediad; ras; cwrs, hynt, llwybr; llif, rhedlif, cerrynt; rhediad (tir, &c.), goleddf, llechwedd, llethr; lle rhedeg, cae ras; ffos, sianel; porfa defaid, cynefin defaid, llwybr anifeiliaid; llain glanio ac esgyn (i awyren): *a running, run; race; course, route, path; flow, current; slant, slope; place to run, race-course; ditch, channel; sheepwalk, sheep-run, animal track;* (*airport*) *runway.*
16g. *Pen* 76, 77, *Redfa* dra ffoyth goyth gethr / Rvw dagreidd loyw rryd grvddlethr. **1547** *WS*, kwrs *redfa* A course. **1588** *Pr* ix. 11, nad yw['r] *rhedfa* eiddo'r cyflym. **1588** *Doeth Sol* xvii. 18, [*rh*]*edfa* anifeiliaid yn molestotta. **16–17g.** *GHCEM* 56, Rhyw Dyfed, rhadau Ifor, / Rhyd fyw mwy na *rhedfa* môr. **1630** *YDd* 354, dyfroedd safedig, yr rhai ydynt . . . heb *redfa.* **1632** *D, Rhedfa*, Cursorium, cursus. **1703** E. WYNNE: *BC* 104, Cyntedd trahelaeth . . . a gŵg ei *redfa* at ryw gongl ddugoch. **1733** W. WILLIAMS: *TC* 144, [m]elusdra a hyfrydwch digymmar yn ei llwybrau [crefydd], fel ffyrdd a *rhedfâu* hoywdeg Paradwys. [**1740**] L. ANWYL: *CA* 122, fe a elwir bywyd Crist'nogaidd . . . yn Stât o filwriaeth ac a'i cyffelybir . . . i *Redfa* . . . yn y chwareuon Olympaidd. **1803** *P, Rhedva*, s. f.—pl. *rhedvëyz* . . . A course. Ar lafar yn Arfon yn yr ystyr 'tendency to slip . . . e.g. of a rock when the strata lie at an angle', 'Ma 'na fwy o *redfa* ynyn' nw', *WVBD* 459.
(*b*) (enghrau. *ffig.* neu mewn cyd-destun *ffig.*: *fig. exx. or exx. in a fig. context*).
1606 E. JAMES: *Hom* ii. 189, yn ôl *rhedfa*'r bywyd marwol hwn, fe a'n dwg ni i'w deyrnas nefol. **1683** H. EVANS: *CTF* 17, Etto canlyn yn eu *rhedfa*, / Y rhai da, ac nid y dyrfa. **1684** H. OWEN: *DC* 50, Ynol ein bwriad y bydd *rhedfa* ein cynnydd. **1696** *CDD* 14, Nid ydŷw'r Bŷd ymma, ond megis hafotta, / Na hoedl yr hwŷa ond *rhedfa* o fŷr hŷd. [**1724**] G. WYNN: *YGD* 7[2], yr ydym etto yn ein *Rhedfa*, a rhaid i ni ddal allan hyd y diwedd. **18g.** *Beirdd y Berwyn* 35, I bawb . . . / Gydnabod mai'r Gorucha / Pia altro *rhedfa* 'r hin. **1765** J. POPKIN: *Ll* 85, yn llwyr bellennig oddiwrth *Redfa* ein meddyliau a'n rhesymmau ni. **1773** I. LEWIS: *FfB* 32, y mae'n rhaid i feddwl dyn gael ei ddarostwng allan o'i holl ewyllysiau, *rhedfau* . . . ac ymofyniadau i mewn i'r egwyddor o oleuni. **1792** P. WILLIAMS: *TG* 18, yn eu *rhedfa* ar ol eilunod.
Cfn.: **rhedfa ddiadlam:** *steeplechase.* **1858. rhedfa dŵr (dwfr):** (i) *urinary passage.* **1771** *PDPh* 80, ym mhledrennau neu *redfeydd dwfr* y creaduriaid. (ii) *watercourse, channel; slope down which water flows.* **1794** E. JONES: *CP* 94, wrth drin a glanhâu ffosydd, neu *redfa dwfr.* Ar lafar yn Arfon, *WVBD* 459. **rhedfa meirch:** *horse-race.* **1632** *D* d.g. *Hippodromus.* **1774** *W* d.g. *Horse-race.* **1792** H. HARRIS: *H* 46.

rhedfaglaf: rhedfaglu [bôn y f. *rhedaf*: *rhedeg+maglaf*: *maglu*] *ba.* Dal â rhaff ddolen: *to lasso.*
c. **1475** *B* xiii. 183, ac y ruthrant ym mysc y colledigyon bobyl . . . gan eu *retuaglu.*

rhedfarch [bôn y f. *rhedaf*: *rhedeg+march*] *eg.* Ceffyl rasio: *racehorse.*
1850.

rhedfawr [bôn y f. *rhedaf*: *rhedeg+mawr*] *a.* Tueddol i redeg llawer: *given to much running.*
c. **1400** *R* 1027. 25–6, *retuaỽr* gorwydaỽr ar tes.

rhediad [bôn y f. *rhedaf*: *rhedeg+-iad*[1]] *eg.* ll. *-au.*
(*a*) Y weithred o redeg, symudiad (cyflym); ras; cwrs, hynt, llwybr; llif(iad), ffrydiad; goleddf, llechwedd, llethr: *a running, run,* (*fast*) *motion; race; course, route, path; a flow*(*ing*), *streaming; slant, slope.*
14g. *GDG*[3] 228, Rhedais heb Adail Heilin, / *Rhediad* bloesg fytheiad blin. *c.* **1400** *R* 1217. 32–3, Ae brat ae *redyat* ae rỽydeu duon [am uffern]. *id.* 1329. 8–9, Kyrch yr bun wanllun wenllaỽ anryded. vn *redyat* karn aflaỽ. **1547** *WS, rediad* A course. **16g.** *WLl* 107, Minnau af rredaf *rrediad*—karw rruddfalch / O bru [*sic*] att henwalch Aber Tanad. **1567** *TN* 252a, Bod yddyn redec yn yr vn *rediat* ac y dechreusont. **1588** 2 *Sam* xviii. 27, yr ydwyf fi yn gweled *rhediad* y blaenaf fel *rhediad* Ahimaaz. **1604–7** *TW* (*Pen* 228), Asceniat y planetæ . . . wrth veûnydhiawl *rediat* y Furuauen d.g. *Anaphora.* **1632** *D, Rhediad* meirch, gyrfâau meirch d.g. *Equiria.* *c.* **1640** *LBS* iv. 433, y tir i bv *rediad* hon [ysgyfarnog] / doniog sy rydd ir dynion. **1723** WM: *PGG* 4, yn myfyrio ar *Rediad* a threigl y Planedau. **1793** DAFYDD IONAWR: *CD* 377, Rhuadwyllt yw eu *rhediad* [afonydd], / Dyrys lif aeth dros y wlâd. **1800** W. OWEN[-PUGHE]: *CP* 24, a cheiff y lleithdra *rediad* rhwydd at y croniad. **1803** *P, Rhediad* . . . A running.
(*b*) (enghrau. *ffig.* neu mewn cyd-destun *ffig.*: *fig. exx. or exx. in a fig. context*).
14g. *GDG*[3] 45, Gorugost rydost *rediad*—ei hoedlddydd [marwnad Angharad]. *c.* **1400** *R* 1293. 25–6, Arglỽyd ny welet wedy eurgled nef vn *redyat* ac ef o anryded. **15g.** *GLGC* 197, mae'r pumed [mab] yn un *rhediad* / yn llywio'r tai yn lle'r tad. **15g.** *GO* 213, Gwae'r brodyr, gwŷr byw *rediad*; / Glain twn vv galon y tad. **15–16g.** *TA* 378, Maredudd, mae ar *rediad* / Fal y deil afael i dad. **15–16g.** *GLM* 150, Graslon oedd Arfon: ni dderfydd / *rhediad* anrhydedd Maelorydd. **16g.** *GGH* 298, Siôn Wyn, a gloes yn ein gwlad, / Amhredudd, pwy mwy'i *rediad*? **1567** *TN* 63b–64a, Na rwystrer ar *rediat* yr Euangel. **1604–7** *TW* (*Pen* 228) d.g. *Tenor.* **1655** WL: *DP* 301, gwedi . . . rhedeg *rhediad* ein ymdaith naturiol, y derbyniom goron cyfiawnder. **1760** E. WILLIAMS: *UYB* 98, y peth y mae *rhediad* y geiriau yn ei arwyddoccau. **1793** DAFYDD IONAWR: *CD* 195, Gweli'n awr, y Duw mawr mau, / *Rediad* fy holl fwriadau. **1794** *W* d.g. *Tenor* [*the sense contained in, or the general course and drift*] *of a discourse.* **1803** *P, Rhediad* . . . a currency. Ar lafar yn Arfon yn yr ystyr 'graen mewn llechfaen'. Cf. J. MORRIS-JONES: *CD* 79, fe dorrir weithiau ar *rediad* yr ymadrodd i ddodi yn ei ganol rywbeth cysylltiedig ag ef.
(*c*) Gweithrediadau (cyfreithiol), trefn (y gyfraith): (*legal*) *proceedings, course* (*of law*).
1710 *LlGG* (*Gos*) 14, a'r *Rhediadau* yn y perwyl hwnnw a fernir yn wag ac yn ofer. *id.* 15, Llysoedd Eglwysig . . . a'r *Rhediadau* ynddynt. *id.* 16, os ymddengys ac ymroi i *rediad* y Gyfraith. *id.* 18, am hynny y dylid eu dibrisio a'u diystyru hwy a'u *Rhediadau.* **1795–6** *Trys Gym* 37–8, hyd oni chaffo ei ryddhau trwy *rediad* cymmwys o gyfraith.
(*d*) *Crdd.* Dilyniant cyflym o nodau: *run* (*in music*), *roulade.*
1884.
(*e*) *Gram.* Ffurfdroad berf, arddodiad, enw, rhagenw, ansoddair, &c., sy'n dynodi person, rhif, amser, modd, cyflwr, &c., set o'r ffurfdroadau hyn: *conjugation, declension* (*in gram.*).
20g.
(*f*) Pwynt a sgorir (mewn criced, &c.); cyfanswm y pwyntiau a sgorir mewn un

tro wrth y bwrdd (mewn snwcer): *run (in cricket, &c.)*; *break (in snooker)*.
20g.

(*g*) Dilyniant (o gyfnodolion, llyfrau, cardiau, &c.): *run (of periodicals, books, cards, &c.)*.
20g.

rhediadol [*rhediad+-ol*] *a. Gram.* Ac iddo ffurfdroadau, yn ffurfdroi, wedi ei ffurfdroi: *inflected, conjugated, declinable, declined (in gram.)*.
20g.

rhediant [bôn y f. *rhedaf*: *rhedeg+-iant*] *eg.* Llif, ffrwd; cylchrediad: *flow, stream; currency.*
1803 *P, Rhediant*, s. m. . . . A currency.

rhedle [bôn y f. *rhedaf*: *rhedeg+lle*[1]] *eg.b.* ll. *-oedd.* Lle i ddŵr, &c., redeg, gwely afon, sianel; llwybr, cwrs; hefyd yn *ffig.*: *watercourse, river-bed, channel; path, course; also fig.*
p. **1584** G. ROBERT: *GC* [358], Gar llaw gwyrddlas gyrrau llawn, / *rhedle* y dyfroedd rhadlawn. **17g.** E. MORUS: *Gw* 14, Fe gerdd dy gymyle a'th wynt a'th gafode / Dros gymoedd a chreigie, mae *rhedle* yn rhwydd / I ti [y gaeaf]. **1803** *P, Rhedle*, s. m.—pl. t. *-oz* . . . A place for running, a course.

rhedlif [bôn y f. *rhedaf*: *rhedeg+llif*] *eg.* ll. *-au, -oedd, -ogydd, -on.* Cerrynt, llif, ffrwd, dylif; hylif, llifydd; diferlif, llinor; hefyd yn *ffig.*: *current, flow, stream, flood; liquid, fluid; discharge (from body); also fig.*
1816.
Cfn.: **rhedlif rhew (o rew):** *glacier.* **1923.**

rhedlifiad [*rhedlif+-iad*[1]] *eg.* ll. *-au.* Cerrynt, llif, ffrwd: *current, flow, stream.*
1853.

rhednwydd, rhednwyf [bôn y f. *rhedaf*: *rhedeg+nwydd, nwyf*[2]] *eg.* ll. *-au.* Nwydd wedi ei smyglo: *smuggled commodity, contraband.*
[**1783**] *W, Rhêd-nwyfau* d.g. *Smuggled* [*run*] *goods.* **1803** *P, Rhednwyv* . . . A smuggled commodity.

rhednwyddwr [*rhednwydd+-wr*] *eg.* ll. *-wyr.* Smyglwr: *smuggler.*
1874.

rhednwyf, gw. **rhednwydd.**

rhedol [bôn y f. *rhedaf*: *rhedeg+-ol*] *a.* Yn rhedeg, rhedegol, symudol; a'r llythrennau wedi eu cysylltu â'i gilydd (am ysgrifen): *running, moving; joined (of writing), cursive.*
17g. *CC* 103, torred diawl *rhedawl* yn rhwydd / ascwrn palfais i yscwydd [Thomas Prys i regi Eiddig am dorri llwyn o goed]. **1803** *P, Rhedawl* . . . running, racing.
Gw. hefyd **rheidol**[2].

rhedrig, gw. **rhetoric.**

rhedweli, rhydweli, rhwydweli, &c. [elf. anh. (?cf. *rhedaf*: *rhedeg*)+*gweli*] *eb.g.* ll. *-weliau, -welïoedd.* Un o'r pibellau pilennog sy'n cludo gwaed wedi ei ocsygeneiddio o'r galon i weddill y corff, gwythïen fawr, arteri, (weithiau) pibell waed, gwythïen (y gwddf); curiad y galon, pwls; draen (lawfeddygol); gwely afon, rhedfa dŵr, sianel; hefyd yn *ffig.*: *artery, (occas.) blood-vessel, (jugular) vein; pulse; (surgical) drain; river-bed, watercourse, channel; also fig.*
15g. *GTP* 60, Tyniadau dros bennau byllt, / Torri *rhydweli* dalwyllt. **15g.** *GLGC* 230, clun trosti, *rhedweli* don, / gwythi a gïau weithion [i iacháu Dafydd ap Siôn]. **15–16g.** *GLM* 152, rhaeadr gwin Rhodri Gwynedd, / *rhwydweli* wyllt ar hyd ei wledd. *Diw.* **16g.** *WLB* 49, ai dodi ar y *rhedweli* yr arddyrne [*sic*]. **1604–7** *TW* (*Pen* 228), *rhwytweliæ*'r gwdhwf d.g. *Carotides. id.* Lhamu mal y *rhet weliæ* d.g. *Mico. id. rhotweli* d.g. *Vena* . . . *Vena pulsatilis. id.* yr holl *rwytwelioedh* d.g. *Aorta* (At.). *id. rhwytweli*'r penn d.g. *cephalica Arteria* (At.). *Dchr.* **17g.** *J* 10, 15b, *Rhedweili.* Arteria. **1615** R. SMYTH: *GB* 185, anvvastadavvl ysmudiad y *rhydvveli.* **1632** *D, Rhedweli*, Lisæ, arteria, spiritus via. **1661** E. LEWIS: *Drex* 230, y mae gwaith y *rhedweli* yn curo gwedi eu ragflaenu. **1722** *GHM* 17, gwan a llesg fel *rhydweli* gwannedd yn awr angeu. **1725** *SR* d.g. *a Pulse. c.* **1730** *Thos. Lloyd D* (LlGC) 203a, *Rhedweli* . . . The pulse, jugular vein. **1752** J. THOMAS: *FG* 305, ein Gwythennau neu'n *Rhedweliau.* **1770** *W* d.g. *An artery.* **1770** P. WILLIAMS: *BS*, *Hab* i, cysondeb y *rhydweli*, sef ysgogiad y gwaed. **1796** *Geirgrawn* 154, yn diogel gredu, y byddai i'r holl *rhedweliau* (pulse). . . guro, cyn y cawswn fy ngalw ymaith. **1803** *P* d.g. *Rhedweli, Rhydweli.*
Amr.: **rhedwel** [olff. o *rhedweli*, drwy ddeall hwnnw fel ff. l.] (ll. *-i*). **1848. rhedwely, rhydwely** [dan ddyl. *gwely*]. **1846.**
Cfn.: **rhedweli (rhwydweli, &c.) fawr:** *aorta; main artery. Diw.* **16g.** *WLB* 18, J stopio gwaed or *Rwydweli fawr. id.* 45, y pedair *rhedweli fawr. id.* 74, os tyrr y *Rhydweli fawr.* **1604–7** *TW* (*Pen* 228), y *rhotweli vawr* d.g. *Aorta* (At.).

rhedwelïaidd, rhydwelïaidd [*rhedweli, rhydweli+-aidd*] *a.* Rhedwelïol: *arterial.*
1860.

rhedwelïol, rhydwelïol [*rhedweli, rhydweli+-ol*] *a.* Yn perthyn i redweli: *arterial.*
1770 *W, rhedwelïawl* d.g. *Arterial.* **1803** *P, Rhedwelïawl* . . . Arterial.

rhedwely, gw. **rhedweli.**

rhedwelyn [*rhedwel(i)+-yn*[1]] *eg.* ll. *-nau.* Israniad rhedweli sy'n ffurfio pibell waed fechan sy'n dibennu mewn capilarïau: *arteriole.*
20g.

rhedwr [bôn y f. *rhedaf*: *rhedeg+-wr*] *eg.* (b. *-wraig*) ll. *-wyr.* Un sy'n rhedeg, rhedegwr, person a gyflogir i gyrchu pethau (e.e. llyfrau mewn llyfrgell), negesydd, cennad: *runner (also in library, &c.), messenger, courier.*
1604–7 *TW* (*Pen* 228) d.g. *Cursor. c.* **1730** *Taith C* 177, y *Rhedwr* (*Post*) gwedi Dyfnu [*sic*] Mr. Glewdros-y-gwirionedd. **1778** J. HUGHES: *BB* 12, Cyn gallu diangu o faglau 'r heliwr, / Sy'n tanu rhwydau, ar ffordd pob *rhedwr.* [**1783**] *W* d.g. *Runner.* **1803** *P, Rhedwr*, s. m.—pl. *rhedwyr* . . . A man who runs; a runner. Ar lafar, *WVBD* 459; hefyd ym Morg. yn y ff. *ritwr, GTN* 686. Yn ardaloedd chwareli'r Gogledd clywir yr ymad. '*rhedwrs* calch' a '*rhedwrs* y ffyrdd' am y gweithwyr sy'n gofalu am y wagenni, gw. *B* xx. 374.
Cfn.: **rhedwr nwyddau:** *smuggler.* **20g.**

rhedwyllt [bôn y f. *rhedaf*: *rhedeg+gwyllt*] *a.* Yn rhedeg neu'n llifo'n wyllt: *running or flowing wildly.*
1752 *Gron* 10, Dwfr hoff *redwyllt* ofer a ffrydio. **1793** DAFYDD IONAWR: *CD* 165, O ffrwd *redwyllt* yn ffrydiaw. *id.* 261, *Rhedwyllt* donnau rhuadwy. *id.* 378, Pa *redwyllt*, pa ruadwy / Dwrf wybren? **1799** DAFYDD IONAWR: *MB* 40, Fal *rhedwyllt* lif rhuadwy.

rhedyn [H. Grn. *reden*, gl. *filex*, Crn. Diw. *redanan*, Llyd. C. *radenenn*, Gwydd. C. *raith*, Gal. *ratis* < Clt. **rati-*: < IE. **prə-ti-*, cf. Lith. *papártis*, H. S. *fearn* (> S. *fern*), Sans. *parṇá-* 'pluen, deilen'] *e.ll.* (un. b. *-en*). *Bot.* Planhigion o'r urdd *Filicales* ac iddynt ffrondau sy'n dwyn sborau atgynhyrchu, weithiau'n fwy penodol am rai mathau mawr bras, yn enw. *Pteridium aquilinum*: *ferns, bracken.*
14g. *T* 25. 6–8, *redyn* anreithat. banadyl rac bragat yn rychua briwat. **14g.** *GDG*[3] 144, Teg oedd weled mewn *rhedyn* / Tegau dwf yn tagu dyn [i freichiau Morfudd]. *id.* 306, Ymochel rhag dy weled, / Dros fryn i lwyn *rhedyn* rhed [i'r carw]. *c.* **1400** *R* 1032. 28, Glaƀ allann gƀlychyt *redyn. c.* **1400** *MM* 78, llosci *redyn* a chymysgu y lludw hƀnnƀ a gƀynn ƀy. *c.* **1400** *Études* vii. 52, filex, *redyn.* **1547** *WS, redyn* Brake. *ib. redynen* Ferne. **1604–7** *TW* (*Pen* 228), *Rhedynen* d.g. *Veneria.* **1615** R. SMYTH: *GB* 162, gvvneythyr bara o vvraidd *rhedyn.* **1632** *D, Rhedyn*, Sing. *Rhedynen*, Filix, veneria, opteron. **17g.** HUW MORUS: *EC* i. 359, Ni thâl efe *redynen* neu rugen i wraig. **1725** D. LEWIS: *GB* 224, Y mae Hâd ar y *Rhedyn*, ond cael Gwydrddrych iw gweled. **1761** *ML* ii. 333, Calch a phridd, a *rhedyn* a domm yw 'nghompost i. **1803** *P, Rhedyn* . . . Byzai well gan i vyw ar y mynyz, a bwyta gwraiz *rhedyn* nog ymostwng izynt . . . Adage. Ar lafar, '*rhedyn*, s. pl., sing. *rhedynan* . . ."bracken", also "ferns" in general', *WVBD* 459, *GTN* 680, 683. Clywir *rhedyn* yng ngogledd Cered. yn yr ystyr 'patrwm rhew (ar ffenestr, &c.)', 'Cyn dyddie gwres canolog bydde'r llwydrew yn 'neud *rhedyn* ar y ffenestri'. Mae *Cilrhedyn* yn enw ar leoedd yn sir Gaerf. a sir Benf., cf. *lanteliau kilredin, LL* 56.
Cfn.: **rhedyn arfor:** *sea-spleenwort, Asplenium marinum.* Ar lafar ym Morg., *LlGC* 1172, 46. **rhedyn banw,** gw. *rhedyn benyw.* **rhedyn bendigaid = rhedyn cyfrdwy. 1801** *MMf* 285. **rhedyn benyw, rhedyn banw, rhedyn y fenyw:** *lady-fern, Athyrium filix-femina.* **1604–7** *TW* (*Pen* 228), y *rhedynen venyw* d.g. *Thelypteris. Dchr.* **17g.** *J* 10, 15b, *Rhedyn* . . . *banw.* filix femell. **1632** *D*, Y *rhedyn benyw* d.g. *Thelypteris.* **1773** *W, Rhedyn benyw* d.g. *Fern, Female* [*she*] *fern.* **1813** *WB* 230. Ar lafar ym Morg., *Rhedyn y Fenyw, LlGC* 1172, 46. **rhedyn bonheddig = rhedyn cyfrdwy.** Ar lafar ym Morg., *LlGC* 1172, 46. **rhedyn bras, rhedyn breision:** *hard fern, Blechnum spicant.* **20g. rhedyn (y) cadno (canddo) = rhedyn Mair** (i). **1632** *D* (*Bot*). **1776** *W* d.g. *Fern, Male fern.* **1813** *WB* 230. Ar lafar yn sir Benf., *rhedyn-cadno, GDD* 244; a hefyd ym Morg., *Rhedyn y Canddo, LlGC* 1172, 46. **rhedyn cefngoch:** *rusty-back fern, Ceterach officinarum.* **20g. rhedyn y gors = rhedyn cyfrdwy. 1801** *MMf* 285. **rhedyn y graig:** (i) *spleenwort, Asplenium.* **1801** *MMf* 282. (ii) = **rhedyn cefngoch. 1867.** (iii) *beech-fern, Thelypteris phegopteris.* **20g. rhedyn Crist:** (i) = **rhedyn cyfrdwy. 1801** *MMf* 285. Ar lafar yn sir Benf., *GDD* 244, a Morg. (ii) *hart's tongue fern, Asplenium scolopendrium.* Ar lafar yn sir Benf., *GDD* 244. **rhedyn (y) cyfrdwy:** *royal fern, Osmunda regalis.* **1813** *WB* 230. Ar lafar yn Arfon, '*rhedyn cyfyrdwy*', *WVBD* 459. **rhedyn cyffredin = rhedyn y derw. 16g.** *LlS* 107. **rhedyn chwarel:** *parsley fern, Cryptogramma crispa.* Ar lafar yn ardaloedd chwareli'r Gogledd. **rhedyn danheddog:** *bladder-fern, Cystopteris fragilis.* Ar lafar ym Morg., *LlGC* 1172, 46. **rhedyn y derw, rhedyn y deri, rhedyn y dderwen:** (*common*) *polypody, Polypodium* (*vulgare*). *Diw.* **16g.** *WLB* 70, *rhedyn y derw.* **1632** *D* (*Bot*), *Rhedyn y derw*, Filicula, polypodium, dryopteris. **1801** *MMf* 291, polypodiwm, *rhedyn y deri.* **1813** *WB* 230, *Rhedyn Y Derw.* Ar lafar ym Morg., *Rhedyn y Deri, LlGC* 1172, 46. **rhedyn y dŵr (dwfr):** *water fern, esp. Azolla filiculoides; royal fern, Osmunda regalis.* **1725** *SR* (*Bot*) d.g. [*Fern*], *Water Fern. c.* **1730** *Thos. Lloyd D* (LlGC) 201b, *rhedyn y dwr.* Osmond royal. **1759** J. EVANS: *PF* 70, *Rhedyn y Dwfr.* **rhedyn eryraidd:** *bracken.* **1813** *WB* 230. **rhedyn (y) gogofau,** gw. *rhedyn yr ogofau.* **rhedyn gwallt y forwyn:** *maidenhair fern, Adiantum capillus-veneris.* Ar lafar ym Morg., *LlGC* 1172, 46. **rhedyn y gwelydd:** (i) = **rhedyn y graig** (i). **1801** *MMf* 282. (ii) = **rhedyn y mur.** Ar lafar ym Morg., *LlGC* 1172, 46. (iii) = **rhedyn Crist** (ii). **1801** *MMf* 293. **rhedyn gwryw = rhedyn Mair** (i). **16g.** *LlS* 149. *Dchr.* **17g.** *J* 10, 15b. **rhedyn y lloer:** *moonwort, Botrychium lunaria.* Ar lafar ym Morg., *LlGC* 1172, 46. **rhedyn y fagwyr:** (i) = **rhedyn y graig** (i). **1604–7** *TW* (*Pen* 228), *rhedyn y vagwyr*: Ar vagwyr Caer Vyrdhin, ac yn Aber Gwili y tyfant d.g. *Asplenum.* **1759** J. EVANS: *PF* 77. **1803** *P* d.g. *Rhedyn.* (ii) = **rhedyn y derw. 1707** *AB* 123b d.g. *Polypodium.* **1813** *WB* 230. (iii) *beech-fern, Thelypteris phegopteris.* Ar lafar ym Morg., *LlGC* 1172, 46. **rhedyn Mair:** (i) *male fern, Dryopteris filix-mas. c.* **1420** (*Diw.* **16g.**) *Gwyn* 3, 195, rhyw dwyn a modd *rhedyn Mair* (Cynfrig ap Dafydd Goch). **16g.** *LlS* 149. **1773** *W* d.g. *Fern, Male fern.* (ii) = **rhedyn benyw.** *Dchr.* **17g.** *J* 10, 15b, *Rhedyn Mair.* filix fœmina. (iii) *mountain fern, Oreopteris limbospersma.* **1813** *WB* 231, *Rhedyn Mair*; Aspidium Oreopteris; Heath Shield-fern. (iv) = **rhedyn cyfrdwy. 1896.** (v) = **rhedyn y derw. 1515** *Llst* 10, 40, Polypodium . . . *rredyn mair.* (vi) *sweet cicely, Myrrhis odorata.* Ar lafar yng Nghered., '*rhedynen Fair*', G. AWBERY: *BM* 57. **rhedyn y mur:** *wall rue, Asplenium ruta-muraria.* **20g. rhedyn mynydd = rhedyn chwarel.** Ar lafar yn ardaloedd chwareli'r Gogledd. **rhedyn yr ogofau, rhedyn (y) gogofau = rhedyn y graig** (i). *c.* **1400** *Études* vii. 52, *redyn y gogofeu.* **1632** *D* (*Bot*), Rhedyn y fagwyr, *rhedyn y gogofau*, Asplenum, scolopendria. **1803** *P*, Rhedyn . . . *rhedyn yr ogovau* . . . wall-fern. **1813** *WB* 230, *Rhedyn Gogofau.* **rhedyn persli = rhedyn chwarel. 20g.** Ar lafar yn Arfon, *WVBD* 459. **rhedyn ungoes:** *bracken, Pteridium aquilinum.* **20g.**
Gw. hefyd **rhedynach, rhedynos.**

rhedyna [bf. o'r e. *rhedyn*] *bg.* Casglu rhedyn: *to gather ferns.*
16g. BEDO HAFESB, &c.: *Gw* 290, Yn rhyw dŵyn yn *rhedyna* / a mi lîw nôs y mlaen Iâ / clown ynglef serth dan berthi / ymgroesais a synnais I (Lewis Menai). **1803** *P, Rhedyna* . . . To gather fern. Ar lafar, "Ôn ni'n arfadd *redyna* i glasgu topa retyn idd 'u [d]oti ym bwyd y moch', *GTN* 680.

rhedynach [*rhedyn+-ach*[2]] *e.ll.* neu *e.tf.* Rhedyn; unrhyw un o amryw fathau o redyn o'r tylwyth *Hymenophyllum*: *ferns; filmy-fern.*
1707 *AB* 28b, Rhedyn (Dim. *Rhedynaχ*), fern. **1813** *WB* 99, Hymenophyllum; *Rhedynach* . . . Tunbridgense; Filmy-leaved Fern.
Cfn.: **rhedynach teneuwe:** *filmy-fern, Hymenophyllum.* **1813** *WB* 99, 118.

rhedynaidd [*rhedyn+-aidd*] *a.* Tebyg i redyn, llawn rhedyn: *ferny.*
1803 *P, Rhedynaiz* . . . Of the nature of fern.

rhedynbren [*rhedyn+pren*] *eg.* Unrhyw un o amryw fathau o redyn mawr trofannol,

yn enw. o'r teulu *Cyatheaceæ*, ac iddynt goesynnau tebyg i fôn coeden: *tree-fern*.
1853.

rhedyndir, rhedyndo, gw. rhedyn+tir, to.

rhedyndy [*rhedyn*+*tŷ*] *eg.* ll. *-dai*. Bwthyn wedi ei doi â rhedyn, cwt, sièd, hofel: *fern-thatched cottage, hut, shed, hovel.*
1632 *D*, *rhedyndai* d.g. *Magalia, Mapalia.* **1722** *Llst* 189, *Rhedyndy*. m. A fern-house, hutt. **18g.** L. MORRIS: *LW* 5, A'u dwndwr mewn *rhedyndai.* **1772** *W* d.g. *Cot, or cottage* [*a hut, or mean habitation*].

rhedyneg [gair geir.; ffrwyth deall *rhedyneg* (a nodir fel gair Llyd. yn *D*; gw. *rhedynog*) fel gair Cym.] *eb.* Tir rhedynog: *ferny ground.*
1688 *TJ*, *Rhedyneg*, rhedynog dir: Ferny ground. **1722** *Llst* 189, *Rhedyneg*. f. A brake of fern. **1753** *TR*, *Rhedyneg* . . . A place where fern groweth. **1803** *P*.

rhedynllwyn, gw. **rhedyn+llwyn**[1].

rhedynog [*rhedyn*+*-og*, cf. yr e. lleoedd yng Nghernyw *Redinnick, Redannack, Redannick*, yr e. lle Llyd. C. *Radenec*, Llyd. Diw. *radenek*, Gwydd. C. *raithnech*] *a.* a hefyd fel *eb.* (Tir) llawn rhedyn, (lle) yn dwyn llawer o redyn; tebyg i redyn; wedi ei wneud o redyn: *ferny* (*land*), (*place*) *abounding with ferns*; *fern-like*; *made of fern.*
9g. (*LlSC*) *LL* xlvii, dilicat dipul *retinoc.* *c.* **1200** *VSB* 72, Ab illo enim die ille locus Brittannico fatu Tref *redinauc*, i[d est], uilla filicis, uocatur. **14g.** *BT* (*RB*) 168, yd aeth couent Ystrat Flur hyt y *Redynawc* Velen yGwyned. *c.* **1624** *Card* 19, 505, Y fflatten dorwen o dir *rhydynog.* **1707** *AB* 238b, *Redynawc*, A place over grown with Fern. **1770** *W*, Y *Rhedynog* d.g. *Brake, A fern-brake.* **1798** *WR* d.g. *Ferny.* **1803** *P*, *Rhedynawg* . . . Abounding with fern. s. f. A place where fern grows.

rhedynos [*rhedyn*+*-os*] *e.ll.* ll. dwbl *-ydd*. (Tir llawn) rhedyn: (*land covered with*) *ferns.*
13g. (**1641**) *HGK* 24, gwerni, a choedydd, a llwyneu, a *rhedynossydd.* **16g.** WILIAM LLŶN: *Gw* (R. Stephens) 588, Gwell yw mawn rhwng nawn a nos, / O ryw dwyn, no *rhedynos.* *a.* **1587** *Y* 100, Rhyw wydn yw rhyw wead nos, / Rhy denav cae *rhedynos.* *Diw.* **16g.** *Gwyn* 3, 98, Codes yntef dan lefain, / ar draws *rhedynos* a drain [am gi]. **1632** *D* d.g. *Filicetum.* **1803** *P*, *Rhedynos* . . . Ferns; a fern-brake.

rhedd [ansicr yw'r ystyr yn y ddwy engh. gyntaf isod, a rhoddir y diff. ar sail y geir.] *eg.* ll. *-au*. Cymal, cyswllt, hefyd yn *ffig.*: *a joint, also fig.*
14g. *GEO* 10, *Rhedd* rhudd ei rôn rhoddion rhad. *c.* **1500–17** *CTC* 179, Bilwg heb *redd*, bolgau bras; / Ble ceffid heb alw Cauffas (Wiliam Egwad)? *Dchr.* **17g.** *J* 10, 15b, *Rhedd.* **17g.** *LlGC* 13215, 345, *Rhedd* Iunctura. **1707** *AB* 219d, *Rhedh*, A joint. [S]. **1803** *P*, *Rhez*, s. m.—pl. t. *au* . . . A joint.

rheddaf: rhedda, rheddu [gair geir., sef bf. o'r e. *rhedd*] *bg.a.* Cysylltu, cyplysu: *to join.*
Dchr. **17g.** *J* 10, 15b, *Rheddu.* to ioyne. **17g.** *LlGC* 13215, 345, *Rheddu* Iungo. **1707** *AB* 219a, *Rhedhy*, To join. [S]. **1753** *TR*, *Rheddu*, to join. [H.S.]. **1803** *P*, *Rhezu* . . . To joint.

rheddren, gw. **rhethren.**

rheddwy [*rhedd*+*-wy*[1]] *e?g.* Synofia: *synovia.*
1858.

rhef [?< **rhefr*, cf. H. Wydd. *remor* 'trwchus, tew', ff. gmhr. *reime*; tebyg mai e. a welir yn rhai o'r enghrau. o'r ff. *rhefed* isod] *a.* Tew, trwchus, praff, mawr: *thick, stout, great, large.*
14g. *WML* 2–3, A gŵyalen aryant . . . kyr *refet* ae aran vys (*LlI* 2, guyalen eur . . . [c]yn urasset a'y vys y bychan). A thri ban erni athri y deni kyr *refet* ar wyalen. *id.* 84, torret ffon . . . yny *refhet* ymyn ho [*sic*]. *c.* **1590** *Cewri* 266, ryw bastwn o phonn anbherth yn gymeint ei hyd a'e 'phraphder nev ei *rhebhed.* **1632** *D*, *Rhêf*, Crassus, magnus. Inde Cyfref. Cy *refed* ac y mynno. h.e. Cyn braffed . . . Ys dir llâdd y gwadn wrth *refed* y troed. **1688** *TJ*, *Rhêf*, praff, mawr: thick, great. **1722** *Llst* 189, *Rhêf.* Gross, great, Bulky. **18g.** *Gron* 80, rhefedd is formed of *rhef*, as tewedd is of tew, and both signifying the same thing, viz. thickness. **1775** M. WILLIAMS: *MC* 11, rhwng canol y Pren a'r Pen *rhefaf.* **1790** GW. MECHAIN: *Gw* i. 216, Rhaid addef, mai *rhef* yw rhi' / Ein gwladwyr sydd tan g'ledi. **1803** *P*, *Rhêv* . . . thick. Ar lafar ym Mrych., 'Mae'r gannwyll yn ddigon *rhef*'.

Fel *e.* Bwndel, sypyn: *bundle.*
1803 *P*, *Rhêv* . . . a bundle. Ar lafar ym Mrych. yn yr ystyr 'trwch', cf. *AGB* 183, [g]wneud canhwyllau . . . mynych ostwng y carth . . . yn y gwêr nes bod cannwyll o drwch, neu, a defnyddio gair siaradwr o Lanfihangel Nant Brân, o *ref* digonol.

rhefbridd [*rhef*+*pridd*] *eg.* Pridd trwchus: *thick earth.*
14g. *GDG*[3] 45, Gan yt fynnu, bu bwyll wastad,— eu dwyn / Yn rhwyf ebrwydd frwyn, yn *rhefbridd* frad.

rhefder [*rhef*+*-der*] *eg.b.* Trwch, tewdra, praffter; cylchfesur, cwmpas: *thickness, stoutness*; *girth.*
1771 *W* d.g. *Bulk, or bulkiness.* **1784** M. WILLIAMS: *S* 220, Mae'r wellten o chwech i wyth troedfedd o hyd, ai *rhefdr* [*sic*] yn gyfattebol. **1791** J. HARRIS: *Alm* 35, Mi roddais iddynt . . . linyn sidan at fesur ei *refder.* **1803** *P*, *Rhevder*, s. m. . . . Bigness about. Ar lafar ym Morg., "Falla fod a *refdar* 'y mys bach i ne fwy'; hefyd yn y ff. '*ryfdar* (eb)', "Ôdd y ffynnon yn tarddu *ryfdar* y botal 'na wedi glaw', *GTN* 698. Cf. D. J. WILLIAMS: *ChHO* 98, a phren croes 'y coler' o'r un *rhefder* i'w cydio ar y top.

rhefed, ff. gfrt., gw. **rhef.**

rhefedd[1] [*rhef*+*-edd*[1]] *eg.* Trwch; cylchfesur, cwmpas: *thickness*; *girth.*
1752 *Gron* 89–90, Corn anfeidrol ei ddolef, / Corn ffraeth o saerniaeth nef. / Dychleim, o nerth ei gerth gân, / Byd *refedd*, a'i bedryfan. **18g.** *ib.* *rhefedd* is formed of rhef, as tewedd is of tew, and both signifying the same thing, viz. thickness. **1803** *P*, *Rhevez*, s. m. . . . Thickness about.

rhefedd[2], gw. **rheuedd.**

rhefelaf: rhefela, rhefelu, gw. **rhyfelaf: rhyfela.**

rheferig, rhefiaf: rhefio, rheflaf: rheflo, rheflog[1], gw. **rhydderig, refiaf: refio, rafliaf: raflio, rafliog.**

rheflog[2] [gair geir.] *eg.* Ysbail, anrhaith, ysglyfaeth: *booty, plunder, prey.*
1604–7 *TW* (*Pen* 228) d.g. *Spolium.* *Dchr.* **17g.** *J* 10, 15b, *Rhevlog* o ryvel. Bootie or pray, spolium. **1632** *D*, *Rheflog*, aiunt esse Digondeb, ysbail. **1688** *TJ*, *Rheflog*, (yspail, Trais:) spoil. **1722** *Llst* 189, *Rheflog* (sub) quae: an. Plunder, spoil. **1753** *TR*.

rhefog [yn ôl *RC* xliii. 138, dichon mai bnth. o'r gair hwn yw Gwydd. Diw. *reabhóg* 'rhaff, cordyn'] *eg.b.* Rhwymyn plethedig, gwden, rhaff, cordyn; cadwyn: *plaited band, withe, rope, twine*; *chain.*
c. **1400** *R* 1353. 30, Kadwgaŵn cŵt raŵn *reuaŵc* kyllestric. *c.* **1400** *YCM*[2] 155, A nydu pedeir gwialen a gwneuthur pedwar *reuawc*, a'e rwymaw wrth brenn. *id.* 164, Ac yno yd oed Olіuer . . . wedy y rwymaw a phedwar *reuawc.* **1604–7** *TW* (*Pen* 228), *rheuawc* . . . A pheteir *rheuawc* y rhwymyt Roland d.g. *Restis.* **1632** *D*, **Rhefawg*, Funis. Est & idem quod Gwden, & Tîd. **1688** *TJ*, *Rhefawg*, gwden, Tîd, Cadwŷn: a Wythe, a Chain. **1722** *Llst* 189, *Rhefawg*. f. A cable-rope; Wythe; sole to tye beasts. [**1783**] *W* d.g. *Rope.* **1803** *P* d.g. *Rhevawg.*

rhefr [?cf. Llyd. C. *ref(f)r*, Llyd. Diw. *reor* 'cefn', taf. Gwened *rè(v)r*] *eg.b.* ll. *-au*. Rhan isaf y coluddyn mawr sy'n diweddu yn yr anws; pen-ôl, tin, twll tin, anws; hefyd yn ddifr. am berson: *rectum*; *hindquarters, buttocks, arse, anus*; *also derog. of a person.*
14g. *WML* 26, eithyr y *refyr* ar cledyf bisweil a a yr porthawr. **14g.** *GDG*[3] 412, Rhyfawr gas, rhwyf argyswr, / *Rhefr* gŵydd, gad rhof fi a'r gŵr [ymryson â Gruffudd Gryg]. **14g.** *GIG* 161, *Rhefr* grach gwedy rhifo'r grib, / Hefis ystrethbis droethbib. **14–15g.** (*Diw.* **16g.**) *Gwyn* 3, 168, *rhefrau* seimiau ys ymddaith / rhydlyd wedd rhy odlawd waith [Rhys Goch Eryri i'r llwynog]. *c.* **1400** *R* 1354. 44–5, *refyr* hevyr hy vrŵnt hŵnt hynntyet. *id.* 1360. 18–19, rugyl ffugyl ffagyl magyl mwygyl *refreu.* **1547** *WS*, *refyr* Fundament. **16–17g.** IEUAN TEW IEUANC: *Gw* 298, Hwn o bell fal hoen y bi / A rôi fram o'i *refr* imi. / O dof iddo, dewr fawddyn, / Ef a gach ei afu gwyn (Bedo Hafesb). **1609** *CRC* 63, Os eiff merch at *refr* ddiwybod / hi a geiff ddig tra trotho i dafod. **1632** *D*, *Rhefr*, Anus, longanum, colon, intestinum rectum, intestinum longum. **1688** *TJ*, *Rhefr*, Twll tîn: the Fundament or Arse-hole. **1707** *AB* 220a, *Rhevr*, A sloven. D. **1722** *Llst* 189, *Rhefr.* f.p. *frau.* The bumm-pudding; the fundament. **1770** *TG* ii. 8, rhinwedd oreu Tobacco fel meddyginiaeth yw arlloesi y *rhefr.* **1803** *P* d.g. *Rhevyr.* Ar lafar gynt yn Nanconwy, *WA* 355–6.

Cfn.: **rhefr medel** [tywyll yw'r ystyr yn y ddau ddfn. cyntaf isod, a rhoddir y diff. ar sail y geir.]: *last of a company of reapers, ?derog.* **15–16g.** *TA* 541, Rhy ddrwg yw d' englyn, rhy ddrel,—rhy lidiog, / Rhy lydan i gornel; / Rhy hir i gyd, rhywyr gêl, / Rhy fyrr, Madog, *rhefr medel.* **1604–7** *TW* (*Pen* 228), *rhefr medel* pan dhycyt gwaetocen y mysc lhawer o uedelwyr ai thorri, bydhe 'm/giprys mawr hyt onyt ai n dhiareb, ef aeth yn *rhefr medel* d.g. *Longanum.* *Dchr.* **17g.** *J* 10, 15b, *Rhevr medel.* † y medelwr olav. **1803** *P*, Rhevyr . . . *Rhevyr medel*, the last of a company of reapers.

rhefraf[1]**: rhefro** [bf. o'r e. *rhefr*] *bg.a.* Cachu, ysgarthu: *to shit, excrete.*
1722 *Llst* 189, *Rhefro.* To befoul ones self for fear. *id.* d.g. *To bedung, To beshite.* **1725** *SR* d.g. *To Shite.*

rhefraf[2]**: rhefru** [cf. *hefraf*: *hefran*] *bg.a.* Baldorddi, brygawthan, malu awyr, arthio, tafodi, dwrdio, dweud y drefn; absennu, athrodi, enllibio, lladd ar; cwyno, achwyn, swnian; hefyd yn *ffig.*: *to babble, prattle, blather, rant, scold, abuse*; *backbite, slander, disparage*; *complain, grumble*; *also fig.*
[**1745**] W. ROBERTS: *FfM* 57, Yn *rhefru* Pregethu mor hyfryd. Ar lafar yn y Gogledd, '*rhefru*, "to scold" —a stronger term than "dwrdio" or "dondio": *rhefru* ar gownt rhywbeth', *WVBD* 461.

rhefraid [*rhefr*+*-aid*[1]] *e?g.* Llond tin: *arseful.*
c. **1400** *R* 1338. 42–3, rac hŵnn eil edrŵnn lodreit gagal. *Refreit* llaŵr maelaŵr nyt mal maruynnyaŵn.

rhefrchwistrell, rhefrdwll, gw. **rhefr+chwistrell, twll.**

rhefrgi [*rhefr*+*ci*] *eg.* ll. *-gwn*. Costog, mwngrel, hefyd yn ddifr. am berson: *cur, mongrel, also derog. of a person.*
16g. WILIAM CYNWAL: *Gw* (R. L. Jones) 151, A llu o *refrgwn* llyfi / Gwaetha'u moes yn ein oes [*sic*] ni. *Diw.* **16g.** M. KYFFIN: *DFf* 277, ar Baker du fel gwr doeth / wyneb hen *refrgi* anoeth. **1605–10** *AP* 40, a chalyn rrawd o *refyrgwn* segurllud . . . i darfu defaid y kymdogion. **1609** *Card* 13, 103, ith grogi fel *rhefrgi* rhwth. **17–18g.** *Llst* 133, 75b, *Rhefrgi* drwg rhyw afrgi draw / Rhibel a golwg rheibiaw [am Eiddig].

rhefrgoch, gw. **rhefr+coch.**

rhefrog [*rhefr*+*-og*] *a.* Tinfawr, ffolennog, bondew, bontinog: *large-buttocked, big-bottomed.*
Dchr. **17g.** *J* 10, 15b, *Rhevrog.* *Dchr.* **17g.** *Card* 12, 136, kymred na rvsed oer wesyn yfwndog / ar fendith iw chalyn / iw gwrlid *refrog* arwlvn / fo gaiff wisgo hono i hvn. *c.* **1755** *Gron* 74, A'th rummen anferth remmwth, / Fal cettog, was *rhefrog* rhwth; / Wfft mor gethin y din dau! / Ffeu o lun y ffolennau [i ddiawl]! **1803** *P* d.g. *Rhevrawg.*

rhefrol [*rhefr*+*-ol*] *a.* Yn perthyn i'r anws neu'n agos iddo: *anal.*
1803 *P* d.g. *Rhevrawl.*

rhefrolch [*rhefr*+*golch*] *eg.* Enema: *enema.*
1850.

rhefrolchiad [*rhefr*+*golchiad*] *eg.* Enema: *enema.*
1852.

rhefrsang [*rhefr*+*sang*] *eg.* Tawddgyffur (i'r anws): (*anal*) *suppository.*
1604–7 *TW* (*Pen* 228), *rhefrsang* a wthier yn yr eisteddle y rydhau'r bola d.g. *Glans* . . . *suppositori.* **1722** *Llst* 189, *Rhefrsang.* m. A clyster. **1794** *W* d.g. *Suppository.*

rhefrwm, rhefrwn, gw. **rhefrwym.**

rhefrwst [*rhefr*+*gwst*[1]] *eb.* Cnofa yn y bol neu'r coluddion, colig, bolgur: *colic.*
1763 *ML* ii. 599, Yr anwyd a'm goddiweddws a chyd ac ef y daeth . . . y ddeintwst, y *rhefrwst.* **1772** *W* d.g. *Colic, or cholic* [*a species of pain in the guts* . . .]. **1793** N. WILLIAMS: *HM* i. 43, Gwrth-Gymmysg y *Rhefr-wst.* Ar lafar yn y ff. *refrws*, 'Ryw wayw anorbid yn dy fola di yw *refrws*', *GTN* 680.

rhefrwth [gair geir., sef *rhefr*+*gwth*] *eg.* Tawddgyffur (i'r anws): (*anal*) *suppository.*
1604–7 *TW* (*Pen* 228) d.g. *Suppositorium.* **1722** *Llst* 189, *Rhefrwth.* m. A suppository, clyster. **1794** *W* d.g. *Suppository.*

rhefrwym, rhefrwm [*rhefr*+*rhwym*] *eg.* a hefyd fel *a.* Rhwymedd (corff), bolrwymedd; rhwym (am y corff), bolrwym; hefyd yn *ffig.*: *constipation*; *constipated*; *also fig.*

1547 *WS*, *refyrwm*. **16–17g.** *GST* i. 483, *Rhefrwm* wawd am yr hyfr mau / I Rys Wyn a rois innau. **1604–7** *TW* (*Pen* 228), vn a *rhefrwym* arno d.g. *Colicus*. *Dchr.* **17g.** *J* 10, 15b, *Rhevrwym*. Colica. Colike. **1632** *D*, *Rhefrwm*, corruptè pro *Rhefr-rwym*. **1688** *TJ*, *Rhefrŵym*, caledwch yn y bol: a hardness or binding in the body, Costiveness. **1722** *Llst* 189, *Rhefrwym*. Costive. **1753** *TR*, *Rhefrwm*, corruptly for *Rhefr-rwym*, costive or bound in body. **1774** *W*, Bod yn rhwym yn ei gorph neu yn *rhefr-rwym* d.g. *To be hard-bound*. **1803** *P*, *Rhevrrwym*, s. m. . . . Costiveness.

Amr.: **rhefrwn** [?ff. wallus]. **1722** *Llst* 189.

rhefrwymedd [*rhefrwym*+*-edd*[1]] *eg.* Rhwymedd (corff), bolrwymedd: *constipation.*

1812 W. DAVIES: *RMB* 64, y *Rhefrwymedd*, neu Garchar ar Anifail.

rhefus [*rhef*+*-us*] *a.* Tew, trwchus, praff: *thick*, *stout.*

1888. Ar lafar ym Morg., 'Pren *refus*. Rhaff *refus*. Yr oedd 'i bys yn rhy *rhefus* i'r fytrw', *LlGC* 1172, 47; a hefyd ym Mrych., *Cymru* xxxix. 96. Clywir hefyd yn y ff. *rhyfus* yn ne-ddwyrain Morg., ''Odd pastwn ginto, mor *ryfus* â 'mraich i', *GTN* 699.

rheffyn [*rhaff*+*-yn*[1]] *eg.* ll. *-nau*, (prin) *-non.*

(*a*) Rhaff (fach), cordyn, llinyn, lein (bysgota), cêbl, rhaff grogi, cebystr, hefyd yn *dros.*: (*small*) *rope*, *cord*, *string*, (*fishing-*)*line*, *cable*, (*hangman's*) *noose*, *halter*, *also transf.*

c. **1400** *R* 1362. 23–4, Dyeithyr cklyt uaɞieir vyɞyon hɞngyrdlawt mellt ɞrth deu *reffyn* wellt gyssellt gassaf. **15g.** *GTP* 49, Gruffudd, ti a gai *reffyn*, / O'th unbais wrth Y Winben, / A'th godi, hwyr y'th gedwyn, / Wrth gadwyn o nerth gwden. **1547** *WS*, *reffyn* A smale rope. **1567** *TN* 13[3]b, ef a wnaeth ffrewyll o *reffynnae* [:– yscwrs o dennynod, o chwipcord], ac y gyrrawdd wy oll y maes o'r Templ. **16g.** WILIAM CYNWAL: *Gw* (R. L. Jones) 668, Ynglŷn mewn *rheffyn* rhoffer—ei ddwyen / Am ddewis cig a gwêr [dychan i'r llwynog]. **1588** 2 *Sam* viii. 2, efe . . . ai mesurodd hwynt a *rheffyn*. **1588** *Esth* i. 6, wedi eu cylymmu a *rheffynnau* sidan. **16–17g.** *HG* 168, kodi rhwff kyd a *rheffyn* / castell am dagell pob dyn. **1632** *D*, *Rheffyn*, Corda, cordula, funiculus. Diminut. a Rhaff. **1688** *TJ*, *Rheffyn*: a Halter, a Cord. **1699–1700** E. LHUYD: *SH* 60, Rhawn o varch marw a gelhir i enweirio a gwneithur *rhyfynnæ* pysgotta, ond ni ddylid rhoi *rhyphynnæ* o hono ym hen kephyl byw. **1764** G. HOWEL: *DB* 43, Cymmer whip o fân *reffynnon*. **1803** *P*. Ar lafar yn gyff., *WVBD* 459, *GTN* 680; hefyd yn sir Ddinb. yn yr ystyr 'gwellt i rwymo ysgub neu fatingen', *Cymru* xlvii. 142, ac yng nghanolbarth Cered., 'rhwymyn ysgub', *B* iv. 301; fe'i clywir hefyd yn nwyrain sir Drefn. yn yr ystyr 'ffrwyn, genfa', *Cymru* liii. [134].

(*b*) (enghrau. *ffig.* neu mewn cyd-destun *ffig.*: *fig. exx. or exx. in a fig. context*).

1588 *Eseia* v. 18, Gwae y rhai a dynnant anwiredd â *rheffynnau* oferedd. **1588** *Hos* xi. 4, Tynnais hwynt mewn *rheffynnau* dynol. **16–17g.** *PCWG* 276, yr hwn ni stickia er doedyd kelwydd yn *rheffyn*. **1672** R. PRICHARD: *Gw* 486, Mae dy farn wrth ede wenn, / Yn crogi beunydd vwch dy benn; / Mae dy blant â phôb ei *reffin*, / Yn ei thynnu ar dy gobin. **1778** J. HUGHES: *BB* iv, mi wnawn rigymmau yn fy nhyb fy hun, ac oedd yn ganu go hynod . . . ysgryfennu rhai *rheffynnau* o gân a'u danghos i eraill. **1790** T. JONES: *TOS* 343, At fy nghalon yr wyt yn amcanu; dy wialen yn gyrru, a *rheffynneu* arian dy gariad yn tynnu. Yng ngodre Cered. sonnir am '*reffin* o ffordd', *TGG* (1907–8) 108; ac yn yr un ardal clywir 'siarad yn *rheffyn*' yn yr ystyr 'siarad yn ddi-baid'. Cf. *SE MS* 417a, *Rheffyn* hir . . . a long rigmarole; W. REES: *LlHFf* 30, *rheffun* o Sasneg; W. REES: *AFR* 330, nad oedd dysgu *rheffyn* o gatecism yn debyg o wneyd nemawr o les i Topsi; M. WILIAM: *DY* 85, yna ceir y *rheffyn* sydd yn bur gyffredin i bawb / Mae natur y cyw yn y cawl / Mae gwaed y ceiliog yn y cyw / Tebyg i hwrdd fydd ei lwdwn.

Cfn.: **rheffyn pen bawd:** *rope made by twisting hay or straw round the thumb*, *thumb-rope*, *also derog. of* (*free-metre*) *verse*, *doggerel*, *slapdash poem*. **1688** *TJ*, *Rheffyn pen bawd*: a Thumb-band. *c.* **1729** S. RHYDDERCH: *LlCD* [iv], Ond am Gerddi penagored, a *rheffynau pen bawd*, nid oes ddiben ar wellhau cynghaneddion y rheiny. *c.* **1785–90 (1829)** *CBYP* 83, *Rheffyn penn bawd* y gelwir y cyfryw fesur digynghanedd a brithodl ym Morganwg, lle bu ymarfer ag ef yn lledfynych rhai oesoedd yn ol; ag y mae, mae'n debyg fyth ar arfer yng Ngwynedd, neu o leiaf wedi bod felly hyd yn ddiweddar. **rheffyn pen bys (penbys):** *rope made by twisting hay or straw round a finger or thumb*, *thumb-rope*, *also fig.* **1899** D. E. JONES: *HLlP* 333, a'i glymu yn doion a *rheffyn penbys*. Ar lafar yn sir Benf., '*rheffyn-penbys*, a straw rope made by twisting with finger and thumb. Metaphorically used for a long story or rigmarole', *GDD* 244; yn sir Gaerf. dywedir bod dyn yn 'gweddïo fel *rheffyn pen bys*' pan fydd yn dal ati'n ddi-baid, ac fe'i clywir ym Morg. yn yr ystyr 'an Extempore Speech or Sermon', *LlGC* 1172, 47. Cf. *Folk Life* viii. 9, *rheffyn pen bys* . . . It was given this name because it was made by twisting lengths of straw around one's finger to produce sufficient straw rope for the thatching. **rheffyn tro:** *band for binding sheaves*. Ar lafar yn sir Benf., *GDD* 245. **rheffyn ysgub:** *straw rope for binding sheaves*. Ar lafar yng nghanolbarth Cered.

rheffynnaf: rheffynnu [bf. o'r e. *rheffyn*] *ba.* Clymu (ynghyd) â rheffyn, rhwymo, cebystru, penffrwyno, hefyd yn *ffig.*: *to tie* (*together*) *with cord or rope*, *bind*, *halter*, *tether*, *also fig.*

16g. HUW ARWYSTL: *Gw* 444, ni bo n sur ffinabl neb nas *Reffynnych*. **1604–7** *TW* (*Pen* 228) d.g. *Capistro*. **1772** *W* d.g. *To cord, or cord up* [*tie, or bind with cords*]. **1803** *P*, *Rhefynu* . . . To cord, to tye with a rope. Ar lafar yn sir Drefn. '*rheffynnu* ceffyl'; hefyd yn nwyrain Morg., '*reffynnu* winwns', *GTN* 680, ac yn sir Gaerf., '*rheffynnu* celwydde'.

rheffynnaidd [*rheffyn*+*-aidd*] *a.* Tebyg i reffyn, cordyn, &c., wedi ei wneud o reffyn, cordyn, &c.: *like rope*, *cord*, *&c.*, *made of rope*, *cord*, *&c.*

18–19g. *Iolo MSS* 175, ni bu hir cyn dywod o berchenog y ddolfaes . . . ai rwydau *rheffynaidd* ai ddal ai ffrwynaw [march gwyllt]. Cf. *SE MS* 417a, *Rheffynnaidd*, resembling a rope, string, or cord; made of cords.

rheffynnog [*rheffyn*+*-og*] *a.* Tebyg i reffyn, cordyn, &c., wedi ei wneud o reffyn, cordyn, &c.: *like rope*, *cord*, *&c.*, *made of rope*, *cord*, *&c.*

1852.

rheffynnwr [bôn y f. *rheffynnaf*: *rheffynnu* +*-wr*] *eg.* ll. *rheffynwyr*. Gwneuthurwr rheffynnau, cordynnau, &c., hefyd yn *ffig.*: *rope-maker*, *cord-maker*, *also fig.*

1632 *D* d.g. *Restio*. **1722** *Llst* 189, *Rheffynnwr*. m. A cord-maker. **1772** *W* d.g. *A cord-maker*.

rheffynwaith [*rheffyn*+*gwaith*[1]] *eg.* Rhaffau llong: *cordage.*

1852.

rheg[1] [yr un gair â *rheg*[2]; ynglŷn â'r dtb. ystyr, cf. Llad. **prex* 'deisyfiad, gweddi; melltith'; nid oes sicrwydd nad engh. o *rheg*[2] a welir yn y dfn. cyntaf isod; trafodir y ff. l. *rhegfeydd* d.g. *rhegfa*] *eb.* (bach. *-en*) ll. *-au*, *-on*. Gair neu lw anweddus neu gableddus, cabledd, enllib; melltith; ateb llym neu gas, cerydd; hefyd yn *ffig.*: *swear-word*, (*profane*) *oath*, *blasphemy*, *slander*; *curse*; *retort*, *reproach*; *also fig.*

14g. *GDG*[3] 131, Talmithr ym *reg* y loywferch, / Tâl bychan am syfrdan serch. **15g.** *IGE*[2] 335, Ni chaf ffordd, cadr osgordd cun, / *Rheg* ytoedd, yrhawg atun' (Rhys Goch Eryri). *Diw.* **15g.** *Pen* 67, 103, llawer *rrec* ar y lloer honn / vwch ymhenn och am hinonn. **1567** *TN* 398b, ny vydd dim *rrec* [:– melltith] mwy. **1588** *Eseia* lxv. 15, A'ch enw a adewch yn *rhegen* ym mysc fy etholedigion. **1604–7** *TW* (*Pen* 228) d.g. *Imprecatio*, *Maledictio*. *id.* *rhegen* oer d.g. *Blasphemia*. **1606** E. JAMES: *Hom* i. 101, Balchedd . . . fe fydd yr hwn sydd a hi gantho yn llawn o *regau*. **1620** *Jer* xxix. 22, A holl gaeth-glud Iudah . . . a gymmerant y *rheg* (**1588** *ib.* *rhegen*) hon oddi wrthynt hwy. *id.* xlii. 18, chwi a fyddwch yn felldith, ac yn syndod, ac yn *rheg* (**1588** *ib.* ddirmyg). **1632** *D*, *Rhêg*, Imprecatio, execratio. Nid adwyth *rhêg* ni haedder†. **1672** R. PRICHARD: *Gw* 263, Gwachel haeddu *rhêg* dy Dâd. **1687 (1715)** J. OWEN: *TB* 40, y rhai y ddygasont gam dystiolaeth . . . trwy fawr lwon a *rhegau*. **1693** *HC* 111, a gwrando 'r . . . *rhegon*, a'r melltithion sydd yno. **1741** G. JONES: *HWI* 49, Gwaith y diafol yw, *rhegau* a llwon. **1803** *P*. Ar lafar yn gyff., *WVBD* 459, *GTN* 682.

rheg[2] [< Brth. **rek-* o'r gwr. IE. **prek-* 'gofyn, ymbil'; cf. *archaf*: *erchi*, *annerch*, Llad. **prex* 'deisyfiad, gweddi; melltith'] *eb.g.* ll. *-au*, *-oedd*, (geir.) *-ion*. Anrheg, rhodd; rhoddwr; hefyd yn *ffig.*: *gift*, *present*; *giver*; *also fig.*

Dchr. **12g.** *GMB* 30, *Rec* ry-s-iolaw, *rec* a archaw, ruymav iurchen! **12g.** *id.* 71, *Rec* ry-d-eiriuam yn rann Drindaɞd. *ib.* Ry gated Ruuein *rec* aduwyndaɞd. *id.* 228, Annwyd profwyd prut yoli / Ut neuoet *recoet* roti. **12g.** *GLlF* 120, Gweiruyl dec, uy *rec*, uy rin,— ny geueis. *id.* 397, Rhwych wych wenwawd, *rheg* deg draethawd a draethitor. **12–13g.** *GLlLl* 72, O Ynys Brydein . . . / A'e Their Racynys, *rec* hoffeint. **13g.** *GDB* 430, I'm *Rhec* y harchaf arch o'm plegyd. **13g.** *GBF* 46, Oet terrwyn Ywein, tyrua *rec*—eurɞut. **14g.** *GIG* 23, Môn yr af, dymunaf *reg*, / Mynydd-dir manwyeidd-deg. *c.* **1400** *R* 1215. 18–19, *regeu* diathrist tist lle tyster. *id.* 1260. 5–6, *rec* mawrdec mordaf dy gytwed. *Dchr.* **15g.** *GM* 21, Ytt ry gymryt yn knawt ehut, / *rec* diolut, rac dialed. **1604–7** *TW* (*Pen* 228) d.g. *Donarium*. **1632** *D*, *Rhêg*, Donum, donarium, munus. **1773** *W* d.g. *Gift*. **1803** *P*, *Rhêg*, s. f.—pl. t. *ion* . . . a present, a gift.

rheg[3], ff. 3 un. pres. myn. y f. *rhegaf*: *rhegi*.

rhegadwy [bôn y f. *rhegaf*: *rhegi*+*-adwy*] *a.bfl.* Dan felltith, melltigedig; erchyll, atgas: *cursed*; *horrible*, *detestable.*

Dchr. **17g.** *J* 10, 15a, *Rhegadwy*. Execrabilis.

rhegaf: rhegi [bf. o'r e. *rheg*[1]; *rhegi* < *rhegu*, gw. *OIG* 37] *bg.a.* Llefaru rhegfeydd (yn erbyn (rhywun)), tyngu, cablu; melltithio, damnio: *to swear* (*profanely*), *swear at* (*someone*), *blaspheme*; *curse*, *damn.*

15g. *GDID* 48, Berw Eiddig y boreddydd / I'th *regi*, ferch, iaith ddrwg fydd. **15g.** *HCLl* 96, Rhai o wragedd a *regyn'*, / Rhag rhoi'i dda y *rheg* rhyw ddyn. / Nid er eu cost y *rheg* hwn, / Ond *rhegu* hyd y trigwn. **16g.** *Llst* 6, 106, *reged* a minay *rega* / *regy* gwr am reg y ga. **1567** *TN* 391b, a'r dynion y *reggasant* [:– gablasont] Ddyw. *c.* **1585** G. ROBERT: *DC* 30a, nhwy a *regent* y sawl a wnelei dhim daioni. **1588** *Nu* xxii. 11, tyret *rhega* hwynt i mi. **1588** 1 *Sam* xvii. 43, a'r Philistiad a *regodd* Ddafydd drwy ei dduwiau ef. **16–17g.** *HG* 49, ag yn *rregi* drwy fawr wg / y blwyddyn [*sic*] ddrwg aeth haibo. **16–17g.** *DCR* 234, Trwy ddirfawr dostiri griddfan a gweiddi o alar amdani bvn eurbleth / a *rhegi* fy llyged erioed am i gweled i beri cyn drymed fy hireth. **1618** J. SALISBURY: *EH* 203, *Rhegu* yw rhoi rhyw felldith i'r cymydog, megys dywedyd Melldith iddo. **1632** *D*, *Rhegu*, Imprecari, execrari. **1687 (1715)** J. OWEN: *TB* 32, yn ei ddigofaint *rhegodd* a melldithiodd ei fâb. **1731** T. LEWYS: *BMA* 29, *Rhegu*, sef *Rhegu* yn halogedig, yw barnu arall neu ei hunan am ddrwg: Neu ddymuno drwg yn anghyfiawn . . . i'r Person neu'r peth a [f]yddo dan y felldith. **1790** TWM O'R NANT: *GG* 187, Ni's mynai *regi* monyn, / Damnedig eisoes ydyn. **1803** *P* d.g. *Rhegi*, *Rhegu*. Ar lafar, *WVBD* 459, *GTN* 682. Clywir hefyd nifer o gyffelybiaethau megis '*rhegi* fel cath (meinar, paun, trwpar)'. Yn y De dywedir am ddau liw, dau batrwm, &c., sy'n gwrthdaro, eu bod 'yn *rhegi* 'i gilydd', neu pan fydd peth newydd yn peri i hen beth ymddangos yn ddiolwg, 'Unwaith byddwch chi wedi peintio un stafell ma honno'n *rhegi*'r lleill wedyn'. Yn y Gogledd dywedir am rywun neu rywbeth gwael iawn ei ansawdd ''Tydi o ddim gwerth '*i regi*', *WVBD* 459. Digwydd hefyd yn Arfon yn yr ystyr 'rheibio', 'dyn yn meddwl 'i fod o wedi'i *regi*'.

Cfn.: **rhegi a diawlio:** *to curse and swear*. Ar lafar yn Arfon, hefyd 'facetiously of cats', *WVBD* 459. **rhegi a rhwygo:** *to rant and rave*. *c.* **1756** *Bangor* 1007, 41, meddwi tyngu *rhegu a rhwygo*. **1808** TWM O'R NANT: *BB* 40. Ar lafar. Cf. T. JONES: *GG* 35, Rhag iddynt o ddifri dy regi, ath rwygo. **rhegi a sincio** = **rhegi a diawlio.** Ar lafar yn Arfon, *WVBD* 459. **rhegi a thyngu, rhegi a thynghedu** = **rhegi a diawlio.** *Dchr.* **17g.** *J* 10, 15a, *Rhegu a thyngedu*. cursing & Damning. **1620** *Math* xxvi, 74, Yna y dechreuodd efe *regu*, *a thyngu*. **rhegi'r maer ar ben (rhiw) Alltwalis:** *to curse or condemn at a safe distance*. Ar lafar yn sir Gaerf. Cf. D. J. WILLIAMS: *HDFf* 35, 'R oedd gennym ni . . . hen ddihareb gynefin arall . . . '*Rhegi'r Maer ar ben rhiw Alltwalis*', ar y ffordd adre,—yn golygu dyn dewr pan fo perygl ymhell.

rhegaidd [*rheg*[1]+*-aidd*] *a.* Rheglyd: *given to cursing*, *profane.*

1770 *TG* ii. 61, yn ymddiddan â'u gilydd mewn ymadroddion *rhegaidd* arswydus.

rhegain[1], **rhegan, rhegen**[1] [?cf. *rheg*[1]; ansicr yw union ystyr rhai o'r enghrau. llenyddol isod] *bg.* a hefyd gyda grym enwol i'r be. Sibrwd, sisial, murmur, myngial, mwmian, lleisio'n undonog: *to whisper*, *murmur*, *mutter*, *make a monotonous sound.*

?**15g.** **(1510–40)** *BDG* 81, *Rhegain* garm (*DGG*[2] 80, Rhygn germain) rhyw gwn gormes; / Rhuglgroen, yn rhoi gwlaw a gwres [i'r daran]. **16–17g.** *B* ii. 236, *rhegen* .i. yr un chwedl. ni cheir ganto onid yr un *rhegen*. yr un *rhegen* a gan y gog. **16–17g.** LLYWELYN SIÔN, &c.: *Gw* 402, ny ddaw r henaint . . . / ai *Regan* vyth i Regoes. **1621** E. PRYS: *Ps* 58b, A'i holl ddymuniad drwg i mi, / a'i *rhegen* weddi greulon, / Y rhai'n yn llwyr a ddont ymmhen / y capten o'm caseion. **1632**

D, *Rhegain*, Susurrare, murmurare. **1688** *TJ*, *Rhegain*, sisial: whisper. **1722** *Llst* 189, *Rhegain*. To buz or whisper in ye ear. **1753** *TR*, *Rhegain*, to whisper, to mutter, to murmur. **1789** Gw. MECHAIN: *Gw* i. [226], Dydoli hyllgreg *regan* / Oddi wrth rydd gelfydd gân. **1794** *W* d.g. *To whisper*. **1803** *P*, *Rhegain* . . . To be sending out a murmuring noise; to mutter, to whisper.

rhegain[2], rhegal, gw. **rhegen[2], regal.**

rhegddofydd, rhegofydd [*rhegofydd* < *rhegddofydd*, sef *rheg[2]*+*dofydd*; am drafodaeth ar y gair hwn, gw. *B* xv. 199, *TYP[2]* 33] *eg.* (Arglwydd sy'n) rhannwr anrhegion, rhoddwr, anrhegwr (hefyd yn cyfeirio at Dduw): (*lord who is*) *a dispenser of gifts, giver, donor* (*also with ref. to God*).

12g. *GCBM* i. 255, *Recouyt* oetɓn o'e daeoni. **12–13g.** *GMB* 274, Hi [Mair] yn hollaɓl rad, yn *recouyt*. *id.* 459, Duw Douyt, *Recouyt* reithleu. **13g.** *GBF* 227, Ef goreu rieu *recouyt*—a wn. **14g.** *WM* 452. 29–32, Marɓ uydaf. i. or cleuyt hɓnn. A gwreic arall auynny ditheu. A*recdouyd* ynt y gwraged weithon. **1803** *P*, *Rhegovyz* . . . The shedder of gifts. Digwydd *rec douid* fel e. prs., *LL* 127.

rhegedfa, rhegedog, rhegen[1], gw. **rhedegfa, rhedegog, rhegain[1].**

rhegen[2] [?cf. *rhegain[1]*, *rhegen[1]*] *eb.* ll. *-od.* *Adar.* Sofliar, *Coturnix coturnix*; unrhyw un o amryw fathau o adar bach y gors tebyg i'r gwtiar, sy'n perthyn i'r teulu *Rallidæ*: *quail*; *crake*, *rail*.

Dchr. **15g.** *IGE[2]* 208, Mwy no *rhegen* mewn rhagnyth, / Am nith Fair, ni thewi fyth [Llywelyn ab y Moel i'r tafod]. *c.* **1566** *B* xv. 118, petris, cwttiad mynydd . . . *regen*, a dyfriar. **1632** *D*, *Rhegen*, Est Sofliar, Coturnix, ait [Wiliam] Ll[ŷn]. **1688** *TJ*, *Rhegen*, sofliar: a Quail. **1722** *Llst* 189, *Rhegen*. f. A quail (bird). **1803** *P*, *Rhegen*, s. f. dim.—pl. t. *od* . . . A name for some birds of a screaking note.

Amr.: **rhegain[2]. 17–18g.** *NBSF* 532. **rhegyn. 1547** *WS*, *regyn* ederyn. **16g.** *Llst* 117, 298, Kic yr *egyn* [*sic*] adyvriair. **rhygyn** [?dan ddyl. yr e. *rhygn*]. **1773** J. ROBERTS: *GY* d.g. *Saflieir* [*sic*].

Cfn.: **rhegen fach:** *little crake, Porzana parva*. **20g. rhegen frech = rhegen fraith. 20g. rhegen fraith:** *spotted crake, Porzana porzana*. **20g. rhegen y gors = rhegen y dŵr. 1832.** Ar lafar yn y Gogledd, H. E. FORREST: *FNW* 318. **rhegen y graig:** *ring ousel, Turdus torquatus*. **1866. rhegen y dŵr, rhegen y dwfr:** *water rail, Rallus aquaticus*. **1803** *P*, Rhegen . . . *rhegen y dwr*, a waterousel. Ar lafar yn y Gogledd, H. E. FORREST: *FNW* 318. **rhegen y grug:** *quail, Coturnix coturnix*. **1773** J. ROBERTS: *GY*, Saflieir [*sic*]] *Rhygun* [*sic*] *y Gryg* (Quail). **rhegen fannog = rhegen fraith.** Ar lafar yn y Gogledd, H. E. FORREST: *FNW* 320. **rhegen (y) fawnog = rhegen fraith. 20g. rhegen,** &c. **((yn) y) rhych:** *corncrake, landrail, Crex crex*; *quail, Coturnix coturnix*. **[1547]** W. SALESBURY: *OSP*, Mwy na r *regen yn y rych*. **17–18g.** *NBSF* 532, i sain fal *Rhegain y rhych* (Rowland Prys). **1760** *ML* ii. 263, Ni thaw mwy na'r *rhegen yn yr rhŷch* ond sôn am danoch bob amser. **1803** *P*, Rhegen . . . *rhegen y rhyç*, sovliar . . . quail. Ar lafar yn y Gogledd, '*regan rych*' 'corncrake', *WVBD* 454; clywir hefyd y ff. *rigan rych*. **rhegen,** &c. **(y) rhyg = rhegen rhych. 16–17g.** *B* ii. 236, *rhegen y rhyg* . . . a rayl. **1753** *TR*, Rhegen, rhegen yr ŷd, a quail. *Rhegen y rhŷg*, medd rhai. Ar lafar yn y Gogledd, '*regan ryg*' 'corncrake', *WVBD* 454; '*Rygar-ryg*, *Rigar-ryg*, *Rygan-ryg*', *LlG* lii. 6b; clywir hefyd y ff. *regarŷg*, *ragarŷg*, *rygarŷg*, weithiau yn yr ystyr 'morthwyl sinc, ratl', ac yn aml wrth sôn am berson nad oes taw arno, ''Nei di gau dy geg wir—'ti fel *regarŷg* ers ben bora'. **rhegen yr ŷd** (i) **= rhegen rhych. 1547** *WS* [xviii], rayles rayls . . . ederin *regen yr yd*. **1753** *TR*, Rhegen, *rhegen yr ŷd*, a quail. **1763** *DT* 227. **1780** *W* d.g. *Quail*. **1803** *P*, Rhegen . . . *Rhegen yr yd* . . . sovliar . . . quail. Ar lafar, '*Rhegen Yr Yd* . . . Corn-Crake', H. E. FORREST: *FNW* 316; '*recan yr ŷd*', *GTN* 682. Ym Môn, 'Dywedir am rywun sy'n mynnu siarad yn hir a diflas neu sy'n swnian byth a hefyd ei fod "fel *regar-ŷd*"', *ISF* 63. (ii) *snipe, Galinago*. **1604–7** *TW* (*Pen* 228) d.g. *Gallinago minor*.

rhegen[3], gw. **rheg[1].**

rheges [bnth. Llad. *recessus*] *eg.* Ciliad, dychweliad, ymadawiad; marwolaeth: *retreat, return, departure*; *death*.

12g. *GCBM* i. 256, Oet balch y ragor kyn no'e *reges*. **12–13g.** *GLlLl* 53, Mor ɓraɓl y haɓl pan holes, / Mor gadarn yd geidɓ hyd *reges*. **14g.** *T* 10. 21–2, diffurn dyd *reges*. gɓae aeharhoes. *id.* 14. 9–10, poet kynt eu *reges* yn alltuded. no mynet kymry yn diffroed.

rhegfa [*rheg[1]*+*-fa, ma*] *eb.* ll. *-feydd, -fâu*, (prin) *-feuon.* Rheg, iaith reglyd, cabledd; melltith: *profane oath or language, a swearing, blasphemy*; *curse*.

a. **1587** *Y* 174, Nid ar *regfa* na drygfoes / Y talaf wawd at wael foes. **1604–7** *TW* (*Pen* 228), *rhegfa*, cabledigaeth d.g. *Blasphemia*. **1618** J. SALISBURY: *EH* 203, pan ddigwyddo i'r *rhegfa* fod heb gâs. **1634** *Bl B XVII* i. 241–2, Nid oedd lid, annedwydd loes, / Na du *regfa* na drygfoes [marwnad Rhisiart Cynwal gan Risiart Phylip]. **1658** R. VAUGHAN: *GA* 21, erfynniau, *rhegfâu*, rhesymmau, achwynion. **1675** R. JONES: *HCh* 18, *rhegfeydd* yn ein herbyn ein hunain. **1681** S. HUGHES: *AC* 43, y wraig . . . yn bytheirio allan *regfeydd* echryslawn yn fy erbyn. **1703** E. WYNNE: *BC* 146, ofer lyfon a *rhegfeydd*. **1776** H. JONES: *GC* 83, A'r Gwragedd a'u *Rhegfa*, erwina ar ei ôl. **1795** J. THOMAS: *AIC* 103, Gadawn hwynt au *Rhegfeuon*.

rhegfen [*rheg[1]*+elf. *-fen* (?cf. *tynghedfen*)] *eb.* Rheg, iaith reglyd; melltith; hefyd yn *ffig.*: *profane oath or language, a swearing*; *curse*; *also fig.*

1675 R. JONES: *HCh* 163, [g]eiriau . . . yn cynnwys *rhegfen* ofnadwy. **1688** *TJ*, Rhêg, neu *rhegfen*: a Curse. **1696** *CDD* 213, A phan glywo rhai'r biogen, / Ar y twŷn yn lleisio *rhegfen*. **1725** *SR* d.g. *Banning. or cursing*. **1753** *W Ballads* 112, 6, Llawer Trom *regfen* Trwy gonen a gest.

rhegiad [bôn y f. *rhegaf*: *rhegi*+*-iad[1]*] *eg.* ll. *-au.* Y weithred o regi, rheg; melltithiad: *a swearing, profane oath*; *a cursing*.

1630 *YDd* 367, [d]ioddef melldigedig *regiad* Shemeis trwy fawr ammynedd. **1770** *W* d.g. *Banning* [*cursing*], *A cursing*. **1803** *P*, *Rhegiad*, s. m.—pl. t. *au* . . . a cursing.

rheglyd, rhegllyd [*rheg[1]*+*-lyd, -llyd*] *a.* Tueddol i regi a thyngu, ffiaidd (am iaith, &c.), cableddus; melltithiol: *foul-mouthed, foul* (*of language, &c.*), *profane*; *imprecatory*.

1753 *TR*, *Rheglyd*, given to cursing and swearing. **1768** W. WILLIAMS: *HTS* 21, fy nghyfeillion *rheglyd* meddw. **1770** P. WILLIAMS: *BS*, *Salm* cix, Simei yr adyn *rheglyd*. **1803** *P*, *Rheglyd* . . . Apt to curse, cursing. Ar lafar ym Morg. yn y ff. *riglid*, 'Na'r bachan mwya *riglid* mæs'.

rheglydd, rheglyddaf: rheglyddu, rheglyddiaeth, rhegofydd, gw. **rhyglydd, rhyglyddaf: rhyglyddu, rhyglyddiaeth, rhegddofydd.**

rhegwr, rhegydd[1] [bôn y f. *rhegaf*: *rhegi* +*-wr*, *-ydd[3]*] *eg.* ll. *rhegwyr, rhegyddion.* Un sy'n rhegi, tyngwr, cableddwr; melltithiwr: *swearer, blasphemer*; *curser*.

1659 *GIA* 28, oni bydd dyn na thyngwr, na *rhegwr*, na meddwyn. **1672** R. PRICHARD: *Gw* 285, *Rhegwyr*, Putteinwyr, Gwatwarwyr. **1681** S. HUGHES: *AC* 12, *Rhegwyr* yn offrymmu eu Heneidiau ir Diawl. **1770** *W* d.g. *Blasphemer, Curser, Swearer, A profane swearer*. **1803** *P* d.g. *Rhegwr, Rhegyz*.

rhegydd[2] [*rheg[2]*+*-ydd[3]*] *eg.* Anrhegwr, rhoddwr: *one who gives gifts, benefactor, donor*.

12g. *GCBM* ii. 21 Beirneid am *regyd*, beirt am ragor.

rhegyn, gw. **rhegen[2].**

rhegyr, ff. 3 un. pres. myn. y f. *rhagoraf*: *rhagori*.

rheng [bnth. S. C. *reng*(*e*) 'rank, row, line'] *eb.* ll. *-au, -oedd.* Rhes (union) o bersonau neu bethau ochr yn ochr neu'r naill o flaen y llall, llinell, lein; rhes o filwyr, (yn y ll.) byddin, llu; safle o fewn trefn neu faes arbennig, gradd, dosbarth; un o wyth rhes o sgwariau sy'n ymestyn o'r naill ochr i'r llall ar fwrdd gwyddbwyll (gthg. *llinell*); hefyd yn *ffig.*: *rank, row, line*; *rank of soldiers*, (*pl.*) *army, host*; *rank* (*position or standing*); *rank* (*in chess*): *also fig.*

14g. *GDG[3]* 119, Fflwch ractal, mau benial boen, / Fflwring aur, fflowr *reng* oroen [am benwisg merch]. ?**15g.** (*Diw.* **18g.**) *LlGC* 18, 398, Rhwydd yr ynnillodd ei rhan, / *Rheng* ddulas rhwng y ddwy-lan [Robin Ddu i achwyn ar afon Alun am ei atal rhag mynd at ei gariad]. **15–16g.** *TA* 255, Dal sylw ar dy lys, Wiliam, / . . . / Rhyw saergamp, rhoi ais hirgoed, / A *rhengau* calch rhwng y coed. **1604–7** *TW* (*Pen* 228) d.g. *Series*. **1632** *D*, *Rheng* . . . Series in longum diducta. **1672** R. PRICHARD: *Gw* 238, Gan dy lwlan rhwng ei breiche, / Pan baet ti [plentyn sâl] ar dorri 'n *rhenge*. **1688** *TJ*, *Rheng* . . . gwana: a Rank. **1776** *W* d.g. *Line, or Rank* [*in the army*], *Range* [*a row, a rank, a class &c.*], *rank* [*an arranged line of persons or things, a row, &c.*]. **1803** *P*. Ar lafar sonnir am 'angau'n bylchu'r *rhengoedd*'.

Cfn.: **rheng flaen:** *front row* (*in rugby football*), *front rank*. **20g. rheng ôl:** *back row* (*in rugby football*). **20g.**

Gw. hefyd **rhanc[1], rhenc.**

rhengaf[1], rhengiaf: rhengu, rhengio [bf. o'r e. *rheng*] *ba.* Gosod mewn rhengoedd, rhesu, trefnu, dosbarthu, rhestru: *to place in a rank or ranks, arrange, rank, list*.

1803 *P*, *Rhengiaw* . . . To set in a row.

Gw. hefyd **rhanciaf: rhancio, rhenciaf: rhencio.**

rhengaf[2]: rhengi, rhengu, gw. **rhyngaf: rhyngu.**

rhengiaf: rhengio, gw. **rhengaf[1]: rhengu.**

rhengog [*rheng*+*-og*] *a.* Rhesog, llinellog, streipiog: *striped, streaked*.

1776 *W* d.g. *Listed* [*striped, or streaky*]. *id.* afal côch *rhengog* d.g. *Queen-apple*.

rhei, gw. **rhai.**

rhëi [cf. Llad. *rēs* 'peth, eiddo', Sans. Fedig *rayi-* 'eiddo' < IE. **reə-i-* 'peth (gwerthfawr)' o'r gwr. **reə-* 'rhoddi'; ceir engh. arall bosibl yn *C* 46. 3] *e.?ll.* ll. dwbl *rheïawr.* Cyfoeth, goludoedd; ?anrhaith: *wealth, riches*; *?booty*.

12g. *GMB* 72, Nerth Rodri, *rei* rywassgaraɓc. *id.* 176 Teithiaɓc Prydein, twyth auyrdwyth Ywein / Teyrnein ny grein ny graɓn *rei*. *id.* 229, Archaf arch y Grist Keli, / O'e gaffael caffaf *rei*. *id.* 273, Diuarɓ pressent dlid presswyl gynhi, / A chynnif oet well no gwall *rei*. **13g.** *A* 4. 11, crei kyrchynt kynnullynt *reiawr*.

rheiad, rheial, rheialtwch, rheian, rheianog, rheiau, gw. **reiat, reiol[1], rhialtwch, rhian[2], rhianog, rhai.**

rheibaeth, rheibaf: rheibo, gw. **rheibiaeth, rheibiaf: rheibio.**

rheibaint [*rhaib*+*-aint*] *e?g.* Diffeithiad, yn *ffig.* am berson: *devastation, fig. of person*.

Dchr. **12g.** *GMB* 7, O Teernon, kywrid Leon, galon *reibeint*.

rheibddyn, gw. **rhaib+dyn.**

rheibes, gw. **rheibies.**

rheibiad[1] [bôn y f. *rheibiaf*: *rheibio*+*-iad[1]*] *eg.* Y weithred o reibio neu hudo, dewiniaeth, swyngyfaredd: *a bewitching, witchcraft, sorcery*.

1803 *P*, *Rheibiad*, s. m. . . . a bewitching.

rheibiad[2], rheipiad [bôn y f. *rheibiaf*, *rheipiaf*: *rheibio*, *rheipio*+*-iad[2]*] *eg.* (b. *-es*) ll. *-iaid*, a hefyd gyda grym ans. Rheibiwr, swynwr; anifail ysglyfaethus: *bewitcher, enchanter*; *predatory animal*.

1592 S. D. RHYS: *Inst* 59, Indicatorum genera . . . y *rheibiad* y *rheibiades*. **1604–7** *TW* (*Pen* 228), *rheipiat* . . . Gwae ny cheidw y dheueit rhag bleidhiae *rheipieit*. ai phonn glwpa. Jonas Athro o Vynyw d.g. *Rapax*. **1618** J. SALISBURY: *EH* 143, fel hyn hefyd y mae *rheibiaid*, a'r coeg swynyddion yn pechu.

rheibiaeth, rheibaeth [*rhaib*+*-*(*i*)*aeth*] *eb.g.* Dewiniaeth, swyngyfaredd, rheibiad; rhaib: *witchcraft, sorcery, a bewitching*; *rapacity*.

1770 *W* d.g. *A bewitching, Witch-craft* [*the practice and supposed power of witches*]. **1803** *P*, *Rheibiaeth*, s. m. . . . Rapacity; witchery. Ar lafar yn sir Gaerf. a Morg. yn y ff. *r*(*h*)*ibeth*, *ribath*, 'Ma *ribath* 'da'r tân 'ma 'ddar y peth cynta'r bora 'ma'.

rheibiaf, rheibaf, rheip(i)af: rheib(i)o, rhei(p)io [bf. o'r e. *rhaib*; petrus yw dosbarthiad rhai o'r enghrau. isod rhwng adrannau (*a*) a (*b*)] *bg.a.*

(*a*) Bwrw swyn (ar), gyrru melltith ar, peri aflwydd i (un) drwy ddewiniaeth, witsio, swyngyfareddu, hudo, llygad-dynnu: *to cast a spell* (*on*), *put a curse on, bewitch, beguile*.

15–16g. *GLM* 24, Llygaid drwg oll a gaid draw / a lle'n rhybell i'n *rheibiaw*. **16g.** *GGH* 376, Croes Duw yn fudd Cristion fo, / Orau crybwyll, rhag *rheibio*. **1567** *TN* 280a, pwy a'ch llygatdynawdd [:– *ribodd*] chwi. **1588** *Doeth Sol* xviii. 13, y rhai a *reibiesid*, fel na chredent hwy ddim. **1632** *D*, Rhaib, *Rheibio*, Fascinare. **1683** H. EVANS: *CTF* 58, I gael swyn iw Da, ai heiddo, / Rhag pob haint, a rhag eu *rheibio*. **1699–1700** E. LHUYD: *SH* 58, [rh]wymmo peth o hono [pren criafol] wrth gynffonnæ gwartheg rhag *rheibio* ffrwyth y lhaeth. **1725** D. LEWIS: *GB* 125, Na fydded i ni gymmeryd ein *rheibio* gan Ddiafol. **1733** T. EVANS: *PP* viii, Stori ynghylch Llangces a *ribwyd* . . . gan ryw hên Wyddeles. **[1740]** L. ANWYL: *MW* 88, ni wnaethoch [pleserau gwag a phechadurus] ond fy syfrdanu a'm *rheibio* yn rhy hir. **1770** *W* d.g. *To bewitch, To charm.* **1774** T. JONES: *DG* 220, chwi a welwch fod y diafol wedi eu *rhibo* hwynt. **1777** W. WILLIAMS: *DN* 66, pan darfu i Balaam . . . fethu . . . swyno, *rhibo*, na melldithio Jacob. **1803** *P*, *Rheibiaw* . . . to fascinate, to bewitch. Ar lafar yn y Gogledd, 'dyn yn meddwl 'i fod o wedi'i *reibio*'; hefyd yng Nghered. a'r De yn y ff. *r(h)ibo*, ''On' nhw'n gweud fod mam-gu hwnna'n gallu *rhibo* pobol'; ''*Ribiff* neb di 'eddi', 'cyfarchiad i rywun sydd wedi gwisgo rhyw bilyn o chwith', *GTN* 688.

(*b*) Cipio (drwy drais), ysbeilio, lladrata, anrheithio, diffeithio; treisio: *to seize (by force), pillage, plunder, rob, devastate, ravage; rape.*

Diw. **15g.** *Pen* 53, 31, Rac kythreul o ddyn . . . yr hwn a*ribiodd* y da ai berchenoc. **15–16g.** *TA* 318, Gwlad Iâl, ple gweled i well? / Oni 'n *rheibiwyd* ni 'n rhybell [marwnad Tudur Llwyd]? **16g.** *Llst* 6, 89, os hwn y lliw y syn llwyd / vy wr abl vo *raibwyd*. **1551** W. SALESBURY: *KLl* xlva, ar blaidd a *reipa* [:– kipia], ac a yrr y deueit ar darf. **1604–7** *TW* (*Pen* 228), *Rheipio* d.g. *Rapio.* **1615** R. SMYTH: *GB* 213, marvvfolaeth . . . sy 'n *rheibio* 'r holl greaduriaid. **1696** *CDD* 91, Brydain Rwi'n brudio sŷdd oreu ei swŷdd etto / . . . / Er hynnŷ mae Pleidio yn blaen yn ein blino, / Drwŷ *reibio* a rorrio am yr Arian. **1707** *AB* 286a d.g. *To snatch.* **1716–18** *Llsgr R. Morris* 123, ag yn yr amser yna daeth scotiad yn dost / i frydain fel rebels dan *reibio* pob cost. **1800** W. OWEN[-PUGHE]: *CP* 106, yr had á *reibia* y noddion oddiar y cawn. **1803** *P*, *Rheibiaw* . . . To snatch by force. Ar lafar yn Arfon yn yr ystyr 'ysbeilio, anrheithio'.

(*c*) Llarpio'n drachwantus, traflyncu: *to devour greedily, guzzle.*

1688 *TJ*, Rhaib, *Rheibio*: to eat greedily. *c.* **1730** *Thos. Lloyd D* (LlGC) 201b, *rheibio*, to devour greedily. **1778** J. HUGHES: *BB* xi, 'Mr Chwant y cnawd, a'i sawdwyr, / *Rheibiant*, a llysant, hi 'n llwyr [am saig o fwyd].

rheibiedig [bôn y f. *rheibiaf*: *rheibio*+-*edig*] *a.bfl.* Wedi ei reibio neu ei swyngyfareddu, hudoledig; yn perthyn i reibio neu ddewiniaeth, hudolus, cyfareddol; gwancus, rheibus; wedi ei anrheithio neu ei ddifrodi: *bewitched, enchanted; pertaining to bewitching or witchcraft, enchanting, beguiling; greedy, rapacious; despoiled, devastated.*

c. **1400** *RB* ii. 392, Ac ynteu yn *reibyedic* ae llewas ac a vu uarŵ. *c.* **1400** *R* 1337. 14–15, Car annwar ennwir tri dyblic. kaŵr tri llaŵr. trallŵng *reibyedic*. *Dchr.* **15g.** *B* viii. 136, neu yfet yn ry chwannawc neu yn ry *reibyedic*. **1653** *Wy* 12, 321b, hyd ony throes y weinidogaeth Efangylig agos yn Offeiriadaeth Aberthiawl, o flaen ein llygaid cibddall, *rheibiedig* ddigon. *id.* 329b, pwy sydd morr *reibiedig* ei synhwyrau gan Jezabel nad ydynt yn dürnad . . . fod Düw wedy cynnwys yddynt foddi mewn tywyllwch. **1765** J. POPKIN: *Ll* 174, Pa mor *rheibiedig* yw'r Hanesion am wobr Rhinwedd wedi eu gwisco i fynu yn ein Golwg? **1769** J. GRIFFITH: *A* 67, pa beth sydd yn y difyrrwch . . . sydd mor flasus a *rheibiedig* i chwi? **1770** *W* d.g. *Bewitched.* **1803** *P*, *Rheibiedig* . . . Being taken by force; fascinated, bewitched.

rheibies, rheibes [bôn y f. *rheibiaf*: *rheibio*+-*es*[1], -*ies* (At.)] *eb.* ll. -*au*. Gwraig sy'n rheibio neu'n hudo, swynwraig, dewines, hudoles, gwrach: *sorceress, enchantress, witch.*

1588 *Ecs* xxii. 17, Na chaffed *rheibies* fyw. *c.* **1600 (1681)** *Rhyddiaith Gymraeg* ii. 164–5, ymrithio iddynt yn y rhith a'r fath y bo goreu gan y rheibiwr neu'r *rheibies*. *id.* 165, hen *reibies* a'i merch . . . yn cyphesu gadw o honynt hwy y cythrel . . . yn rhith cath. *Dchr.* **17g.** *J* 10, 14b, *Rheibas.* a witch. *ib.* *Rheibies.* a witch. *c.* **1770** *LlGC* 352, 56, yn pwyso i ffedog yn y fan / roedd rhiwbeth gan y *rheibes*. **1803** *P*, *Rheibes*, s. f.—pl. t. *au* . . . A witch.

rheibiog [*rhaib*+-*iog*; dichon mai yma y perthyn *reiboc*, *R* 1272. 34] *a.* Rheibus; hudol: *rapacious; bewitching.*

c. **1400** *R* 1354. 18–19, Kythrud neut rybud not *reibyaŵc* ambaŵr. y bob gŵannburaŵr llaŵr llyngheraŵc. **16g.** *Def Hen* 43, gwlad . . . a fagodd gyfriw niferoedd o bobloedd . . . Rhai yn greylon fel llewod . . . rhai yn *rheibiog* fel bleiddiay. **1727** J. JONES: *DFF* 55, Deffro, a thyred allan, dydi Gnawd *rheibiog* (*bewitching*) budr, tydi a'm suaist i gysgu cyhyd o amser yn fy Nghadwynau boddhaus. **1803** *P*, *Rheibiawg* . . . rapacious; fascinous, bewitching.

rheibiol [*rhaib*+-*iol*] *a.* Rheibus, gormesol; hudol: *rapacious, overpowering; bewitching.*

1803 *P*, *Rheibiawl* . . . Forcing, overpowering; fascinating, bewitching.

rheibiwr, rheibwr, rheibydd [bôn y f. *rheibiaf*: *rheibio*+-(*i*)*wr*, -*ydd*[3]] *eg.* (b. *rheibwraig*, ll. -*wragedd*) ll. *rheibwyr(s)*, *rheipwyr*, a hefyd gyda grym ansoddeiriol. Un sy'n rheibio neu'n bwrw hud ar rywun neu rywbeth, dewin, un sy'n hudo neu'n swyno; person rheibus, person gwancus neu farus, anifail neu aderyn ysglyfaethus, diffeithiwr: *one who casts a spell upon a person or a thing, wizard, one who bewitches or enchants; rapacious person, voracious or greedy person, predatory animal or bird, raptor, ravager.*

1551 W. SALESBURY: *KLl* lixb, Deo / ydd wyf yn diolch ytty / nad ydwyf mal y may dynion ereill / yn *Reipwyr* / yn ankyfiownon. **16g.** D. R. THOMAS: *DS* 151, Ar deoniaid y kyffelib fodd rhaid ydiw eu bod yn fedrûs: nid a daûddyblig dafawd: nid *rheibwyr* gwin (*TN* 313a, trachwannog i win): nid chwanog i fudyr elw. **1599 (1677)** R. HOLLAND: *AB* [95], O bydd i vn dyn golli ond rhan o'i dda, pa beth a wneiff efe? Fo aiff allan yn inion at ryw ddewin neu ŵr hyspys, neu *reibwr* i gael manigaeth am ei dda. **16–17g.** *HG* 171, okrwr yw *raibwr* rybell / tapster ag ostler nid gwell / yr hain aeth or rann waetha / o dir holl Cymru ai da. *c.* **1600 (1681)** *Rhyddiaith Gymraeg* ii. 164, cythreuliaid yn cyrchu at wyr a gwragedd y rhai y maent hwy yn i alw naill ai yn swynwyr, *rheibwyr*, daroganwyr. **1603** W. MIDLETON: *Ps* 99, Bydd drugarog doniog dad / Rhag fy llynku haeddu hud / Bevnydd or *rheibydd* yn rhod / A gwaith awydd gaethiwed. **1603** E. KYFFIN: *Ps* [12], Rhag iddo larpio fy enaid / yn safnaid fal llêw *rheibudd*: / Gann ei scythru ai rwygo / pryd na byddo gwaredudd. **1681** S. HUGHES: *AC* 10, [t]rwy gymmorth pwy ond trwy gymmorth Diawliaid, y gwnaeth Consurwyr, *Rheibwyr* a Witshod ddrygau mawrion. **1703** E. WYNNE: *BC* 21, [y] cnâ êl â'i gleddy 'n ei law a'i *reibwyr* o'i ôl, hyd y byd tan ladd, a llosci a lladratta. *c.* **1730** *Thos. Lloyd D* (LlGC) 202b, Wizzard. *Rheibiwr*. Fascinator. *ib.* *Rheibydd* . . . Rapax. **1733** T. EVANS: *PP* 221, nad all neb a fo'n *Rheibiwr* neu yn *Rheibwraig* ddywedyd Gweddi'r Arglwydd yn gysson drosti. **18g.** *W Ballads* 2, 5–6, Mae yn rhaid i blwy corwen frigwen fro / [. . .] Gyttie yr gwydde geisio clo / [. . .] digwydd dowad fyth ar dro, [rhy]w *Reibwyrs* or Jabon [*sic*]. **1770** *W*, *rheibiwr* d.g. *Bewitcher.* *id.* *rheib-wraig* d.g. *Hag* [*a witch or sorceress, &c.*], *Witch.* **1784** M. WILLIAMS: *S* i. 108, Troseddwyr am fwrdd-dra, godineb, llosgi tai, a *rhibwyr* (conjurors) ddodir i farwolaeth. **1793** DAFYDD IONAWR: *CD* 146, Y Brenin, *Reibiwr* annuw, / Ni chrêd weision doethion Duw. **1803** *P*, *Rheibiwr* . . . A captivator, a fascinator. Ar lafar, ''Odd a'n cæl yr enw o fod yn *ribwr*, a'i fod a'n ribo dæ dinnon', *GTN* 688; ''On nw'n gwed taw *ribrig* odd 'i, yn ribo dæ dinnon', *id.* 683.

rheiblyd [*rhaib*+-*lyd*] *a.* Rheibus; diffeithiol; hudol: *rapacious; ravaging; bewitching.*

1790 T. JONES: *TOS* 326, O nad ystyriech unwaith . . . yna chwi ddiystyrech yr hudoliaethau hyn! Bendigedig yn dragwyddol a fo 'r cariad hwnnw a'm dygodd i allan o'r tywyllwch *rheiblyd* (*bewitching*) hwn.

rheibni [*rhaib*+-*ni*] *eg.* Gwanc; y weithred o ddweud ffortiwn: *voraciousness; a fortune-telling.*

1604–7 *TW* (*Pen* 228) d.g. *Ingluuies.* Cf. J. JONES: *Gwerin-eiriau* 53, Tesni . . . arferir ef yn awr am *rheibni*, sef darllen ffawd neu ffodni.

rheibus [*rhaib*+-*us*; cf. Llyd. C. a Llyd. Diw. *ribus*] *a.* a hefyd gyda grym enwol. Chwannog i reibio neu gipio, gwancus, barus, bolrwth, newynog; ysglyfaethus, diffeithiol, distrywgar; yn rheibio, yn bwrw hud: *rapacious, voracious, greedy, ravenous, starving; predatory, ravaging, destructive; casting a spell.*

16g. MORUS DWYFECH: *Gw* 27, Rhag dolur a chur, awch irad—rhyboeth, / A *rheibus* ddrwg lygad, / Cadarn Dduw a fo ceidwad / Megen, geneth wen ei thad. **1595** H. LEWYS: *PA* 105, Pawl yn agos at Ddamasco a drawyd i lawr megys blaid' rhuadus, *rheibus* (*ravening*), eythr ef a gyfodod' i fyny cyn vfudded ag oen. *Dchr.* **17g.** *J* 10, 14b, *Rheibus* . . . Rapax. **1630** *YDd* 47–8, my fi . . . oeddwn yn ymogoneddu fy mod yn rhyddwas, ydwyf yr awr'hon gwedi fyngwarchâu tan grafangau Satan: fel y betris ddychrynllyd fewn sbagau y gwalch *rheibus* (*ravenous*). **1632** *D* d.g. *Vultur, Vulturius homo.* **1653** R. JONES: *TTN* 5, bwrw allan yspryd *rheibus*. **1672** J. LANGFORD: *HDdD* 51, ymmha gyflwr *rheibus* (*starved*) y byddei raid ein Heneidiau ni fôd, i'r rhai ni chyfrennir ûn prŷd? **17g.** HUW MORUS: *EC* ii. 34, Na byddwch drachwantus, er buddio 'n gybyddus, / Nid gweddus yw *rheibus* fo rhy-boeth. **1696** *CDD* 328, O'r Wersyllfa, marcia chwant, / O *reibus* soldiers lawer cant, / . . . / Rhuthrau milein a roe 'rhain, / Ar y tŵr, a'r muriau maen. **1703** E. WYNNE: *BC* 62, [p]'run . . . debycca ai Cyfreithiwr i Gigfran *reibus*, ai Prydydd i Forfil? **1778** J. HUGHES: *BB* 281, Rhyw demptasiwn taer a'm twysodd, / A minne 'n medru teg ymadrodd, / Yn chwant y cnawd a'i wnniau *rheibus*, / Drwy hud, a lledrith rhy dwyllodrus, / Traws wllys rhyfygus a fagodd. **1780** *W* d.g. *Predatory.* **18g.** TWM O'R NANT: *CO* 46, Mae pob dyn wrth natur eto / A nod y bwystfil arno; / . . . / Cnawd yw Cybydd-dod *rheibus* / A chnawd yw Oferedd farus. **1791** GW. MECHAIN: *Rh* 41, a'i Rhyddid aeth yn anrhaith rhwng galon anghred a'i hesgobion *rheibus* . . . dymma'r bleiddiaid mwyaf anrheithiol a'r â ysglyfaethodd Ryddid Rhufeiniaidd erioed. **1803** *P*, *Rheibus* . . . Rapacious. Ar lafar, ''En un *reibus* yw a, fe aiff â'r crôn odd' ar dy gefan di', *GTN* 699; 'plentyn *ribus*' 'plentyn distrywgar' (de-ddwyrain Morg.).

Gw. hefyd **rheipus.**

rheibusrwydd [*rheibus*+-*rwydd*] *eg.* Y cyflwr o fod yn rheibus neu'n folrwth, rhaib, gwancusrwydd, natur ysglyfaethus: *ravenousness, rapaciousness, predatoriness.*

[1783] *W* d.g. *Ravenousness.* **1803** *P*, *Rheibusrwyz* . . . Rapaciousness.

Gw. hefyd **rheipusrwydd.**

rheibwr, rheibwraig, rheibydd, gw. **rheibiwr.**

rheidedd [*rhaid*+-*edd*[1]] *eg.* Angen, rheidrwydd, anghenraid: *need, necessity.*

16–17g. *HG* 136, torri newyn tlawd bob tro, a syched lle bo *rhaidedd* / edrych y karcharw[r] gwann, ar klaf vo dan dostyredd / a lletya er mwyn krist, y krypl trist dirymwedd. **1803** *P*, *Rheidez* . . . Necessity, want.

rheidegwr [*rhaid*+-*eg*[1]+-*wr*] *eg.* ll. -*wyr*. *Athr.* Rheidiolwr: *necessitarian (in philos.).*

20g.

rheidiaeth [*rhaid*+-*iaeth*] *eb.* Rheidrwydd; penderfyniaeth: *necessity; determinism.*

1839.

rheidiaf: rheidio [bf. o'r e. *rhaid*] *bg.a.*

(*a*) Gwneud yn angenrheidiol: *to necessitate.*

1803 *P.*

(*b*) Brwydro, rhyfela: *to battle, wage war.*

12g. *GMB* 72, Ar bob rei *reidyei* yn eurodaŵc / Rac bytin Emreis dreis drahaŵc.

rheidiant [*rhaid*+-*iant*] *eg.* Angen, rheidrwydd, anghenraid: *need, necessity.*

c. **1400** *R* 1234. 38–9, tri vnyawn un nerth gogonyant. Trŵy ytat a rat yn *reityant*. **1803** *P.*

rheidiol, rheidol[1] [*rhaid*+-*iol*[1], -*ol*; tywyll yw'r engh. gyntaf] *a.* a hefyd gyda grym enwol. Y mae'n rhaid wrtho, anhepgor, angenrheidiol, hanfodol, gofynnol; buddiol, manteisiol; wedi ei benderfynu, &c., gan ddeddfau naturiol; anghenus: *necessary, essential, requisite, required; beneficial, advantageous; determined, &c., by natural laws, necessary; needy.*

15g. *DE* 96, rwyddwr raid oeswr rawd weision *ridiol* / reol rif ddeol rhwyf a ddawon. **15–16g.** *GRB* 34, Aur Syr Edwart dros *reidiol*, / aur un werth ei ŵyr 'n ei ôl. **16g.** *Med H* 4, gweddus a *Reidiol* oedd i bob gwr bonheddic urddassol . . . wybod yr arwyddion a berthynai iddo. **1551** W. SALESBURY: *KLl* xxxviia, Caiphas oedd hwn a gyngorysei ir Iuddeon may *reidiol* oedd i vn dyn varw dros y popl. **1567** *LlGG* [xii], Yr hon Act can nad yw mor gyffredinawl yn cyhwrdd a phawp oll . . . ny welpwyt vot yn *rraidiol* hei dody ym-print. *c.* **1585** *RWM* ii. 769, ny ddyly di erchi gormoddion o dda bydol onyd cymaint ag a fo *raidiol* y ti wrthynt yn fesurol i gynal jechyd corfforol ac i nerthy y tylodion. *a.* **1587** *Y* 223, Ni chanwyd ag ni chenir / Ond i Ddvw vn wawd oedd wir. / Hanes wir er hyny sydd / Yn bvr *reidiol* i brydydd. **1595** M. KYFFIN: *DFf* [xv], Gwaith *rheidiol* iawn fydde troi'r Psalmeu i ganghanedd gymraeg. **1599 (1677)** R. HOLLAND: *AB* 15, ymma y gwelwn fod dau beth yn *rheidiol* mewn gweddi: y cyntaf yw hiraeth . . . yr ail yw ffydd. **1604–7** *TW* (*Pen* 228), *rheitiol* d.g. *Necessarius.* **1630** *YDd* 22, gan osod ar bethau damweiniol, goelbren damweiniaeth, ac ar betha[u] *rheidiol*, ddeddf anghenrhaid. **17g.** *IICRC* iii. 88, day *reidol* syraid y cary / onyd gweglyd y drwg ysbryd. **17g.** HUW MORUS: *EC* i. 60, *Rheidiol* i Sion, dirion dew, / Rhodio rhag myn'd yn rhydew. **1721** RD: *CFf* 28, trwy yr unrhyw Ragluniaeth . . . y mae efe yn eu trefnu hwynt i ddigwydd . . . naill ai . . . yn *rheidiol*, yn rhydd neu yn ddamweiniol. *c.* **1730** *Thos. Lloyd D* (LlGC) 202b, *Rheidiol* . . . Buddiol. **18–19g.** R. DAVIES: *DB* 276, Un oedd hon o'r ffyddlonaf—yn y byd / Yn borth i'r *rheidiolaf*. **1803** *P.*

rheidiolaeth, gw. **rheidoliaeth.**

rheidioldeb [*rheidiol*+*-deb*] *eg.* Rheidrwydd: *necessity.*
1770 *W* d.g. *Behoof* [*the necessity or requisiteness of a thing* . . .]. *c.* **1785–90 (1829)** *CBYP* 132, Cadwyngyrch . . . bydd o hynn, o barth cyrch ag o barth odl, yn cydymgadwyno; ag o hynn y tyf ansodd y mesur o gyssefin angen a *rheidioldeb*. **18–19g.** *MA* iii. 215, Tri anhebgorion ystyriaeth: gwybodaeth parth ag at à ystyrier, serch dewisgyrch at yr hyn à ystyrier, a *rheidioldeb* er lles y peth à vyther yn ei ystyried. **1803** *P.*

rheidioliaeth, gw. **rheidoliaeth.**

rheidiolrwydd [*rheidiol*+*-rwydd*] *eg.* Rheidrwydd; hwylustod: *necessity; expediency.*
1778 *W* d.g. *Necessariness.* **1803** *P.*

rheidiolwr, rheidolwr [*rheidiol*, *rheidol*[1] +*-wr*] *eg.* ll. *-wyr. Athr.* Un sy'n arddel rheidoliaeth: *necessitarian* (*in philos.*).
1858.

rheidiolydd [*rheidiol*+*-ydd*[3]] *eg.* ll. *-ion.* Un sy'n arddel penderfyniaeth, *Athr.* penderfyniedydd: *determinist* (*also in philos.*).
20g.

rheidiwr [*rhaid*+*-iwr*] *eg.* ll. *rheidwyr. Athr.* Rheidiolwr: *necessitarian* (*in philos.*).
1858.

rheidol[1], gw. **rheidiol.**

rheidol[2] [? < **rheidiol*, sef bôn y f. *rhedaf*: *rhedeg*+*-iol*; ond dichon mai ff. dr. ar yr a. *greidol* a geir yn yr engh. isod] *a.* ?Cyflym: *swift.*
14g. *T* 39. 2, Awelei vabon ar ranwen *reidaol*. Digwydd yn ôl pob tebyg yn enw *Afon Rheid(i)ol*, Cered. (*c.* **1200** *VSB* 258, *Retiaul*), gw. G. OWEN: *DP* iv. 447–8.

rheidoliaeth, rheidiol(i)aeth [*rheidol*[1], *rheidiol*+*-(i)aeth*] *eb.g.* Penderfyniaeth; *Athr.* athrawiaeth sy'n dal bod pob gweithred yn rhagderfynedig gan achosion rhagflaenol, a bod ewyllys rydd yn amhosibl; angenrheidrwydd: *determinism; necessitarianism* (*in philos.*); *necessity.*
1803 *P*, *Rheidiolaeth*, s. m. . . . Necessariness.

rheidolwr, gw. **rheidiolwr.**

rheidrwydd [*rhaid*+*-rwydd*] *eg.* Peth anhepgor, y cyflwr o fod yn anhepgor, amgylchiadau sy'n gorfodi cwrs arbennig, angen gorfodol, gorfodaeth a welir fel deddf naturiol yn rheoli pob gweithred ddynol, o'i gwrthgyferbynnu â rhyddid, rheidiolaeth, anghenraid, angenrheidrwydd: *necessity, compulsion, necessitarianism, need.*
1778 *W* d.g. *Necessity* [*an urging, or impelling* . . .]. **1803** *P.*
Cfn.: **o reidrwydd**: *of necessity.* **20g.**

rheidus, rheudus [*rhaid*+*-us*; a'r ail ff. drwy gmth.] *a.* a hefyd fel *eg.* (bach. *-yn*) ll. *-(i)on*, *-iaid.* Mewn angen, ac arno angen, anghenus, tlawd, amddifad, begeraidd; ?angenrheidiol; tlotyn, cardotyn, un sy'n derbyn elusen, un anghenus: *in need, needy, poor, destitute, beggarly*; ?*necessary*; *pauper, beggar, almsman, needy person.*
12g. *GMB* 228, Ny'm rwytgeidw Rodri, nyd *reitus* vrthyf. **12g.** *GCBM* ii. 50, Kelennic beirt byd, buchet —*reidussyon.* **13g.** *GDB* 257, Y *reidus* galarus geilwad. **13g.** *HGK* 13, Ac odena y bu diffeith e wlat wyth mlyned. pobel . . . a wascarassant en dielw ar hyt y byt yn *reidussyon.* **13g.** *Cylchg LlGC* v. 61, can wyt kyvoethauc a *reidus* wyf uinheu. **13g.** *GBF* 470, A dѳyn *reudus* yn gamlyryus, kѳyr ofutyeu. **14g.** *LlB* 4, Brenhin a dyly vn gwr ar pymthec ar hugeint . . . nyt amgen, y pedwar swydawc ar hugeint . . . a'e gerdoryon, a'e *reudusson.* *c.* **1400** *ChO* 12, Yna y dyweit yr anghenawc kywir . . . tlawt a *reidus* wyf. ?**15g.** *IGE*[2] 260, Pob rhodiwr gwlad, pob *rheidus*, / Pob clerwr, pob rhwyfwr rhus, / Pob dof a ddaw i'm gofyn. / Fy mhwrs, gormersi am hyn! **16g.** *GILlV* 26, Ar kardwyr diownwyr don / Ar diswyr yn *ridission.* **1547** *WS*, *reudus* Pesante. **16g.** *Yst Kym* 103, danfon a wnaethant rhai yn rhith *rhydysion* i ymddiddan ag ef. **16–17g.** *Cer RC* 177, Hi a fu mor anhapus, / . . . / A mynd i dŷ *rheidus.* **1615** R. SMYTH: *GB* 78, mae 'nthvvy yn oystad megis*raideisiaid* [*sic*] beunydd ar hervv. **1632** *D*, Rhaid . . . *Rheidus*, Egenus. *id.* d.g. *Perpauper.* **1688** *TJ*, Rhaid . . . *Rheidus*, tylawd, anghenus: needy, poor. **1696** *CDD* 19, I'r *rheidus* cyfranna, ar [*sic*] clwŷfus ymwela. **1717** IACO AB DEWI: *MN* 11, ni . . . Bryfed *rheidus* pechadurus. **1769** TWM O'R NANT: *TChD* 48, Mi wnâf ichwi etto'n awchys / Bôb peth ar allw'i trwy bûr Wllys; / Cewch geni'ch Cyfraid hyd eich Bedd, / O bôb Anrhydedd *rhaidus* [*sic*]. **1803** *P.*

rheidusaidd, rheudusaidd [*rheidus*, *rheudus*+*-aidd*] *a.* Anghenus, tlodaidd, begeraidd, truenus: *needy, poorish, beggarly, wretched.*
1547 *WS*, *reudussai*[*dd*] Vyllanouse. **1567** *TN* 281b, pa wedd yr ymchwelesoch drachefn at egwan a' thlodion [:– angenoc, eisieuedic, *rheidusaidd*] 'wyddoreu? **1803** *P*, *Rheidusaiz* . . . Somewhat needy.

rheidusni [*rheidus*+*-ni*] *eg.* Y cyflwr o fod yn rheidus neu'n anghenus, angen, tlodi, begeriaeth: *neediness, need, want, poverty, beggary.*
1604–7 *TW* (*Pen* 228) d.g. *Egestas, Indigentia, Mendicitas, paupertas, penuria.* **1630** R. LLWYD: *LlH* 192, Gwelwn gan hynny pa ffrwyth melldigedig â drŵg'ddichwen [*sic*] â ddaw o feddwdod: sef . . . Gwae, ochain, tristwch, trueni, *rheidusni*, tlodi. **1632** *D* d.g. *Inopia.* **1677** R. JONES: *BB* 104, rhag i hynny beri i chwi adael heibio waith eich galwedigaeth, a'ch troi eich hunain a'ch teuluoedd i *reidusni.* **1677** *TC* 7a, *rheidusni*, tlodi. **1722** *Llst* 189, *Rheidusni.* m. Beggarliness, want. **1775** *W* d.g. *Indigence, Neediness.* **1803** *P.*

rheidusrwydd [*rheidus*+*-rwydd*] *eg.* Y cyflwr o fod yn rheidus neu'n anghenus, angen, tlodi, begeriaeth: *neediness, need, want, poverty, beggary.*
1778 *W* d.g. *Neediness.* **1803** *P.*

rheidusyn, gw. **rheidus.**

rheidwy, rheidwyf[1] [*rhaid*+elf. anh.; ?ffrwyth ymgais i ddehongli engh. o *rheidwyf*[2]] *eg.* ll. *rheidwyau*, a hefyd fel *e.ll.* ac *a.* Anghenraid, angen; angenrheidiau; angenrheidiol, gofynnol: *necessity, need, want, exigency; necessaries; necessary, requisite, required.*
1604–7 *TW* (*Pen* 228), *rheidwyf* d.g. *Necessitas. Dchr.* **17g.** *J* 10, 14b, *Rheidwy.* necessaries. Necessitas. **1632** *D*, Rhaid . . . *Rheidwy*, Necessitas, necessarium. **1688** *TJ*, Rhaid . . . *Rheidwŷ*, angen: necessity. **1722** *Llst* 189, *Rheidwy.* m. An urgent occasion: fine or meer force: want. *id.* *Rheidwy* (adj), Needfull, requisite. **1753** *TR*, *Rheidwy* . . . a thing necessary. **1773** *W* d.g. *Exigence.* **18–19g.** F. PAYNE: *Crwydro Maesyfed* ii. (1968) 91, Cyflawn drwya[d]l-lawn droedle / *Rheidwy* ar drwyn Rhaeadr dre [Twm o'r Nant i hen bont Rhaeadr Gwy]. **1803** *P* d.g. *Rheidwg* [*sic*].

rheidwyf[2] [dichon mai *d*≡*dd* yn y gair hwn] *e?g.* ?Mordaith: *voyage.*
13g. *HGK* 8, Odena Gruffud a esgynnws y long, ac a emchuelus o'e *reidwyf* hyt yn Abermenei. *id.* 12, A gudey dyuot Gruffud Ywerdon, y kwynws en dost urth y brenhin a'e dywyssogyon . . . Ac aniodef vu ganthunt wynteu henne, a'e annoc a orugant idav y emchuelut dracheuyn en gyflym a llynges gyweir o *reidwyf* a reidyeu ac emladwyr. **13g.** *B* x. 28, enteu a vyryws . . . e gist en e mor ac erchi yr wynvydedic veir dwyn e gist oe *reidwyf* hi e draeth corstinopyl.

rheidyr, gw. **rheiddur.**

rheiddell [*rhaidd*[1]+*-ell*] *eb.* Prism: *prism.*
1850.

rheiddiad [bôn y f. *rheiddiaf*: *rheiddio*+ *-iad*[1]] *eg.* ll. *-au.* Pelydriad; trefniant o rannau yn ymffurfio'n batrwm rheiddiol: *radiation.*
1803 *P*, *Rheiziad* . . . A beaming, a casting rays.

rheiddiadur [bôn y f. *rheiddiaf*: *rheiddio* +*-iadur*] *eg.* ll. *-on.* Gwresogydd ac iddo arwyneb eang ar gyfer pelydru gwres, yn enw. un y cylchredir dŵr poeth neu stêm drwyddo fel rhan o system gwres canolog, dyfais ac iddi arwyneb eang y cylchredir dŵr drwyddi er mwyn claearu peiriant tanio mewnol: *radiator.*
20g.

rheiddiaf: rheiddio [bf. o'r e. *rhaidd*[1]] *bg.* Pelydru, ymffurfio'n batrwm rheiddiol: *to beam, radiate.*
1803 *P*, *Rheiziaw* . . . To beam, to cast rays.

rheiddiau[1] [cf. *rheiddun*] *e.ll.* ?Rhoddion: *gifts.*
12g. *GCBM* ii. 270, Maѳr defnyd bedyd, bendigeit —Rieu, / Rѳyf *reidyeu* rat uolyeit.

rheiddiau[2], gw. **rhaidd**[1].

rheiddiawr [gair geir., sef *rhaidd*[1]+ **-iawr*, amr. ar *-awr*[3]] *eg.* Picellwr: *spearman, pikeman, lancer.*
1604–7 *TW* (*Pen* 228) d.g. *Lancearius.* **1632** *D*, *Rhaidd . . . **Rheiddiawr*, Hastifer, hastatus. **1688** *TJ*, Rhaidd . . . *Rheiddiawr*, Cariwr rhai[dd]: he that carries a Spear. *id.* *Rheiddiawr*, a gario ffon hîr: a Spear-man, a Pike-man. **1753** *TR*, †Rhaidd . . . †*Rheiddiawr*, armed with a pike, a spearman, a pikeman. **1794** *W* d.g. *Tilter.* **1803** *P*, *Rheiziawr* . . . a lancer.

rheiddinog [*rhaidd*[1]+*-in*[1]+*-og*] *a.* ll. *-ion*, a'r ff. l. hefyd fel *e.* Rheiddiog; *Swol.* anifeiliaid rheiddiog: *radiate* (*adj.*); *radiata, radiate animals* (*in zoology*).
1851.

rheiddiog, rheiddog [*rhaidd*[1]+*-(i)og*] *a.*
(*a*) Ac iddo belydrau yn ymledu o'i ganol, neu rannau wedi eu trefnu yn y modd hwn; *Ffis.* pelydrol: *radiate* (*adj.*); *radiant* (*in physics*).
1803 *P*, *Rheiziawg* . . . Having rays.
(*b*). Mawr ei wialen (am darw): *having a big pizzle or penis* (*of a bull*).
12g. *GCBM* i. 281, Reitun a'm rotes Howel, / *Reityaѳc*, veiniaѳ, vannaѳ uil, / . . . / Tarѳ tec Talgarth yg gwarthal.
Gw. hefyd **rheiddogion.**

rheiddiol [*rhaidd*[1]+*-iol*] *a.* Pelydrol, ymbelydrol, ac iddo belydrau yn ymledu o'i ganol neu rannau wedi eu trefnu yn y modd hwn, ac iddo haenau o ddefnydd wedi eu trefnu fel hyn ar ongl gywir i'r cylchedd i wneud y waliau'n hyblyg (am deiar): *radiating, radioactive, radiate* (*adj.*), *radial, radial-ply.*
1803 *P*, *Rheiziawl* . . . Radiating.

rheiddog, gw. **rheiddiog.**

rheiddogion [*rheiddog*+*-ion*[2]] *e.ll.* *Swol.* Anifeiliaid rheiddiog: *radiata, radiate animals* (*in zoology*).
1866.

rheiddrudd, gw. **rhaidd**[1]+**rhudd.**

rheiddun [cf. *rheiddiau*[1]; ceir engh. bosibl arall yn *A* 15. 14] *e?g.* Rhodd, anrheg, budd, grant; rhoddwr; ysbail; (geir.) un a chanddo waywffon, gwaywffon, arglwydd: *gift, present, gain, profit, grant; giver; booty;* (*dict.*) (*one who has a*) *spear, lord.*
12g. *GMB* 153, As rotwy uy Ren *reitun* drugaraѳc / Y Uadaѳc uad gynnwys. *id.* 177, Ardwyreaf hael o hil balch Run, / O Vaelgѳn Gѳynet, gwinuaeth *reitun.* **12g.** *GLlF* 397, Duw ry-m-rhoddwy, *rheiddun* arlwy, erlid cyngor / Rhodd fodd fedru, rhif brif brydu, brydest ragor. **12g.** *GCBM* i. 24, Yn *reidun* orun oresgyn. *id.* 244, Rwyf dragon, rotyon *reitun.* *id.* 281, *Reitun* a'm rotes Howel, / . . . / Tarѳ tec Talgarth yg gwarthal. *id.* ii. 273, Duѳ a'm ryd, o'm *reidun* ovan, / Rѳyd obeith o weith y winllan. **12–13g.** *GLlLl* 95, Duw Douyt dy-m-ryt *reitun* awen—ber / Ual o beir Kyrriduen. *c.* **1400** *R* 1330. 36–7, Credaf eni ri *reidun.* o veir gloew deyrn greir glan. *c.* **1562** *B* ii. 236, *reiddbyn* (= *reiddun*?), arglwydd. **16–17g.** *GST* i. 5, Rhoi yn rhwydd rhan o'r *rheiddun*, / Rhan gwaed da yw rhoi'n gytûn. **1632** *D*, **Rheiddun*, vid an idem quod Rhaidd. **1688** *TJ*, Rhaidd . . . *Rheiddun*, yr un a rhaidd: a Spear. **1803** *P.*

rheiddur, rheidyr, rheiddwar [geiriau geir.; ffrwyth ymgais i ddehongli engh. o *rheiddun*; cf. *rheiddiawr*] *eg.* Arglwydd, marchog, picellwr: *lord, knight, spearman.*
c. **1588** *Pen* 169, 315, *Reiddur* . . . Arglwydd. *Dchr.* **17g.** *J* 10, 14b, *Rheiddur.* a speare man. **1707** *AB* 219d, *Rheidyr*, A Knight. V. It's the same with the

German Ritter. q.d. Anglicè A Rider. *ib. rheiddwar*, a Lord. V.

rheiddyn [*rhaidd*¹+*-yn*¹] *eg.* Picell; llygedyn, pelydryn; hefyd yn *ffig.*: *dart*; *glimmer*, *gleam*; *also fig.*
1803 *P*, *Rheizyn* . . . A dart . . . gleam. Cf. ISLWYN: *Gw* 759, ail fyd a gwyd / Llawn o wawl lle na welwyd / *Reiddyn* o gyfarwyddyd / Dan orddwl gwmwl i gyd.

rheiddyr [*rhaidd*¹+*-yr*] *e?g.* ll. *-au, -iaid.* Prism; rheiddiadur: *prism*; *radiator.*
1851.

rheiddyrol [*rheiddyr*+*-ol*] *a.* Prismatig: *prismatic.*
1851.

rheien, rheiffl, gw. **rhaien, reiffl.**

rheil, r(h)ail², rêl², reil [bnth. S. *rail*] *eb.* (bach. b. *rheilen, railen, re(i)len, rhailsen, rheilsen, relsen, ra(e)lsen*) ll. *rheilion, rheil(i)au, railau, reiliau, raels, rails, rêls, râls,* ll. dwbl *railsydd.* Polyn llorweddol o bren, &c., a gynhelir gan bolion fertigol sy'n ffurfio ffens, gwrthfur, &c., polyn llorweddol a sicrheir wrth fur er mwyn hongian pethau arno, un o bâr o fariau cyfochrog a osodir ar drac, ffordd, &c., sy'n gweithredu fel llwybr neu arwyneb y gall olwynion trên, tram, &c., redeg arno, cledren, trac, hefyd yn *ffig.*: *rail, track, also fig.*
c. 1762–79 W. WILLIAMS: *P* 63–4, adeilad pedwar onglog, a'r [*sic*] ddull piramid . . . Y *railau* ag oedd yn amgylchiadu hwn oedd a'r [*sic*] lun Sarph . . . o fewn i'r *railiau* hyn, yr oedd llun dyn o Farble. *id.* 112, darn o dir . . . wedi ei gaued [*sic*] oddi amgylch a *railiau* o bren bombau. 1779 W. WILLIAMS: *HT* 19, cymmunwyr yn codi i fyned wrth *railau* yr allor. 1803 *P*, *Rhail*, s. f.—pl. *rheilion* . . . a rail. Ar lafar yn gyff., *GDD* 243, *B* xx. 373, *Cymru* xlvii. [142], *Geir Glo* 116; hefyd yn sir Benf. yn yr ystyr 'a moveable wooden stave attached lengthwise to the sides of the body of a cart as an added support for a load', *SC* vi. 125, ac ym Môn am 'ran uchaf ochr y cwch neu'r llong'. *LlLlM* 107. Clywir hefyd ymad. ffig. megis 'Fe gæs 'i gwnnu'n ddæ ond fe æth odd' ar y *railz* wedi claddu 'i rieni', *GTN* 699.
Amr.: **alsen, halsen, eilsen** [ffrwyth camrannu *y ralsen* > *yr* (*h*)*alsen, y rheilsen* > *yr eilsen*] ll. *els, halsenni, eilsydd, aelsydd, halsys, helsys.* 1873. Ar lafar yn sir Gaerf., Cered., sir Drefn., ac yn ardal Rhosllannerchrugog. Cf. D. J. WILLIAMS: *STG* 112, nesaodd y siaradwr gan bwyso'i ddwy benelin yn hamddenol ar *halsen* ucha'r llidiart.

rheilffordd [*rheil*+*ffordd*] *eb.* ll. *rheilffyrdd.* Trac parhaol a wnaed o reiliau dur cyfochrog sy'n gysylltiedig â thrawstiau, a ddefnyddir i gludo teithwyr a nwyddau ar drenau, unrhyw drac y gall olwynion cerbyd redeg arno, yr holl offer, rholstoc, adeiladau, eiddo, a thraciau a ddefnyddir yn y fath system gludiant, y gyfundrefn sy'n gyfrifol am weithredu rhwydwaith rheilffordd; ffordd dramiau, tramffordd: *railway*; *tram road, tramway.*
1846.

rheilgae [*rheil*+*cae*] *eg.* Reilin: *railing.*
1780 *W* d.g. *Rail, Railing.*

rheilgerbyd [*rheil*+*cerbyd*] *eg.* ll. *-au.* Trên: *train.*
1862.

rheilin, rheilsen, gw. **reilin, rheil.**

rheilwaith [*rheil*+*gwaith*¹] *eg.* Reilin: *railing.*
1837.

rheilwe, gw. **relwe.**

rheilwydd [*rheil*+*gwŷdd*¹] *e?g.* Balwstrâd: *balustrade.*
1850.

rheimwyr, rheimyn, gw. **rhimwr, rhimyn.**

rhein, rheina, rheinaf: rheino, gw. **rhain¹, rhain¹—y rhain yna, raeniaf¹: raenio.**

rheinco, gw. **rhain¹—y rhain acw.**

rheini, rheiny [*rhai*+*hynny*] *rh.* a hefyd fel *a. dng. ll.* (Y) rhai hynny, y bobl neu'r pethau y cyfeiriwyd atynt eisoes neu y cyfeirir atynt: *those* (*people or things*).
15g. *GGl*² 293, Mae'r henwyr? Ai meirw'r *rheini* / Hynaf oll heno wyf i. 15–16g. *TA* 214, Nid â'r henw o dai'r *rheini,* / Ni thyrr yn d'oes na'th ran di. *a.* 1561 *B* vi. 47, Kans y *rhaini* . . . allan wnaythyr twyll mawr yt. 1567 *TN* 378a, yr oedd y bob vn or pedwar enifel chwech o adeinedd gylch ogylch yddynt, a '*rreini* yn llawn llygeid otyfewn. 1595 H. LEWYS: *PA* 16, drwy goffadwriaeth . . . o *rheini* ir esmwytheir . . . ein gofid. 1620 1 *Mac* vi. 31, Y rhai a ddaethant . . . ac a osodasant allan lawer o ryfel offer yn ei herbyn hi, ond yr Iddewon a ddaethant allan, ac a loscasant y *rhei'ny* (1588 *ib. rheini*) â thân. 1672 J. LANGFORD: *HDdD* 1, gan fod amryw neillduol bethau yn gynhwysedig tan ewyllus D[u]w, y mae'n anghenrheidiol i ni wybod beth ydiw *rheini.* 1753 G. OWEN: *L* 57, ymbaffio â'r cigyddion, a'r *rheiny* a'u cleavers . . . yn soundio alarm. 1759 P. WILLIAMS: *MC* 13, Llu goreuraidd llawn gorfoledd / Sy'n amgylchu cylch yr Orsedd, / Byth yn moli bydd y *rheini* / Yr Iesu ddygodd eu trueni. 1794 *W* d.g. *Those.* Ar lafar yn gyff., '*reini* . . . those which can be indicated in thought but not pointed at', 'Fe ddæth â cwpwl o goed iddo i'r ardd. 'Odd *reini*'n rai dæ', *GTN* 699; ''Ti'n cofio'r 'sgidia 'na welon ni ddoe? *Rheini* 'swn i'n licio' (Arfon).

Fel *a. dng.* Hynny, y cyfeiriwyd atynt eisoes neu y cyfeirir atynt: *those* (*adj.*).
1552 *Pen* 403, 22, [p]aratoes vwyd vddvnt I wneuthur ir dyledogion *rreini* a y doedd [*sic*] ef yni Karv yn gimaint. 1651 SIÔN TREREDYN: *MDD* 19, ni rhadroddwyd iddo ei hunan yn u[n]ig yr holl ddewyddid honno, nar holl ddoniau nar gwaddolion *rheini* a gafodd ef gan dduw, ond ir dynoliaeth oll hefyd. 1758 *ML* i. 194, A ddarfu i chwi ddibennu talu'r Nafi Bils *rheini* bellach. 1758 *id.* ii. 88, [y] boblach *rheini* cyfoethogion. 1761 *id.* 395, un o'r ladis *rheini.* 1767 J. THOMAS: *TFFf* 9, Yr Eneidiau *rheini,* er mwyn par [*sic*] rai y tynwyd y Traethawd byrr hwn. *id.* 129, Dyma ddiscreifiad y credinwyr *rheini* y rhai sydd gadarn yn y ffydd. 1778 J. HUGHES: *BB* 206, Yn ddi wyrni mo'r cyflawni, / 'R geirie *rheini* i'r gwr a'u rhodd. Ar lafar yn sir Benf., *LGW* [536]–7.
Amr.: **heini²** [ffrwyth camraniad]. 16g. *Hop M* 194, o duw adwaenost yr *haini.* 1604 R. HOLLAND: *BD* 6, [g]weledig ymdhugiad yn y pethau *heini.* 1618 J. SALISBURY: *EH* 226.

Gw. hefyd **rhai—(y) rhai hynny.**

rheiniad [?bôn y f. *rhannaf*: *rhannu*+*-iad*²; cf. H. Grn. *renniat,* gl. *divisor, discifer*] *eg.* ll. *-iaid.* Rhoddwr, rhannwr, cyfrannwr: *giver, distributor, sharer.*
12g. *GCBM* i. 243, Haɓl waɓl wastad *reinyad* reid. 13g. *GDB* 468, Etifedd Gwynedd, gwanar gyrchiad, / Neud Duw a'i rhannws yr hael *reiniad.* 13g. *TYP*² 109, Gvyn Da *Reinyat.* 14g. *H* 90b. 9–10, Gwar amkar am ken vy ren *reinyat* Gɓir hir mordehir eu marɓ deat (Llywelyn Ddu ab y Pastard). *c.* 1400 *R* 1030. 31, bit *reinyat* (*B* iv. 4, renniat) ynghyuarth. *id.* 1225. 40–1, Ryued yɓ yn vyɓ veird nynduhud. y vot *reinyat* clot cletren ulaenrud. *id.* 1365. 1–3, Sorreis naskeueis kyuing offeiryat. aedat oed *reinyat* taergat tyvyrgɓn.

rheiniaf¹: rheinio, gw. **raeniaf¹: raenio.**

rheiniaf²: rheinio [bf. o'r a. *rhain*²] *ba.* Sythu (gan farwolaeth): *to render stiff* (*by death*).
13g. *GBF* 492, A chymot a'n Reen kynn no'n *reinyaɓ.*

rheiniar, rheiniog¹, gw. **heiniar, rhiniog¹.**

rheiniog², rheinog [*rhain*³+*-(i)og*] *a.* ll. *-ion.* Picellwr: *spearman.*
1803 *P*, *Rheiniawg* . . . s. m. A spear-bearer.

rheiniol [*rhain*³+*-iol*] *a.* Yn trywanu neu'n picellu, hefyd yn *ffig.*: *piercing, spearing, also fig.*
1803 *P*, *Rheiniawl* . . . Lancing, spearing.

Rheinis, gw. **Rhenis.**

rheiniwr, rheinydd [*rhain*³+*-iwr, -ydd*³] *eg.* ll. *rheinwyr.* Picellwr: *lancer.*
1803 *P.*

rheino [bnth. S. *rhino*] *eg.* ll. *-s.* *Swol.* Rhinoseros: *rhinoceros* (*in zoology*).
20g.

rheinog, rheinoseros, gw. **rheiniog², rhinoseros.**

rheinws, rhinws [?bnth. S. *roundhouse*] *eg.* Lle i garcharu troseddwyr (dros dro gan amlaf), dalfa: *roundhouse, lock-up.*
1911. Ar lafar gynt ym Môn ac Arfon, *ISF* 64, *TGG* (1902) 30, *WVBD* 460.
Amr.: **heinws** [ffrwyth camraniad]. 1844. Cf. 1721 B. WILLIS: *Bangor* 46, Here was, hard by the Cathedral Churchyard Gate, not long since, an Hein-house [*sic*] or Bishop's Gaol.

rheiny, rheinydd, gw. **rheini, rheiniwr.**

rheïog [*rhëi*+*-og*] *a.* Cyfoethog, goludog: *rich, wealthy.*
12g. *GMB* 72, Dybu Brenhin Lloegyr yn lluytaɓc, / Ked doeth ef nyd aeth yn warthegaɓc: / Ni yn Eryri yn *reiaɓc,* / Ny thorres y baɓr a ɓu breityaɓc.

rheiol, rheiolti, gw. **reiol¹, reiolti.**

rheipgar [*rhaib*+*-gar*] *a.* Rheibus: *rapacious.*
1862.

rheipiaf: rheipio, gw. **rheibiaf: rheibio.**

rheipus, rheupus [amr. ar *rheibus,* a'r ail ff. drwy gmth.; dichon mai i *rheibus* y perthyn rhai o'r enghrau. isod] *a.* Rheibus, gwancus, barus, ysglyfaethus, gwyllt: *rapacious, voracious, greedy, predatory, savage.*
1551 W. SALESBURY: *KLl* lviib, Ymoglwch rac y geuprophwyti, y rei a ddant atoch yngwisc deueit, eithyr o y mewn ydd ynt yn vlaiddieu *rraipus* (1588 *Math* vii. 15, *rheupus*). 1567 *LlGG* (*Sall*) 12a, Agori y maent arnaf ei geneueu mal lleo *rreipus* a vei yn rhuo. 1604–7 *TW* (*Pen* 228), Ederyn *rheipus* d.g. *Vultur. Dchr.* 17g. *J* 10, 14b, *Rheipus* ramping. 1630 R. LLWYD: *LlH* 211, Dymma y rhai ydynt yn gwneuthur egni i lyngcu y cwbl (fel anifeiliaid *rheipus*) ac i dynnu yr holl ddaiar tan eu meddiant. 1632 *D*, *Rheipus* d.g. *Rapax.* 1661 E. LEWIS: *Drex* 35, aderyn *rheipus* yn cnoi ac yn dryllio ei Afu ef bob dydd, yr hon a adferyd . . . bob nos, fel y byddei i'r Aderyn gael beunydd ychwaneg o ysclyfaeth i'w amgnoi. 1672 R. PRICHARD: *Gw* 365, Mae'n *rheipus* swyddogion, yn speilio rhai gwirion / Yn ewnach nâ'r lladron. 1672 J. LANGFORD: *HDdD* 262, tra'i bóch di fal hyn yn *rheipus* ar ôl dâ neu dŷ dy Gymydog, nid wyti ond casglu tân-wŷdd i losci yr eiddo dy hûn. 1714 R. PRYDDERCH: *GD* 123, Occraeth *reipus* . . . Occreth [*sic*] sydd yn lladd y tylawd. 1722 *Llst* 189, *Rheipus.* Voracious gluttonous. 1780 *W*, Blaidd *rheipus* d.g. *A prowling wolf.* 1803 *P*, Rheibus . . . *Rheipusav* un yn holl wlad Gymru / Yw'r un deudroediawg a wyr levaru.

Gw. hefyd **rheibus.**

rheipusrwydd [*rheipus*+*-rwydd*] *eg.* Rheibusrwydd: *rapaciousness.*
[1783] *W* d.g. *Rapaciousness.*

Gw. hefyd **rheibusrwydd.**

rheipwyr, ff. l., gw. **rheibiwr.**

rheir, rheis, rheisiaf: rheisio, gw. **rhyhir, reis, rhusiaf¹: rhusio.**

rheitach, rheitaf, rheited, rheitiach, rheitiaf, rheitied, gw. **rhaid.**

rheitharch [*rhaith*+*arch*¹] *eb.* Gorchymyn: *edict.*
1852.

rheitharchiad [*rhaith*+*archiad*] *eg.* ll. *-au.* Gorchymyn: *edict.*
1852.

rheithbrawf [*rhaith*+*prawf*] *eg.* *Cyfr.* Cwest: *inquest* (*in law*).
1833.

rheithchwiliad [*rhaith*+*chwiliad*] *eg.* ll. *-au.* *Cyfr.* Cwest: *inquest* (*in law*).
1822–3.

rheithchwiliwr [*rhaith*+*chwiliwr*] *eg.* ll. *-wyr.* *Cyfr.* Crwner: *coroner* (*in law*).
1850.

rheitheg [bnth. dysg. Llad. *rhēt*(*orica*)+*-eg*¹, ?dan ddyl. yr e. *rhaith* neu *araith*] *eb.g.* Rhethreg: *rhetoric.*
1595 *Egl Ph* 1, Rhetoreg neu *reitheg* yw celbhydhyd ar gywraint ymdhidhan, i ymadrodhi yn hyphraeth, ac yn hyodl. *c.* 1730 *Thos. Lloyd D* (LlGC) 201b, *Rheitheg.* Rhetorica. 1803 *P.* Cf. R. DAVIES: *GC* 41, mewn *rheitheg* a barddoniaeth.

rheithegaf: rheithegu [bf o'r e. *rheitheg*] *bg.* Rhethregu, areithio: *to rhetorize, declaim.*
1916.

rheithegol [*rheitheg+-ol*] *a.* Rhethregol: *rhetorical.*
1858.

rheithegwr, rheithegydd [*rheitheg+-wr, -ydd*[3]] *eg.* ll. *rheithegwyr, rheithegyddion.* Rhethregwr: *rhetorician.*
1783 *B* vii. 265, rhifo a wneuthum y gramadegwyr, *rheithegwyr*, a'r geirlyfrwyr hynaf a gorau oll.

rheithfais [*rhaith+mais*[3]] *eb.* Mesur seneddol: *parliamentary bill.*
1828.

rheithfarn [*rhaith+barn*] *eb.* ll. *-au.* Penderfyniad ar fater mewn achos llys neu gwest, dyfarniad; rheithgor: *verdict; jury.*
1794 *W* d.g. *Verdict.*

rheithgar [*rhaith+-gar*] *a.* Cyfiawn: *just.*
13g. *GDB* 128, Bwyf gwastad gan Uap Rad *reithgar.*

rheithgoleg [*rhaith+coleg*] *eg.* Adeiladau Cymdeithas neu Goleg Doethuriaid Cyfraith Sifil yn Llundain: *Doctors' Commons.*
1868.

rheithgor [*rhaith+côr*[1]] *eg.* ll. *-au.* Grŵp o ddeuddeg, fel arfer, o bobl sy'n tyngu llw i roi rheithfarn ar sail y dystiolaeth a gyflwynir iddynt mewn llys barn neu gwest: *jury.*
20g.

rheith-holiad [*rhaith+holiad*] *eg.* *Cyfr.* Cwest: *inquest (in law).*
1833.

rheithiad [*rhaith+-iad*[1]] *eg.* ll. *-au.* Rheol, rheoliad; gwyddor cyfraith, cyfreitheg, deddfeg: *rule, regulation; jurisprudence.*
c. **1785–90 (1829)** *CBYP* 11, Ni ddylai bod gair yn amhur gymraeg, sef yn wrthwyneb i *Reithiad*, ag iawnbwyll, ag anian, ag amcan y Iaith. *id.* 16, Rhai eiriau ydynt unsain unsynnwyr yn y Gymraeg a'r Saes'neg; a'r ffordd i wybod p'un ai Cymraeg ai Saes'neg y bydd gair o'r cyfryw, dealler hynn o *Reithiadau*. *id.* 48, Llymma Reithiadur Cerdd; Sef Dosparth a *Rheithiadau* ar Golofnau a Mesurau Cerdd Dafod, ag ar y Cynghaneddion ag eraill Berthynasau Cerdd. **18–19g.** *Llr* C 7, 85, *Rheithiad*, Rheol. **1803** *P*, *Rheithiad*, s. m.—pl. t. *-au* . . . regulation.

rheithiadur [*rhaith+-iadur*] *eg.* ll. *-on.* Llyfr cyfarwyddiadau; rheol, canon: *book of instruction; rule, canon.*
c. **1785–90 (1829)** *CBYP* 48, Llymma *Reithiadur* Cerdd; Sef Dosparth a Rheithiadau ar Golofnau a Mesurau Cerdd Dafod, ag ar y Cynghaneddion ag eraill Berthynasau Cerdd. *id.* 76, Yn Nosparth *Rheithiadur* Cerdd, Ceraint Fardd Glas, ni wneir ond deg prif ansawdd; sef naw gorchan a chyngog . . . eithr o fanol ymbwyll cafwyd wedi hynny ar ddeall bod pedwar ansawdd ar hugain yn y mesurau; fal a'u dangoser wrth *Reithiadur* Llywelyn Sion. **18–19g.** *Llr* C 7, 85, *Rheithiadur*, Llyfr addysg ar unrhyw gangen o'r celfyddydau neu wybodaeth Llenoriaeth. *ib.* *Rheithiadur* y Gymraeg. Antoni Powel—*Rheithiadur* mydr a Chynghanedd Llawdden. *Rheithiadur* Cerdd. Meuryg Dafydd. **1803** *P*, *Rheithiadur*, s. m.—pl. t. *on* . . . A principle of regulation, a canon.

rheithiaf: rheithio [bf. o'r e. *rhaith*; ansicr yw'r union ystyr yn yr enghrau. llenyddol isod] *bg.* Tyngu (llw), tystio; ?traethu, llefaru: *to swear (oath), bear witness; ?say, speak.*
1716–18 *Llsgr R. Morris* 44, Hud attat seren bloda r siroedd yma dois yn genad bur / i dreuthu ymadrodd gore medrwn fel y perad imi n wir / haws iw *rheithio* nag ymendio chwedel gwastad nis gwni / yn ddi gwmpas dweudai mhwrpas yma dois ich gwadd ir tu. **1725** *SR* d.g. *To Swear.* *c.* **1730** *Thos. Lloyd D* (LlGC) 201b, ysgrythyr lan fraisg *Reithiaist.* AH. 115. **1772** *W* d.g. *To depose* [*bear witness*].

rheithiol, rheithol [*rhaith+-(i)ol*] *a.* Cyfreithiol; *Ser.* synodig: *legal; synodic (in astron.).*
1803 *P* d.g. *rheithiawl.*

rheithior, rheithioreg, gw. **rheithor, rheithoreg.**

rheithiwr, rheithwr [*rhaith+-(i)wr*] *eg.* (b. *rheithwraig*, ll. *-wragedd*) ll. *rheithwyr.* Aelod o reithgor, diheurwr, cytyngwr, tyngwr llw, (yn y ll.) rheithgor, hefyd yn *ffig.*: *juror, compurgator, oath-helper, oath-swearer, (in pl.) jury, also fig.*
13g. *LlI* 32, Ny dele *reythwraged* (*WLW* 176, Ny dyly reith o wraged) egyt a gureyc, nac am lledrat nac am alanas nac am uach, namen *reythwyr.* *id.* 42, O deruyd ena mennu llyssu un o'r *reythwyr* henne, nyt oes llys arnau namen na hanfo o'e kenedel, ual na deleho bot en *reythur* ydau. Sef mal e dele bot en *reythur* ydau, en kyn nesset ac e deleho talu galanas egyt ac ef a'e kemryt trostau: ac urth llv e *reythur* bot en wyr e kerennyd. *id.* 52, *Reythur* not a dele tygu tebygu bot en glan llw e den e tygo egyt ac ef. **13g.** *D Col* 51, Pa lle bennac y dotter kar y gyt ac arall en test neu en *reythur*, ac amheu o'r amdyffynnur eu bot en carant. **14g.** *LlB* 106, Lle y perthyno reith gwlat, yno y dyly y brenhin kymell *reithwyr* y greir y tygu yn dylyedus. **1604–7** *TW* (*Pen* 228) d.g. *Iurator.* **1632** *D*, Rhaith . . . *Rheithwr*, Qui in alienam fidem iurat. **1688** *TJ*, Rhaith . . . *Rheithiwr*, Tyngwr: a Swearer. **1722** *Llst* 189 d.g. *an Affidavit man.* **1753** *TR*, Rhaith . . . *Rheithwr*, he that swears he believes another's oath to be true. **1772** D. RISIART: *HFP* 141, trwy degwch y barnwyr, a ffafr y *rheithwyr* (Jury). **1775** *W* d.g. *Juror, or jury man, Jury.* **1798** T. ROBERTS: *CG* 19, fe ochrodd y *Rheithwyr* (*Jurors*) mal y maent yn gwneud yn gyffredinol, efo y Barnydd. **1803** *P* d.g. *Rheithiwr, Rheithwraig.*

rheithlau, gw. **rhaith+lleu**[1].

rheithlawn [*rhaith+-lawn*] *a.* Cyfreithlon: *lawful.*
1595 M. KYFFIN: *DFf* [127], mewn Cymanfa-Gyngor *reithlawn.* *c.* **1730** *Thos. Lloyd D* (LlGC) 201b, *Rheithlawn* . . . Legitimus.

rheithlyfr [*rhaith+llyfr*[1]] *eg.* ll. *-au.* Llyfr deddf, llyfr statud, llyfr cyfraith, llyfr deddfwriaeth, llyfr rheolau: *statute book, law book, legal code, book of rules.*
1841.

rheithlys [*rhaith+llys*[1]] *eg.* ll. *-oedd.* Llys barn: *court of law.*
1848.

rheithofydd [*rhaith+ofydd*] *eg.* ll. *-ion.* Cyfreithydd, deddfegwr: *jurist.*
1858.

rheithofyddiaeth [*rhaith+ofyddiaeth*] *eb.* Gwyddor cyfraith, cyfreitheg, deddfeg: *jurisprudence.*
1858.

rheithofyddol [*rheithofydd+-ol*] *a.* Cyfreithegol, deddfegol: *jurisprudential.*
1896.

rheithofyddwr [*rheithofydd+-wr*] *eg.* ll. *-wyr.* Cyfreithydd, deddfegwr: *jurist.*
1874.

rheithol, gw. **rheithiol.**

rheithor, rheithior [bnth. dysg. Llad. *rector*] *eg.* ll. *rheithorion, -iaid.* Clerigwr a dderbyniai holl ddegymau'r plwyf a oedd yn ei ofal (yn Eglwys Loegr gynt), olynydd un o'r clerigwyr hyn (yn yr Eglwys yng Nghymru ac Eglwys Loegr), clerigwr â gofal eglwys neu sefydliad crefyddol (yn yr Eglwys Gatholig Rufeinig), pennaeth (rhai ysgolion, colegau, neu brifysgolion): *rector.*
1850.

rheithoraeth, gw. **rheithoriaeth.**

rheithordy [*rheithor+tŷ*] *eg.* ll. *-dai.* Tŷ rheithor: *rectory.*
1850.

rheithoreg, rheithioreg [cfdds. o'r S. *rhetor(ic)+-eg*[1], cf. *rheitheg*] *eb.* Rhethreg: *rhetoric.*
18–19g. R. DAVIES: *DB* 104, Celfydd hynefydd iawn ofeg—iaith lân, / Wrth linyn *rheithioreg*; / Hanesai, adwaenai 'n deg / Rym edau ei ramadeg. **18–19g.** *Llr* C 4, 34, *Rheithoreg*, rhetoric. **1803** *P* d.g. *Rheithioreg.*

rheithoriaeth, rheithoraeth [*rheithor+-(i)aeth*] *eb.* ll. *-au.* Swydd neu urddau rheithor: *rectorship, rectorate.*
1850.

rheithorol[1] [*rheithor(eg)+-ol*] *a.* Rhethregol: *rhetorical.*
1859.

rheithorol[2] [*rheithor+-ol*] *a.* Yn perthyn i reithor: *rectorial.*
1850.

rheithreg [cfdds. o'r S. *rhetor(ic)+-eg*[1], cf. *rheitheg, rhethreg*] *eb.* Rhethreg: *rhetoric.*
1928.

rheithres [*rhaith+rhes*[1]] *eb.* *Cyfr.* Deddfwriaeth, cod: *code (of laws).*
1842.

rheithsgrif, rheithysgrif [*rhaith+(y)sgrif*] *eb.* ll. *-au.* Mesur (seneddol): (*parliamentary*) *bill.*
1842.

rheithwr, rheithwraig, gw. **rheithiwr.**

rheithwyddiaeth [*rhaith+gwydd(or)+-iaeth*] *eg.?b.* Gwyddor cyfraith, cyfreitheg, deddfeg: *jurisprudence.*
1850.

rheithydd [*rhaith* neu fôn y f. *rheithiaf*: *rheithio+-ydd*[3]] *eg.* Cyfreithydd, deddfegwr; deddfwr: *jurist; legislator.*
1819.

rheithyddiaeth [*rheith(eg)+-ydd*[3]*+-iaeth*] *e?b.* Rhethreg: *rhetoric.*
1696 *GGTY* 211, Myfi a ddangosais fôd rhan yn ôl *rhaithyddiaeth* y scrythur, yn fynych yn ôl dull a elwir Synectoche yn cael ei ossod tros y cwbl. **18–19g.** *MA* iii. 278, Tair celvyddyd anrhydeddus y dylai bob gwr ddwyn ei veibion arnynt: milwriaeth, *rheithyddiaeth*, a llyvryddiaeth.

rheithyddol [*rheithydd(iaeth)+-ol*] *a.* Rhethregol: *rhetorical.*
1862.

rheithysgrif, gw. **rheithsgrif.**

rhelic, rhelin, rhelish, rhelsen, gw. **relic, reilin, relish, rheil.**

rhelugaf: rhelugu [bnth. dysg. Llad. *relūceō*] *bg.* Disgleirio, tywynnu: *to shine.*
1609 R. SMYTH: *CAC* 33, pob peth bynag a fo hyles a phrophidiol i ddynion . . . y rhain y gyd sy'n *rhelugu* ne'n splennyddu'n benaf yn yr arglwyddiawl we[dd]i. *c.* **1730** *Thos. Lloyd D* (LlGC) 205a, *Rhelygu.* Reluceo.

rhelwe, gw. **relwe.**

rhelyw, relyw [?bnth. rhyw ff. ar S. Diw. Cyn. *relief* 'remnant', ?a'i gysylltu'n ddiweddarach â'r Llad. *reliquum, reliquiæ*] *eg.* ll. *-iau, -(i)on.*

(*a*) Lleill, rhai sydd ar ôl, gweddill, gwargred; mwyafrif; gweddill (am arian), ôl-ddyled: *others, rest, remainder, remnant, residue; majority; (financial) balance, arrears.*
1547 *WS*, *Relyw* Relefe. **1567** *TN* 79a, wy aethant ac a venagesant ir *relyw* [:– llaill, ir ddarn arall] o hanynt. *id.* 233b, Cyd bei niver plant Jsrael mal tyvot y mor, er hyny oddiethr *relyw* nyd iacheir. *id.* 235a, Sef y modd hyny yn yr amser hyn yr ow[r]hon y mae *relyw* [:– gweddill gwargred, swrn, talm] trwy'r etholedigeth rhat. **1589–90** *Rhyddiaith Gymraeg* ii. 126, Nabusardan . . . holl daieu Caerselem a losgodd ef hayachen a than ynn boeth, ac a ddrylliodd y caereu . . . A'r *reliw* o'r bobyl a'r nas lladdodd, ef a'i dug hwy ynn gaeth i Vabilon. **1604–7** *TW* (*Pen* 228) d.g. *Cætera. Dchr.* **17g.** *J* 10, 15a, *Rhelyw.* rest. **1632** *D*, *Rhelyw*, Reliquum, reliquiæ. **1672** J. LANGFORD: *HDdD* 322, yr oedd yr hên *relyw* o eiddo ei Daid Manasseh, yr hyn nid allei ei holl dduwioldeb ef mo 'i ddeleu. **1740** T. EVANS: *DPO* 155, yr oedd y bedwaredd ran o olwyn y felin honno o haiarn, a'r *relyw* o g[o]ed. **1744** D. ROWLAND: *RY* 61, ynghyntaf peth nhwy a wnaethant eu Byddin yn gadarnach yn erbyn Porth y Clust . . . nhwy a osodasant y *reliw* (*rest*) o'u Gwyr yn eu Lleoedd. **1756** *ML* i. 418, rhaid atteb yr *relyw* or llythyr tro nesaf. **1771** P. WILLIAMS: *GWM* 21, a'r *relyw* beth bynnag fo, os bydd ychwaneg yn bod, o arian . . . neu werth llyfrau . . . a adawyf ar fy ol, yr wyf yn eu rhoddi ac yn eu cymmynu i'r anrhydeddus Iarlles Huntington. **1803** *P*. Ar lafar yn ne-ddwyrain Morg. yn y ff. *rilyw*, 'Fi ros rai 'fala iddi i fynd sia thre' ond ma'r *rilyw* gin' i yn y gell fwyd o 'yd', *GTN* 685.

(*b*) Crair: *relic.*
c. **1658** R. VAUGHAN: *E* 38, Yr hyn a ganlyn . . . a wna bererindod at fodau neu *relyw* yn ddelwaddolaidd ofergoel. **1688** *TJ*, *Relŷw* . . . a Relick. **1716** T. EVANS: *DPO* 217, *Relyw* yw rhyw beth a geir oddiwrth y Sainct a fuont feirw, megis Asgwrn, Ffon, Esgid. **1764** DEWI NANTBRÂN: *SAG* 52, Fod eu Creirau neu *Relywiau* i gael gwiw barch. **1799** M. WILLIAMS: *HHG* 24, Y gwasanaeth y mae'r

d.g. *Dominatio, Rectio.* **1688** *TJ, Rheol* . . . Government. Ar lafar, *WVBD* 463.

(*c*) Y cyfreithiau neu'r rheoliadau a bennir ar gyfer aelodau urdd grefyddol: *the laws or regulations prescribed for the members of a religious order, (monastic) rule.*

c. **1400** *RB* ii. 237, lla6er o uanachlogoed yn yrei yd oedynt kenueinoed y du6 yn kynal unya6n *reol* ac vrdas. *c.* **1400** *YCM*[2] 6, achwenegwys ef Eglwys Iago Ebostol . . . gossodes escob a chanonnwyr yndi, herwyd *reol* Ysidor Escop a Chonffessor. *c.* **1400** *ChO* 5, Velly y myneich . . . pan dylyynt wy wneuthur eu creuyd yn dwywawl deilwng, wynteu a edrychant ar y deueit. Sef . . . y gwraged tec . . . gan ebryuygu eu *reol* a'e creuyd yn llwyr. *Diw.* **16g.** *LBS* iv. 404, rodych ym abid *rheol* y crefydd y ddangos fy mod yn llawforwyn y Ddüw. *ib.* A Beuno a vendigawdd y gwisc ai thalaith ynn *rheoleü* y crefyd yn ddogyn.

(*d*) Rhimyn o bren, metel, neu ddefnydd arall, ac iddo ymylon syth, a ddefnyddir i fesur neu i dynnu llinellau syth, pren mesur, riwl, riwler, ffon fesur; bar: *rule (for measuring, &c.), ruler; bar.*

14g. *BY* 19, Ef a lebydyawd Achor a mein, a dugassei *ryol* eur a mantell bali yn lledrad o'r demyl. **1604–7** *TW* (*Pen* 228), *rheol* ne linyn saer maen, ne saer prenn d.g. *Amussis. id. rheolic* d.g. *Normula.* **1632** *D, Rheol,* Regula. **1676** W. JONES: *GB* 97, pan fynno 'r saêr wneuthur ei waith yn gywraint, f' a'i gwnâ wrth *reol.* **1688** S. HUGHES: *TSP* 59, a weli di y ffordd gûl accw? . . . y mae hi cyn vniawned, ac y gallai *Rheol* ei gwneuthur hi. **1771** *W* d.g. *A carpenter's rule.*

(*e*) (enghrau. *ffig.* neu mewn cyd-destun *ffig.*: *fig. exx. or exx. in a fig. context*).

c. **1400** *R* 1375. 32–4, Coron y6 hopkyn ky6i6 wryt kei ka6 uab erbi unbryt. *reol* g6indei r6yl gwyndyt. **14–15g.** *IGE*[2] 181, Cemair hy, cam yw'r *rhwol,* / Cymry a fy, camre ffol [dychan Siôn Cent i'r awen gelwyddog]. **15g.** *GO* 257, Rriwl y vaingk, a'r haelaf oedd, / *Rryol* dadl yr Hold ydoedd [marwnad Siôn Eutun]. *Diw.* **15g.** *Pen* 67, 111, ai trahavs bod *rreol* / mor a thir kymry ythol (Bedo Brwynllys). **15–16g.** *GLM* 7, Aeron Rhys, coron rhwysg ceyrydd, / a'u *rhŵol,* rhyw Wilym ap Gruffudd. **1567** *TN* 273a, nyd ymhoffwn ni . . . anyd erwydd mesur y *Reol* [:– llinyn], rhon y rhanawdd Duw i ni.

Amr.: **riol**[2]. **16g.** (*LlEG*) *Mos* 158, 26a, [y] gwyr eglwysig . . . a oedd n byw ynn anvucheddol ac ym/ hell allan o ffraam a *Riol* gwyr santtaidd. **rhiol**[2]. Ar lafar, *WVBD* 463. **rhôl**[2] [ansicr yw'r ystyr yn rhai o'r enghrau. a nodir isod, a dichon mai i *rhol, rhôl*[1] y perthynant]. **14–15g.** *IGE*[2] 144. **15g.** *GO* 175. *a.* **1587** *Y* 170. *Dchr.* **17g.** *J* 10, 18a. **1790** TWM O'R NANT: *GG* 46. Ar lafar, 'Gnewch *rôl* arnyn' nw', *WVBD* 455. **rhŵl** [?dan ddyl. S. *rule*]. **16g.** DAFYDD BENWYN: *Gw* 572, nyd vn *rhwl,* nyd vn roi aür / nyd vn rhodd, nyd vn rhyddaür. **16–17g.** *HG* 135, 182. **rhwol** [< **rhwyol* (cf. *rhwyolaf*: *rhwyoli*) drwy symleiddio]. **14g.** *GDG*[3] 192. *c.* **1400** *R* 1343. 4. **15g.** *CSTB* 23. **1595** H. LEWYS: *PA* 43, 74. **rhywol** [< **rhwyol* drwy drsd., cf. *rhywolaf*: *rhywoli, rhywolus,* &c.]. *Diw.* **16g.** *WLB* 2.

Cfn.: **rheol y fawd:** *rule of thumb.* **20g.** *Math.* **rheol gyfeiriol:** *rule of three (in math.).* **1768** J. ROBERTS: *R* 62. **rheol ddwybig:** *double (down) rule* (‖) (*in typogr.*). **1823. rheol ddwyblyg:** *double (down) rule* (‖) (*in typogr.*). **1688** *TJ* (At.) [29]. **1808** R. DAVIES: *GC* 101. *Math.* **rheol euraid:** *rule of three, golden rule (in math.).* **1768** J. ROBERTS: *R* 62. **1795** J. THOMAS: *AIC* 142. **rheol euraidd:** (i) *golden rule.* **1693** *DQM* 41. **1709** H. POWEL: *G* 57. (ii) *rule of three, golden rule (in math.).* **1861. rheol y ffordd:** *rule of the road.* **1935. rheolau'r ffordd fawr:** *highway code.* **1935. rheol wyddorig:** *alphabetical order.* **1688** *TJ* [xv]. **1696** *CDD* 4, [375]. **1759** J. EVANS: *PF* 100. **rheolau sefydlog:** *standing orders; set rules.* **1701** J. WILLIAMS: *BG* 40, Yn awr gan fôd gan bôb Teyrnas . . . ryw fath neillduol o ddillad, yr hon fath a newidir yn gyffredin bôb oes . . . pêth amhossibl ydyw, gosod i lawr *reolau sefydlog* yn eu cylch nhwy. *Math.* **rheol y tri = rheol y tri cyfeiriol.** **1768** J. ROBERTS: *R* 35, 62. *Math.* **rheol y tri anghyfeiriol:** *indirect rule of three, inverse rule of three (in math.).* **1768** J. ROBERTS: *R* d.d. **1795** J. THOMAS: *AIC* 142. *Math.* **rheol y tri cyfeiriol:** (*common or direct*) *rule of three (in math.).* **1768** J. ROBERTS: *R* d.d. **1795** J. THOMAS: *AIC* 142. **fel rheol (rhiol):** *usually, as a rule.* **1894** D. OWEN: *GT* 24–5, Byddai beunydd a byth yn ymladd efo hogiau mwy nag ef ei hun, ac *fel rheol* yn eu cweirio yn dost. Ar lafar yn gyff.; hefyd yn y ff. '*fel rhiol* (gyffredin)', *WVBD* 463. **heb reol (rwol, rôl):** *with no bound or limit, extravagantly, to excess; in disorder, unruly.* **14–15g.** *IGE*[2] 256, Canmol *heb rwol* heb ras / Pryd, a thorri priodas (Siôn Cent). **15g.** *DGG*[2] 64, Ni chawn mewn gwern uffernol / Dwll heb wrysg dywyll *heb rôl.* **1588** 2 *Esd* ix. 41, wyf drist iawn fyng-halon, ac wedi dwyn yn isel *heb rôl.* **1672** R. PRICHARD: *Gw* 365, A Shini a Shangco, a lisens i wttro, / Bûr, Cwrw, tobacco, *heb reol.* **mewn rhôl:** *in (good) order, in orderly fashion, properly, rightly.* **16–17g.** *Cer RC* 48, Y brenin mawr uchod . . . / A glowsoch yn hynod i henwi *mewn rhol.* **1696** *CDD* 158, Rhinwedde, gwrthie, rhodd *mewn rhôl,* / A wnaeth ein breiniol brynwr. **18g.** I. BRYDYDD HIR: *Gw* 57, A'r llanastr hyll olynol / Pentyrais, rhoddais *mewn rhol.* **wrth reol (ryol):** (i) *by (the) rule.* **16g.** *CRC* 385, A'r Cowŷr Gwrs *wrth Reol* fflatt / Sŷ'n inion at y Dŵyrain. **1701** E. WYNNE: *RBS* 95, Mae ef yn byw *wrth Reol.* **1774** IG: *AF* 111, [b]arnu yn garedig *wrth reol* y gwirionedd. (ii) ?*under the rule (of), ruled by.* **15g.** *GLGC* 257, tri rampiawnt ar lawnt *wrth ryol* R. **wrth reol a llinyn:** *by rule and line.* **1632** *D* d.g. *Adamussim.* **1776** *W* d.g. *Line, By line or rule.*

rheol[2], gw. **rhewl.**

rheoladwy [bôn y f. *rheolaf*: *rheoli* + -*adwy*] *a.bfl.* Y gellir ei reoli, y gellir ei lywodraethu: *controllable, governable.*

[**1740**] D. LLWYD: *YDD* 91, [b]od ein Gwyr Eglwysig, a Llûg ni . . . yn llawer mwy gwybodus cwilyddgar, *rheoladwy,* defosionol, a chariadus.

rheolaeth, rheoliaeth, rhyolaeth [*rheol*[1], *rhyol* + -(*i*)*aeth*] *eb.g.* ll. -*au.*

(*a*) Gweithred neu enghraifft o reoli, y gallu neu'r awdurdod i reoli neu atal, yr arfer neu'r wyddor o weinyddu neu reoli, awdurdod, disgyblaeth, meistrolaeth, llywodraeth, gweinyddiaeth, awdurdodaeth, ymerodraeth: *rule, control, management, authority, discipline, mastery, government, governance, administration, jurisdiction, empire.*

12–13g. *GMB* 328, Lleha fi, fy Rhi, yn *rhyolaeth*— nef / I'th nodded frenhiniaeth. **14g.** *GDG*[3] 173, Torrid diawl, ffenestrawl ffau, / Â phŵl arf ei philerau, / . . . / A'i chlo a'i hallwedd achlân, / Ac a'i gwnaeth, *rhyolaeth* rhus, / A'i rhestr bilerau rhwystrus. **15g.** *GLGC* 249, nid â'r byd i gyd ar gam / a'i *reolaeth* ar Wiliam. / Ef a fu'n rhyfelu'n Rhôn / ar draws gwŷr dros y Goron. **16g.** *Yst Kym* 21, Cordila a gafas *reolaeth* Ynis Brydain. **1604–7** *TW* (*Pen* 228), *rheolaeth* gwlad d.g. *Gubernatio.* **1606** E. JAMES: *Hom* i. 145–6, Dafydd . . . i'r hwn hefyd y mae yn perthyn pob gallu, *rheolaeth,* llywodraeth, cerydd a chosp, megis goruchaf lywodraethwr ar ei holl deyrnasoedd. *id.* ii. 63, [g]adawodd lywodraeth yr Ymherodraeth a *rheolaeth* ei fab ieuangc i'w wraig. **1618** J. SALISBURY: *EH* 308–9, cyfreith Dduw, ydiw'r rheoledigaeth o weithio'n dda; megys y mae celfyddyd Saer maen, yn *rheolaeth* iddo fe i wneuthur mûr yn iawn. **1664** *LlGG* sig. g2v, etto nid bai bychan yngolwg duw, yw troseddu a thorri Urdd a *Rheolaeth* (*discipline*) Gyffredin. **1696** *CDD* 163, Y pethau hŷn oedd yn eu brŷd, / Gael newid y *Rheolaeth*; / Drwŷ wŷrdroi'r ffŷdd ar fŷr o dro, / A sgubo pob Esgobaeth [dychan i'r bradwyr]. **1710** *LlGG* (*Gos*) 14, gan ungwr â *Rheolaeth* Eglwysig ganddo. **1716** E. SAMUEL: *GGG* 33, Profir hyn yn helaethach trwy Gadwedigaeth *Rheolaethau* (*empires*). *id.* 91, y sawl a ddyscasant y Grefydd Grist'nogol gyntaf oedd . . . heb na rhwysc na *Rheolaeth* ganddynt. **1728** T. BADDY: *DDG* 20, hwy a gynhaliant y *Rheolaeth* mwyaf ô honynt eu [*sic*] gyd. **1735** S. THOMAS: *HP* 250, Tra parhaodd *Rheolaeth* y Parliament. [**1740**] L. ANWYL: *CA* 127, ein *Rheolaeth* ni gwedi ei gwneud i fynu o Frenin, Arglwŷddi, a Chyffredin.

(*b*) Rheol, rheoliad, corff o reolau; trefn, system, cynllun iechyd: *a rule, regulation, set of rules; order, system, regimen.*

c. **1548** *CM* 1, 799, Y Redgiment ner*hriolaeth* [*sic*] ynerbyn poobp [*sic*] ky[u]riv opulashiwns. **16g.** *THSC* (1923–4) (At.) 70, y tafod yw y ran bryffaiddia ar gorff pan vo mewn *reolaeth* dda. **16g.** *DWH* i. 233, mae Rai yn cadel [*sic*] kwpl arfau Ririd Vlaidd ynn wynn fal hynn Eraill sydd yn i liwio yn ddu ac anodd yw hynny a chadw *Reolaeth* arfau. *c.* **1566** *B* i. 155, ordeiniwyd yr athrawon ar penceirddiaid gymryd dysgyblion wrth *Riolaeth* y gelfyddyd. *a.* **1575** *GP* 91, Tri *Reolaeth* ssilldaf: i hyd, i phwys, a'i natvr. *p.* **1584** G. ROBERT: *GC* [189], digon yw ynawr fanegi naturieth, cy, ag egluro y *rheolaethau* ag amryw siamlau. *id.* [206–7], e ddysg dyn gystrawenu'r geiriau cymraeg yn gynt, wrth i glust, a hir ddall ar yr iaith, nog wrth *reolaethau'* [*sic*] celfyddyd. **16–17g.** *B* v. 28, Dyscibl penceirddiaidd a ddyly gwybod ei fessvrev, ai *rheolaeth* ae dosparth, a dosparth a *rheolaeth* yr ymadrodd yn ol y grammadec. **1618** J. SALISBURY: *EH* 319, [g]wybod pa bryd y bo'r pechod yn Farwol, rhaid i chwi ddal, a chraffu ar ddwy *reolaeth.* **1712** T. WILLIAMS: *CDdG* iv, dar[o]stwng ein hunain i'r cyfryw ordinadau, ac i ufyddhau ir [*sic*] cyfryw *Reolaethau.* **1759** J. EVANS: *PF* 15, bydded ich gymeryd y manolrwydd mwyaf yn eich *rheolaeth* neu'ch ffordd o fyw. [**1783**] *W,* Byw wrth lywodraeth neu *rëolaeth* d.g. *Regimen . . . To live by a regimen.*

Amr.: **rhiolaeth** [cf. *riol*[2], *rhiol*[2]]. **16g.** LEWYS MORGANNWG: *Gw* 654. *c.* **1566** *B* i. 155. **16–17g.** *HG* 13. **rholaeth** [cf. *rhôl*[2]]. *c.* **1523** *Trans Liverpool WN Soc* 95, wrth *rolaeth* y gelvyddyd. **16g.** (*LlEG*) *Mos* 158, 26b, [c]oron a *hrolaeth* tyrnnas loygyr. **rhwolaeth** [cf. *rhwol*]. **15–16g.** *GLM* 8. *c.* **1730** *Thos. Lloyd D* (LlGC) 204a. **rhywolaeth, rhywoliaeth** [cf. *rhywol*]. **1547** *WS, Ruwoleth.* **16g.** WILIAM CYNWAL: *Gw* (G. P. Jones) 66, Rhyw Wiliam mewn *rhywolaeth.* **17g.** *CC* 3, [c]ymeryd disciblion wrth *rywoliaeth* ir gelfyddyd.

rheolaethaf: rheolaethu [bf. o'r e. *rheolaeth*] *ba.* Rheoli, llywodraethu, rheoleiddio: *to rule, control, direct, govern, regulate.*

1716 E. SAMUEL: *GGG* [32], oblegyd fod . . . Symudiadau y Sêr gwedi eu *rheolaethy* au trefnu er lles i ddyn. *c.* **1730** *Thos. Lloyd D* (LlGC) 203a, *Rheolaethu* . . . Moderor.

rheolaethol [*rheolaeth* + -*ol*] *a.* Yn rheoli, rheoliadol, yn ymwneud â gweinyddu neu reoli: *ruling, regulative, managerial.*

1725 I. HARRI: *RD* 254, Y bŷd hwn o annuwjoldeb a ddinistrwyd gan Ddwfr . . . Yn Llywodraethol: hynny yw goruwch Lywodraeth a rhan *reolaethol* y byd hwnnw . . . weithiau y cymmerir y Nefoedd, ac fe ellir ystyried fod y rhan Lywodraethol o'r bŷd hwnnw wedi myned yn dra Llygredig.

rheolaf, rhyolaf: rheoli, rhyoli [bf. o'r e. *rheol*[1], *rhyol*] *bg.a.* Bod â phŵer (dros), arfer dylanwad i gyfarwyddo, i drefnu, neu i atal, atal, llywodraethu, teyrnasu, rheoleiddio, trefnu, gofalu am, gweinyddu, mwstro: *to rule, control, direct, restrain, govern, reign, regulate, order, manage, administer, muster.*

12–13g. *GLlLl* 252, Ym pryff6n ry6r yn *rwyoli*— gwrys. **13g.** *GBF* 194, G6r cadarn cadoet *reoli.* **13g.** *BD* 200, guedy adnabot o Ureint y dewin, ymgymysgu a wnaeth a'r achanogyon yn y parth yd oed y dewin yn *ryoli.* **14g.** *WML* 126, Teir palua6t ny diwygir. vn argl6yd ar y 6r yny *reoli* yn dyd kat a br6ydyr. **14g.** *WM* 88. 10–11, y pedyt ny ellit eu *reoli* o ymsaethu. **14g.** *GDG*[3] 404, *Rhywola* dy draha drud. *c.* **1400** *YCM*[2] 85, a chanu Grasle y gorn, y *reoli* y niuer ac y'w galw attaw. **15g.** *GDLl* 81, *Rheola* gwbl o'r helynt. **1567** *TN* 313a, nid cybydd, vn a wyr *reoli* y dy i hun yn dda. *id.* 344b, dangos gwir ffydd trwy ffrwythe bywiol i ochelud ymdrychafel, i ffrwyno yr tavawd, i *reoli* anwyday, i fot yn vfydd. *id.* 381b, Cans yr oen . . . y *rreola* hwynt. *id.* 386b, A' mab wr y aned yddi, yr hwn y *rreoley* yr holl nasioney a gwialen hayarn. **1567** G. ROBERT: *GC* 4, na bydd vniawn barn lle bo cariad negas [*sic*] yn *rheoli.* **1604–7** *TW* (*Pen* 228) d.g. *Teneo, Vigeo.* **1615** R. SMYTH: *GB* 138, Marcus Aurelius un o 'r Imerodriaid mvvy tyladvvy a *reolodd* erioed. **1632** *D, Rheoli,* Regere, gubernare. **1688** *TJ, Rheoli*: to rule or govern. **1764** DEWI NANTBRÂN: *CB* 85, amddiffyn, a *rheola* fi heddiw. Ar lafar, 'A cofia bod ti'n *reoli* d'unan 'nawr', *GTN* 682; hefyd yn yr ystyr 'gorchymyn; ceryddu', 'Clywch y fenyw! Dod i *reoli* arno' i yn 'y nŷ 'ym 'unan ŷch chi?', *ib.*

Amr.: **rhioli** [cf. *riol*[2], *rhiol*[2]]. **15g.** *DN* 57. **1567** *TN* 395b. **1803** *P.* Ar lafar, '*rhioli* 'i hun', *WVBD* 463. **rholi** [cf. *rhôl*[2]]. **15g.** *GDLl* 69. **15–16g.** *TA* 540. **1547** *WS, Roli* neu rywoli Rule. *Dchr.* **17g.** *B* xxii. 138. **rhwoli** [cf. *rhwol*]. **14g.** *BB* 222, 223. *c.* **1400** *R* 1298. 28. **1595** H. LEWYS: *PA.* **rhwyoli.** **12–13g.** *GLlLl* 26, 252. **rhywoli** [cf. *rhywol*]. **12–13g.** *GLlLl* 162, Mabolaeth fy rhwyf yw *rhywoli*—cad. **14g.** *GDG*[3] 404. **1547** *WS,* Roli neu *rywoli* Rule.

rheolaidd [*rheol*[1] + -*aidd*] *a.* Yn cydymffurfio â rheol, trefn, egwyddor, &c., ac iddo batrwm sefydlog (yn enw. yn amseryddol), rheoledig, trefnus, disgybledig, cymedrol; cyson, trefnus, arferol, normal, priodol; *Egl.* darostyngedig i reol grefyddol, yn perthyn i urdd grefyddol neu fynachaidd: *regular, regulated, orderly, ordered, disciplined, moderate; constant, consistent, usual, normal, proper; regular (of clergy).*

1658 R. VAUGHAN: *PS* 409, Pob cynnwrf da *rheolaidd,* a ddaw oddiwrth y cyntaf, ar cynhyrfwr goreu. Angel yw a anfonwyd or nef. **1739** *AGN* 26, trwy *Rheolaidd* [*sic*] barhau yn arfer holl foddion Grâs. **1759** T. THOMAS: *WWDd* viii, os digwydd i ti ganfod rhyw beth a fyddech ti'n farnu ei fod yn afrëolaidd neu 'n gyfeiliornus . . . nid peth ammhossibl yw ei fod ef yn *rhëolaidd. id.* 14, Diammau mai rhan fawr, o happysrwydd, a dedwyddwch y saint, a'r Angylion yn y Nefoedd: yw eu hufudd-dod *rheolaidd* i'r Arglwydd. *id.* 132, onid yw yn *rhëolaidd* i Ddyn, i geisio ei gyfiawnhau trwy ei waith yn edifarhau, a'r weithred o gredu. **1767** J. THOMAS: *TFf* 18, pwy bynnag a gafodd y ffydd werthfawr hon . . . y bydd ei fywyd a'i ymarweddiad yn *rheolaidd,* ei rodiad yn union. **1771** *PDPh* 16, Cymmerwch ddosaid yn fynych o physygwriaeth a fo yn oeri'r corph, a byddwch fyw yn *rheolaidd.* **1778** *W* d.g. *Ordinate* [*regular, &c.*], *Regular.* **1795** *R. Crusoe* 45, Yr oedd y gwlawogydd yn dyfod yn *rheolaidd*. **1803** *P*. Ar lafar yn gyff., ''Dwi i ddim 'di bod yn y sinema yn *rheolaidd* 'rŵan ers blynyddoedd' (Arfon); 'Ni geson yn disgu i fynd i'r cwrdd yn *reolidd*', *GTN* 682.

rheolawdr, rhyolawdr, &c. [*rheol*^{1}, *rhyol* + *-awdr*] *a*. *Egl*. Rheolaidd (am glerigwyr); ?yn rheoli, meistrolus: *regular* (*of clergy*); ?*ruling, masterful*.

13g. *Llst* 1, 81a, Arall [eglwys] oed en anryded aaron . . . a chvvent en honno o canonwyr *ryolavdyr* (*MA*^{2} 536a, *riolaбdyr*). *c*. **1400** *RB* ii. 171, Mi a ymwnaf yn vynach crefydus *reolaбdyr* ac yn dyskedic o bop dysc. *c*. **1400** *YCM*^{2} 21, Y rei a wely ditheu yn yr abit wenn racko, kanonwyr *reolawdyr* yw y rei hynny, y rei yssyd yn aruer o vuched y seint, ac yn gwediaw drossom ninheu, ac yn kanu offerenneu a phlygeineu ac oryeu drossom. **16**g. LEWYS MORGANNWG: *Gw* 471, Llew pwys maingc ysbwys cosbawdr uwch i pen / Llaw ar wialen llew *reolawdr* [i Thomas Mostyn].

rheoldrefn, rheol-drefn [*rheol*^{1} + *trefn*] *eb*.

(*a*) Safon, maen prawf; rhestr gynnwys: *standard, criterion; table of contents*.

1658 R. VAUGHAN: *PS* [xi], Y Dabl neu *reoldrefn* or llyfr hwn. *id*. 90, Dy Air fy *rheoldrefn*, na chyfeiliorn[a]f. *c*. **1658** R. VAUGHAN: *E* 34, ei ewyllys da ai arfaethiad, nid ein aflonyddol ysfa o falchder, sydd i fod yn *rheol-drefn* (*line and compass*) on defosionau cymeradwy.

(*b*) *Meddyg*. Cwrs rhagnodedig o ymarfer, ffordd o fyw, neu ddeiet: *regimen* (*in med.*).

1815.

rheoledig [bôn y f. *rheolaf*: *rheoli* + *-edig*] *a.bfl*. Wedi ei reoli neu ei lywodraethu, dan reolaeth, wedi ei reoleiddio neu ei drefnu; rheolaidd: *ruled, governed, controlled, regulated, ordered; regular*.

1604–7 *TW* (*Pen* 228) d.g. *Canonicus*. **1717** IACO AB DEWI: *CS* 6, Ai wrtho ef [Duw] gan hynny y dylem ni yn awr fôd yn *rheoledig*? **1803** *P*.

rheoledigaeth [?*rheoledig* + *-aeth*] *eb*. ll. *-au*.

(*a*) Rheol, rheoliad, deddf: *rule, regulation, law*.

c. **1523** *Trans Liverpool WN Soc* 93, Disgybl pennkerddiaidd a dyly gwybod yr holl sillavau . . . a reolau yr ymadroddion ynol gramadec dosbarth y kynghaneddon yni holl *reoledigaethau*. **1567** *TN* [xxix], Yno ir esceulusit gorchmynion a *rheoledigaeth* gair Duw, ac i mawrheit dechmygion, gorchmynion, a' gosodigaythay dynion. **1567** G. ROBERT: *GC* 19, pobun [enw cytsain] sydd ag e, ynnechrau i henw, a gyfrifir yn hannersain . . . Ond pe cedwid yr henwau hen, ni wasnaethai mor *rheoledigæth* yma ddim, a haws a fydd rhoi *rheoledigaethau* byrrion erai[ll]. **1595** *Egl Ph* 11, diau mai gairwir yw 'r *reoledigæth* honn; sebh, O bydh priod arwydhocad y geiriau yn yr scruthur lan yn aghhydwedh a'i [*sic*] a gobhydheb y phydh; ynte a'r mannau eglur o'r scruthur lan; yno rhaid yw ceisio synwyr, a dealh aralh yn ol amsodhion [*sic*] y geir iau, neu naturiaeth y peth. *id*. 77, Dyma araithio 'n dhiragrith, yn erbyn y prydydhion, oedhent yn camarbher ei [*sic*] galwedigaeth, ac yn dirywio o dhiwrth *reoledigaethau*, rhein a bhuasse'n hywedh ei callyn. **1595** M. KYFFIN: *DFf* [52], dichyn y Pab roddi cennad . . . yn-nerbyn *Rheoledigaetheu*'r Apostolion . . . nad ydyw'r Pab rwymedig i sefyll wrth sampleu, a deddfau, a chyfreithieu Crist. **1618** J. SALISBURY: *EH* 308, cyfreith Dduw, ydiw'r *rheoledigaeth* o weithio'n dda. **1630** *YDd* 198, Dosparth neu *reoledigaeth* iw synnied, ai gadw, wrth ganu Psalmau. **1803** *P*, *Rheoledigaeth*, s. f.—pl. t. *au* . . . Regulation.

(*b*) Rheolaeth, llywodraeth, disgyblaeth; rheoleidd-dra: *rule, control, government, discipline; regularity*.

1583 *LlGC* 716, 5a, [c]olledigaythys poen-fawr pechodae, a'r-ssy heddiw y-mysc pobyl . . . o herwydd, bod yn eisie . . . [y] gowir eglwysic *rheolodigaeth* [:– dyscybliaith [*sic*]], yrhain oeddeynt mewn Arfer y-n [*sic*] Amser y'r [*sic*] Apostolion, yn eglwys ddvw: A hefyt yr hon eglwysic-ddyscybliaeth arfer-oc, neu *reolodigaeth*, ssy-heddiw yn yr-ffydd-lawn cowir eglwysi—dvw o'r tiwnt-ir-mor. *ib*. yscryfenv . . . yn erbyn y cowir, a'r hen *Rheolodigaeth* hon o eglwys ddvw. *id*. 60b, A'r brenin Asa a ddiswyddodd Maachah, ei fam, ei hvn . . . oi *rheolodigeth* . . . o herwydd gneythyr o honi hi gavddvw. **16**g. *Yst Kym* 46, a cheffelib i'w dad oedd ef [Gorfeniw ap Elidr] o vniownder, *rheoledigaeth* a gwirionedd. **1595** M. KYFFIN: *DFf* [7], ceisio bwrw i lawr braint llywodraethwyr a brenhinoedd, fal y gellid ymchwelyd y cwb'l dan *reoledigaeth* yr anwadal gyffredin a'r gynlleidfa annyscedig. **1604** R. HOLLAND: *BD* 1a, Gwir wre/idhin a syl/wedh *rhe/oledigaeth* dha. **1615** R. SMYTH: *GB* 104, anrhydedd, urddas, *rheoledigaeth* a rhyddid i vvneythyr y peth a fynno. **1630** *YDd* 151, yr wyf yn fyngorchymyn fy hunan, a'm holl orchwylion i'th fendigedig gadwraeth a'th *reoledigaeth*. **1710** *LlGG* sig. Z1r, [b]od i chwŷl y byd hwn, trwy dy *reoledigaeth* di gael ei drefnu mor dangneddefol [*sic*]. **1716** E. SAMUEL: *GGG* 34, nid yw gyffelybol y gallai Lywodraeth yn y Byd sefyll cyhyd yn ddidramgwydd, oni bai ei diogelu trwy ofal arbennig y Nefol Rhagluniaeth. Yr hyn . . . a ganfyddir yn eglurach lle y mae Duw yn gweled yn dda newid *Rheoledigaethau*. **1722** *Llst* 189, *Rhëoledigaeth*. f. Government. [**1740**] L. ANWYL: *CA* viii, os meddwl plentŷn ei hûn yn ddifeius, a chyfiawn yn ei *reoledigaeth* a'i ymddygiad.

Amr.: **rheolodigaeth.** **1583** *LlGC* 716, 5a, 60b.

rheoleidd-dra [*rheolaidd* + *-dra*] *eg*. Y cyflwr o fod yn rheolaidd: *regularity*.

1836.

rheoleiddiad [bôn y f. *rheoleiddiaf*: *rheoleiddio* + *-iad*^{1}] *eg*. ll. *-au*. Y weithred neu'r proses o reoleiddio, rheolaeth, rheoliad: *a regulating, control, regulation*.

1803 *P*, *Rheoleiziad*, s. m. . . . A rendering regular; a becoming orderly.

rheoleiddiaf: rheoleiddio [bf. o'r a. *rheolaidd*] *ba.g*. Dwyn dan reolaeth, rheoli, darostwng i reolau neu gyfyngiadau, gwneud yn rheolaidd, trefnu, rhoddi mewn trefn, ?pennu: *to* (*bring under*) *control, regulate, regularize,* (*put in*) *order,* ?*determine*.

1803 *P*.

rheoleiddiedig [bôn y f. *rheoleiddiaf*: *rheoleiddio* + *-iedig*] *a.bfl*. Wedi ei reoleiddio, wedi ei reoli: *regulated, controlled*.

1856.

rheoleiddiol [bôn y f. *rheoleiddiaf*: *rheoleiddio* + *-iol*] *a*. Yn rheoleiddio, yn rheoli, llywodraethol, normadol: *regulating, regulative, ruling, governing, normative*.

1814.

rheoleiddiwch, rheoleiddwch [*rheolaidd* + *-iwch*^{1} (At.), *-wch*^{1}] *eg*. Rheoleidd-dra: *regularity*.

1810.

rheoleiddiwr [bôn y f. *rheoleiddiaf*: *rheoleiddio* + *-iwr*] *eg*. ll. *rheoleiddwyr*. Person neu beth sy'n rheoleiddio neu'n rheoli: *regulator, ruler*.

1815.

rheoleiddrwydd [*rheolaidd* + *-rwydd*] *eg*. Rheoleidd-dra, trefn: *regularity, order*.

[**1783**] *W* d.g. *Regularity*. **1803** *P*.

rheoleiddwch, gw. **rheoleiddiwch.**

rheolfa [*rheol*^{1} + *-fa, ma*] *eb*. ll. *-feydd*. Ystafell reoli, man archwilio (yn enw. atalfa neu ffin lle yr archwilir dogfennau, ceir, &c.): *control room, checkpoint*.

20g.

rheolfraint [*rheol*^{1} + *braint*^{1}] *eb*. ll. *-freintiau*. Cylch awdurdod, awdurdodaeth: *jurisdiction*.

1710 *LlGG* (*Gos*) 14, [m]eddiannol o Dda a Chatteloedd mewn rhyw Esgobaeth neu Esgobaethau eraill, neu *Reolfraint* wahanredol o fewn y Dalaith honno. *ib*. y sawl sy âg Awdurdod Esgob . . . Gwarcheidwaid yr Ysprydolion, neu Ordinariaid sy o iawnder yn arferu *Rheolfraint* Esgob, bawb yn eu hamryw Swyddogaethau. *id*. 16, Esgob yr Esgobaeth, neu'r Déon a Siapter, bawb y perthyno'r *Rheolfreintieu* dywededig iddynt, a orfodogant y Partïau . . . nes y cyflawnont ein Hordinhâd hon. **1722** *Llst* 189, *Rhëolfraint*. f. Jurisdiction. **1775** *W* d.g. *Jurisdiction*.

rheolgar [*rheol*^{1} + *-gar*] *a*. ?a hefyd gyda grym enwol. Llywodraethol, awdurdodol; gormesol, trahaus; trefnus, disgybledig, rheoledig; rheolaidd, cyson: *magisterial; imperious, overbearing, domineering; orderly, disciplined, regulated; regular, constant*.

1604–7 *TW* (*Pen* 228), *rheolgar*, vn un carû Dwyn lhywodraeth d.g. *philarchus*. **1658** R. VAUGHAN: *PS* 384–5, Meddwl ac ewyllys ydynt yr olwynion, ar yr rhain y mae gweithredoedd dynawl yn symudo; prifseiliau ac ymwisgiadau drygionus, a anrheithiant yr olwynion. Ac (i laweroedd) yn bla ac yn ymchweliad holl fywyd *rheolgar*. *id*. 416, fe rwymodd Dauid ei fywyd *reolgar*, i gyfraith Dduw, o herwydd felly y bwriadai yn ddiysgog. **17**g. HUW MORUS: *EC* i. [357], Y Baunes fonheddig garedig erioed, / Mwyneiddia main oeddych, mwyn ydych mewn oed; / . . . / Iawn i chwi a fyddai, gwawr oleu, gwir yw, / Gael cymmar *rheolgar* gafaelgar i fyw. **1711** M. MAURICE: *YAD* 30, Pa beth yw y Duwiol Gallineb? . . . Ei osodiad tra syn[hw]yr-gall a *rheolgar* oi Gynghorion mewn gweithrediad. **1733** J. THOMAS: *HYB* 68, [Pechodau] o ran y Gwr yn erbyn y Wraig . . . Ymddwyn yn anhynaws ac yn *rheolgar* tuag atti. **1775** *W* d.g. *Imperious, Orderly* [*that is in order* . . .], *Regular*.

rheolgarwch [*rheolgar* + *-wch*^{1}] *eg*. Rheoleidd-dra; ?disgyblaeth: *regularity;* ?*discipline*.

[**1783**] *W* d.g. *Regularity*.

rheolgylch [*rheol*^{1} + *cylch*] *eg*. ll. *-au*.

(*a*) Gorór, ymyl: *border, edge*.

1604–7 *TW* (*Pen* 228), y minioc, ne'r *rheolgylch* yn compasu'r gwregys pedrogl ar ystlysbost drws d.g. *Impages*.

(*b*) Cylch awdurdod, awdurdodaeth: *jurisdiction*.

1710 *LlGG* (*Gos*) 15, Esgob o fewn ei Esgobaeth, neu Ddéon yr Archau . . . neu Ordinariaid eraill y perthyn o iawnder iddynt, yn eu hamryw Swyddfreintiau a Llysoedd, ac yn unig ar y rhai a fo'n byw o fewn eu *Rheolgylch* hwy. *id*. 18, Ordeiniwn, na chaiff un Esgob, neu Archdiagon . . . awdurdodi na chadw ychwaneg o Ddyfynwyr i wasanaethu yn *Rheolgylch* pob un. *c*. **1730** *Thos. Lloyd D* (LlGC) 201b, *Rheolgylch*. Iurisdictio. Cf. *SE MS* 419b, *Rheolgylch, -au*, s.m., sphere of rule or jurisdiction.

rheoliad [bôn y f. *rheolaf*: *rheoli* + *-iad*^{1}; ansicr yw'r engh. gyntaf isod] *eg*. ll. *-au*.

(*a*) Rheolaeth, llywodraeth: *rule, control, government*.

?**15**g. (**1564–5**) *DE* 133, Cenvigen cneuen mewn cnawd caeth *roliad* (amr. rywliad) / cythreulic yw pechawd. **16**g. *Def Hen* 57, yn amsr brenin Harry ŵythfed, i dechreiodd y ceiliog[od] Seisnig ni [*sic*] gany chydig tros amsr byr, ag yn amsr brenin Edward ychydig hwy, eithr yn amsr i Mowredd a'i llwyddianys *rheoliad* [*sic*] nhwy a ganason ychlaw dêng mlynedd ar higain ynghyd. **17**g. E. MORUS: *Gw* 14, Can diolch, y gaua, ti elli fod yma / A chyrredd pob eitha eglurdra mor glau; / Pell yw dy *reoliad*, i'm ffreins o'r lawenwlad / Dwg arwydd o'm cariad i'w cyrrau. **17**g. HUW MORUS: *EC* i. [75], Y dewr gwych, diwair, a ga'd / Dan 'r haul yn dwyn *rheoliad*; / Dwyn y glod, dawn y gwledydd, / Dawnus fawl yn d'einioes fydd. **1679** C. EDWARDS: *GGG* 110, Mae Christ megis brenin yn rheoli ei Eglwys. *Rheoliad* Christ o'i Eglwys fydd mewn rhan oddiallan ac mewn rhan oddimewn. *id*. 212, Y Gyfraith farnol, oedd yn perthyn i ddinasol *reoliad* yr Iddewon, ac oedd yn briodol yn inig [*sic*] iddynt hwy. **1693** *HC* 44, Siccr yw y bydd i'r cnawd wrthryfela, er hynny deil y rhan gryfaf oi ewyllys ef gyda chyfreithiau Christ, a'i *reoliad*. *id*. 87, Er iddynt ei wadu ef â'u geiriau, gwasanaethant ef a'u gweithredoedd, ac ufyddhant iw *reoliad* (*government*). *c*. **1730** *Thos. Lloyd D* (LlGC) 201b, *Rheoliad*. Regulatio, gubernatio. **1803** *P*, *Rheoliad*, s. m. . . . An ordering, a directing.

(*b*) Rheol neu gyfarwyddyd sy'n llywodraethu arfer neu ymddygiad: *regulation*.

20g.

Amr.: **rholiad** [cf. *rhôl*^{2}]. ?**15**g. (**1564–5**) *DE* 133.

rheoliadur [bôn y f. *rheolaf*: *rheoli* + *-iadur*] *eg*. Offer rheoli, rheolydd (calon): *control equipment, regulator, pacemaker*.

20g.

rheoliaeth, rheolig, rheolodigaeth, rheolreg, gw. **rheolaeth, rheol**^{1}**, rheoledigaeth, rheolwr.**

rheolroddiad [*rheol*^{1} + *rhoddiad*^{1}] *eg*. Gorchymyn awdurdodol: *dictate*.

1850.

rheolti, gw. **reiolti.**

rheolus [*rheol*^{1} + *-us*] *a*. Rheolaidd, trefnus, disgybledig, cymedrol; cyson; (?geir.) yn rheoli, llywodraethol: *regular, orderly, disciplined, moderate; constant, consistent;* (?*dict.*) *ruling, governing*.

13g. *BD* 9, A gvedy eu dysgu y uelly o Vrutus vynt, kerdet a wnaethant yn dawel ac yn *ryolus* yny doethant ym plyth y lluesteu, pavb yn gyweyr. **14**g. *Bren Saes* 108, Ac yna y kynghores Vchtryt aros yny vei dyd a mynet y'r wlat yn *reolus* rac bot nerth dirgeledic ganthunt. **14**g. *GGrG* [147], Y gwelwn gerllaw gwaelawd / Un o'r naint, oer iawn ei nawd, / . . . / Rhyw eilun gwŷr *rheolus*. **15**g. *GGl*^{2} 174, Rhaglaw chwyrn, rhugl yw a chall, / Rhin orig yw'r rhan arall. / Nid bribiwr, rheolwr rhus, / Nid rhylew ond *rheolus*. /

Nid rhy gybydd, gelfydd gael, / Ni wna traha, nid rhyhael. *Diw.* **15g.** *Pen* 67, 77, Mordaf wr haelaf *rreolys* am arch (Hywel Dafi). **1568** MORYS CLYNNOG: *AG* 43, bod yn *rheolus* wrth fwyta, ag yfed. **1632** *D* d.g. *Moderatus, Regularis.* **1658** *Examen* 19, felly y byddi dithau gyda ath [*sic*] bechod anwyl *rheolus.* **1677** R. JONES: *BB* 131, a'r rhai sydd fwyaf diwyd yn prynnu eu hamser, a gwynant e[u] bod yn colli cymmaint; a'r rhai sy yn rhodio ddichlynaf a mwyaf *rheolus*, eu bod mor afreolus. **1696** *GGTY* 284, neb ac a gawsant eu bedyddio, ac ydynt aelodau *rheolus* o'r Eglwys Efangylaidd. **1717** IACO AB DEWI: *MN* 232, [y] Suddoedd duon hynny, ac y mae'r Ysbryd drŵg yn arfer deor arnynt, trwy ei gyfansoddi ef i Dymmer *reolusach* hyfryttach, a hyddysgach. *c.* **1730** *Thos. Lloyd D* (LlGC) 202b, *Rheolus* . . . Ruling. [**1740**] D. LLWYD: *YDD* 106, Y Drydydd Escus . . . am adael allan ddarllennad *reolus* y Bibl yn eich cyrddau, yw, I fod ef yn Treulio gormod o amser. **1750** *ML* i. 157, Wfft i'r bobl fawrion am yfed. Roeddwn wedi bod er's gwell na chwarter blwyddyn yn byw yn dra *rheolus*, hyd nad euthym yno. **1778** *W* d.g. *Orderly* [*that is in order* . . .], *Regular.* **1803** *P*, *Rheolus* . . . Orderly; easily ruled.

Amr.: **rhiolus** [*rhiol*[2]+*-us*]. Ar lafar, '*rhiolus*' 'orderly, restrained', *WVBD* 463. **rhyolus** [*rhyol*+*-us*]. **13g.** *BD* 9. **14g.** *Pen* 7, col. 53. **rhywolus** [*rhywol*+*-us*]. **14g.** *GDG*[3] 155, O'th fod, rhyw gydnabod rhus, / Yn rhylwfr, enw *rhywolus.* **1547** *WS*, *ruwolus* [*sic*] Reuly. **16g.** *B* iii. 124 (*GGrG* [147], rheolus).

rheolusedd [*rheolus*+*-edd*[1]] *eg.* Rheoleidd-dra: *regularity.*
1803 *P.*

rheolusrwydd [*rheolus*+*-rwydd*] *eg.* Rheoleidd-dra: *regularity.*
1778 *W* d.g. *Orderliness, Regularity.* **1803** *P*, *Rheolusrwyz*, s. m. . . . Orderliness.

rheolwr, rheolydd [bôn y f. *rheolaf*: *rheoli* +*-wr*, *-ydd*[3]] *eg.* (b. *rheolwraig*, *-reg*) ll. *rheolwyr*, *rheolyddion.* Un sy'n rheoli, llywodraethwr, arweinydd (milwrol), pennaeth, capten, prif swyddog, un sy'n rheoli busnes, tîm chwaraeon, &c., cyfarwyddwr; person neu beth sy'n rheoleiddio, rheoliadur, rheoleiddiwr; dyfarnwr: *ruler, controller, governor,* (*military*) *leader, chief, captain, chief officer, manager, director*; *regulator*; *referee, umpire.*

14g. *BT* (*RB*) 178, Y gwr hwnw a hanoed o vonedicaf lin brenhined . . . kyffrowr yn ryfeloed, kyweirwr yn y bydinoed a'e *reolwr*, kwympwr y toruoed. **14g.** *MA*[2] 469a. 9–10, ymlaen pob bydin y roded dau varchoc glodvawr yn *reolwyr.* **15g.** *GGl*[2] 271, Syr Wiliam sy *reolwr*, / Siôn, gyda'r goron â'r gŵr; / Llaw'r Waun yn llywio'r ynys, / Llaw'r llall ar holl wŷr y llys. **16g.** *WLl* 74, Pwy n i ol yn *reolwr* / Oi fath yn iarll fyth yn wr / . . . / Un llaw gref o fewn Lloegr oedd / A ffrwyn kedyrn Ffraink ydoedd [marwnad Wiliam Herbert]. **1567** *TN* 57a, vn o benaethieit [:– *reolwyr*] y Synagog. **1604–7** *TW* (*Pen* 228), *rheolydh*, *rheolwr* yr ecclwys d.g. *Aeditimus.* *id.* *rheolwreic* d.g. *Gubernatrix.* **1675** R. JONES: *HCh* 101, y Duw hwnnw yw Creawdwr a *Rheolwr* pob peth. **1758** *ML* ii. 88, Pa beth sy'n dyfod o Gapel y Cymmrodorion . . . Pwy yttyw'r gweinidog, a phwy ydyw *rheolwyr* ysprydawl. *c.* **1785–90** (**1829**) *CBYP* 36, Brenin, ag Arlwydd, a Barnwr, a phob math o ddyn wrth Lywodraeth a Barn, a phob rhyw gradd o *Reolydd*, a folir am Farn a Chyfiawnder. **1795** *R. Crusoe* 89, Myfi ebe yntau oedd *rheolwr* y llong accw, a'm gwyr a godasant i'm herbyn. **1803** *P* d.g. *rheolwr.*

Amr.: **rhiolwr** [bôn y f. *rhiolaf*: *rhioli*+*-wr*] (b. *rhiolwraig*). **1527** *B* ii. 217, perri dienyddv y *hriolwyr* oll. *c.* **1585** *Rhyddiaith Gymraeg* i. 102, a miney yn cael Drygwyllys yn daylwrr ym, a Ffolineb yn *rhiolwraig* ymi. *Diw.* **16g.** *IMCY* 242. **16–17g.** *LlCy* xi. 230. **rhiolydd** [bôn y f. *rhiolaf*: *rhioli*+*-ydd*[3]]. **1848.** **rholwr** [bôn y f. *rholaf*: *rholi*+*-wr*]. **16g.** LEWYS MORGANNWG: *Gw* 338, hawlwr a *rolwr* [*sic*] y rhawg. **16g.** M. KYFFIN: *DFf* 279. **16–17g.** *Cer RC* 113. **rhwolwr** [bôn f. *rhwolaf*: *rhwoli*+*-wr*]. **14g.** *BB* 223. **16g.** SIÔN BRWYNOG: *Gw* 159. **rhyolwr** [bôn y f. *rhyolaf*: *rhyoli* +*-wr*]. **15g.** *Pen* 109, 25, *ryol6yr* (*GLGC* 373, rheolwyr). **16g.** GR. HIRAETHOG: *Gw* 141, *rhyolwr* (*GGH* 61, rheolwr) gwlad yr haelion. **1617** *Minsheu* 82b–83a d.g. *Collonell.* **rhywolwr** [bôn y f. *rhywolaf*: *rhywoli*+*-wr*]. **15g.** TUDUR PENLLYN, &c.: *Gw* 94. **16g.** *GGH* 305. **16g.** *LlCy* viii. 210, Yr alarch sy *ruwolwr* [*sic*]. **17g.** *RWM* ii. 526.

Cfn.: **rheolwr tŷ**: *housekeeper, steward.* **1632** *D* d.g. *Oeconomus.* **1776** *W* d.g. *Major-domo, Oeconomist.* **rheolydd calon**: *pacemaker.* **20g.**

rheolwr-gyfarwyddwr [*rheolwr*+*cyfarwyddwr*] *eg.* ll. *-wyr.* Prif gyfarwyddwr cwmni: *managing director.*
20g.

rheolydd, gw. **rheolwr.**

rheonllys [bnth. Gr. *ῥῆον*+*llys*[5]] *eg.* Riwbob: *rhubarb.*
1801 *MMf* 150, sudd y *rheonllys*, a elwir yn y lladin rhubarb. **1813** *WB* 231, *Rheonllys*; Rheum;—Rhubarb.

rheparaf: rheparo, rhepentaf: rhepento, rheplas, gw. **reparaf: reparo, repentaf: repento, raplas.**

rheps, rhepsyn, gw. **reps.**

rhepyn, gw. **rhip**[3].

rhes[1], *eb.* (bach. b. *-en*, ll. *-ni*, *-nau*; (prin) g. *-yn*) ll. *-i*, *-au*, (prin) *-iau.*

(*a*) Nifer o bobl neu bethau wedi eu gosod neu eu trefnu'n llinell (syth), rheng, cyfres; llinell, stribed, streipen; rhestr, catalog, trefn; rhych; ciw, cwt; cwrs, haen lorweddol ddi-dor o frics, teils, &c., wedi eu gosod yn eu lle mewn wal, &c.; hefyd yn *ffig.*: *row, rank, series*; *line, strip, stripe, streak*; *list, catalogue, order*; *trench, drill*; *queue*; *course* (*of bricks, tiles, &c.*); *also fig.*

Dchr. **15g.** *IGE*[2] 202, Harri, goel ieirll hir ei gledd, / Bumed, ac ni bu omedd, / A roes iraidd *res* arian / Ar ei war glew, eryr glân (Llywelyn ab y Moel). [**1547**] W. SALESBURY: *OSP* [viii], pa peth amgenach yw diarebion mewn iaith, na sylueini, na gwadne, na distie, na *resi*, na chyple a thrawste, na thuylathe a nenbrenni mewn tuy? **1547** *WS* [vii], *rhes* o eirieu saesnec. *id.* *Res* A rowe. **16g.** *Med H* 84–6, A'r arveu hynn y mae brenhinedd Prydyn yn i dwyn etto gyt ac ychwaneg, nid amgen, dwy *res* a blodeu elestr o goch. **1567** G. ROBERT: *GC* 66, Anorphennod a lunnijr falhyn, ynniwedd llîn ne *res* i rybuddio fod y gair yn anorphen yno, a bod y ddarn arall ynnechrau'r llin syn canlhyn. **1588** 2 *Br* xi. 8, A chwi a amgylchynwch y brenin o bob parth pob vn ai arfau yn ei law, a'r hwn a ddelo i'r *rhesau* lladder ef. **1588** *Esr* vi. 4, Yn dair *rhês* o feini mawr, a *rhês* o goed newŷdd. **16–17g.** LLYWELYN SIÔN, &c.: *Gw* 450, y *Rhes* aür or Rhosseraid. **1604–7** *TW* (*Pen* 228), Trefn, *Rhes*, ne restr y lhythyrenæ d.g. *Abecedarium.* **1632** *D*, *Rhês*, Series. **1688** *TJ*, *Rhês*: a Row, a Rank. **1727** J. JONES: *DFF* [xi], cewch chwi ynddo [llyfr] Restr lawn o Ddyledswyddau, *Resau* hirion duon o Bechodau. **1793** DAFYDD IONAWR: *CD* 98, Yn awr, mewn dwfn ddistawrwydd, / Ei ddagrau 'n *rhesiau*, yn rhwydd, / A lifent yn loyw afon, / Fe d'rawodd ei freufodd fron. **1800** W. OWEN[-PUGHE]: *CP* 50, Mae yma genyf restyr o gribau . . . â thair *rhês* o ddannedd haiarn iddynt. **1803** *P*, *Rhês*, s. f.—pl. t. *i* . . . A row, a rank. Ar lafar, hefyd yn y ff. *rhesen*, *rhesan.*

(*b*) Nifer o dai'n sefyll mewn llinell ddi-dor, stryd a ffurfir gan ddwy res o'r fath, teras: *row* (*of houses*), *terrace.*
1923.

(*c*) Rhaniad yn y gwallt a wneir drwy ei gribo neu ei frwsio i gyfeiriadau gwrthwyneb, rhan(iad), parting: *hair-parting.*
Ar lafar yn y Gogledd yn y ff. *rhesen* (*rhesan*), ac yn yr ymadd. '*rhesen* (*rhesan*) *wen*', *WVBD* 460, *LGW* [474]–5. Cf. E. TEGLA DAVIES: *Y Doctor Bach* (1930) 29, Dywed ei bod yn amhosibl i ddyn fod yn Gristion os bydd yn gwneud ei wallt trwy droi *rhes* yn union ar ganol ei ben.

rhes[2,3], gw. **rhysod, rhedaf: rhedeg.**

rhesaf[1]: **rhesu** [bf. o'r e. *rhes*[1]] *bg.a.* Gosod mewn rhes(i), (ym)ffurfio'n rheng(oedd), rhencio, trefnu, rhestru, hefyd yn *ffig.*; marcio â llinellau, rhesi, stribedi, &c., rhigoli; hau mewn rhesi; listio (yn y lluoedd arfog): *to set in a row or rows, form into a rank or ranks, range, order, list, also fig.*; *mark with lines, rows, stripes, &c., groove*; *sow in drills*; *enlist* (*in the armed forces*).

1543 *B* viii. 298, gwneuthur lle y pevsul yn y maen ucha ai *ressu* ai gyvogi val i bo gore ir rywiogeth vaen hwnnw. **1607** *Pen* 216, 80, Mi a *ressa* y maen o bydd rraid. *Dchr.* **17g.** *J* 10, 15a, *Rhesu.* Dispono. Ordino. **1636** *Pen* 321, 116a, y gorchymen hwn or saboth . . . fe ai *rheswyd* yma ym mysg y rhelyw o ddeddfe moesol. **1803** *P*, *Rhesu* . . . To set in a row, to range. Cf. H. EVANS: *CE* 119, Mesura [olwyn ddŵr] tua deunaw modfedd ar ei thraws . . . wedi ei *rhesu* yn bur fân.

rhesaf[2]: **rhesu, rheso** [?bf. o'r e. *rhes*[2]] *ba.* Procio (tân), clirio (lludw o dân): *to poke* (*a fire*), *clear* (*ashes from a fire*).

1780 *W* d.g. *To rake the fire.* Ar lafar yn sir Gaerf. a sir Benf., *GDD* 245.

rhesaid, rhesiaid [*rhes*[1]+*-aid*[1], *-iaid*[2]] *eb.* ll. *rheseidiau.* (Llond) rhes: *row*(*ful*).
1913. Ar lafar yn y Gogledd, '*rhesiad* o goed'.

rhesel [ansicr yw'r engh. gyntaf] *eb.g.* ll. *-i*, *-au*, *-ydd.* Rac (yn enw. i ddal porthiant anifeiliaid), rhastl, mansier, preseb, hefyd yn *ffig.*; arteithglwyd; grât (tân); cribin, rhaca: *rack* (*esp. for fodder*), *cratch, crib, manger, also fig.*; *rack* (*instrument of torture*); (*fire-*)*grate*; *rake.*

c. **1400** *R* 1276. 9–11, Hat avaleu ada bynneu oed heb enni. pan doeth gevnel tra6sgoet *ressel.* tros gae dryssi. **1547** *WS*, *resel* A cratche, racke. **1594–6** *B* iii. 165, gwefl lipa gyhaval i hen gephyl pann orphwysai vwchbenn ei *ressel*, a barv val y cyngweddei i vwch yn oet teirblwydd. *Dchr.* **17g.** *J* 10, 15a, *Rhesel.* cratch or crybbe. **1620** *Mos* 204, 70, Gwell ir march en ei vorddwyd, nag eni *resel.* **1632** *D*, *Rhesel*, Præsepe. **1722** *Llst* 189, *Rhesel.* f. p. *selau.* A rack, cratch. **1729** L. MORRIS: *LW* 328, Attochwi . . . y philosophyddion, yr anrhegaf fy llyfr, ag nid at gyffredin werinos y wlad. Oblegid ni bydde hynny namyn taflu porthiant dan draed anifeiliaid anllywodraethus. Onid gwell a thaclusach oedd ei osod mewn *rhesel*? *c.* **1730** *Taith C* 34, y Deonglwr . . . a'u dug hwy yn gynta i Ystafell, lle yr oedd Gwr . . . a chantho Racca (neu *Ressel* Tom) (*Muckrake*) yn ei Law. **1800** W. OWEN[-PUGHE]: *CP* 75, *rheseli* i ddal gwair. **1803** *P*, *Rhesel*, s. m.—pl. t. *i* . . . A rack, a grate. Ar lafar yn y Gogledd, *WVBD* 460, *LGW* [366]–7; hefyd ym Meir. yn yr ystyr 'clwyd o goed a osodir ar draws nant neu afon, fel parhad o glawdd terfyn', *B* xiv. 293. Cf. D. OWEN: *RL* 361, Daw i fy meddwl y fynyd hon lawer dygwyddiad dyddorus ynglŷn âg ef, y rhai a fu borfa fras o ddigrifwch yn *rhesel* y students.

rheselog [*rhesel*+*-og*] *a.* Ac iddo resel neu rât: *having a rack or grate.*
1803 *P* d.g. *Rheselawg.*

rhesen[1,2], gw. **rhes**[1], **rhysod.**

rhesennog [*rhesen*+*-og*] *a.* Streipiog, rhesog: *striped, streaked.*
1842.

rhesfa[1] [*rhes*[1]+*-fa*, *ma*] *eb.* Llinell, llwybr; ?maes parêd: *line, path*; ?*parade ground.*
1547 *WS*, kaer gwdion *rhesfa* oleu or y ffuruauen. The fosse. **1768** J. ROBERTS: *R* 105, os na cheir y Rhif ar yr unrhyw *Resfa*, cyfrifwch yn 1 drachefn.

rhesfa[2] [cf. *rhosfa*[2]; gw. hefyd *hysfa*, *rhysfa*[2]] *eb.* ll. *-feydd.* Cynefin defaid, libart ynglŷn â fferm neilltuol, sef darn o gomin yn ffinio â hi a hawl gan y ffermwr i droi ei anifeiliaid iddo: *sheepwalk, tract of common land adjoining a particular farm on which it is customary for the farmer to turn his stock.*

1722 *Llst* 189, *Rhesfa* (f) Defaid, p. *Rhesfeydd* A place where sheep lodge and lye for shelter. Ar lafar gynt ym Mrych. Cf. **1507** *Penp Supp* 343, a riuulo vocatur Krey ex capite uno vsque y resvas apud meyn' deon' ex capite altero; **1814** J. LLOYD: *Historical Memoranda of Breconshire* i. (1903) 40, It is customary for farmers to turn out their stock to that part of the common immediately adjoining to their respective mountain fences . . . It is called his 'Rhesfa' . . . and again to distinguish those particular parts more completely, the name of the particular farm or that of the occupier is added. For instance, '*Rhesfa* Pwlldu,' '*Rhesfa* Wern,' or '*Rhesfa* John Peter.' But such *Rhesfa* is not the exclusive property of the farm, by the name of which it is distinguished, as the other stock of the common intermix with the stock of that particular *Rhesfa.*

rhesguw, rhesguwiaf: rhesguwio, rhesgyw, gw. **resgyw, resguwiaf: resguwio, resgyw.**

rhesiad[1] [bôn y f. *rhesaf*[1]: *rhesu*+*-iad*[1]] *eg.* ll. *-au.* (Y weithred o osod mewn) rhes: (*a placing in a*) *row.*
1803 *P.*

rhesiad[2], **rhesiaid,** gw. **rhesaid.**

rhesin, &c. [bnth H. Ffr. *resin*, o bosibl drwy'r S. C.] *eb.g.* (bach. b. *rhesinen*) ll. *r(h)esins*, *r(h)esinau*, *rhesinod*, *ra(i)sins*, *raisiniau*, a hefyd fel *e.ll.* Grawnwin(en) wedi eu (ei) sychu; grawnwin: *raisin(s)*; *grapes.*

14g. *GIG* 76, Yn ystafell, naws difeth, / Yr esgob y cawn pob peth: / Grawn de Paris, rhis, *rhesin*, / Llysiau, medd, gwenwledd, a gwin. **15g.** *GLGC* 489, Gwin graps a gawn i a graens, / gwin ac aur gwyn ac oraens, / *rhesin*, cwrens a fenswn / rhost, nid er bost, adar bwn. **15–16g.** *TA* 232, Sinamwn, saffrwn, a sens, / Sew ceirw, a *raesins*, cwrens. **1545** *CI* 24, Traaed [*sic*] lloiau, ne draed mooch ffeigis addued y'w bwytta ychydig o vlaen y pryd a *resins* ynn yr vn modd. **16g.** *LlS* 134, Blodæ duon ac ar ei ol nwythe phrwyth val *rasines* yn grynion, yn dduon. *Dchr.* **17g.** *J* 10, 12a, *Rhasin* man. Rhites. **1728** T. BADDY: *DDG* 30, Nyni a roddasom iddynt ychydig o *Raisiniau* a Dwfr. *c.* **1762–79** W. WILLIAMS: *P* 446, Mae hen Spain yn gyfoethog o win, olew, sidan; ac nid oes un wlad ag sydd yn dwyn gwell oranges, lemmons, *raisins*, sitrons. **1780** *W*, *Rhesinen* d.g. *Raisin*. **1801** *MMf* 294, Uvæ passae, *rhesinod*, *rhesinau*. Ar lafar, '*resins*, *resis* . . . *resan*', *WVBD* 454; '*resins*', *GDD* 245.

Amr.: **resawns** (*e.ll.*). **15g.** BEDO AERDDREM, &c.: *Gw* 126, Rhan vu ar win a rhoi'n vrau / *Resawns* sywgwr sy'n seigiau. **r(h)esing** [?bnth. S. C. *raissing*(*e*), *reissinge*; neu cf. *Lladin*(*g*), *prin*(*g*)] (bach. b. *rhesingen*; ll. *r*(*h*)*esings*, *r*(*h*)*esingau*). *c.* **1400** *Études* viii. 96, Deu ryw *resing* yssyd, vn glas a chwerw ac vn aeduet melys. Hwnnw yssyd wressawc a gwlyborawc; y rei chwerw yssyd oer a sych. *ib.* Y *resing* gwynnyon ysgawn y magant. **15–16g.** *GLM* 257, Eisop fud, oes hap i Fôn? / Am ei *resings* âi i 'mryson. **1547** *WS*, *resing* Reysyn. *c.* **1566** *B* xv. 120, llyma val y gwnair potes o *resings*, cymer *resings* wedi deffol yn lan ay golchi ay berwi. **1588** 1 *Sam* xxx. 12, dau gawell o *ressyng*. **1588** 1 *Cr* xii. 40, [d]ugasant fara ar assynnod . . . yn fwyd, yn flawd, yn ffigus, ac yn *resingau*. **1722** *Llst* 189, *Rhesing*. f.p. *singau*. A raisin. *c.* **1730** *Thos. Lloyd D* (LlGC) 201b, *Rhesingen*. **1780** *W*, *rhesingen* d.g. *Raisin*. **reswns** (*e.ll.*). *c.* **1730** *Taith C* 79, danfonodd fy Arglwydd gostreled o Win i bob un o honoch . . . a chwpl o Bomgranadau. Danfonodd beth Ffigys a *Reswns* hefyd i'r meibion i'w llonni. Ar lafar yn y De, '*reswns*', '*reswnsan*', *GTN* 683; clywir hefyd y ff. *reswnen*. **rhesyn** [adff. dan ddyl. *-yn*[1]] (ll. *-nau*). **1588** 1 *Sam* xxv. 18, Yna Abigail a fryssiodd, ac a gymmerth ddau cant o fara, a dwy gostrêled o wîn . . . a chant cawelled o *resynau*, a dau cant torth o ffigus. **1722** *Llst* 189, *Rhesyn*. f.p. *synnau*. A raisin.

Cfn.: **r(h)esin yr haul, resing yr haul:** *raisins, sun-dried grapes*. *c.* **1740** *LlM* 6, *Resin yr Haul*. *id.* 42, *Resing yr Haul*.

rhesinabl, rhesinen, gw. **rhesonabl, rhesin.**

rhesinwydd [*rhesin*+*gwŷdd*[1]] *e.ll.* Coed cyrans: *currant bushes.*

1632 *D* (*Bot*), *Rhesinwydd*, Ribes. **1688** *TJ* (*Bot*), *Rhesinwŷdd*: red Goose-berries, Bastard-corinths, common Ribes. **1753** *TR* (*Bot*), *Rhesinwydd*, Rhyswydden, the currant-tree. **1813** *WB* 231, *rhesinwydd*, ribes, currants.

rheslwybr [*rhes*[1]+*llwybr*] *eg.* ll. *-au.* Ali, alai, rhodfa: *alley, walk.*

1809 T. JONES: *CCA* 313, Pan fo'r garddwr yn dyfrhâu ei wely . . . mae peth yn rhedeg i lawr i'r *rheslwybrau*.

rhesod, rhesodyn, gw. **rhysod.**

rhesog [*rhes*[1]+*-og*] *a.* Ac arno stribedi neu ribynnau (o liw), streipiog; ac iddo rigolau neu rychau, gwrymiog; wedi ei weu neu ei wehyddu'n rhesi cyfochrog, caerog, (ac arno) rib; wedi ei osod yn rhes(i): *striped, streaked; striated, ridged; ribbed (of material); set in a row or rows.*

c. **1730** *Thos. Lloyd D* (LlGC) 202b, *Rhesog*. Cyw. 365. **1736 (1812)** *YRW* 32, Tittw, Cath fenw, Cath fi, —Cath *resog*, / Cath resyn ei cholli. Ar lafar, 'traeth *rhesog*', *WVBD* 460; 'trywzyz *resog*', *GTN* 683. Cf. D. OWEN: *SP* 19, gwasgod felfet, a chlos *rhesog*; H. EVANS: *CE* 92, Gwneid 'sanau *rhesog* hefyd trwy ddefnyddio edau o ddau liw bob yn ail cylch.

rhesol [*rhes*[1]+*-ol*] *a.* Cyfresol; ?rhesog, ac arno ribynnau (o liw), wedi ei osod yn rhes(i): *serial (adj.)*; ?*streaked, set in a row or rows.*

1803 *P*, *Rhesawl* . . . Belonging to a row, order, or rank.

rhesom, gw. **rheswm.**

rhesonabl, rhesinabl [bnth. H. Ffr. neu S. C. *resonable*, *raisonable*, a S. Diw. *reasonable*] *a.* Pwyllog, doeth; rhesymol: *prudent, wise; reasonable.*

14g. *GIG* 56, Pendefig, dridyblig dabl, / Personaidd pur *rhesonabl*, / Prelad iawn, pur aelod yw / I'r eglwys, aur rywioglyw. *id.* 61, Parabl *rhesonabl* rhyw sant, / Cywirdeb mal cyweirdant; / Ffrwyth edn ewynllwyth winlliw, / A phryd archangel a'i ffriw. **1567** *LlGG* [ix–x], fest Natalic Sanct Ioan Vatyddiwr . . . pan yw i oll a phob nep . . . yn ddiescaelus ac yn ffyddlawn, dyeithr bot escus cyfraithiol a *rresinabl* y vot yn absent. *id.* 9b, Perfeith Dduw, a pherfeith ddyn, o eneit, resymol [:– *resinabl*]: a dynol gnawd yn hanvot.

rhest[1,2,3], gw. **rest**[1,2,3].

rhestaf: rhesto, gw. **restiaf**[1]**: restio.**

rhestai [*rhes*[1]+*tai*[1]] *eg.* ac *e.ll.* Rhes(i) o dai, teras(au): *row(s) of houses, terrace(s).*

1929.

rhestiad, rhestiaf: rhestio, gw. **restiad, restiaf**[1]**: restio.**

rhestl [?amr. ar *rhastl* dan ddyl. *rhesel*] *eb.g.* ll. *-au.* Rac (yn enw. i ddal porthiant anifeiliaid), rhesel, rhastl: *rack (esp. for fodder), cratch, crib.*

1725 *SR* d.g. *a stable rack*. **1803** *P*, *Rhestyl*, s. m.—pl. *rhestlau* . . . A rack.

Gw. hefyd **rhastl, rhesel.**

rhestog, rhestogl, *eb.?g.* ll. *rhestogau.* Mat; cwrlid, blanced: *mat; coverlet, blanket.*

Dchr. **17g.** *J* 10, 15, *Rhestogl*. matte. **17g.** *LlGC* 13215, 345, *Rhestog* Teges. **1707** *AB* 220a, *Rhestog*, A mat. S. **1776** *W* d.g. *Mat*. **1803** *P*, *Rhestog*, s. f.—pl. t. *au* . . . a mat.

rhestr, *eb.* ll. *-au, -i,* ll. dwbl (adran (*e*) yn unig) *-ïon.*

(*a*) Rhes, rheng, cadwyn (o fynyddoedd), set; ?gorymdaith; llinell, stribed, streipen; hefyd yn *ffig.*: *row, rank, range (of mountains), set;* ?*procession; line, strip, stripe; also fig.*

13g. *A* 13. 5–7, cangen gaerwys keui dullywys. tymor dymhestyl. tymestyl dymor. e beri *restyr* rac riallu. o dindywyt yn dyvu wyt yn dywovu. **1346** *LlA* 96, Amaen karbvnkul ar bop ysgóyd yn kynnal deupenn yllynynn. A *restyr* o eur kyfulet allaó yngogylch yr ysgin. **14g.** *GDG*[3] 92, Rhodd serch meinferch i'w mwynfardd, / Rhoes Duw ar hon, *rhestri* hardd / Bob gwaith a mwynwaith manaur, / Bob lliw fal ar bebyll aur [am y gerlant o blu paun]. *id.* 172, Ni phoened neb wrth ffenestr / Rhwng ffanugl nos ar ros *restr* / Heb huno, mal y'm poenwyd / Heb hwyl hoyw am fun loyw lwyd. *id.* 184, Rhol fawr a fu'n glawr i'r glaw, / *Rhestri* gleision i'm rhwystraw [i'r niwl]. **14g.** *GLlBH* 88, a bot . . . gwael anisgleir—grupyl / . . . / a *restyr* yn fyryf bedestyr feir. *c.* **1400** *R* 1201. 38, Ae rost brynnic. ae *restr* ffyrnic. ae rwystyr ffyrneu [am uffern]. **15g.** *GDID* 15, Nid wylaf, i'm dielwi, / *Rhestrau* dŵr i'th rwystro di; / Dos, a'm bendith i tithau; / Dig a phoen ym dy goffâu. **15–16g.** *TA* 97, Tros dyrau Cent, trwst Draig Coch, / Teirsir a dynnir danoch; / Tair *rhestr* o wŷr tros y drin / Teirw a baeddod tair byddin. **1547** *WS*, *restyr* A rowe. **16g.** *LlS* 149, [t]yfy a wnant [dail] yn ddwy *restr* vychain val maint phyrlingæ. **1604–7** *TW* (*Pen* 228), *rhestr* ar gwrh dilhetyn d.g. *Lacinia*. **1728** T. BADDY: *DDG* 59, yngoror Galilee, O'r tu Gogleddig i ba un y mae *Rhestr* o Fynyddoedd a elwir Lebanon. **1740** T. EVANS: *DPO* 37, Dyfais waedlyd oedd hon, canys wrth yrru ar bedwarcarn gwyllt, hwy a dorrent *Restrau* y Gelynion. **1800** W. OWEN[-PUGHE]: *CP* 50, Mae yma genyf *restyr* (*set*) o gribau. **1803** *P*, *Rhestyr*, s. f.—pl. *rhestrau* . . . Array, order, rank; a row. Digwydd hefyd fel elf. mewn e. lleoedd, gw. G. OWEN: *DP* iv. 362, *B* vii. 39. Clywir *restar* (ll. *resteri*) yn nwyrain Morg., yn yr ystyr 'rhes (o blanhigion); border', '*restar* o letus', ''Os gin' i ginnig i flota'n *resteri* mwn gardd', *GTN* 681; hefyd yn y ff. *estar*, '*estar* o datws', *id.* 353; hefyd ym Morg. defnyddir *rester*, *restar* yn yr ystyr 'the standing in the cowshed', *id.* 681.

(*b*) Rhes (o dai), teras: *row (of houses), terrace.*

16g. (*LlEG*) *Mos* 158, 494a, Yvo a losgassai kymaint ac aoedd o dai yny*rhestyr* honno or tu allan ir porth. **1604–7** *TW* (*Pen* 228), *rhestr* o dai y nailh yn agos yr lhalh a phordh rhyngthunt d.g. *Vicus*. Ar lafar yn sir Benf., 'Maen' nhw'n bwriadu bildo *rester* o dai man'na'; hefyd yn nwyrain Morg. yn y ff. *estar*, 'dwy *estar* o dai, un bob ochor i'r 'ewl', *GTN* 353.

(*c*) Cofnod o nifer o eitemau cysylltiedig megis enwau, ffigurau, geiriau, &c., catalog, llechres, cofrestr, trefn, hefyd yn *ffig.*: *list, catalogue, inventory, register, order, also fig.*

1604–7 *TW* (*Pen* 228), Trefn, Rhes, ne *restr* y lhythyrenæ d.g. *Abecedarium*. **1607** *Rhyddiaith Gymraeg* i. 139, er mwyn deuallu'r hen Lyurae . . . ag ereill hen awdurieit, yr hen veirdd a'r prydyddion dyscedic scriuenedic yn y *rhestr* o'u henweu'n nechreu'r llyuer hwn. **1632** *D*, *Rhestr* drefnus o enwau pethau d.g. *Inuentarium*. **1661** E. LEWIS: *Drex* [xiv], nid ydwyf yma yn amcanu myned . . . tros y *rhestr* o'ch rhinweddau Christionogol. **1722** *Llst* 189, *Rhestr* . . an inventory, rental. **1727** J. JONES: *DFF* [xi], cewch chwi ynddo [llyfr] *Restr* lawn o Ddyledswyddau, Resau hirion duon o Bechodau. **1763** *ML* ii. 587, Oni yrrais i enwau'r milod deudroedig a phedwartroediawg i Mr. Pennant? Mi edrychaf am y *rhestr* ac ai hanfonaf i chwi ar fyrder. **1777** H. JONES: *M* 83, amrywiol *Rhestrau* o Lythyrennau a arferwyd gynt gan y Cymry, wedi eu gosod yn rheolaidd yn nechreu 'r Llyfr, er mwyn cyfrwyddo 'r cyffredin i ddarllen. Ar lafar, 'Ma lot o bobol wedi rhoi eu henwe ar y *rester* yn barod'.

(*d*) (Cyfarfod o) adran o gymdeithas neu seiat Fethodistaidd dan arweiniad blaenor: (*Methodist*) *class(-meeting).*

1846.

(*e*) Cyfrwy'n dal pynoregau, ystrodur, ystarn: *packsaddle.*

Ar lafar yn ne-ddwyrain Morg. yn y ff. *restar* (ll. *restrïon*), ''On i'n 'elpu mang-gu i ddoti'r *restrïon* ar gefna'r ddou fwlsyn cyn llanw'r ffingera', *GTN* 681; hefyd yn y ff. *estar* yn yr ymad. 'ishta fel *estar* acha' cefan ci' ynglŷn â dillad sy'n ffitio'n wael, *id.* 353.

Cfn.: **rhestr aros:** *waiting list.* **20g.** Ar lafar, ''Fydd o ddim yn cal mynd i'r 'sbyty am oesoedd—ma 'na *restr aros* hir'. **rhestr fer:** *shortlist, also fig.* **1930.** Ar lafar, 'Pwy arall odd ar y *rhestr fer* gyda ti?' **rhestr ddu:** *blacklist.* **1715** T. EVANS: *CCG* [x]. Cf. **1676** W. JONES: *GB* 32, daw'r Gydwybod . . . a'i llyfr-cyfrifon, rhestr ddu chwerw. **Rhestr Sifil:** *Civil List.* **20g.** **rhestr testunau:** *list of subjects (for competition in an eisteddfod, &c.).* **1891.** **o restr:** *in succession, one after the other.* *c.* **1600** *March C* 11. **1720** *App DP* 23. [**1762**] E. POWELL: *HEI* 34, 47.

rhestrad, gw. **rhestriad.**

rhestraf: rhestru, rhestro [bf. o'r e. *rhestr*] *bg.a.*

(*a*) Gwneud rhestr o, cynnwys mewn rhestr, cofnodi, cofrestru; gosod mewn trefn, rhencio, byddino; listio, (ym)aelodi; hefyd yn *ffig.*: *to (include in a) list, record, register; put in order, range, marshal (an army); enlist, enrol; also fig.*

c. **1400** [*RB*] *WM* 501. 17–18, A *restru* aoruc y milwyr oll o deu tu nyuer. **14–15g.** (*Diw.* **16g.**) *Gwyn* 3, 170, Caib rhaib rhys rhwystrys, *rhestra* dy banel / cael cyn wyth fattel cwn i'th fwyta [Rhys Goch Eryri i'r llwynog]. **1604–7** *TW* (*Pen* 228), *rhestrü* d.g. *Annoto*. **1707** *AB* 238b, *Restru*, To marshal an Army. **1722** *Llst* 189, *Rhestro*, *Rhestru*. To rank, put in order. **1773** *W* d.g. *To enrange, or enrank*. **1789** H. JONES: *EN* 13, y rhai mae eu henwau wedi eu rhoddi i lawr a'u *rhestru* mewn rhyw gof-lyfrau cyhoeddus, i'w cadw mewn coffadwriaeth. **1794** E. JONES: *CP* viii, Pan ddaeth barniadau Llysoedd i gael eu *rhestru* yn ysgrifenedig, yna pob barn . . . a ddaeth yn rhëol, a [ch]yfraith. **1803** *P*. Cf. D. OWEN: *D* 29, byddai Loveall Goodman . . . yn anfon ei oruchwyliwr . . . fel y gallai, trwy addewidion teg a mwyneidd-dra digyffelyb, eu troi allan o'u tyllau i *restru* eu pleidlais dros ei ddyn dewisedig.

(*b*) ?Rhoddi ymylwaith ar (ddefnydd), brodio, streipio: *to border (material), embroider, stripe.*

14g. *YBH* 58a–b, a phetwarcant o ffioleu ac eu cloryeu arnunt. Aphum mil o lieineu bordeu o eur gwedy (amr. wedy y) *restru*. a phum cant o leóot. **1604–7** *TW* (*Pen* 228), gwniedydh yn *rhestru* ag yn britho ag ede a nodwydh d.g. *phrigio*.

Amr.: **rhestrio.** *c.* **1730** *Thos. Lloyd D* (LlGC) 202b. [**1783**] *W* d.g. *To rank*.

rhestreb [*rhestr*+*-eb*] *eb.g.* ll. *-au.* Anfoneb; catalog, llechres: *invoice; catalogue, inventory.*

1851.

rhestredig [bôn y f. *rhestraf*: *rhestru*+*-edig*] *a.* Wedi ei restru, cofrestredig, hefyd yn *ffig.*; wedi listio (yn y lluoedd arfog); wedi eu trefnu neu'n sefyll mewn rhesi neu rengoedd: *listed, registered, also fig.; enlisted (in the armed forces); arranged or standing in rows or ranks.*

16–17g. *PhA* 501, ysdrydoedd gwydd *rhesdredic* / a thai gwydd fron weithgudd fric. **1770** *W*, Myned mewn byddin . . . yn *rhestredig* d.g. *Array*, *To march in array*. **1803** *P*.

rhestrfa [*rhestr*+*-fa*, *ma*] *e?b.* (Maes) parêd; cofrestrfa: *parade (ground); registry.*

1778 *W* d.g. *Parade*.

rhestrgyfarfod [*rhestr*+*cyfarfod*] *eg.* ll. *-ydd.* (Cyfarfod o) adran o gymdeithas neu seiat Fethodistaidd dan arweiniad blaenor: (*Methodist*) *class(-meeting).*

1850.

rhestriad, rhestrad [bôn y f. *rhestraf*: *rhestru*+*-iad*[1], *-ad*] *eg.* Y weithred o restru, rhestr, cofrestr(iad), hefyd yn *ffig.*; gorfodaeth filwrol: *a list(ing), register(ing), also fig.*; *military conscription.*
1803 *P.*

rhestriaf: rhestrio, gw. **rhestraf: rhestru.**

rhestrig [*rhestr*+*-ig*[1]; tywyll yw'r enghrau. llenyddol isod, a dichon mai gair gwahanol (?+*-ig*[2]) a welir ynddynt] *eb.* Rhes, rhestr: *a row, rank.*
c. **1400** *R* 1338. 11–12, lle heb uoes llom oorloes lleithic. namynut na menestyr *restric.* **16–17g.** T. Prys: *Bardd* 341, Kallestrig *Rhestrig* / *rhestrig* Kallestrig / Kallestrig *rhestrig* / yw lle rhwystron. **1803** *P, Rhestrig* s. f. dim. . . . A row, a range.

rhestrlyfr [*rhestr*+*llyfr*[1]] *eg.* Cofrestr: *register.*
1838.

rhestrog [*rhestr*+*-og*] *a.* a hefyd gyda grym enwol ac fel *eb.* Wedi eu trefnu neu'n sefyll mewn rhesi neu rengoedd; streipiog, wedi ei farcio â llinell(au), brodiog; a hem arno; (?geir.) plethedig; hefyd yn *ffig.*; (geir.) tarian, bwcler: *arranged or standing in rows or ranks*; *striped, marked with a line or lines, embroidered*; *hemmed*; (?*dict.*) *plaited*; *also fig.*; (*dict.*) *shield, buckler.*
Dchr. **15g.** *IGE*[2] 198, Rho Duw, Goed, rhydeg ydwyd, / Y Graig lech ysgar, grug Lwyd. / Rhod o ddail, rhwyd Wyddelig, / Rhad Duw fry ar hyd dy frig! / *Rhestrog* fagadog ydwyd. / Rhysfa gwareufa gwŷr wyd [Llywelyn ab y Moel i goed y Graig Lwyd]. **16g.** *GGH* 309, Abl o sein yn ei blu sydd; / Oes bluyn ar na bo sblennydd? / Arwain iddo rawn addwyn, / Ysgubell aur esgob llwyn; / Di-rus drwy goed, *rhestrog* wisg / Drwyth dybliad, rhithiad wiwblisg [i ofyn ceiliog coed]. **16g.** Dafydd Benwyn: *Gw* 578, O'y ddwyn, jon henwaed, ydd yn anhvnog, / ail ynn, ny rhwystrir, wylwn y[n] *rhestrog.* *a.* **1587** *Y* 175, Darlleniais, drylliav anardd, / Dwrd heb wir, drwy wawd y bardd: / Brith *restrog*, brath oer ystryw, / Ag wrth iawn wawd gwrthvn yw. **16–17g.** *GST* i. 226–7, Gŵr a wna bob gair yn bêr, / Gwrando ar bob gwirionder; / Durgorf edn, dewrgryf ydwyd, / Didrwst aer Bodidrist wyd. / Rhyw garw o fodd rhagor faint / *Rhestrog*, eurfrest, rhagorfraint. **1604–7** *TW* (*Pen* 228) d.g. *Laciniatus. id. rhestroc* mal gwieil d.g. *Virgatus. id. rhestroc*, yn plycû mewn, yn ogyfyng o bobtu d.g. *pelta* . . . *Thracia.* **1632** *D*, Rhŷw ddilledyn *rhestrog* d.g. *Peplum.* **1707** *AB* 220a, *Rhestrog*, A target, a buckler or shield like an half moon, such as the Amazons used. [S]. **1722** *Llst* 189, *Rhestrog.* Ranked; striped. **1793** Dafydd Ionawr: *CD* 352, Yn awr troent eu Bannerau / Yn erbyn eu Gelyn gau: / Llu arfog *rhestrog* o'r rhai'n / Dorrent Nerthoedd y Dwyrain. **1803** *P, Rhestrawg*, a. . . . Having rows or ranges; plaited, or matted; rowed. s. f. A plaited target, or buckler.
Cfn.: *Her.* **rhestrog ar hyd:** *paly* (*in her.*). *c.* **1600** L. Dwnn: *HV* ii. 20, Stradlings, maes *restrog ar hyd* o wyn a glas a bend o gouls a thri rossyn o aur.

rhestrol [*rhestr*+*-ol*] *a.* Yn perthyn i restr, ar ffurf rhestr; *Math.* trefnol; yn dynodi safle mewn cyfres a drefnir yn rhifiadol (mewn ystadegaeth), yn perthyn i'r cyfryw safle neu'n seiliedig arno; ?niferus: *pertaining to, or in the form of, a list, enumerative*; *ordinal* (*in math.*); (*denoting, pertaining to, or based on*) *rank* (*in statistics*); ?*numerous.*
1778 *W* d.g. *Ordinal.* **1803** *P* d.g. *Rhestrawl.*

rhestrolion [*rhestrol*+*-ion*[2]] *e.ll. Math.* Rhifau trefnol, trefnolion: *ordinal numbers* (*in math.*).
1778 *W* d.g. *Ordinal.* **1803** *P* d.g. *Rhestrawl.*

rhestrwr, rhestrydd [bôn y f. *rhestraf*: *rhestru*+*-wr*, *-ydd*[3]] *eg.* ll. *rhestrwyr.* Un sy'n rhestru neu'n gosod mewn trefn, catalogydd; cofrestrydd; cofrestr (fel rhan o deitl papur newydd): *one who lists or sets in order, cataloguer*; *registrar*; *register* (*in newspaper titles*).
1799 *TY* 43, Yr Indiaid Cymraeg . . . nid oes gennym ond adrodd yr hyn a ddaeth i'n gwybyddiaeth yn fwyaf diweddar am danynt—sef allan o'r *Rhestrydd* Wythnosol, (Weekly Register) Rhagfyr 26, 1798. **1803** *P, Rhestrwr*, s. m.—pl. *rhestrwyr* . . . A man who sets in order, a marshaller.

rheswm [bnth. S. C. *res(o)un* 'reason'; am *-wn* > *-wm*, cf. *patrwn, patrwm*; ansicr yw union ystyr yr engh. gyntaf] *eg.* ac yn eithriadol *eb.* ll. *rhesymau* (*rheswmau*).

(*a*) Gosodiad a gynigir fel eglurhad neu gyfiawnhad, cymhelliad, sail (ddigonol) i eglurhad neu amddiffyniad, achos, cyfiawnhad, dadl, prawf: *reason* (*for doing something*), *motive*, (*sufficient*) *grounds of explanation or defence*, *cause*, *justification*, *argument*, *proof.*
15g. *GLGC* 260, Maestr Rhisiart moes dy *reswm*, / mae bywyd trist, mae byd trwm. **16g.** *GGH* 218, Mawr i gyd ym mro Gedwyn / Ydyw rhyw brudd-der o hyn. / Prudd *reswm*, pridd a roesoch / Ar wartha' gwaed Ierwerth Goch. **1552** *Pen* 403, 5, [yr] owduriait . . . a oedd ef . . . yn i kymerud yn Warantrwydd ar i ens/ample ai *resyme.* **1567** *TN* 355a–b, Eithr santeiddiwch yr Arglwydd Ddyw yn ych calonay: a' byddwch barawd bob amser y atteb y bawp a ofynno ywch *reswm* am y gobaith sy ynoch. **1567** G. Robert: *GC* 70, Pamser y dieithrir yn gylfyddus o ddiar y briphordd . . . Pan allo gwr roddi *rhesswm* trosto . . . megis i ochel drygsain, i achub pennill. **1588** *Job* xxiii. 4, Dadleuwn ger ei fron ef: a llawnwn fyng-enau a *rhesymmau.* **16g.** *Def Hen* 36, arfer drwy gyfrwyddyd ag euraid *reswmmau* ddysyfy wrth i mwyndra. **1618** J. Salisbury: *EH* 137–8, Yn y geiriau hynny yr ydis yn dangos drwy bedair *rheswm*, y galle Duw roddi cyfreith i ni . . . Y *rheswm* gyntaf. *id.* 188, *rheswm* da oedd wahardd y Godineb. **1632** *D* d.g. *Argumentum. id.* y *rheswm* a baro i vn wneuthur peth d.g. *Respectus.* **1651** Siôn Treredyn: *MDD* 39, ac y mae Eglwys duw or cred hyn, a hynny o herwydd *rheswmmau* anghenrheidiol, ei fod ef yn cadwedig. **1716** E. Samuel: *GGG* 164, Gwedi atteb y Gwrth-reswm ymma . . . ni awn bellach rhagom at *Resymmau* ac ystyriaethau Eraill sydd ddigon cyfaddas i argyoeddi'r Juddewon. **1803** *P.* Ar lafar, '*rheswm* dros neud' 'a reason for doing', '*rheswm* digon cry ar y ddadl' 'a fairly strong argument with regard to the matter in dispute', *WVBD* 461.

(*b*) Gallu i amgyffred, tynnu casgliad, neu feddwl (yn enw. yn drefnus ac yn rhesymegol), pwyll, deallusrwydd; iechyd meddwl; yr hyn a ystyrir yn rhesymol neu'n gymedrol: *reason* (*mental faculty*), *intelligence*; *sanity*; *that which is considered to be reasonable, moderate, &c.*
15g. *GO* 109, Mathav, wyneb Mathonwy, / Pilstwn, —ni bu varwn vwy,—/ Llin Roesser yn llawn *rreswm*, / Llew'n yn tref, gwayw llinonn trwm. **15–16g.** *TA* 288, Beth a'n rhoes byth o'n *rheswm*? / Braw neu drais a'n briwiai'n drwm [marwnad Morgan ap Siôn ap Hywel Holand]!. **16g.** *Rhyddiaith Gymraeg* i. 35–6, dechreuodd yr wybyr loywi peeth . . . ac erbyn dau ar y gloch ynn ol haner nos Jr ydoedd yr hin mewn peth *hreswm. Diw.* **16g.** *CRC* 262, ond pen ddelor gaya noeth lwm / Ar hin yn oer heb *Reswm* / y keir gweled y rhagoriaeth / Rwng segryd ag yssmonaeth. **1595** H. Lewys: *PA* 8, nineu . . . ydym lygredic, a chlwyfedig, an holl *reswm*, synnwyr, an deuall a ddallwyd, an ewyl'ys a wenwynwyd. *id.* 12–13, Pa bryd bynac y byddo gwr yn rhoddi yscafn, ac esmwyth gospedigaeth, ar vn a haeddod' a fae drymach, y mae n *rheswm* iddaw i ddioddef, ai dderbyn drwy ymyned'. **1604–7** *TW* (*Pen* 228), yn erbyn *rheswm* a defod d.g. *Abhorrens.* **1618** J. Salisbury: *EH* 280, pan fo ffydd yn cymmell arnom gredu'r peth a fo'n ymddangos fel pette yn wrthwyneb i *reswm.* **1723** WM: *PGG* 134, Cymmer *Reswm* ith gyfarwyddo ymhôb peth ac na ymddiried ith Synwyr wael dy hûn. **1761** *ML* ii. 307, Beth yw pris y 2 volumes o Linnaeus . . . Mae'n rhaid eu cael os byddant mewn *rheswm* o bris. Cf. D. Owen: *GT* 211, Rho dy *reswm* ar waith.

(*c*) Ystyr, synnwyr; brawddeg, cymal, ymadrodd, gosodiad: *meaning, sense*; *sentence, clause, phrase, statement.*
Dchr. **15g.** *B* ii. 186, [o'r ymadrodd] y gwneir mydyr a phrydiat a *resswm.* Ac or rai hynny y byd barn a dosparth. **1552** W. Salesbury: *Gw* 336, Dialysis ne Parenthesis, Gohaniat ne ymadrodd dodi, id pan ohaner gosodiat ymadrodd gan sengi *Reswm* y mewn ei ganol, yr hwn pe y gedit allan ni wyddit ei eisie chwaith. **1561–2** *Rhyddiaith Gymraeg* i. 61, ysgryvennv y llyfr hwnn i ddifyrrv y dydd, ac wrth hynny ymarver a chadw ych kyssefiniaith yn ych kof, gann dybiaid y byddai flin genywch ddarllain chwedlav rhyhirion, ac mae melyssach a gwell oedd *ressymav* byrrion ffrwythlawn. **1567** G. Robert: *GC* 65, Perpheithnod a'scrifennir fal hynn, . agsydd arwydd wneuthur pen ar *resswm* perphaith. *id.* 88–9, Ond cuius, cui, per que, a quo sydd anhowssach i troi yn gymreigaidd, ag yn gyfattebawl i'r ladin. Nid oes i ni ddim yn y cyfryw leoedd ond ceisio adroddi *rhess*[*w*]*m* yr ymadrodd ladin tann gadw priodoldeb yn hiaith ynhun. *a.* **1575** *GP* 101, Pa rannav o'r ymadroddion a ellir ev rroddi vegys tavlodiad? . . . Weithiav eraill *rresswm* kyvan, val y mae O Arglwydd da nev Iessv, dy drvgaredd. *id.* 126, Ac weithiav hevyd y bydd Ry debyc o rann y *resswm* nev y ssynnwyr pann vo gair a dav ddyall ynthaw, vn at y moliant, ac vn at y gogan. **1595** *Egl Ph* 53, Syna wahanu gosodiad yr ymadrodh, gan seghu *rheswm* ymywn ei ganol . . . A'r *rheswm* pann seghir ymywn, a gylchir a rhyw hanner cylchau. **1604–7** *TW* (*Pen* 228), pwylhaat, *rheswm* byrh d.g. *Clausula.* **1632** *D*, mâth ar ymadrodd pan fo y *rheswm* yn codi o râdd i râdd d.g. *Gradatio.* **1653** *MLl* i. 179, ni ddyscais i fawr, am nad oedd *reswm* yn ei [*sic*] chwedlau: yr oeddynt hwy yn rhuo vwchben ei [*sic*] pottiau. **1661** E. Lewis: *Drex* [xii–xiii], Yr ydwyf yn cyfaddef nad yw y cyfiethiad hwn or llyfr Lladin, eithr o'r vn Saesonaeg: Am hynny ysgatfydd ni cheiff ef fod yn ddifarn . . . yr ydwyf yn gobeithio ei fod ef a'r un *rheswm* a meddwl a'r un Lladin yn helaeth. **1667** C. Edwards: *FfDd* [i], A phan welech eiriau wedi cau arnynt ymlaen ac yn ol (fal hyn) ymsang mewn *rheswm* ydynt. Ar lafar, ''S dim *reswm* yn y peth' (de-ddwyrain sir Gaerf.).

Amr.: **rhesom.** **1567** G. Robert: *GC* [xii]. **rheswn** [bnth. S. C. *res(o)un* 'reason'] (ll. *rhysynau*). *c.* **1585** *Llst* 178, 106a, fod yn raid yti gredy gair düw yn yfydd . . . heb chwilio nag ymofyn nywlogion bethe düw trwy *rysynay* (*March C* 44, resymau) dynawl. **16–17g.** *DCR* 253, hwy fvont yn ymbledo, / bob vn av *reswn* gantho, / hed duw sadwrn hanner dydd, / heb allel vddiheyro. **1606** E. James: *Hom* i. 84, Mae gwrthgas annian dyn . . . yn tybied fod yn erbyn *rheswn* i ddyn garu ei elynion. **1632** J. Davies: *LlR* 23, Y *rheswn* o'r ymadrodd hwnnw, a'i gyffelyb, yw hyn, Na's gall y gwr goludog . . . roi ei fryd a'i feddwl ar y peth y daeth efe i'r byd o'i blegid. *id.* 48, A hyn a all fod yn *rheswn* cadarngryf i beri i Gristion edrych am wneuthur a ddylai. Ar lafar yn y De, *GTN* 683. **rhesym.** **16g.** Dafydd Benwyn: *Gw* 130.

Cfn.: **rheswm deubig (ddeubig, dwybig):** *dilemma.* **1632** *D*, *rheswm dwybig* d.g. *Dilemma.* **1725** *SR*, *rhesswm deubig* d.g. *Dilemma.* **1740** *ALB* 18, *Rhesswm-Ddau-big.* **1772** *W*, *rheswm dwy-big* d.g. *Dilemma.* **rheswm deucorn,** gw. *rheswm deugorn.* **rheswm deuflaen** = **rheswm deubig.** **1632** *D* d.g. *Dilemma.* **1772** *W* d.g. *Dilemma.* **rheswm deuglo** = **rheswm deubig.** **1717** Iaco ab Dewi: *MN* 34. **rheswm deugorn (deucorn)** = **rheswm deubig.** **1632** *D*, *rheswm deugorn* d.g. *Dilemma.* **1723** J. Jones: *LlA* 326, *Rheswm deucorn.* **1772** *W* d.g. *Dilemma.* **rheswm dwybig,** gw. *rheswm deubig.* **rhesymau llywodraeth:** *reasons of state.* **1798** J. Thomas: *CIC* 44. **rheswm pen caib:** *senseless reason or argument.* Ar lafar, *Cymru* liii. 134 (dwyrain Mald.). **rheswm prawf (brawf):** *argument, proof.* [**1740**] D. Llwyd: *YDD* 54, *rheswm-prawf. id.* 105, yr holl *resymmau-prawf.* **1759** T. Thomas: *WWDd* 33, *Rhesswm-brawf.* **allan o reswm, allan o bob rheswm:** *out of* (*all*) *reason, beyond reason.* **1588** *Act* xxv. 27, Canys *allan o reswm* (*TN* 215b, anrysymol) y gwelaf fi anfon carcharor, ac heb yspysu y matterion sy yn ei erbyn ef. Ar lafar, 'Ma pris petrol wedi mynd *allan o bob rheswm* erbyn hyn'. **o fewn rheswm:** *within reason.* Ar lafar, 'Fe wnath bopeth *o fewn rheswm* i helpu'r teulu'. **wrth bob rheswm:** *in all reason, of course.* **1632** J. Davies: *LlR* 40. **1754** R. Rees: *GGG* 31. **wrth reswm (reswn):** *of course, naturally, certainly*; ?*accurately, properly.* **15g.** *GTP* 60, Bwa a sai'n wyneb awyr, / A'i annel fal cantel cŵyr, / A throsi saeth *wrth reswm*, / A thua'r Fflint a thrwy'i phlwm. **1588** *Act* xviii. 14. **1595** H. Lewys: *PA* 75. **1775** *EDPP* 63. Ar lafar, '*Wrth reswn*, dyna sy'n iawn', *GTN* 683; ''Dwi ddim awydd mynd i'r cnebrwn, ond mi fydd raid imi fynd *wrth reswm*, fel aelod o'r teulu'. Weithiau yn y Gogledd clywir '*wrth reswm* pawb'. **wrth reswm (reswn) da:** *with good reason.* **1606** E. James: *Hom* ii. 113, *wrth reswn da.*

rheswmol, rheswmoldeb, rheswmyddiaeth, rheswn, gw. **rhesymol, rhesymoldeb, rhesymyddiaeth, rheswm.**

rheswydd [gair geir., ?*rhes*[1]+*gwŷdd*[1], ond gw. hefyd *rhyswydd, yswydd*] *e.ll.* (bach. *-en*, ll. *-nau*). Distiau, trawstiau, tulathau; prifets, gwyros, *Ligustrum vulgare*: *joists, beams, rafters*; *privets.*
1604–7 *TW* (*Pen* 228), y rhyswydh, y *rheswydh*, yr yswydh, prenn a ossotir mewn gardhæ . . . Gwyros d.g. *Ligustrum. id. rheswydh*, tulathæ ar draws y cyplæ d.g. *Templum.* **1632** *D*, *rheswydden* d.g. *Trabs.* **1722** *Llst* 189, *Rheswydden*, f.p. *rheswydd*, a beam, rafter, joice. *c.* **1730** *Thos. Lloyd D* (LlGC) 202b, *Rheswydden.* Trabs. pl. *-ennau.* **1775** *W* d.g. *Joists or joices.* **1803** *P* d.g. *Rheswyz, Rheswyzen.*

rhesym, rhesymad, gw. **rheswm, rhesymiad.**

rhesymadwy [bôn y f. *rhesymaf*: *rhesymu* +*-adwy*] *a.* Rhesymol, ymresymiadol: *rational, ratiocinative.*
1728 J. Thomas: *GDN* 119, Yn awr yn y Bennod hon gyd â llawer jawn o Gymmhelliad Rheswm . . . Y

mae'n profi i Abraham gael ei gyfiawnhau . . . trwy Ffydd . . . A phe buasei efe yn awr yn Ysgol Tyrannus, ni allasei efe ymddadleu yn fwy *rhesymmadwy.*

rhesymaeg, gw. rhesymeg.

rhesymaf: rhesymu [bf. o'r e. *rheswm*] *bg.a.* Defnyddio gallu rheswm i ddod i gasgliad, ymresymu, defnyddio rheswm i berswadio neu ddylanwadu (ar), trafod, dadlau, meddwl, myfyrio, ystyried: *to reason, persuade or influence by the use of reason, discuss, argue, think, meditate, consider.*

15g. *HCLl* 53, Y wennol deg, own liw du, / Aros im i *resymu*: / Ni wn na thrig dig yn d'ais, / Iraidd edn, er a ddwedais. **1551** W. SALESBURY: *KLl* xliia, Pa ymadroddon ywr rein ydd ych chwi yn *rresymy* yn ych plith yn y cylch? **1567** *TN* 120a, A' hwy a *resymesont* (cf. *id.* 26a, *rysymeson*) ynthyn y hunain, gan [dd]ywedyt, A's dywedwn mai or nef, ef a dywait, Paam gan hyny na chredech y-ddaw? Ac a's dywedwn Mai o ddynion, yr oll popul a'n llapyddia ni. *id.* 195b, Yno y daeth yr Apostolon ar Henafieit yn-cyt, y edrych [:– *resymy*] ar yr ymadrodd hwnn. Ac wedy bot ymddadle mawr, y cyvodes Petr. **1588** *Jer* xii. 1, Os dadleuwn â thi cyfiawn fyddit ti ô Arglwydd, er hynny *rhesymmaf* â thi am farnedigaethau: pa ham y llwydda ffordd yr anwir? ac y ffynna 'r anffyddloniaid oll? **1606** E. JAMES: *Hom* i. 90, pan fytho rhai yn tyngu o arfer wrth *resymmu*, wrth brynu, gwerthu, a phob ymddiddan beunyddol arall . . . mae'r fath dyngu yn annuwiol. **1609** *CRC* 279, ni a *ressymwn* yma yn dwy / . . . / rhaid oedd gael fyngwir ddûw gwyn / dy farn am hyn o ddadlef. *id.* 280, kerddwch draw i ben y bryn / chwi a gewch am hyn *rysymv.* **1632** *D* d.g. *Argumentor, Ratiocinor.* **1770** *W* d.g. *To argue* [*dispute or reason*], *to ratiocinate.* **1803** *P.* Ar lafar, '*rhysymu*', *WVBD* 470; 'Ma gofyn *rysymu* sia phlentyn ac egluro pethach wthdo', *GTN* 700.

rhesymedig [bôn y f. *rhesymaf*: *rhesymu* + *-edig*] *a.bfl.* Wedi ei resymu, seiliedig ar resymiad: *reasoned.*

20g.

rhesymeg [*rheswm* + *-eg*[1]] *eb.* ll. *-au.* Cangen o athroniaeth sy'n trafod egwyddorion rhesymu a meddwl, (unrhyw) system ffurfiol sy'n cynnwys acsiomau diffiniedig a rheolau tynnu casgliad(au), egwyddorion ffurfiol cangen o wybodaeth, rhesymiad, ymresymiad, dadl, dilechdid; y rhesymau neu'r amgylchiadau y tu ôl i sefyllfa neu i gyfres o ddigwyddiadau, ffeithiau, &c.; cyfresymiad: *logic, reasoning, argument, dialectic(s)*; (*underlying*) *logic of situation, events, &c.*; *syllogism.*

1632 *D* d.g. *Dialectica, Effatum, Logica, Topica.* **1653** *Wy* 12, 333b, Ni wna i ond husting hyn yn eich Clûst, os clyw'r Cowper y *Rhesymmeg* fe rydd Naid drwy'r Cylch, gan chwerthin. **1722** *Llst* 189, *Rhesymmeg*, f.p. *megau*, an argument; dialect; logick. **1760** E. WILLIAMS: *UYB* 40, dysgeidiaeth bennodol (a elwir Logic neu'r *Resymmeg*). **1803** *P, Rhesymeg*, s. f. Logic, reasoning.

Amr.: **rhesymaeg** [*rheswm* + *aeg*]. **1725** *SR* d.g. *Logick.* **1766** *CD* v.

rhesymegaeth, gw. rhesymegiaeth.

rhesymegaf: rhesymegu [bf. o'r e. *rhesymeg*] *bg.* a hefyd gyda grym enwol i'r be. Ymresymu, meddwl yn rhesymegol: *to reason, think logically.*

20g.

rhesymegiaeth, rhesymegaeth [*rhesymeg* + *-(i)aeth*] *eb.* Rhesymeg, rhesymiad, ymresymiad: *logic, reasoning.*

1836. Cf. ISLWYN: *Gw* 525, Sylfaenai, pilerai Paul ei araeth / Yn ddwfn a theg ar graig *rhesymegiaeth.*

rhesymegol [*rhesymeg* + *-ol*] *a.* Yn perthyn i resymeg, yn cydymffurfio â rheolau rhesymeg, a nodweddir gan ymresymu eglur neu ddilys, yn gallu rhesymu neu ddefnyddio rheswm mewn ffordd drefnus, celfydd wrth resymu: *logical, rational, reasoning* (*adj.*), *skilled in logic.*

1776 *W* d.g. *Logical.* **1803** *P* d.g. *Rhesymegawl.*

rhesymegwr, rhesymegydd [*rhesymeg* + *-wr, -ydd*[3]] *eg.* ll. *rhesymegwyr, rhesymegyddion.* Arbenigwr mewn rhesymeg, un celfydd wrth resymu: *logician.*

1776 *W, rhesymmegwr, rhesymmegydd* d.g. *Logician.* **1800** T. PRICE: *RT* 116, Yr ydych yn awr yn siarad fel *rhesymmegwr* [:– Logician].

rhesymegyddiaeth [*rhesymegydd* + *-iaeth*] *eb.* Rhesymeg, rhesymiad, ymresymiad: *logic, a reasoning.*

1776 *W* d.g. *Logic.* **1800** T. PRICE: *RT* 116, Logician, un hyddysg mewn *rhesymmegyddiaeth.*

rhesymegyddol [*rhesymegydd* + *-ol*] *a.* Rhesymegol: *logical.*

1832.

rhesymgar [*rheswm* + *-gar*] *a.* Rhesymegol, rhesymol; dadleugar: *logical, reasonable; argumentative.*

1764 DEWI NANTBRÂN: *SAG* 76, ystyriwch . . . y Symlau a'r Denuadau *rhesymgar* a osodir ger bron llygaid pobl y byd, i'w hannog i amgofleidio ac i gadw'r Ffydd Gatholic. Y Denuadau hyn . . . a hanogant pobloedd o fawr Reswm, ac o fwy Dduwioldeb, yn hawdd jawn i gadw'r Grêd. **1770** *W* d.g. *Argumentative.* **1803** *P, Rhesymgar* . . . Apt to argue.

rhesymiad, rhesymad [bôn y f. *rhesymaf*: *rhesymu* + *-iad*[1], *-ad*] *eg.* ac yn eithriadol *eb.* ll. *-au.* Y proses neu'r weithred o resymu, enghraifft o resymu, ymresymiad, casgliad rhesymegol: *a reasoning, inference.*

1657 *MLl* ii. 25, beth bynnag a wneler drwy *resymiadau* Hunan dynol (ymmaterion ewyllys y Goruchaf) nid iw 'r cwbl ond ffûg. **1677** C. EDWARDS: *FfDd* 290, Y mae Satan a'r cnawd wedi adeiladu ynddynt [anwiriaid] gestyll cryfion, a dalfau uchel o *resymiadau*, a gwyniau yn ymgodi yn erbyn gwybodaeth Duw. **1693** J. OWEN: *BP* 34, os yw'r *rhesymmiad* hwn yn dda. **1701** J. OWEN: *YE* 90, Dymma swm fy *rhesymmiad* i, yn awr ni a gawn weled beth sydd gantho i atteb i'r pethau hyn. **1712** T. WILLIAMS: *CDdG* 276, Pan fo Duw yn i Eglurhau ei hun neu ei Ewyllys i Ddynol Ryw, ryw fodd neu i gilydd yn ychwaneg . . . y cyfryw fodd ac ar y cyfryw achosion, ar nas basei ein *rhesymmiadau* ein hunain byth yn ei gyrredd. **1722** *Llst* 189, *Rhesymmad*, m. a reasoning. [**1783**] *W* d.g. *A reasoning.* **1803** *P, Rhesymiad*, s. m. . . . Argumentation.

rhesymiadol [*rhesymiad* + *-ol*] *a.* Rhesymegol: *logical.*

1790 W. RICHARDS: *LlA* 26, Gŵyr y pabyddion . . . fod gwrthod taenelliad babanod yn eu difeddiannu hwy o'r pennaf o'u holl arfau *rhesymiadol* yn erbyn y protestaniaid. **1803** *P, Rhesymiadawl* . . . Argumentative.

rhesymiaeth [*rheswm* + *-iaeth*] *e?b.* Rhesymeg: *logic.*

1830.

rhesymol [*rheswm* + *-ol*] *a.*

(*a*) O fewn rheswm, heb fod yn eithafol nac yn ormodol, cymedrol, gweddol; heb fod yn dda iawn, tila, gwael; niwtral, heb fod yn dda nac yn ddrwg ohono ei hun; seiliedig ar reswm, unol â rheswm, rhesymegol; *Gram.* yn dynodi rheswm: *reasonable, not extreme or excessive, moderate, quite good, fair; not very good, mediocre, poor; neutral, indifferent; reasonable, in accordance with reason, logical; denoting a reason* (*in gram.*).

15g. *DE* 123, pryder mair prydir yw modd / pryd arall i pryderodd / vn braw aeth yni bron / o *rysymol* (*Llst* 6, 163, *resymol*) air simon. / a ffan golles yr jessu / alaeth yw vam eilwaith vv. **15–16g.** *TA* 440, Rhys, ymlaen, *rhesymol* iaith, / Rhys, yn ôl Rhys Wyn, eilwaith. **16g.** *THSC* (1923–4) (At.) 38, hefyt bod heb gymryd ar yn bwyd an diod ond yn *ressymol*, ac ymprydio y dydd ar nos val y gwnaeth krist. **1567** G. ROBERT: *GC* 70, Pamser y dieithrir yn gylfyddus o ddiar y briphordd . . . Pan allo gwr roddi rhesswm trosto yn hynny o beth, megis i ochel drygsain, i achub pennill, ne i ryw beth arall a fyddai *ressymol.* *a.* **1575** *GP* 99, Pvmp gallv ssydd i gyssylldiad. Vn yw kyssylldv . . . Y pedwerydd a vydd achossawl . . . Y pvmed gallv yssydd *ressymawl*, val y mae . . . oblegid . . . o'r achos . . . am hynny. **1595** H. LEWYS: *PA* 64, blinder ac adfyd a boenant ac a flinant wyr . . . ond yn y diwed' hwy a gynorthwyant . . . y meddwl, gann i wneuthur yn *rhesymolach*, 'n ddoethach, ac yn fwy gofalus. **1604** R. HOLLAND: *BD* 2, pa wedh y mae i chwi ymdhwyn eich hun mewn pethau sy *resymmol*, na da, na drwg o honynt i hunain. **1632** *D*, yn *rhesymmol* d.g. *Mediocriter.* **1632** J. DAVIES: *LlR* 42, y mae y rhagor hwnnw ar wobr or fath gyfiawnaf ac o'r fath *resymmolaf*, gan fod cymmaint o ragor rhwng buchedd y da a'r drwg. **1687 (1715)** J. OWEN: *TB* 114, daethant i dy gwr drygionus jawn, lle ni chowsant ond lletty *rhesymo*[*l*]. **1738** *ML* i. 4, Mae Mam yn *rhesymol*, ond ei bod yn heneiddio yn dost, ag yn fusgrell. **1760** *id.* ii. 167, Cymysg o newyddion da a rhai go *resymol.* Nid amgen drwg oedd clywed fod yr eigion agos wedi llyngcu'r Viscount Falmouth, a da oedd ei bod ai gwŷr ai llwyth yn ddiangol yn South Carolina. **1776** *W* d.g. *Moderate* [*not exorbitant, &c.*]. **1803** *P.* Ar lafar, 'Mae o'n bris digon *rhesymol*'. Cf. D. OWEN: *GT* 337, yr oedd y rhent yn *rhesymol* o isel.

(*b*) Wedi ei gynysgaeddu â'r gallu i resymu; rhesymolaidd: *endowed with reason, rational; rationalistic.*

1567 *LlGG* 9b, Perfeith Dduw, a pherfeith ddyn, o eneit, *resymol* [:– resinabl]: a dynol gnawd yn hanvot. **1595** *Egl Ph* viii, gwybydhir bhod dyn yn greadur *rhesymmawl.* *id.* 85, mae'[r] prophwyd yn araithio wrth loghau Tyrus, mal pei baent yn dhynso[dh]ion *rhesymmol*; ac hwynt yn bhudieit dieneidiawg. **1604–7** *TW* (*Pen* 228), *rhesymol*, yr hwn sydh ydhaw vwyniant rheswm d.g. *Rationabilis.* **1606** E. JAMES: *Hom* iii. 129, O'i ddaioni y gwnaeth ni yn greaduriaid *rhesymol*, ac ef yn gallu ein gadel ni yn anifeiliaid anrhesymmol. **1630** *YDd* 46, a myfi wedi fyngwneuthur ar lûn Duw, yn enaid *rhesymmol*, ac yn gallu dirnad fynghyflwr fy hûn. **1680** J. THOMAS: *UN* 42, os yw y Psalmydd yn annog y creaduriaid nefol a daiarol i foliannu Duw, pa faint mwy y dyleu y rhai *rhesymmol* wneuthur hynny? **1735** S. THOMAS: *HP* 45, ddarfod iddo roddi i Ddyn Reswm a Deall, a'r Swyngynheddfau eraill a berthynent i Enaid *rhesymol.* **1790** T. JONES: *TOS* 55, dim ond plisgyn yn llawn o lwch, wedi ei fywhau gan enaid *rhesymmol* anweledig. **1792** TOMOS GLYN COTHI: *Ap* 42, tra mae yr ymneillduwyr *rhesymmol*, yn tybio eu bod yn cael eu gwaradwyddo trwy ddiffyg gweinidogaeth ddysgedig. **1793** L. REES: *MB* 24, Eithr a welir yr effeithiau hyn yn cydfyned âc athrawiaeth y sawl a'u galwant eu hunain yn Grist'nogion *Rhesymol* . . .? A welir dynion trwy eu pregethau a'u 'sgrifeniadau hwynt dan argyhoeddiad o bechod, ac mewn dwfn drallod cydwybod o blegyd iddynt haeddu digofaint Duw? Ar lafar yn ne-ddwyrain Morg. yn y ff. *rysymol*, 'Bod *rysymol* yw plentyn, a ma'n raid 'i drafod a fel bod *rysymol*', *GTN* 700. Cf. W. REES: *LlHFf* 12, yr oeddwn i'n i glwed o'n dybygach o lawer i swn clagwydd nag i iaith cradur *resymol.*

Amr.: **rheswmol.** **1615** R. SMYTH: *GB* 17. **1651** SIÔN TREREDYN: *MDD* 14, 17.

Gw. hefyd **rhesymolion, symol.**

rhesymolaf: rhesymoli [bf. o'r e. *rheswm*] *bg.a.* Esbonio (gweithredoedd, profiadau, credoau, &c.) ar sail rhesymau (sy'n ymddangos yn ddilys), trafod mewn dull rhesymegol; ad-drefnu (busnes, &c.) ar seiliau rhesymegol er mwyn cynyddu effeithiolrwydd, dileu gwastraff, &c., hefyd yn ddifr.; ?peri i (rywbeth) ymddangos yn rhesymol; *Gram.* dynodi rheswm: *to rationalize* (*actions, experiences, beliefs, &c.*); *rationalize* (*business, &c.*), *also derog.*; ?*cause to appear reasonable; denote a reason* (*in gram.*).

a. **1575** *GP* 100, Llyma henwav y pvmp gallv ssydd i gyssylliad . . . kyssylldv, gwahanv, kyvlawni, achossio a *rressymoli.* **1803** *P.*

rhesymolaidd [*rhesymol* + *-aidd*] *a.* A nodweddir gan resymoliaeth, seiliedig ar resymoliaeth: *rationalist(ic).*

1868.

rhesymoldeb [*rhesymol* + *-deb*] *eg.* Yr ansawdd neu'r cyflwr o fod yn rhesymol; rhesymoledd: *reasonableness; rationality.*

16–17g. (*Gesta Rom*) *LlGC* 13076, 21b, ony byddaf j yn atteb pob peth wrth *Rysymoldeb.* **1604–7** *TW* (*Pen* 228) d.g. *Iustitia.* **1680** J. THOMAS: *UN* 40, mae ef yn treulio hanner y Psalm, neu ddiwedd pôb adnod i ddangos *rhesymmoldeb* y pêth. **1701** E. WYNNE: *RBS* 95, Nid yw ef yn ammeu *rhesymmoldeb* gorchymmyn diniweid ei Oruchafiaid, eithr yn ufuddau pettei ond o rann eu harchiad hwy. *c.* **1730** *Thos. Lloyd D* (LlGC) 201b, *rhesymoldeb* . . . reasonableness. [**1740**] D. LLWYD: *YDD* 143, Fe ddylid dal sulw arno, Fod yr Eglwys hon yn cyfrif Eistedd yn Seremoni . . . yr wyf yn gweled y rhan fwyaf o bobl yn cyfaddef *rhesymmoldeb* y peth hyn. **1752** *EGG* 109, Edrychwch arnoch eich hunain, rhag i'ch Calonnau un Amser drymhau trwy Lothineb a Meddwdod . . . Mae *Rhesymmoldeb* y Rhybudd yma yn eglur. **1776** I. BRYDYDD HIR: *P* ii. 257, i mae *rhesymmoldeb* y ddyledswydd hon . . . yn ymddangos yn eglurach os ystyriwch, Yr amryw fanteisau . . . sydd yn canlyn yr iawn gyflawniad o honi. **1777** W. WILLIAMS: *TEA* 11, Mae amryw bethau ag nad yw yr Ysgrythurau yn eu gosod allan fel dyledswydd, etto wrth *resymmoldeb* y peth, yn ddigon eglur eu

bod yn angenrheidiol. [1783] *W* d.g. *Reasonableness.* 1803 *P*, *Rhesymoldeb* . . . Reasonableness, rationality.
Amr.: **rheswmoldeb.** 1651 Siôn Treredyn: *MDD* 15. 1656 W. Jones: *TPG* 28. 1790 *Prif Crist* 4.

rhesymolder [*rhesymol+-der*] *eg.* Rhesymoldeb; rhesymoledd: *reasonableness; rationality.*
[1738] E. Jones: *CE* [v], Cyfreithlawndeb y cyfryw Orchwyl . . . a ellir ei ddiheuro oddiwrth 67. Ganon ein Heglwys ni; a'i *Resymmolder*, oddiwrth amrafael Anturiau Gwyr enwog yn y ffordd hon. 1803 *P*, *Rhesymolder* . . . Reasonableness.

rhesymoledd [*rhesymol+-edd*[1]] *eg.* Yr ansawdd neu'r cyflwr o fedru rhesymu neu o fod yn seiliedig ar reswm: *rationality.*
[1783] *W* d.g. *Rationality.*

rhesymoleg [*rhesymol+-eg*[1]] *eb.* Rhesymoliaeth: *rationalism.*
20g.

rhesymoleiddiaf: rhesymoleiddio [*rhesymol+-eiddio* (At.), ar ddelw'r S. (*to*) *rationalize*] *bg.a.* Rhesymoli (gweithredoedd, profiadau, credoau, &c.); rhesymoli (busnes, &c.): *to rationalize (actions, experiences, beliefs, &c.; also of business, &c.).*
20g.

rhesymolgar [*rhesymol+-gar*] *a.* Rhesymolaidd: *rationalistic.*
1935.

rhesymoliad [bôn y f. *rhesymolaf*: *rhesymoli+-iad*[1]] *eg.* ll. *-au.* Y weithred o resymoli (gweithredoedd, profiadau, credoau, &c.); y weithred o resymoli (busnes, &c.): *rationalization (of actions, experiences, beliefs, &c.; also of business, &c.).*
1924.

rhesymoliaeth [*rhesymol+-iaeth*] *eb.* ac yn eithriadol *eg.* Dibyniaeth ar reswm yn hytrach na chrefydd, &c., fel sail i ymddygiad, credo, &c., *Athr.* yr athrawiaeth fod gwybodaeth yn cael ei hennill trwy gyfrwng rheswm heb ddibyniaeth ar brofiad, *Diwin.* yr arfer o apelio at reswm fel yr awdurdod pennaf mewn materion crefyddol, y gred fod gwirioneddau yn cael eu canfod trwy gyfrwng meddwl rhesymegol yn hytrach na datguddiad dwyfol neu oruwchnaturiol; ?rhesymeg, rheswm: *rationalism (also in philos. and theol.); ?logic, reason.*
1803.

rhesymoliaethol [*rhesymoliaeth+-ol*] *a.* Rhesymolaidd: *rationalistic.*
1916.

rhesymolig [*rhesymol+-ig*[2]] *a.* Rhesymolaidd: *rationalistic.*
1858.

rhesymolion [*rhesymol+-ion*[2]] *e.ll.* Bodau rhesymol; rhesymolwyr: *rational beings; rationalists.*
1814.

rhesymolrwydd [*rhesymol+-rwydd*] *eg.* Rhesymoldeb; rhesymoledd: *reasonableness; rationality.*
1689 E. Morus: *RC* 58, bywiol ymsynnied ar fy meddwl i o *Resymolrwydd* Crefydd. [1783] *W* d.g. *Rationality, Reasonableness.* 1803 *P.*

rhesymolwr, rhesymolydd [bôn y f. *rhesymolaf*: *rhesymoli+-wr, -ydd*[3]] *eg.* ll. *rhesymolwyr.* Un sy'n arddel rhesymoliaeth: *rationalist.*
1848.

rhesymwaith [*rheswm+gwaith*[1]] *eg.* Eglurhad rhesymegol o'r egwyddorion sy'n sail i gredo, &c., neu o'r rhesymau dros ddull o weithredu, &c., sail resymegol, fframwaith rhesymu: *rationale.*
20g.

rhesymwr, rhesymydd [bôn y f. *rhesymaf*: *rhesymu+-wr, -ydd*[3]] *eg.* (b. *rhesymwraig*, ll. *-wragedd*) ll. *rhesymwyr, rhesymyddion.* Un sy'n rhesymu neu'n ymresymu, dadleuwr, rhesymegwr; rhesymolwr: *reasoner, arguer, logician; rationalist.*
16–17g. Edward Urien, &c.: *Gw* 264, Mae'r gŵyn yng Nghymru gennych, / Mae ar goll *resymwr* gwych [marwnad Siôn Phylip]. 1760 E. Williams: *UYB* 89, 'pregethu Crist wedi ei groeshoelio, i'r Juddewon' (y rhai o'm crefydd fy hun,) 'yn dramgwydd, ac i'r Groegiaid,' (holl *resymwyr* synhwyrgall eraill,) 'yn ffolineb'. 1762 D. Rowland: *PA* 128, y Dëistiaid danheddog, neu *Resymmwŷr* Sociniaidd (*a Socinian Rationalist*). [1783] *W*, *rhesymmwr, rhesymmydd* d.g. *Reasoner.* 1803 *P*, *Rhesymwr*, s. m.—pl. *rhesymwyr* . . . One who argues, a reasoner. *id. Rhesymyz*, s. m.—pl. t. *ion* . . . An arguist.

rhesymyddiaeth [*rhesymydd+-iaeth*] *e?b.* Rhesymeg; rhesymoliaeth: *logic; rationalism.*
1814.

rhesymyddol [*rhesymydd+-ol*] *a.* Rhesymolaidd; rhesymegol: *rationalist(ic); logical.*
1912.

rhesyn[1,2], gw. rhes[1], rhysod.

rhetgyn, rhytgyn, &c. [gair geir., sef elf. anh.+*cŷn*] *eb.g.* ll. *-ion.* Lletem; gaing, cŷn: *wedge; chisel.*
1547 *WS*, *Rwtkyn* A great wedge. 1604–7 *TW* (*Pen* 228), *Rytcyn* .i. *rhwthcyn* d.g. *Cuneus* . . . *Cuneus magnus. Dchr.* 17g. *J* 10, 15b, *Rhedgyn.* Cuneus. 1707 *AB* 219d, *Rhedgyn*, A wedge. [S]. 1722 *Llst* 189, *Rhedgyn.* f. A wedge. 1803 *P*, *Rhedgun*, s. m.—pl. t. *ion* . . . A wedge.

rhetgyr [?*rhed+gyr*[1]] *e?g.* Gwâl (mochyn), (?geir.) twlc mochyn: *(pig's) lair, (?dict.) pigsty.*
13g. *C* 52. 9–11, Ojan aparchellan. A parchell dedwit. Nachlat dy*redcir* ympen minit. Clat in lle argel in arcoedit. *id.* 59. 6–8, Ojan aparchellan. aparchell gawi. Na chlat de *redkir* nac iste. wiuuy. Nac achar waes. Nachar. warvy. 14g. *WM* 452. 19–22, A bydyda6 y mab a orucp6yt. A gyrru kulh6ch arna6 dy vrth y gaffel yn *retkyr* h6ch. Bonhedic hagen oed y mab. 1707 *AB* 238b, *Retkyr*, A swinesty.

rhetoraeg, gw. rhetoreg.

rhetoraidd [*rhetor(eg)+-aidd*] *a.* Rhethregol: *rhetorical.*
1858.

rhetoreg, rhetoraeg [cfdds. o'r S. *rhetor(ic)* neu'r Lladd. *rhētor(ica)+-eg*[1], *aeg*] *eb.* (Llyfr) rhethreg, hefyd yn ddifr.: *(book about) rhetoric, also derog.*
1595 *Egl Ph* d.d., Eglvryn Phraethineb. sebh, Dosparth ar *Retoreg. id.* 1, *Rhetoreg* neu reitheg yw celbhydhyd ar gywraint ymdhidhan, i ymadrodhi yn hyphraeth, ac yn hyodl. 1604–7 *TW* (*Pen* 228), *Rhetoræc* d.g. *Rhetorica.* 1677 C. Edwards: *FfDd* 205, yn y flwyddyn 1595 gwnaeth Harri Perri ddosparth ar *Retoreg*, yn dyscu lluniaeth ymadrodd yn Gymraeg. 1693 *TYGD* 39, Yma cymmerir yr enaid am yr holl ddyn, ac felly y cymmerir y cnawd hefyd, wrth droell *retoreg*, pan enwer rhan o beth yn lle'r cyfan. 1741 S. Thomas: *DY* 118, [T]roell *Retoreg* a elwir Metonomy. 1767 *ML* (Add) 693, ni ddylai fod un lythyren o'i lle mewn Gramadeg . . . A oes genych chwi'r eiddo Gruffydd Rhotpert yn gyflawn : . . Ac a oes gennych *Retoreg* Henry Perri? 1800 C. Evans: *EJU* 7, Dyma *retoreg* ryfedd . . . sef fod Duw wedi priodi Brydain; y plant a'r cwbl!! Cf. J. Morris-Jones: *CD* 35–6, 'troad' yw ystyr y gair Groeg [τρόπος]; a pham na wna troad yn syml ein tro ninnau? Fe'i harferid mewn *rhetoreg* am droi gair o'i ystyr lythrennol i arwyddocáu rhywbeth arall.

rhetoregaf: rhetoregu [bf. o'r e. *rhetoreg*] *bg.a.* Rhethregu, hefyd yn ddifr.: *to speak or write rhetorically, also derog.*
20g.

rhetoregol [*rhetoreg+-ol*] *a.* Rhethregol, hefyd yn ddifr.: *rhetorical, also derog.*
1925 J. Morris-Jones: *CD* ix, cyfieithiadau o dermau gramadegol a *rhetoregol.*

rhetoregwr, rhetoregydd [*rhetoreg+-wr, -ydd*[3]] *eg.* ll. *rhetoregwyr, rhetoregyddion.* Rhethregwr, hefyd yn ddifr.: *rhetorician, also derog.*
1604–7 *TW* (*Pen* 228), *Rhetorecydh* d.g. *Rhetor.* 1722 *Llst* 189, *Rhetoregydd.* m.p. *gyddion*, A rhetorician. Cf. J. Morris-Jones: *CD* 78, term cymharol newydd yw hwn [gwrthesgynfa]—ni sonia'r hen *retoregwyr* amdano.

rhetoric, retoric, r(h)ethoric, r(h)etric, r(h)et(h)rig, &c. [bnth. H. Ffr. neu S. C. *rethorique* (neu Lad. C. *rhēthorica*), S. Diw. Cyn. *rethrick*, S. *rhetoric*] *eg.* Rhethreg, hefyd yn *ffig.* ac yn ddifr.: *rhetoric, also fig. and derog.*
c. 1400 *YCM*[2] 168, *Rethoric* oed yno. A honno a dysc y dyn dywedut yr ymadrawd yn gyfyawn ac yn llwybreid. 15g. *GLGC* 246, y trig fo mewn *rhetrig* fyth. 16g. Lewys Morgannwg: *Gw* 130, Arthmetic, Music, Grymyson, (Sophystr) / *Rhetric*, sybhyl a chanon. 16g. *THSC* (1937) 131, Ar goll ar led ein gwledydd / Y saith gelfyddyd y sydd, / Grammar, *retrig*, musig maith, / Geiriau mesur grymmuswaith (Lewis ab Edward). 16g. *GGH* 14, Mawlair wtro, aml *retrig*, / Mynwes euraid mewn sirig [moliant Elis Prys o Blas Iolyn]. 1563 *id.* 99, Gramer, Loetsig, *Rhedrig* wraidd, / Goleuswn Miwsig lwysaidd [moliant Humphrey Llwyd o Ddinbych]. 16g. Wiliam Llŷn: *Gw* (R. Stephens) 571, Nid ymeilio nod moliant / Yw dwbio cerdd o dyb cant; / Gwybydded gŵr addfed gân / Gau *rethrig* ar ei wythran. *c.* 1566 *GP* 207, Dyma saith gelfyddyd Ryddion, Gramadeg, Music, Dilechdid, *Rethoric*, Geometria, Arismetica, Astrologia. 16–17g. *GST* i. 319, Ti a wyddost, mawrbost Môn, / Twli, dad enaid haelion, / Llading, heb air colledig, / Llwybr gorau oll, Ebriw, Grig; / Loitsig, chwi yw brig eich bro, / O'ch *Rethrig* chwi yw'r athro [i Ddeon Bangor]. *c.* 1700 E. Lhuyd: *Par* i. 18, Henry Parry . . . a wnaeth y *Retoric* yn Gymraeg a'r Ffigure.
Amr.: **rhetorig.** 1899.

rhetoricyddiaeth, r(h)etorigyddiaeth [cfdds. o'r Lladd. *rhētoric(a)+-ydd*[3]*+-iaeth*] *e?b.* Rhethreg: *rhetoric.*
1567 G. Robert: *GC* [ix], [c]ampau, a chynne[dd]fau gwyr rhinweddol, gynghordioledd g[ram]adeg, flodeuau *retorigyddiæth.* 1574 *B* ix. 109, Onyd ef [William Salesbury] gan ddechreu o sylfaen y celvyddydae, astudiodd ddilechtit, *Rhetoricyddiaeth*, Astronomiaeth, Arithmeticyddiaeth, a philosophyddiaeth anianol. *c.* 1600 *LlCy* vi. 217, *Rhetorigyddiaeth.* 1604–7 *TW* (*Pen* 228), lhiw *Rhetoricydhiaeth* d.g. *Adiunctio. id.* Figur o *Retorigydhiaeth* d.g. *Anthypophora. c.* 1730 *Thos. Lloyd D* (LlGC) 201b, *rhetorigyddiaeth*, rhetorice.

rhetorig, rhetorigyddiaeth, gw. rhetoric, rhetoricyddiaeth.

rhetorydd, retorydd, rhetoriwr [bnth. Llad. *rhētor+-ydd*[3], *-iwr*] *eg.* ll. *r(h)etorydd-ion.* Rhethregwr: *rhetorician.*
1592 S. D. Rhys: *Inst* [xviii], [p]rintiaw, a' chymhennu holh 'oreuon Lybhreu yr Hystoriâwyr, a''r Prydydhion, a''r *Rhetorydhion*, a''r Dilechtydhion. 1604–7 *TW* (*Pen* 228), *Rhetoriwr* d.g. *Rhetor. c.* 1730 *Thos. Lloyd D* (LlGC) 203a, *rhetorydd*, rhetor. *-ion.*

rhetoryddiaeth [*rhetorydd+-iaeth*] *e?b.* Rhethreg: *rhetoric.*
c. 1600 *LlCy* vi. 217, Y llyfr cyntaf o *Retoryddiaeth* o waith Marcus Tullius Cicero at Herennius. 1604–7 *TW* (*Pen* 228), athrawaeth *Rhetorydhiaeth* d.g. *Rhetorica, orum.*

rhetric, rhetrig, gw. rhetoric.

rhetyddia, rhethoric, rhethr, gw. oetyddiaf: oetyddio, rhetoric, rhethren.

rhethrawr [gair geir., sef *rhethr+-awr*[3]] *eg.* Milwr sy'n ymladd â gwaywffon, picellwr, ymwanwr, un sy'n cario pastwn: *spearman, lancer, jouster, one who carries a club.*
1632 *D*, *Rhethrawr*, Hastifer. 1688 *TJ*, *Rhethrawr*, yr hwn a gario bastwn: a Spear-man. 1775 *W* d.g. *Javelin, one that useth or beareth a javelin, Tilter.* 1803 *P.*

rhethreg [?cfdds. o'r S. *rhetor(ic)+-eg*[1]; ?cf. *rhethrig*] *eb.* ac yn eithriadol *eg.* ll. (prin) *-ion.* Celfyddyd llefaru neu ysgrifennu yn effeithiol, yn enw. yr astudiaeth o egwyddorion a rheolau cyfansoddi a ffurfiwyd gan feirniaid yr Hen Oesoedd, medrusrwydd yn y grefft o drin iaith yn effeithiol, areithyddiaeth, hefyd yn ddifr. am iaith annidwyll, rwysgfawr, neu orflodeuog; (yn y ll.) darnau rhethregol: *rhetoric, oratory, also derog.*; (*in pl.*) *rhetorical passages, 'runs'.*
1933 *Ll* xii. 27, Yr oedd *rhethreg*, yn yr Oesoedd Canol, yn un o'r tair prif gelfyddyd, ac, yn y Dadeni Dysg, yn fam y celfyddydau oll (D. Gwenallt Jones).

rhethreglyd [*rhethreg+-lyd*] *a.* Rhethregol, yn ddifr.: *rhetorical, derog.*
20g.

rhethregol [*rhethreg+-ol*] *a.* Wedi ei fynegi yn ôl safonau rhethreg, yn defnyddio dulliau rhethreg, weithiau'n ddifr. annidwyll, rhwysgfawr, gorflodeuog; yn perthyn i rethreg, seiliedig ar rethreg; a ofynnir er mwyn creu effaith ddramatig, &c., yn hytrach nag er mwyn cael ateb (am gwestiwn): *rhetorical, sometimes derog.*

1933 *Ll* xii. 26, Deil ysgolhaig diweddar mai o'r rhyddiaith *rethregol* y cafwyd odl . . . Syniad *rhethregol* am farddoniaeth oedd gan feirniaid llenyddol Ewrob yn yr Oesoedd Canol a'r Dadeni Dysg (D. Gwenallt Jones).

rhethregu, rhethrega [bf. o'r e. *rhethreg*] *bg.* Llefaru neu ysgrifennu'n rhethregol, yn aml yn ddifr.: *to speak or write rhetorically, often derog.*

20g.

rhethregwr, rhethregydd [*rhethreg*+ *-wr, -ydd*[3]] *eg.* ll. *rhethregwyr.* Un sy'n hyddysg mewn rhethreg, un sy'n defnyddio iaith rethregol, areithiwr, hefyd yn ddifr.: *rhetorician, orator, also derog.*

1939.

rhethren, rhethr [tebyg mai geir. oedd y ff. *rhethr(au)* yn wr.] *eb.* ll. *rhethri, rhethrau, rhethrennau.* Gwaywffon, picell, ffon ddwybig, pastwn, ffon, polyn: *spear, lance, quarterstaff, club, staff, pole.*

14g. *T* 29. 21–3, En enɓ gɓledic nef goludaɓc. ydrefynt biewyd gyneiluoaɓc. eiric y *rethgren* [*sic*] riedaɓc. rieu ryfelgar. **14g.** *H* 77b. 23–4, gwaew onnen *rethren* gwae ruthrei rac ouon gwir eofyn golofyn gwyr a giliei (Hillyn). **14g.** *WM* 467. 28–32, ef ay trawei [ysgubor] afust heyernyn hyt na bei well yr *rethri.* Ar trostreu ar tulatheu noc yr mangeirch ygɓaelaɓt yr yscubawr. ?**14g.** *IGE*[2] 91, Mae yn ei fryd, wryd aer, / Rhuthro Eingl *rhethri* anghlaer. **14–15g.** *id.* 124, Wrth dorri brisg i'th wisg wen / A'th ruthr i'r maes a'th *rethren,* / A'th hyrddwayw rhudd, cythrudd cant, / A'th ddeg enw a'th ddigoniant [Gruffudd Llwyd i Owain Glyndŵr]. *c.* **1400** *R* 1307. 3–6, Aphenn y *rethren* aruthred awnaeth draɓ. **15g.** (**1594**) *B* xvi. 259, a dain spinus y'th goronhawyt, ac ar vlaen *rhethren* y rhoespwyt yt vinecr a bystyl y'w yfet. *Diw.* **15g.** *Pen* 67, 109, Tair llaw n kaer val tri llwyn koet / a thair *rrethren* ai thri throet / Tri ffenn meibion kystenin / tair oes gwyr ywch wtres gwin (Huw Dafi). *Diw.* **15g.** (**15–16g.**) *B* xvii. 83, o waidd y ddvr ay *reddren* mae y brytydd yn addrist (Y Nant). **16g.** Wiliam Llŷn: *Gw* (R. Stephens) (At.), *rethren,* gwayw. **16–17g.** *GST* i. 458, Rhagoriaeth a wnaeth rhag arall,—haeach, / Syr Hywel y Fwyall; / Rhuthro'n ddwbl *rhethren* ddiball, / Rhwygo'r coed fal rhyw gawr call. **1604–7** *TW* (*Pen* 228), Cawelh *rhethrenæ* d.g. *Hasta . . . Hastarum Theca. Dchr.* **17g.** *J* 10, 15b, *Rhethr.* × Gwaiw. **1632** *D, Rhethr, & Rhrethren* [*sic*], Hasta, lancea. *id. rhethren* d.g. *Contus, Dolon.* **1688** *TJ, Rhethr, rhethren,* pastwn, ffon ddwylaw: a Spear, a Lance. **1722** *Llst* 189, *Rhethr, Rhethren*: f.p. *Rhethrau.* A spear, pike; quarter-staff. **1803** *P* d.g. *Rhethren.*

rhethrig, rheubarb, rheudus, rheudusaidd, gw. **rhetoric, riwbob, rheidus, rheidusaidd.**

rheuedd, rheufedd, rhefedd[2] [?*rhau*[1]+ *medd*[2] ?ac *-edd*[1]; dichon mai ffrwyth camddeall org. Cym. C. *eu* fel *ef* yw'r ff. *rhefedd*] *eg.* Cyfoeth, golud, trysor, helaethrwydd, digonedd, hefyd yn *ffig.*: *wealth, riches, treasure, plenty, abundance, also fig.*

Dchr. **12g.** *GMB* 30, *Revwet* paraud, rin vynn wascaud, tra gwaud wobrin. **12g.** *GLlF* 119, Mor yɓ eilon mygyr, meint y *reuet*! **12g.** *GCBM* ii. 51, Gwyl ɓrth wyl ɓrth ellɓg *reuet.* **13g.** *C* 20. 6–7, Pa Roteiste oth Rev/vet. **14g.** *T* 65. 13, Lloyfenyd tired ys meu eu *reufed.* **14g.** *H* td. 351, ti an benndic. ti ywn ryfic. ti ywn *reɓued.* **14g.** *DGG*[2] 122, Ymrafael ŷm o *reufedd,* / Enw brad gwŷr, o bryd a gwedd (Madog Benfras). *c.* **1400** *R* 1208. 30–1, yn llys benn[m]ynydd oed ryd *reuved.* **1632** *D,* **Rheufedd, & Rhefedd,* videtur significare Diuitias, opes, copiam. **18–19g.** *Iolo MSS* 254, A glywaist ti chwedl Heledd / Ferch Cyndrwyn, fawr ei *rheufedd*? / Ni ellir llwydd o Falchedd. **1803** *P, Rheuvez,* s. m. . . . affluence, plenty.

rheufeddog [*rheufedd*+*-og*] *a.* Toreithiog, goludog: *abundant, rich.*

1793 R. Powell: *ADV* 19, y drym-zwys dywysen *reuvezawg* [:– Llawn o elw, neu doreithiawg]. **1803** *P, Rheuvezawg* . . . Having abundance. Pan vai gyvluyz o wyr gwyçawg, / Atgoryn deyrnez yn *rheuvezawg* (*GMB* 72, weinytaɓc) . . . Meilyr.

rheuhir, rheuir, gw. **rhyhir.**

rheupus, gw. **rheipus.**

rhew [H. Grn. *reu,* gl. *gelum,* Crn. Diw. *reaw,* Llyd. C. *re(a)u,* Llyd. Diw. *rev,* taf. Gwened *re(a)ù*: < **rehu̯o-* < IE. **preuso-,* o'r gwr. **preus-* 'rhewi', cf. Llyd. C. *ri(o)u,* 'oerfel', Llyd. Diw. *riv* (< IE. **prēuso-*), Gotheg **frius* 'rhew'; ?cf. ymhellach H. Wydd. *réud* 'oerfel mawr', Gwydd. Diw. *reo*] *eg.* ll. *-ogydd, -oedd, -iau.* Gorchudd gwyn o ronynnau iâ, yn enw. gwlith neu darth rhewedig, sy'n ymffurfio ar y ddaear, &c., dros nos, llwydrew, barrug, oerfel rhewllyd (sy'n peri hyn), iâ, hefyd yn *ffig.* neu mewn cyd-destun *ffig.*: (*hoar-*) *frost, ice, also fig. or in a fig. context.*

12g. *GLlF* 286, Tremynyat mynyd, manot tew—ny'th lud, / Ny'th losgo eiry na *rew.* **13g.** *C* 89. 12, Ottid eiry ar warthaw *reo.* **13g.** *BD* 46, Ac yna y bu gyn galetet y vrvydyr yny oed y tywarcheu yn redec o'r guaet mal pei delhei deheu wynt yn deissyuit y dodi eiry a *rev.* **14g.** *GEO* 10, Anhygar ei bâr, berygl brys—yngyrth / A bair angau dilys: / Gwaladr helmdew *rhew* rhuddgrys, / Gwayw gwenwynbar rhodiar Rhys. **14g.** *GDG*[3] 191, Rhwystr serchog anfoddog fydd, / Rhyw wegil torth *rhewogydd. id.* 250, Cyllyll a *rhew* defyll dioer / Newyddlif yn niweddloer, / . . . / Gwir mai rhaid, garmau rhydew, / Gochel arfau rhyfel *rhew. Dchr.* **15g.** *GM* 14, Bendigwch Duw, durew a *rew* crimpyawc. **15g.** *GO* 159, O rroes Duw oerin a rrus dayerrydd, / Y mae ym glydwr yma y'm gwledydd. / I goed ir glynav, a gado 'r glenydd, / Yr â'r ewigod ar oer *rewogydd. c.* **1525** *TA* 725, Gyrrodd *rhew* o'i gwraidd y rhawg / Gardd lysiau 'r gerdd luosawg / Os gwir rhoi—nid ysgar *rhew*—/ Eos Aled is olew; / Trist yw'r cwyn tros awdur cerdd, / Trwstan-gwymp trawst awen-gerdd [marwnad Tudur Aled gan Ruffudd ap Ieuan ap Llywelyn Fychan]. **1547** *WS, Rew* Frost. **16g.** *GGH* 248, Ym mhob calon, burgron bêl, / Y mae *rhew* am ŵyr Hywel. **1567** *LlGG* 4a, Chwychwi wlithoedd a' *rhewoedd,* bendithiwch yr arglwydd: molwch ef a' mawrhewch yn dragywydd. **1588** *Jer* xxxvi. 30, ai gelain ef a fwrir allan i wrês y dydd, ac i *rew* y nôs. **1632** *D, Rhew,* Gelu, pruina. **1703** E. Wynne: *BC* 117, splentydd dibyn o *rew* anhygyrch. **1757** *ML* i. 454, hi wnaeth yma y gauaf gerwina wyf yn ei gofiaw, gwaeth na'r *rhew* mawr o lawer byd. **1762** *id.* ii. 528, yr wyf yn dal draw y cwsmer ganddo ynta [peswch] hyd yn hyn yn dda iawn, er iddo gael o'i blaid *rewiau* a barrug ac oerfel. **1803** *P.* Ar lafar, *LGW* 129; hefyd gynt ymysg chwarelwyr Dyffryn Nantlle clywid *rhew* yn yr ystyr 'un i dair modfedd o fordor bwdr yn canlyn y "bôn"', J. Griffith: *Chwarelau Dyffryn Nantlle* 97. Cf. *WVBD* 461, *rhew,* s.m., pl. *rhewia* . . . (1) 'frost', i.e. 'a hard frost' as distinguished from 'barrug', 'hoar-frost';—also in a general or abstract sense 'tywydd *rhew*', 'frosty weather'; Mae o'r u' fath â *rhew* yn 'r ha, 'he throws a chill over everything'. (2) 'ice': dŵr wedi rhewi'n haen o *rew* arno fo'; *GTN* 681, *rhew* . . . frost . . . ni chlywir *rhew* byth am 'ice'. Iæ yw hwnnw. Cf. hefyd Islwyn: *Gw* 92, fod / Modd ganddo i liniaru ia y bedd / A thorri'r *rhew* sy'n oeri bywyd byth.

Cfn.: **rhew bargod:** *icicle(s).* Ar lafar yn sir Benf., *GDD* 245. **rhew du:** *black ice; black frost.* **1789** *BDG* 519. Cf. *durew.*

Gw. hefyd **rhewen, rhewyn**[2].

rhewaf: rhewi [bf. o'r e. *rhew*] *bg.a.*

(*a*) Newid o gyflwr hylif i gyflwr solet o ganlyniad i ostwng tymheredd (yn enw. am ddŵr yn troi'n iâ), bod yn ddigon oer i beri hyn; glynu neu gael ei lynu drwy gyfrwng rhew neu iâ; llanw ag iâ, cael ei flocio gan iâ (e.e. am beipen); (peri) mynd yn ddigon oer i gadw am gyfnod hir heb ddifetha (am fwyd, meinwe, &c.); bod neu fynd yn oer iawn: *to freeze; freeze* (*to something*); *freeze up* (*e.g. of pipe*); *freeze* (*food, &c.*), *preserve or be preserved by freezing; be(come) very cold.*

13g. *C* 89. 1–2, Llym awel llum brin. anhaut caffael clid. llicrid rid *reuhid* llin. Ryseiw gur ar vn conin. *id.* 93. 8–10, Gwir. igrid. rid *rewittor.* oeruelauc tonn. brith bron mor. **13g.** *DB* 61, Y kenllysc enteu y defnynnyeu glaw ynt, wedy *rewi* ac yaennv o oervel y guynnyeu. **14g.** *GDG*[3] 250, Ys gwae fi *rhewi* ar hynt / Ysgillwayw drwg asgellwynt. *id.* 303, Ffest a glew y mae'n *rhewi,* / Ffo ydd wyf, myn fy ffydd i [i'r cyffylog]. *c.* **1400** *MM* 162, Or bɓytey heb chɓant bɓyt arnat, *rewi* a ɓna y gɓres annyanaɓl, ac or bɓytey pan vo chɓant bɓyt arnat, dy anyan a vyd kyn wressocket a than. ?**15g.** *IGE*[2] 105, Nis *rhewodd* y naws rhywyllt, / Nis lludd hynt glaw na gwynt gwyllt. / Gwell yw na'i ddeuwell o dda, / Na thriagl, byth ni threia [i ffynnon Wenfrewi]. **1547** *WS, Rewi* Frese. *Diw.* **16g.** *LBS* iv. 403, Ac y mae i gwaed hi yny phynnon kynn ired mal y gwyl pawb ae mynno ar main gwedy *rhewi* y gwaed arnünt. **1594–6** *B* iii. 175, Pa vwyaf y *rhewa* tewa vydd yr ia. **1632** *D, Rhewi,* Gelare, conglaciare. **1735** S. Thomas: *HP* 126, Y Grefydd Gristnogol . . . sydd dra chyffelyb i Ddwr sydd yn dyfod allan, ac yn rhedeg o ryw Ffynnon rinweddol . . . Pa bella y rhed . . . y mae'n colli ei Rinwedd, ac yn fwy darostyngedig i *rewi.* **1803** *P.* Ar lafar, 'Mi fydd yn *rhewi* heno', 'chwipio *rhewi*', *WVBD* 461; 'Mi fydd y ffyrdd fel gwydr os *rhewith* hi heno ar ôl y glaw'; ''Odd hi'n andros o oer yno—'odd y llenni 'di *rhewi* yn y ffenest''; ''Odd y peips wedi *rhewi* a'r dŵr dros bob man'; 'Mae'n *rhewi* yma—tro'r gwres i fyny'; 'Ma 'i wedi *rewi*'n galad nithwr', *GTN* 682. Digwydd yn aml mewn ymad. fel '*rhewi*'n gorn', '*rhewi*'n stania', '*rhewi*'n stond', '*rhewi*'n gras'; am ymad. fel 'digon oer i *rewi* tegell ar ben tân', gw. *LlG* xix. 24.

(*b*) (Peri) dioddef oddi wrth oerfel, (peri) trengi gan oerfel, rhynnu, fferru, sythu; gwneud (rhan o'r corff) yn ddideimlad (drwy gyfrwng anesthetig): *to* (*cause to*) *suffer from cold,* (*cause to*) *perish with cold, be freezing cold, freeze; freeze, anaesthetize, make numb.*

Dchr. **15g.** *IGE*[2] 190, Pan ddêl Gŵyl Badrig ddigoll / A'r ias oer, ni *rewais* oll (Llywelyn ab y Moel). **15g.** *GLGC* 379, a'r pysgod yn briodawr / a *rewa* mewn y dŵr mawr. **1725** D. Lewis: *GB* 142, buasai'n rhy Oer arnom, a buasem yn *Rhewi* ac yn Sythu. **1790** T. Jones: *TOS* 44, Yr ydym yn cael llewyrch yr haul i oleuo ein tywyllwch, a'i belydr cynnes i'n cadw rhag *rhewi.* Ar lafar, 'Mae'n ddigon oer i *rewi* cathod', *WVBD* 245; ''Odd 'i'n oer ofnadwy yno—'o'n i'n *rhewi* trw['r] bore'.

(*c*) (enghrau. *ffig.* neu mewn cyd-destun *ffig.*: *fig. exx. or exx. in a fig. context*).

15–16g. *TA* 269, Os oer in fu'ch sorri 'n faith, / Grâs a ennyn gwres unwaith; / Gwaed rhywiog, gwedi 'r *rhewi,* / Datod dy waed atat ti. **16g.** Morus Dwyfech: *Gw* 159, Fab gorfeddial digalon, / Fab rhy brudd, fab *rhewi* bron [i'r cryd]. **1564** *GGH* 463, A gwae duedd Wynedd wen / *Rewi* ffynnon yr awen [marwnad Gruffudd Hiraethog gan Syr Owain ap Gwilym]. **16–17g.** *HG* 56, pan ddel gloes i oeri r traed, a *rhewi* r gwaed ny gwaithi.

Cfn.: **rhewi i farwolaeth:** *to freeze to death.* **1661** E. Lewis: *Drex* 231. Ar lafar, ''Odd y ddau 'di *rhewi i farwoleth* ar y mynydd cyn iddyn' nw gael hyd iddyn' nw'.

rhewaidd [*rhew*+*-aidd*] *a.* Yn rhewi, rhewllyd: *freezing, frosty, icy.*

c. **1730** *Thos. Lloyd D* (LlGC) 201b, *rhewaidd,* G 186. frosty.

rhewbwnc [*rhew*+*pwnc*] *eg.* Rhewbwynt: *freezing-point.*

1853.

rhewbwynt [*rhew*+*pwynt*[1]] *eg.* ll. *-iau.* Y pwynt ar raddfa dymheredd lle bydd hylif yn rhewi (yn enw. rhewbwynt dŵr, sef 0° Celsius), hefyd yn *ffig.*: *freezing-point, also fig.*

1851.

rhewdod [*rhew*+*-dod*] *eg.* Tywydd rhewllyd, oerfel eithafol, fferdod: *freezing weather, extreme cold, chill.*

1808.

rhewedig [bôn y f. *rhewaf*: *rhewi*+*-edig*] *a.bfl.* Wedi ei rewi, wedi ei orchuddio ag iâ, eithafol o oer, wedi sythu gan oerfel; wedi ei gadw drwy ei rewi (am fwyd, &c.); hefyd yn *ffig.*: *frozen, icy, extremely cold, frozen stiff; frozen, preserved by freezing* (*of food, &c.*)*; also fig.*

14g. *GDG*[3] 250, Cyllyll a rhew defyll dioer / Newyddlif yn niweddloer, / Berwblor, *rhewedig* boerbla, / Bore oer, i'r berau iâ [i'r rhew]. *c.* **1400** *DB* 45, Y tu hwnt y hynny parth a'r gorllewin y mae y mor *rewedic* ac oeruel tragywyd. *c.* **1543** *Rhyddiaith Gymraeg* i. 43, o chymer neb bwyt heb raid y corff ne heb i chwenychv, y gwres anianawl a vydd megis *rrewedic* i'r bwyd hwnnw. **1604–7** *TW* (*Pen* 228) d.g. *Conglaciatus.* **1632** *D* d.g. *Gelatus.* **1773** *W* d.g. *Frozen.*

Amr.: **rhewiedig** [bôn y f. *rhewaf*: *rhewi*+*-iedig* (At.)] **1803** *P.*

rheweiddiad [bôn y f. *rheweiddiaf*: *rheweiddio*+*-iad*[1]] *eg.* ll. *-au.* Y weithred neu'r broses o reweiddio, *Meddyg.* gostyngiad gwres y corff neu ran ohono at bwrpasau meddygol: *refrigeration* (*also in med.*).

20g.

rheweiddiaf: rheweiddio [*rhew*+*-eiddio*

(At.)] *ba.* Oeri neu rewi (bwyd, &c.) er mwyn ei gadw heb ddifetha, gwneud yn oer neu'n rhewllyd: *to refrigerate.*
20g.

rhewen [*rhew+-en*] *eb.* ll. *-nau.* Rhewlif: *glacier.*
1853.

rhewfaes [*rhew+maes*[1]] *eg.* ll. *-feysydd.* Rhewlif: *glacier.*
1881.

rhewfryn [*rhew+bryn*] *eg.* ll. *-iau.* Mynydd iâ, mynydd rhew: *iceberg.*
1858.

rhewfynydd [*rhew+mynydd*] *eg.* ll. *-oedd, -au.* Mynydd iâ, mynydd rhew, hefyd yn *ffig.*: *iceberg, also fig.*
1858.

rhewgaenu [*rhew+caenaf*: *caenu*] *ba.* Rhewlifo, ?gorchuddio ag iâ: *to glaciate, ?cover with ice.*
1866.

rhewgell [*rhew+cell*[1]] *eb.* ll. *-oedd.* Cwp-wrdd neu ystafell lle rhewir bwyd, &c., i'w gadw dros gyfnod hir heb ddifetha; oergell: *freezer, deep-freeze*; *refrigerator.*
1916.

rhewgist [*rhew+cist*] *eb.* Rhewgell (ar ffurf cist), hefyd yn *ffig.*: (*chest*) *freezer, deep-freeze* (*chest*), *also fig.*
20g.

rhewglai [*rhew+clai*] *eg.* *Drg.* Clog-glai, clogfaen: *boulder-clay.*
20g.

rhewgylch [*rhew+cylch*] *eg.* Cylchfa rew: *frigid zone.*
18–19g. *Llr* C 19, 62, *Rhewgylch*, Gogleddgylch.

rhewiad [bôn y f. *rhewaf*: *rhewi+-iad*[1]] *eg.* Y weithred o rewi, y cyflwr o fod yn rhew-edig: *a freezing, freeze.*
1604–7 *TW* (*Pen* 228) d.g. *Gelatio.* **1803** *P.*

rhewiedig, gw. **rhewedig.**

rhewin[1] [bnth. Llad. *ruīna* (drwy **ruuīna*)] *eg.* a hefyd fel *a.* Dinistr, distryw, cwymp; (geir.) dig, dicter; wedi ei ddinistrio, wedi ei ddistrywio; dinistriol, distrywiol: *ruin, destruction, downfall*; (*dict.*) *wrath, anger*; *ruined, destroyed*; *destructive, ruinous.*
12g. *GMB* 71, Ergyrwaew brwydrin kyn *rewin* raỽd. *id.* 150, *Rewin* maỽr am wyr waỽr waredred. *id.* 177, A racdaw rewys dwys dyuysgi, / A *rewin* a thrin a thranc kymri. **14g.** *WM* 67. 10–13, aỽn adanunt allad-ỽn. nac ef heb ynteu. cassỽallaỽn a glyỽei hynny ae ỽyr. areỽin uydem. **14g.** *DGG*[2] 115, Diobaith wyf, 'r wyf *rewin*, / O haul y wig, heiliai win (Gruffudd ab Adda). *c.* **1400** *RB* ii. 146, Ef a atnewydhaa pressỽyl-uaeu yr hen diỽyllodron. a *reỽin* (*BD* 105, [c]vymp) yr estronyon a ymdengys. *c.* **1400** *R* 1274. 12–13, Gỽrach du gỽrach hirdu gỽrach ordin drafael. gỽrach rywael gỽrach *rewin.* **15g.** *BB* 154, mynych y gorvydei y saesson arnadunt wy. a gweithieu wynteu ar y saesson. yny uu agos yr ynys a mynet yn *rewin.* **15g.** *DE* 99, Ing yw'r Llywydd Yngorllewin / I lu *rhewin* wiliwr hoywedd / A'i dragywydd wayw Draig ewin / Oll mae'n ddewin Ellmyn ddiwedd. **16g.** WILIAM LLŶN: *Gw* (R. Stephens) (At.), *rewin*, dic. **1604–7** *TW* (*Pen* 228) d.g. *Ira.* **1632** *D*, *Rhewin*, est Dig, ait [Wiliam] Ll[ŷn]. Ego in antiquis exemplaribus Galfridi, & in antiq. poëtis semper pro Ruina acceptum inuenio. **1722** *Llst* 189, *Rhewin*, m. Anger, wrath, ruin. **1803** *P*, *Rhewin*, s. m. . . . a downfal[l], destruction, ruin. a. Ruinous.

rhewin[2] [*rhew+hin*[1]] *e?b.* Tywydd rhew-llyd: *frosty weather.*
18–19g. *Llr* C 30, 183, *Rhewin*, frosty weather [Glam]. **18–19g.** *Llr* C 37, 253, Tri gorphwys ansodd Llafurwr; Tra gwlybin, tra sychin, a thra *Rhewin.*

rhewin[3], gw. **rhewyn.**

rhewiniaf, rhewinaf: rhewin(i)o [bf. o'r e. *rhewin*[1]] *bg.a.* Dinistrio, distrywio, anrheithio, difetha, lladd; cael ei ddinistrio, mynd yn adfail; (geir.) digio: *to ruin, destroy, lay waste, spoil, kill*; *be ruined, become a ruin*; (*dict.*) *make or become angry.*
13g. *C* 50. 3–4, Ry *rewineis* y mab aemerch. Aghev aduc paup. pa rac nam kyueirch. **14g.** *T* 11. 12–13, Eirant kỽn coet. Ar gymeint adoet. A*rewinyỽys* mor. Awnant maỽr gaỽr. *id.* 28. 1–3, Aỽdosti arwyd. pet deilen yssyd. py drychefis mynyd kyn *rewinyaỽ* eluyd. *id.* 68. 8–9, Teyrn wofrỽy diwed pop rỽyf *rewinetor.* **14g.** *WM* 484. 24–7, guynn mab nud. ar dodes duỽ aryal dieuyl annỽuyn yndaỽ rac *rewinnyaỽ* y bressen. *c.* **1400** *R* 1284. 31–5, Rywnaeth luciffer heb lỽys hoffaỽt. ryuic tranghedic dic disberaỽt. *Rewinyaỽd* kỽympaỽd campeu am naỽt. ryỽ angel teccaf gỽplaf gap/plaỽt. ?**15g.** *MA*[2] 530a. 22–9, Ac evelly hir pedrusder ymlad a fu er rydynt megys na alley neb gwybot pa du onadunt e dygwydei e vudugolyaeth. . . . Ac evelly e buant heb dervyn yny fu agaws yr enys ar *rewiniaw.* *Dchr.* **17g.** *J* 10, 15a, *Rhewinio* × Digio. **1632** *D*, *Rhewiniaw*, Ruinare. **1722** *Llst* 189, *Rhewiniaw.* To lay waste. **1753** *TR*, *Rhewiniaw*, to ruin. **18–19g.** *IMCY* 237, A hyd y Cantref oedd hynn / Glwysle o Aberglaslynn / I'r Penrhynn, Terfyn lle teg / A *rewinai* for waneg [am Gantre'r Gwaelod]. **1803** *P.*

rhewinog, rhewiniog [*rhewin*[1]+-(*i*)*og*] *a.* Wedi ei ddinistrio, dirywiedig; dinistriol, distrywiol: *ruined, decayed*; *destructive, ruinous.*
?**15g.** (**18g.**) *Bl N* 48, Rhyw dew gyrn, rho Duw, Garnedd, / Rhan y gwynt, *rhewinog* wedd (DAFYDD LLWYD: *Gw* 276, nid rhywiog wedd). **1803** *P*, *Rhewiniawg* . . . Ruinous, decayed.

rhewl, rheol[2] [drwy gamrannu *yr hewl, yr heol*] *eb.* Heol, ffordd; buarth, clos, ffald, iard, cwrt: *street, road*; *farmyard.*
1704 E. SAMUEL: *BA* 66, gan hyspysu iddo y *Rheol*, ar ty lle'r oedd ef. **1706** T. JONES: *Alm* [47], Yn y *Rhewl* uchel, yn y Mwythig, John Rogers, gwerthwr llyfrau (a ddaeth yn ddiweddar o Llundain) sŷ'n gwerthu pob math o lyfrau ac sydd yn breintiedig. Ar lafar yn y Gogledd yn yr ystyr 'buarth', *LGW* [114]–15; hefyd weithiau'n fwy cyfyng, 'lle o flaen tŷ, nid o angenrheidrwydd y buarth i gyd'. Digwydd fel e. pentrefi yn sir Ddinb. a sir Ffl.
Gw. hefyd **heol.**

rhewlawn [*rhew+-lawn*; gw. *B* vi. 116–17] *a.* Llawn iâ; wedi ei wneud o iâ: *full of ice*; *made of ice.*
10g. (*Juv*) *VVB* 203, st[i]ria i. pipenn *reulaun.*

rhewled, gw. **rhewllyd.**

rhewlif [*rhew+llif*[2]] *eg.* ll. -(*i*)*au*, *-oedd.* Corff mawr o iâ, wedi ei ffurfio'n wreiddiol gan eira'n ymgrynhoi, sy'n symud yn araf iawn i lawr llethr neu ddyffryn, neu'n ymledu ar hyd wyneb y tir: *glacier.*
1916.

rhewlifaf: rhewlifo [bf. o'r e. *rhewlif*] *bg.a.* Gorchuddio neu gael ei orchuddio gan rewlif(iau) neu len(ni) iâ, cael ei erydu, ei ddinoethi, &c., gan rewlif(iau) neu len(ni) iâ (am dirwedd): *to glaciate.*
20g.

rhewlifiad [bôn y f. *rhewlifaf*: *rhewlifo+-iad*[1]] *eg.* ll. *-au.* Rhewlifiant; rhewlif: *glaciation*; *glacier.*
20g.

rhewlifiant [bôn y f. *rhewlifaf*: *rhewlifo+-iant*] *eg.* ll. *-iannau.* (Canlyniad) proses rhewlifo, y cyflwr o fod yn orchuddiedig gan rewlif(iau) neu len(ni) iâ; rhewlif: *glaciation*; *glacier.*
20g.

rhewlifol [*rhewlif+-ol*] *a.* A nodweddir gan bresenoldeb rhewlif(iau), yn perthyn i rewlif(iant), wedi ei achosi neu ei ddyddodi gan rewlif(iant): *glacial.*
20g.

rhewloer [*rhew+lloer*] *eb.* Lleuad rewllyd neu rewedig: *freezing or frozen moon.*
14g. *GDG*[3] 382, A phan ddeuthum, gwybûm ged, / Perygl oedd, garllaw'r pared, / Tew oedd dan frig y to oer / Rhywlyb bibonwy *rhewloer.* **15g.** *OBWV* 114, Gŵyl loyw fu eu goleuaint, / Gwreichion goddaith saith o saint. / Eirin fflam yr anoff loer, / Aeron rhylon y *rhewloer* [i'r sêr]. **15g.** *DE* 95, Tarw mon yw twr ymwan aer / tew r hvlwyd fal to *rewloer.* **16g.** *GGH* 87, Rhagor haf wrth aeaf oer, / Rhagor haul rhag y *rhewloer.* *id.* 248, Magu'r acsys mae Gwrecsam / Ac oeri, pawb a'i gŵyr pam: / Yn yr haul oerni *rhewloer* / Am Siôn Wyn yma sy'n oer. **16g.** *WLl* 261, Er wylaw o wawr Olwen / Ni chlyw i llef o nef nen / Y man y bu ganu a gwin / Mae *rhewloer* am ryw Heilin. **17–18g.** IACO AB DEWI: *Gw* 298, Och o r hwyl fel awch *rhewloer* / Och ni by ôch na Bai awch oer.

rhewlyd, gw. **rhewllyd.**

rhewlyn [*rhew+llyn*[1]] *eg.* ll. *-noedd.* Llyn rhewlifol: *glacial lake.*
20g.

rhewllyd, rhewlyd [*rhew+-llyd, -lyd*] *a.* (b. *rhewled*). A nodweddir gan iâ neu rew, yn rhewi, wedi rhewi, llwydrewllyd, oer iawn, rhynllyd, fferllyd, iasol, hefyd yn *ffig.*: *icy, freezing, frozen, frosty, very cold, frigid, also fig.*
14g. *Cy* vii. 135, Awyr *rewlyt* yn llygru y frwytheu. *c.* **1400** *DB* 110, Seithuet planet yw Saturnus. Crwnn yw a *rewlyt.* **15g.** *GDLl* 175, Llewych haul ar y lluwch hen / Lle bu *rewlyd* llwybr Elen. **1545** *B* vii. 9, gwainiwn *rrewlyd* oer. **1547** *WS*, *Rewlyd* Frosty. **16–17g.** *HG* 173, riw eilin wrechin, dan grid / rylam, ay griddie yn *rewllid* [i henaint]. **16–17g.** *LlCy* xi. 230, drwgwaith-[re]doedd *rhewlyd.* *c.* **1600** *IGE* 218, Rhidyll hyll, rhwyd ellyllon, / *Rhewlyd* a'i fryd ar y fron [i'r niwl]. **1632** *D*, *rewlyd* d.g. *Gelidus, Glacialis, Pruinosus.* **1675** R. JONES: *HCh* 123, ein hoerion a'n *rhewllyd* galonnau. **1722** *Llst* 189, *Rhewlyd* . . . icy. **1739** *ML* i. 15, y tywydd *rhewlyd* anwydog yma. **1790** T. JONES: *TOS* 51, dim oerfel *rhewllyd* na gwrês llosgedig. *id.* 318, Y tân nefol hwn a doddai dy galon *rewled* di, gan ei phuro a'i hysprydoli. **1803** *P*, *Rhewlyd* . . . Freezing. Ar lafar, ''Odd gwynt *rewllyd* yn 'wthu trw'r dydd', ''Os gin' i ginnig i 'en dŵydd *rewllyd*', *GTN* 682; 'Rho ddigon amdanat—mae'n *rhewllyd* iawn allan' (Arfon).

rhewm, gw. **riwm.**

rhewnos, gw. **rhew+nos.**

rhewog [*rhew+-og*] *a.* Rhewllyd, wedi rhewi, llwydrewllyd, oer: *icy, frozen, frosty, cold.*
1773 *W* d.g. *Frosty.* **1776** I. BRYDYDD HIR: *P* ii. 321, Yn iach ar awr bach i'r byd, a'i *rewog* / Oer aeaf o dristyd. **1778** J. THOMAS: *HB* 194, Dywedir ei bod yn hîn oer iawn a *rhewog.*

rhewogydd, ff. l., gw. **rhew.**

rhewol [*rhew+-ol*] *a.* Rhewllyd, oer, yn rhewi: *icy, cold, freezing.*
1837.

rhewsych [bôn y f. *rhewsychaf*: *rhewsychu*] *a.* Wedi ei rewsychu: *freeze-dried.*
20g.

rhewsychaf: rhewsychu [*rhew+sychaf*: *sychu*] *bg.a.* Rhewi a sychu (rhywbeth) drwy sychdarthu iâ mewn gwactod eithaf: *to freeze-dry.*
20g.

rhewydd[1], *eg.* a hefyd fel *a.*, weithiau gyda grym enwol. Anlladrwydd, trythyllwch, nwyd, chwant; anllad, trythyll, chwantus; nwydus, bywiog, tanbaid, gwresog; byrbwyll: *wantonness, lasciviousness, passion, lust, desire*; *wanton, lascivious, lewd, lustful*; *spirited, lively, ardent, fervent*; *rash.*
12g. *GLlF* 319, A'm rotes meirch re *rewyt*—a danaf: / Neud nad ef a'e dyryt! *id.* 441, Neu hyt goruynyt *rewyt* redeint. *id.* 540, Drỽc yỽ ynn dryked an buchet; / . . . / Pedweryt, *rewyt*; pymhed, ryuet. **12g.** *GCBM* i. 62, Nys gwybyd nyt *rewyt* nys rygelwy! **13g.** *GDB* 128, Pedweryt *rewyt* ryuetgar / Ryuetgraỽn rylaỽn, rylauar. **13g.** *C* 7. 5, Ny ritreithir y *reuit.* *id.* 61. 7–8, Morynion moelon. guraget *revit.* **13g.** *B* iv. 6, Can *rewyd* ny phell uyd rin. **13g.** *GBF* 421, Oeruelaỽc callon dan vronn o vraỽ, / *Rewyd* val crinwyd yssy'n crinaỽ. **14g.** *T* 17. 12, Dybi olego lyghes *rewyd.* *c.* **1400** *R* 1033. 44, gnaỽt gan *rewyd* rychỽerthin. *id.* 1337. 37, Lle *reỽyd* kethlyd kathlodic. *c.* **1400** *RB* ii. 152, Nyt ednebyd ytat ybriaỽt vab kanys megys anifeileit y bydant *ryỽed* [*sic*]. **16–17g.** LLYWELYN SIÔN, &c.: *Gw* 501, ych plas mae kynnal Rhial *Rhewydd*, / a may lys fydawl, melys fwydydd. **1632** *D*, *Rhewydd*, Lasciuia, lascivus. **1688** *TJ*, *Rhewŷdd*, anllad, anlladrwŷdd: Leachery, Lascivious. **1722** *Llst* 189, *Rhewydd.* m. Lust, wantoness. *id.* *Rhewydd* (adj) Lascivious, lustfull. *Diw.* **18g.** *B* xxiv. 3, dy fod yn edliw immi dy *rewydd* efo'm brenhines. **1803** *P.*

rhewydd[2] [bôn y f. *rhewaf*: *rhewi+-ydd*[3]] *eg.* ll. *-ion.* Rhewgist: *freezer.*
20g.

rhewyddaf: rhewyddu [bf. o'r e. *rhewydd*[1]] *bg.* Ymddwyn yn anllad, trythyllu;

mastwrbio: *to behave promiscuously, be lecherous; masturbate.*

13g. *BD* 113, Ny wybyd y tat y briavt uab, canys o deuavt aniueileit y *rewydant.* **1632** *D*, Rhewydd . . . *Rhewyddu* mal anifeiliaid. Galf. **1753** *TR*, *Rhewyddu*, to play the wanton, to be leacherous. **1776** DEWI NANTBRÂN: *AN* 239, *Rhewyddu*, peri hun-ymrain, colli i had, neu beri darymred anian o hono eihun. **1780** *W* d.g. *To play the wanton.* **1803** *P.*

rhewyddgell [*rhewydd*[1]+*cell*[1]] *eb.* ll. *-oedd.* Gwragedd-dy (Islamaidd), harem: *harem, seraglio.*

1791 GW. MECHAIN: *Rh* 8, megis y dispeiddiaid yn *rhewydd-gelloedd* y dwyreinfyd.

rhewyn[1], **rhewin**[3], *eg.* ll. *rhewynnau, rhewinau, rhewinon.* Cwter, ffos, sianel, draen; nant fechan, afonig, cornant; hefyd yn *ffig.*: *gutter, ditch, channel, drain; streamlet, rivulet, brook; also fig.*

15–16g. *GRB* 13, gwin gwyn drwy'r *rhewyn* a red, / gŵyr lladd gwaewyr a lludded. **16g.** WILIAM CYNWAL: *Gw* (R. L. Jones) 179, Gydag Iestin, *rhewin* rhydd, / Gwlad rhyw Elystan Glodrydd. **1722** *Llst* 189, *Rhewyn.* m.p. *wynneu.* A brook. **1753** *TR*, *Rhewin*, a little gutter wherein water runs, in S.W. *c.* **1762–79** W. WILLIAMS: *P* 261, Pan y byddo eisiau dwfr ar eu melons . . . maent yn ei dynnu i mewn iw [*sic*] gerddi . . . ar hyd *rhewynau* bychain o lynnoedd mawrion. **1769** J. GRIFFITH: *A* 228, pa fodd y troaf y profiad galarus hwn i *rewin* arall? **1771** *PDPh* 81, I wellhau hyn [y groenlyn] rhaid i chwi . . . dynnu *rhewyn* rhwng yr ewinedd lle mae 'r llygriad, hyd nes byddo yn gwaedi [*sic*]. **1771** *W* d.g. *Brook . . . a little brook, Rill* [*a rivulet or small brook*]. **1772** D. RISIART: *HFP* 63, Y mae pechodau yn y Saint fel chwyn wedi eu chwynnu allan o ardd, neu faes y rhai sydd yn gorwedd yn y rhychau neu'r *rhewinau.* **1803** *P*, *Rhewyn* . . . A drain, a gutter. Ar lafar yng Nghered., sir Gaerf., a sir Benf., D. J. EVANS: *HCS* 129 (hefyd yn y ff. *rhawyn*), *TGG* (1904) 62, *id.* (1907–8) 85.

rhewyn[2] [*rhew*+*-yn*[1]] *eg.* Pibonwyen, cloch iâ, clöyn iâ; mynydd iâ, mynydd rhew: *icicle; iceberg.*

1866. Ar lafar, 'Ma pump *rewyn* y barcod wth y to', *GTN* 681.

rhewynt [*rhew*+*gwynt*] *eg.* ll. *-oedd*, a hefyd gyda grym ansoddeiriol. Gwynt rhewllyd, hefyd yn *ffig.*: *freezing wind, also fig.*

12g. *GMB* 75, Kedernyd *rewynt* kyn no'e vyned. **14g.** *GDG*[3] 160, Rhywyllt ei ruthr mewn *rhewynt*, / Rhyfain hydd, rhy fuan hynt [i'r ysgyfarnog]. **15–16g.** *TA* 322, Llanrhaeadr oll yn *rhewynt*, / Llai brys gwŷr lle bu wres, gynt [marwnad Morys ab Ieuan]! **15–16g.** *GLM* 102, marw Hywel ym yw'r *rhewynt.* **16–17g.** *GHCEM* 96, Rhywyr i Geilliau *Rhewynt* / Geisio'r gras a gafas gynt. *Dchr.* **17g.** *id.* 190, keilliav *rhewynt* a fferodd i geilliav fegis na wyr fod vn gaill ar i enw. **17g.** HUW MORUS: *EC* ii. 422, *Rhewwynt* yw'r helynt i'r Rhiwlas / . . . / Fyn'd i'r gro fwynder a gras! **1774** H. JONES: *CH* 1–2, ai [*sic*] galon yn galed a diedifeiriol, megis y ddaear ganol *rhewynt*, heb naws meddalwch ynddi. **1795** J. THOMAS: *AIC* 349, mae *rhew-wunt* [*sic*] yn elyn tôst i'r egin ieuaingc. **1798** R. DAVIES: *CG* 88, Fod lliw o *rewynt*, llawer awel, / Yn oerfel yn y Nant. Ar lafar, 'a hitha'n rhewi ac yn *rhewynt* mawr', *WVBD* 461; '*rewynt*' 'a freezing wind', ''fala *rewynt*' 'windfall apples', *GTN* 682.

rhewys, gw. **grewys.**

rhi[1] [H. Wydd. *rí*, gen. *ríg*, yr e. prs. Gal. (*Catu*)*rix*, Celtibereg (*compalco*)*ř̄es*: < Clt. **rīg-* 'brenin' < IE. **rēg-s*, o'r gwr. **reg-* 'mynd ar ei union', cf. Llad. *rēx*, Sans. *rāj-*] *eg.* ll. *-au*, (prin) *-on*, (prin) *-oedd*, (geir.) *-edd*, ll. dwbl (prin) *-oeddau.*

(*a*) Brenin, tywysog, arglwydd, rheolwr, pennaeth, hefyd yn *ffig.*: *king, prince, lord, ruler, chieftain, also fig.*

9g. NENNIUS: *Hist Brit* c. 68, Aliud miraculum est Duo *rig* Habren, id est duo reges Sabrinae. *Dchr.* **12g.** *GMB* 7, Terruin am tir, *ri* reith kywir, o hil Morgant. **12g.** *id.* 101, Keueis-y liaɓs aɓr eur a phali / Gan ureuaɓl *rieu* yr eu hoffi. **12–13g.** *id.* 459, Boed Ef y talwef, hael Rwyf *rieu*, / Ar lann Eurdonen yr y donnyeu. **12–13g.** *GLlLl* 62, Llaɓr Rodri, gɓrt *ri* gɓrth amygeid—gɓlad. *id.* 79, Rac beieu *rieu* yn y rennid—but / Dy rybut, Ruffut, a rybuchid. **13g.** *C* 69. 1, *Ri* oet ew. Riogan ae gvant. **14g.** *T* 43. 19, lledyfdaɓt ygan *ri* ryfel eiran. **14g.** *GDG*[3] 29, Gorau oedd Ifor â'i gorff syth,—ein *rhi.* **14–15g.** *IGE*[2] 124, Bob ddau, bob dri, *rhi* rhoddfawr / Ar darf oll o'r dyrfa fawr (Gruffydd Llwyd). **15g.** *GGl*[2] 240, *Rhi* Glyn Nedd, rhaglaw ynn wyd. **1547** *WS*, *Ri* arglwydd A lorde. **1632** *D*, *Rhi*, Dominus, baro, satrapas, nobilis. Pl. *Rhiedd*, & *Rhiydd*, & *Rhiau*, & *Rhion.* *id.* d.g. *Dominator, Dynastes, Rex.* **17–18g.** *LlGC* 6209, 136, Orddod bronn / gorfod gweddill Brython / Eidioc rhywioc, hil *rhioedd* Moon. *id.* 167, Elmyn [*sic*] a ddiwreiddia ef ai *rhioeddau* a ddygant. *ib.* beirdd ar dyvysc a meibion yn *rhion* / yn rhydd a Beli biau vydd goron ynys y Kowri. **1753** *Gron* 33, *Rhi*'n honnaid ar frenhinoedd, / Praff deyrn, a phen prophwyd oedd [am Solomon]. **1789** *BDG* 518, Yr eos ar îr wiail, / *Rhion*, prydyddion y dail. **1803** *P.*

(*b*) (enghrau.'n cyfeirio at Dduw neu Iesu: *exx. with ref. to God or Jesus*).

12g. *GMB* 101, Gweiniuiu, hagen, y'm Reen *Ri* / Kyn bwyf deyerin diuenynhy. **13g.** *GDB* 285, Lleha-di ɓi, ɓy *Ri*, rwng engylyon. **13g.** *C* 88. 1–2, Kyuoethev. *ri.* nisr[y]draeth. **14g.** *T* 3. 13–14, *Ri* rex gloriae am gogyfarch yn geluyd. *id.* 18. 22, Jolɓn i *ri* agreɓys nef ac eluyd. **14g.** *GDG*[3] 318, Eiddun dewisaf serchawg, / O Dduw *Rhi*, a ddaw yrhawg? *c.* **1400** *R* 1334. 2–3, Yr dy gyuodi . . . crist keli vyri o rɓym maenved. **1688** S. HUGHES: *TSP* 194, Ffyddlon, cywir a fuost ti, / I'th vnic *Ri* [:– Arglwydd] rhagorol. *c.* **1730** *Thos. Lloyd D* (LlGC) 203a, *Rhi* Dei epitheton. **1770** I. BRYDYDD HIR: *Gw* 17, Y Rywiog wyry Awen, / O ran parch i'n *Rhi* a'n Pen, / Cyweiria, gwea gywydd, / O'th ddoniau rhad, i'th Dduw'n rhydd.

Gw. hefyd **rhiau**[1], **rhiedd**[1], **rhies, rhiydd.**

rhi[2] [adff. o'r e. *rhieni*] *e?g.* Rhiant: *parent.*

18–19g. *Llr* C 1a, 74, *Rhi* originally signified no more than a parent, whence Rhieni. **1850** *Caerfallwch* d.g. *Parent.*

rhi'[1,2], **rhiaf: rhio,** gw. **rhif**[1,2], **rhifaf: rhifo.**

rhiaidd [*rhi*[1]+*-aidd*] *a.* Brenhinol, uchel ei dras, pendefigaidd, urddasol; (geir.) hael: *regal, noble, aristocratic, dignified; (dict.) generous.*

c. **1400** *R* 1376. 34–5, Tɓr tir tawy rɓy *rieid* rugyl didaryf taer yɓ. **15–16g.** *AAST* (1935) 92, Rhyw Rhydderch yn rhoi rhoddion / *Rhiaidd*, y mae rhwydda Môn (Dafydd Trefor). **16g.** *GGH* 11, *Rhiaidd* gwestiwn, rhwydd gwastad, / Rhyw gostiwr rhywiog astud. **1632** *D*, *Rhiaidd* . . . Nobilis, generosus. **1688** *TJ*, *Rhiaidd* . . . uchel, boneddigedd, hael: noble, generous. **1722** *Llst* 189, *Rhïaidd.* Noble, royal, generous. **18g.** *W Ballads* 152B, 2, Dydi su'n Rhoddi yn rhwyddedd / Drugaredd *riedd* jawn. **1754** *Gron* 47, A rhwydd wyf i'r *rhiaidd* yrr / Llwythawg i yrru llythyr [i ofyn ffrancod]. **1756** *id.* 28, A'm rhoddes Rheen *riaidd* anrheg. **1793** DAFYDD IONAWR: *CD* 236, Eu *rhiaidd* Fammau rhywiawg / Wylofain wnai rhai 'n y rhawg. **1803** *P*, *Rhïaiz* . . . Notable, pre-eminent.

rhiain [H. Wydd. *ríga*(*i*)*n*: < Clt. **rīganī*, o'r gwr. IE. **reg-* 'mynd ar ei union', cf. *rhi*[1], Llad. *rēgīna* 'brenhines', a Sans. *rā́jñī* 'brenhines'; *rhianedd* < Clt. **rīganiįās*] *eb.* ll. *rhianedd, rhianod, rhianau.*

(*a*) Merch (ieuanc), geneth, lodes, hogen, llances, morwyn(ig), gwyryf; brenhines, merch uchel ei thras, boneddiges: (*young*) *woman, girl, damsel, lass, maiden, virgin; queen, noble girl, lady.*

12g. *GMB* 198, Lliaɓs a'm golwch ny'm gɓelsant yrmoed / O *rianet* Gɓent gwylld y'm krybwylleid. **12g.** *GCBM* i. 133, Eilgɓeith gɓarth gɓrthodes kynrein, / Eil gormeil, gormesgylch *riein.* **12–13g.** *GLlLl* 203, Ny phell tynn *riein* rac a garwy. **13g.** *A* 22. 7–8, vn *riein* a morwyn a mynawc. **14g.** *TYP*[2] 154, Teir Prif *Riein* Arthur. ?**14g.** (**1640**) *B* v. 130, Dydd da yt *riain.* **14g.** *WM* 469, 27–8, [G]wenhɓyuar penn *rianed* yr ynys hon. **14g.** *GDG*[3] 364, Cerdd a genir ymhob gwledd / I ddiddanu *rhianedd.* *c.* **1400** *Ked AA* 10, [m]eibyon gwyrda a *rianed.* *id.* 11, y vrenhines, hi a *rianed* y deyrnas. *c.* **1400** *R* 1239. 35, Mein uirein *riein* gein gymraec. *c.* **1400** *GP* 16, *Riein* (cf. *id.* 56, Morwyn yeuang rieinyeid) a uolir o bryt, a thegwch. **15g.** (**17g.**) *AL* ii. 606, Deu ddyn a ddyly rhieingylch[:] y frenhines; ar *rhiein* freinyoc .i. merch y brenhin pan fo ef yn lluydd gorwlad. **15g.** *GLGC* 411, *Rhiain* Ricert ab Einion, / rhy hael fal ei rhyw yw hon. **1547** *WS*, *Riein* A virgine. **1552** *Pen* 403, 106, gweission Ieveinc a *rrianodd* [*sic*]. **1588** *Hos* iv. 13, am hynny y putteinia eich merched chwi, a'ch *rhianod* a dorrant briodas. *c.* **1588** *B* ii. 236, *riain*: brenhines. **1672** R. PRICHARD: *Gw* 180, Gwachel wneuthur ti a'th *Riain* [:– Llangces], / Aelod Christ yn aelod puttain. **18g.** *CLlC* v–vi. 68, Ei dull hi ydiw darllen fy *rhien* yn rhwydd / A gosod yn eglur ei synwyr ai swydd.

(*b*) (enghrau.'n cyfeirio at Fair, mam Iesu: *exx. with ref. to Mary, mother of Jesus*).

13g. *C* 29. 5–6, meir mam crist ergynan *rianet.* **14g.** *GDG*[3] 3, Y byd a glybu dy wybodus—gael / O *riain* feinael ddiwrhäus. *c.* **1400** *R* 1199. 12–16, Hoew vam iessu . . . honn oed *riein.* hoen dwyreaɓl. *id.* 1249. 24–5, *Riein* ueir diweir wyry lanaf detwyd. **15g.** TUDUR PENLLYN, &c.: *Gw* 117, Duw Sul iawn drindawd / i doeth ef ynghynawd / Morwyn ddibechawd / buchedd *riain* (Ieuan Brydydd Hir). **1567** *TN* 3a, morwyn [:– *Riain*, lleian, gwyry] a vydd veichioc.

Amr.: **rhian**[1] [adff. o'r ll. *rhianedd*] **16–17g.** E. PRYS: *Gw* 322, Menig am ddwylo meinwen, / Yw rhan o waith *rhian* wen. **18g.** *W Ballads* 2, 6. **1803** *P.* Digwydd yn gyff. fel e. merch. **rhianen.** *c.* **1730** *Thos. Lloyd D* (LlGC) 198a, *Rhianen.* *Δ.* 41. Virgo.

Cfn.: *Swol.* **rhiain y dŵr:** *pond-skater.* **20g.**

rhiaint, rhial, gw. **rhiant, reiol**[1].

rhialedd [*rhial*+*-edd*[1]] *eg.* Gogoniant, gwychder: *glory, splendour.*

1765 J. EVANS: *CPE* 235, y deuai 'r Messiah mewn rhwysg a *rhialedd* bydol.

rhialti, rhialtus, gw. **reiolti, reioltus.**

rhialtwch [*rhialt*(*i*)+*-wch*[1]] *eg.b.* Difyrrwch, llawenydd, miri, sbort a sbri, digrifwch, cyfeddach, gloddest, ysbleddach, stŵr, dadwrdd; gwychder, rhwysg, gogoniant, godidowgrwydd: *fun, joy, mirth, merry-making, revelry, uproariousness, clamour; splendour, pomp, glory, magnificence.*

1672 R. PRICHARD: *Gw* 49, Lle mae mwy hyfrydwch, a nefol *rhialtwch* [*sic*] [:– Gogoniant]. *id.* 431, Lle mae Duw a'i holl Angelion, / Christ a'i Sainct a'i Apostolion, / Mewn Gogoniant a *Rhialtwch.* *c.* **1730** *Thos. Lloyd D* (LlGC) 202b, *Rhialtwch.* Honor, nobilitas. **1732** *AABI* 120, Nid yw'r byd yn ei holl *rialtwch* ddim gwell na'r Dinasoedd a roddodd Solomon i Hiram. **1756** W. WILLIAMS: *GDC* 179, O dangos Nef y Nefoedd ai holl *Ryaltwch* im. *c.* **1762–79** W. WILLIAMS: *P* 152, [c]asglant y lludw a'r esgyrn i gist . . . ac yna ei chladdu gyda llawer o *rialtwch.* **1765** *CBC* 21, pa beth a fydd i'r Enaid pan ymddangoso iddo yn ei holl *rialtwch*, gyda Chyfoeth, Gras, a Gogoniant. **1770** P. WILLIAMS: *BS*, 2 *Sam* xix, ymwrthod â *rhialtwch* y llŷs. Ar lafar, *WVBD* 461, *GTN* 687, *GDD* 245; hefyd yn sir Gaerf. yn y ff. *rheialtwch*, *TGG* (1907–8) 85. Cf. D. OWEN: *GT* 66, yn hynod hoff o ddawnsio, ac o bob *rhialtwch* a difyrwch ieuenctyd.

Amr.: **rhialltwch. 1733** T. EVANS: *PP* 87, Rhodres a *Rhialltwch* fydol. **1740** T. EVANS: *DPO* 120. **rhioltwch** [cf. *rhiol*]. **1760** E. WILLIAMS: *UYB* 81.

rhialwch [*rhial*+*-wch*[1]] *eg.* Gogoniant, gwychder: *glory, splendour.*

1704 J. MORGAN: *B* 80, Pan fytho mewn *rhialwch* / Yr enaid llawn hyfrydwch, / A ddywedwch im mewn ennyd awr / Ryw faint oi mawr ddedwyddwch?

rhialwych, gw. **rhial+gwych.**

rhialltwch, gw. **rhialtwch.**

rhiallu [?*rhi*[1]+*gallu*; ynglŷn â'r ystyr 'can mil' yn adran (*b*) isod, gw. *CA* 216] *eg.b.* ll. *-awr, -oedd, -au.*

(*a*) Milwr dethol neu brofedig, aelod o osgordd brenin; (geir.) arglwydd; gosgordd frenhinol, lleng: *picked or tried soldier, member of a king's retinue or warband; (dict.) lord; king's retinue or warband, legion.*

12g. *GMB* 199, Gɓeleis o aruod aeruab Gruffut / *Rialluoet* trwch tebed ossut. **12g.** *GCBM* ii. 119, *Riallu* ryallas yg crein. **13g.** *GDB* 257, Teruynt tɓrɓf rywynt yn ryɓ amser / A *rialluoed* lluoed lawer. **13g.** *A* 13. 6–7, e beri restyr rac *riallu.* *id.* 16. 1–2, o drychan *riallu* yt gryssyassant gatraeth. *id.* 25. 5, *ri. a lluawr* [*sic*] peithliw racwed. **14g.** *T* 51. 23–4, mil cant *riallu* auu varɓ rac sychet. *id.* 65. 2, rithcar *riallu* gɓynaɓc. *c.* **1420** *B* i. 221, *ruallu*, arglwydd. **1632** *D* d.g. *Legio.* **1725** *SR* d.g. *A Legion.* **1803** *P*, *Rhïallu*, s. m. . . . a grand army of a country.

(*b*) Llu, nifer mawr, can mil, deng mil o filiynau: *host, great number, one hundred thousand, ten billion.*

15–16g. *TA* 206, Tŷ arglwyddfab, tŵr gwleddfawr. / Tŷ'r holl fyd, *rhiallu* fawr. ?**16g.** *RWM* i. 74, myrdd ddengwaith a wna *rhiallv*, *rhiallv* ddengwaith a wna bvna. **16g.** WILIAM LLŶN: *Gw* (R. Stephens) (At.), *riallv*, rif mawr. **1604–7** *TW* (*Pen* 228) d.g. *Caterua.* **1632** *D*, **Rhiallu*, Decem myriades. Deng myrdd yn y *rhiallu* . . . Tal[iesin]. **1632** J. DAVIES: *LlR* 433, aneirif *riallu* (*infinite millions*) o bobl, sef holl genedl dyn. **1688** *TJ*, *Rhiallu*, y rhifedi 100000, sef Can-mîl: a hundred thousand. **1704** J. MORGAN: *B* 81, Fe gaiff y llygaid weled / *Rhiallu* [:– deng-myrdd] o rai gogoned. **1795** J. THOMAS: *AIC* 145, 11 [digid] . . . *Rialluau.* *ib.* *Riallu*: 10987654321. **1803** *P*, *Rhïallu*, s. m. . . . also the number of one hundred thousands.

Amr.: **riallu.** **1795** J. THOMAS: *AIC* 145. **rhuallu** [drwy gmth.]. *c.* **1420** *B* i. 221.

rhian[1], gw. **rhiain.**

rhian[2], rhien[1], *eb.* ll. *-au.* Streipen, rhes: *stripe, streak.*

18–19g. *Llr* C 4, 27, *Rhien*, a red streak or vein Glam. . . . *Rhien* goch—las . . . &c. Ar lafar ym Morg., "Odd *riana* o felyn a gwyn yn y ffrog', 'Cig moch bræs dychynllyd odd a—'odd dim *rian* goch yndo', 'Planca glæn ôn' nw a *riana* 'yfryd yndyn' nw', *GTN* 687. Clywir *rhien* yn sir Gaerf. yn yr ystyr 'haen neu rimyn yn y glo', *Geir Glo* 57.

Amr.: **rheian** **1803** *P*, *Rheian*, s. f.—pl. t. *au* . . . A streak. *Rheian* las, a blue streak.

rhianaidd, gw. **rhieinaidd.**

rhianedd, rhianen, gw. **rhiain.**

rhiangerdd, gw. **rhieingerdd.**

rhianog [*rhian*[2] + *-og*] *a.* Streipog, rhesog: *striped, streaked.*

Ar lafar yn nwyrain Morg., 'cig moch *rianog*' 'streaky bacon', 'papar *rianog*' 'striped paper', *GTN* 688.

Amr.: **rheianog** [*rheian* + *-og*]. **1803** *P*, *Rheianawg* . . . Having streaks.

rhiant [tebyg fod y ff. l. *rhiaint* < *rhi*[2] + *-aint*[2], ac mai adff. yw'r ff. un.] *eg.* ll. *rhiaint*, a hefyd fel *a.* Tad neu fam; hynafiad; hynafgwr; peth (e.e. planhigyn) y mae un arall yn deillio ohono; etifeddol: *parent; ancestor; elder; thing (e.g. plant) from which another is derived; hereditary.*

Diw. **18g.** *AL* ii. 476, dygynnull gwlad gan *riaint* a phencenedloedd. *ib.* heb wlad ac arglwyddi *rhiaint.* **18–19g.** *Llr* C 1a, 74, Molmutian Triades . . . The heads of Tribes are here term'd *Rhïaint* that is Parents or Patriarchs. Rhi originally signified no more than a parent, whence Rhieni. **1803** *P*, *Rhiant* s. m.—pl. *rhiaint* . . . A parent. Nag anmharça yth *riaint*, na bugelyz allawr . . . Catwg Zoeth. Cas anmharçu *rhiaint* . . . Adage.

Cfn.: **rhiant maeth:** *foster parent.* **20g.**

Gw. hefyd **rhieni.**

rhiant-gwmni, rhiant-lywodraethwr, gw. **rhiant + cwmni, llywodraethwr.**

rhiau[1] [?ff. l. *rhi*[1] fel e. un.] *eg.*

(*a*) Brenin, arglwydd, rheolwr, pennaeth: *king, lord, ruler, chieftain.*

12g. *GCBM* ii. 49, Nyd euras *rieu*, neud afrwyt. **12–13g.** *GLlLl* 5, Ef oreu *rieu* rygread. **13g.** *A* 10. 17–18, ergyr gwayw *rieu* ryvel chwerthin. **13g.** *B* iv. 3, A garo y *rieu* caret y wir ae eu. **14g.** *T* 62. 12–13, dithrych6ys vy *rieu* radeu lawen.

(*b*) (enghrau.'n cyfeirio at Dduw neu Iesu: *exx. with ref. to God or Jesus*).

12g. *GMB* 71, Reen nef . . . / *Rieu*, R6yf eluyt, ryt y vola6d. **12g.** *GCBM* ii. 267, Vn *rieu*, R6yf nef a daear. *id.* 333, Can wyd *Rieu* hael, can wyd Roddiad. *c.* **1400** *R* 1218. 18, awnargwaet orgwin rin yn *rieu.* *Dchr.* **15g.** *GM* 9, Oll a'th uawl ditheu, *Rieu* ryyd. *id.* 15, Bendigwch, fynhonneu, Duw, *Rieu* ryd. *Diw.* **16g.** *Pen* 189, 7, henwav dûw dad tri fferson Ri: *Riav*: Riawdr. *c.* **1588** *B* ii. 236, *riau*, duw.

rhiau[2], gw. **rhi[1].**

rhiawdr [*rhi*[1] + *-awdr*] *eg.* ll. *rhiawdwyr, rhiodron.* Arglwydd, rheolwr, pennaeth; Duw: *lord, ruler, chieftain; God.*

14g. (**16–17g.**) *LlGC* 6496, 248a, llew byw rryw *rriawdr* bonedd [Sypyn Cyfeiliog i Harri Salsbri o Leweni]. **16g.** WILIAM LLŶN: *Gw* (R. Stephens) (At.), *Riawdr* arglwydd *Riawdr* duw dofvdd y Ryveddawd y prydydd bychan. *Diw.* **16g.** *Pen* 189, 7, henwav dûw dad tri fferson Ri: Riav: *Riawdr.* *ib.* henwav Arglwydd *Riawdr*: dovydd. **1604–7** *TW* (*Pen* 228) d.g. *dominator, dominus.* **1632** *D*, *Rhiawdr*, Idem quod Rhi. **1688** *TJ*, *Rhiawdr*, Arglwŷdd, gŵr mawr: a Lord, a Baron. **18g.** *Hop M* 236, *Rhiawdwyr* a brawdwyr bri, / Hael eirian Sant Hilari (Lewis Hopkin). **1803** *P*, *Rhïawdyr*, s. m.—pl. *rhïodron* . . . A chieftain.

rhib[1,2], rhibaf: rhibo, rhiban, rhibeth, gw. **rib[1], rhip[3], rheibiaf: rheibio, rhuban, rheibiaeth.**

rhibib [bnth. S. C. *rybybe*] *e?g.* *Crdd.* Offeryn canoloesol tebyg i ffidil neu liwt: *ribibe* (*medieval musical instrument*).

15g. *GLGC* 146, o'r lle bai arall â'i bib / a rhyw abwy â *rhibib.*

rhibidirês, ribidirês, rhibindirês, rhibirês, rhibynrês [*rhibi(n), rhibyn* + (*di* (cf. *ling-di-long*)) + *rhes*[1]] *eg.* Rhes (hir), cyfres, stribed, rhip, llith hir; ffregod, baldordd, lol, ffiloreg: *a (long) row, series, string, long composition; prattle, balderdash, nonsense, rigmarole.*

1777 E. ROBERTS: *DG* 45, Rwy'n Cofio môd yn globen Lysti / yn rhedeg hvd y llwyni / ai bod hwy [Cristionogion] yma'n hîr *ribi rês* / heb gael fawr les ô arloesi. Ar lafar, 'dŵad yn *ribidirês*', 'Mi ddeudodd o *ribidirês*', *WVBD* 461; "i deyd hi 'n *rhibi-di-res*', *Cymru* xlvii. [195] (sir Ddinb.); 'A mae'n werth i chi gweld nw yn *ribyn-di-res*', *Wês wês* 52. Cf. W. REES: *LlHFf* 29, Sasneg, siwr, oudd ar y cerig beddi . . . Rhoid rhiw *ribidi rês* o Sasneg wrth ben pobol na chlwson nhw fawr air o Sasneg yn i bywud; TALHAIARN: *Gw* i. 97, A chana *ribyn res* i blesio lolyn; *id.* 113, Dylit wybod mai stori fer a'm plesia i, ac nid *ribi-di-res* o ryw beth yn slipio rhwng fy nwylaw fel cynffon llysywen; D. OWEN: *GT* 205, [c]yn i'r Doctor gael dechreu ar ei *ribidires.* Cf. ymhellach y rhigwm '*Ribidirês, ribidirês*, i mewn i'r Arch â nhw'.

rhibin[1,2], rhibindirês, rhibiniaf: rhibinio, rhibirês, rhiblen, gw. **rhibyn, rhuban, rhibidirês, rhibyniaf: rhibynio, rhibidirês, ripls.**

rhiblo [elf. anh. (cf. S. taf. De Cymru *ribbles*, gw. d.g. *ripl*) + *glo*)] *eg.* Math o lo sydd rhwng glo cnapau a glo mân o ran maint: *type of coal between lump coal and small coal in size.*

1927. Ar lafar yng Nghwmtawe.

rhiblyn [*rhibl(o)* + *-yn*[1]; cf. S. taf. De Cymru *ribbles*, gw. d.g. *ripl*] *eg.* ll. *-s.* Darn o riblo: *piece of coal between lump coal and small coal in size.*

1928. Ar lafar ym Morg., *B* viii. 221.

rhibus, gw. **rheibus.**

rhibwd[1] [?bnth. S. C. *ribaud* neu'n uniongyrchol o'r H. Ffr.] *eg.* ?Person masweddus, hefyd yn ddifr. am geffyl: *ribald person, also derog. of a horse.*

c. **1400** *R* 1345. 10–11, kefynr6t *rib6t* cr6ydyrg6t cr6m. *id.* 19, G6rd *rib6t* yscr6t eis greyr. *id.* 31, Ysgerbwt *rib6t* rabi gosgeidic. *id.* 42. **16–17g.** SIÔN MAWDDWY: *Gw* 29, *Rhibwd* troetrwm, llwm yw llusg [am farch].

Gw. hefyd **rhubald.**

rhibwd[2] [?cf. *rhibyn*] *eg.* Rhes (hir), rhip, llith hir: (*long*) *row, string, long composition.*

1911. Ar lafar yn Llŷn ac Eifionydd, *BILlE* 35.

rhibwr, gw. **rheibiwr.**

rhibwst [?cf. *rhibyn*] *eg.* Rhes (hir) (gul), cyfres, rhip: (*long*) (*narrow*) *row, series, string.*

Ar lafar yn y Gogledd, *TGG* (1904) 47, *Cymru* lxii. 73.

rhibyn, rhibin, rhipyn[2] [?bnth. S. *rib* (cf. *rib*[1], *rhip*[3]) + *-yn*[1]; tebyg nad yma y perthyn *ribynnyeit*, *R* 1156. 34] *eg.* ll. *rhibynnau, rhibin(i)au.* Rhes (hir) (gul), llinell fain, stribyn, stribed, llinyn, rhip, llith hir; llain (o dir); hyd, cryn bellter; ymyl (mewn chwarel); hefyd yn *dros.* ac yn *ffig.*: (*long*) (*narrow*) *row, thin line, streak, string, long composition; strip* (*of land*); *stretch, good distance; edge* (*of quarry*); *also transf. and fig.*

1722 *Llst* 189, Gwrâch y *rhippyn.* A spright in appearance of an old woman. **1803** *P*, *Rhibin*, s. m.—pl. t. *iau* . . . A narrow row, streak, or scanty dribblet. Ar lafar yng ngogledd Cered., 'Ma 'na *ribyn* go lew o'r ffordd fawr lan at y ffarm'. Yn gyff. yng Nghered. defnyddir *rhibyn* hefyd am res o wair wedi ei gribinio at ei gilydd mewn cae, *B* iv. 301; yn ne-ddwyrain Morg. clywir y ff. *ripin* 'rhes (o fresych fynychaf)', *GTN* 690; hefyd yn yr ystyron 'stripyn; hyd; pellter', '*ripin* 'ir o goed', '*ripin* cwmws o 'ewl', '*ripin* o ddunydd i nuthur ffrog', *ib.* Clywir hefyd yr ymad. '*ripin* o blentyn' 'a wilful, quick-moving child', a '*ripin* serch' 'a glywid gan yr hen rai am gerdyn Valentine', *ib.*; hefyd yn y ff. *repin*, '*repin* o dir', *id.* 681. Clywir *rhibin* yn Arfon am 'ymyl (mewn chwarel)'. Cf. *Y Brython* (1860) 23, *Rhibin* y byddwn ni, pobl Dyfed yma, yn alw ar ddyn neu ddynes fawr, amrosgo.

Cfn.: **yn (un) rhibyn, yn (un) rhibin:** *in a row or line, in single file.* **20g.** Ar lafar, 'defaid yn mynd *yn rhibin* ar ochor y mynydd, y naill ar ôl y llall', 'pobol yn mynd *yn rhibin* trw le cul', *WVBD* 461; hefyd am arian, 'arian yn mynd *yn rhibin*', 'Mae o'n gwario 'i bres *yn rhibin*', *ib.* **yn rhibyn ac yn rhes:** *in a string* (*of words, memories, &c.*). **1913.**

Gw. hefyd **gwrach—gwrach y rhibyn, rhibidirês, rhip[3].**

rhibyniaf, rhibynnaf, rhibiniaf: rhibynio, rhibynnu, rhibinio [bf. o'r e. *rhibyn, rhibin*] *bg.a.* Gosod yn rhes, rhaffu, llinellu, cribinio (gwair) yn rhesi: *to place in a row, string* (*out*), *streak, rake* (*hay*) *into rows.*

1803 *P*, *Rhibiniaw* . . . To lay in a narrow row or streak, to make a dribbling row.

rhibynrês, gw. **rhibidirês.**

rhic[1], hic[1], ric[1] [?*hic* yn amr. ar *hac*[1], cf. *hiced, hoced*; *y r(h)ic* < *yr hic* drwy gamraniad] *eb.g.* (bach. g. *-yn*, ll. *-nau*) ll. *-(i)au, -s.* Toriad bach (e.e. ar ymyl darn o bren neu ar groen) a wneir ag erfyn miniog, bwlch, rhigol, rhych, agen, hollt, cilfach, hefyd yn *ffig.*; marc: *notch, nick, groove, slit, gap, crack, niche, also fig.; mark.*

a. **1587** *Y* 100, Neddi ar dôn, naddwr dîg, / Rhai coed yn rhy hackiedig: / Hûd hîr, nadd enwir anvn, / *Hic*, hac, lac, leth, pleth heb lŷn. **1753** *ML* i. 239, ei gynffon [cynrhonyn] yn troi yn *rhicciau* ar ei gefn. **1795** *R. Crusoe* 38, Ar ochrau hwn y torrais *rick* am bob dydd, ag am ddydd sul torrais *rick* cyhyd ddwywaith a'r lleill. **18–19g.** JAC GLAN-Y-GORS: *Gw* 54, Cymerwch ofal ar bob adeg / Rhag ofn rhedeg i'r un *rhic.* **1803** *P*, *Rhic*, s. m. . . . A notch, a groove. Ar lafar yn y Gogledd, "Rodd 'i dwylo'n *hicia* i gyd' 'her hands were cracked all over', 'Os gwneith hi *hic* ynyn' nhw mi baran' yn hwy' 'if she makes a slit in them (flower stalks) they will last longer', *WVBD* 206–7; 'Mae'r hogyn 'ma wedi gneud llawar o *hicia* yn y giadar efo'i gyllath', *B* xiv. 286 (Meir); 'Ma gynno fo 'i *ricyn*' [am bris rhywbeth] (ardal Pwllheli); 'Dim ond *hic* bach ydi o, ond mae o'n dechra gwaedu o hyd'. Digwydd hefyd fel enw ar nod clust defaid, yn y ff. *hic*, *WVBD* 207, *rhic* (sir Benf.). Cf. TALHAIARN: *Gw* ii. 114, Gochelwch lithro i'r un *hic*; *SE MS* 191a, Dyfod i'r un *hic*—to come to the same mark—to come to the same thing / Mawddwy.

Amr.: **rhig[2].** **1803** *P.* **rhigyn, rhygyn.** **1604–7** *TW* (*Pen* 228), *rhygyn* d.g. *Crena.* *Dchr.* **17g.** *J* 10, 16b, *Rhigyn.* Crena. **1803** *P.*

rhic[2], ric[2] [bnth. S. *rick*] *eb.g.* ll. *-iau, -s.* Tas hirsgwar o wair, ŷd, &c.: *rick.*

16–17g. *CRC* 405, Llidiart newydd ar gae keirch / a thynnv meirch oi stablav / tido y rhain ynghwrr y *rhyc.* Ar lafar yng Nghered., sir Benf., a'r De, *LGW* [392]–3.

rhic[3], hic[2], ric[3] [?*hic* yn fnth. S. *hick* 'hiccup'; *y r(h)ic* < *yr hic* drwy gamraniad] *eg.* Yr igian, ig: *hiccup, hiccough.*

Ar lafar, *rhic*, *GDD* 245; *hic*, *LGW* [486]–7; 'Fe ges i hen *ric* cas yn y capel bore 'ma' (gogledd Cered.).

rhicaf[1]: rhico, *bg.a.* a'i dilyn yn aml gan yr ardd. *gyda.* Ymffrostio, gorganmol, canmol: *to boast, brag, overpraise, praise.*

c. **1830–40.** Ar lafar yng nghanolbarth a godre Cered., sir Benf., a sir Gaerf., *Cymru* lxix. 90; 'Mae'n *rhico* fod gida 'g e well bustechu [*sic*] na neb yn y gimdogeth', *GDD* 246. Cf. *Y Genhinen* x. 239, Mi fydda i'n *rhico* gydag e' er nad w' i ddim yn meddwl 'i fod e bŵer o beth.

rhicaf[2,3]: rhico, gw. **rhwygaf: rhwygo, rhiciaf[2]: rhician.**

rhicbren, rhigbren [*rhic*[1] + *pren*] *eg.* ll. *-nau.* Pren ar gyfer cofnodi cyfrif drwy dorri rhiciau ynddo a'i hollti er mwyn i'r ddwy blaid gadw darn ohono, pren cyfrif: *tally(-stick).*

1850.

rhiciad, hiciad [*rhic*[1], *hic* + *-iad*[1]] *eg.b.* ll. *-au.* Y weithred o dorri rhic neu rigol, rhic: *a notching or grooving, notch, nick.*

1803 *P*, *Rhiciad* . . . A notching; a grooving.

rhiciaf[1], hiciaf: (r)hicio, rhician [bf. o'r e. *rhic*[1], *hic*] *bg.a.* Gwneud hicyn (mewn), bylchu, rhigoli, rhychu, cracio, hollti; llinellu, marcio â llinellau; hefyd yn *ffig.*: *to notch, nick, groove, crack, split; score, hatch, mark with lines; also fig.*

1803 *P*, *Rhiciaw* . . . To notch; to groove. *id.* d.g. *Rhician.*

rhiciaf[2], rhicaf[3]: rhic(i)an [?amr. ar *rhinciaf: rhincian*] *bg.a.* Ysgyrnygu (dannedd), rhincian, crensian, cnoi, hefyd yn *dros.* ac yn *ffig.*: *to gnash (teeth), grind, crunch, gnaw, also transf. and fig.*

c. **1548** *CM* 1, 849, A ffann vor gouid hwn ar vorwyn Ievanck ne verch ynnttwy *arickian* y ddwy euel ar ddannedd ynghyd ac weithiav I gwasgantt tw/ y y ddwy evel ynghyd megis dyn ynllwygu [*sic*]. **16–17g.** *CC* 154, ar gyrrau môr ner grô mân / cair fo n rhoccian neu n *rhiccian* [Thomas Prys i ofyn bad hir]. **1604–7** *TW* (*Pen* 228) d.g. *Comprimo, Stridor.* **1632** *D, Rhiccian*, Idem quod Rhincian. **1730** Iaco ab Dewi: *YL* 27, megis ac y mae o Lygredigaeth ein Cyrph ni pan fyddont feirw, Bryfed yn magu, y rhai sydd yn yssu'r Cnawd, felly o Bechodeu a Llygredigaetheu ein Calonneu ni y mae Pryf yn magu, yr hwn ni bydd marw un amser . . . Onid y sy bob Amser yn *rhiccian* (*gnawing*) ar y Gydwybod euog. *c.* **1730** *Thos. Lloyd D* (LlGC) 203a, *Rhiccian* . . . Ringor. **1753** *TR*, Rhingcian, and *Rhiccian*, to crash, to creek, to gnash or grind the teeth.

Amr.: **rhigian. 16–17g.** *CC* 425.

Cfn.: **rhic(i)an,** &c., **dannedd (eu dannedd) (daint):** *to gnash one's teeth (in anger or pain). c.* **1548** *CM* 1, 773, *hrickian y dannedd.* **1567** *LlGG* 25b, Ynow [*sic*] y bydd wylofain a' *riccian* [:– yscyrnygy] *dannedd.* **1567** *TN* 64b, yscyrnyga [:– *rhicia*] *ei ddanedd.* **16g.** *Hop M* 162, yn wylo dan *rhican daint*, ny wddon vaint yn tristyd. **16–17g.** *CC* 425, *rhigian i dannedd.* **1773** *W, rhiccian . . . dannedd* d.g. *To gnash the* [*with the*] *teeth.*

Gw. hefyd **rhinciaf²: rhincian.**

rhiciog [*rhic¹*+*-iog*] *a.* a hefyd fel *e?g.* A rhiciau ynddo, danheddog, rhychiog, rhigolog, caerog, rhesog; melfaréd: *notched, serrated, grooved, furrowed, ribbed, striped; corduroy.*

1803 *P, Rhiciawg* . . . Having a notch, notched.

rhicob, ricob [bnth. S. *hiccup*] *e?g.* ll. *-s.* Yr igian, ig: *hiccup, hiccough.*

Ar lafar yn rhannau dwyreiniol y Canolbarth ac yn nwyrain Morg., *LGW* [486]–7.

rhicoc, ricoc [bnth. S. *hickock* 'hiccup'] *e?g.* Yr igian, ig: *hiccup, hiccough.*

Ar lafar yn rhannau dwyreiniol y Canolbarth, *LGW* [486]–7.

rhicyn, gw. **rhic¹.**

rhid [dichon mai be. i'r f. *rhidiaf*: *rhidio* a welir yn rhai o'r enghrau. isod] *eg.* Ymgydiad â'r fenyw (am anifeiliaid), pariad, hefyd yn ddifr.; (geir.) had gwryw: *copulation with the female (of animals), sexual intercourse, also derog.; (dict.) semen.*

c. **1400** *R* 1275. 41–1276. 3, Hyt pryt prenn llath pont. holl davyngoll dyvyngont hydeich drostan vront hy y doeth drostaб. Kyt ryt *rit* kann was kevyn weinlevyn wanlas. cas oed y chwmpas wedy y chбympaб. *id.* 1335. 35–6, llit *rit* rбyt waelaбt lam. *id.* 1356. 30–1, Rбyd siwan oe gбan gбeindбll ffrydyeu. *rit* annб/ar dayngar din geu diserchson. **1604–7** *TW* (*Pen* 228), marchogiat casec, *rhid* geifr d.g. *Admissura. id. rhid*, bwch geifr, lhawd, hwch, cytio mewn aniueileit ereilh d.g. *Catulio. id.* anescutrwydh hyrdhot, geifr, ne anieuileit ereilh y varchogaeth a *rhid*, o dralhauur d.g. *prosedanum. Dchr.* **17g.** *J* 10, 17a, *Rhid.* rutte. *c.* **1730** *Thos. Lloyd D* (LlGC) 202b, *Rhid.* Coitio caprarum. **1803** *P, Rhid*, s. m. . . . semen, sperm.

rhidels, rhidell, rhidellaf: rhidellu, rhiden, gw. **rhidens, rhidyll, rhidylliaf: rhidyllio, rhidens.**

rhidens, ridens, r(h)idels [bnth. S. C. *ridels* 'curtains'] *eb.g.* a hefyd fel *e.ll.* Ymyl(on) o daseli, edefynnau, &c., ffrins(iau), eddi, bordr(au) (addurniadol), tasel(i); llarpiau, llyfreiau, rhacs; llen(ni) o gwmpas gwely, gorchudd; hefyd yn *dros.* ac yn *ffig.*; *Biol.* ymyl eddïog, yn enw. wrth agoriad y tiwbiau Ffalopaidd: *fringe(s), ornamental border(s), tassel(s); tatters; bed hangings, cover; also transf. and fig.; fimbria (in biol.).*

14–15g. *IGE²* 289, Rhy isel fydd ei wely, / A'i dâl wrth nenbren ei dŷ; / . . . / A'i gorsed yn ddaered ddu, / A'i *rhidens* wedi rhydu (Siôn Cent). **15g.** *DGG²* 32, Bid ein gwely fry ny fron / Bedeiroes mewn bedw irion, / Ar fatras o ddail glas glyn / A'i *ridens* wych o redyn. **15g.** *GLGC* 344, Ar fy ebol pedolog / i Gaer yr af Ŵyl y Grog. / Dwyn ei *ridels* dan redeg / a wna'n y dail yno'n deg. **15g.** Gwilym Tew: *Gw* 502, Ofn henaint yw f'anhunedd, / A gochel hap gwayw a chledd. / Mi a gysgais—i'm gwasgu! / Mae ôl plâd am wely plu. / Gan y mab gwinau a'i medd / Y caf *ridels* cyfrodedd; / Cael ym wely, cwlm eiliad— Caid fis du yn cadw fy stad. **15g.** *DE* 5, gwynion ar fanblv gweynvdd / gwely teg i gael oed dydd / a *ridens* ar i hadail / a rydd duw o wyrdd y dail. **1604–7** *TW* (*Pen* 228), *ridens* d.g. *Fimbria, Fratilli, Lacina. Dchr.* **17g.** *J* 10, 17a, *Rhidens.* jagge. **1620** *Nu* xv. 39, bydded i chwi yn *ridens* i edrych arno, ac i gofio holl orchymynion yr Arglwydd. **1632** *D, Rhidels*, communius *Rhidens* . . . Angl. Fringe. **1656** *AP* 50, a chyweirbropr a chyweirlan siambrgalch, a chlosedic *ridens*, a chywely serchowgbryd. **1688** *TJ*, Sider, *Ridens*, hefyd Carpiau o frethŷn: Fringe, also Wollen rags. **1701** E. Wynne: *RBS* 11, mae e'n gyffelyb i ŵr a wnai ei hôll ddillad yn un *ridens* (*all made of fringes*). **1722** *Llst* 189, *Rhidels, Rhidens.* m. The fringe of a garment, edging, dags. **1740** T. Evans: *DPO* 3[31], [g]wr coegfalch . . . oddiallan wedi ei harddu yn dra godidog, yn disgleirio mewn Gwychder Dillad, *Rhidens* aur, a meini gwerthfawr. Ar lafar, '*ridens*' 'peth ymyl fylchog, neu rubanog', *Cymru* lxii. 73 (gorllewin Meir.); '*ridans*' 'fringe', *WVBD* 453–4; hefyd 'said of something frayed', 'Mae leinin 'i gôt yn *ridans*', *id.* 454, a hefyd yn y ff. *redans*, *id.* 453.

Amr.: **rhiden** (*eb.* ll. *-au*). **1859.**

rhidensaf, rhidensiaf: rhidensu, rhidensio [bf. o'r e. *rhidens*] *bg.a.* Ymylu â ffrins, &c.; mynd yn llarpiau, mynd yn rhacs, llyfreio: *to border with a fringe, tassels, &c.; become tattered.*

1852. Ar lafar yn Arfon yn yr ystyr 'mynd yn llarpiau', 'Mi fydd yn rhaid i mi gal nets newydd, ma rhain wedi *rhidensio*'.

rhidensaidd [*rhidens*+*-aidd*] *a.* Tebyg i ridens neu ffrins: *like a fringe.*

1851.

rhidensiaf: rhidensio, gw. **rhidensaf: rhidensu.**

rhidensog [*rhidens*+*-og*] *a.* Wedi ei ymylu â rhidens, ffrins, neu daseli: *bordered with a fringe or tassels.*

1852.

rhidiad [bôn y f. *rhidiaf*: *rhidio*+*-iad¹*] *eg.* ll. *-au.* Ymgydiad â'r fenyw (am anifeiliaid), pariad; secretiad: *copulation with the female (of animals), sexual intercourse, a mating; secretion (from gland, &c.).*

1770 *W* d.g. *Blissoming. id. Rhidiad*, cydiad d.g. *Rutting.* **1803** *P, Rhidiad* . . . A secretion . . . blissoming.

rhidiadol [*rhidiad*+*-ol*] *a.* Secretol: *secretory.*

1869.

rhidiaf: rhidio [bf. o'r e. *rhid*] *bg.a.* Ymgydio, paru'n rhywiol (am anifeiliaid), cymharu; paru â('r fenyw), marchogaeth; cael ei marchogaeth; gofyn y gwryw; secretu: *to copulate (of animals), mate, pair, couple; serve, copulate with; be served, be copulated with; be on heat; secrete.*

c. **1400** *J* 1, 973, Pan uo adotar [?*sic*] y geifyr. ybycheu a *ridyir* (cf. *Brog* 11, 172, Cum fuerit tempus-coeundi caprarum, capri inscenduntur, saliuntur, ineuntur). **15g.** *BB* 134, Ni wybyd y tat y mab priawd; canys o deuawd yr anyueileit y rewydant (amr. *Ridiant*). **1632** *D, Rhidio*, Coire, inire: dicitur de bestijs nonnullis. vid. Ymrain, Rhewydd. **1688** *TJ, Rhidio*, ymgymharu rhwng ceirw: to rut in Rutting-time. **1722** *Llst* 189, *Rhidio.* To couple carnally. *id. Rhidio* . . . fel yr hwrdd â'r ddafad d.g. *To Blissom.* **1770** *W*, Llais gafar ddanas yn amser *rhidio* d.g. *Belling. id.* d.g. *To buck* [*copulate*], *To ram* [*cover the ewe, as the ram doth*]. **1803** *P, Rhidiaw* . . . To secrete. Ar lafar yn sir Benf. a'r cyffiniau, '*Rhidio* = (of ewes) to be served', *TGG* (1907–8) 85; '*Rhidio* . . . Serving, strictly in reference to rams at the serving season', *GDD* 246.

Amr.: **rhydio².** *c.* **1730** *Thos. Lloyd D* (LlGC) 204b. Ar lafar yng nghanolbarth Cered., 'defed yn *rhydio*' 'yn gofyn hwrdd'.

rhidis, gw. **rhidys.**

rhidwedd [*rhid*+*gwedd¹*] *e?g.* Sawr, arogl-au, trywydd, ôl: *scent, trail.*

Ar lafar yn sir Benf., *GDD* 246.

rhidwel, rhidwll, gw. **rhydwel, rhydwll.**

rhidyll [bnth. o'r H. S. *hriddel* (neu o bosibl o ff. hŷn **hrīdil*); cf S. C. *riddil, rydil*, Crn. Diw. *ridar*, Llyd. Diw. *ridell*; â'r *-ll*, cf. *macrell*] *eg.b.* ll. *-(i)au*, a hefyd fel *a.* Gogr (bras), sife, hidl, hefyd yn *dros.* ac yn *ffig.*; tebyg i ridyll, tyllog, wedi mynd a'i ben iddo: *(coarse) sieve, sifter, riddle, strainer, also transf. and fig.; like a sieve, holed, ramshackle.*

13g. *LlI* 24, E gur a dele e *rydyll*; e wreyc a dele e gogyr man. *id.* 93, *Rydyll* i. k'. **14g.** *GDG³* 53, *Rhidyll* hudolaidd rhydwn, / Rhyw fyd ar ei hyd yw hwn [marwnad Madog Benfras]. *id.* 184, *Rhidyll* ystaen yn rhydu, / Rhwyd adar y ddaear ddu [i'r niwl]. *c.* **1400** *R* 1359. 33, llawdyr chwein min rydein y myбn *ridill. c.* **1400** (*SG*) *HMSS* i. 258, yny vyd y waew trwydaw megys drwy *ridill.* **15–16g.** *TA* 451, Rhosyn megis rhew asur, / Rhoed lle dwrn mewn *rhidyll* dur [i ofyn bwcled]. **16g.** *GIIIV* 45, Dy air Gwen fal dŵr a gyll / Draw a redai drwy *ridyll.* **1547** *WS, Ridyll* A ridyll. **1632** *D, Rhidyll*, Cribrum, ventilabrum. **1677** C. Edwards: *FfDd* 220, gwneuthur eu coffadwriaethau fal *rhidyllau.* **1688** *TJ, Rhidŷll*: a course [*sic*] Sieve. **1793** R. Powell: *ADV* 21, Ceisiant wyntyll, *rhydylliau* (wyr erzyrm / Gwiw-deg o awgrym) gyda gograu. **1803** *P.* Ar lafar yn gyff. yn yr ystyr 'gogr bras', *WVBD* 461, *Cymru* xlvii. 195 (sir Ddinb.), *Geir Glo* 92 (y Parlwr Du, sir Ffl.), *SC* vi. 126 (sir Benf.), *GTN* 684; hefyd yn Arfon fel a., 'Mae'n bur *ridyll*' 'it is very ramshackle', *WVBD* 462. Sonnir yn gyff. am 'gof fel *rhidyll*'.

Amr.: **hidyll** [*yr hidyll* < *y rhidyll* drwy gamraniad]. **1620** *Mos* 204, 5, A êl drwy r gwagr, mi ai daliav yn yr *hidill.* **1795** J. Thomas: *AIC* 351, [p]ridd mân mewn *Hidyll.* **rhidell** [cf. *gridyll, gridell*]. **20g.**

rhidylliad [bôn y f. *rhidylliaf*: *rhidyllio*+*-iad¹*] *eg.* Y weithred o ridyllu: *a riddling.*

1803 *P.*

rhidylliaf, rhidyllaf: rhidyll(i)o, rhidyllu [bf. o'r e. *rhidyll*] *bg.a.* Gogrwn, hidlo; tyllu'n fân ac yn aml, trydyllu, rhwyllo; hefyd yn *dros.* ac yn *ffig.*: *to sift, riddle, strain; fill with holes, riddle, perforate; also transf. and fig.*

1604–7 *TW* (*Pen* 228), *rhidylhio* d.g. *Incerno* (hefyd *D*). **1703** E. Wynne: *BC* 14, llawer yscogyn rhygyngog a allei *ridyllio* Ffâ wrth wynt ei gynffon. **1753** *TR, Rhidyllio*, to sift or sierse. **1770** *TG* ii. [55], 20 bwshel o ludw coed neu lo, wedi ei *ridyllio.* [**1783**] *W, Rhidyllio* d.g. *Riddle, To* [*sift by a*] *riddle.* **1803** *P, Rhidylliaw* . . . to sift. Ar lafar, '*rhidyllio*', *B* iii. 207 (Penllyn); '*ridillo* cols', *GTN* 684. Cf. D. Owen: *GT* 38, Saethodd at y gath deirgwaith nes ei *rhidyllu.*

Amr.: **hidyllio** [cf. *hidyll*]. **1795** J. Thomas: *AIC* 351, cymmer bridd mân mewn Hidyll a *Hidyllia* fe ar hyd yr hadau. **rhidellu** [cf. *rhidell*]. **20g.**

rhidylliwr, rhidyllwr [bôn y f. *rhidylliaf*: *rhidyllio*+*-(i)wr*] *eg.* ll. *rhidyllwyr.* Gogr; gogrynwr, yn *ffig.*: *sieve; sifter, fig.*

1861.

rhidyllog [*rhidyll*+*-og*] *a.* Mân-dyllog, tyllog, rhwyllog; carpiog, wedi mynd a'i ben iddo; hefyd yn *ffig.*: *full of small holes, perforated, holed, latticed; tattered, ramshackle; also fig.*

1814. Ar lafar, 'Mae'r cwrtsiwnsa wedi mynd mor *ridillog*, fi a[ll]swn ridillo cols yndyn' nw', *GTN* 684. Cf. D. J. Williams: *STG* 31, Golwg ryfedd oedd ar Deio dan hud *rhidyllog* rhyw lantarn.

Gw. hefyd **rhydyllog.**

rhidyllwr, gw. **rhidylliwr.**

rhidys, *eg.b.* ll. *-iau, -ion.* Ffrwd, afonig, cornant, ffos, hefyd yn *dros.* ac yn *ffig.*: *stream, rivulet, brook, drain, also transf. and fig.*

15–16g. *GRB* 13, llwyth *rhidys*, llaeth i redeg, / o'th fronnau doeth, forwyn deg. **18–19g.** *IAW* (LlGC) 131, 16a, *Rhidis* pl. *Rhidisiau* a rivulet small brook[.] Meirion. R Jones. **1800** W. Owen[-Pughe]: *CP* 36, cornentydd, a *rhidysion.* **1803** *P, Rhidys*, s. m. . . . A very small stream or rill; a drain. /—Rhyd oesoz / Wrth *ridysiau* meinion / Provoez megys privavon . . . Rice Jones. Ar lafar ym Meir., *Cymru* lxii. 73, *B* iii. 197.

rhidd [gair geir.] *eg.* Gwthiad yn ôl, gyriad yn ôl: *repulse, a driving back.*

Dchr. **17g.** *J* 10, 17a, *Rhidd.* repulsus. **1707** *AB* 220a, *Rhidh*, A repulse; a putting or driving back, &c. S. **1753** *TR.* **1803** *P.*

rhiddiaf: rhiddio [gair geir., sef bf. o'r e. *rhidd*] *bg.a.* Cilio'n ôl, encilio, honcian; gyrru'n ôl: *to retire, retreat, stagger; repel.*

Dchr. **17g.** *J* 10, 17a, *Rhiddio* to recule or retire, cessim ire. Titubo. **1707** *AB* 220a, *Rhidhio*, To repell, to drive back. [S]. **1725** *SR* d.g. *To Repell.* **1753** *TR.* **1803** *P.*

rhidding, rhiddm, rhiddyn, gw. **rhuddin, rhythm, rhuddin.**

rhiedd[1] [*rhi*+*-edd*[1]; dichon mai *rhiedd*[2] a welir yn rhai o'r enghrau. isod] *eg.* ll. *-au.* Gogoniant (Duw), mawrhydi, brenhiniaeth, penarglwyddiaeth: *glory (of God), majesty, kingship, sovereignty.*

12g. *GMB* 101, Brenhin holl *riet* a'm gwyr, na'm gomet / Am y drugaret o'm drygyoni. **12g.** *GCBM* i. 21, Duỽ a'm dỽc y'm dogyn anryded / Y'w wennwlat, y'ỽ rat, y'ỽ *ried.* **13g.** *C* 31. 4, ac onysguataul y *riet. id.* 34. 10–11, Ambo forth. y porth *riet.* **14g.** *T* 4. 3, Uy eirolet rac *ried. id.* 46. 8, hynt gỽiryoned kyflaỽn *rihed.* c. **1400** *R* 1218. 4, Trỽyr prophỽydi ri *riedeu* dysgeit. *id.* 1233. 28, trugared *ried* reuved rỽyfan. *id.* 1242. 40–1, diflin sarff bydin yn rin *ried.* **18–19g.** R. DAVIES: *DB* 200, Mab Teyrn Prydain, gwlad firain glodforedd, / Mab da Frenin yn mhob dwyf rinwedd, / Mab Penaeth rhadawl, oreuawl *riedd,* / Mab Rhî duwiol yn mhob rhyw duedd, / Mab Trydydd Sior, Bôr hen wyredd, —cyfiawn, / A Mab Gwr uniawn yn mhob gwirionedd. **1803** *P, Rhïez,* s. m. . . . Dominion; governance.

rhiedd[2], ff. l., gw. **rhi**[1].

rhieddog [*rhiedd*[1]+*-og*; cf. H. Lyd. *riedoco,* gl. *ditior*] *a.* a hefyd gyda grym enwol. Uchel ei dras, pendefigaidd, urddasol, mawreddog, gogoneddus, ysblennydd: *noble, aristocratic, majestic, glorious, magnificent.*

12g. *GLlF* 441, A'e eluyt yn ryt, yn *rietaỽc.* **12g.** *GCBM* ii. 179, Breisc rebyt, yn ryt, yn rwytnaỽd / Y gwna Rys *rietaỽc* o dlaỽd. **12–13g.** *GMB* 537, Reen *riedaỽc* rỽysc ryuerthi. **13g.** *B* iv. 9, Gwell mam godauc no that *riedauc.* **14g.** *T* 24. 6, rithỽch *riedaỽc* wyd. *id.* 29. 23, eiric y rethgren *riedaỽc.* **14g.** *GDG*[3] 98, Rhyddwys, fy mun *rieddawg,* / Y rhoist y destun yrhawg. **14g.** *GIG* 37, Marchog ffyrf *rhieddog* rhwydd, / Mawrchwyrn lle bu'r ymorchwydd. c. **1400** *R* 1050. 22, goludaỽc *riedaỽc* rieu. **15g.** *HCLl* 47, A wnaeth yr heddwch in, waith *rhieddog,* / Iddaw carennydd i Dduw coronog. **15–16g.** *TA* 432, Gruffudd, bren irwydd bron allt, / Garw *rhieddog* o'r Rhuddallt. **1632** *D,* Rhiaidd, & *Rhieddawg,* Nobilis, generosus. **1799** DAFYDD IONAWR: *MB* 14, Yn amser gwasgwychder gynt, / *Rhieddawg* Arwyr oeddynt. **1803** *P.*

Amr.: **rhieiddiog** [*rhiedd*[1]+*-iog*] **1849.**

rhieddol [*rhiedd*[1]+*-ol*] *a.* Uchel ei dras, urddasol: *noble.*

15–16g. *CTC* 191, Nid rhwydd ond gwaed *rhieddol,* / Nid rhaid ond tyrru'n ei ôl. **1803** *P.*

rhieddwr, rhieiddiog, gw. **rhieiddiwr, rhieddog.**

rhieiddiwr, rhieddwr [*rhiedd*[1]+*-(i)wr*] *eg.* ll. *rhieiddwyr.* Rheolwr: *governor.*

1820.

rheinaidd, rhieiniaidd, rhianaidd [*rhiain, rhian*[1]+*-(i)aidd*] *a.* Yn perthyn i ferch ieuanc (?uchel ei thras), yn gweddu iddi, neu debyg iddi, benywaidd, merchetaidd, gwyryfol, morwynol, diwair: *pertaining to, befitting, or like a (?noble) young woman, feminine, effeminate, virgin(al), chaste.*

14g. *GP* 56, Tri ryw wreic a volir, nyt amgen, gwreicda, a morwyn yeuang *rieinyeid,* a chreuydwreic . . . Morwyn yeuang *rieinyeid* a volir o bryt a gwed . . . a morwyndawt, a *rieinyeid* letrteisrwyd, a chwrteisrwyd . . . ydi y perthyn prydu herwyd serch a charyat, kanys ydi y perthyn serch a charyat a rieingerd. **14g.** *GDG*[3] 44, *Rhieinaidd* fun, rhannodd fudd, / Rhwymo derw rhôm a'i deurudd. *Dchr.* **15g.** *B* ii. 200, Riein a volir o . . . haelder a lletneisrwyd a phetheu ereill *rieinieid.* **15g.** *GLGC* 265, Yn araf yr wyd, ac yn ŵraidd, / yn rhyw oen nefol, yn *rhieinaidd* [i Drahaearn ap Ieuan]. *p.* **1500** *Pen* 57, 63, ran o ddysg *rieiniaidd* wyd / a thywedog vyth yd wyd (Hywel ap Rheinallt). **16g.** *Pen* 76, 127, *Rieinaidd* vwynaidd veinir. **1547** *WS, Rieineidd* Virginlyke. **1588** *Can* iv. cs., Amryw dlysau *rhianaidd* yn arwyddoccau aml ddonniau'r eglwys. **1595** H. LEWYS: *PA* 109, synwyr a meddylieu gwyr . . . a wnair yn fuscrell ac 'n weinieid, yn *rhianaid'* (*effeminate*) ac yn ddiffrwyth. **1604–7** *TW* (*Pen* 228) d.g. *Virginalis.* **1688** W. FOULKES: *EGE* 33, dy gorph *rhianaidd* wedi ei ddinoethi. **1701** E. WYNNE: *RBS* 286, yna dy lwytho â'r Groes . . . hyd onid aeth y baich yn rhydrwm, a llewygu oth Gorph *Rhianaidd* i'r llawr tano. **1722** *Llst* 189, *Rhïeiniaidd.* Girlish, maiden. **1803** *P* d.g. *Rhianaiz, Rhieiniaiz.*

rhieinferch [*rhiain*+*merch*[1]] *eb.* Merch ieuanc, morwyn, gwyryf: *young girl, maiden, virgin.*

14g. *GDG*[3] 88, Anfon a wnaeth *rhieinferch* / I Fadog, orseddog serch. **15g.** *GLGC* 159, Priodas Niclas a wnaeth / â *rhieinferch* hir winfaeth. **1770** *TG* iii. 45, Nid ychen, nid achau, neu dynnion godennau, / Sy ddeiliaid syw'n ddiau i swyddau dy serch; / Tro, dilyn, erdolwyn, ddifariaeth dde' forwyn, / Ni bydd hi'n rhy anfwyn *riain-ferch.* **18–19g.** *MA* iii. 207, Tri pheth syr'n gyru'r bŷd ar gyveiliorn: addewidion arglwyddi, gwisgodd brawd llwyd, a syberwyd *rhieinverch. id.* 260, Tri chlwyv nis gellir eu meddyg: poethni gwynovaint, cariad *rhieinverch,* a chnöad cydwybod.

rhieingadair [*rhiain*+*cadair*] *eb.* Gorsedd brenhines: *a queen's throne.*

c. **1400** *RB* ii. 229, A thynu gỽenhỽyfar vrenhines oe *riein/gadeir* a ry gysgu genti. **1803** *P, Rhieingader* . . . The seat or throne of a queen.

rhieingerdd [*rhiain*+*cerdd*[1]] *eb.* ll. *-i,* (prin) *rhieingeirdd.* Molawd merch ieuanc (?uchel ei thras), cân serch: *poem in praise of a (?noble) young woman, love poem.*

12g. *GCBM* i. 59, *Rieingert* E[u]a verch [V]adaỽc . . . Kyndelỽ a'[e] cant. *ib.* Rianet iti a dywedynt, / '*Rieingert* Eua' a vaỽrheynt. **14g.** *GP* 56, morwyn yeuang rieinyeid . . . ydi y perthyn prydu herwyd serch a charyat, kanys ydi y perthyn serch a charyat a *rieingerd. id.* 57, Teir prifgerd prydydyaeth ysyd: gwengerd, a *rieingerd,* ac vnbengerd. **14g.** *GIG* 93, Pan ofynner, arfer oedd / Y lleisiau yn y llysoedd, / Cyntaf gofynnir, wir waith, / I'r purorion, pêr araith, / *Rhieingerdd* y gŵr hengoch, / Lliaws a'i clyw fal llais cloch [marwnad Llywelyn Goch ap Meurig Hen]. **15g.** *GLGC* 135, a'r hen gerdd, er hyn o gof, / a *rhieingerdd* o'r hengof. *a.* **1575** *GP* 136, Tri pheth a ddyly bod ar *Rieingerdd:* moliant, serchowgrwydd, a chariad. **1632** *D, Rhiein-gerdd* d.g. *Erotica carmina.* **1699–1700** E. LHUYD: *SH* 37, Prydydhiaeth ynghylch Dewiniaeth, Ystoriæ . . . Marnadæ, *Rhieingeirdh.* **1776** *W, rhieingerdd* d.g. *A love-song.* **1803** *P, Rhieingerz,* s. f.—pl. t. *i* . . . A song in praise of the fair sex; an eulogy on a female. Digwydd yn nheitl llyfr T. Gwynn Jones *Rhieingerddi'r Gogynfeirdd* (1915).

Amr.: **rhiangerdd** [*rhian*[1]+*cerdd*[1]] (ll. *-i*). **1860.**

rhieingerddol [*rhieingerdd*+*-ol*] *a.* O natur rhieingerdd: *of the nature of a 'rhieingerdd'.*

1888.

rhieingerddwr [*rhieingerdd*+*-wr*] *eg.* ll. *-wyr.* Awdur rhieingerdd(i): *author of a 'rhieingerdd (rhieingerddi)'.*

1889.

rhieingylch [*rhiain*+*cylch*] *eg.* Taith achlysurol brenhines neu ferch brenin drwy'r wlad, tâl a wneid neu fwyd a ddarperid ar gyfer y fath daith: *occasional progress of a queen or a king's daughter through the country, payment made or food provided for such a progress.*

14g. *WML* 57, Un weith pop blỽydyn y gỽetha y paỽb mynet yn lluyd y gyt arbrenhin y orwlat os myn. Ac yna y dyly y vrenhines *rieingylch.* **15g.** (**17g.**) *AL* ii. 604–5, Tri chylch cyfreithiawl a ddylyir y wlat: un yw *rhieingylch* . . . Deu ddyn a ddyly *rhieingylch*[:] y frenhines; ar rhiein freinyoc .i. merch y brenhin pan fo ef yn lluydd gorwlad. **1604–7** *TW* (*Pen* 228), *rhieingylch* yr vrenhines d.g. *Tributum.* **1632** *D, Rhiein-gylch,* Talu *rhiein-gylch* i'r frenhines. K[yfraith] H[owel Dda]. Vicem virginum. **1730** *Leg Wall* 582, *Rhieingylch,* Commeatus Reginae. **1753** *TR, Rhiein-gylch,* a provision of victuals which the farmers were obliged once every year to give the queen. **1803** *P.*

rhieiniaidd, gw. **rhieinaidd.**

rhieiniog [*rhien*[1]+*-iog*] *a.* Rhesog: *striped.*

1781 M. WILLIAMS: *BM* [34], Cylchoedd duon, *rhieiniog* oddi amgylch yr haul neu'r lleuad.

rhieiniol[1] [*rhiain*+*-iol*] *a.* Uchel ei thras, boneddigesaidd: *noble, ladylike.*

c. **1400** *R* 1352. 12–13, Yn *rieinyaỽl* yn ragoraỽl yn rugared [*sic*]. **1803** *P.*

rhieiniol[2], **rhienïol, rhienol** [*rhiaint, rhien(i)*+*-(i)ol; rhienol* < *rhyenawl*] *a.* Yn perthyn i rieni, o natur rhieni, tebyg i rieni: *parental.*

10g. (*Juv*) *VVB* 209, *Messores patris* [*sic*] i. irregen*aul.* **1725–6** *Madd Ed* 39, Y Tad gwedi i annog gan *riennol* (*parental*) serchiadau. **1803** *P, Rhienïawl* . . . Parental.

rhieintyddiaeth [*rhiaint*+*-ydd*[3]+*-iaeth*] *e?b.* Y cyflwr o fod yn rhiant: *parenthood.*

1933.

rhieintyddol [*rhiaint*+*-ydd*[3]+*-ol*] *a.* Rhieiniol: *parental.*

1933.

rhien[1,2], gw. **rhian**[2], **rhiain.**

rhien[3] [olff. o'r ll. *rhieni*] *eg.b.* Rhiant; hynafiad: *parent; ancestor.*

1801.

rhieni [*rhieni* < *rhyeni,* cf. *rhy-*[1,2], **ganaf*: *geni,* Gr. *πρόγονοι,* Llad. *prōgenies*] *e.ll.* ac *eg.b.*

(*a*) Tad a mam yn eu perthynas â phlentyn iddynt, rhiaint, hefyd yn *ffig*: *parents, also fig.*

13g. *BD* 12, y vorvyn . . . ac ygvon ac wylaw a chvynvan a gymyrth yndi am adav y *ryeny* a'e chenedy l a'e gvlat. *id.* 38, peri crogi petwar gvystyl ar ugeint . . . yg gvyd eu *ryeni* ac eu kenedyl. **1346** *LlA* 37, ny dichaỽn yrith ny ffuryfhaỽyt etwa gwrthỽynebu oe *ryeni.* **14g.** *RC* xxxiii. 193, yd aeth odyno meir a Iosep y gyt a yssu hyt yn dinas nazareth ac yno yd oed gyt ae *ryeni. ib.* A phan weles *ryeni* y map marw hynny lleuein a orugant. c. **1400** *YCM*[2] 89, emelldyth Duw ar y *rieni* a baryssant ytt dyuot y'r byt. **1551** W. SALESBURY: *KLl* xa, *Rieni* Ieshu aethant i Caersalem . . . yngwyl y pasc. **1567** *TN* 290b, Y Plant uvyddewch ich *rieni* [:– tadae ach mamae]. **1588** *Heb* xi. 23, pan anwyd Moses, y cuddiwyd ef dri-mis gan ei *rieni.* **1632** *D, Rhieni,* Parentes. **1672** J. LANGFORD: *HDdD* 295, *Rhieni* Dinasaidd, Ysprydol, Naturiol. *id.* 304, Y Trydydd máth o *Rieni* yw 'r Naturiol, sef Tadau ein Cyrph ni. **1698** T. JONES: *Art* 15, rhai a fo yn fynŷch o'n cwmpas . . . megis gwraig, plant, *rhieni* a chyfathrach. **1793** DAFYDD IONAWR: *CD* 237, Deuddeg oed Fab diddig aeth / I Salem Ddinas helaeth, / Tangnhefeddol rasol Ri, / Ar unwaith a'i *Rieni.* **1803** *P.* Ar lafar, *WVBD* 462, *GTN* 688.

(*b*) Y tadau gynt, hynafiaid, teidiau, cyndeidiau; hynafiaid gwrywaidd o fewn tair cenhedlaeth olynol, sef tad, taid, a hendaid (yn y cyfreithiau Cymreig); rhagflaenydd: *forefathers, ancestors, forebears; lineal male ancestors within three generations, namely father, grandfather and great-grandfather (in the Welsh laws); predecessor.*

12–13g. *GLlLl* 25, Keluytodeu Reen rannwyd a mi / Megys na rannwyd a'm *ryeni.* **13g.** *HGK* 15, Ac ena y bu vrwyder dirvavr y chof y'r etiued wedy eu *ryeni.* **13g.** *LTWL* 133, per tres generationes, id est, teyr hoyss *reheny.* **13g.** *BD* 85, Cany dyly neb y coronhau yn well no thi o coron Gustennyn a Maxen Wledic, canys y guyr hynny ysyt *ryeni* yt. *id.* 164, Canys uy *ryeni* inheu gynt a oresgynnassant Ruuein. **14g.** *WML* 52, vn oe *ryeni* . . . ae tat ae hentat ae gorhentat. **15g.** *GLGC* 121, a mynegi, myn Iago, / ystoriâu Brutus o Dro, / a hen gerdd a henwau gŵr, / a *rhieni* yr henwyr. [**1547**] W. SALESBURY: *OSP* [vi], pan ddechreod ych *Rieni* chwi, ae gohelyth wynt . . . ddiystyry . . . yr yschrythur lan. **16g.** (*LlEG*) *Mos* 158, 115a, pw/y orau I *Rienni* ai waed I vod ynn vrenin or ysgo/ttiaid. **1567** *LlGG* xa, Na choffa Arglwydd ein enwiredd, n'ac enwiredd ein *Rieni* [:– hynaif, tadau a mammau]. *id.* cxxxa, creawdd eyn *rhieni* Adda ac Eua. **1595** *Egl Ph* [x]–[xi], adolwyn ydhwybh er mwyn cobhadwriaeth henabhieit . . . er mwyn mawl eich *rhieni* . . . cannorthwywch jaith y Cymbru. **1604–7** *TW* (*Pen* 228) d.g. *patres.* **1606** E. JAMES: *Hom* ii. 180, arfere ein *rhieni* (*elders*) ni . . . gymmeryd vn pryd prin o fwyd. **1632** *D, Rhieni* . . . majores. **1722** *Llst* 189, *Rhïeni,* p. ancestors, fore-fathers. **1803** *P.*

(*c*) Teulu (agos), tylwyth, llwyth, cenedl, cyd-wladwyr; rhywogaeth, math: (*close*) *family, kindred, tribe, clan, fellow-countrymen; sort, species, kind.*

13g. *LlI* 72, e'r *reeny*: nyt amgen, e'r tat a'r uam a'r brodyr a'r chuyoryd o bydant. c. **1300** *B* ii. 32, na bych . . . llidiawc . . . wrth nep oth *rieni.* kanys rat a chyssondep a dyly bot yr / rwng *rieni.* **15g.** *GDID* 37, Rhoi anner un *rhieni* / Â'r tarw a wnaut i'n tir ni. **16g.** (*LlEG*) *LlGC* 5276, 431b–2a, goruydd Ir ddraig goch ai *hrienni* gili/o I Eithauoedd y llynn gwahanedig. **16g.** (*LlEG*) *Mos* 158, 72b, Bid ysbys I chwi ac I chnashiwn [*sic*] na allaaf I am k/enhedlaeth vyw heb ennllyn o gig niueiliaid . . . Tra uo kig ych *hrienni* chwi ynn gysta/ll I vlaas Ni byddaf I am pobyl heb ddigon o gig. **1615** R. SMYTH: *GB* 21–2, yr anifailiaid eraill sy 'n byvv 'n heddvvchavvl . . . ymysc yr hain y sydd o'r vn *rhueni* [*sic*]. *id.* 40, nad oes un anifael mor greulon, a ladd yr un oi *rieni* i hun. **1696** *CDD* 48, Ar Moses hwn gwedi, a ddaeth yn oleuni, / Ir Israeliaid *rieni,* o rinwedd Duw gwŷn.

(*d*) Disgynyddion, epil, hil, hiliogaeth, etifeddion: *descendants, offspring, issue, posterity, heirs.*

c. **1400** *R* 1321. 7–8, Amdiweirdeb. am loer wyneb.

amyl *rieni* [marwnad Gwenhwyfar gan Ruffudd ap Maredudd]. **15g.** *GLGC* 216, Siôn a Mawd, rhosyn y medd, / yw'r ddau ben o wraidd bonedd; / o'r rhain y tyf *rhieni* / daear Ŵyr bob ddau, bob dri. **15–16g.** *TA* 328, Gan na roed—gwan yw'r adwy,—/ I Wen a Siôn einioes hwy, / Hir einioes i'w *rhieni*, / A nef i hwn, fô a hi! **16g.** (*LIEG*) *Mos* 158, 82b, I gymrud y deyrn wialen ar goron vddunt twy ai tiueddion yn dragowydd Athiuuddio di ath *Rienni* ynn dragowydd. *id.* 205a, yn a dolwg [*sic*] I chwi . . . ynn gwneuthud ni oll yn hryddion or kaethiwed . . . Ir ydym ni an *hrieni* yn hrwymedig yw wneuthud . . . megis ac I bythom I [*sic*] a/n hiliogaeth ynn ffri ac ynn ddi gaeth byth or dydd hwn all/ann. **1632** *D*, *Rhieni* . . . Soboles, posteri. **1688** *TJ*, *Rhieni* . . . an Off-spring, Posterity.

(*e*) Tad neu fam, rhiant: *parent*.

1603 W. MIDLETON: *Ps* 87, Ef ydyw 'n Duw gwiwdduw gweddi, / Yn arweiniwr an *rhieni*. **1672** J. LANGFORD: *HDdD* 323, ni ddyle ûn *Rhiéni* wthio ei Blentyn . . . o'i anfodd. **1718** E. SAMUEL: *HDdD* 290, os digwydd i ryw *Rieni* (*parent*) a fo fel hyn yn ddrygionus ei hun. **1730** IACO AB DEWI: *YL* 67, *Rhieni* Cenhedlig (*a Heathen Parent*). **1759** T. THOMAS: *WWDd* 67, [P]en, a *Rhieni* cyffredinol holl ddynol-ryw, sef Adda. Engh. arall bosibl yw *WM* 40. 18–20, ahonno [Branwen] oed tryded prif rieni yn yr ynys hon; ond gw. *TYP*[2] lxxxvii, n. 1.

Cfn.: **ein rhieni cyntaf:** *our first parents, Adam and Eve.* **1672** J. LANGFORD: *HDdD* [viii], [t]wyllo *ein Rhieni cyntaf.* **1676** W. JONES: *PGG* 8. **1689** E. MORUS: *RC* 9, *Ein Rhïeni cyntaf* ni Adda ac Efa. Cf. H. LEWYS: *PA* 8, yn rhieni, 'an [*sic*] henafieid cyntaf. **rhieni mabwys(iol):** *adoptive parents, also fig.* **20g.** **rhieni maeth:** *foster parents.* **1929.**

Gw. hefyd **rhi**[2], **rhiant.**

rhienïol, rhienol, gw. rhieiniol[2].

rhienyddiaeth [*rhien*(*i*)+-*ydd*[3]+-*iaeth*] *eg.* Etifeddeg, naturiaeth teulu: *heredity.*
1886.

rhies [*rhi*[1]+-*es*[1]] *eb.* ll. -*au.* Boneddiges: *lady.*
1803 *P*, *Rhïes*, s. f.—pl. t. *au* . . . A dame, a lady.

rhif[1] [H. Lyd. *ri*[*m*], gl. *summa*, H. Wydd. *rím*, cf. H. S. *rīm*, Gr. ἀριθμός, Llad. *rītus* 'arfer, defod'] *eg.* ll. -(*i*)*au*, -*oedd*, -(*i*)*on*, (geir.) -*edd*, a hefyd gyda grym ansoddeiriol.

(*a*) Cyfanswm neu faint penodol neu gyfrifadwy o unedau, swm, rhifedi: *the sum* (*of a collection of units*), *number.*

13g. *DB* 73, Duw . . . er hwn a wyr *rif* y syr ac eu enw. **14g.** *WML* 84, talent yr yt *yrif* eidon llɞdyn. **1346** *LlA* 6, yr llys honno yracɞelas ef anuon *rif* hysbys o etholedigyon. **15g.** *FfBO* 52, mi a ouynneis y rei yno, *rif* gwyr y llys, ac wynteu a dywedassant vot yno o gler, betwar cant ar dec, ac o geitweit kwn ac adar, vn kant ar bymthec. **1547** *WS*, *Rif* A nombre. **1588** *Dat* vi. 11, nes cyflawni *rhif*, [*sic*] eu cydwasanaeth-wŷr a'u brodyr. **1632** *D*, *Rhif*, Numerus . . . pl. *Rhifedd*. P[rydydd y] M[ôch]. **1696** *CDD* 38, Mil chwechant, a phymtheg, ac union bedwar-deg, / A blwŷddŷn ychwaneg, yn rhedeg i'r *rhi*. **1725** D. LEWIS: *GB* 299, ystyriwn, fel y mae'r Bŷd i gyd wedi ei wneuthur i fynu o fân Ronyneu . . . pa *Rifeu* anrhaethadwy sydd o honynt. **1778** *W* d.g. *Number* [*a collection of units* . . .]. **1778** J. HUGHES: *BB* 110, Fel gwallt fy mhen o amledd, / Mo'r [*sic*] rhyfedd yw eu *rhi*. **1803** *P*. Ar lafar, *WVBD* 464, *GTN* 688; hefyd yn ne-ddwyrain Morg. yn yr ystyr 'daliad mewn chwarae', 'Ar ôl pob cylch yn y 'wara, 'ôn' nw'n cwnnu'r *rif*', *id.* 689.

(*b*) Cynifer neu mor lluosog (â): *as many or numerous* (*as*).

12g. *GLlF* 318, A chwytaɞ racddaɞ *rif* seith—riallu. *id.* 378, *Rhif* trychan celain o drychion camawn / Oedd cymmaint un mestig. **12g.** *GCBM* i. 194, Dychyrch cad, dyrann rad *rif* ser! *id.* ii. 119, Rygnassant *ryf* naɞcant kelein. **15g.** *GHC* 33, Ac arian *rhif* y gweryd, / Ac aur bath, fo'i gŵyr y byd. **15–16g.** *GIF* 91, a'r rhyw fwyd ir, *rhif* y don, / a roed oll i'r rhai deillion. **16g.** *WLl* 101–2, Roes vy ion roddion ym or eiddaw / Rof iddo ymendith wedi nithiaw / *Rif* gwiail *rif* dail yn deiliaw—mewn ffrith / *Rif* gro a gwenith ar gwlith ar glaw. *id.* 142, Bendith hen gwann bendith hyn ac iau / A doeth ac annoeth a ffob genau / *Rrif* gwellt ac od a gro a blodau / *Rrif* ser wiw nifer yn wanafau / *Rrif* gwlith ymhob ffrith hap ffrwythau—mowredd / A fytho n unwedd vyth yn Nannau. *id.* 147, Mastr Lewys dilys dyler—hau dy glod / Mae *rrif* gwlith ag od hynod henwer / *Rif* y gwellt arr gwlith ith vendithier / *Rif* gwiail a dail val y dyler / *Rif* hiroes nawoes y ner—goreufoes / Ro Duw ytt einioes wr da tyner. Cf. R. WILLIAMS: *GE* 14, 'Mhen oesoedd *rif* y tywod mân, / Ni bydd y gân ond dechrau. Gw. hefyd y *Cfn.*

(*c*) Nifer (mawr), llawer, tyrfa, lliaws, llu; maint mawr: *a* (*great*) *many, crowd, host, multitude; large amount.*

12g. *GCBM* i. 95, Nis gwyr namyn Duw . . . / . . . / O aurdorf aurdorchogion, / Ein *rhif* yn Rhiweirth afon. **13g.** *A* 27. 19–21, Etmycir e vab [*sic*] tecvann. wrth *rif* ac wrth rann wyr catvan colovyn greit. **14g.** *YBH* 61a, erchi o honaɞ y ygchwanec y cant yscynnu ar eu meirch ac eu hymlit. Ac yna *rif* o nadunt ae hymlityassant. *c.* **1400** *R* 1303. 17, arglɞyd penndeuic ryuic *riuieu*. **15g.** *GGl*[2] 169, Myn *rif* yn y man yr êl, / Mewn y *rhif* mae'n ŵr rhyfel. **15g.** *DE* 106, ai lleteuau yw llu tawel / ag yw *rhifau* a gwyr rhyfel. **1567** *TN* 381a, syna *rrif* [:– torf, tyrfa, lliaws] mawr. **1630** *YDd* 83, y rhyddhâd yma a brynwyd i ni, nid a *rhif* o arian, ond â gwerthfawr waed Crist. **1752** *Gron* 38, *Rhifoedd* o ser (rhyfedd son!) / Crogedig uwch Caergwydion.

(*d*) Parch, bri, anrhydedd, clod: *worth, esteem, honour, praise.*

12g. *GCBM* ii. 181, Tagneuet amnaɞt amniuerɞch—*rif*. **12–13g.** *GLlLl* 218, Yn ruteur, yn rwyt ardunyant / O bob *rif* y'm rɞyf y'm donyant. **13g.** *GDB* 118, *Rif* pybyr eryr arɞyrein. *id.* 119, Rɞyd ynni rodi, *rif* Mein,—y annɞyt. **15g.** *GLGC* 260, a'th dad, oedd farchog cadarn, / a'm eurai byth am roi barn, / a chwithau rhwng bannau'r byd / am *rif* i'm euro hefyd. *a.* **1587** *Y* 118, A rhoi mawl a *rhi'* milwyr / I rai mân o ddirym wyr.

(*e*) Symbol sy'n cynrychioli swm neu faint penodol ac a ddefnyddir wrth rifo a chyfrif, ffigur, digid, rhifolyn neu res o rifolion; rhif sy'n dynodi safle rhywun neu rywbeth mewn cyfres, &c., rhif cyfresol, rhif adnabod, cyfeirnod, e.e. rhif heddwas, rhif ystafell, rhif cofrestru, rhif teliffon; un o gyfres (am gylchgrawn neu gyfnodolyn), rhifyn, rhan: (*arithmetical*) *number, figure, digit, numeral or string of numerals; serial number, number used for identification, reference number; one of a series* (*of a magazine or periodical*), *part.*

1546 *YLlH* [23], *Rhif* 1 2 3 . . . i ii iii . . . vn. deu. tri. *id.* [24], a gwybydd nad oes ond naw llythyr *rhif* . . . nid amgen. 1 2 3 . . . 9. ac vn arwydd sef yw hynny .o. y peth ny arwyddockaha *rhif* yn y byd ehun. **1679** C. EDWARDS: *GGG* 273, ffigurau sy'n dangos oed y byd neu oedran yr Arglwydd, neu ryw *rifon* eraill. *c.* **1720** *CIF* 84, Edrychwch ym-mhen uchaf y Tablau am 35. Ac yn y rhês gyntaf am 9. ac yno y cewch y swm ar un waith . . . ac felly am *rifau* eraill. **1725** D. LEWIS: *GB* 129, bydd gennif Achos i sôn am *Rifeu* a Symeu mawrion. **1752** *LlGG* [19], deliwch sulw ar y *Rhif* neu'r gwagnod sy'n sefyll yn y drydedd Golofn. **1754** *Gron* 47, Er mai gormodd, wr noddawl, / Yw *rhif* deg rhof fi a diawl. **1800** W. OWEN[-PUGHE]: *CP* 37, Pob Rhês ganlynol o *Rifion* á ddarllènir yr un modd.

(*f*) Y weithred neu'r dull o rifo, cyfrif, cyfrifiad, mesur: *a count*(*ing*), *reckoning, measure.*

12–13g. *GLlLl* 6, Teyrnged heb *rif* hebrygɞch—o'e lys. **13g.** *BD* 166, Sef oed eiryf hynny oll y gyt o uarchogyon, teir mil a phetwar ugein mil a chan mil, heb y pedyt yr hyn nyt oed havd eu gossot yn *rif*. **14g.** *B* ix. 226, ny ellit y *rif* o wyrtheu ereill a wnaeth. *c.* **1400** *YCM*[2] 15, Sef oed riuedi llu Chyarlymaen a'e briawt dayar ehun, deugein mil o uarchogyon; ny ellit *rif* y bedyt ynteu. **15g.** *GO* 165, A chael aur rrodd vwch law *rrif* / A byd yn ail bod y'nef. *c.* **1600** **(1681)** *Rhyddiaith Gymraeg* ii. 171, yr oeddynt cyn ammled ymmlhith y cenhedloedd nas gellid moi *rhif*. **1740** T. EVANS: *DPO* 280, prin jawn y byddai na Gweddi, nac Arch na Chais at Dduw . . . ond nid oedd na *Rhîf* na Medr ar eu Gweddiau at y Sainct a Sanctesau, ac yn fwy enwedigol at y Fair Forwyn, Gwenfrewi, a Sanffraid. **1752** G. OWEN: *L* 20, sef oedd hynny Medi'r 16, yn ol y *rhif* newydd. **1772** *W* d.g. *Count* [*reckoning, or number*].

(*g*) *Gram.* Dosbarthiad geiriau yn ôl eu ffurfiau unigol, lluosog, ac weithiau deuol, un o'r ffurfiau hynny: *number* (*in gram.*).

14g. *GP* 44, Deu *rif* ysyd y veryf megys y henw, nyt amgen, vnic a lluossawc. *c.* **1455** *id.* 68, Geiriau gwann a gairiav katarn a ddylyand vot yn un *Rif* ac yn vn genetl. *id.* 71, Dav *riv* sydd i rakenw, vnic, val y mae 'hwnn', llvossoc, val y mae 'y rhain'. **1567** G. ROBERT: *GC* 9, manegi tadogæth epil, cenedl, *rhif*, treigliad gair cyn i roi mewn cymlheth ymadrodd. *id.* 86, A gyttuna'r [diwyg.] ferf bob amser ai henwedigawl mewn *rhif*, a pherson? **1595** *Egl Ph* [69], pann newidir yr vnrhyw air, y amryw dhychweliadau, neu *ribh*, neu genetlryw. **1630** *YDd* 16, enw o'r *rhif* lluosog ydyw [Elohim]. Gw. hefyd y *Cfn.*

(*h*) Mydr, ?rhythm: *metre, ?rhythm.*

1554–8 *Cylchg LlGC* i. 141, na edrychwch ddim am hoffedd / *rhif* na mesūr a chynghanedd. **1605–10** *Haf* 24, 600, mae . . . mewn kerdd ryw allu i ddivlino yr meddwl yr hwn a elwir, *rhif*, rhifwyr, ne ddechreuad o rifiad. *id.* 618, [t]rwy llwynychtod mewn *rhif* a rhyfedi kyssondeb o gerddwriaeth a nillir. **1707** *AB* 281b d.g. *Meeter.* **1757** *ML* ii. 53, Rhyme and the British rhim and rhimyn are nothing but *rhif*—number, because the syllables were numbered in verse.

Cfn.: **rhif a mesur:** *mathematics.* **1932.** Gw. hefyd *celfyddyd—celfyddyd rhif a mesur.* **rhif anwahanredol:** *indefinite number.* **1767** *Gron* 125. **rhif archeb:** *requisition number, order number.* **20g.** **rhif atomig:** *atomic number.* **20g.** **rhif (y) blodau:** *the number of the flowers, a great number or amount; as numerous as the flowers, without number, countless, innumerable.* **15–16g.** *GIF* 38, a'i gardodau *rhif y blodau*, / a'i wirodau, i wŷr oedog. **16g.** *WLl* 142, *Rrif* gwellt ac od a gro a *blodau.* **rhif blwch:** *box number.* **20g.** **rhif bocs = rhif blwch.** **20g.** **rhif cofrestru:** *registration number.* **20g.** *Math.* **rhif cyfan:** *whole number, integer.* **1925.** **rhif cyfartal(og):** *average number.* **20g.** **rhif cyfres:** *series number.* **20g.** **rhif cyfresol:** *serial number.* **20g.** *Math.* **rhif cymysg:** *mixed number.* **20g.** *Math.* **rhif cysefin:** *prime number.* **20g.** **rhif (y) dail:** *the number of the leaves, a great number or amount; as numerous as the leaves, without number, countless, innumerable.* **15g.** *GLGC* 365, Y gwan a'r henddyn a gynnail—y gŵr, / ac eraill *rhif y dail.* **15g.** *DN* 5, Megis *rrif y dail* ar wiail yn. **15g.** *GO* 173, Dy wleddav, *rrif dail* oeddynt. *id.* [191], Rrif y grayan mân nev amwenith dôl / Nev *rif dail* yw'r vendith. **16g.** *WLl* 185, Val *rrif dail* gwiail mewn dol gaead. *Math.* **rhif degol:** *decimal number.* **20g.** *Math.* **rhif deuaidd:** *binary number.* **20g.** *Gram.* **rhif deuol:** *dual number.* **1808.** **rhif dwbl:** *double figure.* **20g.** **(y) rhif euraid:** (*the*) *golden number, prime.* **1546** *YLlH* 22. **1778** *W* d.g. *Number, the golden number* [*in Chronology*]. **1795** J. THOMAS: *AIC* 320. **rhif ffôn:** (*tele*)*phone number.* **20g.** **rhif (y) graean:** *the number of the grains of gravel, a great number or amount; as numerous as the grains of gravel, without number, countless, innumerable.* **14g.** *GLlBH* 91, mygyrɞaɞt ddiofyn ddofyn ddiuas / mal *rif graean* ar lan las. **15g.** *GO* 155, Arian *rif grayan* a gro / Ac aur ynn a gair ynno. *id.* 165, *Rrif y grayan* y'w anedd. *id.* [191], *Rrif y grayan* mân nev amwenith dôl / Nev rif dail yw'r vendith. **rhif (y) gro = rhif y graean.** **15g.** *GO* 155, Arian *rif* grayan a *gro* / Ac aur ynn a gair ynno. *id.* 165, *Rrif y gro* a vo ar vowyd i oes. **16g.** *WLl* 102, *Rif gro* a gwenith ar gwlith ar glaw. **rhif gwallt ei ben (fy mhen, &c.):** *in great measure, to a great degree* (*stock phrase used with ref. to regret*). Ar lafar yn neddwyrain Morg., 'Di 'dyfarid *rif gwallt dy ben* iti golli siŵd gyfla', *GTN* 689. **rhif gwasg:** *press number.* **20g.** **rhif (y) gwellt:** *the number of the blades of grass, a great number or amount; as numerous as the blades of grass, without number, countless, innumerable.* **15g.** *GLGC* 220, *Rhif gwellt* yr elltydd / a'r gwawn o'r gweunydd. **16g.** *WLl* 142, 147. **rhif (y) gwenith:** *the number of the grains of corn, a great number or amount; as numerous as the grains of corn, without number, countless, innumerable.* **15g.** *GDID* 18, Mae *rhif y gwenith* o fendithion. **16g.** *WLl* 102, *Rif* gro a *gwenith* ar gwlith ar glaw. *id.* 176, Bendith *rif gwenith* a gaid / I hon gan hen a gweiniaid. **rhif gwiail:** *the number of the branches, a great number or amount; as numerous as the branches, without number, countless, innumerable.* **16g.** *WLl* 102, *Rif gwiail* rif dail yn deiliaw—mewn ffrith. *id.* 147. **rhif (y) gwlith(oedd):** *the number of the dewdrops, a great number or amount; as numerous as the dewdrops, without number, countless, innumerable.* **15g.** *GDLl* 108, Bendith *rif y gwlith* y glod / i'w gowirdeb a'i gardod. **15g.** *GLGC* 220, *rhif gwlith* rhof a gwlydd / oedd â'i ofn Ddafydd. *id.* 481, a *rhif gwlith* o fendithion. **16g.** *WLl* 102, 147. **18g.** *Bl BGC XVIII* 209, Pob bendith *rhif y gwlithoedd* (Iolo Morganwg). **rhif (y) gwŷdd:** *the number of the trees, a great number or amount; as numerous as the trees, without number, countless, innumerable.* ?**15g.** *IGE*[2] 107, Arfau a gwŷr *rif y gwŷdd* / A'i geraint yn ei geyrydd [i Hywel Coetmor o Nannau]. **15g.** *DN* 4, *Rif y gwŷdd* a fydd i ddwyfil—a'i avr / a'i arian i deirmil. *Gram.* **rhif lluosog:** *plural number.* **1592** S. D. RHYS: *Inst* 64. **1630** *YDd* 17. **1778** *W* d.g. *Number, the plural number.* Cf. *GP* 4, Deu rif henw yssyd, vnic a lluossawc; G. ROBERT: *GC* 50, y lliossaug rif. *Math.* **rhif naturiol:** *natural number.* **20g.** *Math.* **rhif od:** *odd number.* **20g.** **rhif (yr) ôd:** *the number of the snowflakes, a great number or amount; as numerous as the snowflakes, without number, countless, innumerable.* **15g.** *DGG*[2] 40, A gwylio rhod a'r gwaelod, / A rhwyfo'r aig, *rhif yr ôd.* **15g.** *GLGC* 352, Bendith *rif yr ôd* dros bob grodir. ?**16g.** *DGG*[2] 19, Rhof aur i wen *rhif yr od* / Ar ei cham er ei chymod. **16g.** *WLl* 142, *Rrif* gwellt ac *od* a gro a blodau. **16–17g.** *GHCEM* 89, I ddwyn i chwif *rif yr ôd*, / Ofer sôn, o fursennod. **1799** DAFYDD IONAWR: *MB* 66, Er bôd ein beiau *rif yr ôd.* **rhif rhedegol:** *running number.* **20g.** **rhif(oedd) (y) sêr (sŷr):** *the number*(*s*) *of the stars, a great number or amount; as numerous as the stars, without number, countless, innumerable.* **12g.** *GCBM* i. 194, Dychyrch cad, dyrann rad *rif ser*!

Ar *Rivwnt*, ne'r clwyf melyn arnaw d.g. *Arcuatus*. **1632** *D*, *Rhifwnt*, Color flauus; Aurigo, icterus, morbus arquatus . . . Cyn felyned a'r *rhifwnt*. **1688** *TJ*, *Rhifwnt*, melynliw, aurliw: a yellow or golden Colour. **1722** *Llst* 189, *Rhifwnt*. m. A yellow colour: the yellow jaundice. **1725** *SR*, y *rhifwnt* melyn d.g. *the Jaundice*. **1774** *W*, y *rhifwnt* d.g. *Jaundice*.

Amr.: **rhiffwnt.** **1803** *P*.

rhifwr, rhifydd [bôn y f. *rhifaf*: *rhifo*+ *-wr*, *-ydd*[3]] *eg.* (b. *rhifyddes*, ll. *-au*) ll. *rhifwyr*, *-yddion*.

(*a*) Un sy'n rhifo neu'n cyfrif, cyfrifwr, cyfrifydd, trysorydd, ?mathemategydd: *one who numbers or counts*, *counter* (*person*), *enumerator*, *teller*, *accountant*, *treasurer*, ?*mathematician*.

1588 *Eseia* xxxiii. 18, pa le y mae'r scrifennudd? pa le y mae y pwysudd, pa le y mae *rhifudd* (**1620** *ib.* *rhifwr*) y tŷrau? **1632** *D*, *rhifwr* d.g. *Argentarius*, *Numerator*. **1707** *CEBM* 6, Tragwyddoldeb ni all *rhifydd* ei rifo. **1767** *Gron* 120, Ebrwyddaf oedd o'r wybryddion,—hyglod, / A llwyr ryfeddod holl *rifyddion*! / Traethai, fe wyddai foddion—teyrnasoedd, / Rho'i o hen oesoedd wir hanesion [marwnad Lewis Morris]. **1772** *W*, *Rhifwr*, *rhifydd* d.g. *Counter* [*a reckoner*], *Numberer*. *id. Rhifydd* d.g. *Numerist*. **18–19g.** *Cymru* xxi. 219, Edward Siams, sydd bob amser, / Ofer ei swydd, *rhifwr* y ser. **1803** *P*, *Rhivwr*, s. m.—pl. *rhivwyr* . . . One who numbers, a reckoner. *id. Rhivyz*, s. m.—pl. t. *ion* . . . A numberer. *id. Rhivyzes*, s. f.—pl. t. *au* . . . A female accountant.

(*b*) (yn y ff. *rhifydd*) Dyfais ar gyfer cyfrif; *Math.* rhifiadur: *counter* (*device*); *numerator* (*in math.*).

1768 J. ROBERTS: *R* 87, ½, ¾ . . . Yr uchaf elwir *Rhifydd*, a'r Isaf Cyfenwydd. **1795** J. THOMAS: *AIC* 203.

Cfn.: **rhifydd Geiger:** *Geiger counter*. **20g.**

rhifwysiad [*rhif*[1] + *gwysiad*] *eg.* Cylch neu gyfnod cyllidol o bymtheng mlynedd, a sefydlwyd gan yr ymerawdwr Cystennin yn y flwyddyn 313, ac a ddatblygodd yn ddull o ddyddio digwyddiadau a gweithrediadau; (rhif) blwyddyn benodol yn y cylch hwnnw: *indiction*, *cycle or* (*fiscal*) *period of fifteen years*; (*number of*) *specified year in this cycle*.

1770 J. PRYS: *Alm* 14, Nodau Cyffredinawl a'r Gwyliau Symmudol 1770 . . . *Rhif wysiad* y rhufeiniaid 3. **1772** *id.* 9, *Rhîf wysiad* y Rhufainiaid, [*sic*] (Roman indiction). Hwn sydd rîf nad yw yn [*sic*] amser yn mynaid [*sic*] dros 15. **1779** *DS* 5, *Rhif wysiad* y Rhufainiaid yw . . . 12.

rhifydd, rhifyddaeg, gw. **rhifwr, rhifyddeg.**

rhifyddaf, rhifyddiaf: rhifyddu, rhifydda, rhifyddio [?bf. o'r e. *rhifydd*] *bg.a.* Gwneud neu weithio (symiau mewn rhifyddeg), cyfrif; rhestru: *to do or work out* (*sums in arithmetic*), *calculate*; *enumerate*, *list*.

1834.

rhifyddeg [*rhifydd* + *-eg*[1]] *eb.g.* ll. (prin) *-au*. (Llyfr am) y gangen o fathemateg sy'n ymwneud â chyfrifiadau rhifiadol, megis adio, tynnu, lluosi, a rhannu, cyfrifiadau sy'n cynnwys gweithrediadau rhifiadol; ?mathemateg: (*book on*) *arithmetic*; ?*mathematics*.

1753 *TR*, *Rhifyddeg*, arithmetick. **1768** J. ROBERTS: *R* iii, ni chlywais i am neb a welodd Lyfr *Rhifyddeg* yn yr Jaith hon. **1770** *W* d.g. *Arithmetic*. **1775** M. WILLIAMS: *MC* 8, Y sawl nad ydynt yn hyddysg mewn *Rhifyddeg* . . . darllenent y *Rhifyddeg* Cymraeg. **1803** *P*, *Rhivyzeg*, s. f. . . . The science of numbers; arithmetic.

Amr.: **rhifyddaeg** [*rhifydd* + *aeg*]. **1795** J. THOMAS: *AIC* 143, *Rhifyddaeg* y'w 'r Gelfyddyd o ddarllain a Sgrifennu Ffugurau. *id.* 338, [c]eingciau Rhifyddiaeth y'w *Rhifyddaeg*, Mesuriaeth, a cherddoriaeth.

Cfn.: **rhifyddeg ddirprwyol:** *logarithms*. **1776** *W* d.g. *Logarithms* . . . *logarithmetical Arithmetic*. **rhifyddeg lythrennol:** *algebra*. **1770** *W* d.g. *Algebra*. **rhifyddeg pen:** *mental arithmetic*. **20g.**

rhifyddegol [*rhifyddeg* + *-ol*] *a.* Yn perthyn i rifyddeg neu'n defnyddio rhifyddeg, rhifiadol: *arithmetical*, *numerical*.

1770 *W* d.g. *Arithmetical*. **1803** *P* d.g. *Rhivyzegawl*.

rhifyddegu [be. o'r e. *rhifyddeg*] *bg.* Gwneud neu weithio symiau (mewn rhifyddeg), cyfrif: *to do or work out sums* (*in arithmetic*), *calculate*.

1823.

rhifyddegwr [*rhifyddeg* + *-wr*] *eg.* ll. *-wyr*. Un sy'n astudio rhifyddeg neu'n hyddysg ynddi; mathemategydd: *arithmetician*; *mathematician*.

1770 *W* d.g. *Arithmetician*. **1775** M. WILLIAMS: *MC* 8, Y sawl nad ydynt yn hyddysg mewn Rhifyddeg . . . darllenent y Rhifyddeg Cymraeg a argraffwyd yn ddiweddar yn Dublin, o waith y *Rhif*[*y*]*dd*[*e*]*gwr* (alias Arithmetician) John Roberts. **1803** *P*, *Rhivyzegwr*, s. m.—pl. *rhivyzegwyr* . . . An arithmetician.

rhifyddes, gw. **rhifwr.**

rhifyddiaeth [*rhifydd* + *-iaeth*] *eb.g.* ll. (prin) *-au*. Rhifyddeg; llyfr am rifyddeg; mathemateg; y weithred o rifo, system rifo; rhif: *arithmetic*; *book on arithmetic*; *mathematics*; *a numbering*, *numbering system*, *numeration*; *number*.

1630 R. LLWYD: *LlH* 305, pa-sawl vn yn gwasanaethu Duw yn bur, yn ffyddlon . . . a geir yn ein plith . . . nad rhaid i ni wrth gelfyddyd *Rhifyddiaeth* (*the art of arithmetic*) iw cyfrif hwynt. **1667** C. EDWARDS: *FfDd* [iii], nodau *rhifyddieth* sydd yn dangos oed y byd . . . megis . . . 1666. **1688** *TJ* (At.) [32], pob llythyren a rodder am *rifyddiaeth* (*number*) . . . a ddyle fôd yn llythyren bennigol. **1725** I. HARRI: *RD* 402, Ni allwn ystyried tri *rhyfyddiaeth* yn Daniel . . . Hyd ddwy fil a thri chant o ddiwrnodau; hynny yw Blynyddau, canys felly y mae yr *rhyfydyddiaethau* [*sic*] eraill yn cael ei [*sic*] deonglu. *c.* **1730** *Thos. Lloyd D* (LlGC) 204a, *Rhifyddiaeth*. Numeratio. Arithmetica. **1753** *TR*, *Rhifyddiaeth*, numeration. **1753** *ML* i. 252, Yr ail mab ydoedd gydag ef yma wedi ei ddwyn i fynu mewn ysgolion ir Lladin, sgrifennu a thrin *rhifyddiaeth*. **1761** *NBCR* 16, *Rhyfyddiaeth* neu Lyfr i ddyscu casclu Acounts. **1768** J. ROBERTS: *R* [1], *Rhifyddiaeth* yw 'r Gelfyddyd o Ddarllen, neu Scrifenu Ffugurau yw Casglu yn un Swm. **1770** *W* d.g. *Arithmetic*. **1775** M. WILLIAMS: *MC* [iii], Yr oeddwn yn gwybod fod amryw Grefftwyr ar hyd Cymru heb gael eu dwyn i fynu i ddeall Rheol *Rhifyddiaeth*. **1785** E. BARNES: *MH* 47, Boed iddo ddysgu i mi 'r *Rhifyddiaeth* nefol honno, o 'gyfri fy Nyddiau, fal y dygwyf fy nghalon i Ddoethineb!' **1795** J. THOMAS: *AIC* 338, [c]eingciau *Rhifyddiaeth* y'w Rhifyddaeg, Mesuriaeth, a cherddoriaeth. **1803** *P*, *Rhivyziaeth*, s. m. . . . Numeration.

Cfn.: **rhifyddiaeth feddyliol (meddyliol):** *mental arithmetic*. **1848.**

rhifyddiaethaf: rhifyddiaethu [bf. o'r e. *rhifyddiaeth*] *bg.* Gwneud neu weithio symiau (mewn rhifyddeg), cyfrif: *to do or work out sums* (*in arithmetic*), *calculate*.

1816.

rhifyddiaethol [*rhifyddiaeth* + *-ol*] *a.* Rhifyddegol, rhifiadol: *arithmetical*, *numerical*.

1847.

rhifyddiaf: rhifyddio, gw. **rhifyddaf: rhifyddu.**

rhifyddol [*rhifydd* + *-ol*] *a.* Rhifyddegol, rhifiadol; mathemategol: *arithmetical*, *numerical*; *mathematical*.

c. **1730** *Thos. Lloyd D* (LlGC) 204a, llythrennau *Rhifyddol* . . . K. 154.

rhifyddwr [*rhifydd* + *-wr*] *eg.* ll. *-wyr*. Rhifyddegwr; mathemategydd; hefyd yn *ffig.*: *arithmetician*; *mathematician*; *also fig.*

1757 J. PRYS: *Alm* [35], ond yn llyfr (gwir Ansawdd Bedysawd) mae rheolau ei [*sic*] wybod yr hen gyfri wrth y cyfri newydd gau [*sic*] belled ac a fynoch yn ôl rheolau *Rhifyddwyr*, neu Mathenaticians. **1785** E. BARNES: *MH* 59, Y mae gan *Rifyddwyr* Ffigrau, i gyfri holl gerddediadau amser . . . ond pa Rifedi a all ddangos, pa Linynau a allant fesur, hydau a llêd Tragwyddoldeb.

rhifyn [*rhif*[1] + *-yn*[1]] *eg.* ll. *-nau*. Un mewn cyfres (e.e. am gylchgrawn, cyfnodolyn), rhan (o waith a gyhoeddir yn rhannau); (geir.) rhif (unigol): *number* (*in a series*, *e.g. magazine*, *periodical*), *issue*, *fascicle*; (*dict.*) (*single*) *number*.

1796 *Geirgrawn* 243, [d]aeth y *Rhifyn* cyntaf o'r Geirgrawn allan. **1803** *P*, *Rhivyn* . . . A number, a single number. Ar lafar, ''Odd y llifra'n dod mæs yn *rifynna*, 'falla cnifar ag ucian *rifyn*', *GTN* 689; 'Mi fydd o yn *rhifyn* 'Steddfod'.

rhiff, rhiffiaf: rhiffio, rhifflaf: rhifflo, rhiffwnt, gw. **riff**[1], **riffiaf: riffio, rifflaf: rifflo, rhifwnt.**

rhig[1,2,3], gw. **rhigod, rhic**[1], **ig.**

rhigaf[1]**: rhigo, rhigaf**[2]**: rhigo,** gw. **rhwygaf: rhwygo, rigiaf: rigio.**

rhigal, rigal [bnth. S. *regal*] *eg.* a hefyd fel *a.* Maen gwerthfawr, hefyd yn *ffig.*; brenhinol, tywysogaidd, uchel ei dras, gwych: *precious stone*, *also fig.*; *regal*, *princely*, *noble*, *fine*.

15g. *GLGC* 261, *rigal* a grisial holl Gred, / rhyw sythfaen Harri Seithfed. **15–16g.** *GLM* 76, Rhywiog yw'r main rhag aur mâl, / rhywiogach no'r main *rhigal*. *id.* 148, Dâm Siân ei hunan, o henwir / rhagor, mewn *rhigal* a saffir. *id.* 297, Gwŷr Powys, grymus, ym Grog, / gwŷr llew coch ac Iarll cuchiog: / oer yw llewych ieirll ieuainc / o gloi ffriw *rhigal* o Ffrainc. **16g.** *GGH* 61, Rholant, athrawfeistr haelion, / *Rhigal* mawr, rhywiowglew Môn. *id.* 62, Maen gwyrthfawr, goleufawr gwlad, / Mor loyw, mawr ei oleuad. / Rhodded, fal gweithio rhuddaur, / Rhyw gwlm nod *rhigal* mewn aur. *id.* 187, Breisglew dewr, breisg-glod arial, / Breisgrwydd gwarantrwydd gwŷr Iâl. / Prinsmal, nen *rhigal* y rhain, / Pren pêr pob breuder Prydain. **16g.** MORUS DWYFECH: *Gw* 86, A dysg i'w rhoi'n dasg yrhawg / Y sy' brin, eisiau Brwynawg, / . . . / Maen *rigal* ein hardal ni; / Ac ysgol Cymraeg wisgi [marwnad Siôn Brwynog]. **16g.** HUW CORNWY, &c.: *Gw* 101, Rhowiog lew fel *rhigal* fain / rhoed ynny, rhyw edn Owain. **1632** *D*, *Rhigal*, q. vid. an mendosè pro Rhial. **1722** *Llst* 189, *Rhigal*. Royal, princely, noble.

Amr.: **rhugl**[2] [?drwy ei gysyllu â *rhugl*[1]]. **15–16g.** *TA* 163, Maen *rhugl*.

Gw. hefyd **regal**[2].

rhigam [bnth. S. *origan*, cf. *organ*[2], *origan*] *eg.* *Bot.* Penrhudd, mintys y graig, *Origanum vulgare*: (*wild*) *marjoram*.

1895. Ar lafar gynt yn sir Benf., *GDD* 246.

rhigiaf: rhigio, gw. **rhiciaf**[2]**: rhicio.**

rhigian, gw. **rigan.**

rhigl, rhiglaf: rhiglo, rhiglwr, rhiglyn, gw. **rhugl**[1], **rhuglaf: rhuglo, rhuglwr, rhugl**[1].

rhigmarôl, rhigmaroliaf: rhigmarolio, rhign, rhignen, gw. **rigmarôl, rigmaroliaf: rigmarolio, rhygn, rhygnen.**

rhigod, *eg.* Pilori, carchar gwddf, hefyd yn *ffig.*: *pillory*, *also fig.*

c. **1425** *B* ii. 236, *rigot*, pilori. *Diw.* **15g.** (**15–16g.**) *ZCP* xvii. 170, a curu r llatron *ricot* / fal curu llwynocot / y bob tayar barot / erbyn y bore (Y Nant). **16g.** WILIAM LLŶN: *Gw* (R. Stephens) (At.), *Rigod* pilwri *Rigod* gwir gwarod gwarr gwr / Gann dd kerfer. **1604–7** *TW* (*Pen* 228) d.g. *Collumbar*, *Numellæ*. *Dchr.* **17g.** *J* 10, 16b, *Rhigod*. Pillorie, Collistrigium. **1632** *D*, *Rhigod*, Collistrigium, collumbar, numellæ. *c.* **1715–28** *PRB* 5, 5 Mâth a ddylid eu cydgysylltu. Gŵr mŵyn a Gwraig garedig, Benyw anynad a Llawffon, Twyllwr dihir ar [*sic*] *Rhigod*, Putain Wyneb-liw â Charchar, a Charnbuttain ddigywilydd ar [*sic*] Fflangell. **1780** *W* d.g. *Pillory*. **1793** T. JONES: *SD* 61, chwi a godasoch eich hunan, wrth argraphu, i'r *rhigod* (*pillory*) lle y gallwch gyfrif eich hunan yn uwch gwr nâ'ch brodyr. **1803** *P*, *Rhigawd*, s. m.—pl. *rhigodau* . . . A pillory.

Amr.: **rhig**[1] [ff. un. eir., ffrwyth trafod *rhigod* fel e.ll. gyda'r trf. *-od*[1]]. **17g.** *LlGC* 13215, 345, *Rhig* s. Rhigod pl. Collistrigium. **1707** *AB* 220a, *Rhig*, A pillory [S]. q. **1803** *P*.

rhigodi [be. o'r e. *rhigod*] *ba.* Gosod mewn rhigod (er mwyn cosbi): *to set in a pillory* (*in order to punish*).

c. **1730** *Thos. Lloyd D* (LlGC) 203b, *Rhigodi*. To pillory. **1780** *W* d.g. *To pillory*. **1803** *P*.

rhigol [bnth. S. *rigol*; ansicr yw'r engh. gyntaf] *eb.g.* (bach. b. *-en*, g. *-yn*) ll. *-au*, *-ydd*, *-ion*. Ôl neu lwybr wedi ei dorri gan dramwy cyson, yn enw. gan olwynion ar dir meddal neu anwastad, sianel (hirgul), rhic; rhych, cwys, ffos, cwter, draen; hollt, agen, cil (drws, ffenestr); hefyd yn *ffig.*, yn enw. am ffordd o fyw gyfyng neu ragweladwy, trefn arferol (ddiflas neu ddigyfnewid): *rut*, *groove*, (*long narrow*) *channel*, *striation*, *notch*; *trench*, *furrow*, *ditch*, *gutter*, *drain*; *slit*, *chink*, *crevice*, *crack* (*of door*, *window*); *also fig., esp. of narrow or predictable way of life, (dreary or repetitious) routine.*

16g. *GGH* 20, I'w enw delid, oen duwolion, / Arwyddolion a urddoler, / A'i drosolion i'w rasolion, / Trwsio holion lle trawsholer, / A'i *rigolion*, rwy gwaywolion, / Ir gaeolion, aur ei goler. *id.* 359, Amgylch ei big mewn *rhigol*, / Amgarn yw am ei gorn ôl; / I'w ben arall, ban wyron', / I'w ddal yn gref ddolen gron [i ofyn bwa]. **1588** 2 *Sam* v. 8, A dywedase Dafydd y dwthwn hwnnw, pwy bynnac a elo ar *rigolau* y tai (**1620** *ib.* i fynu i'r gwtter), ac a deru yr Iebusiaid, a'r cloffion. **1588** *Esec* xvii. 7, wele y win-wŷdden hon yn casclu ei gwraidd atti, ac yn bwrw ei cheingciau tu ag atti: iw dwfrhau o *rigolau* ei phlanniad. **1595** M. Kyffin: *DFf* [65], ag ni thybiwn-ni chwaith, allu o'r gwyr hyn fod mor ddall nas canfyddant hwy drwy'r *rhigol* lleia, od oes ddim ynom a ellir craffu arno. **1604–7** *TW* (*Pen* 228) d.g. *Crena, Fossa, Stria. Dchr.* **17g.** *J* 10, 16b, *Rhigol.* morteise, chinke. **1632** *D*, *Rhigol*, Fossula, sulcus. **1677** C. Edwards: *FfDd* 255, Bydd ostyngedig . . . Ir pant y rhed dwfr y bywyd. Drwy *rigolau*'r galon ddrylliedig, y daw goleuni nefol i mewn. **1683** *LlP* 57b–58a, Cymerwch ysgwir, neu ryw beth ochrog . . . a gosodwch ar eich papyr . . . a thynwch y plwm . . . gidag ystlys yr ysg[w]ir, a hynny a wna *'rigol* ich Cyfarwyddo i Ysgrifenu yn vnion. **1722** *Llst* 189, *Rhigolyn.* m. dim: of *Rhigol.* **1778** J. Hughes: *BB* 332–3, A gwelwn angeu, / . . . / A gwelwn nad oes dwll i 'mguddio, / Neu 'mgadw 'n ddiangol, / Mewn un *rhigol* i ni rhago. **1800** W. Owen[-Pughe]: *CP* 24, Yn y gwasarn dyly fod nifer o *rigolydd* (*channels*) o ddyfnder pump neu chwe modfedd . . . Dyly y *rhigolau* hyn fod wedi ei sarnu yn dda. **1803** *P*, *Rhigol*, s. m.—pl. t. *yz* . . . A groove; a trench, a furrow; a small ditch, a drain. Ar lafar, *WVBD* 462, *GDD* 246, *GTN* 688; hefyd yn yr ystyr 'llawr carthu' yn Llŷn. Cf. D. Owen: *D* 71, [y] gwynt yn chwibianu yn *rhigolau* y ffenestri.

Amr.: **higol. 1828.** Ar lafar yn Llŷn.

rhigolaeth [*rhigol*+-*aeth*] *eb.g.* ll. -*au.* Trefn a gorchwylion arferol; ?draeniad: *routine*; ?*drainage.*

1891.

rhigolaf: rhigoli [bf. o'r e. *rhigol*] *bg.a.* Ffurfio neu dorri rhigol neu rych (mewn), torri cwys, agor ffos neu ddraen (mewn), aredig, torri sianel (mewn), torri rhic (mewn), rabadu, siamffro; plygu, tynnu llinell (ar), hefyd yn *ffig.*: *to groove, trench, make a rut or furrow (in), cut a ditch or a drain (in), plough, cut a channel (in), notch, rabbet, chamfer; fold, draw a line (on), also fig.*

1604–7 *TW* (*Pen* 228) d.g. *derivo, Strio. Dchr.* **17g.** *J* 10, 16b, *Rhigoli.* Lacuno. Rugo, as. Strio. **1632** *D*, *Rhigoli*, In fossulas vel sulcos cauare. **1683** *LlP* 58a, ysg[w]ir . . . a wna 'rigol ich Cyfarwyddo i Ysgrifenu yn vnion . . . symydwch yr ysgwir . . . hyd y papyr, a *rhigolwch* y papyr drosto yn y pellter a welochi yn gymwys oddiwrth ei gilydd. **1688** *TJ*, Llinnellu, llainio, *rhigoli*: to deliniate, to draw a Line. *id. Rhigoli*: to trench. **1722** *Llst* 189, *Rhigoli.* To furrow, notch, ruffle. **1725** *SR* d.g. *Rebate.* **1800** W. Owen [-Pughe]: *CP* 44, Bu gan i ddynion â phalau yn canlyn yr aradyr, ac wrth *rigoli* y cwysi (*trenching the furrows*) ar ei ôl, yn gweled llês mawr iawn yn tarddu. **1803** *P*, *Rhigoli*, v. a. . . . To groove; to trench.

rhigolaidd [*rhigol*+-*aidd*] *a.* Yn perthyn i'r drefn (ddiflas neu ddigyfnewid) arferol, nodweddiadol o'r cyfryw, undonog; ar ffurf agen: *routine (adj.), humdrum, monotonous; slit-shaped.*

1860.

rhigoledig [bôn y f. *rhigolaf*: *rhigoli*+-*edig*] *a.bfl.* Rhigolog; yn rhedeg mewn rhigol (am ffordd o feddwl, ymddygiad, &c.), anhyblyg, cyndyn i newid: *grooved; running in a rut (of way of thinking, behaviour, &c.), inflexible, set in one's ways.*

1912.

rhigoleiddiaf: rhigoleiddio [bf. o'r a. *rhigolaidd*] *bg.a.* Peri rhedeg mewn rhigol (am ffordd o feddwl, ymddygiad, &c.), peri bod yn anhyblyg neu'n gyndyn i newid: *to cause to run in a rut (of way of thinking, behaviour, &c.), cause to be inflexible or set in one's ways.*

20g.

rhigolen, gw. **rhigol.**

rhigoliad [bôn y f. *rhigolaf*: *rhigoli*+-*iad*[1]] *eg.* ll. -*au.* Rhigol, rhych, ffos, siamffrad, y weithred o rigoli neu o agor ffos: *groove, striation, trench, a chamfering, grooving, trenching.*

c. **1730** *Thos. Lloyd D* (LlGC) 204a, *Rhigoliad.* Chamfering. **1803** *P*, *Rhigoliad*, s. m. . . . A grooving.

rhigolog [*rhigol*+-*og*] *a.* Ac ynddo rigolau, rhychiog, rhiciog, siamffrog, gwrymiog, caerog (am frethyn), llawn o rychau, anwastad, crebachlyd, hefyd yn *ffig.*: *grooved, fluted, striated, notched, chamfered, corrugated, diapered, full of trenches, rough, shrivelled, also fig.*

1604–7 *TW* (*Pen* 228), lhestr bylchoc, *rhigoloc* oi amgylch d.g. *Cæsuratum. id.* prenn *rhigoloc* d.g. *Talea.* **1632** *D* d.g. *Rugosus, Striatus.* **1722** *Llst* 189, *Rhigolog*, chamfered, notched, rough. **1725** *SR* d.g. *Diaper, Shrivell'd, Striated.* *c.* **1730** *Thos. Lloyd D* (LlGC) 204a, *Rhigolog.* Rugosus, rimosus. **1770** *TG* iv. 53, lliain *rhigolog* (Diapers). **1803** *P*, *Rhigolawg* . . . Grooved; furrowed; having a trench or drain.

rhigolydd [bôn y f. *rhigolaf*: *rhigoli*+-*ydd*[3]] *eg.* ll. -*ion.* Plaen rabad(u): *grooving-plane (in carpentry).*

1780 *W* d.g. *Plough* [*a groove-plane used by joiners, &c.*]. **1803** *P*, *Rhigolyz*, s. m.—pl. t. *ion* . . . a groove-plane.

rhigolyn, gw. **rhigol.**

rhigwm, *eg.* ll. *rhigymau.* Pennill neu benillion syml diaddurn, cân neu gerdd ysgafn ffwrdd-â-hi; baldordd, rigmarôl, chwedl neu stori hir; rhes neu rip hir: *rhyme, (light) verse, doggerel; babble, rigmarole, long tale or story; long row or series.*

16–17g. E. Prys: *Gw* 202, Lluniaist a gweuaist gywydd, / Llun gwe sâl yn llawn gau sydd, / Rhygam hwn, *rhigwm* o hyd, / Rhefroryn, rhy fawr wryd (Siôn Phylip). *id.* 225, Dithau fardd . . . / Â *rhigwm* a'm anrhegai (Huw Machno). **1604–7** *TW* (*Pen* 228) d.g. *Blateratio. Dchr.* **17g.** *J* 10, 16b, *Rhigwm.* rime. Carmen. Cantilena, Canticum. **1632** *D*, *Rhigwm*, Series longa. **17g.** Huw Morus: *EC* i. 340, Pob ynfydrwydd sydd o feddwi, / Anllywodraeth, mwynder gweniaith mewn drygioni; / Cablu, tyngu, rhegu yn *rhigwm*, / Dadlu diles, celwydd, rhodres—cywilydd rhydrwm! **1688** *TJ*, *Rhigwm*: a long Tale, or Story. **1703** E. Wynne: *BC* 49–50, prin y cês ganddi [yr Awen] frefu i mi y [*sic*] hyn o *Rigymmeu* sy'n canlyn . . . Ar fesur 'Gwêl yr Adeilad'. **1721** J. P. Prys: *DC* 93, Rhyw ofer Ddirifau ac aml *Rigymmau*, / Egina 'm mhob Genau 'n lle Salmau dwys waith. **1722** *Llst* 189, *Rhigwm.* m. p. *gymmau.* A long row or rank. **1755** G. Owen: *L* 155, [C]ywydd Deuair hirion . . . hwnw yw'r mesur atgasaf oll; *rhigwm* diflas ydyw. **1759** *DG* iii, [d]angos i Brydyddion Ifaingc a chymry aneallus, mor drwsgl y maent yn arferu'r Jaith, ac yn eiliaw *rhigymau* pen rhyddion. **1761** *ML* ii. 415, Dyma finneu yn cael llonydd, wedi cymeryd drop o æther, i sgrifennu attoch ryw *rigwm* neu gilydd, er na thal i'w ddarllen. **[1783]** *W* d.g. *Range* [*a row, a rank, a class, &c.*]. **1803** *P*, *Rhigwm* . . . A long row; a rote. Ar lafar, 'rhygnu rhyw hen *rigwm*', 'wedi mynd yn *rhigwm* gin bawb', 'Mae o'n rhegi'n *rhigwm*', 'Mi dy fala' i di'n *rhigwm*', *WVBD* 462; ''Tasat ti'n nuthur rwpath ffôl nu ddoniol, flynydda'n ôl, 'odd rŵun yn siwr o nuthur *ricwm* am y peth', *GTN* 688. Cf. E. T. Rhys: *DA* iv, [*rh*]*igymau* gwehilion y bobl, a gam-/enwir yn emynau, ac, yn warthus, a genir mewn addoliadau a dybir eu bod yn dra efengylaidd (Brutus)! Dewisodd T. H. Parry-Williams alw rhai o'i gerddi'n *'rhigymau'*, e.e. T. H. Parry-Williams: *C* [11]. Cyhoeddwyd casgliad o delynegion Dewi Emrys, *Rhigymau'r Ffordd Fawr*, yn 1926.

rhigymaf: rhigymu [bf. o'r e. *rhigwm*] *bg.a.* Cyfansoddi (rhigymau), trosi i fydr; (geir.) adrodd (yn ddifeddwl) yr hyn a ddysgwyd ar gof: *to rhyme, compose ((light) verse or doggerel), versify; (dict.) say (unthinkingly) by rote.*

1789 *AUA* 7, Minnau a *rigymmais* fel y canlyn / Cês roddiad cysur addien, gan y Gwr / Ag enw gwych ysgrifen. **1803** *P*, *Rhigymu* . . . To say by rote. Ar lafar, ''Odd cystadluath yn y cwrdd atrodd i weld pwy fasa'n *rigymu* ora', *GTN* 685.

rhigymaidd [*rhigwm*+-*aidd*] *a.* Ar ffurf rhigwm neu rigymau, nodweddiadol o rigwm neu rigymau: *light (of verse), doggerel (adj.).*

1911.

rhigymiaith [*rhigwm*+*iaith*] *eb.* Barddoniaeth rigymaidd: *rhyme, (light) verse, doggerel.*

1822.

rhigymllyd [*rhigwm*+-*llyd*] *a.* Rhigymaidd: *light (of verse), doggerel (adj.).*

20g.

rhigymol [*rhigwm*+-*ol*] *a.* Rhigymaidd: *light (of verse), doggerel (adj.).*

1893.

rhigymreg, gw. **rhigymwr.**

rhigymwaith [*rhigwm*+*gwaith*[1]] *eg.* Barddoniaeth rigymaidd: *rhyme, (light) verse, doggerel.*

1822.

rhigymwr, rhigymydd [bôn y f. *rhigymaf*: *rhigymu*+-*wr*, -*ydd*[3]] *eg.* (b. *rhigymwraig*, -*reg*) ll. -*wyr.* Un sy'n cyfansoddi rhigymau; bardd gwael, bardd cocos; (geir.) un sy'n llefaru'n ddifeddwl yr hyn a ddysgodd ar ei gof: *composer of (light) verse or doggerel, rhymester; poetaster; (dict.) one who speaks (unthinkingly) by rote.*

1803 *P*, *Rhigymwr*, s. m.—pl. *rhigymwyr* . . . One who speaks by rote. Ar lafar, ''Odd sôn am 'nat-cu fel *rigymwr*, dyna pam odd a'n cæl mynd i'r tafarna amsar Nadolig i gatw'r Feri mæs', *GTN* 685; ''Odd a ddim llawar o fardd ond 'odd a'n *rigymwr* bach dicon melys', *id.* 689.

Cfn.: **rhigymwr bol clawdd:** *poetaster, rhymester.* **1920. rhigymwr pen-ffordd:** *poetaster, rhymester.* **1907.**

rhigyn, rhing, rhingiog, gw. **rhic**[1], **ring, rhiniog**[1].

rhingwer, rhingwar, *eg.* Clamp (ar gwch neu long): *clamp (on a boat or ship).*

c. **1736** L. Morris: *LW* 137, *rhingwer*—a clamp in a ship or boat, it's a thick plank on y[e] Inside opposite to y[e] Wale. **1753** *TR*, *Rhingwer*, a clamp in a ship. R.M. **1803** *P* d.g. *Rhingwar.*

rhingyll, *eg.* ll. -(*i*)*aid*, -*au*, -*od.*

(*a*) Swyddog yn yr heddlu rhwng arolygydd a chwnstabl, swyddog milwrol digomisiwn uwch ei radd na chorpral, sarsiant; swyddog llys a oedd yn gyfrifol am gadw trefn a gweithredu gorchmynion yr awdurdodau, gwysiwr, mwesin, crïwr, gostegwr; swyddog ail ei radd i'r rhaglaw mewn cwmwd, casglwr trethi; swyddog, beili, negeseuwr, gwas: *sergeant (in police, army, &c.); sergeant, court official responsible for maintaining order and enforcing the commands of the authorities, tipstaff, apparitor, summoner, muezzin, crier, silentiary; beadle, subordinate officer of a commote, tax-collector; officer, bailiff, messenger, servant.*

13g. *LlI* 19, Petweryd yv e *ryghyll*; . . . Ef a dele seuyll ervg e deu post a gvyllyav rac llosky e ty tra uo e brenhyn en bvytta, ac a dele yuet ygyt a'r svydwyr; ac ny dele eysted tra uo e brenhyn en bvytta nac en yuet en e neuad, ac ny dele tarav e post e parth e bo y brenhyn. . . . Ef a dele o pob ty e del ar negesseu e brenhyn ydav torth a'e henllyn. . . . O serheyr e *ryghyll* ac ef en eysted tra uo e dadleu, ny dele caffael namen gogreyt keyrch a blysgyn vy. *id.* 20, Ef [porthor] a dele bot en *ryghyll* en e uaertref ac a dele pedeyr keynnyavc o pob amober a del ohoney. *id.* 47, kemeret er egnat e due kygheussaeth a datcanet huy. A guedy as datcanho aet er egneyt allan a'r effeyryeyt ygyt ac vynt, a'r *ryghyll* ygyt ac vynt y eu ca[d]u rac dyuot deneon y warandau arnadunt. *id.* 48, Ac ena, guedy dangosser e guystlon, erchy e'r *ryghyll* dody gostec ar e maes. **14g.** *LlB* 14, Os o gyureith y gellir anreithaw yr hebogyd, ny dyly maer na chyghellawr dwyn y anreith, namyn y teulu a'r *righill* (cf. *LTWL* 324, preco). *id.* 104, dyn nys clywho [barn] pan datganher gyntaf y mywn llys . . . Os yn agos y bei, y *righyll* a dylyei y alw (cf. *LTWL* 352, vocari debet per bedellum), megys y clywhei y varn a rodit arnaw. *id.* 115, Tri eno *righill* yssyd: gwaet gwlat; a garw gychwedyl gwas y kygkellawr; a *righill.* **14g.** *WML* 54, Meiri achyghelloryon a *righylleit* bieu kadỽ teruyneu. **15g.** *FfBO* 53, A phan del yr awr a'r bwynt yr archant y'r *ringhyll* (*præco*) griaw hynn:– 'Gogwydet pawb y'n amherawdyr ni!' **16g.** *Pen* 76, 32, tebig wyf wrth atteb gwen / i *ryngyll* ar ryw angen / y nos heddiw yn swyddog / heddiw heb na lliw na llog. **1547** *WS*, *Ringyll* senedd A somner. **1567** *LlGG* 43a, Ac wynt oll a varnesont y vot ef yn euawc i angae . . . A' *ringilliait* a ei trawsont ef a ei gwiail. **1567** *TN* 7b, ac ir ynat dy roddy at y *rhingill* [:– gwasanaeth[w]r], a'th tavly yn-carchar. **16–17g.** *GST* i. 585, Mastr cwnstabl breinabl a brynir â grod, / Iso daw anghlod os dehonglir / . . . / Y *rhingyll* trythyll traethir ei gyflog / A gyst dwy geiniog os digonir. **1604–7** *TW* (*Pen* 228), Seriant, Gostegwr yn galw gwyr y gymanfa, *Rhyngyll* d.g. *Accensus.* *id.* d.g. *Telonarius.* **1632** *D, Rhingyll,* Præco, stator, apparitor, satelles, lictor. **1688** *TJ, Rhingŷll,* swŷddog: an Officer, a Serjeant, a Pursevant, a Common Cryer. **1725–6** *Madd Ed* 188, Mi welaf yr Angylion fel *Rhingyllodd* [*sic*] (*Apparitors*) yn casglu'r holl Fŷd ynghyd, ac yn eu rhoddi hwynt ger bron yr Orseddfaingc ofnadwy honno. **1760** *ML* ii. 256, Llyma'r *Rhingyll* yn aros am y llythyr i'w garrio i'r offis, felly rhaid clo arnaw. *id.* 277, Dyma *ringyll* oddiwrth y gwr o Fodorgan yn erchi, nage yn dymuno, cael fy fôt i. [**1783**] *W* d.g. *Sergeant* . . . [*an inferior officer attendant on magistrates*]. *id.* *Rhingyll* byddin d.g. *Sergeant* [*in the army*]. **1803** *P.* Cf. D. Owen: *GT* 191, Tra yr oedd y siarad yn myn'd yn mlaen yn y Bedol, daeth yr heddgeidwad i mewn yn dal darn o bapyr yn ei law . . . Ceisiasom ymesgusodi, ond ni wrandawai y *rhingyll.* Am enghrau. o'r gair fel epithet, &c., gw. *W Surnames* 183. Mae *Castell y Rhingyll* yn bentref ger Gors-las, sir Gaerf.

(*b*) (enghrau *ffig.*: *fig. exx.*).

1346 *LlA* 161, Ieuan oedd h6nn6 vedydd6r . . . H6nn6 anvonet yn *righill* o vlaen mab du6. **15g.** *DE* 76, dyledwr i fab duw loywdal / diwedd terfyn ywr dydd tal / ai rent yw r enaid tav / ai *ringill* yw r angav. **1606** E. James: *Hom* iii. 232, Ac yn wir pan delo y swyddog [:– *rhingill*] vchaf yr hwn yw angau ni fyn ef vn pall. **1709** J. Rogers: *Alm* [23], Y Ceiliog sydd Organ y nôs, a *Rhingill* y Dŷdd. *c.* **1753** *Gron* 93, Dyfyn a enfyn Dofydd / Bloedd erchyll, *rhingyll* a'i rhydd. / Dowch y pydron ddynionach, / Ynghyd, feirw byd, fawr a bach. **1763** *DT* 143, Gwyddai'r Angau, gudd *Ringyll,* / Ple i ddechrau Heintiau hyll. Ar lafar yn sir Benf. am 'a tall, lanky man', *GDD* 247.

Cfn.: **rhingyll arfau:** *serjeant-at-arms.* [**1783**] *W* d.g. *Sergeant at arms.* **rhingyll y brenin** = **rhingyll arfau.** [**1783**] *W* d.g. *Sergeant at arms.*

rhingyllaeth, rhingylliaeth [*rhingyll*+ -(*i*)*aeth*] *eg.b.* Swydd neu safle rhingyll, sarsiant, gwysiwr, neu griwr: *sergeantship, the office or status of an apparitor or crier.*

12g. *GCBM* i. 132, Glyw gwyrthua6r, g6rthoduchchwi etwaeth, / G6rthodes rywyr, *righyllaeth!* **1632** *D, rhingyllaeth* d.g. *Præconium.* **1722** *Llst* 189, *Rhingyllaeth.* f. The office of an apparitor &c. *c.* **1730** *Thos. Lloyd D* (LlGC) 204a, ELh X. *Rhingyllaeth.* Præconium. *-iaeth.* [**1783**] *W, Rhingyllaeth* d.g. *Sergeantship.* **1803** *P, Rhingyllaeth,* s. m. . . . Sergeantship.

rhingylliad [*rhingyll*+*-iad*[1]] *eg.* Cyhoeddiad, proclamasiwn: *proclamation.*

1707 *AB* 129a d.g. *Proclamatio.* **1725** *SR* d.g. *Proclamatio.* *c.* **1730** *Thos. Lloyd D* (LlGC) 204a, *Rhingylliad.* Præconizatio, proclamatio. **1803** *P.*

rhingylliaeth, gw. **rhingyllaeth.**

rhingyllwr [*rhingyll*+*-wr*] *eg.* ll. *-wyr.* Beili, porthor llys, hefyd yn *ffig.*; (?ffrwyth camgyfieithu) ?cleient (cyfreithiwr): *bailiff, court usher, also fig.*; (?*mistranstlation*) ?(*lawyer's*) *client.*

1589–93 *Rhyddiaith Gymraeg* ii. 136, llygriad cyfiownder o herwydd gormod o gyfreithwyr chwannog . . . y cyfreithwyr ydiw yr adarwyr, y barnwr iw'r rhwyd, a'r *rhinghillwyr* (*clients*) ydiw yr adar. **1755** J. Prys: *Alm* [8], Yr awr byddo Mawrth yn rheoli sydd bur ddrwg i un gychwyn Taith . . . Ond ei [*sic*] Ladron ac ei [*sic*] *Rhingyllwyr* neu Bailiaid, ei [*sic*] syrthio ar rai eu [*sic*] mae'n dda iddynt. **1776** D. Ellis: *HI* 194, o'r holl *Ryngyllwyr* a'r Ymofynwyr a yrrodd Pennaethiaid yr Iuddewon i gyflawni eu Llythyrau gwaedlyd ar y rhai a bregethent yn erbyn Cyfraith Moses . . . efe [Paul] oedd y parottaf a'r blaenaf.

rhihydd, gw. **rhiydd.**

rhilion, *e.ll.* (un. g. *rhilyn*). Pryfed: *insects.* **1850.**

rhilog, rhilyn, gw. **hulog**[2], **rhilion.**

rhill [ag adran (*b*), cf. S. *rill* 'small narrow trench, drill'] *eb.* ll. *-iau.*

(*a*) Trefn, amrediad, rhes, cyfres, olyniaeth: *order, range, row, series, succession.*

15g. *GDID* 105, Mae *rhill* o win gweddill gwyn, / Bumpib, yn nhŷ pob impyn. ?**1582** T. R. Roberts: *EP* 100, Wyd wastad Brelad breulan—bur iachau / Orichel [*sic*] bedairan / E irllyw [*sic*] hoewlwys *rill* hoewlan / Wyd o faith ryw duw a fo ith ran. **16–17g.** Edward Urien, &c.: *Gw* 97, A graddau doniau dani / A gaud o hap gyda hi. / Yn dy fron e dyfai *rill* / Ohynynt wedi'u hennill. / Doctor fych, rhwyddwych ynn rhaid, / D'act i euro doctoriaid [i'r Dr John Davies, Mallwyd]. **1632** *D, Rhill,* Series, ordo. *id.* d.g. *Propages, Striga, Versus.* **17g.** *TBM* 87, Croyw dda fawl pob cerdd felys, / Pawb a'i *rill* mewn pennill pêr, / Pawb yn mynd mewn pob mwynder. **1658** R. Vaughan: *YPS* 6, y gadair Apostolaidd, yn yr hon y maent yn profi ac yn dadleu fod *rhill* [:– Series] wastadol o Babau cynllynol i St. Peter. **1685** G. Griffith: *GA* 127, ar hyn y mae *rhill,* a threfn y deisyfiadau hyn yn sefyll. **1688** *TJ, Rhill,* gwana, rhês, rhester: a Rank or Order. *c.* **1720** *Gwaseila* 460, Rhai gwaetha eu bri o fewn eu bro / Na phoenwch daro'r dorau. / Ewch yn *rhill* i gwt yr hwch / A chenwch eich tuchanau. **1722** *Llst* 189, *Rhill.* f. An array, rank, row, order, succession. *id.* Rhês (rhestr, *rhill*) o rwyfau d.g. *A Bank of oars.* **1750** *RBHM* 12, yr amriw Amgylchiadau o'r *Rhill* neu Drefn Ghristnogo[l]. [**1783**] *W* d.g. *Range.* **1803** *P, Rhill,* s. f.—pl. t. *iau* . . . A row.

(*b*) Rhych neu gŵys fechan, yn enw. un i hau had ynddi; agen: *drill, small trench or furrow*; *rift, cleft, fissure.*

1800 W. Owen[-Pughe]: *CP* 47, *rhilliau* (*drills*) â wneler ddwy droedfedd oddiwrth eu gilydd, a phob *rhill* o lêd chwe modfedd yn y gwaelod. *id.* 55–6, erfin . . . os heuir mewn *rhilliau* . . . prin y methant byth. **1803** *P, Rhill,* s. f.—pl. t. *iau* . . . a small trench or furrow; a drill. Cf. *Traeth* iii. (1847) 437, Mae yr enw Ebrill yn gyfansoddedig o eb a *rhill,* yn arwyddo fod yr hâd yn anfon allan eu hegin yn rhychau y meusydd.

Amr.: **rhull**[2] [?drwy ei gymysgu â *rhull*[1]]. **1604–7** *TW* (*Pen* 228) d.g. *Ordo, Series.* **rhyll**[2]. **1803** *P, Rhyll,* s. m. . . . A rift, cleft, or parting.

Gw. hefyd **rhull**[1].

rhilliad [bôn y f. *rhilliaf*: *rhillio*+*-iad*[1]] *eg.* ll. *-au.* Cwys fechan i hau had ynddi, y weithred neu'r arfer o hau had mewn cwysi bychain: *drill* (*small furrow*), *a drilling, sowing in drills.*

1803 *P, Rhilliad,* s. m.—pl. t. *au* . . . A drilling.

rhilliaf: rhillio [bf. o'r e. *rhill*] *bg.a.* Hau mewn cwysi bychain; torri rhych: *to drill, sow in drills*; *trench.*

1803 *P.*

rhilliedig [bôn y f. *rhilliaf*: *rhillio*+*-iedig*] *a.bfl.* Wedi ei hau mewn cwysi bychain: *drilled, sown in drills.*

1800 W. Owen[-Pughe]: *CP* 46, Mae genyf yma hefyd aradyr â dymchwelydyr dyblyg, dêau iawn i lanâu cnydiau *rhilliedig.* **1803** *P, Rhilliedig* . . . Being drilled.

rhilliog [*rhill*+*-iog*] *a.* Yn perthyn i'r dull o hau mewn cwysi bychain, ar gyfer y dull hwn, wedi ei hau yn y dull hwn; rhychiog; agennol: *pertaining to sowing in drills, for drilling, drilled, sown in drills*; *trenched*; *full of rifts or clefts, fissured.*

1800 W. Owen[-Pughe]: *CP* 46, Gan fod arnaf chwant mawr i ddwyn yn mlaen y diwylliad *rhilliog* (*drill mode of culture*), at erfin yn benodol. *id.* 55, Erfin yn *rhilliog.* *id.* 61, gorchwyl anhawdd iawn yw haenu y tir yn gyfan wrth wasgaru . . . drwy y ffordd *rilliog,* cwympa yr hâd yn y ceuedd ac yna y pridd. *id.* 107, Y rholen *rilliog* (*the drill roller*) sydd yn gwneyd ei gwaith drwy gymmaint o brysurdeb â dim peth a welais i. **1803** *P, Rhilliawg* . . . Trenched; drilled.

Amr.: **rhylliog** [cf. *rhyll*[2]]. **1910.** **rhyllog** [cf. *rhyll*[2]]. **1875.**

rhim[1] [bnth. S. *rim*] *eg.* ll. *-iau.* Ymyl, min: *rim, border, edge.*

1803 *P.* Cf. *Geir Pob* 23, *Rhim,* ymyl, cantell.

Gw. hefyd **rim, rhimyn.**

rhim[2] [?olff. o'r e. *rhimyn*] *e?g.* ll. *-au.* Rhigwm: *rhyme,* (*doggerel*) *verse.*

1604–7 *TW* (*Pen* 228) d.g. *Rhythmus.* **1757** *ML* ii. 53, I could not afford rhymes to such a slight piece, therefore it is a dirif, commonly wrote dyrif, pl. dyrifau. Rhyme and British *rhim* and rhimyn are nothing but rhif—number, because the syllables were numberd in verse.

rhîm, gw. **rîm.**

rhimiaf: rhimio [bf. o'r e. *rhim*[1]] *ba.* Ffurfio ymyl neu rim i: *to edge, rim.*

1803 *P.*

rhimiol [*rhim*[1]+*-iol*] *a.* Yn ffurfio ymyl neu rim: *edging, rimming.*

1803 *P.*

rhimiwr, gw. **rhimwr.**

rhimpyn [?amr. ar yr e. *rhimyn*] *eg.* ll. *-nau.* Rhigwm: *rhyme,* (*doggerel*) *verse.*

1803 *P.*

rhimpynnaf: rhimpynnu [?amr. ar y f. *rhimynnaf*: *rhimynnu*] *bg.* Rhigymu: *to rhyme, compose* (*doggerel*) *verse.*

c. **1785–90 (1829)** *CBYP* 5, nid oes Bardd deallus, herwydd eu rheol a'u celfyddyd eu hunain . . . od oes . . . er hynny, digon o ryw fath o drwsgl *rimpynnu* dann enw prydyddu. **1803** *P, Rhimpynu* . . . to rhyme.

rhimwr, rhimiwr [bnth. Ffr. Lloegr neu S. C. *rimour*] *eg.* Bardd, rhigymwr: *poet, rhymester.*

14g. *GDG*[3] 88, Rhyw dudded bys, rhoed iddaw / Rhod lân rhag rhydu ei law. / Rhaid bychan oedd gan y gŵr / Rhwymo bys cyfan *rhimwr.* *c.* **1400** *R* 1364. 36, Medyr golgant ramant *rim6r* puteineit. **15g.** *GGl*[2] 281, Y *rhimiwr* a'm gwnai'n rhemwth, / Ac yn rhy hen ac yn rhwth.

Amr.: **rheimwyr** (ff. l.). **15g.** *GGl*[2] 13, Brëyr *rheimwyr* a'u rhaement, / Brenin brwydr gwin brodir Gwent.

rhimyn [?bnth. S. *rime, rhyme*+*-yn*[1], ond ?cf. S. *riming, rhyming*; ansicr yw prth. adran (*b*); dichon fod yma air gwahanol neu fod arno ddyl. S. *rim*] *eg.* ll. *-nau,* (prin) *-ion.*

(*a*) Rhigwm, cân, cerdd: *rhyme,* (*doggerel*) *verse, song, poem.*

c. **1523** *Trans Liverpool WN Soc* (1904–7) 97, na ddysgont sennau na *rimynnau* gwradwyddus na vryw [*sic*] a hynny goganu gwatwar danwared. **1547** *WS, Rimin* A ryme. **1567** *LlGG* [ix], neb ryw Enterlud, Gwareuon, Canuon, *Rimynneu* [:– Cygcaneddion]. *p.* **1584** G. Robert: *GC* [211], Chwi a welwch er bod y cannig, a'*rhimin* yma a chynghanedd ynddo, etto mae'n amherphaith, o rann ystyr, a synnwyr . . . cannig, a eilw'r Ladinwyr canticum, ne *rimin.* a eilw'r Eidalwyr rima. *a.* **1587** *Y* 100, Ymnyddv, rysv rheswm, / Wich, wach, o fewn cilfach cwm, / A threio mawl, athrwm wav, / A throi mîn a'th *rimynav.* / Naddiaeth befr ni ddoe o'th ben, / Er neb, ond mydr aniben. **1632** *D, Rhimyn,* Rhythmus. *c.* **1658** R. Vaughan: *E* 166, Pa beth nid baledau neu *rimynnau* or amseroedd (*Ballads or Jigs of the times*), ond Psalmau, a hymnau, ac ysprydol gerdd. **1679** C. Edwards: *GGG* 237, â'n llygaid, na edrychom ar lendid yn drachwantus: ac â'n clustiau na wrandawom ar ymadroddion a *rhimynnau* anllad. **1688** *TJ, Rhimŷn*: a Rime. **1722** *Llst* 189, *Rhimyn.* m. p. *mynnau.* Meetre. **1728** L. Morris: *LW* 178, Diangant, Haid, ffyliaid ffolion, llewygus / A'u llygoer *Rimynion* / Rhag clywed bŵ, twrw' taerion / Calonog Feirdd Enwog Fon. **1756** *ML* (Add) 288, na ymadewch â'r Awen am bres yn y byd, canys nid oes nemmawr Ysgolhaig yn ei pherchenogi ysywaeth, ac nid eill ymhèn dŷn llyg namyn dirwyn rhyw ofer *rimynnau* na thalant son am danynt.

(*b*) Darn gwastad hirgul o rywbeth, stribed, rhidens, ymyl, min; hic; hefyd yn *dros.*: *strip, fringe, border, rim, edge*; *nick*; *also transf.*

1773 J. Roberts: *GY,* Phylacterau, math o *Rimynau,* neu Rholau, o Sidan . . . yng nghodreu eu dillad. **1800** W. Owen[-Pughe]: *CP* 107, Y rholen rilliog . . . sy rolen o ryw hyd wrth amcan, à ddefnyddier o bren, wedi ei thòri yn *rhimynau* (*with nicks cut in it*) tua 6 modfedd y naill oddiwrth y llall. **1803** *P.* Cf. D. Owen: *D* 183, y prif swyddog, ar lawes cob yr hwn yr oedd *rhimyn* lliwiedig; D. Owen: *RL* 402, Ymddangosai fod y trigolion wedi myned i orphwys; ond cyfeiriodd Wil fy sylw gyda'i fys at *rimyn* o oleuni uwchben shutters 65. Ar lafar, 'ryw *rimyn* main o dir', 'ryw hen *rimyn* o gae', '*rhimyn* o frethyn', *WVBD* 462–3; 'Ma ginto *rimyn* o ardd wrth y tŷ', ''Odd a'n sefyll ar *rimyn* y pownd mawr', *GTN* 685; hefyd yn yr ystyr 'haen o lo' yn ardal y Parlwr Du, sir Ffl., *Geir Glo* 57.

Amr.: **rheimyn.** **1822 (1842)** Dewi Wyn: *BA* 189.

Cfn.: **heb rimyn na rheswm:** *without rhyme or reason.* [**1783**] *W,* chwedleua *heb* na *rhimyn na rheswm* d.g. *Random* . . . *To talk at random.*

rhimynnaf: rhimynnu [bf. o'r e. *rhimyn*] *bg.a.* Rhigymu, trosi i fydr: *to rhyme, compose* (*doggerel*) *verse, versify.*

a. **1587** *Y* 68, Ni wyddost, er a neddir, / O boethi gwawd beth yw gwir. / Gwyddost di, nid gweddus dy air, / *Rimynnv* i roi i mi anair. *c.* **1730** *Thos. Lloyd D* (LlGC) 205a, *Rhimynu.* To rhime. Cf. Talhaiarn: *Gw* i. 332, Nid barddoniaeth ydyw *rhimynu* a chlingcio geiriau yn eu gilydd heb feddyliau.

Amr.: **rhimynna.** **17–18g.** *NBSF* 539, drwy 'wllys heb droi allan / I *rymynna* gwaela gwyll / henwas ofer a sefyll / wrth elyn pob gwiwddyn gwyl / ddoe yno neuadd anwyl (Rowland Prys).

rhimynnog [*rhimyn*+*-og*] *a.* Ar ffurf rhimynnau neu stribedi: *in the form of strips.* **1812.**

rhimynnwr [bôn y f. *rhimynnaf*: *rhimynnu* +*-wr*] *eg.* ll. *-wyr.* Rhigymwr, bardd gwael, bardd cocos: *composer of (doggerel) verse, rhymester, poetaster.*

1752 G. OWEN: *L* 17, Mân-glyttwyr Dyriau . . . Pe cai y fath *Rymynnwyr* melltigedig eu hewyllys, ni welid fyth yn Ghymru dim amgenach, a mwy defnyddfawr, na'u diflas Ringcyn hwy eu hunain. **1752** *ML* i. 280, Roedd y nhad yn iach y dydd arall. Poblach yn taeru ei fod yn mynd yn ofer am wraig, peth anhawdd ei goeliaw pei gwelid chwedl rhyw *rimmynnwr. id.* ii. 563, Gwych oedd dymuned y *rhimynnwr*, sef byw'n ddigonol, marw'n ddiddled, a thrugaredd nef yw enaid.

rhimynwaith [*rhimyn*+*gwaith*[1]] *eg.* Barddoniaeth rigymaidd: *rhyme, (doggerel) verse.*

16–17g. *PhA* 302, gwnn yw mysc a gwynn y myd / wario fawen wir fowyd / gwnaed rhai gan gwnn nad da r gwaith / ir mannwyr o *rimynwaith* (Siôn Phylip).

rhin [H. Wydd. *rún*: o'r gwr. IE. **rūno-* 'dirgelwch, cyfrinach', cf. H. S. *rūn* 'cyfrinach; ysgrifen (gyfrinachol)'; ansicr yw dosbarthiad rhai o'r enghrau. isod] *eg.b.* ll. -(*i*)*au*, -(*i*)*oedd*, a hefyd fel *a.*

(*a*) Cyfrinach, dirgelwch, dirgeledigaeth; ?gwyrth: *a secret, mystery; ?miracle.*

13g. *GBF* 455, Y Gỽr a'n rodes *rinnyeu*—ar dauaỽt / Ac araỽt a geireu. **14g.** *DGG*[2] 119, Yr ail cyhudd, rhybudd rhus, / Y lleidr dafawd twyllodrus, / Nid cyfrwys ac nid cyfryw / Y cel *rin* benhwigin byw (Madog Benfras). *c.* **1400** *R* 1032. 21–5, nac adef dy *rin* y was. . . . nac adef *rin* y uorwyn. . . . nac adef *rin* y lauar. *id.* 1218. 17–18, Trỽyr gret trỽyr giryet. trỽyr geireu lladin: awnargwaet orgwin *rin* yn rieu. **15g.** *Cy* iv. 120, kydymaros a dyỽ hyd pan dangosso ef yn amlỽc y*rin* yssyd cloedic ny ascre. [**1547**] W. SALESBURY: *OSP*, *Rin* tridyn cannyn ae clyw. **1567** *TN* 108a, na ddichon na meddiant bydawl na nerth rwystro . . . *rhin* ac arvaeth Duw. **1592** S. D. RHYS: *Inst* [xv], [P]rydydhion a' Chymreigydhion Cymry . . . cadw a' chudhio a 'notaynt . . . eu lhybhreu a''i [*sic*] gwybodaetheu mywn cistieu a' lhéoedh dirgel . . . hynny olh a gadwent yn *rhîn* odhiwrth Brydydhion eraill, ac odhiwrth bawb heb law hynny. *id.* [xvi], Bhelly y Prydydhion, wrth bhôd yn gymeint eu hawydh i geisio cadw dirgelion a' *rhinoedh* yr Iaith a''r Brydydhiaeth ynn eu plîth e' hûnain. **1632** *D*, *Rhin*, Arcanum, secretum, mysterium. **1655** R. JONES: *PC* 59, datcan *rhin* [:– cyfrinach] gair gwyr Syria. **1688** *TJ*, *Rhîn* . . . rhyfeddod, dirgelwch: a secret, a mystery. **18–19g.** *IAW* (LlGC) 97, 23b, *Rhin* a secret Glam. ni cheisiais i na *rhin* na chêl. (Llangrallo). **1803** *P.*

(*b*) Cyfrinachedd, preifatrwydd; cyfeillach, cyfathrach (ddirgel neu rywiol): *privacy; intimacy, (secret or sexual) intercourse.*

12g. *GMB* 263, Kyfdaerant y ron, a *rin* a cheryt. **12g.** *GLlF* 120, Kert uolyant, ual y cant Mertin, / Y'r gwraget a'e mertr uy martrin / (Mor hir hwyrwetaỽc ynt am *rin*!). *id.* 142, A'm dewis gydrann, gyhydrec —a bun, / A bod yn gyurin am *rin*, am rec. **12g.** *GCBM* i. 59, *Rin* woleith woletyf, woleu dremynt, / Riein ny'm rifei-y ked am riuynt. *id.* 62, Deuaỽd a gadwaf can a'e catwy, / A berthyn rac dyn nwy dilynwy, / Vy *rin* a riein nys rybuchwy, / Nys gwybyt rewyt nys rygelwy! *id.* ii. 331, Neud gobaith wrth Benrhaith, *rhin* a geisiaf. **13g.** *B* iv. 2, A wneler yn *rin* nant a wybydir yg gwyd cant. **13g.** *GBF* 322, A dygei kynn Mei merweryd—gyfliw, / Gne gwynn gyllestyr riw, *rin* diednyd. *id.* 334, Pei kawn o gyflwr gyfle broui—*rin*, / Kyt bei ron vyng krogi, / Vy neges oed vynegi / Vyn gouec, dyn tec, y ti. **14g.** *OBWV* 91, Ni chair *rhin* na chyfrinach, / Na chysgod, is bargod bach [Gruffudd ab Adda i'r fedwen yn bawl haf].

(*c*) Hudoliaeth, swyn, dewiniaeth, swyngyfaredd; rŵn, llythyren rwnig: *enchantment, magic spell, charm, sorcery, witchcraft; rune.*

1346 *LlA* 142, na wneler *rinyev.* nac arsanghev. nachyfuarỽydonn. na sỽynev. gỽahardedic gann yr eglỽys catholic. **1567** *LlGG* (*Sall*) 31b, megis y neidr vyddar rhon a gae ei chlustieu. Yr hon ny chlyw lef y swynwyr er cyfrwyddet vo mewn *rrinieu.* **1567** *TN* 394b, ath cyfareddion [:– *rinie*, swynion, sybeldenweith, wiscrefft] y twyllwyd yr holl nasioney. **1592** S. D. RHYS: *Inst* [xvii], rhaid . . . imi ynn y llythr yma ac ynn gymráec yn vnic, ac megys mywn *rhîn* a' thann lenn gêl dhywêdud wrthych' [y prydyddion] bêth o'r caswir. *id.* 301, na dhyscant [y prydyddion] na Sennau, na *Rhinniau* gwradwydhus; na'r cybhryw dhim â hynny; na gwatwar, na danwâred, na chablu, nac yspío. **1604–7** *TW* (*Pen* 228), *rhiniæ* d.g. *Incantamentum* . . . *Incantamenta.* **1632** *D*, *Rhiniau*, Incantiones, fortasse quia secretiores sunt & in occulto fiunt. **1688** *TJ*, *Rhiniau*, swŷnau, cyfareddion: Enchantments, Charms. **1716** E. SAMUEL: *GGG* 135, cymmeryd arnynt hudo hwn neu'r llall yn erbyn eu hewyllys i garu hon neu arall . . . mae'nt yn gwneuthur llwyrgam . . . gan fod cyfreithiau Dynol hefyd yn gwahardd y cyfryw *riniau* melldigedig. **1718** E. SAMUEL: *HDdD* (Gweddïau) 18, na ad, mi a attolygaf i ti, i'm Calon galedu cyn ffyrnicced trwy dwyll Pechod, a gwrthwynebu 'r fath *Riniau* Cariad (*such charms of love*). **1764** DEWI NANTBRÂN: *CB* 33, Pob Gau-grefydd, pob . . . *Rhiniau*, Swynion, a Chyfareddau. **1789** *BDG* 157, Ninnau dan *rin* ym min mor, / Hoyw defyll y' nghoed Ifor. **1803** *P.* Cf. S. LEWIS: *Braslun o Hanes Llenyddiaeth Gymraeg* i. (1932) 21, Apêl gymhleth gair i'r synnwyr ac i'r teimlad yw ei 'aura'. Bron na wnâi'r gair Cymraeg '*rhin*' y tro i'w gyfieithu.

(*d*) Rhinwedd, cynneddf, priodoledd, ansawdd; natur; hanfod, nodd: *virtue, attribute, property, quality; nature, disposition; essence, extract.*

12–13g. *GMB* 347, Cyssul a'th roddaf o'th *rin*—wyd goreu, / Wyd gorofn tra merin [dadolwch i Lywelyn ap Iorwerth]! **14g.** *GGrG* 148, Rhai'n eu gorwedd, hagrwedd hyll, / *Rhin* syfudr, rhai'n eu sefyll [i'r celffaint]. **14g.** *GDG*[3] 140, Pei rhôn ym, pei *rhin* amwyll, / Mewn brwysgedd, tywylledd twyll, / Ddywedyd gair cellweirus / Yrhwng ynfydrwydd a rhus. *id.* 161, Lluniais gerdd a dillynion / I geisio dyhuddo hon, / *Rhin* gall, er hynny i gyd, / Anolo fu'r anwylyd. *c.* **1400** *R* 1243. 19–20, hoedỽysc vrỽysc rỽysc *rin. id.* 1253. 26–7, Digard uackỽy. dỽ goronỽy. dec y *rinnieu.* **15g.** *GGl*[2] 119, Ac felly gwnêl â'i heli / Gwaith Elen deg i'th lin di. / A garo dail ac irwydd / A gras Duw a gwres y dydd, / A *rhin* o natur yr haf / A dyr gwewyr y gaeaf [i Hywel o Foelyrch pan friwasai ei lin]. **16–17g.** T. R. ROBERTS: *EP* 298, cof fu mam caf wau i mawl / ir naw muws *rinau* moesawl. **1603** W. MIDLETON: *Ps* 106, Im pobloedh *rhinioedh* mi ae rhannaf / Sichem a fynnaf rwydhaf rodhiad. **1632** *D*, *Rhin* . . . idem quod Cynneddf, rhinwedd, Mos, ingenium, qualitas, virtus. **17g.** *TBM* 822, Dy fynwes, diddiwres ddyn, / Yw llon gafell llan gwyfyn. / . . . / Yno y mae enaid Môn, / *Rhin* fawr, a rhan o Feirion. **1650** *B* x. 49, Pwy sawl blwyddyn ddrwg ei *rhin* / a gawn yn flin ai [*sic*] cofio. **1658** R. VAUGHAN: *PS* [ix], oes *rhin* gwell rhag dichell diawl, / ai synwyr ymryssonawl. **1658** *TBM* 819, Dilynwn, glynwn mewn glennydd—gwiwbarch / Gobaith serch a gwirffydd. / *Rhin* gŵr yr hon i'w gaerydd / Ar ôl bod arwyl y bydd. **1688** *TJ*, *Rhîn*, rhinwedd. **1710** *LlGG* (*Gos*) [20], Barnwyr Llysoedd Eglwysig . . . *Rhin* (*Quality*) a Llw Barnwyr . . . *Rhin* Dirprwywyr. **1722** *Llst* 189, *Rhin.* f.p. *Rhinau.* Condition, nature, quality. **18g.** *Beirdd y Berwyn* 60, Bu'r byd yn hir trwy anwybodeth, / Mewn gelynieth heb athrawieth / Am iechadwrieth dyn, / Rhai'n Sabeaid traws eu beiau, / Yn addoli mudion ddelwau, / Heb *riniau* yn yr un. **1753** *TR*, *Rhin* . . . disposition, quality, virtue. **1780** *W* d.g. *Property.* **1783** P. WILLIAMS: *FfA* 39, y sawl sy'n hyderu ar Ragluniaeth Duw . . . y mae ganddo *rin* ddiogel rhag pob anesmwythder. **1803** *P.*

Fel *a.* Cyfrinachol, preifat, dirgel, dirgelaidd, cyfrin: *secret, private, mysterious, occult.*

14g. *T* 14. 1–2, gỽedy *rin* dilein keith ymynuer. *c.* **1400** *R* 1051. 38–40, O gytuon teyrnon tỽrỽf glywher. o gytuot *rin* ammot rosser. *c.* **1400** *YCM*[2] 5, rywneuthur ohonaw y delw honno . . . ac o *rin* geluydyt gyrru yndi lleg o diefyl. **15g.** *IGE*[2] 335, Er na aller, cryfder cred, / *Rhin* faen at y rhain fyned (Rhys Goch Eryri). **1606** E. JAMES: *Hom* i. 148, na thybyged neb y diangc ef yn ddigosp, ar a wnel brâd . . . er cyfrinacholed [:– *Rhined*] fytho hynny yn ei stafell ddirgel wrtho ei hûn.

Cfn.: **rhin dda:** *virtue, good quality.* **16–17g.** *DCR* 249, yn iach ffynnon pob *rhin dda* / yn iach lle / i / taria heddwch. **1604–7** *TW* (*Pen* 228), *rhin dha* d.g. *Virtus* (hefyd *D*). **1630** *YDd* 165, Oes gennit ti vn *rhîn dda* (*one vertue*) a bair i ti feddwl yn dda am danat dy hûn? **1632** *D*, Rhin . . . Nid oes *rin dda* arno. **1707** *AB* 175a, *rhindha* [*sic*] d.g. *Virtus.* **rhin ddrwg:** *vice, bad quality.* **1583** *LlGC* 716, 11b, gwedi unwaith ei troi ir ffydd Christnogaidd . . . ni dderbyniant . . . ddim . . . ofer-goel, r'riniev [*sic*], swynion, diffawdd ffydd, magwreth pob *rhin-ddrwg*, Gosodigaethay dynion, gav-santeiddrwydd, neu pob anvwiolder. **16–17g.** *GST* i. 666, Ar fodd dyn arafaidd deg, / . . . / Burwen dda 'rioed heb *rin ddrwg.* **yn rhin:** (i) *secretly, in secret.* **16g.** *Rhyddiaith Gymraeg* i. 84, hi aeth y ffordd ac a elwis ar Vair y chwaer *yn rin* gan ddywedyd, 'Efa ddayth dy vaistir di'. **16g.** *Haf* 22, 360, [d]ywaid ef ar ostec ac *yn rin. id.* 361, mi a baraf ddyfod ac ef *yn rin* attoch chwi. (ii) *virtuously; clearly, evidently.* **1672** R. PRICHARD: *Gw* 216, Mae e'n porthi dyn *yn rhin*, / A chann a gwin yn ddeinti. *id.* 320, Beth ydyw 'r rhan ni welwn, / A'r grâs sydd o'r Comuniwn, / Rhwn arddycair wrth fara a gwîn? / Mynega '*n rhin* [:– Yn eglur attolwg] er dolwyn. *id.* 363, Rhed am y chwyth, Gwna waith dy Dduw, / Dwg ffrwyth *yn rhîn* [:– Rhinweddol] o'r goreu ei ryw. *id.* 374, Yr wyt yn ein porthi ag amryw ddainti, / Fel vn a fae'n pesci pascwch *yn rhin. id.* 524, Mae Duw'n galw pawb *yn rhîn*, / I fwytta Manna, i yfed Gwîn.

rhinaf: rhino, gw. **rhiniaf: rhinio.**

rhinaidd [*rhin*+*-aidd*] *a.* Astrus, dyfndysg; swynol: *obscure, profound; enchanting.*

18–19g. *Llr* C 4, 1, *Rhinaidd*, obscure[,] profound.

rhinart, gw. **rhiniart.**

rhinc[1] [bnth. S. *ring*, cf. *dinc* < S. *ding*, *tinc* < S. *ting*] *eb.g.* ll. *-od*, *-iau.*

(*a*) Sŵn gwichlyd a chras, gwich, sŵn crensian, sŵn annymunol, twang, caniad, tincial, sŵn isel parhaus, su (peiriant); y weithred o grensian neu rygnu dannedd yn erbyn ei gilydd, deincod; swnian; clecs, si; hefyd yn *ffig.*: *creak(ing noise), sound of gnashing, unpleasant noise, twang, ring(ing), jingle, persistent low noise, whirr (of machinery); a gnashing of teeth, the teeth being set on edge; a whining; gossip, rumour; also fig.*

c. **1400** *R* 1354. 35–6, Rynghaỽc yỽ madaỽc *rinc* ae medyr gofal neur gauas anuod pedyr. **15g.** *GTP* 48, Rhyw ddir goel, rhoddi o'r gŵr. [*sic*] / Delyn yn llaw ei deilwr; / Canu *rhinc* o'r cenau rhonca, / Yn ffest yn ôl bresych ffa. **16–17g.** *GHCEM* 148, Cerddor min gogor . . . / . . . / Crafu *rhinc* yn ôl drincio, / Cân ffeind i yrru cŵn i ffo. **1604–7** *TW* (*Pen* 228) d.g. *Tinnimentum. Dchr.* **17g.** *J* 10, 16b, *Rhingc.* Twang. Tinnitus. **1632** *D*, *Rhingc* . . . Stridor, stridulus sonus: . . . Mae vn a'i *ringc* am nai 'r ŷch. D.G. **1688** *TJ*, *Rhingc* . . . a noise, a crashing, a gnashing. **1722** *Llst* 189, *Rhingc* . . . m. A gnashing with the teeth, unpleasant sound, the skreaking of a saw, &c. **18g.** *SChC* 323, Rhoi *rhinc* ar y crwth rhonca, / Troi'r llygod i daflod y da / Fe garai jig o fiwsig yn foesol / Ym mhob lle alwe ar ei ôl. **1773** *W* d.g. *Gingle* [*the sound made by several pieces of money or metal shaken together*]. *id.* *rhingc* . . . dannedd d.g. *Knick of the teeth.* **18–19g.** *MA* iii. 254, Tri pheth anverth i glust Cymro: *rhinc* lliv yn ei hogi, bonllev ysbryd Mallt y Cwd, a chwaldodach Sais. **1803** *P*, *Rhinc*, s. f.—pl. t. *iau* . . . A creak; a gnash; a continued sharp noise. Ar lafar yn Arfon a Morg., *WVBD* 463; 'Ma gweld rwun yn byta orin yn 'ela *rincod* arno' i wastod'.

Gw. hefyd **rhinces, rhincyn, ring**[2], **rinc-dy-rinc.**

rhinc[2], gw. **ring**[1].

rhinc[3] [tebyg fod mwy nag un gair yma; ffrwyth trafod H. Grn. *rinc*, gl. *coturni*[*x*] fel gair Cym. a geir yn yr engh. gyntaf] *eb.* ll. *-od*, *-iau*, ac *e.ll.*

(*a*) *Adar.* Sofliar, *Coturnix*: *quail.*

1604–7 *TW* (*Pen* 228), *Rhinc.* li[ber] lh[an] d[af] d.g. *Coturnix. Dchr.* **17g.** *J* 10, 16b, *Rhingc.* a quayle Coturnix. × Sov[l]iar. **1632** *D.* **1722** *Llst* 189, *Rhinc.* f.p. *Rhincod.* A quail (bird). **1780** *W* d.g. *Quail.* **18–19g.** *Llr* C 4, 85, *Rhinc*, a quail. Glam. **1803** *P*, *Rhinc*, s. f.—pl. t. *iau* . . . also the quail. Cf. H. E. FORREST: *FNW* 314, *Rhinc* = Quail (from the cry).

(*b*) Gwiddon: *mites.*

Ar lafar, 'Ma'r blawd 'ma wedi mynd â *rinc* yndo', *GTN* 685.

Cfn.: **rhinc y llin:** *mole cricket, Gryllotalpa; ?corncrake, Crex crex (in ornith.).* **1803** *P.* Ar lafar yn Nyffryn Llwchwr ?yn yr ystyr 'rhegen yr ŷd'. **rhinc y tes:** *mole cricket, Gryllotalpa; ?corncrake, Crex crex (in ornith.).* **1693** E. LHUYD: *LL* 213. **1707** *AB* 220a, *Rhingc* y tes, Gryllotalpa; A mole cricket. Monm. **1759** *BC* vii. **1773** *W* d.g. *Fen-cricket.* **1803** *P.* **rhinc yr ŷd:** *quail, Coturnix (in ornith.).* ?**18g.** *BL Add* 15023, 23b, *rhinc yr yd* quail.

rhincaf: rhincan, gw. **rhinciaf: rhincian.**

rhinces [*rhinc*[1]+*-es*[1]] *eb.* ll. *-i.* Merch sy'n swnian, swnen, conen: *nagging or complaining woman.*

Ar lafar, *WVBD* 463.

rhinciaf, rhincaf: rhinc(i)an, rhincial, rhincio [bf. o'r e. *rhinc*[1]] *bg.a.* Crensian neu rygnu (dannedd) yn erbyn ei gilydd, yn enw. oherwydd cynddaredd neu ing, tincial, gwichian, mwmial; swnian, tuchan, cwynfan: *to gnash or grind (the teeth), esp. from rage or anguish, ring, creak, mumble; whine, nag, complain, grumble.*

16g. *Pen* 76, 107–8, gochel hen heb lywenydd / yn dwra divwyna avydd / kas gen wen kyscv awna / *rringkian* a golwc rhongka. **1604–7** *TW* (*Pen* 228), *rhincian* d.g. *Tinnio. Dchr.* **17g.** *J* 10, 16b, *Rhincio* × Tingcio. **1615** R. SMYTH: *GB* 119, na fedrant [dd]arllen i opheren ond yn brin, neu i *rhincian* dan i dannedd yn isel, rhag ofn i neb ganfod i baiau. **1632** *D*, *Rhingcian* . . . Stridere, frendere. **1637** *IICRC* iii. 109, glass i garwssio, a thelyn i *rinkio.* **1688** *TJ*, *Rhingcian* . . . to make a noise, to crash, to gnash. **1692** *DCR* 272, yr holwr sy greulon / a'r barnwr sy gyfion / a dannedd pôb cristion / yn *rhincio*. **1722** *Llst* 189, *Rhingcian*. To grind the teeth; to crash like wool-cards. **1725** *SR*, *Rhingcian* d.g. *To Rattle in the Throat*. *c.* **1729** S. RHYDDERCH: *LlCD* 325, Dyna'r ffordd lydan, sy'n arwain at Satan, / In poeni mewn poban a briw; / Dan Rwyme tan anial, ar dannedd yn *Rhincial*, / Gweddiwn yn [ddyfal ar Dduw]. *c.* **1730** *Thos. Lloyd D* (LlGC) 203b, *Rhingcian*, Ringor. Ysgyrnygu. **1752** *Gron* 110, *Rhingcian* y bydd yn rhongca; / A'i chrasfant, arw ddant, ar dda. **1769** E. ROBERTS: *GN* 39–40, Ymusg y rhai pena mi fydda yn y fan, / Mi rodia Dre hyfrud mewn llownfrud a llan, / . . . / *Rhincied* a fyned a dondied o 'n dwn / Ni na ine run gronun i gerlun mor gas. **1803** *P* d.g. *Rhinciaw*. Ar lafar yn y De, ac mewn rhai ardaloedd yn y Gogledd, *LGW* [472]–3; '*rhincian* o hyd bod gormod yn mynd', '*Rhincio*'r un peth o hyd', *WVBD* 463; 'Mae'r plentyn 'ma'n *rhincian* o hyd, isio i mi brynu beic iddo, ond na'i ddim', *B* xiv. 294. Cf. H. EVANS: *CE* 98, arferai *rincian* llawer oherwydd bod y llygod yn tyllu'r sachau; *Hen B* 144, Ac er hyn mae'r wraig yn *rhincian*, / Ers hir oriau eisiau'r arian.

Amr.: **rhencian 1877.**

Cfn.: **rhincian cerdded:** *to walk unsteadily*. Ar lafar, *WVBD* 463. **rhinc(i)an dannedd (dy ddannedd,** &c.**):** *to gnash the teeth* (*your teeth*, *&c.*), *also fig.* **1547** *WS*, *Rinkian dannedd* Gnasshe. **1588** *Math* viii. 12, yno y bydd wylofain a *rhingcian dannedd*. **1759** J. EVANS: *PF* 51, Yn y Llewygon neu 'r Ffittiau, y mae'r Goddefydd . . . wedi cwbl golli pob teimlad, yn *rhingcian ei ddannedd* ac yn malu Ewyn. Ar lafar, 'Paid â *rhincian dy ddannadd* arna' i', *WVBD* 463; 'Man' nw'n gwed, os bydd plentyn yn *rincan 'i ddanadd* yn 'i gwsg, bod llyngar arno', *GTN* 685. Cf. D. OWEN: *GT* 86, *rhinciodd ei ddanedd* mewn cynddaredd.

Gw. hefyd **rhiciaf[2]: rhician.**

rhinciog [*rhinc*[1]+*-iog*] *a.* Gwichlyd a chras: *creaking, creaky.*

1869.

rhinciwr [bôn y f. *rhinciaf*: *rhincian*+*-iwr*] *eg.* Creadur swnllyd: *noisy fellow.*

1735 *Llsgr R. Morris* cxvii, *Rhinciwr* [:– a noisy fellow] a'i lygaid rhonca, / Dywaid dy wêdd nad wyd dda.

rhincl, gw. rincl.

rhinclaf, rhincliaf: rhincl(i)o, gw. rinclaf: rinclo.

rhinclus, rhinclyd[1], gw. rinclins, rinclyd (At.).

rhinclyd[2] [*rhinc*[1]+*-lyd*] *a.* Gwichlyd a chras; cwynfanllyd, ceintachlyd, tueddol o swnian, cegog; yn dolurio'n barhaus (am boen, &c.): *creaking, creaky; grumbling, nagging, scolding; aching persistingly* (*of pain, &c.*).

18g. *W Ballads* 468, 8, Gwaith Prydydd *rhingclyd* o nant y Fflint, / Mewn gole ar grint [*sic*] Fugeilied / Sy'n caru yn fwy wobrwye rês, / Na rhann sy ar lês yr Enaid. Ar lafar, *WVBD* 463. Cf. J. JONES: *Gwerineiriau* 165, Tŷ myglyd, gwraig *ringclyd*.

rhinclyn[1,2], rhinco[1], gw. rincl (hefyd At.), inclin (hefyd At.), rhain[1]—y rhain acw.

rhinco[2] [be. o'r e. *rhinc*[3]] *bg.* Gwiddoni: *to become full of mites.*

Ar lafar, 'Ma'r blawd 'yn yn 'en, ma fa wedi *rinco*', *GTN* 685.

rhincyn [*rhinc*[1]+*-yn*[1]] *eg.* ll. *-nau.*

(*a*) Barn, syniad mympwyol; ymffrost; dwrdiad, cystwyad; sŵn aflafar, sŵn rhygnu, sŵn gwichlyd a chras, tinc: *opinion, fancy; boast; a scolding; jarring noise, grinding noise, creak, ringing noise.*

1547 *WS*, *Rinkin* ne opiniwn Opynion. *c.* **1588** *B* ii. 236, *rinkyn*: opiniwn. **1595** M. KYFFIN: *DFf* [115], [g]wrando ar eu chwedlau, ag i goelio eu *rhingcynnau* nhwy. **1604–7** *TW* (*Pen* 228) d.g. *Cantilena*. *id. rhincin* ei lhygeit rhonca. Gr[uffydh] Hiraeth[oc] d.g. *Obstinatio*. *id.* yn dala *rhincin* d.g. *pertinax*. **1632** *D*, Rhingc, &c. *Rhincyn*, Stridor, stridulus sonus. *id.* d.g. *Tinnimentum*. *c.* **1729** L. MORRIS: *LW* 183, Coeg wr Enllibiwr Cibin / er encyd gwag i *ringcin* / Y saeth a dynnaist daeth yn ol / hi['] th deru'n wrol erwin. **1752** G. OWEN: *L* 17, Pe cai y fath Rymynnwyr melltigedig eu hewyllys, ni welid fyth yn Ghymru ddim amgenach, a mwy defnyddfawr, na'u diflas *Ringcyn* hwy eu hunain. *id.* 22, Mae'r Ysgol ddiflas agos a'm nychu fi. Pa beth a all fod yn fwy diflas a dihoenllyd i ddyn a fai'n myfyrio, na gwastadol gwrnad a *rhingcyn* cywion Saeson? **17g.** (**1759**) *BC* 410, Yn dy dŷ bydd hawdd dy feithrin, / Na Scowlia chwaith na chynnal *rincin*. **1768** (**1813**) TWM O'R NANT: *FF* 4, O cais dewi a'th *ringcin*, / Cadw dy ffidl, yn boeth bo'i phwdin; / Mae hi yr un wich a hwch gynhaig, / Neu fules y wraig o'r felin. *id.* 5, Dos oddi yma, ffol ei *ringcin*. *id.* 51, Ond ni b'asai waeth i mi dewi â'm *rhingcin*, / Ni hidia nhw' ddim ond chwarae a chwerthin. **1803** *P*, *Rhincyn* . . . A creak, a clink; a gnash, a grinding noise; a habit of scolding.

(*b*) Cwynfanwr, un sy'n swnian, cecryn: *grumbler, nagger, scold.*

18g. IOAN SIENCYN: *Gw* 258, Os *Rhingcin* gais dy gyro? / Ddwy waith diodde'th daro; / A chyda'r trydydd taro e' nol; / Dod arno ôl dy Ddwylo. Ar lafar yn Arfon, 'Taw'r hen *rincyn* cythral!', *WVBD* 463.

rhindda, *AB* 175a, gw. **rhin—rhin dda.**

rhinddysg [*rhin*+*dysg*] *eg.* Cabala: *cabbala.*

1803 *P.*

rhinddysgawdr, rhinddysgawdwr [*rhinddysg*+*-awdr*, *-awdwr*] *eg.* ll. *-ddysgodron*, *-ddysgawdwyr*. Cabalydd: *cabbalist.*

1803 *P.*

rhinddysgwr [*rhinddysg*+*-wr*] *eg.* ll. *-wyr*. Cabalydd: *cabbalist.*

1867.

rhinfawr [*rhin*+*mawr*] *a.* Rhinweddol, mawr ei rinwedd: *virtuous, of great virtue.*

1603 W. MIDLETON: *Ps* 43, Galwaf arnad geli fowrnerth, / Na fydh *rinfawr* fydhar anferth / Duw sy nerth ym difai naf. **1803** *P*, *Rhinvawr* . . . Endowed with great virtue; greatly endowed. Cai vezygon—/ Eu galw'n zuwiau, brau bryd / Wyr *rhinvawr*, yn yr henvyd . . . L. Morris.

rhinflas [*rhin*+*blas*] *eg.* ll. *-au*, *-oedd*. Distylliad neu drwyth planhigion, &c.: *plant, &c., essence or extract.*

20g.

rhingelwyr [*rhin*+bôn y f. *celaf*: *celu*+*-wyr*] *e.ll.* Seiri Rhyddion: *Freemasons.*

c. **1820.**

rhiniad [bôn y f. *rhiniaf*: *rhinio*+*-iad*[1]] *eg.* ll. *-au.* Secretiad; (geir.) y weithred o gynysgaeddu â rhinwedd neu o ymarfer dirgelwch: *secretion;* (*dict.*) *the act of endowing with a quality or of using a mystery.*

1803 *P.*

rhiniaeth [*rhin*+*-iaeth*] *eb.* Dirgelwch, cyfaredd, y cyflwr o fod yn niwminaidd; rhinwedd: *mystery, charm, numinousness; virtue.*

17g. E. MORUS: *Gw* 91, A greddfol grio addfwyn, / Gweled eich däed a'ch dwyn; / Gwae Elsbeth, gwiw *rinieth* gwlad, / Gwawr Forus gywir fwriad.

rhiniaethol [*rhiniaeth*+*-ol*] *a.* Niwminaidd: *numinous.*

20g.

rhiniaf, rhinaf: rhin(i)o [bf. o'r e. *rhin*] *bg.a.* Sibrwd, sisial, siarad yn ddirgel; cyfareddu, hudo; secretu; hefyd yn *ffig.*: *to whisper, speak secretly; charm, enchant; secrete; also fig.*

1606 E. JAMES: *Hom* iii. 301, i Escob Rufain . . . annog torri heddwch . . . trwy wenidogaeth ei Gapalenaid ymrhithiedig, y rhai a ymluscant mewn trwsiad gwyr llygion ac a *rhiniant* (*whispering*) ynghlustiau rhai o artaloedd y Gogledd. **1733** J. OWEN: *TBG* 107, heb ymroddi i ddwyn nêb i mewn i unrhyw anghyflëusdra, o'i wîr fodd, trwy gyfrwysdra, hicced a hocced, *rhinio* a llyfnhâu pe[th]au; yr hyn bethau ydynt yn anghytunus jawn â'r Gorchwyl cyssegr-lân hwn. **1753** *TR*, *Rhinio*, to whisper, to speak in secret. **1759** *BC* 195–6, Jesu wrth y Drws yn Curo, / Goreu oedd o egor iddo; / Cyn ir gelyn gael ei Ewyllys, / Ai deganau gwael drygionus, / Oi genfigen diben dibaid, / I Wenwyno *rinio* yr Enaid. **1803** *P* d.g. *Rhinaw*, *Rhiniaw*. Cf. W. REES: *AFR* 237, fel un a fuasai yn ceisio peroriaeth i *rinio* ymaith chwerwder ei ysbryd ac aflonyddwch ei galon.

Cfn.: **rhinio seirff:** *snake charming.* **1834.**

rhiniart, rhinart, *e?g.* Un o bedwar mesur ar hugain Cerdd Dant: *the name of one of the twenty-four metres or measures of traditional Welsh string music.*

1561–2 *B* i. 151–2, Llyma iiii mesur ar xx Kerdd dant krwth . . . *Rrinart*. **16–17g.** *id.* 145, *Rhiniart*.

rhiniog[1], rhinog, hiniog [*hiniog* < *hin*[2] +*-iog*; *y rhiniog* < *yr hiniog* drwy gamraniad] *eg.b.* ll. *-au.* Trothwy, carreg drws, stepen drws, sil; croeslath, capan drws, linter; cilbost; ffrâm drws; colyn (drws); hefyd yn *dros.* ac yn *ffig.*: *threshold, doorstep, sill; transom, lintel; doorpost, jamb; door frame, doorcase; hinge* (*of a door*); *also transf. and fig.*

13g. *LTWL* 236, Quodlibet istorum, scilicet, columne, ac ystyfleu, *hiniauc*, trothyw, gorsin, dupist, dor, iiii denarios legales valet. **14g.** *OBWV* 74, Diarnabod dioer nebun, / Diddigwyl, fy hwyl fy hun, / Gofyn a ddaw â'i gawell / Y gŵr dros *hiniog* y gell (Madog Benfras). **1547** *WS*, Eminioc ne *hinioc* Thressholde. *id.* *Rinioc* A thressholde. **1567** *LlGG* (*Sall*) 47b, dewisach-genyf vot ar yr *hinioc* [:– drothe] yn tuy vy-Dew, na thrigio ym-pepyll yr andewioldep. **1588** 1 *Cr* ix. 22, Hwynt oll y rhai a etholasyd yn borthorrion ar y *rhinniogau*. **1588** *Eseia* vi. 4, A physt y *rhiniogau* a symmudasant gan y llef. **16–17g.** *GST* i. 196, Rhandir teg yw'r hendre tau, / Rhan agos i'w *rhiniogau*. **1604–7** *TW* (*Pen* 228), *Riniocisaf* [*sic*] drws d.g. *Hypothyrum*. *id.* yr *hinioc* vchaf d.g. *Superliminare*. **1632** *D*, *Rhiniog*, & *Hiniog*, Limen. **1688** *TJ*, *Hiniog*, *Rhiniog*: a Threshold, a Sill. **1696** *CDD* 286–7, Yr enaid gwan dan grynnŷ, / A wele wrth y trothwy [:– *Rhiniog*], / Bêryglon mawr o'i deutu. **1707** *AB* 279a, *Hiniog*, the Threshold; and in some places also used for a Hinge d.g. *A Hinge of a door*. **1722** *Llst* 189, *Rhiniog* uchaf drŵs. The lintel of a door. **1723** J. JONES: *LlA* 325, A rydd Gwasanaethwyr Llygredigaeth eu Clustiau i'w tyllu wrth *Riniogau* (*doorposts*) pechod, mewn Arwydd o Wasanaeth llwyrgwbl a bythol. **1765** J. POPKIN: *Ll* 25, Yr amlygiad o ddwyfol Râs . . . yw rhwymyn undeb yr Eglwysi gyd â ni, a'r *Rhiniog* (neu'r Olwyn) mawr ar ba un y mae ein dyscyblaeth yn troi ydyw. **1772** *W* d.g. *Door-case, or door-frame*. *id.* *Hiniog*, '*rhiniog*, (yr *hiniog*) d.g. *Groundsill or groundsil*. **1790** TWM O'R NANT: *GG* 108, Mur maith clô cyd-waith, cliciadwy; Naddfaen / Noddfa uwch rhyferthwy, / *Rhiniog* dew bleth rhwng dau blwy, / Drws hylwydd ar draws Elwy. / . . . / Ni wêl un dyn 'n ol ein dallt, / Ddim o hon oddi yma hyllt [i Bont yr Allt Goch]. Cf. D. OWEN: *GT* 165, anfynych y croesai mab ieuanc parchus, golygus, *riniog* y Wernddu. Ar lafar, *GDD* 247, *B* xxiv. 179; digwydd hefyd yn y ff. *rhinog* fel elfen mewn enwau lleoedd, e.e. '*Rhinog Fawr*', '*Rhinog Fach*', e. mynyddoedd ym Meirion, I. WILLIAMS: *ELl* 19, *B* ii. 304.

Amr.: **rheiniog** [?ff. wallus]. **1759** *BC* 307. **rhingiog** [?ff. wallus]. **1615** R. SMYTH: *GB* 196.

Cfn.: **rhiniog (hiniog) (y) drws:** *doorstep; door frame, doorcase.* **15–16g.** *TA* 497, Wrth ddyfod o'r eithafoedd / Dros dir, a dyrysed oedd!—/ Ni ddout ti, yn niwedd taith, / Dros *hiniog y drws*, unwaith! **1588** *Ecclus* vi. 35, Os gweli ŵr dehallgar cyfot yn foreu atto ef, a threulied dy droed ti *rinniogau ei ddrws* ef. **1699** T. JONES: *TP* 52, wrth *riniog y drŵs*. **1798** *WR*, *rhiniog drws* d.g. *Door-case*.

rhiniog[2] [*rhin*+*-iog*] *a.* Cyfrinachol, dirgelaidd: *secret* (*adj.*), *mysterious.*

14g. *BD* 214, Ac yno y dawei ynteu yn *rinyawc* (*id.* 23, yn gudyavc) attei. **1803** *P* d.g. *Rhiniawg*.

rhiniol, rhinol [*rhin*+*-(i)ol*] *a.* a hefyd gyda grym enwol. Dirgelaidd, cyfrinachol; cyfriniol, ac iddo rin neu naws arbennig, yn perthyn i hud, swynol, ac iddo bwerau arbennig (am ddŵr); secretol; rhinweddol: *mysterious, secret* (*adj.*); *mystical, having a special aura, magical, enchanting, having special powers* (*of water*); *secretory; virtuous.*

a. **1587** *Y* 47, Mawl dalv mal y dylai, / Ag vn bwyll goganv bai. / Ag er hyn, fardd gwiw *rhinol* (*Thos. Lloyd D* (LlGC) 204a, bardd gwiw *Rhiniol*. Y. 128), / Ni adwn i Vnduw yn ol. / Caraf Vnduw, corf iawndeb, / A'i fawl a wnaf o flaen neb. **1604–7** *TW* (*Pen* 228), maen rhinwedhawl *rhiniawl* rhait (*GIG* 69, graen a graid) / Myrrerit glan mawr eurait d.g. *Myrrhites*. **17g.** *Gwaseila* 563, Nid co' gan offeiriad yn niwedd y farchnad / Mo'i fod fel golychiad neu glochydd, / Na chan yr hen *riniol* mo'r bod yn llanc lletffol / Pan êl ef yn ddoniol ei ddeunydd (Edward Morris). **17g.** *TBM* 617, Broffwydi mawl, braff awdwyr, / Heuwch gerdd fawl *rinawl* wraidd, / Hwyl caniad Heliconaidd (Edward Morris). *c.* **1730** *Thos. Lloyd D* (LlGC) 198a, henw bedyddiol yn *Rhinol* mewn rhad. BM. 141. **1803** *P* d.g. *Rhiniawl*.

rhiniwr, rhinwr [*rhin*+*-(i)wr*] *eg.* (b. *rhinwraig*) ll. *rhinwyr*. Swynwr, hudolwr, swyngyfareddwr, dewin: *charmer, enchanter, sorcerer, magician.*

15g. *GLGC* 10, o naw rhan yr un rhinwedd, / o'r un *rhinwr* y'n rhannodd [i Dduw]. **1567** *LlGG* (*Sall*) 31b, megis y neidr vyddar rhon a gae ei chlustieu. Yr hon ny chlyw lef y swynwyr [:– *rrinwyr*] er cyfrwyddet vo mewn rrinieu. **1567** *TN* 182a–b, Twyllo

Samareia gan Simon *riniwr* [:– ddewin]. *id.* 399b, or ty allan y bydd cwn, ar [*sic*] cyfareddwyr [:– swynwyr, swynoglwyr, *rhinwyr*] a' phytteinwyr, a llyaswyr, a' delw-addolwyr. *Dchr.* **17g.** *J* 10, 16a, *Rhiniwr.* Sorcerer. Magus . . . Charmer. **1700** *TDP* [ii], na stopia Glustiau dy Galon, nath Gorph rhag gwrando ar lais *Rhinwyr* morr Ddoeth ac morr Felusedd. **1773** *W, rhin-wraig* d.g. *Enchantres.* **1790** Twm o'r Nant: *GG* 6, Hi [neidr fyddar] gauau [*sic*] 'i Chlustiau âg awch wael ystyr, / Rhag gwrando Cywyr, lais y *Rhinwyr,* / Na'r Swynwyr, yn eu Swydd. **1790** T. Jones: *TOS* viii, rhaid eu bod hwy mor fyddar a nadroedd na wrandawent ar lais y fath *riniwr* doeth. **1803** *P* d.g. *Rhiniwr, Rhinwraig.*

rhinna, gw. **rhain[1]—y rhain yna.**

rhinog, rhinol, gw. **rhiniog[1], rhiniol.**

rhinoseros, rheinoseros, rinoseros [bnth. S. *rhinoceros*] *eg.* ll. *-od, -iaid. Swol.* Unrhyw un o amryw garnolion Affricanaidd neu Asiaidd mawr croendew llysysol a chanddynt un neu ddau gorn unionsyth ar eu duryn a chroen haenellog neu blygedig, rheino: *rhinoceros.*

1835.

rhint, rhynt[1] [cf. *rhintach*] *eg.* ll. *rhint(i)au, rhiniau, rhynnau.* Rhic, rhigol: *notch, nick, groove.*

17g. *LlGC* 13215, 345, *Rhint* Crena. **1707** *AB* 220a, *Rhint* Crena S. A notch. **1725** *SR, rhynt* d.g. *A Notch.* **1774** *W, rhint* d.g. *Jag.* **18–19g.** *Llr* C 1, 29, Ag ar hynn o bren neu ebill y torri'r llythyrau a chyllell yn *rynnau* bychain trwch dalen neu gawnen fechan, a chyfled a chawnen fain o wair a thorri pob *rhynt* yn deg ag yn loyw. **18–19g.** *Llr* C 63, 137, ebillion bychain hyd bŷs a *rhintau* arnynt. **1800** W. Owen-[-Pughe]: *CP* 107, Purion yw gosodi rhywbeth uwch tu yn ôl y rholen i lanâu y *rhintiau* (*nicks*). **1803** *P, Rhint,* s. m.—pl. t. *iau* . . . A groove, a notch.

rhintach [?e.ll. yn wr. a ddatblygodd yn a. ?dan ddyl. *mantach*] *a.* Rhiciog, ac arno riciau miniog neu ysgithrog, minfylchog, danheddog, rhigolog, bylchog ei ddannedd, diddannedd, mantach: *notched, jagged, indented, serrated, grooved, gap-toothed, toothless.*

1547 *WS, Rintach.* **16g.** *LlS* 55–6, dail llydain swrn hirion nid chwaith antebic i ddail lydan [*sic*] y phordd ai hemylæ yn *rhintach.* *id.* 124, Pawb a edwyn y Rhos sef gwiail a mannæ duon sy yddyn ac yn ddanedd bachoc pigogion a dail yn *rhintach* val min crymman garw. *c.* **1588** *B* ii. 236, *rhintach*: mant[a]ch. **1604–7** *TW* (*Pen* 228) d.g. *Crenatus, Rarus, Serratus.* **1632** *D, Rhintach,* Jndentatus. **1688** *TJ, Rhintach* . . . Toothless, without Teeth. **1722** *Llst* 189, *Rhintach.* Indented, scolloped, having teeth like a saw. **1753** *TR, Rhintach* . . . jagged, notched. **1774** *W,* torri yn *rhintach* d.g. *To jag.* **1803** *P, Rhintaç* . . . Grooved.

rhintaf, rhintiaf: rhintu, rhintio [bf. o'r e. *rhint*] *bg.* Rhicio: *to notch.*

1858.

rhinwedd [*rhin*+*gwedd*[1]] *eb.g.* ll. *-au, -oedd.*

(*a*) Uniondeb buchedd, rhagoriaeth foesol (benodol), hefyd yn *ffig.*: *virtue, rectitude, moral excellence, also fig.*

Dchr. **12g.** *GMB* 30, Gveith reith rysset, gvich ruich ryuet, *rinuet* reen. **12–13g.** *id.* 397, Vchaf (gỽyry achaỽs gỽiryoned) / Llỽry gỽyrdaỽt kyt (boet Braỽt *rinwed!*). **12–13g.** *GLlLl* 239, Gan dewis uchet *rinwet* rannaỽc / Y'n rann y'th barthred, rwyf ked caeraỽc. **14–15g.** *DGG*[2] 143, Yng Ngwynedd nid rhyfeddod / Oll uwchben eraill eich bod. / Rhwng bonedd a *rhinweddau,* / Rhoed it hap y rhediad tau [i Einion ap Gruffudd ap Hywel]. **15g.** *HS* 19, Ith wledd da *rinwedd* dirionach na Nydd / i daw dy wledydd dŷ diledach [i Syr Rosier ap Syr Rosier Fychan]. **15–16g.** *GIF* 60, Mae naw *rhinwedd* a wedda, / er chweg dyn, ar farchog da. / Un, o'i nawgamp y magas, / na thry gefn byth ar ei gas. / Llenwi gwin, llunio gynau, / llaw Nudd i wŷr, llyna ddau. **16g.** *GGH* 222, Saith niwrnod ydyw'r brodyr, / Saith *rinwedd* Gwynedd a'i gwŷr. **1567** *TN* 171b, amryw *rinvoeddae* [*sic*] da yr ei ffyddlon. **1568** Morys Clynnog: *AG* [vi], beth a rhynga bodd i dduw . . . odidogrwydd *rhinwedd.* **16g.** *Hop M* 209, rhai vydd da rhyw vodd diwarth / rhai n ddrwg a *rhinweddau* arth. *c.* **1585** *Llst* 178, 36b, [g]own o liwie costfawr gwedy froydo a gwaith nydwydd ag oddy amgylch yr gown hwnn yr oedd y tair düwiol ar pedair dyn/awl *rhinwedd* yny sgrifenedig [*sic*]. **1595** H. Lewys: *PA* 22, fal y byddai i weddi, ffyd', ofn duw, vfud'-dod, a *rhinweddae* erail' dyfu. **1606** E. James: *Hom* iii. 54, holwn ein hunain pa ddiffyg sydd ynom o'r *rhinwedd* hon o gariad a dioddefgarwch. **1615** R. Smyth: *GB* 33, fod genthynthvvy [anifeiliaid bychain] *rinvvedd* naturiavvl ymhob cynheddfau campys mevvn doethineb grymysdra llvvrfdra havvddgarvvch rhyvv/ogrvvydd a dysceidiaeth. **1618** J. Salisbury: *EH* 276, Rhodh neu dhawn, ag megys Camp ysprydol yw *Rhinwedh,* yr hon a dherbynnir yn yr enaid, ag sy'n gwneuthur bod dyn yn dha, ag yn rhinwedhol. **17g.** Huw Morus: *EC* i. 19, Ni fu *rinwedd* i frenin, / I fyw 'n bur, heb lafur blin. **1727** J. Jones: *DFF* [2]15, gan gyfrif rhai Pechodau yn *Rhinweddau,* megis Gorymgais, Hunanladdiad mewn rhyw Achosion a'r cyffelyb. **1777** W. Williams: *DN* 39, nid *rhinwedd* fawr oedd bod eu cnawd hwy yn chwennych priodi mewn gwth o oedran. **1780** *W* d.g. *Probity.* **1803** *P.* Ar lafar, 'Ma llawar o fai arno ond ma ginto fynta i *rinwedda*', *GTN* 685.

(*b*) Natur, ansawdd, priodoledd: *nature, quality.*

13g. *DB* 73, Krwnn ynt wynteu [sêr], a thanaul; eu llunyaeth wynteu ac eu *rinwed* Duw a'e guyr ehun. **1346** *LlA* 17–18, Adamweinaỽd nep ryỽ anryuedaỽt pann anet krist. damweinaỽd seith gwahanredaỽl . . . Mi avynnwn wybot ystyr yrei hynny. ae *rinỽedev.* **1547** *WS* [xix], U/ yn gydson nid amrafailia i *rhinwedd* yn lloecr mwy nac yngymry. **1618** J. Salisbury: *EH* 155–6, yn payntio . . . bagad o betheu, i dhangos . . . nyd beth ydynt yndhyn euhunain, ond pa *rinwedh,* neu gynhedhfeu sydh ganthynt, a pha beth y bydhant arfer o'i weithio. **1680** J. Thomas: *UN* [ix], diammeu fôd ein gweddiau ni yn gymmeradwy gan Dduw, megis wrth eu pwys, nid wrth y lláth; wrth eu *rhinwedd,* nid wrth eu hyd.

(*c*) Nerth, gallu, grym, effeithiolrwydd, yn enw. effeithiolrwydd moesol, dylanwad llesol: *power, force, efficacy, esp. moral efficacy, beneficial influence, virtue.*

12g. *GLlF* 540, Gwr a gynneil y lloer yn y llaỽnwet, / . . . / O'e gannyad, o'e rad, o'e *rinwet*—yn llaỽch. **13g.** *GDB* 565, Y goreu Rieu *rinwed*—pann anet / A doeth y waret y laỽered. **13g.** *GBF* 357, Myrr ac ystor, ardunyant cor, kerd *rinwedeu.* **1346** *LlA* 151, Pump *rinỽed* offerenn Sul ynt . . . kynntaf . . . bot yn hỽy dy hoedyl. **14g.** *Pen* 5, 8a, doethant vyntev ar y brenyn ac ymanagassant idav *rynvedeu* ytrindaut a diodeuedigaeth mab duv. *c.* **1400** *R* 1213. 34–5, erglyỽ vi ỽyt ri pob *rinwed. id.* 1215. 41–1216. 1, Tydi arglỽyd rỽyd *rinwed/eu.* *c.* **1400** *RB* ii. 392, edylffryt . . . hỽnnỽ pan oedit yny vedydyaỽ abissaỽd yn y bedyd lestyr. ac a lygraỽd y *rinwedeu.* *c.* **1400** *R* 1249. 19–20, *Rinnwedeur*pader agymmeraf. **15g.** *FfBO* 55, y mae brodyr creuydus yn presswylyaw; y rei trwy nerth Iessu Grist, a *rinwed* y gic a'e waet a yrrant gythreuleit o dynyon. **15–16g.** *TA* 504, Mae ar i chorff, mor wych oedd, / Ran o addysg, *rinweddoedd*; / Un llun â Mair, myn crair Cred, / Mae o goel im i gweled [i ferch]. *c.* **1514** *B* v. 12, o vewn yr ogof hon yr oeddynt dwy graig yr hain nid oedd alluawl dynawl *rinwedd* yw symud hwynt o lle y byddynt. **16g.** (*LlEG*) *LlGC* 5276, 369a, nad ydoedd y diffig hwnnw . . . o veddod namyn o *Rinwedd* hryw ysbry/d. **16g.** *THSC* (1923–4) (At.) 38, dywod yr arglwydd wrtho . . . nid yr ymborth dayarol yw yr ymborth a berv yn dragwyddol, Eithr o *rinwedd* y gairav a ddel o enav yr arglwydd. **1552** W. Salesbury: *Gw* 318, *Rynwedd,* id y peth drwy ei nerth y trwssir yr ardderchockir yr araith ûch law ymadrodd y kyffredin andyscetic. **1567** *LlGG* [ix], na thalo y swmp dywededic taladwy can *rinwedd* [:– rym] ei gonvictiat a r Statut hon. **1567** *TN* 97b, mi a wn vynet nerth [:– *rhinwedd*] allan o hanof. *id.* 295b, y cyfiawnder ys ydd o ygan Dduw trwy ffydd . . . a' *rhinwedd* ei gyfodiadigeth. **1604–7** *TW* (*Pen* 228) d.g. *pollentia. id.* a vo a *rhinwedh* ydhaw i lanhau d.g. *Smecticus.* **1609** R. Smyth: *CAC* 4, nag yn rhoi i phwys ar Rym ne reswm dyn, onid ar *rinwedd* ne awdyrdod Duw. **1658** *Examen* 23–4, y mae ychydig râs yn fawr ei nerth ai *rhinwedd.* **1687 (1715)** J. Owen: *TB* 150, mynegodd i fod ef wedi ei gaethiwo tan *rinwedd* dialedd yr holl alluog Dduw. **1701** E. Wynne: *RBS* 14, Gofal o'n hamser, heblaw ei *rinwedd* (*influence*) ar hôll ymarweddiad dyn, mae ynddo rym yspysol i rwystro . . . Pechodau tlodaidd. **1704** E. Samuel: *BA* 36, trwy ddawn a *rhinwedd* yr yspryd glân. **1722** *Llst* 189 d.g. *Agency.* **1723** WM: *PGG* 11, Yr ŷm yn colli llawer o ffrwyth a *Rhinwedd* yr ysgrythyr, wrth geisio dosparthu ac eglurhâu ei Dirgelion. *id.* 178, er maint yw Clôd a *Rhinwedd* Heddwch, etto nid oes ond ychydic yn ceisio y Pethau sy'n perthyn iddo. **1733** T. Evans: *PP* v, os yw y Rhydd-did a gymmerais i yn gwneuthur y Llyfr yn fwy rhwydd a deallgar, nid ei Fai ond ei *Rinwedd* yw hynny. **1790** T. Jones: *TOS* 326, yn y dagreu a'r gwaed a darddodd oddiwrth dy Arglwydd, mae cyflawn *rinwedd* i iachau. Gw. hefyd y cfn. *trwy rinwedd* (*fy swydd*), *yn rhinwedd* (*fy swydd*).

(*d*) Sacrament; defod; dirgelwch crefyddol: *sacrament; rite; religious mystery.*

1346 *LlA* 24, [p]ỽybynnac a wertho *rinỽed* (*mysterium*) diodeifeint krist yr kanmaỽl dynyaỽl. Ac yr ennill amsseraỽl. beth amgen ymaent yny wneuthur yn waeth noc gỽerthu y . . . harglỽyd. *id.* 25, Ponyt vn ryw [Cymun] a gymerth iudas. Aphedyr. nac ef. peder a garaỽd yr arglỽyd. Ac vrth hynny y kymerth y *rinỽed.* Ae nerth (*ideo acceptum a Domino sacramentum cum virtute ejus accepit*). *id.* 25–6, velle ytra vydont wyntev ygkyffredinrỽyd yr eglỽys. ef avyd kadarnn pob *rinỽed* (*omnia sacramenta*) awnnelont. pryt na bont wyntev. diffrỽyth vyd eu gỽeithredoed. *id.* 145, Yr medyginaethv eneit dyn or seith pechaỽt marỽaỽl. y rodes duỽ seith *rinỽed* ynyr eglỽys. nyt amgen ynt. Be[d]yd escob. Abedyd offeirat yn gyntaf oll ohonunt. A segyrffyc. Penyt. Anghen. vrddev kyssegredic. A phriodas. **14g.** *SC* viii/ix. 183, gwr oedawc . . . a dywat na chymerassei ef eiroet *rinwedeu* corff crist ae waet (*se corporis et sanguinis Christi nunquam percepisse sacramentum*). *Diw.* **15g.** *B* v. 105, pan vo marw dyn mewn pechot marwol y dodir yn i erbyn trwy dangos angheredigrwyd na vynnei erbynnieit *rinwed* kyssegredic penyt. *ib.* 108, yd wyf i yn erchi yn enw y tat ar mab ar yspryt glan a *rinwedeu* corf. crist. **1567** *LlGG* 115b, nad oeddit yn gyffredin yn arfer yn yr hen amser o wasaneuthy Sacrament [:– *Rinwedd*] y Betydd. *p.* **1584** G. Robert: *GC* [343], Saith *rinwedd* yr eggl[w]ys, a el[w]ir Sagrafennau. **1803** *P.*

(*e*) Gweithred ardderchog neu ryfeddol, gwyrth: *excellent or wonderful deed, miracle.*

c. **1400** *RB* ii. 396, A gwedy tyfu y wyrtheu [Edward Gyffeswr] ae *Rinwedeu* yn yr vnuet vlỽydyn ar bymthec oe varỽolyaeth pann dyrchafỽyt y gorff. y kaffat y gỽr ae wisc yn gyfan gyt adiruaỽr degỽch ac arogleu da. **1488–9** *BSM* 12–13, ni bu haiach a welsant y gwyrthiav hynn ar na chredasant i Grist a gadaw kam gred . . . drwy y gras a roddasai Dduw iddo ef mewn *Rinweddav* ac examplav santaidd i tyvodd ffydd a daioni hyd nad oedd le ar y bvasai demlav yr gav dduwiev ar na bai yno y naill ai eglwys ai mynachloc. *id.* 22, yr yn bod ni yn son llawer am weithredoedd y kythrel, yr oedd mae Rann vawr or ymddivan hwnn yn koffav *Rinweddav* a gwyrthiev Marthin. **1567** *TN* 58a, ny allei ef yno wneythy'r [*sic*] neb vn nerth [:– miragl, *rhinwedd*] yn amyn gesot ei ddwylo ar y chydic gleifion a' ei hiachay. *id.* 353b, mal i gallechi vanegi *rrinweddau* y neb ach galwodd o dywollwc yw ryfeddodys 'oleuni ef. **1588** *Ecclus* xxxvi. 16, Llanw Sion â'th anfeidrawl *rinweddau.*

(*f*) (yn y ll.) Grymoedd (nefol), yn enw. y seithfed o raddau'r angylion: (*pl.*) (*heavenly*) *powers, esp. virtues* (*seventh order in the hierarchy of angels*).

1488–9 *BSM* 13, yn adolwc i Dduw kana allai ddistrywio kadernyd y demyl anvon o hono ef *rinweddav* nevol ai bwriai yr llawr. **1670** J. Hughes: *AP* 241, mae'r Angelion yn moliannu dy Fawredd . . . y Nerthoedd yn dychrynnu gan dy ofn . . . a *Rhinweddau* y nefoedd . . . yn dy anrhydeddu.

(*g*) Effeithiolrwydd neu allu goruwchnaturiol (am feini gwerthfawr, &c.): *occult efficacy or power* (*of precious stones, &c.*).

13g. *Brut B* 129, Kymyscedyc ew e meyn . . . ac nyt oes vn maen hep *rynwed* a medegynyaeth arnav. **14g.** *CR* 164, Eur y cae hwnn . . . dielw yw wrth y main yssyd yndaw . . . ny allei holl oludoed awch brenin chwi ymgyffelybu y'r cae hwnn bonhedic o ymgyuartalu a'e *rinwedeu.* **14g.** *WM* 154. 15–19, yn lloscỽrn y pryf y mae maen. A *rinwedeu* ymaen ynt. Pỽy bynhac ae kaffei yny neill laỽ, a uynnei oeur ef ae kaffei ar llaỽ arall idaỽ. *c.* **1400** [*RB*] *WM* 207. 24–6, vn o *rinwedeu* y maen yỽ. dyuot cof yti aweleist yma heno. **15g.** *FfBO* 42–3, o *rinwedeu* y mein y goruydant hwy yn y brwydreu. **15g.** *GGl*[2] 39, Pand praff *rhinweddau*'r saffir? / Bwrw clwy, ni ad berygl hir. **1615** R. Smyth: *GB* 4, cad gvvybod amryvv lysiau, a phlanigion, hefyd *rhinvveddau* cyfrinachavvl cerrig. **1699–1700** E. Lhuyd: *SH* 70, vod kerrig ym henn neidir, a *rhinwedh* ynthi i hydo hedydh o'r awyr.

(*h*) Effeithiolrwydd yn deillio o nodweddion ffisegol (am blanhigion, dyfroedd, &c.), yn enw. gallu i effeithio ar y corff dynol er lles; priodoleddau cryfhaol, cynhaliol, neu iachaol: *efficacy arising from physical qualities* (*of plants, waters, &c.*), *esp. power to affect the human body beneficially; strengthening, sustaining, or healing properties.*

1545 Elis Gruffydd: *Ll* 4, j mae modd i ddystylio dwr o vlode tennevon . . . J mae ynn hraid jni wybod y modd j mae glanhau'r dwr gwedi j wneuthud a'r modd i mae j gadw ef j barhau yn i *rinwedd.* **16g.** *YT* 65, J gyrheuddud y kyuriw wybodaeth hwn drwy *rinwedde* llysshieue'r ddaiar. **16g.** *LlS* 23, Yr artempr . . . *Rhinwedd* y grafy ymaith sydd ar yr Esparag a hynny eb nac eglurdeb gwres nac oerfel. *id.* 129, *Rhinwedd* oer sydd ir ddeuryw yscall, ac yn attal yn gymmetrol. **1588** *Doeth Sol* vii. 17–20, efe a roddes i mi wir wybodaeth . . . i wybod cyfansoddiad y byd a gweithuriad yr elementau . . . nerth gwyntoedd, rhagoriaeth planhigion a *rhinweddau* gwraidd. **1615** R. Smyth: *GB* 30, gvvyddent *rinvvedd* a phriodoldeb amryvv lysiau. **1632** J. DAVIES: *LlR* 153, Beth am y grym a'r *rhinwedd* a dybiai ef ei fod mewn vn defnyn o ddwr [i oeri tafod]? **1672** R. PRICHARD: *Gw* 283, y *rhinwedd* ac sydd . . . yn y dwfr, i lanhau y corph oddiwrth frynti oddi faes. **1759** J. EVANS: *PF* 5, y Meddiginiaethau oedd ar *Rhinwedd* mwyaf ynthynt i Jachau eu priodol Glefydau. **1773** J. ROBERTS: *GY*, *Rhinwedd*, Unrhyw allu naturiol, y mai [*sic*] Duw yn ei ro'i i bob Creadur, megis Planhigion. **1795** *R. Crusoe* 44, Y rhai [grawnwin] a osodaswn ar eu gilydd, wedi ymwascu au *rhinwedd* wedi ei golli. Ar lafar yn yr ystyr 'power of healing', 'Ma 'na *rinwadd* yn y dail', *WVBD* 463.

Cfn.: **rhinweddau cardinalaidd:** *cardinal virtues. c.* **1700** *CM* 15, 81. **rhinwedd dda:** *virtue, good quality.* **1567** *TN* [xxviii], [xxxv]. **1632** J. DAVIES: *LlR* 200. **1776** I. BRYDYDD HIR: *P* 29. **rhinwedd ddrwg:** *vice, bad quality.* **1604** R. HOLLAND: *BD* 16a. **rhinweddau'r Eglwys:** *the rites or sacraments of the Church.* **1346** *LlA* 141, yrydhav eneidev ypobloed obop ryϭ pechaϭt ar avei arnunt. Ahynny trϭy *rinϭedev yr eglϭys*. *Dchr.* **15g.** *B* vii. 371, ny dichawn ef [offeiriad] ollwng dyn o blwyfedigaeth arall nae rwymaw. Ac ny dyly y gymryt ar *rinwedeu yr eglwys* herwyd kyfreith. **1547** *WS*, *Rinweddeyr eglwys* The rightes of the holy churche. Cf. *Ked AA* 3, ef a gymerth y rinwedeu a berthynynt ar yr Eglwys, a thalu y yspryt y'r Creawdyr. **rhinwedd foesol:** *moral virtue.* **1670** J. HUGHES: *AP* 128, *rhinweddau moesawl*. **1793** T. JONES: *SD* 31. **rhinwedd theolygol (theologaidd):** *theological virtue.* **1568** MORYS CLYNNOG: *AG* 63, *Rhinwedd theolygawl*, virtus theologalis. **1609** R. SMYTH: *CAC* 2, y tair *rhinwedd theologaidd*. **1618** J. SALISBURY: *EH* 2, [b]od y tair *rhinwedh Theolygawl* Fydh, Gobaith, a Chariad-perffeith, gida grâs Duw yn angenrheidiol i iechydwriaeth. **trwy (drwy) rinwedd:** *by virtue of; by or through the virtue of. c.* **1400** [*RB*] *WM* td. 98. 18, a *thrϭy rinnwed* ygϭin gyrru y kythreul or corn. **1567** *TN* 228b, *trwy rinwedd* a' dywedd Betydd. **1595** M. KYFFIN: *DFf* [44], allu onynt hwy *drwy rinwedd* eu fferenneu, ranny . . . holl ryglyddiad marfolaeth Crist. **1691** *ESGG* 14. **1696** *GGTY* [xxxiv]. **1714** R. PRYDDERCH: *GD* 128, Megis y mae plentyn bâch yn debig . . . iw Rieni *trwy Rinwedd* a natur ei Hâd. **1747** W. WILLIAMS: *Aleluja* vi. 13, *Trwy Rinwedd* hwn fe'n dwg yn jach / I'r Ochor draw 'mhen Gronyn bâch. **1789** H. JONES: *EN* 24, mae budd y rhagoriaeth hwnnw yn cyrraedd y cyd-/berthynasau *trwy rinwedd* cwlwm y berthynas honno. **trwy rinwedd fy (dy, &c.) swydd = yn rhinwedd fy swydd. 1709** H. POWEL: *G* 20, yn ol a *thrwy Rinnwedd eu swydd*. **1774** IG: *AF* 101. **yn rhinwedd:** *by virtue of.* **1843. yn rhinwedd fy (dy, &c.) swydd:** *by virtue of one's office, ex officio.* **1941.**

rhinweddaf: rhinweddu [bf o'r e. *rhinwedd*] *bg.a.* Cynysgaeddu â rhinwedd (iachaol) neu briodoledd, gwneud yn rhinweddol; (geir.) cael rhinwedd: *to endow with (a) (healing) virtue or a characteristic, render virtuous*; (*dict.*) *acquire virtue.*

1767 *AADdG* 202, y Duwdod oedd yn *rhinweddu* (*gave virtue*) ac yn gwerthfawrogi dioddefaint y Dyndod. **1799** *TY* 69, Tân gwir nefol . . . oedd, yn ei gyflawnder, a'i gyflawn-sancteiddiol weithrediadau, yn *rhinweddu* ac yn cymmeradwyo ei holl ufudd-dod a'i ddyoddefaint ef. *id.* 154, ni's gwrandawyd un weddi o'r eiddynt [saint], heb ei *rhinweddu* a'i phereiddio gan yr arogl-darth. **1803** *P*, *Rhinwezu* . . . To endue with virtue; to acquire virtue.

rhinweddaidd [*rhinwedd*+-*aidd*] *a.* Rhinweddol: *virtuous.*

17g. *TBM* 245, A hwn a basiodd bymtheg cyfan, oes *rinweddaidd* / Fyd rhywiogaidd, gwedi trigian. **17g.** E. MORRIS: *B* 69, Bydd iach a *rhinweddedd*, fy mrawd o'm mam Gwynedd, / Cofia dy ddiwedd, wr gwaredd, a gwel, / Gynghorion dyn diwair, sy'n terfyn ar ungair, / Rwy'n cymryd â phurair fy ffarwel. **1721** J. P. PRYS: *DC* 23, Y Brenin yn llaryedd gwir Ffynnon Trugaredd, / Ai allu di ddiwedd *Rinweddedd* ei waith.

rhinweddfawr [*rhinwedd*+*mawr*] *a.* a hefyd gyda grym enwol. Mawr ei rinwedd (iachaol), rhinweddol, grymus, pwerus: *of great (healing) virtue, virtuous, mighty, powerful.*

16g. HUW ARWYSTL: *Gw* 155, Marget mawr mowrgoed derwas / Ar hon addwen *rinweddfawr* / rhanne dduw fôd rinwedd fawr. **1563** *WLl* 111, Arr i win addfed wr *rrinweddfawr* / Ai fwyd ni magwyd yn i mogawr / A gwleddau yn Ial arglwyddwawr—olud / Ai gowain unsud ac yn Winsawr. *p.* **1584** G. ROBERT: *GC* [116], Mewn rhyw eiriau o gysswllt damweiniawl a sylweddawl e lunijr henw damweiniawl, mal: lygeitddu, barfwyn meingoes ne goesfain, *rhin*[*w*]*eddfawr*. *c.* **1730** *Thos. Lloyd D* (LlGC) 204a, *Rhinweddfawr.* AF. 92. AL. 33. powerfull, mighty. **18g.** *Hop M* 240, 'Nol cael iawn fael yn ei fyd, / *Rhinweddfawr*, rhan o hawddfyd [marwnad William Bassett].

rhinweddgar [*rhinwedd*+-*gar*] *a.* Rhinweddol: *virtuous.*

1696 *CDD* 267, Chwi welwch mai *rhinweddgar*, / yw'r hawddgar fŵyngar Fai.

rhinweddiaeth [*rhinwedd*+-*iaeth*] *eb.* Rhinweddoldeb, ymddygiad rhinweddol: *virtuousness, virtuous conduct.*

1605–10 *GP* 204, Bucheddiaeth a rennir i rinweddawl moessawl, teuluawl, a gwladawl. *Rrinweddiaeth* ydiw y rann gyntaf o fucheddiaeth, yr honn a draetha rrinweddau moesawl ymddygiad pob dyn. **1803** *P*, *Rhinweziaeth*, s. f. . . . The practice of virtue; virtuous conduct.

rhinweddlon, rhinweddlawn [*rhinwedd* +-*lon*, -*lawn*] *a.* Rhinweddol: *virtuous.*

18–19g. *CRIM* 93, Fy nghilyddiaid gymain un, / Pob prydydd cun *rhinweddlon*. **18–19g.** *Hop M* 347, Addurn Morganwg hyddawn—yr ydwyt / wr rhadawl *rhinweddlawn* [i Lewis Hopkin].

rhinweddog [*rhinwedd*+-*og*] *a.* Rhinweddol, da; yn meddu ar rinwedd neu bŵer cynhenid neu naturiol neu wedi ei gynysgaeddu ag ef, effeithiol neu lesol wrth iacháu (am blanhigion, &c.): *virtuous, good; possessed of or endowed with inherent or natural virtue or power, efficacious or beneficial in healing (of plants, &c.).*

12–13g. *GLlLl* 239, Caffael trugaret trugaraϭc—Arglwyt, / Trugar Duw hywyt, rwyt *rinwetaϭc*. ?**14g.** (**16g.**) *RWM* ii. 546, Parch a graddau *rhinweddawg* (Adda Fras). *c.* **1400** *YCM*² 78, [g]olchyssant y vratheu yn destlus . . . Ac a rodassant idaw lissewyn bendigeit *rinwedawc* y uwyta, ar blanyssei Duw ehun yn y herber. **15g.** *GLGC* 63, Aur ar dy gledd *rhinweddog*, / aur hyd y glust ar dy glog [i Ddafydd ap Thomas]. **16g.** *NBSBM* 11, Y Maestres, dda ei gwedd, y sydd *rinweddog*. **16g.** *Hop M* 173–4, ve vy cyn hyn sampl vawr, gedwch ni n awr yn glonog / yddy dilyn rhag y diawl, a chredwn bawl *rhinweddog*. **1794** *W* d.g. *Virtuous.* **1803** *P*. Ar lafar yn nwyrain sir Gaerf., 'tir *rinweddog*' 'tir da'.

rhinweddol [*rhinwedd*+-*ol*] *a.* a hefyd gyda grym enwol.

(*a*) Yn meddu ar ragoriaeth foesol neu'n ei dangos, teilwng, diwair, da; buddiol, effeithiol; (geir.) addfwyn, llariaidd: *virtuous, worthy, chaste, good; beneficial, efficacious*; (*dict.*) *gentle, meek.*

12–13g. *GMB* 376, Donyaϭc ddidrist Grist groes *rinwedawl*, / Didlawd y'n gwarawd dyt Gwenerawl. *c.* **1400** *R* 1199. 2–3, A Meir geir goeth eiryan wywdoeth. eur *rinwedawl*. **15g.** *BB* 95, oy *rinwedawl* ethrylith ay dysc y cavas hi pren y groc. **15g.** *GLGC* 11, Rhi yw Un a Thri yma a thraw—i'n plith, / Rhi gwenith, gwlith a glaw; / *rhinweddol* yw'r henw eiddaw, / rhinwedd ym o'r henw a ddaw. **1488–9** *BSM* 13–14, dyall a orugant mae kedernyd *Rinweddol* oedd yn peri vddvnt na ellynt ymryson a Marthin. *id.* 15, [d]ywedud nad oedd ef mor deilwng Ac y dangosai Dduw arwydd morr *Rinweddol* a hwnnw [Martin yn gwella merch]. **1567** *LlGG* 103a, Caniata y-ny rat velly i ganlyn dy ddwywol Sainct ympob *rhinweddol* a dwywol vywyd. *a.* **1587** *Y* 122, Melchin a Mefin myfyr, / Madoc a Chadog, wych wyr? / Y rhain oeddynt *rhinweddawl* / Mewn doethder, mwynder, a mawl. **1588** *Diar* xviii. 22, Y neb sydd yn cael gwraig *rinweddol* sydd yn cael peth daionus. **16–17g.** *CRC* 287, a bod bowyd dragwyddawl / i bob gwirion *Rinweddawl*. **1632** *D*, *Rhinweddol*, Comis, mansuetus. **1632** J. DAVIES: *LlR* 65, mor llawen fydd y dyn hwnnw, a fu ofalus am fyw yn dda ac yn *rhinweddol* yn y byd hwn. **1677** C. EDWARDS: *FfDd* 199, Ir *rhinweddolaf*, [*sic*] a'r Ardderchoccaf Dywysoges, Elizabeth. **1687** (**1715**) J. OWEN: *TB* 66, fe orchfygodd ei meddwl *rhinweddol* hi, fel y bu hi fodlon i fod yn o[r]dderch iddo. **1691** *ESGG* 4, o herwydd bod eu hathrawiaeth yn nefol, ac yn *rhinweddol* i'n Sancteiddio. **1711** H. POWEL: *TY* 162, yr hyn ragor-amlhâd Gras sydd yn rhaid ei ddeall am ei *rhinweddol* effaith. **1730** IACO AB DEWI: *YL* 81, Y bennes fel Abigail yn gall ac yn *rhinweddol*. **1790** T. JONES: *TOS* v–vi, ymlanhewch yn ei waed *rhinweddol*. **1803** *P*. Ar lafar, *GTN* 685. Cf. D. OWEN: *D* 204, Mor ychydig a wyddwn i pryd hyny beth oedd yn blino enaid y ferch synwyrlawn a *rhinweddol*.

(*b*) Yn meddu effeithiolrwydd neu allu goruwchnaturiol (am feini gwerthfawr, &c.), yn meddu effeithiolrwydd yn deillio o nodweddion ffisegol, yn enw. gallu i effeithio ar y corff dynol er lles (am blanhigion, dyfroedd, &c.); hefyd mewn cyd-destun ffig.: *possessing occult efficacy or power (of precious stones, &c.), possessing efficacy arising from physical qualities, esp. power to affect the human body beneficially (of plants, waters, &c.); also in a fig. context.*

13g. *BD* 127, kemysgedic *rinwedavl* yv y mein hynny ac yachvydawl ac adas ar amrauael uedeginyaetheu. **14g.** *GIG* 69, Maen *rhinweddol*, graen a graid, / Mererid glân mawr euraid [marwnad Ithel ap Robert]. *c.* **1400** [*RB*] *WM* td. 98. 29–32, Kymryt ydϭyr *rinwedaϭl* hϭnnϭ. ae vϭrϭ a[r]paϭp yn gyfredin. Ac ef a gadarnhaei y gϭennϭynei ydϭfyr hϭnnϭ genedyl y corannyeit. ac naladei . . . neb oe genedyl ehun. *c.* **1400** *YCM*² 187, Enryued oed y aradyr; eur oed y swch a'r kwlltyr; mein *rinwedawl* mawrweirthawc oed yr ieuawr. **15g.** *FfBO* 42, Llys yssyd y'r brenhin hwnnw, y deckaf o'r a welais i eryoet, a'r gyuoethockaf o eur ac aryant a mein *rinwedawl* gwerthuawr. **16g.** *GSC* [153], Crys a wnaud, cai ras yn ôl, / Yn rhawn oedd yn *rhinweddol* [i Lwchaearn]. **16g.** (**1698–9**) *YT* 66, neidiodd y tri dafn *rhinweddol* allan o'r pair. **1567** *TN* [xxviii], pob bath ar lysiay aroglber, gwrthfawr, *rhinweddawl*. *Diw.* **16g.** *WLB* 39, Rhag gwaew mewn glin . . . i mae yn *rhinweddol* dwfr rhai bychain. **1711** H. POWEL: *TY* 265, gwneuthur Plaister neu Feddeginiaeth o ugain o bethau; a bod ûn o honynt mor *rhinweddol* a'i yn [*sic*] gwneuthur y llaill oll yn *rhinweddol*. **1798** *WR*, math o garreg *rinweddol* rhag gwenwyn d.g. *Bezoar.*

Cfn.: **yn rhinweddol:** *virtually, in essence, in effect.* **1696** *GGTY* 100, Pan orchymmynodd Duw i Abraham enwaedu ar yr wythfed Dydd, oni waharddodd efe *yn rhinweddol* iddo na wnai felly a'r [*sic*] y seithfed neu'r nawfed dydd? **1703** T. BADDY: *PCh* 40, er nad ydynt yn weithredol yn ei ro'i i farwolaeth etto maent *yn rhinweddol* yn cydsynio. **1711** H. POWEL: *TY* 186, megis y cynhwysir y ganghen ar yr hon y mae yn rhaid i'r blodeuyn dyfu, *yn rhinweddol* yn yr un hadyn a'r blodeuyn ei hun. Cf. D. OWEN: *D* 186, Dysgwyliai Jeremiah i Mrs. Gilt wneyd ei heiddo i Mrs. Jenkins, ac felly y buasai *yn rhinweddol* yn dyfod yn eiddo iddo ef.

Gw. hefyd **rhinweddolion.**

rhinweddolaf: rhinweddoli [bf. o'r a. *rhinweddol*] *bg.a.* Mynd neu wneud yn rhinweddol: *to become or make virtuous.*

1803 *P.*

rhinweddoldeb [*rhinweddol*+-*deb*] *eg.* Yr ansawdd neu'r cyflwr o fod yn rhinweddol: *virtuousness.*

1612 *LlP* [60], hwy ddylynt alw ar dduw ai cwbl weddiau ar iddaw . . . ei gynnal [tywysog] yn safadwy ymhob daioni a *rhinweddoldeb*. **1794** *W* d.g. *Virtuousness.* **1799** *TY* 48, meithrin eu gweision, a'u tylwyth mewn ymwreddiad onest, a gweddol, ac yn mhob *rhinweddoldeb*. **1803** *P.*

rhinweddolion [*rhinweddol*+-*ion*²] *e.ll.* Cyfrinachau, dirgelion: *secrets, mysteries.*

10g. (*Juv*) *VVB* 210, *ringuedaulion*, gl. *arcana.*

rhinweddolrwydd [*rhinweddol*+-*rwydd*] *eg.* Rhinweddoldeb: *virtuousness.*

1794 *W* d.g. *Virtuousness.*

rhinweddus [*rhinwedd*+-*us*] *a.* a hefyd gyda grym enwol. Rhinweddol, diwair, da; buddiol, effeithiol, iachaol: *virtuous, chaste, good; beneficial, efficacious, healing.*

16g. *Hop M* 197, wrth hynn ve wys, mai n *rhinweddys* / pan gaffai vod, gyda r drindod / mae mab Sirach, yn dwyn i hach / yn ddigon hyf, at air selyf. *p.* **1584** G. ROBERT: *GC* [106], digllon llawn dig: *rhinweddus*. lla[w]n rhinwedd, heinus [ll]awn haint. *c.* **1600** *March C* 17, myfi yw gwr y gwragedd diwair, y widŵod, ar morwynion *rhinweddus*: yr wyf fi yn gobrwyo fy ffryns yn eu gwynfyd o santeiddrwydd. **1655** WL: *DP* 219, Rhaid yw bôd dydd i gospi 'r drwg, ac i wobrwyo 'r *rhinweddus*. **1672** R. PRICHARD: *Gw* 552, Trîn dy braidd, fe fydd llwyddiannus, / Dysc dy Blwyf fe fydd *rinweddus* [:– Neu fe ddaw 'n ddaionus]. **1696** *CDD* 243, Rhyfedd ŷw i ferch ddrygionus, / Brifio bôd yn wraig *rinweddus*. **17–18g.** O. GRUFFYDD: *Gw* 14, Mae'r awyr yn iachus, a'r tir yn dymherus, / A'n gwlad yn ddi-glwyfus, *rinweddus* i ni, / Mewn iechyd heddychol heb genedl estronol / Anrheithiol ormesol wŷr misi. **1704** E. SAMUEL: *BA* 86, Yr Stoiciaid . . . a ymarferent a buchedd *rinweddus*. *c.* **1729** S. RHYDDERCH: *LlCD* 368, Am puro Yngwaed [*sic*] parchus *rinweddus* yr Oen. **1743** G. JONES: *HWI* i. 166, Mae yn Faddeuant *rhinweddus*, i gyssuro a diddanu pawb a'i caffo. **1759** *BC* 19, A'i wrthiau *rhinweddus*, yn troi'r p[e]chadurus, / Yn barchus gariadus i gredu. **1773** J. ROBERTS: *GY* [ix], A'r gwir Homiliau iachus, *Rhinweddus* ym mhob rhan. **1803** *P*, *Rhinwezus* . . . Virtuous.

rhinwr, rhinwraig, gw. **rhiniwr.**

rhinws, gw. **rheinws.**

rhinwyllt [*rhin*+*gwyllt*] *a.* Gwyllt ei

dymer, ffyrnig, yn digio'n hawdd: *wild-tempered, savage, quick to anger.*

14g. *GDG*[3] 155, Rhag bod, nid cydnabod cain, / Rhyfelwr yn rhy filain. / *Rhinwyllt* fydd a rhy anwar, / Rhyfel ac oerfel a gâr. **1604–7** *TW* (*Pen* 228) d.g. *Biliosus.*

rhiol[1,2], **rhiolaeth, rhiolaf: rhioli, rhiolawdr,** gw. reiol[1], rheol[1], rheolaeth, rheolaf: rheoli, rheolawdr.

rhioltach [*rhiol, riol*[1]+*-ach*[1], gyda *-t-* ymwthiol dan ddyl. *reiolti*, &c.] *a.* yn y r. gmhr. Mwy brenhinol, mwy ysblennydd, gwell: *more royal, more splendid, better.*

1609 R. SMYTH: *CAC* 46, Beth sydd *rioltach* na mam dduw? **1611** R. SMYTH: *SG* 96, y mae'n [*sic*] twy lawer yn rhagori rh[i]nwe[dd]au hen gyfraith foesen o herwydd i bod yn fwy o rinwedd, yn fwy buddol, yn llai mewn rhif, yn *rhioltach* yw deallt, yn haws i cadw. *c.* **1730** *Thos. Lloyd D* (LlGC) 198a, *Rhioltach* . . . More sublime. [More] glorious.

rhiolti, rhioltwch, rhiolus, gw. reiolti, rhialtwch, rheolus.

rhiolwr, rhiolwraig, gw. rheolwr.

rhiolydd, gw. rheolwr.

rhip[1], **rip**[1], **rib**[2] [bnth. S. *rip* 'strickle'] *eb.g.* ll. *-iau.* Darn hir o bren a irir â bloneg ac a orchuddir â swnd neu raean at hogi pladur neu gryman, stric: *strickle* (*for scythe*).

Ar lafar yng nghanolbarth a godre Cered., sir Benf., a'r De, *B* iv. 301, *Cymru* xxxiv. 122; *GDD* 247, *GTN* 685. Cf. *LlGC* 1172, 30, *Rib*, the instrument used to sharpen scythes and hooks, when used to cut hay & corn. It is made of very hardened oak; and fine prepared sand . . . is put on its four sides by the aid of tallow; *TGG* (1907–8) 85, *Rhip* = the old-fashioned instrument for whetting scythes; consisting of a long piece of wood smeared with lard and covered with very fine powdered stone; D. J. WILLIAMS: *HW* 16, Wrth lanhau'r *rhip* â chefn ei gyllell boced, cyn rhwto'r bloneg ynddi.

rhip[2], gw. rib[1].

rhip[3], **rhib**[2], **rip**[3] [bnth. S. *rib*; cf. *rib*[1], *rhib*[1]] *eg.b.* ll. *r(h)ipiau*, (geir.) *rhibion.* Llinell (hir), rhes, stremp, stribed, rhigol, ôl (troed): (*long*) *line, row, streak, strip, groove, track.*

1803 *P, Rhib*, s. m. pl. t. *ion* . . . What is thinly laid out in a row or streak. Ar lafar, '*rhip*' 'track of an animal', *WVBD* 463; '*Rhip* A long line' '*Rhip* o lwybr', *Cymru* xxxi. 195; ''Oedden ni 'di gwneud *rip* o ffa', ''Oeddech chi'n gweld y *ripie* yn y caee'; hefyd mewn ymad. megis 'dysgu adnodau yn *rhip*'. Cf. *SE MS* 423b, [Rhip,] a row. *rhip* o faip (Mawddwy).

Gw. hefyd **rhibyn.**

rhipaf[1,2]: **rhipo, rhiparwr,** gw. ripaf[1,2]: ripo, riparwr.

rhipiaf[1,2]: **rhipio,** gw. ripaf[1,2]: ripo.

rhipiaf[3]: **rhipio** [bf. o'r e. *rhip*[3] neu fnth. S. (*to*) *rib*] *bg.a.* Gwneud rhychau bychain i hau had ynddynt: *to make* (*narrow*) *trenches for sowing seed.*

Diw. **19g.** *SE MS* 423b, [Rhipiaw,] to make into rows or rills. *Rhipio* lle i faip (Mawddwy). Ar lafar yn sir Drefn., 'mynd i *ripio*', '*rhipio* cae', '*rhipio*'r tir i fyny i datws', 'arad *rhipio*'.

rhipyn[1], *eg.* ll. *-nau.* Craig uchel neu serth, rhiw, allt, tyle: *lofty or steep rock, acclivity, hill, ascent.*

1722 *Llst* 189, *Rhippyn.* m.p. *pynnau.* A steep craggy rock. [**1783**] *W* d.g. *Rock . . . A towering rock.* Ar lafar yn ne-orllewin Cymru a Morg., *TGG* (1907–8) 85, *LGW* 527. Cf. D. E. JONES: *HLlP* 96, Yr ystyr gyffredin a roddir i'r gair *rhipyn* yn y parthau hyn ydyw ychydig godiad mewn ffordd, rhiw fer; D. J. WILLIAMS: *ChHO* 155, yn aros fel colofn gwraig Lot ar ganol *rhipyn* bach heb fod yn serth o gwbl.

rhipyn[2], **rhis,** gw. rhibyn, reis.

rhiseb, riseb [cfdds. o'r S. *rec(ipe)*+*-eb*] *eg.b.* ll. *-au.* Rysáit: *recipe.*

20g.

rhisellt, *eb.g.* ll. *-i.* Gratur: *grater.*

1803 *P.*

rhisg, gw. rhisgl.

rhisgach, rhisglach [*rhisg, rhisgl*+*-ach*[2]] *e.ll.* Darnau o risgl, hefyd yn *dros.*: *pieces of bark, also transf.*

c. **1550** *CRC* 154, Mi a neidiais gae cornel / i ganol pwll barcer / drwy i grwyn ai offer / . . . / Mi ddiengais fal bwbach / drwy i gyrn ai grwyniach / ar draws i *riscach* / drwy ewinedd i esgyrn. [**1762**] E. POWELL: *HEI* 59, Rhag y Clafri a'r [*sic*] Gyffylau . . . crafwch y crach a *rhisglach* oddiar y croen.

rhisgaf: rhisgo, rhisgaidd, gw. rhisglaf: rhisglo, rhisglaidd.

rhisgen [*rhisg*+*-en*, cf. Llyd. C. *rusqenn*, Llyd. Diw. *ruskenn* 'CWCL gwenyn'] *eb.* ll. *-nau.* Dysgl neu badell (risgl): *a* (*bark*) *dish or pan.*

13g. *Ll1* 93, Drych, fyr. *Ryscen*, fyr. Geuel pren, fyr. Hual pren, fyr. **13g.** *LTWL* 136, Cum modio xxx panes et xv caseos et *ryschen* butiri longitidinis trium pugnorum. **14g.** *LlB* 69, ony cheffir hwch, *riscen* emenyn a telir drosti. **1604–7** *TW* (*Pen* 228) d.g. *Salinum.* **1753** *TR, Rhisgen*, K[yfraith] H[ywel Dda] a sort of a deep dish. Patella. **1803** *P, Rhisgen*, s. f. -pl. t. *au* . . . A vessel made of bark; a dish, or bowl. Cf. *SE MS* 424a, *Rhisgen* hau—a seedlip (N W Meirion.) It is applied to those made of straw (gwaith gwellt).

Gw. hefyd **rhisglen, rhisglyn, rhisgyn.**

rhisgin, gw. rhisgyn.

rhisgl, rhisg [cf. H. Grn. *rusc*, gl. *cortex*, Llyd. Diw. *rusk(l)*, H. Wydd. *rúsc*; â'r *-l* cf. *diosg(l)*] *eg.* ll. *rhisglau*, ac *e.ll.*, a hefyd gyda grym ansoddeiriol.

(*a*) (Darn o) haen allanol wydn boncyff, canghennau, neu frigau, &c., coeden neu lwyn prennaidd, pil neu groen ffrwyth, plisgyn grawn: (*piece of*) *bark, rind or peel of fruit, husk of grain.*

14g. *WML* 143, Teir ouer groes yssyd. croes adoter ar ford y myɓn yt. Achroes adoter a*risc* pren gorwe/idaɓc yg koet. Achroes adoto dyn ar allaɓr ny dylyho eglɓys ymyrru gantaɓ. **14g.** *THSC* (1919–20) 123, prenn diruaɓr yveint. ac amyl ygeigeu yn kellueinneu noeth heb *risc* heb deil. **14g.** *GGrG* 148, Heb frig na dail na'i eilun, / Na gwisg o *risg* am yr un [i'r celffaint]. **14g.** *GDG*[3] 255, Ysgwier gwiw ei ddwywisg, / A'r rhain cyn dynned â'r *rhisg.* **14g.** *GIG* 79, A'r nos rhwng bedw, pren dedwydd, / A'i *risg*, tew yw gwisg y gŵydd. *c.* **1400** *MM* 22, kymryt y *riscyl* a uyd yn y dayar or ysgaɓ ae grauu ae olchi yn da. *ib.* [t]araɓ y *risc* hwnnw ar y llynn hɓnnɓ. *id.* 38, Kymryt y *risc* nessaf yr prenn eidorɓc. *id.* 42, Rac llyngher.—Kymryt . . . *risc* y coll frenghic, a *risc* yr yspydat . . . ac eu berɓi. *c.* **1400** *Études* vii. 292, kymer wreid yr holihock a *risc* kenawl o brenn ysgaw. **15g.** *LTWL* 490, Raf *risc* denarius. **1547** *WS, Riscyl* Barke. *Diw.* **16g.** *LBS* iv. 422, *rhisc* y prenn [derwen] y gypheithiaw y cyranay [*sic*]. *Diw.* **16g.** *WLB* 30, Kymer *risc* y drain duon a chraf y *rhisc* uchaf ymaith a berw y *rhisc* byw. **1615** R. SMYTH: *GB* 20, preniau yr hain a vviscvvyd a *rhysc* ivv 'm[dd]iphin rhag y dirfaɓr oerfel a'r gɓres. **1632** *D, Rhisg* . . . Cortex . . . & *Rhisgl* . . . Jdem. *id.* d.g. *Tunica.* **1672** R. PRICHARD: *Gw* 276, Megis y mae tywys y llafur a'i *risgle*, a'i flode, a'[i] wellt, i gŷd yn wreiddiol yn yr hâd . . . felly y mae pôb mâth o ddrwg feddyliau . . . yn wreiddiol ynghalon plentyn. **1722** *Llst* 189, *Rhisgl* . . . Rind. **18g.** *Llr* C 24, 288, Cymer *Riscil* y pren a elwyr Rywbarb. **1803** *P* d.g. *Rhisg, Rhisgyl.* Ar lafar, '*rhisgil*', *B* xv. 23 (Meir.); 'Y *rishgil* yw'r peth tu fæs a'r mishglyn sy tu fywn i'r pren', *GTN* 686.

(*b*) (enghrau. *tros.* a *ffig.* a hefyd mewn cyd-destun *ffig.*: *transf. and fig. exx. and exx. in a fig. context*).

14g. *GDG*[3] 61, Cafn latys main blotai / Cafn *rhisg* heb gysegrwisg a sai [dychan i Rys Meigen]. *Id.* 382, Hyfedr i'm safn y dafna, / Rhwysg oer chwibenygl *rhisg* ia [i'r pibonwy]. *c.* **1400** *R* 1155. 2–3, nyt plɓm trɓm y *risc* ae gorwisca. *id.* 1355. 9, trist gorn *risc* fflotyatwisc fflet. *c.* **1400** *YSG* i. 89–90, yd wyt bellach yn hen brenn heb na deil na ffrwyth arnat. Ac am hynny medylya weithyon am rodi y prenn a'r *risc* y Iessu Grist, kanys rodeist y blodeu y'r kythreul. **15g.** *GDID* 22, Siancyn llwydwyn gyllidaur / A roes gynt arnad *risg* aur; / Ieuan, fal sirian neu sŷr, / A'th eurodd eilwaith, eryr [i ffiol win]. **16g.** *GGH* 435, Genau â *rhisg* yn eu rhan / Y sy lafriau yslefrian. **1595** H. LEWYS: *PA* 127, eythr yspryd duw syd' yn gorffowys yn ddirgel . . . yn y ffyddlonieit dann wascod a *rhisc* gorthrymder ac adfyd. **16–17g.** *HG* 69, gras düw mewn dyn. ydiw r gwraiddyn / a bair yddo, vod heb grino / ai *rhisgil* e, gorff a braiche / or brig ir gwraidd, kariad pryffaidd. **1606** E. JAMES: *Hom* ii. 303, Ymrown i chwilio allan y doethineb a fydd giddiedig dan *riscul* yr Sc[r]uthyr oddifaes. **1688** S. HUGHES: *TSP* 113, yr oedd yr Anghenfil yn ofnadwy yn ei wêdd; canys yr oedd efe wedi ymwisco â chenn [:– Scales *rhisglau*] fal Pyscodyn. **1735** S. THOMAS: *HP* 57, felly Pelagius . . . ef ydoedd yn dynwared gwir Gristnogion; arferai Eiriau'r Ysgrythur fel hwythau . . . Eithr Pren twyllodrus ydoedd; yr oedd yn ymddangos yn deg ac yn olugus, ond dan y *Rhisg* Boncyff o Bren sych ydoedd.

(*c*) (enghrau.'n cyfeirio at arfwisg: *exx. with ref. to armour*).

12g. *GCBM* ii. 179, Brisc *risc* reu, rieu rad baraɓd. *c.* **1400** *R* 1204. 2–3, Trevyn heilrwysc hueil *risc* heyrnblu. *id.* 1214. 9–10, kynn gwis[c] *risc* rɓysc gaen dytwed. *id.* 1290. 26–7, Ry garaɓd wisgaɓ ragoreu eglur. *risc* odidaɓc dur rɓysg ydeideu.

Cfn.: **rhisgl (rhisg) Periw (o Beriw):** *Peruvian bark.* **1759** *ML* ii. 121, Roedd y goes yn ymendiaw. *Rhisg o Beruw* a bendith i'w ganlyn a gadwodd yr esgair ffodog. [**1762**] E. POWELL: *HEI* 23, y Perufian Bark, neu *Risgl Peru.* **1771** *PDPh* 21. **rhwng y rhisg a'r pren (rhwng pren a rhisg):** *between the bark and the tree, also fig.* **15–16g.** *TA* 105, Pa na ŵyr impyn eurwisg, / Pa rai ân *rhwng pren a rhisg*? **1677** C. EDWARDS: *FfDd* 190, Wedi i weddillion y Britaniaid lynu . . . rhwng y Saeson, a'r Pictiaid, megis *rhwng y rhisc a'r pren.* **1763** *ML* ii. 589, mae ef ar Brych wedi priodws [*sic*] ei gilydd, ac nid oes dim trin *rhwng y rhisg ar pren.*

Gw. hefyd **rhisgach, rhisgen, rhisglen, rhisglyn, rhisgyn.**

rhisglach, gw. rhisgach.

rhisglaf, rhisgliaf, rhisgaf: rhisgl(i)o, rhisgo [bf. o'r e. *rhisgl, rhisg*] *bg.a.* Dirisglo, digroeni, pilio (i ffwrdd); magu rhisgl (ar), crawennu, hefyd yn *ffig.*: *to bark, decorticate, peel* (*off*); *develop bark* (*on*), *encrust, also fig.*

Dchr. **15g.** *IGE*[2] 205, Rhisglen o geubren gobraff / Yn *rhisglo* grudd fal rhasgl graff [Llywelyn ab y Moel i'r farf fer wrthnysig]. **1722** *Llst* 189, *Rhisglo.* To crust, begin to have bark. *c.* **1762–79** W. WILLIAMS: *P* 221, meithrynant ef [tân sanctaidd] a choed wedi eu *rhisglo*; y fath goed gyfrifid yn lân. *id.* 223. **1793** *Cylchg* 217, mi a dorrais goed, ac a'u *rhisglais.* **1803** *P.* Ar lafar yn Arfon, canolbarth a godre Cered., a'r De, *WVBD* 463; 'Ma rwpath wedi *rishglo*'r golfan 'yn' 'Ma'r pren wedi *rishglo* at y mishglyn', *GTN* 686.

rhisglaidd, rhisgaidd [*rhisgl, rhisg*+*-aidd*] *a.* Rhisglog, ac iddo risgl, wedi ei orchuddio â rhisgl: *having bark or rind, corticate, covered with bark, corticated.*

1798 *WR* d.g. *Corticated.*

rhisglen [*rhisgl*+*-en*] *eb.* ll. *-nau.* Rhisgl, darn o risgl, pil, hefyd yn *ffig.*; (geir.) heislan: (*piece of*) *bark, rind, also fig.*; (*dict.*) *hackle, flax comb.*

Dchr. **15g.** *IGE*[2] 205, *Rhisglen* o geubren gobraff / Yn rhisglo grudd fal rhasgl graff [Llywelyn ab y Moel i'r farf fer wrthnysig]. **1604–7** *TW* (*Pen* 228), *rhisclen* ne groen y pom Granat d.g. *Malicorium. id.* d.g. *Materia.* **1722** *Llst* 189, *Rhisglen.* f.p. *lennau.* A hackle, hatchel, flax-comb. **1803** *P, Rhisglen*, s. f. . . . A piece of bark. Ar lafar, '*rishglan*', *GTN* 686.

Gw. hefyd **rhisgen, rhisglyn, rhisgyn.**

rhisgliaf: rhisglio, rhisglin, gw. rhisglaf: rhisglo, rhisglyn.

rhisglog, rhisgog [*rhisgl, rhisg*+*-og*] *a.* Ac iddo risgl neu bil, wedi ei orchuddio â rhisgl (trwchus): *having bark or rind, corticate, covered with* (*thick*) *bark, corticated.*

1604–7 *TW* (*Pen* 228), *Rhiscoc* d.g. *Corticatus.* **1632** *D, Rhisgog, rhisglog* d.g. *Corticosus.* **1722** *Llst* 189, *Rhisgog.* Having bark or rind. *id. Rhisglog.* Having bark or rind. **1770** *W* d.g. *Bark, Having a thick bark.* **1798** *WR* d.g. *Barky, Corticated.* **1803** *P* d.g. *Rhisgawg, Rhisglawg.* Cf. T. H. PARRY-WILLIAMS: *OPG* 27, heibio i ymyl *rhisglog* y pren ywen.

rhisglwr [bôn y f. *rhisglaf*: *rhisglo*+*-wr*] *eg.b.* Offeryn i ddirisglo pren, rhasgl; (geir.) un sy'n dirisglo pren: *instrument for peeling bark, bark-peeler, spokeshave*; (*dict.*) *one who strips bark from trees.*

17g. *LlGC* 13215, 377, Barcer, *Rhisclwr.* **1722** *Llst* 189, *Rhisglwr.* m. A barker of trees. Ar lafar yn yr ystyr 'rhasglwr', '*rhishglwr* arw', '*rhishglwr* feddal', *GTN* 686. Cf. H. S. OWEN: *Calon Gron a Thraed Cathod* (1990) 80, Erfyn â charn pren iddo oedd *rhisglwr*, tua hanner llath o hyd wedi ei wneud o haearn a blaen pŵl ar hanner tro iddo. Tynnu croen oddi ar goed wedi eu taflu oedd ei bwrpas.

rhisglyn [*rhisgl*+*-yn*[1]] *eg.* Rhisgl, darn o

risgl, pil, hefyd yn *ffig.*: (*piece of*) *bark, rind, also fig.*

c. 1400 *YCM*[2] 29, ual y mae yn yr amandlys tri pheth, nyt amgen *risclin*, a phlisgin, a chnewyllin . . . val hynny y mae teir person yn vn Duw. **1547** *WS*, *Riscylyn* Rynde. **16g.** *LlS* 32, Meryw . . . yn gymeint a phrén a chorph addwyn vydd iddo *rhisclin* brau a phrenn melynrhudd. **1604** *LlGC* 15542, 114b, fod y deallt llythyrenawl yn wysgod, yn wisk, yn *Risglin*, ne yn blisgyn, ar deallt ysbrydol yn wirionedd ag yn gynwillin yn y plisgin ner *Risglin*. **1604–7** *TW* (*Pen* 228) d.g. *Cortex, Liber*. *Dchr.* **17g.** *J* 10, 16b, Rhiscl . . . *Rhisclyn*. S. Barke or rinde. **1656 (1745)** *MLl* ii. 180, O's ydŷch yn canfod pa Fôdd y mae Pren y Bywŷd o'r tu fewn i'r *Rhisglyn*, a'r Galon o'r tû fewn i'r Pren, y Sylwedd yn y Cysgod. **1657** *id.* 86, Mae mewn dyn y naill beth or tû fewn i'r llall, fel or vn pren y mae bywyd sugn, corph calon y pren, ai *risglin*. Am hyny . . . nid iw 'r corph ond *rhisglin* y pren, neu gr[w]styn dyn. **18g.** *Llr* C 24, 59, dyrnaid o ddail llwyfen neu o *rhisglyn* glas. **18g.** *W Ballads* 151, [5], Mi glywes daro ar gefn ystori / Achos pûr am Hwch Sion Parry, / Hon oedd *risglin* dene [*sic*] hysglus, / Hwyr a bore'n Ddigon barus. **18g.** *Gron* 115, Hyd rhaff rawn o lawn linyn,—y seiri, / I fesuro 'ch englyn; / A rhasgl a dyrr bob *rhisglyn*, / Llif frâs, a chwmpas, a chŷn [i Elis y Cowper]. **1759** J. Evans: *PF* 31, *Risclin* isa Pren yscaw wedi ei gymyscu . . . ac Ymenyn newydd. *c.* **1762–79** W. Williams: *P* 75, Yn Peru yr ydys yn cael y *rhysglyn* hwnnw sydd yn cael ei arferyd mor fynych gan y Meddygon. **[1794]** E. Roberts: *CDAA* 72, gwybydd, fod pôb dŷn a dynes wedi gwneud yn dŷ i rhain [enaid ac ysbryd], fel y gweli bren, yn *rhisglin*, yn ganol. **1795** J. Thomas: *AIC* 359–60, gan ofalu rhag hollti 'r pren na'r *Rhîsglin*. **1803** *P*. Ar lafar, *WVBD* 463, *GTN* 686; hefyd mewn ymad. megis 'yn denau fel *rhisglyn*'.

Gw. hefyd **rhisgen, rhisglen, rhisgyn.**

rhisgog, gw. **rhisglog.**

rhisgroen [*rhisg*+*croen*] *eg. Biol.* Uwchgroen, epidermis: *epidermis*.

1852.

rhisgyn [*rhisg*+-*yn*[1]] *eg.* Rhisgl, darn o risgl, pil; llestr neu ddysgl (risgl); hefyd yn *ffig.*: (*piece of*) *bark, rind*; (*bark*) *vessel or dish*; *also fig.*

15g. *DE* 99, Wr gloyw *risgyn* er glew rwysgaw / Iownwaed lwysgaw Unawdl osgedd / Ail yn disgyn Alon dwysgaw / Wrth aer frwysgaw Arthur freisgedd [i Rys o Fôn]. **16g.** *LlS* 75, Collen . . . Y prén . . . o defnydd masw a *rhiscin* llaith. *Diw.* **16g.** *WLB* 9, Rhag yr y [*sic*] ddannoedd. Kymer dair gwialen o ysgaw . . . a thynn beth or rhisc nesaf ir prenn . . . a hynny a fydd naw *rhiskin* or ysgaw. *c.* **1588** *B* ii. 242, ysswingbren: *rhisgin* i gadw saeth. **1632** *D* d.g. *Cortex*. **17g.** *LlGC* 13215, 364, Crwth halen, *Rhiscyn*. **1688** *TJ*, *Rhisgŷn* . . . the Bark of a Tree. **1722** *Llst* 189, Rhisg. & *Rhisgyn*. m. . . . rind. **1803** *P*, *Rhisgyn*, s. m. . . . A piece of bark; a vessel of bark. Ar lafar yn yr ystyr 'darn o risgl' yn Arfon, *WVBD* 463.

Cfn.: **rhisgyn Periw:** *Peruvian bark*. **1831.**

Gw. hefyd **rhisgen, rhisglen, rhisglyn.**

rhisgynnaid, rhisgyniaid [*rhisgyn*+-*aid*[1], -*iaid*[2]] *eg.* Llond dysgl (risgl): *a* (*bark*) *dishful*.

16g. *Pen* 259B, 42b, O bob tref i telir ir arglwydd . . . dec torth ar hugaint gan bob mv [a] xv kossvn yn enllyn nev *rysgynniaid* (*J* 10, 16b, *Rhiscynnaid*) o emenyn tri dyrnvedd a thair modve[dd] yn i hyd ar gimint yni led. **1803** *P* d.g. *Rhisgynaid*.

rhisiaf: rhisio, gw. **rhusiaf: rhusio.**

rhisom [bnth. S. *rhizome*] *eg.* ll. -*au. Bot.* Gwreiddgyff: *rhizome* (*in bot.*).

20g.

rhisomorffaidd [cfdds. o'r S. *rhizomorph*-(*ous*)+-*aidd*] *a. Bot.* Tebyg i wreiddyn: *rhizomorphous* (*in bot.*).

20g.

rhistair, rhisteir, gw. **rhystair.**

rhistilliaf: rhistillio, gw. **rhistylliaf: rhistyllio.**

rhistrell [?amr. ar *rhistyll*] *e?g.* Ysgrafell, crib ceffyl: *curry-comb*.

1725 *SR* d.g. *Comb, A Curry comb*. **1763** *B* vi. 16, Rhestrau fal dannedd *rhistrell* / Sydd ym mant y fleiddes hell.

rhistyll [?*yr heisyllt* > *y rhistyll* drwy gamraniad a thrsd.] *eb.g.* ll. -*au.* Ysgrafell, crib ceffyl: *curry-comb*.

1547 *WS*, *Ristyll*. **1632** *D*, *Rhistyll*, Strigil. **1688** *TJ*, *Rhistŷll*, Crib i gribo Ceffŷl: a Horse-comb, a Curry-comb. **1722** *Llst* 189, *Rhistyll*. f.p. *tyllau*. A curry comb. **1752** *ML* (Add) 228, Daint *Rhistyll* hyddryll a hadl, / Genau gwenwynig Anadl [Goronwy Owen am genfigen]! **1771** *W* d.g. *Comb, Curry-comb*. Ar lafar ym Môn yn y ff. *rhystyll*, *LlLlM* 101.

rhistylliaf: rhistyllio [bf. o'r e. *rhistyll*] *bg.a.* Ysgrafellu neu gribo (ceffyl), cribo neu heislanu (llin): *to curry* (*a horse*), *hackle* (*flax*).

1547 *WS*, *Ristyllio*. *Dchr.* **17g.** *J* 10, 16b, *Rhistillio* llin. Rarefacio. **1632** *D*, *Rhistyllio*, Strigilare. **1688** *TJ*, *Rhistyllio*, Cribo ceffŷl: to curry a Horse. **1722** *Llst* 189, *Rhistyllio*, To curry an horse.

rhitbost, gw. **rhytbost.**

rhith[1] [H. Lyd. (*ar*)*rith* gl. *penace* .*i*. *imago pulcherrima*, H. Wydd. *richt*, Gwydd. Diw. *riocht*, ?yr e. prs. Gal. *Rictus*] *eg.b.* ll. -*iau*, -*oedd*, -*ion*, -*od*, -*iaid*, a hefyd gyda grym ansoddeiriol.

(*a*) Siâp, ffurf, llun; gwedd, golwg, ymddangosiad, agwedd: *shape, form, figure*; *look, appearance, aspect*.

12g. *GCBM* i. 194, Yn *rith* dreic rac dragon Prydein, / Yn *rith* bleit, blaengar vu Ywein. **13g.** *A* 11. 4, gorwyd gwareus *rith* rin ych eurdorchawr. **14g.** *WM* 108. 18–20, yna y treɓis gɓydyon ar hutlath ynteu yny uyd yny *rith* ehunan. **1567** *LlGG* (*Sall*) 79b, Vy annelwic [:– *rhith*, haen, defnydd] y welant dy lygait. **1567** *TN* 139b, ny welsoch ei wedd [:– *rith*, lun 'osgeth]. *Dchr.* **17g.** *J* 10, 17a, *Rhith*. Species. Shape. **1687 (1715)** J. Owen: *TB* 23, un diafol o *rith* mwy ofnadwy na'r lleill, a dorrodd y drws, ac a aeth yn ei flaen at y bedd. **1722** *Llst* 189, *Rhith*. d.p. *Rhithiau*. A form, figure. **1760** E. Williams: *UYB* 25, ei ddirfawr ing, a'i *rîth* gwaedlyd ar y Groes. **1803** *P*, *Rhith* . . . an outward form, shape, or figure; appearance. Ar lafar yn Arfon yn yr ystyr 'appearance of truth', ''Toes 'na ddim *rhith* yn 'i stori o', *WVBD* 464.

(*b*) Ffurf neu ymddangosiad amgen na'r un gwirioneddol, cuddwisg, cochl, twyll, haenen arwynebol; rhithdyb, lledrith, rhithlun; ysbryd, bwgan, drychiolaeth; esgus; syniad: *assumed form or appearance, guise, disguise, sham, facade, veneer*; *delusion, illusion, mirage*; *ghost, spectre, apparition*; *excuse, pretext*; *idea*.

13g. *LlI* 39, o deruyd e den rody mach e arall ar peth anylys en *ryth* dylys. **14g.** *T* 23. 9, Bvm yn lliaɓs *rith* kyn bum disgyfrith. *a.* **1587** *Y* 117, I dâd, os ysbryd ydoedd, / Felly o *rith* y fall yr oedd. **1588** *2 Tim* iii. 5, A chanddynt *rith* duwioldeb, eithr wedi gwadu ei grym. **16–17g.** *BL Add* 14984, 347b, Gwilied felldith yn lle *rhithion*. **1604–7** *TW* (*Pen* 228) d.g. *prætextum, Titulus*. **1632** *D* d.g. *Idea*. *id.* cymmeryd arno *rîth* arall d.g. *induo*. **1703** E. Wynne: *BC* 12, canys mae *rhîth* o hwn [y gwir ennaint] fel o bob peth arall yn y Ddinas ddihenydd. **1765** J. Popkin: *Ll* 167, fe ddarfu i'n gwyr doethion dynnu hyn allan o'u ffurfiau hwy o rinwedd a happusrwydd, ac a osodasant yn lle cydwybod, ryw beth ag y maent yn ei alw, rheswm moesol, cymmwysder pethau, *rhithiau* (ideas) o harddwch a threfn. **1766** *FfA* 11, Gostyngeiddrwydd ewyllysgar . . . heb arbed y corph, nid mewn bri i ddigoni'r cnawd. O'r fath *rith* o hunan-wadiad. **1772** *W* d.g. *Colour* [*pretence*], *Excuse, Feint*. Ar lafar yn sir Benf. yn yr ystyr 'llysenw', 'Wê *rhith* yn cal i roi slawer dy ar bobol pob cwmdogeth', *GDD* 247–8; yn Arfon defnyddir 'cymryd *rhith* arno' yn yr ystyr 'cogio', 'cymryd rhyw *rith* arno i' 'neud o'.

(*c*) Embryo, milrhith, hadrith, ffetws; sberm, hedyn, bywyn; grifft (brogaod, llyffaint, &c.); macai, larfa; calasa, un o ddau edefyn troellog sy'n dal y melynwy yn ei le ac y credid gynt mai had y ceiliog ydoedd; hefyd yn *ffig.*: *embryo, foetus*; *sperm, seed, germ*; (*frog-*, *&c.*) *spawn*; *larva*; *chalaza, tread*; *also fig.*

1346 *LlA* 37, Ac ny dichaɓn y*rith* (*infans*) ny ffuryfhaɓyt etwa gwrthɓynebu oe ryeni. *c.* **1400** *DB* 85, megys wy . . . y byd y kibynn ygkylch y gwynn, a'r gwynn ygkylch y melyn, a'r melyn ygkylch y *rith* (*gutta pinguedinis*). *c.* **1400** *Études* vii. 64, Gwybyd di vot llestyr y plant yngkylch y *rith* megys crochan yn berwi. Lliw gwynn da yw, a lliw ry uelyn arwyd eisseu berwat ar y *rith* yw. **15g.** *GLGC* 264, gwell ydiw'r gwenith no *rhith* yr haidd. **15–16g.** *GIF* 52, Ni ellir had—mae'n llai *rhith*—/ na'u hau'n iawn o hen wenith. *Diw.* **16g.** *WLB* 57, os hi a fydd beichiog, er bychaned fo i oed hi a glyw ymddaith a goglais a merwindod ynghylch i bogel y nos honno, ac oni bydd beichiog ni chlyw ddim kyffro or byd . . . ni wna hynny ddim drwg nag ir wraig nag ir *rhith* yn wir. **1604–7** *TW* (*Pen* 228) d.g. *Embryon, Rana, Ranarum fœtus*. **1632** *D*, *Rhith* . . . genitale sperma. **1722** *Llst* 189, *Rhith* . . . treadle in an egg, seed of generation; embrio. **1773** *W* d.g. *Egg* . . . *The treadle in the egg, Germe, or germen* [*a sprout or shoot*: *the treadle in an egg*]. **1803** *P*, *Rhith* . . . an embryo. Ar lafar yng Nghered. a'r De, ''Ôs dim gwerth doti iær i ishta ar y wia 'yn. Chaid di ddim cwyn, waith wia 'eb *rith* ŷn' nw achos nag ôs cilog gin' i', *GTN* 690; hefyd yng ngogledd Cered. yn yr ystyr 'embryo (anifail)', 'Pan agoron' nhw gorff y ddafad, 'odd *rhith* yr oen bach 'i weld yn blân'.

(*d*) Math; rhywogaeth; rhyw: *type, sort*; *species*; *sex*.

14g. *T* 25. 21–2, Am creu am creat. o naɓ *rith* llafanat. **1547** *WS*, *Rith* Spyce, kynd. **16g.** *LlS* 130, Y gwyllt [endif] ynte a rennir yn ddwy *rith* . . . Y *rhith* cyntaf [*sic*] o honaw . . . sy a dail llydain. **1595** *Egl Ph* 12, Ail *rhith* Trosenw'r Sylbhon sydh, pan osodir y bhangre dros y weithred, a wnelir yn y bhangre. *id.* 21, Gwatworgerdh, ai *rhithoedh*. **1604–7** *TW* (*Pen* 228) d.g. *Sexus*. **1672** J. Langford: *HDdD* 214, Dillad sydd i wneuthur Rhagoriaeth rhwng *Rhith*; hyn a arferwyd gan bôb Cenhedloedd, yr oedd yn wastad gan wŷr a gwr[a]gedd amryw drwsiad. **[1783]** *W* d.g. *Sex* [*distinguished into male and female*].

(*e*) (enghrau.'n cyfeirio at yr Ewcharist: *exx. with ref. to the Eucharist*).

1346 *LlA* 23, Allyna paham ytrigyaɓd ef yn *rith* y bara ar gwin. **15g.** *GLGC* 3, Dy fwynder, f'Arglwydd, dy fendith—a gawn, / duw Gwener y Croglith; / dy gorff unben, yw'r gwenith, / Duw a ry hwnnw'n dy *rith*. **1618** J. Salisbury: *EH* 240, Mi a welaf er hynny, fod i'r afer[ll]aden ar ôl ei chyssegru, *rith* bara megys or blaen a bod *rhith* gwin i'r peth sydh yn y caregl, arôl [*sic*] y cyssegriad, megys o'r blaen. **1684** H. Owen: *DC* 380, yn dy gynnwys yn gwbl-gyfan tan ychydig o *rithiau* bara a gwîn. **1764** Dewi Nantbrân: *CB* 7, Gwir Gorph a Gwaed Ghrist dan *rhithiau* Bara a Gwin. *id.* 49, dan un *rhith* yn unig nyni a dderbynnwn cyfan Gorph a Gwaed Christ eillduoedd [*sic*]. **1764** Dewi Nantbrân: *SAG* 40, y Sacrafen Fendigaid dan y ddau *Rith*.

(*f*) Rhithyn, mymryn, gronyn: *least bit, vestige, shred, particle*.

1672 R. Prichard: *Gw* 462, Ni wrandawn ar ddim a ddwedent, / Ni wnawn vn *rhith* ag a geisient. **1735** S. Thomas: *HP* 176, rhoddi Ergyd marwol i Athrawiaeth yr Arminians ar Pelagians . . . fel na cheid gymmaint a *Rhith* na Gweddillion o honi ym mysg Cristnogion mwya[ch]. **18g.** E. T. Rhys: *DA* 116, pan ddel penllwydni brith / . . . / Fe fydd y ddiwyg yn fethiedig, / A'th holl ryfyg 'thâl e *rith*. **1759** T. Thomas: *WWDd* 301, pwy a all ddywedyd, gyd ag un *rhîth* o resswm, y gall Dŷn annuwiol wneuthur un rhyw fâth o weithred ddâ a'r na's gall y Duwiol ei gwneuthur. **1789** *BDG* 499, Heb gof heb ynof enaid, / Na *rhith* o'r synwyr fo rhaid. **1790** Twm o'r Nant: *GG* 183, heb *rith* o g'wilydd. Cf. D. Owen: *D* 38, pe buasai rhyw *rith* o olwg i'r eglwys allu hel y fath swm anrhydeddus; D. Owen: *GT* 152, hwyrach fod rhyw *rith* o resswm am hyny.

Cfn.: **rhith yr anial:** *mirage*. **1912.** **rhith y ceiliog:** *chalaza*. **1725** D. Lewis: *GB* 199. *c.* **1730** *Thos. Lloyd D* (LlGC) 205a. **18g.** *Llr* C 24, 306. **rhith crefydd, rhith o grefydd:** *outward show of religion*. **1701** E. Wynne: *RBS* 22, ni roir i Dduw ond corph a *rhîth Crefydd*. **1703** E. Wynne: *BC* 31, lle 'r oedd Eglwysi 'r Ddinas ddihenydd, canys yr oedd *rhîth o Grefydd* gan bawb ynddi hyd yn oed y digrêd. **1795** Jac Glan-y-gors: *SG* 41. Ar lafar, *WVBD* 464; ''Odd a'n lico gwed ar 'i brigetha nag o'dd *rith o grefydd* wedi gwatu 'i grym 'i ddim gwerth i neb', *GTN* 690. Gw. hefyd *rhithgrefydd*. **mewn rhith:** *in outward appearance only, in an outward show*. **1675** R. Jones: *HCh* 123, [rh]oddi cais ar eu cadw hwynt [gorchmynion Crist], heb yr hyn nid yw ein proffes ni o gariad ond ofer a diffrwyth; *mewn rhith*, ac nid mewn gwirionedd. **1759** T. Thomas: *WWDd* 245, Rhagrithiwr yn gwneuthur gweithredoedd *mewn rhith* o ufudd-dod. *id.* 326, *mewn rhîth* yn gweddio o'r blaen, ond yn awr, y mae ei weddi ef mewn gwirionedd. *id.* 342, llawer o ddynion, *mewn rhîth* yn gorfoleddu, gan eu bod mewn Enw yn grefyddol. **1798** W. Richards: *CC* 15, *mewn rhith* o addfwynder. **tan (dan) rith:** (i) *in the form or guise of, like, as*. **1632** *D*, A fo *tan rith* a chysgod peth arall d.g. *Typicus*. **1653** *MLl* i. 190, [g]wneuthur cymaint o ddrŵg yn y bŷd *dan rîth* synwyr a dealldwriaeth. **1688** S. Hughes: *TSP* d.d., *Tan Rith* neu Gyffelybiaeth Breuddwyd. **1703** E. Wynne: *BC* 139, Oni bai ei bod hi Rhagrith yn medru dieithro henw a natur pob drwg *tan rîth* rhyw ddâ. **1774** H. Jones: *CH* 37, Edifeirwch a thristwch Duwiol am bechod, a osodir allan yn yr ysgrythur, *tan rith* arddu neu droi'r ddaear. **1778** *W* d.g. *Notion, under the notion of* [*form or appearance*]. (ii) *under a pretext, excuse, or pretence*. **1672** J. Langford: *HDdD* 295, heb feiddio *tan rith* ac esgus yn y bŷd, ddywedyd yn ddrwg am Lywodraeth-wr ein pobl. **1731** E. Samuel: *AE* 32, ceisio amddeffyn achos drwg *tan rithiau* Crefyddol. (iii) *under the pretext or pretence of*. **1703** E. Wynne: *BC* 144, [Rh]agrith, sy'n cuddio dy wrthuni . . . *tan rîth* dibrisio golud a'r cyffelyb.

1740 T. EVANS: *DPO* 108, Dydd Calan-mai nessaf yr ym i gyfarfod a Phendefigion y Brutaniaid *dan Rith* i wneud Ammod o heddwch a hwy, ond yn wir ddiau ar fedr eu lladd bob mab Gwraig. **yn rhith (yn ei rith, &c.):** (i) *in the form or guise of, like, as.* **12g.** *GCBM* i. 194, *Yn rith* dreic rac dragon Prydein, / *Yn rith* bleit, blaengar vu Ywein. **13g.** *B* iv. 203, *yn rith* Jupiter . . . *yn rith* vinus . . . *yn rith* menerva. *id.* x. 24, er hen elyn a emdangosses idav *en rith* engyl goleuat. **1346** *LlA* 23, Allyna paham ytrigyaód ef *yn rith* y bara ar gwin. **15g.** *GGl*[2] 99, Mae'n rhodio mwy no'r hudol / *Yn ei rith* un ar ei ôl. / Nid un hwyl yn dwyn helynt, / Nid yfô yw'r Guto gynt, / Ond bod llun a bodiau llo / Gadach am Ysbryd Gwido [dychan i Uto'r Glyn gan Lywelyn ap Gutun]. **16g.** *THSC* (1923–4) (At.) 53, Eithr y mae arnaf i ofn vod llawer *yn rith* kristnogion yn ymwrthladd ar arglwydd jessu, val y gwnaeth yr jddewon. **1567** *TN* 194b, Dewiae a ddescenesant atam *yn rhith* dynion. **1618** J. SALISBURY: *EH* 154, Pryd y peyntir Duw'r tâd *yn rhith* hên wr. **1632** J. DAVIES: *LlR* 113, doethineb Duw a . . . ymddengys yr amser hwnnw *yn ei rhith* a'i chyffelybrwydd ei hun. **1759** T. THOMAS: *WWDd* 16, Pa un a'r Sarph yn unig, a'i Satan yn unig, *yn rhîth* y Sarph . . . a demptiodd y dŷn. (ii) *under the pretext or pretence of, pretending (that).* **1346** *LlA* 122, Ac *yn rith* mynet y sambyr. ffo aoruc hi. **1567** *TN* 121b, yr ei a lwyr ysant dai y gwragedd-gweddwon, sef *yn rhith* hir weddiaw. **1632** J. DAVIES: *LlR* 217, yn ei gwrthod [buchedd dduwiol] . . . *yn rhith* ei bod yn galed. **yn rhith hyn (hynny):** *in this (that) way or manner; ?instead of this (that).* **14g.** *GDG*[3] 131, Ai'n *rhith hynny* yw ganthaw? **15g.** *HS* 38, *yn rhith hyn* i'm hanrheithiwyd / gwnythyr lles gwenhieithiwr llwyd (Llawdden). **1632** J. DAVIES: *LlR* 391, I arall y mae'n addo anrhydedd mawr wrth dreulio'n helaeth, ac *yn rhith hynny* y mae yn ei ddwyn yr ei ddirmyg trwy dlodi.

Gw. hefyd **rhithyn.**

rhith[2] [?bnth. dysg. Llad. *rītus*, dan ddyl. *rhith*[1]] *e?g.* ll. *-iau.* Defod: *rite.*

1670 J. HUGHES: *AP* [vi], na chaiff pawb ac a fedyddiwyd a *rhithiau* neu a çeremoniau . . . fyned i'r Bywyd. *id.* 197, mwy na 300 o *Rithiau*, A[r]wyddion a Ceremoniau Sacraidd. **1760** *HDY* 56, holl ddefodeu, *rhithieu* a Seremoniau Deddf Moses. **1776** DEWI NANTBRÂN: *AN* 121, Ac yn ddiau yr holl arwyddion, *rhithiau*, defodau, gweithredoedd, neu Seremoniau gweledig a Arferir yn, ac o amgylch i Aberth yr Offeren.

rhithaf: rhitho, gw. **rhithiaf: rhithio.**

rhithbair [*rhith*[1] + *-bair* (At.)] *a.* Yn peri i berson neu anifail ganfod rhithweledjadau: *hallucinogenic, hallucinant.*
20g.

rhithberlyn [*rhith*[1] + *perlyn*] *eg.* ll. *rhithberlau.* Perl ffug: *artificial pearl.*
1781 J. JONES: *LlA* 50, megis y mae *rith-berlau* (**1723** *id.* 105, Llysberlau) yn cael eu gwisgo yn fynychach na gwir berlau.

rhithbregethwr [*rhith*[1] + *pregethwr*] *eg.* ll. *-wyr.* Pregethwr ffug: *sham preacher.*
1854.

rhithbroffesaf: rhithbroffesu [*rhith*[1] + *proffesaf: proffesu*] *bg.a.* Proffesu'n wag neu'n ffug: *to profess emptily or falsely.*
1822.

rhithdonnog [*rhith*[1] + *tonnog*] *a.* Tonnog (am dir, ffordd, &c.): *undulating.*
1835.

rhithdyb [*rhith*[1] + *tyb*] *eb.* ll. *-iau, -ion.* Cam-dyb: *delusion.*
20g.

rhithddiwygiwr [*rhith*[1] + *diwygiwr*] eg. ll. *-ddiwygwyr.* Diwygiwr ffug: *sham reformer.*
1844.

rhithdduwiol [*rhith*[1] + *duwiol*] *a.* Arwynebol dduwiol, ffugsanctaidd: *outwardly godly, sanctimonious.*
1675 R. DAVIES: *PY* 220, Yr Arriaid oeddynt *rithdduwiol.* [**1740**] D. LLWYD: *YDD* [iv], yn y dyddiau blin, *Rhith dduwiol*, a gau grefyddol hyn.

rhithdduwioldeb [*rhithdduwiol* + *-deb*] *eg.* Duwioldeb arwynebol: *outward show of godliness or devotion.*
1772 *W* d.g. *Counterfeit devotion.*

rhithesgus [*rhith*[1] + *esgus*] *e?g.* ll. *-ion.* Esgus (gwag), rhithyn o esgus: *(empty) excuse, vestige or shadow of an excuse.*
1763 T. JONES: *RAH* 22, y dynion hynny, y rhai a ymadawsant a'r Eglwys trwy y *rhith esgusion* hyn; a'u cyhoeddasant eu hunain eu bod yn Presbyteriaid.

rhithesgusiad [*rhith*[1] + *esgusiad*] *eg.* Esgus (gwag), rhithyn o esgus: *(empty) excuse, vestige or shadow of an excuse.*
1807.

rhithfa [*rhith*[1] + *-fa, ma*] *eb.* Wyfa: *ovary.*
1778 *W* d.g. *Ovary.*

rhithfawredd [*rhith*[1] + *mawredd*] *eg.* Rhithdyb mawredd; mawredd ffug: *delusion of grandeur; mock majesty.*
1796 T. JONES: *CCA* 223, trwy 'r cymmysgedd yma o *rith-fawredd* (*mock majesty*), a gwaelder salw y'nghŷd.

rhithfedd [*rhith*[1] + *bedd*] *eg.* Senotaff: *cenotaph.*
1850.

rhithfod [*rhith*[1] + *bod*[2]] *eg.* Drychiolaeth: *phantom, apparition.*
1861.

rhithfoneddigaidd [*rhith*[1] + *boneddigaidd*] *a.* ?Snobyddlyd, mursennaidd: *snobbish, affected:*
c. **1872.**

rhithfoneddigeiddrwydd [*rhithfoneddigaidd* + *-rwydd*] *eg.* ?Snobyddiaeth, mursendod: *snobbery, affectation.*
1879.

rhithfrwydr [*rhith*[1] + *brwydr*[1]] *eb.* ll. *-au.* Brwydr ffug: *mock battle.*
1823.

rhithganfyddiad [*rhith*[1] + *canfyddiad*] *eg.* ll. *-au.* Canfyddiad nad yw'n cyfateb i realiti oherwydd ei newid yn oddrychol ym meddwl y canfyddwr: *illusion (false perception of reality).*
20g.

rhithgaraf: rhithgaru [*rhith*[1] + *caraf: caru*] *bg.* Fflyrtio, esgus caru: *to flirt.*
1850.

rhithgarwr [bôn y f. *rhithgaraf: rhithgaru* + *-wr*, a *rhith*[1] + *carwr*] *eg.* ll. *-wyr.* Proffeswr cariad ffug; fflyrt: *one who professes false love; flirt.*
1807.

rhithgrefydd [*rhith*[1] + *crefydd*] *eb.g.* ll. *-au.* Crefydd ffug, ffugsancteiddrwydd: *sham religion, sanctimoniousness.*
1664 J. DAVIES: *Art* [10], y *rhith grefydd* y mae yn ei broffessu. **1677** R. JONES: *BB* 101, Mi a fynnwn pettych chwi lawer mwy yn erbyn y *rhith grefydd* (*that pretended religion*), yr hon nid yw efe yn ei gorchymmyn. **1790–1** H. JONES: *T* 198, [eu] cynhalwyr i fynu mewn *rhith-grefydd.* **1799** *TY* 12, Gwylia gan hynny, enaid, rhag y *rith-grefydd* honno.

Gw. hefyd **rhith—rhith crefydd.**

rhithgrefyddol [*rhithgrefydd* + *-ol*] *a.* Yn perthyn i rithgrefydd, a nodweddir gan rithgrefydd, yn cymryd arno fod yn grefyddol, ffugsanctaidd: *pertaining to, or characterised by, sham religion or sanctimoniousness, falsely religious, sanctimonious.*
1815.

rhithgrefyddwr [*rhithgrefydd* + *-wr*] *eg.* ll. *-wyr.* Person rhithgrefyddol neu ffugsanctaidd: *falsely religious or sanctimonious person.*
1809.

rhith-Gristion [*rhith*[1] + *Cristion*] *eg.* ll. *-Gristionogion.* Cristion ffug: *false Christian.*
c. **1647** *LlGC* 527, 160, Drÿch . . . ir *rhithgristion* claiar. **1677** *TC* [iv], fel y bo i ti wybod pa un ydwyt, ai edifeiriol ai anedifeiriol, Gwir-Gristion neu ynteu *Rhith-Gristion*, neu Ang-Hristion. **1740** T. EVANS: *DPO* 197, *Rhith-Gristion* ofnus sydd a dim ond enw a Phroffes oddiallan yn unig.

rhithgyfaill [*rhith*[1] + *cyfaill*] *eg.* ll. *-gyfeillion.* Cyfaill ffug: *false friend.*
1810.

rhithgyrch [*rhith*[1] + *cyrch*[1]] *eg.* Twrnamaint: *tournament.*
1863.

rhith-haul [*rhith*[1] + *haul*] *eg.* ll. *-heuliau.* Cyw haul, eilun haul, ffug-haul: *parhelion, mock sun.*
1842.

rhithiad [bôn y f. *rhithiaf: rhithio* + *-iad*[1]] *eg.* ll. *-au.* Lluniad, ffurfiad, ymddangosiad; gweddnewidiad, trawsffurfiad; ffugiad; sioe; eginiad: *formation, appearance; transfiguration, metamorphosis; a counterfeiting; show; germination.*
16g. *GGH* 309, Di-rus drwy goed, rhestrog wisg, / Drwyth dybliad, *rhithiad* wiwblisg [i ofyn ceiliog coed]. *c.* **1585** G. ROBERT: *DC* 60a, Etto nid oedh goleini Crist yn y *rhithiad* hyn ar y mynydh. **1589–93** *Rhyddiaith Gymraeg* ii. 133, pa ddelw i llefys wneythyd y fath *rythiad* (*dissemble*) a gwattorwedd a'i nefawl anrhydedd. **1632** *D* d.g. *Adulterium.* **17g.** *Cylchg LlGC* vi. 35, ni thyf gwenith hefyd, / heb gael amser, breisgder bro, / a hoff *rithiad* i ffrwytho. **1677** R. JONES: *BB* 112, a dyddiau, a *rhithiadau* (*shews*), a ceremoniau. **1722** *Llst* 189, *Rhithiad.* m. A giving or taking the form of another thing, transfiguration, metamorphosis. **1803** *P*, *Rhithiad* . . . An appearing, a seeming; a taking a shape, or form.

rhithiaf, rhithaf: rhith(i)o [bf. o'r e. *rhith*[1]] *bg.a.* Llunio, ffurfio; trawsffurfio (yn enw. drwy rym goruwchnaturiol), newid (yn), cymryd ffurf, gweddnewid (yn enw. am Iesu); (peri) ymddangos; egino, cnapio, datblygu'n embryo; cymryd arno, esgus, cogio, smalio, ffugio, dynwared, actio; llygru, ?heintio: *to shape, form; transform (esp. by a supernatural force), change (into), take the form (of), be transfigured (esp. of Jesus); (cause to) appear; germinate, set (of apples, &c.), develop into an embryo; pretend, counterfeit, imitate, act; adulterate, ?infect.*
13g. *DB* 75, Eil sygyn yu y tarw, o achaus *rithau* (*translatus*) Iupiter en rith tarw . . . Castor a Pholux . . . a *rithut* (*translati*) yn sŷr . . . y vantaul . . . Sef oedd y henw, Libra, a guedy y *rithaw* (*translata*) ymplith y syr. **13g.** *BD* 138, minheu a'th *rithaf* di yn rith Gorlois. **14g.** *T* 33. 24, 6y a *rith6ys* g6yd eluyd ac elestron. *id.* 22. 18, Eil gweith ym *rithat.* bum glas gleissat. **1346** *LlA* 57, Ac 6ynt a*rithyant* ygosged engylyon da yd6ylla6 dynyon. **14g.** *GIG* 132, Duw a *rithiawdd*, dygngawdd dig, / Ddeufliaidd anian ddiefliq. **15g.** *GLGC* 14, yn y gwenith yn *rhithiaw*, / yn y gwlith ac yn y glaw [i Dduw]. **15–16g.** *AAST* (1935) 102, Ymhob cyfrith y *rhithi*, / Nid oes gallel d'ochel di [Dafydd Trefor am angau]. *c.* **1585** G. ROBERT: *DC* 60a, Gwelwch fod melysdra r olwg hyn ar wyneb Crist pen *rithiodd* a dangos y goleuni, yn gymeint a bod Peder yn fodlon i dario yno yn wastod. **1604–7** *TW* (*Pen* 228) d.g. *Germino.* **1632** *D*, *Rhithio*, Specificari. **1688** *TJ*, *Rhithio*, ymddangos: to appear. **1700** D. MAURICE: *AC* 46, Gwae fi, nid alla'i *rithio* ddarfod imi wneuthur un Weithred dda heb gymmysc o Ddrwg ynddi. **1770** *W* d.g. *To adulterate* [*corrupt, counterfeit*], *To knit* [*as apples, &c.*]. **1803** *P*, *Rhithiaw* . . . to appear; to seem; to be formed or shaped; to become an embryo; to knit, as fruit; to change from one form to another. Ar lafar yng Nghered. a Morg. yn yr ystyr 'egino, cnapio (am afalau, &c.)'; digwydd hefyd ym Morg. yn yr ystyr 'esgus, cymryd arno', 'Un i *rithio* bod yn ffrind yw a, ond dy dwyllo di naiff a', *GTN* 686. Fe'i clywir yn Arfon yn yr ystyr 'to imagine', '*rhithio* bod 'na rwbath heb 'i fod', *WVBD* 464, a hefyd yn yr ystyr 'ymddangos (am ddrychiolaeth)'.

rhithiant [bôn y f. *rhithiaf: rhithio* + *-iant*] *eg.* (bach. *-yn*) Rhithyn, mymryn, gronyn; ymddangosiad: *least bit, shred, particle; appearance.*
1791 W. RICHARDS: *TDB* 8, Pa gydmariaeth, attolwg, a ddichon fod rhwng y fath ddefod a honno [bedydd], a dirfawr ddioddefiadau ein Harglwydd? Yn ddieu, ni ddichon fod y *rhithiant* lleiaf: mwy nag y sydd rhwng tywyllwch a goleuni. **1800** W. RICHARDS: *PA* ii. 4, nad oes yn y fath ymadrodd, neu gyhuddiad . . . y *rhithiant* lleiaf o wirionedd—Mi fyddaf fi boddlon . . . brofi . . . fod athrawiaeth y bobl y mae Gabriel fel hyn yn ceisio ei duo . . . yn anrhydeddu, derchafu, a mawrhygu Duw. **1803** *P*, *Rhithiant*, s. m. . . . Appearance. Ar lafar yn sir Benf., ''Dyw e ddim *rhithiant* gwell na chyn iddo gâl i gospi', *GDD* 247. Cf. D. OWEN: *WBC* 5, ni wnaeth gymmaint a *rhithiantyn* o waith; *SE MS* 424a, *Rhithiant*, A sham, a shadow.

rhithiedig [bôn y f. *rhithiaf: rhithio* + *-iedig*] *a.bfl.* Wedi ei drawsffurfio('n hudol), ar wedd gudd, wedi ei ddieithrio; (geir.) wedi ymddangos; (geir.) wedi cnapio (am afalau, &c.): *(magically) transformed,*

disguised; (*dict.*) *appeared*; (*dict.*) *set* (*of apples, &c.*).
1606 E. JAMES: *Hom* ii. 215, heb ystyried mai gwaith Duw yw pob peth naturiol, ac mai gwaith diafol yw pob peth annaturiol *rhithiedig* (*disguised*). **1775** *W* d.g. *Knit* [*as the fruit of trees*]. **1803** *P*, *Rhithiedig* . . . Having appeared.

rhithiog [*rhith*[1] + *-iog*] *a.* Tebyg i rith neu gysgod, ansylweddol, drychiolaethol: *ethereal, shadowy, insubstantial, spectral.*
1803 *P* d.g. *Rhithiawg*.

rhithiogaeth, gw. rhithogaeth.

rhithiol [*rhith*[1] + *-iol*] *a.* Ffug, ffuantus, twyllodrus, annilys, ymddangosiadol, arwynebol; tebyg i rith neu gysgod, ansylweddol, drychiolaethol; yn perthyn i deip, symbolaidd; trawsffurfiedig, ar wedd gudd, wedi ei ddieithrio: *counterfeit, false, specious, spurious, seeming, superficial; ethereal, shadowy, insubstantial, spectral; typical, symbolical; transformed, disguised.*
14–15g. *IGE*[2] 282, Bûm yn eich plith yn *rhithiol*, / Yn newynog enwog ôl; / Bûm sychedig, ddig ddygnedd, / Heb lety, gwely na gwedd (Siôn Cent). **1604–7** *TW* (*Pen* 228) d.g. *Transformis*. **1688** *TJ*, Ffuantus, *Rhithiol*, gwenheithgar: counterfeiting, dissembling. **1701** E. WYNNE: *RBS* 255, erfyn ar Dduw gael o honot . . . dreiddio o'r cyscod at y sylwedd; o fwytta ei gorph ef i weled ei wyneb ef; o *rithiol* (*typical*), Sacramentawl a darfodedic, i wîr a thragwyddol Swpper yr Oen. **1714** R. PRYDDERCH: *GD* [xi], Am ddodi plant i weddio yn *rhithiol* mewn jaith ddieithr i'r teulu. **1723** J. JONES: *LlA* 119, Y mae amrafael Fathau o Zêl, heb un o honynt yn wir a jachus eithr gau a *rhithiol* (*counterfeit*). **1727** J. JONES: *DFF* 130, O ni ddigiasoch chwi y Mawrhydi goruchaf, yr hwn oedd Destun Gwawd yn eich Addoliad *rhithiol* (*shew-worship*). **1764** *Perl* 25, na thal ffurfiau *rhithiol* o grefydd. **1765** J. JOHN: *HY* 47, Grawn gwylltion ydynt *rithiol* Râs, a ffiaidd atgas Fywyd. **1803** *P*, *Rhithiawl* . . . Appearing, seeming.

rhithioldeb [*rhithiol* + *-deb*] *eg.* Twyll, ffuantrwydd: *a counterfeiting, sham.*
1803 *P*.

rhithiwr [bôn y f. *rhithiaf*: *rhithio* + *-iwr*] *eg.* ll. *rhithwyr*. Ffugiwr, twyllwr; rhithgarwr, fflyrt: *impostor, deceiver; flirt.*
1803 *P*, *Rhithiwr*, s. m. pl. *rhithwyr* . . . An appearer, a seemer. Ar lafar, ''On i'n cretu 'i fod a'n ffrind, ond fi geso' weld taw *rithiwr* odd a', *GTN* 686.

rhithlen [*rhith*[1] + *llen*] *eb.* Cuddwisg, cuddliw, yn *ffig.*: *disguise, camouflage, fig.*
20g.

rhithlewygfa [*rhith*[1] + *llewygfa*] *eb.* ll. *-feydd*. Llesmair, perlewyg: *ecstasy, trance.*
1804.

rhithlewyrch [*rhith*[1] + *llewyrch*] *eg.* ll. *-ion*. Golau ffug, ?cannwyll y gors, tân ellyll: *false light, ?will-o'-the-wisp, ignis fatuus.*
1851.

rhithlun [*rhith*[1] + *llun*[1]] *eg.* ll. *-iau*. Twyll llygad (e.e. haenen ymddangosiadol o ddŵr mewn diffeithwch neu ar heol boeth) a achosir gan amgylchiadau atmosfferig; gwawdlun; amlinelliad, braslun, delwedd; hefyd yn *ffig.*: *mirage; caricature; outline, sketch, image; also fig.*
1851.

rhithm, rhithmetig, rhithmig, gw. **rhythm, arithmetig** (At.), **rhythmig.**

rhithod [?cf. *llithod*, ond gw. hefyd *rhith*[1] adran (*c*)] *e.ll.* Gwlithfalwod bychain gwynion: *small white slugs.*
Ar lafar yn Arfon, *WVBD* 464, *B* i. 100; fe'i clywir hefyd ym Môn yn yr ystyr 'tatws mân, "briblins"', *LlLlM* 101.

rhithogaeth, rhithiogaeth [*rhith*[1] + *-(i)og* + *-aeth*] *eb.g.* Ffurf, math: *form, variety, type.*
1595 *Egl Ph* 13, Y drydedh *rithogaeth* ar drawsenw'r sylbhon cadarn. *id.* [69], pann newidir yr vnrhyw air, y amryw dhychweliadau . . . neu dhynsawd, neu *rithogaeth*. *c.* **1730** *Thos. Lloyd D* (LlGC) 198a, *Rhithogaeth*. Species. **1803** *P*, *Rhithiogaeth*, s. m. . . . a particular form, a variety.

rhitholwg [*rhith*[1] + *golwg*] *eg.* ll. *-olygon*. Twyll llygad; ?rhithwelediad: *optical illusion; ?hallucination.*
1923.

rhitholygfa [*rhith*[1] + *golygfa*] *eb.* ll. *-feydd*. Rhithlun; rhithwelediad: *mirage; hallucination.*
1866.

rhithostyngeiddrwydd [*rhith*[1] + *gostyngeiddrwydd*] *eg.* Gostyngeiddrwydd ffug: *mock modesty or humility.*
1807.

rhith-ras [*rhith*[1] + *gras*] *eg.* ll. *rhithrasusau*. Gras ffug: *false or pretended grace.*
1781 J. JONES: *LlA* 19–20, nyni a welwn fod doniau gan y rhai sydd a gwir Ras ganddynt, a chan y rhai a *rhith-ras* hefyd. **1796** T. JONES: *CCA* 35, os ffuantus yw'r briodas, yna y mae'n holl *rith-rasusau* yn fastardaidd. *id.* 74, *rhith-rasusau* y dyn hunan-gyfiawn.

rhithreswm [*rhith*[1] + *rheswm*] *eg.* ll. *-resymau*. Rheswm gwag: *empty reason.*
1710 *CBGEL* 98, Ni fedrafi ddeall *rith-Rheswm* arall sydd ganddynt i haeru, fôd yn anghenrheidiol ini dalu Ufudd-dod i Escob Rhufain. Cf. S. ROBERTS: *Gw* 485, Cawl cymysg o *rithresymau* ydyw, yn dwyll i gyd oll drwyddo.

rhithryddid [*rhith*[1] + *rhyddid*] *eg.* Rhyddid ffug: *false freedom.*
20g.

rhithsanctaidd, rhithsantaidd [*rhith*[1] + *san(c)taidd*] *a.* Ffugsanctaidd: *sanctimonious.*
1858.

rhithsancteiddiol, rhithsanteiddiol [*rhith*[1] + *san(c)teiddiol*] *a.* Ffugsanctaidd: *sanctimonious.*
1865.

rhithserch [*rhith*[1] + *serch*] *eg.* Cariad ffug; (geir.) hoedeniaeth: *false love;* (*dict.*) *coquetry.*
1807.

rhithwaith [*rhith*[1] + *gwaith*[1]] *eg.* ?Ffantasi, lledrith, twyll: *fantasy, illusion.*
1874.

rhithwelediad [*rhith*[1] + *gwelediad*] *eg.* ll. *-au*. Y weithred o ganfod gwrthrych nad yw'n bresennol, neu o dderbyn synhwyriad heb symbyliad, yr hyn a ganfyddir dan y fath amodau: *hallucination.*
1916.

rhithweledigaeth [*rhith*[1] + *gweledigaeth*] *eb.* ll. *-au*. Rhithwelediad; ?ffantasi: *hallucination; ?fantasy.*
1932.

rhithwir [*rhith*[1] + *gwir*] *a.* Heb fod iddo fodolaeth gorfforol fel y cyfryw, ond yn ymddangos fel petai drwy gyfrwng meddalwedd; *Ffis.* (am ddelwedd) wedi ei ffurfio gan ddargyfeiriad ymddangosiadol pelydrau o un pwynt, yn hytrach na chan eu gwir ddargyfeiriad: *virtual* (*in computing and phys.*).
20g.

rhithwisg [*rhith*[1] + *gwisg*] *eb.* Cuddwisg: *disguise.*
20g.

rhithwybodus [*rhith*[1] + *gwybodus*] *a.* Arwynebol wybodus, ffugwybodus: *superficially knowledgeable, pseudo-knowledgeable.*
1788 R. JONES: *DA* [2], Ni feiddiaf ddywedyd ei fod heb amryw feiau . . . ac am hynny ni's gallaf lai na disgwyl gŵg, a chîl-ddannedd y genedl *rithwybodus* honno, pa rai sydd bob amser yn barottach i feïo nag i ddiwygio.

rhithymddangosiad [*rhith*[1] + *ymddangosiad*] *eg.* ll. *-au*. Lledrith, twyll; ymddangosiad (ysbryd, bwgan, &c.): *illusion; apparition* (*of ghost, spectre, &c.*).
1851.

rhithymgyrch [*rhith*[1] + *ymgyrch*] *e?g.* ll. *-oedd*. Twrnamaint: *tournament.*
1858.

rhithyn [*rhith*[1] + *-yn*[1]] *eg.*
(*a*) Y dim lleiaf, mymryn, gronyn: *least bit, vestige, shred, particle.*
1739 *ML* i. 20, I would have answer'd yours of the 2nd and 9th ult. sooner but that I expected news from Môn, ag ar fy nghydwybod os meddaf *rithyn*. **1755** G. OWEN: *L* 163, a phe gwyddwn fod *rhithyn* o obaith am faddeuant. Ar lafar, 'dim *rhithin* o wirionadd yn 'i stori', *WVBD* 464; ''Ôs dim *rithyn* o olwg gin' i arno', *GTN* 686; ''Dôs dim *rhithyn* o ddiddordeb 'da fi'.
(*b*) Embryo; hedyn, eginyn; hefyd yn *ffig.*: *embryo; seed, germ; also fig.*
1630 R. LLWYD: *LlH* 72, Canys *rhithin*, a hâd pob pechod sydd yn ein natur lygredig. Ar lafar am 'rith mewn melynwy', 'Os na fydd *rithyn*, 'fydd dim cyw' (Morg.).

rhiw[1] [Crn. *-rew*, elf. mewn e. lleoedd, e.e. *Trerew, Trefrew*] *eb.g.* (bach. *-an*) ll. *-iau, -ydd*. Llethr (serth), allt, tyle, (ochr) bryn; heol neu lwybr ar lethr neu ochr bryn; hefyd yn *ffig.*: (*steep*) *gradient or slope, acclivity, declivity, hill*(*side*); *road or footpath on a slope or hillside; also fig.*
12g. *LL* 242, arhit irr*iu*. ibron ir all. **12g.** *GMB* 241, Bann bref biw yn *riw* rac e deon. *c.* **1200** *VSB* 88, ad collem Morcanti . . . qui gentis illius lingua *Riu* Morgant nuncupatur. **13g.** *GDB* 256, A'e raclod a'e rod o *riw* uetgein / Hyd y dwyre heul hyd y dwyrein. **13g.** *C* 90. 14, Hir nos llum ros lluid *riv*. **14g.** *WM* 425. 4–6, drychauel a orugant or auon y *ri6* aruchel. **14g.** *GDG*[3] 306, Llamwr allt, llym yw ei raidd. / Llama megis bonllymoen / I'r *rhiw*, teg ei ffriw a'i ffroen [i'r carw]. **15g.** *GLGC* 256, Henri aeth i ben y *rhiw*; / oddyno hwnt ydd â'n hy. **15–16g.** *GLM* 199, Dwy *riw* uchel edrychen, / d'wyneb a chaer Dinbych wen. **1547** *WS*, *Riw* Stepnesse. **1588** *Eseia* xlix. 9, ar y ffyrdd y porant, ac yn yr holl *riwiau* y bydd ei porfa hwynt. *Dchr.* **17g.** *J* 10, 16a, *Rhiwan*. clivulus. **1632** *D* d.g. *Cliuosus, Clivum*. **1688** S. HUGHES: *TSP* 90, darfod iddynt ddyfod i fynu o'r llethr neu'r *rhiw* oedd anhawdd iw ddringo. **1753** *TR*, *Rhiw*, an ascent, the rising of an hill, the side of an hill. **1790** T. JONES: *TOS* 242, ac a wyt ti'n disgwyl dringo'r *rhiw* serth hon heb ymdrech? **1803** *P*, *Rhiw*, s. f. . . . A drift; a fall, slope, or side of a mountain. Ar lafar yn y De, y Canolbarth, a rhannau o'r Gogledd yn yr ystyr 'llethr serth ar ffordd', *LGW* [526]–7, *WVBD* 464; hefyd yn yr ystyr 'bryn' yn y De-orllewin, *LGW* [524]–5. Mewn rhai mannau gwahaniaethir rhwng '*rhiw*' a 'tyle': 'lawr y *rhiw*', ond 'lan y tyle'. Clywir y ff. l. *rhiwydd* yn sir Benf. Digwydd fel e. lle, e.e. *Y Rhiw*, pl. Aberdaron, sir Gaern., ac fel elf. mewn e. lleoedd, e.e. *Rhiwabon*, sir Ddinb., *Rhiw-fawr*, Morg., a *Rhiwbina*, pl. yr Eglwys Newydd, Morg.
Cfn.: **rhiw Tre-din:** *slippery slope, fig.* Ar lafar yn sir Benf., *GDD* 248. **yng ngodre'r rhiw dywyll:** *at a safe distance.* Ar lafar yng Nghered., 'Ie, ie, *yng ngodre'r Rhiw dywyll* y mae e'n cymhenu bob amser', *Cy* iv. 161.

rhiw[2]**, rhiwal,** gw. **ruw, hoywal**[2].

rhiwallu, *R* 1204. 1, gw. **rhiallu.**

rhiwan, gw. **rhiw.**

rhiwbarb, rhiwbob, rhiwboben, rhiwbobyn, gw. **riwbob.**

rhiwel, gw. **rhywel.**

rhiwl, rhiwliad, rhiwliaf: rhiwlio, &c., gw. **riwl, riwliad, riwliaf: riwlio,** &c.

rhiwmatic, rhiwmatig, gw. **riwmatic.**

rhiwmatis, &c., gw. **riwmatis,** &c.

rhiydd [H. Wydd. *rige*: < Clt. *rīgiịo-* (cf. *rhi*[1], *-ydd*[1]); ?a'i ddeall wedyn fel *rhi*[1] + *-ydd*[2,3]] *eg.* ac *e.ll.* Gwychter (brenhinol), gogoniant, mawrhydi, mawredd, rhwysg, sofraniaeth, ?hefyd yn *ffig.*; (?geir.) brenin (brenhinoedd), arglwydd(i), meistr(i): (*royal*) *splendour, glory, majesty, grandeur, pomp, sovereignty, ?also fig.*; (?*dict.*) *king*(*s*), *lord*(*s*), *master*(*s*).
Dchr. **12g.** *GMB* 30, Ruteur dyrllit, rychlud clodrit, *rihit* aden. **12g.** *id.* 73, Hael a ri a renni yn y *rihyt*. **12g.** *GLlF* 319, Dwyn uy rwyf, a d6yn uy *rihyt*. **12–13g.** *GMB* 529, Ef yn Yspryt Glan gloewaf—y defnyd, / Ef yn *rihyd* ryd (ny ryuedaf). **13g.** *A* 5. 10, e *rihyd* ryodres. **13g.** *GBF* 226, Llyw yssy'n synnwyrua6r *rihyt*. **14g.** *T* 40. 21–2, Teithi etmynt g6r agat6ynt g6ynt. pan del y*rihyd*. goruloeda6c eluyd. *id.* 76. 23–4, Bl6ydyned budic rossed *rihyd* reitheu. **14g.** *GDG*[3] 192, Rhwol teg oedd i'n *rhiydd*, / Rho Duw, yn olau rhoi dydd. *Dchr.* **15g.** *GM* 9, Enghylyon gerdeu, nef a'e medyanneu, / Oll a'th uawl ditheu, Rieu *ryyd*.

1632 *D*, Rhi, Dominus, baro, satrapas, nobilis. Pl. . . . *Rhiydd*. *id*. Rhi, *Rhiydd* d.g. *Rex*.

rho[1,2,3], gw. **rhy[1]**, **rhwng**, **rhoddaf: rhoddi.**

rhob, rhob(i)af: rhob(i)o, gw. **rob, robiaf: robio.**

rhobin, rhobri, rhoc[1,2], gw. **robin[1], robri, roc[1], rhocyn.**

rhocas[1] [?*y rhocas* < *yr *hocas* (< *hòg[1]+ -as[2]*), drwy gamraniad a chld.; gair geir. yn wr.] *eg*. ll. *-od*. Bachgen (yn ei arddegau), llanc, glaslanc, dyn ieuanc; plentyn: (*teenage*) *boy*, *lad*, *adolescent*, *youth*, *young man*; *child*.

1547 *WS*, Llank ne *rhokas* [*sic*] A gorrell. **1604–7** *TW* (*Pen* 228) d.g. *Adolescens*, *Iuuenculus*, *puer*. **1632** *D*. **1688** *TJ*, *Rhoccas*, llangc: a young Man in his growing years. **1722** *Llst* 189, *Rhoccas*. m. p. *casod*. A round lad. **1725** *SR* d.g. *A Yongker or yongster*. **1753** *TR*, *Rhoccas*, Llangc, a youth, a lad. **1770** *W* d.g. *Boy*, *Child*. **1803** *P*, *Rhocas* . . . A lad, a youth.

rhocas[2], rhoced, gw. **rhocos, roced.**

rhocen [*y rhocen* < *yr hogen*, drwy gamraniad a chld.] *eb*. Merch, llances: *girl*, *lass*.

Ar lafar yng ngodre Cered. a gorllewin sir Gaerf. yn yr ymad. '*rhocen* gron, full-grown girl', *Cymru* xlvi. 22.

rhoces, roces [*y rhoces* < *yr *hoces* (< *hòg+-es[1]*), drwy gamraniad a chld.] *eb*. (bach. *-en*) ll. *-i*, *-ach*. Merch (yn ei harddegau), geneth, llances, menyw ieuanc, weithiau'n ddifr.: (*teenage*) *girl*, *lass*, *young woman*, *sometimes derog*.

18g. *BL Add* 14923, 133a, South wales . . . Rhoccyn. f. *Rhocces* ab[t] 12 . . . North wales . . . Hog, Hogyn, (f. Hogen), Hoglangc. **1798** *WR* d.g. *Mawks*, *Mawther*. Ar lafar yn sir Benf., godre Cered., a de-orllewin sir Gaerf., *LGW* [520]–1; '*Rhocesen* . . . A girl. Diminutive of *rhoces*, used in a depreciatory sense. It has a plural *rhocesach*', *GDD* 248; 'ma'r *roces* ma'n dwlu am rowlo a bownso lan a lawr arno', *Wês wês* 13.

Amr.: **hoces. 1902.**

rhociaf: rhocio, rhociaid, gw. **rociaf: rocio, rhocyn.**

rhoclaf: rhoclo, gw. **arogleuaf: arogleuo.**

rhocos, rocos, rhocas[2], rhocs [*y r(h)ocos*, &c. < *yr hocos*, *hocas*, *hocs* (amr. ar *hocys*), drwy gamraniad] *e.ll*. Hocys: *mallow(s)*.

16g. HUW ARWYSTL: *Gw* 385, ym hlith dail *rhoks* llidiog sawd / wybed gnv abid i gnawd [dychan i'r gwybed]. **1795** J. THOMAS: *AIC* 364, Berrwa Flawd Haidd a Dail *Rhoccos*.

Cfn.: **rhocas y gors:** *marsh mallow, Althæa officinalis*. **1812** W. DAVIES: *RMB* 65.

Gw. hefyd **hocys.**

rhocyn, rocyn [*y r(h)ocyn* < *yr hogyn*, drwy gamraniad a chld.] *eg*. ll. *-nod*, *rhociaid*. Bachgen (yn ei arddegau), hogyn, llanc, dyn ieuanc: (*teenage*) *boy*, *lad*, *youth*, *young man*.

1731 T. LEWYS: *BMA* 18, Pan oeddwn yn *rhoccyn*, mi a roddais fy hun i yspeilio Perllennau. *id*. 46, nîd oedd efe etto ond *Rhoccyn*. **18g.** *BL Add* 14923, 133a, South wales . . . *Rhoccyn* . . . ab[t] 12 . . . North wales . . . Hog, Hogyn . . . Hoglangc. *ib*. Bras *Roccyn* . . . ab[t] 18 . . . Llangc. **1798** *WR* d.g. *Boy*. **18g.** *BlD* 396, A *rhocciaid* bach, â'u corgwn crach, / Yn ffoi oddiwrtho [llwynog] wich di wach (Ioan Siencyn)! Ar lafar yn sir Benf., *LGW* [518]–19, a godre Cered., 'Ma fe 'di troi mas yn *rocyn* smart iawn'.

Amr.: **rhoc[2]** [adff.]. **1820.**

rhoch[1] [Llyd. Diw. *roc'h* 'chwyrniad; rhwnc angau'] *eb*. ac yn eithriadol *eg*. a hefyd gyda grym ansoddeiriol. Sŵn isel gyddfol a wneir gan foch, &c., neu unrhyw sŵn tebyg, rhochian, rhu, bugunad; chwyrniad; griddfan, ochenaid; rhwnc angau; hefyd yn *dros*. ac yn *ffig*.: *grunt*, *roar*, *bellow*; *snore*; *groan*, *sigh*; *death rattle*; *also transf. and fig*.

c. **1400** *R* 1339. 21–2, yn *roch* diotta rech diattal. *id*. 1356. 33–4, *Roch* gynllei verffrei vaɞrffrɞt keilleu. **15g.** *GDLl* 120, Un *rhoch* ag un o'r ychen / Bannog wyf byth, heb enw gwên. **1547** *WS*, *Roch*. *a*. **1587** *Y*, 126, Gwnaeth fost fôd ym yn dostach / Gan i waith yn gwnîo iach, / Y coelid ef mewn clôd av, / Blîn *roch*, o'm blaen ar iachav. **1604–7** *TW* (*Pen* 228) d.g. *Boatus*, *Mugitus*. *id*. *rhoch* o wynt d.g. *Turbo*, *inis*. **1630** *YDd* 439, gâd ei [*sic*] *rôch* a gwaedd fy mhechodau (*the woes of my sinnes*) i fod yn guddiedig oth wydd di. **1632** *D*, *Rhôch*, Fremor, frendor. **1672** *Catec* [xvi], *Rhôch* ŵyrwaith rhowch i orwedd, / rhowch y fall yn rhŷch ei fêdd. **1672** R. PRICHARD: *Gw* 267, Rhaid id fyned trwy'r môr coch, / Er maint ei rym, er cuwch ei *roch*. **1722** *Llst* 189, *Rhôch*. f. A ratling in ye throat. **1790** TWM O'R NANT: *GG* 47, Nid megis moch, a'u *rhoch* groch ddigred. **18–19g.** *Llr* C 30, 185, Y *Rhoch*, the same as y gleren, [Glam]. **1803** *P*, *Rhoç* . . . A broken or rough utterance; a grunt, a groan. Ar lafar yng ngogledd Cered., sonnir am '*ròch* y môr', ac am 'Yr hen *ròch* 'na sy'n dy wddwg di pan fyddi di'n marw'; hefyd yn y De, 'y *ròch*' 'the death rattle', *GTN* 690, ac yn sir Benf., 'the death throttle . . . (Pron. *ròch*)', *GDD* 248.

Cfn.: **mewn rhoch:** *violently*; ?*with great noise*. **1701** E. WYNNE: *RBS* 174, Meddwl gostyngedig, 'wyllyscar a hyddysc, neu chwant i ddyscu ffordd Dduw; o blegit yn araf dêg fel pelydr yr haul y daw crediniaeth i mewn, ac nid *mewn rhôch* (*violence*). **18g.** *Beirdd y Berwyn* 20, Daw Duw mawr rhyw awr *mewn rhoch*. **1787 (1812)** TWM O'R NANT: *PG* 53, Nhw'm gollyng-'son i'n rhydd, gan fynu *mewn rhoch*, / Bob ceiniog goch oedd geny'.

Gw. hefyd **hoch.**

rhoch[2], gw. **rhwng.**

rhochaf: rhochan, rhochi, gw. **rhochiaf: rhochian.**

rhochanllyd, rhochanwr, rhocheinllyd, gw. **rhochianllyd, rhochianwr, rhochianllyd.**

rhochiad [bôn y f. *rhochiaf*: *rhochian+-iad[1]*] *eg*. ll. *-au*. Y weithred o rochian, ochenaid, griddfan: *a grunt(ing)*, *groan(ing)*.

1803 *P*, *Rhoçiad*, s. m. . . . A grunting; a groaning. Ar lafar yn Arfon, '*rhochiad* . . . a grunt', *WVBD* 465.

Amr.: **rhychiad** [cf. *rhychian*]. **1905.**

Gw. hefyd **hochiad.**

rhochiaf, rhochaf: rhoch(i)an, rhochio, rhochain, rhochi [bf. o'r enw *rhoch[1]*] *bg.a*. a'r be. hefyd fel *eg*. Gwneud rhoch, hychian; ocheneidio; rhuo; grwnan, canu grwndi; chwyrnu, rhwncian; rhochiad; hefyd yn *dros*. ac yn *ffig*.: *to grunt*; *groan*; *roar*; *purr*; *snore*, *rattle*; *grunt*, *a grunting*; *also transf. and fig*.

1567 *LlGG* (*Sall*) 55a, Ruet [:– *Rochet*] y mor. **1672** R. PRICHARD: *Gw* 186, Fe chŵd fel ci, fe *rôch* fel cythrel. *id*. 353, Y mae Anghrist ynte'n *rhochain*, / Ys llawer dydd yn Eglwys Rhufain. **1707** *AB* 220a, *Rhochan*, Grunnitus. Brec. **1722** *Llst* 189, *Rhochian*, *Rhochio*. To grunt, rattle in the throat, purr. *c*. **1730** *Thos. Lloyd D* (LlGC) 205a, *Rhochi* . . . Fremo. **1753** *TR*, *Rhochan*, to grunt as a hog. *id*. *Rhochan*, a grunting. **1766** *OU* 82, eistedd i *rochain* mewn Tafarn. **[1783]** *W*, *rhochian* d.g. *To rattle, or have the rattles*. *id*. *rhochain* d.g. *To rout* . . . [*snore*, *&c*.]. **1803** *P*, *Rhoçain* . . . To grunt, like swine. *id*. *Rhoçan*, s. m. . . . A grunting; a groaning. *id*. *Rhoçi* . . . To grunt; to growl; to groan. Ar lafar yn y Gogledd yn y ff. *rhochian*, ac yn Arfon yn y ff. *rhochi*, *WVBD* 465; hefyd yn y De yn y ff. *r(h)ochan*, *B* xii. 24, *GTN* 690; ''Och chi'n gallu clywed nhw'n *rochian* o'r tŷ'. Fe'i clywir hefyd yn yr ymad. '*rhochian* cysgu', ''Nesh i ddim cysgu winc ond mi odd o'n *rhochian* cysgu drw nos'.

Amr.: **rhychian** [?dan ddyl. *hychian*]. **1854.**

Gw. hefyd **hochiaf: hochio.**

rhochianllyd, rhochanllyd, rhocheinllyd [y be. *rhoch(i)an*, *rhochain+-llyd*] *a*. Rhochlyd: *grunting*.

1767 W. WILLIAMS: *CAA* 41, moch brwnt, wangcus a *rhocheinllyd*.

rhochianwr, rhochanwr [y be. *rhoch(i)an+-wr*] *eg*. Un sy'n rhochian: *grunter*. **1838.**

rhochiol [*rhoch+-iol*] *a*. Rhochlyd: *grunting*. **1866.**

rhochlyd [*rhoch+-lyd*] *a*. Yn rhochian, yn crawcian; sorllyd: *grunting*, *croaking*; *huffy*.

1731 T. LEWYS: *BMA* 165, bod yn falch, yn *rhochlyd* (*huffy*) ac yn sarrug. **1779** W. WILLIAMS: *HT* 41, mi gaf wared o fy holl chwantau a'm llygredigaethau . . . y llyffaint *rhochlyd* hynny a gwympant ymaith mewn munudyn. Cf. D. OWEN: *D* 14, y creadur *rhochlyd* yn y cut yn nghŵr y buarth.

rhochus [*rhoch+-us*] *a*. Yn rhochian; yn grwgnach, grwgnachlyd, ceintachlyd; croch, swnllyd: *grunting*; *grumbling*, *grudging*, *querulous*; *strident*, *loud*.

17–18g. *NBLl* 155, O fewn ei swydd ni fu'n siŵr / Araith *rochus*, orthrechwr (Owen Gruffydd). **17–18g.** O. GRUFFYDD: *Gw* 14, Heb *rochus* wallgofus hyll gyfarch. *id*. 103, Heb *rochus* liwied rhoesoch lawer. **1701** E. WYNNE: *RBS* 124, Ond os matter o ddîr angenrhaid sy arnat, na ddryg-nada'n *rhochus* eisieu i dduw wneud gwrthieu. *id*. 229, Hi [diglloneddl] a wnâ gorph dyn yn aruthrol, yn wrthun, ac yn ddirmygus . . . y cerddediad yn ffyrnigwyllt, a'r lleferydd yn grôch ac yn *rhochus* (*loud*). **1803** *P*, *Rhoçus* . . . Grunting, grumbling.

rhod[1] [Crn. Diw. *rôs*, Llyd. C. *rot*, Llyd. Diw. *rod* (?a H. Lyd. *rod*, gl. *cauee*), H. Wydd. *roth*, Gwydd. Diw. *roth*: < IE. **rot-* 'olwyn', o'r gwr. **ret-* 'rhedeg, treiglo', cf. Llad. *rota* 'olwyn', Hen Uchel Alm. *rad* 'olwyn', Lithwaneg *rãtas* 'olwyn', Sans. *rátha-* 'cerbyd'; cf. ymhellach *rhedaf*: *rhedeg*] *eb*. ll. *-(i)au*.

(*a*) Olwyn, hefyd yn *ffig*.: *wheel*, *also fig*.

13g. *GDB* 389, A lleɞot a *rot* yn eu rɞydaw. **13g.** *DB* 73, En y rei henne y try e nef val *rot* (*rota*) en y hachel. **14g.** *GDG[3]* 178, Difwyn fo'i ben a'i dafod / A'i ddwy raff iddo a'i *rod* [i'r cloc]. *c*. **1400** *R* 1052. 29–30, ar estɞng redet *rodyeu* henri. *Dchr*. **15g.** *IGE[2]* 198, *Rhod* o ddail, rhwyd Wyddelig, / Rhad Duw fry ar hyd dy frig [Llywelyn ab y Moel i Goed y Graig Lwyd]. **15g.** *FfBO* 52, mywn kart a dwy *rot* ydaw. **1547** *WS*, *Rod* A whele. **1606** E. JAMES: *Hom* ii. 166, Mae r' [*sic*] *rhôd* . . . yn troi yn gwrn, nyd er mwyn cael ei gwneuthur yn gron, ond am ei gwneuthur hi yn gron yn gyntaf, am hynny y mae hi yn troi yn grwn. **1632** *D*, *Rhôd*, Rota. **1675** R. JONES: *HCh* [171–4], Agoriad ar ryw Eiriau yn y llyfr hwn, nad ydyw rhai pobl yn eu deall, yn rhyw fannau o Ddeheu-dir cymru, wedi eu hegluro trwy eiriau mwy cyffredin a sathredig . . . Olwynion, *rhodau*. **1725** D. LEWIS: *GB* 326, Cyn dyfaisio Spien-ddrycheu mawrion, yr oedd Dynion yn tebyg fod y Sêr yn y Ffurfafen, fel Hoelion mywn *Rhôd*, yr un bellder oddiwrth y Canolbwynt, sef y Ddaear. **1790** T. JONES: *TOS* v, a lle 'r eloch, yr aroswch tra bô *rhôd* fawr tragywyddoldeb yn troi, a thra bô Duw yn Dduw. *id*. 285, Gobaith ffydd sy 'n rhoddi holl *rodeu* 'r enaid ar waith. **1803** *P*, *Rhôd* . . . a wheel. Ar lafar yng nghanolbarth a godre Cered., a dwyrain Morg.

(*b*) Olwyn, &c., fel dyfais poenydio neu gosbi; troell; olwyn ddŵr; olwyn gocos: *wheel* (*as instrument of torture or punishment*); *spinning wheel*; *waterwheel*; *cogwheel*.

1346 *LlA* 152, Yno [uffern] ymae *rot* o dan A mil o yrd arnei adiefuyl ae try vn ɞeith beunyd. Ac ar bop gɞeith y lloskit mil o eneidev. **14g.** *B* xxv. 267, gwnaeth ef pedeir *rot*. a phob vn yn troi yn erbyn y gilyd. a danned o dur vdunt. ac ar y rhei hynny y dottet y vorwynn . . . Y dynyon truein drwc a troassant y *roteu* yn ebruyd. **16g.** R. WHITE: *C* 43, Rrai ar vachav a *rrodav* dvr / yn troi mewn kvr aniben. **16–17g.** EDWARD URIEN, &c.: *Gw* 154, Catrin santes er Iesu / Ar y *rhod* drwy fawrglod fu. **1672** R. PRICHARD: *Gw* 365, Gwerthassant ei *rhode* [:– Troelle], a'i cyffion a'i cribe. **1725** D. LEWIS: *GB* 4–5, Watch . . . Ac ynthi ryw *Rodeu* wedi eu cymhwyso yn Gywraîn, iw gilydd. Ar lafar yn yr ystyr 'olwyn ddŵr', 'Ma *rod* a mæn mywn melin: y *rod* yw'r olwn sy'n troi yn y dŵr', *GTN* 692.

(*c*) Tarian (gron), hefyd yn *ffig*.: (*round*) *shield*, *also fig*.

12g. *GCBM* ii. 179, Gɞraɞl *rod*, rodaɞc hy. **12–13g.** *GLlLl* 195, Hyd yt a clod *rod* rywyr. *id*. 266, Dy gletyf ryglyɞssam ar *rod*.

(*d*) Sffêr neu gylch (mewn ser. gynt); cylchdro (planed, &c.); ffurfafen, nef; (rhod) ffortun, ffawd: *sphere or circle* (*formerly in astron.*); *orbit* (*of planet*, *&c.*); *firmament*, *heaven*; (*wheel of*) *fortune*, *fate*.

c. **1400** *B* ii. 9, medylya am *rot* y ffuruauen. megys y try. **15g.** *IGE[2]* 229, *Rhod* wen y ffurfafen fferf (Ieuan ap Rhydderch). **15g.** *GLGC* 289–90, Nid hawdd rhifo'r sêr y sydd ddisberod, / na daly y gwynt, na dileu iâ ac ôd, / na chyrhaeddu'r haul, na chyhwrdd â'r *rhod*. **15–16g.** *TA* 160, Ffriw tan Droell y Ffortun draw / Wyt, ba ryfedd it brifiaw? / Rhoi i deutu mae'r *Rhod* atad. *id*. 199, Rhan ffortun i ddyn a ddêl, / Rhaid gyda'r *rhod* i gadel. **16–17g.** *GST* i. 232, Na thro y *rhod*, eithr ar hap, / Na bo i'th wyneb byth anap. **17g.** HUW MORUS: *EC* i. 205, Hwy a'u cymmerent pod y Grôd / Cyn troi o'r *rhod* i'w herbyn. **1677** C. EDWARDS: *FfDd* 242, Diameu ynteu mae Duw sydd yn pennodi, ac yn rheoli eu *rhodau* [cyrff nefol]. **1696** *CDD* 152, Ar y rhain os tru y *rhôd*, / Er enill clôd drachefen, / Fe drôn hwŷthau'n ddigon ffel. **1762** *ML* ii. 520, Bellach am y tywydd. Gwych ydoedd drwy'r wythnos hyd heddyw, ond trodd y *rhod*. Gwynt a gwlaw fwy na digon. **1776** J. ROBERTS: *C* 8, Y *Rhod* yn troi. Y Dydd hwyaf. *a.* **1791** W. WILLIAMS: *GP* 918, Fe oera'r cariad cyntaf yn glau os try y *rhod*. **1793** DAFYDD IONAWR: *CD* 366, O'u *rhodau* 'r Ser ehedant. Ar lafar yn y cfn. 'troead y *rhod*', *WVBD* 464.

(*e*) Cwrs, cylchdaith, rhediad; ardal, cylch, byd: *course, circuit, round; district, circle, world.*

12g. *GLlF* 397, *Rhod* glod gleudaer ym mhedeiraer, ym mhedeiror. **12–13g.** *GLlLl* 219, Can oruod pob *rod* yn ramant. **13g.** *GDB* 256, A'e raclod a'e *rod* o riw uetgein / Hyd y dwyre heul hyd y dwyrein. **14g.** *GIG* 33, Glod eurgledd *rod* Arglwydd Rhys. *c.* **1400** *R* 1327. 19, g6r duryaól *rot* clot clytno. **1567** *TN* 348a, troell [:– *rrot*, rrediat] naturieth. **1606** E. JAMES: *Hom* iii. 133, pa fodd na loscai ac na ddifai y tân y cwbl oll, pe gollyngid ef i fyned lle y mynnai, a phe nad attelid ef trwy ddaioni Duw o fewn ei *rôd*, i wressogi yn fesurol y creaduriaid isod hyn i'w haeddfedu. **1630** *YDd* 228, hawdd y dichon vn dŷn ar a edrycho yn yr Histori Sanctaidd, ddeall fod holl yrfa a *rhôd* y byd . . . megis mewn cadwyn o raglûniaeth Duw. **1661** E. LEWIS: *Drex* 157, A phan dybiant ddarfod iddynt agos orphen eu hamgyrch o ddrygioni, a phan elont tros y *rhod* o'i trachwant. *id.* 182, cymmered y byd ei *rod*, yr wyfi yn fodlon i'w ddioddef. **1725–6** *Madd Ed* 337, yr holl *Rôd* (*Encyclopaedy*) o Ddysgeidiaeth, a chylch y Grasusau. **1791** GW. MECHAIN: *Rh* 63, cyfrifodd *rhôd* y tymmhorau ddau gant a deg a thri-ugain o flynyddoedd.

Cfn.: **rhod fach:** *hand spinning wheel.* Ar lafar yn sir Benf., *GDD* 248. **rhod gocos (gocas):** *cogwheel.* **1827.** **rhod ddŵr:** *waterwheel.* **1725** *SR*, *rhôd ddŵr* d.g. *wheel, a water Mill wheel.* Ar lafar yng nghanolbarth a godre Cered.; hefyd yn nwyrain Morg. yn y ff. *rod dŵr.* **rhod (y) ffortun:** *wheel of Fortune.* *c.* **1510** *THSC* (1943–4) 55, megis *rod y ffortyn* yn troi. **16g.** HUW ARWYSTL: *Gw* 13. **17g.** *RWM* i. 14, Llyma val y mae yn kanly[n] *Rohd yffortyn* [*sic*] . . . wedi i ffr[i]nto aigwnaethyr [*sic*] trwy gelfyddyd ar heswm pethagros [*sic*] wrth yr hon y gellwch wybod pob peth ar a aller i ofyn. **rhod wynt:** *windmill.* Ar lafar yng nghanolbarth Cered. ac yn sir Gaerf, *TGG* (1907–8) 85. **rhod y felin, rhod melin:** *mill-wheel.* **13g.** *DB* 65, megys pei et vei edyn en *rot melin*, yr edyn eissyoes o'e briaut gyffro a lavuryei en erbyn yr olwyn y gerdet. *c.* **1400** *YCM*[2] 189, *rot melin.* Ar lafar yn ne-ddwyrain Morg., '*rod y felin*', *GTN* 692. **rhod nyddu:** *spinning wheel.* **1725** D. LEWIS: *GB* 368. **1725** *SR* d.g. *Wheel, A Spining wheel.* [**1783**] *W* d.g. *A spooling* [*spinning*] *wheel.* Ar lafar yn sir Gaerf., *TGG* (1907–8) 85; ''Fuodd gyda ni *rod nyddu* yn tŷ'. **rhod o dân:** *wheel of fire.* **1346** *LlA* 152. **14g.** *SC* viii/ix. 189. **14g.** *GDG*[3] 378. **is y rhod, is rhod yr haul:** *under the sun.* ?**15g.** *IGE*[2] 93, Bu'r Drindod, *is rhod yr haul*, / A'i hannedd yn y wennaul. **15g.** *id.* 335, Addurn plaid euraid araul, / Oddis compod *rhod yr haul* (Rhys Goch Eryri). **1790** T. JONES: *TOS* 54, chwilio am bleserau *îs y rhôd.* Cf. D. J. WILLIAMS: *ChHO* 107, rhubanau pert o bob rhyw gilfach *is y rhod.* **o rod i rod:** *from day to day, from age to age.* **15g.** *LGC* 477, *O rôd i rôd* p'le 'r ydwyd? / Sori ddyn aros ydd wyd. Cf. CEIRIOG: *OB* 47, Ar arferion Cymru gynt, / Newid ddaeth *o rôd i rôd.* **tan (dan) y rhod = is y rhod.** **17g.** HUW MORUS: *EC* i. 39, *Dan y rhod*, dyna yr haf, / Wedi newid yn auaf. *id.* ii. [395], C'ant glod *dan y rhod* yn rhês. **1696** *CDD* 165, Mae llawer rhinwedd *tan y rhôd*, / Trwŷ fawr ryfeddod foddion.

Gw. hefyd **rhodig.**

rhod[2] [?yr un gair â *rhod*[1], dan ddyl. *rhodres*] *e?g.* Rhodres, gwagogoniant, ymffrost; (?geir.) blodau oedran: *pomp, vainglory, swagger;* (?*dict.*) *prime of life.*

1764 W. WILLIAMS: *Th* 10, Ond etto trwy bob plesser yn eitha ei rwysg, a'i *rod*, / Fe ofnai fe rai prydiau am amser oedd i dd'od. *a.* **1791** W. WILLIAMS: *GP* 406, Ni phery'r byd, a'i rwysg a'i *rod. id.* 650, O enau plant di sylwedd / Sy heb feddu rhwysg na *rhod. id.* 689, Ffarwel bellach y creadur, / Yn ei rwysg ac yn ei *rôd.* Ar lafar gynt yn sir Gaerf., cf. *CYLl* 119, *Rhôd*—swagger: Yr wyf yn ei gofio pan odd e 'yn 'i *rôd.*

rhod[3], **rhòd, rhodaf,** gw. rhwng, ròd, rhoddaf: rhoddi.

rhodais [*rhod*[1] + ?*ais*] *e?b.* Radiws: *radius.* **1850.**

rhod-ddyn [bôn y f. *rhodiaf*: *rhodio* + *dyn*] *eg.* ll. *-ion.* Crwydryn (digartref), crwydrwr, rhodiwr: *vagabond, wanderer, walker.*

1545 *CM* 1, 95–6, vo adyly plant y blaned ynna vod ynn beddestwyr [*sic*] ac yn*hrod ddynnion* mawr. **1547** *WS*, *Rotddyn* A vacabonde. **16g.** (*LlEG*) *Mos* 158, 462b, ynn gyulawn o gardotteion ac [*sic*] *Rodd-dy/nnion* ynn byw ynn segur Ac ynn over. **1604–7** *TW* (*Pen* 228) d.g. *Circunforaneus, Erro, onis.* **1632** *D*, Rhodiad, & *Rhod-ddyn*, Ambulator. Vagabundus, erro, ônis, omniuagus. **1688** *TJ*, Rhodiad, *rhod-ddŷn*, rhodienwr: a Walker, also a Vagabond. **1753** *TR*, Rhodiad, and *Rhod-ddyn*, a goer up and down, a walker or gadder abroad; a wanderer, a loiterer, a vagabond. **1773** *W* d.g. *Gadder.* **1803** *P.*

rhod-ddysgu [?*rhod*[1] + *dysgu*, ar ddelw'r S. *rote-learning*] *eg.* Dysgu drwy ailadrodd, dysgu ar gof, dysgu ar dafod leferydd: *rote-learning.* **20g.**

rhodell [gair geir. yn wr.] *eb.* (bach. *-en*). *Bot.* Corsen, *Phragmites communis*; cynffon y gath, *Typha*; (chwerfan) gwerthyd; rhodl: *reed; reed-mace, cat's-tail; (whorl on) spindle; paddle.*

1632 *D* (*Bot*), *Rhodell*, Arundo. **1688** *TJ* (*Bot*), *Rhodell*: common Reed. **1803** *P*, *Rhodell*, s. f. . . . A whirl, a spindle. *id. Rhodellen* . . . A whirl for a spindle. It is also called çwarwen. **1813** *WB* 231, *Rhodell*, edr. Cynffon y Gath.

rhodellaf: rhodellu [bf. o'r e. *rhodell*; ?cf. Llyd. Diw. *rodellañ* 'troelli, rholio'] *ba.* Chwyrlïo, troelli: *to whirl, twirl.* **1803** *P.*

rhodellen, gw. **rhodell.**

rhoden[1], **roden** [*rhòd, ròd* + *-en*] *eb.* ll. *-ni, -nod, -nau.* Silindr (tenau) o fetel, pren, &c.; ffon, gwialen, cansen; mesur tir o amrywiol faint (fel rheol pum llath a hanner), perc, ffon fesur o'r hyd yma: *rod; stick, switch, cane; a varying land measure* (*usu. of five and a half yards*), *rod, pole, perch, rod or pole of this length.*

c. **1600** *Rhyddiaith Gymraeg* ii. 183, achwynai arno wrth vstus o heddwch iddo'i golchi a *rhoden* onid oedd hi yn gleisse. *Dchr.* **17g.** *J* 10, 18b, *Rhoden.* perche. pertica. *c.* **1720** *CIF* [98], Cymerwch wialen, *rhoden*, neu Gadwaen [*sic*] haiarn o ugain Troedfedd ei hŷd . . . i fesur accr seisnig, nid yw'r *rhoden*, neu'r Wialen neu'r gadwaen [*sic*] fesur, ond ûn Droedfedd ar bymtheg a hanner ei hŷd. *id.* [99], mesurwch y dryll neu'r llain ochrog, i['w] dwyn yn bertses neu yn *Rhodenod.* [**1745**] W. ROBERTS: *FfM* 58, Na rois i *Roden* ond un ar ei phedrain. **1803** *P*, *Rhoden*, s. f. . . . A switch, a whip. Ar lafar, '*rhodan*' 'a switch or whip of some pliable wood', *WVBD* 464; '*Roden* haearn gysylltiedig â'r olwyn i symud y bwrdd llifio yn y felin. Gan amlaf fe'i gelwir yn "*rodan* y bwrdd"', *B* xx. 373; '*roden* (ll. *ni* . . .): *rhoden*, gwialen; gwerthyd', *Geir Mwyn* 50; 'Fe dorrws y *rodan*[,] a lawr â'r cwrtsiwns', *GTN* 690.

Amr.: **groden.** Ar lafar, 'Mae isio *grodan* 'r un oed â hi ar 'i chefn 'i' (Môn).

Cfn.: *Bot.* **rhoden aur:** *golden rod, Solidago.* Ar lafar, 'y *rodan our*', *GTN* 690; 'y *rodan aur*', G. AWBERY: *BM* 19 (Morg.). *Bot.* **rhoden felen:** *golden chain, laburnum.* Ar lafar, G. AWBERY: *BM* 19 (Morg.).

rhoden[2] [?< *yr hoeden*, drwy gamraniad a monoptoneiddiad] *eb.* Hoeden, fflyrten, putain: *hoyden, flirt, harlot.*

1768 TWM O'R NANT: *CTh* 22, Yn lle myn'd i 'swagro a ffwndro'n ffôl, / A rhedeg ar ôl pôb *Rhoden.* **1769** E. ROBERTS: *GN* 44, Roedd acw ryw *roden* wedi gwneud mawr adwuth.

rhodennaf: rhodennu [bf. o'r e. *rhoden*[1]] *ba.* Curo â rhoden, ffonodio: *to beat with a rod.* **1847.**

rhodfa [bôn y f. *rhodiaf*: *rhodio* + *-fa, ma*] *eb.* ac yn eithriadol *eg.* ll. *-feydd, -fâu, -faoedd, -faon.*

(*a*) Lle neu lwybr ar gyfer rhodio, llwybr, promenâd, teras, coedlan, lôn goed; cyntedd, coridor, tramwyfa; lle rhodio dan do, oriel, coedlan gysgodol, arcêd; balconi; ale, eil, ystlys: *place or path for walking, walk, walkway, path, parade, promenade, terrace, avenue, boulevard, drive; hall, corridor, passage, gangway; covered walkway, gallery, mall, arcade; balcony; aisle, alley.*

1567 G. ROBERT: *GC* 1, a'r gwynt arafaidd o'r gogledd yn oeri, ag yn difyllu y *rhodfa* a'r eisteddfa hon. **16g.** *LlS* 133, Y Morel estran sy gymessûraf yn y byd y guddio a gwascodi *rhotfeydd.* **1588** *Esec* xlii. 4, ar gyfer yr stafelloedd yr oedd *rhodfa* yn ddêc cufydd o lêd. **1604–7** *TW* (*Pen* 228) d.g. *Aditio, Ambulacrum, Aula, Brytaneum, Concameratio, Spatium, Xystum.* **1606** E. JAMES: *Hom* i. 187, myned i ryw *rodfa* [:– Dreiglfa] ddirgel. *Dchr.* **17g.** *J* 10, 18b, *Rhodva.* Gallerie. **1728** T. BADDY: *DDG* 36, a'r ddau Benrhyn hyn a wnant y *Rhodfa*, ar yr hwn y mae Cwfent o Fonachod gwyn/ion. **1769** G. HOWEL: *Alm* 29, Gwelwn hoff *rodfa* gwiwlan a phrydferth. **1770** *W* d.g. *Avenue.* **1784** M. WILLIAMS: *S* i. 222, Iorc-Newydd . . . mae ynddi lawer o balasoedd teg, a *rhodfaedd* hyfryd. **1793** DAFYDD IONAWR: *CD* 13, Cannoedd o *rodfâu* ceinion. **18–19g.** IEUAN LLEYN: *C* 18, *Rhodfäon* i'r rhawd fywiawg—i weled / Y mawr gain gylched.

(*b*) Tro, cerddediad, taith, siwrnai; cylchdro, cwrs; gorymdaith; rhawd (plismon, &c.); hefyd yn *ffig.*: *walk, a walking, journey, voyage; orbit, course; procession; beat (of policeman, &c.); also fig.*

1661 E. LEWIS: *Drex* 252–3, a thybied i cawn ni yn niwedd ein *rhodfa* ein derbyn a'n gollwng i mewn yn ddioed megis dinasyddion i'n gwlad nefol. **1672** *Catec* d.d., *Rhodfa* Cristion. **1722** A. THOMAS: *DR* 14, hir *rodfa* o ddrygioni. **1732** *AABI* 69, ô'r troion a'r *Rhodfeudd* (*the turns, the walks*) sydd ganddo ef gydâ'r rhain ym Mharadwys. **1795** *R. Crusoe* 37–8, Yn fy *rhodfa'u* [*sic*] mi welais yn y coed fath o golomennod gwylltion. **1796** TOMOS GLYN COTHI: *E* 99, y *rhodfa* sydd yn arwain iddo [hapusrwydd]. **1803** *P*, *Rhodva*, s.f.—pl. *rhodvëyz.* . . . A circular course, an orbit.

rhodfan [bôn y f. *rhodiaf*: *rhodio* + *man*[1]] *eb.* Lle rhodio (dan do), rhodfa; lle rhodio neu grwydro (i anifeiliaid): (*covered*) *walkway, walk; roaming-ground* (*of animals*).

1604–7 *TW* (*Pen* 228) d.g. *Cryptoporticus.*

rhodfaog [*rhodfa* + *-og*] *a.* Terasog, tebyg i derasau: *terraced, terrace-like.* **1851.**

rhodfatach [bôn y f. *rhodiaf*: *rhodio* + *-fatach*] *bg.a.* Hel (tai) i glebran, cymowta, galifantio: *to frequent (houses) to gossip, gallivant.*

Ar lafar, 'Beth wyt ti'n *rodfatach* y tai, ferch?', 'Dim racor o *rodfatach*, cofia!', *GTN* 690.

rhodiad[1] [bôn y f. *rhodiaf*: *rhodio* + *-iad*[1]] *eg.* ll. *-au.* Y weithred o rodio, cerddediad, ffordd o gerdded, osgo; hynt, cwrs, cylchdro; hefyd yn *ffig.* yn enw. ymarweddiad, ymddygiad, buchedd: *a walking, walk, gait; course, path, orbit; also fig. esp. conduct, behaviour, way of life.*

16g. *NBMM* 18, Duw nâd di gam byth ar Fargam, / Plas dan *rodiad* haul a lleuad. **1604–7** *TW* (*Pen* 228) d.g. *Ambulatio, Ingressus.* **1651** SIÔN TREREDYN: *MDD* 221, *rhodiad* . . . ar hyd y llwybr sydd yn arwain i ddedwyddyd tragwyddol. **1704** *Cym Cr* 83, Edrych fod dy *Rodiad* beunyddiol yn gyfattebol a'th Weddi. **1711** H. POWEL: *TY* 95, gweithredoedd da . . . rhesswm da y sydd paham yr ordeiniodd Duw i ni rhodio [*sic*] ynddynt, er nad yw ein *rhodiad* yndynt yn Sail . . . i'n Etholedigaeth. **1722** *Llst* 189, *Rhodiad.* m. A walking. **18g.** E. T. RHYS: *DA* 150, Fe oerodd eu cariad, fe sychodd eu profiad, / Ant waeth-waeth eu *rhodiad*, gwir ydyw. *c.* **1762–79** W. WILLIAMS: *P* 328, eu llyfr pennaf yw y Talmud, wrth yr hwn mae eu *rhodiad* a'u haddoliad. **1798** *WR* d.g. *Gait, Promenade.* Ar lafar, 'Mae o o *rodiad* dilychwin', 'Dyn o *rodiad* gweddus' (Arfon).

rhodiad[2] [bôn y f. *rhodiaf*: *rhodio* + *-iad*[2]] *eg.* ll. *-iaid.* Crwydryn (digartref), crwydrwr, rhodiwr: *vagabond, wanderer, walker.*

16–17g. *B* v. 30, gorchymvn i bawb nad elont fal crwydreid a gwibiodron, *rhodiaid*; ac nad elo neb ar wyl mabsant . . . i rodiaw tai erailh bhal gwesteion . . . Ac od a o dy i dy, ei ddala a'i drin fal *rhodiad.* **1632** *D*, *Rhodiad* . . . Ambulator. Vagabundus, erro, ônis, omniuagus. *id.* d.g. *Circunforaneus, Circunvagus, Erraticus.* **1688** *TJ*, *Rhodiad*, rhod-ddŷn, rhodienwr: a Walker, also a Vagabond. **1753** *TR*, *Rhodiad* . . . a goer up and down, a walker or gadder abroad; a wanderer, a loiterer, a vagabond. **1803** *P.*

Rhodiad [yr e. lle *Rhod(os)* + *-iad*[3]] *eg.* ll. *-iaid.* Brodor o Rodos: *a Rhodian.*

1701 E. WYNNE: *RBS* 61, Gwŷch ynteu a [dd]ywed Stratonicus am ormodedd y *Rhodiaid*, Adeiladu'r oeddynt fel pedfaseint i fyw byth, a gwledda fel pa buaseint ar fedr marw yn ddisymmwth. **1732** *AABI* 202, Y *Rhodiaid* a'r Lydiaid.

rhodiadol [*rhodiad*[1] + *-ol*] *a.* Yn cerdded; symudol: *walking; moveable.*

1604–7 *TW* (*Pen* 228) d.g. *Ambulatorius.*

rhodiadur [bôn y f. *rhodiaf*: *rhodio* + *-iadur*]

eg. ll. *-on.* Crwydrwr, rhodiwr: *wanderer, walker.*

18–19g. *IM* 369, *Rhodiadur* blin a dinwyf / I'm haint yng ngwlad Dyfnaint wyf. **18–19g.** *MA* iii. 190, Tri dyn call rhygoeliaw iddy[n]t: hyn no'i gymydogion, *rhodiadur* o bell, ac à vo vaen dros iaen. **1803** *P, Rhodiadur,* s. m.—pl. t. *on* . . . A perambulator, one who walks about. Nid difeithwç gwenith a luzio forz *rhodiadur.* Adage.

rhodiaf: rhodio [bf. o'r e. *rhod*[1]] *bg.a.* Cerdded (o amgylch), mynd ar droed, crwydro, mynd ar grwydr, swmera; teithio (ar hyd), trafaelu (dros); mynd ar daith bleser, galifantio, treulio (gwyliau), ymweld â; cylchdroi; hefyd yn *ffig.*: *to walk (around), go on foot, wander, roam, saunter; travel (over); go on a pleasure trip, gallivant, take (holiday), visit; orbit; also fig.*

12g. *GCBM* i. 190, Botauc y rodaöc y *rodyaö* toruoet. **14g.** *YBH* 50a, yd aeth iosian y *rodyaö* y varchnat. **14g.** *GDG*[3] 110, Fal yr oeddwn . . . / Yn *rhodio* . . . / . . . / Gar llys Eiddig a'i briod. *c.* **1400** *R* 1323. 1–2, Roet ynael *rodywn* alar. menei myön rwym bed mynor. **15g.** *IGE*[2] 331, Dos i'r Ddôl . . . / . . . / A *rhodia* ymysg y rhedyn [i'r llwynog]. **15g.** *GLGC* 505, Ni *rodia*'n wahanredol / Duw nef heb wyrda'n ei ôl. **1547** *WS, Rodio* Walke. **16g.** *NBSBM* 35, Am wylwn, *rhodiwn* heb anrhydedd,—byth, / Yn ôl bun o fonedd (Dafydd Benwyn). **16g.** *WLl* 107, Dra *rodio* yr haul dra ro Duw r had [*sic*]. **1567** *TN* 25a, a'r cloffion yn cerddet [:- *rhodio*]. **1588** *Gen* vii. 18, a'r Arch a *rodiodd* ar hyd wyneb y dyfroedd. **1589–90** *Pen* 168, 216a, bü rew . . . hyd na allodd na llong na bad *rodio* Temys. **16–17g.** *B* v. 30, gorchymvn . . . nad elo neb ar wyl mabsant . . . i *rodiaw* tai erailh bhal gwesteion. **1632** *D, Rhodio,* Ambulare. **1691** *ESGG* 23, felly y *rhodiom* ninnau hefyd mewn newydd-deb buchedd. **1700** *TDP* 74, deliwch yn dynn at iniondeb, a *rhodiwch* rhagoch mewn dinew[ei]drwydd. **1778** J. HUGHES: *BB* 273, Mynd yr oeddwn i ryw siwrne, / Ar fy march i *rodio* 'r gwylie. **1790** TWM O'R NANT: *GG* 51, Heddyw byddi gyd â mi! / Ti a *rodi* Ymharadwys! **1803** *P, Rhodiaw* . . . To traverse; to ambulate, to walk about, to take a walk. Ar lafar, '*rodio*' 'mynd ar daith bleser neu daith o gryn bellter', 'Pyn odd 'næd a 'mam yn caru, nw ethon', nw a rai ifinc erill o'r ardal 'yn, i *rodio* i weld pont Crymlyn. 'Odd 'i'n newydd gæl 'i chwnnu ar y pryd a sôn amdeni. Cerad 'ôn' nw, bit siwr', *GTN* 690; 'Mae o wedi mynd i *rodio*', 'he has gone for a holiday', *WVBD* 464; 'Mâ Mary Ty Coch ydi dŵad adre i *rodio*', 'Lle 't ti 'n *rhodio*'r gwilie?', *Cymru* liii. [134]. Fe'i clywir hefyd ynglŷn â buchedd neu ymarweddiad, 'Y dyn gore *rodiodd*', 'Ma fe'n *rhodio*'n go gywir'.

Amr.: **rhodian: 1790** TWM O'R NANT: *GG* 183. **18–19g.** *IM* 301.

rhodianfa [bôn y f. *rhodiannaf*: *rhodianna* neu'r be. *rhodian*+*-fa, ma*] *eb.* ll. *-feydd.* Rhodfa, promenâd: *walk(way), promenade.*

1818.

rhodiannaf, rhodiennaf: rhodianna, rhodienna, rhodiennach [est. ar y be. *rhodio,* cf. *ysbienna*; sylwer mai 1725 yw dyddiad yr engh. gyntaf o'r ff. *rhodianna*] *bg.* ac yn eithriadol *ba.,* weithiau gyda grym enwol i'r be. Crwydro (ar antur), mynd am dro, cerdded o gwmpas, swmera, cerdded lincyn-loncyn; cymowta, galifantio, gwibdeithio: *to wander around, ramble, stroll, walk about, saunter, loiter; gad about, gallivant, jaunt:*

1620 *Ecclus* xxv. 25, Na ddod i ddwfr le i fyned trosodd, nac i wraig ddrwg rydd-did i *rodienna* o amgylch (**1588** *ib.* 30, fyned allan). **1632** *D, Rhodienna,* Obambulare. **1675** R. JONES: *HCh* 94, yn *rhodienna* ar hyd yr heolydd. **1712** T. WILLIAMS: *CDdG* 518, Ni ddylid gwarrio mo hwn yn *rhodienna* i ymweled ymma a thraw yn ddi-neges ac yn ddi-achos. **1722** *Llst* 189, *Rhodienna* . . . To walk up & down. **1723** WM: *PGG* 250, nid yw [Gras] yn cyrwydro [*sic*] eithr mae yn gywilyddus ganddi *rodiennach* draw ac yma. **1725** *SR, Rhodiana* d.g. *Aberration, or Wandering.* **1740** T. EVANS: *DPO* 200, Alban a *rodiennodd* yn ddigyffro ac a wyneb siriol. **1774** *W, Rhodienna* d.g. *Jaunting, To saunter.* **1803** *P* d.g. *Rhodiana, Rhodiena.* Ar lafar, 'Næ, 'dŷn ni ddim yn mynd i unman, dim ond mynd i *rodianna*', *GTN* 690.

rhodiannol, rhodiennol [bôn y f. *rhodiannaf, rhodiennaf*: *rhodianna, rhodienna*+*-ol*] *a.* Yn cerdded; crwydrol: *walking, ambulatory; wandering, roving.*

1770 *W, rhodiennol* d.g. *Ambulatory.* **1803** *P* d.g. *Rhodianawl, Rhodienawl.*

rhodiannwr, rhodiennwr, rhodiennydd [bôn y f. *rhodiannaf, rhodiennaf*: *rhodianna, rhodienna*+*-wr, -ydd*[3]] *eg.* (b. *rhodienwraig*) ll. *rhodianwyr, rhodienwyr.* Crwydryn (digartref), crwydrwr, trempyn; jolihoetiwr; un sy'n rhodio'n araf neu'n hamddenol; hefyd yn *ffig.*: *vagabond, wanderer, tramp; gadabout; ambler, stroller; also fig.*

16g. *Def Hen* 25, J mae nhwy yn diodde i'r holl wlad dagy mewn blynfyd, a bydreiddra [*sic*] godineb, a meddwon fragbryfed, a diog *rhodienwyr* [*sic*]. **1605–10** *Haf* 24, 373, Eythyr Agamemnon a orchmynnawdd i delyniwr i Clitemnestra val keidwad iw diweirdeb. Ys alle y dirmygwch i fo val klera i *rodianwyr.* **1632** *D, Rhodiennwr,* Obambulator. *id.* d.g. *Ambulator, Circumcelliones, Circunforaneus, Erro, onis.* **1688** *TJ,* Cargychwyn, treigl ddŷn, *rhodiennŷdd.* A vagabond, a wanderer. *id. Rhodiennwr*: a Walker about, a Ranger. **1722** *Llst* 189, *Rhodiennwr.* m. A vagabond, wanderer. *id. Rhodienwraig.* f. An old trot, a gadding woman. **1731** E. SAMUEL: *AE* 111, *Rhodienwyr* a Chardotteion Cyffredin. **1735** S. RHYDDERCH: *Alm* [10], Y Saith Blaned a elwir y Sêr gwibiog neu'r *Rhodienwyr.* **1759** *PYAG* 16, Nid wyf fi'n gweled fod yr Herwyr [:- *Rhodiannwyr,* neu Crwydraid] hyn yn gwneuthur daioni i neb o'n cymdeithion. **1769** *DRh* 82, neu *rodianwyr* segur yn peidio a gwasanaethu yn eu heglwysi. **1803** *P, Rhodienwr* . . . An ambulator; a stroller.

rhodiar [*rhod*[1]+**gar* (cf. *baniar, brwydriar*)] *e?b.* Trwst tarian: *clatter of a shield.*

14g. *GEO* 9, Hyglaer arf rydaer *rodiar*—byddinoedd. *id.* 10, Gwayw gwenwynbar *rhodiar* Rhys.

rhodiennaf: rhodienna, rhodiennach, gw. **rhodiannaf: rhodianna.**

rhodiennog [bôn y f. *rhodiennaf*: *rhodienna* +*-og*] *a.* Yn crwydro heb waith na chartref sefydlog, crwydrol; yn cerdded, rhodiannol: *vagrant, wandering, roving; walking, ambulatory.*

1693 *TYGD* 26, ac na thybiwn fod yn ddigon rhoddi ymbell gardod o fwyd i rai *rhodiennog* segur. **1693** *HC* 80, ei gnawd [pechadur] sydd Arch *rodienog* i feddwl llygredig. *c.* **1730** *Thos. Lloyd D* (LlGC) 204a, *Rhodiennog* . . . Ambulatorius.

rhodiennol, gw. **rhodiannol.**

rhodiennus [bôn y f. *rhodiennaf*: *rhodienna*+*-us*] *a.* Crwydrol; yn cerdded: *wandering; walking, ambulatory.*

1725–6 *Madd Ed* 166, yn fath o wâg Ysbrydion *rhodiennus. c.* **1730** *Thos. Lloyd D* (LlGC) 198b, *Rhodiennus.* Ambulatorius. Cf. S. LEWIS: *BB* 12, Ymhlith y sgerbydau llafar, / y lludw *rhodiennus.*

rhodiennwr, rhodiennydd, gw. **rhodiannwr.**

rhodig [*rhod*[1]+*-ig*[1]] *eb.* ll. *-au.* Olwyn fach; troell (ysbardun): *small wheel; rowel (of spur).*

1604–7 *TW* (*Pen* 228) d.g. *Rotula.* **1722** *Llst* 189, *Rhodig.* f. p. *digau.* A little wheel: the rowel of a spur. **1794** *W* d.g. *Wheel, A little wheel.*

rhodiog [bôn y f. *rhodiaf*: *rhodio*+*-iog*] *a.* ?a hefyd gyda grym enwol. Crwydrol: *wandering, roving.*

14g. *DGG*[2] 140, Byd ceiniog *rhodiog* rhydaer, / Balch ceiniogog torrog taer (Gruffudd Gryg). **15g.** *YB* xvi. 105, Dywed, Ifan, ar dafawd, / *Rhodiog* ŵr, cyn rhydu gwawd (Gwerful Mechain). **1603** W. MIDLETON: *Ps* 145, I'r celiog *rhodiog* rhedyn. *c.* **1730** *Thos. Lloyd D* (LlGC) 198b, *Rhodiog.* Passant. **1803** *P, Rhodiawg* . . . Given to strolling.

rhodiwm [bnth. S. *rhodium*] *eg.* *Cem.* Elfen fetelaidd ariannaidd galed (symbol Rh; rhif atomig 45): *rhodium.*

20g.

rhodiwr [bôn y f. *rhodiaf*: *rhodio*+*-iwr*] *eg.* ll. *rhodwyr.* Un sy'n rhodio, crwydrwr, crwydryn (digartref), trempyn: *wanderer, vagabond, tramp.*

14g. *GDG*[3] 65, *Rhodiwr* coch, rhydaer y'i caid [i'r llwynog]. *c.* **1400** *R* 1358. 27, *Rodywr* vyd clerör cleu y atleis. ?**15g.** *IGE*[2] 260, Pob *rhodiwr* gwlad, pob rheidus. **15g.** *GDID* 44, *Rhodiwr* a chriwr, chwarëych—wrth bren, / Siglen geir dy ben, wrth gord y bych [i'r lleidr a ddug wartheg y bardd]. **15g.** *GLGC* 171, ac o'r adail cysegredig / rhai yn *rhodwyr,* rhai'n aredig. **15g.** *GGl*[2] 113, Pob clerwr, pob *rhodiwr* hy, / Pobl atad, pawb i'w lety. **16g.** *GGH* 21, A ŵyr *rhodiwr* a'i hedwyn / All bod tir well bywyd dyn? **16–17g.** (**17g.**) *CC* 41, Rheudus a fydd pob *rhodiwr* (Thomas Prys). **1603** W. MIDLETON: *Ps* 152, Pob *rhodiwr* ofer-wr fann. **1632** *D* d.g. *Ambulator.* **1777** E. ROBERTS: *DG* 32, Rhai yn hel ŷd hyd y Bŷd yn bowdwr / rhai Lludw rhedyn a phawb yn troi n *rhodiwr.* **1803** *P.*

Cfn.: **rhodiwr nos:** *night-walker, night thief.* **16g.** *GGH* 112.

rhodl, rhodol[1] [bnth. S. C. *rodel,* amr. ar *rothel* 'small rudder; instrument for stirring'] *eb.g.* ll. *-au.* Padl, rhwyf; llwy grochan, lletwad, uwtffon, mopren, rhawlech, rhawffon, sleis; pren a ddefnyddir gan liwyddion; *Swol.* asgell (pysgod, amffibiaid, &c.); hefyd yn *ffig.*: *paddle, scull, oar; ladle, pot-stick, porridge-stick, slice (for turning or serving food); stick used by dyers; flipper, fin (in zoology); also fig.*

14–15g. *IGE*[2] 173, Rhod elidr ffagl, cerdd fagl cof, / Rhyw daradr mellt, rhed erof, / *Rhodol* bres yngres anghraff, / Ar hyd yr wybren yn rhaff [Rhys Goch Eryri i yrru'r ddraig goch]. **15–16g.** *AAST* 103, Syrthiodd a llithrodd i'r llyn, / A'i gwrwgl mewn morgerwyn, / A'i *rodol* bach a'i rwyde, / A'i gwd a'i god gydag e' [marwnad Wiliam ap Griffith ac yntau'n fyw gan Ddafydd Trefor]. **16–17g.** *GST* i. 269, Rhodia ar draws pob rhwydwaith, / *Rhodol* fawr, hyd Elwy faith [i'r gleisiad]. **1604–7** *TW* (*Pen* 228), *rhodol* lhiwydhion y guro i lawr vrethynæ wrth eu lhiwo d.g. *Tudicula. Dchr.* **17g.** *YT* 134, ysgyflu *rrodyl* a tharo y dall Morda ar ei benn. **1632** *D, Rhodl,* & *Rhodol,* Remus. *id.* d.g. *Spatha.* **1722** *Llst* 189, *Rhodl, Rhodol.* f.p. *dolau.* An oar: a dyer's colouring beam. **1725** *SR* d.g. *A Thivel.* **1778** *W* d.g. *Paddle* [*a sort of short oar* . . .], *Paddle-staff, Slice* [*for turning cakes in a bake-stone, &c*]. **1803** *P, Rhodyl,* s. f.—pl. *rhodlau.* . . A paddle, a scull.

Amr.: **rhydol**[2]. *Dchr.* **17g.** *J* 10, 14a. **17g.** *LlGC* 13215, 345, *Rhydol* Rudicula.

rhodlaf, rhodolaf: rhod(o)li [bf. o'r e. *rhodl, rhodol*[1]] *bg.a.* Padlo, sgwlio, rhwyfo; troi, trosi, troelli: *to paddle, scull, row; stir, toss, whirl about.*

1547 *WS, Rodoli.* **1604–7** *TW* (*Pen* 228), Cynhyrvû, *rhodoli* d.g. *Agito. id.* d.g. *Moveo, Verso.* **1632** *D, Rhodoli,* Remigare. **1722** *Llst* 189, *Rhodoli.* To row, whirl about. **1778** *W* d.g. *To paddle, To row* [*with an oar*], *To scull, To stir about.* **1803** *P, Rhodli* . . . To paddle, to scull.

Amr.: **rhydoli** [bf. o'r e. *rhydol*[2]]. *Dchr.* **17g.** *J* 10, 14a. **17g.** *LlGC* 13215, 345.

rhodle [bôn y f. *rhodiaf*: *rhodio*+*lle*[1]; ansicr yw'r ystyr yn y ddwy engh. gyntaf isod] *eb.g.* ll. *-oedd.* Rhodfa, ale, llwybr, cwrs; preswylfan: *place for walking, walk, alley, path, course; habitation.*

12g. *GCBM* i. 24, Yn rodöyd, ebröyd yn erbyn, / Yn *rodle* göyach göyarllyn. **14g.** *T* 33. 8, keint yn aduöyn *rodle* ymore rac vryen. **1604–7** *TW* (*Pen* 228) d.g. *Ambulacrum, Brytaneum.* **1803** *P, Rhodle,* s. m.—pl. t. *oz* . . . A course. Cf. *SE MS* 424b, *Rhodle* . . . a path; a walk.

rhodlwr, rhodlydd, rhodolydd [bôn y f. *rhodlaf, rhodolaf*: *rhod(o)li*+*-wr, -ydd*[3]] *eg.* ll. *rhodlyddion, rhodlwyr.* Un sy'n rhodli, padlwr: *sculler, paddler.*

[**1783**] *W, rhodolydd* d.g. *Scull or sculler* [*the rower* . . .]. **1803** *P, Rhodlwr,* s. m.—pl. *rhodlwyr* . . . A paddler. *id. Rhodlyz,* s. m.—pl. t. *ion* . . . A paddler.

rhodni, gw. **rodni.**

rhododendron [bnth. S. *rhododendron*] *eg.b.* ll. *-s.* *Bot.* Unrhyw un o amryw fathau o brysgwydd bytholwyrdd o'r tylwyth *Rhododendron* ac iddynt glystyrau mawr o flodau siâp utgorn: *rhododendron.*

1827. Ar lafar; clywir hefyd y ff. l. *rho-dy-dendans.*

rhodog [*rhod*[1]+*-og*; ond gw. *God An* 157] *eb.* Tarian (gron), hefyd yn *ffig.*: *(round) shield, also fig.*

12g. *GMB* 241, Gorseuyll yn ryd, *rodaöc*—andibelld. **12g.** *GLlF* 284, Pieu y *rodawc* rud uarann—aerule / A'e haeruleid gyr y bann? **12g.** *GCBM* i. 190, Botaucy *rodaöc* y rodyaw toruoet. *id.* 237, Detholeis uy rwyf, yn rwyt—am olud, / . . . / Yn *rodaöc* uriw, ureisc arwyt. **12–13g.** *GLlLl* 238, Rydarueit aeruleit eurulaen *rodaöc.* **13g.** *A* 23. 22, twll tal y *rodavc.* **14g.** *T* 68. 16–17, Töll tal y *rodaöc* ffyryf ffo diaöc. ffyryf diachor. *Dchr.* **17g.** *J* 10, 18b, *Rhodawg* × Tarian. **1707** *AB* 220a, *Rhodawg,* A shield. *c.* **1730** *Thos. Lloyd D* (LlGC) 198b, *Rhodawc.* Clypei epitheton. **1803** *P.*

rhodol[1], gw. **rhodl.**

rhodol[2] [bôn y f. *rhodiaf*: *rhodio*+*-ol*] *eg.* ll. *-ion,* a hefyd fel *a.* Crwydrwr, bardd crwydrol, clerwr; crwydrol: *wanderer, wandering poet; wandering, itinerant.*

12g. *GMB* 241, Bann yd rann y rad y *rodolyon*—byd. **12**g. *GCBM* ii. 53, Euranrec redec *rodolyon. id.* 122 Ry-d-erwyll rwyf dreic *rodolyon*—eirchyeid. **12–13**g. *GLlLl* 43, Hil Rodri yn helỽ *rodolyon.* **13**g. *GBF* 186, Dinegyf neges *rodolyon.* **14–15**g. *IGE*[2] 311, Gofid i'r anfod *rodol* / A gân ffug â genau ffôl (Rhys Goch Eryri). **16–17**g. E. Prys: *Gw* 226, Ffei *rodol* offeiriedyn. **1803** *P, Rhodawl* . . . vagrant, wandering.

rhodol[3] [*rhod*[1]+*-ol*] *a.* Ar ffurf rhod, tebyg i rod, olwynog, crwn: *wheel-shaped, like a wheel, circular.*

1803 *P* d.g. *Rhodawl.*

rhodolaf: rhodoli, rhodolydd, gw. **rhodlaf: rhodli, rhodlwr.**

rhodor[1] [*rhod*[1]+*-awr*[3], *-or*; ond gw. *God An* 178] *eb.* Tarian (gron): (*round*) *shield.*

13g. *A* 1. 11–12, twll tal y *rodawr* ene klywei awr. **1803** *P, Rhodawr* . . . sometimes an epithet for a shield.

rhodor[2] [?yr un gair â *rhodor*[1]; cf. *rhodwr*] *eb.* ll. *-iaid. Adar.* Troellwr, nyddwr, *Caprimulgus europæus*: *nightjar, goatsucker.*

1803 *P, Rhodawr*, s. f. . . . the goatsucker, or fern owl.

Gw. hefyd **rhodwr.**

rhodre [?bôn y f. *rhodiaf*: *rhodio*+*bôn y f. rheaf*: *rhe*[2]; ansicr yw'r ystyr yn yr unig engh. lenyddol isod] *eb.* Hynt, cwrs: *way, course.*

12–13g. *GLlLl* 88, Mab cor dor dewred, ef dwyre —prifgat / Megys y hendat o'y rat *rodre* [i Ruffudd ap Cynan]. **1803** *P, Rhodre*, s. f. . . . A career, a course.

rhodres [< *rhyodres* (cf. *dodrefn* < *dyodrefn*); nid yw union ffurfiant y gair yn eglur, gw. *CA* 121, *B* xxxvi. 116–20] *eg.b.* ll. *-au.*

(*a*) Arddangosiad ymhongar a dichwaeth, yn enw. o gyfoeth a moethusrwydd, rhwysg, sioe, fflawntio, mursendod; ysblander, gogoniant, parch; gorymdaith rwysgfawr; balchder, trahauster, hunandyb, rhyfyg, gwagogoniant; (?geir.) ymffrost, baldordd, gwag-siarad: *ostentation, pomp, show, a flaunting, affectation; splendour, glory, honour; ostentatious procession; pride, arrogance, conceit, vainglory, bravado;* (?*dict.*) *a boasting, babbling, prating.*

12–13g. *GLlLl* 53, Cafant uyrt o ueirtyon eu lles / O voli Rodri *ryodres. id.* 265, A'm rotes *ryodres* riued / A drych eur ar drychant tuted. **13**g. *Llst* 1, 29b, kymeynt wu amylder a *ryodres* er enys o verthed ac [*sic*] golvt. *c.* **1400** *RB* ii. 195, clot y lys. a *rootdres* y teulu ae molyant. *id.* 202, Ar petheu hynny ae *ry otres* pei ascrifenỽn. gormod o hyt a blinder aỽnaỽn yr ystorya. *id.* 244, A gỽedy dechreu o honunt kaffel kyfoeth a theilygdaỽt yrei bonhedic. ymdyrchafel aỽnaeth[ant]yn [*sic*] *ry otres* a syberỽyt. **14–15**g. *IGE*[2] 321, Gweles, bu *rodres* rydraul, / Beuno, hydr hwyl belydr haul, / Byrth ne'n ddisglair, lle cair ced, / A'r gaer oll yn agored [Rhys Goch Eryri i Feuno Sant]. **1547** *WS, Rodres* Pompe. **1595** M. Kyffin: *DFf* [89], gwneuthur ffrost a *rhodres* ryfedd y maent hwy. **1604–7** *TW* (*Pen* 228), Gwraic yn mynet ovlaen *rhyodres* ne rwysc d.g. *petreia.* **1632** *D, Rhodres*, Pompa, gloriatio, iactantia. Antiquis *Rhyodres.* **1632** J. Davies: *LlR* 129, Pa le y mae fy holl feirch a'm cerbydau y gwnawn fawr *rodres* (*shew*) â hwynt? *id.* 153, Yr oedd y gwr hwn mewn rhwysg a *rhodres* mawr ychydig o'r blaen. **1684** H. Owen: *DC* 303, Lle y diwynir dyn a llawer o bechodau . . . y trawsdynnir â llawer o *rodresau.* **1688** *TJ, Rhodres*: pomp, vain-glory, boasting. *id. Rhŷodres, rhodres*: a babling or prating. **1718** E. Samuel: *HDdD* 172, f'all y naill fod yn euog o *rodres* (*niceness*) a mwythusdra wrth fod yn fanwl ynddynt. **1756** *ML* i. 441, Nid y fall, nawdd Duw rhagddi, na'r cnawd ychwaith, er taered yw, nag hefyd y byd a'i *ryodres* a'i orwagedd. **1803** *P, Rhodres*, s. m. . . . Ostentation, vainglory; a flaunting. *id. Rhyodres*, s. m. . . . Ostentation, pomp. Ar lafar, '*rhodras*' 'display, ostentation, arrogance', 'Dyn o *rodras* mawr iawn ydi o', 'Peidiwch â hel *rhodras*, dowch i'r bwrdd a bytwch lond ych bol', *WVBD* 464.

(*b*) Trythyllwch, gormodedd (rhywiol): *wantonness,* (*sexual*) *excess.*

15g. *Haf* 2, 86b, Ac gwedy gwelet onadunt te/ket e morynyon wynt avynnasant ellwng eu *ryod/res* arnadunt. **1604–7** *TW* (*Pen* 228) d.g. *Luxuria.*

Amr.: **rhydres.** *Dchr.* **17**g. *J* 10, 14b. **1722** *Llst* 189 d.g. *Busy-ness.* **1803** *P.*

rhodresaf: rhodresu, rhodresa [bf. o'r e. *rhodres*] *bg.a.* Ymffrostio, brolio, bocsachu, ymddwyn yn rhodresgar, dangos ei hun, swagro, torsythu, ymddwyn yn drahaus; mursennu; ofera, byw'n ofer, gwastraffu; (geir.) ymroi i ormodedd (rhywiol), bod yn drythyll: *to boast, brag, vaunt, be ostentatious, show off, swagger, strut, behave arrogantly; behave or speak in an affected manner; behave frivolously, live dissolutely, waste;* (*dict.*) *be given to* (*sexual*) *excess, be wanton.*

1547 *WS, Rodresy.* **1595** M. Kyffin: *DFf* 195, nid oes achos yn y byd o ffrostio a *rhodressu* cymmaint, ynghylch henw a chyf-eisteddle Pedr Abostol. **1604–7** *TW* (*Pen* 228), *rhodresu* d.g. *Vendito.* **1606** E. James: *Hom* ii. 216, Pa ham yr wyt ti yn *rhodresu* yn gymmaint yn dy gelain gnawd? **1630** R. Llwyd: *LlH* 200, eu geni hwy yn vnig i chwareu . . . putteinio, *rhodressa*, Swaggrio. **1632** *D, Rhodresu*, Gloriari, iactitare. **1696** *CDD* 35, Y Sawl ni wŷr [*sic*] bechu yn erbŷn Christ Jesu, / Mae hwn wedi ei ddallu, *rhodresu*'n rhŷ drŵch. **1722** *Llst* 189, *Rhodresu* . . . To brag, boast, swagger. **1775** E. Griffiths: *GF* 255, a wastraffodd ei feddiant wrth *rodresa* ymhell o dref. **1776** *Cr N* 14, nid yw yn arfer rhodienna a *rhodresa* . . . ar ddydd yr Arglwydd. **1784** P. Williams: *YC* 39, ymroddi i grwydro, a *rhodresa* oddi amgylch. **1803** *P, Rhodresu* . . . To act ostentatiously; to swagger, to flaunt. Ar lafar yn Arfon yn y ff. *rhodresu.* Clywir yr ymad. '*rhodresu* fel ceiliog a llydresu fel iâr' ym Môn.

Amr.: **rhydresu** [bf. o'r e. *rhydres*]. *Dchr.* **17**g. *J* 10, 14b, *Rhydresu.* luxurio. **1770** *W* d.g. *Arrogance, To behave with arrogance.*

rhodresaidd [*rhodres*+*-aidd*] *a.* Rhodresgar, rhwysgfawr, hunandybus, hunanbwysig, busneslyd: *ostentatious, flaunting, conceited, self-important, meddlesome.*

16–17g. *BL Add* 14984, 61b, Boneddigion gwyrion geirw *rhodresaidd.* **1803** *P, Rhodresaiz* . . . Apt to be ostentatious; somewhat pragmatical; flaunting.

rhodresddyn, gw. **rhodres+dyn.**

rhodresfawr [*rhodres*+*mawr*] *a.* Rhodresgar; trahaus, brolgar: *ostentatious; arrogant, boastful.*

1731 T. Lewys: *BMA* 44, [y] Dŷn hwnnw . . . pan geryddais i ef am ei ddrygioni, yn *rhodresfewr* [*sic*] fel hyn a attebodd (*in this great huff replied*); Beth a wnai'r Diafol am Gyfeillion oni bai'r cyfryw rai a myfi.

rhodresgar [*rhodres*+*-gar*] *a.* a hefyd gyda grym enwol. A nodweddir gan rodres, rhwysgfawr, mursennaidd; hunandybus, hunanbwysig, ymffrostgar, bocsachus; busneslyd, ymyrgar, ?maleisus; ?nwyfus, llamsachus: *ostentatious, pompous, affected; conceited, self-important, boastful, vaunting; meddlesome, interfering, ?malicious; ?frisky, lively.*

1567 *TN* 314b, eithr hefyd yn ofeiriaithus [*sic*], ac yn *rrodresgar* [:– diriaid, goaml], yn adrodd yr hyn ny weddei. **1588** 2 *Thes* iii. 11, Canys clywsom fod rhai yn rhodio yn eich plith yn anllywodraethus heb weithio dim, onid bod yn *rhodrescar.* **1595** *Egl Ph* 33–4, gelhir galw . . . beiwr chwilserth, *rhodresgar*, ynBhomus [*sic*]. **1604** R. Holland: *BD* 6, safn y Momus *rhodresgar* (*envious*). **1632** *D*, Rhodresus, & *Rhodresgar*, Gloriosus, iactabundus. *id.* d.g. *Curiosus, Vendito, Ventosus.* **1677** *TC* 8a, *Rhodresgar*, dyn yn ymmyrreth a matterion rhai eraill, dyn bussy. **1689** E. Morus: *RC* 4, Ni wnaf i fawr gyfrif o farn y *Rhodresgar.* **1701** J. Williams: *BG* 40, *rhodresgar* ymddilladu, gormod o wchdra [*sic*]. **1704** E. Samuel: *BA* 192, [g]wr siaradus, *rhodresgar*, hyfaidd. **1724** S. Williams: *ADA* 48, Y mae'r Diafol yn weithiwr *rhodresgar*, hêb orphywys un amser. **1772** D. Risiart: *HFP* 100, Yn llafaru am rai *rhodresgar*, yr hyn yn briodol a arwyddocca, bod yn rhy ddyfal ynghylch gwaith na ddylid ei wneuthur. **1774** H. Jones: *CH* 50, Pan droer nifeiliad [*sic*] i fewn porfa dda, hwy a ddechreuant fynd yn *rhodresgar*, fel na cheir ond prin dywad yn agos attynt. **1803** *P, Rhodresgar* . . . Pragmatical; flaunting. Ar lafar, '*rhodresgar*' 'fond of display and ostentation, arrogant', *WVBD* 464; ''En declyn *rodresgar* yw a, yn lico 'i ddangos 'i 'unan, a bod e'n well na dinnon erill', *GTN* 691.

Amr.: **rhydresgar** [*rhydres*+*-gar*]. **1780** *W* d.g. *A pragmatical fellow.* **1803** *P.*

rhodresgarwch [*rhodresgar*+*-wch*[1]] *eg.* Chwilfrydedd (busneslyd): *curiosity, inquisitiveness.*

1684 H. Owen: *DC* 372–3, I weled y pethau hynny [creiriau'r saint], mynych y bydd *rhodresgarwch* (*Curiosity*) dynion, a newydd-der y pethau i'w canfod, yn ein tynnu ni. *c.* **1730** *Thos. Lloyd D* (LlGC) 205a, *Rhodresgarwch.* Curiositas. **1803** *P.*

rhodreslyd [*rhodres*+*-lyd*] *a.* Rhodresgar, mursennaidd, cysetlyd; ymffrostgar, hunandybus: *ostentatious, affected, fastidious; boastful, conceited.*

1681 T. Jones: *Alm* [iv], gweiniaeth *rhodreslyd* Troseddwyr. **1688** *TJ*, Rhodresus, *rhodreslud*: given to boasting or bragging. **1706** *Cyf Cym* 263, llawer o eneidiau ffyddlon, etto yn rhy fanwl *rhodreslyd* a faglwyd gan opiniwnau rhy fanwl. **1768** Risiart ap Robert: *CB* 107, gan fod yn *rodreslyd* ynghylch lle, neu drwsiad.

rhodresog [*rhodres*+*-og*; ansicr yw *rohodrisauc*, *DGVB* 299, gw. *B* xxxvi. 116–20] *a.* Trahaus, ffroenuchel; (geir.) mawreddog: *arrogant, haughty;* (*dict.*) *magnificent.*

1617 *Minsheu* 467a d.g. *Statelie, magnificent*[,] *Proude or Hautie.* **18–19**g. *CRIM* 72, Bydd bob dydd yn ddrwg ei naws, / A'i geiriau'n draws *rodresog.*

rhodresol [*rhodres*+*-ol*] *a.* Rhodresgar, rhwysgfawr; trahaus: *ostentatious, showy; arrogant.*

1721 J. P. Prys: *DC* 106, Nid gwychder Corphorol drwy osod *rhodresol*, / Er mwyn cael ei ganmol gan bobl y byd. **1759** *BC* 60, Nabuchodonosor, *rodresol* o'i drysor, / Ei falchder heb ragor, drwy ogan a bâr. **1778** *W* d.g. *Pageant, Adj.* [*showy*. . .]. **1803** *P* d.g. *Rhodresawl.*

Amr.: **rhydresol** [*rhydres*+*-ol*]. **1776** Dewi Nantbrân: *AN* 348, wedi rhoi llawer cerydd, ac annog *rhydresol*, a herriant trahaus i ti. **1803** *P* d.g. *Rhydresawl.*

rhodresus [*rhodres*+*-us*] *a.* Rhodresgar; trahaus, ffroenuchel, balch, rhyfygus, digywilydd; ymffrostgar, bocsachus; busneslyd, ymyrgar; (?geir.) anllad: *ostentatious; arrogant, haughty, proud, presumptuous, impertinent; boastful, vaunting; meddlesome, interfering;* (?*dict.*) *wanton.*

1547 *WS, Rodressus* Arrogant. **16**g. Wiliam Cynwal: *Gw* (R. L. Jones) 158, Ni bu'n yr hael bai na rhus, / Na rhy draws, na *rhodresus.* **1604–7** *TW* (*Pen* 228) d.g. *Iactanter, Sublate, Ventosus.* **1615** R. Smyth: *GB* 198, llavver math eraill oi [*sic*] dilladau *rhodresys* a rhyfigis. **1632** *D, Rhodresus* . . . Gloriosus, iactabundus. **17**g. *CRC* 259, hawdd yw hepgor dyn *rhodressvs* / a ffob dyn fo rhy siaradys. **1688** *TJ, Rhodresus* . . . given to boasting or bragging. **1712** T. Williams: *CDdG* 516, y sawl a fo yn *rhodresus* er ei mwyn ei hunain yn edrych ar ein hôl (*out of interest officiously attend us*). **1723** WM: *PGG* 262, Felly os digwydd i nêb ofyn iti y fath Gwestiwn *rhodresus.* **1753** *TR, Rhodresus* . . . busy, pragmatical. **1770** *W* d.g. *Boasting.* [**1794**] E. Roberts: *CDAA* 205, Y Cyfreithwr uchelfalch ar Llyswr *Rhodresus.* **1803** *P, Rhodresus* . . . Ostentatious; flaunting.

Amr.: **rhydresus** [*rhydres*+*-us*]. *Dchr.* **17**g. *J* 10, 14b, *Rhydresus.* luxuriosus. **1770** *W* d.g. *Arrogant.* **rhyodresus** [*rhyodres* (gw. *rhodres*)+*-us*]. **1604–7** *TW* (*Pen* 228) d.g. *Arrogans.*

rhodreswaith [*rhodres*+*gwaith*[1]] *eg.* Rhwysg, rhodres, sioe; dewiniaeth, hudoliaeth, ocwltiaeth; gorfanyldeb, mursendod; (?geir.) digywilydd-dra: *pomp, ostentation, show; sorcery, occultism; punctiliousness, fastidiousness;* (?*dict.*) *impertinence.*

c. **1600** *NBSF* 268, Dowad a wnn diwyd waith / Ar ei draws a'i *rodreswaith.* **1620** *Act* xix. 19, Llawer hefyd o'r rhai a fuasei yn gwneuthur *rhodreswaith* (*TN* 203b, [c]elfyddodæ manolwaith; **1588** *Act* xix. 19, manwl gelfyddydau), a ddygasant eu llyfrau ynghyd, ac a'u lloscasant yngwydd pawb. **1677** R. Jones: *BB* 105, yr hwn sy yn difenwi difrifol ddiwydrwydd megis *rhodreswaith* (*a precise and needless thing*). *id.* 184, Nid erys ef tra fyddoch yn ymdrafferthu ynghylch eich chwareuddiaeth, ach *rhodreswaith.* *c.* **1730** *Thos. Lloyd D* (LlGC) 199b, *Rhodreswaith.* Impertinence. *id.* 203b, *Rhodreswaith* . . . pageantry. **1790** Twm o'r Nant: *GG* 93, Mae gan Eglwys Loeger hithau, / I'w phorthi'n wedde'dd, / Lanw ei pherfedd, o hên ffurfiau; / Gormod pwys ar ddwys urddaswaith, / Ffyrdd hyfforddiant, / Y rhai drwsiant, eu *rhodreswaith.*

rhodreswr [bôn y f. *rhodresaf*: *rhodresu, rhodresa*+*-wr*] *eg.* (b. *-wraig*) ll. *-wyr.* Person rhodresgar, swagrwr, ymffrostiwr, broliwr; person trahaus neu ffroenuchel; person ymyrgar, busnesgi; ?gwenieithiwr; hefyd yn *ffig.*: *ostentatious person, swaggerer,* *boaster, braggart; arrogant or haughty person; busybody, meddler; ?flatterer; also fig.*

15g. *GTP* 85, *Rhodreswraig* llyngaig y lleill / O ddŵr afonydd ereill (Ieuan ap Tudur Penllyn i ddychanu'r foryd). **1547** *WS*, *Rodresswr* A stately felowe. **16–17g.** *CRC* 416, ag os hapie i *rodresswr* / fynd ir maes yn rhith sawdiwr / pen avd ynghylch y chware / yn y klawdd ir ym gvddie. **1604** R. HOLLAND: *BD* 14, Nis gwedhe . . . i mi . . . fod yn *rhodreswr* (*busiebody*) mawr ym-materion tywysogion erilh. **1604–7** *TW* (*Pen* 228) d.g. *Ardelio*, *Circunforaneus*. **1632** *D* d.g. *Aretalogus*, *Iactator*, *Philocompus*. **1696** *CDD* 86, *Rhodres-wŷr*, neu dwŷll-wŷr Coeg deillion. **1701** E. WYNNE: *RBS* 97, Ond gan fynychaf nid yw rhai Manwl neu chwedl yr Apostol y *Rhodreswyr* (*busybodies*) hyn yn llagadrythu nac yn selu dim ar rinweddeu dâ rhyw ŵr godidoc. **1703** E. WYNNE: *BC* 38, os mynni barch bydd Ffrostiwr neu *Rodreswr*. *id.* 74, Meistr *Rhodreswr* mel-dafod, alias, Llyfn y llwnc, alias, Gwên y gwenwyn. **1766** *CD* 11, Heidd-gap, *rodreswr* gweniaithus o'r trauan. **1770** *W* d.g. *Belswagger*. **1803** *P*, *Rhodreswr* . . . An ostentatious or supercilious man; a swaggerer.

Amr.: **rhydreswr** [bôn y f. *rhydresaf*: *rhydresu*+*-wr*]. *Dchr.* **17g.** *J* 10, 14b. **1771** *W* d.g. *Busy-body*.

rhodri [?yr e. prs. *Rhodri* fel e. cyff.] *e?g.* Rhuddygl, radish: *radish*.

18g. *Llr* C 24, 271, Cymer y*rhodri*, erill a'i geilw yr yddygl. **1813** *WB* 231, *rhodri*, edr. Rhuddygl.

rhodrïog [?*rhod*[1]+*rhi*[1]+*-og*; tebyg fod yma hefyd chwarae ar yr e. prs. *Rhodri*] *a.* a hefyd gyda grym enwol. ?Brenhinol ei rod, yn perthyn i frenin y byd: *of royal sphere* (*of influence*, *&c.*), *pertaining to the king of the world*.

12g. *GMB* 240, Ac o *rodriaɓc* Rwyf lliwydoet / Rodri rad gymryd y byd uydoet! *id.* 241, Ac o rodri-oet y *rodriaɓc* / Meu ynteu oreu un tormennaɓc.

rhodwedd [?*rhod*[1] neu fôn y f. *rhodiaf*: *rhodio*+*gwedd*[1]] *eb.* Cylchdro, hynt, cwrs: *orbit, course, career*.

13g. *GDB* 212, Ny derɓyd awen y ar darwed—treul / Tra ɓo lloer a heul ar y *rodwed*. **1803** *P*, *Rhodwez*, s. f. . . . An orbicular course; a course.

rhodweli, gw. **rhedweli**.

rhodwr [?bôn y f. *rhodiaf*: *rhodio* a *rhod*[1]+*-wr*] *eg.* ll. *-wyr*. *Adar.* Troellwr, nyddwr, *Caprimulgus europæus*; (geir.) saer troliau: *nightjar, goatsucker*; (*dict.*) *wheelwright*.

1761 *ML* ii. 331, Y *rhodwr* (and in some places here y troellwr) is the churn owl. **1794** *W* d.g. *Wheeler, or wheel-wright*. **1803** *P*, *Rhodwr*, s. m.—pl. *rhodwyr* . . . A wheeler.

Gw. hefyd **rhodor**[2].

rhodwydd[1] [?*rhod*[1] neu fôn y f. *rhodiaf*: *rhodio*+*gŵydd*[4], gw. *EWSP* 512–13; cf. yr e. lle H. Lyd. *Rodoed*, Llyd. C. *rodoez* 'rhyd'] *eg.* ll. *-au*. Clawdd amddiffynnol, amddiffynfa, ?rhyd, hefyd yn *ffig.*: *defensive dyke, defence, ?ford, also fig.*

12g. *LL* 126, dinant hi*rotguidou*. **12g.** *GMB* 240, Arllutya Rodri y *rodwyt* y dêl. **12g.** *GCBM* i. 195, Ar ysgwyd rwyd *rodwyt* ual Run. **12–13g.** *GMB* 360, *Rhodwyt* ar Gymry oedd ar gyman—llu. **12–13g.** *GLlLl* 132, Gwastad yg can cad, yg kyngɓyt—galon, / Galouit yn *rodwyt*. **13g.** *GDB* 427, Lleiddiad fryd yn rhyd, yn *rhodwydd*—ongyr. **13g.** *C* 92. 5–6, Can medrit morruit. y *rodwit* arid ariv eiry adiguit. *ib.* 13–14, Can ethiv ruiw in. *rodwut* iwerit ateulu na fouch. **14g.** *T* 62. 2, Aryt a*rotwyd* eu harɓylaɓ. **14g.** *TYP*[2] 65, a Gosgord Dreon Lev yn *Rotwyd* Arderys [*sic*]. *c.* **1400** *R* 1300. 31, Koeth uab dafyd llɓyt bu rwyt *rotwyd*. Digwydd fel elf. mewn e. lleoedd, gw. G. OWEN: *DP* iv. 553–4; I. WILLIAMS: *ELl* 14.

rhodwydd[2] [bôn y f. *rhodiaf*: *rhodio*+*gwŷdd*[1]; ansicr yw'r engh. gyntaf isod] *e?g.* Rhodfa goediog, deildy, coedlan: *wooded walk*(*way*), *arbour, avenue*.

15–16g. *TA* 24, A gyrru maenol o geirw mynydd, / Elain a rhydain, eilon *rhodwydd*. **1604–7** *TW* (*Pen* 228) d.g. *Topiarium*. *Dchr.* **17g.** *J* 10, 18b, *Rhodwydd*. an Arboure. Paradronis. Ambulacrum. Pergula. Topiarium. **1707** *AB* 220a, *Rhodwydh*, A walk planted with trees, &c. **1770** *W* d.g. *An avenue* [*a walk or alley of trees* . . .].

rhodd[1] [Crn. C. *ro*, H. Lyd. (*lom*)*rod*, gl. *datus*, Llyd. ?C. *ro*, Llyd. Diw. *ro*(*z*)] *eb.g.* ll. *-ion*, *-*(*i*)*au*, a hefyd fel *a*.

(*a*) Peth a roddir yn rhad ac am ddim, anrheg, grant, offrwm, teyrnged; y weithred o roddi: *gift, present, grant, offering, tribute; a giving*.

Dchr. **12g.** *GMB* 30, Rac druc drossot reghid brid bot *rot* Cuhelin. **12g.** *GLlF* 14, Y Meiryonnyt ryt *rot* gygwasdad. **12g.** *GCBM* ii. 122, Ry-d-erwyll rwyf dreic rodolyon—eirchyeid / Rydalant eu *rotyon*. **13g.** *HGK* 3, a'r mordwywyr a alwant arnav [sant] . . . ac a aberthant idav ac a offrymant idav llawer o *rodyon*. **14g.** *Cy* vii. 138, Adaw mawr a *rod* bychan. *id.* xvii. 135, O deruyd bot deu arglwyd allu gan bob un o nadunt yny wlat. Adyuot dyn y geissaw estyn ar tir Nyt *rod* eu *rod* Ac nyt estyn eu hestyn yny wyper pieiffo y wlad o honunt. *c.* **1400** *YCM*[2] 59, [c]ymer *rod* vonhedigeid, sef yw honno, Belisent, verch Chyarlys Amherawdyr. **15g.** *DE* 96, *roddiav* roes eisiau rai o saeson. **1547** *WS*, *Rodd* A gyfte. **1583** *LlGC* 716, 65a, rhai o'r philistims [*sic*] a ddygasont i Iehoshaphat, *rhoddie*, ac arrian-teyrnget. **1588** *Esth* ix. 22, *rhoddion* i'r rhai anghenus. **1588** *Salm* lxxii. 10, Brenhinoedd Tharsis, a'r ynysoedd a dâlant anrheg, brenhinoedd Saba, ac Arabia a ddygant *rodd*. **1595** H. LEWYS: *PA* [xii], Mae'n ddefod . . . / o roddi y Kalan, / heirdd *roddion* glenigion glan. **1655** R. JONES: *PC* 26, Hael Dduw myn *rodd* [:– offrwm]. **1703** E. WYNNE: *BC* 79, Gwŷr yr Aur, ond gwych y faï / Gael fyth fwyn-hau'ch meddianneu: / Mae'l y gwnewch 'i rhyngoch *Rodd* / A ryngo fodd i'r Angeu. **1773** *W* d.g. *Gift, Grant*. **1803** *P*, *Rhodd*, s. f.—pl. t. *ion* . . . A gift, a present. Ar lafar, ''Yn ni'n clasgu am *rodd* briotas iddi', *GTN* 692. Ym Mhenllyn sonnir am hyn a hyn 'o *rodd*' ynglŷn â phrynu a gwerthu, sef swm bychan a rydd y gwerthwr i'r prynwr fel arwydd o ewyllys da. '*Rhodd Mam*' oedd yr enw poblogaidd ar gatecism *Rhodd Mam i'w Phlentyn* (1811) John Parry, Caer, a adargraffwyd nifer o weithiau at ddefnydd y Methodistiaid Calfinaidd.

(*b*) Rhodd (oddi wrth Dduw), gras, bendith, dawn neu gynneddf ddeallusol (oddi wrth Dduw): (*God-given*) *gift, grace, blessing,* (*God-given*) *intellectual gift or faculty*.

12g. *GLlF* 397, Duw ry-m-rhoddwy, rheiddun arlwy, erlid cyngor / *Rhodd* fodd fedru, rhif brif brydu, brydest ragor. **12–13g.** *GMB* 538, Rodyssit yn Duɓ yn an dechreu / *Rod* per paradɓys (parha goleu!). **14g.** *RC* xxxiii. 209, ty a rodeist y pob creadur etyued . . . Mivi vy hun a dieithreist or *rod* hwnnw. *c.* **1400** *R* 1052. 26–7, Aelaɓ gan vy reen *rodyon* bedyd. ?**15g.** *IGE*[2] 95, Gweddïodd am *rodd* o ras, / Yn ei gof hyn a gafas. **1551** W. SALESBURY: *KLl* xlvb, Pop dawn daonus, a phop *rodd* perfeith, sydd o uchot yn descen o ywrth tad y goleuni. **1567** *TN* 314a, Nac ysceulusa y *rrodd* [:– dawn] sydd ynotti, rron a rodded i ti i proffedoliaythy gan osodiad dwylo yr Henafiaeth. **1588** *Diar* xix. 14, Tŷ, a chyfoeth ynt etifeddiaeth y tadau: ond *rhodd* yr Arglwydd yw gwraig bwyllog. **1701** E. WYNNE: *RBS* 89, Diolch i Dduw am bôb gwendid a gwrthuni ac anaf, a chymmer hynny megis ffafr a [*rh*]*ôdd* oddi wrth Dduw. **1735** S. THOMAS: *HP* iii, Y *Rhodd* benna a dderbyniasai Dynol Ryw oddiwrth y Duwiau ydoedd, Doethineb. **1770** *W*, *rhoddion* d.g. *The blessings of God*.

(*c*) *Egl.* Adfowson: *advowson, gift*.

1718 (**1721**) S. THOMAS: *HB* 148, A'r [*sic*] *rodd* y Pab yr oedd pob Escobaeth a Phersoniaeth. **1722** *Llst* 189, *Rhodd* personiaeth neu ficceriaeth d.g. *An Advowson*.

Fel a. Rhoddedig, cyflwynedig: *given, presented*.

c. **1400** *J* 1, 963, Nyt edrychir. ynllygat march *rod*. **15g.** *GLGC* 459, Dangos, wrth yfed osai, / y bwa *rhodd* i bob rhai. **15g.** *GGl*[2] 91, Yr haf ni cheisiais dafad / Nac oen *rhodd* nac un yn rhad. **1588** *Nu* xviii. 7, yn wasanaeth *rhodd* y rhoddais eich offeiriadaeth chwi. **1798** *WR* d.g. *Donative*. **1803** *P*, *Rhoz* . . . Given, gratis.

Cfn.: **rhodd a bloedd, rhodd a llef ar ei hôl:** *a gift to which the recipient's attention is frequently drawn by the giver*. Ar lafar, '*Rhodd a blodd* yw hi gyda hi bob amser' (Dyffryn Aman); ''Dwi ddim 'mofyn dy roddion di wir! *Rodd a llef ar 'i 'ôl* 'i yw 'i gyda ti, wastod', *GTN* 692. *Cyfr.* **rhodd ac estyn (ystyn):** *grant and investiture, gift and transfer*. **13g.** *LlI* 29, *rod ac estyn*. **15g.** *LHDd* 79, o *rod ac ystyn*. **1753** *TR*, Rhôdd . . . *Rhôdd ac Ysdyn*. K. H. An investing or giving possession, investiture. *Cyfr.* **rhodd cenedl:** *gift or consent of kindred*. **14g.** *LlB* 60, 111, 112. **14g.** *WML* 43. **16–17g.** *B* v. 26. **rhodd Duw:** *gift of God*. *c.* **1400** *YCM*[2] 3. **1595** H. LEWYS: *PA* 221. **1776** I. BRYDYDD HIR: *P* ii. 53. **rhodd Nadolig:** *Christmas present*. *c.* **1400** *R* 1341. 36. Ar lafar, *GTN* 692. **o rodd:** *by gift, as a gift*. **13g.** *LlI* 27, Ny thryc gureyc, nac *o rod* nac o lathlut, ar ureynt e haguedy namen seyth mlened. *id.* 77, tyget er haulur . . . nat aeth y ganthau nac *o rod* nac o uenfyc nac en adneu na'y werthu na'e rody. **14g.** *LlB* 109, tygu o'r perchenhawc . . . gwelet geni yr anefail, a'e veithrin ar y helw heb y vynet teir nos y wrthaw, nac *o rod*, nac o werth. **yn rhodd:** (i) *free*(*ly*), *generous*(*ly*), *gratis, for nothing, as a gift*. **12–13g.** *GLlLl* 5, Y eur rut *yn rot* o'e geinyad. **1567** *TN* 15a, *Yn rrat* [:– ddawn, *rhodd*] yd erbyniesoch, yn rat rhowch. **1745** W. WILLIAMS: *Aleluja* ii. 9, Cês weld *yn rhodd* fod Duw am [*sic*] Rhan, / Yn Briod gwiw ym Henaid gwan. **1774** *W* d.g. *Gratis* [*for nothing, without fee or reward*]. **1788** J. THOMAS: *CS* 24, Wrth weled hefyd Grist ar go'dd, / Yn galw'*n rhodd* dan wenu. (ii) (*if you*) *please, pray*. **14–15g.** *IGE*[2] 137, Moes dy gyngor i'w dorri [clo], / *Yn rhodd*, fab, a rhyddha fi (Gruffudd Llwyd). **1618** J. SALISBURY: *EH* 21, *Yn rhodd* eglurhewch i mi ynawr yr ail pwnc. **1703** E. WYNNE: *BC* 42. **1768** J. ROBERTS: *R* 147, Pa faint a fydd pwysau y Metal 'run modd / Naw Modfedd ei ddyfnder, mynegwch *yn rhodd*. **yn rhodd ac yn rhad:** *freely and gratuitously, gratis, for nothing*. **1632** J. DAVIES: *LlR* 98. **1699** T. JONES: *TP* 8. **1752** *ML* i. 197.

rhodd[2], 3 un. grff. y f. *rhoddaf*: *rhoddi*.

rhoddaf, rhof[1]**: rhoddi, rhoi**[1] [Crn. C. *ry*, *rei*, Llyd. C. *reiff*(*u*), Llyd. Diw. *reiñ*] *bg.a.*

(*a*) Trosglwyddo (peth diriaethol i feddiant rhywun arall) yn rhad ac am ddim, anrhegu â, cyflwyno, rhannu'n ddi-dâl, cyfrannu, cyflenwi â, darparu, cynnal (gwledd, &c.); trosglwyddo perchnogaeth (tir, eiddo, &c.): *to give* (*something concrete*), *bestow, grant, present, hand over, donate, impart, supply, provide, give* (*feast, &c.*); *transfer ownership of* (*land, possessions, &c.*).

12g. *GLlF* 134, Mabdysc oet idi *roti* yn rwyt. **12–13g.** *GLlLl* 62, Yn ardwy beirt dɓfyn, dyfneid—y alaf, / Y elyf ueirch canneid, / . . . / Ef a'e *ryt* yn rwyt eruynnyeid. **13g.** *LlI* 8, [yr] ouertlesseu henny ny dele ef nac eu *rody* nac eu guerthu tra uo byv. **13g.** *C* 84. 8, *Ro* vyd. y. newy[n]auc. a dillad ynoeth. **13g.** *A* 27. 18–19, e wayw drwn oreureit am *rodes*. **14g.** *T* 57. 14–15, lliaɓs a*rodyd* ydynyon eluyd. **14g.** *YBH* 48a, *rodei* tir deu varchaɓc idaɓ. **14g.** *GDG*[3] 30, A rhuddaur a main a'm *rhoddaint*—bob awr [marwnad Ifor a Nest]. **15g.** *NBSBM* 71, O'i law y *rhoes* lawer rhodd. **15g.** *GLGC* 260, *Rhoi* a wnâi yn nhair neuadd / i bob gŵr aur, i bob gradd. *id.* 269, gorau llen fal talcen tes / yw'r llen a *ry* llaw Annes [i ofyn llen gwely]. **1547** *WS*, *Roddi* Gyue. *id.* *Roi* Geue. **1588** *Salm* cxii. 9, Rhannodd, a *rhoddodd* i'r tlodion. **18g.** I. BRYDYDD HIR: *Gw* 226, o ba bennillion y *rhoddwys* i mi gopi. **1776** *W*, *rhoi* (i un beth) d.g. *To minister* [*give, supply with, &c.*]. Ar lafar, '*rhoi* moetha i'r plentyn', *WVBD* 465; 'Paid o *roi* dim racor i neb', *GTN* 691.

(*b*) (enghrau. a ddilynir gan eiriau sy'n enghreifftio pethau diwerth, gan amlaf mewn cst. negyddol) Malio, hidio: (*exx. followed by words typifying something of little value, usu. in a neg. construction*) *to give* (*a damn, &c.*), *care* (*a fig, &c.*).

c. **1400** (*SG*) *HMSS* i. 371, Lawnslot ny *roi* nytwyd yr yd oed hi yny dywedut o achaws y dolur aoed yn y gallon. **15g.** *GLGC* 296, Tri a adaf ac nis gwadaf, / er naw adaf ni *rôn*' nodwydd. **15g.** *GGl*[2] 189, Er ei gig ni *rôi*'r gegin, / Nac er ei groen, garrai grin [i ddychanu Dafydd ab Edmwnd]. **15–16g.** *TA* 116, Ni *roi* bin er eu bonedd. **16g.** *GGH* 17, A byw er pawb, heb *roi* pin. **16g.** HUW ARWYSTL: *Gw* 89, baraid ir dyn brav dewr doeth / *roi* brwynen er bar anoeth. *a.* **1587** *Y* 179, A fo swrth yn i wrthaifl, / March tôst drwy amarch a'i taifl; / A fo glew, ni *rydd* flewyn, / O ran y glôd, arno i glŷn. **1604–7** *TW* (*Pen* 228), yw notio mal peth teilwng yw gofio, yw gerydhu nei *roi* blewyn arno d.g. *Notandus*. **1672** R. PRICHARD: *Gw* 171, Pet fae'r Twrc . . . / A holl uffern yn ein herbyn, / Ni *roem* ddim o'r garrai erddyn. **17g.** HUW MORUS: *EC* i. 350, Ni cheir un gymwynas gyweithas fel gynt, / Ni *roir* imi garrai lle gweriais y bunt. **1740** T. EVANS: *DPO* 128, ni *roisai* y Brenin Arthur binn draen er eu holl ymgyrch. **1803** *P*, Rhoi . . . Ni *rown* i garai o groen çwannen am dy gynghor . . . Adage. Cf. W. REES: *LlHFf* 26, Ni *rown* i gare tae o'n bodloni i siarad iaith y gwr drwg o hud.

(*c*) Trosglwyddo (peth diriaethol) yn dâl neu'n gyfnewid, talu: *to give* (*something concrete*) *in payment or exchange, give* (*for*), *pay*.

9g. (*LlSC*) *LL* xliii, *Rodesit* elcu guetig equs tres uache . . . namin ir ni be câs igridu dimedichat guetig bit did braut. **13g.** *LlI* 26, Pvebynnac a dycco moruen en llathlut, a chyn bot achaus a hy gouen o'r uorven, 'Beth a *rody* ty e my?' a meynholy ohanau ef a *rody*. **13g.** (*LlDW*) *ZCP* xx. 94, O deruyt *roy* pedh em puyth ac nas kouenho dranoeth nys dele hyd undyt abluyn [*sic*]. **14g.** *YBH* 36b, o *rody* di imi otheidaɓ mi addalaf sebaɓt yn vyɓ . . . ac ae dygaf hyt attat. **14g.** *GDG*[3] 19, Telais yt wawd tafawd hoyw, / Telaist ym fragod duloyw. / *Rhoist* ym swllt, rhyw ystum serch, / Rhoddaf yt brifenw Rhydderch. *id.* 132, Mair! ai gwaeth bod y mur gwyn / Dan y calch, doniog gylchyn, / No phe *rhoddid*, geubrid gŵr, / Punt er dyfod o'r peintiwr. **15g.** *GDID* 29, Ei rodd nis *rhoddwn* er aur, / A phlu'r rhodd fal fflŵr rhuddaur [i ddiolch am baun]. *id.* 81, Er breugerdd y *rhoist* aur a bragod, / A phedwar rhyw win a pheunod. *id.* 111, *Rhoddi* a wnaeth rhyw ddyn wen / Am ganeuau, ym gneuen. **1768** W. WILLIAMS: *HTS* 21, chwi fuasech yn *rhoi* llawer am fod allan o swn ei ochain. Ar lafar, 'Faint *roiest* ti am y got 'na?' (sir Gaerf.).

(*d*) Ildio (peth diriaethol): *to give up or surrender* (*something concrete*), *give away, yield.*

13g. *GDB* 469, I Goron Lundain, er garwedd—heiyrn, / Ni *roddes* teyrn ty o Wynedd! **14g.** *BT* 161, y vv dir vdunt kynn pyrnawn *rodi* ytwr. **14g.** *BT* (*RB*) 184, ac y kymhellassant y castellwyr y *rodi* y castell kyn pen yr wythnos. *id.* 188, y kastellwyr, wedy anobeithaw o pop nerth, a *rodasant* y castell. *c.* **1400** (*SG*) *HMSS* i. 429, onyt anuonei nerth udunt y *roynt* wy y wlat y vrenhin claudas.

(*e*) Cyflawni (symudiad neu weithred (gorfforol, &c.)), yngan, perfformio (cerddoriaeth); peri, cynhyrchu; troi (golau, radio, &c.) ymlaen: *to effect or perform* ((*bodily, &c.*) *action*), *give* (*blow, shout, &c.*), *perform* (*music*); *cause, produce*; *turn* (*light, radio, &c.*) *on.*

13g. *GBF* 357, Ac eu manac seren o'e rac yn *roi* goleu. **14g.** *WM* 4. 18–19, un dyrnaut a *rodych* di ida6 ef. **14g.** *GDG*[3] 192, Rhwol teg oedd i'n rhiydd, / Rho Duw, yn olau *rhoi* dydd, / A *rhoi* nos ynn, ein rhan oedd, / Yn dywyll i ni'n deuoedd. *id.* 328, *Rhoi* diasbad o'r badell / I'm hôl, fo'i clywid ymhell. *c.* **1400** *R* 1205. 12–13, Am g6yda6 vargl6yd *roi* g6aed va6rgleu. **15g.** *GDID* 104, Dialedd yw *rhoi* dolef / Dros neb a gaffo drws Nef. **15g.** *DE* 120, hoeliaw traed a dwylaw duw / a *rhoi* brath llifed gwedy. **15–16g.** *GRB* 5, llom dorch yn *rhoi* llam o dwyn [am neidr]. **1567** *TN* 54b, A peth arall a gwympiodd mewn tir da, ac a *roddes* ffrwyth ac a eginawdd. **1588** 1 *Cor* xiv. 8, os yr udcorn a *rydd* lais anhynod. **16–17g.** *Cer RC* 142, A phar *roi* cri ar osteg. **17g.** *Bl B XVII* i. 270, *Rho*, wrth fesur, y glaw cynnar / Yn ei bryd, a'r glaw diweddar. **1764** W. WILLIAMS: *Th* 6, pob cam a *rodd* ei dra'd. Ar lafar, ''*Roiodd* e slap i fi am fod mor ewn' (sir Gaerf.).

(*f*) Caniatáu i (ferch briodi): *to give in marriage.*

13g. *LlI* 30, O deruyd *rody* Kemraes e alltut. **14g.** *WML* 41, os yg6r y *rother* ida6 adyweit nat oed vor6yn hi. *id.* 135, dywedwyt oe that wrthi. mi ath*rodeis* uorwyn ywr. **1588** 1 *Br* ii. 21, *rhodder* Abisag y Sunamites yn wraig i Adonia. *id.* xi. 19, efe a *roddes* iddo ef yn wraig chwaer ei wraig ei hun. **1719** *TDP* 3, am ei Wasanaeth da . . . Laban . . . a *rodd* iddo [Jacob] ei [dd]wy Ferch . . . o ba rai . . . yr amlheid ei Had.

(*g*) Bradychu; traddodi (i garchar, &c.): *to betray*; *commit* (*to prison, &c.*).

14g. *BT* 161, wynt a*rodassant* trigwystyl etholedigyon ony rodynt y kastell. **14g.** *YBH* 6a, mi a baraf dy wliga6 ath losgi ony *rody* ym y mab. **14g.** *B* ix. 224, yn y dydyeu yd oed amperavdyr tiber yn rufein. yn yr amsser hvnnv y *rodet* yr argluyd. **14g.** *HMSS* ii. 251, daeth un or deudec . . . iudas scarioth . . . at . . . yr offeireit y dywedut wrthunt. pabeth arodwch chwi ymi. ami a *rodaf* ywch ef. *ib.* a dywedaf ywch yn lle gwir. panyw un ohonawch am*ryd*. i. *ib.* gwae hwnnw yr hwn yr *rodir* mab dyn trwydaw. *c.* **1400** (*SG*) *HMSS* i. 405, *rodassit* gwalchmei yngkarchar. **1567** *TN* 46a, canys ef a wyddiat yn dda mae o genvigen y *rodesent* ef. **1772** *W*, *rhoddi* . . . i garchar neu yngharchar d.g. *To commit to prison.*

(*h*) Trosglwyddo neu estyn (peth haniaethol), gosod (anrhydedd, &c., ar), cyfrannu (budd, lles, &c.), cyflwyno; cynysgaeddu â (chynneddf, ansawdd, neu ddawn feddyliol neu gorfforol), bendithio â; caniatáu, lwfio; caniatáu neu addef (mewn dadl), tybio: *to give* (*something abstract*), *bestow* (*honour, &c.*), *confer* (*benefit, &c.*); *endow with* (*mental or physical faculty, quality, or talent*), *bless with*; *let, allow*; *grant* (*in an argument*), *suppose.*

12g. *LL* 120, Lymma y cymreith ha bryein eccluys Teliau o lanntaf a*rodes* breenhined hinn hatouyssocion cymry yntrycyguidaul dy eccluys teliau hac dir escip oll gueti ef. **12g.** *GCBM* i. 23, Pan del Bra6t rac bronn uchelseint, / A'm *rod6y* Crea6dyr kyreiueint! **12–13g.** *GLlLl* 7, Vy Reen a'm *rotes* heb da6l, / Rwyf myrtoet, ma6rdawn ysbryda6l. **14g.** *T* 3. 25–6, ren am *roth6yr* dy vola6t. *c.* **1400** *MM* 14, g6edy yd atueirer y cleuyt or kymhibeu . . . *rodi* kyuot yr dyn erbyn penn y na6uet tyd. **15g.** *GDID* 8, Rhys, gŵr yno *rhoes* gariad, / Ap Gruffudd, lywydd y wlad. **15g.** *GLGC* 271, Duw a *ro* iddaw drioed, / dywysog cerdd Gwent Is Coed. **1567** *TN* 293b, y chwy y *rhoespwyt* er Christ, nyd yn vnic bod ywch gredu ynddo ef, anyd hefyt dyodef erddo. **1606** E. JAMES: *Hom* iii. 278, ni *rôdd* efe erioed hîr-lwyddiant i ddeiliaid a fo gwrthryfelgar yn erbyn eu tywysogion. **1688** *NDE* 4, os *rhoiff* un Cyhoeddedig ddarllennydd . . . ryw newydd neu gam ddealltwriaeth i ryw un neu fwy o'r erthyglau. **1696** *GGTY* 375, i ba rai ni *roddwys* efe ddim Atteb. **1712** T. WILLIAMS: *CDdG* 480, fel no [*sic*] *rothont* Urddau sanctaidd i neb, ond i'r sawl a fo'n wir gymmwys. **18g.** E. T. RHYS: *DA* 148, *Rho* barch yn dy galon, iaith dirion, i'th dad. **1793** M. J. RHYS: *CA* 4, cyn gynted ag y byddo cyfleustra yn *rhoddi*. Ar lafar, '*Rhowch* fod o'n llathan o hyd' 'say (suppose) it is a yard long', *WVBD* 465.

(*i*) Trosglwyddo (peth haniaethol) yn gyfnewid (am): *to give* (*something abstract*) *in exchange* (*for*), *give in return.*

12–13g. *GMB* 538, G6erth y'm rodeist, dyn dyna6l, anda6, / A'th *rodaf* gyssul heb gas ynda6. **14g.** *GDG*[3] 19, Telais yt wawd tafawd hoyw, / Telaist ym fragod duloyw. / Rhoist ym swllt, rhyw ystum serch, / *Rhoddaf* yt brifenw Rhydderch. **15g.** *GHC* 18, Rhoddaist â'th ddwylaw lawer, / *Rhown* yty glod, rhent y glêr.

(*j*) Peri (peth haniaethol), achosi (poen, pleser, &c.), gwneud (sylw): *to cause* (*something abstract*), *give* (*pain, pleasure, &c.*), *pay* (*attention*).

14g. *T* 23. 5–6, am eil kyghores gres grafrud am *rodes*. *id.* 25. 12, kymra6 a*rodes*. *id.* 48. 7, ehofyn *rodi* cur. **14g.** *CR* 214, adassach a phriodassach ynt y gymryt agheu noc y'w *rodi*. **1567** *TN* 275a, e *roddwyt* i mi bingyn . . . yn y cnawt. **1688** S. HUGHES: *TSP* 169, Ni *rows* [:– *Roddes*] e mo'r trwbwl i nyni. Ar lafar, 'Ma fe'n *roi* pleser i fi dy weld di'n mwynhau dy fwyd eto', 'Ma 'mam wastod yn gweud fod plant yn *roi* digon o ofid i rwun' (sir Gaerf.); '*Rho* fwy o sylw i dy waith ne basi di ddim o'r arholiad 'na' (Arfon).

(*k*) Gosod, dodi, trefnu; trosi (i iaith), cyfieithu: *to put, place, lay, set down, arrange*; *render* (*into a language*), *translate.*

12g. *GLlF* 442, A phobloet Kymry a gymer atta6 / Ac a *ryt* yn lla6 llwyr deithia6c. **13g.** *LlI* 35, tra uo e kennogen en *rody* y eneu e'r kreyr guedy e tegho. **14g.** *WM* 3. 34–5, Mi ath *rodaf* di ym lle i yn ann6uyn. **14g.** *GDG*[3] 38, Gŵr fu Lywelyn, gwir ganu,—prudd, / Cyn *rhoi* pridd i'w ddeutu. *id.* 132, *Rhoi* rhactal am y tâl teg. *id.* 185, Llydanwe gombr gostombraff, / Ar lled y'i *rhodded* fel rhaff [i'r niwl]. *c.* **1400** (*SG*) *HMSS* i. 238, ar cledyf a *roespwyt* yny wein. *id.* 390, ac ae *roes* [morwyn] ar y llawr. **1568** MORYS CLYNNOG: *AG* 17, Paham y *rhoesswyd* ef ar y groes. **1595** M. KYFFIN: *DFf* [84], a *rodd* dan ei draed wddwf yr Ymerodr Frederic. *id.* [121], pan *rowsont* hwy [lyfr] ymrhint yn hwyr o amser. **1618** J. SALISBURY: *EH* 10, drwy ddôdi a *rhoi*'r llaw ddeheu ar y talcen. **1632** J. DAVIES: *LlR* 20, [yr] achos a'r diwedd y *rhoed* ni yn y byd o'i blegid. **1768** W. WILLIAMS: *HTS* 15, *Rhowch* fy ffrynd ychydig eiriau ar gân. **1778** J. HUGHES: *BB* 182, *Rhoi* mwgwd arno a'i guro a gŵg. Ar lafar, '*Rho* nw'n fan 'ma', *WVBD* 465. Cf. D. J. WILLIAMS: *STG* 104, fe'i *rhoiodd* e yn y drâr.

(*l*) Suddo neu syrthio dan bwysedd, ildio i wasgedd, mynd yn llac, ymlaesu; bwrw ei ffrwyth (am de, &c.): *to give* (*under pressure*), *give way, collapse, sag, slacken, stretch*; *brew, infuse* (*of tea, &c.*).

1938. Ar lafar, ''On i'n timlo'r llawr yn *roi* dan 'y nrod i', *GTN* 692; 'Ma'r wal 'ma wedi *rhoi* ar ôl y rhew gawson ni'; 'Gad i'r te *roi* 'chydig cyn 'i arllws e'; 'Ma eisie tynhau'r rhaff 'ma, mae wedi *rhoi* yn y canol'.

Amr.: **rhodaf**. Ar lafar yng Nghanolbarth Cered., '*Rhodwch* e lawr'. **rhoeaf, rhoiaf** [drwy gymryd y be. *rhoi*[1] fel bôn bfl. newydd]. **20g.** Ar lafar, 'Tyd â'r papur degpunt 'na i mi, a mi *roia*' i ddau bump yn 'i le fo' (Arfon); ''*Roiest* ti dy waith cartre' miwn heddi?' (sir Gaerf.). Cf. D. J. WILLIAMS: *STG* 104, fe'i *rhoiodd* e yn y drâr. **rhoid.** **1850.** Ar lafar, '*rhoid* y byd yn 'i le', *WVBD* 464–5.

Cfn.: **rho(dd)i achos:** *to give cause.* **1689** E. MORUS: *RC* 8, O! gadwch i ni na *rothom achos* i Dduw i achwyn arnom. Ar lafar, 'Pidwch â *rhoi achos* iddyn' nhw'ch beirniadu chi'. **rho(dd)i adref:** *to give back, repay, restore, surrender.* **1588** *Gen* xlii. 28, *rhoddwyd adref* fy arian. **1604–7** *TW* (*Pen* 228) d.g. *Resigno, Retribuo.* **1717** IACO AB DEWI: *CS* 75, [p]an orphenir Dirgelwch Duw, a *roddir* Teyrnas y Gwaredwr *adref* i'r Creawdwr? **rho(dd)i allan (maes):** (i) *to put out; set out, publish; give out.* **1593** W. MIDLETON: *B* [i], Gann dharbhod i Dhoctor Sion Dauydd . . . *rhoi allan* mwy o reolau a samplau. **1604–7** *TW* (*Pen* 228) d.g. *Edo, Expono.* **1672** R. PRICHARD: *Gw* 334, Di'm tynnaist yn dra lluniadd, / O grôth fy mam yn berffaidd, / Lle gallassyd fy'n *rhoi maes*, / Yn grippil câs anghruaidd. **1770** R. PRICHARD: *CC* [9], Gan *roi allan* a chyhoeddi / Hyn o bennill, yn Llanedi. Ar lafar 'Pwy sy'n *roi*'r llyfre *mas*?' (sir Gaerf). Sonnir hefyd am '*roi* emyn *allan* i ganu'. (ii) *to put out* (*light, fire, &c.*), *extinguish.* **1790** T. JONES: *TOS* iv. Ar lafar, '*Rho*'r gola 'na *allan* i sbario rywfaint ar y letric' (Arfon); ''Odd y dinnon tân ddim sbel yn *roi*'r tân *mas*' (sir Gaerf.). **rho(dd)i am:** (i) *to put* (*article of clothing*) *on.* Ar lafar, '*rhoi* 'sgidia *am* y traed', *WVBD* 465; '*Rho* dy gôt *amdanat*'. (ii) *to call, name.* Ar lafar, 'Be' *rowch* chi *amdanyn*' nw?' 'what do you call them?', *WVBD* 465. (iii) *to give in payment for, pay.* Gw. adran (*c*) uchod. **rho(dd)i anadl:** *to support.* Ar lafar, 'Mae o'n *rhoi* 'i *anadl* gyda'r Democratiaid'. **rho(dd)i ar:** (i) *to entrust to, trust to, depend upon.* **13g.** *B* x. 32, rodi kussan a oruc er argluyd idi ae *rodi* [Mair] *ar* yr engylyon yu dwyn y baradwys. **1621** E. PRYS: *Ps* 16b, Cans Duw a gâr y farn ddidwn, ninnau a *roddwn arnaw.* **1632** *D* d.g. *Lego.* **1656** W. JONES: *TPG* 33, ymroi . . . i wasanaethu d[u]w, g[a]n *roddi arno* ef ddarparu ini, a gofalu trosom ni. *c.* **1730** *Thos. Lloyd D* (LlGC) 205a, mi a *Rof ar* Dduw, I will Depend upon. Ar lafar yn yr ystyr 'dirprwyo', ''Rôn i wedi *rhoi arno* fo i neud o' (Arfon). (ii) *to blame on, charge with, lay to one's charge, impute to.* **1632** *D*, *rhoi ar* un d.g. *Defero.* **1687 (1715)** J. OWEN: *TB* 56, a *rhoddi* ei farwolaeth *arni*, o herwydd na chosbase hi mono yn ei jevengctid. **1776** D. ELLIS: *HI* 137, Pa ddrwg . . . a ellwch chwi *roddi ar* y Grefydd Grist'nogol. (iii) *to confer upon, bestow; give* (*a name*) *to, call.* *c.* **1400** *YCM*[2] 119, karyat tat a *rodasswn* i *arnat.* *c.* **1400** (*SG*) *HMSS* i. 187, *roespwyt ar* y mab peredur. **15g.** *GLGC* 295, un Duw, Ieuan a Dewi / a *ro* tair oes *ar* y tri. **1691** *ESGG* 16, Gwelwch pa fath gariad a *roes* y Tâd *arnom.* (iv) *to impose on, inflict on.* *c.* **1400** (*SG*) *HMSS* i. 325, Paredur . . . a vedylyawd. kanys *rodassit arnaw* ef dial angeu [ei gefnder] drwy gytsynnedigaeth pawb vot yn gewilydyus idaw ynteu onys dialei. **1604–7** *TW* (*Pen* 228) d.g. *Irrogo* (hefyd *D*). **1775** *W* d.g. *To impose* [*lay on, as a burden, tax, &c.*], *To inflict.* (v) *to set* (*someone*) *on* (*a particular course, &c.*). **1789** H. JONES: *EN* 64. **1809** T. JONES: *CCA* 60. (vi) *to run down, disparage.* Ar lafar, '*rhoid ar* rŵun', *WVBD* 465. **rho(dd)i arno:** *to put on* (*an article of clothing*). Ar lafar, ''Smo i'n gwbod beth 'wi'n mynd i *roi arno* i fynd mas heno' (sir Gaerf.). **rho(dd)i arno(dd):** *to put* (*light, television, kettle, &c.*) *on.* Ar lafar, '*Rhowch* y teledu *arnodd*', ''Nei di *roi*'r gola *arnodd*?'; 'Ma isie *roi*'r gole *arno* yr amser 'ma o'r dydd' (sir Gaerf.). Clywir hefyd frawddegau fel '*Rho*'r teciall *ar*' (Arfon). **rho(dd)i ar (yn) adnau:** *to put on deposit.* **1772** *W*, *Rhoi yn adnau* d.g. *To deposite with.* **rho(dd)i ar fenthyg,** gw. *rho*(*dd*)*i benthyg.* **rho(dd)i ar y ford:** *to lay the table.* Ar lafar yng Nghered. a sir Gaerf., *Geir Geg* 112. **rho(dd)i ar gof (a chadw):** *to put on record.* **15g.** *FfBO* 57, Myui . . . a ysgriuennais hynn o enryuedodeu; a llawer o amryuaelyon betheu a weleis i, ac nys *roessum ar gof*, kanys nys credei neb onyt a'e gwelei. Ar lafar, '*rhoi ar gof a chadw*' (gogledd Cered.). **rho(dd)i ar ddeall:** *to give to understand, intimate.* **1595** M. KYFFIN: *DFf* [104]. **1722** *Llst* 189, Deall, *Rhoi . . . ar Ddeall*, To intimate, to give to understand. **1769** *DRh* 34. **1798** J. THOMAS: *CIC* 5. Ar lafar, ''Nethon' nw *roi ar ddeall* taw 'u bai nw odd y ddamwain' (sir Gaerf.). **rho(dd)i ar waith:** *to employ, set to work.* **1693** *PGLl* 19, *rhoddi ar waith*, bywioghâu, a derchafu fy hôll Enaid wrth wneuthur fyng Weddiau. **1773** *W* d.g. *To employ, To set one to work.* Ar lafar, 'Ma isie *roi* rywun *ar waith* i gymoni'r ardd' (sir Gaerf.). **rho(dd)i ar y gweill,** gw. *gwäell.* **rho(dd)i ar lawr:** *to set down, put on record, note; stake* (*sum of money*); *plant in the ground, put on the floor.* **1661** E. LEWIS: *Drex* 92–3, megis y maent ganddo gwedi eu *rhoi ar lawr* yn ail Epystl Paul. **1722** *Llst* 189, Llawr, *Rhoi ar lawr*, To note, register, put upon record. **1759** P. WILLIAMS: *MC* 11, *Rho'wd* rhîf yr Henuriaid *ar lawr.* **1775** *W* d.g. *To lay at stake, To note* [*set*] *down in a book.* Ar lafar, '*rhoi ar lawr*' 'to put down . . . on the floor, or in a book . . . also to plant, put in the ground', *WVBD* 465. **rho(dd)i ar lefel:** *to put yeast in flour and leave overnight* (*in bread-making, &c.*). Ar lafar, '*rhoi* bara *ar lefel*', *Geir Geg* 112 (Cered.). **rho(dd)i ar faeth (feithrin):** *to place with foster parent*(*s*), *put out to nurse.* **13g.** *Cy* xvii. 135, *roddi* y uab y eillt *ar ueithrin.* **13g.** *Brut B* 102, E dev vap . . . a *rodes* . . . *ar vaeth.* *c.* **1590** *RC* xlvi. 54. **rho(dd)i ar ocr:** *to put out to interest.* **15g.** *Cy* iv. 126. *c.* **1475** *B* xiii. 182. **1672** R. PRICHARD: *Gw* 465. **rho(dd)i ar ben y ffordd:** *to show* (*someone*) *the ropes, set on the right track, instruct.* Ar lafar, 'Fe ddysge'r bachgen yn gyflym petai rhywun yn ei *roi ar ben y ffordd*'. **rho(dd)i ar brawf:** *to put to the test, put on trial.* **1632** *D* d.g. *Experior.* **1780** *W* d.g. *To put to the test or trial.* Ar lafar, 'Y llys fydd yn penderfynu pryd caiff e '*i roi ar brawf*' (sir Gaerf.). **rho(dd)i ar dân:** *to set on fire, light.* **1659** *GIA* 2. **1773** *W* d.g. *To fire, set fire to, or set on fire.* Ar lafar, 'Mae wastad yn anodd *roi* coelcerth *ar dân* yn y glaw' (sir Gaerf.). **rho(dd)i ar ei draed (ei thraed, &c.):** *to set* (*someone*) *on his* (*her, &c.*) *feet, give initial support.* Ar lafar, 'Buodd 'i dad yn help mawr i *roi* e *ar 'i drad* pan agorodd e'r siop'. **rho(dd)i ar droed:** *to set afoot.* Ar lafar, 'Ma'r gwaith wedi ei *roi ar droed* bellach'. **rho(dd)i arbenigrwydd:** *to give distinction, set apart.* **1725–6** *Madd Ed* 202, gosod i fynu Garreg o Goffadwriaeth i wneuthur mwy o Argraph, ac i *roddi* mwy o *Arbennigrwydd* i'r holl Orchwyl. **rho(dd)i**

arwydd: *to give a sign, signal.* **12–13g.** *GLlLl* 214. **1653** *MLl* i. 219. **[1783]** *W* d.g. *To sign* [*give a sign . . .*]. Ar lafar, ''Na i *roi arwydd* iti pryd i ddechre canu' (sir Gaerf.). **rho(dd)i arwydd y grog:** *to make the sign of the cross.* **14g.** *B* ix. 329. **1568** MORYS CLYNNOG: *AG* 2. **rho(dd)i at:** (i) *to give to* (*someone*), *contribute to.* **14g.** *RC* xxxiii. 191, *rodwch atafi* y map. *c.* **1400** *YSG* i. 40. **1604–7** *TW* (*Pen* 228), *rhoi* mewn ymdhiriet *at* vn d.g. *Trado.* Ar lafar, 'Ma lot yn *roi at* achosion da amser Nadolig' (sir Gaerf.). (ii) *to add.* **17g.** *Bl B XVII* i. 3, Ac o'm gwir fodd yn *rhoddi* / *At* hyn fy mendith i ti (Catherin Owen). **18–19g.** R. DAVIES: *DB* 61. Ar lafar, *WVBD* 465. **rho(dd)i bai (ar):** *to blame, lay blame* (*on*). *Dchr.* **17g.** *Bl B XVII* i. 15, A *rhoddi bai* (ni sai'n siwr), / Diweth fodd, di a'th feidd-iwr (Rhys Wyn ap Cadwaladr). **1770** *W*, *Rhoddwch y bai ar* eich cydymaith d.g. *To blame. id.* d.g. *Imputation, To cast an imputation upon one.* Ar lafar, *WVBD* 465; 'Paid â *roi'r bai arno*' i am dorri'r plât' (sir Gaerf.). **rho(dd)i barn:** *to voice an opinion, pass judgement, judge.* **15–16g.** *GRB* 21. **1604–7** *TW* (*Pen* 228) d.g. *Computo, decerno.* **1775** *W* d.g. *To judge* [*determine causes; give one's opinion of, &c.*]. **rho(dd)i bendith, rho(dd)i'r fendith:** *to give one's blessing; pronounce the benediction.* **17g.** *Bl B XVII* i. 3, Ac o'm gwir fodd yn *rhoddi* / At hyn fy *mendith* i ti (Catherin Owen). Ar lafar, 'Arhoswch yn eich sedd nes bydd y gweinidog wedi *rhoi'r fendith*'. **rho(dd)i benthyg (menthyg, &c.), rho(dd)i ar fenthyg:** *to lend.* **[1547]** W. SALESBURY: *OSP* [iii], *roesadd* [*sic*] i *venffyc.* **1588** *Salm* xxxvii. 26, yn *rhoddi benthyg.* **1775** *W* d.g. *To lend.* Ar lafar, *'rhoi benthyg'*, *WVBD* 465; ''Fi 'di *roi menthyg* 'y nghot i rwun arall' (sir Gaerf.). **rho(dd)i'r blaen i:** *to give precedence to.* **1672** R. PRICHARD: *Gw* 201. **1748** P. PUGH: *DGG* 31. **1788** J. THOMAS: *CS* 191. **rho(dd)i bod i:** *to bring* (*something*) *into being.* **1789** *PMP* 18. **rho(dd)i brawd:** *to pass judgement, judge.* **1604–7** *TW* (*Pen* 228) d.g. *decerno* (hefyd *D*), *pronuncio.* **rho(dd)i brest = rho(dd)i bron. 20g. rho(dd)i bri,** gw. *bri.* **rho(dd)i briduw:** *to swear a solemn oath.* **13g.** *LlI* 40, 41. **1773** *W* d.g. *Faith, To engage or plight one's faith.* **rho(dd)i bron(nau):** *to give the breast, suckle.* **1604–7** *TW* (*Pen* 228), *rhoi bronnæ* d.g. *Mammo.* **1714** R. PRYDDERCH: *GD* 125. **1771** *W*, *Rhoi bron* d.g. *Breast, To give breast to* [*suckle*], *to give suck, to suckle.* **rho(dd)i brwydr:** *to give battle, fight.* **14g.** *BT* (*R*) 184. **rho(dd)i bryd (ar):** *to set one's mind or heart* (*on*), *resolve; consider.* **15g.** TUDUR PENLLYN, &c.: *Gw* 100, ni bv adwyth e[n]bydiach / na *rhoi brŷd ar* y bŷd bach / dŷn wyf a edwyn dy fawl / duw fy ior wy difeiriawl. **1588** *Diar* xxxi. 16, Hi a *rydd* ei *brŷd ar* dŷddyn, ac ai pryn ef. **1588** *Dan* i. 8, Daniel a *roddes* ei *frŷd* nad ymhaloge efe. **1791** GW. MECHAIN: *Gw* 12. Ar lafar, 'Ma mam 'di *roi* 'i *bryd ar* gael peiriant golchi llestri' (sir Gaerf.). Gw. hefyd *rho(dd)i llawnfryd.* **rho(dd)i'r bwrdd yn ei afael:** *to reconnect the* '*bwrdd llifio*', *i.e. the table where slate is placed to be cut by a circular saw.* Ar lafar yn ardal y chwareli llechi, '*Rhoi'r bwrdd yn ei afael*: Ailgysylltu'r "bwrdd llifio". . . Daeth yn derm llafar gwlad hefyd am ddyn yn cael swydd arbennig', *B* xx. 374. **rho(dd)i'r byd yn ei le:** *to put or set the world to rights.* Ar lafar, '*rhoid y byd yn 'i le*' 'to settle the affairs of the nation', *WVBD* 465. **rho(dd)i bys ar:** *to put* (*one's*) *finger on* (*something*), *point out.* Ar lafar, ''Alla' i ddim *roi 'mys ar* be' sy'n bod, ond 'dwi ddim yn teimlo'n dda iawn' (sir Gaerf.). **rho(dd)i bys yn y brywes:** *to put a finger in the pie.* **1754** *ML* i. 293, bydd ir pendefig hwnnw gael *rhoddi bŷs yn y brywes.* Ar lafar, 'Paid â deud dim wrth honna—mae'n *rhoi 'i bys ym mrwas* rhywun o hyd' (Arfon). **rho(dd)i cad:** *to give battle, fight.* **15g.** *GHC* I. **1632** *D* d.g. *Deprælior.* **rho(dd)i caead ar (ei) biser,** gw. *caead.* **rho(dd)i cais ar:** (i) *to snatch at, catch at.* **1547** *WS*, *Roi kais ar*beth [*sic*] ar vedyr kael gafael Snappe, snatche. **1620** *Ecclus* xxxiv. 2, Megis vn yn *rhoi cais ar* gyscod. (ii) *to* (*make an*) *attempt, endeavour, try.* **1567** G. ROBERT: *GC* 83. **1675** R. JONES: *HCh* 115, 123. **1743** J. JONES: *LlAW* 179. **rho(dd)i calon (yn):** *to put heart* (*into*), *encourage, give encouragement.* **1604–7** *TW* (*Pen* 228), *rhoi calon* d.g. *Animo.* **1620** 2 *Mac* viii. cs., Iudas yn *rhoi calon yn* ei wyr. **1632** *D* d.g. *Confirmo, Exhortor.* **1679** C. EDWARDS: *GGG* 27, Atcof o hên warediadau a *rydd galon* i fod yn hyderus rhag llaw. **1774** *W* d.g. *Heart, To put one in* [*good*] *heart, or to give one heart or courage.* **rho(dd)i calon ar:** *to set one's heart on.* **1588** *Salm* lxii. 10. **1774** *W* d.g. *Heart, To set one's heart upon.* Ar lafar, 'Ma fe 'di *roi 'i galon ar* gael y car newydd welodd e'n y garej' (sir Gaerf.). **rho(dd)i calon i lawr:** *to become discouraged, despair.* Ar lafar, 'Pidwch *roi'ch calon lawr*—daw pethe'n well 'to'. **rho(dd)i caniad:** *to give a ring* (*on the phone*). Ar lafar, 'Mae o 'di gaddo *rhoi caniad* i mi tua chwech'. **rho(dd)i cas ar:** *to take a dislike to.* Ar lafar, *WVBD* 465. **rho(dd)i cawell i:** *to jilt.* **1814. rho(dd)i cefn i:** *to turn one's back on.* **13g.** *HGK* 15, 16. **rho(dd)i('r) celwydd (i):** *to give the lie* (*to*). *a.* **1587** *Y* 223, Mynych iawn, rwym anwych wydd, / Marc gwael, / i *rhoi i mi'r celwydd.* **1659** *GIA* 8, Chwi a fyddech parod i ruthro yn wyneb y sawl a *roddei i* chwi *gelwydd*: Ac er hynny a feiddiwch chwi *roddi 'r celwydd i* Dduw? **1766** *FfA* 23, gochel . . . rhag i'th fywyd *roi'r celwydd* i'th broffes. **rho(dd)i cennad:** *to give leave or permission, permit.* **14g.** *YBH* 5b. **15g.** *HCLl* 36. **1630** *YDd* 269. **1718** E. SAMUEL: *HDdD* [v]. **rho(dd)i cerrig i fyny:** (i) *to call it a day, retire; die.* Ar lafar yn ardal y chwareli llechi, 'Mae o wedi *rhoi 'i gerrig i fyny*' [am chwarelwr yn ymddeol neu'n marw], *B* xx. 374. (ii) *to count slates and stack them.* Ar lafar yn ardal y chwareli llechi, *B* xx. 374. **rho(dd)i clec:** *to be bankrupt.* Ar lafar, '*rhoid clec*' (Arfon). **rho(dd)i clec ar y bawd:** *to snap one's fingers, dismiss contemptuously.* Ar lafar, *WVBD* 263, 465. **rho(dd)i clec i:** *to finish* (*a drink*) *off, drink* (*something*) *up.* Ar lafar yn y Gogledd, '*Rho glec i*'r peint 'na inni gal mynd o 'ma'. **rho(dd)i ei glert ar:** *to lean, esp. on the elbows.* Ar lafar, 'pregethwr yn *rhoid 'i glert ar* y pulpud' (Arfon). **rho(dd)i clo ar:** *to lock, fig. finish.* **1604–7** *TW* (*Pen* 228) d.g. *Obsero.* **1761** *ML* ii. 347, rhaid *rhoddi clo ar* hyn o fatter. Ar lafar, *WVBD* 465. **rho(dd)i clod:** *to give praise or credit.* **1604–7** *TW* (*Pen* 228) d.g. *perorno.* **1621** E. PRYS: *Ps* 42b. **1753** G. OWEN: *L* 80. Ar lafar, 'Ma isie *roi clod* i bawb 'nath berfformio yn y gyngerdd' (sir Gaerf.). **rho(dd)i clun i lawr,** gw. *clun*[1]. **rho(dd)i clust(iau) (i):** *to listen* (*to*), *pay attention* (*to*). **1588** *Ecs* xv. 26, *rhoddi clust* iw orchymynnion ef. **1609** R. SMYTH: *CAC* [v], *rho'i clustiau* yw gwrando yntwy sy'n gweiddi. **1709** H. POWEL: *G* 6, pan canmolir y marw y mae y Gwrandawyr yn *rhoddi clust*, yn fwy nac i'r holl rhan [*sic*] arall o'r Bregeth. **1775** *W* d.g. *To lend a ear to one.* Ar lafar, 'Paid o *roi clust i* siŵd ddwli', *GTN* 691; 'Fe ddylet ti *roi clust i* ffrind bob amser' (sir Gaerf.). **rho(dd)i codwm:** *to cause* (*someone*) *to fall, cause the downfall* (*of*). **15g.** *GDID* 79, I wan trist y rhoud ŵn trwm; / I gadarn y *rhoud godwm.* **1683** H. EVANS: *CTF* 54. **1773** *W* d.g. *To give one a fall.* **rho(dd)i coel ar,** gw. *coel*[1]. **rho(dd)i cofor:** *to put pitch on a coracle.* Ar lafar yn ardal afonydd Teifi a Thywi, J. G. JENKINS: *NC* 132. **rho(dd)i cred:** *to pledge one's word, become betrothed.* **14g.** *WM* 138. 28–9, Y gret a *rodes* y marchaɓc ar hynny. *c.* **1400** *RB* ii. 37, bu da gan wyr groec *rodi cret* y baɓb. ac kadarnhau drɓy lyein. **15–16g.** *TA* 490, *Rhoi cred* deirgwaith neu bedair / Ai llai 'r gred no llaw ar grair? / . . . / Bwrw cred,—a bair, acw, ras—/ Yw bwriadu 'r briodas. **1547** *WS*, *Roddi cred* rhwng mab a merch Handfaste. **rho(dd)i credyd:** *to give credit, also fig.* **1910.** Ar lafar, 'Ma lot o'r siope mawr yn *roi credyt* dyddie 'ma' (sir Gaerf.). **rho(dd)i cusan (i):** *to* (*give a*) *kiss.* **13g.** *LlI* 26, 69. **14g.** *YBH* 3a. **15g.** *GDID* 3. Ar lafar, 'Ma pawb wastad *roi cusan i* bawb arall pan ddaw'r flwyddyn newydd' (sir Gaerf.). **rho(dd)i cwrs:** *to give chase.* Ar lafar, 'Dianc wnath y llwynog yn y diwedd, ond fe *roth* y *cŵn gwrs* da iddo fe' (gogledd Cered.). **rho(dd)i cwyn,** gw. *cwyn*[1]. **rho(dd)i cychwyn:** *to set in motion, start, 'egg on'.* Ar lafar, '*rhoi cychwyn* iddo fo' 'to egg him on', *WVBD* 465. **rho(dd)i cyfarth:** *to stand at bay.* **14g.** *WM* 69. 7–8, 501. 23–4. **rho(dd)i cyfraith ar:** *to take legal proceedings against, sue.* **16–17g.** *Cer RC* 144. **1775** *W* d.g. *Law, to take the law of* [*on or against*] *one.* Cf. D. OWEN: *D* 144. **rho(dd)i cyfrif:** *to give an account* (*of*); *account* (*for*). **1567** *TN* 239a, pop vn o hanom a *rydd gyfrif* am dano y hun y Dduw. **1588** *Dan* vi. 2, arnynt hwy yr oedd tri rhaglaw . . . i'r rhai y *rhodde* y tywysogion *gyfrif*, fel na bydde y brenin mewn colled. **1630** *YDd* 94, Nid oes greadur yn y byd ond dŷn yn gorfod iddo *roi cyfrif* o'i fuchedd yn ei farwolaeth. **1682** E. LLWYD: *EI* 5–6, pa *gyfrif* arall allwn ni *roi* am hyn os byw fyddwn ag Esceulusso y ddyled hon . . . ond ein bod . . . yn oer iawn ein cariad iddo ef. **1776** I. BRYDYDD HIR: *P* 119. Ar lafar, 'Ma raid i bawb *roi cyfrif* am bopeth ma fe'n 'i wario' (sir Gaerf.). **rho(dd)i cyfrif ar:** *to attach importance to* (*usu. in a negative construction*). Ar lafar, ''Dwy'n *rhoi* dim *cyfrif ar* hynny'. **rho(dd)i cyngor:** *to give advice, counsel.* **13g.** *C* 93. 10. **14g.** *YBH* 26a. **17g.** *Bl B XVII* i. 146. Ar lafar, 'Ma mam a dad wastod wedi *roi cyngor* da ifi' (sir Gaerf.). **rho(dd)i cynnig (ar):** *to* (*make an*) *attempt, give* (*something*) *a try.* **1852.** Ar lafar, 'Doeddwn i 'rioed wedi hedfan ond 'on i'n benderfynol o *roi cynnig arni*'. **rho(dd)i cysur (i):** *to console, give comfort.* **1604–7** *TW* (*Pen* 228) d.g. *Confirmo, Hortor* (hefyd *D*). Ar lafar, 'Ma isie *roi cysur i* blentyn sy'n llefen yn y nos' (sir Gaerf.). **rho(dd)i dan siars, rho(dd)i dan weryd,** gw. *rho(dd)i tan siars, rho(dd)i tan weryd.* **rho(dd)i dau dro (tri thro) am un i:** *to be more agile* (*in mind or body*) *than, run rings round.* **20g.** Ar lafar, 'Er 'mod i'n hŷn na ti, gallen i *roi dau dro am un iti*'. **rho(dd)i dial:** *to avenge, punish, inflict vengeance.* **15g.** *ID* I. **1588** 2 *Thes* i. 8. **1630** *YDd* 24. **1759** T. THOMAS: *WWDd* 237. **rho(dd)i diofryd (diowryd):** (i) *to renounce or retract* (*esp. on oath*), *abjure.* **15g.** *DGG*[2] 16, *Rhof ddiowryd*, rhyw ddirwy, / Adeilad serch er merch mwy. ?**15g.** *BDG* 336, *Diofryd* er hyd fo'r haf, / O'r addysg hwn a *roddaf.* **15g.** *DN* 15, Gwasnaethv bv, ac y bydd, / Y Drindawd, wedy'r vndydd, / Vwch Dofr, a *rroi diovryd* / Arver byth o arvau'r byd. **16g.** SIÔN BRWYNOG: *Gw* 93, Ag o wir gas, garw i gyd, / Ar d'eiriau *roi diowryd.* **1588** *Lef* xxvii. cs., Cyfraith addunedau, degymmau, a phethau wedi *rhoddi* eu *ddiofryd* [*sic*], sef wedi i'r perchennoc addo i'r Arglwydd trwy adduned na fwynhae hwynt byth ond eu gadel i wasanaeth y cyssegr. **1757** G. OWEN: *L* 190, oni bai fy mod wedi *rhoi* llwyr *ddiofryd* yr awen ac ymwrthod â hi tros byth. (ii) *to vow, give a pledge.* **1604–7** *TW* (*Pen* 228) d.g. *deuoueo.* **1688** *NDE* [10], nac i Ddiaconiaid *roddi diofrŷd* i fŷw yn unig neu heb priodi. **1791** GW. MECHAIN: *Rh* 8, *rhoddasant* [y Ffrancwyr] *ddiofryd* na chai gorthrymder cartrefol süo iddynt i gysgu yn rhagor. **rho(dd)i diolch:** *to give thanks, say thank you, thank.* **1620** *Marc* xiv. 23. **1670** J. HUGHES: *AP* 241. **1691** *ESGG* 24. Ar lafar, 'Fe ddysgodd mam ni pan on ni'n fach i *roi diolch* am bob anrheg' (sir Gaerf.). **rho(dd)i distryw:** *to cause destruction, destroy.* **14g.** *YBH* 45a. **rho(dd)i diwedd arno ei hun(an), &c.:** *to commit suicide.* Ar lafar, ''On' nw byth yn meddwl 's lawar dydd bod neb wedi *roi diwadd ar 'i 'unan*, achos næci'n amal odd siŵ' beth yn dicwdd, ond 'eddi 'wyt ti'n clwad am ddinnon ifinc yn *roi diwadd ar 'u 'unin*', *GTN* 691. Cf. *gwnaf: gwneuthur—gwneud diwedd arno'i hun.* **rho(dd)i Duw y(n) fach:** *to call on God as surety.* **14g.** *WM* 71. 25. **14g.** *GDG*[3] 143. **15g.** *HCLl* 140. **rho(dd)i dŵr dros:** *to rinse.* Ar lafar, *WVBD* 465. **rho(dd)i dŵr oer ar:** *to pour cold water on, be discouraging about.* Ar lafar, *WVBD* 465. **rho(dd)i dwylo ar:** *to lay hands on, seize.* **1567** *LlGG* 42b, wy a *roeson* ei *dwylo arnaw* [:– ymavlsont ynthaw], ac ei daliesont. **1604–7** *TW* (*Pen* 228), *rhoi dwylaw ar* beth d.g. *Inuolo* (hefyd *D*). Gw. hefyd *rho(dd)i llaw ar.* **rho(dd)i (yn) echwyn:** *to lend.* **1567** *TN* 92a, a's benthycwch [:– *rhowch yn echwyn*, rowch venthic] ir ei y gobeithiwch dderbyn ganthyn drachefn. **1588** *Deut* xxviii. 12, [t]i a *roddi echwyn* i genhedloedd lawer, ac ni cheisi echwyn. **1759** T. THOMAS: *WWDd* 244. **rho(dd)i (yn) (h)enw:** *to give* (*as*) *a name, name, call.* **1346** *LlA* 106, dauid *arodet yn en6* arna6. **1632** *D*, *rhoi henw* d.g. *Denomino.* **1778** *W* d.g. *To name.* **rho(dd)i fei ar:** *to challenge.* **15–16g.** *GLM* 117. **16g.** SIÔN BRWYNOG: *C* 27. **rho(dd)i (i) fyny(dd), rho(dd)i lan, &c.:** (i) *to give up, yield, surrender.* **16g.** *Hop M* 168, ag oddevoedd ar y groes, / nes *rhoddi* oes *i vynydd.* **1620** 1 *Mac* x. 32, am y castell sydd yn Ierusalem, yr ydwyfi yn *rhoddi i fynu* fy meddiant arno. **1794** *W* d.g. *To surrender* [*yield, deliver, or give up*], *To yield, or yield up.* Ar lafar, ''Godon' nw'r faner wen i ddangos 'u bod nw'n *roi lan*' (sir Gaerf.). (ii) *to give up, renounce, leave off.* **1606** E. JAMES: *Hom* i. 65, *rhoi i fynydd* y tragwyddol a'r bywiol Dduw. **1672** R. PRICHARD: *Gw* 90, A *rhoi fynydd* ddrwg gwmpniaeth. **1768** W. WILLIAMS: *HTS* 41, *rhoddodd* y physygwyr ef *i fynu*, fel heb obaith. Ar lafar, ''Wit ti wedi *roi* dy waith *fynydd*?', *GTN* 691; 'Ma isie iti *roi lan* smoco yn y flwyddyn newydd' (sir Gaerf.). (iii) *to hand down, pass on.* **1719** *TDP* 93, edrychwch beth a glowsoch gan eich Tadau, a *rhoddwch* chwithau hynny *i fynu* (*deliver it over*) ich Plant. (iv) *to put* (*someone*) *up.* Ar lafar, 'Bydd isie *roi* lot o blant *lan* pan ddaw'r 'Steddfod 'ma' (sir Gaerf.). **rho(dd)i (i) fyny â (gyda), rho(dd)i lan â:** *to put up with.* **1855.** Ar lafar, ''Smo i'n mynd i *roi lan â* dy nonsens di lot ragor' (sir Gaerf.). **rho(dd)i (i) fyny'r ysbryd,** gw. *rho(dd)i'r ysbryd.* **rho(dd)i ffárwel (ffarwél):** *to bid farewell.* **17g.** *Bl B XVII* i. 22. **1672** R. PRICHARD: *Gw* 124. **1768** W. WILLIAMS: *HTS* 23. **rho(dd)i('r) ffidil yn y to:** *to give up* (*as a bad job*), *throw in the towel.* **1851. 1862** TALHAIARN: *Gw* ii. 46, Y mae arnaf flys *rhoddi* fy *ffidil yn y tô.* Ar lafar, *WVBD* 131; 'Paid â *roi'r ffidil yn y to* os yw'r gwaith yn galed' (sir Gaerf.). **rho(dd)i ffordd:** *to yield, give way.* **1684** H. OWEN: *DC* 17, gan wrthsefyll . . . trachwantau y ceir y gwir heddwch calon, ac nid wrth eu dilyn a *rhoi ffordd* iddynt. **1773** *W*, *rhoi* lle neu *ffordd* i d.g. *To give way* [*yield*] *to.* Ar lafar, 'Ma raid i chi fod yn barod i *roi ffordd* i geir erill ar yr 'ewl' (sir Gaerf.). **rho(dd)i ffrwyn,** gw. *ffrwyn.* **rho(dd)i gair:** *to give one's word, promise.* **1780** *W*, *rhoi* . . . (ei *air*) ar wneuthur peth d.g. *To promise.* Ar lafar, 'Fe *roth* 'i *air* i fi y bydde fe 'ma am saith'. **rho(dd)i'r gair allan:** *to spread a rumour, spread the word.* **1595** M. KYFFIN: *DFf* [88]. **1604–7** *TW* (*Pen* 228) d.g. *Enuncio* (hefyd *D*). **rho(dd)i gair da:** *to praise, approve, favour.* **1613** *Bl B XVII* i. 26. Ar lafar, 'Man' nhw'n *rhoi gair da* i'r pregethwr newydd'. **rho(dd)i'r gair i:** *to consider* (*someone to be*). **1701** E. WYNNE: *RBS* 91, Os yw'r Gŵr yn Gefn i mi a'i fôd yn hael wrthif, yna mi *roaf iddo'r gair* o ŵr synhwyrol a bonheddigaidd. **rho(dd)i gair sen,** gw. *rho(dd)i sen.* **rho(dd)i gair ym mhlaid = rho(dd)i gair da. 1604–7** *TW* (*Pen* 228) d.g. *Suffragor* (hefyd *D*). **rho(dd)i gawr:** *to give a shout, raise a battle-cry. c.* **1400** *YCM*[2] 145. **15g.** *Bren Saes* 116, *roi gawr* vawr. **1793** DAFYDD IONAWR: *CD* 85. **rho(dd)i genedigaeth:** *to give birth.* **20g. rho(dd)i gerbron:** *to set before, present.* **1604–7** *TW* (*Pen* 228), *rhoi gerbronn* lhygeit vn d.g. *Objicio.* **1632** *D* d.g. *Exhibeo, Præbeo.* **1712** T. WILLIAMS: *CDdG* 426. Ar lafar yn gyff., 'Bydd angen *rhoi* mater y ffordd osgoi *gerbron* y pwyllgor ar unwaith'. **rho(dd)i gofuned:** *to make a vow, promise.* **1346** *LlA* 17, Am *rodi* ohonei *gouunet* . . . ydu6 kynnal gweryndaɓt. *c.* **1400** *Ked AA* 20. **1632** *D* d.g. *Gofuned.* **rho(dd)i goleuni:** *to shed light, illuminate, also fig.* **1604–7** *TW* (*Pen* 228) d.g. *Lumino.* **1658** *Examen* 11, *rhoi goleuni* i ti ynghylch angenrheidiaeth yr ymholiad beunyddiol hyn. **1775** *W* d.g. *To give light* [*as a candle*]. **rho(dd)i gôr:** *to brood* (*of hen*). **1722** *Llst* 189 d.g. *To Brood* (*set or sit on Brood*). **1771** *W* d.g. *To brood, or sit brooding.* **rho(dd)i('r) gorau:** (i) *to prefer.* **1604–7** *TW* (*Pen* 228), *rhoir goreu* d.g. *præpono* (hefyd *D*). **1783** P. WILLIAMS: *FfA* 86, na waradwyddwch eich crefydd trwy *roi'r goreu* i foesoldeb paganaidd. (ii) *to give* *up, leave off, stop.* **1672** R. PRICHARD: *Gw* 185, Gwell *rhoi'r gore* ir hwrswn cwrw / Nag ymostwng iddo 'n feddw. **1770** P. WILLIAMS: *BS, Hos* vi. **1773** *W, rhoi'r goreu* i'w wrthwynebydd d.g. *To give up an argument.* Ar lafar, '*rhoi gora* i fyta' 'to finish eating', '*rhoi gora* i'r ferch' 'to give up the girl', *WVBD* 465; 'Mi lwyddish i *roi'r gora* iddi' [am ysmygu]. Cf. W. REES: *AFR* 425, y mae hi yn ceisio dal allan, ac felly yr ydych chwithau . . . Rhaid i chwi *roi y goreu.* (iii) *to give in.* **1852.** Ar lafar, '*rhoi gora* iddo fo', *WVBD* 159. **rho(dd)i gormod o raff i,** gw. *rho(dd)i rhaff i.* **rho(dd)i gosteg:** *to be silent, give a hearing (to), listen (to). c.* **1401** *YCM*[2] 48. **16g.** *B* x. 294. **1778** J. HUGHES: *BB* 85. **rho(dd)i gwad(au):** *to deny.* **15g.** *Cy* iv. 128, ny byth yr vn a allo *rodi gwad* dros yran. **17g.** HUW MORUS: *EC* ii. 398. **1740** T. EVANS: *DPO* 290, *rhoddi Gwadau* ar gyhoedd yn ei euog-farnu ei hun. **rho(dd)i gwres traed:** *to give (someone) cause to run for his life.* Ar lafar, 'Gweda di hynna 'to ac fe *ro* i *wres* dy *drad* iti' (gogledd Cered.). **rho(dd)i gwr(i)ogaeth:** *to pay allegiance or homage.* **14g.** *BT* (*RB*) 126. **14g.** *YBH* 66b. **rho(dd)i gwybod:** *to inform, let (someone) know.* **1778** *W* d.g. *Notice* . . . *To give, or send, notice* [*to a person of a thing*]. Ar lafar, 'Os wyt ti isie rwbeth o'r dre, *rho wybod* cyn ifi fynd'. **rho(dd)i gwynt i:** *to give vent to.* **1725–6** *Madd Ed* 40. **1794** *W* d.g. *To vent, or give vent to.* **rho(dd)i haer:** *to challenge. a.* **1587** E. PRYS: *Gw* 109. *Diw.* **16g.** *Gwyn* 3, 98. **1658** R. VAUGHAN: *LlB* 15. **rho(dd)i halen ar friw (ar groen, ar gynffon),** gw. *halen* (hefyd At.). **rho(dd)i halen ym mhotes (yn ei botes, &c.):** *to sort (someone) out, settle (someone's) hash.* Ar lafar, 'Gweded e hynna unwaith 'to ac fe *ro* i *halen yn 'i botes* e' (gogledd Cered.). **rho(dd)i hawl:** (i) *to lay claim.* **1595** M. KYFFIN: *DFf* [126], y mae'r Pâb y pryd hyn yn *rhoi hawl* ar y ddau gleddyf. **1672** J. LANGFORD: *HDdD* 247–8, dyledion . . . y mae pôb un, [*sic*] o honynt yn ddledus i'r hwn a allo *roddi* y rûn o'r *holion* hyn iddynt. **1772** *W* d.g. *To claim, or lay claim to.* (ii) *to grant a right.* **1923.** **rho(dd)i heibio:** (i) *to put away, set aside; give up, leave off; lay out (a body) for burial.* **16g.** *GIILlV* 4, Ceisio *rhoi heibio* rhybell / Cwrs cariad bwriad i bell. **1551** W. SALESBURY: *KLl* xlvia, *rowch heibio* pop budreddi. **1775** *W* d.g. *To lay out of the way.* **1790** T. JONES: *TOS* 27, Os *rhoddi heibio'* th gorph (*if unclothing be the thing*) 'rwyt yn ei ofni, nid yw hyn, ond fel y caffech gorph gwell. Ar lafar, 'Ma isie sychu'r llestri a'u *roi* nw '*ibo*' (sir Gaerf.); hefyd ynglŷn â diweddu corff, 'Pan fydde rhywun yn marw yn yr ardal 'ma 's lawer dydd, mam-gu fydde'n mynd i *roi* e *hibo*' (gogledd Cered.). (ii) *to put it away (of drink).* Ar lafar, 'Ma'r gwin yn mynd lawr yn glou y ffordd 'ti'n 'i *roi* fe '*ibo*' (sir Gaerf.). **rho(dd)i help llaw:** *to give a helping hand, help.* Ar lafar, ''Nei di *roi 'elp llaw* ifi 'da 'ngwaith cartre?' (sir Gaerf.). Gw. hefyd *rho(dd)i llaw.* **rho(dd)i her (hyr):** *to challenge, defy.* **14g.** *GDG*[3] 220, *Rhoes* [ci] *hyr* ym yn dra sarrug, / Rhoes frath llawn yn rhawn yr hug. **15g.** *GGl*[2] 160, A phoen herwyr ffyn hirion, / Rhai ffeils a *ry her* â ffon. **1770** *W* d.g. *To brave* [*insult, or bid defiance to*]. Ar lafar, ''*Roia*' i *her* i ti na nei di ddim o fe' (sir Gaerf.). **rho(dd)i hid ar:** *to depend upon (in a negative construction).* Ar lafar yn y Gogledd, ''Fedrwch chi ddim *rhoid* dim *hid arno* fo'. **rho(dd)i hyr,** gw. *rhoddi her.* **rho(dd)i i:** *to attack, strike.* **16g.** *GGH* 35, Yn y maes enw mawr, Uthr gorff wrth *roi i* gawr. **rho(dd)i i angau:** *to put to death.* **1590** *RC* xlvi. 56. **rho(dd)i i gadw:** *to lay up, store, put away; commit to one's trust.* **16g.** *GGH* 385, A'i *roi* [cadach wyneb] *i gadw* . . . / O fewn dydd arafin deg. **1588** *Luc* xix. 20, arglwydd, wele dy bunt, yr hon a *roddais i gadw* mewn cadach. **1588** 1 *Tim* vi. 20, cadw yr hyn a *roddwyt iw gadw* attat. **1775** *W* d.g. *To lay by* [*in reserve*], *To lay in provisions, To lay up in store.* Ar lafar, '*Rho*'r llestri *gadw* ar ôl 'u sychu nw' (sir Gaerf.). **rho(dd)i i'r cleddyf:** *to put to the sword.* **1588** *Salm* lxxviii. 62. **1780** *W* d.g. *To put to the sword.* **rho(dd)i i fyny(dd), rho(dd)i i fyny â, rho(dd)i i fyny'r ysbryd,** gw. *rho(dd)i fyny, rho(dd)i fyny â, rho(dd)i'r ysbryd.* **rho(dd)i i lawr:** (i) *to enumerate, list, set down, note.* **1756** *Gron* 14. **1792** H. HARRIS: *H* 86. Ar lafar, '*rhoi i lawr*' 'to put down . . . in a book or otherwise', *WVBD* 465; 'Gadwch i fi *roi* hwnna *lawr* neu 'dwy'n siŵr o anghofio'. (ii) *to bet, wager.* Ar lafar, '*rhoi* ceiniog *i lawr*', *WVBD* 465. (iii) *to put (an animal) down, destroy.* Ar lafar, 'Ma isie *roi*'r ci gwyllt '*na lawr*' (sir Gaerf.). **rho(dd)i i farwolaeth:** *to put to death.* **1588** *Salm* cxviii. 18. **1712** T. WILLIAMS: *CDdG* 182. **1772** *W* d.g. *Death, To put to death.* **rho(dd)i i briddyn:** *to commit to the earth, bury.* **1914.** **rho(dd)i i siars:** (i) *to put in one's charge or care.* **1672** R. PRICHARD: *Gw* 487, Gwae fy nghalon drom gan hynny, / Na buasse Duw'n gwyllyssu, / Fy rhoi'n fugail ar dda gwylltion, / Cyn *rhoi im siars* [:- Gofal] y cyfryw ddynion. (ii) *to lay to one's charge.* **1754** E. ROBERTS: *LlLC* 6, Teilyngu o honot na *roddech iw Siars*, y peth mewn trachwant . . . ar a wnaeth ith erbyn. Gw. hefyd *rho(dd)i siars, rho(dd)i tan siars, rho(dd)i yn siars.* **rho(dd)i ias (berw):** *to parboil. c.* **1400** *Études* viii. 88, *roi ias* arnaw yn gyntaf y mywn dwfyr a bwrw hwnnw ymeith ac odyna y verwi gyt a chic bras. *c.* **1730** *Thos. Lloyd D* (LlGC) 157a, *rhoi ias berw*, to parboyle. **1801** *MMf* 90, Ffa'r gors . . . *rho ias berw* iddynt. **rho(dd)i iawn:** *to make reparation or atonement.* **15g.** *CSTB* 19, Aed heddwch eto iddi, / A *rhoed iawn* yn fy rhaid i. **1588** *Salm* xlix. 7, ni all efe *roddi iawn* trosto ef i Dduw. **1751** *GIA* 48, mae digonolrwydd yn yr *iawn* a *roes* Crist. **rho(dd)i lach,** gw. *rho(dd)i llach.* **rho(dd)i lan, rho(dd)i lan â,** gw. *rho(dd)i fyny, rho(dd)i fyny â.* **rho(dd)i lecsiwn:** *to vote, elect, choose, have one's say.* **1630** *YDd* 257, *rhoi* dy laferydd [:- *Lectiwn*] rydd a'th gyfundeb i ethol eraill ir gymdeithas sanctaidd honno. **17g.** *Cylchg LlGC* vii. 196, Aur iw hau oedd 'eiriau hwnn / o ryw laks wrth *roi 'Leksiwn.* **17g.** HUW MORUS: *EC* i. 270, Mae pawb yn *roi lecsiwn*, i'w gadw ar y gwndwn. **rho(dd)i llach (lach):** *to criticise, 'be down on'.* **1858.** Ar lafar yn ardal y chwareli llechi. **rho(dd)i llaeth:** *to yield milk.* **1567** *TN* 127b. **1604–7** *TW* (*Pen* 228) d.g. *Lactarius* (hefyd *D*). **rho(dd)i llais:** *to voice an opinion, vote. c.* **1761** *CBF* 15, Syffragia neu Syffrage, hynny yw, rhai'n *rhoi llais* yr Eglwys. **1795** JAC GLAN-Y-GORS: *SG* 31, nid oes gan neb ond perchen tir ddim hawl i *roi llais* i yrru aelod yno. Ar lafar, '*rhoi* fy *llais*'. **rho(dd)i llaw:** (i) *to give a hand, help.* Ar lafar, ''Fasa fa ddim llawar iti *roi llaw* ifi i gwiro'r drws', *GTN* 502; clywir hefyd '*rhoi llaw* o help', 'Ma fa wastod yn barod i *roi llaw* o 'elp ifi gida'r garno', *id.* 503. (ii) *to give one's hand, greet.* **1699** T. JONES: *TP* 10, Christion a *roes* iddo ef ei *law.* Gw. hefyd *rho(dd)i help llaw, rho(dd)i tro llaw.* **rho(dd)i llaw ar:** *to lay hands on, seize; lay one's hand on, find. c.* **1400** *R* 1226. 19, pan daruu ri llu *roi llaỽ arnat.* Ar lafar, 'Ma fe 'ma yn rhwle, ond 'alla' i ddim *rhoi* fy *llaw arno* fe ar y funud'. Gw. hefyd *rho(dd)i dwylo ar.* **rho(dd)i llaw wrth:** *to subscribe to, agree with.* **1632** *D* d.g. *Subscribo.* **1774** *W* d.g. *To set one's hand* [*subscribe*] *to a thing.* **rho(dd)i llaw yn:** *to interpose, intervene. c.* **1658** R. VAUGHAN: *E* 90. **rho(dd)i llawnfryd:** *to resolve firmly.* **1595** M. KYFFIN: *DFf* [64]. **1618** J. SALISBURY: *EH* 163. **1765** *W Ballads* 83, 3. Gw. hefyd *rho(dd)i bryd.* **rho(dd)i lle:** *to make or provide room, give ground, yield, give way; encourage, provide opportunity; give grounds.* **1567** *TN* 289a, na *rowch le* i ddiavol. **1588** *Barn* xx. 36, gwŷr Israel a *rhoddasant* [*sic*] *lê* i'r Beniaminiaid. **1659** *GIA* 29, y mae'n rhaid i bôb peth *roddi lle* iddo ef [Duw]. **1683** J. JONES: *TG* 97, Ac fel y *rhotho* pobl *le* i yspryd Duw, efe a ryfela yn erbyn y diafol. **1773** *W* d.g. *To give way* [*yield*] *to. id.* d.g. *To make room* [*get, or go, out of the way*]. Ar lafar, 'Ma isie *roi lle* i bobl gael bach o heddwch weithe' (sir Gaerf.); '*roi lle* i ddynon wilia' (dwyrain Morg.); 'Paid â *roi* gormod o *le* iddo fo ne mi gymith fantais arnat ti' (Arfon). **rho(dd)i llety:** *to provide accommodation or hospitality. c.* **1400** *R* 1157. 24. **15g.** *GLGC* 439. **1764** DEWI NANTBRÂN: *CB* 69. Ar lafar, 'Man' nw isie inni *roi llety* i'r plant amser 'steddfod' (sir Gaerf.). **rho(dd)i llinyn i:** *to allow full scope or latitude to.* **1721** B. MEREDITH: *PJ* 188. **rho(dd)i llinyn mesur ar:** *to appraise, size up.* Ar lafar, 'Ma'n rhaid iddo fe *roi* ei *linyn mesur ar* bawb'. **rho(dd)i llond ceg, rho(dd)i llond pen,** gw. *llond.* **rho(dd)i llonydd:** *to leave alone, leave in peace.* **1588** *Deut* xii. 10. Ar lafar, ''Newch chi *roi* bach o *lonydd* ifi orffen y gwaith 'ma?' (sir Gaerf.). **rho(dd)i llw:** *to swear an oath; administer an oath.* **14g.** *WML* 40, 97. **1595** *Egl Ph* 74. **1778** *W* d.g. *To swear an oath, To tender an oath to one* [*swear one*]. Clywir yr ymad. '*rhoi llw* mawr' yn yr ystyr 'rhegi', 'Fe *ryws lw* mawr pyn gwelws a'r glanastra 'odd y tacla wedi nuthur ar 'i ardd a', *GTN* 691. **rho(dd)i mach (yn fach, &c.):** *to give or call upon as surety or hostage.* **13g.** *LlC* 5, O deruyd y dyn *rody mach* y arall. **13g.** *B* x. 28, Ami a *rodaf* yt en *vach* . . . y gyssygredic veir. **14g.** *BT* (*RB*) 152, brenhin Lloegyr a *rodassei yn ueicheu* y brenhin Ffreinc Henri, tywyssawc Bwrgwyn, a Thybawt Jeuanc y urawt. **1547** *WS, Roi meichie* Put in suerty. **1588** 1 *Mac* viii. 7. Gw. hefyd *rho(dd)i Duw y(n) fach.* **rho(dd)i maes:** *to do battle, also fig.* **15g.** *GDLl* 47, Gwelwch *roi maes* a gweilch o'r môr. *a.* **1587** *Y* 21, Bygythiaist, bigav ieithydd, / *Rhoi* ym *faes*, avrfa rhôm fydd. **16–17g.** LLYWELYN SIÔN, &c.: *Gw* 439, yn jach Rymysswalch, yn jach *Rhoimaessav* [*sic*]. *c.* **1752** I. BRYDYDD HIR: *Gw* 63, Rhaid ar frys roi gwŷs i'r gwr, / . . . / I *roi maes* am eiriau mall. **rho(dd)i'r maes (i fyny):** *to yield, surrender, concede victory.* **16g.** *B* xv. 269, namynn *hroddi y maes J vynnv* a ffoo. **1588** *Doeth Sol* x. 12, mewn ymdrech cryf hi [doethineb] a *roddes y maes* iddo ef. *c.* **1730** *Thos. Lloyd D* (LlGC) 204a, *rhoi'r maes i fynu*, to quit the field. **rho(dd)i'r farwol:** *to deliver the knockout blow, knock on the head, finish off.* Ar lafar, *ISF* 55. **rho(dd)i mas,** gw. *rho(dd)i allan.* **rho(dd)i mats(i)en:** *to put a match (to), ignite, also fig.* **1913.** Ar lafar, ''Na' i *roi matsien* yn y tân i dwymo'r lle 'ma' (sir Gaerf.). **rho(dd)i meichiau,** gw. *rhoddi mach.* **rho(dd)i menthyg,** gw. *rho(dd)i benthyg.* **rho(dd)i mesur ar:** *to attach importance to.* **14g.** *BT* (*RB*) 74. *c.* **1400** *R* 1355. 44. **1680** J. THOMAS: *UN* [ix]. **rho(dd)i mewn, &c.:** *to give in, yield.* Ar lafar, 'Paid â *rhoi fewn* iddo fe'. Fe'i clywir hefyd yn yr ystyr 'rhoi (dan bwysedd), cwympo', 'Ma'r ochor yn *roi miwn*' (sir Gaerf.). **rho(dd)i min ar:** *to sharpen, whet, also fig.* **20g.** Ar lafar, *WVBD* 374, *B* xx. 374. **rho(dd)i fynydd,** gw. *rho(dd)i fyny.* **rho(dd)i nâg:** *to deny, refuse.* **1604–7** *TW* (*Pen* 228) d.g. *Nego.* **1632** *D* d.g. *Repulso.* **1772** *W* d.g. *To deny* [*refuse to grant*]. **1778** J. HUGHES: *BB* 157. **rho(dd)i naid:** *to leap, jump; cover (of animal).* **1772** *W, rhoi naid* i d.g. *To cover* [*as a horse the mare*], *To leap, or leap upon* [*as the male upon the female*]. **rho(dd)i nawdd:** (i) *to give sanctuary or protection.* **13g.** *LlI* 2. *c.* **1400** (*SG*) *HMSS* 185. (ii) *to give mercy or quarter.* **13g.** *A* 1. 11–12, 14. 1. **rho(dd)i nerth (i, &c.):** *to strengthen, invigorate, set (one) up.* **1588** *Deut* viii. 18. **1588** *Doeth Sol* x. 2. **1775** *W, Rhoi nerth* . . . *yn* d.g. *To invigorate.* Ar lafar, 'Bydd y bwyd 'na'n *roi nerth iti* am y dydd' (sir Gaerf.). **rho(dd)i newid:** (i) *to exchange.* **15g.** *ID* 80. **15–16g.** LLAWDDEN, &c.: *Gw* 123. (ii) *to give change.* Ar lafar. **rho(dd)i notis (i mewn):** *to give notice, hand in one's notice.* Ar lafar, 'Ma rhaid *rhoi notis* o fis 'da'r job 'ma' (gogledd Cered.). **rho(dd)i o'r neilltu:** *to set aside.* **1620** 1 *Esd* iv. 44. **1770** *W* d.g. *Aside, To set aside.* **rho(dd)i oed:** *to set an appointed time, make a tryst or 'date'; grant a delay or deferment.* **13g.** *LlI* 45, O dewedant bot eu porth en eu kemhut ehun, *roder oet* try dyeu udunt. **14g.** *Cy* xvii. 133, O deruyd dylyu da y dyn Ac am y da hwnnw *roddi oet* idaw. Achyn yr oet caffel or kynogyn y da. *c.* **1400** *RB* ii. 21, yna priaf aofynnỽys aoed da ganbaỽb *rodi yroet.* **15–16g.** *TA* 521, *Rhoi oedau*, Gwen, rhy deg oedd, / Rhoi i dlawd am yr hoedl ydoedd. **1632** *D* d.g. *Indulgeo.* **rho(dd)i pawl yn llawr:** *to settle down.* **1754** *ML* i. 324, fe ddigwyddodd i Wilym druan *roddi* ei *bawl yn llawr* mewn congl anghysbell. **1758** *id.* ii. 62, Pa beth sydd yn dyfod o Sion D'lynior? Oes dim gobaith cael *rhoddi* yr *pawl yn llawr*? **1763** *id.* 600, paham y *rhoddech* eich *pawl yn llawr* y fan honno? **rho(dd)i pèg:** *to reproach; put a spoke (in someone's wheel).* Ar lafar, 'Mi *rois* i ryw *bèg* iddo fo fod o wedi gneud tro gwael' (Arfon). **rho(dd)i'r bêl ar do,** gw. *to*[1]. **rho(dd)i pen ar (am):** *to put an end to, put paid to.* **1830.** Ar lafar, 'Mae'n bryd i chi *roi pen ar* y dadle 'na bellach'. **rho(dd)i pen ar fwdwl (ar y mwdwl):** *to draw to a close, bring to an end.* **1894** D. OWEN: *GT* 336, yn bryd i mi *roi pen ar fwdwl* fy stori. Cf. *caeaf: cau—c. pen y mwdwl.* **rho(dd)i'r pen at:** *to set to work at (something).* Ar lafar, *WVBD* 465. **rho(dd)i pen i'w dorri:** *to be absolutely sure.* Ar lafar mewn rhannau o'r Gogledd, 'Y fo welis i'n dod allan o'r dafarn, mi *ro'i mhen i' dorri*'. **rho(dd)i pen yn y dorch:** *to get oneself into a complicated situation.* **1850** W. REES: *LlHFf* 80, Mi rydw i chwedi *rhoid* y *mhen yn dorch* yn sownd o'r diwedd. **rho(dd)i pennau ynghyd, rho(dd)i pennau gyda'i gilydd:** *to put (our, your, &c.) heads together, consult one another.* **1755** *ML* i. 358, *Rhowch* eich *pennau ynghyd*, da chwithau. **1760** T. WILLIAMS: *AD* 60. Ar lafar, 'Os *rown* ni'n *pennau 'da'i gilydd*, 'fi'n siŵr gewn ni'r ateb' (sir Gaerf.). **rho(dd)i penglog:** *the name of a folk custom (see below).* **1852.** Cf. T. G. JONES: *Welsh Folklore* (1930) 241, a May custom [in North Wales] of hanging the skull of a horse or an ass over the door of the home of a maid or a married woman disliked by the participants. **rho(dd)i ei big (ei phig, &c.) i mewn, &c.:** *to have one's say, put one's oar in.* Ar lafar, 'methu *rhoi'i big i fewn*' 'to fail to get in a word edgeways', *WVBD* 465; 'Ma raid iddo fo gal *rhoi 'i big i mewn* wastad'. Fe'i clywir hefyd yn yr ystyr 'picio i mewn, galw heibio', 'Mae o'n siwr o *roi 'i big i mewn* ryw ben pnawn 'ma os ydi o 'n dre'. **rho(dd)i pin ar bapur:** *to put pen to paper.* **1792** H. HARRIS: *H* 172. **rho(dd)i pin yn swigen (rhywun):** *to take (someone) down a peg.* Ar lafar, 'Ma angan i rywun *roi pin yn 'i swigan* o!' **rho(dd)i pob gewyn (ewin) ar waith:** *to go at it hard, 'pull out all the stops'.* Ar lafar yn y Gogledd. **rho(dd)i praw(f) (ar):** *to test, try.* **1604–7** *TW* (*Pen* 228), *rhoi praw ar* d.g. *probo.* **1632** *D, rhoi prawf ar* d.g. *Probo.* **1754** G. OWEN: *L* 139. **rho(dd)i pris (ar, &c.):** (i) *to set a price (on), fix the price (of).* **1604–7** *TW* (*Pen* 228), *rhoi pris* d.g. *destino, Licitor. id. rhoi pris ar* beth d.g. *Indico, as.* [**1783**] *W* d.g. *To set* [*fix, or name*] *a price, To set* [*a commodity*] *at a price.* (ii) *to attach importance (to), set store (by).* **15–16g.** *GRB* 23, Rhoi'r naw'n braff,—*rhoi arnun bris*: / rhod nid âi i'r un dewis. *c.* **1585** G. ROBERT: *DC* [1a], heb *roi pris mewn* pethe nefol. *id.* [2b], nid ydym yn *rhoi pris* yn y byd *am* y pethe mawr hyn a bery byth. **1760** WLL: *SAC* 62, *rhoi*'r ûn *brîs ar* Enneiniad Prophwyd ac ar yr hyn a gymmysga gwerthwr pêr-aroglau. Ar lafar, 'Mae'r athro yn *rhoi pris* mawr *ar* gywirdeb iaith wrth sgrifennu traethawd'. **rho(dd)i fy mhump (ei bump, &c.) ar:** *to steal, pilfer.* **20g.** **rho(dd)i pwltis ar goes bren:** *to carry coals to Newcastle.* Ar lafar ym Môn, *ISF* 65. **rho(dd)i pwys (ar):** *to lean (on), depend, trust; stress, emphasize, accentuate.* **1488–9** *BSM* 31, A *Roi* i *bwys ar* i ffonn. **1604–7** *TW* (*Pen* 228), *rhoi* [ei] *bwys ar* d.g. *Insisto.* **1632** *D, rhoi pwys* d.g. *Confido.* **17g.** *Bl B XVII* i. 225, Dwy Wynedd, bonedd benwn, / Dwy Bowys, *rhônt bwys ar* hwn [i Wiliam Salsbri o Rug]. **1773** *W*, Y *rhoddir pwys arno* (megis ar ryw air neillduol wrth lefaru neu ddarllain) d.g. *Emphatic, or emphatical.* **rho(dd)i pwysau ar:** (i) *to bring pressure to bear on (someone).* Ar lafar, 'Mi fydd rhaid i mi *roi pwysa arno* fo eto am yr adroddiad 'na'. (ii) *to put weight on.* Ar lafar, 'Mi nes i *roi pwysa ar* dros Nadolig' (Arfon). **rho(dd)i pwysau ymlaen:** *to put weight on.* Ar lafar, 'Ma Nadolig yn amser *roi pwyse 'mlân*' (sir Gaerf.). **rho(dd)i pwyslais ar:** *to stress, emphasize.* Ar lafar, 'Ma ysgolion dyddie 'ma yn *roi pwyslais ar* brofiad gwaith fel ran o addysg plant' (sir Gaerf.). **rho(dd)i pwyth i:** *to get a dig in at (someone).* Ar lafar, 'Mi *rois* i *bwyth iddi* hi' (Arfon). **rho(dd)i rhaff (gor-**

mod o raff) i: *to give (a) free rein to, fig.* **18–19g.** *Llr* C 50, 295, *Rhoi rhaff iddei* feddyliau, ei anwydau, ei chwantau, &c. Ar lafar, 'Ma'r plant 'ma'n ddrwg am fod 'u rieni nw 'di *roi gormod o raff iddyn'* nw'. **rho(dd)i rhagor o fawn ar y tân:** *to fan the flame (of discord).* Ar lafar, M. WILIAM: *DY* 73 (canolbarth Cered.). **rho(dd)i('r) sac i:** *to give (someone) the sack.* **1934.** Ar lafar, 'Hen fòs cas ydi o—yn *rhoi'r sac i* rywun dragwyddol' (Arfon). **rho(dd)i sawd (sawt):** *to make an assault, attack, also fig.* **15g.** *GHC* 14, I *roi sawd* Iorus ydyw, / Urddol i Fair a'r Ddelw Fyw. **16g.** *B* xv. 271, a'r bobyl yn barod J *roddi* y *sawtt.* **16–17g.** *PCWG* 24, y sawl a garwy fi ir rheini y *rho fi sawd* a cherydd. **1653 (18g.)** *Pant* 8, 33b, i ddwyn y fyddin gascl i *roi* un *sawd.* **rho(dd)i sbôc (sbocsen, &c.) yn ei olwyn, &c.:** *to put a spoke in one's wheel.* **20g.** **rho(dd)i sbrag (sbrog, &c.) yn ei olwyn, &c.** = **rho(dd)i sbôc yn ei olwyn. 20g. rho(dd)i sen(nau), rho(dd)i gair sen:** *to rebuke, reprove, reprimand, rail (at), revile.* **1567** *TN* 63b, [d]echreodd *roi* iddo *sen* [:– ei geryddy]. *id.* 127b, vn or drygddynion a grocesit, y cablawdd ef [:– a *roes sen* iddo]. **18g.** L. HOPKIN: *FG* 26, *rhoddi senau.* **18g.** I. BRYDYDD HIR: *Gw* 63, Pwy o ddig a chenfigen / Ry egr sydd i *roi gair sen?* **1771** *W* d.g. *To check [reprove, or reprimand], To chide [rebuke, or reprimand].* **rho(dd)i serch (ar, i):** *to love, delight (in); set one's mind (on).* **14g.** *WM* 474. 30–3, ha wreic pei mi rywascut uelly ny oruydei ar arall uyth *rodi serch* im. **1567** *LlGG (Sall)* 52, O bleit yddo vy-caru [:– *roi* ei vawr *serch arnaf*]. **1588** *Deut* x. 15, *ar* dy dadau di yn vnic y *rhoddes* yr Arglwydd ei *serch* gan eu hoffi hwynt. **1588** *Salm* xci. 14, Gwaredaf ef hefyd am *roddi* o honaw *serch arnaf.* **1620** *Col* iii. 2, *Rhoddwch* eich *serch* (*TN* 300b, bryd) *ar* bethau sydd vchod. **1691** T. WILLIAMS: *YB* 10, i bwy bynnag a *rodde* ei *serch ar* y bŷd. **rho(dd)i sgwd (ysgwd, sgwt, &c.):** *to give a push, shove, toss, fling, also fig.; give a helping hand.* **16g.** SIÔN BRWYNOG: *Gw* 278, *Rhoi sgwd* i'r cardie isgil, / Casa 'ngwg cosi 'ngwegil. **1604–7** *TW* (*Pen* 228), *rhoi scwt* d.g. *posthabeo.* **1632** *D*, *rhoi ysgŵd* d.g. *Detrudo, Succutio.* **1716–18** *Llsgr R. Morris* 196, fo *roes* y gelding iddo *sgwd* / yn y ffrwd foi taflodd. Ar lafar, 'Wedi codi sachad ar ben clawdd ac wedyn *roid sgŵd* iddo fo i lawr', 'Mi *rois* i *sgwd* iddo fo odd ar y ffordd', *WVBD* 487; 'Ni *roeson sgwt* idd 'i gar a gida'n gilydd idd 'i 'elpu fa i starto', *GTN* 736; hefyd yn yr ymad. '*rhoi sgwt* ymlaen', 'Fe ddæth Lizi i roi llaw o 'elp ifi a fe *ryws* 'ynny *sgwt* ymlæn ifi i gwplo 'ngynt', *ib.* Clywir '*roi sgwt*' hefyd yn yr ystyr 'rhoddi help llaw', 'Dere i *roi sgwt* ifi gyda'r glo 'ma' (gorllewin Morg.). **rho(dd)i siars:** *to give a command or order, admonish, charge, enjoin.* **15g.** *GLGC* 45, a Syr Rhys, mae'n *rhoi siars* mawr. **16g.** *THSC* (1923–4) (At.) 54–5, [d]ayth y jestys . . . a *roi siarssav* yddynt, megis y kymerth y bobyl ensampyl or jestys hwnn. **1583** *LlGC* 716, 25a, gan *roddi* yddynt anwedigol *siars* i cyflawni [*sic*] hynny. **1630** R. LLWYD: *LlH* 371, *rhoi* arnom *siars* i gymmeryd cymmaint gofal am dda ein cymmydogion. **1672** J. LANGFORD: *HDdD* 185, y mae 'r pechod o Lwthineb yn gymmaint ac mor ber[yg]lus a darfod i Grist dybied yn gymmwys *roddi siars* arbennig (*give an especial warning*) y[n] ei erbyn ef. **1717** *Llsgr R. Morris* 99, *rhoe* r̄ Iustus arnai *siars* yn ddidrwch / am gymerud edifeirwch. **1798** W. RICHARDS: *CC* 31. Ar lafar yn yr ystyr 'rhoddi her', '*Rhoia* i *siars* i ti'n rhaso i i'r ysgol', *SC* vi. 129 (sir Benf.). Gw. hefyd *rho(dd)i i siars, rho(dd)i tan siars, rho(dd)i yn siars.* **rho(dd)i sîj, &c.:** *to besiege.* **1547** *WS, Roddi sids* wrth dref Besiege. **16g.** *B* xi. 85, *Roessant* twy *ssidgi* wrth dref. *c.* **1600** *RWM* i. 236, yn *rhoi sits* wrth gastell harlegh. **rho(dd)i (y)stop:** *to put a stop (to), stop.* **1755** *ML* i. 345, Digrif oedd *roddi ystop* ar y Downsend front honno. Ar lafar, 'Mi fydd raid imi *roi stop* ar y byta 'ma, ne' mi a' i'n dew' (Arfon); 'Ma isie *roi stop* ar y dwli 'ma' (sir Gaerf.). Cf. D. OWEN: *SP* 69, buan y *rhoddodd* yr hen flaenoriaid *stop* arno; *Cymru* liv. [93], *Rhoddais stop* ar fy mheiriant. **rho(dd)i stretsh ynddi hi:** *to make something out to be worse than it is, exaggerate, stretch.* Ar lafar, '*rhoi stretsh yni hi*' (Arfon). **rho(dd)i strocen o flaen ei olwyn, &c.:** *to put a spoke in someone's wheel.* Ar lafar, '*Mi ro*' i *strocan o flaen 'i olwyn* eto' (Arfon). **rho(dd)i stumog:** *to give an appetite.* Ar lafar, 'Ma smel winwns yn ffrio yn *rhoi stumog* i fi wastad' (gogledd Cered.). **rho(dd)i sugn:** *to suckle, give suck.* **1551** W. SALESBURY: *KLl* xxxva. **1661** E. LEWIS: *Drex* 263. **1777** W. WILLIAMS: *DN* 56. **rho(dd)i sut mae'n dod, rho(dd)i sut ydych chi heddiw:** *to give (someone) a piece of one's mind, give (someone) what for.* Ar lafar, 'Fi *ro*' i *siŵd mae'n dod* iddo fe am 'yn', ''Ôn i'n 'i chlŵad 'i'n *roi siŵd ŷch chi 'eddi* iddyn' nw am rwpath', *GTN* 691. **rho(dd)i tafod:** *to give expression, express.* **1868.** Ar lafar yn nwyrain Morg. yn yr ystyr 'bod yn eofn'. **rho(dd)i tafod drwg:** *to abuse verbally, insult.* **1687 (1715)** J. OWEN: *TB* 100, canlynodd y Dyn sarrhaus ef hyd at y Drws, gan *roi tafod drwg* iddo. **1689** E. MORUS: *RC* 48, Nid oes neb heb ei wendid . . . felly y dywed y Gwr digllon pan dyngo neu rego, neu pan *rodio* efe *Dafod drwg.* **1718** E. SAMUEL: *HDdD* 41, 139. **rho(dd)i tan weryd:** *to bury, inter.* **1604–7** *TW* (*Pen* 228) d.g. *Humo.* **1771** *W, rhoi* mewn bêdd (*dan weryd*) d.g. *Burial, To bury.* **rho(dd)i tan (dan) siars:** *to put in (one's) charge, entrust.* **1634** *Art DB* [ii], y pwngciau neu'r articles y rhai a *roddwyd* i chwi *tan siars.* **1712** T. WILLIAMS: *CDdG* 334, a'th ddoniau ar a *roddaist dan* fy *siars.* **1739** *ML* i. 13, potun ymenyn a chosyn . . . a chwedi ei *rhoi dan siars* Mr. Eules. Gw. hefyd *rho(dd)i i siars, rho(dd)i siars, rho(dd)i yn siars.* **rho(dd)i tân:** *to set on fire, set fire (to), ignite, light; pour fire (on).* **1604–7** *TW* (*Pen* 228), *rhoi tan* mewn peth d.g. *Incendo.* **1719** *TDP* 49, aethom at Ddinas Gref Gaerog . . . a hwythau y rhai y safent ar y Gwalieu . . . hwy a *roesant dan* arnom (*set fire upon us*). **1773** *W, rhoi tân* ym mheth (mewn peth) d.g. *To fire, set fire to, or set on fire.* Ar lafar, '*rhoi tân* ar y lamp', *WVBD* 465; '*rhoi tân* yn y goelcerth' (gogledd Cered.). Cf. *TN* 107b, Taan a ddaethym i roi ar y ddaiar. **rho(dd)i tasg:** *to impose a task.* **15–16g.** *TA* [123], Ond oer Rhos nad arhoesai / Wrth *roi tasg* ar weithio'r tai. **15–16g.** *GLM* 100, Os dysg oedd, *rhoes dasg* uddun: / os poet, fal Isop ei hun. **16g.** *WLl* 119, Dysc a *rodd* ryw *dasc* y rawc / Dawn sy n brin dwyn Sion Brwynawc. **1775** *W, Rhoi* ar un *dâsg* d.g. *To impose a task on one.* **rho(dd)i taw (ar):** *to silence, cause to be quiet, shut (someone) up, also fig., put a stop (to).* **1655** R. JONES: *PC* 178, *rhoi taw ar* Hên. **1791** GW. MECHAIN: *Rh* 12, i *roddi taw ar* y grwgnachwyr. Cf. D. OWEN: *GT* 304, dyna oedd y rheswm i mi godi haner can' punt ar y Doctor yna i *roi taw arno.* Ar lafar, 'Mae eisie *rhoi taw arno* fe'. **rho(dd)i testun:** *to satirize.* **14g.** *GDG*[3] 98, Rhyddwys, fy mun rieddawg, / Y *rhoist* y *destun* y rhawg. *ib.* Erioed o gwelais yr un, / Euraid wystl, a *rôi destun.* **16–17g.** *B* v. 27, Ar y tevlvwr y perthyn testvnniaw . . . a *rhoddi testvn* ar gyph cler mywn neithorev brenhinawl. **16–17g.** *GST* i. 532. **rho(dd)i tor:** *to suckle, give suck.* **1722** *Llst* 189, Torr. . . *Rhoi Torr.* To give suck (as a bitch) to suckle. **1794** *W* d.g. *Pig, To suckle pigs.* Ar lafar, '*Rhoi tor*—Giving suck', *GDD* 305. **rho(dd)i traed ar:** *to keep (something) to oneself.* Ar lafar, '*Rhowch* eich *traed arno* fo' (Arfon). **rho(dd)i traed yn y tir:** *to hurry up, step on it.* Ar lafar yng Nghered. a'r De, ''Well i ti *roi* dy *drad yn y tir* os wyt ti ise dal y trên 'na'. **rho(dd)i tri thro am un,** gw. *rho(dd)i dau dro am un.* **rho(dd)i tro:** *to take a walk, make a journey, (pay a) visit; turn, move; change, convert.* **15g.** *GLGC* 418, Minnau yn y man yno / drwy fedw yr allt a *rof dro.* **16–17g.** *DCR* 226, Ewch i rowan i *roi tro.* / i orffen rhodio r gwledydd. **1657** *MLl* ii. 122, Mae'r holl ddayar mor a nefoedd; / Yn *rhoi trôeau* yn ei [*sic*] lleoedd. **1735** S. THOMAS: *HP* 65, *Rhoed tro* i'r Ewyllys, ac yna *rhoir tro* i'r holl ddyn. **1764** T. THOMAS: *M* 15, *Rho dro* i'th winllan. **1788** J. OWEN: *TA* 5, *Rho dro* drwy'r greadigaeth. Ar lafar, 'Mae yn y 'sbyty ers wsnos—'well inni *roi tro* amdani' (Arfon). **rho(dd)i tro llaw:** *to give a (helping) hand.* Ar lafar, 'Cera i *roi tro llaw* iddi', ''Ôs isia rwun i *roi tro llaw* arnot ti, Wil?', *GTN* 691–2. **rho(dd)i tro yng nghorn (yn ei gorn, ar gorn (gwddf), yng ngwddf, &c.):** *to wring the neck (of), wring his (its, &c.) neck.* **1913.** Ar lafar, 'Gna di hynna un waith eto, a mi *ro*' i *dro ar dy gorn gwddw* di' (Arfon). **rho(dd)i troed ar:** *to bring (a quarrel, &c.) to an end, 'let bygones be bygones'.* Ar lafar, *WVBD* 465. **rho(dd)i'r troed gorau (y droed orau) ymlaen:** *to put one's best foot forward.* **1894** D. OWEN: *GT* 305, Tra yr oeddwn yn cychwyn ar eu holau, ac ar fedr *rhoi y troed goreu yn mlaen.* **rho(dd)i troed ynddi:** *to put one's foot in it.* **1877.** Ar lafar, ''Nes i *roi'n drod yndi* pan wedes i wrth mam am y syrpreis' (sir Gaerf.). Cf. W. REES: *HBHD* [67], Mi *roisoch* chwi'ch *troed ynddi* hi gyneu, drwy gynghori y ddau dŷ i newid gwyr a gwragedd â'u gilydd. **rho(dd)i wrth:** *to place in contact with or against; add to; set on the path (e.g. of learning).* **1346** *LlA* 119, meithrin ymab aɞnaethant yny uu amser *yrodi vrth* leen. **15–16g.** *TA* 170, Print Arthur, pe *rhoent wrthyd*, / A pheintio'i gorff hwnt, i gyd, / Iawn i'ch dewin ych dyall, / O nerth a llun, wrth y llall. **1567** G. ROBERT: *GC* [xi], Er bod y dechrau fynychaf yn llai no'r ddarn a *roesswyd wrtho.* **1775** *W* d.g. *To lay [apply] to or unto.* **rho(dd)i yng ngwlych (yn wlych):** *to steep, soak, macerate, also fig.* **1632** *D, rhoi yngwlych* d.g. *Macero.* **[1762]** E. POWELL: *HEI* 39, a *rho'n wlŷch.* **18–19g.** R. DAVIES: *DB* 245, Mae 'n *rhoddi* fel mewn rhych / Ei holl synhwyrau *'n ngwlych.* Ar lafar, '*rhoi yn wlych*', *LGW* 274, [334]–5. **rho(dd)i ymaith:** *to cast off; put away, store (up).* **1604–7** *TW* (*Pen* 228) d.g. *Depono.* **1672** R. PRICHARD: *Gw* 75, *Rhowch ymmaith* bob tristwch anghynnes. **1696** *CDD* 37, Cewch lawer yn gyttun yn dywedŷd nad ydŷn, / Yn rhoddi un gronyn o grêd yn eu stôr [cyfoeth bydol]: / Na 'u hyder ar gyweth; ond mwy sŷ 'n *rhoi ymeth*, / Hŷn ymma o hudolieth hŷd elor. **rho(dd)i ymlaen:** *to put (light, television, kettle, &c.) on.* Ar lafar, '*Rho*'r teledu '*mlân* cyn i'r newyddion ddechre' (sir Gaerf.). **rho(dd)i ym mhasg:** *to fatten (an animal).* **1632** *D* d.g. *Sagino.* **1722** *Llst* 189, Pasg, *Rhoi y Mhasg.* To set to feed. **rho(dd)i ym mhen:** *to suggest, put (idea, &c.) into one's head.* **1774** *W, Rhoi* . . . peth *ym mhen* un d.g. *Head, To put in, or into, one's head [suggest to one].* Ar lafar, 'Paid â *roi* syniade hurt *yn 'i ben* e' (sir Gaerf.). **rho(dd)i yn adnau,** gw. *rhoddi ar adnau.* **rho(dd)i yn y cysgod:** *to put in the shade.* Ar lafar, ''Roedd steddfod Capel Madog yn *rhoi* steddfode erill yr ardal *yn y cysgod*' (gogledd Cered.). **rho(dd)i yn echwyn, rho(dd)i yn enw,** gw. *rho(dd)i echwyn, rho(dd)i enw.* **rho(dd)i yn erbyn:** (i) *to place against. c.* **1590** *RC* xlvi. 72, *roi* i dwy droed *yn erbyn* i ddwy ysgwydd ef. **1615** R. SMYTH: *GB* 258. Ar lafar, ''Dwi 'di *rhoi*'r gwydyr *yn erbyn* y drws am y tro'. (ii) *to lay to one's charge, accuse. Diw.* **14g.** *Pen* 41, 29, O *rodir yny herbyn* hithev gwneuthur oi gwr gyflauan. **1604–7** *TW* (*Pen* 228), *rhoi'n erbyn* vn d.g. *Criminor. id.* [*rh*]*oi'n* ei *erbyn* d.g. *profero.* (iii) *to oppose, object to.* **1629** R. LLWYD: *P* 52, pan osododd Duw ar lawr ryw-beth yn ei air, a *rônt* hwy *yn erbyn* hyn, ac felly gwneuthur Duw yn gelwyddog? **1774** T. JONES: *DG* 148, yr esgob, yn *rhoddi yn erbyn* digonolrwydd gwybodaeth y barnwr. **rho(dd)i yn wlych,** gw. *rhoddi yng ngwlych.* **rho(dd)i yn llaw:** *to deliver into the hand (of), place under the authority (of).* **14g.** *T* 53. 18–19, Ny bu agɞael y*rodeist* israel. *yn llaɞ* dauyd. **1588** 1 *Br* xviii. 9, pa bechod a wneuthum i, pan ydwyt ti yn *rhoddi* dy wâs *yn llaw* Ahab i'm lladd? **1772** *W* d.g. *To deliver into one's hand.* **rho(dd)i yn y llaw ganol (mewn llaw ganol):** *to put in the hands of an intermediary.* **1604–7** *TW* (*Pen* 228), *rhoi mewn lhaw genol* d.g. *Sequestro.* **1632** *D*, wedi ei *roi yn y llaw genol* d.g. *Sequestropositus.* **1688** *TJ*, Gorfodogi, *Rhoi yn y Llaw ganol* . . . to put into ones hand, as indifferent. **rho(dd)i yn lle (yn ei l(l)e, eu lle, &c.):** (i) *to replace, substitute.* **1632** *D* d.g. *Surrogo.* **[1783]** *W, rhoi yn* ei *le* d.g. *To replace, To subrogate.* (ii) *to put (someone) in his (her, &c.) place.* Ar lafar, 'Ma'n bryd i rywun *roi*'r boi 'na *yn ei le*'. **rho(dd)i yn y llygad:** *to put yeast in flour and leave overnight (in bread-making, &c.).* Ar lafar, '*Rhoi* tishan neu fara *yn y llycad*', *Geir Geg* 112 (Morg.). **rho(dd)i yn fach (feichau),** gw. *rho(dd)i mach.* **rho(dd)i yn ôl:** *to return (something), replace, put back.* **1632** *D* d.g. *Redono, Retribuo.* **[1783]** *W* d.g. *To return [give back].* Ar lafar, ''Na' i *ro*'r rhei 'ny *yn 'u hôl*, *WVBD* 465. **rho(dd)i yn siars:** (i) *to put in one's charge or care.* **1691** T. WILLIAMS: *YB* 360, [p]ob pêth a *roes* Duw *yn* ein *siars.* **1719** *TDP* 133, *rhoddes* ef *yn* fy *siars* ei holl Dy. **1790** T. JONES: *TOS* [vii], Ei ofal am eneidieu 'r bobl a *roddasid yn* ei *siars.* (ii) *to lay to one's charge.* **1754** E. ROBERTS: *LlLC* 6, Teilyngu o honot na *roddech yn* ei *Siars* beth bynnag ar y wnaeth naill ai ynghreulondeb ei ddicter, neu yn chwerwder yspryd digllon yn dy erbyn. Gw. hefyd *rho(dd)i i siars, rho(dd)i siars, rho(dd)i tan siars.* **rho(dd)i'r ysbryd (i fyny), rho(dd)i (i) fyny'r ysbryd, &c.:** *to give up the ghost.* **1551** W. SALESBURY: *KLl* xxxixa, e *roddes* yr *espryt.* **1588** *Io* xix. 30, a *rhoddes i fynu yr yspryd.* **1773** *W* d.g. *Ghost, To give up the ghost.* Ar lafar, 'Man' nw'n 'ela dyn i *roi fynydd yr ysbryd*, gin fel man' nw'n danto dyn', *GTN* 691. **rho(dd)i ysgwd (ysgwt),** gw. *rho(dd)i sgwd.* **rho(dd)i ystop,** gw. *rho(dd)i stop.* **ei ro(dd)i ei hun(an) dros:** *to give oneself up for, sacrifice oneself for. Dchr.* **15g.** *GM* 19, Llw a dyghawd wrth yn tat ni Abraham, / Y *rodei e hun drossom* ni a'n cam. **1760** WLL: *SAC* 16, Duw'r Mab yr hwn . . . *ai rhôdd ei hunan trosom.* **ei ro(dd)i ei hun yn bwysig:** *to believe oneself to be important, put on airs.* Ar lafar yn sir Gaern. **ei rho(dd)i hi ar do,** gw. *to*[1]. **ei rho(dd)i (hi) i:** *to scold, give a piece of one's mind to.* **1849 (1878)** W. REES: *LlHFf* 127, roedd arna i isio cwleustra es talwm i'*w rhoid hi iddo* fo. Cf. W. REES: *AFR* 102, Yr wyf wedi *ei rhoddi iddynt* gartref, yn onest hefyd, bawb o honynt.

Gw. hefyd **dyroddaf: dyroddi.**

rhoddawdr, rhoddiawdr [bôn y f. *rhoddaf: rhoddi*+-(*i*)*awdr*] *eg.* Rhoddwr (hael), anrhegwr, cyfrannwr; creawdr; un sy'n rhoddi merch mewn priodas: *(generous) giver, benefactor, donor; creator; one who gives a woman in marriage.*

13g. *D Col* 53, a deuot *rodyauder* e mach a rody e uechny en llau e uach. **14g.** *LlB* 39, Credadwy vyd amodwr yn y amot . . . Ac velly *rodawdyr* da am yr hyn a rotho . . . A *rodawdyr* gwreic a tygho yn y mod y rother. **14g.** *CR* 156, ny aill neb gwybot y vaint a gauas ynteu o rat a donyeu y gan *Rodeawdr* yr holl donyeu. **1346** *LlA* 5, ypetheu hynny aɞelir . . . megys marɞ. ɞynt hagen avyddant vyɞ ynduɞ. Ac assynnyant eu *rodyaɞdyr* (*creatorem suum*). **14g.** *DPh* 69, [m]erch Priaf, gwenn oed, a phenn vchel a thec . . . a *rodyawdyr* oed. *c.* **1400** *YCM*[2] 181, llurygeu a chledyuev a helmev . . . eu kanmawl o syberwyt eu *rodyawdyr.* **1567** *LlGG* 128a, O Dragwyddawl Dduw . . . *rhoddiawdr* pob rhat ysprytawl. **1567** *TN* 272a, Duw a gar *roddiawdr* tirion. *Diw.* **16g.** *Gwyn* 3, 300, Iawn dy alw 'n gwawdr *rhoddiawdr* pob alaf. **1608** *Pen* 217, 74, Yago Zebedews y gelwit . . . o herwydd kyfeithyat y gan Zebedeus a gyveithir yn *rhoddawdyr* nev yn rhoddedic.

Amr.: **rhoddiawdur** [bôn y f. *rhoddaf: rhoddi*+-*iawdur* (At.)]. *c.* **1585** *Llst* 178, 99a, awdyr pob dayoni a *roddiawdür* pob gwir lawenydd.

rhoddedig [bôn y f. *rhoddaf: rhoddi*+-*edig*] *a.bfl.* a hefyd fel *eg.* A roddwyd, wedi ei roddi, wedi ei gyflwyno; wedi ei ddodi neu ei osod; yn rhoddi, haelionus, haelfrydig; *Gram.* cyflwr derbyniol neu ddadiol:

given, bestowed, presented; put, set; giving, generous, bountiful; dative case (*in gram.*).

13g. *TYP*[2] 97, Tri *Rodedic*uarch Enys Prydein. 14g. *GGrG* 8, Lle mae arglwydd rhwydd yn *rhoddedig.* 1608 *Pen* 217, 74, Yago Zebedews y gelwit . . . o herwydd kyfeithyat y gan Zebedeus a gyveithir yn rhoddawdyr nev yn *rhoddedic.* 1707 *AB* 238b, Bestow'd. *Rhodhedig.* 1753 *TR, Rhoddedig,* given. 1768 J. Roberts: *R* 53, trwy Liosogi y Rhif *Roddedig. id.* 73, Pan fyddo y Swm *Roddedig* yn Ffyrllingau. *id.* 106, Megis y mae'r Cyfnewydd, y Tori[a]dau, *rhoddedig* i'r Rhifydd. 1775 *W, Rhoddedig* . . . i mewn, neu yn d.g. *Inserted.* 1795 J. Thomas: *AIC* 12, Rhoddedigaethydd, y'w llefariad wrth ryw-un gan Atteb ei ofynniad, megis mi roddaf barch i Ddysgeidiaeth, Deall mai Dysgeidiaeth y'w y *Rhoddedig.* 1803 *P.*

Gw. hefyd **rhoddedigion.**

rhoddedigaeth [*rhoddedig*+*-aeth*] *eb.* Rhoddiad, rhodd; *Gram.* cyflwr derbyniol neu ddadiol: *a giving, gift, donation; dative case* (*in gram.*).

c. 1400 *RB* ii. 19–20, [c]yrchu achadarnhau castell gỽyr groec. adamgylchedigaeth y gwyluaeu. a *rodedigaeth* yr arwydon. *c.* 1455 *GP* 70, Dadiw achos a arwyddoka *Roddetigaeth.* 16–17g. *id.* 155, henwedigaeth, genedigaeth, *Roddedigaeth. ib. Roddedigaeth* fydd y peth y rodder peth iddo, fal y mae hwnn, 'mi a ro iti lyfr'. 'Tydi' yw y *Roddedigaeth.* 1608 *Pen* 217, 111–12, Ieuan y gyveithir yn rat Duw. . . neu yn yr hwnn y gwnaethbwyt *rhoddedigaeth* iddaw y gan Dduw. *c.* 1730 *Thos. Lloyd D* (LlGC) 198b, *Rhoddedigaeth.* Donatio. 1803 *P, Rhozedigaeth,* s. f. . . . Donation.

rhoddedigaethol [*rhoddedigaeth*+*-ol*] *a. Gram.* Derbyniol, dadiol: *dative* (*in gram.*).

1847.

rhoddedigaethydd [*rhoddedigaeth*+ *-ydd*[1]] *eg. Gram.* Cyflwr derbyniol neu ddadiol: *dative case* (*in gram.*).

1592 S. D. Rhys: *Inst* 57, Amgenedigaeth, variatio casusuè. Enwedigaethydh, Nominatiuus . . . *Rhodhedigaethydh,* Datiuus. 1604–7 *TW* (*Pen* 228) d.g. *datiuus Casus.* 1728 S. Rhydderch: *GC* 15, Chwech achos sydd i Henw, sef. Enwedigaethydd . . . *Rhoddedigaethydd* (Dative). *id.* 16, *Rhoddedigaethydd,* a ddaw pan ddel mewn ymadrodd beth yn rhoddi i beth arall: Y peth y rhodder y peth iddaw a fydd *Rhoddedigaethydd.* 1772 *W,* y *rhoddedigaethydd* d.g. *Dative . . . the dative case.* 1795 J. Thomas: *AIC* 12, *Rhoddedigaethydd,* y'w llefariad wrth ryw-un gan Atteb ei ofynniad, megis mi roddaf barch i Ddysgeidiaeth, Deall mai Dysgeidiaeth y'w y Rhoddedig.

rhoddedigion [*rhoddedig*+*-ion*[2]] *e.ll.* Rhoddion, anrhegion; data: *gifts, presents; data.*

1595 *Egl Ph* 83, gann dhatcan clod, a mawrserch Duw yn ei *rodhedigion.* 1803 *P,* Rhozedig . . . *Rhozedigion,* data.

rhoddedigol [*rhoddedig*+*-ol*] *a. Gram.* Derbyniol, dadiol: *dative* (*in gram.*).

1803 *P, Rhozedigawl* . . . dative.

rhoddeg, gw. **goddeg**[2] (hefyd At.).

rhoddes [bôn y f. *rhoddaf*: *rhoddi*+*-es*[1]] *eb.* Merch sy'n rhoddi: *female giver.*

1675 R. Davies: *PY* 34, yr Arglwyddes fair yr hon y maent yn ei galw . . . jachawdwres enaid anobeithiol, a *rhoddes* ysprydol râs. *c.* 1730 *Thos. Lloyd D* (LlGC) 199b, *Rhoddes.* Datrix.

rhoddfael [*rhodd*[1]+*mael*[1]] *e?b.* ll. *-ion.* Elw neu fudd ychwanegol at gyflog arferol, &c., elw digwydd, cilfantais, adfael: *perquisite.*

1778 *W* d.g. *Perquisite.*

rhoddfawr, gw. **rhodd**[1]+**mawr.**

rhoddgar [*rhodd*[1]+*-gar*] *a.* Hael, llawagored, haelionus: *generous, bountiful, munificent.*

16g. *GGH* 24, Pob un funfeinwar, pureiddgamp *roddgar.* 1567 *LlGG* 142b, ath hael [:– *rhoddgar*] yspryt cynnal vi. 1586 *id.* 199a, pan vych ddawnus [:– r[*odd*]*gar*] ymy. 16g. *Def Hen* 45, Jr oeddynt yn *rhoddgar* i'r tylodion. 1601 (17g.) *CC* 402, O ras kefaist rwysk kyfan / yr hyddgarw glew *rhoddgar* glan (Rhys Cain). 1633 *Cylchg LlGC* viii. 23, *Rhoddgar* a hawddgar oedd hi, / rhag eraill yn rhagori (Griffith Phylip). 17g. Huw Morus: *EC* ii. 81, A fo *rhoddgar,* a boddlon-gar, / Bydd bendithgar ben ei daith. 18g. *Hop M* 239, Daionus i bob dynion, / Yw'r wraig *rhoddgar* [*sic*] hawddgar hon. 18–19g. R. Davies: *DB* 113, Y creigiau rydd gyhoeddiad / Ddynesiad Duw o'r nef. / Ei dderbyn wele'r ddaear / Yn *rhoddgar* ar ei hyd!

rhoddgarwch [*rhoddgar*+*-wch*[1]] *eg.* Haelioni: *generosity.*

1808.

rhoddged [*rhodd*[1]+*ced*] *e?b.* a hefyd fel *a.* Rhodd (hael), anrheg; hael, haelionus: (*generous*) *gift, present; generous, bountiful.*

13g. *GBF* 580, Gỽreitlyỽ nyd byỽ: ba wnaf—o'e golled, / Gỽreitleỽ hyged, *rotged* rwytaf? 14g. *GIG* 22, Rhys, Ednyfed, *roddged* rwy, / Gwaywlym graen, Gwilym, Gronwy. 14–15g. *IGE*[2] 315, Wrth lwydfardd draig, bellaig ball, / Caf *roddged* cyfarwyddgall (Rhys Goch Eryri). 1604–7 *TW* (*Pen* 228) d.g. *Liberalis.* 1803 *P, Rhozged.* . . . Munificent, bounteous.

rhoddglyd [*rhodd*[1]+*clyd*[2]] *a.* Enwog am ei roddion neu ei haelioni: *famed for his gifts or generosity.*

c. 1400 *R* 1319. 35–6, Pan aeth . . . y glaer gaer gybi vro ri *rodglyt. id.* 1324. 14, ri reuued rudgled *rodglyt.*

rhoddiad[1] [bôn y f. *rhoddaf*: *rhoddi*+ *-iad*[1]] *eg.b.* ll. *-au.*

(*a*) Y weithred o roddi (yn hael), anrhegiad, anrheg, rhodd, grant, gwobr; dodiad, gosodiad; cynnyrch: *a* (*generous*) *giving, gift, present, grant, reward; a putting, setting; yield.*

15g. *DN* 118, Tri meib i Rhodri mewn tremyn—ei keid, / . . . / Rhannodd ef 'r hon oedd yr un, / *Rhoddiad* holl Gymru rhyddyn. 15g. *GGl*[2] 79, Wiliam a'i pryn, lamp i'r iad, / Ac a rydd i'w gâr *roddiad* [i ofyn saeled]. 1547 *WS, Roddiat* Gyfte. 1567 *TN* 136a, Pe's adwaenyt ddawn [:– y rhodd, *rhoddiat*] Duw . . . tudi a' ovynesyt y-ddaw ef, ac ef a roesei yty y dwfr bywyt. 1583 *LlGC* 716, 66b, A'i Taad a roes yi'r [*sic*] meibion yma *roddiatae* mawr, o arrian, ac o avr. 1588 *Diar* xxi. 14, *rhoddiad* yn y fynwes a yrr ymmaith lîd cryf. 16–17g. *GST* i. 320, To sy deg i'r tŷ o stad, / Teils rhuddion, tlysa *rhoddiad.* 1604–7 *TW* (*Pen* 228) d.g. *datio. id. rhodhiat* y nailh beth dros y lhalh d.g. *permutatio.* 1710 *LlGG* sig. T11r, am yr hyn y mae *rhoddiad* a derbynniad y Fodrwy hon yn arwydd ac yn wystl. [1740] D. Llwyd: *YDD* 164, y gweddiau neu yr *rhoddiadau* Diolch a offrymmur yno. 1753 *TR, Rhoddiad* . . . a giving, a bestowing. *c.* 1762–79 W. Williams: *P* 652, a llawn awdurdod ganddynt i wneud *rhoddiad* o honi [bywoliaeth]. 1775 *W, Rhoddiad* . . . ar d.g. *Imposition. id. rhoddiad* . . . i mewn d.g. *Insertion.* 1803 *P.*

(*b*) Dawn neu allu naturiol, cynneddf: *natural gift or endowment, faculty.*

1552 *Pen* 403, 25, merch . . . yr honn oedd iddi *roddiat* o bryphydoliaeth. 16g. Wiliam Llŷn: *Gw* 213, Duw roddes ywch dair *rhoddiad,* / . . . / Doethder, a breuder gair bron, / Selyf, a phryd Apsalon. 1567 *LlGG* 126b, megis ac i bo ir cyfryw rai nyd oes yddyn *roddiat* y ymgynnal allu priodi. 1567 *TN* 249b, i bop vn y mae ei briod ddawn [:– *roddiat*] gan Dduw. *id.* 345b, Pob *roddiat* dayonus, a phob rrodd berffaith, o ddifynydd y may. *a.* 1587 *Y* 93, Pan amcanodd [Duw], rhodd fawrhad, / Ym raddav a mawr *roddiad.* 17g. Huw Morus: *EC* i 188, Yr oen a gafodd *roddiad,* i ddifai ddysgu i'r ddafad, / Wrth ei bwriad bori 'n îs. *id.* ii. 184, Ei *rhoddiad* oedd rhinweddau da, / Dull dirion a dealldwriaeth. 1688 *TJ,* Doniau, *rhoddiadau.* 1703 E. Wynne: *BC* 131, os cai blentyn y lleidr *roddiad* oddiuchod i'm gweled i, a allwn i wrth hynny? 1704 E. Samuel: *BA* 184, fe ganihadodd [*sic*] Duw *roddiad* i St. Philip i'w adnabod. *id.* 251, oblegyd fod ganddo *roddiad* ragorol i sirioli 'r Cystuddiedig.

(*c*) *c.d.* Ail odl cynghanedd sain yn llinell gyntaf englyn unodl union, rhagwant: *second rhyme of 'cynghanedd sain' in the first line of an 'englyn unodl union'.*

1592 S. D. Rhys: *Inst* 163, Gossodiad, (Dodiad, *Rhoddiad*) yw attebiad y bumhed sylhabh o Baladr Eghlyn Vnodl vnion i ryw sain mywn rhyw sylhabh o'r blaen . . . A' Gossodiad y gelwir, am ei bôd gwedy ei gossod i atteb i ryw sain o'r blaen; a' hitheu yn rhyw pausa.

Cfn.: **rhoddiad adref:** *restoration, restitution.* 1588 *Gen* xx. cs. 1604–7 *TW* (*Pen* 228), *rhodhiat adref* yr neb ai gwerthodh d.g. *Redhibitio* (hefyd *D*). **rhoddiad allan:** *a publishing.* 1696 *GGTY* 66. **rhoddiad bod:** *a bringing into being.* 1759 T. Thomas: *WWDd* 85, 299. **rhoddiad i fyny:** *a giving up, surrender*(*ing*). 1543–8 *B* xxiii. 165. 1672 J. Langford: *HDdD* 175. *c.* 1730 *Thos. Lloyd D* (LlGC) 198b, *Rhoddiad i fynu.* Surrender.

rhoddiad[2] [bôn y f. *rhoddaf*: *rhoddi*+ *-iad*[2]; H. Grn. (*guenoin*)*reiat,* gl. *veneficus*] *eg.* ll. *-iaid.*

(*a*) Rhoddwr (hael), anrhegwr, cyfrannwr: (*generous*) *giver, benefactor, donor.*

12g. *GLlF* 14, Yaỽn yỽ moli ri a uo *rotyad.* 12g. *GCBM* ii. 333, Can wyd Rieu hael, can wyd *Roddiad,* / . . . / Na'm diddawl o'th fudd, Udd Echeiniad. 13g. *GDB* 468, Mor rhyfedd, rhac mor fu *roddiad,* / Na roddes fy llyw y lleuad! 13g. *LlI* 32–3, nau taudyauc . . . Chuechet yu *rodyat* ar e rod. 14g. *GDG*[3] 48, Pan gaewyd, saith guddiwyd serch, / Gwin *roddiad,* genau Rydderch. *c.* 1400 *R* 1318. 5, gwyrd fflisgiat *rodyat* rud aphali. 15g. *GGl*[2] 235, Rhys *roddiad,* rhoes y rhuddaur. 15–16g. *TA* 88, *Rhoddiad* wyd, a rhudd dy win, / Rhugl iawn y rhoe Gelynnin. 16g. *GGH* 259, Rhyw iddo fod yn *rhoddiad,* / Rhoi seigiau, dwyn rhwysg ei dad. 1604–7 *TW* (*Pen* 228) d.g. *dator.* 1632 *D, Rhoddiad* . . . Dator, largitor. 1722 *Llst* 189, *Rhoddiad* . . . A bestower, donor, giver. 1803 *P, Rhoziad,* s. m.—pl. *rhoziaid* . . . A giver, a donor, a bestower.

(*b*) Un sy'n rhoddi merch mewn priodas: *one who gives a woman in marriage.*

13g. *LlI* 24, o deruyd e wreyc bot *rodyeyt* arney, adan e haguedy e dele bot hyt em pen e seyth mlyned. *id.* 66, ny dele e tat talu amober tros y uerch onyt ehun a uyd *rodyat* arney, canys pob *rodyat* gureyc a dele talu y hamober. 14g. *WM* 402. 8–10, arthur a gwenhỽyuar a uynhaf eu bot yn *rodyeit* ar y uorỽyn. *id.* 408. 16–17, arthur a uu *rodyat* ar y uorỽyn y ereint.

rhoddiad[3], gw. **rhawaid.**

rhoddiadol [*rhoddiad*[1]+*-ol*] *a. Gram.* Derbyniol, dadiol: *dative* (*in gram.*).

1818.

rhoddiadydd [*rhoddiad*[1]+*-ydd*[1]] *eg. Gram.* Cyflwr derbyniol neu ddadiol: *dative case* (*in gram.*).

1818.

rhoddiaf: rhoddio, gw. **rhawiaf: rhawio.**

rhoddiant [bôn y f. *rhoddaf*: *rhoddi*+ *-iant*] *eg.* Rhodd, cyfraniad: *gift, donation.*

1759 *DG* 46, Dad eirwir addas duw dyro *roddiant.* 1803 *P, Rhoziant,* s. m. . . . A donation.

rhoddiau, ff. l., gw. **rhaw.**

rhoddiawdr, rhoddiawdur, gw. **rhoddawdr.**

rhoddiedydd [bôn y f. *rhoddaf*: *rhoddi*+ *-iedydd*] *eg.* Rhoddwr: *giver.*

1803 *P.*

rhoddigyon, *YLlH* [29], ff. wallus, gw. **coddedig.**

rhoddiog, rhoddog [*rhodd*[1]+*-*(*i*)*og*] *a.* a hefyd fel *eg.* Hael, llawagored, haelionus, llawn rhoddion; ?tafledig (am waywffon); rhoddwr (hael), anrhegwr, cyfrannwr: *generous, bountiful, munificent, full of gifts; ?thrown* (*of spear*); (*generous*) *giver, benefactor, donor.*

12g. *GLlF* 49, Molyant a dyly eur dilud *rodyaỽc. id.* 397, Vn, Iarll Cernyw rhac ein aerllyw, eurllaw *roddawg.* 14g. *GEO* 11, Rhwyfbost rhyfel gymhelri / Rhaidd *rhoddiog* Rhys frowys fri. 16g. *GHCEM* 82, Rhwydd, gwiwdop, *rhoddiog* ydych, / A rhyw iawn it yw rhoi'n wych. 1608 (17g.) *CC* 380, *Rhoddiog* fv pawb or heiddoch / Rhodder kylch yt rhuddavr koch (Siôn Cain). 1625 *RWM* i. 269, Yr Hŷdd gwych *rhoddiog* uchel (Siôn Cain). 1648 *id.* 710, Y rhwydda i glod *rhoddiog* lys (Siôn Cain). 17g. Huw Morus: *EC* ii. 126, Hi a'ch coledd yn rhywiog, wr *rhoddiog* i'r rhwyd. Cf. *GDB* 451, Mygr Fadawc, waywroddawc, ruddgreu.

rhoddiwr, gw. **rhawiwr.**

rhoddlawn [*rhodd*[1]+*-lawn*] *a.* Hael, llawagored, haelionus, llawn rhoddion: *generous, bountiful, munificent, full of gifts.*

15–16g. *TA* 254, Heliwr hyddlwdn, hael, *rhoddlawn,* / Hefyd, ar wayw, hyfedr iawn. 16g. *GIlLlV* 40, Y daed ystus da distaw / I ruddlan dre *roddlawn* draw. 1593 W. Midleton: *B* 61, *roddlawn* bawb drwy ryddlan bûr. 17g. E. Morus: *Gw* 92, Llwydiarth, iawn *roddlawn* rwyddlew, / Glan y Llyn, galon llew.

rhoddlyn, rhoddlys, rhoddnawd, gw. **rhodd**[1]+**llyn**[2], **llys**[1], **nawd**[1].

rhoddog, gw. **rhoddiog.**

rhoddol [*rhodd*[1]+*-ol*] *a.* Yn rhoddi; *Gram.* derbyniol, dadiol; (geir.) yn perthyn i rodd: *giving*; *dative* (*in gram.*); (*dict.*) *relating to a gift.*

1632 *D* d.g. *Dativus.* **1772** *W*, Yr achos *rhoddawl* d.g. *Dative . . . The dative case.* **1798** *WR* d.g. *Munerary.* **1803** *P*, *Rhozawl*... Giving, conferring, bestowing.

rhoddwr, rhoddydd [bôn f. *rhoddaf*: *rhoddi*+-*wr*, -*ydd*[3]] *eg.* (b. *rhoddwraig, rhoddreg*) ll. *rhoddwyr, rhoddyddion.* Un sy'n rhoddi('n hael), anrhegwr, cyfrannwr: (*generous*) *giver, benefactor, donor.*

15g. *GO* 99, Aed aur yn gylch oedran gŵr, / Oes yr hydd dros y *rhoddwr*! *Diw.* **15g.** *Pen* 67, 96, yn rroddwch evr rrvdd er heddwch / rrwydda *rroddyddyon* (Hywel Dafi). **16g.** *GGH* 7, Yno rhyw iddo, *rhoddydd* —arwyrain, / Arglwydd o Ferain, roi gwledd Ferwydd. **1567** *LlGG* 125a, eyn Tat nefawl, yr hwnn yw *rhoddwr* pob daioni. **1588** *Eseia* xlii. 5, *rhoddudd* enaid i'r bobl. **1588** 2 *Cor* ix. 7, y mae yn hoff gan Dduw *roddwr* llawen. **1604–7** *TW* (*Pen* 228), *rhodhwr* d.g. *dator, præbitor.* **1618** J. SALISBURY: *EH* 284, trefnydd, a *rhoddydd* grâs. **1630** *YDd* 64, Coron gweithredoedd da, ar ben *rhoddwyr*, [*sic*] elusenau. **1632** J. DAVIES: *LlR* 99, cywilyddus o anniolchgarwch ydyw troi 'r rhoddion hynny i ammherchi ac i wneuthur cam a *rhoddwr* mor garedig. **1672** J. LANGFORD: *HDdD* 393, rhaid yw mesur haelder, nid cymmaint yn ôl y péth a roddir, a gallu y *rhoddŵr.* **1688** *TJ*, *Rhoddwr*, a giver. **1722** *Llst* 189, Rhoddiad, *Rhoddwr*, *Rhoddydd.* m. A bestower, donor, giver. **1759** *DG* 59, Gwnawn nineu'n dyledswydd i'r *rhoddwr* doniau 'n rhwydd. **1772** *W* d.g. *Donor, Giver.* **1789** *BDG* 521, A *rhoddwr* gwell na Rhydderch. **18–19g.** *HAG* 148, Gweld *rhoddwr* bod, cynhaliwr helaeth, / A rheolwr pob peth sydd; / Yn y preseb mewn cadachau. **1803** *P* d.g. *Rhozwr.*

rhoeaf, gw. **rhoddaf: rhoddi.**

rhoes[1], 3 un. grff. y f. *rhoddaf*: *rhoddi.*

rhoes[2], gw. **rhos**[1].

rhoesaw, rhoesawaf: rhoesawu, rhoeso, rhoesyn, gw. **groeso, groesawaf: groesawu, groeso, rhosyn.**

rhof[1]**: rhoi**[1]**, rhof**[2], gw. **rhoddaf: rhoddi, rhwng.**

rhofad, rhofiad, gw. **rhawaid.**

rhofiaf: rhofio, rhofiaid, gw. **rhawiaf: rhawio, rhawaid.**

rhofion [bôn y f. *rhofiaf*: *rhofio*+-*ion*[2]] *e.ll.* Rhaweidiau, yn enw. tail, &c., a grefir oddi ar fuarth â rhaw: *shovellings, esp. muck, &c., scraped from a farmyard with a shovel.*

15g. (**15–16g.**) *ZCP* xvii. 169, Y hescyrn cyrinon / ay kyrf yn ddihyrion / ay cwaet ay *rofyon* / yr cŵn yn rafe (Y Nant). Ar lafar, *GDD* 249.

rhofiwr, rhog[1,2], gw. **rhawiwr, rhag, rog.**

rhogl, rhoglau, rhogleuaf: rhogleuo, rhogliad, &c., gw. **arogl, aroglau, arogleuaf: arogleuo, arogliad,** &c.

rhogos, rhogri, rhogwn, gw. **hocys** (At.), **rogri, rhygn**[1].

rhoi[1,2], gw. **rhoddaf: rhoddi, rhwy**[2].

rhoiaf, rhoid, gw. **rhoddaf: rhoddi.**

rhol, rhôl[1]**, r(h)owl, rol, rôl**[2] [bnth. S. C. *rolle* a S. Diw. *roll*] *eb.g.* ll. -(*i*)*au*, -(*y*)*s.*

(*a*) Rholyn (o ryw sylwedd neu ddefnydd); rholyn (o fara, &c.): *roll* (*of some substance or material*); (*bread, &c.*) *roll.*

15g. *CSTB* 32, Dwyn y sidan i'w chanol, / Arwain yr het aur yn *rhòl.* c. **1566** *B* xv. 118, lwmbarts . . . dwkeds *rols* a seili. **16g.** *LlS* 75, dwc hi [collen] gynnafon yn vn [*sic*] *rholiæ* bychain val pryfed hirion. *Diw.* **16g.** *WLB* 53–4, Kymer fêl ar y menyn gwyrf . . . ai roi yn *rrolys* meinion yn hin [*sic*] y dyn claf. *id.* 55, Gwna *rolie* o beilliaid blawd gwenith a mêl . . . ai roi yn i fwndament. c. **1740** *LlM* 36, gwneuthur hwy'n *Rholiau* fel Bys a rhoi dau Ewin Garlleg ym mhob *Rhol.* **1759** J. EVANS: *PF* 35, Piliwch felyn-groen Orange yn deneu. Gwnewch ef yn *Rholiau* a'r tu fewn allan, a rhoddwch ûn ymhob Ffroen. c. **1762–79** W. WILLIAMS: *P* 420, a dau *rolau* wynion hirion osodwyd gylch breichiau y ddelw, ac yna yr hoelion a yrrwyd allan, ag oedd yn ei gadarnhau ef wrth y groes. *id.* 623, a *rholau* o gŵyr. [**1783**] *W* d.g. *Roll* [*a mass of whatever substance made round*]. **1795** J. THOMAS: *AIC* 45, Cymmer ½ lb o Gum-lack . . . gwna ef yn *Rholiau*, pelau, neu Gacennau. *id.* 365, gwna nhw 'n *rholiau* î'w gyrry i lawr i wddf y' nifail. Ar lafar, "Fydd dim angen torth fawr heddi—fe wnaiff *rôl* fach y tro'n iawn'.

(*b*) Darn hir o femrwn, papur, &c., a ddefnyddir i ysgrifennu neu ddarlunio arno ac y gellir ei rolio i hwyluso ei drafod a'i gadw, sgrôl, rhol o femrwn, papur, &c., ac arni ach teulu, cart achau; rhestr, cofrestr, catalog; cyfrol, llyfr, ?maint (llyfr); ?gwers: *roll* (*of parchment, &c.*), *scroll, pedigree roll or chart*; *list, register, catalogue*; *volume, book,* ?*size* (*of book*); ?*lesson.*

14g. *LlB* 13, Tri ryw wassannaeth yssyd y offeirat llys yn dadleuoed: dileu pob dadyl a darffo y thervynu o'r *rol.* **14g.** *B* xiv. 267, Roduch chui y bop vn ohonam ni paub y *rol* o vemrvn. a ninheu a ysgriuennvn y petheu a welsam. c. **1400** *R* 1237. 35–6, Kanyt oes na moes na messureu ia6n. ganun angcrista6n ry la6n *roleu.* **15g.** *GLGC* 260, *Rhol* Gruffydd ap Nicolas / ywch a roed a'i awch a'i ras. *id.* 462, *Rhol* wen a ysgrifennaf / o rif saint ar fis o haf. *Diw.* **15g.** *Pen* 41, 5, yn *rol* y kwrner. **15–16g.** *TA* 268, Mae llun rhod i'm llaw yn *rhol*, / A drych wyneb drwy i chanol. **16g.** *GIIIV* 19, Y rai ar ni wypo i *rol* / Yn escud aent i yscol. **1561–2** *B* i. 152, Tyniad yn *rrol* y krythor yw kyweirdant yn *rrol* y telynior. *Rrol* vessurau Telynnior yw hwnn. **1567** *TN* 380b, *rol*-o-bapir [:– 'sef llyfr, yr hwn vyddei yn y cynvyd yn rrolyn]. **1595** H. LEWYS: *PA* 1, yn y *rhol* (*register*) honn i henwir . . . bob bath ar adfyd a chledi. **1600** *Rhyddiaith Gymraeg* ii. 184, Os ydyw *rhol* Dafydh Nanmor y'w chael gyda chwi . . . e vydhai dha genyf ei gweled . . . Mine a dhangos iwch hen *rol* ar vemrwn wedy'r scrivenv yn Gymraec er concwest Cymrû . . . '*Rhol* Tegwared' y gelwir. **1600** (**17g.**) *CC* 368, wvr Grvffvdd ddevrvdd wrol / vcha n rhoi iach yn y *rhol* (Morus Berwyn). *Dchr.* **17g.** *J* 10, 18a, *Rhol.* volumen. volume. Catalogus. Tabula. **1620** *Neh* xi. cs., *Rhol* o'i henwau hwynt. **1620** *Ecclus* cs., yr hwn wedi ei gael iw law, a'i cynnhullodd i gŷd yn drefnus, yn vn llyfr [:– *rhol*]. **1685** *Art* 13, A oes gennych Feibl yn yr *rhôl* fwyaf, ar cyfieithiad Diwaetha? **1780** *W* d.g. *Pipe* [*the roll in the Exchequer*], *Roll, or scroll.*

(*c*) (enghrau. *ffig.* ac mewn cyd-destun *ffig.*: *fig. exx. and exx. in a fig. context*).

14g. *GDG*[3] 184, *Rhol* fawr a fu'n glawr i'r glaw [am y niwl]. *id.* 326, Darlleodd ymadrodd mydr, / Deg lwyswawd, o'i dŷ glaswydr. / Gelwis yn faith gyfreithiol / Arnaf, ddechrau haf, o'r *rhol* [i'r ceiliog bronfraith]. **15g.** *GLGC* 274, O'r haelder, fal llyfr Sieron, / *rholau* y sydd ar helw Siôn. **15g.** *GDID* 19, Bendith tad band aeth i ti, / A *rhôl* enwau'r haelioni? **16g.** WILIAM CYNWAL: *Gw* (G. P. Jones) 22, Pwy yn y *rhòl* yw'n penrhaith? **1604** R. HOLLAND: *BD* 5a, canfod eich hun mewn drych, naulh au [*sic*] yn y *rhol* (*catalogue*) ym-mhlith y Brenhinoedd da, neu . . . ym-mysc y rhai drwg. **1658** R. VAUGHAN: *PS* 428, [t]ri o lyfrau oth bechodau . . . holl *roliau* oth camweddau [*sic*]. **1658** R. VAUGHAN: *YPS* 30, Onid yw rhagluniaeth yn eich galw ir *rhol* o gyfrif. **1714** D. LEWYS: *CN* 41, Sathrodd y Sarph tynnodd ei chol, / A *rhol* ein Beieu blottodd.

(*d*) Rholer (i lefelu, cywasgu, malu, hwyluso symudiad gwrthrychau trwm, &c., ac mewn amrywiol ddyfeisiau mecanyddol); pren y mae bleind yn ymrolio o'i gwmpas; rholer (gwallt): *roller* (*for levelling, compacting, crushing, facilitating movement, &c., and in various mechanical devices*); *roller* (*for blind*); (*hair-*)*roller.*

1688 *TJ*, Trul, rholbren i lyfnhau tîr, neu *rhol* [*sic*] garreg: a Roller. **1760** *ML* ii. 217, [t]rwssio . . . bwningau, a *rowliau*, ac ystorsiau . . . a llawer o ryw fân bethau sy'n perthyn i waith mwyn. **1772** *W* d.g. *Cylinder* [*a roller* . . .]. Ar lafar, '*rowl*' 'roller for rolling fields', *WVBD* 455; '*rowl* cyrtan', *ib.*; '*Rowl*: roller', *Cymru* xlvii. 142 (sir Ddinb.).

(*e*) Y weithred o rolio, symudiad ton, toniad: *a roll*(*ing*) (*of wave, &c*).

1897.

Cfn.: **rhol** (**rhôl**, &c.) **achau:** *pedigree roll.* **16–17g.** *GST* i. 608. **18–19g.** *Iolo MSS* 87. **rhol,** &c., **anrhydedd:** *roll of honour.* **1926. rhol,** &c., **y bywyd** (**eich bywyd**)**:** *book of life.* **1672** R. PRICHARD: *Gw* 563, Fe scrifennodd Duw cyn cynfyd / Enwau ei Sainct, yn *Rhol y bywyd.* **1703** T. BADDY: *PCh* 51, yn troi trosodd ddalennau'ch llyfrau o gyfrifon, ac nid *rhôl eich bywyd.* **rhol,** &c., **garreg:** *stone roller.* **1688** *TJ*, Trul, rholbren i lyfnhau tîr, neu *rhol* [sic] *garreg*: a Roller. **rhol,** &c., **llyfr:** *volume* (*of book*), *scroll, also fig.* **1567** *LlGG* (*Sall*) 22b, yn *rról y llyver* ydd escrivenwyt am danaf. **1798** R. DAVIES: *CG* 33, wele fi [Iesu] / Yn dod yn *rhol y llyfr* i'r byd. **rhol o ddyn:** *fat man.* **1862. rhol,** &c., **rent:** *rent roll.* **1907. rhol,** &c., **sosej:** *sausage roll.* **20g.**

Gw. hefyd **rholyn.**

rhôl[2], gw. **rheol.**

rhôl[3] [?cf. S. C. *rollen* 'to burnish, polish'; ansicr yw'r ff. a'r ystyr] *e?g.* ?Offeryn caboli: *polishing instrument.*

14g. *WM* 226. 17–20, ch6ech ereill o nadunt a gymerth vy arueu ac ae golchassant y my6n *role* (*RM* 164, *rol*).

rholaeth, rholaf: rholi, gw. **rheolaeth, rheolaf: rheoli.**

rholaidd [*rhol*, &c.+-*aidd*] *a.* Silindraidd; (geir.) tueddol i rolio, yn rholio: *cylindrical*; (*dict.*) *tending to roll, rolling.*

1803 *P*, *Rholaiz* . . . Tending to roll, rolling.

rholben [*rhol*, &c.+*pen*[1]] *eg. Bot.* Cynffon y gath, ffon y plant, llafrwyn, *Typha latifolia*: *reed mace, cat's-tail, bulrush.*

Dchr. **17g.** *J* 10, 18a, *Rholben.* Typha. **17g.** *LlGC* 13215, 367, Gwewyr y corsydd, *Rholben.*

Gw. hefyd **rholbryn.**

rholbren [*rhol*, &c.+*pren*] *eg.b.* ll. -*nau*, -*ni.* Darn o bren, &c., ar ffurf silindr (ac iddo handlen ar ei ddeupen) a ddefnyddir i rolio crwst, toes, &c., teclyn cyffelyb ac arno batrwm o riciau i falu bara ceirch; rholer (i lefelu, cywasgu, malu, hwyluso symudiad gwrthrychau trwm, &c., ac mewn amrywiol ddyfeisiau mecanyddol); rholer (ar gyfer brethyn, &c.); sgitl, ceilysyn, pin; hefyd yn *dros.* ac yn *ffig.*: *rolling-pin* (*also with grooves for crushing oatcakes*); *roller* (*for levelling, compacting, crushing, facilitating movement of heavy objects, &c., and in various mechanical devices*); *roller* (*for cloth, &c.*); *skittle, pin*; *also transf. and fig.*

14g. *CMOC* 28, Casaf *rholbren* wyd gennyf, / corn cod, na chyfod na chwyf [i'r gal]. **1543** *B* viii. 299, y kafne bychen sy yn dwyn dwr at y pressi a pegyne traed yr edenyd ar adenydd y *rolbren* [am felin]. c. **1590** *Cewri* 256, yn gynhebyc o bheint i *rolbren* y gwaydh. **1604–7** *TW* (*Pen* 228) d.g. *Artopta, Magis.* **1632** *D*, *Rholbren* i wastattáu tir d.g. *Cylindrus.* **1688** *TJ*, *Rholbren*: a Rolling-pin. *id.* Trul, *rholbren* i lyfnhau tîr. **1722** *Llst* 189, *Rholbren.* m. A rolling-pin, roller. **1775** *W*, *rhol-brennau* d.g. *Kettle-pins. id.* d.g. *Roller* [*of wood*], *Rolling-pin* [*for paste, &c.*]. **1800** W. OWEN[-PUGHE]: *CP* 79–80, croen cylla . . . tynir y crwyn allan oll . . . taenellir pob tu iddynt gyda halen mân, ac eu rholio yn llyfnion â *rholbren.* **1803** *P.* Ar lafar, *Geir Geg* 150 (y Gogledd), *Cymru* liii. [134] (dwyrain Maldwyn), *GTN* 692. Cf. J. JONES: *Gwerineiriau* 49, [b]ara ceirch wedi ei falu yn fân gyda *rholbren* ar fwrdd.

Amr.: **hoelbren** [cf. *holbren* isod; ?dan ddyl. *hoel*[1]]. **1860. holbren** [ffrwyth camrannu *y rholbren* > *yr holbren*]. **1795** J. THOMAS: *AIC* 361. Ar lafar yn y Gogledd yn y ff. *holbran*, *WVBD* 210; hefyd yn ddifr. am ferch, 'yr hen *holbran* wirion', *ib.*

Cfn.: **rholbren pobi** (**bobi**)**:** *rolling-pin.* Ar lafar yn y Gogledd, '*rholbren bobi*', *Geir Geg* 150.

rholbrennaf: rholbrennu [bf. o'r e. *rholbren*] *ba.* Rholio (crwst, toes, &c.) â rholbren; rholio (tir): *to roll* (*pastry, dough, &c.*) *with a rolling-pin*; *roll* (*land*).

[**1783**] *W*, *rhol-brennu* . . . tir d.g. *To roll land.* **1803** *P*, *Rholbrenu* . . . To use a rollingpin.

rholbryn [cf. *rholben*] *eg. Bot.* Cynffon y gath, ffon y plant, llafrwyn, *Typha latifolia*: *reed mace, cat's-tail, bulrush.*

1632 *D* (*Bot*), *Rholbryn.* vid. Ffynn y plant. **1688** *TJ* (*Bot*), *Rholbrŷn*, ffŷnn y plant: Reed-mase.

rholedig, rholen, gw. **rholiedig, rholyn.**

rholer, r(h)owler, r(h)olyr [bnth. S. *roller*] *eb.g.* ll. -*au*, -*i*, -*ion*, -*s.* Silindr o fetel, pren, &c., a ddefnyddir i wastatáu, cywasgu, malu, hwyluso symud gwrthrychau trwm, &c., ac mewn amrywiol ddyfeisiau mecanyddol; silindr, ac iddo arwynebedd amsugnol a handlen, a ddefnyddir i roddi paent ar wal neu nenfwd; silindr bychan o fetel neu blastig y gellir troelli cudyn o wallt o'i gwmpas i'w gyrlio; darn hir o bren y troir brethyn, &c., o'i gwmpas: *roller* (*for levelling, compacting, crushing, grinding, facilitating movement of heavy objects, &c., and in various mechanical devices*); (*paint-*)*roller*; (*hair-*)*roller*; *roller* (*for cloth, &c.*).

1835. Ar lafar, '*rhowler*', *GDD* 250; '*rywlar* . . . *rywlarz*', *GTN* 700; '*rowlar*', *WVBD* 455; '*rowlar*'

(Cwm Rhondda); hefyd yn y ff. *rolyr*, ''On i'n arfar rhoi *rolyrs* yn 'y ngwallt bob nos es talwm' (Arfon).
Cfn.: **rowler stêm (stîm):** *steamroller.* **20g.**

rholfa [*rhol*, &c.+-*fa*, *ma*] *eb.* Swyddfa Clerc y Rholiau yn y Trysorlys: *Pipe-Office.*
Dchr. **17g.** *J* 10, 18a, *Rholva.* Archivum. rolles. Tabularium. **1780** *W* d.g. *The pipe-office* [*in the Exchequer*].

rholfaen [*rhol*, &c.+*maen*[1]] *eg.* ll. -*feini.* Rholer neu silindr o faen: *stone roller or cylinder.*
[1783] *W* d.g. *Roller* . . . [*of stone*]. *id.* Llyfnhâu . . . brethyn â *rholfaen* d.g. *To row cloth.*

rholiad[1] [bôn y f. *rholiaf*, *&c.*: *rholio*, *&c.* +-*iad*[1]] *eg.* Y weithred o rolio, treiglad: *a rolling.*
1681 S. HUGHES: *AC* 19, mi glywn swn mawr yn dyfod o ddiwrth y gegin, megis *rholiad* baich o goed tân. **1803** *P*, *Rholiad* . . . A rolling; a turning round.

rholiad[2], gw. **rheoliad.**

rholiaf, r(h)olaf, roliaf[1]**, r(h)owl(i)af: r(h)ol(i)o, rhol(i)an, r(h)owl(i)o, rholi** [bf. o'r e. *rhol*, *rhôl*[1], *r*(*h*)*owl*, &c., a bnth. S. (*to*) *roll*; tywyll yw'r engh. gyntaf isod] *bg.a.*

(*a*) Symud o un lle i'r llall drwy droi drosodd a throsodd, treiglo, troi drosodd (a throsodd); cylchdroi (am gorff nefol); symud ar olwynion, powlio; siglo o ochr i ochr gyda symudiad y môr (am long, &c.); ymdonni (am y môr neu am dirlun), symud ymlaen fel ton; haldian, honcian, gwegian; diasbedain, seinio ('r') gan ddirgrynu'r tafod; hefyd yn *dros.* ac yn *ffig.*: *to roll*; *orbit* (*of heavenly body*); *roll* (*on wheels*), *wheel*; *roll* (*of ship*, *&c.*); *roll* (*of sea or landscape*), *roll* (*along*); *reel, totter*; *roll* (*of sound or speech sound*); *also transf. and fig.*
15g. *GOLIM* 47, Pen pres o'th fynwes i'th fin / pan *roler* pen yr elin. **16g.** (*LlEG*) *LlGC* 5276, 212b, angel . . . ac a *Rolies* y gareg y/nol I cheuyn o ddiar y drws. **1547** *WS*, *Rolio.* Rolle. **16g.** *B* xviii. 57, digwyddodd j'r vodrwy hoffa . . . a oedd ar i helw hi a'r brenin syrthio oddiam j bys hi a *hrolio* dros y graig j'r mor. **16g.** HUW ARWYSTL: *Gw* 379, O *rroliai* dan yr hwyliwr / i drwyn dv ai draw n y dwr [i'r bad]. **1696** *CDD* 73, Os yfed os meddwi, os calŷn cwmpeini . . . / Nes gweled rhai'n *rholio* yn rhŷ-lawn. **18g.** *W Ballads* 151, [4], Ag ynte'n *rowlio* gida'r dôn [*sic*], / dan rwyfa [*sic*] ai lyw'n yr Afon lon. **[1783]** *W* d.g. *To roll* . . . [*turn over or round*, *&c.*]. **1787** E. ROBERTS: *PCF* 52, Nid rhyfedd fod eiddo Cybyddion, / Yn *rholio* i ddwylo rhai haelion. **1803** *P.* Ar lafar, '*rowlio*', *WVBD* 455; '*rholio*', *id.* 466; ''Odd 'i lygid o'n *rowlio* yn 'i ben o'; 'Fe *rolws* y bêl o'i golwg 'i', *GTN* 692.

(*b*) (Ym)ffurfio'n rholyn neu'n belen, torchi, (ym)lapio; cardio (gwlân): *to roll* (*into a cylinder or ball*), *furl, coil, wrap*; *card* (*wool*):
16g. (*LlEG*) *Mos* 158, 387a, Ai hesdonddau [*sic*] ai bannerau gwedi *hrolio* ac yni kaasau o ledyr. **1567** *TN* 380b, mal rol-o-bapir, gwedy troi [:– ei *rolio*] ynghyd. *Diw.* **16g.** *WLB* 48, *rholia* hwynt mewn karth kowarch. **[1783]** *W* d.g. *To roll up* [*a swath, a bandage, a binder*, *&c.*]. Ar lafar, '*rholio* gwlân', *WVBD* 466; 'Fe *rolws* y pishyn dunydd a fe æth ag e dan 'i gesal', *GTN* 692. Cf. *CYLl* 48, Rhaid yn gyntaf dynnu'r brychau / Cyn i'r gwlân gael mynd trwy'r cribau: / Cribau cyffion mawr at chwalu / Dwy grib lai oedd at y *rholi.* / At y sidell ar ôl *rholi* / Llond y wyntell a'u cordeddu.

(*c*) Llyfnhau (tir, &c.) â rholer, gwastatáu, lefelu, gwasgu â rholer; gwastatáu a lledu (crwst neu does) â rholbren; malu (cerrig, &c.) rhwng rholeri; gyrru (haearn, &c.) rhwng rholeri i'w wastatáu: *to roll* (*land*, *&c.*), *flatten, level*; *roll out* (*pastry or dough*); *crush* (*stones*, *&c.*) *between rollers*; *roll* (*metal*).
[1783] *W*, *Rholio* (*rhòlo*) tir d.g. *To roll land.* **1800** W. OWEN[-PUGHE]: *CP* 45, yr holl aredig, *rholio*, bras-ogi, a llyfnu. *id.* 50, Yr wyf yn coelio fod gan y rhan fwyaf ohonoch roleni pren . . . Dymunwn i chwi fynu gosodi prensol arno, er ei wneuthur yn ddigon trwm i *rolio* eich gweirdir. *id.* 57, *rholio* yr hâd i mewn, gynted ag yr heuir. Ar lafar, ''Dwi wedi torri'r ardd ond ma isio 'i *rowlio* hi eto' (Arfon); '*rolo*', *Geir Geg* 113 (Morg.).
Cfn.: **rholio,** &c., **adre:** *to roll home drunk.* Ar lafar. **rholio,** &c., **allan (maes):** *to roll* (*pastry*, *&c.*) *out.* Ar lafar, '*Rowlia*'r pestri 'na *allan* tra bydda' i yn gneud y 'fala 'ma' (Arfon); 'Ar ôl iti *rowlo*'r pestri *mas*, ro fe ar ben y ffrwythe' (de-ddwyrain sir Gaerf.). **rholio,** &c., **chwerthin:** *to fall about with laughter.* **20g. rholio,** &c., **i fyny (lan):** *to roll up. c.* **1762–79** W. WILLIAMS: *P* 350, wedi hyn y dygir hi [sgrôl y gyfraith] yn ol (wedi ei *rholo i fynu* fel o'r blaen). Ar lafar, 'Ma isie iti *rowlo*'r llewysh 'na *lan* cyn dechre neud y llestri' (de-ddwyrain sir Gaerf.). **rholio,** &c., **gwlân:** *to card* (*wool*). **1899.** Ar lafar, *WVBD* 466. **rholio,** &c., **lan,** gw. *rholio i fyny.* **rholio,** &c., **llygaid:** *to roll one's eyes.* **1923.** Ar lafar, 'Paid â *rowlo* dy *lyged* ato' i jest achos bo' fi'n roi stŵr iti' (de-ddwyrain sir Gaerf.). **rholio,** &c., **maes,** gw. *rholio allan.*

rholiannaf: rholiannu [bf. o'r be. *rholian*] *ba.* Rholio (tir): *to roll* (*land*).
1790 M. WILLIAMS: *BM* [15], *Rholianwch* eich gwenhithau.

rholiedig, rholedig [bôn y f. *rholiaf*, *&c.*: *rholio*, *&c.*+-(*i*)*edig*] *a.bfl.* Wedi ei rolio: *rolled.*
1728 T. BADDY: *DDG* 169, llythyrau . . . *rholiedig* ymmhysg Cof Lyfrau.

rholiedydd [bôn y f. *rholiaf*, &c.: *rholio*, &c.+-*iedydd*] *eg.* ll. -*ion.* Rholer: *roller.*
1850.

rholiog, rhowliog [*rhol*, &c. a bôn y f. *rholiaf*, &c.: *rholio*, &c.+-*iog*] *a.* Silindraidd; tonnog; atseiniol: *cylindrical*; *undulating*; *resonant.*
1832.

rholi-poli, gw. **roli-poli.**

rholiwr, roliwr, r(h)owliwr [bôn y f. *rholiaf*, &c.: *rholio*, &c.+-*iwr*] *eg.* ll. *rholwyr*, *rholiwrs.* Un sy'n rholio; un sy'n rholio metel (mewn gwaith tun, &c.); rholer (i wastatáu pridd, lawnt, &c.): *one who rolls*; *roller-man* (*in tin-plate works*, *&c.*); *roller* (*to level soil*, *&c.*).
1828 *Geir Pob* 32, *Rholiwrs*, *rholwyr.* Cf. *OBWV* 504, Bywiol heliwr y maes oedd *rholiwr* y môr (Waldo Williams).

rhol-lyfr [*rhol*, &c+*llyfr*[1]] *eg.* ll. -*au.* Sgrôl; cofrestr: *scroll*; *register.*
1777 W. WILLIAMS: *TEA* 25, cadw enwau yr holl aelodau mewn *rhol lyfr.*

rholnos [bôn y f. *rholiaf*, *&c.*: *rholio*, *&c.* +*nos*] *eb.* Noson i gymdogion ddod at ei gilydd i gardio gwlân ac i ddifyrru'r amser: *an evening for neighbours to come together to card wool and for amusement.*
1866. Ar lafar gynt yn y Gogledd.

rholstoc [bôn y f. *rholiaf*, *&c.*: *rholio*, *&c.* +*stoc*, ar ddelw'r S. *rolling stock*] *e?b.* Y trenau, y wagenni, &c., a ddefnyddir ar reilffordd: *rolling stock.*
20g.

rholwasg [*rhol*, &c.+*gwasg*] *eb.* Gwasg goprplat a'r plât yn mynd o dan silindr sy'n cylchdroi: *rolling-press.*
[1783] *W* d.g. *Rolling-press* [*for taking off copper-plates*].

rholwr, gw. **rheolwr.**

rholydd [bôn y f. *rholiaf*, &c.: *rholio*, &c. +-*ydd*[3]] *eg.* ll. -*ion.* *Adar.* Aderyn o faint brân lliwgar ei blu a throellog ei ehediad, *Coracias garrulus*: *roller, Coracias garrulus.*
1866.

rholyn, rolyn, r(h)owlyn [*rhol*, &c.+-*yn*] *eg.* (b. *rholen*, ll. -*nau*, -*ni*; *r*(*h*)*owlen*) ll. -*nau.*

(*a*) Unrhyw beth a lapiwyd neu a roliwyd yn silindr neu'n belen neu a ymffurfiodd felly'n naturiol, rhol, corn, sgrôl, rholer, silindr, hefyd yn *dros.* ac yn *ffig.*: *roll, scroll, roller, cylinder, also transf. and fig.*
1545 ELIS GRUFFYDD: *Ll* 63, gwlych ychydig liain massw ynn *hrolun* main. **16g.** WILIAM LLŶN: *Gw* (R. Stephens) 549, Rhod a'i gafael 'r hyd gofid, / *Rholyn* lluwch, rhylawn ei llid [i'r neidr]. **1567** *TN* 380b, rol-o-bapir [:– 'sef llyfr, yr hwn vyddei yn y cynvyd yn *rrolyn*]. **16g.** *LlS* 155, Yr Hesc melfedoc . . . bydd bric y paladr yn vn *rholyn* phlockyssoc. *Diw.* **16g.** *WLB* 16, Kymer gwyr gwyrf . . . ac yna gwna ef yn *rholyn.* **16–17g.** T. R. ROBERTS: *EP* 287, Bonllast ne' ysgyb unllath, / Rhy lawn fodd *rholyn* or fath [i'r llwynog]. *c.* **1740** *LlM* 36, ai yrry fo [ceffyl] iw dwymo cyn rhoi'r ddau *Rolyn* iddo. **[1783]** *W*, *Rhòlen* (*rhòlyn* . . .) o wlân d.g. *Roller of* [*carded*] *wool.* **1803** *P*, *Rhòlen* . . . Dyna *rolen* o lodes, there is for you a bouncing lass. *id.* *Rholyn* . . . *rholyn* o zyn, a fat hale man. Ar lafar, '*rholyn*' 'a roller of wool', *WVBD* 466; 'petar llæth o ddunydd odd ar ôl ar y *rolyn*', *GTN* 692. Fe'i clywir hefyd yn y Gogledd am rywun tew, '*rholyn* o ddyn', *WVBD* 466; '*rholen* o ddynes', *Cymru* xlvii. [195] (sir Ddinb.). Clywir *rowlen* yng ngorllewin Morg. am fath o ffurfiant caregog yn y tir uwchben yr wythïen lo, *Geir Glo* 56–7; a hefyd yn yr ystyr 'tafliad i fyny, neu am i lawr, yn y wythïen', *id.* 64.

(*b*) Rholer (i wastatáu tir, &c.): *roller* (*for levelling ground*, *&c*).
1800 W. OWEN[-PUGHE]: *CP* 50, Yr wyf yn coelio fod gan y rhan fwyaf ohonoch *roleni* pren at eich haidd. *id.* 59, Rholier arnynt [chwilod] . . . gyda *rholen* drom. **1803** *P* d.g. *Rhòlen*, *Rholyn.*
Cfn.: **rholyn (rholen) bara (o fara):** *bread roll.* **1890. yn rholyn:** *in a heap, helpless*(*ly*). **[1763]** *ML* ii. 598–9, Syrthio a wnaeth y ceffyl . . . danaf . . . a minnau dros ei ben *yn rholyn* ar y traeth.

rholynnaidd [*rholyn*+-*aidd*] *a.* Silindraidd: *cylindrical.*
1851.

rholynnog [*rholyn*+-*og*] *a.* Silindraidd: *cylindrical.*
1866.

rholyn-polyn, rholyr, gw. **roli-poli, rholer.**

rhôm, gw. **rhwng.**

rhombaidd [cfdds. o'r S. *rhomb*(*us*)+ -*aidd*] *a.* *Math.* Ar ffurf rhombws: *rhombic* (*in math.*).
1937.

rhombws [bnth. S. *rhombus*] *eg.* *Math.* Paralelogram sydd ag ochrau cyfartal ac onglau lletraws, lleddfbetryal: *rhombus* (*in math.*).
1925.

rhompiaf: rhompio, rhompian, gw. **rompaf: rompo.**

rhôn[1] [?cf. *rhawn*] *eb.g.* ll. *rhonau.* Gwaywffon, gwayw, picell, hefyd yn *ffig.*; cynffon: *spear, lance, pike, also fig.*; *tail.*
12–13g. *GLlLl* 43, Ef oreu rieu, nyd *ron*—y gynna. **12–13g.** *GMB* 360, Bu *ron* ym am dragon drwg, / Dreigioedd amlaen oedd amlwg. **13g.** *GDB* 257, Ysym-y gleϐ a llew a lleityad, / Yn ryuel a *ron* orddyfynyad. **14g.** *H* 77b. 17, gwiw *ron* llit alon yn lle delei (Hillyn). *ib.* 27, llym *ron* isaeron ys aergyrchei (Hillyn). **14g.** *GIG* 7, Anian mab Gruffudd, rudd *rôn*, / Ymlaen am ei elynion. **14–15g.** *IGE*[2] 116, Gŵr er aur, nid garw o *rôn*, / Yn awdl ni thwng anudon (Gruffudd Llwyd). *id.* 174, Deall di'r hawl, delltwr *rhôn*, / Deuchwimp arnaf y dichon (Rhys Goch Eryri). *c.* **1400** *R* 1255. 5–6, lle bu *ron* dragon dreigeu emreis. **15g.** *GLGC* 311, Pond Gwilym oedd rym ei gledd a'i *rôn*? / Pond ei rym, Gwilym, fu'n lladd galon? **15g.** *GGl*[2] 74, Ar Ieuan deg â'i *rôn* dur / Y perthyn campau Arthur. *Diw.* **15g.** *AP* 22, achythruddiaw gwyr, agwyraw emys a gyrthio *rronnav* [*sic*]. **15–16g.** *TA* 438, Gwas go braff ag ysgub *rôn*, / Gwalc crych a golwg gwreichion [am darw]. **1632** *D*, *Rhôn*, Hasta, lancea. **1688** *TJ*, *Rhôn*, ffon hir bigog: a Spear, a Lance. **1722** *Llst* 189, *Rhôn.* f.p. *Rhonau.* a spear, pike. **1803** *P*, *Rhôn*, s. f. . . . A tail; also a pike, or lance. Digwydd fel e. ar waywffon y Brenin Arthur, e.e. *BD* 148; hefyd yn y ff. *Rhongymyniad*, gw. *CO*[3] 66.
Cfn.: **rhôn barcud:** *dovetail or swallowtail* (*in carpentry*). **1803** *P* d.g. *Rhôn.* Cf. *rhawn—rhawn barcud.*

rhôn[2]**—pe rhôn,** gw. **perhôn.**

rhonc[1]**, rhonca**[1] [bnth. S. Diw. Cyn. *ronk* 'rank'; nid oes sicrwydd mai i adran (*a*) y perthyn yr engh. gyntaf yno] *a.*

(*a*) Rhy doreithiog, toreithiog, trwchus, bras, cwrs (am dyfiant); ?uchel, swnllyd: *rank, luxuriant, thick, coarse* (*of growth*); ?*loud, noisy.*
17–18g. *Gwaseila* 518, Mynd i Allt y Saint yn sionc, / Ddi-lonc ddi-lonc a'm pen yn honc, / A tharo wrth fawnog ddigon *rhonc*, / Dan droed cras fonc ces fanced. **1740** T. EVANS: *DPO* 122, Ambell Ddart yn descyn ar y Lluric . . . ac yn seinio yn *rhongc* megis Cloch. **[1783]** *W*, *rhongca* d.g. *Rank, Adj.* [*excessive in growth or fertility*]. **1798** *WR* d.g. *Luxuriant.* Ar lafar yng nghanolbarth a godre Cered., 'Ma'r dail wedi tyddu'n *rhonc*', ac yn sir Benf. a'r cyffiniau, *GDD* 249, *TGG* (1907–8) 85.

(*b*) Drycsawrus, mws, hendrwm, drew-

llyd; brwnt: *rank* (*of taste or smell*), *rancid*, *stinking*; *filthy*.
1604–7 *TW* (*Pen* 228), *rhonca* d.g. *Squalidus*. Ar lafar ym Morg., 'menyn *rhonc*(*a*)'.

(*c*) Balch, ffroenuchel: *proud*, *haughty*.
Ar lafar yn sir Benf., *SC* vi. 126.

(*d*) Mewn gwres (am hwch), yn gofyn baedd, llodig: *in heat* (*of sow*).
Ar lafar yn sir Benf., *GDD* 249.

(*e*) Hollol, llwyr, trwyadl, eithafol, yn aml yn ddifr.: *rank*, *out-and-out*, *downright*, *extreme*, *thoroughgoing*, *often derog*.
1849. Ar lafar, 'Tori *rhonc*' 'an out-and-out Tory', *WVBD* 466; 'Cymry odd tæd a mam 'wnna, ond ma fe wedi mynd yn Sais *ronc*', *GTN* 691; yn Arfon clywir br. fel 'O! 'rodd o'n *rhonc*' 'speaking e.g. of some one in a passion', *WVBD* 466. Cf. D. OWEN: *RL* 127, heblaw ei fod yn Dori *rhonc*.

rhonc[2] [bôn y f. *rhonciaf*[1]: *rhoncio*] *eb.* Ychydig gloffni; sigl, y weithred o rolio (e.e. am long): *slight limp*; *a swaying*, *rolling* (*e.g. of ship*).
1803 *P*, *Rhonc* . . . A swag. Ar lafar, '*rhonc*, s.f.' 'a slight limp', 'Mae 'na *ronc* arno fo', *WVBD* 466.
Gw. hefyd **honc**.

rhonca[1], gw. **rhonc[1]**.

rhonca[2] [tywyll yw rhai o'r enghrau. isod, a dichon mai i *rhonca*[1] y perthynant] *a.* ll. -(*e*)*on*. Llac, rhydd, simsan, yn honcian, gweglyd, sigledig, bregus; mawr, helaeth, eang, llydan, agored; dwfn yn y pen (am lygaid), cau, ceuol; llidus (am lygaid): *loose*, *shaky*, *wobbly*, *staggering*, *unsteady*, *ramshackle*, *rickety*; *great*, *large*, *ample*, *broad*, *open*; *hollow*(*-eyed*), *deep-set*, *concave*; *inflamed* (*of eyes*).
c. **1400** *R* 1272. 34–5, A cholli reiboc aeth y chylla yn lludó llóytwan withongyl *rongca*. **15g.** *GTP* 48, Canu rhinc o'r cenau *rhonca*, / Yn ffest yn ôl bresych ffa. **16g.** *Pen* 76, 108, kas gen wen kvscv awna / rringkian a golwc *rhongka*. **1543** *B* viii. 299, nac vn hoel yn myned yn *Rongka* nac yn siglo yn yr olwyn. **1545** *CM* 1, 198, Ynnerbyn llygaid *hrongka* kochion. **16g.** (*LlEG*) *Mos* 158, 400a, yn gyulawn haint megis or gowt ar parlys ai lygaid yn *hron/ka* iawn. **1575–6** *B* vi. 315, llyged gorffwyllog *rronkaon*. *Diw.* **16g.** *WLB* 79, Meddyginiaeth i lygaid *rhonka*. **1594–6** *B* iii. 165, dau lygad gochion *roncaeon*. **1604–7** *TW* (*Pen* 228) d.g. *Amplus*, *Cauus*, *Lippus*. *Dchr.* **17g.** *J* 10, 18a, *Rhonca*. staggering. **1632** *D*, *Rhonca*, Patulus, concauus. Llygaid *rhongca*, Oculi concaui. **1688** *TJ*, *Rhongca*, rhŷdd, pannylog: loose, hollow. **1722** *Llst* 189, *Rhonca*. Open, spacious, hollow. *id. Rhongca* . . . large. **1752** *Gron* 110, Rhingcian y bydd yn *rhongca*; / A'i chrasfant, arw ddant, ar dda. **1770** *W* d.g. *Ample* [*wide*, *spacious*]. **1803** *P*, *Rhonca* . . . Sinking, falling, swagging. Ar lafar, 'Mae o'n cerdded yn o *honca* heno', *B* iv. 131 (sir Drefn.).
Amr.: **honca. 1822.**
Gw. hefyd **rhonco, honco[2]**.

rhoncâf: rhoncáu [gair geir., sef *rhonca*[2] + -*hau*] *ba.* Cafnio, ceuo: *to* (*make*) *hollow*.
1604–7 *TW* (*Pen* 228) d.g. *Concauo* (hefyd *D*). **1722** *Llst* 189, *Rhoncäu*. To make hollow.

rhonciaf[1]: rhoncio, rhoncian[1] [bf. o'r e. *rhonc*[2]] *bg.a.* Hwntian, haldian, gwegian, siglo('n ôl ac ymlaen), rholio: *to stagger*, *reel*, *lurch*, *sway*, *rock*, *roll*.
Dchr. **17g.** *J* 10, 18a, *Rhoncian. Rhoncio*, to reele to & froe. **1736 (1812)** *YRW* 54, A daccw langces etto / . . . / A hithau'n rhengc yn *rhongcio*. **1803** *P*, *Rhoncian* . . . To swag; to goggle. Ar lafar, '*rhoncian* cerddad, *rhoncian* wrth gerddad', *WVBD* 466; 'Mae hwn a hwn yn *rhoncio*' 'e.g. from the effects of drink', *ib.* Cf. W. REES: *AFR* 174, Yr oedd gan y gader ryw wichiad a chryniad wrth *roncian* dani; D. OWEN: *EH* 106, Yr oedd engine y Gwaith wedi gwasanaethu fel cryd iddynt, a phan beidiodd y cryd a *rhoncian*, agorodd pawb ei lygaid yn effro iawn.
Cf. **honciaf: honcian.**

rhonciaf[2]: rhoncian[2] [cf. *rhwnciaf: rhwncian*] *bg.a.* a hefyd gyda grym enwol i'r be. Chwyrnu, rhochian, snwffian, grymial; garglio: *to snore*, *grunt*, *snort*, *rumble*; *gargle*.
1707 *AB* 17a, *Rhonkian*, Snorting. *c.* **1730** *Thos. Lloyd D* (LlGC) 204a, *rhongcian*. Sterto.

rhonciog, rhoncog [*rhonc*[2] + -(*i*)*og*)] *a.* Siglog, honclyd: *swaying*, *waddling*.
1816. Ar lafar, '*rhonciog*', *WVBD* 466.
Gw. hefyd **honciog**.

rhonclyd [*rhonc*[2] + -*lyd*] *a.* Siglog, honclyd: *swaying*, *waddling*.
Ar lafar, *WVBD* 466.

rhonco, honco[2] [cf. *rhonca*[2], *honca*; ansicr yw'r engh. gyntaf] *a.* Ansad, siglog, gweglyd, sigledig, simsan; hurt: *unsteady*, *swaying*, *staggering*, *wobbling*, *rickety*; *stupid*.
16–17g. *CRC* 130, hono mor doncko gwirli hen *honcko* / ag yn ymdrwsio fal iarlles / Yn ty yn fwgan nos a dydd / ag allan i bydd hi yn bevnes. **1776** *B* vi. 235–6, theodolite . . . nid y cyfryw a'th fodlonai di . . . gan nas gellid rhoi cystal gwaith yn y cymalau, ac oherwydd hynny ni bydd yr offeryn hayach yn mynd yn *rhongco* ac yn anwasnaethgar. **1787 (1812)** TWM O'R NANT: *PG* 51, Fe aeth y bwrdd a'r inkhorns hwnw lawr mor *rongco*. ?*Diw.* **18g.** *B* vi. 13, Pren cas, anaddas i ni,—un *rhongco* / Yn rhingcian heb dewi [i'r ffust]. **1803** *P*, *Rhonco* . . . Swaggy; goggling. Ar lafar yn Arfon yn y ff. *honco*; clywir hefyd '*honco* bost', 'Gin' i gur yn 'y mhen bora 'ma—'on i'n *honco* bost neithiwr'. Cf. A. ROBERTS: *LlM* 91, Mae anhawdd cyd-fydio / Yn hynaws â hòno / Sy'n hen, ac yn *rhongco*, ac yn rhingcian.

rhoncog, gw. **rhonciog.**

rhoncus [*rhonc*[1] + -*us*] *a.* Bras, garw: *rank*, *coarse*.
Ar lafar yn nwyrain Morg., 'gwair *roncus*'.

rhoncwellt [*rhonc*[1] + *gwellt*] *eg.* Gwellt garw: *coarse grass*.
1860.

rhonden, gw. **rhondyn.**

rhondyn [?cfdds. o'r S. *round* + -*yn*[1]] *eg.* (b. -*en*), a hefyd gyda grym ansoddeiriol. Dyn, plentyn, neu anifail llond ei groen (a diog); talp, lwmp mawr: *corpulent* (*and lazy*) *man*, *child*, *or animal*; *mass*, *big lump*.
1838. Ar lafar, '*Rhondin* a corpulent man, or child; fem., *rhonden*', *Cymru* xxxi. 258 (Cered.); '*Rhondyn* . . . A big lazy fellow', 'Hen wr *rhondyn*, / A hen wraig *ronden*, / 'N cwsgu, 'n y gwely / Ar asgwrn 'u cefen', *GDD* 250; ''Na *rondan* fach yw 'i wedi mynd' (dwyrain Morg.). Yn sir Benf. '*rhonden* felen' oedd 'A term applied to the last woman to get up on May morning', *GDD* 249. Cf. *AGM* 266, Mae Mari Lwyd lawen / Am ddod i'ch tŷ'n *rhonden*.
Cfn.: **yn rhondyn:** *in a heap*, *in a lump*, *flat* (*out*), *sprawling*; *heavily*. **1838.** Ar lafar ym Morg., 'Fe bwrrws a nes bo fa'*n rhondyn*', *LlGC* 1172, 55; hefyd yng ngogledd Cered. yn yr ystyr 'yn drwm', 'Fe gysgodd yr hogyn bach *yn rhondyn* yn ochor 'i fam yn y cwrdd'.
Gthg. **rownden, rowndyn.**

rhonell[1] [*rhawn* (?a *rhôn*[1]) + -*ell*] *eb.* ll. -*od*, -*au*. (Rhan esgyrnog) cynffon, hefyd yn *dros.*: *tail*, *dock*, *also transf.*
14g. *GDG*[3] 74, Nid adewis yng Ngwynedd / Er pan aeth, neud waethwaeth wedd, / Ladrones fach lwyd *ronell*, / Latai, ni weddai, un well [i'r eos]. **1547** *WS*, *Ronell* Tayle. **16g.** *WLl* 173, Pibell *ronell* oer wenwyn / Pikell hyll yn pikio llwyn [i'r neidr am frathu'r march]. **16–17g.** *NBSF* 605, A neittio r gwydd anttur gwell / ai throi hun wrth i *rhonell* [i ofyn ci]. **16–17g.** T. PRYS: *Bardd* 153, ai *ronell* fawr a rennir / yw ol yn hardd olwyn hir [i ofyn tarw]. **1604–7** *TW* (*Pen* 228), Saith Seren . . . wrth *ronelh* ne gynphonn y lhew d.g. *Berenices*. *id. rhonelh* paun yn castelhu ar lhet d.g. *pavo*. *id.* y dryw . . . rhai ai cymer yn lle Tinsigl . . . oherwydh yscytwyt ei *ronelh* yn wastat a wna d.g. *Trochilos*. *Dchr.* **17g.** *J* 10, 18a, *Rhonell*. horse taile. **1620** *Mos* 204, 95, Mal *rhonell* mewn miswel. **1632** *D*, *Rhonell*, Cauda. Est Diminut à Rhawn. **1688** *TJ*, *Rhonell* . . . cynffon: a Tail. **1722** *Llst* 189, *Rhonell*. f.p. *nellau*. A tail. **1725** *SR* d.g. *A Dock or Tail*. **1803** *P*, *Rhonell*, s. f.—pl. t. *od* . . . a tail. Ar lafar, *TGG* (1904) 47 (?dwyrain sir Ddinb. a'r cyffiniau).
Cfn.: **rhonell y ci:** (i) *Little Bear*, *Ursa Minor*, *Pole Star* (*in astron.*). **1604–7** *TW* (*Pen* 228) d.g. *Cynosura*. **1722** *Llst* 189. **[1783]** *W* d.g. *Star*, *The pole-star or polar star*. (ii) *dog's-tail*, *Cynosurus* (*in bot.*). **1803** *P. Adar.* **rhonell goch, rhonellgoch:** *redstart*, *Phœnicurus phœnicurus*; *bullfinch*, *Pyrrhula pyrrhula*. **1604–7** *TW* (*Pen* 228), *rhonelh goch* d.g. *phœnicurus*. **1632** *D*, *rhonellgoch* d.g. *Phœnicurus*. **1803** *P* d.g. *Rhonellgoç*. **rhonell y wennol:** (i) *ax-fitch*, *Securigera coronilla*; *crown vetch*, *Coronilla varia* (*in bot.*). **1803** *P*. **1813** *WB* 231. (ii) *dovetail* (*in carpentry*). **1604–7** *TW* (*Pen* 228) d.g. *Securiclæ*. *Dchr.* **17g.** *J* 10, 18a. *Bot.* **rhonell y march:** *horsetail*, *Equisetum*. **1604–7** *TW* (*Pen* 228) d.g. *Anabasis*, *Hippuris*. **1803** *P*. **1813** *WB* 231.

rhonell[2] [adff. o (*g*)*ronell*] *e?g.* Gronell: *roe* (*of fish*).
Ar lafar, *Cymru* xxxv. [233] (godre Cered.).

rhonellaf: rhonellu [bf. o'r e. *rhonell*[1]] *bg.* Cynffonna, ffalsio (i): *to fawn*, *toady* (*to*).
Ar lafar, *TGG* (1904) 47 (?dwyrain sir Ddinb. a'r cyffiniau).

rhonellgoch, gw. **rhonell[1]—rhonell goch.**

Rhongymyniad, gw. **rhôn[1]**.

rhonion [?(*cyn*)*rhon* + -*ion*[2]] *e.ll.* Cynrhon mân: *small maggots*.
Ar lafar, *B* xiv. 294 (Meir.).

rhonos [adff. o (*g*)*rawn* + -*os*; cf. *gronos*] *e.ll.* Mân ronynnau: *small particles*.
1803 *P*.

rhonsach, *bg.* a hefyd fel *e?g.* Sgwrsio, clebran; ?cynnwrf: *to chat*, *chatter*; ?*agitation*.
16–17g. *PCWG* 112, mae yn anghenrhaid i ni ymprydio er mwyn dofi *rhonsach* a llestrio [*sic*] nwyfiant yn knawd gwadwyylld [*sic*]. **1688** *TJ*, Pepprêth, peppru, *rhonsach*, dwndrio: to babble or chat, to chirp as Birds. **1725** *SR* d.g. *To Chat*. *c.* **1730** *Thos. Lloyd D* (LlGC) 205a, *Rhonsach*. To chatter, chatt.

rhonta, rhontio, rhontu, *bg.* Prancio, campio: *to frisk*, *gambol*.
1803 *P* d.g. *Rhonta*.

rhonwellt [*rhawn* (?a *rhôn*[1]) + *gwellt*] *eg.* ll. -*au*. *Bot.* Un o amryw fathau o weiriau o'r tylwyth *Phleum*, yn enw. *Phleum pratense*: *timothy* (*grass*), *cat's-tail* (*grass*).
1813.
Cfn.: **rhonwellt y cadno:** *foxtail* (*grass*), *Alopecurus*. **1813** *WB* 231, *Rhonwellt Y Cadnaw*; Alopecurus;—Fox-tail-grass. **rhonwellt y gath:** *timothy* (*grass*), *cat's-tail* (*grass*), *Phleum pratense*. **1813** *WB* 231, *Rhonwellt Y Gath*, Phleum;—Cat's-tail-grass. **rhonwellt y ci:** *dog's-tail*, *Cynosurus*, *esp. crested dog's-tail*, *Cynosurus cristatus*. **1813** *WB* 231, *Rhonwellt Y Ci*; Cynosurus;—Dog's-tail-grass. **rhonwellt cribog:** *dog's-tail*, *Cynosurus*, *esp. crested dog's-tail*, *Cynosurus cristatus*. **1931.** **rhonwellt penfain:** *smaller cat's-tail*, *Phleum bertolonii*. **20g.** **rhonwellt y tywyn (twyni):** *sand cat's-tail*, *Phleum arenarium*. **20g.**

rhonwyn [*rhawn* (?a *rhon*[1]) + *gwyn*[1]; ond cf. yr e. prs. *Rhonwen*, a gw. *B* xxi. 301–3]. *a.* a hefyd gyda grym enwol. A chanddo gynffon wen; twyllodrus: *white-tailed*; *deceitful*.
15g. *IGE*[2] 330, Madyn *ronwyn* ry enwir, / Meingi gwych, mynny gig ir [i'r llwynog]. **16g.** WILIAM CYNWAL: *Gw* (R. L. Jones) 671, Bustl ffleirgau, ledryn *rhonwyn* rhiniog [dychan i'r llwynog]. **1599** *Brog* 2, 339b, llew dan ffens llwyd yn i ffwrch / llo *rhonwyn* a lliw heniwrch [Hywel ap Syr Mathew i ofyn tarw]. *id.* 340a, rhiw henlo yn gleirch rhownlau glog / *rhonwyn* boldyn mewn baldog. **1747** *ML* i. 120, Dyma fi newydd gael llythyr oddiwrth y brawd Lewis . . . Ymadawse ar Gorbedyn (who had us'd him like a scoundrel) yn ffrindiau mawr or danedd allan. Pwy fase'n meddwl fod yr hen Gorph mor *rhonwy*[*n*]? **1756** *id.* 414, Er cariad ar ddyn a oes dim newydd oddiwrth Fyng; ai cachgi ydyw yntau rhyfelwr pen sych mal ei dad? . . . Aïe prifio yn *rhonwyn* a wnaeth Siac ab y Doctor wedi yr holl drafferth a gawsoch efoge? **1783** H. JONES: *PN* 31, Enter Cydwybod . . . Wel dyma ŵr enwog ond ei fod e'n o *ronwyn*. **1803** *P*, *Rhonwyn* . . . White-tailed.
Gw. hefyd **rhawnwyn.**

rhonyn [adff. o (*g*)*ronyn*] *eg.* ll. -*nau*. Gronyn: *particle*.
1799 M. WILLIAMS: *HHG* 162, pe buasent hwy yn cael rhydd-did i fwyta cig moch, fe allasai fod yn farwolaeth, neu'n ddrwg er lles eu hiechyd. Yr un peth hefyd mewn perthynas i fwyta gwaed, o herwydd fod y cyfryw bethau'n tueddu i lanw'r corph â *rhonynau* llygredig. **1803** *P*.

rhoodres, rhopin, rhoriaf: rhorio, gw. **rhodres, ropin[1], roriaf: rorio.**

rhos[1] [bnth. Llad. *rosa*(*e*), o bosibl drwy'r S. neu'r Ffr.; Llyd. Diw. *ros*, *roz*; H. Wydd. *ros*(*-chaill*), Gwydd. C. *ros*, *rós*; gw. hefyd *rhosyn*; dichon mai grym un. sydd i rai o'r enghrau. isod] *e.ll.* ll. dwbl -*od*, -*ys*, -*au*, ?a hefyd gyda grym ansoddeiriol. Rhosynnau; llwyni rhosynnau; llun o rosynnau, yn enw. fel dyfais herodrol; hefyd yn *ffig.*: *roses*; *rose bushes*; *representation of roses*, *esp. as a heraldic device*; *also fig.*
1346 *LlA* 65, hi auyd tec yndragóydaól ovlodeu. Arogleuvaór. Alilis Aros (*rosis*). Auiolet hep grinaó

vyth. *id.* 66, Amegys yma ybyd amrauael gras y'blodeu. megys gẃynnder ylilium. Achochder *yrosys* (*rosis*). **14g.** *ACL* i. 44, Rosa. y *ros.* *c.* **1400** *Études* vii. 336, *Ros* yssyd oer a sych . . . a da yw eu pwdyr y vwrw ar y lle yd ennynno tan uffernawl. *Dchr.* **15g.** *IGE*[2] 166, *Rhos* dy liw, Rhys deuluaidd, / Rhuthr Edlym, ail ruddlym raidd (Llywelyn ab y Moel). *Dchr.* **15g.** *GM* 31, megys plannedigaeth *ros* yn Iericw. **15g.** *OBWV* 146, Rhys wyd, flodeuyn *rhos* haf, / Ŵyr Rhys, nid o'r rhyw isaf (Dafydd Nanmor). **15g.** *GLGC* 45, Ceidw gwawr nef a llawr, ar lled—ei iawnran, / Henri Frenin seithfed / a'i ewythr rhag eniwed, / a Syr Rhys crair dros *ros* Cred. **15g.** *GGl*[2] 69, Melfed ym, molaf y daith, / A damasg i'm cydymaith. / Mae rhoddion ym o'r eiddi, / Mae *rhos* aur ar fy mhwrs i. *id.* 182, Och fi wedi ferch Fadawg, / Chware *rhos* ni chair y rhawg [marwnad Gwerful ferch Fadog]! **15g.** *GDGor* [38], A rhiain hir a rhannu hyn / A chyw eryr a chorryn, / A *rhos* ar ownau y rhain / A rhyfel ar wŷr Rhufain. **15–16g.** *GIF* 22, rhyw Godwin rhywiog ydwyd; / *rhos* o aur tawdd, Risiart, wyd. **1546** *YLlH* [10], Y Mis hwnn . . . dod goed byw, a choed *rhos.* **1547** *WS, Ros* Rose. **1588** 2 *Esd* ii. 19, saith fynydd vchel yn dwyn *rosau* a Lili. **1588** *Doeth Sol* ii. 8, Gwiscwn goron o flodau *rhôs* (**1988** *ib.* o *rosod*). **1615** R. Smyth: *GB* 134, llavver o felysdra a llavver o ddeleithvvch mevvn pyriodas . . . cavvn vveled fod ymysc y *rhos* yma lavver o ddrain pigog. **1632** *D, Rhôs,* Sing. Rhosyn, Rosa. **1696** *CDD* 169, Ail *roses* ar y mân-wŷdd, / Neu ail i flodeu'r coedŷdd. **1759** J. Evans: *PF* 48, *Rosis* wedi eu pwyo. **1803** *P.*

Amr.: **rhoes**[2] [cf. *ffos, ffoes*]. *Dchr.* **17g.** *J* 10, 18a.

Cfn.: **rhos (y) campau (campan, campe, campi, gampe, gampi)** [cfdds. o'r S. *rose-campion,* dan ddyl. *rhos*[1] a ?*campau* (ll. *camp*[1])]: *rose-campion, Lychnis coronaria*; *stock(-gillyflower), Mathiola*; *ragged robin, Lychnis flos-cuculi*; *also fig.* **1509** *AAST* (1935) 101, Duw nef ni wrandawai ni / A roes gwymp i *rosgampi* [marwnad Harri VII gan Ddafydd Trefor]. **16g.** *LlS* 159, Lychnitim nei Triallis sef y *Rhos Campe.* **16–17g.** *CRC* 87, *rhos gampe.* **1604–7** *TW* (*Pen* 228), *Ros Campan* d.g. *Lychnis* . . . *Lychnis Coronaria.* *id. ros campi* d.g. *Acydonium* (At.). **1632** *D* (*Bot*), *Rhôs campau,* Thryallis. **1725** *SR* (*Bot*), *rhoscampau* d.g. *July Flower, Stock July Flower.* **rhos (rhosys) cochion:** *red roses, also as an emblem of the house of Lancaster and its party.* *c.* **1400** *ChO* 5, *ros cochyon.* **15–16g.** *GLM* 125, *rhos cochion* yn nwyfron allt, / rhawd o geirw ar hyd gorallt. **1632** *D* (*Bot*), *Rhôs cochion,* Rosa rubea. **1763** *DT* 222, *Rhosus cochion* yn rhesau. **1803** *P.* Gw. hefyd *rhosgochion.* **rhos y cŵn:** *dog roses, Rosa canina*; *sweet-brier, Rosa rubiginosa.* **1773** *W* d.g. *Eglantine . . . wild eglantine.* **1803** *P,* Rhôs . . . *rhôs y cwn,* dog-roses. **rhos cywair:** *conserve of roses.* **1722** *Llst* 189 d.g. *Conserves of roses.* **1772** *W* d.g. *Conserve of roses.* **rhos damasg:** *damask roses.* **1604–7** *TW* (*Pen* 228) d.g. *Rosa.* **1801** *MMf* 107. **rhos yr eira:** *snowdrops, Galanthus nivalis.* Ar lafar gynt, cf. *SE MS,* 425b, *rhos yr eira,* snowdrop (Lower Dovey). **rhos gwylltion:** *wild roses, dog roses, Rosa canina.* **16g.** *LlS* 124, Coed y *Rhos gwylltion* sef yr Egroes. **1604–7** *TW* (*Pen* 228) d.g. *Rentifolia.* [**1783**] *W* d.g. *Rose, Dog- . . . roses.* **1801** *MMf* 292. **rhos gwyn(ion):** *white roses, also as an emblem of the house of York and its party.* *c.* **1400** *R* 1287. 5–6, lliw *ros gwynnyon.* **15g.** *DGG*[2] 40, Sieced o *ros gwyn* it sydd, / A gown o flodau'r gwinwydd [i'r alarch]. **15g.** *GLGC* 252, Ei adar a'i wŷr o fewn y drin / a oresgynnodd â'i *ros gwynion* [moliant Syr Wiliam Herbert]. **1632** *D* (*Bot*), *Rhôs gwynion,* Rosa candida. **1803** *P,* Rhôs . . . *rhôs gwynion,* white roses. **rhos Mair, rhosmair:** *rosemary, Rosmarinus officinalis*; *dog roses, Rosa canina.* **1632** *D* (*Bot*), *Rhôs Mair,* Ros marinus. **1725** *SR* (*Bot*) d.g. *Dog, The Wild Rose or dog briar, Rosemary.* **1758** *ML* ii. 99, llymaid o bwyns twym, neu draflwnc o gwrw Nerpwl wedi berwi ynddo *ros mair.* **1770** *TG* ii. 16, *Rhos-mair.* **1799** M. Williams: *BM* 32, *Rhosmair.* Gw. hefyd *rhosmari.* **rhos y môr:** *rosemary, Rosmarinus officinalis*; *rose-campion, Lychnis coronaria.* **1725** *SR* d.g. [*Campion*], *Rose Campion, Rosemari.* *c.* **1730** *Thos. Lloyd D* (LlGC) 199b. **rhos (y) perthi:** *dog roses, Rosa canina.* **1725** *SR* (*Bot*), *Rhos perthi* d.g. *Rose, Briar Rose.* [**1783**] *W, Rhôs y perthi* d.g. *Rose, Dog- . . . roses.*

Gw. hefyd **rhosyn.**

rhos[2] [e. lleoedd Crn. *Rose, Roose, Rouse,* Llyd. C. *ros,* Llyd. Diw. *roz,* Gwydd. C. *ross*: < Clt. **rostos* < IE. **pro-st-o-,* o'r gwr. **stā-* 'sefyll' < **staə-*; cf. Sans. *prastha-* 'llwyfandir'; ansicr yw *rosset, GCBM* ii. 51, gw. *id.* 76] *eb.* ll: *-ydd.* Ehangder o dir agored (uchel) heb ei drin sydd yn aml yn gorsiog ac yn orchuddiedig â grug, rhostir, (?geir.) doldir ar dir uchel; (?geir.) corstir; gwastadedd; anialwch, diffeithwch; hefyd yn *ffig.*: *(upland) moor, heath(land), down,* (?*dict.*) *meadow on high land*; (?*dict.*) *marshland*; *plain*; *wilderness, desert*; *also fig.*

12g. *LL* 221, Glin mannou et *ros* ireithin. **13g.** *C* 90. 14, Hir nos llum *ros* lluid riv. **14g.** *GDG*[3] 185, Haws cerdded nos ar *rosydd* / I daith nog ar niwl y dydd. *id.* 337, Tywyll yw'r nos ar *ros* ryn, / Tywyll, och am etewyn! *ib.* Pyd ar *ros* agos eigiawn, / Pwy a eill mwy mewn pwll mawn? **15g.** *ID* 98, tori drem ar y tir draw / aros byth o *ros* i bant. **1547** *WS, Ros* ne rosfa A hethe. **1588** *Deut* xxxiv. 1, Yna Moses a escynnodd o *rossydd* Moab, i fynydd Nebo. **1588** 2 *Sam* xv. 28, Gwelwch fi yn aros yn *rhossydd* yr anialwch. **1588** *Jer* li. 43, Ei dinasoedd hi a aethant yn anghyfannedd, yn gras-dîr, ac yn *rhôs.* *Dchr.* **17g.** *J* 10, 18a, *Rhôs.* s. *Rhosudd.* pl. Plaine or heathe. **1632** *D, Rhôs,* Planities irrigua. **1707** *AB* 32a, *Rhôs,* a Mountain-meadow or Moss. **1771** *W* d.g. *Champaign, Down* [*an open plain* . . .]. *a.* **1791** W. Williams: *GP* 530, Heb ofni dim mi deithia 'mla'n, / Tros *rosydd* rhew, a bryniau tân. **1800** W. Owen[-Pughe]: *CP* 30, os gadewir i ffrwd o ddwr ddylifo hyd *rôs* rugog dros amser cymmesurol, y *rhôs* hono . . . a golla y tueddiad i ddwyn grug. **1803** *P, Rhos,* s. f.—pl. t. *yz* . . . a moist meadow, a peat land, a moor. Ar lafar, '*rhos*' 'a dry, level tract of land, more or less elevated', *WVBD* 466. Digwydd fel e. lle ac fel elf. mewn e. lleoedd, e.e. *Rhos,* sir Benf., *Penrhoslligwy,* Môn, gw. I. Williams: *ELl* 23; hefyd yn y ff. fach. *rhosan,* e.e. yn e.'r afon *Rhosan,* sir Drefn., *EANC* 84. Dichon fod *rhos* yn dwyn yr ystyr 'penrhyn' mewn rhai e. lleoedd, cf. *PNP* 570, Y *Rhos,* (cantref) . . . As the territorial name of a large region the meaning here is probably 'peninsula' or the like. Cf. W. Camden: *B* (1695) 630, That part of the Country which lies beyond the Haven, and is water'd only with these two rivers (Cleddau), is called by the Britains *Rhos*; a name deriv'd from the situation of it, for that it is a large green plain.

rhosaidd[1] [*rhos*[1] + *-aidd*] *a.* Tebyg i rosyn, o liw rhosyn, pinc: *rosy, rose-coloured, pink.*

[**1783**] *W* d.g. *Rosy.* **1803** *P, Rhosaiz* . . . Like roses, roseat.

rhosaidd[2] [*rhos*[2] + *-aidd*] *a.* Tebyg i ros, o natur rhos: *like a moor, of the nature of a moor.*

1832.

rhosan, gw. **rhos**[2].

rhosardd [*rhos*[1] + *gardd*] *eb.* Gardd rosynnau, hefyd yn *ffig.*: *rose-garden, also fig.*

1773 *W* d.g. *A garden of roses.*

rhosb, *eg.* ll. *-au.* Pranc, tric, cellwair, jôc, mympwy; gêm lle bydd un chwaraewr yn rhoi geiriau neu linellau o farddoniaeth y mae'n rhaid i chwaraewr arall gael odl iddynt: *frolic, trick, joke, whim*; *crambo.*

18–19g. *IM* 39, dydd Llun pasc crammwyth, a'r *rhospau* ar yr achos hynny rhwng bechgyn a Merched. **18–19g.** *Llr* C 4, 98, *Rhospau,* freaks, vagaries, frolics. **18–19g.** *Llr* C 25, 326, *Rhosp,* a Joke, a freak, &c. crambo. **1803** *P, Rhosb,* s. m. . . . A whim, a trick; crambo. Gware *rhosbau,* to play at crambo. A hofo ei *rosb* hofed a[']i cosb . . . Adage. Ar lafar gynt yng Nghered., 'Crambo . . . Archdeacon Evans says that it was popular also in Cardiganshire, under the title of Chwareu *Rhospau*', D. Parry-Jones: *WCGP* 127.

rhosbins, gw. **hosbins.**

rhosbleth [*rhos*[1] + *pleth*] *eb.* ll. *-au.* Llaswyr, paderau: *rosary.*

1835.

rhosbren [*rhos*[1] + *pren*] *eg.* ll. *-nau.* *Bot.* Unrhyw un o amryw fathau o goed trofannol o'r tylwyth *Dalbergia,* pren persawrus clòs ei wead y coed hyn a ddefnyddir i wneud dodrefn, rhoswydden; rhoswydden, *Nerium oleander*; rhododendron: *rosewood*; *oleander*; *rhododendron.*

1778 *W* d.g. *Oleander.*

rhosbwr [*rhosb* + *-wr*] *eg.* ll. *-wyr.* Rhigymwr, bardd cocos: *composer of doggerel verse, rhymester.*

18–19g. *LlGC* 13221, 31, [e]i ffordd ef [Dafydd ap Gwilym] ar brydyddu y sydd yn parhau hyd heddyw . . . a phob coeg-*rosbwr* [:– *rhosbwr,* [a] doggrel rhimer. Glam.] yn danfon yr eos . . . at ei gariad. **1803** *P, Rhosbwr,* s. m.—pl. *rhosbwyr* . . . one who makes doggerel rhymes.

rhosddelid [*rhos*[1] + *delid*[2]] *eg.* *Cem.* Rhodiwm: *rhodium.*

1851.

rhosddwr, rhosddwfr [*rhos*[1] + *dŵr, dwfr*] *eg.* Dŵr persawrus a wneir o (olew) rhosynnau ac a ddefnyddir fel persawr ac wrth goginio: *rose water.*

1604–7 *TW* (*Pen* 228), me[dh]eciniaeth . . . or vinecr ar *Rhosdhwr* d.g. *Oxyrhodium.* [**1783**] *W* d.g. *Rose-water.*

rhosed [cfdds. o'r S. *rosette,* dan ddyl. *rhos*[1]] *eg.b.* ll. *-i, -au.* Rhosglwm (hefyd mewn bot.): *rosette (also in bot.).*

20g.

Gw. hefyd **rosét.**

rhosen, gw. **rhosyn.**

rhosfa[1] [*rhos*[1] + *-fa, ma*] *eb.* Gardd rosynnau, gardd flodau: *rose-garden, flower-garden.*

1604–7 *TW* (*Pen* 228) d.g. *Rosarium.* **17g.** *LlGC* 13215, 346, *Rhosva* Rhoslwyn Rosetum. **1722** *Llst* 189, *Rhosfa.* f. A rose-garden. **1773** *W* d.g. *Garden, A flower-garden, Rosary* [*a garden or plat of roses*].

rhosfa[2] [cf. *hysfa, rhesfa*[2], *rhysfa*[3], ?ac *arhosfa*] *eb.* ll. *-feydd.* Cynefin defaid: *sheepwalk.*

1927. Ar lafar, '*rhosfa* defaid', I. Williams: *ELl* 32 (sir Gaerf.); ''Odd *rosfa* defid wrth bont y Graig un waith. I'r man'na 'on' nw'n dod â defid Bwlch y Mæn i rosfeio dros y gaea'' (de-ddwyrain Morg.); hefyd yn yr ystyr 'lle i gadw defaid dros dro', 'Fe ddotws y cwpwl defid mwn *rosfa* . . . a mynd 'n ôl i 'elcyd y rest', *GTN* 692. Cf. D. J. Williams: *STG* 42, rhyw anghydfod rhwng dau deulu ynglŷn â'r *rhosfa* ddefaid ar fynydd Preseli.

rhosfa[3] [*rhos*[2] + *-fa, ma*] *eb.* Rhos(tir), gwaun: *heath(land), moor.*

1547 *WS,* Ros ne *rosfa* A hethe. *Dchr.* **17g.** *J* 10, 18a, *Rhosva.* Downe.

rhosfawn [*rhos*[2] + *mawn*] *e.tf.* Mawn rhostir: *moor peat.*

c. **1700** E. Lhuyd: *Par* i. 158, Lhan Armon . . . Their Fuel *Rhos-vawn* some Dyvn-vawn and Coal from Brymbo. Ar lafar gynt ym Meir.

rhosfeio [be. o'r e. *rhosfa*[2]] *bg.a.* Cadw (defaid) ar rosfa, aros ar rosfa, mynd yn gynefin â rhosfa, ymgartrefu, setlo: *to keep (sheep) on a sheepwalk, stay on a sheepwalk, become accustomed to a sheepwalk, settle (down).*

1933. Ar lafar, 'Ar y Mynydd Du rhosfa defaid yw'r lle maent yn arfer aros . . . gelwir hynny yn *rhosfeio*', I. Williams: *ELl* 32; '*risfio* nw [defaid] wedyn yw 'u cadw 'nw 'na' (Brych.); ''Odd rosfa defid wrth bont y Graig un waith. I'r man'na 'on' nw'n dod â defid Bwlch y Mæn i *rosfeio* dros y gaea'' (de-ddwyrain Morg.).

rhosflaguryn, gw. **rhos**[1] + **blaguryn.**

rhosglwm, rhosgwlwm [*rhos*[1] + *clwm, cwlwm*[1]] *eg.* ll. *-glymau.* Addurn neu batrwm tebyg i rosyn o ran ffurf, yn enw. trefniant o rubanau, &c., i'w wisgo fel bathodyn neu i'w gyflwyno fel gwobr, rhosed; *Bot.* clwstwr crwn o ddail yn tyfu o waelod coesyn: *rosette (also in bot.).*

1858.

rhosgochion [*rhos*[1] + *cochion* (ll. yr a. *coch*)] *e.ll.* (un. g. *rhosgochyn*). Rhosynnau cochion: *red roses.*

Diw. **16g.** *WLB* 44, Peth da ir ddwyfron ar pibeu ac i oeri Archolleu lloscedig ac i lawer o bethe eraill vocat Melli Roisier. Kymer ddail y *rhosgochion* a briw hwynt mewn morter yn fân. *id.* 99, bwyta yn fesurol mwstard [*sic*] a ffupur a letwari a *rhosgochion.*

Gw. hefyd **rhos**[1]**—rhos cochion.**

rhosgoed [*rhos*[1] + *coed*] *e.ll.* Coed rhosynnau; rhosbrennau, *Dalbergia*; rhododendrons: *rose trees*; *rosewood trees*; *rhododendrons.*

[**1783**] *W* d.g. *Rose-wood.* **1803** *P, Rhosgoed* . . . Rose-trees.

Rhosgroesog [*rhos*[1] + *croesog* ar ddelw'r S. *Rosicrucian*] *eg.* ll. *-ion,* a hefyd fel *a.* Aelod o gymdeithas yn yr 17g. a'r 18g. a ymddiddorai mewn credoau crefyddol a metaffisegol esoterig, ac mewn galluoedd goruwchnaturiol, aelod o nifer o gymdeithasau yn tarddu o'r gymdeithas hon; yn perthyn i'r Rhosgroesogion neu i'w credoau, yn dal y credoau hyn: *(a) Rosicrucian.*

[**1783**] *W, Rhosgroesogion* (sing. *Rhosgroesog*) d.g.

Rosicrucians [a sort of Chymists of high pretensions, who style themselves—Brothers of The Rosy Cross].

rhosgwlwm, gw. rhosglwm.

rhosing, rhosin, gw. rosin.

rhosliw [*rhos*[1] + *lliw*[1]] *a.* a hefyd fel *eg.* O liw rhosyn, pinc; lliw rhosyn, lliw gwrid; maen gwerthfawr anhysbys o liw rhosyn; *Bot.* acasia, *Acacia*: *rose-coloured, pink; rose colour, blush colour; unidentified rose-coloured precious stone; acacia.*

1604–7 *TW* (*Pen* 228), Maen gwerthuawr o liw Rhoses, *Rhosliw* d.g. *Rhodites. id.* d.g. *Roseus* (hefyd *D*). **1770** *W* d.g. *Blush-colour, Rose-colour, Roset.*

rhosliwiaf: rhosliwio [bf. o'r a. *rhosliw*] *ba.* Lliwio'n rhosliw: *to make rose-coloured.*
1866.

rhosliwiog [*rhosliw* + *-iog*] *a.* O liw rhosyn: *rose-coloured.*
1846.

rhoslwyn [*rhos*[1] + *llwyn*[1]] *eg.* ll. *-i.* Llwyn rhosynnau; gardd rosynnau; rhododendron: *rose bush; rose-garden; rhododendron.*

1604–7 *TW* (*Pen* 228) d.g. *Rosarium, Rosetum.* **1704** J. MORGAN: *B* 38, y mae gan Dduw goronau a theyrnwielyn ynghadw iw sainct ai weision, a choron blethau llyssieuog i ferthŷron a *rhoslwyni* i wyryfon. **[1783]** *W* d.g. *Rosary [a garden or plat of roses], Rose-bush.* **1803** *P, Rhoslwyn* . . . A brake of rose-trees.

Cfn.: *Bot.* **rhoslwyn pêr:** *sweet-brier, Rosa rubiginosa; small-flowered sweet-brier, Rosa micrantha.* **1813** *WB* 50.

rhoslyd [*rhos*[2] + *-lyd*] *a.* Yn perthyn i ros(tir), o natur rhos(tir), nodweddiadol o ros(tir), corslyd: *pertaining to, or of the nature of, a moor, marshy.*

1803 *P, Rhoslyd* . . . Moorish, fenny, marshy.

rhoslys [*rhos*[1] + *llys*[5]] *eg.* ll. *-iau.* *Bot.* Planhigyn tal llwydlas o rywogaeth y friweg, a'i wreiddiau'n arogleuo fel rhosyn, *Sedum rosea*: *rose-root, rosewort.*

[1783] *W* d.g. *Rose-wort.* **1803** *P* d.g. *Rhoslysiau.* **1813** *WB* 231.

rhosmair, gw. rhos[1]—rh. Mair.

rhosmari, rosmari [bnth. S. *rosemary*] *eg.* *Bot.* Llwyn bythwyrdd, *Rosmarinus officinalis*, ac iddo ddail llwydwyrdd a ddefnyddir fel perlysieuyn wrth goginio ac i wneud olew a ddefnyddir wrth gynhyrchu persawr: *rosemary.*

p. **1500** *Pen* 57, 46, [y] wermod wen afenigl *aros mari* dyrnaid obob vn ai briwo yn van ai kvro ynffest mewn morter. **1545** ELIS GRUFFYDD: *Ll* 2, boladav [*sic*] tenneuon e[i]ddil megis blode *rosmari.* **1547** *WS, Rosmari* Rosemary. **16g.** *LIS* 52, Y Banatlos . . . [c]yphelip ei dail ir *rosmari. id.* 93, yr enwæ./ Rosmarinus yn Llatin, Rosemarye yn Saesonaec a *Rosmari* yn Cambereac. *Diw.* **16g.** *WLB* 11, Rhag y parrlys. Kymer wederffoy, ar *rosmari*, a gwraidd ffynigl kochion . . . a berw hwynt mewn pottel o win gwyn. **16–17g.** *HG* 89, hobs baeas a *rosmari* / a banadl gwedi llosgi / a llawer o lysieuau / rai o'r maes rai o'r garddau. **16–17g.** *CRC* 86–7, Myna ynghladdv mewn briallv / . . . / a *rhos mari* om amgylch i / a glessyn y koed ar fynevdroed. **1604–7** *TW* (*Pen* 228) d.g. *Herba . . . Salutaris, Rosmarinus.* **1722** *Llst* 189, *Rhosmari.* m. Rosemary. **1759** J. EVANS: *PF* 73, I ragflaenu 'r Plâ neu 'r Cornwyd . . . [b]wydwch Ryw, Saeds, Mintis, *Rosemari*, a Wermod, llonaid Llâw o bob ûn, mewn dau Chwart o'r Finegr cryfaf. **1771** *PDPh* 10, Os bydd y chwydd ym mhen y lin . . . cymmerwch *Rosmari*, Teim, Isop, Saeds, Camamil. **1778** J. HUGHES: *BB* 68, Drwg lysie mewn pwysi, sy'n chwerwi ac yn drewi, / Yn ffiedd arogli, y lafant a'r lili, / A'r *rose mari* tw gerddi teg urddas. **1795** J. THOMAS: *AIC* 346, *Rhosmari*, a heuir neu a blannir tu a hanner y Gwanwyn. Ar lafar, '*rosmari*', *GTN* 693; '*rhos Mari*', *WVBD* 466. Cf. *PT* [102], Yng nglan y môr mae carreg wastad, / Lle bum i'n siarad gair â'm cariad; / Oddeutu hon y tyf y lili, / Ac ambell gangen o *rosmari.*

Cfn.: **rhosmari gwyllt:** *bog rosemary, Andromeda polifilia.* **1813** *WB* 231.

Gw. hefyd **rhos[1]—rhos Mair.**

rhosog [*rhos*[1] + *-og*] *a.* Llawn rhosynnau, tebyg i rosyn: *full of roses, rosy.*

[1783] *W* d.g. *Roseate, Rosy.* **1803** *P, Rhosawg* . . . Abounding with roses.

rhost [bnth. S. C. *rost(e)* 'roast', neu efallai'n uniongyrchol o'r H. Ffr., a bôn y f. *rhostiaf*, &c.: *rhostio*, &c.] *eg.* a hefyd fel *a.* Peth, yn enw. cig, a rostiwyd; wedi ei rostio, wedi ei dostio, wedi ei ddeifio; ar gyfer rhostio (e.e. am gegin): *a roast; roast(ed), toasted, scorched; (used for) roasting (e.g. of a kitchen).*

14g. *GDG*[3] 327, Prynu *rhost*, nid er bostiaw, / A gwin drud, mi a gwen draw. **14–15g.** *IGE*[2] 290, Mae'r sew? Mae'r seigiau newydd? / Mae'r cig *rhost*? Mae'r cog a'u rhydd (Siôn Cent)? *c.* **1400** *R* 1201. 31–9, Rac tan uffern. aedryc kethern . . . Ae tharth ae ll6ch. ae thiryon6ch. aetharaneu. Ae *rost* brynnic. ae restr ffyrnic. ae rwystyr ffyrnau. *c.* **1400** *Études* vii. 64, Kic pobedic neu *rost* gwressawc vyd. **15g.** *Pen* 57, 38, Ymwrdd dreig o vlaen myrdd draw / Amedd chwannawc ym iddaw / achos y bonedd vchaf / achann a *rost* chwaen or haf. **1547** *WS, Rost* Roste. **16g.** *THSC* (1923–4) (At.) 62, wynt a ddoythant y mewn y gaissio rann, ac y gwelsant y wraic yn rostio y mab ehvn . . . Ac y kymerth y wraic yr [*sic*] *rost* hwnn. **16–17g.** *GST* i. 593, A thân a mwg eithinen, / A chwrw'n îl, a cherwyn wen, / A thost o fara *rhost* rhyg, / A thabler folfraith, ddeublyg. **1632** *D* d.g. *Assus.* **1661** E. LEWIS: *Drex* 166, Pe byddei yn uffern i wr ringcian ei ddannedd a thoddi yn llwyr o'i dafod *rhost* (*scorched*), ni chae ef cymmaint ag un defnyn o ddwfr oer. **1688** *TJ, Rhôst*:) Roasted. **1703** E. WYNNE: *BC* 103, Ddant neu ddau 'n îs, yr oedd Cegin *rôst* helaeth iawn, a rhai 'n *rhôst* ac yn ferw, eraill yn ffrio ac yn fflammio. **1803** *P.* Ar lafar, 'Caws *rhòst*', 'Tato *rhòst*', *GDD* 250; ''Odd y tatws *rhost* 'di llosgi'.

rhostedig, gw. rhostiedig.

rhostiad [bôn y f. *rhostiaf*, &c.: *rhostio*, &c. + *-iad*[1]] *eg.* Y weithred o rostio: *a roasting.*

1798 *WR, rhostiad* o gig yn ddernynau ar farwor d.g. *Carbinade. id.* d.g. *Roasting.* **1803** *P.*

rhostiaf, rhostaf: rhost(i)o [bf. o'r e. *rhost*] *bg.a.* Coginio (cig, &c.) drwy gyfrwng gwres sych, yn enw. mewn ffwrn neu bopty, cael ei goginio felly, brownio neu sychu (ffa coffi, &c.) â gwres, poethi (mwynau) mewn ffwrnais i waredu amhuredd neu i'w gwneud yn fwy hydrin, crasu, pobi, tostio, brwylio, grilio, llosgi, deifio; bod yn (anghyfforddus o) boeth; arteithio drwy dân neu wres; hefyd yn *ffig.*: *to roast, bake, toast, broil, grill, burn, scorch; be roasting (hot); roast (as torture); also fig.*

14–15g. *IGE*[2] 174, Tithau, glo canuau glân, / Wyllt *rostio* follt eiriasdan, / Di aud drwy'r wybr yn dawel, / Na chudd dy wreichion [Rhys Goch Eryri i yrru'r ddraig goch]. *c.* **1400** *Études* vii. 300, Rac gwaew idwu [*sic*] yn yr asgwrn: kymer hat y morgelyn y mywn yr un llyssewyn, a dot dan y lludw y *rostyaw* yn da. **15g.** *GGl*[2] 283, Lowres, pan gyd-ddoluriwyf, / A fu ar dân, a'i frawd wyf. / Trist wyf wrth aros In tred, / Tristach no'r sant a *rostied* [i'r grog yng Nghaer]. **1545** *CI* 35, Gowrdis ysydd lyshie gardde . . . j mae yn hraid jddo j berwi ne i *hrostio* ne i ffrio wynt. **1547** *WS, Rostio* Roste. **16g.** *THSC* (1923–4) (At.) 62, hi a gymerth y mab ehvn . . . ac ai lladdodd, ac ai rannodd yn ddwy rann, ac a gedwis y llaill rann ac a *rosties* y llall. **1567** *TN* 130a, wy a roesant ydd-aw ddryll pyscotyn wedy'*rostiaw.* **1594–6** *B* iii. 273, dy vam ditheu a roddai emennydd yr eryr hwnnw ar grwst o vara at y tan i *rostaw.* **16–17g.** *Cer RC* 186, A minne wrth y tân / Yn tostio pawb i gwpan: / Torri cnau, a *rhostio* afale, / A'i bwrw i'r cwpane. **1661** E. LEWIS: *Drex* 251, eistedd cymmaint a hynny o flynyddoedd yn *rhostio* ac yn ffrio yn flammau tan uffern. *id.* 267, Fe fu yn flinedig gan lafur lawer gwaith yn *rhostio* gan wres, ac yn dyddfu o ran syched. **1703** E. WYNNE: *BC* 121, *Rhostiwch* y Cyfreithwyr wrth eu parsmant a'u papureu eu hunain. **1722** *Llst* 189, *Rhostio.* To rost, broil, burn. *c.* **1762–79** W. WILLIAMS: *P* 35, Y Ffordd y maent yn *rhostio* eu bwyd yw, gosod Carreg lydan yn y ddaiar, ac ennyn tân arni nes byddo hi yn boeth; yna gosodant y bwyd arni, a charreg lydan eilwaith arno, a thân a losgant a'r [*sic*] hynny. **1798** *WR* d.g. *Grill.* **1803** *P, Rhostiaw* . . . to toast. Ar lafar yn gyff., *LGW* 353; hefyd yn nwyrain Morg. am gig moch yn sychu wedi ei halltu, 'Ma'r ystlysa siwr o fod wedi *rosto* erbyn 'yn'. Cf. D. OWEN: *RL* 258, Meddyliwn yn anesmwyth beth os cymerai efe i fy ngwawdio . . . Penderfynais ddyoddef yn dawel gael fy *rhostio* ganddo.

rhostiedig, rhostedig [bôn y f. *rhostiaf*, &c.: *rhostio*, &c. + *-(i)edig*] *a.bfl.* Wedi ei rostio (hefyd am fwynau), wedi ei bobi, deifiedig: *roasted (also of ore), baked, scorched.*

c. **1400** *R* 1337. 11–12, Afreit neit nyt yrgerd r6ystredic. afrv6ch tr6ch trychwibyl *rostyedic. Diw.* **16g.** *WLB* 26, J dorri kornwyd. Kymer winwyn *rostiedic* a gwraidd y lili . . . ai stompio ai ffrio ynghyd. *id.* 45, [p]lastr o winwyn gwnion *rostiedic* ac y menyn neu oyl olifs. **18g.** *Llr* C 24, 333, Cymer framwstan [*sic*] ag arian Byw a Mal ynghyd garlleg *rostedig* (*MMf* 194, *rhostiedig*) a bloneg ffres a chymysc ynghyd. **[1783]** *W, Rhostiedig* d.g. *Roasted.* **1803** *P* d.g. *Rhostiedig.*

rhostir [*rhos*[2] + *tir*] *eg.* ll. *-oedd*, (prin) *-edd.* Rhos, tir grugog; (?geir.) corstir; gwastadedd, safana, paith; anialwch, diffeithwch: *moor(land), heath; (?dict.) marshland; plain, savannah, prairie; wilderness, desert.*

1588 *Jos* xi. 2, y brenhinoedd y rhai oeddynt o du yr gogledd i'r wlâd yn y mynydd-dir, ac yn y *rhosdir.* **1588** *Jer* ii. 6, pa le y mae'r Arglwydd a'n dug ni i fynu o dîr yr Aipht: ac a'n harweiniodd trwy 'r anialwch, trwy *ros-dîr*, a phyllau, trwy dîr sychter. *id.* l. 12, wele yr eithaf o'r cenhedloedd yn anialwch cras-le, ac yn *rhos-dir.* **17g.** E. MORUS: *Gw* 44, Canlyn pladur ddur ar ddant—y *rhostir*, / Rhai ystwyth a'i medrant; / Esmwythach i was methiant / Englyn, a thelyn, a thant. *c.* **1730** *Thos. Lloyd D* (LlGC) 203b, *Rhosdir.* Regio campestris. planities. **1774** H. JONES: *CH* 38, megis *rhos-dir* gwyllt ac oeredd heb erioed ei arddu. **1803** *P, Rhosdir*, s. m.—pl. t. *oz* . . . Fenny ground.

rhostiwr [bôn y f. *rhostiaf*, &c.: *rhostio*, &c. + *-iwr*] *eg.* ll. *rhostwyr.* Un sy'n rhostio; ffwrn ar gyfer rhostio: *roaster; roasting oven.*
1803 *P.*

rhostog, *eg.b.* ll. *-ion.* *Adar.* Unrhyw un o amryw fathau o rydwyr o deulu'r *Charadriidæ* a chanddynt big fer fel rheol, cwtiad, cornicyll; unrhyw un o amryw fathau o rydwyr o'r tylwyth *Limosa* a chanddynt goesau hir a phig hir: *plover; godwit.*

Dchr. **17g.** *J* 10, 18a, *Rhostog.* Plover. Pardalus. **1707** *AB* 220a, *Rhostog*, A plover. **1803** *P, Rhostawg*, s. m. . . . A plover.

Cfn.: **rhostog coch (goch):** *bar-tailed godwit, Limosa lapponica.* **1803** *P*, Rhostawg . . . *rhostawg coç*, the red godwit. **rhostog cynffonddu (gynffonddu):** *black-tailed godwit, Limosa limosa.* **20g.** **rhostog euraidd:** *golden plover, Pluvialis apricaria.* **1896.** **rhostog rhudd:** *bar-tailed godwit, Limosa lapponica.* **20g.**

rhoswair [*rhos*[2] + *gwair*[1]] *eg.* Gwair garw ar rostir: *rough grass on moorland.*

18–19g. *Llr* C 11, 247, Welsh Agricultural Terms in Glamorgan . . . Tonn, hendon, atton, (new land), Tonnwair, Bragwair, *rhoswair.* Ar lafar, '*roswair*' 'glaswellt cras ar y rhosydd', *GTN* 692.

Gw. hefyd **gwair[1]—gwair rhos.**

rhoswn, gw. rosin.

rhoswydd [*rhos*[1] + *gŵydd*[1]] *e.ll.* (un. b. *-en*). (Coed) rhosynnau, llwyni rhosynnau; rhododendrons; rhosbrennau, *Dalbergia*; prysglwyni bytholwyrdd gwenwynig sy'n dwyn clystyrau o flodau gwyn, pinc, neu goch, *Nerium oleander*: *roses, rose bushes; rhododendrons; rosewood trees; oleanders.*

1604–7 *TW* (*Pen* 228), had melyn y *Rhoswydh* d.g. *Flos. id. Rhoswydhen* d.g. *Rosa.* **1696** *CDD* 302, Neu flode gwiw dŵ gwinwŷdd, / Neu Rissial gwŷnn o *roswŷdd*, / Heb frychau, chwŷn, na bai. **1722** *Llst* 189, *Rhoswydd.* s. *wydden.* f. Rose trees. **1725** *SR* (*Bot*) d.g. *Rosewood.* **1766** *FfA* 18, fel ag y mae coed a llysiau ag sydd yn hollol o'r iawn ryw . . . Felly y mae eu cyffelyb hefyd, ond yn wylltion . . . Y mae grawn-win a grawn gwylltion; gwinwydden a gwinwydden wyllt, *rhoswydd* a graban. **18g.** I. BRYDYDD HIR: *Gw* 18, O'r âr, yn lle mwyar mall, / A gosgedd pigawg ysgall, / Daw rhesi blodau *rhoswydd* / Draw yn ber, a drain ni bydd. **1778** *W* d.g. *Oleander.* **1803** *P* d.g. *Rhôswyz, Rhôswyzen.*

rhoswyr [*rhos*[1] + *-wyr*] *e.ll.* ?Pleidwyr un o'r ddwy blaid yn Rhyfeloedd y Rhosynnau: *supporters of one of the two sides in the Wars of the Roses.*

15g. *GDLl* 73, Dwg *Roswyr* a'r Dug Risiart, / A'r Tŵr Gwyn yn y tair gwart. **15g.** *GLGC* 165, Rhys Amhredudd, ben *rhoswyr.*

rhosyn [*rhos*[1] + *-yn*[1]; Crn. C. *rosen*, Llyd. C. *rosen*, Llyd. Diw. *rozenn*, Gwydd. Diw. *róisín*] *eg.* ll. *-nau, -s.*

(*a*) Unrhyw lwyn neu blanhigyn dringo o'r tylwyth *Rosa*; mae iddynt ddail cyfansawdd, ac fel arfer goesynnau pigog a blodau perarogIus, blodeuyn un o'r planhigion hyn, *Her.* llun o'r blodeuyn hwn, hefyd yn *dros.* ac yn *ffig.*: *rose (also in her.), also transf. and fig.*

15g. *Med H* 12, [t]arian assur a chroes vlodeuoc a phedwar *Rosyn* o aur. **15g.** *GLGC* 82, Dy hun fal brig *rhosyn* cryf / a dry Nordd draw yn warddof. *id.*

216, Siôn a Mawd, *rhosyn* y medd, / yw'r ddau ben o wraidd bonedd. *id.* 252, Ei adar a'i wŷr o fewn y drin / a oresgynnodd â'i ros gwynion, / a'i lew yn aros wrth bob *rhosyn*, / a'i wŷr a'i filwyr a oedd filiwn. *id.* 403, oes Noe, *rosyn* iaith, Eneas naw-waith. **16g.** *Pen* 76, 61, gwyn meddan yw sidan sieb / dav wnnach ydiw dwyneb / dy rvdd wyl dwy radd eiliw / dav *rossyn* mwnwgl gwyn gwiw. **1547** *WS*, *Rosun* A rose. **16g.** *LlS* 123, Yr enwæ. / Rosa yn Llatin Rose yn Saesonaec a *Rhosyn* yn Camberaec. **1588** *Eseia* xxxv. 1, y diffaethwch hefyd a orfoledda, ac a flodeua fel *rhossyn*. **1632** *D*, Rhôs, Sing. *Rhosyn*, Rosa. **1672** J. LANGFORD: *HDdD* 147, Pa faint y mae gwynder y Lili, a chochder y *Rhosyn* yn rhagori ar wyn a choch y wynebpryd glanaf? **[1724]** G. WYNN: *YGD* 19, Nid yw *Rhosynnau* Gogoniant y nêf yn diflannu bŷth, ac nid yw Arfer yn pŷlu y buwiol archwaith o'r Nefol Hyfrydwch hynny. **1803** *P*. Ar lafar, '*rhosyn* . . . pl. *rhosyns*', *WVBD* 466; '*rosyn*', *GTN* 693. Cf. D. OWEN: *GT* 9, nid oedd yn yr ardd ond un pren *rhosyns—rhosyns* gwynion.

(*b*) Rhosglwm, rhosed; clwt o liw ar lun rhosyn: *rosette*; *rose-shaped patch of colour*.
1834.

(*c*) *Meddyg*. Tân iddwf: *erysipelas*.
1831.

(*d*) Cap tyllog sy'n ffitio ar big can dŵr neu ar ben pibell ddŵr i beri i'r dŵr ffrydio'n chwistrell: *rose* (*of watering can, &c.*).
20g.

Amr.: **rhoesyn** [*rhoes*[2]+*-yn*[1]]. *Dchr.* **17g.** *J* 10, 18a. **rhosen** (*eb.*). **1846.**

Cfn.: **rhosyn bwci:** *dog rose, Rosa canina*. Ar lafar, G. AWBERY: *BM* 37 (Cered.). **rhosyn y ci (cŵn)** = **rhosyn bwci. 1851.** Ar lafar, G. AWBERY: *BM* 37 (sir Gaern.). **rhosyn coch:** *red rose, also fig.*; *carnation*. **1795** J. THOMAS: *AIC* 116, dyferodd 'i Gwaed ar Rosyn, ag a'i troes yn *Rhosyn Côch* (carnation). **rhosyn coch gwyllt:** *dog rose, Rosa canina*. **20g. rhosyn (pen) crach:** *elder, Sambucus nigra*. Ar lafar, '*rhosyn pen crach* . . . *rhosyn crach*', G. AWBERY: *BM* 38 (sir Ddinb.). **rhosyn y graig:** *rock rose*. **1813** *WB* 53, 231. **rhosyn y grog:** *peony, Pæonia*; *damask rose*. **15g.** *DE* 45, ai grvdd fel *rossyn y grog*. **18–19g.** *Llr* C 4, 19, *Rhosyn y grog*, W[m.] Morris. Damasg rose. Ar lafar, 'Paeony . . . *rhosyn y grog*', G. AWBERY: *BM* 24 (Cered.). **rhosyn crwydrol:** *rambler* (*rose*). **20g. rhosyn Damascus:** *damask rose*. **1772** *W* d.g. *Damask-rose*. **rhosyn damasg** = **rhosyn Damascus. 18–19g.** *Llr* C 30, 199. **rhosyn draenllwyn:** *burnet rose, Rosa pimpinellifolia*. **20g. rhosyn drain** = **rhosyn y ci.** Ar lafar, G. AWBERY: *BM* 38 (Cered.). **rhosyn dryslwyn:** *thicket rose, Rosa dumetorum*. **20g. rhosyn gwyllt** = **rhosyn y ci. 1852.** Ar lafar yn gyff., G. AWBERY: *BM* 37. **rhosyn gwyn:** *white rose, also as an emblem*. **1604–7** *TW* (*Pen* 228) d.g. *Rosa*. **1672** R. PRICHARD: *Gw* 355. **18–19g.** *Llr* C 30, 199. Cf. D. OWEN: *GT* 9, *rhosyns gwynion*. **rhosyn Mair:** (i) *rosemary, Rosmarinus officinalis*. **1812.** (ii) *damask rose*. **18–19g.** *Llr* C 4, 19, *Rhosyn Mair* W[m.] Morris, Damasg rose. **rhosyn y march** = **rhosyn y ci.** Ar lafar, G. AWBERY: *BM* 38 (sir Benf.). **rhosyn (y) mynydd:** (i) *peony, Pæonia*. **1604–7** *TW* (*Pen* 228), *Rhosyn y mynydh* d.g. *pæonia*. **1759** J. EVANS: *PF* 100. **1803** *P*. Ar lafar, '*rhosyn y mynydd*', *WVBD* 466; G. AWBERY: *BM* 24 (Môn, sir Gaern., a Meir.). (ii) *kind of red rose*. **18–19g.** *Llr* C 30, 199, *Rhosyn y mynydd*, mountain rose, a crimson rose, not very double. **rhosyn (y) Nadolig:** *Christmas rose, Helleborus niger*. **1851.** Ar lafar, '*rhosyn Nadolig*', G. AWBERY: *BM* 16 (Môn, sir Gaern., sir Ddinb., a sir Benf.). **rhosyn pen crach,** gw. *rhosyn crach*. **rhosyn Saron:** (i) *rose of Sharon* (*unidentified biblical plant*), *also fig.* **1620** *Can* ii. 1, *Rhosyn Saron* . . . ydwyf fi. **1725** T. BADDY: *CS* 50, Doethineb, *Rhosyn Saron* wych, / a distrych Lili'r Dyffryn. **1766** W. WILLIAMS: *FfW* ii. 9, *Rhosyn Saron*, &c. / Ti yw tegwch Nef y Nef. **18–19g.** *HAG* 128, *Rhosyn Saron* yw ei enw, / Gwyn a gwridog, teg o bryd. (ii) *rose of Sharon, Hypericum calycinum*. **1808.** Ar lafar yn gyff., G. AWBERY: *BM* 25. (iii) *nasturtium, Tropæolum majus*. Ar lafar, G. AWBERY: *BM* 23 (Cered.). (iv) *sunflower, Helianthus annuus*. Ar lafar, G. AWBERY: *BM* 27 (Cered.). **rhosyn Sherard:** *Sherard's rose, Rosa sherardii*. **1813** *WB* 49. **rhosyn Tsieina:** *China rose, Rosa chinensis*. **1848. rhosyn yr ŷd:** *corn-rose*. **1604–7** *TW* (*Pen* 228) d.g. *papaveralis* (At). *c.* **1730** *Thos. Lloyd D* (LlGC) 205a.

Gw. hefyd **rhos**[1].

rhosynnaidd [*rhosyn*+*-aidd*] *a.* Tebyg i rosyn, o liw rhosyn, rhosliw, pinc, gwridog, gwritgoch; llawn rhosynnau, wedi ei orchuddio â rhosynnau; yn perthyn i'r *Rosaceæ*, sef teulu o blanhigion sy'n cynnwys rhosynnau: *like a rose, rosy, rose-coloured,* (*rose-*)*pink, rosy-cheeked*; *full of roses, covered with roses*; *rosaceous*.
1827.

rhosynnog [*rhosyn*+*-og*] *a.* Llawn rhosynnau, wedi ei orchuddio â rhosynnau, addurniedig â rhosynnau; tebyg i rosyn, o liw rhosyn, rhosliw, pinc, gwridog, gwritgoch; (rhy) siriol neu optimistaidd: *full of roses, covered or adorned with roses*; *like a rose, rosy, rose-coloured,* (*rose-*)*pink, rosy-cheeked*; *rosy* (*of outlook, &c.*).
1832.

rhosynnol [*rhosyn*+*-ol*] *a.* Yn perthyn i rosynnau; a rhosynnau wedi eu gwasgaru arno: *pertaining to roses*; *strewn with roses*.
1835.

rhosys, rhôt, rhoth, gw. rhos[1], rhwng, rhwth.

rhowc [?cf. *rhowt*] *eb.* ll. *-iau*. Rhych (yn enw. un a achosir gan olwyn); cwter yn rhedeg drwy iard: (*wheel-*)*rut*; *gutter running through yard*.

Ar lafar, '*rhowc*, s.f., pl. *rhowcia*' 'a sort of gutter running through a yard', *WVBD* 466; '*rhowc* drol' 'cart rut', *ib.* Cf. TALHAIARN: *Gw* 222, yr oedd y bras-wlaw . . . yn dawnsio ac yn tatsio hyd yr heolydd, gan lenwi pob *rhowc* a rhigol.

rhowciaf: rhowcio [bf. o'r e. *rhowc*] *bg.* Ysgrytian, ysgwyd; grymial: *to jolt*; *rumble*.

Ar lafar, 'Ma'r hen drol 'ma'n *rhowcio*'n arw', *WVBD* 466; 'Mae 'mol i yn *rhowcio* isio bwyd' (gorllewin sir Ddinb.).

rhowiog, rhowiogaeth, rhowiogaf: rhowiogi, &c., gw. rhywiog, rhywiogaeth, rhywiogaf: rhywiogi, &c.

rhowl, gw. rhol.

rhowlarch, rhowlech, gw. rhawlech.

rhowler, rhowliaf: rhowlio, rhowliog, rhowliwr, rhowlyn, rhowm, gw. rholer, rholiaf: rholio, rholiog, rholiwr, rholyn, rŵm.

rhown, rhownd, rhowndaf: rhowndo, rhownllaes, rhownyn, gw. perhôn, rownd, rowndiaf: rowndio, rhawnllaes, rhawn.

rhowt, rhawt[3]**, rowt**[1] [bnth. S. *rote*, amr. ar *rut*] *e?b.* (bach. *rhowtsien*, ll. *rhowtshys*) ll. *-iau*, *-s*. Rhych (yn enw. un a achosir gan olwyn), hefyd yn *ffig.*: (*wheel-*)*rut, also fig.*

1828 *Geir Pob* 23, *Rowt*, rhych olwyn. Ar lafar, '*rhawtiau* trol', *ISF* 64; 'Dyna ichi *rowtsh*' (sir Drefn.); '*Rowt* (ll. *Rowts*)' 'cart-ruts', *Cymru* liii. [134] (dwyrain sir Drefn.); '*rhowtshis*' 'rhychau lle bo ôl olwynion', *B* xiv. 281 (Llan-non, Cered.).

Gw. hefyd **rhowc**.

rhowter, rhowtiaf: rhowtio, rhowtiwr, gw. rhawter[1], rhawtiaf[1]: rhawtio, rhawtiwr.

rhowtshys, rhowtsien, gw. rhowt.

rhowyr, gw. rhywyr[1].

rhu [bôn y f. *rhuaf*: *rhuo*] *eg.* ll. *-on*. Cri ddofn gref gan berson neu dyrfa, yn enw. oherwydd dicter neu orfoledd, cri faith rhai anifeiliaid, unrhyw sŵn tebyg a wneir gan dân, gwynt, dŵr, gynnau, peiriannau, &c., bugunad, gwaedd: *roar, bellow, shout*.

16–17g. T. R. ROBERTS: *EP* 299, a barna fi bwrw yn fai / i ddiawl ond hyn a ddylai / rhown erod *rhuon* eryl / fy llaw i gi felly gwyl. **16–17g.** E. PRYS: *Gw* 272, *Rhuon* rhwng beirdd duon dig. **[1783]** *W* d.g. *Roar*. **1803** *P*, *Rhu*, s. m. . . . a loud utterance; a roar.

rhuad [bôn y f. *rhuaf*: *rhuo*+*-ad*[2], trf. han. (?a hefyd trf. gwthr.)] *eg.* ll. *-au*, (?geir.) *-on*. Rhu, y weithred o ruo, bugunad, gweryriad, chwyrniad, griddfan, llef, gwaedd, twrw, siarad croch, baldordd, grymial, hefyd yn *ffig.*: *roar, a roaring, bellow, bray, growl, groan, cry, shout, clamour, loud talk, babble, rumbling, also fig.*

13g. *GDB* 350, Gnaód goches rodwyt, *ruad* ostóg. *id.* 468, Ceintum hon Ruffudd, rudd ei *ruad*. **14g.** *H* 91a. 28, Gruffud cledyf rud *ruhat* kyflafan (Llywelyn Ddu ab y Pastard). **14g.** (*Dchr.* **16g.**) *Britannica* 143, gan vawrdwrwf kynwrwf kynavon gorwlad, / *rruad* meirch y gad a marchogion. **14g.** *GDG*[3] 287, Hon a bair, cadair ceudawd, / Henw amddyfrwys gwennwys gwawd, / *Rhuad* gwyllt, ddyn rhyod gwael / Rhyhy yn serchog rhyhael [i'r galon]. *id.* 309, Rhad Duw wyd ar hyd daear, / *Rhuad* blin doriad blaen dâr [i'r gwynt]. **15g.** *DGG*[2] 80, Gwyllt yr af a'm gwallt ar ŵyr / Gan *ruad* gwn yr awyr [i'r daran]. **[1547]** W. SALESBURY: *OSP* [v], [*rh*]*uat* aniueilieit a bwystuiloedd. **1547** *WS*, *Ruad* A roryng. **1551** W. SALESBURY: *KLl* lxva, Pop chwerwedd a broch a llit, a *rruat*, a chabl. **1588** *Job* iii. 24, o flaen fy mwyd y daw fy vchenaid: a'm *rhuadau* a dywelltir megis dyfroedd. **1588** *Diar* xix. 12, Llid y brenin sydd megis *rhuad* llew ieuangc. **1588** *Eseia* v. 30, efe a rua arnynt . . . fel *rhuad* y môr. **1604–7** *TW* (*Pen* 228) d.g. *Boatus*, *philologia*. *Dchr.* **17g.** *J* 10, 17a, *Rhuad* . . . Braying. **1632** *D* d.g. *Fremitus*. **1716** IACO AB DEWI: *LlCB* 68, A ydych yn gwybod, pa beth yw gorwedd, [*sic*] dan bwys Sarugrwydd a *Rhuad*, dychryniadeu ei Sorriant tanllyd ef. . .? *c.* **1762–79** W. WILLIAMS: *P* [330], *rhuadau* gwyr wedi eu clwyfo heb ei lladd. **[1783]** *W* d.g. *Roar*. **1803** *P*, *Rhuad*, s. m.—pl. t. *on* . . . a talking loudly.

rhuadaidd [*rhuad*+*-aidd*] *a.* Yn rhuo, swnllyd, trystfawr, tyrfus; siaradus, parablus: *roaring, noisy, blustering*; *talkative, loquacious*.

1621 E. PRYS: *Ps* [23a], Hyn rhag *rhuadaidd* lais fy nghâs, / a phwys dyn llym-iâs enwir. **1722** *Llst* 189, *Rhuadaidd* . . . Blustering, roaring, talkative. *c.* **1730** *Thos. Lloyd D* (LlGC) 204a, Rhuadus. Fremebundus. *Rhuadaidd*. **[1783]** *W* d.g. *Roaring*. **1803** *P*.

rhuadfawr [*rhuad*+*mawr*] *a.* Yn rhuo, swnllyd, trystfawr, tyrfus: *roaring, noisy, blustering*.

1803 R. DAVIES: *B* 63, Uwch *rhuadfawr* derfysg.

rhuadog [*rhuad*+*-og*] *a.* Yn rhuo, swnllyd, trystfawr, tyrfus: *roaring, noisy, blustering*:

1823 GW. MECHAIN: *Gw* i. 31, Pendragon a'i ddynion byddinawg, / Ar gerbydau, rhodau *rhuadawg*.

rhuadol [*rhuad*+*-ol*] *a.* Yn rhuo, swnllyd, trystfawr, tyrfus: *roaring, noisy, blustering*.
1803 *P*.

rhuadr, gw. rhaeadr.

rhuadus [*rhuad*+*-us*] *a.* Rhuol, yn bugunad, yn gweryru, griddfanus, swnllyd, trystfawr, tyrfus; siaradus, parablus: *roaring, bellowing, braying, groaning, noisy, blustering*; *talkative, loquacious*.

15g. (*Dchr.* **17g.**) *Mos* 147, 216, vn *rhvadvs* yn rhodiaw / ag vn llais a maen gwn llaw [Rhys Pennardd i ofyn carw]. **1552** *Astud Amr* 25, Nid oes cywilidd i ferch ir tewi â sôn, ac i mae yn ddrwc iddi fod yn *rhuadus* ac yn ddigwilidd. **1567** *TN* 357b, Byddwch sobr a' gwiliwch, can ys ych gwrthnebwr diawl megis llew *rruadus* sy yn rrodio o ddamgylch. **1595** H. LEWYS: *PA* 105, Pawl yn agos at Ddamasco a drawyd i lawr megys blaidd *rhuadus*, rheibus (*raging and ravening*), eythr ef a gyfododd i fyny cyn vfudded ag oen. **1603** W. MIDLETON: *Ps* 67, *Ruadus* wyf rhaid yw son / Koeliwch gan ddolur kalon. *Dchr.* **17g.** *J* 10, 17a, *Rhuadus*. Fremebundus. **1632** *D* d.g. *Linguaculus, Verbosus*. **1661** E. LEWIS: *Drex* 19, y môr hallt anfordwyawl, a *rhuadus*. **1722** *Llst* 189, Rhuadaidd, [*rhuad*]*us*. Blustering. roaring, talkative. **1770** *W*, dŷn dywedgar (*rhuadus* . . .) d.g. *Blab*. *id.* d.g. *Braying*. **1803** *P*.

rhuadwr [*rhuad*+*-wr*] *eg.* ll. *-wyr*. Un sy'n rhuo, gwaeddwr, crochlefwr, clebrwr, baldorddwr, un siaradus, broliwr; rhywun cwerylgar, cecryn: *roarer, shouter, prattler, babbler, talkative person, boaster*; *quarrelsome person*.

15g. *GGl*[2] 195, Clerwyr, *rhuadwyr* ydynt, / Clera nis gwnâi'r gwyrda gynt. **15–16g.** *TA* 470, *Rhuadwr*, bwrdiwr heb wain, / Rhyw aelodau rhy lydain [i ofyn gŵn llwyd]. **1547** *WS*, *Ruadwr* A pratler. **16g.** *GGH* 130, Athro math eiriau a mwys, / A thradoeth ddiruadwr / Y'th roed; gorau fath ar ŵr. / Siarad ar eu cwrs ordr cant, / Sy *ruadwyr* siaradant. *id.* 232–3, Dewr a fyddai drwy fyddin, / Beiddiwr drud fal baedd i'r drin. / Ni fu *ruadwr* Fredudd, / Ni fostiai, rhodiadur aur rhudd. **16g.** *GRCG* 60, Rhedes at bob *rhuadwr*,— myfi, / I ymofyn cwmpniwr. **1604–7** *TW* (*Pen* 228) d.g. *Adoleschus, Blatero, philocompus, Verbosus*. **1630** R. LLWYD: *LlH* 219, ni fedrant ddirnad pa beth â wnânt, nac i ba le y ffoant, rhag ofn y *rhuadwyr* hyn (*for fear of these cruel termagants*). **1632** *D*, *Rhuadwr*, Rugitor. **17g.** E. MORRIS: *B* 38, Pry'n y pen, pa anhap wyt? / Pa ofer swn? Pa ferw sydd? / Pa *ruadwr* yw Prydydd? **1688** *TJ*, *Rhuadŵr*: a Roarer. **1722** *Llst* 189, *Rhuadwr*. m. A great boaster, babler, pragmatical fellow. **1803** *P*.

rhuadwy [bôn y f. *rhuaf*: *rhuo*+*-adwy*] *a.bfl.* Yn rhuo, rhuol, swnllyd, trystfawr, tyrfus, hefyd yn *ffig.*; siaradus, parablus:

roaring, noisy, blustering, also fig.; *talkative, loquacious.*

1588 *Seff* iii. 3, Ei swyddogion oi mewn yn llewod *rhuadwy*, ei barn-wŷr yn fleiddiau. **1588** *Doeth Sol* xvii. 18, cyssain dwfr yn cerdded yn chwyrn, neu erchyll sŵn creigiau afwrid i lawr . . . neu lais creulon bwyst-filod *rhuadwy*. **1630** *YDd* 121, [y] gwyntoedd yn wrthwynebus, a'r tywydd yn dymestlog, a'r môr yn *rhuadwy*. **1703** E. WYNNE: *BC* 124, dyma Uffern eilwaith yn dechreu dadseinio 'n aruthrol, gan ergydion ofnadwy a tharaneu crôch *rhuadwy*. *id.* 141, Belzebub Diawl . . . â llais garwgry *rhuadwy*. **1727** RE: *CDd* 27, [p]echodau ffiaidd . . . ymwrthyd a'r pechodau *rhuadwy* ymma. **1744** D. ROWLAND: *RY* 235, a phan glywoch ein Drwm *ruadwy* oddiallan, byddwch chwithau yn ddiwid i wneuthur y Derfysc fwyaf erchyll oddifewn. **1753** *TR, Rhuadwy* . . . roaring. **1766** *OU* 109, ochain *rhuadwy* y Damnedigion. **1793** DAFYDD IONAWR: *CD* 18, Y rydaer Ddraig *ruadwy*. **1803** *P, Rhuadwy* . . . loquacious.

Amr.: **rhuadwyf** [cf. *da, daf*]. **17g.** *DCR* 240, o lydaw y daw llew *Rhiadwyf* / er y glais a maint y fowr glwyf.

rhuaf: rhuo [?cf. Gwydd. C. *rucht* 'cri (anifail)', Llad. Diw. *rugio* 'rhuaf': o'r gwr. IE. **reu-* 'rhuo'] *bg.a.* Yngan neu roddi rhu, bugunad, chwyrnu, bloeddio, gweiddi, siarad yn groch, clebran, baldorddi, griddfan, ochneidio, trystio, grymial: *to roar, bellow, growl, bawl, shout, talk loudly, prattle, babble, groan, moan, bluster, rumble.*

14g. *GDG*³ 396, Ail yw'r organ ym Mangor; / Rhai a'i cân er *rhuo* côr. **14g.** *GGrG* [47], Balchach wyf gilio'r bolchwydd / O'r cylla rhwth, cawell rhwydd: / Odid iddo *ruo* rhawg / O wyrthiau main mawrwerthawg (Iorwerth ab y Cyriog). **1547** *WS, Ruo* Roore. **16g.** *GGH* 182, Y rhai sy'n *rhuo* i'w swydd; / Er a wnaid ni roi nodwydd. / Rhy wan yw clod y rheini: / *Rhuant* hwy; rhoi a wnaud di. **1551** W. SALESBURY: *KLl* iia, Ar mor ar tone yn *rhuo*, ar dynon yn dyhoyni rrac ofn. *id.* xixb, Bydd lawen yr hesp yr hon nyd wyt yn planta: tor, a *rhua* rhon [*sic*] nyd wyt yn escor. *id.* liiib, mal lleo yn *rruo* ys yd yn rodiaw o amgylch can ceiso ryw vn yw lyncky. **1567** *LlGG* (*Sall*) 21b, *rhueis* gan wir ovid vy-calon. **1588** *Eseia* xvi. 11, Am hynny y *rhûa* fy emyscaroedd am Moab fel telyn. **1595** H. LEWYS: *PA* 87, y dwfr sydd rydegog . . . pwy fwya i *rhua* . . . drwyr creigiau ar cerrig. **1604–7** *TW* (*Pen* 228), rhai'n caru *rhuo* or gyfreith bob amser d.g. *philodici*. **1630** *YDd* 145, y Papisdiaid, yn eu hofergoel dywyll . . . yn *rhuo* ac yn mwmlio . . . nifer o Aue Mariau. **1661** E. LEWIS: *Drex* 68, ni a *rûwn* (*prattle*) lawer am bob peth arall; eithr am y nefoedd, prin y sonniwn ni ddim am deni. **1677** R. JONES: *BB* 146, Gad i Satan *ruo* (*bawl*) yn dy erbyn drwy ei offerynnau. **1696** *CDD* 96, Y lleill nid ŷnt buredd, ond fal ordderch-wragedd, / Yn *rhuo* eu ffoledd, rhŷw oferedd heb râd. **1703** E. WYNNE: *BC* 47, Taraneu 'n *rhuo* a'r Mêllt yn gwau 'n dryfrith. **1723** E. SAMUEL: *PDdC* 43, [c]lywed y Glôch yn *rhuo* yn eu Clustiau. **1725** *SR* d.g. *To Prate*. **1789** TWM O'R NANT: *TChB* 20, O pobl dostion ydyw 'r Methodistiaid / *Rhuo* am eu crefydd y bydda 'nhw bob crafiaid. **1803** *P, Rhuaw* . . . to talk loudly; to bluster. Ar lafar yn gyff., 'A bull bellows . . . *rhuo*', *LGW* [286]–7; 'Paid di â *rhuo*' 'gwneud rhyw hen sŵn brwnt', *WVBD* 469; 'tarw'n *ruo* yn y cæ', 'Ma fa'n *ruo* fel llew yn 'i dymar', *GTN* 689; clywir hefyd ymad. fel 'cidwypod yn *ruo*', *ib.*

Cfn.: **rhuo yn ei gorn:** *to scold.* **20g.** Ar lafar yn Arfon.

rhuaidd [*rhu*+-*aidd*] *a.* Rhuol, swnllyd: *roaring, noisy.*

15g. *Glam Bards* 255, rwydd olwg *ruaidd* alarch / roed yntau i minnau'r march (Gruffudd ap Dafydd Fychan). **1605–10** *Haf* 24, 605, y *rhuaidd* lewod, ar brefaidd ychen . . . y rhai ni wnant ganwriaeth.

rhuallu, rhuawdr, gw. **rhiallu, rheawdr¹.**

rhubald, &c. [bnth. S. C. *ribald, ribalt*, neu'n uniongyrchol o'r H. Ffr.] *eg.* Person masweddus: *ribald person.*

14g. *YBH* 5a, anheilỽg uu gan y porthaỽr ymadrodyon y mab a dywedut awnaeth drỽy dicyouein ffo ymdeith herlot *rubalt* truant. *ib.* kelwyd a dywedy ditheu am vy moti yn druaỽnt neu yn *rubalt*. **1547** *WS, Rubald* A rybaulde. *c.* **1730** *Thos. Lloyd D* (LlGC) 204a, *Rhubald*. A ribauld.

Gw. hefyd **rhibwd¹.**

rhuban, ruban, r(h)iban [bnth. S. C. *ruban* 'ribbon'] *eg.b.* (bach. b. -*en*) ll. -*au*. Darn hirgul o ddefnydd, yn enw. sidan, a ddefnyddir i addurno neu i glymu, hefyd yn *dros.* ac yn *ffig.*, darn o ddefnydd lliw yn dynodi aelodaeth o urdd, dyfarniad gwobr, anrhydedd milwrol, &c., darn hirgul o ddefnydd wedi ei incio sy'n cyflenwi'r inc i argraffu llythrennau ar bapur (mewn teipiadur, &c.); (yn y ll.) rhacs, llarpiau: *ribbon* (*also as a sign of membership of an order, award of a prize, military decoration, &c.*), *ribbon* (*of typewriter*), *riband, also transf. and fig.*; (*pl.*) *tatters, shreds.*

15g. (*Diw.* **16g.**) *Gwyn* 3, 194, gan fod iti beunod bor / glan ifaingc galon Ifor, / y rhoi baun hardd *rhuban* hyd / a pheunes o'r vn ffynyd (Cynfrig ap Dafydd Goch). **15g.** *GDID* 37, Gwalltgrych er edrych lle'r êl, / Golwg carw dan glog cwrel, / A'i *ruban*, is yr abid, / Uwch no'r aur iach yn ei wrid [i ddiolch am darw]. **15g.** *DE* 39, pen bun am poenau [*sic*] beynydd / pob blewyn yn felyn fydd / gwe o *ruban* a gribir / gwalld pen y fanhadlen hir. *Diw.* **15g.** *Pen* 67, 9, llewys val ynghaer llion / wrth y vraich o wyrth i vron / a chorff tebic yn ddigvdd / y gorff draic ac arffet rvdd / ynhyb vod wrthi *ryban* / eres gloth o varas glan (Llywelyn ap Morgan). *id.* 77, aur o bedair bath ar bedwarbys / aryan hyd *rvban* ar y dribys (Hywel Dafi). *id.* 90, y mae m har mab a garwnn / ffylib hael gyffelyb hwnn / *Rrvban* domas vychan vydd / rhys yw n ynnys wenionnydd (Hywel Dafi). **1547** *WS, Ruban* A rubande. **16g.** (*Diw.* **16g.**) *Gwyn* 3, 164, Cei hoen falch cyw â hun fer / cap *rŷban* coppa 'r wiber [Huw Arwystl i'r ceiliog iâr]. *c.* **1700** E. LHUYD: *Par* ii. 82, Arverant yn swydd Benfro . . . ddwyn driw . . . mewn elor a *ribane*; ag a ganant gorolion [*sic*]. **1722** *Llst* 189, *Rhyban*. m. pl. *Rhybanau*. A ribbon. *c.* **1730** *Thos. Lloyd D* (LlGC) 199b, *rhubanen* fraith. Y. 165. **1759** *BC* 1, Ac yno nhwy 'wnien ddail y ffigysbren, / A hwnnw yn lle llien a wisgen yn wŷch, / Nid oedd yn y dechreu ddim Sôn am sidanau, / *Rhybanau* na lasiau dileswych. *c.* **1762–79** W. WILLIAMS: *P* 172, y pren Banian . . . tan ba un y maent yn fynych yn gosod eu heulunod, sydd yn cael ei addurno a banerau ac a *rhibanau*. [**1783**] *W*, Plêth o sidan . . . vulgò *rhuban* (pl. *rhubanau*) d.g. *Riband*. **1795** JAC GLAN-Y-GORS: *SG* 21, Heblaw rhannu *rubanau*, a gwneuthur arglwyddi, a rhyw chwareu plant yn y pistyll o'r fath hynny, mae'r brenin yn ben barnwr Lloegr. Ar lafar, '*ruban*, s.m. pl. *rubana*' 'ribbon', *WVBD* 456; 'Mi ro' i ddarn o *ruban* rownd y gacan'; ''Odd *ripan* coch yng ngwallt y plentyn', 'yn racs *ribana*', *GTN* 689. Cf. D. OWEN: *D* 142, gwelodd ei fod yn ddiffygiol o'r *riban* goch ar ei ŵn gwŷn.

Amr.: **rhuben** [bnth. S. Diw. C. *rybben*]. *Dchr.* **17g.** *J* 10, 17b, *Rhuben*. Rybande. *c.* **1730** *Thos. Lloyd D* (LlGC) 199b. **rhibin²**. Ar lafar, 'Mi falwyd y dillad ar y lein yn *rhibins* mân yn y gwynt', *BILlE* 35.

Cfn.: *Bot.* **rhuban y bechgyn:** *ribbon grasss, Phalaris arundinacea.* **1896.** Ar lafar, G. AWBERY: *BM* 25 (Cered. a sir Gaerf.). **r(h)uban (g)las:** (i) *blue ribbon worn as a sign of teetotalism.* **1885.** (ii) *blue riband* (*mark of excellence, as given e.g. to the overall winner of a set of competitions in an eisteddfod*). **20g.** *Bot.* **r(h)ubanau('r) ladis:** *London pride, Saxifraga urbium.* Ar lafar yng ngogledd Cered., D. J. EVANS: *HCS* 130. **rhuban Llundain = rhuban y bechgyn.** Ar lafar, G. AWBERY: *BM* 25 (sir Drefn., Cered., sir Gaerf., a Brych.). **R(h)uban Morfudd:** *name of a Welsh air.* **1759** *BC* xxvii, *Ryban Morfŷdd*. **1794** E. JONES: *MPR* 149, *Rhyban Morfydd*.

rhubanaf, rubanaf: r(h)ubanu [bf. o'r e. *r(h)uban*] *bg.a.* Addurno â rhuban; (peri) symud fel rhuban: *to adorn with a ribbon*; (*cause to*) *move like a ribbon*:
1912.

rhubanen, gw. **rhuban.**

rhubanog, rubanog [*r(h)uban*+-*og*] *a.* Wedi ei addurno neu ei orchuddio â rhuban(au), wedi ei wneud o ruban(au), tebyg i ruban(au): *beribboned, made from ribbon(s), ribbon-like.*

15–16g. *GRB* 6, Er bod gwŷr, ddiarbed gêl, / i'n tir i'th alw Siôn Turel, / un o dad i dad ydwyd / o ddwyran Elystan lwyd, / gwridog *rubanog* bennwn / Glodrydd hael, gwaladr oedd hwn. **15–16g.** LLAWDDEN, &c.: *Gw* 24, Rhoddes im, myn grym y Grog, / Rhyw baun, esgyll *rhubanog*. *c.* **1600** *IGE* 219, Henllwyd yw, hunlle daear: / Head Melwas ar hyd moelwynt, / . . . / Hebog *rubanog* bennwn, / Hwyr yn ymadaw â hwn [i'rniwl]. **1688** *TJ*, Ysnodennog, (Lasiog, [*R*]*ŷbbanog*:) Laced, or Ribboned.

rhuben, rhubi, rhubuched, rhuch, rhuchaf: rhucho, gw. **rhuban, riwbi, rhybuched, rhuwch¹, rhuchiaf: rhuchio.**

rhuchen, huchen [*rhuch*+-*en*; a'r ail ff. drwy gamraniad, *y rhuchen* > *yr huchen*] *eb.* ll. -*nau.*

(*a*) Magl neu bilen (ar lygad); croen tenau, haen; hefyd yn *ffig.*: *cataract or web* (*of the eye*); *film, pellicle, thin skin, layer; also fig.*

1488–9 *BSM* 18, ef a ddoeth dolur oi lygaid oni aeth *Ruchen* droston. **1588** *Tob* ii. 10, adar y to . . . a fwriasant dail twymyn yn fy llygaid fel yr oeddynt yn agored: ac felly y daeth yr *huchen* ar fy llygaid. *id.* xi. 12–13, wedi iw lygaid ddechreu merwîno, efe ai dwys rwbbiodd hwynt, A'r *rhuchen* a ddirisclodd ymmaith oddi wrth gilieu ei lygaid ef. **16–17g.** *BL Add* 14984, 115, Cenllysglaw yn diliaw anwadala, a rhochwynt / a *rhychen* o eira. **1604–7** *TW* (*Pen* 228) d.g. *Cataracta, Leucoma*. **1685** T. JONES: *Alm* [37], Claer-wyn i gid oddigerth *Ruchen* lâs o ddeutu oi drwyn [am geffyl]. **1688** *TJ, Rhuchen*, croen teneu: a thin Skin, also the Web in the Eye. **1703** E. WYNNE: *BC* 32, 'r oedd y rhain hwythe 'n methu cael y ffordd i ddianc o'r Ddinas ddihenydd, er bod Spectol lwydoleu ganddynt, am fôd rhyw *huchen* wrth spio 'n dyfod tros eu llygaid. **1722** *Llst* 189, *Rhuchen* f. p. *chennau* . . . Kenny on the eye. **1725** *SR* d.g. *A Web in the eye.* **18g.** *Wy* 4, 131, ysgimia y *rhychen* lwyd oddiar ei wyneb yna towallt y glouwon mewn llester glan. [**1762**] E. POWELL: *HEI* 49, Rhag y Llen neu *Rhychen* ar Lygad Ceffyl. **1796** *Geirgrawn* 76, mae . . . y *rhychen* dywyll o hunander yn ymdannu tros ei olwg. **1803** *P* d.g. *Huçen, Rhuçen*.

(*b*) Sircyn, siaced, côt: *jerkin, jacket, coat.*

14g. *WM* 472. 18–20, heusaỽr yn cadỽ y deueit ar benn gorsetua A*ruchen* o grỽyn amdanaỽ. **1604–7** *TW* (*Pen* 228), *rhuchen* d.g. *Tunica*. **1707** *AB* 238c, *Ruchen*, A Coat; a leathern Jerkin. **1722** *Llst* 189, *Rhuchen*. f.p. *chennau*. A coat, under-garment. **1803** *P* d.g. *Huçen, Rhuçen*.

Amr.: **rhuwchen** [*rhuwch*¹+-*en*]. **1803** *P*.

rhuchiaf, rhuchaf: rhuch(i)o [gair geir., sef bf. o'r e. *rhuch*] *bg.a.* Gogrwn, rhidyllu, nithio; gorchuddio; plisgo: *to sift, sieve, winnow; coat, cover; husk.*

1604–7 *TW* (*Pen* 228), *Rûchio* d.g. *Cribro, Trajicio*. **1688** *TJ, Rhuchio*, gogrynu: to sift or sieve. **1722** *Llst* 189, *Rhuchio*. To sift or searce meal. **1770** *W, rhuchio* d.g. *To bolt meal.* **1803** *P, Rhuçaw*, v.a. . . . To coat over, to husk. *id.* d.g. *Rhuçiaw*.

rhuchion, gw. **rhuwch¹.**

rhuchionog [gair geir., sef *rhuchion*+-*og*] *a.* Eisinog: *husky, branny.*

1722 *Llst* 189, *Rhuchionog*. Branny. **1770** *W* d.g. *Bran, Full of bran.* **1803** *P*.

rhud, hud³, r(h)ut [bnth. Llad. *rūta*; a'r ail ff. drwy gamraniad, *y rhud* > *yr hud*] *eg.b.* *Bot.* Ruw, llysiau'r echrysaint, *Ruta graveolens*: *rue* (*shrub*).

c. **1400** *MM* 84, Rac brath neidyr . . . kymer emhennyd keilaỽc coch, a *rut*, a dyro ar lefrith. *id.* 84, Arall yỽ morteru y *rut* gỽyry ar gannwreid ac yuet y sud hỽnnỽ. *c.* **1400** *Études* vii. 270, Medeginyaeth rac y postwm. kymer y *rut* a chumin a mehin moch. **1547** *WS, Rut* ne ruw llyseun. **1567** *TN* 105a, gwae chwy chwi'r Pharisaieit: can ys-chwi degymwch y myntys a' *rut* [:- ruw], a' phob llyseuyn ac ewch dros varn a' chariat Duw. **16g.** *LlS* 5, Wermot gyd a *rut* pypr a halen a gymporth y bwyt y verwy ac y dreilio. *id.* 31, [ll]awer o gangæ, a gwiail a dail mal i *Rhut*. *id.* 113, Ruta hortensis yn Llatin, Rue yn Saesonaec a Ruw ne y *Rhut* yn Camberaec. *Diw.* **16g.** *WLB* 81, Yf sugun yr *hud* pan ddel arnat chwant kydgnawd. **1604–7** *TW* (*Pen* 228), y *Rut* wyllt d.g. *Harmela*. **1632** *D, Rhut*, Ruta. **1633** J. GERARDE: *Herball*, Yr *Rhût*, Rue, or herbe Grace. **1707** *AB* 142c, †*Ryt*, ryw. Rue d.g. *Ruta*. **1801** *MMf* 218, Berw y *rhud* mewn gwin gwyn. **1813** *WB* 231, *Rhud*. edr. Gorddawn. *id.* 232, *Rhut* . . . edr. Gorddawn.

rhudd [H. Grn. *rud*, gl. *ruber*, Crn. C. *ruth, ruyth*, Crn. Diw. *rydh*, H. Lyd. *rud*, gl. *rufus, rudd*, gl. *ruber*, Llyd. C. a Diw. *ruz*, Gwydd. C. *rúad*, Gwydd. Diw. *rua(dh)*, e. p. Gal. *Roudius*, (*Ande*)*roudus*: < Clt. **roudos*, o'r gwr. IE. **reudh-* 'coch'; cf. Llad. *ruber, rūfus*, Gr. *ἐρυθρός*, Sans. *rudhiráḥ* 'coch', *rudhirám* 'gwaed', H. S. *rēad* (> S. Diw. *red*)] *a.* ll. -*ion*, a hefyd fel *eg.* Coch, cochlyd, porfforaidd, gwinau, browngoch, brown; gwaedlyd, gorchuddiedig â gwaed; wedi ei ddeifio: *red, ruddy, purplish, bay, tawny, brown; bloody, covered with blood; scorched.*

10–11g. *DGVB* 278, ô *rud* liu, gl. *roseo colore*. **12g.** *LL* 73, cehit inant. dirheith tir*rud* ini perued. *id.* 173, bet pull *rud*. **12g.** *GMB* 71, O olo Gruffut yn *rut* uedraỽd / Kwyniu-i dragon dỽfyn dygyn diwyrnaỽd. **12g.** *GLlF* 354, Brochfael ac Iddon . . . / Rhy llas a llafneu *rhuddion*. **13g.** *LlI* 88, Nyth hebauc, punt a tal; en kyu *rud*, cxx; guedy bo muteyr a guen . . . punt a tal. **13**g. *C* 47. 5–6, Ar gueisson gleisson yscawin travodi. Ar dillad *rution* in ev roti. **13**g. *GBF* 57, Peir rotyon, par *ruted*. **14**g. *T* 21. 8–9, Pan y6 g6yrd llinos. pan y6 *rud* egroes. ?**14**g. (**17**g.) *EWSP* 416, Baglan brenn neut gwaeannwyn. / *rud* cogeu goleu ynghwyn. / wyf digarat gan uorwyn. *Diw.* **16**g. *WLB* 27, Rhag y Dropsi . . . Kymer saits a ruw ar ffannigl *rhudd* ar hokys. *Dchr.* **17**g. *J* 10, 17b, *Rhudd.* tawnie . . . redde, rubidus. **1632** *D*, *Rhûdd*, Rubeus, ruber. **1688** *TJ*, *Rhudd* . . . Ruddy. **1703** E. WYNNE: *BC* 25, [c]wrw *rhudd*. **1707** *AB* 3c, *Rhydh*, Reddish. *c.* **1762–79** W. WILLIAMS: *P* 138, lliw'r bobl nesaf at yr Haul sydd *rûdd*, ond y bobl tua'r Gogledd ynt wynion. [**1783**] *W* d.g. *Scorched*. **1803** *P*.

Fel *e*. Lliw coch, rhuddgoch, fioled, neu borffor; peth (e.e. brethyn, dillad) coch; person gorchuddiedig â gwaed, person clwyfedig: *red, crimson, violet, or purple colour; something red (e.g. cloth, clothes); blood-covered person, wounded person*.

12g. *GLlF* 63, Magyssei eruei ar *rudyon*—trydar. **12**g. *GCBM* i. 254, Neu'm rotes-y hil Run *rut* a phali. **13**g. *A* 18. 16–17, seirchyawr am y *rud* yt ued. **14**g. *T* 20. 24–5, gog6n tr6s llafna6r am *rud* am la6r. **14**g. *GP* 47, Doeth y veird heird hard westi, / Hael Ruffud o'y *rud* a'y ra. **14**g. *GDG*[3] 132, Rhai o ferched y gwledydd, / Sef gwnân' ar ffair, ddiddan ddydd, / Rhoi perls a rhubi purloyw / Ar eu tâl yn euraid hoyw, / A gwisgo *rhudd*, mwyfudd merch, / A gwyrdd; gwae ni fedd gordderch. *c.* **1400** *R* 1323. 23–6, Oth hireint . . . nyt oes na berth nerth neirthyat. nahydyrvud na*rud* yn rat. **15**g. *GLGC* 191, Ei *rudd* tra fo'r aweddwr, / ei wyrdd fo tra dyfo dâr. **1547** *WS*, *Rudd* lliw r violet Violet coloure. **16**g. *AP* 4, Ac a ofynnodd a oedd neb yno a ai nac er aur nac er arian: nac ar i *rudd* nac ar i wyrdd ar i neges o Wynedd i Ddeheubarth. **16**g. *Med H* 6, y koch o'r tan, y *rrudd* o'r wybyr, y gwyrdd o'r dwr, a'r du llychwin o'r ddaiar. **1803** *P*, *Rhuz*, s. m. . . . A ruddy or crimson colour.

Gw. hefyd **rhuddion**[1].

rhuddael, gw. **rhudd+ael**[2].

rhuddaf: rhuddo [bf. o'r a. *rhudd*; cf. Gwydd. C. *ruadad* 'gwneud yn goch; tywallt gwaed'] *bg.a.* Gwneud neu fynd yn goch, rhuddgoch, neu fioled, cochi, lliwio'n goch, gwneud neu fynd yn frown; cochi gan waed, peri gwaedu, tynnu gwaed; cochi gan dân, llosgi, deifio, crasu, rhostio, tostio; deifio neu gael ei ddeifio (am blanhigyn, e.e. gan lwydrew): *to make or become red, crimson, or violet, redden, dye red, make or become brown; make or become red with blood, cause to bleed, draw blood; make or become red with fire, burn, scorch, singe, parch, roast, toast; blast or be blasted (of plant, e.g. by frost)*.

12g. *GLlF* 170, Pan ryuel, pan *rudit* e thei. **12**g. *GCBM* ii. 50, Uch gwae6 rynn yn *ruta6* adein. **13**g. *GDB* 390, Gna6t Frangk . . . a ffo arna6, / A pheleidyr reeidr wedy *ruda6*. **14**g. *T* 60. 22–3, Arac g6eith argoet ll6yfein bu llawer kelein. *Rudei* vrein rac ryfel g6yr. **14**g. *Bl B XIV* 88, Nid oes yng Ngwynedd, gwedd gwŷd, / . . . / Na rhwydd glod, na *rhuddo* glain (Gruffudd Gryg). **14–15**g. *IGE*[2] 173, Y Ddraig bab arynaig bobl, / Olau sôn o liw sinobl, / . . . / I'r Brytaniaid, lle caid cawdd, / Y'th rodded, egni a'th *ruddawdd* [Rhys Goch Eryri i yrru'r ddraig goch]. *Diw.* **16**g. *WLB* 17, Kymer geirch glân a ffria ef . . . oni fo yn *rhuddo*, ac yna yn frwd i roi wrth y dolur. **1604–7** *TW* (*Pen* 228) d.g. *Aduro, Assatura*. *Dchr.* **17**g. *J* 10, 158, *Rhuddo.* to die redde. asso. to ruste. torrefacio. torreo. **1632** *D*, *Rhuddo*, Rubescere, rubefacere. **1714** D. LEWYS: *CN* 13, Darfu i'r Haul fy *rhuddo* i gyd. **1722** *Llst* 189, *Rhuddo* . . . to singe, parch. **1738** G. JONES: *GOG* 103, O's ânt i'r tân, pa fôdd na losgant, neu *ruddo* o leiaf? **1786 (1812)** TWM O'R NANT: *PCG* 32, Mae gennyf dros gan hobed, / o haidd wedi *rhuddo*. **1803** *P*. Ar lafar yn y Canolbarth, sir Benf., a'r De, 'To singe . . . *rhuddo*, *rhyddo*', *LGW* [168]–9; '*Rhuddo* . . . To singe, to discolour cloth with a hot iron, to be browned. The word is never used of singeing hair', *GDD* 250; 'Fe fidde y llidrew yn shŵr o'i *ruddo*, / A'i losgi bob deifyn wrth bod e'n egino', *Wês wês* 51; 'Ma di ffedog di wedi *rhiddo*'n dwll', *TGG* (1907–8) 85. Ar lafar gynt ym Mhenllyn sonnid am '*Rhuddo* hosanau, to singe the coarse wool on new stocking', *SE MS* 425b.

Amr.: **rhuddio.** **15**g. *B* ii. 275, Arthur nyt segur lafneu / *rudyeist* ongyr yggwaetfreu.

rhuddaidd [*rhudd+-aidd*] *a.* Cochlyd: *reddish*.

1931.

rhuddain [*rhudd+-ain* ar ddelw *mirain*, *madiain*] *a.* Coch, cochlyd, rhuddgoch, ysgarlad; gwaedlyd: *red, reddish, crimson, scarlet; bloody*.

1707 *AB* 238c, *Rhuddein*, Crimson, Scarlet. **1803** *P*. Cf. TALHAIARN: *Gw* ii. 225, Y Wawr weddus, â'i bysedd *rhuddain*, / Draw yn agor dôr y dwyrain.

rhuddaur [*rhudd+aur*] *eg.* a hefyd fel *a.* Aur coch, aur llathredig, gwisg o liw aur coch; wedi ei wneud o aur coch, o liw aur coch, a addurnwyd ag aur coch: *red gold, burnished gold, garment of the colour of red gold; made of red gold, of the colour of red gold, decorated with red gold*.

Dchr. **12**g. *GMB* 30, *Ruteur* dyrllit, rychlud clodrit rihit aden. **12**g. *GCBM* i. 62, Ac a dan rutem, *ruteur* vodrwy. **13**g. *WM* td. 91a. 10–15, gwisc e makwyeit oed o bali purdu aractal am benn pob vn onadunt o *rudeur* en kynnal eu g6allt. **14**g. *T* 66. 2–3, Pedeir colofyn kyhyt *rudeur* areu hyt. **14**g. *GIG* 69, Mawr o wth, marw o Ithael / Ap Robert, fab pert, fab hael / A roddes i ni *ruddaur* / Llydan, ac arian ac aur. *c.* **1400** [*RB*] *WM* 212. 10–12, Athannu y llenn aoruc rac bronn arthur. Ac aual *rudeur* 6rth bop koghyl idi. **15**g. *GDID* 29, Ei rodd nis rhoddwn er aur, / A phlu'r rhodd fal fflŵr *rhuddaur* [i ddiolch am baun]. **15**g. *DE* 45, aml o evrlliw mal iarlles / garllawr tal [mal] gorlliwr tes / ag vwch ei devrvdd *rvddavr* / dwy bleth fal y dabl avr. **15**g. *ID* 57, gryffydd ny wiscodd *ryddayr* / a gwas a gai n gwissgo ayr. *Diw.* **16**g. W. MIDLETON: *B* 61, by [*sic*] or eiddod gôb *rhvddavr*. **1604–7** *TW* (*Pen* 228) d.g. *Fulvus*. [**1753**] *Gron* 32, Maen â'i fudd uwchlaw *rhuddaur* / Maen oedd a wnâi blwm yn aur. **1793** DAFYDD IONAWR: *CD* 150, I'w taith prysurent hwythau / A'r gwawl yn siriawl neshâu: / Yr hoywddydd draw mewn *rhuddaur* / A phennau 'r mynyddau 'n aur. **1803** *P*.

Cf. **aur—aur rhudd, eurudd**[1].

rhuddbair, rhuddbar, gw. **rhudd+pair**[2], **pâr**[3].

rhuddbysg, rhuddbysgod [*rhudd+pysg, pysgod*] *e.ll.* (un. g. *rhuddbysgodyn*). *Pysg.* Pysgod dŵr croyw cochlyd eu hesgyll a thebyg i'r cochiad, *Scardinius erythrophthalmus*: *rudd*.

1858.

rhudd-deitl [*rhudd+teitl*] *eg.* ll. *-au.* Rhuddell: *rubric*.

1938.

rhuddedig [bôn y f. *rhuddaf*: *rhuddo*+ *-edig*] *a.bfl.* Wedi ei wneud yn goch, cochlyd: *reddened, reddish*.

1803 *P* d.g. *Rh*[*u*]*zedig*.

rhuddefydd [*rhudd+efydd*] *eg.* a hefyd fel *a.* Copr, ?efydd; o liw copr ?neu efydd: *copper, ?bronze; copper-coloured, ?bronze-coloured*.

15g. *GO* 63, Ydd wyf ar wayw *rruddevydd*, / Nev saeth dan vy mron y sydd. **1604–7** *TW* (*Pen* 228) d.g. *Cuprum* (hefyd *D*).

rhuddel, gw. **rhuddell.**

rhuddeli, gw. **rhudd+eli.**

rhuddell, rhuddel [?*rhudd*+elf. anh.; ?cf. Llyd. C. a Diw. *ruzell* 'gwawr gochlyd', a S. Diw. Cyn. *ruddell* 'red ochre'] *a.* ll. *rhuddellion*, a hefyd fel *eb.* ll. *-au, -ion.* Coch, cochlyd, brown, gwinau: *red, reddish, brown, bay*.

1346 *LlA* 93, odyna ydan deu amrant gannheitlathyr. Ac ambellule6 gloy6duon arnunt. megys aryr aelev ydoed deu*rudellyon* lygeit. *id.* 100, ymae manwlith yr yspryt glan . . . yn gwanegu megys mandagreu oe *rudellyon* lygeit. **14**g. *GDG*[3], 371, Golwg *ruddell* yw'r gwyliwr / Ar feilch teg ar fwlch y tŵr. **14**g. *DGG*[2] 120, Tro llygad, dysgiad disgwyl, / Tröell golwg *rhuddell* gŵyl (Madog Benfras). *id.* 156, Y ferch lygad *ruddell* fain / Eiliw'r eiry ŵyl arwyrain (Llywelyn Goch ap Meurig Hen). *c.* **1400** *Études* vii. 66, Pwy bynnac y bo llygeit mawr idaw dyn kynghoruynnus yw, digewilyd, llesc, ynuyt, ac yn bennaf o'r bydant *rudell*. ?**15**g. *IGE* 153, Yn gannwyll *ruddel* felen, / Yn gadr ei phaladr a'i phen [i'r seren]. **15**g. *GLGC* 383, Mab wyd yn rhoi ym y budd, / ŵyr Adam, i Feredudd / . . . / ap Gruffudd, â'r meirch *rhuddell*, / ab Ieuan wyd, heb un well. **1604–7** *TW* (*Pen* 228), *rhudhelh* d.g. *Rubellus, Rubeus*. **1632** *D*, *Rhuddell* d.g. *Rubricatus*. **1722** *Llst* 189, *Rhuddel, Rhuddell* . . . Reddish.

Fel *e*. Teitl, pennawd, neu flaenlythyren mewn llyfr, llawysgrif, &c., yn enw. un mewn inc coch neu lythreniad arbennig; cyfarwyddyd, gorchymyn, cyfarwyddyd mewn llyfr litwrgaidd ynglŷn â'r dull o gynnal gwasanaeth eglwysig; ocr coch, lliw coch: *rubric; red ochre, red colour*.

1632 *D*, *Rhuddell, & Rhuddel*, Rubrica. **1688** *TJ*, *Rhuddell, rhuddel*, nôd, llythrenau cochion: a Rubrick, so called, because printed in Red Letters; a Ruddy Stone to mark Sheep with, Red Oaker. **1722** *Llst* 189, *Rhuddel, Rhuddell.* f.p. *ddellau*. A rubrick: redding, vermilion. **1753** *TR*, *Rhuddell*, and *Rhuddel*, ruddle or red oaker to mark sheep, or which carpenters mark their lines or tracks with; a rubrick. [**1783**] *W* d.g. *Rubric, Ruddle*. **1803** *P* d.g. *Rhuzel, Rhuzell*.

rhuddellaf: rhuddellu [bf. o'r e. *rhuddell*] *bg.a.* Marcio â rhuddellau, marcio â lliw coch, lliwio'n rhuddgoch: *to rubricate, mark in red, stain crimson*.

1722 *Llst* 189, *Rhuddellu* . . . To mark red; mark with redding. [**1783**] *W* d.g. *Red, To mark* [*with*] *red*. **1803** *P*, *Rhuzellu* . . . To stain with crimson.

rhuddelliad [bôn y f. *rhuddellaf*: *rhuddellu* +*-iad*[1]] *eg.* ll. *-iau.* Y weithred o ruddellu, rhuddell: *rubrication, rubric*.

1803 *P*.

rhuddellydd, rhuddellwr [bôn y f. *rhuddellaf*: *rhuddellu*+*-ydd*[3], *-wr*] *eg.* ll. *rhuddellwyr.* Un sy'n rhuddellu: *rubricator*.

20g.

rhuddem [*rhudd+gem*[1]] *eb.g.* ll. *-au*, a hefyd fel *a.* Maen gwerthfawr o'r mwyn corwndwm a'i liw'n amrywio o borffor i binc, riwbi; garned; o liw coch porfforaidd gloyw; yn dynodi deugeinfed pen blwydd (priodas, &c.): *ruby; garnet; ruby-coloured; denoting a fortieth (wedding, &c.) anniversary*:

12g. *GCBM* i. 62, Ac a dan *rutem*, ruteur vodrwy. **13**g. *WM* td. 91a. 10–15, gwisc e makwyeit oed o bali purdu aractal am benn pob vn onadunt o rudeur en kynnal eu g6allt a mein g6erthuawr llewychedic endunt. *Rud em* a g6en em pob eilwers endunt. **14**g. *T* 32. 8–9, A*rudem* agra6n. Ac ewyn eigya6n. **1346** *LlA* 95, Abotymev oeur perffeithgoeth ar bop lla6es . . . a*rudem* g6erthua6r ympob b6t6m. *id.* 96, A restyr o eur kyfulet alla6 yngogylch yr ysgin yn gyfula6n o*rudemmeu* agwynnemmev yn r6ymedigyon ynyr eur. **14**g. *WM* 475. 38–476. 1, A gordtorch rudeur am ymyn6gyl y uor6yn. A mererit g6erthua6r yndi a *rud gemmeu* (*RM* 117, *rud emeu*). **1773** *W* d.g. *Garnet, Ruby*. **1793** DAFYDD IONAWR: *CD* 290, Mewn dimwnd, mewn diammur / *Ruddemmau*, mewn perlau pur. **1803** *P*, *Rhuzem*, s. f. . . . A ruby.

rhuddemog [*rhuddem+-og*] *a.* O liw coch porfforaidd gloyw, o liw rhuddem: *ruby-coloured*.

1902.

rhuddemol [*rhuddem+-ol*] *a.* O liw coch porfforaidd gloyw, o liw rhuddem: *ruby-coloured*.

1866.

rhudden [gair geir. yn wr., sef *rhudd+ -en*] *eb.* ll. *-nau.*

(*a*) Rhuddem: *ruby*.

Dchr. **17**g. *J* 10, 17b, *Rhudden.* rubie stone. **1753** *TR*, *Rhudden*, pl. *Rhuddennau* . . . rubies. [**1783**] *W* d.g. *Ruby*. **1803** *P*.

(*b*) Ocr coch; marc coch, streipen goch: *red ochre; red mark or streak*.

1632 *D*, *Rhudden*, Pl. *Rhuddennau*, Rubricæ. **1688** *TJ*, *Rhudden*, nôd coch: a Red Mark. *id.* *Rhuddennau*, nodau cochion: Red Marks. [**1783**] *W* d.g. *Ruddle*. **1803** *P*, *Rhuzen* . . . a red streak.

rhuddfa [gair geir. yn wr.; ?olff. o *rhuddfaog*, a'i ddeall fel *rhudd+-fa, ma*] *eb.* ll. *-oedd.* Darn o dir cras, crin, neu noethlwm; darn o dir wedi ei gochi gan waed: *piece of scorched, parched, or bare ground; piece of ground reddened by blood*.

1632 *D*, *Rhuddfa*, Locus in terra rubricatus. h.e. gramine denudatus. *id.* Rhuddfáog . . . Rhuddfaog y gelwid gynt y neb a adawai ei arllwybr yn *rhuddfa* ar ei ôl, gan waed ei elynion, neu drwy ddiwelltu 'r ddaiar gan amlder ei lu. **1688** *TJ*, *Rhuddfa*, daear gôch: Red Earth. **1722** *Llst* 189, *Rhuddfa.* f. A spot of ground where the grass has been scorched or blasted, or discoloured by the effusion of blood. **1753** *TR*, *Rhuddfa*, a spot of ground made red, i.e. made bare of grass. **1770** *W* d.g. *Blood, A plot, plat, or spot of ground reddened with blood spilled upon it, Ground, A* *bare plat of ground. id. rhuddfaoedd* d.g. *Parched places.* **1803** *P.*

rhuddfaen, gw. rhudd+maen[1].

rhuddfaog, rhuddfoog [*rhudd+*boog*, cf. Gwydd. C. *bágach* 'rhyfelgar, ymladdgar', o'r gwr. IE. **bheg-* 'torri', cf. *difo*[1], *difoed*; ?a'r ff. gyntaf trwy ddadf., neu'n gynnig gan *D* i gysylltu'r gair â *rhuddfa*] *a.* a hefyd gyda grym enwol. Diffeithiol, anrheithgar, ysbeilgar, cyfoethog; coch, cochlyd; coch gan waed, gwaedlyd: *ravaging, despoiling, plundering, wealthy; red, reddish; red with blood, bloody.*

12g. *GLlF* 398, Teulu talfriw, aessawr fflamliw rhiw *rhuddfoawg.* **12g.** *GCBM* i. 85, *Rutuoaóc* vaon ny oleith. **13g.** *TYP*[2] 35, Tri *Ruduoavc* Ynys (Brydein): Run ap Beli, a Llew Llaw Gyffes, a Morgan Mwynuawr, ac vn a oed *ruduogach* no'r tri. Arthur oed y henw; blvydyn ny doy na gvellt na llysseu y ford y kerdei yr vn o'r tri. **14g.** *GDG*[3] 208, Cyweithas, hoywdras, hydrum, / Cyfoethawg, *rhuddfoawg* fûm. / Ethwyf o wiw nwyf yn iach, / Wythlid bwyll, a thlawd bellach. **14g.** *GIG* 17, Gnodach iddo wisgo'n waisg / Yn ymwanfrwydr, iôn mwynfraisg, / Helm gribawg *ruddfoawg* fyth, / A habrsiwn, walch ewybrsyth. **1632** *D, Rhuddfáog, Rhuddfáawg,* & interdum, *Rhuddfoawg,* Rubricans, rubricatus, rubricalis. . . . *Rhuddfaog* y gelwid gynt y neb a adawai ei arllwybr yn rhuddfa ar ei ôl, gan waed ei elynion, neu drwy ddiwelltu 'r ddaiar gan amlder ei lu. **1688** *TJ, Rhuddfaog, rhuddfawg, rhuddfoawg,* côch, o liw gwaedlud: Reddish, of a bloody colour. **1722** *Llst* 189, *Rhuddfäog, faawg, foawg.* Red, stain'd with blood. **18g.** I. Brydydd Hir: *Gw* 70, Ail Arthur waew dur dori, / Ddyledawg, *ruddfäawg* ri. **1798** R. Davies: *CG* 97, Dynion hyfion dihefeirch, / Ar lidiog *Ruddfaog* feirch. **1803** *P, Rhuzväawg* . . . An epithet for a warrior.

Amr.: **rhufaog** [?ff. eir. wallus]. **16g.** Wiliam Llŷn: *Gw* (R. Stephens) (At.), *Rvfaoc.* **1632** *D.* **1753** *TR.*

rhuddfarch, rhuddfedel, rhuddfedd, gw. rhudd+march, medel[1], bedd.

rhuddfelyn [*rhudd+melyn*] *a.* a hefyd fel *eg.* (O liw) oren, melyngoch, euraid, o liw copr; lliw oren: *orange(-coloured), tawny, golden, copper-coloured; orange (colour).*

14–15g. *IGE*[2] 129, Gwn nad haws cael, gafael Gai, / Ym marf y mab a'm eurai, / Engyrth ei law a'i angad, / Un blewyn *rhudd-felyn* rhad, / Gynt nag y cad, tyfiad hardd, / O farf Arthur oferfardd (Gruffudd Llwyd). **15g.** *DE* 40, nid o gynnal gwialen / o vlaen gwallt *rydd velyn* gwen / e ddawr verch hardd ddiwair fain / ar iad auraid ir dwyrain. **15–16g.** *TA* 506, Dau rosyn nis edwyn Sais, / Dwy eurloer is dau arlais; / Dwy sêl o gŵyr *rhuddfelyn,* / Dau escûd o fewn dis gwyn [i wyneb merch]. *c.* **1730** *Thos. Lloyd D* (LlGC) 204a, *Rhuddfelyn.* Fuluus. **1803** *P, Rhuzvelyn,* s. m. . . . A reddish yellow, an orange yellow. a. Of an orange yellow.

rhuddfer, gw. rhudd+bêr.

rhuddfoog, gw. rhuddfaog.

rhuddgledd, gw. rhudd+cledd[1].

rhuddgoch [*rhudd+coch*] *a.* ll. *-ion.* Coch (yn enw. o liw tywyll porfforaidd), porffor, coch fel gwaed, cochlyd, cochaidd, o liw rhosyn, pinc, brown, browngoch, gwinau, cringoch; gwaedlyd: *red (esp. of a dark purplish hue), crimson, purple, blood-red, bloody, ruddy, reddish, rose-coloured, pink, brown, russet, tawny, auburn, ginger; bloody.*

12g. *B* xxvii. 501, *rudcoch,* gl. *purpureum.* **13g.** *GBF* 591, *Rruddgoch* gatkvn eiddvn oedd. *c.* **1400** [*RB*] *WM* 212. 31–4, a deló sarf purdu arpenn ypebyll. A llygeit *rudgoch* gwenóynic ym penn y sarf. *id.* 217. 6–14, Ac ar penn yr helym deló lleópart melyn rud. a deu vaen *rudgochyon* yny penn . . . Góaell paladyrlas hir tróm ynylaó. acoedórn y vynyd yn *rudgoch.* **15–16g.** *TA* 327, Eryr glân, eurer i gloch, / Am yr hyddgarw mawr, *rhuddgoch.* **16g.** Huw Arwystl: *Gw* 362, *Rvddgoch* gyw chwibangloch ben [i yrru'r ceiliog yn llatai]. **1588** *Esth* viii. 15, Mordocêus a aeth allan o ŵydd y brenin mewn brenhinawl wisc *rudd-goch.* **1604–7** *TW* (*Pen* 228) d.g. *Ruber, Rubeus, Rubicundus.* **1632** *D,* Lliwo 'r wyneb yn *rhuddgoch* d.g. *Purpurisso. id.* d.g. *Rubidus.* **1725** D. Lewis: *GB* 370, bydd Cylch *Rhuddgoch* i'w weled o [dd]autu'r Lleuad. **1763** R. Thomas: *HR* 140, ei Wallt yn *rhudd-goch.* **1765** JM: *DDdC* [8], y dwfr yn *Rhudd-goch.* **1780** *W* d.g. *Purple-coloured, Rubicund.* **1803** *P, Rhuzgoç* . . . Of a pink colour. Cf. W. Rees: *AFR* 187, a'r haul *rhuddgoch* fel yn edrych yn syn feddylgar yn y gorwel.

rhuddgochaf: rhuddgochi [bf. o'r a. *rhuddgoch*] *bg.a.* Gwneud neu fynd yn goch, cochlyd, porffor, neu binc: *to make or become red, ruddy, purple, or pink.*

16g. *LlS* 40, phrwyth yr hwnn yn gyntaf vydd wyrdd ac yno wedy yr aeddfedo *rhyddgochy* a wna. *Dchr.* **17g.** *J* 10, 17b, *Rhuddgochi.* Purpurasco. [**1783**] *W* d.g. *Ruddy, to grow ruddy.* **1803** *P, Rhuzgoçi* . . . To turn to a pink.

rhuddgochedd [*rhuddgoch+-edd*[1]] *eg.* Lliw rhuddgoch: *ruddiness.*

16g. *LlS* 146, had triochr duy a naws *rhygochedd* [*sic*] yntho ac o y mewn yn wŷn [am y lleulys]. [**1783**] *W* d.g. *Ruddiness.* **1803** *P.*

rhuddgochni [*rhuddgoch+-ni*] *eg.* Yr ansawdd neu'r cyflwr o fod yn rhuddgoch neu'n binc: *redness, pinkness.*

1803 *P.*

rhuddgrau, gw. rhudd+crau[1].

rhuddiad [bôn y f. *rhuddaf*: *rhuddo+-iad*[1]] *eg.* ll. *-au.*

(*a*) Y weithred o droi'n goch neu'n binc, gwridiad, cochni; rhostiad: *a becoming red or pink, a blushing, redness; a roasting.*

14g. *GDG*[3] 60, Cariad, lliw *rhuddiad,* yn lle rhoddai—bres, / Naws cyffes, nis caffai. **1604–7** *TW* (*Pen* 228) d.g. *Adustio.* **1803** *P, Rhuziad* . . . A turning to a pink.

(*b*) *Ffis.* Symudiad yn y sbectrwm i donfedd hwy mewn goleuni'n cyrraedd o gytserau, &c., sy'n ymbellhau: *red shift* (*in physics*).

20g.

rhuddiaf: rhuddio, gw. **rhuddaf: rhuddo.**

rhuddiawdr [bôn y f. *rhuddaf*: *rhuddo+-iawdr*] *eg.* Un sy'n tywallt gwaed: *shedder of blood.*

14g. *GEO* [7], Rhys ap Gruffudd, fudd feiddiaw, *rhuddiawdr*—rhysedd.

rhuddigl, gw. rhuddygl.

rhuddin, rhudding, &c. [?*rhudd+-in*[1]; am yr amr. *-in, -ing,* cf. *prin, pring*] *eg.*

(*a*) Craidd a rhan galetaf coeden, hefyd yn *dros.*: *heartwood, duramen, also transf.*

15–16g. *TA* 255, Pyst Sîn yn gwmpas hyd sêr, / Peintiad dwbl, pwyntiau tabler; / Gwnïwyd trwyddynt gnot *rhudding,* / Grisiau'n dro, gwŷr Sîn a'u dring. *Dchr.* **17g.** *J* 10, 17b, *Rhudding,* tymbre. robur. *ib. Rhudding* cygnog. Robur nodosum. **1688** *TJ, Rhuddin, rhudding,* calon pren: the heart or soundest part of a Tree. **1753** *TR, Rhuddin,* and *Rhudding,* the hard part of a tree, which is not sappy and soft, the heart of oak. **1777** Cain Jones: *Alm* 27, A chalon gyndyn, fel *rhiddyn* gwydyn goed. **1803** *P* d.g. *Rhuzin, Rhuzing.* Ar lafar, '*rhiddin*', *WVBD* 462; '*rhyddin*' (canolbarth Cered.); '*rhiddin*' (godre Cered.); ''Odd *riddin* y pren wedi pydru', *GTN* 688.

(*b*) (yn *ffig.* neu mewn cyd-destun *ffig.*) Hanfod, craidd, canol; cryfder cymeriad, unplygrwydd, uniondeb, gwroldeb, dewrder, dygnwch: (*fig. or in a fig. context*) *essence, core, centre; strength of character, integrity, moral fibre, courage, bravery, stamina.*

15g. *HCLl* 97, Y prin i gest yw'r pren gwin, / A Rhydderch yw y *rhuddin.* **16g.** *CLl* 169, Sion aur bur, synwyr barawd, / Brwynog oedd ber a wnae gwawd. / Athro di-wael, wythryw dysc, / A *rhidding* pob rhyw addysc [marwnad Siôn Brwynog gan Forys Dwyfech]. **16g.** *GGH* 291, Daionus, ail doniau serch, / Deau *rudding* du Rhydderch. **16–17g.** *GST* i. 388, Pond derling *rhudding* rhwyddwaed? / Marchog o wŷr meirch a gwaed. **17g.** E. Morris: *B* 15, Pan gowsom heb gyfrin ollyngdod llawn dibrin, / Dan frenin, dewr *riddin,* da roddiad. *id.* 23, John Cyffin *rhuddin* yr had. **17g.** Huw Morus: *EC* i. 42, Rhwygwyd *rhuddin* rhywogaeth, / Y Dref-Newydd, cerydd caeth. *id.* ii. [349], Mae cariad perffeithwch yw *rhiddyn* yr heddwch. **1704** E. Samuel: *BA* 63, i'w athrawiaethu yn *rhiddyn* gwybodaeth. **18g.** *Beirdd y Berwyn* 81, O ache gwreiddyn Bleddyn Cynfyn / Twysog wynedd peredd purwyn, / Gwir *ruddyn* gore erioed. **1798** R. Davies: *CG* 11, C'rolau, cywyddau cu wiwddoeth —roddodd / O *riddyn* cyson-ddoeth: / Englynion heirddion hirddoeth. Ar lafar, 'Ma 'na ryw *ruddyn* o ddaioni yn yr hen gradur trw'r cwbwl' (Arfon); ''Dos dim *ruddin* yn 'i gymeriad' (Cwm Rhondda).

Cfn.: **rhuddin,** &c., **derw (dâr, deri):** *heart(wood) of oak, also in comparisons denoting strength, toughness, &c.* **1604–7** *TW* (*Pen* 228), *rhudhing derw* d.g. *Robur.* *c.* **1756** *Bangor* 1007, 11, Mae gen i gledde gloyw / a dorred o *riddin derw.* Ar lafar, '*riddin deri*', *GTN* 688.

rhuddiog [*rhudd+-iog*] *a.* Coch, browngoch; gwaedlyd: *red, reddish-brown; bloody.*

1852.

Gw. hefyd **rhuddog.**

rhuddion[1] [*rhudd+-ion*] *e.ll.* a hefyd fel *eg.* Bran, sil, rhuchion, eisin, plisg, rhynion, blawd garw, gronynnau, gwaddodion, hefyd yn *ffig.*: *bran, husks, shells, groats, coarse meal, granules, sediment, also fig.*

14–15g. *IGE*[2] 136, Brwnt oerwas ffyrnicas ffŵl, / Brychgroen grin mowrboen marbwl; / Darfu'r hyd ei ffas lasgrug / Hau digon o'r *rhuddion* rhyg [Gruffudd Llwyd i Eiddig]. *c.* **1400** *MM* 110, O byd [trwnc] du neu goch a bot megys *rudyon* yn y góaelaót. *id.* 112, a *rudyon* góynnyon arnaó yn nofyaó. *c.* **1400** *Études* viii. 84–6, ffa gwynnyon . . . O berwir wynteu drwy eu risc mywn gwinegyr da vydant rac darymret . . . a'e *rudyon* wynteu wedy kymysger ac almys . . . a vyd da rac pessychu. **15g.** *GTP* 63, Gwnawn borth i lwyd y dorth don / I Gwaw [*sic*] trwyddo gwd *rhuddion.* **1547** *WS, Ruddion* Branne. **16g.** *LlS* 122, Y *rhuddion* wedy ei verwi mewn vinegr cryf aei ddody wrtho a ddilea y clwy mawr . . . Iach yw *rhuddion* hefyd rhac brath neidr. *id.* 146, bydd trwm ar y ddwyfron bara a wneler o hono [rhyg] oddieithyr gogrynny yn vanal [*sic*] y rhuchion a *rhuddion* allan o hano. **1604–7** *TW* (*Pen* 228) d.g. *Furfur.* **1615** R. Smyth: *GB* 162, megis fod y rhan fvvya o honynt yn coginiaethu ag yn bervvi padelli mavvrion o hoccys, ag yscall, gan gymyscu *rhiddion* ag ynthvvy pen fedrynt i gael. **1759** J. Evans: *PF* 82, [b]erwch *Ruddion* (i.e. Bran) mewn Finegr Gwîn, yn Bwltis. **1803** *P* d.g. *Rhuzion.*

Cfn.: **rhuddion (y) gwenith:** *wheat bran. c.* **1400** *Études* viii. 82, *Rudyon y gwenith* gwressawc yw a redegawc. **1545** *CM* 1, 587, [b]ryche, megis *hruddion gwenith.* *c.* **1740** *LlM* 2. **1803** *P,* Rhuzion . . . *Rhuzion gwenith.*

rhuddion[2], gw. rhudd.

rhuddionllyd [*rhuddion+-llyd*] *a.* Llawn rhuddion, tebyg i ruddion: *full of bran, like bran.*

1604–7 *TW* (*Pen* 228) d.g. *Furfurosus.* **1722** *Llst* 189, *Rhuddionllyd.* Full of bran. **1770** *W* d.g. *Bran, Full of bran.*

rhuddlafn, rhuddlain, rhuddlanw, gw. rhudd+llafn, llain, llanw.

rhuddlas [*rhudd+glas*[1]] *a.* ll. *-leision.* Glas cochlyd, porffor, o liw fioled: *reddish-blue, purple, violet.*

14g. *BT* 93–4, gwallt melyn pen grych ydaw. wyneb hir. llygeit mawr *rudleissyon* llawen. **14–15g.** *IGE*[2] 174, Urddasfab, grair arab grym. / Tomas, wayw *ruddlas* reiddlym (Rhys Goch Eryri). **16g.** *Llst* 6, 97, Yvyn [*sic*] ail liw od ar vaes / lathraidd loyw lywath *ryddlas.* **16g.** *LlS* 43, Columbin . . . ar ei vric y bydd blodæ purpur nei *rhuddleision* o liw. *id.* 63, Violet . . . darn o'r gwreiddyn a ymestyn vch dayar . . . a blodeun *rhuddlas* aroglber ar ei vrigyn. **1604–7** *TW* (*Pen* 228) d.g. *purpureus.* [**1761**] *GGJ* 40, os bydd efe [gwlân] yn *rhydd Las,* fe a [f]ydd yn wyrdd; neu o liw melyn Wynn [am liwio gwlân]. **1803** *P.*

rhuddlasaf: rhuddlasu [bf. o'r a. *rhuddlas*] *bg.* Troi'n borffor: *to become purple.*

16g. *LlS* 77–8, Tafod Y Ci . . . blodæ rhuddgoch wrth ddechre, ac or diwedd y *rhuddlasan* ac edafedd rhuddgoch ne pwrpur a 'rhydddyn [*sic*]. **1803** *P, Rhuzlasu* . . . To turn purple.

rhuddlaswyn [*rhuddlas+gwyn*[1]] *a.* O liw fioled golau, piwswyn: *pale violet, mauve.*

16g. *LlS* 97, Hockys . . . [p]aladr mawr, a blodeun *rhuddlaswyn* a gwreiddyn gwŷn.

rhuddlawr [*rhudd+llawr*[1]] *eg.* Daear wedi ei sathru'n noeth o borfa: *ground trodden bare of grass.*

Ar lafar, '*Rhuddlawr* . . . Ground that is bare of grass, where children play or animals tread', *GDD* 250.

rhuddlesni [*rhuddlas+-ni*] *eg.* Yr ansawdd neu'r cyflwr o fod yn borffor: *purpleness.*

1803 *P.*

rhuddliw [*rhudd+lliw*[1]] *a.* a hefyd fel *eg.* ll. *-iau.* (Lliw) coch, porffor, neu binc; powdwr coch (i liwio'r bochau), gruddliw: *red, purple, or pink (colour); rouge.*

12g. *B* xxvii. 501, *rudliu,* gl. *igneum.* **14g.** *GDG*[3] 125, O hynt i hynt i hwntian, / O goed i faes gloywlaes glân, / Cywirynt ar hynt y rhiw / Rhedynen rwyddlen *ruddliw.*

rhuddliwiaf: rhuddliwio [bf. o'r a.

rhuddliw] *ba.* Cochi, lliwio'n goch; rhuddellu: *to redden, colour red; rubricate.*
1909.

rhuddlwyd [*rhudd+llwyd*] *a.* a hefyd fel *eg.* (Lliw) brown, browngoch, neu lwytgoch: *brown, reddish-brown, or russet (colour).*
16g. *LlGC* 1553, 37a, Vab dafydd llwyd *rudd lwyd* vodd / Golon Hwfa glain hyfodd (Llywarch Bentwrch). **1632** *D* d.g. *Pulligo.* *c.* **1730** *Thos. Lloyd D* (LlGC) 204a, *Rhuddlwyd* Pulligo Brown colour. **1773** *GBC* 97, Bwytta o'r ci rhongca côch, / A Brain a chi *rhuddlwyd* (*Gwyn* 3, 170, rhwydd-lwyd) brŷch. **[1783]** *W* d.g. *Russet.* **1803** *P, Rhuzlwyd,* s. m. . . . A russet colour. a. Of a russet colour.

rhuddlys, gw. **rhudd+llys**[1].

rhuddm, rhuddmig, gw. **rhythm, rhythmig.**

rhuddneidr [*rhudd+neidr*] *eb. Swol.* Neidr ddefaid, slorwm, *Anguis fragilis: slow-worm.*
1632 *D* d.g. *Cæcilia.* *c.* **1730** *Thos. Lloyd D* (LlGC) 198b, *Rhuddneidr* . . . a sloe-worm. **[1783]** *W* d.g. *Slow-worm.*

rhuddni [*rhudd+-ni*] *eg.* Cochder, cochni, rhuddgochedd; ocr coch; y gawod goch (ar blanhigion): *redness, ruddiness; red ochre; rust (on plants).*
Dchr. **17g.** *J* 10, 17b, *Rhuddni.* Rubrica. *id. Rhuddni.* Rubigo. Robigo. **[1783]** *W* d.g. *Ruddiness.*

rhuddog [*rhudd+-og*] *a.* a hefyd fel *eg.* Coch, browngoch, gwaedlyd; robin goch: *red, reddish-brown, bloody; robin (redbreast).*
1707 *AB* 220a, Rhwdog, A sparrow. [S.] An fortè mendose pro *Rhydhog,* A robin-redbreast? *c.* **1730** *Thos. Lloyd D* (LlGC) 204a, Tlawd *Rhuddawg.* Tal. 89. **1803** *P, Rhuzawg* . . . Having a redness. Y *rhuzawg,* the redbreast.
Gw. hefyd **rhuddiog, rhwdog.**

rhuddol [*rhudd+-ol*] *a.* Cochlyd, pinc: *reddish, pink.*
1803 *P.*

rhuddos [*rhudd+-os*] *e.ll. Bot.* Gold Mair, melyn Mair, *Calendula officinalis*; gold yr ŷd, *Chrysanthemum segetum*; gold y gors, *Caltha palustris: pot marigolds; corn marigolds; marsh marigolds.*
Dchr. **17g.** *J* 10, 17b, *Rhuddos.* Solsequium. **1632** *D* (*Bot*), *Rhuddos.* vid. Gold Mair. **1688** *TJ* (*Bot*), *Rhuddos,* gold mair: Herb Marigold. *c.* **1730** *Thos. Lloyd D* (LlGC) 204a, *Rhuddos.* Caltha. Gawdy-gold. Solsequium. Tyrnsol. **1801** *MMf* 98, cymmer yr henlydan, a llygaid y dydd mawr . . . a *rhuddos* y gerddi. **1803** *P.* **1813** *WB* 231.
Cfn.: **rhuddos y gors:** *marsh marigolds, Caltha palustris.* **1813** *WB* 231. **rhuddos y morfa = rhuddos y gors. 1770** *W* d.g. *Boots* [*marsh-marygolds*]. **1803** *P.*

rhuddwawr [*rhudd+gwawr*] *a.* a hefyd fel *eb.* Ac arno wawr goch, cochlyd; lliw coch; gwawr goch: *red-tinted, reddish; red colour; red dawn.*
1897.

rhuddwern [*rhudd+gwern*; tebyg nad yma y perthyn *rudwern, WM* 465. 38, gw. *CO*[3] 99] *e.ll.* (un. b. *-en,* ll. *rhuddwernenni*), ac *eg. Bot.* Ceirios(en) yr adar, *Prunus padus: bird cherry (cherries).*
18g. *RC* x. 116, *rhuddwernen* birds cherry tree. **18–19g.** *Llr* C 65, 346, *Rhuddwern,* The Bird Cherry tree. **1803** *P, Rhuzwern,* s. pl. aggr. . . . The bird-cherry trees. *id.* d.g. *Rhuzwernen.* **1813** *WB* 231.

rhuddwisg, gw. **rhudd+gwisg.**

rhuddwr [bôn y f. *rhuddaf*: *rhuddo+-wr*] *eg.* Un sy'n tywallt gwaed: *shedder of blood.*
c. **1400** *R* 1290. 22–3, Ryuel *rudwr* drut ryó vaól radeu nud.

rhuddwyn [*rhudd+gwyn*[1]] *a.* ll. *-ion.* Cochwyn, pinc, gwritgoch: *reddish-white, pink, rosy-cheeked.*
15g. *HCLl* 97, Dug, da'i hap, Duw gyda hon, / Dyblu dawn dwyblaid Einion. / O'i ferch at Rydderch *ruddwyn* / Y troes hap y teiroes hyn. **15–16g.** *TA* 463, Fy rhodd o fwa *rhuddwyn,* / Fy rhaid sy mor fawr â hyn. **15–16g.** *GLM* 60, Mae pridd ar y mab *rhuddwyn*: / mae clod tra fo tafod dyn. *id.* 95, Pwy'n troi â'i law punt ar lyn? / Pwrs yn rhydd—person *rhuddwyn. id.* 231, Abad *rhuddwyn,* bw trwyddynt, / yn torri pen gwayw Twrpin gynt. **1604–7** *TW* (*Pen* 228), [b]lodæ n *rhudhwynion* d.g. *panaces* . . . *panax Coloni.*

rhuddygl, huddygl[2] [?adff. o *rhadicl* dan ddyl. *rhudd*; a'r ail ff. drwy gamraniad, *y rhuddygl* > *yr huddygl*] *eg.b.* (bach. b. *rhuddyglen*) a hefyd fel *e.ll. Bot.* Radish, *Raphanus sativus,* hefyd am y rhywogaeth wyllt, *R. raphanistrum: radish(es); wild radish(es).*
Diw. **16g.** *WLB* 19, Rhag brath ki klaf. Da yw bwyta gwraidd yr *huddygl. id.* 37, kymer or march alan ar persli ar *huddugl,* a thori llai na dyrned o bob un or gwreiddie hynny. *id.* 55, Kymer alwyn a hanner o freki du da a dod . . . ynddo lawer o wraidd yr *hiddigl.* **1604–7** *TW* (*Pen* 228), Rhywogaeth or *Rûddicl* d.g. *Algidensis.* **1632** *D, Rhuddigl* d.g. *Raphanus.* **1688** *TJ* (*Bot*), *Rhuddŷgl, huddŷgl*: wild Raddish. **1722** *Llst* 189, *Rhuddigl.* f. Radish. *c.* **1730** *Thos. Lloyd D* (LlGC) 204a, *Rhuddigl* gerddi radishes. **1753** *TR* (*Bot*), *Huddigl,* or rather *Rhuddugl,* radish. **1759** J. EVANS: *PF* 26, Sûg Radis neu *Ruddigl* a wna lawer o lês. *id.* 59, ychydig o sûg *Rhuddigl* neu Horse Radish. **1803** *P, Rhuzygyl,* s. m. . . . Raddish. **1813** *WB* 65, 202, 231. Ar lafar yn ne-ddwyrain Morg. yn y ff. *ruddig* (un. *ruddican*), *GTN* 684.
Cfn.: **rhuddygl gwyllt:** *wild radish, Raphanus raphanistrum.* **1801** *MMf* 292. **rhuddygl (huddygl) (y) Mawrth:** *wild radish, Raphanus raphanistrum; horseradish, Armoracia rusticana.* **1632** *D* (*Bot*), *Huddigl Mawrth,* potiùs Rhuddygl, Raphanus vulgaris siue agrestis, radix, cheria, armoracea, apios, armon, ischas. **1725** *SR* (*Bot*), *rhuddugl mawrth* d.g. *Radish . . . Horse Radish. c.* **1740** *LlM* 35, Cymmerwch lonaid Llaw o Wraidd *huddigl y Mawrth.* **[1762]** E. POWELL: *HEI* 42, Cais ddau Alwyn o Gwrwf . . . a . . . 2 wreiddyn o *Hyddugl mawrth,* Horse-Radish. **1813** *WB* 232, *Rhuddygl Mawrth.* **rhuddygl y meirch:** *horseradish, Armoracia rusticana.* **1801** *MMf* 292. **1813** *WB* 232. **rhuddygl poeth = rhuddygl y meirch. 20g.**
Gw. hefyd **rhadicl, rhaddig.**

rhuddyng, rhuddyn[1], gw. **rhuddin.**

rhuddyn[2] [*rhudd+-yn*[1]] *eg.*
(*a*) Lliwur melyngoch a geir o hadau'r pren trofannol *Bixa orellana,* ac a ddefnyddir yn arbennig i liwio bwyd; ocr coch: *annatto; red ochre.*
1725 *SR, rhuddun* d.g. *Red mark or raddle.* **1800** W. OWEN[-PUGHE]: *CP* 81, Y lliwiad at gaws, yw . . . *Rhuddyn* Yspaen [:– Yn Saesoneg, Spanish Annotta]. *id.* 94, yr ydis yn ei liwio â *rhuddyn,* yr un fath â chaws Caerlleon.
(*b*) *Adar.* (yn y cfn. *rhuddyn y coed*). Cigydd pengoch, cigydd glas, *Lanius senator: woodchat shrike.*
1830.

rhuedig [bôn y f. *rhuaf*: *rhuo+-edig*] *a.bfl.* Yn rhuo, rhuol: *roaring.*
1611 R. SMYTH: *SG* 204, megis lleo *rhyedig.*

rhuedd [*rhu+edd*[1]] *eg.* Digrifwch, pleser; siaradusrwydd; rhuad: *mirth, pleasure; loquaciousness; a roaring.*
16g. WILIAM LLŶN: *Gw* (R. Stephens) (At.), *rvedd,* digrifwch. *c.* **1588** *B* ii. 236, *rhuedd,* digrifwch. **16–17g.** E. PRYS: *Gw* 271, *Rhuedd* tuedd gwaed diwael, / Rhên iach hen, rhyw iawn ei chael. **1688** *TJ, Rhuedd,* digrifwch: mirth, pleasure. **1803** *P, Rhuez,* s. m. . . . A roaring; loquacity.

rhufchwilen [*rhuf(ell)* (drwy gamddeall ystyr S. *roach*)+*chwilen*] *eb.* ll. *rhufchwilod.* Chwilen ddu: *cockroach.*
1852.

Rhufeinaeg [e. dinas *Rhufain+aeg*] *eb.* Lladin: *Latin (language).*
1796 *Geirgrawn* 231, Eraill a ddychymmygant ei bod [yr iaith Gymraeg] yn tarddu o'r *Rhufeinäeg.*

Rhufeinaidd, Rhufeiniaidd, rhufein(i)aidd, &c. [e. dinas *Rhufain+-(i)aidd*] *a.* Rhufeinig (hefyd am yr wyddor a'r teip argraffu); yn perthyn i Ladin, Lladinaidd; Catholig Rufeinig, pabyddol, weithiau'n ddifr.: *Roman (also of the alphabet), roman (of printing type); Latin (adj.); Roman Catholic, papist, sometimes derog.*
1630 *YDd* 418, ein Offeiriaid a'n Myneich *Rhufeiniaidd* (*Seminary Priests and Iesuites*). **1658** R. VAUGHAN: *PS* 8, Daû Gatholig *Rhufenaidd* anrhydeddus eu trefnfreintiau. **1658** R. VAUGHAN: *YPS* [ii], Yr hyn a lefara a genau Pacian: Christianus mihi nomen, Catholicus cognomen: (nid *Rhufeiniaidd* yw ef, ond Cristion Catholic;). **1664** J. DAVIES: *Art* [11], Yr athrawiaeth *Rufeinaidd* ynghylch Purdan. **1688** W. FOULKES: *EGE* 29, bu etto dy ddioddefiadau mwyaf di Tan Pontius Pilatus Rhaglaw *Rhufeinaidd* Judea. **[1710]** GW. AB IERWERTH: *SB* 105, Y Ffransis Spira hwn . . . a ddygpwyd i fynu ac a fu fyw ddeugein mlynedd a rhagor yn y grefydd *Rufeinaidd.* **1718 (1721)** S. THOMAS: *HB* 37, Y grefydd *Rufeiniaidd* sydd fwya cyffredin yma. *id.* 41, y Goelgrefydd . . . *Rufeinaidd. id.* 100, y jaith *Rufeiniaidd,* sef y jaith Lading. **1741** J. EVANS: *CG* [2], Llythyrenau *Rhufeinaidd* . . . Llythyrenau Italaidd. **1794** E. JONES: *CP* 67, Erchir rhoddi P *Rufeinaidd,* a'r llythyren gyntaf o enw y plwyf . . . ar ysgwyddau y tylodion. **1803** *P* d.g. *Rhuveiniaiz.*

Rhufeinddyn [e. dinas *Rhufain+dyn*] *eg.* Rhufeiniwr, dinesydd Rhufeinig: *a Roman (citizen).*
1841 R. WILLIAMS: *GE* 58, Dros fai, nas haeddai, mae'n syn,—ei weled / Yn nwylaw *Rhufeinddyn.*

Rhufeineiddiaf, Rhufeinieiddiaf, Rhufeneiddiaf: Rhufein(i)eiddio, Rhufeneiddio [bf. o'r a. *Rhufein(i)aidd,* &c.] *bg.a.* Rhoi cymeriad Catholig Rufeinig i (ddefod, arfer, &c.), troi at Gatholigiaeth Rufeinig, gwneud neu fynd yn Rhufeinig: *to romanize.*
[1783] *W, Rhufeineiddio* d.g. *To Romanize.* **1803** *P, Rhuveinieiziaw* . . . To romanize; to become romanized.

Rhufeiniad [e. dinas *Rhufain+-iad*[3]] *eg.* ll. *-iaid.* Rhufeiniwr, dinesydd Rhufeinig; aelod o'r Eglwys Gatholig Rufeinig; (yn y ll.) epistol yr Apostol Paul at y Rhufeiniaid: *a Roman (citizen); a Roman Catholic; (pl.) Romans (epistle).*
1567 *TN* 199a, Gwedy darvot yddwyn't ein bayddu yn gyhoedd eb ein barnu, a' nineu yn *Ruvainiait.* **1595** H. LEWYS: *PA* 201, Cicero vn ardderchawcaf, ac arbenicaf or *Rhufeinieit.* **1615** R. SMYTH: *GB* 37, [d]ifa golyd y ddaear yn ddifudd, yr hvvn beth y *Rhufeiniaid* a oeddynt [y]n i gadvv. *id.* 38, na lafasau [*sic*] un *Rhufeiniad,* yn yr hen amser rodio heolydd Rufain heb arvvain gidag ef ryw arvvydd pa fodd yr oedd yn byvv. **1620** *Act* xxii. 25, Ai rhydd i chwi fflangellu gŵr o *Rufeiniad,* ac heb ei gondemno hefyd. **1632** *D* d.g. *Romanus, Tribunus.* **1661** E. LEWIS: *Drex* 8, A'r *Rhufeiniaid* oedd yn arfer a'r cyffelyb beth, o gynnal i fynu . . . [dd]elwau tawdd o goffadwriaeth am eu Ymmerawdwyr meirw. **1718 (1721)** S. THOMAS: *HB* 36, mawr Bŵer a Chadernid y *Rhufeiniaid.* **1728** T. BADDY: *DDG* 20, Mi a hyspysaf bob rhyw o Grist'nogion ar a welais yn yr Eglwys mewn trefn. Yn gyntaf y *Rhufeiniaid.* **1753** L. OWEN: *ADdE* 13, Mae'r *Rhufeiniaid* yn anfon eu cennadon i Wledydd di-grêd. **[1783]** *W* d.g. *A Roman.* **1803** *P.*

Rhufeiniaeth [e. dinas *Rhufain+-iaeth*] *eg.* Catholigiaeth Rufeinig, pabyddiaeth, weithiau'n ddifr.; (ymlyniad wrth) ysbryd, cyfreithiau, delfrydau, &c., Rhufain gynt: *Roman Catholicism, Romanism, sometimes derog.; Romanism (with ref. to Roman laws, ideals, &c.).*
1847.

Rhufeiniaf: Rhufeinio [bf. o e. dinas *Rhufain*] *ba.* Gwneud yn Rhufeinig neu'n Gatholig Rufeinig: *to romanize.*
1896.

Rhufeiniaidd, rhufeiniaidd, gw. **Rhufeinaidd.**

Rhufeinieiddiaf: Rhufeinieiddio, gw. **Rhufeineiddiaf: Rhufeineiddio.**

Rhufeinig, rhufeinig [e. dinas *Rhufain+-ig*[2]] *a.* Yn perthyn i Rufain neu i'w thrigolion neu i'w hymerodraeth gynt; wedi ei seilio ar wyddor yr hen Rufeiniaid gan ddefnyddio'r llythrennau A–Z, yn perthyn i'r wyddor honno; yn perthyn i system rifo a ddyfeisiwyd gan yr hen Rufeiniaid ac sy'n defnyddio'r llythrennau canlynol (a chyfuniadau ohonynt) i ddynodi'r cyfanrifau: I = 1, V = 5, X = 10, L = 50, C = 100, D = 500, M = 1000; yn dynodi math fertigol o deip argraffu (e.e. ABC, abc) a ddefnyddir yn gyffredin bellach ar gyfer pob math o argraffu (gthg. *italig*), wedi ei argraffu yn y teip hwn; Catholig Rufeinig, pabyddol, weithiau'n ddifr.; eryraidd (am drwyn): *Roman (also of alphabet and numeral); roman (of printing type);*

Roman Catholic, sometimes derog.; *Roman (of nose)*.

1700 *Cyng BB* [ii], Gwyddorion Penigol a Mân. I. *Rhufeinig* . . . 2. Italic. **1721** J. P. Prys: *DC* 27, I ffoi nid yn unig o'r Grefydd *Rifeinig* [*sic*], / Ond rhag pob rhyw ddieflig a Addolir. **1764** Dewi Nantbrân: *SAG* 4, Yr wyf yn cyfaddef, fod y Santaidd, Gatholic, Apostolic, *Rhufeinic* Eglwys yn Fam a Meistres i'r Eglwysi oll. [**1783**] *W* d.g. *Roman* . . . *Roman letters.* **1798** *WR*, rhyw ddarn o arian *Rhufeinig* d.g. *Sester*[*c*]*e*. **1803** *P*. Cf. D. Owen: *D* 49, ei drwyn mawr a *Rhufeinig*.

Rhufeiniol, rhufeiniol, gw. Rhufeinol.

Rhufeiniwr, Rhufeinwr [e. dinas *Rhufain*+-(*i*)*wr*] *eg.* ll. *Rhufeinwyr*. Un o drigolion Rhufain, dinesydd Rhufeinig; aelod o'r Eglwys Gatholig Rufeinig: *a Roman (citizen)*; *a Roman Catholic.*

13g. *BD* 38, A phan doeth diheurvyd o hynny ar y *Ruueinwyr*, sef a wnaethant vynteu bryssyav dracheuyn y geissav Ruuein o ulaen Bran. **14g.** *GIG* 3, Tarw gwych, ceffi'r tir a'r gŵyr, / Tor faenwaith tai *Rhufeinwyr* [i Edward III]. *c.* **1400** *RB* ii. 76, Sef aỽnaethant y *rueinwyr* gỽasgaru yn diaruot affo y[n] waratỽydus. **15–16g.** *GLM* 186, Tyn gledd, garw Gwynedd a'i gŵyr; / tro ei fin at *Rufeinwyr*. **15–16g.** *TA* 90, Ych bannog wyd uwch ben gŵyr, / A'r iau fôn ar *Rufeinwyr*. **1567** *TN* 152b, A's gadwn yddo val hyn, pawp oll a credant yndo, ac yddaw [*sic*] y *Ruueinwyr* ac a gymerant ymaith a' ein lle, a'r genedl hefyt. *id.* 210b, Ai cyfreithlawn i chwi yskyrsio vn 'sy yn *Ruueinwr* . . . ? **1588** *Act* xvi. 21, pregethu defodau y rhai nid ydynt rydd i nyni eu derbyn, na'u harfer, y rhai ydym *Rufain-wŷr*. **1595** H. Lewys: *PA* [iii], y pwyllawg a'r ymadroddus *Rufeinwr*, M. T. Cicero. **1627** *Bl B XVII* i. 104, Bu ymysg *Rhufeinwyr*, y Pab a'i ddilynwyr, / Ei amser yn segur ni fwriodd. **1632** *D*, *Rhufeinwr* d.g. *Romanus*. **1709** H. Powel: *G* 43, Yr ŷm yn darllein ddarfod i un *Rhyfeiniwr* amcanu dirwyo . . . y llall. **1710** *CBGEL* 94, gan nad ŵ'r *Rhufeinwyr* e'u [*sic*] hunain yn beio ar ddim ar y ddyscir gennym megys Anghenrheidiol, eithr a'i cydnabyddant oll yn gymmwys ac yn dda. **1793** Dafydd Ionawr: *CD* 293, Danfon wnaeth Herod ynfyd / . . . / Iesu gŵar mewn gwisg eurwawr, / Yn ol at elynol Wr; / Fe wenodd y *Rhufeinwr*. **1803** *P* d.g. *Rhuveiniwr*.

Gw. hefyd **Rhufeinydd.**

Rhufeinol, Rhufeiniol, rhufein(i)ol [e. dinas *Rhufain*+-(*i*)*ol*] *a.* Rhufeinig (hefyd am deip argraffu); Catholig Rufeinig, pabyddol, weithiau'n ddifr.: *Roman, roman (of printing type)*; *Roman Catholic, sometimes derog.*

13g. *BD* 45, havd yv eu kymell y talu teyrnget y *Ruueinavl* amherodraeth. *id.* 85, na eill neb tywyssavc kynnal y theilyngdavt heb arwein *Ruueinavl* (*RB* ii. 125, *rueinyaỽl*) geithiwet arnav. *id.* 162, na choffey ry wneuthur y savl sarhaedeu a wnaethost y *Ruueinnyavl* amherodraeth. **15g.** *GLGC* 258, Gŵr yw'n chware'r dis am wlad Sisil, / gŵr a fyn y groes deg *Rufeiniol*. **1547** *WS* [xxi], nid antebic i llun yr *rhuueinol*, y. **1567** *TN* [xli], mae effeiriait *Ruuainol* yn espelio Christ am i foliant ae 'ogoniant. *id.* 209a, Ef [Paul] yn dianc rac ei chwipio, o erwydd ei vot yn ddinessydd *Ruuainol*. **1595** *Egl Ph* 37–8, y Groeg bhardh, yn lhe Homer; yr araithwr *Rhubheinawl*, yn lhe Twlli. *c.* **1730** *Thos. Lloyd D* (LlGC) 204a, *Rhufeinol.* Romanus. **1791** Gw. Mechain: *Rh* 37, esgynodd *Rhufeiniol* glod hyd entrych caergwydion.

Rhufeinwr, gw. Rhufeiniwr.

Rhufeinydd, Rhufenydd [e. dinas *Rhufain*+-*ydd*[3]] *eg.* ll. -*ion*. Rhufeiniwr, dinesydd Rhufeinig; aelod o'r Eglwys Gatholig Rufeinig, un sy'n bleidiol i Gatholigiaeth Rufeinig: *a Roman (citizen)*; *a Roman Catholic, Romanist.*

1547 *WS*, *Rufeinydd* A romayne. **1567** *TN* [xl], pob pwnc ac y sy heddiw mewn ymryson rhwng y *Rhufenyddion* ar Evangelyddion. *id.* 210b, Gwyl beth a wnelych: can ys *Ruuenydd* yw 'r dyn hwn. **1630** *YDd* 435, dy farnu . . . ath euogfarnu . . . [g]er bron brawdle Pilât Pennaeth o *Rufeinydd*. **1661** E. Lewis: *Drex* 215, Gwir a ddywedodd y Philosophydd Seneca y *Rhufeinydd*. *c.* **1730** *Thos. Lloyd D* (LlGC) 204a, *Rhufenyddion.* Romanists.

Gw. hefyd **Rhufeiniwr.**

rhufell, rhyfell [bnth. dysg. Llad. *rubellio*] *eb.* ll. -*od*, -*iaid*. *Pysg.* Cochiad, *Rutilus rutilus*: *roach (fish)*.

1707 *AB* 141c, *Rhyvelh* d.g. *Rubellio*. **1725** *SR*, *Rhyfell* d.g. *A Roch Fish*. *c.* **1730** *Thos. Lloyd D* (LlGC) 204a, *Rhufell.* Rubellio. **1803** *P*, *Rhuvell*, s. f. —pl. t. *od* . . . A roach.

Rhufenaidd, Rhufeneiddiaf: Rhufeneiddio, Rhufenydd, gw. **Rhufeinaidd, Rhufeineiddiaf: Rhufeineiddio, Rhufeinydd.**

rhufon[1,2], **rhug,** gw. rhuon, rhyf, rhyg.

rhugl[1] [?H. Lyd. *rigl*, gl. *gilosa*, *riglion*, gl. *garrulis*] *a.* ll. -*on*, a hefyd fel *eg.* ll. -(*i*)*on*.

(*a*) Yn medru llefaru yn gyflym ac yn rhwydd, yn medru ei fynegi ei hun yn groyw ac effeithiol, llafar iawn, tafotrydd, ffraeth, huawdl (hefyd am gyfansoddiad llenyddol, iaith, &c.); yn medru siarad iaith estron yn dda: *fluent, articulate, voluble, eloquent (also of literary composition, language, &c.)*; *fluent (in a foreign language)*.

14g. *GDG*[3] 95, Rhoais iddi, rhyw swyddau, / *Rhugl* foliant o'r meddiant mau. **14–15g.** *IGE*[2] 169, *Rhugl* ben, rhag mor gymen goeth / Y rhoddaist ateb rhyddoeth [Rhys Goch Eryri i ateb Llywelyn ab y Moel]. **16g.** *GGH* 464, Pymtheg cant rhifant y rhain, / Iaith *rugl*, pedair a thrigain. **1604–7** *TW* (*Pen* 228), *rhugl* ei dauawt d.g. *Volubilis*. **1632** *D*, *rhugl* ymadrodd d.g. *Eloquium*. **1710** *LlGG* [xii], adrodd yn *rhucclach* y cyfryw Rannau o'r Ysgrythyr-lan. **1714** D. Lewys: *CN* 40, Plant yr un Tad 'tifeddion ner, / Cyhoedder hyn yn *rhygyl*. **18g.** *W Ballads* 109, 4, Wrth fod yn *rhugul* dyngy a rhegi. **1757** *ML* i. 493, yn siarad Gwyddeleg a Lladin yn ddiledíaith gan *rhiccled* ai bader. **1803** *P*, *Rhugyl* . . . fluent. Ar lafar, 'siarad yn *rhigil*', *WVBD* 462; 'Mae o'n medru siarad Ffrangeg yn *rhigil*' (Arfon); ''Odd 'i'n gwpod ticyn bæch o Sisnag ond 'ddæth 'i 'rîôd yn *rugil*', *GTN* 689. Cf. D. Owen: *D* 125, Cyn i ni ymadael, yr oedd Benjamin Prŷs yn siarad mor *rhugl* ymron âg un o honom ninnau.

(*b*) Cyflym, buan, bywiog, gwisgi, parod, rhwydd; celfydd, hyfedr; cyffredin, rhemp; llyfn, diatal, yn llifo('n rhwydd), hidl: *fast, swift, lively, nimble, ready, easy*; *skilful, expert*; *common, rife*; *smooth, unhindered, flowing (freely), streaming.*

Dchr. **12g.** *GMB* 6, Ros, Rowynniauc, ran arderchauc, *rugil* yg gortuy. **13g.** *A* 3. 7–8, kyueillt a golleis diffleis oedwn. *rugyl* en emwrthryn rynn riadwn. **13g.** *GBF* 73, *Rugyl* yaỽn y daỽn yn y dyt. *id.* 132, Ragor glod, *rugyl* y kedwis. **14g.** *WM* 38. 34–39. 1, ỽynt aỽelynt teir llong ar dec yn dyuot o deheu iỽerdon Ac yn kyrchu parth ac attunt a cherdet *rugyl* ebrỽyd ganthunt. **14g.** *GDG*[3] 309, Ni'th dditia neb, ni'th etail / Na llu *rhugl*, na llaw rhaglaw [i'r gwynt]. *c.* **1400** *YSG* i. 20, Ac yna Galaath rac *ruclet* yr oed yr ysgwier yn wylaw, ef a dosturyawd wrthaw. **15–16g.** *TA* 88, Rhoddiad wyd, a rhudd dy win, / *Rhugl* iawn y rhoe Gelynnin. **16–17g.** *GBF* 466, Gwae raglaw a'i *ruglon* ddirwyau. **1632** *D*, *Rhugl*, Dexter, promptus. **1672** R. Prichard: *Gw* [xiv], mae'r Papistiaid yn dywedyd yngwrthwyneb i hyn, fod dynion llŷg yn gwyr-droi'r Scrythyrau iw dinistr eu hunain; ac am hynny nas dylent eu cael hwy yn *rhigil*, yn y ieithoedd cyffredin. **17g.** Huw Morus: *EC* i. 64, Rhwydd yw 'r fron, rhudd-aur frig, / *Rhugl* iawn y rhoi galenig. **1718** (**1721**) S. Thomas: *HB* 183, Drwg fuchedd a phob math o aflendid oeddent yn *rhygyl* jawn trwy'r holl wlad. **1753** *TR*, *Rhugl*, handy, ready, dextrous. Also, rife, common. **1765** J. Evans: *CPE* 165, myned yn *rhugl* ac yn hyfedr mewn dysgeidiaeth newydd. **1803** *P*, *Rhugyl* . . . free, ready . . . rife, abundant.

(*c*) Rhydd (am y corff), agored: *loose (of the bowels), open.*

1547 *WS*, *Rugyl* val bola Laxe. **16g.** *LlS* 119, da ydyw . . . i vn a vo ei voly yn rhy *rhugl* er ys hir o amser. *Dchr.* **17g.** *J* 10, 17b, *Rhugl.* laxe or laske.

Fel *e.* (*a*) Ratl; sŵn rhuglo neu ratlo, siffrwd, rhu; ?murmur: *rattle*; *a rattling (noise), rustle, roar*; ?*murmur.*

1722 *Llst* 189, *Rhugl* llamhidyddion. Castanets. *c.* **1730** *Thos. Lloyd D* (LlGC) 203b, *Rhugl.* A rattle. **1771** *W* d.g. *Castanets, Rattle* [*a child's*]. Cf. D. Owen: *GT* 77, yr hon na chlywsai yn ei bywyd hyawdledd uwch na *rhigl* hirllaes, undònog, hen Berson y plwyf.

(*b*) (yn y ll. *rhugl*(*i*)*on*) Ysgubion, crafion, carthion, hefyd yn *ffig.* gwehilion (y bobl): *sweepings, scrapings, excrement, also fig. riff-raff, dregs (of society).*

1604–7 *TW* (*Pen* 228), *rhuglion* d.g. *Egeries*. *Dchr.* **17g.** *J* 10, 17b, *Rhuglion.* egestio. **1632** *D*, *rhuglon* d.g. *Strigmentum*. Ar lafar, '*rhiglon* . . . *rhiglion*' 'mud, etc., scraped together e.g. from a gutter', 'Toman o *riglon* wedi'u hel i din clawdd', *WVBD* 462. Ym Môn clywir yr ymad. 'y rhiglyn meddw', *ISF* 64, ond nid oes sicrwydd mai yma y perthyn.

Cfn.: **rhugl groen,** gw. *rhuglgroen*. *Adar.* **rhugl y rhych:** *corncrake, Crex crex*. *Diw.* **19g.** *SE MS* 427a, *Rhugl y rhych*, corn crake (Upper Cards) = rhegen y rhych. **yn rhugl:** *by heart, off pat, thoroughly, completely*. **1567** G. Robert: *GC* 86, onis medrir *yn rhugl*, ag yn fyfyr y dosparth a wnaethom o'r blaen . . . nid gwiw amcanu ar ddim yn y gystrawiæth fruttan[a]wl. **1632** *D*, dysgu *yn rhugl* d.g. *Perdisco*. **1690** *Ymofynion* 7, yn medru *yn rhygl* yr hôll attebion. **1723** WM: *PGG* 174, [p]e medrwn ei dysgu [gwers] *yn rhigl*, rwi 'n meddwl na chodai fy'nhrachwantau mwyach. **1795** J. Thomas: *AIC* 162, buddiol iti fedru 'r Tabl Canlynol *yn rhigl*.

rhugl[2], **rhuglad,** gw. rhigal, rhugliad.

rhuglaf, rhugliaf: rhugl(i)o [bf. o'r a. *rhugl*[1]] *bg.a.*

(*a*) Rhwbio, rhwto, rhathu, treulio, gwneud neu fynd yn ddolurus drwy rwbio, crafu, cripio; ysgubo, brwsio, clirio, carthu, rhofio; hefyd yn *ffig.*: *to rub, abrade, wear, chafe, scrape, scratch*; *sweep, brush, clear, clean out, shovel up*; *also fig.*

13g. *Cylchg LlGC* v. 61, ac urth e prid nessaf a weles e glawr yr yscrin *ruglav* y draet. **14g.** *YBH* 66a, A phan gigleu y brenhin hynny *ruglau* y dal aoruc (*si li sua le front*). *c.* **1400** *Études* vii. 302, ac yn gyntaf *rugyl* yn da y lle y mynnych dyfu y gwallt a chlwtt llien, ac odyna ir ef ar eli hwnnw. **15–16g.** *GLM* 75, a'i droi fellýn drwy fy llaw, / a'i 'rogli wrth ei *ruglaw* [i ofyn paderau]. **1547** *WS*, Raw *ruglo* ne Raw vwrw A shouell. *id.* *Ruglaw* rhwbiaw Rubbe. **1567** *TN* 90b, iddaw vyned trwy'r maesydd yde, ac ir discipulon dynny y tywys, a' ei [*sic*] *rhuglo* a' ei [*sic*] dwylo. **16g.** *LlS* 99, O golchir ac o *rhuglir* neu rwbbir vn ac wynt peri iddo gyscu a wna. *Diw.* **16g.** *WLB* 50, dod a fynnych o lysse siarp . . . ai sychu wrth yr haul, oni elont yn grinsych, ai *rhuglo* rhwng dy [dd]wylo oni elont yn bowdr mân. **1632** *D*, *Rhuglo*, Fricare; Idem Rutro cænum auferre. **1688** *TJ*, *Rhuglo*: to shovel Dirt or Mire together. **1717** Iaco ab Dewi: *MN* 155, myfi fum yn dyrchafu ac yn tynnu drachefn a thrachefn, i'w chyfodi hi o Laid a Dom Pechod a Llygredigaeth; Eithr, Gwae fi! nid ysgyg hi: mi a'i *rhuglais* ac a'i blinais hi ag un Bygwth yn ôl y llall. **1722** *Llst* 189, *Rhuglo* . . . To chafe with the hand, rub, fret, brush, shovel durt. **1774** G. Howel: *Alm* [30], Cael rhwygo a'u dwylo Dwys, / *Ruglo* i lawr yr Eglwys [am y Methodistiaid]. **1803** *P*, *Rhuglaw* . . . to clear away, to smooth, to rub. *Rhugla* y baw i fwrz, shovel away the dirt. Ar lafar, '*rhiglo* . . . *rhiglio*' 'to scrape mud, etc., together', '*rhiglo* y baw a'r eira ar yr ochor', '*rhiglo* ffordd hefo rac', *WVBD* 462; '*rhiglo* . . . Crafu tail (baw, etc) trwy ddal rhaw â'i hwyneb i waered a'i thynnu tuag at y rhuglwr', *B* xiv. 293 (Meir.); '*rhuglio*'r injan: Glanhau'r "injan naddu" . . . yn y felin', *id.* xx. 374 (ardaloedd y chwareli llechi). Digwydd hefyd yn yr ystyr 'llithro neu sglefrio (ar hyd)', 'Mi syrthis nes oeddwn i'n *rhiglo*'r ddaear', '*rhiglo* ar 'y nhin', *WVBD* 462; a hefyd yn yr ystyr 'llusgo', '*rhiglo* rhywbeth trwy ganol y baw', *ib.* Fe'i clywir weithiau yn yr ystyr 'torri rhigol' (?dan ddyl. *rhigol*), *ib.*, *TGG* (1907–8) 85 (ardal Efail-wen, sir Gaerf.).

(*b*) Rhyddhau('r corff), cael ei weithio (am y corff), bod yn rhydd: *to loosen or be loose (of the bowels).*

16g. *LlS* 79, Ei hiscell od yfir a *rugla* y boly ac a gynnyrfa y blodæ. **1604–7** *TW* (*Pen* 228), yn *rhûglo* drwyddo d.g. *Foriolus*. *id.* rhyw halen cyfansodhedic y beri'r bola *ruglo* ag y rydhau'r phlem d.g. *poletis* (At.).

(*c*) (Peri) cynhyrchu cyfres gyflym o gleciadau neu synau bach cras (fel a wneir gan ratl); (symud dan) ratlo: *to rattle*; *rattle along.*

20g.

rhuglaidd [*rhugl*[1]+-*aidd*] *a.* Yn rhuglo, yn ratlo: *rattling (adj.).*

1803 *P*.

rhuglder [*rhugl*[1]+-*der*] *eg.* Yr ansawdd neu'r cyflwr o fod yn rhugl, llyfnder (arddull, &c.); parodrwydd: *fluency, fluidity (of style, &c.)*; *readiness.*

1632 *D* d.g. *Promptus*.

rhugldrwst [*rhugl*[1]+*trwst*] *eg.* Siffrwd, sŵn ratlo, trwst (taranau, &c.): *rustle, rattle, rumble.*

[**1783**] *W* d.g. *A rustling*. Cf. W. Rees: *AFR* 318, [c]adwai yr amser gyda'i dwylaw a'i thraed . . . a gwneyd pob math o ystumiau gwylltion, a chynnyrchu *rhugldrwst* yn ei gwddf.

rhugldrystiad [bôn y f. *rhugldrystiaf*: *rhugldrystio*+-*iad*[1]] *eg.* Siffrwd: *rustle.*

[**1783**] *W* d.g. *A rustling*.

rhugldrystiaf: rhugldrystio [bf. o'r e. *rhugldrwst*] *bg.a.* (Peri) siffrwd, rhuglo, ratlo, trystio, neu rwmblan: *to (cause to) rustle, rattle, or rumble.*
[1783] *W* d.g. *To rattle, To rustle.*

rhugledig [bôn y f. *rhuglaf*: *rhuglo*+-*edig*] *a.bfl.* Caboledig (am iaith), coeth: *polished (of language), refined.*
16g. *GGH* 15, Traethwr gloyw wyd tair iaith *rugledig*, / Traws, glew gadarn, tarw osgoledig. **1803** *P.*

rhugledd [*rhugl*^{1}+-*edd*^{1}] *eg.*
(*a*) Rhuglder, llyfnder (arddull, &c.); ?dadwrdd, trwst; symudoldeb, symudiad cyflym: *fluency, fluidity (of style, &c.); ?din, clamour; mobility, fast movement.*
1632 *D, rhugledd* a thrybelidrwydd ymadrodd d.g. *Volubilitas.* **17g.** E. MORUS: *Gw* 49, Is cwrr llwyn, os garw y llais, / Ac oer *rugledd* ei greglais [i'r paun]. **1722** *Llst* 189, *Rhugledd.* m. Mobility. **1760** E. WILLIAMS: *UYB* [iii], maddeu, os canfyddi . . . ryw ddiffyg *rhugledd* neu gywreinrwydd yn y dywediadau. **1794** *W, Rhugledd* . . . tafod d.g. *Volubility* . . . *Volubility of tongue.* **1803** *P, Rhuglez,* s. m. . . . A brisk motion . . . fluency. *Rhuglez* ymadrawz, fluency of speech.
(*b*) Rhyddni('r corff): *looseness (of the bowels).*
16g. *LlS* 76, gwell vyddant . . . y attal *rhugledd* y boly.

rhuglen [*rhugl*^{1}+-*en*] *eb.* ll. -*ni.* Ratl; drwm; brwsh; ffril: *rattle; drum; brush; frill.*
1803 *P, Rhuglen,* s. f. . . . - pl. t. *i* . . . A drum.

rhuglgroen, rhugl groen [*rhugl*^{1}+*croen*] *eb.* ll. (-)*grwyn,* (-)*groenau.* Cwdyn o groen neu bledren yn cynnwys pys, cerrig mân, &c., a ddefnyddir fel ratl, ratl, clap (adar, &c.), hefyd yn *dros.* ac yn *ffig.*: *rattle-bladder, rattle, clapper (to frighten birds, &c.), also transf. and fig.*
14g. *GDG*^{3} 331, A chanto'r oedd, cyhoedd cas, / *Rugl groen* flin gerngrin gorngras. / Canodd, felengest westfach, / Y *rhugl groen*; och i'r hegl grach! **15g.** *DGG*^{2} 80, Rhygn germain rhyw gŵn gormes, / *Rhugl groen* yn rhoi glaw a gwres [i'r daran]. **1575–6** *B* vi. 315, dwy lochdar lwydon megis dwy vasged hyd ynghroth j ddwy esgair, a glowid j drwst pan gerddai vel dwy *rvglgroen* vis Mawrth. *Diw.* **16g.** W. MIDLETON: *B* 58, pypgyn o groenyn grinwyw / bola pair yn llawn gwair gwyw / merch medda arwa oroen / rhvw hogl grach ir *rhvgl groen* [i'r bêl droed]. **1595** M. KYFFIN: *DFf* [198], [m]eddwl . . . gallu onynt drwy waith bwbachod a *rhygl-grwyn* yrru braw ar frenin mor alluawg ag oedd ef. **1604–7** *TW* (*Pen* 228), *rhugl-groenæ* plant a wneid o gregin gwynion d.g. *Crembala* (At.). *Dchr.* **17g.** *J* 10, 17b, *Rhugl-groen,* ratle. **1632** *D, Rhugl groen,* Crotalum, crepitaculum, sistrum. **1722** *Llst* 189, *Rhugl groen.* A rattle to frighten horses, cligut [*sic*]. **1753** *TR, Rhugl groen,* a jingling rattle, a rattle made with stones put in a dry'd undressed skin. **1803** *P.*
Amr.: **huglgroen** [drwy gamraniad, *y rhuglgroen* > *yr huglgroen*]. **1604–7** *TW* (*Pen* 228), *Hugl groen* och yr hegl grach d.g. *Tibia.* **1615** R. SMYTH: *GB* 163. **1632** *D, Hugl groen,* potiùs Rhugl groen. [1783] *W* d.g. *Rattle.*

rhugliad, rhuglad [bôn y f. *rhuglaf, rhugliaf*: *rhugl(i)o*+-*iad*^{1}, -*ad*] *eg.* ll. -*au.* Ffrithiant, rhwbiad, rhathiad; sŵn rhuglo neu ratlo; *Meddyg.* sŵn crensian dau ben asgwrn toredig yn rhwbio'n erbyn ei gilydd, sŵn tebyg yn yr ysgyfaint mewn achosion o niwmonia, &c.; (yn y ll.) rhuglion, crafion: *friction, rubbing, abrasion; rattling (noise); crepitus or crepitation (in med.); (pl.) sweepings, scrapings.*
1604–7 *TW* (*Pen* 228), *rhûgliat* o amgylch d.g. *Circunlinitio. id. rhugliat* tostt d.g. *perfrictio.* **1632** *D, Rhuglad* d.g. *Perfrictio.* **1722** *Llst* 189, *Rhuglad.* m. A rubbing, frication. **1773** *W, rhuglad* d.g. *Frication or friction.* **1803** *P, Rhugliad* . . . a rubbing, a friction.

rhugliaf: rhuglio, gw. **rhuglaf: rhuglo.**

rhugliaith [*rhugl*^{1}+*iaith*] *eb.* a hefyd fel *a.* Huodledd, iaith rugl; huawdl: *eloquence, fluent language; eloquent.*
14g. *DGG*^{2} 159, Fy swydd gyda'm harglwyddi, / Hyn fydd, a'u câr hen wyf i; / Darllen cyfraith, *rugliaith* raid, / A Brut hen y Brutaniaid (Llywelyn Goch ap Meurig Hen). **1604–7** *TW* (*Pen* 228) d.g. *Eloquens, Eloquentia, Oratio.* **1722** *Llst* 189, *Rhugliaith.* f. Eloquence. **1773** *W* d.g. *Eloquence.*

rhuglion, rhugliwr, gw. **rhugl**^{1}, **rhuglwr.**

rhuglneidr [*rhugl*^{1}+*neidr*] *eb. Swol.* Un o amryw fathau o nadredd Americanaidd gwenwynig o deulu'r *Crotalidæ,* yn enw. o'r tylwythau *Sistrurus* a *Crotalus,* ac iddynt gylchoedd corniog yn y gynffon sy'n creu sŵn ratlo, neidr gynffondrwst, neidr glec: *rattlesnake.*
1850.

rhuglog [*rhugl*^{1}+-*og*] *a.* Yn ratlo, yn rwmblan: *rattling, rumbling.*
1840.

rhuglon, gw. **rhugl**^{1}.

rhuglsarff [*rhugl*^{1}+*sarff*^{1}] *eb.* ll. -*seirff.* Neidr gynffondrwst, neidr glec, rhuglneidr: *rattlesnake.*
1835.

rhuglswn [*rhugl*^{1}+*sŵn*] *eg.* Sŵn rhuglo neu ratlo, siffrwd: *rattling (noise), rustle.*
1902.

rhuglwr, rhugliwr [bôn y f. *rhuglaf, rhugliaf*: *rhugl(i)o*+-(*i*)*wr*] *eg.* ll. *rhuglwyr.* Un sy'n crafu, yn rhwbio, neu'n carthu: *one who scrapes, rubs, or cleans out.*
15g. *Glam Bards* 238, baril ydyw byrr ladin / *ruglwr* blawd o rigler blin / offeiriad blin a phryd blaidd / a phrydydd anffeiriadaidd (Lang Lewys). **1803** *P, Rhuglwr,* s. m.—pl. *rhuglwyr* . . . One who rubs, makes smooth, or clears away. Ar lafar yn ardaloedd y chwareli llechi, '*rhugliwr*' 'Y dyn sy'n clirio'r ffordd haearn o'r rwbel sy'n disgyn o'r wageni ar eu ffordd i'r domen', *B* xx. 374.

rhugn, rhugnaf: rhugno, gw. **rhygn, rhygnaf: rhygnu.**

rhull^{1}, *a.* ll. -*ion.* Hael, haelionus, parod, awchus, brysiog, sydyn, cyflym; gorbarod, byrbwyll, difeddwl; (?geir) toreithiog, helaeth: *generous, bounteous, ready, eager, hasty, quick, swift; overeager, rash, thoughtless; (?dict.) abundant, extensive.*
14g. *AL* i. 370, Or myn y brenhin dodi neb vn *rull* agkyurɓys ac anmharaɓt ygkyureith yn vraɓɓr llys. **14g.** *GDG*^{3} 366, Duw a ŵyr, synnwyr a sôn, / Deall y brodyr duon. / Y rhain y sydd, ffydd ffalsddull, / Ar hyd yr hollfyd yn *rhull.* **14g.** *GIG* 162, *Rhull* gyrchgas, rhwyll gywarchgwd, / Rhoed ysgrîn ar hyd ysgrŵd. *c.* **1400** *R* 1305. 5, *Rull* garɓy reit gofwy rat gyved. **15g.** *ID* 52, ny orwedd yno aryan / ag ny chwsc na gwin na chan / llaw yn roi yn llawen *rrvll* / lleyky wenn llaw ai kynnvll. **15–16g.** *GLM* 57, y mae Dean yn rhannu: / da i bawb erioed y bu; / a rhoes ym er ys ennyd—/ mae'n *rhull* fyth—mwy no'r holl fyd: / rhoi dillad, rhoi da allawr, / a rhoi meirch, a rhoi aur mawr. **1604–7** *TW* (*Pen* 228) d.g. *Festinus.* **1632** *D, Rhull,* Alijs Largus, liberalis, amplus, Aliis Celer, festinus. Sed mihi videtur significare, Temerarium, alacrem, præpetem. **1670** J. HUGHES: *AP* 396, gwaed . . . yn rhedeg i waered yn *rhull.* **1688** *TJ, Rhull,* hael, bŷan, amhwyllog: liberal, swift, hasty, rash. **1722** *Llst* 189, *Rhull.* p. *Rhullion.* Generous, spacious, large; fleet, forward. **1770** *W* d.g. *Bounteous.* **1803** *P, Rhull* . . . frank, free; rash, or hasty. Rhozi yn *rhull,* to give frankly.

rhull^{2}, gw. **rhill.**

rhulledd [*rhull*^{1}+-*edd*^{1}] *eg.* ?Byrbwylltra; (geir.) haelioni: *?rashness; (dict.) generosity.*
1773 *W* d.g. *Frankness, Generosity.* **1776** DEWI NANTBRÂN: *AN* 246, Llid. Digofaint. Anamynedd. *Rhulledd.* Cynddaredd. Ynfydrwydd. **1803** *P, Rhullez,* s. m. . . . frankness.

rhullfalch [*rhull*^{1}+*balch*^{1}] *a.* Hael a balch neu wych; (?geir.) coegfalch, ymffrostgar: *generous and proud or splendid; (?dict.) vain, boastful.*
14g. *GDG*^{3} 36, Lles bychan buan yw bod—yn *rhullfalch,* / A'r hollfyd fal ffurf rhod. **1604–7** *TW* (*Pen* 228) d.g. *Gloriosus.* **1722** *Llst* 189, *Rhullfalch,* that is generous for the sake of praise, vain-glorious. **1770** *W* d.g. *Boasting, Braggingly.* **1803** *P.*

rhullfawr [*rhull*^{1}+*mawr*; engh. bosibl arall yw *ryllfawr, IGE* 311 (amr.), gthg. *hyllfawr, IGE*^{2} 322] *a.* ?Hael neu barod iawn: *very generous or ready.*
15–16g. *GIF* 44, Tapr *rhullfawr,* topia'r hollfyd: / top ac oll, ti piau i gyd.

rhumen [?bnth. dysg. Llad. *rūmen* neu air cytras â hwnnw] *eb.* ll. -*au.* Bol (mawr), ceubal, cest, poten, hefyd yn *dros.*; *Swol.* rwmen; pwrs buwch: *(pot-)belly, paunch, abdomen, also transf.; rumen; udder.*
15g. *CMOC* 130, Wrth ei phwys yr aeth ei phen—/ och drymed faich dy *rumen* [Guto'r Glyn i ddychanu cal Dafydd ab Edmwnd]! **15–16g.** *GRB* 5, rhwymyn crach, *rhumen* crechydd, / rhodlath fawr, rhod eilwaith fydd [i ofyn gwellhad oddi wrth frathiad neidr]. *a.* **1513** *id.* 31, Nosi mynwgl nis mynnwn, / na *rhumen* Hors er mwyn hwn. **16g.** *CLl* 175, Lewis remmwth, laes *rumen,* / Lew i naccâu, lwynog hên (Morys Dwyfech). **16–17g.** *GST* i. 955, Hopranrwth remwth *rumen,*—êl wancus / A lyncai lwyth certwen. **1604–7** *TW* (*Pen* 228), y gwr lhwyt a geiriæ lhen ach rhwym-odh och yr *Rûmen.* nyt iachach yr eneit er lhenwi'r *Rumen.* diareb d.g. *Ruma.* **1632** *D, Rhummen,* Rumen, ruma, abdomen. *c.* **1640** *DCR* 258, Ond ryfedd i Eglwvswrr rai yn fychain a rai n vawr / . . . / y naill yn llenwi i *rvmen* ar llall yn llenwi i bwrs. **17g.** HUW MORUS: *EC* i. 85, Mawr *rumen* yma 'rwymir, / Maith ei bol, mamaeth y bir [i ofyn cerwyn]. **1688** *TJ, Rhummen,* bol, potten, cîlsafn: the Paunch, also the Cud. **1722** *Llst* 189, *Rhummen.* f.p. *mennau.* The belly from the navel down: cowe's udder. *c.* **1755** *Gron* 74, Palfau 'n gigweiniau gwynias, / Deg ewin, ry gethin gas, / A'th *rummen* anferth remmwth, / Fal cettog, was rhefrog rhwth. **1766** *CD* 65, Un oedd Sir John Heidden, a Sir Thomas lawen / Am gwrw da iw *rummen,* yn gymmen dan gô. **1773** *W* d.g. *Epigastrium* [*the paunch, or lower belly*]. **1803** *P.* Digwydd yn yr e. lle '*Rhos y rhumen,* un yn Llanuwchllyn, a'r llall yn Llanllyfni', *PKM* 179.

rhumengest [*rhumen*+*cest*] *eb.* a hefyd gyda grym ansoddeiriol. Bol (mawr), ceubal, cest, poten, hefyd yn ddifr. am berson: *(pot-)belly, paunch, also derog. of a person.*
1547 *WS, Rumengest* Gorbely. **1594–6** *B* iii. 166, riain voliawg-groth, lydandin . . . volfrasnoeth, *rvmengest.* **1604–7** *TW* (*Pen* 228), *rhumengest* yn bwyta r cwbl d.g. *pamphagus. id. rhumengest* vawr d.g. *pantices. id.* a *rhumengest* d.g. *Ventriosus. Dchr.* **17g.** *J* 10, 17a, *Rhumengest.* Ruma.

rhumenog [*rhumen*+-*og*] *a.* a hefyd fel *e?g.* Mawr ei fol, boliog, cestog; bol mawr, cest, poten: *pot-bellied, having a paunch; pot-belly, paunch.*
16g. *GSOG* 72, Rhemwth, gau aflwth goflaid, / Ar hyd ei gefn rhyd a gaid, / Rhai ai myn yn *rhumenog* / A rhwd a gwlith 'r hyd i glog. **1604–7** *TW* (Pen 228) d.g. *Venter* . . . *Venter collatitius.* **1722** *Llst* 189, *Rhummenog.* Gorbellyed.

rhumenol [*rhumen*+-*ol*] *a.* Abdomenol, torrol: *abdominal, ventral.*
1858.

rhumwth, gw. **rhemwth.**

rhuog [*rhu*+-*og*] *a.* Rhuol, swnllyd, trystfawr, tyrfus: *roaring, noisy, blustering.*
1609 *Haf* 24, 427–8, taranau or nefoedd trwy i twrw *rhuoc* or awyr a wneiff galon dyn i grynny.

rhuol [*rhu*+-*ol*] *a.* Yn rhuo, swnllyd, trystfawr, tyrfus, yn ratlo: *roaring, noisy, blustering, rattling.*
16g. *WLl* 123, Y mae ers tro yn gwichio n gau / Chwerw o fewn i chwarfanau / Mae nghanol *rhuol* pob rhod / Enau bylan heb waelod [i ofyn men]. *c.* **1730** *Thos. Lloyd D* (LlGC) 203b, *Rhuol* . . . Rattling. **1803** *P, Rhuawl* . . . Roaring. Cf. TALHAIARN: *Gw* i. 177, Mewn cymylau cerhyntau corwyntoedd / I dwymo ostlai *rhüawl* dymhestloedd.

rhuolaeth, gw. **rheolaeth.**

rhuon, rhufon^{1} [gair geir., sef yr e. prs. *Rhufawn* (â'r ff. gyntaf, cf. *Rvavn, TYP*^{2} 166) fel e.c.] *eg.* ll. -*iaid.* Milwr, rhyfelwr, ymladdwr, pencampwr, reslwr, bwli: *soldier, warrior, fighter, champion, wrestler, bully.*
15g. *RWM* i. 402, *rrvon,* milwr. **16g.** WILIAM LLŶN: *Gw* (R. Stephens) (At.), *rvon,* milwr, tri *Rvon* tra fvon fyw W llyn. **1592** S. D. RHYS: *Inst* [xii], *Rhyon* . . . miles. **1604–7** *TW* (*Pen* 228), *rhuon* d.g. *Athleta, pugil. Dchr.* **17g.** *J* 10, 17a, *Rhuon* . . . Pycta. **1632** *D, Rhuon,* & *Rhufon,* Milwr, ait [William] Ll[yn]. Nomen proprium viri. **1688** *TJ, Rhuon, rhufon,* (sawdwr:) a Souldier. **1722** *Llst* 189, *Rhufon.* m.p. *foniaid* . . . A bully, hector. *id. Rhuon,* m.p. *oniaid.* A souldier, champion, fighter, bully. **1771** *W* d.g. *Champion.* **1803** *P* d.g. *Rhuvon, Rhuon.*

rhupai [tywyll yw'r ystyr yn *AP,* a gair geir. ydyw ar wahân i'r engh. honno] *eb.* Teclyn i gribo llin neu gywarch, heislan; clun: *flax-comb, hackle; hip.*
1547 *WS, Rupai.* **1605–10** *AP* 33, ir oedd ddifangerdd gyrdodai wrach *rupai,* ysgyrn gwthr, ysgowl-

ffwrch, glun-uchel dal gulgrech. *Dchr.* **17g.** *J* 10, 17b, *Rhupai.* hippe, coxa. **1632** *D, Rhuppai*, q. Idem quod *Heislan.* **1688** *TJ, Rhuppai*, Heislan, rhesullt: an Iron Comb to kemb Flax or Hemp with. **1722** *Llst* 189, *Rhuppai.* f. An iron comb for flax, a hatchet, hackle. **1773** *W* d.g. *A flax-comb, Hatchel.*

rhupunt, hupunt, (r)hupynt [*r(h)upunt* < *r(h)upynt*; dichon mai gair gwahanol a geir yn adran (b) isod (?bôn y f. *hypiaf*: *hypio+hynt*^{1})] *eg.* ll. (prin) *hupyntiau, hupynnau.*

(*a*) Un o bedwar mesur ar hugain Cerdd Dafod, sef llinell chwe churiad ac iddi dri thraean o bedair sillaf, y ddau gyntaf yn cydodli, a'r trydydd yn cynnal y brifodl (am ragor o fanylion ynghylch cyrchodlau neu gynghanedd rhwng y ddau draean olaf, &c., gw. J. MORRIS-JONES: *CD* 331–2): *one of the twenty-four strict metres of Welsh prosody, comprising a line with six accents divided into three sections of four syllables, the first two rhyming with one another, while the third maintains the end-rhyme.*

14g. *GP* 49, Pymp messur kyffredin a wnaethpwyt yn gyntaf ar odleu, nyt amgen, todeit, a gwaywdodin, a chyhyded hir, a chyhyded verr, a *rupynt. id.* 50, *Rupynt* a vessurir o bennilleu hiryon oll o deudec sillaf pob vn onadunt, ac yn y pennill hir hwnnw y byd tri phennill byrryon, deu o bedeir sillaf pob vn onadunt, a phob vn yn atteb y'w y gilyd, a'r trydyd pennill o bedeir sillaf yn amrauael awdyl a'r deu gyntaf, ac wrth diwedawdyl y pennill hwnnw y kynnhelir yr awdyl oll. **1455–6** *B* iv. 212, Yr *hupvnt* byr. **16g.** *GGH* 422, Canodd ym gwedy ciniaw, / Carol drwg yw'r cweryl draw. / Cenais *hupynt* cyn swper, / Cwlm a fu clo am ei fer. **1564** *id.* 460, Naddai gerdd newydd ei gwaith, / Naddiad *rhupunt* newyddwaith [marwnad Gruffudd Hiraethog gan Syr Owain ap Gwilym]. **1593** W. MIDLETON: *B* 12, Wyth mesur owdl ysydd, Kyhydedd, Toddaid, gwawdodyn, *Hupynt*, kadwynfesur, kyrch a chwtta klogyrnach, a gorchest y beirdd. **1803** *P* d.g. *Hupynt.*

(*b*) Naid, llam, hyrddiad, ymdrech, gwth, ymosodiad; pwl (o afiechyd, &c.); trafodaeth, ymdriniaeth: *jump, leap, thrust, effort, push, assault; bout (of illness, &c.); discussion, discourse.*

15g. *GDID* 21–2, Dos ir seler, f'aderyn; / Dy dasg yw dwyn diod ynn; / Dwg *hupynt* dros deg cwpwrdd, / Disgyn ar bicyn o'r bwrdd. **1595** *Egl Ph* 90, Pei cymerwn adenydh *hupunt* y dydh, ar bhedr triganedhu yn eithawedh y mor. **1604–7** *TW* (*Pen* 228) d.g. *discursitatio, Impetus.* **1632** *D, Huppynt*, Impetus breuis. **1688** *TJ, Huppŷnt*, byrr ruthr; a brunt, a sudden assault. **1696** *GGTY* 241–2, o herwydd ei fod efe (sef Christ) yn faba[n], mal y gallei efe trwy Siampl neu rinwedd ei oedran sancteiddio babanod, fel y mae 'r holl *huppynt* (*discourse*) yn lladin yn dangos yn eglur. **1722** *Llst* 189, *Huppynt.* m.p. *pyntiau.* An onset, charge, attempt, force, thrust. **1753** *TR, Huppynt*, a short effort, a brunt, a shock, a push. **1753** G. OWEN: *L* 65, Rhyw *huppynt* o ddiogi a syrthni a ddaeth trosof. **1775** *W, Huppynt* d.g. *Impetus* [. . . *a violent effort*], *Spurt.* **1803** *P* d.g. *Hupynt.*

Amr.: **hepunt, hepynt.** *Diw.* **16g.** **(1605)** *GP* 217, *hepunt* hir. **1609** *B* iv. 218, *heppynt* byrr.

Cfn.: **rhupunt (hupunt, &c.) byr:** *'rhupunt' in contradistinction to 'rhupunt hir'; also used to refer to two lines of 'rhupunt'.* **1455–6** *B* iv. 212, Yr *hupvnt byr. a.* **1575** *GP* 114, *Hupunt byrr* a vessurir o bedair silldaf ar hvgain, dav bennill o ddevddec ssilldaf ymhob vn, a thri phennill byrrion ymhob vn o bedair ssilldaf, a'r ddav gyntaf yn ateb y'w gilydd, a'r trydydd yn arwain yr awdl. **1609** *B* iv. 218, *heppynt byrr.* **1794** E. JONES: *MPR* 30, *Huppynt byr.* **rhupunt (hupunt, &c.) hir:** *form of 'rhupunt' having an extra 4-syllable section (for further details concerning use of rhyme and cynghanedd, cf.* J. MORRIS-JONES: *CD* 332–3); *also used to refer to two lines of 'rhupunt hir'.* **1455–6** *B* iv. 212, *hupvnt hir. a.* **1575** *GP* 114, *Hupunt hir* a vessurir o un silldaf ar bymthec yn vnic. **1579** *id.* 180, *Rhvpynt hir* a fessvrir o ddavddec silldaf ar hvgain o hyd. *Diw.* **16g.** **(1605)** *id.* 217, *hepunt hir.* **1794** E. JONES: *MPR* 30, *Huppynt hîr.* **rhupunt hwyaf:** *form of 'rhupunt' having two extra 4-syllable sections (cf.* J. MORRIS-JONES: *CD* 333). **1925.**

rhus^{1} [bôn y f. *rhusiaf, rhusaf: rhus(i)o*] *eg.* ll. (prin) *-ion*, (?geir.) *-oedd*, a hefyd gyda grym ansoddeiriol. Rhwystr, atalfa, ataliaeth, rhwystredigaeth, llyffethair; anghefnogaeth; petruster, byrbwylltra, penwendid, cynnwrf, cyffro, ofn, dychryn, panig, naid fach (oherwydd dychryn), gwrthnaid: *hindrance, obstruction, restraint, frustration, impediment; discouragement; hesitation, rashness, weakness of mind, agitation, excitement, fear, fright, panic, start (from fright), recoil.*

14g. *GDG*^{3} 3, Gormodd fu, gwaith rhodd a *rhus*— anoddau, / Gwyro d'aelodau, gwawr dyledus [i Iesu]. *id.* 10, Dug yn ei blaid, nid rhaid *rhus*, / Y deuddeg anrhydeddus [i luniau Crist a'i apostolion]. *id.* 64, Anelais rhwng fy nwylaw / Fwa yw, drud a fu, draw, / Ar fedr, fal gŵr arfodus, / Ar ael y rhiw, arial *rhus*, / . . . / Ei fwrw â saeth ofras hir [i'r llwynog]. *id.* 140, Pei rhôn ym . . . / . . . / Ddywedyd gair cellweirus, / Yrhwng ynfydrwydd a *rhus* [i ofyn cymod gan Forfudd]. **14g.** *DGG*^{2} 119, Yr ail cyhudd, rhybudd *rhus*, / Y lleidr dafawd twyllodrus [Madog Benfras i Fyfanwy]. **14–15g.** *IGE*^{2} 298, Maddau'r balchder camweddus, / Maddau'r holl bechodau *rhus.* / Maddau im drin godineb, / Ennyd awr yn anad neb (Siôn Cent). *c.* **1400** *R* 1265. 28–9, nyt naꝺt *rus* ardetwyd. **15g.** *GO* 159, O rroes Duw oerin a *rrus* dayerrydd, / Y mae ym glydwr yma y'm gwledydd. *a.* **1587** *Y* 157, Son yr wyd a'th synwyr *rvs*, / Haws d'ateb, am Ystatus. **1595** *Egl Ph* [vii], mi amcenais yn gyngydaidh, ac a rybhygais yn ehawn . . . dorri'r *rhus*, a rhodhi i lawr dhosparthiad ar vn o 'r saith gelbhydhyd. *Dchr.* **17g.** *J* 10, 17b, *Rhûs.* discouragement. Cunctatio. detretactio. tremor. **1632** *D, Rhûs*, Resultus. **17g.** E. MORRIS: *B* 10, Rhoes Duw'n o[r]ch'mynedig, na phrofent yn unig, / O'r ffrwyth gwaharddedig oedd odiaeth ei *rus.* **18g.** I. BRYDYDD HIR: *Gw* 122, Er hyn y Bugail mewn *rhus* / Hyll, ydoedd lwyr drallodus. **1803** *P, Rhus*, s. m. . . . a recoil; a start from the effect of shyness. Ar lafar gynt yn Arfon yn yr ystyr '[m]ath o wallgofrwydd sydyn, byr ei barhad', *PKM* 104.

Cfn.: **heb rus(ion):** *with no hesitation, fearlessly; without hindrance. Dchr.* **15g.** *IGE*^{2} 167, A'i awen bresen *heb rus*, / A'i dri dadeni dawnus (Llywelyn ab y Moel). **1699** T. JONES: *TP* 45, Cymraf galon, âf yn wisgi, / Yn fy mlaen, *heb rus*, nac ofni. **1727** J. JONES: *DFF* 94, gochelyd yr Achwynion a'r Tystiolaethau, fydd raid i ni, os gwnânt yn amgen, eu rhoddi i mewn *heb Rus* heb Lysiant yn eu herbyn hwynt. *c.* **1729** S. RHYDDERCH: *LlCD* 355, Yn magu'r gwir Jôn, / Mor dirion *heb rusion* mewn Preseb. **1793** DAFYDD IONAWR: *CD* 73, Cyfoda, brysia *heb rus*, / A dos i Foriah dir. *id.* 235, Trywanent, briwent *heb rus*, / . . . y bechgyn bach.

rhus^{2}, 3 un. pres. myn. y f. *rhusiaf, rhusaf: rhus(i)o.*

rhusaf: rhuso, gw. **rhusiaf: rhusio.**

rhusaidd [*rhus*^{1} + *-aidd*] *a.* Petrusgar, swil: *hesitant, shy.*

1595 *Egl Ph* [vii], Py bei cyn howsed . . . dhwyn peth i berpheithrwydh, ac ydyw gan laweroedh bheio ar y peth a dharluniwyd yn dhiarab . . . ni by[s]e cymeint mor *rusaidh*, na chynibher mor anlhyfasus i gychwyn dechreuad. *c.* **1730** *Thos. Lloyd D* (LlGC) 198b, *Rhusaidd.* Backward. Cf. *SE MS* 427b, *Rhusaidd*, hesitating; shy.

rhusedig, rhusedd, gw. **rhusiedig, rhysedd.**

rhusgar [*rhus*^{1} + *-gar*] *a.* Aflonydd, gwinglyd; nerfus, swil: *restless, fidgety; nervous, shy.*

[**1783**] *W* d.g. *Shy.* **1803** *P, Rhusgar* . . . Apt to start; restive.

rhusiad [bôn y f. *rhusiaf, rhusaf: rhus(i)o* + *-iad*^{1}] *eg.* ll. *-au.* Symudiad sydyn neu naid fach (oherwydd dychryn), cyffroad; petrusiad: *a shy or start (from fright), agitation; hesitation.*

16g. *WLl* 106, Ni chuddiaist deliaist heb doliad— wrth neb / Erioed dy wyneb eryr Tanad / Err rroddi n ystic rrodd yn wastad / Nid oes awr eissiau na dwys *russiad.* **1803** *P, Rhusiad*, s. m.—pl. t. *au* . . . A beginning to move; a starting; a hesitation.

rhusiaf^{1}, **rhusaf: rhus(i)o** [?cf. H. Wydd. *roissid*, gl. *nutat*; gw. hefyd *petrusaf: petruso*] *bg.a.* Petruso, ofni, dychryn, teimlo neu beri panic, drysu, ffwndro, rhoddi naid sydyn (oherwydd dychryn), nogio (am geffyl); lluddio, llesteirio, cadw rhag, rhwystro, oedi, osgoi; anghefnogi; gwrthod, gomedd: *to hesitate, fear, be(come) frightened, panic, (cause to) be confused or flustered, start (from fright), shy, jib (of a horse); hinder, impede, deter, prevent, delay, avoid; discourage; refuse, deny.*

13g. *GDB* 390, Gnaꝺt seithgat o Eingyl yn syrthyaꝺ —ergyr / Ac eryr rysswyr heb eu *russyaꝺ.* **14g.** *WM* 4. 32–5, Dilesteir uyd dy hynt ac ny *russya* dim ragot yny delych ym kyuoeth i. **14g.** *GDG*^{3} 190, Pynciau afrwydd drwy'r flwyddyn / A roes Duw i *rusio* dyn. *c.* **1400** *Ked AA* 16, Amic . . . y gwr ny *russeis* i ollwng gwaet vy meibyon yr y garyat ef. *c.* **1400** *B* ii. 21, Na *russya* dreulyaw bychydic pan wypych ennill llawer arnaw. **15–16g.** *TA* 198, Duw ni roes, da ni *rusodd*, / Dorr na thrai ar d'aur na'th rodd. **1567** *TN* 360b, ny *rusiant* [:– ofnant] dirmugu y rrai sy mewn goruchel anrrydedd. *a.* **1587** *Y* 179, I ddwfr bâs i'th addaswyd, / *Rhisia* lynn, rhy isel wyd. **1588** *Barn* xviii. 9, na *russwch* fyned i ddyfod i mewn i orescyn y wlâd. **1630** R. LLWYD: *LlH* 308, Onid yw gwybodaeth or athrawiaeth hon yn peri i ddynion lwfrhau, a *rhuso* (*discourage*) ymgais a Duw? **1632** *D, Rhuso*, Resilire, retardari, remorari. **1688** *TJ, Rhuso*: to leap or skip back, to stand still as an ill qualified Horse will do in defiance of his Rider. **1703** E. WYNNE: *BC* 145, Pwy a *rusiei* odde 'i ferthyru am ei ffydd tros awr neu ddiwrnod . . . ped ystyriei fod ei Gym'dogion yma 'n diodde mewn awr fwy nac all ef odde ar y Ddaiar fyth? **1712** T. WILLIAMS: *CDdG* 56, fel os cyfyd rhyw gledi arnom na ddigalonnom na *rusom* yn ei[n] meddyliau fyth o'i phlegid [*we may not be soon staggered in our minds*]. **1717** IACO AB DEWI: *MN* 137, ymryddhâu ac ymddad-ddrysu o 'r Pwyseu a'r Rhwystrau hynny ag sy'n fy llyffetheirio ac yn fy *rhuso* yn fy Ngyrfa Ysbrydol. **1789** *BDG* 505, Ac ucho a'i phig awchus, / Bronfraith aur araith ni *rus*, / Yn canu 'n diddanu dyn, / Jaith addwymp, yn ei thyddyn. **1795** *R. Crusoe* 99, yr arth a *rusodd* beth i arogleuo'r gwn. **1803** *P, Rhusaw* . . . to start with fear; to hesitate; to be shy. Ar lafar, '*rhisio*' 'to frighten, take fright . . . (of horses)', *WVBD* 464; 'Buwch wedi *rhisio*' 'am fuwch wedi dychryn a chynddeiriogi', *B* xiv. 294 (Meir.); '*rhusio*' 'gwylltio', *Cymru* xlvii. [195] (sir Ddinb). Clywir *rhuso* yn yr ystyr 'rhwystro', *TGG* (1904) 47 (?dwyrain sir Ddinb.).

Amr.: **rheisio** [?gwall print]. **1615** R. SMYTH: *GB* 157.

Gw. hefyd **rhysaf**^{2}, **rhysiaf**^{2}**: rhysu, rhysio.**

rhusiaf^{2}**: rhusio,** gw. **rhysiaf**^{1}**: rhysio.**

rhusiant [bôn y f. *rhusiaf*^{1}, *rhusaf: rhus(i)o* + *-iant*] *eg.* Petrusiad, nerfusrwydd, dychryn, naid fach (oherwydd dychryn), gwrthnaid; rhwystr, rhwystredigaeth: *hesitation, nervousness, fright, start (from fright), recoil; obstacle, frustration.*

14g. *GDG*^{3} 130, Py *rusiant*, py ddireidi, / Py fethiant, fa fynnant fi? / Py ddrwg i riain feinael / Yng nghoed tywylldew fy nghael? *c.* **1400** *R* 1050. 27, mochdaꝺ rỏng saesson *russyant* ymdrychu. *id.* 1281. 38–9, clyꝺ cut maꝺr *russyant* am ior iessin. **1603** W. MIDLETON: *Ps* 139, Dyfroedd ath welsant di-frys, / Ag ofnasant *ryssiant* rus. **1632** *D*, Rhûs, Resultus . . . *Rhusiant.* Idem. **18g.** IOAN SIENCYN: *Gw* 301, Gael ein gwisgo, a Gogoniant: / Mewn bywyd didrangc, byth heb *rusiant* i Deyrnasu. **1803** *P, Rhusiant*, s. m. . . . A starting; hesitation.

rhusiedig [bôn y f. *rhusiaf*^{1}, *rhusaf: rhus(i)o* + *-iedig*] *a.* Petrusgar, nerfus, ofnus, dychrynedig; manylaidd, manwl gywir: *hesitant, nervous, fearful, frightened; scrupulous.*

14g. *GDG*^{3} 62, Rhys Meigen, gwden dan gedyrn —goedwydd / Fydd dy ddihenydd, hynaif erddyrn; / *Rhusiedig* a dig y dyrn—dy ddannedd, / Rhyfedd mehinwledd, wydnwedd wadnwyrn. **1604–7** *TW* (*Pen* 228), *rhusiedic* d.g. *Fugax.* **1632** *D* d.g. *Fugitivus.* **1701** E. WYNNE: *RBS* 14, Gwneler yr hôll bethau hyn yn rhesymol ac yn gymhedrol nid yn *rhusiedic* (*not with scruple*) ac yn drallodus. *id.* 65–6, Gosod i ti Reol safadwy . . . ac er y gall bôd yn anghymmwys i ti gerdded yn rhŷ *rusiedic* wrth y llinyn (*to observe scrupulously*) bob amser rhag maglu dy Gydwybod. *id.* 217–18, Sefydlu ac [*sic*] siccrhau eneidieu *rhusiedic*, gwibiog, ac anwadal (*scrupulous, wavering and inconstant spirits*). *c.* **1730** *Thos. Lloyd D* (LlGC) 204a, *Rhusiedig* . . . Restive . . . Scrupulous.

Amr.: **rhusedig.** **1803** *P.*

rhusiog, rhusog [*rhus*^{1} + *-(i)og*] *a.* Rhuslyd (am geffyl, &c.), gwinglyd, nerfus: *skittish (of a horse, &c.), fidgety, nervous.*

1604–7 *TW* (*Pen* 228), *rhusioc* d.g. *Equus* . . . *pauidus.* **1685** G. GRIFFITH: *GA* 168, Tebyg i ŵr yn marchogaeth ar geffyl *rhusiog*, gwingog, ar bób tro mewn perigl o'i gwympo yn ddisymmwth ddiarwybod. *c.* **1730** *Thos. Lloyd D* (LlGC) 204a, *Rhusiog.* Restive. [**1783**] *W, Rhusog* d.g. *Restiff.* **1803** *P, Rhusawg* . . . Starting.

rhuslyd [*rhus*^{1} + *-lyd*] *a.* Tueddol i rusio (am geffyl, &c.), gwinglyd, tueddol i banicio, nerfus, dychrynedig, ofnus: *skittish (of a horse, &c.), fidgety, panicky, nervous, startled, fearful.*

[1783] *W* d.g. *Restiff*. Cf. *PKM* 104, dyn *rhislyd* yw dyn â golwg gwyllt dychrynedig arno.

rhusog, gw. rhusiog.

rhusol [*rhus*[1]+*-ol*] *a.* Petrusgar, brawychedig; ?brawychus: *hesitant, startled; ?frightful.*
17g. E. MORRIS: *B* 42–3, Meddwdod, gormod a'i gŵyr, / A roes anaf ar synwyr; / . . . / Pylu'r côf trwy annghof trwm, / Bydd *rusol* boddi rheswm. **1803** *P, Rhusawl* . . . Starting; hesitating.

rhustog [nid yw'r ystyr yn *GRCG* isod yn eglur, a dichon mai dyfaliad ar sail tebygrwydd sain yw cynnig *TR*] *eg.* ?Gair difr. am berson: *derog. term for a person.*
1547 *WS, Rustoc.* **16g.** *GRCG* 41, *Rhustog* cul yn rhostio caws, / Curo cowgie mewn cegin. **1632** *D, Rhustog.* q. **1753** *TR, Rhustog*, ?Q. wh. the same as Rhestog, a mat.

rhuswr[1] [bôn y f. *rhusiaf*[1], *rhusaf*: *rhus(i)o* +*-wr*] *eg.* ll. *-wyr.* Anifail rhuslyd: *skittish animal.*
1803 *P, Rhuswr* . . . A starter.

rhuswr[2], **rhut, rhuthm, rhuthmig,** gw. rhyswr, rhud, rhythm, rhythmig.

rhuthr [Gwydd. C. *rúathar* 'rhuthr, ymosodiad': < Clt. **rou-tro-*, o'r gwr. IE. **reu-* 'rhuthro', cf. Llad. *ruō* 'rhuthro', Gr. *ὄρνυμι* 'cyffroi, cynhyrfu', Sans. *árvant-* 'yn rhedeg ymlaen'] *eg.b.* ll. *-au.*

(*a*) Symudiad cyflym ymlaen (yn enw. er mwyn ymosod), ymosodiad (sydyn), cyrch, goresgyniad; gwth (o wynt), chwythwm; llifeiriant gwyllt (y môr, &c.): *rush, (sudden) attack, assault, invasion; gust (of wind), squall; torrent.*
Dchr. **12g.** *GMB* 30, *Ruthur* vthir avel rynaut uvel ryvel vebin. **12–13g.** *GLlLl* 53, Duc eil *ruthyr*, troch aruthyr trachwres, / Tir Lleyn yr llithyaỽ branhes. **13g.** *C* 60. 2–4, Ami discoganaue. kad coed lluiuein. a geloraur rution rac *ruthir* Owein. **13g.** *A* 1. 16–17, *ruthyr* eryr en ebyr pan llithywyt. **13g.** *GBF* 73, *Ruthyr* rynn ny geis rann o uot. **13g.** *BD* 99–100, ny orffwyssvs Eidol o'r *ruthyr* hvnnv yny ladavd deg wyr a thrugeint o'r Saesson. *c.* **1400** *RB* ii. 190, Ac ny orffoỽyssaỽd ar vn *ruthur* honno hyt pan ladaỽd a chaletfỽlch ehun. *c.* **1400** *R* 1309. 5, *Ruthyr* milỽryeid vreisc maỽrweisc morwynt. **15g.** *Haf* 2, 101b, Wuynt [*sic*] a erbynnyant eno *ruthreu* a kyrcheu e gelynyon. **15g.** *GDLl* 158, A dod Rys i'r deau draw, / Yn un *rhuthr* i'w anrheithiaw. **1567** *LlGG* 84a, val y galloch sefyll yn erbyn oll *ruthrae* diavol. **1588** 2 *Esd* xiii. 28, drwy ei *ruthr* efe a ddifethodd yr holl lu a ddaeth i ymladd ag ef. **1632** *D, Rhuthr*, Impetus, insultus. *c.* **1646** *RWM* ii. 595, rhwyf o wynt a *rhüthreü* o law. **1688** *TJ, Rhuthr*: an assault or leaping upon. **1798** W. RICHARDS: *CC* 12, y gwrol a doeth fesurau a gymmerasai ef yn erbyn y Ffrancod yn eu *rhuthur* diweddar. **1803** *P* d.g. *Rhuthyr.*

(*b*) Ysbaid, cyfnod, talm, peth amser, amser maith; ychydig bellter (i ffwrdd): *space (of time), period, while, some time, a long time; some distance (away), some way off.*
14g. *WM* 152. 7–8, Ac ympen *ruthur* y ỽrthaỽ ef awelei arỽyd kyfanhed. *id.* 251. 18–21, ac adaỽ y march ar dillat gyr y laỽ a chilyaỽ a mynet *ruthyr* y ỽrthaỽ ac ymgudyaỽ. *c.* **1400** [*RB*] *WM* 214. 33–5, Sef ygỽelynt *ruthur* y ỽrthunt pebyll brychuelyn mwyhaf or awelas neb. *c.* **1400** *RB* ii. 240, gỽedy treulaỽ *ruthur* o amser. Marỽ uu eu tadeu ynynys prydein. *c.* **1400** *YSG* i. 66, gwedy kyscu *ruthur* ohonaw, hi a'e deffroes. *id.* 83, gwedy eu bot *ruthur* o'r nos yn gwylyaw velly, wynt a gysgassant. *id.* 105, gwedy ymdidan *ruthur* ohonunt, Bwrt a gychwynnawd ymeith odyno. *id.* 109, a gwedy edrych *ruthur* arnaw, ef a adnabu panyw Peredur oed. **1707** *AB* 238c, *Ruthur*, A good space or distance. **18–19g.** *Llr* C 2, 298, *rhuthyr* o dywydd sych, o law, a season of drought, of rain, &c. plur. *rhuthyrau.* **1803** *P, Rhuthyr* . . . a stretch; a good while.
Cfn.: **ar ruthr (gwyllt):** *in (great) haste, at full pelt, headlong, rashly, impetuously.* **14g.** *GDG*[3] 140, Deuwell y gwarandawud / . . . / Dyn a ddywetai o dwyll, / *Ar* ei *ruthr*, air o athrod, / . . . no deg o glod. **1588** 1 *Mac* vi. 33, [d]ygodd y llu *ar ruthr* i'r ffordd tua Bethzacaran. **1783** P. WILLIAMS: *FfA* 49, yn myned *ar ruthr* tua dinystr. **ar ruthrau:** *by fits and starts, in snatches; in spasms.* **1773** *W* d.g. *Fit, By fits.* Clywir '*acha ruthyra*' ym Morg. wrth sôn am boen, 'Ma'r pôn yn dod *acha ruthyra*'.

rhuthrad, gw. rhuthriad.

rhuthradwy, rhuthriadwy [bôn y f. *rhuthraf*: *rhuthro*+*-(i)adwy*] *a.bfl.* Yn rhuthro, rhuthrol, ymosodol: *rushing, aggressive.*
1650 *B* xxii. 146, Am hyny'r Baedd rhagddoedig yma, ag efynte'n chwanog i ryfel . . . a ddaw fel corwynt aruthgar, a'i hynt *rhuthradwy* ef a mestyn i gyrheuddyd hyd y fan honno. **1769** D. ROWLAND: *CG* 24, Felly fe a aeth ymaith oddi wrth Grist, yn ôl at ei feddiannau mawrion . . . Meddiannydd *rhuthradwy* diried ger bron yr Arglwydd yn ceisio gwyro 'r drefn ddwyfol.

rhuthraf: rhuthro [bf. o'r e. *rhuthr*; Gwydd. C. *rúatharaigid* 'y mae'n ymosod'] *bg.a.* Mynd, symud, neu weithredu ar frys (gwyllt), prysuro, brysio, cythru; gwneud cyrch (ar), ymosod (ar), goresgyn; llifo'n wyllt (am y môr, &c.), chwythu'n dymhestlog (am y gwynt): *to rush, hasten, hurry; rush (upon), charge, attack, assault, invade; rush (of sea, wind, &c.).*
12g. *GMB* 71, Rynn *ruthrei* doruoet oet rybaraỽd. **12g.** *GCBM* ii. 119, Pan *ruthrỽs* hil Run ar rutgrein —gwaewaỽr / . . . / Raclydaỽt a'e gletyf uch gwein. **13g.** *HGK* 9, megys yd amdiffynnvs Iudas Machabeus gulat er Israel y gan y brenhined paganyeit a'r kenedloed kyttervyn, a *ruthrei* en eu plith en venych. **13g.** *GBF* 440, Ef yn rỽth yn *ruthraỽ* Gỽener. **14g.** *BT* 54, val yr oed [Iorwerth] . . . yn dyuod y gaer einnyawn y*ruthrawd* madawc ef. *id.* 134, yn dirybud y*ruthrassant* y gyrchu y brodyr hynny. **14g.** *GDG*[3] 62, *Rhuthrud* wêr a mêr mawr esgyrn—cedawd, / Rhythgnawd cyn diawd, myn Cyndëyrn [dychan i Rys Meigen]. **1588** *Math* viii. 32, [y]r holl genfaint foch a *ruthrodd* tros y dibin i'r môr. *Dchr.* **17g.** *J* 10, 17b, *Rhuthro.* to invade . . . Impeto. Incurso, ingruo, ruo. **1632** *D, Rhuthro*, Impetum facere, irruere. **1632** J. DAVIES: *LlR* 60, y trueni a'r aflwydd a fydd yn barod i *ruthro* arno! **1688** S. HUGHES: *TSP* 124, A Christion a aeth rhagddo, ond yn wastadol â'i Gleddyf noeth yn ei law, rhag ofn i neb *rythro* arno. **1718** E. SAMUEL: *HDdD* (Gweddïau) 18, y mae [y byd] megys C[a]wr cadarn arfog yn cadw meddiant [o'm calon]. O Tydi sy'n gryfach, *rhuthra* arno Ef. **1776** I. BRYDYDD HIR: *P* i. 32, yr hwn sydd yn *rhuthro* rhagddo yn ddifeddwl, yn ddiystyr, ag yn ddiarswyd, iw ddestryw ei hun. **1803** *P, Rhuthraw* . . . To make an onset, to rush, to assault. Ar lafar, '*rhuthro*' 'to rush . . . to run in a menacing manner . . . e.g. of a bull or cow', *WVBD* 469; 'Paid o *ruthro*! Ma dicon o amsar', *GTN* 686; hefyd yn ardal Llan-non, Cered., yn yr ystyr 'rhuo, cadw sŵn', *B* xiv. 281. Cf. D. OWEN: *GT* 201, Mi gymra fy llw nad oes yma yr un dyn yn y plwy a chymin i neud a fi, ond fydda i byth yn *rhuthro* i ddim yn y byd.

rhuthrbas [*rhuthr*+*pas*[1]] *eg.* Asthma, caethdra; y pas: *asthma; whooping cough.*
1604–7 *TW* (*Pen* 228) d.g. *Asthma, pertussio.* **1725** *SR* d.g. *Chincough, Teine.* **1759** J. EVANS: *PF* 33, Y Pás, neu'r dubas, neu'r [*r*]*huthr-bâs.* **1771** *W* d.g. *Chin-cough.*

rhuthredd [*rhuthr*+*-edd*[1]] *eg.* Rhuthr, ymosodiad; ?ffyrnigrwydd: *rush, attack; ?ferocity.*
1803 *P, Rhuthrez*, s. m. . . . A state of rushing, assault, or attack.

rhuthrfa [*rhuthr*+*-fa, ma*] *eb.* ll. *-feydd.* Ymosodiad, cyrch: *attack, assault.*
1822.

rhuthrgyrch [*rhuthr*+*cyrch*[1]] *eg.b.* ll. *-oedd, -au.* Cyrch sydyn ac annisgwyl, ymosodiad, goresgyniad, hefyd yn *ffig.*: *sudden attack, raid, assault, invasion, also fig.*
1775 *W, rhuthr-gyrch* . . . i dîr neu wlâd gelyn d.g. *Incursion.* **1799** *TY* 126, Y 3ydd o Fawrth y daeth efe yn agos i Jaffe . . . fe 'i cymmerodd hi trwy *ruthrgyrch*, ar ol i'w ddrylliau wneuthur adwy yn ei mur. *id.* 191, Byddin Lloegr a gylchynodd ei brif Ddinas . . . ac a'i cymmerodd trwy *ruthr-gyrch.*

rhuthrgyrchaf: rhuthrgyrchu [bf. o'r e. *rhuthrgyrch*] *bg.* Ymosod yn sydyn (ar), goresgyn: *to attack suddenly, invade.*
1834.

rhuthrgyrchiad [*rhuthr*+*cyrchiad*] *eg.* ll. *-au.* Ymosodiad sydyn, cyrch: *sudden attack, assault.*
1805.

rhuthrgyrchol [*rhuthrgyrch*+*-ol*] *a.* Yn ymosod yn sydyn, goresgynnol: *attacking suddenly, invading.*
1842.

rhuthrhynt, gw. rhuthr+hynt[1].

rhuthriad, rhuthrad [bôn y f. *rhuthraf*: *rhuthro*+*-iad*[1], *-ad*[2]] *eg.* ll. *-au.* Y weithred o ruthro, rhuthr, ymosodiad sydyn, cyrch, goresgyniad; ffrwydrad: *rush(ing), sudden attack, assault, invasion; explosion.*
1611 R. SMYTH: *SG* [275], dydd yr arglwydd . . . yn rhwn [*sic*] y pasia'r Nefoedd drwy fawr drwst a *rhuthriad.* **1615** R. SMYTH: *GB* 97–8, yr avvyr sy 'n tynny at yr avvyr,'r tanat [*sic*] y tan, ag yn egnio i dder/chafu i fynu, ag am i fod yn gryfach ag yn rhagori y lleill mevvn grym a gallv, y mae 'n cyfnevvidio gan darddu allan i maes, trvvy 'r hvvn fodd, y mae y cyfryvv *ruthriad* aruthrol yn tyfu. **1706** T. JONES: *Alm* [35], Poland yn enwedig a dderbŷn . . . *Ruthrad* rhŷw elŷn Cieidd ir frenhiniaeth honno. *c.* **1730** *Thos. Lloyd D* (LlGC) 198b, *rhuthriad* . . . impetus. **1734** M. MAURICE: *BH* [92], fel nad yw efe yn awdwr pechod, na thrais na *rhuthriad* ar ewyllys y creadur. **1765** JM: *DDdC* 12, *rhuthriad* y gwaed trwy'r llestri. **1772** D. ROWLAND: *PP* 83, Na ddigaloned neb er *rhuthriadau* y gelyn. [**1783**] *W* d.g. *Rushing.* **1803** *P* d.g. *Rhuthrad, Rhuthriad.*

rhuthriadwy, gw. rhuthradwy.

rhuthrlaw [*rhuthr*+*glaw*] *eg.* Curlaw, glaw llifeiriol: *driving rain, torrential rain.*
1906.

rhuthrlif [*rhuthr*+*llif*[2]] *eg.* Llifeiriant, ffrydlif: *torrent, streaming flood.*
1818.

rhuthrnaid [*rhuthr*+*naid*[1]] *eb.* ll. *-neidiau.* Codiad neu safiad ar y coesau ôl a'r pawennau blaen yn yr awyr (am anifail, yn enw. mewn her.), naid ymosodol: *a ramp(ing) (of an animal, esp. in her.), attacking leap, pounce.*
1780 *W* d.g. *Ramp* [*a leap*; *&c.*]. **1803** *P, Rhuthrnaid*, s. f.—pl. *rhuthrneidiau* . . . A ramping leap.
Cfn.: *Her.* **ar ruthrnaid, ar y rh.:** *rampant (in her.).* **1780** *W, Ar y rhuthr-naid* d.g. *Rampant* [*in act to leap upon it's prey, as a lion erect in Heraldry*].

rhuthrog [*rhuthr*+*-og*; Gwydd. C. *rúatharach*] *a.* a hefyd gyda grym enwol. Rhuthrol, ymosodol; gwyllt, lloerig, ffyrnig, bygythiol; prysur iawn: *rushing, attacking; wild, maniacal, fierce, menacing; very busy.*
14g. *Cy* xvii. 147, Hyn Ny dylyir credu eu tystolaeth. Kaeth. Mut. Bydar. Ynuyt canhwynawl. Neu *ruthrawc.* **1687 (1715)** J. OWEN: *TB* 68–9, daeth yn ddisymmwth gorwynt *rhuthrog* yr hwn a'i chwythodd ef i fynu i'r awyr. **1716–18** *Llsgr R. Morris* 6, Y tarw du tylkiog y carw coch corniog / ar bwch gwunn *rhythrog* mawr afrowiog. **1799** DAFYDD IONAWR: *MB* 26, Felly 'r Dieifl, hyll Rawd aflan, / Yn ffyrnig a'u dig ar dân, / Yn heidiau chwyrn, ehedant, / Gyd â Gog *ruthrog* yr ant. **1803** *P, Rhuthrawg* . . . Apt to rush, apt to attack. Tarw *rhuthrawg*, a vicious bull. Ar lafar yn Arfon yn yr ystyr 'inclined to run at one in a menacing manner' 'tarw *rhuthrog*', *WVBD* 469.

rhuthrol [*rhuthr*+*-ol*] *a.* Yn rhuthro, yn cyrchu, ymosodol; ?byrbwyll: *rushing, assaulting, attacking, offensive; ?impulsive.*
1711 M. MAURICE: *YAD* 382, Tyniad ymaith mympwyol, *rhythrol*, ac anrhefnus oddiwrth Gymmundeb yr Eglwys. **1790** GW. MECHAIN: *Gw* i. 218, Sicrhâd ddir ein tir a'n tai, / Rhag gormesol *ruthrol* ryw; / Beth geisir, ddymunir mwy, / Yn rhaid dyn, onid rhad Duw? **1799** A. AB D. SION: *CR* 17, anhawdd tynnu llinyn rhwng rhyfel *rhythrol* a rhyfel amddiffynol. **1803** *P, Rhuthrawl* . . . Rushing, assaulting; offensive.

rhuthrwr [bôn y f. *rhuthraf*: *rhuthro*+*-wr*] *eg.* ll. *-wyr.* Un sy'n rhuthro, ymosodwr, picellwr, milwr sy'n ymladd â gwaywffon: *one who rushes, attacker, assailant, pikeman, spearman.*
14g. *BT* 138, grymus ymladwr y kaeryd kyffrowr ytoruoed a*ruthrwr* gelynolyon vydinoed. **16–17g.** **(1638)** *Pen* 151, 54, Aruthr yw'r byw *rüthrwr* bangc / Ail i nwyf Elain ifangc [Rhys Cain i ofyn march]. **17g.** *GST* i. 548 (amr.), *Rhuthrwr* gwledd anrheithiwr gwlad. **1725** *SR* d.g. *A pike man. c.* **1730** *Thos. Lloyd D* (LlGC) 205b, *Rhuthrwr.* A pike man, spearman. **1803** *P, Rhuthrwr*, s. m.—pl. *rhuthrwyr* . . . One who rushes forward; an assaulter.

rhuthrwyllt [*rhuthr*+*gwyllt*] *a.* Yn rhuthro'n wyllt neu'n fyrbwyll: *rushing wildly or rashly.*
1774 *W, Rhuthr-wyllt* . . . dueddiadau dynion d.g. *Headlong* . . . *the headlong inclinations of men.* **1791**

DAFYDD DDU: *A* 20, Y *rhuthrwyllt* gleddyfawr. **1803** *P*, *Rhuthrwyllt* . . . Rushingly wild.

rhuthrwynt [*rhuthr+gwynt*] *eg.* ll. *-oedd.* Gwynt rhuthrol, tymestl, corwynt, teiffŵn, hefyd yn *ffig.*: *rushing wind, tempest, gale, hurricane, typhoon, also fig.*

13g. *GBF* 471, Eiry, ya a rreϐ a *ruthyrwynt* gleϐ a glaϐ dinev. **1667** C. EDWARDS: *FfDd* 75, trawodd *rhuthrwynt* ystormus wrth ffenestr yr ystafell. **1795** *R. Crusoe* 25–6, wedi croesi 'r lein, *rhuthr-wynt* (*hurricane*) ofnadwy a'n gyrrodd ymhell.

rhuthrymgyrch [*rhuthr+ymgyrch*] *e?g.* Cyrch sydyn ac annisgwyl, ymosodiad: *sudden attack, raid, assault.*
1869.

rhuw, rhuwbi, gw. ruw, riwbi.

rhuwch[1], rhuch [*rhuwch* < *rhuch* (cf. *bu(w)ch*) < *roukka (cf. Gwydd. C. *rucht* 'côt' < *ruk-tu-): o'r gwr. IE. *ruk- 'brethyn', cf. H. Uchel Alm. *rocko* 'cogail'; nid oes sicrwydd mai'r un gair a welir yn y ddwy adran isod] *eg.b.* ll. *rhuchion*, (geir.) *rhuwchion.*

(*a*) Rhuddion, bran, eisin, hefyd yn *ffig.*; (geir.) gogr: *bran, husks, also fig.*; (*dict.*) *sieve.*

14–15g. *IGE*[2] 185, Ni châi Siôn, *ruchion* ei ryw, / Gofrwysg fudredd, ei gyfryw [Rhys Goch Eryri i ateb Siôn Cent]. *c.* **1400** *R* 1339. 25–7, Halaaϐc vorsgaϐc varsgal hudolyon: alaon *ruchyon* rech yspringal. **16g.** *LlS* 145–6, Rhŷc . . . Mae yntho ryw natur lleddfdra ac attegy ac am hynny y bydd trwm ar y ddwyfron y bara a wneler o hono oddieithyr gogrynny yn vanal [*sic*] y *rhuchion* a rhuddion allan o hano. *c.* **1588** *B* ii. 236, *rhuwch*, gwager, .i. gogr bras. *c.* **1600** *AP* 54, ai vol yn gyflawndrwm o vara rhyg meddaldew, a *ruchion* vara [*sic*] graeanllyd, a chic llwytsûr. **1604–7** *TW* (*Pen* 228), *rhuchion* d.g. *Furfur, Recrementum. Dchr.* **17g.** *J* 10, 17a, *Rhuwch.* × Brâs. *id.* 17b, *Rhuch.* s. *Rhuchion.* pl. Branne. **1632** *D*, *Rhuwch*, Idem quod 'Gogr' ait non nemo. Nos dicimus 'Gogr *rhuwch*', Incerniculum, cribrum ruderarium. [**1745**] W. ROBERTS: *FfM* 41, A pheth yw 'r fodrwy gwplysu? / Ond y ddafais ffola y Nghymru, / A wnaeth Gwrach pen gogr *rhuwch*, / Wrth rwymo Buwch mewn Beudy. **1753** *TR*, *Rhuchion*, bran, gurgeons. **1803** *P*, *Rhuç*, s. m. . . . a husk. *id. Rhuçion*, s. pl. . . . Husks, gurgions. *id. Rhuwç*, s. m. . . . Gogyr *rhuwç*, a ranging sieve, a bolter. Ar lafar yn sir Gaern., '*rhychion*, cymysgedd a geid o roi blawd llymru yn wlych mewn dŵr a llaeth enwyn', *Geir Geg* 64.

(*b*) Dilledyn (garw), clogyn, mantell, ?hefyd yn *ffig.*: (*rough*) *garment, cloak, mantle, ? also fig.*

13g. *LlI* 95, *Ruuch* (*ZCP* xx. 85, *ruc*) mab eyllt, lx; *ruuch* y wreyc, lx; *ruuch* tayauc neu y wreyc, dec ar ugeynt. ?**14g.** (**17g.**) *EWSP* 437–8, Y mynyd kyt atuo vch. / nyt eidigafaf y dwyn vym buch. / ys ygsawn gan rei vy *ruch.* **1730** *Leg Wall* 582, *Rhuwch*, Gausape. Ab A. S. Ruh. Inde nostrum Rug. **1753** *TR*, *Rhuwch.* K[yfraith] H[ywel Dda] A rough-friez'd mantle or garment, a rug. **1803** *P*, *Rhuç*, s. m. . . . A coat. *id. Rhuwç*, s. m.—pl. t. *ion* . . . An exterior coat, a rug; a rough garment.

Gw. hefyd **rhuchen.**

rhuwch[2] [*rhu+-wch*[1]] *e?g.* Rhu: *roar.*
16–17g. *RAGR* 333, kewch glowed *rhuwch* ryfeloedd / rhwng kenedl a thernasoedd.

rhuwchen, gw. rhuchen.

rhuwel, rhuwl, rhuwliad[1,2], gw. rhywel, riwl, riwliad[1,2].

rhuwliaf; rhuwlio, rhuwliwr, rhuwolus, rhuwolwr, gw. riwliaf: riwlio, riwliwr, rheolus, rheolwr.

rhüwr [bôn y f. *rhuaf*: *rhuo+-wr*] *eg.* ll. *rhuwyr.* Un sy'n rhuo, bytheiriwr, hefyd yn *ffig.*: *roarer, bellower, also fig.*

1592 S. D. RHYS: *Inst* 56, tabhod *rhuwr.* **1600–30** *GDG*[3] 63 (amr.), coeg *ruwr* bas torrwr tai. **1650** *B* xxii. 140, Cenawon y *rhuwr* a ddephron, nhwy amadawan a'r coedydd ag a ymlidian o fewn caere'r dinasoedd. Cenawon y *rhuwr* y maefo'n galw meibion y Brenhin Henri, yn ol traws gymeriad a phriodoldeb y llew. *c.* **1730** *Thos. Lloyd D* (LlGC) 198b, *Rhûwr.* A roarer. **1738** *W Ballads* 119, 7, pe Cae ffidil Newydd hefyd mae'n *rhywr* reiol, / Yn well nai feîol I enill I a [*sic*] fowyd. **1803** *P.* Ar lafar yn yr ymad. '*rüwr* tarw' 'a rattle', *GTN* 690. Cf. TALHAIARN: *Gw* i. 164, *Rhuwr* oer i'r rhew a'r eira / Yw Ionawr grin, blin ei bla.

rhwb, rwb [bnth. S. *rub* 'a rubbing; impediment'] *eg.* ll. *rybiau.* Rhwbiad, rhathiad; rhwystr, atalfa, ataliad; cwymp (cerrig, &c.): *rub, a rubbing, chafing; hindrance, obstacle, obstruction, impediment; fall* (*of rocks, &c.*).

17g. *LlGC* 13215, 346, *Rhwb*, Rhathu. **1658** R. VAUGHAN: *PS* 436, Y mae yn ymddiffyn, yn erbyn beio yn fawr ar wendyd eraill (tramgwydd mawr) a thybied yn rhydda o honot dy hun (*Rwb* mawr) yn y fford ir nefoedd. [**1783**] *W*, *rhwb* d.g. *Rub* [*a stroke of friction*]. **1803** *P*, *Rhwb*, s. m. . . . A rub; a chafe. Ar lafar, '*rwb*, s.m., pl. *rybia*' 'a fall in a quarry', *WVBD* 455; '*Rwb.*—Rhediad, neu lithriad sydyn o ddŵr, pridd[,] cerrig neu rywbeth all lithro', *Cymru* lxii. 73 (Meir.). Clywir '*rwb* mawr' yn ardaloedd y chwareli llechi yn yr ystyr 'tomen fawr mewn chwarel, yn llechfaen neu faw'.

rhwbad, rhwbel, rhwbela, rhwbelach, rhwber, rhwbi, gw. rhwbiad, rwbel, rybela, rwbelach, rwber, riwbi.

rhwbiad, rhwbad [bôn y f. *rhwbiaf*: *rhwbio+-iad*[1], *-ad*] *eg.b.* ll. *-au.* Y weithred o rwbio, ffrithiant; gratiad (e.e. o nytmeg): *a rubbing, friction; a grating* (*e.g. of nutmeg*).

c. **1730** *Thos. Lloyd D* (LlGC) 198b, *Rhwbiad* rhybraff. HE. 88. **1773** *W* d.g. *Frication.* **1803** *P*, *Rhwbiad*, s. m.—pl. t. *au* . . . A rubbing; a friction. Ar lafar, 'Ma isie roi *rwbad* dda 'da'r clwtyn i gal y marcie 'na bant' (de-ddwyrain sir Gaerf.).
Amr.: **rhybiad. 1823.**

rhwbiaf, rwb(i)af: r(h)wbio, rwbo [bnth. S. (*to*) *rub*] *bg.a.* Symud (rhywbeth) dros (arwyneb) dan beri ffrithiant, glanhau, caboli, dinoethi, &c., drwy rwbio, taenu neu beri amsugno (eli, polish, &c.) drwy rwbio, symud yn erbyn ei gilydd dan beri ffrithiant, symud a gwasgu rhwng dau arwyneb, rhwto, rhuglo, rhathu, gratio; ysgrafellu (ceffyl); hefyd yn *ffig.*: *to rub, chafe, abrade, grate; rub down* (*a horse*); *also fig.*

16g. *GIlIV* 24, I droi ai noethi draw a wnaethon / Etto yr Iessu a watwarasson / . . . / I gripio gwyro geirwon—ewinedd / A rhai ai byssedd ai *rhwbiasson.* **1527** *B* ii. 225, j *hrwbio* wynt [breichiau] ai dwylo, er gwnneuthur ir gwayd redec yn ebrwyddach. **1545** *CM* 1, 328, kymer . . . ddwr . . . a bwrw ynntho lwyaid o bowdwr kannel a *hrwbia* wynt [amrannau] yn ffest ar [*sic*] dwr. **1547** *WS*, Ruglaw *rhwbiaw* Rubbe. *id.* tr[w]sio ne *r*[*w*]*bio* march. Curry a horse. **16g.** *LlS* 18, Y rhyw arall sy a dail eiddilach iddo a blodæ bychain, teneon, gwynion ac aroglæ trwm. A phan *rwbier* ei dail wy vn arogl vyddan a Sampsuchus. **1588** *Tob* xi. 12, Ac wedi iw lygaid ddechreu merwîno, efe ai dwys *rwbbiodd* hwynt. **1588** *Luc* vi. 1, [t]ynnu o'r discyblion y tywys a'i vwyta wedi eu *rhwbio* â'i [*sic*] dwylo. **1615** R. SMYTH: *GB* 202, y pages a'r gvveision truain sy'n sigo i coesau yn rhedeg ag yn torri i brauchiau yn *rhvvbio* (*espousseter*) yn dadddiblo yn brvvssio a thrymio i meistred. **1681** S. HUGHES: *AC* 34, Weithie fe fydde fel Ostler yn fy stabal, yn trîn ac yn *rhwbio* fy ngheffyl. **1759** *BC* 221, Golch yn llwyr fy nhraed a'm daupenn, / Yn Nwr Bywiol yr Jorddonen, / . . . / Neu *Rwbbia* fi yn lân ar Napcin, / A fu gan Baul, ynghylch ei gorphyn. **1759** J. EVANS: *PF* 57, *Rhwbiwch* y llê a thriegl twymyn. **1790** T. JONES: *TOS* 331, 'rwy 'n ei *rhwbio* [y galon] a'i gwresogi drwy arfer dy ordinhadeu. **1803** *P.* Ar lafar, '*Rwbia*'r polish 'na mewn reit dda' (Arfon); 'Ma'r 'sgitsie 'ma'n dal i *rwbo*'n drad i' (de-ddwyrain sir Gaerf.).
Amr.: **r(h)wbian.** *c.* **1762–79** W. WILLIAMS: *P* 277. **1799** M. WILLIAMS: *HHG* 35.
Cfn.: **r(h)wbio yn:** *to make up to, curry favour with; associate with.* Ar lafar, ''Roedd o'n *rwbio*'n arw *yn* y mawrion' (Arfon). Cf. **1885** D. OWEN: *RL* 385, Buasai raid i fy nghroen fod càn dewed a chroen yr hippopotamus i mi beidio derbyn llês wrth *rwbio yn* y rhai oeddynt yn rhagorach bechgyn na mi ymhob ystyr.

rhwbian, gw. rhwbiaf: rhwbio.

rhwbiedig [bôn y f. *rhwbiaf*: *rhwbio+-iedig*] *a.bfl.* Wedi ei rwbio, yn rhwbio: *rubbed, rubbing* (*adj.*).
[**1783**] *W* d.g. *Rubbed.*

rhwbiedydd [bôn y f. *rhwbiaf*: *rhwbio+-iedydd*] *eg.* (b. *-es*). Rwber (at ddileu ysgrifen, &c.), rhwbiwr; brwsh sgwrio; un sy'n rhwbio, tylinwr (corff): (*India*) *rubber, eraser; scrubbing-brush; one who rubs, masseur.*
[**1783**] *W* d.g. *Rubber* [*one that rubs*], *A scrubbing brush.*
Cfn.: **rhwbiedydd Indiaidd:** (*India*) *rubber.* **1822.**

rhwbiwr [bôn y f. *rhwbiaf*: *rhwbio+-iwr*] *eg.* ll. *rhwbwyr.* Person neu beth sy'n rhwbio, tylinwr (corff); rwber (at ddileu ysgrifen, &c.): *person who, or thing which, rubs, masseur;* (*India*) *rubber, eraser.*
[**1783**] *W* d.g. *Rubber* [*one that rubs*]. **1803** *P*, *Rhwbiwr*, s. m.—pl. *rhwbiwyr* [*sic*] . . . One who rubs.

rhwbyr, gw. rwber.

rhwchiaf, rhwchialaf: rhwchio, rhwchial(a), rhwchian [cf. *rhochiaf*: *rhochian*] *bg.* Rhochian, snwffian, chwyrnu: *to grunt, snort, snore.*
1803 *P* d.g. *Rhwçiaw, Rhwçiala.* Ar lafar yn Arfon yn y ff. *rhwchian*, *rhwchio*, 'Paid â *rhwchian* fel mochyn'. Cf. D. OWEN: *EH* 17, Ni wnaeth Enoc ond *rhwchian* yn gysgadlyd.

rhwchws [gair geir. yn wr.] *eg. Pysg.* Cath fôr, morcath: *skate or ray* (*fish*).
Dchr. **17g.** *J* 10, 19b, *Rhwchws.* × Morcath. **17g.** *LlGC* 13215, 346, *Rhwchws*, Raia. **1707** *AB* 220a, *Rhwchws*, A ray or skate. S. [**1783**] *W* d.g. *Scate* [*a fish so called*]. **1803** *P.*

rhwd[1] [?cf. yr e. lle Crn. *Polroad* (1086 *Polrode*), H. Lyd. *rod*, gl. *eruginem*, ?a'r e. lle Brth. *Rutupiæ*] *eg.b.* ll. (?geir.) *rhydau.*

(*a*) Haen ruddgoch o ocsid sy'n ymffurfio ar haearn a dur yn sgil ocsidiad, cyrydiad, cancr; aflendid, baw, llaid, gwaddod; hefyd yn *ffig.*: *rust, corrosion, canker; filth, dirt, mud, sediment; also fig.*

14g. *GDG*[3] 62, Rhugn sugn soeg gogoeg gegyrn—rhwth rwymfol, / Rhyfol *rhwd* heol, nid rhyw tëyrn [dychan i Rys Meigen]. *id.* 377, Coethaf cledren adaf wyd; / Collaist *rwd*, callestr ydwyd [i gleddyf]. *c.* **1400** *R* 1330. 10–11, efo an prynawd nawd not. o uffern rew vigynwern *rwt.* *id.* 1342. 28, *rŵt* gyrrith raϐt ogorreit. *c.* **1400** (*SG*) *HMSS* i. 205, dwfyr twym idaw y olchi y *rwt* ar chwys y ar y dwylaw. ?**15g.** *B* i. 303–4, Gwyar Eingl a gwŷr Englont / Yn ffrydiau am bennau'r bont; / Rhydu o bob tu y bydd / Ar hyd Tems, fal *rhwd* tomydd. **15g.** *ID* 86, gloew oedd gynt gelwydd y gwr / ef aeth *Rwd* ar vy ethrodwr. **1547** *WS*, *Rwd* ne rydni Rust. **16g.** *GGH* 313, Cwrtiwr afon cartrefig, / Cyrhaeddai bysg rhwydd â'i big; / . . . / Gwybu'n wysg ei ben ysgafn / Gweled *rhwd* gwaelod yr hafn [i ofyn dau alarch]. **1551** W. SALESBURY: *KLl* xvib, Na chlescwch tresor ywch ar y ddayar lle y llycra can *rwt* a phryf . . . Eithyr clescwch drysor ywch yn y neuoedd, lle ny lygra *rhwd* na phryf. **1632** *D*, *Rhŵd*, Rubigo, ferrugo, situs. **1632** J. DAVIES: *LlR* 299, o herwydd hynny y cyffelybir ef [cystudd] i lifddur, yn tynnu y *rhŵd* oddiar yr enaid. **1672** R. PRICHARD: *Gw* 249, O na ddere ditheu 'n farnllyd, / Yn dy *rŵd* a'th bechod drewllyd. **1672** J. LANGFORD: *HDdD* 49, y mae 'r elw a[n]ghyfreithlon hwn yn prifio i fôd yn gyfryw *Rŵd* (*canker*) yn ei golud hwynt, ac sydd lawer gwaith yn difa 'r peth yr oedd ganddynt hawl gyfiawn iddo. **1753** *TR*, *Rhŵd*, rust, rustiness of iron. **1762** *ML* ii. 508, n[i]d oes neb o'r hen genedl Gamberaig yn ymroi i dynny ymaith y *rhwd* sydd dros ein hynafiaeth. **1803** *P*, *Rhwd*, s. m. . . . *rhwd* lliv, the crust or sediment left by a flood; *rhwd* tomyz, the draining of dunghills. Ar lafar yn gyff., *WVBD* 466, *GTN* 697. Cf. D. OWEN: *RL* 385, Mae yn werth i fachgen fyned i'r coleg, os gall sut yn y byd, i gael gwybod gymaint sydd i'w wybod, ac i dynu y *rhŵd*, ac i ysgwyd ymaith y llwch a gasglodd yn ei gartref.

(*b*) Y gawod goch, malltod, penddu: *rust* (*fungal plant disease*), *blight, blast, smut.*
1753 *TR*, *Rhŵd* . . . blasting of corn. **1770** *W* d.g. *Blast, in corn, or trees.* **1800** W. OWEN[-PUGHE]: *CP* 71, Cynghored amryw olchion i lanâu ŷd oddiwrth *rwd* (*smut*). **1803** *P*, *Rhwd* . . . the smut in corn.

(*c*) Tawch: *haze.*
c. **1600** *IGE* 218, Fy sâl yw cael dyfalu / Niwlach llwyd, ni wlych llu; / Rhyw darth cylch Cegin Arthur, / *Rhwd* ar bob cwmwd y cur. Ar lafar, '*rhwd* y sychdwr', *WVBD* 466–7. Cf. I. WILLIAMS: *ELl* 46, Galwn y niwl a'r tywyllwch a ddaw o'r dwyrain yn fwrllwch, a hefyd *rhwd* y dwyrain.
Cfn.: **rhwd ac aur:** *a kind of apple, golden russet.* **18–19g.** *Llr* C 33, 268, *Rhwd ag aur*, golden Russet. **rhwd gwyrdd:** *verdigris.* **1801** *MMf* 91, 134. **rhwd haearn:** *iron-rust, iron-mould.* **1604–7** *TW* (*Pen* 228) d.g. *Ferrugo.* **1803** *P*, Rhwd . . . *rhwd haiarn*, iron mould. Ar lafar, '*rhwd haearn*' 'iron mould on linen', *WVBD* 466–7.

rhwd[2] [bnth. S. *rood*] *eg.b.* ll. *rhydau.* Mesur tir yn amrywio rhwng pum llath a hanner ac wyth llath, perc; mesur arwyneb tir sy'n cyfateb i chwarter acer: *land measure varying from five and a half to eight yards, rod, pole, perch; rood (unit of square measure of land equal to a quarter of an acre)*.

1547 *WS*, *Rwd* mesur A rodde. 16g. *Pen* 181, 395, *Rwt* odir. 16–17g. *GST* i. 351, Cyrchais i'w blas cwmpaswaith, / Cefnamwlch, difwlch fu'r daith. / Bwrw rhoddion, brau y rhoddai, / Byr o *rwd* y bwriai rai. 1703 E. Wynne: *BC* 47, Ond cyn i ni fynd *rŵd* ymlaen tu a'r Gorllewin, mi glywn si oddi fynu ymysc y Pennaethiaid. 1716–18 *Llsgr R. Morris* 50, ar gâth a neidie ddeugain *rhŵd*. 1747 *ML* i. 109, *Rhwd* and pawl are very bad words and nowhere used. *Rhwd* is a running measure in Anglesey, but no square measure. 1762 *id.* ii. 453, Daccw fi wedi gorphen fy nghlawdd newydd . . . 44 o *rydau* yw hyd . . . chwe'cheiniog y *rhwd* a gostiodd eu [*sic*] wneuthur. 1768 J. Roberts: *R* 121, Am waith Seirri Cerrig. Mae amryw fath ar fesur y gwaith hwn; Rhai wrth y *Rhwd*; sef 7 Lathen o hyd, a 3 Troedfedd o uchder . . . Mewn mannau, Cyfrifir 8 Lathen yn *Rhwd*. *id.* 130, 22 Llath, neu 4 *Rhwd*. 1795 J. Thomas: *AIC* 218, 1 palaid neu 8 llathen 1 *Rhŵd*. 1796 J. Roberts: *R* 17, 4 *Rhwd* a wna Acr. Ar lafar yn y Gogledd, '*rhwd*, s.m., pl. *rhyda*' 'eight yards', 'yn lluchio i ffwr' am *ryda*', *WVBD* 467; '*rhwd* . . . wyth llath. Telid am godi wal gerrig yn ôl y *rhwd*', *B* xxiv. 180 (Môn); '*rhwd*, wyth lath', *id.* iii. 207 (Penllyn).

Cfn.: **rhwd sgwâr**: *rood (unit of square measure of land equal to 64 square yards)*. 1896 *Arch Camb* xiii. (1896) 10, the squared rod of 24 feet, or 64 yards sq. [*sic*] In Wales the measure of 64 yards square [*sic*] is called . . . y *rhwd sgwar*, while in neighbouring parts of England it is called 'the Welsh rood', 'the square rood', or 'the digging rood'.

rhwden, gw. **tarwden.**

rhwdlaf, rhwdliaf: rhwdl(i)an, rhwdlio, gw. **rwdlaf: rwdlan.**

rhwdog [gair geir., sef *rhwd*^{1}+*-og*] *eg.* a hefyd fel *a. Adar.* Aderyn y to, *Passer*; llwyd y gwrych, *Prunella modularis*; robin goch, *Erithacus rubecula*; coch, o liw rhwd: *sparrow; hedge sparrow, dunnock; robin (redbreast); red, rust-coloured.*

1604–7 *TW* (*Pen* 228), ederyn: *Rwtoc* d.g. *passer* . . . *Troglodites.* 17g. *LlGC* 13215, 346, *Rhwdog*, Passer. 1707 *AB* 220a, *Rhwdog*, A sparrow. [S.]. An fortè mendosè pro Rhydhog, A robin-redbreast? [1783] *W*, rhobin *rhwdog* d.g. *Red-breast.* 1803 *P*, *Rhwdawg* . . . rusty, of a rusty colour. Y *rhwdawg*, the redbreast.

Gw. hefyd **rhuddog, rhydog.**

rhwfun, gw. **rhywun.**

rhẁff^{1,2,3}, **rhwffaf: rhwffo,** gw. **rẁff**^{1,2,3}, **rwffaf**^{3}: **rwffo.**

rhwfflaf, rhwffliaf: rhwffl(i)o [bnth. S. (*to*) *ruffle*] *bg.* Torsythu, swagro, dangos ei hun: *to swank, swagger, show off.*

1630 R. Llwyd: *LlH* 61, boneddigion o'u gwneuthuriad eu hunain, â [*sic*] *rwffliant* (*will ruffle it*), ac â [*sic*] swaggriant yn eu dillad megis Cowntesau. 1692 *DCR* 271, mewn llan ag mewn machnad [*sic*] bydd gwraig yr offeiriad / yn ei brâf drwsiad yn rhodio / ag aur ar ei dwyfron a ffrains dan ei chynffon / vwch gwragedd boneddigion yn *rhwfflo.*

rhẁg, gw. **rẁg.**

rhwgfil, *eg.* Gair difr. am berson: *derog. term for a person.*

1853. Ar lafar ym Mrych., '*rhwgfil*', 'yr hen *rwgfil* cas', *Cymru* xxxix. 95.

rhwgn, rhwgnaf: rhwgno, gw. **rhygn, rhygnaf: rhygnu.**

rhwng, yrhwng [ynglŷn â'r trdd. gw. *WG* 405, *Études* xx. 230–1; ansicr yw'r ff. H. Gym. *igridu*, gw. *CMCS* vii. 104–5] *ardd. rhed.* (gyda'r ff. prs. *rhyngof, rhyngot, rhyngddo, rhyngddi, rhyngom, rhyngoch, rhyngddynt*; am ff. rhed. eraill, gw. yr *Amr.* isod) a hefyd fel *eg.*

1. (*a*) (Yn dynodi lleoliad neu safle mewn perthynas â phwynt(iau) ar y naill ochr a'r llall (hefyd ar raddfa, mewn cyfres, &c.), yn dynodi'r cyfwng sy'n ymestyn o un pwynt i bwynt arall, hefyd yn *ffig.*): *between (of place, on a scale, in a series, &c., also fig).*

12g. *GMB* 336, Lleha vi, Dovyd huenyd hyn, / . . . / *Y rỽng* dy dwylaỽ rac dy deulin. 12g. *GLlF* 12, Teir allaỽr gwyrthuaỽr gwyrtheu glywed—ysyt / *Rỽg* mor a gorwyt a gỽrt lanwed. 13g. *C* 68. 13, Piev y bet hun. bet breint *y rug* llewin ae lledneint. 13g. *B* x. 32, damlygu e mab en gadarn *e rwng* e dwy lav. 13g. *DB* 73, Odena y mae duy werthyt y furuauen; vn y neill tu y'r duyrein, ac a welir y gennym ni; a'r llall en e deheu, ny allwn ninheu byth y guelet, canys y daear ysyd *yrom* a hi. 13g. *GBF* 447, Naỽd y Tat a'r Mab Rat *rof* a'm galon. 14g. *T* 26. 10, yg kylchet ym perued *rỽg* deulin teyrned. 14g. *GP* 4, Teir kenedyl henw yssyd, gwrwf a benw, a chyffredin *yrygthunt.* 14g. *WM* 35. 28–32, Sef ual yd eistedyssont. Teirnon y *rỽg* pỽyll a riannon. a deu gedymdeith teirnon uch llaỽ pỽyll ar mab *y ryngthunt.* 14g. *GDG*^{3} 103, Ni bydd modfedd, salwedd som, / O ben ystyllen dollom, / Rhwyfwyr, merinwyr annoeth, / *Rhyngthun*' a'r anoddun noeth. 15g. *FfBO* 56, mi a euthum yn kyn nesset ydaw ac nat oed *y rynghof* ac ef ymlaen seith kam neu wyth. 1588 1 *Sam* xvii. 6, a tharian prês *rhwng* ei yscwyddau. 1618 J. Salisbury: *EH* 37, ynghrôg yn y canol, *rhwng* dau leidr. 1703 E. Wynne: *BC* 86, Wel'dyma'r Agendor fawr sy *rhwng* Abraham a Difes. 1776 *W*, Marcwis . . . titl dyledog *rhwng* Iarll a Dûg d.g. *Marquis.* 1793 Dafydd Ionawr: *CD* 151, Y tonnau 'n rhestrau, ar hynt, / Treiddied f'anwyliaid *rhy'ddynt.* Ar lafar, 'chi'n gwbod fel ma'r afon yn dod *rhyngton* ni a'r Tra'th Mowr yn man'na', *Wês wês* 48. Digwydd mewn e. lleoedd, cf. *EANC* 10, *Rhyng Dwy Glydach* . . . yw enw parsel o blwyf Llangyfelach am y gorwedd rhwng y ddwy glydach uchod.

(*b*) (Yn dynodi pwynt amser mewn perthynas â phwynt blaenorol ac un dilynol, yn dynodi'r cyfwng sy'n ymestyn o un pwynt amser i bwynt arall): *between (of time).*

14g. *GDG*^{3} 301, Dysgawdr mawl *rhwng* gwawl a gwyll [i'r ehedydd]. 14g. *GIG* 69, Tymestl a ddoeth, neud Diwmawrth, / Dydd mawr *rhwng* diwedd y Mawrth / Ac Ebrill, di-ennill yn, / Difiau bu dechrau dychryn / *Rhwng* y dydd newydd a'r nos—/ Bychan a ŵyr ba achos. *c.* 1400 *YSG* i. 37, Velly y bu y gwr hwnnw yn ymgwynaw yn hir, a Lawnslot *y rwng* hun a hun yn gwarandaw arnaw. 1604–7 *TW* (*Pen* 228), yfet diot *rhwng* ciniaw ar cwynos d.g. *Antecœnium.* *c.* 1605 *Bl B XVII* i. 13, Rhai o'r Papists oedd faleusig / *Rhwng* Calan Gaeaf a'r Nadolig [Siôn Lewis ap Siôn Wyn i'r Brenin Iago]. 1651 Siôn Treredyn: *MDD* 36, *rwng* yr amser oi cwymp pechadurus, ar amser oi aberthiad. 1703 E. Wynne: *BC* 28, yn dyfod tan leisio 'n wann ac och'neidio 'n llêsc *rhwng* llesmeirieu. 1763 *ML* ii. 563, iachused ydyw codi rhwng 4 a 5. 1770 *W*, *Rhwng* prydiau d.g. *Between, between whiles.* 18g. (1870) Twm o'r Nant: *CO* 31, Mi fyddwn yn hogyn egwan, / *Rhwng* wyth a dengmlwydd oedran. 1800 *TY* 275, *rhwng* yr odfa am ddau a'r bregeth am chwech o'r gloch. Ar lafar, ''Rydan ni *rhwng* dau ola', *WVBD* 467; ''Fydda' i yno *rhwng* dau a thri'; 'Fe fydd 'na wario mawr *rhwng* 'nawr a'r 'Dolig'. Yng Nghered. a sir Benf. clywir '*rhyngddi* (*rhynti, rhwnti*) a' ynglŷn â'r amser, ''Rwy'n starto cwarter *rhyngddi* ag wyth'; 'Pum munud *rhwntu* [*sic*] a naw', *GDD* 252.

2. (*a*) (Yn dynodi perthynas neu gyfathrebiad): *between or among (indicating relationship or communication).*

12g. *GCBM* i. 53, Mynych ymanỽon dygyn gofyon dic / *Y rof* a riein, gannwyll ryuic. 14g. *WM* 4. 15–17, Blỽydyn . . . y heno y mae oet *y rof* i ac ef ar y ryt. 14g. *GDG*^{3} 110, Ni bu *rhyngom* uwch trigair, / O bu, ni wybu neb air. *id.* 264, O bu, ymannerch serchbryd, / Un gair *rhôm*, unne geirw rhyd. 15g. *B* ii. 13, keis wr kywir fydlawn a gyfrino *y rwng* y dyrnwr ar kernorwyr. 1588 *Nu* xxx. 16, deddfau . . . *rhwng* gŵr ai wraig, a *rhwng* tâd ai ferch. 1588 *Tob* vii. cs., Priodas *rhwng* Tobias a Sarra. 1595 *Egl Ph* 29, [y] gobhydheb *rhwgh* y cyphlybrwydh a'r peth. 1618 J. Salisbury: *EH* 1, ymdhidha[n] *rhung* [*sic*] yr Athro a'i D[h]yscibl. 1651 Siôn Treredyn: *MDD* 1, Yn ôl bod *rhwngof* fi, 'am cymmydog Neophitus, ryw ymddiddan. 1672 J. Langford: *HDdD* 291, y mae perthynasrwydd *rhwng* Dlêdwr a Choeliwr. 1696 *GGTY* 47, [y] cyfflybrwydd agos hynny sydd yn anghenrheidiol i fod *rhwngtho* â ffydd. 1710 *CBGEL* 57, gan wybod fod Dyled-swydd a Rhwym neilltuol *rhwng* Tâd a phlant. Ar lafar, ''Fuo' 'na dipyn o lythyru *rhwngthyn*' nhw'; ''Does 'na ddim cysylltiad o gwbwl *rhwng* y ddau beth'.

(*b*) (Yn dynodi gwahaniaeth, anghytundeb, gelyniaeth, cynnen, &c.): *between or among (denoting difference, disagreement, enmity, discord, &c.).*

9g. (*LlSC*) *LL* xliii, Rodesit elcu guetig equs tres uache, tres uache nouidligi namin ir ni be cās *igridu* dimedichat guetig. 13g. *C* 100. 15, Kyd carhuiw e morua cassaaue ton. Digones ton treis oer cleis *y ron.* 13g. *BD* 33, yna y doeth meibyon anuundeb y teruysgu *y rygunt.* 14g. *WM* 173. 1–4, Jarll yssyd yn agos yma adỽy iarllaeth idaỽ. Achyn gadarnet yỽ a brenhin. A chyfranc a uyd *yrydunt* hediỽ. 14g. *GDG*^{3} 401, Dafydd, ponid edifar / Dyfu'r hyn a fu o fâr, / Rhoed athrod, annod ynni, / Rho Duw mawr, *yrhôd* a mi? *c.* 1400 *Ked AA* 3, nat oes dyn a wypo gwahan *y rynghoch* rac awch tebycket. 15g. *FfBO* 42, *rwng* y brenhin hwnnw a brenhin mawr arall . . . y byd, mynych ryuel. 1595 H. Lewys: *PA* 15, ni bu erioed ymrafael, ymsennu, nac ymryson *rhyngoch.* 1651 Siôn Treredyn: *MDD* 72–3, Dymma 'r gwahaniaeth . . . o rhan wenidogaeth oedd *rhwwng* [*sic*] eu llwybr hwy o iechydwriaeth . . . a'n cyfammod ni. 1680 J. Thomas: *UN* 11, cwsc . . . a gyffelybir yn fynych i farwolaeth; ac yn eu diwedd ni welodd rhai ddim rhagor *rhwngddynt.* 1759 T. Thomas: *WWDd* 48, y rhai nid oedd dim Gelyniaeth *rhyngthynt* â hwynt, cyn pechod. 1795 J. Thomas: *AIC* 7, R. Nid oes nemmaw[r] wahanniaeth *rhyngthi* yn y ddwy Iaith. Ar lafar, ''Sim lot o wahaniaeth *rhwntyn*' nhw'; 'Man' nw'n ddwy chwaer, ond does yna ddim lot o Gymraeg *rhyngthyn*' nw ers blynyddoedd'.

(*c*) (Yn dynodi tebygrwydd, undeb, cytundeb, &c.): *between or among (denoting similarity, unity, agreement, &c.).*

12g. *GMB* 101, Gỽrda, gwna gymod *gryghod* a mi! 13g. *C* 29. 12–30. 2, Ren new an rotone ran trugaret. Teyrn uron. tanc *y rom* ne. heb imomet. *c.* 1400 *Ked AA* 2, a diruawr gedymdeithas a vu *y ryngthunt*, drwy gywir garyat. 15g. *BB* 25, gyssot oet dyd cariat *ryngthunt.* 1551 W. Salesbury: *KLl* lvib, Kyt vna *rot* ath wrthwynebwyr ar vrys. 16–17g. *HG* 23, ar kariad ail, rhai ai kynail / *rhwng* priodolion, a chyd ddynion. 1653 *MLl* i. 207, [y] cytundeb *rhwng* dyn a'r hwn ai gwnaeth. 1672 R. Prichard: *Gw* 3[4], Fe wnaeth heddwch hyfryd, *rhwng* dynion ai dâd. 1677 C. Edwards: *FfDd* 282, y fath gariad *rhwng* y Cnawd a melysdra pechod. 1759 T. Thomas: *WWDd* 316, yr undeb cyfammodol sydd *rhyngtho* ef a Christ. Ar lafar, 'Ma petha wedi bod yn reit dda *rhwng* y ddau deulu 'rioed'.

(*d*) (Yn dynodi dau neu ragor o ddewisiadau): *between or among (denoting two or more alternatives).*

14g. *GDG*^{3} 234, Duw a farno o'r diwedd / Barn iawn *rhof* a gwawn ei gwedd. *c.* 1400 *YCM*^{2} 173, bu gyuyng gan Rolant . . . py beth a wnelei, ae adaw y gaer . . . ae ynteu . . . eisted wrth y gaer . . . y gwr mor gyflawn o warder, yn ymovutyaw uelly *yrwng* y dwy dyghetvenn. *c.* 1588 *Esec* xxxiv. 17, wele fi yn barnu *rhwng* milin a milin, sef *rhwng* yr hyrddod a'r bychod. *c.* 1610 *RWM* i. 670, Tewch chwi bosveirdd ffeilstion anhylwyd / ni wyddoch chwi rannu *rhwng* gwir a chelwyd. 1687 (1715) J. Owen: *TB* 100, Pan oedd y faingc yn yr Athen yn barnu *rhwng* y bobl. 1719 T. Evans: *CDW* 4, un a fai 'n cloffi *rhwng* dau Feddwl. 1793 T. Jones: *SD* 44, [y]r afal sur, a'r ellygen galed . . . y neb a gymmero . . . dammaid i'w brofi fe farna yn hawdd *rhwng* chwerwder sur y naill, a phereidd-dra melus y llall. Ar lafar, ''S dim rhaid iti ddewis *rhwngthyn*' nhw—cymra'r ddau'.

(*e*) (Yn dynodi rhaniad neu ddosbarthiad): *between or among (denoting division or distribution).*

13g. *HGK* 6–7, Ac ena yd oedent en argluydiau yn enwir ac en erbyn dylyet Trahaearn vab Caradauc a Chenwric vab Riwallavn, brenhinyn o Bowys, ar holl Wyned, a'e rannv *y rygthunt* ry daroed udunt. 14g. *LlB* 11, kynn rannv y crwyn *yrwg* y brenhin a'r kynnydyonn. 15g. *LHDd* 29, Teir gỽeith y renir yr vn tref tat *rỽng* teir grad kenedyl. 15g. *DN* 118, Rhannodd ef 'r hon oedd yr un, / Rhoddiad holl Gymru *rhyddyn.* 1561–2 *B* vi. 302, [carw] yn helva gyffredin am i fod yn rrannoc *Rrwng* pob dyn ar a ddel. 1592 S. D. Rhys: *Inst* [xvii], rhennwch' *rhyghoch*, mal y bô da gannwch'. 1620 2 *Mac* viii. 28, a'r hyn oed yngweddill a rannasant hwy *rhyngthynt* eu hun a'i gweision. 1677 C. Edwards: *FfDd* 10, rhannasant y crystyn *rhwng* y bobl. 1800 W. Owen[-Pughe]: *CP* 114, hanner pintaid a' roddir *rhwng* tair dafad. Ar lafar, 'Mae o'n rhannu'i amser *rhwng* Caerdydd a Llundain'.

(*f*) (Yn dynodi cyfyngiad i ddau neu ragor o bobl, yn enw. am breifatrwydd neu gyfrinachedd mewn sgwrs, &c., hefyd yn hunangyfeiriadol): *between or among (denoting restriction to two or more people, esp. of privacy or secrecy in conversation, &c., also used self-referentially).*

14g. *WM* 2. 36–8, *yrof* i a duỽ . . . mi aỽnaf o anglot itt guerth can carỽ. 15g. *ID* 35, dwyn yrwyf dan ryw ran / ymhoen *rof* am y hynan. 1595 M. Kyffin: *DFf* [122]. Yr hen Dadau . . . sy'n annog y bobl i ddarllen y Scrythurau . . . tadeu a phlant, gartref *rhyngthynt* eu hunain (*betwixt themselves*) ynghylch petheu duwiol. 1632 J. Davies: *LlR* 9, a'r brenhin Ezechias, yr hwn a riddfannodd megis colommen . . . hynny yw, mewn distawrwydd, *rhyngtho* a'i galon ei hun, heb glywed llais ei eiriau. 1661 E. Lewis: *Drex* 264, hola ac ystyria y peth yn dda *rhyngot* a'th di dy hun. 1685 G. Griffith: *GA* 203, [c]yflawni ei ewyllys sancteiddiol . . . yn ddirgel ac ynamlwg [*sic*], *rhyngom* a'n huna[in], ac yngolwg dynion. **1719** *TDP* 2, nid ymresymodd efe *rhyngtho* ac ef ei hun, megis Plant bydol y Ddaiaren hon. Ar lafar, '*Ryntot* ti a fi, man' nw wedi pendarfynu 'matal o'i gilydd', *GTN* 693; 'Cyfrinach *rhwng* y ddau 'nan ni odd hwnna i fod'. Digwydd hefyd mewn ymadroddion megis '*rhyngtho* fo a'i botas ynglŷn â hynny'.

3. (*a*) (Yn dynodi natur gynhwysol dau neu ragor o bobl, eitemau, gweithredoedd, &c., a gysylltir gan y cys. *a*(*c*)), gan gynnwys (. . . a . . .), gan gyfrif ynghyd (. . . a . . .), o ganlyniad i (. . . a . . .): *between* (*denoting inclusive nature of two or more people, items, actions, &c., connected by the conj.* '*a*(*c*)' (*and*)), *including both* (. . . *and* . . .), *taking both* (. . . *and* . . .) *together, as a result of* (. . . *and* . . .).

12g. *GLlF* 119, Esgynneis ar uelyn o Uaelyenyt / Hyd y nhir Reged rỽg nos a dyt. **12–13g.** *GLlLl* 95, *Rwng* dỽnn y gwelỽn a gwelw. **13g.** *BD* 99, sef nifer a las yna, *y rvng* tywyssogyon a guyrda ereill tri vgeinwyr a phetwar canhvr. *id.* 147, Ac yn yr undyd hvnnv y dygvydvs chuemil o'r Saesson, *y rvng* eu llad ac eu bodi. *id.* 183, Sef oed eiryf y lu y gyt, *y rvng* cristonogyon a phaganyeit, petwar vgein mil. **14g.** *WML* 1, Ac a oedd o perchen bagyl yg kymry rỽg archescyb ac escyb ac abadeu. **14g.** *WM* 75. 1–3, Ac yna rỽng dicter a llit taraỽ ym plith y llygot aỽnaeth. *id.* 186. 12–13, Ac *y rỽg* dyd a nos y kerdassant y kennadeu trachefyn. **14g.** *YBH* 10b, [c]ynnic y wrogaeth idaỽ adaly y danaỽ petwarcant cited atheirmil *y rỽg* kestyll a thyroed. *id.* 18b, Pan duhunaỽd ysgynnu ar y varch a wnaeth a ffraf oed meint y ludet *y rỽg* na chaỽsei dim bỽyt tri diwarnaỽt kyn no hynny ac na chysgassei y nos honno ddim. *id.* 19b, kanys lludedic ỽyf i rỽg gỽylat a vnprytyaỽ. *id.* 25b, mil *y rỽg* llewot a lleỽpardot a geỽssynt y dyd hỽnnỽ. **14g.** *GDG*[3] 140, Pei rhôn ym, pei rhin amwyll, / Mewn brwysgedd, tywylledd twyll, / Ddywedyd gair cellweirus / *Yrhwng* ynfydrwydd a rhus. *c.* **1400** *Ked AA* 5, a'e vot ynteu *y rwng* dyd a nos o'r pan vuassei ar dehol yn keissaw iarll Almaen. **1703** E. Wynne: *BC* 24, a'r llawr yn fudr eusys *rhwng* colli diod a phoeri. Ar lafar, "Rodd 'na tua ugian onan ni yna, *rhwng* athrawon a plant'. Cf. *SE MS* 429a, *rhwng* y tad a'r fam, a phump o blant, cynnwys y teulu saith o bobl.

(*b*) (Yn dynodi cydweithrediad neu gydymwneud dau neu ragor o bobl, &c.), ar y cyd, ynghyd, gan gynnwys: *between or among* (*denoting cooperation or interaction of two or more people, &c.*), *in combination, together, including.*

15g. *GLGC* 512, Beuno a droes iddo saith / nefolion yn fyw eilwaith; / gwae eilwaith . . . / nad oes wyth *rhwng* enaid Siôn. **1588** *Barn* xx. 7, meibion Israel, chwi oll moesswch *rhyngoch* air, a chyngor yma. **1675** R. Jones: *HCh* 142, nid yw ddigon i ti wneuthur o honot gydwybod o Ddyledswyddau Christianogaeth yn gyffredinol, ond rhaid i ti hefyd fod yn gydwybodus yn cyflawni Dyledswyddau neilltuol dy amryw berthynasau, drwy yr hyn y cyfrennir *rhyngthynt* lawer o ddaioni y naill ir llall. **1703** E. Wynne: *BC* 79, Mae'l y gwnewch' i *rhyngoch* Rodd / A ryngo fodd i'r Angeu. **18g.** *LlGC* 57, i. 8, ar plant a genhedlir *rhyngthoch.* **1759** *BC* 8, A *rhyngthynt* [Anna a Joachim] y ganed, Mam Jesu gogoned. **1759** *ML* ii. 135, a bod gennych *rhyngoch* labi o fachgen. **1766** *CD* 130, Dau Wr oedd gynt, / Yn meddiannu *rhyngthynt*[,] / Holl Gymru gwlâd Gamber. Ar lafar, "Oddan' nhw wedi hel hannar canpunt *rhwngthyn*' nhw'.

(*c*) Ymhlith, ymysg, yn un o: *among, amid, as one of.*

14g. *BT* (*R*) 304, Y ulwydyn honno ydaeth llawer o groessogyon y Gaerussalem *yrwg* y rei y daeth iarll Kaer Lleon, a iarll Marscal a Brian o Vilis. *Dchr.* **15g.** *GM* 7, Bendigeit wyt *y rwg* y gwraged. **15g.** *GDLl* 33, Os yno y trig *rhwng* saint draw, / Gwrdd oedd, trugaredd iddaw. **1721** J. P. Prys: *DC* 81, Bod byth yn boenedig *rhwng* Llu Melldigedig, / Cymdeithas Ddamnedig anniddig jawn wêdd.

4. O (safle i gyrchfan, a gyflwynir gan y cys. *a*(*c*)), tuag at, i gyfeiriad, i: *from* (*position to destination, introduced by the conj.* '*a*(*c*)' (*and*)), *towards, in the direction of, to.*

13g. *GDB* 389, Gnaỽt yn uthyr vot ruthyr *y ryngthaỽ*—a'e esgar. **13g.** *GBF* 357, Trỽy fford arall troant yn gall, heb golledeu, / *Rydun* a'e gỽlat, rac tỽyll a brat y brenhin geu. **14g.** *BT* (*R*) 300, arwein y uydinoed a oruc *y rygtaw* a Dyfet yn erbyn y Fflandraswyr. **14g.** *WM* 19. 23–4, ef a aeth *ryngtaỽ* a llys eueyd hen. *id.* 37. 16–19, Ac y kychỽynnỽys teirnon toryfliant ay gedymdeithon *yryngtaỽ* ay ỽlat ac ae gyuoeth. *id.* 182. 30–4, Ac yna yd escynnỽys yr amheraỽdyr ar y palfre . . . Ac y kerdỽys *y rygthaỽ* a rufein. **14g.** *GDG*[3] 191, Rhyborth i'r gŵr fu'r fflwring; / *Rhyddi* a nef dref y dring. *id.* 310, Gwae fi pan roddais i serch / Gobrudd ar Forfudd, f'eurferch; / Rhiain a'm gwnaeth yn gaethwlad, / Rhed fry *rhod* a thŷ ei thad. *c.* **1400** *Études* vii. 66, Y neb y bo llygeit rac issel, yn edrych *ryngthaw* ar llawr. *c.* **1585** G. Robert: *DC* [50], Ond i dhwad yn nes i n pwrpas, ag i fyned *rhynghom* ag i fynydh. *Diw.* **16g.** *LBS* 401, A hithäu a aeth allan y drws dieithyr a rhedec *rhyngthi* ar eglwys. **16–17g.** *Cer RC* 19, Fel yr oeddwn i ar hafddydd ar dawel foreuddydd, / Yn rhodio dolydd *rhyngo*'i a'r allt. *c.* **1730** *Thos. Lloyd D* (LlGC) 199b, myned *Rhyngddo* a'r mynydd. **1754** G. Owen: *L* 99–100, Daccw hefyd ddau lythyr wedi myned *rhyngthynt* a Gallt Fadawg.

Fel *e.* (geir.) Gofod, cyfwng: (*dict.*) (*intermediate*) *space.*

1722 *Llst* 189, *Rhwng.* m. A space. *c.* **1730** *Thos. Lloyd D* (LlGC) 204a, Y *Rhwng* hwnnw. Spatium illud. **1803** *P*, *Rhwng*, s. m. . . . Intermediacy.

Amr.: **gryngod.** **12g.** *GMB* 101, *gryghod.* **ring[2], ryng,** gw. *rhyng*[1]. **rin.** Ar lafar ym Morg., *GTN* 685. **rynt, rhing,** gw. *rhynt*[2], *rhyng*[1]. **(y)rhof ((y)rhod,** &c.). **12g.** *GMB* 253, *y ron.* **12g.** *GCBM* i. 53, *Y rof.* **12–13g.** *GLlLl* 26, *y rott.* **13g.** *DB* 73, *yrom.* **13g.** *GBF* 447, *rof.* **14g.** *GDG*[3] 44, *rhôm.* *id.* 195, *rhof.* *c.* **1400** *YCM*[2] 62, *yroch.* **15g.** *DGG*[2] 40, *rhod.* **15g.** *DN* 8, *y rod.* **15–16g.** *TA* 269, *rhoch.* **rhwngof (rhwngddynt,** &c.). **1651** Siôn Treredyn: *MDD* 1, *rhwngof* fi. *ib. rhwngon.* **1680** J. Thomas: *UN* 11, *rhwngddynt.* *c.* **1730** *Thos. Lloyd D* (LlGC) 199b, *Rhwngwyf.* **rhwngtho (rhwngthi,** &c.). **1595** *Egl Ph* 50, *rhwghthwynt.* **1651** Siôn Treredyn: *MDD* 4, *rhwngthynt.* *id.* 95, *rhwnghtho.* **1784** M. Williams: *S* i. 59, *rhwngthi.* Ar lafar yn y Gogledd, '*rhwngtho* fo . . . *rhwngthon* ni . . . *rhwngthyn*' nw', *WVBD* 467. **rhwnt[1].** Ar lafar yn sir Benf., '*Rhwnt* . . . *Rhwntoch*', *GDD* 252. **(y)rhyddo ((y)rhyddynt,** &c.). **13g.** *GBF* 357, *Rydun.* **14g.** *Cy* xvii. 135, *y rydunt.* **14g.** *YBH* 32b, *y ryddaỽ.* **14g.** *GDG*[3] 191, *Rhyddi.* *c.* **1400** *Ked AA* 10, *y rydaw.* **15–16g.** *GRB* 51, *rhyddoch.* **1688** *TJ*, *Rhyddŷn*, rhyngthŷn, rhyngddŷnt: between them. **1793** Dafydd Ionawr: *CD* 151, *rhy'ddynt.* Ar lafar ym Morg., 'dull llai arferedig . . . bôn *rhydd-* . . . *ryddo'* i . . . *ryddo* fe . . . *ryddyn*' nw', *GTN* 693. **rhyng[1], ryng, rhing, ring[2].** **1551** W. Salesbury: *KLl* lxxviiib, *ryng.* **1727** M. Maurice: *WE* 28, *rhyng.* **1769** E. Roberts: *GN* 9, *rhing.* Ar lafar yn sir Benf., '*r*(*h*)*ing*', ac Arfon, 'rhwng (rarely *rhing*)', *WVBD* 467. **rhyngddwyf, rhyngwyf.** **17g.** *TBM* 278, *Rhyngwy*'. **1730 (1755)** E. Wynne: *PAC* 76, *rhyngddwyf.* **(y)rhyngto ((y)rhyngtynt,** &c.) [dichon mai *-t-* = *-th-* a welir yn rhai o'r enghrau. isod]. **14g.** *WM* 19. 24, *ryngtaỽ.* **14g.** *BT* (*R*) 300, *y rygtaw.* **14–15g.** *IGE*[2] 284, *rhyngtu.* **14–15g.** *B* ii, 12, *y rygtunt.* Ar lafar yn sir Benf., '*rhyngton* ni', *Wês wês* 48. **(y)rhyngtho ((y)rhyngthi,** &c.). **13g.** *GDB* 389, *y ryngthaỽ.* **13g.** *HGK* 7, *y rygthunt.* **14g.** *WM* 22. 33, *ryngthaw.* **14g.** *GDG*[3] 103, *Rhyngthun.* *Diw.* **16g.** *LBS* iv. 401, *rhyngthi.* Ar lafar, '*rhyngtha*' i . . . *rhyngthyn*' nw', *WVBD* 467. **rhyngwyf,** gw. *rhyngddwyf.* **rhynt[2], rynt.** Ar lafar yn y De, '*Rynton* ni', *GTN* 693; '*Rynt* gŵr Pentyrch â'i giddyl', *BIBC* 43; a hefyd yng Nghered., '*rhyntoch* chi a'ch gilydd', '*rhyntof* i a fe'. **rhyntho (rhynthon,** &c.). Ar lafar, *WVBD* 467.

Cfn.: **rho Duw** [? < *rho*(*f a*) *Duw*]: *by God, before God.* **14g.** *CMOC* 28, *Rho Duw* gal, rhaid yw gwyliaw / arnad â llygad a llaw. **14g.** *GDG*[3] 70, *Rho Duw*, gwir mai dihiraf, / Rhag ei ddarfod, dyfod haf. **15g.** *GDLl* 55, Gwna ben ar y cynhennoedd, / *Rho Duw*, i ni rhaid iawn oedd. **16g.** *GGH* 112, *Rho Duw*, hwyr, rhai dihareb, / Rhoi nawdd am herwa i neb. **(y)rhof (i) a Duw, rhyngof a Duw:** *by God, before God.* **14g.** *WM* 2. 36–7, *yrof* i *aduỽ.* **14–15g.** *DGG*[2] 164, *Rhof a Duw.* **1658** *Examen* 33, *Rhyngof a Duw.* **1754** G. Owen: *L* 91, *Rhof a Duw.* **rhwng y diawl a'i gynffon:** *between the devil and the deep blue sea.* Ar lafar, '*rhwng y diawl a'i gwmffon*', *WVBD* 97. Gw. hefyd *cynffon*—*gwneud drwg rhwng y diawl a'i gynffon, diawl*—(*gwneud drwg*) *rhwng* (*y*) *diawl a'i gynffon.* **rhwng dau olau, rhwng y ddau oleuni:** *in* (*the*) *twilight, in the half-light.* **1742** *AAST* (1951) 82, Mi af *rhwng y ddau oleuni.* Ar lafar, 'Mae'n anodd gyrru *rhwng dau olau*'. **rhwng dau feddwl:** *between two minds, undecided.* **1719** T. Evans: *CDW* 4. Ar lafar yn gyff., 'Mae o *rhwng dau feddwl*', *WVBD* 76. **rhwng dwy (y ddwy) stôl,** gw. *syrthiaf: syrthio—syrthio rhwng dwy stôl.* **rh. gŵyr Pen-tyrch a'i gilydd:** *let them get on with it, that's their lookout or business.* **20g.** Ar lafar ym Morg., '*Rynt gwŷr Pentyrch â'i giddyl*', *BIBC* 43. Cf. hefyd y cfn. *bid rhyngddo* isod. **rh. llaw a llaw(es):** *in secret, secretly, illicitly; suddenly* (*lit. between hand and hand, or hand and sleeve*). **13g.** *B* iii. 27, Genyt rebuchet *rugllau allawes.* **1768** Twm o'r Nant: *CTh* 8, Bydd llawer ffwl yn brolio, / Yn codi rhyw dincod, wrth son am doncio; / Ni rown i am siarad felly faw, / *Rhwng llaw a llaw* mae llywio. Ar lafar yng ngodre Cered. clywir '*rhwng llaw a llawes*' yn yr ystyr 'sydyn', e.e. am farwolaeth ddisymwth. Cf. D. Owen: *B* 69, rhoddodd fenthyg amrywiol symiau o arian iddynt *rhwng llaw a llaw*; D. Owen: *WBC* 114, cryn symiau . . . wedi myned ar goll *rhwng llaw a llawes* rhai o'r swyddogion. **rh. pob peth (a'i gilydd), rh. popeth:** *all things considered, all in all, 'what with everything'.* *a.* **1561** *B* vi. 47, naw igain kyfair *rwng pob peth a'y gilydd.* Ar lafar, "On i ddwy awr yn hwyr *rhwng popeth*'. **rhyngddo ef a'i botes (gawl,** &c.**), rhyngddynt hwy a'u potes (cawl,** &c.**),** &c.: *that's his* (*their, &c.*) *lookout or business.* **20g.** Ar lafar 'Ma fe'n gofyn am drwbwl wrth gwrs, ond *rhynto fe a'i gawl* am hynny'; 'Ma'n amlwg nad ydi 'nghyngor i'n da i ddim—*rhyngtha chdi a dy botas* felly'. **rhyngot ti a mi (a phost y gwely, a'r pared, a'r wal,** &c.**):** *between you and me* (*and the bedpost, the wall, &c.*). **20g.** Ar lafar, '*Rhwngtha chdi a fi a'r wal* 'te, ma Jên drws nesa'n priodi cyn bo hir'; '*Rhyntot ti a fi*, 'dyw John fawr o gerddor'. **bid rhyngddo (rhyngoch,** &c.**):** *that's his, &c., business, let him, &c., get on with it, that's his, &c., lookout.* **15–16g.** *GRB* 4, Gwae fi, un Duw tri, *bid rhod* a'i ddial, / goddefaist o'r tâl gwae ei ddyfod. **15–16g.** *TA* 269, Cymer reswm trwm, *bid rhoch*, / A dod reswm da drosoch. Ar lafar yn ne-ddwyrain Morg., '*Bit ryddoch chi*' 'ym[adrodd] sy'n golygu rhywbeth tebyg i pwy sy'n mynd i drafferthu â chi . . . who cares about you, who's going to bother?', *GTN* 694; '*Bit ryddo fa*' 'gadawer iddo; leave him alone; who cares about him', *ib.*; '*Bit ryddoch chi* wŷr Pen-tyrch! O Ratur 'wi'n dod!' 'dywediad i awgrymu dihidiaeth rhywun o le arall am drafferthion pobl eraill', *ib.* Cf. hefyd y cfn. *rhwng gwŷr Pen-tyrch a'i gilydd* uchod. **o r(h)wng:** *from between.* **1672** R. Prichard: *Gw* 341. Cf. *oddi—oddi rhwng.*

rhwngaf: rhwngu, gw. rhyngaf: rhyngu.

rhwngdeyrnasol, rhwngdrofegol, rhwng-gipiaf: rhwng-gipio, rhwng-linellaf: rhwnglinellu, rhwnglinelliad, gw. rhyngdeyrnasol, rhyngdrofegol, rhyng-gipiaf: rhyng-gipio, rhynglinellaf: rhynglinellu, rhynglinelliad.

rhwngof, &c., gw. rhwng.

rhwngosodaf: rhwngosod, gw. rhyngosodaf: rhyngosod.

rhwngtho, &c., gw. rhwng.

rhwngwladwriaethol, gw. rhyngwladwriaethol.

rhwm, rhŵm, rhwmaf: rhwmo, Rhwmáwns, rhwmawnt, rhwmbliaf: rhwmblio, gw. rym, rŵm, rhwymaf: rhwymo, Romáwns, rhamant, rwmbliaf; rwmblio.

rhwmbwl, rhwmbwliaf: rhwmbwlian, rhwmedig, rhwmen, rhwmnai, gw. rwmbwl, rwmbliaf: rwmblio, rhwymedig, rwmen, rwmnai.

rhwmp[1] [dichon mai *rhwmb* (cf. *rumbyl*, *LTWL* 151) a gynrychiolir gan rai o'r enghrau. isod, ac os felly, ?cf. Llad. Diw. *rombus* 'gwerthyd'] *eg.* ll. *rhympau.* Taradr (mawr), ebill, hefyd yn *ffig.*: (*large*) *auger, also fig.*

10g. (*Ox 2*) *VVB* 213, *rump*, gl. *ungulum.* **13g.** *LlI* 92, *Rvmp* (*WML* 106, Taradyr mawr), duy k[eynnyauc]. Tarader perued, k[eynnyauc]. Ebyll, dymey. **13g.** *LTWL* 237, Terebrum, id est, *rumb.* **1547** *WS*, *Rwmp* taradyr. **16g.** *GGH* 313, Trwy y dŵr fal taradr fu / Heb un twll lle bai'n tyllu: / . . . / Rhampant hwn, gwiwgrwn gogryg, / *Rhwmp*, daradr plwmp, dridro plyg [am alarch]. **1588** *B* ii. 236, *rhwmp* .i. taradr mawr. **1604–7** *TW* (*Pen* 228), *Rhwmp*, taradr, ebilh d.g. *Terebra.* **1632** *D*, *Rhwmp*, yw Taradr, Terebrum. K[yfraith] H[owel Dda]. **1722** *Llst* 189, *Rhwmp.* m.p. *Rhympau.* An auger, piercer. **1803** *P*, *Rhwmp* . . . A borer, a large auger. Dichon mai *rhwmp* yw'r elf. gyntaf yn enw'r afon Rhymni, gw. *EANC* 165.

rhwmp[2], rhwmsi, rhwn, gw. rwmp, rhwnsi, grwn (hefyd At.).

rhwnc [?bnth. Llad. *rhonchus*] *eg.* Chwyrnniad, ffroeniad, sŵn gyddfol, sŵn anadlu byr a chras (yn enw. yng ngwddf rhywun sydd ar fin marw), rhoch, y gleren; (sŵn) rhechain; (sŵn) ratlo: *snore, snort, grunt, guttural sound, wheeze, death rattle*; (*sound of*) *farting; rattling* (*sound*).

13g. *GBF* 441, Ef a rỽngk y rỽng y dỽyuer. **14g.** *SC* viii/ix. 189, namyn dynyon ymron agheu. y clywit eu *rwgc.* *c.* **1400** *R* 1270. 24–5, mae rỽng pell yth bibelleu. maỽr vyd cossi clafri cleu. **1547** *WS* [xv], anhowddgar gan saeson glywed *rhwnck* y llythyr hon gh. **1604–7** *TW* (*Pen* 228), clefyt yr ysceueint, pryt na alho dyn gymeryt ei anhetl, onyd drwy *rwnc* a gwichiat y dhwyvron d.g. *Asthma.* **1632** *D*, *Rhwngc.* Ronchus. **1688** *TJ*, *rh*[*w*]*ngc*, chwrniad mewn cwsg: the Snoar that one makes in his sleep. **1722** *Llst* 189, *Rhwngc*, m. a snoaring, snorting. **18g.** *Beirdd y Bala* 11, Wylofain, llefain hyll wedd, / *Rhwnc* yn dynn, rhincian dannedd. **1759** J. EVANS: *PF* 25, yr Anadl yn gaethiwus, a *Rhwngc* yn y Trwyn. **1788** E. ROBERTS: *CD* 57, Wel wel 'rwi'n mynd i farw, / Mi glywa y *rhwngc* yn dechre yn y ngwdd[w]. **1803** *P*, *Rhwnc* . . . A snort, a snore; a rattling noise. *Rhwnc* yn ngwzw, a rattle in the throat. Ar lafar, '*rhwnc*' 'death rattle', *WVBD* 467; 'Pan glywes i'r hen *rwnc* 'na yn 'i wddwg e, 'on i'n gwbod bod y diwedd wedi dod' (Cered.).

Amr.: **rhwnca.** *c.* **1400** *R* 1335. 28.

Cfn.: **rhwnc angau:** *death-rattle.* **1851.**

rhwnciaf: rhwncian [bf. o'r e. *rhwnc*; Crn. Diw. *renki(a)*, Llyd. Diw. Cyn. *ronkal*; cf. *rhonciaf*[2]: *rhoncian*] *bg.* Chwyrnu, rhochian, snwffian; lleisio'n gras, crygleisio: *to snore, grunt, snort; croak, caw.*

1604–7 *TW* (*Pen* 228), *rhwncian* . . . ymgegû val cicuran: gwneuthur chwrnolat yn y gwdhwf megys petei vn yn tagû d.g. *Glutio* . . . *Glutire vocem.* **1707** *AB* 286a, *Rhwngkian* d.g. *To snore* . . . *To Grunt as a Hog.*

Amr.: **rhwncio.** **1803** *P* d.g. *Rhwnciaw.* **rhyncio.** **[1783]** *W* d.g. *To snort.*

rhwnclyd, rhynclyd [*rhwnc*+*-lyd*] *a.* Gyddfol a chras, rhochus; a nodweddir gan chwyrnu: *guttural, grunting; characterized by snoring.*

1806.

rhwnen, rhwnig[1,2], gw. **rhwning, rwnig, rhwning.**

rhwning, rwnin(g), rhwnyn, *e.ll.* (un. b. *-en*). Gellyg, pêr: *pears.*

16g. *Llst* 117, 298, yvale tec a *rrwning.* **16g.** *GGH* 89, Mal *rhwning*, aml y'i rhannwyd, / Mae digoll imp Madog Llwyd. **1604–7** *TW* (*Pen* 228), *rhwningen* d.g. *pyrum.* **1632** *D*, *Rhwning*, Sing. *Rhwningen*, Pyrum. **17g.** HUW MORUS: *EC* i. 287, Cnau, ac eirin, a phob siabas, / Afalau, *rhwnyn*, a rhai crabas. **1766** *CD* 164, Prynnwn innau Afalau a *Rwning.* **1803** *P*, *Rhwnyn* . . . Pears. They are also called Gellaig, Eraint, and Peranau. *id. Rhwnynen* . . . One of pears.

Amr.: **rhwnen** [*rhwn(ing*, &c.)+*-en*] (un. b.). **1803** *P* d.g. *Rhwnen.* **1813** *WB* 232. **rhwnig**[2] [?gwall print]. **1788** M. WILLIAMS: *BM* [25]. **1801** *MMf* 228. **rhwnin** (*eg.*, ll. *-s*). Ar lafar ym Meir. a sir Drefn.

rhwnsi, rwnsi, rownsi [bnth. S. C. *runci, rounci* 'steed, (pack)horse', neu'n uniongyrchol o'r H. Ffr.] *eg.* ll. *r(h)wnsïaid, r(h)wnsïod.* Ceffyl marchogaeth, ceffyl pwn, ceffyl cryf, ceffyl ac iddo rawn garw, ceffyl byr ei wynt, hefyd yn ddifr. am berson: *riding-horse, packhorse, strong horse, rough-coated horse, broken-winded horse, also derog. of a person.*

13g. *LlI* 82, Amus . . . punt yu e werth. Palfrey, chwe ugeynt yu y werth. *Rvnsy* neu sumeruarch, chue ugeynt yu y werth. Gueynytuarch a lusco karr ac oc, try ugeynt yu y werth. **13g.** *LlC* 14, Guerth llygat *runsy* a'y glust a'y raun, xii d' ar pob un. **14g.** *LlB* 91, Amws . . . punt a tal. Palffrei, morc a tal. *Rwnssi*, wheugeint. Swmeruarch, petwar vgeint. **14g.** *YBH* 45b, ymdidan aoruc ef ae varch adyɓedut ɓrthaɓ. march heb ef beth adaruu it. drɓc myn duɓ y kerdeist hyt hyn. kanys pann erlityassam y *rɓnssieit* clotuorus. a phan ledeis. i. tenebres. yna ti ae hedeweist. **14g.** *GIG* 56, Na roed farch cul diarchen / Llwygus i ŵr heinus hen, / Rhag gorwedd, osgedd ysgwn / Yn dwyn y baich, dan ei bwn. / Pei caffwn ranswn *rownsi* / Heb fwng, ef âi hebof i [i ofyn march]. **15g.** *GDLl* 171, Hen sawdiwr *rhwnsi* ydwyd, / O ŷd y fâl ni chaud fwyd [dychan i Siôn Dafi]. **15g.** *GLGC* 160, Y glêr fân ni fynnan' fod / esywaeth heb *rwnsïod.* ?**16g.** *LlGC* 1560, 550, *rhwnsi* garw o geffyl ['geirie . . . sathredig yn Sîr Drefaldwyn']. *c.* **1588** *B* ii. 236, *rhwnsi* .i. . . . march cryf. **1617** *Minsheu* 453a, *rhwnsi* d.g. *a Slouch, or sosse, a great, long, vnweldie, ill-fashioned man or woman.* **1632** *D*, *Rhwnsi*, est genus equi. **1803** *P*, *Rhwnsi*, s. m. . . . A rough-coated horse, a packhorse.

Amr.: **r(h)wmsi.** *c.* **1588** *Pen* 169, 315, *rwmsi*, march cryf. **1604–7** *TW* (*Pen* 228), *rhwmsi* d.g. *Equus* . . . *Suspiriosus.* **1753** *TR.*

rhwnt[1], gw. **rhwng.**

rhwnt[2] [?cf. *rhytion*] *eg.* ll. *rhyntion.* Gwaddod, llifwaddod; blawd (bras): *sediment, alluvium; flour, meal.*

15g. *GTP* 86, Anhawddamor i'r foryd / A'i *rhwnt* melyndew a'i rhyd [dychan i'r foryd]. *Dchr.* **17g.** *J* 10, 13b, *Rhyntion.* dregges. pl. *Rhwnt.* S. farina: stymma.

rhwnyn, gw. **rhwning.**

rhwol, rhwolaeth, rhwolaf: rhwoli, gw. **rheol**[1], **rheolaeth, rheolaf: rheoli.**

rhwp, *adf.* Yn fyrbwyll; yn ddioed, yn y fan, ar unwaith, chwap: *rashly; instantly, immediately, at once, all of a sudden.*

1672 R. PRICHARD: *Gw* 248, Cyn yr elych *rhwp* [:– Yn byrrbwyll] ir Cymmun, / Ystyr ble yr wyt ti'n rofyn. Ar lafar yn sir Benf., 'Fe jengodd *rhwp* rhwng 'n dwylo ni'.

rhwsiaf[1]: **rhwsian, rhwsio, rhwsial** [?bnth. S. (*to*) *rustle*, neu air yn dynwared sŵn] *bg.* Siffrwd: *to rustle.*

18–19g. *Llr* C 4, 243, *Rhwsio, & Rhwsian*, to rustle glam. Cf. D. OWEN: *WBC* 21, â'u dillad yn *rhwsian* fel dwy ladi wrth fyned heibio.

rhwsiaf[2]: **rhwsian(u), rhwsin,** gw. **rhysiaf**[1]: **rhysio, rosin.**

rhwst[1] [bnth. S. *rust*] *eg.* Rhwd (hefyd ar wenith, &c.): *rust* (*also on wheat, &c.*).

1545 *CI* 18, Ffleam glaas megis lliw *hrwst* prees ne evydd. **16g.** (*LlEG*) *Mos* 158, 341b, o *Rwst* haiarn hrydlyd. **[1783]** *W* d.g. *Smut* [*in wheat*].

rhwst[2], **rwst** [bnth. S. *roost*] *e?b.* Clwyd (ieir), esgynbren: *roost, perch.*

Ar lafar, 'Along the extreme south-eastern edge of the midlands there is a small concentration of instances of . . . *r(h)wst*', *LGW* 369.

rhwt [bôn y f. *rhwtiaf, rhwtaf*: *rhwt(i)o*] *eg.* Rhwbiad: *a rub(bing).*

Diw. **19g.** *SE MS* 429a, *Rhwt*, sm. a rub . . . S.W. Ar lafar yng nghanolbarth Cered.

rhwtad, rhwtaf: rhwto, gw. **rhwtiad, rhwtiaf: rhwtio.**

rhwter, gw. **rhawter**[1].

rhwterwr [*rhwter*+*-wr*] *eg.* ll. *-wyr.* Milwr: *soldier.*

c. **1400** *YCM*[2] 177, A'r gwyr, eissoes, mwyaf o'r ymladwyr Cristonogyon a aruerassant o'r gwin . . . a'r *rwtterwyr* ereill a aruerassant o'r gwraged.

rhwtffon, rhwtgyn, gw. **uwtffon, rhetgyn.**

rhwtiad, rhwtad, rhytiad [bôn y f. *rhwtiaf, rhwtaf*: *rhwt(i)o*+*-iad*[1], *-ad*] *eg.* Rhwbiad, rhathiad, ffrithiant: *a rub(bing), chafing, friction.*

1803 *P*, *Rhwtiad* . . . a chafing. Ar lafar yng nghanolbarth a godre Cered. a'r De yn y ff. *r(h)wtad*; hefyd yn sir Benf., '*Rhwtad*, a sore caused by a rubbing off of the skin', *GDD* 252.

rhwtiaf, rhwtaf: rhwt(i)o [Crn. Diw. *rhittia* [*sic*]] *ba.* Rhwbio, rhuglo, sgrwbio, hefyd yn *ffig.*: *to rub, scrub, also fig.*

1590 *RC* xlvi. 79, a beris ydd i dwymo i braichav yn dda wrth y tan a'u *rwto* yn ffest. **1707** *AB* 61b, Rhyglo, rhygny, S.W. *Rhwttio* d.g. *Frico.* **1722** *Llst* 189, *Rhwtto*, to rub. **[1762]** E. POWELL: *HEI* 7, Cymmer Sinsir gwyn a *rhwtta* ef a'r Ogfaen. *id.* 16, gosod o honot 'r Asgwrn yn ei le priodawl heb *rwtto*'r naill wrth y llall yn rhy drwsgwl. **1771** *PDPh* 62, Cymmerwch . . . saim gwyddau . . . a *rhwttiwch* i mewn . . . i ewynnau'r cefn. **[1783]** *W*, *rhwtto* d.g. *To rub, To scrub* [*rub hard*]. **18–19g.** *HG* 194, Na *rwtta* dy synwyr o gwrw na gwin, / Nac un o'th ddau lygad ond o'th benelin. **1800** W. OWEN[-PUGHE]: *CP* 78, Nid ellir pwyo y cymmysg yn rhy fân [*sic*], na *rhwtio* gormod arno idd y cig. Ar lafar yng nghanolbarth a godre Cered., 'Paid â *rhwto* dy ddwylo brwnt yndo fe', *B* iv. 301, ac yn y De, 'Paid o *rwto* dy ddilo brwnt yn dy winab!', '*Rwt* ddicyn o sæm yn dy ddilo', *GTN* 697; hefyd ym Morg. yn yr ystyr 'malu'n fân', '*rhwto* halen yn fân', ac yn yr ystyr 'gweithio saim i mewn drwy'r blawd â llaw', '*rhwto* menyn i'r can', *Geir Geg*, 112–13. Yn nwyrain Morg. dywedir am rai sy'n gyfeillgar iawn eu bod yn '*rwto*'n fudur yn 'i giddil'.

rhwtra [cf. *llwtra*] *eg.* Mwd, llaid, llaca, baw: *mud, sludge, mire, dirt.*

Ar lafar 'yn Llŷn ac Eifionydd am fwd neu laid sy'n glynu wrth sgidiau', *BILlE* 35; '*Rhwtra*' 'Llaid, baw, mwd', *Cymru* lxii. 73 (gorllewin Meir.).

rhwtws, rhwtrws, *e.ll.* Plorynnau (bychain), brech: (*small*) *pimples, rash.*

1740 *ML* i. 23, Ef a gododd rhyw *rwttws* melldigedig drwy gefnau fy nwylo. Ar lafar yn Arfon, 'codi'n *rhwtrws* trwyddo fo' 'to be all over pimples', *WVBD* 468. Cf. *TCHSDd* xxxi. 96, mae *rhwtws* y scarlet fever yn tori allan drwyddi hi.

rhwth, *a.* (b. *rhoth*) ll. *rhythion* (*rhwthion*), a hefyd fel *eg.*

(*a*) Agored (led y pen), agored a gwag, bylchog; cau, gwag; llydan agored (am lygaid), yn llygadrythu; eang, helaeth, maith, cynhwysfawr, chwyddedig; llac, llaes, rhydd; bras (e.e. am ridyll); ?rhydd (am y corff); hefyd yn *ffig.*: (*wide-*)*open, yawning, gaping, breached; hollow, empty; wide-open* (*of eyes*), *staring; ample, spacious, extensive, capacious, distended; loose, slack, free; coarse* (*e.g. of a sieve*); ?*loose* (*of bowels*); *also fig.*

14g. *GDG*[3] 62, Rhugn sugn soeg gogoeg gegyrn—*rhwth* rwymfol [dychan i Rys Meigen]. **14g.** *GIG* 147, Geol wyddgrach goluddgrainc, / Gwilff *roth*, pawb a'i gwŷl o Ffrainc [i'r llong]. **15g.** *GTP* 52, Rhygnu, syndremu, sŵn drwg, / *Rhwth* gaul, a rhythu golwg. *a.* **1587** *Y* 75, A rhai o'th art yn *rhwth* wav, / O'th waith yn waeth na thithav. **16–17g.** *GST* i. 545, A rhoi 'dd wyf fi y rhodd fawr, / Â cheg *rwth* i chwi grythawr. **1603** E. KYFFIN: *Ps* [12], Dychwelir hwynt drwy gwilydd *rhwth* / yn ddisymwth vn-awr. **1606** E. JAMES: *Hom* ii. 202, heb allu edrych ar ddim yn wastad â'i lygaid *rhythion.* **1632** *D*, *Rhŵth*, Patulus, latus, vastus, amplus, capax. **1679** C. EDWARDS: *GGG* 142, Os bydd cydwybod *rwth* (*a loose Conscience*) yn llefaru heddwch, ni bydd hwnw ond heddwch afiachus. **1699** T. JONES: *Alm* [17], Ni fynnai roi 'f [*sic*] enill mewn Rhidill mor *rhŵth.* **1725** D. LEWIS: *GB* 146–7, Haneu'r Ddaiar . . . megis o Fŵyn a Glô, a Thywod, a chlai, a Thir *rhŵth.* **1727** J. JONES: *DFF* 110, Yn erbyn pwy yr agorasoch cyn *rhythed* Safnau? **1728** T. BADDY: *DDG* 46, Ystafell . . . a thwll yn y canol, o herwydd os byddai i neb ohonynt i fod yn glâf neu yn *rhŵth* gosodir hwynt yno. **1747** T. EVANS: *DDM* 21, i oeri fy nhafod a fu gynt mor *rhwth* i gamachwyn ar fy nghymmydog. **1756** W. WILLIAMS: *GDC* 70, y Cenfor [*sic*] glâs, / Yr hwn sy'n Fyd ei hunan, cyfoethog, ehang, mawr, / A'i Freichiau *rhwth* anesmwyth yn coofleidio'r [*sic*] llawr. **1784** M. WILLIAMS: *S* ii. 50, o herwydd fod y defnydd du yn *rhwthach*, ac yn fwy holw nâ defnyddiau eraill. **1803** *P*, *Rhôth* . . . Loose, hollow, swaggy. *id. Rhwth* . . . Wide, open, gaping, yawning. Ar lafar yn nwyrain Morg. yn yr ystyr 'llac ei wead', a hefyd am foesau, 'Un *rwth* iawn o ferch ifanc yw 'i'.

(*b*) Bwyteig, barus, glwth, gwancus, trachwantus: *gluttonous, voracious, ravenous, greedy, covetous.*

13g. *GBF* 440, Ef yn *rɓth* yn ruthraɓ Gɓener. *c.* **1400** *R* 1335. 39, croth loth *roth* res lymmes lɓm. *id.* 1348. 25, *rɓth* eryr drauyn ongyr drych. **15g.** *GGl*[2] 281, Od wyf *rwth* ar fwyd y fro, / Mae'n *rhythach* i'm anrheithio. **16g.** *Llst* 6, 100, nychawn llerwyf y chwynwr / werth y gawl mor *rwth* ywr gwr. *Diw.* **16g.** *WLB* 83, ef a fydd kybydd a llwfr a *rhwth.* **1604–7** *TW* (*Pen* 228) d.g. *Auidus. id.* dyn *rhwth* d.g. *Lurco.* **1632** *D*, *Rhŵth* . . . Vorax, lurco. **17g.** HUW MORUS: *EC* ii. [139], Er da, o'r dw'r, a daear deg, / O flaen trachwant *rhwth* ei geg, / Nid yw i ddyn, yr un o ddeg, / yn ddigon. **1753** *TR*, *Rhŵth* . . . Also, gluttonous, greedy, voracious. **1773** *W* d.g. *Gluttonous* [*given to excess in eating*]. **1803** *P*, *Rhwth* . . . greedy, voracious.

Fel *e.* Awydd, trachwant; agoriad, bwlch; ?lled: *desire, greed; opening, gap;* ?*width.*

1803 *P*, *Rhwth*, s. m. . . . That is open or wide.

rhwthgyn, gw. **rhetgyn.**

rhwy[1] [?cf. *rhy*[1]] *a.* a hefyd fel *adf.* (a'i dilyn gan dr. meddal) ac fel *eg.* Gormodol, (gor)helaeth; mawr iawn, eithafol; gorchestol: *excessive, superfluous,* (*super*)*abundant; great, extreme; outstanding.*

Dchr. **12g.** *GMB* 6, Bei na chaned y teyrned anhyed *rvy*! **12g.** *GLlF* 149, Yd garɓn-y uyned (keny'm cared yn *rwy*) / . . . / Y edrych uy chwaer chwerthin egwann. **12g.** *GCBM* i. 198, Digrawn rwyf rhwyddfan, rhwyfan *rhwy. id.* 256, Agheu cad ortwy *rwy* ry-m-cotes. *id.* ii. 95, Tra *rwy* y'm gouwy goual—gogywec / Am uab tec Tudawal. **12–13g.** *GMB* 461, Gwedy cardu *rwy*, gwedy kerteu—byd. **12–13g.** *GLlLl* 203, Neu'm bu aralldyt y'm rydid *rwy. ib.* Kereis a seleis ker Dinsilwy, / Eissytyn gwylein, riein, yn *rwy.* **13g.** *GBF* 112, Colled *rwy* y'm rwyf diwarth. *id.* 480, Ac ny medylyho a *rɓy* dirpero. *c.* **1400** *R* 1046. 12, rud ynt wy *rwy* vy hiraeth. *c.* **1400** *Études* viii. 74, Gwreic y del idi gleuyt y gwraged yn *rwy*: kymeret y wenynllys vawr. **1604–7** *TW* (*Pen* 228), Gwers, heb yndhi syllaf *rhwy* nag eisieu: na gormodh na rhy vychan d.g. *Acatalectos.* **1632** *D* d.g. *Superfluus, Superforaneus.* **17g.** *BL Add* 14890, 150, O chadd diawl *rwy* fawl oi ran. **1754** *Gron* 64, Bawaidd os hyn o'm bywyd, / *Rhwy* fu 'r bai rhof fi a'r byd.

Fel *adf.* Rhy, i raddau gormodol neu eithafol, dros ben, tra, iawn: *too, over, excessively, extremely, very, greatly.*

13g. *GDB* 565, Kynn bei Mab y'n Tat, rat *rɓy* dannwed. **1346** *LlA* 100, Ac yna ony elly amgen rac rỽy serchaỽl garyat alỽ aryr enỽeu oll. *c.* **1585** G. Robert: *DC* 24a, mae yn *rhwy* hir dhangos pob peth a phob pwngc o dhiodhefaint Crist. **1632** *D, Rhwy* . . . nimis. **1767** I. Brydydd Hir: *Gw* 238, amryw ereill *rhwy* hir eu crybwyll yma. **1803** *P, Rhwy*, adv. too much, to excess.

Fel *e.* Gormodedd, cyflawnder, helaethrwydd; eithaf: *excess, fullness, abundance; extreme.*

12g. *GCBM* ii. 333, Nid *rhwy* o awydd a weinyddais, / Nid *rhwy* o obrwy ryobrynais. **12–13g.** *GLlLl* 42, Mwy no *rwy* o rei kybytyon. **13g.** *GDB* 434, Am drengi fy rhi *rhwy* lledfryd—a'm bydd. **14g.** *LlB* 119, geir gwall yn holi o *rwy* neu eisseu, a geir gwall yn amdiffyn o *rwy* neu eisseu. *c.* **1400** *R* 1316. 29–30, brys lys les ovwy. *rwy* rwysc eudaf. **15g.** *GP* 36, Tri amherthynas: molyant a gogan y gyd, *rwy* ac eisseu y gyd. *a.* **1575** *id.* 124, *Rwy* ac eissiav, nev gormodd a Ry vychan. **1632** *D, Rhwy* . . . redundantia, nimietas. Nid mawr i'th gerid os *rhwy* a erchid . . . Non multum amaberis, si nimium petieris. *id.* peth a fo a *rhwy* neu eisiau ynddo o'r hyn a ddylai fod wrth naturiaeth d.g. *Monstrum.* **1688** *TJ, rhwŷ* . . . llawer iawn, gormodedd. **1717** Iaco ab Dewi: *MN* 266, ymgadw rhag y ddau *Rwy* (*extremes*) ymma. **1718** M. Williams: *P* 6, Canys nid da *Rhwy* o ddim. **1803** *P, Rhwy*, s. m. . . . excess, superfluity.

Gw. hefyd **rhwyf**[3], **rhy**[1].

rhwy[2], **rhoi**[2] [< Brth. *reigo-, o'r un gwr. IE. *reig- 'clymu' ag a welir yn *rhwym*, cf. *burwy, modrwy, penrhwy*; â'r ystyron yn adran (*b*), cf. *aerwy*] *eb.* ll. *-au.*

(*a*) Cylch: *ring, circle.*

[**1783**] *W, rhwy* d.g. *Ring, or circle.*

(*b*) Cadwyn (mewn beudy); cylch haearn i glymu cadwyn wrthi: (*cow-house*) *chain; iron ring to which chain is secured.*

1722 *Llst* 189, *Rhoi* (f) haiarn, an iron or draught chain. **1794** *W, rhwy, rhoy* (in Caermarthen-shire) d.g. *Tew* [*an iron chain*]. Ar lafar, '*rhoi*, y cylch haearn wrth bost y fuwch yn y beudy lle clymir yr aerwy' (canolbarth Cered.); '*rhoi*: a thick piece of chain', *TGG* (1907–8) 85 (sir Benf. a'r cyffiniau). Clywir *rwy* yn ne-ddwyrain Morg. yn yr ystyr 'a collar placed on a cow's neck to tie her', ''Ddotast ti'r *rwy* am wddog y fuwch?', *GTN* 694.

Gw. hefyd **rhau**[2].

rhwy[3,4,5], gw. **rhwyf**[2], **rhyw**[1], **rhy**[2].

rhwyad [gair geir., ?drwy gamraniad, *yr hwyad > y rhwyad*; cf. *penhwyad*] *e?g. Pysg.* Penhwyad: *pike* (*fish*).

1547 *WS, Rwyad* pysc. **1604–7** *TW* (*Pen* 228), *rhwyat* d.g. *Lucius.*

rhwyaf: rhwyo [bf. o'r e. *rhwy*[2]] *ba.* Clymu (gwartheg) yn y beudy: *to tether* (*cattle*) *in the cowshed.*

Ar lafar, 'Ma fa yn y glywty'n *rwyo*'r dæ', *GTN* 696; hefyd yn yr ystyr 'dodi coler ar gi a'i glymu yn ei gwts', *ib.*

rhwybeth, gw. **rhywbeth**.

rhwych, *e?g.* Rhodd, ffafr; ysbail: *gift, favour; booty.*

Dchr. **12g.** *GMB* 30, Gveith reith rysset, gvich *ruich* ryuet, rinuet reen. **12g.** *id.* 198, Gwynn y uyd padiw, Duw, yd ragwy / Rieinged *rwych* wyry wared lywy. **12g.** *GLlF* 397, *Rhwych* wych wenwawd, rheg deg draethawd a draethitor. **13g.** *GDB* 303, Ny safei racdun, *rỽych* pell, / Nac aer na chaer na chastell. **13g.** *A* 18. 9–10, llywy llyvroded *rwych* ac asgen.

rhwyd [bnth. Llad. *rēte*, H. Grn. *ruid*, gl. *rethe*, Crn. C. *ros*, Crn. Diw. *rûz*, H. Lyd. *roit*, (*guinod*) *roitou* gl. *plagae*, Llyd. C. *roet*, Llyd. Diw. *roued*] *eb.* (bach. *-an*) ll. *-au, -i.*

(*a*) Rhwyllwaith o linyn, rhaff, &c., sy'n ffurfio masglau neu 'lygaid' o feintiau priodol i ddal pysgod, adar, &c., ac mewn amrywiol chwaraeon i ddal pêl, &c., ac i lawer o ddibenion eraill: (*fishing, &c.*) *net.*

13g. *B* ix. 339, peder . . . a dynnvs ene ol deveit a gymynnvs er argluyd idav megys *rwyt* en llawn o byscaut maur. **14g.** *LlB* 81, Y neb a dotto *rwyt* yn m[yw]n auon. **14g.** *B* ix. 326, Tebic wyfi y vrithyll neu byscodyn wedy dygywydau ymywn *rwyt.* **14g.** *GDG*[3] 338, Mordwy lle nid rhadrwy *rhwyd*, / Mawrddwfr, ynddo ni'm urddwyd [i'r pwll mawn]. **15g.** (*Diw.* **16g.**) *Gwyn* 3, 200, gras mawr a grawys i'm oedd / gael *rhwyd*, a gwilio rhydoedd (Meredydd ap Rhys). **1546** *YLlH* [20], dal adar a *rhwydeu* ac a phyg. **1551** W. Salesbury: *KLl* lxxia, yn bwrw eu *rwyte* yn y mor. **1595** H. Lewys: *PA* xv, arfere . . . Dioclesian . . . wau *rhwydau* manyl-faisc plethedic, i faglu ac i ddala gwybeid. **1604–7** *TW* (*Pen* 228), *Rhwyt* vechan, *rhwydan* d.g. *Cassiculus.* **1615** R. Smyth: *GB* 32, [d]yscu genthynt [pryfed cop] nyddu a gvvau . . . a'r pyscodvvyr hefyd vvneythyr i *rhvvydau.* **1632** *D, Rhwyd*, Rete, plage, cassis. **1699** T. Jones: *TP* 34, Gŵr yn eistedd mewn cyffion o haiarn . . . megis Aderŷn mewn *rhwŷd.* **1762** *ML* ii. 510, ymroi i fyned yno . . . efo eu cychod a'i [*sic*] *rhwyda.* **1803** *P, Rhwyd*, s. f.—pl. t. *i* . . . a net. Ar lafar yn gyff., '*rhwyd*, s. f., pl. *rhwydi, rhwyda*' 'net', *WVBD* 468; 'Dara i'm 'elpu i ddoti'r *rwyd* drŵs y pys', *GTN* 694.

(*b*) (enghrau. *ffig.* a *thros.*: *fig. and transf. exx.*).

12g. *GMB* 255, Boed a'm dysgwy Dwy dwys ymgadwyd / Rac cadeir enweir yn weithen *rwyd.* **12g.** *GLlF* 441, Mab Santsyw gormant . . . / . . . *rwyd* ysgereint. **12–13g.** *GLlLl* 95, Ac wyd ysgwyd *rwyd*, rwyf llaỽr. **13g.** *A* 1. 16, Kaeawc kynnivyat kywlat e *rwyt.* **13g.** *LTWL* 126, Teyr *rwyth* [*sic*] mab hucchelur: scilicet, allwest equorum suorum, et grex vaccarum, et grex suum. **13g.** *GBF* 73, Aes ualchliw rut eururiw *rwyd.* / *Rwyd* ysgwyd, ysgỽn eurwlet. **14g.** *LlB* 107, Teir *rwyt* brenhin ynt: y teulu, ac allwest y veirch, a'e preid warthec. **1346** *LlA* 134, Ynyr ysgrythur lan ymae yn dyỽedut. ymae *rỽyt* gythreulic yỽ godineb. **14g.** *GDG*[3] 425, Rhwyf o hoed, ni ryfu hen, / Rhaid yw, yn ôl *rhwyd* awen [marwnad Dafydd ap Gwilym gan Fadog Benfras]. **15g.** *GLGC* 175, I'r *rhwyd* y'n gyrrwyd bob gŵr—i gwyno / gwennaul Rhys ap Tewdwr. **15g.** *GGl*[2] 195, Rhoed pilis, *rhwydau* pali, / Rhita Gawr ar hyd dau gi [i ofyn milgwn]. **1588** *Salm* xxxi. 4, Dwg fi allan o'r *rhwyd* yr hon a guddiâsant i'm herbyn. **1606** E. James: *Hom* ii. 216, o drwsiad anweddaidd dy gorph gwneuthur *rhwyd* i ddiafol i faglu llygaid y rhai a edrychant arnat. **1632** J. Davies: *LlR* 408, efe a welai'r hollfyd trosto yn llawn *rhwydau*, ym mhob cornel iddo. **1672** J. Langford: *HDdD* 315, módd y gallont ochelyd y *rhwyd* fawr honno o eiddo 'r Cythrael, sef, Diogi. **1790** T. Jones: *TOS* 142, Medrant hudo dynion i'r *rhwyd*, ond ni wyddant pa fôdd i'w dwyn allan o honi.

Cfn.: **rhwyd adain, rhwydadain:** *fin* (*of fish*), *also transf.; wing-net.* **14g.** *CMOC* 28, *rhwyd adain* cont, rhaid ydiw / rhag cwyn rhoi ffrwyn yn dy ffriw [i'r gal]. **1604–7** *TW* (*Pen* 228), *rhwyt adenydh* pyscot d.g. *pinnæ. id.* yn dwyn *rhwyt edenydh* d.g. *pinniger. id.* a pheteir *rhwyt adein* ydhaw heblaw'r *rhwyt adein* olaf d.g. *Turdus.* **1803** *P*, Rhwyd . . . *rhwyd aden*, a wing net. Cf. *rhwyfadain.* **rhwyd adar(a):** *bird-net, also fig.* **14g.** *GDG*[3] 184, *Rhwyd adar* y ddaear ddu [i'r niwl]. **1803** *P*, Rhwyd . . . *rhwyd adara*, a birding net. **rhwyd fach:** *set net.* Ar lafar yn ardal Cilgerran, J. G. Jenkins: *NC* 117. **rhwyd balleg:** (*fishing, &c.*) *net; snare. Dchr.* **17g.** *J* 10, 19b, *Rhwyd Balleg.* **17g.** *LlGC* 13215, 346, *Rhwyd balleg* Tendicula. **1803** *P*, Rhwyd . . . *Rhwyd balleg* . . . a salmon net. **rhwyd fastwn:** *one of a pair of nets at either end of a Teifi seine net.* Ar lafar ymhlith pysgotwyr glannau Teifi, J. G. Jenkins: *NC* 231–2, *B* xxv. 55. **rhwyd fraich:** *one of a series of salmon nets tied together to form a trawl of about 50 yards.* Ar lafar yn ardal Trefdraeth, sir Benf., *B* xxv. 55. **rhwyd fwrw:** *cast(ing)-net.* **1604–7** *TW* (*Pen* 228) d.g. *Funda, Linum, Reticulum.* **rhwyd ganol:** *one of a pair of nets between the 'rhwyd nesa'r gôt' and the 'rhwyd fastwn' in a Teifi seine net.* Ar lafar ymhlith pysgotwyr glannau Teifi, J. G. Jenkins: *NC* 231–2, *B* xxv. 55. **rhwyd giblaid:** *hoop-net.* **18g.** L. Morris: *LW* 135, a *rhwyd gibled* yn ei law. **1753** *TR*, Rhwyd . . . *Rhwyd Gibl[ai]d*, a hoop-net. **1778** *W* d.g. *Net . . . a hoop-net.* **1803** *P* d.g. *Cibled.* **rhwyd (y) cob (cop(a)):** *spider's web, cobweb. Dchr.* **17g.** *J* 10, 19a, *Rhwyd cob.* × Gwe'r pry cobbyn. Cf. *SE MS* 429a, *rhwydau'r cop Rhwydau'r copa*—cobwebs. **rhwyd corn = rhwyd cob.** Ar lafar yn sir Benf. **rhwyd gôt:** *centre net of a Teifi seine net.* Ar lafar ymhlith pysgotwyr glannau Teifi, J. G. Jenkins: *NC* 230–1, *B* xxv. 55. **rhwyd gŵn:** *long net placed along a beach before high tide and from which fish are retrieved at ebb tide.* Ar lafar, *B* xxv. 55 (Aberdaron). **rhwyd ddwyffon:** *type of fishing net on two poles. Dchr.* **17g.** *J* 10, 19a. **17g.** *LlGC* 13215, 346, *rhwyd ddwyffon*, linum. **1803** *P.* Ar lafar, *WVBD* 468. **rhwyd gôl:** *goal-net.* **20g.** **rhwyd wifren:** *wire netting.* **20g.** **rhwyd lampo:** *lave-net.* Ar lafar yn nwyrain sir Gaerf. **rhwyd lusg:** *drag-net, trawl(-net), also fig.* **1818.** **rhwyd fain:** *fine-meshed fishing-net.* Ar lafar ymhlith pysgotwyr glannau gogledd Cymru, *B* xxv. 55. **rhwyd nesa'r gôt:** *one of a pair of nets on each side of the central net in a Teifi seine net.* Ar lafar ymhlith pysgotwyr glannau Teifi, J. G. Jenkins: *NC* 231. **rhwyd bolion:** *net set on poles, poke-net, pock-net.* Ar lafar, *WVBD* 468. **rhwyd (y) pryf cop(yn):** *spider's web, cobweb.* **1547** *WS, Rwyd pry copyn* Spynners webbe. **1604–7** *TW* (*Pen* 228), *rhwyt y pryf copyn* d.g. *Scutula.* **1615** R. Smyth: *GB* 17, *rhvvydau pryfed coppin.* **1696** *CDD* 68, *rhwŷdau prŷ'coppŷn.* **rhwyd bysgota:** *fishing net.* **1604–7** *TW* (*Pen* 228) d.g. *Euerriculum.* [**1783**] *W* d.g. *Sean* [*a long sort of fishing net, so called*]. **rhwyd roth (rwth):** *large-meshed net.* **1604–7** *TW* (*Pen* 228), *rhwyt rwth, roth*, hylh, a mascæ mowrion d.g. *Rete . . . Rete rarum uel grandi macula.* Ar lafar ymhlith pysgotwyr glannau Tywi a Thaf, '*rhwyd rôth* . . . armouring of a coracle net', J. G. Jenkins: *NC* 133. **rhwyd sân (saen):** *seine(-net).* **1722** *Llst* 189, Saen, *Rhwyd Saen.* A drag net. [**1783**] *W*, vulgo *rhwyd san* d.g. *Sean* [*a long sort of fishing net . . .*]. Ar lafar ymhlith pysgotwyr glannau Teifi, J. G. Jenkins: *NC* 225, *B* xxv. 55. **rhwyd set:** *cast(ing)-net.* Ar lafar, *WVBD* 468. **rhwyd sin = rhwyd sân.** Ar lafar, *B* xxv. 55 (Porthmadog). **rhwyd slymps:** *shrimp-net.* Ar lafar, *WVBD* 468. **rhwyd dramel (dramwel):** *trammel(-net). Dchr.* **17g.** *J* 10, 19a, *Rhwyd dramhel.* **17g.** *LlGC* 13215, 346, *Rhwyd draymhel* [*sic*] Funda. Ar lafar, '*rhwyd dramel, rhwyd dramwel* . . . tair rhwyd yn cynnwys dwy fras ac un fân wedi'u cysylltu â'i gilydd i wneud un rhwyd fawr tuag 16 gwryd o hyd ac un gwryd o ddyfnder', *B* xxv. 55 (Nefyn ac Aberdaron). **rhwyd droed:** *wade-net.* Ar lafar yn y Gogledd, '*rhwyd troed*', J. G. Jenkins: *NC* 239. **rhwyd drôl:** *trawl(-net).* Ar lafar, *B* xxv. 55 (Caernarfon). **rhwyd dynn(u):** *drag-net, seine(-net).* **1604–7** *TW* (*Pen* 228), *rhwyt tynnu* d.g. *Tragula. id. Rhwyt tynn* d.g. *Verriculum.* **1632** *D, rhwyd tynnu* d.g. *Linum. id. rhwyd dynn* d.g. *Sagena.* **1772** *W, rhwyd dynn* d.g. *Drag, or drag-net, Sean.* Ar lafar ymhlith pysgotwyr glannau gogledd Cymru, '*rhwyd dynnu*, rhwyd i ddal samwn. Byddid yn ei bwrw o gwch ac yn ei thynnu i'r lan', *B* xxv. 55. **rhwyd unffon:** *type of fishing-net on a single pole.* Ar lafar, *WVBD* 468. **rhwyd wad:** *wade-net.* Ar lafar, '*rhwyd wâd* . . . rhwyd a ddefnyddid mewn afon pan fyddai'r tywydd yn rhy arw i ganiatáu defnyddio rhwyd sân yn y Bae', *B* xxv. 55 (sir Benf.).

Gw. hefyd **rhwyden**.

rhwydadain, gw. **rhwyd—rhwyd adain**.

rhwydaf: rhwydo [bf. o'r e. *rhwyd*] *bg.a.* Dal mewn rhwyd, maglu, drysu, trapio, caethiwo, hefyd yn *ffig.*; pysgota â rhwyd; bwrw (pêl) i rwyd (yn enw. i sgorio gôl): *to* (*catch in a*) *net, ensnare, enmesh, trap, confine, also fig.; fish with a net; net* (*a ball*) (*esp. to score a goal*).

13g. *GDB* 389, A lleỽot a rot yn eu *rỽydaw. ib.* Vcheldat Vab Rat, rac *rỽydaỽ*—y haỽl, / Gỽae ny vo deduaỽl y dyd a daỽ! **14g.** *GDG*[3] 86, O daw, gwrthlys melgawad, / Ganthaw, a'u *rhwydaw* yn rhad [i'r adarwr]. **15g.** *GGl*[2] 91, Pregethu y bu o'i ben / I breswylwalch bro Sulien. / . . . / Ceisio'i *rwydo* yr ydoedd / A dwyn y gwlân, dyn glew oedd [i ateb Tudur Penllyn]. **1567** *TN* 277a, ei cydwybot wedy ei *rhwydo* ai maglu gan hoynyneu athraweth dynawl. **1588** *Job* xix. 6, Gwybyddwch yn awr mai Duw a'm rhwystrodd i, ac a'm *rhwydodd.* **1588** *Gal* v. 1, ac na *rwyder* chwi eil-waith dann iau caethiwed. **1595** H. Lewys: *PA* 231, anioddefgarwch sydd 'n maglu ac 'n *rhwydo* y meddwl. **16–17g.** *B* viii. 114, gwedi eu *rhwydo* mewn serch. **1632** *D, Rhwydo*, Irretire. **1632** J. Davies: *LlR* 502, llawer o ddynion a *rwydir* ac a feglir gantho [diofalwch]. **1688** S. Hughes: *TSP* 164, 'R ychi 'n ceisio 'm *rhwydo* i. **1716–18** *Llsgr R. Morris* 20, cenwch benill i liw yr tonn / a *rhwudwch* hon ir rhedun. **1718** E. Samuel: *HDdD* 44–5, Goruchafiaeth, a glendid ar cyffelyb . . . yn faglau i ni i'n *rhwydo* i bechod. **1778** *W* d.g. *Net, To take* [*catch*] *in a net.* **1793** Dafydd Ionawr: *CD* 251, Yr hên Elyn cyndyn câs / Ni wyddai foddion addas / I demtio na hudo 'n hwy, / *Rhwydwyd* y Llew rhuadwy. **1803** *P* d.g. *Rhwydaw.* Ar lafar, '*rhwydo*' 'to net', '*rhwydo* gwningod', 'fig. . . . to ensnare', *WVBD* 468; '*rwydo* . . . sef dal (merch) a'i pherswadio i'w briodi', 'Ma fa wedi llwyddo idd 'i *rwydo* 'i yn y diwadd, odi fa?', '*rwydo* priotas . . . sef dodi rhaff ar draws yr heol i ddal y pâr sydd newydd briodi a pheri i'r gŵr ifanc dalu ffwtin am gael mynd', *GTN* 694; '*rwyto* . . . wrth botsian', 'Un budur i *rwyto* odd a, potsian, 'ti'n gwpod', *id.* 696. Yn Nefyn defnyddir y gair yn yr ystyr 'trwsio rhwyd' ''r hen fachgian ddaru ddysgu fi i *rwydo*', *B* xxv. 55.

Amr.: **rhwyda. 1896.**

rhwydan, gw. **rhwyd**.

rhwydanad [gair geir.] *eg.* Anlladrwydd, maswedd: *wantonness, ribaldry.*

1604–7 *TW* (*Pen* 228), *rhwydanat* d.g. *Lasciuia.* Brut. **1707** *AB* 220a, *Rhwydanad*, Wantonness. **1753** *TR, Rhwydanad*, wantoness.

Amr.: **rhwydanedd** [?*rhwydan*(*ad*)+*-edd*[1]]. **1725** *SR, rhwŷdanedd* d.g. *Wantonness.*

rhwyd-dwll, rhwydwll[2] [*rhwyd* a *rhwy*[2] + *twll*; ymddengys fod yma fwy nag un gair, ond anodd eu didoli; cf. *rhydwll*] *a.* (b. *rhwydoll*) a hefyd fel *eg.* ll. *-dyllau.* Llawn tyllau (fel rhwyd), tyllog; wedi ei weu'n glòs; chwystwll; (yn y ll.) rhwyllau, maglau neu fasglau (rhwyd): *full of holes* (*like a net*), *perforated; finely woven; pore;* (*pl.*) *lattices, mesh* (*of net*).

15g. *GDID* 110, Brwyd heb un ddôr yn *rhwydoll* [i adeilad newydd Llwydiarth]. **16g.** Wiliam Cynwal: *Gw* (R. L. Jones) 672, Corbwll gwlyb *rhwydwll* gynnwll oer gennog. **1604–7** *TW* (*Pen* 228), *rhwytyllæ* d.g. *Cancelli. id.* Fenestr *rwytwll* d.g. *Conspicilium. id. rhwytwll* d.g. *perforatus. id.* dilhetyn teneu, manwieidd, *rhwydwll* d.g. *Ralla.* **1617** *Minsheu* 296a, *Rhwyd-dwlley* d.g. *the Mash or Mesh of a net.* **17g.** E. Morris: *B* 54, Os bydd y llodr heb ddilledyn, / Mewn cabandwll, *rhwydwll* rhedyn [i ofyn gwrthban]. **1770** *TG* iii. 10, A'm chwŷs trwy *rwyd-dyllau* [:– Pores] 'red allan.

rhwyd-dyllog [*rhwyd+tyllog*] *a.* Llawn tyllau (fel rhwyd), tyllog, mân-dyllog; rhwyllog, delltog; hefyd yn *ffig.*: *full of holes, net-like, perforated, porous; latticed; also fig.*

1588 *Gen* xl. 16, wele dri chawell *rhwyd-dylloc* ar fy mhen. **1632** *D, rhwydtyllog* d.g. *Reticulatus.* **1774** *W, rhwydtyllog* d.g. *Hatched* [*as a sword-hilt*], *Lattice-wise, Net-like, or made like a net.*

rhwydeb, gw. **rhwydd-deb.**

rhwydedig [bôn y f. *rhwydaf: rhwydo+-edig*] *a.bfl.* Wedi ei ddal mewn rhwyd, magledig; yn rhwydo, yn maglu; hefyd yn *ffig.*: *ensnared, trapped; ensnaring, entrapping; also fig.*

1765 J. Popkin: *Ll* 43, byddwch sicr nad wyf yn eu gosod allan gydag un Amcan gyfrwys *rwydedig.* **1767** *Aberth Cym* 94, [g]ochelyd menywaid dieithr, hynny yw, rhai anllad, ysgafn *rhwydedig* (*insnaring*). **1797** B. Evans: *CG* 269, [p]echadur truan temptiedig a *rhwydedig.* **1803** *P, Rhwydedig* . . . ensnared.

rhwyden [*rhwyd+-en*] *eb.* ll. *-nau.*

(*a*) Rhwyd fach, hefyd yn *ffig.*; gweren (fol), perfeddlen, peritonëwm: *small net, also fig.*; (*intestinal*) *caul, peritoneum.*

1588 *Ecs* xxix. 13, Cymmer hefyd yr holl wêr a fydd yn gorchguddio y perfedd, a'r *rhwyden* a fyddo ar yr afi [*sic*]. *Dchr.* **17g.** *J* 10, 19a, *Rhwyden.* Calle . . . omentum. **1722** *Llst* 189, *Rhwyden,* a little net; caul of a periwig. **1753** *TR, Rhwyden,* the caul or kell which covers the bowels, a caul. **1771** *W* d.g. *Caul, or cawl* [*the skin that covereth the bowels*]. **1803** *P.* Ar lafar, '*rwydan*' 'rhwyd gwallt', ''Odd 'i gwallt 'i wastod yn daclus o dan y *rwydan*', 'Pryn ddwy ne dair *rwydan* wallt i fi yn y Bont', *GTN* 694.

(*b*) Retina: *retina.*

20g.

rhwydlen [*rhwyd+llen*] *eb.*

(*a*) Retina: *retina.*

[**1783**] *W, Rhwyd-len* y llygad d.g. *Retina.*

(*b*) Llen net; math o rwyd dros wely, &c., i amddiffyn rhag pryfed: *net curtain;* (*mosquito, &c.*) *net.*

1869.

Cfn.: **rhwydlen y llygad (llygaid):** *retina.* [**1783**] *W* d.g. *Retina.*

rhwydog [*rhwyd+-og*] *a.* Tebyg i rwyd, ar ffurf rhwyd neu rwydwaith; wedi ei wneud o rwyd neu o ddefnydd tebyg i rwyd; hefyd yn *ffig.* yn rhwydo, yn maglu: *net-like, reticulate; made from net or net-like material; also fig. ensnaring, entrapping.*

Dchr. **17g.** *J* 10, 19b, *Rhwydog.* Reticulatus. **1727** J. Jones: *DFF* 229, attebodd yn dra doeth . . . i Ofynniad *rhwydog* bradwrus yr Herodiaid. **1803** *P, Rhwydawg* . . . Reticulated. Ar lafar, 'cwrtsiwns *rwytog*', 'ffrail *rwytog*', *GTN* 696.

rhwydol [*rhwyd+-ol*] *a.* Tebyg i rwyd, ar ffurf rhwyd neu rwydwaith; yn rhwydo, hefyd yn *ffig.*: *net-like, reticulate; ensnaring, also fig.*

14–15g. (*Diw.* **16g.**) *Gwyn* 3, 170, Rhwth-freu-fol *rhwydol* rhodia y creigiau [Rhys Goch Eryri i'r llwynog]. *c.* **1400** *R* 1300. 2–3, Hanbum. camwedaol *rōydaol* redyat. **16–17g.** E. Prys: *Gw* 352, Ieuenctid rhydid *rhwydol*—i berygl / A bariaeth anianol. **1759** *BC* 491, Mae pob pleserau bydol, *rwydol* rhâd / Yn dwyn Calonnau Ifienctid, i rwydau / Afreidiol rydyd. [**1783**] *W* d.g. *Reticular* [*in the form of a net*]. **1797** B. Evans: *CG* 321, y rhai na b'o ganddynt weithredoedd da i'w dangos yn y diwedd, a anfonir i'r tywyllwch eithaf . . . Wele, y fath beth *rhwydol* ydoedd! Anghenrhaid yw i gristion wilio a gweddio. **1803** *P, Rhwydawl* . . . Reticular; ensnaring.

rhwydoll, gw. **rhwyd-dwll.**

rhwydus [*rhwyd+-us*] *a.* Yn maglu, yn *ffig.*: *ensnaring, fig.*

Dchr. **17g.** *GDG*[3] 171 (amr.), Aie yr edn oer *rwydus* / Afrywiog liw friwiog lys. [**1745**] W. Roberts: *FfM* 3, Duw cadw ni mewn bri rhag brad, / *Rhwydus* freg pob Surdoes frwd [am y Methodistiaid].

rhwydwaith [*rhwyd+gwaith*[1]] *eg.b.* ll. *-weithiau.* Unrhyw beth ar ffurf rhwyd, (gwaith) rhwyd, delltwaith, rhwyllwaith; system sy'n cyd-gysylltu nifer o elfennau (e.e. ffyrdd, cyfrifiaduron, gorsafoedd teledu, &c.); grŵp o bobl sy'n cyd-gysylltu'n gymdeithasol neu'n broffesiynol i gyfnewid profiadau, gwybodaeth, &c.; hefyd yn *ffig.*: *net(work), netting, lattice;* (*road, computer, broadcasting, &c.*) *network; network* (*of people*)*; also fig.*

1588 1 *Br* vii. 17, Efe a wnaeth *rwyd-waith,* yn blethiadau o waith cadwynau. **1588** *Eseia* iii. 18, tynn yr Arglwydd ymmaith addurn yr escidiau, y *rhwydwaith* hefyd, a'r lloerawc wiscoedd. **1588** *Jer* lii. 23, yr holl bomgranadau ar y *rhwyd-waith* o amgylch oeddynt gant. **1604–7** *TW* (*Pen* 228), penwisg ar waith rhwyt, *rhwytwaith* d.g. *Reticulum . . . Reticulum capillare.* **1620** *Eseia* xix. 9, a'r rhai a weuant *rwydwaith* (**1588** *ib.* rwydau). **1632** *D,* wedi ei wneuthur yn *rhwydwaith* neu yn rhwyllwaith d.g. *Reticulatus.* **1722** *Llst* 189, *Rhwydwaith,* m. The caul of a periwig. **1753** L. Owen: *ADdE* 38, Amgae, neu Balis o *Rwŷdwaith.* **1778** *W* d.g. *Net-work, or netting.* **1803** *P.*

rhwydwe [*rhwyd+gwe*] *eb.g.* ll. *-weydd.* Rhwydwaith, rhwyllwe, masglau; brethyn clòs ei wead; hefyd yn *ffig.*: *network, mesh; finely woven material; also fig.*

1794 *W* d.g. *Tiffany* [*a sort of web so called*].

rhwydweithiaf: rhwydweithio [bf. o'r e. *rhwydwaith*] *bg.a.* Gorchuddio â (gwaith) rhwyd; cysylltu mewn rhwydwaith (am gyfrifiaduron, &c.); cyfathrebu â rhwydwaith (o bobl), cysylltu mewn rhwydwaith (o bobl), weithiau'n ddifr.: *to cover with net(work); network* (*of computers, &c.*)*; network* (*of person*)*, sometimes derog.*

1866. Ar lafar, 'Mae o'n defnyddio bob cyfla geiff o i *rwydweithio* y dyddia yma'.

rhwydweli, gw. **rhydweli.**

rhwydweog [*rhwydwe+-og*] *a.* Ar ffurf rhwydwe, rhwydog: *reticulate.*

1899.

rhwydwll[1] [gair geir., drwy gamddeall Llad. *ralla* (cf. *TW* (*Pen* 228) d.g. *rhwydd-dwll* uchod) fel *rallum*] *e?b.* Math o bâl goesir (yn enw. at lanhau pridd oddi ar aradr), rhawffon, padl: *paddle-(staff), spud.*

1707 *AB* 220a, *Rhwydwlh,* The paddle-staff. [S.]. **1753** *TR.* **1778** *W* d.g. *Paddle-staff.*

rhwydwll[2], gw. **rhwyd-dwll.**

rhwydwr [bôn y f. *rhwydaf: rhwydo* a *rhwyd+-wr*] *eg.* ll. *-wyr.* Un sy'n hela neu bysgota â rhwyd, un sy'n rhwydo, bwriwr rhwyd, maglwr, hefyd yn *ffig.*; gwneuthurwr rhwydau: *one who hunts or fishes with a net, one who nets or casts a net, ensnarer, also fig.; net-maker:*

1369 *Caernarvon Court Rolls* 54, [Ieuan] *Roydour.* **16g.** *GGH* 112, Lladron gosb, llew dewrwyn gwych, / Llai a rodian' lle'r ydych. / *Rhwydwr,* yn wir, rhodwyr nos, / Rhwymo'r ych rhai mae'r achos. **1604–7** *TW* (*Pen* 228), hwn a vwrw rwyt . . . wrth ymladh y dhala i elynion: *rhwydwr* d.g. *Retiarius.* **17–18g.** O. Gruffydd: *Gw* 38, Y *rhwydwr* amhur hudol [gau athrawiaeth], a'i fradol drithiol [*sic*] dro. **1759** *BC* 458, Rhyw Iarll . . . / a'i hudodd gwan ydoedd y Ferch: . . . / Ac yno'r diffeithwr hên *rwydwr* di-râd, / A yrrai'r fun reiol (nid gweddol) o'i Gwlâd. **1778** *W* d.g. *A net-maker, Net-man.* **1803** *P, Rhwydwr,* s. m.—pl. *rhwydwyr* . . . A net man. Ar lafar, '*rwytwr*' 'un sy'n rhwydo wrth botsian; y mae'r gair yn aml yn gyfystyr â potsiar', '*Rwytwr* 'eb 'i ail odd a, on' 'chæs a ddim o'i ddala 'riôd', *GTN* 696.

rhwydd [Llyd. C. a Diw. *rouez* 'prin', H. Wydd. a Gwydd. C. *réid,* Gwydd. Diw. *réidh* 'gwastad, rhwydd': ?o'r un gwr. IE. **reidh-* 'teithio, symud' ag a welir yn *gorwydd*[1], a Gal. *paraueredus* 'palffrai'; ?cf. hefyd H. Lyd. *in ruetir*] *a.* ll. *-(i)on,* a hefyd fel *adf.* ac *eg.* ll. *-au, -ion.* Heb fod yn anodd, hawdd, didrafferth, hwylus; hael, llawagored, rhoddgar; helaeth, eang; llewyrchus; cyflym, parod, diatal, rhugl; rhydd (ei symudiad), llac; agored (am dir, &c.), clir: *easy, feasible; generous, open-handed, bountiful; plentiful, widespread; prosperous; quick, ready, unhindered, fluent; free* (*of movement*)*, loose; open* (*of land, &c.*)*, clear.*

10g. (*Juv*) *VVB* 212, guollung vel *ruid,* gl. *uacuum.* **12g.** *GMB* 101, Rex regōm, Rebyt *rwyt* y voli. **12g.** *GLlF* 50, Gnaōt gan ri *rōyd* ardaōch. *id.* 134, Mabdysc oet idi roti yn *rwyt. id.* 443, Archaf rec yn dec, a digeryt—wyf, / Y erchi y'm Rwyf *rwyt* gerenhyt. **12g.** *GCBM* ii. 6, Yn eil gert y'm rwyf, yn *rwyt* yd uein. **12–13g.** *GMB* 336, E'r Tat kyuarchaf (*rōydaf* vy Reen). *id.* 486, Adef nef Neirthyad, o'th rad (boed *rwyt*) / Erglyw o'm gweti, Keli Kulwyt. **13g.** *GDB* 255, Eil gweleis y dreis dros ganaōl—Dyfyrdwy / En y trei tramwy llanō rwy *rwyd* haōl. *id.* 445 I wlad Dafydd rydd, *rwydd* Gymraeg. **13g.** *C* 105. 1, *Ruit* y clod includav anreith. **14g.** *Bren Saes* 88, hyt na lavassei y Freinc mynet yr coedid nac y'r anealwch, namyn rodiaw y tiroed *rwid* yn vlin lludedic. **14g.** *GDG*[3] 150, *Rhwydd* am aur o'i goreurrwyl, / Afrwydd am eilwydd, em ŵyl. *c.* **1400** *Ked AA* 6, ual y bei *rwydach* racdaw gaffel y neges. *Dchr.* **15g.** *GM* 23, A Duw a geidw dy eneit yn *rwyd.* **1547** *WS, Rwydd* Spedy. *id.* [164], morh *rhwyddon* vargenwyr. **16g.** *GGH* 30, Marchogion *rhwyddion* aml o'r heiddod. **1631** O. Thomas: *CC* 31, mor dueddol, ac mor *rhwydd* i ymddadleu. Ynghylch Gair Duw. **1632** *D, Rhwydd,* Prosper, expeditus. **17g.** Huw Morus: *EC* i. 38, Nid oedd *rwydd* y dydd yr aeth, / I dŷ daear di doraeth. **1760** Wll: *SAC* 132, bydded i'th Waed ti gyrhaeddyd cyn belled, a dyfod cyn *rwydded* i'm iachau. **1803** *P, Rhwyz* . . . Open, clear, or free of obstruction; easy to be accomplished; easy, frank; prosperous; tolerable, pretty well. *Diar.* A geir yn rhad, a red (a gerdd) yn *rhwydd.* Ar lafar, '*rhwydd*' 'free . . . as regards movement, etc.', 'gwllwn 'i hun yn *rhwydd*', 'Mae'ch tafod yn *rhwyddach*', 'gwnïo yn *rhwydd*', 'rhoi'n *rhwydd*', *WVBD* 468; hefyd yn Arfon yn yr ystyr 'diofal (am waith)'. Digwydd ym Morg. yn yr ystyr 'cyflym', 'Diwch 'ma'n *rwydd*', *GTN* 694, a chlywir hefyd yr ymad. 'Duw'n *rwydd* (i chi)' fel ffarwél, *ib.*

Fel *adf.* Gweddol, lled, pur, eithaf; ?tra, iawn: *fairly, tolerably, reasonably, quite; ?very.*

1713 J. Lewis: *CE* [iv], lle ni iawn osodwyd erioed Seiliau . . . ein Crefydd sanctaidd . . . ni ellir disgwyl amgen na bod ein praidd yn ysglyfaeth *rwydd*-egored i bob Twyllwr. **1741** *ML* i. 49, ond bod y tywydd yn *rhwydd* sych. **1751** *id.* 186, Eich brawd *rhwydd* besychlyd. **1752** *id.* 209, Lle anghymwys ddigon [Llundain] i herlodes *rhwydd* ynfyd. **1755** G. Owen: *L* 153, Y mae pawb yma'n *rhwydd* iachus. **1768** Risiart ap Robert: *CB* 352, a'r cyfryw rai [beiau] yn *rhwydd* amlwg. **1799** *TY* 106, Y mae ei feddwl . . . yn *rhwydd*-agored, i dderbyn cyfeiliornadau. *id.* 120, [c]ael drws *rhwydd*-agored at geisio moesoli 'r trigolion. **1803** *P, Rhwyz* . . . adv. Tolerably. *rhwyz* iaç, tolerably well; *rhwyz* debyg, tolerably like.

Fel *e.* Cyfoeth, golud; nerth, gallu; tir agored; person hael; sefyllfa rwydd: *riches, wealth; might, power; open land; generous person; easy situation.*

12g. *GCBM* i. 237, Detholeis uy rwyf, yn *rwyt*—am olud. **12–13g.** *GLlLl* 6, Chwi racdaō y gyd ny gedōch / Na *rwyt* na rydeōr ynyalōch. **13g.** *C* 27. 4–6, Nis rydraeth ryuetev kyvoeth *ruytev* douit. **13g.** *A* 29. 19, en llwrw *rwyddeu* ry gollet. **13g.** *BD* 163, prouedic yr geueis i avch kyghoreu chui eiryoet hyt hyn, yn *rwyd* ac yn dyrys. **14g.** *WML* 54, yny rantir rōg *rōyd* adyrys a choet amaes. **15g.** *DE* 88, da n rrwydd i bob dyn y rron / duw a rydd da i *rwyddion.*

Am *rhwydd hynt,* gw. **rhwyddynt.**

-rhwydd, gw. **-rwydd.**

rhwyddael, gw. **rhwydd+hael.**

rhwyddaf: rhwyddo [bf. o'r a. *rhwydd*] *bg.a.* Rhwyddhau, hwyluso, cynorthwyo ymlaen, hyrwyddo; gwneud yn llewyrchus: *to facilitate, expedite, advance, promote; make prosperous.*

13g. *C* 83. 10, Ren new *ruitade* vyneges. **15–16g.** *TA* 455, Gwaith ei law yn *rhwyddaw* rhain, / Gwaith gwŷr o weywyr Owain. **1595** *Egl Ph* [xi], Duw a'ch *rhwydho* olh i bhod yn Gristianogion dibalh. *id.* 49, wedi trebhnu hynn o arlwy i'ch *rhwydho* ar phordh gwybodaeth. **16–17g.** *PhA* 129, rhodd ddüw kann *rhwyddo* kenyt / rhodd Ddüw a bair rhwyddeb yt. *Dchr.* **17g.** *J* 10, 19b, *Rhwyddo.* Prospero. **1653** *MLl* i. 264, Gwna (o Eryr) dy orau i rwystro pôb Drŵg, ac i *rwyddo* pôb Da. **17g.** E. Morris: *B* 12, Môr ac sydd ynddo, Pysg, Tonnau llawn cyffro, / Cydseiniwch fel eco, er *rhwyddo* mawrhad, / I Frenin pob Mawredd. **1721** J. P. Prys: *DC* 15, Yr un Gwr a'th *rwydda* ag ath roddodd. **1759** J. Evans: *PF* 19, Y mae'n *rhwyddo* treiddiad Tawch y Corph. **1790** Twm o'r Nant: *GG* 38, Ond Duw, gyd â nyni, / O'n mewn ein hunain mae fe'n henwi, / Y rhodde ei Deyrnas, *rhwydded* arni.

1801 *TY* 370, *Rhwyddodd* in' wawr o heddwch. **1803** *P* d.g. *Rhwyzaw.*

rhwyddaidd [*rhwydd*+-*aidd*] *a.* Rhwydd, hawdd; hael, parod: *easy*; *generous*, *ready*.

16g. *Def Hen* 18, felly i bydd rhaid ini roi yn ddilog yn *rhwyddaidd*. **16–17g.** *Cer RC* 129, Peraidd *rhwydd-aidd* rhoddion [*sic*]. **1675** R. JONES: *HCh* 116, gan dy farnu a'th gondemnio dy hun yn *rhwyddaidd* ger bron Duw. **1743** J. JONES: *LlAW* 2, mewn cymdeithas rywiog a *rhwyddaidd*. **1759** *DG* 122, Gair Moses a'r prophwydi, gwnae ymroddi'n *rhwyddedd*. **1790** TWM O'R NANT: *GG* 10, Yn Rhad, yn Rhad mae'r gwir Anrhydedd, / Yn *rhwyddedd* i bob rhyw. **1793** DAFYDD IONAWR: *CD* 298–9, *Rhwyddaidd* a hawdd yw rhoddi / I loes y Groes d'einioes di. *id.* 316, *Rhwydd-aidd* y bore heddyw / Daeth Ior Hêdd o'i fêdd yn fyw! **1803** *P.*

rhwyddaint [?*rhwydd*+-*aint*, gw. *GMB* 15] ?*eg.* ?Haelioni: *generosity*.

Dchr. **12g.** *GMB* 7, Terruin am tir, ri reith kywir o hil Morgant, / O Morccanhvc, O Rieinvc, radev *rvytheint*.

rhwyddair, rhwyddaur, gw. rhwydd+gair[1], aur.

rhwyddbar, rhwyddbarch, rhwydd-dal, gw. rhwydd+pâr[3], parch, tâl[1].

rhwydd-deb, rhwydd-dab [*rhwydd*+-*deb*, -*dab*] *eg.b.* Rhwyddineb, hwylustod, cyfleustra; cynnydd, llwyddiant, ffyniant; haelioni, rhadlonrwydd: *ease*, *facility*, *convenience*; *progress*, *success*, *prosperity*; *generosity*, *benevolence*.

14g. *GDG*[3] 28, Tyrnau grym, tëyrn y Gred, / Tydi Ifor, tad yfed, / Enw tefyrn, ynad hoywfoes, / Wyneb y *rhwydd-deb* a'u rhoes. **15g.** *DE* 95, ragorfab *rwydd-dab* reidd don rwydd danad. **15–16g.** *TA* 160, Rhoi i ddeutu mae'r Rhod atad, / *Rhwydd-deb* it wyneb y tad. **1527** *B* ii. 221, drwy adolwyn j Dduw ar ddanvon *hrwydddeb* o wynt a dayoni vdunt. **1547** *WS*, *Rwydd-teb* Spede. **16g.** *GHCEM* 86, A nâd i'm mab, *rwydd-dab* red, / Wiliam Eutun, dy weled. **1588** 1 *Esd* viii. 7, fel y rhoddodd yr Arglwydd *rwydd-deb* iddynt yn eu taith. **1595** H. LEWYS: *PA* 237, y sawl sy anioddefgar, a genfigenant wrth lwyddiant, a *rhwydd-deb* rhai eraill. **1603** E. KYFFIN: *Ps* [iv], tra fo duw yn canhiattau i ni, y *rhwydd-deb* . . . a'r rhyddid y rydym yrowran yn ei gael. **1604–7** *TW* (*Pen* 228), *Rhwydhdeb* ywch d.g. *Salue.* **1605–10** *CRC* 56, a thri *rrwydddeb* merch y sydd / noswaith dowyll dawel brydd / dor dda ymagor gyngor gvdd / ar tylwyth fydd heb hvno. **1630** *YDd* 142, Dyro i'th Efengyl *rwydd-deb* rhydd (*free passage*) a gorfoleddus trwy'r byd. **1632** *D*, *Rhwydd-deb*, Prosperitas, agendi facilitas. **1672** R. PRICHARD: *Gw* 158, Di gei weled y gwna gweddi, / *Rwydd-deb* mawr a chynffordd itti. **1733** J. OWEN: *TBG* 89, Ar roddi o Dduw *rwydd-deb* i'w llafurwaith hwynt. **1768** RISIART AP ROBERT: *CB* 143, ein llwyddiant mewn marchnadoedd, a'n *rhwydd-deb* mewn pob achosion. **1803** *P*, *Rhwyzdeb* . . . Clearness from obstruction; facility; success, prosperity.

Amr.: **rhwydeb. 1661** E. LEWIS: *Drex* [xxiv]. **1769** TWM O'R NANT: *TChD* 41. **1789** GW. MECHAIN: *Gw* i. 232. **rhwyddeb** [dichon mai gwallau a welir yma]. *c.* **1585** G. ROBERT: *DC* xxv. **1588** *Act* xiv. cs. **rhwyteb. 1882.** Ar lafar, '*rwytab* (eg) rhwydd-deb; llwyddiant', 'Gobitho ciwch chi *rwytab* i fynd sia thre'n ddidraffith nawr', *GTN* 696; 'Cheson ni ddim *rwytab* i gwpla'r papro 'eddi', *BIBC* 43; '*Rhwyteb* dda iddo', J. JONES: *Gwerin-eiriau*[2] 158.

rhwydd-der [*rhwydd*+-*der*] *eg.* Rhwyddineb, hwylustod, cyfleustra; cynnydd, llwyddiant, ffyniant; haelioni, rhadlonrwydd; helaethrwydd, llawnder: *ease*, *facility*, *convenience*; *progress*, *success*, *prosperity*; *generosity*, *benevolence*; *abundance*, *wealth*.

13g. *GDB* 452, Gorug dduw Gwener *rhwydd-der* rhadau, / Goddef pum harcholl o archollau. **13g.** *GBF* 447, Yn ryd y'm heneit rodyon—goleuder, / Yn *rwydder* lleuer y'm llehaon! **14g.** *HMSS* ii. 103, A llawen . . . vu y ffreinc o gaffel y vudugolyaeth gyntaf. ac eissoes y dyghetuen a gymysgwys petheu gwrthwyneb yr *rwyder* [*sic*] hwnnw. canys gorthrymder gelynyon o newyd a doeth attunt. **15g.** *IGE*[2] 238, Ai o lawer, *rhwydd-der* rhad, / Modd arall, meddai uriad [Ieuan ap Rhydderch i'r offeren]. *id.* 241, A *rhwydd-der* a gwarder gwiw, / Cywir ffawd, i'r corff ydiw [Ieuan ap Rhydderch i'r offeren]. **15–16g.** *TA* 202, Rhoddi d'aur braisg, *rhwydd-der* bron,—/ Rhai heb roddi'n rhy bruddion. **16g.** SIÔN BRWYNOG: *C* 121, Syr Rhosier o *rwydd-der* ynn, / Syr Tomas irwayw twymyn. **17g.** E. MORUS: *Gw* 92, Duw cyfiownder *rhwydd-der* rhâd. **1803** *P*, *Rhwyzder* . . . Facility, unobstructedness.

rhwydd-dir, gw. rhwydd+tir.

rhwyddeb, rhwyddell, gw. rhwydd-deb, hwyfell.

rhwyddfab, rhwyddfad, gw. rhwydd+mab, mad[1].

rhwyddfaes [*rhwydd*+*maes*[1]] *eg.* Maes agored, gwastadfaes; anialdir; hefyd yn *ffig.*: *open land*, *plain*; *desert*; *also fig.*

1346 *LlA* 49, Athrycha koet ygofuynnev ydỽyfi yn kyfueilorni yndunt megys ygallỽyf dyuot yr *rỽyduaes* ygỽybodev drỽydot ti. **16g.** *GSOG* 91, Heuodd i'm bron friwdon frad, / Hoywdeg hiraeth had cariad. / . . . / Mae'n syrthio [y cnwd] cyn mudo'r maes, / Mae'n rhy aeddfed mewn *rhwyddfaes*. **1589–90** *Rhyddiaith Gymraeg* ii. 126, ac e ddalwyt Sedechias y brenhin ar *rwyddfaes* Ierico. **1604–7** *TW* (*Pen* 228) d.g. *Campus.*

rhwyddfaith, rhwyddfalch, rhwydd-fawr, rhwyddfodd, rhwyddfraint, gw. rhwydd+maith, balch[1], mawr, bodd, braint[1].

rhwyddfudd [*rhwydd*+*budd*] *a.* a hefyd fel *eg.* Hael, llawagored, rhoddgar; cyfoeth parod, rhodd hael: *generous*, *liberal*, *bountiful*; *freely-bestowed wealth*, *generous gift*.

12g. *GLlF* 64, Ny bu dy gyflu dygyflud—am rod, / Am rỽyduod, am *rỽyduud*. **12g.** *GCBM* i. 327, Rwysc aches a'm rotes *rwytvut* / (Rwyf cadeu) yr cadw y deurut. *id.* ii. 94, *Rwytuut* veityad, gad geithiw. *id.* 183, Hil Gruffut, rwyf *rwytvut* radeu. **13g.** *GDB* 452, A wnel gorphowys rhac pwys poenau / I Ruffudd *rwyddfudd* yn ei raddau. **13g.** *GBF* 85, Dreic *rwytỽut*, rutuoaỽc. *id.* 104, Gwalch gỽaỽdỽut, *rwytỽut* rec. **1803** *P.*

rhwyddfwyn, gw. rhwydd+mwyn[1].

rhwyddfyd [*rhwydd*+*byd*] *eg.* Hawddfyd, byd da, pleser, hapusrwydd: (*life of*) *ease*, *pleasure*, *happiness*.

15g. *IGE*[2] 236, Fal yr oeddwn, fawl *rwyddfyd*, / Mewn eglwys, baradwys bryd (Ieuan ap Rhydderch). **1603** W. MIDLETON: *Ps* 2, *Rwyddfyd* hwnt rhoddaf yti. *id.* 248, Kaiff kâr dy gyfraith roddfaith *rwydd-fyd*. **1655** R. JONES: *PC* [220], dim coel ar *rwyddfyd*. **1759** *BC* 170, Am gwynfyd *rhwyddfyd* rhoddfawr, trwy'r un addewid werthfawr.

rhwyddgadr, rhwyddgain, rhwydd-galon, rhwyddgan, gw. rhwydd+cadr, cain[1], calon, cân[1].

rhwyddgar [*rhwydd*+-*gar*] *a.* Hawddgar, hynaws, dymunol, hyfryd; ?hawdd ei drin: *amiable*, *agreeable*, *pleasant*, *lovely*; ?*manageable*.

c. **1600** *RWM* ii. 786, Yr hydd garw ffres *rhwyddgar* ffraeth. **1738** *Beirdd y Bala* 21, *Rhwyddgar* le'r hawddgar lyn, / Mewn mur panlle mae môr Penllyn. **1762** T. WILLIAMS: *HHO* 130, Ond Gwynedd draw â'i law gyrrhaeddgar, / A dorrodd dderw, nid rhai garw, ond rhywiog *rhwyddgar*.

rhwyddged [*rhwydd*+*ced*] *a.* a hefyd fel *eb.* Hael, llawagored, rhoddgar; rhodd hael: *generous*, *liberal*, *bountiful*; *generous gift*.

12g. *GLlF* 446, Dewi yn ehag, yn rann *rwytged*. **12g.** *GCBM* i. 147, Cloduan rwyf *rwytged* uerth. *id.* ii. 94, Rwyd urwyd urwydyrglwyf rwyf *rwytged*. *Dchr.* **15g.** *B* ii. 193, Ryt hynot hoewglot odyn / *Rwyd get* lle ret pob ryw dyn. **15g.** *DN* 101, Y pymthegfed dydd, rydd *rrwyddged*,—yr arglwydd / Hylwydd gan y haeled. **16–17g.** *CC* 41, ac ni dawed *rhwyddged* rhif / geniog i ddyfod gennif (Thomas Prys). **1770** *W* d.g. *Beneficient, Bounteous, or bountiful, Frank.* **1803** *P.*

rhwyddglod [*rhwydd*+*clod*] *a.* a hefyd fel *eb.* Hyglod, clodfawr, enwog; canmoliaeth rwydd, enwogrwydd: *praiseworthy*, *celebrated*, *renowned*; *easy praise*, *renown*.

c. **1400** *R* 1357. 8–9, Vlldach ewingrach y wan arudgled oed *rỽyd glot* gyflauan. **16g.** SIÔN BRWYNOG: *C* 39, Bw[cl]eiod, *rhwyddglod* eu rhan, / Pennau teirw mewn print arian. **1603** W. MIDLETON: *Ps* 149, Bryssia in cym-morth borthi, / (Duw dhiweir-nôd *rwydh-glôd* ri). **17g.** E. MORRIS: *B* 13, Fe a'n Creodd Duw uchod, dda *rwyddglod* ddi rus.

rhwyddgu, gw. rhwydd+cu.

rhwyddhad [bôn y f. *rhwyddhaf*: *rhwydd-hau*+-*ad*[2], trf. han.] *eg.* Hyrwyddiad, hwylusiad, hybiad, dygiad ymlaen: *a facilitating*, *advancement*, *furtherance*, *promotion*.

1604–7 *TW* (*Pen* 228), *rhwydhaat* ar les vn d.g. *Utilitas.* **1722** *Llst* 189, *Rhwyddhaad.* m. Furtherance. **1773** *W* d.g. *Furtherance.* **1803** *P* d.g. *Rhwyzâad.*

rhwyddhaf: rhwyddhau [*rhwydd*+-*hau*] *bg.a.* Gwneud yn rhwydd(ach), hyrwyddo, hwyluso, dirwystro, cynorthwyo ymlaen, hybu, rhoi hwb i, cefnogi, peri ffyniant i; llacio, rhyddhau; gwneud yn rhugl neu lithrig (e.e. am fesur cerdd): *to make easy or easier*, *facilitate*, *further*, *expedite*, *advance*, *promote*, *prosper*; *loosen*, *free*; *make fluent or flowing* (*e.g. of poetic metre*).

13g. **(1641)** *HGK* 28, Oddyna eissyoes pob dryll y *rhwyddhaws* pob peth rhag Gruffudd. **13g.** *GBF* 264, Rwyf kywir ker tir Tyssiliaỽ, / *Rwythaỽs* Deỽs diofyn racddaỽ. **14g.** *WM* 161. 29–30, Duỽ a talho it ha *rỽydheyt* duỽ ragot. *c.* **1400** *R* 1313. 18–20, Kyfrỽyd vo ragot kyfrin coelueinchỽedyl: *rỽydhau* yn kenedyl rodyon kunin. **1547** *WS*, *Rwyddhau* Spede. **1603** W. MIDLETON: *Ps* 201, Llywodraethwr . . . / Rhydd a hyf ae *rhwydd-haodd*. **1632** *D*, *Rhwyddhâu*, Prosperare, expedire, facilitare. **1632** J. DAVIES: *LlR* 222, ein dyrchafu, a'n *rhwyddhâu* tu a'n Iechydwriaeth. **1651** SIÔN TREREDYN: *MDD* 167, wedi *rhwyddhau* pob rhwystr. **1672** R. PRICHARD: *Gw* 165, Cais ei fendith ar dy shiwrneu, / Fe *rwyddhâ* dy holl negeseu. **1743** J. JONES: *LlAW* 195, a *rhwyddhâ* ni a'th barhaus Gymmorth. **1770** *TG* iv. 48, bachgen a ddringodd i ben yr hwylbren i *rwyddhau'r* hwyl. **1770** E. PRYS: *Ps* [ii], gan feddwl fod yn bosibl *rhwyddau* rhai Mannau o Brydyddiaeth . . . Edmund Prys. **1803** *P* d.g. *Rhwyzâu.*

Cfn.: **rhwyddhau ffordd:** *to clear a path*, *ease the way*, *also fig.* **13g.** *LlI* 14, Ef [dressavr] a dele *rvydhau ford* e'r brenhyn a'e uerllysc. **1620** 2 *Sam* xxii. 33, Duw yw fynghadernid a'm nerth: ac a *rwyddhaodd* (**1588** *ib.* rŷddhaodd) fy *ffordd* i yn berffaith. Cf. **1672** R. PRICHARD: *Gw* 241, Ith rwyddhau y ffordd y cerddech.

rhwyddhawr [bôn y f. *rhwyddhaf*: *rhwydd-hau*+-*wr*] *eg.* ll. -*wyr.* Hyrwyddwr, hwyluswr, cefnogwr: *facilitator*, *furtherer*, *promoter*.

1773 *W* d.g. *Furtherer, Promoter.* **1803** *P* d.g. *Rhwyzâwr.*

rhwyddhynt, gw. rhwyddynt.

rhwyddiaith, gw. rhwydd+iaith.

rhwyddiant [bôn y f. *rhwyddaf*: *rhwyddo*+-*iant*; ansicr yw'r union ystyr yn yr engh. gyntaf isod] *eg.* Rhwyddineb, hwylustod, cyfleustra; hyrwyddiad, hwb ymlaen; ?parodrwydd: *facility*, *ease*, *convenience*; *promotion*, *furtherance*; ?*readiness*.

12g. *GLlF* 163, ny'm gỽna poen *rwydyant* bodyant, pa dras! *c.* **1400** *R* 1254. 28–30, llidiaỽc uugenti. llityant *rỽytyant* ri. beidaỽ yhenỽi pan y henweis. **1567** *TN* 293a, y petheu . . . a [dd]aethont yn hytrach yn *rhwydd-iant* [:– er buddiant] ir Euangel. **16g.** WILIAM CYNWAL: *Gw* (R. L. Jones) 573, Da ynn a roddaist, dyna *rwyddiant*, / Dawn yw acw mwy no deunawcant. **1759** *BC* 291, Ein Prynwr rhoddwr *rhwyddiant*. **1803** *P*, *Rhwyziant*, s. m. . . . Facility, easiness.

rhwyddiawdr [bôn y f. *rhwyddaf*: *rhwyddo*+-*iawdr*] *eg.* Un sy'n rhoi'n rhwydd: *one who gives readily*.

c. **1400** *R* 1247. 27, Mor amherawdyr *rỽydyawdyr* rod.

rhwyddineb [*rhwydd*+-*ineb*] *eg.* Yr ansawdd neu'r cyflwr o fod yn rhwydd, hawster, esmwythder, hwylustod, cyfleustra; hyrwyddiad, hwb ymlaen; rhuglder, llithrigrwydd: *easiness*, *ease*, *facility*, *convenience*; *furtherance*, *promotion*; *fluency*, *glibness*.

c. **1730** *Taith C* 45, A'r lleill o'r Tylwyth a ddymunodd iddynt bob *rhwyddineb*. **1798** *WR* d.g. *Facility.* **18–19g.** *CRIM* 48, Y tirion ffyddlondeb, p'le cuddiaist dy wyneb / A barai *rwyddineb* a llundeb i'n tir? **1803** *P*, *Rhwyzineb*, s. m. . . . The state of being clear, easy, or unobstructed. Ar lafar, 'Fe gas bob *rwyddinab* i fynd 'da ni i gyd fel teulu' (Morg.).

Cfn.: **rhwyddineb ymadrodd:** *fluency of speech.* **1814.**

rhwyddiwr, gw. rhwyddwr.

rhwyddlam, rhwyddlan, gw. rhwydd+llam, glân.

rhwyddlawn, gw. rhwyddlon.

rhwyddles, rhwyddlew, rhwyddlid, rhwyddlithr, rhwyddlithrig, gw. rhwydd+lles, llew, llid[1], llithr, llithrig.

rhwyddlon, rhwyddlawn [*rhwydd*+-*lon*, -*lawn*] *a.* Hael, llawagored, rhoddgar;

rhwydd, hawdd, parod: *generous, liberal, bountiful; easy, ready.*

13g. *GDB* 19, Gweilch beilch balchdawn *rwydlawn* rec. **15g.** *LGC* 425, Maelgwn wyd, Rufydd! mal Gwên, neu Drifwys; / Avarwy, Lawnslod, pan vu briodas; / O gydwŷdd *rwyddlawn* a gadwodd ryddlys / Syr Gai ab Ivan sy â'r gwayw Bevus. **16g.** *GHCEM* 4, Duw na chawn, o *rwyddlawn* ras, / Digwyddiad oedd deg addas. *id.* 17, Rhwyddlys y Ward, rhoddles iaith, / *Rhwyddlawn* elw, Rhuddlan eilwaith. **16–17g.** *DCR* 181, fal os pair yt nethvr dawn / er *Rhwyddlawn* wag ogoniant / gweithred dda nid eiddot yw / ond rhoddiad dvw orevsant. **1798** R. Davies: *CG* 28, Cadd Dynion *rwyddlon* rodd, / Mae'r Nefoedd wrth ei bodd, / Mab Dyn ar lawr / Yn Arglwydd mawr un modd. **18–19g.** Ieuan Lleyn: *C* 67, Gwrando fy nghynghorion, / Yma'n llon, mwyna lles / A geisiaf roddi 'n gyson, / *Rwyddlon* res.

rhwyddlwyn [*rhwydd*+*llwyn*[1]; ansicr yw'r engh. gyntaf isod; dichon mai cymysgu â *gwyddlwyn* sy'n gyfrifol am yr ail ystyr isod] *eg. Bot.* Unrhyw blanhigyn o'r tylwyth *Veronica* ac iddo goesyn blewog a blodau bychain glas neu leloc, llysiau Llywelyn, gwrnerth; ?planhigyn o'r tylwyth *Sanguisorba*, gwyddlwyn, gwyddlwdn: *speedwell; ?burnet.*

Diw. **16g.** *WLB* 42, ar mwntaen ar *chwyddlwyn* [*sic*] ar ysbikyrnel. **1604–7** *TW* (*Pen* 228) d.g. *Veronica.* **1632** *D* (*Bot*), *Rhwyddlwyn*, vid. Llysiau Llywelyn. **1688** *TJ* (*Bot*), *Rhwŷddlwŷn*, llysiau llywelŷn: great Speed-well, or Fluellin. **18g.** *Llr* C 24, 365, burneda, y *rwyddlwyn.* [**1783**] *W* d.g. *Speedwell* [*in Botany*]. **1803** *P.* **1813** *WB* 3, Veronica; Speedwell; *Rhwyddlwyn.*

Cfn.: **rhwyddlwyn blewynnog:** *germander speedwell, Veronica chamædrys.* **1813** *WB* 232. **rhwyddlwyn y bryniau:** *wood speedwell, mountain speedwell, Veronica montana.* **20g.** **rhwyddlwyn crynddail:** *slender speedwell, Veronica filiformis.* **20g.** **rhwyddlwyn culddail y gors:** *marsh speedwell, Veronica scutellata.* **1813** *WB* 3. **rhwyddlwyn dail eiddew:** *ivy-leaved speedwell, Veronica hederifolia.* **20g.** **rhwyddlwyn eiddewddail = rhwyddlwyn dail eiddew.** **1813** *WB* 3. **rhwyddlwyn y gerddi:** *common field speedwell, Veronica persica.* **20g.** **rhwyddlwyn gorweddol:** *green field speedwell, Veronica agrestis.* **1813** *WB* 3. **rhwyddlwyn gwrywddail:** *thyme-leaved speedwell, Veronica serpyllifolia.* **1813** *WB* 3. **rhwyddlwyn llwyd:** *grey field speedwell, Veronica polita.* **20g.** **rhwyddlwyn meddygol:** *common speedwell, heath speedwell, Veronica officinalis.* **1813** *WB* 3. **rhwyddlwyn y mur:** *wall speedwell, Veronica arvensis.* **20g.** **rhwyddlwyn mynyddol = rhwyddlwyn y bryniau.** **20g.** **rhwyddlwyn pigog:** *spiked speedwell, Veronica spicata.* **20g.**

rhwyddlwyr, gw. **rhwydd**+**llwyr**[1].

rhwyddol [*rhwydd*+*-ol*] *a.* Rhwydd; hael, parod; hyrwyddol, rhwyddhaol: *easy; generous, ready; facilitative.*

16g. Wiliam Cynwal: *Gw* (R. L. Jones) 276, Duw'n dragwyddol *rwyddol* ran. *p.* **1584** G. Robert: *GC* [344], a rhydd ddyn mawr yn *rhwyddawl* / mewn graddau, a moddau mawl. **1803** *P* d.g. *Rhwyzawl* . . . Facilitating.

rhwyddolaf: rhwyddoli [bf. o'r a. *rhwyddol*] *ba.* Hwyluso, hyrwyddo: *to facilitate.*

1803 *P.*

rhwyddrad, rhwyddrasol, rhwyddwaed, gw. **rhwydd**+**rhad, grasol, gwaed.**

rhwyddwaisg, rhwyddwaith, rhwyddwalch, rhwyddwallt, gw. **rhwydd**+ **gwaisg, gwaith**[1]**, gwalch, gwallt.**

rhwyddwart, rhwyddwawd, rhwyddwin, rhwyddwiw, gw. **rhwydd**+**gwart, gwawd, gwin, gwiw.**

rhwyddwr, rhwyddiwr [bôn y f. *rhwyddaf*: *rhwyddo*+*-(i)wr*] *eg.* Hyrwyddwr, hwyluswr, cefnogwr, noddwr: *facilitator, furtherer, promoter, patron.*

15g. *DE* 96, *rwyddwr* raid oeswr rawd weision reidiol. *Diw.* **15g.** *Pen* 53, 27, rydd ar eirvydr *rwy/ddywr* arveu [Ieuan ap Rhydderch i'r Prol]. *a.* **1587** *Y* 53, Gwest odl, ple rhois gystadlaeth, / *Rhwyddwr* cerdd, rhwng rhydd a'r caeth? **17g.** Huw Morus: *EC* i. [86], Rhys rheolwr *rhwyddwr* hedd, / Rhys Wynn, ben rhosyn bonedd. **1696** *CDD* 114, Ac yno'r difeirwch, fŷdd *rhwŷddwr* i'r heddwch, / A phlant y tywŷlwch [*sic*] ant allan. **1759** *DG* 55, *Rhwyddwr* ych chwi lle rhoddwch / A rydd heblaw rhoddi blwch.

rhwyddwych, rhwyddwynt, gw. **rhwydd**+**gwych, gwynt.**

rhwyddyd [*rhwydd*+*-yd*[1]] *eg.* Rhwyddineb, hawster, hwylustod: *ease, easiness, facility.*

1632 *D* d.g. *Facilitas.* **1722** *Llst* 189, *Rhwyddyd.* m. Easiness.

rhwyddynt, rhwydd hynt [*rhwydd*+ *hynt*[1]] *eg.b.* Taith ddirwystr neu lewyrchus, mynediad rhydd, llwybr rhwydd, hefyd yn *ffig.*: *unhindered or prosperous journey, free passage, easy course, also fig.*

14g. *Cy* vii. 137, Tri *rwyd hynt.* efferen a chinio a chedymdeith da. **14g.** *GDG*[3] 27, *Rhwyddynt*, cyhafal Rhydderch, / Rhagod, synnwyr wybod serch [i Ifor Hael]. **14g.** *GIG* 79, Dywaid yn groyw, iaith ffloyw fflwch, / *Rhwyddynt* Padrig i'r heddwch. **14–15g.** *IGE*[2] 265, Cyntaf arglwydd mewn *rhwyddynt* / Fu ohonam heb gam gynt / Siaffeth fab Noe, faen saffir (Siôn Cent). **15g.** *Pen* 57, 35, Teu vedru glann tewvydr glod / Tir iago *rrwyddynt* ragod [i'r llong]. **1567** *TN* 222b, yn erchi, ar vot ymy . . . gael *rwydd-hynt* gan wyllys Duw, y ddyvot atoch. *a.* **1587** *Y* 22, Cam a wnayd, cymen wawdydd, / A mi a Rys fod mor rhŷdd / Nas rhoddyd o naws *rhwyddynt*, / Cvn gwawd, ne naghav yn gynt. **1588** *Tob* v. 16, *rhwydd-hynt* i chwi. **1603** W. Midleton: *Ps* 138, Y dyddiav gynt *rwydd-ynt* rann. **1604–7** *TW* (*Pen* 228), *rhwydhynt* rhagot d.g. *Vale.* **1775** *W* d.g. *Journey . . . a prosperous journey.* **1803** *P*, *Rhwyzhynt*, s. f. . . . A free course. Ar lafar, 'Hela garden wedi i ti gyrradd, a *rhwydd hynt* ar y daith'; 'Croeso iddo fo drio gwneud y cyfan erbyn 'fory, a *rhwydd hynt* iddo fo, 'ddeuda' i'.

rhwyf[1] [bnth. Llad. *rēmus*, H. Grn. *ruif*, gl. *remus*, Llyd. C. *r(o)euff*, Llyd. Diw. *roeñv*; ?cf. hefyd H. Lyd. *roiau*, gl. *soffosoria*; dichon mai *rhwyf*[1] yw'r ail elf. yn *dluithruim*, gl. *uecte*, (*Juv*) *VVB* 107] *eb.* ll. *-au.* Polyn hir a llafn ar un pen, a ddefnyddir i yrru neu lywio cwch neu long drwy roddi'r polyn mewn roloc (sy'n gweithredu fel ffwlcrwm) a thynnu'r llafn drwy'r dŵr; padl; hefyd yn *dros.*: *oar; paddle; also transf.*

13g. *HGK* 19, yd aeth en yscraff e canonwyr en Aberdaron, ac en honno a dan *rwyf* yd aeth hyt en Ywerdon. **14g.** *T* 30. 26, Gnaỽt *rỽyf* yn heli beli wiraỽt. *c.* **1400** *R* 1255. 6–7, O mynnỽn vyngklỽyf gan liỽ tonn ỽrth *rỽyf.* *c.* **1400** *YSG* i. [143], ysgraff heb na *rwyfeu* na hwyl arnei. **15g.** *ID* 44, ysgraffay n gwisgo r offerr / heb *rwyff* [*sic*] un yn bwrw y verr. **1547** *WS*, *Rwyf* i rwyfo An ore. **1588** *Esec* xxvii. 6, Gweithiâsant *rwyfau* o dderw o Basan. **1632** *D*, *Rhwyf*, Remus. **1722** *Llst* 189, *Rhwyf* cerwyn. A mashing staff. **1725** D. Lewis: *GB* 220, fel *Rhwyf* neu Lyw, yn troi Bâd neu Long. **1778** *W* d.g. *Oar* [*to row with*]. **1803** *P.* Ar lafar yn gyff., *WVBD* 468, *GTN* 694; am yr enwau ar y 'gwahanol rwyfau ar hen gychod mawr Enlli', gw. *BILlE* 36.

rhwyf[2]**, rhwy**[3] [H. Grn. *ruy*, gl. *rex*, (*gurhemin*) *ruif*, gl. *edictum*, Llyd. C. *ro(u)e*, *roy*, Llyd. Diw. *roue*] *eg.* ll. *rhwyfau*, (geir.) *rhwyon.* Brenin, arglwydd, rheolwr, pennaeth, arweinydd: *king, lord, ruler, chieftain, leader.*

12g. *GMB* 71, Reen nef, mor ryuet y ryuetaỽd / Rieu, *Rỽyf* eluyt, ryt y volaỽd. *id.* 111, A Thrahaearn a later / A mab Rywallaỽn, *rwyf* myr. **12g.** *GLlF* 50, Kerennyd vy *rỽy*, nyt raỽch—y erchi. **12–13g.** *GLlLl* 133, Ar deheu Rieu, *Rwyf* goruchel—nef, / . . . / . . . boet hywyt Hywel. *id.* 251, Kyureu Kyrriduen, *rwyf* bartoni. **13g.** *C* 64. 17, bet meigen mab run *rvif* llis. **14g.** *T* 56. 17, ryfelgar. *rỽysc* enwir *rỽyf* bedyd. **14g.** *GEO* 11, Bych *rhwyf* ganmlwydd ar swydd pob Sais! **14g.** *GDG*[3] 46, Gwaedgoel saffwy *rhwy* rhwym gwlad —a'i gafael [marwnad Angharad]. **14g.** *GIG* 36, Paun, *rhwy* Glyndyfrdwy dyfrdir [i Owain Glyndŵr]. *c.* **1400** *R* 1050. 12–14, Ac am gỽyn rien ryueleu a vyd. a diffeith eluyd heb aelwydeu. ac allwed rufein gan *rỽyueu.* *a.* **1587** *Y* 171, Ni ryfygaf, *rwyf* eigiawn, / Yn ych mysc na dysc na dawn. **1632** *D*, *Rhwyf* . . . Rex, rector, gubernator. **1722** *Llst* 189, *Rhwy.* m.p. *Rhwyon.* A monarch, emperour, king. **1773** *W* d.g. *Emperor.* **1790** Gw. Mechain: *Gw* i. 225, Rhyddid ddiglwyf, cu *rwyf* ein crefydd. **1803** *P*, *Rhwyv*, s. m. —pl. t. *au* . . . a commander, a ruler.

rhwyf[3] [cf. *rhwy*[1]; ansicr yw rhai o'r enghrau. isod, a dichon fod yma fwy nag un gair] *eg.* ll. (?geir.) *-au.* Rhwysg, rhodres, balchder, rhyfyg, (?geir.) uchelgais; gormodedd, ?digonedd; ?cwrs; ?gwth (o wynt): *pomp, pride, arrogance, (?dict.) ambition; excess, ?plenty; ?course; ?blast (of wind).*

12g. *GLlF* 442, Gweleis-y am ucher, uchel eu *rwyf* / Gỽraget, rianet, rei a garwyf. **12–13g.** *GLlLl* 218, Minheu o'm radeu . . . / Yn ruteur, yn rwyt ardunyant / O bob rif y'm *rỽyf* y'm donyant. **13g.** *GDB* 404, Gwr a wnaeth llewych o'r gorllewin, / . . . / A'm gwnel, radd vchel *rwyf* cyflychwin, / Cyflawn o awen awydd Fyrddin. **13g.** *GBF* 470, Drudyon vydant, drỽc y barnant am eu barnev / Heb dim nefaỽl o *rỽyf* bydaỽl byt gyfreitheu. *id.* 480, Ac ny medylyho a *rỽy* dirpero, / Y *rỽyf* a gaffo nyt ymgoffa! *c.* **1300** *B* iv. 127, Oyan a borchellan bydan a daw. / a *rwyf* o wynt a ryfreu o law / a *rwyf* o ereidyr yn ryuoryaw. / ac ar vwyt y tri y porthir y naw. **14g.** *WM* 467. 24–9, Caccymuri gỽas arthur dangosset itaỽ yr yscubaỽr kyt bei *rỽyf* dec aradyr arugeint yndi: ef ay trawei afust heyernyn. **14g.** *GDG*[3] 226, Ym Mynyw, *rwyf* Wenhwyfar, / Ym Môn yr haeddaist fy mâr. *c.* **1400** *R* 1257. 4–6, Vyntraỽs gnaỽs gnaỽt odic bechaỽt aduc beicheu. Val nat divro ym y riuo am y *rỽyueu.* **14–15g.** *IGE*[2] 256, Annoeth *rwyf*, heb ofn na thranc, / Fy mywyd tra fûm ieuanc (Siôn Cent). *id.* 276, A'th *rwyf* dithau, a'th ryfig / A wnâi Dduw beunydd yn ddig (Siôn Cent). **15g.** *AL* ii. 438, geir gỽall yn holi or *rỽyf* neu eisseu . . . Sef yỽ dyall geir *rỽyf* dỽedyd mỽy no messur y gyfreith. **15g.** (*Diw.* **16g.**) *Gwyn* 3, 31, Arch i'th dduw ner / ddwyn holl nifer / pan eu rhifer / poen eu *rhwyfau* [Ieuan ap Rhydderch i Fair]. **1567** *TN* 215a, wedy dyvot Agrippa a' Bernice a rhwysc [:– rhodres, *rrwyf*] mawr. *id.* 322a, nwyfiant [:– *rwyf*, dra, wtres, ormodedd, reiat]. **16–17g.** *HG* 55, bailchon trawson mawr ywn *rhwyf*, tra vo ni ar nwyf yn peri. *Dchr.* **17g.** *J* 10, 19a, *Rhwyv.* ambition. **1632** *D*, Rhwy, & *rhwyf* . . . redundantia, nimietas. *id.* d.g. *Pompa.* **1672** R. Prichard: *Gw* 28, Ynte rodiodd ar 'y môr, / Gan ostegu ei *rwyf* [:– Gormodedd] a'i rôr. *id.* 94, Fy ieungctid mewn oferedd, / *Rhwyf*, rhyfyg, ceccran, coegedd. **1793** *Cylchg* 19, Bedydd a Swpper yr Arglwydd a weinyddwyd gyd â'r fath rwysg . . . ac anferth *rwyf.* **1803** *P*, *Rhwyv* . . . ambition.

Gw. hefyd **rhwy**[1].

rhwyfad, gw. **rhwyfiad.**

rhwyfadain, rhwyfaden [*rhwyf*[1]+*adain*, *aden*] *eb.* ll. *-edyn.* Asgell pysgodyn; unrhyw un o nifer o blu mawr mewn adain aderyn; propelor: *fin (of fish); remex; propellor.*

1605–10 *AP* 40, nes trawai [brithyll] i *rwyf adain* mewn kyfingfasg. **1609** *CC* 389, Eithr hyf wyd ath *rwyfadain* / yn rhwyfo dwr kyflwr kain [i'r gleisiad].

Cf. **rhwyd—rhwyd adain.**

rhwyfadur, gw. **rhwyfiadur.**

rhwyfaf[1]**, rhwyfiaf: rhwyf(i)o** [bf. o'r e. *rhwyf*[1]] *bg.a.*

(*a*) Gyrru (cwch neu long) â rhwyfau, cludo (teithiwr) mewn cwch drwy wneud hyn; mordwyo, hwylio, teithio; hefyd yn *ffig.*: *to row; travel (by sea), voyage, journey; also fig.*

14g. *GDG*[3] 13, Nawdd, mŷr a *rwyfawdd*, Mair ar Ifor. *c.* **1400** *RB* ii. 390, peris ef udunt hỽy *rỽyfyaỽ* ymyỽn llong. *c.* **1400** (*SG*) *HMSS* i. 276, ynteu *arwyfawd* tu ae ewythyr. **15g.** *DGG*[2] 40, A gwylio rhod a'r gwaelod, / A *rhwyfo*'r aig, rhif yr ôd [am alarch]. **1547** *WS*, *Rwyfo* Rowe. **1567** *TN* 60a, ef ei gwelawdd yn dravaelus arnyn wrth *rwyfo*, (can vot y gwynt yn wrthwynep ydynt). **1588** *Jona* i. 13, Er hynn y gwŷr a *rwyfasant* i ddychwelyd i dîr. **1606** E. James: *Hom* ii. 252, rhaid iddynt *rwyfo* a myned dros afonydd a'r [*sic*] y sul. **1630** *YDd* 110, lle dylent . . . *rwyfo* yn erbyn ffrwd anuwioldeb tu a'r nefoedd. **1632** *D*, *Rhwyfo*, Remigare. **1661** E. Lewis: *Drex* 111, neu i fod byth yn gaeth-wâs i *rwyfo* mewn llongau. **1672** R. Prichard: *Gw* 12, Mae'r bŷd ynte 'r cleirchyn, yn glaf ar ei derfyn, / Bob ennyd yn rhwyfyn, [*sic*] *rhwyfo* tu ai fedd. **17g.** Huw Morus: *EC* i. 73, Rhy ddi-ofal mewn rhwydd afiaeth, / *Rhwyfo* 'r byd, rhy ofer beth. **1795** *R. Crusoe* 85, Gwener a'i carriodd i'r Canoo . . . ac a'u *rhwyfodd* hwynt ill dau gydâ'r lan. **1803** *P* d.g. *Rhwyvaw.* Ar lafar, *WVBD* 468, *GTN* 694.

(*b*) Symud yn gynhyrfus, chwifio, ysgwyd, siglo, cyhwfan; cythryblu, aflonyddu, bod neu fynd yn aflonydd, cynhyrfu, gwingo, troi a throsi, ymysgwyd: *to agitate, shake, swing, wave; disturb or be disturbed, cause agitation or disturbance, be(come) restless or agitated, writhe, toss and turn, bestir oneself.*

14g. *WM* 94. 16–18, ef aỽeley uab bychan yn *rỽyuaỽ* y ureicheu. *Diw.* **15g.** *Pen* 67, 94, *rrwyfa* dy waew mewn rryfel (Huw Dafi). *Dchr.* **17g.** *Bl B XVII* i. 16, *Rhwyfo* weithie mewn rhyfel, / Dewisa' gwaith, nid oes gêl. **1699** T. Jones: *Alm* [9], Ager iw gwŷnt a fo yn *rhwŷfo* yn y Corph . . . ac yn peri byrtheirio [*sic*] yn uchel. **1769** Twm o'r Nant: *TChD* 40, Ac y code'r Farchnad ymhôb lle / A bôd Rhyfel yn dechre *rhwyfo.* **1773** D. Morys: *CPC* [30], Waith cwymp paradwys, / Mae llygredd ynwy'n llawn; / Yn *rhwyfo* ynwy 'n rhyw le, / O'r borau hyd brydnhawn. **1785** D. Llwyd: *GP* 15, Gwylltio a *rhwyfo*'n rhyfawr, /

Bybur waith, wnawn bob yr awr. Ar lafar, '*rhwyfo* 'i freichia' 'to swing the arms about . . . while walking, etc.', *WVBD* 468; '*rwyfo*' 'troi a throsi yn y gwely', 'Ma fa'n dost iawn, druan. 'Odd a'n *rwyfo* ac yn swrddanu trw'r nos nithwr', *GTN* 694.

rhwyfaf²: rhwyfan, rhwyfo [bf. o'r e. *rhwyf²* a *rhwyf³*; cf. H. Grn. *ruifanaid*, gl. *regnum*] *bg.a.* Arglwyddiaethu dros, llywodraethu, rheoli, arwain; rhodresu, byw mewn ysblander: *to have dominion over, govern, rule, lead; be ostentatious, live in splendour.*
12g. *GLlF* 119, Caraf y theilu a'e thew anhet—yndi, / Ac ỽrth uot y ri *rwyfaỽ* dyhet. **12g.** *GCBM* i. 191, Digraỽn rwyf rwytuann, *rwyuan* rwy. *id.* 296, Yr pan yỽ tawel ryuel *rwyuaỽ*, / *Rwyuan* tan taerwres, trachwres trinnaỽ, / Ry-m-gỽnaeth yn athrist athreityaỽ —Pennant. *id.* ii. 117, Grugunan *rwyuan* rut onnen. **12–13g.** *GLlLl* 203, Llaỽ orthrech wrth *rwyfan* mordwy. *id.* 238, Yn *rwyuan* teulu, rwyf teuluaỽc. **13g.** *GBF* 420–1, Arglỽyd Grist, mor ỽyf drist drostaỽ / . . . / O glỽyf am vy rỽyf yssy'm *rỽyfaỽ*. *c.* **1400** *R* 1233. 28, trugared ried reuved *rwyfan*. **15g.** *B* iii. 121, Och or ryuic, / Och or *rwyuan*. *Diw.* **15g.** *Pen* 67, 26, Tebic yw rryfic val i *rrwyfan* / o wyrda llawer yr dwyllhvan (Hywel Dafi). **1722** *Llst* 189, *Rhwyfo* . . . To go in pomp. **1780** *W* d.g. *Pomp, To go* [*live*] *in pomp.* **1803** *P*, *Rhwyvan*, s. m. . . . rule, sway, direction. "Oer *rwyvan* tymhestyl," the cold sway of the tempest. *id.* *Rhwyvan* . . . To guide, to direct; to bear sway, to dominate.

rhwyfanes [gair geir., sef bnth. dysg. H. Grn. *ruifanes*, gl. *regina*, cf. Llyd. C. *roanes*, *rouanes*, Llyd. Diw. *rouanez*] *eb.* ll. *-au.* Brenhines, arglwyddes: *queen, lady.*
1604–7 *TW* (*Pen* 228) d.g. *Regina* (hefyd *D*). **1722** *Llst* 189, *Rhwyfanes.* f.p. *nesau.* An empress, queen. **1780** *W* d.g. *Queen.* **1803** *P.*
Cfn.: **rhwyfanes y gwenyn:** *queen bee.* **1722** *Llst* 189 d.g. *The queen Bee.*

rhwyfaniad [gair geir., sef *rhwyfan*+ *-iad¹*] *eb.g.* ll. *-au.* Teyrnasiad, llywodraeth, rheolaeth; teyrnas: *reign, government, rule; kingdom.*
1604–7 *TW* (*Pen* 228) d.g. *Regnum.* **1722** *Llst* 189, *Rhwyfaniad.* f.p. *adau.* A kingdom, government, reign. **1775** *W* d.g. *Kingdom, Reign.* **1803** *P*, *Rhwyvaniad*, s. m. . . . A swaying; a directing; domination.

rhwyfanus [*rhwyfan*+*-us*; tywyll yw *rỽyuannusson* *R* 1054. 29, a'r engh. gyntaf isod; rhoddir yr ystyr ar sail y geir.] *a.* Brenhinol, brenhinaidd, yn llywodraethu: *royal, kinglike, governing.*
1567 *TN* [xlii], Avallen beren bren addveinus, / . . . / Yd wnant wyr ramant ryt *rwyuanus* (*B* iv. 123, yt vydant wyr ramant rydrouaus). **1604–7** *TW* (*Pen* 228) d.g. *Regius.* **1803** *P*, *Rhwyvanus* . . . Dominative.

rhwyfenydd [*rhwyfan*+*-ydd¹*] *eg.* Tywysog, brenin, rheolwr: *prince, king, ruler.*
13g. *C* 67. 9, bet ruvaun *ruyvenit* ran. **1803** *P.*

rhwyfiad, rhwyfad [bôn y f. *rhwyfaf¹*, *rhwyfiaf*: *rhwyf(i)o*+*-iad¹*, *-ad*] *eb.* Y weithred o rwyfo, hefyd yn *ffig.*; ?cynnwrf (am ddŵr): *a rowing, also fig.*; ?*agitation* (*of water*).
1604–7 *TW* (*Pen* 228), *rhwyfiat* d.g. *Allapsus*, *Remigium.* **1722** E. Lloyd: *MC* 29, An *rhwyfiad* i'r porthladd safadwy yw hi [marwolaeth]. **18g.** *IMCY* 236, A hono . . . / . . . / Mewn cyfle ai lle'n llon / Ar *rwyfiad* y pedeir afon ['hanes Cantre r gwaelod']. **[1783]** *W*, *Rhwyfad* d.g. *A rowing.* **1803** *P*, *Rhwyviad*, s. m. . . . a rowing.

rhwyfiadur, rhwyfadur [*rhwyf²* (?a *rhwyf¹*)+*-(i)adur*; cf. H. Grn. *ruifadur*, gl. *remex uel nanta*, Crn. Diw. *revadur*] *eg.* ll. (diw.) *rhwyfiaduron.* Pennaeth, arglwydd, llyw, rheolwr, amddiffynnydd: *chief(tain), lord, leader, ruler, protector.*
12g. *GLlF* 389, *Rhwyfiadur* Dygen, rhad digain. **13g.** *C* 52. 11, Rac erwis ritech hael *ruyfadur* fit. **13g.** *A* 16. 11, ractaf *rwyuyadur* mur catuilet. *id.* 32. 5–6, rector *rwyfyadur.* mvr pob kyuyeith. **14g.** *T* 34. 17, Ae ri *rỽyfyadur.* *id.* 63. 11–12, Vn yỽ rieu *rỽyfyadur* a dyaỽr. **1803** *P*, *Rhwyviadur*, s. m.—pl. t. *on* . . . One who sways, rules, or directs; a governor.

rhwyfiaf: rhwyfio, gw. **rhwyfaf¹: rhwyfo.**

rhwyfiant [*rhwyf²*+*-iant*] *eg.* Arglwyddiaeth: *dominion.*
1803 *P.*

rhwyflath, rhwylath [*rhwyf¹*+*llath*; ansicr yw'r ystyr yn yr engh. lenyddol isod] *eb.* Rhwyf: *oar.*
1547 *WS*, *Rwylath* An ore. **16g.** Wiliam Cynwal: *Gw* (G. P. Jones) 79, Yn rhuwoli llun *rhwylath*, / Ond oedd bechod fod ei fath [dychan i Forgan Eurych]? **1604–7** *TW* (*Pen* 228), *rhwylath* d.g. *Arbor*, *Remus.* **1632** *D*, *rhwyflath* d.g. *Remus.* **1688** *TJ*, Rhwŷf . . . *rhwyf-lath* . . . an Oar to row a Boat. **1778** *W* d.g. *Oar* [*to row with*].

rhwyflong [*rhwyf¹*+*llong¹*] *eb.* ll. *-au.* Llong ryfel neu fasnach gynt a rwyfid fynychaf gan gaethweision neu garcharorion, galai; cwch rhwyfo; hefyd yn *ffig.*: *galley* (*ship*); *rowing-boat*; *also fig.*
1588 *Eseia* xxxiii. 21, y *rhwyf-long* nid aiff trwyddo. **1632** J. Davies: *LlR* 255, [C]ristion ynghaethiwed y Twrc, wedi ei rwymo erbyn ei droed â chadwyni mewn *rhwyf-long.* **1701** E. Wynne: *RBS* 292, dyro ir carcharorion a'r caethion . . . a lafuriant yn y . . . *rhwyflongau*, gryfder corph ac yspryd. **[1724]** G. Wynn: *YGD* 171, ei gospi ef a drygair, ai ddanfon i'r *Rhŵyf-longau.* **1791** Gw. Mechain: *Rh* 20, eu danfon ynghyd â drygweithredwyr yn gaethion i'r *rhwyflongau.*

rhwyfog [bôn y f. *rhwyfaf¹*, *rhwyfiaf*: *rhwyf(i)o*+*-og*] *a.* Aflonydd, cynhyrfus: *restless, agitated.*
15–16g. *GIF* 37, O gwr afon i'w digrefydd, / ar eu trefnydd er troi hafog, / er a grafon ar y gŵr efydd / o gantrefydd tir Gwent *rhwyfog.* **18–19g.** R. Davies: *DB* 199, Mewn byd terfysglyd tra fu—hir ryfel, / A *rhwyfawg* ymdrechu.

rhwyfol [bôn y f. *rhwyfaf¹*, *rhwyfiaf*: *rhwyf(i)o* a *rhwyf¹*+*-ol*] *a.* Yn perthyn i rwyfo; tebyg i rwyf: *pertaining to rowing; like an oar.*
1803 *P*, *Rhwyvawl* . . . rowing.

rhwyforiaf¹: rhwyforio [?*rhwyf¹*+*moriaf*: *morio*] *bg.* Morio, arnofio: *to sail, float.*
1630 R. Llwyd: *LlH* 103, llawer annuwiol-ddyn cnawdol yn *rhwyforio* (*float aloft*) (a'i hwyliau yn uchel yngolwg y byd) ym mhôb difyrrwch.

rhwyforiaf²: rhwyforio, gw. **rhyforiaf: rhyforio.**

rhwyfus¹ [*rhwyf³*+*-us*] *a.* Balch, trahaus, ffroenuchel, ymwthgar, uchelgeisiol; trythyll, anllad: *proud, arrogant, haughty, assertive, ambitious; lustful, wanton.*
16g. *IICRC* iii. 328, Diskwyl dy *rwyfys* olvd / y geskleist yn dyfowyd. **1567** *TN* 249a, na 'r ei drythyll [*rhw*[*y*]*fus*, mwysus]. *id.* 263a, megis yr oedd yr ei ymyrrus [:– rhyvygus, *rhwyfus*] hyny yn y enllibiaw ef. **1604–7** *TW* (*Pen* 228) d.g. *Ambitiosus.* **1672** R. Prichard: *Gw* 88, Er i Fagdlen fŷw 'n rhyfygus, / Cyn credu yn Ghrist, a phechu'n *rhwyfus.* **1688** W. Foulkes: *EGE* 104, Maddeu i mi, o fy Nuw, os wyfi tros fesur yn *rhwyfus.* **1722** *Llst* 189, *Rhwyfus.* Ambitious, aspiring. *c.* **1729** S. Rhydderch: *LlCD* 324, Rhai *rhwyfus* yn Rhyfedd, yn gadel eu Gwragedd, / . . . / Gan garu heb atal, Buteiniaid anwadal. **1770** *W* d.g. *Ambitious.* **1791** B. Evans: *AD* 21, Pa Achos mor uchel i *rwyfus* ymrafael. **1803** *P.*

rhwyfus² [gair geir., sef *rhwyf²*+*-us*] *a.* Brenhinol: *regal.*
1604–7 *TW* (*Pen* 228) d.g. *Regie*, *Regificus* (hefyd *D*).

rhwyfus³ [bôn y f. *rhwyfaf¹*: *rhwyfo*+*-us*] *a.* Anesmwyth, aflonydd, diorffwys, gwinglyd, nerfus: *uneasy, restless, fidgety, nervous.*
Diw. **19g.** *SE MS* 429b, plentyn *rhwyfus* (Cer). a restless child. Ar lafar, "Welas i neb mor *rwyfus* ag e yn 'i gwsg', *GTN* 694; 'Plentyn *rwyfus* yw a' (deddwyrain Morg.); hefyd yng nghanolbarth a godre Cered. yn yr ystyr 'bywiog, ysbrydol', "Na blentyn *rhwyfus* sy 'da 'i'.

rhwyfwr [bôn y f. *rhwyfaf¹*, *rhwyfiaf*: *rhwyf(i)o*+*-wr*] *eg.* ll. *-wyr.* Un sy'n rhwyfo (cwch, &c.), morwr, llongwr, cychwr, mordwywr: *oarsman, rower, sailor, seaman, boatman, mariner.*
14g. *GDG³* 103, *Rhwyfwyr*, merinwyr annoeth. ?**15g.** *IGE²* 260, Pob rhodiwr gwlad, pob rheidus, / Pob clerwr, pob *rhwyfwr* rhus, / Pob dof a ddaw i'm gofyn (?Siôn Cent). **1547** *WS*, *Rwyfur* [*sic*] A rower. **1588** *Esec* xxvii. 29, Yna pob *rhwyf-wr*, y mor-wŷr . . . a ddescynnant oi llongau. **1632** *D*, *Rhwyfwr*, Remex. **1756** W. Williams: *GDC* 66, Yn gynt na mîl o *Rwyfwyr* ar hyd y Cefnfor llawn. **1803** *P.* Ar lafar, *GTN* 694.

Cfn.: **rhwyfwr mawr:** *water-boatman* (*aquatic insect of the family Notonectidæ or Corixidæ*). **20g.**

rhwy ffordd, gw. **rhywffordd.**

rhwyg [bôn y f. *rhwygaf*: *rhwygo*] *eb.g.* ll. *-au*, (diw. a phrin) *-ion*, a hefyd fel *a.*
(*a*) Toriad neu dwll mewn brethyn, &c., a achosir gan rwygo, rap, trychiad, breg, hollt; y weithred o rwygo, rhwygiad; clwyf, niwed, archoll; hefyd yn *ffig.*: *tear, rent, rip, break, cleft; a tearing or rending; wound, injury, cut; also fig.*
13g. *GBF* 421, Llawer ystlys rud a *rỽyc* arnaỽ. *id.* 619, Dreigyeu *rwyc* arueu yn ragori. *Dchr.* **15g.** *IGE²* 177, A minnau . . . / Milwr hylwydd mal Rholant, / Gwrol bryd rhwng rhyd a rhos, / Garbron Euron yn aros, / Rhag myned, *rhwygau* mwynwys, / Dros gof a fu rhof a Rhys (Llywelyn ab y Moel). **15g.** *DGG²* 44, Rhag brath ac ergyd, *rhwyg* bron, / Llaw dryfer un lleidr afon [i'r eog]. **1620** *Diar* xv. 4, Pren y bywyd yw tafod iâch: ond trawsedd ynddo, sydd *rwyg* yn yr yspryd. **1620** *Math* ix. 16, y cyflawniad a dynn oddi wrth y dilledyn, a'r *rhwyg* a wneir yn waeth. **1632** *D*, *Rhwyg*, Ruptura, scissura. **1722** *Llst* 189, *Rhwyg.* f.p. *Rhwygau.* A breach, chink, fracture, rent. **1759** W. Williams: *SFf* 55, a'r Clai anhymerus yma, y mae yn llasarnu ac yn gwneuthur i fynu y *Rhwyg* . . . yn ei Gydwybod. **[1783]** *W* d.g. *Rent* [*a slit made by tearing*], *Tear.* **1785** D. Llwyd: *GP* 19, Rhag angau, *rhwyg* ingol, croes Iesu grasusol / Fo'n ddwyfol, dda ddoniol, Ddiddanydd. **1803** *P*, *Rhwyg*, s. m.—pl. t. *ion* . . . A rent, a rupture. Ar lafar, '*rhwyg*, s.m.' 'rent, tear', 'Dyma hen *rwyg* cas!', 'Ma *rhwyg* ar 'i garictor o', *WVBD* 468; '*rwyg* (eg) *rwyga* (ll) . . . a tear; a split' 'Ma *rwyg* yn gefan dy ffrog di', *GTN* 695; 'Ma 'na *rwyg* fawr yn dy grys di'.
(*b*) Ymraniad (mewn eglwys, teulu, rhwng ffrindiau, &c.), sgism: *rift* (*in church, family, between friends, &c.*), *split, schism.*
1630 *YDd* 431, I ddangos mai vn yw fy Eglwys heb *rwyg* o gau grediniaeth. **1658** R. Vaughan: *YPS* 13, Trachwant . . . a leda yr *rwyg.* Rhyfeloedd yn yr Ecclwys a enynnir gan Drachwantau. **1703** E. Wynne: *BC* 47, a welwch i ôl y *rhwyg* a wnaethoch i 'n yr Eglwys i fynd allan o honi. **1733** J. Thomas: *CGGD* 11, er y gall Dynion drwg godi Terfysgau . . . a pheri *Rhwygau* ynddi [teyrnas]. **[1783]** *W*, *Rhwyg* eglwysig d.g. *Schism.* **1792** H. Harris: *H* 165, Y *rhwyg* a oedd yn debyg o gael ei wneuthur. Ar lafar, 'Fe æth *rwyg* yn yr eclws a fe æth rai mæs i'r tai cyrdda erill', *GTN* 695; "Roedd 'na *rwyg* ddychrynllyd yn y capel ar fater dirwest' (gogledd Cered.).
Fel *a.* Rhwygedig, toredig: *torn, ripped.*
1545 *CM* 1, 552, [c]ymerud . . . [ll]iain *hrwyg* ai wnevthud Ef yn hrolun.
Cfn.: **rhwyg neidr:** *snake-bite.* **1856.**
Gw. hefyd **rhwygen.**

rhwygad¹,², gw. **rhwygiad¹,².**

rhwygadwy [bôn y f. *rhwygaf*: *rhwygo*+ *-adwy*] *a.bfl.* Sgismatig; (geir.) y gellir ei rwygo: *schismatic*; (*dict.*) *lacerable, tearable.*
1711 M. Maurice: *YAD* 382, y mae 'n *Rhwygadwy* yn torri ei hun ymaith oddiwrth eu [*sic*] Gymmundeb. **1732–3** J. Owen: *GB* 67, eu Hegwyddorion *rhwygadwy*, llarpiog, a chandryll hwynt. **1775** *W* d.g. *Lacerable.* **1803** *P*, *Rhwygadwy* . . . Capable of being rent.

rhwygaf: rhwygo [Llyd. C. *roegaff*, Llyd. Diw. (taf. Gwened) *ro(u)gueiñ*: < **reik-*, o'r gwr. IE. **rei-* 'rhwygo, torri, crafu'] *bg.a.*
(*a*) Tynnu (brethyn, &c.) oddi wrth ei gilydd nes iddo hollti neu racsio, gwneud rhwyg mewn, mynd yn rhwygedig, rapio, carpio, malurio, dryllio, darnio, hacio, trychu, hollti; tynnu (peth) ymaith, allan, &c., yn enw. yn rymus; hefyd yn *ffig.*: *to tear, rend, rip, hack, cut, split; tear* (*something*) *off, out, &c.; also fig.*
12–13g. *GLlLl* 266, Dy ysgwyd *rwygwyd* ragod—trychanweith. **13g.** *A* 4. 13, gwr llawr. ef *rwygei.* a chethrei. a chethrawr. **14–15g.** *IGE²* 266, Dos i'r eigiawn, dwys *rwyga*, / A'th hil, a'th epil, a'th dda (Siôn Cent). *c.* **1400** *R* 1327. 26, yn *rỽygaỽ* brỽydyr vn ragor. *c.* **1400** *YSG* i. 96, yny yttoed eu taryaneu yn tyllu a'r llurygeu yn *rwygaw.* *Dchr.* **15g.** *GM* 22, rac uffern gat, *rwyc* y ffwrn geu. **1547** *WS*, *Rwygo* Tere. **1551** W. Salesbury: *KLl* xxxvb, A llen y templ a *rwygadd* drwy hi [*sic*] chanol. **1632** *D*, *Rhwygo*, Lacerare, dilaniare. **1655** WL: *DP* 151, na âd i mi *rwygo*-ymaith dy Sêl. **1740** T. Evans: *DPO* 71, megis Maes llydan o Wenith yn cael ei Sathru a'i *rwygo* gan Genfaint o Fôch. **1790** M. Williams: *BM* [29], *rhwygwch* eich porfeydd mwsynog ac o gedau [*sic*]. **1803** *P* d.g. *Rhwygaw.* Ar lafar, 'wedi *rhwygo* 'i garictor', *WVBD* 462; 'Fe gitsiws draenan

yn 'i ffrog 'i a fe *rwygws* y dunydd wth iddi drio cæl y ffrog yn rydd', *GTN* 695.

(*b*) Anafu, briwo, clwyfo, archolli, darnio, llarpio; pigo, colio, brathu; hefyd yn *ffig.*: *to injure, hurt, wound, rend, mangle, maul; sting, bite; also fig.*

14g. *T* 17. 12–13, rewinyaỽt ygat ꝛỽyccaỽt lluyd. **14g.** *WML* 82, Ki kynefodic aꝛỽycco dyn teir gweith. **14g.** *B* ix. 328, dryllav a *rwygav* y chnawt hi. **15g.** *LGC* 46, A rhagwayw baladr *rhwyga* eu boliau. **1551** W. SALESBURY: *KLl* xvia, *rhwygwch* ech [*sic*] calon ac nyd ych dillat. **1567** *TN* 211b, rac *rhwygo* Paul yn ddrylliae [:– carpio, rac tynny Paul yn ddrylliae]. **1588** *Hos* xiii. 16, ai gwragedd beichiogion a *rwygir* i fynu. **1615** R. SMYTH: *GB* 90, tostur a chreulon ivv gvv[el]d hvvy [anifeiliaid gwylltion] yn *rhvvygo* y naill y llall. **1688** S. HUGHES: *TSP* 90, na byddai iddynt [llewod] . . . ein llarpio a'n *rhwygo* ni yn gan-dryll. **1703** E. WYNNE: *BC* 96, y mae 'r Gydwybod yn eu *rhwygo* 'n waeth nac y gallei holl Ddiawliaid Uffern. **1753** *TR*, *Rhwygo* . . . In Glamorganshire *Rhwygo* signifies, to sting as a bee or serpent does. **1797** J. OWEN: *GAE* 10, treisio gwyryfon, *Rhwygo* gwragedd Beichiogion. Ar lafar ym Morg., '*rwygo* . . . brathu (gan gacwn etc)', 'Fe *rwygws* yr 'en gacwnan fi yn gæs', 'Bydd di'n dawal sia nw a '*rwygan*' nw ddim', *GTN* 695; ''Odd y dynid yn *rwygo*' (de-ddwyrain Morg.).

Amr.: **rhicaf**[2], **ricaf: r(h)ico.** Ar lafar, '*Rhico*'r brethyn', *Cymru* xxxiv. 122 (godre Cered.); '*Rico* . . . To tear', *GDD* 246. **rhigo.** Ar lafar, 'plentyn yn *rhigo* llyfr', *WVBD* 462; ''Rodd o'n *rhigo* hi!' 'he was getting along in splendid style!', *ib.*; 'wedi *rhigo*'i got' (Cered.).

Cfn.: **rhwygo('r) môr (moroedd):** *to cleave the sea(s), sail the sea(s), navigate.* **13g.** *BD* 167, yn *rwygav moroed.* *c.* **1400** *RB* ii. 243, gan *ꝛỽygaỽ y mor.* **1588** *Jer* xxxi. 35, Yr arglwydd . . . yr hwn sydd yn *rhwygo yr môr* fel y terfysco ei donnau. **1604–7** *TW* (*Pen* 228) d.g. *Nauigo.* **rhwygo a rhegi:** *to rant and rave (at).* **1672** R. PRICHARD: *Gw* 374, 'roem ninne 'n dy gablu, / A'th *rwygo* a'th *regu* yn ddiras. *c.* **1730** *Thos. Lloyd D* (LlGC) 198b, yno bydd y *Rhwygo a rhegu*—CW. 78. Gw. hefyd *rhegaf*: *rhegi*—*rhegi a rhwygo.*

rhwygdarddiad [*rhwyg*+*tarddiad*] *eg.* ll. *-au.* Ffrwydrad (llosgfynydd), echdoriad: *eruption (of volcano).*
1850.

rhwygedig, rhwygiedig [bôn y f. *rhwygaf*: *rhwygo*+*-(i)edig*] *a.bfl.* Wedi ei rwygo, llarpiog, toredig, drylliedig, wedi ei fylchu, wedi ei hollti, hefyd yn *ffig.*; brathedig; rhanedig, sgismatig: *ripped, rent, lacerated, torn, shattered, wrecked, breached, split, also fig.*; *bitten*; *divided, schismatic.*

14g. *LlB* 115, nottwyd y pennkynyd y wniaw y kwn *rwygedic* (*CHDd*[2] 38, *rwygyedic*). **14g.** *WML* 82, Or brath ki neb dyn hyny del y gỽaet . . . Ac or llad ydyn *ꝛỽygedic* y ki. *c.* **1400** *R* 1338. 36–7, Bore oer keilyoer clo kaedic gyff. ambenn adaf dyff ryff *ꝛỽygyedic.* **15g.** **(1594)** *B* xvi. 263, gyta chorph puredic a chalonn *ꝛỽygedic.* **16g.** (*LlEG*) *Mos* 158, 519a, [y] ffleminges . . . ynn y llong *Rwyggedig* A ym[l]addodd m/egys gwyr . . . am I hoedyl. **1588** *Eseia* xxxvi. 22, â gwiscoedd *rhwygedic.* **1588** *Esec* xxvi. 10, dy geurydd a gynhyrfant gan sŵn y . . . cerbydau pan ddelont trwy dy byrth di, fel trwy adwyau dinas *rwygedic.* **1632** *D*, *Rhwygedig* d.g. *Depessus, Deruptus, Lacer.* **1658** R. VAUGHAN: *YPS* 10, Y gyntaf oedd yn Ecclwys yr Iuddewon. *Rhwygedig* a thorredig yn ddwy: o waith Corah ai Wrthryfelwyr. **1722** *Llst* 189, *Rhwygedig.* Rent, tattered, torn. **1759** T. THOMAS: *WWDd* 110, Gwêl y Crist gwerthfawr hwn, mewn gwisg o Groen-gwaedlyd-*rhwygedig.* **1803** *P*, *Rhwygedig* . . . lacerated.

rhwygedydd [bôn y f. *rhwygaf*: *rhwygo*+*-edydd*] *eg.* ll. *-ion.* Sgismatig: *a schismatic.*
1852.

rhwygen [bôn y f. *rhwygaf*: *rhwygo*+*-en*] *eb.* ll. *rhwygod.* Cacynen, hefyd yn *ffig.*: *wasp, also fig.*

Ar lafar, '*rwygan* . . . enw a glywir weithiau ar gacynen', 'Paid o gitsio yn yr afal 'na! Ma *rwygan* arno', 'Ma 'en *rwygod* yn dod mywn i'r tŷ amsar 'yn o'r flwyddyn', *GTN* 695; hefyd yn yr ystyr 'menyw wenwynig, llym ei thafod', ''Wi wastod yn timlo'n friw ar ôl bod yng gwmni'r 'en *rwygan* yna!', *ib.*

rhwygfa [*rhwyg*+*-fa, ma*] *eg.* ll. *-feydd, -fâu.* Rhwyg, rhwygiad, toriad, trychiad, crac, hollt, agen; ymraniad, sgism: *tear, rip, cut, break, split, crack, gash, cleft; division, schism.*

1547 *WS*, *Rwygfa* Torne [*sic*]. **1567** *TN* 13b, ni ddyd nep lain o vrethyn newydd mewn hen wisc: can ys hyn a ddylyei ei gyflawny, a dynn beth o y wrth y wisc, a *rhwygfa* aa yn waeth. **1591** *Rhyddiaith Gymraeg* i. 79, ys dir ini er gochel cymmaint o berigl *rhwygfaau* ac agennau amrafael siommedigaeth dderbyn cyssegr-lan ysgrythur y Proffwydi. **16–17g.** *CRC* 223, kryn y ddavar dan y llwyth / bydd Rhyfedd ffrwyth y prennav / bydd *rwygfydd* [*sic*] oddi feawn / ag yn llawn o dyllav. **16–17g.** LLYWELYN SIÔN, &c.: *Gw* 596, Clwm rhag serch, clyw Meiric Siaen, / Cerdd *rhwygfau*, cerdda'r hogfaen. **1604–7** *TW* (*Pen* 228) d.g. *Abscissura, Conscissura, Ruptio. Dchr.* **17g.** *J* 10, 19a, *Rhwygva.* gashe. scissura. **1759** *BC* 158, A cofiwn y borau, dro diddan drwy'n dyddiau, / Dau ddeg a phump medda, / o Ragfyr gwnaeth *rwygfa*, / Ar gloiau cyd yna, cadwynoedd. **1770** J. PRYS: *Alm* 11, Cael achwyn arna, am yrru *rhwygfa* mawr a rhagfarn. **1791** DAFYDD DDU: *A* 42, Lle bo *rhwygfa* llwybr rhagfarn.

rhwygiad[1], **rhwygad**[1] [bôn y f. *rhwygaf*: *rhwygo*+*-iad*[1], *-ad*] *eg.* ll. *-au.* Y weithred o rwygo, rhwyg, toriad, llarpiad, trychiad, crac, agen, adwy, hefyd yn *ffig.*; tor llengig; brathiad, pigiad; ymraniad, rhaniad, sgism, camwedd o achosi neu hyrwyddo sgism: *a tearing, tear, rip, gash, laceration, cut, break, rupture, breach, crack, split, cleft, also fig.*; *(abdominal) rupture; bite, sting; division, separation, schism, offence of causing or promoting schism.*

1547 *WS*, *Rwygiat* Rent. **16g.** *GGH* 452, Ar dy gaill gefaill, nid gwad, / Gwae dy wraig, y dôi *rwygiad.* **1567** *TN* 52b, y llain newydd a dyn ymaith y cyflawnder y gan yr hen, a gwaeth vydd y *rhwygiat.* **16g.** *LlS* 57, Iscell . . . y Marchalan . . . gyd a mel da vydd rhac y peswch, diphic anhetl, *rhwygiadau* a thrawsdynniadæ. **1588** 2 *Sam* v. 20, yr Arglwydd a rwygodd fyng-elynnion o'm blaen i megis *rhwygiad* dyfroedd. **1588** *Eseia* xxii. 9, gwelsoch *rwygiadau* dinas Dafydd. *id.* xxx. 13, fel *rhwygiad* chwyddedic mewn mur vchel ar syrthio. **1588** *Esec* xxvii. 27, dy for-wŷr, a'th feistred llongau, cadarnhauwŷr dy *rwygiadau.* **1658** R. VAUGHAN: *PS* 6, dywedir nid oes ond vn hên weledig Gatholig Eglwys Grist. Allan or hon i ymadael trwy schism neû *rwygiad* ydyw myned oddiwrth Jechydwriaeth. *id.* 21, symud ein cystuddiau, cyfanna ein *rhwygiadau* a chau ein briwiau ath ddwylaw nefol. **1718 (1721)** S. THOMAS: *HB* 75, Tywysog teyrnas y tywyllwch . . . ni's galle oddef fod y cyfryw *Rwygiadau* yn cael eu gwneuthur yn ei deyrnas ef. **1728** T. BADDY: *DDG* 40, yn yr un lle y mae *Rhwygiad* y Graig . . . yn agos at y lle a [*sic*] Croeshoeliwyd ein Jachawdwr. **1732** *RE* 53, yr unig rheswm y mae Paul yn ei rhoi, na fedyddiodd efe, iw, fel na ddywedai neb iddo ef fedyddio yn ei enw ei hun, ag felly i ossod i fynu bartiaeth, a rhannu Eglwys Crist rhwng gweinidogion enwog, a hyn mae ef yn ei ddyweud er amddiffin ei hun oddiwrth *rhwygiad.* **1732–3** J. OWEN: *GB* d.d., ym mherthynas i'r *Rhwygiad* A wnaethbwyd yn Eglwys Henllan. **1740** T. EVANS: *DPO* 32, ni a welwn yn fynych *Rwygiadau* enbyd yn digwydd, ie Hafog a Distryw Gwledydd oddiwrth bethau bychain a distadl. **1777** H. JONES: *M* 72, pa dorriad calon pa *rwygiad* meddwl, a syrthia arnom. **1790** *RLlD* d.d., *Rhwygiad* Llen y Deml. **1803** *P*. Ar lafar, '*rhwygiad*' 'rent, tear', *WVBD* 467; hefyd yn yr ystyr 'pigiad, brathiad', 'Fi geso' *rwygad* gin ddwy 'en gacwnan', *GTN* 695; 'Fe gæs a *rwygad* gin y ci' (de-ddwyrain Morg.).

rhwygiad[2], **rhwygad**[2] [bôn y f. *rhwygaf*: *rhwygo*+*-iad*[2], *-ad*; ond dichon mai ff. bfl. a welir yn y ddwy engh. gyntaf] *eg.* Rhwygwr, cymynwr, anrheithiwr: *tearer, hewer, ravager.*

13g. *A* 6. 7, pareu rynn *rwygyat* dygymynei e gat. *id.* 38. 16, eithunat a*ruhicat.* *c.* **1400** *R* 1289. 18–19, Por kynghor ragor parhau *ꝛỽygyat* trin. *id.* 1310. 23–4, Kefeis ior ragor *ꝛỽygyat* aer dramwy. kadarn avarỽy kedyrn vwryat. **15g.** *DE* 96, Rwygwr rwydd hvriwr reiddiav hirion / *rwygiad* rann loewgad rvn olygon.

rhwygiadol [*rhwygiad*[1]+*-ol*] *a.* Rhwygol, yn llarpio; yn peri rhwyg neu sgism, sgismatig: *tearing, ripping, lacerating; divisive, schismatic.*
1808.

rhwygiadus [*rhwygiad*[1]+*-us*] *a.* Yn peri rhwyg neu sgism, sgismatig: *divisive, schismatic.*

1752 J. THOMAS: *FG* 140, [p]ob Ymddugiad *rhwygiadus*, terfysgus, ac ymrysongar, yn Cymdeithasau sanctaidd neu wledig.

rhwygiedig, rhwygiol, gw. **rhwygedig, rhwygol.**

rhwyglyd [*rhwyg*+*-lyd*] *a.* Rhwygedig: *torn.*
20g.

rhwygod, gw. **rhwygen.**

rhwygog [*rhwyg*+*-og*] *a.* Rhwygol, yn llarpio; brathog; hefyd yn *ffig.*: *tearing, ripping, lacerating; stinging; also fig.*

16–17g. *NBSBM* 119, Oerddydd bumed dydd, / tueddog—mewn haf / O fis Gorffennaf ysgraffiniog, / A fu'r Sul rhygul *rhwygog* am Domas / Urddas dewr guras daear gaerog. Ar lafar, 'Ma ryw 'en wirs *rwygog* yn y berth', 'Ma cacwns yn afnadw o *rwygog*, amsar 'yn o'r flwyddyn', 'Un fudur i wed pethach *rwygog* yw 'onna', *GTN* 695.

rhwygol, rhwygiol [*rhwyg*+*-(i)ol*] *a.* Yn rhwygo, yn llarpio; yn peri rhwyg neu sgism, sgismatig: *tearing, ripping, lacerating; divisive, schismatic.*

1658 R. VAUGHAN: *PS* 11, o ddiwrth vn Eclwys yn y byd or fath, ie Rh[u]fain . . . ni ymddidolaf ac ni neullduaf. Felly nid wyf fi Gristion *Rhwygiol.* **1803** *P*, *Rhwygawl* . . . Rending, tearing, lacerating.

rhwygwr, rhwygydd [bôn y f. *rhwygaf*: *rhwygo*+*-wr, -ydd*[3]] *eg.* ll. *rhwygwyr, rhwygyddion.* Un sy'n rhwygo, llarpiwr, torrwr, llofrudd sy'n difynio neu'n llarpio cyrff y lladdedigion, hefyd yn *ffig.*; un sy'n peri rhwyg neu sgism, sgismatig: *tearer, ripper (also of murderer), breaker, also fig.*; *one who causes division or schism, schismatic.*

15g. *GGl*[2] 8, *Rhwygwr* aer rhai goreuryw, / Rolant, myn y Sant, Mawns yw. **15g.** *DE* 96, *Rwygwr* rwydd hvriwr reiddiav hirion / rwygiad rann loewgad rvn olgyon. *ib.* rys ri gorevlys *rwygwr* alon. **1588** *Mic* ii. 13, Daw y *rhwygydd* i fynu oi blaen hwynt, rhwygant, trammwyant y porth, ac ânt allan trwyddo. **1606** E. JAMES: *Hom* iii. 291, Escob Rufain . . . yn eu cymmeryd hwy yn lle *rhwygwyr* [:– Schismatici] yr eglwys. **1658** R. VAUGHAN: *PC* [vi], *Rhwygwyr*, Ysprydwyr, y crymwyr[,] y gwrthfeydddwyr . . . i wrteithio r Efengyl ac i hau eu hefrau. **1709** HUW MORUS: *EC* i. 101, Rhedegwyr ruad ogan, / Rhagor cair yn *rhwygwyr* cân. **1711** M. MAURICE: *YAD* xxi, os bydd rhyw Enaid yn sychedu am ddwfr y Bywyd . . . caiff fyned tan y Nod o Schismatick neu *Rwygwr.* **1721** J. P. PRYS: *DC* 168, Duw iw 'r cysylltwr a phen amddiffynwr, / Ar [*sic*] fall iw r gwahanwr a *rhwygwr* yr hêdd. **1722** *Llst* 189, *Rhwygydd.* m.p. *gyddion.* A breaker, tearer. **1728** T. BADDY: *DDG* 144, Nehemiah a lyswyd megy[s]; [*sic*] *rhwygwr*, a Gelyn i'r Messiah. **1735** S. THOMAS: *HP* 161, yr Arminians a'u Canlynwyr oedd yr Eglwys; a'r Gweinidogion oedd or blaen a'u Canlynwyr, nid oeddent hwy ond *Rhwygwyr* a Neillduwyr. **1803** *P*, *Rhwygwr* . . . A tearer. Ar lafar gynt yn Arfon am ddyn o gymeriad gwael, 'hen regwr a *rhwygwr* ofnadwy'. Cf. R. DAVIES: *DB* 20, Torwyd, dattodwyd tidau—gwŷr Affrig /. . . / Sior fu rydd *rwygydd* yr iau,—dad-glymodd, / Llwyddodd ei allweddau [ar farwolaeth Siôr III].

rhwyl [ansicr yw ystyr llawer o'r enghrau. llenyddol; â'r ystyr fel a. ?cf. H. Wydd. *réil* 'eglur'] *eb.g.* ll. *-iau*, ?a hefyd fel *a.* Castell, neuadd, plas(ty), palas, llys, hefyd yn *ffig.*; ?disglair, gwych: *castle, hall, mansion, palace, court, also fig.*; *?bright, brilliant, fine.*

13g. *GBF* 264, *Rwyl* Carrecoua! Cauas yndaỽ / Raỽd Saesson lladron y eu lludwaỽ! **14g.** *GDG*[3] 316, Lle golas *rhwyl*, lle gŵyl gwg. / Lle gar dwfr, lle goer difwg [i wahodd Dyddgu]. **14–15g.** *IGE*[2] 324, Marwolaeth pencerdd erddrym, / . . . / A wnaeth, drwy ddygnwriaeth draw, / *Rhwyl* ddiagr, i'r haul dduaw [marwnad Llywelyn ab y Moel gan Rys Goch Eryri]. *c.* **1400** *R* 1226. 21–3, Neum llỽyd tristjt prit prif wrthrychyat ỽyf. othrigyy vy ꝛỽyf myỽn gaeat. *id.* 1311. 42–3, molaỽt ffaỽt ffyd myỽn *ꝛỽyl* maen ryd. *id.* 1315. 41–2, Ryderch ganmaỽl haỽl *rwylyeu* ymgywrd. *id.* 1316. 17–18, *Rwyl* giwdaỽt. paraỽt parav llychlyndur. **15g.** *DE* 90, a ffynnu *rhwyl* a phen rhaith. *c.* **1562** *B* ii. 236, *rhwyl* . . . llys. **1604–7** *TW* (*Pen* 228) d.g. *Regia.* **1632** *D*, **Rhwyl*, Aula, regia. G[wilym] T[ew]. *id.* d.g. *Palatium.* **1688** *TJ*, *Rhwŷl*, llŷs neu dŷ mawr: a Pallace. **1722** *Llst* 189, *Rhwyl.* f. A kings court, palace. **1803** *P*, *Rhwyl*, s. m. . . . An open space; a clear inclosed spot; a ring-fence; a paddock.

rhwylath, gw. **rhwyflath.**

rhwylwaith [*rhwyl*+*gwaith*[1]] *eg.* Gwaith disglair neu goeth, celfyddyd wych: *brilliant or refined work, great art.*

12g. *GLlF* 378, Cerdd farwnad i'm rhwyf o'm *rhwylwaith.* **12g.** *GCBM* i. 158, Ry talaf y'm rwyf o'm *rwylweith*—molaỽd, / Nyd molyant o uriwyeith.

rhwyll, *eb.g.* ll. *-au, -i*, a hefyd fel *a.* Delltten, delltwaith, rhwyllwaith; llestr metel (ar bolyn) ar gyfer llosgi olew, pyg, &c., ynddo er mwyn cael golau, croesed; dur a drewir yn erbyn callestr, matsen, tendar; rheilen, ffenestr ddellt, casment, ?chwarel; mortais, twll (botwm), (yn y ll.) ebillion neu binnau (allwedd); (yn y ll.) ?brwydau gwŷdd; raced; rhwyd; masgl, magl; rhwydwaith neu raddfa sy'n weladwy wrth ddefnyddio telesgop, microsgop, &c., a ddefnyddir i leoli neu fesur pethau, rhwydwaith hydred a lledred (ar fap); hefyd yn *dros.* ac yn *ffig.*: *lattice(work), grid; cresset; steel struck against flint, match, tinder; rail, lattice window, casement, ?pane; mortise, (button)hole, (pl.) projections, 'wards' (of a key); (pl.) ?the harness of a loom; racket; net; mesh, snare; graticule; also transf. and fig.*

13g. *LlI* 80, Nau affeyth tan . . . Petweryd yu emduen y *ruyll. id.* 93, e peythyneu a'r cloryon, viii. k'; e bruydeu, viii, e *ruylleu*, viii. *id.* 94, *Ruyll*, i. k'. **14g.** *GIG* 162, Rhull gyrchgas, *rhwyll* gywarchgwd, / Rhoed ysgrîn ar hyd ysgrŵd [dychan i Herstin Hogl]. *c.* **1400** *R* 1305. 6, *rỽyll* arthur rỽyd lỽysuud rod lasued. *c.* **1400** *YSG* i. 51, ynghylch yr allawr yr oed kell wedy'r wneuthur o *rwylleu* heyrn . . . ef a edrychawd y mywn drwy y *rwylleu*; ac yno ef a welei wely tec. ?**15g.** *B* i. 305–6, Y gŵr a ddwg arwydd iach, / Yn ei darian bedeirach; / Tri llew glas fel yr asur, / Trwy wyllt dân a'r tair *rhwyll* dur. **1547** *WS*, Mortais *rhwyll* Mortesse. **16g.** SIÔN BRWYNOG: *C* 134, Ni chytuna, uwch tyniad, / Ymhob dim y mab a'i dad! / Y ferch yn erbyn y fam, / Oni dreiglo mewn dryglam? / Y brawd a ddwg, gwg a gwall, / Obry dir y brawd arall: / *Rhwyll* o drin a rhoi llw draw, / Go fraith ac ymgyfreithiaw [cywydd y Ddwy Ffydd]. **16g.** *WLl* 22, Dwy olwyn aur ar dal nant / Drwy oglais yr ymdreiglant / . . . / Oes bogel ac ysbigol / A *rrwyll* ynghanol pob rrod. *a.* **1587** *TCHSDd* xiii. 96, A'i llafn haul yn llyfn hylwybr, / A'i dwrn cribog fal darn crwybr / . . . / Ceir o'i dwrn, rhyw gogwrn *rhwyll*, / Cryman rhag ymwan amwyll [Wiliam Cynwal i ofyn baslart]. **16–17g.** SIÔN MAWDDWY: *Gw* 197–8, Lledradaidd fal lleidr ydyw, / Llangc ystowt, llawn castiau yw. / *Rhwyll* hirffyrch a'i gyrch ar gi, / Wyneb hen a fai'n poeni [i ofyn pwg]. **1604–7** *TW* (*Pen* 228), *rhwylh* y chwaræ tenis d.g. *Reticulum. id. rhwylh* dhur y daraw tan or Calhestr d.g. *Igniarium. id.* Tenon a rodher mewn morteis ne *rwylh* d.g. *Impages.* **1611** *NBSB* 138, *Rhwyll* wirffrwyth, rhull eurffrwd, / Rhyw cwrt da Rhicard Hwd. *Dchr.* **17g.** *J* 10, 19a, *Rhwyll.* lattise. **1710** *LlGG* (*Gos*) 13, ar fod y Monwentau mewn trwssiad da digonol, wedi eu cau a'u cadw i mewn â Gwaliau, *Rhwyllau* neu Gledrau. **1722** *Llst* 189, *Rhwyll.* m.p. *Rhwyllau.* Lattises, a cross-barrd window: a mortise. **1753** *TR*, *Rhwyll* . . . *Rhwyllau* gwŷdd, K[yfraith] H[ywel Dda]. The same as Brwydau, a weaver's harnesses. **1794** *W*, *rhwyllau* (ebillion) allwydd d.g. *Ward, pl. wards [of a lock, &c.]* . . . *The wards of a key.* **1803** *P.* Ar lafar yn nwyrain Morg., 'Ma'r 'sana 'ma wedi mynd yn *rwyll*', 'Ma'r *rwyll* 'ma wedi mynd getyn ry fawr' [am dwll botwm] (y Rhigos); hefyd yn yr ystyr 'twll i'r carrai mewn esgid', *GTN* 695. Yn Arfon fe'i clywir hefyd am rywun na all gadw cyfrinach, J. JONES: *Gwerin-eiriau*[2] 199.

Fel *a.* Ar ffurf dellt, a chanddo fasglau mawr: *in the form of a lattice, having a large mesh.*

1621 E. PRYS: *Ps* 15a, Syrthied a glyned iw delm *rwyll*, / a'i drapp o'i dwyll ei hunan. **1747** *ML* i. 125, Ces lythyr oddiwrth yr Alderman . . . gogr *rhŵyll* yw'r gwr.

Cfn.: **rhwyll botwm (botwn):** *buttonhole.* **1753** *TR*, Rhwyll . . . *Rhwyllau bottymmau*, button-holes. **1771** *W*, *Rhwyll* . . . *botwm* d.g. *Button-hole.* **1798** *WR*, *rhwyll botwn* d.g. *Button-hole.* Ar lafar yn sir Gaerf. yn y ff. *rhwyll botwm.* **rhwyll wartheg:** *cattle grid.* **20g.** **rhwyll pêl (dennis):** (*tennis*) *racket.* **1722** *Llst* 189, *Rhwyll pêl.* A racket. **1725** *SR*, *Rhwyll pêl dennis* d.g. *A Racket to play tennis.*

Gw. hefyd **rhwyllen.**

rhwyllaf: rhwyllo [bf. o'r e. *rhwyll*] *bg.a.* Delltu, plethu gwiail (perth); morteisio; croesi allan, dileu; llacio; hefyd yn *dros.* ac yn *ffig.*: *to lattice, interlace, interweave branches (of a hedge); mortice; cross out, delete; abate; also transf. and fig.*

16g. SIÔN BRWYNOG: *C* 116, *Rhwyllo*'r byd, rhy holli'r bar, / Rhoi gawr ddoe, rhwygo'r ddaear [marwnad Siôn Wyn ap Maredudd]. **1604–7** *TW* (*Pen* 228) d.g. *Cancello.* **1672** R. PRICHARD: *Gw* 373, *Rhwylla* 'r [:– Agor] wybrenne, a gwascar y cwmle. *id.* 441, yr haul a *r*[*wy*]*lla* [:– A wascara ac a agor]'r cwmmwl tewa. **1711** H. POWEL: *TY* 275, Rhessymau cnawdol . . . pan *rhwyllir* ymmaith trwy ddiscleiriad y gwir Oleuni. **1722** *Llst* 189, *Rhwyllo* . . . To work latticewise: to mortise. **1753** D. JONES: *SD* 146, Yno cawn wel'd achubol Nerth / Ein Brenhin prydferth nefol: / A *rhwyllo* 'mewn i'n henaid ni / Bydd ei Oleuni bywiol. **18–19g.** *Llr* C 30, 177, *Rhwyllo*, to cease raining. **1803** *P.* Ar lafar yn yr ystyr 'llacio'. Cf. *TGG* (1906) 15, Mae'r gwlaw yn *rhwyllo*; *LlGC* 1172, 58, Ma'r gwynt yn *rhwyllo* 'chydig . . . Y mae y poen yn *rhwyllo* rhyw 'chydig.

rhwyllen [*rhwyll*+-*en*] *eb.* ll. -*ni.* Meinwe: *gauze.*

1869.

rhwyllffenestr [*rhwyll*+*ffenestr*] *eb.* ll. -*i.* Ffenestr ddellt, casment: *lattice window, casement.*

1776 *W* d.g. *Window . . . a loop-window.* **1798** *WR* d.g. *Casement.*

rhwyllganllaw [*rhwyll*+*canllaw*] *eb.g.* ll. -*iau.* Murganllaw: *battlement.*

1770 *W* d.g. *Battlement.*

rhwyllog [*rhwyll*+-*og*] *a.* Delltog, ac iddo rwyllau, ?wedi ei groesi allan, croeslinellog, wedi ei forteisio, ar ffurff dellt neu rwyd, ac arno addurn fel rhwyll, tyllog, hefyd yn *ffig.*: *latticed, interlaced, having lattices, ?crossed out, cross-hatched, mortised, in the form of a lattice or net, having a decoration like a lattice, full of holes, also fig.*

c. **1400** *RM* 205, [m]orwyn . . . a henwisc o bali *rỽyllaỽc* ymdanei a uuassei da gynt. yny welit y chnaỽt trỽydaỽ. **1604–7** *TW* (*Pen* 228) d.g. *Impetritus. Dchr.* **17g.** *J* 10, 19a, *Rhwyllog* . . . Reticulatus. **1632** *D*, *Rhwyllog*, Cancellatus, reticulatus. *id.* Adeiladau *rhwyllog* d.g. *Dictyota. id.* côd *rwyllog* d.g. *Reticulum. id.* ffenestri *rhwyllog* d.g. *Reticulatus.* **1688** *TJ*, *Rhwŷllog*, Tyllog: Latticewise, like a Net or Window. **1722** *Llst* 189, *Rhwyllog* . . . cross-bard [*sic*]. of net-work, checker-work. **1725** *SR* d.g. *Full of holes.* **18g.** E. T. RHYS: *DA* 29, Yn hen, f'â'r cof yn *rhwyllog* iawn. / I gynnal dawn dysgeidiaeth, / Fe syrthia'r pethau mwya' eu mael, / Oddiarno'n amal ymaith. **1756** G. OWEN: *L* 168–9, siderog farchogion y Mychdeyrn Lewis yn eu *rhwyllawg* frithfrodiog, amliw gobau. **1768** TWM O'R NANT: *CTh* 19, Rhaid cael gywn brith ac ystaes ar frŷs, / A gwŷchu'r tu allan peth bynag fo'r Crys, / Het siag a Chap *rhwyllog* pe bae nhw rhai hylla, / Hwy fynant gychwyn'r un Siwt ar rhai gwŷcha. **1771** *W*, Carchar . . . *rhwyllog* drwgweithredwŷr d.g. *Cage [for malefactors]. id.* d.g. *Hatched [as a sword-hilt].* **1803** *P.* Ar lafar yn nwyrain Morg. yn yr ystyr 'agored ei wead' am frethyn, 'Ma 'wn yn ry *rwyllog* wrth 'y modd i i neud ffrog ono fa' (y Rhigos); 'Cot wlæn *rwyllog* odd yn 'i chylch 'i', *GTN* 695; hefyd yng ngodre Cered. yn yr ystyr 'tyllog', ''Odd y clawdd yn *rhwyllog* reit ar ôl y tân'.

rhwyllwaith [*rhwyll*+*gwaith*[1]] *eg.* ll. -*weithiau.* Dellt(waith), adeilwaith neu batrwm ar ffurf delltwaith, ffrâm o ddur neu haearn a barrau ar ei thraws, rhwyll, gratin, cerfiad geometrig neu waith addurniadol ac ynddo batrwm o agoriadau neu dyllau, gwaith carreg addurniadol ac ynddo agoriadau neu dyllau, yn enw. yn rhan uchaf ffenestr Othig, rhwydwaith, hefyd yn *dros.* ac yn *ffig.*: *lattices, latticework, grid, grating, fretwork, tracery, network, also transf. and fig.*

16–17g. *PhA* 510, Kaer *rwyllwaith* bwyllwaith ac ol bys / gras duw gwr osdad ai Dengys / KroesDy [*sic*] da ir wlad krest wydr lys / Krist yw fur kroessed forys. **1604–7** *TW* (*Pen* 228) d.g. *Gerræ, Laculatus, Reticulatus, Transenna.* **1722** *Llst* 189, *Rhwyllwaith.* m. Fret or net-work. **1773** *W* d.g. *Fret-work, Lattice-work.* **1803** *P.*

rhwyllwe [*rhwyll*+*gwe*] *e?b.* Math o frethyn main ysgafn tryloyw; rhwydwaith, yn *dros.*: *tiffany; network, transf.*

1794 *W*, *rhwyllwe*, rhwydwe, gwe rwydtyllog o'r enw d.g. *Tiffany.* **1798** *WR*, math o *rwyll-we*, neu rwyd-we d.g. *Tiffany.*

rhwym[1] [< IE. **reig-smn̥*, o'r gwr. **reig*- 'clymu', gw. *rhwy*[2]; ?cf. Llyd. C. *rum*(*m*) 'math, dosbarth'; ffrwyth cymysgu'r S. *bound* 'going to' a'r S. *bound* 'tied' yw'r ystyr 'ar ei ffordd (i)'] *eg.* ll. -*au*, (prin) -*on*, -*ain*, a hefyd fel *a.*

(*a*) Peth sy'n rhwymo, yn clymu, neu'n dal pethau ynghyd (e.e. cadwyn neu raff), hual, llyffethair, cwlwm, rhwymiad, sypyn, rhwymyn, cadach rhwymo, hefyd yn *dros.* ac yn *ffig.*: *bond, shackle, fetter, tie, binding, bundle, bandage, band, swaddling-band, also transf. and fig.*

10g. (*Juv*) *VVB* 212, cuinhaunt irruim mein [*sic*] quem det pena eterna super illos. **12g.** *GCBM* i. 178, Neud kygkolled ym colli rwyf—Mechein / *Rwym* achaỽs o'e gygklwyf. **13g.** *GDB* 428–9, Mai yw a'm doddyw, yn anhyfryd—wyf / Am fyned fy rhwyf yn *rhwym* gweryd. **13g.** *LlI* 100, kayer er yscuboryeu . . . kyn gadarnet ac y bo teyr bangor ar y llogeyl a phleyt ar y drus: try *ruym* ar y pleyt. **13g.** *GBF* 357, Lladwyt meibon . . . / . . . gỽynn y byt hỽy bot yn seinyev / A merthyri achaỽs eu Ri yn eu *rỽymeu.* **14g.** *WML* 56, Pỽn march o vlaỽt gỽenith ac ych a seith drefa o geirch vn *rỽym.* **14g.** *YBH* 60b, dyuot at y march a rydhau y draet or *rỽym* a oed arnunt. **14g.** *B* xiv. 268, paub or yssyd ygkreulonder carchar caedic. ac yn rwymedic o *rwymeu* y pechodeu a ellvg ef. *c.* **1400** *SDR*[2] 73, peri i offeirat teulu gwneuthur *rwym* priodas yrygtunt ell deu. *c.* **1400** *Études* viii. 70, Rac gwaetlin froen: gollwng waet ar y froen yn amrosgo a gwasc *rwym* da ar y bys bychan idaw. **1547** *WS*, *Rwym* A bande. **16g.** *TRP* 170, Bellach ffesstwch y *rhwymon* / a rhwymo i ddwylo yn grevlon. **1710** *CBGEL* 57, gan wybod fod Dyled-swydd a *Rhwym* neilltuol rhwng Tâd a phlant. **1803** *P.*

(*b*) (enghrau. ffig. yn cyfeirio at berson: *fig. exx. with ref. to a person*).

12–13g. *GMB* 376, Diwyd lwyd arwyt, eiriawl—yt ydwyf / Na bwyf arnad, Rwyf, *rwym* engiriawl. **12–13g.** *GLlLl* 35, *Rwym* kynnygyn, kynnogyn ditaỽl. *id.* 187, *Rwym* Lloegyr, lliwed trahaawc. *id.* 238, Llywelyn, llary rwyf, *rwym* kytiryaỽc. **13g.** *GDB* 29, *Rỽym* cat yn cadỽ y adef. *id.* 190, *Rwym* kedyrn, cat worssaf. **14g.** *GDG*[3] 46, Gwaedgoel saffwy rhwy *rhwym* gwlad—a'i gafael. *c.* **1400** *R* 1314. 16, *rỽym* trin blin blymlỽyt ysgỽyt ysgein.

(*c*) Cytundeb (ysgrifenedig); gwystl; bond (ariannol): (*written*) *agreement, bond; pledge;* (*financial*) *bond.*

15g. *BB* 202, gwedy ymrwymaw onadunt yn y mod hwnnw trwy *rwym* a gwystlon. **15g.** *AL* ii. 242, gwedy hyny aet yr amdiffynwr y gymryt kygor ath triget [*sic*] yr howlor yn y *rwym* a gwedy hyny devet yr amddyffynwr ac ymrwymet yntev ac [*sic*] gwedy hyny kygevseddent. *Diw.* **15g.** *Pen* 41, 3, kymerer *rwym* ar y kwyn. *id.* 24–5, Os gwadu awna dyget yr hawlwr y *rwym* drwy dystion. **1795** J. THOMAS: *AIC* 62, Mae pob ysgrifen gaeth a *rhwym* dirwyol wedi pennu rhyw amser penodol i dalu.

(*d*) Mam neu dad bedydd: *sponsor* (*in baptism*).

1683 J. JONES: *TG* 163, mae 'n rhaid iddynt gael yno ryw bobl eraill . . . i sefyll yn *rhwym* dros y plentyn, y rhai hyn a alwant hwy Tadau Bedydd a Mamau Bedydd.

(*e*) Rhwymedd (y coluddion): *constipation.*

1759 J. EVANS: *PF* 40, *Rhwym* (*Costiveness*) yn y Corph.

Fel *a.* (*a*) Mewn rhwymau neu gadwynau, wedi ei glymu, rhwymedig, caeth, hefyd yn *dros.* ac yn *ffig.*; ynghlwm, clwm (wrth swydd, am dŷ); wedi ei roi ar adnau yn storfeydd y tollau; wedi ei rwymo (am lyfr); yn cynnwys bitwmen (am lo): *in bonds or chains, tied (up), bound (up), captive, also transf. and fig.; tied (of a cottage or house); deposited in a bonded warehouse, bonded; bound (of a book); bituminous (of coal).*

13g. *HGK* 21, val kynt y kerdassant wynteu dracheuyn a'r anreith, ac a Freinc a Saesson en *rwym* ganthunt ac eu garcharoryon. **13g.** *GBF* 194, Gỽr yn *rwym* gan rwyf Eryry. **14g.** *WM* 146. 1–2, lleỽ yn *rỽym* ỽrth gadỽyn ac yn kyscu. **14g.** *IG* 546, A chwel gyrr ith wagil gynt / a'th ddwylo yn *rhwym*ith [*sic*] helynt. **15g.** *GLGC* 281, Hawddamawr heb unawr wast / i'r tir a'r tai o Herast, / tai *rhwym* mewn tyrau meinin / tir ag wyth tŷ i roi gwin. **1551** W. SALESBURY: *KLl* xxxviib, Ag Annas ae danuones ef yn *rwym* at Caiphas. **1567** *TN* 206a, wele, vyvi yn *rhwym* yn yr yspryt yn mynet i Gaerusalem. *id.* 251a, y mae'r wreic yn *rhwym* wrth y Ddeddyf, tra vo byw hei gwr. **1588** 2 *Esd* xvi. 78, Gwae y rhai sy yn *rhwym* gan eu pechodau. **1703** E. WYNNE: *BC* 76, bwriwch hwy'n *rhwym* dros y Dibyn diobaith, au penne 'n isa. **1753** *TR*, *Rhwym*, (adj.) bound or ty'd. **1766** *CD* d.d., Pris, Swllt yn Rhydd, Pymtheg yn *Rhwym.* **1791** W. WILLIAMS: *MDR* 3, Y mae marw'n *rhwym* wrth eni. **1803** *P.* **1814** W. DAVIES: *Agric . . . S. Wales* ii. 334, glo *rhwym.* Ar lafar, *WVBD* 468.

(*b*) Dan orfodaeth, dan rwymedigaeth, wedi ymrwymo; arfaethedig, siŵr, sicr; yn rhwymo, rhwymedigol, gorfodol: *compelled, obliged, contracted, bound; destined, sure, certain; binding, obligatory.*

15g. *HS* 3, mae plant mi ai gwarantaf / blaid i hwn fal blodau haf / yn *rhwym* i del un or rhain / ir baili glas ar bilain [marwnad Watgyn Fychan]. **1567** *TN* 282b, y vot ef yn *rhwym* y gadw'r Ddeddyf oll. **1606** E. JAMES: *Hom* iii. 161, Nid ydyw Duw yn *rhwym* ei [*sic*] gynnal y meddiannau a gesclir trwy ddiawl a'i gyngor. **1630** *YDd* [xxii], vn a fydd *rhwym* i wneuthur i'w iaith a'i wlad, y gwasanaeth a'r vfydd-dod gorau ar a fedro. **1632** J. DAVIES: *LlR* 156, Pettit ti yn *rhwym* i fwytta yr vn bwyd yn vnig bob amser, ti a'i diflasit o'r diwedd. **1661** E. LEWIS: *Drex* [xiv], y mae ef yn *rhwym* i fod yn wasanaethydd ffyddlon i chwi. **1675** R. JONES: *HCh* 150, nid yw eu Gwragedd hwynt *rwym* i ufuddhau iddynt. **1688** S. HUGHES: *TSP* 26, yr ym ni'n *rhwym* i ymgadw rhag trosseddu Cyfraith Dduw. **1710** *LlGG* (*Gos*) 15, Nad yw Wardeiniaid *rwym* i bresentio ond dwywaith yn y flwyddyn. **1711** GJ: *LlW* 18, y mae Crist yn beio ar yr Iddewon am ddyscu y cyfrŷw, eu traddodiadau yn ddysceidiaeth, hynnŷ ŷw, eu gwneud hwŷ mor *rhwŷm* arnom, ac mor angenrheidiol a Gorchymynnion Duw? **1759** T. THOMAS: *WWDd* 56, yr oedd Duw yn *rhwym* yn ei Gyfiawnder, i barhau bywyd i'r Dŷn. **1798** W. RICHARDS: *CC* 4, Stori y pum anghenfil . . . ac amryw o bethau hynod eraill . . . yn *rhwym*, gwedi'n, o gael eu cyhoeddi. *ib.* buasai yr holl waradwydd . . . yn *rhwym* o ymchwelyd. Ar lafar, ''Wi'n *rwym* o fynd yno erbyn pump o'r gloch', *GTN* 695; ''Rodd damwain yn *rhwym* o ddigwydd ar y gornel beryg 'na'.

(*c*) Yn dioddef gan rwymedd (y coluddion): *constipated.*

1725 *SR*, Caeth neu *rhwym* yn ei gorph d.g. *Costive.* **1759** J. EVANS: *PF* 19, Bôd a Chorph yn *rhwym*, ni all gyd-sefyll yn hîr ac Iechyd. **1771** *PDPh* 11–12, os bydd y corph yn *rhwym*, rhaid cymmeryd hanner dram o Rubarb yn y bore. **1800** W. OWEN[-PUGHE]: *CP* 68, yr oedd y gaseg hon yn fwy *rhwym* gantynt [erfin Sweden] nog y lleill. **1801** *MMf* 255, i beri gwared y bola a fo yndaw lle bo *rhwym* y bola. Ar lafar, *WVBD* 468, *GTN* 695.

(*d*) Ar ei ffordd (i), yn hwylio (i) (am long): *bound* (*for*) (*of a ship*).

1740 *ML* i. 44, Dyma long o Lundain yn *rhwym* i Lerpwl. **1799** *TY* 55, Yn mysg llawer o longau oedd gyd â'r Duff, yn cydgychwyn, un oedd yr Hilsborough, yn *rhwym* i Botany Bay. Ar lafar ym Môn, *ISF* 65.

Cfn.: **rhwym dadl:** ?*counterbond, counter-obligation.* **15g.** *LHDd* 56. **1604–7** *TW* (*Pen* 228) d.g. *Restipulatio.* *c.* **1730** *Thos. Lloyd D* (LlGC) 204b. **mewn rhwym-au:** *in bond.* **1847.** **dan rwym(au) (i):** *in* (*someone's*) *debt, under an obligation* (*to*). **1820.**

Gw. hefyd **rhwymyn.**

rhwym², rhwymad¹, gw. **rhwymaf: rhwymo, rhwymiad.**

rhwymad² [?bôn y f. *rhwymaf*: *rhwymo*+ *-ad²*, trf. gwthr] *eg.* ?Un sy'n rhwymo: *one who binds.*

c. **1400** *R* 1311. 27–8, Nyt kas vas uod vud ardunyant danyel rymyant *ro*ymat kyfreith.

rhwymadur [bôn y f. *rhwymaf*: *rhwymo*+ *adur*] *eg.* Un sy'n rhwymo, *ffig.*: *one who binds, fig.*

12g. *GCBM* ii. 306, Rybu Uran uab Llyr, llu *rwymadur*—mad / Yg camp yg kywlad.

rhwymadwy [bôn y f. *rhwymaf*: *rhwymo* + *-adwy*] *a.bfl.* Y gellir ei rwymo â rhaff; yn rhwymo, yn *ffig.*: *ropable; binding, fig.*

1834.

rhwymaf, rhwymiaf: rhwym(i)o [bf. o'r e. *rhwym¹*] *bg.a.*

(*a*) Gwneud yn ddiogel drwy glymu, clymu, amgylchynu â rhwymyn, clymu â chadwyn, hefyd yn *dros.* ac yn *ffig.*; gorchuddio neu glymu (clwyf, &c.) â rhwymyn, rhwymynnu, lapio: *to bind or tie, secure, encircle with a band, enchain, also transf. and fig.*; *bandage, bind up* (*wound*), *swathe, swaddle.*

Dchr. **12g.** *GMB* 30, Rec ry-s-iolaw, rec a archaw, *ruymav* iurchen! **12g.** *GCBM* ii. 306, Can *rwym* Rwyf, Hydyrner, a fer a fraeth. **13g.** *BD* 115, E serenavl vleid a hebrvng toruoed, ac o'e achavs ef Kernyv a *rwym. id.* 124, kymer y gadvyn hon, ac ony myn dy drugared di guneuthur amgen no hynny, *rwym* ni a honno, a guna y dihenyd a uynhych ohonam. **14g.** *WML* 21, [y] march arother yr croessaneit. kanys *ro*ymao troet ygebystyr awneir orth ydoy geill. **14g.** *DB* 99, A'r dufyr yssyd eil defnyd . . . A'r holl daear a *rwym*, a'r gwladoed a wahan. **14g.** *B* ix. 326, a chadwyneu heyrrnn eu *rwymyaw.* **14g.** *YBH* 6a, mi ay lledeis . . . ac a *ro*ymeis linin am y vynogyl. **14g.** *GDG³* 105, Coedyn bach a *rwym* ceudawd, / Crefft hysbys rhwng bys a bawd [am wregys]. *c.* **1400** *MM* 76, Mortera wreid y celidonia . . . ac emenyn a *roym* yg kylch dy vynogyl. *id.* 102, a *roym* arnao plastyr ym penn y trydyd dyd goedy golcher. **15g.** *FfBO* 55, y mamheu a *rwymyant* traet eu merchet . . . rac udunt dyuu yn ormod. **15g.** *GLGC* 101, Gwrando fal llunio wrth y llinyn / ar *rwymo*'r awdl orau ym Mhrydyn. **1547** *WS*, *Rwymo* Bynde. *id. Rwymo* dyn bach Swadell a chylde. **1551** W. SALESBURY: *KLl* lxia, *r*[*h*]*wymodd* i archollion ef. **1567** *TN* 152b, Lazarus . . . hwn a vesei varw, a ddaeth allan, wedy *rwymo* o traed a' dwylo a rhwymyne, ai wynep a *rwymesit* a napkyn. *Diw.* **16g.** *LBS* iv. 415, yntaü . . . a *rwymawdd* y farch wrth y drws. **1588** *Job* xxviii. 11, Y mae efe yn *rhwymo* 'r afonydd rhag llifo. **1620** *Act* xii. 8, Ymwregysa, a *rhwym* dy sandalau. **1741** *Cylchg CHMC* ii. 10, lle bym yn *rhwim* [*sic*] cerch. **1803** *P.* Ar lafar, 'Fe *rwymws* y llinyn yn dynn amdano', *GTN* 695; '*Rwyma*'r bandej yn dynn rownd dy gos' (dwyrain sir Gaerf.); yn ne-ddwyrain Morg. clywir *rwymo* am 'lo sydd yn glynu'n un twmpyn mawr', 'Ma'r glo 'ma'n *rwymo*'n fudur'.

(*b*) Amgáu a sicrhau (tudalennau llyfr) rhwng cloriau: *to bind* (*a book*).

1658 R. VAUGHAN: *YPS* [iii], yn y llyfr hwnnw allant (os gwelant yn dda) *rwymo* gyd ag efo y Swyn gyfaredd newydd yma. **1771** *PDPh* d.d., Pris Chwe'-cheiniog heb ei *rwymo.* **1786** B. FRANCIS: *A* ii. [100], cael *rhwymo* y ddau Lyfr ynghyd. Ar lafar, 'Ma isie *rwymo*'r traethawd hir cyn 'i roi e mywn' (dwyrain sir Gaerf.); ''Odd a wedi prynu'r llifir yn rifynna a mynd â nw at y rwymwr i gæl nw wedi *rwymo*', *GTN* 695.

(*c*) Gosod (rhywun) dan rwymedigaeth, caethiwo neu gyfyngu â rhwymau cyfrifoldeb neu deyrngarwch, gorfodi rhwymedigaethau neu ddyletswyddau cyfreithiol ar (berson); prentisio: *to place* (*someone*) *under obligation, restrain or confine with ties of responsibility or loyalty, impose legal obligations or duties upon* (*a person*), *bind; apprentice.*

13g. *LlC* 27, Ereyll a deweyt pan yv er haulur e hun a dyly galu am uach ac ar y keureyth, a henny kyn *ruymau* duy pleyt en keureythyaul. **1346** *LlA* 25, krist ehun droy evgoassannaeth wy yssyd yn *roymao.* Ac yn ellog. *c.* **1400** *YCM²* 117, Anuoner ar Varsli wr dosparthus . . . y ymgeissaw ac ef, ac o'e *rwymaw* drwy dogyn o wystlon ar yr hynn a adawho. *Dchr.* **15g.** *B* vii. 371, ef a dyly y anuon att y offeiryat ehun. kanys ny dichawn ef ollwng dyn o blwyfedigaeth arall nae *rwymaw.* **15–16g.** *TA* 532, Cwyn, ddoe, a *rwymwyd* can Ddeon—Bangor, / Heb ungair yn gyfion. *c.* **1585** G. ROBERT: *DC* 30b, Hyn o dhaioni a ddylasei *rwymo* r Idheon i garu Crist yn wastod. **1604–7** *TW* (*Pen* 228), Lhoci arian a *rhwymo*'r partie ar ei haildalu d.g. *pecunia.* **1618** J. SALISBURY: *EH* 161–2, nas geill dyn fod yn rhwymêdig i wneuthur drwg, gan fod cyfreith Dduw yn ei *rwymo* i beidio a'i wneuthur. **1632** *D*, *Rhwymo* â llw d.g. *Obtrigo.* **1710** *LlGG* (*Gos*) 14, a phob Priodasau a wneler ac a *rwymer* (*made and contracted*) felly, a fernir yn halog, aflan, ac anghyfreithlon. **1723** E. SAMUEL: *PDdC* ii. 21, ou *rhwymo* Eu hunain trwy Sacrament na wnaent ddim drwg. **1770** *W*, *rhwymo* un yn brentis d.g. *To apprentice. id.* d.g. *To obligate, Oblige.* **1794** E. JONES: *CP* 14, Wardeiniaid i *rwymo* prentisiaid.

(*d*) Achosi rhwymedd (y coluddion), peri bod yn llai rhydd (ei gorff); dioddef gan rwymedd (y coluddion), bod yn llai rhydd (ei gorff): *to cause constipation, bind; become constipated, become less loose.*

16g. *LlS* 52, Y Banatlos . . . Ei natur o chwerwedd yw *rhwymo* a thra sych ydyw eb dostedd. *id.* 144, Y dail a vwyteir val y cawl. a *rhwymo* yr boly a wnant. **1759** J. EVANS: *PF* 55, Y Clwyf arloesi, neu'r Dolur rhydd . . . [c]ymerwch Lwyaid o Hâd Dail y Llyriaid wedi eu 'sigo, nôs a boreu hyd oni *rwymoch.* **1800** W. OWEN[-PUGHE]: *CP* 68, Dengys eu bod o rinweddau neilltuol, gan eu bod yn *rhwymo* ceffylau, yn lle eu llaesu, mal y gwna gwraidd ereill. Ar lafar.

Amr.: **rhwmo** [*-wy-* > *-w-*, cf. *gwychder* > *gwchder*]. *c.* **1585** G. ROBERT: *DC* 38b. **1617** *Minsheu* 264a d.g. *to Knitte.* Ar lafar, *WVBD* 467, *B* iii. 207 (Meir.), *id.* xiv. 281 (canolbarth Cered.), *GDD* 252.

Cfn.: **rhwymo dan feichiau (feichiafon):** *to bind over.* **1770** *W*, *Rhwymo* un *dan feichiau* d.g. *To bind over* [*to the Sessions*]. **rhwymo('r) hers:** ?*to join in marriage* (*facet.*). **[1745]** W. ROBERTS: *FfM* 46, (Yn siarad a'r Ffwl.) Pa beth ydyw 'r ffis am *rwymo* 'r *Hers*, / A dywedyd y Wers Briodi? **1767** E. THOMAS: *CD* 21, Dechreuaf fine [Ffŵl] ddweyd y wers / I *rwŷmo Hers* yr Hwrsan. **rhwymo mewn prentisiaeth (i brentisiaeth, ar brentisiaeth):** *to apprentice, bind as an apprentice.* **1545** *CM* 1, 110, para ddynn bynag Ayrer [*sic*] ir ysgol ne a *Rwymer mewn pr*[*entishaeth* i ddysgv ar lyure ne grefti dwylo. **1687** (**1715**) J. OWEN: *TB* 72, y rhai sydd well ganthynt weled eu plant yn cardotta, na'i [*sic*] *rhwymo i brentisiaeth* i ryw gelfyddid, neu drâd gonest. **1718** M. WILLIAMS: *P* 8, Codi Ysbyttai, lle y *rhwymer* Plant tlodion *ar Brentisiaeth.*

rhwymai [*rhwym¹* + *-ai³*] *e?g.* Sylwedd neu gyffur tynhau: *an astringent.*

1851.

rhwymaidd [*rhwym¹* + *-aidd*] *a.* Yn peri rhwymedd (y coluddion): *causing constipation.*

1831.

rhwymamod [*rhwym¹* + *amod*] *eg.* Cytundeb, contract; prydles: *agreement, contract; lease.*

1760 E. WILLIAMS: *UYB* 22, gelynion . . . dan *rwym-ammod* yn erbyn teyrnas Crist.

Gw. hefyd **amodrwym.**

rhwymbren [*rhwym¹* + *pren*] *eg.* Ewinbren, trawst (rhwymo), rhwymdrawst: *tie-beam, girder.*

1852.

rhwymder [*rhwym¹* + *-der*] *eg.* Rhwymedd (y coluddion), ataliad (dŵr): *constipation, retention* (*of urine*).

[1763] *ML* ii. 596, Haint y marchogion a fydd ar dröau, *rhwymder* a'i dwg gan mwyaf.

rhwymdra [*rhwym¹* + *-dra*] *eg.* Rhwymedd (y coluddion): *constipation.*

1793 N. WILLIAMS: *HM* i. 49, Cymmerwch Rym, Triagl, ac Olew-pêr, dair llwyaid o bob un; pottelwch ynghyd, a chymmerwch un neu ddwy lwyaid bob nos . . . y mae'n dda iawn i symmud yr achos o *rwymdra.*

rhwymdrawst [*rhwym¹* + *trawst*] *eg.* ll. -iau. Trawst cynnal: *girder.*

1916.

rhwymdy [*rhwym¹* + *tŷ*] *eg.* ll. *rhwymdai.* Adeilad neu ystafell ar gyfer rhwymo llyfrau: *bindery.*

1847.

rhwymddisgyniad [*rhwym¹* + *disgyniad¹*] *eg.* *Cyfr.* Entael: *entail* (*in law*).

1773 *W* d.g. *Entail.*

rhwymddisgynnol [*rhwym¹* + *disgynnol*] *a.* *Cyfr.* Yn ymwneud ag entael: *relating to entail* (*in law*).

1873.

rhwymeb [*rhwym¹* + *-eb*] *eb.* Bond (ariannol): (*financial*) *bond.*

1851.

rhwymedi [bnth. a chfdds. o'r S. C. *remedi* dan ddyl. y f. *rhwymaf*: *rhwymo*] *eg.* ll. *rhwymedïau.*

(*a*) Cyfrwng gwellhad, meddyginiaeth, proffylacsis, hefyd yn *ffig.*; iawn (cyfreithiol): *remedy, prophylactic, also fig.*; (*legal*) *redress, reparation.*

14–15g. *IGE²* 283, Truan ydyw'r gwahanu, / Tristyd och am fyd a fu! / Ni chân' fersi, och einioes, / Na dim *rhwymedi* nid oes (Siôn Cent). **15–16g.** *TA* 472, A gweled, o *rwymedi*, / Merch wen yn fy mreichiau i. **15–16g.** *GIF* 77, Siôn, aml yw dy sen yma: / sennu'dd wyd lle cawson dda. / O bu, ar ŵyl, o bur wŷdd, / i bab gwiw bob i gywydd / meddyled heb *rwymedi* / mawr tost beth a 'myrrud di. **1527** *B* ii. 205, pryd nad oy[dd] *rwymedi* amgen, ef a erchis jr garddwr ddiwrreiddio y pren ai vwrrw ymaith. **1606** E. JAMES: *Hom* i. 191, nid oes cyferbyn [:– *Rhwymedi*] well yn erbyn tafodau drŵg, nâ'n harfogi ein hunain a goddefgarwch. **1620** 1 *Cor* vii. cs., Y mae efe yn crybwyll am briodas, ac yn dangos mai *rhwymedi* yw yn erbyn godineb. **1632** *D*, *Rhwymedi*, Remedium. **1658** R. VAUGHAN: *PS* 167, *Rhwymedi* neu eli yn erbyn Glothineb. **1670** J. HUGHES: *AP* 333, O Dduw, yr hwn . . . wyt yn rhoddi *rhwymediau* iachusol i'r byd. **1672** J. LANGFORD: *HDdD* 34, fe a dwylla Dynion, a ledrattant, a ddywedant gelwydd . . . nid yw y rhain yn gyffredinol yn prisio i fôd ond *rhwymedi* twyllodrus. **[1676]** *AF* 1, Am y Pechod hwn o Feddwdod . . . Pa *rwymedi* sydd iw arfer o ran ei ochel ef. **1703** E. WYNNE: *BC* 21, Beth yw Sawdwr lledlwm addycco dy ddillad . . . wrth y Cyfreithwyr a ddwg dy holl stât oddiarnat, â chwi[l] gwydd, heb nac iawn na *rhwymedi* i gael arno? **1759** *BC* 397, Cymered pawb yn Siampl fi, / Nid oes *rwymedi*, weithian; / Rhag mo'r [*sic*] dost y digiais i wrth, / Fy meddwl Swrth, fy hunan.

(*b*) Rhwymedigaeth; peth sy'n rhwymo: *obligation; a thing which binds.*
1768 RISIART AP ROBERT: *CB* 213, Mae gras yr efengyl, gan hynny yn rhad i ni wrth y rheswm cyntaf, sef heb ei haeddu. Ac hefyd heb ammodau na *rhwymedi?* **1789** *AUA* 10, Mae arnaf lawer o *rwymedi* i'm Ewyllyswyr da yn Llundain, mi a yrraf etto attynt ar fyrr. **1803** *P, Rhwymedi* . . . That keeps bound; a power to bind or to restrain.

Gw. hefyd **remedi.**

rhwymedig [bôn y f. *rhwymaf*: *rhwymo*+ -*edig*; ffrwyth cymysgu'r S. *bound* 'going to' a'r S. *bound* 'tied' yw'r ystyr 'ar ei ffordd (i)'] *a.bfl.* ll. -*ion*, a hefyd gyda grym enwol.

(*a*) Wedi ei rwymo neu ei glymu, wedi ei sicrhau, wedi ei rwymynnu, hefyd yn *dros.* ac yn *ffig.*; wedi ei rwymo (am lyfr): *bound (up), tied (up), fastened, secured, bandaged, also transf. and fig; bound (of a book).*
13g. *DB* 73, En *rwymedic* (*infixae*) en e furvauen y mae y syr. **13g.** *B* ix. 147, A medylyav a oruc e vot en *rwymedic* e diawul. A chollet y eneit ae gorff. *id.* 334, Ene lle a elwir tumba e mae eglvys wede ry adeilat . . . e lle hvnnv e syd *rwymedic* o bop parth idav or eigyavn. **13g.** *Cylchg LlGC* v. 61, gur . . . en *rwymedic* o gryt e petwaredyd. **13g.** *BD* 106, Vrth hynny yd esgyn y mynyded y *rwymedic* o danhed baed coet. **1346** *LlA* 96, A restyr o eur kyfulet alla6 . . . yn gyfula6n orudemmeu a gwynnemmev yn *r6ymedigyon* ynyr eur. *id.* 133, ellygha6d adaf ac eua or *r6ymedigyon* boenev yd oedynt yndunt. **14g.** *B* xiv. 268, paub or yssyd ygkreulonder carchar caedic. ac yn *rwymedic* o rwymeu y pechodeu a ellvg ef. **14g.** *WM* 22. 9–13, llad gl6m ar garryeu y got . . . A phan uo ef yn *r6ymedic* yny got. **14g.** *GDG*³ 143, Rhyw gwlm serch, cyd rhygelwyf, / Rhôm, od gwn, *rhwymedig* wyf. *c.* **1400** *RB* ii. 26, ar sa6l vilyoed o dynyon ar ladyssit yno abot eurydit h6y yn *r6ymedic.* Ac wrth hynny bot yn reit gwneuthur tagnoued. *c.* **1400** (*SG*) *HMSS* i. 423, kymryt y gwr *rwymedic* gynneu ac yn y roi ar brenn y groc. *Dchr.* **15g.** *B* vii. 375, a wnaeth pechawt gyd a ryd neu *rwymedic.* **1547** *WS, Rwymedic* . . . Bounde. *Diw.* **16g.** *WLB* 43, Rhag gwaew dygyrch *rhwymedic* a ddel mewn glin ne forddwydydd. **1803** *P.*

(*b*) Dan orfodaeth, dan rwymedigaeth, wedi ymrwymo; wedi ei gadarnhau; dyledus; yn rhwymo, rhwymedigol, gorfodol: *compelled, obliged, contracted, bound; confirmed; indebted, obliged, obligated; binding, obligatory.*
14g. *WML* 39, o byd neb ogenedyl y llofrud neu y lladedic yn dyn eglwyssic *rwymedic* o vrdeu kyssegredic. **14g.** *LlB* 103, ef a dylyir eturyt idaw y holl gollet yn diohir; ac ef a dyly kynhal hwnnw yn *rwymedic* wrth gyfreith. **14g.** *BT* 179, kanys ykymry ny myneint kytsynyaw ar dangneued awnathoed y barwnyeit o achaws eu bot wynt yn *rwymedic* etwa wrth eu llw. **1346** *LlA* 89, kyt bych m6y . . . *r6ymedic* yth ryeni ath gereint noc y estronnyon. **14g.** *BT* (*RB*) 258, canhadawd y brenin y chartyr y Lywelin . . . yn *rwymedic* o'e ynsel ef. *Dchr.* **15g.** *B* viii. 138, Pob dyn yssyd *rwymedic* y orchymyn yr arglwyd duw. **16g.** *THSC* (1923–4) (At.) 37, y mae pob kyfryw gristion yn *rwymedic* ac yn gyfraithlon y ymprydio y daygain niwarnod. **16g.** *TRP* 206, kanys wrth yn kyfraith ni / chwi ssydd *Rwymedigion.* *p.* **1584** G. ROBERT: *GC* [330], nad ydyw i breichiau hwynt yn *rhwymedig* i gadw un o'r pedair cynghanedd ynddynt. **1615** R. SMYTH: *GB* 116, megis yn bod ni yn *rhvvymedig* (*redeuable*) iddynt amlavver [*sic*] o gyfrinachau astronomieth. **1679** C. EDWARDS: *GGG* 1, Beth y mae pob dyn *rwymediccaf* iw adnabod? **1701** E. WYNNE: *RBS* [vi], Eich ufuddaf, *rwymediccaf* Wasanaethwr, E.W. **1753** *TR, Rhwymedig*, bound or beholden to one. **18g.** I. BRYDYDD HIR: *Gw* 112, Can's *rhwymedig* ŷm i Dduw / Am ein bod fel hyn yn fyw. **1778** *W* d.g. *Obliged.*

(*c*) Wedi ei roi ar adnau yn storfeydd y tollau: *deposited in a bonded warehouse, bonded.*
1845.

(*d*) Ar ei ffordd (i), yn hwylio (i) (am long): *bound (for) (of a ship).*
1780 *W Jew* d.d., Llong . . . a ddaeth oddi wrth Halifax, Y ngogledd [*sic*] America ac oedd *rwymedig* i ddyfod i Fristo.
Amr.: **rhwmedig** [cf. *rhwmaf*: *rhwmo*] *c.* **1400** *RB* ii. 201. **1680** J. THOMAS: *UN* 33.
Cfn.: **rhwymedig ddyl(i)ed (ddled):** *bounden duty.* **1567** *LlGG* 111a, [ei]n *rwymedic ddylyed* ni yw . . . [d]iolwch yty Arglwydd. **1676** W. JONES: *PGG* 51. **1723** E. SAMUEL: *PDdC* ii. 147.

rhwymedigaeth [*rhwymedig*+-*aeth*] *eb.g.* ll. -*au.*

(*a*) Rhwym, peth sy'n rhwymo neu'n clymu, hefyd yn *ffig.*; peth (e.e. cytundeb, addewid, neu alwad cydwybod) sy'n gorfodi person i weithredu mewn modd neilltuol, ymrwymiad, gorfodaeth, peth sy'n ddyledus fel cyfnewid am wasanaeth neu ffafr, atebolrwydd, dyled; cytundeb: *bond, something that binds or ties, also fig.*; *obligation, commitment, quid pro quo, liability, bond, debt, indebtedness; agreement.*
14g. *WM* 90. 34–5, Canys y6ch yn *r6ymedigaeth* mi a6naf y6ch gerdet y gyt. Ach bot yn gymaredic. **14g.** *GDG*³ 41, Dwbled ym, rym *rwymedigaeth,*— llurug / Dyblyg, mad edmyg, yw'r mau dadmaeth. *Dchr.* **15g.** *B* vii. 371, gwir yw na dyly ef kymryt dyn o blwyfedigaeth arall ar benyt onyt trwy ganyat y offeiryat ehun. neu oe vot yn *rwymedigaeth* pererindawt. **15g.** *LHDd* 63, Nyd sauedic dim or a6nel dyn med6 na dynllesmeiredic [*sic*] olynuaeth na*r6ymedigaeth* arall mal machniaeth neu amod. **1455–6** *B* xiii. 70, Bid y dwfr hwnn yn ffynnon iechyd ac yn *rrwymedigaeth* ffydd. **16g.** (*LlEG*) *Mos* 158, 42b, drwy addo y *hrwymedigaethau* ar meichiau kydarna araellid [*sic*] I gwneuthud. **1547** *WS, Rwymedigaeth* A byndynge. **1567** *LlGG* 86b, eyn rhyddhau o *rwymedigaethau* eyn oll bechotau. **16g.** *Hop M* 157, dygoedd oi *rhwymedigaeth* / dayly y nef da elw y naeth. *p.* **1584** G. ROBERT: *GC* [301], mi a welais lawer mewn gosteg o englynion, yn rhoddi'r gair diwaethaf i'r englyn o'r blaen, ynnechrau'r rhwnn a fo yn ca[nl]yn . . . erbod [*sic*] yn orchest gadw hynny; etto nid oes *rwymedigaeth.* **1604–7** *TW* (*Pen* 228), [*rh*]*wymedigaeth* a wneler ar dafawd d.g. *Accepilatio.* **1618** J. SALISBURY: *EH* 256–7, yn rhoi iddi ailwaith ei râs, gan ei gwared oddywrth y *rhwymedigaeth* oedd arni [enaid], o gael ei thaflu i waelodion vffern. *id.* 271, y cyfryw gaeth gwlwm a *rhwymedigaeth* rhwng y gwr priod a'i wraig, nad yw alladwy mewn modd yn y byd ei ddattod. **1630** *YDd* 431, i'th waredu di o boenau didrangcedig vffern, ac o *rwymedigaeth* tywyllwch tragwyddol (*everlasting chaines of darknesse*). **1632** J. DAVIES: *LlR* 469, faint y ddlêd a'r *rhwymedigaeth* yr wyt ti yn ei dynnu arnat dy hun. **1661** E. LEWIS: *Drex* 241, Cyfammod y *rhwymmedigaeth* hon sydd fel hyn, mai os cedwi di 'r gorchymynion, di a gei fyned i mewn i'r bywyd. **1693** J. OWEN: *BP* 124–5, os gallent dderbyn *rhwymedigaeth* enwaediad, pa faint mwy y gallent . . . dderbyn *rhwymedigaeth* bedydd. **1716** E. SAMUEL: *GGG* 164, goddefasant yn rhadlon iddynt ymddwyn fel y fynnent mewn pethau canolig, trwy na osodent *rwymedigaeth* y Defodau hynny, ar ddieithriaid, na buasent erioed tan y Gyfraith ddefodawl honno. **1757** *ML* i. 451–2, she is sensible that you have ta'en abundance of trouble already . . . mawr yw ei *rhwymedigaeth.* **1778** *W* d.g. *Obligation.* **1796** T. JONES: *CCA* 201, Pa raid wrth *rwymedigaeth* (*bond*) lle bo'r arian yn cael eu talu yn ddi-aros? **1803** *P.*

(*b*) Rhwymedd (y coluddion): *constipation.*
1818.

rhwymedigaethol [*rhwymedigaeth*+-*ol*] *a.* Yn rhwymo, rhwymedigol, gorfodol; dyledus: *binding, obligatory; indebted, obliged, obligated.*
1741 *CAG* 5, ymma ni a gawn fod y Discyblion dan fwy o Amgylchiadau *Rhwymedigaethol* i gyrrhaeddyd i fwy Purdeb. **1775** E. GRIFFITHS: *GF* v, Ni a gawn yno nid yn unig yr Eirchion, ond hefyd Gadarnhad *rhwymedigaethol* Cyfraith Dduw wedi ei hegluro yn Hanesion yr Ysgrythur. **1778** *W* d.g. *Obligatory.* *c.* **1793** E. BARNES: *HBF* 11, Y Taleithiau hyn mae 'n debyg, sydd wedi eu dysgu, nad oes i ni ddim hawl i'w llywodraethu hwynt; a bod gweithredoedd eu cynulleidfaoedd eu hunain yn unig yn *rhwymedigaethol.*

rhwymedigeiddrwydd [*rhwymedig*+ -*aidd*+-*rwydd*] *eg.* Rhwymedigaeth: *obligation.*
1633 *Addysg i Farw* 1, fy nyledus *rwymedigeiddrwydd* i'r Holl-alluog Dduw.

rhwymedigol [*rhwymedig*+-*ol*] *a.*

(*a*) Yn rhwymo, gorfodol; dan orfodaeth, dan rwymedigaeth, wedi ymrwymo: *binding, obligatory; compelled, obliged, bound.*
17g. *CC* 412, mine tra fo ym enioes vfvddol / a fydda yn oes oesoes / *rwymedigol* rym degoes / tra fo main i rhain ai rhoes. **1712** T. WILLIAMS: *CDdG* iv–v, dar[o]stwng ein hunain . . . ir [*sic*] cyfryw Reolaethau, nid o herwydd dim nerth *rhwymedigol* (*binding*) a'r sydd ynddynt . . . ond o achos yr ufydddod sydd wir ddyledus arnom. **1713** T. BADDY: *DDGH* 32, Ydyw cyfraith Duw yn gyfraith *rwymedigol* ar eich cydwybod? *c.* **1730** *Thos. Lloyd D* (LlGC) 205b, *Rhwymedigol.* Obligatory. **1759** *GMJ* 112, yr oedd yn argraphedig ar ein natur ni y gallu duwiol hynny, goleuni, a'r cariad a attebai'r gyfraith, ac a'n cymhwysai ni i roddi yr union ufudd-dod ag a roddai yn *rhwymedigol.* **1764** J. POPKIN: *ABG* 26, yr oedd mor angenrheidiol i'r Cenhedloedd i gadw gorphwysfa'r seithfed Dydd, yr hyn oedd Proselytiaid y Porth mor *rhwymedigol* i'w gadw wrth y pedwarydd Gorchymmyn. **1803** *P.*

(*b*) Yn dioddef gan rwymedd (y coluddion); yn achosi rhwymedd (y coluddion): *constipated; causing constipation.*
[**1783**] *W* d.g. *Restrictive, in Medicine.* **1803** *P.*

rhwymedigrwydd [*rhwymedig*+-*rwydd*] *eg.* Rhwymedigaeth; ?caethiwed: *obligation; ?captivity.*
1866.

rhwymedigwr [*rhwymedig*+*gŵr*] *eg.* ll. *rhwymedigwyr.* ?Caethwas: *bond servant.*
1583 *Rhyddiaith Gymraeg* ii. 53, gneythyr i'r Cythrel drwy i hunan . . . a hefyt trwy i *rwymedigwyr* ne'i wysnaethwried . . . ymosod ei hunan yn erbyn y gwirionedd.

rhwymedd [*rhwym*¹+-*edd*¹] *eg.* Y cyflwr o fod ag ysgarthion caled anodd eu gwacáu o'r coluddion; yr ansawdd neu'r cyflwr o fod yn rhwym (am lo): *constipation; the quality or condition of being bituminous (of coal).*
1803 *P.*

rhwymfaich [*rhwym*¹+*baich*] *eg.* Sypyn, bwndel: *bundle.*
1808.

rhwymgalch [*rhwym*¹+*calch*] *eg.* Morter: *mortar.*
14–15g. *IGE*² 310, Trom sarn rhyw amgarn *rhwymgalch* / Trum ysgythraig fylchgraig falch [Rhys Goch Eryri i lys Gwilym ap Gruffudd o'r Penrhyn]. **1604–7** *TW* (*Pen* 228) d.g. *Ferrumen Cæmentorum.*

rhwymhaf: rhwymhau [*rhwym*¹+-*hau*] *ba.* Rhwymo: *to bind.*
14g. *Bren Saes* 194, dalpwyt ef yn greulon a'y *rwymhav* yn gadarn a chadwynev gerit y draet.

rhwymiad, rhwymad¹ [bôn y f. *rhwymaf*: *rhwymo*+-*iad*¹, -*ad*] *eg.* ll. -*au.*

(*a*) Y weithred o rwymo neu glymu, rhwym, hefyd yn *ffig.*; gorchudd sy'n diogelu ac yn dal tudalennau llyfr ynghyd; rhwymedigaeth, ymrwymiad, cytundeb; y weithred o rwymo yn brentis: *a binding or tying, bond, also fig.*; *binding (of a book); obligation, commitment, agreement; an apprenticing.*
14g. *WM* 163. 40–164. 1, ef a bara6d eu r6yma6 *r6ymat* i6rch. **14g.** *GDG*³ 3, Aeth naw i'th rwymaw, o'th rymus—lendyd, / I brynu penyd, ar bren pinus. / A'th *rwymiad* creulon yn orthrymus—gaeth, / Mawr lefain a wnaeth Mair wylofus. **14g.** *DGG*² 141, Rhoi am y tâl, *rhwymiad* dig, / Yn gwmpas drain yn ganpig, / A gwaedu pob pigoden, / A briwo iad Mab Mair wen (Gruffudd Gryg). **1551** W. SALESBURY: *KLl* lxiiib, bod yn astud y catw vndab yr yspryt drwy *rwymiat* tangnedyf. *a.* **1587** *Y* 128, Cenais 'glwm' mewn cynwys glôd, / 'Clymav' 'n lliaws, clav amod; / 'Clymv' 'n ferf, dyna derfyn / Clymiad a *rhwymiad* ar hyn, / Dan i rhyw, dyna'r rheol, / Disgyn, fardd, a dysc yn f'ol. **1604–7** *TW* (*Pen* 228) d.g. *Vinctura.* **1632** *D* d.g. *Ligatura.* **1681** S. HUGHES: *AC* 8, Megis y mae *Rhwymiad* Satan rhwy brydie . . . yn ûn o Drugareddau Duw ir Byd. **1696** *CDD* 72, Mae er ei ddyfodiad, mewn cnawd, o'i fawr gariad, / Blynyddoedd gollyngiad ein *rhwŷmiad* yn rhŷdd. *c.* **1729** S. RHYDDERCH: *LlCD* [4], trwy Weuad Godidowgrwydd ym Mhlethiadau, *Rhwymiadau*, ac Ardderchog blethiadau Cynghan[e]ddol. **1794** E. JONES: *CP* 14, er bod y *rhwymiad* hwn [o brentisiaid] trwy gyfraith. *id.* 64, mae y gŵr yn rhwym i gadw plant ei wraig . . . ond pan fai farw ei wraig dibenna ei holl *rwymiadau.* **1803** *P.* Ar lafar ynglŷn â llyfr.

(*b*) Rhwymedd (y coluddion): *constipation.*
1843.
Cfn.: **dan rwymiad:** *in bond.* **1844.**

rhwymiadol [*rhwymiad*+-*ol*] *a.*

(*a*) Yn rhwymo, gorfodol: *binding, obligatory.*
1826.

(*b*) Yn achosi rhwymedd (y coluddion): *causing constipation*.
1831.

rhwymiaf: rhwymio, gw. **rhwymaf: rhwymo.**

rhwymog [*rhwym*¹+*-og*] *a*. Rhwym, mewn rhwymau: *bound (up)*.
1793 DAFYDD IONAWR: *CD* 373, *Rhwymawg* fydd y rhai ammur / Mewn didawl dragwyddawl gur.

rhwymol [*rhwym*¹+*-ol*] *a*.
(*a*) Yn rhwymo, gorfodol: *binding, obligatory*.
1797 B. EVANS: *CG* 359, oni bydd awdurdod *rhwymol* yn canlyn y cyngor. **1803** *P*, *Rhwymawl* . . . Tending to bind; binding . . . obligatory.
(*b*) Yn achosi rhwymedd (y coluddion); tynhaol (am sylwedd neu gyffur): *causing constipation*; *astringent*.
1813 *WB* 246, Yswydden . . . y dail ydynt chwerwaidd ac ychydig *rwymawl*.

rhwymsgrif, rhwymsgrifen, gw. **rhwymysgrif.**

rhwymus [*rhwym*¹+*-us*] *a*. Yn rhwymo; ?ymrwymedig: *binding*; ?*committed*.
1688 W. FOULKES: *EGE* 90, [b]od yn hynaws ac ymadrawddfwyn at fy nghydradd . . . yn gynnorthwyusa *rhwymus*, a chariadus tu ag at bawb. **1787** M. WILLIAMS: *BM* [30], Er i mi fyn'd o'r wamal fodd, / Tan *rwymus* rwymau c'lymau clodd, / Priodas raddol wreiddol rodd.

rhwymwas [*rhwym*¹+*gwas*¹] *eg*. ll. *rhwymweision*. Prentis: *apprentice*.
1838.

rhwymweithred [*rhwym*¹+*gweithred*] *eb*. ll. *-oedd*. Dogfen ffurfiol, cytundeb ysgrifenedig, cydnabyddiaeth ysgrifenedig o ymrwymiad i dalu swm o arian, bond: *formal document, written agreement, bond (written acknowledgement of an obligation to pay a sum of money)*.
1728 T. BADDY: *DDG* 159, hyn yn 'scrifennedig . . . mewn dull *Rhwym weithred*, a nodwyd ac y seliwyd.

rhwymwr [bôn y f. *rhwymaf*: *rhwymo*+*-wr*] *eg*. ll. *rhwymwyr*. Person neu beiriant sy'n rhwymo neu'n clymu, person sy'n rhwymo llyfrau, hefyd yn *ffig*.: *binder (person or machine), tier, bookbinder, also fig*.
15–16g. LLAWDDEN, &c.: *Gw* 23, Nid ufudd braint a defod, / Nid hylwydd heb f'arglwydd fod. / Edryched wedi'r achwyn, / Defras ei waed a dwfr sŵyn. / Galwed, er Duw, gwladwr da, / Ato *rwymwyr* tir yma. / Rhaid i'r gŵr rhy drugarawg / Gyrchu rhai i garchar yrhawg [i'r Arglwydd Fferis]. **1604–7** *TW* (*Pen* 228) d.g. *Alligator*. **1696** *CDD* 114, Dy reswm fŷdd cwŷnwr, dy frŷd fŷdd cynllwŷnwr, / A'th ofn a fŷdd *rwŷmwr* i'r amhwŷll. *c.* **1730** *Thos. Lloyd D* (LlGC) 204b, *Rhwymwr*. A binder. **1778** *W* d.g. *Obliger*. **1803** *P*. Ar lafar, "Odd a wedi prynu'r llifir yn rifynna a mynd â nw at y *rwymwr* i gæl nw wedi rwymo', *GTN* 695.
Cfn.: **rhwymwr llyfrau:** *bookbinder*. **1688** *TJ* (At.) [29]. **1725** *SR* d.g. *A Book-binder*. **1795** J. THOMAS: *AIC* 36.

rhwymydd [bôn y f. *rhwymaf*: *rhwymo*+*-ydd*³] *eg*. ll. *-ion*.
(*a*) Sylwedd neu gyffur tynhau: *an astringent*.
1813 *WB* 213, [yr] holl lysieuaidd *rhwymyddion* [*sic*].
(*b*) Rhwymwr, clymwr, hefyd yn *ffig*.: *binder, tier, also fig*.
1778 *W* d.g. *Obliger*. **1803** *P*.

rhwymyn [*rhwym*¹+*-yn*¹] *eg*. ll. *-nau*, *-non*, *-ion*, *-nod*. Rhwym, darn hirgul o ddefnydd i amgylchynu pethau a'u dal ynghyd, rhuban, cwlwm, sypyn, rhwymiad (llyfr), darn o ddefnydd a ddefnyddir i drin clwyf, i lapio aelod toredig o'r corff, &c., clwt, cadach(au) rhwymo, hefyd yn *dros*. ac yn *ffig*.; *Crdd*. clwm (ar nodau); rheffyn o wellt, &c., ar gyfer rhwymo ysgubau ŷd, cortyn beindar: *bond, band, tie, ribbon, knot, bundle, (book) binding, bandage, swaddling-band, swaddling-clothes, also transf. and fig.*; *tie (in mus.)*; *band of straw, &c., for binding sheaves of corn, binder (twine)*.
13g. *LlC* 41, vii dreua keyrch vn *ruymyn* en ebran. **14g.** *GDG*³ 319, Ac edrych gwedy'n gwiwdraul / Rhôm ein hun, *rhwymynnau* haul, / Drwy fantell fy niellwraig, / Drumiau, ceiniogau cynhaig. **15g.** *GLGC* 273, Siancyn yw'n *rhwymyn* a'n rhaid. **15g.** *GGl*² 116, Rhodd priodas urddas oedd, / *Rhwymyn* Duw rhôm ein deuoedd. *id.* 118–19, Gresyn yw *rhwymyn* ar hael, / Ys cwynwn nas câi anhael. / . . . / Ipocras, difas Dafydd, / A'th dynn o'r *rhwymyn* yn rhydd [i Hywel o Foelyrch pan friwiasai ei lin]. **1547** *WS*, *Rwymyn* A bonde. *id.* *Rwymyn* dyn bach A swadylbande. **1567** *TN* 152b, Lazarus . . . hwn a vesei varw, a ddaeth allan, wedy rwymo o traed a' dwylo a *rhwymyne*, ai wynep a rwymesit a napkyn. *p.* **1584** G. ROBERT: *GC* [319–20], os ymrwymir i roddi yr [u]n gyssain ynnechrau pob darn . . . ni eill cynghanedd sain, ne lusc . . . Ond pe tynnid y *rhwymyn* yma mi a dybygwn y ge[ll]id cynnwys pob cynghanedd. **1588** 1 *Sam* xxv. 29, enaid fy arglwydd a fydd wedi ei rwymo mewn *rhwymyn* y bywyd. **1588** *Job* xxxviii. 9, Pan osodais i y cwmwl yn wisc iddo ef: a niwl yn *rhwymyn* iddo ef. **1604–7** *TW* (*Pen* 228), *rhwymyn* penn d.g. *Vittæ*. *Dchr.* **17g.** *J* 10, 19a, *Rhwymyn* swadling Band. **1621** E. PRYS: *Ps* 58b, Ni leinw'r medelwr ei law, / ni chair o honaw ronyn: / I'r casclwr nis tal ddim mo'i droi, / na'i drin, na'i roi mewn *rhwymyn*. **17g.** *IICRC* iii. 153, Oferedd om *rwumun* i bum yn i ddilin, / duw ystun dy drigaredd / Golua nhywllwch [*sic*], a thyn fi or anialwch, i weled digrifwch y nefoedd. **1672** J. LANGFORD: *HDdD* 326, fe ddyle *Rhwymyn* ysprydol Crefydd, yn anad yr ûn arall, ûno ein Calonnau ni fwyaf. *id.* 514, a thrwy drefn ryfeddol a gyssylltaist mewn *rhwymyn* ddidorr [*sic*] y pethau trwy natur oeddynt yn ymrafaelio a'i gilydd. **1672** R. PRICHARD: *Gw* 128, Fel y gwrendy Mam ar Blentyn, / Y fo 'n llefain yn ei *rwymyn*. **1725** D. LEWIS: *GB* 86–7, Am Bileneu'r Corph. Membranes . . . I wneuthur Llestri yn y Corph, megis Gwythieneu a Choluddion . . . I fod yn *Rhwymynon* yn fynych, pan fônt yn Bibelleu, i dynnu ynghyd. **18g.** *Beirdd y Berwyn* 76, Ac ond odid bydd raid ceisio / Cryd i roddi 'r babi ynddo; / . . . / Picie bach a *rhwymyn* gwlanen. *c.* **1730** *Thos. Lloyd D* (LlGC) 204b, *Rhwymmyn*. *-ynod*. *ib.* *Rhwymyn* . . . A sheaf band. **1753** *TR*, *Rhwymyn* . . . a band to tye wounds or any thing else. **1764** *THSC* (1917–18) 89, Yn scubau tan *rwymynon*. **1770** *W* d.g. *Bandage*. *id.* *Rhwymynion* d.g. *Lashers*. **1803** *P*. Ar lafar, '*rhwymyn*, *rhwmyn*', *WVBD* 468; hefyd yn yr ystyr 'rhwymyn o wellt, &c., ar gyfer rhwymo ysgubau ŷd', *ib.*, *B* iii. 207 (Penllyn), ac yn yr ystyr 'baby's binder', *WVBD* 468; 'Paid o angofio doti'r *rwymyn* am 'i genol a' [am fabi], *GTN* 695.
Cfn.: **Bot. rhwymyn y coed:** *bryony, esp. black bryony, Tamus communis*. **1604–7** *TW* (*Pen* 228) d.g. *Bryonia*. **1632** *D* (*Bot*), *Rhwymyn y coed*. vid. Bloneg y ddaiar. **1688** *TJ* (*Bot*), *Rhwŷmŷn y coed* . . . Briony. **1813** *WB* 232, *Rhwymyn Y Coed*; Tamus communis; Black Bryony. **rhwymyn magu:** *swaddling-band*. **1794** *W* d.g. *Swaddle*. **rhwymyn pen bawd:** *cord or rope made by twisting straw or hay round the thumb*. **17g.** HUW MORUS: *EC* i. 173. **18–19g.** *LlGC* 1762, ii. 173b.

rhwymynnaf: rhwymynnu, rhwymynno [bf. o'r e. *rhwymyn*] *bg.a.* Gosod neu amgáu mewn cadach(au), rhwymo, lapio; gorchuddio neu glymu (clwyf, &c.) â rhwymyn; hefyd yn *dros*.: *to swaddle, swathe, wrap*; *bandage*; *also transf*.
16–17g. *PhA* 116, Y manwallt a *rwym ynna* [*sic*] / at y llawr yn fantell a / Oes Gwe o berth ysgub ynn / Oes goeth gynes Gwaith Gwenynn. **1803** *P*, *Rhwymynu* . . . To tye on a bandage; to swaddle.

rhwymynnaid [*rhwymyn*+*-aid*¹] *eg*. Sypyn wedi ei rwymo neu ei glymu; rîm: *bound or tied bundle*; *ream*.
1813.

rhwymynnol [*rhwymyn*+*-ol*] *a*. Yn rhwymo, yn clymu; o natur cadachau rhwymo; ?tynhaol (am sylwedd neu gyffur): *binding, tying*; *swaddling*; ?*astringent*.
1803 *P*, *Rhwymynawl* . . . Tying, binding.

rhwymysgrif, rhwymsgrif(en) [*rhwym* + (*y*)*sgrif*, *sgrifen*] *eb*. ll. *rhwym*(*y*)*sgrifau*. Cydnabyddiaeth ysgrifenedig o rwymedigaeth i dalu swm o arian, bond, cytundeb, prydles, hefyd yn *ffig*.: *bond (written acknowledgement of an obligation to pay a sum of money), agreement, lease, also fig*.
1728 T. BADDY: *DDG* 159, Ar hyn gwsiodd y Sophy ar frŷs Gymmanfa i ymgynghori, ac osododd y *Rhwym scrifen* ger eu bron, gan ddymuned eu Cynghor, pa 'r beth a wneid.

rhwyog [*rhwy*¹+*-og*] *a*. Hael, haelfrydig; ewyllysgar, parod: *generous, bountiful*; *willing, ready*.
15g. (*Diw.* **15g.**) *Pen* 53, 27, a Jevan gethin haelwin heilieu. / pert varchawc *rwyawc* hil rieu (Ieuan ap Rhydderch). **16g.** *Llst* 40, 67, pwyn enwog *rwyog* pob rann / pwyn athro penn I wythrann [Ieuan Gwinionydd i Ruffudd Dwn]. **17g.** *IICRC* iii. 89, beth y dal yr Kog medrys *rhwyog* / gweyrio bwyda heb y fwyta. **1672** R. PRICHARD: *Gw* 296, Moes i glywed immi'n glur, / O galon bur yn *rhwyog*. Ar lafar, 'Mae e'n rhy *rwyog*, phâr 'i arian e byth', *GDD* 252; hefyd yng ngodre Cered. yn yr ystyr 'ewyllysgar, parod'.

rhwyol¹, gw. **rheol.**

rhwyol² [*rhwy*²+*-ol*] *a*. Modrwyog: *annular*.
1866.

rhwyolaf: rhwyoli, rhwyolus, rhwyolwr, gw. **rheolaf: rheoli, rheolus, rheolwr.**

rhwyr, gw. **rhywyr.**

rhwys¹ [?ff. ar *rhwysg*, ?cf. *prysg*, *prys*] *eg*. Nwyf, nwyfiant, egni; rhwysg, rhodres: *vigour, power*; *pomp, ostentation*.
13g. *C* 79. 9, *Ruisfirt* (*GCBM* ii. 212, Rwysc fyrd) kirt kert vahaut. **14–15g.** *IGE*² 283, Yno y cloir ac y rhoir *rhwys* / Yn uffern a'i ffwrn affwys (Siôn Cent). **16g.** *GIIIV* 42, Dod *rwys* a gras da dros gred / Duw dy nawdd a dod nodded. **16g.** HUW ARWYSTL: *Gw* 106, Rhwysg odiaeth Rhys ag Adam / yw dywaed [*sic*] mawr dad a mam / . . . / *rhwys* gwrid y rris gawr ydwyd / Rys ywr llys ysgwier llwyd. **1789** *BDG* 522, Tydi yr Haf, tad y *rhwys*, / A'th goedfrig berth gauadfrwys. **18–19g.** *Llr* C 4, 25, *Rhwys*, nwyf, vigour. **1803** *P*, *Rhwys*, s. m. . . . Vigor . . . luxuriance.

rhwys², gw. **grewys.**

rhwysaf: rhwyso [bf. o'r e. *rhwys*¹] *ba*. Gwneud yn gryf neu'n doreithiog: *to make vigorous or luxuriant*.
1803 *P*, *Rhwysaw* . . . To render vigorous; to render luxuriant.

rhwysedd [*rhwys*¹+*-edd*¹] *eg*. Nwyf: *vigour*.
1803 *P*.

rhwysg [< *ro-eisk (cf. *hwysgynt*, ?a *wysg*); petrus yw dosbarthiad rhai o'r enghrau. isod] *eg.b.* ll. (?geir.) *-au*.
(*a*) Rhuthr, cyrch, hynt (gyflym), cwrs, llwybr; nerth, grym: *rush, attack, (fast) course, path*; *force, might*.
12g. *GMB* 142, Ny ryt *rwysc* eryr hyd troed o'e dymhyr / Yr ofyn herwyr yn herw ystawd. **12g.** *GLlF* 397, Rhygn dygn disgyn, *rhwysg* wysg wrysgryn wosgryn wosgor. **12g.** *GCBM* i. 192, Brwysc *rwysc* rwyf, teudor dor Dygen. *id.* ii. 212, Wyf kerta6r y'm r6yf *r6ysc* morgymla6t—gwyrt, / *Rwysc* fyrd cyrd cerd wahawd. **13g.** *GDB* 198, Eudunsswn-y 6ot Rys, *rwysc* ddieduit, / Tra 6ei dywawl Duw yn y dwy6dit. **14g.** *GDG*³ 378, *Rhwysg* mab o fuarth baban, / Rhed, y dur, fal rhod o dân [i'r cleddyf]. **15g.** *GGl*² 234, Y glod yn ddigeladwy / Ydiw'r bêl hardd heb drebl hwy. / . . . / Rhedawdd hon, anrhydedd hy, / *Rwysg* draig amrwysg, drwy Gymru. **15–16g.** *GIF* 56, Dy fragod, *rhwysg* dwfr eigiawn, / digrif gorff, dy gwrf a gawn. **16g.** *Hop M* 200, vel *rhwysg* tonnydd / heb ddarpar trai. **1607** *Pen* 216, 11, [c]yrchu y gelynion yn un *rwysg*. **1630** R. LLWYD: *LlH* 8, A ydyw dynion yn gwir weled yn iawn-graff . . . tra fyddont yn llwyr ddilyn *rhwysc* naturiaeth (*so long as they be merely natural*). **1740** T. EVANS: *DPO* 217, [C]anonau i amddiffyn Gwirionedd y Ffydd Gatholic, y rhai a gyhoeddwyd drwy bob Esgobaeth o'r Deyrnas, cyn llwyr attal *Rhwysc* yr Heresi. **1803** *P*, *Rhwysg*, s. m.—pl. t. *au* . . . A career, a course . . . *Rhwysg* malwen, a snail's track.
(*b*) Gallu, awdurdod, rheolaeth, arglwyddiaeth, dylanwad; mawredd, urddas, gogoniant, ysblander, gwychder, rhodres; balchder, rhyfyg: *power, authority, rule, dominion, influence*; *majesty, dignity, glory, splendour, pomp, ostentation*; *pride, presumption*.
12g. *GMB* 150, *Rwysc* heb warth, rwyt o'e barth ymborthed. **12g.** *GLlF* 13, Rot gynnan Uoruran, *rwysc* dydan dyt. **12g.** *GCBM* ii. 178, A'm rotwy rwyf nef *rwysc* a6durta6d—kert. **13g.** *GBF* 186, Rwyf Gwynet, *rwysc* Lleon. **14g.** *T* 10. 6, *r6ysc* rihyd amnat. **1346** *LlA* 99, Molyant ma6rred. yr tat ryssed. *r6ysc*

adỽynhaf. *c.* **1400** *R* 1217. 13–14, ardỽy rỽy *rỽysc* canmaỽlyedic. **15g.** *GLGC* 340, rhoes gyfoeth yn *rhwysg* i Iefan, / ac yn y *rhwysg* hwn a'i rhan. **15g.** *GO* 149, Dyvric a roes diovryd, / Esgob oedd,—ar *rwysc* y byd. **15–16g.** *TA* 435, Carw at ewig, ceir tëyrn / Dan *rwysg* coed, yn aros cyrn. **1567** *TN* 31b, ymoglyd [r]ac *rhwysc* [:– rhyvic, rhwyf]. *id.* 37a, Christ yn barny ar *rwysc*, trachwant a' gausancteiddrwydd y Gwyr llen a'r Pharisaieit. *id.* 215a, wedy dyvot Agrippa a' Bernice a *rhwysc* mawr (**1588** *Act* xxv. 23, fawr). *a.* **1587** *Y* 87, Os ci wyf heb *rwysc* cyfarth, / O doidir wir, di ydyw yr arth! *Dchr.* **17g.** *J* 10, 19a, *Rhwysc.* ostentation. **1630** *YDd* 63, *rhwysc* ac vrdduniant Salomon. **1632** *D*, *Rhwysg*, Imperium, authoritas, pompa. **1632** J. Davies: *LlR* 153, Yr oedd y gwr hwn mewn *rhwysg* a rhodres [m]awr ychydig o'r blaen. **1688** *TJ*, *Rhwŷsg*, Awdurdod: Authority, Rule. **1703** T. Baddy: *PCh* 160, y mae gan bechod *rwysc* mawr yn fy meddyliau. **1790** Twm o'r Nant: *GG* 203, Mor gywir ag mae'r Gaua, / Yn gwneud *rhwysg* ar gnydau'r Ha. **1803** *P*, *Rhwysg* . . . sway; pomp, grandeur.

(*c*) Rhyddid, penrhyddid, rhwydd hynt: *freedom, liberty, licence, latitude.*

1588 *Diar* xxix. 15, mab a gaffo ei *rwysc* ei hun a gywilyddia ei fam. **1595** H. Lewys: *PA* 45–6, felly . . . os yn creawdr . . . a oddefe i ni . . . ormod *rhwysc* a rhydid. **16–17g.** *CRC* 443, dy *ruisc* [*sic*] dy hun a fynni / yr hwn sydd yth dylodi. **1691** T. Williams: *YB* 203, [c]ymmeryd eich *rhŵysc* i fyw mor ddiofal ag y mynnoch. **1701** E. Wynne: *RBS* 17, yn gwneud gorchwyl fy Meistr, nid wyf wrth fy *rhwysc* fy hun. *id.* 59, na thrwy ormod *rhŵysc*, na gormod manyldra. *id.* 151, er bôd peth *rhŵysc* i faelio wrth brynu a gwerthu, na chais di mo'r geiniog eithaf. **1703** E. Wynne: *BC* 78, Gadel tîr, a gadel tai, / (Byrr yw'r *rhwysc* i Ddyn barhau). **1704** E. Samuel: *BA* 177, Y Gwr Iefanc ynteu wedi cael gormod *rhwysg* trwy esgeulusdra ei olygwr. **1723** WM: *PGG* [xxv], Yn wîr yr wyf yn cyfadde ddarfod imi gymmeryd *Rhwysg* a Rhydd-did i gwttogi.

(*d*) Amddiffynfa, noddfa, help: *protection, refuge, help.*

1768 W. Williams: *HTS* 9, yn cymmeryd arno amddiffyn y gweiniaid, a bod yn *rhwysg* i'r weddw, a'r ymddifad. *id.* 46, byddai Duw gyd â hwynt hyd y diwedd; am ei fod gwedi addaw bod, yn dâd i'r weddw, ac yn *rhwysg* i'r ymddifaid.

rhwysgaf, rhwysgiaf: rhwysg(i)o, rhwysgu [bf. o'r e. *rhwysg*; dichon mai gair gwahanol a welir yn adran (*b*), ?cf. *brwysgaf*: *brwysgo*] *bg.a.*

(*a*) Llywodraethu, rheoli, tra-arglwyddiaethu; byw mewn rhwysg, rhodresu; pallu mynd (yn enw. am geffyl), nogio, jibio, cyndynnu; rhusio, neidio: *to rule, govern, domineer; live or behave ostentatiously; jib (esp. of horse), become obstinate; start, bolt, jump.*

15g. *GHC* 3–4, Mal y dal am liw dillad, / Mae pob dyn fal mab heb dad. / Rhyw blant a redant ar ôl, / *Rhwysgant* wrth dorri'u hysgol [marwnad Gruffudd Fychan]. **15g.** *GDLl* 131, Pan *rwysgodd*, poen oer esgor, / Dano'r march i donnau'r môr. **15g.** *CSTB* 11, Fy rhoi'n y byd trymfryd draw, / A rhoi esgon i'm *rhwysgaw*. **15g.** *DE* 99, Wr gloyw risgyn er glew *rwysgaw* / Iownwaed lwysgaw Unawdl osgedd. **1604–7** *TW* (*Pen* 228) d.g. *dominor.* **1632** *D*, *Rhwysgo*, Imperare, pompam agere. **1725** *SR* d.g. *To Domineer, To Lord it.* **1753** *TR*, *Rhwysgo*, to rule, to bear sway over, to live in pomp. **1764** T. Thomas: *M* 2, Mor hyfryd yw gwir serch at Dduw, / mae'n gwneud rhai byw yn burion: / Ac nid yw'r rhain yn *rhwysgo* 'nôl, / fel y mae'r ffol anffyddlon. **1768** J. Jones: *HC* 82, Mae'r angau 'n *rhwysgo*'n rhyfedd, / Gan gwympo hynod agwedd / Ein gweinidogion. **1770** *W* d.g. *To bear rule, or sway, Head, To take head* [*be restiff or refractory, as a horse, &c.*], *Pomp, To go* [*live*] *in pomp, Restiff, To be* [*grow*] *restiff.* **1793** Dafydd Ionawr: *CD* 229, Dial cyhafal yw hyn / I *rwysgo* a goresgyn. **1794** E. Jones: *CP* iv, [d]iosgi amryw o *rwysgu* afrëolaidd ei naws. **1803** *P*, *Rhwysgaw* . . . to be refractory. Ar lafar yng Nghered. yn yr ystyr 'nogio, jibio', *Cymru* lxix. 90.

(*b*) Gwallgofi, gorffwyllo, ?mwydro, ffwndro, drysu: *to go mad, become insane, ?be(come) confused or bewildered.*

16–17g. E. Prys: *Gw* 363, Pibell, shiac a thobaco —a bîr / A barodd im *rwysgo*. **1725** *SR*, Un a fo wedi *rhwysgo.* neu fynd allan o'i gof d.g. *A Bedlam, or mad body. id.* Lle i cedwir pobl y fo . . . wedi *rhwysgo* d.g. *Bedlem.*

rhwysgedd [*rhwysg*+*-edd*[1]] *eg.* Rhwysg, rhodres; grym, dylanwad: *pomp, ostentation; power, influence.*

1764 T. Thomas: *M* 41, O Dduw ti weli 'r llygredd llym, / sy'n grŷf, ei rym, a'i *rwysgedd.* **1808** Twm o'r Nant: *BB* 23, Ond wrth weled agwedd, yr esgob a'i *rwysgedd.*

rhwysgfawr [*rhwysg*+*mawr*] *a.* Llawn rhwysg, rhodresgar, ymhongar; mawreddog, godidog; grymus, tra-arglwyddiaethol, trahaus: *full of pomp, pompous, ostentatious, pretentious; magnificent, splendid; powerful, dominant, arrogant.*

1677 R. Jones: *BB* 162, ymwrthod â'ch pechod *rhwysgfawr* (*reigning sin*). **1704** E. Samuel: *BA* 55, 'r oedd iddo . . . awdurdod *rwysgfawr* yn y Ddinas. *id.* 73, mor *rhwysgfawr* a theyrnaidd yw Rheolaeth tywysog y tywyllwch. **1723** J. Jones: *LlA* 240, oddi ymma y mae 'r Tyb *rhwysgfawr* hyn (*overweening opinion*) o Ystâd a Chyflwr Dŷn yn ymgodi. **1780** *W* d.g. *Pompous.* **1803** *P*, *Rhwysgvawr* . . . Of great sway.

rhwysgfawredd, rhwysgforedd [*rhwysgfawr*+*-edd*[1]] *eg.* Rhwysg, rhodres, rhodresgarwch; ysblander, godidogrwydd: *pomp, ostentation, pomposity; splendour, magnificence.*

1780 *W* d.g. *Pompousness.* **1803** *P* d.g. *Rhwysgvorez.*

rhwysgfawreddus [*rhwysgfawredd*+*-us*] *a.* Rhwysgfawr, rhodresgar: *pompous, ostentatious.*

1833.

rhwysgforedd, gw. rhwysgfawredd.

rhwysgiaf: rhwysgio, gw. **rhwysgaf: rhwysgo.**

rhwysglyd [*rhwysg*+*-lyd*] *a.* Chwannog i nogio, noglyd, jibog: *jibbing, refractory.*

[**1783**] *W* d.g. *Restiff, restive, or resty* [*that will not go forward tho' it be not fatigued; generally apply'd to a horse of that quality*]. **1803** *P*, *Rhwysglyd* . . . Froward, restive.

rhwysgog [*rhwysg*+*-og*] *a.* Chwannog i nogio, noglyd, jibog: *jibbing, refractory.*

[**1783**] *W*, *rhwysgog* (in Caermarthenshire, &c.) d.g. *Restiff, restive, or resty* [*that will not go forward tho' it be not fatigued; generally apply'd to a horse of that quality*]. **1803** *P*, *Rhwysgawg* . . . froward.

rhwysgol [*rhwysg*+*-ol*] *a.* Llywodraethol, teyrnasol; rhodresgar; chwannog i nogio, noglyd, jibog: *governing, ruling; ostentatious; jibbing, refractory.*

1816.

rhwysgus [*rhwysg*+*-us*] *a.* a hefyd gyda grym enwol. Rhodresgar; urddasol, ysblennydd; trahaus: *ostentatious; stately, splendid; arrogant.*

Dchr. **17g.** *J* 10, 19a, *Rhwyscus.* Imperiosus. **1672** R. Prichard: *Gw* 250, Gwachel ditheu fynd yn *rhwyscus*, / Ir ford hon heb ofan parchus. **1795** T. Lewis: *CD* 51, Dyrnod ffrewyll fe all gleisio, / Os daw dewryn i dy daro; / Nid fel dyrnod tafod tra chwyrn / Y dyn *rhwysgus* tyrr yr esgyrn. **18–19g.** *CRIM* 85, Mi'th ddewiswn yn ddi-glog / O flaen cyfoethog *rhwysgus.* **18–19g.** *MA*[2] 759, Nid oes *rwysgus* heb iddo warth o'r diwedd.

rhwysgwr [bôn y f. *rhwysgaf*, &c.: *rhwysgo*, &c. a *rhwysg*+*-wr*] *eg.* ll. *-wyr.* Rheolwr, un sydd â grym neu ddylanwad; amddiffynnwr; un penrhydd neu afreolus: *ruler, person of power or influence; protector; wilful or unruly person.*

?**15g.** *B* i. 308, Pur yw ei glod, pôr y Glyn, / Pwyll *rwysgwr*, pell oresgyn. **16–17g.** (**17g.**) *LlCy* xi. 220, Rhyw ddottier Loler wael alwad Rhawn wylt [*sic*] / heb Rhinwedd affeyrad / Rhyw garw brwysk *rhwyskwr* brad / kariwrch heb agwedd kiwrad (Edward Dafydd). **1788** J. Thomas: *CS* 268, *Rhwysgwr* gweddwon, Tad ymddifaid. **1803** *P*, *Rhwysgwr*, s. m.—pl. *rhwysgwyr* . . . One who takes an unrestrained course; a swayer. Cf. Dewi Wyn: *BA* 211, y fath *rwysgwr* a gorthrymwr yn mysg pechodau.

rhwysgwy, gw. resgyw.

rhwysgymgais [*rhwysg*+*ymgais*] *e?g.* a hefyd fel *a.* Uchelgais; uchelgeisiol: *ambition; ambitious.*

1718 E. Samuel: *HDdD* 156, Am Fodlonrhwydd ar beiau gwrthwynebol; Grwgnach, *Rhwysg-ymgais*, Cybydd-dod. **18–19g.** *Llr* C 42, 168, gweinidogion goludgais a *rhwysgymgais.*

rhwysgynt, gw. rhwysg+hynt[1].

rhwysog [*rhwys*[1]+*-og*] *a.* Nwyfus, bywiog: *vigorous, lively.*

1789 *BDG* 136, A thraserch i'th iaith *rwysog*, / Yn minio gwawd,—fy mwyn gog! **1803** *P*, *Rhwysawg* . . . Full of vigor.

rhwysogaf: rhwysogi [bf. o'r a. *rhwysog*] *ba.* Gwneud yn doreithiog: *to make luxuriant.*

1803 *P.*

rhwysol [*rhwys*[1]+*-ol*] *a.* Nwyfus; bywiocaol: *vigorous; invigorating.*

1803 *P*, *Rhwysawl* . . . Invigorating; enlivening.

rhwystr [bôn y f. *rhwystraf*: *rhwystro*; ?cf. Llyd. Diw. *rouestl*, *reustl* 'dryswch'] *eg.* ll. *-au*, *-on*, a hefyd fel *a.* Llestair, llesteiriad, lludd, lluddiant, ataliad, atalfa, maen tramgwydd, cyfyngiad, llyffethair: *hindrance, impediment, encumbrance, obstruction, obstacle, stumbling block, restraint, check.*

14g. *GDG*[3] 191, *Rhwystr* serchog anfoddog fydd, / Rhyw wegil torth rhewogydd [i'r noson olau]. *id.* 377, Gŵr fy myd ni gar fy myw, / Gwrdd ei *rwystr*, gerddor ystryw [i'r cleddyf]. *c.* **1400** *R* 1201. 38–9, Ae rost brynnic. ae restr ffyrnic. ae *rwystyr* ffyrneu. *c.* **1400** *MM* 32, Gỽreic y bo arnei *rỽystyr* am gaffel beichogi. **1547** *WS*, *Rwystyr* Tanglyng. **1551** W. Salesbury: *KLl* lxxxiib, Gwae'r byd rac *rwystrau.* **1567** *TN* 26b, tynn ar v'ol i Satan: can ys *rhwystr* wyt ymy. *id.* 114b, Ny aill bot amgen, na ddaw *rhwystrae* [:– sclandron, trancwydde]. **16g.** *LlS* 67, Y rhinwedd Da yw . . . rhac clwy y brenhin yr hwn a vacko o *rwystr* yr auy. *c.* **1585** G. Robert: *DC* [xii], gan fod dynyon bydol yn gwneuthur llawer o escusodion rhag troi at Dhuw . . . yr wyf yn tynnu pob *rhwystr* odd i ar eu phordd nhwy. *ib.* Yr [*sic*] *rhwystron* pennaf a r amlaf yw r hain: y Byd, Oedi r amser i droi at Dhuw, Pwyso gormod ar drugaredd Dhuw. **1588** *Gen* xi. 6, nid oes *rwystr* arnynt am ddim oll ar a amcanasant ei wneuthur. **1631** O. Thomas: *CC* 72, y mae vn *rhwystr* mawr ar ffordd y Cymru . . . nid amgen nad oes . . . ond ychydig â fedr ddarllein Cymraec. **1632** *D*, *Rhwystr*, Impedimentum. **1632** J. Davies: *LlR* 119, Llawer o *rwystrau* a fydd yn llestair i ddyn yn yr awr honno feddwl am edifarhau. **1688** *TJ*, *Rhwystr*: hinderance. **1759** J. Evans: *PF* 23, pan bo'r Palsi, Llechi, neu ryw Glefydau eraill oddiwrth *rwystr* y Gewynnau, arnoch. **1771** *W* d.g. *Check* [*restraint*], *Encumbrance, Obstacle.* **1803** *P.* Ar lafar, '*rhwstyr, rhwystyr*', 'Mae hwn yn *rhwstyr* iddo fo fynd yn 'i ôl', 'cocyn *rhwstyr*' 'stumbling-block, obstacle', 'Mwya' brys mwya' *rhwstyr*', *WVBD* 467–8; 'Fe fu 'i wraig yn *rwystyr* mawr i Dan ni pyn æth a i drio cwnnu busnas', 'Ma fa wedi gallu doti *rwystra* ar ffordd llawar un', *GTN* 696.

Fel *a.* (yn y radd gmhr.) Mwy rhwystredig: *more hindered or impeded.*

17g. *Card* 17, 107, Nid *rhwystrach* (*Mos* 204, 125, llesteirach) y daith er gwrando fferen. *c.* **1730** *Thos. Lloyd D* (LlGC) 206a, *Rhwystrach* .#. 9. Impeditior.

Cfn.: **rhwystr tafod:** *speech impediment, hesitation in speech.* **1604–7** *TW* (*Pen* 228) d.g. *Hæsitantia.* **1725** *SR* d.g. *Hæsitation.* **1774** *W* d.g. *Hesitation* [*a being at a loss in speaking. . .*].

rhwystrad[1]**, rhwystriad**[1] [bôn y f. *rhwystraf*: *rhwystro*+*-iad*[1], *-ad*] *eg.* ll. *-au.* Y weithred o rwystro, llesteiriad, lluddiad, ataliad; rhwystr, llestair, atalfa; *Meddyg.* tagiad, achludiad; ?rhwystredigaeth: *a hindering, impeding, prevention; obstacle, hindrance, obstruction; occlusion (in med.); ?frustration.*

1632 *D*, *rhwystrad* d.g. *Interclusio.* **1656** (**1745**) *MLl* ii. 186, Na chamgymer mo'r Gair tragwyddol am yr hwn y mae pob Pêth yn sôn, a chofia hefŷd nad pob Sŵn ar sŷdd ym mhob peth yw Sŵn bydol, a Sŵn uffernol hefŷd trwy *Rwŷstrad* Calon Dyn yn ymgŷnig iddi. **1774** *W*, *Rhwystrad* d.g. *A hindering.* **1796** J. Owen: *MP* 43, Pob pechod anfarweiddiol . . . a wanhycha 'r enaid . . . Y mae 'n torri allan yngweithredol *rwystrad* dyledswydd. **18–19g.** Ieuan Lleyn: *C* 36, Pan ddelych i'r coed, na foed i ti 'n fudan bendwmpian bo 'n deg, / Dy ddidor gerddediad heb *rwystriad* na breg. **1800** W. Owen[-Pughe]: *CP* 132, fal y galla wneyd rhagor o waith gyda llai o *rwystriad*, nog un arall â ddaeth etto i gyhydru ag efo. **1803** *P*, *Rhwystrad*, s. m. An opposing; a hindering; opposition; obstruction. **1813** *WB* 181, Dant y llew . . . yn fuddiol rhag *rhwystrad* yn yr ymysgaroedd neu r coluddion.

rhwystrad[2]**, rhwystriad**[2] [bôn y f. *rhwystraf*: *rhwystro*+*-iad*[2], *-ad*[2]] *eg.* ll. *rhwystr(i)aid.* Rhwystrwr, llesteiriwr, ataliwr: *hinderer, obstructor, preventer.*

13g. *GBF* 368, Keisseit gythreuleit a gythrudyych, / Cas wybreit grỽydreit, *rỽystreit* rỽystrych. **1803** *P*,

Rhwystriad, s. m.—pl. *rhwystriaid* . . . An obstructer, a hinderer.

rhwystraeth [*rhwystr*+*-aeth*] *eg.* Atalfa, gwrthwynebiad: *obstruction, opposition.*
1898.

rhwystraf: rhwystro [Gwydd. C. *riastraid* 'fe ddirdynna, gwyrdroa, ?rhwystra'] *bg.a.* Lluddias, llesteirio, atal, cyfyngu, rhoi atalfa (ar), cadw (rhag), llyffetheirio, drysu; tarfu (ar), peri trafferth (i); peri tramgwydd (i), tramgwyddo, (peri) troseddu; drysu (yn y synhwyrau), (peri) ffwndro, mwydro: *to hinder, obstruct, impede, restrain, prevent, thwart, keep (from), encumber, entangle; disturb, inconvenience; cause or give offence (to), (cause to) offend; be(come) confused or bewildered, confuse, bewilder.*

12g. *GllF* 257, Teulu Ywein rwyf, *rwystrassam*—wladoet. **13g.** *GBF* 357, *Rỽystrỽyt* Erot, greulaỽn aruot, ar y arueu. *id.* 368, Keisseit gythreuleit a gythrudyych, / Cas wybreit grỽydreit, rỽystreit *rỽystrych.* **14g.** *LlB* 25–6, canet y bard . . . trwy lef kymhetraul, megys na *rwystro* ar y neuad. **14g.** *WML* 2, Tri dyn awna sarhaet yr brenhin . . . Ar neb a*rỽystro* y wreic. **14g.** *GDG*[3] 184, Rhol fawr a fu'n glawr i'r glaw, / Rhestri gleision i'm *rhwystraw* [am y niwl]. **1547** *WS*, *Rwystro* Tangyll. **1551** W. SALESBURY: *KLl* xxiia, Pawp o honowch a *rwistrir* heno om pleit i. *id.* lxxxiib, Ar neb a *rwystro* vn o Rei bychein hyn. **1567** *TN* 142b, A ydyw hyn ych *rhwystro* [:– cwympo, trangwyddo] chwi? *c.* **1585** G. ROBERT: *DC* [60b], Ny bydh dim ai [*sic*] *rwystra* i fyned lle i mynnont. **1588** *Ecs* xiv. 3, Canys dywed Pharao am feibion Israel *rhwystrwyd* hwynt yn y tîr. **1595** H. LEWYS: *PA* 45, ef a *rwystr* ac a wahardd i ni ein ewyllys. **1604–7** *TW* (*Pen* 228), *rhwystro* ual na dheualher y peth d.g. *perplexor.* **1632** *D*, *Rhwystro*, Impedire. **1672** R. PRICHARD: *Gw* 61, Nid oes grym gan vn creadur, / Hindro [:– *Rhwystro*] gwaith dy Brynwr pryssur. **1688** S. HUGHES: *TSP* 165, nadant [:– *Rhwystrant*] iddo iawn farnu ynghylch y matter ymma. **1701** E. WYNNE: *RBS* 63, Mae meddwdod yn *rhwystro* ac yn hurtio'r Dealltwriaeth. *c.* **1730** *Thos. Lloyd D* (LlGC) 205b, Gwedi *Rhwystro*. Disordered in one's senses. **1774** *W* d.g. *To hinder* [*prevent, obstruct, let, delay, &c.*]. **1787 (1812)** TWM O'R NANT: *PG* 41, Oni chlywais ei fod [y cybydd] yn dechrau *rhwystro*? **1803** *P.* Ar lafar, '*rhwstro, rhwystro*', 'Mi geish i fyd garw i' *rwstro* fo' 'I had great difficulty in preventing him', ''Ydw i wedi dŵad i'ch *rwstro* chi?' 'am I inconveniencing you?', *WVBD* 467; ''I *rwystro* fa ma 'onna wedi nuthur ar 'yd y blynydda', *GTN* 696.

rhwystredig [bôn y f. *rhwystraf*: *rhwystro* +*-edig*] *a.bfl.* Wedi ei rwystro, wedi ei llesteirio, wedi ei luddias, ataliedig, tagedig, caeth (am anadlu); yn dioddef gan rwystredigaeth (rywiol); yn peri rhwystredigaeth, yn rhwystro (ymdrechion, &c.), llawn rhwystrau: *hindered, prevented, impeded, restrained, obstructed, blocked, restricted (of breathing); (sexually) frustrated; frustrating, beset with obstacles.*

c. **1400** *R* 1337. 11–12, Afreit neit nyt yrgerd *rỽys/tredic.* *id.* 1354. 35–6, madawc . . . neur gauas anuod pedyr: *rỽystredic* cloedic cledyr. **1658** R. VAUGHAN: *PS* 88, Amser clefyd . . . pan fyddo y pen yn *rhwystredig*, y galon yn orthrymedig. **1735** J. EVANS: *YMS* 179, dynion . . . yn oedi rhyw beth hyd onid elo 'r amser yn gyfyng, fel nad allont yn jawn atteb digwyddiadau *rhwystredig* ac anocheladwy. **1771** *PDPh* 37, Anadliad *rhwystredig*. **1773** *W* d.g. *Encumbered, Hindered, Interrupted, Letted.* **1778** J. THOMAS: *HB* 156, Cafodd daith *rwystredig* iawn, a thrwy lawer o . . . [b]eryglon ar y môr, efe a waredwyd. **1803** *P.* Ar lafar, 'Ma aros am rwun sy byth yn cyrradd wastod yn neud i chi dimlo'n *rwystredig*' (sir Gaerf.).

rhwystredigaeth [*rhwystredig*+*-aeth*] *eb.g.* ll. *-au.* Yr ansawdd neu'r cyflwr o fod yn rhwystredig, ymdeimlad o anniddigrwydd oherwydd methu gweithredu; rhwystr, llestair, atalfa: *frustration, frustratedness; hindrance, restraint, obstruction.*

1803 *P*, *Rhwystredigaeth*, s. m. . . . obstruction, hinderance.

rhwystredd [*rhwystr*+*-edd*[1]] *eg.* Rhwystr, llestair, rhwystredigaeth; gwrthiant (trydanol): *hindrance, obstruction, frustration; (electrical) resistance.*

1803 *P*, *Rhwystrez*, s. m. . . . hinderance.

rhwystriad[1,2], gw. **rhwystrad**[1,2].

rhwystriadol [*rhwystriad*[1]+*-ol*] *a.* Yn rhwystro, rhwystrol, llesteiriol, ataliol; rhwystredig: *hindering, obstructive, preventive; frustrating.*

1803 *P*, *Rhwystriadawl* . . . Obstructive.

rhwystrofain [*rhwystr*+*-ofain*] *e?g.* Rhwystriad, llesteiriad: *a hindering or impeding.*

1579 *RC* xlviii. 90, gwna y diawl lawer o *rhwystrofain* er na's gwna yn gymaint a hyhi.

rhwystrol [*rhwystr*+*-ol*] *a.* Yn rhwystro, llesteiriol, cyfyngol, llyffetheiriol, ataliol: *hindering, obstructive, restraining, impeding, preventive.*

1744 D. ROWLAND: *RY* 103, yr oedd eu Gwrthwynebiad yn gadarnach, ac yn fwy Uffernol, a *rhwystrol* i Emanuel. **1772** *W* d.g. *Cloggy, Cumbersome, Intercipient* [*that intercept's* [*sic*] *or causes a stoppage*]. **1798** *WR* d.g. *Obstructive.* **1803** *P* d.g. *Rhwystrawl.*

rhwystrus [*rhwystr*+*-us*] *a.* Rhwystrol, llesteiriol, cyfyngol, llyffetheiriol, ataliol; rhwystredig, llawn rhwystrau, anodd, dyrys, astrus, cymhleth; wedi ei rwystro, wedi ei ddrysu: *hindering, obstructive, restraining, impeding, preventive; frustrating, beset with obstacles, difficult, intricate, complicated; hindered, entangled.*

14g. *GDG*[3] 173, A'i rhestr bilerau *rhwystrus* [am ffenestr]. *id.* 176, *Rhwystrus* gar rhiw y'm briwawdd, / Ysgymun, coluddyn clawdd [am fiaren]. **14–15g.** (*Diw.* **16g.**) *Gwyn* 3, 170, Caib rhaib rhys *rhwystrys*, rhestra dy banel [Rhys Goch Eryri i'r llwynog]. **1547** *WS*, *Rwystrys* Entangled. **1567** G. ROBERT: *GC* 84, chwilio yn fanwl am ddim a fo na *rhwystrus* na dwfn i ystyriæth. **16g.** R. WHITE: *C* 19, Mae ffordd *rwystrys* gyfing gaeth / ir hon ir aeth y seintie. *p.* **1584** G. ROBERT: *GC* [101], rhag bod y gair yn *rh*[*w*]*ystrus*, ag yn anhawdd i laferu. **16–17g.** T. R. ROBERTS: *EP* 233, Rhodres air, rhydraws wryd, / *Rhwystrus*, helbulus yw'r byd. **16–17g.** *CRC* 258, hawdd yw hepgor y dynion *Rhwystrys.* **1620** *Mos* 204, 31, Cyn *rwystrused*, ar camglo. **1691** T. WILLIAMS: *YB* 38, ni chlywn ddim mwy oddiwrth chwantau y cnawd blîn, *rhwystrus.* **1701** E. WYNNE: *RBS* [x], megis mai trîn yr Enaid yw'r hwsmonaeth fuddiolaf ôll, felly y *rwystrusaf* ôll ydyw. **1710** *LlGG* (*Gos*) 14, na chaffo 'r Canon ymma . . . fod yn *rhwystrus* na niweidiol i un Cyttundeb rhwng yr Archesgob ac un Esgob. **1712** T. WILLIAMS: *CDdG* 57, Na âd i'r ymrysonau *rhwystrus* sy ymhlith Christ'nogion . . . byth mo'm rhwystro. **1716** E. SAMUEL: *GGG* 74, Ac nid rhŷ anhawdd ei ddattod ydyw'r cwlwm *rhwystrus* a gyfrodeddir gan lawer am Gyrph dynion. **1803** *P.*

rhwystrwr, rhwystrydd [bôn y f. *rhwystraf*: *rhwystro*+*-wr*, *-ydd*[3]] *eg.* ll. *rhwystrwyr, rhwystryddion.* Person neu beth sy'n rhwystro, llesteiriwr, lluddiwr, ataliwr; gwrthydd (trydanol): *person or thing that hinders or impedes, hinderer, obstructor, preventer; (electrical) resistor.*

1604–7 *TW* (*Pen* 228), *rhwystrwr* d.g. *Morator.* **1617** R. PRICHARD: *CE* [9], *Rhwystrwr* pregethîad gair Duw / Y enaid Dyn gelynwr yw. **1632** *D*, *Rhwystrwr* d.g. *Intercessor.* **1667** C. EDWARDS: *FfDd* 42, [d]awn i rhagfynegu [*sic*] Pethau . . . yn erbyn *rhwystrwyr* yr efengil. **1772** *W*, *rhwystrwr, rhwystrydd* d.g. *Detainer, Stopper or hinderer.* *id. Rhwystrwr* . . . ar waith neu chwedl un d.g. *Interrupter.* **1803** *P* d.g. *Rhwystrwr.* Ar lafar, '*Rwystrwr* 'eb 'i ail yw 'wnna! Os bydd e ar bwys, fe lwyddiff e i rwystro popith, os 'ta beth yw a', *GTN* 696.

rhwyteb, gw. **rhwydd-deb.**

rhwyth, rhwythaf: rhwytho, gw. **grwyth, grwythaf: grwytho.**

rhy[1] [yr un gair â *rhy*[2]; Crn. C. *re*, H. Lyd. *ro*, *re*, H. Lyd., Llyd. C. a Diw. *ra*, H. Wydd. a Gwydd. C. *ro*, *ru*, Gwydd. Diw. *ró*, Gal. *hro*, gl. *nimium*: < IE. **pro*, o'r gwr. **per*; cf. Llad. *prō*, Gr. *πρό*, Sans. *prá-*] *adf.* (a'i dilyn gan dr. ml.) a hefyd fel *eg.* I raddau gormodol neu eithafol, dros ben, tra, iawn: *too, over, excessively, extremely, very, greatly.*

12g. *GllF* 149, Yd garỽn-y uyned . . . / *Ry* eitun ouwy y ar veingann. **13g.** *GDB* 500, *Ry* uaỽr o bechaỽt a rybuchir, / *Ry* vychan y Duỽ a diwygir, / *Ry* afnam o gam a gymerir, / *Ry* anynaỽt o beth a bregethir. **13g.** *GBF* 112, Agheu *ry* diheu (egyrth seithuc—pla) / Plant Adaf ryamuc. **14g.** *YBH* 13b, *ry* anesmỽyth yỽ dy varch di. **14g.** *GDG*[3] 155, Rhag bod, nid cydnabod cain, / Rhyfelwr yn *rhy* filain. **14–15g.** *IGE*[2] 289, *Rhy* isel fydd ei wely, / A'i dâl wrth nenbren ei dŷ (Siôn Cent). *c.* **1400** *MM* 144, Or kymmer dyn ormod ney *ry* uychan o vwyt. **15g.** *GLGC* 306, dringaf ddeg gaeaf uwch Crucywel / i'r tai *rhy* iachus a'r tir uchel. **15g.** *HCLl* 126, *Rhy* gynnar edifaru, / *Rhy* hwyr, ferch, rhyw air a fu. **1547** *WS*, *Ry* To. *a.* **1587** *Y* 170, O rhoir yr vn had i'r rhych, / Rhyw fanvs, yn *rhy* fynych. **1595** H. LEWYS: *PA* 110, Pann . . . y bwytu . . . ormod, ac i'r [*sic*] aiff yn *rhy* dew. **1632** J. DAVIES: *LlR* 417, rhwystr . . . *rhy* wann i attal neb. *c.* **1700** E. LHUYD: *Par* i. 41–2, Y Llêd o bont Llan ddylas . . . i dyddŷn glan y môr . . . milldir *rhy* gwtta (very short). **1753** *TR*, *Rhy*, too much, over-much, excessively. **1759** T. THOMAS: *WWDd* 187, Mae eraill yn myned ymmhell (o bossibl yn *rhŷ* bell). **1803** *P.* Ar lafar, '*rhy* bell', '*rhy* fawr', *WVBD* 468; ''Odd a'n *ry* boenus i ddim', *GTN* 687.

Fel *e.* Gormod, gormodedd; eithaf: *too much, excess; extreme.*

[**1547**] W. SALESBURY: *OSP*, Nyd da *ry* o ddim. **16g.** *GGH* 174, Rhwydd wyd, nid da *rhy* o ddim. **1567** *WLl* 178, Dy rodd hawdd dy *ry* oedd hyn / A gefais heb i gofyn. **1587** *GP* 193, Bai yw *Ry* ag eisiav. **1604** R. HOLLAND: *BD* 10a, Gochelwch am hynny *ry* o dhau beth yn hyn. **1606** E. JAMES: *Hom* ii. 140, Nid oedd gymmeradwy gan yr hên Escobion . . . *ry* hoywder temlau ac eglwysydd. **1632** *D*, cael *rhy* d.g. *Superabundo.* *id.* cymmeryd *rhy* a gormodd d.g. *Luxurio.* **1688** *TJ*, *Rhŷ*, gormod: too much. **1717** IACO AB DEWI: *MN* 197, yn syrthio i'r *Rhy* arall (*other extreme*). **1803** *P*, *Rhy*, s. m. . . . excess.

Amr.: **rho**[1]. **1722** *Llst* 189, *Rho* (pembr: sh) for Rhy. **1724** S. WILLIAMS: *ADA* 51, arhosodd yn *rho* hîr i ennill y fendith. *c.* **1730** *Taith C* 123, yn barnu fod Bryn Anhawsdra yn *rho* galed i mi. Ar lafar yn sir Benf. a rhannau o sir Gaerf., *GDD* 248, *TGG* (1904) 54. **rhw.** Ar lafar, 'Paid o'i wasgu fa'n *rw* galad', *GTN* 697.

Cfn.: **rhy brin y:** *it is hardly likely that.* **1893.** **rhy debyg:** *a fault in a line of 'cynghanedd gytbwys ddiacen' where the two syllables before the caesura and before the end-rhyme contain the same vowels in the same order.* *a.* **1575** *GP* 124, 125. *p.* **1584** G. ROBERT: *GC* [275]. Cf. J. MORRIS-JONES: *CD* 303, *Rhy debyg* yw bod y ddwy sillaf o flaen yr orffwysfa a'r ddwy o flaen y brifodl, mewn cynghanedd gytbwys ddiacen, yn cynnwys yr un llafariaid yn yr un drefn.

Gw. hefyd **rhwy**[1].

rhy[2] [gw. *rhy*[1]; dichon mai engh. o'r gair hwn a welir yn (*Juv*) *B* vi. 102, *riceus*; am ddosbarthiad yn ôl ystyr, gw. *LP* 256–8; dichon mai *r-* (ac nid *rh-*) a gynrychiolir gan *r-* yn rhai o'r enghrau. isod] *gn.* rhagferfol, weithiau gyda grym prff., neu'n mynegi posibilrwydd, &c., ond yn aml heb rym penodol amlwg; am y tr. sy'n dilyn, gw. *GMW* 61–2.

(*a*) (enghrau. o flaen bf. pres. a dyf. myn.: *exx. before pres. and fut. indic. vbs.*).

Dchr. **12g.** *GMB* 30, Rec *ry*-s-iolaw, rec a archaw, rwymav iurchen! *ib. Ry*hait itaut, *ry*cheidv y naut rac caut gelin. *id.* 150, *Ry*-m-ergyd oer goted. **12g.** *GCBM* ii. 122, *Ry*-*d*-erwyll rwyf dreic rodolyon—eirchyeid / *Ry*dalant eu rotyon; / *Ry*dysgaf disgywen ueirtyon, / *Ry*-m-gedir y gadeir ymrysson. **13g.** *C* 89. 2, *Ry*seiw gur ar vn conin. **13g.** *GBF* 552, *Ry*-m-dirwaen Duw, *ry*-m-dirwy. **14g.** *T* 19. 22, *ry*phrydaf y iaỽn llin. *id.* 53. 9–10, Ti anodyd a*ry*geryd o pop karchar. *id.* 65. 2–3, *ri* gỽystlant gỽeiryd goludaỽc. *id.* 70. 25–71. 1, *Ry*dybyd llyminaỽc auyd gỽr chwannaỽc ywerescyn mon. *id.* 76. 16–17, Racdaỽ *ry*glyỽhaỽr maỽ[r] gyfargar. **14g.** *WM* 83. 23–4, Ef a *ry*eill ych necau heb ynteu. *c.* **1400** *R* 1037. 7, oth *ry*ledir ath gỽynỽyf. *Dchr.* **15g.** *IGE*[2] 190, Yna *rhy*balla rhew bill / O nen wybr anian Ebrill (Llywelyn ab y Moel).

(*b*) (enghrau. o flaen bf. pres. dib.: *exx. before pres. subj. vbs.*).

10g. (*Cpt*) *B* iii. 256, hit ni*ri*tarnher irdid hinnuith. *Dchr.* **12g.** *GMB* 6, Godrut y var, gurt in trydar: gvae *ry* cothvy! *id.* 71, Rex radeu urno, *ry*-n-bo-ny gardaỽd. *id.* 255, *Ry*-m-llywy Dwy yn diarswyd. **13g.** *GDB* 119, *Ry*bo Duỽ Rebyd dadwyrein. **13g.** *C* 8. 13, Ny *ry* del. *id.* 88. 15, Ren new *ry*phrinomne digerenhit. **13g.** *BD* 77, pa beth bynnac *ry* gollych ti eno, minheu a'e henillaf yty yma. *Dchr.* **14g.** *Ll Cyn* 25, ny rypeirch ny *ry*parcher. **14g.** *T* 52. 15, *Ry*drychafom erbyn trindaỽt gỽedy gỽaret. **14g.** *WM* 82. 24–7, ba hustyng bynnag . . . o*r y* cyfarfo y guynt ac ef. ef ay guybyd. *id.* 453. 37–9, darogan yỽ itaỽ kaffel ettiuet . . . kanys *ry*gaffo o arall. **14g.** *GDG*[3] 143, Rhyw gwlm serch, cyd *rhy*gelwyf, / Rhôm, od gwn, rhwymedig wyf. *c.* **1400** *R* 1056. 38–9, ny *ry*decho rydygir. *c.* **1400** [*RB*] *WM* 100. 21–4, Arho Arho heb ef. kyt *ry* wnelych di sarhaedeu llawer a cholledeu kynno hynn. nys gỽney bellach. *c.* **1400** *CHDd*[2] 92, na *ry*glywo y wyssyaw. *Dchr.* **15g.** *IGE*[2] 168, Eithr od wyd athro didwyll, / Edrych na *ry*bellych bwyll (Llywelyn ab y Moel). **1603** W. Midleton: *Ps* 17, Ar rhai union a *ry*henwer / Oe lawn wyrth a wyl yn ner.

(*c*) (enghrau. o flaen bf. grch.: *exx. before vbs. in the imper.*).

Dchr. **12g.** *GMB* 29, Devs Reen, *ry*-m-aw-y awen (amen, fiat). **12g.** *id.* 71, *Ry* gated Ruuein rec aduwyndaɞd. **13g.** *C* 24. 9–10, Nac imadneirun nev Rimwaredun. *c.* **1400** *R* 1285. 38–9, y kam rywnaetham na *ry*noetha. **1551** W. Salesbury: *KLl* iiia, Na *ry* ofelwch am ddim Eithyr hynotaed ych eirch mewn gweddi ac adolwyn gyd a diolch garbron deo.

(*d*) (enghrau. o flaen bf. amhff. ac amhff. arferiadol: *exx. before imperf. and consuetudinal imperf. vbs.*).

12g. *GMB* 150, *Ry*uei uarɞ kyn Madaɞc, mad aned! **12g.** *GCBM* i. 85, *Ry*gelwid Madaɞc kyn no'e leith / Rwyd galon. *id.* ii. 230, *Ry*bytei ueu ueith ragor, / *Ry*bytɞn bennkert benn-cor. **13g.** *C* 21. 11–12, *Ry* talud istedlit tri seith pader beunit. *id.* 99. 12–15, ban *ry*erhint brein ar crev . . . ban *ry*erint brein garthan. **14g.** *T* 44. 17–18, kyt rif dilyn *ry*dynesseyn. **14g.** *WM* 251. 26–7, mor hagyr y gɞelei y delɞ *ry* oed arnaɞ. *id.* 454. 19–22, lliuaɞ a oruc y mab a mynet a oruc serch y uorɞyn ym pob aelawt itaw kyn nys *ry*welhei eiroet. *id.* 474. 30–3, pei mi *ry*wascut uelly ny oruydei ar arall uyth rodi serch im. **14–15g.** *IGE*[2] 265, Perygl rhyfel *rhy*welwn, / A pha fyd hefyd yw hwn (Siôn Cent)? **16g.** Lewys Morgannwg: *Gw* 504, kwyn ryw gwyn a *ry*genynt. **1567** *TN* 221b, er mwyn na *ry* ostyngit yr Iuddaeon, ac na *ry* dderchefit y Cenetloedd.

(*e*) (enghrau. o flaen bf. grff.: *exx. before vbs. in past tense*).

9g. (*Juv*) *B* vi. 206, *rit* erchis. *Dchr.* **12g.** *GMB* 6, *Ry*wiscuis llaur am y vyssaur eur amaervy. *id.* 30, *Ry*chedwis detyf, *ry*chynis gretyw rac lletyw ogyrven. **12g.** *id.* 101, Diheu darogant y Adaf a'e blant / Y *ry*draethyssant y proffwydi. **12g.** *GCBM* i. 296, *Ry*-m-gɞnaeth yn athrist athreityaɞ—Pennant / A'e phennyadur wedy syrthyaɞ. *id.* ii. 306, *Ry*bu gamwetaɞc Madaɞc, modur—faɞ, / Rybut ɞu itaɞ, dylaɞ dolur. **13g.** *C* 81. 10–11, Bluytin llaun im *ry*doded. ym. bangor ar paul cored. **13g.** *A* 19. 20, *ry* duc oe lovlen glas lavnawr. **13g.** *GBF* 610, Och am ryd esbyd! Oesboen dagreu—rwy / *Ry*-dduc lliw ɞyg gruddyeu. **14g.** *T* 15. 25–6, *ry*n gɞaraɞt y trindaɞt or trallaɞt gynt. *id.* 46. 15, Neu *ry*gigleu gan proffɞydeu lleenaɞc. **14g.** *WM* 50. 31–2, mae genhym ni chɞedleu ryued. coet *ry*ɞelsom ar y ɞeilgi. *id.* 470. 18–19, ny *ry*giglef. i. eir moet y uorɞyn a dywedy di. *c.* **1400** *CHDd*[2] 135, kanys yr ardelw a ardelwis ohonaw a *ry*ballawd idaw. **1632** *D* (*Diar*), Talwys a *ry*feichwys. **1756** *Gron* 29, Er a *ry*weleis, ceis cyssondeg. **1764** I. Brydydd Hir: *Gw* 102, A'r adar llafar eu llais / O'r gelli a *ry*gollais. **18–19g.** *CRIM* 119, Gofal i'm hais a *ry*fegais.

(*f*) (enghrau. o flaen bf. grb.: *exx. before plup. vbs.*).

9g. (*Juv*) *B* 206, *rit* pucsawn mi ditrintaut. **9g.** (*MC*) *VVB* 105, di*r*gatisse locelau, gl. *concesserat.* **12–13g.** *GMB* 538, *Ry*-nn-parassei Duɞ heb dim eisseu. **13g.** (*LlDW*) *ZCP* xx. 69, a bod en ediuar gan e gur cantaf *re*escarassey ay greyc. **13g.** *B* x. 25, gouynnvs idav a oed wir *ry* glyvsei amdanav. **13g.** *HGK* 8, o'r vrwyder *ry* vuassei y menyd Gelboe. **13g.** *BD* 30, [y] temhyl honno *ry* wnathoed Lyr yn anryded y'r duw. *id.* 38, Canys kennadeu *ry*dothoed y gan eu deu amheravdyr. *id.* 149, sef a wnaeth anuon Cadvr tywyssavc Kernyv y erlit y Saesson *ry* ffoassei. **14g.** *WM* 11. 21–5, beth auuassei y arglɞydiaeth ef arnunt hɞy y ulɞydyn honno yɞrth *ry*uuassei kynn no hynny. **14g.** *YBH* 6a, vn or gwraged kyweiraf . . . a theckaf *ry* welsei neb eiroet. *id.* 12a, o *ry*dywedyssei hitheu dim a uei ɞrthɞyneb ganthaɞ ef. **1567** *TN* 220b, A'r ei a gydsynient a'r y pethae, *ry* ddywedesit.

(*g*) (enghrau. o flaen be.: *exx. before vn.*).

12g. *GMB* 101, Adureu, aduant cof dy *ry*goti / Erof, ac ediuar y digoni. *id.* 178, Gnaɞd wedy ryserch *ry*sseilyaw cas. **12–13g.** *GLlLl* 140, Neud adwen ar dyn *ry*dwyn uyg gne. **13g.** *LlI* 51, gurthtyget enteu arnau ef *re*tygu anudon ohanau. **13g.** *HGK* 3, A bit honneit *ry* gerdet ar vor o dri broder. **13g.** *BD* 7, a doluryav yn vavr *ry* lad y wyr. **14g.** *BT* 79, aphan gigleu ef *ry*uodi y veibyon. *c.* **1400** *MM* 144, Y philoffwyr [*sic*]. . . a racwelsant *ry* wneuthur dyn o bedwar defnyd. *Dchr.* **15g.** *GM* 40, dyro ynni megys yn *ry* lawenhau o'e chyrbwyll hi. **15g.** *BB* 93, gwedy y *ry*vot yn darystwng yr yspaen y sened ruvein. **16g.** (*LlEG*) *Mos* 158, 50b, y paab ai danuones ef ddinas aelwir w/ormys . . . yn Legatt n/e ymbassadur I *Ry*dreuynv serttain o bobyl aoedd wedi myned allan or ffydd. **16g.** Rhisiart Fynglwyd, &c.: *Gw* 107, Och, rhoi gwedd i'ch *rhy*guddiaw. **1567** *TN* 5b, [p]lan glybu 'r Iesu *ry* roddi Ioan. **1632** *D*, *Rhy*ladd, Idem quod Llâdd. A *Rhy* & Llâdd. **18–19g.** *Iolo MSS* 249, Gwell fydd imi ddydd a ddaw / Nai ladd *rhy*adael iddaw.

Amr.: **-r, 'r**[3], **r'** [ar ôl geiriau sy'n diweddu mewn llaf.; cf. *pyr*[1], *yr*[3]]. **9g.** (*MC*) *VVB* 105, dirgatisse locelau, gl. *concesserat.* **12g.** *GLlF* 37, No'r rei a'r deryɞ. *id.* 448, O'r digonsam-ny gam o gymaret. **12g.** *GCBM* i. 330, Neur gyrcheis. **13g.** *C* 7. 8–9, Neur uum y dan un duted a bun dec. **13g.** *GBF* 421, Llawer deigyr dros rann gɞedy *r'* greinyaɞ. **14g.** *WM* 36. 32, or byd gɞr mɞyn. *id.* 42. 26–7, ny duc neb kyrch ɞaeth no*r* dugum ymma. *id.* 230. 29–30, ny byd vn dalen ar y pren ny*r* darffo yr kawat y dɞyn. **14g.** *YBH* 53a, ef *ar* allei y mi y gaffel. **15–16g.** *TA* 187, Mael wedi *r'* gloi mal dur glas. **16g.** *GLD* 70, Geirwon fydd ei garnau fo, / Gwydr a haul gwedi *r'* hoelio. **1551** W. Salesbury: *KLl* lxxviia, llefwch iddhei vod hi [*sic*] blinder wedy'r orphen. **1567** *TN* 393a, E [:– Neur] syrthioedd . . . Babylon. **1632** *D*, Neu, neu'r, & neud, Næ, affirmandi. **rhwy**[5] [*rhy*[2] + rhagenw mewnol 3 un. a ll., cf. *nwy*[4]; dichon mai *rhwy*[1] a welir yn rhai o'r enghrau. isod]. **12g.** *GCBM* i. 158, Gwin a met a metgyrn *rwy* meith! *id.* 256, Aghen a'm llut gɞen, gwae *rwy* golles! *id.* ii. 165, Y gyflaɞn voli ri *rwy* dirper. *id.* 241, Rhif ser, *rwy* cigleu, cigwledd rad—i frain. *id.* 269, Ryd rybɞyf gan vy Rɞyf *rɞy* gɞna. *id.* 305, Kywyrdoeth *rwy* gogel brad annel bryd. **12–13g.** *GLlLl* 6, Dadolɞch teyrn . . . / Gɞyr Prydein *rwy* goruc. *ib.* Ef ɞraɞl, o'e orofyn *rwy* duc / . . . yn faeth pob sarruc. *id.* 52, Ny ɞtant cɞt ant *rwy* cotes. *id.* 217, (A'e gɞellycyo, pwyll *rɞy* dɞyllo (amr. ry twyllo)). *id.* 264, Aghen yn aghen yn agheu—o'th gas / A'th gosgort *rwy* goreu. **14g.** *T* 24. 4–5, hyt pan y gɞarettei yren *rɞy* digonsei. *id.* 36. 1–2, Detwyd douyd *rɞy* goreu. **rhyd**[2] [*rhy*[2] + ?*yd*[1], ?cf. *hud*[2], *nad*[1,2], *neud*, *nid*[1,2], *od*[2], a *ped*[1]]. **9g.** (*Juv*) *B* vi. 206, *rit* pucsaun mi ditrintaut. *ib. rit* ercis. **12g.** *GMB* 71, Rec *ry-d*-eiriuam yn rann Drindaɞd. **12g.** *GCBM* ii. 333, Yn adawd Rheen *ry-d*-eiddunais / Rhydid i'm enaid, rhaid rhyiolais. **rhyw**[3] [< *rhwy*[5] drwy drsd.]. *c.* **1300** *B* iv. 121, Gorchmynnaf vy einioes vrawt / yr ren *ryw* gorev. *c.* **1400** *R* 1170. 30–1, Kywyrdoeth *ryɞ* (*GCBM* ii. 305, rwy) gogel brat annel bryd.

Gw. hefyd **yr**[3].

rhy[3], 3 un. pres. myn. y f. *rhoddaf*: *rhoddi*.

rhy- [bnth. Llad. *re-*, o bosibl drwy'r S.] *rhgdd.* sy'n dynodi 'yn ôl', e.e. *rhybrynaf*[2]: *rhybrynu*, *rhydynnaf*[2]: *rhydynnu*.

rhyael, rhyawdd, gw. **rhy**[1] **+ hael, hawdd.**

rhyban, gw. **rhuban.**

rhybarch [*rhy*[1] + *parch*] *eg.* a hefyd fel *a.* Parch mawr; ac iddo barch mawr, hybarch: *great respect*; *greatly respected, revered.*

14g. *Cy* vii. 144, Ny cheif ryuodawc *ry barch.* **16g.** Siôn Brwynog: *C* 80, Ifan Goch a fu'n y gwin, / Hael *rhybarch* o hil Robin. **1632** *D* (*Diar*), Ni bydd *rhybarch* (W. Salesbury: *OSP*, hybarch) rhy gynnefin. **1803** *P.*

rhybarchaf: rhybarchu, gw. **rhy**[1] **+ parchaf: parchu.**

rhybed [?bôn y f. *rhybediaf*, *rhybedaf*: *rhybed(i)o*, neu fnth. S. taf. *ribbet*] *eg.* ll. *-i*, *-ion.* Gwrth-hoel, hem: *rivet.*

1803 *P.*

rhybediaf, rybediaf, rhybedaf, rhyfed(i)af, &c.: **r(h)ybedio, rybedian, rhybedu, rhyfedio, rhyfedu,** &c. [bnth. S. (*to*) *rivet* ?a hefyd S. taf. (*to*) *ribbet*; tebyg fod dyl. S. (*to*) *repeat* ar rai o ystyron adran 2, a dichon mai gair gwahanol ydyw] *bg.a.*

1. Cysylltu â rhybedi, gwrth-hoelio, hobio, cleinsio, hefyd yn *ffig.*: *to rivet*, *clinch*, *also fig.*

c. **1590** *Cewri* 264–6, gwyr a bheynt dharparedic . . . i ymladh a' *rhybedv* a'e' gelynion. **16–17g.** *GST* i. 218, Teisen ddur at Siôn a ddaw, / Aur fwyd, wedi'i *ryfediaw* [i ofyn bwcled]. **1658** R. Vaughan: *PS* 219, felly y mae llygredigaeth yn fyngwrthhoelio am *ryfedio* yn fy mhechodau. [**1783**] *W*, sicrhâu hoel yn ei lle trwy forthwylio ei deupen yn llydan, vulgó *rhyfedu* hoel, hobbo d.g. *To rivet a nail or pin* [*clinch it by retusion*]. **1803** *P*, *Rhybediaw* . . . To clinch. Ar lafar yn sir Ddinb., 'Mi dy *rybedia'* i di' (wrth fygwth rhoi cweir i rywun). Cf. D. Owen: *D* 58, teimlai ei fod wedi ei *rybedu* wrthynt [ei dad a'i fam] bron yn annattodol.

2. (Peri) atseinio, diasbedain, ailadrodd (wrth ganu); adlamu, trybowndio, sboncio: *to* (*cause to*) *reverberate*, *echo*, *resound*, *repeat* (*in singing*); *rebound*, *bound*, *bounce.*

1862 *Cymru Fu* 220, gwaeddai nes byddai yr adsain yn *rybedio* o glogwyn i glogwyn. Ar lafar yn y ff. '*r(h)ybedio*' ym Meir. a sir Ddinb. yn yr ystyr 'adlamu, sboncio'.

rhybedog [*rhybed* + *-og*] *a.* Wedi ei rybedio: *riveted.*

20g.

rhybela, rhybeldod, rhybelwr, gw. **rybela, rebeldod, rybelwr.**

rhybell [*rhy*[1] + *pell*] *a.*

(*a*) Pell iawn, rhy bell; (rhy) helaeth, gormodol; hefyd yn *ffig.*: *very far*, *too far*; (*too*) *extensive*, *excessive*; *also fig.*

c. **1400** (*SG*) *HMSS* i. 205, vymbrodyr yssyd *rybell* ywrthyf. ac [ny] allant vy nerthau. **15g.** *GGl*[2] 85, Troi heibio i'r tir *rhybell*, / Ffyrdd Iorc i ffeiriau oedd well. **15–16g.** *TA* 318, Gwlad Iâl, ple gweled i well? / Oni'n rheibiwyd ni'n *rhybell* [marwnad Tudur Llwyd]! *id.* 498, Dyro heibio d'air *rhybell*, / Trugarog it roi gair gwell. [**1547**] W. Salesbury: *OSP* [ix], ny vesei *rybell* chwaith o ywrth y testyn. **1567** *TN* [xxxi], ni pherthyn estyn cyfflybrwydd yn *rhybell.* **1595** *Egl Ph* 47, Gochelwch yn y dhulh ymma gyrchu'r trawsymdhwyn, neu'r cyphybliaeth [*sic*] o *rybelh.* **1595** H. Lewys: *PA* 102, pan ddechreuont hedeg 'n rhy vchel, ne yn *rhybell.* **1604–7** *TW* (*Pen* 228), yn *rhybelh* d.g. *Vaste.* **1630** *YDd* 190, nai rhoi hwynt allan o gyssur yn *rhybell.* **1703** E. Wynne: *BC* 11, edifeirwch, i gyfog y drwg mewn pryd cyn y greddfo 'n *rhybell.* **1723** WM: *PGG* 27, Ni thâl [*sic*] Pysygwriaeth na gwann Feddeginiaeth, âr ôl myned rhŷw-beth yn *rhy-bell.* [**1738**] E. Jones: *CE* 31, rhai . . . a chwarânt eu part yn *rhy-bell*, trwy droi eu Tynerwch yn Betrusder. **18–19g.** R. Davies: *DB* 246, Os rhaid cael ambell bot a phibell, / Ond nid yn *rhybell* rhed.

(*b*) Rhy hwyr: *too late.*

16–17g. *LlCy* xi. 235, Hi aeth yn *Rhybell* Nabod bün / Y Lawer Dün synhwyrus (Edward Dafydd).

rhyberchi, gw. **rhy**[1] **+ parchaf: parchu, perchi.**

rhyboeth, rhybraff, gw. **rhy**[1] **+ poeth, praff.**

rhybres, rhebres [tywyll yw'r engh. gyntaf isod] *eg.* Tanllwyth o dân, llond grât (o dân), marwor (poeth), cols (eirias): *blazing fire*, *full grate* (*of fire*), (*hot*) *embers*, (*glowing*) *cinders.*

16g. Owain Gwynedd: *Gw* 306, Heidio i guddio y gwŷdd, / Hau'r Manna'n nhor mynydd. / Cwfl gwnlliw cyfliw gwenlloer, / Crwybr yw o sialc, *rhybres* oer [i'r eira]. **1722** *Llst* 189, *Rhybres.* m. A great range of fire. [**1783**] *W*, *rhybres* . . . o dân d.g. *Range* [*a kitchen grate*] . . . *A range of fire.* Cf. *SE MS* 415a, *Rhebres* (or *Rhybres*), s. col. hot or burning embers; glowing cinders. S.W. Ar lafar yn ardal Castellnewydd Emlyn clywir *rhebres* yn yr ystyr 'tân cryf, tanllwyth'.

rhybrid, rhybrin, rhybrudd, gw. **rhy**[1] **+ prid, prin**[1]**, prudd.**

rhybrynaf[1]**: rhybrynu,** gw. **rhy**[2] **+ prynaf: prynu.**

rhybrynaf[2]**: rhybrynu** [*rhy-* + *prynaf*: *prynu* ar ddelw'r Llad. *redimō*] *ba. Diwin.* Prynu, adbrynu, pridwerthu: *to redeem* (*in theol.*), *ransom.*

1568 Morys Clynnog: *AG* [v], pob pwnc hyles . . . i gadw'r enaid . . . a *rybrynnodd* Crist ai werthfawr waed. *p.* **1584** G. Robert: *GC* [190], rhy . . . pann oferer ef dros re, yn lladin, arddodiad fydd . . . prynnu emo, *rhybrynnu* redimo. **1604–7** *TW* (*Pen* 228) d.g. *Redimo.* **1609** R. Smyth: *CAC* 10, A phen oeddym dan iau pechod a cholledigaeth ef an *rhybrynnodd* ynhaelfawr. **1618** J. Salisbury: *EH* 24, Mâb Duw a wnaeth ei hûn yn ddyn, i'n *rhy-brynu* ni a'i waed. **1670** J. Hughes: *AP* 29, fy etholi yn dy gariad di, a'm creu yn ol dy lûn di dyh[u]n, ac am i ti fy *rhybrynnu* i trwy dy Fab. *id.* 172, Creawdwr nêf a daear . . . yr hwn a'm gwnaethost fi o ddim . . . ac a'm *rhybrynnaist* a'th waed. **1803** *P.*

rhybryniad [bôn y f. *rhybrynaf*[2]: *rhybrynu* + *-iad*[1]] *eg. Diwin.* Prynedigaeth: *redemption* (*in theol.*).

1609 R. Smyth: *CAC* 19, Crist . . . yr hwn a ddechreuodd aga [*sic*] orphenodd y rhyfeddig waith o *rybryniad* dyn. *id.* 29, [y] tair rhan penaf [*sic*] i'r gredo . . . y rhan gyntaf ynghylch yn creadigaeth, yr ail ynghylch yn *rhybryniad*, y trydydd ynghylch yn santeiddiad. **1670** J. Hughes: *AP* 339, attolygwn arnat, anrhydeddu dirgeleddion sacraidd dy Gorph a'th Waed yn y modd ac y clywom yn wastadol ynom einhun ffrwyth dy *Rybrynniad.* **1684** H. Owen: *DC* 381, Canys cynnifer gwaith ac y byddi'n trîn ac yn coffa, neu'n derbyn Corph Christ, ti fyddi cyn fynyched yn cyflawni gwaith dy *Rybrynniad.*

c. **1730** *Thos. Lloyd D* (LlGC) 204b, *Rhybrynniad* . . . Redemptio. **1803** *P.*

rhybryniaeth [bôn y f. *rhybrynaf*[2]: *rhybrynu*+*-iaeth*] *e?b. Diwin.* Prynedigaeth: *redemption* (*in theol.*).
1670 J. Hughes: *AP* 229–30, attolygwn arnat, anrhydeddu Dirgeleddion bendigedig dy Gorph a'th Waed di, fel y gallom bob amser . . . ymglywed ffrwyth dy *Rybrynniaeth.* *c.* **1730** *Thos. Lloyd D* (LlGC) 204b, *Rhybrynniaeth* . . . Redemptio. **1776** Dewi Nantbrân: *AN* 215, Dyro i ni . . . haeddu cael gobrwyon ei *Rybrynniaeth* ef yn y Nef.

rhybrynwr [bôn y f. *rhybrynaf*[2]: *rhybrynu* +*-wr*] *eg. Diwin.* Prynwr: *redeemer* (*in theol.*).
1609 R. Smyth: *CAC* 7, y mab a anwyd o sylwedd y tad, sydd *rybrynwr* a salfadydd y byd. *id.* 26, mi a wn fo[d] fy*rhybrynwr* [*sic*] i yn fuw. **1670** J. Hughes: *AP* 174, Tydi wyt fy'n Ghreawdwr, a'm *Rhybrynnwr*, a'm Harglwydd. **1684** H. Owen: *DC* 375, efe yw'n Sancteiddiwr a'n *Rhybrynnwr* ni. *c.* **1730** *Thos. Lloyd D* (LlGC) 204b, *Rhybrynnwr*. Redemptor. **1776** Dewi Nantbrân: *AN* 16, Annwylaf *Rhybrynwr*, Jesu daionus.

rhybrysur, gw. **rhy**[1]+**prysur**[1].

rhybuch[1] [?gair geir., ?bôn y f. *rhybuchaf*: *rhybucho*; ceir enghrau. eraill posibl yn *GDB* 304 (gw. *id.* 314), a *H* td. 350 (gw. *GLlBH* 129)] *eg.* ll. *-au.* Ewyllys, dymuniad, dyhead (mawr): *will, wish,* (*great*) *desire.*
1604–7 *TW* (*Pen* 228) d.g. *Voluntas.* **1632** *D, Rhybuch*, Desiderium. **1688** *TJ, Rhybuch*, enwyllus [*sic*], dymmuniad: a desire, a wish. **1722** *Llst* 189, *Rhybuch.* m.p. *buchau.* A desire, lust, will, wish. **1803** *P, Rhybuç*, s. m. . . . Earnest longing.

rhybuch[2], gw. **rhybuchaf: rhybucho.**

rhybuchaf: rhybucho [*rhy*[2] (?a *rhy*[1])+*puchaf*: *pucho*] *bg.a.* Ewyllysio, dymuno, dyheu (?yn fawr) (am), chwennych: *to will, wish, desire* (?*greatly*), *covet.*
9g. (*Juv*) *B* vi. 206, it cluis it humil inhar[aut] celmed / *rit pucsaun* mi ditrintaut / gurd meint icomoid imolaut. **12g.** *GCBM* i. 62, Yg golud amliw amyl y'm rotir, / Nyd amgen y'm ryt, ny'm *rybuchir*! *id.* 224, Gwiraỽd a'm daeraỽd, a'm daỽ—gan rebyt / A'm *rybuch* o'e wenllaw. **12–13g.** *GLlLl* 79, Rac beieu rieu yn y rennid—but / Dy rybut, Ruffut, a *rybuchid.* **13g.** *B* iii. 27, Nydestyn llau, ny*rebuch* kallon. **13g.** *id.* iv. 5, Bjt gyua ran *rybuchir.* **13g.** *GBF* 491, Ef ny wnei bechaỽt na'e *rybuchaỽ.* *c.* **1300** *B* ii. 29, *rybuchaw* da y dynyon da ac wyntev a *rybuchan* da y titheu. ac ny bydy gan neb gas. **1346** *LlA* 89, Karu dygyfnessaf adylyy yn gymeint athi dyhun. Sef yỽ hynny. *narybuchych* idaỽ drỽc. **14g.** *GDG*[3] 401, Mawr yw gennyd dy fryd fry, / Mwyfwy dy sen â myfy, / A bychan a *rybuchud* / Ym o gerdd rym agwrdd ddrud. **15g.** *GGl*[2] 204, Gordderchu a gwëu gwawd / A *rhybucho* rhyw bechawd. **16g.** D. R. Thomas: *DS* 151, os *rhybucha* dyn fod yr [*sic*] escob ysta [*sic*] waith a *rybucha.* **1567** *TN* 232b, Can ys mi a *rybuchwn* vot yn 'ohanedicbeth y wrth Christ. *Diw.* **16g.** *CRC* 309, wyla ydifeirwch Anian dy bechod / *rybvcha* dda ir trvan. **1632** *D, Rhybucho*, Desiderare, discupere, velle. **1729** L. Morris: *LW* 330, I ba beth y *rhybuchaf* am Avicenna. **1803** *P.*
Amr.: **rhybuchu.** **1753** *TR*, Rhybucho, or *Rhybuchu.* **rhybychio.** **16g.** Huw Arwystl: *Gw* 422. [**1703**] *YGDB* 34. **rhybychu.** **1595** *Egl Ph* 40, Er *rhybychu* (*GLM* 201, rhybucho) rhoi bachelh. *id.* 68. **17g.** *IICRC* iii. 248. **1707** *AB* 238c.

rhybuched [bôn y f. *rhybuchaf*: *rhybucho* +*-ed*[1]] *eg.b.* Ffafr, bendith; anrheg, rhodd; dyhead (mawr), dymuniad: *favour, blessing; present, gift;* (*great*) *desire, wish.*
Dchr. **12g.** *GMB* 7, Vy *rypuched* y colowin ked, clod pedrydant. **12g.** *id.* 75, Pan gaffo penn gwyr . . . / Gan egylyon voes . . . / Yn ỽndaỽd Drindaỽd, drwy *rybuched.* **12–13g.** *id.* 273, A chynnif oet well no gwall rei, / *Rybuched* Trined, tra ny belli. **13g.** *B* iii. 27, Genyt *rebuchet* rungllau allawes. **13g.** *BD* 89, Ac yn y diwed, guedy gvybot o Ortheyrn ry gaffael eu caryat ac eu *rybuchet* yn llwyr. **14g.** *WML* 62, ny cheiff y phlant ran o tir gan genedyl mam onyt o *rybuchet.* cany dyly mab llwyn apherth ran o tir. **14g.** *GDG*[3] 403, O thrawaf heb ethrywyn / Â min fy nghledd dannedd dyn, / Bychan iawn o *rybuched* / A geir i gennyf o ged. **1604–7** *TW* (*Pen* 228) d.g. *Voluntas.* **1632** *D, Rhybuched*, Strena ex pacto debita, honorarium, donatio quæ ex voluntate dantis pendet. **1688** *TJ, Rhybuched*, rhôdd: a Gift. **1722** *Llst* 189, *Rhybuched.* f. A gift, present, gratuity. Also, a wish, desire. **1803** *P.*

Amr.: **rhubuched** [drwy gymathiad llafarog]. **13g.** *HGK* 24, 28.

rhybuchedig [bôn y f. *rhybuchaf*: *rhybucho* +*-edig*] *a.bfl.* Parod, ewyllysgar, caredig, cyfeillgar; (?geir.) a ddymunir neu a ddeisyfir (yn fawr): *ready, willing, kind, friendly;* (?*dict.*) (*greatly*) *wished for or desired.*
13g. *B* ix. 336, ac en keissyav en wylovus gwynvanvs trugared duw ae *rybuchedic* vam enteu. **14g.** *YBH* 13b, bỽyta yn raỽth awnaeth boỽn rac meint y neỽyn ar palmer yny rodi idaỽ ynteu yn ddidlaỽt *rybuchedic.* *c.* **1400** *RB* ii. 246, gỽedy karedigyon gussaneu a geireu *ry buchedic* (*familiaribus verbis*). *c.* **1400** *Études* viii. 78, Pwy bynnac y bo y rann vwyaf or sanguis yndaw, ef a vyd hael a charedic, a hyfryt a chwerthinat, a lliw coch, a chanu yn da, a chynodic, a glew digawn, a *rybuchedic.* *Diw.* **16g.** *LBS* iv. 399, bendigaw Düw a chanhiadü yn *rhybüchedic* yr hwnn yr oedd yn y erchi vddünt. *id.* 404, Ac hwyntaü a ganniadassant hynny yn llawen *rybüchedic.* *Diw.* **16g.** *B* ix. 124, yn gymen o ddoethineb ac yn gyfoethawc o nerth ac yn *rhybuchedic* o ddaeoni. **1707** *AB* 238c, *Rybwychedic* [*sic*], Wistful, willing. **1803** *P, Rhybuçedig* . . . Earnestly longed-for.

rhybuchiad [bôn y f. *rhybuchaf*: *rhybucho* +*-iad*[1]] *eg.* Dyhead (mawr), dymuniad: (*great*) *desire, wish.*
16g. *GSOG* 64, Gwae ni'n llefain ac yn ochain, / Mawr a bychain, am *rybuchiad.* **1803** *P, Rhybuçiad*, s. m. . . . A desiring earnestly.

rhybuchiant [bôn y f. *rhybuchaf*: *rhybucho* +*-iant*] *eg.* Dyhead (mawr), dymuniad: (*great*) *desire, wish.*
1803 *P, Rhybuçiant*, s. m. . . . Earnest longing.

rhybuchwy [?bôn y f. *rhybuchaf*: *rhybucho* +elf. anh.] ?*e.* ?Bendith: *blessing.*
Dchr. **12g.** *GMB* 6, Caffaud Hyuel, urth y hoewet, wy *rybuchvy.*

rhybudd[1] [Gwydd. C. *robud*, Gwydd. Diw. *rabhadh*: o'r un gwr. IE. **bheudh*- '(peri) bod yn ymwybodol' ag a welir yn yr e. *bodd*, cf. Rwsieg *probuditi* 'deffro'] *eg.b.* ll. *-ion*, *-iau.* Awgrym, ensyniad, neu fygythiad o niwed neu berygl, cyngor i fod yn ofalus neu i beidio â gwneud rhywbeth; siars, cyngor, cyhoeddiad ffurfiol neu ddatganiad o fwriad i ddod â chytundeb i ben neu i adael cyflogaeth ar adeg benodol, *Cyfr.* rhybuddiad; hysbysiad, hysbyseb; hefyd yn *ffig.*: *warning, admonishment; advice, notice* (*e.g. to quit*), *caution* (*in law*); *notice* (*of event, &c.*), *advertisement; also fig.*
12g. *GMB* 176, Ef yg gryd, yg grynn, yn rynn *rybut.* **12–13g.** *GLlLl* 281, Hil Gruffut taer *rybud* tan: / Teu, Angheu, anghyflauan! **13g.** *GDB* 119, *Rybud* drut ar dut gwolut gỽlein—bleit, / Mal yd eit yn reit yn Ryt Angein. **14g.** *WM* 66. 10–12, *rybud* a gaỽssont ỽynteu. A chymryt kynghor. am adaỽ y dref. **14g.** *GDG*[3] 393, Rhoddaf, anelaf yn ôl, / *Rhybudd* i Ruffudd ryffol. *c.* **1400** *R* 1196. 10–11, Deheu *rybud* mat dihaerebyon maỽl. **1547** *WS, Rybudd* Warnyng. **1567** *TN* 253b, A'r petheu hyn oll a ddeuth yddynt wy er esemplae, ac a escrivenwyt er *rybydd* i ni. **1595** H. Lewys: *PA* 21, Gann hynny mae y *rhybydd* (*admonition*) hwnn hefyd yn perthynu, irr cyfryw bynciau. **1606** E. James: *Hom* i. 65, nad ydyw yr holl *rybuddiau*, annogiaethau . . . yn abl i'w gadw ef oddiwrth y fath ddychymmygion. **1632** *D, Rhybydd*, potius *Rhybudd*, Monitio. **1632** J. Davies: *LlR* 81, holl *rybuddion* gwasanaethwyr Duw. **1672** R. Prichard: *Gw* 391, Dymma 'r faethgen y gaiff Cymru, / Eisie gwella a difaru, / A chymmeryd *rhybydd* dyner, / Oddiwrth blâg a dial Lloeger. **1758** J. Prys: *Alm* [13], Advertisement. *Rhybydd.* **1760** *ML* ii. 161–2, daccw fi wedi saethu'r ddwy`'ningen a oedd yn pori fy mhinks i . . . pam y meiddiant hwythau ddyfod im gardd i a maint y *rhybyddion* a roddais? **1803** *P* d.g. *Rhybyz.* Ar lafar, '*rhybudd*' 'warning', *WVBD* 469; '*rypudd* . . . *rybuddia* . . . a warning; a notice', 'Man' nw wedi cæl *rypudd* i fynd o'r tŷ', 'Dyma'r *rypudd* dwetha' 'wi'n roi iti', *GTN* 700; 'Ma gofyn i'r cyngor roi *rhybudd* yn y papur am 'i gyfarfod blynyddol'.
Cfn.: **rhybudd i (ym)adael**: *notice to quit.* **1881** D. Owen: *D* 205, nad oedd yr un mor agored i gael gostwng ei gyflog neu i gael *rhybudd i ymadael.* **rhybudd o gynigiad**: *notice of motion.* **20g.**

rhybudd[2], gw. **rhybuddiaf: rhybuddio.**

rhybuddiad [bôn y f. *rhybuddiaf*: *rhybuddio*+*-iad*[1]] *eg.* ll. *-au.* Rhybudd, *Cyfr.* rhybudd ffurfiol a roddir i berson a ddrwgdybir neu a gyhuddir o drosedd y bydd ei eiriau yn cael eu nodi ac y gellir eu defnyddio fel tystiolaeth: *warning, admonishment, caution* (*in law*).
1567 *TN* 292a, y mae yma rhac llaw ryw *rybuddiadae* yn gystal rei cyffredinawl a' gohanredawl. **1595** M. Kyffin: *DFf* 201, nid o ran chwant ymrafael, eithr wrth archiad a *rhybyddiad* (*warning*) Duw ei hun. **1604–7** *TW* (*Pen* 228) d.g. *Admonitus.* [**1740**] D. Llwyd: *YDD* 7, y mae St. Paul yn eu Gorchymynnu [Salmau] i Gristnogion, er athrawiaeth a *rhybuddiad* eu gilydd. **1770** *W* d.g. *An admonishing, or admonishment.* **1803** *P* d.g. *Rhybyziad.*

rhybuddiaeth [*rhybudd*[1]+*-iaeth*] *eg.* Rhybudd; hysbysiad: *warning, admonishment; notice* (*of event, &c.*).
1762 T. Williams: *HHO* viii, *Rhybyddiaeth*—Os na fydd y darllenŷdd a bryno'r gwaith ymma, yn meddwl ei fod yn dechreu yn anhwylus; gwybydded gan hynny pan ddechreuwyd ei argraphu, roi pris 6d. y rhifedi cyntaf. **1803** *P, Rhybyziaeth*, s. m. . . . The act of warning, admonition. Diwraiz *rhybuziaeth* (*R* 1260. 12, kebydyaeth) . . . i ddyn.

rhybuddiaf: rhybuddio [bf. o'r e. *rhybudd*[1]] *ba.*
(*a*) Rhoddi rhybudd i, siarsio, rhagrybuddio; hysbysu (ymlaen llaw): *to warn, caution, advise, admonish, forewarn; inform* (*in advance*).
14g. *WM* 416. 22–4, Nyt oed haỽs genthi hitheu warandaỽ ar a glywei heb *rebudyaỽ* gereint ymdanaỽ. **14g.** *THSC* (1919–20) 122, Ae tat eissoes ae *rybudassei* rac y damwein hwnnw. **14g.** *GDG*[3] 309, Ni boddy, neu'th *rybuddiwyd*, / Nid ai ynglŷn, diongl wyd [i'r gwynt]. *c.* **1400** (*SG*) *HMSS* i. 216, a phei *rybudyassei* ef vyui. ual yth *rybudyawd* di mi a phoasswn ar hynt. **1547** *WS, Rybudiaw* Warne. **1567** *TN* 201a, y mae ef yn *rrybyddiaw* pop dyn ym-pop lle y gymeryt-ediveirwch. *id.* 306b, yr ei, a lavuriant yn eich plith, ac a ynt ich llywodraethu yn yr Arglwydd, ac yn eich cygcori [:– *rhybuddio*]. **1595** H. Lewys: *PA* 33, Mal y mae tad naturiol, yn gyntaf yn dyscu i anwyl blentyn, ac yn ail yn i *rybuddio*, ac yn i gynghori. **1632** *D, Rhybuddio*, Monere, admonere, premonere. **1688** S. Hughes: *TSP* 263, oni *rybuddiodd* y Bugeiliaid chwi i ochelyd y Gwenhieithiwr? **1688** *TJ, Rhybuddio*: to warn or admonish. **1716** E. Samuel: *GGG* 200, rwy'n eu *rhybuddio* hefyd i ddyfal gadw Sanctaidd Athrawiaeth Christ megys tryssor or gwerthfawroccaf. **1803** *P* d.g. *Rhybyziaw.* Ar lafar, *WVBD* 469, *GTN* 697.
(*b*) Rhoddi rhybudd o, cyhoeddi: *to give warning or notice of, announce.*
1615 R. Smyth: *GB* 257, cloc . . . i ddangos yr avvriau, ag i *rybyddio* a dyrnod bob avvr a bassiodd. **1723** E. Samuel: *PDdC* ii. 76, [p]ennodi a *rhybuddio*'r Cymmun i fod ar y diwrnod a fynno or Wythnos. Cf. D. E. Jones: *HLlP* 370, Anfonir un neu ddau allan drwy yr ardal ddiwrnod neu ddau cyn yr angladd i'w '*rybuddio*'.
Amr.: **rhybudd**[2]. **1551** W. Salesbury: *KLl* xxxiiib, Hyn wyf vi yn y *rybydd.*

rhybuddiedig [bôn y f. *rhybuddiaf*: *rhybuddio*+*-iedig* (At.)] *a.bfl.* a hefyd gyda grym enwol. Wedi ei rybuddio; wedi ei hysbysebu: *warned; advertised.*
1547 *WS, Rybyddietic* Warned. **1770** *W* d.g. *Advertised.* **1797** B. Evans: *CG* 262, Ond ewch rhagoch, yn hanes y *rhybuddiedig.* **1803** *P* d.g. *Rhybyziedig.*

rhybuddiol [*rhybudd*[1]+*-iol*] *a.* Yn rhybuddio: *warning* (*adj.*), *cautionary, admonishing.*
15g. *LHDd* 53, yna y dylir obleid y brenhin kymell o ỽys *rybudyaỽl* kanon wyr. **1776** *W* d.g. *Monitory.* **1803** *P* d.g. *Rhybyziawl.*

rhybuddiwr [bôn y f. *rhybuddiaf*: *rhybuddio*+*-iwr*] *eg.* (b. *rhybuddwraig*) ll. *rhybuddwyr.* Un sy'n rhybuddio neu'n rhagrybuddio, monitor (hefyd mewn ysgol); hysbyswr, cyhoeddwr: (*fore*)*warner, admonisher, monitor* (*also in school*); *informer.*
1604 R. Holland: *BD* 4, bydh rhaid idho fodyn gynghorwr cyfrinachol ac yn *rybydhiwr* phydhlon. **1604–7** *TW* (*Pen* 228) d.g. *Admonitor, Monitor.* **1661** E. Lewis: *Drex* 110, Mwy o lawer y dylei pob dyn Christianus, a gwir aelod o'r Eglwys Gatholic fod yn *rhybuddiwr* iddo ei hûn. **1677** C. Edwards: *FfDd* 57–8, a'n pennau yn noethion o herwydd nad oes arnom gywilidd, heb *rybuddiwr* i'n cofio o herwydd o'r galon y gweddiwn. **1701** E. Wynne: *RBS* 89, ymgynnefina i dderbyn cerydd . . . gan wybod fod digofaint Gelyn yn well ac yn ddwysach *Rhybuddiwr* i ddangos i ti dy feieu. **1718** E. Samuel: *HDdD* 267, Ac o ran *Rhybuddiwr* (*admonisher*), yr Anghyfiawnder, mi a allaf ddywedyd, y Creulondeb mwyaf a all fod ydyw. [**1724**] G. Wynn: *YGD* 51, Marwolaeth,

Gwendid ac Aflwyddau, y rhai ŷnt *Rybuddwyr* (*harbingers*) Angeu, ac yn parodhau'r ffordd i Farwolaeth. **1794** *W* d.g. *Warner*. Cf. D. E. JONES: *HLlP* 370–1, Flynyddoedd yn ol yr oedd y *rhybuddiwr* [angladd] yn cario cwdyn i ddal blawd, yr un fath a'r gwahoddwr priodasol.

rhybuddnod [*rhybudd*[1] + *nod*[1]] *eg.* ll. *-au.* Arwydd neu farc rhybuddiol, arwydd perygl: *warning sign or mark, danger signal.*
1889.

rhybuddwraig, gw. rhybuddiwr.

rhybur, gw. rhy[1] + pur[1].

rhybwyth [gair geir., sef *rhy*[1] + *pwyth*] *eg.* ll. *-au.* Taliad, cyflog, pris, gwerth, gordaliad, ?llafur: *payment, wage, price, value, overpayment, ?labour.*
1604–7 *TW* (*Pen* 228) d.g. *Operarius, Supererogo.* **1632** *D*, *Rhybwyth*, Idem quod Pwyth, Precium. **1688** *TJ*, *Rhybwŷth*, pwŷth, cyflog, gwerth, (prîs:) wages, reward, the price or value of a thing. **1722** *Llst* 189, *Rhybwyth.* m.p. *bwythau.* A reward; supererogation. **1725** *SR* d.g. *Wages.* **1803** *P.*

rhybychaf, rhybychiaf: rhybychu, rhybychio, gw. rhybuchaf: rhybucho.

rhybydd[1,2], gw. rhebydd, rhybudd[1].

rhybyddiad, rhybyddiaeth, rhybyddiaf: rhybyddio, rhybyddiedig, rhybyddiol, rhybyddiwr, gw. rhybuddiad, rhybuddiaeth, rhybuddiaf: rhybuddio, rhybuddiedig, rhybuddiol, rhybuddiwr.

rhyctir, gw. rhyg + tir.

rhycyfriaf: rhycyfrio, gw. recyfraf: recyfro.

rhych[1] [< **rikk-*, cf. H. Lyd. *rec*, gl. *sulco* (< **rik-*): < IE. **pr̥k-*, o'r gwr. **perk-* 'cloddio neu rwygo allan', cf. Gwydd. C. *etrigib* (drb. ll.), Gwydd. Diw. *eitre*, Llad. Gâl **rica* (> *riga* (7g.) > Ffr. *raie*), Llad. *porca*, H. S. *furh* (> S. Diw. *furrow*] *eg.b.* (bach. *-an*) ll. *-au*, (prin) *-iau.* Pant neu ffos hirgul (a dwfn), ffos, cwys, rhigol, stremp, gwrym ar arwyneb llyfn, e.e. crych ar groen, rhaniad neu hollt (rhwng dwy ffolen, dwy fron, &c.), hefyd yn *ffig.*: *trench, ditch, furrow, groove, streak, wrinkle, cleft or cleavage* (*between buttocks, breasts, &c.*), *also fig.*
13g. *LlI* 86, Sef yu y kytwedauc, y kyuoet kymeynt y dody en y erbyn; a'y prouy nauuet dyd Chueuraur pob bluydyn, ac ar *rych* ac ar wellt. **13g.** *C* 33. 1–4, Kintevin keinhaw amsser . . . Ereidir in *Rich.* ich iguet. **14g.** *WML* 136, vn or genedyl un dylyet ac ef alle ytei Ae yscuboryeu a *rycheu* ytir ar ardwyt. *c.* **1400** *R* 1356. 29, ry gedorwlych *rych* rechvras gneckeu. *c.* **1400** *B* ii. 13, Tir gwlyb. gadel *rycheu* dwfyn y adel y dwfyr y redec ohonaw ymeith. **1547** *WS*, *Rych* A furrowe. *a.* **1561** *B* vi. 48, pan eler y lyfny y tyn yr oged y kwysay hyny y'r *rychiay* oddi ar y tir byw o achos y drycar. **1604–7** *TW* (*Pen* 228), medheciniaeth arueredic y dynnu ymeith *rychæ* a chrychni'r croen d.g. *Tetanothrum.* **1605–10** *RC* xlviii. 60, A *rrych* rrwng ei dwy wenfron. *Dchr.* **17g.** *J* 10, 14a, *Rhychan.* Scrobiculus. **1632** *D*, *Rhŷch*, Sulcus, fossatum. **17g.** HUW MORUS: *EC* ii. 135, Fel beddau gwedi eu gwynu 'n ddrych, / Pob un o'i fewn yn aflan *rych.* **1724** G. OWEN: *L* 104, Yfed y mae y ddaear / Y Gwlith a wlŷch *Rŷch* yr Ar. **1778** J. HUGHES: *BB* 137, Pa beth yw dyled Cristion, / Ond cadw 'r gwir orchmynion, / A rhodio 'n ffyddlon galon, 'r union *rŷch.* **1803** *P*, *Rhyç*, s. m.—pl. t. *au* . . . A trench, a furrow; the trench or furrow between ridges of ploughed land. Ar lafar, '*rhych*, s., pl. *rhycha*' 'water-furrow . . . the depression on each side of a "land" (cefn) in a ploughed field', 'the furrow in which potatoes are laid', 'wrinkle', *WVBD* 469; '*rhych*: y terfyn rhwng dau gefn ar faes', *Cymru* xlvii. [195] (sir Ddinb.); '*rhych* o dato', 'y rhan hynny rhwng dau rwn wrth aredig', *B* iv. 301 (canolbarth Cered.); '*rych* (eb) *richia* (ll)' 'a trench; a furrow . . . wrinkles', "Odd 'i gwinab 'i'n *richia* i gyd', *GTN* 688; '*rycha* . . . wrinkles', *id.* 697. Yng ngorllewin Morg. fe'i clywir yn yr ystyr 'haen neu rimyn yn y glo', *Geir Glo* 57. Digwydd hefyd mewn ymadroddion megis 'methu cael *rhych* na chefn arno', *WVBD* 469. Cf. O. GRIFFITH: *MP* 107, Wn i ddim sut y bydd Tomos Lewis yn cael *rhych* na chefn ar hyd na lled rhai penhillion; D. OWEN: *RL* 370, fedrwn i neyd na *rhych* na gwellt o hono fo.

rhych[2], gw. rhuwch[1].

rhychaf, rhychiaf: rhychu, rhychio [bf. o'r e. *rhych*[1]] *bg.a.* Torri rhych(au), torri yn rhesi neu'n gwysi (bychain), aredig, rhigoli, torri('n) sianelau, siamffro, rabedu, ffurfio'n gyfres o rigolau a gwrymiau, gwneud neu fynd yn grychog neu'n grychlyd, hefyd yn *ffig.*: *to cut a trench or trenches, cut into rows, furrows, or drills, plough, groove, form or cut into grooves or channels, chamfer, rabbet, corrugate, make or become wrinkled or rumpled, also fig.*
1604–7 *TW* (*Pen* 228), *rhychu* d.g. *Rugo, Sinuo, Strio, Sulco. Dchr.* **17g.** *J* 10, 14a, *Rhychu.* to furrow. **1722** *Llst* 189, *Rhychio* as *Rhychu. id. Rhychu* . . . To chamfer a pillar, furrow, plow, rumple. **1771** *W*, *rhychio* d.g. *To channel, To screw* [*rifle*] *the barrel of a gun.* **1803** *P*, *Rhyçu* . . . To trench; to furrow. Ar lafar, '*rhychu*' 'to wrinkle', *WVBD* 470; '*rhychu* . . . llnau y rhych hefo'r arad wedi 'redig', *ib.*, ac fel bygythiad, 'Mi dy *rycha*' i di', *ib.* Clywir y ff. *rhychio* yn yr ystyr 'to open drills, rows' yng nghanolbarth Cered., ac yn ne-ddwyrain Morg. clywir *rychio* yn yr ystyr 'crychu', 'Paid o *rychio* dy dalcan fel'na', 'Ma fa wedi mynd yn 'en 'i olwg a'i winab wedi *rychio*'n afnadw', *GTN* 697.

rhychan, gw. rhych[1].

rhychdir [*rhych*[1] + *tir*] *eg.* ll. *-oedd.* Tir âr, tir wedi ei droi: *arable land, ploughed land.*
c. **1400** [*RB*] *WM* 201. 27–35, Sef y ka6ssant yn eu kyghor gossot kanwr ympop tri chym6t ympowys oe geissa6. A chystal y g6neynt *rychtir* powys . . . ar tri chym6t goreu oed ympowys. ar ny vydei da ida6 ar teulu ympowys. ar ny bei da ida6 yny *rychtir* h6nn6. **1632** *D*, **Rhychdir*, Terra arabilis. **1688** *TJ*, *Rhychdir*, Tir a ellir ei Aredig: Arable-ground. **1707** *AB* 238c, *Rychtir* . . . Plow'd Land. **1803** *P.* Am yr e. lle *Kyuen Rychtir Mein, Bren Saes* 162, gw. *BT* (1952) 180.

rhychddryll [*rhych*[1] + *dryll*] *eg.* ll. *-(i)au.* Reiffl: *rifle.*
[**1783**] *W* d.g. *Rifle-gun.*

rhychedig, rhychiedig [bôn y f. *rhychaf, rhychiaf*: *rhychu, rhychio* + *-(i)edig*] *a.bfl.* Rhychog, crychog; rhigolog, siamffrog: *furrowed, wrinkled; striate(d), chamfered.*
1803 *P* d.g. *Rhyçiedig.*

rhychiad [bôn y f. *rhychaf, rhychiaf*: *rhychu, rhychio* + *-iad*[1]] *eg.* ll. *-au.* Crych(iad), rhych; y weithred o dorri rhych neu ffos, siamffrad: *crease, wrinkle; a furrowing, trenching, chamfering.*
1725 *SR* d.g. *A Rumple.* **1803** *P.*

rhychiaf: rhychio, gw. rhychaf: rhychu.

rhychian, rhychiedig, rhychiog, gw. rhochiaf: rhochian, rhychedig, rhychog.

rhychlyd [*rhych*[1] + *-lyd*] *a.* Rhychog, crebachlyd; wedi ei dorri'n rhychau neu'n gwysi: *wrinkled, shrivelled; cut into furrows or trenches.*
1907.

rhychog, rhychiog [*rhych*[1] + *-(i)og*] *a.* Ac arno rychau, gwrymiau, neu grychau bychain, crychog, crebachlyd; wedi ei dorri'n rhychau neu'n gwysi, rhigolog, siamffrog, ac arno rigolau bas (am golofn, &c.), gwrymiog: *furrowed, wrinkled, shrivelled; cut into furrows or trenches, grooved, striate(d), chamfered, fluted, corrugated.*
16g. *LlS* 160, Y Ddau Banogyn ynt velwoc [*sic*] ac yn gorwedd gan y ddayar a dail crynion ac yn llai o lawer, ac yn *rhychoc* ac yn ei [*sic*] perfedd y tyf conyn. **1604–7** *TW* (*Pen* 228), *rhychoc* d.g. *Tortilis.* **1632** *D*, *rhychog* d.g. *Rugatus, Rugosus, Striatus.* **1722** *Llst* 189, *Rhychog.* Chamfered, furrowed, full of plaights, shrivelled. **1724** S. WILLIAMS: *ADA* 144, Dôs at yr wynebau culion *rhychiog.* **1725** *SR*, *rhychog* d.g. *Diaper, Shrivell'd.* **1798** *WR*, *rhychawg* d.g. *Rugase.* **1803** *P.* Ar lafar, "Odd 'i gwinab 'i wedi sychu a mynd yn *richiog* iawn', *GTN* 683; 'Ma 'i gwinab 'i wedi mynd yn fwy *rychog* nag ariod' (dwyrain Morg.); "On i'n gweld 'i wyneb e wedi mynd yn *rhychiog* iawn ar ôl y salwch dwetha' 'na' (gogledd Cered.).

rhychol [*rhych*[1] + *-ol*] *a.* Y gellir ei aredig, âr: *arable.*
c. **1401** *AL* ii. 450, mil o er6yd o dir *rycha6l* . . . a mil o er6yd o 6ylltir achoetir. **1803** *P* d.g. *Rhyçawl.*

rhychon, *e?g.* ll. *-au.* Sitron, llebafal: *citron* (*fruit*).
1850.

rhychor [*rhych*[1] + *-awr*[3], *-or*; am drafodaeth ar safle a swyddogaeth y *rhychor* yn y wedd, gw. F. PAYNE: *AG* 156–7] *eg.* ll. *-ion*, (prin) *-s.* Ych neu geffyl sy'n cerdded y rhych wrth aredig (sef y gorau o'r pâr dan yr iau, gthg. *gwelltor*), yn aml yn *ffig.* pencampwr, arweinydd, meistr: *ox or horse which walks the furrow in ploughing* (*i.e. the better of the pair in a yoke*), *often fig. champion, leader, master.*
15g. *GHC* 38, A'i frawd yn ddihyfrydol, / Yntau â'r iau ar ei ôl, / Heb gymar fal Afarwy, / Heb *rychor* ym Maelor mwy. ?**15g.** *IGE*[2] 109, Mae fo'n gawr y *rhychawr* hir, / Mae'r gŵr o rym mawr gerir. **15g.** *DE* 84, Rwyfwyr kad rhyfawr i kwys / *rhychorion* rhyw a chaerrwys. **15–16g.** *GLM* 161, Bu'n dal iau bôn hyd olew; / bu *rychor* llwyd, breichiau'r llew. *a.* **1587** *Y* 196, Os ewch i, a sech awen, / Yn broctor i'r *rhychor* hên, / Da synwyr, od oes ynoch / Dyryswraig iaith dros Rys Goch. **16–17g.** *GST* i. 324, Dewr oeddech, da arweddiad, / A drych i'r cwrt, *rhychor* cad. **16–17g.** E. PRYS: *Gw* 238, Dan uniau, nid yn unair, / *Rhychor* a gwelltor a gair. **1632** *D*, *Rhychor*, Paris boum fortior qui in sulco trahit. **17g.** HUW MORUS: *EC* i. 5, Aer o Dudur, aur didau, / Trefor, oedd *rychor* yr iau. **1688** *TJ*, *Rhychor*: the Right hand Ox that draweth. **1754** G. OWEN: *L* 128, Tybio 'rwyf mai prifio'n rhy dôst o *rychor* iddo a wnaethwn yn ei arfau ei hun, sef dychanu a galw enwau drwg ar gân. **1789** TWM O'R NANT: *TChB* 25, Nineu, Sydd an Honor's / Yn *rhychors* i bob rhai, / A'r plwyfolion yn trafaelio, / I'n tend o [*sic*] ni yn ein tai. **1803** *P* d.g. *Rhyçawr.* Cf. D. OWEN: *GT* 58, gofalai yr hen *rychor* am roi peint o gwrw i Darbi.
Cfn.: **rhychor bôn**: *the stronger of the hindmost pair of oxen, often fig.* **16g.** (*Dchr.* **17g.**) *B* xviii. 33. **16g.** *WLl* 3. **1576** *GST* i. 93, Aeth yn wan, weithian, y wedd, / A dirymio mae'r dromwedd, / Am adael y pum eidion / A chau'r bedd ar *rychor bôn* [marwnad Wiliam Mostyn]. **18g.** (**1818**) R. JONES: *GP* 46.
Gw. hefyd **rhychwr.**

rhychsach, gw. rwcsac.

rhychwannaf: rhychwannu, rhychwannwr, gw. rhychwantaf: rhychwantu, rhychwantwr.

rhychwant [*rhy*[1] + *chwant*; dichon mai gair arall gwahanol ei drdd. a welir yn adran (*a*)] *eb.g.* ll. *-au.*
(*a*) Uned hyd (tua naw modfedd) seiliedig ar y pellter rhwng blaen y fawd a blaen y bys bach wedi eu hymestyn (hefyd weithiau rhwng blaen y fawd a blaen un o'r bysedd eraill), (?geir.) cledr llaw, gafael; pellter rhwng dau bwynt, cyfwng, cyfnod (byr), holl ystod neu faint, amrediad; hefyd yn *ffig.*: *span* (*measure*), (*?dict.*) *palm* (*of hand*), *grasp*; *span* (*of distance or time*), *extent, range*; *also fig.*
13g. *C* 2. 9–3. 2, Rys undant oet *Rychvant* y tarian. hid attad y daeth rad kyulau[a]n. **13g.** *LTWL* 239, lx panes;—in latitudine cuiuslibet due palme erunt, id est, due *rechwant*, a summitate pollicis usque ad summitatem medii digiti manus. **1346** *LlA* 92–3, Adyrnued amyl yr g6r m6yhaf yny let. a*rych6ant* ehalaeth yny hyt or eneidr6yd y gilyd. *c.* **1400** (*SG*) *HMSS* i. 229, gwalchmei yna ae kyrchawd ynteu. ac . . . ae trewis yny dylla y daryan . . . yny vyd y gwaew dwy *rychwant* trwydaw. **15g.** *FfBO* 49, Hyt y pigmei oed teir *rychwant* ymi. **15–16g.** *TA* 496, Meinder dy wasg mewn y tant, / Chwi, ymdroech i'm dau *rychwant.* **1547** *WS*, *Rychwant* A spanne. **1588** *Ecclus* xviii. 2, Yr Arglwydd . . . yr hwn â *rhychwant* ei law sydd yn gwneuthur y byd yn gyfanneddol. **1618** J. SALISBURY: *EH* 245, plentyn heb nemor o ddyddiæ o oedran . . . ni bydde fawr fwy na *rhychwant* neu droedfedd o hyd. **1632** *D*, *Rhychwant*, Spithama, lichas, palmus. **1658** R. VAUGHAN: *PS* 111, y mae yn ddyledus arnaf wasanaeth yr holl fywyd hwnnw i ti; ac heb gennyf yr awrhon ond *rhychwant* o amser. **1661** E. LEWIS: *Drex* 112, nid yw ein heinioes ni hwy na hynny, yn ol mesur Dafydd ond *rhychwant* yr hyn sydd fyriawn [*sic*]. **1696** *CDD* 183, Fellŷ einioes dŷn sŷ'n passio, / Megis breuddwŷd wrth ddihuno, / . . . / Neu fel noswaith ferr, neu *rychwant* [:– Yspon]. *c.* **1720** *CIF* [102], *Rhychwant*, 9 modfedd. **1722** *Llst* 189, *Rhychwant.* m.p. *wantau.* A span; the palm of the hand; a grasp. **1803** *P.* **1808** TWM O'R NANT: *BB* 63–4, Yn achwyn i'r Iesu, wel'd rhyw un o'r neilldu, / Yn bwrw allan gythreuliaid, yn ei enw fe 'n honnaid, / Ac am nad oedd yn dilyn, gyda hwy yn

gyffredin, / Hwynt hwy waharddasant, iddo gym'ryd fath *rychwant*.

(*b*) ?Trachwant, chwant; (?geir.) anogaeth: ?*covetousness, desire*; (?*dict.*) *encouragement*.

14g. *T* 74. 14–15, Duɓ merchyr medant ryodres *rychwant*. **1707** *AB* 220a, *Rhy*[*ch*]*want*, Encouragement. [John] D[avies]. **1733** W. WILLIAMS: *TC* 94, Yn siccr llawer o'r dynion hyn sy'n gwybod ac yn barod i gyfaddef eu bod yn ymegnio yn erbyn tystiolaeth ac argyoeddiad Crefydd . . . o herwydd eu bod yn ildio i'w nwyfau afreolus a'i *rhychwant*.

Amr.: **rhywant. 14g.** *LlB* 54, raff o dwy *rywant*. *id.* 69, [c]erwyneit o gwrwf o naw *rywant* ar wyr.

rhychwantaf: rhychwantu [bf. o'r e. *rhychwant*] *ba.* (Ym)estyn ar draws, dros, neu o gwmpas; (geir.) mesur â rhychwant; (geir.) gafael: *to span*; (*dict.*) *measure with a span*; (*dict.*) *grasp*.

1620 *Eseia* xlviii. 13, Fy llaw i hefyd a seiliodd y ddaiar, a'm deheulaw i a *rychwantodd* y nefoedd. **1653** *MLl* i. 170, Nid yw'r holl ddayar ond stôl draed iddo. Mae efe yn *rhychwantu* y ffurfafen, ac yn dal y môr mawr ar gledr ei law, ac yn pwyso y mynyddoedd mewn cloriannau. **1722** *Llst* 189, *Rhychwantu*. To span: to grasp. *c.* **1730** *Thos. Lloyd D* (LlGC) 204b, *Rhychwantu*. To span. Palmo metior. **1803** *P*.

Amr.: **rhychwannu. [1783]** *W* d.g. *Span, To* [*measure by the*] *span*.

rhychwantwr, rhychwannwr [bôn y f. *rhychwantaf*: *rhychwantu* ?a *rhychwant*+ *-wr*] *eg.* Person neu beth sy'n rhychwantu; ?person trachwantus: *person who, or thing which, spans*; ?*covetous person*.

16–17g. *PCWG* 121, er mwyn attal chwant y bol yr hwn yn fynech a lvscant hwy atynt y *rhychwanwr*.

rhychwn [*rhych*[1]+*gwn*[1]] *eg.* ll. *rhychynnau*. Reiffl: *rifle*.

1850.

rhychwr [*rhych*[1]+*-wr*; cf. *rhychor*] *eg.* (b. *-wraig*) ll. *-wyr*. Rhychor, yn aml yn *ffig.* pencampwr, arweinydd, meistr: *ox or horse which walks the furrow in ploughing* (*i.e. the better of the pair in a yoke*), *often fig. champion, leader, master*.

15g. *ID* 43, day uchen u ssiamerlen sant / uw day *rychwr* ydrychant / . . . / yntwy r ym yn tynyr wedd / tynny may yntau y wynedd. **15g.** *HCLl* 123, Rhoddais fy mryd ar geisiaw, / Rhowch drymiog llorpiog i'm llaw; / A rhowch i'r cleirch, *rhychwr* clod, / Addanc hwyr i ddwyn corod. Ar lafar ym Môn am geffyl neu gaseg sy'n cerdded y rhych wrth aredig, *LlLlM* 101; 'Y mae'r gaseg yma yn *rhychrag* dda', *Môn* (1954) 10; hefyd yn Arfon, '*rhychwr* o weithiwr' 'a good workman', 'used also of a masterful man: Mae hwn yn hen *rychwr*', *WVBD* 469–70.

rhychwyllt [?*rhy*[1]+*gwyllt*; anodd esbonio'r *-ch-*] *a.* Byrbwyll, ffyrnig, chwyrn: *impetuous, ferocious, violent*.

1664 *LlGG* sig. f1r, safant etto yn gadarn ac yn ddiyscog, er anturiau ofer, a rhuthrau *rhychwyllt* a wnaed i'w herbyn gan rai anwastad. **1722** *Llst* 189, *Rhychwyllt*. Impetuous, violent. **1725** *SR*, *Rhychwyllt* d.g. *An assault in battle*.

rhychwyrn, gw. **rhy**[1]**+chwyrn.**

rhychynnwr [*rhychwn*+*-wr*] *eg.* ll. *rhychynwyr*. Gŵr reiffl, reifflwr: *rifleman*.

1850.

rhyd[1] [H. Grn. *rid*, gl. *vadum*, H. Lyd. *rit*, gl. *uadum*, yr e. lle Brth. (*Cambo*)*ritum*, yr e. lle Gwydd. C. (*Humar*)*rith*, yr e. lleoedd Gal. *Ritu*(*magus*), (*Augusto*)*ritum*: < IE. **pr̥-tu-* 'tramwyfa', o'r gwr. **per-* 'arwain, mynd drosodd', cf. Llad. *portus* 'drws tŷ; porthladd', H. S. a S. Diw. *ford*; ansicr yw nifer o'r enghrau. yn adran (*b*), a dichon nad yr un gair a welir ym mhob un ohonynt (?cf. *anrhydedd*)] *eb.g.* ll. *-(i)au*, *-oedd*, ?*-on*.

(*a*) Lle bas mewn afon, &c., y gellir ei groesi ar droed, ar gefn ceffyl, &c., hefyd yn *ffig.*; culfor: *ford, also fig*; *strait*.

9g. (*LlSC*) *LL* xlvii, di *rit* cellfin. **12g.** *LL* 174, bet *rit* yronnenn. **12g.** *GMB* 198, Gorwylyeis nosseu yn achadw fin / Gorloes *rydyeu* dyfyr Dygen Ureitin. **13g.** *C* 68. 11, Piev y bet in y *ridev*. **13g.** *A* 7. 13, a chyn edewit en *rydon* gan wlith eryr tith tiryon. **14g.** *WM* 7. 20–3, y deu urenhin a nessayssant ygyt am perued y *ryt* e ymgyuaruot. *id.* 88. 9–10, Ac ual ygyt ac y doethant hyt y uelen *ryd*. **15g.** *GLGC* 101, ac yn *rhydoedd*, gwin a rhadau. *id.* 123, nid rhaid *rhyd* o'r byd ar y dŵr bas. *id.* 381, yr hwn a wyliodd y *rhyd* / yn fywiog yn ei fywyd. **15–16g.** *TA* 133, Rhuad a fydd o'r *rhyd* fas, / Nid o'r dwfn, na dŵr difas! **1547** *WS*, *Ryd* A fourde. **1632** *D*, *Rhŷd* . . . Vadum. **1728** T. BADDY: *DDG* 91, megis y credau [*sic*] e' fyned rhai o Greenland i'r Gorllewin India, trwy *Rŷd* Annian (*Streight of Annian*). **1743** D. ROWLAND: *T* 34, y mae 'r Natur lygredig yn dueddol i redeg i'r hên *Rydiau*. **1803** *P*, *Rhŷd*, s. m.—pl. t. *au* . . . a passage; a ford. Ar lafar, '*rhyd*, s., pl. *rhyda*' 'ford', *WVBD* 468; '*ryd* (eb) *ryda* (ll)' 'a ford', ''Wn i ddim os ôs *ryd* yn Afon Tæf yn unman erbyn 'yn, ond 'odd amryw o *ryda* un amsar', *GTN* 688. Digwydd yn gyff. fel elf. mewn e. lleoedd, e.e. *Rhyd-ddu*, *Rhydcymerau*, gw. *Études* x. 210–37, ac y mae *Rhyd* yn bentref ym mhlwyf Llanfrothen, Meir.

(*b*) Cyfle, lwc (dda); ?braint: *opportunity*, (*good*) *fortune*; ?*privilege*.

13g. *GDB* 118, *Ryt* alaf digraɓn, alon digrein. **13g.** *Llst* 1, 99b, Ac en elle ed aeth breynt em plyth toryf or reydvssyon. en e parth ed oed e dewyn en ev ryoly. A hep vn gohyr pan kavas ef *ryt* ar y kyflavan. ef a dyrchevys y wrdvn ac a want e dewyn a dan y vron. **14g.** *T* 43. 22, oed meu y*rydeu* adewissɓn. **14g.** *Bren Saes* 62, A chael *ryt* ohonaw (amr. ef a gavas gyfle) boregweith y dyuot y'r ystauell lle yr oed Gotwin yn neffro. **1595** H. LEWYS: *PA* 77, ac n hyfach eilchwel, i fyned irr mor, yn gymeint ac iddaw ddiainc vnwaith, a chael *rhyde* (*fortune*) teg ymlaenllaw.

rhyd[2]**,** gw. **rhy**[2]**.**

'rhyd, gw. **hyd—ar hyd.**

rhydadwy, gw. **rhydiadwy.**

rhydaer, gw. **rhy**[1]**+taer.**

rhydaf: rhydu [bf. o'r e. *rhwd*[1]] *bg.a.* (Peri) cael ei orchuddio gan haenen o rwd, ocsideiddio, cyrydu; difwyno; hefyd yn *ffig.*: *to rust, oxidize, corrode*; *dirty*; *also fig.*

14g. *GDG*[3] 88, Rhyw dudded bys, rhoed iddaw / Rhod lân rhag *rhydu* ei law. **14g.** *GIG* 53, Diofal gan fy nghalon / Rhag *rhydu* na henu hon [i ddiolch am gyllell]. *Dchr.* **15g.** *IGE*[2] 289, A'i gorsed yn ddaered ddu, / A'i rhidens wedi *rhydu* (Siôn Cent). ?**15g.** *B* i. 303–4, Gwyar Eingl a gwŷr Englont / Yn ffrydiau am bennau'r bont; / *Rhydu* o bob tu y bydd / Ar hyd Tems, fal rhwd tomydd. *Diw.* **15g.** *Pen* 67, 85, Ar dy gledd nis *rryda* glaw / e va r oddaith vawr y ddaw [*sic*] (Hywel Dafi). **1552** *Pen* 403, 61, yr wyneb a heneiddia / ar anadl a ddrewa / ar dannedd a *rydant*. **1567** *TN* 349b, Ych aur ach arian a *rydodd*. *c.* **1585** G. ROBERT: *DC* [2a], Beth a wna cledhe yn y wain yn wastod, ond *rhydu*? **1630** *YDd* 354, [ei]n rhinweddau cristianogawl: yr [*sic*] rhai heb eu brofi [*sic*] a'i hedrych, a *rydai* megis hauarn allan o waith. **1632** *D*, *Rhydu* d.g. *Rubiginor*. **1725** D. LEWIS: *GB* 5, Ai bod wedi eu wneuthur [*sic*] o Brês, fel na *rydent*. **1789** *BDG* 513, Hir oedio 'm serch a'm *rhydawdd*, / A byw o hyd ni bu hawdd. **1803** *P*. Ar lafar, *WVBD* 469; ''Dyw a ddim yn glæ 'i dwls cyn doti nw 'ipo a'r canlyniad yw bo' nw wedi *rytu* erbyn bo' fa'n 'u 'elcyd nw 'to', *GTN* 700.

rhydain, *eg.b.* Carw (ifanc), elain, hefyd yn *ffig.*: (*young*) *deer, fawn, also fig*.

14g. *GDG*[3] 160, *Rhydain* iwrch, rhedai yn Iâl. *id.* 393, *Rhydain* hen, y rhed yn hwyr. *c.* **1400** *R* 1329. 10–11, brɓysc rɓysc *rydein* brynn kein kaɓ. *Dchr.* **15g.** *IGE*[2] 168, Rhaid fydd i'r hydd ar y rhiw, / Rhuddfrych oedrannol rheiddfriw, / Aros y *rhydain* arab / Ato, mawr fydd cyffro mab (Llywelyn ab y Moel). **15g.** *GGl*[2] 148, Rewart gan Edwart gnawdwyn / Yw rhuddo gwar yr hydd gwyn. / Rhoi dan glust y *rhydain* glân / Rhos aur lle bu rhos arian. **15g.** *GOLlM* 30, Neitia rhod natur *rhydain*, / natur mellt yn neitio'r main. **15–16g.** *TA* 24, A gyrru maenol o geirw mynydd, / Elain a *rhydain*, eilon rhodwydd. *a.* **1587** *Y* 8, I dlodion da weledlad, / Y *rhydain* rhûdd, rhoi da'n rhad. **1632** *D*, *Rhydain*, Hinnulus. **1722** *Llst* 189, *Rhydain*. m. An hind-calf. **[1756]** *Gron* 85, Diau na ladd *rhydain* lew, / Adwyth i dylwyth dilew. **18g.** I. BRYDYDD HIR: *Gw* 48, At Wynn i'r Dyffryn ar daith —y rhedaf, / Fal *rhydain* dros ddiffaith. **1803** *P*, *Rhydain*, s. f. . . . the young of deer, a fawn.

Gw. hefyd **rhedaint.**

rhydar, *e.ll.* Cerrig mân neu dywod sy'n glynu wrth gnu defaid: *small stones or sand adhering to the fleece of sheep*.

Ar lafar yng ngogledd Cered.

rhydau[1,2,3]**, rhydeddig,** gw. **rhwd**[1,2]**, rhyd**[1]**, rhydderig.**

rhydeg[1] [*rhy*[1]+*teg*] *a.* Teg neu brydferth iawn; canmoliaethus, gwenieithus: *very fair or beautiful*; *complimentary, flattering*.

14g. *GDG*[3] 25, Lle y trig y bendefigaeth, / . . . / Yn ysgarlad rhad *rhydeg* [i ddiolch am fenig]. **15g.** (*Diw.* **16g.**) *Gwyn* 3, 193, Rhoit y gwîn *rhydeg* ener / Rhobin wyt ddihareb ner (Cynfrig ap Dafydd Goch). **16g.** *LlCy* x. 95, Dull gair *rhydeg*, llei credyn', / Yw dull a ddaw'n dwyll i ddyn (Huw Arwystl). **1595** *Egl Ph* 62, Na chredwch i 'air *rhydeg*: / Antur o dwylh ond trwy deg. **1609** *CC* 389, A Mi n rhodio man *rhydeg* (Edward Brwynllys). **[1783]** *W* d.g. *Smock-faced*. **1803** *P*.

rhydeg[2]**, rhydegain, rhydegog, rhyderig,** gw. **rhedaf: rhedeg, rhedegfain, rhedegog, rhydderig.**

rhydew, gw. **rhy**[1]**+tew.**

rhydiadwy, rhydadwy [bôn y f. *rhydiaf*[1]: *rhydio*+*-(i)adwy*] *a.* Y gellir ei rydio: *fordable*.

1815.

rhydiaf[1]**: rhydio** [bf. o'r e. *rhyd*[1]] *bg.a.* Mynd drwy ryd, croesi (afon, &c.) ar droed, ar gefn ceffyl, &c., beisio, cerdded drwy (afon, &c.), hefyd yn *ffig.*: *to ford, wade, also fig*.

1592 S. D. RHYS: *Inst* 111, Trwy abhon bhawr y *rhydiawdh*. **1617** *Minsheu* 519b d.g. *to Wade, also to wade ouer*. **1632** *D* d.g. *Transuado, Vado*. **1740** T. EVANS: *DPO* 69, Gwr jevangc grasol o gylch 25 Oed, yn bryssio adref i ymweled a'i Briod newyddweddawg, ac efe yn *rhydio* Afon yn ei gerbyd. **1752** J. THOMAS: *FG* 137, fel Afon grêf wedi ei rhannu i amryw Nentydd, sydd yn rhedeg gyd â llai o Nerth o lawer, ac a *rydier* lawer yn hawsach. **1760** E. WILLIAMS: *UYB* 111, y geuffos ffieiddfront honno o Bechod gwreiddiol, ym mha un y mae dynion anianol yn ymnofio . . . ond y credinwyr yn *rhydio* trwyddi. **1794** *W* d.g. *To wade*. **1796** T. JONES: *CCA* 57, Pe byddai lliaws . . . i *rydio* trwy ryw afon led-fas. **1803** *P*, *Rhydiaw* . . . to ford. Hawz *rhydiaw* frwd pisodyn. It is easy to ford the stream of a piddle. Adage.

rhydiaf[2]**: rhydio, rhydid,** gw. **rhidiaf: rhidio, rhyddid.**

rhydiog, rhydog[1] [*rhyd*[1]+*-(i)og*] *a.* Rhydiadwy; (geir.) llawn rhydiau, ac iddo ryd: *fordable*; (*dict.*) *full of fords, having a ford*.

Dchr. **17g.** *J* 10, 14a, *Rhydog*. Vadosus. **1773** *W*, *Rhydiog* d.g. *Ford, Full of fords*. **1803** *P*, *Rhydiawg* . . . having a ford.

rhydiol [*rhyd*[1]+*-iol*] *a.* Rhydiadwy: *fordable*.

1773 *W* d.g. *Fordable*.

rhydis, gw. **rhidys.**

rhydiwr, rhydwr, rhydydd [bôn y f. *rhydiaf*[1]: *rhydio*+*-(i)wr*, *-ydd*[3]] *eg.* ll. *rhydwyr, rhydyddion*. Un sy'n rhydio, hefyd am unrhyw un o nifer o adar hirgoes, yn enw. o urdd y *Charadriiformes*, sy'n byw wrth y dŵr ac yn bwyta pysgod: *wader* (*also in ornith.*).

1832.

rhydlawd, gw. **rhy**[1]**+tlawd.**

rhydle [*rhyd*[1]+*lle*[1]] *eb.g.* ll. *-oedd*. Rhyd, beisle, hefyd yn *ffig.*; sianel; cyfle, achlysur; temtasiwn; anffawd: *ford, shallow, also fig.*; *channel*; *opportunity, occasion*; *temptation*; *misfortune*.

1604–7 *TW* (*Pen* 228) d.g. *Vadum*. *Dchr.* **17g.** *J* 10, 14a, *Rhydle*. oportunitie. vadum. **1632** *D*, *rhydleoedd* d.g. *Brevia*. **1633** *Addysg i Farw* 206, yn bod ni yn nofio ar hyd yr un *rhydle* o farfolaeth na ryfedded neb fod yn angenrhaid iddo gael addysg a gwybodaeth at y siwrne hon. **1707** *AB* 220a, *Rhydle*, Misfortune. [John] D[avies]. **1712** T. WILLIAMS: *CDdG* 344, y moddion goreu i gadw ein diniweidrwydd ydyw diengc bellaf ac a allwn oddiwrth *ryd-leoedd* (*Occasions*) a bachellion drwg. *id.* 405, drwy nerth rhyw *rydle* ddrwg (*Temptation*). **1720** *W Ballads* 62, 8, Attolwg gwnewch gymmod yn barod heb os; / Er siampal i chwithe, rhag mynd ir fâth *rydle*. **1775** *PHBA* 7, ar llann [*sic*] y Jorddonen, wrth y *rhydle* gyffredin. **1803** *P*, *Rhydle*, s. m. . . . A passage place, a fording place; opportunity.

rhydliw [*rhwd*[1]+*lliw*[1]] *e?g.* a hefyd fel *a.* (Lliw) rhytgoch: *russet*.

a. **1587** *Y* 182, Er adlithr deifr ar *rydliw*, / Y dŵr ai'n llwyd o'r vn lliw.

rhydlyd, rhwdlyd [*rhwd*[1]+*-lyd*] *a.* Wedi

rhydu, yn dwyn effaith rhwd, wedi cyrydu; diffygiol yn sgil ei esgeuluso neu beidio â'i ymarfer (am fedr, gallu, &c.); hen ffasiwn, hynaflyd; pwdr, aflan, budr, brwnt; o liw rhwd, rhytgoch: *rusty, rusted, corroded; rusty (of skill, ability, &c.); old-fashioned, antiquated; rotten, foul, dirty; rusty (in colour), russet.*

14g. *WM* 177. 8, Ac arueu *rytlyt* maör ymdanaö. **14g.** *GIG* 166, Barf *rydlyd*, berw afradlawn. **14–15g.** (*Diw.* **16g.**) *Gwyn* 3, 168, rhefrau seimiau ys ymddaith / *rhydlyd* wedd rhy odlawd waith [dychan i'r llwynog gan Rys Goch Eryri]. **15–16g.** *GIF* 77, Rho wad, nid un rhyw ydoedd; / rho dy law di, *rhydlyd* oedd. *Diw.* **16g.** *WLB* 31, Kymer bedol *rydlyd* yn y tân. **1588** *Diar* xxv. 26, ffynnon wedi ei chymmyscu â gofer *rhydlyd.* **1632** *D, Rhydlyd* d.g. *Rubiginosus.* **1632** J. Davies: *LlR* 300, Hyn y mae Duw yn ei ddangos trwy 'r Prophwyd Ezechiel, gan ddywedyd am enaid *rhydlyd*; Dod ef ar ei farwor yn wâg, fel y twymno. **1681** S. Hughes: *AC* 34, rhyw hairnach *rhwdlyd.* **1700** *TDP* 111, Ysbryd casineb, drwy *rydlud* [*sic*] gyndynrhwydd calon (*through canker'd frowardness of heart*), yn gweithio yn gyttun gyda Satan. **18g.** *W Ballads* 3, 6, A roes Duw or nef arnyn, / I foddio y gelyn gerwin gerth, / Yr Jesu yn fwyn ar funud, / An tynne oi Magle Myglyd, / Uffern danllyd *rydlyd* rith. **1764** W. Williams: *Th* 13, aur neu arian *rhwdlyd.* **1771** *PDPh* [53], a hwythau [dannedd] yn edrych yn felynion ac yn *rhwdlyd.* [**1783**] *W, Rhydlyd* d.g. *Rusty [having contracted, or that is covered with, rust . . .].* **1803** *P* d.g. *Rhydlyd.* Ar lafar, *WVBD* 469; ''en gillath fach *rytlyd*', *GTN* 700.

rhydni [*rhwd*[1] + *-ni*] *eg.* Rhwd; yr ansawdd neu'r cyflwr o fod yn rhydlyd; rhwd (ar blanhigion), cancr; hefyd yn *ffig.*: *rust; rustiness; rust (in plants), canker; also fig.*

1547 *WS*, Rwd ne *rydni* Rust. **1604–7** *TW* (*Pen* 228) d.g. *Rubigo.* **1722** *Llst* 189, *Rhydni.* m. Rust, canker. **1770** *W* d.g. *Blast in corn, or trees, Rust, Rustiness.* **1803** *P.*

rhydog[1], gw. **rhydiog.**

rhydog[2] [*rhwd*[1] + *-og*] *a.* Rhydlyd; o liw rhwd, rhytgoch: *rusty; rusty (in colour), russet.*

[**1783**] *W* d.g. *Rusty [having contracted, or that is covered with, rust . . .].* **18–19g.** *CRIM* 17, At hyn o feirdd enwog, trwy'r dolydd tra deiliog, / Mae'r 'hedyn bach *rhydog*, wiw geiliog â'i gân. *id.* 134, Y robin *rhydog*, siriol, serchog. **18–19g.** *Llr* C 33, 268, Rhobin *Rhydog*, Russeting.

Gw. hefyd **rhwdog.**

rhydol[1] [?*rhyd(ain)* + *-ol*] *e?g.* Carw ifanc, elain, ewig: *young deer, fawn, doe.*

18–19g. *CRIM* 131, Lle bo Gwen yr wy'n wastadol / Ati'n rhedeg fal y *rhydol.* **18–19g.** *IAW* (LlGC) 101, 49, Doe. Fawn. Danas. *Rhydol.* **1803** *P, Rhydawl* . . . also an epithet for a fawn.

rhydol[2], **rhydolaf: rhydoli,** gw. **rhodl, rhodlaf: rhodli.**

rhydost, rhydrais, gw. **rhy**[1] + **tost**[2], **trais.**

rhydraul [*rhy*[1] + *traul*] *eg.b.* a hefyd fel *a.* Traul fawr; afradlonrwydd, gwariant afradlon, moethusrwydd, gormodedd; afradlonwr; costus, drudfawr; afradlon, gwastraffus, diffaith; (geir.) treuliedig iawn: *great cost; prodigality, extravagance, luxury, excess; prodigal person; costly, expensive; prodigal, lavish, dissolute;* (*dict.*) *very worn.*

14–15g. *IGE*[2] 321, Gweles, bu rodres *rydraul*, / Beuno, hydr hwyl belydr haul, / Byrth ne'n ddisglair, lle cair ced, / A'r gaer oll yn agored (Rhys Goch Eryri). **16g.** Huw Cornwy, &c.: *Gw* 18, Gweiddi yn ei ôl gwyddon ni / gwedi *rhydraul* gwaed Rhodri. / Croyw yw eu gwaedd, cry' a gwan; / cwynant ŵyr Gruffudd ap Cynan. *Diw.* **16g.** *RWM* i. 98, gwyr *rrydrayl* a gar rrodres. **1604–7** *TW* (*Pen* 228) d.g. *prodigus, profusio.* **1632** *D* d.g. *Effusio, Luxuria.* **1661** E. Lewis: *Drex* 58, Claudius yr Ymmerawdr a warriodd ynghylch un dwfrle, saith myrddiwn a hanner o aur . . . Yr oedd yr rhain [*sic*] yn ddiammeu yn weithiau mawr, eithr yr oedd y rhai oedd yn dwyn y draul mewn rhan yn haeddu eu Hargyoeddi am eu *rhydraul* (*profuseness*) difesur. **1685** G. Griffith: *GA* 96, A dysced y *rhydraul* ynteu, wrth ddammeg yr Afradlon. **1701** E. Wynne: *RBS* 196, yna gwrthod tammeid blasus, cospi dy ffŷs a chymmeryd sîr galettach a fô iachus, gan groesi dy chwant trwy ommedd iddo fodlonrhwydd cyfreithlon, ar yr un anghyfreithlon a gymerodd ynteu trwy loddest a *rhydraul* (*luxury*). **1717** Iaco ab Dewi: *CS* 200–1, Ai *rhydreul* yw'r ffordd i Dlodi? **1724** S. Williams: *ADA* [60–1], Y mae llawer mor *rhydraul* ynddo, mal pe nad anfonasid mo honynt i'r Bŷd i wneuthur dim ond Chware. **1733** J. Thomas: *HYB* 49, Dynion *rhydraul* sy'n mynd yn ol llaw, neu sydd yn annilys ac ammhëus eu Golud. **1772** *W* d.g. *Dissolute, Epicurism, Over-worn.* **1803** *P, Rhydraul* s. f. . . . Excess of consumption; excessive waste; excess of expence.

rhydraws, gw. **rhy**[1] + **traws.**

rhydres, rhydresgar, rhydreswr, &c., gw. **rhodres, rhodresgar, rhodreswr,** &c.

rhydrist, rhydrwch, rhydrwm, gw. **rhy**[1] + **trist, trwch**[2], **trwm.**

rhydwel, rhydwal [?*rhyd*[1] + *wal*, ond ?cf. *rhedweli, rhydweli*] *eg.* ll. *rhydwelydd.* Argae, pwll melin: *dam, millpond.*

Ar lafar yn sir Benf. ac ym Morg. Cf. *GDD* 246, *rhidwel*, n.m.s. A mill pond. The word is restricted to a pond formed in the bed of a river by means of a dam . . . *Rhidwel* never means a pond constructed apart from a river; 'pwll' is then used; *LlGC* 1172, 59, *Rhydwal* pl. *rhyd-welydd.* The dam sometimes built across a river, above a ford, for greater security (Vale).

rhydweli, rhydwely, gw. **rhedweli.**

rhydwf, gw. **rhy**[1] + **twf.**

rhydwll, rhidwll [?*rhy*[1] + *twll*; ond cf. *rhidyll*] *a.* a hefyd fel *eg.* ll. *rhydyllau.* Llawn tyllau, tyllog, trydyllog, mân-dyllog, hefyd yn *ffig.*; trydylliad; (geir.) twll sbïo: *full of holes, holed, perforated, porous, also fig.; perforation;* (*dict.*) *peephole, spyhole.*

Dchr. **17g.** *J* 10, 14b, *Rhydwll.* conspicilium. *id.* 17a, *Rhidwll.* conspicilium. **1707** *AB* 220a, *Rhidwlh*, A hole to peep out at. [S]. **1741** *ML* i. 48, dim bai mawr ond bod ei dafawd yn ddodrefnyn anwarddus a *rhidwll.* [**1743**] *ML* (Add) 124, rhyw fudrgwt o hongldy tlodaidd, pwdrwael, *rhidwll*, anniddos. **1756** *ML* i. 417, oni threwi wrth ryw ddyn *rhi-dwll* mal ti dy hun. **1769** Twm o'r Nant: *TChD* 17, Rhyw *Ridwll* o Gariwr ydio. **1774** *W, rhidwll* d.g. *Hole, A peep-hole.* **1803** *P, Rhydwll*, s. m.—pl. *rhydyllau* . . . A perforation. Ar lafar yn Arfon yn yr ystyr 'trydyllog, mân-dyllog', 'deunydd *rhidwll*'; hefyd yn yr ymad. 'yn wyllt *rhidwll*' 'in a towering rage', *WVBD* 462.

rhydwn, gw. **rhy**[1] + **twn**[1].

rhydwr, gw. **rhydiwr.**

rhydwyll [*rhy*[1] + *twyll*] *a.* Dichellgar, mawr ei dwyll: *wily, deceitful.*

14g. *GDG*[3] 328, Mae Cymro, taer gyffro twyll, / Yn rhodio yma'n *rhydwyll.* **15g.** *GDLl* 62, A thrydar gan iaith *rydwyll*, / A thân gan Alman, a thwyll.

rhydwythaf: rhydwytho [bf. o fôn yr e. *rhydwythiad*] *ba.* Lleihau, gostwng; *Cem.* cyfuno â hydrogen (am elfen gemegol), peri i (elfen gemegol) gyfuno â hydrogen, (peri) colli atomau ocsygen, (peri) ennill electronau: *to reduce (also in chem.).*

20g.

rhydwythiad [cfdds. o'r S. *reduct(ion)* + *-iad*[1]; cf. *rhy-*, ac *anwythiad, diddwythiad, enwythiad*, &c.] *eg.* ll. *-au. Cem.* Y weithred neu'r proses o rydwytho: *reduction (in chem.).*

20g.

rhydwythol, rhydwythiol [*rhydwyth(iad)* + *-(i)ol*] *a.* Yn credu y gellir deall cyfundrefnau neu syniadau cymhleth yn nhermau eu rhannau symlaf; *Cem.* yn perthyn i rydwythiad, yn achosi rhydwythiad, wedi ei rydwytho: *reductionist (adj.); reductive, reduced (in chem.).*

20g.

rhydwythydd [bôn y f. *rhydwythaf: rhydwytho* + *-ydd*[3]] *eg. Cem.* Cyfrwng rhydwytho: *reductant (in chem.).*

20g.

Rhydychenaidd [e. dinas *Rhydychen* + *-aidd*] *a.* Yn perthyn i Rydychen neu i Brifysgol Rhydychen, nodweddiadol o'r cyfryw, hefyd yn ddifr.: *Oxonian (adj.), also derog.*

20g.

rhydyd, rhydydd, gw. **rhyddid, rhydd-iwr.**

rhydyfaf: rhydyfu, gw. **rhy**[1] + **tyfaf: tyfu.**

rhydyllaf: rhydyllu [bf. o'r e. *rhydwll*; tebyg nad yma y perthyn *rydyllason*, *Gwyn* 3, 15; ond cf. y f. *rhidyllaf: rhidyllu*] *ba.* Trydyllu: *to perforate.*

1803 *P.*

rhydyllog, rhydylliog [*rhydwll* + *-(i)og*; ond cf. *rhidyllog*] *a.* Trydyllog, tyllog, llawn tyllau: *perforated, holed, full of holes.*

c. **1590** *Cewri* 258, Goliah . . . yr hwnn oedh yn gawr, a' chrys hayarn *rhydylhawc* bhodrwyawc gantaw yn ei 'wiscaw am ei gorph.

Gw. hefyd **rhidyllog.**

rhydyn, gw. **rhy**[1] + **tyn**[1].

rhydynnaf[1]**: rhydynnu,** gw. **rhy**[1] + **tynnaf: tynnu.**

rhydynnaf[2]**: rhydynnu** [*rhy-* + *tynnaf: tynnu*] *ba.* Cadw neu dynnu'n ôl: *to withdraw, keep back.*

1545 *CI* 90, j mae yn hraid *hrydynv* a chaddw [*sic*] petth o'r kyuriw luniaeth ag y sydd ynn meithring y kyuriw godiad.

rhydd[1] [H. Lyd. *rid*: < IE. **prii̯-o-*, o'r gwr. **pri-* 'caru' < **priə-*; cf. Goth. *freis*, Hen S. *frēo* (> S. Diw. *free*), Sans. *priyá-* 'annwyl'; ?cf. ymhellach H. Grn. (*benen*)-*rid*, gl. *femina*, Crn. C. (*gor*)*ryth* 'gŵr', (*bynyn*)*ryth* 'menyw', (*colm*) *re* 'cwlwm rhedeg']. *a.* ll. *-ion*, a hefyd gyda grym enwol.

(*a*) Heb fod yn gaethwas, yn daeog, &c., ac iddo hawliau sifil a gwleidyddol, heb fod dan ormes, gwleidyddol annibynnol, hefyd yn *ffig.*; heb fod dan reolaeth y llywodraeth (am eglwys), anghydffurfiol: *free (not in slavery, bondage, &c.), having civil and political rights, not oppressed, politically independent, also fig.; free (of church), nonconformist.*

12g. *GLlF* 441, Y vreint öрth y uryd y vreinyaöc—yssyt / A'e eluyt yn *ryt*, yn rietaöc. **12g.** *GCBM* ii. 269, Barnaut *ryd* a rygaeth. **13g.** *GDB* 285, Göneuthost geith yn ran obeith *ryddyon.* **13g.** *C* 40. 4–5, Guledic deduit angunel in *rit* erbin dit braud. **13g.** *GBF* 323, Gwenlliant a'm gwnaeth rygaeth o *ryd.* *id.* 544, Ys bo dy orffen . . . / . . . / Yn ran drugared . . . / Yn *ryd* o'th bechawt ddeuawt ddiörat! **14g.** *T* 74. 9–10, Arglöyd pop göenwlat aalwaf a eilö pop *ryd.* **1346** *LlA* 67, Beth . . . bei bydut kynn*ryddet* ac ybu cessar Augustus ygör ybu gaeth yr holl vyt idaö. *c.* **1400** *YCM*[2] 14, A rodi rydit a oruc y bawp o'r a uei dan geithiwet yn Freinc . . . ac eu gwneuthur yn *rydyon* yn dragywyd, hyt na bei geithiwet ar dyn o Freinc o'r dyd hwnnw allan. **1567** *TN* 281a, nyd oes na chaeth na *rrydd.* **1604–7** *TW* (*Pen* 228) d.g. *Ciuis, Municeps.* **1685** G. Griffith: *GA* 83, ai tlawd, ai cyfoethog . . . ai afiachus, *rhydd*, ai caeth. **1773** *W* d.g. *Free [privileged as a citizen, &c.].* **1795** Jac Glan-y-gors: *SG* 38, Mae pyrthladdodd yr America mor agored . . . i dderbyn pobl a fo am fyw yn *rhyddion* . . . ag ydyw pyrth y nef i dderbyn pechaduriaid.

(*b*) Heb fod mewn carchar, dalfa, &c., a chanddo hawl i weithredu yn ôl ei ddymuniad, &c., di-rwystr, dilyffethair, diatal; agored (i bawb); rhyddfrydig; bras (am gyfieithiad); heb fod yn y mesurau caeth; breiniol (am y celfyddydau): *free (from detention, imprisonment, &c.), free (to act according to one's wishes, &c.), unrestricted, unrestrained; open (to all); liberal(-minded); not literal (of translation); not in the 'strict metres' (in Welsh prosody); liberal (of the arts).*

12g. *GMB* 202, Hynoeth oeth dybytaf o dybwyf *ryt*! **13g.** *GBF* 194, Gör, pei *ryt*, ual Run uab Beli [i ofyn am ryddid i Owain ap Gruffudd]. **14g.** *T* 33. 10–11, handit *ryd* vyn tafaöt yn adaöt göaöt ogyrwen. *c.* **1400** *YCM*[2] 109, Yd oed y dwylaw a'e draet hagen, yn *ryd*, ac ynteu yn rwym am y uola perued. *c.* **1400** *B* xiv. 188, A phawp yn kerdet yn *ryd* y'r demyl gyssegredic. **15g.** *BB* 4, dysgedic o doethineb y*rydyon* geluydodeu. **1551** W. Salesbury: *KLl* xxxvi[ii]a, A ewyllyswch ellwng o ho/nof yn *rydd* i chwi vrenhin yr Iuddeon? *p.* **1584** G. Robert: *GC* [279], heb law messurau *rhyddion* y mae'r bobl annhechnennig, yn i arfer wrth ganu, [*sic*] carolau, a chwndidau, ne rimynnau gwylfeudd. **1604–7** *TW* (*Pen* 228) d.g. *Absolutus, Dissolutus, Solutus.* **1664** J. DAVIES: *Art* [7], Am *Rydd* Ewyllys. **1703** E. WYNNE: *BC* 126, wedi torri 'r carcharau a mynd yn *rhyddion.* **1751** *GIA* 159, megis pe gellych chwi yn *rhyddach* bechu, oblegid fôd Duw yn drugarog. **1773** *W* d.g. *Free* [*at liberty, not confined, not in bondage, &c.*], *Free* [*common, &c.*], *Free* [*easy, not intricate, void of obstruction, &c.*], *Large, at large, Liberal* [*not narrow-minded . . .*]. **18–19g.** R. DAVIES: *DB* 161, Mae croeso at ddrws trugaredd, / Mae 'r orsedd fawr yn *rhydd.* Ar lafar, 'Ma'r 'en gi 'na wedi dod yn *rydd* unwaith 'to', 'Man' nw'n *rydd* i ddod 'n ôl ac ymlæn 'ma pryd mynnan' nw', *GTN* 688.

(*c*) Wedi ei eithrio (o ddyletswydd, rhwymedigaeth, trethi, tollau, cyfyngiadau masnachu, &c.); rhydd-ddaliadol; heb ddioddef (poen, afiechyd, &c.); heb gynnwys rhywbeth a ystyrir yn ddrwg, andwyol, &c.: *free* (*from duty, obligation, tax, toll, trading restriction, &c.*); *freehold*; *free* (*from pain, illness, &c.*); *free* (*from undesirable constituent*).

12g. *LL* 120, yholl cyfreith didi hac dy thir. hac di dair. *ryd* o pop guasanaith breennin bydaul. *ib. ryd* rac brennin aracpaup namyn dy teliau. **14g.** *Cy* xvii. 138, kymryt tir o honaw [goholaeth] a mynet y ureint mab uchelwr yr caethet hagen uo y tir ef: kyn*rydhet* uyd athir mab uchelwr. **14g.** *BT* (*RB*) 138, yn *ryd* or amot ac o bop llw o'r a rodassei y'r brenhin. *c.* **1400** *SC* viii/ix. 164, Iessu Grist, ac ual y dywettych di yr enw hwnnw, ti a vydy *ryd* o'e poeneu. **1588** I *Mac* x. 31, Bydded Ierusalem hefyd ai therfynau yn sanctaidd, ac yn *rhydd* oddi wrth ddegymmau. **1632** *D*, *Rhŷdd* . . . immunis. *id. Rhydd* oddiwrth beth d.g. *Expers.* **1651** SIÔN TREREDYN: *MDD* 28, etto nid yw r dyn *rhyddach* oddiwrth yr ammodau sy ddyledus arno. **1710** *LlGG* (*Gos*) 11, Eglwysau *Rhydd* (*exempt Churches*). **1759** T. THOMAS: *WWDd* 108, fel y caent hwy fyned yn *rhyddion* o'u holl Ddyled. **1773** *W* d.g. *Free from* [*not affected or hurt by*], *Free from or of* [*exempt*], *Free from tribute, &c.* [*not subject to pay*].

(*d*) Heb fod ag ymrwymiad blaenorol, heb fod yn brysur: *free* (*from previous engagements*), *not busy.*

1773 *W* d.g. *Free from business* [*at leisure*]. Ar lafar, "Wyt ti'n *rhydd* heno?" "Ydi dydd Sadwrn yn *rhydd* gen' ti?".

(*e*) Plaen, didwyll, agored, diymatal; eofn, hy, beiddgar, digywilydd; llac (o ran moesau): *frank, unreserved*; *familiar, forward, daring, impudent*; *lax* (*of morals*).

1618 J. SALISBURY: *EH* 189, Gordherchiad, neu Aniweirdeb, sef pechu ynghyd a merch *rydh* lygredig, megys dyhirog o wraig wedhw, neu butten. **1656** (**1745**) *MLl* i. 223, yr holl eiriau budron, anllad . . . enllibiaidd, *rhyddion.* **1658** R. VAUGHAN: *YPS* 20, tr[y]thyll yn eu calonnau, a *rhydd* yn eu bywyd. **1725–6** *Madd Ed* 54, [p]obl *ryddion* a chablus. **1759** T. THOMAS: *WWDd* 232, yn rhoddi achlyssur i Ddynion i fyw 'n *rhŷdd,* heb ofalu am ufudd-dod i'r Arglwydd. **1773** *W* d.g. *Frank, Free* [*frank, without restraint or forbiddance*], *Free in conversation* [*open, unreserved*], *Lax* [*unconfined, without restraint*]. **1790** T. JONES: *TOS* 240, yno y bydd y cyfarfod mynychaf, yr ymddiddan *rhyddaf,* y cyfeillach anwylaf. **1790** W. RICHARDS: *LlA* 3, mor *rhydd* ei ymadrodd. **1798** *WR* d.g. *Candid, Unreserved.* Ar lafar yn Arfon, 'yn *rhydd* hefo'i gilydd' 'on familiar terms', *WVBD* 468; ac yn ne-ddwyrain Morg. yn yr ystyr 'plaen', 'Cera i wed dy gŵyn wthdo a wilia'n *rydd* siag e', *GTN* 688; hefyd yn sir Benf. yn yr ystyr 'libertine', *GDD* 252, ac yn ardal Efail-wen, sir Gaerf., yn yr ystyr 'daring, venturesome', *TGG* (1907–8) 85.

(*f*) Heb ei gysylltu, heb fod yn sownd, gwan ei gysylltiad, llac, heb fod yn dynn; heb ei rwymo (am lyfr); llac (am bridd, craig, &c.); ?gwan, musgrell: *loose, adrift, slack, not tight*; *unbound* (*of book*); *loose* (*of soil, rock, &c.*); ?*weak, feeble.*

14g. *GDG*[3] 328, Lle [bwrdd] 'dd oedd gawg yrhawg yn *rhydd* / A llafar badell efydd. **1588** *Ecclus* xxv. 28, Dwylo gweniaid, a gliniau *rhyddion* yw 'r hon ni chynorthwya ei gŵr yn ei vchenaid. **1604–7** *TW* (*Pen* 228) d.g. *dissolutus, Fluxus, Incontentus, Irreligatus, Laxus.* **1632** *D*, Pridd *rhŷdd* d.g. *Regestum.* **1688** *TJ*, *Rhŷdd* . . . loose. **1740** T. EVANS: *DPO* 6, Os dywedai un arall, cadw y Rhaff yn dynn, y llall a'i gollyngai hi yn *rhydd.* **1766** *CD* d.d., Pris, Swllt yn *Rhydd,* Pymtheg yn Rhwym. **1798** *WR* d.g. *Adrift.* Ar lafar, "Ydi'r daint yn ddigon *rhydd* i' dynnu?", 'sglatsian wedi dŵad yn *rhydd*', *WVBD* 468; hefyd yn y De yn yr ystyr 'llac', *LGW* 193.

(*g*) Rhad (ac am ddim), di-dâl, diamod; hael (am rodd, &c.), diarbed, helaeth: *free, gratis, without charge or condition*; *generous* (*of gift, &c.*), *unstinting, abundant.*

12g. *GMB* 71, Rieu, R6yf eluyt, *ryt* y vola6d. **12g.** *GCBM* i. 85, Rwyt attaf . . . / *Ryt* wisgoet Wesgwyn ganhymdeith. **12–13g.** *GLlLl* 53, Rodri Ma6r, rwym lla6r, ry-m-lloues, / A *ryt* but, y ba6b y gymhes. *id.* 97, Can ked *ryt* peunyt, prif eurglaer,—yn rwyt / A'm roteist, ut didaer. **13g.** *GBF* 447, Yn *ryd* y'm heneit rodyon—goleuder. **15g.** *GHC* 26, Llyna fron y rhoddion *rhydd,* / Llyna fryn y llawenydd. **1567** *TN* 225a, *rrydd* [:- rrad] a' dianwadal addewit Duw. *id.* 284b, wrth *rydd* drugaredd Dduw yn-Christ Iesu. *id.* 397b, Mi rrof yr vn y sydd sychedic, o ffynon dwr y bowyd yn *rrydd* [:- rat]. *c.* **1730** *Thos. Lloyd D* (LlGC) 205b, yn *Rhydd.* Gratis. **1767** J. THOMAS: *TFFf* 49, er gogoniant ei *rydd* ras ef. **1773** *W* d.g. *Free* [*gratuitous*]. **1791** W. WILLIAMS: *MDR* 6, Sylfaen iachawdwriaeth *rydd.*

(*h*) Cyfreithlon, caniataol: *lawful, legal, permissible.*

14g. *LlB* 108, Tri pheth nyt *ryd* y vilaen eu gwerthu heb ganhat y arglwyd: march, a moch, a mel. **15g.** *OBWV* 110, Nid *rhydd* im anturio'i ddwyn / Liw dydd at leuad addwyn. **1551** W. SALESBURY: *KLl* lxiva, Ae *rydd* iachay ar y Sabboth? **1567** *TN* 254a, y mae pop peth yn *rhydd* [:- gyfreithlon] i mi. **1618** J. SALISBURY: *EH* 200, er dim a fo, nyd yw *rydh* dywedyd celwydh. **1620** *Math* xii. 2, y mae dy ddiscyblion yn gwneuthur yr hyn nid yw *rydd* (**1588** *ib.* gyfraithlawn) ei wneuthur ar y Sabbath. **1631** O. THOMAS: *CC* 84, Ai *rhŷdd* i ddynion llûg . . . esponnio . . . yr Scry[th]yrau yn eu teiau eu hun . . .? **1632** *D*, peth nid *rhydd* gwneuthur niweid neu ammarch iddo dan boen hoedl d.g. *Sacrosanctus.* **1656** W. JONES: *TPG* 29, a oedd *rhydd* i wr roddi ymmaith ei wraig. **1657** T. POWEL: *CI* [iii], ac i Scryfennu attoch y pethau nid oedd *rydd* i lefaru wrthych. **1675** R. JONES: *HCh* 140, nid *rhŷdd* i ti chwennych Marwolaeth o ran anfodlonrwydd meddwl. **1699–1700** E. LHUYD: *SH* 60, Nid iw *rŷdh* roi rheffyn a wnawd o rawn kephil a vŷ varw o glevyd ym hen kephyl aralh. *c.* **1730** *Thos. Lloyd D* (LlGC) 199b, *Rhydd.* Cyfreithlon. **1775** *W* d.g. *Lawful, May* [*implying permission, &c.*].

(*i*) Hael (am bobl); parod: *generous* (*of people*); *ready.*

12g. *GMB* 74, Edewis eurwas . . . / Canawon mordei, mynogi *ryt.* **12g.** *GLlF* 227, Deu *ryd* yn dyd cat eu kyfergyr. **12g.** *GCBM* ii. 179, Breisc rebyt, yn *ryt,* yn rwytna6d / Y gwna Rys rieta6c o dla6d. **12–13g.** *GLlLl* 43, Ef bu *ryt* o'r rwyt gorchorton. **13g.** *GBF* 91, Kedeyrn wost6g, rugyl6ul6g *ryt.* **14g.** *GDG*[3] 220, *Rhydd* y mae Duw yn rhoddi / Coed briglaes a maes i mi.

(*j*) Yn gwacáu'n rhwydd (am y coluddion), yn gweithio'n ddi-rwystr; yn perthyn i ryddni'r corff: *loose or open* (*of bowels*); *diarrhoeal.*

16g. *LlS* 131, [c]ylla *rhydd.* **1759** J. EVANS: *PF* 26, a chymerwch ofal bob amser i gadw eich Corph yn *rhydd.* *id.* 55, Y Clwyf arloesi, neu 'r dolur *rhydd.* **1771** *PDPh* 7, Rhag y Bib. Corph rhy *rydd.* *id.* 16, Y mae r corph yn rhŷ *rydd,* ac yn treulio ymaith. **1775** *W* d.g. *Lax* [*loose in body*]. **1800** W. OWEN[-PUGHE]: *CP* 108, fo geidw y llaeth rhag suro ar ei gylla, ac á geidw hefyd ei gorff yn *rhydd* yn wastad. Ar lafar, 'Ma fa'n un *rydd* iawn, gwaetha'r modd', *GTN* 688; 'Rhaid i chi gadw'ch corff yn *rhydd*', *WVBD* 468.

(*k*) *Gram.* Cyflawn: *intransitive.*

14g. *GP* 44, Beryf *ryd* yw honn ny bo yngwrthrych wrth beth arall yn y hol, herwyd synnwyr, namyn y bo digawn o synnwyr yndi e hun, val y mae, 'redaf, kerdaf, kysgaf'. **1592** S. D. RHYS: *Inst* 81, Berbh neu Orair *Rydh,* yr honn y bo digawn o ymadrawdh yndei e'hunan heb wrthdhrych wrth beth ynn ei hôl, megys cerdhabh', eistedhabh'. **1728** S. RHYDDERCH: *GC* 36, Berf *rydd* yw yr hon y bo digon o synwyr ynddi heb Edrychedigaeth o gam achos wedi hi. *c.* **1730** *Thos. Lloyd D* (LlGC) 205b, Berf *Rŷdd.* Verbum Intransitiuum. **1795** J. THOMAS: *AIC* 13, Mae dwy fath o Ferf, Sef, yn 1. *Rhŷdd.* neu 'r hyn a eill Sefyll arno 'i hûn.

Cfn.: **rhydd glwyf,** gw. *rhyddglwyf.* **rhydd gymundeb:** *free or open communion* (*e.g. amongst Baptists*). **1808. rhydd gysylltiad:** *free association* (*in psych.*). **20g. rhydd ewyllys, rhydd wyllys:** *free will, free agency.* **1346** *LlA* 28, Beth y6 *ryd ewyllys.* Ridit y de6issa6 y da. nev dr6c. **1632** *D*, *Rhŷdd ewyllys* d.g. *Spontis.* **1803** *P* d.g. *Rhyzwyllys.* **rhydd was,** gw. *rhyddwas.* **rhydd wladwriaeth:** *commonwealth.* **1848. rhydd wyllys,** gw. *rhydd ewyllys.* **rhydd wystl:** *frank-pledge.* **1852. rhydd ei law:** *free* (*to do as one pleases*), *freelance.* Ar lafar yn sir Benf., 'Gweitho in *rhydd i law* obwti'r lle wêdd e', *Wês wês* 38; ''Sim un yn *rydd 'i law*—mae plant a phethau gyda nhw'. **rhydd fasnach:** *free trade.* **1833. rhydd fasnachaeth:** *free trade.* **1843. rhydd feddiant:** *freehold.* **1794** E. JONES: *CP* 6, 39. **rhydd fesur:** *free metre, any metre not included among the 'strict metres'* (*in Welsh prosody*). **1868. rhydd rent,** gw. *rhyddrent.* **Rhydd Saernïaeth:** *Freemasonry.* **1814.**

rhydd[2], 3 un. pres. myn. y f. *rhoddaf*: *rhoddi.*

rhydda, gw. **rhy**[1] + **da.**

rhyddaf: rhyddu, gw. **rhythaf: rhythu.**

rhyddaidd [*rhydd*[1] + *-aidd*] *a.* Rhydd; (geir.) ?llac, dioglyd: *free*; (*dict.*) ?*slack, lax, indolent.*

1604–7 *TW* (*Pen* 228) d.g. *Ignaue.* **1787** (**1812**) TWM O'R NANT: *PG* 38, Yn hel rhyw *ryddaidd* roddion.

rhyddail, gw. **rhy**[1] + **dail.**

rhyddanedig, gw. **rhydd**[1] + **ganedig.**

rhyddbrynaf: rhyddbrynu [*rhydd*[1] + *prynaf*: *prynu*] *ba.* Adbrynu (degwm, &c.): *to commute, redeem* (*tithe, &c.*).

1850.

rhydd-deb, rhydd-dab [*rhydd*[1] + *-deb, -dab*] *eg.* Rhyddid, rhyddhad, gwaredigaeth, breinryddid; esmwythâd: *freedom, liberation, deliverance, immunity*; *relief* (*from pain, &c.*).

15g. *DE* 97, O'i rwydd-don a roe *rydd-dab* / I'w roi yn fudd er yn fab. *c.* **1514** *Rhyddiaith Gymraeg* i. 22, a thi a ynillaist *rydd-deb* o'th hir gaethiwed. **16g.** (*LlEG*) *LlGC* 5276, 234b, [y] *hrydddeb* a addewis krisd ir neb a gretto. **1547** *WS*, *Ryddteb* Delyuerаunce. **1561–2** *Celtica* ii. 106, kymered ddwfr wedy bod y maen hwnn yn gorwedd ynto dridiav, a hi a gaiff *rydddeb.* **16g.** *LlS* 98, da yw tayny y dail hýn dán vn a vo yn escor er mwyn *rhydddab.* **1588** *Luc* iv. 18, i bregethu gollyngdod i'r caethion . . . i ollwng y rhai ysig mewn *rhydd-deb* (**1567** *TN* 87b, i ryddit). **1604–7** *TW* (*Pen* 228) d.g. *Relaxatio.* **1632** *D* d.g. *Immunitas, Laxamentum, Laxitas, Vacuitas.* **1684** J. DAVIES: *LlR* 373, eu *rhydd-deb* oddiwrth bechodau drygfawr. **1770** *TG* iv. 89, [rhyw] uchel freintiau, a *rhydd-deb,* ag y buont yn hir yn ei fwynhau. **1773** *W* d.g. *Freeness, Immunity.* **1796** T. JONES: *CCA* 86, Po mwyaf o *rydd-deb* a chariad sydd yn dy ufudd-dod, cryfaf yw dy ffydd.

rhydd-der [*rhydd*[1] + *-der*] *eg.* Rhyddid, llacrwydd, gollyngdod; haelioni; plaendra (ymadrodd), didwylledd: *freedom, freeness, looseness, release*; *generosity*; *frankness.*

1604–7 *TW* (*Pen* 228) d.g. *Laxamentum, Reduuia.* **1773** *W* d.g. *Frankness, Generosity.*

rhydd-did, gw. **rhyddid.**

rhydd-ditgar [*rhydd-did* + *-gar*] *a.* Anllad, trythyll: *licentious, dissolute.*

1670 J. HUGHES: *AP* 77, wedi dysgu'r bobl *rydddidgar* cnawd-chwantus, fod Duw wedi predestino rhai. **1684** H. OWEN: *DC* 412, rhyw rai claearllyd . . . a *rhydd-didgar.* *c.* **1730** *Thos. Lloyd D* (LlGC) 205b, *Rhydddidgar* . . . Dissolutus.

rhydd-dybiol [*rhydd*[1] + *tybiol*] *a.* Rhyddfeddyliol, eangfrydig, amheuol: *freethinking, latitudinarian, sceptical.*

1818.

rhydd-dybiwr [*rhydd*[1] + *tybiwr*] *eg.* ll. *-dybwyr.* Rhyddfeddyliwr: *freethinker.*

1740 *LlWS* 21, Phariseaid, a Sadduseaid, yr hunan-gyfiawn, ar [*sic*] *Rhydd-dybwyr* o'r oes hon; oll yn Blant Diafol. **1765** J. POPKIN: *Ll* [151], [*Rh*]*ydd-dybiwr* (Free-Thinker). **1795** J. THOMAS: *AIC* 252, Mae 'r Athistiaid, Tesniwyr a'r *Rhŷdddybwyr,* yn drâ chwannog i gynnal . . . y Rheolau hyn.

rhydd-ddaliad [*rhydd*[1] + *daliad*[1]] *eg.* ll. *-au,* a hefyd gyda grym ansoddeiriol. Daliadaeth tir neu eiddo drwy feddiant absoliwt cyfreithlon: *freehold.*

1773 *W* d.g. *Free-hold.* **1794** E. JONES: *CP* 78, *Rhydd-ddaliad* [:- Freehold] y brif-ffordd a berthyn i'r hwn biau rhydd-feddiant y tir.

rhydd-ddaliadol [*rhydd-ddaliad* + *-ol*] *a.* A ddelir drwy rydd-ddaliad; (am berson) yn dal tir, &c., fel rhydd-ddeiliad: *freehold* (*adj.*).

1868.

rhydd-ddaliwr [*rhydd*[1] + *daliwr*] *eg.* ll. *-ddalwyr.* Rhydd-ddeiliad: *freeholder.*

1852.

rhydd-ddeiliad [*rhydd*[1] + *deiliad*[1]] *eg.* ll.

-iaid. Un sydd â rhydd-ddaliad ar dir neu eiddo: *freeholder.*
1773 *W* d.g. *Freeholder.* **1798** *WR* d.g. *Yeoman.*

rhydd-ddewisedig, gw. **rhydd[1] + dewisedig.**

rhyddedig [*rhydd[1] + -edig*] *a.* a hefyd fel *eg.* ll. *-ion.* (Person sydd) wedi ei ryddhau: *freed or emancipated (person).*
1834.

rhyddedog [gair geir. yn wr.; ?*rhydd[1] + -ed[1] + -og*] *a.* a hefyd fel *eg.* ll. *-ion.* Rhydd, dilyffethair; heb fod dan dreth neu deyrnged; o dras dda; breintiedig; trwyddedig; breinrydd; eithriedig, hepgoredig; breiniol (am y celfyddydau); person a aned yn rhydd: *free, loose; free (from tax or tribute); well-bred; privileged; licensed; immune; dispensed with, exempt; liberal (of the arts); freeborn person.*
1604–7 *TW* (*Pen* 228) d.g. *Liber.* **1632** *D, Rhyddedawg,* K[yfraith] H[owel Dda]. Immunis, liber. **1688** *TJ, Rhyddedawg,* rhŷdd: free, loose. **1722** *Llst* 189, *Rhyddedawg.* Well-bred or descended, free, loose, not tributary; a free-man born. **1772** *W* d.g. *Dispensed with, Exempt, Licensed, Privileged.* **18–19**g. *Llr* C 2, 291, *Rhyddedawg,* Liberal. **1803** *P, Rhyzedawg* . . . Having liberty; enlarged, released, exempted, dispensed with; licensed.

rhyddelli [*rhy[1] + delli*] *eg.* ?Magl (ar y llygad), hefyd yn *ffig.*: *cataract (of the eye), also fig.*
a. **1587** *Y* 130, Yr oedd wall ne *ryddelli* / O ran ych iaith arnoch chwi / . . . / Chwi ni welech yn ailvn / Ych baych oll o'ch beiav ych hŷn. **1633** *Addysg i Farw* 7–8, Y sawl sydd â *rhyddelli* ar i lygaid sydd yn meddwl fod yr wybren bob amser yn gymylog. *c.* **1730** *Thos. Lloyd D* (LlGC) 204b, *Rhyddelli* . . . a film.

rhydderig, rhyderig [?*rhy[1]* + yr elf. *dâr* a welir yn *cynddaredd, penddar + -ig[2]*, cf. *catherig* (hefyd At.); cf. ymhellach Llyd. C. *dirigaez,* gl. *estre en sault,* Llyd. Diw. *dirik* 'gwasod', Gwydd. C. *dáir* 'ymgydiad (gwartheg); gwres (buwch); cynddaredd, gwylltineb'; geir. yw'r ff. yn *-d-*] *a.* Yn ei gwres (yn barhaus) (am anifail benyw), yn gofyn y gwryw, gwasod, cynhaig, llodig; yn ei gwres ond yn anffrwythlon; chwantus, anllad; awchus, ffyrnig: *on heat (continually) (of a female animal); on heat but sterile; lustful, wanton; eager, fierce.*
13g. *LlI* 85, O byd [buwch] *ryderyc* ((*LlDW*) *ZCP* xx. 79, *retheryc*), xxx. pob bluydyn tra uo byu. **13**g. *LTWL* 233, Iuvenca si fuerit *ryderic.* **14**g. *AL* i. 606, A oes vn anyueil y dylyher vot vyth dany theithi? Oes: h6ch *ryderic.* *c.* **1401** *id.* ii. 104, O deruyd y dyn prynu buch y gan arall amach ar teithi y genti, ae hymol yny vlwydyn gyntaf, abot llo allaeth genti kyt bo *ryderic* wedy hynny byth ny dyly y neb y doeth y gantaw teithi o hynny allan. **1632** *D, Rhyderig,* K[yfraith] H[owel Dda]. Hŵch *ryderig,* Sus suribans, catuliens. vi. Terig, caterig. **1722** *Llst* 189, Buwch *Ryderig.* A cow that often takes bull in the same season, and perhaps stands not to him at last. *id.* Hwch *Ryderig.* A brimsty sow. **1730** *Leg Wall* 582, *Rhyderig*: Buwch *ryderig,* Vacca sterilis marem quotannis appetens. **1803** *P, Rhyderig* . . . Excessive or continual aptitude to copulate; a term applied to barren animals. Buwç *rhyderig* [*sic*], a cow that doth not calve; hwç *rhyderig* [*sic*], a barren sow.
Amr.: **rhydeddig.** Ar lafar, 'buwch yn *rhydeddig,* Saes. always in heat', *B* iv. 301 (canolbarth Cered.). **rheferig, rhyferig** [cf. *nwyddau, nwyfau,* &c.]. **1604–7** *TW* (*Pen* 228), bot yn *rheueric* d.g. *Catulio.* *id.* *rhyveric* d.g. *Crudus* . . . *Equa Cruda.* *id.* yn *rhyueric* val buwch hep seuylh wrth darw d.g. *Lasciuiens.* *id.* *rhyueric* d.g. *Virosus.* **1632** *D, Rhyferig,* Idem quod Rhyderig. **1757** G. OWEN: *L* 195, dynion y môr . . . mae pob un o naddunt wedi cymeryd iddo gyffoden o fysg y lladronesau ac nid ydynt yn gwneud gwaith ond cnuchio'n *rhyferig* ymhob congl o'r llong. **1758** *CM* 601, 43, [Ll]ythyr oddiwrtho [Goronwy Owen] o Spithead . . . ymha un yr oedd yn dwedyd fod peth D-l o ferched yn y llong yn myned yr un ffordd ac ef, a bod y Llongwyr yn eu Cnuchio yn *Rheferig,* rhai o naddynt oedd eisioes a Thân yn eu Tinau. **1762** *ML* ii. 468, Daccw Brysaddfed yn *rhyferig.* **1798** W. JONES: *LlG* 46, Ond etto Robert rhaib wenwynig, / Er ei fwrw maen *rhyferig.*

rhyddewr, gw. **rhy[1] + dewr.**

rhyddewyllysgar [*rhydd ewyllys + -gar*] *a.* A ewyllysir yn rhydd, gwirfoddol: *freely willed, voluntary.*
1896.

rhyddewyllysiol [*rhydd ewyllys + -iol*] *a.* A ewyllysir yn rhydd, gwirfoddol; a chanddo ewyllys rydd; yn perthyn i ewyllys rydd, a nodweddir gan ewyllys rydd: *freely willed, voluntary; having free will; pertaining to, or characterized by, free will.*
1711 H. POWEL: *TY* 285, Ac oni ymddarostyngant eu gadel i'w ffyrdd eu hun, i ymborthi ar eu gweithredoedd eu hun; nid yw eu drugareddau ef, fel ein Trugareddau *rhydd-ewyllysiol* ni ein hunain.

rhyddewyllysiwr, rhyddewyllysydd [*rhydd ewyllys + -wr, -ydd[3]*] *eg.* ll. *-ewyllyswyr.* Un sy'n credu mewn ewyllys rydd (yn enw. mewn diwin.), Arminiad; person a chanddo ewyllys rydd, gweithredwr rhydd: *believer in free will (esp. in theol.), free-willer, Arminian; free agent.*
1744 J. MORGAN: *PJB* 4, nid *Rhydd-Ewyllysiwr* (*free-willer*) ydwyf. **1775** *EDPP* 41, Felly, drachefn, fe briodola y *rhydd-ewyllysiwr* y cwbl i Dduw. **1797** *AFD* 17, O, wele, Arminian wyt! *Rhydd-ewyllysiwr* ydwyt!

rhyddfarchnadwr, rhyddfarchnatwr [*rhydd[1] + marchnadwr, marchnatwr*] *eg.* ll. *-wyr.* Rhyddfasnachwr: *free-trader.*
1844.

rhyddfarn [*rhydd[1] + barn*] *eb.* a hefyd fel *a.* *Cyfr.* Rhyddhad o gyhuddiad, yn enw. drwy ddyfarnu'n ddieuog; a chanddo feddwl agored: *acquittal (in law); open-minded.*
1932.

rhyddfasnachol [*rhydd fasnach + -ol*] *a.* Yn perthyn i fasnach rydd: *pertaining to free trade.*
1847.

rhyddfasnachwr, rhyddfasnachydd [*rhydd fasnach + -wr, -ydd[3]*] *eg.* ll. *-fasnachwyr.* Un sy'n arddel neu'n ymarfer masnach rydd: *free-trader.*
1843.

rhyddfeddiannol [*rhydd feddiant + -ol*] *a.* Rhydd-ddaliadol: *freehold (adj.).*
1851.

rhyddfeddiannwr, rhyddfeddiannydd [*rhydd feddiant + -wr, -ydd[3]*] *eg.* ll. *-feddianwyr.* Rhydd-ddeiliad: *freeholder.*
1836.

rhyddfeddwl [*rhydd[1] + meddwl[1]*] *a.* a hefyd fel *eg.* ll. *-feddyliau.* Rhyddfeddyliol, a nodweddir gan ryddfeddyliaeth; rhyddfeddyliaeth: *freethinking (n. and adj.), characterized by freethinking.*
[**1807**] *Ysg Arm* 105, Os *rhydd-feddwl* yw crefydd Iesu.

rhyddfeddyliaeth [*rhyddfeddwl + -iaeth*] *eb.* Ymlyniad wrth reswm yn hytrach na dogma neu awdurdod, yn enw. mewn materion crefyddol: *freethinking (n.).*
1899.

rhyddfeddyliol [*rhyddfeddwl + -iol*] *a.* Yn arddel rheswm yn hytrach na dogma neu awdurdod, yn enw. mewn materion crefyddol, yn arddel rhyddfeddyliaeth, yn perthyn i ryddfeddyliaeth: *freethinking (adj.).*
1866.

rhyddfeddyliwr [*rhyddfeddwl + -iwr*] *eg.* ll. *-feddylwyr.* Person rhyddfeddyliol: *freethinker.*
1838.

rhyddfraint [*rhydd[1] + braint[1]*] *eb.g.* ll. *-frein(t)iau.* Braint, hawl, neu ryddid arbennig a roddir drwy orchymyn, &c., rhyddid, rhyddfreiniad, rhyddhad (caethwas); breinryddid; braint neu hawl (a roddir gan ddinas neu gorfforaeth); etholfraint; rhydd-ddaliad: *privilege, franchise, liberty, freedom, emancipation, manumission; immunity; freedom (given by a city or corporation); enfranchisement; freehold (n.).*
1620 1 *Mac* xiii. 37, yr ydym ni yn barod i wneuthur heddwch â chwi, ac i scrifennu at ein swyddogion i siccrhau y *rhydd-fraint* a ganiadhasom ni. **1621** E. PRYS: *Ps* 21b, O cesglwch attaf fi fy saint, / y rhai drwy *ryddfraint* brydferth. **1722** *Llst* 189, *Rhyddfraint.* m. Immunity; faculty. **1723** J. JONES: *LlA* 4, yma y mae i'm Gair arddelwi innau *Ryddfraint* i fyned yn ddifai ac yn ddifarn trwy 'r Hollwlad. *c.* **1730** *Thos. Lloyd D* (LlGC) 204b, *Rhyddfraint.* Privilegium. **1751** *GIA* 138, A gaeodd ef chwi allan oddiwrth *ryddfraint* ei addoliad sanctaidd. **1770** P. WILLIAMS: *BS, Jos* xix, eu hyspeilio o'u *rhydd-fraint.* *id.* *Act* xxii, dinas Tarsus . . . a gafodd gan ymerawdwr Rhufain . . . ryw *rydd-fraint* am gynnorthwy a roisent iddo. **1770** *TG* iv. 18, Cytunwyd ar gael o Ffrederic, arlwydd esgob Deri, *ryddfraint* y ddinas hon. **1773** *W* d.g. *Faculty.* **1783** P. WILLIAMS: *FfA* 2, Nid oes i gyfeillion anwylaf y nef un ddiangfa neu *rydd-fraint* rhag blinderau. **1789** H. JONES: *EN* 58, Ni rŷdd y gras mwyaf i ni un *ryddfraint* rhag profedigaeth.

rhyddfreiniad [bôn y f. *rhyddfreiniaf*: *rhyddfreinio + -iad[1]*] *eg.* Y weithred neu'r proses o ryddfreinio, etholfraint, hefyd yn *ffig.*; derbyniad i freintiau dinesig, dinasyddiad; braint neu hawl (a roddir gan ddinas neu gorfforaeth): *emancipation, enfranchisement, also fig.; naturalization; freedom (of a city or corporation).*
1814.

rhyddfreiniaf: rhyddfreinio [bf. o'r e. *rhyddfraint*] *ba.* Rhyddhau o gaethiwed, erledigaeth, anfantais gyfreithiol, &c., rhoddi etholfraint i, gwaredu; derbyn i freintiau dinesig, dinasyddio, dinasfreinio: *to emancipate, enfranchise, liberate, manumit; naturalize.*
1818–20.

rhyddfreiniol [*rhyddfraint + -iol* a *rhydd[1] + breiniol*] *a.* Rhydd, wedi ei ryddfreinio; wedi ei dderbyn i freintiau dinesig; rhydd-ddaliadol: *free, emancipated; naturalized; freehold (adj.).*
1604–7 *TW* (*Pen* 228) d.g. *Ingenuus, Libertinitas.*

rhyddfreinioliaeth [*rhyddfreiniol + -iaeth*] *eb.* Rhyddfraint (dinas, &c.); rhyddfreiniad: *freedom (of a city, &c.); emancipation.*
1834.

rhyddfreiniwr [*rhyddfraint + -iwr*] *eg.* ll. *-freinwyr.* Rhydd-ddeiliad; un a chanddo ryddfraint dinas, &c.: *freeholder; freeman (of a city, &c.).*
1842.

rhydd-fryd [*rhydd[1] + bryd*] *a.* Haelfrydig, hael; a chanddo feddwl agored, eangfrydig: *liberal, generous; open-minded, broad-minded.*
1837.

rhyddfrydaeth, gw. **rhyddfrydiaeth.**

rhyddfrydedd [*rhydd-fryd + -edd[1]*] *eg.* Rhyddfrydiaeth; rhyddfrydiaeth: *Liberalism; liberalism.*
1838.

rhyddfrydiaeth, rhyddfrydaeth [*rhydd-fryd + -(i)aeth*] *eb.* Egwyddorion a daliadau rhyddfrydol; (yn y ff. *Rhyddfryd(i)aeth*) egwyddorion a daliadau gwleidyddol Plaid Ryddfrydol a nodweddir gan gred mewn rhyddid i'r unigolyn, masnach rydd, a diwygiad cymdeithasol a gwleidyddol cymedrol: *liberalism; Liberalism.*
1851.

rhyddfrydig [*rhydd-fryd + -ig[2]*] *a.* Haelfrydig, hael; a chanddo feddwl agored, eangfrydig; rhyddfrydol; Rhyddfrydol: *liberal, generous; open-minded, broad-minded; liberal (in politics, &c.); Liberal.*
1837.

rhyddfrydigaf: rhyddfrydigo [bf. o'r a. *rhyddfrydig*] *ba.* Gwneud yn rhyddfrydol: *to liberalize.*
1858.

rhyddfrydigrwydd [*rhyddfrydig + -rwydd*] *eg.* Haelfrydigrwydd, haelioni; meddwl

agored, eangfrydedd; rhyddfrydiaeth; ?Rhyddfrydiaeth: *liberality, generosity; open-mindedness, broad-mindedness; liberalism; ?Liberalism.*
1844.

rhyddfrydol [*rhydd-fryd+-ol*] *a.* Yn arddel syniadau gwleidyddol, cymdeithasol, crefyddol, &c., sy'n pleidio cynnydd, diwygiad, rhyddid yr unigolyn, &c., yn arddel credoau modern heb fod iddynt sail draddodiadol, yn perthyn i'r cyfryw syniadau neu gredoau; (yn y ff. *Rhyddfrydol*) yn perthyn i Ryddfrydiaeth, i Ryddfrydwyr, neu i Blaid Ryddfrydol: *liberal (in politics, theol., &c.); Liberal.*
1898.

rhyddfrydolaf: rhyddfrydoli [bf. o'r a. *rhyddfrydol*] *ba.* Gwneud yn rhyddfrydol: *to liberalize.*
1916.

rhyddfrydwr [*rhydd-fryd+-wr*] *eg.* ll. *-wyr.* Un sy'n arddel Rhyddfrydiaeth, aelod o Blaid Ryddfrydol; person rhyddfrydol: *a Liberal; a liberal.*
1841. Cf. D. Owen: *SP* 127, Er na wyddai Ned mwy na phost llidiart, y gwahaniaeth rhwng *Rhyddfrydwr* a Thori, ymorchestai ei fod yn Liberal at y carn.

rhyddgalon [*rhydd*[1]*+calon*] *a.* Calonagored, didwyll; hael: *free-hearted, open-hearted, frank; generous.*
1827.

rhyddgarol [*rhydd*[1]*+-gar+-ol*] *a.* Rhyddfrydig, rhyddfrydol; yn caru rhyddid: *liberal (in politics, &c.); freedom-loving.*
1848.

rhyddgarwch [*rhydd*[1]*+-garwch*] *eg.* Cariad at ryddid; rhyddfrydiaeth: *love of liberty; liberalism (in politics, &c.).*
1828.

rhyddgarwr [*rhydd*[1]*+-gar+-wr*] *eg.* ll. *-wyr.* Person rhyddfrydol; Rhyddfrydwr: *a liberal; a Liberal.*
1851.

rhyddglwyf, rhydd glwyf [*rhydd*[1]*+clwyf*] *eg.* Dolur rhydd; dysenteri: *diarrhoea; dysentery.*
1811.

rhyddgymalog, gw. rhydd[1]+cymalog.

rhyddgymunol [*rhydd*[1]*+cymunol*] *a.* Yn caniatáu cymundeb rhydd neu'n bleidiol iddo (ymhlith y Bedyddwyr): *allowing or favouring free or open communion (amongst Baptists).*
1887.

rhyddgymunwr [*rhydd*[1]*+cymunwr*] *eg.* ll. *-wyr.* Bedyddiwr sy'n bleidiol i gymundeb rhydd: *Baptist who favours free or open communion.*
1819.
Gw. hefyd **cymunwr—cymunwr rhydd.**

rhyddhad [bôn y f. *rhyddhaf*: *rhyddhau+-ad*[2], trf. han.] *eg.* ll. *-au.* Y weithred neu'r proses o ryddhau, rhyddid, rhyddfreiniad; gwaredigaeth (oddi wrth ofid, trallod, &c.), ymwared, prynedigaeth, iachawdwriaeth; gollyngdod (o ddyled, &c.), gwarediad, gollyngiad, dadrwymiad; maddeuant, gollyndod (o bechod, &c.); cliriad (llong drwy'r dollfa); eglwysiad (gwragedd); gollyngiad (nwyon, &c.): *release, liberation, freedom, emancipation, manumission; relief (from sorrow, tribulation, &c.), deliverance, redemption, salvation; release (from debt, &c.), acquittance, discharge, an unbinding; pardon, absolution, remission; clearance (of ship by customs); a churching (of women); discharge (of gases, &c.).*
1588 *Gen* xv. cs., Caethiwed Israel yn yr Aipht, ai *ryddhâd.* **1588** *Deut* xv. cs., *Rhyddhâd* gweision. **1588** *Eseia* xxvi. cs., Cân o ddiolch am *ryddhâd* y bobl. **1599 (1677)** R. Holland: *AB* 40, Yn meddiannu perffaith *rhyddhaad* [*sic*] oddwrth pôb drwg. **1604–7** *TW* (*Pen* 228) d.g. *Absolutio, dimissio, Liberatio, Manumissio, Relaxatio, Remissio. Dchr.* **17g.** *J* 10, 14b, *Rhyddhâd.* churching of women. Absolution. liberatio. Manumissio. **1672** R. Prichard: *Gw* 314, *Rhyddhâd* rhag damnedigaeth, a Bywyd tragwyddol. **1716** E. Samuel: *GGG* 110, y *Rhyddhâd* a ganiattawyd ir Hebræaid oddiwrth y Defodau a orchymmynasid iddynt or blaen trwy Moses. **1730** Iaco ab Dewi: *YL* 182, Pan gaffo Ddyn ei Guietus est neu i *Ryddhad* o gwbl gan Dduw. **1759** T. Thomas: *WWDd* 123, oblegid nad oedd gennym . . . un *Rhyddhâd* (Acquittance) o dan Law'r gofynwr. **1767** R. Efan: *ABW* d.d., Act o Barliament, A wnaed yn y Flwyddyn . . . un Mil chwech Cant pedwar ugain ac wyth, Tituledig, Act o *Rhyddhad*, I Ddeiliaid Protestanaidd eu Mawrhydi. **1775** *W* d.g. *Laxation, Liberty, A setting at liberty, Release.* **1803** *P* d.g. *Rhyzâad.* Ar lafar, 'Wel ma fa wedi cæl *ryddæd* or' wth 'i 'oll bôn', ''I fydd yn *ryddæd* mawr iddi 'i i bido gorffod 'i weld a mwy', *GTN* 684.

rhyddhaf: rhyddhau [bf. o'r a. *rhydd*[1]] *ba.*

(*a*) Gwneud yn rhydd (o gaethiwed, gormes, sefyllfa beryglus, &c.), gollwng yn rhydd (o garchar, &c.); gadael i (rywun) fynd heb gosb; gollwng yn rhydd o ddyletswydd, &c.; llacio, datod, mysgu, datglymu; esmwytháu; caniatáu; cyhoeddi (record, cryno-ddisg, &c.): *to free, release, liberate, extricate; acquit; discharge (from duty, &c.); slacken, loosen, undo, untie; relieve; allow; release, publish (record, compact disc, &c.).*
13g. *C* 92. 11, Y gur a*rithao* duv. o rigaeth carchar. **13g.** *B* ix. 146, val e *rydhaws* hi e dywededic vab hvnnv o enynnva e fwrn. *id.* x. 31, ef a *ryddheir* dy dwylav y urth er elor. **13g.** *DB* 59, guynt duyrein a *rydhaa* y gaeaf ac a duc neu a arwed blodeu. *c.* **1300** *LTWL* 336, ony daw attep . . . kyureith a *rytha* y dial. **14g.** *BT* 134, ef a*rydhaawd* y vaelgwn y vrawt ay lu distryw kastell llannhuadein. **14g.** *YBH* 60b, dyuot at y march a *rydhau* y draet or r6ym. *c.* **1400** *Études* viii. 90, Tauot yr hyd . . . A *rydhau* heint callonn . . . a wna. **1588** *Ecs* xiii. 13, A phôb cyntafanedic i assyn a *ryddheui* di ag oen. **1604–7** *TW* (*Pen* 228), rhyw halen . . . y *rydhau*'r phlem d.g. *poletis* (At.). **1632** *D*, *Rhyddhâu*, Liberare, manumittere. Laxare, relaxare, expedire. **1661** E. Lewis: *Drex* 41, A *ryddhawyd* ef yn gwbl o'i holl ddylêd? **1722** *Llst* 189, *Rhyddhau.* To acquit . . . free, loosen, slacken, unbind, discharge . . . release. **1798** *WR* d.g. *Extricate.* **1803** *P*, *Rhyzâu* . . . To set open, to loosen, to set at large; to free, to liberate . . . to release, to aquit. Ar lafar, 'Fe gæs 'i *ryddâu* o'r jail dy' Mawrth ysbô', *GTN* 684; hefyd yn Arfon yn y ff. affetig *'thau*, 'to comb out (hair)', ''*thau* gwallt', *WVBD* 561.

(*b*) Gwaredu (yn enw. mewn diwin.): *to deliver (esp. in theol.).*
12g. *GCBM* ii. 269, Dayoni vy Ri a'm *rydha.* **12–13g.** *GMB* 513, Crist Keli, vy Ri, a'm *rydhao.* **1346** *LlA* 150, *Rydhaa* di ni argl6yd ygann y dr6c. **14g.** *B* xxv. 265, a thr6yda6 ef yn *rydha6yt* ny o bechodeu vfferrn. **1547** *WS*, *Rhyddhau* Delyuer. **1567** *LlGG* 70a, erwydd y creatur hefyt a *ryddheir* o ywrth gaethiwet llwgredigaeth. **1567** *TN* 309b, ar ein *rhyddhau* [:– gwared] ywrth ddynion anresimol. **1588** 2 *Mac* xii. 46, trwy yr hwn y gwnaeth iawn tros y meirw fel y *rhyddheid* hwy oi pechod. **1595** H. Lewys: *PA* 216–17, mae duw . . . yn cynal fy yspryd, fal na ddichon ef ballu yn ollawl, eythr parhau, yn barod, ac yn ewyllyscar, hyd yr amser y *rhyddhaer*, ac y gwareder ef. **1618** J. Salisbury: *EH* 26, am dharfod idho fe drwy ei boen, a'i dhiodhefaint, yn *rhydh-hau* ni o gaethiwed y Cythreul. **1772** *W* d.g. *To deliver* [*save, or preserve*]. **1803** *P*, *Rhyzâu* . . . to deliver.

(*c*) Gollwng yn rhydd (o bechod), maddau: *to absolve (from sin), pardon.*
14g. *LlB* 78, Pwy bynhac a wnel brat arglwyd . . . ef a gyll tref y tat . . . ac o'r kyrch lys y pab, a dyuot llythyr gantaw a dangoso y *rydhau* o'r pab, tref y tat a geiff. **1346** *LlA* 47, Ot ydi6 ympechodev Ac yn ediuar ganta6. vynt avadeuir ida6. onyt ediuar. ny *rydhaa* dim ida6. *c.* **1400** *YCM*[2] 14, Minneu Turpin Archesgob, o awdurdawt yr Arglwyd, ac o'm bendith inheu a'm ellygedigaeth, a'e *rydhawn* o bechodeu. *c.* **1400** *Ked AA* 18, y gwrda a oed Bab yn *rydhau* oc eu pechodeu. **1547** *WS*, *Ryddhau* o effeirat Assoyle. **1568** Morys Clynnog: *AG* 20, E *ryddheir* pechodau drwy ryglyddiad dioddefaint yn harglwydd ni Iesu Grist. **1604–7** *TW* (*Pen* 228) d.g. *Absolvo.* **1618** J. Salisbury: *EH* 261, gelhir *rhydhau*, ag absolfennu dyn odhywrth escymundod heb Sagrafen Pænyd. **1670** J. Hughes: *AP* 53, awdurdod . . . i *ryddhau* pechodau. **1718 (1721)** S. Thomas: *HB* 115, A'r hyn fe ddywed yr Offeiriad, Absolvo te: hynny yw, yr wyf yn dy *ryddhau.* **1722** *Llst* 189, *Rhyddhau* . . . absolve. **1798** *WR* d.g. *Assoil.*

(*d*) Peri i('r corff) weithio, pwrjo: *to loosen (the bowels), purge.*
c. **1400** *MM* 24, Ar llynn h6nn6 yssyd da y bop dyn or a uynno *rydhau* y gna6t. *id.* 26, y *rydhau* y golud. **16g.** *LlS* 143, Suc y phicus gyd ac almons wedyr curo ai hyfed gwedy a *ryddhaa* yr boly.

(*e*) Eglwysa: *to church.*
1567 *LlGG* 139a, Diolwch gwragedd yn ol escor plant, yr hwn a elwir yn gyffredin *Rhyddhau*, neu Eglwysa. **1722** *Llst* 189, *Rhyddhau* . . . to church a woman.
Cfn.: **rhyddhau ar:** (*in an impers. construction*) *to be delivered of (a child).* **1588** *Eseia* lxvi. 7, a chyn dyfod gwewyr arni y *rhydd-hauwyd* hi *ar* fab.

rhyddhaol [bôn y f. *rhyddhaf*: *rhyddhau+-ol*] *a.* Yn peri i'r corff weithio, yn rhyddhau'r corff; yn rhyddhau: *laxative, aperient; liberating.*
1744 *CMC* 85, dyma Gyfammod o Ras *rhyddhaol.* **1798** *WR* d.g. *Aperitive, Laxative.* **1800** *TY* 230, hyd oni ddelo gwarant *rhyddhäol* y brenin i roddi iddo ollyngdod. **1803** *P*, *Rhyzâawl* . . . Loosening, enlarging, tending to liberate.

rhyddhawr, rhyddheuwr, rhyddhaydd [bôn y f. *rhyddhaf*: *rhyddhau+-wr, -ydd*[3]] *eg.* ll. *rhyddhawyr.* Un sy'n rhyddhau, gwaredwr; carthydd, moddion gweithio: *liberator, deliverer; a laxative.*
14g. *B* ix. 226, [m]ab duv. *ryddhaur* yn eneiteu ni. **1588** *Jer* l. 34, Eu *rhyddhau-wr* sydd gryf. **1604–7** *TW* (*Pen* 228), *rhydhawr* d.g. *Vindex.* **1609** R. Smyth: *CAC* 15–16, yn *rhyddhawyr* i'r tadau a oeddynt yn trigo yn y lymbo. **1775** *W* d.g. *Liberty, A setter at liberty.* **1803** *P*, *Rhyzâwr*, s. m.—pl. *rhyzâwyr* . . . One who sets free, one who loosens.

rhyddi, gw. **rhwng.**

rhyddiadur [?amr. ar *rheiddiadur*] *eg.* Rheiddiadur: *radiator.*
20g.

rhyddiaith [*rhydd*[1]*+iaith*] *eb.* a hefyd gyda grym ansoddeiriol. Y ffurf arferol ar yr iaith ysgrifenedig neu lafar a wahaniaethir oddi wrth farddoniaeth drwy ei diffyg strwythur mydryddol: *prose.*
1592 S. D. Rhys: *Inst* 135, mywn cerdh dafod . . . (Bagl, bagleu). Eithr mywn *rhydhiaith* . . . ydh arbhêrynt o scribhennu, (Bagyl a bagyleu). **1604–7** *TW* (*Pen* 228) d.g. *prosa.* [**1740**] D. Llwyd: *YDD* 4, Ond y mae yn siccr gennym iddynt gan[u] Hymnau mewn *rhyddiaith. id.* 13, Gosodir hwynt o'n blaen mewn *rhyddiaith. id.* 17, yr uwchder sy mor rhagorol yn y *rhyddiaith* Gyfieithiad. **1770** *TG* ii. 102, Yr hyn a ddywedwyd uchod ynghylch hen eiriau disathr a berthyn yn unig i *Ryddiaith*, (Prose) ac ni amcanwyd mo hono i lywethyrio awen y beirdd. **1785** E. Barnes: *MH* iv, O fwy na Bardd mewn *rhyddiaith.* **1803** *P*, *Rhyziaith*, s. f. . . . prose.

rhyddid, rhydd-did, rhydid, rhydyd [*rhydd*[1]*+-did* (At.), *-dyd* (At.), ?ac *-id*[5] (At.)] *eg.b.* ll. (prin) *rhydidau.*

(*a*) Y cyflwr o fod yn rhydd; meddiant ar hawliau dinesig; annibyniaeth wleidyddol; rhyddfraint (dinas, &c.): *freedom, liberty; civil liberty; political independence; freedom (of a city, &c.).*
13g. *BD* 45, *rydyt* a ordyfnessynt hvy yn gymeint ac na vydynt beth oed geithiwet, a *rydyt* hvnnv (*RB* ii. 83, *rydit* honno) bei as keissei y dvyweu y dvyn y ganthunt y llauurynt vynteu herwyd y gellynt y'v amdiffin. **14g.** *BT* 86, tegwch holl brydein ay hamddiffyn ay chedernyt ay *rydit.* **14g.** *YBH* 58b, a menegi y vot yn caffel y *rydit* ae vywyt yr hynny o da. **15–16g.** *TA* 302, Ewch, yr adar i'ch *rhydyd*, / Ewythr i'r beirdd aeth o'r byd. **1588** *Eseia* lxi. 1, efe a'm hanfonodd i . . . bregethu *rhydd-did* i'r caethion. **1595** *Egl Ph* 92, neu am 'ormesdeyrn, ei bhod yn ordrechwr cybhreithiau, a *rhydhid* y wladwriaeth. **1599 (1677)** R. Holland: *AB* 85, wrth fara . . . y deallir yr holl foddion eraill; megis bwyd, diod, dillad, iechyd, *rhydd-did*, heddwch. **1740** T. Evans: *DPO* 56, i gleimio eu *Rhydd-did* a'i [*sic*] Braint unwaith etto. *c.* **1762–79** W. Williams: *P* 627, heb un cymhelliad, o *rydd-did* meddwl a chydwybod. **1791** Gw. Mechain: *Rh* 6, *Rhyddid* yw achles, a gwinllan fagwriaeth. **1803** *P* d.g. *Rhydid, Rhyzid, Rhyzdid.*

(*b*) Y cyflwr o fod yn rhydd (i weithredu yn ôl dymuniad, &c.), hawl i weithredu felly, caniatâd, cennad, trwydded: *freedom (to act according to desire, &c.), permission, leave, licence.*
12–13g. *GLlLl* 78, Erglyw ui am vuner, ossid / 'Yg canhyad o'th rad, o'th *rydid.* **1346** *LlA* 11, duw

arodes *rydit* vdunt y dethol yda. **1567** *TN* 217b, ac a roes iddaw *rydddit* (**1588** *Act* xxvii. 3, gennad) i vynet at ei gereint. **1593** W. MIDLETON: *B* 16, Hupynt yw mesur a rydd ir bardd *rydid* i ganu. **1603** W. MIDLETON: *Ps* [iv], yn mwynhau hy-lawn gennad a *rhyddid* . . . tuag at hy-fforddi gogoniant Duw. **1604–7** *TW* (*Pen* 228) d.g. *Copia, potestas.* **1699** T. JONES: *TP* 63, fe a feddyliodd a gallai troi ei gefn tuagat Apol-lyon, roddi iddo fŵy o *rydd-did* iw frathu ef. **1716** E. SAMUEL: *GGG* 30, F' roddes Duw i Ddyn, ac i'r Ysbrydion sydd ardderchoccach na Dyn, yn eu Creadigaeth, *rhydd-did* i wneuthur a fynnent. **1759** T. THOMAS: *WWDd* 16, gyd â chyflawn *rydd-did* ei Ewyllys y pechodd efe. **1776** I. BRYDYDD HIR: *P* ii. 33, Ef a ŵyr pob dyn . . . fod ganddo ef *rydd-did* a gallu i wneuthur daioni os myn. *c.* **1785** *IM* 206, Boed *Rhyddid* i bob Cyfaill arwain un Gofwy i'r Cyfarfod. **1803** *P*, *Rhyzid* . . . license, leave. Ar lafar, 'Ro di ormod o *ryddid* i blant, a ma fa'n troi'n ben-ryddid', *GTN* 698.

(*c*) Y cyflwr o fod yn rhydd (oddi wrth gosb, dyletswydd, &c.), rhyddhad, gwaredigaeth, breinryddid, eithriad, gollyngiad; esmwythâd: *freedom* (*from punishment, duty, &c.*), *liberation, deliverance, immunity, exemption, discharge; relief* (*from pain, &c.*).

12g. *GLlF* 441, Yssid rad yn y wlad . . . / . . . / A *rydid* heb ofud, heb ofyn amgen. **12g.** *GCBM* i. 86, Yg goleuad rad *rydid* perffeith. **12–13g.** *GLlLl* 132, Gloewdid a *rydid* gan eu rad—boed teu. **13g.** *LlI* 50, en lle tyr a breynt ohonau, megys kyghelloryaeth neu uaerony neu *redyt.* **14g.** *WM* 85. 18–19, llyma *rydit* yti am y geir adyѳedeist neithѳyr. *c.* **1400** *MM* 90, Ot [e]l sarff yg geneu dyn . . . Trawet arment ar win yn deѳ, ac yuet hѳnnѳ, ac ef a geiff *rydit.* **15g.** *GDLl* 48, A'th weddïaw dithau Ddewi, / Rwydd-dad, a wnaeth *rydd-did* inni. **1567** *TN* [xxxii], Pobl y Testament newydd herwydd dyfodiat Christ a gowson *rhydit* a' gollyngtot o wrth oll ceremoniae. **1604–7** *TW* (*Pen* 228) d.g. *Immunitas, Rudis.* **17g.** E. MORRIS: *B* 20, Un rhyw a nerth yn rhoi'n ol, / I'm [*sic*] *rydid* ymwaredol. **1676** W. JONES: *GB* 13, [ll]wyr-*rydd-did* oddiwrth bechod. **1696** *CDD* 99, pwrcasodd ein *rhydd-did* trwŷ gariad. **1701** E. WYNNE: *RBS* 69, Nid bôd Morwyndod yn sancteiddiach, ond am ei bôd hi yn *rhydd-did* glân oddi wrth ofalon. **1730** (**1755**) E. WYNNE: *PAC* 187, Llawenŷdd Mawr cael *Rhydid* o boen trag'wyddol Gaethfŷd. **1790** T. JONES: *TOS* 1, Perffaith *rydd-did* oddiwrth bob drwg. **1803** *P*, *Rhyzid* . . . immunity, exemption.

(*d*) Penrhyddid, anlladrwydd, trythyllwch; hyfdra, rhyfyg: *licence, licentiousness, dissoluteness; boldness, presumptuousness.*

1595 M. KYFFIN: *DFf* [7], i bob math a'r [*sic*] *rydid* ag anlladrwydd. *id.* [49], nid ydym yn doedyd y dlae dynion fyw mewn *rhydid* a maswedd. **1595** H. LEWYS: *PA* 185, ar anuwiol, fyw mewn rhodres, gwynfyd, a *rhydid.* **1599** (**1677**) R. HOLLAND: *AB* 69–70, y rhai sy'n . . . dewis byw mewn *rhydd-did*, yn ôl eu chwantau drwg ei [*sic*] hunain. **1606** E. JAMES: *Hom* i. 109, Maent felly yn byw fel pe byddai *rhydd-did* cnawdol wir rhydd-did yr efengil. *id.* 207, Ac nid dim llai y dylem ni wachelyd rhag i ni yn rhith Christianogawl rydd-did, gymmeryd *rhydd-did*, i wneuthur y peth a fynnom. **1611** R. SMYTH: *SG* 192, ai meithrino yn gyhoedd yn i *Rhyddit* ai d[r]wgioni. **17g.** HUW MORUS: *EC* i. 339, Yr wy'n ymado, a madws i mi, / a *rhydd-did* afiach, rhaid yw dofi. **1701** E. WYNNE: *RBS* 80, Ffô rhag pôb achlysur a thentasiwnau, a *rhydd-did* cyfeillach (*loosenesses of company*). **1716** E. SAMUEL: *GGG* 76, Ar Dirgeledigaethau Sancteiddiaf hynny a berthynent i Ceres a Bacchus (neu Dad y rhwysc a'r *rhydd-did*) oeddynt cyn llawned ac y gannent o bob aflendid. **18g.** E. T. RHYS: *DA* 4, Rhydd iawn, gall dynion gwaetha'u dawn, / Wrth hyny, dd'wedyd,—/ 'Beth dâl dychwelyd, / Cymerwn *rydd-did*, / O hyd, mewn llwyddfyd llawn'.

(*e*) Gollyngdod (o bechod), maddeuant: *absolution* (*from sin*), *forgiveness.*

14g. *YBH* 59a, a *rydit* a gauas oe holl bechodeu. **14g.** *SC* viii/ix. 183, Beth bynnac hagen a orchymynnwn .i. idaw y gymryt yr *rydit* oe bechodeu ef. **1714** D. LEWYS: *CN* 29, Rhowch Bardwn i'm [*sic*] a *rhydd-did.* **1776** I. BRYDYDD HIR: *P* i. 4, mae 'r enaid wedi rhedeg mewn dyled anfeidrol . . . ac am hynny pa beth bynnag a haeddo iddi *rydd-did* a gollyngdod.

(*f*) Tir comin, cytir, libert, hefyd yn *ffig.*; ?maenor, maenol: *common land,* (*mountain*) *grazing, also fig.*; ?*fief.*

14g. *YBH* 52a, A gwedy bѳyt yd erchi [*sic*] boѳn yr ieirll vynet ar lleilltu y rodi vdunt *rydideu.* **1676** *Cymru* ii. 17, Offeiriadau hoff *rydid* / Llanfer ac Aber i gyd (Siôn Dafydd Las). Ar lafar ym Môn, '*Rhyddid* . . . Lle agored, math ar gomin, libart', *Môn* (1954) 10; 'lle clir bychan yn ymyl adeiladau fferm lle y gyrrir y gwartheg yn y gaeaf tra bydd y porthwr yn rhoi bwyd yn y rheselau a'r presebi. Fe'i defnyddir hefyd i yrru lloi allan am y tro cyntaf', *LlLlM* 101; hefyd ym Meir. yn y ff. *rhydit*, 'Lle porfa defaid ar y mynydd', *Cymru* xxxi. [195]. Cf. *Cymru* iii. 229, Gyda'r defaid yn y mynydd y treuliais y rhan fwyaf o hono. Y mae ein *rhydit* ni ar fron y mynydd mawr.; *Cylchg LlGC* vi 386, The free tenants of the manor of Uwchmynydd likewise claimed that certain portions called 'Tirkyd' alias '*Rhythdid*' were parts of ancient tenements or 'randirs' purposely left open and undivided by coheirs in gavelkind 'for a commodotie of more freedome and easement between them'.

Cfn.: **rhyddid (rhydd-did) ewyllys:** *freedom of will, free will.* **1630** *YDd* 102, [*rh*]*ydd-did ewyllys* at ddaioni. **18g.** E. T. RHYS: *DA* 5, *rhydd-did 'wyllys.* **1775** J. THOMAS: *NBAF* 21, *rhydd-did ewyllys.* **rhyddid (rhydd-id) gwladol:** ?*civil liberty.* **1791** DAFYDD DDU: *A* 41, A rhediad gloywdeg *Rhydid gwladol.* **rhyddid ymadrodd:** *freedom of speech; fluency of speech.* **1794** E. JONES: *MPR* 82, *rhyddid ymadrodd* (fluency of speech).

rhyddidgarol [*rhyddid*+*-gar*+*-ol*] *a.* Yn caru rhyddid: *freedom-loving.*

1848.

rhyddidgarwr [*rhyddid*+*carwr*] *eg.* ll. *-wyr.* Un sy'n caru rhyddid: *lover of freedom.*

1892.

rhyddieithaf: rhyddieithu, rhyddieitha [bf. o'r e. *rhyddiaith*] *bg.a.* Troi'n rhyddiaith; ysgrifennu rhyddiaith; ysgrifennu neu siarad yn rhyddieithol, gwneud yn rhyddieithol: *to prosify, turn into prose; write prose; prosify, write or speak prosaically, make prosaic.*

1916.

rhyddieithedd [*rhyddiaith*+*-edd*[1]] *eg.* Yr ansawdd neu'r cyflwr o fod yn rhyddieithol, natur ryddieithol: *prosaicness.*

20g.

rhyddieithiol, gw. **rhydddieithol.**

rhyddieithog [*rhyddiaith*+*-og*] *a.* Rhyddieithol; pedestraidd: *prosaic; prosy, pedestrian.*

1850.

rhyddieithol, rhyddieithiol [*rhyddiaith* +*-*(*i*)*ol*] *a.* O ansawdd rhyddiaith, tebyg i ryddiaith; wedi ei ysgrifennu mewn rhyddiaith, yn ysgrifennu rhyddiaith; cyffredin, pedestraidd, diflas: *prosaic; written in prose, writing prose; prosy, common, pedestrian, tedious.*

1780 *W*, *Rhyddieithiol* d.g. *Prosaic.* **1803** *P*, *Rhyzieithawl* . . . Prosaic.

rhyddieitholdeb [*rhyddieithol*+*-deb*] *eg.* Rhyddieithedd: *prosaicness.*

20g.

rhyddieithrwydd [*rhyddiaith*+*-rwydd*] *eg.* Rhyddieithedd: *prosaicness.*

20g.

rhyddieithwr, rhyddieithydd [*rhyddiaith*+*-wr, -ydd*[3]] *eg.* ll. *rhyddieithwyr.* Un sy'n ysgrifennu rhyddiaith: *prose-writer, proser.*

1848.

rhyddig[1] [*rhy*[1]+*dig*; dichon mai i *rhyddig*[2] y perthyn rhai o'r enghrau. isod] *a.* a hefyd fel *eg.* Dig iawn; llymdost (e.e. am boen); dicter mawr, atgasedd: *very angry; severe* (*e.g. of pain*); *great anger, hatred.*

14g. *T* 48. 13–14, gorѳyd llemenic. march ryderch *rydic. c.* **1400** *R* 1296. 36, Reidrud y dwylaѳ rydrѳc. yn rydaѳ cof on*rydic.* **15g.** *GLGC* 168, Ofner Rhydderch pan fo yn *rhyddig*, / ofn ei faner ac ofn ei fenig. *Diw.* **15g.** *Pen* 53, 12, orddot y kydernyd *ryddic* yn rydec. **16g.** BEDO HAFESB, &c.: *Gw* 120, Arglwydd arwydd rhwydd nid *rhyddig* / ai araf eiriau ir af orig [i Esgob Bangor]. **16–17g.** *CRC* 364, vchel galon balch wrth frawd / a *rhyddig* gnawd anhyfryd. **1772** *Hop M* 359, Un oedd ef heb Awen ddig, / A roddai fennau *rhyddig.* **1803** *P*, *Rhyzig* . . . Extremely wroth or angry.

rhyddig[2] [amr. ar *rhyfyg, rhyfig*; â'r *-dd-*, cf. *gofuned, goddunad*] *eg.* Rhyfyg, balchder, haerllugrwydd: *presumption, pride, arrogance.*

16–17g. *PCWG* 15, ag y kymerwn i fwy *rhyddig* a hydab i ddilin yn drygioni. **1611** R. SMYTH: *SG* 155, A hefyd ynebdrwy [*sic*] falchder a *rhyddig* (*proud refusing*) a'mwrthyd [*sic*] ufuddhau i Orchymyn yr opheriad. *c.* **1730** *Thos. Lloyd D* (LlGC) 199b, *Rhyddig.* Rhyfig.

rhyddineb [*rhydd*[1]+*-ineb*] *eg.* Rhyddid; gollyngdod, rhyddhad; breinryddid; caniatâd, cennad; parodrwydd, rhwyddineb, rhuglder; llacrwydd; rhyddni('r corff), dolur rhydd: *freedom; release, a loosing; immunity; permission, leave; readiness, facility, fluency; looseness; laxity* (*of the bowels*), *diarrhoea.*

16g. *Yst Kym* 22, A ffan wybu Cordila nad oedd obeth iddi o gael *rhuddineb* [*sic*] na dim anrhydedd. **1604–7** *TW* (*Pen* 228), *rhydhineb* y bola d.g. *proluvies. id.* d.g. *Solutio.* **1707** *AB* 220a, *Rhydhineb*, Liberty. [S]. **1722** *Llst* 189, Rhyddid, *Rhyddineb.* m. Freedom, liberty, leave, immunity. *c.* **1730** *Thos. Lloyd D* (LlGC) 204b, *Rhyddineb.* Laxamentum, proluvies. **1793** N. WILLIAMS: *HM* i. 37, yn y Gwaedlif, neu'r *rhyddineb* cyffredin. **1803** *P*, *Rhyzineb*, s. m. . . . Exemption from restraint, freedom, facility, readiness, fluency.

rhyddïog, gw. **rhy**[1]+**diog.**

rhyddlys, gw. **rhydd**[1]+**llys**[1].

rhyddm, gw. **rhythm.**

rhyddni [*rhydd*[1]+*-ni*] *eg.* Y cyflwr o fod yn rhydd (am y corff), dolur rhydd; ?rhyddid: *laxity* (*of the bowels*), *diarrhoea;* ?*freedom.*

1785 E. BARNES: *MH* iii, Yn saethu eu claer oleuni trwy *ryddni*'r Wybr wenn.

rhyddnodaf: rhyddnodi [*rhydd*[1]+*nodaf*[1]: *nodi*] *ba.* Ffrancio: *to frank.*

1838.

rhyddo, &c., gw. **rhwng.**

rhyddodlaeth [*rhydd*[1]+*odl*+*-aeth*] *e?b.* Mesur di-odl, mesur moel: *blank verse.*

1835.

rhyddoeth, gw. **rhy**[1]+**doeth**[1].

rhyddog, gw. **rhuddog.**

rhyddorol [*rhy*[1]+*dawr*[2]+*-ol*] *a.* Diddorol, o ddiddordeb neu bwys mawr, pwysig: *interesting, of great concern, important.*

1803 *P*, *Rhyzorawl* . . . Of extreme concern.

rhyddras, gw. **rhydd**[1]+**gras.**

rhyddrent, rhydd rent [*rhydd*[1]+*rhent*] *eb.g.* Rhent fechan a delir gan rydd-ddeiliad yn lle gwneud gwasanaeth; gafael cenedl, gafaeledd: *quit-rent; gavelkind.*

[**1783**] *W* d.g. *Rent, Quit-rent.* **1803** *P*, *Rhyzrent*, s. m. . . . Gavelkind. Sil.

rhyddrud, rhyddrwg, gw. **rhy**[1]+**drud**[1], **drwg.**

rhyddwas, rhydd was [*rhydd*[1]+*gwas*[1]] *eg.* ll. *-weision.* Person rhydd; person caeth a ryddhawyd; person penrhydd, oferwr: *free person; freed slave; libertine.*

1604–7 *TW* (*Pen* 228), *rhydhwas* d.g. *Libertus.* **1630** *YDd* 47, ymogoneddu fy mod yn *rhyddwas* (*libertine*). **1680** J. THOMAS: *UN* 42, gwneuthur o Dduw ni yn *rhydd-weision* yn-Grist. **1706** *Cyf Cym* 72, ai caethweision Satan a'i [*sic*] *rhydd-weision* Duw. **1775** *W* d.g. *Libertine.* **1791** GW. MECHAIN: *Rh* 18, ymadawodd a'i frenhinfainc gan ddymuno ar . . . ei *rydd-was* ei ladd ef.

rhyddweithredol, gw. **rhydd**[1]+**gweithredol.**

rhyddwr [*rhydd*+*gŵr*] *eg.* (b. *-wraig*, ll. *-wragedd*) ll. *-wyr.* Dyn rhydd; rhyddfreiniwr (dinas, &c.): *free man, freeman; freeman* (*of a city, &c.*).

16g. *Mos* 148, 481, gwiwlorf llv gorfv ar gyrff / gwalch *rhydd wyr* rvffvdd ryffyrf [marwnad Gwilym ap Gruffudd gan Wilym ap Sefnyn]. **1604–7** *TW* (*Pen* 228) d.g. *Liber.* **1762** *ML* ii. 491, Pa beth a dal dim heb liturgia *rhyddwyr* Nerpwl?

rhyddwys, rhyddygn, gw. **rhy**[1]+**dwys, dygn.**

rhyddymddiddanol, rhyddymofynnol, gw. **rhydd**[1]+**ymddiddanol, ymofynnol.**

rhyddyrch [?*rhy*[1]+yr elf. *dyrch, derch* a welir yn *ardderchog, arddyrchog, gordderch*; cf. yr e. prs. *Rhydderch*; dichon mai ff. neu chwarae ar yr e. hwnnw a geir yn rhai, onid y cwbl, o'r enghrau. isod, sydd i gyd yn dra ansicr, gw. *CA* 201] ?*a.* ?Enwog, hyglod, ardderchog: *famous, illustrious, excellent.*

12–13g. *GLlLl* 188, Tremyn Llywelyn, llyw *rydyrch* —Prydein. **13g.** *C* 50. 2–3, Oef kas gan gwassauc guaessaf *Rydirch.* **13g.** *A* 12. 4, ohaedot en gelwit *redyrch* gwyr not.

rhyddysgrif [*rhydd*[1]+*ysgrif*] *eb.* Derbynneb (lawn): *(full) receipt, acquittance, discharge.*
1821.

rhyeni, gw. **rhieni.**

rhyf [?bnth. dysg. Llad. Diw. *rib*(*es*), cf. *rhyfwydd*] *eg.* (bach. g. *-yn*) ll. *-*(*i*)*on* (un. b. *rhyfonen*). Cyrensen; eirinen Mair, gwsberen; aeronen; ?llwyn cyrans neu eirin Mair: *currant; gooseberry; berry;* ?*currant or gooseberry bush.*

18–19g. Llr C 36, 220, Berry . . . *Rhŷf, Rhyfyn.* **18–19g.** *Llr* C 51, 241, *Rhyfonen Rhyfon* . . . *Rhŷf* . . . ribes, goosberies. **1801** *MMf* 292, Rhibes, *rhyf* . . . *rhyfon.* **1803** *P, Rhyv,* s. m.—pl. t. *ion* . . . a berry; a currant. **1813** *WB* 232, *Rhyf: Rhyfon;* Ribes;— Currant. Ar lafar, '*ryfon*' 'cyrens', *GTN* 699.

Cfn.: **rhyfon cochon, rhyfion cochion:** *redcurrants.* **1801** *MMf* 292, *rhyfon cochon.* Ar lafar, '*ryfon cochon*', *GTN* 699. **rhyfon (rhyfion) duon:** *blackcurrants.* **1801** *MMf* 292, *rhyfon duon.* Ar lafar, '*ryfon duon*', *GTN* 699.

rhyfab [*rhy*[1]+*mab*] *eg.* Person rhy ieuanc: *person who is too young.*

Dchr. **15g.** *IGE*[2] 167, Minnau od wyf, myn y dydd, / *Ryfab* o'th farn, air Ofydd, / Ni lesteiriaf, hoywnaf hy, / Neb i roi ateb yty (Llywelyn ab y Moel). **15g.** (**17g.**) *AL* ii. 576, Tri dyn ni farn cyfraith iddunt fynet yw llw . . . *rhyfab* neu yeuanc.

rhyfagl [gair geir., ?sef *rhy*[1]+*magl*[1]] *eb.* ll. *-au.* Magl: *snare.*

Dchr. **17g.** *J* 10, 14a, *Rhyvagl.* **17g.** *LlGC* 13215, 345, *rhyvagl,* laqueus. **1707** *AB* 220a, *Rhyvagl,* A snare. S. **1725** *SR* d.g. *A Snare.* **1803** *P, Rhyvagyl,* s. f. —pl. *rhyvaglau* . . . A snare.

rhyfain, rhyfaint, rhyfaith, gw. **rhy**[1]**+ main**[1]**, maint**[1]**, maith.**

rhyfalch, rhyfas, rhyfawl, rhyfawr, gw. **rhy**[1]**+balch**[1]**, bas**[1]**, mawl, mawr.**

rhyfawrthin [?amr. ar *rhyferthi* (cf. *rhyferthin*) dan ddyl. *Mawrth*[2] a *hin*[1], ond gw. *GSRh* 104] *eb.* ?Ffrydlif neu storm (ym mis Mawrth), hefyd yn *ffig.*: *torrent or storm* (*in March*), *also fig.*

c. **1400** *R* 1281. 33–4, kat cur rỽyf arthur *ry vaỽrthin* deigyr dwysc. ?**16g.** *IG* 448, Pann ddel Mawrth a'i *ryvawrthin* / a chilio gwynt a chael gwin. **1803** *P, Rhyvawrthin,* s. f. . . . The weather of the beginning of March; the stormy season of the vernal equinox.

rhyfder, gw. **rhefder.**

rhyfedaf, rhyfediaf: rhyfedu, rhyfedio, gw. **rhybediaf: rhybedio.**

rhyfedd [*rhy*[1]+*medd*[2]; ansicr yw dosbarthiad rhai o'r enghrau.] *a.* a hefyd fel *eg.* ll. *-au,* ?*-awr.* Dieithr, od, hynod, anghyffredin; rhyfeddol, i'w ryfeddu, syfrdanol; enfawr, dirfawr, aruthrol, eithafol, gormodol: *strange, odd, unusual, extraordinary; wonderful, wondrous, marvellous; great, immense, extreme, excessive.*

12g. *GMB* 71, Reen nef, mor *ryuet* y ryuetaỽd. **12g.** *GLlF* 49, O heydeis-y ae cleis ae clỽyfant—*ryued.* **13g.** *Cylchg LlGC* v. 60, Ac nyt oed haud barnu ena pa vn uwyhaf ae *ryvedet* e gwyrth gan e bobyl ae entey y lewenydd. **13g.** *GBF* 225, Kyuarchaf y Dduw . . . / . . . / Kynytu canu, canyd *ryuet*—dreth / O draethaỽd gyuannet / Y uoli uy ri. *id.* 356, Dim *ryuedach* ny byd bellach, ny bỽyll eneu. **14g.** *GDG*[3] 49, Pregeth *ryfedd* oedd weddu / Dan hyn o dywerchyn du / Gwybodau, synhwyrau serch, / Gwmpas rodd gampus Rydderch. *Dchr.* **15g.** *GM* 3, Mor *ryued* dy enw yn yr holl dayar. **15g.** *FfBO* 48, dangos ydaw ryw beth dieithyr *ryued.* **15g.** *GDID* 88, Ai *rhyfedd,* amgeledd gwan, / Am dy iechyd, ym duchan? **1551** W. Salesbury: *KLl* viiib, A phawp or a glywei son, oedd yn *ryuedd* ganthunt y petheu a ddywedit yddynt y gan y bugeilieit. **1567** *LlGG* (*Sall*) 16b, Bendigedic vo'r Arglwydd: can ys dangosawdd ei *ryvedd* [:– ddirvawr] garedigrwydd. *c.* **1585** G. Robert: *DC* 31b, Ny wn para vn *ryfedhaf* or dhau beth yma. **1632** *D, Rhyfedd,* Mirus, mirabilis, mirandus. **1632** J. Davies: *LlR* 36, Peth *rhyfedd* ei ystyried ydyw, a pheth a allai beri i ddyn synnu wrth feddwl am dano. **1717** Iaco ab Dewi: *MN* 130, pa fath Eneid *rhyfedd* (*rare*) a fydd gennyf y pryd hynny. **18–19g.** *Llr* C 2, 369, Dimetian Dialect . . . *Rhyfe—rhyfedd.* **1803** *P, Rhyvez* . . . surprising, extraordinary, wonderful, marvellous, strange. Ar lafar gan yr gyff., 'Dyna'r hen ddyn *rhyfedda*' welis i erioed', *WVBD* 470; 'Ma fa'n gweld pethach *ryfadd* ac yn gwed pethach *ryfyddach* byth', 'y *ryfadd* ræd', *GTN* 698. Fe'i clywir hefyd yn yr ystyr 'rhyfeddol o dda', ''Rydw i'n mynd trwy'r gwaith yn *rhyfedd*', ac yn yr ystyr 'niferus, amrywiol iawn', 'Ma pobl *ryfedd* yn gweithio yn y llyfrgell', ''Odd y bwyd *ryfedda*' i' gâl yn y parti' (sir Gaerf.).

Fel *e.* (*a*) Rhyfeddod, person neu beth rhyfeddol, ?gwyrth; y weithred o synnu, syndod: *wonder, wonderful person or thing,* ?*miracle; wonderment, astonishment, surprise.*

9g. (*Juv*) *B* vi. 206, dicones pater har*imed* presen. **12g.** *GLlF* 119, Wy a un Mab Duỽ! maỽr a *ryuet,* / Mor yỽ eilon mygyr, meint y reuet! *id.* 507, *Ryuet* . . . / . . . / Uym myỽ am uy llyỽ ny'm llaỽt. **13g.** *GDB* 451, A'i gweles, gwelynt *ryfeddau*! **13g.** *C* 88. 8, Athrydit *ryuet* yv merwerit mor. **14g.** *WML* 142, Bychan *ryued* kyt bo pedruster yn llys pressenhaỽl can symudant awyd mal awel eluyd. **14g.** *WM* 190. 12–15, *Ryued* maỽr yỽ genhyfi arglỽydes heb ef nat imi y gỽerescynnei dy vrodyr ti y gaer hon. **15–16g.** *GLM* 21, Plas yw'm Môn, Powls am winoedd, / porfa dda. Pa *ryfedd* oedd? **1567** *TN* 392a, mi-rryveddeis a' *rryvedd* mawr [:– yn aruthrol, yn ddirvawr]. **1599** (**1677**) R. Holland: *AB* 16, Nid oes *ryfedd* gan hynny fod Paul yn erchi ir Rhufeiniaid arfer ymdrech mewn gweddi. **1603** E. Kyffin: *Ps* [17], mynegaf d'oll *ryfeddau.* **1701** E. Wynne: *RBS* [iv], A pha ryfeddod er fferri [*sic*] 'n Cariad . . . pa *ryfedd* er oeri'r diwrnod a'r Haul ymron machludo? **1790** T. Jones: *TOS* 193, 'does dim *rhyfedd* iddo ddwyn oddiarnoch y peth a wêl eich bod yn dinystrio eich hunain ag ef. Ar lafar, 'Pwy *ryfadd* fod a wedi blino? Ma fa ar 'i dræd odd ar 'annar awr wedi pedwar y bora 'ma', *GTN* 698.

(*b*) Cyflawnder, helaethrwydd, cyfoeth, ?gormodedd; llu, tyrfa: *plenty, abundance, wealth,* ?*excess; host, throng.*

Dchr. **12g.** *GMB* 30, Gveith reith rysset, gvich ruich *ryuet,* rinuet reen. **12g.** *GLlF* 540, Eil drỽc . . . / Trydyt . . . / Pedweryt, rewyt; pymhed, *ryuet.* **12–13g.** *GMB* 537, Rex ry-s-gollychỽyf, Rỽyf *ryuedeu.* **14g.** *T* 64. 2–3, *Ryfed* hael o sywyd sywedyd. *id.* 70. 5–6, *Ryfedaỽr* yn erulaỽd Anaỽ cant gorỽyd kyn kymun cuneda. *c.* **1400** *B* iii. 12, A glyweist di a gant hyled. / merch kyndrwyn mawr y *ryued.* / nyt roi da a wna tloded. Cf. hefyd [*r*]*yuetgraỽn, GDB* 128.

Cfn.: **rhyfedd o:** *extremely, extraordinarily.* Ar lafar yn y De, '*rhyfedd o* oer', '*rhyfedd o* bert'. **rhyfedd o beth:** *a strange thing, a wonder.* Ar lafar, ''Odd e'n *ryfedd o beth* inni ennill y gystadleueth o gofio pwy odd yn yn herbyn' (sir Gaerf.).

rhyfeddadwy [bôn y f. *rhyfeddaf: rhyfeddu* + *-adwy*] *a.bfl.* Rhyfeddol, i'w ryfeddu, syfrdanol: *wonderful, wondrous, marvellous.*

1730 Iaco ab Dewi: *YL* 125, O Amynedd *rhyfeddadwy.* [**1761**] *GGJ* 59, yn Wynn Disglair *rhyfeddadwy.*

rhyfeddaf: rhyfeddu [bf. o'r *a.* a'r *e. rhyfedd*] *bg.a.* Cael (rhywbeth) yn rhyfeddol, llanw â rhyfeddod neu syndod (at), synnu (at), bod yn syn; mawrygu; synnu (rhywun), syfrdanu: *to wonder* (*at*), *marvel* (*at*), *be amazed* (*at*), *be astonished or surprised* (*by*); *extol; surprise, astonish.*

(*a*) (fel *ba.*: *as tr. vb.*).

12g. *GLlF* 36, Keryd a ryuyd, ny *ryuedaf*—y uot, / O gyfanot clot yr clut alaf. **13g.** *LlC* 28, O deruyd bot a *reuedo* dody keytweyt a guybydyeyt o pleyt er haulur. **13g.** *B* ix. 339, E pab enteu gan gewilid a*ryvedaud* pa ddaroed idav. **13g.** *GBF* 356, Doeth ystyryỽn a *ryuedỽn* ryuedoeu! *id.* 480, O gỽnaethost gammwed, na *ryuedha* / Bot yn dir talu ger bronn yr Iessu. **14g.** *T* 52. 18–19, *Ryfedaf* na chiaỽr / adef nef ylaỽr. **14g.** *YBH* 27b–28a, affan duhunaỽd *ryuedu* anwaeth paham y gwnaethyssit yn vedỽ. *c.* **1400** *YCM*[2] 26, A gwedy gwelet o Chyarlymaen hynny, a' e [*sic*] *ryuedu.* *id.* 79, sef a wnaethant, ffo—nys *ryuedei* arnynt ony bei ynvyt—a'r paganyeit yn eu hymlit. *id.* 186, Y veint vonhedigeidrwyd honno a *ryvedawd* Chyarlymaen yn vawr. **15g.** *BB* 138, *Ryuedu* hynny a oruc pawb or ay gwrandawassei. **15g.** *GDLl* 69, *Rhyfeddu* bûm, rhyw fodd bâr, / Ar Dduw nas llyncai'r ddaear. **15g.** *GDID* 112, Rhai a *ryfeddai,* f'eiddun, / Riain deg, na roi ond un. **1567** *TN* 3[71]b, yn *rryveddu* [:– mawrygu] personae dynion. **16–17g.** *Cer RC* 94, Minne'n *rhyfeddu* howddgared oedd Wengu. **1696** *CDD* 68, *Rhyfeddwn* ei Chwedlau, a'i eiriau'n ei wŷdd. **1714** Iaco ab Dewi: *CB* 14, a *rhyfeddwch* (*admire*) anwybodaeth a symlrwydd y forwyn dlawd. **1768** W. Williams: *HTS* 35, Chwi *ryfeddech* ei yspryd a'i farn ef am sectau. Ar lafar, 'A gwed y gwir, 'own i'n *ryfeddu* 'i weld a 'no', *GTN* 698; ''On i'n *rhyfeddu* bod cymaint o bobol wedi dŵad i'r noson goffi neithiwr'.

(*b*) (fel *bg.*: *as intr. vb.*).

12–13g. *GMB* 529, Ef yn rihyd ryd (ni *ryuedaf*). **1567** *TN* 11a, *rhyveddy* [:– irdangy synny] a wnaeth y popul gan y ddysc ef. *id.* 93b, Pan glypu'r Jesu y pethe hyn, *rhyveddu* a oruc wrthaw. *id.* 392a, mi-*rryveddeis* a' rryvedd mawr. **1588** *Jer* l. 13, pawb a'r a elo heibio i Babilon a synna, ac a *ryfedda* am ei holl ddialeddau hi. **1595** H. Lewys: *PA* 204, Socrates yn ei adfyd, a *ryfeddai,* wrth anghyfiawnder gwyr. **1606** E. James: *Hom* iii. 65, Pwy a ddichon lai nâ *rhyfeddu* wrth glywed ddarfod i Dduw ddangos y fath gariad. **1687** (**1715**) J. Owen: *TB* [vi], Diben y llyfran hwn yw, nid peri i ti *ryfeddu* wrth ei ddarllen, ond i gyffroi ynoti ofn parchus tuag at yr Arglwydd. **1724** S. Williams: *ADA* 117, Y mae dynion yn gyffredin yn *rhyfeddu* am bethau sy ym maes o hŷd cyrraedd iddynt. **18–19g.** *HAG* 114, *Rhyfeddu* a wnai a mawr ryfeddod. Ar lafar, ''Wi'n *ryfeddu* atoch chi yn cynllunio siŵd glwddach am ddinnon erill', ''Wi'n synnu ac yn *ryfeddu* amdenyn' nw', *GTN* 698; ''On i'n *rhyfeddu* pan glywish i 'i bod hi 'di rhoi'r gora i'w swydd'.

Cfn.: **rhyfeddu ar** [cf. *synnu ar*]: *to marvel, be amazed* (*with the logical subj. governed by the prep.* '*ar*'). **1551** W. Salesbury: *KLl* xxixb, nyd atebadd Ieshu ddim / mal y *ryveddadd ar* Pilat (**1588** *Marc* xv. 5, rhyfeddodd Pilatus). **i('w) ryfeddu:** *thorough*(*ly*), *exceeding*(*ly*); *utter*(*ly*); *amazing*(*ly*), *wonderful*(*ly*). **1743** D. Rowland: *T* 84, yr hyn yn wir sy yn beth cariadus *i'w ryfeddu.* **1770** *TG* ii. 56, fe ddaw yno, gyd â bendith, gnwd *i'w ryfeddu.* **1777** W. Williams: *TEA* 73, Effeithiau drwg *i ryfeddu.* **1793** *Cylchg* 179, safasant yn hir *i ryfeddu* yn erbyn cynnifer o elynion. Ar lafar, 'Fe ddath 'na dyrfa *i r'feddu* i'r gêm llynedd'.

rhyfeddaidd [*rhyfedd*+*-aidd*] *a.* Rhyfedd, rhyfeddol: *strange, wonderful.*

16g. *Def Hen* 61, *rhyfeddaidd* ddiarth clipsiaû ar yr haul a'r lloer. **1605–10** *Haf* 24, 585, nid ydiw [darllen] yn blino yr dalltwriaeth trwy vlinawl fyfyriad: eythyr yn i llymhau trwy yr fath *ryfeddaidd* gynyddiad.

rhyfeddbeth [*rhyfedd*+*peth*] *eg.* ll. *-au.* Rhyfeddod, peth rhyfeddol: *marvel, wonder.*

1701 E. Wynne: *RBS* 214, ni dam [*sic*] y gwrthiau, nid am *ryfedd-betheu.* *c.* **1730** *Thos. Lloyd D* (LlGC) 199b, *Rhyfeddbeth* . . . Mirandum.

rhyfeddeb [*rhyfedd*+*-eb*] *eb.* Ebychnod; ebychiad (o ryfeddod) (hefyd fel term rhethregol): *exclamation mark; exclamation* (*of wonder*) (*also as a term in rhetoric*).

1595 *Egl Ph* [70], Y Dhvlh gyntabh, pan bho 'r araithiwr ar ei ymadrodh yn rhybhedhu am ryw beth. Hi a elwir *Rhybhedheb.* *c.* **1730** *Thos. Lloyd D* (LlGC) 205b, *Rhyfeddeb.* Thaumasmus. **1803** *P, Rhyvezeb,* s. f. . . . Exclamation, admiration; a term in rhetoric. Cf. W. Owen[-Pughe]: *CIG* 16, *Rhyfeddeb,* neu ryfeddnod . . . !.

rhyfeddfawr [*rhyfedd*+*mawr*] *a.* Rhyfeddol (iawn); cyfoethog, goludog: (*very*) *wonderful or wondrous; rich, wealthy.*

c. **1400** *R* 1040. 28–9, Neum rodes i run *ryued*[*u*]*aỽr* cant heit achant ysgỽydaỽr. *c.* **1585** *Llst* 178, 55b, yr oedd moat ney glawdd *rhyfeddfawr* ofnys i edrych arno oddi amgylch yr llys. **1588** *Tob* xii. 21, *rhyfeddfawr* weithredoedd Duw. **1588** 2 *Mac* vii. 20, y fam oedd yn *rhyfeddfawr* ragorol. **1618** J. Salisbury: *EH* 242, Di-amme yw, mae peth *rhyfedh-fawr* ydiw; ond mawr hefyd a rhyfedh yw galhu Duw. **17g.** E. Morris: *B* 48, Dy degwch *rhyfeddfawr,* a'th rinwedd rhianwawr. *c.* **1730** *Thos. Lloyd D* (LlGC) 204b, *Rhyfeddfawr.* Admirandus. **1780** *W Jew* d.d., *Rhyfeddfawr* Newydd oddiwrth Americca.

rhyfeddfyd, gw. **rhyfedd+byd**[1]**.**

rhyfeddgar [*rhyfedd*+*-gar*] *a.* ?a hefyd gyda grym enwol.

(*a*) Wedi synnu, syn: *amazed.*
1805.

(*b*) ?Goludog, yn chwennych neu'n ceisio golud: *wealthy, desiring or seeking wealth.*

13g. *GDB* 128, Pedweryt rewyt *ryuetgar* / Ryuetgraỽn rylaỽn, rylauar.

rhyfeddgrawn, gw. **rhyfedd+crawn.**

rhyfeddiad [bôn y f. *rhyfeddaf: rhyfeddu*+ *-iad*[1]] *eg.* Y weithred o ryfeddu, syndod: *wonder*(*ment*), *astonishment.*

1595 M. Kyffin: *DFf* [44], llenwi llygeid y gynlleidfa drwy *ryfeddiad* lled-ynfyd a choegferedd. **1632** *D* d.g. *Miratio.* *c.* **1700** *DDdA* 4, Mewn sanctaidd *ryfeddiad.* **1713** R. Llwyd: *YG* 6, A chan gyffroi eich

Eneidiau fel hyn i ymwrthod yn llwyr a chwi E[i]ch hunain ac ir gradd uchaf o *Ryfeddiad* a Pharchedigaeth ir Holl Alluog Dduw. **1773** *SBS* 93, gan *ryfeddiad* o'r cyfiawnder . . . yr oedd yr Arglwydd yn ei ofyn. **1794** *W* d.g. *A wondering.*

rhyfeddnod [*rhyfedd+nod*[1]] *eg.* ll. *-au.* Ebychnod, hefyd yn *ffig.*: *exclamation mark, also fig.*

1605–10 *GP* 205, Dibennu yr ymadrodd a wna gofynnod ?, *Rryfeddnod* !. *c.* **1730** *Thos. Lloyd D* (LlGC) 205b, *Rhyfeddnod* . . . Nota admirationis. **1788** J. Roberts: *AR* d.d., *Rhyfedd-nôd*, â'r Nôd ymholiad, / Nôd sêl-frwd, a wiria gariad. **1793** *Cylchg* 58, (!) *Rhyfedd-nôd*, a arwyddoccâ fod yr ymadroddion o'i flaen yn cynnwys ynddynt rhyfeddod. Cf. R. Davies: *GC* 99, *Rhyfeddnod* (!) yr hwn a arferir pan fydd yr ymadrodd blaenorol yn cynnwys rhyw neilltuolrwydd i'w ryfeddu; D. Owen: *RL* 345, a chododd ei ddwy glust i fyny fel dau *ryfeddnod*!!

rhyfeddod [*rhyfedd+-awd*[4], *-od*] *eg.b.* ll. *-au, -ion.* Person neu beth rhyfedd(ol), syndod, gwyrth; yr ansawdd neu'r cyflwr o fod yn rhyfedd(ol), aruthredd, hynodrwydd; y weithred o ryfeddu, syndod: *strange or wonderful person or thing, wonder, marvel, prodigy, miracle; wonderfulness, tremendousness, remarkableness, singularity; wonderment, astonishment, surprise.*

9g. (*Juv*) *B* vi. 206, gur dicones *remedau[t]* elbid. **12g.** *GMB* 71, Reen nef, mor ryuet y *ryuetawd*. **12g.** *GCBM* ii. 179, A'e gweles, gwelei *ryuetawd*. **13g.** *GBF* 356, Doeth ystyrywn a ryuedwn *ryuedodeu*! **14g.** *T* 31. 14–15, Atvyd *ryfedawt*. gwr gan verch y vrawt. **1346** *LlA* 115, Ar gwyrth ar *ryuedawt* hwnnw aoruc duw er dewi yn llanndewivreui. **14g.** *WM* 42. 27–8, A*reuedawt* rygyueryw ami. *c.* **1400** *RB* ii. 213, Ac erchi llad y benn o vedwyr. ae rodi ar vn or gweisson y dwyn y plith y llu oe dangos yn *ryfedawt* (*BD* 170, anryuedavt). **15g.** *GDID* 81, Er breugerdd y rhoist aur a bragod / . . . / A phob rhyw fudd a phob *rhyfeddod*. **16g.** (*LlEG*) *Mos* 158, 37b, kymerth brenin *Ryuedd/od* mawr y[n] ddo [*sic*] I hun o lewdwr ac vthred y bobyl. **1567** *LlGG* 7b, Cenwch ir Arglwydd ganiad newydd, canys gwnaeth ef *ryfeddodion*. **1567** *TN* 388a, Ac ef y wnaeth *rryfeddodey* mawr. **1588** *Deut* xiii. 1, a rhoddi it arwydd neu *ryfeddod*. **1632** *D*, *Rhyfeddod*, Mirum, miraculum, admirandum. **1632** J. Davies: *LlR* 433, Yr oedd Moysen ac Aaron, dau *ryfeddod* y byd, mewn awdurdod oruchel a ffafor gyda Duw. **1657** *MLl* ii. 104, Yn datcuddio *rhyfeddodion*. **1723** E. Samuel: *PDdC* 103, hwy a gollasent gyfleusdra dedwyddol i wneuthur *rhyfeddod* fawr. **1728** T. Baddy: *DDG* 133, [rh]yw fath ar *Ryfeddod*, îe, o gymmaint cymmeriad a hwnnw o darro'r Graig am Ddwfr gan Moses. **1778** J. Hughes: *BB* 109, Ond maent yn dyfod yn ol y ddefod, / I ddisgwyl canfod *rhyfeddod* ynddo fe, / Sydd well gan feddwl gwibiog, / Na Christ eneiniog ne. **18–19g.** *HAG* 114, Rhyfeddod a wnai a mawr *ryfeddod*. **1803** *P*, *Rhyvezawd*, s. f.—pl. *rhyvezodau* . . . What is surprising or extraordinary, a rarity; a wonder, a miracle. Ar lafar, 'Ma reini sy'n trafaelu'r byd yn gweld siaw o *ryfeddota*', 'Ma'r peth yn *ryfeddod* mawr i fi', *GTN* 698; 'o bob *rhyfeddod*!' 'wonderful to relate!', *WVBD* 470.

Cfn.: **digon o ryfeddod:** *wonderful, marvellous, 'pretty as a picture'; extremely.* **1936.** Ar lafar yn y Gogledd, 'Mae'n oer *digon o ryfeddod*', *WVBD* 470; 'Pwy nath addurno'r gacan 'Dolig? Ma hi'n *ddigon o ryfeddod*'; ''Welist ti babi drws nesa'? Mae o *ddigon o ryfeddod*'.

rhyfeddodus [*rhyfeddod+-us*] *a.* Rhyfeddol, i'w ryfeddu, syfrdanol: *wonderful, wondrous, marvellous.*

1567 *TN* 353b, rrinweddau y neb ach galwodd o dywollwc yw *ryfeddodys* 'oleuni ef. **1578–85** *Rhyddiaith Gymraeg* ii. 75, drwy grevlon ddioddefaint a brynnaist yn *rryfeddodys* baradwys yni. **1617** *Minsheu* 385b, Prodigious . . . *Rhyfeddodus*. **1657** *MLl* ii. 27, yn ddelw oi wrthiau *rhyfeddodus*. **1722** E. Lloyd: *MC* 49, gweled fôd Duw mor anfeidrol, mor *rhyfeddodus*, ac mor gariadus. *c.* **1730** *Thos. Lloyd D* (LlGC) 205b, *Rhyfeddodus* . . . Mirus. Cf. *SE MS* 446a, *Rhyfeddodus*, a. wonderful.

rhyfeddol [*rhyfedd+-ol*] *a.* ll. *-ion*, a hefyd gyda grym enwol ac adferfol. Yn peri rhyfeddod neu syndod, i'w ryfeddu, syfrdanol, gwyrthiol, anghredadwy, anghyffredin; *Gram.* yn mynegi rhyfeddod (am ebychiad): *wonderful, wondrous, marvellous, amazing, miraculous, incredible, extraordinary; expressing wonder (of an interjection).*

1346 *LlA* 102, Nerthoed nefolyon yw neb rei rinwedeu. neu wrthyeu *ryuedolyon* awnel lluossogrwyd egylyonn yny byt yma. **15g.** *GDLl* 142, Rhai draw o dwyll, rhai drwy dân, / *Rhyfeddol*, rhai a foddan'. **15–16g.** *GLM* 37, Ond *rhyfeddol* draw fyddai, / heb wlychu troed, balched rhai? *p.* **1584** G. Robert: *GC* [192], taflodiad sydd rann o'madrodd, yn arwyddhau ysmudiad disymwth . . . a rhai sydd *Rhyfeddawl*. nawdd duw . . . Gofidiawl; ochfi. **1588** *Eseia* ix. 5, gelwir ei enw ef *Rhyfeddol*. **1595** H. Lewys: *PA* 162, Elias a borthwyd yn *rhyfeddol* gann gigfrain. **1618** J. Salisbury: *EH* 26, y modh newydh, gwrthfawr, *rhyfedhawl*, o ymgnawdolieth Mâb Duw. **1632** *D* d.g. *Incredibilis, Mirabilis, Mirificus*. **1632** J. Davies: *LlR* 48, y gospedigaeth *ryfeddol* a roed ar Addaf. **1687** (**1715**) J. Owen: *TB* 11, Canodd allan y geirieu hyn mewn modd *rhyfeddol*, ac a llais anarferol. [**1740**] L. Anwyl: *CA* [i], yn ddieithr *rhyfeddol* ir ddyledswydd fawr honno. **1759** J. Evans: *PF* 45, daw'r Dwfr allan or Chŵydd yn *rhyfeddol* (*incredibly*). **18–19g.** *Llr C* 54, 245, drwy allu a chynnorthwy Dieifl y gwna efe ei holl *ryfeddolion* o weithredoedd. **1803** *P*. Ar lafar, ''Rodd o'n wydyn *ryfeddol*', *WVBD* 470; ''Odd 'i'n *rhyfeddol* sut doth hi i ben hefo'r holl waith 'na' (Arfon).

rhyfeddoldeb [*rhyfeddol+-deb*] *eg.* Yr ansawdd neu'r cyflwr o fod yn rhyfeddol; y weithred o ryfeddu, syndod: *wonderfulness, marvellousness; wonder(ment), astonishment.*

1797 B. Evans: *CG* 129, [*rh*]*yfeddoldeb* grâs yn ymweled â'r cenhedloedd. **18–19g.** *MA* iii. 204, Tri pheth byr eu parâad: *rhyveddoldeb*, gwagogoniant, a thegwch ieuenctid. **1803** *P*, *Rhyvezoldeb*, s. m. . . . Extraordinariness; miraculousness; marvellousness.

rhyfeddolrwydd [*rhyfeddol+-rwydd*] *eg.* Rhyfeddoldeb; y weithred o ryfeddu, syndod: *wonderfulness, marvellousness; wonder(ment), astonishment.*

1780 *W* d.g. *Prodigiousness.* **1803** *P*, *Rhyvezolrwyz*, s. m. . . . Wonderfulness.

rhyfeddus [*rhyfedd+-us*] *a.* Rhyfeddol, i'w ryfeddu, syfrdanol: *wonderful, wondrous, marvellous.*

1552 *Pen* 403, 27, mi ai mynaga i mawr *ryveddus* ddiweirdeb. **1609** R. Smyth: *CAC* 34, a thrwy *ryfeddus* ddoethineb. **1635** *Cylchg LlGC* iii. [69a], Dechrevad A *Rhyfeddvs* Esmvdiad Eglvvys yr Arglvvyddes Fair o Loreto.

rhyfeddwaith, gw. **rhyfedd+gwaith**[1].

rhyfeddwch [*rhyfedd+-wch*[1]] *eg.* Rhyfeddod, syndod: *wonder, surprise.*

14g. *RC* xxxiii. 211, yr hynn a welsei o *ryveduch* ac ovyn. *c.* **1400** *YCM*[2] 10, *Ryuedwch* mawr, a llewenyd mawr, a lles mawr y eneiteu. *id.* 52, Balch iawn yw dy eiryeu, a heb estwng o dim, a *ryuedwch* mawr yw or deuant yn da ytt. **15g.** (**17g.**) *AL* ii. 662, Trydydd *ryfeddwch* a wna dyn mynet yn arddel y arall am ledrat. **15g.** *BB* 120, *ryuedwch* mawr oed gan bawb pabeth awnay hynny. **1608** *RWM* i. 1040, Pawl a gyvieithir yn eneu trwmp; neu yn eneu wynt: neu etholedic ryvedd: neu yn *ryueddwch* etholyat. **1769** Twm o'r Nant: *TChD* 20, Rwi'n ceulo 'mhôb Calon, yn Foddion *Rhyfeddwch*.

rhyfeddwr, rhyfeddydd [bôn y f. *rhyfeddaf*: *rhyfeddu+-wr, -ydd*[3]] *eg.* (*b. rhyfeddwraig*) ll. *rhyfeddwyr*. Un sy'n rhyfeddu; edmygwr: *wonderer; admirer.*

1604–7 *TW* (*Pen* 228), *rhyvedhwr* d.g. *Admirator*. *id.* *Rhyuedhwr* d.g. *Mirator*. *id.* *Rhyvedhwraic* d.g. *Miratrix*. [**1740**] D. Llwyd: *YDD* [iii], ag nid oes arno fyth eisieu *rhyfeddwyr* a chanlynwyr. **1794** *W*, *Rhyfeddwr, rhyfeddydd* d.g. *Wonderer*.

rhyfeirig, gw. **rhydderig.**

rhyfel, *eg.b.* ll. *-oedd, -au, -on, -ydd.* Gwrthdaro arfog rhwng cenhedloedd, gwladwriaethau, &c., rhyfela, gwrthdaro, brwydr, hefyd yn *ffig.*: *war(fare), conflict, battle, also fig.*

Dchr. **12g.** *GMB* 7, *Ryuel* dywal, Vrien haval, arial vytheint. **12–13g.** *GLlLl* 26, Dydel, kyn *ryuel* y rott a mi, / Engyl tagneuet tanc heb drengi. **13g.** *GDB* 451, Gwelsam-ni fab Hywel yn *rhyfelau*. **13g.** *GBF* 380, A'th big fawr yn awr yn y *rhyfel*—taer. **14g.** *GDG*[3] 115, Gwedy dêl, prif *ryfel* praff, / Dros ei phen wybren obraff [am yr haul]. *id.* 187, Pan ddêl ar ôl *rhyfel* rhew, / Pill doldir, y pall deildew. **14g.** *DGG*[2] 124, Rhy syml, *rhyfel* bugelydd / A son o'r neuadd y sydd (Madog Benfras). *c.* **1400** *Cy* vii. 137, Tri *ryuel* yn hedwch. dryctir. a drycvreic. a drycarglwyd. **15g.** *FfBO* 42, rwng y brenhin hwnnw a brenhin mawr arall . . . y byd, [*sic*] mynych *ryuel*. **15g.** *GLGC* 258, a'i filwr ymlaen *rhyfeloedd*—Anghred / a dry'n agored yr hen gaeroedd. **16g.** Siôn Brwynog: *Gw* 175, *Rhyfel* fawr rhyw ofal fu, / Naw carennydd yn crynu. **1567** *TN* 39a, Ac e vydd i chwi glywed am *ryveloedd* a' sonion am *ryveloedd*. **1632** *D*, *Rhyfel*, Bellum, pręlium, militia. **1696** *CDD* 60, Cometau, *Rhyfelon*, mae cŵynion i'n cô. **1716** E. Samuel: *GGG* 195, Dyscawdwyr Crefydd Mahomet . . . nid oes gan eu Hathrawon hwynt un Rheswm gwell am Odidowgrwydd eu Crefydd na llwyddiant eu *Rhyfeloedd*. **1744** *CM* 120, Eliwl Eystul ar holl ystormydd / A fydd yn fintai mewn *rhyfelydd*. **1803** *P*, *Rhyvel*, s. m. . . . War, warfare. Ar lafar, '*rhyfal*, s.m.f., pl. *rhyfelodd*' 'war', *WVBD* 470; ''Wi'n cofio tair *ryfal* yn 'y mywyd i', *GTN* 698; 'Ma gobaith ennill y *rhyfal* yn erbyn anghyfiawnder yn Ne Affrica 'rŵan fod mwy o hawlia gan y dyn du'.

Cfn.: **rhyfel byd:** *world war.* **20g.** Ar lafar, ''On i'n meddwl bod y trydydd *rhyfel byd* wedi cychwyn pan glywish i'r cathod yn paffio'. **y Rhyfel Byd Cyntaf:** *the First World War.* **20g.** **rhyfel cartref:** *civil war, also fig.* **18–19g.** *Llr C* 73, 106, *Rhyfel Cartref* yn bla maith / Bu'n erchyll waith y Bradon. **rhyfel cartrefol (gartrefol)** = **rhyfel cartref.** **1606** E. James: *Hom* iii. 270, *rhyfel gartrefol*. **1677** C. Edwards: *FfDd* 169, [*rh*]*yfel cartrefol*. *c.* **1762–79** W. Williams: *P* [319], hi dorrodd allan yn *rhyfel gartrefol* rhyngthynt. **rhyfel y Groes:** *crusade.* **1772** *W* d.g. *Croisade.* **rhyfel cyfiawn (gyfiawn):** *just war.* **1658** R. Vaughan: *PS* 77, Gweddi i filwr mewn *Rhyfel gyfiawn*. **Rhyfel y Degwm:** *Tithe War.* **1887.** **rhyfel dosbarth:** *class war(fare).* **20g.** **rhyfel gwladol (wladol):** *civil war.* **1775** *CY* 9, [*rh*]*yfel gwladol*. **y Rhyfel Mawr (Fawr):** *the Great War, the First World War.* **1921.** Ar lafar, '*y Ryfal Fawr*', *GTN* 698. **Rhyfel(oedd) Napoleon:** *the Napoleonic War(s).* **20g.** **rhyfel niwclear:** *nuclear war.* **20g.** **rhyfel oer:** *cold war, also fig.* **20g.** **Rhyfel Owen (Owain):** *the Revolt of Owain Glyndŵr, also fig.* **1620** *Mos* 204, 119, Ni weled y cyvriw, er pan vu *ryvel Owain*. **1693** *Cylchg LlGC* xvii. 188, our countrey People upon any clamorous broils & scuffles, cry out, Hi aeth yn *Rhyfel Owen*. *c.* **1700** E. Lhuyd: *Par* i. 78, Ty Andrew Brithel, yr hwn sydd a'r [*sic*] i draed er amser *Rhyvel Owen*. **rhyfel bapur:** *dispute conducted in writing, paper war.* **1863.** **rhyfel bentan:** *violent domestic quarrel, ?all-out war.* **1740** *ML* i. 24, Mae'r gair yma eu bod [Ffrancwyr] yn taro gyda'r Spaeniaid . . . ag y bydd *rhyfel bentan* rhyngom. **1757** *id.* ii. 28, Mae hi'n *rhyfel bentan* yn Sir Aberteifi rhwng Abermaid a Llanfair y Clywedogau, 140 men of a side or more . . . Llanfair hath strong allies: colliers from Pembrokeshire, miners of Esgair y Mwyn, Grogwynion, Llwyn y Gwyddyl, Lewis Llanychairon, etc., all under armes. Ar lafar. **Rhyfel(oedd) y Rhos:** *War(s) of the Roses.* *c.* **1470** (*c.* **1600**) *BM* 35, 57a, mae enyd er ymaros / hyd pen ddel *rhyfel y rhos*. **Rhyfeloedd y Rhosynnau:** *Wars of the Roses.* **1937.** **rhyfel sanctaidd:** *holy war.* **1866.** **rhyfel teisban:** *civil war, internecine war.* *c.* **1400** *J* 1, 1066, Gwaethaf ryuel, *ryuel teispan*. **18–19g.** *Llr C* 73, 181, *Rhyfel Teisban* neu Gartrefol amser Olfir Grwmwel. **rhyfel ysbrydol:** *holy war, spiritual warfare.* **1744** D. Rowland: *RY* d.d. **yr Ail Ryfel Byd:** *the Second World War.* **20g.**

rhyfelaeth [*rhyfel+-aeth*] *e?b.* Rhyfel(a); gwyddor rhyfel: *war, warfare (also as field of study).*

1800 Gw. Mechain: *Gw* i. 323, Cur o golled, ac argyllaeth / Oer i filoedd, yw *rhyfelaeth*.

rhyfelaf: rhyfela, rhyfelu [bf. o'r e. *rhyfel*; ansicr yw ystyr a phrth. engh. [*RB*] *WM*, gw. *BRh* 31, *GDG*[3] 523] *bg.* a hefyd gyda grym enwol i'r be. Ymladd rhyfel, gwneud rhyfel, milwrio, ymladd, brwydro, hefyd yn *ffig.*: *to war, wage war, fight, also fig.*

1346 *LlA* 46, pann yttoedd gwyr babilon yn*ryuelu* ar garusalem. **14g.** *YBH* 36a–b, Ae ryuelwyr ywch i ac agymero da yr *rywelu* ac os ef mi ae rodaf ywch wrth ywch ewyllus. **14g.** *Cylchg LlGC* vi. 173, py achaus y *ryuely* di arnam. **14g.** *BT* (*RB*) 76, ac y *ryuelawd* y uab yn erbyn y brenhin. **14–15g.** *IGE*[2] 149, Pan ddêl, er ein *rhyfelu*, / Corn dyddbrawd, ar giwdawd gu / I'n dwyn fel yn oed unawr / Y dydd i'r un mynydd mawr [Gruffudd Llwyd i Dduw]. *c.* **1400** [*RB*] *WM* 202. 24–5, a gwrwrach yn *ryuelu* ar y neillparth. *c.* **1400** *YCM*[2] 102, Ny *ryuela* na Sarassin na phagan yn yn herbyn weithon. **15g.** *GLGC* 128, Ef a â eilwaith pan *ryfelid* / o flaen ei luoedd pan gyflenwid. **1567** *TN* 353b, ymgedwch o ddiwrth trachwantayr cnawd, rrain sy yn *rryfela* yn erbyn yr enaid. **1632** *D*, *Rhyfela*, & *Rhyfelu*, Bellum gerere, pręliari, belligerare. **1696** *CDD* 86, Cais dithe gan hynny yn filen *ryfelu*, / Tan faner Christ Jesu. **1716** J. Morgan: *LlT* 31, *rhyfelwch* yn wrol. **1790** T. Jones: *TOS* iv, o herwydd fod Crist a'i bobl yn *rhyfela* 'n erbyn pechod, a phechod yn y ddraig a'i hîl yn *rhyfela* 'n erbyn Crist. *id.* 128, mae gwahaniaeth rhwng chwar'yddion yn gwatwar *rhyfela*, a milwyr yn ymladd am eu bywyd. **1803** *P* d.g. *Rhyvela, Rhyvelu*. Ar lafar, 'Ma'r 'en wletydd mawr yn *ryfela* yn rwla yn y byd byth a beunydd', *GTN* 698.

Amr.: **rhefela.** **16g.** *Yst Kym* 34. **rhefelu.** **16g.** *Yst Kym* 39.

rhyfelaidd [*rhyfel+-aidd*] *a.* Milwrol; milwriaethus (am yr Eglwys); (geir.) rhyfel-

gar: *military*; *militant* (*of the Church*); (*dict.*) *warlike*.
1604–7 *TW* (*Pen* 228) d.g. *Bellifer.* **1605–10** *Haf* 24, 465, Os mewn kynhyrfiad a chofiad a chyfflybiad or hwn, yn yr honn *ryfelaidd* [:– filwraidd] eglwys i gwasnaethwn Dduw bendigedic a llais yn safnae dayarol.

rhyfelawd [bôn y f. *rhyfelaf*: *rhyfela*+ -*awd*^{4}] *eg.b.* Rhyfel, rhyfelgyrch, hefyd yn *ffig.*: *war, campaign, also fig.*
1803 *P*, *Rhyvelawd*, s. m. . . . A hostile act.

rhyfelbaid [*rhyfel*+*paid*^{1}] *eg.* Cadoediad: *cessation of hostilities, armistice, truce.*
1852.

rhyfelbeiriant, gw. **rhyfel+peiriant.**

rhyfelblaid [*rhyfel*+*plaid*] *eb.* ll. -*bleidiau.* Gwlad, &c., sy'n rhyfela: *a belligerent* (*nation*, *&c.*).
16g. HUW ARWYSTL: *Gw* 483, ple bv / n / kwngkwerv kaink iach o iarllblaid / i fwrw chwydd dvgiaid feirch oedd degach / ple kaid *rhyfelblaid* tra fv iach yw ddydd / er llowio mevyssydd iarll rymvssach.

rhyfelbren [gair geir., sef *rhyfel*+*pren*] *eg.* Bwa (saethu); baner, lluman, ystondard: *bow* (*for shooting arrows*); *banner, standard.*
1547 *WS*, *Ryfelbren* bwa A bowe. *c.* **1588** *B* ii. 237, *ryvelbrenn*, bwa. **1604–7** *TW* (*Pen* 228), *rhyvelbren* bychan d.g. *Arcellus.* *id.* gwr yn dwyn *rhyuelbren* seuthu d.g. *Sagittarius.* *Dchr.* **17g.** *J* 10, 14a, *Rhyvelbren.* Standard. Vexillum.

rhyfeldaith [*rhyfel*+*taith*] *eb.* Ymdaith filwrol: *military expedition.*
1773 *W* d.g. *Expedition* [*in Military affairs*].

rhyfeldan, rhyfeldir, rhyfeldwrf, gw. **rhyfel+tân, tir, twrf.**

rhyfeldymor [*rhyfel*+*tymor*] *eg.* ll. -*dymhorau.* Rhyfelgyrch, hefyd yn *ffig.*: (*military*) *campaign, also fig.*
1810.

rhyfelddawns, gw. **rhyfel+dawns.**

rhyfelfa [*rhyfel*+-*fa*, *ma*] *eb.* ll. -*feydd.* Maes y gad, lle rhyfela; brwydr: *battlefield, theatre of war*; *battle.*
17g. *BM* 47, 35b, Fe aeth y meth soweth ys ennyd or wlad / yn y le doeth gofyd / *Rhyfelfa* ryw ofalfyd / trist ar bawb tros dir y byd. [**1783**] *W* d.g. *The scene . . . of war, Seat . . . of war.* **1803** *P*, *Rhyvelva*, s. f.—pl. *rhyvelvëyz* . . . A seat of war.

rhyfelfaes, rhyfelfarch, rhyfelfawr, rhyfelfloedd, gw. **rhyfel+maes^1, march, mawr, bloedd.**

rhyfelfodogion [*rhyfel*+*bodog*+-*ion*^{2}] *e.ll.* Milwyr profiadol, milwyr dibynadwy: *veterans, dependable soldiers.*
13g. *A* 26. 21–2, rac carneu riwrhon. *ryveluodogyon.*

rhyfelfryd, rhyfelfwyall, gw. **rhyfel+bryd, bwyall.**

rhyfelgad [*rhyfel*+*cad*^{1}] *eb.* Brwydr, rhyfel; mintai (o filwyr): *battle, war*; *troop* (*of soldiers*).
1604–7 *TW* (*Pen* 228) d.g. *Agon, Clades, prælium.* **1658** R. VAUGHAN: *PES* 31, rhai . . . a dybient weled dwy *ryfelgâd* yn yr awyr. **1770** *W* d.g. *An action* [*fight*].

rhyfelgan [*rhyfel*+*cân*^{1}] *eb.* Cân ryfel, hefyd yn *ffig.*: *battle-song, battle-hymn, also fig.*
1863.

rhyfelgar [*rhyfel*+-*gar*] *a.* Yn bygwth rhyfel, awyddus am ryfel, tueddol i ryfela, gelyniaethus, ymosodol, ymladdgar, militaraidd, yn hyrwyddo neu'n pleidio rhyfel; yn perthyn i ryfel, milwrol: *warlike, bellicose, belligerent, combative, militaristic, warmongering*; *pertaining to war, military.*
13g. *GBF* 603, Gwr a wnayth a g6ayw gwyar—yn cochi / 6ch Aber Teiui, ri *ryuelgar.* **14g.** *T* 29. 23–4, rieu *ryfelgar* ge6heruа6c. *id.* 56. 17, *ryfelgar.* r6ysc. **14g.** *H* td. 350, rwyf ryuyc *ryuelghar.* **1588** 2 *Sam* viii. 10, gŵr *rhyfelgar* oedd Hadarezar. **1588** 1 *Br* ii. 5, efe ai lladdodd hwynt, ac a ollyngodd waed yn *rhyfelgar* mewn heddwch. **1632** *D* d.g. *Bellax, Bellicosus, Martius, Militaris, Pugnax, Stratioticus.* **1657** *MLl* ii. 113, Yn llonyddu Mars *ryfelgar.* **1694** T. JONES: *Alm* [12], Y *Rhyfelgar* Blaned Mawrth. **1762** D. ROWLAND: *PA* 72, campau cyffredinol . . . lle'r ymgyrchai dynion o lawer gwlad, i ymarfer eu Ieuengtyd, â gwrolwaith *ryfelgar* [*sic*]. **1803** *P.* Ar lafar, 'Ma 'en wletydd mawr yn wletydd *ryfelgar.* Dishgwl ar Loegar drws nesa', man 'yn', *GTN* 698.

rhyfelgarwch [*rhyfelgar*+-*wch*] *eg.* Yr ansawdd neu'r cyflwr o fod yn rhyfelgar, ysbryd neu anian ryfelgar, y weithred o hyrwyddo neu bleidio rhyfel, ymladdgarwch, militariaeth: *warlike disposition, warmongering, bellicosity, belligerence, militarism.*
1658 R. VAUGHAN: *PS* 130, eithr byth ni byddaf fi blaenorwr ith *rhyfelgarwch.* *c.* **1785–90 (1829)** *CBYP* 21, fal moli Offeiriad am ymladd a *rhyfelgarwch.* **1803** *P*, *Rhyfelgarwç*, s. m. . . . Warlikeness.

rhyfelgarwr [*rhyfel*+*carwr*] *eg.* ll. -*wyr.* Un sy'n hyrwyddo neu'n pleidio rhyfel, militarydd: *warmonger, militarist.*
20g.

rhyfelgerbyd, rhyfelgerdd, rhyfelgorn, gw. **rhyfel+cerbyd, cerdd^1, corn.**

rhyfelgri [*rhyfel*+*cri*^{2}] *eb.* Bloedd ryfel; arwyddair, slogan: *war-cry, battle-cry*; *slogan.*
1846.

rhyfelgwaith, gw. **rhyfelwaith.**

rhyfelgyngor, gw. **rhyfel+cyngor.**

rhyfelgyrch [*rhyfel*+*cyrch*^{1}] *eg.* ll. -*oedd.* Ymgyrch filwrol, hefyd yn *ffig.*; ymdeithgan: *military campaign or expedition, also fig.*; *march* (*in mus.*).
1773 *W* d.g. *Expedition* [*in Military affairs*]. **1794** E. JONES: *CP* 138, y chwanegiad o gost a ddygasant trwy ymorol cludfëydd yn y *rhyfelgyrch* i Scotland. **1794** E. JONES: *MPR* 55, Welsh music . . . martial and magnificent . . . *Rhyvelgyrch* Câdpen Morgan.

rhyfeliwsion, gw. **refoliwsion.**

rhyfel-long, gw. **rhyfel+llong^1.**

rhyfelnodau [*rhyfel*+*nodau* (ll. yr e. *nod*^{1})] *e.ll.* Lifrai, gwisg, neu faner filwrol gwlad, llong, neu gatrawd arbennig, hefyd yn *ffig.*: (*national, nautical, or regimental*) *colours, also fig.*
1727 J. JONES: *DFF* 42, Ai dymma'r Tywysog y buom yn gwisgo ei *Ryfelnodau* (*colours*)? ai tan Luman hwn y buom yn ymladd? *id.* 317, Mynnwch Grist yn Dywysog i chwi; Rhoddwch eich hunain dan Luman a'i Faner ef [*sic*], gwisgwch ei *Ryfelnodau.* **1732–3** J. OWEN: *GB* 80, Eithr pan ddarfyddo i ni falurio eich *Rhyfelnodau* chwi, fe fydd Lle i obeithio y dysgwch chwi fod yn gall.

rhyfelnwyf, gw. **rhyfel+nwyf^1.**

rhyfeloffer [*rhyfel*+*offer*] *e.ll.* (un. g. -*yn*) a hefyd fel *eg.* Arf(au) rhyfel, peiriannau (peiriant) rhyfel: *weapon*(*s*) *of war, engine*(*s*) *of war.*
1588 1 *Mac* vi. 20, [g]wnaethant leoedd i'r tafl-ŵyr i sefyll a *rhyfel-offer.* **1588** *id.* vi. 51, Ac efe a osododd ryfel wrtho ef tros lawer o ddyddiau, ac a wnaeth yno bôb math ar *ryfel-offer*, bwâu a gwaith i seuthu tân. **1620** *id.* xiii. 43–4, efe a wnaeth *ryfel-offeryn*, ac a'i nessâodd at y ddinas, ac a darawodd vn tŵr, ac a'i hennillodd. A'r rhai oedd yn y *rhyfel-offeryn* a neidiasant i'r ddinas. **1770** *W*, offeryn rhyfel (*rhyfel-offeryn*) i guro caerau i lawr d.g. *A battering ram.* **1803** *P*, *Rhyvelofer*, s. m. . . . A war engine.
Gw. hefyd **offer—offer rhyfel.**

rhyfelog [*rhyfel*+-*og*] *a.* Yn rhyfela, rhyfelgar, ymosodol, ffyrnig; llawn rhyfeloedd; yn perthyn i ryfel, milwrol: *warring, warlike, belligerent, aggressive, raging*; *full of wars*; *pertaining to war, military.*
16g. *DCR* 102, o bydd gwyl pawl yn dec ac yn eglyr y hi a fydd blwyddvn anhapys . . . O bydd gwyntoc *Ryfeloc* fydd. **1588** *Jos* x. 7, Felly Iosuah a escynnodd o Gilgal, efe a'r holl bobl *ryfeloc* gyd ag ef, a'r holl gedyrn nerthol. **1588** *Jud* xi. 7, yn alluoc mewn gwybodaeth, ac yn rhyfedd mewn llu *rhyfeloc.* **1595** *Egl Ph* 20, Syna amser, neu wanwyn *rhybhelog.* **1604–7** *TW* (*Pen* 228) d.g. *Bellicosus.* **1650** *B* xxii. 145, O Gynan y daw Baedd *rhyfelog* a mgynfina [*sic*] a lhymder i dhanedh dan y coedydh Galicanaidh. **1653** *MLl* i. 254, Gadewch ymmaith yr holl ymryson tanbaid, anghariadus, *rhyfelog*, na wnaeth dda i neb erioed. **1799** DAFYDD IONAWR: *MB* xii, pan y mae Tymhestloedd *rhyfelawg* yn dadwreiddio Teyrnasoedd o'u Seiliau. **1803** *P* d.g. *Rhyvelawg.*

rhyfelol [*rhyfel*+-*ol*] *a.* Rhyfelgar, ymosodol; yn perthyn i ryfel, milwrol: *warlike, belligerent, aggressive*; *pertaining to war, military.*
1858.

rhyfelus [*rhyfel*+-*us*] *a.* Yn rhyfela, rhyfelgar, ymosodol; yn perthyn i ryfel, milwrol; milwriaethus (am yr Eglwys): *warring, warlike, belligerent, aggressive*; *pertaining to war, military*; *militant* (*of the Church*).
13g. *Pen* 14, 46, ena e byd *ryuelus* ruvein. *id.* 53, Ac odena e keuyt brenhin a dechreu y env o lythyren. B. a *ryuelus* uyd y oes a dwy vlyned e gwledycha. **1346** *LlA* 88, yr egl6ys uuduga6l gynnulledic o gyffredin luossyd ffydlonyon krist odynyon yr egl6ys *ryuelus* yma. **1604–7** *TW* (*Pen* 228) d.g. *Bellatorius, Militaris.* **17–18g.** *DN* 105, O darfu sicl ffyrniclwyf / Saturnus *ryfelus* rwyf. **1803** *P*, *Rhyvelus* . . . Warring, belligerent.

rhyfelwaith [*rhyfel*+*gwaith*^{1}; mae tystiolaeth y llsgrau.'n gryf o blaid y ff. *rhyfelwaith* yn y dfn. cyntaf] *eg.* Rhyfel(a), gwrthdaro, ymosodiad: *war*(*fare*), *conflict, attack.*
15g. *GDLl* 91, Pan ddêl taith, *rhyfelgwaith* [amr. *rhyfelwaith*] rhi, / A lle angel i'w llongi. **16g.** MORUS DWYFECH: *Gw* 65, Y saith *rhyfelwaith* rhifwyd / Anian gwalch yn iau nag wyd. **1655** R. JONES: *PC* 24, *Rhyfelwaith* Côr. **1752** *Gron* [1], Ni chaiff elw o *ryfelwaith.* **1793** DAFYDD IONAWR: *CD* 175, Ni chyfyd, drwy 'r mawrfyd maith, / Chwerw filain groch *ryfelwaith.* / Y dynion a gyd unant, / Heddychu, llonyddu wnant. **1799** *TY* 119, fe'i cymmerwyd yn gyfaill gan eu Pennaeth . . . ac a ymdrechodd . . . eu tynnu oddi wrth eu *rhyfel-waith* creulon.

rhyfelwisg, gw. **rhyfel+gwisg.**

rhyfelwr, rhyfelydd [bôn y f. *rhyfelaf*: *rhyfela*+-*wr*, -*ydd*^{3}] *eg.* (b. *rhyfelwraig*) ll. *rhyfelwyr, rhyfelwrs, rhyfelyddion.* Un sy'n rhyfela, ymladdwr, milwr, hefyd yn *ffig.*: *warrior, fighter, soldier, also fig.*
12g. *LL* 239, Declericis [*sic*] testes sunt. Libiau episcopus . . . cherenir. *reuelgur.* **14g.** *YBH* 36a–b, Ae *ryuelwyr* y6ch i ac agymero da yr rywelu ac os ef mi ae rodaf y6ch 6rth 6ch ewyllus. *id.* 60a, Bellach ymhoelut awna6n at bo6n yr enrydedus *ryuel6r* ac ea6n. **14g.** *GDG*^{3} 155, Ystyr di . . . / . . . nad da caru / Gwas dewr fyth, a gwst oer fu, / Rhag bod, nid cydnabod cain, / *Rhyfelwr* yn rhy filain. *c.* **1400** *YCM*^{2} 60, taraw Otuel *ryuelwr* ar warthaf y helym, yny neitywys y tan o'r cledyf. **15g.** *Med H* 28, Dwyn baedd mewn arve a arwyddoka *rryvelwr* kryf, dichellgar, kenvigennus. **16g.** *GIIV* 33, Ac yn y fan mawrgwyn fu / Isod doed am ben Iessu / Yn arfog fel *rhyfelwyr* / Caiffas ac Annas ai gwyr. **1588** *Ecs* xv. 3, Yr Arglwydd sydd *ryfel-wr.* **1604–7** *TW* (*Pen* 228), *rhyuelydh* d.g. *Bellator.* *id.* *rhyuelwraic* d.g. *Bellatrix.* **1632** *D*, *Rhyfelwr*, Bellator, prœliator, miles. **1735** S. THOMAS: *HP* 147, Pan aeth ef i edrych yn Wyneb Adfyd, fe ddangosodd nad oedd efe ond *Rhyfelwr* gwan: Nid allai efe sefyll o flaen y Gwrthwynebwr hwnnw. **1753** *TR*, *Rhyfelwr*, a warrior, a soldier. **1756** *ML* i. 414, ai cachgi ydyw yntau *rhyfelwr* pen sych mal ei dad? **1803** *P* d.g. *Rhyvelwr.* *id.* *Rhyvelyz*, s. m.—pl. t. *ion* . . . A warrior. **1828** *Geir Pob* 32, *Rhyfelwrs*, *rhyfelwyr.* Ar lafar, *GTN* 698; hefyd yn yr ystyr 'swyddog yn y fyddin; unrhywun [*sic*] uwchlaw milwr cyffredin', 'Naeci milwr cyffretin yw a . . . ond ma fa'n *ryfelwr*', *ib.*

rhyfelwriaeth [*rhyfelwr*+-*iaeth*] *e?b.* Rhyfel(a): *war*(*fare*).
1688 *TJ*, Milwriaeth, *Rhyfelwriaeth*: Warfare, War-like Affairs.

rhyfelwynt [*rhyfel*+*gwynt*] *eg.* ll. -*oedd.* Gwynt tymhestlog, corwynt, troellwynt, hefyd yn *ffig.*: *stormy wind, hurricane, whirlwind, also fig.*
15–16g. *TA* 470, Rhy foliog mewn *rhyfelwynt*, / Rhy noeth, gŵr o'r henwaith gynt [i ofyn gŵn llwyd]. **16g.** (*LlEG*) *Mos* 158, 688a, Ac ynny [*h*]*ryuelwynt* hwn i kyuodes tymestyl aruthyr daranne a melld. **1567** *TN* 218a, hwyliasont eb law Candi . . . e gyvodes yn ei hemyl *rhyvelwynt* (**1588** *Act* xxvii. 14, [t]ymhestlwynt) y elwir Euroclydon. **1633** *Addysg i Farw* 76, cafodydd a *rhyfelwynt* y bywyd cystuddiedig. **1658** R. VAUGHAN: *PS* 75, Ti a ddangosaist ddychryndod *rhyfelwynt* im golygon, am Clustiau. O Arglwydd. cadw fi rhag i mi byth glywed tymestlwynt yn fynghydwybod [*sic*]. *c.* **1730** *Thos. Lloyd D* (LlGC) 205b, *Rhyfelwynt* . . . Ventus Typhonicus. **1778** J. HUGHES: *BB* 93, Ond ynom ni 'n wastadol, / Mae swn *rhyfelwynt* cnawdol / . . . / Yn ceisio tripio ein traed. **1803** *P*, *Rhyvelwynt*, s. m.—pl. t. *oz* . . . A hurricane.

rhyfelydd, rhyfell, gw. **rhyfelwr, rhufell.**

rhyfer, gw. **rhy^1+byr^1.**

rhyferig, gw. **rhydderig.**

rhyferthaf: rhyferthu [cf. *rhyferthi, rhyferthwy*] *ba.* ?Hyrddio: *to hurl, fling.*
12g. *GCBM* ii. 267, *Ryverthir* ennwir yn annwar, / Yn Argl6yd uffern wern Wanar.

rhyferthi [H. Lyd. *rebirthi*, gl. *malina*, Llyd. C. *reverziou* (ll.), Llyd. Diw. *reverzhi*: < Brth. **robertiā*; cf. H. Wydd. *robarta*, Gwydd. Diw. *rabharta*: < **pro-* (> *rhy*[1]) + ff. yn tarddu o'r gwr. IE. **bher-* 'cludo' (cf. *aber*) neu **bher-* 'berwi'; cf. *rhyferthwy*; ansicr yw'r ail engh. isod] *eg.* Rhyferthwy, ffrydlif, dilyw, llifogydd, gorllanw, hefyd yn *ffig.*: *torrent, flood(s), flood tide, also fig.*
12g. *B* xxvii. 501, *riberthi*, gl. *Malina*. **12–13g.** *GMB* 537, Reen riedaбc rбysc *ryuerthi* (llsgr. kyuerthi). **13g.** *A* 16. 16–17, Ardyledawc canu kyman ovri. twryf tan a tharan a *ryuerthi*. **14g.** *T* 34. 7, andбy pensywet ket *ryferthi*. *id.* 41. 13, kyn traeth *reuerthi*. *c.* **1400** *R* 1222. 8–9, Jor trugar pennyar penn haelyoni. adigaбn oedaбn dбyn *ryuerthi*.

rhyferthin [cf. *rhyferthi, rhyferthwy*] *eg.* Rhyferthwy, ffrydlif, dilyw, hefyd yn *ffig.*: *torrent, flood, also fig.*
c. **1400** *Ked AA* 13, disgynnawd *ryuerthin* o wylaw ar Amic. **1803** *P, Rhyverthin*, s. m. . . . A violent gushing out.

rhyferthog [?*rhyferth(wy)* + *-og*] *a.* Tebyg i ryferthwy, llifeiriol: *torrential.*
1595 H. Lewys: *PA* 77, gwr . . . a siglwyd gann forgymlad' [*sic*] y tonneu, ac a ddiangod' rhag llawer o demestloed' *rhyferthawc*, enbydus. *id.* 80, Megys ac nad yw y dwfr, cyd y byddo . . . yn rhedeg rhyd llydan, faith, wastadfaes. [*sic*] yn torri allan yn *rhyferthawg*.

rhyferthol [?*rhyferth(wy)* + *-ol*] *a.* Tebyg i ryferthwy, llifeiriol: *torrential.*
1846.

rhyferthwy [cf. *rhyferthi*] *eg.b.* ll. *-au*, (prin a diw.) *-on*, a hefyd gyda grym ansoddeiriol. Ffrydlif, llifeiriant mawr, dilyw, llifogydd, gorllanw; storm, tymestl, corwynt, rhu (storm, &c.); hefyd yn *ffig.*: *torrent, deluge, flood(s), flood tide; storm, tempest, hurricane, roar (of storm, &c.); also fig.*
12g. *GCBM* i. 192, Rut vedel, ryuel *ryuerthwy*. **14g.** *T* 29. 6–7, *Ryferthбy* hiraeth med amarchogaeth. *id.* 76. 26, Prit myr *ryuerthбy* ar warr tonneu. **14g.** *GDG*[3] 13, Ni thyf caen llen maen llanw môr—*rhyferthwy*, / Rhwyf Arthur neu Ector. **15g.** *DN* 58, Vchel yw i sêl, val Apsalon. / Vchaf er Addaf yw i roddion. / Ywch yw hwnn, a'u ryw, na'r onn—ffyniadwy, / Ywch na *ryverthdwy* [*sic*] mordwy mawrdon. **15–16g.** *TA* 181, Moses a groeses y gro, / Er ymroddi 'r môr iddo,—/ Syr Risiart sy â'r aesawr / Wrth fin y *rhyferthwy* fawr. **1545** *CM* 1, 550, gwelir y hrai bach ynn ddisym[w]th ynn syrthio mewn gouid o *Ryuerthwyav* or groth. **16g.** (*LlEG*) *Mos* 158, 149b, n[i] ellir tywyso llesdyr o ddeg tunnell ynno heddiw oni byddai ar *Ryuerthwy*. *c.* **1548** *CM* 1, 843, Y Kleuid diaria ysydd yn *hryuerthw* [*sic*] or koluddion. **1567** *TN* 92b, a' phan ddaeth *rhyferthwy*, y curawdd y llifddwr ar y tuy. **1588** *Jer* xxv. 32, *rhyferthwy* mawr yn cyfodi o ystlysoedd y ddaiar. **1615** R. Smyth: *GB* 210, y mae ynthvvy yn trelio y rhan orau oi [*sic*] henioes yn ddifudd ag yn ddiphrvvyth, mevvn gvvagedd ag oferedd cariad, yn y divvedd gvvedi y *rhyferthvvy* yma o drueni . . . y mae henaint yn dyfod. **1632** *D, Rhyferthwy*, Diluvium, alluvio, onis, inundatio, tempestas, procella. *c.* **1696** R. Fenton: *Tours* 333, There are two especial Tides in Anglesey Seas in Spring, called *Rhyferthwy* coch Mawrth and *Rhyferthwy* yr Adar, when the Sea flows higher than at any other time of the year. The first is the next Spring tide to the vernal Equinox; the other at the latter end of April or beginning of May. **1701** E. Wynne: *RBS* 107, Pan fo *rhyferthwy* o ryw Anffortun yn curo ar dy yspryd titheu, yspïa ryw fantais arno. **1722** *Llst* 189, *Rhyferthwy*. f.p. *thwyau*. A flood, deluge, inundation: great fall of rain: a tempest: excess, redundancy: rage. **1762** D. Rowland: *PA* 9, i adel y Genedl *ryferthwy* i fwhwman yn eu beddau dwfrllyd. **1790** Twm o'r Nant: *GG* 108, Mur maith clô cyd-waith, cliciadwy; / Noddfa uwch *rhyferthwy*, / Rhiniog dew bleth rhwng dau blwy, / Drws hylwydd ar draws Elwy [i bont yr Allt Goch]. **1803** *P, Rhyverthwy*, s. m. . . . An inundation, a torrent; a tempest. *Rhyverthwy* Mawrth, the tempest of the vernal equinox; *Rhyverthwy* Medi, the tempest of the autumnal equinox. Ar lafar, '*ryferthwy* (eg)' 'tempest; force of storm', 'Peth arswydus . . . yw bod mwn llong yn y *ryferthwy* ar y môr', *GTN* 698.

rhyferthwyad [bôn y f. *rhyferthwyaf: rhyferthwyo* + *-ad*[2], trf. han.] *eg.* ll. *-au.* Rhyferthwy, ffrydlif, dilyw, llifogydd, colofn ddŵr, hefyd yn *ffig.*: *torrent, flood(s), waterspout, also fig.*
1803 *P.*

rhyferthwyaf: rhyferthwyo [bf. o'r e. *rhyferthwy*] *bg.* Llifo'n rhyferthwy, ffrydio, gorlifo, chwythu'n frochus, hefyd yn *ffig.*: *to flow torrentially, stream, overflow, blow tempestuously, also fig.*
1588 *Hab* iii. 14, Gwanaist ben ei faes-drefydd ai ffynn ei hun, *rhyferthwyasant* i'm gwascaru. *Dchr.* **17g.** *J* 10, 14a, *Rhyverthwyo*. Redundo. **1722** *Llst* 189, *Rhyferthwyo*. To overflow, stream out, invade. *c.* **1730** *Thos. Lloyd D* (LlGC) 204b, *Rhyferthwyo* . . . Inundo. **1753** *TR, Rhyferthwyo*, to be tempestuous. **1770** *TG* iv. 63, Yn Nafariano, lle yr oedd ymddiffynfa o 700 o Dwrciaid, pan daeth y Russiaid o flaen y dref, *rhyferthwyasant* allan, eithr a dorrwyd yn ddarnau gan y Russiaid. **1770** *W* d.g. *To bluster*. **1803** *P.* Cf. Islwyn: *Gw* 240, Pan *ryferthwyent* [pechodau] yn eu llawnder erchyll.

rhyferthwyol [*rhyferthwy* + *-ol*] *a.* Yn llifo'n rhyferthwy, gorlifol, llifeiriol, stormus, tymhestlog, hefyd yn *ffig.*: *flowing torrentially, overflowing, flowing, stormy, tempestuous, also fig.*
1803 *P.*

rhyfiaf: rhyfio, rhyfion, gw. **rhawiaf: rhawio, rhyf.**

rhyflin, rhyflinaf: rhyflino, rhyfoddog, gw. **rhy**[1] **+ blin, blinaf: blino, boddog.**

rhyfogaeth, gw. **rhywogaeth.**

rhyfolaf[1]**: rhyfoli,** gw. **rhy**[2] **+ molaf**[1]**: moli.**

rhyfolaf[2]**: rhyfoli** [*rhy*[1] + *molaf*[1]: *moli*] *ba.* Moli'n fawr neu'n ormodol: *to praise greatly or excessively.*
1803 *P, Rhyvoli* . . . To praise extremely; to flatter.

rhyfon, rhyfonen, gw. **rhyf.**

rhyforiaf: rhyforio [?cf. Gwydd. C. *rómar, ruamor* 'paliad'] *bg.a.* Palu, cloddio, trin (tir); ?chwilio pob twll a chornel (o), ysbeilio; (?geir.) sgrialu o gwmpas: *to dig, cultivate (land); ?ransack, plunder; (?dict.) scramble about.*
c. **1300** *B* iv. 127, a rwyf o ereidyr yn *ryuoryaw*. **14g.** *WM* 73. 14–18, Dechreu aбnaeth kyneuinaб a hela pyscaбt a llydnot ar eu gual yno. Ac yn ol hynny dechreu *ryuoryaб*. Ac yn ol hynny heu groft. **15–16g.** *GLM* 6, Och y tair wir Fair o *ryforio*'i / bedd bod annedd byd yno [marwnad Elin Bwlclai]. **1545** *CI* 117, Ymaruer ne drauael fyrnig ydiw'r hrain: *hryuorio* (*deluyng*) ne vwrw klawdd mewn tir o glai gwyddyn. **16g.** *WLl* 46, Aed ef ai enaid ofudd / Ar korff y ddayar ai kudd / A rraw fawr i *rryforiwyd* / Gro y llawr i roi r gwr llwyd. *Dchr.* **17g.** *J* 10, 14a, *Rhyvorrio*. to cast up. **17–18g.** *LlGC* 6499, 152, Ei [*sic*] fangor ei [*sic*] *Ryforiaw* / Ŵr kûl, bôb Duw ssul ei [*sic*] daw. **1754** G. Owen: *L* 139, Ond ni chlywais i sôn fod Selyf yn ymhel â rhaw bâl erioed, ac os gorfu i Adda *ryforio*, nid oes genyf nemmawr o gŵyn iddo. **1803** *P, Rhyvoriaw* . . . To stretch about; to scramble.
Amr.: **rhawforio** [dan ddyl. yr e. *rhaw*] **1604–7** *TW* (*Pen* 228) d.g. *Fodio, pastino*. *Dchr.* **17g.** *J* 10, 12a. **rhwyforio**[2]. **1718** E. Samuel: *HDdD* 277, Plant . . . sy 'n *rhwyforio* (*ransack*) Uffern am fellddithion. **1722** *Llst* 189, *Rhwyforio*. To dig with a spade; to how. **1772** *W* d.g. *To dig with a spade, To how.*

rhyfras, rhyfrwd, rhyfrwnt, gw. **rhy**[1] **+ bras, brwd, brwnt.**

rhyfus, gw. **rhefus.**

rhyfwydd [bnth. dysg. Llad. Diw. *rib(es)* (cf. *rhyf*) + *gwŷdd*[1]] *e.ll.* (un. b. *-en*). Llwyni cyrans; llwyni eirin Mair: *currant bushes; gooseberry bushes.*
1707 *AB* 140c, *Rhyfwydhen* d.g. *Ribes*. **18–19g.** *Llr* C 51, 241, *Rhyfwydd* . . . ribes goosberies. **1803** *P* d.g. *Rhyvwyz, Rhyvwyzen*. **1813** *WB* 232, *Rhyfwydden*, Ribes;—Currant.
Cfn.: **rhyfwydden ddu:** *blackcurrant bush.* **1813** *WB* 232.

rhyfychod, gw. **rhy**[1] **+ bychod.**

rhyfyddiaeth, gw. **rhifyddiaeth.**

rhyfyg [*rhy*[1] + *myg*; ?cf. yr e. p. H. Lyd. *Romic*] *eg.* (ac yn eithriadol *eb.*) a hefyd fel *a.*

(*a*) Barn neu ymddygiad ymwthgar neu orhyderus, hunanhyder di-sail, hyfdra, traha, balchder, haerllugrwydd; gwroldeb, dewrder, hyder; beiddgarwch, ehofndra, byrbwylltra; hefyd yn *ffig.*: *presumption, presumptuousness, arrogance, pride, insolence; valour, courage, confidence; boldness, rashness, foolhardiness; also fig.*
12g. *GCBM* i. 53, Mynych ymanбon dygyn gofyon dic / Y rof a riein, gannwyll *ryuic*. *id.* 319, Pennhaf y treitem trwy *ryuyc*—gбron. **12–13g.** *GLlLl* 5, Ut edmyc, traбs *ryuyc* treisyad. **13g.** *HGK* 22–3, a cholli rann vaur o varchogyon ac acueryeit a gueissyon a meirch, a llawer o daoed ereill. Ac y velly e dielws *ryuyc* y Freinc hyt ar dim. **13g.** *GBF* 480, Drбc vyd, o'r diwed, difer dy gamwed / Drбy ualchder reuued, *ryuic* nyt da. **14g.** *WM* td. 215. 13–14, oe medбl y kafas yny chyghor rodi *ryuyc* idaб am a erchis. *id.* 386. 37–40, ny cherda gyd ac un aneueil o *ryuyc* a balchder rac y urenhineidet. **14g.** *GDG*[3] 78, Tydi'r Haf, tad y *rhyfyg*, / Tadwys coed brwys caead brig. *c.* **1400** *R* 1216. 37–8, Caffбyf grist uy rбyf uy *ryuic*. oth wlat. ac othwled ny diffyc. **15g.** *AL* ii. 418, Tri aberthyn yr gorssoedaбc [*sic*] yбneuthur . . . kyfreithloni pleideu roi *ryfic* yбann ynn erbyn y kadarn. **1547** *W.S, Ryfic* Presumption. **16g.** *B* x. 296, y browdwyr a droes y gware megis ar waith battel, megis ac J gallai bawb broui J kyrff ac etto Jr gadel lle J Erkwlf J ddangos J *ryuig* a'i rym. **16g.** *GGH* 168, Ein derwen wyd, dëyrn Iâl, / A'th *ryfyg* dros Fathrafal. **1599** (**1677**) R. Holland: *AB* 38, medd y Papistiaid, bod yn hyderus ac yn siccr o drugaredd Duw sydd ymchwydd, a *rhyfyg* mawr: Rwy'n atteb, (os *rhyfyg* ac ymchwydd yw) mai *rhyfyg* ac ymchwydd Sanctaidd ydyw. **1606** E. James: *Hom* i. 68, Dymma 'r *rhyfyg* yr oedd Duw yn ei gashau yn fawr, i ddyn dderchafu ei gyfraithiau ei hun, a'u gwneuthur yn ogyfuwch â gorchymynnion Duw. **1632** *D, Rhyfyg*, Ambitio, arrogantia, insolentia, pręsumptio, superbia. **1716** E. Samuel: *GGG* 42–3, A phwy or Beirdd Cenhedlig na chrybwyllodd am *ryfyg* wallgofus y Sawl a fynnent ddringo ir Nefoedd. **1776** I. Brydydd Hir: *P* i. 191, dylai pob cristion gadw ei hunan oddiwrth y ddau berygl o *ryfyg* disail ar y naill du, ag anobaith o'r tu arall. **1803** *P.* Ar lafar, *WVBD* 470; fe'i clywir fel arfer mewn cywair ffurfiol, 'Tipyn o *ryfyg* ar fy rhan i oedd teithio o Geredigion i Fôn heno i sôn am Lewis Morris' (gogledd Cered.); hefyd yn yr ystyr 'cabledd', '*Ryfyg* yw wilia bychanus fel 'na am grefydd', *GTN* 698. Cf. D. Owen: *GT* 257, Ni fyddai yn blino siarad yn wawdlyd am fy *rhyfyg* yn ceisio ffafr merch y tŷ.

(*b*) (enghrau. meddygol ansicr eu hystyr: *medical exx. of uncertain meaning*).
1545 Elis Gruffydd: *Ll* 199–200, Y dwr byw a elwir ynn gyffredin meistres poob kyuaredd . . . Ac y vo annog *ryuig* mewn kyrf hen bobyl ac a wna vdduntt ddwyn j hoedran. *c.* **1548** *CM* 1, 814, paar agori gwythenn yrau [*sic*] a gad Iddi waeddu [*sic*] a dod Iddo bethau a wnel lles i osdwng *hryuig* y gwaed.

Fel *a.* (yn y radd gmhr.) Mwy rhyfygus: (*in the comp. degree*) *more presumptuous.*
1658 R. Vaughan: *PS* 33, nid im gwneuthur yn falch ac yn alluog . . . nag i fod yn *rhyfygach* ac yn freintiolach ith wrthwynebu di.

Gw. hefyd **rhyddig**[2].

rhyfygaeth, rhyfygiaeth [*rhyfyg* + *-(i)aeth*] *eb.* Rhyfyg, hyfdra, byrbwylltra: *presumption, rashness.*
a. **1587** *Y* 189, Pob gwlad dan osodiad sêr / Hirfaith a fyn i harfer: / Gweled arfer i gylydd, / Gwaethwaeth o *ryfygaeth* fydd. **1658** R. Vaughan: *PS* 392, dy adael yno, neu dy ollwng i lawr drachefn, i gynddrwg . . . ath cyflwr cyntaf o *ryfygiaeth*.

rhyfygaf: rhyfygu [bf. o'r e. *rhyfyg*; ansicr yw'r engh. gyntaf isod] *bg.a.* Mentro gwneud (rhywbeth) heb hawl neu ganiatâd, cymryd yn ganiataol, dibynnu'n ddi-sail (ar), bod neu ymddwyn yn rhyfygus neu'n orhyderus, ymddwyn yn drahaus, beiddio, mentro, anturio, ymddwyn yn fyrbwyll: *to presume (upon), behave arrogantly, dare, risk, venture, behave rashly.*
c. **1400** *RB* ii. 294, A dyбedut bot medбl paбb orbrytanyeit gyt ac ef. drбy *yryuygu* (*BT* (*RB*) 83, drwy ebryuygu) o vrenhinaбl vedyant henri vrenhin. **1547** *WS, Ryfygy* Presume. **1567** *LlGG* 109a, mor beryclus ir ai' a *ryfygo* [:– hydero] ei gymryd [y Cymun] yn anteilwng. **1567** *TN* 247a, na bo y neb *ryvygu* [:– synnied, veddwl] yn uwch nac hyn a yscrivenwyt. **1588** *Deut* i. 43, *rhyfygasoch* hefyd ac aethoch i fynu i'r mynydd. *id.* xviii. 20, Y prophwyd hefyd, yr hwn a *ryfyga* lefaru yn fy enw air, yr hwn ni

orchymynnais iddo lefaru. **1606** E. JAMES: *Hom* i. 114, y maent hwy yn rhy eofn yn *rhyfygu* ar drugaredd Duw. **1630** R. LLWYD: *LlH* 86, hyderu yr ydym ar Dduw, a *rhyfygu* oi ffafor ef o herwydd ein profess [*sic*], a'n crefydd. **1632** *D*, *Rhyfygu*, Audere, arrogan-ter agere. **1672** J. LANGFORD: *HDdD* 458, Heb iawn bwyso Cyfreithlonrhwydd ein Gweithredoedd, cyn *rhyfygu* arnynt. **1675** R. JONES: *HCh* [171], anturio, *Rhyfygu*, mentro. **1755** *ML* i. 338, pam i'r Saeson dylion *ryfygu* son am ein hen weithredoedd ni? **1803** *P*. Ar lafar yn gyff., '*rhyfygu*' 'to be presumptuous, to tempt Providence', ''Rwt ti'n *rhyfygu*'n ofnadwy wrth fynd i berig fel 'na', *WVBD* 470; '*rhyfygu*'i fywyd'; ''Faswn i byth yn *ryfycu* bod mor wyllt â ma fe ar y moto-beic sy ginto', *GTN* 699; hefyd yn yr ystyr 'cablu', ''Wi'n reci, ma'n wir, ond 'dwi byth yn *ryfycu*', *ib*. Cf. D. OWEN: *GT* 164, Paid a *rhyfygu*, y machgen i, a bod yn ysgafn efo pethe mawr.

rhyfygaid [*rhyfyg*+*-aid*[2]] *a*. ?Balch: *proud*.
12–13g. *GLlLl* 62, Y elyf ueirch canneid, / . . . / Ym pob lliw keinwiw can *ryuygeid*—dyn, / Yn uelyn, yn uoleid.

rhyfygiad [bôn y f. *rhyfygaf*: *rhyfygu*+*-iad*[1]] *eg*. Y weithred o ryfygu, traha, trahaustra: *presumption, arrogance*.
?**16g.** (**1789**) *BDG* 491, A bechais o'm nwyf, / Am bechod mawr-glwyf, / Ac am a bechwyf,—/ Rwyf *ryfygiad*! **1658** R. VAUGHAN: *PS* 220, Dy leidr da a wnaed yn yspeiliwr mwyaf i ddynol ryw, am fod yn achos on *rhyfygiad* i fyned rhagom mewn pechod. *id*. 438, Edifeirwch . . . heb ffydd, sydd gystudd diobaith-iol. ffydd heb vfudd-dod, *Rhyfygiad* hyf. **1803** *P*, *Rhyvygiad*, s. m. . . . A presuming.

rhyfygiaeth, gw. rhyfygaeth.

rhyfygol [*rhyfyg*+*-ol*] *a*. Rhyfygus, balch: *presumptuous, proud*.
16–17g. *PhA* 319, Tref a gwlad *ryfygol* ynt / oth addef n [*sic*] bennaeth uddynt. **1803** *P*, *Rhyvygawl* . . . Presuming.

rhyfygus [*rhyfyg*+*-us*] *a*. a hefyd gyda grym enwol. A nodweddir gan ryfyg, tueddol i ryfygu, trahaus, ffroenuchel, balch; eofn, beiddgar, byrbwyll; gorwych, ysblennydd, rhwysgfawr: *presumptuous, arrogant, haughty, proud*; *bold, fearless, daring, foolhardy*; *magnificent, ostentatious*.
13g. (**1641**) *HGK* 26, A'r brenhin a'e nifer yn *rhyfygus* a ymladdws. **1346** *LlA* 134, Ar pryfuet yn bwytta dy ystlysseu. Ath knawt aryuuassei *ryvygus* (*B* xix. 293, yn rryvygv). **14g.** *GDG*[3] 280, Mau gariad mewn magwriaeth, / Mab *rhyfygus*, moethus, maeth. **15–16g.** *TA* 536, Cwncweiriaf eu ceinciau hirion—a'u gwyd / A'm ergydiau trymion, / Fegys llew *rhyfygus* llon / Acw 'n maeddu cŵn meddwon. **1547** *WS*, *Ryfygus* Presumptuous. **16g.** *B* x. 292, [p]awb ohonnoch chwi ar ysydd o galone bonheddig *hriuygys* [*sic*]. **1567** *LlGG* (*Sall*) 10b, Cadw hefyt dy was ywrth pechatae *ryvygus*. **1615** R. SMYTH: *GB* 129, ych dillad *rhyfygis* (*superbes*) a fyddant yn llavvn pryfed. **1632** *D*, *Rhyfygus*, Arrogans, insolens, superbus. **1667** C. EDWARDS: *FfDd* 88, Nid llai perigl y *rhyfygus* na'r anwybodus. **1688** S. HUGHES: *TSP* 135, taith *rhyfygus* (*desperate*). **1723** WM: *PGG* 49–50, Yr Enaid cystuddiedig sydd yn cynnyddu mewn Rhinwedd a duwioldeb; ond y *Rhyfygus* dideimlad sydd yn fuan yn colli ei Afel ar bob Daioni. **1803** *P*. Ar lafar, '*ryfycus*' 'presumptuous; overbold; blasphemous', 'Fe gaiff 'i lædd ryw ddwyrnod, ma'n nuthur pethach mor *ryfycus*', 'Paid o wilia mor *ryfycus*', *GTN* 699. Cf. D. OWEN: *GT* 190, 'Peidiwch siarad yn *rhyfygus*, Huws', ebe Mrs. Anwyl, 'mae rheswm ar bobpeth'.

rhyfygwr [bôn y f. *rhyfygaf*: *rhyfygu*+*-wr*] *eg*. ll. *-wyr*. Person rhyfygus neu drahaus; person byrbwyll neu feiddgar: *presumptuous or arrogant person*; *reckless person, daredevil*.
1675 R. DAVIES: *PY* 104, arfer yr eglwys er amser yr Apostolion . . . oedd rhwystro y cyfryw *ryfygwyr* wasanaethu y swydd sanctaidd hon. **1765** J. POPKIN: *Ll* 135, y maent yn angenrheidiol i ragflaenu eraill rhag cael eu twyllo gan y fath *Ryfygwyr*. **1803** *P*, *Rhyvygwr*, s. m.—pl. *rhyvygwyr* . . . One who presumes.

rhyfynych, rhyfyr, rhyffest, rhyfflwch, rhyffol, rhyffrau, gw. rhy[1]+mynych, byr[1], ffest[1], fflwch, ffôl[1], ffrau.

rhyffyn, gw. rheffyn.

rhyffyrf, gw. rhy[1]+ffyrf.

rhyg [?bnth. H. S. *ryge*] *eg*. (bach. b. *-en*) ll. *-au*. Ŷd gwydn, *Secale cereale*, sy'n dwyn dail meddal gwyrddlas, blodau ac iddynt sbigau gwrychog, a grawn brown golau, grawn y planhigyn hwn a ddefnyddir i wneud blawd a chwisgi ac i borthi anifeiliaid, hefyd yn *ffig*.: *rye* (*grain*), *also fig*.
13g. *B* iv. 4, Bo hynnaf y *ryc* tebyccaf vyd yu hat. **14–15g.** *IGE*[2] 223, Belin, cais dithau'r bilwg; / Dal geffyl glas neu gaseg, / A rhed yn ôl y pwn *rhyg*; / Mae'r hopran weithian yn wag (Rhys Goch Eryri). **15g.** *DN* 51, O'i hynaf oll hwn o'i fedd / Y bu newydd y bonedd. / Ni bu wŷg i neb a aeth / Na *rhyg* yn ei rhywiogaeth; / Yn achau hwn un ni chaid / Heb i nithio'n benaethiaid. **15g.** *GGl*[2] 256, Rhoi tŷ'r wyf fry ar y fron, / Rhoi caer uchel rhag gwreichion. / Er dwyn gwŷr i doi'n gywrain / Gwellt *rhyg* mawr, gwell y trig main [i ofyn llechi]. *id*. 281, Y bara gwyn breua a gâi, / Rhag ei feddwed, *rhyg* fyddai! **1547** *WS*, *Ryc* Rye. **16g.** *LlS* 145, Secale yn Llatin, Rye yn Sasonaec, a *Rhŷc* yn Camberaec. *Diw*. **16g.** *WLB* 47, Kymer bott pridd ne biowter a dod win ynddo ac ysto[m]pia yn dda a thoes *rhug* [*sic*]. **1588** *Eseia* xxviii. 25, pan lyfnhao ei wyneb, yna y tâna efe ffa[cp]ys . . . ac y gesyd wenith ardderchawg, a haidd mesurol, a *rhŷg* yn ei gyfle. **1632** *D*, *Rhŷg*, Secale. Sing. *Rhygen*. **1688** *TJ*, *Rhygen*: one grain of Rye, or one standing corn of Rye. **1712** *Gwaseila* 964, Y gwlith a'r gwenith gwynion / A'r *rhygau* yn anrhegion. **1759** *ML* ii. 110, A digrif ddigon ystori'r cerrig yn y *rhyg*. Ai ni wnant yr un rinwedd yn yr haidd a'r gwenith meddwch? **1803** *P* d.g. *Rhŷg*, *Rhygen*. Ar lafar, *WVBD* 469, *GTN* 689.

rhygadarn, gw. rhy[1]+cadarn.

rhygadwaf: rhygadw [*rhy-*+*cadwaf*: *cadw*] *ba*. Cadw, atal: *to retain, restrain*.
1545 *CI* 76, nid annogant twy [gwinoedd dugoch] j'r dynn [*sic*] wneuthud j ddwr, namyn ynntwy a wnant j'r dynn [*sic*] *rygadw* (*retayne*) j ddwr yn hwy. *id*. 181, Lassittud . . . Kuwr a meginniaeth y gouid a'r auiechydd yma yssydd yn perthynnu yn vnig j rwbio'r korf drwy vodlonedd a'r kyuriw oelys ac ni bo j nattur j *rygadw* (*restrayne*) ne i gau y kyuloedd [*sic*] a vo yn agoredd.

rhygaeth [*rhy*[1]+*caeth*] *a*. a hefyd fel *eg*. Caethiwus neu gyfyngus iawn, tostlym; wedi ei gaethiwo'n glòs, gwasgedig, trallodus; caethiwed mawr; person caeth, caethwas: *extremely confining or constraining, grievous*; *closely confined, straitened, distressed*; *great confinement*; *person in bondage, slave*.
12g. *GCBM* ii. 269, Erbyn Brawt-wryaeth—Douyd, / Barnaut ryd a *rygaeth*. **12–13g.** *GMB* 328, O golli Rhodri neud *rhygaeth*—eirchiaid. **13g.** *C* 92. 11–12, Y gur arithao duv. o *rigaeth* carchar. **13g.** *GBF* 323, Gwenlliant a'm gwnaeth *rygaeth* o ryd. *c.* **1400** *R* 1239. 1–2, Rac yseith dyleith ac yw doleu. *rygaeth* elynnaeth eu tatmaetheu. **15g.** *GLGC* 33, Mae'n farw'n rhygarw, 'dd ŷm innau'n [*sic*] *rhygaeth*. **16–17g.** T. PRYS: *Bardd* 102, dos Ragot nid oes *Rygaeth* / a gwilia r Kwn galar Kaeth. **17g.** E. MORRIS: *B* 3, Rhag myn'd yn ysglyfaeth i fwystfil anhywaeth, / A chael mewn awr *rhygaeth* ein rhwygo. *id*. 18, Yr oeddem ni unwaith, tan felldith y Gyfraith, / Yn llawn anwybodaeth, a *rhygaeth* ein rhan. **1793** DAFYDD IONAWR: *CD* 84, Cyffrodd, rhyfeddodd yn fawr. / A phan ddaeth i *rygaeth* rwyd, / O'i dda wisg e ddiosgwyd.

rhygaethder [*rhygaeth*+*-der*] *eg*. Caethiwed neu gyfyngiad mawr: *great confinement or constraint*.
1822.

rhygall, rhygam, gw. rhy[1]+call, cam[2].

rhygaraf[1]: rhygaru, gw. rhy[2]+caraf: caru.

rhygaraf[2]: rhygaru [*rhy*[1]+*caraf*: *caru*] *ba*. Caru'n fawr neu'n ormodol: *to love greatly or excessively*.
1606 E. JAMES: *Hom* iii. 167, [y] bai melltigedig hwn o ystyfnigrwydd ewyllys a'n *rhygaru* ein hunain (*self-love*). **18–19g.** *Hop M* 362, *Rhygarodd* bob Rhagorau. **1803** *P*, *Rhygaru* . . . To love extremely.

rhygarw [*rhy*[1]+*carw*] *eg*. ll. *-geirw*. Carw gwych, fel arfer yn *ffig*. gŵr o fonedd, un urddasol, arwr gwrol: *fine stag, usu. fig. illustrious or imposing person, valiant hero*.
14g. *GDG*[3] 22, Hely â chŵn, nid haelach iôr, / Ac yfed gydag Ifor, / A saethu *rhygeirw* sythynt, / A bwrw gweilch i wybr a gwynt. **14g.** *GIG* 17, Pwy mwy uwch Conwy a'ch câr? / Gwedy marw y *rhygarw* rhugl, / Ffyniant hil naf Brynffanugl [marwnad Tudur Fychan]. *c.* **1400** *R* 1376. 17–18, llary *rygarw* llurygawc. **15g.** *GDLl* 131, Pan fu farw *rhygarw* yn rhaid / Ei frenin a'i farwniaid. **15g.** *GLGC* 33, Mae'n farw'n *rhygarw*, 'dd ŷm innau'n [*sic*] rhygaeth. *id*. 389, O garw y mag *rhygarw* main, / a'r eilwaith carw o'r elain. **15g.** *HCLl* 70, Rhyfedd Saith Doethion Rhufain, / Rhagor im wyd, *rhygarw* main. **16g.** *GGH* 108, Rhyw Salbri'n codi cedyrn, / Rhywiowgryw'ch iach, *rhygarw* chwyrn. **16–17g.** *GST* i. 214, *Rhygarw* drud yn rhwygo'r drin, / Rhwysg aeth i ŵyr Rhys Gethin. **1604–7** *TW* (*Pen* 228) d.g. *Ceruus*.

rhygas [*rhy*[1]+*cas*[1]] *a*. a hefyd fel *eg*. Cas, gelyniaethus, neu anghyfeillgar iawn; gelyniaeth neu gasineb mawr: *very hateful, hostile, or unfriendly*; *great hostility or hatred*.
14g. *Cy* vii. 144, *Rygas* rywelir. **14g.** *GDG*[3] 399, Ynfyd yw i wiwfyw was / Anfon anrhegion *rhygas* / O Fôn, holion a holir, / I mi hyd Bryderi dir. *c.* **1400** *R* 1051. 23–4, *rygas* pob rywir bydawt dir dyuot. *c.* **1400** *B* iii. 11, A glyweist di a gant ryderch. / trydyd hael serchawc serch. / gnawt *rygas* gwedy ryserch. **16–17g.** *HG* 13, *rygas* i rhagwyd, tynn jawn i tynnwyd / gwir jesü hoelwyd, ar y groes hoelion. **1603** W. MIDLETON: *Ps* 74, Edrych goel anwych gelynion *rhygas* / Ym rhegu ae [*sic*] melltithion. **17g.** E. MORUS: *Gw* 43–4, Dy holl gorph, deall y gwir, / A'i halogrwydd a lygrir; / A'r yspryd, trwy wanfyd tra, / Fai *rhygas*, ef a'i rhwyga. **17–18g.** *Llsgr R. Morris* cxix, Y Tŷ yn canu mal Côr / (Trawsedd) am beth o'n trysor; / Tyngu a rhegu'n *rhy-gas* / Gwedyn, heb ronyn o râs! **18g.** *Gron* 141, 'N Llan Andrëas, / Rwygiad *rŷ-gas*, / Bwriwyd oer-ias, / bridd daearen. **1790** TWM O'R NANT: *GG* 104, Gwnewch eitha ystyriaeth a thosturi, / I berchen plantas, / Na b'o'n *rhŷgas*, neb yn rhegi. **1803** *P*, *Rhygas*, s. m. . . . Extreme hate. a. Very hateful.

rhyged [*rhy*[1]+*ced*] *a*. a hefyd fel *eb*. Haelionus (iawn), haelfrydig, afradlon; rhodd fawr, haelioni mawr: (*very*) *generous, liberal, prodigal*; *great gift or generosity*.
c. **1400** *R* 1361. 12–13, llyma wneuthur pur pefyr ysglyff *ryget* oragor geireu kryff. **1604–7** *TW* (*Pen* 228) d.g. *Acolastus*, *Effusio*. **1607** *Rhyddiaith Gymraeg* i. 139, val y galhaswn dhwyn prinder ag eisie er dim *rhyged* a gefeis gan neb yn ei herwydh. **1632** *D*, *Rhyged*, Munificus, prodigus. **1688** *TJ*, *Rhyged*, rhŷ hael: liberal, prodigal. **1803** *P*, *Rhyged*, s. f. . . . Excess of treasure. a. Very bountiful; lavish; prodigal.

rhygedog, rhygen, gw. rhedegog, rhyg.

rhygerth, gw. rhy[1]+certh[1].

rhygethlig [?*rhy*[1]+*cathl*+*-ig*[1]] ?*eb*. ?Cerdd ragorol: *excellent poem*.
14g. *T* 64. 3–4, Vn lle rygethlyd *rygethlic* rydylyfaf rychanaf ywledic. **1803** *P*.

rhygethlydd [*rhy*[1]+*cethlydd*] *eg*. Bardd ardderchog: *excellent poet*.
14g. *T* 64. 3–4, Vn lle *rygethlyd* rygethlic rydylyfaf rychanaf ywledic. **1803** *P*.

rhyglydd, rhaglydd, rheglydd [bôn y f. *rhyglyddaf*, *rhaglyddaf*: *rhyglyddu*, *rhaglyddu*; tywyll yw union ystyr rhai o'r enghrau. isod, a dichon mai i'r f. ddil. y perthynant] *eg*. ll. *rhyglydd*(*i*)*au*, *-*(*i*)*on*. Haeddiant, haeddedigaeth, teilyngdod; person haeddiannol: *merit, desert, worth*; *deserving or meritorious person*.
14g. *HMSS* ii. 89, Ot ym atwen i am *raclyd* (*CR* 162, drawsgwyd). heb y gwenwlyd. mi a baraf it dy vynnu am hynny. *c.* **1400** *R* 1263. 3–4, goruot ar hoewglot gwiw *ireglyd*. *id*. 1368. 10–11, holer yn voli ri *aereglyd*. *Dchr*. **15g.** *IGE*[2] 166, Rhoes Duw i'th ben gymhendawd, / Rhugl awydd gwymp, *rheglydd* gwawd (Llywelyn ab y Moel). **16g.** *GIIW* 25, Ar gwiw lwydd oesswr a gladdasson / Ar trydydd gloywddydd *rhyglyddon* (*Gwyn* 3, 16, *rhyglyddion*) obaith / Y bu fyw eilwaith heb ofalon. **1567** *LlGG* 13b, ith ogoneddy di yr hwn wyt vnic roddwr pop victori, a go[ru]chafiaeth drwy *ryglyddae* dy vn map Iesu Christ. **1592** *Rhyddiaith Gymraeg* ii. 131, dysyfwn arnoch gymryd y kyfriw drafel yn y matter yma, fal i kyflownoch i y *rhyglydd* yr ydis yn i gyfri ag yn i ddiskwyl ynoch i. **1606** E. JAMES: *Hom* i. 35, ond Duw o'i unic drugaredd, trwy vnic haeddiant a *rhyglyddau* ei fab Iesu Grist, sydd yn ein cyfiawnhau ni. *id*. iii. 66, yn dyfod o'i fawr drugaredd a'i dyner gariad ef tu ag at ddŷn, heb na *rhyglyddon* na haeddedigaeth o'n rhan ni. **1609** R. SMYTH: *CAC* 54, i gael cyfran oi *rhyglyddiau* [merthyron], a hefyd oi help. *Dchr*. **17g.** *J* 10, 13b, *Rhyglydd*. desarte. Meritum. **1632** *D*, *Rhyglydd* . . . Meritum. **1675** R. DAVIES: *PY* 36, dangos fod rhinwedd a grim eirioledd Christ yn dibynnu ar *ryglyddon* ei gyfryngiad. **1688** *TJ*, *Rhyglŷdd*, rhygluddiant, rhygluddiad, haeddedigaeth, haeddiant: merit. **1733** J. THOMAS: *CGGD* 40, maddeu fy methiant, trwy *ryglyddon* dy Fâb Iesu. **1776** I. BRYDYDD HIR: *P* ii. 79, i mae yn rhaid ini hyderu ar *ryglyddon* ei farwolaeth a'i aberth ar y groes. **1803** *P*, *Rhyglyz*, s. m.—pl. t. *ion* . . . Desert, merit.

Gw. hefyd **areglydd**.

rhyglyddaf, rhaglyddaf: rhyglyddu, rhaglyddu [?*rhag*+yr elf. **llydd* a welir yn *derllyddaf*: *derllyddu*] *bg.a.* Haeddu, teilyngu, bod yn deilwng (o); rhoddi hawl (i); peri, trefnu; rhyngu bodd (i), boddio: *to deserve, merit, be worthy (of); entitle; bring about, arrange; please.*

12g. *GCBM* ii. 119, *Raclydaŵt* a'e gletyf uch gwein, / Raclym vu yn pannu pennein. 13g. *RC* xxxiii. 240, gwedi eny emdangosei idi yr angel y kymerei uwyt oe law ac val henne wellwell y *raglydei* y gwasanaeth duw. 14g. *CR* 162, yd archaf vi ytti *raglydu* ymi . . . y ymlad ymlaen nep a Rolant. 14g. *WM* 428. 21–2, Mynet y eiste a orugant paŵb ual y *raclydei* y anrydet. 14g. *HMSS* ii. 86, ar *raglydu* o honaw . . . an lles ni (*CR* 152, ymoualu am an lles ni). 14g. *GIG* 84, Draig ynysoedd yr eigiawn, / Dragwn aer—darogan iawn / Ydd wyf—madws it ddyfod / Gymru lle *rhyglyddy* glod. 15g. *GGl*² 148, Ystiwart Powys dawel / A deunaw swydd dan ei sêl. / Arglwydd fydd, *rhyglyddai* fod, / Ym mreichiau Cymru uchod. 1547 *WS*, *Ryglyddy* Diserue. *c.* 1585 G. ROBERT: *DC* 18a, am ych bod o ran naturieth y cnawd yn heudhu holh dholurieu r byd, ag o ran ych pechodeu yn *rhyglydhu* mwy na mil o rai cleifon. 1588 *Gen* xxxii. 10, Ni *ryglyddais* ddim o'th holl drugareddau di. 1595 *Egl Ph* 52–3, Lhaweroedh a heurant bhod yr opheren . . . yn galhu gweithedru [*sic*], a *rhaclydhu*, nid yn vnic madheuant pechodau; eithr hebhyd iachau rhei cleibhion. 16–17g. IEUAN TEW IEUANC: *Gw* 72, Myn weision, *rhyglyddon'* glod / Mwy na neb, myn eu 'nabod. 1632 *D*, *Rhyglyddu*, Mereri. 1661 E. LEWIS: *Drex* 51, Plinius yr Ail oedd yn tybied ygwyr hynny yn ddedwydd, y rhai a wnaethent bethau yn *rhyglyddû* eû hyscrifennu, neu a yscrifennasent bethau yn *rhyglyddû* eû darllain. 1733 J. OWEN: *TBG* 108, Dylai Gweinidog fôd yn rhŷdd ac yn ddibenbleth, ar bôb rhyw achlysyron cyfaddas, hyd ag y goddefo ei gyfallu ef: Hyn a *raglydda* (*confer*) iddo barch a brî yng ngolwg y bŷd. 1803 *P.*

Cfn.: **rhyglyddu bodd:** *to please.* 1551 W. SALESBURY: *KLl* lxviib–lxixa, oni rotioch yn teilwng or Arglwydd, trwy *ryglyddy bodd* ar pop peth. 1588 *Esth* ix. 13, o *rhyglydda bodd* i'r brenin. 1588 *Jud* xi. 18, Ai geiriau hi a *ryglyddasant fodd* Holophernes. 1632 *D*, Rhyglyddu . . . *Rhyglyddu bodd*, Placere. 1766 *CD* 2.

Gw. hefyd **rhyglydd.**

rhyglyddaidd [*rhyglydd*+*-aidd*] *a.* Haeddiannol, teilwng, clodwiw; wedi ei haeddu: *deserving, meritorious, (praise)worthy; deserved.*

1803 *P.*

rhyglydded [*rhyglydd*+*-ed*¹] ?*eb.* ?Haeddiant, haeddedigaeth: *merit, desert.*

15g. *GO* 155, Y mae medd a gwledd, *rryglydded* gweithwyr, / A gwin i wydrwyr, vwch Gwavn Waedred.

rhyglyddfawr [*rhyglydd*+*mawr*] *a.* Haeddiannol: *deserving, meritorious.*

1772 *W* d.g. *Deserving.*

rhyglyddiad [bôn y f. *rhyglyddaf*: *rhyglyddu*+*-iad*¹] *eg.* ll. *-au.* Haeddiant, haeddedigaeth, teilyngdod: *merit, desert, worth.*

1568 MORYS CLYNNOG: *AG* 20, E ryddheir pechodau drwy *ryglyddiad* dioddefaint yn harglwydd ni Iesu Grist. 1595 M. KYFFIN: *DFf* [44], [g]allu onynt hwy drwy rinwedd eu fferenneu, ranny, a chyfleu, fal y mynnont eu hun, er lles i ddynion, holl *ryglyddiad* (*merits*) marfolaeth Crist. 1595 H. LEWYS: *PA* 153, nid ein gweithredoedd da ni, na 'n haeddiadae, a 'n *rhyglyddiadae* ni, ai cynhyrfant ef i hyny, eythr anfeidrawl . . . *ryglyddiad* a hauddiad Iesu Grist. 16–17g. *NBSF* 464, Ai gladdu o *ryglyddiad* / mal duwk yn ymyl i dad (Siôn Cain). 1603 *NBSA* 137, Wyth oes iddi o waith sydiad / I roi gwleddoedd o *ryglyddiad.* 1618 J. SALISBURY: *EH* 12, ymdhiried yn-nhrigaredh Duw, a *rhyglydhiadeu* Crist eyn achubwr. 1632 *D*, Rhyglydd . . . *Rhyglyddiad*, Meritum. 1765 J. EVANS: *CPE* 238, trwy rinwedd a *rhyglyddiad* aberth ei angau, y talodd Crist iawn dros bechodau. 1803 *P.*

rhyglyddiaeth, rheglyddiaeth [*rhyglydd*, *rheglydd*+*-iaeth*] *e?b.* Haeddiant, haeddedigaeth, teilyngdod: *merit, desert, worth.*

16g. SIÔN BRWYNOG: *Gw* 43, A gwir swyddog y gorseddau, / A rhoi gwleddau a *rhyglyddiaeth.* 1626 *NBSA* 177, Arglwyddes o *ryglyddiaeth* (*NBSD* 11, *reglyddiaeth*), / Er lles iwch pob iarlles aeth (Siâms Dwnn). *c.* 1785–90 (1829) *CBYP* 85, Arglwyddwalch pob *rhyglyddiaeth*, / Ior a gar ddwyn rhagoriaeth.

rhyglyddiant [bôn y f. *rhyglyddaf*: *rhyglyddu*+*-iant*] *eg.* ll. *-iannau*, *-iantau.* Haeddiant, haeddedigaeth, teilyngdod: *merit, desert, worth.*

1568 MORYS CLYNNOG: *AG* 22, gras duw sydd bennaf, ynol hwn mae'r *rhygly*[*dd*]*iannau*, sydd trwy nerth yr vnrhyw ras o'n rhan ni yn dyfod, yn help fawr. 1609 R. SMYTH: *CAC* 32, ymogoneddu ag ymphrostio o *ryglyddianau* Crist a gras duw. 1632 *D*, Rhyglydd, & *Rhyglyddiant* . . . Meritum. 1651 SIÔN TREREDYN: *MDD* 125, trwy *rhyglyddiant* Christ, a'i haeddedigaeth ef y maent hwy yn haeddedigol. 1670 J. HUGHES: *AP* 177–8, O Arglwydd trwy *ryglyddiannau* y . . . Forwyn . . . a thrwy haeddiant dy holl Sainct. 1684 H. OWEN: *DC* 168, diystyru'r phansiau y fo'r gelyn yn eu dwyn argôf [*sic*] i ddyn, sy'n rinwedd lawn odidog, ac yn *ryglyddiant* mawr. 1759 *BC* v, Coeth Jôr goleuddoeth, o'th *ryglyddiant* / Y meirwon isod a gyfodant. 1764 DEWI NANTBRÂN: *SAG* 59, Duw, yr hwn yw 'n Tâd ni . . . trwy *Rhyglyddiannau* ei Fâb Jesu Ghrist, yr hwn yw 'n Cyfryngwr ni. 1794 *W* d.g. *Worth or worthiness.* 1803 *P.*

rhyglyddiog, rhyglyddog [*rhyglydd*+*-(i)og*] *a.* Haeddiannol, teilwng, clodwiw: *deserving, meritorious, (praise)worthy.*

1820.

rhyglyddol, rhaglyddol [*rhyglydd*, *rhaglydd*+*-ol*] *a.* Haeddiannol, teilwng, clodwiw; wedi ei haeddu, dyledus: *deserving, meritorious, (praise)worthy; deserved, due.*

1725 S. RHYDDERCH: *Alm* [4], Cadd gennad i dynnu i lawr Gorph yr Jesu, / Ac felly i'w gladdu n *Rhyglyddol.* *id.* [10–11], eraill aruthrodd i Dai a Thiroedd y Pendefigiôn . . . oedd wedi'u Hescymmuno, gan ddwyn a lladratta eu ho[ll] Eiddo, a thybiaid fod hynny yn *rhyglyddol* ger bron Duw. *c.* 1730 *Thos. Lloyd D* (LlGC) 205b, *Rhyglyddol.* Meritus, dignus. 1759 *BC* 496, Y daeth i'r natur ddynol, fel hyn o'r / Ddinas Nefol, *rhaglyddol* rhywiog Wlêdd. 18g. I. BRYDYDD HIR: *Gw* 42, Yr Awen goeth, ar iawn gân, / Arwyre i wawr eirian; / Dod fawl a *rhyglyddawl* glod / I'n henwog Frytwn hynod. 1771 J. THOMAS: *TA* 10, Yr awyr glîr, a'r cwbl dan y rhôd, / Y môr a'r tîr, rhônt ei *ryglyddawl* glôd. *id.* 57, Fel hyn ein canol-ŵr, / A ddaeth trwy Ddŵr a Gwaed; / Rhown iddo wir *ryglyddawl* Glôd, / A'r Pechod dan ein traed. 1793 DAFYDD IONAWR: *CD* 102, Difyr rhoi pob rhyw dafod / Ei fawl a'i *ryglyddawl* glod. 1803 *P* d.g. *Rhyglyzawl.*

rhyglyddus, rhaglyddus [*rhyglydd*, *rhaglydd*+*-us*] *a.* Haeddiannol, teilwng, clodwiw; wedi ei haeddu, dyledus: *deserving, meritorious, (praise)worthy; deserved, due.*

16g. *GGH* 308, Rhwydd oedd pob rhai a ddiddawr, / Rhoi hawdd fyd i bob rhodd fawr. / Robert, nid rhoddfawr hebod, / Amhorys *rhyglyddus* glod. 1567 *LlGG* 34a, Ca[n]iata attolygwn ytty oll-alluawc dduw, bot i ni yr ei a boenir yn *rhyglyddus* (*do worthily deserve*) am ein drwc weithredoedd. 1567 G. ROBERT: *GC* 12, *rhyglyddus* yw cychwyn gwaith da, ernas [*sic*] gallo dyn i ddwyn ef i'r pen y damunai. 1568 MORYS CLYNNOG: *AG* 36, i fod onynt [gweithredoedd da] yn *rhygly*[*dd*]*us* rhaid i gwneuthur mewn cariad perphaith. 1595 H. LEWYS: *PA* 1–2, pwy vn bynnag fydd'o . . . ai dirgel a chuddiedig, ai goleu ag eglur, ai *rhyglyddus*, ai anrhyglyddus. *id.* [251], Tynn ymaith y dialeddae hyn, y rhain a haeddais yn *rhyglyddus.* *Dchr.* 17g. *J* 10, 13b, *Rhyglyddus.* meritorious. 1618 J. SALISBURY: *EH* 125, hi [Mair] a wneuth weithredoedh mor gymeradwy gan Dhuw, ag mor *rhyglydhys*, fel yr heudhodh, ag y bu deilwng o gael ei chymeryd i fynu. 1630 *YDd* 153, er i ti gael mawl trwy haeddiant *rhyglyddus* (*due desert*), derbyn yn gall, rhag iddo brifio yn fwy peryglus na diystyrwch. 1632 *D*, *rhyglyddus* d.g. *Dignus.* *id.* *Rhyglyddus* d.g. *Meritus.* 1661 E. LEWIS: *Drex* 74, Pa sawl Penciwdawd milwraidd a arwainasant fyddinoedd o'r gwerin, ac a'i rheolasant yn *rhyglyddus* (*worthily*)! 1722 *Llst* 189, *Rhyglyddus.* Merited, meritorious, deserving, deserved. 1760 E. WILLIAMS: *UYB* 62, grym ei adgyfodiad ef, a chymdeithas . . . ei ddioddefiadau ef, a'i farwolaeth *ryglyddus.* 1764 *W Ballads* 79, 3, medd Duw *raglyddu*[*s*] glo[d]. 1789 H. JONES: *EN* [iii], y gwr *rhyglyddus*, a grybwyllwyd.

rhygn [bôn y f. *rhygnaf*: *rhygnu*] *eg.b.* (bach. g. *-yn*, b. *-en*; ll. *-nau*) ll. *-au*, *-ion.*

(*a*) Rhigol, rhych, sianel, siamffr, hac, rhic, hollt, trychiad; marc (ar bren cyfrif); crych; rhwbiad, rhathiad, ffrithiant; rhathell, ffeil; (yn y ll. *rhygnion*) blawd llif: *groove, furrow, channel, chamfer, hack, notch, crack, slit; score (on tally); wrinkle; rubbing, chafing, friction; file; (in pl.) sawdust.*

12g. *GLlF* 397, *Rhygn* dygn disgyn, rhwysg wysg wrysgryn, wosgryn wosgor. 14g. *RC* xxxiii. 189, Ac wedy eisted o Iessu gwneithur a oruc er llwch seith lyn bychein a gwneuthur *rygneu* bychein y dwyn y dwuyr o bop un onadunt yw gilyd. 1547 *WS*, *Rygyn* ne hollt A slytter. 1604–7 *TW* (*Pen* 228) d.g. *Crena, Incisura, Stria.* *Dchr.* 17g. *J* 10, 13b, *Rhygn.* Serra. *ib.* *Rhygnion.* Serrago. *ib.* *Rhygyn* × Hollt. chappe. 1632 *D*, *Rhygn*, Incisura. *id.* *rhygnen* law d.g. *Lima.* 17g. E. MORUS: *Gw* 78, Am hyn bydd parch y march mwy, / Naid rymus a wna dramwy; / Y mae'n rhwygo mewn *rhygyn*, / Afal braisc, i fol y bryn. 1688 *TJ*, *Rhygn*, nôd i goffa neu i gadw Cyfri: a Score made with Chalk, or the like. 1722 *Llst* 189, *Rhygn.* d. p. *Rhygnau.* A notch, dent, gash, furrow, plaight, hasp. 1772 *W* d.g. *Dent* [*a notch*], *Groove* [*a gutter or hollow cut in wood, &c.*]. *id.* *rhygnyn* d.g. *Hack.* 1803 *P*, *Rhygnen*, s. f.—pl. t. *au* . . . A file. Ar lafar, '*rycna*' 'marciau brwnt mewn dillad heb eu golchi'n dda', 'Un glawd i olchi yw 'i, 'wyt ti'n gweld *rycna* yn 'i dillad 'i ar y lein', *GTN* 697. Cf. 1809 T. JONES: *CCA* 380, Gweinidog heb yr hyfder hwn, mae'n debyg i *rygnen* (*file*) heb ddannedd.

(*b*) Sŵn rhygnu, rwmblian, mwmial: *grinding or grating noise, a rumbling, murmur.*

14g. *GDG*³ 62, *Rhugn* sugn soeg gogoeg gegyrn—rhwth rwymfol [dychan i Rys Meigen]. 15g. *DGG*² 80, Gwiddon goch yn gweiddi'n gau, / Gwrach hagr, dan guro'i chawgiau. / *Rhygn* germain rhyw gŵn gormes, / Rhugl groen yn rhoi glaw a gwres [i'r daran].

Amr.: **rhogwn.** 20g. **rhwgn.** 1722 *Llst* 189. 1798 *WR* d.g. *Groove, Notch.* 1803 *P* d.g. *Rhwgyn.* Ar lafar yn y ff. *rhwgwn* (ll. *rhwg(w)ne*) yng nghanolbarth a godre Cered., *Cymru* xxxiv. 122, a sir Benf., *GDD* 251.

rhygnad, gw. **rhygniad.**

rhygnaf: rhygnu, *bg.a.* Rhwbio, rhuglo, rhwto, crafu, rhathu, llifio, torri'n ddarnau, torri rhic(iau), hefyd yn *ffig.*; rhwbio yn ei gilydd gan wneud sŵn cras, crensian (am sŵn); siarad neu ysgrifennu mewn modd diflas a dibaid, ailadrodd hyd syrffed; llusgo, ymlwybro: *to rub, chafe, scratch, scrape, file, saw, cut into pieces, notch, also fig.; make a grating or grinding sound, grate, grind; harp on, keep on (about), repeat in a boring manner; drag, move slowly.*

12g. *GCBM* ii. 119, *Rygnassant* ryf naŵcant kelein. 1588 1 *Cr* xx. 3, A'r bobl y rhai oeddynt ynddi [dinas Rabba], a ddûg efe allan, ac ai *rhygnodd* hwynt a llif, ac ag ogau heirn, ac a bwyill. 16–17g. E. PRYS: *Gw* 286, Rhai a fyn, rhwyf o weniaith, / *Rhygnu* ach, rhwygo ein iaith. / Gwniaf fi gerdd, nis gwnaf gêl, / O rad Duw, i ŵr tawel. 1604–7 *TW* (*Pen* 228) d.g. *Frico, Serro.* *Dchr.* 17g. *J* 10, 13b, *Rhygnu.* to saw. 1632 *D* d.g. *Strio.* 1703 E. WYNNE: *BC* 67–8, rhwymwch y pedwar [cerddor] gefn-gefn, a theflwch hwy at eu cymeiriaid, i ddawnsio 'n droednoeth hyd aelwydydd gwynias, ac i *rygnu* fyth heb na chlôd na chlera. 1707 *AB* 284c d.g. *To Rub.* 1754 G. OWEN: *L* 89, Yr oeddwn wedi llwyr ddiflasu ar *rygnu* yr un peth ganwaith trosodd. *id.* 114, gadewch imi gael benthyg y Delyn Ledr . . . i gael imi *rygnu* ambell gaingc arni. 1775 *W* d.g. *To jag, To nick or notch.* 1796 T. JONES: *CCA* 336, lle y bu farw am *rygnu* briwiau'r Mynachod yn rhy drwm. 1803 *P.* Ar lafar, '*rhygnu*' 'to rub, chafe, scrape', '*rhygnu* troed', 'Ma'ch gwisg chi'n *rhygnu*', '*rhygnu* llechan efo hoelan', *WVBD* 469; hefyd yn yr ystyr 'to harp upon, to keep nagging', '*rhygnu*'r un peth', '*rhygnu* rhyw hen rigwm', *ib.*; 'paid â *rhygnu* o hyd', *Cymru* xlvii. [195] (sir Ddinb.); '*rycnu*' 'llusgo a pheri marciau', 'Beth wyt ti'n *rycnu*'r pren drŵs y lle i gyd', *GTN* 697.

Amr.: **rhwgno.** Ar lafar yn sir Benf. **rhugno.** 1853 W. REES: *AFR* 108–9, efe a *rugnai* dros ei wers ar lafar, fel y caffai yr hyfrydwch o'i glywed ei hunan.

Cfn.: **rhygnu ar:** *to harp on, keep on (about); persevere with, stick at.* 1843. Ar lafar yn y Gogledd a godre Cered., 'Gweda rywbeth newydd 'chan, yn lle *rhygnu ar* yr un hen beth o hyd'; 'Sut mae o'n mynd ymlaen hefo'r gwaith?', 'Mae o'n *rhygnu arno* fo'. **rhygnu ar yr un tant (yr un hen dant):** *to harp on, keep on, labour a point, flog a dead horse.* 1937. **rhygnu byw:** *to scrape along (in life, &c.), drag out an existence.* 1925. **rhygnu ymlaen:** *to harp on, labour a point; scrape along (in life, &c.), drag out an existence.* 20g. Ar lafar, 'Ma pawb 'di câl llond bol ar 'i glywed o'n *rhygnu 'mlaen* am hwnna'; 'Man' nhw wedi rhoi'r gore i ffarmo, ond man' nhw'n dal i *rygnu 'mlân* yn yr hen le'.

rhygnawd, gw. **rhy**¹+**cnawd**².

rhygnbren [*rhygn*+*pren*] *eg.* ll. *-nau.* Rhicbren, pren cyfrif: *tally(-stick).*

1605–16 *GDG*³ 415, Hyllais pan welais hollwyr ofer—saith / syth *rygynbren* im hamner / hoyw fydd gwin gloyw gen gler / a chwerw poen dielw pan daler. 1632 *D*, *rhygnbren* i gadw cyfrif d.g. *Tessera.* *id.* *rhygnbren* bychan d.g. *Tesserula.* *id.* Rhygn . . . *Rhygnbren*, Lignum oblongum in quo inciduntur numeri, vulgò Taleam dicunt. Angl. a Score. 1688 *TJ*, *Rhygnbren*, pren hâcciog [*sic*] i gadw cyfri: a piece of Board to score upon, a Score. 1725 *SR* d.g. *Score, A Stick to score upon, A Talley.* 1803 *P*, *Rhygnbren*, s. m.—pl. t. *au* . . . A stick for scoring upon, a tally.

rhygnedig [bôn y f. *rhygnaf*: *rhygnu*+

-*edig*] *a.bfl.* Wedi ei ddefnyddio hyd syrffed, llawn ystrydebau, ystrydebol; wedi ei rwbio, rhiciog, wedi ei farcio â rhiciau: *hackneyed, cliché-ridden*; *rubbed, notched, scored.*
1803 *P, Rhygnedig* . . . Rubbed, chafed; scored.

rhygnedd [*rhygn*+-*edd*¹] *eg.* Rhaniad neu hollt rhwng y ddwy ffolen: *cleft or cleavage between the buttocks.*
16g. (*LlEG*) *Mos* 158, 649a, ffestula neganck yr [*sic*] gwedi magv achodi ynyr *hrygnedd* nedd [*sic*] hrwng yddwy ffolen ornaill du I dwll yresdedduod. **16g.** *AP* 9, a thair modvedd o hyd ymhob ewin i grafu dy gefn, a dynnai dynniad o gnwch dy wegil, i *rygnedd* dy din.

rhygnen, gw. rhygn.

rhygniad, rhygnad [bôn y f. *rhygnaf*: *rhygnu*+-*iad*¹, -*ad*] *eg.* Rhwbiad, rhathiad, crafiad, ffrithiant; rhigoliad, sianeliad; sŵn rhygnu; hefyd yn *ffig.*: *a rubbing, chafing, scraping, friction*; *grooving, channeling*; *grating or rumbling noise*; *also fig.*
1604–7 *TW* (*Pen* 228), *rhygniat* d.g. *Stria.* **1725** *SR, Rhygniad* d.g. *A Rubbing.* **1803** *P, Rhygniad,* s. m. . . . A rubbing, a chafing.

rhygniog, rhygniol, gw. rhygnog, rhygnol.

rhygnog, rhygniog [*rhygn*+-(*i*)*og*] *a.* Rhigolog, rhychog, rhiciog, ysgythrog, garw, crebachlyd; streipiog; cras a gwichlyd: *grooved, furrowed, notched, jagged, rough, shrivelled*; *striped*; *grating* (*of noise*).
c. **1400** *R* 1354. 1, Kerth serch coffyr r6ycnerth. kyff *rycna6c* ysga6 ynkeissya6 k6yna6 amdryll keinya6c. **16g.** *GGH* 309, Dwbl-danllyd graen, gnawdflaen gnu, / Dewis glaerbleth disgleirblu; / Glewgryf edn, galw garw a feidr, / A'i glog *rhygnog* liw grugneidr [i ofyn ceiliog coed]. **1604–7** *TW* (*Pen* 228), *rhygnoc* d.g. *Incisus, Rugosus, Striatus.* **1722** *Llst* 189, *Rhygnog.* Chamfered, dented, furrowed, notched, rough. **1725** *SR, Rhygnog* d.g. *Shrivell'd.* **1774** *W, Rhygnog* d.g. *Jagged, Nicked.* **1803** *P, Rhygnawg* . . . having scores or hacks.

rhygnol, rhygniol [bôn y f. *rhygnaf*: *rhygnu*+-(*i*)*ol*] *a.* Undonog, ailadroddus; ?yn rwmblian; (geir.) yn rhwbio: *monotonous, repetitive*; ?*rumbling* (*adj.*); (*dict.*) *rubbing.*
1803 *P, Rhygnawl* . . . Rubbing.

rhygnwr [bôn y f. *rhygnaf*: *rhygnu*+-*wr*] *eg.* ll. -*wyr.* Rhigymwr undonog neu ystrydebol; (geir.) un sy'n rhwbio, llifiwr: *monotonous or hackneyed versifier*; (*dict.*) *one who rubs, sawyer.*
Dchr. **17g.** *J* 10, 13b, *Rhygnwr.* Sawier. **1803** *P, Rhygnwr* . . . One who rubs.

rhygnyn, gw. rhygn.

rhygnythaf: rhygnythu, rhygnytha, gw. **rhagnythaf: rhagnythu.**

rhygoeth, gw. rhy¹+coeth.

rhygog [*rhyg*+-*og*] *a.* Toreithiog mewn rhyg: *abounding in rye.*
1803 *P.*

rhygoll [*rhy*¹+*coll*¹; ansicr yw ystyr rhai o'r enghrau. isod] *a.* a hefyd fel *eg.b.* Cyfrgolledig, damnedig; (?geir.) colled, niwed, neu ddifrod mawr, dadfeiliad llwyr: *wholly lost, damned*; (*dict.*) *great loss, hurt, or damage, utter decay.*
12g. *GMB* 72, Gogwypo y Duw oe diweta6d / Nad el yn *rygoll* o'e holl pecha6d. *c.* **1400** *R* 1054. 25–6, kymry prif diryeit. rann *rygoll* b6yeit. **15g.** DAFYDD LLWYD: *Gw* 280, Lloegr a aeth o'r llaw *rygoll*, / I'r llaw gref yr aeth Lloegr oll. / Yr H. a ydyw ar ôl / Wedi rhewi gwaed rheiol. **1604–7** *TW* (*Pen* 228) d.g. *Interitus.* **1632** *D, Rhygoll,* Idem quod Coll, Damnum. **1688** *TJ, Rhygoll,* coll: loss, damage. **1803** *P, Rhygoll,* s. f. . . . Extreme loss.

rhygolled, gw. rhy¹+colled.

rhygoriaeth, gw. rhagoriaeth.

rhygraff, rhygref, rhygrin, rhygryf, gw. rhy¹+craff, cryf, crin, cryf.

rhygu [*rhy*¹+*cu*] *a.* a hefyd fel *eg.* Mynwesol, gorhoff; person tra hoff; hoffter mawr neu ormodol: *intimate, overfond*; *very dear person*; *great fondness, overfondness.*
13g. *A* 8. 5–6, yt rannei *rygu* e rywin. yt ladei a llauyn vreith o eithin. *c.* **1400** *J* 1, 973, *Rygu* pob ryuychod. **17g.** *Y* 74, *rhygv* oedd rhowiog i iaith. **1675** R. JONES: *HCh* 25, Cais ochelyd yn ofalus gyfeillach a chymdeithas dynion annuwiol: fy meddwl i yw, cymdeithas agos, *ry-gû.* *id.* [174], *Rhy-gû*, Rhy-anwyl. **1803** *P, Rhygu,* s. m. . . . Over-fondness. a. Over-fond. Cf. W. SALESBURY: *OSP*, Ny bu *ry gu* na bai ry gas; *Mos* 204, 38, Cnawd rhygas wedi *rhy gu.*

rhygudd, rhygul, rhygwbl, gw. **rhy**¹+ **cudd**¹, **cul, cwbl.**

rhygwellt [*rhyg*+*gwellt*, yn wallus ar ddelw'r S. *ryegrass* (gynt *ray-grass*)] *eg.* Unrhyw un o amryw o fathau o weiriau o'r tylwyth *Lolium*, yn enw. *Lolium perenne* a ddefnyddir i borthi anifeiliaid ac i wneud lawntiau: *ryegrass.*
[**1783**] *W* d.g. *Rye-grass.* **1790** GW. MECHAIN: *Gw* i. 215, Rhywiogach gwely *rhygwellt*, / Dewis yw rhyw dusw o wellt, / Yn Arfon, le rhadlon rhydd, / . . . / Na gwely 'Spaen, gwael os bydd, / Bali gwyn, ar blu gweunydd. **1800** W. OWEN[-PUGHE]: *CP* 106, *Rhygwellt* neu gawnwair . . . á ddylid ei dôri [*sic*] yn ei flodau. **1803** *P.*
Cfn.: **rhygwellt Eidalaidd (Italaidd, yr Eidal):** *Italian ryegrass, Lolium multiflorum.* **1848.**

rhygwyn, gw. rhy¹+cwyn¹.

rhygyng [?< Clt. **ro-kingo-*, cf. Gwydd. C. *cingid* 'fe gerdda' (â'r be. *céimm*, cf. *cam*¹), ?H. Lyd. *cinclinom*, a'r e. prs. Gal. *Cingetorix*] *eb.g.* ll. -*au.* Y weithred o rygyngu (am geffyl, &c.), cerddediad (llyfn, araf, neu hamddenol), ?naid chwareus: *amble* (*of horse, &c.*), (*smooth, slow, or leisurely*) *walk*, ?*caper.*
13g. *C* 83. 3–7, Ystarnde winev birr y blev. Ruit ygniw *rygig* otew . . . Ystarnde wineu hir y neid. Ruit yg nyw *rygig.* woteid. **14g.** *WM* 15. 31–6, Ynteu agymerth *rygyng* y gan y uarch ac ef adybygei yr araued y kerdei y uarch yr ymordi6edei ahi. *id.* 168. 18–20, palfrei gloy6du ffroenuoll ymdeithic. A*rygig* wastatualch escutlym ditramg6yd gantha6. *c.* **1400** *YCM*² 67, kymryt Belisent y gyt ac ef, ar gefyn mul o Hwngri, oed gynt y *rygig* noc y kerdei yr herwlog kyntaf ar y mor. **15g.** *GOLlM* 42, march â'i draed am wrych y dring / mal yr og aml i *rygyng.* **1561–2** *Rhyddiaith Gymraeg* i. 62, Casbethau Owain Cyfeiliog . . . Krynnwas heb gamp. Krynvarch heb *rygyng.* Krynn avon heb pont. **16–17g.** *GST* i. 211, Rhygyngog gynt, rhyw gainc wan, / Tuthiog yw yntau weithian. / Gollyngodd, wrth y modd mau, / Dros go'i *rygyng* dros greigiau [i ofyn march]. **1604–7** *TW* (*Pen* 228) d.g. *Glomeratio, Gradarius.* *Dchr.* **17g.** *J* 10, 13b, *Rhygyng.* Ambling. **1632** *D, Rhygyng,* Equi tolutatio, glomeratio. **1688** *TJ, Rhygŷng*: an ambling or pacing. **1722** *Llst* 189, *Rhygyng.* m. An ambling, pacing. **1803** *P.*
Cfn.: **ar rygyng:** *at an amble.* **1632** *D* d.g. *Tolutim.* **1770** *W* d.g. *Amblingly.*

rhygyngaf: rhygyngu [bf. o'r e. *rhygyng*] *bg.* ac yn eithriadol *ba.* Cerdded gan godi'r ddwy goes ar yr un ochr gyda'i gilydd (am geffyl, &c.), paso, mynd yn llyfn neu'n hamddenol; cerdded yn fursennaidd neu'n dorsyth, strytian; ?dawnsio: *to amble* (*of a horse, &c.*), *move* (*smoothly or leisurely*), *pace*; *mince, stalk, strut*; ?*dance.*
1547 *WS, Rygyngy* Amble. *a.* **1587** *Y* 184, Gwringhellaist, teflaist bôb tû, / Gwingaist yn lle *rhygyngv.* **1588** *Eseia* iii. 16, balchio o ferched Sion, a rhodio â gwddf estynnedic, ac yn amneidio ai llygaid: gan rodio a *rhygyngu* y cerddent. **1604–7** *TW* (*Pen* 228) d.g. *Glomero.* *id.* hwnn a *ryginga* d.g. *Tolutarius.* *Dchr.* **17g.** *J* 10, 13b, *Rhygyngu.* to Amble. **1632** *D, Rhygyngu,* Tolutim incedere, glomerare gressus. **17g.** E. MORRIS: *B* 86, Mae balchder gwlad Seion gan ferched annghyfion / Oedd uchel wedd feilchion a gwychion eu gwisg; / . . . / *Rhygy*[*ng*]*u* dan gerdded bu rheini cyn hoywed. **1688** *TJ, Rhygyngu*: to amble or pace. **1703** E. WYNNE: *BC* 79, Ond mawr na fedrei Sioncrwydd Ffrainc, / *Rygyngu* cainc rhag Angeu. **1721** J. P. PRYS: *DC* 6, Ni welwn wrth hynny wir achosi ymdrechu, / A mynd at yr Jesu *rhygyngu* rhag ing. **18g.** E. T. RHYS: *DA* 101, Mi glywa' dd'weyd eich bod yn rhyfedd / A rhagorol eich trugaredd, / Mewn cof, rhinwedd, yn cyfranu, / Lle bo 'lusen, rhwyg, ac angen, yn *rhygyngu.* **1776** *W* d.g. *To mince, or mince it.* **1798** R. DAVIES: *CG* 76, Pell yw peirch eu Meirch au Merched, / Hwy *rygyngant*, / Fwy nac allant yn ddi golled. **1803** *P.*

Amr.: **rhegyngo.** **17g.** *Llr* B 23, 4a, [g]wnaeth yr march oedd Droter *regyngo.* **rhygyngo.** **1722** *Llst* 189.

rhygyngfarch [*rhygyng*+*march*] *eg.* ll. -*feirch.* Ceffyl sy'n rhygyngu: *ambler or pacer* (*of horse*).
1778 *W* d.g. *Pacer.* **1803** *P.*

rhygyngiad [bôn y f. *rhygyngaf*: *rhygyngu* +-*iad*¹] *eg.* Rhygyng (ceffyl, &c.), cerddediad llyfn, araf, neu hamddenol; cerddediad mursennaidd neu dorsyth: *amble* (*of horse, &c.*), *smooth, slow, or leisurely walk*; *mincing walk, strut.*
1620 *Mos* 204, 159, Vn *rhygyngiad* yw r eboles, ar tadwys. **1775** *W* d.g. *A jetting, or strutting, A mincing, The pace . . . of a horse.* **1803** *P.*

rhygyngog [*rhygyng*+-*og*] *a.* a hefyd gyda grym enwol. Yn rhygyngu (am geffyl, &c.), yn paso, yn cerdded yn llyfn, yn araf, neu'n hamddenol; yn cerdded yn fursennaidd, yn torsythu: *ambling* (*of a horse, &c.*), *pacing, walking smoothly or at a slow or leisurely pace*; *mincing, strutting.*
12g. *GMB* 73, G6edy tonneu gwyrt gorewyna6c / Dyforthynt y seirch meirch *rygyga6c.* **14g.** *YBH* 45a, Ac yna deu o honunt a varchoccaassant deu varch drythyll tu ar porth. y neill o honunt oed acherdedyat uchel gantha6. A'r llall yn *rygygha6c.* *c.* **1400** *YCM*² 63, A Rolant a esgynnwys yr amws buan drythyll, ac Otuel ar vul vchel *rygyghawc*, a pharth a'r dinas y deuthant. **16g.** *WLl* 172, Rhoes farch ym gwiwrym heb gêl / *Rhygyngog* ar hug angel / A marw fu r march rhwyddbarch rodd / O frath neidr fraith ai nododd. **1595** M. KYFFIN: *DFf* [44], [c]effyl *rhygyngog* (*an ambling horse*). **16–17g.** *GST* i. 211, *Rhygyngog* gynt, rhyw gainc wan, / Tuthiog yw yntau weithian. / Gollyngodd, wrth y modd mau, / Dros go'i rygyng dros greigiau [i ofyn march]. **1604–7** *TW* (*Pen* 228) d.g. *Gradarius.* *Dchr.* **17g.** *J* 10, 13b, *Rhygyngog.* An ambler. **1632** *D, Rhygyngog,* Tolutarius, gradarius equus. **1703** E. WYNNE: *BC* 14, a llawer yscogyn *rhygyngog* a allei ridyllio Ffâ wrth wynt ei gynffon. **1740** T. EVANS: *DPO* 105, Emrys . . . oedd ar Farch *rhygyngog* yn gyrru megis mellten o Restr i Restr i osod calon yn ei wyr. **1768** W. WILLIAMS: *HTS* 22, Pwy bleserau 'nawr sydd ganddo? / Ai nid llais y delyn fawr? / Neu ynteu swn y droed *rygyngog* / Sydd yn jigco [*sic*] 'rhyd y llawr? **1776** *W*, Coegen *rygyngog* d.g. *Minks, a proud minks.* *id.* myned (cerdded) yn *rhygyngog* d.g. *To strut along.* **1784** P. WILLIAMS: *YC* 63, y mae'r balchder hwn yn ymddangos mewn geiriau mingrynnaidd, neu, ddull o ddywediad balch, cerddediad *rhygyngog.* **1803** *P.*

rhygyngwr, rhygyngydd [bôn y f. *rhygyngaf*: *rhygyngu*+-*wr*, -*ydd*³] *eg.* ll. *rhygyngwyr, rhygyngyddion.* Person mursennaidd, un sy'n cerdded yn fursennaidd; rhygyngfarch: *affected person, one who walks in an affected or mincing fashion*; *ambler or pacer* (*of horse*).
1722 *Llst* 189, *Rhygyngwr.* m. A mincer in going. **1803** *P, Rhygyngyz,* s. m.—pl. t. *ion* . . . An ambler.

rhygylch [*rhy*¹+*cylch*] *eg.* ll. -*oedd.* Cylch, cylchlwybr, amgant, cylchred, cylchdro, rhod, cwrs, hefyd yn *ffig.*; cylchyn; cwmpawd: *circle, periphery, cycle, revolution, orbit, course, also fig.*; *hoop*; *compass.*
1604–7 *TW* (*Pen* 228), dec mlynedh cymyrredh cylch / ar hugein [diwyg.] yw ei *rhygylch* (*DN* 102, rhagawr) d.g. *dignatio.* **1632** *D, Rhygylch,* Idem quod Cylch, Circuitus, circulus. **1688** *TJ, Rhygŷlch,* Cŷlch: a Compass, a Course. **1716** IACO AB DEWI: *LlCB* 30, Pa nifer ac sydd yn galw eu hunnein yn Grist'nogion, sydd wedi eu torri ymaith oddi wrth yr Eglwys yma? Ac yn wir nid yw hi yn ei *Rhygylch* yn beth bychan Cûl. Catholig yw hi, Cyffredinol yw hi. **1717** IACO AB DEWI: *MN* 2, ac edrych holl *Rygylchoedd* a Symmudiadeu'r Cyrph nefol. **1722** *Llst* 189, *Rhygylch.* m. A circle, circuit, a hoop, rundle. pl. *Rhygylchoedd.* **1727** J. JONES: *DFF* 222, na's gellir cael allan un Achos iddynt trwy holl *Rygylch* Naturiaeth, y fâth ag oedd llawer o Brophwydoliaethau yr Ysgrythurau cysegrlan. *c.* **1730** *Thos. Lloyd D* (LlGC) 205b, *Rhygylchoedd.* Revolutions. **1772** *W* d.g. *The circle* [*cycle, or revolution*] *of the stars, Period* [*a space of time where-in a planet, &c. performs it's revolution*]. **1800** *TY* [256], Ein Glyw, ti fu 'n goleuaw / Holl Dref y canhwyllau draw! / Ti, yn nghylch, *rhygylch* y rhôd / Ar gais, a fedrai 'u gosod!

rhygyn¹,², gw. rhegen², rhygn.

rhygynnar, gw. rhy¹+cynnar.

rhyng¹,², gw. rhwng, rhyngaf: rhyngu.

rhyngadwy, rhangadwy [bôn y f. *rhyngaf, rhangaf*: *rhyngu, rhangu+-adwy*] *a.bfl.* yn yr ymad. *rhyngadwy bodd* (*fodd*). Boddhaol, derbyniol: *pleasing, satisfactory, acceptable, gratifying.*

13g. *BD* 74, A guedy bot yn *ryngadvy* (*RB* ii. 113, *ragad6y*) *bod* y pavb onadunt y kyghor hvnnv, sef a wnaeth Meuryc kymryt deudegwyr . . . a dyuot hyt rac bron Kynan. *id.* 93, os da gennyt titheu ac o byd *ryngadvy* (*RB* ii. 133, *ragad6y*) *bod* yt, kyghor yw gennyf ui anuon kennadeu hyt uyg wlat i. *id.* 135, A *ryghadvy bod* uu gan bavb onadunt y kyghor. **14**g. *DPh* 105, chwant uu gann Elen wreic Menelaus y welet . . . a *rygadwy vod* uu hynny gann Alexander. *id.* 122, Priaf a ouynnawd y bawb y hewyllys, a *rygadwy uod* uu gantunt or diwed kennadu eu hadolwyn yr Groegussyon. *Diw.* **16**g. *B* ix. 122, ar enaid yn y corph gwan pwdwr yngharchar yn wastad i gyd ath elynn. nid ceniad yt ei ladd, nid *rhyngadwy bodd* yt ei feithrinn. **17**g. *id.* xxiii. 164, A'r siartyr honn ydym minneu [*sic*] yr un Rissiart Iarll Arwndel . . . yn i gynnwys ag yn *rhyngadwy fod* gennym bob pwynt ohoni. *c.* **1730** *Thos. Lloyd D* (LlGC) 204b, Priaf a ddyfot bod yn *Rhyngadwy bodd* ganthaw cyngor Alexander. Placere sibi.

rhyngaf, rhangaf, rhengaf: rhyngu, rhangu, rhengi [< Clt. **ro-anko-*, cf. *rhanc-bodd*; cf. ymhellach *cyfranc, dianc*, H. Wydd. *ro-icc, ricc* 'fe gyrraedd, fe ddaw', Llyd. C. *rencout*, Llyd. Diw. *rankout* 'bod yn rhaid'] *ba.* a hefyd gyda grym enwol i'r be.

(*a*) (yn yr ymad. *rhyngu bodd*, &c.) Rhoddi boddhad, pleser, neu fodlonrwydd (i), plesio, bodloni, bod yn dderbyniol (gan), boddhau: *to please, satisfy, gratify.*

Dchr. **12**g. *GMB* 30, Rac druc drossot *reghid* brid *bot* rot Cuhelin! **13**g. *B* ix. 145–6, A guede daruot e emadraud er mab a phaub onadunt en canmaul e wynuydedic veir vam duw. y *ryngws bod* e baup onadunt bvrw er idew yu losgi. *id.* x. 23, A guedy amrysson y rygthunt y *ryngvs bod* er goruchelaf tros wedieu e vam ef etvryt eneit e manach yv gorff. **1346** *LlA* 55, vn vnolder ynt a du6 megys y*reigbod* vdunt yvrodyev ef ympob peth. **14**g. *WM* 487. 24–7, Glanhau aoruc hanher y lleill gyllell ida6. Ae rodi yn y la6 aoruc. A*reinc* dy *uod* di hynny. **14**g. *BT* (*RB*) 56, A vynnwchwi *reggi bod* y Henri urenhin. **14**g. *B* xiv. 264, yr bobyl oll y *regis bod* nichodemus (*et placuit omnibus seruo iste*). ac anuonn gvyr y geissav iessu. *id.* 267, hvnn yv vy mab yn yr hvnn y *ryngeis* vy *mod.* **14**g. *Cylchg LlGC* vi. 174, edrych a oruc yr argluyd ar aberth abel. ac ny *ragavd bod* idav aberth cayn. **14–15**g. *IGE*[2] 253, Dir i'r bobl, dewr yw'r bwbach, / *Ryngu bodd* i'r angau bach (Siôn Cent). *c.* **1400** *R* 1277. 20–3, Ch6ithev yseinyeu synnyoch amdangnef. dy eur bennaeth nef yt erbynnoch. yr *rengi bod* du6 y ryngoch y byd. ryd kynn na6 uettyd y nef attoch. *c.* **1400** (*SG*) *HMSS* 186, apheth a*rangk bod* ytti. *Dchr.* **15**g. *GM* 4, Ac ef a'th *reingk* (amr. *ryng, ranga*) *bod* ymadrawd vy geneu. **1547** *WS, Ryngy bodd.* Please. **1588** 1 *Cor* vii. 34, pa fodd y *rhynga* hi *fodd* i'r gŵr. **1595** H. Lewys: *PA* 79, Yr oll rai, a *ryngasont fodd* i dduw, a brofwyd, ac a dreiwyd drwy amryw flinderoedd. **1620** *Doeth Sol* ix. cs., nis gwyr pa fodd y *rhyng fodd* Duw. **1632** *D, Rhyngu bodd,* Placere. **1699** *FfG* [6], rhodio yn addas i ti mewn pob *rhyngy* [*sic*] *bodd.* **1703** E. Wynne: *BC* 27, Attolwg, f' Arglwydd, ebr fi, os *rhyngai*'ch *bodd* p'le yw'r fan ryfeddol hon? [**1783**] *W* d.g. *Sight, To seem good in one's sight.* **1803** *P*, Rhyngu . . . 'A *rync* dy *foz* di hyny?' Will that be agreeable to thy will?

(*b*) ?Cyrraedd, cael: *to reach, attain, get.*

9g. *DGVB* 269, ni *rincir* i les. cimperet illiausauc o i rei. **12**g. *GMB* 198, Gwynn y uyd padiw, Duw, yd *ragwy* / Rieinged rwych wyry wared lywy. **12**g. *GCBM* ii. 271, Crist Kulwyd, poet r6yd y'm *rangh6y*, / O'm *rang* lles, neges na'm nag6y! **12–13**g. *GMB* 537, Rex, *ryngaf* o'th rod r6yduod uoli. **1803** *P, Rhangu* . . . to fulfil.

Amr.: **rhannaf**[2]**: rhannu.** **16**g. *Yst Kym* 81, 92. **17**g. *LlGC* 719, 79a, nid oes rodd, a *rein* bodd byd. **rhwngaf: rhwngu.** **1651** Siôn Treredyn: *MDD* [ix].

Cfn.: **rhyngu (rhangu) lles (ei les)** [cf. H. Wydd. *ro-icc a les* 'mae arno ei angen']: *to be necessary.* **9**g. *DGVB* 269. **12**g. *GCBM* ii. 271.

rhyngalaethol [*rhwng+galaethol* (At.)] *a.* Wedi ei leoli, yn bod, yn digwydd, yn teithio, &c., rhwng galaethau: *intergalactic.*
20g.

rhyngasennol [*rhwng+asennol* (At.)] *a.* Wedi ei leoli rhwng yr asennau: *intercostal.*
1890.

rhyngbersonol [*rhwng+personol*] *a.* Yn bod neu'n digwydd rhwng pobl, yn perthyn i berthynas pobl â'i gilydd: *interpersonal.*
20g.

rhyngberthynaf: rhyngberthyn [*rhwng +perthynaf: perthyn*] *bg.* Bod mewn perthynas â'i gilydd, cydberthyn: *to interrelate.*
20g.

rhyngblanedol [*rhwng+planedol*] *a.* Wedi ei leoli, yn bod, yn digwydd, yn teithio, &c., rhwng planedau: *interplanetary.*
20g.

rhyngbleidiol [*rhwng+pleidiol*] *a.* Ar y cyd rhwng dwy neu ragor o bleidiau: *interparty.*
20g.

rhyng-bodd, gw. **rhanc-bodd.**

rhyngbriodaf: rhyngbriodi [*rhwng+ priodaf: priodi*] *bg.* Dod yn gysylltiedig drwy briodas (am grwpiau, hiliau, &c.); priodi o fewn yr un teulu neu dylwyth: *to intermarry.*
1850.

rhyngbriodas [*rhwng+priodas*] *eb.* Priodas rhwng aelodau o grwpiau, hiliau, &c. gwahanol; priodas o fewn yr un teulu neu dylwyth: *intermarriage.*
1916.

rhyngdaleithiol [*rhwng+taleithiol*] *a.* Yn cysylltu taleithiau, yn bod neu'n digwydd rhwng taleithiau: *interstate, interprovincial.*
20g.

rhyngdestun [*rhwng+testun*] *eg.* Iaith neu destun yr ystyrir ei fod yn y canol rhwng dwy ffurf ieithyddol wahanol; testun (e.e. esboniad, dehongliad, &c.) sy'n cyfryngu rhwng darllenydd a thestun arall: *intertext.*
20g.

rhyngdestunol [*rhyngdestun+-ol*] *a.* Yn perthyn i ryngdestun: *intertextual.*
20g.

rhyngdestunoldeb [*rhyngdestunol+-deb*] *eg.* Y cyflwr o fod yn rhyngdestunol, cydberthynas testunau (yn enw. testunau llenyddol): *intertextuality.*
20g.

rhyngdeyrnasiad [*rhwng+teyrnasiad*] *eg.* Ysbaid rhwng dau deyrnasiad, dwy lywodraeth, &c., cyfnod heb reolwr neu lywodraeth: *interregnum.*
1850.

rhyngdeyrnasol, rhwngdeyrnasol [*rhwng+teyrnasol*] *a.* Rhyngwladol: *international.*
1885.

rhyngdrofegol, rhwngdrofegol [*rhwng +trofegol*] *a.* Yn perthyn i ranbarth neu ardal rhwng y trofannau: *intertropical.*
1851.

rhyngddalennaf: rhyngddalennu [*rhwng+dalennaf: dalennu*] *ba.* Gosod dalennau (gwag) rhwng dalennau (llyfr, &c.): *to interleave.*
1850.

rhyngddi, gw. **rhwng.**

rhyngddibyniaeth [*rhwng+dibyniaeth*] *eb.* Dibyniaeth ar ei gilydd, cyd-ddibyniaeth: *interdependence, mutual dependence, interdependency.*
1900.

rhyngddisgyblaethol [*rhwng+disgyblaethol*] *a.* Yn perthyn i ddwy neu ragor o ddisgyblaethau academaidd: *interdisciplinary.*
20g.

rhyngddo, rhyngddwyf, rhyngddynt, gw. **rhwng.**

rhyngen, *e?b.* Fflem, llysnafedd, mwcws: *phlegm, mucus.*

18g. *Llr* C 24, 313, Y dorri ffleum neu *rhyngen.* **1801** *MMf* 169, Meddyginiaeth Rhag Y Dadwrdd Yn Y Penn . . . gâd sefyll y garllegyn yn dy glust saith neu wyth niwarnod, ag ef o ddifo [*sic*] *ryngen* yn y penn (*Llr* C 24, 314, fe [d]yr ymaith humour y trwyn), ag a ry'r clywed eilwaith.

rhyngenwadol [*rhwng+enwadol*] *a.* Yn perthyn i ddau neu ragor o enwadau, ar y cyd rhwng dau neu ragor o enwadau: *interdenominational.*
1921.

rhyngfaelwr, rhyngfaelydd [*rhwng+ maelwr, maelydd*[1]] *eg.* ll. *rhyngfaelwyr.* Brocer, asiant busnes: *broker, factor.*
1847.

rhyngfridiaf: rhyngfridio [*rhwng+bridiaf: bridio*] *bg.a.* Bridio o fewn yr un teulu, llinach, &c., er mwyn cynhyrchu nodweddion neilltuol yn y disgynyddion; croesfridio: *to interbreed; cross(-breed).*
20g.

rhyngfynyddig [*rhwng+mynyddig*] *a.* Wedi ei leoli rhwng mynyddoedd: *intermontane.*
20g.

rhyng-Geltaidd [*rhwng+Celtaidd*] *a.* Ar y cyd rhwng y gwledydd Celtaidd: *pan-Celtic, inter-Celtic.*
20g.

rhyng-gellog [*rhwng+cellog*] *a.* Rhynggellol: *intercellular.*
1890.

rhyng-gellol [*rhwng+cellol* (At.)] *a.* Wedi ei leoli rhwng celloedd, yn bod neu'n digwydd rhwng celloedd: *intercellular.*
20g.

rhyng-genedlaethol [*rhwng+cenedlaethol*] *a.* Rhyngwladol: *international.*
1923.

rhyng-genedlaetholdeb [*rhyng-genedlaethol+-deb*] *eg.* Yr ansawdd neu'r cyflwr o fod yn rhyngwladol, y ddelfryd neu'r arfer o gydweithrediad a dealltwriaeth rhwng cenhedloedd: *internationalism.*
20g.

rhyng-genedlaetholwr [*rhyng-genedlaethol+-wr*] *eg.* ll. *-wyr.* Un sy'n arddel neu'n pleidio rhyng-genedlaetholdeb: *internationalist.*
20g.

rhyng-gipiaf, rhwng-gipiaf: rhyng-gipio, rhwng-gipio [*rhwng+cipiaf*[1]*: cipio*] *ba.* Cipio (pêl) sy'n cael ei phasio rhwng y gwrthwynebwyr (mewn rygbi, pêldroed, &c.), atal (pàs) drwy gipio'r bêl: *to intercept (in rugby, football, &c.).*
20g.

rhyng-golegol [*rhwng+colegol*] *a.* a hefyd gyda grym enwol. Ar y cyd rhwng colegau (yn enw. am eisteddfod): *intercollegiate (esp. of eisteddfod).*
20g. Clywir hefyd y ff. dalf. *rhyng-gol.*

rhyng-gyfandirol [*rhwng+cyfandirol*] *a.* Yn gallu teithio neu gael ei yrru o'r naill gyfandir i'r llall (am daflegryn, &c.), yn teithio, yn cysylltu, neu ar y cyd rhwng cyfandiroedd: *intercontinental.*
20g.

rhynghaenaf: rhynghaenu [*rhwng+ haenaf: haenu*] *bg.a.* *Drg.* Gorwedd neu osod yn haen(au) rhwng haenau eraill: *to interstratify.*
1875.

rhynglanw [*rhwng+llanw*[1]] *a.* Yn perthyn i'r rhan honno o draeth sy'n gorwedd rhwng terfynau'r penllanw a'r trai: *intertidal.*
20g.

rhynglinellaf, rhwnglinellaf: rhynglinellu, rhwnglinellu [*rhwng+llinellaf: llinellu*] *bg.a.* Ysgrifennu neu argraffu rhwng llinellau (testun, &c.): *to interline.*

1775 *W*, *rhwng-linellu* d.g. *To interline.* **1803** *P* d.g. *Rhynglinellu.*

rhynglinelliad, rhwnglinelliad [bôn y f. *rhynglinellaf, rhwnglinellaf*: *rhynglinellu, rhwnglinellu*+-*iad*[1]] *eg.* ll. *rhynglinelliadau.* Y weithred o rynglinellu, enghraifft o rynglinellu: *interlineation.*
1775 *W*, *rhwng-linelliad* d.g. *Interlineation.* **1803** *P*, *Rhynglinelliad*, s. m.—pl. t. *au* . . . Interlineation.

rhynglinellog [*rhwng*+*llinellog*] *a.* Wedi ei ysgrifennu neu ei argraffu rhwng llinellau testun, wedi ei ysgrifennu neu ei argraffu gyda'r testun mewn ieithoedd neu fersiynau gwahanol ar linellau olynol: *interlinear.*
1849.

rhynglywodraethol [*rhwng*+*llywodraethol*] *a.* Yn perthyn i ddwy neu ragor o lywodraethau, ar y cyd rhwng dwy neu ragor o lywodraethau: *intergovernmental.*
20g.

rhyngo, rhyngoch, rhyngof, gw. **rhwng.**

rhyngog [?*rhwng*+-*og*; tra ansicr yw'r ystyr a roddir isod; am gynigion eraill gw. *GLlBH* 198] *a.* ?Ymyrgar: *interfering, meddlesome.*
c. **1400** *R* 1030. 36, bit *rynga6c* cleirch. *id.* 1353. 24, keinvlaen y pistyll ringhyll *rygha6c.* *id.* 1354. 35, *Ryngha6c.* y6 mada6c rinc ae medyr gofal. *ib.* 38, 43, 1355. 11.

rhyngol [*rhwng*+-*ol*] *a.* Wedi ei leoli, yn sefyll, yn bod, yn digwydd, &c., rhwng dau beth; cyfryngol: *intermediate, intervenient; mediatory.*
1803 *P.*

rhyngom, gw. **rhwng.**

rhyngosodaf, rhwngosodaf: rhyngosod, rhwngosod [*rhwng*+*gosodaf*: *gosod*] *ba.* a'r be. *rhwngosod* hefyd fel *eg.* Ychwanegu at destun, &c., yn enw. er mwyn twyllo, mewnosod; *Math.* mewnosod term neu werth i gyfres drwy gyfrif neu amcangyfrif; rhyngosodiad: *to interpolate* (*in a text, &c.*), *insert; interpolate* (*in math.*); *interpolation.*
1604–7 *TW* (*Pen* 228), *rhwngossot* d.g. *Interiectus.*

rhyngosodiad [bôn y f. *rhyngosodaf*: *rhyngosod*+-*iad*[1]] *eg.* ll. -*au.* Y weithred o ryngosod neu'r hyn a ryngosodir (hefyd mewn math.), mewnosodiad; ymwthiad (llafariad), epenthesis: *interpolation* (*also in math.*), *insertion; epenthesis.*
1858.

rhyngot, gw. **rhwng.**

rhyngrewlif [*rhwng*+*rhewlif*] *a.* Rhyngrewlifol: *interglacial.*
20g.

rhyngrewlifol [*rhwng*+*rhewlifol*] *a.* Yn bod, yn digwydd, neu wedi ei ffurfio rhwng cyfnodau o rewlifiant: *interglacial.*
20g.

Rhyngrwyd [*rhwng*+*rhwyd*] *eb.* Rhwydwaith cyfrifiadurol rhyngwladol sy'n cydgysylltu nifer mawr o rwydweithiau ac o gyfrifiaduron unigol: *Internet.*
20g.

rhyngrywogaethol, rhyngrywiogaethol [*rhwng*+*rhyw*(*i*)*ogaethol*] *a.* Wedi ei ffurfio neu ei gael o (unigolion o) wahanol rywogaethau, yn bod neu'n digwydd rhwng gwahanol rywogaethau: *interspecific.*
20g.

rhyngserennol [*rhwng*+*serennol*] *a.* Rhyngserol: *interstellar.*
20g.

rhyngserol [*rhwng*+*serol*] *a.* Wedi ei leoli, yn bod, yn digwydd, yn teithio, &c., rhwng sêr: *interstellar.*
20g.

rhyngsymudiad [*rhwng*+*symudiad*] *eg.* ll. -*au.* Cydymwneud dau beth â'i gilydd, cydadwaith: *interplay.*
1916.

rhyngto, rhyngtho, &c., gw. **rhwng.**

rhyngweithiad [bôn y f. *rhyngweithiaf*: *rhyngweithio*+-*iad*[1]] *eg.* ll. -*au.* Gweithrediad neu ddylanwad ar ei gilydd, *Ffis.* dylanwad mater, gronynnau, a meysydd ar ei gilydd: *interaction* (*also in physics*), *interplay.*
20g.

rhyngweithiadol [*rhyngweithiad*+-*ol*] *a.* Yn rhyngweithio; yn perthyn i drosglwyddiad gwybodaeth yn ôl ac ymlaen rhwng defnyddiwr a chyfrifiadur, &c., yn caniatáu'r fath drosglwyddiad: *interacting; interactive.*
20g.

rhyngweithiaf: rhyngweithio [*rhwng*+*gweithiaf*: *gweithio*] *bg.* Gweithredu neu ddylanwadu ar ei gilydd: *to interact.*
20g.

rhyngweithrediad [*rhwng*+*gweithrediad*] *eg.* ll. -*au.* Rhyngweithiad: *interaction, interplay.*
1914.

rhyngwladol [*rhwng*+*gwladol*] *a.* Yn perthyn i ddwy neu ragor o wledydd neu genhedloedd, ar y cyd rhwng dwy neu ragor o wledydd neu genhedloedd, cydwladol: *international.*
1898.

rhyngwladolaf: rhyngwladoli [bf. o'r a. *rhyngwladol*] *ba.* Gwneud yn rhyngwladol, rhoddi dan reolaeth ryngwladol: *to internationalize.*
20g.

rhyngwladwriaethol, rhwngwladwriaethol [*rhwng*+*gwladwriaethol*] *a.* Rhyngwladol: *international.*
1858.

rhyngwr[1] [bôn y f. *rhyngaf*: *rhyngu*+-*wr*] *eg.* ll. -*wyr* (yn yr ymad. *rhyngwr bodd*). Boddhawr, bodlonwr: *one who pleases or satisfies, gratifier.*
1567 *TN* 301a–b, Y gweision, ymuvyddhewch ir ei 'sy yn arglwyddi ywch erwydd y cnawt ym-pop dim, nyd a llygad-wasanaeth val *rhyngwyr bodd* dynion, eithr yn semplrwydd calon, gan ofny Duw.

rhyngwr[2] [*rhwng*+*gŵr*] *eg.* ll. -*wyr.* Brocer: *broker.*
1898.

rhyngwyneb [*rhwng*+*wyneb*] *eg* ll. -*au.* Arwyneb rhwng dau beth, pwynt cyfarfod neu gydweithio rhwng dwy system, dau broses, &c., cylched trydanol sy'n cysylltu un ddyfais (yn enw. cyfrifiadur) ag un arall, dyfais sy'n galluogi defnyddiwr i gyfathrebu â chyfrifiadur: *interface.*
20g.

rhyhael, gw. **rhy**[1]+**hael.**

rhyhawd, gw. **rhahawd.**

rhyhen, gw. **rhy**[1]+**hen.**

rhyhir, rhyir [*rhy*[1]+*hir*] *a.* ll. *rhyhirion.* Rhy hir, hir iawn, maith; diflas, blinderus; tal iawn: *too long, very long, lengthy; tedious, tiresome; very tall.*
12g. *GLlF* 389, Chweddl *rhyhir*, rhyhydr ei ysgain. **13g.** *BD* 158, tyvyssogyon y dinassoed mavr bonhedic, Morud yarll Caer Gloev, Mor yarll Caer Vyragon . . . ac y gyt a hynny llawer o wyrda ereill a oed *ryhir* eu datcanu. **14g.** *YBH* 35b, beth avynny di fugeil bilein ae vy modi i yny d6fyr h6nn *ryhir.* **14g.** *GDG*[3] 335, 'Ai hir gennyd yr ydwyd? / Dyn goddefgar serchog wyd.' / 'Fy aur, gwyddost mai *rhyir*; / Am baham oedd na bai hir?' *id.* 377, *Rhyir* wyd, gyflwyd gyflun, / Rho Duw, gledd, ar hyd y glun [i'r cleddyf]. **15g.** *GDLl* 120, Dafydd wyf innau'n d'ofwy, / Deffro, paid â huno'n hwy,—/ Hun *ryhir*, hwy na'r eos, / Hun Faelgwn yn nhrŵn y Rhos. **15g.** *GTP* 69, Mawr i fyny, mor feinwr, / Meina' gwasg, mwya' un gŵr; / Yt y rhoed corff Ector hir / O Droea, nid wyd *ryir.* **15g.** *GGl*[2] 238, Pawb yno, pob awenydd, / A red mal i farchnad rydd. / *Ryir* yn herwr gŵr gŵyl / Yr wyf innau ar f'annwyl. **1561–2** *Rhyddiaith Gymraeg* i. 61, byddai flin genywch ddarllain chwedlav *rhyhirion.* **1567** *LlGG* (*Sall*) 73a, *Ryhir* y trigawdd vy eneit gyd a hwn oedd yn casau tangneddyf. **1567** *TN* [xxxviii], rhaid i mi dalvyrru'r araith rhac bod yn *rhyhir.* **1595** M. KYFFIN: *DFf* [60], Pa raid son ychwaneg? *Rhyhir* a gormod poen fydde coffa a chyfri pob peth. *Dchr.* **17g.** *J* 10, 14a, *Rhyhir.* too long. **1661** E. LEWIS: *Drex* 262, oeda tros ennyd, eithr nid yn *rhyhir.* **1754** G. OWEN: *L* 105, mae'n *rhyhir* aros y Lecsiwn drosodd. Cf. *GCBM* i. 255, Ry hir y tawaf, tawel wyf i, / Ny bytaf dawel, nyd meu tewi.
Amr.: **rheir.** **16g.** SIÔN BRWYNOG: *C* 64. **1567** G. ROBERT: *GC* 54, 73. **1691** T. WILLIAMS: *YB* 183. **rheuir.** *c.* **1600 (1681)** *Rhyddiaith Gymraeg* ii. 172, Ti a'm cedwaist yn *rheuir.*

rhyhodigion, gw. **rheodig.**

rhyhun, gw. **rhy**[1]+**hun**[1].

rhyhwyr, gw. **rhywyr**[1].

rhyhy, gw. **rhy**[1]+**hy**[1].

rhyhyd [*rhy*[1]+*hyd*] *eg.* neu *a.* ?(Cyfnod) hir iawn neu rhy hir; (natur) ystyfnig iawn: *very long or overlong* (*period*); *very stubborn* (*nature*).
12g. *GCBM* ii. 271, Caru g6yt yn *ryhyt*, yn r6y. **12–13g.** *GMB* 382, Yg kryt byt *ryhyt* ryuedu. *id.* 406, Argleitryat, Uab rat, *ryhyt*—o garchar, / Bu ef a gyrchwys y aruedyt. **14g.** *T* 13. 5–6, G6yr g6ychyr yntrydar kasnar degyn. escut yg gofut *ryhyt* diffyn.

rhyhydr, gw. **rhy**[1]+**hydr**[1].

rhyhydd, gw. **rhiydd.**

rhyieuanc, gw. **rhy**[1]+**ieuanc.**

rhyir, gw. **rhyhir.**

rhylan, gw. **rhy**[1]+**glân.**

rhylanw [*rhy*[1]+*llanw*[1]] *eg.* Gorhelaethrwydd, gorlawnder, gormodedd: *overabundance, superfluity, excess.*
1604–7 *TW* (*Pen* 228) d.g. *Redundatio.* **1606** E. JAMES: *Hom* ii. 252, maent hwy'n gorphwys mewn gormodd a *rhylanw* (*superfluity*), mewn gloddineb a meddwdod. **1803** *P.*

rhylanwaf: rhylenwi, rhylaw, rhylawn, gw. **rhy**[1]+**llanwaf: llenwi, glaw, llawn.**

rhyle [?*rhy*[1]+*lle*[1] neu *lle*[2]] *eg.* ?Distryw: *destruction.*
12g. *GMB* 152, Ystryw chwer6, nyd chweryan y *ryle.*

rhylesg, rhylew, rhylon, rhyloyw, rhylwfr, gw. **rhy**[1]+**llesg, glew, llon, gloyw, llwfr.**

rhylwythaf: rhylwytho, gw. **rhy**[1]+**llwythaf: llwytho.**

rhylyw, rhyll[1,2], gw. **rhelyw, rhull, rhill.**

rhylliog, rhyllog, gw. **rhilliog.**

rhym, rhymant, rhymanta, rhymantwr, rhymedi, gw. **rym, rhamant, rhamanta, rhamantwr, remedi.**

rhyn[1] [dichon fod yma fwy nag un gair; â'r ystyr ansoddeiriol, ?cf. H. Lyd. *rinn* '?anystwyth'; geir. yn wr. yw'r ystyr yn adran (*b*) fel e., ?adff. o *penrhyn*, ac â'r ystyr honno, ?cf. H. Lyd. (*gabl*) *rinn*, H. Wydd. *rind, rinn* 'pwynt, pig, copa, penrhyn'; ceir engh. bosibl o ff. l. yr a. yn *LL* 142–3, *pullou rinion*] *a.* a hefyd gyda grym enwol ac fel *eg.* Anystwyth, anhyblyg, stiff, di-ildio, cadarn, dewr; aflonydd, garw, ffyrnig, bygythiol, ofnadwy; oer, oerllyd, rhynllyd; ?trist: *rigid, stiff, unyielding, steadfast, brave; turbulent, rough, fierce, threatening, terrible; cold, chilly, shivery; ?sad.*
Dchr. **12g.** *GMB* 30, Revwet paraud, *rin* vynn wascaud, tra gwaud wobrin. **12g.** *id.* 71, *Rynn* ruthrei doruoet oet rybara6d. **12g.** *GCBM* i. 191, Rut bareu a beir yn adwy, / Rut bebyll, *rynn* gestyll gystwy. **12–13g.** *GLlLl* 213, Oet *rynn* rut ebyr o'r gwyr gwar. **13g.** *GDB* 118, *Ryn* diordin Bryneich, rann orda6n brein. **13g.** *A* 5. 8–9, garw ryt rac *rynn.* *id.* 11. 4, gorwyd gwareus rith *rin* ych eurdochawr. *id.* 33. 15, Gosgord gododin e ar ravn *rin.* **13g.** *Cylchg LlGC* v. 63, ar y duwyr *rynn* redegauc dwuyn. **14g.** *T* 16. 3–5, heb talet odynget meint ageffyn. Oymdifeit veibon ac ereill *ryn.* **14g.** *WM* 483. 11–13, Nyt oes yny byt crib a guelleu y galler g6rteith vyg uallt ac 6y rac *yrynhet.* **14g.** *GDG*[3] 162, Mewn eiry er ei mwyn aros, / A *rhyn* ôd a rhew y nos. *id.* 270, A dwfn yw tonnau Dyfi, / Dwfr *rhyn*, yn ei herbyn hi. *id.* 337, Tywyll yw'r nos ar ros *ryn*, / Tywyll, och am etewyn! *c.* **1400** *R* 1238. 16–18, G6ae ny char kynn clad prid grad grudyeu. kymryt rann benyt rac *rynn* boeneu. **15–16g.**

GIF 45, Mor *rhyn* â meirw yr ynys, / mwy oer sir yw marw Syr Rhys. **16g.** Wiliam Cynwal: *Gw* 360, Od yw'r Penrhyn, *rhyn* yrhawg, / Boen mawrchwedl, heb un marchawg. *Dchr.* **17g.** *J* 10, 16a, *Rhyn.* Chilling. **18g.** I. Brydydd Hir: *Gw* 65, Llai anfad na'i ruad *rhyn* / Ydyw oer-groch daiargryn [am Homer]. **1803** *P, Rhyn,* a. . . . agitating, shivering; terrible.

Fel *e.* (*a*) Oerfel (eithafol), oerni, fferdod, rhyndod, cryndod (gan oerfel), hefyd yn *ffig.*: (*extreme*) *cold, coldness, chill, a shivering* (*from cold*), *also fig.*

15g. (**17g.**) *AL* ii. 580, tan a lysc y naill [f]rawd ac a ddiffer y llall rhac *rhyn* ac anwyd. **15–16g.** *TA* 498, Mwy o *rynn* im yr un nos / No 'r aethnen yn yr wythnos! *id.* 504, Dolur y sydd i'm dala, / O *rynn* a gloes yr wy 'n gla. **16g.** Wiliam Cynwal: *Gw* (R. L. Jones) 565, Pob man o'r ais wan am Siân—sy mewn *rhyn*, / Pob Gwener hyd hyn wy'n syn am Siân. **16–17g.** *HG* 130, i dravaely r ddaear hynn, drwy chwys a *rhynn* ag afrad. **16–17g.** Edward Urien, &c.: *Gw* 258, A'i gwaed Ynys—gadwynawg, / Ymaengwyn mewn *rhyn* yrhawg. **1604–7** *TW* (*Pen* 228) d.g. *Rigor. Dchr.* **17g.** *J* 10, 16a, *Rhyn.* Horror. **1632** *D, Rhynn* . . . Algor, rigor. **1688** *TJ, Rhŷnn* . . . a very great Cold, extremity of Cold. **1722** *Llst* 189, *Rhynn.* m. Great cold. **1728** L. Morris: *LW* 100, gan Eira tew, rhew a *rhyn* / yn y Gwnnau fal Gwenwyn? **1753** *Gron* 31, Cyrchwn, ni ruswn, oer ôd, / *Rhyn*, oerfel, rhew anorfod. **1759** *BC* 149, I gael Tobacco yn y bocced, / Er bod newyn, *rhyn*, a syched. *c.* **1785–90** (**1829**) *CBYP* 125, Y mae *rhynn* i'w cylla, ie mawr iawn eu colled. **1803** *P, Rhyn,* s. m. . . . a shiver, or shake. Cf. Dewi Wyn: *BA* 147, Newyn a *rhŷn* yn rhanu / Y gweddill llesg oedd o'u llu.

(*b*) Penrhyn, pentir; mynydd, bryn; twyn: *cape, promontory; mountain, hill; tump.*

1632 *D, Rhŷn,* Mons, collis, promontorium . . . Hinc Penrhyn. **1688** *TJ, Rhŷn,* brŷn: a Hill. **1707** *AB* 283c, *Rhŷn* d.g. A Promontory. **1722** *Llst* 189, *Rhŷn* [*sic*]. m. A cape; a mount, tump. **1778** *W, Rhŷn* [*sic*] d.g. *Ness.* **1803** *P, Rhyn,* s. m. . . . a point, or cape. Cf. Dewi Wyn: *BA* 141, O Gybi i'r *Rhyn* Gobaith.

Cfn.: **rhyn ac annwyd:** *cold and chill.* **15g.** (**17g.**) *AL* ii. 580. **1607** *Rhyddiaith Gymraeg* i. 139, [d]ybennu [geiriadur] . . . drwy lauurboen anorphwys, drwy *rynn ag anwyt.* **1759** *BC* viii, Ond myfi drwy *rynn ag anwyd*, gwatwar, a dirmyg . . . a anturiais roi ail fywyd i'r Dirifau.

Gw. hefyd **rhynion.**

rhyn[2] [adff. o *rhynnawd(d)*] *eg.* (Eithaf) tipyn o amser, moment; maint bychan: (*quite*) *a while, moment; small amount.*

1780 *W*, rhynnawd (*rhyn*) o amser d.g. *A pretty while.* **1803** *P, Rhyn,* s. m. . . . an instant . . . a small quantity.

rhync, rhynciaf: rhyncio, rhynclyd, gw. **rhyngaf: rhyngu, rhwnciaf: rhwncian, rhwnclyd.**

rhyncorn [cfdds. o'r S. *rhin*(*oceros*) + *corn*; cf. *rhynswch*] *eg.* ll. *-cyrn. Swol.* Rhinoseros: *rhinoceros.*

1858.

rhynder [*rhyn*[1] + *-der*] *eg.* Oerfel: *cold.*

1838.

rhyndod [*rhyn*[1] + *-dod*] *eg.* ll. (?geir.) *-au.* Oerfel (eithafol), fferdod, cryndod (yn enw. gan oerfel), hefyd yn *ffig.*: (*extreme*) *cold, chill, a shivering* (*esp. from cold*), *also fig.*

1547 *WS.* **1632** *D*, Rhynn, & *Rhyndod,* Algor, rigor. **17g.** Huw Morus: *EC* i. 50, Bargod rhag *rhyndod* rhwydd [i ofyn cap mownturo]. **1701** E. Wynne: *RBS* [iv–v], nghanol y fâth *Ryndod* ac Oerfel cyffredin od oes Allor o dân cynnesfawr . . . ai rhyfedd bôd tynn ac ymgyrch llaweroedd at honno? **1722** *Llst* 189, *Rhyndod.* m. A very great cold. *c.* **1729** S. Rhydderch: *LlCD* 401, Oen Duw a'n dyg a'i ddyndod, / O'n *rhyndod* oll yn rhydd. **18g.** *W Ballads* 186, 2, Py gwuddech faint fy nrhallod [*sic*] am poun yn uphern isod / Mewn gwres a *rhyndod* synndod serth. **1755** *ML* i. 329, Mae'r tywydd yn oer anguriol yma, a hynny'n codi'r peswch a *rhyndod* ar boblach crwyn deneuon. **1759** *DG* 120, 'Run pryd: y bwriwyd ef i'r Bŷd / I deimlo *rhyndod,* ac amal gafod. **1774** H. Jones: *CH* 29–30, Y gwartheg sydd yn gwrthod, / Mewn rhandir fod a *rhyndod*; / Mwy llesol ydyw 'r llaesod, / Er gorfod byw yn gul. **1796** T. Jones: *CCA* 308, Pan fwriwyd Adda yn ei *ryndod* allan o Baradwys. **1803** *P, Rhyndawd,* s. m. . . . A shivering. Cf. Islwyn: *Gw* 119, i droi / Oddiar fy enaid *ryndod* erch y bedd.

rhynedig, rhyniedig [bôn y f. *rhynnaf*: *rhynnu* + *-*(*i*)*edig*] *a.bfl.* Oer iawn, rhynllyd: *very cold, shivering* (*esp. from cold*).

c. **1400** *R* 1338. 1, noeth nyth h6nggyrdla6t *rynnyedic.* **1803** *P* d.g. *Rhynedig.*

rhyniawdd, rhyniedig, gw. **rhynnawdd, rhynedig.**

rhyniog, rhynnog [*rhyn*[1] + *-*(*i*)*og*] *a.* Rhynllyd, fferllyd; oer, yn peri rhyndod: *shivering* (*esp. from cold*), *chilled; cold, chilling.*

1592 S. D. Rhys: *Inst* 120, Adiectiua, quæ Datiuum exigunt significantia rei Causam: vt . . . *Rhynniog* gann annwyd. *c.* **1730** *Thos. Lloyd D* (LlGC) 204b, *Rhynniog.* Algidus.

rhynion, rhynnon [*rhyn*[1] + *-ion*[2], *-on*[2]] *e.ll.* (un. g. *rhynionyn*). Grawn, yn enw. ceirch, wedi eu plisgo ond heb eu malu('n llwyr), blawd (ceirch) bras, hefyd yn *dros.*: *groats, hulled oats, coarse* (*oat*)*meal, also transf.*

13g. *LlI* 64, chue thorth arrugeynt o'r bara goreu a tyuo ar e tyr (o byd guenythtyr, chuech onadunt en peyllyeyt; ony byd guenythtyr, chuech onadunt en *rennyon* . . .). **14g.** *GIG* 163, Rhanned ei blawd a'i *rhynion* / Rhwng clêr, a'i phiner a'i ffon [dychan i Herstin Hogl]. *c.* **1400** *Études,* 390, kymryt berw mair . . . a *rynnyon* keirch a llinhat. **15g.** *GTP* 20, Crimogau, trwynau fal uwd *rhynion. Diw.* **15g.** (**15–16g.**) *B* xvii. 81, yno y ceif ddicon o flawt a *rynon* / y lenwi chalon [*sic*] hyt y chevle. **1547** *WS, Rynnyon* Grotes. *a.* **1561** *B* vi. 49, Par wlychy taisenon o vran gwenith, nay *rynon* blawd kayrch, trwy vel. **16g.** Wiliam Cynwal: *Gw* (R. L. Jones) 210, Cloc o'i hwyl, llawn orchwyl llon, / Clo pren yn clapio *rhynion* [i ddiolch am feini melin]. **16–17g.** *GST* i. 198, A'i bowdr gwyllt, bw adar gwern, / Bawlyd affaith, blawd uffern, / Rhinwedd nis gŵyr rhai annoeth, / *Rhynion* a bair hwn yn boeth [i ofyn gwn]. **1632** *D, Rhynion,* Farina crassa. **1688** *TJ, Rhynion*: great Oat-meal. **1712** T. Williams: *CDdG* 447, nid oedd y rhan fwyaf yn bwytta dim ond dail neu *rynnion* a thameidiau o fara. **1722** *Llst* 189, *Rhynion.* s. *onyn.* m. Grots, girts. **1728** L. Morris: *LW* 103, Pan ddel y spring i wingo (oer grychlâs!)[,] / ar [*sic*] gwreichion i luchio / y *rhynnion* yr awr honno / 'n Dan a fydd yn ei Din fo [i erchi i'r gof daclu pistol]. **18g.** *Llr* C 24, 268, Cais waddod hen gwrw cadarn . . . a *rhynion* gwenith. **1803** *P, Rhynion* . . . Oats cleared of the husks, grits. Ar lafar, '*rhynion*', *WVBD* 470; '*Rhynion*', *Cymru* xlvii. [195] (sir Ddinb.); '*Rhinion*', *TGG* (1907–8) 85 (de-orllewin sir Gaerf.). Yng nghanolbarth a godre Cered. clywir *rhynion, rhinion* yn yr ystyr 'blawd heb ei falu'n llwyr; talpiau mewn blawd', a hefyd weithiau yng nghanolbarth Cered. yn yr ystyr '[t]atw na ellir eu malu am nas berwyd yn ddigon', *B* iv. 301. Yn Arfon dywedir am rywun nad yw'n gallu cadw cyfrinach, 'Mae o fel *rhynion* mewn rhidyll', *WVBD* 470. Digwydd hefyd mewn cwpled am y tywydd, 'Ni saif eira fis Chwefror, / Mwy na *rhynion* mewn gogor', J. Jones: *Llên Gwerin* 33.

Cfn.: **rhynion yr India:** *rice.* **1771** *PDPh* 7.

rhynllyd [*rhyn*[1] + *-llyd*] *a.* a hefyd gyda grym enwol. Yn crynu (yn enw. gan oerfel), fferllyd; yn peri rhyndod, oer (iawn); yn teimlo'r oerfel, 'nesh'; hefyd yn *ffig.*: *shivering* (*esp. from cold*), *chilled; chilling,* (*very*) *cold; susceptible to cold, nesh; also fig.*

1632 *D* d.g. *Algidus.* **1701** E. Wynne: *RBS* 217, Dwyn y *rhynllyd* a'r anwydoc [*sic*] at gynhesrwydd tân. **1723** WM: *PGG* 153, Nid wyf ond oer a *rhynllyd* oni bydd dy Yspryd di yn fy'nghlaearu. *id.* 286, mor *rhynllyd* a marwedd fyddwn. **1725** *SR* d.g. *Algid,* or *chill.* **18g.** *W Ballads* 9, 4, pei rhoiswn ran i'r truan *rhynnlyd* [*sic*] Cywswn ninc [*sic*] / fadde meie. **1753** *ML* i. 221, Rydwyf agos a llewygu gan anwyd er bod eirias o dân brenin wrth fy nglin . . . Eich caredigawl frawd *rhynllyd*, William Morris. **1763** *DT* 100, Ni fyn e'r Hunlle *ryllyd* / Yn ei Ben Ffydd yn y byd. **1774** W. Williams: *A* 10, fe'm cymmerwyd yn y prydnhawn, â math o oer grynfa, yr hwn a dybiais oedd *rhynllyd* gennad angeu. **1787** J. Roberts: *C* 5, Awel *rynllyd.* **1789** J. Thomas: *DdS* 31, gauaf garw, echrys, a *rhynllyd.* **1803** *P, Rhynllyd* . . . Full of shivering. Ar lafar yn y Gogledd, '*rhynllyd*' 'sensitive to the cold', *WVBD* 470; 'Ma 'mam yn *rhynllyd* ofnadw'. Cf. D. Owen: *RL* 179, hen lencyn *rhynllyd* ydwyf.

rhynnaf: rhynnu [bf. o'r a. *rhyn*[1]; Crn. C. *rynny*] *bg.a.* (Peri) bod yn rhewllyd o oer (yn enw. am bobl ac anifeiliaid), fferru, crynu (yn enw. gan oerfel); trengi gan oerfel, rhewi (i farwolaeth); hefyd yn *ffig.*: *to* (*cause to*) *be freezing cold* (*esp. of people and animals*), *suffer from cold, shiver* (*esp. from cold*); *perish with cold, freeze* (*to death*); *also fig.*

15g. *DE* 65, minau *rynnu* bum enyd / y mol clawdd am welu clyd. **1547** *WS, Rynny* Starue. *Diw.* **16g.** W. Midleton: *B* 71, Rain /n/ [*sic*] hen wedi *Rynnv* i hais / Rai /n/ ddigloff Rai /n/ ddioglais. **1603** W. Midleton: *Ps* 89, Fal anifail hwnn a fydd / Dan y gwydd yn *rhynny. Dchr.* **17g.** *GDG*[3] 245, Mi a *rynna* mawr yw'r anwyd / Dan dy fargod llif od llwyd. *Dchr.* **17g.** *Mos* 212, 217, Dyna gigle ni cherddodd / led yr erw oni *rynnodd* / ag fal dyna r modd i darfv / ir keiliog rhedyn kynta fv. **1632** *D, Rhynnu,* Algere, rigere. **1688** *TJ, Rhynnu*: to suffer extreme Cold, to be frozen with Cold. **1721** J. P. Prys: *DC* 157, Newynu a *rhynnu* wna 'r henoed. **18g.** (**1818**) R. Jones: *GP* 53, Ar ei hwyneb i'w *rhynnu,* / Hallt efrydd, afonydd fu. **1788** R. Jones: *DA* 65, a gado o'th ôl drueiniaid noethlwm i *rynnu* mewn oerfel yn dy absennoldeb. **1793** Dafydd Ionawr: *CD* 207, Yma *rhynu* mae Rhinwedd. **1795** J. Thomas: *AIC* 353, rhaid cael digon [o ddŵr] i laitho hŷd at y Gwraidd, ac nid gormod chwaith rhag eu *rhynny* a'u llâdd [planhigion]. **1803** *P, Rhynu* . . . to shiver, to shake with cold, to be chilled. Ar lafar, '*rhynnu*' 'to be very cold . . . of persons', *WVBD* 470; ''Wi jest wedi *rynnu* wth aros am yr 'en fŷs 'na', *GTN* 700. Cf. Ceiriog: *CG* 105, D'wedwyd wrthyf gan gyfreithiwr / Hanes trwm ddigwyddodd neithiwr, / Am dri henwr wedi *rhynu* / Efo 'u gilydd yn y gwely.

Cfn.: **rhynnu gan (yr) annwyd, rhynnu o annwyd:** *to be freezing cold* (*of people*), *perish with cold, freeze* (*to death*). **17g.** Huw Morus: *EC* i. 49, darogan 'r wy' —/ Y *rhynaf gan yr anwyd* [i ofyn cap mowntturo]. **1704** E. Samuel: *BA* 122, ymron *rhynu o anwŷd.* Cf. D. Owen: *D* 5, Mae yma ugeiniau yn gwario pob ceiniog . . . yn y tafarnau, a'u gwragedd a'u plant yn *rhynu gan anwyd* ac yn gwynlasu gan eisiau ymborth. Cf. ymhellach *CRC* 262, pen fo y mowionyn . . . mewn klyd letty / heb na gwynt na glaw yn y ddrygy / y keir keiliog redyn ynfyd / Gwedy Ryny a marw o anwyd.

rhynnaidd [*rhyn*[1] + *-aidd*] *a.* Oerllyd, rhynllyd: *chilly, shivery.*

1803 *P, Rhynaiz* . . . Tending to shiver.

rhynnawdd, rhynnawd [?*rhyn*[1] + elf. anh.; dichon mai geir. yn unig yw'r ail ff. uchod] *eg.b.* a hefyd gyda grym adfl.

(*a*) Rhuthr, ymosodiad, cyrch, hefyd yn *ffig.*: *rush, attack, assault, also fig.*

Dchr. **12g.** *GMB* 30, Ruthur vthir avel *rynaut* uvel ryvel vebin. **12g.** *id.* 274, Ac yn *rynna6t* fra6t fraeth yt adwyf / Yn urtas heb dras dros a brydwyf. **12g.** *GCBM* ii. 183, Rwysc *rynna6t* morgymla6t ma6rgleu. **13g.** *A* 36. 5–6, mal taran nem tarhei scuytaur rac *rynnaud* eithinin. **14g.** *T* 29. 19–20, rac *ryna6t* tan dychyfr6y m6c. *id.* 35. 12–13, na bryn na thyno. na *rynna6d* godo. Rac g6ynt pan sorho. *id.* 56. 9–10, neu 6ynt p6y hynt p6y y*rynna6d.* **1803** *P* d.g. *Rhynawd.*

(*b*) Ysbaid, talm, (eithaf) tipyn o amser, peth amser, moment; gofod, ychydig bellter; ychydig; (geir.) cryn dipyn: *space* (*of time*), (*quite*) *a while, some time, moment; space, some distance; a few, a little;* (*dict.*) *a considerable amount.*

12g. *GLlF* 507, Ryuet (eithyr Gwynet . . . / Kyn kyflechwyf *rynna6t*) / Uym my6 am uy lly6 ny'm lla6t. **13g.** *HGK* 18, porthes en e dy e hun ef *rynnavd* o dydyeu. **13g.** *Cylchg LlGC* v. 60, Mab . . . A vuassei vlwydyned wedy cruplau e draet . . . Ac em penn *rynnaud* vechan trwy eglur obrwyeu . . . e . . . kyuodes. **13g.** *B* iv. 7, Djgawn yw guare *rynnaud.* **13g.** *GBF* 629, Gwr a'm g6nayth hiraeth hirhyt—ys *rynnawd*, / Gwr hawd e adrawd, cawd a'm kyuyt. **13g.** *BD* 28, A guedy bot y uelly *rynnavd*, dvyn ar gof a oruc y gyuoeth a'e teilyngdavt. **14g.** *RC* xxxiii. 215, colomen . . . a gwedy ehedec *rynnawd* o honnei y nenn y temyl yd aeth yr nef. *c.* **1400** *RB* ii. 253–4, g6edy llithra6 *rynna6d* o amser heiba6 (*BD* 206, ym pen yspeit). *c.* **1400** *SDR*[2] 64, A gwedy ymdidan *rynnawd* onadunt, y marchawc a gyrchawd tua'r crocwyd. *c.* **1400** [*RB*] *WM* 220. 31–3, ydaeth tu ar lle yd oed g6r pengrych g6ineu ma6r *ryna6d* y 6rtha6. *id.* 239. 22–3, am*rynnawd* ordyd. y clywynt diaspedein ag6eidi. **1604–7** *TW* (*Pen* 228), *rhynawt* d.g. *Aliquandiu. Dchr.* **17g.** *J* 10, 13b, *Rhynawd.* × Echydig. **1632** *D, Rhynnawd,* & *Rhynnawdd,* Aliquot, aliquantum. *Rhynnawd* o ddyddiau, o amser, o bethau. **1688** *TJ, Rhynnawd, rhynnawdd,* ychydig: some, a few, not many. **1722** *Llst* 189, *Rhynnawd, Rhynnawdd.* A considerable deal. **1778** *W, Rhynnawd* o nifer d.g. *Number, A good number. id. rhynnawd* o amser d.g. *A pretty while.* **1793** *Cylchg* 104, a chwedi *rhynawd* bach o amser . . . soddi i anghof. **1803** *P, Rhynawd,* s. m. . . . a moment; a while; a small space; a small quantity.

Amr.: **rhyniawdd.** **14g.** *WM* 251. 22, ymphen

rynhya6d (*RM* 184, rynna6d). **rhynnod. 1800** W. OWEN[-PUGHE]: *CP* 109.

Cfn.: **yn rhynnawdd:** *some way off, some distance away.* **14g.** *WM* 228. 14–16, Ac *yn ryna6d* yny koet y kyveruyd g6ahanfford athi.

rhynnog, gw. rhyniog.

rhynnol [*rhyn*[1]+*-ol*] *a.* Rhynllyd, fferllyd; oer, yn peri rhyndod: *shivering (esp. from cold), chilled; cold, chilling.*
1803 *P* d.g. *Rhynawl.*

rhynnon, gw. rhynion.

rhynoeth, gw. rhy[1]+noeth.

rhynswch [cfdds. o'r S. *rhin(oceros)*+ *swch*; cf. *rhyncorn*] *eg.* Trwnc (eliffant): *trunk (of elephant).*
1850.

rhynt[1,2], gw. rhint, rhwng.

rhynwynt, gw. rhyn[1]+gwynt.

rhyodres, gw. rhodres.

rhyoer, rhyofalus, gw. rhy[1]+oer, gofalus.

rhyol, rhyolaeth, rhyolaf: rhyoli, gw. **rheol**[1], **rheolaeth, rheolaf: rheoli.**

rhyolawdr, rhyolus, rhyolwr, rhyon, gw. **rheolawdr, rheolus, rheolwr, rhuon.**

rhyormod, rhyormodd [*rhy*[1]+*gormod(d)*] *eg.* a hefyd fel *a.* Gormod (o lawer), gormodedd; rhy fawr: *(far) too many or much, excess; too large.*
c. **1400** *RM* 70, Dyuot ar esgidyeu idi. nachaf yr esgidyeu yn ormod. *Ry ormod* (*WM* 96. 26, Ryua6r) y6 y rei hynn. **1672** J. LANGFORD: *HDdD* 239, yn peri i'r naill ffieiddio a chasau'r llall, yr hyn a wná lawer iawn o ddrŵg, *rhy ormod (too many)* i'w hadrodd ymma. **1675** R. JONES: *HCh* 48, Pan ydwyt mewn cwmpeini da, na wâg-dreulia mo'th amser mewn ymadroddion ac ymddiddanion bydol, megis ac y mae 'n fai cyffredinol *rhy-ormod* o nifer (*of too too many*). *id.* 74, O bydd i ti ado heibio gyflawni y ddyledswydd ymma . . . fel y mae *rhŷ ormod* yn arfer. **1704** J. MORGAN: *B* 42–3, Celwydd a balchder, ac heblaw hyn, rhai sy'n debig ddigon i rinwedd megis *rhy-ormod* o feddalwch, a llyfrdra wrth lywodraethu chwerwder. **1714** R. PRYDDERCH: *GD* 100, *Rhy ormodd* hyder, a syrth pan y temtier. Cf. *LlA* 98, rwy ormod.

rhypentol [cfdds. o'r S. *repent(ant)*+*-ol*] *a.* Edifeiriol: *repentant.*
16–17g. *HG* 134, gedwch ni weddio n grych, trwy galon wych *rhypentol.*

rhyred [?*rhy*[1]+*rhed*; cf. Gwydd. C. *ruirthech* 'rhuthrog; byrbwyll'] *eb.* Cwrs cyflym, rhuthr, brys, ffrwst; gormodedd, rhysedd, traha, rhyfyg: *fast course, rush, haste, hurry; excess, arrogance, presumption.*
12g. *GMB* 276, Yss Ef, Arglwyt nef, a'n nerthaed / Y diouryd gwyd g6edy *ryred.* **12g.** *GLlF* 540, Na6ued yn *ryred* (nyd anryuet!) / Lleidyr na eill edrych Crist yn y grocwet. **13g.** *GDB* 136, Gwae ny gred Trined kyn *ryred* reith. **13g.** *C* 31. 5–7, Kyn gatter ew in *Ryred* (*R* 1158. 18, ryssed) pressen. perygil uit iny divet. **14g.** *T* 3. 26, o*ryret* pressent periclaŏt. *id.* 7. 8, o *ryret* pressent pan 6yf dic. *id.* 8. 21, At6yn rin rypenyt y*ryret.* *c.* **1400** *R* 1236. 34–5, Gorugum *ryrret* puret peryf gormod obecha6t ar ll6fyrgna6t llyf. *c.* **1400** *B* iii. 11, gnawt gwedy *ryret* (*C* 107. 3, traha) atregwch. **1632** *D*, *Rhyred*, A Rhy, & Rhêd. **1803** *P*, *Rhyred*, s. f. . . . An extreme running.

rhyres, rhys[1], gw. **rhedaf: rhedeg— rhes**[3], **rhysod.**

rhys[2] [?yr e. prs. *Rhys* fel e.c.] *eg.* ll. *-iau.* Gordd, morthwyl: *sledgehammer, mallet.*
1868. Ar lafar yn ardaloedd chwareli'r Gogledd, *WVBD* 469, *B* xx. 375.

rhysaf[1]**: rhysu** [gair geir.; ?cf. *rhyswr*] *b?g.* Mwstro, byddino: *to muster, array troops.*
c. **1588** *B* ii. 237, *ryssv*, raeo gwyr. *Dchr.* **17g.** *J* 10, 13b, *Rhysu* to mustre.

rhysaf[2]**, rhysiaf**[2]**: rhysu, rhysio** [?amr. ar *rhusiaf*[1], *rhusaf*: *rhus(i)o*, ?dan ddyl. *drysaf*[1]: *drysu*; nid oes sicrwydd mai yma y perthyn yr engh. gyntaf isod] *bg.a.* (Cael ei) atal rhag gweithio'n iawn, llesteirio; drysu neu fynd yn glymog (am wallt): *to prevent or be prevented from working properly, hamper, impede; become entangled or knotted (of hair).*
a. **1587** *Y* 100, Ymnyddv, *rysv* rheswm, / Wich, wach, o fewn cilfach cwm. **1794** *W*, *Rhusio* (dyrysu) clo d.g. *To tangle* [*hamper*] *a lock.* *id.* *Rhysio* (*rhysu*, dyrysu) clo. The lock is hampered, *Rhysiwyd* (e *rysiwyd*) y clo d.g. *To hamper* [*tangle*] *a lock* (At.). **18–19g.** *IAW* (LlGC) 101, 14, mae'r Clo wedi *rhysio*, (Caerm[n.]). **1803** *P*, *Rhysu* . . . to entangle. Gwallt wedi *rhysu*, hair become entangled. *id.* *Rhysiaw* . . . to entangle.

rhysaf[3]**: rhyso** [cf. *rhysod*, a *rhesaf*[2]: *rhesu*, *rheso*] *ba.* Procio (tân), clirio (lludw o dân): *to poke (a fire), clear (ashes from a fire).*
Ar lafar, '*rhyso*'r tân', '[c]lirio rhwng y barrau i loywi'r tân', *B* viii. 324 (Morg.).

rhysal, gw. rhy[1]+sâl[1].

rhyseb, gw. rhiseb.

rhysedd [Llyd. C. *resez*] *eg.* ll. *-au.* Gogoniant, gwychder, rhwysg, rhodres, moethusrwydd; cyflawnder, gormodedd, afradlonedd, anghymedroldeb, trythyllwch; awdurdod, grym; gwrhydri, ehofndra, beiddgarwch, rhyfyg; ?ymosodiad, rhyfelgyrch: *glory, splendour, pomp, ostentation, luxury; abundance, excess, prodigality, intemperance, licentiousness; authority, power; valour, intrepidity, boldness, foolhardiness, presumption; ?attack, onslaught.*
Dchr. **12g.** *GMB* 30, Gveith reith *rysset*, gvich ruich ryuet, rinuet reen. **12g.** *GLlF* 119, Ac y ar welwgann gynnif *rysset* / Gorpwyf ellygda6d o alltudet. **12g.** *GCBM* ii. 51, Pan amuc Tegeigyl, tec *rysset.* **12–13g.** *GLlLl* 97, Cochurynn Keredic kyrcheist, *rysset* —g6rt. **13g.** *GBF* 225, Lle bo cad uragad uriwgoch *rysset.* **14g.** *T* 13. 25–6, pan prynassant danet tr6y fflet called. gan hors ahegys oed yng eu *ryssed.* **1346** *LlA* 99, Molyant ma6red. yr tat *ryssed.* r6ysc ad6ynhaf. **14g.** *CMCS* xxiii. 4, Dawn a'i tröes im, dyn trwyadl —a'i rhoes, / *Rhysedd* teg heb gynnadl [Dafydd ap Gwilym i'r cusan]. **15g.** *GLGC* 238, Rhisiart a roddai mewn *rhysedd*—Siancyn / nawryw lyn ar ei wledd; / aur i mi a rôi a medd, / aur a gwin i wŷr Gwynedd. ?**1498** (**16–17g.**) *LlGC* 732, 95, *rysedd*, rwysc. **1567** *TN* 314b, hon sy[']n byw, [*sic*] mewn mursendod [:– *rryssedd*, trythyllwch, mwytheu], marw ydiw cyd bo yn byw. *id.* 345b, rrowch heibio pob budreddi, a phob *rryssedd* [:– tra] malais. **16–17g.** *HG* 135, di gaü [*sic*] dyviant digon trym, a mynd mewn grym a sylwedd / a thros gwrs ti vynny vod, yn ennill klod a *rhysedd.* *Dchr.* **17g.** *J* 10, 13b, *Rhysedd.* Luxus. riot . . . Luxuria. Superfluitas. **1632** *D*, *Rhysedd*, Nimietas, abundantia. [**1710**] GW. AB IERWERTH: *SB* 95, rhai a warriant lawer o'u hamser gwerthfawr wrth y cardiau a'r dissiau; eraill mewn glothineb a meddwdod, *rhyssedd* (*Rioting*) ac ymgampio. **1803** *P*, *Rhysez*, s. m.— pl. t. *au* . . . Superfluity, excess, an over-abundance. Cf. D. OWEN: *D* 50, rhedasai Benjamin Prŷs i bob *rhysedd* a drygioni.

rhyseddaf: rhysedda, rhyseddu [*rhysedd*+*-ha* (At.), a bf. o'r e. *rhysedd*] *bg.* Ymddwyn yn afradlon neu'n anghymedrol, mynd i eithafion, ?rhodresu; (?yn wallus) rhyfela: *to behave prodigally or intemperately, go to excess, ?be ostentatious;* (?*erron.*) *wage war.*
c. **1400** *R* 1056. 18–19, g6ell rihyd no *ryssedha.* **1632** *D* (*Diar*), Gwell dyhudd nâ *rhyssedda* (cf. *Brog* 11, 96, Melius (est) placare (pacari) quam belligerare). **1803** *P* d.g. *Rhyseza, Rhysezu.* Cf. T. H. PARRY-WILLIAMS: *Ymhél â Phrydyddu* (1958) 25, dyma finnau . . . ym marn rhai ohonoch . . . yn malu awyr ac yn *rhyseddu* wrth wneud mynydd-ac-eglwys o rywbeth nad yw'n cyfrif fawr.

rhyseddgar [*rhysedd*+*-gar*] *a.* Afradlon, anghymedrol, trythyll; rhodresgar, moethus; toreithiog: *prodigal, intemperate, dissolute; ostentatious, luxurious; abundant.*
1810.

rhyseddog [*rhysedd*+*-og*] *a.* Afradlon, anghymedrol, trythyll: *prodigal, intemperate, dissolute.*
1803 *P.*

rhyseddus [*rhysedd*+*-us*] *a.* Afradlon, anghymedrol, trythyll; rhodresgar, moethus; toreithiog: *prodigal, intemperate, dissolute; ostentatious, luxurious; abundant.*
1814.

rhyseddwr [bôn y f. *rhyseddaf*: *rhysedda*, *rhyseddu*+*-wr*] *eg.* ll. *-wyr.* Dyn trythyll: *dissolute man.*
1661 E. LEWIS: *Drex* 147, yr wttreswr a'r *rhyseddwr* (*the luxurious and riotous Man*).

rhyserch [*rhy*[1]+*serch*] *eg.* Cariad mawr, traserch, serch gormodol, trachwant: *great love, excessive love, lust.*
12g. *GMB* 178, Gna6d wedy *ryserch* rysseilyaw cas. *id.* 263, Gna6d wedy *ryserch* ryse / Selwet gwyth g6rth y dwyre. *c.* **1400** *B* iii. 11, A glyweist di a gant ryderch. / trydyd hael serchawc serch. / gnawt rygas gwedy *ryserch.* **18–19g.** *Llr* C 41, 410, Tair Cyfargoel Cadernyd: a fo trech na'i wŷn ai *ryserch*, a geidw ei air er maint ai drycco hynny, ac a geidw ei bwyll. **1803** *P.*

rhyserth, gw. rhy[1]+serth.

rhysfa[1] [*rhys(edd)*+*-fa*, *ma*] *eb.* ll. *-fâu*, *-feydd.* Ymosodiad, cyrch, rhuthr, ymladdfa; cyrchfan; (?geir.) cwrs; rhagoriaeth, ysblander, rhwysg; hefyd yn *ffig.*: *attack, assault, rush, combat; resort;* (?*dict.*) *course; excellence, splendour, pomp; also fig.*
12g. *GCBM* ii. 51, *Rysua* cad Cadellig vonet. **12–13g.** *GLlLl* 264, *Rysua* dygyn dugost wy goteu. **13g.** *GDB* 180, *Rysua* kyrt Calan Yona6r. **13g.** *GBF* 31, Llawer deigyr hydyruer ar hynt / Hityl am Rys, *ryssua* mynwent. *id.* 228, Yn Ros a Phenuro, yn *rysuaeu*— Freing, / Llwytedic y eing yn lluyteu. **14g.** *GEO* 7, *Rhysfa* coron Rhôn, llew, rhenawdr—cedyrn. *c.* **1400** *R* 1316. 6–7, *Rysua* clot oruot. arueu danllachar ryssed vlkassar par perygleu. *Dchr.* **15g.** *IGE*[2] 198, Rhestrog fagadog ydwyd, / *Rhysfa* gwareufa gwŷr wyd. / Rhedynglos diddos dyddyn [Llywelyn ab y Moel i Goed y Graig Lwyd]. *Dchr.* **15g.** *GM* 10, Gwaret dy bobloed, gwerin dy wlatoed, / Gweryt a'r nefoed, Naf *ryssueydd.* *id.* 35, Holl nerthoedd nefoed y Naf o'n broyd / Goruoled a ryssed eu *rysueyd.* *Diw.* **15g.** *IGE* 136, A minnau, *rhysfa-au* rhus, / Isgil y bobl esgeulus. **1536** *Rhyddiaith Gymraeg* i. 40, Ac velly y kyvarvv ac ef y march yn y lle a elwir *Rrysva* Maes Kadvarch, ac a'i marchogess ef yn gwmpas i bylwy [*sic*]. **16g.** (*LlEG*) *Mos* 158, 250b, marchog . . . a Roddes Iriarll [*sic*] y Kyuriw ddyrnod agwayw wrth gyuaruod ynni *hrysua* yr hwn a esigodd go/rf yr Iarll mor ysig ac Iddo varw or dyrnod. **1803** *P*, *Rhysva*, s. f.—pl. *rhysvëyz* . . . A course.

rhysfa[2] [cf. *hysfa*, *rhesfa*[2], *rhosfa*[2]] *eb.* Cynefin defaid: *sheepwalk.*
1928. Ar lafar ym Morg., 'Ma pob defid yn gwpod 'u *rysfa*'. Cf. yr e. lle '*Craig-y-rhysfa* ar Garnedd Ddafydd' yn Eryri, I. WILLIAMS: *ELl* 32.

rhysfa[3] [?*arhosfa* > *y rhysfa* drwy gamraniad a gwanychiad] *eb.* Ystafell aros: *antechamber.*
Dchr. **17g.** *J* 10, 13b, *Rhysva.* Procœton.

rhysfeio, rhysgowiaf: rhysgowio, rhysgwy, rhysgwyaf: rhysgwyo, rhysgwydd, gw. **rhosfeio, resguwiaf: resguwio, resgyw, resguwiaf: resguwio, resgyw.**

rhysgyr [?< **ro-eks-kor-i-*; cf. *ergyr*, *esgoraf*: *esgor*] *eg.* ll. (geir.) *-au.* Ymosodiad, cyrch, rhuthr, grym, hefyd yn *ffig.*; (geir.) ymgais, nod: *attack, assault, rush, force, also fig.*; (*dict.*) *endeavour, objective.*
12–13g. *GMB* 360, Nodded ni'm rhodded rhag *rhysgyr*—arfeu / Arfod Cai a Bedwyr. **14g.** *GIG* 43, Rhwysg y iarll balch gwyarllwybr, / *Rhysgyr* mab Llŷr ym mhob llwybr. *c.* **1400** *R* 1290. 43–5, Annwyl dudyr. einioes *rysgyr.* eurget eryr. aergat aer6y. *id.* 1300. 42, vymr6ysc r6ysc *rysgyr* wyr waran rwyd. *id.* 1316. 24, *rysgyr* morwanec dec y orteu. **1604–7** *TW* (*Pen* 228) d.g. *propositum.* **1632** *D*, *Rhysgyr*, Impetus. **1688** *TJ*, *Rhysgŷr*, rhuthr, cais: an assault, an endeavour. **1722** *Llst* 189, *Rhysgyr* m. An assault, charge, impetuousness, invasion. **1770** *W* d.g. *An attack, Charge* [*onset, or attack*], *Incursion, Sally.* **18–19g.** *MA* iii. 224, Tri pheth anhawdd eu tawelu: tònau 'r môr, *rhysgyr* gwynt, a thavawd gwraig anynad geintachlyd. **18–19g.** *Iolo MSS* 227, *Rhysgyr* camwedd / Ar wirionedd. **1801** *MMf* 273, efe a dyb yn ry dda am dano ei hunan, ag a fydd croesan a geneugoeg ag amhwyllus achos *rhysgyr* gwaedlonder. **1803** *P*, *Rhysgyr*, s. m.— pl. t. *au* . . . Violence; a furious assault. Cf. Gw. MECHAIN: *Gw* i. 27, Ond trwy wynias *rysgyr* y taranau / Yn saethu asgellawg felltawg folltau.

rhysiaf[1]**, rhwsiaf**[2]**, rhusiaf**[2]**, rysiaf, rwsiaf: r(h)ysio, r(h)wsio, rhusio, rhwsian(u), rwsian** [bnth. S. (*to*) *rush*] *bg.a.* Rhuthro, gwneud yn frysiog: *to rush.*
1803 *P*, *Rhysiaw* . . . To rush violently. Ar lafar yn gyff. yn y ff. *rysio*, ''Dwi'n mynd i ista lawr 'rŵan— 'dwi wedi *rysio* ar hyd lle 'ma trw'r bora' (Arfon);

'Paid â *rysio*'r gwaith 'na, ne fe nei di fistêcs' (sir Gaerf.); hefyd yng Nghered. a sir Benf. yn y ff. *r(h)wsian*, 'Paid *rwsian*, 'sim point'. Cf. D. OWEN: *WBC* 78, dyma'r widw yn *rhwsianu* lawr i'r grisiau; *id.* 98, Ni chafodd hwn ond prin eistedd cyn bod y widw . . . yn *rhwsian* i mewn yn ei gŵn newydd . . . yn smart anghyffredin; *id.* 113, y maent yn bendefigesau y capel . . . a'r brodyr cap in hand iddynt pan fyddant yn rhodio ac yn *rhwsian* rhagddynt wrth fyned i mewn i'r deml.

rhysiaf[2,3]**: rhysio,** gw. **rhysaf**[2]**: rhysu, rhusiaf**[1]**: rhusio.**

rhyslaw [?cf. *horslaw*] *eg.* Glaw trwm: *heavy rain.*
Ar lafar, *WVBD* 470.

rhysod, rhesod, *e.ll.* (un. g. *-yn*). Marwor, marwydos, cols eirias, hefyd yn *ffig.*; (?geir.) darnau golosg: *embers, glowing coals, also fig.*; (*?dict.*) *pieces of charcoal.*
1567 *LlGG* (*Sall*) 73a, [t]avot dichellgar . . . megis marwor [:- *rresot*] y meryw. **1567** *TN* 237b, ti bentyrri varwar am [:- *rysod* ar] y ben ef. *c.* **1585** *Rhyddiaith Gymraeg* i. 102, lle bo coffor yn llawn o berls gwrthfawr, nyd traid [*sic*] edrych am gael yno *rysod* tanllyd. **1604–7** *TW* (*Pen* 228), *rhesotyn* deeuperthic d.g. *Carbo. id. rhesodyn* d.g. *pruna.* **1606** E. JAMES: *Hom* iii. 275, mae yn ei frŷd ef etto chwythu 'r marworyn [:- *Rhysodyn*], ac ennyn eu calonnau gwrthryfelgar hwy i fflammychu i weithredoedd goleu. *Dchr.* **17g.** *J* 10, 13b, *Rhysod.* coales. Carbones. **1632** *D*, *Rhysod*, Idem quod Marwor. Sing. *Rhysodyn.* **1688** *TJ*, *Rhysod*, marwor: Coals of fire. *id. Rhysodŷn*, marworŷn: a Coal of fire. **1722** *Llst* 189, Rhês. s. [*rhe*]*sodyn.* m. Hot coals, charcoals. *id. Rhysod.* s. *sodyn.* m. Hot burning coals. *c.* **1730** *Taith C* 179, y mae'r meddyliau am yr hyn yr wyfi'n myned atto . . . yn gorwedd megis *Rhesodyn* ar fyg Halon [*sic*]. **1756** W. WILLIAMS: *GDC* 174, Y Ddaiar gron yn chwalu yn *Rhessod* mawrion jawn. *c.* **1762–79** W. WILLIAMS: *P* 456, [y] *rhesod* â pha rai y llosgwyd St. Lawrens. **1764** W. WILLIAMS: *Th* 19, Fe Philopure llygredig, llygredig oedd o'r bla'n, / Ond nawr pan daeth i gredu, fe enwir caru tân; / Sy a *rhesod* yn ei galon, a'r fflamau ar ei rudd, / Yn troi'r cystyddiau tywyll yn hyfryd oleu ddydd. **1803** *P* d.g. *Rhysod, Rhysodyn.*
Amr.: **rhes**[2] [olff.] (un. g. *-yn*, ?b. *-en*). **1672** R. PRICHARD: *Gw* 472, Mae enaid yr annuwiol, / Yn mynd i'r pwll uffernol, / (Pan êl ô'r corph) îr tan a'r *rhês.* **1707** *AB* 131a, Dimet. *Rhesyn*, plur. *rhês* d.g. *Pruna.* **1722** *Llst* 189, *Rhês* . . . Hot coals, charcoals. **1756** W. WILLIAMS: *GDC* 91, Y Ddaiar drom i ennin gan Sulphur syn ei chroth, / A llosgi megis Etna yn *Rhessen* mwglid [*sic*] poeth. Ar lafar, '*Rhes.*— Embers', *Cymru* xxxiv. 122 (godre Cered.); '*Rhes* . . . Live cinders. Sing. *rhesyn*', *GDD* 245; '*Rhes* = embers', *TGG* (1907–8) 85 (de-orllewin sir Gaerf.). **rhys**[1] [olff.] (*e?g.*; bach. g. *-yn*). *Dchr.* **17g.** *J* 10, 16a, *Rhŷs.* s. Rhysod. pruna. **1803** *P* d.g. *Rhysyn.* **rhysog**[1] [am *-d* ac *-g* yn ymgyfnewid, ?cf. *pioden, piogen*]. **16–17g.** *HG* 112, lasar gwlych dy law ny dwr, or dwyd ti wr trigarog / . . . ddwin llosgi mysg y *rhysog.*

rhysog[1], gw. **rhysod.**

rhysog[2], *a.* Gwan: *weak.*
Ar lafar, 'Ma'r defid yn itha' *rysog* ar ôl yr ira mawr', '"Estyn dy fag i fi", meddwn i wthdi, waith un fach *rysog* iawn yw 'i', *GTN* 700.

rhyson, gw. **ymryson.**

rhystair, rhistair, &c. [?bnth. dysg. Llad. C. *registrum*] *eg.* Dyddiadur, dyddlyfr; rhestr, cofrestr, almanac, newyddiadur, papur newydd: *diary, journal; list, register, almanac, journal, newspaper.*
c. **1585** G. ROBERT: *DC* [vi], Ny dderfyddei i mi fyth henwi *Rhisteir* ag eiryf Saint o Gymry. **1604–7** *TW* (*Pen* 228), *rhisteir* d.g. *Anagraphe. id. Reister* d.g. *Commentarium. id. Risteir* d.g. *Ephemeris. id.* scriuennu' dhwyn [*sic*] cof mewn *rhisteir* d.g. *perscribo. Dchr.* **17g.** *J* 10, 13b, *Rhystair* Almanacke. **17g.** *LlGC* 13215, 345, *Rhystair* & *Rhistair* Diarium. **1707** *AB* 220a, *Rhystair*, A diary or book of remembrance. V. **1772** *W*, *rhystair* d.g. *Diary.* **1796** *Geirgrawn* 130, Ni a gawn yn awr eu dilyn yn eu mynediad rhagddynt, gan gymmeryd eu *rhystair* (journal) yn llyfr yr Actau, yn arwainydd.

rhystyll, gw. **rhistyll.**

rhyswr [*rhys(edd)* + *-wr*] *eg.* (b. *-wraig*) ll. *-wyr.* Arwr, pencampwr, rhyfelwr, milwr, brwydrwr, ymladdwr, ymosodwr, ymgodymwr, hefyd yn *ffig.*: *hero, champion, warrior, soldier, combatant, fighter, attacker, wrestler, also fig.*
13g. *GDB* 118, *Rysswr* parch, perchen march archuein. *id.* 390, Gnaɓt seithgat o Eingyl yn syrthyaɓ —ergyr / Ac eryr *rysswyr* heb eu russyaɓ. **13g.** *HGK* 11, Arthur . . . brenhin brenhined enys Brydein a *rysswr* honneit clotvaur. **1346** *LlA* 118, amled o bop ryɓ da. abudugolyaeth. achlaerder . . . ylle ymae molyant *rysɓyr* crist. **14g.** *GIG* 84, Rhos arglwydd, Rosier eurglaer, / *Rhyswr*, cwncwerwr can caer. *id.* 162, *Rhyswraig* gynhaig, gwn ei hainc / Rhysywin fawdgrin fwydgrainc [dychan i Herstin Hogl]. *c.* **1400** *YCM*[2] 15–16, Y niueroed a datcanwyt uchot a oedynt wyr clotuawr, *rysswyr* ymladgar, kyuoethockaf or holl uyt. **15g.** *GLGC* 288, Duw wellwell rhwng dwy allawr / ddug *rhyswr* a milwr mawr [marwnad Rhisiart ap Tomas]. **16g.** WILIAM LLŶN: *Gw* (R. Stephens) (At.), *Rysswr* Ryvelwr. **1604–7** *TW* (*Pen* 228) d.g. *Agonista, Athleta, Miles.* **1632** *D*, *Rhyswr* . . . heros. **1688** *TJ*, *Rhyswr*, Campwr: a Champion, a Wrestler, a Heroe. **1707** *AB* 238c, *Ryswr*, A giant . . . a combatant. **1796** *Geirgrawn* 129, Ni a welwn y *rhyswyr* (heroes) enwocсaf o bob lle ac oes. **1803** *P.*

rhyswriaeth [*rhyswr* + *-iaeth*] *eg.* Milwriaeth: *warfare.*
13g. *GDB* 302, Gɓyned yn ryssed, yn *rysswryaeth* —glyɓ / A glyɓant men yd aeth. **1803** *P*, *Rhyswriaeth*, s. m. . . . warfare.

rhyswydd [elf. anh. + *gwŷdd*[1]; gw. hefyd *rheswydd, yswydd*] *e.ll.* (un. b. *-en*). Prifets, gwyros, *Ligustrum vulgare*; prysgwydd, mangoed; llwyni cyrans; pren (defnydd); tanwydd, cynnud; hefyd yn *ffig.*: *privets; brushwood, undergrowth; currant bushes; wood, timber; firewood, kindling; also fig.*
14g. *T* 24. 20–1, *Ryswyd* agɓyduɓyt [*sic*]. **14g.** *ACL* i. 41, Lenstiscus. *ryswydd. id.* 42, Litorea. [*ryswydd*]. *ib.* Mirtus citorea. y *rysswydd.* *c.* **1400** *MM* 18, gɓreid y dynat coch, ar grygyon, ar erinllis, a *rysswyd.* **15g.** (*c.* **1600**) *Mos* 160, 359, kadw fal park koed af[a]l per / Iessv *Rysswydd* syr Rosser (Hywel Dafi). **1604–7** *TW* (*Pen* 228) d.g. *Lignum. id.* y *rhyswydh* . . . prenn a ossotir mewn gardhæ, a rhotfeydh. Gwyros d.g. *Ligustrum.* **1632** *D* (*Bot*), *Rhyswydd* vid. Gwyros. **1688** *TJ* (*Bot*), *Rhyswŷdd*, gwŷros: Privet. **1707** *AB* 79c, kynwydh, *rhyswydh* d.g. *Lignum.* **1722** *Llst* 189, *Rhyswydd.* s. *wydden.* f. Brush-wood. **1753** *TR* (*Bot*), *Rhyswydden*, the currant-tree. **1803** *P* d.g. *Rhyswyz, Rhyswyzen.*

rhysyfwr, rysyfwr, resyfwr [bnth. S. C. *rece(i)vour* 'receiver', efallai drwy'r H. Ffr.] *eg.* ll. *-wyr.* Un a benodir i dderbyn arian sy'n ddyledus, derbynnydd, croesawydd: *one appointed to receive money due, receiver, welcomer.*
14g. *GIG* 23, Trysorer, treisia'i ariant / A'i aur coch, ef a ŵyr cant, / I Rys wyf a'i *rysyfwr* / A'i wir gâr—wi wi o'r gŵr! ?**15g.** TUDUR PENLLYN, &c.: *Gw* 67, *Rhyssyfwr* anudd ross afon nant / ti biau r tyau nis torant yn wir / a thir y ddwysir ath urddasant. **15g.** *GGl*[2] 51, *Rysyfwr* ydyw'r gŵr gwiw, / A swyddog Iesu heddiw. / Y Gwener y bu gynnal / Ydd aeth ef i Dduw â thâl [marwnad Robert Trefor]. *id.* 78, Nid af fi, nid wyf annoeth, / I'm hëyrn wisg, amhur noeth, / Tros ofyn to *rysyfwr*, / A dur a gaf o dai'r gŵr [i ofyn saeled]. *id.* 198, Ei bwrs ef heb *rysyfwr* / Yw rhent ym fal rhaniad dŵr. *id.* 240, Rhoist lew win a rhost lawer, / Rhys faer clod, *rhysyfwr* clêr. **15–16g.** *TA* 97–8, Teirgwledd it, arglwydd o ŵr, / Teiroes hefyd, *rhysyfwr*! *id.* 262, Cwnstabl synhwyrabl sy 'n hon, / *Rysyfwr*, hir y safon [i dref Croesoswallt]. **1547** *WS*, *Resyfwr* Receyuer. **16g.** (*LlEG*) *Mos* 158, 74b, kyuod/es an undeb [*sic*] mawr hrwng Shion Iarll kornwel . . . Ac ysdiuyn langttwn vn oi ysgolheigion yr hwn a oedd vn oi *Resyuywyr* [*sic*] ef. *id.* 234b, [g]orchymyn I holl golle[c]ttwyr A *hrysyuywyr* [*sic*] . . . I Roddi kyuri am y da a godeseint twy ynn enwr brenin. **17g.** *B* xxiii. 164, Alexander Chabinton constabl y Waun . . . Syr Rissiart *ryssyrvor* [*sic*] y Waun. *ib.* Tomas Uptton *ryssyfwr* yna.
Amr.: **rysyddwr** [am *-f-* ac *-dd-* yn ymgyfnewid, cf. *Eifionydd, Eiddionydd*]. **15g.** *GOLlM* 16, a'r Iesu oedd yn *rysyddwr* (cf. *id.* 68, rysyfwr yw drll. y llsgrau.).
Gw. hefyd resefer.

rhysymaf: rhysymu, rhysymol, rhysymoldeb, rhysyn, gw. **rhesymaf: rhesymu, rhesymol, rhesymoldeb, rhysod.**

rhysywin, *eb.* (Yr) hwch fwyaf, hefyd yn *ffig.*: *biggest sow, also fig.*
14g. *GIG* 162, Rhyswraig gynhaig, gwn ei hainc, / *Rhysywin* fawdgrin fwydgrainc [dychan i Herstin Hogl]. **15g.** (**17g.**) *AL* ii. 644, Tri llwdyn ny ddyrcheif eu gwerth ac ny ostwng: arbennic y moch, sef yw honno *rhyssywin*; na baedd cenfeint; a hwch dawn bwyt.

rhytbost [bôn y f. *rhwtiaf, rhwtaf*: *rhwt(i)o* + *post*[1]] *eg.* Post, &c., mewn cae i wartheg gael rhwbio yn ei erbyn: *rubbing-post (for cattle).*
Ar lafar yn sir Benf. yn y ff. *rhitbost*, *GDD* 247.

rhytffwrt, rhytffwt [?cf. S. C. *rodewort* 'marigold'] *e?g.* *Bot.* Gold Mair, melyn Mair, *Calendula officinalis*: *pot marigold.*
Ar lafar ym Morg., '*Rhytffwrt*', *LlGC* 1172, 63; '*rhytffwt*', G. AWBERY: *BM* 22.

rhytgoch [*rhwd*[1] + *coch*] *a.* ll. *-ion.* Browngoch, o liw rhwd: *russet, rust-coloured.*
16g. *LlS* 52, Nid antebic yw ir banadl . . . amyn ei bod yn anystwyth vlaenbigoc a blodeun melyn a had *rhytcoch* mewn codæ. *id.* 101, hadæ duon ne *rytgochion.* **1604–7** *TW* (*Pen* 228) d.g. *Rubidus* (hefyd *D*). [**1783**] *W*, yr afal *rhytgoch* d.g. *Russetin.* **1803** *P* d.g. *Rhydgoç.*

rhytiad, gw. **rhwtiad.**

rhytion, rhwtion [elf. anh. (cf. *rhwnt*[2], ?a hefyd *rhwtiaf, rhwtaf*: *rhwt(i)o*) + *-ion*[2]] *e.ll.* Gwaddodion, gwaelodion, dyddodion, llifwaddod; crafion, rhuglion; sorod, sothach; blawd (bras); hefyd yn *ffig.*: *lees, dregs, deposits, alluvium; scrapings, scourings; dross, trash; (coarse) flour or meal; also fig.*
1604–7 *TW* (*Pen* 228), *rhytion* d.g. *Crassamen, Farina, Utriculus. id. rhwtion* d.g. *Farina, Liquidus, Magma. id.* y *rhwtion* tew wedy'r hitliat d.g. *Stymma.* **1632** *D*, *rhyttion* d.g. *Fæx.* **1707** *AB* 220a, *Rhytion*, Dross, dregs, &c. **1722** *Llst* 189, *Rhyttion.* Dregs, lees, dross. **1770** *W* d.g. *Bottom* [*dregs*], *Trash* [*any worthless thing; dross*]. **1800** W. OWEN[-PUGHE]: *CP* 26, Mr Sikes . . . á chwanega, fod *rhwtion* ffyrdd (*road drift*) yn dda i dir cleilyd. **1803** *P*, *Rhytion* . . . Particles worn off by friction; scourings.

rhytydda, rhytyddia, gw. **oetyddiaf: oetyddio.**

rhythaf: rhythu [bf. o'r a. *rhwth*] *bg.a.* Syllu, llygadrythu, syllu'n ddig; (peri) agor ar led, bylchu, lledu, ehangu, helaethu, estyn, ymestyn, chwyddo, hefyd yn *ffig.*: *to stare, gaze, glare; (cause to) gape open, breach, open (up), widen, enlarge, expand, extend, stretch, swell, also fig.*
15g. *GTP* 52, Rhygnu, syndremu, sŵn drwg, / Rhwth gaul, a *rhythu* golwg [dychan i'r pibydd]. *a.* **1587** *Y* 98, Anghynil dwyll gynghanedd, / Drwg ystyr, hir, byr heb wedd, / A thynnv cam Frythoniaith, / A thin âp ne *rythv* yn iaith, / A'th estroniaith, rwystr anian, / Cam reol yw, Cymrv lân. **16g.** *Def Hen* 32, mae'r eglwys gwedi i *rhythy* a'r fath wâg fostwyr. *id.* 51, mae fy ngwlad gwedi i *rhythy* a'i thagy a'r fath niferoedd o feddwyr a dwmchwelwyr [*sic*] potie. **1604–7** *TW* (*Pen* 228) d.g. *Amplio. id.* lhiein rhwth . . . oherwydh ei bot yn *rhythu*'r archolh d.g. *Linamentum* . . . *Linamentum carptum volsumue.* **1630** R. LLWYD: *LlH* 200–1, Meddwl y maent y dylent dreulio eu hamser . . . mewn glothineb, a moethusdra, yn ymlenwi fel moch, ac yn *rhythu* eu boliau. **1632** *D*, *Rhythu*, Patulum, latum & capacem facere. *id.* d.g. *Dilato, Distendo.* **1688** *TJ*, *Rhythu*: to make wide or open. **1712** T. WILLIAMS: *CDdG* 211, nid allwn . . . alw 'r holl bethau ar yr ŷm yn ei gymmeryd [*sic*] i fewn ein Cyrph er llyniaeth ini, yn rhan o hono, er ei [*sic*] bod yn llenwi ac yn *rhythu* y llestri m[â]n lle y delont. **1772** *W* d.g. *To dilate.* **1803** *P*, *Rhythu* . . . To stretch out. Ar lafar, '*Rhythu* . . . to stare', *Cymru* liii. [134] (dwyrain sir Drefn.); 'trowsus yn cael 'i *rythu*' (Arfon); yn nwyrain Morg. fe'i clywir yn yr ystyr 'glanhau gwaelod tân â phocer er mwyn i'r awyr allu tynnu trwyddo', 'Fe gynniff y tân 'nawr wedi'i *rythu* a dicyn'. Cf. D. OWEN: *RL* 371, Be sy arnoch chi blant? Ar be dach chi'n *rhythu*?
Amr.: **rhythyd.** **1849** (**1878**) W. REES: *LlHFf* 121.
Cfn.: **rhythu ceg (dy, &c., geg):** *to stare open-mouthed; open the mouth wide, gape, yawn.* **1588** *Ecclus* xxxi. 12, Pan eisteddech di ar fwrdd gŵr mawr na *rytha dy gêg* arno. *Dchr.* **17g.** *J* 10, 14b, *Rhythu ceg.* to open y[e] mouth wide. *c.* **1730** *Thos. Lloyd D* (LlGC) 203b, *Rhythu* [c]*êg.* Faucibus inhio. **rhythu (rhythyd) llygaid (ei, &c., (l)lygaid), rhythu dau lygad:** *to stare, gape, glare, also fig.* **16g.** (*LlEG*) *LlGC* 5276, 210a, sauai y boobyl yn *hrythu I llygaid* ac ynnedrych arnno ef. **16g.** (*LlEG*) *Mos* 158, 653a, yn agori i sauyne ac yn*hrythu llygaid* arna/untt twy. **17g.** *CRC* 174, Eiste dithe yn wastad / A *rhytha ddav lygad.* **1755** *ML* i. 376, Mae'n gas gennif weled llythyr yn *rhythu ei lygaid* arnaf eisiau i atteb. **1803** *P* d.g. *Rhythu.* Cf. W. REES: *LlHFf* 121, Peidiwch a loitran a sefyllian, na *rhythud ych llygid* ar hud y strydoedd; *Hen B* 26, Gallaf roddi dŵr i'm ceffyl, / Gallaf sefyll yn ei ymyl, / Gallaf ddwndro a *rhythu llyged*, / Ni allaf wneud i'r march mo'r yfed.

rhythaidd [*rhwth*+-*aidd*] *a.* Glwth, barus: *gluttonous, greedy.*

16g. *GGH* 456, Llanc wyd di, a llun cwd haidd, / Llwynog Hiraethog *rhythaidd* [dychan i Ruffudd Hiraethog gan Raff ap Robert].

rhythfol [*rhwth*+*bol*] *a.* a hefyd gyda grym enwol. Glwth, barus: *gluttonous, greedy.*

1604–7 *TW* (*Pen* 228), dyn *rhythuol* d.g. *patinarius.* 1716–18 *Llsgr R. Morris* 46, rhag ofn i lygaid llwga gawr / wrth ddyfal farcio arno yn awr / anrheithfawr yn *rhythfol.* 1773 *W* d.g. *Gluttonous.* 1803 *P, Rhythvol,* s. m. . . . A gorbelly.

Gw. hefyd **bolrwth.**

rhythgi [*rhwth*+*ci*] *eg.* ll. *-gwn.* Ci barus, hefyd yn *ffig.*; morgi, siarc: *greedy dog, also fig; shark.*

c. 1400 *R* 1337. 29–30, llyngyeit reit ysseit r6t yssic. reithgun. *rythg6n* kyneuodic. [1783] *W, rhythgi* annwn d.g. *Shark* [*a ravenous sea-fish, so called*]. 1803 *P, Rhythgi,* s. m.—pl. *rhythgwn* . . . A greedy dog.

rhythiad[1] [bôn y f. *rhythaf*: *rhythu*+-*iad*[1]] *eg.* ll. *-au.* Sylliad, llygadrythiad; y weithred o rythu (ar led), ehangiad, helaethiad, chwydd: *stare, gaze; a gaping (open), enlargement, expansion, swelling.*

1773 *W* d.g. *Enlargement.* 1803 *P, Rhythiad,* s. m. . . . Distention, expansion; a gaping, or yawning.

rhythiad[2], gw. **rhithiad.**

rhythiol, rhythol [*rhwth*+-(*i*)*ol*] *a.* Yn syllu, yn llygadrythu; llydan-agored: *staring, gazing; wide open.*

1762 T. Williams: *HHO* 132, Os ydi 'r ddaiar yn rhy fechan, Mae gwlad *rythol* teyrnas sittiol fawr gan Sattan. 1803 *P, Rhythawl* . . . Tending to gape or to open widely; yawning.

rhythlyd [*rhwth*+-*lyd*] *a.* Yn syllu, yn llygadrythu: *staring, gazing.*

20g.

rhythm [bnth. S. *rhythm*] *eg.* ll. *-au.* Llif rheolaidd geiriau ac ymadroddion mewn barddoniaeth, a bennir gan berthynas sillafau hir a byr neu rai acennog a diacen mewn corfan neu linell, llif rheolaidd tebyg mewn rhyddiaith neu iaith lafar, patrwm rheolaidd o seiniau; trefniant systematig o seiniau cerddorol yn ôl hyd y nodau a'r acenion arnynt, enghraifft benodol o'r cyfryw; cydberthynas cydnaws elfennau (mewn celfyddyd); hefyd yn *ffig.*: *rhythm (also in music and art), also fig.*

1925 J. Morris-Jones: *CD* 137, fe gad yn y gynghanedd *rythm* llai undonog na *rhythm* y mesurau rhyddion. Cf. D. J. Williams: *HW* 13, Yr oedd fel petai rhyw frêc yn pwyso'n otomatig ar *rythm* ei barabl.

rhythmaidd [*rhythm*+-*aidd*] *a.* Rhythmig: *rhythmic, rhythmical.*

20g.

rhythmig [*rhythm*+-*ig*[2]] *a.* Yn perthyn i rythm, wedi ei nodweddu gan rythm: *rhythmic, rhythmical.*

1932.

rhythmwr [*rhythm*+-*wr*] *eg.* Un sy'n ymglywed â rhythm: *rhythmist.*

20g.

rhythni [*rhwth*+-*ni*] *eg.* Glythineb, barusrwydd, gwancusrwydd; gormodedd, syrffed; (geir.) agoriad (ar led), estyniad, lled, maint, cynnwys; sylliad, llygadrythiad: *gluttony, greed, voracity; excess, surfeit; (dict.) a gaping (open), a stretching, width, size, contents; stare, gaze.*

c. 1400 *R* 1332. 33–5, Seith briwyt pecha6t *rythni* a medda6t. chwant kna6t cas geuda6t cadarn ch6erwed. *c.* 1400 *Ymborth* 5–6, Deudec o geingeu yssyd y lythineb, nyt amgen: *ruthni,* meddawt, ffolhaelder . . . *Ruthni* yw kymryt gormod bwyt. 1567 *TN* 290a, na veddwch a'r [*sic*] win, yn y peth y mae *rhythni* [:– tra, gormoddedd, ynyt, diwalltrain]. 16g. *Hop M* 189, balchder ywr penn, llid cenfigen / trachwant diogi, gwres cnawd *rhythni.* 1604–7 *TW* (*Pen* 228) d.g. *Crapula, distensio.* 1606 E. James: *Hom* ii. 192, y rhai . . . a lanwant eu hunain yn afradlon . . . trwy *rythni* a gormodedd a meddwdod. *Dchr.* 17g. *J* 10, 14b, *Rhythni.* Widenes. 1632 *D* d.g. *Capacitas, Edacitas, Gastrimargia. id. rhythni* ar fwyd d.g. *Voracitas.* 1701 E. Wynne: *RBS* 198, am hynny gochel ddyfod ynghynffon dy ympryd un weithred o *rythni* mewn bwyd na diod. 1722 *Llst* 189, *Rhythni.* m. An unsatiable appetite; gluttony, devouring, voracity; content of a thing; wideness. *c.* 1730 *Thos. Lloyd D* (LlGC) 205b, *Rhythni.* A phrydeit. 1773 *W* d.g. *Epicurism.* 1803 *P, Rhythni,* s. m. . . . a state of gaping; greediness.

rhythod, gw. **rhython.**

rhythog [*rhwth*+-*og*] *a.* Yn syllu, yn llygadrythu: *staring, gazing.*

1834.

rhythol, gw. **rhythiol.**

rhython [*rhwth*+-*on*[2]] *e.ll.* ll. dwbl *-s. Swol.* Cocos (wedi eu tynnu o'u cregyn); (?geir.) cregyn cocos: (*shelled*) *cockles;* (?*dict.*) *cockleshells.*

1707 *AB* 33c, Cockle-shells; *Rh*[*y*]*thon,* Kokkos. 1753 *TR, Rhython,* cockles, in Glamor. 1772 *W* d.g. *Cockles* [*fish*]. 1803 *P* d.g. *Rhython.* Ar lafar, ''Odd 'en fenyw yn iwso dod â *rython* bythdu'r tai' (dwyrain Morg.); hefyd yn y ff. *rithons, GTN* 686; ''Wi'n cofio dou 'en ddyn yn dod i'r pentra yn 'u tro i werthu *rithons,* ac 'odd gin bob un 'i ricwm 'i 'unan i dinnu sylw . . . *Rithons* Penclawdd / Sy i gæl swpar mor 'awdd, / *Rithons* mwn crecyn / A *rith*[*o*]*ns* nothlymun', *TNS* 194. Clywir 'cocs *rhython*', sef 'cocos wedi'u berwi a'u tynnu allan o'u cregyn' ym Morg. a de sir Gaerf., *Geir Geg* 50. Cf. Gw. Mechain: *Gw* ii. 415, Gyda ni, ym minion ein môr o Amlwch i Gaer Dydd, ni cheir ond llymeirch, *rhython* a chregyn geirwon ereill.

Amr.: **rhythod** [*rhwth*+-*od*[1]]. Ar lafar gynt, '*Rythod* . . . (Cwm Nedd)', *LlGC* 1172, 41.

Cfn.: *Swol.* **rhython y brain:** *clams.* 1803 *P* d.g. *Rhython.*

rhythwas, gw. **rhwth**+**gwas**[1].

rhythyd, gw. **rhythaf: rhythu.**

rhyw[1] [Llyd. Diw. (taf.) *reo*; cf. *rhai*] *eg.b.* ll. -(*i*)*au,* (prin) *-ion,* a hefyd gyda grym ansoddeiriol. Bron yn ddieithriad pair dr. ml. i air y mae'n ei oleddfu.

1. (*a*) Math, teip, siort, dosbarth, natur, rhywogaeth, brid, hil, cenedl, teulu, llinach: *kind, type, sort, class, nature, species, breed, race, nation, family, lineage.*

12g. *GMB* 150, Diliw *ryw* ryn golled. 12g. *GCBM* ii. 21, Nyd amdla6d na'm gua6d na'm gwetidor / Y'th uyw, Uaelg6n *ry6,* rann gyueissor. 12–13g. *GMB* 406, G6naeth pob *ry6* yn vy6 o'e uebyt. 12–13g. *GLlLl* 218, O bob rif y'm r6yf y'm donyant, / O bob *ryw* y'm roted yn gant. 13g. *LlI* 80, Am ky neu am ederyn neu am y *ryu* honno ny deleyr na dyruy na dyhenyd. 14g. *LlB* 80, Tri phriodolder yssyd: *ryw,* a breint, ac etiuedyaeth . . . *ryw* herwyd y gwahan a vyd rwg dynyon herwyd kyfreith. 14g. *GIG* 86, *Rhyw* Gwyddyl, rhywiog addas, / Yw'r asur, liw gloywddur glas. *c.* 1400 *DB* 23, Tryded greedigaeth, pan grewyt pobppeth [*sic*] yn wahanredawl herwyd eu *ryw* (*species*) yn y whe diwarnawt. *Dchr.* 15g. *B* vii. 375, na theruynet yr offeiryat yn y lle hwnnw *ryw* y pechawt rac dysgu ohonaw ef bechu. 15–16g. *TA* 98, *Rhyw*'ch mam, y rhai ucha ym Môn, / A *rhyw* Lloegr o'i holl eigion. 1547 *WS, Ryw* A kynde. 16g. Huw Arwystl: *Gw* 136, y ddevwr hardd oedd ddai [*sic*] *ryw* / gryf iawn o geri i fynyw / ai *rywiau* n imp yr hen waed / yw tes egin twysowgwaed. 1562 *GGH* 203, Penceirddaidd, Cynddelwaidd oedd; / Ac o *ryw* doeth gorau dysg [marwnad Siôn Brwynog]. 1567 *TN* 180b, Hwn yma vu ddichellgar wrth ein *Ryw* [:– cenedl] ni. *c.* 1585 *Llst* 178, 55a, gwinllanay dayonys ynyrhai hyny yr oedd graps o amrafael *rywion* yn ty/fy. 1595 *Egl Ph* 1–2, Troelh ymadrodh . . . Prinder geiriau o'r dechreuad ydoedh achos o'r *rhyw* honn. 1606 E. James: *Hom* i. 75, y *rhywiau* eraill ar grefydd. *id.* 86, dwy swydd i gariad . . . pob vn o'r ddwy yn anghenrheidiol eu gwneuthur i ddau *ryw* o ddynnion. 1632 *D, Rhyw,* Genus. 1688 *TJ, Rhŷw,* rhywogaeth: a Stock, Race or Lineage. 1725 D. Lewis: *GB* 230–1, Yr ydys yn cyfrif 1600 o *Rywieu* o Lysieu yn tyfu yn y Wlâd hon. 1754 R. Rees: *GGG* 34, Yr amryw *rywiau* neillduol o greaduriaid. 1764 T. Thomas: *M* 63, mae hwn [Crist] o'r *rhyw* frenhinol. 1778 *W* d.g. *Nature* [*sort, or species*]. 1800 W. Owen[-Pughe]: *CP* 51, [b]ustach teirblwydd o *ryw* goreu at weithio. 1803 *P, Rhyw,* s. m.—pl. t. *iau* . . . A kind, a species, a sort. Ar lafar, 'Mae dau o'r un *ryw* yn well 'da'i gilydd' (sir Benf.); hefyd yn ne-ddwyrain Morg. yn yr ystyr 'rhin, nodd, maeth', 'Paid o'i fyta fa! Ma fa wedi colli'i *ryw* i gyd', *GTN* 687.

(*b*) (enghrau.'n dilyn rhif. uwch nag 'un' ac yn goleddfu e.: *exx. following a num. higher than 'one' and qualifying a n.*).

12g. *GCBM* i. 4, Ardwyreaf naf o na6 rann—uyg kert, / O na6 rif angert, o naw *ryw* uann. 13g. *LlI* 55, Try *ryu* datanhud esyd. 1346 *LlA* 19, deu *ry6* anghev yssyd. vn y corff. Ac vn yr eneit. *c.* 1400 *MM* 104, Pedwar *ry6* uoned yssyd yr tr6nc. *c.* 1400 *GP* 16, Tri *ryw* ledyf yssyd: penngamledyf, kadarnnledyf, a thawdledyf. *id.* 17, Tri *ryw* gerdwr yssyd: clerwr, teuluwr, a phryd[y]d. 15g. (17g.) *AL* ii. 664, Tri *rhyw* gwallawc lw cyfreithiawl y sydd. 15g. *GDID* 81, Er breugerdd y rhoist aur a bragod / A phedwar *rhyw* win ffin a pheunod. 1567 *TN* 398b, pren y bowyd, yr hwn oedd yn dwyn doyddec *rriw* [*sic*] ffrwythey. 16g. *LlS* [3], Tri *rhyw* wermod sydd. 1593 W. Midleton: *B* 1, Dau *ryw* gymhariad disgyblaidd ysydd. 1728 S. Rhydderch: *GC* 115, Tri *Rhyw* gynghanedd Cydseiniog [*sic*]. 1789 *BDG* 524, Wyth *ryw* ŷd, a thri o wair. 18–19g. *Llr* C 41, 325, Tri *rhyw* Beirdd Ynys Prydain, y Prifeirdd, y Cylfeirdd, a'r Oferfeirdd.

(*c*) Un o'r ddau raniad (gwryw a benyw) y rhennir pethau byw iddynt ar sail eu swyddogaeth atgenhedlu, y cyflwr o fod yn wryw, benyw, neu ddiryw, gwrywod neu fenywod o'u hystyried fel grwpiau: *sex, gender.*

1606 E. James: *Hom* iii. 304, fe ddyscir yngair Duw i hên a ieuaingc, gwyr a gwragedd, i bob stat, *rhyw* (*sexes*) ac oedran eu dlyed neilltuol. 1615 R. Smyth: *GB* 135, Eythr pvvy . . . sydd abl i oddef traul priodas, ag anasparthrvvydd [*sic*] gvvragedd, alltydiaeth *rhyvv* mor amerphaith. *id.* 244, efe a vvnaeth y mant mor vveddys . . . gan i vvysco a barf, megis i gallom vvybod a deall phrvvythlondeb ag addfedrvvydd y corph, a hefyd rhagoriaeth y *rhyvv.* 1728 T. Baddy: *DDG* 160, Ac nis attaliwyd yr ymlid tros amryw o flynyddoedd . . . trwy 'r holl ymherodreth heb arbed na *rhyw* nac oedran. 1753 *TR, Rhyw,* a . . . sex. 1771 J. Thomas: *TA* 185, [g]orimod o gyfeillach â rhai o'r *rhyw* arall. 1773 *W* d.g. *Gender.* 1803 *P, Rhyw,* s. m. . . . a sex. Ar lafar, ''Dyw'r ddou *ryw* ddim yn cæl yr un tegwch yn y byd 'yn', *GTN* 687.

(*d*) *Egl.* Un o'r ddwy elfen (bara a gwin) yn yr Ewcharist: *one of the two elements of the Eucharist.*

1664 J. Davies: *Art* [14], Am y Ddau *ryw.* Cwppan yr Arglwydd ni ddylid ei naccau i'r llygion bobl. Canys dwy ran Sacrament yr Arglwydd . . . a ddylid eu ministrio i bob Christion.

(*e*) Cyfathrach rywiol: *sexual intercourse, sex.*

20g. Ar lafar, 'Ma pobol ifanc yn cal *rhyw* yn gynharach 'rŵan na fuon' nw' (Arfon); 'Ma lot o *ryw* ar y teledu dyddie 'ma' (sir Gaerf.).

(*f*) *Gram.* Cenedl: *gender (in gram.).*

a. 1575 *GP* 138, Pa sawl *rryw* yssyd i enw? Pvmp, nid amgen, y gwrryw, y banw, y kyffredinryw, y *Ryw* nidrol, a'r *Ryw* amhevvs. *id.* 142, Termaü a newidiwyd . . . *Ryw* dros kenedl. 1604–7 *TW* (*Pen* 228), *Rhyw*'r Enw d.g. *Genus.*

2. (Peth) naturiol, arferol, priodol, neu weddus: *natural, usual, proper, or fitting (thing).*

13g. *GDB* 29, Nyt *ry6* y'm ner rodi nac. 13g. *GBF* 39, Raeadyr gwaed am draed, am drwyn, / *Ry6* rac uy lly6, lle6 ar yaen. *id.* 225, *Ryw* ita6 diria6 ereill diret. 14g. *DGG*[2] 146, *Rhywiach* i chwi, hil rhi rhydd, / Garu pencerdd na'i gerydd (Gruffudd Gryg). *c.* 1400 *J* 1, 1081, *Ry6* y uab i6rch lamm6. *c.* 1400 *R* 1226. 27–8, mor oed *ryw* ym llew llywyaw r dengwlat. 15g. *GGl*[2] 57, Gwenllian, wiwlan eiliw, / Gwenlloer Rhys, gannwyll y Rhiw. / Rhwydd a theg y rhydd o'i thŷ, / Rhwydd yw hwn, *rhyw* oedd hynny. 15–16g. *TA* 88, *Rhyw* it oedd roi, rhout oedd raid, / *Rhywia* dyn y rhoed enaid! *id.* 100, Rhoi 'n hawdd i haur a wnâ hi, / Rhaid oedd, a *rhywied* iddi! 1567 G. Robert: *GC* 89, Deus cuius est misereri. duw yr hwnn sydd *ryw* iddo trugarhau [*sic*]. 1591 *CM* 16, 78, ef a wnaeth bob peth a'r oedd *ryw* ac addas i ddyn. 16–17g. *CRC* 19, Mae mor *rhvw* i ferch newidio / ag ydiw yn wir ir hwyad nofio. 1620 *Mos* 204, 148, *Rhyw* i vab ceiliawg hwiad dynnu ir llyn y tyn i dâd. *ib. Rhyw* ir hwiaid novio. 1667 C. Edwards: *FfDd* 66, Mae'n *rhyw* i bob dyn drwg gasau eu goleuni. 1718 M. Williams: *P* 13, fel y mae'n *rhyw* i Wŷr arfog pan fônt trechaf dreisio. 1803 *P, Rhyw,* adv. . . . It is genial or natural.

3. Amhenodol, anhysbys, heb ei enwi, rhai; rhyw fath (rhai mathau) (o), (y) fath, (y) cyfryw; unrhyw: *a, one, (a) certain, some; (a) kind or sort (of), some kind(s) or sort(s) (of), such (a); any.*

(*a*) (enghrau. heb y fannod: *exx. without the def. art.*).

13g. *GDB* 257, Teruynt t6r6f rywynt yn *ry6* amser. 13g. *C* 43. 15–44. 1, *Ryv* duted edmic. o gyllest[r]ic guisc. A guiscvis imdeni. 14g. *YBH* 49b, Sef *ry6* vreud6yt a6elei. kant o le6ot yn achub bo6n. 14g. *GDG*[3] 95, Rhoais iddi, *rhyw* swyddau, / Rhugl foliant o'r meddiant mau. *id.* 372, Dyfod ydd wyf . . . / . . . / I ddangos . . . / *Rhyw* beth wyd; mae rhaib i'th ddwyn. *c.* **1400** *ChO* 3, *Ryw* edyn a elwir edyn Seint Martin. *id.* 13, E llygoden gynt a vynnei vynet dros *ryw* auon. *Diw.* **15g.** *Pen* 41, 32, sef *ryw* datlevoed yw y rai hynny. **1547** *WS*, Puppun *rhyw* afal Pyppen. **1588** 1 *Br* xix. 5, efe a orweddodd, ac a gyscodd tann *ryw* fêrywen: ac wele *ryw* angel yn cyffwrdd ag ef. **1592** S. D. RHYS: *Inst* [xvii], [g]wneuthur cyrch i ymgybharbhod a mi mywn *rhyw* nodedigion bhanneu. *ib.* ymegnîwch' drwy *ryw* 'wrthieu y geisio bywyd idho. **1595** H. LEWYS: *PA* 1, caethiwed o *ryw* (*any*) hen fraint, ne rydid. *id.* 14, na ad ef neb heb i obrwyo a *rhyw* (*one*) wobr, ne arall. **1672** R. PRICHARD: *Gw* [vii], mewn *rhyw* wledydd, megis yn Hispaen, y mae 'n fatter bywyd. **1679** C. EDWARDS: *GGG* 157, gall fod gwir ofid mewn *rhŷw* ddyn, er nas gallo dywallt dagrau. **1803** *P, Rhyw*, a. . . . Some. *Rhyw* riv, some number. Ar lafar yn gyff., 'Os oedd *ryw* ddrwg wedi'i neud', 'Gadal *rhyw* air ar ôl', *WVBD* 464; ''Odd ginto *ryw* lyfyr odd wedi bod yn 'i dulu fa am genedlaetha', '*Ryw* blant ddæth ag e'n ôl', 'Ma *ryw* gi yn yr ardd', *GTN* 686–7; 'Pa liw ydi o? *Rw* frown tywyll'; 'Mae o *rw* fymryn yn well heddiw'; ''Odd o'n gwisgo *rw* jympyr flêr'.

(*b*) (enghrau. ar ôl y fan., ac yn eithriadol ar ôl rhagenw blaen neu rifolyn: *exx. following the def. art., and exceptionally following a prefixed pron. or a num.*).

12g. *GCBM* i. 132, Kynnetyf y'r dreigyeu . . . / . . . / Yn eu byw, ar eu *ryw* rotyon / Na rennid ranneu kynyton. **1346** *LlA* 166, yryɓ genedyl aelɓir y paganneyit. **14g.** *B* x. 55, Duw, yr hwnn nys gwyl y *ryw* lygeit corfforawl. **14g.** *OBWV* 73, Y *rhyw*, i mewn rhwym annoeth, / Ddyn fel halaenwr a ddoeth (Madog Benfras). **14g.** *WM* 118. 33–5, Na ɓn heb ynteu peth yɓ marchaɓc. y *ryɓ* beth ɓyf inheu heb yr owein. *id.* 403. 34–6, dywedut iti y *ryɓ* dynyon awelynt ar *ryɓ* ansaɓd oed arnunt. **14g.** *YBH* 24b, pony chlyɓy di y-*ryɓ* ryfic ac ynni . . . o achos clybot enwi boɓn vnweith. **14g.** *GDG*[3] 48, Ni meddyliwn, gwn gannoch, / Y rhôi ŵr fyth y *rhyw* och. *c.* **1400** *DB* 29, Yno heuyt y maent y *ryw* bobloed a elwir Agroctas a Bragmanos. **15g.** *BB* 56, doeth y *ryw* dygheduen y dial y enwired arnaw. sef oed hynny. y *ryw* bwystuil (*BD* 41, ryv bvystuil) creulon a doeth. *Diw.* **15g.** *Pen* 41, 12, [y] bryf hwnn a rodet yny *ryw* dyd Ac yny *ryw* vlwydyn. **15–16g.** LLAWDDEN, &c.: *Gw* 159, Ysgweier gwych dros Gaer Gaint / Ych i Harri a chywraint. / Ni chae 'ch tad, ni chewch i'ch tŵr / Harri wyth, y *rhyw* weithiwr. **1567** *TN* 93b, Ioan a 'alwodd ataw ddau *ryvv* rei o ei ddiscipulon. **1664** J. DAVIES: *Art* [20], Y *rhyw* Articulau a ddarllennwyd yn hamddenol. **1714** R. PRYDDERCH: *RT* [i], Rhyw wr oedd gynt yn tario, / A thri *rhyw* Gyfaill iddo. **18–19g.** *Llr* C 54, 282, yn iachau y *rhyw* glefydon. **1800** W. OWEN[-PUGHE]: *CP* 43, o eisieu y *rhyw* hîn dymhoraidd.

(*c*) (enghrau. a ddilynir gan e. ac a. dng.: *exx. followed by a n. and a dem. adj.*).

13g. *LlI* 101, Puybynnac a gaffo yscrybyl ar e *ryu* weyrglaud honno, kemeret ohoney ual o'r yt o deruyd eu caffael arney. **13g.** *BD* 6, llauassu onadunt vynteu anuon y *ryw* lythyr hvnnv attadunt hvy. **14g.** *CR* 122, Nyt y *ryw* neges honno . . . y mae reit ynni wrth archescob. **1346** *LlA* 35, [p]ann tremycco dynyon y kyfnesseiueit yny *ryɓ* pethev hynny. ymaent yn gwrthɓynnebu yr gɓr yssyd wir garyat. **14g.** *YBH* 34b, dywedut y vot ef yn varchaɓc deɓr pan enillei ef y *ryɓ* was hɓnnɓ. **14g.** *WM* 75. 30–2, guelet gɓr . . . yn crogi y *ryɓ* bryf hɓnnɓ. *id.* 475. 2–3, oed dyhed kelu y *ryɓ* was hɓnn. *c.* **1400** *RB* ii. 182, na dylynt gɓyr kymeint ar rei hynny ymlad ar *ryɓ* dyn hɓnnɓ. *c.* **1400** *ChO* 5, edrychant ar y deueit. Sef ynt y rei hynny y gwraged tec, a'r gwin melys . . . ac ar y *ryw* betheu massw hynny. *id.* 20, A oes ytti yn wastat y *ryw* gedymdeith hynn yn keissaw dy dinustyr? **15g.** *FfBO* 47, mi a deuthum y dinas a elwir Kanasia . . . Ny weleis eiryoet y *ryw* dinas hwnnw. **15–16g.** LLAWDDEN, &c.: *Gw* 94, Nid y *rhyw* anfadwr hwn / O brydydd a briodwn. **1620** *Dan* viii. 13, dywedodd rhyw sanct arall wrth y *rhyw* sanct hwnnw (**1588** *ib.* wrth ryw vn rhagorol yr hwn) oedd yn llefaru. **18g.** *Llr* C 24, 369, y *rhyw* liw hyny a arwyddocca y lepyr hefyd.

(*d*) (enghrau. a ddilynir gan gmhr.: *exx. followed by a comparison*).

14g. *BT* 150, yny vlwydyn honno y doeth y aber ystwyth y *ryw* amylder o bysgawt mal nas klywssit eiryoet y kyfryw. **14g.** *WM* 77. 15–17, ony bei hagyr guelet gɓr kyuurd athidi yn teimlaɓ y *ryɓ* bryf a hɓnnɓ nym torei. **14g.** *GDG*[3] 349, O Fair wychdeg fawr echdoe, / A fydd *rhyw* ddydd â'r dydd doe? *c.* **1400** *YSG* i. 136–7, ny bu eiryoet y *ryw* lewenyd ac a wnaethpwyt. **15g.** TUDUR PENLLYN, &c.: *Gw* 109, ni chredant nychu rydwyf / rrydd nac iach *rryw* ddyn ag wyf (Ieuan Brydydd Hir). **15g.** *GGl*[2] 50, Gwae'r Waun Isa, gwae'r nasiwn, / Gwae am *ryw* Gymro â hwn. **1547** *WS* [xvi], *ryw* eirieu ar rain. **16g.** *GGH* 215, Och oer i'w dair chwiorydd / Wrth swrn o hiraeth y sydd / Ar ôl dwyn, mawr cwyn cannoedd, / Duw a'i gŵyr, *rhyw* frawd ag oedd. *Diw.* **16g.** *B* ix. 119, Diogel i ddyn ei gael mewn pechod . . . ai veithrin ynghroth ei vam o waed afiach ac or *rhyw* ddeunydd diddelw a hwnnw y rhoes y creawdr Duw it. *ib.* wedi y del y *rhyw* ddynion ar rhai hynny y oleuni y byd hwnn. *id.* xi. 75, o *ryw* eiriau a hynny yr oedd ef yn peri ir bobyl gredu y fod ef yn dduw. **1594–6** *id.* iii. 282, gwybod ba achaws pan vai *rhyw* gynnwrf a hwnn yn ei lys ef gan wragedd y dinas.

(*e*) (enghrau. a ddilynir gan gym. canlyniad: *exx. followed by a consecutive clause*).

14g. *B* xxv. 265, a *ryw* lewenyd a wnaethant yr vorwyn hyt nat oes dyn yn y byt a alley y dywedut. **15g.** *BSK* 35, ef a anuones y egylyon attei y rei a rodassant y *ryɓ* lewenyd hyt nat oed vn dyn yny byt a allei dywedut y llywenyd hɓnnɓ.

4. Tua, oddeutu: *approximately, about, some*:

1908. Ar lafar, 'dwsin o warthag *ryw* ddyflwydd oed', 'Mae hi'n gwaelu'n arw ers *ryw* ddau fis', *WVBD* 464; '*Ryw* ugain erw sy' gyda fe' (sir Benf.).

5. (o flaen be.) Lled, hanner, i ryw raddau: (*before a vn.*) *half, partly, partially, to a certain extent, in some degree, somewhat.*

?**16g.** SIÔN BRWYNOG: *Gw* 244, *Rhyw* ddigio (gthg. SIÔN BRWYNOG: *C* 64, Rheir ddygn) rhyoer ddygiad, / Robart aeth, hir y bo'r tad. **1703** E. WYNNE: *BC* 108, er nad yw'ch nerth a'ch creulonder naturiol ronyn llai etto, rŷchwi wedi *rhyw* ddiogi. **1716** IACO AB DEWI: *LlCB* 44, I *ryw* appelio ato ef, gan ddywedyd o Duw [*sic*], o Arglwydd. Ar lafar, ''Dwi'n *rw* feddwl mynd fory'. Cf. T. H. PARRY-WILLIAMS: *O* 31, wedi mynd yn ddigon pell, yn *rhyw* arafu ac aros . . . yn y pellter.

Amr.: **rhw.** Ar lafar, '*rw*', *GTN* 687; ''Dwi'n *rw* 'styried mynd i'r pictiwrs heno'. Cf. D. OWEN: *GT* 202, mi ddoth Jams i'r surgery *rhw* ddiwrnod. **rhwy**[4]. **1632** J. DAVIES: *LlR* 481, yn dangos *rhwy* fath ar edifeirwch. **1686** WJ: *TR* 37, Crist . . . yr hwn sydd wedi i gynhwyso tan bob *rhwy* yn hollawl. **1709** H. POWEL: *G* 60, ar *rhwy* amcaniad anarferol. Ar lafar, 'Ma *rwy* ddyn wth y drws', *GTN* 694.

Cfn.: **rhyw ffordd,** gw. *rhywffordd.* **rhwy fath o,** gw. *rhywfath o.* **rhwy . . . neu'i gilydd,** gw. *rhyw . . . neu'i gilydd.* **rhyw amser,** gw. *amser—rhyw amser.* **y rhyw fenywaidd:** *the female sex.* **1792** *HWS* 57. Ar lafar, *GTN* 687. **rhyw gymaint:** *a certain amount,* (*to*) *a certain extent,* (*to*) *some degree.* **20g.** Ar lafar, 'Mae *rw gymaint* o le yno', ''Fedrwn ni wella *rw gymaint* arno fo'. Cf. D. J. WILLIAMS: *ChHO* 120, Yna, wedi dadebru *rhyw gymaint* bwrw ati eilwaith am bowt arall. **rhyw ddydd,** gw. *rhywddydd.* **rhyw dynol:** *mankind.* **17g.** HUW MORUS: *EC* ii. 276, 287. Gw. hefyd *dynolryw.* **rhyw ffordd,** gw. *rhywffordd.* **y rhyw gwannaf:** *the weaker sex.* **1658** R. VAUGHAN: *PES* 11. **y rhyw wrywaidd:** *the male sex.* **1800** C. EVANS: *EJU* 80. Ar lafar, *GTN* 687. **rhyw . . . iawn:** *very* (*with an adj., in a neg. construction*). **1923.** Ar lafar, ''Don i ddim *ryw* hapus *iawn* efo'r canlyniad' (Arfon). Cf. K. ROBERTS: *RhB* 9–10, nid oedd hi yn *rhyw* fodlon *iawn.* **rhyw lawer:** *much* (*usu. in a neg. construction*). **1926.** Ar lafar, ''Dwi ddim yn malio *rhyw lawer*'. Cf. K. ROBERTS: *RhB* 14, Yr oedd ei lygaid yn fain ac heb *ryw lawer* o fynegiant ynddynt; T. H. PARRY-WILLIAMS: *O* 23, Nid yw'r calendr yn cyfrif *rhyw lawer* wedi'r cwbl; D. J. WILLIAMS: *HW* 22, Y mae'n amheus gennyf a oes cymaint ag un ohonynt yn *rhyw lawer* o law ar ddod ymlaen yn y byd. **rhyw le,** gw. *rhywle.* **rhyw lun,** gw. *rhywlun.* **rhyw lun o (ar):** *some sort of, some semblance of, by way of, of a kind; distantly, after a fashion,* '*sort of*'. **1793** T. JONES: *SD* 66, *rhyw lun o* grefydd. Ar lafar, ''Odd o *ryw lun o* bregethwr i fod, ond 'do' 'na ddim lot o siâp arno fo' (Arfon); 'Mae o *rw lun o* berthyn iddo fo'. Cf. *LlA* 9, Paryw lun yssyd ar yr engylyon. **rhyw faint,** gw. *rhywfaint.* **rhyw fan,** gw. *rhywfan.* **rhyw (rhwy) fath (rhywfath) o (ar):** *some sort(s) of, some semblance of, by way of, of a kind.* **1561–2** *Pen* 155, 8, nid oes dim yn y llyfr hwn yn ofer ar ni bo boddlawn gann *ryw vath ar* ddyn. *c.* **1585** G. ROBERT: *DC* [xx], Hynn o ddamchwain o liw beieu a gasclai *rhyw fath ar* ddynion yn y llyfr yma. **1599** (**1677**) R. HOLLAND: *AB* 117, fo a ddeisyfodd Dafydd ar Dduw am gael o hono *rwy fath o* brofedigaeth. **1632** J. DAVIES: *LlR* 481, y rhai sydd yn dangos *rhwy fath ar* edifeirwch. **1752** G. OWEN: *L* 24, llyna i chwi *ryw fath ar* bwtt o Gywydd. Ar lafar, 'Mae'n *rhyw fath o* fardd'. **rhyw fodd,** gw. *rhywfodd.* **rhyw (rhwy) . . . neu'i gilydd:** *some . . . or other.* **1693** J. OWEN: *BP* 24, golchi â dwfr (mewn *rhwy* ffordd *neu gilidd*) pob un a fedyddiwyd. **1701** E. WYNNE: *RBS* 88, Ti a ddylit . . . dy dybio dy hun mewn *rhyw* ystyr *neu gilydd* yn waelaf ym mhôb cwmpeini 'r elech iddo. Ar lafar, 'Am *ryw* reswm *neu'i gilydd,* mae'n methu dod'. Gw. hefyd *rhywbeth—rhywbeth neu'i gilydd, rhywbryd—rhywbryd neu'i gilydd, rhywddydd—rhyw ddydd neu'i gilydd, rhywfodd—rhywfodd neu'i gilydd, rhywffordd—rhywffordd neu'i gilydd, rhywsut—rhywsut neu'i gilydd, rhywun—rhywun neu'i gilydd.* **rhyw ben:** *sometime.* Ar lafar, 'Mi fydda i'n siwr o alw acw *ryw ben*', *B* xiv. 294 (Meir.). **rhyw beth,** gw. *rhywbeth.* **rhyw bryd,** gw. *rhywbryd.* **rhyw rai,** gw. *rhywrai.* **rhyw sut,** gw. *rhywsut.* **y rhyw deg:** *the fair sex.* **1860. rhyw dro,** gw. *rhywdro.* **rhyw un,** gw. *rhywun.* **rhyw ychydig(yn):** *a little, a few; a little while.* **1599** (**1677**) R. HOLLAND: *AB* [154], nis pregethant ond ynsaesoneg, oni bydd e [*sic*] *ryw ychydig* yng-hymraeg ambell waith. **1722** T. EVANS: *PS* 76, darfu iddo bigo hon o'r hên Lyfrau Gweddi, gyda *rhyw ychydig* o'i chwanegiadau ei hun. **1733** T. EVANS: *PP* 105, ni a'i gwelwn ef *ryw ychydig* cyn ei ddioddefaint yn gweddio. **1752** G. OWEN: *L* 12, 'rwyf yn dal *rhyw ychydig* o Dir. **1758** *ML* (Add) 945, Am Owen Williams Cymro ydyw'r Gwr etto a *rhyw ychydigyn* o blisgen ar ei dafod weithiau. Ar lafar, 'Mae'n gwella *ryw 'chydig*'. **ar ryw ystyr:** *in a manner of speaking, in some way, in one sense.* Ar lafar, ''Ot ti'n dallt be' odd o'n ddeud?', 'Wel 'ôn, *ar ryw ystyr*' (Arfon). **mewn rhyw:** *in kind* (*of payment*). **1844. yn (ôl) ei ryw (eu, &c., rhyw):** (i) *according to his* (*their, &c.*) *kind.* **1588** *Lef* xi. 14, A'r fwltur, a'r barcyd, *yn ei ryw.* **1588** *Esec* xlvii. 10, eu pyscod fyddant *yn ôl eu rhyw* fel pyscod y môr mawr, yn aml iawn. **1656** (**1745**) *MLl* ii. 139, yn ymroi i bôb Pêth *ynol* [sic] *ei Rŷw.* **1683** J. JONES: *TG* 32–3, Anifeiliaid y maes . . . a folant yr Arglwydd *yn eu rhyw.* **1725–6** *Madd Ed* 244. (ii) *in kind* (*of payment*). **1834.**

rhyw[2,3], gw. ruw, rhy[2].

rhywael, gw. rhy[1] + gwael.

rhywaidd, gw. rhywiaidd.

rhywan, gw. rhy[1] + gwan[1].

rhywant, gw. rhychwant.

rhyward, rhywart, gw. reward.

rhywbarb, gw. riwbob.

rhywbeth, rhyw beth [*rhyw*[1] + *peth*] *eg.* ll. *rhyw bethau,* a hefyd gyda grym adfl. Peth amhenodol, anhysbys, neu heb ei enwi; unrhyw weithred, digwyddiad, &c., o unrhyw fath, unrhyw beth; peth o werth, pwysigrwydd, &c.; rhywfaint (o), peth, ychydig: *some thing, something, a certain thing; anything; something of worth, importance, &c.; something* (*of*), *some, a little.*

c. **1400** *Ked AA* 14, y rof a Duw . . . ef a vu *ryw beth* yn ymdidan a thi. *c.* **1400** *YSG* i. 33, menegi ymi *ryw beth* a dywetpwyt wrthyf. *id.* 127, yn kymryt o law vn o'r engylyon gorlwch o aryant . . . ac o hwnnw yn kymryt *ryw beth* ac yn iraw yr ysgraff. **15–16g.** *GLM* 233, Aro ennyd, yr unawr: / aro byth; myn *rywbeth* mawr. **16g.** *GGH* 230, Mae'n rhaid iddo, gweithio'n gall, / Obaith ar *rywbeth* arall. **1592** S. D. RHYS: *Inst* [xvi], a' *rhyw betheu* eraill yn dhigamm yma o rann y Prydydhion. **1595** H. LEWYS: *PA* 16–17, os damwain i wr . . . ddwyn *rhywbeth* oddiarnynt. **1604–7** *TW* (*Pen* 228), *rhyw beth* d.g. *Aliquid.* **1620** *Mos* 204, 147, *Rhywbeth* sydd haws i gael nai gadw. **1632** *D, rhyw beth* d.g. *Nonnullus.* **1675** *TBM* 331, Ymaelyd ynddi'n heleth, / Nid siarad am hwsmoneth, / Ac os oes synnwyr yn eich siol / Rhwbio'i bol hi â *rhywbeth.* **1691** T. WILLIAMS: *YB* 7, Gallwn foli ag hefyd chwennych y pêth nad yw yn ein heiddo, os *rhyw-bêth* rhagorol ydyw. **1703** E. WYNNE: *BC* 47, mi a ddangosa i chwi *rywbeth;* D'accw, ebr ef, a welwch i ôl y rhwyg a wnaethoch i 'n yr Eglwys. **1759** T. THOMAS: *WWDd* 48, mae'r . . . croesau, a'r amryw bethau damweiniol sŷdd yn cyfarfod â ni yn y Bŷd . . . yn *rhyw beth* o ffrwyth y felldith hon. *id.* 156, yr hyn yr chwenych dangos, *ryw beth* yn fyrr . . . pâ fâth ffydd yw 'r ffydd gyfiawnhäol. *id.* 206, mae Dyn fel trosseddwr y gyfraith (fel y soniais *ryw beth* eisioes) wedi myned yn elyn i Dduw. *id.* 217, Y rhai, dan ryw brofedigaeth, sy yn gweled *rhyw beth* o Ddrŵg pechod. *id.* 218, yn gweled mesur o'r anghyfiawnder sydd ynddynt . . . ac . . . yn canfod *rhyw beth,* beth yw crefydd ymarferol. **1790** *Prif Crist* 12, Trwy ba un yr ymddengys, nad yw y lle yma yn unig yn perthyn i ddatguddïo [*sic*] dyn a'i weithredoedd, eithr . . . yn egluro Duw, a'i weithredoedd, hefyd, yr hyn sydd etto *ryw-beth* rhagorach. **1803** *P, Rhywbeth,* s. m. . . . Something. Ar lafar, '*rwbath*', *WVBD* 455; '*rwpath*', *GTN* 697; ''Nei di ddod â *rwbeth* neis o'r dre'?' (sir Gaerf.). Cf. *GDG*[3] 372, Rhyw beth wyd (gw. adran 3 (*a*) d.g. *rhyw*[1]); *WM* 93. 25–6, y ryɓ bethan.

Amr.: **rhwybeth** [*rhwy*[4] + *peth*]. **1684** H. OWEN: *DC* 158, ac na chyfrifa dy fod ti'n *rhwybeth* oherwydd dy weithredoedd da. **1703** E. WYNNE: *BC* 24. **1711** H. POWEL: *TY* 3.

Cfn.: **rhywbeth neu'i gilydd:** *something or other.* Ar lafar, 'Ma eishe mynd i Hwlffor arna i, ond ma *rhwbeth-neu-gily* 'n rhwstro i o hyd', *GDD* 251. **rhywbeth r(h)ywbeth:** *anything, 'any old thing'.* Ar lafar, 'Man' nw'n meddwl gneith *rwbath rwbath* iddyn' nw', *WVBD* 455. **neu rywbeth:** *or something* (*i.e. some unspecified alternative*). **1762** *ML* ii. 486, Rhobin yn Nerpwl yn dysgu myned yn gonsuriwr *neu rhywbeth* [*sic*]. Ar lafar, 'Dere â torth inni gâl brechdane *ne rwbeth* i gino' (sir Gaerf.).

rhywbryd, rhyw bryd [*rhyw*[1] + *pryd*[1]] *eg.* ll. *rhyw* (*rhwy*) *brydiau*, *rhyw brydoedd*, gan amlaf gyda grym adfl. Rhyw amser, (ar) amser amhenodol, anhysbys, neu heb ei enwi; unrhyw bryd: *some time, sometime; any time, anytime.*

1567 *TN* 120b, Ac ar *ryw bryd* [:– amser], yd anvones ef was. **1681** S. HUGHES: *AC* 8, Megis y mae Rhwymiad Satan *rhwy brydie* . . . yn ûn o Drugareddau Duw ir Byd. **1683** H. EVANS: *CTF* 43, Consciens ddaw *ryw bryd* ith wascu. **1703** E. WYNNE: *BC* 86, Cei . . . weled ychwaneg o'r rhagor sy rhwng y naill Lys a'r llall *rywbryd*. **1725** D. LEWIS: *GB* 356, Rhaglunîaeth yr Arglwydd yw, nad yw'r Bydoedd hyn yn taro wrth rai o'r lleill *ryw bryd*. **18g.** E. T. RHYS: *DA* 188, Rhaid, *ryw brydiau*, ddeol brawd. **1754** G. OWEN: *L* 111, nid wyf i yn ammau na ffynna ganddynt *ryw bryd*. **1778** T. JONES: *TGEL* 207, *rhyw brydiau* pennodol dychweledig i'r bwriad hwnnw. **1778** *W*, *Ryw* . . . *brŷd* neu amser a ddaw d.g. *Once* [*in time to come*]. **1803** *P*, *Rhywbryd*, s. m. . . . sometime. adv. Sometime. Ar lafar, 'Ma fa'n cyrradd *rwpryd* yr wthnos nesa'', *GTN* 697; 'Ddaw Shemi ddim gatre nes bod hi *ryw-bridodd* o'r nôs', *GDD* 252; 'Ma'r doctor fod i ddod bore 'ma, ond fe alle fe ddod *rywbryd*' (sir Gaerf.).

Cfn.: **rhywbryd eto:** *another time, some other time.* Ar lafar, ''Wela' i di *rywbryd eto*'. **rhywbryd neu'i gilydd:** *sometime* (*or other*), *one of these days.* **1778** *W* d.g. *Other, Sometime or other.* Ar lafar. **rhywbryd r(h)ywbryd:** *anytime*, '*any old time*'. **20g.**

rhywdro, rhyw dro [*rhyw*[1] + *tro*[1]] *eg.* gan amlaf gyda grym adfl. Rhyw amser, rhywbryd; unrhyw bryd: *some time, sometime; any time, anytime.*

14g. *GIG* 122, Pan ddangoso, *rhywdro* rhydd, / Pobl y byd . . . / . . . / . . . eu gweithredoedd. **15g.** *GDLl* 169, Oni ddarffo, *rhywdro* rhus, / Bywyd pawb o'r rhai beius. **1603** W. MIDLETON: *Ps* 189, Brysia gwrando *rhuwdro* rhwyf / O goel y dydd y galwyf. **1757** *ML* i. 467, Cewch yr hanes *ryw dro.* **1778** *W*, ar *ryw dro* d.g. *Once on a time.* **1803** *P*, Rhyw, a. . . . *rhyw dro*, some time. Ar lafar, ''Dwi'n cofio pan on i'n yr ysgol *ryw dro*, mi nes i chwara triwant', 'Mi ddudodd y plymar y basa fo'n galw dydd Gwenar, ond mi alla alw *rywdro*' (Arfon).

rhywddydd, rhyw ddydd [*rhyw*[1] + *dydd*] *eg.* ll. *rhyw ddyddiau*, gan amlaf gyda grym adfl. Rhyw ddiwrnod, rhywbryd, ar ddydd arbennig: *some day, someday, on a certain day.*

14g. *GDG*[3] 34, Difraw ddyn, od af *ryw ddydd*, / Dwf llerw, dan defyll irwydd. **14–15g.** *IGE*[2] 258, Ni oddef undyn heddyw / Y modd y dioddefodd Duw; / Hoelio ei ddwylo *ryw ddydd*, / Hoelio'i draed â hoel drydydd (Siôn Cent). **15g.** *GDLl* 46, Rhai ddaeth i'th bregeth *ryw ddydd*—i'th ganmol / Wyth ugeinmil, Ddafydd. **15g.** *DN* 42, Dyn cannoes yn dwyn cynnydd, / Drwy Dduw oll y daw *ryw ddydd.* **15g.** *GDID* 108, Pennod ar ddefod a rôi Ddafydd, / Punnoedd a roddai pan oedd, *rywddydd.* **15g.** *DE* 147–8, Arthur a duw oi nerthv / oedd lai ag a laddai lv / ar ddav gwnkwerwr *ryw ddydd* / a than draed tithav n drydydd. **15g.** *HCLl* 48, A fynno efô ef a fydd—rhag llaw / In, lywiawdr, a ddaw i'w wlad *ryw ddydd.* **15–16g.** *GIF* 35, Gwna'n frau un o ddau, yno'dd awn *ryw ddydd* / a'u gwaed hwy ar wŷdd, a'u gwad taer iawn. **1718** E. SAMUEL: *HDdD* [2]01, F'a gyfyd Corph y Crintachddyn hwnnw *ryw ddydd* yn ei erbyn. **1753** *Gron* 12, Atteb a fydd, *rhyw ddydd* rhaid, / I'r Ion am lawer enaid. **1764** W. WILLIAMS: *Th* 17, Aeth Ebrius ffwrdd; Cantatus madewodd ag e'n lân, / Fu gydag ef yn Sodom *ryw ddyddiau* maith o'r bla'n. Cf. *GDG*[3] 349, A fydd rhyw ddydd â'r dydd doe? (gw. adran 3 (*d*) d.g. *rhyw*[1]).

Cfn.: **rhyw ddydd a ddaw:** *one of these days, in times to come.* **16–17g.** *GHCEM* 103. ?*Dchr.* **17g. (1789)** *BDG* 330. Ar lafar. Cf. yr hen bennill llafar, 'Fe'm cleddir i *rhyw ddydd a ddaw* / Â chaib a rhaw a phicys'. **rhyw ddydd neu'i gilydd:** *some day or other.* ?**17–18g. (1789)** *BDG* 337. Ar lafar.

rhywedd[1] [*rhyw*[1] + -*edd*[1]] *eg.* Y cyflwr o fod yn wryw neu fenyw o safbwynt gwahaniaethau cymdeithasol, diwylliannol, &c.: *gender* (*with ref. to social, cultural, &c., differences*).

20g.

rhywedd[2], *RB* ii. 152, gw. **rhewydd**[1].

rhyweilydd [*rhy*[1] + *gweilydd*] *a.* Cwbl ddibryder, didramgwydd iawn; (geir.) ofer: *completely carefree, wholly untroubled;* (*dict.*) *vain.*

12–13g. *GLlLl* 26, Gogwybyt, Dauyt . . . / Na byd *ryweilyt* uy rwyoli. **1632** *D*, *Rhyweilydd.* vid. Gweilydd. **1688** *TJ*, *Rhyweilydd*, gweilydd, ofer, gwâg: vain, empty. **1773** *W* d.g. *Empty* [*void; vain, &c.*].

rhywel, rhiwel [bnth. S. C. *rouel, ruel* 'rowel'] *eb.g.* ll. -*au*, -*ion.*

(*a*) Disg pigog sy'n troi ar ben ysbardun, troell ysbardun, llun y cyfryw fel dyfais herodrol, hefyd yn *ffig.*: *rowel, a representation of this as a heraldic device, also fig.*

14g. *GDG*[3] 191, Rhygron fu hon ar fy hynt, / *Rhywel* ysbardun rhewynt [i'r lleuad]. **14–15g.** *IGE*[2] 144, Rhôl y gamp, *rhywel* gwmpas, / Rhod gron, fawr ei rhad a'i gras [Gruffudd Llwyd i'r haul]. **15g.** *DN* 39, Weddaidd Selav ddydd waselav / Am levelav mil o viledd. / A'i barselav o Bryselav / [A]ed *rhiwelav* hyd yr Heledd. **15g.** *GO* 97, *Rruwel* y metel ym oedd, / Rrod llaw yn rrodio lluoedd [i ofyn bwcled]. **15g.** *DE* 106, ef ai yn eisiau i fan isel / o swllt iachau oswallt uchel / esyllt ochau a swllt achel / ossau rhywiau oes a *rhiwel.* **16g.** *Mos* 113, 68, arian bend sabl tair *rywel* spardyn. *c.* **1562** *Pen* 138, 109, maes arian bend o sabyl tri *Ruwel* o arian.

(*b*) Goreth (i ddraenio clwyf), ?diferlif: *draining rowel or seton, ?discharge.*

1771 *PDPh* 61, Os parha yn gloff, y mae yn rhaid i chwi wneuthur *Rywel* gron (yr hyn a wneir trwy dynnu scain o edau sidan â nodwydd fawr rhwng cig a chroen y ceffyl) i dynnu ymaith yr Iwmor. *id.* 72, rhaid i chwi ddodi *Rywel* o rawn ddwy fodfedd islaw 'r chwydd caled. Ar lafar gynt, 'Os bysach chi'n macu lloi, 'och chi'n nuthur twll trw'r pemrwn a gwæn cordyn trwyddo, rog i'r lloi macu giæl ryw glefyd—tynnu *rŵal* odd 'ynny' (de-ddwyrain Morg.).

rhywfaint, rhyw faint [*rhyw*[1] + *maint*[1]] *eg.* a hefyd gyda grym adfl. Swm neu nifer amhenodol neu anhysbys (o), peth, ychydig; ychydig o amser, ysbaid: *a certain amount or number* (*of*), *something* (*of*), *some, a little, a few; some time, a while.*

16g. *THSC* (1923–4) (At.) 28, Eithr yn *rvfaint* gynt mewn ryw amsser ydd oedd oedran pobyl yn naw kant o vlynyddoedd. **1661** E. LEWIS: *Drex* 243, Gallei hynny o *ryw faint* ymddangos yn fwy dioddefadwy. **1718 (1721)** S. THOMAS: *HB* 35, Bû dros *ryw faint* o amser Protestaniaid yn dra aml yn eu plith. **1723** WM: *PGG* 8, nid oes gwybodaeth nêb . . . heb *ryw faint* o fethiantrwydd arni. **1725** D. LEWIS: *GB* 188, Nid oes un Anifaîl . . . heb *ryw faint* o Ofn Dŷn arno. **1732** *AABI* 149, nid yw'r Cristion gwirioneddus yn gofalu am ddim nad oes ynddo *ryw faint* o Grist. **1741** *ML* i. 56, da iawn fyddai cael *rhywfaint* o wreiddiach a hadau. **1751** G. OWEN: *L* 4, Mi ddymunaf arnoch yrru i mi lythyr a *rhyw faint* o'r hên gelfyddyd ynddo. **1753** *id.* 72–3, Mae genyf yma gryn waith ar fy nwylaw . . . mi gaf weithiau ystlys odfa i weu *rhywfaint* wrth fy mawd. *c.* **1755** *Gron* 76, Digon o chaid honnaid hau, / Gostog *ryw faint* o'i gastiau. **1759** *DG* iii, casglu *rhywfaint* o waith y beirdd mwya clodfawr. **1760** *ML* ii. 185, Rwy'n difa *rhyw faint* o honynt [cregyn gleision] beunydd. **1778** J. THOMAS: *HB* iv, Mi a ddechreuais arfer y gair Methodistiaid gan ei fod *ryw faint* yn fwy cymreigaidd. **1803** *P*, *Rhywvaint*, s. m. . . . Some quantity. Cred air o bob deg a glywi, a thi a gai *rywvaint* baç o wir. Ar lafar, 'Ma *rwfint* o'r persli ar ôl; licat ti beth?', *GTN* 697; 'Ydi o'n gweld *rwfaint* ar 'i frawd?'

rhywfan, rhyw fan [*rhyw*[1] + *man*[1]] *eb.* ll. *rhyw fannau*, a hefyd gyda grym adfl. Man amhenodol, anhysbys, neu heb ei enwi, rhywle, rhyw ran; unrhyw le neu ran: *some place or part, somewhere; any place or part, anywhere.*

15g. *DE* 95, rys *ryw fann* ysbys Rvfain osbion / Rywliwr reg noddwr hv gynyddion. **15–16g.** *TA* 143, Da fu roi 'n un, Dyfr un wedd, / Chwaer y gwin, â charw Gwynedd. / Er rhoi o'i fodd mewn *rhyw fan*, / Oleu dwyll, o'i wlad allan. **15–16g.** *GIF* 79, Mae'n gwylio, f'athro, *ryw fan*; / mae naill ai i mewn ai allan. **16g.** *GGH* 385, Yn wir, anafus i neb / Ac o ddyn guddio'i wyneb; / Cuddian' *ryw fan* ar a fo / Y sy gweddus ei guddio. **1592** S. D. RHYS: *Inst* [xvii], mywn *rhyw bhanneu* o'r Llybhr yma. **16–17g.** *CC* 222, yn rhyfedd fo ddaw'n *rhywfan* / heb anras ir deirnas dân (Thomas Prys). **1618** J. SALISBURY: *EH* 167, pan henwer *rhyw fan* o gorph Crist. **1632** *D*, Yn *rhyw fann* d.g. *Alicubi.* **18g.** *W Ballads* 191, 8, Os daw gofun mewn *rhyw fanne*, / . . . / Pwu a wenauth [*sic*] y dyrie. **18g.** E. T. RHYS: *DA* 53, I lywyddu eu cwch bychan, / Dan ei rwyfo, i dynu i *rywfan.* **1759** *BC* 65, A ddiengodd i *rywfan*, drwy'r mŵg mewn Bot bychan. *id.* 181, Os gwelwch un wantan mewn *rhywfan* yn rhŵydd, / At honno na neswch ymguddiwch o'i gwydd. **1768** TWM O'R NANT: *CTh* 46, Mi glywais ddweudyd mewn *rhyw fann*, / Ei fod e'yn [*sic*] wann, erwinol. **1803** *P*, *Rhywvan*, s. f. . . . A particular place. adv. Somewhere. Cf. *GDG*[3] 388, Ymhob rhyw fan, gran grynnwyf, / Mair a glyw mai mawr ei glwyf.

rhywfath, gw. **rhyw**[1]**—rhyw fath.**

rhywfodd, rhyw fodd [*rhyw*[1] + *modd*] *eg.b.* ll. *rhyw foddion*, gan amlaf gyda grym adfl. Rhyw ddull neu ffordd, rhywsut: *some way or means, somehow.*

14–15g. *IGE*[2] 280, Rhyfedd yw byd, *rhywfodd* beth, / Rhwyfaw'r brig, rhyw fawr bregeth (Siôn Cent). **15g.** *GDLl* 100, Yn amser hydd bydd y byd / Yn *rhyw fodd* yn rhyfeddfyd. *id.* 124, Rhyfedd oedd *rhywfodd* iddo / Parhau'r fath pe emprwr fo. **15–16g.** *TA* 105, Rhyfedd oedd, *rhyw fodd*, uddun / A'ch gwnâi chwi i'ch gwanhau 'ch hun. **16–17g.** *Bl B XVII* i. 141, Rhyfeddod mewn *rhyw foddion* / 'R hyd gwlad fydd siarad a sôn (Thomas Prys). **1604–7** *TW* (*Pen* 228), mewn *rhyw vodh* d.g. *Quodammodo.* **1653** *Wy* 12, 324b, *rhyw fodd* babyddig, ddeddfol, gnawdol. **1699** T. JONES: *TP* 18, i edrŷch (yn *rhŷw fôdd*) a gawn i esmwŷthdra oddiwrth fy ma[i]ch. **18g.** E. T. RHYS: *DA* 2, rho'wch wybod mewn *rhyw fodd.* **1763** W. WILLIAMS: *FfW* 65, Trwy *ryw foddion* crai neu chwerw. **1776** *W*, Yn *rhyw fôdd* d.g. *Manner, After a manner or sort.*

Cfn.: **rhywfodd neu'i gilydd:** *somehow or other, in some way.* **1927.**

rhywfogaeth, gw. **rhywogaeth.**

rhywffordd, rhyw ffordd [*rhyw*[1] + *ffordd*] *eb.* gan amlaf gyda grym adfl. Rhyw ddull neu fodd, rhywsut: *some way or means, somehow.*

14g. *H* 124b. 13–14, kyueillt grym yssym ny sommir ri ffyrdd. yn *ry6fford* pan brouir (Llywelyn Brydydd Hoddnant). **1701** E. WYNNE: *RBS* 66, Tymhera dy brŷd bwyd âg ymddiddanion duwiol, neu a fo llesol *rywffordd*, a chariadol a diniweid bôb ffordd fel y rhodder i ti achlysur. **1703** E. WYNNE: *BC* 108, melys yw dial *rywffordd.* **1759** T. THOMAS: *WWDd* 251, Os ydwyt Enaid, yn disgwyl cael dy gyfiawnhâu *ryw ffordd* arall. **18–19g.** *Llr* C 10, 14, [b]wrw coelbren neu *ryw ffordd* arall a wypper y trechaf o rif, sef y gorfodrif. Ar lafar, 'Fe gewn ni e i witho *rwffor*'' (gogledd Cered.); 'Paid o 'ito! Ni lwyddwn *rwffodd*', *GTN* 693; 'Ma bownd o fod *ryw ffordd* i gal y peiriant 'ma i witho' (sir Gaerf.).

Amr.: **rhwy ffordd** [*rhwy*[4] + *ffordd*]. **1693** J. OWEN: *BP* 24.

Cfn.: **rhywffordd (rhwy ffordd) neu'i gilydd:** *somehow or other, by some means or other.* **1693** J. OWEN: *BP* 24, golchi â dwfr (mewn *rhwy ffordd neu gilidd*) pob un a fedyddiwyd. **1701** E. WYNNE: *RBS* [vii]. Ar lafar, 'Ma fe *rywffordd neu'i gilydd* 'di câl y syniad 'i fod e'n gallu canu' (sir Gaerf.).

rhywhant, gw. **rhychwant.**

rhywiad [*rhyw*[1] + -*iad*[1]] *eg.* ?Priodoledd: *attribute.*

1603 W. MIDLETON: *Ps* 135, Yn llâw fy Nêr dyner dâd, / Mae phiol reiol *rywiad.* **1803** *P*, *Rhywiad*, s. m. . . . a partaking of a specific character.

rhywiaeth [*rhyw*[1] + -*iaeth*] *eg.* ll. -*au.*

(*a*) Rhywogaeth: *species.*

1803 *P*, *Rhywiaeth*, s. m. . . . Distinction of species.

(*b*) Anffafriaeth neu ragfarn, yn enw. yn erbyn merched, ar sail rhyw: *sexism.*

20g.

rhywiaethol [*rhywiaeth* + -*ol*] *a.* Yn perthyn i rywiaeth, a nodweddir gan rywiaeth: *sexist.*

20g.

rhywiaf: rhywio [bf. o'r e. *rhyw*[1]] *ba.* Cenhedlu; ?gwneud yn rhywiog, mwyneiddio: *to beget;* ?*make fine or good, make mild.*

1768 J. PRYS: *Alm* 4, Fe *rywiwyd* o Faria. / 'N fab y Dŷn i Ddiben da.

rhywiocâf: rhywiocáu [*rhywiog* + -*hau*] *bg.a.* Gwella cyflwr (tir), gwneud (tir) yn haws ei drin; mynd yn ddymunol: *to condition* (*land*), *make* (*land*) *easier to cultivate; become pleasant.*

1543–8 *Pen* 163, ii. 3, marl Gwynn yr hwnn a *rywioka* ytir lxxx mlynedd.

rhywiocter [*rhywiog* + -*der*] *eg.* Boneddigeiddrwydd; ?safon (uchel): *nobility;* ?(*high*) *quality.*

16g. *GGH* 265, Am *rywiowcter*, breuder bron, / Am ei rwydded am roddion. **18–19g.** *Llr* C 11, 291, nis gellir o *rywioccter* Cerdd dros benn deuddeg arfannau [*sic*] Cerdd dafawd.

rhywiog, rhywog [*rhyw*[1] + -(*i*)*og*] *a.* ll. -*ion*, a hefyd gyda grym enwol.

(*a*) Ucheldras, bonheddig, urddasol, ardderchog, gwych, cwrtais, hyfryd, tirion, rhadlon, hynaws, addfwyn, caredig, hael: *of noble lineage, noble, dignified, excellent, fine, courteous, pleasant, gentle, genial, kindly, kind, generous.*

12–13g. *GLlLl* 238, Prydyt wyf y'm rwyf, *rywa6c* —Lywelyn. **13g.** *GBF* 581, Y G6r a gymyrth eghyrth yghaf / Agheu dros bymhoes . . . / A gymero rwyf *rywyoccaf*—uonhet / Yn rann drugaredd, ua6ret uwyhaf. **14g.** *H* 125a. 4, llewychuawr geli ri *rywyocaf* (Llywelyn Brydydd Hoddnant). **14g.** *GDG*[3] 93, Cenhedlog *rywiog* riain, / Câr di a'th gâr, ddyn doeth gain. **15g.** *HS* 19, ni bu n ysgwier neb syberwach / ac ni bu 'n farchog neb *rywiogach* / ac ni bu n arglwydd un dyn rwyddach. **15–16g.** *TA* 104, Heb air o'i ben y bu 'r balch, / Rhag d' ofn, y *rhywiog* difalch. **1547** *WS*, *Rywyoc* Kynde. **16g.** *THSC* (1923–4) (At.) 54, yr ydym ni yn anrywogaidd wrth y neb yssydd *rywyoc* wrthym ni (*that shewyth vs al maner kyndnesse*). **16g.** *GGH* 23, Rhygeirw *rhywiogion*, agwrdd gefnogion, / O'i dyledogion i'w dal, Degeingl. **16g.** *WLl* 112, Sion benn *rrywogion* fu n dwyn rragawr / Synnwyr a golud sy n nirgelawr. **16g.** *Def Hen* 7, ddarllewr *rowiog* . . . ir wy yn dysyf dy gymdeithawl farn. **16–17g.** *CRC* 17, Y ferch oedd anrhigarog / wrth wr bonheddig *rhowiog*. **1631** O. THOMAS: *CC* 87, rhoddi yn eu lle galonnau *rhywiog*, a hynaws i ymgais a Gair yr Arglwydd. **1632** *D*, *Rhywiog*, Generosus, humanus, comis, clemens. **1688** *TJ*, *Rhywiog*: generous, mild, gentle. **1691** T. WILLIAMS: *YB* 93, *rhywiocced* fydd caredigrwydd yr eneidiau perffeithlawn. **1803** *P*, *Rhywiawg* . . . Kindly, kind; genial. Ar lafar, 'dyn *rhowiog*' 'a man who is easy to deal with', *WVBD* 466. Yng nghanolbarth a godre Cered. clywir *rhwiog* yn yr ystyr 'caredig, hael', *TGG* (1907–8) 108.

(*b*) O'r iawn ryw, da (o'i fath neu i'w bwrpas), o safon uchel, mewn cyflwr da, graenus, cryf, iach; o frid pur; mân (am wlân, &c.); tyner, delicét, meddal, hawdd ei weithio neu ei drin: *good, fine, or proper* (*of its kind or for its purpose*), *of high quality, in good condition, strong, healthy; pure-bred; fine* (*of wool, &c.*); *tender, delicate, soft, easy to work or cultivate.*

14g. *GDG*[3] 382, Disglair gribin ewinrhew, / Dannedd og *rhywiog* o'r rhew [i'r pibonwy]. *c.* **1400** *B* ii. 14, Moch na thyrchot na chynnal ony bydant *rywyawc*. **15g.** *GLGC* 32, Nid fforest *rywiog* / heb goed bagadog. [**1547**] W. SALESBURY: *OSP*, Ny chair gwlan *rywoc* ar glun [g]afr. *c.* **1585** G. ROBERT: *DC* [xiii], [g]eirieu anghyfieith . . . heb law bagad o r sawl nyd ydynt Gymraeg *rywiog*. **1630** R. LLWYD: *LlH* 41, y brethyn *rhywioccaf* (*finest*) â gymmer amliw yn gyntaf. **1630** *YDd* 150, Maes ydyw: yn llawn o wellt *rhywiog*, eithr yn llawn o seirph gwenwynllyd. **1688** *TJ*, *Rhywiog* . . . fine, not course. **1703** E. WYNNE: *BC* 83, Ar foreu têg o Ebrill *rywiog* â'r Ddaiar yn lâs feichiog. **1775** D. JONES: *HCY* 229, Gwin *rhywiog* yw. *c.* **1785–90 (1829)** *CBYP* 54, Y Mae . . . mawr arfer ar y Cynghaneddion ar Gerdd Gymraeg; ag ni fernir Cerdd yn *rywiog*, a chelfydd, a blasus, hebddynt. **1788** J. ROBERTS: *C* 14, Rhewi'n *rhywiog* / a haul tesog. **1795** J. THOMAS: *AIC* 360, gwnâ Blastr o Glai *rhywiog* a Biswail ceffylau yn gymysg. **1803** *P*, *Rhywiawg* . . . of good kind. Anivel *rhywiawg* . . . tir *rhywiawg*. Ar lafar, 'tir *rhowiog*' 'land which is easy to cultivate', 'buwch *rowiog*' 'a cow which is not suitable for elevated places', 'rhewi'n *rhowiog*' 'to freeze hard', *WVBD* 466.

(*c*) *Gram.* A'r elfen berthynol yn oddrychol neu'n wrthrychol (am gymal); a'r elfen gyntaf yn goleddfu'r ail (am air cyfansawdd); disgynedig (am ddeusain): *proper* (*of a nominative or accusative relative clause*); *proper* (*of a compound word where the first element qualifies the second*); *falling* (*of a diphthong*).

1567 G. ROBERT: *GC* 24, [d]yphddongiaid *rhowiawg* . . . a fyddant wedi i cyssylltu o ddwy fogail yn vnig, a'r flaenor yn cael i chwbl lais, a'r ddylyna[w]l hefyd heb golli moi llafar hithau chwaith, mal, ai, ei. *id.* 29, wrth ganu, ny chydodla'r [*rh*]*owiog* ond a hi i hunan. **1592** S. D. RHYS: *Inst* 2, Diphthongi propriæ. *Rhywiogion* & Priodolion. **1728** S. RHYDDERCH: *GC* 2, Ynghylch y Lliosseiniaid neu 'r dipthongiaid. Rhai a elwir *Rhywiogion*. Cf. *OIG* 3, Mewn cyfansoddeiriau *rhywiog* . . . y mae'r elfen gyntaf naill ai'n rhagddodiad neu'n enw neu ansoddair; M. RICHARDS: *CFG* 66, *Rhywiog*. (a) y rhagenw perthynol yn oddrych y cymal perthynol. (b) y rhagenw perthynol yn wrthrych y cymal perthynol.

rhywiogaeth, rhywiogaethol, gw. **rhywogaeth, rhywogaethol.**

rhywiogaf, rhywogaf: rhyw(i)ogi [bf. o'r a. *rhyw*(*i*)*og*] *bg.a.* Gwneud neu fynd yn rhadlon, mwyneiddio, tawelu, trin yn dyner, heddychu; ymdebygu i'r rhywogaeth ddof (am blanhigion); gwneud neu fynd yn rhywiog (o ran cyflwr), gwella, mynd yn haws ei weithio: *to make or become genial, mild, or calm, treat gently, pacify; become more like the cultivated variety* (*of plants*); *make or become fine or good* (*with regard to condition*), *improve, become easier to work.*

15–16g. *TA* 253, Brigyn byw a *rywiogwyd*, / Blaenbren ir Blaen Berwyn wyd. **16g.** RHISIART FYNGLWYD, &c.: *Gw* 155, Edn mawr rhygawr y *rhywiogyd* / Oen diwarth Deheubarth hybyd, / Angelystor côr pôr puryd. **16g.** WILIAM LLŶN: *Gw* (R. Stephens) 162, Gwlith a haul a golaith hin / A *rywoga* yr egin. **16g.** *LlS* 125, Y Reddic . . . A[']r gwyllt hefyd yr ys yn ei blannu yn awr yn y gar[dd]æ ag ynte wrth ei ysmuto yn dofi ac yn *rhywogi* yn voneddigach. **16g.** WILIAM CYNWAL: *Gw* (R. L. Jones) 677, Yr oen trugarog gwedi *rhywiogoch*. **16–17g.** (**17g.**) *CC* 37, Ai gwir eich bod cyfnod cant / wyr siriol draw ar sorriant? / . . . / peidiwch *rhywiogwch* yn rhodd / perigl os merch oi [*sic*] parodd (Thomas Prys). *id.* 144, Carw buan cair o Bowys / . . . / ym parc hwn mi a fynnwn fod / i *rowiogi* yr ewigod [Thomas Prys i ofyn carw dof]. **1604–7** *TW* (*Pen* 228) d.g. *Lenio, Remollesco.* **17g.** HUW MORUS: *EC* i. 159, Na rusa 'r fonheddig, radd lawnfrig, rudd lwys, / Gwell gwenith di frychau nag efrau yn y gwys; / *Rhywiogi* wna ei phobol, dda reiol o ryw, / Cei barch ac anrhydedd o fawredd i fyw. **1688** *TJ*, Arafu, *rhywiogi*, lliniaru, To grow mild. **1718** E. SAMUEL: *HDdD* 358, porthi &c. fel y pentyrrom farwor tanllyd am eu pennau, nid marwor iw llosgi, ond iw meddalhau au *rhywiogi* i fod yn garedig (*to melt them into all love*) ac yn addfwyn wrthym. **1722** *Llst* 189, *Rhywiogi* . . . To appease, pacifie, becalm, become appeased. **1752** J. THOMAS: *FG* 145, na chaffom neb a gyttuno â ni, neu a geissio *rywiogi* a mwyneiddio ein Cyndynrwydd. **1761** *ML* ii. 333, Calch a phridd, a rhedyn a domm yw 'nghompost i, a pheth gwych ydyw am *rywiogi* tir. **1794** W. AUGUSTUS: *EP* 12, ychydig o eira sy'n *rhywiogi*'r ddaear, ac yn cadw'r ŷd yn dda. **1803** *P*, *Rhywiogi* . . . To render genial or kindly; to become genial. Ar lafar, 'calch i *rywiogi*'r tir' (Llŷn).

rhywiogaidd, rhywogaidd [*rhyw*(*i*)*og* + -*aidd*] *a.* Ucheldras, bonheddig, cwrtais, hyfryd, tyner, tirion, mwyn, rhadlon, caredig; mân (am flew); o'r iawn ryw, da (o'i fath neu i'w bwrpas), mewn cyflwr da, cryf, iach: *of noble lineage, noble, courteous, pleasant, tender, gentle, mild, genial, kind; fine* (*of fur*); *good, fine, or proper* (*of its kind or for its purpose*), *in good condition, strong, healthy.*

1547 *WS*, *Rywogaidd* Kyndly. **16g.** *GGH* 60, A chael o ryw uchel wraidd / Yt wraig o waed *rhywiogaidd*, / O ddewiswaed y ddwysir / Annes; i hon einioes hir. **16g.** WILIAM LLŶN: *Gw* (R. Stephens) 397, Ni bu 'rioed yn byw o'r ach / Ŵr gweddus *rhywiogeiddiach*. *c.* **1585** G. ROBERT: *DC* [26b], ny wnaeth Crist onyd edrych ar Bedr, ag yn yr olwg honno troi ei gallon ef at edifarwch . . . ond drwy rodhi o Grist rat a dawn, yr hyn a gafodh yn y mann gyd a r olwg *rywiogaidh* honno. *Diw.* **16g.** *WLB* 8, nofio mewn dwfr kroew arogleu pêr lyseuoedd ennaint unwaith bob blwyddyn . . . hyny a gynnal ddyn yn iach ag yn ymysgafn ac yn *rhowiogaidd* i waed. **1595** H. LEWYS: *PA* 41, [c]alon fammawl *rowiogaid'* (*tender*). **1632** *D* d.g. *Benignus, Generosus, Mollis, Percomis.* **17g.** *CLlC* iv. 20, Mi wnaf hyd fy niwedd, y cyngor *rhywiogedd*, / A roest yn ddi ommedd dda i mi. **1655** WL: *DP* 45, mae [diolch] yn rhan mor angenrheidiol, ac mor *rhywiogaedd* [*sic*] o wasanaeth duw, fel y mae yn ammod y cyfammod. **17g.** E. MORRIS: *B* 53, Y wraig wiw-ddoeth *rywiogeiddia*, / Ym Meirionydd mawr yw Anna. *id.* 103, Mae genych ddigymysg ysgilddoeth ysgolddysg, / . . . / Chwi ddaethoch i regi'n *rhywiogedd*. **1738** *ML* i. 6, Mae'n dywedyd nad yw'r englynion yn tyfu mor *rhywiogaidd* ffordd honno ag ynhir Gwynedd. **1753** *id.* 232, gobeithio fod y tywydd mwll yma wedi eich gwneuthur eich deuoedd yn holliach a bod y meginau cystal cynt: peth hyfryd yw cael ganddynt chwythu yn *rhywiogaidd*. **1753** D. JONES: *SD* 2, fel pren *rhywiogaidd* peraidd plan, / A dyf ar lan yr afon. **1803** *P*, *Rhywiogaiz* . . . Somewhat genial or kindly.

Amr.: **rhywiogiaidd** [*rhywiog* + -*iaidd*]. **1740** E. DAVIES: *Alm* [12].

rhywiogair, rhywiogddoeth, gw. **rhywiog + gair**[1], **doeth**[1].

rhywiogeiddiaf: rhywiogeiddio [bf. o'r a. *rhywiogaidd*] *bg.a.* Gwneud neu fynd yn rhadlon, mwyneiddio, tawelu, llarieiddio: *to make or become genial, mild, or calm, make or become less severe or violent.*

1604–7 *TW* (*Pen* 228) d.g. *Mollesco.* **1632** *D* d.g. *Mitesco.* **1677** C. EDWARDS: *FfDd* 210, Mae ein moddion hefyd wedi *rhywiogeiddio* llawer. Nid oes mor fath yspeilio, a threisio, a mwrdro. **1722** *Llst* 189, *Rhywiogeiddio*. To grow mild. **1771** *W* d.g. *Calm, To be or grow calm.* **1803** *P*, *Rhywiogeiziaw* . . . To render somewhat genial; to become somewhat genial.

rhywiogeiddrwydd [*rhywiogaidd* + -*rwydd*] *eg.* Rhadlonrwydd, caredigrwydd, cwrteisi: *geniality, kindliness, courtesy.*

p. **1584** G. ROBERT: *GC* 395, Canys yr ydoedd yn y gwr hwnnw, bwylledd wedi thymheru a hygaredd, a *rowgeiddrwydd* [*sic*]. **1604–7** *TW* (*Pen* 228) d.g. *Affabilitas.* **1630** R. LLWYD: *LlH* 235, [g]ŵr da, ac ynddo lawer o ddoniau rhagorol, o *rywiogeiddrwydd* (*courtesy*); dioddefgarwch. *id.* 278, Nid ymddiriedant i *rywiogeiddrwydd* eu meistred-tîr, gan aros, a disgwyl yn vnig wrth eu ewyll[y]s da hwynt. *id.* 491, fel yr ynniller fi drwy *rywiogeiddrwydd* a chlaiarwch. **1771** *W* d.g. *Candour.* **1803** *P*.

rhywiogfwyn, gw. **rhywiog + mwyn**[1].

rhywiogiaidd, gw. **rhywiogaidd.**

rhywioglan, gw. **rhywiog + glân.**

rhywiogrwydd, rhywiowgrwydd, rhywogrwydd [*rhyw*(*i*)*og* + -*rwydd*] *eg.* Llinach (dda), tras (uchel), boneddigeiddrwydd, cwrteisi, caredigrwydd, rhadlonrwydd, llarieidd-dra; diffuantrwydd, dilysrwydd; safon (uchel), cyflwr da, cryfder; mwyneidd-dra (tywydd), tynerwch (planhigion), meddalwch (brethyn, &c.), natur hydrin (pren, &c.); hefyd yn *ffig.*: (*noble*) *lineage*, (*good*) *pedigree, nobility, courtesy, kindness, geniality, mildness; sincerity, genuineness;* (*high*) *quality, good condition, strength; mildness* (*of weather*), *tenderness* (*of plants*), *softness* (*of cloth, &c.*), *workability* (*of wood, &c.*); *also fig.*

15–16g. *TA* 100, Rhagor oedd rhyw a gwreiddyn, / *Rhowiowgrwydd* uwch rhagor ddyn. *id.* 375, Dyrnod Crist cadernid cryf, / Dwyn *rhywiowgrwydd*, Duw'n rhygryf. **16g.** (*LlEG*) *Mos* 158, 122b, [Arthur] a hennwis ef yn ddraig o gydernid ac o awch k/reulondeb a ffyrnigrwydd Wedi I gymusgu Athrugaredd a *hrowiogrwydd*. **16g.** *GGH* 60, Rhyw gariad, rhywiog oroen, / Rhagor ddull, *rhywiowgrwydd* oen. **1567** *TN* 271a, ydd wyf, yn provi *rywiowgrwydd* [:– naturioldep] eich cariat. *id.* 348a, dangosed trwy ymwereddiad [*sic*] da eu [*sic*] weithredoedd mewn *rrowiogrwydd* doythineb. **16–17g.** *GHCEM* 41, Elsbeth, ferch Cynwrig frigaur, / Ŵyr Robert wyd, fal bort aur, / Degeuwawr o waed Hywel, / Da gwrs *rywiogrwydd* di-gêl. **1604–7** *TW* (*Pen* 228) d.g. *Affabilitas, Benignitas, Generositas, Lenitas.* **1615** R. SMYTH: *GB* 44, pen ystyrio *ryvvogrvvydd* (*generosité*) a dyfalrvvydd y march. **1630** *YDd* 340, yn ddiogelaf argoel ac arwydd o'th ffafr a'th *rywiogrwydd* cariadol. **1632** *D* d.g. *Mollitia, Placabilitas.* **1704** T. JONES: *Alm* [27], Y Gwanwyn a fŷdd Gwlŷb h[e]fyd yn a[ml], ond bŷdd digon o ddyddiau sychion i drîn y ddaiar, a *Rhywiogrwŷdd* ymhôb peth o ymborth dŷn ac anifail. **1762** *ML* ii. 453, Eiry heddy ettwa, ond y mae'r dywydd yn degach, ar haul yn ei ddadmer. Gobeitho y cawn *rywiogrwydd* bellach. **1803** *P*, *Rhywiogrwyz*, s. m. . . . Genialness.

rhywiol [*rhyw*[1] + -*iol*] *a.* Yn perthyn i ryw, o natur rhyw, cnawdol; atyniadol yn rhywiol, yn symbylu ymateb rhywiol: *sexual, carnal; sexy.*

1803 *P*, *Rhywiawl* . . . sexual.

rhywiolaeth [*rhywiol* + -*aeth*] *eg.* ?Gwahaniaeth rhywiol: *sexual differentiation.*

1545 *CM* 1, 6–7, Ar had hwn addisgin o gorff y gwr . . . ir mamawl gyule . . . Ac os y vo ahvydda yn ffrwythlon ovewn y vij diwyrnod nesa arol hynny dechre Ef dyuu Ar ddarparadiaeth, delw, Allun, Ar*Rywiolaeth* Megis ar g/ydffybiaeth iij Kloch Ar ddwr. **1803** *P*, *Rhywiolaeth*, s. m. Sexual distinction.

rhywioldeb [*rhywiol* + -*deb*] *eg.* ll. -*au.* Yr ansawdd neu'r cyflwr o fod yn rhywiol,

meddiant ar rymoedd neu deimladau rhywiol, tueddfryd rhywiol (sefydlog); yr ansawdd neu'r cyflwr o fod yn atyniadol yn rhywiol: *sexuality, sexual orientation; sexual attractiveness, sexiness.*
20g.

rhywioledd [*rhywiol+-edd*[1]] *eg.* Rhywioldeb: *sexuality.*
20g.

rhywiowcter, rhywiowgrwydd, gw. **rhywiocter, rhywiogrwydd.**

rhywir, gw. **rhy**[1] **+gwir.**

rhywl, gw. **riwl.**

rhywle, rhyw le [*rhyw*[1] *+lle*[1]] *eg.* ll. *rhyw leoedd,* a hefyd gyda grym adferfol. Lle amhenodol, anhysbys, neu heb ei enwi, rhywfan, rhyw ran; unrhyw le neu ran, pobman; rhyw amser, rhywbryd: *some place or part, (a) certain place, somewhere; any place or part, anywhere, everywhere; some time, sometime.*
c. **1400** *YSG* i. 50–1, ef a glywei gloch yn canu, a pharth ac yno y trosses ef, o debygu bot yno *ryw le* crevydus. **15g.** *IGE*[2] 245, *Rhyw le* hardd, rhy olau hoyw, / Rhelics a gwisgoedd rhyloyw [Ieuan ap Rhydderch am Dyddewi]. **16g.** (*LlEG*) *Mos* 158, 24b, gwnaeth ymor lwgr mawr . . . mewn ymrauaelion leoedd yn *hryw le* I tores y mor I mewn dros yrargayau ac mewn lleoedd eraill I bwrioe/dd ef dyuod agroo. **1567** *TN* 217b, ac a ddaetham i *ryw le* elwit y Porthladdoedd prydferth. *id.* 218b, Ac wy yn ofny rac syrthio mewn *ryw leoedd* geirwon (**1588** *Act* xxvii. 29, mewn lleoedd geirwon). **1604–7** *TW* (*Pen* 228), yn *rhyw le* d.g. *Alicubi. id.* o *rywle* d.g. *Alicunde. c.* **1605** *Bl B XVII* i. 12, O fewn llythyr fe gad gwybod / Osod brad yn *rhywle*'n barod (Siôn ap Lewis ap Siôn Wyn). **1609** *CRC* 315, kalyn fi ir mynydd fry / ti a gai hendy yn *rhvwle.* **1610** *id.* 205, a hefyd fe ddaw eira / ag mewn *rhyw-le* bydd llywchfa. **1658** R. VAUGHAN: *YPS* 32, Megis na eill corph yr Ecclwys fod yn Ddim. Felly hi fydd byth yn *rhiwle* [*sic*]. **1701** E. WYNNE: *RBS* 27, os mynnit bechu a bôd yn ddi-berygl chwilia'n lew am *rywle* na welo Duw monot. **18g.** *W Ballads* 191, 8, Dun syn bydio ers llawer blwuddun, / Yn *rhywle* ar faistir [*sic*] heol fostyn. **1756** *ML* i. 430, gwae ni na bai'r wraig yn New York neu *rhywle* [*sic*] lle mae eisiau gwragedd i fanu. **[1783]** *W*, Yn *rhyw-le* d.g. *Some-where.* **1798** T. ROBERTS: *CG* 13, pregethu yr Efengyl yn *rhyw-le* ar y byd. **1803** *P, Rhywle,* s. m. . . . A certain place. adv. Somewhere. Ar lafar, 'Ma 'na derfysg yn *rwla,* siŵr i chi', 'picio i *rwla*', *WVBD* 456; 'Fe æth i *rwla*, 'wn i ddim i ble', '*Rwla* yn Lloegar man' nw'n byw nawr', *GTN* 697; 'yn plwndsio ag yn deifio nes bo'r dŵr yn tasgu i fyny i *rwle*', *Wês wês* 50.
Cfn.: **rhywle r(h)ywle:** *anywhere (at all), any place, everywhere, in all directions.* **1923.** Ar lafar, ''S dim ots lle roi di o—neith *rwla rwla*'n tro' (Arfon).

rhywliad[1,2]**, rhywliaf: rhywlio, rhywliwr,** gw. **riwliad**[1,2]**, riwliaf: riwlio, riwliwr.**

rhywlun, rhyw lun [*rhyw*[1] *+llun*[1]] *adf.* Rhywfodd, rhywsut; unrhyw ffordd, rhywsut rhywsut: *somehow; anyhow, 'any old how', after a fashion.*
1819. Ar lafar, 'Mi'i gnath o *rhyw lun*', *WVBD* 356.
Gw. hefyd **rhyw**[1]**—rhyw lun o.**

rhywlydd, rhywmatis, rhywmitis, rhywmitism, rhywmits, rhywog, gw. **riwliwr, riwmatis, riwmitis, riwmatism, riwmitis, rhywiog.**

rhywogaeth, rhywiogaeth, rhywogiaeth [*rhyw*[1] *+-(i)og+-(i)aeth*] *eb.g.* ll. *-au.*
(*a*) Dosbarth o bethau sy'n rhannu rhai nodweddion cyffredin, *Biol.* grŵp tacsonomig (islaw tylwyth ac istylwyth) o organebau byw sy'n rhannu rhai nodweddion cyffredin â'i gilydd ac sy'n medru rhyngfridio o fewn y grŵp, dosbarth, math, teip, siort; natur; hil, brid, cenedl, teulu, llinach (dda), tras (uchel): *species (also in biol.), class, type, kind, sort; nature; race, breed, nation, family, (noble) lineage, (good) pedigree.*
14g. *GDG*[3] 40, Na welaf Ieuan ddifan ddofaeth, / Na wŷl yntau fi, rhi *rhywogaeth. c.* **1400** *R* 1197. 37–40, Ratlaɓn daɓn a doeth . . . y loew gaer goeth . . . *Rywogaeth* cedrus. rwyd swyd cipressus. **14–15g.** *IGE*[2] 98, Yn rhagor i'n *rhywiogaeth,* / Y nef a'r bresen a wnaeth. **15g.** *Med H* 26, Pardus . . . Yr anivel hwnn yn erbyn natur a *rrywiogaeth* a gydia a'r llewes. **15g.** *HS* 2, ynghrog fal i *rywiogaeth* / i bo r Sais ar bwa ar saeth. **15g.** *DN* 34, Deng mrenin, linolin aeth, / Ar higain o'i *rywiogaeth.* **15–16g.** *GLM* 276, rhyw hen Gynfyn, rhan Gwynfawr, / rhyw Gwaithfóed, *rhywogaeth* fawr. **1543** *B* viii. 298, ai ressu [maen melin] . . . val i bo gore ir *rywiogeth* vaen hwnnw. *id.* 300, kyvogi val i bo gore ir *rywogeth* garec a honno. **1547** *WS, Rywogaeth* A kynde. *id.* Taffata *rywogaeth* ar sidan Tafata. *a.* **1561** *B* vi. 48, os moch a vegy, kais di hwynt o *rywogaeth* dda. **16g.** *LlS* 22, am *rywogaethæ* er eill [*sic*] o'r yscall. **1588** *Jer* xv. 3, Mi a osodaf arnynt bedwar *rhywogaeth* blâ [*sic*] medd yr Arglwydd. **16–17g.** *B* v. 27, yn amod i'r prydyddion gynnal iaith y Brutanniaid yn ei hiawn *rywogaeth,* ai hiawn ddosparth. **1632** *D, Rhywogaeth,* [Genus]. **1675** R. DAVIES: *PY* 66, *Rhywogiaethau* tafodau, rhai jethioedd [*sic*] angenrheidiol i bregethu yr efengil ir cenhedloedd. **1703** E. WYNNE: *BC* 100–1, Mae yma, ebr ynte, bedair *rhywogaeth* benigamp o Ferched . . . Carn-butteiniaid . . . Meistresod y chwedleu . . . Marchogesau . . . Yscowliaid. **1735** S. THOMAS: *HP* 28, yr oedd amryw Sectau neu *Rywiogaethau* o'r Philosophyddion yma. **1740** *ML* i. 40, Chwi welwch nad oes gennyf fawr o flodau . . . heuais gryn gant o *rywogaethau.* **1757** *id.* 486, fondness for relations . . . nid oes fawr o hynny yn y Deheudir, they are another nation of people. *Rhywogaeth* estronol. **1768** J. ROBERTS: *R* 4, pan fyddo yr holl ffugurau yn un *Rhywogaeth,* megis Punoedd, Milldiroedd, Llathenau, neu Ddefaid, &c. **1803** *P, Rhywiogaeth,* s. f.—pl. t. *au* . . . sort, or species. *id.* d.g. *Rhywogaeth.*
(*b*) Rhyw: *sex.*
1595 M. KYFFIN: *DFf* [88], nad oedd yn eu plith nhwy ddim gwahan, nag o oed, nag o *rywiogaeth;* eithr cyd-orwedd onynt bawb gyda'i gilydd yn ddiwahaрddedig fal anifeilieid. **1675** R. DAVIES: *PY* 162–3, gorchymyn bedyddio pawb oll yn gyffredinol . . . [p]ôb dyn ym mhôb cenedl, heb wahaniaeth *rhywogaeth,* cyflwr, neu oedran. **1800** C. EVANS: *EJU* 86, Fod gwarant i ordinhadau'r Testament newydd, wedi ei sylfaeni ar gymmwysderau ysprydol, mewn gwyr a gwragedd; ac nid ar *rywogaeth* (sex).
(*c*) *Egl.* Un o'r ddwy elfen (bara a gwin) yn yr Ewcharist: *one of the two elements of the Eucharist.*
1574 *RhRC* (At.) 225b, yrddoli mywn gwisc bara a gwin ar y rydym yny weled, pethe ny dydyn yny gweled hyn yw kig a gwaed, ag ny dydyn yn kymeryd mor dday *Ryfogeth* yma yn yr vn modd ag y kymerson kynn y bendigo.
Amr.: **rhyfogaeth. 1574** *RhRC* (At.) 82b, 224a. **1586 (1604)** *B* v. 309. **1755** *ML* i. 339. **rhywfogaeth. 18g.** TWM O'R NANT: *CO* 30.
Cfn.: **rhyw(i)ogaeth (d)dyn:** *mankind, humankind.* **1588** 2 *Mac* vii. 28, *rhywogaeth dŷn.* **1595** M. KYFFIN: *DFf* [1], holl *rywiogaeth dyn. id.* [76], Trauturieid, Gwrth-ryfelwyr, a gelynion *rhywiogaeth ddyn* oeddynt. **rhyw(i)ogaeth etholedig:** *chosen race.* **1620** 1 *Pedr* ii. 9. **1714** D. LEWYS: *CN* 22. **1759** T. THOMAS: *WWDd* 235.

rhywogaethol, rhywiogaethol [*rhyw(i)ogaeth+-ol*] *a.* Yn perthyn i ddosbarth, nodweddiadol o ddosbarth, generig; hiliol; neilltuol, penodol; *Biol.* yn perthyn i rywogaeth: *generic; racial; specific (also biol.), particular.*
1711 M. MAURICE: *YAD* 319, pan y mae Ysbryd Duw yn sôn am y Ddeddf ar Efengil yn ei [*sic*] Nhaturiaethau gwahanol *rhywogaethol,* nyd yw yn galw 'r Ddeddf yn Efengyl, na'r Efengyl yn Ddeddf, ond bob amser yn ei [*sic*] gosod gyferbyn ae gylidd [*sic*]. **1773** G. RHYSIART: *MACP* 18, os na bydd y rhai hyn ond yn unig cymmwysderau ei wlad ei hun, nis gallant wneuthur ond yn unig graddol Wahaniaeth rhyngddo ef a'r cerlyn mwyaf distadl; eithr rhaid yw fod *rhywogaethol* Wahaniaeth rhwng Babiloniad ag Israeliad. **1773** *W* d.g. *Generical, or generic, Specific or specifical* [*that denotes the species*]. **1803** *P, Rhywiogaethawl* . . . Generical.

rhywogaf: rhywogi, rhywogaidd, rhywogiaeth, rhywogrwydd, gw. **rhywiogaf: rhywiogi, rhywiogaidd, rhywogaeth, rhywiogrwydd.**

rhywol, rhywolaeth, rhywolaf: rhywoli, rhywoliaeth, rhywolus, rhywolwr, gw. **rheol, rheolaeth, rheolaf: rheoli, rheolaeth, rheolus, rheolwr.**

rhÿwr [*rhy*[1]*-+-wr*] *eg.* ll. *rhywyr.* Gŵr mawr neu gadarn, arwr: *great or mighty man, hero.*
12g. *GCBM* i. 132, Glyw gwyrthuaɓr, gɓrthòduch —chwi etwaeth, / Gɓrthodes *rywyr,* righyllaeth! *id.* ii. 49, Edewid arnan ernywyant / Yr nad byɓ *ryɓr* ryɓ Runblant. **12–13g.** *GLlLl* 62, Ef *ryɓr* ryweryd digreid. *id.* 95, Hyd yt a clod rod *rywyr. id.* 252, Ym pryffɓn *ryɓr* yn rwyoli—gwrys. **1794** *Cylchg* 268, O Chwi Frython o ddehau a gogledd Cymru! fy nghydwleidiadon, y rhai sy'n caru hanesyddiaeth *rhywyr* eich gwlad. **1803** *P.*

rhywrai, rhyw rai [*rhyw*[1] *+rhai*] *e.ll.* Rhai (pobl); unrhyw bobl: *some (people); any people.*
15g. *DN* 30, Pan oetai *ryw rai,* pvnt a roddai Rys. **1567** *TN* 93b, Ioan a 'alwodd ataw ddau *ryw rei* (**1588** *Luc* vii. 19, dau) o ei ddiscipulon. **1592** S. D. RHYS: *Inst* [xiv], gwynn eyn byd *ryw rai* o honom bhedru bôd morr bhindlws, a' chymrud arnam dharfod inni o gwbl abergôbhi y Gymráec. *id.* [xv], [y] Prydyddion . . . o byddei o ddamchwain gann *rywrai* o honynt ddim cynhildeb, na chywreindeb. **17g.** *Bl B XVII* i. 110, Coded *rhywrai* 'nghorff i fyny / I edrych pa le mae o'n gwaedu (Rhisiart Gray). **1661** E. LEWIS: *Drex* 154, fe ai cymmerwyd i lawr oddiwrth y crogpren, ac a'i taflwyd . . . tan un o fwau maen y Theatr . . . n[e]s darfod i *ryw rai* (*some*) oedd a mwy hynawsedd ynddynt na'r lleill ei symmud. **1679** C. EDWARDS: *GGG* 26, Beth bynnag a wnaeth Duw er eraill, a'r nad oedd briodol i *ryw rai* neilltuol, y cyfryw neu gystal a allwn ni ei ddisgwil iddo ei wneuthur i ninnau. **1803** *P,* Rhyw, a. . . . *rhyw rai,* some ones. Ar lafar, '*rwrei*', *WVBD* 456; ''Odd *rywrai* erill wedi cyrradd erbyn 'ynny', *GTN* 687.

rhywres, gw. **rhy**[1] **+gwres.**

rhywsiap [*rhyw*[1] *+siâp*] *adf.* Rhywsut; unrhyw ffordd, rhywsut rhywsut: *somehow; anyhow, 'any old how', after a fashion.*
1939. Ar lafar, ''Odd a'n 'i nuthur a *rywsiap*' (deddwyrain Morg.); 'Wêdd e'n galler rhwmo *riwshap*', *Wês wês* 39.

rhywsut, rhyw sut [*rhyw*[1] *+sut*] *eg.* gan amlaf gyda grym adferfol. Rhyw ffordd neu fodd, rhywfodd; unrhyw ffordd neu fodd: *some way or manner, somehow; any way or manner, anyhow.*
a. **1587** *Y* 17, I Rys Wyn sad (rhoes win Sieb) / Ar *ryw svt* mi a rois atteb. Ar lafar, 'Mae o siŵr o ffindio'i ffor' yno *rwsud*'. Cf. *GGH* 334, pob rhyw sut.
Cfn.: **rhywsut (rhyw sut) neu'i gilydd:** *somehow or other.* **1793** *Cylchg* 199, mae'n ei gorphen *ryw sut neu gilydd.* Ar lafar. **rhywsut r(h)ywsut:** *anyhow, 'any old how', after a fashion.* Ar lafar, '*rwsut rwsut*', *TGG* (1909–11) 29 (Arfon); '*rwsud-rwsud*', *B* xiv. 293 (Meir.); 'Gneud rw joban *rwsut rwsut*'.

rhywun, rhyw un [*rhyw*[1] *+un*] *eg.* ac yn eithriadol *eb.* Person amhenodol, anhysbys, neu heb ei enwi; unrhyw un, unrhyw berson, y siaradwr neu'r ysgrifennwr fel petai'n cynrychioli pawb; person o bwys: *someone, somebody; anyone, anybody, one; person of importance, 'somebody'.*
15–16g. LLAWDDEN, &c.: *Gw* 82, Nid cariad anwastad wedd / Ar *rhyw* [*sic*] *un* o'r rhianedd. **1547** *WS,* Nebun ne *ryw vn* Some body. **1567** *TN* 260b, Eithr e ddywait *ryw vn,* Pa vodd y cyvodir y meirw. **1588** *Act* viii. 9, gan ddywedyd ei fod ei hun yn *rhyw vn* (*TN* 182b, ryvv vvr) mawr. **1630** *YDd* xix, oni byddaf fi yn talu y nechwyn adref i ti, fe fydd *rhywun* ai gwna yn ddiammau. **1632** *D* d.g. *Quidam, Quispiam, Quisquam.* **17g.** *Bl B XVII* i. 110, Doyded *rhywun* ('rwy'n dymuno), / 'Gwyliwch, gwyliwch ar eich camra, / Bedd y gŵr a'r gŵr sydd yna' (Rhisiart Gray). **1657** *MLl* ii. 6, os (wedi deffro) hyll, ha[ll]t a chwerw fydd ysbryd *rhyw un.* **1659** *GIA* 72, [c]ael gan ddynion ddywedyd yn dda am dano, a bôd yn *rhyw ûn* yn y byd. **1703** E. WYNNE: *BC* 63, F' a'm gelwir i *Rhywun* . . . ac nid oes na llutteiaeth [*sic*] nac athrod . . . nad arna 'i y bwrir y rhan fwya o honynt. **1778** *W* d.g. *One* [*a certain man or person*], *Some* [*implying, or apply'd to, person*] . . . *Some one.* **1803** *P* d.g. *Rhywun.* Ar lafar, '*rŵun, rywun*', *WVBD* 456; 'Ma *rywun* wth y drws', *GTN* 687; 'Ma *rywun* yn câl digon ar wrando ar ryw rwtsh fel'a' (Arfon); 'Ma *rŵun* yn gallu mynd yn hurt yn neud yr un peth drw'r dydd bob dydd' (sir Gaerf.); 'Mae o'n meddwl 'i fod o'n *rŵun*'. Cf. *Bl G* 38, Clywais lawer sôn a siarad / Fod rhyw boen yn dilyn cariad, / Ar y sôn gwnawn innau chwerthin / Nes y gwelais wyneb *Rhywun.*
Amr.: **rhofun.** Ar lafar, 'Ma 'ne *rofun* arall 'di gofyn nene imi hefyd' (Rhosllannerchrugog). **rhwfun. 1881** D. OWEN: *D* 55, os aiff darllen y Bibl â *rhwfun* i'r nefoedd, mi aiff â hwnyma.
Cfn.: **rhywun neu'i gilydd:** *someone or other.* **1927.** Ar lafar, 'Fe ddaw *rŵun ne'i gilydd* i helpu 'da'r cliro lan, sbo' (sir Gaerf.). **rhywun r(h)ywun:** *anyone, anybody, any Tom, Dick, or Harry.* **1891** D. OWEN: *EH* 304, y mae y gorofal . . . am lenwi pwlpudau . . . gan *rywun rhywun* yn atal yr eglwysi rhag syrthio ar eu hadnoddau eu hunain. Ar lafar, 'Rhaid cial crefft-

wr iawn . . . 'neith *rhywin-rywin* mo'r tro', *B* xiv. 294 (Meir.).

rhywus [*rhyw*^{1} + *-us*] *a.* Rhywiol, cnawdol, masweddus; naturiol, cynhwynol: *sexual, carnal, ribald; natural, innate.*

18–19g. *Llr* C 16, 164, *Rhywus*, natural, kindly. Ar lafar, ''Os ryfadd bod y ferch yn un *rywus*—un *rywus* odd 'i thæd', ''Dwi ddim yn lico strion *rywus*', *GTN* 686.

rhywyllt, gw. **rhy**^{1} **+ gwyllt.**

rhywynt [*rhy*^{1} + *gwynt*] *eg.* ll. *-oedd.* Gwynt mawr, corwynt: *great wind, whirlwind, hurricane.*

12–13g. *GLlLl* 7, na bwynt [meirch] gynt / No *rywynt* uch Ryd Nuc! *id.* 300, Ys kynt no *rywynt* uch rut wybrenn. **13**g. *GDB* 257, Teruynt tỽrỽf *rywynt* yn ryỽ amser. **14**g. *T* 28. 7–8, py parth pan dineu *ry wynt* a ryffreu. **14–15**g. *IGE*^{2} 145, Na rhylaw, er pydiaw pynt, / Na rhew gormodd, na *rhywynt* (Gruffudd Llwyd). **1803** *P*, *Rhywynt*, s. m.—pl. t. *oz* . . . A hurricane.

rhywyr^{1} [*rhy*^{1} + *hwyr*] *a.* Rhy hwyr; hen bryd, hwyr glas; araf, hwyrfrydig, neu ystyfnig (iawn): *too late; high time; (very) slow, tardy, or stubborn.*

1346 *LlA* 42, yn annỽadal ev kerdedyat. yn neillỽers yn *rywyr* (*modo tardi*). Ar llall yn ehegyr. **14**g. *WM* 399. 7–9, *rowyr* heb ef y gadaỽd uyg cam ryuic am ballchder [*sic*] ym erchi naỽd. **14**g. *GDG*^{3} 216, Yn caru rhai a'i cerydd, / *Rhywyr* fun, a rhyir fydd. **14–15**g. *IGE*^{2} 291, *Rhywyr* fydd yn y dydd du, / Od wyf ŵr, edifaru (Siôn Cent). *c.* **1400** *R* 1245. 14–15, *Ryhỽyr* ym ynllỽyr kael llỽrỽ ffaỽt om serch. [**1547**] W. SALESBURY: *OSP* [v], a nyd achubwch chwi . . . [y]r iaith kyn daruod am y to ys ydd heddio [*sic*], y bydd *ryhwyr* y gwaith gwedy. **1547** *WS*, *Ryhwyr* To late. **16–17**g. *Cer RC* 49, Hyd yno dan riddfan danfonan' y truan; / Dim pellach ni feiddian' fyned rhag dig: / *Rhowyr* troi adre, dan sychu i gruddie, / I ddatod i gode seledig. **1630** *YDd* 381, [p]arhau cyhyd mewn pechod, fel yr aethai yn *rhywyr* (*too late*) iddynt hwy geisio dychwelyd at Dduw. **1631** O. THOMAS: *CC* 82, madws, a *rhywyr* ymadael ar cyfryw feistred digydwybod. **1701** E. WYNNE: *RBS* 65, pan ddechreuech ammeu a elli yfed un ddiod ychwaneg, y munud hwnnw mae'n *rhywyr* (*high time*) ymadel. **1757** G. OWEN: *L* 194, mi welaf yn awr lawer anghaffael na fedrais graffu arnynt nes bod yn *rhywyr.* **1798** R. DAVIES: *CG* 52, Rhag ofn ar ol hir gefnu / Mai *rhy'wyr* foru fydd. **1803** *P*, *Rhyhwyr* . . . Too late; high time. Ar lafar, '*rhowyr*' 'too late . . . high time, fully time', ''Roedd yn *rhowyr* i chi fynd', *WVBD* 466.

Amr.: **rhwyr** [drwy gyw.; dichon mai gwall a welir isod; 1830 yw dyddiad yr engh. nesaf]. **18**g. *W Ballads* 106, 8, Wrth ddrws trigaredd *rhwyr* cyro, / Medd ein prynwr wedi prenio.

Cfn.: **(bod yn) rhywyr (rhwyr) gan:** *to be high time in one's opinion, 'be dying' (e.g. for something to happen), long, be anxious.* **14**g. *YBH* 2b, llawen uu hitheu orawenus a *ryỽyr genthi* y doei oed y dyd. **1703** E. WYNNE: *BC* 100, *Yr oedd yn rhyhwyr genni* ymadel a ffiaidd ganel y geist cynhaig. *id.* 145, gwelwn yr holl brif-gythreuliaid a'u cegeu tra-erchyll yn egored ar Lucifer, i ddisgwyl beth bossibl a allei hwn fod, a minneu cyn *rhywired* [*sic*] *genni* glywed a hwytheu. **1704** E. SAMUEL: *BA* 8–9, [p]ryssurodd yn gyflŷm gydag ef at yr Jesu, gan ddangos wrth ei frŷs a'i ffwdan faint oedd ei awydd i weled yr Arglwydd ardderchog hwnnw, a *bod yn rhywŷr* ganddo gael bod yn gydnabyddus ag ef. Cf. W. REES: *AFR* 154, Yr *oedd yn rhwyr* gwyllt *gin* i'ch gwel'd chi 'n dwad yma heno; D. OWEN: *RL* 369, mi *fŷdd yn rhŵyr* glâs *gyni* ngweld i'n dŵad yn ôl. **rhywyr (rhwyr) glas:** *high time.* **1830.** Ar lafar, '*rhwyr glas*', *B* xiv. 294 (Meir.).

rhywyr^{2}, gw. **rhÿwr.**